PONS

Schülerwörterbuch
Klausurausgabe

ITALIENISCH

+ App

Italienisch – Deutsch

Deutsch – Italienisch

PONS GmbH
Stuttgart

PONS

Schülerwörterbuch
Klausurausgabe
Italienisch + App

Entwickelt auf der Basis des
PONS Kompaktwörterbuchs Italienisch
ISBN 978-3-12-517346-0

Bearbeitet von: Dr. Birgit Klausmann, Beatrice Rovere-Fenati, Valerio Vial,
Dr. Christiane Wirth

Wörterbuch-App
Die PONS GmbH verpflichtet sich, die dieses Buch ergänzende
App mindestens bis Ende 2023 bereitzustellen.
Einen Anspruch der Nutzung, der darüber hinausgeht, gibt es nicht.
Weitere Informationen entnehmen Sie bitte unseren AGB.

1. Auflage 2019 (1,02 - 2021)

www.pons.com
E-Mail: kundenservice@pons.de

Projektleitung: Christiane Mackenzie
Gestaltung: Petra Michel, Essen
Sprachdatenverarbeitung: Dr. Wolfgang Schindler
Umschlaggestaltung: Anne Helbich, Stuttgart
Titelfoto: Shutterstock/Antonio Guillem
Logoentwurf: Erwin Poell, Heidelberg
Logoüberarbeitung: Sabine Redlin, Ludwigsburg
Satz: Olaf Mangold Text & Typo, Stuttgart
Druck: Druckerei C.H. Beck, Nördlingen
Printed in Germany

ISBN 978-3-12-516182-5

Inhalt

Indice

Lade dir die kostenlose App zum Buch runter!

Deine Wörterbuch-App steht bereit!

- Schlage bequem jedes Wort in der Wörterbuch-App nach.
- Finde dein Wort und höre es an – so trainierst du die italienische Aussprache.
- Funktioniert 100 % offline (für iOS und Android).
- Unbegrenzte Laufzeit, für iOS oder Android, natürlich kostenfrei*.

So installierst du deine Wörterbuch-App

1. Gehe in den App Store oder Google Play Store.
   Laden im App Store | JETZT BEI Google Play
2. Lade dir die *„PONS Wörterbuch Bibliothek“* auf dein Smartphone oder Tablet.
3. Schalte deine PONS App zum Buch mit diesem Code frei:

   DP55D7-64034-68882-39070

4. Mehr Informationen zur App zum Buch findest du unter www.pons.de/app-zum-buch

* Bei Verwendung der App gelten die Nutzungsbedingungen, die du auch unter www.pons.de/app-zum-buch einsehen kannst.

Buch [buːx, *Pl:* 'byːçɐ] <-(e)s, Bücher> *nt* ❶ (*Druckwerk*) libro *m;* …

Bank[1] [baŋk, *Pl:* 'bɛŋkə] <-, Bänke> *f* ❶ (*Sitz~*) panchina *f;* (*Schul~, Kirchen~, im Parlament, Anklage~*) banco *m;* …

Bank[2] [baŋk] <-, -en> *f* (*Geldinstitut*) banca *f;* (*Spiel~*) casinò *m,* …

zusammen|arbeiten *vi* collaborare, cooperare

Liege ['liːgə] <-, -n> *f* ❶ (*Couch*) divano *m* ❷ (*Garten~*) sedia *f* a sdraio

Schlüssel ['ʃlʏsəl] <-s, -> *m* ❶ (*Gegenstand*) chiave *f* ❷ (*fig*) chiave *f,* …

Hemd [hɛmt] <-(e)s, -en> *nt* ❶ (*Ober~*) camicia *f* …

Baum [baʊm, *Pl:* 'bɔɪmə] <-(e)s, Bäume> *m* albero *m;* **ich könnte Bäume ausreißen** mi sento un leone

Tropfen <-s, -> *m* goccia *f;* **bis auf den letzten ~** fino all'ultima goccia; **ein guter ~** un buon vino; **das ist ein ~ auf den heißen Stein** (*fam*) è una goccia nel mare

schleppen ['ʃlɛpən] **I.** *vt* ❶ (*hinter sich her~*) trainare ❷ (*tragen*) trascinare **II.** *vr* **sich ~** (*a. fig*) trascinarsi

bemuttern [bə'mʊtɐn] <ohne ge-> *vt* coccolare *fam*

glatzköpfig *adj* calvo, pelato *scherz*

Natel <-s, -> *nt* (*CH*) ❶ (*Handy*) telefonino *m* ❷ (*Mobilfunknetz*) rete *f* cellulare

Fisole [fi'zoːlə] <-, -n> *meist Pl f* (*A: grüne Bohne*) fagiolino *m*

giornale [dʒor'naːle] *m* ❶ (*quotidiano, settimanale*) Zeitung *f;* …

capoccia[1] [ka'pɔttʃa] <-> *m* (*in famiglia*) Familienoberhaupt *nt;* (*scherz*) Boss *m fam,* Chef *m;* (*pej*) Anführer *m*

capoccia[2] <-cce> *f* (*dial, fam: testa*) Rübe *f,* Birne *f*

bene[1] ['bɛːne] <meglio, benissimo *o* ottimamente> *avv* gut, wohl; …

essere[1] ['ɛssere] <sono, fui, stato> *vi essere* ❶ (*gener*) sein; …

capoluogo [kapo'luɔːgo] <capoluoghi *o* capiluoghi> *m* (ADM) Hauptstadt *f*

secondo[1] [se'kondo] *prp* gemäß *+dat,* nach *+dat,* je nach *+dat;* **~ l'uso** wie gewöhnlich, dem Brauch gemäß; **~ me/te** meiner/deiner Meinung nach; **~ che …** *+conj* je nachdem, ob …; **~ quanto mi hanno detto** soweit sie mir gesagt haben

declinare [dekli'naːre] **I.** *vt* ❶ (LING) deklinieren, beugen ❷ (*porre un rifiuto*) zurückweisen, ablehnen **II.** *vi* ❶ (*diminuire*) sinken, nachlassen ❷ (*volgere alla fine*) zu Ende gehen ❸ (*sole, astro*) untergehen

spergiurare [sperdʒu'raːre] *vi* einen Meineid leisten; **giurare e ~** (*fam*) hoch und heilig schwören

controcorrente [kontrokor'rɛnte] *avv* gegen den Strom; **andare ~** (*fig*) gegen den Strom schwimmen

anguria [aŋ'guːria] <-ie> *f* (*sett*) Wassermelone *f*

oriolo [ori'ɔːlo] *m* (*tosc: orologio*) Uhr *f*

Contenuti e struttura italiano–tedesco

Angabe der Aussprache in internationaler Lautschrift.

Hochgestellte arabische Ziffern unterscheiden gleich geschriebene Wörter mit unterschiedlicher Bedeutung.

Unregelmäßige Steigerungsformen sind beim Grundwort angegeben.

Angaben zu unregelmäßigen Verbformen stehen in spitzen Klammern.

Angaben zur unregelmäßigen Pluralbildung stehen in spitzen Klammern.

Die Tilde (~) ersetzt in Anwendungsbeispielen und in Redewendungen das Stichwort.

Römische Ziffern dienen zur Unterscheidung verschiedener Wortarten.

Arabische Ziffern kennzeichnen die unterschiedlichen Bedeutungen eines Stichworts.

Stilangaben und rhetorische Angaben kennzeichnen die Sprachebene und das Register.

Regionale Angaben werden gemacht, wenn der Gebrauch eines Wortes auf eine bestimmte Region beschränkt ist.

La fonetica italiana
Die italienische Phonetik

[ː]	Segno della lunghezza vocale
[ˈ]	Accento tonico
[ã]	pendant
[ɐ]	piranha
[æ]	match
[ʌ]	pick-up
[ai]	nightclub
[au]	round
[ç]	Liechtenstein
[dʒ]	gente, già
[dz]	zero
[ɛ]	ecco
[ə]	Mister
[ei]	playback
[j]	maquillage
[ʎ]	gli
[ŋ]	rango

[ɲ]	gnocchi
[ɲɲ]	ogni
[ɔ]	otto
[ɔ̃]	pardon
[øː]	föhn
[œː]	chauffeur
[ou]	motorscooter
[ɔi]	playboy
[tʃ]	pace, cielo
[ts]	terzo
[ʃ]	scendere, scienza
[w]	walkman
[y]	parvenu
[yː]	ouverture
[ʏ]	kümmel
[z]	viso

Hinweise zur Benutzung des Wörterbuchs

Guida all'uso del dizionario

1. Die Stichwörter

Alle Stichwörter sind alphabetisch geordnet und farbig hervorgehoben.

Die deutschen Umlaute *ä, ö, ü* werden wie die entsprechenden nicht umgelauteten Vokale behandelt, *ß* wie *ss*.

Griesgram ['gri:sgra:m] ...
griesgrämig ['gri:sgrɛ:mɪç] ...
Grieß [gri:s] ...

kreisrund ['kraɪs'rʊnt] ...
Kreissäge ...
kreißen ['kraɪsən] ...

Bindestriche, Punkte, Kommas und Wortzwischenräume werden bei der alphabetischen Einordnung ignoriert. In Klammern stehende, fakultative Buchstaben werden dagegen berücksichtigt.

Silberhochzeit ...
silb(e)rig ['zɪlb(ə)rɪç] ...
Silbermedaille ...

casaccio [ka'zattʃo] ...
casa-famiglia ['ka:sa fa'miʎʎa] ...
casalasco, -a [kasa'lasko] ...

Für alle Substantive, die ein natürliches Geschlecht haben und Personen bezeichnen, wird die feminine neben der maskulinen Form angegeben.

Anwalt ['anvalt, *Pl:* 'anvɛltə] <-(e)s, Anwälte> *m*, **Anwältin** ['anvɛltɪn] <-, -nen> *f* ❶ (*Rechts~*) avvocato, -essa *m, f*; ...
Lehrer(in) <-s, -; -, -nen> *m(f)* insegnante *mf*; ...

attore, attrice [at'to:re, at'tri:tʃe] *m, f* ❶ (*in spettacoli*) Schauspieler(in) *m(f)*; ...
medico, -a ['mɛ:diko] <-ci, -che> **I.** *m, f* Arzt *m*/Ärztin *f*; ...

Homonyme

Hochgestellte arabische Ziffern machen gleich geschriebene Wörter mit unterschiedlicher Bedeutung kenntlich.

Kiefer^{1} ['ki:fɐ] <-s, -> *m* (ANAT) mascella *f*
Kiefer^{2} <-, -n> *f* (BOT) pino *m*

nettare^{1} ['nɛttare] *m* Göttertrank *m*, Nektar *m*
nettare^{2} [net'ta:re] *vt* reinigen, putzen

2. Aufbau der Wörterbucheinträge

Römische Ziffern

Römische Ziffern untergliedern ein Stichwort in verschiedene Wortarten und Verben in transitiven, intransitiven und reflexiven Gebrauch.

seitdem [zaɪt'deːm] **I.** *adv* da allora **II.** *konj* da quando
seitlich **I.** *adj* laterale **II.** *adv* lateralmente, di lato **III.** *prp +gen* a lato di

schermire [sker'miːre] <schermisco> **I.** *vt* schützen **II.** *vi* fechten **III.** *vr* **-rsi da qc** sich vor etw *dat* schützen; (*fig*) etw abwehren

Arabische Ziffern

Arabische Ziffern kennzeichnen die unterschiedlichen Bedeutungen eines Stichworts innerhalb einer Wortart.

Ebene ['eːbənə] <-, n> *f* ① (*flaches Land*) pianura *f* ② (*fig: Niveau*) livello *m;* **auf gleicher ~ mit** allo stesso livello di ③ (MAT) piano *m*

fornace [for'naːtʃe] *f* ① (TEC) Brennofen *m* ② (*stabilimento*) Ziegelei *f* ③ (*fig: luogo caldo*) Backofen *m fam*

Beispiele

Anwendungsbeispiele, Redewendungen, Sprichwörter und mehrgliedrige Ausdrücke folgen nach den verschiedenen Bedeutungen eines Stichworts.

Redewendungen und Sprichwörter, die keiner Grundbedeutung des Stichworts zuzuordnen sind, werden im italienischen Teil mit dem Zusatz *loc* unter einer gesonderten arabischen Ziffer aufgeführt.

frasca ['fraska] <-sche> *f* ① (*fronda*) Zweig *m* ② (*d'osteria*) Schild *nt,* Laubgebinde *nt* ③ (*loc*) **saltare di palo in ~** (*fig*) Gedankensprünge machen

Erklärende Zusätze

Sowohl in der Ausgangs- als auch in der Zielsprache können erklärende Zusätze Bedeutung und Anwendung eines Worts näher bestimmen:
- in Klammern stehende Zusätze für Synonyme und Definitionen, für typische Subjekte und Objekte und andere Erklärungen
- Fachgebietsangaben, besonders wenn verschiedene Bedeutungen unterschieden werden
- Angaben zur regionalen Verbreitung zur Markierung aller Wörter, Bedeutungen und Wendungen, die einem regionalen Gebrauch unterliegen
- Stilangaben zur Markierung aller Wörter, Bedeutungen und Wendungen, die keiner neutralen Stilebene angehören
- rhetorische Angaben, wenn eine besondere Sprechhaltung markiert wird

Das Abkürzungsverzeichnis im hinteren Buchdeckel enthält eine vollständige Liste der Markierungen.

3. Grammatische Informationen

Substantive

Bei Substantiven wird grundsätzlich das Geschlecht (Genus) angegeben.

Unregelmäßige Pluralformen sind in Spitzklammern angegeben.

Globus ['glo:bʊs] <- *o* -ses, Globen *o* Globusse> *m* globo *m,* mappamondo *m*

camposanto [kampo'santo] <campisanti> *m* Friedhof *m*

Bei Substantiven, bei denen sowohl die maskuline als auch die feminine Form angegeben wird, wird zuerst die Genitivform Singular und die Pluralform der Maskulinform, dann, durch ein Semikolon getrennt, die Pluralform der Femininform angegeben.

Lehrer(in) <-s, -; -, -nen> *m(f)* insegnante *mf;* …

Bei Substantiven, die nur im Singular verwendet werden, steht *sing* im italienischen Teil und *klein Pl* im deutschen Teil.

Leichtfertigkeit <-> *kein Pl. f* leggerezza *f;* …

salvo[1] ['salvo] *msing* **in** ~ in Sicherheit

Adjektive und Adverbien

Adjektive sind in ihrer unflektierten Form angegeben. Besitzt das deutsche Adjektiv keine unflektierte Form, wird es nach dem Muster *erste(r, s)* dargestellt.

obere(r, s) ['o:bərə, -rɐ, -rəs] *adj* superiore, [più] alto, -a

Bei italienischen Adjektiven auf *-o* wird auch die feminine Form angegeben.

biologico, -a [bio'lɔ:dʒiko] *agg* biologisch

Unveränderliche Adjektive werden mit <inv> gekennzeichnet.

beiderlei ['baɪdɐ'laɪ] <inv> *adj* di entrambe le specie; …

blu [blu] **I.** <inv> *agg* blau; …

Unregelmäßige Steigerungsformen und solche mit morphologischen Besonderheiten werden in spitzen Klammern angegeben.

rot [roːt] <-er *o* röter, -este *o* röteste> *adj* rosso; …

bene[1] ['bɛːne] <meglio, benissimo *o* ottimamente> *avv* gut, wohl; …

Verben

Die grammatischen Angaben *vt, vi, vr* kennzeichnen ein Stichwort als Verb. Wird ein Verb in mehreren dieser Konstruktionsmöglichkeiten gebraucht, ist der Eintrag in der Regel mit römischen Ziffern untergliedert.

zu|decken I. *vt* **etw** [**mit etw**] ~ [ri]coprire qc [di qc] **II.** *vr* **sich** ~ coprirsi

scolorare [skolo'raːre] **I.** *vt avere* ausbleichen **II.** *vr* **-rsi** verbleichen

Unmittelbar auf das Stichwort folgen in spitzen Klammern die Angaben zu unregelmäßigen Verbformen. Es werden im Deutschen die 3. Person Singular Präsens und Imperfekt sowie das Partizip Perfekt angegeben.

lesen ['leːzən] <liest, las, gelesen> …

Ein feiner Strich kennzeichnet die abtrennbare Vorsilbe bei unfest zusammengesetzten deutschen Verben.

zusammen|arbeiten *vi* collaborare, cooperare

Im Italienischen werden die 1. Person Singular Präsens und *Passato Remoto* sowie das Partizip Perfekt angegeben.

essere[1] ['ɛssere] <sono, fui, stato> …
fare[1] ['faːre] <faccio, feci, fatto> …

In der Regel werden diese Formen noch einmal an alphabetischer Stelle als Verweis auf den Infinitiv aufgenommen, wenn sie alphabetisch nicht unmittelbar neben dieser Form stehen würden.

sono ['soːno] *1. pers sing pr di* **essere**[1]
faccio ['fattʃo] *1. pers sing pr di* **fare**[1]

Bei den Verben, die die zusammengesetzten Zeiten nicht ausschließlich mit *haben – avere* bilden, steht nach der Wortartangabe der Zusatz *sein – essere* bzw. *haben o sein – avere o essere*.

saltare [sal'taːre] **I.** *vi essere o avere* ① (*gener*) springen; ... **II.** *vt avere* ① (*ostacolo*) überspringen; ...

In Fällen, wo *haben* oder *sein* mit einem Unterschied in der Konstruktionsweise oder der Bedeutung verbunden ist, steht die Angabe jeweils vor der Differenzierung.

laufen ['laʊfən] <läuft, lief, gelaufen> **I.** *vi sein* ① (*rennen*) correre; ... **II.** *vt* ① *sein* (*Strecke, Runden*) fare, percorrere; ... ② *haben* **sich** *dat* **Blasen** ~ farsi venire le vesciche camminando ...

Präpositionen

Ist eine Präposition ein Stichwort, wird im Deutschen der von ihr regierte Kasus angegeben.

angesichts *prp +gen* considerato, in considerazione di

Bei Präpositionen wie *an, auf, hinter, in, neben, über, unter, vor* und *zwischen*, die den Dativ oder den Akkusativ regieren, werden beide Kasus angegeben.

unter ['ʊntɐ] *prp +acc o dat* ① (*räumlich*) sotto; ...

4. Deutsche Rechtschreibung

Dieses Wörterbuch berücksichtigt die Neuregelung der deutschen Rechtschreibung mit den vom Rat für deutsche Rechtschreibung vorgeschlagenen Änderungen, gültig seit 01.08.2006.

Aa

A

a *abbr di* **anno** J.

a [a] <al, allo, all', alla, ai, agli, alle> *prep* ① *(stato in luogo)* in +*dat,* auf +*dat; (vicino a)* an +*dat,* bei +*dat,* zu +*dat;* **al mare** am Meer; **al mercato** auf dem Markt; **a Trieste** in Triest; **sono a casa** ich bin zu Hause; **a dieci chilometri da Torino** zehn Kilometer von Turin entfernt; **a pagina cinque** auf Seite fünf ② *(moto a luogo)* in +*akk,* auf +*akk,* an +*akk,* nach +*dat,* zu +*dat;* **al mare** ans Meer; **al mercato** auf den Markt; **a Trieste** nach Triest ③ *(tempo)* in +*dat,* zu +*dat; (con riferimento all'ora)* um +*akk;* **a domani** bis morgen; **a marzo** im März; **a mezzogiorno** am Mittag; **due volte al giorno** zweimal am Tag; **alle sette** um sieben [Uhr]; **al venerdì** freitags; **dall'oggi al domani** von heute auf morgen ④ *(con prezzo)* zu +*dat* ⑤ *(complemento di termine) si traduce con il dativo;* **lo regalo a Giuseppe** ich schenke es Giuseppe *dat* ⑥ *(età)* **a vent'anni** mit zwanzig Jahren ⑦ *(proposizione finale)* **andare a ballare** tanzen gehen; **andare a nuotare** schwimmen gehen ⑧ GASTR **cotoletta alla milanese** Schnitzel nach Mailänder Art ⑨ *(mezzo)* **lavorare a macchina** mit der Maschine arbeiten; **a cavallo** zu Pferd; **a piedi** zu Fuß ⑩ *(velocità)* **correre a cento chilometri l'ora** hundert [Stundenkilometer] fahren, mit hundert [Stundenkilometern] fahren ⑪ MAT **due al quadrato** zwei zum Quadrat, zwei hoch zwei ⑫ *(loc)* **a uno a uno** einzeln; **a due a due** paarweise, zu zweit

A, a [a] <-> *f* A *nt,* a *nt;* **dall'a alla zeta** von A bis Z; **a come Ancona** A wie Anton

A ① *abbr di* **Austria** A ② *abbr di* **autostrada** A ③ *abbr di* **ampère** A

a/v *abbr di* **a vista** bei [*o* nach] Sicht; **pagabile ~** nach Sicht zahlbar

Aarau ['a:rau] *f* Aarau *nt*

AAST *abbr di* **Azienda Autonoma di Soggiorno e Turismo** *italienischer Fremdenverkehrsverein*

AA.VV. *abbr di* **Autori Vari** verschiedene Autoren

abaco ['a:bako] <-chi> *m* HIST, ARCH Abakus *m,* Rechenbrett *nt*

abate [a'ba:te] *m* Abt *m*

abat-jour [aba'ʒu:r] <-> *m* Lampenschirm *m; (lampada)* Lampe *f* mit Schirm

abbacchiare [abbak'kia:re] **I.** *vt (fig)* entmutigen **II.** *vr* **-rsi** niedergeschlagen [*o* betrübt] werden

abbacchiato [abbak'kia:to] *agg* niedergeschlagen

abbacchio [ab'bakkio] <-cchi> *m* LAZIO Lamm[fleisch] *nt*

abbacinamento [abbatʃina'mento] *m* ① *(abbagliamento)* Blendung *f* ② *(fig: inganno, illusione)* Verblendung *f,* Täuschung *f*

abbacinare [abbatʃi'na:re] *vt* ① *(abbagliare)* blenden ② *(fig: illudere)* verblenden, täuschen

abbaco ['abbako] *v.* **abaco**

abbagliamento [abbaʎʎa'mento] *m* ① *(abbacinamento)* Blendung *f* ② *(fig: sbaglio)* Verwirrung *f*

abbagliante [abbaʎ'ʎante] *agg (luce)* blendend

abbaglianti [abbaʎ'ʎanti] *mpl* AUTO Fernlicht *nt*

abbagliare [abbaʎ'ʎa:re] *vt essere* ① *(luce)* blenden ② *(fig: ingannare)* verwirren

abbaglio [ab'baʎʎo] <-gli> *m* Versehen *nt,* Fehler *m;* **prendere un ~** einen Fehler machen

abbaiare [abba'ia:re] *vi* bellen; **~ alla luna** *(fig)* den Mond anbellen

abbaino [abba'i:no] *m* Dachfenster *nt; (soffitta)* Mansarde *f*

abbaio [abba:io] <-ai> *m* Gebell *nt,* Bellen *nt*

abbandonare [abbando'na:re] **I.** *vt* ① *(lasciare)* verlassen; *(non aiutare)* im Stich lassen ② *(per trascuratezza)* vernachlässigen ③ *(rinunciare a)* aufgeben ④ *(reclinare)* sinken lassen ⑤ *(allentare)* lockern, loslassen, auslassen A **II.** *vr* **-rsi** *(a. fig)* sich gehen lassen; **-rsi a un vizio** sich einem Laster hingeben

abbandonato, -a [abbando'na:to] *agg* verlassen; *(trascurato)* vernachlässigt; **~ a sé stesso** sich *dat* selbst überlassen; **a briglie -e** ungezügelt

abbandono [abban'do:no] *m* ① *(l'abbandonare)* Verlassen *nt* ② *(trascuratezza)* Vernachlässigung *f;* **cadere in ~** vernachlässigt werden; *(casa)* verfallen; *(giardino)* verwildern ③ *(rinuncia)* Aufgabe *f* ④ *(rilassamento)* Hingabe *f;* **in un momento di ~** in einem schwachen Augenblick

abbarbagliamento [abbarbaʎʎa'mento] *m* Blendung *f*

abbarbagliare [abbarbaʎ'ʎa:re] *vt* blenden

abbarbicare [abbarbi'ka:re] **I.** *vi* Wurzeln

A

schlagen **II.** *vr* **-rsi** ① BOT Wurzeln schlagen ② *(fig: radicarsi)* Wurzeln schlagen, sich festsetzen, Fuß fassen

abbarbicarsi [abbarbi'karsi] *vr* ① BOT Wurzeln schlagen ② *(fig: radicarsi)* Fuß fassen

abbassalingua [abbassa'liŋgua] <-> *m* MED [Zungen]spachtel *m*

abbassamento [abbassa'mento] *m (di prezzi)* Senkung *f; (di temperatura)* Sinken *nt; (di voce)* Senken *nt; (d'intensità)* Abschwächen *nt*

abbassare [abbas'sa:re] **I.** *vt* ① *(mettere più in basso)* niedriger machen; *(finestrino)* aufmachen ② *(prezzo, voce, temperatura)* senken; *(radio)* leiser stellen; *(tasto)* drücken; *(bandiera)* einholen; ~ **i fari** abblenden; ~ **gli occhi** den Blick senken; ~ **le armi** *(fig)* die Waffen strecken; ~ **la cresta** *(fig)* klein beigeben **II.** *vr* **-rsi** *(chinarsi)* sich bücken; *(fig: umiliarsi)* sich erniedrigen; *(calare)* sinken; *(barometro, temperatura)* fallen; *(sole)* sich neigen

abbasso [ab'basso] *avv (stato)* unten; *(moto)* herunter, hinunter; ~ **…!** nieder mit …!

abbastanza [abbas'tantsa] **I.** *avv* ① *(a sufficienza)* genug; **averne ~ di qu/qc** von jdm/etw genug haben ② *(alquanto)* ziemlich **II.** *agg inv (a sufficienza)* genug, genügend

abbattere [ab'battere] **I.** *vt* ① *(alberi)* fällen, schlägern A; *(muri)* einreißen ② *(uccidere)* töten; *(bestie al macello)* schlachten; *(selvaggina)* erlegen ③ *(aereo)* abschießen ④ *(fig: prostrare)* niederschlagen; *(malattia)* niederwerfen ⑤ *(fig: rovesciare)* stürzen **II.** *vr* **-rsi** *(cadere di schianto)* [auf]prallen; *(piombare addosso)* prallen; *(fig: accasciarsi)* niedergeschlagen sein

abbattimento [abbatti'mento] *m* ① *(di alberi)* Fällen *nt,* Schlägern *nt* A; *(di case)* Abriss *m* ② *(di bestie al macello)* Schlachten *nt; (di selvaggina)* Erlegen *nt* ③ *(di aereo)* Abschuss *m* ④ *(fig: prostrazione)* Niedergeschlagenheit *f; (da malattia)* Schwächung *f* ⑤ *(fig: rovesciamento)* Umsturz *m*

abbattitore, -trice [abbatti'to:re] *m, f* Holzfäller(in) *m(f),* Holzhacker(in) *m(f)* A

abbazia [abbat'tsi:a] <-ie> *f* Abtei *f*

abbaziale [abbat'tsia:le] *agg* Abtei-, Abt-

abbecedario [abbetʃe'da:rio] <-i> *m* Fibel *f,* Abc-Buch *nt*

abbellimento [abbelli'mento] *m* ① *(il rendere più bello)* Verschönerung *f* ② *(ornamento)* Verzierung *f,* Aufputz *m* A ③ MUS Koloratur *f*

abbellire [abbel'li:re] <abbellisco> **I.** *vt* ① *(rendere più bello)* verschönern ② *(ornare)* verzieren, schmücken ③ *(fig: racconto)* ausschmücken **II.** *vr* **-rsi** sich schön machen

abbeveraggio [abbeve'raddʒo] <-ggi> *m* Tränken *nt*

abbeverare [abbeve'ra:re] **I.** *vt* tränken **II.** *vr* **-rsi** seinen Durst stillen, trinken

abbeveratoio [abbevera'to:io] <-oi> *m* Tränke *f*

abbi ['abbi], **abbia** ['abbia] *conj di* **avere**

abbiccì [abbit'tʃi] <-> *m* ① *(alfabeto)* Abc *nt* ② *(sillabario)* Fibel *f* ③ *(fig: primi elementi)* Abc *nt,* Grundbegriffe *mpl*

abbiente [ab'biɛnte] **I.** *agg* wohlhabend **II.** *mf* Begüterte(r) *f(m);* **i non -i** die Mittellosen

abbietto [ab'biɛtto] *v.* **abietto**

abbigliamento [abbiʎʎa'mento] *m* [Be]kleidung *f; (indumenti)* Kleidungsstücke *ntpl*

abbigliare [abbiʎ'ʎa:re] **I.** *vt* kleiden **II.** *vr* **-rsi** sich kleiden

abbinamento [abbina'mento] *m* Kopp[e]lung *f,* Verbindung *f; (di colori, abiti)* Kombination *f*

abbinare [abbi'na:re] *vt* koppeln, verbinden; *(di colori, abiti)* kombinieren

abbindolamento [abbindola'mento] *m* Umgarnung *f,* Täuschung *f,* Betrug *m*

abbindolare [abbindo'la:re] *vt* an der Nase herumführen

abbindolatore, -trice [abbindola'to:re] *m, f* Schwindler(in) *m(f),* Betrüger(in) *m(f)*

abbioccato, -a [abbiok'ka:to] *agg* müde

abbiocco [ab'biɔkko] <-cchi> *m (fam)* Müdigkeitsanfall *m*

abbisognare [abbizoɲ'ɲa:re] *vi* ~ **di qc** etw brauchen

abboccamento [abbokka'mento] *m* Unterredung *f*

abboccare [abbok'ka:re] **I.** *vt* TEC zusammenstecken **II.** *vi* ① *(pesce, a. fig)* anbeißen ② TEC *(combaciare)* ineinanderpassen **III.** *vr* **-rsi** eine Unterredung haben

abboccato, -a [abbok'ka:to] *agg* ① *(vino)* vollmundig ② *(persona)* beim Essen nicht wählerisch, nicht heikel A

abboccatura [abbokka'tu:ra] *f* ① *(di tubi)* Anschluss *m* ② *(di recipienti)* Öffnung *f*

abbonamento [abbona'mento] *m* ① *(a un giornale, a teatro)* Abonnement *nt;* **fare l'~ a qc** etw abonnieren ② *(ferroviario, tranviario)* Dauerkarte *f* ③ *(prezzo)* Bezugspreis *m*

abbonare [abbo'na:re] **I.** *vt* ① *(defalcare)* erlassen ② *(fig: perdonare)* ~ **qc a qu** jdm etw vergeben ③ *(fare un abbona-*

mento) abonnieren; ~ **qu a una rivista** für jdn eine Zeitschrift abonnieren **II.** *vr* **-rsi a un giornale** eine Zeitung abonnieren

abbonato, -a [abbo'na:to] **I.** *agg* abonniert; **essere ~ a un giornale** eine Zeitung abonniert haben **II.** *m, f* Abonnent(in) *m(f)*; ~ **al teatro** Theaterabonnent *m*; ~ **al telefono** Fernsprechteilnehmer *m*; ~ **alla TV** Fernsehteilnehmer *m*

abbondante [abbon'dante] *agg* reichlich, üppig; *(vestito)* weit; **tre metri -i** gut drei Meter

abbondanza [abbon'dantsa] *f* Überfluss *m*, Fülle *f*; **in ~** im Überfluss

abbondare [abbon'da:re] *vi* ① *(essere in grande quantità)* im Überfluss vorhanden sein ② *(eccedere)* ~ **in qc** mit etw übertreiben; ~ **di** reichlich enthalten

abbonire [abbo'ni:re] **I.** *vt* ① *(persona)* besänftigen ② *(terreno)* verbessern, aufbereiten **II.** *vr* **-rsi** sich beruhigen

abbono [ab'bɔ:no] *v.* **abbuono**

abbordabile [abbor'da:bile] *agg* ① *(spesa)* tragbar ② *(persona)* zugänglich

abbordaggio [abbor'daddʒo] <-ggi> *m* ① NAUT Entern *nt* ② *(fig: approccio)* Annäherungsversuch *m*

abbordare [abbor'da:re] *vt* ① NAUT entern ② *(fam: persona)* ansprechen, anmachen *fam* ③ *(fig: affrontare)* angehen, in Angriff nehmen

abbordo [ab'bordo] *m* Annäherung *f*; **di facile ~** zugänglich

abborracciamento [abborrattʃa'mento] *m* Schludrigkeit *f*

abborracciare [abborrat'tʃa:re] *vt* pfuschen, schludern

abborracciatore, -trice [abborrattʃa'to:re] *m, f* Pfuscher(in) *m(f)*

abborracciatura [abborrattʃa'tu:ra] *f* Pfusch *m*, Schluderarbeit *f*

abborraccione, -a [abborrat'tʃo:ne] *m, f* Schludrian *m*, Pfuscher(in) *m(f)*

abbottonare [abbotto'na:re] **I.** *vt* zuknöpfen **II.** *vr* **-rsi** *(fig fam)* sich verschließen

abbottonato, -a [abbotto'na:to] *agg (a. fig fam)* zugeknöpft

abbottonatura [abbottona'tu:ra] *f* ① *(chiusura)* Zuknöpfen *nt* ② *(serie di bottoni)* Knopfreihe *f*

abbozzare [abbot'tsa:re] *vt* ① *(disegno, romanzo)* skizzieren, entwerfen ② *(fig: accennare)* andeuten; ~ **un sorriso** ein Lächeln andeuten

abbozzo [ab'bɔttso] *m* Skizze *f*, Entwurf *m*; ~ **di legge** JUR Gesetzentwurf

abbracciare [abbrat'tʃa:re] **I.** *vt* ① *(con le braccia)* umarmen ② *(fig: contenere)* umfassen ③ *(fig: causa)* vertreten; *(fede)* sich bekennen zu **II.** *vr* **-rsi** sich umarmen

abbraccio [ab'brattʃo] <-cci> *m* Umarmung *f*

abbrancare [abbraŋ'ka:re] **I.** *vt* fest anpacken **II.** *vr* **-rsi a qc** sich an etw *akk* [an]klammern

abbreviamento [abbrevia'mento] *m* [Ab]kürzung *f*

abbreviare [abbre'via:re] *vt* [ab]kürzen, [ver]kürzen

abbreviativo, -a [abbre'via'ti:vo] *agg* kürzend, Kürzungs-

abbreviatura [abbrevia'tu:ra] *f* [Ab]kürzung *f*

abbreviazione [abbreviat'tsio:ne] *f (riduzione)* [Ab]kürzung *f*

abbrivare [abbri'va:re] **I.** *vt* NAUT beschleunigen **II.** *vi* Fahrt aufnehmen

abbrivo [ab'bri:vo] *m* ① NAUT Fahrt *f*; **prendere l'~** in Fahrt [*o* Schwung] kommen ② *(fig: spinta)* Anstoß *m*; **dare l'~** den Anstoß geben

abbronzante [abbron'dzante] **I.** *agg* bräunend **II.** *m* Bräunungsmittel *nt*

abbronzare [abbron'dza:re] **I.** *vt* ① *(metalli)* bronzieren ② *(epidermide)* bräunen **II.** *vr* **-rsi** sich bräunen

abbronzato, -a [abbron'dza:to] *agg* braun [gebrannt]

abbronzatura [abbrondza'tu:ra] *f* ① *(atto)* Bräunen *nt* ② *(effetto)* Bräune *f*

abbruciacchiare [abbrutʃak'kia:re] *vt* ansengen, versengen

abbrunare [abbru'na:re] **I.** *vt* mit [einem] Trauerflor [*o* Trauerrand] versehen **II.** *vr* **-rsi** Trauerkleidung tragen

abbrustolimento [abbrustoli'mento] *m* Rösten *nt*, Röstung *f*

abbrustolire [abbrusto'li:re] <abbrustolisco> **I.** *vt* rösten **II.** *vr* **-rsi** *(scherz: al sole)* sich rösten

abbrutimento [abbruti'mento] *m* Verrohung *f*

abbrutire [abbru'ti:re] <abbrutisco> *vt, vr* **-rsi** verrohen

abbruttire [abbrut'ti:re] <abbruttisco> **I.** *vt avere* hässlich machen **II.** *vi essere* hässlich werden

abbuffarsi [abbuf'farsi] *vr (fam)* reinhauen

abbuffata [abbuf'fa:ta] *f* Völlerei *f*; **fare un'~** sich vollstopfen

abbuiare [abbu'ia:re] **I.** *vt* ① *(oscurare)* verdunkeln ② *(fig: mettere a tacere)* verschleiern **II.** *vr* **-rsi** *(oscurarsi)* sich verdunkeln; *(fig: incupirsi)* sich verdüstern

abbuonare [abbuo'na:re] *v.* **abbonare**

abbuono [ab'buɔ:no] *m (di prezzo)* Nachlass *m*, Rabatt *m*

abburattare [abburat'ta:re] *vt* beuteln

abdicare [abdi'ka:re] *vi* abdanken

abdicazione [abdikat'tsio:ne] *f* Abdankung *f;* **l'~ a una missione** der Rücktritt von einem Auftrag; **~ al trono** Thronverzicht *m*

aberrazione [abberrat'tsio:ne] *f* Abweichung *f;* **~ morale** Fehltritt *m;* **~ mentale** MED geistige Verwirrung

abetaia [abe'ta:ia] <-aie> *f* Tannenwald *m*

abete [a'be:te] *m* Tanne *f;* **~ bianco** Edeltanne *f;* **~ rosso** Fichte *f*

abiettezza [abiet'tettsa] *f* Gemeinheit *f,* Verworfenheit *f*

abietto, -a [a'biɛtto] *agg* gemein, niederträchtig

abiezione [abiet'tsio:ne] *f* Gemeinheit *f,* Niederträchtigkeit *f*

abile ['a:bile] *agg* ① *(idoneo,* MIL tauglich; **essere ~ al lavoro pesante** zu schwerer Arbeit tauglich sein ② *(esperto)* fähig; **~ negli affari** geschäftstüchtig ③ *(accorto)* gewandt, geschickt

abilità [abili'ta] <-> *f* Geschicklichkeit *f,* Fähigkeit *f*

abilitante [abili'tante] *agg* befähigend, qualifizierend; **esame ~** Befähigungsprüfung *f,* Qualifikationsprüfung *f;* **corso ~** Befähigungsprüfung *m,* Qualifikationskurs *m*

abilitare [abili'ta:re] **I.** *vt* befähigen **II.** *vr* **-rsi** sich qualifizieren

abilitato, -a [abili'ta:to] **I.** *agg* geprüft, zugelassen **II.** *m, f* [Lehr]berechtigte(r) *f(m)*

abilitazione [abilitat'tsio:ne] *f* Befähigung *f,* Qualifizierung *f;* **~ all'insegnamento** Lehrbefähigung *f*

abissale [abis'sa:le] *agg* ① *(degli abissi marini)* Tiefsee- ② *(fig: profondo)* abgrundtief

abisso [a'bisso] *m (a. fig)* Abgrund *m; (grande differenza)* Unterschied *m* wie Tag und Nacht

abitabile [abi'ta:bile] *agg* bewohnbar

abitabilità <-> *f* Bewohnbarkeit *f;* **permesso di ~** Baugenehmigung *f*

abitacolo [abi'ta:kolo] *m* MOT Kabine *f;* AERO Cockpit *nt*

abitante [abi'tante] *mf* Einwohner(in) *m(f); (di casa, appartamento)* Bewohner(in) *m(f)*

abitare [abi'ta:re] **I.** *vt* bewohnen **II.** *vi* wohnen; **~ a Firenze** in Florenz wohnen; **~ in campagna** auf dem Land wohnen

abitativo, -a [abita'ti:vo] *agg* Wohn-, Wohnungs-; **edilizia -a** Wohnungsbau *m*

abitato [abi'ta:to] *m* bewohntes Gebiet; *(villaggio)* Ortschaft *f*

abitato, -a *agg* bewohnt; *(popolato)* bevölkert

abitatore, -trice [abita'to:re] *m, f* Bewohner(in) *m(f)*

abitazione [abitat'tsio:ne] *f* Wohnung *f; (casa)* Wohnhaus *nt;* **~ popolare** Sozialwohnung *f;* **~ di proprietà** Eigentumswohnung *f*

abito ['a:bito] *m* Kleidung *f; (da cerimonia)* Gewand *nt; (da donna)* Kleid *nt; (da uomo)* Anzug *m;* **~ borghese** Zivil *nt;* **l'~ non fa il monaco** *(prov)* die Kutte macht noch keinen Mönch; **prendere l'~** *(fig)* ins Kloster gehen

abituale [abitu'a:le] *agg* gewohnt, üblich; **cliente ~** Stammkunde *m/*-kundin *f*

abitualmente [abitual'mente] *avv* gewöhnlich

abituare [abitu'a:re] **I.** *vt* **~ qu a qc** jdn an etw *akk* gewöhnen **II.** *vr* **-rsi a qc** sich an etw *akk* gewöhnen

abituato, -a [abitu'a:to] *agg* gewöhnt; **essere ~ a qc** an etw *akk* gewöhnt sein

abitudinario, -a [abitudi'na:rio] <-i, -ie> **I.** *agg* Gewohnheits- **II.** *m, f* Gewohnheitsmensch *m; (cliente)* Stammkunde *m/*-kundin *f*

abitudine [abi'tu:dine] *f* ① *(consuetudine)* Gewohnheit *f;* **d'~** gewöhnlich ② *(assuefazione)* Gewöhnung *f;* **fare l'~ a qc** sich an etw *akk* gewöhnen

abituro [abi'tu:ro] *m* Hütte *f,* armselige Behausung

abiura [a'biu:ra] *f* ① *(rinunzia)* Abschwörung *f* ② *(ritrattazione)* Zurücknahme *f*

abiurare [abiu'ra:re] *vt* **~ qc** einer Sache *dat* abschwören

ablativo [abla'ti:vo] *m* LING Ablativ *m*

ablazione [ablat'tsio:ne] *f* ① MED Entfernen *nt,* Amputation *f* ② GEOL Ablation *f*

abluzione [ablut'tsio:ne] *f* Waschung *f*

abnegazione [abnegat'tsio:ne] *f* Entsagung *f,* Verzicht *m*

abnorme [ab'nɔrme] *agg* abnorm

abolire [abo'li:re] <abolisco> *vt* abschaffen

abolizione [abolit'tsio:ne] *f* Abschaffung *f*

abolizionismo [abolittsio'nizmo] *m* Abolitionismus *m*

abominare [abomi'na:re] *vt* verabscheuen

abominazione [abominat'tsio:ne] *f* v. **abominio**

abominevole [abomi'ne:vole] *agg* abscheulich

abominio [abo'mi:nio] <-i> *m* ① *(disprezzo)* Abscheu *m o f,* Verabscheuung *f* ② *(cosa, atto)* Scheußlichkeit *f*

aborigeno, -a [abo'ri:dʒeno] **I.** *agg* eingeboren **II.** *m, f* Ureinwohner(in) *m(f)*

aborrimento [aborri'mento] *m* Abscheu *m o f*

aborrire [abor'ri:re] <aborrisco *o* aborro> **I.** *vt* verabscheuen **II.** *vi* sich ekeln; ~ **da qc** sich vor etw *dat* ekeln

abortire [abor'ti:re] <abortisco> *vi* ① *avere* MED abtreiben ② *essere (fig: fallire)* scheitern

abortista [abor'tista] <-i *m*, -e *f*> **I.** *mf* Abtreibungsbefürworter(in) *m(f)* **II.** *agg* Abtreibungs-

aborto [a'bɔrto] *m* ① *(spontaneo)* Fehlgeburt *f* ② *(procurato)* Abtreibung *f* ③ *(fig: persona)* Missgeburt *f*

abracadabra [abraka'da:bra] <-> *m* Abrakadabra *nt*

abrasione [abra'zio:ne] *f* ① *(raschiatura)* Abschaben *nt;* TEC Schmirgeln *nt* ② *(cancellatura)* Radieren *nt; (traccia)* Radierspur *f* ③ GEOL Abrasion *f* ④ *(lesione)* Schürfwunde *f*

abrasivo [abra'zi:vo] *m* Schleifmittel *nt*

abrasivo, -a *agg* Schleif-

abrogare [abro'ga:re] *vt* aufheben

abrogativo, -a [abroga'ti:vo] *agg* aufhebend, außer Kraft setzend

abrogazione [abrogat'tsio:ne] *f* Aufhebung *f*

abrogazionista [abrogattsio'nista] *mf* POL Befürworter(in) *m(f)* einer Gesetzesabschaffung

abruzzese [abrut'tse:se] **I.** *agg* abruzzisch **II.** *mf (abitante)* Bewohner(in) *m(f)* der Abruzzen **III.** *m sing (dialetto)* abruzzischer Dialekt

Abruzzi [a'bruttsi] *pl*, **Abruzzo** [a'bruttso] *m* Abruzzen *pl*

ABS *m abbr di* **Antiblockiersystem** ABS *nt (sistema frenante antibloccaggio)*

abside ['abside] *f* ARCH Apsis *f*

abusare [abu'za:re] *vi* ~ **di** missbrauchen; *(approfittare)* ausnützen

abusivismo [abuzi'vizmo] *m* unerlaubte Tätigkeit; ~ **edilizio** nicht genehmigte Bautätigkeit

abusivista [abuzi'vista] <-i *m*, -e *f*> *mf* Missbrauch betreibende Person

abusività [abuzivi'ta] <-> *f* missbräuchliche Verwendung *f* [*o* Nutzung *f*], Unrechtmäßigkeit *f*

abusivo, -a [abu'zi:vo] **I.** *agg* rechtswidrig, illegal **II.** *m, f* ohne Genehmigung handelnde Person *f*

abuso [a'bu:zo] *m* Missbrauch *m;* ~ **di autorità** Machtmissbrauch *m;* **fare** ~ **di un cibo** von etw zu viel essen; ~ **di sostanze stupefacenti** Drogenmissbrauch *m*

a.C. *abbr di* **avanti Cristo** v. Chr.

acacia [a'ka:tʃa] <-cie> *f* Akazie *f*

acagiù [aka'dʒu] <-> *m* Mahagoni *nt*

acanto [a'kanto] *m* Akanthus *m*

acaro ['a:karo] *m* Milbe *f*

acattolico, -a [akat'tɔ:liko] <-ci, -che> **I.** *agg* nicht katholisch **II.** *m, f* Nichtkatholik(in) *m(f)*

acaule [a'ka:ule] *agg* stängellos

acca ['akka] <-> *f* ① *(lettera)* H *nt*, h *nt* ② *(fig fam)* **non ... un'~** kein bisschen, nicht die Bohne

accaddi [ak'kaddi] *1. pers sing pass rem di* **accadere**

accademia [akka'dɛ:mia] <-ie> *f* Akademie *f;* ~ **di Belle Arti** Kunstakademie *f;* ~ **musicale** Musikakademie *f*

accademico, -a [akka'dɛ:miko] <-ci, -che> **I.** *agg* ① *(di accademia)* akademisch ② *(fig: astratto)* akademisch, lebensfern **II.** *m, f* Akademiker(in) *m(f)*

accademismo [akkade'mizmo] *m* Akademismus *m; (a. pej)* Formalismus *m*

accademista [akkade'mista] <-i *m*, -e *f*> *mf* MIL Kadett *m*

accadere [akka'de:re] <irr> *vi essere* geschehen, passieren; **che accade?** was ist los?; **accada quel che accada** was auch immer geschehen mag

accaduto [akka'du:to] *m* Ereignis *nt*, Vorfall *m*

accagliare [akkaʎ'ʎa:re] **I.** *vt* gerinnen lassen **II.** *vr* **-rsi** gerinnen

accagliatura [akkaʎʎa'tu:ra] *f* Gerinnung *f*

accalappiacani [akkalappia'ka:ni] <-> *m* Hundefänger(in) *m(f)*

accalappiamento [akkalappia'mento] *m* ① *(cattura)* Einfangen *nt* ② *(fig: lusinga)* Umgarnen *nt; (inganno)* Hereinlegen *nt*

accalappiare [akkalap'pia:re] *vt* ① *(catturare)* einfangen ② *(fig: circuire)* umgarnen; *(ingannare)* hereinlegen

accalappiatore, -trice [akkalappia'to:re] *m, f* ① *(accalappiacani)* Hundefänger(in) *m(f)* ② *(fig: ingannatore)* Bauernfänger(in) *m(f)*, Betrüger(in) *m(f)*

accalcare [akkal'ka:re] **I.** *vt* zusammendrängen **II.** *vr* **-rsi** sich [eng] zusammendrängen

accaldarsi [akkal'darsi] *vr* ① *(riscaldarsi)* sich erhitzen ② *(fig: eccitarsi)* sich erhitzen

accaloramento [akkalora'mento] *m* Erhitzen *nt*

accalorarsi [akkalo'rarsi] *vr* sich erhitzen

accampamento [akkampa'mento] *m* Lager *nt*

accampare [akkam'pa:re] **I.** *vt* ① *(sotto tende)* lagern ② *(fig: scuse, ragioni)* vor-

A

bringen; *(diritti)* erheben **II.** *vr* **-rsi** [sich] lagern

accanimento [akkani'mento] *m* ① Verbissenheit *f; (odio)* Erbitterung *f* ② MED **~ terapeutico** Lebensverlängerung *f* mit allen Mitteln

accanirsi [akka'nirsi] <mi accanisco> *vr* ① *(infierire)* **~ [contro qu/qc]** sich [gegen jdn/etw] erbittern ② *(ostinarsi)* **~ [in qc]** sich [in etw *akk*] verbohren

accanito, -a [akka'ni:to] *agg* ① *(discussione)* verbissen ② *(fumatore)* stark; *(lavoratore)* eifrig

accanto [ak'kanto] **I.** *avv* daneben; *(casa)* nebenan **II.** *prep* **~ a** *(stato in luogo)* neben *+dat; (moto a luogo)* neben *+akk* **III.** *agg inv* [von] nebenan

accantonamento [akkantona'mento] *m* ① *(di merci)* Einlagerung *f* ② COM *(di utili)* Zurücklegen *nt* ③ MIL Einquartierung *f* ④ *(fig: il rimandare)* Aufschub *m*

accantonare [akkanto'na:re] *vt* ① *(merci)* einlagern ② COM *(utili)* zurücklegen ③ MIL *(truppe)* einquartieren ④ *(fig: rimandare)* aufschieben

accaparramento [akkaparra'mento] *m* Aufkaufen *nt; (di generi razionati)* Hamstern *nt*

accaparrare [akkapar'ra:re] **I.** *vt* aufkaufen; *(generi razionati)* hamstern **II.** *vr* **-rsi qc** sich *dat* etw sichern

accaparratore, -trice [akkaparra'to:re] *m, f* Aufkäufer(in) *m(f); (di generi razionati)* Hamsterer *m*/Hamsterin *f*

accapigliarsi [akkapiʎ'ʎarsi] *vr* sich *dat* in die Haare geraten

accapo [ak'ka:po] *avv* **andare ~** eine neue Zeile beginnen

accappatoio [akkappa'to:io] <-oi> *m* Bademantel *m*

accapponare [akkappo'na:re] *vt* schaudern lassen; **mi si accappona la pelle** ich bekomme eine Gänsehaut

accarezzamento [akkarettsa'mento] *m* Zärtlichkeit *f; (con la mano)* Streicheln *nt*, Liebkosung *f*

accarezzare [akkare'tsa:re] *vt* ① *(con la mano)* streicheln ② *(fig: lusingare)* **~ qu/qc** jdm/etw schmeicheln; **~ qu con lo sguardo** jdn zärtlich ansehen ③ *(fig: vagheggiare)* liebäugeln mit; *(speranza)* hegen

accartocciare [akkartot'tʃa:re] **I.** *vt* zusammenrollen **II.** *vr* **-rsi** sich zusammenrollen

accasare [akka'sa:re] **I.** *vt* verheiraten **II.** *vr* **-rsi** heiraten, einen Hausstand gründen

accasato, -a [akka'sa:to] *agg* ① *(sposato)* verheiratet ② SPORT gesponsert

accasciamento [akkaʃʃa'mento] *m* Niedergeschlagenheit *f*, Bedrückung *f*

accasciare [akkaʃ'ʃa:re] **I.** *vt* bedrücken, niederschlagen **II.** *vr* **-rsi** ① *(lasciarsi cadere)* zusammensinken, zusammenbrechen ② *(fig: avvilirsi)* verzagen, den Mut verlieren

accasciarsi [akkaʃ'ʃarsi] *vr* ① *(lasciarsi cadere)* in sich zusammensinken ② *(fig: avvilirsi)* verzagen

accasciato, -a [akkaʃ'ʃa:to] *agg* ① *(spossato)* entkräftet ② *(fig: demoralizzato)* entmutigt, niedergeschlagen

accasermare [akkaser'ma:re *o* akkazer'ma:re] *vt* kasernieren

accastellare [akkastel'la:re] *vt* aufhäufen, aufschichten

accatastabile [akkatas'ta:bile] *agg* ① *(ammucchiabile)* stapelbar ② *(registrabile al catasto)* ins Grundbuch eintragbar; **bene ~** ins Grundbuch eintragbare Immobilie

accatastamento [akkatasta'mento] *m* ① *(atto)* Stapeln *nt* ② *(effetto)* Stapel *m*

accatastare [akkatas'ta:re] *vt* ① *(disporre a catasta)* stapeln, aufschichten; *(fig: ammucchiare)* anhäufen ② *(registrare al catasto)* ins [*o* in den] Kataster eintragen

accattabrighe [akkatta'bri:ge] <-> *mf* Streithahn *m*

accattare [akkat'ta:re] *vt* betteln um; *(fig)* zusammensuchen

accattivante [akkatti'vante] *agg* einnehmend, gewinnend; **una proposta ~** ein interessanter Vorschlag; **un sorriso ~** ein gewinnendes Lächeln

accattivare [akkatti'va:re] *vt, vr* **-rsi** erwerben, gewinnen

accatto [ak'katto] *m* Schnorren *nt fam*, Betteln *nt;* **campare d'~** von Almosen leben

accattona *f v.* **accattone**

accattonaggio [akkatto'naddʒo] <-ggi> *m* Schnorrerei *f fam*, Bettelei *f*

accattone, -a [akkat'to:ne] *m, f* Schnorrer(in) *m(f) fam*, Bettler(in) *m(f)*

accavallamento [akkavalla'mento] *m* Verschränkung *f*

accavallare [akkaval'la:re] **I.** *vt* *(gambe)* übereinanderschlagen; *(maglie)* verschränken **II.** *vr* **-rsi** sich zusammenballen; *(fig)* sich überschlagen, sich überstürzen

accecamento [attʃeka'mento] *m* ① *(di persone)* Erblinden *nt* ② *(di finestre)* Zumauern *nt* ③ *(fig: offuscamento)* Verblendung *f*

accecare [attʃe'ka:re] **I.** *vt avere* ① *(persone)* blenden, blind machen ② *(finestre)* zumauern ③ *(abbagliare)* blenden ④ *(fig:*

offuscare) verblenden **II.** *vi essere* erblinden, blind werden

accedere [at'tʃɛ:dere] <accedo, accedei *o* accedetti, accesso> *vi* ① *essere (entrare)* eintreten; ~ **a qc** etw betreten ② *avere (fig)* ~ **a qc** *(entrare a far parte)* in etw *akk* eintreten; *(aderire)* einer Sache *dat* zustimmen; ~ **a un partito** in eine Partei eintreten

acceleramento [attʃelera'mento] *m* Beschleunigung *f*

accelerare [attʃele'ra:re] **I.** *vt* beschleunigen **II.** *vi* MOT *(andatura)* schneller fahren

accelerata [attʃele'ra:ta] *f* Gasgeben *nt*

accelerato [attʃele'ra:to] *m* FERR Personenzug *m*

accelerato, -a *agg* beschleunigt

acceleratore [attʃelera'to:re] *m* ① MOT Gaspedal *nt* ② PHYS Beschleuniger *m*

accelerazione [attʃelerat'tsio:ne] *f* Beschleunigung *f*

accendere [at'tʃɛndere] <accendo, accesi, acceso> **I.** *vt* ① *(fuoco, sigaretta)* anzünden; **per favore, mi fai ~?** hast du mal bitte Feuer? ② *(conto)* eröffnen; *(ipoteca)* aufnehmen ③ *(apparecchio, luce)* einschalten *fam,* aufdrehen A; *(motore)* anlassen ④ *(fig: animo, cuore)* entflammen; *(sentimenti)* entfachen **II.** *vr* **-rsi** *(prender fuoco)* sich entzünden; *(luce, stufa)* angehen; *(fig: passione)* entflammen

accendigas [attʃendi'gas] <-> *m* Gasanzünder *m*

accendino [attʃen'di:no] *m,* **accendisigari** [attʃendi'si:gari] <-> *m* Feuerzeug *nt;* *(in un veicolo)* Zigarettenanzünder *m*

accenditoio [attʃendi'to:io] <-oi> *m* Anzünder *m*

accenditore [attʃendi'to:re] *m* Zünder *m*

accendo [at'tʃɛndo] *1. pers sing pr di* **accendere**

accennare [attʃen'na:re] **I.** *vt* andeuten **II.** *vi* ① *(fare un cenno)* ein Zeichen geben; ~ **di sì** nicken ② *(dare indizio)* ~ **a qc** etw ankündigen ③ *(alludere)* ~ **a qc** auf etw *akk* anspielen

accenno [at'tʃenno] *m* ① *(cenno)* Wink *m* ② *(indizio)* Hinweis *m;* **un ~ a qc** ein Hinweis auf etw *akk* ③ *(allusione)* Anspielung *f;* **fare ~ a qc** auf etw *akk* hindeuten

accensione [attʃen'sio:ne] *f* ① *(atto dell'accendere)* Anzünden *nt;* TEC Einschalten *nt,* Aufdrehen *nt* A ② *(di motore)* Zündung *f*

accentare [attʃen'ta:re] *vt* betonen; *(fig)* hervorheben

accentazione [attʃentat'tsio:ne] *f* Akzentuierung *f,* Akzentsetzung *f*

accento [at'tʃɛnto] *m* ① LING Akzent *m,* Betonung *f;* ~ **acuto** Akut *m;* ~ **circonflesso** Zirkumflex *m;* ~ **grave** Gravis *m;* **porre l'~ su qc** *(fig)* etw hervorheben ② *(intonazione)* Akzent *m,* Tonfall *m;* *(tono)* Ton *m*

accentramento [attʃentra'mento] *m* Konzentration *f;* POL Zentralisierung *f*

accentrare [attʃen'tra:re] *vt* ① *(riunire)* konzentrieren, zusammenziehen; POL zentralisieren ② *(fig: accumulare)* vereinen ③ *(fig: attirare)* auf sich *dat* ziehen, anziehen

accentratore, -trice [attʃentra'to:re] **I.** *agg* zentralistisch **II.** *m, f* Machtmensch *m*

accentuare [attʃentu'a:re] **I.** *vt* ① *(pronunciare con enfasi)* betonen ② *(fig: rendere evidente)* betonen, hervorheben **II.** *vr* **-rsi** sich verstärken; *(pej)* sich verschlimmern; **la crisi si è accentuata** die Krise hat sich verschärft

accentuazione [attʃentuat'tsio:ne] *f* ① *(messa in rilievo)* Betonung *f* ② *(recrudescenza)* Steigerung *f*

accerchiamento [attʃerkia'mento] *m* Umzingeln *nt;* *(a. fig)* Einkreisen *nt*

accerchiare [attʃer'kia:re] *vt* umzingeln; *(a. fig)* einkreisen

accertabilità [attʃertabili'ta] <-> *f* Nachprüfbarkeit *f*

accertamento [attʃerta'mento] *m* Ermittlung *f,* Ausforschung *f* A, Feststellung *f;* ~ **fiscale** Steuerermittlung *f*

accertare [attʃer'ta:re] **I.** *vt* feststellen, ermitteln, erheben A **II.** *vr* **-rsi** sich vergewissern

accesi [at'tʃe:si] *1. pers sing pass rem di* **accendere**

acceso, -a [at'tʃe:so] **I.** *pp di* **accendere** **II.** *agg* ① *(che brucia)* brennend ② *(in funzione)* eingeschaltet; *(motore a)* laufend ③ *(colore)* lebhaft; **rosso ~** feuerrot ④ *(fig)* erhitzt; ~ **d'ira** wutentbrannt

accessibile [attʃes'si:bile] *agg* ① *(raggiungibile)* zugänglich ② *(comprensibile)* [leicht] verständlich ③ *(persona: alla mano)* zugänglich

accessibilità [attʃessibili'ta] <-> *f* ① *(l'essere accessibile)* Zugänglichkeit *f* ② *(comprensibilità)* Verständlichkeit *f* ③ *(fig: di persone)* Zugänglichkeit *f*

accessione [attʃes'sio:ne] *f* ① POL Beitritt *m* ② *(in biblioteca)* Zugang *m;* **recenti -i** Neuzugänge *mpl*

accesso[1] [at'tʃɛsso] *pp di* **accedere**

accesso[2] *m* ① *(a un luogo)* Zugang *m,* Zutritt *m;* *(di veicoli)* Zufahrt *f;* **divieto di ~** Zutritt verboten ② MED Anfall *m;* ~ **di tosse** Hustenanfall *m;* ~ **d'ira** *(fig)* Wutanfall *m* ③ INFORM Zugriff *m,* Zugang *m;* ~ **a Internet** Internetzugang *m*

accessori [attʃes'sɔːri] *mpl* Zubehör *nt; (dell'abbigliamento)* Accessoires *ntpl*

accessoriato, -a [attʃesso'riaːto] *agg* mit Zubehör [ausgestattet]; **automobile perfettamente -a** Auto *nt* mit allen Extras

accessorio, -a <-i, -ie> *agg* zusätzlich, Zusatz-; *(secondario)* nebensächlich, Neben-

accessorista [attʃesso'rista] <-i *m*, -e *f*> *mf (fabbricante)* Hersteller(in) *m(f)* von Zubehör[teilen]; *(venditore)* Verkäufer(in) *m(f)* von Zubehör[teilen]

accessoristica [attʃesso'ristika] <-che> *f* Zubehörindustrie *f*

accetta [at'tʃetta] *f* Beil *nt,* Hacke *f* A; **tagliato con l'~** *(fig)* grobschlächtig; **darsi l'~ sui piedi** *(fig)* sich *dat* ins eigene Fleisch schneiden

accettabile [attʃet'taːbile] *agg* akzeptabel, annehmbar

accettabilità [attʃettabili'ta] <-> *f* Annehmbarkeit *f,* Akzeptabilität *f*

accettante [attʃet'tante] *mf* Akzeptant *m,* Bezogene(r) *f(m)*

accettanza [attʃet'tantsa] *f* PHYS Akzeptanz *f*

accettare [attʃet'taːre] *vt* annehmen; *(persona)* aufnehmen; *(fig)* akzeptieren; ~ **una scommessa** eine Wette eingehen; ~ **una sfida** eine Herausforderung annehmen

accettazione [attʃettat'tsioːne] *f* ① *(in consegna)* Annahme *f;* ~ **bagagli/merci** Gepäck-/Warenannahme *f* ② *(in una comunità)* Aufnahme *f* ③ JUR, COM Akzept *nt,* Übernahme *f* ④ *(ufficio)* Empfang *m,* Rezeption *f*

accetto, -a [at'tʃɛtto] *agg* willkommen; *(persona a)* gern gesehen

accezione [attʃet'tsioːne] *f* Bedeutung *f,* Sinn *m*

acchetare [akke'taːre] **I.** *vt (poet)* beruhigen **II.** *vr* **-rsi** sich beruhigen

acchiappa fantasmi [ak'kiappa fan'tazmi] <-> *m* Geisterjäger(in) *m(f)*

acchiappafarfalle [akkiappafar'falle] <-> *m* Schmetterlingsnetz *nt*

acchiappamosche [akkiappa'moske] <-> *m* ① *(per catturare mosche)* Fliegenfänger *m; (schiacciamosche)* Fliegenklatsche *f* ② *(fig: fannullone)* Tagedieb *m*

acchiappare [akkiap'paːre] *vt* fangen, erwischen

acchiocciolarsi [akkiottʃo'larsi] *vr* sich kauern

acchito [ak'kiːto] *m (fig)* **di primo ~** auf Anhieb

acciaccare [attʃak'kaːre] *vt* ① *(ammaccare)* verbeulen ② *(pestare)* zerquetschen ③ *(fam: debilitare)* mitnehmen

acciaccato, -a [attʃak'kaːto] *agg* ① *(ammaccato)* verbeult ② *(fam: indebolito)* mitgenommen, kaputt

acciaccatura [attʃakka'tuːra] *f* MED Beule *f; (contusione)* Quetschung *f*

acciacco [at'tʃakko] <-cchi> *m* Beschwerden *fpl,* Gebrechen *ntpl*

acciaiare [attʃa'iaːre] *vt* verstählen

acciaiatura [attʃaia'tuːra] *f* Verstählung *f*

acciaieria [attʃaie'riːa] <-ie> *f* Stahlwerk *nt*

acciaio [at'tʃaːio] <-ai> *m* Stahl *m;* **avere nervi d'~** Nerven wie Drahtseile haben; **occhi d'~** eiskalter Blick; *(penetranti)* durchdringender Blick; **una tempra d'~** *(fig)* eine eiserne Konstitution

acciaiolo [attʃa'iɔːlo] *m* Wetzstahl *m*

acciarino [attʃa'riːno] *m* Feuerstein *m;* **battere l'~** Feuer schlagen

accidempoli [attʃi'dɛmpoli] *int (fam)* Donnerwetter!

accidentaccio [attʃiden'takkio] **I.** *int* verdammter Mist **II.** *m* <-> Schlamassel *m;* **un ~ di situazione** eine verdammt blöde Situation

accidentale [attʃiden'taːle] *agg* ① *(casuale)* zufällig ② *(accessorio)* nebensächlich

accidentalità [attʃidentali'ta] <-> *f* ① *(casualità)* Zufälligkeit *f* ② *(del terreno)* Unebenheit *f*

accidentato, -a [attʃiden'taːto] *agg* ① MED gelähmt ② *(terreno)* uneben; *(strada)* holprig

accidente [attʃi'dɛnte] *m* ① *(evento fortuito)* Zufall *m* ② *(disgrazia)* Unglücksfall *m;* **mandare un ~ a qu** *(fam)* jdm die Pest an den Hals wünschen; **gli venisse un ~!** *(fam)* der Schlag soll ihn treffen! ③ MED Schlag[anfall] *m* ④ *(loc)* **non … un ~** *(fam)* nicht die Spur; **non m'importa un ~** *(fam)* ich scher' mich einen Teufel drum; **-i!** *(fam)* zum Donnerwetter [nochmal]!

acciderba [attʃi'dɛrba] *int (fam)* zum Donnerwetter [nochmal]!

accidia [at'tʃiːdia] <-ie> *f* Unlust *f*

accidioso, -a [attʃi'dioːso] *agg* unlustig, träge

accigliarsi [attʃiʎ'ʎarsi] *vr* die Stirn runzeln

accingersi [at'tʃindʒersi] <irr> *vr* ~ **a fare qc** sich anschicken, etw zu tun

acciocché [attʃok'ke] *cong +conj* damit, auf dass

acciottolare [attʃotto'laːre] *vt* ① *(strada)* pflastern ② *(stoviglie)* scheppern mit, klappern mit

acciottolato [attʃiotto'la:to] *m* Steinpflaster *nt*
acciottolio [attʃiotto'li:o] <-ii> *m* Scheppern *nt,* [Teller]klappern *nt*
accipicchia [attʃi'pikkia] *int (fam)* zum Donnerwetter [nochmal]!, verflixt [nochmal]!
acciuffare [attʃuf'fa:re] **I.** *vt* erwischen **II.** *vr* **-rsi** sich *dat* in die Haare geraten
acciuga [at'tʃu:ga] <-ghe> *f* ① *(alice)* Sardelle *f;* **stare pigiati come -ghe** wie die Ölsardinen zusammengedrängt sein ② *(fig: persona magra)* Hering *m;* **secco come un'~** dünn wie ein Hering
acclamare [akkla'ma:re] **I.** *vt* ① *(applaudire)* applaudieren; **~ qu** jdm Beifall spenden ② *(eleggere)* durch Zuruf wählen **II.** *vi* [zu]jubeln
acclamazione [akklamat'tsio:ne] *f* Zuruf *m;* **per ~** durch Zuruf
acclimatare [akklima'ta:re] **I.** *vt* akklimatisieren **II.** *vr* **-rsi** sich akklimatisieren
acclimatarsi [akklima'tarsi] *vr* sich akklimatisieren
acclimatazione [akklimatat'tsio:ne] *f* Akklimatisierung *f*
accludere [ak'klu:dere] <accludo, acclusi, accluso> *vt* beifügen, beilegen
accluso, -a [ak'klu:zo] *agg* beigefügt, anbei; **~ alla lettera invio ...** anbei [*o* als Anlage] übersende ich ...
accoccolarsi [akkokko'larsi] *vr* sich zusammenkauern
accodare [akko'da:re] **I.** *vt* hintereinanderstellen **II.** *vr* **-rsi** *(disporsi in fila)* sich in einer Reihe aufstellen; *(fig: seguire passivamente)* sich anschließen
accogliente [akkoʎ'ʎɛnte] *agg (casa, gesto)* einladend; *(persona)* gastfreundlich
accoglienza [akkoʎ'ʎɛntsa] *f* Empfang *m*
accogliere [ak'kɔʎʎere] <irr> *vt* ① *(persone)* aufnehmen, empfangen ② *(consiglio)* annehmen; *(domanda)* aufnehmen ③ *(contenere)* fassen, aufnehmen
accoglimento [akkoʎʎi'mento] *m* Aufnahme *f*
accollacciato, -a [akkollat'tʃa:to] *agg* hochgeschlossen
accollare [akkol'la:re] **I.** *vt* **~ qc a qu** *(fig)* jdm etw aufhalsen, jdm etw aufbürden **II.** *vr* **-rsi** auf sich nehmen
accollato, -a [akkol'la:to] *agg* hochgeschlossen
accollatura [akkolla'tu:ra] *f* Halsausschnitt *m*
accollo [ak'kɔllo] *m* ① ARCH Vorsprung *m* ② JUR Schuldübernahme *f*
accolsi [ak'kɔlsi] *1. pers sing pass rem di* **accogliere**
accolta [ak'kɔlta] *f* Versammlung *f*
accoltellare [akkoltel'la:re] *vt* erstechen; *(ferire)* niederstechen
accoltellatore, -trice [akkoltella'to:re] *m, f* Messerstecher(in) *m(f)*
accolto [ak'kɔlto] *pp di* **accogliere**
accomandante [akkoman'dante] *m* JUR, COM Kommanditist *m*
accomandatario [akkomanda'ta:rio] <-i> *m* Komplementär *m*
accomandita [akko'mandita] *f* Kommanditgesellschaft *f*
accomiatare [akkomia'ta:re] **I.** *vt* verabschieden **II.** *vr* **-rsi** sich verabschieden
accomodamento [akkomoda'mento] *m* JUR Vergleich *m;* **venire** [*o* **giungere**] **ad un ~** zu einem Vergleich kommen
accomodante [akkomo'dante] *agg* anpassungswillig; *(accondiscendente)* entgegenkommend
accomodare [akkomo'da:re] **I.** *vt* ① *(aggiustare)* reparieren, ausbessern; *(guasto)* beheben ② *(riordinare)* [her]richten, aufräumen ③ *(fig: sistemare)* in Ordnung bringen, erledigen; *(debito)* begleichen; *(lite)* beilegen **II.** *vr* **-rsi** ① *(mettersi a proprio agio)* es sich *dat* bequem machen; *(sedersi)* Platz nehmen; **prego, si accomodi!** nehmen Sie doch bitte Platz! ② *(accordarsi)* sich einigen
accomodatura [akkomoda'tu:ra] *f* Ausbesserung *f*
accomodazione [akkomodat'tsio:ne] *f* Akkommodation *f*
accompagnamento [akkompaɲɲa'mento] *m* ① *(l'accompagnare)* Begleitung *f;* **~ funebre** Totengeleit *nt* ② *(l'essere aggiunto)* **lettera di ~** Begleitbrief *m* ③ JUR **ordine di ~** Vorführungsbefehl *m* ④ MUS **musica d'~** Begleitmusik *f* ⑤ ADM *(pensione)* Pflege- und Betreuungsrente *f*
accompagnare [akkompaɲ'ɲa:re] **I.** *vt* ① *(andare insieme)* begleiten; **~ un morto** einem Verstorbenen das letzte Geleit geben ② *(unire)* beifügen ③ JUR vorführen ④ MUS **~ qu al** [*o* **con il**] **violino** jdn auf der Violine begleiten **II.** *vr* **-rsi** ① MUS sich begleiten ② *(prendere come compagno)* **-rsi a qu** sich zu jdm gesellen
accompagnatore, -trice [akkompaɲɲa'to:re] *m, f* Begleiter(in) *m(f);* **~ turistico** Reiseleiter *m*
accompagnatoria [akkompaɲɲa'tɔ:ria] <-ie> *f* ADM Begleitbrief *m*
accompagnatorio, -a [akkompaɲɲa'tɔ:rio] <-i, -ie> *agg* Begleit-
accompagnatrice *f v.* **accompagnatore**
accomunare [akkomu'na:re] *vt* verbinden

A

acconciamento [akkontʃa'mento] *m* Aufmachung *f*

acconciare [akkon'tʃa:re] *vt* ① *(accomodare)* herrichten; *(letto)* machen ② *(sistemare)* erledigen, regeln ③ *(persone)* zurechtmachen

acconciatura [akkontʃa'tu:ra] *f* ① *(pettinatura)* Frisur *f* ② *(ornamento)* Haarschmuck *m*

acconcio, -a [ak'kontʃo] <-ci, -ce> *agg* *(idoneo)* geeignet; *(opportuno)* angebracht

accondiscendere [akkondiʃ'ʃendere] <irr> *vi* ~ **a qc** auf etw *akk* eingehen

acconsentimento [akkonsenti'mento] *m* Zustimmung *f*

acconsentire [akkonsen'ti:re] *vi* ~ [**a qc**] [einer Sache *dat*] zustimmen, [in etw *akk*] einwilligen; ~ **a un progetto** auf einen Plan eingehen; **acconsento che lui parta** ich erlaube ihm zu gehen

acconsenziente [akkonsen'tsiɛnte] *agg* zustimmend

accontentamento [akkontenta'mento] *m* Befriedigung *f*, Zufriedenstellen *nt*

accontentare [akkonten'ta:re] **I.** *vt* zufrieden stellen **II.** *vr* **-rsi** sich begnügen; **-rsi di qc** sich mit etw zufriedengeben

acconto [ak'konto] *m* Anzahlung *f*, Angabe *f* A; **ritenuta d'~** Steuervorauszahlung *f*; **in ~** als Anzahlung

accoppare [akkop'pa:re] **I.** *vt* erschlagen; *(fig)* übel zurichten **II.** *vr* **-rsi** *(fam)* draufgehen

accoppiamento [akkoppia'mento] *m* ① *(accostamento)* Zusammenstellung *f*, Verbindung *f* ② TEC Kopp[e]lung *f* ③ *(tra persone)* Beischlaf *m*; *(tra animali)* Paarung *f*

accoppiare [akkop'pia:re] **I.** *vt* ① *(accostare)* zusammenstellen; *(a. fig)* verbinden ② *(fig)* TEC koppeln ③ *(animali)* paaren **II.** *vr* **-rsi** *(persone)* sich [körperlich] vereinigen; *(animali)* sich paaren

accoppiata [akkop'pia:ta] *f* Doppelwette *f*

accoppiato, -a [akkop'pia:to] *agg* verbunden; TEC gekoppelt; **quei due sono bene -i** die beiden passen gut zusammen

accoramento [akkora'mento] *m* Beklommenheit *f*; *(dolore profondo)* tiefer Kummer

accorare [akko'ra:re] **I.** *vt* zutiefst betrüben **II.** *vr* **-rsi** betrübt sein; **-rsi per qc** sich *dat* etw zu Herzen nehmen

accorciamento [akkortʃa'mento] *m* Kürzung *f*

accorciare [akkor'tʃa:re] **I.** *vt* ① *(abbreviare)* abkürzen, verkürzen; *(percorso)* abkürzen; *(distanza)* verringern ② *(abito)* kürzen, kürzer machen **II.** *vr* **-rsi** kürzer werden; *(distanza)* sich verringern

accorciativo [akkortʃa'ti:vo] *m* LING Kurzform *f*

accorciatura [akkortʃa'tu:ra] *f* Kürzung *f*

accordare [akkor'da:re] **I.** *vt* ① *(concedere)* gewähren; ADM bewilligen ② *(conciliare)* versöhnen ③ *(fig: armonizzare)* [miteinander] in Einklang bringen; *(colori)* [aufeinander] abstimmen ④ MUS stimmen **II.** *vr* **-rsi** *(persone)* sich einigen; *(fig: colori)* zusammenpassen

accordatore, -trice [akkorda'to:re] *m, f* Stimmer(in) *m(f)*

accordatura [akkorda'tu:ra] *f* Stimmen *nt* [von Instrumenten]

accordo [ak'kɔrdo] *m* ① *(concordia)* Einigkeit *f*; *(in vertenze)* Einigung *f*; **come d'~** wie vereinbart; **di comune ~** im Einvernehmen; **mettersi d'~** sich einigen ② *(fig: armonia)* Einklang *m*; **andare d'~** sich verstehen; **essere d'~** einverstanden sein; **d'~!** einverstanden! ③ *(patto)* Abkommen *nt*; **venire a un ~** zu einer Einigung kommen ④ MUS Akkord *m*

accorgersi [ak'kɔrdʒersi] <mi accorgo, mi accorsi, accorto> *vr* ~ **di qc** etw [be]merken

accorgimento [akkordʒi'mento] *m* ① *(avvedutezza)* Umsicht *f* ② *(espediente)* Kniff *m*

accorpamento [akkorpa'mento] *m* ADM Zusammenlegung *f*

accorpare [akkor'pa:re] *vt* ADM zusammenlegen; ~ **dipartimenti** Abteilungen eingliedern

accorrere [ak'korrere] <irr> *vi essere* herbeieilen

accorsi [ak'kɔrsi] *1. pers sing pass rem di* **accorgersi**

accortezza [akkor'tettsa] *f* Umsicht *f*

accorto, -a [ak'kɔrto] **I.** *pp di* **accorgersi** **II.** *agg* aufmerksam; *(astuto)* klug

accosciarsi [akkoʃ'ʃarsi] *vr* in die Hocke gehen

accostabile [akkos'ta:bile] *agg* erreichbar; *(persona)* zugänglich

accostamento [akkosta'mento] *m* ① *(avvicinamento)* Annäherung *f* ② *(fig: adesione)* Anschluss *m*

accostare [akkos'ta:re] **I.** *vt* näher stellen [*o* legen]; *(porta, imposte)* anlehnen; *(avvicinare)* nähern; ~ **qu** jdm näher kommen; ~ **la sedia alla parete** den Stuhl an die Wand rücken **II.** *vr* **-rsi** ① *(avvicinarsi)* **-rsi a qu/qc** sich jdm/etw nähern ② *(fig)* **-rsi a qc** sich an etw *akk* annähern; **-rsi ai Sacramenti** die Sakramente empfangen

accostata [akkos'taːta] *f* NAUT Kursänderung *f*

accosto [ak'kɔsto] *avv* daneben, dabei; **~ a** neben *+dat; (moto)* neben *+akk*

accostumare [akkostu'maːre] **I.** *vt* gewöhnen (**a** an *+akk*) **II.** *vr* **-rsi** sich gewöhnen (**a** an *+akk*)

accotonare [akkoto'naːre] *vt* ① *(tessili)* aufrauen ② *(capelli)* toupieren

account [ə'kaunt] *m* INFORM Benutzerkonto *nt*

account executive [ə'kaunt ig'zekjutiv] <- *o* accounts executive> *mf* Kontakter(in) *m(f)*; **fare l'~** kontakten

accounting manager [ə'kauntiŋ 'manadʒer] <- *o* accounting managers> *mf* Account Manager(in) *m(f)*

accovacciarsi [akkovat'tʃarsi] *vr* sich kauern

accozzaglia [akkot'tsaʎʎa] <-glie> *f (pej)* Haufen *m; (di cose)* Mischmasch *m fam*

accozzamento [akkottsa'mento] *m* bunte Mischung

accozzare [akkot'tsaːre] *vt* zusammenwürfeln

accrebbi [ak'krebbi] *1. pers sing pass rem di* **accrescere**

accreditamento [akkredita'mento] *m* ① *(avvaloramento)* Bestätigung *f* ② COM Gutschrift *f*; **~ in conto** Verrechnung *f* ③ *(di un diplomatico)* Akkreditierung *f*

accreditante [akkredi'tante] *agg* beglaubigend

accreditare [akkredi'taːre] *vt* ① *(avvalorare)* glaubhaft machen ② COM gutschreiben ③ *(diplomatico)* akkreditieren

accreditario, -a [akkredi'taːrio] <-i, -ie> *m, f* Kreditnehmer(in) *m(f)*

accreditato, -a [akkredi'taːto] *agg (noticia)* glaubwürdig; *(giornalista)* akkreditiert

accredito [ak'kreːdito] *m* Gutschrift *f*

accrescere [ak'kreʃʃere] <irr> *vt* vermehren, anwachsen lassen

accrescimento [akkreʃʃi'mento] *m* ① *(aumento)* Anwachsen *nt*, Zunahme *f*, Erhöhung *f* ② BIOL *(crescita, sviluppo)* Wachstum *nt*

accrescitivo [akkreʃʃi'tiːvo] *m* LING Vergrößerungsform *f*

accrescitivo, -a *agg* steigernd, wachstumsfördernd

accresciuto [akkreʃʃuːto] *pp di* **accrescere**

accresco [ak'kresko] *1. pers sing pr di* **accrescere**

accucciarsi [akkut'tʃarsi] *vr (cane)* sich hinlegen, kuschen

accudire [akku'diːre] <accudisco> **I.** *vt* pflegen, versorgen; *(bambino a)* beaufsichtigen **II.** *vi* **~ a qc** sich einer Sache *dat* widmen

acculturare [akkultu'raːre] **I.** *vt* akkulturieren **II.** *vr* **-rsi** eine fremde Kultur übernehmen

acculturato, -a [akkultu'raːto] *agg* akkulturiert, kultiviert; **civiltà -a** akkulturierte Zivilisation

acculturazione [akkulturat'tsioːne] *f* Akkulturation *f*; **processo di ~** Akkulturationsprozess *m*

accumulare [akkumu'laːre] **I.** *vt* anhäufen **II.** *vr* **-rsi** sich häufen

accumulatore [akkumula'toːre] *m* Akkumulator *m*

accumulatorista [akumulato'rista] <-i *m*, -e *f*> *mf* Hersteller(in) *m(f)*/Installateur(in) *m(f)* von Akkumulatoren

accumulazione [akkumulat'tsioːne] *f* Anhäufung *f*

accumulo [ak'kuːmulo] *m* ① *(accumulazione)* Anhäufung *f* ② GEOL Akkumulation *f*

accuratezza [akkura'tettsa] *f* Sorgfalt *f*

accurato, -a [akku'raːto] *agg* akkurat, genau, sorgfältig

accusa [ak'kuːza] *f* ① *(attribuzione di colpa)* Beschuldigung *f*, Anschuldigung *f* ② JUR Anklage *f*; **pubblica ~** Staatsanwaltschaft *f* ③ *(in giochi di carte)* Meldung *f*

accusare [akku'zaːre] *vt* ① *(incolpare)* beschuldigen; **~ qu di qc** jdn einer Sache *gen* beschuldigen ② JUR anklagen ③ *(palesare)* äußern, vorbringen; *(lasciar scorgere)* erkennen lassen, zeigen ④ ADM bestätigen ⑤ *(sentire)* **~ mal di testa** über Kopfschmerzen klagen

accusata *f v.* **accusato**

accusativo [akkuza'tiːvo] *m* LING Akkusativ *m*

accusato, -a [akku'zaːto] **I.** *agg* angeklagt **II.** *m, f* Angeklagte(r) *f(m)*

accusatore, -trice [akkuza'toːre] *m, f* ① *(chi accusa)* Ankläger(in) *m(f)* ② JUR Kläger(in) *m(f)*; *(magistrato)* Staatsanwalt *m*/-anwältin *f*

accusatorio, -a [akkuza'tɔːrio] <-i, -ie> *agg* anklagend, Anklage-

accusatrice *f v.* **accusatore**

ace [eis] *m* SPORT Ass *nt*; **fare** [**un**] **~** ein Ass schlagen

acefalia [atʃefa'liːa] <-ie> *f* MED Kopflosigkeit *f*

acellulare [atʃellu'laːre] *agg* BIOL zellenlos

acerbità [atʃerbi'ta] <-> *f* ① *(a. fig: asprezza)* Schärfe *f*, Herbheit *f* ② *(immaturità)* Unreife *f*

acerbo, -a [a'tʃɛrbo] *agg* ① *(immaturo)* un-

A

reif ② *(aspro)* sauer ③ *(fig: dolore)* bitter, herb; *(punizione)* hart

acero ['a:tʃero] *m* Ahorn *m*

acerrimo, -a [a'tʃɛrrimo] *agg* ① *superlativo di* **acre** ② *(fig: irriducibile)* erbittert

acescenza [atʃeʃ'ʃɛntsa] *f* Sauerwerden *nt*

acetabolo [atʃe'ta:bolo] *m* ANAT [Hüft]gelenkpfanne *f*

acetato [atʃe'ta:to] *m* Azetat *nt*

acetico, -a [a'tʃɛ:tiko] <-ci, -che> *agg* essigsauer

acetile [atʃe'ti:le] *m* Acetyl *nt*

acetilene [aceti'lɛ:ne] *m* CHEM Acetylen *nt*

acetire [atʃe'ti:re] *vi essere* zu Essig werden

aceto [a'tʃe:to] *m* Essig *m;* **cetriolini sott'~** Essiggurken *fpl;* **mettere sott'~** in Essig einlegen

acetobatterio [atʃetobatte'ri:o] <-ri> *m* CHEM Essigbakterie *f*

acetone [atʃe'to:ne] *m* Aceton *nt*

acetosa [atʃe'to:sa] *f* [großer] Sauerampfer *m*

acetosella [atʃeto'sɛlla] *f* [kleiner] Sauerampfer *m;* **sale di ~** Kleesalz *nt*

acetoso, -a [atʃe'to:so] *agg* sauer

achillea [akil'lɛ:a] *f* Schafgarbe *f*

ACI ['a:tʃi] *m* ① *abbr di* **Automobile Club d'Italia** ≈ ADAC *m* ② *abbr di* **Azione Cattolica Italiana** *italienischer Katholikenverband*

aciclico, -a [a'tʃi:kliko] <-ci, -che> *agg* azyklisch

acidificare [atʃidifi'ka:re] **I.** *vt* säuern **II.** *vi* sauer werden

acidificazione [atʃidifikat'tsio:ne] *f* Säurebildung *f*

acidità [atʃidi'ta] <-> *f* ① *(asprezza)* Säure *f* ② *(fig: mordacità)* Bissigkeit *f* ③ CHEM Säuregrad *m,* Acidität *f* ④ MED **~ di stomaco** Sodbrennen *nt*

acid music ['æsid 'mju:zik] <-> *f* Acid *m*

acido ['a:tʃido] *m* Säure *f;* **resistente agli -i** säurebeständig

acido, -a *agg* ① *(aspro)* sauer ② *(fig: mordace)* bissig; *(critica a)* beißend, raß A

acidulo, -a [a'tʃi:dulo] *agg* säuerlich

acino ['a:tʃino] *m (chicco d'uva)* [Wein]beere *f*

acme ['akme] *f (fig)* MED Höhepunkt *m*

acne ['akne] *f* MED Akne *f*

aconcettuale [akkontʃet'tua:le] *agg* akonzeptuell; **arte ~** akonzeptuelle Kunst

aconcettualità [akkontʃettuali'ta] <-> *f* Akonzeptualität *f*

aconfessionale [akonfessio'na:le] *agg* konfessionslos

aconfessionalità [akonfessionali'ta] <-> *f* Konfessionslosigkeit *f*

acostituzionale [akostituttsio'na:le] *agg* verfassungswidrig

acqua ['akkua] *f* ① *(gener)* Wasser *nt;* **~ alta** Hochwasser; **~ benedetta** Weihwasser; **~ corrente** fließendes Wasser; **~ dolce** Süßwasser; **~ minerale** Mineralwasser; **~ morta** stehendes Gewässer; **~ ossigenata** Wasserstoffsuperoxyd *nt;* **~ potabile** Trinkwasser; **~ ragia** Terpentin *nt;* **~ salata** Salzwasser; **~ tonica** Tonic *nt;* **~ da bere** Trinkwasser; **~ di Colonia** Kölnischwasser; **~ del sindaco** *(scherz)* Gänsewein *m scherz;* **essere all'~ e sapone** *(fig)* natürlich aussehen ② *pl (massa)* Gewässer *ntpl; (termale)* Thermalquellen *fpl,* [Thermal]bad *nt;* **-e bianche** Regenwasser; **-e nere** Abwässer *ntpl;* **-e territoriali** Hoheitsgewässer *ntpl;* **cura delle -e** Trinkkur *f* [mit Heilwasser]; **intorbidare le -e** *(fig)* absichtlich Verwirrung stiften; **navigare in cattive -e** *(fig)* in der Klemme sitzen ③ *(fig)* **calmare le -e** die Wogen glätten; **un buco nell'~** ein Schlag ins Wasser; **tirare l'~ al proprio mulino** sich einen Vorteil verschaffen; **~ in bocca!** still!, kein Wort darüber!; **è ormai ~ passata** das ist Schnee von gestern; **sentirsi come un pesce fuor d'~** sich wie ein Fisch auf dem Trockenen fühlen; **fare ~ da tutte le parti** überall undicht sein; *(fig: argomento)* hinken ④ *(prov)* **~ cheta rovina i ponti** stille Wasser sind tief

acqua-aria [akkua'a:ria] *agg inv* Wasser-Luft-; **missile ~** Wasser-Luft-Rakete *f*

acquacoltura [akkuakol'tu:ra] *f* Aquakultur *f*

acquacolturista [akkuakoltu'rista] <-i *m,* -e *f*> *mf* Spezialist(in) *m(f)* für Aquakultur

acquaforte [akkua'fɔrte] <acqueforti> *f* Radierung *f*

acquafortista [akkuafor'tista] <-i *m,* -e *f*> *mf* Kupferstecher(in) *m(f)*

acquagym [akkua'dʒi:m] *f* Wassergymnastik *f*

acquaio [ak'kua:io] <-quai> *m* Ausguss *m,* Spülstein *m*

acquaiolo, -a [akkua'iɔ:lo] **I.** *agg* Wasser- **II.** *m, f* Wasserträger(in) *m(f)*

acquamarina [akkuama'ri:na] <acquemarine> *f* Aquamarin *m*

acquanauta [akkua'na:uta] <-i *m,* -e *f*> *mf* Aquanaut(in) *m(f),* Unterwasserforscher(in) *m(f)*

acquapark [akkua'park] <-> *m* Erlebnisbad *nt*

acquaplano [akkua'pla:no] *m* Surfbrett *nt*

acquaragia [akkua'ra:dʒa] <-ge> *f* Terpentin *nt*

acquarellare [akkuarel'la:re], **acquarello** [akkua'rɛllo] *v.* **acquerellare, acquerello**
acquario [ak'kua:rio] <-i> *m* ① *(edificio)* Aquarium *nt* ② ASTR **Acquario** Wassermann *m;* **sono Acquario, sono un** [*o* **dell'**]**Acquario** ich bin [ein] Wassermann
acquartieramento [akkuartiera'mento] *m* MIL Einquartierung *f*
acquartierare [akkuartie'ra:re] **I.** *vt* MIL einquartieren **II.** *vr* **-rsi** MIL sich einquartieren
acquasanta [akkua'santa] *f* Weihwasser *nt;* **essere come il diavolo e l'~** wie Hund und Katze sein
acquasantiera [akkuaʃan'tiɛ:ra] *f* Weihwasserbecken *nt*
acquascivolo [akkua'ʃi:volo] *m* [Riesen]-Wasserrutsche *f*
acquascooter [akkua'scu:ter] *m* Jetski® *m*
acquata [ak'kua:ta] *f* ① *(acquazzone)* [Regen]schauer *m* ② NAUT **far l'~** den Trinkwasservorrat auffüllen
acqua-terra [akkua'tɛrra] *agg inv* Wasser-Boden-; **missile ~** Wasser-Boden-Rakete *f*
acquaticità [akkuatitʃi'ta] <-> *f* Aquatizität *f (Neigung sich im Wasser aufzuhalten und zu bewegen)*
acquatico, -a [ak'kua:tiko] <-ci, -che> *agg* Wasser-
acquattarsi [akkuat'tarsi] *vr* sich ducken
acquavite [akkua'vi:te] *f* Schnaps *m,* Branntwein *m;* **~ di vino** ≈ Weinbrand *m;* **~ di lamponi** Himbeergeist *m*
acquazzone [akkuat'tso:ne] *m* Wolkenbruch *m*
acquedotto [akkue'dɔtto] *m* Wasserleitung *f;* HIST Aquädukt *nt*
acqueforti *pl di* **acquaforte**
acquemarine *pl di* **acquamarina**
acqueo, -a ['akkueo] <-ei, -ee> *agg* Wasser-; **vapore ~** Wasserdampf *m*
acquerellare [akkuerel'la:re] *vt* aquarellieren
acquerellista [akkuerel'lista] <-i *m*, -e *f*> *mf* Aquarellmaler(in) *m(f)*
acquerello [akkuer'rɛllo] *m* ① *(tecnica)* Aquarellmalerei *f,* Aquarelltechnik *f* ② *(quadro)* Aquarell *nt* ③ *(vinello)* Tresterwein *m*
acquerugiola [akkue'ru:dʒola] *f* Nieselregen *m,* Sprühregen *m*
acquiescente [akkuieʃ'ʃɛnte] *agg* gefügig, fügsam
acquiescenza [akkuieʃ'ʃɛntsa] *f* Gefügigkeit *f,* Fügsamkeit *f*
acquietare [akkuie'ta:re] **I.** *vt* beruhigen; *(desiderio)* befriedigen; *(ira)* besänftigen **II.** *vr* **-rsi** sich beruhigen
acquifero, -a [ak'kui:fero] *agg* wasserführend; **falda -a** Wasserader *f*
acquirente [akkui'rɛnte] *mf* Käufer(in) *m(f)*
acquisire [akkui'zi:re] <acquisisco> *vt* erwerben; *(abitudine)* annehmen
acquisito, -a [akkui'zi:to] *agg* erworben; *(parente)* angeheiratet
acquisizione [akkuizit'tsio:ne] *f* Erwerb *m,* Erwerbung *f;* **~ ostile** feindliche Übernahme
acquistabile [akkuis'ta:bile] *agg* käuflich, erhältlich
acquistare [akkuis'ta:re] **I.** *vt* ① COM erwerben, kaufen ② *(fig: meriti)* erwerben; *(tempo)* gewinnen; **~ terreno** an Boden gewinnen **II.** *vi* **~ in qc** an etw *dat* zunehmen; **~ in bellezza** schöner werden
acquistato, -a [akkuis'ta:to] *agg* erworben; *(parente)* angeheiratet
acquisto [ak'kuisto] *m* ① COM Erwerb *m,* Kauf *m;* **~ in contanti/a rate** Bar-/Ratenkauf *m;* **fare -i** Einkäufe machen; **potere d'~** Kaufkraft *f;* **bell'~ hai fatto!** *(iron)* da hast du dir ja was [Schönes] eingehandelt! ② *(fig: persona)* Neuzugang *m*
acquitrino [akkui'tri:no] *m* Sumpf *m,* Morast *m*
acquitrinoso, -a [akkuitri'no:so] *agg* sumpfig
acquolina [akkuo'li:na] *f* **far venire a qu l'~ in bocca** jdm den Mund wäss[e]rig machen; **mi viene l'~ in bocca** da läuft mir das Wasser im Mund zusammen
acquosità [akkuosi'ta] <-> *f* Wäss[e]rigkeit *f*
acquoso, -a [ak'kuo:so] *agg* wäss[e]rig
acre ['a:kre] <più acre, acerrimo> *agg* ① *(sapore, odore)* herb, beißend; *(fumo)* beißend ② *(fig: mordace)* bissig; *(critica a)* scharf
acredine [a'krɛ:dine] *f* ① *(asprezza)* Schärfe *f* ② *(fig: mordacità)* Bissigkeit *f*
acrilico, -a [a'kri:liko] <-ci, -che> *agg* Acryl-
acrimonia [akri'mɔ:nia] <-ie> *f* Schärfe *f;* *(rancore)* Bitterkeit *f*
acrimonioso, -a [akrimo'nio:so] *agg* bissig
acrisia [akri'zi:a] <-ie> *f* Kritiklosigkeit *f,* mangelndes Unterscheidungsvermögen
acriticità [akritit∫i'ta] <-> *f* Kritiklosigkeit *f*
acritico, -a [a'kri:tiko] <-ci, -che> *agg* unkritisch
acro ['a:kro] *m (misura)* Morgen *m*
acrobata [a'krɔ:bata] <-i *m*, -e *f*> *mf* [Luft]akrobat(in) *m(f);* *(funambolo)* Seiltänzer(in) *m(f)*
acrobatica [akro'ba:tika] <-che> *f* Akrobatik *f*

A

acrobatico, -a [akro'ba:tiko] <-ci, -che> *agg* akrobatisch; **volo ~** Kunstflug *m*
acrobatismo [akroba'tizmo] *m* Akrobatik *f; (rappresentazione)* Artistik *f*
acrobazia [akrobat'tsi:a] <-ie> *f* akrobatische Übung, Kunststück *nt*
action movie ['ækʃən 'mu:vi] <- *o* action movies> *m* Actionfilm *m*
acufene [aku'fɛ:ne] *m* MED Tinnitus *m*
acuire [aku'i:re] <acuisco> **I.** *vt* zuspitzen; *(a. fig: ingegno)* schärfen **II.** *vr* **-rsi** sich verschärfen; *(situazione a)* sich zuspitzen
aculeato, -a [akule'a:to] *agg* Stech-
aculeo [a'ku:leo] *m* ① ZOO Stachel *m* ② BOT Dorn *m,* Stachel *m*
acume [a'ku:me] *m* Scharfsinn *m; (dell'intelletto)* Schärfe *f*
acuminare [akumi'na:re] *vt* spitzen, schärfen
acustica [a'kustika] <-che> *f* Akustik *f*
acustico, -a [a'kustiko] <-ci, -che> *agg* ① PHYS akustisch; **vibrazione -a** Schallschwingung *f* ② ANAT Gehör-, Hör-
acustoelettricità [akustoelettritʃi'ta] *f* Elektroakustik *f*
acutangolo [aku'taŋgolo] *agg* spitzwink[e]lig
acutezza [aku'tettsa] *f* ① *(acuità)* Schärfe *f; (del suono)* schriller Klang; **~ visiva** Sehschärfe *f* ② *(fig: perspicacia)* Scharfsinnigkeit *f;* **~ di mente** Scharfsinn *m*
acutizzare [akutid'dza:re] *v.* **acuire**
acutizzazione [akutidzat'tsio:ne] *f (a. fig)* Zuspitzung *f*
acuto [a'ku:to] *m* MUS hoher Ton
acuto, -a *agg* ① *(aguzzo,* MAT spitz ② *(vista)* scharf; *(suono)* schrill ③ MED, LING akut; **dolore ~** stechender Schmerz ④ *(penetrante)* heftig, stark; *(freddo)* beißend; *(odore a)* scharf ⑤ *(vivo, struggente)* brennend, heftig ⑥ ARCH **arco a sesto ~** Spitzbogen *m*
ad [ad] *prep* = **a** *vor Vokal; v.* **a**
AD *f abbr di* **Alleanza Democratica** Demokratische Allianz *f*
adagetto [adadʒɛtto] *m* MUS Adagetto *nt*
adagiare [ada'dʒa:re] **I.** *vt* betten, legen **II.** *vr* **-rsi** ① *(distendersi)* sich betten, sich [hin]legen ② *(fig)* sich hingeben, sich überlassen
adagino [ada'dʒi:no] *avv* behutsam
adagio[1] [a'da:dʒo] *avv* ① *(lentamente)* langsam ② *(con cautela)* behutsam ③ MUS adagio
adagio[2] <-gi> *m* MUS Adagio *nt*
adamantino, -a [adaman'ti:no] *agg* ① *(con le proprietà del diamante)* diamanten, Diamant[en]- ② *(fig: splendente)* leuchtend, glänzend, strahlend ③ *(fig: saldo)* hart, fest
adamitico, -a [ada'mi:tiko] <-ci, -che> *agg* **in costume ~** im Adamskostüm
adattabile [adat'ta:bile] *agg* anpassungsfähig
adattabilità [adattabili'ta] <-> *f* Anpassungsfähigkeit *f*
adattamento [adatta'mento] *m* ① *(accomodamento,* BIOL Anpassung *f;* TEC Anpassen *nt* ② *(di un'opera)* Bearbeitung *f* ③ *(fig: adeguamento)* Nachgiebigkeit *f;* **spirito di ~** Anpassungsfähigkeit *f* ④ COM **~ del mercato** Marktanpassung *f*
adattare [adat'ta:re] **I.** *vt* ① *(conformare)* anpassen; **~ un abito a qu** jdm einen Anzug anpassen ② *(cambiare)* umwandeln; *(edificio)* umbauen ③ *(opera)* bearbeiten **II.** *vr* **-rsi** ① *(stare bene)* passen; **si adatta molto a lei** das passt gut zu ihr ② *(adeguarsi)* **-rsi [a qc]** sich [nach etw] richten; **-rsi ai tempi** sich an die Zeit anpassen
adattatore *m* INFORM Adapter *m*
adatto, -a [a'datto] *agg* geeignet; *(momento)* passend; **essere ~ per qc** für etw geeignet sein
addebitamento [addebita'mento] *m* Belastung *f*
addebitare [addebi'ta:re] *vt* ① COM **~ qc a qu** jdn mit etw belasten ② *(fig: incolpare)* zur Last legen
addebito [ad'de:bito] *m* ① COM Belastung *f;* **nota di ~** Lastschrift *f* ② *(fig: accusa)* Beschuldigung *f;* **muovere un ~ a qc/qu** eine Beschuldigung gegen jdn/etw erheben
addenda [ad'dɛnda] *mpl* Addenda *pl*
addendo [ad'dɛndo] *m* MAT Summand *m*
addensamento [addensa'mento] *m* Verdichtung *f; (di eventi)* Anhäufung *f*
addensare [adden'sa:re] **I.** *vt* ① *(rendere denso)* verdichten; *(liquido)* eindicken [lassen] ② *(accumulare)* häufen **II.** *vr* **-rsi** sich verdichten; *(folla)* zusammenströmen; *(nubi)* sich zusammenballen
addentare [adden'ta:re] **I.** *vt* ① *(con i denti)* mit den Zähnen packen ② *(con tenaglie)* mit der Zange packen **II.** *vr* **-rsi** ineinandergreifen
addentellare [addentel'la:re] *vt* mit einer Zahnung versehen
addentellato [addentel'la:to] *m* ① *(in muri)* Zahnung *f* ② *(fig: appiglio)* Anknüpfungspunkt *m*
addentrarsi [adden'trarsi] *vr* ① *(inoltrarsi)* eindringen ② *(fig)* sich vertiefen
addentro [ad'dentro] *avv* im Inneren; **essere ~ in qc** *(fig)* sich in etw *dat* gut auskennen

addestramento [addestra'mento] *m* ① *(di persone)* Ausbildung *f* ② *(di animali)* Dressur *f*
addestrare [addes'tra:re] **I.** *vt* ① *(persone)* ausbilden ② *(animali)* dressieren; *(cani)* abrichten **II.** *vr* **-rsi** sich üben, sich schulen
addestrativo, **-a** [addestra'ti:vo] *agg* Ausbildungs-; **corso** ~ Ausbildungs-/Schulungslehrgang *m*
addestratore, **-trice** [addestra'to:re] *m, f* ① *(di persone)* Ausbilder(in) *m(f)* ② *(di animali)* Dresseur(in) *m(f)*
addetto, **-a** [ad'detto] **I.** *agg (responsabile)* zuständig; **essere ~ a qc** für etw zuständig sein **II.** *m, f* ① *(responsabile)* Zuständige(r) *f(m)*; **vietato l'ingresso ai non -i ai lavori** Zutritt für Unbefugte verboten ② *(impiegato)* Angehörige(r) *f(m)*, Angestellte(r) *f(m)*; ~ **stampa** Pressesprecher *m*
addì [ad'di] *avv* ADM *(obs)* den, am; **Torino, ~ 31 ottobre 2014** Turin, den 31. Oktober 2014
addiaccio [ad'diattʃo] <-cci> *m* ① *(recinto per bestiame)* Pferch *m* ② *(bivacco)* Lager *nt*; **dormire all'~** im Freien übernachten
addice *3. pers sing pr di* **addirsi**
addietro [ad'diɛ:tro] *avv* ① *(luogo)* zurück; **restare ~** zurückbleiben ② *(tempo)* früher; **anni ~** vor Jahren; **tempo ~** früher; **per l'~** in der Vergangenheit ③ *(fig)* **tirarsi ~** einen Rückzieher machen; **lasciare ~** vernachlässigen
addio[1] [ad'di:o] *int* ade, adieu, leb wohl; *(fig)* aus [mit], dahin; **dire ~ al mondo** der Welt den Rücken kehren; **sono stato bocciato e ~ regalo!** ich habe nicht bestanden, und jetzt kann ich das Geschenk vergessen!
addio[2] <-ii> *m* Abschied *m*; **l'ultimo ~** das letzte Geleit
addirittura [addirit'tu:ra] *avv* ① *(perfino)* sogar ② *(veramente)* geradezu
addirsi [ad'dirsi] <si addice> *vr (impersonale)* **qc si addice a qu** etw passt zu jdm; **questo incarico non mi si addice** diese Aufgabe liegt mir nicht
additare [addi'ta:re] *vt (mostrare con il dito)* [mit dem Finger] zeigen [auf +*akk*]
additivare [additi'va:re] *vt* zusetzen, Zusätze hinzufügen
additivazione [additivat'tsio:ne] *f* Hinzufügung *f*
additivo [addi'ti:vo] *m* CHEM Additiv *nt*, Zusatz *m*
additivo, **-a** *agg* additiv, Zusatz-
addivenire [addive'ni:re] <addivengo, addivenni, addivenuto> *vi essere* gelangen (**a** zu), erreichen (**a qc** etw); **~ a un accordo** zu einer Übereinkunft gelangen
addizionale [addittsio'na:le] *agg* zusätzlich, Zusatz-, außertourlich A
addizionare [addittsio'na:re] *vt* addieren, zusammenzählen
addizionatrice [addittsiona'tri:tʃe] *f* Additionsmaschine *f*, Addiermaschine *f*
addizione [addit'tsio:ne] *f* Addition *f*
addobbare [addob'ba:re] *vt* dekorieren, schmücken
addobbatore, **-trice** [addobba'to:re] *m, f* Dekorateur(in) *m(f)*
addobbo [ad'dɔbo] *m* ① *(atto)* Dekorieren *nt*, Schmücken *nt* ② *(ornamenti)* Dekoration *f*, Schmuck *m*
addocilire [addotʃi'li:re] *vt* ① *(pelle)* geschmeidig machen ② *(fig obs: persona)* erweichen
addolcimento [addoltʃi'mento] *m* Süßen *nt*; *(fig)* Milderung *f*
addolcire [addol'tʃi:re] <addolcisco> **I.** *vt* ① *(caffè)* süßen ② *(acciaio, acqua)* enthärten ③ *(fig: mitigare)* mildern **II.** *vr* **-rsi** *(carattere)* sanfter werden; *(tempo)* milder werden
addolcitore [addoltʃi'to:re] *m* [Wasser]enthärter *m*
addolorare [addolo'ra:re] **I.** *vt* betrüben; **~ qu** jdm Schmerz[en] zufügen **II.** *vr* **-rsi per qc** sich über etw *akk* grämen
addome [ad'dɔ:me] *m* ① *(ventre)* Unterleib *m* ② ZOO Hinterleib *m*, Abdomen *nt*
addomesticabilità [addomestikabili'ta] <-> *f* Zähmbarkeit *f*, Domestizierbarkeit *f*
addomesticamento [addomestika'mento] *m* Zähmung *f*, Domestizierung *f*
addomesticare [addomesti'ka:re] *vt* zähmen; *(fig)* bändigen, zähmen
addomesticato, **-a** [addomesti'ka:to] *agg (animale)* domestiziert, gezähmt
addominale [addomi'na:le] *agg* Unterleib[s]-, Bauch-
addominoplastica [addomino'plastika] <-che> *f* MED Bauchdeckenstraffung *f*
addormentare [addormen'ta:re] **I.** *vt* ① *(far dormire)* zum Schlafen bringen; *(medicina, musica)* einschläfern ② MED *(con narcotico)* betäuben, narkotisieren ③ *(fig: intorpidire)* einschläfern **II.** *vr* **-rsi** einschlafen; **mi si è addormentata la mano** mir ist die Hand eingeschlafen; **-rsi in piedi** *(fig)* im Stehen einschlafen
addormentato, **-a** [addormen'ta:to] *agg* ① *(immerso nel sonno)* schlafend ② MED *(con narcotico)* betäubt ③ *(fig: sonnacchioso)* schläfrig, verschlafen ④ *(fig: fiacco)* lahm

A

addossamento [addossa'mento] *m* Aufbürden *nt*
addossare [addos'sa:re] **I.** *vt* ❶ *(porre addosso)* aufbürden ❷ *(accostare)* anrücken; *(appoggiare)* anlehnen ❸ *(fig: imputare)* aufbürden; *(colpa)* anlasten **II.** *vr* **-rsi** ❶ *(appoggiarsi)* sich anlehnen; *(accalcarsi)* sich drängen ❷ *(fig: accollarsi)* sich *dat* aufbürden, auf sich nehmen
addosso [ad'dɔsso] **I.** *avv* am Leib; *(fig)* bei sich +*dat;* **avere ~** *(vestito)* anhaben; *(denaro, libro)* bei sich *dat* haben; **mettere ~** anziehen; **avere il diavolo ~** *(fig)* den Teufel im Leib haben; **piangersi ~** sich selbst bemitleiden; **avere la rabbia ~** *(fig)* eine Wut im Bauch haben; **farsela ~** *(vulg)* sich *dat* ins Hemd machen *fam;* **levarsi qu d'~** *(fig)* sich *dat* jdn vom Halse schaffen **II.** *prep* **~ a** *(stato)* neben +*dat;* *(moto)* neben +*akk;* **andare ~ a due pedoni** zwei Fußgänger anfahren; **mettere le mani ~ a qu** Hand an jdn legen; **dare ~ a qu** *(fig)* jdm widersprechen; **stare ~ a qu** *(fig)* jdm keine Ruhe lassen; **tagliare i panni ~ a qu** *(fig)* jdm am Zeug flicken; **vivere ~ a qu** *(fig)* auf jds Kosten leben
addotto [ad'dɔtto] *pp di* **addurre**
addottorare [addotto'ra:re] **I.** *vt* promovieren **II.** *vr* **-rsi** promovieren
addottrinare [addottri'na:re] **I.** *vt* unterweisen, ausbilden **II.** *vr* **-rsi** sich bilden
addurre [ad'durre] <adduco, addussi, addotto> *vt* anführen, vorbringen
adduzione [addut'tsio:ne] *f* ❶ ANAT Adduktion *f* ❷ TEC Zuleitung *f,* Zufuhr *f*
adeguamento [adegua'mento] *m* Angleichung *f,* Angleichen *nt*
adeguare [ade'gua:re] **I.** *vt* angleichen; **~ gli stipendi ai prezzi** die Löhne an die Preise angleichen **II.** *vr* **-rsi** sich anpassen; **-rsi a qc** sich an etw *akk* anpassen
adeguato, **-a** [ade'gua:to] *agg* angemessen, passend
adempi(u)to [adem'pi:to (adem'piu:to)] *pp di* **adempi(e)re**
adempiere [a'dempiere] <adempio *o* adempisco, adempii, adempiuto *o* adempito> **I.** *vt* *(dovere, desiderio)* erfüllen; *(promessa)* halten **II.** *vr* **-rsi** sich erfüllen
adempimento [adempi'mento] *m* Erfüllung *f*
adempire [adem'pi:re] *v.* **adempiere**
adempisco [adem'pisko] *1. pers sing pr di* **adempi(e)re**
adenotomia [adenoto'mi:a] <-ie> *f* Mandeloperation *f*
adepto, **-a** [a'dɛpto] *m, f* Anhänger(in) *m(f),* Mitglied *nt*
aderente [ade'rɛnte] **I.** *agg* haftend, klebend; *(vestito)* eng anliegend **II.** *mf* Anhänger(in) *m(f);* **~ a una setta** Anhänger(in) einer Sekte
aderenza [ade'rɛntsa] *f* ❶ *(che è aderente)* Haftung *f,* Haftfähigkeit *f* ❷ PHYS Reibung *f* ❸ *gener al pl (fig: conoscenza)* Beziehungen *f pl*
adergere [a'dɛrdʒere] <adergo, adersi, aderto> *(poet)* **I.** *vt* erheben **II.** *vr* **-rsi** sich erheben
aderire [ade'ri:re] <aderisco> *vi* ❶ *(rimanere a contatto)* haften, kleben; *(vestito, scarpa)* anliegen ❷ *(fig: a una proposta)* zustimmen; *(a una richiesta)* nachkommen ❸ *(fig: entrare a far parte)* beitreten
adersi [a'dɛrsi] *1. pers sing pass rem di* **adergere**
aderto [a'dɛrto] *pp di* **adergere**
adescamento [adeska'mento] *m* Ködern *nt*
adescare [adesk'ka:re] *vt (pesci, uccelli, a. fig)* ködern
adesione [ade'zio:ne] *f* ❶ *(aderenza)* Haftung *f;* PHYS Adhäsion *f* ❷ *(fig: consenso)* Zustimmung *f,* Einwilligung *f;* *(a una richiesta)* Nachkommen *nt* ❸ *(a un partito)* Beitritt *m;* **paese candidato all'~** Beitrittskandidat *m*
adesività [adezivi'ta] <-> *f* Haftfähigkeit *f,* Klebrigkeit *f*
adesivo [ade'zi:vo] *m* ❶ *(collante)* Klebstoff *m* ❷ *(autoadesivo)* Aufkleber *m,* Pickerl *nt* A
adesivo, **-a** *agg* klebend, Kleb[e]-; **nastro ~** Klebeband *nt*
adespoto, **-a** [a'dɛspoto] *agg* anonym, namenlos
adesso [a'dɛsso] *avv* ❶ *(in questo momento, ora)* jetzt, nun ❷ *(poco fa)* gerade [eben] ❸ *(tra poco)* [jetzt] gleich
ad honorem [ad o'nɔ:rem] *avv* honoris causa, ehrenhalber; **laurea ~** Ehrendoktorwürde *f*
adiacente [adia'tʃɛnte] *agg* anliegend, angrenzend
adiacenza [adia'tʃɛntsa] *f* Umgebung *f,* Nähe *f*
adibire [adi'bi:re] <adibisco> *vt* ❶ *(usare)* benutzen; **~ una stanza a soggiorno** einen Raum als Wohnzimmer benutzen ❷ *(destinare)* **~ qc a qu** etw für jdn vorsehen
Adige ['a:didʒe] *m* Etsch *f;* **Alto ~** Südtirol *nt*
adipe ['a:dipe] *m* Fett[gewebe] *nt*
adiposità [adiposi'ta] <-> *f* Fettleibigkeit *f*
adiposo, **-a** [adi'po:so] *agg* Fett-, fetthaltig
adirarsi [adi'rarsi] *vr* **~ con qu** jdm zürnen
adirato, **-a** [adi'ra:to] *agg* erzürnt, zornig

adire [a'di:re] <adisco> *vt (tribunale)* anrufen; *(eredità)* antreten; ~ **le vie legali** den Rechtsweg beschreiten
adito ['a:dito] *m* ❶ *(accesso)* Eingang *m,* Zugang *m,* Zutritt *m* ❷ *(fig)* Anlass *m;* **dare ~ a qc** Anlass zu [*o* für] etw geben
adocchiare [addok'kia:re] *vt* erblicken; *(con compiacenza, desiderio)* liebäugeln mit
adolescente [adoleʃ'ʃɛnte] **I.** *agg* jung, jugendlich; *(immaturo)* unreif **II.** *mf* Jugendliche(r) *f(m),* junger Mann, junges Mädchen
adolescenza [adoleʃ'ʃɛntsa] *f* Jugend *f*
adolescenziale [adoleʃʃen'tsia:le] *agg* Jugend-, pubertär
adombrabile [adom'bra:bile] *agg* ❶ *(suscettibile)* empfindlich, verletzbar ❷ *(ombroso)* scheu
adombramento [adombra'mento] *m* ❶ *(oscuramento)* Beschattung *f,* Verdunklung *f* ❷ *(fig)* Argwohn *m* ❸ *(di cavallo)* Scheuen *nt* ❹ *(ombreggiamento)* Schattierung *f*
adombrare [adom'bra:re] **I.** *vt* ❶ *(oscurare)* beschatten *+akk* ❷ *(ombreggiare)* schattieren **II.** *vr* **-rsi** *(insospettirsi)* stutzig werden
adone [a'do:ne] *m* Adonis *m*
adontarsi [adon'tarsi] *vr* beleidigt sein
adop(e)rabile [ado'pra:bile (adope'ra:bile)] *agg* brauchbar
adop(e)rare [ado'pra:re (adope'ra:re)] **I.** *vt* benutzen, [ge]brauchen; *(tempo)* nutzen; ~ **le mani** schlagen **II.** *vr* **-rsi per qu** sich für jdn einsetzen
adorabile [ado'ra:bile] *agg* bezaubernd
adorare [ado'ra:re] *vt* ❶ *(divinità, persona)* anbeten ❷ *(arte, cibo)* lieben
adoratore, **-trice** [adora'to:re] *m, f (ammiratore)* Verehrer(in) *m(f)*
adorazione [adorat'tsio:ne] *f* Anbetung *f,* Verehrung *f*
adornare [ador'na:re] **I.** *vt* schmücken, verzieren **II.** *vr* **-rsi** sich schmücken
adorno, **-a** [a'dorno] *agg* geschmückt
adottare [adot'ta:re] *vt* ❶ *(figlio)* adoptieren ❷ *(libro)* verwenden; *(metodo)* anwenden; *(provvedimenti)* ergreifen; *(vita)* annehmen
adottivo, **-a** [adot'ti:vo] *agg* ❶ *(figlio, padre)* Adoptiv- ❷ *(fig: patria)* Wahl-
adozione [adot'tsio:ne] *f* ❶ JUR Adoption *f* ❷ *(fig: scelta)* Wahl *f; (di provvedimento)* Ergreifen *nt; (di metodo)* Anwendung *f;* **patria di ~** Wahlheimat *f*
adrematrice [adrema'tri:tʃe] *f* Adressiermaschine *f*
adrenalina [adrena'li:na] *f* Adrenalin *nt*
adriano, **-a** [adri'a:no] *agg* Hadrians-; **mole -a** Engelsburg *f*
adriatico, **-a** <-ci, -che> *agg* adriatisch, Adria-; **il Mare Adriatico** das Adriatische Meer, die Adria
Adriatico [adri'a:tiko] *m* Adria *f*
adroterapia [adrotera'pia] *f* MED Strahlentherapie *f*
ADSL [adiɛsse'ɛlle] *v.* **Asymmetric Digital Subscriber Line** ADSL; **linea ~** ADSL-Leitung *f*
aduggiare [adud'dʒa:re] **I.** *vt (poet)* ❶ *(coprire d'ombra)* beschatten ❷ *(fig: inaridire)* unterdrücken, bedrängen **II.** *vr* **-rsi** verdorren
adulare [adu'la:re] *vt* schmeicheln; ~ **qu** jdm schmeicheln
adulatore, **-trice** [adula'to:re] *m, f* Schmeichler(in) *m(f)*
adulatorio, **-a** [adula'tɔ:rio] <-i, -ie> *agg* schmeichlerisch
adulatrice *f v.* **adulatore**
adulazione [adulat'tsio:ne] *f* Schmeichelei *f*
adulta *f v.* **adulto**
adultera *f v.* **adultero**
adulterare [adulte'ra:re] *vt* ❶ *(sofisticare)* verfälschen; *(vino)* panschen ❷ *(fig: corrompere)* verderben
adulterazione [adulterat'tsio:ne] *f* ❶ *(sofisticazione)* Verfälschung *f* ❷ *(del vino)* Panschen *nt*
adulterino, **-a** [adulte'ri:no] *agg* JUR unehelich
adulterio [adul'tɛ:rio] <-i> *m* Ehebruch *m*
adultero, **-a** [a'dultero] **I.** *agg* ehebrecherisch **II.** *m, f* Ehebrecher(in) *m(f)*
adulto, **-a** [a'dulto] **I.** *agg* ❶ *(persona)* erwachsen ❷ *(animale)* ausgewachsen ❸ *(fig: maturo)* ausgereift, reif **II.** *m, f* Erwachsene(r) *f(m)*
adunanza [adu'nantsa] *f* Versammlung *f*
adunare [adu'na:re] **I.** *vt* versammeln, zusammenfassen **II.** *vr* **-rsi** sich versammeln
adunata [adu'na:ta] *f* ❶ MIL Appell *m* ❷ *(persone riunite)* Versammlung *f,* Zusammenkunft *f*
adunco, **-a** [a'duŋko] <-chi, -che> *agg* krumm; *(naso)* Haken-
adunghiare [aduŋ'gia:re] *vt* krallen
adunque [a'duŋkue] *cong (poet)* also
adusare [adu'za:re] *vt (poet)* gewöhnen (**a** an *+akk*)
adusto, **-a** [a'dusto] *agg (poet)* ❶ *(pianta)* ausgedorrt ❷ *(persona)* mager, dürr; *(faccia)* hager
advertising, **advertizing** [ædvəː'taiziŋ *o* adver'taizin(g)] *m* Werbung *f*

A

aedo [a'ɛːdo] *m* ❶ HIST Aöde *m* ❷ *(fig: poeta)* Dichter *m*, Sänger *m*
aerare [ae'raːre] *vt* lüften
aerazione [aerat'tsioːne] *f* Lüftung *f*
aere ['aːere] *m (poet)* Luft *f*
aereo [a'ɛːreo] <-ei> *m* ❶ *(aeroplano)* Flugzeug *nt* ❷ *(antenna)* Antenne *f*
aereo, -a <-ei, -ee> *agg* ❶ *(relativo all'aria)* Luft-; **linea -a** AERO Luftverkehrslinie *f*; *(compagnia)* Fluggesellschaft *f*; EL, TEL Freiluftleitung *f*; **spazio ~** Luftraum *m* ❷ *(fig: leggero)* luftig
aeriforme [aeri'forme] *agg* gasförmig
aeroacustica [aeroa'kustika] *f* Aeroakustik *f*
aerobica [ae'rɔːbika] *f* Aerobic *nt*
aerobico, -a [ae'rɔːbiko] <-ci, -che> *agg* Aerobic-; **ginnastica -a** Aerobic *nt*
aerobox [aero'bɔːks] *f* SPORT Box-Aerobic *f*
aerobrigata [aerobri'gaːta] *f* MIL Luftbrigade *f*
aerobus ['aːerobus] <-> *m* Airbus *m*
aerocentro [aero'tʃɛntro] *m* Kleinflugbereich *m*
aerocisterna [aerotʃis'tɛrna] *f* Tankflugzeug *nt*
aeroclub [aero'klub] <-> *m* Flugverein *m*
aerodinamica [aerodi'naːmika] *f* Aerodynamik *f*
aerodinamico, -a [aerodi'naːmiko] <-ci, -che> *agg* aerodynamisch; *(carrozzeria)* stromlinienförmig; **linea -a** Stromlinienform *f*; **resistenza -a** Luftwiderstand *m*
aerodromo [ae'rɔːdromo] *m* Flugplatz *m*
aerofaro [aero'faːro] *m* [Flughafen]befeuerung *f*
aerofotografia [aerofotogra'fiːa] *f* Luftaufnahme *f*
aerogiro [aero'dʒiːro] *m* AERO Drehflügler *m*
aerografo [ae'rɔːgrafo] *m* Spritzpistole *f*
aerogramma [aero'gramma] <-i> *m* Luftpostbrief *m*
aerolinea [aero'liːnea] *f* Luftlinie *f*
aerolito [ae'rɔːlito] *m* Meteorstein *m*
aerologia [aerolo'dʒiːa] <-ie> *f* Aerologie *f*
aerologico, -a [aero'lɔːdʒiko] <-ci, -che> *agg* aerologisch
aeromarittimo, -a [aeroma'rittimo] *agg* See- und Luft-
aerometro [ae'rɔːmetro] *m* Aerometer *nt*
aeromobile [aero'mɔːbile] *m* Luftfahrzeug *nt*
aeromodello [aeromo'dɛllo] *m* Modellflugzeug *nt*
aeromoto [aero'mɔːto] *m* Druckwelle *f*
aeronautica [aero'naːutika] *f* Luftfahrt *f*; **~ civile** zivile Luftfahrt; **~ militare** Luftwaffe *f*
aeronautico, -a [aero'naːutiko] <-ci, -che> *agg* Luftfahrt-
aeronave [aero'naːve] *f* Luftschiff *nt*
aeronavigazione [aeronavigat'tsioːne] *f* Luftschifffahrt *f*
aeroplano [aero'plaːno] *m* Flugzeug *nt*; **~ da caccia/ricognizione/turismo** Jagd-/Aufklärungs-/Charterflugzeug *nt*
aeroponica [aero'pɔːniko] <*obs:* -che> *f* AGR Pflanzenzucht *f* ohne Erde, Substratkultur *f*
aeroporto [aero'pɔrto] *m* Flughafen *m*
aeroportuale [aeroportu'aːle] **I.** *mf* Flughafenpersonal *nt* **II.** *agg* Flughafen-; **tassa ~** Flughafengebühr *f*
aeropostale [aeropos'taːle] **I.** *agg* Luftpost- **II.** *m* Postflugzeug *nt*
aerorifornimento [aeroriforni'mento] *m* Versorgung *f* aus der Luft
aeroscivolante [aeroʃivo'lante] *m (hovercraft)* Luftkissenfahrzeug *nt*
aerosilurante [aerosilu'rante] *m* Torpedoflugzeug *nt*
aerosoccorso [aerosok'korso] *m* Flugrettung *f*, Flugrettungsdienst *m*
aerosol [aero'sɔl] <-> *m* ❶ *(dispersione)* Aerosol *nt* ❷ *(contenitore)* Sprühdose *f*
aerospaziale [aerospat'tsiale] *agg* Raumfahrt-
aerospazio [aero'spattsio] <-zi> *m* Weltraum *m*
aerostatica [aeros'taːtika] *f* Aerostatik *f*
aerostatico, -a [aeros'taːtiko] <-ci, -che> *agg* aerostatisch; **pallone ~** Fesselballon *m*, Heißluftballon *m*
aerostato [ae'rɔstato] *m* Heißluftballon *m*; *(fisso)* Fesselballon *m*; *(dirigibile)* Luftschiff *nt*
aerostazione [aerostat'tsioːne] *f* Terminal *nt o m*
aerostiere [aeros'tiɛːre] *m* Ballonfahrer *m*
aerotassì [aerotas'si] <-> *m*, **aero-taxi** [aero'taksi] <-> *m* Lufttaxi *nt*
aerotecnica [aero'tɛknika] *f* Luftfahrttechnik *f*
aerotecnico, -a [aero'tɛkniko] <-ci, -che> **I.** *agg* luftfahrttechnisch **II.** *m, f* Luftfahrttechniker(in) *m(f)*
aerotermo [aero'tɛrmo] *m* Heißluftheizung *f*
aeroterrestre [aeroter'rɛstre] *agg* MIL Luft-Boden-; **forze -i** Luft-Boden-Streitkräfte *fpl*
aerotrasporto [aerotras'pɔrto] *m* Lufttransport *m*
aerovia [aero'viːa] *f* Luftstraße *f*
afa ['aːfa] *f* Schwüle *f*; **c'è ~** es ist schwül

afasia [afa'ziːa] <-ie> *f* Aphasie *f*
affabile [af'faːbile] *agg* liebenswürdig, freundlich
affabilità [affabili'ta] <-> *f* Liebenswürdigkeit *f*, Freundlichkeit *f*
affabulare [affabu'laːre] *vt* fabulieren
affabulativo, -a [affabula'tiːvo] *agg* fabulisierend, erzählend
affaccendamento [affattʃenda'mento] *m* Geschäftigkeit *f*
affaccendarsi [affattʃen'darsi] *vr* sich *dat* zu schaffen machen; **~ intorno a qc** an etw *dat* herumhantieren
affaccendato, -a [affattʃen'daːto] *agg* sehr beschäftigt
affacciare [affat'tʃaːre] **I.** *vt* ① *(mostrare)* [in der Tür/am Fenster] zeigen ② *(fig: avanzare)* vorbringen; *(dubbi)* aufwerfen **II.** *vr* **-rsi** sich [in der Tür/am Fenster] zeigen; **-rsi alla mente** *(fig)* durch den Kopf gehen, [auf]kommen
affaccio [affat'tʃo] <-cci> *m* Aussicht *f* [aus einem Fenster]; **diritto d'~** Anrecht auf unverbaute Aussicht
affamare [affa'maːre] *vt* hungern lassen
affamato, -a [affa'maːto] **I.** *agg* ① *(chi ha fame)* hungrig ② *(fig: avido)* gierig; **essere ~ di qc** nach etw gierig sein **II.** *m, f* Hungernde(r) *f(m)*
affannare [affan'naːre] **I.** *vt* ① *(dare affanno)* Atemnot bereiten ② *(fig: procurare pena)* beunruhigen, ängstigen **II.** *vr* **-rsi** ① *(provare affanno)* keuchen ② *(fig: affaticarsi)* sich abmühen
affannato, -a [affan'naːto] *agg* atemlos
affanno [af'fanno] *m* ① *(difficoltà di respiro)* Atemnot *f* ② *(fig: preoccupazione)* Sorge *f*, Angst *f*
affannoso, -a [affan'noːso] *agg* ① *(oppresso da affanno)* keuchend ② *(fig)* mühselig
affardellare [affardel'laːre] *vt* bündeln; *(zaino)* packen
affare [af'faːre] *m* ① *(faccenda)* Angelegenheit *f*, Sache *f*; **~ da nulla** Kleinigkeit *f*; **bell'~ hai combinato!** da hast du was Schönes angerichtet!; **non è ~ tuo!** das geht dich nichts an!; **sono -i miei** das ist meine Sache ② COM Geschäft *nt*; **uomo d'-i** Geschäftsmann *m*; **fare un ~ d'oro** ein Bombengeschäft machen; **affari del mercato aperto** Offenmarktgeschäfte *fpl* ③ JUR Prozess *m*, Sache *f*; **~ giudiziario** Rechtsangelegenheit *f*, Rechtssache *f*; **Ministero degli Affari esteri** Auswärtiges Amt ④ *(fam: cosa, utensile)* Ding *nt*, Dings[da] *nt* ⑤ *pl* Angelegenheiten *fpl*; **-i di stato** Staatsangelegenheiten *fpl* ⑥ *(loc)* **casa di mal ~** Freudenhaus *nt*; **donna di mal ~** Freudenmädchen *nt*
affarismo [affa'rizmo] *m* Geschäftstüchtigkeit *f*
affarista [affa'rista] <-i *m*, -e *f*> *mf (pej)* Geschäftemacher(in) *m(f)*
affaristico, -a [affa'ristiko] <-ci, -che> *agg* Geschäfts-
affarone [affa'roːne] *m (fam)* Bombengeschäft *nt*
affascinante [affaʃʃi'nante] *agg* faszinierend
affascinare [affaʃʃi'naːre] *vt (attrarre, sedurre)* faszinieren, bezaubern
affascinatore, -trice [affaʃʃina'toːre] *m, f* Verführer(in) *m(f)*
affastellamento [affastella'mento] *m* ① *(raccolta in fastelli)* Bündelung *f* ② *(fig: ammasso confuso)* Anhäufung *f*, Haufen *m*
affastellare [affastel'laːre] *vt* ① *(raccogliere in fastelli)* bündeln ② *(fig: ammassare confusamente)* anhäufen
affaticamento [affatika'mento] *m* Ermüdung *f*
affaticare [affati'kaːre] **I.** *vt* anstrengen, ermüden **II.** *vr* **-rsi** sich anstrengen
affatto [af'fatto] *avv* ganz und gar, durchaus; **niente** [*o* **non**] **~** [ganz und] gar nicht, überhaupt nicht
affatturare [affattu'raːre] *vt* ① *(stregare)* verhexen ② *(vino)* panschen; *(alimenti)* verfälschen
afferire [affe'riːre] <afferisco> *vi* JUR, ADM *(form: concernere)* **~** [**a qc**] [etw] betreffen, [zu etw] gehören
affermare [affer'maːre] **I.** *vt* ① *(dire di sì)* bejahen ② *(confermare)* bestätigen ③ *(attestare)* bezeugen, bekräftigen ④ *(sostenere)* behaupten ⑤ JUR *(innocenza)* beteuern; *(verità)* behaupten **II.** *vr* **-rsi** sich behaupten, sich durchsetzen
affermativo, -a [afferma'tiːvo] *agg* bejahend; *(risposta a)* positiv
affermazione [affermat'tsioːne] *f* ① *(asserzione)* Behauptung *f*; *(confermazione)* Bejahung *f*, Bestätigung *f* ② *(successo)* Erfolg *m*
afferrare [affer'raːre] **I.** *vt* ① *(prendere)* [er]greifen, fassen ② *(fig: occasione)* ergreifen; *(senso, idea)* begreifen, erfassen **II.** *vr* **-rsi** *(a. fig)* sich klammern; **-rsi a qu/qc** sich an jdn/etw klammern
Aff. Est. *abbr di* (**Ministero degli**) **Affari Esteri** ≈ AA
affettare [affet'taːre] *vt* ① *(tagliare a fette)* in Scheiben schneiden ② *(ostentare)* demonstrativ zeigen ③ *(pretendere)* vorgeben
affettato [affet'taːto] *m* Aufschnitt *m*
affettato, -a *agg* affektiert, gekünstelt

A

affettatrice [affetta'triːtʃe] *f (per affettati)* Wurstschneidemaschine *f*; *(per pane)* Brotmaschine *f*

affettazione [affettat'tsioːne] *f (pej)* Affektiertheit *f*

affettività [affettivi'ta] <-> *f* ① *(capacità affettiva)* Warmherzigkeit *f* ② PSIC Emotionalität *f*, Affektivität *f*

affettivo, **-a** [affet'tiːvo] *agg* ① *(affettuoso)* warmherzig, gefühlsbetont ② PSIC emotional, Gefühls-

affetto [af'fɛtto] *m* Zuneigung *f*, Liebe *f*; **avere ~ per qu** jdn gernhaben; **ti saluto con ~** ich grüße dich herzlich

affetto, **-a** *agg* betroffen

affettuosità [affettuosi'ta] <-> *f* Herzlichkeit *f*

affettuoso, **-a** [affettu'oːso] *agg* liebevoll; *(cordiale)* herzlich; *(tenero)* zärtlich

affezionare [affettsio'naːre] **I.** *vt* **~ qu a qc** jds Interesse für etw wecken **II.** *vr* **-rsi** Zuneigung fassen (**a qu** zu jdm), lieb gewinnen (**a qc/qu** etw/jdn)

affezionarsi [affettsio'narsi] *vr* **~ a qu/qc** jdn/etw lieb gewinnen

affezionato, **-a** [affezio'naːto] *agg (fedele)* anhänglich; *(legato)* zugetan; *(appassionato)* ergeben

affezione [affet'tsioːne] *f* ① *(sentimento)* Zuneigung *f*, Wohlwollen *nt* ② MED Leiden *nt*

affiancare [affiaŋ'kaːre] **I.** *vt* ① *(mettere a lato)* zur Seite stellen; **~ qc a qc** etw neben etw stellen ② MIL flankieren ③ *(fig: sostenere)* [unter]stützen **II.** *vr* **-rsi a qu** sich neben jdn stellen

affiatamento [affiata'mento] *m* Einvernehmen *nt;* MUS, SPORT Einklang *m*, Harmonie *f*

affiatare [affia'taːre] **I.** *vt (creare accordo)* vertraut machen; MUS aufeinander einspielen lassen **II.** *vr* **-rsi** sich vertraut machen; MUS, SPORT sich aufeinander einspielen

affibbiare [affib'biaːre] *vt* ① *(cintura)* zuschnallen, schnüren ② *(fig: dare)* anhängen, andrehen *fam*, unterjubeln *fam; (colpa)* in die Schuhe schieben; *(multa, nomignolo)* geben, verpassen *fam; (colpo)* versetzen

affidabile *agg* vertrauenswürdig; **lui passa per molto ~** er gilt als sehr vertrauenswürdig

affidabilità [affidabili'ta] <-> *f* Zuverlässigkeit *f*

affidamento [affida'mento] *m* ① *(l'affidare)* Anvertrauen *nt* ② *(assicurazione)* Versicherung *f* ③ *(fiducia)* Vertrauen *nt*, Zuversicht *f*; **dare ~** Vertrauen erwecken; **fare ~ su qu** sich auf jdn verlassen ④ *(garanzia)* Gewähr *f*, Sicherheit *f* ⑤ JUR *(di minori)* Sorgerecht *nt*

affidare [affi'daːre] **I.** *vt* **~ qc [a qu]** [jdm] etw anvertrauen; **~ un incarico a qu** jdn mit einem Auftrag betrauen **II.** *vr* **-rsi** sich anvertrauen; **-rsi a qu** sich auf jdn verlassen

affido [af'fiːdo] *m* Pflege *f* [von Minderjährigen]; **dare/prendere un bambino in ~** ein Kind in Pflege geben/nehmen

affievolimento [affievoli'mento] *m* [Ab]schwächung *f*

affievolire [affievo'liːre] <affievolisco> **I.** *vt* [ab]schwächen **II.** *vr* **-rsi** schwächer werden, schwinden

affiggere [af'fiddʒere] <affiggo, affissi, affisso> *vt* anschlagen, anheften

affilamento [affila'mento] *m* Schärfung *f*

affilare [affi'laːre] **I.** *vt* ① *(coltello)* schleifen, wetzen ② *(matita)* [an]spitzen ③ *(fig: malattia)* auszehren, schmal werden lassen **II.** *vr* **-rsi** *(dimagrire)* schmal werden

affilato, **-a** [affi'laːto] *agg* ① *(lama)* geschärft ② *(matita)* gespitzt ③ *(fig: lingua)* spitz; *(naso)* schmal; *(volto)* schmal

affilatrice [affila'triːtʃe] *f* Schleifmaschine *f*

affilatura [affilatuːra] *f* Schliff *m*

affiliare [affi'liaːre] **I.** *vt (iscrivere, associare)* aufnehmen; **~ qu a una società** jdn in eine Gesellschaft aufnehmen **II.** *vr* **-rsi** beitreten

affiliata *f* FIN Affiliation *f*

affiliazione [affiliat'tsioːne] *f (a una società)* Aufnahme *f*

affinaggio [affi'naddʒo] <-ggi> *m* Raffination *f*

affinamento [affina'mento] *m* Verfeinerung *f*

affinare [affi'naːre] **I.** *vt* ① *(render sottile)* dünn machen, verdünnen; *(aguzzare)* [an]spitzen ② *(metalli)* affinieren ③ *(fig: perfezionare)* verfeinern; *(vista, ingegno)* schärfen **II.** *vr* **-rsi** *(assottigliarsi)* dünn[er] werden; *(fig: perfezionarsi)* sich verfeinern

affinazione [affinat'tsioːne] *f* Affination *f*

affinché [affiŋ'ke] *cong +conj* damit

affine [af'fiːne] **I.** *agg* ähnlich, verwandt **II.** *mf* angeheiratete(r) Verwandte(r) *f(m)*

affini [af'fiːni] *mpl* ähnliche Produkte *ntpl*; **vendita di corde e -i** Verkauf *m* von Seilen und Seilwaren

affinità [affini'ta] <-> *f* ① *(parentela)* Verwandtschaft *f* ② *(somiglianza)* Ähnlichkeit *f*, [Wesens]verwandtschaft *f*; **~ elettiva** Wahlverwandtschaft *f* ③ CHEM Affinität *f*

affiochimento [affioki'mento] *m* Dämpfung *f*, Abschwächung *f*

affiochire [affio'ki:re] <affiochisco, affiochisci> **I.** *vt* dämpfen, abschwächen **II.** *vr* **-rsi** schwächer werden, auslassen A

affioramento [affiora'mento] *m* ① *(l'affiorare)* Auftauchen *nt* ② GEOL Zutagekommen *nt*

affiorare [affio'ra:re] *vi essere* ① *(spuntare, emergere)* auftauchen, an die Oberfläche kommen ② GEOL zutage treten ③ *(fig)* sich zeigen, auftauchen

affissi [af'fissi] *1. pers sing pass rem di* **affiggere**

affissionale [affissio'na:le] *agg* anschlagbar; **pubblicità ~** Plakatwerbung *f*

affissione [affis'sio:ne] *f* Anschlag *m;* **divieto d'~** Plakatankleben verboten

affisso[1] [af'fisso] *pp di* **affiggere**

affisso[2] *m* ① *(manifesto)* Aushang *m,* Anschlag *m,* Plakat *nt* ② ARCH Trennwand *f* ③ LING Affix *nt*

affittabile [affit'ta:bile] *agg* zu vermieten

affittacamere [affitta'ka:mere] <-> *mf* Vermieter(in) *m(f)*

affittare [affit'ta:re] *vt* ① *(dare in affitto)* vermieten; *(terreno)* verpachten; **affittasi alloggio ammobiliato** möblierte Wohnung zu vermieten ② *(prendere in affitto)* mieten; *(terreno)* pachten

affitto [af'fitto] *m (di immobile)* Miete *f; (di terreno)* Pacht *f;* **dare in ~** vermieten; *(terreno)* verpachten; **prendere in ~** mieten; *(terreno)* pachten

affittuario, -a [affittu'a:rio] <-i, -ie> *m, f (di immobile)* Mieter(in) *m(f); (di terreno)* Pächter(in) *m(f)*

afflato [af'fla:to] *m (poet)* Odem *m*

affliggere [af'fliddʒere] <affliggo, afflissi, afflitto> **I.** *vt* quälen, belasten **II.** *vr* **-rsi** sich quälen, betrübt sein

afflizione [afflit'tsio:ne] *f* Kummer *m*

afflosciare [affloʃ'ʃa:re] **I.** *vt* ① *(render floscio)* erschlaffen lassen ② *(fig: togliere vigore)* entkräften **II.** *vr* **-rsi** *(sgonfiarsi)* erschlaffen; *(svenire)* zusammensinken

affluente [afflu'ɛnte] *m* Nebenfluss *m*

affluenza [afflu'ɛntsa] *f* ① *(di liquidi)* Zufluss *m,* Zustrom *m; (a di sangue)* Andrang *m* ② *(di merci)* Schwemme *f* ③ *(di persone)* Andrang *m;* **~ alle urne** Wahlbeteiligung *f*

affluire [afflu'i:re] <affluisco> *vi essere* ① *(liquidi)* zufließen, zuströmen ② COM *(merci)* den Markt überschwemmen ③ *(persone)* zusammenströmen

afflusso [af'flusso] *m* ① *(di liquidi)* Zufluss *m;* MED *(di sangue)* Andrang *m* ② *(di persone)* Zustrom *m* ③ COM **l'~ di capitali all'estero** Devisenabfluss *m*

affocare [affo'ka:re] **I.** *vt (poet)* ① *(incendiare)* entzünden, entfachen ② *(fig: arroventare)* versengen **II.** *vr* **-rsi** ① *(infiammarsi)* entflammen ② *(fig: avvampare)* erglühen

affogamento [affoga'mento] *m* ① *(l'affogare)* Ertränken *nt* ② *(l'affogarsi)* Ertrinken *nt*

affogare [affo'ga:re] **I.** *vt avere* ertränken **II.** *vi essere* ertrinken; **~ in un bicchier d'acqua** *(fig)* über einen Strohhalm stolpern; **~ nei debiti** *(fig)* bis zum Hals in Schulden stecken; **~ nell'oro** *(fig)* im Geld schwimmen **III.** *vr* **-rsi** ertrinken

affogato, -a [affo'ga:to] **I.** *agg* ① *(annegato)* ertrunken; **morire ~** ertrinken ② GASTR **gelato ~** Eisbecher mit Likör; **uova -e** verlorene Eier *nt pl* **II.** *m, f* Ertrunkene(r) *f(m)*

affollamento [affolla'mento] *m* Gedränge *nt,* Andrang *m*

affollare [affol'la:re] **I.** *vt* ① *(gremire)* [mit Menschen] füllen, bevölkern ② *(fig: opprimere)* bedrängen **II.** *vr* **-rsi** *(accalcarsi)* zusammenströmen

affollato, -a *agg* überfüllt

affondamento [affonda'mento] *m* Versenken *nt*

affondare [affon'da:re] **I.** *vt avere* versenken; *(nella terra a)* vergraben; *(nave)* versenken **II.** *vi essere* versinken; *(nave)* untergehen

affondo [af'fondo] **I.** *avv* gründlich **II.** *m* Ausfall *m*

affossamento [affossa'mento] *m (avvallamento)* Vertiefung *f*

affossare [affos'sa:re] **I.** *vt* ① *(scavare con fosse)* mit Gräben umgeben [*o* durchziehen] ② *(incavare, avvallare)* vertiefen, aushöhlen ③ *(fig: accantonare)* begraben **II.** *vr* **-rsi** hohl [*o* ausgehöhlt] sein

affossato, -a [affos'sa:to] *agg* ausgehöhlt; *(guance)* eingefallen; *(occhi)* tief liegend

affossatura [affossa'tu:ra] *f* ① *(di fossa)* Aushebung *f* ② *(fig: incavatura)* Aushöhlung *f; (del volto)* Eingefallensein *nt*

affrancamento [affraŋka'mento] *m* ① *(liberazione)* Befreiung *f* ② *(della lettera)* Frankierung *f*

affrancare [affraŋ'ka:re] **I.** *vt* ① *(liberare)* befreien ② *(posta)* frankieren, freimachen **II.** *vr* **-rsi** sich befreien; *(fig a.)* sich lösen

affrancatrice [affraŋka'tri:tʃe] *f* Frankiermaschine *f*

affrancatura [affraŋka'tu:ra] *f* Frankierung *f; (tassa a)* Porto *nt*

affranto, -a [af'franto] *agg* ① *(spossato, logorato)* abgekämpft, erschöpft ② *(prostrato dal dolore)* gebrochen

affratellamento [affratella'mento] *m* Verbrüderung *f*

A

affratellare [affratel'la:re] **I.** *vt* verbrüdern **II.** *vr* **-rsi** sich verbrüdern
affrescare [affres'ka:re] *vt* mit Fresken bemalen
affreschista [affres'kista] <-i *m*, -e *f*> *mf* Freskenmaler(in) *m(f)*
affresco [af'fresko] <-schi> *m* Fresko *nt*
affrettare [affret'ta:re] **I.** *vt* beschleunigen **II.** *vr* **-rsi** sich beeilen
affrettato, -a [affret'ta:to] *agg* hastig, eilig; *(pej)* flüchtig; *(decisione)* voreilig
affricata [affri'ka:ta] *f* LING Affrikata *f*
affrontare [affron'ta:re] **I.** *vt* ~ **qu/qc** jdm/etw entgegentreten; ~ **un pericolo** der Gefahr ins Auge blicken; ~ **un problema** ein Problem in Angriff nehmen; ~ **il pubblico** sich der Öffentlichkeit stellen; ~ **una situazione** sich einer Situation stellen; ~ **le spese** die Kosten auf sich nehmen **II.** *vr* **-rsi** aneinandergeraten
affronto [af'fronto] *m* Beleidigung *f*, Affront *m geh;* **fare un ~ a qu** jdn beleidigen
affumicare [affumi'ka:re] *vt* ❶ *(riempire, annerire di fumo)* verräuchern ❷ *(alimenti)* räuchern, selchen A
affumicato, -a [affumi'ka:to] *agg* ❶ *(pieno, annerito di fumo)* verräuchert ❷ *(alimenti)* geräuchert ❸ *(colorato di bruno)* nachgedunkelt; *(occhiali)* getönt
affumicatura [affumika'tu:ra] *f* Räucherung *f*, Räuchern *nt*, Selchen *nt* A
affusolato, -a [affuso'la:to *o* affuzo'la:to] *agg* ❶ *(magro)* schmal ❷ *(a forma di fuso)* spindelförmig
affusto [af'fusto] *m* Lafette *f*
Afganistan [afganis'tan] *m* **l'~** Afghanistan *nt*
afgano, -a [af'ga:no] **I.** *agg* afghanisch **II.** *m, f* Afghane *m*/Afghanin *f*
afide ['a:fide] *m* Blattlaus *f*
a.f.m. *abbr di* **a fine mese** ult.
afonia [afo'ni:a] <-ie> *f* Stimmlosigkeit *f*, Afonie *f geh*
afono, -a ['a:fono] *agg* stimmlos
aforisma [afo'rizma] <-i> *m* Aphorismus *m*
afosità [afosi'ta] <-> *f* Schwüle *f*
afoso, -a [a'fo:so] *agg* schwül, drückend
Africa ['a:frika] *f* Afrika *nt*
africanistico, -a [afrika'nistiko] <-ci, -che> *agg* afrikanistisch
africano, -a [afri'ka:no] **I.** *agg* afrikanisch **II.** *m, f* Afrikaner(in) *m(f)*
afrodisiaco [afrodi'zi:ako] <-ci> *m* Aphrodisiakum *nt*
afrodisiaco, -a <-ci, -che> *agg* aphrodisisch
afta ['afta] *f* MED Aphthe *f;* ~ **epizootica** Maul- und Klauenseuche *f*
afterhour [a:fter'aʊer] *m* Afterhour *f*
after-hours ['a:fter'aʊerz] *agg inv (fuori orario)* nach Ladenschluss, abendlich
aftershave <-> *m* Aftershavelotion *f*, Rasierwasser *nt*
agape ['a:gape] *f* REL Agape *f*
agata ['a:gata] *f* Achat *m*
agave ['a:gave] *f* Agave *f*
agenda [a'dʒɛnda] *f* ❶ *(libretto)* Notizbuch *nt* ❷ *(elenco di argomenti)* Agenda *f*, Tagesordnung *f* ❸ INFORM Organizer *m;* ~ **elettronica** elektronisches Notizbuch
agente [a'dʒɛnte] **I.** *agg* wirkend **II.** *mf* ❶ *(~ segreto)* Agent(in) *m(f);* ~ **provocatore** Agent provocateur *m*, Lockspitzel *m;* ~ **segreto** Geheimagent(in) *m(f)* ❷ *(guardia)* Polizist(in) *m(f)*, Polizeibeamte(r) *m*, -beamtin *f*, Wachmann *m* A; ~ **di pubblica sicurezza** Polizeibeamte(r) *m*/-beamtin *f;* ~ **investigativo** Detektiv(in) *m(f)*, Geheimpolizist(in) *m(f)* ❸ COM Agent(in) *m(f)*, Vertreter(in) *m(f)*, Makler(in) *m(f);* ~ **di assicurazione** Versicherungsagent(in) *m(f);* ~ **di cambio** Börsenmakler(in) *m(f);* ~ **di commercio** Handelsvertreter(in) *m(f);* ~ **immobiliare** Immobilienmakler(in) *m(f)* **III.** *m* ❶ MED, LING, CHEM Agens *nt;* **-i cancerogeni** krebserregende Stoffe ❷ *pl* METEO Einflüsse *mpl* ❸ CHEM Wirkstoff *m;* ~ **inquinante** Schadstoff *m;* **-i chimici** Chemikalien *fpl;* **-i fisici** Naturkräfte *fpl*
agenzia [adʒen'tsi:a] <-ie> *f* Agentur *f; (filiale)* Zweigstelle *f;* ~ **cuori solitari** Partnervermittlung *f;* ~ **di cambio** Wechselstube *f;* ~ **d'investigazione** Detektivbüro *nt;* ~ **di stampa** Presseagentur *f;* ~ **di viaggi** Reisebüro *nt;* ~ **teatrale** Theateragentur *f*
agevolare [adʒevo'la:re] *vt* ❶ *(render facile)* erleichtern ❷ *(favorire)* unterstützen
agevolazione [agevolat'tsio:ne] *f* Erleichterung *f*
agevole [a'dʒe:vole] *agg* ❶ *(comodo)* angenehm ❷ *(facile)* leicht ❸ *(docile)* umgänglich
agevolezza [adʒevo'lettsa] *f* Annehmlichkeit *f*, Bequemlichkeit *f*
agganciamento [aggantʃa'mento] *m* Kopp[e]lung *f*, Anschluss *m*
agganciare [aggan'tʃa:re] *vt* ❶ *(vagoni)* anhängen, ankuppeln ❷ *(vestiti)* zuhaken; *(cintura)* zuschnallen; *(appendere)* aufhängen ❸ *(fig: per parlare)* abfangen
aggancio [ag'gantʃo] <-ci> *m* ❶ *(collegamento)* Kopp[e]lung *f* ❷ *(fig: appiglio)* Ansatzpunkt *m*
aggeggio [ad'dʒeddʒo] <-ggi> *m* Ding *nt*, Gerät *nt*

aggettivo [addʒet'tiːvo] *m* LING Adjektiv *nt,* Eigenschaftswort *nt*
aggetto [ad'dʒɛtto] *m* ARCH Vorbau *m,* Vorsprung *m;* **fare ~** [her]vorragen, hervorspringen
agghiacciante [aggiat'tʃaːnte] *agg* schauderhaft, entsetzlich
agghiacciare [aggiat'tʃaːre] **I.** *vt avere* ① *(far diventare ghiacciato)* gefrieren [lassen] ② *(fig: far inorridire)* erstarren lassen **II.** *vr* **-rsi** *(divenir ghiaccio)* gefrieren; *(inorridire)* erstarren
agghindare [aggin'daːre] **I.** *vt* herausputzen **II.** *vr* **-rsi** sich herausputzen
aggio ['addʒo] <-ggi> *m* ① COM, FIN Agio *nt,* Aufgeld *nt* ② *(di esattori)* Provision *f*
aggiogare [addʒo'gaːre] *vt* ① *(tori)* ins Joch spannen ② *(fig)* einspannen; *(soggiogare)* unterjochen
aggiornamento [addʒorna'mento] *m* ① *(perfezionamento)* Fortbildung *f* ② *(rinvio)* Vertagung *f* ③ *(appendice di un'enciclopedia)* Ergänzungsband *m* ④ INFORM Aktualisierung *f;* **~ dati** Datenpflege *f*
aggiornare [addʒor'naːre] **I.** *vt avere* ① *(mettere a giorno)* auf den neuesten Stand bringen ② *(rinviare)* vertagen **II.** *vi essere (impersonale)* Tag werden **III.** *vr* **-rsi** sich fortbilden
aggiramento [addʒira'mento] *m* ① *(accerchiamento)* Einkreisen *nt;* MIL Umzingelung *f* ② *(fig: raggiro)* Betrug *m,* Hinterlist *f*
aggirare [addʒ'raːre] **I.** *vt* ① *(circondare)* einkreisen; MIL umzingeln ② *(fig: evitare)* umgehen ③ *(fig: ingannare)* betrügen, hintergehen **II.** *vr* **-rsi** ① *(andare attorno)* sich herumtreiben; *(fig)* kreisen; **-rsi intorno a qc** um etw kreisen ② *(approsimarsi)* in etwa betragen; **il prezzo s'aggira sul milione** der Preis bewegt sich um eine Million
aggiudicare [addʒudi'kaːre] **I.** *vt* **~ qc [a qu]** etw [an jdn] vergeben; JUR jdm etw zuerkennen **II.** *vr* **-rsi** erlangen
aggiudicazione [addʒudikat'tsioːne] *f* Zuschlag *m*
aggiungere [ad'dʒundʒere] <irr> **I.** *vt* hinzufügen, beifügen **II.** *vr* **-rsi** hinzukommen
aggiunta [ad'dʒunta] *f* Zusatz *m,* Zugabe *f; (in libri)* Ergänzung *f*
aggiuntare [addʒun'taːre] *vt* zusammenfügen
aggiuntatura [addʒunta'tuːra] *f* Nahtstelle *f*
aggiuntivo, -a [addʒun'tiːvo] *agg* Zusatz-, Ergänzungs-, zusätzlich, außertourlich A
aggiunto, -a [ad'dʒunto] **I.** *pp di* **aggiungere II.** *agg* Hilfs-, beigeordnet; *(medico)* Assistenz- **III.** *m, f* Assistent(in) *m(f),* Stellvertreter(in) *m(f);* **~ giudiziario** Gerichtsassessor *m*
aggiustafogli [addʒusta'fɔʎʎi] <-> *m* Papierkontrolleur(in) *m(f)*
aggiustamento [addʒusta'mento] *m* ① MIL Zielen *nt,* Richten *nt* ② *(fig: accomodamento)* Vergleich *m* ③ *(fig: pareggio)* Ausgleich *m;* **~ di conti** Abrechnung *f*
aggiustare [addʒus'taːre] **I.** *vt* ① *(riparare)* reparieren; *(vestito)* ausbessern; *(mettere in ordine)* in Ordnung bringen ② MIL *(regolare bene)* richten ③ *(diverbio)* beilegen ④ FIN begleichen ⑤ *(loc)* **~ qu per le feste** *(fig)* jdn böse zurichten **II.** *vr* **-rsi** ① *(venire ad un accomodamento)* sich einigen ② *(fam: adattarsi)* sich behelfen
aggiustatore, -trice [addʒusta'toːre] *m, f* Reparateur(in) *m(f)*
aggiustatura [addʒusta'tuːra] *f* Reparatur *f*
agglomeramento [agglomera'mento] *m* Zusammenballung *f*
agglomerante [agglome'rante] *m* Bindemittel *nt*
agglomerare [agglome'raːre] **I.** *vt* zusammenballen, häufen **II.** *vr* **-rsi** sich zusammenballen, sich [an]sammeln
agglomerato [agglome'raːto] *m* ① *(centro abitato)* Siedlung *f* ② GEOL Agglomerat *nt;* **-i di carbone/legno** Presskohle *f*/Pressholz *nt*
agglutinazione [agglutinat'tsioːne] *f* Agglutination *f*
aggomitolare [aggomito'laːre] **I.** *vt* aufwickeln **II.** *vr* **-rsi** sich zusammenrollen
aggradare [aggra'daːre] *vi (poet)* belieben; **questo vino non mi aggrada** dieser Wein ist nicht nach meinem Geschmack
aggrappare [aggrap'paːre] **I.** *vt* anklammern **II.** *vr* **-rsi [a qu/qc]** *(a. fig)* sich [an jdn/etw] klammern
aggravamento [aggrava'mento] *m* Verschärfung *f; (peggioramento)* Verschlimmerung *f*
aggravante [aggra'vante] **I.** *agg* erschwerend **II.** *f* erschwerender Umstand
aggravare [aggra'vaːre] **I.** *vt* verschärfen, verschlimmern **II.** *vr* **-rsi** sich verschlimmern
aggravio [ag'graːvio] <-i> *m* Belastung *f;* **essere d'~ a qu** jdm zur Last fallen; **~ fiscale** Steuerlast *f*
aggraziare [aggrat'tsiaːre] **I.** *vt* verfeinern **II.** *vr* **-rsi qu** jds Gunst erlangen
aggraziato, -a [aggra'tsiaːto] *agg* graziös, anmutig
aggredire [aggre'diːre] <aggredisco> *vt*

A

① *(assalire)* angreifen ② *(fig: problema)* angehen, in Angriff nehmen; *(persona)* anherrschen, anfahren
aggreditrice *f v.* **aggressore**
aggregare [aggre'ga:re] **I.** *vt* angliedern; **~ un asilo ad una scuola** der Schule einen Kindergarten angliedern **II.** *vr* **-rsi a qu/qc** sich jdm/etw angliedern
aggregato [aggre'ga:to] *m* ① *(complesso di persone)* Ansammlung *f; (di cose)* Komplex *m* ② MAT, EL, CHEM, GEOL, BIOL Aggregat *nt*
aggregato, -a *agg* ① *(aggiunto)* zusätzlich ② *(distaccato provvisoriamente)* abgestellt, abgeordnet
aggregazione [aggregat'tsio:ne] *f* Aggregation *f;* **stato di ~** Aggregatzustand *m*
aggressione [aggres'sio:ne] *f* Überfall *m;* **patto di non ~** Nichtangriffspakt *m*
aggressive [ə'gresiv] *agg (sl)* aggressiv
aggressività [aggressivi'ta] <-> *f* Aggressivität *f*
aggressivo [aggres'si:vo] *m* **~ chimico** chemischer Kampfstoff
aggressivo, -a *agg* aggressiv
aggressore, aggreditrice [aggres'so:re, aggredi'tri:tʃe] **I.** *agg* angreifend; **stato ~** Aggressor *m* **II.** *m, f* Angreifer(in) *m(f)*
aggrinzire [aggrin'tsi:re] **I.** *vt* runzeln **II.** *vr* **-rsi** sich runzeln
aggrottare [aggrot'ta:re] *vt (fronte, sopracciglia)* runzeln
aggrovigliamento [aggroviʎʎa'mento] *m* Verwicklung *f*
aggrovigliare [aggroviʎ'ʎa:re] **I.** *vt* verwickeln **II.** *vr* **-rsi** *(fig)* sich verwickeln; **la situazione si è aggrovigliata** die Situation ist verworren
aggrumarsi [aggru'marsi] *vr* gerinnen
agguantare [agguan'ta:re] **I.** *vt* fassen, fest halten **II.** *vr* **-rsi** sich fest halten
agguato [ag'gua:to] *m* ① *(imboscata)* Hinterhalt *m,* Falle *f;* **stare in ~** auf der Lauer liegen; **tendere un ~ a qu** jdm eine Falle stellen ② POL Anschlag *m,* Attentat *nt*
agguerrire [agguer'ri:re] <agguerrisco> **I.** *vt* ① MIL drillen ② *(fig: temprare)* abhärten **II.** *vr* **-rsi** sich stählen, sich abhärten
aghifoglia [agi'fɔʎʎa] *f* Nadelbaum *m*
aghiforme [agi'forme] *agg* nadelförmig
agiatezza [adʒa'tettsa] *f* Wohlstand *m*
agiato, -a [a'dʒa:to] *agg* ① *(benestante)* wohlhabend ② *(comodo)* bequem
agibile [a'dʒi:bile] *agg* benutzbar
agibilità [adʒibili'ta] <-> *f* Benutzbarkeit *f*
agile ['a:dʒile] *agg* ① *(di movimento)* gewandt, behände ② *(fig)* wendig; *(ingegno)* wach; *(libro)* handlich
agilità [adʒili'ta] <-> *f* ① *(facilità di movimento)* Gewandtheit *f,* Flinkheit *f* ② *(fig)* Wendigkeit *f; (di ingegno a)* Wachheit *f*
agio ['a:dʒo] <-gi> *m* ① *(comodo)* Behaglichkeit *f,* Bequemlichkeit *f;* **trovarsi a proprio ~** sich wohl fühlen; **mettiti a tuo ~!** mach es dir bequem! ② *(opportunità)* Möglichkeit *f,* Spielraum *m* ③ *pl (comodità del vivere)* Annehmlichkeiten *fpl*
agiografia [adʒogra'fi:a] *f* Hagiografie *f*
AGIP ['a:dʒip] *f acro di* **Azienda Generale Italiana Petroli** *italienische Mineralölverwaltung*
agire [a'dʒi:re] <agisco> *vi* ① *(operare)* handeln, tun ② *(veleno)* wirken; TEC funktionieren ③ *(di comportamento)* sich verhalten ④ JUR **~** [**contro qu**] [gegen jdn] gerichtlich vorgehen
agitabile [adʒi'ta:bile] *agg (fig)* erregbar
agitare [adʒi'ta:re] **I.** *vt* ① *(scuotere)* schütteln; *(fazzoletto)* schwenken; **~ prima dell'uso** vor Gebrauch schütteln ② *(fig: eccitare)* erregen, in Aufruhr versetzen **II.** *vr* **-rsi** ① *(rigirarsi)* sich hin und her werfen, sich wälzen ② *(fig: turbarsi)* unruhig werden; POL sich erheben
agitato, -a [adʒi'ta:to] *agg* ① *(mosso)* unruhig; *(a mare, discussione)* bewegt ② *(fig: eccitato, turbato)* aufgeregt
agitatore, -trice [adʒita'to:re] *m, f* Agitator(in) *m(f)*
agitatorio, -a [adʒita'tɔ:rio] <-i, -ie> *agg* agitatorisch
agitazione [adʒitat'tsio:ne] *f* ① *(turbamento)* Unruhe *f,* Aufregung *f;* **mettere in ~** in Aufregung versetzen; **essere in ~** aufgeregt sein ② *(disturbo)* Reizung *f; (di stomaco)* Verstimmung *f* ③ POL Unruhe *f,* Aufruhr *m*
agit-prop ['a:dʒit 'prɔp] <-> *m* Agitprop *f*
agli ['aʎʎi] *prep* = **a + gli** *v.* **a**
aglio ['aʎʎo] <-gli> *m* Knoblauch *m*
agnello [aɲ'ɲɛllo] *m* Lamm *nt;* **~ arrosto** Lammbraten *m*
agnolotti [aɲɲo'lɔtti] *mpl mit Fleisch gefüllte Nudeltaschen*
agnostico, -a [aɲ'ɲɔstiko] <-ci, -che> **I.** *agg* agnostizistisch **II.** *m, f* Agnostiker(in) *m(f)*
ago ['a:go] <-ghi> *m* Nadel *f; (di bilancia)* Zeiger *m;* **cercare un ~ in un pagliaio** *(fig)* eine Stecknadel im Heuhaufen suchen; **non saper tener l'~ in mano** *(fig)* zwei linke Hände haben
agognare [agoɲ'ɲa:re] *vt* schmachten nach
agonia [ago'ni:a] <-ie> *f* ① MED Todeskampf *m,* Agonie *f* ② *(fig: angoscia)* Todesängste *fpl*
agonismo [ago'nizmo] *m* Wetteifer *m*

agonistico, **-a** [ago'nistiko] <-ci, -che> *agg* ① SPORT Leistungs-; **spirito** ~ Kampfgeist *m* ② *(fig)* kämpferisch
agonizzare [agonid'dza:re] *vi* ① *(essere in agonia)* im Sterben liegen ② *(fig: languire)* dahinsiechen
agopressione [agopres'sio:ne] *f* Akupressur *f*
agopuntura [agopun'tu:ra] *f* Akupunktur *f*
agorafobia [agorafo'bi:a] *f* MED Platzangst *f,* Agoraphobie *f*
agorafobo, **-a** [ago'ra:fobo] **I.** *agg* agoraphobisch **II.** *m, f* an Agoraphobie [*o* Platzangst] leidende Person *f*
agoraio [ago'ra:io] <-ai> *m* Nadelbüchse *f*
agostiniano, **-a** [agosti'nia:no] **I.** *agg* Augustiner- **II.** *m, f* Augustiner(in) *m(f)*
agosto [a'gosto] *m* August *m; v. a.* **aprile**
agraria [a'gra:ria] *f* Agrarwissenschaft *f*
agrario, **-a** [a'gra:rio] <-i, -ie> *agg* landwirtschaftlich, Agrar-
agretto [a'gretto] *m* ① *(sapore)* Säuerlichkeit *f,* Herbheit *f* ② BOT Gartenkresse *f*
agretto, **-a** *agg* säuerlich, herb
agricolo, **-a** [a'gri:kolo] *agg* landwirtschaftlich, Land-
agricoltore [agrikol'to:re] *m* ① *(coltivatore)* Bauer *m* ② *(imprenditore)* Landwirt *m*
agricoltura [agrikol'tu:ra] *f* Landwirtschaft *f*
agrifoglio [agri'fɔʎʎo] *m* Stechpalme *f*
agrigenetica [agridʒe'nɛ:tika] *f* AGR Agrargenetik *f,* in der Landwirtschaft eingesetzte Genetik *f*
agrigentino, **-a** [agridʒen'ti:no] **I.** *agg* aus Agrigent stammend **II.** *m, f (abitante)* Bewohner(in) *m(f)* Agrigents
Agrigentino *m sing* Umgebung *f* von Agrigent
Agrigento *f* Agrigent *nt (Stadt in Sizilien);* **siamo stati in vacanza ad** ~ wir haben in Agrigent Urlaub gemacht
agrimensore [agrimen'so:re] *m* Vermessungsingenieur(in) *m(f),* Landvermesser(in) *m(f)*
agrimensura [agrimen'su:ra] *f* Vermessung *f*
agriturismo [agritu'rizmo] *m* Ferien *pl* auf dem Bauernhof
agriturista [agritu'rista] <-i *m,* -e *f*> *mf* Tourist(in) *m(f)* in landwirtschaftlichen Betrieben, Agrartourist(in) *m(f)*
agrituristico, **-a** [agritu'ristiko] <-ci, -che> *agg* agrartouristisch; **azienda -a** *Bauernhof, der Zimmer an Feriengäste vermietet*
agro ['a:gro] *m* ① *(agrezza)* saurer Geschmack; **all'**~ sauer eingelegt ② *(fig: acrimonia)* Verbitterung *f;* **avere dell'**~ **con qu** über jdn verbittert sein ③ *(campagna)* ländliche Umgebung
agro, **-a** ['a:gro] *agg* ① *(sapore)* sauer; **in** ~ GASTR säuerlich eingelegt ② *(fig: pungente)* herb
agroalimentare [agroalimen'ta:re] *agg* Agrar- und Nahrungsmittel-; **mercato** ~ Markt für landwirtschaftliche Erzeugnisse
agroalimentarista [agroalimenta'rista] <-i *m,* -e *f*> *mf* Händler(in) *m(f)* für landwirtschaftlich erzeugte Nahrungsmittel
agrobiologo, **-a** [agrobiɔ:logo] <-gi, -ghe> *m, f* Agrarbiologe *m/*-biologin *f*
agrobiotecnologo, **-a** [agrobiotek'nɔ:logo] <-gi, -ghe> *m, f* Agrarbiotechnologe *m/*-technologin *f*
agrochimico, **-a** [agro'ki:miko] <-ci, -che> *m, f* Agrarchemiker(in) *m(f)*
agrodolce [agro'doltʃe] *agg* süß-sauer
agroindustria *f* Agrarindustrie *f*
agroinformatico, **-a** [agroinfor'ma:tiko] <-ci, -che> *m, f* Agrarinformatiker(in) *m(f)*
agronica [a'grɔ:nika] *f* AGR Agrartechnologie *f*
agronico, **-a** [a'grɔ:niko] <-ci, -che> *agg* agrartechnologisch, die Agrartechnologie betreffend
agronoma *f v.* **agronomo**
agronomia [agrono'mi:a] <-ie> *f* Agronomie *f*
agronomo, **-a** [a'grɔ:nomo] *m, f* Agronom(in) *m(f),* Diplomlandwirt(in) *m(f)*
agropastorale [agropasto'ra:le] *agg* Weide- und Ackerbau-; **civiltà** ~ Weide- und Ackerbaukultur *f*
agrosistema [agrosis'tɛ:ma] <-i> *m* Agrarsystem *nt*
agrotecnico, **-a** [agro'tɛkniko] <-ci, -che> **I.** *agg* agrotechnisch **II.** *m, f* Agrartechniker(in) *m(f)*
agrume [a'gru:me] *m* ① *(frutto)* Zitrusfrucht *f* ② *(pianta)* Zitruspflanze *f*
agucchiare [aguk'kia:re] *vi* sticheln
aguzzare [agut'tsa:re] *vt* ① *(rendere appuntito)* [zu]spitzen ② *(fig: appetito)* wecken, anregen; *(ingegno, vista)* schärfen; *(orecchie)* spitzen
aguzzino [agud'dzi:no] *m (fig: tormentatore)* Folterknecht *m*
aguzzo, **-a** [a'guttso] *agg* ① *(acuminato)* spitz ② *(fig: intenso, penetrante)* scharf, stechend
ah [a] *int* ah, ach
ahi ['a:i] *int* au[a]
ahia ['aia] *int* Au, Aua, Autsch
ahimè [ai'mɛ] *int* oje, ojemine
ai ['a:i] *prep* = **a** + **i** *v.* **a**

A

aia ['a:ia] <aie> *f* Tenne *f;* **menare il can per l'~** *(fig)* etw auf die lange Bank schieben

Aidelberga [aidel'bɛrga] *f* Heidelberg *nt*

AIDO *f acro di* **Associazione Italiana Donatori Organi** *italienische Organspendervereinigung*

AIDS *m acro di* **Acquired Immune Deficiency Syndrome** AIDS *nt,* Aids *nt*

aie *pl di* **aia**

AIG ['a:ig] *f acro di* **Associazione Italiana Alberghi per la Gioventù** *italienischer Jugendherbergsverband,* ≈ DJH *nt*

AIIP *f acro di* **Associazione Italiana Internet Providers** *Vereinigung italienischer Internetanbieter*

aio, -a ['a:io] <ai, aie> *m, f* Erzieher(in) *m(f)*

aiola [a'iɔ:la] *f* Beet *nt*

air bag [ɛə bæg] <- *o* air bags> *m* MOT Airbag *m;* **~ laterale** Seitenairbag *m*

airbus ['ɛəbʌs] <-> *m* AERO Airbus *m*

AIRC *f abbr di* **Associazione Italiana per la Ricerca sul Cancro** *italienische Krebsforschungsgesellschaft*

aire [a'i:re] *m* Anstoß *m,* Antrieb *m;* **dare l'~ a qc** etw in Gang setzen

airone [ai'ro:ne] *m* Reiher *m*

air-show [er'ʃo] <-> *m* Flugshow *f*

AISM *f abbr di* **Associazione Italiana per la Sclerosi Multipla** *italienische Multiple-Sklerose-Vereinigung*

aitante [ai'tante] *agg* mannhaft, stattlich

aiuola [a'iuɔ:la] *v.* **aiola**

aiutante [aiu'tante] *mf* ① *(collaboratore)* Gehilfe *m/*Gehilfin *f,* Helfer(in) *m(f)* ② MIL Adjutant *m,* Stabsoffizier *m;* **~ di bandiera/di campo** Fahnenjunker *m/*Feldjunker *m*

aiutare [aiu'ta:re] **I.** *vt* **~ qu** jdm helfen; **~ la fuga di qu** jdm zur Flucht verhelfen **II.** *vr* **-rsi** sich helfen; **aiutati che Dio** [*o* **il ciel**] **t'aiuta** *(prov)* hilf dir selbst, so hilft dir Gott

aiuto [a'iu:to] *m* ① *(assistenza, soccorso)* Hilfe *f,* Beistand *m;* **~!** Hilfe!; **~ allo sviluppo** Entwicklungshilfe *f;* **correre in ~ a qu** jdm zu Hilfe eilen; **essere di ~ a qu** jdm behilflich sein; **invocare ~** um Hilfe rufen ② *(collaboratore)* Assistent(in) *m(f),* Helfer(in) *m(f);* **~ medico** Assistenzarzt *m/*-ärztin *f,* Sekundararzt/-ärztin A; **~ regista** Regieassistent(in) *m(f)* ③ *pl* Hilfsgüter *nt pl*

aizzare [ait'tsa:re] *vt* aufhetzen, aufwiegeln, aufhussen A

al [al] = **a + il** *v.* **a**

ala ['a:la] <-i> *f* ① *(di uccello)* Flügel *m;* AERO Tragfläche *f;* **abbassare le -i** *(fig)* die Flügel hängen lassen; **in un batter d'-i** *(fig)* im Nu; **essere sotto le -i di qu** *(fig)* unter jds Schutz stehen; **mettere le -i ai piedi** *(fig)* die Beine in die Hand nehmen; **tarpare le -i a qu** *(fig)* jdm die Flügel stutzen ② SPORT **~ destra/sinistra** rechter/linker Flügel ③ *(di cappello)* Krempe *f*

alabarda [ala'barda] *f* Hellebarde *f*

alabastro [ala'bastro] *m* Alabaster *m*

à la coque [a la 'kɔk] *agg inv* **uovo ~** weich gekochtes Ei

alacre ['a:lakre] *agg* ① *(sollecito)* munter, eifrig ② *(fig: fervido)* lebhaft, wach, resch A

alacrità [alakri'ta] <-> *f* Lebhaftigkeit *f,* Munterkeit *f*

alamaro [ala'ma:ro] *m* Schnürverschluss *m,* Schnurbesatz *m*

alambicco [alam'bikko] <-cchi> *m* Destillierkolben *m*

alano [a'la:no] *m* Dogge *f*

alare [a'la:re] *agg* Flügel-; **apertura ~** Spannweite *f*

Alasca [a'laska] *f* Alaska *nt*

alato, -a [a'la:to] *agg* ① *(fornito di ali)* mit Flügeln ② *(fig: sublime, elevato)* gehoben, erhaben

alba ['alba] *f* Morgengrauen *nt,* Morgendämmerung *f;* **all'~** bei Tagesanbruch; **spunta l'~** es dämmert

albagia [alba'dʒi:a] <-gie> *f* Hochmut *m,* Überheblichkeit *f*

albanese [alba'ne:se] **I.** *agg* albanisch, Albaner **II.** *mf* Albaner(in) *m(f)*

Albania [alba'ni:a] *f* Albanien *nt*

albatro ['albatro] *m* Albatros *m*

albeggiamento [albeddʒa'mento] *m* Tagesanbruch *m*

albeggiare [albed'dʒa:re] <albeggia> *vi essere* dämmern, tagen

alberare [albe'ra:re] *vt* ① *(viale)* mit Bäumen bepflanzen ② *(nave)* mit Masten versehen

alberata [albe'ra:ta] *f* Baumreihe *f*

alberato, -a [albera':to] *agg* baumbestanden

alberatura [albera'tu:ra] *f* Takelage *f*

albergare [alber'ga:re] **I.** *vt* ① *(alloggiare)* beherbergen, aufnehmen ② *(fig: sentimenti)* hegen **II.** *vi* wohnen, unterkommen

albergatore, -trice [alberga'to:re] *m, f* Hotelier *m,* Hotelbesitzer(in) *m(f)*

alberghiero, -a [alber'giɛ:ro] *agg* Hotel-

albergo [al'bɛrgo] <-ghi> *m* ① *(hotel)* Hotel *nt,* Gasthof *m;* **~ per la gioventù** Jugendherberge *f;* **~ diurno** Tageshotel *nt;* **chiamare l'~ per riservare una camera** im Hotel anrufen, um ein Zimmer zu bestellen ② *(ospitalità)* **dare ~ a qu** jdn beherbergen

albero ['albero] *m* ① BOT Baum *m;* ~ **di Natale** Weihnachtsbaum *m* ② NAUT Mast *m* ③ ANAT *(di arteria)* Ast *m* ④ TEC Welle *f,* Baum *m;* ~ **motore** Antriebswelle *f* ⑤ *(loc)* ~ **della cuccagna** Maibaum *m;* ~ **genealogico** Stammbaum *m*
albicocca [albi'kɔkka] <-cche> *f* Aprikose *f,* Marille *f* A
albicocco [albi'kɔkko] <-cchi> *m* Aprikosenbaum *m,* Marillenbaum *m* A
albina *f v.* **albino**
albinismo [albi'nizmo] *m* Albinismus *m*
albino, -a [al'bi:no] **I.** *agg* Albino- **II.** *m, f* Albino *m*
albo ['albo] *m* ① *(tavola)* Anschlagbrett *nt,* Schwarzes Brett ② *(registro)* Register *nt;* ~ **dei medici** Ärzteregister *nt* ③ *(album)* Album *nt;* **l'~ d'oro** das Goldene Buch ④ *(libro illustrato)* Bilderbuch *nt*
albore [al'bo:re] *m* ① *(bianchezza)* [heller] Schimmer *m* ② *pl (inizio)* Anfang *m,* Anfänge *mpl*
albori [al'bo:ri] *mpl* Anfänge *mpl*
album ['album] <-> *m* Album *nt*
albume [al'bu:me] *m* Eiweiß *nt,* Eiklar *nt* A
albumina [albu'mi:na] *f* Albumin *nt*
alburno [al'burno] *m* Splint *m*
alcali ['alkali] <-> *m* Alkali *nt*
alcalino, -a [alca'li:no] *agg* alkalisch
alce ['altʃe] *f* Elch *m*
alchimia [al'ki:mia *o* alki'mi:a] <-ie> *f* Alchemie *f*
alchimista [alki'mista] <-i *m,* -e *f*> *mf* Alchemist(in) *m(f)*
alchimistico, -a [alki'mistiko] <-ci, -che> *agg* alchemistisch
alco(o)l ['alkol ('alkool)] <-> *m* Alkohol *m*
alco(o)lico [al'kɔ:liko (alko'ɔ:liko)] <-ci> *m* Spirituose *f,* alkoholisches Getränk
alco(o)lico, -a <-ci, -che> *agg* alkoholisch
alco(o)lismo [alko'lizmo (alko'ɔlizmo)] *m* Alkoholismus *m*
alco(o)lista [alko'lista (alko'ɔlista)] <-i *m,* -e *f*> *mf* Alkoholiker(in) *m(f)*
alco(o)lizzare [alkolid'dza:re (alkoɔlid'dza:re)] **I.** *vt* alkoholisieren **II.** *vr* **-rsi** sich betrinken
alco(o)lizzato, -a [alkolid'dza:to (alkoɔlid'dza:to)] **I.** *agg* alkoholisiert **II.** *m, f* Alkoholiker(in) *m(f)*
alco(o)ltest [alkol'tɛst (alkoɔ:l'tɛst)] <-> *m* Alkoholtest *m*
alcova [al'kɔ:va] *f* Alkoven *m;* **segreti d'~** Bettgeheimnisse *ntpl*
alcun, alcun' [al'kun] *v.* **alcuno**
alcunché [alkuŋ'ke] *pron indef (poet)* ① *(qualche cosa)* etwas ② *(nulla)* gar nichts
alcuno, -a [al'ku:no] **I.** *agg* einige, etwas; **non ~** kein; **senza alcun riguardo** ohne jede Rücksicht **II.** *pron indef* [manch] eine(r, s); **non ~** niemand, keiner; **senza che ~ mi udisse** ohne dass mich jemand gehört hätte
aldilà [aldi'la] <-> *m* Jenseits *nt*
alé [a'le] *int (fam)* vorwärts, los; **alé oh oh!** Ole, ole, ole!
alea ['a:lea] *f* Wagnis *nt*
aleatorio, -a [alea'tɔ:rio] <-i, -ie> *agg* Zufalls-; **contratti -i** JUR Risikoverträge *mpl*
aleggiare [aled'dʒa:re] *vi* ① *(di venti leggeri)* wehen ② *(fig: aggirarsi)* umgeben
alemanno, -a [ale'manno] **I.** *agg* alemannisch **II.** *m, f* Alemanne *m*
Alessandria *f* ① *(in Piemonte)* Alessandria *nt* ② *(in Egitto)* Alexandria *nt*
alessandrino, -a [alessan'dri:no] **I.** *agg* ① *(di Alessandria d'Egitto e della sua cultura tra IV e I sec aC.)* alexandrinisch ② *(di Alessandria in Piemonte)* aus Alessandria ③ LIT alexandrinisch; **verso ~** Alexandriner *m* **II.** *m, f* ① *(artista dell'età alessandrina)* Künstler(in) *m(f)* der alexandrinischen Epoche ② LIT *(verso)* Alexandriner *m* ③ *(abitante di Alessandria in Piemonte)* Bewohner(in) *m(f)* von Alessandria
Alessandrino *m sing* Umgebung *f* von [*o* Gebiet *nt* um] Alessandria, Provinz *f* Alessandria
aletta [a'letta] *f* Flügel *m,* Klappe *f*
alettone [alet'to:ne] *m* Querruder *nt*
alfa ['alfa] <-> *f (lettera)* Alpha *nt*
alfabetico, -a [alfa'bɛ:tiko] <-ci, -che> *agg* alphabetisch
alfabetizzare [alfabetid'dza:re] *vt* alphabetisieren
alfabetizzazione [alfabetiddzat'tsio:ne] *f* Alphabetisierung *f*
alfabeto [alfa'bɛ:to] *m* Alphabet *nt*
alfanumerico, -a [alfanu'mɛ:riko] <-ci, -che> *agg* INFORM alphanumerisch
alfiere [al'fiɛ:re] *m* ① *(portabandiera)* Fahnenträger *m,* Bannerträger *m* ② MIL Fähnrich *m* ③ *(negli scacchi)* Läufer *m*
alfine [al'fi:ne] *avv* schließlich, endlich
alga ['alga] <-ghe> *f* Alge *f*
algebra ['aldʒebra] *f* Algebra *f*
algebrico, -a [al'dʒɛ:briko] <-ci, -che> *agg* algebraisch
Algerìa [aldʒe'ri:a] *f* Algerien *nt*
algerino, -a [aldʒe'ri:no] **I.** *agg* algerisch **II.** *m, f* Algerier(in) *m(f)*
alghicida [algi'tʃi:da] <-i> *m* Algizid *nt*
algocoltura [algokol'tu:ra] *f* Algenzucht *f*
algoritmista [algorit'mista] <-i *m,* -e *f*> *mf* Algorithmiker(in) *m(f)*
Algovia [al'gɔ:via] *f* Allgäu *nt*

A

ALI ['a:li] *m abbr di* **Atlante Linguistico Italiano** *italienischer Sprachatlas*
aliante [a'liante] *m* Segelflugzeug *nt*
aliantista [alian'tista] <-i *m*, -e *f*> *mf* Segelflieger(in) *m(f)*
alibi ['a:libi] <-> *m* Alibi *nt*
alice [a'li:tʃe] *f* Sardelle *f*
alienamento [aliena'mento] *m* JUR Veräußerung *f*
alienare [alie'na:re] **I.** *vt* ① JUR *(vendere)* veräußern ② *(rendere ostile)* entfremden ③ *(distogliere)* ~ **qu da qc** jdn um etw bringen **II.** *vr* **-rsi qu** sich jdm entfremden; **-rsi qc** sich *dat* etw verscherzen
alienato, -a [alie'na:to] **I.** *agg* ① JUR veräußert ② MED geistesgestört **II.** *m, f* Geistesgestörte(r) *f(m)*
alienazione [alienat'tsio:ne] *f* ① JUR Veräußerung *f* ② PHILOS Entfremdung *f* ③ PSIC ~ **mentale** Geistesgestörtheit *f*
alienista [alie'nista] <-i *m*, -e *f*> *mf* Nervenarzt *m/*-ärztin *f*
alieno, -a [a'liɛ:no] *agg* **essere ~ da qc** einer Sache *dat* abgeneigt sein
alimentare[1] [alimen'ta:re] *agg* Lebensmittel-, Nahrungs[mittel]-; **generi -i** Lebensmittel *ntpl*, Nahrungsmittel *ntpl;* **intolleranza ~** MED Nahrungsmittelintoleranz *f*
alimentare[2] **I.** *vt* ① *(nutrire: persone)* ernähren; *(animali)* füttern ② *(rifornire di viveri)* versorgen ③ *(caldaia, fuoco)* speisen; *(altiforni)* beschicken ④ *(fig: mantenere vivo)* nähren **II.** *vr* **-rsi** sich ernähren
alimentari [alimen'ta:ri] *mpl* Lebensmittel *ntpl*, Nahrungsmittel *ntpl*
alimentarista [alimenta'rista] <-i *m*, -e *f*> *mf* ① *(commerciante)* Lebensmittelhändler(in) *m(f)* ② *(lavoratore)* in der Lebensmittelindustrie Beschäftigte(r) *f(m)* ③ *(studioso)* Ernährungswissenschaftler(in) *m(f)*
alimentazione [alimentat'tsio:ne] *f* ① *(con cibo)* Ernährung *f;* ~ **a base di cibi integrali** Vollwertnahrung *f* ② TEC Versorgung *f;* ~ **elettrica** Stromversorgung; ~ **del carburante** Kraftstoffförderung *f*
alimento [ali'mento] *m* ① *(cibo)* Ernährung *f*, Nahrung *f*, Nahrungsmittel *nt* ② TEC Speisung *f*, Zufuhr *f* ③ *pl* JUR Alimente *pl*, Unterhalt *m;* **obbligo di passare gli -i** Unterhaltspflicht *f*
alinea [a'li:nea] <-> *m* Absatz *m*, Abschnitt *m*
aliquota [a'li:kuota] *f* ① *(quota)* Anteil *m* ② *(d'imposta)* Steuersatz *m*
aliscafista [aliska'fista] <-i *m*, -e *f*> *mf* Tragflächenbootfahrer(in) *m(f)*
aliscafo [alis'ka:fo] *m* NAUT Tragflächenboot *nt*
aliseo [ali'zɛ:o] **I.** *agg* Passat- **II.** *m* Passat[wind] *m*
alitare [ali'ta:re] *vi* ① *(respirare)* [aus]atmen, hauchen ② *(fig: soffiare)* leise wehen
alito ['a:lito] *m* ① *(fiato)* Atem *m;* **aver l'~ cattivo** Mundgeruch haben ② *(fig: lieve soffio)* Hauch *m*
alitosi [ali'tɔ:zi] <-> *f* Mundgeruch *m*
all. *abbr di* **allegato, -i** Anl., Anlage
all' [all], **alla** ['alla] *prep* = **a + l', la** *v.* **a**
allacciamento [allattʃa'mento] *m* ① TEC Anschluss *m* ② *(fig)* [An]knüpfen *nt*
allacciare [alla'tʃa:re] **I.** *vt* ① *(stringere con lacci)* [zu]schnüren, [zu]binden; *(cintura)* schließen ② *(fig: collegare)* verknüpfen; *(località)* verbinden; *(amicizia)* knüpfen ③ TEC anschließen **II.** *vr* **-rsi la cintura** [**di sicurezza**] sich anschnallen
allagamento [allaga'mento] *m* Überschwemmung *f*
allagare [alla'ga:re] *vt* überschwemmen, überfluten
allampanato, -a [allampa'na:to] *agg* hager, abgemagert
allargamento [allarga'mento] *m* Erweiterung *f*, Verbreiterung *f*
allargando [allar'gando] <-> *m* MUS Allargando *nt*
allargare [allar'ga:re] **I.** *vt* ① *(rendere più largo)* erweitern; *(strade)* verbreitern; *(vestiti)* weiter machen ② *(braccia)* ausbreiten; *(dita)* spreizen ③ *(fig: estendere)* ausdehnen, erweitern; **mi si allarga il curore** ich bin erleichtert; **~ il freno** *(fig)* die Zügel lockern **II.** *vi* SPORT **~ in curva** in der Kurve ausbrechen; **~ sulla destra** über die rechte Flanke spielen **III.** *vr* **-rsi** sich erweitern; **-rsi con qu** *(fig)* sich bei jdm aussprechen; **-rsi nelle spese** *(fig)* sich mit den Ausgaben übernehmen
allarmare [allar'ma:re] **I.** *vt* ① *(dare l'allarme)* alarmieren ② *(fig: mettere in agitazione)* beunruhigen **II.** *vr* **-rsi** sich beunruhigen
allarme [al'larme] *m* Alarm *m*, Warnung *f;* **mettersi in ~** in Unruhe geraten; **dare l'~** Alarm schlagen
allarmismo [allar'mizmo] *m (pej)* ① *(stato di allarme)* Panikstimmung *f* ② *(tendenza ad allarmare)* Angstmacherei *f*, Panikmache *f fam*
allarmista [allar'mista] <-i *m*, -e *f*> *mf* Panikmacher(in) *m(f)*
allarmistico, -a [allar'mistiko] <-ci, -che> *agg* alarmierend, beunruhigend
allattamento [allatta'mento] *m (di bambini)* Stillen *nt; (di animali)* Säugen *nt*
allattare [allat'ta:re] *vt (bambini)* stillen; *(animali)* säugen

alle ['alle] *prep* = **a** + **le** *v.* **a**

alleanza [alle'antsa] *f* Allianz *f,* Bündnis *nt;* **stringere un'~** ein Bündnis schließen

allearsi [alle'arsi] *vr* ~ **a** [*o* **con**] **qu** sich mit jdm verbünden

alleato, -a [alle'a:to] **I.** *agg* verbündet; HIST alliiert, Alliierten- **II.** *m, f* Verbündete(r) *f(m),* Bündnispartner *m;* **-i** HIST Alliierte[n] *pl*

allegare [alle'ga:re] **I.** *vt* ① *(accludere)* beifügen, beilegen; INFORM anhängen ② *(addurre)* anführen, beibringen ③ *(denti)* stumpf machen **II.** *vi* Frucht ansetzen

allegato [alle'ga:to] *m* Anlage *f;* **in** ~ anbei, beiliegend

allegato, -a *agg* beigefügt; **qui** ~ anbei, in der Anlage

alleggerimento [alleddʒeri'mento] *m* ① *(di peso)* Entlastung *f* ② *(fig: sollievo)* Erleichterung *f*

alleggerire [alleddʒe'ri:re] <alleggerisco> **I.** *vt* ① *(rendere leggero)* leichter machen ② *(fig: liberare di un peso)* erleichtern; *(pena)* mildern; *(dolore)* lindern ③ *(scherz: derubare)* erleichtern **II.** *vr* **-rsi** ablegen; *(indossare indumenti più leggeri)* sich leichter kleiden

alleggio [al'leddʒo] <-ggi> *m* ① *(sbarco del carico)* Leichtern *nt,* Löschen *nt* ② *(maona)* Leichter *m*

allegoria [allego'ri:a] <-ie> *f* Allegorie *f*

allegorico, -a [alle'gɔ:riko] <-ci, -che> *agg* allegorisch

allegrezza [alle'grettsa] *f* Fröhlichkeit *f,* Heiterkeit *f*

allegria [alle'gri:a] <-ie> *f* Fröhlichkeit *f;* **vivere in** ~ unbekümmert leben; **mettere ~ a qu** jdn fröhlich stimmen

allegro, -a *agg* lustig, ausgelassen; *(colore)* lebhaft; **far vita -a** ein unbekümmertes Leben führen; **c'è poco da stare -i** da gibt es nichts zu lachen; **essere un po' ~** *(fam)* etwas angeheitert sein

alleluia [alle'lu:ia] <-> *m* Halleluja *nt*

allenamento [allena'mento] *m* Übung *f,* Training *nt;* **esser fuori ~** aus der Übung sein; **tenersi in ~** sich fit halten

allenare [alle'na:re] **I.** *vt* trainieren **II.** *vr* **-rsi** [**per** [*o* **a**] **qc**] [auf etw *akk*] trainieren

allenatore, -trice [allena'to:re] *m, f* *(tecnico)* Trainer(in) *m(f)*

allentamento [allenta'mento] *m* Lockerung *f,* Nachlassen *nt*

allentare [allen'ta:re] **I.** *vt* lockern, lösen; **~ un ceffone a qu** *(fam)* jdm eine Ohrfeige verpassen; **~ i cordoni della borsa** *(fig)* spendabel sein **II.** *vr* **-rsi** *(divenire lento)* locker werden, sich lockern; *(diminuire d'intensità)* nachlassen

allergia [aller'dʒi:a] <-gie> *f* Allergie *f;* **avere l'~ a qc** *(fig, scherz)* gegen etw allergisch sein

allergico, -a [al'lɛrdʒiko] <-ci, -che> *agg* *(fig, scherz)* **essere ~ [a qc]** [gegen etw] allergisch sein

allergologia [allergolo'dʒi:a] <-gie> *f* MED Allergologie *f*

allergologo, -a [aller'gɔ:logo] <-gi, -ghe> *m, f* MED Allergologe *m/* Allergologin *f*

allergopatia [allergopa'ti:a] <-ie> *f* MED Allergopathie *f,* durch eine Allergie hervorgerufene Krankheit *f*

allerta [al'lerta] *f* Achtung *f;* **stare ~** achtgeben

allestimento [allesti'mento] *m* ① *(approntamento)* Herrichten *nt,* Ausstatten *nt* ② NAUT Ausrüstung *f* ③ THEAT Bühnenausstattung *f;* FILM Szenerie *f*

allestire [alles'ti:re] <allestisco> *vt* ① *(pranzo, cena)* zubereiten; *(festa)* organisieren ② *(vetrina)* dekorieren ③ THEAT inszenieren ④ MIL, NAUT ausrüsten

allettamento [alletta'mento] *m* Verlockung *f,* Verführung *f*

allettare [allet'ta:re] *vt* verlocken, verführen

allettatore, -trice [alletta'to:re] *m, f* Verführer(in) *m(f)*

allevamento [alleva'mento] *m* ① *(di animali)* Zucht *f;* *(di piante)* Züchtung *f* ② *(luogo)* Farm *f* ③ *(di bambini)* Aufziehen *nt*

allevare [alle'va:re] *vt* ① *(animali)* züchten; *(piante)* ziehen ② *(bambini)* aufziehen, großziehen; **~ una serpe in seno** *(fig)* eine Schlange am Busen nähren

allevatore, -trice [alleva'to:re] *m, f* Züchter(in) *m(f)*

alleviare [alle'via:re] *vt* erleichtern; *(dolore)* lindern

allibire [alli'bi:re] <allibisco> *vi essere* [vor Schreck] erstarren

allibito, -a [alli'bi:to] *agg* verblüfft

allibramento [allibra'mento] *m* Buchung *f,* Eintragung *f*

allibrare [alli'bra:re] *vt* buchen, registrieren

allibratore [allibra'to:re] *m* Buchmacher *m*

allietare [allie'ta:re] *vt* erfreuen, erheitern

allievo, -a [al'liɛ:vo] *m, f* Schüler(in) *m(f);* **~ ufficiale** Offiziersanwärter *m*

alligatore [alliga'to:re] *m* Alligator *m*

allignare [alliɲ'ɲa:re] *vi* ① *(attecchire)* anwachsen ② *(fig: trovarsi, essere presente)* verwurzelt sein (**in** in + *dat*)

allineamento [allinea'mento] *m* ① *(disposizione in linea)* Aufreihen *nt* ② NAUT [Flotten]verband *m* ③ *(in economia)* Angleichung *f* ④ *(computer)* Ausrichtung *f* ⑤ *(fig: adeguamento)* Anpassung *f,* Angleichung *f*

allineare [alline'a:re] **I.** *vt* aufreihen, in einer Reihe aufstellen; MIL formieren **II.** *vr* **-rsi** ① *(mettersi in linea)* sich in einer Reihe aufstellen ② *(conformarsi)* sich anpassen, sich angleichen

allineato, **-a** *agg* ~ **a sinistra/destra** links-/rechtsbündig

allitterazione [allitterat'tsio:ne] *f* Alliteration *f*

allo ['allo] *prep* = **a** + **lo** *v.* **a**

allocativo, **-a** [alloka'ti:vo] *agg* Zuteilungs-, Bereitstellungs-

allocco [al'lɔkko] <-cchi> *m* ZOO Waldkauz *m*

allocco, **-a** <-cchi, -cche> *m, f (balordo)* Tölpel *m*

allocutivo [alloku'ti:vo], **allocutorio** [alloku'tɔ:rio] <-i, -ie> *agg* Anrede-

allocuzione [allocut'tsio:ne] *f* ① *(discorso)* Ansprache *f* ② REL Allokution *f*

allodola [al'lɔ:dola] *f* Lerche *f*

allogamia [aloga'mi:a] <-ie> *f* BIOL Allogamie *f,* Fremdbestäubung *f*

allogamico, **-a** [allo'ga:miko] <-ci, -che> *agg* BIOL allogamisch, fremdbestäubt

allogare [allo'ga:re] **I.** *vt* unterbringen **II.** *vr* **-rsi** unterkommen

allogeno, **-a** [al'lɔ:dʒeno] **I.** *agg* fremdstämmig **II.** *m, f* Fremde(r) *f(m)*

alloggiamento [alloddʒa'mento] *m* ① *(l'ospitare)* Beherbergung *f;* *(alloggio)* Unterkunft *f* ② MIL Quartier *nt,* Unterkunft *f* ③ TEC Sitz *m;* *(dell'orologio)* Gehäuse *nt*

alloggiare [allod'dʒa:re] **I.** *vi* ① *(dimorare)* wohnen, untergebracht sein ② MIL einquartiert sein **II.** *vt avere* ① *(dare ospitalità)* unterbringen ② MIL einquartieren

alloggio [al'lɔddʒo] <-ggi> *m* ① *(dimora)* Unterkunft *f;* **vitto e** ~ Kost und Logis ② *(appartamento)* Wohnung *f* ③ NAUT Kabine *f* ④ MIL Quartier *nt*

allontanamento [allontana'mento] *m* ① *(distacco, espulsione)* Entfernung *f* ② *(fig: estraniamento)* Entfremdung *f*

allontanare [allonta'na:re] **I.** *vt* ① *(collocare lontano)* entfernen ② *(licenziare)* entfernen ③ *(suscitare avversione)* abstoßen ④ *(fig: pericolo)* abwenden; *(sospetto)* von sich *dat* weisen **II.** *vr* **-rsi** sich entfernen; ~ **dalla retta via** [*o* **dal retto cammino**] *(fig)* vom rechten Wege abkommen

allora [al'lo:ra] **I.** *avv* da, damals; **da** ~ **in poi** von da an; **fino** ~ bis dahin **II.** *cong* ① *(in questo caso)* [al]so, dann ② *(ebbene)* nun

allorché [allor'ke] *cong* als

alloro [al'lɔ:ro] *m* Lorbeer *m;* **conquistare l'~, cogliere -i** Lorbeeren ernten; **dormire** [*o* **riposare**] **sugli -i** sich auf seinen Lorbeeren ausruhen

alluce ['allutʃe] *m* großer Zeh

allucinante [allutʃi'nante] *agg* blendend, betörend

allucinazione [allutʃinat'tsio:ne] *f* Halluzination *f*

allucinogeno, **-a** [allutʃi'nɔdʒeno] *agg* MED halluzinogen

alludere [al'lu:dere] <alludo, allusi, alluso> *vi* ~ **a qc** auf etw *akk* anspielen

allume [al'lu:me] *m* Alaun *nt*

alluminio [allu'mi:nio] <-i> *m* Aluminium *nt*

allunaggio [allu'naddʒo] <-ggi> *m* Mondlandung *f*

allunare [allu'na:re] *vi* auf dem Mond landen

allungalapis [alluŋga'la:pis] <-> *m,* **allungamatite** [alluŋgama'ti:te] <-> *m* Bleistiftverlängerer *m*

allungamento [alluŋga'mento] *m* ① *(l'allungare)* Verlängerung *f;* *(di abito)* Verlängern *nt;* *(di brodo)* Verlängern *nt,* Verdünnen *nt;* *(di vino)* Verdünnen *nt,* Verwässern *nt;* ~ **della vita** Lebensverlängerung, Erhöhung *f* der Lebensdauer ② LING, TEC Dehnung *f*

allungare [allun'ga:re] **I.** *vt* ① *(accrescere di lunghezza)* verlängern, länger machen; *(distendere)* [aus]strecken; *(tavolo)* ausziehen; ~ **la strada** einen Umweg machen; ~ **il passo** den Schritt beschleunigen ② *(accrescere di durata)* verlängern, ausdehnen ③ *(diluire)* verlängern; *(brodo)* verlängern, verdünnen; *(vino)* verdünnen, verwässern ④ LING, TEC dehnen ⑤ *(loc)* ~ **un ceffone** *(fam)* eine Ohrfeige verpassen; ~ **le mani** *(fig: per rubare)* lange Finger machen; *(per molestare)* sexuell belästigen; ~ **le orecchie** *(fig)* die Ohren spitzen **II.** *vr* **-rsi** *(farsi più lungo)* länger werden; *(sdraiarsi)* sich ausstrecken; *(crescere)* in die Länge wachsen

allungo [al'luŋgo] <-ghi> *m (nella scherma)* Ausfall *m;* *(nel calcio)* Vorlage *f;* *(nel ciclismo)* Spurt *m;* *(nel pugilato)* Gerade *f*

allupato [allu'pa:to] *agg (sl)* notgeil

allusi [al'lu:zi] *1. pers sing pass rem di* **alludere**

allusione [allu'zio:ne] *f* Anspielung *f,* Andeutung *f*

allusivo, **-a** [allu'zi:vo] *agg* anspielend, zweideutig

alluso [al'lu:zo] *pp di* **alludere**

alluvionale [alluvio'na:le] *agg* alluvial, angeschwemmt; **deposito ~** Anschwemmung *f;* **pianura ~** Schwemmlandebene *f*

alluvionato, **-a** [alluvio'na:to] **I.** *agg* überschwemmt **II.** *m, f* Überschwemmungsopfer *nt*

alluvione [allu'vio:ne] *f* Überschwemmung *f;* *(fig)* Flut *f*

almanacco [alma'nakko] <-cchi> *m* Almanach *m*

almeno [al'me:no] **I.** *avv* mindestens, wenigstens **II.** *cong +conj* wenn nur

aloe ['a:loe] <-> *f o m* Aloe *f*

alogeno [a'lɔ:dʒeno] *m* CHEM Halogen *nt,* Salzbildner *m*

alogeno, **-a** *agg* Halogen-; **lampada -a** Halogenlampe *f*

alone [a'lo:ne] *m* ① *(attorno agli astri)* Aureole *f,* Hof *m;* FOTO Lichthof *m* ② *(fig: aureola)* Nimbus *m*

alopecia [alope'tʃi:a] <-cie> *f* Haarausfall *m*

alpaca ['alpaka *o* al'pa:ka] <-> *m* ① *(animale)* Alpaka *nt* ② *(tessuto)* Alpaka *m*

alpacca [al'pakka] <-cche> *f* Alpaka *nt,* Neusilber *nt*

alpe ['alpe] *f* Alm *f,* Hochweide *f*

alpeggio [al'peddʒo] <-ggi> *m* Weiden *nt* auf der Alm

alpestre [al'pɛstre] *agg* Gebirgs-

Alpi ['alpi] *fpl* Alpen *pl*

alpicoltura [alpikol'tu:ra] *f* AGR Alpwirtschaft, Almwirtschaft *f*

alpigiano, **-a** [alpi'dʒa:no] **I.** *agg* Berg-, Alpen- **II.** *m, f* Bergbewohner(in) *m(f)*

alpinismo [alpi'nizmo] *m* Bergsteigen *nt,* Alpinismus *m*

alpinista [alpi'nista] <-i *m,* -e *f*> *mf* Bergsteiger(in) *m(f),* Alpinist(in) *m(f)*

alpinistico, **-a** [alpi'nistiko] <-ci, -che> *agg* alpinistisch

alpino [al'pi:no] *m* Gebirgsjäger *m*

alpino, **-a** *agg* alpin, Hochgebirgs-

alquanto [al'kuanto] **I.** *agg* einige(r, s) **II.** *pron indef* einiges, manches **III.** *avv* ziemlich, beträchtlich

Alsazia [al'sattsia] *f* Elsass *nt;* **~-Lorena** Elsass-Lothringen *nt*

alsaziano, **-a** [alsatts'ia:no] **I.** *agg* elsässisch, Elsässer **II.** *m, f* Elsässer(in) *m(f)*

alt¹ [alt] *int* halt

alt² <-> *m* Anhalten *nt,* Unterbrechung *f;* **dare l'~** anhalten lassen

altalena [alta'le:na] *f* ① *(in bilico)* Wippe *f* ② *(a funi)* Schaukel *f* ③ *(fig: vicenda alterna)* Hin und Her *nt,* Schwanken *nt*

altamente [alta'mente] *avv* äußerst, erheblich

altare [al'ta:re] *m* Altar *m;* **~ maggiore** Hochaltar *m;* **mettere qu sugli -i** *(fig)* jdn in den Himmel heben

altarino [alta'ri:no] *m* [Haus-, Neben]altar *m;* **scoprire gli -i** *(fig, scherz)* aus der Schule plaudern

alterabile [alte'ra:bile] *agg* ① *(cibo)* verderblich; *(colore)* nicht beständig ② *(fig: irritabile)* reizbar

alterare [alte'ra:re] **I.** *vt* ① *(modificare)* [ver]ändern; *(verità)* verdrehen ② *(adulterare)* verfälschen; *(falsificare)* fälschen **II.** *vr* **-rsi** ① *(modificarsi)* sich verändern ② *(fig: turbarsi)* sich erregen ③ *(guastarsi)* schlecht werden, verderben

alterazione [alterat'tsio:ne] *f* ① *(modificazione)* Veränderung *f* ② *(falsificazione)* Fälschung *f* ③ MED, MUS Alteration *f* ④ *(fig: turbamento)* Erregung *f*

altercare [alter'ka:re] *vi* streiten

alterco [al'tɛrko] <-chi> *m* Auseinandersetzung *f,* Wortwechsel *m*

alterezza [alte'rettsa] *f* Ehrgefühl *nt*

alterigia [alte'ri:dʒa] <-gie> *f* Hochmut *m*

alternanza [alter'nantsa] *f* Wechsel *m;* LING Alternation *f*

alternare [alter'na:re] **I.** *vt* alternieren, wechseln **II.** *vr* **-rsi** sich abwechseln, sich ablösen

alternativa [alterna'ti:va] *f* Wechsel *m;* *(scelta)* Alternative *f*

alternativista [alternati'vista] <-i *m,* -e *f*> *mf Person, die einen Wechsel in der Regierungsmehrheit anstrebt*

alternatività [alternativi'ta] <-> *f* Beinhaltung *f* einer Wahlmöglichkeit

alternativo, **-a** [alterna'ti:vo] *agg* alternativ

alternato, **-a** [alter'na:to] *agg* alternierend, wechselnd; **corrente -a** Wechselstrom *m*

alternatore [alterna'to:re] *m* [Wechselstrom]generator *m*

alternatorista [alternato'rista] <-i *m,* -e *f*> *mf* Wartungsarbeiter(in) *m(f)* für Wechselstromgeneratoren

alterno, **-a** [al'tɛrno] *agg* abwechselnd; **a settimane -e** jede zweite Woche

altero, **-a** [al'tɛ:ro] *agg* würdevoll; *(fiero)* stolz; *(superbo)* hochmütig

altezza [al'tettsa] *f* ① *(gener,* MUS*)* Höhe *f* ② *(statura)* Größe *f* ③ *(livello)* Stand *m* ④ *(profondità)* Tiefe *f* ⑤ *(larghezza di tessuti)* Breite *f* ⑥ *(titolo nobiliare)* Hoheit *f* ⑦ *(fig)* **~ d'animo** moralische Größe; **essere all'~ di fare qc** in der Lage sein, etw

A

zu tun ⑧ *(latitudine)* **all'~ di Trieste** auf der Höhe von Triest

altezzosità [altettsosi'ta] <-> *f* Hochmut *m*

altezzoso, -a [altet'tsoːso] *agg* hochmütig

alticcio, -a [al'tittʃo] <-cci, -cce> *agg* angeheitert

altiforni *pl di* **altoforno**

altimetria [altime'triːa] <-ie> *f* Höhenmessung *f*

altimetro [al'tiːmetro] *m* Höhenmesser *m*

altipiani *pl di* **altopiano**

altipiano [alti'piaːno] *m v.* **altopiano**

altiporto [alti'pɔrto] <-i *o* altoporti> *m* AERO Flughafen *m* in den Bergen [mit hängenden Pisten]

altisonante [altiso'nante] *agg* ① *(sonoro)* wohlklingend ② *(tronfio)* hochtrabend

altitudine [alti'tuːdine] *f* Höhe *f*

alto, -a <più alto *o* superiore, altissimo *o* supremo *o* sommo> *agg* ① *(sviluppato in altezza)* hoch ② *(statura)* groß; **quanto sei ~?** wie groß bist du? ③ *(in luogo elevato)* hoch [gelegen]; GEOG Ober- ④ *(acqua, mare)* hoch ⑤ *(tessuti)* breit ⑥ *(suono)* hoch; *(voce)* laut ⑦ *(fig: eminente)* hervorragend; *(nobile)* edel; **-a società** High Society *f;* **-a moda** Haute Couture *f;* **quartieri -i** die reicheren Stadtteile; **avere un ~ concetto di sé** eine hohe Meinung von sich *dat* haben ⑧ *(loc)* **-a stagione** Hochsaison *f;* **-a finanza** Hochfinanz *f*

alto[1] ['alto] *m* Höhe *f; (parte più elevata)* oberer Teil; **in ~** hoch; **mani in ~!** Hände hoch!; **gli -i e i bassi** die Höhen und Tiefen; **guardare qu dall'~ in basso** jdn von oben herab ansehen

alto[2] *avv* **mirare ~** ein hohes Ziel anstreben

Alto Adige ['alto 'aːdidʒe] *m* Alto Adige *nt*, Südtirol *nt*; **Trentino ~** Trentino-Südtirol *nt*, Alto Adige *nt*

altoatesino, -a [altoate'ziːno] **I.** *agg* die Region Alto Adige betreffend, südtirolerisch **II.** *m, f (abitante)* Bewohner(in) *m(f)* der Region Alto Adige, Südtiroler(in) *m(f)*

altoforno [alto'forno] <altiforni> *m* Hochofen *m*

altolocato, -a [altolo'kaːto] *agg* hochgestellt

altoparlante [altopar'lante] *m* Lautsprecher *m*

altopiano [alto'piaːno] <altipiani> *m* Hochebene *f*

altorilievo [altori'liɛːvo] *m* Relief *nt*

altresì [altre'si] *avv (geh obs)* ebenso, gleichfalls

altrettanto [altret'tanto] *avv* ebenso, ebenfalls, gleichfalls

altrettanto, -a I. *agg* ebenso viel **II.** *pron indef* dasselbe; **grazie ~!** danke, gleichfalls!

altri ['altri] <inv, solo al sing> *pron indef* ① *(qualcuno)* ein anderer, man ② *(altra persona)* andere(r, s)

altrimenti [altri'menti] *avv* ① *(in caso contrario)* sonst, ansonsten A ② *(in modo diverso)* anders

altro ['altro] *m* [etwas] anderes; **non aggiungere ~** nichts hinzufügen; **ci mancherebbe ~!** das wäre ja noch schöner!; **che ~ vuoi?** was willst du noch?; **ci vuol ben ~!** es gehört viel mehr dazu; **dell'~** noch etwas; **desidera ~?** möchten Sie noch etwas?; **per ~** im Übrigen; **più che ~** vor allem; **se non ~** zumindest; **senz'~** sicher; **tra l'~** unter anderem; **tutt'~** ganz im Gegenteil; **l'un l'~** einander, gegenseitig; **non fare ~ che studiare** nichts anderes tun als lernen

altro, -a I. *agg* ① *(distinto)* andere(r, s); **in un ~ modo** anders; **sarà per un'-a volta** vielleicht klappt es ein andermal ② *(ulteriore)* noch ein(e); **ci sono altre domande?** hat noch jemand Fragen?; **un ~ caffè, per favore!** noch einen Kaffee, bitte!; **un'-a volta** noch einmal ③ *(passato)* letzte(r, s); **l'-a settimana** letzte Woche; **l'-a volta** das letzte Mal; **l'~ giorno** neulich; **l'~ ieri** vorgestern ④ *(prossimo)* nächste(r, s); **domani l'~** übermorgen; **quest'altr'anno** nächstes Jahr; **quest'~ mese** kommenden Monat **II.** *pron indef* andere(r, s); **un giorno o l'~** früher oder später; **da un momento all'~** jeden Augenblick; **non avere ~ da fare** nichts anderes zu tun haben; **noi -i/voi -i** wir [unsererseits]/ihr [eurerseits]

altroché [altro'ke] *int* und wie, und ob

altronde [al'tronde] *avv* **d'~** im Übrigen

altrove [al'troːve] *avv* anderswo, woanders

altrui [al'truːi] **I.** *agg inv* von anderen, anderer **II.** *pron indef* andere, die anderen

altruismo [altru'izmo] *m* Altruismus *m*

altruista [altru'ista] <-i *m*, -e *f*> *mf* Altruist *m*

altruistico, -a [altru'istiko] <-ci, -che> *agg* altruistisch

altura [al'tuːra] *f* ① *(luogo elevato)* Anhöhe *f* ② *(alto mare)* hohe See

alunno, -a [a'lunno] *m, f* Schüler(in) *m(f)*

alveare [alve'aːre] *m* ① *(arnia)* Bienenstock *m* ② *(fig: caseggiato)* Wohnsilo *m o nt*

alveo ['alveo] *m* [Fluss-, Bach]bett *nt*

alveolare [alveo'laːre] *agg* alveolar

alveolo [al'vɛːolo] *m* ① ANAT Alveole *f* ② BOT Zelle *f*

alzabandiera [altsaban'diɛːra] <-> *m* Fahnenappell *m*

A

alzare [al'tsa:re] **I.** *vt* ❶ *(sollevare)* hochheben; ~ **il bicchiere** das Glas erheben; ~ **le carte** abheben; ~ **le vele** die Segel hissen; ~ **i tacchi** *(fig)* Fersengeld geben ❷ *(parte del corpo)* heben; ~ **le mani** [*o* **le braccia**] die Hände hochnehmen; ~ **gli occhi al cielo** den Blick zum Himmel richten; ~ **le spalle** mit den Schultern zucken; ~ **la cresta** *(fig)* hochmütig werden; ~ **il gomito** *(fig)* zu tief ins Glas gucken; ~ **le mani su qu** *(fig)* Hand an jdn legen; **non ~ un dito** *(fig)* keinen Finger rühren ❸ *(edificio)* errichten ❹ *(prezzi)* anheben; *(volume)* lauter stellen; *(voce)* [er]heben **II.** *vr* **-rsi** ❶ *(levarsi)* aufstehen ❷ *(sorgere)* aufkommen; *(sole, luna)* aufgehen; **-rsi in volo** aufsteigen

alzata [al'tsa:ta] *f* Heben *nt;* ~ **di spalle** Achselzucken *nt;* **votare per ~ di mano** durch Handzeichen abstimmen

alzo ['altso] *m (su fucili)* Visier *nt; (su cannoni)* Aufsatz *m*

a.m. *abbr di* **antimeridiano** vormittags, Vormittags-

AM ❶ *abbr di* **Aeronautica Militare** italienische Luftwaffe ❷ *abbr di* **Modulazione d'Ampiezza** AM

amabile [a'ma:bile] *agg* ❶ *(persona)* liebenswert ❷ *(vino)* lieblich

amabilità [amabili'ta] <-> *f* Liebenswürdigkeit *f*

amaca [a'ma:ka] <-che> *f* Hängematte *f*

amalgama [a'malgama] <-i> *m (lega)* Amalgam *nt*

amalgamare [amalga'ma:re] **I.** *vt* ❶ *(unire in lega)* amalgamieren ❷ *(per impasto)* vermischen **II.** *vr* **-rsi** sich vermischen

amante [a'mante] **I.** *agg* liebend **II.** *mf* Geliebte(r) *f(m); (fig)* Liebhaber(in) *m(f);* ~ **della buona tavola** Feinschmecker(in) *m(f)*

amanuense [amanu'ɛnse] *m* Schreiber *m; (impiegato)* Schreibgehilfe *m*

amare [a'ma:re] **I.** *vt* lieben **II.** *vr* **-rsi** sich lieben

amareggiare [amared'dʒa:re] **I.** *vt* verbittern **II.** *vr* **-rsi** sich grämen

amarena [ama'rɛ:na] *f* Sauerkirsche *f*

amaretto [ama'retto] *m* ❶ *(biscottino)* Mandelmakrone *f* ❷ *(liquore)* Mandellikör *m*

amarevole [ama'rɛ:vole] *agg (amaro e gradevole)* leicht bitter, angenehm bitter

amarezza [ama'rettsa] *f* ❶ *(sapore)* Bitterkeit *f* ❷ *(fig: dolore misto a rancore)* Verbitterung *f*

amaro [a'ma:ro] *m* ❶ *(sapore)* Bitterkeit *f* ❷ *(liquore)* Bitter *m* ❸ *(fig: rancore)* Verbitterung *f*

amaro, -a *agg (a. fig)* bitter; **mandare giù bocconi -i** *(fig)* die bittere Pille schlucken; **restar con la bocca -a** *(fig)* einen bitteren Nachgeschmack haben

amarone [ama'ro:ne] *m* Amarone *m (dunkelroter Wein aus Venetien)*

amatore, -trice [ama'to:re] *m, f* Liebhaber(in) *m(f)*

amatoriale [amato'ria:le] *agg* Amateur-; **sport ~** Amateursport *m*

amazzone [a'maddzone] *f* Amazone *f*

ambage [am'ba:dʒe] *f pl* Umschweife *pl*

ambasceria [ambaʃʃe'ri:a] <-ie> *f* ❶ *(delegazione)* Abordnung *f* ❷ *(incarico)* Botschaft *f*

ambascia [am'baʃʃa] <-sce> *f* ❶ *(affanno)* Atemnot *f* ❷ *(fig: angoscia)* Sorge *f,* Kummer *m*

ambasciata [ambaʃ'ʃa:ta] *f* Botschaft *f;* **fare un'~** etw ausrichten

ambasciatore, -trice [ambaʃʃa'to:re] *m, f* ❶ *(diplomatico)* Botschafter(in) *m(f)* ❷ *(messaggero)* Bote *m/*Botin *f;* **ambasciator non porta pena** *(prov)* den Boten trifft keine Schuld

ambedue [ambe'du:e] **I.** *agg inv* beide; ~ **gli amici** beide Freunde **II.** *pron* [alle] beide

ambidestro, -a [ambi'dɛstro] *agg* beidhändig

ambientale [ambien'ta:le] *agg* Umwelt-; **danni -i** Umweltschäden *mpl;* **impatto ~** Umweltverträglichkeit *f;* **tutela ~** Umweltschutz *m*

ambientalismo [ambienta'lizmo] *m* Umweltschutz *m*

ambientalista [ambienta'lista] <-i *m,* -e *f>* **I.** *mf* Umweltschützer(in) *m(f)* **II.** *agg* Umweltschutz-

ambientalistico, -a [ambienta'listiko] <-ci, -che> *agg* Umweltschutz-

ambientamento [ambienta'mento] *m* Eingewöhnung *f*

ambientare [ambien'ta:re] **I.** *vt* LIT, FILM, THEAT spielen lassen **II.** *vr* **-rsi** sich eingewöhnen

ambientazione [ambientat'tsio:ne] *f* FILM, THEAT [Bühnen]ausstattung *f*

ambiente [am'biɛnte] *m* ❶ *(spazio)* Raum *m,* Umgebung *f;* **temperatura ~** Zimmertemperatur *f* ❷ BIOL Lebensraum *m,* Umwelt *f;* **tutela dell'~** Umweltschutz *m* ❸ SOC Milieu *nt* ❹ *(stanza)* Raum *m* ❺ *(fig)* **sentirsi nel proprio ~** sich in seinem Element fühlen

ambientino [ambien'ti:no] *m (fam)* kleiner Raum [mit hübscher Einrichtung]; **che bell'~!** was für eine Sippschaft!

ambiguità [ambigui'ta] <-> *f* ❶ *(equivoci-*

tà) Zweideutigkeit *f* ② *(pej: falsità)* Scheinheiligkeit *f*

ambiguo, -a [am'biːguo] <-i, -ie> *agg* ① *(equivoco)* zweideutig ② *(pej: falso)* scheinheilig

ambio ['ambio] <-i> *m* Passgang *m*

ambire [am'biːre] <ambisco> **I.** *vt* anstreben **II.** *vi* ~ [**a qc**] [nach etw] streben

ambito ['ambito] *m* Bereich *m*

ambivalente [ambiva'lɛnte] *agg* ambivalent

ambivalenza [ambiva'lɛntsa] *f* Ambivalenz *f*

ambizione [ambit'tsioːne] *f* Ehrgeiz *m; (aspirazione)* Ambition *f,* Bestreben *nt*

ambizioso, -a [ambi'tsioːso] *agg* ehrgeizig

ambo ['ambo] *m* Ambo *m* A, Doppeltreffer *m*

ambo, -a <inv *o* -i, -e> *agg* beide; ~ [*o* **-i**] **i lati** beide Seiten *f pl*

ambosessi [ambo'sɛssi] *agg inv* beiderlei Geschlechts; **cercasi persone ~** Personen beiderlei Geschlechts gesucht

ambra ['ambra] *f* Bernstein *m;* **~ grigia** Amber *m*

ambrato, -a [am'braːto] *agg* ① *(colore)* bernsteinfarben ② *(profumo)* nach Amber duftend

ambrosia [am'brɔːzia] <-ie> *f* Ambrosia *f*

ambrosiano, -a [ambro'ziaːno] **I.** *agg* mailändisch **II.** *m, f* Mailänder(in) *m(f)*

ambulacro [ambu'laːkro] *m* Wandelgang *m*

ambulante [ambu'lante] **I.** *agg* fahrend, Wander- **II.** *mf* Straßenhändler(in) *m(f)*

ambulanza [ambu'lantsa] *f* Krankenwagen *m,* Rettung *f* A

ambulatorietà [ambulatorie'ta] <-> *f* Überschreibungsfähigkeit, Übertragungsfähigkeit *f*

ambulatorio [ambula'tɔːrio] <-i> *m* ① *(per consultazione)* Sprechzimmer *nt* ② *(per cura)* Ambulanz *f*

ambulatorio, -a <-i, -ie> *agg* ① ANAT Geh- ② MED ambulant

Amburgo [am'burgo] *f* Hamburg *nt*

ameba [a'mɛːba] *f* Amöbe *f*

amen ['aːmen] **I.** *m* Amen *nt;* **in un ~** im Nu; **giungere all'~** zum Abschluss kommen **II.** *int* REL *(a. fam: così sia)* amen

amenità [ameni'ta] <-> *f* ① *(attrattiva)* Lieblichkeit *f,* Anmut *f* ② *(facezia)* Bonmot *nt,* witzige Bemerkung ③ *(bizzarria)* Sonderbarkeit *f*

ameno, -a [a'mɛːno] *agg* ① *(attraente)* lieblich, anmutig; *(piacevole)* angenehm, wohltuend; **letteratura -a** Unterhaltungsliteratur *f;* **un tipo ~** ein angenehmer Typ ② *(strano)* sonderbar

America *f* Amerika *nt;* **~ Latina** Lateinamerika; **~ Centrale** Mittelamerika; **~ del Nord/Sud** Nord-/Südamerika

american dream [a'merican 'driːm] <-> *m* amerikanischer Traum

americaneggiante [amerikaned'dʒante] *agg (atmosfera, film)* amerikanisch angehaucht, mit amerikanischem Touch [*o* Flair]

americanità [amerikani'ta] <-> *f* amerikanische Wesensart

americano, -a [ameri'kaːno] **I.** *agg* amerikanisch **II.** *m, f* Amerikaner(in) *m(f)*

ametista [ame'tista] *f* Amethyst *m*

amianto [a'mianto] *m* Asbest *m*

amica *f v.* **amico**

amichetto, -a [ami'ketto] *m, f (iron)* Freund(in) *m(f),* Gspusi *nt* SÜDD, A

amichevole [ami'keːvole] *agg* freundschaftlich; **incontro ~** SPORT Freundschaftsspiel *nt*

amicizia [ami'tʃittsia] <-ie> *f* ① *(affetto)* Freundschaft *f;* **in ~** in aller Freundschaft; **fare ~ con qu** mit jdm Freundschaft schließen; **rompere un'~** die Freundschaft kündigen; **patti chiari ~ lunga** *(prov)* kleine Geschenke erhalten die Freundschaft ② *(relazione amorosa)* Verhältnis *nt* ③ *pl (fig: relazioni)* Beziehungen *f pl*

amico, -a [a'miːko] <-ci, -che> **I.** *m, f* ① *(legato da sentimenti di amicizia)* Freund(in) *m(f);* **~ intimo** [*o* **del cuore**] Busenfreund *m;* **~ di famiglia** Freund *m* des Hauses; **essere -ci per la pelle** miteinander durch dick und dünn gehen ② *(amante)* Freund(in) *m(f),* Geliebte(r) *f(m)* **II.** *agg* freundschaftlich; *(benevole)* freundlich, gut

amidaceo, -a [ami'daːtʃeo] *agg* stärkehaltig

amido ['aːmido] *m* [Wäsche]stärke *f*

ammaccare [ammak'kaːre] *vt* verbeulen; *(parti del corpo)* quetschen

ammaccatura [ammakka'tuːra] *f (deformazione)* Beule *f; (contusione)* Quetschung *f; (di frutta)* Druckstelle *f*

ammaestramento [ammaestra'mento] *m* Belehrung *f,* Unterweisung *f; (di animali)* Dressur *f*

ammaestrare [ammaes'traːre] *vt* belehren, unterweisen; *(animali)* dressieren, abrichten

ammainabandiera [ammainaban'diɛːra] <-> *m* Flaggeneinholung *f*

ammainare [ammai'naːre] *vt* einholen, einziehen; **~ la vela** *(a. fig)* die Segel streichen

ammalare [amma'laːre] **I.** *vi essere* erkranken **II.** *vr* **-rsi** krank werden, erkranken (**di** an +*dat*)

ammalarsi [amma'larsi] *vr* **-rsi** krank werden; **-rsi di ...** an ... +*dat* erkranken

ammalato, **-a** [amma'la:to] **I.** *agg* krank **II.** *m, f* Kranke(r) *f(m)*

ammaliamento [ammalia'mento] *m* Bezauberung *f*

ammaliante [amma'liante] *agg* bezaubernd

ammaliare [amma'lia:re] *vt* bezaubern, verzaubern

ammanco [am'maŋko] <-chi> *m* Fehlbetrag *m*

ammanettare [ammanet'ta:re] *vt* Handschellen anlegen; ~ **qu** jdm Handschellen anlegen

ammanicarsi [ammani'karsi] *vr* ~ [**con qu**] sich [bei jdm] einschmeicheln

ammanierato, **-a** [ammanie'ra:to] *agg* manieriert, gekünstelt

ammanigliato, **-a** [ammaniʎ'ʎa:to] *agg* ❶ *(unito con maniglie)* verklammert ❷ *(fig, pej fam: protetto)* protegiert

ammannire [amman'ni:re] *vt* vorbereiten

ammansire [amman'si:re] *vt* beschwichtigen, besänftigen

ammantare [amman'ta:re] **I.** *vt* *(poet)* ❶ *(avvolgere con manto)* ummanteln, umhüllen ❷ *(fig: velare)* bemänteln; *(coprire)* umhüllen, verhüllen **II.** *vr* **-rsi** ❶ *(vestirsi)* sich verhüllen, sich bedecken ❷ *(fig)* vorgeben; **-rsi di qc** etw vortäuschen

ammaraggio [amma'raddʒo] <-ggi> *m* Wasserung *f,* Wassern *nt*

ammarare [amma'ra:re] *vi essere* wassern

ammarrare [ammar'ra:re] *vt* verankern

ammassamento [ammassa'mento] *m* Aufhäufung *f*

ammassare [ammas'sa:re] **I.** *vt* aufhäufen, aufschichten; *(raccogliere)* anhäufen, sammeln **II.** *vr* **-rsi** sich zusammendrängen

ammasso [am'masso] *m* ❶ *(mucchio)* Haufen *m; (congerie)* Anhäufung *f* ❷ *(di prodotti agricoli)* Ablieferung *f; (deposito)* Sammelstelle *f* ❸ GEOL Ablagerung *f*

ammattire [ammat'ti:re] <ammattisco> *vi essere* verrückt werden

ammattonare [ammatto'na:re] *vt* pflastern

ammattonato [ammatto'na:to] *m* [Backstein]pflaster *nt*

ammazzacattivi [ammattsakat'ti:vi] <-> *mf* Bezwinger *m* allen Übels, Held *m,* Drachentöter *m*

ammazzamento [ammattsa'mento] *m* ❶ *(strage)* Blutbad *nt* ❷ *(fig: lavoro)* Schufterei *f fam*

ammazzare [ammat'tsa:re] **I.** *vt* ❶ *(uccidere)* töten, umbringen; *(a colpi)* erschlagen; *(macellare)* schlachten ❷ *(botte)* anstechen ❸ *(fig: lavoro)* umbringen; *(tempo)* totschlagen; *(noia)* vertreiben **II.** *vr* **-rsi** ❶ *(darsi la morte)* sich umbringen ❷ *(perdere la vita)* umkommen ❸ *(fig: affaticarsi)* sich kaputtmachen *fam*

ammazzasette [ammattsa'sɛtte] <-> *m* Aufschneider *m,* Prahlhans *m*

ammenda [am'mɛnda] *f* ❶ *(risarcimento)* Entschädigung *f* ❷ *(multa)* Geldstrafe *f* ❸ *(fig: riparazione)* Wiedergutmachung *f*

ammennicolo [ammen'ni:kolo] *m* ❶ *(pretesto)* Vorwand *m,* Ausflucht *f* ❷ *(bazzecola)* Kleinigkeit *f*

ammesso, **-a** [am'messo] **I.** *agg* vorausgesetzt; ~ **che** +*conj* angenommen, dass **II.** *m, f* Zugelassene(r) *f(m)*

ammettere [am'mettere] <irr> *vt* ❶ *(accettare, ricevere)* zulassen, annehmen ❷ *(supporre)* voraussetzen, annehmen; **ammettiamo che io fugga** nehmen wir einmal an, ich fliehe ❸ *(riconoscere)* zugeben ❹ *(accogliere)* zulassen, dulden

ammezzato [ammed'dza:to] *m* Halbgeschoss *nt*

ammiccare [ammik'ka:re] *vi* zwinkern, blinzeln; ~ **a qu** jdm zuzwinkern

amministrare [amminis'tra:re] *vt* ❶ ADM verwalten; ~ **la giustizia** Recht sprechen ❷ *(fig: tempo)* einteilen; *(sacramenti)* spenden

amministrativo, **-a** [amministra'ti:vo] *agg* administrativ, Verwaltungs-

amministratore, **-trice** [amministra'to:re] *m, f* Verwalter(in) *m(f);* ~ **delegato** Geschäftsführer *m*

amministrazione [amministrat'tsio:ne] *f* Verwaltung *f;* ~ **della giustizia** Rechtspflege *f;* **cose di ordinaria** ~ *(fig)* alltägliche Angelegenheiten *f pl;* ~ **comunale** Stadtverwaltung *f;* ~ **pubblica** öffentliche Verwaltung *f*

ammirabile [ammi'ra:bile] *agg* bewundernswert

ammiraglia [ammi'raʎʎa] <-glie> *f* ❶ NAUT Flaggschiff *nt* ❷ MOT Begleitwagen *m*

ammiraglio [ammi'raʎʎo] <-gli> *m* Admiral *m*

ammirare [ammi'ra:re] *vt* bewundern

ammiratore, **-trice** [ammira'to:re] *m, f* Bewunderer *m/*Bewunderin *f*

ammirazione [ammirat'tsio:ne] *f* Bewunderung *f*

ammirevole [ammi're:vole] *agg* bewundernswert

ammisi [am'mi:zi] *1. pers sing pass rem di* **ammettere**

A

ammissibile [ammis'si:bile] *agg* annehmbar, akzeptabel
ammissione [ammis'sio:ne] *f* Annahme *f*, Zulassung *f*; *(approvazione)* Zustimmung *f*
ammobiliamento [ammobilia'mento] *m* Möblierung *f*
ammobiliare [ammo'lia:re] *vt* einrichten
ammobiliato, -a *agg* möbliert
ammodernamento [ammoderna'mento] *m* Modernisierung *f*
ammodernare [ammoder'na:re] *vt* modernisieren
ammodo [am'mɔ:do] *agg inv avv* anständig
ammogliare [ammoʎ'ʎa:re] **I.** *vt* [mit einer Frau] verheiraten **II.** *vr* **-rsi** sich [mit einer Frau] verheiraten
ammollare [amol'la:re] **I.** *vt* einweichen **II.** *vr* **-rsi** *(a. fig)* weich werden
ammollire [ammol'li:re] **I.** *vt* ❶ *(ammorbidire)* aufweichen, erweichen ❷ *(geh: mitigare, lenire)* lindern ❸ *(fig: infiacchire)* verweichlichen **II.** *vr* **-rsi** ❶ *(ammorbidirsi)* weich werden ❷ *(fig: infiacchirsi)* verweichlicht werden
ammollo [am'mɔllo] *m* Einweichen *nt*; **lasciare in ~** einweichen lassen
ammoniaca [ammo'ni:aka] <-che> *f* Ammoniak *nt*
ammonimento [ammoni'mento] *m* ❶ *(avvertimento)* Ermahnung *f* ❷ *(per rimprovero)* Verweis *m*, Rüge *f*
ammonio [am'mɔ:nio] *m* CHEM Ammonium *nt*
ammonire [ammo'ni:re] <ammonisco> *vt* ❶ *(per avvertimento)* ermahnen ❷ *(per rimprovero)* verweisen, rügen
ammonitore, -trice [ammoni'to:re] **I.** *agg* mahnend **II.** *m, f* Mahner(in) *m(f)*
ammonizione [ammonit'tsio:ne] *f* ❶ *(avvertimento)* Mahnung *f* ❷ *(rimprovero)* Verweis *m*, Rüge *f*
ammontare[1] [ammon'ta:re] **I.** *vt avere* aufhäufen **II.** *vi essere* **~ a qc** etw betragen, sich auf etw *akk* belaufen
ammontare[2] *m* [Gesamt]betrag *m*, Summe *f*
ammonticchiare [ammontik'kia:re] *vt* [auf]stapeln
ammorbare [ammor'ba:re] *vt* ❶ *(appestare)* verpesten ❷ *(fig: corrompere)* verderben
ammorbidente [ammorbi'dɛnte] *m* Weichspüler *m*
ammorbidire [ammorbi'di:re] <ammorbidisco> **I.** *vt avere* ❶ *(render morbido)* weich[er] machen ❷ *(fig: sfumare)* abtönen **II.** *vr* **-rsi** *(a. fig)* weich werden
ammortamento [ammorta'mento] *m* ❶ *(ammortizzazione)* Amortisierung *f* ❷ JUR, FIN *(estinzione)* Abschreibung *f*, Tilgung *f*
ammortare [ammor'ta:re] *vt* amortisieren; *(debito)* tilgen
ammortire [ammor'ti:re] <ammortisco, ammortisci> *vt* dämpfen
ammortizzare [amortid'dza:re] *vt* ❶ *(ammortare)* amortisieren; *(debito)* tilgen ❷ TEC *(attutire)* abschwächen, dämpfen
ammortizzatore [ammortiddza'to:re] *m* Stoßdämpfer *m*
ammostatura [ammosta'tu:ra] *f* Mostbereitung *f*
ammucchiamento [ammukkia'mento] *m* Anhäufung *f*
ammucchiare [ammuk'kia:re] **I.** *vt* anhäufen **II.** *vr* **-rsi** sich drängen
ammucchiata [ammuk'kia:ta] *f* ❶ *(orgia)* Orgie *f* ❷ *(fig: insieme confuso di persone o cose)* Anhäufung *f*, Durcheinander *nt*; **fare un'~ generale** ein komplettes Chaos verursachen
ammuffire [ammuf'fi:re] <ammuffisco> *vi essere* ❶ *(fare la muffa)* [ver]schimmeln ❷ *(fig: sciuparsi)* versauern
ammutinamento [ammutina'mento] *m* Meuterei *f*
ammutinarsi [ammuti'narsi] *vr* meutern
ammutolire [ammuto'li:re] <ammutolisco> *vi essere* verstummen
amnesia [amne'zi:a] <-ie> *f* Amnesie *f*, Gedächtnisschwund *m*
amniocentesi [amnio'tʃɛntesi] <-> *f* MED Fruchtwasseruntersuchung *f*
amnioscopia [amniosko'pi:a] <-ie> *f* MED Ultraschalluntersuchung *f*
amniotico, -a [amni'ɔ:tiko] <-ci, -che> *agg* ANAT amniotisch; **liquido ~** Fruchtwasser *nt*
amnistia [amnis'ti:a] <-ie> *f* Amnestie *f*, Straferlass *m*
amnistiare [amnis'tia:re] *vt* amnestieren, begnadigen
amo ['a:mo] *m* Angelhaken *m*; **abboccare all'~** *(fig)* anbeißen
amorale [amo'ra:le] *agg* unmoralisch
amoralità [amorali'ta] *f* Unmoral *f*
amore [a'mo:re] *m* Liebe *f*; *(persona)* Liebste(r) *f(m)*; *(fig)* Schatz *m*, Engel *m*; **~ del prossimo** Nächstenliebe *f*; **~ materno** Mutterliebe *f*; **amor patrio/proprio** Vaterlands-/Eigenliebe *f*; **~ per lo studio** Freude *f* am Lernen; **quella ragazza è un ~** dieses Mädchen ist ein Schatz; **un ~ di casetta** ein reizendes Häuschen; **far l'~** [*o* **all'~**] **con qu** jdn lieben, mit jdm schlafen; **lavorare con ~** mit Hingabe arbeiten; **vivere d'~ e d'accordo** ein Herz und eine

Seele sein; **per ~ di qu** aus Liebe zu jdm; *(favore)* jdm zuliebe; **per amor tuo** dir zuliebe; **per ~ o per forza** im Guten oder im Bösen; **per amor di Dio!** um Gottes willen!; **l'~ è cieco** *(prov)* Liebe macht blind; **il primo ~ non si scorda mai** *(prov)* alte Liebe rostet nicht
amoreggiamento [amoreddʒa'mento] *m* Liebelei *f*
amoreggiare [amoreddʒa:re] *vi* flirten
amorevole [amo're:vole] *agg* liebevoll
amorevolezza [amorevo'lettsa] *f* liebevolle Art; *(benevolenza)* Liebenswürdigkeit *f*
amorfo, -a [a'mɔrfo] *agg* amorph, formlos, gestaltlos
amorino [amo'ri:no] *m* Putte *f*
amoroso, -a [amo'ro:so] **I.** *agg* Liebes-; *(persona)* liebevoll **II.** *m, f* Geliebte(r) *f(m)*
amovibile [amo'vi:bile] *agg* ① *(oggetto)* beweglich ② *(persona: trasferibile)* versetzbar; *(rimovibile)* absetzbar
amperaggio [ampe'raddʒo] <-ggi> *m* Amperestärke *f*
ampère [ã'pɛ:r] <-> *m* Ampere *nt*
amperometro [ampe'rɔ:metro] *m* Amperemeter *nt*
amperora [ampe'ro:ra] <-> *f* Amperestunde *f*
ampiezza [am'piettsa] *f* ① *(larghezza)* Weite *f* ② *(estensione)* Ausdehnung *f*; *(spaziosità)* Geräumigkeit *f* ③ *(fig: abbondanza)* Fülle *f*, Reichtum *m*; *(di spiegazione)* Ausführlichkeit *f* ④ PHYS Amplitude *f*; **~ di vedute** weiter Horizont *m*
ampio, -a ['ampio] <-i, -ie, amplissimo> *agg* weit; *(spazioso)* geräumig; *(spiegazione)* ausführlich; *(garanzia)* weit reichend
amplesso [am'plɛsso] *m* ① *(abbraccio)* Umarmung *f* ② *(coito)* Beischlaf *m*
ampliamento [amplia'mento] *m* Erweiterung *f*
ampliare [ampli'a:re] **I.** *vt* erweitern, ausdehnen **II.** *vr* **-rsi** sich ausdehnen
amplificare [amplifi'ka:re] *vt* erweitern; TEC *(suono)* verstärken
amplificatore [amplifika'to:re] *m* Verstärker *m*
amplificatore, -trice *agg* verstärkend, Verstärker-
amplificatorio, -a [amplifika'tɔ:rio] <-i, -ie> *agg* amplifizierend
amplificazione [amplifikat'tsio:ne] *f* Ausdehnung *f*; TEC Verstärkung *f*
amplio ['amplio] *agg v.* **ampio**
amplissimo [am'plissimo] *superlativo di* **ampio**
ampolla [am'polla] *f* Fläschchen *nt*; MED Ampulle *f*
ampolliera [ampol'liɛ:ra] *f* Öl- und Essigständer *m*
ampolloso, -a [ampol'lo:so] *agg* geschwollen, schwülstig
amputare [ampu'ta:re] *vt* ① MED amputieren ② *(fig: eliminare una parte di)* kürzen
amputazione [amputat'tsio:ne] *f* ① MED Amputation *f* ② *(fig: eliminazione di una parte)* Kürzung *f*
Amuchina® [amu'ki:na] *f Desinfektionslösung auf Chlorbasis*
amuleto [amu'lɛ:to *o* amu'le:to] *m* Amulett *nt*
AN *f abbr di* **Alleanza Nazionale** Nationale Allianz *f (neofaschistische Partei Italiens)*
anabattista [anabat'tista] <-i *m*, -e *f*> *mf* REL Wiedertäufer(in) *m(f)*
anabbagliante [anabbaʎ'ʎante] **I.** *agg* blendfrei **II.** *m* Abblendlicht *nt*
anacronismo [anakro'nizmo] *m* Anachronismus *m*
anacronistico, -a [anakro'nistiko] <-ci, -che> *agg* anachronistisch
anafora [a'nafora] *f* LING Anapher *f*
anagrafe [a'na:grafe] *f* ① *(registro)* Einwohnerverzeichnis *nt*; *(di stato civile)* Personenstandsregister *nt* ② *(ufficio)* Einwohnermeldeamt *nt*; *(di stato civile)* Standesamt *nt*
anagrafico, -a [ana'gra:fiko] <-ci, -che> *agg* Einwohner-, Personenstands-
anagramma [ana'gramma] <-i> *m* Anagramm *nt*
analcolico [anal'kɔ:liko] <-ci> *m* alkoholfreies Getränk
analcolico, -a <-ci, -che> *agg* alkoholfrei
anale [a'na:le] *agg* anal
analfabeta [analfa'bɛ:ta] <-i *m*, -e *f*> **I.** *mf* Analphabet(in) *m(f)* **II.** *agg* analphabetisch
analfabetismo [analfabe'tizmo] *m* Analphabetismus *m*
analgesia [analdʒe'zi:a] <-ie> *f* ① *(insensibilità al dolore)* Analgesie *f* ② *(dottrina stoica)* Analgesie *f*
analgesico [anal'dʒɛ:ziko] <-ci> *m* schmerzstillendes Mittel, Analgetikum *nt*
analgesico, -a <-ci, -che> *agg* analgetisch, schmerzstillend
analgesista [analdʒe'zista] <-i *m*, -e *f*> *mf* MED Analgetiker(in) *m(f)*
analisi [a'na:lizi] <-> *f* Analyse *f*, Untersuchung *f*; **fare l'~ della situazione** die Lage einschätzen; **in ultima ~** letztendlich
analista [ana'lista] <-i *m*, -e *f*> *mf* Analytiker(in) *m(f)*; **~ finanziario** Aktienanalyst(in) *m(f)*

A

analiticità [analititʃi'ta] <-> *f* Analysierbarkeit *f*

analitico, **-a** [anali'liːtiko] <-ci, -che> *agg* analytisch

analizzare [analid'dzaːre] *vt* analysieren

analizzatore [analiddza'toːre] *m* Analysegerät *nt*

anallergico, **-a** [anal'lɛrdʒiko] *agg* allergiegetestet

analogia [analo'dʒiːa] <-gie> *f* Analogie *f*

analogico, **-a** [ana'lɔːdʒiko] <-ci, -che> *agg*, **analogo**, **-a** [a'naːlogo] <-ghi, -ghe> *agg* analog

anamnesi [anam'nɛːzi] <-> *f* Anamnese *f*

ananas ['aːnanas *o* ana'nas] <-> *m* Ananas *f*

anarchia [anar'kiːa] <-chie> *f* Anarchie *f*

anarchico, **-a** [a'narkiko] <-ci, -che> **I.** *agg* anarchisch, anarchistisch **II.** *m, f* Anarchist(in) *m(f)*

anarchismo [anar'kizmo] *m* Anarchismus *m*

anarcoide [anar'kɔːide] **I.** *agg* Anarcho- **II.** *mf* Anarcho *m sl*

ANAS ['aːnas] *f abbr di* **Azienda Nazionale Autonoma delle Strade** *italienische Straßenaufsichtsbehörde*

anatema [ana'tɛːma] <-i> *m* ❶ *(maledizione)* Fluch *m* ❷ *(scomunica)* Kirchenbann *m,* Anathema *nt*

anatomia [anato'miːa] <-ie> *f* ❶ *(scienza, a. fig: struttura)* Anatomie *f* ❷ *(dissezione)* Sektion *f,* Sezieren *nt* ❸ *(fig: analisi minuziosa)* Detailanalyse *f* ❹ *(scherz: aspetto fisico)* Körperbau *m*

anatomico, **-a** [ana'tɔːmiko] <-ci, -che> *agg* anatomisch

anatomizzare [anatomid'dzaːre] *vt* ❶ *(dissecare)* sezieren ❷ *(fig: esaminare)* analysieren

anatra ['aːnatra] *f* Ente *f*

anca ['aŋka] <-che> *f* Hüfte *f,* Hüferl *nt* A

ancella [an'tʃɛlla] *f (poet)* Magd *f*

anche ['aŋke] *cong* ❶ *(pure)* auch; **quand'~ …, ~ se …** auch [*o* selbst] wenn …; **~ a pregarlo non accetterebbe** selbst wenn man ihn bäte, würde er nicht einwilligen ❷ *(inoltre)* dazu, außerdem ❸ *(perfino)* noch, sogar

ancheggiare [aŋked'dʒaːre] *vi* sich in den Hüften wiegen

anchorman ['æŋkəmæn] <achormen> *m* TV Moderator *m*

anchorwoman ['æŋkəwumən] <anchorwomen> *f* Moderatorin *f*

ancia ['antʃa] <-ce> *f* Rohrblatt *nt*

ancipite [an'tʃiːpite] *agg* ❶ *(poet: a due tagli)* zweischneidig ❷ *(fig poet: ambiguo)* zweideutig ❸ *(in metrica)* anzeps

ancona [aŋ'koːna] *f* Altarbild *nt*

Ancona [aŋ'koːna] *f* Ancona *nt (Hauptstadt der Region Marken)*

anconetano, **-a** **I.** *agg* aus Ancona stammend **II.** *m, f (abitante)* Bewohner(in) *m(f)* von Ancona

Anconetano [aŋkone'taːno] *m sing* Umgebung *f* von Ancona

anconitano, **-a** [aŋkoni'taːno] *v.* **anconetano**

ancora[1] [aŋ'koːra] *avv* ❶ *(continuità di un'azione)* noch ❷ *(fino ad ora)* bisher, noch; **non ~** noch nicht ❸ *(un'altra volta)* noch einmal ❹ *(in aggiunta)* noch

ancora[2] ['aŋkoːra] *f* Anker *m;* **essere all'~** vor Anker liegen; **gettare/levare** [*o* **salpare**] **l'~** den Anker auswerfen/lichten; **~ di salvezza** *(fig)* Rettungsanker *m*

ancoraggio [aŋko'raddʒo] <-ggi> *m* ❶ *(azione)* Ankern *nt* ❷ *(luogo)* Ankerplatz *m*

ancorare [aŋko'raːre] **I.** *vt (a. fig)* NAUT verankern **II.** *vr* **-rsi** NAUT ankern; **-rsi** [**a qu/qc**] *(aggrapparsi)* sich [an jdn/etw] klammern

ancorché [aŋkor'ke] *cong +conj (poet)* ❶ *(sebbene)* obschon ❷ *(anche se)* wenn auch

andai [an'daːi] *1. pers sing pass rem di* **andare**[1]

andamento [anda'mento] *m* ❶ *(svolgimento)* [Fort]gang *m;* *(a di malattia)* Verlauf *m;* **l'~ del prezzo** Preisentwicklung *f* ❷ MUS Tempo *nt* ❸ *(portamento)* Gang *m,* Haltung *f*

andante [an'dante] **I.** *agg* ❶ *(ordinario)* gängig; *(di poco pregio)* von geringem Wert ❷ *(corrente)* laufend ❸ MUS andante **II.** *m* MUS Andante *nt*

andare[1] [an'daːre] <vado, andai, andato> **I.** *vi essere* ❶ *(a piedi)* gehen, laufen; **~ a piedi** zu Fuß gehen; **~ avanti** vorgehen; **~ a zonzo** bummeln; **~ di fretta** in Eile sein; **~ via** fortgehen; **andiamo!** los! ❷ *(con mezzo su ruote)* fahren; **~ in treno/macchina** [mit dem] Zug/Auto fahren; **~ in aereo** fliegen; **~ a cavallo** reiten; **~ a scuola in bicicletta** mit dem Fahrrad zur Schule fahren ❸ *(recarsi)* gehen; **~ a fare la spesa** einkaufen gehen; **~ a mangiare** essen gehen; **~ a prendere** [ab]holen; **~ a trovare** besuchen ❹ *(strade)* führen ❺ *(vestiario)* passen ❻ *(essere di moda)* getragen werden ❼ *(funzionare)* gehen ❽ *(fig: svolgersi)* laufen; **com'è andata?** wie war's?, wie ist es gelaufen?; **è andata bene** es ist gut gelaufen ❾ *(piacere)* passen, gefallen; **ti va di andare a ballare?** hast du Lust tanzen zu gehen?

⑩ *(loc)* ~ **a monte** sich in Wohlgefallen auflösen; ~ **a genio a qu** jdm passen; ~ **di mezzo** dazwischenkommen; ~ **pazzo per qc** von etw begeistert sein; ~ **all'aria** auffliegen; ~ **a male** verderben; ~ **in fumo** in Rauch aufgehen; ~ **in tilt** ausflippen, schlappmachen; **come va? — bene grazie!** wie geht's? — danke, gut!; **questa camicia va lavata** dieses Hemd muss gewaschen werden; **vai al diavolo!** *(fam)* scher dich zum Teufel! **II.** *vr* **andarsene** weggehen; *(sparire)* verschwinden; **andarsene all'altro mondo** das Zeitliche segnen; **me ne vado subito** ich gehe sofort; **se ne sono andati tre mila euro** dreitausend Euro sind dabei draufgegangen *fam*

andare[2] *m* Gang *m;* **a lungo** ~ auf die Dauer

andata [an'da:ta] *f* ① *(atto dell'andare)* Gehen *nt* ② *(con mezzo di locomozione)* Hinfahrt *f;* **biglietto di [sola]** ~ einfache Fahrkarte; **biglietto di ~ e ritorno** Rückfahrkarte *f* ③ *(partenza)* Abfahrt *f* ④ SPORT **girone di** ~ Hinrunde *f*

andatura [anda'tu:ra] *f* ① *(modo dell'andare)* Gang *m,* Gangart *f* ② *(portamento)* Haltung *f* ③ SPORT Lauf *m,* Gangart *f*

andazzo [an'dattso] *m* Unsitte *f*

Ande ['ande] *f pl* Anden *pl*

andirivieni [andiri'viɛ:ni] <-> *m* ① *(viavai)* Hin und Her *nt,* Kommen und Gehen *nt* ② *(fig: giro confuso di parole)* Hin und Her *nt*

andito ['andito] *m* Flur *m,* Korridor *m,* Gang *m*

Andorra [an'dɔrra] *f* Andorra *nt*

andorrano, -a [andɔr'ra:no] **I.** *agg* andorranisch **II.** *m, f* Andorraner(in) *m(f)*

androcentrismo [androtʃen'tri:zmo] *m* Androzentrismus *m*

androgenico, -a [andro'dʒɛ:niko] <-ci, -che> *agg* androgyn

androgino, -a [an'drɔ:dʒino] *agg* androgyn

andrologia [androlo'dʒi:a] <-ie> *f* MED Andrologie *f,* Männerheilkunde *f*

andrologo, -a [an'drɔ:logo] <-gi, -ghe> *m, f* Androloge *m*/Andrologin *f,* Arzt *m*/Ärztin *f* für Männerheilkunde

androne [an'dro:ne] *m* Hausflur *m,* Eingangshalle *f*

andropausa [andro'pa:uza] *f* Andropause *f*

aneddotico, -a [anned'dɔ:tiko] <-ci, -che> *agg* anekdotisch, anekdotenhaft

aneddoto [an'nɛ:doto] *m* Anekdote *f*

anelare [ane'la:re] *vi (poet)* ① *(respirare)* ächzen, keuchen ② *(fig)* ~ **a qc** etw herbeisehnen, sich nach etw sehnen

anelito [a'nɛ:lito] *m* ① *(respiro)* Keuchen *nt* ② *(fig: brama)* Sehnsucht *f*

anello [a'nɛllo] *m (gener, fig)* ANAT, SPORT Ring *m; (di catena)* Glied *nt;* ~ **matrimoniale** Ehering *m;* ~ **stradale** Ringstraße *f,* Ring *m,* Umgehungsstraße *f,* Umfahrung *f* A

anemia [ane'mi:a] <-ie> *f* Blutarmut *f,* Anämie *f*

anemico, -a [a'nɛ:miko] <-ci, -che> **I.** *agg* ① MED blutarm, anämisch ② *(fig: fiacco)* blutleer, ohne Leben **II.** *m, f* anämischer Mensch

anemometro [ane'mɔ:metro] *m* Windmesser *m,* Anemometer *nt*

anemone [a'nɛ:mone] *m* Anemone *f*

anergia [aner'dʒi:a] <-ie> *f* MED Anergie *f,* Unempfindlichkeit *f*

anergizzante [anerdʒid'dzante] *agg* unempfindlich machend, betäubend

anestesia [aneste'zi:a] <-ie> *f* Narkose *f,* Anästhesie *f;* ~ **generale** Vollnarkose *f;* ~ **locale** örtliche Betäubung

anestesista [aneste'zista] <-i *m,* -e *f*> *mf* Anästhesist(in) *m(f),* Narkosearzt *m*/-ärztin *f*

anestetico [anes'tɛ:tiko] <-ci> *m* Betäubungsmittel *nt,* Anästhetikum *nt*

anestetico, -a <-ci, -che> *agg* anästhetisch, betäubend

anestetizzare [anestetid'dza:re] *vt* betäuben, anästhetisieren

aneto [a'nɛ:to *o* a'ne:to] *m* Dill *m*

anfetamina [anfeta'mi:na] *f* MED Amphetamin *nt*

anfibi [an'fi:bi] *m pl* ZOO Amphibien *pl*

anfibio [an'fi:bio] *m* ① MOT Amphibienfahrzeug *nt* ② AERO Amphibienflugzeug *nt*

anfibio, -a <-i, -ie> *agg* amphibisch, Amphibien-

anfiteatro [anfite'a:tro] *m* ① *(edificio)* Amphitheater *nt* ② *(aula)* Hörsaal *m*

anfitrione [anfitri'o:ne] *m (poet)* großzügiger Gastgeber

anfora ['anfora] *f* Amphore *f*

anfratto [an'fratto] *m* Kluft *f,* Schlucht *f*

anfrattuoso, -a [anfrattu'o:so] *agg* zerklüftet

angariare [aŋga'ria:re] *vt* unterdrücken, schinden

angelico, -a [an'dʒɛ:liko] <-ci, -che> *agg* engelhaft, Engels-

angelo ['andʒelo] *m* Engel *m;* ~ **custode** REL Schutzengel *m; (scherz: guardia)* Schutzmann *m;* **il Castel Sant'Angelo** die Engelsburg; **discutere sul sesso degli -i** sich um des Kaisers Bart streiten

angheria [aŋge'ri:a] <-ie> *f* Unterdrückung *f,* Schikane *f*

angina [an'dʒi:na] *f* MED Angina *f*
angioplastica [andʒo'plastika] <-che> *f* MED Angioplastik *f*
anglicano, **-a** [aŋgli'ka:no] **I.** *agg* anglikanisch **II.** *m, f* Anglikaner(in) *m(f)*
anglicismo [aŋli'tʃizmo] *m*, **angli[ci]smo** [aŋ'glizmo] *m* LING Anglizismus *m*
anglicizzazione [aŋglitʃiddzat'tsio:ne] *f* Anglisierung *f*
anglista [aŋ'glista] <-i *m*, -e *f*> *mf* Anglist(in) *m(f)*
anglistica [aŋ'glistika] <-che> *f* Anglistik *f*
anglofono, **-a** [aŋ'glɔ:fono] **I.** *agg* anglofon, englischsprachig **II.** *m, f* anglofone Person, englische(r) Muttersprachler(in) *m(f)*
anglosassone [aŋglo'sassone] **I.** *agg* angelsächsisch **II.** *mf* Angelsachse *m*/-sächsin *f*
angolare [aŋgo'la:re] *agg* Eck-, eckig; **pietra ~** ARCH Eckstein *m; (fig)* Grundstein *m*
angolazione [aŋgolat'tsio:ne] *f* ① *(fig)* FILM Blickwinkel *m* ② SPORT Eckschuss *m*
angoliera *f* Eckschrank *m*
angolo ['aŋgolo] *m* ① *(gener,* SPORT Ecke *f,* Corner *m* A; **d'~** Eck-; **calcio d'~** Eckball *m,* Corner *m* A; **~ cottura** Kochecke *f* ② *(in geometria)* Winkel *m* ③ *(di mobile)* Kante *f; (di fazzoletto)* Zipfel *m* ④ *(della bocca)* Winkel *m;* **-i della bocca** Mundwinkel *mpl*
angoloso, **-a** [aŋgo'lo:so] *agg* ① *(che ha angoli)* eckig ② *(fig: poco affabile)* eckig, spröde
angora ['aŋgora] *f* **d'~** Angora-
angoscia <-sce> *f* ① *(stato di ansia)* Angst *f,* Beklemmung *f;* **passare ore d'~** bange Stunden verbringen ② MED Angstzustand *m*
angosciare [aŋgoʃ'ʃa:re] **I.** *vt* ängstigen; **~ qu** jdm Angst machen **II.** *vr* **-rsi** [**per qu**/**qc**] sich [um jdn/etw] Sorgen machen
angoscioso, **-a** [aŋgoʃ'ʃo:so] *agg* beklemmend; *(attesa a)* quälend; *(grido)* angstvoll, angsterfüllt
anguilla [aŋ'guilla] *f* Aal *m;* **scivoloso come un'~** *(fig)* aalglatt
anguillesco, **-a** [aŋguil'lesko] <-schi, -sche> *agg* aalglatt
anguria [aŋ'gu:ria] <-ie> *f* SETT Wassermelone *f*
angustia [aŋ'gustia] <-ie> *f* ① *(penuria)* Knappheit *f,* Enge *f* ② *(preoccupazione)* Beklemmung *f,* Sorge *f*
angustiare [aŋgus'tia:re] **I.** *vt* beängstigen **II.** *vr* **-rsi** [**per qc**] sich [um etw] ängstigen
angusto, **-a** [aŋ'gusto] *agg* ① *(stretto)* knapp, eng ② *(fig: meschino)* beschränkt

anice ['a:nitʃe] *m* Anis *m*
aniconicità [anikonitʃi'ta] <-> *f* Unmöglichkeit *f* der bildhaften Darstellung
aniconico, **-a** [ani'kɔ:niko] <-ci, -che> *agg* anikonisch, nicht bildhaft
anilina [ani'li:na] *f* CHEM Anilin *nt*
anima ['a:nima] *f* ① *(a. fig)* Seele *f;* **non c'era ~ viva** es war keine Menschenseele da; **dedicarsi ~ e corpo a qc** sich einer Sache *dat* mit Leib und Seele hingeben; **essere l'~ gemella di qu** mit jdm seelenverwandt sein; **romper l'~ a qu** *(fam)* jdm auf die Nerven gehen; **la buon'~ di mia madre** meine selige Mutter ② *(nucleo centrale a)* Innere(s) *nt* ③ TEC Kern *m*
animale [ani'ma:le] **I.** *m* ① *(essere animato)* Lebewesen *nt* ② *(bestia)* Tier *nt,* Vieh *nt;* **~ domestico** Haustier *nt* ③ *(fig: persona violenta)* Bestie *f; (a persona stupida)* Rindvieh *nt* **II.** *agg* ① *(relativo a corpo animato)* Tier-, Lebend- ② *(fig: corporeo)* tierisch, tierhaft
animalesco, **-a** [anima'lesko] <-schi, -sche> *agg* animalisch
animalismo [anima'lizmo] *m* Tierschutz *m,* Tierschutzbewegung *f*
animalità [animali'ta] <-> *f* Animalität *f,* Tierhaftigkeit *f*
animare [ani'ma:re] **I.** *vt* ① *(infondere l'anima)* beleben ② *(fig: render più vivo)* beleben ③ *(spingere)* bewegen, animieren **II.** *vr* **-rsi** ① *(acquistare vita)* sich beleben ② *(fig: accolorarsi)* sich erhitzen
animato, **-a** [ani'ma:to] *agg* belebt; *(fig)* lebhaft; **disegni** [*o* **cartoni**] **-i** Zeichentrickfilm *m*
animatore, **-trice** [anima'to:re] **I.** *agg* belebend **II.** *m, f* ① *(di giochi)* Spielleiter(in) *m(f); (di spettacolo)* Ansager(in) *m(f),* Conférencier *m; (di villaggio turistico)* Animateur(in) *m(f); (fig)* Seele *f,* treibende Kraft ② *(di cartoni animati)* Trickfilmzeichner(in) *m(f)*
animazione [animat'tsio:ne] *f* ① *(vivacità)* Lebhaftigkeit *f,* Leben *nt* ② *(folla)* Betrieb *m;* **film d'~** Zeichentrickfilm *m*
animella [ani'mɛlla] *f* GASTR Bries *nt*
animo ['a:nimo] *m* ① *(sede dei sentimenti)* Gemüt *nt;* **stato d'~** Gemütsverfassung *f;* **star con l'~ in sospeso** bangen ② *(spirito)* Geist *m* ③ *(anima)* Seele *f;* **mettersi l'~ in pace** sich abfinden ④ *(pensieri)* Gedanken *mpl,* Sinn *m;* **leggere nell'~ di qu** in jds Innere blicken ⑤ *(coraggio)* Mut *m;* **farsi ~** sich *dat* Mut machen, Mut fassen; **perdersi d'~** den Mut verlieren ⑥ *(disposizione)* Wesen *nt* ⑦ *(intendimento)* Absicht *f,* Wille *m;* **di**

buon/mal ~ gern/ungern; **aver in ~ di far qc** vorhaben, etw zu tun

animosità [animosi'ta] <-> *f* Feindseligkeit *f*

animoso, -a [ani'mo:so] *agg* ① *(ostile)* feindselig ② *(coraggioso)* beherzt, mutig

anisetta [ani'zetta] *f* Anislikör *m*

anitra ['a:nitra] *v.* **anatra**

ANLAIDS *f acro di* **Associazione Nazionale per la Lotta all'AIDS** *nationale Vereinigung zur Bekämpfung von AIDS*

ANMIC *f acro di* **Associazione Nazionale Mutilati e Invalidi Civili** *nationale Vereinigung der zivilen Kriegsversehrten und -invaliden*

annacquare [annak'kua:re] *vt* ① *(diluire)* mit Wasser verdünnen ② *(fig: mitigare)* [ab]mildern

annacquata [annak'kua:ta] *f* ① *(di vino)* Verdünnen *nt* mit etwas Wasser ② *(pioggerella)* leichter Regen

annaffiare [annaf'fia:re] *vt* ① *(orti, fiori)* [be]wässern, [be]gießen; *(strade)* sprengen ② *(fig, scherz: pasti)* begießen; *(annacquare)* verdünnen

annaffiatoio [annaffia'to:io] <-oi> *m* Gießkanne *f*

annaffiatura [annaffia'tu:ra] *f* Begießen *nt*

annali [an'na:li] *mpl* Annalen *pl,* Jahrbuch *nt*

annaspare [annas'pa:re] *vi* ① *(dibattersi)* um sich schlagen; *(gesticolare)* gestikulieren ② *(fig: nel parlare)* sich verhaspeln ③ *(loc)* **~ nel buio** im Dunkeln tappen

annata [an'na:ta] *f* ① *(durata di un anno)* Jahr *nt,* Jahrgang *m* ② *(produzione)* Jahrgang *m* ③ *(importo)* Jahresbeitrag *m* ④ *(di giornale)* Jahrgang *m*

annebbiamento [annebbia'mento] *m* ① *(formazione di nebbia)* Nebelbildung *f* ② *(banco di nebbia)* Nebelbank *f* ③ *(fig: offuscamento)* Umnebelung *f,* Trübung *f*

annebbiare [anneb'bia:re] **I.** *vt* ① *(velare di nebbia)* umnebeln ② *(fig: ottundere)* trüben; *(alcool)* trüben **II.** *vr* **-rsi** *(riempirsi di nebbia)* neb[e]lig werden; *(offuscarsi)* sich trüben, unklar werden

annegamento [annega'mento] *m* ① *(l'annegarsi)* Ertrinken *nt* ② *(l'annegare)* Ertränken *nt,* Ersäufen *nt*

annegare [anne'ga:re] **I.** *vt avere* ertränken, ersäufen **II.** *vr* **-rsi** ertrinken

annerimento [anneri'mento] *m* Schwärzen *nt*

annerire [anne'ri:re] <annerisco> **I.** *vt avere* schwärzen **II.** *vi essere* sich schwärzen

annessi[1] [an'nɛssi] *1. pers sing pass rem di* **annettere**

annessi[2] *mpl* ① ARCH Anbauten *mpl,* Nebengebäude *ntpl* ② ANAT Nebenorgane *ntpl* ③ *(cose)* Zubehör *nt;* **gli ~ e connessi** alles Drum und Dran *fam,* alles, was dazugehört

annessione [annes'sio:ne] *f* POL Annexion *f*

annesso, -a [an'nɛsso] *agg* ① *(adiacente, congiunto)* anliegend, verbunden ② *(allegato)* beigefügt, beiliegend ③ POL annektiert

annettere [an'nɛttere] <annetto, annettei *o* annessi, annesso> *vt* ① *(unire)* anbauen, anfügen ② POL annektieren ③ *(allegare)* beifügen ④ *(fig: attribuire)* beimessen

annichilamento [annikila'mento] *m* Vernichtung *f*

annichilare [anniki'la:re], **annichilire** [anniki'li:re] **I.** *vt* ① *(nullificare)* vernichten ② *(fig: persona)* niederschmettern **II.** *vr* **-rsi** ① *(annullarsi)* sich [selbst] vernichten ② *(umiliarsi)* sich erniedrigen

annichilare [anniki'la:re] **I.** *vt* ① *(nullificare)* vernichten ② *(fig: persona)* niederschmettern **II.** *vr* **-rsi** ① *(annullarsi)* sich [selbst] vernichten ② *(fig: umiliarsi)* sich erniedrigen

annichilazione [annikilat'tsio:ne] *f* ① *(annichilamento)* Vernichtung *f* ② PHYS Zerstrahlung *f*

annichilimento [annikili'mento], **annichilire** [anniki'li:re] *v.* **annichilamento, annichilare**

annidare [anni'da:re] **I.** *vt* ① ZOO ins Nest setzen ② *(fig: celare)* verborgen halten **II.** *vr* **-rsi** ① *(fare il nido)* nisten ② *(fig: albergare)* sich einnisten ③ *(nascondersi)* sich verbergen

annientamento [annienta'mento] *m* [völlige] Vernichtung *f,* Zerstörung *f*

annientare [annien'ta:re] *vt* ① *(distruggere)* zerstören ② *(fig: persona)* niederschmettern

anniversario [anniver'sa:rio] <-i> *m* Jahrestag *m,* Jubiläum *nt;* *(compleanno)* Geburtstag *m;* **~ di matrimonio** Hochzeitstag *m*

anniversario, -a <-i, -ie> *agg* Jahres-

anno ['anno] *m* Jahr *nt;* **~ accademico** Studienjahr *nt;* **~ bisestile** Schaltjahr *nt;* **~ civile** Kalenderjahr *nt;* **~ commerciale** Geschäftsjahr *nt;* **~ corrente** im laufenden Jahr; **~-luce** Lichtjahr *nt;* **~ nuovo** Neues Jahr; **~ santo** Heiliges Jahr; **~ scolastico** Schuljahr *nt;* **buon ~!** Prost Neujahr!; **capo d'~** Neujahr *nt;* **compiere gli -i** Geburtstag haben; **nel fior degli -i** in der Blüte des Lebens; **quanti -i hai?** wie alt bist du?; **ho vent'-i** ich bin zwanzig Jahre [alt]

annodare [anno'da:re] *vt* ① *(stringere)* verknoten; *(cravatta)* binden ② *(fig: relazioni)* [an]knüpfen

annodatura [annoda'tu:ra] *f* ① *(azione)* Knoten *nt* ② *(risultato)* Knoten *m*

annoiare [anno'ia:re] **I.** *vt* langweilen **II.** *vr* **-rsi** sich langweilen

annonario, -a [anno'na:rio] <-i, -ie> *agg* Versorgungs-, Lebensmittel-; **tessera** [*o* **carta**] **-a** Lebensmittelkarte *f*

annoso, -a [an'no:so] *agg* alt; *(questione a)* langjährig

annotare [anno'ta:re] *vt* ① *(data)* notieren ② *(testo)* mit Anmerkungen versehen

annotatore, -trice [annota'to:re] *m, f* Kommentator(in) *m(f)*

annotazione [annotat'tsio:ne] *f* ① *(registrazione)* Notiz *f,* Vermerk *m* ② *(postilla)* Anmerkung *f*

annottare [annot'ta:re] *vi essere (impersonale)* Nacht werden

Annover [an'no:ver] *f* Hannover *nt*

annoverare [annove'ra:re] *vt* zählen; ~ **tra ...** zu ... zählen

annuale [annu'a:le] **I.** *agg* ① *(di un anno)* Jahres-; *(che dura un anno)* [Ein]jahres-, einjährig ② *(di ogni anno)* jährlich **II.** *m* Jahresfeier *f*

annualità [annuali'ta] <-> *f* ① *(somma)* Jahresbeitrag *m* ② *(quota)* jährliche Tilgungsquote

annuario [annu'a:rio] <-i> *m* Jahrbuch *nt;* ~ **commerciale** Handelsadressbuch *nt*

annuire [annu'i:re] <annuisco> *vi* [zustimmend] nicken, zustimmen

annullamento [annulla'mento] *m* ① *(l'annullare)* Annullierung *f,* Aufhebung *f* ② *(annullo)* Entwertung *f* ③ *(revoca)* Zurücknahme *f,* Widerrufung *f* ④ *(disdetta)* Aufhebung *f* ⑤ *(distruzione)* Vernichtung *f* ⑥ MAT Annullierung *f*

annullare [annul'la:re] **I.** *vt* annullieren, für nichtig erklären; *(francobolli)* entwerten; *(revocare)* widerrufen, zurücknehmen; *(disdire)* aufheben; *(distruggere)* zerstören; *(computer)* abbrechen **II.** *vr* **-rsi** sich verflüchtigen

annullatore, -trice [annulla'to:re] **I.** *agg* entwertend, aufhebend, abstempelnd; **bollo** ~ Entwertungs-/Poststempel *m* **II.** *m, f* Entwerter *m*

annullo [an'nullo] *m* Entwertung *f*

annunciare [annun'tʃa:re] **I.** *vt* ① *(notizia)* bekannt geben ② *(persona in visita)* melden ③ RADIO, TV ansagen ④ *(predire)* voraussagen ⑤ *(far prevedere)* ankündigen **II.** *vr* **-rsi** sich ankündigen

annunciatore, -trice [annuntʃa'to:re] *m, f* ① *(chi annuncia)* Melder(in) *m(f)* ② TV, RADIO Sprecher(in) *m(f),* Ansager(in) *m(f)*

Annunciazione [annuntʃat'tsio:ne] *f* REL Mariä Verkündigung *f*

annuncio [an'nuntʃo] <-ci> *m* Mitteilung *f,* Meldung *f;* *(nel giornale)* Anzeige *f;* **mettere un ~ sul giornale** eine Anzeige in die Zeitung setzen; **-ci economici/mortuari** Klein-/Todesanzeigen *f pl*

annunziare [annun'tsia:re] *v.* **annunciare**

annuo, -a ['annuo] *agg* Jahres-; *(pianta)* einjährig; *(che ricorre una volta all'anno)* jährlich

annusare [annu'sa:re] *vt* ① *(fiutare)* schnuppern an +*dat;* *(a animali)* beschnuppern ② *(tabacco)* schnupfen ③ *(fig: intuire)* wittern

annuvolamento [annuvola'mento] *m* Bewölkung *f*

annuvolare [annuvo'la:re] **I.** *vt* ① *(coprire di nuvole)* bewölken ② *(fig: offuscare)* trüben **II.** *vr* **-rsi** ① *(coprirsi di nuvole)* sich bewölken ② *(fig: oscurarsi in volto)* sich verdüstern

annuvolarsi [annuvo'larsi] *vr* ① *(coprirsi di nuvole)* sich bewölken ② *(fig: oscurarsi in volto)* sich verdüstern

ano ['a:no] *m* After *m,* Anus *m*

anodino, -a [ano'di:no] *agg* ① MED *(calmante)* schmerzstillend ② *(fig: inefficace, insignificante)* harmlos, unwirksam

anodizzato, -a [anodid'dza:to] *agg* eloxiert

anodo ['a:nodo] *m* Anode *f*

anomalia [anoma'li:a] <-ie> *f* ① MED Anomalie *f* ② *(irregolarità)* Abweichung *f,* Unregelmäßigkeit *f*

anomalo, -a [a'nɔ:malo] *agg* ① MED anomal ② *(irregolare)* unregelmäßig, abweichend

anonimato [anoni'ma:to] *m,* **anonimia** [anoni'mi:a] <-ie> *f* Anonymität *f;* **conservare l'~** anonym bleiben

anonimo [a'nɔ:nimo] *m* Anonymus *m,* Unbekannte(r) *m*

anonimo, -a *agg* anonym; **società -a** Aktiengesellschaft *f*

anoressante [anores'sante] **I.** *mf* Appetitzügler *m,* Appetithemmer *m* **II.** *agg* appetitzügelnd, appetithemmend

anoressia [anores'si:a] <-ie> *f* Magersucht *f*

anoressico, -a [ano'ressiko] <-ci, -che> **I.** *m, f* Magersüchtige(r) *f(m)* **II.** *agg* magersüchtig

anoressizzante [anosserit'tsa:nte] *m* Appetitzügler *m*

anorgasmico, -a [anor'gazmiko] <-ci, -che> *agg* anorgasmisch, ohne Orgasmus

anormale [anor'maːle] **I.** *agg* ① *(irregolare)* abnorm, anormal ② MED anomal, krankhaft **II.** *mf* MED Anormale(r) *f(m)*

anormalità [anormali'ta] <-> *f* Normabweichung *f,* Abnormität *f*

ANPA *f acro di* **Associazione Nazionale per la Protezione dell'Ambiente** *nationale Umweltschutzvereingung*

ansa ['ansa] *f* ① *(di vaso)* Henkel *m,* Griff *m* ② *(di fiume)* Flussschleife *f* ③ ANAT Krümmung *f*

ANSA ['ansa] *f abbr di* **Agenzia Nazionale Stampa Associata** *italienische Presseagentur*

ansare [an'saːre] *vi* keuchen, ächzen

ansia ['ansia] <-ie> *f* Angst *f,* Beklemmung *f;* **essere in ~ per qu** sich um jdn Sorgen machen; **aspettare qu/qc con ~** jdn/etw sehnsüchtig erwarten

ansietà [ansie'ta] <-> *f* Angstzustand *m*

ansimare [ansi'maːre] *vi* keuchen, ächzen

ansiolitico, -a [ansio'liːtiko] <-ci, -che> **I.** *agg* neuroleptisch **II.** *m, f* Neuroleptikum *nt*

ansioso, -a [an'sioːso] *agg* begierig, ungeduldig

anta ['anta] *f* ① *(pilastro)* Ante *f* ② *(sportello)* Flügel *m,* Tür *f* ③ *(battente di finestra)* [Fenster]laden *m*

antagonismo [antago'nizmo] *m* Antagonismus *m*

antagonista[1] [antago'nista] <-i *m,* -e *f*> *mf (rivale)* Antagonist(in) *m(f),* Gegner(in) *m(f)*

antagonista[2] <-i> *m (muscolo)* Antagonist *m*

antagonistico, -a [antago'nistiko] <-ci, -che> *agg* antagonistisch

antalgico [an'taldʒiko] <-ci> *m* MED schmerzstillendes Mittel, Analgetikum *nt*

antalgico, -a <-ci, -che> *agg* MED schmerzstillend, analgetisch

antartico [an'tartiko] <-ci> *m* Antarktis *f*

antartico, -a <-ci, -che> *agg* antarktisch

Antartide [an'tartide] *f* Antarktis *f*

antecedente [antetʃe'dɛnte] **I.** *agg* vorig, vorhergehend **II.** *m* Vorhergehende(s) *nt;* **-i** *(fig)* Vorleben *nt*

antecedenza [antetʃe'dɛntsa] *f* Vortritt *m;* **in ~** im Voraus

antefatto [ante'fatto] *m* Vorgeschichte *f*

anteguerra [ante'guɛrra] **I.** *agg inv* Vorkriegs- **II.** *m* <-> Vorkriegszeit *f*

antelucano, -a [antelu'kaːno] *agg (poet)* vor dem Morgengrauen

antenato, -a [ante'naːto] *m, f* Vorfahr[e] *m*/Vorfahrin *f,* Ahn[e] *m*/Ahnin *f*

antenna [an'tenna] *f* ① RADIO Antenne *f;* **~ parabolica** Satellitenantenne *f* ② ZOO Fühler *m* ③ NAUT Rahe *f*

antennista [anten'nista] <-i *m,* -e *f*> *mf* Antenneninstallateur(in) *m(f)*

anteporre [ante'porre] <irr> *vt* ① *(mettere innanzi)* vor[aus]stellen; *(fig a.)* voranstellen ② *(preferire)* vorziehen

anteprima [ante'priːma] *f* Voraufführung *f*

antera [an'tɛːra] *f* Staubbeutel *m*

anteriore [ante'rioːre] *agg* ① *(davanti)* vordere(r, s), Vorder- ② *(precedente)* vorhergehend

antesignano, -a [antesiɲ'ɲaːno] *m, f* Vorkämpfer(in) *m(f)*

anti- [anti] *(in parole composte)* anti-, Anti-; *(non ...)* nicht[-], Nicht-

anti(i)gienico, -a [anti(i)'dʒɛːniko] <-ci, -che> *agg* unhygienisch; **materiale ~** unhygienisches Material

anti(i)nfiammatorio [anti(i)nfiamma'tɔːrio] <-i> *m* MED entzündungshemmendes Mittel

anti(i)nfiammatorio, -a <-i, -ie> *agg* entzündungshemmend

antiabbagliante [antiabbaʎ'ʎante] **I.** *agg* nicht blendend **II.** *mpl* Abblendlicht *nt*

antiabbaglianti [antiabbaʎ'ʎanti] *mpl* AUTO Abblendlicht *nt*

antiabortista [antiabor'tista] <-i *m,* -e *f*> **I.** *mf* Abtreibungsgegner(in) *m(f)* **II.** *agg* abtreibungsfeindlich

antiacne [anti'akne] *agg inv* gegen Akne wirkend; **detergente ~** Reinigungspräparat *nt* gegen Akne

antiaereo, -a [antia'ɛːreo] *agg* Flugabwehr-

anti-age [anti'eidʒ] *agg inv* Anti-Aging-

antiaggregante [antiaggre'gante] **I.** *m* Aggregationshemmer *m,* Agglomerationshemmer *m* **II.** *agg* aggregationshemmend, agglomerationshemmend

antialghe [anti'alge] **I.** *m* <-> Algenmittel *nt* **II.** *agg inv* gegen Algen wirkend, algizid

antiappanante [antiappa'nante] *m* Antibeschlag[s]tuch *nt*

antiatomico, -a [antia'tɔːmiko] <-ci, -che> *agg* atombombensicher; **rifugio ~** Atombunker *m*

antibatterico, -a [antibat'tɛːriko] <-ci, -che> *agg* antibakteriell

antibiotico [antibi'ɔːtiko] <-ci> *m* Antibiotikum *nt*

antibiotico, -a <-ci, -che> *agg* antibiotisch

antibloccaggio [antiblok'kaddʒo] <-> *m* *v.* **antiblocco**

A

antibloccante [antiblok'kante] *agg* **sistema ~** Antiblockiersystem *nt,* ABS *nt*
antiblocco [anti'blɔkko] **I.** *m* <-> Antiblockiersystem *nt,* ABS *nt* **II.** *agg inv* MOT Antiblockier-
anticaccia [anti'kattʃa] *agg inv* gegen das Jagen
anticaglia [anti'kaʎʎa] <-glie> *f* Gerümpel *nt*
anticalcare [antikal'ka:re] *m* Mittel *nt* gegen Kalkablagerungen *(z.B. in Wasserleitungen)*
anticamera [anti'ka:mera] *f* Vorzimmer *nt;* **fare ~** *(fig)* warten [müssen]; **non mi passa neppure per l'~ del cervello** *(fam)* daran denke ich nicht mal im Traum
anticamerista [antikame'rista] <-i *m,* -e *f*> *mf* Klinkenputzer(in) *m(f),* Bittsteller(in) *m(f)*
anticancro [anti'kaŋkro] *agg inv* gegen Krebs wirkend; **terapia ~** Krebstherapie *f*
anticarie [anti'ka:rie] *agg inv* kariesheммend
anticarro [anti'karro] *agg inv* Panzerabwehr-
anticellulite [antitʃellu'li:te] *agg inv* gegen Cellulite wirkend
antichità [antiki'ta] <-> *f* ❶ *(qualità)* Altertümlichkeit *f* ❷ *(età)* Altertum *nt,* Antike *f* ❸ *(oggetto)* Antiquität *f*
anticiclone [antitʃi'klo:ne] *m* Antizyklone *f,* Hochdruckgebiet *nt*
anticipare [antitʃi'pa:re] **I.** *vt* ❶ *(azione)* vorziehen, vorverlegen ❷ *(notizia)* im Voraus bekannt geben, vorwegnehmen ❸ *(somma)* vorstrecken ❹ *(fare in anticipo)* vorwegnehmen **II.** *vi (arrivare in anticipo)* früher kommen
anticipazione [antiʃipat'tsio:ne] *f* ❶ *(di notizia, informazione)* Vorwegnahme *f* ❷ *(di azione)* Vorverlegung *f* ❸ FIN Voraus[be]zahlung *f;* **~ bancaria** Bankvorausdarlehen *nt*
anticipo [an'ti:tʃipo] *m* ❶ *(di tempo)* **in ~** zu früh; **essere in ~ di un'ora** eine Stunde zu früh dran sein ❷ COM *(somma)* Vorschuss *m;* **pagare in ~** im Voraus bezahlen
antico [an'ti:ko] <-chi> *m* ❶ *(ciò che appartiene a tempi remoti)* Alte(s) *nt,* Antike(s) *nt* ❷ *pl (uomini vissuti in tempi remoti)* die Alten *pl,* die Vorfahren *mpl*
antico, -a <-chi, -che> *agg* alt; HIST antik; *(tipico)* nach alter Art; **storia -a** Geschichte *f* des Altertums
anticoncezionale [antikontʃettsio'na:le] **I.** *agg* empfängnisverhütend **II.** *m* Verhütungsmittel *nt*
anticoncorrenziale [antikonkorren'tsia:le] *agg* wettbewerbswidrig
anticonformismo [antikonfor'mizmo] *m* Nonkonformismus *m*
anticonformista [antikonfor'mista] <-i *m,* -e *f*> **I.** *agg* nonkonformistisch **II.** *mf* Nonkonformist(in) *m(f)*
anticonformistico, -a [antikonfor'mistiko] <-ci, -che> *agg* nonkonformistisch
anticongelante [antikondʒe'lante] **I.** *agg* Gefrierschutz- **II.** *m* Gefrierschutzmittel *nt*
anticongiunturale [antikondʒuntu'ra:le] *agg* gegen die Konjunktur, konjunkturfeindlich
anticorpo [anti'kɔrpo] *m* Antikörper *m,* Abwehrstoff *m*
anticostituzionale [antikostituttsio'na:le] *agg* verfassungswidrig
anticrimine [anti'kri:mine] *agg inv* Verbrechenbekämpfungs-; **squadra ~** Abteilung für Verbrechensbekämpfung
anticristo [anti'kristo] *m* Antichrist *m*
anticrittogamico [antikritto'ga:miko] <-ci> *m* Pflanzenschutzmittel *nt*
anticrittogamico, -a <-ci, -che> *agg* Pflanzenschutz-
antidatare [antida'ta:re] *vt* vordatieren
antideficit [anti'dɛ:fitʃit] *agg inv* antidefizitär; **provvedimenti ~** Maßnahmen *pl* zur Bekämpfung des Defizits
antideflagrante [antidefla'grante] **I.** *m* Explosionshemmer *m* **II.** *agg* explosionshemmend
antidemocratico, -a [antidemo'kra:tiko] <-ci, -che> **I.** *m, f* Antidemokrat(in) *m(f),* undemokratisch denkende Person **II.** *agg* antidemokratisch, undemokratisch; **provvedimento ~** antidemokratische Maßnahme; **partito ~** demokratiefeindliche Partei
antidepressivo [antidepres'si:vo] *m* Antidepressivum *nt*
antidepressivo, -a *agg* MED antidepressiv
antiderapante [antidera'pante] **I.** *agg* rutschfest **II.** *m* rutschfester Reifen
antidetonante [antideto'nante] **I.** *agg* klopffest **II.** *m* Antiklopfmittel *nt*
antidiluviano, -a [antidilu'via:no] *agg* vorsintflutlich
antidivorzismo [antidivor'tsizmo] *m* Ablehnung *f* der Ehescheidung
antidivorzista [antidivor'tsista] <-i *m,* -e *f*> **I.** *mf* Ehescheidungsgegner(in) *m(f)* **II.** *agg* die Ehescheidung ablehnend
antidogmatico, -a [antisdog'ma:tiko] <-ci, -che> *agg* antidogmatisch, undogmatisch; **atteggiamento ~** antidogmatische [*o* undogmatische] Einstellung
antidogmatismo [antidogma'tizmo] *m* Antidogmatismus *m*
antidolorifico [antidolo'ri:fiko] <-ci> *m* MED Schmerzmittel *nt*

antidoping [anti'dɔpin(g)] **I.** *m* <-> Dopingkontrolle *f* **II.** *agg inv* Doping-, Dopingbekämpfungs-; **esame/test** ~ Dopingkontrolle *f*/-test *m*

antidoto [an'tiːdoto] *m* Gegengift *nt; (a. fig)* Gegenmittel *nt*

antidroga [anti'drɔːga] *agg inv* Drogen-; **cane** ~ Drogenspürhund *m;* **squadra** ~ Drogenkommando *nt*

anti-dumping [anti'dʌmpin(g)] *agg inv* FIN Antidumping-, gegen Dumping

antiemorragico [antiemor'raːdʒiko] <-ci> *m* MED blutstillendes Mittel

antiemorragico, -a <-ci, -che> *agg* blutstillend

antieroe [antie'rɔːe] *m* Antiheld *m*

antierrore [antier'roːre] *agg inv* fehlerlos, fehlerfrei, störungsfrei

anti-età [antie'ta] **I.** *agg inv* Anti-Aging-; **crema** ~ Anti-Aging-Creme *f* **II.** *m* <-> Anti-Aging-Produkt *nt,* Anti-Aging-Präparat *nt*

antieuropeismo [antieurope'izmo] *m* POL Antieuropäismus *m*

antifame [anti'faːme] *agg* **farmaco** ~ Appetitzügler *m*

antifascismo [antifaʃ'ʃizmo] *m* Antifaschismus *m*

antifascista [antifaʃ'ʃista] <-i *m,* -e *f*> **I.** *mf* Antifaschist(in) *m(f)* **II.** *agg* antifaschistisch; **movimento** ~ antifaschistische Bewegung

antifascistico, -a [antifaʃ'ʃistiko] <-ci, -che> *agg* antifaschistisch; **atteggiamento** ~ antifaschistische Einstellung

antifecondativo [antifekonda'tiːvo] *m* Empfängnisverhütungsmittel *nt*

antifecondativo, -a *agg* empfängnisverhütend

antifemminismo [antifemmi'nizmo] *m* Antifeminismus *m*

antifemminista [antifemmi'nista] <-i *m,* -e *f*> **I.** *mf* Feminismusgegner(in) *m(f),* Frauenrechtsgegner(in) *m(f)* **II.** *agg* antifeministisch

antifemministico, -a [antifemmi'nistiko] <-ci, -che> *agg* antifeministisch; **comportamento** ~ frauenfeindliches Verhalten

antifiscalismo [antifiska'lizmo] *m* Ablehnung *f* des Besteuerungssystems

antifiscalista [antifiska'lista] <-i *m,* -e *f*> **I.** *mf* Gegner(in) *m(f)* des Besteuerungssystems **II.** *agg* das Besteuerungssystem ablehnend

antifiscalistico, -a [antifiska'listiko] <-ci, -che> *agg* das Besteuerungssystem ablehnend

antifona [an'tiːfona] *f* Wechselgesang *m,* Antifon *f;* **capir l'~** *(fam)* die Anspielung verstehen; **è sempre la solita** ~ *(fam)* es ist immer die gleiche Leier

antiforfora [anti'forfora] *agg inv* **shampoo** ~ Antischuppenshampoo *nt*

antifumo [anti'fuːmo] *agg inv* Nichtraucher-; **campagna** ~ Kampagne gegen das Rauchen

antifurto [anti'furto] **I.** *agg inv* diebstahlsicher **II.** *m* <-> Diebstahlsicherung *f*

antigas [anti'gas] *agg inv* gegen Gas [schützend], Gas-; **maschera** ~ Gasmaske *f*

antigelo [anti'dʒɛːlo] **I.** *agg inv* Frostschutz- **II.** *m* <-> Frostschutzmittel *nt*

antigene [anti'dʒɛːne] *m* BIOL Antigen *nt*

antigenico, -a [anti'dʒɛːniko] <-ci, -che> *agg* antigen

antiglobal [anti'gloubəl] <-> *mf* Globalisierungsgegner(in) *m(f)*

antiglobalizzatore [antiglobalid-zat'toːre] <-> *m* Globalisierungsgegner *m*

antiglobalizzazione [antiglobalid-zat'tsioːne] <-> *f* Anti-Globalisierung *f*

antigovernativo, -a [antigoverna'tiːvo] *agg* regierungsfeindlich; **giornale** ~ regierungsfeindliche Zeitung

antigraffio [anti'graffio] *agg inv* kratzfest; **superficie** ~ kratzfeste Oberfläche

Antille [an'tille] *fpl* Antillen *pl*

antilope [an'tiːlope] *f* Antilope *f*

antimafia [anti'maːfia] *agg inv* Antimafia-; **squadra** ~ Antimafiaeinheit *f;* **commissione** ~ Mafia-Untersuchungsausschuss *m;* **legge** ~ Antimafiagesetz *nt*

antimeridiano, -a [antimeri'diaːno] *agg* Vormittags-

antimissile [anti'missile] *agg inv* Raketenabwehr-; **difesa** ~ Raketenabwehr *f*

antimuffa [anti'muffa] *agg inv* Schimmelbekämpfungs-

antincendio [antin'tʃɛndio] **I.** *agg inv* Feuerschutz- **II.** *m* <-> Löschschaum *m*

antinebbia [anti'nebbia] **I.** *agg inv* Nebel- **II.** *m* <-> Nebelscheinwerfer *m*

antinflativo, -a [antinfla'tiːvo] *agg* FIN inflationsdämpfend, antiinflationistisch

antinflazionistico, -a [antinflatsio'nistiko] <-ci, -che> *agg* inflationsdämpfend; **provvedimento** ~ Maßnahme zur Bekämpfung der Inflation

antinfluenzale [antinfluen'tsaːle] **I.** *m* Grippemittel *nt* **II.** *agg* gegen Grippe, Grippeschutz-; **vaccino** ~ Grippeschutzimpfung *f*

antinomia [antino'miːa] <-ie> *f* Antinomie *f*

antinquinamento [antiŋkuina'mento] *agg inv* Umweltschutz-; **misure** ~ Umweltschutzmaßnahmen *fpl*

antinquinante [antinkui'naːnte] *agg* ECOL

A

umweltschonend; **motore** ~ schadstoffarmer Motor

antinucleare [antinukle'a:re] **I.** *mf* Kernkraftgegner(in) *m(f)* **II.** *agg* Antiatom-

antinuclearista [antinuklea'rista] <-i *m*, e *f*> **I.** *mf* Atomkraftgegner(in) *m(f)*, Kernkraftgegner(in) **II.** *agg* Antiatom-

antioccidentale [antiottʃiden'ta:le] *agg* antiwestlich; **politica** ~ antiwestliche Politik

antiorario, -a [antio'ra:rio] <-i, -ie> *agg* gegen den Uhrzeigersinn

antiossidante [antiossi'dante] *agg* Antioxidations-

antipapa [anti'pa:pa] *m* Gegenpapst *m*

antipapale [antipa'pa:le] *agg* papstfeindlich, antipapistisch

antipapismo [antipa'pizmo] *m* Papstfeindlichkeit *f*, Antipapismus *m*

antipapista [antipa'pista] <-i *m*, -e *f*> *mf* Papstfeind(in) *m(f)*, Antipapist(in) *m(f)*

antiparassitario [antiparassi'ta:rio] <-i, -ie> *m* Schädlingsbekämpfungsmittel *nt*

antiparassitario, -a *agg* schädlingsbekämpfend

antipastiere, -a [antipas'tiɛ:re] *m, f* *Person, die für die Zubereitung und das Servieren der Antipasti zuständig ist*

antipasto [anti'pasto] *m* Vorspeise *f*; ~ **misto** gemischte Vorspeisen *fpl* *(Aufschnitt, Oliven, Schinken, etc)*

antipatia [antipa'ti:a] <-ie> *f* Antipathie *f*, Abneigung *f*

antipatico, -a [anti'pa:tiko] <-ci, -che> **I.** *agg* unsympathisch **II.** *m, f* unsympathischer Mensch

antipatriottico, -a [antipatri'ɔttiko] <-ci, -che> *agg* antipatriotisch, unpatriotisch

antipatriottismo [antipatriot'tizmo] *m* Antipatriotismus *m*

antipiega [anti'piɛ:ga] *agg inv* knitterfrei

antipiovra [anti'piɔ:vra] *agg inv* Antimafia-

antiplacca [anti'plakka] *agg inv* Antiplaque-, gegen Zahnbelag

antipodi [an'ti:podi] *mpl* Antipoden *mpl*; **essere agli** ~ *(fig)* entgegengesetzter Meinung sein

antipolio [anti'pɔ:lio] *agg inv* Polioschutz-; **vaccino** ~ Polioschutzimpfung *f*

antipolvere [anti'polvere] *agg inv* staubdicht, Staubschutz-

antiporta [anti'pɔrta] *f* Vortür *f*

antiproibizionista [antiproibittsio'nista] <-i *m*, -e *f*> **I.** *mf* Prohibitionsgegner(in) *m(f)*, Antiprohibitionist(in) *m(f)* **II.** *agg* gegen die Prohibition, antiprohibitionistisch; **movimento** ~ Bewegung *f* zur Bekämpfung der Prohibition

antiproiettile [antiproiet'ti:le] *agg inv* kugelsicher; **giubbotto** ~ kugelsichere Weste; **cristallo** ~ kugelsicheres Glas, Panzerglas *nt*

antipulci [anti'pultʃi] *agg inv* Flohschutz-; **collare** ~ Flohhalsband *nt*

antiquaria [anti'kua:ria] <-ie> *f* ❶ *(scienza)* Altertumswissenschaft *f* ❷ *(commercio)* Antiquitätenhandel *m* ❸ *(persona)* *v.* **antiquario**

antiquariato [antikua'ria:to] *m* ❶ *(commercio)* Antiquitätenhandel *m* ❷ *(raccolta)* Antiquitätensammlung *f*; **pezzo d'~** Antiquität *f*

antiquario, -a [anti'kua:rio] <-i, -ie> **I.** *agg* antiquarisch, Antiquitäten-; **libreria -a** Antiquariat *nt* **II.** *m, f* Antiquitätenhändler(in) *m(f)*

antiquato, -a [anti'kua:to] *agg* antiquiert, veraltet

antirabbico, -a [anti'rabbiko] <-ci, -che> *agg* Tollwut-

antiracket [anti'raket] *agg inv* gegen das organisierte Verbrechen; **legge** ~ Gesetz gegen die organisierte Kriminalität

antirazzismo [antirat'tsizmo] *m* Antirassismus *m*

antirazzista [antirat'tsista] <-i *m*, -e *f*> **I.** *mf* Antirassist(in) *m(f)* **II.** *agg* antirassistisch

antireferendario, -a [antireferen'da:rio] <-i, -ie> *agg* antiplebiszitär

antiretorica [antire'tɔ:rika] <-che> *f* Ablehnung *f* von rhetorischen Ausschmückungen

antiretorico, -a [antire'tɔ:riko] <-ci, -che> *agg* gegen rhetorische Ausschmückungen

antireumatico, -a [antireu'ma:tiko] <-ci, -che> **I.** *m, f* Rheumamittel *nt* **II.** *agg* MED gegen Rheumatismus, Rheuma-

antiriciclaggio [antirikli'kladdʒo] *agg inv* gegen Geldwäsche; **norme** ~ Gesetze zur Bekämpfung der Geldwäsche

antirivoluzionario, -a [antirivoluttsio'na:rio] <-i, -ie> *agg* antirevolutionär, revolutionsfeindlich

antiruggine [anti'ruddʒine] **I.** *agg inv* Rostschutz- **II.** *m* <-> Rostschutzmittel *nt*

antirughe [anti'ru:ge] **I.** *m* <-> Antifaltenmittel *nt* **II.** *agg inv* Antifalten-; **crema** ~ Antifaltencreme *f*

antirumore [ru'mo:re] *agg inv* Lärmschutz-

antisala [anti'sa:la] *f* Vorraum *m*

antisatellite [antisa'tɛllite] *agg inv* MIL Satellitenabwehr-; **armi** ~ Waffen zur Satellitenabwehr

antiscippo [anti'ʃippo] *agg inv* gegen Taschendiebstahl gesichert; **valigia** ~ diebstahlsicherer Koffer

antisdrucciolevole [antisdruttʃole'vo:le] *agg* rutschfest; **pavimento** ~ rutschfester Boden

antisemita [antise'mi:ta] <-i *m*, -e *f*> **I.** *mf* Antisemit(in) *m(f)* **II.** *agg* antisemitisch

antisemitico, -a [antise'mi:tiko] <-ci, -che> *agg* antisemitisch

antisemitismo [antisemi'tizmo] *m* Antisemitismus *m*

antisequestro [antise'kuɛstro] *agg inv* gegen Entführung; **squadra** ~ Einsatzkommando zur Bekämpfung von Entführungen

antisettico [anti'sɛttiko] <-ci> *m* Antiseptikum *nt*

antisettico, -a <-ci, -che> *agg* antiseptisch

antisfondamento [antisfonda'mento] *agg inv* bruchsicher; **cristallo** ~ bruchsicheres Glas

antisindacale [antisinda'ka:le] *agg inv* gewerkschaftsfeindlich; **provvedimento** ~ gewerkschaftsfeindliche Maßnahme

antisismico, -a [anti'sizmiko] <-ci, -che> *agg* erdbebensicher

antiskating [anti'skeitin(g)] <-> *m* Antiskating *nt*

antismog [anti'zmɔg] *agg inv* Antismog-, smogbekämpfend; **campagna** ~ Antismog-Kampagne *f*

antisociale [antiso'tʃa:le] *agg* unsozial

antisofisticazione [antisofistikat'tsio:ne] *agg inv* Lebensmittelpanschereien *fpl* bekämpfend

antisolare [antiso'la:re] *agg* Sonnenschutz-

antispam [anti'spam] *agg inv* INET **filtro** ~ Spamfilter *m*

antispasmodico, -a [antispaz'mɔ:diko] <-ci, -che> **I.** *m, f* Antispastikum *nt*, krampflösendes Mittel **II.** *agg* MED antispastisch, krampflösend

antispastico, -a [anti'spaztiko] <-ci, -che> **I.** *m, f* Antispastikum *nt*, krampflösendes Mittel **II.** *agg* MED antispastisch, krampflösend

antisportivo, -a [antispor'ti:vo] *agg* unsportlich

antistadio [anti'sta:dio] <-di> *m* Stadionvorplatz *m*

antistaminico [antista'mi:niko] <-ci> *m* Antihistamin[ikum] *nt*

antistaminico, -a <-ci, -che> *agg* antihistaminisch

antistante [antis'tante] *agg* gegenüberliegend

antistatico, -a [antis'ta:tiko] <-ci, -che> *agg* antistatisch

antistrappo [anti'strappo] *agg inv* reißfest; **materiale** ~ reißfestes Material

antistress [anti'stres] *agg inv* Antistress-

antistupro [anti'stu:pro] *agg inv* gegen Vergewaltigung; **legge** ~ Gesetz gegen sexuelle Nötigung

antisudorifero [antisudo'ri:fero] *m* Antitranspirant *nt*

antitarlo [anti'tarlo] **I.** *m* <-> Holzschutzmittel *nt* **II.** *agg inv* gegen Holzwürmer, Holzschutz-

antitartaro [anti'tartaro] *agg inv* gegen Zahnstein

antitermico, -a [anti'tɛrmiko] <-ci, -che> *agg* MED antithermisch

antiterrorismo [antiterro'rizmo] **I.** *m* <-> Terrorismusbekämpfung *f* **II.** *agg inv* Antiterror-, Terrorismus[bekämpfungs]-

antiterroristico, -a [antiterro'ristiko] <-ci, -che> *agg* Antiterror-, Terrorismus[-bekämpfungs]-

antitesi [an'ti:tezi] *f* ❶ PHILOS Antithese *f* ❷ *(contrasto)* Gegensatz *m*

antitetanico, -a [antite'ta:niko] <-ci, -che> *agg* Tetanus-, Wundstarrkrampf-; **vaccino** ~ Tetanusimpfung *f*

antitetico, -a [anti'tɛ:tiko] <-ci, -che> *agg* antithetisch, gegensätzlich

antitraspirante [antitraspi'rante] *agg* schweißhemmend; **materiale** ~ Material, das die Schweißbildung verhindert

antitrust [ænti'trʌst] **I.** *agg inv* Antitrust-, Kartell- **II.** *m* <-> FIN Antitrust *m*, Kartellbekämpfung *f*

antitumorale [antitumo'ra:le] *agg* antitumoral, tumorbekämpfend

antiurto [anti'urto] *agg inv* stoßfest

antivigilia [antivi'dʒi:lia] *f* **l'~ di Natale** der Tag vor Heiligabend, der 23. Dezember

antivipera [anti'vi:pera] **I.** *m* <-> Schlangenbissserum *nt* **II.** *agg inv* gegen Schlangen[bisse]; **siero** ~ Schlangenbissserum

antivirale [antivi'ra:le] *agg* antiviral, gegen Viren

antivivisezione [antiviviset'tsio:ne] *agg inv* Antivivisektion-; **campagna** ~ Kampagne *f* gegen Vivisektion

antivivisezionismo [antivivisettsio'nizmo] *m* Ablehnung *f* der Vivisektion

antivivisezionista [antivivisettsio'nista] <-i *m*, -e *f*> *mf* Vivisektionsgegner(in) *m(f)*

antologia [antolo'dʒi:a] <-gie> *f* Anthologie *f*

antologista [antolo'dʒista] <-i *m*, -e *f*> *mf* Herausgeber(in) *m(f)* einer Anthologie

antonimo [an'tɔ:nimo] *m* Antonym *nt*

antonomasia [antonoma'zi:a] *f* LING Antonomasie *f*; **per** ~ antonomastisch

A

antracite[1] [antraˈtʃiːte] *agg inv* anthrazit[farben]
antracite[2] *f* Anthrazit *m*
antro [ˈantro] *m* ❶ *(caverna)* Höhle *f* ❷ *(fig, pej: abitazione misera)* Loch *nt*
antropizzare [antropidˈdzaːre] *vt* an menschliche Bedürfnisse anpassen
antropizzazione [antropiddzatˈtsioːne] *f* Anpassung *f* an menschliche Bedürfnisse
antropofago, -a [antroˈpɔːfago] <-gi, -ghe> *m, f* Menschenfresser(in) *m(f)*
antropogenesi [antropoˈdʒɛːnezi] <-> *f* Anthropogenese *f*
antropoide [antroˈpɔːide] *m* Menschenaffe *m*
antropologia [antropoloˈdʒiːa] <-gie> *f* Anthropologie *f*
antropologo, -a [antroˈpɔːlogo] <-gi, -ghe> *m, f* Anthropologe *m*/Anthropologin *f*
antropomorfismo [antropomorˈfizmo] *m* Anthropomorphismus *m*
antropomorfo, -a [antropoˈmɔrfo] *agg* anthropomorph, menschenähnlich; **scimmie -e** Menschenaffen *mpl*
anulare [anuˈlaːre] **I.** *agg* ringförmig, Ring- **II.** *m* Ringfinger *m*
anuri [aˈnuːri] *mpl* Anuren *pl*
anuria [anuˈriːa] <-ie> *f* Anurie *f*
anuro, -a [aˈnuːro] *agg* schwanzlos
Anversa [anˈvɛrsa] *f* Antwerpen *nt*
anzi [ˈantsi] *avv* ❶ *(invece)* im Gegenteil, sogar ❷ *(ancor di più)* sogar, ja ❸ *(o meglio)* besser noch
anziana *f v.* **anziano**
anzianità [antsianiˈta] <-> *f* Alter *nt;* ADM Dienstalter *nt*
anziano, -a [anˈtsiaːno] **I.** *agg* alt; ADM dienstalt **II.** *m, f* Alte(r) *f(m);* **Consiglio degli -i** Ältestenrat *m*
anziché, anzi che [antsiˈke] *cong* ❶ *(invece di)* statt zu ❷ *(piuttosto che)* eher als, lieber als
anzidetto, -a [antsiˈdetto] *agg* vorgenannt, oben genannt
anzitempo [antsiˈtɛmpo] *avv* vorzeitig
anzitutto [antsiˈtutto] *avv* vor allem, zunächst
aorta [aˈɔrta] *f* Aorta *f,* Hauptschlagader *f*
Aosta [aˈɔsta] *f* Aosta *nt (Hauptstadt des Aostatals);* **Valle d'~** Aostatal *nt*
aostano, -a [aosˈtaːno] **I.** *agg* aus Aosta stammend **II.** *m, f (abitante)* Bewohner(in) *m(f)* Aostas
Aostano *m sing* Umgebung *f* von Aosta
apartheid [aˈparthɛit] <-> *f* Apartheid *f*
apatia [apaˈtiːa] <-ie> *f* Apathie *f*
apatico, -a [aˈpaːtiko] <-ci, -che> *agg* apathisch
a.p.c. *abbr di* **a pronta cassa** gegen Barzahlung
ape [ˈaːpe] *f* Biene *f;* **~ domestica** Honigbiene *f;* **~ maschio** Drohne *f;* **~ operaia** Arbeitsbiene *f;* **~ regina** Bienenkönigin *f*
Ape® *f (veicolo a tre ruote della Piaggio) dreirädriges Fahrzeug von Piaggio*
apericena [aperiˈtʃeːna] <- *m,* -e *f*> *m o f Aperitif, zu dem kleine Häppchen serviert werden, die ein Abendessen ersetzen können*
aperitivo [aperiˈtiːvo] *m* Aperitif *m*
apersi [aˈpɛrsi] *1. pers sing pass rem di* **aprire**
aperto [aˈpɛrto] *m* Freie(s) *nt;* **all'~** im Freien; **teatro all'~** Freilufttheater *nt*
aperto, -a **I.** *pp di* **aprire** **II.** *agg* ❶ *(comunicante con l'esterno)* offen, geöffnet; *(fig: lettera, conto, città)* offen ❷ *(libero, accessibile)* offen, zugänglich ❸ *(non concluso)* offen ❹ *(evidente)* offen, klar ❺ *(mentalità)* offen, aufgeschlossen; *(anticonformista)* unkonventionell ❻ *(loc)* **in -a campagna** auf freiem Feld; **in mare ~** auf offenem Meer; **all'aria -a** an der frischen Luft
apertura [aperˈtuːra] *f* ❶ *(azione)* Öffnen *nt,* Öffnung *f,* Aufsperren *nt* A; *(fig: di un conto)* Eröffnung *f* ❷ *(inizio)* Eröffnung *f,* Beginn *m;* **articolo di ~** Leitartikel *m;* **discorso di ~** Eröffnungsrede *f;* **~ delle scuole** Schulbeginn *m* ❸ *(foro)* Öffnung *f* ❹ *(fig: di mente)* Offenheit *f,* Aufgeschlossenheit *f* ❺ *(ampiezza)* Weite *f;* **~ d'ali** [*o* **alare**] Flügelspannweite *f*
aperturismo [apertuˈrizmo] *m* POL Bereitschaft *f* zur politischen Öffnung
API [ˈaːpi] *f acro di* **Anonima Petroli Italiana** *italienische Mineralölverwaltung*
apiario [aˈpiaːrio] <-i> *m* Bienenhaus *nt; (alveare)* Bienenstock *m*
apice [ˈaːpitʃe] *m* ❶ *(culmine)* Gipfel *m* ❷ ANAT, BOT Spitze *f* ❸ LING, ASTR Apex *m*
apicoltore, -trice [apikolˈtoːre] *m, f* Imker(in) *m(f)*
apicoltura [apikolˈtuːra] *f* Bienenzucht *f*
apnea [apˈneːa] *f* SPORT Luftanhalten *nt;* **~ subacquea** Apnoe-Tauchen *nt*
apocalisse [apokaˈlisse] *f* Apokalypse *f,* Weltuntergang *m; (fig a.)* Katastrophe *f*
apocalittico, -a [apokaˈlittiko] <-ci, -che> *agg* apokalyptisch; *(fig a.)* katastrophal
apodittico, -a [apoˈdittiko] <-ci, -che> *agg* apodiktisch
apogeo [apoˈdʒɛːo] *m* ❶ ASTR Erdferne *f,* Apogäum *nt* ❷ *(fig: culmine)* Gipfel *m;* **essere all'~ della gloria** auf dem Gipfel des Ruhms angelangt sein

apolide [a'pɔːlide] **I.** *agg* staatenlos **II.** *mf* Staatenlose(r) *f(m)*
apolitico, -a [apo'liːtiko] <-ci, -che> *agg* unpolitisch
apollo [a'pɔllo] *m* Apoll *m*
apologeta [apolo'dʒɛːta] <-i *m*, -e *f*> *mf* Apologet(in) *m(f)*
apologetica [apolo'dʒɛːtika] <-che> *f* Apologetik *f*
apologetico, -a [apolo'dʒɛːtiko] <-ci, -che> *agg* apologetisch
apologia [apolo'dʒiːa] <-gie> *f* Verteidigungsrede *f*, Apologie *f*
apologista [apolo'dʒista] <-i *m*, -e *f*> *mf* Apologet(in) *m(f)*; *(difensore)* Verteidiger(in) *m(f)*
apoplessia [apoples'siːa] <-ie> *f* MED Schlaganfall *m*, Apoplexie *f*
apoplettico, -a [apo'plɛttiko] <-ci, -che> **I.** *agg* apoplektisch; **colpo ~** Schlaganfall *m* **II.** *m, f* Apoplektiker(in) *m(f)*
apostasia [aposta'ziːa] <-ie> *f* Lossagung *f*, Apostasie *f*
apostolico, -a [apos'tɔːliko] <-ci, -che> *agg* apostolisch
apostolo [a'pɔstolo] *m* Apostel *m*
apostrofare [apostro'faːre] **I.** *vt* ① *(interrogare)* anreden; *(con rigore)* anfahren, anherrschen ② LING apostrophieren **II.** *vi* wettern
apostrofe [a'pɔstrofe] *f* Anrede *f*
apostrofo [a'pɔstrofo] *m* Apostroph *m*
apoteosi [apote'ɔːzi] <-> *f* Apotheose *f*, Verherrlichung *f*
app [app] <-> *m* INET App *f*
app. ① *abbr di* **appendice** Anh. ② *abbr di* **appartamento** Whg.
appagamento [appaga'mento] *m* Befriedigung *f*
appagare [appa'gaːre] **I.** *vt* befriedigen **II.** *vr* **-rsi di qc** sich mit etw begnügen
appaiamento [appaia'mento] *m* Paarung *f*
appaiare [appa'iaːre] **I.** *vt* paaren **II.** *vr* **-rsi** sich paaren
appaio [ap'paio] *1. pers sing pr di* **apparire**
appallottolare [appallotto'laːre] **I.** *vt* zusammenballen, zusammenknüllen **II.** *vr* **-rsi** sich zusammenballen
appaltare [appal'taːre] *vt* ① *(dare in appalto)* als Auftrag vergeben ② *(prendere in appalto)* als Auftrag annehmen
appaltatore, -trice [appalta'toːre] **I.** *agg* auftragnehmend **II.** *m, f* Auftragnehmer(in) *m(f)*
appalto [ap'palto] *m* Auftragserteilung *f*; **dare in ~** als Auftrag vergeben; **prendere in ~** als Auftrag annehmen
appannaggio [appan'naddʒo] <-ggi> *m* ① POL Apanage *f* ② *(fig: prerogativa)* Vorzug *m*, Vergünstigung *f*
appannamento [appanna'mento] *m* Trübung *f*
appannare [appa'naːre] **I.** *vt* ① *(togliere la lucentezza, la trasparenza)* trüben, beschlagen lassen ② *(fig: offuscare)* trüben **II.** *vr* **-rsi** sich trüben
apparato [appa'raːto] *m* ① *(per manifestazioni)* Aufmachung *f*, Ausstaffierung *f*, Schmuck *m* ② *(fig)* MIL Aufwand *m* ③ TEC, ANAT, LIT, ADM Apparat *m*; **~ circolatorio** Gefäßsystem *nt*; **~ governativo** Regierungsapparat *m*; **l'~ scenico** Inszenierung *f*
apparecchiare [apparek'kiaːre] **I.** *vt* [vor]bereiten, herrichten; **~ la tavola** den Tisch decken **II.** *vr* **-rsi** sich vorbereiten
apparecchiatura [apparekia'tuːra] *f* ① TEC Apparatur *f*, Vorrichtung *f*; *(strumento)* Einrichtung *f* ② *(di tessuti)* Ausrüstung *f* ③ *(preparazione)* Rüstung *f*
apparecchio [appa'rekkio] <-cchi> *m* ① TEC Apparat *m*, Gerät *nt* ② AERO Flugzeug *nt*
apparentamento [apparenta'mento] *m* POL Koalition *f*
apparentare [apparen'taːre] **I.** *vt* verschwägern **II.** *vr* **-rsi** ① *(imparentarsi)* sich verschwägern, ein Verwandtschaftsverhältnis eingehen ② POL koalieren
apparente [appa'rɛnte] *agg* scheinbar, anscheinend
apparenza [appa'rɛntsa] *f* [An]schein *m*; *(aspetto)* Äußere(s) *nt*, Aussehen *nt*, Erscheinung *f*; **salvare le -e** den Schein wahren; **l'~ inganna** der Schein trügt; **in ~** dem Anschein nach
apparire [appa'riːre] <appaio *o* apparisco, apparvi *o* apparii *o* apparsi, apparso> *vi essere* ① *(presentarsi)* erscheinen ② *(risultare)* offenbar werden, erscheinen ③ *(sembrare)* scheinen
appariscente [apparij'ʃɛnte] *agg* auffallend, auffällig
apparizione [apparit'tsioːne] *f* Erscheinen *nt*; *(visione)* Erscheinung *f*
apparsi [ap'parsi] *1. pers sing pass rem di* **apparire**
apparso [ap'parso] *pp di* **apparire**
appartamento [apparta'mento] *m* Wohnung *f*
appartarsi [appar'tarsi] *vr* sich zurückziehen, sich absondern
appartenente [apparte'nɛnte] **I.** *agg* angehörig, zugehörig **II.** *mf* Angehörige(r) *f(m)*
appartenenza [apparte'nɛntsa] *f* Zugehörigkeit *f*; **l'~ a qc** die Zugehörigkeit zu etw

A

appartenere [apparte'ne:re] <irr> *vi essere o avere* ① *(essere di proprietà)* ~ **a qu** jdm gehören ② *(far parte)* ~ **a qc** zu etw gehören

apparvi [ap'parvi] *1. pers sing pass rem di* **apparire**

appassimento [appassi'mento] *m* Welken *nt*

appassionare [appassio'na:re] **I.** *vt* begeistern; *(commuovere)* rühren **II.** *vr* **-rsi** [**a qc**] sich [für etw] begeistern; *(commuovere)* [von etw] gerührt sein

appassionato, -a [appassio'na:to] **I.** *agg* leidenschaftlich, begeistert **II.** *m, f* Fan *m,* Begeisterte(r) *f(m)*

appassire [appas'si:re] <appassisco> *vi essere* [ver]welken

appellante [appel'lante] **I.** *agg* anfechtend, berufend **II.** *mf* Appellant *m,* Berufungskläger(in) *m(f)*

appellare [appel'la:re] **I.** *vt* anreden; JUR anfechten, Berufung einlegen gegen **II.** *vr* **-rsi** appellieren; JUR in [die] Berufung gehen; **-rsi a qu** an jdn appellieren; **-rsi contro qc** gegen etw Berufung einlegen

appellativo [appella'ti:vo] *m* ① LING Appellativ *nt* ② *(soprannome)* Name *m,* Anrede *f*

appello [ap'pɛllo] *m* ① *(chiamata)* Appell *m; (per nome)* Aufruf *m* ② *(invocazione)* Appell *m,* Aufruf *m;* **fare ~ a qc** an etw *akk* appellieren ③ *(di esami universitari)* Examenstermin *m* ④ JUR Appellation *f,* Berufung *f;* **corte d'~** Berufungsgericht *nt;* **ricorrere in ~** in [die] Berufung gehen

appena [ap'pe:na] **I.** *avv* ① *(a stento)* gerade noch, kaum; **ha parlato ~** er/sie hat kaum gesprochen ② *(soltanto, da poco)* gerade erst, kaum; **sono ~ le dieci** es ist gerade erst zehn Uhr **II.** *cong* sobald

appendere [ap'pɛndere] <appendo, appesi, appeso> **I.** *vt* aufhängen **II.** *vr* **-rsi** sich festhalten; **-rsi al braccio di qu** sich bei jdm einhängen

appendice [appen'di:tʃe] *f* ① *(aggiunta)* Anhang *m,* Zusatz *m* ② *(nei giornali)* Feuilleton *nt* ③ ANAT Blinddarm *m*

appendicite [appendi'tʃi:te] *f* Blinddarmentzündung *f*

appendo [ap'pɛndo] *1. pers sing pr di* **appendere**

Appennino [appen'ni:no] *m* Appennin *m;* **gli -i** die Appenninen

Appenzell [apən'tsɛl] *m* Appenzell *nt*

appesantire [appesan'ti:re] <appesantisco> **I.** *vt* beschweren, schwer machen; *(fig)* belasten **II.** *vr* **-rsi** schwer werden

appesi [ap'pe:si] *1. pers sing pass rem di* **appendere**

appeso [ap'pe:so] *pp di* **appendere**

appestare [appes'ta:re] *vt* ① *(contagiare)* anstecken ② *(ammorbare)* verpesten

appestato, -a [appes'ta:to] *m, f* Pestkranke(r) *f(m)*

appetibile [appe'ti:bile] *agg* verlockend, attraktiv

appetire [appe'ti:re] *(poet)* **I.** *vt* anstreben, den Wunsch haben nach **II.** *vi* verlocken, Appetit machen

appetito [appe'ti:to] *m* ① *(di cibo)* Appetit *m;* **buon ~!** guten Appetit!; **l'~ vien mangiando** *(prov)* der Appetit kommt beim Essen ② *(fig: voglia, desiderio)* Verlangen *nt,* Hunger *m*

appetitoso, -a [appeti'to:so] *agg* appetitanregend; *(a. fig)* appetitlich

appetizer ['æpətaizə] <-> *m (stuzzichino)* Appetithappen *m,* Appetitanreger *m*

appetizing [æpə'taiziŋ] <-> *m* Appetizing *nt*

appezzamento [appettsa'mento] *m* Grundstück *nt*

appezzare [appet'tsa:re] *vt* in Stücke zerteilen [*o* zerlegen]

appianamento [appiana'mento] *m* ① *(spianamento)* [Ein]ebnung *f* ② *(fig: di difficoltà)* Beseitigung *f; (di lite)* Beilegung *f*

appianare [appia'na:re] *vt* ① *(terreno)* [ein]ebnen ② *(fig: difficoltà)* beseitigen; *(lite, controversia)* beilegen

appiattarsi [appiat'tarsi] *vr* sich verstecken

appiattimento [appiatti'mento] *m* Abflachung *f; (fig)* Angleichung *f,* Nivellierung *f; (spirituale)* Verflachung *f*

appiattire [appiat'ti:re] <appiattisco> **I.** *vt* abflachen **II.** *vr* **-rsi** *(divenire piatto)* flach werden; *(farsi piatto)* sich ducken, sich flach machen

appiccare [appik'ka:re] *vt* ① *(affiggere)* befestigen, anheften ② *(appendere)* aufhängen ③ *(fuoco)* legen

appiccicare [appittʃi'ka:re] **I.** *vt* ① *(attaccare)* anheften, ankleben ② *(fig: attribuire)* anhängen **II.** *vr* **-rsi** kleben; *(fig a.)* sich [an]hängen

appiccicaticcio, -a [appittʃika'tittʃo] <-cci, -cce> *agg* ① *(attaccaticcio)* klebrig ② *(fig: persona)* lästig, aufdringlich

appiccicoso, -a [appittʃi'ko:so] *agg* ① *(vischioso)* klebrig ② *(fig: persona)* lästig, aufdringlich

appicco [ap'pikko] <-cchi> *m* Steilwand *f*

appiedato, -a [appie'da:to] *agg* zu Fuß

appieno [ap'piɛ:no] *avv* völlig, vollkommen

appigionare [appidʒo'na:re] *vt* vermieten

appigliarsi [appiʎ'ʎarsi] *vr* ~ **a qu/qc** *(aggrapparsi)* sich an jdn/etw klammern; *(fig: attenersi)* sich an jdn/etw halten

appiglio [ap'piʎʎo] <-gli> *m* ❶ *(punto di appoggio)* Halt *m,* Stützpunkt *m* ❷ *(fig: pretesto)* Vorwand *m,* Aufhänger *m*

appiombo [ap'piombo] *m* Lot *nt,* lotrechter Fall

appioppare [appiop'pa:re] *vt (fam)* anhängen, andrehen; *(schiaffo, nomignolo)* verpassen; ~ **una multa a qu** jdn zu einer Geldstrafe verdonnern

appisolarsi [appizo'larsi] *vr* einnicken

applaudire [applau'di:re] <applaudo *o* applaudisco> *vt, vi* ~ [a] **qu/qc** jdm/etw applaudieren

applauso [ap'pla:uzo] *m* Beifall *m*

applausometro [applau'zo:metro] *m* Applausmessgerät *nt*

applicabile [appli'ka:bile] *agg* **essere ~ [a qc]** [auf etw *akk*] anwendbar sein

applicare [appli'ka:re] **I.** *vt* ❶ *(attaccare)* applizieren, anbringen; *(con colla)* aufkleben ❷ *(far pagare)* auferlegen ❸ *(mettere in atto, utilizzare)* anwenden ❹ *(concentrare)* richten **II.** *vr* **-rsi** sich widmen

applicativo, **-a** *agg* Anwendungs-; **programma ~** Anwendungsprogramm *nt*

applicato, **-a** [appli'ka:to] **I.** *agg* angewandt **II.** *m, f* Angestellte(r) *f(m)*

applicazione [applikat'tsio:ne] *f* ❶ *(l'applicare)* Anbringung *f; (l'utilizzare)* Anwendung *f* ❷ *(cura)* Eifer *m* ❸ INFORM Anwendung *f*

applique [a'plik] <-> *f* Wandleuchter *m*

appoderare [appode'ra:re] *vt* in Landgüter aufteilen

appoggiacapo [appoddʒa'ka:po] <-> *m* Kopfstütze *f*

appoggiare [appod'dʒa:re] **I.** *vt* ❶ *(posare)* [ab]stellen, [ab]legen ❷ *(accostare)* [an]lehnen; ~ **la scala alla parete** die Leiter an die Wand anlehnen ❸ *(fig: sostenere)* unterstützen **II.** *vr* **-rsi** ❶ *(sostenersi, reggersi)* sich anlehnen; **-rsi al muro** sich an die Wand anlehnen ❷ *(fig: ricorrere)* **-rsi a qc** sich auf etw *akk* stützen

appoggiatesta [appoddʒa'tɛsta] <-> *m* Kopfstütze *f*

appoggiatura [appoddʒa'tu:ra] *f* Vorschlag *m*

appoggio [ap'pɔddʒo] <-ggi> *m* ❶ *(sostegno)* Stütze *f,* Halt *m* ❷ *(fig: aiuto)* Stütze *f,* Unterstützung *f*

appollaiarsi [appolla'iarsi] *vr* [nieder]kauern, hocken

apporre [ap'porre] <irr> *vt* anbringen, hinzufügen

apportare [appor'ta:re] *vt* ❶ *(portare)* beitragen, hinzufügen ❷ *(fig: causare)* mit sich *dat* bringen, verursachen

apporto [ap'pɔrto] *m* ❶ *(conferimento)* Zufuhr *f; (di persona)* Einführung *f* ❷ *(contributo)* Beitrag *m*

apposi [ap'po:zi] *1. pers sing pass rem di* **apporre**

appositamente [appozita'mente] *avv* eigens

apposito, **-a** [ap'pɔ:zito] *agg* eigen, geeignet

apposizione [appozit'tsio:ne] *f* ❶ LING Apposition *f* ❷ *(collocazione)* Anbringung *f*

apposta [ap'pɔsta] **I.** *avv* absichtlich; **non l'ho fatto ~** es war keine Absicht **II.** *agg inv* extra

appostamento [apposta'mento] *m* ❶ *(agguato)* Hinterhalt *m* ❷ MIL Stellung *f* ❸ *(a caccia)* Ansitz *m*

appostare [appos'ta:re] **I.** *vt* ~ **qu/qc** jdm/etw auflauern **II.** *vr* **-rsi** sich auf die Lauer legen

apposto [ap'pɔsto] *pp di* **apporre**

apprendere [ap'prɛndere] <irr> *vt* ❶ *(imparare)* [er]lernen ❷ *(venire a sapere)* erfahren

apprendimento [apprendi'mento] *m* **capacità d'~** Lernfähigkeit *f*

apprendista [appren'dista] <-i *m,* -e *f*> *mf* Lehrling *m,* Auszubildende(r) *f(m)*

apprendistato [apprendis'ta:to] *m* ❶ *(condizione)* Lehre *f* ❷ *(periodo)* Lehrzeit *f*

apprendo [ap'prɛndo] *1. pers sing pr di* **apprendere**

apprensione [appren'sio:ne] *f* Sorge *f*

apprensivo, **-a** [appren'si:vo] *agg* ängstlich, furchtsam

appresi [ap'pre:zi] *1. pers sing pass rem di* **apprendere**

appreso [ap'pre:zo] *pp di* **apprendere**

appressarsi [appres'sarsi] *vr* sich nähern

appresso [ap'prɛsso] **I.** *avv* ❶ *(vicino)* daneben, nahe bei ❷ *(più tardi)* nachfolgend; **come ~** wie folgt **II.** *prep (stato)* neben +*dat,* bei +*dat; (moto)* neben +*akk* **III.** *agg inv* folgend

apprestamento [appresta'mento] *m* ❶ *(preparativo)* Bereitstellung *f,* Vorbereitung *f* ❷ MIL Befestigung *f*

apprestare [appres'ta:re] **I.** *vt* bereitstellen, vorbereiten **II.** *vr* **-rsi a fare qc** sich anschicken, etw zu tun

apprettare [appret'ta:re] *vt* appretieren

apprettatura [appretta'tu:ra] *f* Appretur *f*

appretto [ap'prɛtto] *m* Appretur *f;* **dare l'~ a qc** etw appretieren

apprezzabile [appret'tsa:bile] *agg* bemer-

A

kenswert; *(somma a)* nennenswert, beträchtlich

apprezzamento [apprettsa'mento] *m* Wertschätzung *f*

apprezzare [appret'tsa:re] *vt* würdigen, schätzen

approccio [ap'prɔttʃo] <-cci> *m* Herangehensweise *f,* Ansatz *m; (fig)* Annäherungsversuch *m*

approdare [appro'da:re] *vi essere o avere* NAUT anlegen, landen; **non ~ a nulla** *(fig)* zu nichts führen

approdo [ap'prɔ:do] *m* ❶ *(manovra)* Landung *f* ❷ *(luogo)* Landungsplatz *m*

approfittare [approfit'ta:re] **I.** *vi* **~ di qu/qc** jdn/etw [aus]nutzen; **~ dell'occasione** die Gelegenheit nutzen **II.** *vr* **-rsi di qu/qc** jdn/etw [aus]nutzen

approfondimento [approfondi'mento] *m* Vertiefung *f*

approfondire [approfon'di:re] <approfondisco> **I.** *vt* ❶ *(rendere (più) profondo)* vertiefen ❷ *(fig: studiare a fondo)* genau prüfen **II.** *vr* **-rsi** sich vertiefen

approntamento [appronta'mento] *m* Bereitstellung *f;* MIL Rüstung *f*

approntare [appron'ta:re] *vt* bereitstellen; MIL rüsten

appropriarsi [appro'priarsi] *vr* **~ [di] qc** sich *dat* etw aneignen

appropriatezza [appropria'tettsa] *f (del vestito)* Angemessenheit *f; (di una risposta, du un termine)* Angemessenheit *f,* Adäquatheit *f*

appropriato, -a [appro'pria:to] *agg* geeignet; *(termine)* treffend

appropriazione [appropriat'tsio:ne] *f* Aneignung *f*

approssimarsi [approssi'marsi] *vr* **~ [a qu/qc]** sich [jdm/etw] nähern

approssimativo, -a [approssima'ti:vo] *agg* annähernd, ungefähr

approssimazione [approssimat'tsio:ne] *f* ❶ *(avvicinamento)* Annäherung *f* ❷ MAT Näherungswert *m;* **per ~** annähernd

approvare [appro'va:re] *vt* ❶ *(giudicare buono)* billigen, gutheißen ❷ *(candidato)* bestehen lassen, annehmen ❸ *(ratificare)* annehmen

approvazione [approvat'tsio:ne] *f* Billigung *f,* Anerkennung *f*

approvvigionamento [approvvidʒona'mento] *m* ❶ *(rifornimento)* Versorgung *f,* Verpflegung *f,* Proviant *m; (provvista)* Vorrat *m* ❷ *pl* MIL Verproviantierung *f*

approvvigionare [approvvidʒon'na:re] *vt* versorgen; MIL verproviantieren

approvvigionatore, -trice [approvvidʒona'to:re] *m, f* Einkäufer(in) *m(f)* [*o* Mitarbeiter(in) *m(f)*] in der Beschaffungsstelle

appuntamento [appunta'mento] *m* ❶ *(di piacere)* Verabredung *f,* Date *nt fam;* **darsi [un] ~** sich verabreden; **~ al buio** Blind Date *nt* ❷ *(d'affari, dal medico)* Termin *m;* **prendere un'~** sich *dat* einen Termin geben lassen

appuntare [appun'ta:re] *vt* ❶ *(lapis)* [an]spitzen ❷ *(decorazione)* anheften ❸ *(appunti)* notieren ❹ *(fig: puntare)* richten; **~ le orecchie** die Ohren spitzen; **~ l'indice su qc** mit dem Finger auf etw *akk* zeigen; **~ lo sguardo su qu** jdn fixieren

appuntato [appun'ta:to] *m* Obergefreite(r) *m*

appuntino [appun'ti:no] *avv* sorgfältig, genau

appuntire [appun'ti:re] <appuntisco> *vt* [an]spitzen

appuntito, -a [appun'ti:to] *agg* spitz

appunto[1] [ap'punto] *avv* genau; **per l'~** ganz genau

appunto[2] *m* ❶ *(nota)* Notiz *f* ❷ *(rimprovero)* Vorwurf *m*

appuramento [appura'mento] *m* Nachprüfung *f,* Überprüfung *f*

appurare [appu'ra:re] *vt* ❶ *(controllare)* nachprüfen, überprüfen ❷ *(mettere in chiaro)* klarstellen

apribile [a'pri:bile] *agg* zu öffnen, aufklappbar

apribottiglie [apribot'tiʎʎe] <-> *m* Flaschenöffner *m*

aprii [a'pri:i] *1. pers sing pass rem di* **aprire**

aprile [a'pri:le] *m* April *m;* **in ~** [*o* **nel mese di**] **~** im April; **nel bel ~** im schönen April; **alla fine di ~** Ende April; **a metà ~** Mitte April; **ai primi di ~** Anfang April; **agli ultimi di ~** Ende April; **~ ha 30 giorni** der April hat 30 Tage; **Firenze, [il] 15 ~ 2014** Florenz, den 15. April 2014; **oggi è il primo [di] ~** heute ist der erste April; **l'undici/il venti/il ventun ~** der elfte/zwanzigste/einundzwanzigste April

apripista [apri'pista] <-> **I.** *m (trattore)* Planierraupe *f* **II.** *mf (sciatore)* Vorläufer(in) *m(f)*

aprire [a'pri:re] <apro, apersi *o* aprii, aperto> **I.** *vt* ❶ *(finestra)* öffnen, aufmachen; *(porta)* öffnen, aufmachen, aufsperren A; *(ombrello)* aufspannen; *(libri)* aufschlagen; *(con chiave)* aufschließen, aufsperren A; **non ~ bocca** den Mund nicht aufmachen; *(mantenere un segreto)* den Mund halten; **~ gli occhi** *(a. fig)* aufwachen; **~ le orecchie** gut zuhören; **~ il**

A

cuore a qu jdm sein Herz ausschütten ② *(fig: iniziare)* einleiten; *(essere in prima fila)* anführen; *(fuoco, trattative, conto)* eröffnen; *(negozio)* aufmachen, eröffnen ③ INFORM laden, öffnen ④ *(fam: luce, radio)* anmachen; *(rubinetto)* aufdrehen **II.** *vr* **-rsi** sich öffnen; *(mostra)* eröffnet werden; **-rsi con qu** sich jdm anvertrauen; **la finestra si apre sul giardino** das Fenster weist auf den Garten; **-rsi un varco nella folla** sich *dat* einen Weg durch die Menge bahnen

apriscatole [apris'ka:tole] <-> *m* Dosenöffner *m*

apro ['a:pro] *1. pers sing pr di* **aprire**

aquagym [akua'dʒi:m] *f* Wassergymnastik *f*

aquaplaning ['ækwə'pleiniŋ] <-> *m* Aquaplaning *nt*

aquario [a'kua:rio] *m v.* **acquario**

aquascooter ['ækwə'sku:tə] <-> *m* Jetski® *m*

aquila ['a:kuila] *f* Adler *m;* **~ selvaggia** *(fig)* wilder Streik der Piloten

aquilano, -a [akui'la:no] **I.** *agg* aus Aquila stammend **II.** *m, f (abitante)* Bewohner(in) *m(f)* Aquilas

Aquilano *m sing* Umgebung *f* von Aquila

aquilino, -a [akui'li:no] *agg* Adler-; **naso ~** Adlernase *f*

aquilone [akui'lo:ne] *m* Drachen *nt*

Aquisgrana [akuiz'gra:na] *f* Aachen *nt*

ara ['a:ra] **I.** *f* ① REL Altar *m* ② *(misura)* Ar *nt* **II.** *m* ZOO Ara *m*

araba *f v.* **arabo**

arabesco [ara'besko] <-schi> *m* Arabeske *f*

arabesco, -a <-schi, -sche> *agg* arabesk; *(arabo)* arabisch

Arabia [a'ra:bia] *f* Arabien *nt;* **~ Saudita** Saudi-Arabien *nt*

arabistica [ara'bistika] <-che> *f* Arabistik *f*

arabizzare [arabid'dza:re] *vt* arabisieren

arabizzazione [arabiddzat'tsio:ne] *f* Arabisierung *f*

arabo ['a:rabo] *m* Arabisch(e) *nt;* **parlare ~** *(fig)* Chinesisch sprechen

arabo, -a **I.** *agg* arabisch; **cavallo ~** Araber *m* **II.** *m, f* Araber(in) *m(f)*

arachide [a'ra:kide] *f* Erdnuss *f*

aragosta [ara'gosta] *f* Languste *f*

araldica [a'raldika] <-che> *f* Heraldik *f,* Wappenkunde *f*

araldico, -a [a'raldiko] <-ci, -che> *agg* heraldisch

araldo [a'raldo] *m* ① HIST Herold *m* ② *(messaggero)* Bote *m*

aranceto [aran'tʃe:to] *m* Orangenhain *m*

arancia [a'rantʃa] <-ce> *f* Orange *f,* Apfelsine *f*

aranciata [aran'tʃa:ta] *f* Orangenlimonade *f*

aranciera [aran'tʃɛ:ra] *f* Orangerie *f*

arancino [aran'tʃi:no] *m* GASTR Reiskrokette *f*

arancio[1] [a'rantʃo] *agg inv* orange[farben]

arancio[2] <-ci> *m* ① *(albero)* Apfelsinenbaum *m,* Orangenbaum *m* ② *(frutto)* Orange *f,* Apfelsine *f* ③ *(colore)* Orange *nt*

arancione [aran'tʃo:ne] <inv *o* -i> *agg* [dunkel]orange

arare [a'ra:re] *vt, vi* pflügen

aratore, -trice [ara'to:re] *m, f* Pflüger(in) *m(f)*

aratro [a'ra:tro] *m* Pflug *m*

arazzo [a'rattso] *m* Gobelin *m,* Wandteppich *m*

arbitraggio [arbi'traddʒo] <-ggi> *m* ① JUR, COM Arbitrage *f* ② SPORT Schiedsspruch *m*

arbitrale [arbi'tra:le] *agg* schiedsrichterlich, Schieds-

arbitrare [arbi'tra:re] *vt* ① *(decidere)* schiedsrichterlich entscheiden ② *(dirigere una gara)* Schiedsrichter sein bei

arbitrarietà [arbitrarie'ta] <-> *f* Willkür *f*

arbitrario, -a [arbi'tra:rio] <-i, -ie> *agg* willkürlich

arbitrato [arbi'tra:to] *m* ① *(procedimento)* Schiedsspruchverfahren *nt* ② *(commissione)* Schiedsgericht *nt* ③ *(sentenza)* Schiedsspruch *m*

arbitrio [ar'bi:trio] <-i> *m* ① *(facoltà di scelta)* Gutdünken *nt,* Ermessen *nt;* **libero ~** freier Wille; **lasciare qc all'~ di qu** etw dem Ermessen von jdm überlassen; **prendersi l'~ di fare qc** sich *dat* die Freiheit nehmen, etw zu tun ② *(abuso)* Willkür *f*

arbitro ['arbitro] *m* ① *(chi dispone a sua discrezione)* [sein eigener] Herr *m; (padrone)* Herr *m,* Gebieter *m* ② SPORT Schiedsrichter *m; (nel pugilato)* Ringrichter *m* ③ JUR Schiedsmann *m*

arboreo, -a [ar'bɔ:reo] *agg* baumartig, Baum-

arboscello [arboʃ'ʃɛllo] *m* Bäumchen *nt*

arbusto [ar'busto] *m* Strauch *m,* Staude *f*

arca ['arka] <-che> *f* ① *(mobile)* Truhe *f* ② *(sepolcro)* Sarkophag *m* ③ *(nella Bibbia)* Arche *f;* **l'~ di Noè** die Arche Noah

arcade ['arkade] **I.** *agg* arkadisch **II.** *mf* Arkadier(in) *m(f)*

arcadico, -a [ar'ka:diko] <-ci, -che> *agg* arkadisch

arcaico, -a [ar'ka:iko] <-ci, -che> *agg* archaisch, altertümlich

A

arcangelo [arˈkandʒelo] *m* Erzengel *m*
arcano [arˈkaːno] *m* Mysterium *nt,* Geheimnis *nt*
arcano, -a *agg* geheimnisvoll, mysteriös
arcata [arˈkaːta] *f* ① ARCH Arkade *f,* Bogen *m* ② ANAT Bogen *m* ③ MUS Bogenstrich *m*
archeggio [arˈkeddʒo] <-ggi> *m* Bogenstrich *m*
archeologa *f v.* **archeologo**
archeologia [arkeoloˈdʒiːa] <-ie> *f* Archäologie *f*
archeologico, -a [archeoˈlɔːdʒiko] <-ci, -che> *agg* archäologisch
archeologo, -a [archeoˈlɔːlogo] <-gi, -ghe> *m, f* Archäologe *m/* Archäologin *f*
archeometria [arkeomeˈtriːa] <-ie> *f* Archeometrie *f*
archetipico [arkeˈtiːpiko] *agg* archetypisch
archetipo [arˈkɛːtipo] *m* Archetyp *m*
archetto [arˈketto] *m* [kleiner] Bogen *m*
archiatra [arˈkiaːtra] <-i> *m* Leibarzt *m*
archibugio [arkiˈbuːdʒo] <-gi> *m* Arkebuse *f,* Hakenbüchse *f*
architetta *f v.* **architetto**
architettare [arkitetˈtaːre] *vt* ausdenken, aushecken *fam*
architetto, -a [arkiˈtetto] *m, f* Architekt(in) *m(f)*
architettonico, -a [arkitetˈtɔːniko] <-ci, -che> *agg* architektonisch
architettura [arkitetˈtuːra] *f* Architektur *f*
architrave [arkiˈtraːve] *m* Stützbalken *m,* Träger *m*
archiviare [arkiˈviaːre] *vt* ① ADM archivieren, ablegen; **~ una pratica** ein Verfahren zu den Akten legen ② *(fig: non occuparsi più di)* ad acta legen
archiviazione [arkiviatˈtsioːne] *f* Archivierung *f*
archivio [arˈkiːvio] <-i> *m* Archiv *nt*
archivista [arkiˈvista] <-i *m,* -e *f*> *mf* Archivar(in) *m(f)*
arci- [artʃi] *(in parole composte)* Erz-
ARCI [ˈartʃi] *m acro di* **Associazione Ricreativa Culturale Italiana** *italienischer Freizeit- und Kulturverband*
arcicontento, -a [artʃiconˈtɛnto] *agg (fam)* hochzufrieden, überglücklich
arcidiacono [artʃidiˈaːkono] *m* Archidiakon *m*
arciduca, -duchessa [artʃiˈduːka, artʃiduˈkessa] *m, f* Erzherzog(in) *m(f)*
arciere [arˈtʃɛːre] *m* Bogenschütze *m*
arcigno, -a [arˈtʃiɲɲo] *agg* mürrisch, finster
arcinoto, -a [artʃiˈnɔːto] *agg (fam)* altbekannt
arcione [arˈtʃoːne] *m* Sattelbogen *m*
arcipelago [artʃiˈpɛːlago] <-ghi> *m* Archipel *m*
arciprete [artʃiˈprɛːte] *m* Erzpriester *m*
arciricco, -a [artʃiˈrikko] <-cchi, -cche> *agg (fam)* steinreich
arcistufo, -a [artʃiˈstuːfo] *agg (fam)* **essere ~ di qc** etw absolut satthaben
arcivescovo [artʃiˈveskovo] *m* Erzbischof *m*
arco [ˈarko] <-chi> *m* Bogen *m;* **strumenti ad ~** Streichinstrumente *ntpl;* **~ a sesto acuto** Spitzbogen *m;* **~ di tempo** Zeitspanne *f*
arcobaleno [arkobaˈleːno] *m* Regenbogen *m*
arcolaio [arkoˈlaːio] <-ai> *m* Haspel *f,* Garnwinde *f*
arcuale [arkuˈaːle] *agg* gebogen, gekrümmt
arcuare [arkuˈaːre] *vt* krümmen, biegen
ardente [arˈdɛnte] *agg* glühend, brennend; *(colore)* leuchtend
ardere [ˈardere] <ardo, arsi, arso> **I.** *vt avere* verbrennen **II.** *vi essere o avere* brennen, glühen; **~ d'amore** in Liebe entbrannt sein; **~ dal desiderio di fare qc** den brennenden Wunsch haben, etw zu tun
ardesia[1] [arˈdɛːzia] *agg inv* schiefergrau
ardesia[2] <-ie> *f* Schiefer *m*
ardimento [ardiˈmento] *m* Kühnheit *f,* Wagemut *m*
ardire[1] [arˈdiːre] <ardisco> *vi* wagen
ardire[2] *m* ① *(audacia)* Kühnheit *f,* Verwegenheit *f* ② *(impudenza)* Dreistigkeit *f*
arditezza [ardiˈtettsa] *f (coraggio)* Mut *m,* Tapferkeit *f; (temerarietà)* Wagemut *m,* Kühnheit *f*
ardito [arˈdiːto] *m* Einzelkämpfer *m*
ardito, -a *agg* kühn, mutig; *(insolente)* dreist; *(complimento, idea)* gewagt; **farsi ~** sich erdreisten
ardo [ˈardo] *1. pers sing pr di* **ardere**
ardore [arˈdoːre] *m* Hitze *f,* Glut *f;* **lavorare con ~** mit Eifer arbeiten; **nell'~ della discussione** im Eifer des Gefechts
arduo, -a [ˈarduo] *agg* steil; *(difficile)* schwierig
area [ˈaːrea] *f* ① *(superficie)* Fläche *f;* **~ di lavoro** INFORM Arbeitsplatz *m* ② *(zona)* Raum *m,* Bereich *m,* Zone *f;* **~ ciclonica** Tiefdruckgebiet *nt;* **~ fabbricabile** Bauland *nt;* **~ linguistica** Sprachraum *m;* **~ di porta** SPORT Torraum *m;* **~ di rigore** SPORT Strafraum *m;* **~ di servizio** Raststätte *f;* **~ sismica** Erdbebengebiet *nt;* **~ benessere** Wellnessbereich ③ *(fig)* POL Gruppierung *f*
area manager <- *o* area managers> *mf* Gebietsleiter(in) *m(f)*

arena[1] [a'rɛːna] *f (sabbia)* Sand *m*

arena[2] [a'rɛːna] *f (stadio)* Arena *f*

arenarsi [are'narsi] *vr* ① NAUT stranden ② *(fig: bloccarsi)* ins Stocken geraten

areniano, -a [are'niaːno] *agg (dell'arena di Verona)* die Arena von Verona betreffend

arenile [are'niːle] *m* Sandstrand *m*

arenoso, -a [are'noːso] *agg* sandig

areo- [areo] *v.* **aereo-**

areola [a'rɛːola] *f* Warzenvorhof *m*

aretino, -a [are'tiːno] **I.** *agg* aus Arezzo stammend **II.** *m, f (abitante)* Bewohner(in) *m(f)* Arezzos; **L'Aretino** *(per antonomasia, narratore del Cinquecento)* Aretino

Arezzo *f* Arezzo *nt (Stadt in der Toskana)*

argan [ar'gaːn] <-> *m* Arganbaum *m;* **olio di ~** Arganöl *nt*

argano ['argano] *m* [Seil]winde *f*

argentare [ardʒen'taːre] *vt* versilbern

argenteo, -a [ar'dʒɛnteo] *agg* silbrig, silbern

argenteria [ardʒente'riːa] <-ie> *f* Silber[geschirr] *nt;* **~ da tavola** Tafelsilber *nt*

argentiere [ardʒen'tiɛːre] *m* ① *(lavorante)* Silberschmied(in) *m(f)* ② *(venditore)* Silberhändler(in) *m(f)*

argentifero, -a [ardʒen'tiːfero] *agg* silberhaltig

Argentina [ardʒen'tiːna] *f* Argentinien *nt*

argentino, -a [ardʒen'tiːno] **I.** *agg* ① *(suono, voce)* hell ② *(che ha il colore dell'argento)* silbern, silbrig ③ *(dell'Argentina)* argentinisch **II.** *m, f (abitante)* Argentinier(in) *m(f)*

argento [ar'dʒɛnto] *m* Silber *nt;* **~ vivo** Quecksilber *nt;* **carta d'~** FERR Seniorenpass *m;* **nozze d'~** Silberhochzeit *f*

argentone [ardʒen'toːne] *m* Neusilber *nt,* Alpaka *nt*

argilla [ar'dʒilla] *f* Ton *m;* **esser fatto della stessa ~** *(fig)* aus dem gleichen Holz geschnitzt sein

argilloso, -a [ardʒil'loːso] *agg* tonhaltig

arginamento [ardʒina'mento] *m* Eindämmung *f*

arginare [ardʒi'naːre] *vt* eindämmen; **~ qc** *(fig)* einer Sache *dat* Einhalt gebieten

arginatura [ardʒina'tuːra] *f* Eindämmung *f*

argine ['ardʒine] *m* Damm *m,* Wall *m*

argomentare [argomen'taːre] *vi* argumentieren

argomentatorio, -a [argomenta'tɔːrio] <-i, -ie> *agg* argumentatorisch, deduktiv, beweisführend

argomentazione [argomentat'tsioːne] *f* Argumentation *f*

argomento [argo'mento] *m* ① *(tema)* Thema *nt,* Gegenstand *m* ② *(pretesto)* Vorwand *m,* Anlass *m* ③ *(prova)* Argument *nt,* Beweisgrund *m*

argonauta [argo'naːuta] <-i> *m* Argonaut *m*

arguire [argu'iːre] <arguisco> *vt* **~ qc da qc** etw aus etw schließen

argutezza [argu'tettsa] *f* Scharfsinn *m,* Geist *m; (a parola)* Witz *m*

arguto, -a [ar'guːto] *agg* scharfsinnig; *(spiritoso)* geistvoll, witzig

arguzia [ar'guttsia] <-ie> *f* Geist *m,* Scharfsinn *m; (facezia)* Witz *m,* Findigkeit *f*

aria ['aːria] <-ie> *f* ① *(atmosfera, clima)* Luft *f;* **~ condizionata** Klimaanlage *f;* **corrente d'~** Durchzug *m;* **filo d'~** Luftzug *m;* **vuoto d'~** Luftloch *nt;* **all'~ aperta** im Freien; **prendere una boccata d'~** [frische] Luft schnappen; **cambiare l'~** lüften ② *(fig: aspetto)* [An]schein *m; (espressione)* Ausdruck *m,* Miene *f* ③ MUS Arie *f; (canzone)* Weise *f,* Lied *nt* ④ *(fig: loc)* **buttare all'~** durcheinanderwerfen; **darsi delle -e** sich aufspielen; **prendere un colpo d'~** sich erkälten, sich verkühlen A; **saltare in ~** in die Luft fliegen; **campato in ~** *(fig)* aus der Luft gegriffen; **andare all'~** ins Wasser fallen, nicht stattfinden; **mandare qc all'~** *(fig)* etw ins Wasser fallen lassen, etw über den Haufen werfen; **avere la testa per ~** mit den Gedanken woanders sein; **c'è qc nell'~** es liegt etw in der Luft; **non tira ~ buona qui** hier ist dicke Luft

aria-acqua ['aːria 'akkua] *agg inv* Luft-Wasser-

aria-aria ['aːria 'aːria] *agg inv* Luft-Luft-

ariano, -a [a'riaːno] **I.** *agg* arisch **II.** *m, f* Arier(in) *m(f)*

aria-terra ['aːria 'tɛrra] *agg inv* Luft-Boden-

aridi ['aːridi] *mpl* feinkörnige, pulverartige Körper *mpl*

aridità [aridi'ta] <-> *f* ① *(siccità)* Dürre *f,* Trockenheit *f* ② *(fig: mancanza di sentimento)* Leere *f,* Gefühllosigkeit *f*

arido, -a ['aːrido] *agg* ① *(secco)* dürr, trocken ② *(fig: povero di sentimenti)* gefühllos; *(sterile)* karg, trocken

arieggiare [aried'dʒaːre] *vt* ① *(cambiare l'aria)* lüften ② *(imitare)* nachahmen

ariete [a'riɛːte] *m* ① ZOO Widder *m* ② MIL Sturmbock *m* ③ ASTR **Ariete** Widder *m;* **sono Ariete, sono un** [*o* **dell'**]**Ariete** ich bin [ein] Widder

aringa [a'riŋga] <-ghe> *f* Hering *m*

arioso, -a *agg* ① *(ampio)* luftig, weit ② *(fig: spazioso)* großzügig, weitläufig ③ MUS arioso, liedhaft

A

arista ['a:rista] *f* GASTR Schweinerücken *m*

aristocratico, **-a** [aristo'kra:tiko] <-ci, -che> **I.** *agg* ① *(nobile)* aristokratisch, ad[e]lig ② *(fig: raffinato)* vornehm, edel **II.** *m, f* Aristokrat(in) *m(f)*

aristocratizzazione [aristokratiddzat'tsio:ne] *f* Aristokratisierung *f*

aristocrazia [aristokrat'tsi:a] <-ie> *f* ① *(nobiltà)* Aristokratie *f,* Adel *m* ② *(fig: comportamento raffinato)* Vornehmheit *f*

aritmetica [arit'mɛ:tika] <-che> *f* Arithmetik *f,* Rechnen *nt*

aritmetico, **-a** [arit'mɛ:tiko] <-ci, -che> *agg* arithmetisch

aritmia [arit'mi:a] <-ie> *f* MED Arrhythmie *f*

aritmico, **-a** [a'ritmiko] <-ci, -che> *agg* unrhythmisch

arlecchinata [arlekki'na:ta] *f* Harlekinade *f,* Hanswurstiade *f*

arlecchinesco, **-a** [arlekki'nesko] <-schi, -sche> *agg* harlekinisch

arlecchino[1] [arlek'ki:no] *m* Harlekin *m,* Hanswurst *m*

arlecchino[2] *agg inv* [bunt]gefleckt

arma ['arma] <-i> *f* Waffe *f;* **-i a corto raggio** Kurzstreckenraketen *fpl;* **-i a medio raggio** Mittelstreckenraketen *fpl;* **-i biologiche** Biowaffen *fpl;* **~ automatica** Schnellfeuerwaffe *f;* **~ azzurra** Luftwaffe *f;* **~ da fuoco** Feuerwaffe *f;* **fatto d'-i** Gefecht *nt;* **andare sotto le -i** zum Militär gehen; **chiamare alle -i** einberufen; **deporre le -i** die Waffen strecken; **~ a doppio taglio** *(fig)* zweischneidiges Schwert; **essere alle prime -i** *(fig)* ein [blutiger] Anfänger sein; **partire con -i e bagagli** *(fig)* mit Sack und Pack aufbrechen

armacollo [arma'kɔllo] *m* **ad ~** [quer über Brust und Rücken] umgehängt

armadillo [arma'dillo] *m* Gürteltier *nt*

armadio [ar'ma:dio] <-i> *m* Schrank *m,* Kasten *m* A; **~ blindato** Panzerschrank *m;* **~ guardaroba** Kleiderschrank *m,* Kleiderkasten *m* A; **~ a muro** Wandschrank *m*

armaiolo [arma'iɔ:lo] *m* ① *(fabbricante)* Waffenschmied *m* ② *(venditore)* Waffenhändler *m*

armamentario [armamen'ta:rio] <-i> *m* Rüstzeug *nt*

armamento [arma'mento] *m* ① MIL Bewaffnung *f* ② NAUT *(attrezzatura)* Ausrüstung *f; (equipaggio)* Besatzung *f* ③ *pl* Rüsten *nt;* **corsa agli -i** Wettrüsten *nt*

armare [ar'ma:re] **I.** *vt* ① ARCH armieren, stützen; FERR befestigen ② MIL bewaffnen ③ NAUT armieren, ausrüsten **II.** *vr* **-rsi** *(munirsi di armi)* sich bewaffnen; *(provvedersi)* sich wappnen; **-rsi di pazienza** sich mit Geduld wappnen

armata [ar'ma:ta] *f* Armee *f,* Heer *nt*

armato, **-a** *agg* bewaffnet; **carro ~** Panzer *m;* **cemento ~** Stahlbeton *m;* **a mano -a** mit Waffengewalt

armatore, **-trice** [arma'to:re] **I.** *agg* Reederei- **II.** *m, f* Reeder(in) *m(f)*

armatura [arma'tu:ra] *f* ① HIST Rüstung *f* ② *(struttura)* Gerüst *nt* ③ *(nel cemento armato)* Armierung *f*

arme ['arme] *f* Wappen *nt*

armeggiare [armed'dʒa:re] *vi* herumfuchteln; **~ intorno a qc** sich an etw *dat* zu schaffen machen, an etw *dat* herumhantieren

armeggio [armed'dʒi:o] <-ggi> *m* Herumwirtschaften *nt*

armento [ar'mento] *m* Herde *f*

armeria [arme'ri:a] <-ie> *f* ① *(magazzino)* Waffenkammer *f* ② *(negozio)* Waffengeschäft *nt* ③ *(collezione)* Waffensammlung *f*

armiere [ar'miɛ:re] *m* Waffenmeister *m*

armigero [ar'mi:dʒero] *m* Knappe *m*

armistizio [armis'tittsio] <-i> *m* Waffenstillstand *m*

armo ['armo] *m* Besatzung *f,* Mannschaft *f*

armonia [armo'ni:a] <-ie> *f* ① MUS Harmonie *f,* Zusammenklang *m* ② *(fig: concordia)* Harmonie *f,* Einklang *m;* **agire in ~ con le leggi** im Einklang mit dem Gesetz handeln; **essere in buona ~ con qu** mit jdm in gutem Einvernehmen sein

armonica [ar'mɔ:nika] <-che> *f* Harmonika *f;* **~ a bocca** Mundharmonika *f;* **~ a mantice** Ziehharmonika *f*

armonico, **-a** [ar'mɔ:niko] <-ci, -che> *agg,* **armonioso**, **-a** [armo'nio:so] *agg* harmonisch

armonium [ar'mɔ:nium] <-> *m* Harmonium *nt*

armonizzare [armonid'dza:re] **I.** *vt* harmonisieren, in Einklang bringen **II.** *vi* harmonieren

armonizzazione [armoniddzat'tsio:ne] *f* Harmonisierung *f;* **~ fiscale** Steuerharmonisierung *f*

arnese [ar'ne:se] *m* ① *(attrezzo)* Werkzeug *nt,* Gerät *nt;* **-i del mestiere** Handwerkszeug *nt* ② *(oggetto)* Ding *nt,* Gerät *nt*

arnia ['arnia] <-ie> *f* Bienenstock *m,* Bienenhaus *nt*

arnica ['arnika] <-che> *f* Arnika *f*

aroma [a'rɔ:ma] <-i> *m* Aroma *nt*

aromaterapia [arɔmatera'pi:a] *f* Aromatherapie *f*

aromatico, **-a** [aro'ma:tiko] <-ci, -che>

agg aromatisch, würzig; **piante -che** Gewürzpflanzen *f pl*
aromatizzare [aromatid'dza:re] *vt* aromatisieren, würzen
arpa ['arpa] *f* Harfe *f*
arpeggio [ar'peddʒo] <-ggi> *m* MUS Arpeggio *nt*
arpia [ar'pi:a] <-ie> *f (fig: persona avida)* raffgieriger Mensch; *(donna sgradevole)* böses Weib *nt*
arpicordo [arpi'kɔrdo] *m* Clavicembalo *nt*, Spinett *nt*
arpionare [arpio'na:re] *vt* harpunieren
arpione [ar'pio:ne] *m* ① *(cardine)* [Tür-, Fenster]angel *f*, Zapfen *m* ② *(gancio)* Haken *m* ③ *(da pesca)* Harpune *f*
arpista [ar'pista] <-i *m*, -e *f*> *mf* Harfenspieler(in) *m(f)*
arpone [ar'po:ne] *m* Harpune *f*
arra ['arra] *f (poet)* Unterpfand *nt*
arrabbattarsi [arrabbat'tarsi] *vr* sich abrackern, sich abmühen
arrabbiare [arrab'bia:re] **I.** *vt* **far ~ qu** jdn ärgern **II.** *vr* **-rsi** [**con qu**] [auf jdn] wütend werden
arrabbiato, **-a** [arrab'bia:to] *agg* ① *(idrofobo)* tollwütig ② *(fig: irato)* wütend, zornig; *(accanito)* verbissen ③ GASTR **all'-a** sehr pikant
arrabbiatura [arrabbia'tu:ra] *f* Wutanfall *m*
arraffare [arraf'fa:re] *vt* ① *(afferrare)* ergreifen; *(oggetto)* an sich reißen ② *(rubare)* klauen *fam*
arraffone, **-a** [arraf'fo:ne] *m, f* Raffzahn *mf*, Geier *mf*
arrampicarsi [arrampi'karsi] *vr* klettern; **~ su un albero** auf einen Baum klettern [*o* kraxeln A]; **~ sugli specchi** fadenscheinige Begründungen vorbringen
arrampicata [arrampi'ka:ta] *f (scalata)* Klettertour *f*
arrampicatore, **-trice** [arrampika'to:re] *m, f* ① *(alpinista)* Kletterer *m*/Kletterin *f*, Bergsteiger(in) *m(f)* ② *(fig: persona ambiziosa)* Aufsteiger(in) *m(f)*; **~ sociale** gesellschaftlicher Aufsteiger *m*
arrancare [arraŋ'ka:re] *vi* ① *(camminare dimenandosi)* hinken ② *(avanzare a fatica)* sich abrackern
arrangement [ə'reindʒmənt] <-> *m* Arrangement *nt*, Vereinbarung *f*
arrangiamento [arrandʒa'mento] *m* ① *(accomodamento)* Übereinkommen *nt*, Vereinbarung *f* ② MUS Arrangement *nt*
arrangiare [arran'dʒa:re] **I.** *vt* ① *(aggiustare)* bewerkstelligen, herrichten ② *(fam: rimediare alla meglio)* zurechtmachen ③ MUS arrangieren **II.** *vr* **-rsi** ① *(industriarsi)* sich *dat* zu helfen wissen; **ci arrangiamo da soli, grazie!** danke, wir kommen alleine zurecht! ② *(mettersi d'accordo)* sich absprechen
arrangiatore, **-trice** [arrandʒa'to:re] *m, f* Arrangeur *m*
array [ə'rei] <-> *m* INFORM Array *nt*, Feld *nt*
arrecare [arre'ka:re] *vt* ① *(portare)* bringen ② *(fig: causare)* verursachen; *(dolore)* bereiten; **~ disturbo** stören
arredamento [arreda'mento] *m* Einrichtung *f*
arredare [arre'da:re] *vt* einrichten
arredatore, **-trice** [arreda'to:re] *m, f* Innenarchitekt(in) *m(f)*
arredo [ar'rɛ:do] *m* ① *(suppellettile)* Einrichtungsgegenstand *m* ② *pl* Ausstattung *f*
arrembaggio [arrem'baddʒo] <-ggi> *m* Entern *nt*; **buttarsi all'~ di qc** *(fig)* etw erobern
arrendersi [ar'rɛndersi] <irr> *vr* ① *(darsi vinto)* ~ [**a qu**] sich [jdm] ergeben ② *(fig: desistere)* sich fügen
arrendevole [arren'de:vole] *agg* nachgiebig
arrendevolezza [arrendevo'lettsa] *f* Nachgiebigkeit *f*; *(di cosa a)* Geschmeidigkeit *f*
arrestare [arres'ta:re] **I.** *vt* ① *(catturare)* verhaften, festnehmen ② *(fermare)* zum Stillstand bringen, anhalten **II.** *vr* **-rsi** stehen bleiben
arresto [ar'rɛsto] *m* ① *(cattura)* Verhaftung *f*, Festnahme *f*; **mandato d'~** Haftbefehl *m*; **-i domiciliari** Hausarrest *m* ② *(interruzione)* Stillstand *m*; **~ cardiaco** Herzstillstand *m* ③ TEC Sperrung *f* ④ *pl* MIL Arrest *m*
arretramento [arretra'mento] *m* Rückzug *m*
arretrare [arre'tra:re] **I.** *vi essere* sich zurückziehen **II.** *vt avere* zurückziehen
arretratezza [arretra'tettsa] *f* Rückständigkeit *f*, Unterentwicklung *f*
arretrati [arre'tra:ti] *mpl* ① *(somme)* Rückstände *mpl* ② *(fig: faccende in sospeso)* noch zu regelnde Angelegenheiten *f pl*
arretrato, **-a** [arre'tra:to] *agg* alt, veraltet; *(paese)* rückständig; *(lavoro)* überfällig; *(pagamento)* nachträglich; **essere ~ con il lavoro** mit der Arbeit im Rückstand sein
arricchimento [arrikki'mento] *m* Bereicherung *f*; *(a. fig)* TEC Anreicherung *f*
arricchire [arrik'ki:re] <arricchisco> **I.** *vt avere* ① *(rendere ricco)* bereichern; *(fig)* TEC anreichern ② *(fig: incrementare)* aufstocken, erweitern **II.** *vr* **-rsi** sich bereichern; **-rsi alle spalle** [*o* **a spese**] **di qu** sich an jdm bereichern

A

arricchito, **-a** [arrik'kiːto] *m, f (pej)* Neureiche(r) *f(m)*
arricciacapelli [arrittʃaka'pelli] <-> *m* Lockenstab *m*
arricciamento [arrittʃa'mento] *m* Kräuseln *nt*
arricciare [arrit'tʃaːre] *vt* kräuseln; *(capelli)* locken; **~ il naso** die Nase rümpfen
arricciato [arrit'tʃaːto] *m* Rauputz *m*
arricciato, **-a** *agg* gekräuselt
arricciolare [arrittʃo'laːre] *vt* locken, kräuseln
arridere [ar'riːdere] <irr> *vi* zulächeln; **la fortuna ci arride** das Glück ist uns hold *geh*
arringa [ar'riŋga] <-ghe> *f* ① JUR Plädoyer *nt* ② *(discorso)* Rede *f,* Ansprache *f*
arringare [arriŋ'gaːre] *vt* eine Ansprache halten an +*akk*
arrischiare [arris'kiaːre] **I.** *vt* riskieren, wagen **II.** *vr* **-rsi** sich [ge]trauen; **-rsi a fare qc** sich wagen, etw zu tun
arrischiato, **-a** [arris'kiaːto] *agg* wagemutig
arrisi [ar'riːzi] *1. pers sing pass rem di* **arridere**
arriso [ar'riːzo] *pp di* **arridere**
arrivare [arri'vaːre] *vi essere* ① *(giungere)* ankommen; **~ primo/secondo** SPORT Erster/Zweiter sein; **chi tardi arriva, male alloggia** *(prov)* wer zu spät kommt, hat das Nachsehen ② *(raggiungere un livello, a. fig)* kommen; **~ a qc** zu etw kommen; *(raggiungere un limite)* etw erreichen; **l'acqua gli arriva al ginocchio** das Wasser reicht ihm bis zum Knie; **~ a buon punto** weit gediehen sein ③ *(somme)* **~ a …** sich auf … +*akk* belaufen ④ *(riuscire)* [es] schaffen; **non ci arrivo** *(non riesco)* ich schaffe es nicht; *(non capisco)* ich komme nicht dahinter
arrivato, **-a** [arri'vaːto] **I.** *agg (socialmente)* arriviert **II.** *m, f (socialmente)* Arrivierte(r) *f(m)*
arrivederci [arrive'dertʃi] *int* auf Wiedersehen; **~ [a] presto** bis bald
arrivederla [arrive'derla] *int* auf Wiedersehen
arrivederLa [arrive'derla] *int* auf Wiedersehen
arrivismo [arri'vizmo] *m* Ehrgeiz *m,* Strebertum *nt*
arrivista [arri'vista] <-i *m,* -e *f*> *mf* Streber(in) *m(f),* Emporkömmling *m*
arrivistico, **-a** [arri'vistiko] <-ci, -che> *agg* strebsam, ehrgeizig, ambitioniert
arrivo [ar'riːvo] *m* ① *(l'arrivare)* Ankunft *f;* *(di merce)* Eingang *m;* **lettere in ~** eingehende Post; **il treno è in ~ sul quarto binario** der Zug fährt auf Gleis vier ein ② SPORT Ziel *nt;* **punto d'~** Zielpunkt *m;* **~ in volata** Endspurt *m*
arrocco [ar'rɔkko] <-cchi> *m* Rochade *f*
arrochire [arrok'kiːre] <arrochisco, arrochisci> *vi essere* heiser werden
arrogante [arro'gante] *agg* arrogant
arroganza [arro'gantsa] *f* Arroganz *f*
arrogarsi [arro'garsi] *vr* **~ qc** sich *dat* etw anmaßen
arrossamento [arrossa'mento] *m* Rötung *f*
arrossare [arros'saːre] *vi,* **arrossire** [arros'siːre] <arrossisco> *vi essere* erröten, rot werden
arrosticino [arrosti'tʃiːno] *m gener al pl* GASTR [Lamm]fleischspießchen *nt*
arrostire [arros'tiːre] <arrostisco> **I.** *vt* braten; *(pane, castagne)* rösten; *(ai ferri)* grillen **II.** *vi essere (fig: al sole)* braten, rösten
arrostitura [arrosti'tuːra] *f* ① *(di un pollo)* Braten *m* ② *(fig, scherz: abbronzatura)* Röstung *f;* **prendersi un' ~** in der Sonne braten
arrosto [ar'rɔsto] *m* Braten *m*
arrotare [arro'taːre] *vt* ① *(affilare)* schleifen, wetzen ② *(levigare)* abschleifen ③ *(investire)* anfahren, überfahren ④ *(fig)* **~ i denti** mit den Zähnen knirschen; **~ la lingua** eine spitze Zunge haben
arrotatrice [arrota'triːtʃe] *f* Schleifmaschine *f*
arrotino [arro'tiːno] *m* Scherenschleifer(in) *m(f)*
arrotolare [arroto'laːre] *vt* aufrollen, zusammenrollen
arrotolatore [arrotola'toːre] *m (per le cinture di sicurezza)* Aufroller *m,* Aufrollvorrichtung *f*
arrotondare [arroton'daːre] *vt* ① rund machen ② MAT *(per eccesso)* aufrunden; *(per difetto)* abrunden ③ *(stipendio)* aufbessern
arrovellarsi [arrovel'larsi] *vr* ① *(affannarsi)* sich abmühen; **~ il cervello** sich *dat* den Kopf zerbrechen ② *(arrabbiarsi)* **~ [per qc]** sich [wegen etw [*o* über etw *akk*]] ärgern
arroventare [arroven'taːre] **I.** *vt* zum Glühen bringen **II.** *vr* **-rsi** glühend werden
arruffapopoli [arruffa'pɔːpoli] <-> *mf* Volksaufwiegler(in) *m(f)*
arruffare [arruf'faːre] *vt* ① *(scompigliare)* verwirren; *(capelli)* zerzausen ② *(fig: confondere)* verwirren; **~ la matassa** für Wirrwarr sorgen
arruffianare [arruffia'naːre] **I.** *vt (fam)*

[ver]kuppeln **II.** *vr* **-rsi** [**con qu**] *(fam)* sich bei jdm lieb Kind machen

arruffio [arruf'fi:o] <-ii> *m* Wirrwarr *m*

arruffone, -a [arruf'fo:ne] *m, f* ❶ *(disordinato)* Wirrkopf *m* ❷ *(imbroglione)* Schwindler(in) *m(f)*

arrugginire [arruddʒi'ni:re] <arrugginisco> **I.** *vt avere* ❶ *(rendere rugginoso)* rostig machen ❷ *(fig: indebolire)* einrosten lassen **II.** *vr* **-rsi** *(ricoprirsi di ruggine)* [ver]rosten; *(fig)* einrosten

arruolamento [arruola'mento] *m* ❶ MIL Einberufung *f* ❷ NAUT Anheuern *nt*

arruolare [arruo'la:re] **I.** *vt* ❶ MIL einberufen, einziehen ❷ NAUT anwerben, anheuern **II.** *vr* **-rsi** MIL sich freiwillig melden; NAUT sich anwerben lassen

arsenale [arse'na:le] *m* ❶ NAUT Werft *f* ❷ MIL *(fabbrica)* Waffenschmiede *f; (deposito)* Arsenal *nt*

arsenico [ar'sɛ:niko] *m* Arsen *nt,* Arsenik *nt*

arsi ['arsi] *1. pers sing pass rem di* **ardere**

arso, -a ['arso] **I.** *pp di* **ardere** **II.** *agg* ❶ *(bruciato)* verbrannt ❷ *(inaridito)* ausgedorrt, verdorrt

arsura [ar'su:ra] *f* ❶ *(calore)* [Glut]hitze *f* ❷ *(aridità, siccità)* Dürre *f,* Trockenheit *f* ❸ *(per sete)* Brand *m fam; (per febbre)* Hitze *f,* Glut *f*

art. *abbr di* **articolo** Art.

art buyer [a:t 'baiə] <-> *mf* Artbuyer *m*

art director ['a:t dai'rektə] <-> *mf* Artdirector *m*

arte ['arte] *f* ❶ *(gener)* Kunst *f;* ~ **poetica** Dichtkunst *f;* **-i grafiche** Grafik *f;* **-i meccaniche** Mechanik *f;* **le belle -i** die schönen Künste *f pl;* **le -i figurative** die darstellenden Künste *f pl;* **nome d'~** Künstlername *m;* **opera d'~** Kunstwerk *nt;* **storia dell'~** Kunstgeschichte *f;* **a regola d'~** kunstgerecht, nach allen Regeln der Kunst ❷ *(mestiere)* Kunst *f,* Handwerk *nt;* **non avere né ~ né parte** *(fig)* zu nichts taugen; **impara l'~ e mettila da parte** *(prov)* gelernt ist gelernt ❸ *(abilità)* Kunstfertigkeit *f,* Geschicklichkeit *f* ❹ *(artificio)* Kunstgriff *m,* Kniff *m;* **ad ~** absichtlich; *(con artificio)* mit List [und Tücke] ❺ HIST Zunft *f*

artefatto, -a [arte'fatto] *agg* gefälscht, künstlich

artefice [ar'te:fitʃe] *mf* ❶ *(creatore)* Schöpfer(in) *m(f)* ❷ *(artista)* Künstler(in) *m(f)* ❸ *(artigiano)* Handwerker(in) *m(f)* ❹ *(macchinatore)* Urheber(in) *m(f)*

arteria [ar'tɛ:ria] <-ie> *f* ❶ ANAT Arterie *f,* Schlagader *f* ❷ *(fig: di traffico)* Verkehrsader *f*

arteriosclerosi [arterioskle'rɔ:zi] <-> *f* Arterienverkalkung *f,* Arteriosklerose *f*

arteriosclerotico, -a [arterioske'rɔ:tiko] <-ci, -che> **I.** *agg* ❶ MED arteriosklerotisch ❷ *(fam: rimbambito)* verkalkt **II.** *m, f* an Arteriosklerose leidende Person

arterioso, -a [arte'rio:so] *agg* Arterien-

artico, -a ['artiko] <-ci, -che> *agg* arktisch

articolare[1] [artiko'la:re] *agg* Gelenk-, Glieder-

articolare[2] *vt* ❶ *(muovere)* beugen, bewegen ❷ *(pronunciare)* artikulieren ❸ *(suddividere)* gliedern, unterteilen

articolazione [articolat'tsio:ne] *f* ❶ ANAT, TEC Gelenk *nt* ❷ LING Artikulation *f* ❸ *(suddivisione)* Gliederung *f*

articolista [artiko'lista] <-i *m,* -e *f*> *mf* Artikelschreiber(in) *m(f)*

articolo [ar'ti:kolo] *m* ❶ *(di giornale,* LING, JUR, COM*)* Artikel *m;* ~ **di fondo** Leitartikel *m* ❷ *(di bilancio)* Posten *m* ❸ *(fam: tipo)* Typ *m*

Artide ['artide] *f* Arktis *f*

artiere [ar'tiɛ:re] *m* Pionier *m*

artificiale [artifi'tʃa:le] *agg* künstlich, Kunst-

artificio [arti'fi:tʃo] <-ci> *m* *(espediente)* Kniff *m; (stratagemma)* Kunstgriff *m; (ricercatezza)* Finesse *f,* Feinheit *f;* ~ **scenico** Trick *m;* **fuochi d'~** Feuerwerk *nt*

artificiosità [artifitʃosi'ta] <-> *f* Künstlichkeit *f; (affettazione)* Geschraubtheit *f*

artificioso, -a [artifi'tʃo:so] *agg* künstlich, gesucht; *(non spontaneo)* gekünstelt

artigiana *f v.* **artigiano**

artigianale [artidʒa'na:le] *agg* handwerklich

artigianalità [artidʒanali'ta] <-> *f* Kunsthandwerklichkeit *f*

artigianalizzazione [artidʒanaliddzat'tsio:ne] *f* Manufakturisierung *f (Reduzierung auf handwerkliches Niveau)*

artigianato [artidʒa'na:to] *m* Handwerk *nt;* ~ **artistico** Kunsthandwerk *nt*

artigiano, -a [arti'dʒa:no] **I.** *agg* handwerklich **II.** *m, f* Handwerker(in) *m(f)*

artigliere [artiʎ'ʎɛ:re] *m* Artillerist *m*

artiglieria [artiʎʎe'ri:a] <-ie> *f* Artillerie *f*

artiglio [ar'tiʎʎo] <-gli> *m* Kralle *f; (a. fig)* Klaue *f;* **tirare fuori gli -i** *(fig)* die Krallen zeigen, aggressiv werden

artista [ar'tista] <-i *m,* -e *f*> *mf* ❶ *(nel campo dell'arte, a. fig)* Künstler(in) *m(f);* ~ **cinematografico** Filmschauspieler *m;* ~ **lirico** Opernsänger *m* ❷ *(di circo)* Artist(in) *m(f)*

artistico, -a [ar'tistiko] <-ci, -che> *agg* künstlerisch; *(da artista di circo)* artistisch

arto ['arto] *m* Glied *nt,* Gliedmaße *f*

A

artrite [ar'tri:te] *f* Arthritis *f*
artritico, -a [ar'tri:tiko] <-ci, -che> *agg* arthritisch
artrosi [ar'trɔ:zi] <-> *f* Arthrose *f*
ARVA ['arva] *f acro di* **Apparecchio di Ricerca in VAlanga** *elektronisches Gerät zum Aufspüren von Lawinenopfern*
arvicola [ar'vi:kola] *f* Feldmaus *f*
arzigogolare [ardzigogo'la:re] *vi* ① *(fantasticare)* grübeln, tüfteln ② *(cavillare)* Haarspalterei treiben
arzigogolo [arzi'gɔ:golo] *m* ① *(trovata fantasiosa)* Grübelei *f* ② *(giro di parole)* Wortspiel *nt* ③ *(cavillo)* Spitzfindigkeit *f*
arzigogolone, -a [arzigogo'lo:ne] *m, f* Fantast(in) *m(f)*
arzillo, -a [ar'dzillo] *agg* ① *(vispo)* lebhaft, munter, resch A; *(vecchio)* rüstig ② *(scherz)* angeheitert
asbesto [az'bɛsto] *m* Asbest *m*
asce ['aʃʃe] *pl di* **ascia**
ascella [aʃ'ʃɛlla] *f* ① ANAT Achselhöhle *f* ② BOT Blattachsel *f*
ascendentale [aʃʃenden'ta:le] *agg* aszendental
ascendente [aʃʃen'dɛnte] **I.** *agg* aufstrebend, aufsteigend; MUS ansteigend; **in linea ~** *(parente)* in aufsteigender Linie **II.** *m* ① *(parente)* direkter Vorfahr ② *(fig: influsso)* Einfluss *m* ③ ASTR Aszendent *m*
ascendenza [aʃʃen'dɛntsa] *f* Herkunft *f*
ascendere [aʃ'ʃendere] <irr> *vi essere (salire)* [auf]steigen
ascensionale [aʃʃensio'na:le] *agg* aufsteigend
ascensione [aʃʃen'sio:ne] *f* Aufstieg *m;* **l'Ascensione** [Christi] Himmelfahrt *f*
ascensore [aʃʃen'so:re] *m* Aufzug *m,* Fahrstuhl *m;* **~ esterno** Außenlift *m*
ascensorista [aʃʃenso'rista] <-i *m,* -e *f*> *mf* Fahrstuhlführer(in) *m(f)*
ascesa [aʃ'ʃe:sa] *f* Aufstieg *m*
ascesi[1] [aʃ'ʃe:zi] *1. pers sing pass rem di* **ascendere**
ascesi[2] [aʃ'ʃɛ:zi] <-> *f* Askese *f*
asceso [aʃ'ʃe:zo] *pp di* **ascendere**
ascesso [aʃ'ʃɛsso] *m* Abszess *m*
asceta [aʃ'ʃɛ:ta] <-i *m,* -e *f*> *mf* Asket(in) *m(f)*
ascetico [aʃ'ʃɛ:tiko] <-ci, -che> *agg* asketisch
ascetismo [aʃʃe'tizmo] *m* Askese *f*
ascia ['aʃʃa] <asce> *f* Axt *f*
ASCII *m acro di* **American Standard Code for Information Interchange: codice standard ~** ASCII-Code *m*
ascissa [aʃ'ʃissa] *f* Abszisse *f*
asciugacapelli [aʃʃugaka'pelli] <-> *m* Haartrockner *m,* Föhn *m*
asciugamano [aʃʃuga'ma:no] *m* Handtuch *nt;* **~ di spugna** Frottiertuch *nt*
asciugare [aʃʃu'ga:re] **I.** *vt* ① *(rendere asciutto)* trocknen; *(stoviglie, mani)* abtrocknen ② *(seccare)* austrocknen **II.** *vr* **-rsi** trocknen, sich abtrocknen
asciugatoio [aʃʃuga'to:io] <-oi> *m* ① *(panno)* Trockentuch *nt; (da bagno)* Badetuch *nt* ② *(apparecchio)* Trockner *m*
asciugatore [aʃʃuga'to:re] *m* Händetrockner *m*
asciugatrice [aʃʃuga'tri:tʃe] *f* [Wäsche]trockner *m*
asciugatura [aʃʃuga'tu:ra] *f* [Ab]trocknen *nt*
asciuttezza [aʃʃut'tettsa] *f* Trockenheit *f*
asciutto [aʃ'ʃutto] **I.** *m* Trockene(s) *nt;* **rimanere** [*o* **restare**] **all'~** *(fig)* auf dem Trockenen sitzen, abgebrannt sein **II.** *avv* barsch, kurz angebunden
asciutto, -a *agg* ① *(secco)* trocken; *(asciugato)* getrocknet; *(arido)* ausgedorrt; **restare a bocca -a** *(fig)* leer ausgehen ② *(fig: magro)* hager, mager ③ *(fig: brusco)* brüsk, kurz angebunden
ascolano, -a [asko'la:no] **I.** *agg* aus Ascoli stammend **II.** *m, f (abitante)* Bewohner(in) *m(f)* Ascolis
Ascolano *m sing* Umgebung *f* von Ascoli
Ascoli Piceno *f* Ascoli *nt (Stadt in der Region Marken)*
ascoltabilità [askoltabili'ta] <-> *f* Hörbarkeit *f*
ascoltare [askol'ta:re] **I.** *vt* ① *(udire)* hören ② *(esaudire)* erhören ③ *(dar retta)* **~ qu/qc** jdm/etw folgen ④ MED *(auscultare)* abhorchen **II.** *vi* zuhören; *(origliare)* horchen, lauschen
ascoltatore, -trice [askolta'to:re] *m, f* [Zu]hörer(in) *m(f)*
ascolto [as'kolto] *m* Zuhören *nt; (attenzione)* Gehör *nt;* **indice di ~** Einschaltquote *f;* **dare ~ a qu** auf jdn hören; **prestare ~ a qu** jdm Gehör schenken; **stare in ~** *(ascoltare)* zuhören; *(origliare)* lauschen
ascrivere [as'kri:vere] <irr> *vt* ① *(annoverare)* zuordnen, zuzählen ② *(imputare)* zuschreiben, anrechnen; **~ a merito** als Verdienst anrechnen
asepsi [a'sɛpsi] <-> *f* Keimfreiheit *f,* Asepsis *f*
asessuale [asessu'a:le] *agg* ungeschlechtlich
asessuato, -a [asessu'a:to] *agg* ① BIOL geschlechtslos ② *(fig: indifferenziato)* undifferenziert
asettico, -a [as'sɛttiko] <-ci, -che> *agg* ① MED keimfrei, aseptisch ② *(fig: freddo, sterile)* leidenschaftslos

asfaltare [asfal'taːre] *vt* asphaltieren
asfaltatura [asfalta'tuːra] *f* Asphaltdecke *f*
asfalto [as'falto] *m* Asphalt *m*
asfissia [asfis'siːa] <-ie> *f* Erstickung *f*
asfissiare [asfis'siaːre] **I.** *vt avere* ① MED ersticken ② *(fig fam: molestare)* anöden **II.** *vi essere* ersticken
Asia ['aːzia] *f* Asien *nt;* **~ Minore** Kleinasien *nt*
asiatica [a'ziaːtika] <-che> *f* MED asiatische Grippe
asiatico, -a [a'ziaːtiko] <-ci, -che> **I.** *agg* asiatisch **II.** *m, f* Asiate *m/* Asiatin *f*
asilante [azi'laːnte] *mf* Asylbewerber *m*
asilo [a'ziːlo] *m* ① *(rifugio)* Asyl *nt,* Zuflucht *f* ② POL Asyl *nt;* **diritto di ~** Asylrecht *nt;* **richiesta di ~ [politico]** Asylantrag *m* ③ *(ospizio)* Asyl *nt,* Heim *nt;* **~ d'infanzia** Kindergarten *m;* **~ nido** Kinderkrippe *f*
asimmetria [asimme'triːa] *f* Asymmetrie *f*
asimmetrico, -a [asim'mɛːtriko] <-ci, -che> *agg* asymmetrisch
asina ['aːsina] *f* Eselin *f*
asinaio [asi'naːio] <-ai> *m* Eselsführer *m,* Eseltreiber *m*
asinata [asi'naːta] *f* Eselei *f*
asineria [asine'riːa] <-ie> *f* Eselei *f*
asinesco, -a [asi'nesko] <-schi, -sche> *agg* ungehobelt
asinino, -a [asi'niːno] *agg* **tosse -a** Keuchhusten *m*
asinità [asini'ta] <-> *f* Eselei *f,* Dummheit *f*
asino, -a ['aːsino] *m, f* Esel(in) *m(f);* **a schiena d'~** *(fig)* gekrümmt; **qui casca l'~!** *(fig)* da liegt der Hund begraben; **essere un ~ calzato e vestito** *(fig)* ein ausgemachter Esel sein; **legare l'~ dove vuole il padrone** *(fig)* sein Mäntelchen nach dem Wind hängen; **meglio un ~ vivo che un dottore morto** *(prov)* lieber dumm leben als gescheit sterben
asintomatico, -a [asinto'maːtiko] <-ci, -che> *agg* asymptomatisch
ASL *f abbr di* **Azienda Sanitaria Locale** *lokale öffentliche Gesundheitseinrichtung*
asma ['azma] *f* Asthma *nt*
asmatico, -a [az'maːtiko] <-ci, -che> **I.** *agg* asthmatisch **II.** *m, f* Asthmatiker(in) *m(f)*
asociale [aso'tʃaːle] *agg* unsozial
asola ['aːzola] *f* Knopfloch *nt;* *(occhiello)* Öse *f*
asparagicoltura [asparadʒikol'tuːra] *f* Spargelzucht *f*
asparago [as'paːrago] <-gi> *m* Spargel *m*
aspecifico, -a [aspe'tʃiːfiko] <-ci, -che> *agg* unspezifisch
asperità [asperi'ta] <-> *f* Rauheit *f;* *(di terreno)* Unebenheit *f;* *(di carattere)* Schroffheit *f;* **le ~ della vita** die Widrigkeiten des Lebens
aspersorio [asper'sɔːrio] <-i *o* -ii> *m* Weihwasserwedel *m*
aspettare [aspet'taːre] **I.** *vt* warten auf +*akk,* erwarten; *(bambino)* erwarten; **farsi ~** auf sich warten lassen; **chi la fa l'aspetti** *(prov)* wie du mir, so ich dir **II.** *vr* **-rsi** rechnen mit, erwarten; **c'era da aspettarselo!** das war zu erwarten!
aspettativa [aspetta'tiːva] *f* ① *(attesa)* Erwartung *f* ② ADM Sonderurlaub *m*
aspetto [as'pɛtto] *m* ① *(apparenza)* Aussehen *nt;* **avere un bell'~** gut aussehen, gut ausschauen A; **all'~** dem Aussehen nach; **sotto l'~** unter dem Gesichtspunkt ② *(punto di vista)* Aspekt *m* ③ *(loc)* **sala d'~** Wartesaal *m*
aspirante [aspi'rante] **I.** *agg* saugend, Saug- **II.** *mf* Anwärter(in) *m(f)*
aspirapolvere [aspira'polvere] <-> *m* Staubsauger *m;* **~ manuale** Handstaubsauger *m*
aspirare [aspi'raːre] **I.** *vt* ① *(respirare)* einatmen ② TEC [auf-, ein]saugen **II.** *vi* **~ [a qc]** [nach etw] streben; **~ al successo** nach Erfolg streben
aspiratore [aspira'toːre] *m* Sauggerät *nt;* MED Aspirator *m*
aspirazione [aspirat'tsioːne] *f* ① *(inspirazione)* Einatmen *nt* ② *(fig: desiderio)* Streben *nt,* Bestrebung *f* ③ TEC [An-, Ab]saugen *nt* ④ MOT Einlass *m*
aspirina® [aspi'riːna] *f* Aspirin® *nt*
asportabile [aspor'taːbile] *agg* tragbar, beweglich, entfernbar
asportare [aspor'taːre] *vt* ① *(portar via)* forttragen, entfernen ② *(estirpare)* entfernen
asportazione [asportat'tsioːne] *f* Entfernung *f,* Entfernen *nt*
asprezza [as'prettsa] *f* ① *(al gusto)* Herbheit *f;* *(al tatto)* Rauheit *f;* *(all'udito)* Schrillheit *f* ② *(di terreno)* Schroffheit *f* ③ *(rigore)* Rauheit *f* ④ *(fig: durezza)* Herbheit *f,* Härte *f;* *(severità)* Strenge *f*
asprigno, -a [as'priɲɲo] *agg* leicht herb
aspro, -a ['aspro] <più aspro, asperrimo *o* asprissimo> *agg* ① *(sapore, odore)* herb, scharf; *(suono)* schrill; *(vino)* herb ② *(ruvido)* rau ③ *(paesaggio)* schroff, rau; *(clima)* rau ④ LING scharf ⑤ *(fig: ruvido)* rau; *(duro)* hart; *(severo)* streng
ass. *abbr di* **assegno** Scheck *m*
Ass. *abbr di* **Assicurazione** Vers.
assaggiare [assad'dʒaːre] *vt* ① *(provare)* kosten, probieren ② *(mangiare pochissi-*

A

mo) knabbern; *(bevande)* nippen ③ *(fig)* ~ **il bastone** [*o* **le botte**] Schläge bekommen; ~ **il terreno** die Lage peilen

assaggiatore, **-trice** [assaddʒa'to:re] *m, f* Verkoster(in) *m(f)*

assaggio [as'saddʒo] <-ggi> *m* Probe *f*, Kostprobe *f*

assai [as'sa:i] **I.** *avv* ① *(abbastanza)* genug ② *(molto)* sehr, viel, reichlich; **m'importa ~ di lui!** *(fam iron)* auf ihn lege ich gerade Wert! **II.** *agg inv* viel

assale [as'sa:le] *m* Achse *f*

assalire [assa'li:re] <irr> *vt* ① *(aggredire)* angreifen, anfallen; ~ **qu alle spalle** jdn von hinten anfallen ② *(fig: sopraffare)* befallen, überfallen; **la febbre lo assalì all'improvviso** er bekam plötzlich Fieber

assalitore, **-trice** [assali'to:re] *m, f* Angreifer(in) *m(f)*

assaltare [assal'ta:re] *vt* überfallen

assalto [as'salto] *m* ① MIL Angriff *m*, Überfall *m*; **prendere d'~ qu/qc** jdn/etw überfallen ② SPORT Gang *m*

assaporare [assapo'ra:re] *vt (a. fig)* genießen, auskosten

assassina *f v.* **assassino**

assassinare [assassi'na:re] *vt* ① *(uccidere)* ermorden ② *(fig: rovinare)* ruinieren ③ *(fig: sciupare)* verschandeln, verhunzen

assassinio [assas'si:nio] <-ii> *m* ① *(omicidio)* Mord *m* ② *(fig: esecuzione pessima)* Verschandelung *f*

assassino, **-a** [assas'si:no] **I.** *agg* mordend; *(a. fig)* mörderisch **II.** *m, f (omicida)* Mörder(in) *m(f)*

assatanato, **-a** [assata'na:to] *agg* ① *(posseduto dal diavolo)* vom Teufel besessen ② *(fig: sovreccitato sessualmente)* aufgegeilt, geil

asse ['asse] **I.** *f (tavola di legno)* Brett *nt*; ~ **di equilibrio** Schwebebalken *m*; ~ **da stiro** Bügelbrett *nt* **II.** *m* Achse *f*; ~ **stradale** Verkehrsachse *f*

assecondare [assekon'da:re] *vt* ① *(favorire)* unterstützen ② *(soddisfare)* ~ **qc** einer Sache *dat* nachkommen

assediare [asse'dia:re] *vt (fig)* MIL belagern; *(persona)* bedrängen, bestürmen

assedio [as'sɛ:dio] <-i> *m* MIL Belagerung *f*

assegnamento [asseɲɲa'mento] *m* Vertrauen *nt*, Zuversicht *f*; **fare ~ su qu** auf jdn zählen

assegnare [asseɲ'ɲa:re] *vt* ① *(dare)* zuweisen, zuteilen ② *(compiti a scuola)* aufgeben; *(incarico)* erteilen; *(ufficio)* zuweisen ③ *(premio, rendita)* zuerkennen ④ *(termine)* festsetzen

assegnatario, **-a** [asseɲɲa'ta:rio] <-i, -ie> *m, f* Assignatar(in) *m(f)*

assegnato, **-a** [asseɲ'ɲa:to] *agg* unfrei

assegnazione [asseɲɲat'tsio:ne] *f* ① *(attribuzione)* Zuweisung *f*, Vergabe *f* ② *(fig: aggiudicazione)* Zuerkennung *f*; *(di termine)* Festsetzung *f*

assegnista [asseɲ'ɲista] <-i *m*, -e *f*> *mf in den Siebzigerjahren an italienischen Universitäten beschäftigte(r) Nachwuchswissenschaftler(in) ohne feste Stelle*

assegno [as'seɲɲo] *m* ① COM, FIN Scheck *m*; ~ **in bianco** Blankoscheck *m*; ~ **postale** Postscheck *m*; ~ **sbarrato** Verrechnungsscheck *m*; ~ **scoperto** [*o* **a vuoto**] ungedeckter Scheck ② *(attribuzione)* Zuwendung *f*; ~ **di maternità** Erziehungsgeld *nt*; **-i familiari** Kindergeld *nt* ③ *(rendita)* Rente *f*

assemblaggio [assem'bladdʒo] <-ggi> *m* Zusammensetzen *nt*, Montage *f*

assemblare [assem'bla:re] *vt* zusammensetzen, montieren

assemblatore, **-trice** [assembla'to:re] **I.** *m, f* Monteur(in) *m(f)* **II.** *agg* zusammenfügend, zusammenbauend

assemblea [assem'blɛ:a] *f* Versammlung *f*; ~ **plenaria** Plenum *nt*

assemblearismo [assemblea'rizmo] *m* Basisdemokratie *f*; *(pej)* Versammlungsmarathon *nt*

assembramento [assembra'mento] *m* Zusammenkunft *f*, Ansammlung *f*

assennatezza [assenna'tettsa] *f* Besonnenheit *f*, Vernunft *f*

assennato, **-a** [assen'na:to] *agg* besonnen, vernünftig

assenso [as'sɛnso] *m* Zustimmung *f*

assentarsi [assen'tarsi] *vr* ~ [**da un luogo**] sich [von einem Ort] entfernen

assente [as'sɛnte] **I.** *agg (a. fig)* abwesend; **è ~ da una settimana** *(a scuola)* er/sie fehlt seit einer Woche **II.** *mf* Abwesende(r) *f(m)*

assenteismo [assente'izmo] *m* ① *(fig: disinteresse)* [politisches] Desinteresse *nt* ② *(in azienda)* Fernbleiben *nt* von der Arbeit

assenteista [assente'ista] <-i *m*, -e *f*> *mf* Blaumacher(in) *m(f)* *fam*, Krankmacher(in) *fam*

assenteistico, **-a** [assente'istiko] <-ci, -che> *agg* drückebergerisch

assentire [assen'ti:re] *vi* zustimmen

assenza [as'sɛntsa] *f* ① *(da un luogo)* Abwesenheit *f*, Fehlen *nt* ② *(mancanza)* Mangel *m*; **l'~ di qc** der Mangel an etw *dat*

assenziente [assen'tsiɛnte] *agg* zustimmend

assenzio [as'sɛntsio] <-i> *m* ① BOT Wermut *m* ② *(liquore)* Absinth *m*
asserire [asse'ri:re] <asserisco> *vt* behaupten, versichern
asserragliarsi [asserraʎ'ʎarsi] *vr* sich verbarrikadieren
assertivista [asserti'vista] <-i *m*, -e *f*> *mf* Verfechter(in) *m(f)*
assertività [assertivi'ta] <-> *f* Durchsetzungsvermögen *nt*
assertivo, -a [asser'ti:vo] *agg* behauptend, bejahend
asserto [as'sɛrto] *m* Behauptung *f*, Beteuerung *f*
assertore, -trice [asser'to:re] *m, f* Befürworter(in) *m(f)*, Verfechter(in) *m(f)*
asservimento [asservi'mento] *m* Unterwerfung *f*; *(servitù)* Knechtschaft *f*
asservire [asser'vi:re] <asservisco> **I.** *vt* unterwerfen **II.** *vr* **-rsi** sich unterwerfen
asserzione [asser'tsio:ne] *f* Behauptung *f*, Beteuerung *f*
assessorato [assesso'ra:to] *m* Assessoramt *nt*
assessore [asses'so:re] *m* Assessor(in) *m(f)*, Beisitzer(in) *m(f)*; ~ **comunale** Abgeordnete(r) *f(m)* im Stadtrat
assestamento [assesta'mento] *m* ① ARCH Setzung *f* ② *(sistemazione)* Konsolidierung *f*, Regelung *f*, Ordnung *f*
assestare [asses'ta:re] **I.** *vt* ① *(mettere in ordine)* in Ordnung bringen, regeln ② *(regolare)* einstellen ③ *(ceffone)* versetzen **II.** *vr* **-rsi** ① *(sistemarsi)* sich einrichten, sich konsolidieren ② *(su poltrona)* es sich *dat* bequem machen
assestata [asses'ta:ta] *f* [oberflächliche] Aufräumaktion *f*; **dare un'~** oberflächlich aufräumen
assestato, -a [asses'ta:to] *agg* ① *(ordinato)* geordnet, konsolidiert ② *(fig: assennato)* besonnen
assetare [asse'ta:re] *vt* durstig machen
assetato, -a [asse'ta:to] **I.** *agg (a. fig)* durstig; *(terreno)* ausgetrocknet **II.** *m, f* Durstige(r) *f(m)*
assettare [asset'ta:re] **I.** *vt* herrichten, in Ordnung bringen **II.** *vr* **-rsi** sich zurechtmachen
assetto [as'sɛtto] *m* ① *(sistemazione)* Ordnung *f* ② *(equipaggiamento)* Ausrüstung *f*; *(tenuta)* Ausstattung *f* ③ NAUT Trimm *m* ④ AUTO Fahrwerk *nt*
asseverare [asseve'ra:re] *vt* beteuern, versichern
Assia ['assia] *f* Hessen *nt*
assiale [as'sia:le] *agg* axial
assiano, -a [as'sia:no] **I.** *agg* hessisch **II.** *m, f* Hesse *m*/Hessin *f*
assicurare [assiku'ra:re] **I.** *vt* ① *(garantire)* sicherstellen ② *(affermare)* versichern ③ *(fissare)* befestigen, sichern ④ JUR ~ [**contro qc**] [gegen etw] versichern ⑤ *(lettera)* als Wertsendung schicken **II.** *vr* **-rsi** *(accertarsi)* sich versichern, sich überzeugen; **-rsi** [**contro qc**] JUR sich [gegen etw] versichern
assicurata [assiku'ra:ta] *f* Wertsendung *f*; *(lettera)* Wertbrief *m*
assicurato, -a [assiku'ra:to] *m, f* Versicherte(r) *f(m)*, Versicherungsnehmer(in) *m(f)*
assicuratore, -trice [assikura'to:re] **I.** *agg* Versicherungs- **II.** *m, f* Versicherer *m*
assicurazione [assikurat'tsio:ne] *f* Versicherung *f*; ~ **casco/contro tutti i rischi** Kasko-/Vollkaskoversicherung *f*; ~ **contro i danni** Schadensversicherung *f*; ~ **contro la responsabilità civile** Haftpflichtversicherung *f*; ~ **sulla vita** Lebensversicherung *f*
assideramento [assidera'mento] *m* Erfrierung *f*
assiderare [asside'ra:re] **I.** *vt* erfrieren lassen **II.** *vi* **-rsi** erfrieren
assiduità [assidui'ta] <-> *f* ① *(perseveranza)* Ausdauer *f*, Beharrlichkeit *f* ② *(frequenza abituale)* regelmäßiger Besuch
assiduo, -a [as'si:duo] *agg* ① *(costante)* ausdauernd, beharrlich ② *(regolare)* ständig, dauernd; *(cliente)* Stamm- ③ *(diligente)* beständig, fleißig
assieme [as'siɛ:me] **I.** *avv* zusammen **II.** *prep* ~ **a** [zusammen] mit +*dat* **III.** *m* <-> Gesamtheit *f*; MUS, THEAT Ensemble *nt*
assiepare [assie'pa:re] **I.** *vt* ① *(cingere)* mit einer Hecke umschließen ② *(affollare)* überfüllen **II.** *vr* **-rsi** sich drängen; **-rsi intorno a qu** jdn umzingeln
assillare [assil'la:re] *vt* bedrängen, quälen
assillo [as'sillo] *m* ① ZOO Bremse *f*, Stechfliege *f* ② *(fig: pensiero tormentoso)* Druck *m*, Last *f*, Sorge *f*
assimilabile [assimi'la:bile] *agg* ① *(assorbibile)* assimilierbar ② *(paragonabile)* vergleichbar
assimilabilità [assimilabili'ta] <-> *f* Assimilierbarkeit *f*
assimilare [assimi'la:re] *vt* ① BIOL, LING assimilieren ② *(fig: far proprio)* annehmen, sich *dat* aneignen
assimilativo, -a [assimila'ti:vo] *agg* assimilierbar, Assimilations-
assimilazione [assimilat'tsio:ne] *f* ① BIOL, LING Assimilierung *f* ② *(fig: equiparazione)* Gleichstellung *f*; *(apprendimento)* Annahme *f*, Aneignung *f*
assioma [as'siɔ:ma] <-i> *m* Axiom *nt*

A

assiomatico, **-a** [assio'ma:tiko] <-ci, -che> *agg* axiomatisch, unanfechtbar

assisano, **-a** [assi'za:no] **I.** *agg (di Assisi)* aus Assisi stammend **II.** *m, f (abitante)* Bewohner(in) *m(f)* Assisis

assise [as'si:ze] *f pl* ① JUR *(Corte d'Assise)* Schwurgericht *nt* ② *(fig: riunione plenaria)* [Voll]versammlung *f*

Assisi *f* Assisi *nt (Stadt in Umbrien)*

assisiate [assi'zia:te] **I.** *mf* Bewohner(in) *m(f)* Assisis; **L'Assisiate** *(per antonomasia S. Francesco d'Assisi) der heilige Franziskus von Assisi* **II.** *agg v.* **assisano**

assist [ə'sist] <-> *m* SPORT Vorlage *f*

assistei [assis'tε:i] *1. pers sing pass rem di* **assistere**

assistentato [assisten'ta:to] *m* ① *(ufficio)* Assistentenstelle *f* ② *(durata)* Assistenzzeit *f*

assistente [assis'tεnte] **I.** *agg* Assistenz- **II.** *mf* Assistent(in) *m(f)*; **~ di bordo** Flugbegleiter(in) *m(f)*, Steward *m/*Stewardess *f*; **~ alla regia** Regieassistent(in) *m(f)*; **~ sociale** Sozialarbeiter(in) *m(f)*; **~ universitario** Hochschulassistent(in) *m(f)*

assistenza [assis'tεntsa] *f* ① *(presenza)* Anwesenheit *f* ② *(aiuto, soccorso)* Hilfe *f*, Beistand *m*; **~ di frenata** MOT Bremsassistent *m*; **~ legale** Rechtsbeistand *m*; **~ sociale** Sozialhilfe *f*; **~ tecnica** Kundendienst *m*; **~ alla clientela** Kundenbetreuung *f* ③ *(beneficenza, a. fig)* MED Fürsorge *f*, Pflege *f*, Betreuung *f*; **prestare ~ a qu** jdm Beistand leisten ④ *(sorveglianza)* Aufsicht *f*

assistenziale [assisten'tsia:le] *agg* Hilfs-, Fürsorge-

assistenzialismo [assistentsia'lizmo] *m* Sozialstaatlichkeit *f*, Bereitstellung *f* des sozialen Netzes

assistenzialista [assistentsia'lista] <-i *m*, -e *f*> *agg* Sozial-, Wohlfahrts-; **stato ~** Sozialstaat *m*, Wohlfahrtsstaat *m*

assistenzialistico, **-a** [assistentsia'listiko] <-ci, -che> *agg* Sozial-, Wohlfahrts-

assistenziario [assisten'tsia:rio] <-i> *m Amt für die Wiedereingliederung Strafentlassener*

assistere [as'sistere] <assisto, assistei *o* assistetti, assistito> **I.** *vi* **~ a qc** an etw *dat* teilnehmen, bei etw anwesend sein **II.** *vt* ① *(soccorrere)* **~ qu** jdm beistehen; **~ legalmente qu** jdm Rechtsbeistand leisten; **che Dio t'assista!** Gott steh dir bei! ② *(curare)* pflegen, betreuen ③ COM *(clientela)* betreuen

assistibile [assis'ti:bile] *agg* unterstützbar

assito [as'si:to] *m (parete)* Bretterwand *f*; *(pavimento)* Dielenboden *m*

asso ['asso] *m (a. fig)* Ass *nt*; *(di dado)* Eins *f*; **un ~ dello sport** ein Sportass *nt*; **un ~ del volante** ein fantastischer Autofahrer; **avere l'~ nella manica** *(fig)* einen Trumpf in der Hand haben; **piantare** [*o* **lasciare**] **qu in ~** *(fig)* jdn im Stich lassen

associare [asso'tʃa:re] **I.** *vt* ① *(rendere partecipe)* als Mitglied aufnehmen ② *(mettere insieme)* vereinigen ③ *(fig: idee)* assoziieren, verbinden **II.** *vr* **-rsi** ① *(unirsi)* sich vereinigen, sich verbinden ② *(farsi socio)* **-rsi a qc** bei etw Mitglied werden ③ *(aderire)* sich anschließen ④ *(fig)* **-rsi a qc** an etw *dat* teilhaben, etw teilen

associativo, **-a** [assotʃa'ti:vo] *agg* assoziativ, verbindend

associazione [assotʃat'tsio:ne] *f* ① *(unione)* Assoziation *f*, Bund *m*, Vereinigung *f*; COM Gesellschaft *f*; **~ di categoria** Berufsverband *m*; **~ a** [*o* **per**] **delinquere** kriminelle Vereinigung ② PSIC, BOT, MAT Assoziation *f*; **per ~** assoziativ

assodamento [assoda'mento] *m* Verfestigung *f*

assodare [asso'da:re] **I.** *vt* ① *(rendere sodo, duro)* härten, hart machen; *(uova)* hart kochen ② *(fig: accertare)* feststellen, erheben A **II.** *vr* **-rsi** ① *(divenir sodo)* hart werden ② *(fig: rafforzarsi)* sich stärken

assoggettabilità [assoddʒettabili'ta] <-> *f* Unterwerfbarkeit *f*, Unterjochbarkeit *f*

assoggettamento [assoddʒetta'mento] *m* Unterwerfung *f*

assoggettare [assoddʒet'ta:re] **I.** *vt* ① *(sottomettere)* unterwerfen ② *(domare)* bezwingen **II.** *vr* **-rsi** ① *(sottomettersi)* sich unterwerfen ② *(sottoporsi)* sich unterziehen ③ *(adattarsi)* sich fügen

assolato, **-a** [asso'la:to] *agg* sonnig

assoldare [assol'da:re] *vt* anwerben; MIL in Sold nehmen; *(pej a.)* dingen

assolo [as'so:lo] <-> *m* Solo *nt*

assolsi [as'sɔlsi] *1. pers sing pass rem di* **assolvere**

assolto [as'sɔlto] *pp di* **assolvere**

assolutamente [assoluta'mente] *avv* ① *(senz'altro)* unbedingt ② *(del tutto)* absolut, völlig

assolutismo [assolu'tizmo] *m* Absolutismus *m*

assolutista [assolu'tista] <-i *m*, -e *f*> **I.** *agg* absolutistisch **II.** *mf* Absolutist(in) *m(f)*

assolutistico, **-a** [assolu'tistiko] <-ci, -che> *agg* absolutistisch

assolutizzazione [assolutiddzat'tsio:ne] *f* Verabsolutierung *f*

assoluto, **-a** [asso'lu:to] *agg* absolut; *(urgente)* unbedingt

assolutorio, -a [assolu'tɔ:rio] <-i, -ie> *agg* freisprechend, lossprechend
assoluzione [assolut'tsio:ne] *f* ❶ JUR Freispruch *m* ❷ REL Absolution *f*
assolvere [as'sɔlvere] <assolvo, assolsi, assolto> *vt* ❶ JUR freisprechen ❷ REL ~ **qu** jdm die Absolution erteilen ❸ *(compiere)* erfüllen; *(promessa)* einlösen ❹ *(liberare)* ~ **qu da qc** jdn von etw entbinden ❺ *(pagare)* begleichen
assomigliare [assomiʎ'ʎa:re] **I.** *vi* ~ **a qu** jdm ähneln **II.** *vr* **-rsi** sich ähneln; **-rsi come due gocce d'acqua** sich gleichen wie ein Ei dem anderen
assommare [assom'ma:re] **I.** *vt avere* vereinigen **II.** *vi essere* sich belaufen (**a** auf +*akk*), betragen (**a qc** etw)
assonanza [asso'nantsa] *f* Assonanz *f*, Gleichklang *m; (fig)* Übereinstimmung *f*
assonnato, -a [asso'na:to] *agg (a. fig)* verschlafen, schläfrig
assopirsi [asso'pirsi] <mi assopisco> *vr (addormentarsi)* einnicken
assorbente [assor'bɛnte] **I.** *agg* absorbierend, [auf]saugend; **carta** ~ Löschpapier *nt* **II.** *m* ~ **igienico** Monatsbinde *f*; ~ **interno** Tampon *m*
assorbimento [assorbi'mento] *m* ❶ *(impregnamento,* PHYS, BIOL Absorption *f*, Aufnahme *f* ❷ COM Fusion *f*
assorbire [assor'bi:re] *vt* ❶ *(impregnare)* aufsaugen; PHYS absorbieren ❷ *(fig: incorporare)* vereinnahmen; *(consumare, assimilare)* aufnehmen; *(impegnare)* beanspruchen, in Anspruch nehmen
assordante [assor'dante] *agg* ohrenbetäubend
assordare [assor'da:re] **I.** *vt avere* ❶ *(render sordo)* taub machen ❷ *(stordire)* betäuben ❸ *(attutire)* dämpfen **II.** *vi essere* taub werden
assortimento [assorti'mento] *m* Sortiment *nt*, Auswahl *f*
assortire [assor'ti:re] <assortisco> *vt* ❶ *(disporre)* sortieren, zusammenstellen ❷ COM *(rifornire)* mit einem Sortiment versehen
assortito, -a [assor'ti:to] *agg* sortiert, zusammengestellt; *(misto)* gemischt; *(adatto)* passend
assorto, -a [as'sɔrto] *agg* versunken, vertieft; **essere** ~ [**in pensieri**] in Gedanken versunken sein
assottigliamento [assottiʎʎa'mento] *m* ❶ *(il rendere sottile)* Verdünnen *nt*, Verdünnung *f*; *(riduzione)* Verminderung *f* ❷ *(fig: affinamento)* Verfeinerung *f*
assottigliare [assottiʎ'ʎa:re] **I.** *vt* ❶ *(render sottile)* dünner machen, feiner machen ❷ *(ridurre)* verringern, mindern ❸ *(fig: acuire)* schärfen **II.** *vr* **-rsi** ❶ *(diventar sottile)* dünn werden ❷ *(ridursi)* abnehmen, sich verringern ❸ *(dimagrire)* abnehmen
assuefare [assue'fa:re] <irr> **I.** *vt* ~ **qc a qc** etw an etw *akk* gewöhnen **II.** *vr* **-rsi a qc** sich an etw *akk* gewöhnen
assuefazione [assuefat'tsio:ne] *f* Gewöhnung *f*; **l'~ a qc** die Gewöhnung an etw *akk*
assumere [as'su:mere] <assumo, assunsi, assunto> **I.** *vt* ❶ *(prendere, fare proprio, ammettere)* annehmen; *(responsibilità)* übernehmen ❷ *(procurarsi)* einholen ❸ *(impiegato)* anstellen, einstellen, aufnehmen A ❹ *(elevare)* erheben, ernennen; REL *(al cielo)* aufnehmen **II.** *vr* **-rsi** ❶ *(attribuirsi)* übernehmen ❷ *(addossarsi)* auf sich nehmen
Assunta [as'sunta] *f* ❶ *(Maria Vergine)* Heilige Jungfrau ❷ *(festa)* Mariä Himmelfahrt
assunto[1] [as'sunto] *m (tesi)* Annahme *f*, These *f*
assunto[2] *pp di* **assumere**
assunzione [assun'tsio:ne] *f* ❶ *(l'assumere)* Annahme *f*, Übernahme *f*; *(di impiegato)* Einstellung *f* ❷ *(elevazione)* Erhebung *f*; **l'Assunzione della Vergine** Mariä Himmelfahrt
assurdità [assurdi'ta] <-> *f* Absurdität *f*
assurdo [as'surdo] *m* Absurde(s) *nt*
assurdo, -a *agg* absurd
asta ['asta] *f* ❶ *(bastone)* Stab *m*, Stange *f*; *(del compasso)* Schenkel *m*; *(degli occhiali)* Bügel *m*; **a mezz'~** auf Halbmast ❷ SPORT Stab *m*; **salto con l'~** Stabhochsprung *m* ❸ *(lancia)* Speer *m*, Lanze *f* ❹ *(nella scrittura)* Grundstrich *m* ❺ *(vendita all'incanto)* Versteigerung *f*, Auktion *f*; **mettere all'~** versteigern
astante [as'tante] **I.** *agg* anwesend **II.** *mf* Anwesende(r) *f(m)*
astanteria [astante'ri:a] <-ie> *f* Aufnahmeraum *m*
astemio, -a [as'tɛ:mio] <-i, -ie> **I.** *agg* abstinent **II.** *m, f* Abstinenzler(in) *m(f)*
astenersi [aste'nersi] <irr> *vr* ~ [**da qc**] sich [einer Sache *gen*] enthalten
astensione [asten'sio:ne] *f* Enthaltung *f*, Verzicht *m*
astenuto, -a [aste'nu:to] **I.** *pp di* **astenersi** **II.** *m, f* Stimmenthaltung *f*, sich der Stimme Enthaltende(r) *f(m)*
astergere [as'tɛrdʒere] <astergo, astersi, asterso> *vt* abwischen
asteriscare [asteris'ka:re] *vt* mit einem Sternchen [*o* Asterisk] versehen
asterisco [aste'risko] <-schi> *m* ❶ TYP

A

Sternchen *nt*, Asteriskus *m* ❷ *(stelloncino)* kurzer Artikel

asteroide [aste'rɔːide] *m* Asteroid *m*

Asti *f* Asti *nt (Stadt in Piemont)*

asticciola [astit'tʃɔːla] *f* ❶ *(della freccia)* kleiner Stiel ❷ *(penna per scrivere)* Federhalter *m*

astice ['astitʃe] *m* Hummer *m*

asticella [asti'tʃɛlla] *f* Sprunglatte *f*

astigiano, -a [asti'dʒaːno] **I.** *agg* aus Asti stammend **II.** *m, f (abitante)* Bewohner(in) *m(f)* Astis

Astigiano *m sing* Umgebung *f* von Asti

astigmatico, -a [astig'maːtiko] <-ci, -che> **I.** *agg* astigmatisch **II.** *m, f* Astigmatiker(in) *m(f)*

astigmatismo [astigma'tizmo] *m* Astigmatismus *m*

astinente [asti'nɛnte] *agg* abstinent, enthaltsam

astinenza [asti'nɛntsa] *f* Abstinenz *f*, Enthaltsamkeit *f*

astio ['astio] <-i> *m* Groll *m*

astiosità [astiosi'ta] <-> *f* Feindseligkeit *f*, Groll *m*

astioso, -a [as'tioːso] *agg (parole)* feindselig; *(persone)* missgünstig

astore [as'toːre] *m* Habicht *m*

astrale [as'traːle] *agg* astral, die Gestirne betreffend

astrarre [as'trarre] <irr> **I.** *vt* ❶ *(distogliere)* entfernen, ablenken ❷ PHILOS abstrahieren **II.** *vi* ~ **da qc** absehen von etw **III.** *vr* **-rsi** sich zerstreuen

astrattezza [astrat'tettsa] *f* Abstraktheit *f*

astrattismo [astrat'tizmo] *m* abstrakte Kunst

astrattista [astrat'tista] <-i *m*, -e *f*> *mf* abstrakte(r) Künstler(in) *f(m)*

astratto [as'tratto] *m* Abstrakte(s) *nt*

astratto, -a **I.** *pp di* **astrarre** **II.** *agg* abstrakt

astrazione [astrat'tsioːne] *f* Abstraktion *f*; **fare ~ da qc** von etw absehen

astringente [astrin'dʒɛnte] **I.** *agg* adstringierend **II.** *m* Adstringens *nt*

astro ['astro] *m* ❶ ASTR Stern *m*, Gestirn *nt* ❷ *(fig: star)* Star *m*

astrobussola [astro'bussola] *f* AERO Astrokompass *m*

astrofisica [astro'fiːzika] <-che> *f* Astrophysik *f*

astrofisico, -a [astro'fiːziko] <-ci, -che> **I.** *agg* die Astrophysik betreffend; **osservatorio ~** Sternwarte *f*, Observatorium *nt* **II.** *m, f (studioso di astrofisica)* Astrophysiker(in) *m(f)*

astrologia [astrolo'dʒiːa] <-gie> *f* Astrologie *f*

astrologico, -a [astro'lɔːdʒiko] <-ci, -che> *agg* astrologisch

astrologo, -a [as'trɔːlogo] <-gi, -ghe> *m, f* ❶ ASTR Astrologe *m*/Astrologin *f* ❷ *(scherz: chi predice sciagure)* Schwarzseher(in) *m(f)*

astronauta [astro'naːuta] <-i *m*, -e *f*> *mf* Astronaut(in) *m(f)*

astronautica [astro'naːutika] <-che> *f* Raumfahrt *f*

astronautico, -a [astro'naːutiko] <-ci, -che> *agg* astronautisch

astronave [astro'naːve] *f* Raumschiff *nt*

astronoma *f v.* **astronomo**

astronomia [astrono'miːa] <-ie> *f* Astronomie *f*

astronomico, -a [astro'nɔːmiko] <-ci, -che> *agg (a. fig: prezzo, cifre)* astronomisch

astronomo, -a [as'trɔːnomo] *m, f* Astronom(in) *m(f)*

astruseria [astruze'riːa] <-ie> *f* Verworrenheit *f*; *(cosa, parola a)* verworrenes Zeug

astrusità [astruzi'ta] <-> *f* Abstrusität *f*; **dire delle ~** abstruses Zeug daherreden

astruso, -a [as'truːzo] *agg* abstrus, verworren

astuccio [as'tuttʃo] <-cci> *m* Etui *nt*

astuto, -a [as'tuːto] *agg* schlau, listig

astuzia [as'tuttsia] <-ie> *f* Schlauheit *f*, List *f*

AT ❶ *abbr di* **Antico Testamento** A.T. ❷ *abbr di* **Alta Tensione** Hochspannung

atea *f v.* **ateo**

ateismo [ate'izmo] *m* Atheismus *m*

ateistico, -a [ate'istiko] <-ci, -che> *agg* atheistisch

atelier [atə'lje] <-> *m* Atelier *nt*

Atene [a'tɛːne] *f* Athen *nt*

ateo, -a ['aːteo] **I.** *agg* atheistisch **II.** *m, f* Atheist(in) *m(f)*

atermico, -a [a'tɛrmiko] <-ci, -che> *agg* wärmeisolierend; **vetro ~** Isolierglas *nt*

atesino, -a [ate'ziːno] **I.** *agg* aus dem Etschtal **II.** *m, f* Etschtaler(in) *m(f)*

ATI ['aːti] *f abbr di* **Aereo Trasporti Italiani** *italienische Fluggesellschaft*

atipico, -a [a'tiːpiko] <-ci, -che> *agg* atypisch, unregelmäßig

atlante [a'tlante] *m* Atlas *m*

atlantico, -a [a'tlantiko] <-ci, -che> *agg* atlantisch, Atlantik-; **l'Atlantico** der Atlantik

atleta [a'tlɛːta] <-i *m*, -e *f*> *mf* Athlet(in) *m(f)*

atletica [a'tlɛːtika] *f* Athletik *f*; **~ leggera** Leichtathletik *f*

atletico, -a [a'tlɛːtiko] <-ci, -che> *agg* athletisch
atletismo [atle'tizmo] *m* Athletik *f*
atmosfera [atmos'fɛːra] *f (a. fig)* Atmosphäre *f*
atmosferico, -a [atmos'fɛːriko] <-ci, -che> *agg* atmosphärisch; **condizioni -che** Wetterlage *f*
atollo [a'tɔllo] *m* Atoll *nt*
atomico, -a [a'tɔːmiko] <-ci, -che> *agg* ① CHEM Atom-, atomar ② *(fig: eccezionale)* fantastisch
atomizzare [atomid'dzaːre] *vt* zerstäuben
atomizzatore [atomiddza'toːre] *m* Zerstäuber *m*
atomo ['aːtomo] *m (a. fig)* Atom *nt*
atonale [ato'naːle] *agg* atonal
atonia [ato'niːa] <-ie> *f* ① LING Unbetontheit *f* ② MED Schlaffheit *f*, Atonie *f*
atono, -a ['aːtono] *agg* unbetont
atrio ['aːtrio] <-ii> *m* [Vor]halle *f*, Vorraum *m*
atro, -a ['aːtro] *agg (poet)* ① *(tenebroso)* finster, düster ② *(fig: crudele, funesto)* unheilvoll
atroce [a'troːtʃe] *agg (crudele)* grausam; *(raccapricciante)* grauenhaft; *(angoscioso)* furchtbar, entsetzlich
atrocità [atrotʃi'ta] <-> *f* Grausamkeit *f*; *(cosa atroce)* Gräueltat *f*
atrofia [atro'fiːa] <-ie> *f* Atrophie *f*
atrofizzare [atrofid'dzaːre] **I.** *vt* schrumpfen lassen **II.** *vr* **-rsi** atrophieren, schrumpfen
attaccabottoni [attakkabot'toːni] <-> *mf (fam)* lästige(r) Schwätzer(in) *m(f)*
attaccabrighe [attakka'briːge] <-> *mf (fam)* Streithammel *m*
attaccamento [attakka'mento] *m* Anhänglichkeit *f*
attaccante [attak'kante] **I.** *agg* angreifend **II.** *mf* SPORT Stürmer(in) *m(f)*
attaccapanni [attakka'panni] <-> *m* Kleiderhaken *m*; *(a stelo)* Kleiderständer *m*
attaccare [attak'kaːre] **I.** *vt* ① *(fissare)* befestigen; *(manifesto)* anschlagen; *(con colla)* ankleben; *(cucendo)* annähen; *(saldare)* zusammenheften; *(appendere)* aufhängen; *(animali ad un veicolo)* anspannen; **~ al chiodo i guantoni/la bicicletta** *(fig)* das Boxen/Fahrradfahren an den Nagel hängen ② *(iniziare)* anfangen, beginnen; *(discorso a)* anknüpfen ③ *(assalire)* angreifen ④ CHEM angreifen ⑤ MED *(contagiare)* **~ qc a qu** jdn mit etw anstecken ⑥ *(fig: osteggiare)* angreifen, bekämpfen **II.** *vi* ① *(avere azione adesiva)* kleben, haften ② *(muovere all'assalto)* angreifen ③ *(fig: attecchire)* Wurzeln schlagen; **con me non attacca!** *(fam)* nicht mit mir! ④ *(impersonale)* anfangen; **attacca a piovere** es fängt an zu regnen **III.** *vr* **-rsi** ① *(restare aderente)* haften, kleben ② GASTR ansetzen, anbrennen ③ MED übertragen werden ④ *(aggrapparsi)* **-rsi a qu/qc** sich an jdn/etw *akk* klammern; **-rsi alla bottiglia** an der Flasche hängen; **-rsi a qu** *(affezionarsi)* jdn lieb gewinnen
attaccaticcio [attaka'tittʃo] <-cci> *m* **sapere di ~** angebrannt schmecken
attaccato, -a [attak'kaːto] *agg* ① *(affezionato)* anhänglich; **essere ~ ai soldi/alla famiglia** am Geld/an der Familie hängen ② *(ligio)* treu
attaccatura [attakka'tuːra] *f* Ansatz *m*
attaccatutto [attakka'tutto] *m* Alleskleber *m*
attacchinaggio [attakki'naddʒo] <-gi> *m* Anschlagen *nt* politischer Plakate
attacchinare [attakki'naːre] *vi* politische Plakate ankleben
attacchino [attak'kiːno] *m* Plakatankleber(in) *m(f)*
attacco [at'takko] <-cchi> *m* ① *(giunzione)* Ansatz *m*, Verbindungsstelle *f*; *(per sci)* Bindung *f* ② EL, TEL Anschluss *m* ③ *(servizio da tiro)* Gespann *nt* ④ *(fig: critica violenta,* MIL Angriff *m*, Attacke *f* ⑤ SPORT Sturmspitze *f* ⑥ MED Anfall *m* ⑦ *(avvio, inizio)* Einsatz *m*, Anfang *m*
attachment [at'taːtʃment] *m* INFORM Anhang *m*
attagliarsi [attaʎ'ʎarsi] *vr* genau passen (**a** zu), zugeschnitten sein (**a** für, auf +*akk*)
attanagliare [attanaʎ'ʎaːre] *vt* ① *(stringere forte)* fest ergreifen; *(con le tenaglie)* mit Zangen greifen ② *(fig: assillare)* peinigen
attardarsi [attar'darsi] *vr* sich aufhalten
attecchimento [attekki'mento] *m* Verwurz[e]lung *f*
attecchire [attek'kiːre] <attecchisco> *vi* ① BOT Wurzel fassen ② *(fig: attaccare)* sich festsetzen
atteggiamento [atteddʒa'mento] *m* Auftreten *nt*, Verhalten *nt*; **il tuo ~ verso questa questione** deine Haltung zu dieser Frage
atteggiare [atted'dʒaːre] **I.** *vt* **~ qc** einer Sache *dat* Ausdruck geben; **~ il volto a sofferenza** eine Leidensmiene aufsetzen **II.** *vr* **-rsi** sich gebärden; **-rsi a martire** sich als Märtyrer aufspielen
attempato, -a [attem'paːto] *agg* bejahrt, alt
attendamento [attenda'mento] *m* Zeltlager *nt*

A

A

attendarsi [atten'darsi] *vr* die Zelte aufschlagen

attendente [atten'dɛnte] *m* Offiziersbursche *m*

attendere [at'tɛndere] <irr> **I.** *vt* erwarten, warten auf +*akk* **II.** *vi* versorgen, besorgen; ~ **a qc** sich um etw kümmern

attendibile [atten'di:bile] *agg* zuverlässig; *(notizia)* glaubwürdig

attendista [atten'dista] *agg* abwartend, verhalten

attenere [atte'ne:re] <irr> **I.** *vi essere* betreffen **II.** *vr* **-rsi a qc** sich an etw *akk* halten

attentare [atten'ta:re] *vi* ~ **a qu** auf jdn einen Anschlag verüben

attentato [atten'ta:to] *m* Attentat *nt,* Anschlag *m;* **-i dinamitardi terroristici** Bombenterror *m;* ~ **kamikaze** Selbstmordattentat *nt*

attentatore, **-trice** [attenta'to:re] *m, f* Attentäter(in) *m(f)*

attenti [at'tɛnti] **I.** *int* ① *(attenzione)* Achtung, Vorsicht; ~ **al cane!** Vorsicht, bissiger Hund! ② MIL ~**!** habt acht!, stillgestanden! **II.** *m* <-> Grundstellung *f;* **mettere qu sull'**~ *(fig)* jdn auf Trab bringen

attento, **-a** [at'tɛnto] **I.** *agg* aufmerksam; *(diligente)* gewissenhaft; *(accurato)* sorgfältig; **sta attento!** pass auf! **II.** *int* pass auf, Vorsicht

attenuante [attenu'ante] **I.** *agg* abschwächend, mildernd **II.** *f* mildernder Umstand

attenuare [attenu'a:re] **I.** *vt* abschwächen; *(rumore)* dämpfen; *(colpa)* mildern **II.** *vr* **-rsi** schwächer werden

attenuazione [attenuat'tsio:ne] *f* Abschwächung *f,* Milderung *f*

attenuto [atte'nu:to] *pp di* **attenere**

attenzione[1] [atten'tsio:ne] *f* ① *(concentrazione)* Aufmerksamkeit *f;* **fare** ~ aufpassen ② COM Beachtung *f* ③ *pl* Aufmerksamkeiten *f pl,* Liebenswürdigkeiten *f pl;* **alla cortese** ~ **di …** zu Händen von …

attenzione[2] *int* Achtung

atterraggio [atter'raddʒo] <-ggi> *m* Landung *f;* SPORT Aufsprung *m;* **autorizzazione all'**~ Landegenehmigung *f;* **campo d'**~ Landeplatz *m;* ~ **di fortuna** Notlandung *f*

atterramento [atterra'mento] *m* ① *(di muro)* Niederreißen *nt; (di albero)* Fällen *nt,* Schlägern *nt* A ② SPORT Niederwerfen *nt*

atterrare [atter'ra:re] **I.** *vt* niederwerfen, niederschlagen **II.** *vi* landen; SPORT aufspringen

atterrire [atter'ri:re] <atterrisco> **I.** *vt* erschrecken; ~ **qu** jdm Angst einjagen **II.** *vr* **-rsi** sich erschrecken

attesa [at'te:sa] *f* ① *(atto)* Warten *nt;* **sala d'**~ Wartesaal *m;* **lista d'**~ Warteliste *f;* **essere in** ~ **di qu/qc** auf jdn/etw warten; **nell'**~ **della Sua risposta** in Erwartung Ihrer Antwort ② *(periodo)* Wartezeit *f*

attesi [at'e:si] *1. pers sing pass rem di* **attendere**

atteso [at'te:so] *cong* ~ **che …** in Anbetracht dessen, dass …

atteso, **-a** **I.** *pp di* **attendere** **II.** *agg (aspettato)* erwartet; *(desiderato)* erwünscht; **-e le circostanze, …** in Anbetracht der Umstände …

attestabile [attes'ta:bile] *agg* bezeugbar

attestare [attes'ta:re] *vt* ① *(testimoniare)* bezeugen ② *(certificare)* bescheinigen, bestätigen ③ *(fig: dimostrare)* zeugen von, beweisen

attestato [attes'ta:to] *m* Attest *nt,* Bescheinigung *f;* ~ **di morte** Totenschein *m;* **rilasciare un** ~ eine Bescheinigung ausstellen

attestazione [attestat'tsio:ne] *f* ① *(testimonianza)* Bezeugung *f* ② *(certificato)* Attest *nt* ③ *(fig: dimostrazione)* Bezeugung *f,* Bekundung *f*

attico ['attiko] <-ci> *m* ① ARCH Attika *f* ② *(appartamento)* Mansarde *f,* Dachwohnung *f*

attiguità [attigui'ta] <-> *f* Nähe *f,* Nachbarschaft *f*

attiguo, **-a** [at'ti:guo] *agg* benachbart, angrenzend; *(stanza)* Neben-

attillato, **-a** [attil'la:to] *agg* ① *(abito)* eng anliegend ② *(persona)* elegant

attimino [atti'mi:no] *m (fam: un breve istante)* Momentchen *nt,* winziger Augenblick

attimo ['attimo] *m* Augenblick *m;* **di** ~ **in** ~ von einer Minute zur anderen; **in un** ~ im Nu

attinente [atti'nɛnte] *agg* ~ **a qc** zu etw gehörend, etw betreffend

attinenza [atti'nɛntsa] *f* ① *(connessione)* Zusammenhang *m,* Bezug *m* ② *(legame)* Verbundenheit *f*

attingere [at'tindʒere] <irr> *vt* ① *(acqua)* schöpfen ② *(fig: ricavare)* entnehmen, [be]ziehen; FIN abschöpfen

attingibile [attin'dʒi:bile] *agg* fassbar

attinia [at'ti:nia] <-ie> *f* Aktinie *f,* Seeanemone *f*

attirare [atti'ra:re] **I.** *vt* ① *(attrarre)* anziehen; *(attenzione)* auf sich ziehen ② *(fig: allettare)* verlocken **II.** *vr* **-rsi** sich *dat* zuziehen, gewinnen

attitudinale [attitudi'na:le] *agg* Eignungs-

attitudine [atti'tu:dine] *f* ① *(capacità)* Eignung *f;* **l'**~ **a qc** die Eignung zu etw; **l'**~

per qc die Begabung für etw ② *(atteggiamento)* Haltung *f,* Stellung *f*

attivare [atti'vaːre] *vt* ① *(mettere in azione)* betätigen, in Gang setzen ② *(riportare in efficienza,* CHEM, PHYS aktivieren

attivazionale [attivattsio'naːle] *agg* aktivierend

attivazione [attivat'tsioːne] *f* ① *(messa in azione)* Betätigung *f* ② *(il riportare in efficienza,* CHEM, PHYS Aktivierung *f*

attivismo [atti'vizmo] *m* Aktivismus *m*

attivista [atti'vista] <-i *m,* -e *f*> *mf* Aktivist(in) *m(f)*

attivistico, -a [atti'vistiko] <-ci, -che> *agg* aktivistisch

attività [attivi'ta] <-> *f* ① *(operosità)* Aktivität *f; (fig)* Tätigkeit *f* ② *(lavoro, occupazione)* Beschäftigung *f,* Tätigkeit *f;* ~ **primaria/secondaria/terziaria** Beschäftigung *f* in der Landwirtschaft/in der Industrie/im Dienstleistungssektor ③ *pl* COM Aktiva *pl* ④ *(funzionamento, azione)* Betrieb *m;* **massima** ~ Hochbetrieb ⑤ MED, CHEM Wirkung *f*

attivo [at'tiːvo] *m* ① COM Aktivum *nt,* Aktivposten *m;* **portare all'~ un'azienda** ein Unternehmen aktivieren; **segnare una partita all'~** einen Posten gutschreiben ② LING Aktiv *nt* ③ POL Aktivisten *mpl*

attivo, -a *agg* ① *(operoso)* aktiv, geschäftig; *(lavoratore)* arbeitend, werktätig ② *(que determina l'azione)* entscheidend ③ *(in funzione, in azione)* tätig; TEC in Betrieb ④ COM aktiv; **le partite -e di un bilancio** die Aktivposten *mpl* einer Bilanz

attizzare [attit'tsaːre] *vt* ① *(fiamma)* schüren, anfachen ② *(fig: eccitare)* schüren

attizzatoio [attittsa'toːio] <-oi> *m* Schüreisen *nt,* Schürhaken *m*

attizzatore, -trice [attittsa'toːre] *m, f* Aufwiegler(in) *m(f)*

atto ['atto] *m* ① *(gesto, moto)* Geste *f; (azione)* Handlung *f;* **cogliere qu sull'~** jdn auf frischer Tat ertappen; **essere in ~** [gerade] stattfinden; **mettere in ~ qc** etw in Gang setzen; **all'~ di** +*inf* im Augenblick, als …; **nell'~ di** +*inf* gerade bei[m] ② *(atteggiamento)* Haltung *f* ③ PHILOS, THEAT *(manifestazione)* Akt *m;* ~ **unico** Einakter *m* ④ *(documento)* Urkunde *f;* ~ **di accusa** Anklageschrift *f;* ~ **di matrimonio** Heiratsurkunde *f;* ~ **di nascita** Geburtsurkunde *f;* ~ **giuridico** Rechtshandlung *f* ⑤ *pl (documentazione)* Akten *fpl;* **passare agli -i** zu den Akten legen; *(fig)* ad acta legen ⑥ *pl (resoconti collegiali)* Berichte *mpl* ⑦ REL ~ **di dolore** Sündenbekenntnis *nt;* ~ **di fede** Glaubensbekenntnis *nt;* **Atti degli Apostoli** Apostelgeschichte *f* ⑧ *(loc)* **dare ~ di qc** etw bestätigen; **fare ~ di presenza** seine Aufwartung machen; **prendere ~ di qc** etw zur Kenntnis nehmen; **all'~ pratico** in der Praxis

atto, -a *agg* ① *(idoneo)* ~ **a qc** fähig zu etw, tauglich für etw ② *(adatto)* ~ **a qc** geeignet zu etw, passend zu [*o* für] etw

Atto europeo unitario <-> *m* Einheitliche Europäische Akte *f*

attonito, -a [at'tɔːnito] *agg* erschüttert; *(sorpreso)* erstaunt

attorcigliamento [attortʃiʎʎa'mento] *m* Aufwickeln *nt,* Verwicklung *f*

attorcigliare [attortʃiʎ'ʎaːre] **I.** *vt* [auf]wickeln **II.** *vr* **-rsi** sich [auf]wickeln

attore, attrice [at'toːre, at'triːtʃe] *m, f* ① *(in spettacoli)* Schauspieler(in) *m(f);* ~ **cinematografico** Filmschauspieler *m;* ~ **comico** Komiker *m* ② *(fig: protagonista)* Protagonist(in) *m(f)* ③ JUR Kläger(in) *m(f)*

attoriale [atto'riaːle] *agg* schauspielerisch

attorialità [attoriali'ta] <-> *f* Schauspielkunst *f*

attorniare [attor'niaːre] **I.** *vt* ① *(circondare)* umgeben ② *(fig: circuire)* umgarnen **II.** *vr* **-rsi di qc** sich mit etw umgeben; **-rsi di qu** jdn um sich scharen

attorno [at'torno] **I.** *avv* [rund]herum; **darsi d'~** sich bemühen; **levarsi qu d'~** sich *dat* jdn vom Halse schaffen **II.** *prep* ~ **a** um +*akk* [herum]; **stare ~ a qu** *(fig)* hinter jdm her sein, jdm auf der Pelle liegen

attraccare [attrak'kaːre] **I.** *vi essere o avere* anlegen **II.** *vt avere* anlegen

attracco [at'trakko] <-cchi> *m* ① *(manovra)* Anlegen *nt* ② *(luogo)* Anlegestelle *f*

attraente [attra'ɛnte] *agg* anziehend; *(persona a)* attraktiv; *(proposta)* verlockend

attrarre [at'trarre] <irr> *vt* ① *(tirare a sé)* anziehen ② *(fig: allettare)* verlocken

attrattiva [attrat'tiːva] *f* ① *(fascino)* Reiz *m* ② *pl (qualità che attraggono)* Verlockungen *fpl*

attraversamento [attraversa'mento] *m* Übergang *m;* ~ **pedonale** Fußgängerüberweg *m,* Schutzweg *m* A

attraversare [attraver'saːre] *vt* ① *(passare attraverso)* durchqueren; *(mare, strada)* überqueren; *(confine)* überschreiten ② *(fig: trascorrere)* durchmachen

attraverso [attra'vɛrso] **I.** *avv* ① *(trasversalmente)* quer über [*o* durch] +*akk* ② *(fig: di traverso)* schief, schlecht **II.** *prep* durch +*akk* [hindurch]; *(mediante)* mittels +*gen,* durch +*akk*

attrazione [attrat'tsioːne] *f* ① *(fig: attratti-*

va) Anziehung *f;* **provare ~ per qu** von jdm angezogen sein ② PHYS Anziehungskraft *f* ③ *(numero sensazionale)* Attraktion *f*

attrezzare [attret'tsa:re] **I.** *vt* ~ **qc** [**di qc**] etw [mit etw] ausstatten; TEC etw [mit etw] ausrüsten **II.** *vr* **-rsi** sich ausrüsten

attrezzato, -a [attret'tsa:to] *agg* ausgestattet; ~ **con qc** mit etw ausgestattet; **giardino pubblico** ~ öffentliche Parkanlage; **via -a** *(strada ferrata)* Eisenbahn *f*

attrezzatura [attrettsa'tu:ra] *f* Ausstattung *f;* TEC Ausrüstung *f;* NAUT Takelage *f*

attrezzista [attret'tsista] <-i *m*, -e *f*> *mf* ① SPORT Geräteturner(in) *m(f)* ② THEAT, FILM Requisiteur(in) *m(f)* ③ *(operaio)* Ausrüster(in) *m(f)*

attrezzistica [attret'tsistika] <-che> *f* Geräteturnen *nt*

attrezzo [at'trettso] *m* Gerät *nt,* Werkzeug *nt;* **-i da** [*o* **di**] **ginnastica** Turngeräte *nt pl*

attribuire [attribu'i:re] <attribuisco> **I.** *vt* ① *(assegnare)* ~ **qc a qu** jdm etw zuerkennen ② *(ascrivere)* ~ **qc a qu** jdm etw zuschreiben; ~ **qc a qu/qc** etw auf jdn/etw zurückführen; ~ **importanza a qc** einer Sache *dat* Bedeutung beimessen **II.** *vr* **-rsi** sich *dat* zuschreiben

attributivo, -a [attribu'ti:vo] *agg a.* GRAM attributiv; **negozio giuridico** ~ *Rechtsgeschäft, bei dem Vermögensrechte umverteilt werden*

attributo [attri'bu:to] *m* ① LING Attribut *nt* ② *(qualità caratteristica)* Merkmal *nt,* Attribut *nt* ③ *(simbolo)* Symbol *nt*

attribuzione [attribut'tsio:ne] *f* ① *(assegnazione)* Zuerkennung *f* ② *pl (mansioni, funzioni)* Kompetenzbereich *m,* Aufgabenbereich *m*

attrice *f v.* **attore**

attrito [at'tri:to] *m* ① PHYS Reibung *f* ② *(fig: contrasto)* Reibereien *f pl,* Streit *m*

attuabile [attu'a:bile] *agg* durchführbar

attuabilità [attuabili'ta] <-> *f* Durchführbarkeit *f*

attuale [attu'a:le] *agg (odierno)* aktuell, zeitgemäß; *(presente)* derzeitig, jetzig; *(tuttora valido)* aktuell

attualismo [attua'lizmo] *m* Aktualismus *m*

attualità [attuali'ta] <-> *f* Aktualität *f;* **programma di** ~ Nachrichtensendung *f;* **tornare di** ~ wieder aktuell werden

attualizzare [attualid'dza:re] *vt* aktualisieren

attualmente [attual'mente] *avv* zurzeit

attuare [attu'a:re] **I.** *vt* ① *(realizzare)* verwirklichen ② *(eseguire)* durchführen **II.** *vr* **-rsi** sich verwirklichen

attuativo, -a [attua'ti:vo] *agg* ausführend, in Kraft setzend; **legge regionale -a** ausführendes Regionalgesetz

attuazione [attuat'tsio:ne] *f* ① *(realizzazione)* Verwirklichung *f* ② *(esecuzione)* Durchführung *f*

attutire [attu'ti:re] <attutisco> *vt* abmildern, abschwächen; *(suono, urto)* dämpfen

AUC, a.u.c. *abbr di* **ab urbe condita** seit der Gründung Roms

audace [au'da:tʃe] *agg* ① *(coraggioso)* mutig ② *(arrischiato)* riskant; *(impresa)* kühn ③ *(provocante)* gewagt ④ *(insolente)* unverschämt, frech

audacia [au'da:tʃa] <-cie> *f* ① *(coraggio)* Mut *m* ② *(atto arrischiato)* Kühnheit *f* ③ *(originalità che incontra opposizione)* Gewagtheit *f;* *(provocazione)* Provokation *f* ④ *(insolenza)* Unverschämtheit *f*

audience ['ɔ:djens] <- *o* audiences> *f* Einschaltquote *f;* **un'alta** ~ eine hohe Einschaltquote

audio ['a:udio] <-> *m* Audion *nt*

audiocassetta [audiokas'setta] *f* Audiokassette *f*

audiofrequenza [audiofre'kuɛntsa] *f* Hörfrequenz *f*

audioguidato, -a [audiogui'da:to] *agg (visita)* audiogeführt, mit Audioguide

audioleso, -a [audio'le:zo] *agg* hörgeschädigt

audiolibro [audio'li:bro] *m* Hörbuch *nt*

audioprotesi [audio'prɔ:tezi] <-> *f (protesi acustica)* Hörgerät *nt*

audioprotesista [audioprote'zista] <-i *m*, -e *f*> *mf* Hörgeräteakustiker(in) *m(f)*

audiovisivo, -a [audiovi'zi:vo] *agg* audiovisuell

audiovisuale [audiovizu'a:le] *agg* audiovisuell; **educazione** ~ audiovisueller Unterricht

AUDITEL *m acro di* **AUDIence TELevisiva** AUDITEL *nt (Gesellschaft, die Hörer und Zuschauerquoten misst);* **indice di ascolto** ~ Hörer-/Zuschauerquote *f*

auditivo, -a [audi'ti:vo] *agg* auditiv

auditorio [audi'tɔ:rio] <-i> *m* Auditorium *nt*

audizione [audit'tsio:ne] *f* ① *(l'udire)* Hören *nt* ② JUR *(di testimoni)* Anhörung *f* ③ RADIO Empfang *m*

auge ['a:udʒe] *f* ① ASTR Apogäum *nt* ② *(fig: apice)* Gipfel *m,* Höhepunkt *m;* **venire in** ~ *(fig)* Ruhm erlangen

augurale [augu'ra:le] *agg* Glück[wunsch]-

augurare [augu'ra:re] **I.** *vt* wünschen;

~ **buon viaggio** eine gute Reise wünschen **II.** *vi* wahrsagen **III.** *vr* **-rsi** [sich *dat*] wünschen, [sich *dat*] erhoffen

augure ['aːugure] *m* Augur *m*

augurio [au'guːrio] <-i> *m* ❶ *(voto di felicità, benessere)* Glückwunsch *m;* **fare** [*o* **porgere**] **gli -i a qu** jdm Glück wünschen; **tanti -i di buon compleanno!** herzlichen Glückwunsch zum Geburtstag! ❷ *(desiderio)* Wunsch *m* ❸ *(presagio)* Vorzeichen *nt*

Augusta [au'gusta] *f* Augsburg *nt*

augusto, -a [au'gusto] *agg* erlaucht, erhaben

aula ['aːula] *f* Saal *m; (di scuola)* Klasse *f,* Klassenzimmer *nt; (di università)* Hörsaal *m;* ~ **magna** Auditorium maximum *nt*

aulico, -a ['aːuliko] <-ci, -che> *agg* ❶ *(solenne)* gehoben, erhaben ❷ *(di corte)* höfisch, Hof-

aumentare [au'men'taːre] **I.** *vt avere* ❶ *(numeri)* vermehren; *(in grandezza)* vergrößern; *(in larghezza)* erweitern; *(in lunghezza)* verlängern; *(prezzo, salario, spese)* erhöhen; *(punti di maglia)* zunehmen ❷ *(fig: intensificare)* verstärken **II.** *vi essere* ❶ *(numero)* sich vermehren, zunehmen; *(grandezza)* größer werden; *(prezzi, salari)* steigen ❷ *(fam: diventare più caro)* teurer werden

aumento [au'mento] *m* Erhöhung *f; (a. fig)* Zunahme *f;* ~ **di peso** Gewichtszunahme *f;* ~ **salariale** Gehaltserhöhung *f;* ~ **di temperatura** Temperaturanstieg *m;* **essere in** ~ zunehmen

aumma aumma ['aumma 'aumma] NAPOL **I.** *avv* unter der Hand, hintenherum **II.** *agg (organizzazione, programma)* heimlich, nicht ganz legal

aura ['aːura] *f* ❶ *(poet: aria)* Lufthauch *m* ❷ *(fig: atmosfera)* Aura *f*

aureo, -a ['aːureo] *agg* ❶ *(d'oro)* golden, Gold- ❷ *(fig: prezioso)* kostbar; *(eccellente)* hervorragend

aureola [au'rɛːola] *f* Heiligenschein *m; (fig a.)* Nimbus *m*

auricolare [auriko'laːre] **I.** *agg* Ohr[en]- **II.** *m* Kopfhörer *m*

aurifero, -a [au'riːfero] *agg* goldhaltig

auriga [au'riːga] <-ghi> *m (poet)* Kutscher *m*

aurora [au'rɔːra] *f* ❶ *(alba)* Morgenröte *f;* ~ **australe** Südlicht *nt;* ~ **boreale** Nordlicht *nt;* ~ **polare** Polarlicht *nt* ❷ *(fig: inizio)* Anbruch *m,* Dämmerung *f*

auscultare [auskul'taːre] *vt* auskultieren, abhorchen

auscultazione [auskultat'tsioːne] *f* Auskultation *f*

ausiliare [auzi'liaːre] **I.** *agg* Hilfs- **II.** *m* LING Hilfsverb *nt* **III.** *mf* Aushilfe *f,* Helfer(in) *m(f)*

ausiliario, -a [auzi'liaːrio] <-i, -ie> **I.** *agg* [Aus]hilfs-; MIL Reserve-; **spese -ie** Nebenkosten *pl* **II.** *m, f* Helfer(in) *m(f)*

ausilio [au'ziːlio] <-i> *m (poet)* Hilfe *f*

auspicare [auspi'kaːre] *vt avere* wünschen, erhoffen

auspicio [aus'piːtʃo] <-ci> *m* ❶ *(pronostico)* Vorzeichen *nt* ❷ *(desiderio)* Wunsch *m*

austerità [austeri'ta] <-> *f* Strenge *f,* Härte *f;* **misure di** ~ COM Sparmaßnahmen *fpl*

austero, -a [aus'tɛːro] *agg* ❶ *(rigido)* streng, hart ❷ *(senza superfluità)* schmucklos, einfach

australe [aus'traːle] *agg* Süd-, südlich

Australia [aus'traːlia] *f* Australien *nt*

australiano, -a [austra'liaːno] **I.** *agg* australisch **II.** *m, f* Australier(in) *m(f)*

Austria ['aːustria] *f* Österreich *nt;* ~ **Alta** Oberösterreich *nt;* ~ **Bassa** Niederösterreich *nt*

austriaco, -a [aus'triːako] <-ci, -che> **I.** *agg* österreichisch **II.** *m, f* Österreicher(in) *m(f)*

austro ['aːustro] <-> *m* ❶ *(sud)* Süden *m* ❷ *(vento)* Südwind *m*

autarchia [autar'kiːa] <-chie> *f* Autarkie *f*

autarchico, -a [au'tarkiko] <-ci, -che> *agg* ❶ POL autark ❷ JUR autonom, unabhängig

aut aut ['aːut 'aːut] <-> *m* Entweder-Oder *nt*

autentica [au'tɛntika] <-che> *f* Beglaubigung *f*

autenticare [autenti'kaːre] *vt* bestätigen; JUR, ADM beglaubigen

autenticazione [autentikat'tsioːne] *f* Beglaubigung *f*

autenticità [autentitʃi'ta] <-> *f* Echtheit *f; (veridicità)* Glaubwürdigkeit *f*

autentico, -a [au'tɛntiko] <-ci, -che> *agg (vero)* wahr; *(regolare)* authentisch; *(non falsificato)* echt; *(reale)* wirklich; *(originale)* echt, original; *(genuino, puro)* rein, wahr, echt

authority [ɔː'θɔriti] <- *o* authorities> *f* Authority *f (öffentliche Institution mit Kontroll-, Aufsichts- und Entscheidungsbefugnissen)*

autismo [au'tizmo] *m* PSIC Autismus *m*

autista [au'tista] <-i *m,* -e *f*> **I.** *mf* ❶ *(conducente)* Fahrer(in) *m(f); (~ di autobus)* Chauffeur(in) *m(f),* Busfahrer(in) *m(f)* ❷ PSIC Autist(in) *m(f)* **II.** *agg* PSIC autistisch

autistico, -a [au'tistiko] <-ci, -che> *agg* autistisch

A

auto ['a:uto] <-> *f* Auto *nt;* ~ **civetta** Zivilstreifenwagen *m;* ~ **d'epoca** Oldtimer *m;* ~ **pubblica** Taxi *nt;* ~ **usata** Altauto *nt*
autoabbronzante [autoabbron'dzante] **I.** *agg* selbstbräunend; **olio** ~ selbstbräunendes Öl **II.** *m* Selbstbräuner *m;* **darsi l'~** sich mit einem Selbstbräuner eincremen
autoaccensione [autoattʃen'sio:ne] *f* Selbstzündung *f*
autoaccessorio [autoattʃes'sɔ:rio] *m* Autozubehör *nt*
autoadesivo [autoade'zi:vo] *m* Aufkleber *m,* Pickerl *nt* A
autoadesivo, -a *agg* selbsthaftend, selbstklebend
autoambulanza [autoambu'lantsa] *f* Krankenwagen *m,* Rettung *f* A
autoapprendimento [autoapprendi'mento] *m* ① INFORM künstliche Intelligenz ② *(senza l'intervento di un docente)* Selbstlernen *nt*
autoarticolato [autoartiko'la:to] *m* Sattelschlepper *m*
autobiografia [autobiogra'fi:a] *f* Autobiografie *f*
autobiografico, -a [autobio'gra:fiko] <-ci, -che> *agg* autobiografisch
autoblinda [auto'blinda], **autoblindata** [autoblin'da:ta] *f* Panzerwagen *m*
autoblindato, -a [autoblin'da:to] *agg* gepanzert, Panzer-
autobloccante [autoblok'kante] *agg* TEC selbstsperrend; **differenziale** ~ automatisches Sperrdifferenzial
autobomba [auto'bomba] <-> *f* Autobombe *f*
autobotte [auto'botte] *f* ① *(per trasporto liquidi)* Tankwagen *m* ② *(innaffiatrice)* Sprengwagen *m*
autobus ['a:utobus] <-> *m* Autobus *m*
autocampeggio [autokam'peddʒo] <-ggi> *m* Autocamping *nt*
autocaravan [auto'ka:ravan] <-> *m o f* Wohnmobil *nt*
autocarro [auto'karro] *m* Last[kraft]wagen *m*
autocensura [autotʃen'su:ra] *f* ① *(in argomenti delicati)* Selbstkontrolle *f* ② *(pubblicazioni)* Selbstzensur *f*
autocercante [autotʃer'kante] **I.** *agg* MIL Such-, automatisch das Ziel suchend; **missile con congegno** ~ Rakete *f* mit automatischer Suchvorrichtung **II.** *m* automatischer Sucher *m*
autocertificazione [autotʃertifikat'tsio:ne] *f* Eigenbeleg *m*
autocingolato [autotʃingo'la:to] *m* Raupenfahrzeug *nt,* Kettenfahrzeug *nt*
autocisterna [autotʃis'tɛrna] *f* Tankwagen *m*
autocisternista [autotʃister'nista] <-i *m,* -e *f*> *mf* Tankwagenfahrer(in) *m(f)*
autocitarsi [autotʃi'tarsi] *vr* sich selbst zitieren
autocitazione [autotʃitat'tsio:ne] *f* Eigenzitat *nt*
autocivetta [autotʃi'vetta] *f* Zivilstreifenwagen *m*
autoclave [auto'kla:ve] *f* Druckkessel *m*
autocolonna [autoko'lonna] *f* Autokolonne *f*
autocommiserarsi [autokommize'rarsi] *vr* sich selbst bemitleiden
autocommiserazione [autokommizerat'tsio:ne] *f* Selbstmitleid *nt*
autocompiacimento [autokompiatʃi'mento] *m* Selbstzufriedenheit *f*
autoconcessionario [autokontʃessio'na:rio] <-ri> *m* Autovertragshändler *m*
autoconsumo [autokon'su:mo] *m* Eigenverbrauch *m*
autocontrollo [autokon'trɔllo] *m* Selbstbeherrschung *f*
autoconvocato, -a [autokonvo'ka:to] **I.** *m, f* POL Aktivist(in) *m(f)* gegen die Gewerkschaften **II.** *agg* selbst ernannt, selbst einberufen
autoconvocazione [autokonvokat'tsio:ne] *f* POL spontane Einberufung *(oft ohne Genehmigung)*
autoconvoglio [autokon'vɔʎʎo] *m* Autokonvoi *m*
autocorrettivo, -a [autokorret'ti:vo] *agg* selbst zu korrigierend
autocorrezione [autokorret'tsio:ne] *f* ① *(didattica)* Selbstkorrektur *f,* Selbstkontrolle *f* ② GEOG Selbstreinigung *f* [der Gewässer]
autocorriera [autokor'riɛ:ra] *f* Omnibus *m,* Linienbus *m*
autocosciente [autokoʃ'ʃɛnte] *agg* seiner selbst bewusst, selbstbewusst; PSIC selbstbewusst, ichbewusst
autocoscienza [autokoʃ'ʃɛntsa] *f* PHILOS Ichbewusstsein *nt;* **gruppo di** ~ Selbsterfahrungsgruppe *f*
autocrate [au'tɔ:krate] *m* Autokrat *m,* Alleinherrscher *m*
autocratico, -a [auto'kra:tiko] <-ci, -che> *agg* autokratisch, unumschränkt; **regime** ~ Autokratie *f*
autocrazia [autokrat'tsi:a] <-ie> *f* Autokratie *f*
autocritica [auto'kri:tika] *f* Selbstkritik *f*
autocritico, -a [auto'kri:tiko] <-ci, -che> *agg* selbstkritisch
autocross [auto'krɔs] <-> *m* Auto-Cross *nt*

autoctono, -a [au'tɔktono] **I.** *agg* autochthon **II.** *m, f* Alteingesessene(r) *f(m)*
autodecisione [autodetʃi'zioːne] *f* Selbstbestimmung *f*
autodefinirsi [autodefi'nirsi] <mi autodefinisco> *vr* sich bezeichnen als; ~ **un genio** *(iron)* sich für ein Genie halten
autodemolitore [autodemoli'toːre] *m* Kfz-Verschrotter *m*
autodenuncia [autode'nuntʃa] <-ce *o* -cie> *f* ❶ *(di errori)* Selbstanklage *f*, Selbstkritik *f* ❷ JUR Selbstanzeige *f*; **fare atto di** ~ Selbstanzeige erstatten
autodenunciarsi [autodenun'tʃarsi] *vr* ❶ JUR Selbstanzeige erstatten ❷ *(fig)* sich selbst beschuldigen, bezichtigen; ~ **una persona debole** zugeben, ein Schwächling zu sein
autodenunzia [autode'nuntsia] *f v.* **autodenuncia**
autodeterminazione [autodeterminat'tsioːne] *f* Selbstbestimmung *f*
autodidatta [autodi'datta] <-i *m*, -e *f*> *mf* Autodidakt(in) *m(f)*
autodidattico, -a [autodi'dattiko] <-ci, -che> *agg* autodidaktisch
autodifesa [autodi'feːsa] *f* Selbstverteidigung *f*
autodisciplina [autodiʃʃi'pliːna] *f* Selbstdisziplin *f*
autodistruggersi [autodis'truddʒersi] <irr> *vr* ❶ *(missile)* sich selbst zerstören ❷ *(fig)* sich selbst vernichten, sich umbringen
autodistruzione [autodistrut'tsioːne] *f (a. fig)* Selbstzerstörung *f*
autodromo [au'tɔːdromo] *m* Autorennbahn *f*
autoedizione [autoedit'tsioːne] *f* Selbstverlag *m*
autoerotismo [autoero'tizmo] *m* Autoerotismus *m*, Selbstbefriedigung *f*
autoescludersi [autoesklu'dersi] <irr> *vr* sich ausschließen; ~ **da un gruppo** sich von einer Gruppe absondern
autofattura [autofat'tuːra] *f* Rechnung *f* auf eigenen Namen *(vom Käufer zu Steuerzwecken ausgestellte Rechnung)*; **emettere** ~ eine Rechnung auf eigenen Namen ausstellen
autoferrotranviario, -a [autoferrotran'viaːrio] <-i, -ie> *agg* die öffentlichen Verkehrsbetriebe betreffend
autoferrotranviere, -a [autoferrotran'viɛːre] *m, f* Bedienstete(r) des öffentlichen Verkehrs *f(m)*
autofficina [autooffi'tʃiːna] *f* Auto[reparatur]werkstatt *f*
autofilotranviario, -a [autofilotran'viaːrio] <-i, -ie> *agg* den öffentlichen Verkehr betreffend [Autobus, O-Bus, Straßenbahn]
autofinanziamento [autofinantsia'mento] *m* Eigenfinanzierung *f*
autofinanziarsi [autofinan'tsiarsi] *vr* kostendeckend arbeiten, sich selbst finanzieren
autoflagellazione [autofladʒellat'tsioːne] *f* ❶ *(del corpo)* Selbstgeißelung *f* ❷ *(fig: autocritica)* Selbstanklage *f*, Selbstkritik *f*
autofocus [auto'fɔkus] **I.** *m* <-> FOTO Autofokus *m* **II.** *agg inv* **obiettivo** ~ Autofokusobjektiv *nt* **III.** *f* <-> *(macchina fotografica)* Autofokuskamera *f*
autofurgone [autofur'goːne] *m* Lieferwagen *m*
autogeno, -a [au'tɔːdʒeno] *agg* autogen
autogestione [autodʒes'tioːne] *f* Selbstverwaltung *f*
autogestire [autodʒes'tiːre] <autogestisco> **I.** *vt* selbst verwalten **II.** *vr* **-rsi** sich selbst verwalten
autogestito, -a [autodʒes'tiːre] *agg* selbstverwaltet, selbstbestimmt
autogol [auto'gɔl] *m* Eigentor *nt*
autogonfiabile [autogon'fiaːbile] **I.** *agg* automatisch aufblasbar; **canotto** ~ automatisch aufblasbares Boot **II.** *m* Schlauchboot *nt*
autogovernarsi [autogover'narsi] *vr* sich selbst regieren
autogoverno [autogo'vɛrno] *m* ❶ *(di enti o gruppi)* Selbstbestimmung *f* ❷ JUR *(indipendenza politica)* Selbstregierung *f* ❸ *(amministrazione)* Selbstverwaltung *f*
autografo [au'tɔːgrafo] *m (firma)* Autogramm *nt*
autogrill® [auto'gril] <-> *m* Autobahnraststätte *f*
autogru [auto'gru] <-> *m o f* Abschleppwagen *m*
autogruista [autogru'ista] <-i *m*, -e *f*> *mf* Abschleppwagenfahrer(in) *m(f)*
autoguida [auto'guiːda] *f* automatische Steuerung
autoimmunità [autoimmuni'ta] <-> *f* MED, BIOL Autoimmunität *f*
autoimmunitario, -a [autoimmuni'taːrio] <-i, -ie> *agg* MED, BIOL autoimmun; **sistema** ~ Autoimmunsystem *nt*
autoincensamento [autointʃensa'mento] *m (fig)* Selbstbeweihräucherung *f*
autoincensarsi [autointʃen'sarsi] *vr* sich selbst beweihräuchern
autoinganno [autoiŋ'ganno] *m* Selbstbetrug *m*, Selbsttäuschung *f*
autoinvitarsi [autoinvi'tarsi] *vr* sich selbst einladen

A

autoipnosi [autoip'nɔːzi] <-> *f* Selbsthypnose *f,* Autohypnose *f*

autoironia [autoiro'niːa] *f* Selbstironie *f*

autoironico, -a [autoi'rɔːniko] <-ci, -che> *agg* selbstironisch

autolavaggio [autola'vaddʒo] <-ggi> *m* Autowaschanlage *f*

autolesione [autole'zioːne] *f* PSIC Selbstverstümmelung *f*

autolesivo, -a [autole'ziːvo] *agg* selbstverstümmelnd

autolettiga [autolet'tiːga] <-ghe> *f* Krankenwagen *m,* Rettung *f* A

autolinea [auto'liːnea] *f* Buslinie *f*

autoliquidazione [autolikuidat'tsioːne] *f* *Accontozahlung eines Teilbetrages der Steuerschuld bei Selbstbesteuerung*

automa [au'tɔːma] <-i> *m* Roboter *m*

automatico [auto'maːtiko] <-ci> *m* ① *(bottone)* Druckknopf *m* ② *(fucile)* Repetiergewehr *nt*

automatico, -a <-ci, -che> *agg* automatisch; **pilota ~** Autopilot *m*

automatismo [automa'tizmo] *m* Automatik *f; (a. fig)* Automatismus *m*

automatizzare [automatid'dzaːre] *vt* automatisieren

automazione [automat'tsioːne] *f* Automation *f*

automezzo [auto'mɛddzo] *m* Kraftfahrzeug *nt*

automobile [auto'mɔːbile] *f* Auto *nt,* Automobil *nt;* **~ da corsa** Rennwagen *m;* **~ da piazza** Taxi *nt;* **~ decappotabile** Cabriolet *nt;* **~ utilitaria** Kleinwagen *m*

automobilismo [automobi'lizmo] *m* Kraftfahrwesen *nt;* SPORT Motorsport *m*

automobilista [automobi'lista] <-i *m,* -e *f*> *mf* Autofahrer(in) *m(f)*

automobilistico, -a [automobi'listiko] <-ci, -che> *agg* Auto[mobil]-; **patente -a** Führerschein *m*

automodellismo [automodel'lizmo] *m* Automodellbau *m*

automodellista [automodel'lista] <-i *m,* -e *f*> *mf* Automodellbauer(in) *m(f)*

automontato, -a [automon'taːto] *agg* motorisiert

automotrice [automo'triːtʃe] *f* Triebwagen *m*

automutilazione [automutilat'tsioːne] *f* Selbstverstümmelung *f*

autonica [au'tɔːnika] <-che> *f* TEC Autoelektronik *f*

autonoleggiatore, -trice [autonoleddʒa'toːre] *m, f* Autovermieter(in) *m(f),* Autoverleiher(in) *m(f)*

autonoleggio [autono'leddʒo] <-ggi> *m* Autovermietung *f,* Autoverleih *m*

autonomia [autono'miːa] <-ie> *f* ① *(indipendenza,* POL Autonomie *f,* Unabhängigkeit *f* ② TEC Reichweite *f,* Aktionsradius *m*

autonomismo [autono'mismo] *m* Autonomiebestrebungen *fpl*

autonomista [autono'mista] <-i *m,* -e *f*> **I.** *mf* Autonomist *m* **II.** *agg* autonomistisch, nach Autonomie strebend

autonomistico, -a [autono'mistiko] <-ci, -che> *agg* autonomistisch; **tendenze -che** Autonomiebestrebungen *fpl*

autonomo, -a [au'tɔːnomo] *agg* autonom, unabhängig; *(lavoro)* selb[st]ständig

autoorganizzazione [autoorganiddzat'tsioːne] *f* PHYS Selbstorganisation *f*

autoparco [auto'parko] <-chi> *m* Fahrzeugpark *m*

autoparodia [autoparo'diːa] <-ie> *f* Selbstverspottung *f*

autopattuglia [autopattuʎ'ʎiːa] *f* Streifenwagen *m*

autopiano [auto'piaːno] *m* elektrisches Klavier

autopilota [autopi'lɔːta] *m* Autopilot *m*

autopista [auto'pista] *f* Piste *f; (nei parchi di divertimento)* Autoskooter *m*

autopoietico, -a [autopoi'ɛtiko] <-ci, -che> *agg* PHYS autopoietisch

autopompa [auto'pompa] *f* Feuerwehrauto *nt,* Spritzenwagen *m*

autoporto [auto'pɔrto] *m* Großparkplatz *m;* **~ doganale** Parkplatz für Zollabfertigung

autoprevidenza [autoprevi'dɛntsa] *f* Eigenvorsorge *f,* Selbstvorsorge *f*

autopsia [autop'siːa] <-ie> *f* Autopsie *f*

autopubblica [auto'pubblika] <-che> *f* Taxi *nt*

autopubblicazione [autopubblikat'tsioːne] *f* Selbstverlag *m,* Self-Publishing *nt*

autopulente [autopu'lɛnte] *agg* TEC selbstreinigend

autopullman [auto'pulman] <-> *m* Reisebus *m*

autopunitivo, -a [autopuni'tiːvo] *agg* selbstbestrafend; **comportamento ~** selbstbestrafendes Verhalten

autopunizione [autopunit'tsioːne] *f* PSIC Selbstbestrafung *f*

autoradio [auto'raːdio] <-> *f* ① *(radio)* Autoradio *nt* ② *(auto)* Funk[streifen]wagen *m*

autoraduno [autora'duːno] *m* Autofahrertreffen *nt*

autore, -trice [au'toːre] *m, f* ① *(esecutore)* Urheber(in) *m(f); (di crimine)* Täter(in) *m(f)* ② LIT Autor(in) *m(f),* Verfasser(in) *m(f); (compositore)* Komponist(in) *m(f)* ③ *(artista)* Künstler(in) *m(f)*

autoreferenza [autorefeˈrɛntsa] *f* PHILOS Selbstbezug *m,* Selbstreferenz *f,* Autoreferenz *f*
autoreferenziale [autoreferenˈtsiaːle] *agg* PHILOS selbstbezogen
autoreferenzialità [autoreferentsialiˈta] <-> *f* Selbstbezogenheit *f*
autoreggente [autoredˈdʒɛnte] *agg* halterlos; **calze -i** halterlose Strümpfe
autoregolamentazione [autoregolamentatˈtsioːne] *f* Selbstreglementierung *f*
autorete [autoˈreːte] *f* Eigentor *nt*
autoreverse [autoreˈvers] <-> *m* Autoreverse *nt;* **registratore con ~** Kassettenrecorder *m* mit Autoreverse
autorevole [autoˈreːvole] *agg* gebieterisch, einflussreich; *(consiglio)* maßgebend
autoriale [autoˈriaːle] *agg* Autor-, Verfasser-; **opera ~** Autorenwerk *nt*
autoricambio [autoriˈkambio] <-bi> *m* Kfz-Ersatzteil *nt;* **negozio -i** Kfz-Handel *m*
autoriferimento [autoriferiˈmento] *m* ① PHILOS Selbstbezogenheit *f* ② PSIC Selbstbezogenheit *f*
autoriflessivo, -a [autorifleˈsiːvo] *agg* grüblerisch, nachdenklich [über sich selbst]
autorimessa [autoriˈmessa] *f* Garage *f,* Autowerkstatt *f*
autorità [autoriˈta] <-> *f* ① JUR [Macht]befugnis *f,* Recht *nt* ② *(persona, potere)* Autorität *f* ③ ADM Behörde *f* ④ *pl (titolari)* Würdenträger *mpl* ⑤ *(stima, credito)* Ansehen *nt*
autoritarietà [autoritarieˈta] <-> *f* JUR Autoritätsprinzip *nt*
autoritario, -a [autoriˈtaːrio] <-i, -ie> *agg* autoritär
autoritarismo [autoritaˈriːzmo] *m* Autoritarismus *m*
autoritratto [autoriˈtratto] *m* Selbstbildnis *nt*
autorizzare [autoridˈdzaːre] *vt* ① *(permettere)* genehmigen, bewilligen; **~ qu a fare qc** jdn ermächtigen, etw zu tun ② *(giustificare)* rechtfertigen
autorizzazione [autoridzatˈtsioːne] *f* Genehmigung *f,* Bewilligung *f; (di persona)* Ermächtigung *f*
autosalone [autosaˈloːne] *m* Autoschauraum *m*
autosbrinante [autozbriˈnaːnte] *agg* **retrovisori esterni -i** beheizbare Außenspiegel
autoscala [autosˈkaːla] *f* Feuerwehrleiter *f*
autoscatto [autosˈkatto] *m* Selbstauslöser *m*
autoscontro [autosˈkontro] *m* Autoskooter *m*
autoscuola [autosˈkuɔːla] <-> *f* Fahrschule *f*
autoservizio [autoserˈvittsio] *m* Selbstbedienung *f*
autosilo [autoˈsiːlo] *m* Parkhaus *nt*
autosnodato [autoznoˈdaːto] *m* Gelenkfahrzeug *nt*
autosoccorso [autosokˈkorso] *m* Selbsthilfe *f*
autosomiglianza [autosomiʎˈʎantsa] *f* Ähnlichkeit *f* [eines Teils einer Figur mit der Figur selbst]
autospazzatrice [autospattsaˈtriːtʃe] *f* Straßenkehrmaschine *f*
autostazione [autostatˈtsioːne] *f* ① *(stazione di servizio)* Tankstelle *f* ② *(di autolinee)* Busbahnhof *m*
autostello [autosˈtɛllo] <-> *m* Motel *nt*
autostima [autoˈstiːma] *f* Selbstbewusstsein *nt,* Selbstvertrauen *nt*
autostop [autosˈtɔp] *m* Trampen *nt,* Autostopp *m;* **fare [l']~** per Anhalter fahren, trampen
autostoppista [autostopˈpista] <-i *m,* -e *f*> *mf* Anhalter(in) *m(f)*
autostrada [autosˈtraːda] *f* Autobahn *f;* **~ a pedaggio** gebührenpflichtige Autobahn; **~ del sole** *italienische Autobahn, die von Bologna über Rom südwärts führt*
autostradale [autostraˈdaːle] *agg* Autobahn-; **casello ~** Mautstelle *f;* **raccordo ~** Autobahnzubringer *m;* **svincolo ~** Autobahndreieck *nt*
autosufficiente [autosuffiˈtʃɛnte] *agg* unabhängig; *(individuo)* selbstständig
autosufficienza [autosuffiˈtʃɛntsa] *f* Selbstgenügsamkeit *f*
autosuggestionabile [autosuddʒestioˈnaːbile] *agg* von sich selbst beeinflussbar
autosuggestionarsi [autosuddʒestioˈnarsi] *vr* Autosuggestion betreiben
autosuggestione [autosuddʒesˈtioːne] *f* Autosuggestion *f*
autotassarsi [autotasˈsarsi] *vr* sich selbst besteuern; **~ per aiutare qu** sich einschränken um jdm zu helfen
autotassazione [autotassatˈtsioːne] *f* Selbstbesteuerung *f*
autotelaio [autoteˈlaːio] *m* Fahrgestell *nt*
autotelefono [autoteˈlɛːfono] *m* Autotelefon *nt*
autotrasportatore, -trice [autotrasportaˈtoːre] *m, f* ① *(impresario)* LKW-Transportunternehmer(in) *m(f)* ② *(camionista)* LKW-Fahrer(in) *m(f)*
autotrasporto [autotrasˈpɔrto] *m* Transport *m* [von Gütern oder Personen] auf der Straße

autotrenista [autotre'nista] <-i *m*, -e *f*> *mf* Lastzugfahrer(in) *m(f)*
autotreno [auto'trɛ:no] *m* Lastzug *m*
autoveicolista [autoveiko'lista] <-i *m*, -e *f*> *mf (obs)* Kfz-Fahrer(in) *m(f)*
autoveicolo [autove'i:kolo] *m* Kraftfahrzeug *nt*
autovelox® [auto'vɛ:loks] <-> *m o f* Radargerät *nt* zur Geschwindigkeitskontrolle
autovettura [autovet'tu:ra] *f* Personenkraftwagen *m*
autrice *f v.* **autore**
autunnale [autun'na:le] *agg* herbstlich
autunno [au'tunno] *m* Herbst *m;* **d'~** im Herbst
ava *f v.* **avo**
avallante [aval'lante] *mf* Wechselbürge *m*
avallare [aval'la:re] *vt* ① COM avalieren ② *(fig: confermare)* bestätigen
avallato, **-a** [aval'la:to] **I.** *agg* avaliert, verbürgt; **cambiale -a** avalierter [*o* verbürgter] Wechsel **II.** *m, f* JUR Bürgschaftsnehmer *m*
avallo [a'vallo] *m* ① COM Aval *m,* Bürgschaft *f* ② *(fig: conferma, garanzia)* Bestätigung *f;* **per ~** als Wechselbürge
avambraccio [avam'brattʃo] <-cci> *m* Unterarm *m*
avamposto [avam'posto] *m* Vorposten *m*
avancarica [avaŋ'ka:rika] *f* **ad ~** Vorderlader-
avances [a'vãs] *fpl* Avancen *fpl,* Annäherungsversuche *fpl;* **fare delle ~ a qu** jdm Avancen machen
avancorpo [avaŋ'kɔrpo] *m* Vorbau *m*
avanguardia [avaŋ'guardia] *f* ① MIL Vorhut *f* ② *(nell'arte, nella letteratura)* Avantgarde *f;* **essere all'~** *(fig: in campo ideologico, politico)* zur Avantgarde gehören
avanguardismo [avaŋguar'dizmo] *m* Avantgardismus *m*
avanguardista [avaŋguar'dista] <-i *m*, -e *f*> *mf* Avantgardist(in) *m(f)*
avannotto [avan'nɔtto] *m* Setzling *m,* Jungfisch *m*
avanscoperta [avansko'pɛrta] *f* Vorposten *m*
avanspettacolo [avanspet'ta:kolo] *m* Vorprogramm *nt*
avanti [a'vanti] **I.** *avv* ① *(stato in luogo)* vorn ② *(avvicinamento)* näher, nach vorn; **andare ~** vorausgehen; **farsi ~** vortreten; **venire ~** näher treten; **~ e indietro** hin und her; **lasciar passare ~** vorlassen; **mettere le mani ~** *(fig)* sich absichern; **mettere ~ scuse** *(fig)* Entschuldigungen vorbringen ③ *(allontanamento)* voraus ④ *(tempo)* künftig; *(prima)* vorher; **d'ora in ~** ab jetzt; **l'orologio va ~** die Uhr geht vor ⑤ *(loc)* **essere ~ negli anni** betagt sein; **essere ~ negli studi** im Studium fortgeschritten sein; **tirare ~** sich durchschlagen; **tirare ~ la famiglia** die Familie durchbringen **II.** *prep* ① *(di luogo: stato)* vor +*dat; (moto)* vor +*akk* ② *(di tempo)* vor +*dat;* **lo vidi ~ che partisse** ich sah ihn, bevor er abfuhr **III.** *agg inv* ① *(di luogo)* Vorder- ② *(di tempo)* vorhergehend, vorige(r, s); **il giorno ~** am Vortag, tags zuvor **IV.** *m* <-> SPORT Stürmer *m* **V.** *int* ① *(avvicinamento)* bitte; *(entrate)* herein; **~ il primo!** der Erste, bitte! ② *(allontanamento)* los; MIL vorwärts ③ *(esortazione)* los; **~ tutta!** NAUT alle Kraft voraus!
avantieri, **avant'ieri** [avan'tiɛ:ri] *avv* vorgestern
avantreno [avan'trɛ:no] *m* Vorderachse *f,* Vordergestell *nt*
avanzamento [avantsa'mento] *m* ① *(promozione)* Beförderung *f* ② *(progresso)* Fortschritt *m; (dei lavori)* Voranschreiten *nt*
avanzare [avan'tsa:re] **I.** *vi essere* ① *(andare avanti)* vorausgehen, sich fortbewegen ② *(fig: progredire)* vorwärtskommen, vorankommen; *(lavoro)* fortschreiten ③ *(essere promosso)* befördert werden ④ *(sporgere in fuori)* vorspringen, herausragen ⑤ *(rimanere come resto)* übrig bleiben ⑥ *(essere sovrabbondante)* reichlich vorhanden sein ⑦ *avere* MIL vorrücken **II.** *vt avere* ① *(spostare in avanti)* vorrücken; *(sorpassare)* überholen ② *(promuovere)* befördern ③ *(presentare)* vorlegen; *(domanda)* einreichen; *(proposta)* unterbreiten ④ *(superare)* **~ qu** [**in qc**] jdn [an etw *dat*] übertreffen ⑤ *(essere creditore)* **~ qc** [**da qu**] etw [bei jdm] guthaben ⑥ *(fig: guadagnare)* [ein]sparen **III.** *vr* **-rsi** sich nähern; *(a. fig)* näher kommen
avanzata [avan'tsa:ta] *f* Vorrücken *nt; (a. fig)* MIL Vormarsch *m*
avanzato, **-a** [avan'tsa:to] *agg* ① *(spostato in avanti)* vorgeschoben ② *(inoltrato)* fortgeschritten ③ *(innovatore, audace)* fortschrittlich ④ *(residuo)* übrig geblieben; *(ancora disponibile)* verblieben
avanzo [a'vantso] *m* ① *(resto,* MAT Rest *m;* **il 4 nel 9 sta 2 volte con l'~ di 1** neun durch vier ist zwei, Rest eins ② *(eccedenza,* COM Überschuss *m* ③ *pl* Überreste *mpl*
avara *f v.* **avaro**
avaria [ava'ri:a] <-ie> *f* Schaden *m,* Havarie *f* A*;* NAUT Havarie *f*
avariare [ava'ria:re] **I.** *vt* beschädigen **II.** *vr* **-rsi** verderben
avariato, **-a** [ava'ria:to] *agg* beschädigt, verdorben; **cibo ~** verdorbene Nahrungsmittel

avarizia [ava'rittsia] <-ie> *f* Geiz *m*
avaro, **-a** [a'va:ro] **I.** *agg* ① *(persona)* geizig; ~ **di elogi** *(fig)* sparsam mit Lob; ~ **di parole** *(fig)* wortkarg ② *(fig: terreno)* karg **II.** *m, f* Geizige(r) *f(m)*
avatar [ava'tar] <-> *m* INFORM, INET Avatar *m*
avellana [avel'la:na] *f* Haselnuss *f*
avellinese [avelli'ne:se] **I.** *agg* avellinisch, aus Avellino stammend **II.** *mf* *(abitante)* Bewohner(in) *m(f)* von Avellino
Avellinese *m sing* Umgebung *f* von Avellino
Avellino *f* Avellino *nt (Stadt in Kampanien)*
avello [a'vɛllo] *m (poet)* Grab *nt,* Gruft *f*
avem(m)aria [avem(m)a'ri:a] <-ie> *f* Ave-Maria *nt;* **sapere qc come l'~** etw in- und auswendig kennen
avena [a've:na] *f* Hafer *m;* **fiocchi d'~** Haferflocken *f pl*
avente causa [a'vɛnte 'ka:uza] <aventi causa> *mf* JUR Rechtsnachfolger(in) *m(f)*
avente diritto [a'vɛnte di'ritto] <aventi diritto> *mf* JUR Berechtigte(r) *f(m)*
avere[1] [a've:re] <ho, ebbi, avuto> **I.** *vt* haben; ~ **vent'anni** zwanzig Jahre alt sein; ~ **da lavorare** zu arbeiten haben; **ho da fare** ich habe zu tun; ~ **un bambino** ein Kind bekommen; **ce l'hai tu la chiave?** hast du den Schlüssel?; ~ **a che dire con qu** mit jdm streiten; ~ **a che fare** [*o* **vedere**] **con qu** mit jdm zu tun haben; **avercela con qu** auf jdn böse sein; ~ **molto di qu** *(fig: assomigliargli)* viel von jdm haben; **chi ha avuto, ha avuto** damit ist die Sache erledigt **II.** *vi* *(impersonale)* vorhanden sein, geben; **non v'ha dubbio** es gibt keinen Zweifel
avere[2] *m* ① *(patrimonio)* Vermögen *nt* ② *(credito)* Guthaben *nt* ③ COM Haben *nt;* **il dare e l'~** Soll und Haben *nt*
averno [a'vɛrno] *m (poet)* Avernus *m,* Unterwelt *f*
aviario [a'via:rio] *m* Voliere *f*
aviatore, **-trice** [avia'to:re] *m, f* Flieger(in) *m(f)*
aviatorio, **-a** [avia'tɔ:rio] <-i, -ie> *agg* Flugzeug-, Flug-, Flieger-
aviatrice *f v.* **aviatore**
aviazione [aviat'tsio:ne] *f* Luftfahrt *f;* MIL Luftwaffe *f*
avicoltore, **-trice** [avikol'to:re] *m, f* Geflügelzüchter(in) *m(f)*
avicoltura [avikol'tu:ra] *f* Geflügelzucht *f*
avicultore, **-trice** [avikul'to:re] *m, f v.* **avicoltore**
avicunicolo, **-a** [aviku'ni:kolo] *agg* Geflügel- und Kaninchen-
avicunicoltore, **-trice** [avikunikol'to:re] *m, f* Geflügel- und Kaninchenzüchter(in) *m(f)*
avicunicoltura [avikunikol'tu:ra] *f* Geflügel- und Kaninchenzucht *f*
avicunicultore, **-trice** [avikunikul'to:re] *m, f v.* **avicunicoltore**
avicunicultura [avikunikul'tu:ra] *f v.* **avicunicoltura**
avidità [avidi'ta] <-> *f* Gier *f;* ~ **di denaro** Geldgier *f;* ~ **di sapere** Wissensdurst *m*
avido, **-a** ['a:vido] *agg* gierig; ~ **di conoscere** wissensdurstig; ~ **di denaro** habgierig
aviere [a'viɛ:re] *m* Flieger *m*
avifauna [avi'fa:una] *f* Vogelwelt *f*
aviogetto [avio'dʒɛtto] *m* Düsenflugzeug *nt*
aviolinea [avio'li:nea] *f* Fluglinie *f*
aviorimessa [aviori'messa] *f* Flugzeughalle *f*
aviotrasportare [aviotraspor'ta:re] *vt* mit dem Flugzeug befördern
aviotrasporto [aviotras'pɔrto] *m* Lufttransport *m*
AVIS ['a:vis] *f acro di* **Associazione Volontari Italiani del Sangue** *Verein der freiwilligen Blutspender Italiens*
A.V.I.S. ['a:vis] *f abbr di* **Associazione Volontari Italiani del Sangue** *Verein der freiwilligen Blutspender Italiens*
avito, **-a** [a'vi:to] *agg* Ahnen-
avo, **-a** ['a:vo] *m, f* Ahn[e] *m/* Ahnin *f*
avocado [avo'ka:do] *m* Avocado *f*
avocare [avo'ka:re] *vt* ① *(assumere)* abberufen, übernehmen ② *(confiscare)* konfiszieren, beschlagnahmen
avocazione [avokat'tsio:ne] *f* ① *(assunzione)* Abberufung *f,* Übernahme *f* ② *(confisca)* Beschlagnahmung *f*
avorio [a'vɔ:rio] <-i> *m* ① *(sostanza)* Elfenbein *nt* ② *(colore)* Elfenbeinfarbe *f* ③ GEOG **Costa d'Avorio** Elfenbeinküste *f*
avulso, **-a** [a'vulso] *agg* herausgerissen
avuto [a'vu:to] *pp di* **avere**[1]
avvalersi [avva'lersi] <irr> *vr* sich bedienen +*gen;* ~ **di qc** von etw Gebrauch machen
avvalimento [avvali'mento] *m* ADM *Form der Zusammenarbeit zwischen Region und Behörden, wobei die Region die Räumlichkeiten der Behörden nutzt*
avvallamento [avvalla'mento] *m* Senkung *f,* Niederung *f*
avvaloramento [avvalora'mento] *m* ① *(aumento di valore)* Aufwertung *f* ② ADM *(convalida)* Bestätigung *f;* ~ **di un'area fabbricabile** Urbarmachung *f;* ~ **di un assegno** Bestätigung eines Schecks

A

avvalorare [avvalo'ra:re] *vt* bekräftigen, bestätigen

avvampamento [avvampa'mento] *m* ① *(l'avvampare)* Lodern *nt,* Glühen *nt* ② *(fiamma)* Flackern *nt* ③ *(arrossamento del viso)* Erröten *nt*

avvampare [avvam'pa:re] *vi essere* ① *(ardere divampando)* lodern ② *(arrossire)* erröten ③ *(fig: di rabbia)* aufbrausen

avvantaggiare [avvantad'dʒa:re] **I.** *vt* ① *(favorire)* bevorteilen, begünstigen ② *(far progredire)* fördern **II.** *vr* **-rsi** ① *(avvalersi con profitto)* nutzen ② *(guadagnar tempo)* einen Vorsprung gewinnen ③ *(prevalere)* **-rsi su qu** jdm voraus sein, jdm gegenüber im Vorteil sein

avvantaggiato, -a [avvantad'dʒato] *agg* bevorzugt

avvedersi [avve'dersi] <irr> *vr* **~ di qc** etw bemerken

avvedutezza [avvedu'tettsa] *f* Umsicht *f,* Schlauheit *f*

avveduto, -a [avve'du:to] *agg* umsichtig, schlau

avvelenamento [avvelena'mento] *m* Vergiftung *f*

avvelenare [avvele'na:re] **I.** *vt* ① *(con veleno)* vergiften ② *(ammorbare)* verpesten ③ *(fig: amareggiare)* vergällen ④ *(fig: corrompere)* verderben **II.** *vr* **-rsi** sich vergiften

avvenente [avve'nɛnte] *agg* anmutig, gefällig

avvenenza [avve'nɛntsa] *f* Anmut *f*

avvenimento [avveni'mento] *m* Ereignis *nt*

avvenire[1] [avve'ni:re] **I.** *agg inv* künftig **II.** *m* <-> Zukunft *f*

avvenire[2] <irr> *vi essere* geschehen, passieren; **che è avvenuto di lui?** was ist aus ihm geworden?

avvenirismo [avveni'rizmo] *m* Zukunftsglaube *m*

avventare [avven'ta:re] **I.** *vt* *(scagliare)* schleudern **II.** *vr* **-rsi** [**su qu/qc**] sich [auf jdn/etw] stürzen

avventatezza [avventa'tettsa] *f* Unbesonnenheit *f*

avventato, -a [avven'ta:to] *agg (giudizio, atto)* überstürzt, voreilig; *(persona)* unbesonnen, leichtsinnig

avventizio, -a [avven'tittsio] <-i, -ie> **I.** *agg* ① *(provvisorio)* [Aus]hilfs- ② *(occasionale)* Gelegenheits- **II.** *m, f* Aushilfe *f*

avvento [av'vɛnto] *m* ① *(venuta)* Anbruch *m,* Eintreten *nt* ② REL Advent *m*

avventore, -a [avven'to:re] *m, f (di negozio)* Stammkunde *m*/-kundin *f; (di locale pubblico)* Stammgast *m*

avventura [avven'tu:ra] *f* Abenteuer *nt*

avventurare [avventu'ra:re] **I.** *vt* wagen, aufs Spiel setzen **II.** *vr* **-rsi** ① *(esporsi a rischi)* sich wagen, sich trauen ② *(fig: azzardarsi)* wagen (**a fare qc** etw zu tun); **-rsi in mare con la tempesta** sich bei Sturm aufs Meer wagen

avventurarsi [avventu'rarsi] *vr* ① *(esporsi a rischi)* sich wagen, sich trauen ② *(fig: azzardarsi)* wagen; **~ a fare qc** wagen, etw zu tun

avventuriero, -a [avventu'riɛ:ro] *m, f* Abenteurer(in) *m(f)*

avventuroso, -a [avventu'ro:so] *agg* ① *(ricco di avventure)* abenteuerlich ② *(attratto dall'avventura)* abenteuerlustig ③ *(fig: rischioso)* abenteuerlich, gewagt

avvenuto [avve'nu:to] *pp di* **avvenire**[2]

avveramento [avvera'mento] *m* Realisierung *f,* Verwirklichung *f*

avverare [avve'ra:re] **I.** *vt* verwirklichen **II.** *vr* **-rsi** eintreffen, sich bewahrheiten

avverbiale [avver'bia:le] *agg* adverbial

avverbio [av'vɛrbio] <-i> *m* Adverb *nt,* Umstandswort *nt*

avversare [avver'sa:re] *vt* anfechten, bekämpfen

avversario, -a [avver'sa:rio] <-i, -ie> **I.** *agg* gegnerisch **II.** *m, f* Gegner(in) *m(f);* MIL *(nemico)* Feind *m*

avversativo, -a [avversa'ti:vo] *agg* adversativ

avversatore, -trice [avversa'to:re] *m, f* Gegner(in) *m(f); (a. fig)* Gegenspieler(in) *m(f)*

avversione [avver'sio:ne] *f* Aversion *f;* **avere un'~ per qu/qc** eine Abneigung gegen jdn/etw haben

avversità [avversi'ta] <-> *f* ① *(ostilità)* Widrigkeit *f* ② *(disgrazia)* Unglücksfall *m*

avverso, -a *agg* widrig, feindlich; *(fig)* JUR gegnerisch

avvertenza [avver'tɛntsa] *f* ① *(cautela)* Umsicht *f,* Besonnenheit *f* ② *(avviso)* Hinweis *m; (ammonimento)* Ermahnung *f* ③ LIT Vorwort *nt* ④ *pl (istruzioni per l'uso)* [Gebrauchs]anweisung *f*

avvertimento [avverti'mento] *m* Benachrichtigung *f,* Hinweis *m; (diffida)* Warnung *f*

avvertire [avver'ti:re] *vt* ① *(avvisare)* **~ qu** [**di qc**] jdn [auf etw *akk*] aufmerksam machen ② *(ammonire, minacciare)* warnen ③ *(percepire)* empfinden, wahrnehmen

avvezzare [avvet'tsa:re] **I.** *vt* ① *(abituare)* gewöhnen (**a** an +*akk*) ② *(fam: educare)* erziehen **II.** *vr* **-rsi** sich gewöhnen (**a** an +*akk*)

avvezzo, **-a** [av'vettso] *agg* gewöhnt, gewohnt

avviamento [avvia'mento] *m* ❶ *(inizio)* Einführung *f,* Einleitung *f;* **l'~ a qc** die Einführung in etw *akk* ❷ COM Eingeführtsein *nt* ❸ TEC *(messa in moto)* Anlassen *nt; (il mettersi in moto)* Anspringen *nt;* **motorino d'~** Anlasser *m*

avviare [avvi'a:re] **I.** *vt* ❶ *(mettere sul cammino)* lenken, leiten ❷ *(fig: indirizzare)* **~ qu a qc** jdn zu etw anleiten ❸ TEC *(mettere in moto)* anlassen ❹ *(dare inizio)* einleiten, in Gang bringen **II.** *vr* **-rsi** ❶ *(dirigersi, incamminarsi)* sich auf den Weg machen ❷ *(fig: stare per)* **-rsi a fare qc** im Begriff sein, etw zu tun

avvicendamento [avvitʃenda'mento] *m* Ablösung *f;* **~ ai comandi** Führungswechsel *m;* **~ delle colture** Fruchtwechsel *m*

avvicendare [avvitʃen'da:re] **I.** *vt* abwechseln **II.** *vr* **-rsi** sich abwechseln

avvicinamento [avvitʃina'mento] *m* Annäherung *f*

avvicinare [avvitʃi'na:re] **I.** *vt* ❶ *(mettere vicino)* **~ qc a qu/qc** etw an jdn/etw heranrücken ❷ *(entrare in rapporti con qu)* **~ qu** an jdn herantreten **II.** *vr* **-rsi** ❶ *(farsi vicino)* **-rsi** [**a qu/qc**] sich [jdm/etw] nähern; **l'inverno si avvicina** der Winter naht ❷ *(essere simile)* nahekommen ❸ *(ricevere)* aufnehmen

avvidi [av'vi:di] *v.* **avvedersi**

avvilente [avvi'lɛnte] *agg (degradante)* demütigend, erniedrigend; *(disprezzabile)* schmählich; *(scoraggiante)* entmutigend

avvilimento [avvili'mento] *m (degradazione morale)* Erniedrigung *f,* Demütigung *f; (abbattimento)* Entmutigung *f*

avvilire [avvi'li:re] <avvilisco> **I.** *vt (degradare)* erniedrigen; *(umiliare)* demütigen; *(scoraggiare)* entmutigen **II.** *vr* **-rsi** *(umiliarsi)* sich demütigen; *(perdersi d'animo)* verzagen, den Mut verlieren

avvilito, **-a** [avvi'li:to] *agg* erniedrigt, gedemütigt

avviluppare [avvilup'pa:re] **I.** *vt* ❶ *(avvolgere)* einwickeln ❷ *(aggrovigliare)* aufwickeln **II.** *vr* **-rsi** *(avvolgersi)* sich einwickeln; *(aggrovigliarsi)* sich verwickeln

avvinazzarsi [avvinat'tsarsi] *vr* sich [mit Wein] betrinken

avvinazzato, **-a** [avvinat'tsa:to] **I.** *agg* beschwipst, angeheitert **II.** *m, f* Angetrunkene(r) *f(m)*

avvincente [avvin'tʃɛnte] *agg* fesselnd, anziehend

avvincere [av'vintʃere] <irr> *vt (a. fig)* fesseln

avvinghiare [avviŋ'gia:re] **I.** *vt* umklammern **II.** *vr* **-rsi a qu/qc** sich an jdn/etw klammern

avvio [av'vi:o] <-ii> *m* ❶ *(inizio)* Beginn *m,* Einleitung *f;* **dare** [**l'**]**~ a qc** etw in Gang bringen ❷ *(computer)* Start *m;* **menu di ~** Startmenü *nt*

avvisaglia [avvi'zaʎʎa] <-glie> *f* ❶ MIL Scharmützel *nt* ❷ *pl (primi sintomi)* Vorzeichen *ntpl*

avvisare [avvi'za:re] *vt* ❶ *(informare)* benachrichtigen ❷ *(ammonire)* warnen

avvisatore [avviza'to:re] *m* Warnanlage *f;* **~ acustico** Hupe *f;* **~ d'incendio** Feuermelder *m*

avviso [av'vi:zo] *m* ❶ *(informazione, notizia)* Meldung *f,* Nachricht *f; (comunicato)* Bekanntmachung *f;* **~ di sfratto** Räumungsbefehl *m;* **dare ~** benachrichtigen ❷ *(sul giornale)* Anzeige *f* ❸ *(consiglio, ammonimento)* Warnung *f,* Hinweis *m;* **metter qu sull'~** jdn warnen ❹ JUR *(notificazione)* Mitteilung *f,* Anzeige *f* ❺ *(parere, opinione)* Meinung *f;* **essere d'~** der Meinung sein; **a mio ~** meiner Meinung nach

avvistamento [avvista'mento] *m* Sichtung *f*

avvistare [avvis'ta:re] *vt* sichten

avvitamento [avvita'mento] *m* ❶ *(di vite)* Anschrauben *nt* ❷ AERO Schraube *f,* Rolle *f;* SPORT Schraube *f*

avvitare [avvi'ta:re] **I.** *vt* [an-, ein]schrauben **II.** *vr* **-rsi** AERO eine Rolle machen

avvitato, **-a** [avvi'ta:to] *agg* ❶ *(vestito)* tailliert ❷ *(tuffo)* mit Drehung

avvitatrice [avvita'tri:tʃe] *f* [Dreh]schrauber *m*

avviticchiamento [avvitikkia'mento] *m* Umschlingen *nt,* Umranken *nt*

avviticchiare [avvitik'kia:re] **I.** *vt* umschlingen, umranken **II.** *vr* **-rsi** [**a qc**] sich [um etw] ranken

avvivare [avvi'va:re] **I.** *vt* beleben; *(conversazione)* anregen; *(fuoco)* anfachen; *(tinte)* auffrischen **II.** *vr* **-rsi** sich beleben

avvizzimento [avvittsi'mento] *m* Welken *nt*

avvizzire [avvit'tsi:re] <avvizzisco> **I.** *vi essere* [ver]welken **II.** *vt avere* welken lassen

avvocata [avvo'ka:ta] *f* ❶ *(protettrice)* Schutzpatronin *f* ❷ *(esercitante l'avvocatura)* Anwältin *f*

avvocatesco, **-a** [avvoka'tesko] <-schi, -sche> *agg (pej)* [Winkel]advokaten-

avvocatessa [avvoka'tessa] *f* ❶ *(esercitante l'avvocatura)* Anwältin *f* ❷ *(fam scherz)* Klatschtante *f*

avvocato, **-essa** [avvo'ka:to] *m, f* ❶ *(professionista)* Anwalt *m*/Anwältin *f;* **~ di-**

A

fensore Verteidiger(in) *m(f)*; ~ **dello Stato** Staatsanwalt *m*/-anwältin *f*; ~ **penale** Strafverteidiger(in) *m(f)*; ~ **delle cause perse** *(scherz)* Winkeladvokat *m*; ~ **del diavolo** Advocatus Diaboli *m*; **parlare come un** ~ *(fig fam)* wie ein Buch reden ❷ *(fig: patrocinatore)* Fürsprecher(in) *m(f)*

avvocatura [avvoka'tu:ra] *f* ❶ *(professione)* Anwaltsberuf *m* ❷ *(complesso di avvocati)* Anwaltschaft *f*

avvolgere [av'vɔldʒere] <irr> **I.** *vt* ~ **qu/qc** jdn/etw aufwickeln; ~ **qc attorno a qu/qc** etw um jdn/etw wickeln **II.** *vr* **-rsi** sich wickeln

avvolgibile [avvol'dʒi:bile] **I.** *m* Rollladen *m* **II.** *agg* Roll-

avvolgibilista [avvoldʒibi'lista] <-i> *m* Rollladenmontierer *m*

avvolgimento [avvoldʒi'mento] *m* ❶ *(arrotolamento)* Umwicklung *f*, Aufwicklung *f* ❷ MIL Aufrollen *nt* ❸ EL Wicklung *f*

avvolgitore [avvoldʒi'to:re] *m* ❶ *(per nastro metallico)* Aufrollmaschine *f* ❷ *(cinematografico)* Aufspuler *m*, Aufroller *m*

avvolgitore, **-trice** *agg* Aufroll-, Aufwickel-

avvolsi *1. pers sing pass rem di* **avvolgere**

avvolto *pp di* **avvolgere**

avvoltoio [avvol'to:io] <-oi> *m* ❶ ZOO Geier *m* ❷ *(fig: strozzino)* Halsabschneider *m*

ayatollah [ajatol'la] <-> *m* Ajatollah *m*

Az. *abbr di* **azioni** Aktien

AZ *abbr di* **Alitalia** Alitalia *f (italienische Fluggesellschaft)*

azalea [addza'lɛ:a] *f* Azalee *f*

azero, **-a** [ad'dzɛ:ro] **I.** *m, f* Aserbaidschaner(in) *m(f)* **II.** *agg* aserbaidschanisch

azienda [ad'dziɛnda] *f* Betrieb *m*, Firma *f*, Unternehmen *nt*

aziendale [addzien'da:le] *agg* Betriebs-

aziendalista [addzienda'lista] <-i *m*, -e *f*> **I.** *mf* ❶ *(esperto di economia aziendale)* Betriebswirtschaftler(in) *m(f)*, Betriebswirt(in) *m(f)* ❷ *(chi applica l'aziendalismo)* Unternehmer(in) *m(f)*, Wirtschaftler(in) *m(f)* **II.** *agg* unternehmerisch; **mentalità** ~ Unternehmergeist *m*; **atteggiamento** ~ unternehmerische Einstellung

aziendalistico, **-a** [addzienda'listiko] <-ci, -che> *agg* unternehmerisch

aziendalizzare [addziendakid'dza:re] *vt* privatisieren

aziendalizzazione [addziendakiddzat'tsio:ne] *f* Privatisierung *f*; ~ **degli ospedali** Privatisierung der Krankenhäuser

azionabile [attsio'na:bile] *agg* ❶ *(che si può azionare)* beweglich ❷ JUR anwendbar, geltend

azionabilità [attsionabili'ta] <-> *f* JUR Anwendbarkeit *f*, Gültigkeit *f*

azionamento [attsiona'mento] *m* Betätigung *f*

azionare [attsio'na:re] *vt* betätigen, in Gang setzen

azionario, **-a** [attsio'na:rio] <-i, -ie> *agg* Aktien-

azionatore, **-trice** [attsiona'to:re] **I.** *m, f* Bediener(in) *m(f)* [einer Maschine] **II.** *agg* Antriebs-; **dispositivo** ~ Antriebsvorrichtung *f*

azione [at'tsio:ne] *f* ❶ *(l'agire)* Tat *f*, Aktion *f*; **uomo d'**~ Mann *m* der Tat; **passare all'**~ zur Tat schreiten ❷ *(attività)* Tätigkeit *f*; TEC Betrieb *m*; **essere in** ~ in Betrieb sein; **entrare in** ~ in Aktion treten ❸ *(funzionamento)* Wirkung *f*, Aktion *f* ❹ *(insieme di iniziative)* Aktion *f*, Unternehmung *f*; ~ **dimostrativa** Scheinangriff *m* ❺ *(intreccio)* Handlung *f* ❻ JUR Klage *f*, Verfahren *nt* ❼ MIL Kampfhandlung *f*, Gefecht *nt* ❽ FIN Aktie *f*; ~ **con diritto di voto** Stimmrechtsaktie *f* ❾ FILM ~**!** Aufnahme!

azionista [attsio'nista] <-i *m*, -e *f*> *mf* Aktionär(in) *m(f)*; **grande/piccolo** ~ Groß-/Kleinaktionär *m*

azotato, **-a** [addzo'ta:to] *agg* stickstoffhaltig

azoto [ad'dzɔ:to] *m* Stickstoff *m*

azzannare [attsan'na:re] *vt* mit den Zähnen packen

azzannatura [attsanna'tu:ra] *f* ❶ *(colpo)* Biss *m* ❷ *(cicatrice)* Narbe *f* [von einem Biss]

azzardare [addzar'da:re] **I.** *vt* wagen; *(arrischiare)* riskieren **II.** *vr* **-rsi** wagen

azzardato, **-a** [addzar'da:to] *agg* ❶ *(imprudente)* unvorsichtig; **mossa -a** gewagter Schritt ❷ *(avventato)* unüberlegt; **giudizio** ~ vorschnelles Urteil ❸ *(rischioso)* gewagt; **investimento** ~ riskante Investition

azzardo [ad'dzardo] *m* ❶ *(rischio)* Risiko *nt* ❷ *(atto sconsiderato, temerario)* Wagnis *nt*; **giocatore d'**~ Glücksspieler *m*

azzardoso, **-a** [addzar'do:so] *agg* ❶ *(persona)* wagemutig ❷ *(cosa)* gewagt

azzeccagarbugli [attsekkagar'buʎʎi] <-> *m (pej)* Winkeladvokat *m*

azzeccare [attsek'ka:re] *vt* ❶ *(colpire nel segno)* treffen ❷ *(fig: indovinare)* erraten

azzeccato, **-a** [attsek'ka:to] *agg* gut getroffen; *(risposta)* passend

azzeramento [addzera'mento] *m* Annullierung *f*

azzerare *vt* auf null stellen

azzimare [addzi'maːre] **I.** *vt* schmücken, putzen **II.** *vr* **-rsi** sich [auf]putzen
azzimo ['addzimo] *m* **festa degli -i** Passahfest *nt*
azzittire [attsit'tiːre] <azzittisco, azzittisci> **I.** *vt* zum Schweigen bringen **II.** *vr* **-rsi** verstummen
azzoppare [attsop'paːre], **azzoppire** [attsop'piːre] **I.** *vt* lahm machen **II.** *vr* **-rsi, -rsi** lahm werden
Azzorre [ad'dzɔrre] *f pl* Azoren *pl*
azzuffarsi [attsuf'farsi] *vr* sich raufen
azzurrino [addzur'riːno] *m* Zartblau *nt*
azzurro [ad'dzurro] *m* ① *(colore)* [Himmel]blau *nt,* Azurblau *nt;* **~ di cobalto** Kobaltblau *nt* ② SPORT italienischer Nationalspieler
azzurro, -a *agg* [himmel]blau, azurblau; **principe ~** Märchenprinz *m*
azzurrognolo, -a [addzur'roɲɲolo] *agg* bläulich

B

Bb

B, b [bi] <-> *f* B *nt,* b *nt;* **b come Bologna** B wie Berta
babà [ba'ba] <-> *m Hefeteilchen mit Rum und Rosinen*
babau [ba'baːu] <-> *m (fam)* schwarzer Mann, Buhmann *m*
babbeo, -a [bab'bɛːo] **I.** *agg* dumm, einfältig **II.** *m, f* Dummkopf *m,* Tölpel *m*
babbo ['babbo] *m (fam)* Papa *m,* Papi *m;* **~ Natale** Weihnachtsmann *m*
babbuccia [bab'buttʃa] <-cce> *f* Pantoffel *m*
babbuino, -a [babbu'iːno] *m, f* ① ZOO Pavian *m* ② *(fig: persona sciocca)* Kamel *nt fam,* Esel *m fam*
babele [ba'bɛːle] *f* Durcheinander *nt,* Chaos *nt*
Babele [ba'bɛːle] *f* Babel *nt*
babelico, -a [ba'bɛːliko] <-ci, -che> *agg* chaotisch, wirr
babilonese [babilo'neːse] *agg* babylonisch
Babilonia [babi'lɔːnia] <-ie> *f* ① *(provincia)* Babylonien *nt* ② *(città)* Babel *nt,* Babylon *nt* ③ *(fig)* **babilonia** heilloses Durcheinander
babordo [ba'bordo] *m* Backbord *nt;* **a ~** backbord[s]
baby ['beibi] **I.** *m* <-> Baby *nt* **II.** *agg inv* Baby-
baby-banda ['bɛbi 'banda] *f* Kinderbande *f*
baby-doll ['beibi dɔl] <-> *m* Babydoll *nt*
baby-gang ['bɛbi 'gɛng] <-> *f v.* **baby-banda**
baby-pensionato, -a *m, f* Frührentner(in) *m(f)*
baby-sitter ['beibi'sitə] <-> *mf* Babysitter *m*
babysitteraggio [bɛbisitte'raddʒo] <-ggi> *m* Babysitting *nt;* **servizio di ~** Babysitterdienst *m*
baby-sitting ['beibi'sitiŋ] <-> *m* Babysitting *nt*
baby talk ['beibi 'tɔːk] *m sing* Babysprache *f*
bacarsi [ba'karsi] *vr* wurmstichig werden
bacato, -a [ba'kaːto] *agg* ① *(frutta)* wurmstichig ② *(fig, pej: corrotto)* verdorben
bacca ['bakka] <-cche> *f* Beere *f*
baccalà [bakka'la] <-> *m* ① GASTR Stockfisch *m* ② *(fig, pej: persona stupida)* Dummkopf *m,* Trottel *m fam; (persona allampanata)* Hering *m,* Zündholz *nt* A
baccanale [bakka'naːle] *m* ① *(fig, pej: gozzoviglia)* Gelage *nt,* Orgie *f* ② HIST Bacchanal *nt,* Bacchusfest *nt*
baccano [bak'kaːno] *m* Lärm *m,* Krach *m;* **fare un ~ infernale** einen Höllenlärm machen *fam*
baccante [bak'kante] *f* ① HIST Bacchantin *f* ② *(fig, pej: donna dissoluta)* liederliches Frauenzimmer
baccarà [bakka'ra] <-> *m* ① *(gioco)* Bakkarat *nt* ② *(cristallo)* Baccarat-Kristall *nt*
baccelliere [battʃel'liɛːre] *m* ① *(grado accademico)* Bakkalaureus *m* ② HIST Knappe *m*
baccello [bat'tʃɛllo] *m* Hülse *f*
bacchetta [bak'ketta] *f* Stab *m; (per battere)* Stock *m; (del direttore d'orchestra)* Taktstock *m; (per il tamburo)* Trommelschlägel *m;* **~ magica** Zauberstab *m;* **comandare qu a ~** jdn herumkommandieren
bacchettata [bakket'taːta] *f* Stockschlag *m,* Stockhieb *m*
bacchetto [bak'ketto] *m* Stöckchen *nt*
bacchettone, -a [bakket'toːne] *m, f (pej)* Frömmler(in) *m(f)*

B

bacchiare [bak'kia:re] *vt (noci, castagne, olive)* mit einer Stange herunterschlagen

bacchiatura [bakkia'tu:ra] *f* Herunterschlagen *nt (von Nüssen, Kastanien, Oliven mit einer Stange)*

bacchico, **-a** ['bakkiko] <-ci, -che> *agg* bacchisch

bacheca [ba'kɛ:ka] <-che> *f* ① *(per affissione)* Schwarzes Brett ② *(di negozio, museo)* Schaukasten *m,* Vitrine *f*

bachelite [bake'li:te] *f* Bakelit® *nt*

bacherozzo(lo) [bake'rɔttso(lo)] *m* Käfer *m*

bachicoltore, **-trice** [bakikol'to:re] *m, f* Seidenraupenzüchter(in) *m(f)*

bachicoltura [bakikol'tu:ra] *f* Seidenraupenzucht *f*

baciamano [batʃa'ma:no] <- *o* -i> *m* Handkuss *m;* **fare il ~ a qu** jdm einen Handkuss geben

baciapile [batʃa'pi:le] <-> *mf (pej)* Frömmler(in) *m(f)*

baciare [ba'tʃa:re] **I.** *vt* küssen **II.** *vr* **-rsi** sich küssen

bacile [ba'tʃi:le] *m* Becken *nt*

bacillare [batʃil'la:re] *agg* Bazillen-, bazillär

bacillo [ba'tʃillo] *m* Bazillus *m*

bacinella [batʃi'nɛlla] *f* Becken *nt,* Schüssel *f*

bacino [ba'tʃi:no] *m* Becken *nt;* MIN Revier *nt; (recipiente)* Bottich *m,* Kübel *m;* **~ di carenaggio** Dock *nt;* **~ idroelettrico** Staubecken *nt;* **~ idrografico** Wassereinzugsgebiet *nt*

bacio ['ba:tʃo] <-ci> *m* Kuss *m;* **~ di Giuda** Judaskuss *m;* **al ~** *(fig fam)* perfekt

background ['bækgraund] <-> *m* Hintergrund *m,* Background *m*

back office ['bækɔfis] <-> *m* Backoffice *nt*

backup ['bækʌp] <-> *m* INFORM Backup *nt,* Datensicherung *f;* **fare un ~ dei dati** ein Backup der Daten durchführen

baco ['ba:ko] <-chi> *m* ① ZOO Raupe *f; (verme)* Wurm *m; (di generi alimentari)* Made *f;* **~ da seta** Seidenraupe *f* ② INFORM Bug *m*

bacon ['beikən] <-> *m* Frühstücksspeck *m*

bacucco, **-a** [ba'kukko] <-cchi, -cche> *agg (fam)* vertrottelt, trottelig

bada ['ba:da] *f* **tenere a ~ qu** jdn hinhalten; *(bambino)* jdn hüten

badante [ba'dante] *mf (assistente)* Betreuer(in) *m(f)*

badare [ba'da:re] *vi* ① *(accudire)* **~ a qu/qc** auf jdn/etw aufpassen; **~ alla casa/ai bambini** das Haus/die Kinder hüten ② *(stare attento)* **~ a qc** auf etw *akk* aufpassen; **non ~ a spese** keine Kosten scheuen; **bada a quello che fai!** pass auf, was du tust!, sei vorsichtig! ③ *(dedicarsi)* sich kümmern; **~ solo a divertirsi** nur ans Vergnügen denken; **bada ai fatti tuoi!** kümm[e]re dich um deine eigenen Angelegenheiten!

badessa [ba'dessa] *f* Äbtissin *f;* **sembrare** [*o* **parere**] **una ~** *(fig)* üppig aussehen; **fare la ~** *(fig)* sich aufspielen, angeben

badge [bædʒ] <- *o* badges> *m* Namensschild *nt;* **~ magnetico** Magnetkarte *f,* Badge *m* CH

badia [ba'di:a] <-ie> *f* Abtei *f*

badile [ba'di:le] *m* Schaufel *f*

baedeker® ['bɛ:dɛkər] <-> *m* Baedeker® *m*

baffo ['baffo] *m (dell'uomo)* Schnurrbart *m,* Schnauzbart *m;* **ridere sotto i -i** sich *dat* ins Fäustchen lachen; **una cosa da leccarsi i -i** etwas, nach dem man sich *dat* die [*o* alle zehn] Finger lecken kann; **mi fa un ~** *(vulg)* das kümmert mich einen Scheiß

baffone [baf'fo:ne] *m (fam scherz)* Schnauzer *m,* Schnauzbart *m*

baffuto, **-a** [baf'fu:to] *agg* schnurrbärtig, mit Schnurrbart

bagagliaio [bagaʎ'ʎa:io] <-ai> *m* ① MOT Kofferraum *m* ② FERR Gepäckwagen *m*

bagaglio [ba'gaʎʎo] <-gli> *m* ① *(valigie)* Gepäck *nt;* **assicurazione** [**dei**] **-gli** Reisegepäckversicherung *f;* **deposito -gli** Gepäckaufbewahrung *f;* **disfare i -gli** auspacken; **fare i -gli** packen; **~ a mano** Handgepäck *nt;* **con armi e -gli** mit Sack und Pack ② *(fig: formazione)* Ausrüstung *f,* Ausstattung *f;* **~ culturale** Bildung *f*

bagascia [ba'gaʃʃa] <-sce> *f (vulg)* Nutte *f,* Dirne *f*

bagascio [ba'gaʃʃo] <-sci>, **bagascione** [bagaʃ'ʃo:ne] *m* ① *(omosessuale)* Schwule(r) *m* ② *(vulg)* Hurenbock *m*

bagattella [bagat'tɛlla] *f* ① *(bazzecola)* Bagatelle *f,* Lappalie *f* ② MUS Bagatelle *f*

baggianata [baddʒa'na:ta] *f (fam pej)* Quatsch *m,* Gefasel *nt*

bagher <-> *m v.* **baghero**

baghero [ba'ge:ro] *m* ① SPORT Bagger *m* [beim Volleyball] ② kleine Kutsche *f,* Wägelchen *nt*

bagliore [baʎ'ʎo:re] *m* ① *(di lampo, faro)* Schein *m,* Schimmer *m* ② *(fig: apparizione breve)* Schimmer *m*

bagnacauda [baɲɲa'ka:uda] *f* PIEM Bagnacauda *f (Piemonteser Soße aus Öl, Knoblauch, Sardellen und Trüffeln)*

bagnante [baɲ'ɲante] *mf* Badende(r) *f(m),* Badegast *m*

bagnare [baɲ'ɲa:re] **I.** *vt* ① *(inumidire)* nass machen, anfeuchten ② *(fiume)* fließen durch ③ *(laurea, vittoria)* begießen **II.** *vr* **-rsi** ① *(fare il bagno)* baden ② *(di pioggia, acqua)* nass werden

bagnarola [baɲɲa'rɔːla] *f (fam)* [Bade]zuber *m*

bagnasciuga [baɲɲaʃ'ʃuːga] <-> *m* ① *(battigia)* Strandlinie *f* ② NAUT Wasserlinie *f*

bagnata [baɲ'ɲaːta] *f* Bad *nt,* Guss *m*

bagnato [baɲ'ɲaːto] *m* nasser Boden

bagnato, -a *agg* nass, durchnässt; **~ fradicio** klatschnass

bagnatura [baɲɲa'tuːra] *f* ① MED Heilbad *nt,* Badekur *f* ② *(il bagnare)* Baden *nt;* **fare le -e** eine Badekur machen

bagnino, -a [baɲ'ɲiːno] *m, f* Bademeister(in) *m(f)*

bagno ['baɲɲo] *m* ① FOTO, CHEM Bad *nt* ② *(stanza)* Bad *nt,* Badezimmer *nt;* **andare in ~** auf die Toilette gehen; **-i pubblici** öffentliche Badeanstalten *fpl;* **~ turco** türkisches Bad ③ *(immergersi in acqua)* Bad *nt;* **costume da ~** Badeanzug *m;* **fare il ~** baden; **~ termale** Thermalbad *nt* ④ *pl (stabilimento)* Heilbad *nt; (stazione balneare)* Badeort *m;* **fare la cura dei -i** eine [Bade]kur machen ⑤ *(lavaggio)* Bad *nt;* **mettere qc a ~** etw einweichen; **essere in un ~ di sudore** *(fig)* schweißgebadet sein

bagnomaria [baɲɲoma'riːa] <-> *m* **a ~** im Wasserbad

bagnoschiuma [baɲɲo'ʃuːma] <-> *m* Schaumbad *nt*

bagordo [ba'gordo] *m (pej)* Völlerei *f;* **darsi ai -i** in Saus und Braus leben

baguttiano, -a [bagut'tiaːno] **I.** *agg (premio Bagutta)* den Literaturpreis Bagutta betreffend **II.** *m, f* Bagutta-Preisträger(in) *m(f)*

bah [ba] *int (fam)* hm, wer weiß, Gott …

baia ['baːia] <-aie> *f* GEOG Bucht *f*

baicolo [ba'iːkolo] *m* VENEZ *feines Gebäck mit Orangenlikörаroma*

baignoire [bɛ'ɲwar] <- *o* baignoires> *f* Proszeniumsloge *f*

bailamme [bai'lamme] <-> *m* Getümmel *nt,* Lärm *m*

baio ['baːio] <-ai> *m (cavallo)* [Rot]fuchs *m,* Braune(r) *m*

baiocco [ba'iɔkko] <-cchi> *m* ① *pl (fam: quattrini)* Pfennige *mpl,* Moneten *pl;* **non valere un ~** *(fig)* keinen Pfennig wert sein ② HIST *päpstliche Kupfermünze*

baionetta [baio'netta] *f* Bajonett *nt*

Baireut [bai'rɔyt] *f* Bayreuth *nt*

baita ['baːita] *f* Berghütte *f,* Almhütte *f*

bakelite [bake'liːte] *v.* **bachelite**

balance ['bæləns] <-> *m* Balanceregler *m*

balaustra [bala'ustra] *f* Balustrade *f,* Brüstung *f*

balayage [balə'jaʒ] <- *o* balayages> *m* Farbschattierung *f* [beim Strähnchenfärben]

balbettamento [balbetta'mento] *m* Stottern *nt,* Gestammel *nt*

balbettare [balbet'taːre] **I.** *vi* stottern, stammeln; *(bambino)* plappern **II.** *vt (scusa)* stammeln; *(lingua straniera)* radebrechen

balbettio [balbet'tiːo] <-ii> *m* Gestotter *nt,* Gestammel *nt*

balbuzie [bal'buttsie] <-> *f* Stottern *nt;* **essere affetto da ~** stottern

balbuziente [balbut'tsiɛnte] **I.** *agg* stotternd **II.** *mf* Stotterer *m*/Stotterin *f*

Balcani [bal'kaːni] *mpl* Balkan *m*

balcanico, -a [bal'kaːniko] <-ci, -che> *agg* balkanisch, Balkan-; **la penisola -a** die Balkanhalbinsel

balconata [balko'naːta] *f* ① ARCH umlaufender Balkon ② THEAT Rang *m*

balcone [bal'koːne] *m* Balkon *m*

balconiere, -a [balko'niɛːre] *m, f* Balkon- und Terrassenausstatter *m*

baldacchino [baldak'kiːno] *m* Baldachin *m;* **letto a ~** Himmelbett *nt*

baldanza [bal'dantsa] *f* Kühnheit *f,* Unverfrorenheit *f*

baldanzoso, -a [baldan'tsoːso] *agg* unverfroren, keck

baldo, -a ['baldo] *agg* kühn, selbstsicher

baldoria [bal'dɔːria] <-ie> *f* Rummel *m;* **fare ~** Remmidemmi machen *fam*

baldracca [bal'drakka] <-cche> *f* Dirne *f*

balena [ba'leːna] *f* ① ZOO Wal[fisch] *m* ② *(fig, scherz: donna grassa)* Walross *nt,* Tonne *f*

balenare [bale'naːre] *vi essere* ① METEO blitzen ② *(apparire improvvisamente)* aufblitzen; **mi è balenata un'eccellente idea** mir ist eine glänzende Idee gekommen

baleniera [bale'niɛːra] *f* ① NAUT Walfangboot *nt,* Walfänger *m* ② NAUT, MIL Beiboot *nt*

baleno [ba'leːno] *m* Blitz *m; (di luce)* Lichtstrahl *m;* **in un ~** *(fig)* blitzschnell, im Nu

balenottera [bale'nɔttera] *f* Furchenwal *m*

balera [ba'lɛːra] *f* Tanzlokal *nt (in Vorstadtvierteln)*

balestra [ba'lɛstra] *f* ① MOT Blattfeder *f* ② MIL Armbrust *f*

Bali *f* Bali *nt;* **l'isola di ~** die Insel Bali

balia[1] ['baːlia] <-ie> *f (donna)* Amme *f;* **~ asciutta** Kindermädchen *nt;* **avere bi-**

sogno della ~ *(fig)* ein Kindermädchen brauchen

balia[2] [ba'li:a] *f (potere)* Gewalt *f,* Willkür *f;* **essere in** ~ **della sorte** *(fig)* ein Spielball des Schicksals sein

balinese [bali'ne:se] **I.** *agg* balinesisch **II.** *mf (abitante)* Balinese *m,* Balinesin *f*

balistica [ba'listika] <-che> *f* Ballistik *f*

balistico, **-a** [ba'listiko] <-ci, -che> *agg* ballistisch

balla ['balla] *f* ① COM Ballen *m* ② *(fig fam: frottola)* [Lügen]märchen *nt,* Stuss *m;* **non raccontare -e!** erzähl keine Märchen!

ballabile [bal'la:bile] **I.** *agg* tanzbar **II.** *m* Tanzstück *nt*

ballare [bal'la:re] **I.** *vt* tanzen **II.** *vi* ① MUS tanzen; ~ **dalla** [*o* **per la**] **gioia** vor Freude tanzen ② NAUT schlingern ③ *(abiti)* schlottern; *(oggetti)* wackeln; **il cappotto mi balla addosso** der Mantel schlottert mir am Leib

ballata [bal'la:ta] *f* Ballade *f*

ballerina [balle'ri:na] *f* ① *(scarpa)* Ballerina *f,* Ballerinaschuh *m* ② ZOO Bachstelze *f*

ballerino, **-a** [balle'ri:no] **I.** *m, f* Balletttänzer(in) *m(f); (donna)* Ballerina *f; (danzatore)* Tänzer(in) *m(f);* **prima -a** Primaballerina *f* **II.** *agg* tanzend; **terre -e** Erdbebengebiete *nt pl*

balletto [bal'letto] *m* Ballett *nt*

ballo ['ballo] *m* ① *(atto, arte di ballare)* Tanzen *nt;* **corpo di** ~ Ballett *nt,* Corps de ballet *nt* ② *(danza)* Tanz *m;* **mi permette questo** ~? darf ich um diesen Tanz bitten? ③ *(festa da ~)* Ball *m,* Tanzfest *nt* ④ *(fig)* **essere in** ~ auf dem Spiel stehen; **tirare in** ~ **qc** etw ins Spiel bringen; **quando si è in** ~, **bisogna ballare** *(prov)* wer A sagt, muss auch B sagen

ballonzolare [ballontso'la:re] *vi* ① *(saltellare)* herumhüpfen ② *(ballare goffamente)* tapsen, wie ein Trampel[tier] tanzen ③ *(scuotere)* umherschwingen

ballotta [bal'lɔtta] *f* gesottene Kastanie

ballottaggio [ballot'taddʒo] <-ggi> *m* Stichwahl *f;* SPORT Titelentscheidungskampf *m*

balneabile [balne'a:bile] *agg* für den Badebetrieb frei gegeben

balneabilità [balneabili'ta] <-> *f* Bademöglichkeit *f,* Badetauglichkeit *f*

balneare [balne'a:re] *agg* Bade-; **stagione** ~ Badesaison *f;* **stazione** ~ Badeort *m*

balneazione [balneat'tsio:ne] *f* Badebetrieb *m; (nel mare)* Baden *nt* im Meer; **divieto di** ~ Badeverbot *nt*

baloccare [balok'ka:re] **I.** *vt* beschäftigen, unterhalten **II.** *vr* **-rsi** *(fam)* [herum]spielen; *(gingillarsi)* herumtrödeln

balocco [ba'lɔkko] <-cchi> *m (per bambini)* Spielzeug *nt*

balorda *f v.* **balordo**

balordaggine [balor'daddʒine] *f* Blödsinn *m,* Hirnrissigkeit *f*

balordo, **-a** [ba'lordo] **I.** *agg* blöd[sinnig], dämlich, hirnrissig **II.** *m, f* Dummkopf *m,* Schafskopf *m*

balsamico, **-a** [bal'sa:miko] <-ci, -che> *agg* ① MED balsamisch, Balsam-; **pomata -a** Balsam *m,* Heilsalbe *f* ② *(fig: salubre)* gesund, sauber; **aria -a** [wohltuend] gesunde Luft

balsamo ['balsamo] *m (a. fig)* Balsam *m*

baltico, **-a** ['baltiko] <-ci, -che> *agg* baltisch; **il** [**Mar**] **Baltico** die Ostsee

baluardo [balu'ardo] *m* Schutzwall *m; (a. fig)* Bollwerk *nt*

baluci [ba'lu:tʃi] **I.** *agg inv* belutschisch **II.** *mf* <-> *(abitante)* Belutsche *m,* Belutschin *f* **III.** *m sing (lingua iranica)* Belutschisch(e) *nt*

baluginare [baludʒi'na:re] *vi essere* ① *(apparire e sparire)* blitzartig auftauchen und wieder verschwinden; *(luce)* aufflackern ② *(fig: balenare)* aufkommen

balza ['baltsa] *f* ① *(di vestito)* Volant *m* ② GEOG Steilhang *m* ③ ARCH Sockel *m,* Borte *f*

balzano, **-a** [bal'tsa:no] *agg (fig: persona)* eigentümlich

balzare [bal'tsa:re] *vi essere* ① *(saltare di scatto)* [hoch]springen, hüpfen, [empor]schnellen; ~ **in piedi** aufspringen, auf die Beine springen ② *(fig: risaltare)* springen; ~ **agli occhi** in die Augen springen; **le balzò il cuore in gola** das Herz klopfte ihr bis zum Hals

balzellare [baltsel'la:re] *vi* hüpfen

balzelloni [baltsel'lo:ni] *avv* **a** ~ in Sprüngen

balzo ['baltso] *m* Sprung *m,* Satz *m;* **prendere** [*o* **cogliere**] **la palla al** ~ *(fig)* die Gelegenheit ergreifen [*o* beim Schopfe packen]

bambacione, **-a** [bamba'tʃo:ne] *m, f v.* **bambagione**

bambagia [bam'ba:dʒa] <-gie> *f (fig)* Watte *f;* **allevare** [*o* **tenere**] **qu nella** ~ jdn in Watte packen; **stare** [*o* **vivere**] **nella** ~ *(fig)* wohl behütet leben

bambagione, **-a** [bamba'dʒo:ne] *m, f* gutmütiger, aber einfältiger Mensch

bamberottolo, **-a** [bambe'rɔttolo] *m, f (fam)* Pummelchen *nt,* Dickerchen *nt*

bambina *f v.* **bambino**

bambinaia [bambi'na:ia] <-aie> *f* Kindermädchen *nt*

bambinata [bambi'na:ta] *f* Kinderstreich *m,* Kinderei *f*
bambinesco, -a [bambi'nesko] <-schi, -sche> *agg* kindisch, albern
bambinità [bambini'ta] <-> *f* Kindlichkeit *f,* Infantilität *f*
bambino, -a [bam'bi:no] **I.** *m, f* ❶ Kind *nt; (maschio)* Junge *m,* Bub *m* A, SÜDD; *(femmina)* Mädchen *nt;* **aspettare un ~** *(fam)* ein Kind erwarten ❷ *(fig, scherz)* Kindskopf *m,* kleines Kind; **non fare il ~!** sei nicht kindisch! **II.** *agg* naiv, kindlich
bambinone, -a [bambi'no:ne] *m, f (fam)* ❶ *(bambino robusto)* kräftiges Kind ❷ *(scherz)* Kindskopf *m*
bamboccio [bam'bɔttʃo] <-cci> *m (fam)* ❶ *(bambino)* Pummelchen *nt,* Dickerchen *nt* ❷ *(fantoccio)* Puppe *f* ❸ *(fig: semplicione)* Einfaltspinsel *m*
bambola ['bambola] *f* ❶ *(per bambini)* Puppe *f* ❷ *(fig: donna bella)* [süße] Puppe *f*
bamboleggiare [bamboled'dʒa:re] *vi* sich affektiert benehmen, geziert tun
bambolotto [bambo'lɔtto] *m* Püppchen *nt,* Puppe *f*
bambù [bam'bu] <-> *m* Bambus *m; (canna)* Bambusrohr *nt*
banale [ba'na:le] *agg* banal
banalità [banali'ta] <-> *f* Banalität *f*
banalizzare [banalid'dza:re] *vt* banalisieren
banalizzazione [banaliddzat'tsio:ne] *f* Banalisierung *f*
banana [ba'na:na] *f* ❶ *(frutto)* Banane *f* ❷ *(di capelli)* Haarknoten *f*
banana split [bə'na:na split] <- *o* banana splits> *f* Bananensplit *m*
bananeto [bana'ne:to] *m* Bananenplantage *f*
banano [ba'na:no] *m* Bananenstaude *f*
banca ['baŋka] <-che> *f* Bank *f;* **biglietto di ~** Banknote *f;* **~ [dei] dati** INFORM Datenbank *f;* **~ del sangue** Blutbank *f;* **andare in** [*o* **alla**] **~** auf die [*o* zur] Bank gehen
Banca centrale europea <-> *f (Unione europea)* Europäische Zentralbank *f;* **il comitato esecutivo della ~** das Direktorium der Europäischen Zentralbank
bancarella [baŋka'rɛlla] *f* Marktstand *m,* Verkaufsstand *m*
bancario, -a [baŋ'ka:rio] <-i, -ie> **I.** *agg* Bank-; **coordinate -ie** Bankverbindung *f;* **sistema ~** Bankensystem *nt;* **estratto ~** Bankauszug *m* **II.** *m, f* Bankangestellte(r) *f(m)*
bancarotta [baŋka'rotta] *f* Bankrott *m*
banchettare [baŋket'ta:re] *vi* ❶ *(partecipare ad un banchetto)* an einem Bankett teilnehmen ❷ *(mangiare e bere)* schlemmen, tafeln
banchetto [baŋ'ketto] *m* ❶ *(piccolo banco)* Bänkchen *nt; (bancarella)* Verkaufsstand *m* ❷ *(pranzo)* Bankett *nt,* Festmahl *nt*
banchiere, -a [baŋ'kiɛ:re] *m, f* ❶ FIN Bankier *m* ❷ *(nei giochi d'azzardo)* Bankhalter(in) *m(f)*
banchina [baŋ'ki:na] *f* ❶ NAUT Kai *m,* Mole *f;* **~ di carico/di scarico** Laderampe *f* ❷ FERR Bahnsteig *m* ❸ *(per ciclisti)* Radweg *m; (per pedoni)* Fußgängerweg *m;* **~ spartitraffico** Mittelstreifen *m*
banchinare [baŋki'na:re] *vt* am Kai anlegen
banchisa [baŋ'ki:za] *f* Packeis *nt*
banco ['baŋko] <-chi> *m* ❶ *(sedile)* [Sitz]bank *f;* **~ degli imputati** [*o* **accusati**] Anklagebank *f;* **~ della giuria** Geschworenenbank *f;* **scaldare i -chi** *(fig)* die Schulbank drücken ❷ *(di bar)* Theke *f; (di negozio)* Ladentisch *m,* Theke *f;* **passare qc sotto ~** *(fig)* etw unter der Hand weitergeben ❸ COM Stand *m* ❹ FIN Bank *f,* Geldinstitut *nt;* **~ del lotto** Lottoannahmestelle *f* ❺ GEOG Bank *f,* Schicht *f;* **~ di nebbia** Nebelbank *f;* **~ di corallo** Korallenriff *nt;* **~ di ghiaccio** Eisbank *f;* **~ di pesci** [Fisch]schwarm *m* ❻ TEC Werkbank *f;* **~ di prova** Prüfstand *m*
bancogiro [baŋko'dʒi:ro] *m* Giroverkehr *m*
bancomat [baŋko'mat *o* 'baŋkomat] <-> *m* ❶ *(servizio automatizzato)* Geldautomat *m;* **prelevare soldi al ~** am Automat Geld abheben ❷ *(tessera)* Scheckkarte *f*
bancone [baŋ'ko:ne] *m (di banca, biglietteria)* Schalter *m; (di bar)* Theke *f,* Tresen *m*
banconota [baŋko'nɔ:ta] *f* Banknote *f*
bancoposta [baŋko'pɔsta] <-> *m* Postbank *f*
band [bænd] <-> *f* Band *f*
banda ['banda] *f* ❶ MUS [Musik]kapelle *f* ❷ *(striscia)* Band *nt* ❸ INFORM Band *nt;* **~ perforata** Lochstreifen *m* ❹ *(di malviventi)* Bande *f; (scherz: cricca)* Clique *f* ❺ MIL Truppe *f* ❻ PHYS Band *nt,* Bandbreite *f*
banderuola [bande'ruɔ:la] *f* Wetterfahne *f; (piccola bandiera)* Wimpel *m,* Fähnchen *nt*
bandiera [ban'diɛ:ra] *f* Fahne *f,* Flagge *f;* **~ bianca** weiße Flagge; **cambiare** [*o* **mutare**] **~** *(fig)* ins andere Lager überwechseln
bandierina [bandie'ri:na] *f* ❶ *(piccola*

B

bandiera) Fähnchen *nt* ❷ INFORM **~ elettronica** Flag *nt* ❸ *(calcio)* Eckfahne *f;* **tiro dalla ~** *(calcio d'angolo)* Eckball *m,* Corner *m* A

bandire [ban'di:re] <bandisco> *vt* ❶ *(concorso)* ausschreiben ❷ *(esiliare)* verbannen, verstoßen

bandita [ban'di:ta] *f (di caccia)* Schongehege *nt; (di pesca)* Schongewässer *nt*

banditismo [bandi'tizmo] *m* Banditentum *nt*

bandito [ban'di:to] *m* ❶ *(fuorilegge)* Kriminelle(r) *m,* Bandit *m* ❷ *(messo al bando)* Verbannte(r) *m,* Geächtete(r) *m*

bandito, -a *agg* verbannt, geächtet

banditore, -trice [bandi'to:re] *m, f (all'asta)* Versteigerer *m/*Versteigerin *f,* Auktionator(in) *m(f)*

bando ['bando] *m* ❶ *(pubblico annuncio)* [öffentliche] Bekanntmachung *f; (di concorso)* Ausschreibung *f* ❷ *(esilio)* Verbannung *f,* Exil *nt;* **mettere al ~** *(a. fig)* verbannen; **~ a ...** Schluss mit ...; **~ agli scherzi!** Spaß beiseite!

bandolo ['bandolo] *m* Stranganfang *m;* **perdere il ~ della matassa** *(fig)* den Faden verlieren; **trovare il ~ della matassa** *(fig)* des Rätsels Lösung finden

bandone [ban'do:ne] *m* ❶ *(saracinesca)* Rollladen *m* ❷ *(lastra metallica)* Eisenblech *nt*

bang [baŋg] **I.** *int* peng **II.** *m* <-> **~ sonico** Überschallknall *m*

banjo ['bændʒou *o* 'bandʒo] <-> *m* Banjo *nt*

banketing manager ['bæŋketiŋ 'mænidʒə] <-> *m* Bankettorganisator *m,* Bankettmanager *m*

BANKITALIA *f acro di* **BANCa d'ITALIA** *italienische Zentralnotenbank*

bannare [ban'na:re] *vt* INET *aus einem Forum oder Chat verbannen*

banner ['banner] <-> *m* INFORM Banner *nt;* **campagna ~** Bannerkampagne *f*

baobab [bao'bab] <-> *m* Affenbrotbaum *m*

bar [bar] <-> *m* ❶ *(locale)* [Steh]café *nt,* Lokal *nt* ❷ *(mobile)* [Haus]bar *f* ❸ PHYS Bar *nt*

BAR *abbr di* **Battaglione Addestramento Reclute** *Ausbildungsbataillon für Rekruten*

bara ['ba:ra] *f (feretro)* Bahre *f,* Sarg *m;* **avere un piede nella ~** *(fig)* mit einem Fuß im Grabe stehen; **fino alla ~ sempre si impara** *(prov)* man lernt nie aus

barabba [ba'rabba] <-> *m* Gauner *m*

baracca [ba'rakka] <-cche> *f* ❶ *(catapecchia)* Baracke *f,* Schuppen *m* ❷ *(nelle fiere)* Bude *f,* Stand *m* ❸ *(fig fam)* Laden *m,* Schuppen *m;* **mandare avanti la ~** *(fam)* den Laden schmeißen; **piantare ~ e burattini** *(fig)* den Bettel hinwerfen

baraccare [barak'ka:re] **I.** *vi avere* ❶ *(costruire baracche)* Baracken aufstellen ❷ *(fig: divertirsi)* ausgelassen sein, feiern; **abbiamo baraccato fino a tardi** wir haben bis spät in die Nacht gefeiert **II.** *vt* in Baracken unterbringen; **~ i terremotati** die Erdbebenopfer in Notunterkünften unterbringen

baraccato, -a [barak'ka:to] **I.** *agg* in Baracken untergebracht **II.** *m, f* Barackenbewohner(in) *m(f)*

baracchino [barak'ki:no] *m (fam: chiosco)* Bude *f,* Kiosk *m*

baraccone [barak'ko:ne] *m* große Baracke; *(nelle fiere)* Jahrmarktbude *f,* Kirmesbude *f*

baracconismo [barakko'nizmo] *m* Zurschaustellung *f,* Entblößung *f*

baracconista [barakko'nista] <-i *m,* -e *f*> *mf* Schausteller(in) *m(f)*

baraccopoli [barak'ko:poli] <-> *f* Barackensiedlung *f,* Armenviertel *nt*

baraonda [bara'onda] *f* [großes] Durcheinander, Zirkus *m fam*

barare [ba'ra:re] *vi* ❶ *(al gioco)* falschspielen ❷ *(imbrogliare)* betrügen, schummeln

baratro ['ba:ratro] *m* Abgrund *m*

barattare [barat'ta:re] *vt* [ein]tauschen; **~ qc con qc** etw gegen etw [ein]tauschen

baratto [ba'ratto] *m* Tausch[handel] *m*

barattolo [ba'rattolo] *m* Büchse *f,* Dose *f; (di vetro)* Glas *nt*

barba ['barba] *f* ❶ *(dell'uomo)* Bart *m;* **farsi la ~** sich rasieren ❷ *(fig)* Langeweile *f;* **che ~ quel tipo!** *(fig)* was für ein Langweiler!; **che ~!** *(fig fam)* so was Ödes! ❸ *(loc)* **farla in ~ a qu** *(fig)* jdn hinters Licht führen; **far venire la ~** *(fig)* langweilig sein; **in ~ a qu/qc** *(fig)* jdm/einer Sache zum Trotz

barbabietola [barba'biɛ:tola] *f* rote Rübe, Rote Bete; **~ da zucchero** Zuckerrübe *f*

barbablù [barba'blu] <-> *m* Blaubart *m*

barbagianni [barba'dʒanni] <-> *m* ❶ ZOO Schleiereule *f* ❷ *(fig, pej: sciocco)* Trottel *m,* Tölpel *m*

barbaglio [bar'baʎʎo] <-gli> *m* Blendung *f; (luce)* grelles Licht

barbaresco [barba'resko] <-schi> *m* Barbaresco *m (Rotwein aus dem Piemont)*

barbarico, -a [bar'ba:riko] <-ci, -che> *agg* barbarisch

barbarie [bar'ba:rie] <-> *f* Barbarei *f*

barbarismo [barba'rizmo] *m* Barbarismus *m*

barbaro ['barbaro] *m (a. fig)* Barbar *m*
barbaro, -a *agg (a. fig)* barbarisch
barbecue ['ba:bikju:] <-> *m* Grillfest *nt,* Grillen *nt; (griglia)* [Garten]grill *m*
barbera [bar'bɛ:ra] *m* Barbera *m (trockener Rotwein aus dem Piemont)*
barbero ['barbero] *m (cavallo berbero)* Berber *m,* Berberpferd *nt; (cavallo veloce)* schnelles Pferd
barbetta [bar'betta] *f (piccola barba)* Bärtchen *nt*
barbie ['barbi] <- *o* barbies> *f* Barbie[puppe] *f*
barbiere [bar'biɛ:re] *m* [Herren]friseur *m*
barbino, -a [bar'bi:no] *agg (fam)* jämmerlich, mies; **fare una figura -a** eine jämmerliche Figur abgeben
barbitonsore [barbiton'so:re] *m (scherz)* Barbier *m obs*
barbiturato [barbitu'ra:to] *m* CHEM Barbiturat *nt*
barbiturico [barbi'tu:riko] <-ci> *m* Barbiturat *nt*
barbogio, -a [bar'bɔ:dʒo] <-gi, -gie *o* -ge> *agg* tatt[e]rig; **un vecchio ~** *(pej)* ein Tattergreis *m*
barbone [bar'bo:ne] *m* ❶ *(lunga barba)* langer Bart, Vollbart *m* ❷ *(persona con barba)* Bärtige(r) *m* ❸ *(pej: vagabondo)* Landstreicher *m,* Penner *m fam* ❹ ZOO Pudel *m*
barboso, -a [bar'bo:so] *agg (fig)* langweilig, öde *fam*
barbuto, -a [bar'bu:to] *agg* bärtig
barca ['barka] <-che> *f* ❶ NAUT Boot *nt;* **~ a remi** Ruderboot *nt;* **~ a vela** Segelboot *nt;* **andare in ~** mit dem Boot fahren; **la ~ fa acqua da tutte le parti** *(fig fam)* da ist überall der Wurm drin ❷ *(fig fam: famiglia, lavoro e propri affari)* Laden *m;* **siamo tutti nella** [*o* **sulla**] **stessa ~** *(fig)* wir sitzen alle in einem Boot ❸ *(fig fam: mucchio)* Menge *f;* **avere una ~ di soldi** *(fig fam)* einen Haufen Geld haben
barcaiolo [barka'iɔ:lo] *m* Bootsführer *m; (traghettatore)* Fährmann *m; (chi noleggia barche)* Bootsverleiher *m*
barcamenarsi [barkame'narsi] *vr* sich durchschlängeln
barcarola [barka'rɔ:la] *f* MUS Barkarole *f*
barcata [bar'ka:ta] *f* ❶ *(fig fam: mucchio)* Haufen *m,* Menge *f* ❷ NAUT Schiffsladung *f*
barchettone [barket'to:ne] *m* Cassonebett *nt (großes Bett im Stil der italienischen Renaissance)*
barcollamento [barkolla'mento] *m* Wanken *nt,* Taumeln *nt*
barcollare [barkol'la:re] *vi* ❶ *(vacillare)* wanken, taumeln ❷ *(fig: perdere autorità, stabilità)* wanken
barcollio [barkol'li:o] <-ii> *m* fortgesetztes Schwanken
barcolloni [barkol'lo:ni] *avv* wankend, taumelnd; **andare ~** taumeln
barcone [bar'ko:ne] *m* großer Kahn; *(ponte di barche)* Ponton *m*
bardare [bar'da:re] **I.** *vt (cavallo)* anschirren **II.** *vr* **-rsi** *(scherz)* sich auftakeln
bardatura [barda'tu:ra] *f* ❶ *(del cavallo)* Geschirr *nt,* Sattelzeug *nt* ❷ *(scherz)* Aufmachung *f*
bardo ['bardo] *m* Barde *m*
bardolino [bardo'li:no] *m* Bardolino *m (trockener Rotwein aus Venetien)*
barella [ba'rɛlla] *f* Tragbahre *f*
barese [ba're:se] **I.** *agg* aus Bari stammend, baresisch **II.** *mf (abitante)* Einwohner(in) *m(f)* von Bari
Barese *m sing* Gebiet *nt* um Bari
bargiglio [bar'dʒiʎʎo] <-gli> *m* ZOO [Hals]lappen *m*
Bari *f* Bari *nt (Haupstadt Apuliens)*
baricentro [bari'tʃɛntro] *m* Baryzentrum *nt,* Schwerpunkt *m*
barile [ba'ri:le] *m* Fass *nt*
barilotto [bari'lɔtto] *m* ❶ *(per vino, olio)* Fässchen *nt* ❷ *(fig fam pej: persona piccola e tozza)* [fetter] Mops *m*
bario ['ba:rio] *m* Barium *nt*
barista [ba'rista] <-i *m,* -e *f*> *mf* ❶ *(chi lavora in un bar)* Barkeeper *m*/Barfrau *f,* Bedienung *f* [im Café] ❷ *(proprietario)* Wirt(in) *m(f),* Lokalbesitzer(in) *m(f)*
baritonale [barito'na:le] *agg* baritonal, Bariton-
baritono [ba'ri:tono] *m* MUS Bariton *m*
baritono, -a *agg* LING Barytonon-
barlume [bar'lu:me] *m* fahler Lichtschein; *(a. fig)* Schimmer *m;* **~ di speranza** Hoffnungsschimmer *m*
barman ['ba:mən *o* 'ba:man] <-> *m* Barkeeper *m,* Barmixer *m*
baro, -a ['ba:ro] *m, f* ❶ *(al gioco)* Falschspieler(in) *m(f),* Mogler(in) *m(f),* Schummler(in) *m(f)* ❷ *(truffatore)* Betrüger(in) *m(f)*
barocchetto [barok'ketto] *m* Spätbarock *nt o m*
barocchismo [barok'kizmo] *m* barocker Stil; *(pej)* Schwulst *m*
barocco [ba'rɔkko] *m* Barock *nt o m*
barocco, -a <-cchi, -cche> *agg* ❶ *(proprio del barocco)* barock, Barock- ❷ *(fig, pej: fastoso)* schwülstig
barolo [ba'rɔ:lo] *m* Barolo *m (Rotwein aus dem Piemont)*
barometrico, -a [baro'mɛ:triko] *agg* barometrisch

B

barometro [ba'rɔ:metro] *m* Barometer *nt*
baronaggio [baro'naddʒo] <-ggi> *m* Baronie *f*
baronale [baro'na:le] *agg* des Barons, die Baronie betreffend
barone, -essa [ba'ro:ne, baro'nessa] *m, f* ① *(titolo)* Baron(in) *m(f)* ② *(fig)* Boss *m,* Magnat *m;* **i -i della finanza** die Finanzbosse *mpl*
baronia [baro'ni:a] <-ie> *f* ① *(titolo, dominio)* Baronie *f* ② *(fig: potere economico)* Magnatentum *nt*
barra ['barra] *f* ① *(asta)* Stab *m;* TEC, MOT Stange *f* ② NAUT [Ruder]pinne *f* ③ JUR Schranke *f* [im Gerichtssaal] ④ *(segno grafico)* [Schräg]strich *m* ⑤ *(di metalli)* Barren *m* ⑥ INFORM Schaltfläche *f;* **~ dei menu** Menüleiste *f;* **~ di navigazione** Navigationsleiste *f;* **~ dei task** Taskleiste *f;* **~ del titolo** Titelleiste *f;* **~ di scorrimento** Bildlaufleiste *f*
barricare [barri'ka:re] **I.** *vt* verbarrikadieren **II.** *vr* **-rsi** sich verbarrikadieren, sich einschließen; **-rsi in casa** sich zu Hause verkriechen; **-rsi in un silenzio assoluto** sich in absolutes Schweigen hüllen
barricata [barri'ka:ta] *f* Barrikade *f;* **andare sulle -e** *(fig)* auf die Barrikaden gehen
barriera [bar'riɛ:ra] *f* ① *(sbarramento)* Barriere *f,* Schranke *f,* Sperre *f;* FERR [Bahn]schranke *f;* **~ doganale** Zollschranke *f* ② *(fig: impedimento)* Hindernis *nt,* Barriere *f;* **le -e sociali** die sozialen Schranke ③ GEOG Riff *nt,* Bank *f;* **~ corallina** Korallenriff *nt* ④ SPORT *(nel calcio)* Mauer *f*
barrire [bar'ri:re] <barrisco, barrisci> *vi* *(elefante)* trompeten
barrito [bar'ri:to] *m* Ruf *m* [*o* Trompeten *nt*] des Elefanten
barrocciaio [barrot'tʃa:io] <-ai> *m* Fuhrmann *m,* Wagenführer *m*
barroccino [barrot'tʃi:no] *m* Handwagen *m*
barroccio [bar'rɔttʃo] <-cci> *m* Karren *m*
baruffa [ba'ruffa] *f* [heftiger] Streit *m,* Zank *m;* *(zuffa)* Rauferei *f;* **far ~** [heftig] streiten, zanken; *(in modo violento)* raufen
barzelletta [bardzel'letta] *f* Witz *m;* **raccontare -e** Witze erzählen
barzellettistica [bardzellet'tistika] <-che> *f* Witze *fpl,* Genre *nt* des Schwanks [*o* der Burleske]
barzellettistico, -a [bartsellet'tistiko] <-ci, -che> *agg* den Schwank betreffend, burlesk; **umorismo ~** burleske Komik
basale [ba'za:le] *agg* ① *(relativo alla base)* Basal- ② *(fig: essenziale)* Basis-
basalto [ba'zalto] *m* Basalt *m*
basamento [baza'mento] *m* ① ARCH Fundament *nt,* Grundmauern *fpl* ② MOT Kurbelgehäuse *nt* ③ *(di monumento, mobile)* Sockel *m*
basare [ba'za:re] **I.** *vt* ① *(fig: fondare)* **~ qc su qc** etw auf etw *akk* [be]gründen ② *(statua)* stellen; *(edificio)* bauen **II.** *vr* **-rsi** *(a. fig)* sich stützen; **-rsi su qc** sich auf etw *akk* stützen, auf etw basieren
basco ['basko] <-schi> *m* Baskenmütze *f*
basco, -a <-schi, -sche> **I.** *agg* baskisch **II.** *m, f* Baske *m*/Baskin *f*
basculante [basku'lante] *agg* ① Schwenk-, Schwing-; **porta ~** Schwingtür *f* ② *(di fucile)* Kipplauf-; **canna ~** Kipplauf *m,* Gewehrlauf *m* mit Knickgelenk
basculare [basku'la:re] *vi* *(oscillare)* schwingen
basculla [bas'kulla] *f* Brückenwaage *f*
bascullare [baskul'la:re] *vi* *(oscillare)* schwingen
base ['ba:ze] *f* ① *(fig)* Fundament *nt,* Basis *f;* **a ~ di** auf der Grundlage von; **in ~ a** aufgrund [*o* auf Grund] *+gen;* **gettare** [*o* **porre**] **le -i di qc** zu etw das Fundament legen; **essere privo di ~** ohne Grundlage sein; **mancare di -i** jeder Grundlage entbehren ② MIL Basis *f,* Stützpunkt *m;* **~ aerea** Luftwaffenstützpunkt *m;* **~ navale** Flottenstützpunkt *m* ③ ASTR Station *f;* **~ spaziale** Raumstation *f* ④ MAT Basis *f,* Grundzahl *f* ⑤ CHEM Base *f* ⑥ SPORT *(baseball)* Base *nt* ⑦ POL Basis *f* ⑧ COM **~ negoziale** Verhandlungsgrundlage *f*
baseball ['beisbɔ:l *o* 'bɛsbɔl] <-> *m* Baseball *m*
basetta [ba'zetta] *f* Koteletten *fpl*
basicità [bazitʃi'ta] <-> *f* Basizität *f*
basico, -a ['ba:ziko] <-ci, -che> *agg* basisch
basificazione [bazifikat'tsio:ne] *f* CHEM Basenbildung *f,* Umwandlung *f* in eine Base
basilare [bazi'la:re] *agg* grundlegend
basilarità [basilari'ta] <-> *f* Grundprinzip *nt,* Grundsätzlichkeit *f*
Basilea [bazi'lɛ:a] **I.** *m* *(cantone)* Basel *nt* **II.** *f* *(città)* Basel *nt*
basilica [ba'zi:lika] <-che> *f* Basilika *f;* **la Basilica di San Pietro** der Petersdom
Basilicata [bazili'ka:ta] *f* Basilicata *f*
basilico [ba'zi:liko] *m* Basilikum *nt*
basilisco [bazi'lisko] <-schi> *m* Basilisk *m;* **fissare qu come un ~** jdn ansehen, als ob man ihn [mit Blicken] töten wollte
basire [ba'zi:re] <basisco, basisci> *vi essere* in Ohnmacht fallen
basista [ba'zista] <-i *m,* -e *f*> *mf* Basispolitiker(in) *m(f)*

basito, -a [ba'zi:to] *agg* benommen; **rimaner ~** benommen sein

basketball ['ba:skitbɔ:l *o* 'basketbol] <-> *m* Basketball *m*

bassa ['bassa] *f* Tiefebene *f*; **la ~ padana** die Poebene

bassezza [bas'settsa] *f* ① *(fig: viltà)* Niederträchtigkeit *f*, Niedrigkeit *f*; *(pochezza)* Armseligkeit *f*; *(azione vile)* Gemeinheit *f*; **~ d'animo** Verworfenheit *f* ② *(di statura)* Kleinwuchs *m*

bassifondi *pl di* **bassofondo**

bassipiani *pl di* **bassopiano**

basso ['basso] *m* ① *(parte inferiore)* unterer Teil, tief gelegener Teil; *(di casa)* Untergeschoss *nt*; **cadere in ~** *(fig)* tief sinken ② MUS Bass *m*; **chiave di ~** Bassschlüssel *m*

basso, -a <più basso *o* inferiore, bassissimo *o* infimo> **I.** *agg* ① *(di statura)* klein; *(acqua, muro)* niedrig; *(tacco)* flach ② *(prezzi)* niedrig ③ *(voce)* leise; MUS tief ④ HIST spät, Spät-; **il ~ Medioevo** das späte Mittelalter ⑤ *(ricorrenza)* früh; **quest'anno la Pasqua è -a** dieses Jahr ist Ostern früh ⑥ SOC *(ceti, classi)* untere(r, s), niedrig ⑦ *(fig: vile)* niedrig, niederträchtig; **gli istinti -i** die niederen Instinkte *mpl* ⑧ *(di paese)* **Bassa Italia** Süditalien *nt*; **i Paesi Bassi** die Niederlande ⑨ *(loc)* **-a stagione** *(inizio dell'anno)* Vorsaison *f*; *(fine dell'anno)* Nachsaison *f*; **tenere gli occhi -i** die Augen niederschlagen; **guardare qu dall'alto in ~** jdn von oben herab betrachten **II.** *avv* ① *(in basso)* [nach] unten, zu Boden ② *(a bassa voce)* leise

bassofondo [basso'fondo] <bassifondi> *m* ① *pl* SOC Unterwelt *f*; *(quartieri)* Elendsviertel *ntpl* ② NAUT Untiefe *f*

bassoforno [basso'forno] <bassiforni> *m* TEC Niederschachtofen *m*

bassopiano [basso'pia:no] <-i *o* bassipiani> *m* Tiefebene *f*

bassorilievo [bassori'liɛ:vo] *m* Basrelief *nt*

bassotto [bas'sɔtto] *m* ZOO Dackel *m*

basta ['basta] *int* Schluss; **punto e ~** und damit Schluss; *v. a.* **bastare**

bastante [bas'tante] *agg* genügend, ausreichend

bastarda *f v.* **bastardo**

bastardaggine [bastar'daddʒine] *f* Charakterlosigkeit *f*

bastardo, -a [bas'tardo] **I.** *agg* ① ZOO nicht reinrassig ② BOT gekreuzt, hybrid ③ *(persona)* unehelich ④ *(fig: spurio)* falsch, unecht; *(corrotto)* schlecht, gemein **II.** *m, f* *(fam pej)* Bastard *m*

bastare [bas'ta:re] *vi essere (essere sufficiente)* genügen, [aus]reichen; **~ a sé stesso** sich *dat* selbst genügen; **basta poco per essere felici** man braucht nicht viel um glücklich zu sein; **come se non bastasse** als wäre das nicht genug; **basta che ...** *+conj* wenn nur ...; **basta con** [*o* **di**] **...** Schluss mit *+dat*, genug *+gen*; **basta così** das reicht, so ist es gut; **punto e basta!** Punktum!, Schluss, aus!

bastian contrario [bas'tiaŋ kon'tra:rio] <-i> *m* *(fam)* ewiger Besserwisser, Nörgler *m*; **fare il ~** immer widersprechen müssen

bastimento [basti'mento] *m* ① *(nave)* Schiff *nt* ② *(carico)* Schiffsladung *f*

bastione [bas'tio:ne] *m* Bastion *f*, Bollwerk *nt*

basto ['basto] *m* ① *(per muli e asini)* Packsattel *m* ② *(fig: peso eccessivo)* Bürde *f*, Last *f*; **mettere il ~ a qu** jdn einspannen

bastonare [basto'na:re] **I.** *vt* [ver]prügeln, mit dem Stock schlagen; **sembrare un cane bastonato** *(fig)* wie ein geprügelter Hund aussehen **II.** *vr* **-rsi** sich prügeln

bastonata [basto'na:ta] *f* Stockschlag *m*, Stockhieb *m*; **gli dette un fracco di -e** *(fam)* er/sie hat ihm die Hucke vollgehauen

bastoncino [baston'tʃi:no] *m* ① *(piccolo bastone)* kleiner Stock, Stecken *m*, Stöckchen *nt* ② SPORT *(di sci)* Skistock *m*; *(di corsa)* [Stafetten]stab *m*; **~ di pesce** Fischstäbchen *nt*

bastone [bas'to:ne] *m* ① *(di legno)* Stock *m*; **~ da montagna** Bergstock *m*; **~ da passeggio** Spazierstock *m*; **mettere il ~ tra le ruote a qu** *(fig)* jdm [einen] Knüppel zwischen die Beine werfen ② *(fig)* MIL [Befehls]gewalt *f*, Kommando *nt* ③ SPORT Schläger *m*, Stock *m* ④ *pl (di carte da gioco) italienische Spielkartenfarbe* ⑤ *(fig: sostegno)* Stütze *f*; **essere il ~ della vecchiaia di qu** *(fig)* jds Stütze im Alter sein

batacchio [ba'takkio] <-cchi> *m* ① *(di campana)* Glockenschwengel *m* ② *(di porta)* Türklopfer *m* ③ AGR Schlagstange *f*

bataia [bata'i:a] <-ie> *f* Goldwäschersieb *nt*

batata [ba'ta:ta] *f* Batate *f*, Süßkartoffel *f*

batch processing ['bætʃ 'prousesiŋ] <-> *m* INFORM Batch processing *nt*, Schubverarbeitung *f*, Stapelverarbeitung *f*

batic [ba'tik] <-> *m* Batik *m o f*

batista [ba'tista] <-> **I.** *f* Batist *m* **II.** *agg* Batist-, aus Batist

batosta [ba'tɔsta] *f* ① *(fig: sconfitta)* Schlappe *f*; *(disgrazia)* [schwerer] Schlag *m* ② *(colpo)* Schlag *m*

battaglia [ba'taʎʎa] <-glie> *f* ① MIL

B

Schlacht *f,* Feldzug *m;* **campo di ~** *(a. fig)* Schlachtfeld *nt;* **~ campale** Feldschlacht *f;* **dare ~ a qu/qc** jdm/etw eine Schlacht liefern ② *(fig: lotta)* Kampf *m,* Schlacht *f* ③ *(campagna)* Kampagne *f;* **una ~ per** [*o* **contro**] **qc** eine Kampagne für [*o* gegen] etw; **~ elettorale** Wahlkampf *m*

battagliero, -a [battaʎ'ʎɛːro] *agg* kämpferisch

battaglio [bat'taʎʎo] <-gli> *m* ① *(di campana)* Glockenschwengel *m* ② *(di porta)* Türklopfer *m*

battaglione [battaʎ'ʎoːne] *m* Bataillon *nt*

battelliere [battel'liɛːre] *m* Bootsführer *m,* Fährmann *m*

battello [bat'tɛllo] *m* Boot *nt,* Kahn *m*

battente [bat'tɛnte] *m (di porta e finestra)* Flügel *m; (di mobile)* Tür *f;* **chiudere i -i** *(fig)* schließen

battere ['battere] **I.** *vt* ① *(dare dei colpi)* schlagen, klopfen; **~ un colpo** [einmal] schlagen; **~ le ore** die Stunden schlagen; **~ i piedi** mit den Füßen stampfen; *(fig)* [vor Wut] aufstampfen; **non so dove ~ il capo** [*o* **la testa**] *(fig)* ich weiß nicht mehr ein noch aus; **~ le ali** mit den Flügeln schlagen; **~ le mani** [in die Hände] klatschen ② *(grano)* dreschen; *(carne)* klopfen ③ MUS *(tempo)* [an]geben, schlagen; *(tamburo)* schlagen ④ SPORT schlagen; *(primato)* brechen; **~ la punizione** den Strafstoß ausführen ⑤ FIN *(moneta)* prägen ⑥ *(metallo, ferro)* hämmern, schlagen; **~ il ferro finché è caldo** *(prov)* das Eisen schmieden, solange es heiß ist ⑦ *(loc)* **~ i denti** [**dal freddo**] [vor Kälte] mit den Zähnen klappern; **~ il marciapiede** *(fam)* auf den Strich gehen; **~ una lettera a macchina** einen Brief mit der Maschine tippen; **non ~ ciglio** ohne mit der Wimper zu zucken; **in un batter d'occhio** im Nu, in null Komma nichts *fam* **II.** *vi* ① *(pioggia)* prasseln; *(orologio, cuore)* schlagen; *(sole)* knallen ② *(bussare)* klopfen, pochen; **~ alla porta** an die Tür klopfen ③ MOT, TEC klopfen; **~ sempre sullo stesso tasto** *(fig)* darauf herumhacken, immer auf dem gleichen Thema herumreiten **III.** *vr* **-rsi** ① MIL sich schlagen, kämpfen ② *(fig: lottare)* sich schlagen, sich auseinandersetzen; **-rsi per qc** um etw kämpfen; **-rsi il petto** *(fig)* sich *dat* an die Brust schlagen; **battersela** *(fam)* sich verdrücken

batteria [batte'riːa] <-ie> *f* ① *(insieme di cose)* Satz *m,* Batterie *f; (di rubinetti)* Armaturen *fpl* ② MOT, EL, MIL Batterie *f; (di orologio)* Schlagwerk *nt* ③ MUS Schlagzeug *nt*

battericida[1] [batteri'tʃiːda] <-i, -e> *agg* bakterizid, keimtötend

battericida[2] <-i> *m* Bakterizid *nt,* keimtötendes Mittel

batterico, -a [bat'tɛːriko] <-ci, -che> *agg* bakteriell, Bakterien-

batterio [bat'tɛːrio] <-i> *m* Bakterie *f*

batteriologa *f v.* **batteriologo**

batteriologia [batteriolo'dʒiːa] <-gie> *f* Bakteriologie *f*

batteriologico, -a [batterio'lɔːdʒiko] <-ci, -che> *agg* bakteriologisch

batteriologo, -a [batte'riɔːlogo] <-gi, -ghe> *m, f* Bakteriologe *m*/Bakteriologin *f*

batterista [batte'rista] <-i *m,* -e *f*> *mf* ① MUS Schlagzeuger(in) *m(f)* ② EL Batteriehersteller(in) *m(f)*

battesimale [battezi'maːle] *agg* Tauf-; **fonte ~** Taufbecken *nt*

battesimo [bat'teːzimo] *m* Taufe *f;* **nome di ~** Taufname *m;* **tenere a ~ qu** jds Taufpate/Taufpatin sein

battezzando, -a [batted'dzando] *m, f* Täufling *m*

battezzare [batted'dzaːre] **I.** *vt (fig: denominare,* REL taufen; **l'hanno battezzata Silvia** sie wurde auf den Namen Silvia getauft **II.** *vr* **-rsi** sich taufen lassen

battibaleno [battiba'leːno] *avv* **in un ~** im Nu

battibeccarsi [battibek'karsi] *vr* sich zanken

battibecco [batti'bekko] <-chi> *m* Gezänk *nt*

batticarne [batti'karne] <-> *m* Fleischklopfer *m*

batticuore [batti'kuɔːre] *m* Herzklopfen *nt*

battigia [bat'tiːdʒa] <-gie> *f* Strandlinie *f*

battimani [batti'maːni] *mpl,* **battimano** [batti'maːno] *m* Beifall *m,* Applaus *m*

battipanni [batti'panni] <-> *m* Klopfer *m; (per tappeti)* Teppichklopfer *m*

battipenna [batti'penna] <-> *m* MUS Spielplättchen *nt*

battipista [batti'pista] <-> *m* ① SPORT Vorläufer *m* ② TEC Planierraupe *f; (per la neve)* Schneeraupe *f*

battiscopa [battis'koːpa] <-> *m* Fuß[boden]leiste *f*

battista [bat'tista] <-i *m,* -e *f*> **I.** *mf* Baptist(in) *m(f);* **San Giovanni Battista** Johannes der Täufer **II.** *agg* Tauf-; **chiesa ~** Baptistenkirche *f*

battistero [battis'tɛːro] *m* Taufkapelle *f,* Baptisterium *nt*

battistrada [battis'traːda] <-> *m* ① MOT [Reifen]profil *nt* ② SPORT Schrittmacher *m*

battitappeto [battitap'pe:to] <- *o* -i> *m* Klopfsauger *m*

battito ['battito] *m (del cuore, dell'orologio)* Schlag *m; (della pioggia)* Prasseln *nt*

battitore, **-trice** [batti'to:re] *m, f* SPORT Schläger(in) *m(f); (tennis)* Aufschläger(in) *m(f)*

battitrice [batti'tri:tʃe] *f* Dreschmaschine *f*

battitura [batti'tu:ra] *f* ① TYP Tippen *nt* ② AGR Dreschen *nt*

battona [bat'to:na] *f* DIAL *(vulg)* Nutte *f*

battuta [bat'tu:ta] *f* ① *(percossa)* Schlag *m,* Stoß *m* ② *(scherz: frase spiritosa)* Witz *m;* ~ **di spirito** geistreiche Bemerkung; **avere la ~ pronta** schlagfertig sein ③ MUS Takt *m;* ~ **d'arresto** Pause *f,* Unterbrechung *f; (insuccesso)* Rückschlag *m;* **alle prime -e** *(a. fig)* am Anfang ④ *(di macchina da scrivere)* Anschlag *m* ⑤ THEAT Einsatz *m; (frase)* Satz *m* ⑥ SPORT Abspiel *nt* ⑦ *(caccia)* Treibjagd *f* ⑧ *(di polizia)* Razzia *f*

battutismo [battu'tizmo] *m* Schlagfertigkeit *f,* Fähigkeit *f,* geistreiche Bemerkungen zu machen

battutistico, **-a** [battu'tistiko] <-ci, -che> *agg* geistreich, schlagfertig

battuto, **-a** *agg* ① *(rame, ferro)* gehämmert, geschmiedet; **di ferro** ~ schmiedeeisern ② *(strada)* begangen; *(con veicolo)* befahren ③ GASTR *(carne)* geklopft ④ *(sconfitto)* geschlagen

batuffolo [ba'tuffolo] *m* ① *(di cotone)* Bausch *m* ② *(fig: bambino)* Pummelchen *nt; (cane)* Mops *m*

bau bau ['ba:u 'ba:u] *int* wauwau

baule [ba'u:le] *m* ① *(da viaggio)* Überseekoffer *m* ② MOT Kofferraum *m*

bauletto [bau'letto] *m* ① *(per oggetti femminili)* Schmuckköfferchen *nt,* Kosmetikköfferchen *nt* ② *(borsetta)* Handköfferchen *nt*

bauliera [bau'liɛ:ra] *f* Kofferraum *m*

bauxite [bauk'si:te] *f* Bauxit *m*

bava ['ba:va] *f* ① ANAT, ZOO Schaum *m,* Schleim *m;* **avere la ~ alla bocca** Schaum vor dem Mund haben; *(fig)* [vor Wut] schäumen ② *(del baco da seta)* Spinnfaden *m; (seta fiacca)* Flockseide *f* ③ *(loc)* **~ di vento** Windhauch *m*

bavaglino [bavaʎ'ʎi:no] *m* Lätzchen *nt*

bavaglio [ba'vaʎʎo] <-gli> *m* Knebel *m;* **mettere il ~ a qu** *(fig)* jdm einen Maulkorb anlegen

bavagliolo [bavaʎ'ʎɔ:lo] *m* Lätzchen *nt*

bavarese [bava're:se] **I.** *agg* bay(e)risch **II.** *mf* Bayer(in) *m(f)*

bavero ['ba:vero] *m* Kragen *m;* **prendere qu per il ~** jdn beim Kragen packen; *(fig)* jdn auf den Arm nehmen

Baviera [ba'viɛ:ra] *f* Bayern *nt*

bazar [bad'dzar] <-> *m* ① *(nei paesi musulmani)* Basar *m; (fig)* COM Warenhaus *nt* ② *(fig: disordine)* Durcheinander *nt*

bazza ['baddza] *f* ① *(mento sporgente)* [vorspringendes] Kinn *nt* ② *(fortuna)* Glück *nt,* Dusel *m fam; (successo)* Erfolg *m;* **che ~!** so ein Glück!

bazzecola [bad'dzɛ:kola] *f* Lappalie *f,* Kleinigkeit *f*

bazzicare [battsi'ka:re] **I.** *vi* verkehren; **~ con qu** mit jdm verkehren; **in questo locale bazzicano molti artisti** in diesem Lokal verkehren viele Künstler **II.** *vt* regelmäßig besuchen, verkehren in +*dat*

bazzotto, **-a** [bad'dzɔtto] *agg* ① *(uovo)* weich [gekocht] ② *(fig: infermiccio)* schwach, kränklich; *(alticcio)* angetrunken

BBC [bibi'tʃi:] *f abbr di* **blind carbon copy** INFORM Blindkopie *f,* Blind Copy *f*

BCE [bitʃi'e:] *f abbr di* **Banca Centrale Europea** EZB *f*

bè [bɛ] *int (della pecora)* bäh, mäh

be' [bɛ] *int v.* **beh**

beach volley [bi:tʃ 'vɔli] <-> *m* Beach-Volleyball *nt*

beare [be'a:re] **I.** *vt* beglücken **II.** *vr* **-rsi di qc** an etw *dat* Wohlgefallen [*o* Vergnügen] finden

beat [bi:t] **I.** *mf* <-> Beatnik *m;* LIT *a.* Angehörige(r) *f(m)* der Beatgeneration **II.** *agg inv* Beat-

beata *f v.* **beato**

beatificare [beatifi'ka:re] *vt* selig sprechen

beatificazione [beatifikat'tsio:ne] *f* Seligsprechung *f*

beatitudine [beati'tu:dine] *f* ① REL Seligkeit *f* ② *(felicità)* [Glück]seligkeit *f*

beato, **-a** [be'a:to] **I.** *agg* ① *(fig: felice)* glücklich, glückselig ② REL selig; **il Beatissimo Padre** der Heilige Vater; **~ te!** *(fam)* du hast es gut!; **~ tra le donne** *(scherz)* Hahn im Korb **II.** *m, f* Selige(r) *f(m)*

beau geste [bo 'ʒɛst] <- *o* beaux gestes> *m (iron)* Beau geste *f,* höfliche Geste *f*

beautiful ['bju:təfəl] *agg* wunderschön, perfekt; **~ people** *(iron: gente mondana)* Schickeria *f,* mondäne Gesellschaft

beauty-case ['bju:ti 'keis] <-> *m* Kosmetikkoffer *m*

beauty center ['bju:ti 'sentə] <- *o* beauty centers> *m* Beauty-Center *nt,* Schönheitsinstitut *nt*

beauty farm ['bju:ti 'fa:m] <- *o* beauty farms> *f* Beautyfarm *f,* Schönheitsfarm *f*

beauty hostess ['bju:ti 'houstis *o* 'bjuti

'hɔstes] <-> *f* Vorführdame *f* von Kosmetika

B

beauty parlour ['bju:ti 'pa:lə] <- *o* beauty parlours> *m* Schönheitssalon *m,* Kosmetiksalon *m*

bebè [be'bɛ] <-> *m* Baby *nt*

beccaccia [bek'kattʃa] <-cce> *f* Waldschnepfe *f*

beccare [bek'ka:re] **I.** *vt* ① ZOO [auf]picken; *(colpire con il becco)* picken [nach] ② *(fam: mangiucchiare)* picken ③ *(fig fam)* kriegen, schnappen; **~ qu sul fatto** jdn auf frischer Tat ertappen; **beccati questa!** *(fam)* da hast [*o* siehst] du's! ④ THEAT ausbuhen, auspfeifen **II.** *vr* **-rsi** ① ZOO schnäbeln ② *(fam: bisticciarsi)* sich zanken

beccata [bek'ka:ta] *f* ① *(colpo)* Schnabelhieb *m* ② *(quantità)* Schnabel [voll] *m* ③ *(fig)* THEAT Buhruf *m*

beccatura [bekka'tu:ra] *f* Picken *nt*

beccheggiare [bekked'dʒa:re] *vi* NAUT, AERO [heftig] schaukeln

beccheggio [bek'keddʒo] <-ggi> *m* NAUT, AERO [heftiges] Schaukeln *nt*

becchettare [bekket'ta:re] *vt* picken

becchettio [bekket'ti:o] <-ii> *m* Picken *nt*

becchime [bek'ki:me] *m* [Hühner-, Vogel]futter *nt*

becchino [bek'ki:no] *m* Totengräber *m*

becco ['bekko] <-cchi> *m* ① *(fig fam: bocca umana,* ZOO Schnabel *m;* **mettere il ~ dappertutto** *(fam)* überall seine Nase hineinstecken; *(immischiarsi)* zu allem seinen Senf dazugeben; **restare a ~ asciutto** *(fam)* leer ausgehen; **chiudi il ~!** *(fam)* halt den Schnabel!; **non avere il ~ d'un quattrino** *(fam)* keinen roten Heller haben, blank sein ② ZOO *(caprone)* [Ziegen]bock *m* ③ *(di bricchi)* Tülle *f,* Schnabel *m* ④ CHEM Brenner *m;* **~ di Bunsen** Bunsenbrenner *m* ⑤ *(fam: marito di donna infedele)* Gehörnter *m,* betrogener Ehemann

beccuccio [bek'kuttʃo] <-cci> *m* ① *(di bricco)* Tülle *f,* Schnabel *m* ② *(per capelli)* Haarklammer *f*

becero, -a ['be:tʃero] **I.** *agg* TOSC *(pej)* primitiv, ordinär **II.** *m, f (pej)* Primitivling *m fam,* ordinäre Person

beckettiano, -a [bekket'tia:no] *agg* Beckett-; **stile ~** Beckett'scher Stil *m,* im Stile Becketts

bed and breakfast [bed ænd 'brekfəst] <-> *m* Bed and Breakfast *nt,* Zimmer *nt* mit Frühstück

bee [bɛ] *v.* **bè**

beep [bi:p] <-> *m* Piepton *m,* Piepsen *nt*

beeper ['bi:pə] <- *o* beepers> *m* Piepser *m,* Personensuchsystem *nt*

befana [be'fa:na] *f* ① *(Epifania)* Dreikönigsfest *nt* ② *(vecchia)* Befana *f (Fee, die in der Dreikönigsnacht den braven Kindern Geschenke und den bösen Kohle bringt)* ③ *(fig fam: donna vecchia e brutta)* alte Schreckschraube, Vettel *f*

beffa ['bɛffa] *f* Spott *m;* **farsi -e di qu** über jdn spotten, jdn verspotten; **restare col danno e con le -e** zum Schaden auch noch den Spott haben

beffardo, -a [bef'fardo] *agg* spöttisch, höhnisch

beffare [bef'fa:re] **I.** *vt* verspotten, verhöhnen **II.** *vr* **-rsi di qu/qc** sich über jdn/etw lustig machen; **-rsi della legge** die Gesetze missachten

beffeggiare [beffed'dʒa:re] *vt* auslachen, verhöhnen, verspotten

bega ['bɛ:ga] <-ghe> *f (fam)* Scherereien *f pl,* Zoff *m sl; (litigio)* Streit *m*

beghina [be'gi:na] *f* ① REL Begine *f* ② *(pej: bigotta)* Betschwester *f,* Frömmlerin *f*

begli ['bɛʎʎi] *v.* **bello, -a**

begonia [be'gɔ:nia] <-ie> *f* Begonie *f*

beh [bɛ] *int (fam)* nun, also

behaviorismo [beavio'rizmo] *m* Behaviorismus *m*

bei ['bɛ:i] *v.* **bello, -a**

beige [bɛ:ʒ] **I.** *agg inv* beige[farben] **II.** *m* <-> Beige *nt*

bel [bɛl] *v.* **bello, -a**

belare [be'la:re] *vi* ① ZOO blöken, meckern ② *(fig fam: piangere)* plärren; *(lamentarsi)* jammern, raunzen A

belato [be'la:to] *m* Blöken *nt,* Meckern *nt*

belcantismo [belkan'tizmo] *m* Technik *f* [*o* Pflege *f*] des Belcanto

belcantistico, -a [belkan'tistiko] <-ci, -che> *agg* belcantistisch, den Belcanto betreffend; **virtuosismo ~** Belcantovirtuosität *f*

bel esprit [bɛl ɛ'spri] <- *o* beaux esprits> *m* Belesprit *m,* Schöngeist *m*

belga ['bɛlga] <-gi *m,* -ghe *f*> **I.** *agg* belgisch **II.** *mf* Belgier(in) *m(f)*

Belgio ['bɛldʒo] *m* **il ~** Belgien *nt*

Belgrado [bel'gra:do] *f* Belgrad *nt*

bell' [bɛll] *v.* **bello, -a**

bella ['bɛlla] *f* ① *(donna bella)* Schöne *f,* Schönheit *f;* **la ~ addormentata nel bosco** Dornröschen *nt* ② *(innamorata)* Freundin *f* ③ *(copia)* Reinschrift *f;* **ricopiare in ~** ins Reine schreiben ④ SPORT Entscheidungsspiel *nt*

belladonna [bella'dɔnna] *f* Tollkirsche *f*

bellamente [bella'mente] *avv* schön, hübsch *fam; (con precauzione)* vorsichtig, schonend; **dire qc a qu ~** jdm etw durch die Blume sagen

belletto [bel'letto] *m* ① *(cosmetico)* Schminke *f;* **darsi il ~** sich schminken ② *(fig: artificio stilistico)* stilistischer Kunstgriff

bellezza [bel'lettsa] *f* ① *(qualità)* Schönheit *f; (splendore)* Pracht *f;* **istituto di ~** Kosmetiksalon *m;* **prodotti di ~** Kosmetika *ntpl,* Kosmetikprodukte *pl;* **le -e di una città** Sehenswürdigkeiten *fpl* einer Stadt; **per ~** zur Verzierung ② *(persona)* Schönheit *f; (cosa)* Prachtstück *nt;* **concorso di ~** Schönheitswettbewerb *m* ③ *(loc)* **che ~!** wie schön!; **finire in ~** *(fig)* ein gutes Ende nehmen; **la ~ di tre milioni** *(fam)* die Kleinigkeit von drei Millionen

bellicismo [belli'tʃizmo] *m* Kriegshetze *f*

bellico, -a <-ci, -che> *agg* kriegerisch, Kriegs-; **industria -a** Rüstungsindustrie *f*

bellicoso, -a [belli'ko:so] *agg (popolo)* kriegerisch; *(carattere)* kampflustig

belligerante [bellidʒe'rante] **I.** *agg* Krieg führend **II.** *mf* Kriegführende(r) *f(m)*

belligeranza [bellidʒe'rantsa] *f* Kriegszustand *m*

bellimbusto [bellim'busto] *m (fam)* Lackaffe *m,* Modenarr *m*

bello ['bɛllo] *m* ① *(bellezza)* Schöne(s) *nt,* Schönheit *f;* **che c'è di ~ alla televisione?** *(fam)* was kommt Schönes im Fernsehen?; **che fai di bello?** was machst du Schönes?; **ora viene il ~** *(fam)* nun kommt das Beste; **il ~ è che ...** *(fam iron)* komisch daran ist, dass ...; **questo è il ~** *(fam)* das ist es ja gerade!; **sul più ~** *(fam)* gerade, als es am schönsten war ② METEO schönes Wetter; **oggi fa ~** heute ist schönes Wetter; **il tempo s'è rimesso al ~** das Wetter ist wieder schön geworden

bello, -a **I.** *agg* schön; *(carino)* hübsch, fesch A; *(buono)* gut; *(occasione)* günstig; **il bel mondo** die elegante Welt; **le -e arti** die schönen Künste; **fare la -a vita** ein liederliches Leben führen; **fare una -a figura** *(a. iron)* einen guten Eindruck machen; **non valere un bel nulla** *(fam)* keinen Pfifferling wert sein; **avere un bel dire** *(fam)* gut reden haben; **mi sono preso una -a paura** *(fam)* ich habe ganz schön Angst bekommen, ich habe so einen Schiss bekommen; **un bel giorno te lo dirò** *(fam)* eines schönen Tages werde ich es dir sagen; **l'ho fatta/detta -a!** *(fam)* da habe ich ja was angestellt/gesagt!; **sei un bel cretino!** *(fam)* du bist vielleicht ein Idiot!; **una -a somma** *(fam)* ein hübsches Sümmchen; **-a copia** Reinschrift *f;* **nel bel mezzo** *(fam)* mitten, mittendrin; **bell'e fatto** *(fam)* schon erledigt; **bell'e buono** *(fam)* echt, durch und durch; **alla bell'e meglio** *(fam)* mehr schlecht als recht; **ne hai fatte delle -e** *(fam)* da hast du dir ja allerhand geleistet; **un bel niente** ganz und gar nichts; **un bel pasticcio!** ein schönes Durcheinander!; **bel ~** *(fam)* in aller [Gemüts]ruhe; **oh -a!** *(iron)* na wunderbar! *fam,* wie schön! *fam;* **questa è -a!** *(fam)* das ist ein Ding!, das gibt's ja nicht!; **-a figura!** *(fam iron)* schöne Blamage!; **tante -e cose!** alles Gute! **II.** *m, f* Schöne(r) *f(m)*

belloccio, -a [bel'lɔttʃo] <-cci, -cce> *agg (fam)* hübsch, von einer natürlichen Schönheit, fesch A

bellunese [bellu'ne:se] **I.** *agg* bellunesisch **II.** *mf (abitante)* Einwohner(in) *m(f)* von Belluno

Bellunese *m sing* Gebiet *nt* um Belluno

Belluno *f* Belluno *nt (Stadt in Venetien)*

bel paese® ['bɛl pa'e:ze] <-> *m* Bel-Paese *m (milder Butterkäse aus der Lombardei)*

beltà [bel'ta] <-> *f (poet)* Schönheit *f*

Belucistan *m* Belutschistan *nt*

belva ['belva] *f* ① *(animale)* wildes Tier ② *(fig: persona)* Bestie *f*

belvedere [belve'de:re] <-> *m* ① *(luogo)* Aussichtspunkt *m* ② NAUT Besanmast *m*

benaccetto, -a [benat'tʃɛtto] *agg (poet)* willkommen

benamato, -a [bena'ma:to] *agg (poet iron)* heiß geliebt

benarrivato [benarri'va:to] *m* Willkommensgruß *m;* **dare il ~ a qu** jdn [bei seiner Ankunft] willkommen heißen

benarrivato, -a *agg* willkommen

benché [beŋ'ke] *cong +conj* obwohl

benda ['bɛnda] *f* ① MED Binde *f,* Verband *m* ② *(ornamento)* [Stirn]band *nt;* **avere la ~ agli occhi** *(fig)* mit Blindheit geschlagen sein

bendaggio [ben'daddʒo] <-ggi> *m* Verband *m;* SPORT Bandage *f*

bendare [ben'da:re] *vt* ① *(gli occhi)* zubinden ② MED verbinden

bendatura [benda'tu:ra] *f* ① *(atto)* Verbinden *nt* ② *(bendaggio)* Verband *m*

bendisposto, -a [bendis'posto] *agg* wohlgesinnt, wohlwollend; *(pronto ad aiutare)* hilfsbereit

bene[1] ['bɛ:ne] <meglio, benissimo *o* ottimamente> *avv* gut, wohl; *(giusto, esatto)* genau, richtig; **essere vestito [per] ~** gut gekleidet sein; **di ~ in meglio** *(a. iron)* immer besser; **~ o male** gut oder schlecht; *(comunque sia)* wohl oder übel; **ben ~** *(fam)* richtig, [ganz] genau; *(a fondo)*

B

gründlich, ordentlich; **è andata ~** es ist gut gelaufen; **non mi sento ~ oggi** ich fühle mich heute nicht wohl; **lo credo ~** *(fam)* das glaube ich gern; **prenderla ~** etw gut aufnehmen; **ben tre milioni m'è costato!** *(fam)* das hat mich gut drei Millionen gekostet; **ben gli sta!, gli sta ~!** *(fam)* das geschieht ihm recht!; **ben detto!** *(fam)* richtig!, gut gesagt!; **va ~!** *(fam)* gut!, in Ordnung!, einverstanden!; **tutto è ~ quel che finisce ~** *(prov)* Ende gut, alles gut; **voler ~ a qu** jdn gernhaben, jdn lieben

bene[2] *int* gut; **~, basta così** gut, das reicht; **~! bravo! bis!** wunderbar!, bravo!, Zugabe!

bene[3] *m* ① *(buono)* Gute(s) *nt; (benessere)* Wohl *nt;* **opere di ~** gute Werke *nt pl;* **far ~ [alla salute]** gesund sein; **per il tuo ~** zu deinem Besten; **gente per ~** anständige Leute; **fare qc a fin di ~** etw in guter Absicht tun, etw gut meinen; *(a scopo caritativo)* etw für einen guten Zweck tun; **lo dico per il tuo ~** ich sage es zu deinem Wohl; **ti auguro ogni ~** ich wünsche dir alles Gute ② COM, JUR Gut *nt;* **-i di consumo** Konsumgüter *nt pl;* **-i immobili** unbewegliche Güter *nt pl;* **-i mobili** bewegliche Güter *nt pl;* **avere dei -i al sole** Immobilien besitzen ③ *pl (averi)* Vermögen *nt,* Besitz *m;* **-i culturali** Kulturgüter *nt pl*

benedettino, -a **I.** *agg* benediktinisch, Benediktiner- **II.** *m, f* REL Benediktiner(in) *m(f)*

benedetto, -a [bene'detto] *agg* ① REL gesegnet; *(terra, oggetto)* geweiht; **acqua -a** Weihwasser *nt;* **Dio sia ~** gelobt sei der Herr ② *(fig: persona)* begnadet ③ *(fausto)* glücklich

benedire [bene'di:re] <benedico, benedissi *o* benedii, benedetto> *vt* segnen; **Dio ti benedica!** Gott segne dich!; **mandare qu a farsi ~** *(fam)* jdn zum Teufel schicken; **la frutta è andata a farsi ~** *(fam)* das Obst ist verdorben

benedizione [benedit'tsio:ne] *f* ① REL *(atto)* Segnung *f; (effetto)* Segen *m* ② *(fig: fonte di bene, di gioia)* Segen *m,* Wohltat *f*

beneducato, ben educato, -a [bene-du'ka:to] *agg* wohl erzogen

benefattore, -trice [benefat'to:re] *m, f* Wohltäter(in) *m(f)*

beneficare [benefi'ka:re] *vt* beschenken; *(dare aiuti finanziari)* unterstützen

beneficenza [benefi'tʃɛntsa] *f* Wohltätigkeit *f;* **fiera di ~** Wohltätigkeitsbasar *m*

beneficiare [benefi'tʃa:re] *vi* **~ di qc** in den Genuss einer Sache *gen* kommen; *(trarre vantaggi)* Vorteil aus etw ziehen

beneficiario, -a [benefi'tʃa:rio] <-i, -ie> *m, f* ① JUR Begünstigte(r) *f(m),* Bezugsberechtigte(r) *f(m)* ② COM Empfänger *m,* Wechselnehmer *m*

beneficio [bene'fi:tʃo] <-ci> *m* ① *(bene)* Wohltat *f* ② *(giovamento)* Nutzen *m,* Gewinn *m* ③ JUR Rechtswohltat *f,* Vorteil *m*

benefico, -a [be'nɛ:fiko] <-ci, -che> *agg* wohltuend, heilsam; *(persona)* wohltätig

benefit ['benifit] <- *o* benefits> *m* Zusatzleistungen *f pl,* Vergünstigungen *f pl*

benemerenza [beneme'rɛntsa] *f* Verdienst *nt*

benemerita [bene'mɛ:rita] *f* Karabinieri *m pl*

benemerito, -a [bene'mɛ:rito] *agg* verdienstvoll, verdient

beneplacito [bene'pla:tʃito] *m* ① *(approvazione)* Zustimmung *f,* Einwilligung *f* ② *(arbitrio)* Belieben *nt,* Gutdünken *nt*

benessere [be'nɛssere] *m* ① *(buono stato di salute)* Wohlbefinden *nt,* Wohlsein *nt; (rilassamento salutare)* Wellness *f;* **vacanze di ~** Wellnessurlaub *m* ② COM Wohlstand *m;* **società del ~** Wohlstandsgesellschaft *f*

benestante [benes'tante] **I.** *agg* wohlhabend **II.** *mf* wohlhabender Mensch

benestare [benes'ta:re] <-> *m* ADM Zustimmung *f,* Genehmigung *f*

benestarista [benesta'rista] <-i *m,* -e *f*> *mf Person, die die Industrieproduktion kontrolliert und Genehmigung für die Kommerzialisierung erteilt*

beneventano, -a [beneven'ta:no] **I.** *agg* beneventanisch **II.** *m, f (abitante)* Beneventaner(in) *m(f)*

Beneventano *m sing* Provinz *f* Benevento, Umgebung *f* von Benevento

Benevento *f* Benevento *nt (Stadt in Kampanien)*

benevolenza [benevo'lɛntsa] *f* Wohlwollen *nt*

benevolo, -a [be'nɛ:volo] *agg* wohlwollend; **essere ~ con [*o* verso] qu** gegenüber jdm wohlwollend sein

benfatto, ben fatto, -a [ben'fatto] *agg* ① *(persona)* gut gewachsen [*o* gebaut] ② *(lavoro, cosa)* gut [gemacht], ordentlich, sauber

bengala [beŋ'ga:la] <-> *m* ① *(fuoco d'artificio)* bengalisches Feuer ② *(per segnalazioni)* Leuchtkugel *f,* Leuchtrakete *f*

bengodi [beŋ'gɔ:di] <-> *m* Schlaraffenland *nt;* **il paese di ~** das Schlaraffenland

beniamino, -a [benia'mi:no] *m, f* ① *(in famiglia)* Liebling *m,* Lieblingskind *nt* ② *(di pubblico)* Publikumsliebling *m*

benignità [beniɲɲi'ta] <-> *f* Güte *f,* Milde *f*

benigno, **-a** [be'niɲɲo] *agg* ❶ *(benevolo)* wohlwollend; *(giudice, critico)* gütig, mild; *(cortese)* liebenswürdig ❷ *(fig: favorevole)* nachsichtig, mild ❸ METEO *(clima)* mild ❹ MED *(tumore)* gutartig

beninformato, **-a**, **ben informato**, **-a** [beninfor'ma:to] **I.** *agg* gut informiert [*o* unterrichtet] **II.** *m, f* Person, die gut informiert [*o* auf dem Laufenden] ist

benintenzionato, **-a** [benintentsio'na:to] *agg* wohlmeinend; **essere ~ verso qu** jdm wohlgesonnen sein

beninteso [benin'te:so] *avv* selbstverständlich; **~ sei invitato anche tu** natürlich bist auch du eingeladen

benissimo [be'nissimo] *superlativo di* **bene**[1]

benpensante, **ben pensante** [benpen'sante] **I.** *mf* rechtschaffener Mensch; *(pej, iron)* Biedermann *m,* Spießer(in) *m(f) fam* **II.** *agg* rechtschaffen; *(pej)* bieder, spießig *fam*

benservito [benser'vi:to] *m* [Dienst]führungszeugnis *nt,* Abgangszeugnis *nt;* **dare il ~ a qu** *(iron)* jdm den Laufpass geben

bensì [ben'si] *cong* ❶ *(ma)* sondern ❷ *(invece)* jedoch, hingegen

bentornato, **ben tornato** [bentor'na:to] *m* Willkommensgruß *m;* **dare il ~ a qu** jdn wieder [zu Hause] willkommen heißen

bentornato, **ben tornato**, **-a** *agg o int* willkommen [zu Hause]

benvenuto, **ben venuto** [benve'nu:to] *m* Willkommensgruß *m;* **dare** [*o* **porgere**] **il ~ a qu** jdn willkommen heißen

benvenuto, **-a**, **ben venuto**, **-a I.** *agg o int* willkommen **II.** *m, f* Willkommene(r) *f(m);* **essere il ~ in un luogo** an einem Ort willkommen sein

benvisto, **ben visto**, **-a** [ben'visto] *agg* gern gesehen

benvolere[1], **ben volere** [benvo'le:re] <*solo inf e pp:* benvoluto> *vt* schätzen, gern[e] mögen; **farsi ~ da qu** jds Zuneigung gewinnen, sich bei jdm beliebt machen; **prendere a ~ qu** jdn lieb gewinnen

benvolere[2], **ben volere** *m* Zuneigung *f*

benvoluto, **-a** [benvo'lu:to] *agg* beliebt

benzina [ben'dzi:na] *f* Benzin *nt;* **~ normale** Normalbenzin *nt;* **~ senza piombo** bleifreies Benzin; **~ super** Superbenzin *nt;* **~ verde** bleifreies Benzin; **serbatoio della ~** Benzintank *m;* **fare ~** tanken

benzinaio, **-a** [bendzi'na:io] <-ai, -aie>, **benzinaro**, **-a** [bendzi'na:ro] *m, f* Tankwart(in) *m(f)*

beone, **-a** [be'o:ne] *m, f (fam)* Säufer(in) *m(f)*

beota [be'ɔ:ta] <-i *m,* -e *f*> **I.** *mf* ❶ *(pej: idiota)* Holzkopf *m,* Idiot *m* ❷ *(abitante della Beozia)* Böotier(in) *m(f)* **II.** *agg (pej)* blöd[e]

berbero, **-a** ['bɛrbero] **I.** *agg* Berber- **II.** *m, f* Berber(in) *m(f)*

berciare [ber'tʃa:re] *vi (fam)* schreien, brüllen, grölen

bercio ['bɛrtʃo] <-ci> *m (fam)* Gebrüll *nt,* Geschrei *nt,* Gegröle *nt*

bere[1] [be:re] <bevo, bevvi *o* bevetti, bevuto> **I.** *vt* trinken; **~ dalla bottiglia** aus der Flasche trinken; **~ alla salute di qu** auf jds Gesundheit [*o* Wohl] trinken; **questa pianta beve molto** diese Pflanze braucht viel Wasser; **la mia macchina beve benzina/olio** mein Auto schluckt viel Benzin/frisst viel Öl; **~ le parole di qu** *(fig)* an jds Lippen hängen; **darla a ~ a qu** *(fig fam)* jdm etw weismachen **II.** *vi* trinken; **~ come una spugna** saufen wie ein Loch *fam;* **~ per dimenticare** trinken um zu vergessen

bere[2] *m* Trinken *nt; (vizio)* Trunksucht *f;* **darsi al ~** sich dem Trunk ergeben, [gewohnheitsmäßig] trinken

bergamasco [berga'masko] *m sing (dialetto)* Dialekt *m* von Bergamo

bergamasco, **-a** <-chi, -che> **I.** *agg* Bergamo betreffend, aus Bergamo stammend **II.** *m, f (abitante)* Einwohner(in) *m(f)* von Bergamo, Bergamaske *m/*Bergamaskin *f*

Bergamasco *m sing* Gebiet *nt* um Bergamo

Bergamo *f* Bergamo *nt (Stadt in der Lombardei)*

bergamotto [berga'mɔtto] *m* Bergamotte *f*

berillio [be'rillio] *m sing* Beryllium *nt*

berlina [ber'li:na] *f* ❶ HIST Pranger *m* ❷ AUTO Limousine *f* ❸ *(loc)* **mettere alla** [*o* **in**] **~** *(fig)* zum Gespött machen

Berlino [ber'li:no] *f* Berlin *nt*

bermuda [ber'mu:da] *mpl* Bermudas *pl,* Bermudashorts *pl*

Berna ['bɛrna] **I.** *f (città)* Bern *nt* **II.** *m (cantone)* Bern *nt*

bernoccolo [ber'nɔkkolo] *m* ❶ *(in testa)* Beule *f* ❷ *(fig: inclinazione)* Veranlagung *f;* **avere il ~ di qc** eine Veranlagung für etw haben; **avere il ~ della musica** eine musikalische Begabung haben

berretta [ber'retta] *f* Mütze *f,* Kappe *f;* **~ da notte** *(per uomo)* Schlafmütze *f; (per donna)* Nachthaube *f*

berretto [ber'retto] *m* Mütze *f,* Barett *nt*

bersagliare [bersaʎ'ʎa:re] *vt* ❶ *(fig)* überhäufen; *(perseguitare)* verfolgen, plagen;

B

B

~ **qu di domande** jdn mit Fragen überhäufen ② MIL unter Beschuss nehmen

bersagliera [bersaʎ'ʎɛːra] *f* **alla** ~ frisch und munter, schwungvoll

bersagliere [bersaʎ'ʎɛːre] *m* MIL Bersagliere *m (Scharfschütze der italienischen Infanterie)*

bersagliere, -a *m, f (fig)* energische Person, Kämpfernatur *f*

bersaglio [ber'saʎʎo] <-gli> *m* Ziel *nt; (a. fig)* Zielscheibe *f;* **tiro al** ~ Scheibenschießen *nt;* **colpire il** ~ **in pieno** *(a. fig)* ins Schwarze treffen

bertuccia [ber'tuttʃa] <-cce> *f* ① ZOO Magot *m,* Berberaffe *m* ② *(fam pej: donna brutta)* [alte] Schachtel

BES [bie'ɛsse] *abbr di* **Bisogni Educativi Speciali** ≈ sonderpädagogischer Förderbedarf

besciamella [beʃʃa'mɛlla] *f* Béchamelsoße *f*

bestemmia [bes'temmia] <-ie> *f* Fluch *m*

bestemmiare [bestem'miaːre] **I.** *vi* fluchen **II.** *vt* lästern; *(maledire)* verfluchen

bestemmiatore, -trice [bestemmia'toːre] *m, f* Lästermaul *nt fam,* Flucher(in) *m(f)*

bestia ['bestia] <-ie> *f* Tier *nt;* **una** ~ **rara** *(fig)* ein seltenes Exemplar; **brutta** ~ *(fig)* schlimme Sache; *(persona)* schrecklicher Mensch; **andare in** ~ wütend werden, aufdrehen A; **lavorare come una** ~ *(fam)* arbeiten wie ein Tier; **sudare come una** ~ *(fam)* schwitzen wie ein Schwein

bestiale [bes'tiaːle] *agg* ① *(fig: crudele)* bestialisch ② *(fig fam: caldo, fame)* mörderisch, tierisch ③ ZOO tierisch

bestialità [bestiali'ta] <-> *f* ① *(fig: grosso sproposito)* grober Schnitzer; **ha detto una** ~ *(fam)* er/sie hat etwas ganz Blödes gesagt ② *(brutalità)* Bestialität *f*

bestiame [bes'tiaːme] *m* Vieh *nt*

best seller [best 'selə] <-> *m* Bestseller *m*

beta ['bɛːta] **I.** *f* <-> Beta *nt* **II.** *agg inv* beta-, Beta-; **raggi** ~ Betastrahlen *mpl*

betabloccante [betablok'kante] **I.** *agg* MED Betablock- **II.** *m* MED Betablocker *m*

betacarotene [betakaro'teːne] *m* Betacarotin *nt*

bêtise [be'tiz] <- *o* bêtises> *f* Betise *f,* Dummheit *f*

Betlemme [be'tlɛmme] *f* Bethlehem *nt*

bettola ['bettola] *f (fam pej)* Kaschemme *f*

betulla [be'tulla] *f* Birke *f*

bevanda [be'vanda] *f* Getränk *nt*

beveraggio [beve'raddʒo] <-ggi> *m* ① *(scherz: bevanda)* Trinkbare(s) *nt* ② *(per le bestie)* Viehtrank *m* ③ *(pozione)* Gebräu *nt*

beverone [beve'roːne] *m* ① *(per le bestie)* Kleiewasser *nt* ② *(scherz, pej: bevanda disgustosa)* Gesöff *nt fam*

bevetti [be'vɛtti] *1. pers sing pass rem di* **bere**[1]

bevibile [be'viːbile] *agg* trinkbar

bevicchiare [bevik'kiaːre] **I.** *vt* in kleinen Schlucken trinken, lustlos nippen an +*dat* **II.** *vi (fam)* bechern, picheln

bevitore, -trice [bevi'toːre] *m, f* Trinker(in) *m(f)*

bevo ['beːvo] *1. pers sing pr di* **bere**[1]

bevuta [be'vuːta] *f* Trinken *nt,* Umtrunk *m*

bevuto [be'vuːto] *pp di* **bere**[1]

bevvi ['bevvi] *1. pers sing pass rem di* **bere**[1]

bezzi ['bɛttsi] *mpl* VENEZ *(soldi)* Mäuse *f pl sl,* Kröten *f pl sl*

BF *abbr di* **Bassa Frequenza** NF

Bhutan *m* Bhutan *nt (Staat im Himalaja)*

BI *abbr di* **Banca d'Italia** *staatliches Bankinstitut Italiens*

biacca ['biakka] <-cche> *f* Bleiweiß *nt*

biada ['biaːda] *f* Futtergetreide *nt*

biadesivo [biade'ziːvo] *m* Doppelklebeband *nt*

biadesivo, -a *agg* beidseitig klebend; **nastro** ~ Doppelklebeband *nt*

bianca *f v.* **bianco**

biancastro, -a [biaŋ'kastro] *agg* weißlich

biancheggiare [biaŋked'dʒaːre] *vi essere* ① *(essere bianco)* weiß sein [*o* leuchten] ② *(mare)* weiß[lich] schäumen ③ *(cielo)* sich aufklären

biancheria [biaŋke'riːa] <-ie> *f* Wäsche *f;* ~ **intima** Unterwäsche *f;* ~ **da letto** Bettwäsche *f;* ~ **da tavola** Tischwäsche *f*

bianchetto [biaŋ'ketto] *m (per colori)* Deckweiß *nt; (per correggere)* Korrekturflüssigkeit *f*

bianchezza [biaŋ'kettsa] *f* Weiß *nt*

bianchiccio, -a [biaŋ'kittʃo] <-cci, -cce> *agg* schmutzigweiß

bianco ['biaŋko] <-chi> *m* ① *(colore)* Weiß *nt;* **foglio in** ~ leeres Blatt; **vestirsi di** ~ sich weiß kleiden, Weiß tragen; **sposarsi in** ~ in Weiß heiraten; **in** ~ **e nero** schwarz-weiß; **film in** ~ **e nero** Schwarz-Weiß-Film *m;* **mettere nero su** ~ schriftlich festhalten; **dare il** ~ **a** weißen, tünchen ② *(parte bianca)* Weiße(s) *nt;* ~ **dell'uovo** Eiweiß *nt,* Eiklar *nt* A ③ COM **in** ~ blanko, Blanko- ④ GASTR **in** ~ *nur in Öl oder Butter zubereitet* ⑤ *(loc)* **dare ad intendere a qu** ~ **per nero** jdm ein X für ein U vormachen [wollen]; **di punto in** ~ plötzlich; **notte in** ~ schlaflose Nacht

bianco, -a <-chi, -che> **I.** *agg* weiß; **carni -che** helles Fleisch; **pane** ~ Weißbrot *nt;*

vino ~ Weißwein *m;* **voce -a** Knabenstimme *f; (falsetto)* Falsett *nt;* **essere ~ come un cencio lavato** kreidebleich sein; **essere ~ e rosso** kerngesund aussehen **II.** *m, f* Weiße(r) *f(m)*

bianco e nero ['biaŋko e n'ne:ro] <-> *m* ① *(disegno)* Schwarz-Weiß-Zeichnung *f,* Schwarz-Weiß-Bild *nt* ② FILM Schwarz-Weiß-Film *m*

biancoscudato, -a [biankosku'da:to] *agg* POL christdemokratisch

biancospino [biaŋkos'pi:no] *m* Weißdorn *m*

biascicamento [biaʃʃika'mento] *m* Schmatzen *nt,* schmatzendes Kauen

biascicare [biaʃʃi'ka:re] **I.** *vi (pej)* schmatzen, schmatzend kauen **II.** *vt (fig, pej)* nuscheln; *(lingua)* gebrochen sprechen

biascichio [biaʃʃi'ki:o] <-chii> *m* Nuscheln *nt*

biasimare [biazi'ma:re] *vt* tadeln, rügen

biasimevole [biazi'me:vole] *agg* tadelnswert

biasimo ['bia:zimo] *m* Tadel *m,* Rüge *f*

biat(h)leta [bia'tlɛ:ta] <-i *m,* -e *f*> *mf* SPORT Biathlet(in) *m(f)*

biat(h)lon [bia'tlon] <-> *m* SPORT Biathlon *nt*

bibagni *agg inv v.* **bibagno**

bibagno [bi'baɲɲo] *agg inv* mit zwei Bädern; **vendesi appartamenti ~** Wohnungen mit zwei Bädern zu verkaufen

Bibbia ['bibbia] <-ie> *f* Bibel *f*

biberon [bibe'rɔn] <-> *m* [Milch]fläschchen *nt*

bibita ['bi:bita] *f* Getränk *nt*

biblico, -a ['bi:bliko] <-ci, -che> *agg* ① REL biblisch, Bibel- ② *(fig: grandioso)* aufwendig; *(solenne)* feierlich; **un'impresa -a** ein Mammutunternehmen *nt*

bibliobus ['bi:bliobus] <-> *m* Fahrbücherei *f,* Bücherbus *m*

bibliografa *f v.* **bibliografo**

bibliografia [bibliogra'fi:a] <-ie> *f* Bibliografie *f*

bibliografico, -a [biblio'gra:fiko] <-ci, -che> *agg* bibliografisch

bibliografo, -a [bi'bliɔ:grafo] *m, f* Bibliograf(in) *m(f)*

bibliologo, -a [bi'bliɔ:logo] <-gi, -ghe> *m, f* Bücherforscher(in) *m(f)*

biblioteca [biblio'tɛ:ka] <-che> *f* ① *(luogo)* Bibliothek *f;* **essere una ~ ambulante** [*o* **vivente**] *(fig, scherz)* ein wandelndes Lexikon sein ② *(mobile)* Bücherregal *nt; (armadio)* Bücherschrank *m* ③ INFORM **~ di programmi** Software[bibliothek] *f*

bibliotecario, -a [bibliote'ka:rio] <-i, -ie> *m, f* Bibliothekar(in) *m(f)*

bicamerale [bikame'ra:le] *agg* POL Zweikammer-

bicameralismo [bikamera'li:zmo] *m* Zweikammersystem *nt*

bicamere [bi'ka:mere], **bicamera** [bi'ka:mera] <inv> *agg* Zweizimmer-

bicarattere [bika'rattere] *m* INFORM Byte *nt*

bicarbonato [bikarbo'na:to] *m* Bikarbonat *nt;* **~ di sodio** doppelkohlensaures Natrium

bicchierata [bikkie'ra:ta] *f* Umtrunk *m*

bicchiere [bik'kiɛ:re] *m* [Trink]glas *nt;* **~ da vino/acqua** Wein-/Wasserglas *nt;* **un ~ di vino/d'acqua** ein Glas Wein/Wasser; **fondo di ~** falscher Schmuckstein; **alzare il ~** [**a**] das Glas erheben [auf +*akk*]

bicchierino [bikkie'ri:no] *m* Gläschen *nt*

bicentenario [bitʃente'na:rio] <-i> *m* zweihundertster Jahrestag, Zweihundertjahrfeier *f*

bichini [bi'ki:ni] <-> *m* Bikini *m*

bici ['bi:tʃi] <-> *f (fam)* Rad *nt,* Velo *nt* CH

bicicletta [bitʃi'kletta] *f* [Fahr]rad *nt,* Velo *nt* CH*;* **andare in ~** Fahrrad fahren; **~ da corsa** Rennrad; **~ elettrica** Elektrofahrrad *nt,* E-Bike *nt*

biciclo [bi'tʃi:klo] *m* Hochrad *nt*

bicilindrico, -a [bitʃi'lindriko] <-ci, -che> *agg* zweizylindrisch, Zweizylinder-

bicipattino [bitʃipat'ti:no] *m* Tretboot *nt*

bicipite [bi'tʃi:pite] **I.** *m* Bizeps *m* **II.** *agg* zweiköpfig; **aquila ~** Doppeladler *m*

bicocca [bi'kɔkka] <-cche> *f* Bruchbude *f fam*

bicolore [biko'lo:re] **I.** *agg* ① *(che ha due colori)* zweifarbig ② *(fig)* POL Zweiparteien- **II.** *f* Zweifarbendruckmaschine *f*

biconsonantico, -a [bikonso'nantiko] <-ci, -che> *agg* LING mit zwei Konsonanten, zweikonsonantisch

biconsonantismo [bikonsonan'tizmo] *m* LING Zweikonsonanz *f*

bicromatico, -a [bikro'ma:tiko] <-ci, -che> *agg* zweifarbig; **stampa -a** Zweifarbendruck *m;* **emulsione -a** zweifarbige Emulsion

bicromia [bikro'mi:a] <-ie> *f* Zweifarbendruck *f*

bidè [bi'dɛ] <-> *m* Bidet *nt*

bidello, -a [bi'dɛllo] *m, f (di una scuola)* Hausmeister(in) *m(f)*

bidimensionale [bidimensio'na:le] *agg* zweidimensional

bidimensionalità [bidimensionali'ta] <-> *f* Zweidimensionalität *f;* **la ~ dell'immagine cinematografica** die Zweidimensionalität des Kinofilmbildes; **la ~ di un problema** *(fig)* die Zweidimensionalität [*o* zwei Dimensionen] eines Problems

B

bidirezionale [bidirettsio'na:le] *agg* bidirektional; **segnale ~** INFORM bidirektionales Signal

bidonare [bido'na:re] *vt (fam)* beschummeln, anschmieren

bidonata [bido'na:ta] *f (fam)* Beschiss *m,* Schwindel *m;* **questo film è una ~** dieser Film ist ein Reinfall

bidonatore, **-trice** [bidona'to:re] *m, f (fam)* Schwindler *m,* Gauner *m*

bidone [bi'do:ne] *m* ❶ *(recipiente)* Kanister *m* ❷ *(fam: imbroglio)* Beschiss *m,* Verarschung *f vulg;* **mi ha fatto il ~** *(fam)* er/sie hat mich versetzt ❸ *(fam pej: veicolo)* Rostlaube *f*

bidonvia [bidon'vi:a] <-ie> *f* Gondelbahn *f*

bidonville [bidɔ̃'vil] <-> *f* Barackenviertel *nt*

bieco, **-a** ['biɛ:ko] <-chi, -che> *agg* ❶ *(sguardo)* scheel, schräg ❷ *(proposito)* hinterlistig, tückisch

biella ['biɛlla] *f* Pleuelstange *f*

Bielorussia [bielo'russia] *f* Weißrussland *nt*

bielorusso, **-a** [bielo'russo] **I.** *agg* weißrussisch **II.** *m, f (abitante)* Weißrusse *m,* Weißrussin *f* **III.** *m, f sing (lingua)* Weißrussisch *nt*

biennale [bien'na:le] **I.** *agg* zweijährig, Zweijahres- **II.** *f* Biennale *f*

Bienne [bjɛn] *f* Biel *nt*

biennio [bi'ɛnnio] <-i> *m* ❶ *(periodo)* Zeitraum *m* von zwei Jahren, zwei Jahre *nt pl* ❷ *(corso universitario)* Zweijahreskurs *m*

bierre [bi'ɛrre] **I.** *mf* <-> *(brigatista)* Rotbrigadist(in) *m(f)* **II.** *f pl (organizzazione)* Rote Brigaden *f pl* **III.** *agg inv* die Roten Brigaden betreffend

bieticoltore, **-trice** [bietikol'to:re] *m, f* Zuckerrübenzüchter(in) *m(f)*

bieticoltura [bietikol'tu:ra] *f* Zuckerrübenanbau *m*

bieticultore, **-trice** [bietikol'to:re] *m, f v.* **bieticoltore**

bieticultura [bietikul'tu:ra] *f v.* **bieticoltura**

bietola ['biɛ:tola] *f* Mangold *m*

bietolone, **-a** [bieto'lo:ne] *m, f (fam)* Holzkopf *m,* Doofmann *m*

bifacciale [bifat'tʃa:le] *agg* doppelgesichtig; **foglia ~** BOT doppelgesichtiges Blatt; **amigdala ~** ANAT paarige Gaumenmandel *f*

bifamiliare [bifami'lia:re] *agg* Zweifamilien-; **villetta ~** Zweifamilienhaus *nt,* Doppelhaus *nt*

bifase [bi'fa:ze] *agg* zweiphasig, Zweiphasen-

bifido, **-a** ['bi:fido] *agg* zweispitzig; *(fig)* gespalten

bifocale [bifo'ka:le] *agg* bifokal, Bifokal-

bifolco, **-a** [bi'folko] <-chi, -che> *m, f* ❶ *(pej: persona rozza, ignorante)* Prolet(in) *m(f) fam* ❷ AGR Viehhüter *m; (per buoi)* Ochsentreiber *m*

bifora ['bi:fora] *f* zweibogiges Fenster

biforcare [bifor'ka:re] **I.** *vt* zweiteilen **II.** *vr* **-rsi** sich gabeln

biforcatura [biforka'tu:ra] *f* Gabelung *f*

biforcazione [biforkat'tsio:ne] *f* Gabelung *f,* Abzweigung *f*

biforcuto, **-a** [bifor'ku:to] *agg* zweispitzig; *(lingua)* gespalten; **avere una lingua -a** *(fig, pej)* eine spitze Zunge haben; *(traditrice)* doppelzüngig sein

biforme [bi'forme] *agg* doppelgestaltig, zweiförmig

big [big] <-> *m* Größe *f,* großes Tier

bigama *f v.* **bigamo**

bigamia [biga'mi:a] <-ie> *f* Bigamie *f,* Doppelehe *f*

bigamo, **-a** ['bi:gamo] **I.** *agg* bigamistisch **II.** *m, f* Bigamist(in) *m(f)*

bigattaia [bigat'ta:ia] <-aie> *f* Seidenraupenfarm *f,* -zuchtbetrieb *m*

bigattiere, **-a** [bigat'tiɛ:re] *m, f* Seidenraupenzüchter(in) *m(f)*

bigatto [bi'gatto] *m* DIAL Seidenraupe *f*

big bang ['big'bæŋ] *m sing* PHYS Urknall *m*

big crunch [big 'krʌntʃ] <-> *m* ASTR Big Crunch *m*

bigemino, **-a** [bi'dʒɛ:mino] *agg* Zwillings-; **parto ~** Zwillingsgeburt *f*

bighellona *f v.* **bighellone**

bighellonare [bigello'na:re] *vi* bummeln, umherschlendern

bighellone, **-a** [bigel'lo:ne] *m, f (fam)* Herumtreiber(in) *m(f),* Nichtstuer(in) *m(f)*

bigiare [bi'dʒa:re] *vt* DIAL *(fam: la scuola)* schwänzen

bigino [bi'dʒi:no] *m* LOMB Übersetzungshilfe *f*

bigio, **-a** ['bi:dʒo] <-gi, -ge *o* -gie> *agg* ❶ *(colore)* [asch]grau ❷ *(fig)* POL unentschlossen

bigiotteria [bidʒotte'ri:a] <-ie> *f* ❶ *(articoli)* Modeschmuck *m* ❷ *(negozio)* Geschäft *nt* für Modeschmuck

bigiù [bi'dʒu] <-> *m* ❶ *(gioiello)* Schmuck *m* ❷ *(fig: persona)* Juwel *nt,* Perle *f* ❸ *(fam: oggetto)* Schmuckstück *nt*

biglia ['biʎʎa] *v.* **bilia**

bigliardino [biʎʎar'di:no] *v.* **biliardino**

bigliettaio, **-a** [biʎʎet'ta:io] <-ai, -aie> *m, f* [Fahr]kartenverkäufer(in) *m(f)*

bigliettazione [biʎʎettat'tsio:ne] *f* Fahrkartenausgabe *f;* ~ **automatica** Fahrkartenautomat *m*

biglietteria [biʎʎette'ri:a] <-ie> *f* FERR Fahrkartenschalter *m;* THEAT, FILM Kasse *f,* Kassa *f* A

biglietto [biʎ'ʎetto] *m* ❶ *(cartoncino)* Karte *f;* ~ **d'auguri** Glückwunschkarte *f;* ~ **da visita** Visitenkarte *f;* ~ **della lotteria** Lotterielos *nt;* ~ **non vincente** Niete *f* ❷ *(di treno, tram, autobus)* Fahrkarte *f;* **fare il** ~ die Fahrkarte lösen ❸ THEAT, FILM [Eintritts]karte *f* ❹ FIN Schein *m,* Note *f;* ~ **di banca** Geldschein *m* ❺ *(foglietto)* Zettel *m;* **lasciare un** ~ eine Nachricht hinterlassen

Bignami® [big'na:mi] <-> *m* Leitfaden *m (Zusammenfassung des Unterrichtsstoffes für jedes Schulfach in Taschenbuchformat)*

Bignamino [bigna'mi:no] *m* Bignamino *m,* kleiner Bignami

bignè [biɲ'ɲɛ] <-> *m* Beignet *m*

bigodino [bigo'di:no] *m* Lockenwickler *m*

bigoncia [bi'gontʃa] <-ce> *f* Bütte *f*

bigotta *f v.* **bigotto**

bigotteria [bigotte'ri:a] *f* Bigotterie *f,* Frömmelei *f; (ipocrisia)* Scheinheiligkeit *f*

bigotto, -a [bi'gɔtto] **I.** *agg* bigott, frömmelnd; *(ipocrita)* scheinheilig **II.** *m, f* Frömmler(in) *m(f),* bigotte Person

bijou [bi'ʒu] *v.* **bigiù**

bikini [bi'ki:ni] *v.* **bichini**

bilabiale [bila'bia:le] *agg* LING bilabial

bilama [bi'la:ma] *agg inv* doppelklingig, zweiklingig; **rasoio** ~ Rasierer mit Doppelklinge

bilancia [bi'lantʃa] <-ce> *f* ❶ *(a. fig)* TEC Waage *f;* ~ **automatica/romana** Schnell-/Laufgewichtswaage *f;* **porre sul piatto della** ~ *(fig)* in die Waagschale werfen; *(parole)* auf die Goldwaage legen; **pesare** [*o* **mettere**] **sulla** ~ **dell'orafo** *(fig)* auf die Goldwaage legen; **essere l'ago della** ~ *(fig)* das Zünglein an der Waage sein ❷ ASTR **Bilancia** Waage *f;* **sono Bilancia, sono una** [*o* **della**] **Bilancia** ich bin [eine] Waage ❸ COM Bilanz *f;* ~ **commerciale** Handelsbilanz *f;* ~ **dei pagamenti** Zahlungsbilanz *f*

bilanciare [bilan'tʃa:re] **I.** *vt* ❶ *(tenere in equilibrio)* balancieren mit; *(carico, fig)* ausgleichen, im Gleichgewicht halten ❷ *(fig: valutare)* abwägen ❸ COM bilanzieren ❹ *(pesare)* [ab]wiegen **II.** *vr* **-rsi** *(equilibrarsi)* sich im Gleichgewicht halten; *(equivalersi)* sich ausgleichen, sich *dat* die Waage halten

bilanciere [bilan'tʃɛ:re] *m* ❶ *(di orologio)* Unruh *f* ❷ NAUT Ausleger *m* ❸ TEC Bügel *m,* Schwinghebel *m*

bilancio [bi'lantʃo] <-ci> *m* COM *(budget)* Haushalt *m,* Etat *m; (fig a.)* Bilanz *f;* ~ **consuntivo** Schlussrechnung *f;* ~ **preventivo** Haushaltsplan *m;* ~ **pubblico** Staatshaushalt *m;* **deficit di** ~ Haushaltsdefizit *nt;* **fare il** ~ **della propria vita** *(fig)* die Bilanz seines Lebens ziehen

bilaterale [bilate'ra:le] *agg* bilateral, beiderseitig

bilateralismo [bilatera'lizmo] *m* Bilateralismus *m*

bildungsroman ['bilduŋs'roman] <-> *m* Bildungsroman *m*

bile ['bi:le] *f* ❶ ANAT Galle *f* ❷ *(fig: collera)* Wut *f,* Ärger *f;* **essere verde dalla** ~ *(fig)* sich schwarz ärgern

bilia ['bi:lia] <-ie> *f* ❶ *(gioco)* Murmel *f,* Kugel *f* ❷ *(del biliardo)* Billardkugel *f*

biliardino [biliar'di:no] *m* kleines Billardspiel; ~ **elettrico** Flipper *m*

biliardo [bi'liardo] *m* ❶ *(gioco)* Billard[spiel] *nt* ❷ *(tavolo)* Billardtisch *m*

biliare [bi'lia:re] *agg* gallig, Gallen-

bilico ['bi:liko] <-chi> *m* [labiles] Gleichgewicht *nt,* Balance *f;* **essere in** ~ **tra la vita e la morte** zwischen Leben und Tod schweben

bilingue [bi'liŋgue] **I.** *agg* zweisprachig **II.** *mf* zweisprachige Person

bilinguismo [biliŋ'guizmo] *m* Zweisprachigkeit *f*

bilione [bi'lio:ne] *m* Billion *f; (secondo l'uso italiano)* Milliarde *f*

bilioso, -a [bi'lio:so] *agg* reizbar

billboard [bil'bɔ:d] <- *o* bill boards> *m* Programmvorschau *f;* **trasmettere un** ~ eine Programmvorschau zeigen

billing ['biliŋ] <-> *m* ❶ FILM, THEAT Besetzungsliste *f* ❷ *(fatturato annuo)* Jahresumsatz *m;* **il** ~ **di un'agenzia di pubblicità** der Jahresumsatz einer Werbeagentur

bilocale [bilo'ka:le] **I.** *m* Zweizimmerwohnung *f* **II.** *agg* aus zwei Zimmern [*o* Räumen] bestehend

bimarcia [bi'martʃa] *agg inv* Zweigang-, mit zwei Gängen

bimbo, -a ['bimbo] *m, f (fam)* [kleines] Kind *nt*

bimensile [bimen'si:le] *agg* zweimal monatlich, Halbmonats-

bimestrale [bimes'tra:le] *agg* zweimonatlich, Zweimonats-

bimestralità [bimestrali'ta] <-> *f* ❶ *(durata)* Dauer *f* von zwei Monaten ❷ *(ricorrenza)* Zweimonatsrhythmus *m*

bimestre [bi'mɛstre] *m* ❶ *(periodo)* Zeit-

B

raum *m* von zwei Monaten, zwei Monate *mpl* ② COM Zweimonatsrate *f*

bimetallico, -a [bime'talliko] <-ci, -che> *agg* bimetallisch; **sistema monetario ~** Doppelwährungssystem *nt;* **lega -a** eine aus zwei Metallen bestehende Legierung

bimetallismo [bimetal'lizmo] *m* Bimetallismus *m,* Doppelwährung *f*

bimodale [bimo'da:le] *agg* ① *(trasporto)* Kombinations-, Zweiarten- ② *(di norma statistica)* auf zwei häufigste Werte verteilt; **distribuzione ~** Verteilung auf zwei häufigste Werte

bimotore [bimo'to:re] **I.** *agg* zweimotorig, Zweimotoren- **II.** *m* zweimotoriges Flugzeug

binario [bi'na:rio] <-i> *m* Gleis *nt,* Schiene *f;* ~ **morto** Abstellgleis *nt;* **essere su un ~ morto** *(fig)* in einer Sackgasse stecken, auf dem Abstellgleis stehen; **uscire dai -i** *(fig: eccedere)* die Grenzen überschreiten; *(nella vita)* aus dem Gleis kommen; **il treno per Monaco parte dal ~ 16** der Zug nach München fährt auf Bahnsteig 16 ab

bingo ['biŋgo] <-> *m* Bingo *nt;* **giocare a ~** Bingo spielen; **partecipare al ~ televisivo** beim Bingospiel im Fernsehen mitspielen

binocolo [bi'nɔ:kolo] *m* Fernglas *nt,* Feldstecher *m*

binoculare [binoku'la:re] *agg* binokular

binomio [bi'nɔ:mio] <-i> *m* ① MAT Binom *nt* ② *(fig: coppia)* Paar *nt; (parole, concetti)* Wortpaar *nt,* Doppelbegriff *m*

bioagricoltore [bioagrikol'to:re] *m* Biobauer *m*

bioagricoltura [bioagrikol'tu:ra] *f* Biolandwirtschaft *f*

bioalimento [bioali'mento] *m* biologisches Nahrungsmittel *nt,* Bioprodukt *nt*

bioarchitettura [bioarkitet'tu:ra] *f* Bioarchitektur *f*

bioastronautica [bioastro'na:utika] <-che> *f* Bioastronautik *f*

biocarburante [biokarbu'rante] *m* Biokraftstoff *m,* Biosprit *m*

bioccolo ['biɔkkolo] *m* Baumwollflocke *f*

bioccupato, -a [biokku'pa:to] **I.** *agg* zwei Beschäftigungen nachgehend, zwei Berufe ausübend **II.** *m, f* Person *f,* die zwei Berufe ausübt

bioccupazione [biookkupat'tsio:ne] *f* Doppelbeschäftigung *f*

biochimica [bio'ki:mika] <-che> *f* Biochemie *f*

biochimico, -a [bio'ki:miko] <-ci, -che> **I.** *agg* biochemisch **II.** *m, f* Biochemiker(in) *m(f)*

biochip [baio'tʃip] <- *o* biochips> *m* INFORM Biochip *m,* Schaltkreis *m* mit biologischen Schaltelementen

biocida[1] [bio'tʃi:da] <-i> *m* Biozid *nt*

biocida[2] <-i, -e> *agg* Pflanzen vernichtend; **sostanza ~** Pflanzen vernichtende Substanz

biocompatibile [biokompa'ti:bile] *agg* umweltverträglich

biodegradabile [biodegra'da:bile] *agg* biologisch abbaubar

biodegradabilità [biodegra'da:bili'ta] <-> *f* biologische Abbaubarkeit

biodegradare [biodegra'da:re] *vt* ECOL biologisch abbauen

biodiesel ['biodi:zel] <-> *m* Biodiesel *m*

biodinamico, -a [biodi'na:miko] <-ci, -che> *agg* ① BIOL biodynamisch ② AGR biologisch-dynamisch

biodiversità [biodiversi'ta] <-> *f* BIOL biologische Vielfalt *f,* Biodiversität *f*

bioelettricità [bioelettritʃi'ta] <-> *f* PHYS Bioelektrizität *f;* **fenomeni di ~** Phänomene der Bioelektrizität

bioelettrico, -a [bioe'lɛttriko] <-ci, -che> *agg* PHYS bioelektrisch

bioelettronica [bioelet'trɔ:nika] <-che> *f* Bioelektronik *f*

bioenergetica [bioener'dʒɛ:tika] <-che> *f* BIOL Bioenergetik *f*

bioenergetico, -a [bioener'dʒɛ:tiko] <-ci, -che> *agg* BIOL bioenergetisch

bioenergia [bioener'dʒi:a] *f* Alternativenergie *f*

bioetica [bio'ɛ:tika] <-che> *f* Bioethik *f*

bioetico, -a [bio'ɛ:tiko] <-ci, -che> **I.** *agg* bioethisch; **argomentazione -a** bioethische Argumentation **II.** *m, f* Bioethiker(in) *m(f)*

biofabbrica [bio'fabbrika] <-che> *f* Biobetrieb *m,* Biobauernhof *m*

biofarmaceutica [biofarma'tʃɛ:utika] <-che> *f* Biopharmazie *f*

biofarmaceutico, -a [biofarma'tʃɛ:utiko] <-ci, -che> *agg* biopharmazeutisch

biofeedback [biofid'bɛk] <-> *m* MED Biofeedbackmethode *f*

biofisica [bio'fi:zika] <-che> *f* Biophysik *f*

biofisico, -a [bio'fi:ziko] <-ci, -che> **I.** *agg* biophysikalisch **II.** *m, f* Biophysiker(in) *m(f)*

biofobia [biofo'bi:a] <-ie> *f* Phobie *f* vor bestimmten Lebewesen

biogas [bio'gas] <-> *m* Biogas *nt*

biogenesi [bio'dʒɛ:nezi] *f* Biogenese *f*

biogenetica [biodʒe'nɛ:tika] <-che> *f* Biogenetik *f*

biogenetico, -a [biodʒen'ɛ:tiko] *agg* biogenetisch

biogeografico, -a [biodʒeo'gra:fiko] <-ci, -che> *agg* biogeografisch
biografa *f v.* **biografo**
biografia [biogra'fi:a] *f* Biografie *f*
biografico, -a [bio'gra:fiko] <-ci, -che> *agg* biografisch
biografo, -a [bi'ɔ:grafo] *m, f* Biograf(in) *m(f)*
bioindicatore, -trice [bioindika'to:re] *m, f* Bioindikator *m;* ~ **ambientale** Bioindikator für die Umwelt
bioinformatica [bioinfor'ma:tika] *f* Bioinformatik *f*
bioingegnere [bioindʒeɲ'ɲɛ:re] *m* Bioingenieur(in) *m(f)*
bioingegneria [bioindʒeɲ'ɲe'ri:a] *m* Bioingenieurwesen *nt*
bioinsetticida[1] [bioinsetti'tʃi:da] <-i, -e> *agg* bioinsektizid
bioinsetticida[2] <-i> *m* biologisches Insektenbekämpfungsmittel
biolinguistica [bioliŋ'guistika] <-che> *f* Biolinguistik *f*
biologa *f v.* **biologo**
biologia [biolo'dʒi:a] <-ie> *f* Biologie *f*
biologico, -a [bio'lɔ:dʒiko] *agg* biologisch
biologo, -a [bi'ɔ:logo] <-gi, -ghe> *m, f* Biologe *m/*Biologin *f*
bioma [bi'ɔ:ma] <-i> *m* BIOL Biom *nt*
biomanipolazione [biomanipolat'tsio:ne] *f* Genmanipulation *f*
biomassa [bio'massa] *f* Biomasse *f*
biomatematica [biomate'ma:tika] <-che> *f* Biomathematik *f*
biomateriale [biomate'ria:le] *m* Biomaterial *nt,* Implantat *nt*
biomeccanica [biomek'ka:nika] *f sing* Biomechanik *f*
biometria [biome'tri:a] *f* Biometrie *f*
biometrico, -a [bio'me:triko] <-ci, -che> *agg* biometrisch
bionda *f v.* **biondo**
biondeggiare [bionded'dʒa:re] *vi* gelb werden; *(persona)* blond sein
biondezza [bion'dettsa] *f* Blondsein *nt,* Blondheit *f*
biondiccio, -a [bion'dittʃo] <-cci, -cce> *agg* ins Blonde gehend
biondo ['biondo] *m (colore)* Blond *nt*
biondo, -a I. *agg* blond; ~ **cenere** aschblond; ~ **come l'oro** goldblond **II.** *m, f* Blonde(r) *f(m),* Blondine *f; (bambino)* Blondschopf *m*
bionica ['bi ɔ:nika] <-che> *f* Bionik *f*
bionico, -a ['biɔ:niko] <-ci, -che> *agg* bionisch; **ricerche -che** bionische Untersuchungen
bioparco [bio'parko] <-chi> *m* ECOL *moderner Zoo, in dem die Tiere möglichst artgerecht gehalten werden*
biopatia [biopa'ti:a] <-ie> *f* Biopathie *f,* Biose *f*
biopolimero [biopo'li:mero] *m* CHEM Biopolymer *nt,* Biowerkstoff *m*
biopsia [bio'psi:a] <-ie> *f* Biopsie *f*
biorario, -a [bio'ra:rio] <-i, -ie> *agg* zu zwei verschiedenen Zeiten stattfindend; *(tariffa)* von zwei verschiedenen Zeiten abhängig; **tariffa -a** Doppeltarif *m*
bioreattore [bioreat'to:re] *m* Bioreaktor *m*
bioritmico, -a [bio'ritmiko] <-ci, -che> *agg* Biorhythmus-, biorhythmisch
bioritmo [bio'ritmo] *m* Biorhythmus *m*
biosatellite [biosa'tɛllite] *m* Biosatellit *m*
biosfera [bios'fɛ:ra] *f* Biosphäre *f*
biosistema [biosis'tɛ:ma] <-i> *m* BIOL Ökosystem *nt*
biosociologia [biosotʃolo'dʒi:a] <-gie> *f* Biosoziologie *f*
biossido [bi'ɔssido] *m* Dioxyd *nt,* Dioxid *nt*
biostatistica [biosta'tistika] <-che> *f* Biometrie *f,* Biostatistik *f*
biotecnica [bio'tɛknika] <-che> *f* Biotechnik *f*
biotecnologia [biotɛknolo'dʒi:a] *f* Biotechnologie *f*
biotecnologico, -a [biotekno'lɔ:dʒiko] <-ci, -che> *agg* biotechnologisch
biotecnologo, -a [biotek'nɔ:logo] <-gi, -ghe> *m, f* Biotechnologe *m/*-technologin *f*
bioterapeuta [biotera'pɛ:uta] <-i *m,* -e *f*> *mf* Biotherapeut(in) *m(f)*
bioterapia [biotera'pi:a] *f* MED Biotherapie *f*
bioterrorismo [bioterrori:zmo] *m* Bioterrorismus *m*
biotopo [bi'ɔ:topo] *m* Biotop *nt*
bipartire [bipar'ti:re] <bipartisco, bipartisci> **I.** *vt* zweiteilen **II.** *vr* **-rsi** sich zweiteilen
bipartisan [bi'partizan] *agg inv* POL überparteilich
bipartitico, -a [bipar'ti:tiko] *agg* Zweiparteien-; **governo** ~ Zweiparteienregierung *f*
bipartitismo [biparti'tizmo] *m* Zweiparteiensystem *nt*
bipartito, -a [bipar'ti:to] *agg* zweigeteilt
bipartizione [bipartit'tsio:ne] *f* Zweiteilung *f*
bipede ['bi:pede] **I.** *m* ❶ ZOO Zweifüßer *m* ❷ *(scherz: l'uomo)* Zweibeiner *m* **II.** *agg* zweifüßig
bipiano [bi'pia:no] *m* zweistöckiges Haus, Maisonettenwohnung *f*

B

B

biplano [bi'plaːno] *m* Doppeldecker *m*
bipolare [bipo'laːre] *agg* zweipolig, bipolar
bipolarismo [bipola'rizmo] *m* Bipolarität *f*, Zweipoligkeit *f*; **il ~ russo-americano** die russisch-amerikanische Bipolarität
bipolarità [bipolari'ta] <-> *f* Zweipoligkeit *f*, Bipolarität *f*
bipolarizzazione [bipolariddzat'tsioːne] *f* Bipolarisierung *f*
biposto [bi'posto] *agg inv* zweisitzig; **automobile/aereo ~** Zweisitzer *m*
birba ['birba] *f (fam scherz)* Spitzbube *m*, Schelm *m*
birbante [bir'bante] *mf* ① *(fam scherz: monello)* Schlingel *m*, Gauner *m* ② *(pej: mascalzone)* Schurke *m*
birbanteria [birbante'riːa] <-ie> *f* ① *(fam scherz: monelleria)* Schelmenstreich *m*, Gaunerstück *nt* ② *(pej: furfanteria)* Schuftigkeit *f*
birbona *f v.* **birbone**
birbonata [birbo'naːta] *f (fam scherz)* Schelmenstreich *m*, Gaunerstück *nt*
birbone, -a [bir'boːne] *m, f (fam scherz)* Schelm *m*
birboneria [birbone'riːa] <-ie> *f* ① *(fam scherz: monelleria)* Schelmenstreich *m*, Gaunerstück *nt* ② *(pej: furfanteria)* Schuftigkeit *f*
bird watcher ['bəːd 'wɔtʃə] <- *o* bird watchers> *mf* Vogelbeobachter(in) *m(f)*
bird-watching ['bəːd'wɔtʃiŋ] <-> *m* Vogelbeobachtung *f*; **praticare il ~** Vögel beobachten
bireattore [bireat'toːre] *m* zweistrahliges Flugzeug
birichina *f v.* **birichino**
birichinata [biriki'naːta] *f (fam)* Schelmenstreich *m*, Jungenstreich *m*
birichino, -a [biri'kiːno] *(fam)* **I.** *agg* schelmisch, spitzbübisch **II.** *m, f* Schelm *m*, Schlingel *m*
birillo [bi'rillo] *m* Kegel *m*
biro® ['biːro] <-> *f* Kuli *m fam*, Kugelschreiber *m*
birra ['birra] *f* Bier *nt*; **lievito di ~** Bierhefe *f*; **~ alla spina** Bier vom Fass; **a tutta ~** *(fam)* volle Pulle
birraio [bir'raːio] <-ai> *m (fabbricante)* Bierbrauer *m*; *(venditore)* Bierhändler *m*
birreria [birre'riːa] <-ie> *f* ① *(locale)* Bierstube *f*; *(tenda)* Bierzelt *nt* ② *(fabbrica)* Brauerei *f*
bis [bis] **I.** *int* Zugabe! **II.** *m* <-> Zugabe *f*; **concedere il ~** eine Zugabe geben; **fare il ~ di qc** etw wiederholen; *(nel mangiare)* von etw noch einmal nehmen **III.** *agg inv* Sonder-, zusätzlich; **treno ~** Sonderzug *m*
bisarca [bi'zarka] <-che> *f* Autotransporter *m*
bisavolo, -a [bi'zaːvolo] *m, f* Urgroßvater *m*/Urgroßmutter *f*
bisbetico, -a [biz'bɛːtiko] <-ci, -che> **I.** *agg* launisch, launenhaft **II.** *m, f (pej)* launischer Mensch; **"La Bisbetica domata"** „Der Widerspenstigen Zähmung"
bisbigliare [bizbiʎ'ʎaːre] **I.** *vt* ① *(orazione, parole)* [zu]flüstern, wispern; **~ qc nell'orecchio a qu** jdm etw ins Ohr flüstern ② *(sparlare)* tuscheln über +*akk*, klatschen über +*akk* **II.** *vi* flüstern, tuscheln
bisbiglio¹ [biz'biʎʎo] <-gli> *m* ① Getuschel *nt* ② *(sussurrare)* Flüstern *nt*
bisbiglio² [bizbiʎ'ʎiːo] <-glii> *m* Flüstern *nt*, Geflüster *nt*
bisboccia [biz'bɔttʃa] <-ce> *f (fam)* Fest *nt*, Mordsfete *f*
bisbocciare [bizbot'tʃaːre] *vi (fam)* ordentlich feiern, eine Mordsfete machen
bisca ['biska] <-sche> *f* Spielcasino *nt*; *(pej)* Spielhölle *f*
biscarto [bi'skarto] *m* [Art] Silbenrätsel *nt*
bischero ['biskero] *m* ① TOSC *(vulg: membro virile)* Pimmel *m*, Schwanz *m* ② MUS Wirbel *m*
biscia ['biʃʃa] <-sce> *f* Natter *f*
biscione [biʃ'ʃoːne] *m* ① *(stemma) Symbol für Mailand;* **la TV del ~** Privatfernsehen *nt*/-sender *m*; **il ~ dell'Inter** die Schlange [als Wappentier] von Inter Mailand ② *(dolce emiliano) Süßspeise aus Marzipan in Schlangenform*
biscottato, -a [biskot'taːto] *agg* zweimal gebacken; *(tostato)* geröstet; **fette -e** Zwieback *m*
biscotteria [biskotte'riːa] <-ie> *f* ① *(fabbrica)* Keksfabrik *f* ② *(negozio)* Feingebäckladen *m* ③ *(assortimento)* Gebäck *nt*, Backwerk *nt*
biscottiera [biskot'tiɛːra] *f* Keksdose *f*; *(da presentazione)* Gebäckschale *f*
biscottificio [biskotti'fiːtʃo] <-ci> *m* Keksfabrik *f*
biscotto [bis'kɔtto] *m* ① GASTR Keks *m*, Plätzchen *nt*, Kipfe[r]l *m* A ② *(ceramica)* Biskuitporzellan *nt*
biscugino, -a [bisku'dʒiːno] *m, f* Cousin *m*/Cousine *f* zweiten Grades
biscuit [bis'kɥi] <-> *m* ① *(porcellana)* Biskuitporzellan *nt* ② GASTR Halbgefrorene(s) *nt*
bisecare [bise'kaːre] *vt* halbieren
biservizi [biser'vittsi] *agg inv* mit zwei Bädern
bisessuale [bisessu'aːle] *agg* bisexuell; *(pianta, animale)* doppelgeschlechtig
bisessualità [bisessuali'ta] <-> *f* Bisexua-

lität *f;* *(di pianta, animale)* Doppelgeschlechtigkeit *f*

bisessuato, -a [bisessu'a:to] *agg* bisexuell, doppelgeschlechtig, Zwitter-

bisestile [bizes'ti:le] *agg* **anno ~** Schaltjahr *nt*

bisesto [bi'zɛsto] *m* Schalttag *m*

bisettimanale [bisettima'na:le] **I.** *agg* zweimal wöchentlich **II.** *m* Zeitschrift, die zweimal die Woche erscheint

bisettrice [biset'tri:tʃe] *f* Winkelhalbierende *f*

bisex [bi'seks] **I.** *agg inv* ① *(persona)* bisexuell, bi *fam* ② *(capo vestiario)* unisex **II.** *mf* <-> Bisexuelle(r) *f(m)*

bisezione [biset'tsio:ne] *f* Winkelhalbierung *f*

bisillabico, -a [bisil'la:biko] <-ci, -che> *agg* zweisilbig; **sostantivo ~** zweisilbiges Substantiv; **radice -a** zweisilbiger Stamm

bisillabo [bi'sillabo] *m* zweisilbiges Wort

bisillabo, -a *agg* zweisilbig

bislacco, -a [bi'zlakko] <-cchi, -cche> *agg* *(fam)* komisch, sonderbar; *(a persona)* verschroben

bislungo, -a [bi'zluŋgo] <-ghi, -ghe> *agg* länglich, lang; *(più lungo del normale)* überlang

bismuto [biz'mu:to] *m* Wismut *nt*

bisnipote [bizni'po:te] *mf (di nonno)* Urenkel(in) *m(f);* *(di zio)* Großneffe *m/*Großnichte *f*

bisnonno, -a [biz'nɔnno] *m, f* Urgroßvater *m/*Urgroßmutter *f*

bisognare [bizoɲ'ɲa:re] <bisogna, bisognano> *vi essere (avere bisogno di)* brauchen, benötigen; *(dovere)* müssen; *(essere necessario)* nötig sein; **bisogna che ...** +*conj,* **bisogna ...** +*inf* man muss [*o* braucht] ...; **bisogna che tu lo faccia** du musst es tun; **non bisogna crederci** das muss man nicht glauben

bisognatario, -a [bisoɲɲa'ta:rio] <-ri, -rie> *m, f* JUR, COM Notadressat *m* [bei einem Not leidenden Wechsel]

bisognino [bisoɲ'ɲi:no] *m (fam)* Geschäft *nt,* Notdurft *f;* **fare un ~** sein Geschäft verrichten

bisogno [bi'zoɲɲo] *m* ① *(necessità)* Bedarf *m,* Notwendigkeit *f;* **avere ~ di qc/qu** etw/jdn brauchen; **in caso di ~** im Bedarfsfall, nötigenfalls; **secondo il ~** [je] nach Bedarf; **al ~** wenn nötig; **non c'è ~ di ... +*inf*** man braucht nicht ... ② *(mancanza di mezzi)* Not *f,* Bedürftigkeit *f;* **essere nel ~** in Not sein; **al ~ si conosce l'amico** *(prov)* Freunde in der Not gehen tausend auf ein Lot; **il ~ non ha legge** *(prov)* Not kennt kein Gebot ③ *(desiderio)* Bedürfnis *nt;* **sentire il ~ di fare qc** das Bedürfnis haben etw zu tun ④ *pl (fam: corporali)* Notdurft *f,* Bedürfnis *nt;* **fare i propri -i** seine Notdurft verrichten

bisognoso, -a [bizoɲ'ɲo:so] **I.** *agg* bedürftig; **~ di aiuto/cura** hilfs-/pflegebedürftig **II.** *m, f* Bedürftige(r) *f(m)*

bisolfato [bisol'fa:to] *m* Bisulfat *nt*

bisolfito [bisol'fi:to] *m* Bisulfit *nt*

bisonte [bi'zonte] *m (europeo)* Wisent *m;* *(americano)* Bison *m*

bisso ['bisso] *m* [feines] Leinengewebe *nt*

bistecca [bis'tekka] <-cche> *f* Steak *nt,* Schnitzel *nt;* **~ alla fiorentina** Florentiner T-Bone-Steak *nt (von Chianina-Rindern, auf dem Holzkohlenfeuer gegrillt)*

bistecchiera [bistek'kiɛ:ra] *f* Grillpfanne *f*

bisticciare [bistit'tʃa:re] *(fam)* **I.** *vi* zanken, streiten **II.** *vr* **-rsi** sich zanken, sich streiten

bisticcio [bis'tittʃo] <-cci> *m (fam)* Zank *m,* Streit *m*

bistrattare [bistrat'ta:re] *vt* misshandeln, schlecht behandeln

bistrò [bis'trɔ], **bistrot** [bis'tro] <-> *m* Bistro *nt*

bisturi ['bisturi] <-> *m* Skalpell *nt*

bisunto, -a [bi'zunto] *agg (fam)* schmierig; *(sporco di grasso)* fettig; **unto e ~** *(fam)* in Dreck und Speck

bit [bit] <-> *m* Bit *nt*

bitonale [bito'na:le] *agg* bitonal

bitorzolo [bi'tortsolo] *m* Pickel *m;* *(prominenza)* Beule *f*

bitter ['bitter] <-> *m* Bitter *m*

bitumare [bitu'ma:re] *vt* asphaltieren, bituminieren

bitumatrice [bituma'tri:tʃe] *f* Asphaltiermaschine *f,* Teermaschine *f*

bitumatura [bituma'tu:ra] *f* ① *(operazione di bitumare)* Bituminierung *f,* Asphaltierung *f* ② *(strato di bitume)* Bitumenschicht *f,* Asphaltdecke *f*

bitumazione [bitumat'tsio:ne] *f* Bituminierung *f,* Asphaltierung *f*

bitume [bi'tu:me] *m* Bitumen *nt*

bituminoso, -a [bitumi'nɔ:so] *agg* bituminös, bitumig

bitumizzazione [bitumiddzat'tsio:ne] *f* ① BIOL, CHEM Bituminierung *f* ② TEC Bituminieren *nt*

biturbo [bi'turbo] *m* zweifacher Turbolader

bivaccare [bivak'ka:re] *vi* im Freien übernachten; *(spesso mil)* biwakieren

bivacco [bi'vakko] <-cchi> *m* Biwak *nt*

bivalente [biva'lɛnte] *agg* ① CHEM zweiwertig, bivalent ② *(fig)* zweideutig

bivio ['bi:vio] <-i> *m* Gabelung *f,* Abzwei-

B

gung *f;* **essere [giunto] a un ~** *(fig)* an einem [*o* am] Scheideweg angelangt sein

bizantinismo [biddzanti'nizmo] *m* ① *(fig, pej: sottigliezza eccessiva)* Haarspalterei *f,* Spitzfindigkeit *f,* Pedanterie *f* ② *(fig, pej: arte)* überladene Pracht ③ *(cerimoniale esagerato)* übertriebener Aufwand

bizantino, -a [biddzan'ti:no] *agg* ① HIST byzantinisch ② *(fig, pej: sottile, pedante)* pedantisch, spitzfindig

bizza ['biddza] *f* Eigensinn *m; (stizza)* Koller *m fam;* **fare le -e** ungezogen sein

bizzarria [biddzar'ri:a] <-ie> *f* Absonderlichkeit *f,* Wunderlichkeit *f*

bizzarro, -a [bid'dzarro] *agg* ① *(persona, idea)* absonderlich, wunderlich ② *(cavallo)* temperamentvoll, eigenwillig

bizzeffe [bid'dzɛffe] *avv* **a ~** in Hülle und Fülle, haufenweise *fam;* **avere denaro a ~** Geld wie Heu haben

bizzoso, -a [bid'dzo:so] *agg (bambino)* launenhaft, eigensinnig

bla bla [bla 'bla] <-> *m* Blabla *nt,* Gerede *nt;* **smettetela con questi ~** hört auf mit diesem dummen Gerede

black comedy [blæk 'kɔmədi] <- *o* black comedies> *f* schwarze Komödie

blackjack [blæk'dʒæk] <-> *m* Black Jack *nt*

blackleg [blæk'leg] <- *o* blacklegs> *m* Schwindler *m,* Falschspieler *m*

black list [blæk 'list] <-> *f* schwarze Liste; INET Blacklist *f,* schwarze Liste

black music [blæk 'mju:zik] <-> *f Musik der Afroamerikaner*

black-out [blæk'aut] <-> *m* Blackout *m o nt*

black power [blæk 'pauə] <-> *m* POL Black Power *f*

blague [blag] <- *o* blagues> *f* Angeberei *f,* Prahlerei *f,* Aufschneiderei *f*

blagueur, blagueuse [bla'gœ:r, bla'gø:z] <- *o* blagueurs *m,* blagueuses *f*> *m, f* Angeber(in) *m(f),* Aufschneider(in) *m(f),* Schaumschläger(in) *m(f)*

blando, -a ['blando] *agg* ① *(parole)* sanft ② *(medicinale)* leicht

blasfemo, -a [blas'fɛ:mo] **I.** *agg* blasphemisch, gotteslästerlich **II.** *m, f* Gotteslästerer *m/*-lästerin *f*

blasonato, -a [blazo'na:to] **I.** *agg* ad[e]lig **II.** *m, f* Ad[e]lige(r) *f(m)*

blasone [bla'zo:ne] *m* Wappen[schild] *nt*

blaterare [blate'ra:re] *vi (fam)* schwatzen

blazer ['bleizə *o* 'blazer] <-> *m* Blazer *m*

bleso, -a ['blɛ:zo] *agg* lispelnd; **essere ~** lispeln

blindare [blin'da:re] *vt* panzern

blindato, -a [blin'da:to] *agg* Panzer-, gepanzert; **carro ~** Panzer *m;* **auto -a** Panzerwagen *m;* **vetro ~** Panzerglas *nt*

blindatore, -trice [blinda'to:re] *m, f* Arbeiter, der/Arbeiterin, die Panzertüren montiert

blindosbarra® [blindos'barra] *f* Stromverteilernetz *nt*

blinker ['bliŋkə] <- *o* blinkers> *m* Warnblinkanlage *f*

blister ['blistə *o* 'blister] <- *o* blisters> *m* Blister *m*

blitz [blits] <-> *m (guerra)* Blitzkrieg *m; (operazione a sorpresa)* Blitzaktion *f*

blob [blɔb] <- *o* blobs> *m* FILM Zusammenschnitt *m*

bloccabile [blok'ka:bile] *agg* feststellbar

bloccaggio [blok'kaddʒo] <-ggi> *m* ① TEC Blockierung *f,* Verriegelung *f* ② SPORT Abfangen *nt,* Halten *nt* ③ COM Sperren *nt,* Stopp *m*

bloccare [blok'ka:re] **I.** *vt* ① TEC [ab]sperren, verriegeln; *(sterzo)* sperren, blockieren ② *(comunicazione)* unterbrechen; *(città)* abschneiden; *(strada, passo)* blockieren ③ *(fissare)* festsetzen; *(fermare)* anhalten ④ SPORT abfangen, halten ⑤ *(prezzi, salari)* einfrieren; *(licenziamento)* stoppen, aufhalten; JUR abbrechen, stoppen ⑥ FIN *(assegno, conto)* sperren **II.** *vr* **-rsi** blockieren; *(fig)* sich sperren

bloccaruota [blokka'rwɔ:ta] <-> *m,* **bloccaruote** [blokka'rwɔ:te] <-> *m* Radfeststellung *f,* Radblockierung *f*

bloccasterzo [blokkas'tɛrtso] *m* Lenkradschloss *nt*

bloccata [blok'ka:ta] *f* SPORT ① *(nel calcio)* Abwehrparade *f* ② *(nel pugilato)* Abblocken *nt*

blocco ['blɔkko] <-cchi> *m* ① *(gener, a. fig)* Block *m;* **vendere/comprare in ~** en bloc verkaufen/kaufen ② *(per appunti)* Notizblock *m,* Schreibblock *m* ③ TEC [Ab]sperrung *f,* Verriegelung *f; (di sterzo)* Sperrung *f,* Blockierung *f* ④ NAUT, MIL Blockade *f; (di strada)* Sperre *f;* **~ navale** Seeblockade, Seesperre; **~ stradale** Straßensperre; **posto di ~** Absperrung *f* ⑤ JUR *(dei fitti)* Stopp *m;* FIN Sperrung *f;* **~ delle riforme** Reformstau *m;* **~ dei salari** Lohnstopp *m* ⑥ *(arresto)* Unterbrechung *f; (di congegno)* Stockung *f* ⑦ MED Versagen *nt;* **~ renale/cardiaco** Nieren-/Herzversagen *nt* ⑧ PSIC *(di personalità, coscienza)* Hemmung *f,* Störung *f; (di memoria)* Gedächtnislücke *f;* **~ dello scrittore** Schreibblockade *f*

bloc-notes [blɔk'nɔt] <-> *m* Notizblock *m*

blog [blɔg] <-> *m* INET Blog *nt o m;* **avere [*o* tenere] un ~** bloggen

blogger ['blɔgger] <-> *m* INET Blogger(in) *m(f)*
blogosfera [blogo'sfɛ:ra] <-> *f,* **blogsfera** [blogs'fɛ:ra] <-> *f* INET Bloggerszene *f,* Blogosphäre *f*
blood doping [blʌd 'doupiŋ] <-> *m* SPORT Blutdoping *nt*
bloody mary ['blʌdi 'mɛ:ri] <- *o* bloody marys> *m* Bloody Mary *f*
blotting ['blɔtiŋ] <-> *m* BIOL Blotten *nt*
blu [blu] **I.** *agg inv* blau; **avere il sangue ~** blaues Blut haben **II.** *m* <-> Blau *nt;* **~ di Prussia** Preußischblau *nt*
bluastro, -a [blu'astro] *agg* bläulich
blucard [blu'ka:d] <-> *f Platzreservierungskarte bei der Schifffahrt*
blue chip [blu: 'tʃip] <blue chips> *m* Bluechip *m,* erstklassiges Wertpapier
blue-jeans ['blu: 'dʒi:nz] *mpl* Jeans *pl*
blue movie [blu: 'mu:vi] <- *o* blue movies> *m* Blue Movie *m o nt,* Pornofilm *m*
bluette [bly'ɛt] **I.** *agg inv* kornblumenblau **II.** *m* <-> Kornblumenblau *nt*
bluff [bluf] <-> *m* Bluff *m*
bluffare [bluf'fa:re] *vt* bluffen
bluffatore, -trice [bluffa'to:re] *m, f* Bluffer(in) *m(f)*
blusa ['blu:za] *f* ❶ *(camicetta)* [Hemd]bluse *f* ❷ *(da lavoro)* Kittel *m*
blusotto [blu'zɔtto] *m* Kittel *m; (camicia da uomo)* [leichtes] Hemd *nt*
b-movie [bi'mu:vi] <- *o* b-movies> *m* FILM zweitklassiger Film *m*
BNL *f abbr di* **Banca Nazionale del Lavoro** *italienisches Kreditinstitut*
boa[1] ['bɔ:a] <-> *m* ❶ ZOO Boa *f* ❷ *(sciarpa)* [Feder]boa *f*
boa[2] *f* NAUT Boje *f*
boato [bo'a:to] *m* Dröhnen *nt,* Donnern *nt*
bob [bɔb] <-> *m* Bob *m; (sport)* Bobsport *m*
bobbista [bob'bista] <-i *m,* -e *f*> *mf* Bobfahrer(in) *m(f)*
bobina [bo'bi:na] *f* Spule *f; (rotolo)* Rolle *f*
bocca ['bokka] <-cche> *f* ❶ ANAT Mund *m; (di animale)* Maul *nt;* **~ di leone** BOT Löwenmaul *nt;* **a ~** mündlich; **a ~ piena** mit vollem Mund; **mettere ~ in qc** *(fig)* sich in etw *akk* einmischen; **restare a ~ aperta** *(a. fig)* mit offenem Mund dastehen; **tenere la ~ chiusa** *(a. fig)* den Mund halten; **restare a ~ asciutta** *(fig)* leer ausgehen; **essere di ~ buona** *(fig)* nicht wählerisch sein; **essere la ~ della verità** *(fig)* die Wahrheit in Person sein; **essere sulla ~ di tutti** *(fig)* in aller Munde sein; **in ~ al lupo!** *(fam)* Hals- und Beinbruch!, toi, toi, toi! ❷ *(fig: apertura)* Öffnung *f,* Mund *m; (di cannone)* Mündung *f; (di forno)* Tür *f* ❸ GEOG *(di fiume)* Mündung *f; (di mare)* Straße *f*
boccaccia [bokk'kattʃa] <-cce> *f* ❶ *(smorfia)* Grimasse *f,* Schnute *f;* **fare le -cce** Grimassen schneiden ❷ *(fig, pej: persona maldicente)* Lästermaul *nt* ❸ *(pej: bocca brutta)* Schnauze *f,* hässlicher Mund
boccaglio [bok'kaʎʎo] <-gli> *m* ❶ TEC Düse *f* ❷ *(imboccatura)* Mundstück *nt*
boccale [bok'ka:le] **I.** *agg* ANAT Mund- **II.** *m (di birra)* Krug *m*
boccaporto [bokka'pɔrto] *m* [Schiffs]luke *f*
boccascena [bokkaʃ'ʃɛ:na] <-> *m* Bühnenöffnung *f*
boccata [bok'ka:ta] *f* Mundvoll *m; (di sigaretta)* Zug *m; (d'acqua)* Schluck *m;* **andare a prendere una ~ d'aria** *(fig)* frische Luft schnappen [gehen]
boccetta [bot'tʃetta] *f* ❶ *(per inchiostro, medicinali)* Fläschchen *nt* ❷ *(al biliardo)* Stoßkugel *f*
boccheggiante [bokked'dʒante] *agg* ❶ *(per il caldo, la fatica)* nach Luft ringend ❷ *(fig: moribondo)* sterbend, im Niedergang befindlich
boccheggiare [bokked'dʒa:re] *vi* nach Luft ringen; **~ come un pesce fuor d'acqua** nach Luft schnappen wie ein Fisch auf dem Trockenen
bocchino [bok'ki:no] *m* ❶ *(per sigaretta)* Zigarettenspitze *f* ❷ MUS Mundstück *nt*
boccia ['bɔttʃa] <-cce> *f* ❶ *(per gioco)* Bocciakugel *f;* **gioco delle -cce** Boccia[spiel] *nt;* **giocare alle -cce** Boccia spielen ❷ *(recipiente)* Karaffe *f* ❸ *(fam scherz: testa)* Birne *f,* Rübe *f*
bocciarda [bot'tʃarda] *f* ❶ TEC Kröneleisen *nt,* Scharriereisen *nt* ❷ *(martello a punte)* Stockhammer *m*
bocciardare [bottʃar'da:re] *vt* TEC kröneln, aufrauen, scharrieren
bocciardato, -a [bottʃar'da:to] *agg* gekrönelt, aufgeraut, scharriert
bocciardatrice [bottʃarda'tri:tʃe] *f* TEC Krönelmaschine *f,* Scharriermaschine *f*
bocciardatura [bottʃarda'tu:ra] *f* TEC Krönelung *f,* Aufrauung *f*
bocciare [bot'tʃa:re] *vt* ❶ *(fam: agli esami)* durchfallen lassen ❷ *(proposta, idea)* ablehnen ❸ *(alle bocce)* treffen
bocciatura [bottʃa'tu:ra] *f* Durchfallen *nt; (a scuola)* Sitzenbleiben *nt*
boccino [bot'tʃi:no] *m* Malkugel *f*
boccio ['bɔttʃo] <-cci> *m* Knospe *f;* **in ~** noch nicht erblüht; *(fig)* noch nicht reif
bocciodromo [bot'tʃɔ:dromo] *m* Bocciaanlage *f*
bocciofila [bottʃo'fi:la] *f* Bocciaspielgemeinschaft *f,* Bocciaclub *m*

B

B

bocciofilo, **-a** [bot'tʃɔ:filo] **I.** *m, f (giocatore)* Bocciaspieler(in) *m(f)* **II.** *agg* Boccia-; **società -a** Bocciaspielerclub *m*

bocciolo [bot'tʃɔ:lo] *m* Knospe *f*

boccola ['bokkola] *f* ❶ TEC Büchse *f*, Hülse *f* ❷ EL Buchse *f* ❸ *(anello)* Ring *m*; *(orecchino)* Ohrring *m*

boccolo ['bokkolo] *m* Locke *f*

bocconcino [bokkon'tʃi:no] *m* Häppchen *nt*, Leckerbissen *m*, Schmankerl *nt* A

boccone [bok'ko:ne] *m* Bissen *m*, Happen *m*; *(cibo prelibato, fig)* Leckerbissen *m*, Schmankerl *m* A; **fra un ~ e l'altro** *(fam)* während des Essens, zwischendurch; **mangiare un ~** [noch schnell] einen Happen essen; **inghiottire un ~ amaro** *(fig)* eine bittere Pille schlucken; **col ~ in gola** *(fig fam)* gleich nach dem Essen

bocconi [bok'ko:ni] *avv* auf dem Bauch, bäuchlings; **cadere ~** der Länge nach hinfallen

body ['bɔdi] <-> *m* Body *m*, Bodysuit *m*; **un ~ a maniche lunghe** ein langärm[e]liger Body

body art ['bɔdi 'a:t] <-> *f* Body Art *f*

body builder ['bɔdi 'bildə] <- *o* body builders> *mf* Bodybuilder(in) *m(f)*

body-building ['bɔdi'bildiŋ] <-> *m* Bodybuilding *nt*; **praticare il ~** Bodybuilding betreiben; **fare ~** Bodybuilding machen

body copy ['bɔdi 'kɔpi] <- *o* body copies> *m* Fließtext *m*

bodyguard ['bɔdiga:d] <-> *mf* Bodyguard *m*, Leibwächter(in) *m(f)*

body language ['bɔdi 'læŋgwidʒ] <- *o* body languages> *m* Körpersprache *f*

body painting ['bɔdi 'peintiŋ] <-> *f* Body Painting *nt*, Körperbemalung *f*

body sculpturing ['bɔdi 'skʌlptʃəriŋ] <-> *f* MED Schönheitsoperation *f (operatives Entfernen von Fettgewebe)*

boeing ['bɔeiŋ] <- *o* boeings> *m* Boeing *f*

boero [bo'ɛ:ro] *m Praline mit einer Likörkirsche*

bofonchiare [bofoŋ'kia:re] *vi (fam)* murren, meckern

bohème [bo'ɛm] <-> *f* Bohemeleben *nt*

bohémien [boe'mjɛ̃] <-> *m* Bohemien *m*

boia ['bɔ:ia] **I.** *m* <-> Henker *m*, Scharfrichter *m*; **~ d'un mondo!** *(vulg)* beschissene Welt! **II.** *agg inv (vulg)* beschissen, verdammt *fam*; **che tempo ~!** *(fam)* was für ein Sauwetter!; **ho una sete ~** *(fam)* ich habe einen Mordsdurst

boiata [bo'ia:ta] *f (vulg)* Scheiß *m*, Scheiße *f*; *(spettacoli, libri)* Schund *m*

boicottaggio [boikot'taddʒo] <-ggi> *m* Boykott *m*, Boykottieren *nt*

boicottare [boikot'ta:re] *vt* ❶ COM boykottieren ❷ *(ostacolare)* behindern

boiler ['bɔilə *o* 'bɔiler] <-> *m* Boiler *m*

boîte [bwat] <-> *f* ❶ *(locale notturno)* kleines Nachtlokal, Bar *f* ❷ *(scatola)* Dose *f*, Schatulle *f*

bolero [bo'lɛ:ro] *m* ❶ MUS Bolero *m* ❷ *(corpetto)* Bolero[jäckchen] *nt*

bolgia ['bɔldʒa] <-ge> *f (fig, pej: baraonda)* Höllenspektakel *m*; **quella stanza è una ~** in dem Zimmer ist die Hölle los *fam*

bolide ['bɔ:lide] *m* ❶ ASTR Bolid *m* ❷ AUTO schneller Flitzer *fam*, Rennwagen *m*; **è passato come un ~** er ist wie der Blitz vorbeigeschossen ❸ *(fam scherz: persona grossa)* Koloss *m*

bolla ['bolla] *f* ❶ *(di sapone,* MED*)* Blase *f*; *(nel vetro, metallo)* [Luft]blase *f*; **finire in una ~ di sapone** *(fig)* wie eine Seifenblase zerplatzen ❷ REL Bulle *f* ❸ COM Schein *m*; *(sigillo)* Siegel *nt*; **~ di accompagnamento** Warenbegleitschein *m*; **~ di consegna** Lieferschein *m*

bollare [bol'la:re] *vt* ❶ ADM [ab]stempeln ❷ *(fig: marchiare)* brandmarken; *(d'infamia)* überhäufen ❸ *(fam: dare una contravvenzione)* jdm eine Geldstrafe verpassen

bollato, **-a** [bol'la:to] *agg* ❶ ADM [ab]gestempelt; **carta -a** Stempelpapier *nt* ❷ *(fig: marchiato)* gebrandmarkt

bollatura [bolla'tu:ra] *f* [Ab]stemp[e]lung *f*

bollente [bol'lɛnte] *agg* ❶ *(acqua, caffè)* kochend, siedend, heiß ❷ *(fig: temperamento, carattere)* hitzig, feurig; **-i spiriti** *(poet)* erhitzte Gemüter *ntpl*

bolletta [bol'letta] *f* [Ab]rechnung *f*; *(polizza)* Schein *m*; **essere in ~** *(fam)* blank sein

bollettino [bollet'ti:no] *m* ❶ *(pubblicazione)* Bericht *m*, Bulletin *nt*; **~ meteorologico** [Wetter]bericht *m*; **Bollettino Ufficiale** Amtsbericht *m*; **~ medico** Krankenbericht *m* ❷ *(polizza)* Schein *m*

bollilatte [bolli'latte] <-> *m* Milchkochtopf *m*

bollinare [bolli'na:re] *vt* mit einer [Beitrags]marke bekleben

bollino [bol'li:no] *m* Marke *f*; *(tagliando)* Abschnitt *m*; **~ blu** AUTO ASU-Plakette *f*

bollire [bol'li:re] **I.** *vi* PHYS, GASTR kochen, sieden; **~ di rabbia** *(fig)* vor Wut kochen; **chissà cosa bolle in pentola!** *(fig)* wer weiß, was da dahintersteckt! **II.** *vt* [auf]kochen [lassen]; *(per sterilizzare)* [ab]kochen

bollito [bol'li:to] *m (da bollire)* Suppenfleisch *nt*; *(pronto)* gekochtes Rind- [*o* Kalb] fleisch

bollito, **-a** *agg* [ab]gekocht

bollitore [bolli'to:re] *m (pentola)* Kochtopf *m; (attrezzo)* Kocher *m*

bollitura [bolli'tu:ra] *f* Kochen *nt,* Sieden *nt*

bolliuova [bolli'uɔ:va] <-> *m* Eierkocher *m*

bollo ['bollo] *m* ① *(strumento, marchio)* Stempel *m,* Siegel *nt;* **~ di circolazione** Kraftfahrzeugsteuermarke *f* ② *(fam: francobollo)* Briefmarke *f*

bollore [bol'lo:re] *m* ① GASTR, PHYS Sieden *nt,* Aufkochen *nt* ② *(fig: caldo intenso)* Hitze *f;* **a ~** kochend [heiß]; **far passare i -i a qu** jdn beschwichtigen ③ *(fig: ardore)* Hitze *f,* Ungestüm *nt*

bolo ['bɔ:lo] *m* große Pille

Bologna *f* Bologna *nt (Hauptstadt der Region Emilia-Romagna)*

bolognese [boloɲ'ɲe:se] **I.** *agg* bolognesisch, aus Bologna stammend; **pasta alla ~** Nudelgericht Bologneser Art **II.** *mf (abitante)* Bolognese *m,* Bolognesin *f* **III.** *m sing (dialetto)* Bologneser Dialekt

Bolognese *m sing* Gebiet *nt* um Bologna

bolsaggine [bol'saddʒine] *f* ① *(fig: fiacchezza)* Schlaffheit *f,* Trägheit *f; (di stile)* Schwülstigkeit *f* ② ZOO Pferdestaupe *f*

bolscevico, -a [bolʃe'vi:ko] <-chi, -che> **I.** *agg* ① POL bolschewikisch, bolschewistisch ② *(comunista rivoluzionario)* bolschewikisch, bolschewistisch; **partito ~** bolschewistische Partei **II.** *m, f* HIST, POL Bolschewik(in) *m(f),* Bolschewist(in) *m(f)*

bolzanino, -a [boltsa'ni:no] **I.** *agg* Bozner- **II.** *m, f (abitante)* Bozner(in) *m(f)*

Bolzanino *m sing* Umgebung *f* Bozens, Gebiet *nt* um Bozen

Bolzano [bol'tsa:no] *f* Bozen *nt (Stadt in Südtirol)*

bomba ['bomba] *f* MIL Bombe *f;* **~ a idrogeno/orologeria** Wasserstoff-/Zeitbombe *f;* **~ a mano** Handgranate *f;* **~ atomica** Atombombe *f;* **~ vulcanica** [*o* **lavica**] [Lava]bombe *f;* **una notizia ~** *(fig)* eine Sensation; **fare scoppiare la ~** *(fig)* die Bombe platzen lassen; **a prova di ~** bombensicher

bombardamento [bombarda'mento] *m* ① MIL *(di bombe aeree)* Bombardierung *f; (di artiglieria pesante)* schwerer Beschuss, schweres Feuer; **~ a tappeto** Flächenbombardierung *f,* Bombenteppich *m; (di artiglieria)* Sperrfeuer *nt* ② *(fig: di domande)* Bombardierung *f* ③ PHYS Beschuss *m*

bombardare [bombar'da:re] *vt* ① MIL bombardieren, beschießen ② *(fig)* bombardieren; **~ qu di domande** jdn mit Fragen bombardieren ③ PHYS beschießen

bombardiere [bombar'diɛ:re] *m* ① *(pilota)* Bombenflieger *m,* Bomberpilot *m; (aereo)* Bomber *m* ② *(di artiglieria pesante)* Artillerist *m*

bombarolo, -a [bomba'rɔ:lo] **I.** *m, f* MER Bombenleger(in) *m(f)* **II.** *agg* MER Bombenleger-, Bomben-; **l'offensiva -a** Bombenanschlag *m*

bomber ['bɔmbə *o* 'bɔmber] <- *o* bombers> *m* ① SPORT *(cannoniere)* Torschütze *m* ② *(giubbotto)* Bomber-Jacke *f*

bomberina [bombe'ri:na] *f* [Art] Nagelkopf *m*

bombetta [bombe'tta] *f* ① *(cappello)* Melone *f,* Zylinder *m* ② *(fialetta puzzolente)* Stinkbombe *f*

bombing ['bɔmbing] <-> *m* Sprühen *nt* von Graffiti

bombola ['bombola] *f* Gasflasche *f; (per nebulizzazione)* Sprühdose *f*

bombolo, -a ['bombolo] *m, f (fam scherz)* Dickerchen *nt*

bombolone [bombo'lo:ne] *m mit Creme oder Marmelade gefüllter Krapfen*

bomboniera [bombo'niɛ:ra] *f* Bonbonniere *f*

bonaccia [bo'nattʃa] <-cce> *f* ① NAUT Flaute *f,* Windstille *f; (mare)* Meeresstille *f* ② *(fig: calma)* Stille *f,* Ruhe *f*

bonaccione, -a [bonat'tʃo:ne] *(fam)* **I.** *agg* gutmütig **II.** *m, f* gutmütiger Mensch

bonarietà [bonarie'ta] <-> *f* Gutmütigkeit *f*

bonario, -a [bo'na:rio] <-i, -ie> *agg* gutmütig

bonifica [bo'ni:fika] <-che> *f* ① *(di terreno)* Urbarmachung *f; (di palude)* Trockenlegung *f* ② MIL Entminung *f*

bonificare [bonifi'ka:re] *vt* ① *(terreno)* urbar machen; *(palude)* trockenlegen ② MIL entminen ③ FIN gutschreiben

bonifico [bo'ni:fiko] <-ci> *m* ① FIN Gutschrift *f* ② COM Preisnachlass *m*

bonomia [bono'mi:a] <-ie> *f* Gutmütigkeit *f*

bonsai ['bonsai *o* bon'sai] <-> *m* ① *(tecnica di coltivazione)* Bonsai *nt* ② *(pianta)* Bonsai *m*

bontà [bon'ta] <-> *f* ① *(di persona)* Güte *f;* **abbia la ~ di dirmelo** haben Sie die Güte, es mir zu sagen ② *(di cosa)* Güte *f,* Qualität *f;* **che ~ questa torta!** diese Torte ist ein Gedicht!

bonus ['bɔnus] <-> *m* ① *(incentivo economico)* Prämie *f,* Prämienzahlung *f;* **un ~ di cento euro** eine Prämie von 100 Euro ② *(tagliando)* Gutschein *m,* Vergütung *f;* **~ per gli acquisti** Gutschein für die Einkäufe ③ *(premio)* Bonus *m* ④ SPORT Bonus *m,* Punktvorteil *m*

B

B

bonus-malus ['bɔnus'malus] <-> *m* Bonus-Malus-System *nt,* Schadenfreiheitsrabatt *m*

bonzo ['bondzo] *m* Bonze *m*

boom [bu:m] <-> *m* Aufschwung *m,* Boom *m;* ~ **edilizio** Bauboom *m*

boomerang ['bu:mərænŋ *o* 'bumerang] <-> *m* Bumerang *m*

bootstrap [bu:t'stræp] INFORM, TEC **I.** *agg inv* Bootstrap-; **circuito** ~ Bootstrap-Schaltung *f* **II.** *m* <-> Bootstrapping *nt,* Ureingabe *f*

bora ['bɔ:ra] *f* Bora *f*

boracifero, -a [bora'tʃi:fero] *agg* borhaltig, Borax-; **soffione** ~ Borquelle *f*

borato [bo'ra:to] *m* Borat *nt*

borbottamento [borbotta'mento] *m (fam)* Murmeln *nt,* Gemurmel *nt*

borbottare [borbot'ta:re] *vi, vt (fam: parlare in modo indistinto)* murmeln; *(brontolare)* brummen

borbottio [borbot'ti:o] <-ii> *m (fam)* Gemurmel *nt,* Gestammel *nt*

borchia ['bɔrkia] <-chie> *f* Metallverzierung *f,* Beschlag *m; (su allacciamenti)* Niete *f; (a poltrone)* Ziernagel *m*

bordare [bor'da:re] *vt (tovaglia, vestito)* [ein]säumen, [um]säumen; *(per ornamento)* mit einer Borte verzieren

bordatura [borda'tu:ra] *f (di vestito)* Bordüre *f,* Borte *f*

bordello [bor'dɛllo] *m* ① *(fig fam: ambiente corrotto)* Lasterhöhle *f* ② *(fig: disordine)* Tohuwabohu *nt,* Durcheinander *nt; (fracasso)* Radau *m,* Spektakel *m;* **smettetela di far ~!** *(fam)* hört mal auf mit dem Radau! ③ *(postribolo)* Bordell *nt,* Freudenhaus *nt*

borderline ['bɔ:dəlain] **I.** *mf* <-> MED, PSIC Borderline *nt,* Grenzfall *m* **II.** *agg inv* Borderline-

bordino [bor'di:no] *m (di tessuto)* feiner Saum, Einfassung *f; (per ornamento)* kleine Borte

bordo ['bordo] *m* ① *(di vestito)* Saum *m; (per ornamento)* Borte *f* ② NAUT, AERO, MOT Bord *m;* **salire a** ~ an Bord gehen, einsteigen; **prendere qu a** ~ jdn an Bord nehmen; **a** ~ an Bord; **a** ~ **della macchina** im Wagen ③ *(di strada)* Rand *m; (di aiuola)* Einfassung *f,* Rand[streifen] *m;* **sul** ~ **della strada** am Straßenrand ④ *(di tavolo, sedia)* Kante *f*

bordocampo [bordo'kampo] *m* SPORT Seitenlinie *f*

bordura [bor'du:ra] *f* ① *(di aiuola)* Einfassung *f,* Rand[streifen] *m* ② *(di abito)* Bordüre *f* ③ GASTR Garnierung *f*

boreale [bore'a:le] *agg* boreal; **aurora** ~ Nordlicht *nt*

borgata [bor'ga:ta] *f* ① *(piccolo centro)* Ortschaft *f* ② *(di periferia)* Vorort *m*

borgesiano, -a [bordʒe'sia:no] *agg* Borges'sche

borghese [bor'ge:se] **I.** *agg* ① SOC bürgerlich, Bürger- ② ADM zivil, Zivil-; **abito** ~ Zivilkleidung *f;* **in** ~ in Zivil ③ *(fig, pej)* [klein]bürgerlich **II.** *mf* Bürger(in) *m(f),* Bourgeois *m;* **piccolo** ~ Kleinbürger *m; (pej)* Spießbürger *m,* Spießer *m* **III.** *m* Zivilist *m*

borghesia [borge'zi:a] <-ie> *f* Bürgertum *nt;* **alta** ~ Großbürgertum *nt;* **media** ~ Mittelstand *m;* **piccola** ~ Kleinbürgertum *nt*

borgo ['borgo] <-ghi> *m* ① *(centro abitato)* Ortschaft *f,* Dorf *nt* ② *(quartiere cittadino)* [Vorstadt]viertel *nt*

borgomastro [borgo'mastro] *m* Bürgermeister *m*

boria ['bɔ:ria] <-ie> *f* Aufgeblasenheit *f,* Hochmut *m*

borico, -a ['bɔ:riko] <-ci, -che> *agg* Bor-; **acido** ~ Borsäure *f*

borioso, -a [bo'rio:so] *agg* aufgeblasen, hochmütig

borotalco® [boro'talko] *m* Körperpuder *m*

borraccia [bor'rattʃa] <-cce> *f* Wasserflasche *f;* MIL Feldflasche *f*

borsa ['borsa] *f* ① *(portaoggetti)* Tasche *f,* Beutel *m; (di donna)* Handtasche *f; (per denaro)* Geldbeutel *m,* Geldbörse *f* A; ~ **da viaggio** Reisetasche *f;* ~ **dell'acqua calda** Wärmflasche *f;* ~ **del ghiaccio** Eisbeutel *m;* ~ **della spesa** Einkaufstasche *f;* ~ **del tabacco** Tabakbeutel *m;* **o la ~ o la vita!** Geld oder Leben! ② FIN Börse *f;* **giocare in** ~ an der Börse spekulieren ③ *(fig: denaro)* Geld *nt;* ~ **di studio** Stipendium *nt;* ~ **di studio per l'estero** ≈ Mobilitätszuschuss *m* ④ ANAT Beutel *m,* Sack *m;* **avere le -e sotto gli occhi** [Tränen]säcke [unter den Augen] haben

borsaiolo, -a [borsa'iɔ:lo] *m, f* Taschendieb(in) *m(f)*

borsanera [borsa'ne:ra] <borsenere> *f* Schwarzmarkt *m*

borseggiare [borsed'dʒa:re] *vt* bestehlen

borseggiatore, -trice [borseddʒa'to:re] *m, f* Taschendieb(in) *m(f)*

borseggio [bor'seddʒo] <-ggi> *m* Taschendiebstahl *m*

borsellino [borsel'li:no] *m* Geldbeutel *m,* Portmonee *nt,* Geldbörse *f* A

borsello [bor'sɛllo] *m (da uomo)* Tasche *f,* Täschchen *nt*

borsenere *pl di* **borsanera**

borsetta [bor'setta] *f (da donna)* [Hand]tasche *f,* Täschchen *nt*
borsettaio, **-a** [borset'ta:io] <-ai, -aie> *m, f* Handtaschenhändler(in) *m(f)*
borsetteria [borsette'ri:a] <-ie> *f* Handtaschengeschäft *nt*
borsettificio [borsetti'fi:tʃo] <-ci> *m* Handtaschenhersteller *m*
borsista [bor'sista] <-i *m,* -e *f*> *mf* ① *(chi ha una borsa di studio)* Stipendiat(in) *m(f)* ② FIN Börsenspekulant(in) *m(f)*
boscaglia [bos'kaʎʎa] <-glie> *f* Gehölz *nt*
boscaiolo, **-a** [boska'iɔ:lo] *m, f* ① *(spaccalegna)* Holzfäller(in) *m(f)* ② *(guardaboschi)* Förster(in) *m(f)*
boschereccio, **-a** [boske'rettʃo] <-cci, -cce> *agg* ① *(ninfe, fungo)* Wald- ② *(fig: semplice, rozzo)* ungeschliffen, ungehobelt
boschivo, **-a** [bos'ki:vo] *agg* waldig, Wald-
bosco ['bɔsko] <-schi> *m* Wald *m;* ~ **da taglio** Nutzwald *m*
boscosità [boskosi'ta] <-> *f* Bewaldung *f,* Waldbestand *m*
boscoso, **-a** [bos'ko:so] *agg* waldig
Bosforo ['bɔsforo] *m* Bosporus *m*
Bosnia *f* Bosnien *nt*
bosniaco, **-a** [bos'nia:ko] <-ci, -che> **I.** *agg* bosnisch; **l'indipendenza -a** die Unabhängigkeit Bosniens **II.** *m, f (abitante)* Bosnier(in) *m(f)*
boss [bɔs] <-> *m* Boss *m*
bosso ['bɔsso] *m* ① BOT Buchsbaum *m* ② *(legno)* Buchsbaumholz *nt*
bossolo ['bɔssolo] *m* MIL Patronenhülse *f*
bostik® ['bɔstik] <-> *m* Alleskleber *m*
BOT, **bot** <-> *m acro di* **Buono Ordinario del Tesoro** normale Schatzanweisung *(Schuldbrief gegenüber dem Staat)*
botanica [bo'ta:nika] <-che> *f* Botanik *f*
botanico, **-a** [bo'ta:niko] <-ci, -che> **I.** *agg* botanisch; **orto** [*o* **giardino**] ~ botanischer Garten **II.** *m, f* Botaniker(in) *m(f)*
botola ['bɔ:tola] *f* Kellerluke *f; (trabocchetto)* Falltür *f*
botolo ['bɔ:tolo] *m (pej)* ① *(cane)* Köter *m* ② *(fig: persona)* Giftzwerg *m*
botta ['bɔtta] *f* ① *(colpo)* Schlag *m,* Hieb *m; (percossa)* Stoß *m;* **un sacco di -e** eine Tracht Prügel; **fare a -e** raufen, sich prügeln; **è stata una bella ~ per lui** *(fig)* das war ein schwerer Schlag für ihn ② *(rumore)* Knall *m* ③ *(fig: battuta pungente)* scharfe Bemerkung, Hieb *m;* **fare a -e risposta** sich *dat* ein Wortgefecht liefern
botte ['botte] *f* ① *(di vino)* Fass *nt;* **essere in una ~ di ferro** *(fig)* ganz sicher sein; **nella botte piccola sta** [*o* **c'è**] **il vino buono** *(prov: persona)* klein, aber oho *fam;* **non si può avere la ~ piena e la moglie ubriaca** *(prov)* man kann nicht alles haben ② *(fig fam: persona)* Tonne *f,* Fass *nt* ③ ARCH Tonne *f;* **volta a ~** Tonnendach *nt*
bottega [bot'te:ga] <-ghe> *f* ① *(negozio)* Geschäft *nt,* Laden *m;* **avere la ~ aperta** *(fig fam)* den Hosenladen offen haben ② *(officina)* Werkstatt *f* ③ POL **Botteghe Oscure** *Sitz der linken demokratischen Partei in Rom*
bottegaio, **-a** [botte'ga:io] <-ai, -aie> *m, f* Händler(in) *m(f),* Kaufmann *m*
botteghino [botte'gi:no] *m* Kartenschalter *m;* THEAT Theaterkasse *f;* FILM Kinokasse *f;* SPORT Wettbüro *nt; (del lotto)* Lottoannahmestelle *f*
bottegone [botte'go:ne] *m (scherz) Sitz der linken demokratischen Partei in Rom*
bottiglia [bot'tiʎʎa] <-glie> *f* Flasche *f;* **una ~ di acqua minerale** eine Flasche Mineralwasser; ~ **Molotov** Molotowcocktail *m*
bottiglione [bottiʎ'ʎo:ne] *m* große Flasche
bottino [bot'ti:no] *m* MIL Kriegsbeute *f; (di furto)* [Diebes]beute *f*
botto ['bɔtto] *m* ① *(colpo)* Schlag *m; (dello sparo)* Knall *m;* **di ~** schlagartig, mit einem Schlag; **in un ~** mit einem Schlag, im Handumdrehen ② *(fuochi d'artificio)* Feuerwerk *nt*
bottone [bot'to:ne] *m* ① *(per indumenti)* Knopf *m;* ~ **automatico** Druckknopf *m;* ~ **d'oro** Dotterblume *f* ② TEC [Druck]knopf *m,* Taste *f;* **stanza dei -i** *(fig)* Schaltstelle *f* ③ *(loc)* **attaccare un ~** [**a qu**] *(fig fam)* jdn in ein endloses Gespräch verwickeln
bottoniera [botto'niɛ:ra] *f* ① *(di vestito)* Knopfreihe *f* ② EL Schalttafel *f*
botuligeno, **-a** [botuli'dʒɛ:no] *agg* MED Botulismus verursachend
botulinico, **-a** [botu'liniko] <-ci, -che> *agg* MED Botulinus-; **tossina -a** Botulinustoxin *nt*
botulino, **-a** [botu'li:no] **I.** *agg* BIOL, MED Botulinus- *m* **II.** *m, f* Botulinusbazillus *m*
botulismo [botu'lizmo] *m* MED Botulismus *m,* Lebensmittelvergiftung *f*
boucle [bukl] <- *o* boucles> *m o f* Ring *m,* Reifen *m*
bouclé [bu'kle] *agg inv* Bouclé-
bouquet [bu'kɛ] <-> *m* ① *(di fiori)* Blumenstrauß *m* ② *(di vino)* Bukett *nt,* Blume *f*
boutade [bu'tad] <-> *f* witzige [*o* geistreiche] Pointe [*o* Bemerkung]
boutique [bu'tik] <-> *f* Boutique *f*
bovarismo, **bovarysmo** [bova'rizmo] *m*

[ständige] Unzufriedenheit, [ständige] innere Unruhe

B

bovarista [bova'rista] <-i *m*, -e *f*> *agg* [ständig] unzufrieden
bovaro [bo'va:ro] *m* Kuhhirte *m*
bove ['bɔ:ve] *m* Ochse *m*
bovino [bo'vi:no] *m* Rind *nt*
bovino, -a *agg* Ochsen-, Rind[er]-; **occhi -i** *(pej)* Kuhaugen *ntpl,* Glotzaugen *ntpl*
bowling ['bouliŋ] <-> *m* ① *(gioco)* Bowling *nt* ② *(luogo)* Bowlingcenter *nt; (pista)* Bowlingbahn *f*
box [bɔks] <-> *m* ① *(per bambini)* Laufstall *m* ② MOT, ZOO Box *f*
boxare [bok'sa:re] *vi* boxen
boxe [bɔks] <-> *f* Boxen *nt,* Boxsport *m*
boxer ['bɔksə *o* 'bɔkser] <-> *m* ① ZOO Boxer *m* ② *pl (mutande a calzoncino)* Boxershorts *pl*
boxeur [bɔk'sœ:r] <-> *m* SPORT Boxer *m*
boxistico, -a [bo'ksistiko] <-ci, -che> *agg* den Boxsport betreffend, boxerisch
boy [bɔi] <-> *m* ① *(d'albergo)* Boy *m,* Hoteldiener *m* ② THEAT Revuetänzer *m*
boyfriend ['bɔifrend] <- *o* boyfriends> *m* Boyfriend *m*
boygroup ['bɔɪgru:p] <-> *m* Boygroup *f*
boy-scout ['bɔi 'skaut] *m* Pfadfinder *m*
bozza ['bɔttsa] *f* ① TYP Fahne *f,* [Korrektur]abzug *m;* **correzione di -e** Fahnenkorrektur *f;* **-e di stampa** Druckfahnen *fpl* ② LIT Entwurf *m*
bozzettista [bottset'tista] <-i *m*, -e *f*> *mf* ① LIT Skizzenschreiber(in) *m(f)* ② *(di pubblicità)* Entwurfzeichner(in) *m(f)*
bozzetto [bot'tsetto] *m* ① LIT Skizze *f,* Kurzgeschichte *f* ② *(modello)* Entwurf *m*
bozzo ['bɔttso] *m* DIAL Beule *f*
bozzolo ['bɔttsolo] *m* ① ZOO Kokon *m;* **uscire dal ~** ZOO ausschlüpfen; *(fig)* wieder unter die Menschen gehen ② *(protuberanza)* Beule *f,* Höcker *m*
B.P.L. *abbr di* **Buono Per Lire** *Abkürzung vor der zahlbaren Summe auf Wechseln*
BR *fpl abbr di* **Brigate Rosse** Rote Brigaden *pl*
braca ['bra:ka] <-che> *f* ① *pl (calzoni)* Hose *f; (mutande)* Unterhose *f;* **calare** [*o* **calarsi**] **le -che** *(vulg: per paura)* sich *dat* in die Hosen machen ② *(allacciatura per operai)* Sicherheitsgurt *m*
bracalone, -a [braka'lo:ne] *m, f (fam)* Schlamper(in) *m(f)*
braccare [brak'ka:re] *vt* hetzen, aufspüren; *(fig a.)* verfolgen
braccetto [brat'tʃetto] *m* **a ~** Arm in Arm, eingehakt; **prendere qu a ~** sich bei jdm einhaken
braccia ['brattʃa] *f pl di* **braccio**[1]
bracciale [brat'tʃa:le] *m* ① *(ornamento)* Armband *nt* ② *(fascia distintiva)* Armbinde *f*
braccialetto [brattʃa'letto] *m* Armband *nt; (cerchio)* Armreif *m;* **~ elettronico antievasione** elektronische [Fuß]fessel
bracciantato [brattʃan'ta:to] *m* Hilfsarbeiter *mpl,* Tagelöhner *mpl*
bracciante [brat'tʃante] *mf* Tagelöhner(in) *m(f);* **~ agricolo** landwirtschaftlicher Hilfsarbeiter
bracciata [brat'tʃa:ta] *f* ① SPORT [Arm]zug *m* [beim Schwimmen] ② *(quantità)* Arm voll *m;* **a -e** haufenweise, in Mengen
braccio[1] ['brattʃo] <*pl*: braccia *f*> *m* ① ANAT Arm *m;* **accogliere qu a braccia aperte** jdn mit offenen Armen empfangen; **agitare le braccia** mit den Armen fuchteln; *(in segno di saluto)* winken; *(per fare segni)* gestikulieren; **portare un bambino in ~** ein Kind auf dem Arm tragen; **prendere qu per un ~** jdn am [*o* beim] Arm nehmen; **offrire il ~ a qu** jdm den Arm anbieten; **~ di ferro** Armdrücken *nt; (fig)* Tauziehen *nt,* Kraftprobe *f;* **incrociare le braccia** *(fig)* die Arbeit niederlegen, streiken; **stare a braccia conserte** mit verschränkten Armen dastehen; **mi fai cadere le braccia** *(fig)* du enttäuschst mich; **essere il ~ destro di qu** *(fig)* die rechte Hand von jdm sein; **gettare le braccia al collo di qu** jdm um den Hals fallen ② *pl (fig)* Arbeitskräfte *fpl;* **avere buone ~** eine gute Arbeitskraft sein, tüchtig sein ③ *(misura)* Elle *f*
braccio[2] <-cci> *m* GEOG **~ di fiume** Flussarm *m;* **~ di mare** Meerenge *f;* **~ di terra** Landzunge *f*
bracciolo [brat'tʃɔ:lo] *m* Armlehne *f*
bracco ['brakko] <-cchi> *m* Bracke *m,* Spürhund *m*
bracconiere [brakko'niɛ:re] *m* Wilderer *m,* Wilddieb *m*
brace ['bra:tʃe] *f* Glut *f,* Feuer *nt; (carbone)* Holzkohle *f;* **una bistecca alla ~** ein Steak vom [Holzkohlen]grill; **essere sulle -i** *(fig)* wie auf [glühenden] Kohlen sitzen
brache ['bra:ke] *fpl (calzoni)* Hose *f; (mutande)* Unterhose *f;* **calare** [*o* **calarsi**] **le ~** *(vulg: per paura)* sich *dat* in die Hosen machen *sl*
brachetta [bra'ketta] *f* ① *pl (per bambini)* Höschen *nt* ② TYP Fälzel *nt*
brachiale [bra'kia:le] *agg* [Ober]arm-
braciere [bra'tʃɛ:re] *m* Kohlenbecken *nt,* Kohlenpfanne *f*
braciola [bra'tʃɔ:la] *f* Schnitzel *nt;* **~ di maiale** Schweineschnitzel *nt*

bradisismo [bradi'sizmo] *m* bradyseismische Bewegung

brado, -a ['bra:do] *agg* ungezähmt, wild

braille [braj] <-> *m f* Blindenschrift *f,* Brailleschrift *f*

brainstorming ['brein'stɔ:miŋ] <-> *m* Brainstorming *nt*

brain trust ['brein 'trʌst] <-> *m* Braintrust *m,* Expertengruppe *f*

brama ['bra:ma] *f (poet)* Begierde *f,* Sehnsucht *f;* ~ **di sapere** Wissbegierde *f*

bramano [bra'ma:no] *m* Brahmane *m*

bramare [bra'ma:re] *vt (poet)* heiß begehren, schmachten nach *geh*

bramino [bra'mi:no] *v.* **bramano**

bramire [bra'mi:re] <bramisco, bramisci> *vi (orso)* brüllen; *(cervo)* röhren

bramito [bra'mi:to] *m (dell'orso)* Brüllen *nt; (del cervo)* Röhren *nt*

bramosia [bramo'si:a] <-ie> *f* Begierde *f,* Sehnsucht *f*

bramoso, -a [bra'mo:so] *agg* sehnsüchtig; **essere ~ di qc** nach etw sehnsüchtig [*o* auf etw *akk* [be]gierig] sein

branca ['braŋka] <-che> *f* ① ZOO Klaue *f; (di uccelli)* Kralle *f* ② *(fig: ramo)* Gebiet *nt,* Zweig *m*

branchiale [braŋ'kia:le] *agg* Kiemen-

branchiato [braŋ'kia:to] *m* Kiemenatmer *m*

branchiato, -a *agg* mit Kiemen versehen, Kiemen-

branchie ['braŋkie] *f pl* Kiemen *f pl*

brancicare [brantʃi'ka:re] **I.** *vi* tappen **II.** *vt (fam)* betatschen, begrapschen

branco ['braŋko] <-chi> *m* ① ZOO Rudel *nt; (gregge)* Herde *f; (di uccelli)* Schwarm *m* ② *(fig, pej: di persone)* Meute *f,* Haufen *m*

brancolamento [braŋkola'mento] *m (a. fig)* [Herum]tappen *nt*

brancolare [braŋko'la:re] *vi* herumirren; ~ **nel buio** *(fig)* im Dunkeln tappen

branda ['branda] *f* Feldbett *nt*

brandeburghese [brandebur'ge:ze] *agg* brandenburgisch

Brandeburgo [brandebur'go] *m* Brandenburg *nt;* **Porta di ~** Brandenburger Tor

brandeggiabile [branded'dʒa:bile] *agg* ① MIL, NAUT schwenkbar; **arma ~** Schwenkwaffe *f* ② FILM schwenkbar

brandeggiare [branded'dʒa:re] **I.** *vt* MIL *(far ruotare orizzontalmente armi, strumenti)* schwenken **II.** *vi* ① *(oscillare)* schwingen ② *(obs: tentennare, esitare)* schwanken, zögern ③ NAUT *(ruotare di imbarcazione)* wenden

brandeggio [bran'deddʒo] <-ggi> *m* ① NAUT *(di imbarcazione)* Wenden *nt* ② MIL *(di bocca di fuoco)* Schwenken *nt* ③ *(rotazione)* Schwenk *m*

brandello [bran'dɛllo] *m* Fetzen *m,* Stück *nt;* **fare a -i** zerfetzen, in Stücke reißen

brandina [bran'di:na] *f* Liege *f*

brandire [bran'di:re] <brandisco> *vt* schwingen

brano ['bra:no] *m* ① MUS [Musik]stück *nt* ② LIT Stelle *f,* Ausschnitt *m* ③ *(pezzo)* Stück *nt,* Fetzen *m*

branzino [bran'tsi:no] *m* Seebarsch *m*

brasare [bra'za:re] *vt* ① GASTR schmoren ② TEC [hart]löten

brasato [bra'za:to] *m* [Rinder]schmorbraten *m*

brasato, -a *agg* geschmort

Brasile [bra'zi:le] *m* **il ~** Brasilien *nt*

brasiliano, -a [brazi'lia:no] **I.** *agg* brasilianisch **II.** *m, f* Brasilianer(in) *m(f)*

bravaccio [bra'vattʃo] <-cci> *m* Aufschneider *m*

bravamente [brava'mente] *avv* beherzt

bravata [bra'va:ta] *f* ① *(azione rischiosa)* Bravourstück *nt; (a. iron)* Glanzleistung *f,* Glanznummer *f* ② *(millanteria)* Aufschneiderei *f,* Prahlerei *f*

bravo, -a ['bra:vo] **I.** *agg* ① *(abile)* tüchtig, fähig; **essere ~ in qc** [*o* **a fare qc**] etw gut [machen] können ② *(onesto)* ehrlich, anständig ③ *(buono)* gut; *(bambino)* brav, artig; **fare il ~** brav sein; **su su, da ~, vieni qua** *(fam)* sei schön artig und komm her ④ *(coraggioso)* mutig **II.** *int* bravo, gut

bravura [bra'vu:ra] *f* Geschicklichkeit *f,* Können *nt; (virtuosismo)* Bravour *f;* **pezzo di ~** TEC Meisterstück *nt; (fig)* Meisterleistung *f;* **con ~** mit Bravour, bravourös

break ['breik *o* 'brɛk] <-> *m* ① *(pausa, intervallo)* Pause *f; (interruzione pubblicitaria)* Werbepause *f,* -unterbrechung *f* ② SPORT Break *m* ③ MUS *(breve improvvisazione jazz)* Break *m*

break-dance ['breik'da:ns] <-> *f* Breakdance *m*

breakdown ['breik'daun] <-> *m* Ausfall *m,* Versagen *nt,* Panne *f*

break even ['breik 'i:vən] <-> *m* FIN Break-Even *m,* Gewinnschwelle *f,* Deckungspunkt *m*

breaking ['breikiŋ] <-> *m* Breakdance *m*

breccia ['brettʃa] <-cce> *f* ① *(sassi)* Schotter *m,* Splitt *m* ② MIL Bresche *f* ③ *(loc)* **essere sulla ~** in vorderster Linie stehen; **far ~ nell'animo di qu** *(fig)* jdn für sich einnehmen

brefotrofio [brefo'trɔ:fio] <-i> *m* [Kinder]heim *nt;* HIST Findelhaus *nt*

Bregenz ['bre:gɛnts] *f* Bregenz *nt*

Brema ['brɛ:ma] *f* Bremen *nt*

Brennero ['brɛnnero] *m* Brenner *m;* **Passo del ~** Brennerpass *m*

bresaola [bre'za:ola] *f luftgetrocknetes, gesalzenes Rindfleisch*

Brescia *f* Brescia *nt (Stadt in der Lombardei)*

bresciano, -a [breʃ'ʃa:no] **I.** *agg* aus Brescia stammend **II.** *m, f (abitante)* Bewohner(in) *m(f)* von Brescia

Bresciano *m sing* Umgebung *f* von [*o* Gebiet *nt* um] Brescia, Provinz *f* Brescia

Breslavia [bre'zla:via] *f* Breslau *nt*

Bressanone [bressa'no:ne] *f* Brixen *nt*

bretella [bre'tɛlla] *f* ① *pl (per pantaloni, gonne)* Hosenträger *m* ② *(fig: raccordo)* Zubringerstraße *f,* Querspange *f*

brev. *abbr di* **brevetto** Patent

breve ['brɛ:ve] *agg* kurz; **-i parole** knappe Worte, ein paar Worte; **essere ~** *(fig)* sich kurz fassen; *(pej)* kurz angebunden sein; **a farla ~** um es kurz zu machen, kurzum; **a ~ termine** kurzfristig; **in ~** kurz, knapp; **fra ~** in Kürze, demnächst

brevettabile [brevet'ta:bile] *agg* patentfähig, patentierbar

brevettare [brevet'ta:re] *vt* patentieren

brevetto [bre'vetto] *m* Patent *nt;* **~ da pilota** [*o* **pilotaggio**] Flugschein *m,* Pilotenschein *m*

breviario [bre'via:rio] <-i> *m* Brevier *nt*

brevità [brevi'ta] <-> *f* Kürze *f*

Brexit ['brɛksit] <-> *f* POL Brexit *m*

brezza ['breddza] *f* Brise *f,* Wind *m*

bricco ['brikko] <-cchi> *m* Kanne *f*

briccona *f v.* **briccone**

bricconata [brikko'na:ta] *f (fam)* böser Streich *scherz,* Kinderstreich *m*

briccone, -a [brik'ko:ne] *m, f (fam)* Schelm *m,* Gauner(in) *m(f)*

bricconeria [brikkone'ri:a] <-ie> *f (fam)* [Schelmen]streich *m,* Gaunerei *f*

briciola ['bri:tʃola] *f* ① *(di pane)* Krümel *m;* **andare in -e** *(fig)* zerbröckeln, zusammenbrechen *fam;* **ridurre in -e** *(fig)* zertrümmern ② *(fig: quantità minima)* Spur *f,* Funke *m*

briciolo ['bri:tʃolo] *m (fig: quantità minima)* Funke *m,* Spur *f;* **non avere un ~ di cervello** *(fig)* keinen Funken Verstand haben

bricolage [briko'laʒ] <-> *m* Heimwerken *nt,* Basteln *nt*

bridge [bridʒ] <-> *m* Bridge *nt;* **il circolo del ~** der Bridgeclub

bridgista [bri'dʒista] <-i *m,* -e *f*> *mf* Bridgespieler(in) *m(f)*

bridgistico, -ca [bri'dʒistiko] <-ci, -che> *agg* Bridge-; **torneo ~** Bridgeturnier *nt*

brief [bri:f] <-> *m* Kurzbericht *m*

briefing ['bri:fiŋ] <-> *m* Briefing *nt,* Besprechung *f*

briga ['bri:ga] <-ghe> *f* ① *(noia)* Mühe *f,* Unannehmlichkeit *f;* **prendersi la ~ di fare qc** sich die Mühe machen etw zu tun ② *(lite)* Streit *m;* **attaccar ~ con qu** mit jdm Streit anfangen

brigadiere [briga'diɛ:re] *m* Unteroffizier *m (der Karabinieri)*

brigantaggio [brigan'taddʒo] <-ggi> *m* Räuberwesen *nt*

brigante, -essa [bri'gante, brigan'tessa] *m, f* ① *(bandito)* Bandit(in) *m(f)* ② *(fam scherz: briccone)* Gauner *m*

brigantino [brigan'ti:no] *m* Brigg *f*

brigare [bri'ga:re] *vi (fam)* **~ per ottenere qc** alle Hebel in Bewegung setzen um etw zu erreichen

brigata [bri'ga:ta] *f* ① *(fam: gruppo)* Schar *f* ② MIL Brigade *f;* **~ aerea** Geschwader *nt;* **le Brigate Rosse** die Roten Brigaden

brigatista [briga'dista] <-i *m,* -e *f*> *mf* Brigadist(in) *m(f);* **~ nero** Schwarzbrigadist *m;* **~ rosso** Rotbrigadist *m*

brighella [bri'gɛlla] <-> *m* ① THEAT **Brighella** Brighella *m (Figur der Commedia dell'arte)* ② *(fig, pej: intrigante)* schlauer Fuchs, Intrigant *m*

briglia ['briʎʎa] <-glie> *f* ① *(del cavallo)* Zügel *m,* Zaum *m;* **a ~ sciolta** *(fig)* zügellos ② *(per bambini)* Laufgurt *m* ③ *(di torrente)* Wehr *nt*

brillamento [brilla'mento] *m* Sprengung *f*

brillantante [brillan'tante] *m (per lavastoviglie)* Klarspüler *m,* Klarspülmittel *nt*

brillante [bril'lante] **I.** *agg* ① *(fig: che spicca)* brillant, glänzend ② *(che brilla)* glänzend, strahlend **II.** *m* Brillant *m*

brillantina [brillan'ti:na] *f* Pomade *f,* Brillantine *f*

brillare [bril'la:re] **I.** *vi* ① *(stella, sole, occhi)* glänzen, leuchten, strahlen ② *(fig: spiccare)* glänzen; **~ per qc** sich durch etw auszeichnen ③ *(mina)* explodieren **II.** *vt* ① *(mina)* sprengen ② *(riso)* schälen, polieren

brillatura [brilla'tu:ra] *f* Polieren *nt,* Schälen *nt*

brillio [bril'li:o] <-ii> *m* Schimmern *nt*

brillo, -a ['brillo] *agg* beschwipst

brilluccichio [brillutʃi'ki:o] <-chii> *m (riflesso luminoso intenso)* Gleißen *nt*

brina ['bri:na] *f,* **brinata** [bri'na:ta] *f* [Rau]reif *m*

brindare [brin'da:re] *vi* **~ a qu/qc** auf jdn/etw anstoßen

brindello [brin'dɛllo] *m (di stoffa)* Stück *nt,* Fetzen *m*

brindellone, -a [brindel'lo:ne] *m, f (fam)* ungepflegte, nachlässig [*o* zerlumpt] gekleidete Person

brindisi ['brindizi] <-> *m* Trinkspruch *m;* **fare un ~ [a qu]** einen Toast [auf jdn] aussprechen

Brindisi *f* Brindisi *nt (Stadt in Apulien)*

brindisino, -a [brindi'zi:no] **I.** *agg* aus Brindisi stammend **II.** *m, f (abitante)* Einwohner(in) *m(f)* von Brindisi

Brindisino *m sing* Gebiet *nt* um Brindisi

brio ['bri:o] *m sing* Schwung *m,* Lebhaftigkeit *f*

brioche [bri'ɔʃ] <-> *f* Brioche *f (Hefegebäck)*

briosità [briosi'ta] <-> *f* Schwung *m,* Begeisterung *f; (ingegno)* Geist *m*

brioso, -a [bri'o:so] *agg* schwungvoll, lebhaft, resch A; *(ingegnoso)* spritzig, geistvoll

briscola ['briskola] *f* ① *(gioco) ein Kartenspiel* ② *(fam: botte)* Haue *f*

Brisgovia [briz'gɔ:via] *f* Breisgau *m*

bristol ['bristol] <-> *m* Bristolkarton *m*

brivido ['bri:vido] *m* ① *(di freddo)* Frösteln *nt; (di febbre, fig)* Schüttelfrost *m;* **mi vengono i -i** es überläuft mich eiskalt ② *(fig)* Schau[d]er *m,* Grau[s]en *nt;* **~ della velocità** Geschwindigkeitsrausch *m;* **racconto del ~** Gruselgeschichte *f;* **sentire un ~ di piacere** ein prickelndes Vergnügen empfinden

brizzolato, -a [brittso'la:to] *agg* ① *(cavallo)* gescheckt ② *(marmo)* gefleckt, gesprenkelt ③ *(barba, capelli)* grau meliert

brocca ['brɔkka] <-cche> *f* Kanne *f,* Krug *m*

broccato [brok'ka:to] *m* Brokat *m*

broccolo ['brɔkkolo] *m* ① *pl* GASTR Brokkoli *pl,* Spargelkohl *m* ② *(fig fam: persona stupida)* Dummkopf *m,* Kohlkopf *m*

broche [brɔʃ] <-> *f* Brosche *f*

brochure [brɔ'ʃy:r] <-> *f* Broschüre *f*

broda ['brɔ:da], **brodaglia** [bro'daʎʎa] <-glie> *f* ① GASTR Brühe *f,* Kochwasser *nt* ② *(fig, pej: liquido disgustoso)* [dünne] Brühe *f,* Abwaschwasser *nt* ③ *(acqua sporca)* dreckige Brühe ④ *(fig: discorso)* Gewäsch *nt fam*

broderie [brɔ'dri] <-> *f (ricamo ad ago)* Stickerei *f,* Stickarbeit *f*

brodetto [bro'detto] *m* **~ di pesce** Fischsuppe *f*

brodo ['brɔ:do] *m* [klare] Brühe *f;* **~ ristretto** Kraftbrühe *f;* **~ di verdura** Gemüsesuppe *f;* **in ~** in Brühe; **lasciar cuocere** [*o* **bollire**] **qu nel suo ~** *(fig)* jdn im eigenen Saft schmoren lassen; **andare in ~ di giuggiole** *(fig)* überglücklich sein; **tutto fa ~** *(fig)* Kleinvieh macht auch Mist

brodocoltura [brodokol'tu:ra] *f* BIOL Nährbrühe *f,* Nährlösung *f*

brodolone, -a [brodo'lo:ne] *m, f (pej)* Ferkel *nt fam,* Kleckerfritze *m fam,* Kleckerliese *f fam*

brodoso, -a [bro'do:so] *agg* dünn[flüssig]; *(noioso)* langatmig

brogliaccio [broʎ'ʎattʃo] <-cci> *m* ① *(scartafaccio)* Schmierkladde *f* ② COM Journal *nt*

broglio ['brɔʎʎo] <-gli> *m* Machenschaft *f;* **~ elettorale** Wahlmanipulation *f,* Wahlbetrug *m*

broker ['broukə *o* 'brɔker] <-> *mf* FIN *(mediatore)* Broker(in) *m(f),* Börsenmakler(in) *m(f);* **~ finanziario** Finanzbroker *m;* **~ di assicurazioni** Versicherungsmakler(in) *m(f)*

brokeraggio [brɔke'raddʒo] <-ggi> *m (mediazione)* Maklergeschäft *nt*

bromo ['brɔ:mo] *m* Brom *nt*

bromuro [bro'mu:ro] *m* Bromid *nt*

bronchiale [broŋ'kia:le] *agg* bronchial, Bronchial-

bronchite [broŋ'ki:te] *f* Bronchitis *f*

bronchitico, -a [broŋ'ki:tiko] <-ci, -che> **I.** *agg* bronchitisch **II.** *m, f* Bronchitiskranke(r) *f(m)*

broncio ['brontʃo] <-ci> *m (fam)* Schnute *f,* Schmollmund *m;* **fare** [*o* **tenere**] **il ~** schmollen, eingeschnappt sein; **portare il ~ a qu** [mit] jdm schmollen

bronco ['broŋko] <-chi> *m* Bronchie *f*

broncospasmo [bronko'spazmo] *m* MED Bronchospasmus *m*

brontolamento [brontola'mento] *m* Murren *nt,* Brummen *nt*

brontolare [bronto'la:re] **I.** *vi (persona)* murren, brummen; *(stomaco)* knurren **II.** *vt* brummen

brontolio [bronto'li:o] <-ii> *m (di persona)* Murren *nt,* Brummen *nt; (di tuono)* Grollen *nt,* Rollen *nt; (di stomaco)* Knurren *nt*

brontolone, -a [bronto'lo:ne] **I.** *agg* brummig, knurrig, mürrisch **II.** *m, f* Brummbär *m*

bronx ['brɔŋks] *m (fig: quartiere malfamato)* verrufenes Viertel

bronzeo, -a ['brondzeo] <-ei, -ee> *agg* bronzen, bronzefarben; *(pelle)* gebräunt

bronzetto [bron'dzetto] *m* Bronzefigur *f*

bronzista [bron'dzista] <-i *m,* -e *f*> *mf* ① *(artefice)* Bronzekünstler(in) *m(f)* ② *(venditore)* Bronze[kunst]händler(in) *m(f)*

bronzo ['brondzo] *m* Bronze *f;* **età del ~**

Bronzezeit *f;* **faccia di ~** *(fig)* unverschämter Lümmel

B

brossura [bros'su:ra] *f* Broschüre *f*

browser ['brauzə] <- *o* browsers> *m* INFORM Browser *m*

brrr [br] *int* brrr

brucare [bru'ka:re] *vt* abweiden

bruciacchiare [brutʃak'kia:re] *vt* abbrennen; *(capelli)* versengen

bruciacchiatura [brutʃakkia'tu:ra] *f* Abbrennen *nt; (di capelli)* Versengen *nt*

bruciapelo [brutʃa'pe:lo] *avv* **a ~** *(vicino)* aus nächster Nähe; *(fig: all'improvviso)* unvermittelt, plötzlich

bruciare [bru'tʃa:re] **I.** *vt avere* ① *(gener)* verbrennen; GASTR anbrennen lassen, verbrennen [lassen]; *(col ferro da stiro)* versengen, ansengen ② *(ferita, porro)* ausbrennen; *(sole)* verbrennen, versengen; *(gelo)* erfrieren lassen **II.** *vi essere* ① *(fuoco)* brennen ② *(sole)* brennen, glühen ③ *(cibi)* heiß sein ④ *(fig: ardere)* brennen, glühen; **~ dal desiderio di fare qc** den brennenden Wunsch haben etw zu tun; **~ di febbre/di vergogna** vor Fieber/Scham glühen; **~ dalla sete** einen brennenden Durst haben **III.** *vr* **-rsi** sich verbrennen

bruciata [bru'tʃa:ta] *f* geröstete Kastanie

bruciaticcio [brutʃa'tittʃo] <-cci> *m* ① *(odore)* Geruch *m* von Angebranntem; **sa di ~** das riecht angebrannt ② *(sapore)* Geschmack *m* von Angebranntem; **sa di ~** das schmeckt angebrannt

bruciato [bru'tʃa:to] *m* ① GASTR Angebrannte(s) *nt* ② *(odore)* Brandgeruch *m*

bruciato, -a *agg* verbrannt; **la gioventù -a** die Halbstarken *pl*

bruciatore [brutʃa'to:re] *m* Brenner *m*

bruciatura [brutʃa'tu:ra] *f* Verbrennung *f; (scottatura)* Brandwunde *f*

bruciore [bru'tʃo:re] *m* ① MED Brennen *nt;* **~ di stomaco** Sodbrennen *nt* ② *(fig: ardore)* Brennen *nt,* brennender Schmerz

bruco ['bru:ko] <-chi> *m* Raupe *f*

bruf(f)olo ['bru:folo ('bruffolo)] *m* Pickel *m*

brufolo ['bru:folo] *m* Pickel *m*

brughiera [bru'giɛ:ra] *f* Heide *f,* Heideland *nt*

brugola [bru'go:la] *f* Innensechskantschraube *f*

brûlé [bry'le] *agg inv* **vino ~** Glühwein *m*

brulicame [bruli'ka:me] *m* ① ZOO Gewimmel *nt* ② *(fig, pej: di persone)* Auflauf *m,* Menschengewimmel *nt*

brulicare [bruli'ka:re] *vi* wimmeln; **brulicava di gente** es wimmelte von Menschen

brulichio [bruli'ki:o] <-chii> *m* Gewimmel *nt*

brullo, -a ['brullo] *agg* kahl, öde

bruma ['bru:ma] *f* Nebel *m*

bruna *f v.* **bruno**

brunastro, -a [bru'nastro] *agg* bräunlich

Brunico [bru'ni:ko] *f* Bruneck *nt*

bruno ['bru:no] *m (colore)* Braun *nt*

bruno, -a I. *agg* braun; *(di capelli)* brünett, braunhaarig **II.** *m, f (persona)* Braunhaarige(r) *f(m),* Brünette *f*

brusca ['bruska] <-sche> *f* Striegel *m*

bruschino [brus'ki:no] *m* Striegel *m,* Bürste *f*

brusco, -a ['brusko] <-schi, -sche> *agg (maniere, modi, movimento)* schroff, brüsk; *(sapore)* säuerlich, herb; **rispondere con le -sche** schroff antworten

bruscolo ['bruskolo] *m* Körnchen *nt,* Stäubchen *nt;* **essere un ~ in un occhio a qu** *(fig)* jdm ein Dorn im Auge sein

brusio [bru'zi:o] <-ii> *m* Geräusch *nt; (di voci)* Stimmengewirr *nt*

Bruselle [brus'sɛlle] *f* Brüssel *nt*

bruta *f v.* **bruto**

brutale [bru'ta:le] *agg* brutal

brutalità [brutali'ta] <-> *f* Brutalität *f; (fig a.)* Härte *f,* Erbarmungslosigkeit *f*

bruto, -a ['bru:to] **I.** *agg* roh, tierisch; **forza -a** rohe Gewalt **II.** *m, f* Unmensch *m,* Bestie *f*

brutta ['brutta] *f (fam: brutta copia)* Konzept *nt;* **scrivere qc in ~** etw ins Unreine schreiben

bruttezza [brut'tettsa] *f* Hässlichkeit *f*

bruttibuoni [brutti'buɔ:ni] *mpl* TOSC *kleine Eiweißkekse mit Mandeln*

brutto ['brutto] **I.** *m* ① *(cosa)* Hässliche(s) *nt,* Schlechte(s) *nt;* **il ~ è che ...** das Schlimme [daran] ist, dass ...; **ha di ~ che ...** *(di una persona)* sein Fehler ist, dass ...; *(di una cosa)* der Nachteil daran ist, dass ... ② METEO schlechtes Wetter; **il tempo si mette al ~** das Wetter wird schlechter **II.** *avv* böse, feindlich

brutto, -a I. *agg* ① *(non bello)* hässlich, schiech A; **-a copia** Konzept *nt;* **essere ~ come il peccato** hässlich wie die Nacht sein ② *(fig)* schlecht, schlimm; *(circostanze)* unerfreulich; METEO schlecht; **fa ~ tempo** das Wetter ist schlecht ③ *(loc)* **giungere in un ~ momento** in einem unpassenden Augenblick kommen; **fare una -a figura** *(fig)* eine schlechte Figur machen; **se l'è vista -a** *(fig)* er/sie befand sich in einer heiklen Lage; **passarne delle -e** Schlimmes durchmachen; **~ ignorante!** *(fam pej)* blöder Heini! **II.** *m, f* hässlicher Mensch

B

bruttura [brut'tuːra] *f* ① *(cosa)* Hässlichkeit *f,* Scheußlichkeit *f* ② *(azione)* Schandtat *f,* Scheußlichkeit *f* ③ *(sudiciume)* Schmutz *m,* Widerlichkeit *f*

BSE *f abbr di* **Bovine Spongiform Encephalopathy** BSE *f,* Rinderwahnsinn *m*

BT *abbr di* **Bassa Tensione** Niederspannung

btg. *abbr di* **battaglione** Bat., Btl.

B.U. *abbr di* **bollettino ufficiale** Amtsblatt *nt*

bua ['buːa] *f (linguaggio infantile)* Aua *nt,* Wehweh *nt;* **farsi la ~** *(fam)* sich *dat* wehtun; **hai la ~ al pancino?** *(fam)* tut [dir] das Bäuchlein weh?

bubbola ['bubbola] *f* Flausen *fpl*

bubbolare [bubbo'laːre] *vi* ① *(mare)* tosen, brausen; *(tuono)* grollen, rollen ② *(fam: tremare)* bibbern; **~ di freddo/di paura** vor Kälte/Angst bibbern

bubbolo ['bubbolo] *m* Schelle *f,* Glöckchen *nt*

bubbone [bub'boːne] *m* Schwellung *f,* Beule *f*

bubbonico, -a [bub'bɔːniko] <-ci, -che> *agg* Beulen-, Bubonen-; **peste -a** Beulenpest *f*

buca ['buːka] <-che> *f* ① *(fossa)* Loch *nt,* Grube *f* ② *(delle guance)* [Wangen]grübchen *nt* ③ GEOG Talsenke *f* ④ *(loc)* **~ delle lettere** Briefkasten *m;* **~ del suggeritore** Souffleurkasten *m*

bucaneve [buka'neːve] <-> *m* Schneeglöckchen *nt*

bucare [bu'kaːre] **I.** *vt* ① *(forare)* durchlöchern, ein Loch machen in *+akk; (biglietto, lamiera)* lochen; **~ una gomma** eine Reifenpanne haben ② *(pungere)* zerstechen, durchstechen ③ SPORT *(palla)* verfehlen **II.** *vr* **-rsi** ① *(pungersi)* sich stechen ② *(pneumatico)* ein Loch bekommen ③ *(sl: drogati)* fixen

Bucarest [buka'rɛst *o* 'buːkarest] *f* Bukarest *nt*

bucatini [buka'tiːni] *mpl* Bucatini *mpl (etwas dickere Spaghettiart)*

bucato [bu'kaːto] *m* Wäsche *f;* **fare il ~** [die Wäsche] waschen; **fresco di ~** frisch gewaschen

bucato, -a *agg* durchlöchert; **avere le mani -e** *(fig)* das Geld mit vollen Händen ausgeben

bucatura [buka'tuːra] *f* ① MOT Reifenpanne *f* ② *(puntura)* Loch *nt,* [Ein]stich *m*

buccia ['buttʃa] <-cce> *f* ① *(di frutta)* Schale *f; (baccello)* Hülse *f* ② *(di salume)* Haut *f,* Darm *m*

buccola ['bukkola] *f* Ohrring *m*

bucefalo [bu'tʃɛːfalo] *m (scherz)* Schindmähre *f,* Klepper *m*

bucherellare [bukerel'laːre] *vt* durchlöchern

buco ['buːko] <-chi> *m* ① *(foro)* Loch *nt; (apertura)* Öffnung *f;* **~ della chiave** Schlüsselloch *nt;* **-chi del naso** Nasenlöcher *ntpl; (di cavallo)* Nüstern *fpl;* **tappare un ~** *(a. fig)* ein Loch stopfen ② *(bugigattolo)* Loch *nt fam* ③ *(intervallo)* Loch *nt,* Leerlauf *m* ④ *(sl: di eroina)* Schuss *m*

bucolica [bu'kɔːlika] <-che> *f* Bukolik *f,* Hirtendichtung *f*

bucolico, -a [bu'kɔːliko] <-ci, -che> *agg* ① LIT bukolisch, Hirten- ② *(paesaggio, atmosfera)* ländlich

Budapest ['buːdapest *o* buda'pɛst] *f* Budapest *nt*

buddismo [bud'dizmo] *m* Buddhismus *m*

buddista [bud'dista] <-i *m,* -e *f*> **I.** *agg* buddhistisch **II.** *mf* Buddhist(in) *m(f)*

buddistico, -a [bud'distiko] <-ci, -che> *agg* buddhistisch

budello [bu'dɛllo] <*pl:* -a *f o fig:* -i *m*> *m* ① ANAT Darm *m,* Gedärm *nt,* Eingeweide *ntpl* ② *(fig: tubo)* Schlauch *m* ③ *(fig: viuzza)* [übel riechende] enge Gasse

budget ['bʌdʒit *o* 'badʒət] <-> *m* Budget *nt*

budgetario, -a [baddʒe'tarjo] <-i, -ie> *agg* Budget-, Haushalts-

budino [bu'diːno] *m* Pudding *m*

bue ['buːe] <buoi> *m* ① ZOO Ochse *m;* **lavorare come un ~** schuften wie ein Pferd; **~ muschiato** Moschusochse *m* ② *(fig fam: uomo ignorante)* Ochse *m,* Schafskopf *m*

bufala ['buːfala] *f* Büffelkuh *f*

bufalo ['buːfalo] *m* Büffel *m;* **fatiche da -i** Knochenarbeit *f;* **mangiare come un ~** essen wie ein Scheunendrescher *fam*

bufera [bu'fɛːra] *f* Unwetter *nt; (a. fig)* Sturm *m*

buffer ['bʌfə] <-> *m* INFORM Puffer *m,* Pufferspeicher *m*

bufferizzare [bufferid'dzaːre] *vt* INFORM puffern

buffet [by'fɛ] <-> *m* Büfett *nt; (mobile a)* Anrichte *f;* **~ freddo** kaltes Büffet

buffetto [buf'fetto] *m* Klaps *m* [auf die Wange]

buffo ['buffo] *m* ① THEAT Buffo *m* ② *(cosa)* Komische(s) *nt,* Witzige(s) *nt*

buffo, -a *agg* ① *(cosa, persona)* witzig, drollig, komisch ② THEAT Buffo-; **opera -a** komische Oper, Opera Buffa *f*

buffona *f v.* **buffone**

buffonata [buffo'naːta] *f* Narretei *f,* Pos-

se *f;* *(cosa poca seria)* Dummheit *f,* Blödsinn *m*
buffone, **-a** [buf'fo:ne] *m, f* ① *(fam: pagliaccio)* Clown *m,* Narr *m,* Närrin *f;* **fare il ~** den Narren spielen ② HIST *(di corte)* [Hof]narr *m*
buffoneria [buffone'ri:a] <-ie> *f* Narretei *f,* Clownerie *f*
buffonesco, **-a** [buffo'nesko] <-schi, -sche> *agg* komisch, witzig
bug [bʌg] <- *o* bugs> *m* INFORM [Programm]fehler *m,* Bug *m*
buggerare [buddʒe'ra:re] *vt (fam)* beschummeln, reinlegen
bugia [bu'dʒi:a] <-gie> *f (menzogna)* Lüge *f;* **dire le -gie** lügen; **le -gie hanno le gambe corte** *(prov)* Lügen haben kurze Beine
bugiarda *f v.* **bugiardo**
bugiardaggine [budʒar'daddʒine] *f* Verlogenheit *f*
bugiarderia [budʒarde'ri:a] <-ie> *f* Verlogenheit *f;* *(cumulo di bugie)* lauter Lügen *f pl,* ein Haufen *m* Lügen
bugiardo, **-a** [bu'dʒardo] **I.** *agg (persona)* verlogen; *(promessa)* falsch, trügerisch **II.** *m, f* Lügner(in) *m(f)*
bugigattolo [budʒi'gattolo] *m* ① *(locale piccolo)* Loch *nt* ② *(ripostiglio)* Rumpelkammer *f*
bugliolo [buʎ'ʎɔ:lo] *m* NAUT Pütz *f*
bugna ['buɲɲa] *f* Kragstein *m*
bugnato [buɲ'ɲa:to] *m* Bosse *f,* Rustika *f*
buio ['bu:io] *m* Dunkel *nt,* Dunkelheit *f;* **farsi ~** dunkel werden; **prima del ~** vor Einbruch der Dunkelheit; **brancolare** [*o* **brancicare**] **nel ~** *(fig)* im Dunkeln tappen; **tenere al ~ qu** *(fig)* jdn über etw *akk* im Ungewissen lassen; **fare un salto nel ~** *(fig)* einen Sprung ins Ungewisse tun; **finire al ~** *(fig, scherz)* hinter Gittern landen
buio, **-a** <bui, buie> *agg* dunkel, finster; *(a. fig)* ungewiss; **~ pesto** stockdunkel; **~ fitto** stockfinster
bulbicoltore, **-trice** [bulbikol'to:re] *m, f* Züchter(in) *m(f)* von Blumenzwiebeln
bulbicoltura [bulbikol'tu:ra] *f* Zwiebelkultur *f,* Zucht *f* von Blumenzwiebeln
bulbo ['bulbo] *m* ① BOT [Pflanzen]knolle *f,* Zwiebel *f* ② *(di lampada)* Kolben *m;* *(di termometro)* Kugel *f* ③ ANAT **~ oculare** [*o* **dell'occhio**] Augapfel *m*
Bulgaria [bulga'ri:a] *f* Bulgarien *nt*
bulgaro ['bulgaro] *m (profumo)* Juchten[leder] *nt*
bulgaro, **-a** **I.** *agg* bulgarisch **II.** *m, f* Bulgare *m*/Bulgarin *f*
bulinare [buli'na:re] *vt (metallo)* gravieren, radieren; *(cuoio, pelle)* stechen
bulinatura [bulina'tu:ra] *f* Gravur *f*
bulino [bu'li:no] *m* [Gravier]nadel *f*
bulldog ['buldɔg] <-> *m* Bulldogge *f*
bulldozer ['buldouzə *o* bul'dɔddzer] <-> *m* Bulldozer *m*
bulletta [bul'letta] *f* [Reiß]zwecke *f;* *(per tapezzeria)* Polsternagel *m*
bullismo [bul'lizmo] *m* Mobbing *nt (unter Kindern und Jugendlichen)*
bullizzare [bullid'dza:re] *vt andere Kinder oder Jugendliche mobben*
bullo ['bullo] *m (bellimbusto)* Geck *m;* *(teppista)* Halbstarke(r) *m,* Rowdy *m*
bullonaggio [bullo'naddʒo] <-ggi> *m (obs: bullonatura)* Verbolzen *nt,* Verbolzung *f*
bullonare [bullo'na:re] *vt* verbolzen
bullonatura [bullona'tu:ra] *f* Verbolzen *nt,* Verbolzung *f*
bullone [bul'lo:ne] *m* Bolzen *m;* **dado del ~** Bolzenmutter *f*
bumerang ['bu:meraŋg] *v.* **boomerang**
bungalow ['bʌŋgəlou *o* 'bungalov] <-> *m* Bungalow *m*
bungee-jumping ['bandʒi'dʒamping] <-> *m* SPORT Bungeejumping *nt*
bunker ['buŋkə] <-> *m* Bunker *m*
bunkeraggio [bunke'raddʒo] <-ggi> *m* NAUT Bunkern *nt*
bunkerare [bukke'ra:re] *vi* NAUT *(rifornirsi di combustibile)* bunkern
buoi ['buɔ:i] *pl di* **bue**
buon, **buon'** [buɔn] *v.* **buono, -a**
buona *f v.* **buono**
buonacristiana [buonakris'tiana] *f* Williamsbirne *f*
buonafede, **buona fede** [buona'fe:de] *f* **in ~** in gutem Glauben
buonanima[1], **buon'anima** [buo'na:nima] *f* Selige(r) *f(m);* **la ~ del nonno** der Großvater selig
buonanima[2], **buon'anima** <inv> *agg (poet scherz)* selig; **mia zia ~** meine Tante selig, meine selige Tante
buonanotte, **buona notte** [buona'nɔtte] **I.** *int* gute Nacht; **… e ~!** *(fam)* … na, das wär's dann ja wohl! **II.** *f* <-> gute Nacht; **dare** [*o* **augurare**] **la ~ a qu** jdm gute Nacht sagen
buonasera, **buona sera** [buona'se:ra] **I.** *int* guten Abend **II.** *f* <-> guter Abend; **dare** [*o* **augurare**] **la ~ a qu** jdm guten Abend sagen, jdm einen guten Abend wünschen
buoncostume, **buon costume** [buoŋkos'tu:me] <-> *m* gute Sitte, Sittlichkeit *f;* **squadra del ~** Sittenpolizei *f,* Sitte *f fam*
buondì [buon'di] *int* guten Tag, guten Morgen

buongiorno, **buon giorno** [buon'dʒorno] **I.** *int* guten Tag, guten Morgen **II.** *m* <-> guter Tag, guter Morgen; **dare** [*o* **augurare**] **il ~ a qu** jdm guten Tag [*o* guten Morgen] sagen; **il ~ si vede** [*o* **si conosce**] **dal mattino** *(prov)* am Morgen erkennt man den Tag

buongoverno, **buon governo** [buoŋgo'vɛrno] <-> *m* gute Regierung

buongrado [buoŋ'gra:do] *avv* **di ~** gern[e], mit Freude

buongustaio, **-a** [buoŋgus'ta:io] <-ai, -aie> *m, f* GASTR Feinschmecker(in) *m(f)*, Gourmet *m*

buongusto, **buon gusto** [buoŋ'gusto] *m* [guter] Geschmack *m; (tatto)* Takt *m*, Feingefühl *nt;* **con ~** geschmackvoll

buono ['bu:ɔno] *m* ① COM Abschnitt *m*, Schein *m;* **~ di cassa** Kassenanweisung *f; (in negozio)* Kassenzettel *m*, Kassenbon *m;* **~ di consegna** Lieferabschnitt *m;* **~ del Tesoro** Staatsanleihe *f* ② *sing (ciò che è buono)* Gute(s) *nt;* **sapere di ~** gut riechen/schmecken; **c'è questo di ~** das ist das Gute daran

buono, **-a** <più buono *o* migliore, buonissimo *o* ottimo> **I.** *agg* ① *(non cattivo)* gut; *(persona)* anständig; *(indulgente)* gütig; *(bambino)* brav, artig, lieb; *(ragione)* triftig; *(tempo)* schön; GASTR genießbar, essbar; **buon senso** gesunder Menschenverstand; **un'anima -a** eine Seele von Mensch; **è -a gente** das sind gute Leute; **essere ~ con qu** gut zu jdm sein; **essere in -e mani** in guten Händen sein; **essere ~ come il pane** herzensgut sein; **alla -a** schlicht, einfach; **colle -e** auf gütlichem Wege; **o con le -e o con le cattive** wenn nicht im Guten, dann im Bösen ② *(adatto)* gut, tauglich, passend, geeignet; **usare le -e maniere** sich manierlich betragen; *(fig)* es im Guten versuchen ③ COM *(moneta)* gültig; *(oro)* echt; **questa moneta è ancora -a** diese Münze ist noch im Kurs; **a buon mercato** billig, preiswert ④ *(loc)* **di buon grado** gern[e]; **di buon occhio** wohlwollend; **di buon'ora** früh[zeitig]; **ti ho aspettato un'ora -a** ich habe eine volle Stunde auf dich gewartet ⑤ *(espressioni esclamative)* **buon anno!** Frohes Neues Jahr!; **buon appetito!** guten Appetit!; **buon divertimento!** viel Vergnügen!; **buon giorno!** guten Tag!, guten Morgen!; **buon riposo!** angenehme Ruhe!; **buon viaggio!** gute Reise!; **-a fortuna!** viel Glück!; **-a notte!** gute Nacht!; **-a sera!** guten Abend!; **Dio ~!** lieber Gott! **II.** *m, f (persona)* Gute(r) *f(m);* **un ~ a nulla** ein Nichtsnutz *m;* **essere un poco di ~** nicht viel taugen, ein Taugenichts sein; **fare il ~** brav sein

buonomini *pl di* **buonuomo**

buonora, **buon'ora** [buo'no:ra] <-> *f* **di ~** früh[zeitig], zeitig; **alla ~!** endlich [einmal]!

buonsenso, **buon senso** [buoŋ'sɛnso] <-> *m* gesunder Menschenverstand

buontempone, **-a** [buoŋtem'po:ne] *m, f (fam)* stets gut gelaunter Mensch, sonniger Charakter

buonumore, **buon umore** [buoɲu'mo:re] <-> *m* gute Laune; **essere di ~** gut aufgelegt sein

buonuomo, **buon uomo** [buo'nuɔ:mo] <buon(u)omini> *m* ① *(uomo buono)* guter Mann ② HIST Ehrenmann *m*

buonuscita [buoɲuʃ'ʃi:ta], **buona uscita** ['bu:ɔna uʃ'ʃi:ta] *f (per un appartamento)* Mietablösung *f*, Ablösesumme *f; (per un impiego)* Abfindung *f*, Abfertigung *f* A

burattinaio, **-a** [buratti'na:io] <-ai> *m, f* Puppenspieler(in) *m(f)*

burattino [burat'ti:no] *m* ① THEAT Handpuppe *f; (a fili)* Marionette *f;* **teatro dei -i** Puppentheater *nt* ② *(fig: persona manovrata da altri)* Marionette *f*, Kasperlefigur *f;* **piantare baracca e -i** *(fig)* den Bettel hinwerfen

burbanza [bur'bantsa] *f* Arroganz *f*, Hochmut *m*

burbanzoso, **-a** [burban'tso:so] *agg* aufgeblasen, arrogant

burbero, **-a** ['burbero] **I.** *agg* mürrisch, barsch **II.** *m, f* Brummbär *m*, Griesgram *m*

bureau [by'ro] <-> *m* ① *(scrivania)* Schreibtisch *m* ② *(di albergo)* Direktion *f* ③ *(ufficio)* Büro *nt*

burger ['bə:gə] *m* [Ham]burger *m;* **~ vegetariano** Gemüseburger *m*

buriana [bu'ria:na] *f* ① *(fam: chiasso)* Rummel *m* ② *(temporale)* Gewitterschauer *m*

burino, **-a** [bu'ri:no] LAZIO **I.** *agg* primitiv, ungeschlacht **II.** *m, f* Bauer *m*, Grobian *m*

burla ['burla] *f* Spaß *m*, Scherz *m*, Schmäh *m* A; **mettere in ~ qc** etw ins Lächerliche ziehen; **prendere in ~ qc** etw auf die leichte Schulter nehmen; **per ~** zum Spaß, spaßeshalber

burlare [bur'la:re] **I.** *vt* verspotten, aufziehen **II.** *vr* **-rsi di qu/qc** über jdn/etw spotten

burlesco, **-a** [bur'lesko] <-schi, -sche> *agg (tono, modi)* scherzhaft, spaßhaft; LIT burlesk

burletta [bur'letta] *f (fam)* Spaß *m*, Witz *m*, Scherz *m*, Schmäh *m* A; **mettere qc in ~** etw ins Lächerliche ziehen

burlone, -a [bur'lo:ne] **I.** *m, f (fam)* Witzbold *m,* Spaßvogel *m* **II.** *agg (fam)* spaßig, witzig

burnout ['bə:naut, bə:n'aut] <-> *m* MED, PSIC Burn-out *m*

burocrate [bu'rɔ:krate] *mf* ① ADM Bürokrat(in) *m(f)* ② *(fig, pej: persona pedante)* Paragrafenreiter(in) *m(f),* Kleinigkeitskrämer(in) *m(f)*

burocratese [burokra'te:se] *m* Amtssprache *f*

burocratico, -a [buro'kra:tiko] <-ci, -che> *agg* Beamten-; *(a. pej)* bürokratisch; **linguaggio ~** Beamtensprache *f;* **riforma -a** Verwaltungsreform *f*

burocratismo [burokra'tizmo] *m* Bürokratismus *m*

burocratizzare [burokratid'dza:re] *vt* bürokratisieren

burocratizzazione [burokratiddzat'tsio:ne] *f* Bürokratisierung *f*

burocrazia [burokrat'tsi:a] <-ie> *f* ① ADM Bürokratie *f* ② *(pej: pedanteria, lungaggine)* Amtsschimmel *m*

burotica [bu'rɔtika] <-che> *f* Büroautomation *f*

burrasca [bur'raska] <-sche> *f (a. fig)* Sturm *m;* **tempo di ~** stürmisches Wetter; *(fig)* stürmische Zeiten *f pl;* **il mare è in ~** die See ist stürmisch

burrascoso, -a [burras'ko:so] *agg (a. fig)* stürmisch

burrata [bur'ra:ta] *f frischer Sahnekäse aus Süditalien (Apulien)*

burrificare [burrifi'ka:re] *vt* zu Butter machen [*o* schlagen]

burrificazione [burrifikat'tsio:ne] *f* Butterherstellung *f*

burrificio [burri'fi:tʃo] <-ci> *m* Molkerei *f*

burrino [bur'ri:no] *m* MER *mit Butter gefüllter Büffelkäse aus Süditalien (Salerno, Kalabrien)*

burro ['burro] *m* Butter *f;* **al ~** mit Butter zubereitet; **pane e ~** Butterbrot *nt;* **avere le mani di ~** *(fig fam)* alles fallen lassen, nichts fest halten können

burrone [bur'ro:ne] *m* Schlucht *f;* *(fig)* Abgrund *m*

burroso, -a [bur'ro:so] *agg* butt[e]rig, Butter-; *(fig)* butterweich

bus [bʌs] <-> *m* ① *(autobus)* Bus *m* ② INFORM Bus *m*

buscare [bus'ka:re] *vt, vr* **-rsi** *(fam)* kriegen; **-rsi l'influenza** [die] Grippe kriegen; **buscarne** [*o* **buscarle**] Prügel kriegen

busillis [bu'zillis] <-> *m* Schwierigkeit *f,* Problem *nt,* Hindernis *nt;* **qui sta il ~** da liegt der Hase im Pfeffer [*o* der Hund begraben]

business ['biznis] <-> *m* Geschäft *nt,* Business *nt*

business class ['biznis kla:s] <-> *f* Businessclass *f*

business game ['biznis 'geim] <- *o* business games> *m* FIN [Unternehmens]planspiel *nt*

businessman ['biznismən] <-> *m* Geschäftsmann *m*

business partner ['biznis 'pa:tnə] *m* Geschäftspartner *m*

bussare [bus'sa:re] *vi* klopfen, pochen; **~ alla porta** an die Tür klopfen; **~ a quattrini** *(fig)* [um Geld] anpumpen *fam*

bussata [bus'sa:ta] *f* [An]klopfen *nt*

busse ['busse] *f pl (fam)* Prügel *pl;* **prendere le ~** Prügel kriegen

busso ['busso] *m* Schlag *m*

bussola ['bussola] *f* ① NAUT Kompass *m* ② TEC Buchse *f,* Hülse *f* ③ *(loc)* **perdere la ~** *(fig)* aus dem Konzept kommen; *(perdere il controllo)* die Fassung verlieren

bussolotto ['busso'lɔtto] *m* Würfelbecher *m*

busta ['busta] *f* ① *(per lettera)* Briefumschlag *m,* Kuvert *nt;* **~ paga** Lohntüte *f* ② *(custodia)* Tasche *f;* *(per documenti)* Mappe *f;* *(per occhiali)* Etui *nt;* *(per generi alimentari)* Packung *f*

bustaia [bus'ta:ia] <-aie> *f* Korsettmacherin *f*

bustarella [busta'rɛlla] *f* Schmiergeld *nt*

bustarellaro, -a [bustarel'la:ro] *m, f (chi intasca denaro illegalmente)* Schmiergeldempfänger(in) *m(f)*

bustina [bus'ti:na] *f* ① *(berretto)* Schiffchen *nt* ② *(per farmaci, erbe aromatiche)* Tütchen *nt*

bustino [bus'ti:no] *m* Mieder *nt,* Leibchen *nt*

busto ['busto] *m* ① ANAT Oberkörper *m* ② *(nell'arte)* Büste *f;* *(nella pittura)* Brustbild *nt* ③ MED Stützkorsett *nt* ④ *(da donna)* Korsett *nt,* Mieder *nt*

bustometro [bus'tɔ:metro] *m* Mustermaß *nt* für Briefe

butanese [buta'ne:se] **I.** *agg (del Bhutan)* bhutanisch **II.** *mf (abitante)* Bhutaner(in) *m(f)*

butano [bu'ta:no] *m* Butan *nt*

butirrico, -a [bu'tirriko] <-ci, -che> *agg* Butter-; **acido ~** Buttersäure *f*

buttafuori [butta'fuɔ:ri] <-> *m* Rausschmeißer(in) *m(f)*

buttare [but'ta:re] **I.** *vt* ① *(gettare)* werfen; *(con forza, rabbia)* schmeißen; **buttare qc a qu** jdm etw zuwerfen; **~ giù** hinunterwerfen; **~ via** wegwerfen ② *(fig)* **~ pus** eitern; **~ sangue** bluten; **~ tutto**

all'aria alles auf den Kopf stellen; *(piano, progetto)* alles zunichtemachen; ~ **via** vergeuden ❸ *(loc)* ~ **giù un edificio** ein Gebäude abreißen; ~ **giù due righe** ein paar Zeilen niederschreiben; ~ **giù qu** *(fig)* jdn entmutigen; ~ **la pasta** Nudeln ins kochende Wasser werfen; ~ **giù un boccone** einen Happen hinunterschlingen; ~ **giù una bottiglia di cognac** eine Flasche Kognak hinunterschütten **II.** *vi* BOT ausschlagen, sprießen; *(semi)* keimen **III.** *vr* **-rsi** sich werfen, sich stürzen; **-rsi dalla finestra** sich aus dem Fenster stürzen; **-rsi nelle braccia di qu** sich in jds Arme werfen; **-rsi in mare** sich ins Meer stürzen; **-rsi nel fuoco per qu** *(fig)* für jdn durchs Feuer gehen; **-rsi a destra/sinistra** *(fig)* ins rechte/linke Lager überwechseln; **-rsi giù** *(fig)* den Kopf hängen lassen

buttata [but'ta:ta] *f* ❶ *(alle carte)* ausgespielte Karte ❷ BOT *(effetto)* Trieb *m,* Spross *m; (atto)* Sprießen *nt,* Ausschlagen *nt*

butterato, -a [butte'ra:to] *agg* pockennarbig

buttero ['buttero] *m* ❶ *(cicatrice)* Pockennarbe *f* ❷ *(guardiano)* berittener Herdenwächter

buvette [by'vɛt] *f* Bar *f,* Ausschank *m,* Theke *f*

buy back ['bai bæk] <-> *m* FIN Rückkauf *m*

buyer ['baiə] <- *o* buyers> *mf* COM Einkäufer *m*

buy-out ['bai aut] <-> *m* COM Aufkauf *m,* Buy-out *m o nt*

buzzer ['bʌzə] <- *o* buzzers> *m* Summer *m*

buzzo ['buddzo] *m (fam)* Ranzen *m;* **empirsi il** ~ sich *dat* den Ranzen vollschlagen; **di ~ buono** *(fig)* mächtig

buzzone, -a [bud'dzo:ne] *m, f (fam)* Dickwanst *m*

buzzurro, -a [bud'dzurro] *m, f* ❶ *(fam pej: burino)* Grobian *m,* Bauer *m* ❷ *(venditore ambulante) Straßenverkäufer(in) von Süßigkeiten, Kastanien, etc*

bypass ['bai'pa:s] <- *o* bypasses> *m* ❶ *(diramazione idraulica)* Nebenleitung *f* ❷ MED *(deviazione artificiale)* Bypass *m*

bypassare [baipas'sa:re] *vt* überbrücken, umgehen

bypassato, -a [baipas'sa:to] **I.** *agg* MED Bypass- **II.** *m, f* MED bypassoperierte(r) Patient(in) *f(m)*

byronismo [bairo'nizmo] *m* LIT Byronismus *m*

byte ['bait] <-> *m* INFORM Byte *nt*

C c

c. *abbr di* **circa** ca.

C, c [tʃi] <-> *f* C *nt,* c *nt;* **c come Catania** C wie Cäsar

C *abbr di* **Celsius** C

c/c *abbr di* **conto corrente** Girokonto

c/o *abbr di* **care of** *(presso)* c/o, bei

c.a. *abbr di* **corrente anno** d. J.

ca' [ka] <-> *f* VENEZ *(casa)* Haus *nt*

cabala ['ka:bala] *f* ❶ *(dottrina misteriosa dell'ebraismo medievale)* Kabbala *f* ❷ *(fig, pej: imbroglio)* Betrug *m; (intrigo)* Intrige *f*

cabalista [kaba'lista] <-i *m,* -e *f*> *mf* Kabbalist *m,* Hellseher(in) *m(f)*

cabalistico, -a [kaba'listiko] <-ci, -che> *agg* kabbalistisch, okkult

caban [ka'bã] <- *o* cabans> *m (cappotto, giaccone sportivo)* Caban *m*

cabaret [kaba'rɛ] <-> *m* Varieté *nt,* Varieté *nt,* Kabarett *nt*

cabarettistico, -a [kabaret'tistiko] <-ci, -che> *agg* kabarettistisch, Kabarett-; **spettacolo** ~ Kabarett *nt;* **numero** ~ Kabarettnummer *f*

cabina [ka'bi:na] *f* ❶ *(vano)* Kabine *f,* Raum *m;* NAUT Kabine *f; (di funicolare)* Kabine *f,* Gondel *f;* ~ **di guida** Führerhaus *nt;* ~ **di pilotaggio** Pilotenkanzel *f;* ~ **di proiezione** Vorführraum *m;* ~ **di registrazione** Aufnahmestudio *nt;* ~ **elettrica** Transformatorenhäuschen *nt;* ~ **passeggeri** AERO Passagierraum *m;* ~ **telefonica** Telefonzelle *f* ❷ *(al mare)* Kabine *f*

cabinato [kabi'na:to] *m* Kabinenboot *nt*

cabinato, -a *agg* mit Kabinen versehen

cablaggio [ka'bladdʒo] <-ggi> *m* Verkabelung *f; (collegamento a cavo)* Kabelverbindung *f*

cablare [ka'bla:re] *vi* kabeln, nach Übersee telegrafieren

cable ['ka:ble] **I.** *agg inv (di filato ritorto)* gezwirnt **II.** *m* <-> *(tipo di filato)* Cablé[garn] *nt*

cablo ['ka:blo] *m,* **cablogramma** [kablo-

C

'gramma] <-i> *m* Kabel *nt,* Überseetelegramm *nt*
cabotaggio [kabo'taddʒo] <-ggi> *m* Küstenschifffahrt *f*
cabrare [ka'bra:re] *vi* das Höhensteuer ziehen
cabrata [ka'bra:ta] *f* Steilflug *m*
cabriolé [kabrio'lɛ] <-> *m,* **cabriolet** [kabrio'lɛ] <-> *m* Cabrio[let] *nt*
cacadubbi [kaka'dubbi] <-> *mf (vulg pej)* Hosenscheißer(in) *m(f),* Angsthase *m fam*
cacao [ka'ka:o] <-> *m* Kakao *m*
cacare [ka'ka:re] **I.** *vi, vt (vulg)* kacken, scheißen; **ma va a ~!** verpiss dich! **II.** *vr (vulg)* **cacarsi sotto** *(fig)* sich *dat* in die Hose scheißen
cacarella [kaka'rɛlla] *f (vulg)* Dünnschiss *m*
cacasenno [kaka'senno] <-> *mf (pej)* Klugscheißer(in) *m(f) fam*
cacata [ka'ka:ta] *f (vulg)* ❶ *(atto)* Scheißen *nt* ❷ *(escrementi)* Haufen *m fam* ❸ *(fig: cosa brutta)* Scheiße *f*
cacatua [kaka'tua], **cacatoa** [kaka'toa] <-> *m* Kakadu *m*
cacca ['kakka] <-cche> *f (fam)* Kacke *f; (dei bambini)* Aa *nt;* **fare la ~** kacken, Aa machen; **non toccare, è ~!** nicht anfassen, das ist pfui!
cacchio ['kakkio] <-cchi> *m (vulg)* Scheißdreck *m*
caccia[1] ['kattʃa] <-cce> *f* ❶ *(cattura)* Jagd *f;* **~ alla lepre** Hasenjagd *f;* **~ grossa** Großwildjagd *f;* **aereo da ~** Jagdflugzeug *nt;* **cane da ~** Jagdhund *m;* **~ all'occasione** Schnäppchenjagd *f;* **andare a ~** auf die Jagd gehen; **andare a ~ di qc** auf etw *akk* Jagd machen; *(fig)* auf der Suche nach etw sein; **dare la ~ a qu** jdn jagen ❷ GASTR Wild *nt*
caccia[2] <-> *m* AERO Jagdflugzeug *m;* NAUT Zerstörer *m*
cacciaballe [kattʃa'balle] <-> *mf (fam: bugiardo)* Aufschneider(in) *m(f),* Prahler(in) *m(f),* Großmaul *nt fam*
cacciabile [kat'tʃa:bile] *agg* jagdbar
cacciabombardiere [kattʃabombar'diɛ:re] *m* Jagdbomber *m*
cacciachiodo [kattʃa'kiɔ:do] *m* ❶ *(legno)* Nagelzieher *m* ❷ *(metallo)* Nietenzieher *m*
cacciagione [kattʃa'dʒo:ne] *f* ❶ ZOO Wild *nt* ❷ GASTR Wild[bret] *nt* ❸ *(bottino)* Jagdbeute *f*
cacciare [kat'tʃa:re] **I.** *vt* ❶ SPORT jagen; *(a. fig)* verjagen, vertreiben ❷ *(fig)* werfen, stecken; **dove ho cacciato l'orologio?** *(fam)* wo habe ich nur die Uhr hingesteckt? ❸ *(con violenza)* stoßen ❹ *(cavare fuori)* herausholen, herausziehen; *(urlo)* ausstoßen; **~ fuori i soldi** das Geld herausrücken; **~ fuori la lingua** die Zunge herausstrecken **II.** *vr* **-rsi** ❶ *(fam: andare a finire)* stecken; *(nascondersi)* sich verstecken; **-rsi nella folla** sich unters Volk mischen; **dove si è cacciato?** *(fam)* wo steckt er? ❷ *(introdursi)* sich hineinzwängen; **-rsi in un mare di guai** *(fig)* bis zum Hals in Schwierigkeiten stecken
cacciata [kat'tʃa:ta] *f* Vertreibung *f*
cacciatora [kattʃa'to:ra] *f* ❶ *(giacca)* Jagdrock *m* ❷ GASTR **alla ~** nach Jägerart *(mit Knoblauch, Kräutern und Wein)*
cacciatore [kattʃa'to:re] *m* ❶ *(pilota)* Jagdflieger *m* ❷ *(aereo)* Jagdflugzeug *nt,* Abfangjäger *m*
cacciatore, -trice *m, f* Jäger(in) *m(f);* **~ di dote** Mitgiftjäger *m;* **~ di frodo** Wilderer *m*
cacciatorino [kattʃato'ri:no] *m* GASTR *(salame)* ≈ Landjäger *m*
cacciatorpediniere [kattʃatorpedi'niɛ:re] *m* NAUT Zerstörer *m*
cacciatrice *f v.* **cacciatore**
cacciavite [kattʃa'vi:te] <-> *m* Schraubenzieher *m*
caccola ['kakkola] *m* ❶ *(fam: di naso)* Popel *m; (di occhi)* Schlaf *m* ❷ ZOO Kot *m*
cache [kæʃ] **I.** *agg inv* INFORM Cache-; **memoria ~** Cachespeicher *m* **II.** *f* <-> INFORM Cache *m;* **~ di massa** Datenträger *m*
cache-cœur <-> [kaʃ'kœ:r] *m (di una bimba)* Wickeljäckchen *nt*
cache-col [kaʃ'kɔl] <-> *m (fazzoletto)* Halstuch *nt*
cachemire [kaʃ'mi:r] <-> *m* ❶ *(lana)* Kaschmirwolle *f* ❷ *(tessuto)* Kaschmir *m*
cache-nez [kaʃ'ne] <-> *m (sciarpa)* Cachenez *nt,* großes Halstuch
cache-sexe [kaʃ'sɛks] <-> *m (perizoma)* Cache-sexe *nt,* Minislip *m*
cachet [ka'ʃɛ] <-> *m* ❶ MED Kapsel *f* ❷ THEAT, FILM *(comparsa)* Statist(in) *m(f); (compenso)* Gage *f* ❸ *(colorante per capelli)* Haarfärbemittel *nt*
cachettista [caket'tista] <-i *m,* -e *f*> *mf* Person *f,* die gegen Gage [*o* Honorar] arbeitet
cachi ['ka:ki] **I.** *agg inv (colore)* khakifarben **II.** *m* <-> ❶ *(colore cachi)* Khaki *nt* ❷ *(albero)* Kakibaum *m* ❸ *(frutto)* Kakifrucht *f,* Kakipflaume *f*
caciara [ka'tʃa:ra] *f* LAZIO *(fam)* Lärm *m,* Krach *m*
cacicavalli *pl di* **caciocavallo**
cacio ['ka:tʃo] <-ci> *m* Käse *m;* **forma di ~** Käselaib *m;* **come il ~ sui maccheroni** *(fig)* wie gerufen, gerade recht
caciocavallo [katʃoka'vallo] <caci(o)ca-

valli> *m* MER *birnenförmiger Hartkäse aus Kuhmilch*
caciotta [ka'tʃotta] *f Weichkäse aus Kuh- oder Schafmilch*
cacofonia [kakofo'ni:a] <-ie> *f* Missklang *m*
cactus ['kaktus] <-> *m* Kaktus *m*
CAD INFORM *abbr di* **Computer Aided Design** CAD *nt*
cadauno, -a [kada'u:no] **I.** *agg* das [*o* pro] Stück **II.** *pron indef* jedweder/jedwede/jedwedes, ein jeder/eine jede/ein jedes
cadavere [ka'da:vere] *m* Leiche *f,* Leichnam *m*
cadaverico, -a [kada'vɛ:riko] <-ci, -che> *agg* leichenhaft; *(fig)* leichenblass; **rigidità -a** Totenstarre *f*
caddi ['kaddi] *1. pers sing pass rem di* **cadere**[1]
cadente [ka'dɛnte] *agg* ① *(edificio)* baufällig; *(fig: persona)* gebrechlich ② *(fig: sole)* untergehend; **stella ~** Sternschnuppe *f; (meteora)* Meteor *m*
cadenza [ka'dɛntsa] *f* ① LING Tonfall *m,* Akzent *m* ② MUS Kadenz *f; (andamento ritmico)* Takt *m,* Rhythmus *m*
cadenzare [kaden'tsa:re] **I.** *vt* ① *(passo)* anpassen; **~ il passo** Schritt halten ② LIT skandieren **II.** *vi* MUS kadenzieren
cadenzato, -a [kadɛn'tsa:to] *agg* kadenziert, rhythmisch
cadere[1] [ka'de:re] <cado, caddi, caduto> *vi essere* ① *(cascare)* [hin-, um]fallen; *(dall'alto)* herabfallen, hinunterfallen; *(aereo, alpinista)* abstürzen; *(foglie)* fallen; *(frutta)* abfallen; *(capelli)* ausfallen; **~ lungo e disteso** der Länge nach hinfallen; **~ dalla stanchezza** [*o* **dal sonno**] vor Müdigkeit umfallen; **~ morto** tot umfallen; **~ in piedi** *(a. fig)* auf die Füße fallen; **~ dalle nuvole** *(fig)* aus allen Wolken fallen; **far ~ qc dall'alto** *(fig),* **quest'abito cade bene** *(fig)* dieses Kleid fällt gut; **~ dalla padella nella brace** *(fig)* vom Regen in die Traufe kommen ② *(fig: decadere)* geraten, [ver]fallen; **~ ammalato** krank werden; **~ in disgrazia** in Ungnade fallen; **~ in miseria** in Not geraten; **~ in oblio** in Vergessenheit geraten; **~ nel volgare** ins Vulgäre abgleiten ③ *(fig: in battaglia)* fallen ④ POL *(governo)* stürzen ⑤ *(pioggia)* fallen; *(vento)* nachlassen, sich legen ⑥ *(far fiasco)* scheitern; *(candidato)* durchfallen ⑦ *(crollare)* einstürzen ⑧ *(capitare)* **~ a proposito** gerade recht kommen
cadere[2] *m* **al ~ del sole** bei Sonnenuntergang
cadetteria [kadette'ri:a] <-ie> *f* SPORT Zweite Liga *f*
cadetto [ka'detto] *m* ① *(figlio non primogenito)* jüngerer Sohn ② MIL Kadett *m* ③ SPORT Nachwuchssportler *m,* Mitglied *nt* einer B-Mannschaft
cadetto, -a *agg* ① *(di figlio non primogenito)* jüngere(r, s) ② SPORT Nachwuchs-, B-
cadì [ka'di] <-> *m* Kadi *m*
cadmio ['kadmio] *m* Kadmium *nt*
cado ['ka:do] *1. pers sing pr di* **cadere**
caducità [kadutʃi'ta] <-> *f* Vergänglichkeit *f,* Hinfälligkeit *f*
caduco, -a [ka'du:ko] <-chi, -che> *agg* von kurzer Lebensdauer; *(fig)* flüchtig, vergänglich; **mal ~** *(fam)* Fallsucht *f;* **foglie -che** [fallendes] Laub *nt*
caduta [ka'du:ta] *f* ① *(il cadere)* Fall *m,* Sturz *m; (dall'alto)* Absturz *m;* **~ massi** Steinschlag *m;* **~ della temperatura** Temperatursturz *m* ② *(fig: crollo)* Untergang *m* ③ POL *(del governo)* Sturz *m* ④ COM, FIN *(dei prezzi, corsi)* Verfall *m*
caduto [ka'du:to] *m* MIL Gefallene(r) *m*
caduto, -a *pp di* **cadere**[1]
caffè [kaf'fɛ] <-> *m* ① GASTR Kaffee *m;* **~ espresso** Espresso *m;* **~ corretto** Kaffee *m* mit Schuss; **~ macchiato** Kaffee *m* mit etwas Milch; **~ in chicchi** Bohnenkaffee *m;* **~ in polvere** Pulverkaffee *m;* **macchina del ~** Kaffeemaschine *f* ② *(locale)* Café *nt,* Kaffeehaus *nt* A; **~ concerto** Tanzcafé *nt* ③ BOT Kaffee *m,* Kaffeepflanze *f*
caffeario, -a [kaffe'a:rio] <-i, -ie> *agg* Kaffee-
caffeina [kaffe'i:na] *f* Koffein *nt;* **caffè senza ~** koffeinfreier Kaffee
caffel(l)atte [kaffe'latte (kaffel'latte)] <-> *m* Milchkaffee *m*
caffeomanzia [kaffeoman'tsi:a] <-ie> *f* Kaffeesatzlesen *nt,* Wahrsagerei *f* aus dem Kaffeesatz
caffet(t)ano [kaffe'ta:no (kaffet'ta:no)] *m* Kaftan *m*
caffetteria [kaffette'ri:a] <-ie> *f (di albergo)* Frühstücksbar *f; (bar)* Cafeteria *f*
caffettiera [kaffet'tiɛ:ra] *f* ① *(bricco)* Kaffeekanne *f; (macchina)* Kaffeemaschine *f* ② *(fig, scherz: macchina)* Mühle *f fam*
cafona *f v.* **cafone**
cafonaggine [kafo'naddʒine] *f* Rüpelhaftigkeit *f*
cafonata [kafo'na:ta] *f* Flegelei *f,* Rüpelei *f*
cafone, -a [ka'fo:ne] **I.** *agg* ungehobelt, rüde **II.** *m, f* Rüpel *m*
CAG, cag *m acro di* **Centro Addestramento Guastatori** Ausbildungszentrum *nt* für Pioniere

cagare [ka'ga:re] *v.* **cacare**

cagionare [kadʒo'na:re] *vt* verursachen, bewirken

cagione [ka'dʒo:ne] *f (causa)* Ursache *f; (motivo)* Grund *m*

cagionevole [kadʒo'ne:vole] *agg* kränklich, anfällig; **essere di salute ~** sehr anfällig sein

cagliare [kaʎ'ʎa:re] *vi, vr* **-rsi** gerinnen

Cagliari *f* Cagliari *nt (Hauptstadt Sardiniens)*

cagliaritano, -a [caʎʎari'ta:no] **I.** *agg* aus Cagliari stammend **II.** *m, f (abitante)* Einwohner(in) *m(f)* von Cagliari

Cagliaritano *m sing* Umgebung *f* von Cagliari

caglio ['kaʎʎo] <-gli> *m* ① *(per il latte)* Lab *nt* ② BOT Labkraut *nt*

cagna ['kaɲɲa] *f* ① ZOO Hündin *f* ② *(fam pej: donna di facili costumi)* Flittchen *nt*

cagnara [kaɲ'ɲa:ra] *f (fam pej)* Krach *m,* Gezänk *nt*

cagnesco, -a [kaɲ'ɲesko] <-schi, -sche> *agg* hündisch; **guardare qu in ~** *(fig)* jdn feindselig ansehen

cahier [ka'je] <-> *m (raccolta, quaderno)* Notizheft *nt,* Schreibheft *nt;* **~ de doléances** Beschwerdeheft *nt;* **~ d'art** Kunstheft *nt*

CAI ['ka:i] *m* ① *acro di* **Club Alpino Italiano** *italienischer Alpenverein* ② *acro di* **Corriere Accelerato Internazionale** *italienischer Eilzustellungsdienst*

caimano [kai'ma:no] *m* Kaiman *m*

Cairo ['ka:iro] *m* **Il ~** Kairo *nt*

cake [keik] <-> *m* [Rosinen]kuchen *m*

cal *abbr di* (**piccola**) **caloria** cal.

cala ['ka:la] *f* ① *(insenatura)* Bucht *f* ② NAUT Kielraum *m,* Hellegat[t] *nt*

calabrache [kala'bra:ke] <-> **I.** *mf (fam)* Schlappschwanz *m,* Waschlappen *m* **II.** *m ein Kartenspiel für zwei Personen*

calabrese [kala'bre:se] **I.** *agg* kalabrisch, aus Kalabrien stammend **II.** *mf (abitante)* Kalabrier(in) *m(f),* Kalabrese *m/*Kalabresin *f* **III.** *m sing (dialetto)* kalabrischer Dialekt, Kalabresisch(e) *nt*

Calabria [ka'la:bria] *f* Kalabrien *nt*

calabrone [kala'bro:ne] *m* ① ZOO Hornisse *f* ② *(fig: corteggiatore insistente)* aufdringlicher Verehrer

calafatare [kalafa'ta:re] *vt* kalfatern, abdichten

calamaio [kala'ma:io] <-ai> *m* Tintenfass *nt*

calamaro [kala'ma:ro] *m* ① ZOO Tintenfisch *m* ② *pl (occhiaie)* dunkle Ringe *mpl* unter den Augen

calamita [kala'mi:ta] *f* Magnet *m*

calamità [kalami'ta] <-> *f* Unheil *nt,* Plage *f*

calamitare [kalami'ta:re] *vt* ① *(ferro, acciaio)* magnetisieren ② *(fig: attirare)* magnetisch anziehen, anlocken

calamitato, -a [kalami'ta:to] *agg* magnetisiert, Magnet-

calamo ['ka:lamo] *m* ① BOT Rohr *nt,* Schilf *nt* ② ZOO [Feder]kiel *m* ③ HIST Schreibfeder *f,* Federkiel *m*

calanco [ka'laŋko] <-chi> *m* Furche *f,* Graben *m*

calandra [ka'landra] *f* AUTO Kühlergrill *m*

calandrare [calan'dra:re] *vt* MOT walzen, pressen; TYP kalandrieren, satinieren

calandratore, -trice [kalandra'to:re] *m, f* Kalandrierer(in) *m(f)*

calandratura [kalandra'tu:ra] *f* Kalandern *nt,* Kalandrieren *nt,* Walzen *nt*

calandrista [kalan'drista] <-i *m,* -e *f*> *mf* Kalandrierer(in) *m(f)*

calante [ka'lante] *agg* ① *(luna)* abnehmend; *(temperatura)* sinkend ② *(moneta, peso)* fehlgewichtig

calare [ka'la:re] **I.** *vt avere* senken, herablassen; *(reti)* auswerfen; *(vele)* einholen, streichen; *(maglie)* abnehmen; *(prezzo, sipario)* senken; *(nei giochi a carte)* ausspielen **II.** *vi essere* ① *(scendere)* hinabgehen, hinuntergehen; *(fig: notte)* hereinbrechen; *(sipario)* fallen ② *(invadere)* einfallen, einbrechen ③ *(vento)* abflauen, nachlassen; *(acqua)* sinken, zurückgehen; *(prezzo)* sinken; MUS tiefer werden; *(di peso)* abnehmen; **~ di tono** leiser werden; *(fig)* in der Qualität nachlassen **III.** *vr* **-rsi** sich herablassen, sich hinablassen, sich hinunterlassen; SPORT sich abseilen

calata [ka'la:ta] *f* ① *(del sole)* Untergang *m; (del sipario)* Fallen *nt; (dei prezzi)* Sinken *nt; (delle reti)* Auswerfen *nt* ② MIL Einfall *m*

calca ['kalka] <-che> *f* Gedränge *nt*

calcagno [kal'kaɲɲo] <*pl:* -i *m o fig:* -a *f*> *m* Ferse *f;* **avere qu alle -a** *(fig)* jdn auf den Fersen haben

calcare[1] [kal'ka:re] *vt* ① *(coi piedi)* treten, stampfen; **~ le scene** auf der Bühne stehen ② *(con la voce)* betonen ③ *(disegno)* durchpausen ④ *(premere)* drücken, zwängen; **~ la mano** *(fig)* übertreiben; *(essere severo)* zu streng bestrafen

calcare[2] *m* MIN Kalkstein *m*

calcareo, -a [kal'ka:reo] <-ei, -ee> *agg* kalkhaltig

calce[1] ['kaltʃe] *f* Kalk *m;* **bianco di ~** weiße Tünche, weißer Anstrich

calce[2] <-> *m* **in ~** ADM unten, am unteren

Ende eines Schriftstücks; **in ~ alla pagina** am Ende der Seite

calcese [kal'tʃeːse] *m* NAUT *(albero)* Topp *m*

calcestruzzo [kaltʃes'truttso] *m* Beton *m*

calcetto [kal'tʃetto] *m* Hallenfußball *nt; (da tavolo)* Tischfußball *nt*

calciare [kal'tʃaːre] **I.** *vi* ① *(tirar calci)* Fußtritte austeilen, treten; *(animale)* ausschlagen ② SPORT schießen, treten **II.** *vt* schießen, treten

calciatore, -trice [kaltʃa'toːre] *m, f* Fußballspieler(in) *m(f)*

calcico, -a ['kaltʃiko] <-ci, -che> *agg* kalziumhaltig, Kalzium-

calcificare [kaltʃifi'kaːre] *vt, vr* **-rsi** BIOL verkalken

calcificazione [kaltʃifikat'tsioːne] *f* Verkalkung *f*

calcimetrico, -a [kaltʃi'mɛːtriko] <-ci, -che> *agg (eseguito mediante il calcimetro)* kalzimetrisch; **rilevazione -a** Kalkmessung *f*

calcina [kal'tʃiːna] *f* Mörtel *m*

calcinaccio [kaltʃi'nattʃo] <-cci> *m* ① *(pezzo di calcina)* Putzstück *nt,* Mörtelstück *nt* ② *pl (rovine)* Schutt *m*

calcinculo [kaltʃin'kuːlo] <-> *m (fam: giostra)* [Ketten]karussell *nt*

calcio ['kaltʃo] <-ci> *m* ① *(colpo dato col piede)* [Fuß]tritt *m; (di animale)* Huftritt *m;* **prendere qu a -ci** jdn treten; **tirare -ci** treten, Fußtritte austeilen; *(animale)* ausschlagen ② SPORT Fußball *m;* **~ d'angolo** Eckstoß *m,* Corner *m* A; **~ d'inizio** Anstoß *m;* **~ di punizione** Strafstoß *m;* **~ di rigore** Elfmeter *m;* **~ di rinvio** Abstoß *m;* **giocare a ~** Fußball spielen ③ MIL [Gewehr]kolben *m* ④ CHEM Kalzium *nt*

calciobalilla [kaltʃoba'lilla] <-> *m* Tischfußball *m*

calciocianammide [kaltʃotʃanam'miːde] *f* Kalkstickstoff[dünger] *m*

calciofilo, -a [kal'tʃɔːfilo] **I.** *m, f* Fußballfan *m* **II.** *agg* fußballbegeistert; **gruppo ~** Fußballfanclub *m*

calciomane [kaltʃo'maːne] *mf* Fußballnarr *m*/-närrin *f*

calciomania [kaltʃoma'niːa] <-ie> *f* Fußballfieber *nt*

calciomercato [kaltʃomer'kaːto] <-> *m* Fußballmarkt *m*

calcioscommesse [kaltʃoskom'messe] <-> *m* illegales Fußballtoto

calcioterapia [kaltʃotera'piːa] <-ie> *f* MED Kalziumtherapie *f*

calcistico, -a <-ci, -che> *agg* Fußball-

calco ['kalko] <-chi> *m (copia)* Abdruck *m;* TYP Abzug *m*

calcografia [kalkogra'fiːa] *f* ① TYP *(procedimento di stampa)* Kupferdruck *m* ② *(tecniche manuali d'incisione)* Kupferstich *m* ③ *(istituzione, luogo)* Kupferstichkabinett *nt*

calcografico, -a [klako'graːfiko] <-ci, -che> *agg* Kupferstich-; **inchiostro ~** Kupferdruckfarbe *f*

calcografo, -a [kal'kɔːgrafo] *m, f* ① TYP *(intagliatore in rame)* Kupferstecher(in) *m(f)* ② *(stampatore)* Kupferdrucker(in) *m(f)* ③ *(venditore di incisioni)* Kupferstichhändler(in) *m(f)*

calcolabile [kalko'laːbile] *agg* berechenbar; *(valutabile)* schätzbar

calcolare [kalko'laːre] *vt* ① MAT berechnen, ermitteln ② *(fig: valutare)* abwägen, abschätzen; *(tenere conto)* berücksichtigen

calcolatore [kalkola'toːre] *m* **~ elettronico** INFORM Elektronenrechner *m,* Computer *m;* **~ personale** Personalcomputer *m*

calcolatore, -trice **I.** *agg* ① *(regolo, macchina)* Rechen- ② *(fig: persona, mente)* berechnend **II.** *m, f* ① *(chi esegue calcoli, persona)* Rechner(in) *m(f)* ② *(fig: mente fredda)* kühler Kopf

calcolatrice [kalkola'triːtʃe] *f* TEC Rechenmaschine *f,* Rechner *m; (regolo)* Rechenschieber *m;* **~ tascabile** Taschenrechner *m*

calcolitografia [kalkolitogra'fiːa] *f* TYP Kupferflachdruck *m*

calcolitografico, -a [kalkolito'graːfiko] <-ci, -che> *agg* Kupferflachdruck-; **stampa -a** Kupferflachdruck *m*

calcolo ['kalkolo] *m* ① MAT Rechnung *f,* Berechnung *f;* **fare i -i** rechnen; **~ preventivo** Vorausberechnung *f,* Kostenvoranschlag *m;* **~ delle probabilità** Wahrscheinlichkeitsrechnung *f;* **agire per ~** *(fig)* berechnend sein; **~ dei costi** *(costing)* Kalkulation *f* ② MED Stein *m;* **~ renale** Nierenstein *m*

caldaia [kal'daːia] <-aie> *f* Kessel *m;* TEC *(a vapore)* Dampfkessel *m; (per riscaldamento)* Heizkessel *m*

caldamente [kalda'mento] *avv* warm, wärmstens *fam; (cordialmente)* herzlich

caldana [kal'daːna] *f* Hitzewallung *f*

caldareria [kladare'riːa] <-ie> *f* Kesselschmiede *f*

caldarrosta [kaldar'rɔsta] *f* geröstete Kastanie

caldeggiare [kalded'dʒaːre] *vt* befürworten

calderone [kalde'roːne] *m* Kessel *m,* Hafen *m* A; **mettere tutto nello stesso ~** *(fig)* alles in einen Topf werfen

caldo ['kaldo] *m* Wärme *f; (~ intenso)* Hitze *f; (fig: fervore)* Eifer *m;* **fa ~** es ist

C

warm; **ho** [*o* **sento**] ~ mir ist heiß; **mettere** [*o* **tenere**] **le vivande in** ~ die Speisen warm halten; **non mi fa né ~ né freddo** *(fig)* das lässt mich kalt

caldo, -a *agg* warm; *(molto ~)* heiß; *(colore, voce)* warm; *(amicizia)* innig, herzlich; *(notizia)* neueste(r, s); **pane** ~ frisches Brot; **essere una testa -a** *(fig)* ein Hitzkopf sein; **avere il sangue** ~ *(fig)* heißblütig sein; **a sangue** ~ *(fig)* im Affekt

caleidoscopio [kaleidos'kɔ:pio] <-i> *m* OPT Kaleidoskop *nt*

calendario [kalen'da:rio] <-i> *m* Kalender *m*

calende [ka'lɛnde] *fpl* **rimandare qc alle ~ greche** etw auf den Sankt-Nimmerleins-Tag verschieben

calendimaggio [kalendi'maddʒo] <-> *m* Maifeiertag *m,* Maifeier *f*

calendola [ka'lɛndola] *f* Ringelblume *f*

calesse [ka'lɛsse] *m* Kalesche *f*

calettamento [kaletta'mento] *m* Verkeilung *f*

calettare [kalet'ta:re] *vt* verbinden; TEC verkeilen, verzahnen

calibrare [kali'bra:re] *vt* kalibrieren; *(fig)* genau messen

calibro ['ka:libro] *m (a. fig)* Kaliber *nt*

calice ['ka:litʃe] *m* ① *(bicchiere)* Kelch *m* ② REL [Mess]kelch *m*

califfo [ka'liffo] *m* Kalif *m*

caligine [ka'li:dʒine] *f (nebbia)* Dunst *m,* Nebel *m; (in zone industriali)* Smog *m*

caliginoso, -a [kalidʒi'no:so] *agg* trüb, dunstig

call [kɔ:l] <-> *m* FIN *(dont)* Call *m,* Kaufoption *f,* Call-Option *f*

calla ['kalla] *f* Calla *f*

calle ['kalle] *f (a Venezia)* Gasse *f,* Straße *f*

call girl ['kɔ:lgə:l] <-> *f* Callgirl *nt*

callifugo [kal'li:fugo] <-ghi> *m* hornhauterweichendes Mittel

calligrafia [kalligra'fi:a] *f* Handschrift *f*

calligrafico, -a [kalli'gra:fiko] <-ci, -che> *agg* ① *(esame, perito)* grafologisch ② *(fig: che cura eccessivamente la forma)* kalligrafisch

callista [kal'lista] <-i *m,* -e *f*> *mf* Fußpfleger(in) *m(f)*

callo ['kallo] *m* Hornhaut *f; (dei piedi)* Hühnerauge *nt; (della mano)* Schwiele *f;* **~ osseo** Kallus *m;* **fare il ~ a qc** *(fig)* sich an etw *akk* gewöhnen, gegen etw unempfindlich werden; **pestare i -i a qu** *(fig fam)* jdm auf die Füße treten

callosità [kallosi'ta] <-> *f* Verhornung *f*

calloso, -a [kal'lo:so] *agg* schwielig, verhornt; **corpo** ~ ANAT Balken *m*

calma ['kalma] *f* ① Ruhe *f; (silenzio)* Stille *f; (tranquillità)* Gelassenheit *f;* **periodo di** ~ ruhige Zeit; COM Flaute *f;* **prendersela con** ~ es in aller Ruhe angehen; **~!** immer mit der Ruhe!, bloß keine Hektik! *fam;* **~ e sangue freddo!** [nur] ruhig Blut! ② METEO *(vento)* Windstille *f; (mare)* Flaute *f,* Meeresstille *f*

calmante [kal'mante] **I.** *agg* beruhigend; *(che allevia)* lindernd; *(che elimina dolore)* schmerzstillend **II.** *m* Beruhigungsmittel *nt*

calmare [kal'ma:re] **I.** *vt* ① *(persona)* beruhigen; *(placare)* besänftigen ② *(dolore)* lindern **II.** *vr* **-rsi** ① *(persona)* sich beruhigen ② *(vento)* abflauen, sich legen; *(dolore)* nachlassen

calmata [kal'ma:ta] *f* ① NAUT kurze Flaute *f* ② *(fam)* **è ora che tu ti dia una ~!** es wird Zeit, dass du dich ein bisschen beruhigst!

calmierare [kalmie'ra:re] *vt* **~ qc** den Höchstpreis einer Sache *gen* amtlich festsetzen

calmiere [kal'miɛ:re] *m* obere Preisgrenze, Preisbindung *f;* **prezzo di** ~ Höchstpreis *m*

calmo, -a ['kalmo] *agg* ruhig; *(tranquillo)* gelassen; *(equilibrato)* ausgeglichen

calo ['ka:lo] *m* Verminderung *f,* Rückgang *m; (di volume, peso)* Abnahme *f,* Sinken *nt; (di qualità)* Verschlechterung *f; (di prezzo)* [Preis]senkung *f;* **~ di potenza** TEC Spannungsabfall *m*

calore [ka'lo:re] *m* Wärme *f; (calore intenso)* Hitze *f;* **~ familiare** Nestwärme *f;* **avere un po' di** ~ etw Temperatur haben; **essere/andare in** ~ läufig sein/werden

caloria [kalo'ri:a] <-ie> *f* Kalorie *f;* **grande** ~ Kilokalorie *f*

calorico, -a [ka'lɔ:riko] <-ci, -che> *agg* ① PHYS Wärme-, kalorisch ② BIOL Kalorien-; **apporto** ~ Kalorienzufuhr *f*

calorifero [kalo'ri:fero] *m* Heizkörper *m*

calorifico, -a [kalo'ri:fiko] <-ci, -che> *agg* Heiz-, wärmeerzeugend

calorimetro [kalo'ri:metro] *m* Wärmemesser *m,* Kalorimeter *nt*

calorizzare [kalorid'dza:re] *vt* TEC kalorisieren, alitieren

calorizzazione [kaloriddzat'tsio:ne] *f* TEC Kalorisieren *nt,* Alitieren *nt*

calorosamente [kalorosa'mente] *avv* herzlich, warmherzig

caloroso, -a [kalo'ro:so] *agg* ① *(cibo, bevanda, spezie)* wärmend ② *(persona)* kälteunempfindlich ③ *(fig: affettuoso, cordiale)* herzlich; *(discussione)* angeregt

caloscia [ka'lɔʃʃa] <-sce> *f* Überschuh *m*

calotta [ka'lɔtta] *f* ① GEOG [Eis]kappe *f;*

~ **artica/antartica** arktische/antarktische Polkappe ② MAT, ARCH, REL Kalotte *f*

calpestamento [kalpesta'mento] *m* ① *(coi piedi)* Treten *nt* ② *(fig: disprezzo)* Missachtung *f*

calpestare [kalpes'ta:re] *vt* ① *(coi piedi)* [zer]treten; [**è**] **vietato ~ l'erba** [das] Betreten des Rasens [ist] verboten ② *(fig: disprezzare)* missachten, mit Füßen treten

calpestio [kalpes'ti:o] <-ii> *m* *(scalpiccio)* Getrappel *nt;* *(calpestare)* Getrampel *nt*

Caltanissetta *f* Caltanissetta *nt* *(Stadt in Sizilien)*

calumet [kaly'mɛ] <-> *m* Friedenspfeife *f;* **fumare il ~ della pace** *(fig)* die Friedenspfeife rauchen

calunnia [ka'lunnia] <-ie> *f* Verleumdung *f*

calunniare [kalun'nia:re] *vt* verleumden

calunniatore, -trice [kalunnia'to:re] *m, f* Verleumder(in) *m(f)*

calunnioso, -a [kalun'nio:so] *agg* verleumderisch

calura [ka'lu:ra] *f* *(poet)* DIAL Hitze *f*

calva *f v.* **calvo**

calvario [kal'va:rio] <-i> *m* Kreuzweg *m,* Leidensweg *m;* *(fig)* unsagbares Leid

calvinismo [kalvi'nizmo] *m* Calvinismus *m*

calvinista [kalvi'nista] <-i *m,* -e *f*> *mf* Calvinist(in) *m(f)*

calvinistico, -a [kalvi'nistiko] <-ci, -che> *agg* calvinistisch

calvizie [kal'vittsie] <-> *f* Kahlheit *f;* *(di persone)* Kahlköpfigkeit *f*

calvo, -a ['kalvo] **I.** *agg* kahl; *(persona)* glatzköpfig; **essere ~** eine Glatze haben **II.** *m, f* Glatzkopf *m fam*

calza ['kaltsa] *f* Strumpf *m;* **~ elastica** Gummistrumpf *m;* **ferri da ~** Stricknadeln *fpl;* **fare la ~** stricken

calzamaglia [kaltsa'maʎʎa] *f* Strumpfhose *f*

calzante [kal'tsante] **I.** *agg* passend **II.** *m* Schuhlöffel *m*

calzare [kal'tsa:re] **I.** *vt avere* *(scarpe, guanti)* anziehen **II.** *vi* ① *avere* *(scarpe)* passen ② *essere* *(fig: essere conveniente)* passen, passend sein

calzascarpe [kaltsas'karpe] <-> *m,* **calzatoio** [kaltsa'to:io] <-oi> *m* Schuhanzieher *m,* Schuhlöffel *m*

calzatura [kaltsa'tu:ra] *f* Schuhe *mpl;* **industria delle -e** Schuhindustrie *f*

calzaturificio [caltsaturi'fi:tʃo] <-ci> *m* Schuhfabrik *f*

calzerotto [kaltse'rɔtto] *m* Söckchen *nt;* *(di lana)* Wollsocke *f*

calzetta [kal'tsetta] *f* Söckchen *nt;* **mezza ~** *(persona mediocre)* kleines Würstchen

calzettone [kaltset'to:ne] *m* Kniestrumpf *m,* Stutzen *m* A

calzificio [kaltsi'fi:tʃo] <-ci> *m* Strumpffabrik *f*

calzino [kal'tsi:no] *m* Socke *f*

calzolaio, -a [kaltso'la:io] <-ai, -aie> *m, f* Schuster *m,* Schuhmacher(in) *m(f)*

calzoleria [kaltsole'ri:a] <-ie> *f* ① *(negozio)* Schuhgeschäft *nt* ② *(bottega del calzolaio)* Schusterwerkstatt *f*

calzoncini [kaltson'tʃi:ni] *mpl* kurze Hose; **~ da bagno** Badehose *f*

calzone [kal'tso:ne] *m* ① *pl* *(indumento)* Hose *f;* **portare i -i** *(fig fam)* die Hosen anhaben ② *(parte)* Hosenbein *nt* ③ GASTR **pizza ~** *gefüllte Teigtasche*

camaleonte [kamale'onte] *m* *(a. fig)* Chamäleon *nt*

camaleontismo [kamaleon'tizmo] *m* Opportunismus *m*

camarilla [kama'rilla] *f* ① POL *(pej)* Kamarilla *f,* Höflingspartei *f* ② *(pej: combriccola)* Klüngel *m,* Clique *f*

camber ['kæmbə] <-> *m* MOT [Rad]sturz *m;* **angolo di ~** Sturzwinkel *m*

cambiadischi [kambia'diski] <-> *m* Plattenwechsler *m*

cambiale [kam'bia:le] *f* Wechsel *m;* **~ a vista** Sichtwechsel *m*

cambiamento [kambia'mento] *m* Wechsel *m,* Veränderung *f;* **~ climatico** Klimawandel *m;* **~ d'aria** Luftveränderung *f;* **~ di stagione** Wechsel *m* der Jahreszeit; **ha fatto un grande ~** er/sie hat sich sehr verändert

cambiare [kam'bia:re] **I.** *vt avere* ① *(sostituire)* wechseln, auswechseln; *(modificare)* ändern; **~ casa** umziehen; **~ idea** seine Meinung ändern, es sich *dat* anders überlegen; **~ marcia** in einen anderen Gang schalten; **~ treno** umsteigen; **~ vestito** sich umziehen ② *(scambiare)* **~ qc con qc** etw gegen etw tauschen ③ *(trasformare)* [ver]ändern, umändern ④ FIN wechseln; **~ euro in dollari** Euro in Dollar wechseln; **mi cambia cento euro?** können Sie mir hundert Euro wechseln? **II.** *vi essere* sich [ver]ändern; MOT schalten **III.** *vr* **-rsi** ① *(d'indumento)* sich umziehen ② *(diventare diverso)* sich [ver]ändern; *(trasformarsi)* sich verwandeln

cambiario, -a [kam'bia:rio] <-i, -ie> *agg* Wechsel-; **effetto ~** Wechsel *m*

cambiatensione [kambiaten'sio:ne] <-> *m* Transformator *m,* Umspanner *m*

cambiavalute [kambiava'lu:te] <-> *mf* Geldwechsler(in) *m(f)*

C

cambio ['kambio] <-i> *m* ① *(sostituzione)* Tausch *m*, Wechsel *m*; *(modifica)* Änderung *f*; **fare a ~** tauschen; **dare il ~ a qu** jdn ablösen; **accettare qc in ~ di qc** etw für etw [anderes] in Tausch nehmen ② *(soldi)* [Geld]wechsel *m*; FIN [Wechsel]kurs *m*; **agente di ~** Börsenmakler(in) *m(f)* ③ MOT Getriebe *nt*; *(azione)* Schaltung *f*; **~ a cloche** Knüppelschaltung *f*; **~ automatico** Automatikgetriebe *nt*; **~ manuale** Schaltgetriebe *nt*

cambusa [kam'bu:za] *f* Speisekammer *f*

cambusiere [kambu'ziɛ:re] *m* Schiffskoch *m*

camcorder ['kæm'kɔ:də] <-> *m* TEC Camcorder *m*

camelia [ka'mɛ:lia] <-ie> *f* Kamelie *f*

camembert [kamã'bɛ:r] <-> *m* Camembert *m*

camera ['ka:mera] *f* ① *(locale d'abitazione)* Zimmer *nt*, Raum *m*; **~ da letto** Schlafzimmer *nt*; **~ da pranzo** Esszimmer *nt*; **~ degli ospiti** Gästezimmer *nt*; **~ matrimoniale** Doppelzimmer *nt*; **~ singola** Einzelzimmer *nt*; **~ ad un letto/a due letti** Einbett-/Zweibettzimmer *nt*; **appartamento di quattro -e** Vierzimmerwohnung *f*; **essere in ~** auf seinem Zimmer sein; **fare la ~** das Zimmer aufräumen; **prenotare/disdire una ~** ein Zimmer bestellen/abbestellen ② *(mobilia)* Zimmereinrichtung *f*, Möbel *nt pl* ③ POL, ADM Kammer *f*; **sciogliere le -e** das Parlament auflösen; **Camera di Commercio** Handelskammer *f* ④ *(locale chiuso)* **~ blindata** Stahlkammer *f*; **~ mortuaria** Leichenhalle *f*; **~ oscura** Dunkelkammer *f*; **~ a gas** Gaskammer *f* ⑤ MOT **~ d'aria** Luftschlauch *m* ⑥ MUS **musica da ~** Kammermusik *f*

camerale [kame'ra:le] *agg* Kammer-, Staats-

cameraman ['kæmərəmən *o* 'kameramɛn] <-> *m* Kameramann *m*

camerata[1] [kame'ra:ta] *f (di collegio, caserma)* Schlafsaal *m*

camerata[2] <-i *m*, -e *f*> *mf (persona)* Kamerad(in) *m(f)*

cameratesco, -a [kamera'tesko] <-schi, -sche> *agg* kameradschaftlich

cameratismo [kamera'tizmo] *m* Kameradschaft *f*

cameriera [kame'riɛ:ra] *f (di casa privata)* Dienstmädchen *nt*; *(di locale)* Kellnerin *f*; *(di albergo)* Zimmermädchen *nt*

cameriere [kame'riɛ:re] *m (di casa privata)* Hausdiener *m*; *(di locale)* Kellner *m*, Ober *m*; *(di albergo)* Hoteldiener *m*; **~, mi porti il conto, per favore!** Herr Ober, bitte zahlen!

camerinista [kameri'nista] <-i *m*, -e *f*> *mf* Garderobier(e) *m(f)*

camerino [kame'ri:no] *m* ① THEAT Garderobe *f*, Umkleideraum *m* ② NAUT Offizierskabine *f*

camerunese [kameru'ne:se] **I.** *agg (del Camerun)* kamerunisch **II.** *mf (abitante)* Kameruner *m* **III.** *m sing (lingua, dialetto)* Kamerunisch(e) *nt*

camice ['ka:mitʃe] *m* ① MED Kittel *m* ② REL Messhemd *nt*; *(di sacerdote)* Albe *f*

camiceria [kamitʃe'ri:a] <-ie> *f* Wäschegeschäft *nt*

camicetta [kami'tʃetta] *f* Bluse *f*

camicia [ka'mi:tʃa] <-cie> *f* ① *(da uomo)* Hemd *nt*; *(da donna)* Bluse *f*; **~ da notte** Nachthemd *nt*; **~ di forza** Zwangsjacke *f*; **le -cie rosse/nere** die Rothemden [*o* Garibaldianer]/Schwarzhemden; **in maniche di ~** in Hemdsärmeln; **essere nato con la ~** *(fig)* ein Glückskind sein; **giocarsi anche la ~** *(fig)* sein letztes Hemd verspielen; **sudare sette -cie** *(fig)* Herkulesarbeit verrichten; **si leverebbe** [*o* **caverebbe**] **anche la ~** *(fig)* er würde sein letztes Hemd hergeben; **~ verde** *Mitglied des Ordnungsdienstes der Lega Nord* ② *(custodia)* Hülle *f*, Umschlag *m* ③ MOT, TEC Mantel *m*; **~ dei cilindri** Zylindermantel *m*

camiciaio, -a [kami'tʃa:io] <-ai, -aie> *m, f* *(fabbricante)* Hemdenfabrikant(in) *m(f)*; *(chi fa camicie)* Hemdennäher(in) *m(f)*; *(chi vende camicie)* Hemdenverkäufer(in) *m(f)*

camiciola [kami'tʃɔ:la] *f* ① *(sulla pelle)* Unterhemd *nt* ② *(per l'estate)* Sommerhemd *nt*

camiciotto [kami'tʃɔtto] *m* Arbeitskittel *m*

caminetto [kami'netto] *m* [offener] Kamin *m*, Rauchfang *m* A

camino [ka'mi:no] *m* ① *(per riscaldamento)* Kamin *m*, Rauchfang *m* A ② *(comignolo)* Kamin *m*, Schornstein *m*

camion ['ka:mion] <-> *m* Last[kraft]wagen *m*

camionabile, camionale [kamio'na:bile, kamio'na:le] **I.** *agg* für Lastkraftwagen befahrbar **II.** *f* für Lastkraftwagen befahrbare Straße

camioncino [kamion'tʃi:no] *m* Lieferwagen *m*

camionetta [kamio'netta] *f* Jeep® *m*

camionista [kamio'nista] <-i *m*, -e *f*> *mf* Lastwagenfahrer(in) *m(f)*

camma ['kamma] *f* Nocken *m*; **albero a -e** Nockenwelle *f*

cammelliere [kammel'liɛ:re] *m* Kameltreiber *m*
cammello[1] [kam'mɛllo] *m* ① ZOO Kamel *nt* ② *(tessuto)* Kamelhaar *nt*
cammello[2] *agg inv* kamelhaarfarben
cammeo [kam'mɛ:o] *m* Kamee *f;* **avere un profilo da ~** *(fig)* fein geschnittene Züge haben
camminare [kammi'na:re] *vi* gehen; *(velocemente)* laufen; *(veicoli)* fahren; TEC laufen, gehen; *(a. fig)* fortschreiten; **~ a quattro zampe** auf allen vieren gehen; **cammina!** *(affrettati)* beeil dich!; *(vattene)* hau ab! *fam;* **~ sulle uova** *(fig fam)* wie auf Eiern gehen; **~ sul filo del rasoio** sich in einer brenzligen Situation befinden
camminata [kammi'na:ta] *f* ① *(passeggiata)* Spaziergang *m* ② *(modo di camminare)* Gang *m,* Gangart *f*
camminatore, -trice [kammina'to:re] *m, f* Läufer(in) *m(f),* Geher(in) *m(f);* **è un buon ~** er ist gut zu Fuß
cammino [kam'mi:no] *m* ① *(viaggio)* Weg *m,* Reise *f;* **mettersi in ~** sich auf den Weg machen; **ci sono tre ore di ~** es ist eine Strecke von drei Stunden; *(a piedi)* zu Fuß sind es drei Stunden ② *(strada)* Weg *m,* Wegstrecke *f;* **aprirsi il ~** sich *dat* einen Weg bahnen; **essere a metà ~** auf halbem Wege sein; **~ facendo** unterwegs
camomilla [kamo'milla] *f* ① *(pianta)* Kamille *f* ② *(infuso)* Kamillentee *m*
camomillarsi [kamomil'larsi] *vr (sl)* sich beruhigen
camorra [ka'mɔrra] *f* ① *(società)* Kamorra *f; (fig)* Verbrecherring *m* ② *(fig: azione)* Betrug *m,* Schiebung *f*
camorrista [kamor'rista] <-i *m,* -e *f*> *mf* ① *(chi fa parte della camorra)* Mitglied *nt* der Kamorra ② *(fig: imbroglione)* Schieber(in) *m(f),* Betrüger(in) *m(f)*
camoscio [ka'mɔʃʃo] <-sci> *m* ① ZOO Gämse *f* ② *(pelle)* Wildleder *nt*
campagna [kam'paɲɲa] *f* ① AGR, GEOG Land *nt;* **abitare in ~** auf dem Land wohnen; **frutti della ~** landwirtschaftliche Produkte *ntpl* ② MIL Feldzug *m* ③ POL, COM Kampagne *f;* **~ elettorale** Wahlkampf *m;* **~ promozionale** COM Aktion *f;* **~ pubblicitaria** Werbekampagne *f*
campagnola [kam'paɲ'ɲɔ:la] *f* Geländewagen *m*
campagnolo, -a [kam'paɲ'ɲɔ:lo] **I.** *agg* ländlich, Land- **II.** *m, f* Landbewohner(in) *m(f)*
campale [kam'pa:le] *agg* Feld-; **scontro** [*o* **battaglia**] **~** Feldschlacht *f;* **giornata ~** *(a. fig)* Großkampftag *m*
campana [kam'pa:na] *f* Glocke *f;* **~ per la raccolta del vetro** Glascontainer *m;* **~ pneumatica** Luftkammer *f;* **a ~** glockenförmig; **pantaloni a ~** Hose mit weitem Schlag; **fare la testa come una ~ a qu** jdm in den Ohren liegen; **sordo come una ~** stocktaub; **sentire tutte e due le -e** *(fig)* beide Meinungen hören; **vivere/tenere sotto una ~ di vetro** *(fig)* unter einer Glasglocke leben/halten
campanaccio [kampa'nattʃo] <-cci> *m* Kuhglocke *f*
campanario, -a [kampa'na:rio] <-i, -ie> *agg* Glocken-
campanaro [kampa'na:ro] *m* Glöckner *m*
campanella [kampa'nɛlla] *f* ① *(a scuola)* Klingel *f* ② BOT *(fam)* Glockenblume *f* ③ *(orecchino)* Ohrring *m*
campanello [kampa'nɛllo] *m* Klingel *f; (piccola campana)* Glöckchen *nt;* **~ d'allarme** Alarmglocke *f; (a. fig)* Alarmsignal *nt*
Campania [kam'pa:nia] *f* Kampanien *nt*
campanile [kampa'ni:le] *m* ① ARCH Kirchturm *m,* Glockenturm *m* ② *(fig: paese natio)* Geburtsort *m*
campanilismo [kampani'lizmo] *m* Lokalpatriotismus *m,* Kirchturmpolitik *f*
campanilista [kampani'lista] <-i *m,* -e *f*> *mf* Lokalpatriot(in) *m(f)*
campanilistico, -a [kampani'listiko] <-ci, -che> *agg* lokalpatriotisch
campano, -a [kam'pa:no] **I.** *agg* kampanisch, aus Kampanien stammend **II.** *m, f* *(abitante)* Kampanier *m*
campanula [kam'pa:nula] *f* Glockenblume *f*
campare [kam'pa:re] *vi essere (fam)* leben; **~ di qc** von etw leben; **~ alla giornata** von der Hand in den Mund leben; **tirare a ~** sich durchschlagen; *(prender la vita com'è)* das Leben nehmen, wie es ist; **~ di aria** *(fig)* nur von Luft leben; **campa, cavallo** [**che l'erba cresce**] *(prov)* da kann man warten, bis man schwarz wird
campata [kam'pa:ta] *f* Spannweite *f*
campato, -a [kam'pa:to] *agg* **~ in aria** aus der Luft gegriffen
campeggiare [kamped'dʒa:re] *vi* ① *(far campeggio)* campen, zelten ② *(spiccare)* hervorstechen, sich abheben
campeggiatore, -trice [kampeddʒa'to:re] *m, f* Camper(in) *m(f)*
campeggio [kam'peddʒo] <-ggi> *m* ① *(terreno)* Campingplatz *m* ② *(turismo)* Camping *nt;* **fare il ~** campen
campeggistico, -a [kamped'dʒistiko] <-ci, -che> *agg* Camping-; **impianto ~** Campingausrüstung *f*

camper ['kæmpə *o* 'kamper] <-> *m* Wohnmobil *nt*

camperista [kampe'rista] <-i *m*, -e *f*> *mf* Camper(in) *m(f)*

campestre [kam'pɛstre] *agg* Feld-; **corsa ~** Querfeldeinlauf *m*

campetto [kam'petto] *m* ① *(campo sportivo)* Trainingsplatz *m*, Übungsplatz *m* ② *dim di* **campo** kleines Feld, Äckerchen *nt*

campicchiare [kampik'kia:re] *vi essere (fam)* sich über Wasser halten

campiello [kam'piɛllo] *m (a Venezia)* kleiner Platz

camping ['kæmpiŋ *o* 'kampiŋ] <-> *m v.* **campeggio**

campionamento [kampiona'mento] *m* Stichprobenentnahme *f*, Musterentnahme *f*

campionare [kampio'na:re] *vt* eine Stichprobe machen bei

campionario [kampio'na:rio] <-i> *m* Musterkollektion *f*

campionario, -a <-i, -ie> *agg* Muster-; **fiera -a** Mustermesse *f*

campionarista [kampiona'rista] <-i *m*, -e *f*> *mf* COM Präsentator(in) *m(f)* von Musterkollektionen

campionato [kampio'na:to] *m* Meisterschaft *f*; **-i europei** Europameisterschaft; **~ mondiale di calcio** Fußballweltmeisterschaft

campionatura [kampiona'tu:ra] *f* Probeentnahme *f*

campioncino [kampion'tʃi:no] *m* ① *dim di* **campione** kleiner Meister ② *(saggio, esempio di un prodotto)* Probepackung *f*, [Waren]probe *f*; **~ di profumo** Parfümprobe *f*, Duftprobe *f* ③ *(fam: chi possiede qualità per avere successo)* Hoffnungsträger *m*, Champion *m*; **ecco qui il nostro ~!** da ist unser Champion!

campione, -essa *m, f* ① SPORT Meister(in) *m(f)*, Champion *m* ② *(fig: chi eccelle in un'attività)* Meister *m*; **essere ~ di** [*o* **in**] **qc** in etw *dat* Meister sein; **~ di simpatia** Sympathieträger(in) *m(f)*

campione[1] [kam'pio:ne] *agg inv* ① SPORT Meister- ② *(per indagini, test)* Stichproben-; **analisi ~** Stichprobenuntersuchung *f*

campione[2] *m* ① COM, TEC Muster *nt*, Probe *f*; **~ senza valore** Warensendung *f* ② PHYS Normalmaß *nt*

campionissimo, -a [kampio'nissimo] *m, f* Meister(in) *m(f)*; *(del mondo)* Weltbeste(r) *f(m)*

campionista [kampio'nista] <-i *m*, -e *f*> *mf* Stichprobenentnehmer(in) *m(f)*, Prüfer(in) *m(f)* von Mustern [*o* Proben]

campisanti *pl di* **camposanto**

campo ['kampo] *m* ① AGR Feld *nt*, Acker *m* ② *(area)* Feld *nt*; **avere ~ libero** *(fig)* freie Bahn haben; **~ d'aviazione** Flugplatz *m*; **~ di concentramento** Konzentrationslager *nt*; **~ profughi** Flüchtlingslager *nt*; **lasciare il ~** *(fig)* das Feld räumen; **scendere in ~ contro qu** *(fig)* gegen jdn zu Felde ziehen ③ SPORT Platz *m*, Feld *nt*; **~ giochi** Spielplatz *m*; **~ sportivo** Sportplatz *m*; **~ da gioco** Spielfeld *nt*; **~ da golf** Golfplatz *m*; **~ da tennis** Tennisplatz *m*; **scendere in ~** ins Feld ziehen; **scendere in ~ contro qu** *(fig)* gegen jdn zu Felde ziehen ④ *(nell'arte)* Hintergrund *m*; **~ visivo** Gesichtsfeld *nt*; **~ d'immagine** TV, FILM Bildfläche *f* ⑤ *(fig: ambito)* Bereich *m*, Feld *nt*, Gebiet *nt*; **~ d'azione** Aktionsradius *m*, Wirkungsbereich *m*; **ciò non rientra nel ~ delle mie competenze** das gehört nicht in meinen Kompetenzbereich ⑥ PHYS Feld *nt*; **~ di forze** Kraftfeld *nt* ⑦ INFORM Feld *nt*; **~ facoltativo** Kannfeld *nt*; **~ obbligatorio** Mussfeld *nt*

campobassano, -a [cmpobas'sa:no] **I.** *agg* aus Campobasso stammend **II.** *m, f (abitante)* Campobassaner(in) *m(f)*, Bewohner(in) *m(f)* von Campobasso

Campobassano *m sing* Umgebung *f* von Campobasso

Campobasso *f* Campobasso *nt (Hauptstadt der Region Molise)*

camposanto [kampo'santo] <campisanti> *m* Friedhof *m*

campus ['kæmpəs *o* 'kampus] <-> *m* Campus *m*

camuffamento [kamuffa'mento] *m* Vermummung *f*, Verkleidung *f*

camuffare [kamuf'fa:re] **I.** *vt* ① *(travestire)* verkleiden; **~ qu da qc** jdn als etw verkleiden ② *(fig: nascondere)* verbergen, tarnen **II.** *vr* **-rsi** sich vermummen; **-rsi da qc** sich als etw verkleiden

camuso, -a [ka'mu:zo] *agg* ① *(persona)* plattnasig ② *(naso)* platt

can [kan] <-> *m* Khan *m*

Canada ['ka:nada] *m* **il ~** Kanada *nt*

canadese [kana'de:se] **I.** *agg* kanadisch **II.** *mf* Kanadier(in) *m(f)*

canadienne [kana'djɛn] <- *o* canadiennes> *f (giacca sportiva)* Canadienne *f*

canaglia [ka'naʎʎa] <-glie> *f* ① *(pej: persona malvagia)* Kanaille *f*, Schurke *m* ② *(scherz: birbante)* Spitzbube *m*, Racker *m*

canagliata [kanaʎ'ʎa:ta] *f* Schuftigkeit *f*

canale [ka'na:le] *m* ① *(artificiale)* Kanal *m* ② GEOG Kanal *m*, Meerenge *f* ③ ANAT Gang *m*; *(condotto)* Kanal *m*, Leiter *m*

④ EL, TEL Leitung *f* ⑤ TV, RADIO Programm *nt;* ~ **di informazione** Nachrichtensender *m;* ~ **di musica** Musiksender *m* ⑥ *(fig: via)* Kanal *m,* Weg *m*

canalizzare [kanalid'dza:re] *vt* ① AGR, NAUT kanalisieren ② MED ableiten, kanalisieren

canalizzazione [kanaliddzat'tsio:ne] *f* ① *(per acque)* Kanalisation *f; (per gas, elettricità)* Leitungssystem *nt* ② *(operazione)* Kanalisierung *f*

canapa ['ka:napa] *f* Hanf *m*

canapè [kana'pɛ] <-> *m* Canapé *nt*

canapiero, -a [kana'piɛ:ro] *agg* Hanf-

canapificio [kanapi'fi:tʃo] <-ci> *m* Hanfspinnerei *f*

canapo ['ka:napo] *m* Hanfseil *nt;* NAUT Tau *nt*

canaricoltura [kanarikol'tu:ra] *f* Kanarienvogelzucht *f*

Canarie [ka'na:rie] *fpl* **le** ~ die Kanarischen Inseln *fpl*

canarino[1] [kana'ri:no] *m* Kanarienvogel *m*

canarino[2] *agg inv* kanariengelb

canasta [ka'nasta] *f* Canasta *nt*

cancan [kaŋ'kan] <-> *m* Cancan *m*

cancellare [kantʃel'la:re] *vt* ① *(con la gomma)* ausradieren; *(con la penna)* durchstreichen; *(sulla lavagna)* auswischen, auslöschen; INFORM löschen, abbrechen ② *(fig: debito)* tilgen; *(appuntamento)* absagen; *(volo, prenotazione)* stornieren; *(ricordo)* auslöschen

cancellata [kantʃel'la:ta] *f* Gitterwerk *nt*

cancellatura [kantʃella'tu:ra] *f* Streichung *f,* Löschung *f*

cancellazione [kantʃellat'tsio:ne] *f* Löschung *f,* Tilgung *f*

cancelleria [kantʃelle'ri:a] <-ie> *f* ① POL, JUR, ADM Kanzlei *f; (del tribunale)* Geschäftsstelle *f* ② *(materiale)* Bürobedarf *m*

cancelletto [kantʃel'letto] *m* TEL, INFORM Rautetaste *f*

cancelliere [kantʃel'liɛ:re] *m* ① POL Kanzler *m* ② JUR Urkundsbeamte(r) *m* (der Geschäftsstelle)

cancello [kan'tʃɛllo] *m* [Gitter]tor *nt*

cancerogenesi [kantʃero'dʒɛ:nezi] <-> *f* MED Karzinogenese *f,* Krebsentstehung *f*

cancerogeno [kantʃe'rɔ:dʒeno] *m* Krebserreger *m*

cancerogeno, -a *agg* Krebs erregend

cancerologa *f v.* **cancerologo**

cancerologia [kantʃerolo'dʒi:a] <-gie> *f* Krebsforschung *f*

cancerologo, -a [kantʃe'rɔ:logo] <-gi, -ghe> *m, f* Krebsforscher(in) *m(f)*

canceroso, -a [kantʃe'ro:so] **I.** *agg* krebsartig, Krebs- **II.** *m, f* Krebskranke(r) *f(m)*

cancrena [kaŋ'krɛ:na] *f* ① MED Brand *m;* **andare in** ~ brandig werden ② *(fig, pej: vizio incallito)* Plage *f,* Übel *nt*

cancro ['kaŋkro] *m* ① MED Krebs *m* ② ASTR **Cancro** Krebs *m;* **sono Cancro, sono un** [*o* **del**] **Cancro** ich bin [ein] Krebs ③ *(fig, pej: male incurabile)* Unheil *nt,* Krebsgeschwür *nt*

candeggiante [kanded'dʒante] **I.** *agg* bleichend **II.** *m* Weißmacher *m,* Aufheller *m*

candeggiare [kanded'dʒa:re] *vt* bleichen

candeggina® [kanded'dʒi:na] *f* Bleichmittel *nt*

candeggio [kan'deddʒo] <-ggi> *m* Bleichen *nt*

candela [kan'de:la] *f* ① *(di cera)* Kerze *f;* **a** ~ kerzengerade; **a lume di** ~ bei Kerzenschein; **tenere** [*o* **reggere**] **la** ~ **a qu** *(fig)* bei jdm die Anstandsdame spielen; **il gioco non vale la** ~ *(fig)* das ist nicht der Mühe wert ② MOT [Zünd]kerze *f* ③ EL Lichtstärkeeinheit *f;* **una lampadina da 60 -e** eine 60-Watt-Birne

candelabro [kande'la:bro] *m* Kandelaber *m,* [mehrarmiger] Kerzenleuchter *m*

candeliere [kande'liɛ:re] *m* Kerzenhalter *m*

Candelora [kande'lɔ:ra] *f* Mariä Lichtmess

candelotto [kande'lɔtto] *m* [Stumpen]kerze *f;* ~ **lacrimogeno** Tränengaspatrone *f*

candidamente [kandida'mente] *avv (con schiettezza)* treuherzig; *(ingenuamente)* leichtgläubig, naiv

candidare [kandi'da:re] **I.** *vt (presentare come candidato)* als Kandidaten aufstellen; *(proporre come candidato)* als Kandidaten vorschlagen **II.** *vr* **-rsi** kandidieren

candidato, -a [kandi'da:to] *m, f* Kandidat(in) *m(f); (all'esame)* Prüfungskandidat(in) *m(f),* Prüfling *m*

candidatura [kandida'tu:ra] *f* Kandidatur *f;* **presentare la propria** ~ sich bewerben; POL, ADM kandidieren

candid camera ['kændid 'kæmərə] <-> *f* Versteckte Kamera *f*

candidezza [kandi'dettsa] *f* ① *(candore)* Reinheit *f* ② *(fig: ingenuità)* Naivität *f; (schiettezza)* Arglosigkeit *f,* Treuherzigkeit *f*

candido, -a ['kandido] *agg* ① *(pulito)* rein; *(colore)* schneeweiß ② *(fig: ingenuo)* naiv; *(schietto)* arglos, treuherzig

candire [kan'di:re] *vt* kandieren

canditi [kan'di:ti] *mpl* kandierte Früchte *fpl*

candito, -a *agg* kandiert; *(zucchero)* Kandis-

canditore [kandi'to:re] *m* Kandiergerät *nt*

candore [kan'do:re] *m* ① *(candidezza)*

Reinheit *f* ② *(fig: ingenuità)* Naivität *f*, Arglosigkeit *f; (innocenza)* Unschuld *f*

cane ['ka:ne] *m* ① ZOO, ASTR Hund *m;* ~ **da caccia** Jagdhund *m;* ~ **da guardia** Wachhund *m;* ~ **maggiore/minore** ASTR der Große/Kleine Hund; **figlio d'un** ~ *(fam)* Hundesohn *m;* **vita da -i** Hundeleben *nt;* **lavoro fatto da -i** hundsmiserable Arbeit; **mondo ~!** *(fam)* so ein Mist!; **essere solo come un** ~ einsam und verlassen sein; **tempo da -i** Hundewetter *nt;* **menare il can per l'aia** etw auf die lange Bank schieben; **sentirsi come un ~ bastonato** sich wie ein geprügelter Hund fühlen; **fa un freddo** ~ *(fam)* es ist hundekalt; **non c'era un** ~ *(fig fam)* es war kein Schwein da *vulg;* **essere come ~ e gatto** wie Hund und Katze sein; **can che abbaia non morde** *(prov)* Hunde, die bellen, beißen nicht ② *(nelle armi da fuoco)* Hahn *m*

canea [ka'nɛ:a] *f* ① ZOO *(muta)* Meute *f; (urlo)* Gebell *nt* der Meute; *(fig: persone che schiamazzano)* Meute *f* ② *(fig: schiamazzo)* Lärm *m* ③ *(fig: dei critici, della stampa)* Verriss *m*, vernichtende Kritik

canestrelli *mpl* GASTR *Mandelkringel aus Ligurien*

canestro [ka'nɛstro] *m* Korb *m*

canfora ['kanfora] *f* Kampfer *m*

canforato, -a [kanfo'ra:to] *agg* Kampfer-

cangiante [kan'dʒante] *agg* changierend

canguro [kaŋ'gu:ro] *m* Känguru *nt*

canicola [ka'ni:kola] *f* Hundsstern *m*, Sirius *m;* **i giorni della** ~ die Hundstage

canicolare [kaniko'la:re] *agg* schwül, drückend heiß; **caldo** ~ Gluthitze *f*

canile [ka'ni:le] *m* ① *(cuccia)* Hundehütte *f* ② *(allevamento)* Hundezucht *f* ③ *(fig, pej: giaciglio)* schmutziges Lager; *(stanza)* elendes Loch

canino [ka'ni:no] *m* Eckzahn *m*

canino, -a *agg* Hunde-, Hunds-; **tosse -a** Keuchhusten *m;* **dente** ~ Eckzahn *m;* **rosa -a** Heckenrose *f*, Hundsrose *f*

canizie [ka'nittsie] <-> *f* ① *(dei capelli)* Ergrauen *nt; (capelli)* weißes Haar ② *(fig: vecchiaia)* Alter *nt*

canna ['kanna] *f* ① BOT Rohr *nt;* ~ **da zucchero** Zuckerrohr *nt;* **essere povero in** ~ *(fig)* arm wie eine Kirchenmaus sein ② *(bastone)* [Rohr]stock *m; (da pesca)* Angelrute *f* ③ *(dell'organo)* Pfeife *f* ④ *(del fucile)* Lauf *m; (della bicicletta)* Stange *f* ⑤ *(sl: di marijuana, haschisc)* Joint *m;* **farsi una** ~ *(fumare marijuana)* kiffen *fam*, sich *dat* einen Joint [*o* eine Trompete] reinziehen ⑥ *(parte del camino)* ~ **fumaria** Rauchfang *m*

cannabico, -a [kan'na:biko] <-ci, -che> *agg* Cannabis-

cannare [kan'na:re] **I.** *vt (sl: sbagliare)* verpatzen; *(bocciare)* durchfallen lassen **II.** *vi (sl: fallire)* durchfallen

cannata [kan'na:ta] *f* ① *(colpo di canna)* Stockschlag *m*, Stockhieb *m* ② *(obs: graticcio)* Rohrgeflecht *nt*

cannella [kan'nɛlla] *f* ① GASTR Zimt *m* ② *(dell'acqua)* Hahn *m; (della botte)* Zapfen *m*

cannello [kan'nɛllo] *m* ① BOT, TEC Röhrchen *nt* ② CHEM, MED Kanüle *f*

cannelloni [kannel'lo:ni] *mpl* ① *(pasta)* Cannelloni *pl (große Rohrnudeln zum Füllen)* ② *(piatto)* Cannelloni *pl (Rohrnudeln mit Hackfleischfüllung)*

canneto [kan'ne:to] *m* Röhricht *nt*

cannibale [kan'ni:bale] *mf* Kannibale *m/*Kannibalin *f*

cannibalesco, -a [kanniba'lesko] <-schi, -sche> *agg* kannibalisch

cannibalismo [kanniba'lizmo] *m* Kannibalismus *m*

cannibalizzare [kannibalid'dza:re] *vt* ① *(prelevare, sostituire elementi da impianti, apparecchi)* ausschlachten *fam*, ausbauen ② COM, FIN kannibalisieren, den Markt streitig machen

cannibalizzazione [kannibaliddzat'tsio:ne] *f* ① MOT *(riparazione)* Ausschlachten *nt fam*, Ausbau *m* ② FIN Kannibalisierung *f;* ~ **del profitto** Gewinnkannibalisierung *f*

cannocchiale [kannok'kia:le] *m* Fernrohr *nt*

cannolo [kan'nɔ:lo] *m* SICIL GASTR *süße gefüllte Teigröhrchen*

cannonata [kanno'na:ta] *f* ① MIL Kanonenschuss *m* ② *(fig fam: cosa eccezionale)* Wucht *f*

cannoncino [kannon'tʃi:no] *m* ① MIL Feldhaubitze *f* ② *(piega)* Biese *f* ③ GASTR *mit Sahne oder Creme gefüllte Teigröhrchen*

cannone [kan'no:ne] *m* ① MIL Kanone *f;* ~ **sparaneve** Schneekanone *f* ② *(fig fam: asso)* Ass *nt*, Kanone *f*

cannone sparaneve [kan'no:ne spara'ne:ve] <cannoni sparaneve> *m (cannone d'innevamento)* Schneekanone *f*

cannoniera [kanno'niɛ:ra] *f* ① MIL Schießscharte *f* ② NAUT Kanonenboot *nt*

cannoniere [kanno'niɛ:re] *m* ① *(bombardiere)* Kanonier *m* ② *(fig: nel calcio)* Torjäger *m*

cannuccia [kan'nuttʃa] <-cce> *f (per bibite)* Strohhalm *m*

canoa [ka'nɔ:a] *f* Kanu *nt;* SPORT Kajak *m o*

nt; (piccola imbarcazione a pagaia) Paddelboot *nt*
canocchia [ka'nɔkkia] <-cchie> *f* Heuschreckenkrebs *m*
canoismo [kano'izmo] *m* Kanusport *m*
canoista [kano'ista] <-i *m*, -e *f*> *mf* Kanute *m/*Kanutin *f*
canone [ka'no:ne] *m* ❶ *(norma)* Regel *f*; *(schema di riferimento)* Maßstab *m*, Kanon *m*; **i -i della morale** die moralischen Grundsätze *mpl* ❷ COM, FIN Abgabe *f*; RADIO, TV *(abbonamento)* Gebühr *f*; **~ d'affitto** Miete *f*, Mietzins *m* ❸ REL, MUS Kanon *m*
canonica [ka'nɔ:nika] <-che> *f* Pfarrhaus *nt*
canonico [ka'nɔ:niko] <-ci> *m* Kanoniker *m*, Kanonikus *m*
canonico, -a <-ci, -che> *agg* kanonisch; *(valido)* vorschriftsmäßig
canonizzare [kanonid'dza:re] *vt* ❶ REL heiligsprechen ❷ *(fig: indicare come norma)* institutionalisieren; *(approvare)* sanktionieren
canonizzazione [kanoniddzat'tsio:ne] *f* Kanonisation *f*
canoro, -a [ka'nɔ:ro] *agg* Sing-; **uccelli -i** Singvögel *mpl*
canotta [ka'notta] *f (maglietta)* Trikot *nt*, ärmelloses T-Shirt
canottaggio [kanot'taddʒo] <-ggi> *m* Rudersport *m*
canottiera [kanot'tiɛ:ra] *f* [ärmelloses] Unterhemd *nt*
canottiere [kanot'tiɛ:re] *m* Ruderer *m*
canotto [ka'nɔtto] *m* kleines Boot *nt*; *(di gomma)* Schlauchboot *nt*
canovaccio [kano'vattʃo] <-cci> *m* ❶ *(tessuto)* Kanevas *m* ❷ *(da cucina)* Putztuch *nt*; *(per stoviglie)* Geschirrtuch *nt* ❸ THEAT *(della commedia dell'arte)* Canovaccio *nt*, Kanevas *m*
cantabile [kan'ta:bile] **I.** *agg* singbar **II.** *m* Kantabile *nt*
cantabilità [kantabili'ta] <-> *f* Singbarkeit *f*
cantabrigense [kantabri'dʒɛnse] **I.** *agg* LIT *(cantabrigiano, di Cambridge)* Cambridger, aus Cambridge **II.** *mf (nativo, abitante di Cambridge)* Cambridger *m* **III.** *m sing (dialetto)* Cambridger Dialekt *m*
cantante [kan'tante] *mf* Sänger(in) *m(f)*; **~ lirico** Opernsänger(in) *m(f)*; **~ di musica leggera** Schlagersänger(in) *m(f)*
cantare [kan'ta:re] **I.** *vi* ❶ MUS singen; **~ da tenore** Tenor singen; **canta che ti passa** *(prov)* nimm's nicht so schwer, es wird schon wieder gut ❷ ZOO *(gallina)* gackern; *(gallo)* krähen; *(uccello)* zwitschern, singen; *(grilli)* zirpen ❸ *(fig: fare la spia)* reden, plaudern; *(sl: davanti alla polizia)* singen *sl* **II.** *vt* ❶ *(canzoni)* singen ❷ *(persone, fatti)* besingen; **~ le lodi di qu** ein Loblied auf jdn singen; **~ vittoria** frohlocken, triumphieren; **cantarla chiara** *(fig)* kein Blatt vor den Mund nehmen; **cantarne quattro a qu** *(fam)* jdm deutlich die Meinung sagen
cantastorie [kantas'tɔ:rie] <-> *mf* Bänkelsänger(in) *m(f)*
cantata [kan'ta:ta] *f* ❶ MUS Kantate *f* ❷ *(fam: canto)* Singen *nt*, Gesang *m*
cantautorale [kantauto'ra:le] *agg* Liedermacher-; **brano ~** engagiertes Lied
cantautorato [kantauto'ra:to] *m* Liedermacherei *f*
cantautore, -trice [kantau'to:re] *m, f* Liedermacher(in) *m(f)*
canterellare [kanterel'la:re] *vt, vi* vor sich hin singen, trällern
canterino, -a [kante'ri:no] **I.** *agg (uccello)* singfreudig, sangesfreudig; *(grillo)* zirpend **II.** *m, f* eifrige(r) Sänger(in) *m(f)*
cantica ['kantika] <-che> *f* LIT Gesang *m*
canticchiare [kantik'kia:re] *vt, vi* trällern
cantico ['kantiko] <-ci> *m* Lobgesang *m*, Hymne *f*; **il ~ dei -ci** das Hohelied [Salomos]
cantiere [kan'tiɛ:re] *m* NAUT, AERO Werft *f*; *(~ edile)* Baustelle *f*; **mettere qc in ~** *(fig)* etw vorbereiten, etw anfangen
cantieristica [kantie'ristika] <*obs:* -che> *f* NAUT Schiffbauindustrie *f*, Werftindustrie *f*
cantieristico, -a [kantie'ristiko] <-ci, -che> *agg* Werft-
cantilena [kanti'lɛ:na] *f* ❶ *(il cantare)* Singsang *m*; *(ninnananna)* Wiegenlied *nt*; *(fig: lamentela)* Gejammer *nt*; **sempre la stessa ~** immer die alte Leier ❷ MUS Kantilene *f*
cantina [kan'ti:na] *f* ❶ ARCH Keller *m*; *(per il vino)* Weinkeller *m* ❷ *(fig: luogo umido e oscuro)* [Keller]loch *nt* ❸ *(bottega)* Weinschenke *f*, Weinschenke *f* ❹ *(produzione e vendita di vino)* Kellerei *f*; **~ sociale** Winzergenossenschaft *f*
cantiniere [kanti'niɛ:re] *m* Kellermeister *m*
canto ['kanto] *m* ❶ MUS Gesang *m*; *(canzone)* Lied *nt*; **~ popolare** Volkslied *nt* ❷ ZOO *(del gallo)* Schrei *m*; *(degli uccelli)* Gesang *m*; *(dell'usignolo)* Schlag *m*; **al ~ del gallo** beim ersten Hahnenschrei ❸ *(poet)* Gedicht *nt*, Gesang *m* ❹ *(angolo)* Winkel *m*, Ecke *f* ❺ *(parte)* Seite *f*; **d'altro ~** andererseits, auf der anderen Seite; **dal ~ mio/loro** was mich/sie betrifft; **dal ~ suo** was ihn/sie betrifft; **mettere qc**

C

da ~ *(fig)* etw beiseitelassen ⑥ *(spigolo)* Kante *f*

cantonale [kanto'na:le] *agg (della Svizzera)* kantonal, Kantonal-

cantonalismo [kantona'lizmo] *m* CH Kantonalismus *m*

cantonata [kanto'na:ta] *f* ① *(angolo)* [Straßen]ecke *f* ② *(fig: errore)* Fehlschlag *m;* **prendere una ~** einen Reinfall erleben

cantone [kan'to:ne] *m* ① *(angolo)* Ecke *f;* **il gioco dei quattro -i** ≈ Bäumchen, wechsle dich ② *(della Svizzera)* Kanton *m;* **Lago dei Quattro Cantoni** Vierwaldstättersee *m*

cantoniera [kanto'niɛ:ra] *f* ① *(di ferrovia e strade)* Bahnwärterhäuschen *nt,* Straßenwärterhäuschen *nt* ② *(mobile)* Eckschrank *m*

cantoniere [kanto'niɛ:re] *m* Bahnwärter *m,* Straßenwärter *m*

cantore [kan'to:re] *m* ① REL Kantor *m* ② LIT Sänger *m,* Dichter(in) *m(f);* **i maestri -i** die Meistersinger *mpl*

cantoria [kanto'ri:a] <-ie> *f* ① REL Chor *m* ② MUS Kantorei *f*

cantuccio [kan'tuttʃo] <-cci> *m (fam)* Winkel *m;* **stare in un ~** abseitsstehen

canuto, -a [ka'nu:to] *agg* ① *(capelli)* weiß; *(grigio)* grau ② *(persona)* weißhaarig, ergraut

canvassing ['kænvəsiŋ] <-> *m* Canvassing *nt,* Werbefeldzug *m*

canzonare [kantso'na:re] *vt* verspotten, hänseln; **farsi ~** zum Gespött werden

canzonatorio, -a [kantsona'tɔ:rio] <-i, -ie> *agg* spöttisch

canzonatura [kantsona'tu:ra] *f* Spott *m*

canzone [kan'tso:ne] *f* ① MUS Lied *nt;* **festival della ~** Schlagerfestival *nt;* **~ popolare** Volkslied *nt; (molto nota)* [bekannter] Schlager *m;* **è sempre la solita ~** *(fig)* es ist immer das alte Lied ② LIT Kanzone *f*

canzonetta [kantso'netta] *f* MUS Liedchen *nt*

canzonettaro [kantsonet'ta:ro] *m (pej)* Schnulzensänger *m*

canzonettista [kantsonet'tista] <-i *m,* -e *f*> *mf* Chansonsänger(in) *m(f),* Chansonnier *m*/Chansonnette *f*

canzonettistico, -a [kantsonet'tistiko] <-ci, -che> *agg* Schlager-, Chanson-

canzoniere [kantso'niɛ:re] *m* LIT, MUS Liedersammlung *f*

caos ['ka:os] <-> *m* Chaos *nt*

caotico, -a [ka'ɔ:tiko] <-ci, -che> *agg* chaotisch

cap. *abbr di* **capitolo** Kap.

cap [kæp] <-> *m* SPORT [Sturz]kappe *f*

CAP [kap] *m acro di* **Codice di Avviamento Postale** PLZ *f*

cap(o)ufficio, capo ufficio [kap(o)uf'fi:tʃo] <capi ufficio *m,* - *f*> *mf* Bürovorsteher(in) *m(f)*

capa ['ka:pa] *f (scherz)* Chefin *f,* Kopf *m*

capace [ka'pa:tʃe] *agg* ① *(atto)* fähig; *(abile)* geschickt; **essere ~ di fare qc** etw tun können; **essere ~ d'intendere e di volere** im Vollbesitz seiner geistigen Kräfte sein ② JUR rechtsfähig ③ *(spazioso)* weit, geräumig; *(borsa)* groß ④ *(supposizione)* **è ~ che ...** +*conj* es kann sein, dass ...; **è ~ che piova** es kann sein, dass es bald regnet

capacità [kapatʃi'ta] <-> *f* ① *(di contenere)* Fassungsvermögen *nt,* Kapazität *f;* **il teatro ha una ~ di 2000 persone** das Theater kann 2000 Personen fassen ② *(abilità)* Fähigkeit *f,* Tüchtigkeit *f;* **~ giuridica** Rechtsfähigkeit; **~ di agire** Handlungsfähigkeit; **~ di rendimento** Leistungsfähigkeit; **~ produttiva di un paese** wirtschaftliche Leistungsfähigkeit eines Landes

capacitarsi [kapatʃi'tarsi] *vr* begreifen; *(persuadersi)* sich überzeugen; **non poter ~ di qc** sich *dat* etw nicht erklären können

capacitore [kapatʃi'to:re] *m* TEC *(condensatore elettrico)* Kondensator *m*

capanna [ka'panna] *f* Hütte *f*

capannello [kapan'nɛllo] *m* kleine Menschenansammlung

capanno [ka'panno] *m* Unterstand *m,* Laube *f; (cabina)* Umkleidekabine *f,* Badekabine *f*

capannone [kapan'no:ne] *m* ① AGR Scheune *f,* Stadel *m* A, Schuppen *m* ② *(deposito)* Lagerhalle *f; (di fabbrica)* Werkshalle *f*

caparbietà [kaparbie'ta] <-> *f* Dickköpfigkeit *f,* Hartnäckigkeit *f*

caparbio, -a [ka'parbio] <-i, -ie> *agg* dickköpfig, hartnäckig; **~ come un mulo** störrisch wie ein Esel

caparra [ka'parra] *f (parte del pagamento)* Anzahlung *f,* Angabe *f* A; *(pegno)* Pfand *nt; (cauzione)* Kaution *f;* **dare una ~ a qu** jdm eine Anzahlung leisten

capata [ka'pa:ta] *f (fam)* Kopfstoß *m;* **fare una ~ in un luogo** irgendwo kurz auftauchen

capatina [kapa'ti:na] *f* Stippvisite *f;* **fare una ~** auf einen Sprung vorbeikommen

capeggiare [kaped'dʒa:re] *vt* anführen

capeggiatore, -trice [kapeddʒa'to:re] *m, f* Anführer(in) *m(f)*

capellini [kapel'li:ni] *mpl lange Fadennudeln*

capello [ka'pello] *m* Haar *nt;* **-i d'angelo** *lange Fadennudeln;* **portare i -i lunghi/corti** lange/kurze Haare haben; **al ~** haargenau; **averne fin sopra i -i** die Nase gestrichen voll haben *fam;* **tirare qu per i -i** jdn zwingen; **non torcere neppure un ~ a qu** jdm kein Haar krümmen; **cose da far rizzare i -i** *(fig)* haarsträubende Dinge *ntpl;* **mettersi le mani nei -i** *(fig)* sich *dat* die Haare raufen; **mi fai venire i -i bianchi** *(fig)* deinetwegen bekomme ich noch graue Haare; **prendersi per i -i** *(fig)* sich *dat* in die Haare geraten; **spaccare un ~ in quattro** *(fig)* Haarspalterei betreiben

capellone, -a [kapel'lo:ne] **I.** *m, f (fam)* Langhaarige(r) *f(m); (fig, pej)* Gammler(in) *m(f)* **II.** *agg* langhaarig; *(fig, pej)* gammelig

capelluto, -a [kapel'lu:to] *agg* behaart; **cuoio ~** Kopfhaut *f*

capestro [ka'pɛstro] *m* Strick *m,* Strang *m;* **tipo da ~** *(pej)* Galgenvogel *m;* **condannare al ~** zum Tode durch den Strang verurteilen

capezzale [kapet'tsa:le] *m* Keilkissen *nt; (parte del letto presso la spalliera)* Kopfende *nt* [vom Bett]; *(fig: letto di un malato)* Krankenbett *nt;* **accorrere al ~ di qu** an jds Krankenbett eilen

capezzolo [ka'pettsolo] *m* Brustwarze *f*

capi- [kapi] *in Zusammensetzungen v.* **capo-**

capiarea *pl di* **capoarea**

capibanda *pl di* **capobanda**

capiclasse *pl di* **capoclasse**

capicorda *pl di* **capocorda**

capicronisti *pl di* **capocronista**

capicuochi *pl di* **capocuoco**

capidivisione *pl di* **capodivisione**

capidoglio *v.* **capodoglio**

capiente [ka'piɛnte] *agg* geräumig; *(recipiente)* groß

capienza [ka'piɛntsa] *f* Fassungsvermögen *nt*

capifabbrica *pl di* **capofabbrica**

capifamiglia *pl di* **capofamiglia**

capifila *pl di* **capofila**

capigliatura [kapiʎʎa'tu:ra] *f* Haare *ntpl;* **folta** [*o* **ricca**] **~** dichtes [*o* volles] Haar

capigruppo *pl di* **capogruppo**

capilinea *pl di* **capolinea**

capilista *pl di* **capolista**[1]

capillare [kapil'la:re] **I.** *agg* ① ANAT kapillar, haarförmig; **vasi -i** Kapillargefäße *ntpl* ② *(fig: minuzioso)* detailliert; *(organizzazione)* engmaschig **II.** *m* Kapillargefäß *nt*

capillarità [kapillari'ta] <-> *f* ① PHYS Kapillarität *f* ② *(fig: minuziosità)* Genauigkeit *f; (di organizzazione)* Engmaschigkeit *f*

capillarizzare [kapillarid'dza:re] *vt (diffondere)* verbreiten, ausweiten, ausbauen

capillarizzazione [kapillariddzat'tsio:ne] *f (diffusione)* Verbreitung *f,* Ausweitung *f*

capimafia *pl di* **capomafia**

capimastri *pl di* **capomastro**

capinera [kapi'ne:ra] *f* Mönchsgrasmücke *f*

capiofficina *pl di* **capoofficina**

capire [ka'pi:re] <capisco> **I.** *vt avere* verstehen, begreifen; **far ~ qc a qu** jdm etw zu verstehen geben; *(far comprendere)* jdm etw begreiflich machen; **~ fischi per fiaschi** etw falsch verstehen; **chi ti capisce è bravo!** *(fam)* dich soll einer verstehen! **II.** *vi essere* klar sein; **farsi ~** sich verständlich machen; **~ al volo** sofort verstehen; **si capisce** das versteht sich von selbst, das ist selbstverständlich; **si capisce che ti telefono** selbstverständlich rufe ich dich an **III.** *vr* **-rsi** sich verstehen; **ci siamo capiti?** haben wir uns verstanden?

capiredattori *pl di* **caporedattore**

capireparto *pl di* **caporeparto**

capirosso [kapi'rosso] *m* Stieglitz *m*

capisala *pl di* **caposala**

capisaldi *pl di* **caposaldo**

capiscuola *pl di* **caposcuola**

capiservizio *pl di* **caposervizio**

capisettore *pl di* **caposettore**

capisezione *pl di* **caposezione**

capisquadra *pl di* **caposquadra**

capistazione *pl di* **capostazione**

capitale [kapi'ta:le] **I.** *agg (principale)* wesentlich, Haupt-; JUR, REL Tod[es]-; **sentenza ~** Todesurteil *nt;* **condannare alla pena ~** zur Todesstrafe verurteilen; **i peccati -i** die Todsünden *fpl* **II.** *f* Hauptstadt *f;* **Capitale Europea della Cultura** Kulturhauptstadt *f* Europas **III.** *m* Kapital *nt; (patrimonio)* Vermögen *nt;* **~ a rischio** Risikokapital *nt;* **~ sociale** Stammkapital *nt;* **~ proprio** Eigenkapital *nt;* **fare ~ di qc** *(a. fig)* Kapital aus etw schlagen

capitalismo [kapita'lizmo] *m* Kapitalismus *m*

capitalista [kapita'lista] <-i *m,* -e *f*> **I.** *mf* Kapitalist(in) *m(f)* **II.** *agg* kapitalistisch, Kapitalisten-

capitalistico, -a [kapita'listiko] <-ci, -che> *agg* kapitalistisch

capitalizzare [kapitalid'dza:re] *vt* kapitalisieren

capitana [kapi'ta:na] *f* ① *(scherz)* Kapitänsfrau *f; (fig)* Anführerin *f* ② NAUT Flaggschiff *nt*

capitanare [kapita'na:re] *vt* anführen, leiten; **~ una squadra di calcio** SPORT Kapitän einer Fußballmannschaft sein

capitaneria [kapitane'ri:a] <-ie> *f* **~** [**di porto**] Hafenbehörde *f*

capitanessa [kapita'nessa] *f (scherz)* Kapitänsfrau *f; (fig)* Anführerin *f*

capitano [kapi'ta:no] *m* ① MIL Hauptmann *m* ② NAUT Kapitän *m;* AERO [Flug]kapitän *m* ③ SPORT [Mannschafts]kapitän *m* ④ *(fig: capo)* Anführer *m*

capitare [kapi'ta:re] *vi essere (giungere)* [zufällig] kommen, geraten; *(occasione)* sich bieten; *(succedere)* passieren, vorkommen; **~ bene/male** gelegen/ungelegen kommen; *(avere fortuna/sfortuna)* Glück/Pech haben; **~ nelle mani di qu** jdm in die Hände fallen; **capita a tutti** das passiert jedem einmal; **capita anche nelle migliori famiglie** das kommt in den besten Familien vor; **capiti proprio a proposito!** du kommst gerade recht!; **dove capita** irgendwo[hin]

capitavola *pl di* **capotavola**

capitello [kapi'tɛllo] *m* Kapitell *nt*

capitolare[1] [kapito'la:re] *vi (a. fig)* kapitulieren

capitolare[2] *agg* REL Kapitular-

capitolato [kapito'la:to] *m* [Vertrags]bedingungen *f pl;* **~ d'appalto** Submissionsbedingungen *f pl; (prestazioni previste da un contratto)* Leistungsverzeichnis *nt*

capitolazione [kapitolat'tsio:ne] *f (a. fig)* Kapitulation *f*

capitolino, -a [kapito'li:no] *agg* kapitolinisch

capitolo [ka'pi:tolo] *m* ① *(di libro)* Kapitel *nt* ② COM Posten *m* ③ REL Kapitel *nt* ④ *(fig)* **avere voce in ~** etw zu sagen haben; **comincia un nuovo ~ della mia vita** ein neues Kapitel meines Lebens beginnt

capitombolare [kapitombo'la:re] *vi essere* kopfüber fallen, purzeln

capitombolo [kapi'tombolo] *m* ① *(caduta)* Purzelbaum *m* ② *(fig: crollo)* Umsturz *m,* Zusammenbruch *m*

capitone [kapi'to:ne] *m* dicker *(weiblicher)* Aal

capitreno *pl di* **capotreno**

capitribù *pl di* **capotribù**

capi ufficio *pl di* **capo ufficio**

capivoga *pl di* **capovoga**

capo ['ka:po] **I.** *m* ① ANAT Kopf *m;* **chinare** [*o* **abbassare**] [*o* **piegare**] **il ~** *(fig)* sich beugen; **lavata di ~** *(fig fam)* Standpauke *f;* **mettersi in ~ qc** *(fig)* sich *dat* etw in den Kopf setzen; **togliere qc dal ~ a qu** *(fig)* jdm etw ausreden; **rompersi il ~** *(fig)* sich *dat* den Kopf zerbrechen; **avere altro per il ~** anderes im Kopf haben; **non sapere dove [s]battere il ~** *(fig)* nicht ein noch aus wissen; **non avere né ~ né coda** weder Hand noch Fuß haben; **cosa ti frulla** [*o* **passa**] **per il ~?** *(fam)* was geht dir durch den Kopf?; **arrivare fra** [*o* **capitare fra**] **~ e collo** *(fig)* völlig unerwartet eintreffen; *(inopportuno)* ungelegen kommen ② *(chi comanda, dirige, guida)* Haupt *nt,* Kopf *m;* POL Oberhaupt *nt; (in ufficio)* Chef(in) *m(f); (in tribù)* Häuptling *m;* **~ del governo** Regierungschef *m;* **~ della chiesa** Kirchenoberhaupt *nt;* **~ dello stato** Staatschef *m;* **~ operaio** Vorarbeiter(in) *m(f);* **comandante in ~** Oberbefehlshaber *m;* **essere a ~ di qu/qc** jdn/etw anführen; **fare ~ a qu** sich an jdn wenden ③ GEOG Kap *nt* ④ *(singolo oggetto)* Stück *nt;* **per sommi -i** in groben Zügen; **~ d'aglio** Knoblauchzwiebel *f* ⑤ *(estremità)* Ende *nt; (di spillo)* [Stecknadel]kopf *m; (parte alta)* oberes Ende, oberer Teil; **a ~ del letto** am Kopfende des Bettes; **andare in ~ al mondo** bis ans Ende der Welt gehen ⑥ *(principio)* **cominciare da ~** von vorne anfangen; **andare a ~** eine neue Zeile beginnen; **punto e a ~** Punkt und neue Zeile; *(fig)* nochmal von vorn[e] ⑦ *(fine, conclusione)* **in ~ ad un mese** nach Ablauf eines Monats; **venire a ~ di qc** einer Sache auf den Grund gehen; *(concludere)* mit etw fertig werden **II.** *agg inv* Chef-; **ispettore ~** Hauptinspektor *m;* **redattore ~** Chefredakteur *m*

capoarea [kapoa're:a] <capiarea *m,* - *f*> *mf* Gebietsleiter(in) *m(f)*

capobanda [kapo'banda] <capibanda> *m* ① MUS Kapellmeister *m* ② *(pej: caporione)* Bandenführer *m; (scherz)* Anführer *m*

capobastone [kapobas'to:ne] <capibastone> *m (sl: nella gerarchia mafiosa)* Mafiaboss *m* [eines bestimmten Gebiets]

capocantiere [kapokan'tiɛ:re] <capicantiere *m,* - *f*> *mf* Bauführer(in) *m(f),* Bauleiter(in) *m(f),* Baustellenleiter(in) *m(f)*

capocchia [ka'pɔkkia] <-cchie> *f (di spillo, fiammifero, chiodo)* Kopf *m*

capoccia[1] [ka'pɔttʃa] <-> *m (in famiglia)* Familienoberhaupt *nt; (scherz)* Boss *m fam,* Chef *m; (pej)* Anführer *m*

capoccia[2] <-cce> *f* DIAL *(fam: testa)* Rübe *f,* Birne *f*

capocciata [kapot'tʃa:ta] *f* DIAL *(fam)* **dare una ~** sich *dat* die Birne anhauen

capoccione [kapot'tʃo:ne] *m* DIAL Boss *m; (persona con alta carica)* hohes Tier *nt fam*

capocentrale [kapotʃen'tra:le] <capicentrale *m,* - *f*> *mf* Leiter(in) *m(f)* eines Kraftwerks/eines Fernmeldeamts

capoclasse [kapo'klasse] <capiclasse *m,* - *f*> *mf* Klassensprecher(in) *m(f)*

capoclassifica [kapoklassi'fi:ka] <capi-

classifica *m*, - *f*> *mf* Tabellenführer(in) *m(f)*

capocomicale [kapokomiˈkaːle] *agg (obs)* des Leiters [*o* der Leiterin] einer Schauspielgruppe

capocomicato [kapokomiˈkaːto] *m (funzione del capocomico)* Theaterleitung *f*

capocomico, -a [kapoˈkɔːmiko] <-ci, -che> *m, f* Leiter(in) *m(f)* einer Schauspieltruppe

capocommessa [kapokomˈmessa] <-> *f* COM Hauptunternehmung *f*, Generalunternehmung *f*

capocorda [kapoˈkɔrda] <capicorda> *m* Kabelschuh *m*

capocordata [kapokorˈdaːta] <capicordata *m*, - *f*> *mf* SPORT Seilschaftsführer(in) *m(f)*

capocorrente [kapocorˈrɛnte] <capicorrente *m*, - *f*> *mf* POL Wortführer(in) *m(f)* eines Parteiflügels

capocronista [kapokroˈnista] <capicronisti *m*, -e *f*> *mf* leitende(r) Nachrichtenredakteur(in) *m(f)*

capocuoco, -a [kapoˈkuɔːko] <-chi, -che> *m, f* Chefkoch *m*/-köchin *f*

capodanno, capo d'anno [kapoˈdanno] *m* Neujahr *nt*

capodimonte [kapodiˈmonte] **I.** *agg* Capodimonte-, aus Capodimonte **II.** *m* <-> *(oggetto fabbricato a Capodimonte)* Capodimonte-Porzellan *nt*

capodivisione [kapodiviˈzioːne] <capidivisione *m*, - *f*> *mf* ① MIL Divisionskommandeur *m* ② ADM *(industria)* Abteilungsleiter(in) *m(f)*

capodoglio [kapoˈdɔʎʎo] <-gli> *m* Pottwal *m*

capofabbrica [kapoˈfabbrika] <capifabbrica *m*, - *f*> *mf* Werkmeister(in) *m(f)*

capofamiglia [kapofaˈmiʎʎa] <capifamiglia *m*, - *f*> *mf* Familienoberhaupt *nt*

capofila [kapoˈfiːla] <capifila *m*, - *f*> *mf* Spitze *f* [eines Zuges/einer Kolonne]; POL Führer(in) *m(f)*

capofitto [kapoˈfitto] *avv* **a ~** kopfüber; **buttarsi a ~ in qc** *(fig)* sich in etw *akk* stürzen

capogiro [kapoˈdʒiːro] *m* Schwindel *m*; **prezzi da ~** *(fig)* Schwindel erregende Preise *mpl*

capogruppo [kapoˈgruppo] <capigruppo *m*, - *f*> *mf* Gruppenleiter(in) *m(f)*

capolavoro [kapolaˈvoːro] *m* Meisterwerk *nt*

capolinea [kapoˈliːnea] <capilinea> *m* Endstation *f*

capolino [kapoˈliːno] *m* **far ~** hervorkommen, hervorgucken

capolista[1] [kapoˈlista] <capilista *m*, - *f*> *mf* Listenführer(in) *m(f)*; POL Spitzenkandidat(in) *m(f)*

capolista[2] *m* **essere a** [*o* **in**] **~** an der Spitze der Liste stehen

capolista[3] *agg inv* **candidato ~** POL Spitzenkandidat(in) *m(f)*; **squadra ~** SPORT Tabellenführer *m*

capoluogo [kapoˈluɔːgo] <capoluoghi *o* capiluoghi> *m* ADM Hauptstadt *f*

capomacchinista [kapomakkiˈnista] <-i *m*, -e *f*> *mf* Maschinenmeister *m*; NAUT Obermaschinist *m*

capomafia [kapoˈmaːfia] <capimafia> *m* Mafiaboss *m*

capomastro [kapoˈmastro] <-i *o* capimastri> *m (capocantiere)* Polier *m*, Bauführer *m*; *(imprenditore)* Bauunternehmer *m*

capomensa [kapoˈmensa] <capimensa *m*, - *f*> *mf* Kantinenleiter(in) *m(f)*

caponaggine [kapoˈnaddʒine] *f* Hartnäckigkeit *f*

capoofficina [kapooffiˈtʃiːna] <capiofficina *m*, - *f*> *mf* Werkstattleiter(in) *m(f)*

capo operaio [ˈkaːpo opeˈraːio] <capi operai *m*, - *f*> *mf* Vorarbeiter(in) *m(f)*

caporale [kapoˈraːle] *m* Korporal *m*, Obergefreite(r) *m*

caporalesco, -a [kaporaˈlesko] <-schi, -sche> *agg (fig)* schroff, barsch, feldwebelhaft

caporalmaggiore, caporal maggiore [kaporalmadˈdʒoːre] *m* Hauptgefreite(r) *m*

caporedattore, -trice [kaporedatˈtoːre] <capiredattori *m*, caporedattrici *f*> *m, f* Chefredakteur(in) *m(f)*

caporeparto [kaporeˈparto] <capireparto *m*, - *f*> *mf* Abteilungsleiter(in) *m(f)*

caporione, -a [kapoˈrioːne] *m, f* Rädelsführer(in) *m(f)*, Anführer(in) *m(f)*

caposala [kapoˈsaːla] <capisala *m*, - *f*> *mf* Saalaufsicht *f*; *(in ospedale)* Stationspfleger *m*/-schwester *f*

caposaldo [kapoˈsaldo] <capisaldi> *m* ① *(fig: punto fondamentale)* Kernpunkt *m*, Angelpunkt *m* ② MIL Bollwerk *nt* ③ *(topografia)* Fixpunkt *m*

caposcuola [kaposˈkuɔːla] <capiscuola *m*, - *f*> *mf* LIT, SCIENT Begründer(in) *m(f)* einer Schule

caposervizio [kaposerˈvittsio] <capiservizio *m*, - *f*> *mf* Ressortleiter(in) *m(f)*

caposettore [kaposetˈtoːre] <capisettore *m*, - *f*> *mf* Abteilungsleiter(in) *m(f)*, Abteilungschef(in) *m(f)*

caposezione [kaposetˈtsioːne] <capisezione *m*, - *f*> *mf* Abteilungsleiter(in) *m(f)*

caposquadra[1] [kaposˈkuaːdra] <capis-

quadra *m*, - *f*> *mf* SPORT Mannschaftsführer(in) *m(f)*

caposquadra[2] <capisquadra> *m* MIL *(di operai)* Kolonnenführer *m*, Gruppenführer *m*

capostazione [kapostat'tsio:ne] <capistazione *m*, - *f*> *mf* Bahnhofsvorsteher(in) *m(f)*, Stationsvorsteher(in)

capostipite [kapos'ti:pite] *mf* Stammvater *m*

capostruttura [kapostrut'tu:ra] <capistruttura *m*, - *f*> *mf* Ressortleiter(in) *m(f)*; *(TV)* Intendant(in) *m(f)*

capotamento [kapota'mento] *m* MOT Überschlag *m*, Überschlagen *nt*

capotare [kapo'ta:re] *vi* sich überschlagen; NAUT kentern

capotasto [kapo'tasto] *m (parte di strumento)* Sattel *m*; *(attrezzo)* Kapodaster *m*

capotavola[1] [kapo'ta:vola] <capitavola *m*, - *f*> *mf* **essere il ~** den Ehrenplatz [am oberen Tischende] einnehmen

capotavola[2] <capitavola> *m* Tischende *nt*; **sedere a ~** am oberen Tischende/auf dem Ehrenplatz sitzen

capote [ka'pɔt] <-> *f* Verdeck *nt*

capotreno [kapo'trɛ:no] <-i *o* capitreno *m*, - *f*> *mf* Zugführer(in) *m(f)*

capotribù [kapotri'bu] <capitribù *m*, - *f*> *mf* Stammeshäuptling *m*

capottabile [kapot'ta:bile] *agg* aufklappbar; **automobile ~** Cabriolet *nt*

capoverso [kapo'vɛrso] *m* Absatz *m*

capovoga [kapo'vo:ga] <capivoga> *m* Schlagmann *m*

capovolgere [kapo'vɔldʒere] <irr> **I.** *vt* ① *(voltare)* umdrehen, auf den Kopf stellen ② *(fig: rovesciare)* umkehren, auf den Kopf stellen **II.** *vr* **-rsi** ① *(barca)* kentern; *(macchina)* sich überschlagen ② *(fig: cambiare radicalmente)* sich wenden

capovolgimento [kapovoldʒi'mento] *m* ① *(ribaltamento: di barca)* Kentern *nt*; *(di macchina)* Überschlagen *nt* ② *(fig: rovesciamento)* Umwälzung *f*; POL Umsturz *m*

cappa[1] ['kappa] *f* ① *(indumento)* Umhang *m*, Mantel *m*; **~ di piombo** *(fig)* bleierne Schwere ② TEC Abzugshaube *f*; *(del camino)* Rauchfang *m*

cappa[2] <-> *m o f v.* **K, k**

cappella [kap'pɛlla] *f* ① REL Kapelle *f* ② MUS [Kirchen]chor *m* ③ *(del fungo)* Hut *m*, Kopf *m*

cappellaio, -a [kappel'la:io] <-ai, -aie> *m, f* ① *(fabbricante)* Hutmacher(in) *m(f)* ② *(venditore)* Hutverkäufer(in) *m(f)*

cappellano [kappel'la:no] *m* Kaplan *m*

cappellata [kappel'la:ta] *f* ① *(colpo dato con il cappello)* Klaps *m* mit dem Hut ② *(quantità che sta in un cappello)* Hutvoll *m*; **a -e** in Unmengen, in Hülle und Fülle ③ *(sl: errore, sbaglio grossolano)* **fare una ~** einen Bock schießen; **che ~!** was für ein Reinfall!

cappelletti [kappel'letti] *mpl* GASTR *kleine gefüllte Nudeln*

cappelletto [kappel'letto] *m* ① *pl* GASTR *kleine gefüllte Nudeln* ② HIST, MIL Eisenhut *m*, Helm *m* ③ *(della calza)* verstärkter Zehenteil

cappelliera [kappel'liɛ:ra] *f* Hutschachtel *f*

cappellificio [kappelli'fi:tʃo] <-ci> *m* Hutfabrik *f*

cappellino [kappel'li:no] *m* [Damen]hütchen *nt*

cappello [kap'pɛllo] *m* ① *(copricapo)* Hut *m*; *(copertura, protezione)* [Schutz]haube *f*; **~ a cilindro** [*o* **a tuba**] Zylinder *m*; **avere il ~ in testa** den Hut auf dem Kopf haben; **cavarsi il ~ davanti a qu/qc** *(fig)* vor jdm/etw den Hut ziehen; **tanto di ~!** Hut ab! ② *(di scritto, discorso)* Vorspann *m*

capperi ['kapperi] *int (fam)* Donnerwetter!

cappero ['kappero] *m* ① GASTR Kaper *f* ② BOT Kapernstrauch *m*

cappio ['kappio] <-i> *m* Schlinge *f*; **avere il ~ al collo** *(fig)* die Schlinge um den Hals haben

cappone [kap'po:ne] *m* Kapaun *m*

cappottatura [kapotta'tu:ra] *f* AERO Verkleidung *f*, Haube *f*

cappotto [kap'pɔtto] *m* Mantel *m*

cappuccina [kapput'tʃi:na] *f* Kapuzinerkresse *f*

cappuccino [kapput'tʃi:no] *m* ① GASTR Cappuccino *m* ② REL Kapuziner *m* ③ ZOO Kapuzineraffe *m*

cappuccino, -a *agg* Kapuziner-

cappuccio [kap'puttʃo] <-cci> **I.** *m* ① *(copricapo)* Kapuze *f* ② *(di penna, biro)* Kappe *f*; *(copertura)* Haube *f* ③ *(fam)* GASTR Cappuccino *m* **II.** *agg* **cavolo ~** Weißkohl *m*

capra ['ka:pra] *f* ① ZOO Ziege *f*; **arrampicarsi come una ~** klettern wie eine Gämse; **salvare ~ e cavoli** *(fig)* zwei gegensätzliche Interessen unter einen Hut bringen ② TEC Bock *m*, Winde *f*

capraio, -a [ka'pra:io] <-ai, -aie> *m, f* Ziegenhirt(in) *m(f)*

caprese [ka'pre:se] **I.** *agg* aus Capri stammend **II.** *mf (abitante)* Bewohner(in) *m(f)* von Capri, Capreser(in) *m(f)* **III.** *f* GASTR *Tomatensalat mit Mozzarella und Basilikum*; **pizza ~** Pizza Caprese *(mit Mozzarella, Tomatenscheiben und Basilikum)*

capretto [ka'pretto] *m* ① ZOO, GASTR Zicklein *nt* ② *(pelle)* Ziegenleder *nt*
Capri *f* Capri *nt (Insel im Golf von Neapel)*
capriata [ka'pria:ta] *f* Dachstuhl *m*
capriccio [ka'prittʃo] <-cci> *m* ① *(grillo)* Laune *f; (amoroso)* Liebelei *f;* **fare i -cci** bockig sein ② MUS Capriccio *nt*
capriccioso, -a [kaprit'tʃo:so] *agg* ① *(bambino)* bockig; *(ragazza)* launisch, zickig *fam* ② *(cappellino, vestito)* extravagant ③ *(tempo)* launenhaft, wechselhaft
capricorno [kapri'kɔrno] *m* ① ZOO Steinbock *m* ② ASTR **Capricorno** Steinbock *m;* **sono Capricorno, sono un** [*o* **del**] **Capricorno** ich bin [ein] Steinbock
caprifoglio [kapri'fɔʎʎo] *m* Geißblatt *nt*
caprino [ka'pri:no] *m* ① *(puzza)* Ziegengestank *m;* **puzzar di ~** stinken wie ein Bock ② *(concime)* Ziegenmist *m* ③ GASTR Ziegenkäse *m*
capriola [kapri'ɔ:la] *f* ① *(salto)* Purzelbaum *m; (nella danza)* Luftsprung *m;* SPORT Kapriole *f;* **fare le -e** Purzelbäume schlagen ② ZOO Ricke *f*
capriolo [kapri'ɔ:lo] *m* Reh *nt*
capro ['ka:pro] *m* Ziegenbock *m;* **~ espiatorio** *(fig)* Sündenbock *m*
caprone [ka'pro:ne] *m* ① ZOO Ziegenbock *m* ② *(fig, pej)* ungepflegter Mensch
capsula ['kapsula] *f* ① MED, AERO Kapsel *f* ② CHEM Tiegel *m,* Schale *f*
captare [kap'ta:re] *vt* ① TEL, RADIO empfangen ② *(appoggio, benevolenza)* zu erlangen suchen, buhlen um ③ *(fig: cogliere)* erfassen; *(intuire)* [voraus]ahnen, fühlen
captativo, -a [kapta'ti:vo] *agg* PSIC vereinnahmend, kaptativ
capufficio [kapuf'fi:tʃo] *v.* **cap(o)ufficio**
capziosità [kaptsiosi'ta] <-> *f (pej: di persona)* Hinterhältigkeit *f,* Hinterlistigkeit *f; (di situazione)* Verfänglichkeit *f; (di ragionamento)* Spitzfindigkeit *f*
capzioso, -a [kap'tsio:so] *agg (situazione)* verfänglich; *(ragionamento)* spitzfindig
CAR *m acro di* **Centro Addestramento Reclute** *Ausbildungszentrum für Rekruten*
cara *f v.* **caro**
carabattola [kara'battola] *f (fam pej)* Kram *m,* Plunder *m,* Krempel *m*
carabba [ka'rabba] <-> *m (sl: carabiniere)* Bulle *m*
carabina [kara'bi:na] *f* Karabiner *m*
carabinetta [karabi'nɛtta] *f* ① SPORT Kleinkalibergewehr *nt* ② *(gara di tiro a segno)* Kleinkaliberschießen *nt*
carabiniere [karabi'niɛ:re] *m* Karabiniere *m*
carachiri [kara'ki:ri] <-> *m* Harakiri *nt*
caracollare [karakol'la:re] *vi* voltigieren, Volten reiten; *(fig)* sich tummeln, tollen
caracollo [kara'kɔllo] *m* Volte *f*
caraffa [ka'raffa] *f* Karaffe *f*
caramba [ka'ramba] **I.** *m* <-> *(sl: carabiniere)* Bulle *m* **II.** *int (fam: accidenti!)* Donnerwetter!
carambola [ka'rambola] *f* ① *(gioco a biliardo)* Karambole *f; (nel biliardo)* Karambolage *f* ② *(fig: scontro di automobili)* Zusammenstoß *m*
caramella [kara'mɛlla] *f* ① GASTR Bonbon *nt o m,* Zuckerl *nt* A ② *(fig fam: monocolo)* Monokel *nt*
caramellare [karamel'la:re] *vt* karamellisieren
caramello [kara'mɛllo] *m* Karamell *m*
caramelloso, -a [karamel'lo:so] *agg* süßlich; *(fig, pej)* honigsüß, süßlich; *(lezioso)* geziert
caratello [kara'tɛllo] *m* [Holz]fässchen *nt*
carato [ka'ra:to] *m* Karat *nt;* NAUT Schiffsanteil *m*
carattere [ka'rattere] *m* ① *(indole)* Charakter *m; (natura)* Natur *f,* Wesen *nt;* **un uomo di ~** ein Mann mit Charakter; **mancare di ~** charakterlos sein ② *(caratteristica)* Merkmal *nt,* Kennzeichen *nt* ③ TYP Type *f,* Letter *f;* **~ corsivo** Kursivschrift *f;* **~ grassetto** halbfette Schrift; **-i a stampatello** Druckbuchstaben *mpl* ④ *(di scrittura)* Schriftzeichen *nt,* Buchstabe *m* ⑤ INFORM Zeichen *nt;* **mappa dei -i** Zeichensatz *m;* **stringa di -i** Zeichenkette *f* ⑥ BIOL [Erb]faktor *m*
caratteriale [karatte'ria:le] **I.** *agg* Charakter- **II.** *mf* Verhaltensgestörte(r) *f(m)*
caratterino [karatte'ri:no] *m (iron)* schwieriger Charakter
caratterista [karatte'rista] <-i *m,* -e *f*> *mf* Charakterdarsteller(in) *m(f)*
caratteristica [karatte'ristika] <-che> *f* Eigenheit *f,* Eigenart *f*
caratteristico, -a [karatte'ristiko] <-ci, -che> *agg* charakteristisch
caratterizzare [karatterid'dza:re] *vt* charakterisieren
caratterizzato, -a [karatterid'dza:to] *agg* gekennzeichnet; **essere ~ da qc** etw kennzeichnet jdn
caratterizzazione [karatteriddzat'tsio:ne] *f* Charakterisierung *f*
caratterologico, -a [karattero'lɔ:dʒiko] <-ci, -che> *agg* charakterologisch
caratteropatia [karatteropa'ti:a] <-ie> *f* PSIC Charakterstörung *f*
caratura [kara'tu:ra] *f (dell'oro)* Karatmessung *f*
caravan [kærə'væn] <-> *m* Wohnwagen *m*

C

caravanista [karava'nista] <-i *m*, -e *f*> *mf* *(roulottista)* Camper(in) *m(f)*, Caravaner(in) *m(f)*
caravanning ['kærə'væniŋ] <-> *m* Wohnwagentourismus *m*, Caravaning *nt*
caravanserraglio [karavanser'raʎʎo] <-gli> *m* Karawanserei *f*; *(fig)* heilloses Durcheinander
caravella [kara'vɛlla] *f* Karavelle *f*
carboidrato [karboi'dra:to] *m* Kohle[n]hydrat *nt*
carbonaio, **-a** [karbo'na:io] <-ai, -aie> *m, f* ① *(lavoratore)* Köhler(in) *m(f)* ② COM Kohlenhändler(in) *m(f)*
carbonaro [karbo'na:ro] *m* Karbonaro *m*
carbonaro, **-a** *agg* ① HIST Karbonaro-; **moti -i** die Aufstände *mpl* der Karbonari ② GASTR **alla ~** mit Speck und Eiern
carbonchio [kar'boŋkio] <-chi> *m* ① MED Karbunkel *m*, Geschwür *nt* ② BOT Getreidebrand *m*
carboncino [karbon'tʃi:no] *m* ① *(per disegnare)* Zeichenkohle *f*, Kohlestift *m* ② *(disegno)* Kohlezeichnung *f*
carbone [kar'bo:ne] *m* ① MIN Kohle *f*; **nero come il ~** kohl[raben]schwarz; **essere** [*o* **stare**] **sui -i accesi** *(fig)* [wie] auf glühenden Kohlen sitzen ② BOT Getreidebrand *m*
carbonella [karbo'nɛlla] *f* Holzkohle *f*
carboneria [karbone'ri:a] <-ie> *f* *Geheimbund der Karbonari*
carbon footprint ['karbon 'fu:tprint] *m o f sing* ECOL CO_2-Fußabdruck *m*
carbonico [kar'bɔ:niko] <-ci> *m* Karbon *nt*
carbonico, **-a** <-ci, -che> *agg* kohlensauer; **acido ~** Kohlensäure *f*; **anidride -a** Kohlendioxyd *nt*
carbonifero [karbo'ni:fero] *m* Karbon *nt*
carbonifero, **-a** *agg* kohlehaltig, mit Kohlevorkommen; **bacino ~** Kohlenbecken *nt*; *(regione)* Kohlenrevier *nt*; *(in Germania)* Ruhrgebiet *nt*; **periodo ~** Karbon *nt*
carbonio [kar'bɔ:nio] *m* Kohlenstoff *m*; **ossido di ~** Kohlenmonoxyd *nt*, Kohlenoxyd *nt*
carbonizzare [karbonid'dza:re] **I.** *vt* ankohlen, verschmoren [lassen] **II.** *vr* **-rsi** verkohlen; *(automobile)* völlig ausbrennen
carbonizzazione [karboniddzat'tsio:ne] *f* Verkohlung *f*
carburante [karbu'rante] *m* Treibstoff *m*
carburare [karbu'ra:re] *vt* vergasen; **oggi proprio non carburo** *(sl)* heute bin ich echt nicht fit
carburatore [karbura'to:re] *m* Vergaser *m*
carburatorista [karburato'rista] <-i *m*, -e *f*> *mf* Mechaniker(in) *m(f)* für Vergaser
carburazione [karburat'tsio:ne] *f* Vergasung *f*
carburo [kar'bu:ro] *m* Karbid *nt*
carcassa [kar'kassa] *f* ① ZOO Gerippe *nt* ② TEC Gerüst *nt*; *(di turbine)* Gehäuse *nt*; NAUT Wrack *nt*; *(ossatura)* [Schiffs]gerippe *nt* ③ *(fig, pej: macchina)* Klapperkiste *f fam*
carcerare [kartʃe'ra:re] *vt* inhaftieren
carcerato, **-a** [kartʃe'ra:to] *m, f* Häftling *m*
carcerazione [kartʃerat'tsio:ne] *f* ① *(provvedimento)* Inhaftierung *f* ② *(periodo)* Haft *f*
carcere ['kartʃere] <*pl*: -i *f*> *m* ① *(luogo)* Gefängnis *nt* ② *(pena)* Gefängnis *nt*, Gefängnisstrafe *f*; **~ preventivo** Untersuchungshaft *f*
carceriere, **-a** [kartʃe'riɛ:re] *m, f* ① *(secondino)* Gefängniswärter(in) *m(f)* ② *(fig, pej)* Wachhund *m*, Aufpasser(in) *m(f)*
carcinoma [kartʃi'nɔ:ma] <-i> *m* Karzinom *nt*
carciofino [kartʃo'fi:no] *m* Artischockenherz *nt*
carciofo [kar'tʃɔ:fo] *m* BOT Artischocke *f*
card [ka:d] <-> *f* *(tessera)* Karte *f*; *(carta di credito)* Kreditkarte *f*
cardanico, **-a** [kar'da:niko] <-ci, -che> *agg* Kardan-; **albero ~** Kardanwelle *f*
cardare [kar'da:re] *vt* *(lana, canapa)* kämmen, karden; *(lino)* hecheln
cardatore, **-trice** [karda'to:re] *m, f* Hechler(in) *m(f)*, Wollkämmer(in) *m(f)*
cardatura [karda'tu:ra] *f* Kämmen *nt*
cardellino [kardel'li:no] *m* Stieglitz *m*
cardiaco, **-a** [kar'di:ako] <-ci, -che> *agg* Herz-
cardinale [kardi'na:le] **I.** *agg* *(fondamentale)* Grund-, hauptsächlich; GEOG Haupt-; *(virtù, numero)* Kardinal-; **punti -i** [Haupt]himmelsrichtungen *fpl* **II.** *m* Kardinal *m*
cardinalizio, **-a** [kardina'littsio] <-i, -ie> *agg* Kardinals-
cardine ['kardine] *m* ① *(di porta, finestra)* Angel *f* ② *(fig: fondamento, base)* Fundament *nt*, Grundlage *f*
cardioangiochirurgo, **-a** [kardioandʒoki'rurgo] <-gi *o* -ghi, -ghe> *m, f* Herzgefäßchirurg(in) *m(f)*
cardiochirurgia [kardiokirur'dʒia] <-gie> *f* Herzchirurgie *f*
cardiochirurgico, **-a** [kardioki'rurdʒiko] <-ci, -che> *agg* Herzchirurgie-, herzchirurgisch
cardiochirurgo, **-a** [kardioki'rurgo] <-gi *o* -ghi, -ghe> *m, f* Herzchirurg(in) *m(f)*
cardiofitness [kardio'fitnis] <-> *m* MED Ausdauertraining *nt*, Kardiotraining

cardiogramma [kardio'gramma] <-i> *m* Kardiogramm *nt*
cardiologa *f v.* **cardiologo**
cardiologia [kardiolo'dʒi:a] <-gie> *f* Kardiologie *f*
cardiologo, **-a** [kar'diɔ:logo] <-gi, -ghe> *m, f* Kardiologe *m*/Kardiologin *f*
cardiopatico, **-a** [kardio'pa:tiko] <-ci, -che> **I.** *agg* herzkrank **II.** *m, f* Herzkranke(r) *f(m)*
cardiotelefono [karkiote'lɛ:fono] *m* MED *Gerät zur kardiologischen Überwachung der Patienten via Telefon*
cardo ['kardo] *m* [Karden]distel *f*
career girl [kə'riə gə:l] <- *o* career girls> *f* Karrieregirl *nt*
career woman [kə'riə 'wumən] <- *o* career women> *f* Karrierefrau *f*
carena [ka'rɛ:na] *f* ❶ NAUT Kiel *m;* AERO Rumpf *m* ❷ ZOO Brustbeinplatte *f*
carenaggio [kare'naddʒo] <-ggi> *m* Kielholung *f*
carenare [kare'na:re] *vt* kielholen
carente [ka'rɛnte] *agg* mangelhaft, unzureichend; **essere ~ di qc** an etw *dat* arm sein; **un'alimentazione ~ di vitamine** eine vitaminarme Ernährung
carenza [ka'rɛntsa] *f* Mangel *m;* **la ~ di qc** der Mangel an etw *dat;* **per ~ di prove** JUR mangels Beweisen; **~ di posti di lavoro** Arbeitsplatzmangel *m;* **~ di parcheggi** Parkraumnot *f*
carestia [kares'ti:a] <-ie> *f* ❶ *(grave insufficienza di alimenti)* [Hungers]not *f* ❷ *(scarsità)* Mangel *m;* **la ~ di qc** der Mangel an etw *dat*
carezza [ka'rettsa] *f* Streicheln *nt,* Liebkosung *f;* **fare una ~ a qu** jdn streicheln
carezzare [karet'tsa:re] *vt* streicheln; **~ un'idea** *(fig)* mit einem Gedanken spielen
carezzevole [karet'tse:vole] *agg* ❶ *(voce, maniere)* zärtlich, [ein]schmeichelnd ❷ *(fig: leggero)* zart
cargo ['kargo] <- *o* -ghi> *m* ❶ NAUT Frachtschiff *nt,* Frachter *m* ❷ AERO Transportflugzeug *nt*
cariare [ka'ria:re] **I.** *vt (provocare carie)* Karies verursachen bei [*o* an +*dat*]; *(fig: intaccare)* angreifen; *(corrodere)* zerfressen; **la cioccolata caria i denti** Schokolade greift die Zähne an **II.** *vr* **-rsi** von Karies befallen werden
cariatide [ka'ria:tide] *f* ARCH Karyatide *f;* **starsene immobile come una ~** *(fig)* dastehen wie eine Säule
caribico, **-a** [ka'ri:biko] <-ci, -che> *agg* karibisch
carica ['ka:rika] <-che> *f* ❶ ADM Amt *nt;* **essere in ~** ein Amt innehaben ❷ PHYS, EL Ladung *f* ❸ MIL Attacke *f,* Angriff *m;* SPORT Angriff *m;* **tornare alla ~** erneut angreifen; *(fig)* es noch einmal versuchen ❹ *(fig: cumulo di energie)* Ausstrahlung *f; (slancio)* Elan *m,* Schwung *m;* **dare la ~ a qu** *(fig)* jdn aufbauen, jdm Mut machen; **~ innovatrice** Innovationskraft *f*
caricabatteria [karikabatte'ri:a] <-> *m* Batterieladegerät *nt*
caricamento [karika'mento] *m* ❶ *(di merce)* Verladen *nt,* Verfrachten *nt* ❷ INET Hochladen *nt,* Upload *m*
caricare [kari'ka:re] **I.** *vt* ❶ *(macchina, camion, bastimento)* [be]laden; *(riempire)* aufladen ❷ *(fucile, pistola)* laden ❸ *(orologio)* aufziehen ❹ INET hochladen, uploaden ❺ FOTO einen Film einlegen in +*akk* ❻ SPORT behindern ❼ *(fig)* **~ di qc** mit etw belasten; **~ qu di qc** jdm etw aufbürden; **~ la dose** das Maß steigern, eins obendrauf setzen; **~ il prezzo di qc** den Grundpreis von etw erhöhen **II.** *vr* **-rsi** *(di peso, cibo)* **-rsi di qc** sich mit etw belasten; **-rsi per una gara** sich für einen Wettkampf fit machen
caricato, **-a** [kari'ka:to] *agg (pej)* affektiert; **modi -i** affektiertes Getue
caricatore [karika'to:re] *m* ❶ MIL, FOTO, FILM Magazin *nt;* **~ CD** CD-Wechsler *m* ❷ *(operaio)* Ladearbeiter *m,* Auflader *m,* Verlader *m*
caricatore, **-trice** *agg* **piano ~** Laderampe *f;* **ponte ~** Ladebrücke *f*
caricatura [karika'tu:ra] *f* Karikatur *f;* **mettere in ~** karikieren; *(rendere ridicolo)* lächerlich machen
caricaturale [karikatu'ra:le] *agg* karikaturistisch
caricaturista [karikatu'rista] <-i *m,* -e *f*> *mf* Karikaturist(in) *m(f)*
carico ['ka:riko] <-chi> *m* ❶ *(di merce)* Verladung *f* ❷ *(quantità)* Ladung *f* ❸ NAUT Fracht *f* ❹ *(peso)* Last *f* ❺ EL Leistung *f,* Ladung *f* ❻ *(fig: onere)* Verantwortung *f,* Belastung *f;* **persone a ~** unterhaltsberechtigte Personen *fpl;* **avere la famiglia a ~** die Familie ernähren müssen; **a ~ di** zulasten [*o* zu Lasten] von ❼ FIN **~ fiscale** [*o* **tributario**] Steuerlast *f*
carico, **-a** <-chi, -che> *agg* ❶ *(carro, camion, nave)* beladen; **~ di qc** beladen mit etw ❷ *(persona)* bepackt ❸ *(fig: colmo)* überhäuft; **~ di onori** mit Ehren überhäuft ❹ *(pistola, batteria)* geladen; *(orologio, sveglia)* aufgezogen
carie ['ka:rie] <-> *f* Karies *f*
carillon [kari'jɔ̃] <-> *m* Glockenspiel *nt; (scatola armonica)* Spieldose *f*

C

carino, **-a** [ka'riːno] *agg* lieb; *(grazioso)* hübsch, nett
Carinzia [ka'rintsia] *f* Kärnten *nt*
cariogeno, **-a** [kario'dʒɛːno] *agg* MED kariogen, Karies verursachend
carisma [ka'rizma] <-i> *m* Charisma *nt*
carismatico, **-a** [karis'maːtiko] <-ci, -che> *agg* charismatisch
carità [kari'ta] <-> *f* ① *(compassione)* Mitleid *nt;* *(misericordia)* Barmherzigkeit *f;* REL Nächstenliebe *f* ② *(elemosina)* Almosen *nt;* **chiedere la ~** um Almosen bitten ③ *(favore)* Gefallen *m;* **fammi la ~ di spegnere la radio** *(fam)* tu mir den Gefallen und mach das Radio aus; **per ~!** *(fam)* um Himmels willen!
caritatevole [karita'teːvole] *agg* barmherzig; *(benefico)* mildtätig, wohltätig
carlona [kar'loːna] *f* **alla ~** *(fam)* schlampig, schlud[e]rig
carmelitano, **-a** [karmeli'taːno] **I.** *agg* Karmeliter- **II.** *m, f* Karmeliter(in) *m(f)*
carminio [kar'miːnio] <-i> *m* Karmesin *nt,* Karmin[rot] *nt*
carnagione [karna'dʒoːne] *f* Teint *m,* Hautfarbe *f*
carnaio [kar'naːio] <-ai> *m* ① *(fig, pej: folla compatta)* Gedränge *nt;* *(spiaggia)* Fleischmassen *fpl* ② *(di macello)* Fleischlager *nt*
carnale [kar'naːle] *agg* ① *(sensuale)* sinnlich; *(piaceri, peccato)* Fleisches-, fleischlich; **violenza ~** Notzucht *f* ② *(fratello, cugino)* blutsverwandt
carnalità [karnali'ta] <-> *f* Sinnlichkeit *f*
carnato [kar'naːto] *m* frische Hautfarbe
carne ['karne] *f* Fleisch *nt;* *(di frutta)* Fruchtfleisch *nt;* **~ bianca** helles Fleisch; **~ rossa** dunkles Fleisch; **~ tritata** Hackfleisch *nt;* **~ viva** rohes Fleisch; **~ in scatola** Dosenfleisch *nt;* **essere bene in ~** gut genährt sein; **in ~ ed ossa** leibhaftig; **non essere né ~ né pesce** *(fig)* weder Fisch noch Fleisch sein; **mettere troppa ~ al fuoco** *(fig)* sich zu viel vornehmen; **peccati della ~** Fleischessünden *fpl*
carnefice [kar'neːfitʃe] *m* ① *(boia)* Henker *m* ② *(fig: tiranno)* Tyrann *m;* *(tormentatore)* Menschenschinder *m*
carneficina [karnefi'tʃiːna] *f* Blutbad *nt;* *(tortura)* Marter *f,* Folter[ung] *f*
carnet [kar'nɛ] <-> *m* Notizbuch *nt;* **~ di ballo** Tanzkarte *f;* **~ di assegni** Scheckheft *nt*
carnevalata [karneva'laːta] *f* Karnevalstreiben *nt*
carnevale [karne'vaːle] *m* ① *(periodo festivo)* Karneval *m,* Fastnacht *f;* **veglione di ~** Faschingsball *m;* **a** [*o* **di**] **~ ogni scherzo vale** *(prov)* im Karneval herrscht Narrenfreiheit ② *(fig: tempo di baldorie)* Freudenfest *nt*
carnevalesco, **-a** [karneva'lesko] <-schi, -sche> *agg* Karnevals-, karnevalistisch
carniere [kar'niɛːre] *m* Jagdtasche *f*
carnivori [kar'niːvori] *mpl* Fleischfresser *mpl*
carnivoro, **-a** [kar'niːvoro] *agg* Fleisch fressend
carnosità [karnosi'ta] <-> *f* ① MED wildes Fleisch ② *(fig: pienezza di un frutto)* Fleischigkeit *f* ③ *(fig: morbidezza)* Weichheit *f,* Zartheit *f*
carnoso, **-a** [kar'noːso] *agg* fleischig
caro, **-a** ['kaːro] **I.** *agg* ① *(a cui si vuol bene)* lieb; *(amabile)* liebenswert; *(gentile)* nett; [**tanti**] **-i saluti** [viele] liebe Grüße; **tenersi ~ qu** eine Freundschaft mit jdm pflegen; **sono stati molto -i con me** sie waren sehr nett zu mir; **questo quadro mi è molto ~** ich hänge sehr an diesem Bild ② *(costoso)* teuer; **pagare qc a ~ prezzo** *(a. fig)* etw teuer bezahlen **II.** *avv* teuer; **pagare ~ qc** etw teuer bezahlen; **devi pagarla -a** *(fam)* das wird dich teuer zu stehen kommen **III.** *m, f* Liebe(r) *f(m),* Liebste(r) *f(m)*
carogna [ka'roɲɲa] *f* ① ZOO Aas *nt* ② *(fig, pej: persona vile)* Aas *nt fam,* Ekel *nt*
carognata [karoɲ'ɲaːta] *f* *(fam)* Niederträchtigkeit *f,* Gemeinheit *f*
carola [ka'rɔːla] *f* Reigen *m*
carosello [karo'zɛllo] *m* *(per bambini)* Karussell *nt,* Ringelspiel *nt* A
carota [ka'rɔːta] *f* ① BOT Karotte *f,* Möhre *f;* **pel di ~** *(fig fam)* Rotschopf *m* ② *(fig fam: menzogna)* Schwindel *m,* Lüge *f*
carotaggio [karo'taddʒo] <-ggi> *m* MIN Kernbohrung *f,* -bohren *nt*
carotare [karo'taːre] **I.** *vt* MIN eine Kernbohrung durchführen **II.** *vi* *(fam: raccontare bugie, mentire)* flunkern
carotatrice [karota'triːtʃe] *f* MIN Kernbohrer *m*
carotene [karo'tɛːne] *m* Karotin *nt*
carotide [ka'rɔːtide] *f* Halsschlagader *f*
carovana [karo'vaːna] *f* Karawane *f*
carovaniere [karova'niɛːre] *m* Karawanenführer *m*
carovaniero, **-a** [karova'niɛːro] *agg* Karawanen-
carovita [karo'viːta] <-> *m* Teuerung *f;* **indennità di ~** Teuerungszulage *f*
carpa ['karpa] *f* Karpfen *m*
carpenteria [karpente'riːa] <-ie> *f* ① *(tecnica)* Zimmermannsarbeit *f,* Zimmermannhandwerk *nt* ② *(reparto)* [Bau]tischlerei *f*

carpentiere [karpen'tiɛːre] *m* Zimmermann *m*
carpire [kar'piːre] <carpisco> *vt* *(con frode)* ergaunern; *(con violenza)* entreißen; *(segreto)* entlocken; ~ **qc a qu** jdm etw entreißen
carpo ['karpo] *m* Handwurzel *f*
carponi [kar'poːni] *avv* auf allen vieren
carrabile [kar'raːbile] *agg* befahrbar; **passo** ~ Ein-/Ausfahrt *f*
carraio, -a [kar'raːio] <-ai, -aie> *agg* Fahr-
carré [ka're] <-> *m* ① *(di abito)* Passe *f* ② GASTR Rippenstück *nt;* **pan** ~ Toastbrot *nt*
carreggiata [karred'dʒaːta] *f* ① MOT [Fahr]bahn *f* ② MOT *(di veicolo)* Spurweite *f* ③ *(fig: retta via)* rechte Bahn; **uscir di** ~ *(fig)* von der rechten Bahn abkommen; **rimettere qu in** ~ *(fig)* jdn wieder auf die rechte Bahn bringen
carrellabile [karrel'laːbile] *agg* beförderbar
carrellare [karrel'laːre] *vi* FILM, TV eine Fahraufnahme machen
carrellata [karrel'laːta] *f* Fahraufnahme *f,* Kamerafahrt *f*
carrellista [karrel'lista] <-i *m,* -e *f*> *mf* ① *(venditore di cibi, bevande e giornali)* Verkäufer(in) *m(f)* mit einem Rollwagen ② *(operaio addetto ai carrelli cinematografici)* Bediener(in) *m(f)* des Fahrstativs
carrello [kar'rɛllo] *m* ① *(per trasporto)* Wagen *m; (al supermercato)* Einkaufswagen *m* ② TEC Schlitten *m,* Rollgestell *nt;* AERO Fahrwerk *nt; (della macchina da scrivere)* Schlitten *m;* FILM Kamerawagen *m* ③ *(per cibi e bevande)* Teewagen *m,* Servierwagen *m* ④ MIN Hund *m,* Förderwagen *m*
carretta [kar'retta] *f (fig, pej)* Karre *f,* Karren *m;* ~ **del mare** Wrack *nt;* **tirare la** ~ *(fig)* sich abplagen, sich abrackern *fam*
carrettata [karret'taːta] *f* [Wagen]ladung *f,* Fuhre *f*
carrettiere [karret'tiɛːre] *m* ① *(addetto al trasporto)* Fuhrmann *m* ② *(fig, pej: uomo volgare)* Rüpel *m,* Flegel *m*
carretto [kar'retto] *m* Karren *m; (a mano)* Handwagen *m,* -karren *m*
carriera [kar'riɛːra] *f* ① *(professione, direzione di lavoro)* Beruf *m,* Laufbahn *f; (l'affermarsi nella vita professionale)* Karriere *f,* Aufstieg *m;* **far** ~ Karriere machen; **sbagliare** ~ den falschen Beruf ergreifen ② *(corsa)* Lauf *m; (del cavallo)* gestreckter Galopp, Karriere *f*
carrierismo [karrie'rizmo] *m* Karrierismus *m*
carrierista [karrie'rista] <-i *m,* -e *f*> *mf* Karrieremacher(in) *m(f),* Karrierist(in) *m(f); (donna)* Karrierefrau *f*
carriola [karri'ɔːla] *f* Schubkarren *m; (carretto a mano)* Handwagen *m*
carrista [kar'rista] <-i> *m* Panzergrenadier *m*
carro ['karro] *m* Wagen *m;* FERR Waggon *m;* ~ **armato** Panzer *m;* ~ **attrezzi** Abschleppwagen *m;* ~ **bestiame** Viehwaggon *m;* ~ **funebre** Leichenwagen *m;* ~ **merci** Güterwagen *m;* **il Gran/Piccolo Carro** ASTR der Große/Kleine Wagen; **mettere il** ~ **davanti** [*o* **innanzi**] **ai buoi** *(fig)* das Pferd am [*o* beim] Schwanz aufzäumen
carroccio [kar'rɔtʃo] <-cci> *m* Fahnenwagen *m*
carrozza [kar'rɔttsa] *f* ① *(vettura)* Kutsche *f* ② FERR Eisenbahnwagen *m;* ~ **ristorante** Speisewagen *m;* **signori, in** ~**!** alles einsteigen!
carrozzabile [karrot'tsaːbile] **I.** *agg* befahrbar **II.** *f* befahrbare Straße
carrozzella [karrot'tsɛlla] *f* ① *(per bambini)* Kinderwagen *m* ② MED Rollstuhl *m*
carrozzeria [karrottse'riːa] <-ie> *f* ① MOT Karosserie *f* ② *(officina)* [Karosserie]werkstatt *f*
carrozziere [karrot'tsiɛːre] *m* Autoschlosser *m*
carrozzina [karrot'tsiːna] *f* Kinderwagen *m*
carrozzino [karrot'tsiːno] *m* ① *(piccola carrozza)* *eleganter zweirädriger, zweisitziger Einspänner* ② *(side-car)* Beiwagen *m*
carrozzone [karrot'tsoːne] *m* Zirkuswagen *m*
carruba [kar'ruːba] *f* Johannisbrot *nt*
carrubo [kar'ruːbo] *m* Johannisbrotbaum *m*
carrucola [kar'ruːkola] *f* Flaschenzug *m*
carsico, -a ['karsiko] <-ci, -che> *agg* karstig
carta ['karta] *f* ① *(materiale)* Papier *nt;* ~ **da lettere** Briefpapier; ~ **millimetrata** Millimeterpapier; ~ **assorbente** Löschpapier; *(da cucina)* Küchenpapier; ~ **oleata** Butterbrotpapier; ~ **igienica** Toilettenpapier; ~ **vetrata** Schmirgelpapier ② JUR, ADM Papiere *ntpl;* ~ **d'identità** Personalausweis *m;* ~ **d'imbarco** Bordkarte *f;* ~ **di soggiorno** JUR Aufenthaltserlaubnis *f;* ~ **bancomat** EC-Karte *f;* ~ **di credito** Kreditkarte *f;* ~ **telefonica** Telefonkarte; ~ **fedeltà** Kundenkarte, Bonuskarte; ~ **costituzionale** Verfassungs[urkunde] *f;* **la** ~ **delle Nazioni Unite** die Charta der Vereinten Nationen; **avere le -e in regola** seine Papiere in Ordnung haben; *(fig)* qualifiziert sein; **dare** ~ **bianca a qu** *(fig)* jdm freie

C

Hand lassen ③ *(geografica)* [Land]karte *f;* *(pianta)* Plan *m;* ~ **stradale** Straßenkarte *f* ④ GASTR [Speise]karte *f;* **mangiare alla** ~ à la carte essen ⑤ *(da gioco)* Spielkarte *f;* **giocare a -e** Karten spielen; **giocare a -e scoperte** *(fig)* mit offenen Karten spielen; **giocare l'ultima** ~ *(fig)* den letzten Trumpf ausspielen; **mettere le -e in tavola** *(fig)* die Karten [offen] auf den Tisch legen; **chi è fortunato in amor non giochi a -e** *(prov)* Pech im Spiel, Glück in der Liebe; **cambiare le -e in tavola** *(fig)* die Situation zu seinen Gunsten verdrehen; **farsi fare le -e** sich *dat* die Karten legen lassen; **leggere le -e** aus den Karten lesen, [die] Karten legen

cartacarbone [kartakar'bo:ne] <cartecarbone> *f* Kohlepapier *nt*

cartaceo, -a [kar'ta:tʃeo] *agg* FIN Papier-; **circolazione -a** Notenumlauf *m;* **moneta -a** Papiergeld *nt*

cartamodello [kartamo'dɛllo] *m* Schnittmusterbogen *m*

cartamoneta [kartamo'ne:ta] *f* Papiergeld *nt*

cartapecora [karta'pɛ:kora] *f* Pergament *nt*

cartapesta [karta'pesta] *f* Pappmaschee *nt,* Pappmaché *nt*

cartario, -a [kar'ta:rio] <-i, -ie> *agg* Papier-

cartastraccia [kartas'trattʃa] <cartestracce> *f* Altpapier *nt*

cartata [kar'ta:ta] *f* Tüte [voll] *f,* Sackerl *nt* A; *(di prosciutto)* Lage *f*

cartecarbone *pl di* **cartacarbone**

carteggio [kar'teddʒo] <-ggi> *m* Briefsammlung *f;* *(corrispondenza)* Briefwechsel *m*

cartella [kar'tɛlla] *f* ① *(foglio)* Blatt *nt;* *(scheda)* Schein *m;* ~ **clinica** Krankenblatt *nt* ② TYP Manuskriptseite *f* ③ FIN Schatzanweisung *f;* ~ **delle tasse** Steuerbescheid *m;* ~ **fondiaria** Hypothekenpfandbrief *m* ④ *(custodia)* Mappe *f;* *(per la scuola)* Schultasche *f*

cartellinare [kartelli'na:re] *vt* ① *(munire di cartellino)* auspreisen ② SPORT *(reclutare, schedare)* rekrutieren, aufnehmen

cartellinatura [kartellina'tu:ra] *f* Kennzeichnung *f*

cartellino [kartel'li:no] *m* COM Schild[chen] *nt,* Etikett *nt;* *(targhetta)* Namensschild *nt;* ~ **dei prezzi** Preisschild *nt;* ~ **segnaletico** Fingerabdruckkarte *f;* ~ **orologio** Stechkarte *f;* ~ **giallo/rosso** SPORT Gelbe/Rote Karte

cartello [kar'tɛllo] *m* ① *(pubblicitario)* Plakat *nt;* *(avviso)* Anschlag *m;* ~ **pubblicitario** Werbeplakat *nt* ② COM Kartell *nt* ③ *(insegna)* Schild *nt;* ~ **stradale** [Straßen]verkehrsschild *nt*

cartellone [kartel'lo:ne] *m* ① *(per pubblicità)* Plakat *nt* ② *(della tombola)* Lottotafel *f* ③ *(programma)* Programm *nt;* THEAT Spielplan *m;* **tenere il** ~ *(fig)* sich lange auf dem Spielplan halten

cartellonista [kartello'nista] <-i *m,* -e *f*> *mf* Plakatmaler(in) *m(f)*

carter ['karter] <-> *m* Motorgehäuse *nt;* *(di bicicletta)* Kettenschutz *m;* *(dell'olio)* Ölschützer *m*

cartesiano, -a [karte'sia:no] *agg* MAT kartesianisch, kartesisch

cartestracce *pl di* **cartastraccia**

cartevalori, carte-valori [karteva'lo:ri] *fpl* Wertpapiere *ntpl*

cartiera [kar'tiɛ:ra] *f* Papierfabrik *f*

cartilagine [karti'la:dʒine] *f* Knorpel *m*

cartilaginoso, -a [kartiladʒi'no:so] *agg* knorp[e]lig

cartina [kar'ti:na] *f* ① *(per sigarette)* Zigarettenpapier *nt* ② CHEM *(di aghi)* Briefchen *nt* ③ *(geografica)* [Land]karte *f;* *(della città)* Stadtplan *m*

cartocciata [kartot'tʃa:ta] *f* Tüte [voll] *f,* Sackerl *nt* A

cartoccio [kar'tɔttʃo] <-cci> *m* ① *(involucro di carta)* Tüte *f,* Sackerl *nt* A ② *(contenuto)* Tüte [voll] *f,* Sackerl *nt* A ③ GASTR Folie *f;* **al** ~ in Folie [gebacken]

cartografa *f v.* **cartografo**

cartografia [kartogra'fi:a] *f* Kartografie *f*

cartografico, -a [karto'gra:fiko] <-ci, -che> *agg* kartografisch

cartografo, -a [kar'tɔ:grafo] *m, f* Kartograf(in) *m(f)*

cartolaio, -a [karto'la:io] <-ai, -aie> *m, f* Schreibwarenhändler(in) *m(f)*

cartoleria [kartole'ri:a] <-ie> *f* Schreibwarenhandlung *f*

cartolibrario, -a [kartoli'bra:rio] *agg* Buch- und Schreibwaren-

cartolibreria [kartolibre'ri:a] <-ie> *f* Buch- und Schreibwarenhandlung *f*

cartolina [karto'li:na] *f* Karte *f;* ~ **illustrata** Ansichtskarte *f;* ~ **postale** Postkarte *f;* ~ **precetto** [*o* **rosa** *(fam)*] Einberufungsbefehl *m*

cartomante [karto'mante] *mf* Kartenleger(in) *m(f)*

cartomanzia [kartoman'tsi:a] <-ie> *f* Kartenlegen *nt*

cartonaro [karto'na:ro] *m* *(fam)* Altkartonsammler *m*

cartoncino [karton'tʃi:no] *m* ① *(cartone leggero)* leichter Karton, Steifpapier *nt*

② *(biglietto)* Kärtchen *nt;* ~ **d'auguri** Glückwunschkarte *f,* Billet *nt* A
cartone [kar'to:ne] *m* ① *(carta consistente)* Pappe *f,* Karton *m* ② *(disegno)* Karton *m;* **i -i animati** [Zeichen]trickfilm *m*
cartongesso [karton'dʒɛsso] *m* Gipskarton *m;* **parete di ~** Wand *f* aus Gipskarton
cartonificio [kartoni'fitʃo] <-ci> *m* Kartonfabrik *f*
cartonista [karto'nista] <-i *m,* -e *f*> *mf* Trickfilmzeichner(in) *m(f)*
cartoon [ka:'tu:n] <-> *m* ① *(fumetto)* Cartoon *m,* Comicstrip *m* ② FILM Zeichentrick *m*
cartotecnica [karto'tɛknika] <-che> *f* *(tecnica)* Papierverarbeitung *f;* *(produzione)* Papierherstellung *f*
cartotecnico, -a [karto'tɛkniko] <-ci, -che> *agg* Papier verarbeitend
cartuccia [kar'tuttʃa] <-cce> *f* ① MIL Patrone *f;* *(artiglieria pesante)* Kartusche *f;* **sparare l'ultima ~** *(fig)* einen letzten Versuch machen; **essere una mezza ~** *(fig: di statura)* eine halbe Portion sein; *(valere poco)* nicht viel taugen ② *(di penna)* Patrone *f*
cartucciera [kartut'tʃɛ:ra] *f* Patronengurt *m*
casa ['ka:sa] *f* ① *(ambiente in cui si vive)* Haus *nt,* Zuhause *nt;* ~ **popolare** Siedlungshaus *nt;* *(abitazione sociale)* Sozialwohnung *f,* Gemeindewohnung *f* A; **a ~ mia** bei mir zu Hause; **andare a ~** nach Hause gehen; **essere a ~** zu Hause sein, daheim sein A; **essere fuori [di] ~** außer Haus sein; **uscire di ~** aus dem Haus gehen; **essere di ~ da qualche parte** *(fig)* irgendwo zu Hause sein; **cercare/trovare ~** eine Wohnung suchen/finden; **faccende** [*o* **lavori**] **di ~** Hausarbeit *f;* **spese di** [*o* **per la**] **~** Haushaltskosten *pl;* **mandare avanti la ~** *(fig)* den Haushalt führen; **mettere su ~** *(fig)* einen eigenen Hausstand gründen; **fatto in ~** GASTR hausgemacht; **fare gli onori di ~** die Gäste willkommen heißen; **passare di ~ in ~** von Haus zu Haus gehen; **~ mia, ~ mia, benché piccola tu sia, tu mi sembri una badia** *(prov),* **in ~ sua ciascuno è re** *(prov)* eigener Herd ist Goldes wert; **dalla ~ si riconosce il padrone** *(prov)* wie der Herr so's Gescherr ② *(istituto)* Heim *nt,* Anstalt *f;* ~ **di cura** Sanatorium *nt;* *(privata)* Privatkrankenhaus *nt,* -klinik *f;* ~ **di correzione** Besserungsanstalt *f;* ~ **di pena** Strafanstalt *f;* ~ **di ricovero** Pflegeheim *nt;* *(per anziani)* Altersheim *nt;* ~ **da gioco** Spielcasino *nt;* ~ **dello studente** Studentenwohnheim *nt;* ~ **chiusa** [*o* **di tolleranza**] Freudenhaus *nt* ③ COM Firma *f;* *(di vendita)* Handelshaus *nt;* ~ **automobilistica** Automobilhersteller *m;* ~ **editrice** Verlag *m,* Verlagshaus *nt* ④ POL [Herrscher]haus *nt;* **la Casa Bianca** das Weiße Haus ⑤ SPORT **giocare in/fuori ~** zu Hause/auswärts spielen
casacca [ka'zakka] <-cche> *f* Kasack *m*
casaccio [ka'zattʃo] *m* **a ~** *(pej)* unüberlegt, aufs Geratewohl
casa-famiglia ['ka:sa fa'miʎʎa] <case-famiglia> *f* Wohnheim *nt* der Jugendhilfe [*o* Jugendfürsorge]
casalasco, -a [kasa'lasko] <-chi, -che> **I.** *agg* aus Casale Monferrato stammend **II.** *m, f* *(nativo, abitante di Casale Monferrato)* Einwohner(in) *m(f)* von Casale Monferrato
casalinghi [kasa'liŋgi] *mpl* Haushaltswaren *fpl*
casalinghitudine [kasaliŋgi'tu:dine] *f* *(obs)* Gartenzwergidylle *f,* Hausfrauenmentalität *f*
casalingo, -a [kasa'liŋgo] <-ghi, -ghe> **I.** *agg* ① *(vita, persona)* häuslich ② GASTR hausgemacht; **pane ~** selbst gebackenes Brot; **alla -a** nach Hausfrauenart ③ SPORT Heim-; **incontro ~** Heimspiel *nt* **II.** *m, f* Hausmann *m*/Hausfrau *f*
casamatta [kasa'matta] <casematte> *f* Kasematte *f*
casamento [kasa'mento] *m* ① *(edificio)* [Wohn]block *m* ② *(persone)* Hausgemeinschaft *f*
casato [ka'sa:to] *m* ① *(cognome)* Familienname *m* ② *(stirpe)* Familie *f,* Geschlecht *nt*
cascadeur [kaska'dœ:r] <-> *m v.* **cascatore**
cascamorto [kaska'mɔrto] *m* *(fam)* Verehrer *m,* Schmachtlappen *m;* **fare il ~ a qu** *(fam)* jdn anschmachten
cascante [kas'kante] *agg* schlaff; *(debole)* schwach, kraftlos; *(guance, seno)* Hänge-
cascare [kas'ka:re] *vi essere* *(fam)* fallen; ~ **dalla fame/dal sonno** vor Hunger/Müdigkeit umfallen; ~ **bene/male** *(fig: di persona)* an den Richtigen/Falschen geraten; *(di cosa)* das Richtige/Falsche treffen; **far ~ qc dall'alto a qu** *(fig)* sich zu etw *dat* herablassen; **cascarci** darauf hereinfallen; **caschi pure il mondo, io ci vado!** und wenn der Himmel einstürzt, ich gehe hin!
cascata [kas'ka:ta] *f* ① *(fam: caduta)* Sturz *m,* Fall *m* ② GEOG Wasserfall *m*
cascatore, -trice [kaska'to:re] *m, f* Stuntman *m,* Stuntwoman *f*
cascina [kaʃ'ʃi:na] *f* *(fattoria)* Bauernhof *m;*

C

(caseificio) Meierei *f;* *(in montagna)* Sennerei *f*

cascinale [kaʃʃiˈnaːle] *m* Ansiedlung *f,* Weiler *m;* *(casolare)* Landhaus *nt*

casco[1] [ˈkasko] <-schi> *m* ① *(per il capo)* Helm *m;* **-schi blu** MIL Blauhelme *mpl;* **~ coloniale** Tropenhelm *m* ② *(per capelli)* [Trocken]haube *f*

casco[2] *agg inv* **assicurazione ~** Kaskoversicherung *f*

caseario, -a [kazeˈaːrio] <-i, -ie> *agg* Käse-, Molkerei-

caseggiato [kasedˈdʒaːto] *m* *(gruppo di case)* Siedlung *f;* *(singolo edificio)* Wohnhaus *nt,* Mietshaus *nt*

caseificazione [kazeifikatˈtsioːne] *f* Verkäsung *f*

caseificio [kazeiˈfiːtʃo] <-ci> *m* Käserei *f,* Molkerei *f*

caseina [kazeˈiːna] *f* Kasein *nt*

caseinico, -a [kazeˈiːniko] <-ci, -che> *agg* kaseinhaltig

casella [kaˈsɛlla] *f* ① *(di mobile)* Fach *nt;* **~ postale** Postfach *nt* ② *(di scacchiera)* Feld *nt* ③ *(di foglio)* Kästchen *nt;* *(di registro)* Rubrik *f* ④ INFORM Feld *nt;* **~ di dialogo** Dialogfeld *nt*

casellante [kaselˈlante] *mf* ① FERR Bahnwärter(in) *m(f)* ② MOT Mautner(in) *m(f)* A, Straßenwärter(in) *m(f)*

casellario [kaselˈlaːrio] <-i> *m* ① *(per documenti)* Aktenschrank *m* ② JUR **~ giudiziale** Strafregister *nt*

casello [kaˈsɛllo] *m* ① MOT Autobahnzahlstelle *f,* -häuschen *nt,* Mautstelle *f* A ② FERR Bahnwärterhäuschen *nt*

casematte *pl di* **casamatta**

casentino [kazenˈtiːno] *m* schwerer Wollstoff

casereccio, -a [kaseˈrettʃo] <-cci, -cce> *agg* hausgemacht

caserma [kaˈsɛrma *o* kaˈzɛrma] *f* Kaserne *f*

casermone [kazɛrˈmoːne] *m* [Miets]kaserne *f*

Caserta *f* Caserta *f (Stadt in Kampanien)*

casertano, -a I. *agg* aus Caserta stammend **II.** *m, f (abitante)* Einwohner(in) *m(f)* von Caserta

Casertano [kazerˈtaːno] *m sing* Umgebung *f* von Caserta

casetta [kaˈsɛtta] *f (tenda)* Hauszelt *nt*

casework [ˈkeisˈwəːk] <-> *m* Sozialarbeit *f*

cash [ˈkæʃ] <-> *m* Bargeld *nt,* Cash *fam;* **pagare in ~** bar bezahlen

cash-and-carry [ˈkæʃən(d)ˈkæri] <-> *m* COM cash and carry *m*

cash dispenser [ˈkæʃ diˈspensə *o* ˈkæʃ disˈpɛnser] <-> *m* Geldautomat *m*

cash flow [ˈkæʃ flou] <-> *m* FIN, COM *(flusso di cassa)* Kassenzufluss *m,* Cashflow *m*

cashmere [kæʃˈmiə] <-> *m v.* **cachemire**

casiere, -a [kaˈsiɛːre] *m, f* TOSC Hausmeister(in) *m(f),* Hausbesorger(in) *m(f)* A

casinista [kasiˈnista] <-i *m,* -e *f*> *mf (fam)* Chaot(in) *m(f)*

casino [kaˈsiːno] *m* ① *(fam: confusione)* Durcheinander *nt,* Drunter und Drüber *nt;* *(chiasso)* Krach *m* ② *(fam: casa di prostituzione)* Puff *m* ③ *(da caccia)* Jagdhütte *f*

casinò [kaziˈnɔ] <-> *m* [Spiel]casino *nt*

casistica [kaˈzistika] <-che> *f* Statistik *f*

casko *v.* **casco**

caso [ˈkaːzo] *m* ① *(avvenimento fortuito)* Zufall *m,* Fügung *f;* **per ~** durch Zufall, zufällig; **per puro ~** rein zufällig; **a ~** auf gut Glück, aufs Geratewohl; **la colpa è del ~** der Zufall hat es so gewollt ② *(ipotesi)* Fall *m,* Annahme *f;* **in** [*o* **nel**] **~ contrario** ander[e]nfalls, ansonsten; **in qualunque ~** in jedem Fall; **in tal ~** in diesem Fall; **in ogni ~** auf jeden Fall, jedenfalls; **in nessun ~** keinesfalls; **nel peggiore dei -i** schlimmstenfalls; **nel ~ che** [*o* **in cui**] **…** +*conj* für den Fall, dass …; **~ mai …** +*conj* falls …, für den Fall, dass …; **mettiamo** [*o* **poniamo**] **il ~ che …** +*conj* gesetzt den Fall, dass …; **si dà** [**il**] **~ che …** +*conj (accadere)* es kommt vor, dass …; *(cosa sicura)* Tatsache ist, dass …; **i -i sono due** es gibt zwei Möglichkeiten; **non è il ~** *(conveniente)* es lohnt sich nicht; *(opportuno)* es ist nicht angebracht; **in ~ di morte/malattia** im Todes-/Krankheitsfall ③ *(fatto)* Fall *m,* Ereignis *nt;* **~ limite** Grenzfall *m;* **il ~ Dreyfus** die Dreyfus-Affäre; **un ~ disperato** ein aussichtsloser Fall; **i -i propri** die eigenen Angelegenheiten ④ LING Fall *m,* Kasus *m*

casolare [kasoˈlaːre] *m* abgelegenes Haus

casomai [kazoˈmaːi], **caso mai** [ˈkaːzo ˈmaːi] *cong* +*conj* falls, für den Fall; *(eventualmente)* eventuell, gegebenenfalls

casotto [kaˈsɔtto] *m* ① *(fam: casa di prostituzione)* Puff *m* ② *(vulg: baccano, confusione)* Heidenlärm *m fam,* Drunter und Drüber *nt fam* ③ *(piccola casa)* Häuschen *nt;* *(di fiera, mercati)* Bude *f*

caspita [ˈkaspita] *int (fam)* Donnerwetter; **ma che ~ vuoi!** *(fam)* zum Donnerwetter, was willst du [denn]?

cassa [ˈkassa] *f* ① *(recipiente)* Kiste *f,* Kasten *m;* **~ acustica** Lautsprecherbox *f;* **~ da morto** Sarg *m* ② TEC *(dell'orologio)* Gehäuse *nt* ③ COM, FIN Kasse *f,* Kassa *f* A; **~ di risparmio** Sparkasse *f;* **~ integrazione** Lohnausgleichskasse *f;* **~ malattia** Krankenkasse *f;* **registratore di ~** Registrier-

kasse *f;* **batter ~** *(fam)* Geld verlangen; **pagare** [**a**] **pronta ~** bar zahlen ④ ANAT **~ toracica** Brustkasten *m*
cassaforte [kassa'fɔrte] <casseforti> *f* Safe *m,* Geldschrank *m*
cassaintegrato, -a [kassainte'gra:to] *v.* **cassintegrato**
Cassandra [kas'sandra] *f* Kassandra *f;* **fare la ~** unken
cassapanca [kassa'paŋka] <-che *o* cassepanche> *f* Sitztruhe *f*
cassata [kas'sa:ta] *f* Cassata *f (Eis mit kandierten Früchten, sizil. Quarktorte mit Schokolade und kandierten Früchten)*
cassazione [kassat'tsio:ne] *f* Berufung *f; (annullamento)* Aufhebung *f;* **Corte di Cassazione** ≈ [Bundes]gerichtshof *m*
casse [kas] <- *o* casses> *f* TEC *(vino)* Änderung *f* der Farbe
casseforti *pl di* **cassaforte**
cassepanche *pl di* **cassapanca**
cassero ['kassero] *m* Aufbaudeck *nt*
casseruola [kasse'ruɔ:la] *f* Kasserolle *f,* Schmortopf *m*
cassetta [kas'setta] *f* ① *(piccola cassa,* TEC Kasten *m;* **~ delle lettere** Briefkasten *m;* **~ postale elettronica** INFORM Mailbox *f;* **~ di distribuzione** Verteilerkasten *m;* **~ di sicurezza** Schließfach *nt* ② *(di registratore, video)* Kassette *f;* **film di ~** kommerzieller Film ③ *(di carrozza)* [Kutsch]bock *m*
cassetto [kas'setto] *m* Schublade *f*
cassettone [kasset'to:ne] *m* ① *(mobile)* Kommode *f* ② ARCH Kassette *f;* **soffitto a -i** Kassettendecke *f*
cassiere, -a [kas'siɛ:re] *m, f* Kassierer(in) *m(f),* Kassier A
cassintegrato, -a [kassinte'gra:to] **I.** *m, f* Kurzarbeiter(in) *m(f)* **II.** *agg* Kurzarbeit-; **operaio** [*o* **lavoratore**] **~** Kurzarbeiter *m*
cassone [kas'so:ne] *m* ① *(grande cassa)* große Kiste ② *(mobile)* große Truhe
cassonetto [kasso'netto] *m* Müllcontainer *m*
cast [ka:st] <-> *m* Besetzung *f*
casta ['kasta] *f* Kaste *f*
castagna [kas'taɲɲa] *f* Kastanie *f;* **prendere qu in ~** *(fig)* jdn auf frischer Tat ertappen
castagnaccio [kas'taɲ'ɲattʃo] <-cci> *m* *Kuchen aus Maronenmehl*
castagnata [kasta'ɲɲa:ta] *f* gemeinsames Kastanienessen *(meist auf Straßen- und Volksfesten)*
castagneto [kas'taɲ'ɲe:to] *m* Kastanienwald *m*
castagnetta [kastaɲ'ɲetta] *f* ① *(petardo)* Knallkörper *m* ② *pl* MUS Kastagnetten *fpl*
castagno [kas'taɲɲo] *m* Kastanie *f,* Kastanienbaum *m*
castagnola [kastaɲ'ɲɔ:la] *f* ① *(petardo)* Knallkörper *m* ② GASTR kleiner Krapfen
castaldo [kas'taldo] *m* ① AGR Gutsverwalter *m* ② HIST Statthalter *m*
castano, -a [kas'ta:no] *agg* kastanienbraun
castellano [kastel'la:no] *m* Kastellan *m*
castelletto [kastel'letto] *m* ① *(piccolo castello)* kleine Burg ② *(edilizia)* Gerüst *nt* ③ FIN [Überziehungs]kredit *m*
castello [kas'tɛllo] *m* ① *(gener)* Burg *f,* Schloss *nt;* **fare -i in aria** *(fig)* Luftschlösser bauen ② *(impalcatura)* Gerüst *nt;* NAUT Aufbauten *mpl;* **letto a ~** Etagenbett *nt*
castigamatti [kastiga'matti] <-> *m* ① *(fig, scherz: persona)* Zuchtmeister *m* ② *(bastone)* [Zucht]rute *f*
castigare [kasti'ga:re] *vt* ① *(punire)* bestrafen ② *(correggere)* korrigieren, verbessern
castigatezza [kastiga'tettsa] *f* Untadeligkeit *f,* Korrektheit *f; (purezza)* Reinheit *f*
castigato, -a [kasti'ga:to] *agg (costumi, vita)* untadelig, korrekt; *(lingua)* rein; *(stile)* gepflegt
castigatoia [kastiga'to:ia] <-ie> *f (poet) v.* **castigo**
castigo [kas'ti:go] <-ghi> *m* Strafe *f;* **essere in ~** *(fam)* in der Ecke stehen; **mettere qn in ~** *(fam)* jdn in die Ecke stellen
casting ['ka:stiŋ] <-> *m* FILM, TV Casting *nt;* **ultimare il ~** die Rollenverteilung festlegen
castità [kasti'ta] <-> *f* Keuschheit *f;* **cintura di ~** Keuschheitsgürtel *m;* **fare voto di ~** das Keuschheitsgelübde ablegen
casto, -a ['kasto] *agg* keusch
castone [kas'to:ne] *m* Fassung *f*
castorino [kasto'ri:no] *m* ① *(pelliccia)* Nutria *m,* Nutriafell *nt* ② ZOO Nutria *f,* Biberratte *f*
castoro [kas'tɔ:ro] *m* ① ZOO Biber *m* ② *(pelliccia)* Biberpelz *m*
castrante [kas'trante] *agg (fig)* frustrierend
castrare [kas'tra:re] *vt (animale, uomo)* kastrieren
castrato [kas'tra:to] *m* ① ZOO kastriertes Tier ② GASTR Hammelfleisch *nt,* Schöpserne *nt* A ③ *(cantante evirato)* Kastrat *m*
castrato, -a *agg* kastriert
castratore [kastra'to:re] *m* ① *(chi castra)* Kastrierer *m* ② *(fig, pej: censore)* strenger Zensor
castrazione [kastrat'tsio:ne] *f* Kastration *f*
castronaggine [kastro'naddʒine] *f (fam)* Blödsinn *m*
castroneria [kastrone'ri:a] <-ie> *f (fam)* Riesendummheit *f*

C

casual ['kæʒuəl] **I.** *agg inv* leger; **abbigliamento ~** Freizeitkleidung *f* **II.** *avv* leger, salopp; **vestirsi ~** sich leger und bequem kleiden **III.** *m* <-> legere Kleidung *f*, Freizeitmode *f*; **il ~ va sempre di moda** Freizeitmode ist zeitlos

casuale [kazu'aːle] *agg* ① *(dovuto al caso)* zufällig ② LING Deklinations-, Kasus-

casualità [cazuali'ta] <-> *f* Zufälligkeit *f*

casualizzare [kazualid'dzaːre] *vt* etw dem Zufall zuschreiben, etw als Schicksal deuten

casupola [ka'suːpola] *f* Hütte *f*

cataclisma [kata'klizma] <-i> *m* ① *(calamità naturale)* Naturkatastrophe *f* ② *(fig: sovvertimento)* Umwälzung *f*

catacomba [kata'komba] *f* Katakombe *f*

catafalco [kata'falko] <-chi> *m* Katafalk *m*

catafascio [kata'faʃʃo] *m* **a ~** durcheinander; **andare a ~** durcheinandergeraten; *(in rovina)* verfallen; *(rapporto)* in die Brüche gehen; **mandare a ~** durcheinanderbringen; *(in rovina)* dem Verfall preisgeben

catalisi [ka'taːlizi] <-> *f* CHEM Katalyse *f*

catalitico, **-a** [kata'liːtiko] <-ci, -che> *agg* MOT katalytisch, Katalysator-; **marmitta -a** Katalysator *m*

catalizzare [katalid'dzaːre] *vt* ① CHEM katalysieren ② *(fig: accelerare)* beschleunigen; *(attirare)* anziehen

catalizzato, **-a** [katalid'dzaːto] *agg* MOT *(dotato di catalizzatore)* mit Katalysator, mit Kat *fam*

catalizzatore [kataliddza'toːre] *m* MOT Katalysator *m*

catalogare [katalo'gaːre] *vt* katalogisieren

catalogo [ka'taːlogo] <-ghi> *m* ① *(di libri, oggetti)* Katalog *m*, Verzeichnis *nt* ② *(fig: elencazione)* Katalog *m*, Aufzählung *f*

catalografico, **-a** [katalo'graːfiko] <-ci, -che> *agg* TYP katalografisch

catanese [kata'neːse] **I.** *agg* aus Catania stammend **II.** *mf* *(abitante)* Einwohner(in) *m(f)* von Catania

Catanese *m sing* Umgebung *f* von Catania

Catania *f* Catania *nt* *(Stadt in Sizilien)*

catanzarese [katantsa'reːse] **I.** *agg* aus Catanzaro **II.** *mf* *(abitante)* Einwohner(in) *m(f)* von Catanzaro

Catanzarese *m sing* Umgebung *f* von Catanzaro

Catanzaro *f* Catanzaro *nt* *(Hauptstadt Kalabriens)*

catapecchia [kata'pekkia] <-cchie> *f* Bruchbude *f fam*

cataplasma [kata'plazma] <-i> *m* Wickel *m*, Packung *f*

catapulta [kata'pulta] *f* Katapult *nt o m*

catapultare [katapul'taːre] *vt* schleudern, katapultieren

cataratta [kata'ratta] *v.* **cateratta**

catarifrangente [katarifran'dʒɛnte] *m* Rückstrahler *m*, Katzenauge *nt fam*

catarro [ka'tarro] *m* Katarrh *m*

catasta [ka'tasta] *f* Stapel *m*, Stoß *m*; *(mucchio, a. fig)* Haufen *m*

catasto [ka'tasto] *m* ① *(registro)* Kataster *m o nt* ② *(ufficio)* Katasteramt *nt*

catastrofale [katastro'faːle] *agg* Katastrophen-

catastrofe [ka'tastrofe] *f* Katastrophe *f*; **~ ecologica** Umweltkatastrophe *f*

catastrofico, **-a** [katas'trɔːfiko] <-ci, -che> *agg* katastrophal

catastrofismo [katastro'fizmo] *m sing* ① SCIENT Katastrophentheorie *f* ② *(esagerato pessimismo)* Schwarzseherei *f*, Schwarzmalerei *f*

catastrofista [katastro'fista] <-i *m*, -e *f*> *mf* Schwarzseher(in) *m(f)*, Schwarzmaler(in) *m(f)*

catastrofistico, **-a** [katastro'fistiko] <-ci, -che> *agg* ① SCIENT katastrophentheoretisch ② *(pessimistico)* schwarzseherisch, schwarzmalerisch

catch [kætʃ] <-> *m* Catch *nt*

catcher ['kɛttʃer] <-> *m* *(nel baseball)* Fänger(in) *m(f)*, Catcher(in) *m(f)*

catechesi [kate'kɛːzi] <-> *f* Religionsunterricht *m*, Katechese *f*

catechismo [kate'kizmo] *m* Katechismus *m*

catechizzare [katekid'dzaːre] *vt* in Religion unterrichten; *(fig)* indoktrinieren

categoria [katego'riːa] <-ie> *f* Kategorie *f*; **~ a rischio** Risikogruppe *f*; **~ di prezzo** Preisklasse *f*; **~ di reddito** Einkommensklasse *f*

categorico, **-a** [kate'gɔːriko] <-ci, -che> *agg* kategorisch

categorizzare [kategorid'dzaːre] *vt* eingruppieren, kategorisieren *geh*

catena [ka'teːna] *f* Kette *f*; **~ di alberghi** Hotelkette *f*; **~ di negozi** Ladenkette *f*; **~ di montaggio** [*o* **di lavorazione**] Fließband *nt*; **~ cinematica** Antriebsstrang *m*; **~ di trasmissione** Antriebskette *f*; **reazione a ~** Kettenreaktion *f*; **una ~ di avvenimenti** *(fig)* eine Kette von Ereignissen

catenaccio [kate'nattʃo] <-cci> *m* Riegel *m*

catenella [kate'nɛlla] *f* Kettchen *nt*; **punto ~** Kettenstich *m*

cateratta [kate'ratta] *f* ① MED grauer Star ② GEOG Stromschnelle *f*, Katarakt *m* ③ *(chiusa)* Schleuse *f*

catering ['keitəriŋ] <-> *m* Catering *nt*

caterpillar® [kater'pillar] <-> *m* Raupenschlepper *m,* Caterpillar *m*

caterva [ka'tɛrva] *f* Haufen *m*

catetere [kate'tɛ:re] *m* Katheter *m*

cateto [ka'tɛ:to] *m* Kathete *f*

catinella [kati'nɛlla] *f* Waschschüssel *f;* **piove a -e** es schüttet, es gießt

catino [ka'ti:no] *m (recipiente)* Schüssel *f; (quantità)* Schüssel [voll] *f*

catodico, -a [ka'tɔ:diko] <-ci, -che> *agg* Kathoden-

catodo ['ka:todo] *m* Kathode *f*

catorcio [ka'tɔrtʃo] <-ci> *m (fam pej: oggetto)* Schrott *m; (veicolo)* Schrottkiste *f*

catramare [katra'ma:re] *vt* teeren

catrame [ka'tra:me] *m* Teer *m*

cattedra ['kattedra] *f* ① *(di scuola)* Katheder *nt,* Pult *nt;* **stare in ~** *(fig, scherz)* dozieren ② *(all'università)* Lehrstuhl *m* ③ REL Stuhl *m*

cattedrale [katte'dra:le] **I.** *f* Kathedrale *f* **II.** *agg* Kathedral-

cattedratico, -a [katte'dra:tiko] <-ci, -che> **I.** *agg* professoral **II.** *m, f* Lehrstuhlinhaber(in) *m(f)*

cattiva *f v.* **cattivo**

cattivarsi [katti'varsi] *vr* sich *dat* sichern, gewinnen

cattiveria [katti'vɛ:ria] <-ie> *f* Bosheit *f,* Boshaftigkeit *f*

cattività [kattivi'ta] <-> *f (poet)* Gefangenschaft *f*

cattivo [kat'ti:vo] *m* ① *(parte cattiva)* Schlechte(s) *nt; (immangiabile, imbevibile)* Ungenießbare(s) *nt* ② METEO schlechtes Wetter

cattivo, -a <più cattivo *o* peggiore, cattivissimo *o* pessimo> **I.** *agg* ① *(persona)* böse, schlecht ② *(cosa, tempo, aria)* schlecht; **essere di ~ umore** schlechte Laune haben; **essere in ~ stato** in einem schlechten Zustand sein; **fa ~ tempo** das Wetter ist schlecht; **essere** [*o* **navigare**] **in -e acque** *(fig)* sich in einer üblen Lage befinden **II.** *m, f (persona)* Böse(r) *f(m);* **fare il ~** unartig sein

cattocomunista [kattokomu'nista] <-i *m,* -e *f*> *mf* Katholik(in) *m(f)* und Wähler(in) *m(f)* [*o* aktives Mitglied] einer kommunistischen Partei

cattolica *f v.* **cattolico**

cattolicesimo [kattoli'tʃe:zimo] *m* Katholizismus *m*

cattolicità [kattolitʃi'ta] <-> *f* Katholizität *f*

cattolicizzare [kattolitʃid'dza:re] *vt* jdn zum Katholizismus bekehren, jdn für den Katholizismus gewinnen

cattolico, -a [kat'tɔ:liko] <-ci, -che> **I.** *agg* katholisch **II.** *m, f* Katholik(in) *m(f)*

cattura [kat'tu:ra] *f* ① JUR Festnahme *f,* Ergreifung *f; (come prigioniero)* Festnahme *f;* **mandato** [*o* **ordine**] **di ~** Haftbefehl *m* ② *(di animale)* Fang *m*

catturare [kattu'ra:re] *vt* ① *(persona)* fangen, ergreifen; *(fare prigioniero)* gefangen nehmen ② *(animale)* fangen

caucciù [kaut'tʃu] <-> *m* Kautschuk *nt*

caudale [kau'da:le] *agg* Schwanz-; **pinna ~** Schwanzflosse *f*

caudato, -a [kau'da:to] *agg* mit [einem] Schwanz [versehen]; **stella -a** Komet *m,* Schweifstern *m*

caudiforme [kaudi'forme] *agg* schweifartig

caudino, -a [kau'di:no] *agg* **passare le forche -e** Spießruten laufen

caule ['ka:ule] *m* Stiel *m,* Stängel *m*

causa ['ka:uza] *f* ① *(origine)* Ursache *f,* Grund *m;* **~ ed effetto** Ursache und Wirkung; **essere ~ di qc** die Ursache für etw sein ② JUR Klage *f; (processo)* Prozess *m;* **~ civile** Zivilklage *f;* **~ penale** Strafverfahren *nt;* **far ~ a qu** jdn gerichtlich belangen; **fare** [*o* **muovere**] **~** klagen ③ *(fig)* POL, COM, SOC, REL Sache *f;* **fare ~ comune** gemeinsame Sache machen; **perorare una ~** für etw eintreten ④ *(motivo)* Anlass *m;* **a** [*o* **per**] **~ di qc** aufgrund einer Sache *gen*

causale [kau'za:le] **I.** *agg* kausal, ursächlich **II.** *f* ① LING Kausalsatz *m* ② JUR *(di un delitto)* [Beweg]grund *m,* Ursache *f* ③ COM *(di un pagamento)* Verwendungszweck *m*

causalità [kauzali'ta] <-> *f* Kausalität *f,* Ursächlichkeit *f*

causare [kau'za:re] *vt* verursachen

causativo, -a [kauza'ti:vo] *agg* LING kausativ; **verbo ~** Kausativ *nt*

causerie [ko'zri] <causeries> *f* Smalltalk *m,* Plauderei *f*

caustico, -a ['ka:ustiko] <-ci, -che> *agg* ① CHEM ätzend, kaustisch ② *(fig: mordace)* beißend, scharf, raß A

cautela [kau'tɛ:la] *f* Vorsicht *f,* Umsicht *f*

cautelare[1] [kaute'la:re] *agg* Vorsichts-, Sicherheits-

cautelare[2] **I.** *vt* [ab]sichern, sicherstellen **II.** *vr* **-rsi: -rsi contro** [*o* **da**] **qc** *(assicurarsi)* sich gegen etw absichern; **-rsi da qc** *(proteggersi)* sich vor etw *dat* schützen

cauterizzare [kauterid'dza:re] *vt* ätzen, kauterisieren

cauterizzazione [kauteriddzat'tsio:ne] *f* Ätzung *f,* Kauterisation *f*

cauto, -a ['ka:uto] *agg* vorsichtig, umsichtig

cauzionale [kauttsio'na:le] *agg* Kautions-

C

C

cauzione [kaut'tsio:ne] *f* Kaution *f*
Cav. *abbr di* **Cavaliere** *Träger eines Verdienstordens*
cava ['ka:va] *f* Grube *f; (di pietre)* Steinbruch *m; (fig)* Fundgrube *f*
cavadenti [kava'dɛnti] <-> *mf (pej)* Zahnklempner(in) *m(f) fam*
cavafrutti [kava'frutti] <-> *m* Gemüseschneider *m*
cavalcare [kaval'ka:re] **I.** *vt* ① *(cavallo, asino)* reiten [auf +*dat*]; *(montare)* aufsteigen auf +*akk* ② *(muretto)* besteigen **II.** *vi* reiten
cavalcata [kaval'ka:ta] *f* Ritt *m*
cavalcatore, -trice [kavalka'to:re] *m, f* Reiter(in) *m(f)*
cavalcavia [kavalka'vi:a] <-> *m (ponte)* Überführung *f*
cavalcioni [kaval'tʃo:ni] *avv* **a ~** rittlings
cavaliere [kava'liɛ:re] *m* ① HIST Ritter *m;* **i -i della tavola rotonda** König Artus' Tafelrunde *f* ② SPORT Reiter *m* ③ HIST Kavallerist *m,* Soldat *m* der Kavallerie ④ *(persona cortese)* Kavalier *m* ⑤ *(chi accompagna una donna)* Begleiter *m,* Kavalier *m; (al ballo)* Tanzpartner *m,* Herr *m* ⑥ *(onorificenza)* Ordensträger *m*
cavalla [ka'valla] *f* Stute *f*
cavalleggero [kavalled'dʒɛ:ro] *m* Soldat *m* der leichten Kavallerie
cavalleresco, -a [kavalle'resko] <-schi, -sche> *agg* ① LIT höfisch; **letteratura -a** höfische Literatur ② HIST Ritter-, ritterlich ③ *(fig: nobile)* vornehm, edel; **animo ~** edle Gesinnung
cavalleria [kavalle'ri:a] <-ie> *f* ① MIL Kavallerie *f* ② HIST Rittertum *nt* ③ *(fig: raffinata cortesia)* Ritterlichkeit *f*
cavallerizzo, -a [kavalle'rittso] *m, f* ① *(maestro d'equitazione)* Reitlehrer(in) *m(f)* ② *(chi cavalca)* Reiter(in) *m(f); (acrobata)* Kunstreiter(in) *m(f);* **pantaloni alla -a** Reithose *f*
cavalletta [kaval'letta] *f* ZOO Heuschrecke *f*
cavalletto [kaval'letto] *m* TEC Bock *m,* Gestell *nt; (da pittore)* Staffelei *f;* FOTO, FILM Stativ *nt;* MIL Dreifuß *m*
cavallina [kaval'li:na] *f* ① ZOO junge Stute ② SPORT Bock *m* ③ *(loc)* **correre la ~** über die Stränge schlagen
cavallino, -a [kaval'li:no] *agg* Pferde-; **mosca -a** Stechfliege *f,* Bremse *f;* **tosse -a** Keuchhusten *m*
cavallo [ka'vallo] *m* ① ZOO, SPORT Pferd *nt;* **~ a dondolo** Schaukelpferd *nt;* **~ baio** Braune(r) *m;* **~ bianco** Schimmel *m;* **~ sauro** Fuchs *m;* **~ da corsa** Rennpferd *nt;* **~ da sella** Reitpferd *nt;* **~ di battaglia** *(fig)* Stärke *f; (di artista)* Glanznummer *f;* **coda di ~** Pferdeschwanz *m;* **ferro di ~** Hufeisen *nt;* **andare a ~** reiten; **montare** [*o* **salire**] **a ~** aufsitzen; **scendere da ~** absitzen; **a ~ di** rittlings auf +*dat;* **essere a ~** *(fig)* über den Berg sein; **a caval donato non si guarda in bocca** *(prov)* einem geschenkten Gaul schaut man nicht ins Maul ② *(di scacchi)* Pferd *nt,* Springer *m; (di carte) italienische Spielkartenfigur,* ≈ Dame *f (beim französischen Blatt)* ③ *(di calzoni, mutande)* Schritt *m*
cavallone [kaval'lo:ne] *m* ① *(onda)* Brecher *m,* große Welle ② ZOO großes Pferd
cavallone, -a *m, f (fam pej)* Pferd *nt,* grobschlächtiger Mensch
cavalluccio [kaval'luttʃo] <-cci> *m (cavallo)* Pferdchen *nt; (pej)* Klepper *m;* **~ marino** Seepferdchen *nt;* **portare un bambino a ~** ein Kind auf den Schultern tragen
cavapietre [kava'piɛ:tre] <-> *m* Steinbrucharbeiter *m*
cavare [ka'va:re] *vt* ① *(estrarre, tirare fuori)* herausholen; *(dente)* ziehen; *(marmo)* [heraus]brechen; *(liquidi)* ablassen, abzapfen; **-rsi gli occhi** *(fig)* sich *dat* die Augen verderben; **non saper ~ un ragno dal buco** *(fig)* nichts erreichen ② *(levare)* wegnehmen, abnehmen, fortnehmen; *(macchia)* entfernen; *(vestiti)* ausziehen, ablegen; **-rsi la fame** den Hunger stillen; **-rsi la sete** den Durst löschen; **-rsi la voglia di far qc** das Bedürfnis befriedigen etw zu tun ③ **cavarsela** *(fam)* davonkommen; **come te la cavi?** *(fam)* wie kommst du zurecht?
ça va sans dire [sa va sã'di:r] *avv* natürlich
cavastivali [kavasti'va:li] <-> *m* Stiefelknecht *m*
cavatappi [kava'tappi] <-> *m* Korkenzieher *m*
cavaturaccioli [kavatu'rattʃoli] <-> *m v.* **cavatappi**
caverna [ka'vɛrna] *f* ① *(grotta)* Höhle *f,* Grotte *f* ② MED Kaverne *f*
cavernicolo, -a [kaver'ni:kolo] **I.** *agg* Höhlen- **II.** *m, f* Höhlenbewohner(in) *m(f)*
cavernoso, -a [kaver'no:so] *agg* ① *(fig: cupo)* hohl; *(voce)* tief ② *(luogo)* reich an Höhlen ③ MED kavernös
cavezza [ka'vettsa] *f* ① *(di cavallo)* Halfter *m o nt;* **tenere a ~ qu** *(fig)* jdn [fest] an der Kandare halten ② *(furfante)* Schlingel *m,* Strick *m*
cavia ['ka:via] <-ie> *f* ① ZOO Meerschweinchen *nt* ② *(fig: animale)* Versuchstier *nt; (persona)* Versuchsperson *f,* Proband(in) *m(f)*
caviale [ka'via:le] *m* Kaviar *m*

cavicchio [ka'vikkio] <-cchi> *m* ① AGR Pflanzholz *nt,* Setzholz *nt* ② *(di scale)* [Leiter]sprosse *f; (piolo)* Pflock *m; (gancio)* Haken *m*
caviglia [ka'viʎʎa] <-glie> *f* ANAT Fußgelenk *nt; (di animale)* Fessel *f; (malleolo)* Fußknöchel *m*
cavigliera [kaviʎ'ʎɛːra] *f* Fußgelenkbandage *f,* Fesselbandage *f*
cavillare [kavil'laːre] *vi* Haarspaltereien treiben, Haare spalten
cavillo [ka'villo] *m* Haarspalterei *f,* Spitzfindigkeit *f; (pretesto)* Vorwand *m*
cavillosità [kavillosi'ta] <-> *f* Spitzfindigkeit *f*
cavilloso, -a [kavil'loːso] *agg* spitzfindig
cavità [kavi'ta] <-> *f* Höhle *f*
cavo ['kaːvo] *m* ① *(cavità)* Höhle *f,* Höhlung *f;* **nel ~ della mano** in der hohlen Hand ② ANAT **~ orale** Mundhöhle *f* ③ EL Kabel *nt;* **televisione via ~** Kabelfernsehen *nt;* **~ a fibbre ottiche** Glasfaserkabel *nt* ④ *(corda)* Tau *nt,* Seil *nt*
cavo, -a *agg* hohl
cavolaia [kavo'laːia] <-aie> *f* ① *(farfalla)* Kohlweißling *m* ② *(campo)* Kohlacker *m*
cavolata [kavo'laːta] *f (fig fam)* Dummheit *f,* Blödsinn *m*
cavolfiore [kavol'fioːre] <-> *m* Blumenkohl *m,* Karfiol *m* A
cavolo ['kaːvolo] *m* Kohl *m;* **~ cappuccio** Weißkohl *m;* **~ di Bruxelles** Rosenkohl *m,* Sprossenkohl *m* A; **~ rapa** Kohlrabi *m;* **~ verzotto** Wirsing[kohl] *m;* **testa di ~** *(fig fam)* Dummkopf *m;* **non capire un ~** *(fam)* nicht die Bohne verstehen; **non fare un ~** *(fam)* keinen Strich tun; **non me ne importa un ~** *(fam)* das kümmert mich einen Dreck *vulg;* **col ~** *(fam)* von wegen!, erst recht nicht!; **sono -i tuoi** *(fam)* das ist dein Bier; **entrarci** [*o* **starci**] **come il ~ a merenda** passen wie die Faust aufs Auge; **che ~ vuoi?** *(fam)* was zum Kuckuck willst du?
cavour(r)iano, -a [kavu(r)'rjano] *agg* Cavour'sche, Cavours
cazzata [kat'tsaːta] *f (vulg)* Scheiß *m,* Mist *m fam;* **non dire -e!** red bloß keinen Scheiß!
cazzeggiare [kattsed'dʒaːre] *vt (vulg)* Blödsinn [*o* Blech] reden *fam; (vulg)* rumhängen
cazzeggio [kat'tseddʒo] <-ggi> *m (vulg)* Schwachsinn *m,* Gelaber *nt*
cazziatone [kattsia'toːne] *m* MIL *(vulg)* Anschiss *m*
cazzo ['kattso] *m (vulg: pene)* Schwanz *m;* **testa di ~** *(vulg)* Arschloch *nt;* **non me ne importa un ~** *(vulg)* das kümmert mich einen Scheißdreck; **non capisce un ~** *(vulg)* er/sie versteht einen Dreck davon
cazzone [kat'tsoːne] *m* ① *v.* **cazzo** *(vulg)* lange Latte *f* ② *(fam: balordo)* Blödmann *m*
cazzottare [kattsot'taːre] *(fam)* **I.** *vt* boxen, mit Fäusten schlagen **II.** *vr* **-rsi** [**con qu**] sich [mit jdm] schlagen
cazzottata, cazzottatura [kattsot'taːta, kattsotta'tuːra] *f (fam)* Keilerei *f,* Prügelei *f*
cazzotto [kat'tsɔtto] *m (fam)* Faustschlag *m,* Boxhieb *m;* **fare a -i** [**con qu**] sich [mit jdm] schlagen
cazzuola [kat'tsuɔːla] *f* [Maurer]kelle *f*
cazzuto, -a [kat'tsuːto] *agg (vulg)* ① *(scaltro, imbattibile)* ausgebufft, pfiffig *fam* ② *(noioso, faticoso, sgradevole)* abgefuckt
cc, c.c. *abbr di* **corrente continua** Gleichstrom *m*
CC *abbr di* **Carabinieri** Karabinieri
C.C. ① *abbr di* **Codice Civile** ≈ BGB ② *abbr di* **Corte Costituzionale** ≈ [Bundes]verfassungsgericht ③ *abbr di* **Corte di Cassazione** ≈ BGH ④ *abbr di* **Corte dei Conti** ≈ [Bundes]rechnungshof
CCD *m abbr di* **Centro Cristiano Democratico** *christlich demokratische Partei Italiens*
CCN [tʃitʃi'ɛnne] *f abbr di* **copia carbone nascosta** INFORM Blindkopie *f,* Blind Copy *f*
CCT, cct *m abbr di* **Certificato di Credito del Tesoro** [langfristige] Staatsanleihen *f pl*
CD [tʃi'diː] <-> *m abbr di* **Compact Disc** CD *f;* **lettore ~** CD-Player *m*
c.d.d. *abbr di* **come dovevasi dimostrare** q.e.d.
C.d.M. *f abbr di* **Cassa del Mezzogiorno** *Entwicklungsbank für Süditalien*
CD-RAM *m abbr di* **Compact Disc Random Access Memory** INFORM CD-RAM *f*
CD-ROM, cd-rom *m abbr di* **Compact Disc Read Only Memory** INFORM CD-ROM *f;* **lettore ~** CD-ROM-Laufwerk *nt*
C.d.S. *abbr di* **Codice della Strada** StVO
CDU *m abbr di* **Classificazione Decimale Universale** DK *f,* Dezimalklassifikation *f*
ce [tʃe] *pron pers (davanti a lo, la, li, le, ne) v.* **ci I., II., III.**
CE *f abbr di* **Comunità Europea** HIST EG *f*
ceca *f v.* **ceco**
CECA *f acro di* **Comunità Europea del Carbone e dell'Acciaio** HIST EGKS *f (Europäische Gemeinschaft für Kohle und Stahl),* MontU *f (Montanunion)*
cecchino [tʃek'kiːno] *m* Scharfschütze *m*
cece ['tʃeːtʃe] *m* Kichererbse *f*
cecità [tʃetʃi'ta] <-> *f* Blindheit *f*
ceco ['tʃɛːko] *m sing (lingua)* Tschechisch(e) *nt*

C

C

ceco, **-a** <-chi, -che> **I.** *agg* tschechisch **II.** *m, f (abitante)* Tscheche *m,* Tschechin *f*
cecogramma [tʃeko'gramma] <-i> *m in Brailleschrift verfasste Nachricht*
Cecoslovacchia [tʃekozlo'vakkia] *f* [**la**] ~ HIST die Tschechoslowakei
cecoslovacco, **-a** [tʃekozlo'vakko] <-chi, -che> **I.** *agg* HIST tschechoslowakisch **II.** *m, f* HIST Tschechoslowake *m/*Tschechoslowakin *f*
cecoviano, **-a** [tʃeko'via:no] *agg* Tschechov-, Tschechovs
ced. *abbr di* **cedola** Coupon *m,* Zinsschein *m*
cedere ['tʃɛ:dere] **I.** *vi* ① MIL *(ritirarsi)* zurückweichen; *(arrendersi)* sich ergeben; ~ **a qc** vor etw *dat* zurückweichen ② *(fig: darsi per vinto)* sich beugen, nachgeben; ~ **alle preghiere di qu** jds Bitten nachgeben ③ *(pilastri, fondazioni)* nachgeben, einstürzen; *(abbassarsi)* absacken **II.** *vt* ① *(lasciare)* überlassen; ~ **il passo a qu** jdm den Vortritt lassen; ~ **le armi** *(a. fig)* sich ergeben, die Waffen strecken; ~ **terreno** *(fig)* an Boden verlieren ② COM, JUR abtreten
cedevole [tʃe'de:vole] *agg* ① *(duttile, molle)* nachgiebig, weich ② *(fig: docile)* gefügig
cedevolezza [tʃedevo'lettsa] *f* ① *(duttilità)* Nachgiebigkeit *f* ② *(fig: docilità)* Gefügigkeit *f*
cedibile [tʃe'di:bile] *agg* übertragbar
cediglia [tʃe'diʎʎa] <-glie> *f* Cedille *f*
cedimento [tʃedi'mento] *m (di terreno, strada)* Absinken *nt,* Absacken *nt; (di ponte)* Einsturz *m; (fig)* MED Schwächeanfall *m*
cedola ['tʃɛ:dola] *f* Schein *m;* COM, FIN Coupon *m; (di interessi)* Zinsschein *m;* ~ **di consegna** Lieferschein *m*
cedolare [tʃedo'la:re] *agg* Dividenden-
cedolino [tʃedo'li:no] *m* ① *dim di* **cedola** Coupon *m,* Abschnitt *m* ② FIN Lohnstreifen *m*
cedrata [tʃe'dra:ta] *f* ① *(bevanda) erfrischendes Getränk aus dem Sirup der Zitronatzitrone* ② *(dolce) sizilianischer Zitronatkuchen*
cedro ['tʃe:dro] *m* ① *(conifera)* Zeder *f; (albero da frutto)* Zitronatbaum *m* ② *(frutto)* Zitronatzitrone *f* ③ *(legno)* Zedernholz *nt* ④ *(candito)* Zitronat *nt*
ceduo, **-a** ['tʃɛ:duo] *agg* fällbar, schlagbar; **bosco** ~ Nutzwald *m,* Forst *m*
CEE ['tʃɛ:e] *f abbr di* **Comunità Economica Europea** HIST EWG *f*
cefalea [tʃefa'lɛ:a] *f* Kopfschmerz *m*
cefalo ['tʃɛ:falo] *m* Meeräsche *f*
cefalopode [tʃefa'lɔ:pode] *m* Kopffüßer *m,* Zephalopode *m*
ceffo ['tʃɛffo] *m* ① *(muso)* Schnauze *f,* Maul *nt* ② *(fig, pej: faccia)* Visage *f fam; (persona)* Halunke *m*
ceffone [tʃef'fo:ne] *m* Ohrfeige *f,* Watsche *f* A; **mollare un ~ a qu** *(fam)* jdm eine Ohrfeige verpassen
Ceilano [tʃei'la:no] *m* **il** ~ Ceylon *nt*
celare [tʃe'la:re] **I.** *vt (poet)* verbergen; *(verità)* verheimlichen **II.** *vr* **-rsi** sich verbergen; **-rsi a qu** sich vor jdm verbergen
celata [tʃe'la:ta] *f* HIST Sturmhaube *f*
celeberrimo, **-a** [tʃele'bɛrrimo] *agg superlativo di* **celebre** hochberühmt, hochgefeiert
celebrante [tʃele'brante] *m* Zelebrant *m*
celebrare [tʃele'bra:re] *vt (vittoria, festa)* feiern; *(messa)* lesen, zelebrieren; *(nozze)* vollziehen; *(processo)* [durch]führen
celebrativo, **-a** [tʃelebra'ti:vo] *agg (solenne)* festlich, Fest-; *(glorificatore)* preisend, Lob[es]-
celebrazione [tʃelebrat'tsio:ne] *f* Feier *f; (di messa)* Zelebrieren *nt; (di matrimonio)* Vollziehung *f; (di processo)* [Durch]führung *f*
celebre ['tʃɛ:lebre] <più celebre, celeberrimo> *agg* berühmt
celebrità [tʃelebri'ta] <-> *f* ① *(fama)* Ruhm *m,* Berühmtheit *f* ② *(persona)* Berühmtheit *f,* Größe *f*
celebrity [se'lɛ:briti] *f* VIP *m o f,* Celebrity *f*
celere ['tʃɛ:lere] **I.** *agg* ① *(nave, servizio, spedizione)* Eil- ② *(corso)* schnell, rasch **II.** *f* Überfallkommando *nt*
celerità [tʃeleri'ta] <-> *f* Geschwindigkeit *f,* Schnelligkeit *f*
celeste [tʃe'lɛste] **I.** *agg* ① ASTR Himmels-; **corpi -i** Himmelskörper *mpl;* **fenomeni -i** Himmelserscheinungen *fpl* ② *(fig: divino,* REL *himmlisch* ③ *(colore)* himmelblau **II.** *m* Himmelblau *nt*
celestiale [tʃeles'tia:le] *agg* himmlisch
celestino [tʃeles'ti:no] *m* Hellblau *nt*
celetto [se'letto] *m* THEAT Bühnenhimmel *m*
celia ['tʃɛ:lia] <-ie> *f* Spaß *m,* Scherz *m,* Schmäh *m* A
celiachia [tʃeliak'ki:a] *f* MED Zöliakie *f*
celibato [tʃeli'ba:to] *m* Junggesellendasein *nt;* REL Zölibat *nt o m*
celibe ['tʃɛ:libe] **I.** *agg (uomo)* unverheiratet, ledig **II.** *m* Junggeselle *m*
cella ['tʃɛlla] *f* ① *(di frati, suore, carcerati)* Zelle *f* ② *(vano)* Kammer *f,* Raum *m;* ~ **frigorifera** Kühlraum *m* ③ *(delle api)* [Honig]wabe *f* ④ INFORM Speicher *m*

cello ['tʃɛllo] *m* Cello *nt*
cellofanare [selofa'na:re] *vt* TEC einschweißen
cellofanatrice [selofana'tri:tʃe] *f* Einschweißgerät *nt*
cellofanatura [selofana'tu:ra] *f* Einschweißen *nt*
cellophane® [selo'fan] <-> *m* Zellophan *nt*
cellula ['tʃɛllula] *f* Zelle *f;* ~ **fotoelettrica** Fotozelle *f,* Fotozelle *f;* **-e staminali** [embryonale] Stammzellen *fpl*
cellulare [tʃellu'la:re] **I.** *agg* ① BIOL zellular, Zell-; **struttura** ~ Zellstruktur *f* ② *(diviso in celle)* geteilt ③ *(carcere, furgone)* Zellen- **II.** *m* ① *(telefono)* Handy *nt,* Mobiltelefon *nt,* Natel *nt* CH; ~ **con carta ricaricabile** Prepaidhandy; ~ **GSM** GSM-Handy ② *(furgone)* Grüne Minna *fam* ③ *(carcere)* Zellengefängnis *nt*
cellularista [tʃɛllula'rista] <-i *m,* -e *f*> *mf* Handybenutzer(in) *m(f)*
cellulite [tʃellu'li:te] *f* Zellulitis *f,* Cellulite *f*
cellulitico, -a [tʃellu'li:tiko] <-ci, -che> *agg* Zellulitis-, Cellulite-
celluloide [tʃellu'lɔ:ide] *f* Zelluloid *nt;* **mondo della** ~ Welt *f* des Films; **divi della** ~ Leinwandhelden *mpl*
cellulosa [tʃellu'lo:sa] *f* Zellulose *f*
celtico, -a ['tʃɛltiko] <-ci, -che> *agg* ① *(dei Celti)* keltisch ② *(venereo)* Geschlechts-; **malattie -che** Geschlechtskrankheiten *fpl*
cembalista [tʃemba'lista] <-i *m,* -e *f*> *mf* Cembalist(in) *m(f)*
cembalo ['tʃembalo] *m* Cembalo *nt*
cementare [tʃemen'ta:re] *vt* ① *(edilizia)* zementieren; *(strada)* betonieren ② *(fig: affermazione)* bekräftigen; *(amicizia)* festigen
cementizio, -a [tʃemen'ti:zio] <-i, -ie> *agg* Zement-
cemento [tʃe'mento] *m* Zement *m; (calcestruzzo)* Beton *m;* ~ **armato** Stahlbeton *m*
cena ['tʃe:na] *f* Abendessen *nt,* Nachtmahl *nt* A; **l'ultima** ~ das [Letzte] Abendmahl
cenacolo [tʃe'na:kolo] *m* ① *(nell'arte)* Abendmahl *nt* ② *(fig: di artisti e letterati)* Zirkel *m,* Künstlertreff *m*
cenare [tʃe'na:re] *vi* zu Abend essen
cenciaio, -a [tʃen'tʃa:io] <-ai, -aie> *m, f,* **cenciaiolo, -a** [tʃentʃa'iɔ:lo] *m, f* Lumpenhändler(in) *m(f),* Lumpensammler(in) *m(f)*
cencio ['tʃentʃo] <-ci> *m* ① *(brandello)* Lumpen *m; (per pulire)* [Putz]lappen *m,* -lumpen *m;* ~ **da dare in terra** *(fam)* Scheuerlappen *m,* Aufnehmer *m;* ~ **della polvere** Staubtuch *nt;* **pallido come un** ~ *(fig)* totenbleich, leichenblass ② *(pej: di abiti)* Fetzen *m,* Lumpen *m* ③ *(fig: persona indebolita)* geschwächter Mensch, Schatten *m* seiner [*o* ihrer] selbst
cencioso, -a [tʃen'tʃo:so] *agg* zerlumpt
cenere¹ ['tʃe:nere] *f* Asche *f;* [**mercoledì del**]**le -i** Aschermittwoch *m;* **ridursi in** ~ ausbrennen; *(fig)* sich ruinieren; **covare sotto la** ~ *(a. fig)* schwelen
cenere² *agg inv* aschgrau
cenerentola [tʃene'rɛntola] *f* Aschenbrödel *nt,* Aschenputtel *nt*
cenerino, -a [tʃene'ri:no] *agg* aschgrau
cenno ['tʃenno] *m* ① *(gesto)* Wink *m,* Zeichen *nt;* ~ **di riscontro** kurze Empfangsbestätigung; **salutare qu con un** ~ **della mano** jdm zuwinken; **fare** ~ **di sì** nicken; **fare** ~ **di no** den Kopf schütteln ② *(indizio)* Anzeichen *nt* ③ *(spiegazione)* Andeutung *f,* Hinweis *m;* **sull'argomento darò solo qualche** ~ das Thema werde ich nur streifen
cenone [tʃe'no:ne] *m* großes Abendessen; ~ **di San Silvestro** Silvesterabendessen *nt*
cenotafio [tʃeno'ta:fio] <-i> *m* Kenotaph *nt,* Zenotaph *nt*
censimento [tʃensi'mento] *m* Bestandsaufnahme *f;* ~ **della popolazione** Volkszählung *f*
censire [tʃen'si:re] <censisco> *vt* zählen; *(registrare)* registrieren
censore [tʃen'so:re] *m* Zensor *m*
censura [tʃen'su:ra] *f* ① *(controllo)* Zensur *f* ② *(ufficio)* Zensurbehörde *f* ③ *(fig: biasimo)* Rüge *f,* Verweis *m*
censurabile [tʃensu'ra:bile] *agg* zu beanstanden; *(biasimevole)* tadelnswert
censurare [tʃensu'ra:re] *vt* ① *(film, opera, libro)* zensieren ② *(fig: criticare)* beanstanden
centauro [tʃen'ta:uro] *m* ① *(nella mitologia,* ASTR Zentaur *m* ② SPORT Fahrer *m* von Motorradrennen
centellinare [tʃentelli'na:re] *vt* ① *(bevanda)* genussvoll trinken ② *(fig: gustare)* auskosten
centenario [tʃente'na:rio] <-i> *m* Hundertjahrfeier *f*
centenario, -a <-i, -ie> **I.** *agg* ① *(che ha cent'anni)* hundertjährig ② *(che ricorre ogni cento anni)* Hundertjahr[es]- **II.** *m, f* Hundertjährige(r) *f(m)*
centennale [tʃenten'na:le] *agg* hundertjährig
centennio [tʃen'tɛnnio] <-i> *m* Zeitraum *m* von hundert Jahren, hundert Jahre *ntpl*
centerbe [tʃen'tɛrbe] <-> *m* *Kräuterlikör aus den Abruzzen*
centesima *f v.* **centesimo**

C

centesimale [tʃentezi'maːle] *agg* zentesimal
centesimo [tʃen'tɛːzimo] *m* 1 *(frazione)* Hundertstel *nt,* hundertster Teil 2 *(moneta)* Cent *m* 3 *(fig fam: denaro)* **non avere un ~ in tasca** blank sein; **non valere un ~** keinen roten Heller wert sein
centesimo, -a I. *agg* hundertste(r, s) **II.** *m, f* Hundertste(r, s) *f(m, nt)*
centigrado, -a [tʃen'tiːgrado] *agg* hundertgradig, Celsius-; **grado ~** Grad Celsius
centigrammo [tʃenti'grammo] *m* Zentigramm *nt,* Hundertstel Gramm *nt*
centilitro [tʃen'tiːlitro] *m* Zentiliter *m o nt,* Hundertstel Liter *m*
centimetro [tʃen'tiːmetro] *m* Zentimeter *m o nt*
centimilionesimo, -a [tʃentimilio'nɛːzimo] *agg* hundertmillionstel
centina ['tʃɛntina] *f* 1 ARCH Lehrbogen *m* 2 AERO Rippe *f*
centinaio [tʃenti'naːio] <*pl*: -aia *f*> *m* Hundert *nt;* **un ~ [di…]** etwa hundert […]; **a -aia** zu Hunderten
centista [tʃen'tista] <-i *m,* -e *f*> *mf* Hundertmeterläufer(in) *m(f)*
cento ['tʃɛnto] **I.** *num* [ein]hundert; *(a. fig)* viel; **~ di questi giorni!** noch viele solche Tage! **II.** *m* <-> Hundert *f;* **per ~** Prozent; *v. a.* **cinque**
centometrista [tʃentome'trista] <-i *m,* -e *f*> *mf* Hundertmeterläufer(in) *m(f)*
centomila [tʃento'miːla] **I.** *num* hunderttausend **II.** *m* <-> Hunderttausend *f*
centomillesimo, -a [tʃentomil'lɛːzimo] *agg* hunderttausendste(r, s)
centonario, -a [tʃento'naːrio] <-i, -ie> **I.** *agg* zusammengestückelt, geklittert **II.** *m, f (autore di centoni)* Verfasser(in) *m(f)* von Centos
centone [tʃen'toːne] *m (scherz: banconota da cento)* Blauer *m*
centopiedi [tʃento'piɛːdi] <-> *m* Tausendfüßler *m*
centotredici [tʃento'treditʃi] <-> *m* 1 *(numero di telefono)* *italienischer Notruf* 2 *(gruppo di pronto intervento)* Polizei *f,* Streifendienst *m;* **chiamare il ~** die Polizei rufen
centrale [tʃen'traːle] **I.** *agg* 1 *(di posizione, a. fig: principale)* zentral, Zentral- 2 ADM Haupt- 3 GEOG Zentral-; **Italia ~** Mittelitalien *nt* **II.** *f* Zentrale *f;* **~ elettrica** Elektrizitätswerk *nt;* **~ telefonica** Telefonzentrale *f;* **~ nucleare** [*o* **atomica**] Kernkraftwerk *nt,* Atomkraftwerk *nt*
centralinista [tʃentrali'nista] <-i *m,* -e *f*> *mf* Telefonist(in) *m(f)*
centralino [tʃentra'liːno] *m* Telefonvermittlung *f*
centralismo [tʃentra'lizmo] *m* Zentralismus *m*
centralità [tʃentrali'ta] <-> *f* 1 *(posizione)* zentrale Lage, Zentralität *f* 2 POL Zentralismus *m*
centralizzare [tʃentralid'dzaːre] *vt* zentralisieren
centralizzazione [tʃentraliddzat'tsioːne] *f* Zentralisierung *f*
centrare [tʃen'traːre] *vt* 1 *(bersaglio)* treffen; *(inquadrare)* visieren; *(mirare)* zielen auf +*akk* 2 *(fig: cogliere con precisione)* **~ qc** etw erfassen 3 TEC zentrieren; MOT auswuchten 4 *(nel calcio)* einwerfen, in die Feldmitte werfen
centrasiatico, -a [tʃentra'ziaːtiko] <-ci, -che> *agg* GEOG zentralasiatisch
centrato, -a *agg (a computer)* zentriert
centrattacco [tʃentrat'takko] <-cchi> *m* Mittelstürmer(in) *m(f)*
centratura [tʃentra'tuːra] *f* Zentrierung *f*
centravanti [tʃentra'vanti] <-> *m* Mittelstürmer(in) *m(f)*
centrifuga [tʃen'triːfuga] <-ghe> *f* Schleuder *f,* Zentrifuge *f; (per frutta)* Entsafter *m*
centrifugare [tʃentrifu'gaːre] *vt* schleudern, zentrifugieren
centrifugo, -a [tʃen'triːfugo] <-ghi, -ghe> *agg* zentrifugal; **forza -a** Fliehkraft *f,* Zentrifugalkraft *f*
centrino [tʃen'triːno] *m* [Häkel-, Spitzen]deckchen *nt*
centritaliano, -a [tʃentrita'liaːno] *agg* GEOG mittelitalienisch, Mittelitalien-
centritavola *pl di* **centrotavola**
centro ['tʃɛntro] *m* 1 MAT, GEOG Mittelpunkt *m;* POL, ANAT Zentrum *nt* 2 *(di città)* [Stadt]zentrum *nt,* Stadtmitte *f;* **andare in ~** in die Stadt gehen; **~ abitato** [geschlossene] Ortschaft *f;* **~ balneare** Badeort *m;* **~ storico** Altstadt *f* 3 *(servizio)* Zentrum *nt;* **~ commerciale** Einkaufszentrum *nt;* **~ estetico** Beautysalon *m;* **~ profughi** Flüchtlingslager *nt* 4 *(istituto di studi)* Institut *nt;* **~ conferenze** Konferenzzentrum *nt;* **~ meccanografico** [*o* **elettronico**] INFORM Rechenzentrum *nt;* **~ trapianti** Transplantationszentrum *nt* 5 *(fig: punto fondamentale)* Kernpunkt *m,* Mittelpunkt *m;* **~ d'attrazione** Anziehungspunkt *m;* **~ di gravità** Schwerpunkt *m;* **far ~** *(a. fig)* treffen
Centroamerica [tʃentroa'mɛːrika] *f* Mittelamerika *nt*
centrocampista [tʃentrokam'pista] <-i *m,* -e *f*> *mf* Mittelfeldspieler(in) *m(f)*

centrocampo [tʃentro'kampo] *m* Mittelfeld *nt*

centroclassifica [tʃentroklas'si:fika] <-> *m* SPORT mittlerer Rang *m,* Mittelfeld *nt*

centro commerciale [tʃentro kommer'tʃa:le] *m* Einkaufszentrum *nt*

centrodestra [tʃentro'dɛstra] <-> *m* Mitte-Rechts-Koalition *f*

centroitaliano, -a [tʃentroita'lia:no] *agg v.* **centritaliano**

centromediano, -a [tʃentrome'dia:no] *m, f* Mittelläufer(in) *m(f)*

centrosinistra [tʃentrosi'nistra] <-> *m* Mitte-Links-Koalition *f*

centrotavola [tʃentro'ta:vola] <centritavola> *m* Tafelaufsatz *m*

centuplicare [tʃentupli'ka:re] *vt* ① COM verhundertfachen; MAT mit hundert multiplizieren ② *(fig: accrescere di molto)* vervielfachen, stark vermehren

centuplo, -a ['tʃɛntuplo] **I.** *agg* hundertfach **II.** *m, f* Hundertfache(s) *nt*

ceppo ['tʃeppo] *m* ① BOT Wurzelstock *m; (di albero tagliato)* [Baum]stumpf *m* ② *(da ardere)* Holzklotz *m; (pezzo lungo)* Scheit *m* ③ *(stirpe)* Stamm *m* ④ *pl (ai piedi dei prigionieri)* Fesseln *f pl; (catene)* Ketten *f pl; (fig)* Fesseln *f pl,* Ketten *f pl*

cera[1] ['tʃe:ra] *f* ① *(sostanza)* Wachs *nt; (per lucidare)* Wichse *f;* ~ **da scarpe** Schuhwichse *f,* -creme *f;* ~ **da pavimenti** Bohnerwachs *nt;* ~ **per mobili** Möbelpolitur *f;* **dare la** ~ wachsen, bohnern; **struggersi come la** ~ sich verzehren ② *(modello)* Wachsfigur *f;* **museo delle -e** Wachsfigurenkabinett *nt*

cera[2] ['tʃe:ra *o* 'tʃɛ:ra] *f (del viso)* Gesichtsfarbe *f; (espressione)* Miene *f;* **avere una bella/brutta** ~ gut/schlecht aussehen; *(umore)* gut/schlecht gelaunt sein

ceralacca [tʃera'lakka] <-cche> *f* Siegellack *m*

ceramica [tʃe'ra:mika] <-che> *f* ① *(oggetto)* Keramik *f,* Töpferware *f* ② *(arte)* Keramik[kunst] *f* ③ *(impasto)* Steingut *nt,* Ton *m*

ceramista [tʃera'mista] <-i *m,* -e *f*> *mf* Keramiker(in) *m(f),* Töpfer(in) *m(f)*

cerato, -a [tʃe'ra:to] *agg* gewachst, Wachs-; **tela -a** Wachstuch *nt*

cerbero ['tʃɛrbero] *m* ① *(nella mitologia)* Zerberus *m,* Höllenhund *m* ② *(fig, pej: guardiano arcigno)* Zerberus *m; (persona intrattabile)* unzugänglicher Mensch

cerbiatto, -a [tʃer'biatto] *m, f* Hirschkalb *nt*

cerbottana [tʃerbot'ta:na] *f* Blasrohr *nt*

cerca ['tʃerka] <-che> *f* **in** ~ **di** auf der Suche nach

cercafase [tʃerka'fa:ze] <-> *m* TEC *(in elettrotecnica)* Phasensucher *m*

cercafughe [tʃerka'fu:ge] <-> *m* TEC Gasdetektor *m,* Gassuchgerät *nt,* Gasspürgerät *nt*

cercamine [tʃerka'mi:ne] <-> *m* Minensuchgerät *nt*

cercapersone [tʃerkaper'so:ne] <-> *m (beeper)* Piep[s]er *m* einer Personensuchanlage

cercare [tʃer'ka:re] **I.** *vt* suchen; *(in un libro)* nachschlagen; *(desiderare)* wünschen; *(aspirare)* streben nach; ~ **marito/moglie** sich *dat* einen Mann/eine Frau [zum Heiraten] suchen; ~ **il proprio utile** auf den eigenen Vorteil aus sein; ~ **guai** Streit suchen; **cercasi …** … gesucht **II.** *vi* versuchen; **cercherò di sbrigarmi** ich werde versuchen mich zu beeilen; **chi cerca trova** *(prov)* wer sucht, der findet

cercatore, -trice I. *agg* Such- **II.** *m, f* Sucher(in) *m(f)*

cerchia ['tʃerkia] <-chie> *f* ① GEOG Ring *m; (di mura)* Ringmauer *f* ② *(fig: di persone)* Kreis *m,* Runde *f;* ~ **di amici** Freundeskreis *m;* ~ **di utenti** Benutzerkreis *m*

cerchiare [tʃer'kia:re] *vt* ① *(ruota, botte)* bereifen ② *(circondare)* umgeben

cerchiato, -a [tʃer'kia:to] *agg* ① *(ruota, botte)* bereift ② *(occhi)* umschattet, gerändert

cerchietto [tʃer'kietto] *m* ① *(piccolo cerchio)* kleiner Kreis ② *(anello)* Ring *m; (braccialetto)* Reif *m; (per capelli)* Haarreif *m*

cerchio ['tʃerkio] <-chi> *m* ① MAT Kreis *m* ② *(di botte)* Reifen *m;* **dare un colpo al** ~ **ed uno alla botte** *(fig)* keine klare Stellung beziehen ③ *(di ruota)* Felge *f;* **-chi in lega** Leichtmetallfelgen *f pl* ④ *(di persone)* Ring *m,* Kreis *m;* **fare** ~ **attorno a qu** einen Kreis um jdn bilden, jdn umringen; **disporsi in** [*o* **a**] ~ sich im Kreis aufstellen ⑤ *(anello)* Ring *m; (bracciale)* Armreif *m; (per capelli)* Stirnreif *m* ⑥ *(loc)* **avere un** ~ **alla testa** *(fig)* Kopfschmerzen haben

cerchione [tʃer'kio:ne] *m* Felge *f*

cercopiteco [tʃerkopi'tɛ:ko] <-chi> *m* ZOO Meerkatze *f*

cereagricolo, -a [tʃerea'gri:kolo] *agg den Getreideanbau einer landwirtschaftlichen Genossenschaft betreffend;* **sezione -a** genossenschaftliche Sektion für Getreideanbau

cereale [tʃere'a:le] *agg* Getreide-

cereali [tʃere'a:li] *mpl* Getreide *nt*

cerealicolo, -a [tʃerea'li:kolo] *agg* Getreide-; **coltura -a** Getreideanbau *m*

C

cerealicoltore, -trice [tʃerealikol'to:re] *m, f* Getreidebauer *m*/-bäuerin *f*

cerealicoltura [tʃerealikol'tu:ra] *f* Getreideanbau *m*

cerealicultore, -trice [tʃerealikul'to:re] *v.* **cerealicoltore**

cerealicultura [tʃerealikul'tu:ra] *v.* **cerealicoltura**

cerealista [tʃerea'lista] <-i *m*, -e *f*> *mf (industriale che si occupa del commercio di cereali)* Vertriebsagent(in) *m(f)* für den Getreidehandel

cerebrale [tʃere'bra:le] *agg* ① ANAT Gehirn-, zerebral ② *(fig: persona, artista, opera)* kopflastig, [sehr] intellektuell

cerebralismo [tʃerebra'lizmo] *m* Kopflastigkeit *f,* Intellektualismus *m*

cerebralità [tʃerebrali'ta] <-> *f* Kopflastigkeit *f*

cereo, -a ['tʃɛ:reo] <-ei, -ee> *agg* ① *(di cera)* wächsern ② *(aspetto, volto)* wachsbleich, kreidebleich

ceretta [tʃe'retta] *f* Enthaarungswachs *nt*

cerimonia [tʃeri'mɔ:nia] <-ie> *f* ① *(rito)* Zeremonie *f; (festeggiamento)* Feier *f;* **abito da ~** *(da donna)* Festkleid *nt,* Abendkleid *nt; (da uomo)* dunkler Anzug ② *pl (complimenti)* Förmlichkeiten *f pl*

cerimoniale [tʃerimo'nia:le] *m* ① *(regole)* Zeremoniell *nt* ② *(libro)* Zeremonienbuch *nt*

cerimoniosità [tʃerimoniosi'ta] <-> *f* Förmlichkeit *f*

cerimonioso, -a [tʃerimo'nio:so] *agg* förmlich

cerino [tʃe'ri:no] *m* Wachsstreichholz *nt*

cerniera [tʃer'niɛ:ra] *f* ① *(di borsa)* Verschluss *m,* Schloss *nt;* **~ lampo** Reißverschluss *m* ② *(a cardine)* Scharnier *nt*

cernita [tʃer'ni:ta] *f* Auslese *f,* Auswahl *f*

cero ['tʃe:ro] *m* große Kerze; **~ pasquale** Osterkerze *f*

cerone [tʃe'ro:ne] *m* Schminke *f*

ceroso, -a [tʃe'ro:so] *agg (simile a cera)* wachsartig; *(di cera)* Wachs-; *(contenente cera)* wachshaltig

cerottino [tʃerot'ti:no] *m* MED *dim di* **cerotto** kleines Pflaster, Pflästerchen *nt*

cerotto [tʃe'rɔtto] *m* ① MED Pflaster *nt* ② *(fam pej: persona molesta)* Nervensäge *f; (di salute cagionevole)* kränklicher Mensch

certamente [tʃerta'mente] *avv* sicherlich, gewiss

certezza [tʃer'tettsa] *f* Sicherheit *f,* Gewissheit *f*

certificare [tʃertifi'ka:re] *vt* bescheinigen, bestätigen

certificato [tʃertifi'ka:to] *m* Zeugnis *nt;* ADM Bescheinigung *f,* Nachweis *m; (documento)* Urkunde *f; (attesto)* Attest *nt;* **~ di garanzia** Garantieschein *m;* **~ di morte** Sterbeurkunde *f;* **~ di nascita** Geburtsurkunde *f;* **~ di proprietà** Kfz-Brief *m;* **~ di residenza** Anmeldebestätigung *f;* **~ medico** ärztliches Attest

certo ['tʃɛrto] *avv* sicher[lich], natürlich; **~ che vengo!** natürlich komme ich!; **ma ~!** aber sicher!; **sì/no ~!, ~ che sì/no!** ja sicher/sicher nicht!; **ormai sarà ~ arrivato** jetzt ist er sicher schon angekommen; **lei, ~, lo nega** sie bestreitet es natürlich

certo, -a *agg* ① *(sicuro)* sicher, gewiss; *(indubbio)* zweifellos; *(vero)* wahr; *(convinto)* überzeugt; **dare qc per ~** etw als Tatsache hinstellen ② *(qualche)* manche(r, s); **in -i giorni** an manchen Tagen ③ *(alquanto)* einige(r, s) ④ *(tale)* gewiss; **in un ~ senso** in gewissem Sinne; **quel ~ non so che** das gewisse Etwas; **hai -e occhiaie oggi!** hast du aber heute Ringe unter den Augen!; **ha telefonato una -a Gianna** eine gewisse Gianna hat angerufen

certosa [tʃer'tɔ:za] *f* REL, ARCH Kartause *f*

certosina [tʃerto'zi:na] *f* KUNST *(tavolino rinascimentale intarsiato con oro e vari legni)* Intarsia *f*

certosino [tʃerto'zi:no] *m* ① REL Kartäuser *m* ② GASTR *Honigkuchen mit Gewürzen und kandierten Früchten; (liquore)* Kräuterlikör *m,* Chartreuse® *m* ③ *(loc)* **pazienza da** [*o* **di un**] **~** Engelsgeduld *f;* **lavoro da ~** Geduldsarbeit *f*

certuno [tʃer'tu:no] *pron indef* manch eine(r, s), manche(r, s)

cerume [tʃe'ru:me] *m* Ohrenschmalz *nt*

cervelletto [tʃervel'letto] *m* Kleinhirn *nt*

cervello [tʃer'vɛllo] <*pl a.:* cervella *f*> *m* ① ANAT Gehirn *nt;* **lavaggio del ~** Gehirnwäsche *f;* **avere il ~ di una gallina** [*o* **di una formica**] *(fig)* ein Spatzenhirn haben *fam* ② INFORM Rechner *m;* **~ elettronico** Elektronenhirn *nt,* -rechner *m* ③ *(fig: intelletto)* Verstand *m; (senno)* Vernunft *f; (intelligenza)* Intelligenz *f; (spirito)* Geist *m; (testa)* Kopf *m;* **è un ~** er/sie ist ein kluger Kopf; **agire senza ~** unvernünftig handeln; **usare il ~** nachdenken; **uscire di ~** *(fig)* den Verstand verlieren; **dare di volta il ~** *(fig)* durchdrehen *fam;* **bruciarsi** [*o* **farsi saltare**] **le cervella** sich *dat* eine Kugel durch den Kopf jagen; **mi si spacca il ~** mir platzt der Kopf; **arrovellarsi** [*o* **lambiccarsi**] **il ~** *(fig)* sich *dat* den Kopf zerbrechen

cervellone, -a [tʃervel'lo:ne] *m, f* Intelligenzbestie *f*

cervellotico, **-a** [tʃervel'lɔːtiko] <-ci, -che> *agg* wunderlich, [ab]sonderlich

cervicale [tʃervi'kaːle] *agg* Nacken-, Hals-

cervicite [tʃervi'tʃiːte] *f* MED Gebärmutterhalsentzündung *f*, Zervizitis *f*

Cervino [tʃer'viːno] *m* Matterhorn *nt*

cervo ['tʃɛrvo] *m* Hirsch *m;* ~ **volante** ZOO Hirschkäfer *m; (giocattolo)* [Papier]drachen *m*

cesareo [tʃe'zaːreo] *agg* kaiserlich; **taglio ~** MED Kaiserschnitt *m*

cesarismo [tʃeza'rizmo] *m sing* POL Cäsarismus *m*

cesarista [tʃeza'rista] <-i *m*, -e *f*> **I.** *mf* POL Cäsarenherrscher(in) *m(f) geh* **II.** *agg* cäsarisch *geh*, selbstherrlich

cesellare [tʃezel'laːre] *vt* ziselieren

cesellatore, **-trice** [tʃezella'toːre] *m, f* Ziseleur(in) *m(f)*, Ziselierer(in) *m(f)*

cesellatura [tʃezella'tuːra] *f* Ziselierung *f*

cesello [tʃe'zɛllo] *m* Grabstichel *m; (a più punte)* Punze *f;* **lavorare di ~** *(a. fig)* ziselieren

cesoia [tʃe'zoːia] <-oie> *f* ① *(per lamiere)* Drahtschere *f*, Blechschere *f* ② *pl (da giardino)* Gartenschere *f*

cesoiata [tʃezo'iaːta] *f* Scherenschnitt *m*

cesoiatore, **-trice** [tʃezoia'toːre] *m, f* Bediener(in) *m(f)* der Blechschneidemaschine

cesoiatrice [tʃezoia'triːtʃe] *f* TEC Blechschneidemaschine *f*

cesoista [tʃezo'ista] <-i *m*, -e *f*> *mf v.* **cesoiatore**

cespite ['tʃɛspite] *m* Einnahmequelle *f*

cespo ['tʃespo] *m* [Salat-, Kohl]kopf *m;* ~ **d'insalata** Salatkopf *m*

cespuglieto [tʃespuʎ'ʎeːto] *m* Gebüsch *nt*, Strauchrabatte *f*

cespuglio [tʃes'puʎʎo] <-gli> *m* Busch *m*, Strauch *m*

cespuglioso, **-a** [tʃespuʎ'ʎoːso] *agg* ① BOT strauchig ② *(fig: sopracciglia)* buschig

cessare [tʃes'saːre] **I.** *vi essere o avere* ~ **di fare qc** aufhören etw zu tun **II.** *vt avere* einstellen, beenden

cessate il fuoco [tʃes'saːte il 'fuɔːko] <-> *m* Waffenstillstand *m*

cessazione [tʃessat'tsioːne] *f* Beendigung *f*, Aufgabe *f;* ~ **delle ostilità** Einstellung *f* der Feindseligkeiten; ~ **di un contratto** Auslaufen *nt* eines Vertrages

cessione [tʃes'sioːne] *f* Abtretung *f*, Übertragung *f*

cesso ['tʃɛsso] *m (fam)* Klo *nt*, Lokus *m*

cesta ['tʃesta] *f* ① *(recipiente)* Korb *m* ② *(contenuto)* Korb [voll] *m*

cestello [tʃes'tɛllo] *m* ① *(piccola cesta)* Körbchen *nt; (per bottiglie)* Flaschenkorb *m* ② *(di lavatrice)* Trommel *f; (di lavastoviglie)* [Geschirr]korb *m*

cestinare [tʃesti'naːre] *vt (a. fig)* in den Papierkorb werfen

cestino [tʃes'tiːno] *m* Körbchen *nt;* ~ **da lavoro** Nähkästchen *nt;* ~ **da viaggio** Lunchpaket *nt;* ~ **della carta** Papierkorb *m*

cesto ['tʃesto] *m* Korb *m;* ~ **regalo** Präsentkorb *m*, Geschenkkorb *m*

cesura [tʃe'zuːra] *f* Zäsur *f*

cetaceo [tʃe'taːtʃeo] *m* Walfisch *m*

ceto ['tʃɛːto] *m* Stand *m; (strato)* Schicht *f*

cetra ['tʃeːtra *o* 'tʃɛːtra] *f* ① MUS Zither *f*, Lyra *f* ② *(fig: ispirazione poetica)* dichterische Inspiration

cetriolo [tʃetri'ɔːlo] *m* Gurke *f*

cf., **cfr.** *abbr di* **confronta** vgl.

CFC *mpl abbr di* **clorofluorocarburo** FCKW *m*, Fluorchlorkohlenwasserstoff *m*

cg *abbr di* **centigrammo** cg

CGIL *f abbr di* **Confederazione Generale Italiana del Lavoro** *Allgemeiner italienischer Gewerkschaftsbund*

CH *abbr di* **Confoederatio Helvetica** CH

cha cha cha [tʃa tʃa 'tʃa] <-> *m* Cha-Cha[-Cha] *m*

chairman ['tʃɛəmən] <-> *m* Chairman *m*, Vorsitzende(r) *f(m)*, Älteste(r) *f(m)*

chalet [ʃa'lɛ] <-> *m* Chalet *nt*, Sennhütte *f*

chambré [ʃã'bre] *agg inv* GASTR *(vino)* bei Raumtemperatur zu servieren

champagne [ʃãpaɲ] **I.** *m* <-> GASTR Champagner *m* **II.** *agg inv (colore)* champagnerfarben

champignon [ʃãpi'ɲɔ̃] <- *o* champignons> *m* GASTR Champignon *m*

chance [ʃãːs] <-> *f* Chance *f*

chanteuse [ʃã'tøːz] <-> *f* Kabarettsängerin *f*, Nachtclubsängerin *f*

chantilly [ʃãti'ji] <-> *f* ① GASTR geschlagene Sahne, Schlag *m* A; *(crema)* Creme *f* für Tortenfüllungen; **crema ~** Schlagsahne *f*, Schlagobers *m* A ② *(pizzo)* Sahnehaube *f*

chapter ['tʃæptə] <- *o* chapters> *m* ① *(sala per assemblee)* Sitzungssaal *m*, Tagungsraum *m*, Konferenzraum *m* ② *(consiglio)* Rat *m*

charango [tʃa'rango] <charangos> *m* MUS *fünfsaitige Mandoline der südamerikanischen Indios*

charme [ʃarm] <-> *m* Charme *m*

chart [tʃaːt] <-> *f* ① FIN Verlaufsdiagramm *nt* der Börsennotierungen ② *(graduatoria di successi)* Chart *f*

charter ['tʃaːtə] **I.** *m* <-> AERO Charterflugzeug *nt* **II.** *agg inv* gechartert, Charter-; **volo ~** Charterflug *m*

C

chase [tʃeis] <-> *m* MUS *(jazz)* improvisierte Solopassage *f*
chấssis [ʃa'si] <-> *m* Chassis *nt,* Fahrgestell *nt*
chat [tʃæt] <-> *f* INET Chatroom *m,* Chat-Room
chatlag [tʃæt'læg] <-> *m* INET Chatlag *m*
chat-line ['tʃætlain] <-> *f* INET Chatline *f,* Chat-Line
chat-room ['tʃætru:m] <-> *f* INET Chatroom *m,* Chat-Room
chattare [tʃat'ta:re] *vi* INET chatten
chatting ['tʃætting] <-> *m* INET Chatten *nt*
chauffeur [ʃo'fœ:r] <-> *m* Chauffeur *m*
che [ke] **I.** *pron rel* ① *(soggetto)* der/die/das, welcher/welche/welches *geh;* **le persone ~ passano** die Personen, die [*o* welche *geh*] vorbeigehen ② *(complemento)* den/die/das, welchen/welche/welches *geh;* **le cose ~ ti ho confidato** die Sachen, die [*o* welche *geh*] ich dir anvertraut habe ③ *(la qual cosa)* was ④ *(temporale)* als, an dem; *(luogo a)* wo **II.** *pron inter* ① was; **~ [cosa] pensi?** was denkst du?; **~ cosa vuoi da bere?** was möchtest du trinken?; **~ ne dici?** was hältst du davon?; **di ~ [cosa] ti lamenti?** [worüber] beklagst du dich? ② *(esclamativo)* was; **~ vedo!** was sehe ich?; **~, sei già in piedi!** was, du bist schon auf[gestanden]? **III.** *pron indef* etwas; **ha un certo non so ~ di curioso** er hat etwas Sonderbares an sich *dat* **IV.** *agg inv (interrogativo)* welche(r, s), was für ein(e); **a ~ pagina siamo arrivati?** auf welcher Seite sind wir?; **con ~ diritto?** mit welchem Recht?; **~ uomo sei?** was bist du für ein Mensch? **V.** *agg inv (esclamativo)* was für ein(e); **~ bella giornata!** was für ein schöner Tag!; **~ bello!** wie schön!; **~ stupido sono stato!** wie dumm ich doch gewesen bin! **VI.** *cong +conj* ① *(con proposizioni subordinate)* dass; *(affinché)* damit; **è ora ~ tu vada** es wird Zeit, dass du gehst; **c'era un'afa ~ non si respirava** es war so schwül, dass man kaum atmen konnte; **in modo ~** so, dass; **sempre ~** vorausgesetzt, dass ② *(temporale, eccettuativo, in comparazioni)* als; **è andata meglio ~ non credessi** es ging besser, als ich gedacht hatte; **nonostante ~** obwohl; **prima ~** bevor; **ogni volta ~** jedes Mal, wenn ③ *(limitativo)* soweit; **~ io sappia non è ancora arrivato** soviel ich weiß, ist er noch nicht angekommen; **non fa altro ~ brontolare** er/sie meckert andauernd; **~ vada!** dann soll er/sie doch gehen!; **~ tu lo voglia o no, è lo stesso** ob du [es] willst oder nicht ist egal; **sia ~ ..., sia ~ ...** ob ... oder ..., sei es, dass ... oder ...; **~ mi sia sbagliato?** sollte ich mich getäuscht haben?; **~ nessuno osi entrare!** dass mir keiner hereinkommt!
ché [ke] *cong (poet)* weil, da
checca ['kekka] <-cche> *f (sl)* Tunte *f*
checché [kek'ke] *pron rel o pron indef* was auch immer
check-in ['tʃek'in] <-> *m* AERO Check-in-Schalter *m;* **fare il ~** einchecken
check panel ['tʃek 'pænl] <-> *m* MOT Kontrolltafel *f*
checkpoint ['tʃek'pɔint] <-> *m* ① *(posto di blocco)* Kontrollposten *m,* Checkpoint *m* ② AERO *(punto di riferimento noto)* Kontrollpunkt *m*
checks and balances ['tʃeks ən(d) 'bælənsiz] *mpl* JUR, POL *(sistema istituzionale)* Gewaltenteilung *f (Kontrolle und Teilung der Staatsgewalt in demokratischen Ordnungen)*
check-up ['tʃekʌp *o* tʃe'kap] <-> *m* MED gründliche Untersuchung, Check-up *m*
cheerleader ['tʃi:rlider] <-> *mf* Cheerleader(in) *m(f)*
cheese-burger ['tʃi:zbə:gə] <-> *m* Cheeseburger *m*
chef [ʃɛf] <-> *m* Chefkoch *m*
chela ['kɛ:la] *f* Schere *f* [von Schalentieren]
chemioterapia [kemiotera'pi:a] <-ie> *f* Chemotherapie *f*
chemisier [ʃəmi'zje] <-> *m* Hemdblusenkleid *nt*
chepì [ke'pi] <-> *m* Käppi *nt,* Schiffchen *nt*
chèque [ʃɛk] <-> *m* Scheck *m*
cheratina [kera'ti:na] *f* Keratin *nt*
cherigma [ke'rigma] *m* REL Kerygma *nt*
cherigmatico, -a [kerig'ma:tiko] <-ci, -che> *agg* REL kerygmatisch
cherosene [kero'zɛ:ne] *m* Kerosin *nt*
cherubino [keru'bi:no] *m* REL Cherub[im] *m*
chetare [ke'ta:re] **I.** *vt* beruhigen **II.** *vr* **-rsi** sich beruhigen
chetichella [keti'kɛlla] *f* **alla ~** heimlich, in aller Stille
cheto, -a ['ke:to] *agg* still, ruhig; **acqua -a** *(fig)* stilles Wasser; **acqua -a rompe i ponti** *(prov)* stille Wasser sind tief
chewing gum ['tʃu:iŋgʌm] <-> *m* Kaugummi *nt o m*
chi [ki] **I.** *pron rel* ① *(soggetto)* derjenige, der [*o* welcher]/diejenige, die [*o* welche]/dasjenige, das [*o* welches]; **si salvi ~ può** rette sich, wer kann ② *(accusativo)* denjenigen, den/diejenige, die/dasjenige, das; **parlane a ~ vuoi** sag es, wem du willst **II.** *pron indef* ① *(soggetto)* jemand, einer; **~ dice una cosa, ~ un'altra** der eine sagt dies, der andere das ② *(oggetto)* wen; **~ si**

vede! so trifft man sich! **III.** *pron inter* ① *(soggetto)* wer; **~ c'è?** wer ist da? ② *(accusativo)* wen; *(dativo)* wem; **di ~ hai paura?** vor wem hast du Angst?; **di ~ è questo giornale?** wem gehört diese Zeitung?; **a ~ telefoni?** wen rufst du an?; **con ~ esci?** mit wem gehst du aus?

chiaccherato, -a [kiakke'ra:to] *agg* im Gerede; **è una ragazza molto -a** über das Mädchen wird viel getratscht

chiacchiera ['kiakkiera] *f* ① *pl (conversazione)* Plauderei *f,* Schwätzchen *nt; (pej)* Geschwätz *nt;* **fare quattro -e** *(fam)* ein Schwätzchen halten ② *(loquacità)* Geschwätzigkeit *f* ③ *(notizia infondata)* Gerede *nt,* Klatsch *m;* **tutte -e!** alles Geschwätz! ④ *pl* GASTR Baiser *nt*

chiacchierare [kiakkie'ra:re] *vt* ① *(parlare)* plaudern, schwatzen ② *(pej: spettegolare)* klatschen, tratschen *fam*

chiacchierata [kiakie'ra:ta] *f* Plausch *m,* Plauderei *f*

chiacchiericcio [kiakkie'rittʃo] <-cci> *m* ① *(chiacchierio, parlottio)* Geplauder *nt* ② *(pettegolezzo)* Gerede *nt,* Tratsch *m,* Klatsch *m*

chiacchierino, -a [kiakie'ri:no] **I.** *agg* redselig, geschwätzig **II.** *m, f* Plappermaul *nt fam*

chiacchierio [kiakie'ri:o] <-ii> *m (diceria)* Gerede *nt; (rumore)* Gemurmel *nt*

chiacchierone, -a [kiakie'ro:ne] **I.** *agg* ① *(che chiacchiera molto)* geschwätzig, redselig ② *(che non sa tenere un segreto)* klatschhaft, schwatzhaft **II.** *m, f* ① *(chi chiacchiera molto)* Schwätzer *m fam,* Plaudertasche *f* ② *(chi non sa tenere un segreto)* Klatschmaul *nt*

chiama ['kia:ma] *f* [Namens]aufruf *m*

chiamare [kia'ma:re] **I.** *vt* ① *(gener)* rufen; **mandare a ~ qu** jdn rufen lassen; **~ qu per nome** jdn mit seinem Namen ansprechen; **~ a raccolta** zusammenrufen; **~ aiuto** um Hilfe rufen; **~ alle armi** zu den Waffen rufen; *(servizio di leva)* einberufen; **~ in giudizio** JUR vor Gericht laden; **~ in causa** *(fig)* in etw *akk* hineinziehen ② *(telefonare)* anrufen ③ *(dare nome)* [be]nennen; **~ qc** etw [be]nennen, einer Sache *dat* einen Namen geben; **~ le cose col loro [vero] nome** die Dinge beim Namen nennen ④ *(a una carica)* ernennen, berufen **II.** *vr* **-rsi** *(aver nome)* heißen; *(considerarsi)* sich nennen; **come ti chiami?** wie heißt du?

chiamata [kia'ma:ta] *f* ① TEL Anruf *m,* Telefongespräch *nt;* **~ interurbana** Ferngespräch *nt* ② MIL Einberufung *f* ③ JUR Vorladung *f* ④ TYP Verweis *m*

chianti ['kianti] <-> *m* Chianti *m (Rotwein aus der Toskana)*

chiappa ['kiappa] *f (vulg)* Arschbacke *f*

chiappare [kiap'pa:re] *vt (fam)* ① *(afferrare)* schnappen, packen ② *(sorprendere)* erwischen

chiara ['kia:ra] *f (fam)* Eiweiß *nt,* Eiklar *nt* A

chiaretto [kia'retto] *m* heller Wein; *(rosé)* Rosé[wein] *m*

chiarezza [kia'rettsa] *f* ① *(fig: lucidità)* Klarheit *f,* Deutlichkeit *f* ② *(di cielo)* Klarheit *f; (d'acqua)* Reinheit *f*

chiarificare [kiarifi'ka:re] *vt* ① *(liquido)* klären ② *(fig: chiarire)* klarstellen; *(spiegare)* erläutern, erklären

chiarificatore [kiarifika'to:re] *m* Klärmittel *nt; (recipiente)* Klärgefäß *nt*

chiarificazione [kiarifikat'tsio:ne] *f* ① *(fig: chiarimento)* Erklärung *f,* Erläuterung *f* ② *(di liquido)* Klärung *f*

chiarimento [kiari'mento] *m* Erklärung *f,* Erläuterung *f*

chiarire [kia'ri:re] <chiarisco> **I.** *vt* ① *(spiegare)* erläutern, erklären; *(situazione)* klären, klarstellen; *(dubbio)* aus der Welt schaffen; *(faccenda a)* bereinigen ② *(oro, argento)* putzen; *(lucidare)* polieren **II.** *vr* **-rsi** ① *(diventare chiaro)* sich aufklären ② *(procurarsi chiarezza)* **-rsi di qc** sich *dat* über etw *akk* Klarheit verschaffen

chiarissimo, -a [kia'rissimo] *agg Anrede für eine(n) Professor(in)*

chiaro ['kia:ro] **I.** *m* Helle(s) *nt; (luce)* Licht *nt,* Helligkeit *f;* **al ~ di luna** bei Mondschein; **vestire di ~** hell gekleidet sein; **mettere in ~ una questione** eine Angelegenheit klarstellen **II.** *avv* offen; **parlar ~** offen reden; **vederci ~ in qc** etw durchschauen; **~ e tondo** klipp und klar

chiaro, -a *agg* ① *(giorno, cielo, acqua)* klar; *(colore, suoni, voce)* hell; **blu/verde ~** hellblau/-grün ② *(fig: netto, deciso, comprensibile)* klar; **un no ~ e tondo** ein klares Nein; **~ come la luce del sole** sonnenklar; **ma è ~!** das ist doch klar!; **è ~ che più ~ non si può!** das ist so klar wie sonst was!

chiarore [kia'ro:re] *m* Schein *m*

chiaroscuro [kiaros'ku:ro] *m* ① *(tecnica)* Helldunkelmalerei *f* ② *(fig: della vita)* Wechselfälle *mpl; (contrasto)* Kontrast *m*

chiaroveggente [kiaroved'dʒɛnte] **I.** *agg* hellseherisch **II.** *mf* Hellseher(in) *m(f)*

chiaroveggenza [kiaroved'dʒɛntsa] *f* ① *(preveggenza)* Hellsehen *nt* ② *(fig: perspicacia)* Scharfblick *m*

chiasmo ['kiasmo] *m* LING *(figura retorica)* Chiasmus *m*

C

C

chiassata [kias'sa:ta] *f* Theater *nt fam; (rumore)* Lärm *m; (lite)* Krach *m fam*

chiasso ['kiasso] *m (rumore)* Krach *m,* Lärm *m;* **fare un ~ del diavolo** *(fam)* einen Höllenlärm machen; **l'articolo ha fatto ~** *(fig)* der Artikel hat Aufsehen erregt

chiassoso, -a [kias'so:so] *agg* ① *(persone, luoghi)* laut ② *(colore)* grell

chiatta ['kiatta] *f (traghetto)* Fähre *f; (per trasporto merci)* Lastkahn *m*

chiavarda [kia'varda] *f* Bolzen *m*

chiavare [kia'va:re] *vt (vulg)* vögeln, ficken

chiave[1] ['kia:ve] *f (a. fig)* Schlüssel *m; (punto strategico)* Schlüsselpunkt *m;* **~ di ricerca** INFORM Suchausdruck *m;* **~ di volta** ARCH Schlussstein *m,* Scheitelstein *m; (fig)* Grundlage *f,* Basis *f;* **~ inglese** TEC Engländer *m;* **chiudere a ~** abschließen, absperren A; **mettere sotto ~** unter Verschluss halten; **-i in mano** *(casa)* schlüsselfertig, bezugsfertig; **la ~ di un enigma** *(fig)* eines Rätsels Lösung

chiave[2] *agg inv* Schlüssel-; **personaggio ~** Schlüsselfigur *f*

chiavetta [kia'vetta] *f (di giocattolo)* [Aufzieh]schlüssel *m; (per condutture)* [Gas-, Wasser]hahn *m;* **~ d'accensione** Zündschlüssel *m*

chiavica ['kia:vika] <-che> *f* ① *(fogna)* Abzugskanal *m* ② *(in idraulica)* Schleuse *f;* **topo di ~** Kanalratte *f*

chiavistello [kiavis'tɛllo] *m* Riegel *m*

chiazza ['kiattsa] *f* Fleck *m; (di liquidi a)* Klecks *m*

chiazzare [kiat'tsa:re] *vt* beflecken; *(con liquidi a)* beklecksen

chic [ʃik] **I.** *agg inv* schick, elegant **II.** *m* <-> Schick *m,* Eleganz *f*

chicca ['kikka] <-cche> *f* ① *(linguaggio infantile)* Süßigkeit *f,* Süße(s) *nt,* Bonbon *m o nt,* Zuckerl *nt* A ② *(fig: cosa squisita)* Schmuckstück *nt*

chicchera ['kikkera] *f* Tasse *f,* Schale *f,* Häferl *nt* A

chicchessia [kikkes'si:a] <inv> *pron indef* wer auch immer

chicchirichì [kikkiri'ki] <-> *m (verso del gallo)* Kikeriki *nt*

chicco ['kikko] <-cchi> *m* ① BOT *(di grano, riso)* Korn *nt; (di caffè)* Bohne *f* ② *(di grandine)* Korn *nt; (di un vezzo)* Perle *f*

chiedere ['kiɛ:dere] <chiedo, chiesi, chiesto> **I.** *vt* ① *(per sapere)* fragen nach; **~ qc a qu** jdn etw fragen; **~ il prezzo di qc** nach dem Preis von etw fragen; **~ notizie di qu** sich nach jdm erkundigen ② *(per avere)* bitten um, erbitten; **~ un favore a qu** jdn um einen Gefallen bitten; **~ la mano di una ragazza** um die Hand eines Mädchens anhalten **II.** *vi* fragen; **~ a qu di qc** sich bei jdm nach etw erkundigen

chierica ['kie:rika] <-che> *f* Tonsur *f*

chierichetto [kieri'ketto] *m* Messdiener *m,* Ministrant *m*

chierico ['kie:riko] <-ci> *m* Geistliche(r) *m*

chiesa ['kiɛ:za] *f* Kirche *f*

chiesi ['kiɛ:si *o* 'kiɛ:zi] *1. pers sing pass rem di* **chiedere**

chiesto ['kiɛsto] *pp di* **chiedere**

Chieti *f* Chieti *nt (Stadt in den Abruzzen)*

chietino, -a [kie'ti:no] **I.** *agg* aus Chieti stammend **II.** *m, f (abitante)* Einwohner(in) *m(f)* von Chieti

chifel ['ki:fel] <-> *m* Hörnchen *nt,* Kipfe[r]l *m* A

chiffon [ʃi'fɔ̃] <-> *m* Chiffon *m*

chiglia ['kiʎʎa] <-glie> *f* Kiel *m*

chignon [ʃi'njɔ̃] <-> *m* [Haar]knoten *m,* Dutt *m*

chilo ['ki:lo] *m abbr di* **chilogrammo** Kilo *nt*

chilocaloria [kilokalo'ri:a] *f* Kilokalorie *f*

chilociclo [kilo'tʃi:klo] *m* Kilohertz *nt*

chilogrammo [kilo'grammo] *m* Kilogramm *nt*

chilohertz [kilo'ɛrts] *m* Kilohertz *nt*

chilometraggio [kilome'traddʒo] <-ggi> *m* zurückgelegte Kilometerzahl; *(tasso di rimborso)* Kilometergeld *nt*

chilometrico, -a [kilo'mɛ:triko] <-ci, -che> *agg* ① *(di chilometro)* Kilometer-; *(percorso)* kilometrisch ② *(fig: interminabile)* unendlich lang

chilometro [ki'lɔ:metro] *m* Kilometer *m*

chiloton [kilo'tɔ:n] *v.* **chilotone**

chilotone [kilo'tɔ:ne] *m* PHYS *(unità di misura)* Kilotonne *f*

chilowatt [kilo'vat *o* 'ki:lovat] *m* Kilowatt *nt*

chilowattora [kilovat'to:ra] <-> *m* Kilowattstunde *f*

chimera [ki'mɛ:ra] *f* ① *(fig: fantasticheria)* Hirngespinst *nt* ② *(in mitologia)* Schimäre *f*

chimerico, -a [ki'mɛ:riko] <-ci, -che> *agg* fantastisch, unwirklich

chimica ['ki:mika] <-che> *f* Chemie *f*

chimico, -a ['ki:miko] <-ci, -che> **I.** *agg* chemisch; **concime ~** Kunstdünger *m* **II.** *m, f* Chemiker(in) *m(f)*

chimo ['ki:mo] *m* Speisebrei *m,* Chymus *m*

chimono [ki'mɔ:no] <-> *m* Kimono *m*

china[1] ['ki:na] <-> *f (inchiostro)* Tusche *f*

china[2] *f (pendio)* Abhang *m,* Lehne *f* A

chinare [ki'na:re] **I.** *vt (capo, volto)* neigen, beugen; *(sguardo, occhi)* senken; **~ il**

capo [o **la schiena**] *(fig)* sich beugen **II.** *vr* **-rsi** sich bücken

chinato, **-a** [ki'naːto] *agg* ① *(piegato)* gebeugt ② GASTR mit Chinarinde aromatisiert

chincaglieria [kiŋkaʎʎe'riːa] <-ie> *f* ① *pl (oggetti)* Trödel *m*, Kleinkram *m; (ninnoli)* Nippes *pl* ② *(negozio)* Trödelladen *m*

chinino [ki'niːno] *m* Chinin *nt*

chino, **-a** ['kiːno] *agg* gebeugt

chinotto [ki'nɔtto] *m* ① GASTR *Limonade aus Bitterorangen* ② BOT Bitterorange *f*, Bittermandarine *f*

chintz [tʃints] <-> *m* Chintz *m*

chioccia ['kiɔttʃa] <-cce> *f* Glucke *f*

chiocciare [kiot'tʃaːre] *vi* ① *(emettere il verso delle galline)* glucken ② *(fig: stare rannicchiato)* kauern

chiocciata [kiot'tʃaːta] *f* Brut *f*

chioccio, **-a** ['kiɔttʃo] <-cci, -cce> *agg (voce)* rau, knarrend

chiocciola ['kiɔttʃola] *f* ① ANAT, ZOO Schnecke *f;* **scala a** ~ Wendeltreppe *f* ② INFORM Klammeraffe *m (@-Symbol in einer Mail-Adresse)*

chiodato, **-a** [kio'daːto] *agg* genagelt, vernagelt; *(scarpe)* Nagel-

chiodo ['kiɔːdo] *m* ① *(da legno o metallo)* Nagel *m;* ~ **da roccia** Felshaken *m;* **mettere** [o **piantare**] **un** ~ einen Nagel einschlagen; **attaccare la bicicletta/i guantoni al** ~ *(fig)* SPORT den Radsport/die Boxhandschuhe an den Nagel hängen; **magro come un** ~ *(fig)* spindeldürr ② *(fig: idea fissa)* Tick *m*, fixe Idee ③ BOT **-i di garofano** Gewürznelken *f pl*

chioma ['kiɔːma] *f* ① *(poet: capigliatura)* Haar *nt;* ~ **folta** dichtes Haar ② ZOO Mähne *f* ③ BOT [Baum]krone *f*, Wipfel *m*

chiosa ['kiɔːza] *f* Glosse *f*

chiosare [kio'zaːre] *vt* glossieren

chiosco ['kiɔsko] <-schi> *m* Kiosk *m*

chiostro ['kiɔstro] *m* Kreuzgang *m; (convento)* Kloster *nt*

chip [tʃip] <-> *m* INFORM Chip *m*

chip set [tʃip 'sɛt] <-> *m* INFORM Chipset *nt*

chiromante [kiro'mante] *mf* Handliniendeuter(in) *m(f)*, Chiromant(in) *m(f)*

chiromanzia [kiroman'tsiːa] <-ie> *f* Handlesekunst *f*, Chiromantie *f*

chirurga *f v.* **chirurgo**

chirurgia [kirur'dʒiːa] <-gie> *f* Chirurgie *f;* ~ **plastica** plastische Chirurgie, Schönheitschirurgie *f*

chirurgico, **-a** [ki'rurdʒiko] <-ci, -che> *agg* chirurgisch; **intervento** ~ operativer Eingriff

chirurgo, **-a** [ki'rurgo] <-gi *o* -ghi, -ghe> *m, f* Chirurg(in) *m(f)*

chissà [kis'sa] *avv* wer weiß; ~ **chi verrà** wer weiß, wer kommen wird; ~ **quando/dove/mai** wer weiß, wann/wo/ob

chitarra [ki'tarra] *f* Gitarre *f;* **suonare la** ~ Gitarre spielen

chitarrista [kitar'rista] <-i *m*, -e *f*> *mf* Gitarrist(in) *m(f)*

chitina [ki'tiːna] *f* Chitin *nt*

chiudere ['kiuːdere] <chiudo, chiusi, chiuso> **I.** *vt* ① *(finestra, porta, valigia)* schließen, zumachen; *(libro, ombrello)* zuklappen, zumachen; *(acqua, gas)* abdrehen; *(mano)* schließen; *(pugno)* ballen; *(strada, passaggio)* [ver]sperren; *(radio)* abstellen; *(buco, falla)* zumachen; ~ **qc sotto chiave** etw unter Verschluss nehmen; ~ **la bocca** den Mund zumachen; *(fig)* den Mund halten; ~ **un occhio** *(fig)* ein Auge zudrücken; ~ **gli occhi** *(a. fig: morire)* die Augen schließen; **non** ~ **occhio tutta la notte** die ganze Nacht kein Auge zutun [können]; [**comando**] **chiudi** *(computer)* Beenden *nt* ② *(fig: lettera, scuole)* schließen, beenden; *(fabbrica)* stilllegen, auflassen A; ~ **le scuole** den Unterricht beenden; ~ **il corteo** den Schluss eines Zuges bilden ③ *(rinchiudere)* einsperren, einschließen **II.** *vi* ① *(porta, finestra)* schließen, zugehen ② *(scuola)* schließen; *(locale)* schließen, auflassen A; **il negozio chiude alle otto** das Geschäft schließt um acht ③ COM abschließen; ~ **in avanzo/perdita** mit Gewinn/Verlust abschließen **III.** *vr* **-rsi** ① *(scuola, locale)* schließen ② *(rinchiudersi)* sich verschließen; **-rsi in se stesso** sich in sich selbst zurückziehen ③ *(cielo)* sich bewölken, sich zuziehen

chiudiporta [kiudi'pɔrta] <-> *m* Türschließer *m*

chiunque [ki'uŋkue] <inv, solo al sing> *pron indef* ① *(qualunque persona)* jeder/jede/jedes; ~ **sia** egal, wer ② *(qualunque persona che)* wer auch immer

chiurlo ['kiurlo] *m* ① ZOO Brachschnepfe *f* ② TOSC *(fig: grullo)* Dummkopf *m*

chiusa ['kiuːsa] *f* ① *(di fiume, canale)* Schleuse *f* ② *(di lettera, discorso)* Schluss *m* ③ GEOG Talenge *f*

chiusi ['kiuːsi] *1. pers sing pass rem di* **chiudere**

chiuso ['kiuːso] *m* ① *(luogo riparato)* geschlossener Raum; **puzza di** ~ stickige Luft ② *(per animali)* Gehege *nt; (per ovini)* Pferch *m*

chiuso, **-a I.** *pp di* **chiudere II.** *agg* zu, geschlossen; *(naso)* zu, verstopft; *(fig)* verschlossen; **casa -a** Freudenhaus *nt;* **cielo** ~ bedeckter Himmel; **circolo** ~ geschlossene Gesellschaft; **persona -a** verschlossene

Person; **tenere la bocca -a** *(fig)* den Mund halten

chiusura [kiu'su:ra] *f* ❶ *(fine)* Schluss *m,* Ende *nt; (di attività)* Beendigung *f,* [Ab]schluss *m;* **l'orario di ~ dei negozi** die Ladenschlusszeit ❷ *(di strada)* Absperrung *f* ❸ *(serratura)* Verschluss *m;* **~ automatica** [*o* **a scatto**] Schnappverschluss *m;* **~ a strappo** Klett[en]verschluss *m;* **~ centralizzata** Zentralverriegelung *f;* **~ lampo** Reißverschluss *m*

chiusurista [kiusu'rista] <-i *m,* -e *f*> *mf Arbeitnehmer der letzten Schicht eines Arbeitstages*

ci [tʃi] **I.** *pron pers 1. pers pl* uns **II.** *pron rifl 1. pers pl* uns **III.** *pron dim* davon, daran; **non ~ pensare più** denk[e] nicht mehr daran **IV.** *pron indef* man; **~ si diverte** man amüsiert sich **V.** *avv* ❶ *(qui)* hier; *(moto)* hierhin; **c'è/ci sono …** es gibt … ❷ *(lì)* dort; *(moto)* dorthin ❸ *(per quel luogo)* hier durch

C.ia *abbr di* **compagnia** Co.

ciabatta [tʃa'batta] *f* ❶ *(pantofola)* Pantoffel *m,* Hausschuh *m,* Patschen *m* A; *(scarpa malandata)* Latsche *f fam;* **~ da mare** Badelatsche *f* ❷ *(fig, pej: cosa)* Lumpen *m; (persona)* heruntergekommene Person; **trattare qu come una ~** jdn wie den letzten Dreck behandeln *fam* ❸ *(forma di pane)* Ciabatta *f (knuspriges, flaches, langes Brot)*

ciabattare [tʃabat'ta:re] *vi* schlurfen, latschen *fam*

ciabattino, -a [tʃabat'ti:no] *m, f* ❶ *(chi ripara scarpe)* Flickschuster(in) *m(f)* ❷ *(fig: chi esegue male il lavoro)* Stümper(in) *m(f)*

ciabattone, -a [tʃabat'to:ne] *m, f* Schludrian *m,* Schlamper(in) *m(f) fam*

ciac [tʃak] **I.** *m* <-> FILM Klappe *f* **II.** *int* **~, si gira!** Achtung, Aufnahme!

cialda ['tʃalda] *f* ❶ Waffel *f* ❷ *(filtro di carta)* **~** [**di caffè**] [Kaffee]pad *nt*

cialdone [tʃal'do:ne] *m mit Sahne gefüllte Waffelrolle*

cialtrona *f v.* **cialtrone**

cialtronaggine [tʃaltro'naddʒine] *f (pej)* Pfuscherei *f,* Schlampigkeit *f,* Nachlässigkeit *f;* **questa è pura ~** das ist reine Pfuscherei; **vestirsi con ~** sich schlampig kleiden; **lavorare con ~** schlampig arbeiten

cialtronata [tʃaltro'na:ta] *f* Schlamperei *f; (bricconata)* Schelmenstreich *m,* Spitzbubenstreich *m*

cialtrone, -a [tʃal'tro:ne] *m, f (persona incapace)* Stümper(in) *m(f),* Dilettant(in) *m(f); (persona trasandata)* ungepflegter Mensch, Schlampe *f; (briccone)* Gauner *m*

cialtroneria [tʃaltrone'ri:a] <-ie> *f* Schlamperei *f; (bricconaggine)* Gaunerei *f,* Betrügerei *f*

ciambella [tʃam'bɛlla] *f* ❶ GASTR Kringel *m;* **non tutte le -e riescono col buco** *(prov)* es geht nicht immer alles nach Wunsch ❷ *(salvagente)* Rettungsring *m*

ciambellano [tʃambel'la:no] *m* Kammerherr *m,* Kämmerer *m*

ciancia ['tʃantʃa] <-ce> *f (fam: discorso vuoto)* Geschwätz *nt,* Unsinn *m; (pettegolezzo)* Tratsch *m; (fandonia)* Flause *f*

cianciare [tʃan'tʃa:re] *vi (fam)* schwafeln, faseln

ciancicare [tʃantʃi'ka:re] **I.** *vt* DIAL zerknittern, verknautschen **II.** *vi* ❶ *(biascicare)* stammeln ❷ *(mangiare)* mühsam kauen

ciancicone, -a [tʃantʃi'ko:ne] **I.** *agg* ❶ *(che balbetta)* stammelnd ❷ *(fig)* träge, schwerfällig, arbeitsunlustig **II.** *m, f* ❶ *(chi balbetta)* Stotterer *m,* Stotterin *f* ❷ *(chi lavora svogliatamente)* unmotivierte [*o* arbeitsunlustige] Person *f*

ciancione, -a [tʃan'tʃo:ne] **I.** *agg* schwatzhaft **II.** *m, f* Plaudertasche *f,* Plappermaul *nt*

cianfrugliare [tʃanfruʎ'ʎa:re] **I.** *vt* ❶ *(fare discorsi disordinati)* faseln, wirres Zeug reden ❷ *(lavorare in maniera imprecisa)* nachlässig arbeiten **II.** *vi* ❶ *(parlare)* faseln, schwafeln ❷ *(lavorare)* nachlässig arbeiten

cianfruglione, -a [tʃanfruʎ'ʎo:ne] *m, f* Wirrkopf *m*

cianfrusaglia [tʃanfru'zaʎʎa] <-glie> *f (fam)* Firlefanz *m,* Krimskrams *m*

ciangottare [tʃangot'ta:re] *vi* ❶ *(di persone)* lallen, brabbeln ❷ *(di uccelli)* zwitschern ❸ *(di acqua che gorgoglia)* murmeln, gurgeln

ciangottio [tʃangot'ti:o] <-ii> *m* ❶ *(chiacchericcio indistinto)* Brabbeln *nt,* Lallen *nt* ❷ *(di uccelli)* Zwitschern *nt* ❸ *(lieve gorgoglio dell'acqua)* Murmeln *nt,* Gurgeln *nt*

ciangottone, -a [tʃangot'to:ne] *m, f* Stotterer *m,* Stotterin *f*

cianidrico, -a [tʃa'ni:driko] <-ci, -che> *agg* Zyan-; **acido ~** Blausäure *f*

cianocopia [tʃano'kɔ:pia] *f* TYP Blaupause *f*

cianuro [tʃa'nu:ro] *m* Zyanid *nt*

ciao ['tʃa:o] *int* ❶ *(nell'incontrarsi)* hallo, grüß' dich ❷ *(nel lasciarsi)* tschüs, ade DIAL, servus A

ciaone [tʃa'o:ne] *int (scherz, pej) spöttisch-ironischer Gruß*

ciaramella [tʃara'mɛlla] *f* Schalmei *f*

ciarda ['tʃarda] *f* Csárdás *m*

ciarla ['tʃarla] *f* ❶ *(notizia falsa)* Gerücht *nt* ❷ *(chiacchiere)* Geschwätz *nt* ❸ *(loquacità)* Geschwätzigkeit *f*

ciarlare [tʃar'la:re] *vi (fam)* tratschen

ciarlataneria [tʃarlatane'ri:a] <-ie> *f* Scharlatanerie *f*
ciarlatano [tʃarla'ta:no] *m* Scharlatan *m*
ciarliero, -a [tʃar'liɛ:ro] *agg* geschwätzig, redselig
ciarpame [tʃar'pa:me] *m* Kram *m fam,* Gerümpel *nt*
ciascuno, -a [tʃas'ku:no] <sing> *agg o pron indef* jeder/jede/jedes; **a ~ il suo** jedem das Seine
cibare [tʃi'ba:re] **I.** *vt* ernähren, füttern **II.** *vr* **-rsi** sich ernähren; **-rsi di qc** sich von etw ernähren
cibarie [tʃi'ba:rie] *fpl* Lebensmittel *ntpl*
cibernetica [tʃiber'nɛ:tika] <-che> *f* Kybernetik *f*
cibo ['tʃi:bo] *m* Nahrung *f,* Speise *f; (per animali)* Futter *nt;* **non toccare ~** nichts essen, fasten; **il ~ dell'anima** *(fig)* Seelennahrung *f*
ciborio [tʃi'bɔ:rio] <-i> *m* Ziborium *nt; (ostensorio)* Monstranz *f*
cicala [tʃi'ka:la] *f* ZOO Zikade *f*
cicalare [tʃika'la:re] *vi* palavern *fam*
cicaleccio [tʃika'lettʃo] <-cci> *m* Palaver *nt fam*
cicatrice [tʃika'tri:tʃe] *f* Narbe *f*
cicatriziale [tʃikatrit'tsia:le] *agg* Narben-
cicatrizzare [tʃikatrid'dza:re] **I.** *vt* vernarben lassen **II.** *vr* **-rsi** vernarben, verheilen
cicatrizzazione [tʃikatriddzat'tsio:ne] *f* Vernarbung *f,* Narbenbildung *f*
cicca ['tʃikka] <-cche> *f* ❶ *(di sigaretta)* Kippe *f* ❷ *(da masticare)* Priem *m* ❸ *(loc)* **non valere una ~** *(fig)* keinen Pfifferling wert sein
ciccare [tʃik'ka:re] *vi* priemen
cicchetto [tʃik'ketto] *m* ❶ *(di vino, liquore)* Gläschen *nt;* **farsi un ~** sich *dat* einen genehmigen ❷ *(ramanzina)* Anpfiff *m,* Rüge *f*
ciccia ['tʃittʃa] <-cce> *f (fam)* Fleisch *nt; (a. fig)* Speck *m;* **avere troppa ~** zu viel Speck auf den Rippen haben
cicciolo ['tʃittʃolo] *m* ❶ GASTR Griebe *f,* Grammel *f* A ❷ MED Wucherung *f*
ciccione, -a [tʃit'tʃo:ne] *m, f (fam)* Fettwanst *m*
cicciotto, -a [tʃit'tʃotto] *agg* pummelig, dicklich
cicerone [tʃitʃe'ro:ne] *m* Fremdenführer *m*
cicisbeo [tʃitʃiz'bɛ:o] *m* ❶ HIST Galan *m* ❷ *(pej: vagheggino)* Frauenheld *m*
ciclabile [tʃi'kla:bile] *agg* mit dem Fahrrad befahrbar; **pista ~** Rad[fahr]weg *m*
ciclamino[1] [tʃikla'mi:no] *m* Alpenveilchen *nt*
ciclamino[2] *agg inv* zyklamfarben
ciclicità [tʃiklitʃi'ta] <-> *f* zyklischer Ablauf
ciclico, -a ['tʃi:kliko] <-ci, -che> *agg* zyklisch; LIT Zyklus-, Zyklen-
ciclismo [tʃi'klizmo] *m* Radsport *m*
ciclista [tʃi'klista] <-i *m,* -e *f*> *mf* [Fahr]radfahrer(in) *m(f);* SPORT Radrennfahrer(in) *m(f);* **pista riservata ai -i** [Fahr]radweg *m*
ciclistico, -a [tʃi'klistiko] <-ci, -che> *agg* Rad-
ciclo ['tʃi:klo] *m* ❶ *(gener)* Zyklus *m; (decorso)* Verlauf *m;* **~ biologico** biologischer Kreislauf; **~ mestruale** Periode *f;* **~ di vita** Lebensdauer *f* ❷ *(serie)* Reihe *f;* **~ di prova** Versuchsreihe *f;* **~ di trasmissioni** Sendereihe *f*
cicloalpinista [tʃikloalpi'nista] <-i *m,* -e *f*> *mf* SPORT Querfeldeinfahrer(in) *m(f),* Mountainbike-Fahrer(in)
cicloamatore, -trice [tʃikloama'to:re] *m, f* SPORT Amateurradsportler(in) *m(f)*
cicloanalista [tʃikloana'lista] <-i *m,* -e *f*> *mf* REFA-Spezialist(in) *m(f)*
ciclocampestre [tʃiklokam'pɛstre] *agg* Geländerad-
ciclocross [tʃiklo'krɔs] <-> *m* Geländeradrennen *nt*
ciclomanzia [tʃikloman'tsi:a] <-ie> *f* Parapsychologie *f,* übernatürliche Fähigkeiten *fpl*
ciclomotore [tʃiklomo'to:re] *m* Kleinkraftrad *nt,* Moped *nt*
ciclonauta [tʃiklo'na:uta] <-i> *m* SPORT Zeitfahrer(in) *m(f)*
ciclone [tʃi'klo:ne] *m* METEO Zyklon *m; (tempesta)* Wirbelsturm *m*
ciclonico, -a [tʃi'klɔ:niko] <-ci, -che> *agg* ❶ METEO Tiefdruck- ❷ *(fig: esuberante)* stürmisch, bewegt
ciclope [tʃi'klɔ:pe] *m* Zyklop *m*
ciclopico, -a [tʃi'klɔ:piko] <-ci, -che> *agg* riesig, gewaltig
ciclopista [tʃiklo'pista] *f* Rad[fahr]weg *m*
cicloraduno [tʃiklora'du:no] *m* Radfahrertreffen *nt*
ciclostilare [tʃiklosti'la:re] *vt* hektografieren
ciclostile [tʃiklos'ti:le] *m* Hektograf *m*
cicloturismo [tʃiklotu'rizmo] *m* Radwandern *nt,* Radtourismus *m*
cicloturista [tʃiklotu'rista] <-i *m,* -e *f*> *mf* Radwanderer *m*/-wanderin *f,* Fahrradtourist(in) *m(f)*
cicloturistico, -a [tʃiklotu'ristiko] <-ci, -che> *agg* Fahrrad-, Radwander-; **giro ~** Fahrradausflug *m*
cicogna [tʃi'koɲɲa] *f* Storch *m*
cicoria [tʃi'kɔ:ria] <-ie> *f* ❶ BOT Wegwarte *f* ❷ GASTR *(insalata)* Chicorée *f o m,* Schi-

koree *f o m; (surrogato del caffè)* Zichorie[nkaffee *m*] *f*

cicuta [tʃi'kuːta] *f* ① *(veleno)* Schierlingsgift *nt* ② BOT Schierling *m*

cieco, -a ['tʃɛːko] <-chi, -che> **I.** *agg (a. fig)* blind; **diventare ~** erblinden; **essere ~ da un occhio** auf einem Auge blind sein; **alla -a** *(fig)* blindlings; **ubbidienza -a** *(fig)* blinder Gehorsam; **vicolo ~** *(a. fig)* Sackgasse *f* **II.** *m, f* Blinde(r) *f(m)*; **nel regno dei -chi [anche] un guercio è re** *(prov)* unter den Blinden ist der Einäugige König

cielo ['tʃɛːlo] **I.** *m* ① *(a. fig)* REL Himmel *m*; MIL, ADM Luftraum *m*; **essere al settimo ~** *(fig)* im siebten Himmel sein; **toccare il ~ con un dito** *(fig)* überglücklich sein; **muovere ~ e terra per ottenere qc** *(fig)* Himmel und Erde in Bewegung setzen um etw zu erreichen; **non sta né in ~ né in terra** *(fig)* das hat die Welt noch nicht gesehen *fam*; **sotto altri -i** *(fig)* unter anderen Sternen; **per l'amore del ~!** um Himmels Willen!; **~ a pecorelle, acqua a catinelle** *(prov)* Schäfchenwolken kündigen Regen an ② ASTR Sphäre *f* **II.** *int (fam)* [du lieber] Himmel

cifra ['tʃiːfra] *f* ① MAT Ziffer *f*, Zahl *f*; **numero di tre -e** dreistellige Zahl ② COM Summe *f*; **~ d'affari** Umsatz *m* ③ *(monogramma)* Monogramm *nt* ④ *(scrittura segreta)* Chiffre *f*, Geheimschrift *f*

cifrare [tʃi'fraːre] *vt* ① *(fazzoletti, lenzuola)* mit einem Monogramm versehen ② *(messaggio, testo)* chiffrieren, codieren

cifrario [tʃi'fraːrio] <-i> *m* Code *m*

cifratura *f* INFORM Verschlüsselung *f*

CIGA ['tʃiːga] *f acro di* **Compagnia Italiana dei Grandi Alberghi** *Verband italienischer erster Klasse Hotels*

ciglio[1] ['tʃiʎʎo] <-gli> *m (orlo)* Rand *m*

ciglio[2] <*pl*: -glia *f*> *m* ANAT, ZOO Wimper *f*; *(sopracciglio)* [Augen]braue *f*; **aggrottare/alzare le -glia** die Brauen zusammenziehen/heben; **non batter ~** *(fig)* nicht mit der Wimper zucken

ciglionamento [tʃiʎʎona'mento] *m* Anlage *f* von Erdterrassen

ciglione [tʃiʎ'ʎoːne] *m (di precipizio)* Rand *m*

cigno ['tʃiɲɲo] *m* Schwan *m*

cigolare [tʃigo'laːre] *vi* quietschen, knarren

cigolio [tʃigo'liːo] <-ii> *m* Quietschen *nt*, Knarren *nt*

Cile ['tʃiːle] *m* **il ~** Chile *nt*

cilecca [tʃi'lekka] *f* **far ~** MIL *(fam)* vorbeischießen, danebentreffen; *(fig)* versagen, auslassen A

cileno, -a [tʃi'lɛːno] **I.** *agg* chilenisch **II.** *m, f* Chilene *m*/Chilenin *f*

ciliare [tʃi'liaːre] *agg* Wimpern-

cilicio [tʃi'liːtʃo] <-ci> *m (cintura)* Bußgürtel *m*

ciliegia [tʃi'liɛːdʒa] <-ge *o* -gie> *f* Kirsche *f*

ciliegio [tʃi'liɛːdʒo] <-gi> *m* Kirschbaum *m*; *(legno)* Kirschbaumholz *nt*

cilindrata [tʃilin'draːta] *f* Hubraum *m*; **macchina di piccola ~** Kleinwagen *m*; **macchina di media ~** Mittelklassewagen *m*; **macchina di grossa ~** Wagen *m* der gehobenen Klasse

cilindrico, -a [tʃi'lindriko] <-ci, -che> *agg* zylindrisch

cilindro [tʃi'lindro] *m* ① MAT, MOT Zylinder *m* ② TEC Walze *f* ③ *(cappello)* Zylinder[hut] *m*

cima ['tʃiːma] *f* ① *(vertice)* Spitze *f*; *(di montagna)* Gipfel *m*; *(di albero)* Wipfel *m*, Krone *f*; **-e di rapa** Rübengrün *nt*; **da ~ a fondo** von Anfang bis Ende, von oben bis unten; *(fig)* durch und durch; **raggiungere la ~** *(a. fig)* den Gipfel erreichen ② *(fam: campione)* Ass *nt*

cimasa [tʃi'maːza] *f* Sims *m o nt*

cimbrico, -a ['tʃimbriko] <-ci, -che> *agg* kimbrisch

cimelio [tʃi'mɛːlio] <-i> *m* Reliquie *f*; *(ricordo)* Andenken *nt*

cimentare [tʃimen'taːre] **I.** *vt (rischiare)* aufs Spiel setzen; *(mettere alla prova)* auf die Probe stellen **II.** *vr* ① *(impegnarsi)* **-rsi in qc** etw wagen ② *(misurarsi)* **-rsi con qu** sich mit jdm messen

cimento [tʃi'mento] *m (rischio)* Wagnis *nt*; *(prova)* Probe *f*

cimice ['tʃiːmitʃe] *f* ① ZOO Wanze *f* ② *(puntina da disegno)* Reißzwecke *f*

cimiero [tʃi'miɛːro] *m* Helmschmuck *m*, -busch *m*

ciminiera [tʃimi'niɛːra] *f* Schornstein *m*

cimiteriale [tʃimite'riaːle] *agg* Friedhofs-

cimitero [tʃimi'tɛːro] *m* Friedhof *m*; **~ delle automobili** Autofriedhof *m*

cimosa [tʃi'moːsa] *f* ① *(per lavagna)* Tafellappen *m* ② *(di stoffa)* Webkante *f*

cimurro [tʃi'murro] *m* ZOO Staupe *f*

Cina ['tʃiːna] *f* China *nt*

cinabro [tʃi'naːbro] *m* ① MIN Zinnober *m* ② *(colore)* Zinnoberrot *nt* ③ *(rossetto)* Lippenstift *m*

cinciallegra [tʃintʃal'leːgra] *f* Kohlmeise *f*

cincilla [tʃin'tʃilla] <-> *m*, **cincillà** [tʃintʃi'la] <-> *m* ① ZOO Chinchilla *f o nt* ② *(pelliccia)* Chinchilla *m*

cincin, cin cin [tʃin'tʃin] *int (fam)* prost

cincischiare [tʃintʃis'kiaːre] **I.** *vt* ① *(spiegazzare)* zerknittern ② *(tagliuzzare)*

schnipseln, schnippeln *fam* ❸ *(fig: smozzicare le parole)* stammeln **II.** *vi (fam)* trödeln, bummeln
cine ['tʃiːne] <-> *m (fam)* Kino *nt*
cineamatore, **-trice** [tʃineama'toːre] *m, f* Amateurfilmer(in) *m(f)*
cineasta [tʃine'asta] <-i *m*, -e *f*> *mf* Filmemacher(in) *m(f)*
cinecassetta [tʃinekas'setta] *f* Filmkassette *f*
cinecittà [tʃinetʃit'ta] <-> *f* Filmstadt *f,* Filmstudios *ntpl*
cineclub [tʃine'klub] *m* Filmklub *m*
cinedilettante [tʃinedilet'tante] *mf* Filmamateur(in) *m(f)*
cineforum [tʃine'fɔːrum] <-> *m* Filmforum *nt*
cinegiornale [tʃinedʒor'naːle] *m* Wochenschau *f*
cinello [tʃi'nɛllo] *m bes pl* MUS *(obs)* Becken *nt*
cinema ['tʃiːnema] <-> *m* ❶ *(locale)* Kino *nt* ❷ *(arte)* Kino *nt,* Filmkunst *f*
cinéma d'essai [sine'ma de'sɛ *o* 'tʃinema des'se] <-> *m* Experimentalkino *nt; (locale)* Programmkino *nt*
cinemascope® ['siniməskoup *o* 'tʃinemas'kɔp(e)] <-> *m* Cinemascope® *nt*
cinematica [tʃine'maːtika] *f* Kinematik *f*
cinematico, **-a** [tʃine'maːtiko] <-ci, -che> *agg* PHYS kinematisch
cinematografare [tʃinematogra'faːre] *vt* filmen
cinematografia [tʃinematogra'fiːa] *f* ❶ *(arte)* Filmkunst *f,* Kino *nt* ❷ *(industria)* Filmindustrie *f*
cinematografico, **-a** [tʃinemato'graːfiko] <-ci, -che> *agg* Film-, Kino-
cinematografo [tʃinema'tɔːgrafo] *m* ❶ *(locale)* Kino *nt,* Lichtspielhaus *nt* ❷ *(arte)* Film *m,* Filmkunst *f,* Kino *nt*
cineoperatore, **-trice** [tʃineopera'toːre] *m, f* Filmer *m,* Kameramann *m*
cinepresa [tʃine'preːsa] *f* Filmkamera *f*
cinerama® [tʃine'raːma] <-> *m* Cinerama® *nt*
cinerario, **-a** [tʃine'raːrio] <-i, -ie> *agg* Aschen-
cineromanzo [tʃinero'mandzo] *m* Fotoroman *m*
cinese [tʃi'neːze] **I.** *agg* chinesisch **II.** *mf* Chinese *m/*Chinesin *f* **III.** *m* Chinesisch(e) *nt;* **per me è ~** *(fig)* ich verstehe nur Bahnhof
cinesina [tʃine'ziːna] *f bes pl Frauenschuh mit flachem Absatz*
cinesiologia [tʃineziolo'dʒiːa] <-ie> *f* MED Kinesiologie *f,* Bewegungslehre *f*
cinesiologo, **-a** [tʃine'ziɔːlogo] <-ghi *o* -gi, -ghe> *m, f* Kinesiologe *m/*Kinesiologin *f*
cinesiterapia [tʃinezitera'piːa] *f* Bewegungstherapie *f,* Kinesiotherapie *f*
cinesiterapista [tʃinezitera'pista] <-i *m*, -e *f*> *mf* Bewegungstherapeut(in) *m(f),* Kinesiotherapeut(in)
cineteca [tʃine'tɛːka] <-che> *f* Filmarchiv *nt*
cinetica [tʃi'nɛːtika] <-che> *f* Kinetik *f*
cinetico, **-a** [tʃi'nɛːtiko] <-ci, -che> *agg* kinetisch
cingere ['tʃindʒere] <cingo, cinsi, cinto> **I.** *vt* ❶ *(circondare)* umschließen, umgeben; **~ d'assedio** MIL belagern ❷ *(avvolgere)* umhüllen ❸ *(con le braccia)* umarmen **II.** *vr* **-rsi** sich umgürten mit; **-rsi una fascia intorno alla vita** sich *dat* eine Schärpe um die Taille legen
cinghia ['tʃiŋgia] <-ghie> *f* Riemen *m; (cintura)* Gürtel *m,* Gurt *m;* **~ trapezoidale** Keilriemen *m;* **tirare** [*o* **stringere**] **la ~** *(fig)* den Gürtel enger schnallen
cinghiale [tʃiŋ'giaːle] *m* ❶ ZOO Wildschwein *nt* ❷ *(pelle)* Schweinsleder *nt*
cingo ['tʃiŋgo] *1. pers sing pr di* **cingere**
cingolato, **-a** [tʃiŋgo'laːto] *agg* Raupen-, Ketten-
cingolo ['tʃiŋgolo] *m* ❶ MOT Raupenkette *f* ❷ REL Zingulum *nt*
cinguettare [tʃiŋguet'taːre] *vi* zwitschern
cinguettio [tʃiŋguet'tiːo] <-ii> *m* Gezwitscher *nt*
cinico, **-a** ['tʃiːniko] <-ci, -che> **I.** *agg* zynisch **II.** *m, f* Zyniker(in) *m(f)*
ciniglia [tʃi'niʎʎa] <-glie> *f* Chenille *f*
cinismo [tʃi'nizmo] *m* Zynismus *m*
cinofila *f v.* **cinofilo**
cinofilia [tʃinofi'liːa] *f* Hundeliebhaberei *f*
cinofilo, **-a** [tʃi'nɔːfilo] **I.** *agg* hundefreundlich **II.** *m, f* Hundefreund(in) *m(f)*
cinquanta [tʃiŋ'kuanta] **I.** *num* fünfzig **II.** *m* <-> Fünfzig *f;* **gli anni ~** die Fünfzigerjahre; **essere sui ~** um die fünfzig sein; **avere passato i ~** über fünfzig sein, die fünfzig überschritten haben
cinquantenario [tʃiŋkuante'naːrio] <-i> *m* Fünfzigjahrfeier *f*
cinquantenne [tʃiŋkuan'tɛnne] **I.** *agg* fünfzigjährig **II.** *mf* Fünfzigjährige(r) *f(m)*
cinquantennio [tʃiŋkuan'tɛnnio] <-i> *m* Zeitraum *m* von fünfzig Jahren
cinquantesimo [tʃiŋkuan'tɛːzimo] *m (frazione)* Fünfzigstel *nt*
cinquantesimo, **-a** **I.** *agg* fünfzigste(r, s) **II.** *m, f* Fünfzigste(r, s) *f(m, nt); v. a.* **quinto**
cinquantina [tʃiŋkuan'tiːna] *f* **una ~** [**di …**] [etwa] fünfzig […]; **essere sulla ~** an [*o* um] die fünfzig sein

cinque ['tʃiŋkue] **I.** *num* fünf; **capitolo/pagina ~** Kapitel/Seite fünf; **tre più due fa ~** drei plus zwei macht fünf; **siamo in ~** wir sind zu fünft; **a ~ a ~** in Fünferreihen, zu [jeweils] fünfen; **ho ~ anni** ich bin fünf Jahre [alt]; **di ~ anni** fünfjährig; **ogni ~ anni** alle fünf Jahre; **~ volte** fünfmal **II.** *m* <-> ① *(numero)* Fünf *f;* **abita al [numero] ~** er/sie wohnt in Nummer fünf; **il [tram numero] ~** die [Straßenbahnlinie] Fünf ② *(nelle date)* Fünfte(r) *m;* **oggi è il ~ agosto** heute ist der fünfte August; **arriverò il ~** ich komme am Fünften; **arriverò il ~ maggio** ich komme am fünften Mai; **Roma, [il] ~ dicembre 2014** Rom, den fünften Dezember 2014 ③ *(voto scolastico)* ≈ mangelhaft, Fünf; **prendere un ~** eine Fünf bekommen ④ *(nei giochi a carte)* **il ~ di cuori** die Herzfünf **III.** *f pl* fünf Uhr; **alle ~** um fünf [Uhr]; **sono le ~ [del mattino/pomeriggio]** es ist fünf Uhr [morgens/nachmittags]; **sono le ~ in punto** es ist genau fünf Uhr; **sono le quattro meno ~** es ist fünf [Minuten] vor vier [Uhr]; **sono le ~ e mezzo** es ist halb sechs

cinquecentenario [tʃiŋkuetʃente'na:rio] <-ri> *m* Fünfhundertjahrfeier *f*

cinquecentesco, -a [tʃiŋkuetʃen'tesko] <-schi, -sche> *agg* aus dem sechzehnten Jahrhundert

cinquecentista [tʃiŋkuetʃen'tista] <-i *m*, -e *f*> *mf* Künstler(in) *m(f)* des Cinquecento

cinquecento [tʃiŋkue'tʃɛnto] **I.** *num* fünfhundert **II.** *m* <-> Fünfhundert *f;* **il Cinquecento** das sechzehnte Jahrhundert; *(nell'arte italiana)* das Cinquecento

cinquemila [tʃiŋkue'mi:la] **I.** *num* fünftausend **II.** *m* <-> Fünftausend *f*

cinquenne [tʃiŋ'kuɛnne] **I.** *agg* fünfjährig **II.** *mf* Fünfjährige(r) *f(m)*

cinquina [tʃiŋ'kui:na] *f* ① *(al lotto, alla tombola)* Quinterne *f* ② MIL Fünftagesold *m;* THEAT Fünftagelohn *m*

cinsi ['tʃinsi] *1. pers sing pass rem di* **cingere**

cinta ['tʃinta] *f* Umgrenzung *f;* *(recinto)* Einfriedung *f;* **~ di mura** Mauerring *m*

cintare [tʃin'ta:re] *vt* einfrieden

cinto ['tʃinto] *pp di* **cingere**

cintola ['tʃintola] *f* ① ANAT Taille *f;* **dalla ~ in su** von der Taille aufwärts ② *(fam: cintura)* Gürtel *m;* **sopra/sotto la ~** oberhalb/unterhalb der Gürtellinie

cintura [tʃin'tu:ra] *f* Gürtel *m;* **allacciare la ~ di sicurezza** den Sicherheitsgurt anlegen; **~ verde** *(di una città)* Grüngürtel *m*

cinturato [tʃintu'ra:to] *m* Gürtelreifen *m*

cinturino [tʃintu'ri:no] *m* *(dell'orologio)* Band *nt*

cinturone [tʃintu'ro:ne] *m* Koppel *nt*

CIO ['tʃi:o] *f acro di* **Comitato Internazionale Olimpico** IOK *nt*

ciò [tʃɔ] <solo sing> *pron dim* das, dies; **~ che ...** [das] was ...; **~ nonostante** dessen ungeachtet, dennoch; **~ non di meno** trotz alledem; **con tutto ~** bei all dem

ciocca ['tʃɔkka] <-cche> *f* Strähne *f;* *(ciuffo)* Büschel *nt*

ciocco ['tʃɔkko] <-cchi> *m* ① *(pezzo di legno)* Baumstumpf *m;* *(da ardere)* [Brenn]klotz *m* ② *(fig: uomo stupido)* Dummkopf *m*

cioccolata [tʃokko'la:ta] *f* ① *(liquida)* Kakao *m,* Schokolade *f* ② *(solida)* Schokolade *f;* **una tavoletta di ~** eine Tafel Schokolade

cioccolatino [tʃokkola'ti:no] *m* Praline *f*

cioccolato [tʃokko'la:to] *m* Schokolade *f*

cioè [tʃo'ɛ] *avv* das heißt, nämlich

ciondolare [tʃondo'la:re] *vi* ① *(dondolare)* baumeln; *(pendere)* hängen ② *(fig: aggirarsi oziosamente)* herumhängen *sl,* -lungern *fam*

ciondolo ['tʃondolo] *m* Anhänger *m;* **~ portachiavi** Schlüsselanhänger *m*

ciondolone, -a [tʃondo'lo:ne] *m, f* Faulenzer(in) *m(f),* Tachinierer(in) *m(f)* A

ciondoloni [tʃondo'lo:ni] *avv* baumelnd; **con le gambe ~** mit herunterhängenden Beinen; **andare ~** *(fig)* herumbummeln

ciononostante [tʃononos'tante], **ciò nonostante** ['tʃɔ nonos'tante] *avv* dennoch, trotzdem

ciotola ['tʃɔ:tola] *f* Schälchen *nt,* Napf *m*

ciottolo ['tʃɔttolo] *m* Kieselstein *m*

cip [tʃip] <-> *m* Chip *m*

CIP [tʃip] *m acro di* **Comitato Interministeriale dei Prezzi** *italienische Preiskommission*

cipiglio [tʃi'piʎʎo] <-gli> *m* Stirnrunzeln *nt;* **guardare qu con ~** jdn finster ansehen

cipolla [tʃi'polla] *f* Zwiebel *f*

cipollina [tʃipol'li:na] *f* ① *(piccola cipolla)* kleine Zwiebel ② *(erba cipollina)* Schnittlauch *m*

cippo ['tʃippo] *m* *(funerario)* Grabstein *m;* *(di confine)* Grenzstein *m*

cipresseto [tʃipres'se:to] *m* Zypressenhain *m*

cipresso [tʃi'prɛsso] *m* ① BOT Zypresse *f* ② *(legno)* Zypressenholz *nt*

cipria ['tʃi:pria] <-ie> *f* Puder *m*

cipriota [tʃipri'ɔ:ta] <-i *m*, -e *f*> **I.** *agg* zyprisch, zypriotisch **II.** *mf* Zyprier(in) *m(f),* Zypriot(in) *m(f)*

Cipro ['tʃiːpro] *f* Zypern *nt*
circ. *abbr di* **circolare** Rundschreiben *nt,* Aussendung *f* A
circa ['tʃirka] **I.** *avv* etwa, circa; *(temporale)* gegen **II.** *prep* bezüglich +*gen,* in Bezug auf +*akk,* über +*akk*
circense [tʃir'tʃense] *agg* Zirkus-
circo ['tʃirko] <-chi> *m* Zirkus *m*
circolante [tʃirko'lante] *agg* umlaufend, zirkulierend; **biblioteca ~** Leihbücherei *f*
circolare[1] [tʃirko'laːre] *vi essere o avere* ① *(veicoli)* fahren; *(traffico)* fließen; *(muoversi)* sich bewegen; *(proseguire)* weitergehen; **~!** weitergehen! ② *(sangue)* zirkulieren, kreisen ③ FIN kursieren, zirkulieren ④ *(voce)* kursieren, umgehen
circolare[2] **I.** *agg* ① MAT Kreis- ② *(stadio, tracciato)* kreisförmig, Kreis- ③ FIN **assegno ~** Orderscheck *m* **II.** *f* ① ADM Rundschreiben *nt,* Aussendung *f* A ② *(linea di autobus)* Ringbahn *f*
circolatorio, -a [tʃirkola'tɔːrio] <-i, -ie> *agg* Kreislauf-; **apparato ~** Blutkreislauf *m;* **disturbi -i** Kreislaufstörungen *fpl*
circolazione [tʃirkolat'tsioːne] *f* ① BIOL Blutzirkulation *f,* -kreislauf *m;* **disturbi di ~** Kreislaufstörungen *fpl* ② MOT Verkehr *m;* **carta di ~** [Kraft]fahrzeugschein *m;* **libretto di ~** [Kraft]fahrzeugbrief *m* ③ FIN Umlauf *m;* **mettere in ~** *(a. fig)* in Umlauf bringen; **togliere dalla ~** *(a. fig)* aus dem Verkehr ziehen
circolo ['tʃirkolo] *m* ① MAT Kreis *m* ② GEOG [Breiten]kreis *m;* **~ equatoriale** Äquator *m* ③ *(associazione)* Klub *m,* Zirkel *m* ④ ADM Kollegium *nt* ⑤ *(loc)* **~ vizioso** *(fig)* Teufelskreis *m*
circoncidere [tʃirkon'tʃiːdere] <circoncido, circoncisi, circonciso> *vt* beschneiden
circoncisione [tʃirkontʃi'zioːne] *f* Beschneidung *f*
circonciso [tʃirkon'tʃiːzo] *pp di* **circoncidere**
circondare [tʃirkon'daːre] **I.** *vt* ① MIL umzingeln, umstellen; *(attorniare)* umringen; *(accerchiare)* einkreisen ② *(fig: contornare)* umgeben; **~ di qc** mit etw umgeben **II.** *vr* **-rsi** sich umgeben; **-rsi di qu/qc** sich mit jdm/etw umgeben
circondario [tʃirkon'daːrio] <-i> *m* ① JUR, ADM Bezirk *m* ② *(dintorni)* Umkreis *m,* Umgebung *f*
circonduzione [tʃirkondut'tsioːne] *f* SPORT Kreisen *nt*
circonferenza [tʃirkonfe'rɛntsa] *f* [Kreis]umfang *m;* **~ vita** Taillenweite *f*
circonflesso, -a [tʃirkon'flɛsso] *agg* **accento ~** Zirkumflex *m*
circonlocuzione [tʃirkonlokut'tsioːne] *f* Umschreibung *f,* Periphrase *f*
circonvallazione [tʃirkonvallat'tsioːne] *f* Umgehungsstraße *f,* Umfahrung *f* A
circoscritto, -a [tʃirkos'kritto] **I.** *pp di* **circoscrivere** **II.** *agg* MAT *(figura geometrica)* mit Umkreis; **triangolo ~ a un cerchio** der Inkreis eines Dreiecks
circoscrivere [tʃirkos'kriːvere] <irr> *vt* ① MAT umschreiben ② *(fig: delimitare)* eingrenzen, begrenzen
circoscrizionale [tʃirkoskrittsio'naːle] *agg* ADM den Verwaltungsbezirk einer Stadt betreffend; **ufficio ~** Verwaltungsstelle des Stadtbezirks; **biblioteca ~** Stadtbibliothek *f*
circoscrizione [tʃirkoskrit'tsioːne] *f* ADM Bezirk *m;* **~ elettorale** Wahlbezirk *m*
circospetto, -a [tʃirkos'pɛtto] *agg* umsichtig, vorsichtig
circospezione [tʃirkospet'tsioːne] *f* Umsicht *f,* Vorsicht *f*
circostante [tʃirkos'tante] *agg* umgebend, umliegend; *(persone)* umstehend
circostanti [tʃirkos'tanti] *mpl* Umstehende[n] *pl*
circostanza [tʃirkos'tantsa] *f* Umstand *m,* Gegebenheit *f;* *(occasione)* Gelegenheit *f;* **atteggiamento di ~** angemessenes Verhalten; **-e attenuanti/aggravanti** JUR mildernde/erschwerende Umstände *mpl*
circostanziare [tʃirkostan'tsiaːre] *vt* ausführlich beschreiben; *(riferire)* ausführlich berichten
circuire [tʃirku'iːre] <circuisco> *vt* umgarnen
circuitale [tʃirkui'taːle] *agg* TEC Stromkreis-
circuito [tʃir'kuːito] *m* ① SPORT Rennstrecke *f;* *(chiuso)* Ring *m;* *(gara)* Rundrennen *nt* ② *(~ elettrico)* Stromkreis *m;* **~ base** Grundschaltung *f;* **corto ~** Kurzschluss *m*
circumetneo, -a [tʃirkumet'nɛːo] <-ei, -ee> *agg* Ätna-, den Ätna umgebend
circumlacuale [tʃirkumlaku'aːle] *agg* Seeufer-, einen See umgebend
circumlunare [tʃirkumlu'naːre] *agg* den Mond umgebend; **orbita ~** Mondumlaufbahn *f*
circumnavigare [tʃirkumnavi'gaːre] *vt* umschiffen; *(a vela)* umsegeln
circumnavigatore, -trice [tʃirkumnaviga'toːre] *m, f* Umsegler(in) *m(f)*
circumnavigazione [tʃirkumnavigat'tsioːne] *f* Umschiffung *f;* *(a vela)* Umseg[e]lung *f*
circumterrestre [tʃirkumter'rɛstre] *agg* die Erde umgebend; **orbita ~** Erdumlaufbahn *f*

ciré [si're] <-> *m* Wachstuch *nt*

cirillico, -a [tʃi'rilliko] <-ci, -che> *agg* kyrillisch

cirro ['tʃirro] *m* ① METEO Federwolke *f*, Zirruswolke *f* ② BOT Ranke *f* ③ ZOO Zirrus *m*

cirrosi [tʃir'rɔ:zi] <-> *f* Zirrhose *f*; **~ epatica** Leberzirrhose *f*

cisalpino, -a [tʃizal'pi:no] *agg* zisalpin[isch], diesseits der Alpen *(von Rom aus gesehen)*

CISL [tʃizl] *f acro di* **Confederazione Italiana Sindacati Lavoratori** *italienischer Arbeitergewerkschaftsbund*

CISNAL ['tʃiznal] *f acro di* **Confederazione Italiana Sindacati Nazionali dei Lavoratori** *Verband der nationalen italienischen Arbeitergewerkschaften*

cispa ['tʃispa] *f* Augenschleim *m*

cispadano, -a [tʃispa'da:no] *agg* diesseits des Po *(von Rom aus gesehen)*

cisposo, -a [tʃis'po:so] *agg* verschleimt

ciste ['tʃiste] *v.* **cisti**

cistercense [tʃister'tʃɛnse] **I.** *agg* Zisterzienser-, zisterziensisch **II.** *m* Zisterzienser *m*

cisterna [tʃis'tɛrna] **I.** *f* Zisterne *f*; *(serbatoio)* Tank *m* **II.** *agg inv* Tank-

cisti ['tʃisti] <-> *f* Zyste *f*

cistifellea [tʃisti'fɛllea] *f* Gallenblase *f*

cistite [tʃis'ti:te] *f* Blasenentzündung *f*

cit. *abbr di* **citato, -a** zit., cit.

CIT [tʃit] *f acro di* **Compagnia Italiana Turismo** *italienische Reiseverkehrsgesellschaft*

citare [tʃi'ta:re] *vt* ① *(riferire)* zitieren, anführen; *(nominare)* erwähnen; **~ ad esempio** als Beispiel anführen ② *(testo, discorso)* zitieren ③ JUR **~ qu in tribunale** [*o* **giudizio**] jdn [bei Gericht] vorladen

citazionale [tʃitattsio'na:le] *agg* Zitaten-, zitiert

citazione [tʃitat'tsio:ne] *f* ① JUR Vorladung *f* ② LIT Zitat *nt* ③ *(menzione)* Erwähnung *f*, Nennung *f*; **una ~ al merito** eine lobende Erwähnung

citazionismo [tʃitattsio'nizmo] *m* LIT *Verwendung von Zitaten in literarischen Werken*

citazionista [tʃitattsio'nista] <-i *m*, -e *f*> *mf* LIT *Autor, der Zitate in seine Werke einarbeitet*

citizens' band ['sitizənz bænd] <-> *m o f* CB-Funk *m*

citofonare [tʃitofo'na:re] *vi* durch die [Gegen]sprechanlage sprechen

citofonarsi [tʃitofo'narsi] *vr (sl) mit Nachnamen heißen*

citofonico, -a [tʃito'fɔ:niko] <-ci, -che> *agg* Gegensprech-; **impianto ~** Gegensprechanlage *f*

citofoniera [tʃitofo'nie:ra] *f* Tastenfeld *nt* einer Gegensprechanlage

citofono [tʃi'tɔ:fono] *m* [Gegen]sprechanlage *f*

citologia [tʃitolo'dʒi:a] <-gie> *f* Zytologie *f*; *(ricerca)* Zellforschung *f*

citologico, -a [tʃito'lɔ:dʒiko] <-ci, -che> *agg* zytologisch

citoplasma [tʃito'plazma] <-i> *m* Zytoplasma *nt*

citrico, -a ['tʃi:triko] <-ci, -che> *agg* zitronensauer; **acido ~** Zitronensäure *f*

citrulla *f v.* **citrullo**

citrullaggine [tʃitrul'laddʒine] *f (fam)* Dämlichkeit *f*, Doofheit *f*, Blödheit *f*

citrullo, -a [tʃi'trullo] *(fam)* **I.** *agg* dämlich, doof **II.** *m, f* Trottel *m*, Blödmann *m*

città [tʃit'ta] <-> *f* Stadt *f*; **~ nuova** Neubaugebiet *nt*; **~ vecchia** Altstadt *f*; **~ satellite** Satellitenstadt *f*; **~ universitaria** [*o* **degli studi**] Universitätsgelände *nt*, Campus *m*; **~ dei ragazzi** Kinderdorf *nt*; **Città del Vaticano** Vatikanstadt *f*; **Città del Capo** Kapstadt *nt*; **abitare in ~** in der Stadt wohnen

cittadella [tʃitta'dɛlla] *f* ① MIL Zitadelle *f* ② *(fig: roccaforte)* Hochburg *f*

cittadina [tʃitta'di:na] *f* Kleinstadt *f*

cittadinanza [tʃittadi'nantsa] *f* ① JUR Staatsbürgerschaft *f*, -angehörigkeit *f*; **diritto di ~** Bürgerrecht *nt*; **~ onoraria** Ehrenbürgerschaft *f* ② *(insieme di cittadini)* Bürgerschaft *f*, Einwohnerschaft *f*

cittadino, -a [tʃitta'di:no] **I.** *agg* städtisch, Stadt- **II.** *m, f* ① JUR Staatsangehörige(r) *f(m)* ② *(di città)* Bürger(in) *m(f)*; **primo ~** Bürgermeister *m*

cittì (CT) [tʃi'ti] <-> *mf acro di* **Commissario Tecnico** Technischer Direktor *m*

city ['siti] <-> *f* City *f*

citycar ['siticar] *f* Kleinstwagen *m*

citymatic ['siti'mætik] <-> *m* MOT Citymatic-System *nt*

ciuca *f v.* **ciuco**

ciucca ['tʃukka] <-cche> *f (fam)* Rausch *m*, Schwips *m*; **s'è preso una bella ~** er hat sich *dat* einen ordentlichen Rausch angetrunken

ciucciare [tʃut'tʃa:re] *vt (fam)* saugen; *(poppare)* trinken; **~ il dito** [am] Daumen lutschen

ciucciata [tʃut'tʃa:ta] *f (fam)* Nuckeln *nt*

ciuccio ['tʃuttʃo] <-cci> *m (fam)* Schnuller *m*; *(per biberon)* Sauger *m*

ciucciotto [tʃut'tʃotto] *m (fam)* Schnuller *m*

ciuco, -a ['tʃu:ko] <-chi, -che> *m, f (fam)*

① ZOO Esel(in) *m(f)* ② *(fig, pej: balordo)* Esel *m,* Dummkopf *m*
ciuffo ['tʃuffo] *m* Büschel *nt*
ciuffolotto [tʃuffo'lɔtto] *m* Dompfaff *m,* Gimpel *m*
ciurma ['tʃurma] *f* ① NAUT Mannschaft *f,* Besatzung *f* ② *(fig, pej: gentaglia)* Pack *nt,* Gesindel *nt*
civaie [tʃi'va:ie] *f pl* Hülsenfrüchte *f pl*
civetta¹ [tʃi'vetta] *f* ① ZOO Eule *f* ② *(fig, pej: donna)* gefallsüchtige Frau; **fare da ~** *(fig)* ködern
civetta² *agg inv* **auto ~** ziviles Polizeiauto
civettare [tʃivet'ta:re] *vi* kokettieren
civetteria [tʃivette'ri:a] <-ie> *f* Koketterie *f*
civettuolo, -a [tʃivet'tuɔ:lo] *agg* kokett
civico, -a ['tʃi:viko] <-ci, -che> *agg* ① *(di città)* städtisch, Stadt- ② JUR staatsbürgerlich ③ *(dovere, sentimento)* Bürger-; **senso ~** Gemeinschaftssinn *m;* **educazione -a** Staatsbürgerkunde *f,* Gemeinschaftskunde *f*
civile [tʃi'vi:le] **I.** *agg* ① *(del cittadino)* bürgerlich, Bürger; **diritti -i** Bürgerrechte *nt pl;* **stato ~** Personenstand *m* ② *(non militare, ecclesiastico)* zivil; **guerra ~** Bürgerkrieg *m;* **matrimonio ~** standesamtliche Trauung ③ *(nazione, popolo)* zivilisiert; *(persona, maniere)* gesittet; *(colto)* kultiviert; *(letteratura, poesia)* gepflegt, stilvoll; *(abito)* anständig, gepflegt **II.** *m* Zivil *nt;* **essere vestito in ~** Zivil tragen
civilista [tʃivi'lista] <-i *m,* -e *f*> *mf* Zivilist(in) *m(f)*
civilizzare [tʃivilid'dza:re] **I.** *vt* zivilisieren **II.** *vr* **-rsi** ① *(popolo)* zivilisiert werden ② *(persona)* kultiviert werden
civilizzatore, -trice [tʃiviliddza'to:re] **I.** *agg* zivilisierend **II.** *m, f* Überbringer(in) *m(f)* der Zivilisation
civilizzazione [tʃiviliddzat'tsio:ne] *f* Zivilisierung *f*
civilmente [tʃivil'mente] *avv* ① *(educatamente)* anständig, höflich ② ADM zivilrechtlich; **sposarsi ~** standesamtlich heiraten
civiltà [tʃivil'ta] <-> *f* ① *(cultura)* Kultur *f* ② *(progresso)* Zivilisation *f* ③ *(cortesia)* Anstand *m,* Höflichkeit *f*
civismo [tʃi'vizmo] *m* Gemeinschaftssinn *m*
CL *abbr di* **Comunione e Liberazione** *kirchliche Laienbewegung in Italien*
clacson ['klakson] <-> *m* Hupe *f;* **suonare il ~** hupen
clacsonare [klakso'na:re] *vi* hupen
clamore [kla'mo:re] *m* ① *(chiasso)* Lärm *m* ② *(fig: scalpore)* Aufsehen *nt,* Wirbel *m;* **suscitare** [*o* **destare**] **~** Aufsehen erregen
clamoroso, -a [klamo'ro:so] *agg* aufsehenerregend
clan [klan] <-> *m* Clan *m,* Klan *m*
clandestina *f v.* **clandestino**
clandestinità [klandestini'ta] <-> *f* Verborgenheit *f,* Heimlichkeit *f; (illegalità)* Illegalität *f;* POL Untergrund *m*
clandestino, -a [klandes'ti:no] **I.** *agg* heimlich; *(illegale)* illegal, gesetzwidrig; *(lavoro, vendita, viaggio)* schwarz **II.** *m, f* blinder Passagier
clanico, -a ['kla:niko] <-ci, -che> *agg* SOC Clan-, dem Clan eigen
claque [klak] <-> *f* Claque *f*
clarinettista [klarinet'tista] <-i *m,* -e *f*> *mf* Klarinettist(in) *m(f)*
clarinetto [klari'netto] *m* Klarinette *f*
clarino [kla'ri:no] *m* Clarino *nt,* Bachtrompete *f*
classe ['klasse] *f* ① *(servizio)* Klasse *f;* **viaggiare in prima ~** erster Klasse reisen ② *(scuola)* Schulklasse *f; (aula)* Klassenzimmer *nt* ③ MIL Jahrgang *m;* **~ di leva** Einberufungsjahrgang *m* ④ *(fig: ceto)* Klasse *f,* Rang *m;* **lotta di ~** Klassenkampf *m;* **~ dirigente** Führungsschicht *f* ⑤ *(fig: qualità)* **un uomo di ~** ein Mann von Welt; **avere ~** Klasse haben
classica ['klassika] <-che> *f* SPORT Internationales Sportfest
classicismo [klassi'tʃizmo] *m* ① *(qualità)* Klassische(s) *nt* ② *(epoca)* Klassik *f; (stile)* Klassizismus *m*
classicista [klassit'tʃista] <-i *m,* -e *f*> *mf* ① *(nell'arte)* Klassiker(in) *m(f),* Klassizist(in) *m(f)* ② *(studioso)* Kenner(in) *m(f)* der Klassik
classicistico, -a [klassit'tʃistiko] <-ci, -che> *agg* klassizistisch
classicità [klassittʃi'ta] <-> *f (obs)* ① *(greca, romana)* Klassik *f* ② *(nell'arte)* Klassizismus *m*
classico ['klassiko] <-ci> *m* Klassiker *m*
classico, -a <-ci, -che> *agg* ① LIT, MUS klassisch; **danza -a** Ballett *nt* ② *(liceo, studi)* altsprachlich, humanistisch
classifica [klas'si:fika] <-che> *f* ① SPORT Tabelle *f,* Rangliste *f;* **arrivare ultimo in ~** am Tabellenende stehen; **essere in testa alla ~** Tabellenführer sein ② *(graduatoria)* Wertung *f,* Einstufung *f*
classificare [klassifi'ka:re] **I.** *vt* ① *(scolaro, compito)* bewerten ② *(materiale, libri)* klassifizieren, einordnen **II.** *vr* **-rsi** sich platzieren; **-rsi bene** gut abschneiden; **-rsi terzo** Dritter werden

C

classificatore [klassifika'to:re] *m* ❶ *(raccoglitore)* [Akten]ordner *m;* *(cartella)* Schnellhefter *m;* ~ **di francobolli** Briefmarkenalbum *nt* ❷ *(mobile)* Büroschrank *m*
classificazione [klassifikat'tsio:ne] *f* ❶ *(ordinazione per classi)* Klassifizierung *f,* Klassifikation *f;* *(ripartizione)* Einteilung *f* ❷ *(valutazione)* Bewertung *f;* SPORT Wertung *f;* *(a scuola)* Zensur *f,* Note *f*
classismo [klas'sizmo] *m* POL Klassentheorie *f*
classista [klas'sista] <-i *m*, -e *f*> **I.** *mf* Vertreter(in) *m(f)* der Klassentheorie **II.** *agg* Klassen[kampf]-; **lotta** ~ Klassenkampf *m*
claudicante [klaudi'kante] **I.** *agg* *(poet)* hinkend; *(fig a.)* holp[e]rig **II.** *mf* Hinkende(r) *f(m)*
claunesco, -a [klau'nesko] <-schi, -sche> *agg* possenhaft, spaßig, clownesk
clausola ['kla:uzola] *f* Klausel *f*
claustrale [klaus'tra:le] *agg* Kloster-, klösterlich
claustrofobia [klaustrofo'bi:a] *f* Klaustrophobie *f,* Platzangst *f fam*
claustrofobico, -a [klaustro'fɔ:biko] <-ci, -che> **I.** *agg* klaustrophobisch **II.** *m, f* an Klaustrophobie leidende Person *f*
clausura [klau'zu:ra] *f* ❶ REL Klausur *f* ❷ *(fig: luogo appartato)* Abgeschiedenheit *f*
clava ['kla:va] *f* Keule *f*
clavetta [kla'vetta] *f* ❶ *dim di* **clava** kleine Keule *f* ❷ *(attrezzo da ginnastica)* leichte Gymnastikkeule *f*
clavicembalo [klavi'tʃembalo] *m* [Clavi]cembalo *nt*
clavicola [kla'vi:kola] *f* Schlüsselbein *nt*
clavicordo [klavi'kɔrdo] *m* Clavichord *nt*
clavioline [klavio'li:ne] <-> *m o f* MUS elektronisches Klavier *nt*
cleansing cream ['klenziŋ kri:m] <-> *f* Reinigungscreme *f*
clear [kliə] <-> *m* INFORM Löschtaste *f*
clearing ['kliəriŋ] <-> *m* FIN Clearing *nt,* Abrechnungsverkehr *m*
clemente [kle'mɛnte] *agg* *(clima)* mild; *(persona)* gütig; *(tollerante)* nachsichtig
clemenza [kle'mɛntsa] *f* Milde *f,* Güte *f*
cleptocrate [klepto'kra:te] *mf* Steuergelder veruntreuende(r) Politiker(in) *m(f)*
cleptocrazia [kleptokrat'tsi:a] <-ie> *f* Amtsmissbrauch *m* bei Politikern, Veruntreuung *f* von Steuergeldern durch die Politik
cleptomane [klep'tɔ:mane] **I.** *agg* kleptomanisch **II.** *mf* Kleptomane *m*/Kleptomanin *f*
cleptomania [kleptoma'ni:a] *f* Kleptomanie *f*
clericale [kleri'ka:le] **I.** *agg* klerikal **II.** *mf* Klerikale(r) *f(m)*
clericalismo [klerika'lizmo] *m* Klerikalismus *m*
clero ['klɛ:ro] *m* Klerus *m,* Geistlichkeit *f;* ~ **regolare/secolare** Ordens-/Weltgeistlichkeit *f*
clessidra [kles'si:dra] *f* *(a sabbia)* Sanduhr *f;* *(ad acqua)* Wasseruhr *f*
clic [klik] <-> *m* *(computer)* Klick *m;* ~ **del mouse** Mausklick *m;* **fare** [**doppio**] ~ [doppelt] klicken
cliccare [klik'ka:re] **I.** *vt* anklicken **II.** *vi* ~ **su qc** auf etw *akk* klicken
cliché [kli'ʃe] <-> *m* Klischee *nt*
cliente [kli'ɛnte] *mf* *(di un negozio)* Kunde *m*/Kundin *f;* *(di un albergo, ristorante, bar)* Gast *m;* MED Patient(in) *m(f);* JUR *(di un avvocato)* Mandant(in) *m(f),* Klient(in) *m(f);* ~ **fisso** [*o* **abituale**] Stammkunde *m*
clientela [klien'tɛ:la] *f* *(di un negozio)* Kundschaft *f;* *(di un albergo, ristorante, bar)* Gäste *mpl;* MED Patienten *mpl;* JUR *(di un avvocato)* Mandanten *mpl,* Klientel *f*
clientelarismo [klientela'rizmo] *m* POL *(pej)* Protektionswirtschaft *f,* Ämterpatronage *f*
clientelistico, -a [kliente'listiko] <-ci, -che> *agg* Protektionswirtschaft unterstützend
clima[1] ['kli:ma] <-i> *m* METEO Klima *nt*
clima[2] ['kli:ma] <-> *m* Klimaanlage *f,* Klima *f fam*
climaterico, -a [klima'tɛ:riko] <-ci, -che> *agg* klimakterisch
climaterio [klima'tɛ:rio] <-i> *m* Wechseljahre *ntpl,* Klimakterium *nt*
climatico, -a [kli'ma:tiko] <-ci, -che> *agg* klimatisch, Klima-; **stazione -a** Luftkurort *m*
climatizzare [klimatid'dza:re] *vt* klimatisieren
climatizzatore [klimatiddza'to:re] *m* Klimaanlage *f*
climatizzazione [klimatiddzat'tsio:ne] *f* Klimatisierung *f;* **impianto di** ~ Klimaanlage *f*
climatologo, -a [klima'tɔ:logo] <-gi, -ghe> *m, f* Klimaforscher(in) *m(f)*
clinica ['kli:nika] <-che> *f* Klinik *f*
clinical monitor ['klinikəl 'mɔnitə] <- *o* clinical monitors> *m* für die klinische Erprobung von Arzneimitteln verantwortlicher Arzt/verantwortliche Ärztin
clinicizzare [klinitʃid'dza:re] *vt* in eine Klinik umwandeln

clinico ['kli:niko] <-ci> *m* Krankenhausarzt *m; (docente)* Kliniker *m*
clinico, -a <-ci, -che> *agg* klinisch; **cartella -a** Krankenblatt *nt;* **avere l'occhio ~** *(fig)* einen Röntgenblick haben
clip [klip] <-> *f (orecchino)* [Ohr]clip *m*
CLIP ['klɪp] *m* TEL CLIP-Funktion *f*
clipboard <-> *m* INFORM Zwischenablage *f*
CLIR ['klɪr] *m* TEL CLIR-Funktion *f*
clistere [klis'tɛ:re] *m* Klistier *nt*
clitoride [kli'tɔ:ride] *m o f* Klitoris *f*
CLN *m abbr di* **Comitato di Liberazione Nazionale** HIST *Gemeinschaftsregierung aller Parteien während der Resistenza*
cloaca [klo'a:ka] <-che> *f* ① *(canale, fogna)* Kloake *f* ② *(fig)* Sumpf *m*
cloche [klɔʃ] <-> *f* ① MOT Schaltknüppel *m;* AERO Steuerknüppel *m;* **cambio a ~** Knüppelschaltung *f* ② *(cappello)* Glocke *f*
clonare [klona:re] *vt* klonen
clonatore, -trice [klona'to:re] *m, f* BIOL Biologe, der/Biologin, die Klonexperimente durchführt
clonazione [klonat'tsio:ne] *f* Klonen *nt*
clone [clɔne] *m* Klon *m*
clorato [klo'ra:to] *m* Chlorat *nt*
cloridrico, -a [klo'ri:driko] <-ci, -che> *agg* Chlorwasserstoff-; **acido ~** Salzsäure *f*
cloro ['klɔ:ro] *m* Chlor *nt*
clorofilla [kloro'filla] *f* Chlorophyll *nt*
clorofilliano, -a [klorofil'lia:no] *agg* Chlorophyll-; **sintesi -a** Fotosynthese *f,* fotosynthese *f*
clorofluorocarburo [klorofluorokar'bu:ro] *m* CHEM Fluorchlorkohlenwasserstoff *m*
cloroformio [kloro'fɔrmio] <-i> *m* Chloroform *nt*
cloruro [klo'ru:ro] *m* Chlorid *nt*
clou [klu] <-> *m* Clou *m*
clown [klaun] <-> *m* Clown *m*
clownerie [klun'ri] <- *o* clowneries> *f* Clownerie *f*
club [klub] <-> *m* Klub *m;* **~ amatoriale** Amateurverein *m*
clubman ['klʌbmən] <- *o* clubmen> *m* Clubmitglied *nt,* Clubgänger(in) *m(f)*
cluster ['klʌstə *o* 'klaster] <- *o* clusters> *m* ① *(ammasso stellare)* Sternwolke *f* ② MUS *(gruppo di suoni)* Cluster *m* ③ INFORM *(gruppo di calcolatori)* Computernetz *nt* ④ MAT *(gruppo di elementi)* Cluster *m*
cm *abbr di* **centimetro** cm
c.m. *abbr di* **corrente mese** d. M.
CM *abbr di* **Circolare Ministeriale** ministerieller Runderlass
CNR *m abbr di* **Consiglio Nazionale delle Ricerche** *staatliche italienische Forschungsgesellschaft*
coabitare [koabi'ta:re] *vi* zusammen wohnen
coabitazione [koabitat'tsio:ne] *f* Zusammenwohnen *nt*
coacervo [koa'tʃɛrvo] *m* Mischmasch *m*
coaching ['kɔutʃiŋ] <-> *m* betriebsinterne Supervision *f* angehender Manager
coadiutore, -trice [koadiu'to:re] *m, f* ① *(aiutante)* Gehilfe *m/*Gehilfin *f* ② REL Vikar(in) *m(f); (di un vescovo)* Koadjutor *m*
coadiuvante [koadiu'vante] **I.** *agg* Hilfs- **II.** *m* Hilfsmedikament *nt*
coadiuvare [koadiu'va:re] *vt* mitwirken; *(collaborare a)* mitarbeiten
coagulabile [koagu'la:bile] *agg* gerinnungsfähig, gerinnbar
coagulabilità [koagulabili'ta] <-> *f* Gerinnungsfähigkeit *f,* Gerinnbarkeit *f*
coagulante [koagu'lante] **I.** *agg* gerinnungsfördernd **II.** *m* Gerinnungsmittel *nt*
coagulare [koagu'la:re] **I.** *vt* gerinnen lassen; MED koagulieren **II.** *vr* **-rsi** gerinnen; MED koagulieren
coagulazione [koagulat'tsio:ne] *f* Gerinnen *nt;* MED Gerinnung *f,* Koagulation *f;* **la ~ del sangue** Blutgerinnung *f*
coagulo [ko'a:gulo] *m* ① MED Blutgerinnsel *nt* ② *(caglio)* Lab *nt*
coalizione [koalit'tsio:ne] *f* Koalition *f; (di enti)* Zusammenschluss *m;* **accordo di ~** Koalitionsvertrag *m*
coalizzare [koalid'dza:re] **I.** *vt* koalisieren; *(unire)* verbinden **II.** *vr* **-rsi** eine Koalition bilden
coartare [koar'ta:re] *vt* zwingen
coattivo, -a [koat'ti:vo] *agg* ① *(mezzo)* zwingend ② JUR Zwangs-; **misure -e** Zwangsmaßnahmen *fpl*
coatto, -a [ko'atto] *agg* Zwangs-, gezwungen
coautore, -trice [koau'to:re] *m, f* Koautor(in) *m(f),* Mitautor(in)
cobalto [ko'balto] *m* ① CHEM Kobalt *nt* ② *(colore)* Kobaltblau *nt*
cobaltoterapia [kobaltotera'pi:a] *f* Kobalttherapie *f,* -bestrahlung *f*
cobas *m acro di* **Comitato di Base** *paragewerkschafltiche Basisgruppen in Italien*
Coblenza [ko'blɛntsa] *f* Koblenz *nt*
cobol <-> *m* INFORM *acro di* **Common Business Oriented Language** COBOL *nt*
coboldo [ko'bɔldo] *m* Kobold *m*
cobra ['kɔ:bra] <-> *m* Kobra *f*
coca ['kɔ:ka] <-che> *f* ① BOT Kokastrauch *m* ② *(sl: cocaina)* Kokain *nt* ③ *(fam: bevanda)* Cola *f*
cocaina [koka'i:na] *f* Kokain *nt*
cocainomane [kokai'nɔ:mane] *mf* Kokainsüchtige(r) *f(m)*

C

cocainomania [kokainoma'niːa] <-ie> *f* Drogen nehmen *nt*, Koksen *nt sl*
coca party ['koukə 'paːti] <- *o* coca parties> *m* Drogenparty *f*
cocca ['kɔkka] <-cche> *f* ❶ *(di fazzoletto, grembiule)* Zipfel *m* ❷ *(di freccia)* [Pfeil]kerbe *f*
coccarda [kok'karda] *f* Rosette *f*, Kokarde *f*
cocchiere, -a [kok'kiɛːre] *m, f* Kutscher *m*
cocchio ['kɔkkio] <-cchi> *m* Kutsche *f*
coccige [kot'tʃiːge] *m* Steißbein *nt*
coccinella [kottʃi'nɛlla] *f* Marienkäfer *m*
cocciniglia [kottʃi'niʎʎa] <-glie> *f* ❶ ZOO Koschenillelaus *f*, Scharlachschildlaus *f* ❷ *(colore)* Koschenille *f*
coccio ['kɔttʃo] <-cci> *m* ❶ *(terracotta)* Steingut *nt* ❷ *pl (fam: stoviglie)* Geschirr *nt* ❸ *(frammento)* Scherbe *f* ❹ *(fig: persona malaticcia)* kränklicher Mensch
cocciuta *f v.* **cocciuto**
cocciutaggine [kottʃu'taddʒine] *f* Dickköpfigkeit *f*, Eigensinn *m*
cocciuto, -a [kot'tʃuːto] **I.** *agg* dickköpfig, eigensinnig **II.** *m, f* Dickkopf *m*, Sturkopf *m*
cocco ['kɔkko] <-cchi> *m* ❶ BOT Kokospalme *f*; **noce di ~** Kokosnuss *f* ❷ BIOL Kokkus *m*, Kokke *f*
cocco, -a <-cchi, -cche> *m, f (fam scherz)* Liebling *m*, Schätzchen *nt*; **essere il ~ di mamma** Mamas Liebling sein; **povero ~!** armes Ding!
coccodè [kokko'dɛ] *int* gack, gack; **fare ~** gackern
coccodrillo [kokko'drillo] *m* ❶ ZOO Krokodil *nt*; **lacrime di ~** *(fig)* Krokodilstränen *f pl* ❷ *(pelle)* Kroko[dil]leder *nt*
coccoina® [kokko'iːna] <-> *f* Papierleim *m*
coccola [ko'kkola] *f* Liebkosung *f*; **fare le -e** schmusen
coccolare [kokko'laːre] *vt (fam)* schmusen mit; *(vezzeggiare)* [ver]hätscheln, verziehen
coccolo, -a ['kɔkkolo] *m, f (fam)* Hätschelkind *nt*, Liebling *m* der Eltern
coccolone, -a [kokko'loːne] *m, f (fam)* Schmusekater *m*/-katze *f*
coccoloni [kokko'loːni] *avv* in der Hocke, niedergekauert; **stare ~** kauern, hocken
cocente [ko'tʃɛnte] *agg* ❶ *(ardente)* glühend heiß ❷ *(fig: dolore)* heftig, brennend, stechend; *(offesa)* schmerzend, verletzend
cochon [kɔ'ʃɔ̃] *agg inv* obszön, pornografisch; **cinema ~** Pornokino *nt*
cocker ['kɔkə *o* 'kɔker] <-> *m* Cockerspaniel *m*
cocktail ['kɔkteil *o* 'kɔktel] <-> *m* ❶ GASTR Cocktail *m*; **~ di scampi** Krabbencocktail *m* ❷ *(trattenimento)* Cocktailparty *f*; **abito da ~** Cocktailkleid *nt*
cocktail-party ['kɔkte(i)l 'paːti] <- *o* cocktail-parties> *m* Cocktail-Party *f*
coclea ['kɔːklea] *f* ❶ ANAT [Ohr]schnecke *f* ❷ TEC Schnecke *f*
cocomeraia [kokome'raːia] <-ie> *f* Gurkenanbaufläche *f*, Gurkenfeld *nt*
cocomerata [kokome'raːta] *f* Wassermelonenessen *nt*
cocomero [ko'koːmero] *m* Wassermelone *f*
cocooning [kə'kuːniŋ] *m sing* Cocooning *nt*
cocopro [koko'pro] <-> *abbr di* **contratto di collaborazione a progetto I.** *m (contratto)* [befristeter] projektbezogener Arbeitsvertrag **II.** *mf (collaboratore)* [befristet beschäftigte(r)] Projektmitarbeiter(in) *m(f)* **III.** *agg* Projekt-
cocuzza [ko'kuttsa] *f* MER *(scherz)* Birne *f fam*, Rübe *f fam*
cocuzzolo [ko'kuttsolo] *m* ❶ *(di montagna)* Gipfel *m*, Kuppe *f* ❷ *(di testa, cappello)* Spitze *f*
cod. *abbr di* **codice** Gesetzbuch
coda ['koːda] *f* ❶ ZOO Schwanz *m*; **~ in umido** GASTR geschmorter Ochsenschwanz; **~ di cavallo** *(acconciatura)* Pferdeschwanz *m*; **~ di rospo** *(fam)* Seeteufel *m*; **andarsene con la ~ fra le gambe** *(fig)* mit eingezogenem Schwanz abziehen; **avere la ~ di paglia** *(fig)* Dreck am Stecken haben; *(essere più che prudente)* übervorsichtig sein; *(offendersi)* schnell beleidigt sein; **il diavolo ci ha messo** [*o* **ficcato**] **la ~** *(fig)* der Teufel hat seine Hand im Spiel gehabt ❷ ASTR Schweif *m* ❸ *(di un abito femminile)* Schleppe *f*; *(di un abito maschile)* Rockschoß *m* ❹ *(di un aereo)* Heck *nt*; **vettura di ~** FERR Schlusswagen *m* ❺ *(fila)* Reihe *f*, Schlange *f*; **fare la ~** Schlange stehen; **mettersi in ~** sich anstellen; **-e a tratti** streckenweise stockender Verkehr ❻ *(appendice)* Anhang *m*; **titoli di ~** FILM, TV Abspann *m* ❼ *(loc)* **guardare con la ~ dell'occhio** aus den Augenwinkeln betrachten
codarda *f v.* **codardo**
codardia [kodar'diːa] <-ie> *f (poet)* Feigheit *f*
codardo, -a [ko'dardo] **I.** *agg* feige **II.** *m, f* Feigling *m*
codazzo [ko'dattso] *m (pej)* Schwarm *m*, Gefolgschaft *f*
code [koud] <- *o* codes> *m* TEL, INFORM Code *m*
codesto, -a [ko'desto] *pron dim* TOSC *(poet)* diese(r, s)

codice ['kɔːditʃe] *m* ① JUR, LIT Kodex *m;* ~ **civile** Bürgerliches Gesetzbuch; ~ **fiscale** Steuernummer *f;* ~ **penale** Strafgesetzbuch *nt;* ~ **di procedura civile** Zivilprozessordnung *f;* ~ **di procedura penale** Strafprozessordnung *f;* ~ **della strada** Straßenverkehrsordnung *f;* ~ **di avviamento postale** Postleitzahl *f* ② *(cifrario,* INFORM Code *m; (sistema)* Schlüssel *m;* ~ **a barre** Strichcode *m;* ~ **ASCII** ASCII-Code *m;* ~ **BIC** BIC *m;* ~ **SWIFT** SWIFT-Code *m*
codicillo [kodi'tʃillo] *m* Kodizill *nt*
codificare [kodifi'kaːre] *vt* ① INFORM codieren, kodieren; *(tradurre)* verschlüsseln ② JUR kodifizieren
codificatore [kodifika'toːre] *m* INFORM Codierer *m,* Encoder *m*
codificazione [kodifikat'tsioːne] *f* Kodifizierung *f;* ~ **audio** INFORM Audiocodierung *f*
codino [ko'diːno] *m (di capelli)* Zopf *m,* Zöpfchen *nt*
coeditare [koedi'taːre] *vt* gemeinsam herausgeben
coeditore, -trice [koedi'toːre] *m, f* Mitherausgeber(in) *m(f)*
coedizione [koedit'tsioːne] *f* gemeinschaftliche Herausgabe, Koedition *f geh*
coefficiente [koeffi'tʃɛnte] *m* Koeffizient *m*
coercibile [koer'tʃiːbile] *agg* ① *(domabile)* lenkbar, zähmbar ② PHYS komprimierbar
coercitivo, -a [koertʃi'tiːvo] *agg* Zwangs-, Druck-; **mezzi -i** Druckmittel *ntpl*
coercizione [koertʃit'tsioːne] *f* Druck *m,* Zwang *m*
coerede [koe'rɛːde] *mf* Miterbe *m/*-erbin *f*
coerente [koe'rɛnte] *agg (fig: argomento, discorso, ragionamento)* folgerichtig, schlüssig; *(persona)* zielstrebig, konsequent
coerenza [koe'rɛntsa] *f* Folgerichtigkeit *f,* Kohärenz *f geh; (di persona)* Zielstrebigkeit *f,* Konsequenz *f*
coesione [koe'zioːne] *f (fig: di ragionamento, discorso)* Zusammenhang *m; (di gruppo)* Zusammenhalt *m,* Geschlossenheit *f*
coesistente [koezis'tɛnte] *agg* koexistent
coesistenza [koezis'tɛntsa] *f* Koexistenz *f,* Nebeneinanderbestehen *nt*
coesistere [koe'zistere] <irr> *vi essere* koexistieren
coesivo, -a [koe'ziːvo] *agg* ① *(che tiene unito)* Kleb-, klebend ② PHYS Kohäsions-
coeso, -a [ko'ɛːzo] *agg (connesso)* zusammenhängend
coetaneo, -a [koe'taːneo] **I.** *agg* gleichaltrig; *(coevo)* zeitgenössisch **II.** *m, f* Gleichaltrige(r) *f(m),* Altersgenosse *m/*-genossin *f; (coevo)* Zeitgenosse/-genossin
coevo, -a [ko'ɛːvo] *agg* zeitgenössisch
cofanetto [kofa'netto] *m* ① *(cassetta)* Kästchen *nt; (per gioielli)* Schmuckkästchen *nt* ② *(per libri)* Schuber *m,* Kassette *f*
cofano ['kɔːfano] *m* ① MOT Motorhaube *f* ② *(cassa)* Truhe *f,* Kasten *m*
coffa ['kɔffa] *f* Mastkorb *m*
coffee break ['kɔfi breik] <-> *m* Kaffeepause *f*
cofinanziamento [kofinantsia'mento] *m* FIN Kofinanzierung *f*
cofinanziare [kofinan'tsiaːre] *vt* FIN kofinanzieren
cofirmatario, -a [kofirma'taːrio] <-i, -ie> **I.** *agg* unterzeichnend, Unterzeichner-; **le nazioni -ie del Trattato di Maastricht** die Unterzeichnerstaaten des Maastrichter Vertrages **II.** *m, f* Mitunterzeichnende(r) *f(m)*
cofondatore, -trice [kofonda'toːre] *m, f* Mitbegründer(in) *m(f)*
cogenerazione [kodʒenerat'tsioːne] *f* TEC Sekundärenergiegewinnung *f,* Fernwärme *f*
cogenitore, -trice [kodʒeni'toːre] *m, f* JUR *nicht leiblicher Elternteil*
cogerente [kodʒe'rɛnte] *mf* Mitverwalter(in) *m(f)*
cogestione [kodʒes'tioːne] *f* Mitverwaltung *f*
cogestire [kodʒes'tiːre] <cogestisco, cogestisci> *vt* gemeinsam leiten
cogitabondo, -a [kogita'bondo] *agg (poet)* grüblerisch, sinnend, seinen Gedanken nachhängend
cogli ['koʎʎi] *prep* = **con + gli** *v.* **con**
cogliere ['kɔʎʎere] <colgo, colsi, colto> *vt* ① *(fiore, frutto)* pflücken; *(frutto a)* ernten; *(bacche)* lesen ② *(colpo)* treffen; ~ **nel segno** genau treffen ③ *(sorprendere)* erwischen, ertappen; ~ **qu in fallo/in flagrante** jdn auf frischer Tat/in flagranti erwischen ④ *(fig: occasione)* ergreifen ⑤ *(fig: significato, problema)* erfassen; ~ **qc al volo** etw sofort verstehen
coglionaggine [koʎʎonad'ddʒiːne] *f (vulg)* Hirnrissigkeit *f fam,* Hirnverbranntheit *f fam*
coglionata [koʎʎo'naːta] *f (vulg)* Blödsinn *m fam,* Müll *m fam*
coglione, -a [koʎ'ʎoːne] *m, f (vulg)* Eierarsch *m,* dumme Sau; **essere un** ~ *(vulg)* eine dumme Sau sein
coglioneria [koʎʎone'riːa] <-ie> *f (vulg)* [Bock]mist *m fam*
coglioni [koʎ'ʎoːni] *mpl (vulg)* Eier *ntpl;*

rompere [*o* **far girare**] **i ~ a qu** *(vulg)* jdm auf den Sack gehen

cognac [kɔ'ɲak *o* koɲ'ɲak] <- *o* cognacs> *m* Cognac *m*

cognacchino [kɔɲɲak'kiːno] *m dim di* **cognac** kleiner Cognac

cognato, -a [koɲ'ɲaːto] *m, f* Schwager *m/* Schwägerin *f*

cognizione [koɲɲit'tsioːne] *f* ❶ *(nozione)* Kenntnis *f* ❷ JUR Zuständigkeit *f,* Kompetenz *f;* **con ~ di causa** kompetent, mit Sachverstand

cognome [koɲ'ɲoːme] *m* Nachname *m,* Familienname *m;* **nome e ~** Vor- und Nachname; **~ da nubile** Mädchenname *m*

cohousing [ko'ausiŋ] <-> *m (coabitazione)* Cohousing *nt (Leben in einer Anlage von Privatwohnungen, die mit vielen Gemeinschaftseinrichtungen ausgestattet sind)*

coi ['koːi] *prep* = **con + i** *v.* **con**

coibentare [koiben'taːre] *vt* TEC isolieren, dämmen

coibentatore [koibenta'toːre] *m* TEC Spezialist(in) *m(f)* für Wärmedämmung

coibente [koi'bɛnte] **I.** *agg* isolierend, Isolier-, nicht leitend **II.** *m* Isoliermaterial *nt*

coibenza [koi'bɛntsa] *f* Isolierung *f*

coiffeur, coiffeuse [kwa'fœːr, kwa'føːz] <- *o* coiffeurs *m,* coiffeuses *f*> *m, f* Damenfriseur(in) *m(f)*

coil [kɔil] <-> *m* Drahtrolle *f*

coincidenza [kointʃi'dɛntsa] *f* ❶ *(avvenimento simultaneo)* Zusammentreffen *nt; (avvenimento casuale)* Zufall *m* ❷ *(mezzi di trasporto)* Anschluss *m* ❸ *(fig: corrispondenza)* Übereinstimmung *f*

coincidere [koin'tʃiːdere] <irr> *vi (accadere insieme)* zusammenfallen; *(corrispondere)* sich *dat* entsprechen, übereinstimmen; *(essere la stessa cosa)* sich decken

coin-op [kɔin'ɔp] **I.** *mf* <-> Münzautomat *m* **II.** *agg inv* Münz-, mit Münzeinwurf, mit Münzen betrieben

coinquilino, -a [koiŋkui'liːno] *m, f* Mitbewohner(in) *m(f)*

coinsieme [koin'siɛːme] *m* MAT Wertemenge *f*

cointeressare [kointeres'saːre] *vt* beteiligen, teilhaben lassen

cointeressato, -a [kointeres'saːto] **I.** *agg* teilhabend **II.** *m, f* Teilhaber(in) *m(f)*

cointeressenza [kointeres'sɛntsa] *f* Teilhaberschaft *f*

cointestario, -a [kointes'taːrio] <-i, -ie> **I.** *agg* JUR beteiligt, Mitinhaber- **II.** *m, f* JUR Mitinhaber(in) *m(f)*

coinvolgente [koinvol'dʒɛnte] *agg (libro, spettacolo)* fesselnd, mitreißend; **un libro ~** ein fesselndes Buch

coinvolgere [koin'vɔldʒere] <irr> *vt* **~ qu in qc** jdn in etw *akk* hineinziehen

coinvolgimento [koin'vɔldʒmento] *m* Verwicklung *f*

coinvolto, -a [koin'vɔlto] **I.** *pp di* **coinvolgere II.** *agg* verwickelt; **essere ~ in qc** in etw *akk* verwickelt sein; **lo spettacolo mi ha ~** das Stück hat mich angesprochen

coiote [ko'iɔːte] <-> *m* Kojote *m*

Coira ['kɔːira] *f* Chur *nt*

coito ['kɔːito] *m* Koitus *m,* Beischlaf *m*

coke [kouk] <-> *m* Koks *m*

cokefazione [kokefat'tsioːne] *f* ❶ TEC Verkokung *f,* Koksgewinnung *f* ❷ CHEM *(processo che lascia residuo carbonioso)* Verkohlung *f*

col [kol] *prep* = **con + il** *v.* **con**

colà [ko'la] *avv (poet)* dort, dorthin

colabrodo [kola'brɔːdo] <-> *m* Durchschlag *m,* Sieb *nt;* **essere un ~** *(fig)* durchsiebt sein

colapasta [kola'pasta] <-> *m* Nudelsieb *nt,* Seiher *m*

colare [ko'laːre] **I.** *vt avere* ❶ *(liquido)* abgießen, filtern; *(brodo)* durchseihen, durch ein Sieb schütten; *(pasta)* abgießen, abschütten ❷ *(metallo)* gießen ❸ *(loc)* **~ a picco** [*o* **a fondo**] *(nave)* versenken **II.** *vi* ❶ *essere o avere (gocciolare)* tropfen, rinnen; *(naso)* laufen; *(recipiente)* lecken; **mi cola il naso** mir läuft die Nase ❷ *essere (loc)* **~ a picco** [*o* **a fondo**] [auf den Grund] sinken

colata [ko'laːta] *f* ❶ GEOL Strom *m;* **~ lavica** Lavastrom *m* ❷ *(di metallo)* Guss *m*

colato, -a [ko'laːto] *agg* rein, pur; **prendere qc per oro ~** *(fig)* etw für bare Münze nehmen

colazione [kolat'tsioːne] *f* ❶ *(prima ~)* Frühstück *nt;* **fare ~** frühstücken ❷ *(seconda ~)* Mittagessen *nt;* **~ di lavoro** Arbeitsessen *nt*

cold boot [kold 'but] <-> *m* INFORM Kaltstart *m*

cold cream ['kould 'kriːm] <-> *f* Gesichtscreme *f*

COLDIRETTI [koldi'rɛtti] *f abbr di* **Confederazione Nazionale Coltivatori Diretti** *Verband (selbstständiger) Landwirte*

coldiretto *m acro di* **Coltivatore diretto** selbstständiger Landwirt *m*

colei *f v.* **colui**

coleottero [kole'ɔttero] *m* Käfer *m*

colera [ko'lɛːra] <-> *m* Cholera *f*

colerico, -a [ko'lɛːriko] <-ci, -che> *agg* Cholera-

colesterina [koleste'riːna] *f,* **colesterolo** [koleste'rɔːlo] *m* Cholesterin *nt*
colf [kɔlf] <-> *f* Haushaltshilfe *f,* Bedienung *f* A
colgo ['kɔlgo] *1. pers sing pr di* **cogliere**
colibatterio [kolibatte'riːo] <-ri> *m* BIOL Kolibakterie *f*
colibrì [koli'bri] <-> *m* Kolibri *m*
colica ['kɔːlika] <-che> *f* Kolik *f*
colino [ko'liːno] *m* kleines Sieb; *(per tè)* Teesieb *nt*
colite [ko'liːte] *f* MED Kolitis *f*
colla[1] ['kɔlla] *f* Leim *m,* Klebstoff *m;* **~ in stick** Klebestift *m;* **~ universale** Alleskleber *m*
colla[2] ['kolla] *prep* = **con + la** *v.* **con**
collaborare [kollabo'raːre] *vi* mitarbeiten; **~ a un progetto** an einem Projekt mitarbeiten; **~ con qu** mit jdm zusammenarbeiten; *(pej a.)* mit jdm kollaborieren
collaboratore, -trice [kollabora'toːre] *m, f* Mitarbeiter(in) *m(f);* **~ esterno** freier Mitarbeiter; **-trice familiare** [*o* **domestica**] Hausangestellte *f,* Haushaltshilfe *f*
collaborazione [kollaborarat'tsioːne] *f* Mitarbeit *f,* Zusammenarbeit *f;* **la ~ a un progetto** die Mitarbeit an einem Projekt
collaborazionismo [kollaborattsio'nizmo] *m* Kollaboration *f*
collaborazionista [kollaborrattsio'nista] <-i *m,* -e *f*> *mf* Kollaborateur(in) *m(f)*
collage [ko'laːʒ] <-> *m* Collage *f*
collageno [kol'laːdʒeno] *m* Kollagen *nt*
collana [kol'laːna] *f* ① *(di perle, oro, coralli)* [Hals]kette *f* ② *(di libri)* Reihe *f*
collant [kɔ'lã] <-> *m* Strumpfhose *f*
collare [kol'laːre] *m* ① *(per cani)* Halsband *nt* ② *(ornamento)* Halskrause *f* ③ REL Beffchen *nt,* Kollar *nt*
collasso [kol'lasso] *m* Kollaps *m*
collaterale [kollate'raːle] *agg (a lato)* seitlich, Seiten-; *(vicino)* Neben-; **effetti -i** Nebenwirkungen *f pl*
collateralismo [kollatera'lizmo] *m* POL Parteiunterstützung *f*
collaudare [kollau'daːre] *vt* prüfen, testen, zensurieren A
collaudatore, -trice [kollauda'toːre] *m, f* Prüfer(in) *m(f)*
collaudo [kol'laːudo] *m* Kontrolle *f,* Prüfung *f; (di macchina, impianti)* Probelauf *m;* **volo di ~** Probeflug *m*
collazione [kollat'tsioːne] *f* Kollation *f*
colle[1] ['kɔlle] *m* ① *(rilievo)* Hügel *m* ② *(passo)* Pass *m*
colle[2] ['kolle] *prep* = **con + le** *v.* **con**
collega [kol'lɛːga] <-ghi *m,* -ghe *f*> *mf* Kollege *m*/Kollegin *f*
collegamento [kollega'mento] *m* ① *(connessione)* Verbindung *f;* **~ ferroviario** Eisenbahnverbindung; **~ radiofonico** Funkverbindung; **~ telefonico** Telefonverbindung ② EL Schaltung *f;* **~ in serie/parallelo** Serien-/Parallelschaltung *f* ③ MIL, TV, RADIO Verbindung *f;* **ufficiale di ~** Verbindungsoffizier *m;* **in ~ con Madrid, vi trasmettiamo ...** TV, RADIO wir sind mit Madrid verbunden und senden ... ④ INET Anschluss *m;* **~ a Internet** Internetanschluss
collegante [kolle'gante] *agg* verbindend, Binde-; **elemento ~** Bindeglied *nt*
collegare [kolle'gaːre] **I.** *vt* verbinden; *(a. fig)* in Verbindung setzen **II.** *vr* **-rsi con qu** sich mit jdm in Verbindung setzen
collegato, -a [kolle'gaːto] *agg* verbunden, angeschlossen; **essere ~ a qc** an etw *akk* angeschlossen sein; **questo computer è ~ a Internet** dieser Computer ist ans Internet angeschlossen
college ['kɔlidʒ *o* 'kɔlledʒ] <- *o* colleges> *m* College *nt*
collegiale [kolle'dʒaːle] **I.** *agg* ① *(collettivo)* kollegial, Kollegial- ② *(da collegio)* Internats- **II.** *mf* ① *(allievo)* Internatsschüler(in) *m(f)* ② *(fig: giovane inesperto, impacciato)* Schuljunge *m,* Schulmädchen *nt,* Grünschnabel *m*
collegialità [kolledʒali'ta] <-> *f* Kollegialität *f*
collegialmente [kolledʒal'mente] *avv* ① *(da collega)* kollegial ② *(collettivamente)* kollektiv, gemeinschaftlich
collegio [kol'lɛːdʒo] <-gi> *m* ① *(istituto)* Internat *nt,* Internatsschule *f* ② *(professionale)* Kollegium *nt* ③ *(circoscrizione)* **~ elettorale** Wahlbezirk *m*
collera ['kɔllera] *f* Wut *f;* **andare/essere in ~** wütend werden/sein; **essere in ~ con qu** auf jdn wütend sein
collerico, -a [kol'lɛːriko] <-ci, -che> **I.** *agg* cholerisch, jähzornig **II.** *m, f* Choleriker(in) *m(f)*
colletta [kol'lɛtta] *f* [Geld]sammlung *f;* REL Kollekte *f*
collettanea [kolletta'nɛːa] <-ee> *f* Festschrift *f,* Essaysammlung *f*
collettivismo [kolletti'vizmo] *m* POL Kollektivismus *m*
collettivista [kolletti'vista] <-i *m,* -e *f*> *mf* Kollektivist(in) *m(f)*
collettivistico, -a [kolletti'vistiko] <-ci, -che> *agg* kollektivistisch
collettività [kollettivi'ta] <-> *f* Kollektivität *f,* Gemeinschaftlichkeit *f*
collettivizzare [kollettivid'dzaːre] *vt* kollektivieren
collettivizzazione [kollettividdtat'tsioːne] *f* Kollektivierung *f*

collettivo [kollet'tiːvo] *m* Kollektiv *nt*
collettivo, -a *agg* kollektiv, gemeinschaftlich
colletto [kol'letto] *m* ① *(di camicia, abito)* Kragen *m* ② ANAT Zahnhals *m* ③ BOT Wurzelhals *m;* ~ **bianco** *(fig)* Angestellte(r) *m*
collettore [kollet'toːre] *m* ① TEC Sammelleitung *f* ② EL Kollektor *m*
collettore, -trice *agg* Sammel-
collezionare [kollettsio'naːre] *vt* sammeln
collezione [kollet'tsioːne] *f* ① *(raccolta)* Sammlung *f;* **fare ~ di qc** etw sammeln ② *(nella moda)* Kollektion *f* ③ *(di libri)* Reihe *f*
collezionismo [kollettsio'nizmo] *m* ① *(interesse, propensione a collezionare oggetti)* Sammelleidenschaft *f* ② *(insieme dei collezionisti)* Sammler *mpl*
collezionista [kollettsio'nista] <-i *m,* -e *f*> *mf* Sammler(in) *m(f)*
collie ['kɔli] <-> *m* Collie *m*
collier [kɔ'lje] <-> *m* Collier *nt*
collimare [kolli'maːre] *vi* übereinstimmen, sich *dat* entsprechen
collimazione [kollimat'tsioːne] *f* OPT Kollimation *f*
collina [kol'liːna] *f* Hügel *m,* Anhöhe *f*
collinoso, -a [kolli'noːso] *agg* hüg[e]lig
collirio [kol'liːrio] <-i> *m* Augentropfen *mpl*
collisione [kolli'zioːne] *f* Zusammenstoß *m,* Kollision *f;* **entrare in ~** zusammenstoßen, kollidieren
collo[1] ['kɔllo] *m* ① *(anat)* Hals *m; (del piede)* Spann *m,* Rist *m;* **avere/portare al ~** um den Hals haben/tragen; **allungare il ~** einen langen Hals machen; **avere la testa sul ~** Verstand haben; **tirare il ~ ad un pollo** einem Huhn den Hals umdrehen; **essere nei debiti fino al ~** bis zum Hals in Schulden stecken; **rompersi il** [*o* **l'osso del**] **~** *(fig)* sich *dat* den Hals brechen; **ci ho rimesso l'osso del ~** *(fig)* das hat mir das Genick gebrochen ② *(di bottiglia, fiasco)* Hals *m* ③ *(di abito)* Kragen *m;* **prendere qu per il ~** jdn am Kragen packen; *(fig)* jdn nötigen; **a ~ alto** Rollkragen- ④ COM Frachtstück *nt,* Kollo *nt* ⑤ TEC **~ d'oca** Kurbelwelle *f; (di tubi)* Schwanenhals *m*
collo[2] ['kollo] = **con + lo**
collocamento [kolloka'mento] *m* ① *(impiego)* Stellung *f;* **agenzia di ~** Stellenvermittlung *f;* **ufficio di ~** Arbeitsamt *nt* ② *(disposizione)* Anordnung *f,* Stellung *f* ③ TEC Einbau *m*
collocare [kollo'kaːre] **I.** *vt* ① *(mettere)* setzen, stellen, legen; **~ qu a riposo** jdn in den Ruhestand versetzen ② *(trovare un lavoro per)* unterbringen **II.** *vr* **-rsi** sich *dat* eine Position verschaffen
collocazione [kollokat'tsioːne] *f* Stellung *f; (di libro, fig)* Standort *m; (sistemazione)* Anordnung *f*
colloquiale [kollo'kuiaːle] *agg* umgangssprachlich; **linguaggio ~** Umgangssprache *f;* **tono ~** Plauderton *m*
colloquiare [kollo'kuiaːre] *vi* reden, plaudern; **~ con qu** sich mit jdm unterhalten
colloquio [kol'lɔːkuio] <-qui> *m* ① *(conversazione)* Gespräch *nt,* Unterhaltung *f;* **~ di lavoro** Vorstellungsgespräch *nt* ② *(esame)* Kolloquium *nt*
colloso, -a [kol'loːso] *agg* klebrig
collottola [kol'lɔttola] *f (fam)* Nacken *m*
collusione [kollu'zioːne] *f* Kollusion *f*
colluso, -a [kol'luːso] **I.** *m, f* Teil *m* eines Klüngels **II.** *agg (di politico, amministratore)* unter einer Decke steckend (**con** mit +*dat*)
collut(t)orio [kollu'tɔːrio (kollutt'tɔːrio)] <-i> *m* [medizinisches] Mundwasser *nt,* Gurgelmittel *nt*
colmare [kol'maːre] *vt* ① *(recipiente)* füllen; *(lacuna)* schließen, ausfüllen; **~ di qc** mit etw füllen ② *(fig: dare in abbondanza)* überschütten; **~ qu di regali** jdn mit Geschenken überschütten
colmata [kol'maːta] *f* Auflandung *f,* Aufspülung *f*
colmo ['kolmo] *m* ① *(di cima, colle)* Gipfel *m* ② *(fig: apice)* Gipfel *m;* **questo è il ~!** *(fam)* das ist ja die Höhe!
colmo, -a *agg* ① *(bicchiere)* voll, [voll]gefüllt; *(cucchiaio)* gehäuft; **~ fino all'orlo** randvoll ② *(fig: di dolore, bile, amarezze)* voll; **essere ~ di qc** voll von etw sein
colomba [ko'lomba] *f* Taube *f;* **la ~ pasquale** *traditioneller Osterkuchen aus Hefeteig in Form einer Taube*
colombaccio [kolom'battʃo] <-cci> *m* Ringeltaube *f*
colombaia [kolom'baːia] <-aie> *f* Taubenschlag *m*
colombicoltura [kolombikol'tuːra] *f* Taubenzucht *f*
colombo [ko'lombo] *m* Täuberich *m,* Taube *f;* **tubano come due -i** *(fam)* sie sind wie die Turteltauben
colon ['kɔːlon] <-> *m* ANAT Grimmdarm *m,* Kolon *nt*
colonia [ko'lɔːnia] <-ie> *f* ① POL, BIOL Kolonie *f* ② *(per le vacanze)* Ferienlager *nt,* -kolonie *f* ③ *(gruppo di stranieri)* [Ausländer]kolonie *f* ④ *(acqua di Colonia)* Kölnischwasser *nt*
Colonia [ko'lɔːnia] *f* Köln *nt;* **acqua di ~** Kölnischwasser *nt*

coloniale [kolo'nia:le] **I.** *agg* ① POL, COM kolonial, Kolonial- ② BIOL Kolonien bildend **II.** *mf* Kolonist(in) *m(f)*

coloniali [kolo'nia:li] *mpl* Kolonialwaren *fpl*

colonialismo [kolonia'lizmo] *m* Kolonialismus *m*

colonialista [kolonia'lista] <-i *m*, -e *f*> **I.** *mf* Kolonialist(in) *m(f)* **II.** *agg* Kolonial-

colonialistico, -a [kolonia'listiko] <-ci, -che> *agg* kolonialistisch

colonico, -a [ko'lɔ:niko] <-ci, -che> *agg* [Land]pächter-; *(rurale)* Bauern-; **casa -a** Bauernhaus *nt*

colonizzare [kolonid'dza:re] *vt* ① HIST, POL kolonisieren ② AGR besiedeln

colonizzatore, -trice [koloniddza'to:re] **I.** *agg* kolonisatorisch **II.** *m, f* Kolonisator *m*

colonizzazione [koloniddzat'tsio:ne] *f* ① POL Kolonisierung *f* ② AGR Besied[e]lung *f*

colonna [ko'lonna] *f* ① ARCH Säule *f* ② *(di automobili)* Kolonne *f; (di numeri)* Reihe *f*, Kolonne *f* ③ TYP Spalte *f*, Kolumne *f* ④ *(fig: sostegno)* Stütze *f* ⑤ *(d'acqua, di fuoco)* [Wasser-, Feuer]wand *f* ⑥ ANAT **~ vertebrale** Wirbelsäule *f*

colonnare [kolon'na:re] *agg* Säulen-

colonnato [kolon'na:to] *m* Säulenreihe *f; (portico)* Arkade *f*

colonnello [kolon'nɛllo] *m* Oberst *m*

colonnina [kolon'i:na] *f* **~ di soccorso** Notrufsäule *f*

colonnista [kolon'ista] <-i *m*, -e *f*> *mf (columnist)* Kolumnist(in) *m(f)*

colono [ko'lɔ:no] *m* ① AGR Pächter *m* ② HIST Kolone *m*

colorante [kolo'rante] **I.** *agg* färbend, Färbe-, Farb- **II.** *m* Farbstoff *m*; **-i alimentari** Lebensmittelfarben *fpl*

colorare [kolo'ra:re] **I.** *vt* ① *(capelli, tessuti)* färben; *(disegno)* kolorieren, bemalen ② *(fig: mascherare)* tarnen, verbergen **II.** *vr* **-rsi** sich färben

colorazione [kolorat'tsio:ne] *f* Färbung *f*, Koloration *f*

colore [ko'lo:re] *m* Farbe *f*; POL Couleur *f*; **~ locale** Lokalkolorit *nt*; **scatola di -i** Farbkasten *m*; **uomo di ~** Farbige(r) *m*; **-i a olio/tempera/dita** Öl-/Tempera-/Fingerfarben *fpl*; **dare una mano di ~ a qc** etw anstreichen; **a -i** farbig, Farb-; **senza -i** farblos; **dirne di tutti i -i** *(fig)* kein Blatt vor den Mund nehmen; **farne di tutti i -i** *(fig)* alles Mögliche anstellen, es bunt treiben; **diventare di mille** [*o* **di tutti i**] **-i** *(fig: dovuto a un'emozione)* abwechselnd blass und rot werden

colorificio [kolori'fi:tʃo] <-ci> *m* Färberei *f*

colorire [kolo'ri:re] <colorisco> *vt* ① *(colorare)* kolorieren ② *(fig: racconto)* ausschmücken

colorismo [kolo'rizmo] *m* Kolorismus *m*

colorista [kolo'rista] <-i *m*, -e *f*> *mf* Kolorist(in) *m(f)*

colorito [kolo'ri:to] *m (tinta)* Farbe *f*, Färbung *f; (della pelle)* Gesichtsfarbe *f*, Teint *m*

colorito, -a *agg* ① *(viso, guance)* rosig; *(abito)* farbig ② *(fig)* lebhaft, farbig; *(linguaggio)* ausdrucksvoll

coloro [ko'lo:ro] *pron dim pl di* **colui**

colossale [kolos'sa:le] *agg* ① *(di enormi proporzioni)* kolossal, riesig ② *(fig: successo, sproposito, fiasco)* Riesen-, riesig

colosso [ko'lɔsso] *m* ① *(statua)* Koloss *m* ② *(fig: personalità)* Größe *f*; **un ~ dello schermo** eine Filmgröße

colostro [ko'lɔstro] *m* Kolostrum *nt*

colpa ['kolpa] *f* Schuld *f*; **dare la ~ a qu** jdm die Schuld geben; **essere in ~** schuldig sein; **sentirsi in ~** sich schuldig fühlen; **per ~ di qu** durch jds Schuld; **per ~ di qc** wegen etw; **non è ~ mia** das ist nicht meine Schuld, ich kann nichts dafür

colpevole [kol'pe:vole] **I.** *agg* ① *(persona)* schuldig; **~ di furto** des Diebstahls schuldig ② *(azione)* schuldhaft **II.** *mf* Schuldige(r) *f(m)*

colpevolezza [kol'pevo'lettsa] *f* Schuld *f*, Schuldhaftigkeit *f*

colpevolismo [kolpevo'lizmo] *m* Vorverurteilung *f*

colpevolistico, -a [kolpevo'listiko] <-ci, -che> *agg* vorverurteilend

colpevolizzare [kolpevolid'dza:re] *vt* **~ qu** in jdm Schuldgefühle hervorrufen; *(dare la colpa)* jdm die Schuld geben

colpire [kol'pi:re] <colpisco> *vt* ① *(cogliere)* treffen; *(ferire)* schlagen; **~ qu con un pugno** jdm einen Faustschlag versetzen; **~ nel segno** ins Schwarze treffen ② *(fig: impressionare)* beeindrucken, treffen

colpo ['kolpo] *m* ① *(botta)* Schlag *m*; *(urto)* Stoß *m*; **~ basso** *(a. fig)* Schlag *m* unter die Gürtellinie; **andare a ~ sicuro** *(fig)* sichergehen; **la notizia ha fatto ~** *(fig)* die Nachricht hat [sofort] eingeschlagen ② *(fig, pej: azione sleale)* Coup *m*; **fare un ~** einen Coup landen; **~ di Stato** Staatsstreich *m* ③ *(sparo)* Schuss *m*; *(detonazione)* Knall *m* ④ *(fig: manifestazione improvvisa)* **gli è venuto un ~** ihn hat der Schlag getroffen; **~ d'aria** Luftzug *m*; **~ di fortuna** Glücksfall *m*; **un ~ di fulmine** *(fig)* Liebe *f* auf den ersten Blick; **~ di grazia** *(a. fig)* Gnadenschuss *m*; **~ di vento**

C

Windstoß *m;* ~ **di scena** *(a. fig)* Überraschungseffekt *m;* **a ~ d'occhio** auf den ersten Blick; **di ~** plötzlich; **sul ~** auf der Stelle ⑤ *(loc)* ~ **di testa** Kurzschlusshandlung *f;* **dare un ~ di telefono a qu** *(fam)* jdn kurz anrufen; **fare ~** beeindrucken; **prendere un ~ di sole** einen Sonnenstich bekommen

colposo, -a [kol'po:so] *agg* JUR fahrlässig

colsi ['kɔlsi] *1. pers sing pass rem di* **cogliere**

coltella [kol'tɛlla] *f* Fleischermesser *nt*

coltellame [koltel'la:me] *m* Messersatz *m*

coltellata [koltel'la:ta] *f (colpo)* Messerstich *m*

coltelleria [koltelle'ri:a] <-ie> *f* ① *(fabbrica)* Messerfabrik *f; (negozio)* Messerhandlung *f* ② *(assortimento)* Messerwaren *f pl*

coltello [kol'tɛllo] *m* Messer *nt;* **avere il ~ dalla parte del manico** *(fig)* das Heft in der Hand haben

coltivabile [kolti'va:bile] *agg* anbaufähig; **area ~** Anbaugebiet *nt*

coltivare [kolti'va:re] *vt* ① *(campo, terreno)* bestellen, bebauen ② *(patate, rape)* anbauen ③ MIN abbauen ④ *(fig: amicizia)* pflegen; *(mente)* kultivieren, bilden; *(scienze, arti)* pflegen, betreiben

coltivato, -a [kolti'va:to] *agg* ① AGR *(terreno)* bestellt, bebaut ② *(rape, patate)* angebaut ③ *(funghi, perle)* Zucht-

coltivatore, -trice [koltiva'to:re] *m, f* Erzeuger(in) *m(f),* Produzent(in) *m(f);* ~ **diretto** Direkterzeuger *m*

coltivazione [koltivat'tsio:ne] *f (di un prodotto)* Anbau *m; (di un campo)* Bestellen *nt*

coltivo, -a [kol'ti:vo] *agg* bestellbar; *(coltivato)* bestellt

colto ['kɔlto] *pp di* **cogliere**

colto, -a ['kolto] *agg* kultiviert, gebildet

coltre ['koltre] *f* Decke *f*

coltura [kol'tu:ra] *f* ① AGR Anbau *m,* Kultur *f* ② BIOL Kultur *f* ③ ZOO Zucht *f*

colui [ko'lu:i], **colei** [ko'lɛ:i] <coloro> *pron dim* diese(r, s) (dort), jene(r, s); ~ **che …** der[jenige], der …

columnist ['kɔləmnist] <-> *mf* Kolumnist(in) *m(f)*

colza ['kɔltsa] *f* Raps *m*

coma ['kɔ:ma] <-> *m* Koma *nt;* **essere in ~** im Koma liegen

comacino, -a [koma'tʃi:no] *agg (obs) v.* **comasco**

comandamento [komanda'mento] *m* Gebot *nt*

comandante [koman'dante] *m* Kommandant *m;* NAUT Kapitän *m*

comandare [koman'da:re] **I.** *vt* ① MIL *(reggimento, nave)* kommandieren, befehligen ② TEC bedienen ③ ADM versetzen ④ *(ordinare)* befehlen, anordnen, anschaffen A; **comandi!** zu Befehl! **II.** *vi* kommandieren, befehlen; ~ **a qu di fare qc** jdm befehlen etw zu tun

comandato, -a [koman'da:to] *agg* ① ADM berufen; **professore ~ presso il ministero** Professor *m* im Ministerialdienst ② MIL beordert (**di** zu), abgestellt (**di** zu) ③ REL *(feste)* geboten

comando [ko'mando] *m* ① MIL Kommando *nt,* Führung *f* ② ADM Leitung *f* ③ *(ordine)* Befehl *m* ④ *(computer)* Befehl *m;* **riga di ~** Befehlszeile *f;* ~ **vocale** Sprachbedienung *f* ⑤ TEC Schaltung *f;* **leva di ~** Schalthebel *m* ⑥ SPORT Führung *f*

comare [ko'ma:re] *f* ① *(di battesimo)* [Tauf]patin *f* ② *(donna pettegola)* Klatschbase *f*

comasco, -a <-schi, -sche> **I.** *agg* aus Como stammend **II.** *m, f (abitante)* Einwohner(in) *m(f)* von Como

Comasco [ko'masko] *m sing* Umgebung *f* von Como

combaciare [komba'tʃa:re] *vi* ① *(aderire)* [zusammen]passen ② *(fig: coincidere)* übereinstimmen

combattente [kombat'tɛnte] **I.** *agg* kämpfend, Kampf- **II.** *mf* Kämpfer(in) *m(f)*

combattere [kom'battere] **I.** *vi* ① MIL kämpfen; ~ **contro il nemico** gegen den Feind kämpfen ② *(fig: lottare)* sich einsetzen, kämpfen; ~ **contro** [*o* **per**] **qc** sich gegen [*o* für] etw einsetzen **II.** *vt (fig)* MIL bekämpfen, kämpfen gegen

combattimento [kombatti'mento] *m* ① MIL Kampf *m,* Gefecht *nt;* **mettere fuori ~** *(a. fig)* außer Gefecht setzen ② SPORT [Wett-, Ring]kampf *m*

combattività [kombattivi'ta] <-> *f* Kampfgeist *m*

combattivo, -a [kombat'ti:vo] *agg* kämpferisch

combattuto, -a [kombat'tu:to] *agg* unschlüssig; *(da dubbi)* gequält, geplagt; **essere ~ fra opposti pareri** zwischen gegensätzlichen Meinungen schwanken

combinare [kombi'na:re] **I.** *vt* ① *(colori, sapori)* kombinieren, zusammenstellen; *(gita, cena, riunione)* arrangieren, in die Wege leiten; *(affare)* zustande bringen ② CHEM, TEC verbinden ③ *(unire)* vereinen ④ *(fam scherz: fare)* zustande bringen, bewerkstelligen; ~ **un guaio** *(fam)* was anstellen; **ne ha combinata un'altra delle sue** *(fam)* er/sie hat mal wieder was angestellt **II.** *vr* **-rsi** ① CHEM sich verbinden

② *(fam: conciarsi)* sich herrichten; **ma come ti sei combinato oggi?** *(fam)* wie siehst du denn heute aus! ③ *(mettersi d'accordo)* sich einigen; **-rsi su qc** sich über etw *akk* einigen

combinata [kombi'naːta] *f* SPORT Kombination *f*

combinatore, -trice [kombina'toːre] **I.** *agg* Vermittlungs-; **disco ~** Wählscheibe *f* **II.** *m, f* Arrangeur(in) *m(f)*

combinazione [kombinat'tsioːne] *f* ① *(caso fortuito)* Zufall *m;* **per [pura] ~** [rein] zufällig ② *(di colori)* Zusammenstellung *f; (di idee)* Verbindung *f; (di cassaforte)* Kombination *f* ③ CHEM Verbindung *f*

combo ['kombou] **I.** *m* <-> ① FOTO Fotomontage *f* ② MUS Ensemble *nt* **II.** *agg inv* FOTO Fotomontage-

combriccola [kom'brikkola] *f* Clique *f,* Bande *f*

combustibile [kombus'tiːbile] **I.** *agg* brennbar, Brenn- **II.** *m* Brennstoff *m*

combustibilità [kombustibili'ta] <-> *f* Brennbarkeit *f*

combustione [kombus'tioːne] *f* Verbrennung *f;* **camera di ~** Brennraum *m;* **motore a ~ interna** Verbrennungsmotor *m*

combutta [kom'butta] *f (pej)* Bande *f;* **essere in ~ con qu** *(pej)* mit jdm unter einer Decke stecken

come ['koːme] **I.** *avv* ① *(interrogativo, esclamativo, nei paragoni)* wie; **~ me/te** wie ich/du; **~ è cara!** wie lieb sie ist!; **ma ~!** wie bitte?; **~ stai?** wie geht's [dir]?; **~ mai?** wieso?; **~ no?** natürlich! ② *(correlativo)* so wie; **ora ~ ora** so wie es jetzt aussieht; **~ viene viene** *(fam)* wie es kommt, so kommt es ③ *(in qualità di)* als **II.** *cong* ① *(dichiarativo)* wie ② *(condizionale)* als ③ *(temporale)* als ④ *(comparativo)* wie; **~ se** als ob **III.** *m* <-> Wie *nt*

COMECON ['kɔːmekon] *m* Comecon *m o nt,* COMECON *m o nt*

comedone [kome'doːne] *m* Mitesser *m*

comense [ko'mɛnse] LIT *v.* **comasco**

cometa [ko'meːta] *f* Komet *m*

comfort ['kʌmfət] <-> *m* Komfort *m;* **questa macchina offre tutti i ~** dieses Auto bietet jeden erdenklichen Komfort

comic ['kɔmik] <- *o* comics> *m* Comic *m*

comica ['kɔːmika] <-che> *f* ① FILM Stummfilmsketch *m* ② *(fig: situazione farsesca)* Farce *f*

comicità [komitʃi'ta] <-> *f* Komik *f*

comico ['kɔːmiko] <-ci> *m* ① *(attore, a. fig)* Komiker(in) *m(f)* ② *(scrittore)* Komödienautor(in) *m(f)* ③ *(comicità)* Komik *f,* Komische(s) *nt*

comico, -a <-ci, -che> *agg* ① *(della commedia)* Lustspiel- ② *(buffo)* komisch

comignolo [ko'miɲɲolo] *m* Schornstein *m*

cominciare [komin'tʃaːre] **I.** *vi essere* anfangen [mit], beginnen [mit]; **comincia a piovere** es beginnt zu regnen; **~ col dire …** damit anfangen, dass man sagt …; **a ~ da oggi** ab heute; **una parola che comincia per elle** ein Wort, das mit L anfängt **II.** *vt avere (lavoro, studi, discorso)* beginnen, anfangen; **chi ben comincia è a metà dell'opera** *(prov)* frisch gewagt ist halb gewonnen

comino [ko'miːno] *v.* **cumino**

comitato [komi'taːto] *m* Komitee *nt;* **Comitato delle regioni** EU Ausschuss *m* der Regionen; **Comitato economico e sociale** EU Wirtschafts- und Sozialausschuss *m*

comitiva [komi'tiːva] *f* [Reise]gruppe *f,* -gesellschaft *f*

comiziante [komit'tsiante] *mf* Kundgebungsteilnehmer(in) *m(f)*

comizio [ko'mittsio] <-i> *m* Kundgebung *f*

Comm. *abbr di* **Commendatore** Komtur, Kommandeur

comma ['komma] <-i> *m* ① JUR Absatz *m,* Paragraf *m* ② MUS Komma *nt*

commando [kom'mando] <-> *m* Kommando *nt*

commedia [kom'mɛːdia] <-ie> *f* Komödie *f;* **~ musicale** Musical *nt;* **~ a soggetto** Stegreifkomödie *f;* **~ dell'arte** Commedia dell'arte *f;* **~ d'intreccio/di carattere** Verwicklungs-/Charakterkomödie *f;* **personaggio da ~** Hanswurst *m;* **fare la ~** *(fig)* Theater spielen

commediante [komme'diante] *mf* ① THEAT Komödiant(in) *m(f)* ② *(fig, pej: persona simulatrice)* Heuchler(in) *m(f),* Komödiant(in) *m(f)*

commediografo, -a [komme'diɔːgrafo] *m, f* Lustspielautor(in) *m(f),* Komödienautor(in)

commemorare [kommemo'raːre] *vt* jds gedenken; *(celebrare)* feiern

commemorativo, -a [kommemora'tiːvo] *agg* Gedenk-, Gedächtnis-

commemorazione [kommemorat'tsioːne] *f* Gedenken *nt; (cerimonia)* Gedächtnisfeier *f;* **la ~ di qu** das Gedenken an jdn

commenda [kom'mɛnda] *f* ① REL Komturei *f,* Kommende *f* ② *(titolo di commendatore)* Komturwürde *f*

commendatore [kommenda'toːre] *m* Komtur *m,* Kommandeur *m*

commensale [kommen'saːle] *mf* Tischgenosse *m*/-genossin *f*

commensurabile [kommensu'raːbile] *agg* kommensurabel, vergleichbar

commentare [kommen'ta:re] *vt* ① *(passo, poesia)* interpretieren, erläutern ② *(spiegare con commento)* kommentieren ③ *(esprimere giudizi)* seine Meinung äußern über +*akk*, bewerten

commentatore, **-trice** [kommenta'to:re] *m, f* RADIO, TV Kommentator(in) *m(f)*

commento [kom'mento] *m* ① *(nota illustrativa)* Kommentar *m*, Erläuterung *f*; LIT, RADIO, TV Besprechung *f* ② *(giudizio)* Kommentar *m*, Beurteilung *f*; *(opinione)* Meinung *f*; *(osservazione)* Bemerkung *f* ③ FILM ~ **musicale** [Film]musik *f*

commerciabile [kommer'tʃa:bile] *agg* verkäuflich, marktgängig

commerciabilità [kommertʃabili'ta] <-> *f* COM Marktfähigkeit *f*, Marktgängigkeit *f*

commercial [kə'mə:ʃəl] <-> *m* RADIO, TV Werbespot *m*

commercial bank [kə'mə:ʃəl bæŋk] <-> *m* FIN Kreditinstitut *nt*, Geschäftsbank *f*

commerciale [kommer'tʃa:le] *agg* ① *(lettera, valore, scuola)* Handels- ② *(prodotto, film, libro)* kommerziell

commercialista [kommertʃa'lista] <-i *m*, -e *f*> *mf* ① Steuerberater(in) *m(f)* ② *(esperto in diritto commerciale)* Handelsrechtsexperte *m*/-expertin *f*

commercialità [kommertʃali'ta] <-> *f* Warencharakter *m*

commercializzare [kommertʃalid'dza:re] *vt* ① COM vermarkten ② *(fig, pej)* kommerzialisieren

commercial paper [kə'mə:ʃəl 'peipə] <-> *m* FIN *(financial paper)* kurzfristiges Wertpapier *nt*, kurzfristiger Forderungstitel *m*

commerciante [kommer'tʃante] *mf* Händler(in) *m(f)*; ~ **all'ingrosso** Großhändler(in) *m(f)*; ~ **in pellami** Lederwarenhändler(in) *m(f)*

commerciare [kommer'tʃa:re] *vi* handeln; ~ **in qc** in [*o* mit] etw handeln

commercio [kom'mɛrtʃo] <-ci> *m* Handel *m*; ~ **all'ingrosso** Großhandel *m*; ~ **al minuto** Einzelhandel *m*; ~ **equo e solidale** Dritte-Welt-Handel *m*; **essere in** ~ im Handel sein; **essere nel** ~ im Handel tätig sein; ~ **elettronico** Internethandel *m*

commessa [kom'messa] *f* ① *(in un negozio)* Verkäuferin *f* ② *(ordinazione)* Auftrag *m*, Bestellung *f*

commesso, **-a** [kom'messo] **I.** *pp di* **commettere** **II.** *m, f* Verkäufer(in) *m(f)*; ~ **viaggiatore** Handlungsreisende(r) *m*

commestibile [kommes'ti:bile] *agg* essbar, genießbar

commestibili [kommes'ti:bili] *mpl* Lebensmittel *ntpl*

commestibilità [kommestibili'ta] <-> *f* Essbarkeit *f*, Genießbarkeit *f*

commettere [kom'mettere] <irr> *vt* *(delitto, imprudenza)* begehen; *(errore)* machen

commettitura [kommetti'tu:ra] *f* Verbindungsstelle *f*

commiato [kom'mia:to] *m* *(congedo)* Abschied *m*; **prendere ~ da qu** von jdm Abschied nehmen

commilitone, **-a** [kommili'to:ne] *m, f* Kamerad(in) *m(f)*

comminare [kommi'na:re] *vt* JUR vorsehen

commiserare [kommize'ra:re] *vt* bemitleiden, bedauern

commiserazione [kommizerat'tsio:ne] *f* Mitleid *nt*

commisi [kom'mi:zi] *1. pers sing pass rem di* **commettere**

commissaria *f v.* **commissario**

commissariale [kommissa'ria:le] *agg* Kommissariats-

commissariamento [kommissaria'mento] *m* kommissarische Leitung *f*

commissariare [kommissa'ria:le] *vt* kommissarisch leiten, einen Kommissar einsetzen

commissariato [kommissa'ria:to] *m* Kommissariat *nt*

commissario, **-a** [kommis'sa:rio] <-i, -ie> *m, f* ① ADM Kommissar(in) *m(f)*, Kommissär(in) *m(f)* A, Beauftragte(r) *f(m)*; ~ **di pubblica sicurezza** Polizeikommissar *m*; **Commissario europeo** *(Unione europea)* Europäischer Kommissar ② *(membro di commissione)* Kommissionsmitglied *nt*; ~ **d'esame** Mitglied *nt* einer Prüfungskommission ③ SPORT Funktionär(in) *m(f)*; ~ **tecnico** [Fußball]nationaltrainer *m*

commissionare [kommissio'na:re] *vt* bestellen, ordern

commissionario, **-a** [kommissio'na:rio] <-i, -ie> *m, f* Auftragnehmer(in) *m(f)*

commissione [kommis'sio:ne] *f* ① COM *(ordinazione)* Bestellung *f*, Auftrag *m*; *(somma)* Kommission *f*; **su** ~ auf Bestellung ② *(comitato)* Kommission *f*, Ausschuss *m*; ~ **direttiva** Lenkungsausschuss *m*; ~ **esaminatrice** Prüfungskommission *f*; **Commissione europea** EU Europäische Kommission; ~ **d'esami** Prüfungsausschuss *m*; ~ **d'inchiesta** Untersuchungsausschuss *m*; ~ **interna** Betriebsrat *m* ③ *(acquisto)* **fare una** ~ eine Besorgung machen ④ FIN Provision *f*; **spese di** ~ Provisionsaufwand *m*

Commissione europea *f* *(Unione Europea)* Europäische Kommission *f*

commisurare [kommizu'ra:re] *vt* bemessen; **~ qc a qc** etw nach etw bemessen
committente [kommit'tɛnte] *mf* Auftraggeber(in) *m(f)*
commodoro [kommo'dɔ:ro] *m* Kommodore *m*
commossi *1. pers sing pass rem di* **commuovere**
commosso *pp di* **commuovere**
commovente [kommo'vɛnte] *agg* rührend, ergreifend
commozione [kommot'tsio:ne] *f* Rührung *f,* Bewegung *f;* **~ cerebrale** MED Gehirnerschütterung *f*
commuovere [kom'muɔ:vere] <irr> **I.** *vt* rühren, ergreifen **II.** *vr* **-rsi** gerührt sein
commutare [kommu'ta:re] *vt* ① *(scambiare)* austauschen; *(pena)* umwandeln ② EL umschalten
commutativo, -a [kommuta'ti:vo] *agg* kommutativ, Kommutativ-
commutatore [kommuta'to:re] *m* ① EL Kollektor *m,* Stromwender *m* ② TEL [Um]schaltung *f*
commutatrice [kommuta'tri:tʃe] *f* Umformer *m*
commutazione [kommutat'tsio:ne] *f* ① *(scambio)* Austausch *m,* Auswechseln *nt* ② MAT Kommutation *f* ③ JUR Umwandlung *f* ④ EL, TEL Schaltung *f*
Como ['kɔ:mo] *f* Como *nt (Stadt in der Lombardei);* **il lago di ~** der Comer See
comò [ko'mɔ] <-> *m* Kommode *f*
comoda ['kɔ:moda] *f* MED Nachtstuhl *m*
comodante [komo'dante] *agg* JUR Verleiher(in) *m(f)*
comodare [komo'da:re] *vi essere (fam)* passen; **fai come ti comoda** mach's so, wie's dir gefällt
comodatario, -a [komoda'ta:rio] <-i, -ie> *m, f* JUR Entleiher(in) *m(f),* Entlehner(in) *m(f)*
comodato [komo'da:to] *m* JUR Leihe *f;* **in ~** zur unentgeltlichen Nutzung
comodino [komo'di:no] *m* Nachttisch *m,* -schränkchen *nt*
comodità [komodi'ta] <-> *f* Bequemlichkeit *f*
comodo ['kɔ:modo] *m* Bequemlichkeit *f;* **con ~** in Ruhe, ohne Eile; **fare** [*o* **tornare**] **~ a qu** jdm gelegen kommen; **fare il proprio ~** nur das tun, wozu man Lust hat
comodo, -a *agg* bequem; **state -i!** bleibt sitzen! bemüht euch nicht!
compact disc [kəm'pækt disk *o* 'kɔmpakt disk] <-> *m* ① *(disco)* Compact Disc *f* ② *(lettore)* CD-Player *m*
compaesano, -a [kompae'za:no] *m, f* Landsmann *m/*-männin *f*
compagine [kom'pa:dʒine] *f* ① *(congiungimento)* Gefüge *nt* ② SPORT Mannschaft *f*
compagna *f v.* **compagno**
compagnia [kompaɲ'ɲi:a] <-ie> *f* ① *(lo stare insieme)* Gesellschaft *f;* **essere di buona ~** gesellig sein; **fare** [*o* **tenere**] **~ a qu** jdm Gesellschaft leisten ② *(gruppo)* Clique *f,* Gruppe *f* ③ THEAT [Schau-spiel]truppe *f* ④ REL Orden *m; (confraternità)* Bruderschaft *f* ⑤ MIL Kompanie *f* ⑥ COM Gesellschaft *f;* **~ di assicurazione** Versicherungsgesellschaft; **~ area** Fluggesellschaft *f,* Fluglinie *f;* **~ low-cost** Billigfluglinie
compagno, -a [kom'paɲɲo] **I.** *m, f* ① *(di persona amica)* Gefährte *m/*Gefährtin *f; (di classe, gioco, sport)* Kamerad(in) *m(f);* **~ di banco** Banknachbar *m;* **~ di scuola** Klassenkamerad *m;* **~ di stanza** Zimmergenosse *m;* **~ di sventura** Leidensgenosse *m* ② POL Genosse *m/*Genossin *f* ③ COM Teilhaber(in) *m(f),* Partner(in) *m(f)* ④ *(persona con cui si vive)* Lebensgefährte *m/*-gefährtin *f,* Partner(in) *m(f)* **II.** *agg (fam)* entsprechend, passend
compagnone, -a [kompaɲ'ɲo:ne] *m, f (fam)* geselliger Mensch, lustiger Geselle, munteres Mädchen
compaio [kom'pa:io] *1. pers sing pr di* **comparire**
companatico [kompa'na:tiko] <-ci> *m* Beilage *f* zum Brot, Brotbelag *m*
company ['kʌmpəni] <-> *m* Firma *f;* **public ~** Volksaktionärsgesellschaft *f*
comparare [kompa'ra:re] *vt* vergleichen
comparativo, -a *agg* ① *(studio, metodo)* vergleichend ② LING Komparativ-, Steigerungs-; **grado ~** Steigerungsstufe *f*
comparato, -a [kompa'ra:to] *agg* vergleichend
comparazione [komparat'tsio:ne] *f* ① *(paragone)* Vergleich *m* ② LING Steigerung *f,* Komparation *f*
compare [kom'pa:re] *m* MER ① *(di battesimo)* [Tauf]pate *m* ② *(amico)* Kumpel *m* ③ *(pej: in azioni disoneste)* Kumpan *m,* Helfershelfer *m*
comparire [kompa'ri:re] <comparisco *o* compaio, comparvi *o* comparii, comparso> *vi essere* ① *(presentarsi)* erscheinen ② *(risultare)* auftreten, in Erscheinung treten ③ *(far mostra)* sich in Szene setzen
comparizione [komparit'tsio:ne] *f* Erscheinen *nt;* **mandato** [*o* **ordine**] **di ~** JUR Vorladung *f*
comparsa [kom'parsa] *f* ① THEAT, FILM Statist(in) *m(f),* Komparse *m,* Komparsin *f;* **fare la ~** als Komparse auftreten ② *(il com-*

parire) Erscheinen *nt,* Auftreten *nt;* THEAT Auftritt *m* ③ JUR Schriftsatz *m*

comparso [kom'parso] *pp di* **comparire**

compartecipare [kompartetʃi'pa:re] *vi* ~ **a qc** sich an etw *dat* beteiligen

compartecipazione [kompartetʃipat'tsio:ne] *f* Beteiligung *f*

compartecipe [kompar'te:tʃipe] **I.** *agg* beteiligt **II.** *mf* Beteiligte *mf*

compartimentale [kompartimen'ta:le] *agg* Bezirks-

compartimento [komparti'mento] *m* ① *(suddivisione)* Abteilung *f; (di scaffale)* Fach *nt* ② FERR Abteil *nt* ③ ADM Bezirk *m*

comparvi [kom'parvi] *1. pers sing pass rem di* **comparire**

compassato, -a [kompas'sa:to] *agg* beherrscht, distanziert

compassionare [kompassio'na:re] *vt* bemitleiden, bedauern

compassione [kompas'sio:ne] *f* Mitleid *nt; (pietà)* Erbarmen *nt;* **avere ~ di** [*o* **per**] [*o* **verso**] **qu** mit jdm Mitleid haben; **far ~ a qu** jdm leidtun

compassionevole [kompassio'ne:vole] *agg* ① *(commovente)* bedauernswert ② *(pietoso)* mitleidig; *a.* REL barmherzig

compasso [kom'passo] *m* Zirkel *m;* NAUT *(bussola)* Kompass *m*

compatibile [kompa'ti:bile] *agg* ① *(conciliabile)* vereinbar; INFORM kompatibel; **essere ~ con qc** mit etw vereinbar sein ② *(scusabile)* verzeihlich

compatibilità [kompatibili'ta] <-> *f* Vereinbarkeit *f,* Verträglichkeit *f;* INFORM Kompatibilität *f*

compatibilmente [kompatibil'mente] *avv* ~ **con …** soweit es mit … vereinbar ist

compatimento [kompati'mento] *m* ① *(compassione)* Mitleid *nt,* Mitgefühl *nt* ② *(indulgenza)* Nachsicht *f*

compatire [kompa'ti:re] <compatisco> *vt* ① *(avere compassione di)* Mitleid haben mit ② *(commiserare)* bedauern, bemitleiden ③ *(scusare)* verzeihen

compatriota [kompatri'ɔ:ta] <-i *m,* -e *f*> *mf* Landsmann *m*/-männin *f*

compattamento [kompatta'mento] *m* ① *(consolidamento)* Stabilisierung *f,* Verfestigung *f* ② *(fig)* Einmütigkeit *f*

compattare [kompat'ta:re] **I.** *vt* ① *(materiali)* pressen, verdichten ② *(fig: rinsaldare, rafforzare)* zusammenschweißen, einen; **la crisi ha compattato tutti** die Krise hat alle zusammengeschweißt **II.** *vr* **-rsi** hart werden, sich verfestigen

compattazione [kompattat'tsio:ne] *f* ① *(consolidamento)* Verdichtung *f,* Pressen *nt* ② *(di terreni)* Verdichtung *f* von Erdreich

compattezza [kompat'tettsa] *f* ① *(solidità)* Kompaktheit *f,* Dichte *f* ② *(fig: di gruppo)* Geschlossenheit *f*

compatto, -a [kom'patto] *agg* ① *(solido, denso)* kompakt, dicht ② *(fig: azioni)* geschlossen; *(idee)* übereinstimmend

compendiabile [kompen'dia:bile] *agg* zusammenfassbar

compendiare [kompen'dia:re] *vt* zusammenfassen

compendio [kom'pɛndio] <-i> *m* Kompendium *nt,* Abriss *m;* **in ~** zusammengefasst

compenetrare [kompene'tra:re] **I.** *vt* ① *(penetrare)* durchdringen ② *(fig: pervadere)* erfüllen, durchdringen **II.** *vr* **-rsi** ① *(fig: in una situazione)* sich hineinversetzen (**in** in +*akk*) ② *(sostanze)* sich [gegenseitig] durchdringen

compenetrazione [kompenetrat'tsio:ne] *f* Durchdringung *f*

compensare [kompen'sa:re] *vt* ① *(somma)* begleichen, bezahlen; **~ qu in qc** jdn mit etw bezahlen; **~ qu di qc** *(risarcire)* jdn für etw entschädigen ② *(differenza)* ausgleichen, wettmachen

compensato [kompen'sa:to] *m* Sperrholz *nt*

compensato, -a *agg* vergütet, entlohnt

compensatore [kompensa'to:re] *m* Kompensator *m*

compensazione [kompensat'tsio:ne] *f* Ausgleich *m*

compenso [kom'pɛnso] *m* ① COM *(retribuzione)* Vergütung *f; (risarcimento)* Entschädigung *f* ② *(fig)* Ausgleich *m;* **in** [*o* **per**] **~** als [*o* zum] Ausgleich, dafür

compera ['kompera] *f* Kauf *m;* **fare -e** Einkäufe machen

competente [kompe'tɛnte] **I.** *agg* ① *(esperto)* kompetent, sachkundig ② ADM zuständig **II.** *mf* Sachverständige(r) *f(m),* Fachmann *m*

competenza [kompe'tɛntsa] *f* ① *(perizia)* Kompetenz *f,* Sachverstand *m* ② ADM Zuständigkeit *f,* Befugnis *f;* **ciò non è di sua ~** dafür ist /sie nicht zuständig ③ *pl* COM Honorar *nt*

competere [kom'pɛ:tere] <competo, competei *o* competetti, *manca il pp*> *vi* ① *(gareggiare)* konkurrieren; **~ con qu** [*o* **per**] mit jdm [*o* um jdn] konkurrieren ② ADM zustehen, zukommen; **qc compete a qu** etw steht jdm zu

competitività [kompetitivi'ta] <-> *f* ① COM Konkurrenzfähigkeit *f,* Wettbe-

C

werbsfähigkeit *f* ② *(fig: attitudine)* Konkurrenzdenken *nt*

competitivo, **-a** [kompeti'tiːvo] *agg* ① COM konkurrenzfähig, wettbewerbsfähig ② *(fig: società)* vom Konkurrenzdenken geprägt

competitore, **-trice** [kompeti'toːre] *m, f* Konkurrent(in) *m(f)*

competizione [kompetit'tsioːne] *f* ① COM Konkurrenz *f,* Wettbewerb *m* ② *(gara)* Wettkampf *m*

competo [kom'pɛːto] *1. pers sing pr di* **competere**

compiacente [kompia'tʃɛnte] *agg* gefällig; *(cortese)* entgegenkommend

compiacenza [kompia'tʃɛntsa] *f* ① *(cortesia)* Gefälligkeit *f,* Entgegenkommen *nt;* **avere la ~ di fare qc** so liebenswürdig sein, etw zu tun ② *(soddisfazione)* Befriedigung *f,* Zufriedenheit *f*

compiacere [kompia'tʃeːre] <irr> **I.** *vi* gefällig sein, entgegenkommen; *(assecondare)* zufrieden stellen; **qc compiace a qu** etw stellt jdn zufrieden **II.** *vr* **-rsi** sich freuen; **-rsi di** [*o* **per**] **qc** sich über etw *akk* freuen

compiacimento [kompiatʃi'mento] *m* Befriedigung *f,* Genugtuung *f*

compiangere [kom'piandʒere] <irr> *vt* bedauern

compianto [kom'pianto] *m* Trauer *f*

compianto, **-a** *agg (fig)* verstorben

compiere ['kompiere] <compio, compii *o* compiei, compiuto> **I.** *vt* ① *(concludere)* beenden; *(età)* vollenden; **~ gli anni** Geburtstag haben; **ha compiuto 10 anni giovedì** er/sie ist am Donnerstag zehn Jahre [alt] geworden ② *(adempiere)* ausführen, tun; *(dovere)* erfüllen **II.** *vr* **-rsi** ① *(concludere)* zu Ende gehen, zum Abschluss kommen ② *(avverarsi)* eintreffen, sich erfüllen

compilare [kompi'laːre] *vt* verfassen, zusammenstellen; *(lista)* aufstellen; *(modulo)* ausfüllen; *(vocabolario)* kompilieren

compilatore [kompila'toːre] *m* INFORM Compiler *m*

compilazione [kompilat'tsioːne] *f* Zusammenstellung *f,* Verfassung *f; (di modulo)* Ausfüllen *nt; (di vocabolario)* Kompilation *f*

compimento [kompi'mento] *m* Abschluss *m;* **portare a ~ qc** etw zum Abschluss bringen

compio ['kompio] *1. pers sing pr di* **compiere**

compire [kom'piːre] *v.* **compiere**

compitare [kompi'taːre] *vt* buchstabieren, mühsam lesen

compitazione [kompitat'tsioːne] *f* Buchstabieren *nt*

compitezza [kompi'tettsa] *f* Höflichkeit *f,* Korrektheit *f*

compitino [kompi'tiːno] *m* ① *dim di* **compito** leichte Aufgabe *f* ② *(iron)* abgedroschener Artikel *m*

compito ['kompito] *m* ① *(a scuola)* [Haus]aufgabe *f* ② *(incarico)* Aufgabe *f,* Pflicht *f;* **~ in classe** [**d'italiano**] Klassenarbeit *f* [in Italienisch], Schularbeit *f* [in Italienisch] A

compito, **-a** [kom'piːto] *agg* korrekt, höflich

compiutamente [kompiuta'mente] *avv* vollständig

compiuto, **-a** [kom'piuːto] **I.** *pp di* **compiere** **II.** *agg* vollendet, abgeschlossen

compleanno [komple'anno] *m* Geburtstag *m;* **tanti auguri di buon ~** herzliche Glückwünsche zum Geburtstag

complementare [komplemen'taːre] *agg* komplementär; *(accessorio)* zusätzlich, Zusatz-

complemento [komple'mento] *m* LING Ergänzung *f,* Angabe *f;* **~ di causa/specificazione/tempo** [adverbiale] Bestimmung des Grundes/der Art und Weise/der Zeit; **~ di termine** Dativobjekt *nt*

complessare [komples'saːre] *vt* Komplexe hervorrufen bei

complessato, **-a** [komples'saːto] **I.** *agg* komplexbeladen, voller Komplexe **II.** *m, f* an Komplexen leidender Mensch

complessione [komples'sioːne] *f* Statur *f*

complessità [komplessi'ta] <-> *f* Komplexität *f; (a. fig)* Vielschichtigkeit *f; (difficoltà)* Schwierigkeit *f*

complessivamente [komplessiva'mente] *avv* insgesamt, im Ganzen

complessivo, **-a** [komples'siːvo] *agg* umfassend, gesamt

complesso [kom'plɛsso] *m* ① PSIC Komplex *m;* **~ d'inferiorità** Minderwertigkeitskomplex *m* ② *(industriale)* [Gebäude]komplex *m* ③ MUS Gruppe *f,* Band *f* ④ *(insieme)* Komplex *m,* Gesamtheit *f;* **in** [*o* **nel**] **~** insgesamt, im Großen und Ganzen

complesso, **-a** *agg* komplex; *(a. fig)* vielschichtig; *(difficile)* kompliziert, schwierig

completamente [kompleta'mente] *avv* völlig

completamento [kompleta'mento] *m* Vervollständigung *f; (a parte)* Ergänzung *f*

completare [komple'taːre] *vt* vervollständigen, ergänzen

completezza [komple'tettsa] *f* Vollständigkeit *f*

completino [komple'ti:no] *m* ① *(da donna)* Wäscheset *nt,* Wäschegarnitur *f* ② *(da bambino)* Set *nt,* [mehrteiliges] Outfit

completo [kom'plɛ:to] *m* ① *(accessori)* Satz *m,* Set *nt* ② *(abito)* Anzug *m* ③ *(loc)* **al ~** *(con la presenza di tutti i partecipanti)* vollzählig; *(con tutti i posti occupati)* voll besetzt; *(albergo)* [voll] belegt

completo, -a *agg* ① *(assortimento, elenco)* vollständig ② *(cinema)* [voll] besetzt; *(albergo)* [voll] belegt; *(teatro)* ausverkauft

compliance [kəm'plaiəns] <-> *m* MED, PSIC Mitarbeit *f* des Patienten, Compliance *f*

complicanza [kompli'kantsa] *f* Komplikation *f*

complicare [kompli'ka:re] **I.** *vt* komplizieren, schwierig[er] machen **II.** *vr* **-rsi** *(situazione, trama)* sich komplizieren, kompliziert werden; **la malattia si è complicata** MED es haben sich bei der Krankheit Komplikationen ergeben

complicato, -a [kompli'ka:to] *agg* kompliziert

complicazione [komplikat'tsio:ne] *f* ① MED Komplikation *f* ② *(difficoltà)* Schwierigkeit *f*

complice ['kɔmplitʃe *o* 'komplitʃe] *mf* Komplize *m*/Komplizin *f;* JUR Mittäter(in) *m(f)*

complicità [komplitʃi'ta] <-> *f* ① *(l'essere complice)* Mittäterschaft *f,* Komplizenschaft *f* ② *(intesa)* Einverständnis *nt*

complimentare [komplimen'ta:re] **I.** *vt* *(far complimenti)* ein Kompliment machen (**qu per qc** jdm für etw); *(riverire)* seine Reverenz erweisen (**qu** jdm) *obs* **II.** *vr* **-rsi** beglückwünschen (**con qu** jdn), gratulieren (**con qu** jdm)

complimentarsi [komplimen'tarsi] *vr* **~ con qu per qc** jdm zu etw beglückwünschen [*o* gratulieren]

complimento [kompli'mento] *m* ① *(lode)* Kompliment *nt;* **-i** Empfehlungen *fpl;* **-i!** [mein] Kompliment!; *(per la laurea, successo)* [ich] gratuliere! ② **-i** *(convenevoli)* Umstände *mpl;* **non fare -i!** zier dich doch nicht!; **no grazie, senza -i!** nein danke, wirklich nicht!

complimentoso, -a [komplimen'to:so] *agg* umständlich

complottare [komplot'ta:re] *vi* ein Komplott schmieden, sich verschwören

complottismo [komplot'tizmo] *m* POL Untergrabung *f* der staatlichen Ordnung

complotto [kom'plɔtto] *m* Komplott *nt;* **fare un ~ contro qu** ein Komplott gegen jdn anzetteln

componente [kompo'nɛnte] **I.** *agg* formend, bildend **II.** *mf* Mitglied *nt* **III.** *m* Bestandteil *m,* Komponente *f*

componentistica [komponen'tistika] <-che> *f* Zulieferindustrie *f,* Zulieferfirmen *fpl*

componentistico, -a [komponen'tistiko] <-ci, -che> *agg* Zuliefer-

compongo *1. pers sing pr di* **comporre**

componibile [kompo'ni:bile] *agg* Anbau-; **cucina ~** Einbauküche *f*

componimento [komponi'mento] *m* ① *(scolastico)* Aufsatz *m* ② LIT Werk *nt* ③ MUS Komposition *f*

comporre [kom'porre] <irr> *vt* ① *(formare)* bilden; *(numero telefonico)* wählen ② LIT verfassen, schreiben ③ MUS komponieren

comportamentale [komportamen'ta:le] *agg* Verhaltens-

comportamentismo [kompor'tizmo] *m* Verhaltensforschung *f*

comportamentistico, -a [komportamen'tistiko] <-ci, -che> *agg* behaviouristisch

comportamento [komporta'mento] *m* Verhalten *nt,* Benehmen *nt*

comportare [kompor'tare] **I.** *vt* *(richiedere)* bedingen; *(implicare)* mit sich *dat* bringen **II.** *vr* **-rsi** sich verhalten, sich benehmen

composi *1. pers sing pass rem di* **comporre**

composito, -a [kom'pɔ:zito] *agg* gemischt, zusammengesetzt

compositore, -trice [kompozi'to:re] *m, f* MUS Komponist(in) *m(f)*

compositrice [kompozi'tri:tʃe] *f* Setzmaschine *f*

composizione [kompozit'tsio:ne] *f* ① *(il comporre)* Zusammensetzung *f,* Zusammenstellung *f;* *(formazione)* Bildung *f* ② MUS *(testo)* Komposition *f* ③ *(a scuola)* Aufsatz *m*

compossedere [kompos'se:dere] *vt* JUR mitbesitzen

compost ['kɔmpɔst] <-> *m* Kompost *m*

composta [kom'posta] *f* ① GASTR Kompott *m* ② AGR Kompost *m*

compostaggio [kompɔs'taddʒo] <-ggi> *m* Kompostierung *f*

compostezza [kompos'tettsa] *f* Anstand *m*

compostiera [kompɔs'tiɛ:ra] *f* Komposter *m*

composto [kom'posto] *m* ① *(composizione)* Zusammensetzung *f* ② *(misto)* Mischung *f*

composto, -a [kom'pɔsto] **I.** *pp di* **comporre** **II.** *agg* ① *(formato da più elementi)* zusammengesetzt ② *(posizione)* gesittet;

(capelli) geordnet; **cerca di star ~** benimm dich bitte

compra ['kompra] *f* Kauf *m*

comprare [kom'pra:re] *vt* kaufen, erwerben

compratore, **-trice** [kompra'to:re] *m, f* Käufer(in) *m(f)*

compravendita [kompra'vendita] *f* COM Ein- und Verkauf *m*

comprendere [kom'prɛndere] <irr> **I.** *vt* ❶ *(capire)* verstehen, begreifen ❷ *(contenere)* umfassen, enthalten **II.** *vr* **-rsi** sich verstehen

comprendonio [kompren'dɔ:nio] <-i> *m* *(fam scherz)* Grips *m;* **essere duro di ~** schwer von Begriff sein

comprensibile [kompren'si:bile] *agg* verständlich

comprensione [kompren'sio:ne] *f* Verständnis *nt*

comprensivo, **-a** [kompren'si:vo] *agg* ❶ *(indulgente)* verständnisvoll ❷ COM einschließlich; **~ di qc** einschließlich einer Sache *+gen,* etw inbegriffen; **prezzo ~ di I.V.A.** Preis einschließlich Mehrwertsteuer

comprensoriale [komprenso'ria:le] *agg* -gebiet, -zone

compresi [kom'pre:si] *1. pers sing pass rem di* **comprendere**

compreso, **-a** [kom'pre:so] **I.** *pp di* **comprendere** **II.** *agg* ❶ *(persona)* aufgenommen, eingeschlossen ❷ *(incluso)* einschließlich, inbegriffen; **tutto ~** alles in allem; COM alles inklusive; **I.V.A. -a** einschließlich Mehrwertsteuer

compressa [kom'prɛssa] *f* ❶ *(pastiglia)* Tablette *f* ❷ *(garza)* Kompresse *f*

compressi [kom'prɛssi] *1. pers sing pass rem di* **comprimere**

compressione [kompres'sio:ne] *f* ❶ *(il comprimere)* Zusammendrücken *nt,* -pressen *nt;* **~ dati** INFORM Datenkomprimierung *f* ❷ MOT Verdichtung *f,* Kompression *f*

compresso, **-a** [kom'prɛsso] **I.** *pp di* **comprimere** **II.** *agg* ❶ *(sottoposto a pressione)* zusammengedrückt, zusammengepresst ❷ MOT verdichtet, komprimiert

compressore [kompres'so:re] **I.** *agg* komprimierend, Druck- **II.** *m* Kompressor *m*

comprimario [kompri'ma:rio] *m* ❶ MED einer von mehreren Chefärzten ❷ THEAT Nebenrolle *f*

comprimere [kom'pri:mere] <comprimo, compressi, compresso> *vt* ❶ *(sottoporre a pressione)* zusammendrücken; MED abbinden ❷ PHYS komprimieren, verdichten ❸ INFORM komprimieren

compromesso [kompro'mɛsso] *m* ❶ *(fig: accomodamento)* Kompromiss *m;* **venire** [*o* **scendere**] **a un ~** einen Kompromiss eingehen ❷ JUR *(di contratto)* Vorvertrag *m;* *(accordo)* Vergleich *m*

compromesso, **-a** **I.** *pp di* **compromettere** **II.** *agg (pej: persona)* kompromittiert; *(reputazione)* geschädigt

compromettente [kompromet'tɛnte] *agg* kompromittierend

compromettere [kompro'mettere] <irr> **I.** *vt* *(impresa, reputazione)* gefährden; *(persona)* kompromittieren **II.** *vr* **-rsi** ❶ *(mettersi in cattiva luce)* sich kompromittieren ❷ *(impegnarsi)* **-rsi con qu** sich mit jdm einlassen

compromissorio, **-a** [kompromis'sɔ:rio] <-i, -ie> *agg* Kompromiss-; **clausola -a** JUR Vergleichsklausel *f*

comproprietà [komproprie'ta] *f* Miteigentum *nt*

comproprietario, **-a** [komproprie'ta:rio] *m, f* Miteigentümer(in) *m(f)*

comprovare [kompro'va:re] *vt* nachweisen, beweisen

compunto, **-a** [kom'punto] *agg* reumütig, reuig

compunzione [kompun'tsio:ne] *f* Reue *f,* Zerknirschung *f*

computare [kompu'ta:re] *vt* ❶ *(contare)* berechnen; *(calcolare)* ausrechnen ❷ COM berechnen

computazionale [komputattsio'na:le] *agg* Computer-, computergesteuert; **la linguistica ~** die Computerlinguistik

computer [kəm'pju:tə *o* kom'pjuter] <-> *m* Computer *m;* **~ portatile** Laptop *m;* **~ tascabile** Taschencomputer *m;* **~ animation** Computeranimation *f*

computerese [kompjute're:se] *m sing* Computerjargon *m,* Informatikjargon *m*

computeriale [kompjute'rja:le] *agg* INFORM computergestützt, Computer-

computeristica [kompjute'ristika] <-che> *f* INFORM ❶ Computerindustrie *f* ❷ *(di un azienda)* EDV-System *nt,* Computeranlage *f* ❸ *(teoria e pratica)* Computertechnik *f*

computeristico, **-a** [kompjute'ristiko] <-ci, -che> *agg* computertechnisch, computerbezogen

computerizzabile [kompjuterid'dza:bile] *agg* durch Computer steuerbar

computerizzare [komputerid'dza:re] *vt* computerisieren

computerizzato, **-a** [kompjuterid'dza:to] *agg* computergestützt, computergesteuert

computerizzazione [kompjuteriddzat'tsio:ne] *f* Computerisierung *f*

computista [kompu'tista] <-i *m,* -e *f*> *mf* Buchhalter(in) *m(f)*

C

C

computisteria [komputiste'riːa] <-ie> *f* Buchhaltung *f,* Buchführung *f*
computo ['kɔmputo] *m* [Be]rechnung *f*
comunale [komu'naːle] *agg* ① ADM kommunal, Gemeinde-; **palazzo ~** HIST Rathaus *nt* ② HIST **l'età ~** die Zeit der Stadtstaaten
comunanza [komu'nantsa] *f* Gemeinschaft *f,* Gemeinsamkeit *f*
comunardo, -a [komu'nardo] **I.** *agg* die Pariser Kommune betreffend **II.** *m, f* Kommunarde *m/*Kommunardin *f*
comune [ko'muːne] **I.** *agg* ① *(di tutti)* gemeinsam, Gemeinschafts-; **bene ~** Gemeinwohl *nt;* **il Mercato Comune** der Gemeinsame Markt ② *(opinione, uso)* allgemein, üblich ③ *(medio, normale)* durchschnittlich, mittelmäßig; *(ordinario)* gewöhnlich; **~ mortale** Normalsterbliche(r) *f(m)* ④ *(pej: non raffinato)* gewöhnlich **II.** *m* ① ADM Gemeinde *f; (sede)* Gemeindeverwaltung *f;* **sposarsi in ~** standesamtlich heiraten ② HIST Stadtstaat *m* ③ *(loc)* **avere qc in ~** etw gemeinsam haben; **~ mortale** Normalsterbliche(r) *f(m)*
comunella [komu'nɛlla] *f (accordo)* Abmachung *f,* Absprache *f;* **fare ~** gemeinsame Sache machen
comunemente [komune'mente] *avv* allgemein, gewöhnlich
comunicabile [komuni'kaːbile] *agg* mitteilbar
comunicando, -a [komuni'kando] *m, f* Kommunikant(in) *m(f)*
comunicante [komuni'kante] *agg* miteinander verbunden; *(vasi)* kommunizierend
comunicare [komuni'kaːre] **I.** *vt* ① *(notizia)* mitteilen; *(pubblicamente)* bekannt geben ② *(sentimenti)* zeigen ③ MED, PHYS übertragen **II.** *vi* ① *(luoghi)* **~ con qc** mit etw verbunden sein ② *(persone)* sich verständigen; *(fig)* sich verstehen
comunicativa [komunika'tiːva] *f* Mitteilsamkeit *f,* Kontaktfreudigkeit *f*
comunicatività [komunikativi'ta] <-> *f* Gesprächsbereitschaft *f,* Kommunikationsfähigkeit *f*
comunicativo, -a [komunika'tiːvo] *agg* extrovertiert, kontaktfreudig
comunicato [komuni'kaːto] *m* Meldung *f,* Bericht *m;* **~ stampa** Pressemeldung *f;* **~ di guerra** Kriegsbericht *m*
comunicato, -a *agg* bekannt gegeben, mitgeteilt
comunicazione [komunikat'tsioːne] *f* Kommunikation *f; (collegamento)* Verbindung *f; (notizia)* Mitteilung *f;* **mezzi di ~** Kommunikationsmittel *nt pl,* Medien *pl;* **-i ferroviarie/marittime/stradali** Eisenbahn-/Schiffs-/Straßenverbindungen *f pl;* **~ telefonica/interurbana** Telefon-/Fernverbindung *f;* **essere in ~** in Verbindung stehen
comunione [komu'nioːne] *f* ① REL Kommunion *f,* Abendmahl *nt;* **prima ~** Erstkommunion *f* ② JUR Gemeinschaft *f;* **~ dei beni** JUR Gütergemeinschaft *f* ③ *(fig: di interessi, idee)* Gemeinsamkeit *f*
comunismo [komu'nizmo] *m* Kommunismus *m*
comunista [komu'nista] <-i *m,* -e *f*> **I.** *mf* Kommunist(in) *m(f)* **II.** *agg* kommunistisch
comunità [komuni'ta] <-> *f* Gemeinschaft *f;* **la Comunità Economica Europea** HIST die Europäische Wirtschaftsgemeinschaft; **Comunità Europea** Europäische Gemeinschaft; **Comunità europea del carbone e dell'acciaio** HIST Europäische Gemeinschaft für Kohle und Stahl; **Comunità europea dell'energia atomica** Europäische Atomgemeinschaft
comunitario, -a [komuni'taːrio] <-i, -ie> *agg* gemeinschaftlich, Gemeinschafts-, EU-; **trattato ~** EU-Vertrag *m;* **direttiva -a** EU-Verordnung *f;* **le istituzioni -ie** die EU-Institutionen *f pl*
comunque [ko'muŋkue] **I.** *avv (in ogni modo)* jedenfalls; *(tuttavia)* immerhin **II.** *cong +conj* wie auch immer
con [kon] <col, collo, colla, coi, cogli, colle> *prep* ① *(compagnia, unione)* mit *+dat;* **caffè col latte** Kaffee mit Milch; **un uomo coi capelli bianchi** ein Mann mit weißen Haaren ② *(mezzo, strumento, modo, maniera)* mit *+dat;* **viaggiare col treno/colla macchina** mit dem Zug/Auto reisen; **~ tutto il cuore** mit [*o* von] ganzem Herzen ③ *(tempo, causa)* mit *+dat,* bei *+dat;* **~ questo** damit; **~ questo caldo non si può uscire** bei dieser Hitze kann man nicht aus dem Haus gehen ④ *(verso)* zu *+dat;* **essere gentile ~ qu** nett zu jdm sein ⑤ *(avversativo)* trotz *+dat o gen;* **~ tutti i soldi che hanno, non offrono mai da bere** obwohl sie viel Geld haben, geben sie [den anderen] nie einen aus; **~ tutto che …** obwohl …
conato [ko'naːto] *m* Ringen *nt,* krampfhaftes Bemühen; **avere -i di vomito** Brechreiz haben
conca ['koŋka] <-che> *f* ① *(recipiente)* [Wasch]schüssel *f* ② GEOG Becken *nt,* Mulde *f*
concatenamento [koŋkatena'mento] *m* Verkettung *f*
concatenare [konkate'naːre] *vt* verketten, verbinden

concatenazione [konkatenat'tsio:ne] *f* Verkettung *f,* Verbindung *f*
concavità [koŋkavi'ta] *f* Aushöhlung *f*
concavo, **-a** ['kɔŋkavo] *agg* konkav
concedere [kon'tʃɛ:dere] <concedo, concessi *o* concedei *o* concedetti, concesso> **I.** *vt* gewähren, zugestehen; *(a prestito)* einräumen **II.** *vr* **-rsi** ❶ *(donna)* sich hingeben ❷ *(permettersi)* sich *dat* gönnen, sich *dat* erlauben
concentramento [kontʃentra'mento] *m* Konzentration *f;* **campo di ~** Konzentrationslager *nt*
concentrare [kontʃen'tra:re] **I.** *vt* ❶ MIL konzentrieren, zusammenziehen ❷ *(fig)* **~ qc su qc** etw auf etw *akk* konzentrieren **II.** *vr* **-rsi su qc** sich auf etw *akk* konzentrieren
concentrato [kontʃen'tra:to] *m* ❶ GASTR Konzentrat *nt,* Extrakt *m;* **~ di pomodoro** Tomatenmark *nt* ❷ *(fig: cumulo)* Häufung *f*
concentrato, **-a** *agg* konzentriert
concentrazione [kontʃentrat'tsio:ne] *f* Konzentration *f*
concentrazionismo [kontʃentrattsio'nizmo] *m* COM Konzentrationsprozess *m;* **il ~** die zunehmende Konzentration in der Wirtschaft
concentricità [kontʃentritʃi'ta] <-> *f* Konzentrizität *f*
concentrico, **-a** [kon'tʃɛntriko] <-ci, -che> *agg* konzentrisch
concepibile [kontʃe'pi:bile] *agg* vorstellbar, fassbar; **non è ~ che …** *+conj* es ist nicht zu fassen, dass …
concepimento [kontʃepi'mento] *m* ❶ BIOL Empfängnis *f* ❷ *(fig: ideazione)* Ausdenken *nt,* Ersinnen *nt*
concepire [kontʃe'pi:re] <concepisco> *vt* ❶ BIOL empfangen ❷ *(fig: comprendere)* begreifen ❸ *(ideare)* ausdenken, ersinnen
concept ['kɔnsept] <-> *m* Konzept *nt;* **~ car** Konzeptfahrzeug *nt;* **~ store** Concept-Store *m*
conceria [kontʃe'ri:a] <-ie> *f* Gerberei *f*
concernente [kontʃer'nɛnte] *agg* **~ qc** etw betreffend
concernere [kon'tʃɛrnere] *vt mancano pass rem e pp* betreffen, angehen
concertare [kontʃer'ta:re] *vt* ❶ *(pej: truffa, rapina, intrigo)* planen, aushecken ❷ MUS [ein]stimmen
concertato [kontʃer'ta:to] *m* MUS Concertato *nt*
concertatore [kontʃerta'to:re] *m* Kapellmeister *m*
concertazione [kontʃertat'tsio:ne] *f* [Ein]stimmen *nt*
concertista [kontʃer'tista] <-i *m,* -e *f*> *mf* Solist(in) *m(f)*
concertistico, **-a** [kontʃer'tistiko] <-ci, -che> *agg* Konzert-
concerto [kon'tʃɛrto] *m* MUS Konzert *nt*
concessi [kon'tʃɛssi] *1. pers sing pass rem di* **concedere**
concessionaria [kontʃessio'na:ria] <-ie> *f* Vertretung *f*
concessionario [kontʃessio'na:rio] <-i> *m* Konzessionär *m; (ditta)* Vertretung *f*
concessionario, **-a** <-i, -ie> *agg* Konzessions-; **ditta -a** Niederlassung *f,* Vertretung *f*
concessione [kontʃes'sio:ne] *f* ❶ *(di prestito, mutuo, pensione)* Bewilligung *f,* Gewährung *f* ❷ COM Konzession *f* ❸ *(permesso)* Genehmigung *f*
concessiva [kontʃes'si:va] *f* LING Konzessivsatz *m*
concessivo, **-a** [kontʃes'si:vo] *agg* konzessiv
concesso [kon'tʃɛsso] *pp di* **concedere**
concetto [kon'tʃɛtto] *m* Vorstellung *f,* Begriff *m;* **farsi un ~ di qc** sich *dat* eine Vorstellung von etw machen
concettoso, **-a** [kontʃet'to:so] *agg* verschlüsselt, voller Symbole
concettuale [kontʃettu'a:le] *agg* begrifflich, Begriffs-
concezione [kontʃet'tsio:ne] *f* ❶ *(concetto, idea)* Konzeption *f,* Auffassung *f* ❷ *(di piano)* Entwurf *m*
conchiglia [koŋ'kiʎʎa] <-glie> *f* ❶ ZOO Muschel *f* ❷ *pl* GASTR *muschelförmige Nudeln*
concia ['kontʃa] <-ce> *f* ❶ *(delle pelli)* Gerbung *f; (del tabacco, delle olive)* Fermentation *f* ❷ *(sostanza)* Gerbmittel *nt*
conciante [kon'tʃante] **I.** *agg* gerbend **II.** *m* Gerbmittel *nt*
conciare [kon'tʃa:re] **I.** *vt* ❶ *(pelli)* gerben ❷ *(tabacco, olive)* fermentieren ❸ *(fig fam: ridurre in cattivo stato)* [übel] zurichten, versauen *sl;* **~ qu per le feste** *(fam)* jdn übel zurichten **II.** *vr* **-rsi** *(pej: vestirsi male)* sich geschmacklos anziehen; **guarda come ti sei conciato!** wie siehst du denn aus!
conciatore, **-trice** [kontʃa'to:re] *m, f* Gerber(in) *m(f)*
conciatura [kontʃa'tu:ra] *f* Gerbung *f*
conciliabile [kontʃi'lia:bile] *agg* vereinbar
conciliabilità [kontʃiliabili'ta] <-> *f* Vereinbarkeit *f*
conciliabolo [kontʃi'lia:bolo] *m* *(pej)* heimliche Zusammenkunft
conciliante [kontʃi'liante] *agg* versöhnlich
conciliare [kontʃi'lia:re] **I.** *vt* ❶ ADM *(multa)* sofort bezahlen ❷ *(sonno)* fördern,

herbeiführen; *(appetito)* anregen; **questo film concilia il sonno** dieser Film ist einschläfernd ③ *(litiganti, avversari)* versöhnen; ~ **due opinioni contrastanti** einen Konsens zwischen zwei gegensätzlichen Ansichten herstellen ④ *(fig: proposte, opinioni)* vereinbaren **II.** *vr* **-rsi** *(trovarsi d'accordo)* übereinstimmen; **-rsi con qu** *(mettersi d'accordo)* sich mit jdm einigen

conciliativo, -a [kontʃilia'ti:vo] *agg* versöhnlich

conciliatore, -trice [kontʃilia'to:re] **I.** *agg* schlichtend, vermittelnd; *(fig)* begünstigend; **giudice** ~ Schiedsmann *m* **II.** *m, f* ① *(chi concilia)* Vermittler(in) *m(f)* ② JUR Schiedsmann *m*

conciliazione [kontʃiliat'tsio:ne] *f* ① *(di due avversari)* Versöhnung *f* ② JUR Vergleich *m*

concilio [kon'tʃi:lio] <-i> *m* ① REL Konzil *nt* ② *(scherz: riunione)* Versammlung *f*

concimaia [kontʃi'ma:ia] <-aie> *f* Dunggrube *f*

concimare [kontʃi'ma:re] *vt* düngen

concimazione [kontʃimat'tsio:ne] *f* Düngung *f*

concime [kon'tʃi:me] *m* Dünger *m*, Düngemittel *nt*

concio, -a ['kontʃo] <-ci, -ce> *agg* ① *(pelle)* gegerbt ② TOSC *(fam: ridotto)* zugerichtet

concionare [kontʃo'na:re] *vi* ① LIT eine Rede halten ② *(iron: fare discorsi ampollosi)* predigen

concione [kon'tʃo:ne] *f (a. iron)* Sermon *m*

concisione [kontʃi'zio:ne] *f* Bündigkeit *f*, Kürze *f*

conciso, -a [kon'tʃi:zo] *agg* bündig, kurz

concistoro [kontʃis'tɔ:ro] *m* Konsistorium *nt*

concitato, -a [kontʃi'ta:to] *agg* erregt, aufgeregt

concitazione [kontʃitat'tsio:ne] *f* Aufregung *f*, Erregung *f*

concittadino, -a [kontʃitta'di:no] *m, f* Mitbürger(in) *m(f)*

conclave [koŋ'kla:ve] *m* REL Konklave *nt*

conclavistico, -a [konkla'vistiko] <-ci, -che> *agg* das Konklave betreffend; **la decisione -a** die Entscheidung des Konklaves

concludente [koŋklu'dɛnte] *agg* schlüssig

concludere [koŋ'klu:dere] <concludo, conclusi, concluso> **I.** *vt* ① *(condurre a termine)* beenden, abschließen ② *(trattato, vertenza)* [ab]schließen; *(patto, pace)* schließen; *(affare)* abschließen ③ *(di conseguenza)* schließen, folgern ④ *(fare)* zustande bringen **II.** *vr* **-rsi** ausgehen, enden

conclusione [koŋklu'zio:ne] *f* ① *(fine)* [Ab]schluss *m*, Ende *nt*; *(di partita)* Ausgang *m*; **giungere alla ~ che ...** zu dem Ergebnis kommen, dass ...; **in** ~ abschließend ② *(deduzione)* Folgerung *f*, Schluss *m*; *(di accordo)* Ergebnis *nt*

conclusivo, -a [konklu'zi:vo] *agg* abschließend, End-

concluso, -a [kon'klu:zo] **I.** *pp di* **concludere** **II.** *agg* [ab]geschlossen, vollendet; *(affare)* abgeschlossen; *(pace)* geschlossen

concomitante [koŋkomi'tante] *agg* begleitend, Begleit-

concomitanza [konkomi'tantsa] *f* gemeinsames Vorkommen; **in** ~ gleichzeitig

concordanza [koŋkor'dantsa] *f* ① LING Kongruenz *f* ② *(di opinioni, idee, fatti)* Übereinstimmung *f*, Einklang *m*

concordare [koŋkor'da:re] **I.** *vt* ① LING in Kongruenz bringen ② *(prezzo, tregua)* vereinbaren, abmachen **II.** *vi* ~ **con qc** mit etw übereinstimmen; ~ **con qu su qc** mit jdm über etw *akk* einig sein

concordatario, -a [koŋkorda'ta:rio] <-i, -ie> *agg* ① JUR Vergleichs- ② REL Konkordats-

concordato [koŋkor'da:to] *m* ① JUR Vergleich *m* ② REL Konkordat *nt*

concorde [koŋ'kɔrde] *agg* einvernehmlich

concordia [koŋ'kɔrdia] <-ie> *f* Einvernehmen *nt*; *(armonia)* Eintracht *f*

concorrente [koŋkor'rɛnte] **I.** *agg* ① COM konkurrierend, Konkurrenz- ② MAT konvergent **II.** *mf* ① SPORT, COM Konkurrent(in) *m(f)* ② *(di concorso)* [Mit]bewerber(in) *m(f)*, Kandidat(in) *m(f)*

concorrenza [koŋkor'rɛntsa] *f* Konkurrenz *f*; COM Wettbewerb *m*; ~ **libera/sleale** freier/unlauterer Wettbewerb; **i nostri prezzi non temono la** ~ unsere Preise halten jedem Vergleich stand; **fare ~ a qu** jdm Konkurrenz machen

concorrenziale [koŋkorren'tsia:le] *agg* Konkurrenz-, Wettbewerbs-; *(prezzo)* konkurrenzfähig

concorrere [koŋ'korrere] <irr> *vi* ① *(partecipare)* ~ **in qc** an etw *dat* teilnehmen ② *(competere)* ~ **a qc** sich um etw bewerben; ~ **a un concorso** an einem Wettbewerb teilnehmen ③ *(contribuire)* sich beteiligen; ~ **a qc** zu etw beitragen, an etw *dat* mitwirken; ~ **alle spese** sich an den Kosten beteiligen

concorsista [konkor'sista] <-i *m*, -e *f*> *mf* Bewerber(in) *m(f)*

concorso [koŋ'korso] *m* ① *(gara)* Wettbewerb *m*; ~ **di bellezza** Schönheitswettbewerb *m*; ~ **a premi** Preisausschreiben *nt*; **fuori** ~ außer Konkurrenz ② SPORT Wettkampf *m;* ~ **ippico** Reitturnier *nt; (corsa di cavalli)* Pferderennen *nt*

concretare [koŋkre'ta:re] **I.** *vt* konkretisieren; *(realizzare)* realisieren, verwirklichen **II.** *vr* **-rsi** sich verwirklichen, Gestalt annehmen

concretezza [koŋkre'tettsa] *f* Konkretheit *f*

concretizzare [koŋkreti'ddza:re] **I.** *vt* konkretisieren; *(realizzare)* realisieren, verwirklichen **II.** *vr* **-rsi** sich verwirklichen, Gestalt annehmen

concretizzazione [konkretiddzat'tsio:ne] *f* Realisierung *f,* Verwirklichung *f*

concreto [koŋ'krɛ:to] *m* Konkrete(s) *nt;* **venire al** ~ zur Sache kommen; **in** ~ konkret [betrachtet]

concreto, -a *agg* konkret; **nome** ~ Konkretum *nt*

concrezione [koŋkret'tsio:ne] *f* ① GEOL Konkretion *f* ② MED Konkrement *nt*

concubina *f* Konkubine *f*

concubinato [koŋkubi'na:to] *m* wilde Ehe

concubino, -a [koŋku'bi:no] *m, f* in wilder Ehe lebender Mann, lebende Frau

concupiscenza [koŋkupiʃ'ʃɛntsa] *f* Wollust *f*

concussionario, -a [koŋkussio'na:rio] <-i, -ie> *m, f* Mensch, der Amtsmissbrauch betreibt

concussione [koŋkus'sio:ne] *f* Amtsmissbrauch *m*

condanna [kon'danna] *f* ① JUR Verurteilung *f,* Urteil *nt* ② *(fig: disapprovazione)* Missbilligung *f*

condannabile [kondan'na:bile] *agg* tadelnswert, verwerflich

condannare [kondan'na:re] *vt* ① JUR verurteilen; ~ **qu a** [*o* **per**] **qc** jdn zu [*o* wegen] etw verurteilen ② *(fig: disapprovare)* verurteilen, missbilligen

condannato, -a [kondan'na:to] *m, f* Verurteilte(r) *f(m)*

condebitore, -trice [kondebi'to:re] *m, f* Mitschuldner(in) *m(f)*

condensa [kon'dɛnsa] *f* Kondenswasser *nt*

condensamento [kondensa'mento] *m* Kondensation *f*

condensare [konden'sa:re] **I.** *vt* ① PHYS kondensieren, verdichten ② *(fig: riassumere)* zusammenfassen, resümieren **II.** *vr* **-rsi** kondensieren, sich verdichten

condensato, -a *agg* ① *(latte)* Kondens- ② PHYS kondensiert ③ *(libro)* zusammengefasst

condensatore [kondensa'to:re] *m* Kondensator *m*

condensazione [kondensat'tsio:ne] *f* Kondensation *f*

condimento [kondi'mento] *m* ① GASTR Gewürz *nt* ② *(fig)* Würze *f,* Pep *m fam*

condire [kon'di:re] <condisco> *vt* ① GASTR *(con frutta, prezzemolo)* anrichten; *(con pepe, sale)* würzen, abschmecken; *(insalata)* anmachen ② *(fig)* würzen, bereichern

condirettore, -trice [kondiret'to:re] *m, f* Kodirektor(in) *m(f)*

condiscendente [kondiʃʃen'dɛnte] *agg* entgegenkommend; *(cedevole)* nachgiebig

condiscendenza [kondiʃʃen'dɛntsa] *f* Entgegenkommen *nt; (cedevolezza)* Nachgiebigkeit *f*

condiscendere [kondiʃ'ʃendere] <irr> *vi* ① *(consentire)* ~ **a qc** in etw *akk* einwilligen ② *(cedere)* ~ **a qu/qc** jdm/etw nachgeben

condividere [kondi'vi:dere] <irr> *vt (opinioni, idee, scelta)* teilen

condivisibile [kondivi'zi:bile] *agg* ① *(opinione, idea)* nachvollziehbar ② *(decisione, punto di vista)* vertretbar

condivisione [kondivi'zio:ne] *f* ① *(di idee, speranze)* Anteilnahme *f;* **la** ~ **di qc** die Anteilnahme an etw *dat* ② INFORM *(di dati, stampante)* gemeinsame Nutzung, gemeinsamer Zugriff

condizionale [kondittsio'na:le] **I.** *agg* ① LING Konditional-, konditional ② JUR zur [*o* mit] Bewährung A, bedingt; **sospensione** ~ **della pena** Aussetzung *f* der Strafe zur Bewährung **II.** *m* LING Konditional *m* **III.** *f* ① LING Konditionalsatz *m* ② JUR Bewährung *f*

condizionamento [kondittsiona'mento] *m (dell'aria)* Klimatisierung *f;* **impianto di** ~ Klimaanlage *f*

condizionare [kondittsio'na:re] *vt* ① *(aria)* klimatisieren ② PSIC konditionieren ③ *(subordinare)* ~ **qu/qc a qc** jd/etw von etw abhängig machen

condizionatore [kondittsiona'to:re] *m* Klimaanlage *f*

condizione [kondit'tsio:ne] *f* ① *(presupposto)* Bedingung *f,* Voraussetzung *f; (requisito)* Voraussetzung *f;* JUR Kondition *f;* **porre delle -i** Bedingungen stellen; **a** ~ **che …** *+conj* unter der Bedingung, dass … ② *pl* COM Konditionen *fpl,* Modalitäten *fpl* ③ *pl (stato)* Zustand *m; (finanziarie)* Lage *f;* **-i di salute** Gesundheitszustand *m;* **essere in** ~ **di fare qc** in der Lage sein etw zu tun ④ *(limite)* Bedingung *f*

condoglianze [kondoʎ'ʎantse] *fpl* Beileid *nt;* **fare le** ~ **a qu** jdm sein Beileid aussprechen

condom ['kɔndom] <-> *m* Kondom *nt*

condominio [kondo'mi:nio] <-i> *m* ① JUR

Miteigentum *nt* ② *(casa)* Haus *nt* mit Eigentumswohnungen

condomino, -a [kon'dɔːmino] *m, f* Miteigentümer(in) *m(f)*

condonabile [kondo'naːbile] *agg (debito)* erlässlich; *(errore)* verzeihlich

condonare [kondo'naːre] *vt* erlassen

condono [kon'doːno] *m* Erlass *m,* Erlassung *f*

condor ['kɔndor] <-> *m* Kondor *m*

condotta [kon'dotta] *f* ① *(comportamento)* Betragen *nt,* Verhalten *nt;* **voto di ~** Betragensnote *f* ② *(di gioco, impresa)* Führung *f,* Leitung *f* ③ TEC *(tubazione)* Rohrleitung *f*

condottiero [kondot'tiɛːro] *m* HIST, MIL Söldnerführer *m; (fig)* Führer *m*

condotto [kon'dɔtto] *m* ① ANAT *(~ uditivo, ~ epatico)* Gang *m; (~ lacrimale)* Kanal *m; (~ spermatico, ~ ovario)* Leiter *m* ② TEC Rohr *nt,* Leitung *f*

condotto, -a I. *pp di* **condurre** II. *agg (medico)* Bezirks-

conducente [kondu'tʃɛnte] I. *mf (di veicolo)* Fahrer(in) *m(f),* Chauffeur(in) *m(f)* II. *m* MIL Rittmeister *m*

condurre [kon'durre] <conduco, condussi, condotto> I. *vt* ① MOT, FERR, NAUT fahren, führen ② *(accompagnare)* führen, begleiten ③ *(azienda)* leiten ④ *(fig: trattative, vita)* führen ⑤ SPORT anführen ⑥ *(fig: portare a)* treiben; **~ qu al suicidio/alla rovina** jdn zum Selbstmord/in den Ruin treiben; **~ a termine** [*o* **compimento**] **qc** etw zum Abschluss bringen II. *vi* ① SPORT führen; **~ per due a zero** mit zwei zu null führen ② *(strada)* führen; **questa strada conduce a Padova** diese Straße führt nach Padua III. *vr* **-rsi** sich verhalten; **-rsi da idiota** sich wie ein Idiot aufführen

conduttanza [kondut'tantsa] *f* Leitwert *m*

conduttività [konduttivi'ta] <-> *f* Leitfähigkeit *f*

conduttivo, -a [kondut'tiːvo] *agg* leitfähig

conduttore [kondut'toːre] *m* PHYS Leiter *m;* EL Leitung *f*

conduttore, -trice I. *agg* führend, Führungs-; **filo ~** *(fig)* roter Faden II. *m, f* ① FERR Zugführer(in) *m(f),* Zugschaffner(in) *m(f)* ② MOT [Renn]fahrer(in) *m(f)* ③ *(di azienda)* Leiter(in) *m(f),* Betreiber(in) *m(f)* ④ TV Fernsehmoderator(in) *m(f);* RADIO Radiomoderator(in)

conduttura [kondut'tuːra] *f* Leitungsnetz *nt*

conduzione [kondut'tsioːne] *f* ① *(gestione)* Leitung *f* ② PHYS Übertragung *f* ③ *(presentazione)* Moderation *f* ④ *(di caldaie)* Überwachung *f*

confabulare [konfabu'laːre] *vi (scherz)* tuscheln

confabulazione [konfabulat'tsioːne] *f (scherz)* Getuschel *nt*

confacente [konfa'tʃɛnte] *agg* geeignet, passend

CONFAGRICOLTURA [konfagrikol'tuːra] *f acro di* **Confederazione Generale dell'Agricoltura Italiana** *Verband der italienischen Landwirte*

confarsi [kon'farsi] *vr irr, rar il pp ed i tempi composti* ① *(addirsi)* **~ a qu/qc** jdm/etw entsprechen, zu jdm/etw passen ② *(giovare)* **~ a qu/qc** jdm/etw [gut] bekommen; **l'aria di montagna non mi confà** die Bergluft bekommt mir nicht gut

CONFARTIGIANATO [konfartidʒa'naːto] *f acro di* **Confederazione Generale dell'Artigianato Italiano** *italienischer Handwerkerverband*

CONFCOMMERCIO [konfkom'mɛrtʃo] *f acro di* **Confederazione Generale del Commercio** *italienischer Handelsverband*

confederale [konfede'raːle] *agg* Bündnis-, Bundes-

confederalità [konfederali'ta] <-> *f* POL konföderaler Gedanke, konföderales Konzept

confederare [konfede'raːre] I. *vt* zusammenschließen, vereinigen II. *vr* **-rsi** sich zusammenschließen, sich vereinigen

confederata *f v.* **confederato**

confederativo, -a [konfedera'tiːvo] *agg* Bündnis-

confederato, -a [konfede'raːto] I. *agg* verbündet II. *m, f* Verbündete(r) *f(m)*

confederazione [konfederat'tsioːne] *f* ① POL Konföderation *f* ② *(tra organizzazioni, enti)* Verband *m,* Bund *m;* **la Confederazione Elvetica** die Schweizerische Eidgenossenschaft

CONFEDILIZIA [konfedi'littsia] *f acro di* **Confederazione Italiana della Proprietà Edilizia** *Verband des italienischen Bauwesens*

conferenza [konfe'rɛntsa] *f* ① *(discorso)* Vortrag *m;* **tenere una ~ su qc** einen Vortrag über etw *akk* halten ② *(riunione)* Konferenz *f;* **~ episcopale** Bischofskonferenz *f;* **~ stampa** Pressekonferenz *f;* **~ al vertice** Spitzentreffen *nt;* POL Gipfeltreffen *nt,* -konferenz *f*

conferenziere, -a [konferen'tsiɛːre] *m, f* Sprecher(in) *m(f),* Redner(in) *m(f)*

conferimento [konferi'mento] *m* Verleihung *f*

conferire [konfe'riːre] <conferisco> I. *vt (incarico)* vergeben; *(ricompensa)* geben;

(titolo) verleihen **II.** *vi* ① *(colloquiare)* eine Besprechung haben ② *(giovare)* gut tun, gut bekommen

conferma [kon'ferma] *f* Bestätigung *f;* **trovare** [*o* **avere**] ~ bestätigt werden

confermare [konfer'ma:re] **I.** *vt (convalidare)* bestätigen; *(rafforzare)* bekräftigen **II.** *vr* **-rsi** ① *(rafforzarsi)* sich festigen ② *(acquistare credito)* sich bestätigen

confermazione [konfermat'tsio:ne] *f* Firmung *f; (nella chiesa luterana)* Konfirmation *f*

CONFESERCENTI [konfezer'tʃɛnti] *f acro di* **Confederazione degli Esercenti Attività Commerciali e Turistiche** *italienischer Handels- und Tourismusverband*

confessare [konfes'sa:re] **I.** *vt* ① REL beichten; *(fig: a persona amica)* anvertrauen, beichten *fam* ② *(colpa, errori)* gestehen **II.** *vr* **-rsi** ① REL zur Beichte gehen, beichten ② *(rivelarsi)* sich bekennen; **-rsi colpevole** sich schuldig bekennen

confessionale [konfessio'na:le] **I.** *m* Beichtstuhl *m* **II.** *agg* Beicht-; **segreto** ~ Beichtgeheimnis *nt*

confessione [konfes'sio:ne] *f* ① REL Bekenntnis *nt,* Konfession *f; (sacramento)* Beichte *f* ② JUR Geständnis *nt*

confesso, -a [kon'fɛsso] *agg* ① REL bußfertig ② JUR geständig

confessore [konfes'so:re] *m* Beichtvater *m*

confettare [konfet'ta:re] **I.** *vt* ① *(rivestire qc di zucchero)* kandieren ② *(fig: addolcire qc di spiacevole)* versüßen ③ *(obs fig: lusingare, corteggiare)* schmeicheln [*o* den Hof machen] [*o* Honig ums Maul schmieren] (**qu** jdm) **II.** *vi (obs: mangiare dolciumi)* naschen, leckern

confettatrice [konfetta'tri:tʃe] *f* TEC *(macchina per confettare)* Dragiermaschine *f*

confetteria [konfette'ri:a] <-ie> *f* ① *(bottega)* Süßwarenladen *m* ② *(assortimento)* Süßwaren *f pl*

confetto [kon'fɛtto] *m* ① GASTR Pariser Mandel *f;* **mangiare i -i di qu** *(fig)* jds Hochzeit feiern ② *pl (poet: dolciumi)* Konfekt *nt*

confettura [konfet'tu:ra] *f* Konfitüre *f*

confetturiero, -a [konfettu'rie:ro] *agg* Konfitüre-

confezionamento [konfettsiona'mento] *m* Verpackung *f,* Abpackung *f;* **data di** ~ Verpackungsdatum *nt*

confezionare [konfettsio'na:re] *vt* ① *(vestito)* anfertigen ② *(merci)* einpacken, verpacken; *(pacco)* machen

confezionatore, -trice [konfettsiona'to:re] *m, f* ① *(per vendita, trasporto)* Packer(in) *m(f)* ② *(di biancheria)* Näher(in) *m(f),* Konfektionsschneider(in) *m(f)*

confezionatrice [konfettsiona'tri:tʃe] *f* Packmaschine *f*

confezione [konfet'tsio:ne] *f* ① *(imballaggio)* [Ver]packung *f; (presentazione)* Aufmachung *f;* ~ **regalo** Geschenkpackung *f;* ~ **di cioccolatini** Pralinenschachtel *f* ② *pl (vestiti)* Konfektion *f*

confezionista [konfettsio'nista] <-i *m,* -e *f*> *mf* Konfektionär *m/*Konfektioneuse *f*

conficcare [konfik'ka:re] **I.** *vt* ① *(ficcare)* einschlagen ② *(fig: nella mente)* einprägen **II.** *vr* **-rsi** ① *(penetrare)* eindringen ② *(nella mente)* sich einprägen

confidare [konfi'da:re] **I.** *vt* anvertrauen **II.** *vi (aver fiducia)* vertrauen; ~ **in qu** auf jdn vertrauen **III.** *vr* **-rsi con qu** sich jdm anvertrauen

confidente [konfi'dɛnte] *mf* ① *(persona amica)* Vertraute(r) *f(m),* Vertrauensperson *f* ② *(della polizia)* Spitzel *m*

confidenza [konfi'dɛntsa] *f* ① *(fiducia)* Vertrauen *nt; (familiarità)* Vertrautheit *f;* **essere in ~ con qu** mit jdm vertraut sein; **prendere ~ con qc** mit etw *dat* vertraut werden; **prendersi la ~ di fare qc** sich *dat* erlauben etw zu tun ② *(segreto)* Vertraulichkeit *f;* **fare una ~ a qu** jdm etw anvertrauen

confidenziale [konfiden'tsia:le] *agg* vertraulich

configurabile [konfigu'ra:bile] *agg* INFORM konfigurierbar

configurare [konfigu'ra:re] <configuro> *vt* INFORM konfigurieren

configurarsi [konfigu'rarsi] *vr* sich gestalten

configurazionale [konfigurattsion'na:le] *agg* ① geformt, gebildet ② CHEM *(atomi)* räumlich angeordnet ③ BIOL gemeinsame Merkmale betreffend; **carattere** ~ gemeinsames Verhaltensmerkmal

configurazione [konfigurat'tsio:ne] *f* ① *(il configurare)* Darstellung *f; (aspetto, forma)* Gestalt *f,* Form *f* ② INFORM Konfiguration *f* ③ GEOG Beschaffenheit *f* ④ ASTR Konfiguration *f*

confinante [konfi'nante] *agg* angrenzend; **paese** ~ Nachbarland *nt*

confinare [konfi'na:re] **I.** *vi* [an]grenzen; ~ **con qc** an etw *akk* angrenzen **II.** *vt (fig: relegare)* isolieren, verbannen

confinato, -a [konfi'na:to] **I.** *agg* [an einen Zwangswohnort] verbannt **II.** *m, f* [an einen Zwangswohnort] Verbannte(r) *f(m)*

CONFINDUSTRIA [konfin'dustria] *f acro di* **Confederazione Generale dell'In-**

C

dustria Italiana *Verband der italienischen Industrieunternehmen*

confine [kon'fiːne] *m* Grenze *f;* **ai -i del mondo** *(fig)* am Ende der Welt

confino [kon'fiːno] *m* Verbannung *f* [an einen Zwangswohnort], Wohnortbeschränkung *f*

C

confisca [kon'fiska] <-sche> *f* JUR Beschlagnahmung *f*

confiscare [konfis'kaːre] *vt* JUR konfiszieren, beschlagnahmen

confiteor [kon'fiːteor] <-> *m* Sündenbekenntnis *nt,* Confiteor *nt;* **dire** [*o* **recitare**] **il ~** *(fig)* sich schuldig bekennen

conflagrazione [konflagrat'tsioːne] *f* Aufflammen *nt*

conflitto [kon'flitto] *m* ① *(combattimento)* Kampf *m; (guerra)* Krieg *m;* **~ mondiale** Weltkrieg *m* ② *(contrasto)* Zusammenstoß *m,* Streit *m* ③ *(fig)* PSIC, JUR Konflikt *m;* **essere in ~** in einem Konflikt sein; **~ d'interesse** Zielkonflikt *m*

conflittuale [konflittu'aːle] *agg* Konflikt-

conflittualità [konflittuali'ta] <-> *f* Konflikt *m,* Konfliktsituation *f*

confluenza [konflu'ɛntsa] *f* Zusammenfluss *m*

confluire [konflu'iːre] <confluisco> *vi* ① GEOG zusammenfließen ② *(fig: convergere)* zusammentreffen

confondere [kon'fondere] <irr> **I.** *vt* ① *(scambiare)* verwechseln, durcheinanderbringen ② *(turbare, imbarazzare)* verwirren **II.** *vr* **-rsi** ① *(mescolarsi)* sich mischen; **-rsi tra la folla** sich unters Volk mischen ② *(fig: smarrirsi)* sich verwischen, sich verlieren; *(colori)* verschwimmen ③ *(turbarsi)* durcheinandergeraten

conformare [konfor'maːre] **I.** *vt (adeguare)* **~ qc a qc** etw an etw *akk* anpassen **II.** *vr* **-rsi a qc** sich an etw *akk* anpassen

conformazionale [konformattsio'naːle] *agg* Struktur-; **analisi ~** Strukturanalyse *f*

conformazione [konformat'tsioːne] *f* Beschaffenheit *f; (figura)* Formgebung *f,* Form *f*

conforme [kon'forme] **I.** *agg* konform, übereinstimmend; **essere ~ alle norme** normgerecht sein **II.** *avv* gemäß, entsprechend

conformismo [konfor'mizmo] *m* Konformismus *m*

conformista [konfor'mista] <-i *m,* -e *f*> *mf* Konformist(in) *m(f)*

conformistico, -a [konfor'mistiko] <-ci, -che> *agg* konformistisch

conformità [konformi'ta] <-> *f* Übereinstimmung *f;* **in ~ a** [*o* **con**] in Übereinstimmung mit; **~ a scopi** Zweckmäßigkeit *f*

confort [kɔ̃'fɔr *o* kon'fɔrt] <-> *m* Komfort *m*

confortante [konfor'tante] *agg* tröstend

confortare [konfor'taːre] **I.** *vt* ① *(consolare)* trösten ② *(fig: tesi, assunto)* stärken, bekräftigen **II.** *vr* **-rsi** ① *(farsi animo)* sich *dat* Mut machen ② *(consolarsi)* sich trösten

confortevole [konfor'teːvole] *agg* ① *(consolante)* tröstend ② *(comodo)* komfortabel

conforto [kon'fɔrto] *m* ① *(consolazione)* Trost *m;* **portare ~ a qu** jdm Trost bringen ② *(agio)* Komfort *m*

confratello [konfra'tɛllo] *m* Ordensbruder *m*

confraternita [konfraterni'ta] *f* Bruderschaft *f*

confrontabile [konfron'taːbile] *agg* vergleichbar

confrontabilità [konfrontabili'ta] <-> *f* Vergleichbarkeit *f*

confrontare [konfron'taːre] *vt* vergleichen

confronto [kon'fronto] *m* Vergleich *m;* JUR Gegenüberstellung *f;* **fare un ~** [**fra**] einen Vergleich anstellen [zwischen]; **mettere a ~** gegenüberstellen; **reggere al ~ con qu/qc** einem Vergleich mit etw/jdm standhalten; **in ~ a** verglichen mit; **nei -i di** gegen, gegenüber; **senza -i** beispiellos; **non c'è ~!** das ist unvergleichlich!

confusi [kon'fuːzi] *1. pers sing pass rem di* **confondere**

confusionario, -a [konfuzio'naːrio] <-i, -ie> **I.** *agg* wirr, durcheinander **II.** *m, f* Wirrkopf *m,* Chaot(in) *m(f) fam*

confusione [konfu'zioːne] *f* ① *(disordine)* Durcheinander *nt* ② *(agitazione, imbarazzo)* Verwirrung *f*

confuso, -a [kon'fuːzo] **I.** *pp di* **confondere II.** *agg* ① *(discorso, situazione)* unklar, verworren ② *(persona)* verwirrt

confutare [konfu'taːre] *vt* widerlegen

confutazione [konfutat'tsioːne] *f* Widerlegung *f*

congedare [kondʒe'daːre] **I.** *vt (geh)* verabschieden; MIL entlassen **II.** *vr* **-rsi** sich verabschieden

congedo [kon'dʒɛːdo] *m* ① *(commiato)* Abschied *m;* **prendere ~ da** Abschied nehmen von ② MIL Abschied *m,* Entlassung *f* ③ *(di impiegato)* Beurlaubung *f;* **essere in ~** beurlaubt sein; **~ parentale** Erziehungsurlaub *m*

congegnare [kondʒeɲ'ɲaːre] *vt* ① TEC konstruieren ② *(fig: piano)* austüfteln, ausdenken

congegno [kon'dʒeɲɲo] *m* Mechanismus *m,* Werk *nt*

congelabile [kondʒe'la:bile] *agg* gefrierfähig, einfrierbar
congelamento [kondʒela'mento] *m* ① *(gener)* Einfrieren *nt* ② MED Erfrierung *f*
congelare [kondʒe'la:re] **I.** *vt* ① *(agghiacciare)* gefrieren lassen ② FIN, COM, POL einfrieren ③ *(alimenti)* einfrieren, tiefkühlen **II.** *vr* **-rsi** PHYS [ge]frieren; MED erfrieren
congelatore [kondʒela'to:re] *m* Tiefkühltruhe *f; (nel frigorifero)* Gefrierfach *nt,* Tiefkühlfach *nt*
congelazione [kondʒelat'tsio:ne] *f* Erfrierung *f*
congeniale [kondʒe'nia:le] *agg* wesensgleich; *(persona a)* geistesverwandt
congenito, -a [kon'dʒɛ:nito] *agg* angeboren
congerie [kon'dʒɛ:rie] <-> *f* Aufhäufung *f*
congestionare [kondʒestio'na:re] *vt* ① MED einen Blutandrang bewirken in +*dat* ② *(fig: strade, centro)* verstopfen, unpassierbar machen
congestione [kondʒes'tio:ne] *f* ① MED Blutandrang *m* ② *(fig: del traffico)* Stau *m*
congettura [kondʒet'tu:ra] *f* Vermutung *f,* Annahme *f*
congetturare [kondʒettu'ra:re] *vt* vermuten
congiungere [kon'dʒundʒere] <irr> **I.** *vt* verbinden; *(mani)* falten; **~ in matrimonio** vermählen **II.** *vr* **-rsi** sich verbinden; **-rsi in matrimonio** sich vermählen
congiungimento [kondʒundʒi'mento] *m* Verbindung *f; (di mani)* Falten *nt*
congiunta *f v.* **congiunto**
congiuntamente [kondʒunta'mente] *avv* verbunden, in Verbindung
congiuntiva [kondʒun'ti:va] *f* Bindehaut *f*
congiuntivale [kondʒunti'va:le] *agg* Bindehaut-; **mucosa ~** Bindehaut *f*
congiuntivite [kondʒunti'vi:te] *f* Bindehautentzündung *f,* Konjunktivitis *f*
congiuntivo [kondʒun'ti:vo] *m* LING Konjunktiv *m*
congiunto, -a [kon'dʒunto] **I.** *agg* vereint, verbunden **II.** *m, f* Verwandte(r) *f(m)*
congiuntura [kondʒun'tu:ra] *f* ① COM Konjunktur *f* ② ANAT Gelenk *nt*
congiunturale [kondʒuntu'ra:le] *agg* konjunkturell
congiunturalista [kondʒuntura'lista] <-i *m,* -e *f*> *mf* Konjunkturexperte *m*/-expertin *f*
congiunzione [kondʒun'tsio:ne] *f* ① ASTR, LING Konjunktion *f* ② *(carnale)* Vereinigung *f*
congiura [kon'dʒu:ra] *f* Verschwörung *f*
congiurare [kondʒu'ra:re] *vi* sich verschwören; **~ contro qu** sich gegen jdn verschwören
congiurato, -a [kondʒu'ra:to] *m, f* Verschwörer(in) *m(f)*
conglomerale [koŋglome'ra:le] *agg* COM, FIN Holding-, Konzern-
conglomerare [koŋglome'ra:re] *vt* zusammenballen
conglomerata [koŋglome'ra:ta] *f* ① COM Mischkonzern *m* ② FIN Holding *f*
conglomerato [koŋglome'ra:to] *m* Konglomerat *nt,* Gemisch *nt*
conglomerazione [koŋglomerat'tsio:ne] *f* Zusammenballung *f*
congratularsi [koŋgratu'larsi] *vr* **~ con qu per qc** jdm zu etw gratulieren
congratulazione [koŋgratulat'tsio:ne] *f* Glückwunsch *m,* Gratulation *f;* **fare le -i a qu per qc** jdm zu etw gratulieren; **-i!** herzlichen Glückwunsch!
congrega [koŋ'grɛ:ga] <-ghe> *f* ① *(pej: combriccola)* Bande *f,* Clique *f* ② REL Bruderschaft *f*
congregare [koŋgre'ga:re] **I.** *vt* versammeln **II.** *vr* **-rsi** sich versammeln
congregazione [koŋgregat'tsio:ne] *f* ① REL Kongregation *f* ② *(comunità)* Versammlung *f*
congressista [koŋgres'sista] <-i *m,* -e *f*> *mf* Kongressteilnehmer(in) *m(f)*
congresso [koŋ'grɛsso] *m* Kongress *m,* Tagung *f*
congruente [koŋgru'ɛnte] *agg* ① *(rispondente)* **~ a** [*o* **con**] **qc** einer Sache *dat* entsprechend ② MAT kongruent
congruenza [koŋgru'ɛntsa] *f* ① *(corrispondenza)* Entsprechung *f* ② MAT Kongruenz *f*
congruo, -a ['kɔŋgruo] *agg* ① *(adeguato)* passend, angemessen ② MAT kongruent
conguagliare [koŋguaʎ'ʎa:re] *vt* ausgleichen
conguaglio [koŋ'guaʎʎo] <-gli> *m* Ausgleich *m;* **~ salariale** Lohnausgleich *m;* **~ fiscale** Steuerausgleich *m*
CONI ['kɔ:ni] *m acro di* **Comitato Olimpico Nazionale Italiano** *Gesellschaft zur Förderung des Sports in Italien*
coniare [ko'nia:re] *vt* ① FIN prägen ② *(fig)* schöpfen, prägen
coniatore, -trice [konia'to:re] *m, f* ① *(di monete, medaglie)* Präger(in) *m(f)* ② *(fig: di neologismi)* Schöpfer(in) *m(f)*
coniazione [koniat'tsio:ne] *f* ① FIN Prägung *f* ② *(fig: di nuove espressioni)* Schöpfung *f,* Prägung *f*
conica ['kɔ:nika] <-che> *f* Kegelschnitt *m*
conico, -a ['kɔ:niko] <-ci, -che> *agg* konisch, kegelförmig

C

C

conifera [ko'ni:fera] *f* Nadelgewächs *nt,* Konifere *f*

conigliera [koniʎ'ʎɛ:ra] *f* Kaninchenstall *m*

coniglio [ko'niʎʎo] <-gli> *m* ① ZOO Kaninchen *nt* ② *(fig: persona paurosa)* Angsthase *m,* Hasenfuß *m*

conio ['kɔ:nio] <-i> *m* ① TEC *(arnese)* Prägeeisen *nt* ② *(il coniare)* Prägen *nt* ③ *(effetto)* Prägung *f;* **vocaboli di nuovo ~** sprachliche Neuschöpfungen ④ *(fig: tipo)* Art *f,* Schlag *m;* **gente di basso ~** Leute *pl* aus der Unterschicht

coniugale [koniu'ga:le] *agg* ehelich, Ehe-

coniugare [koniu'ga:re] **I.** *vt* ① LING konjugieren ② *(unire in matrimonio)* verheiraten **II.** *vr* **-rsi** heiraten, sich verheiraten

coniugazione [koniugat'tsio:ne] *f* LING Konjugation *f*

coniuge ['kɔniudʒe] *mf* Ehemann *m/* -frau *f,* Gatte *m/* Gattin *f geh*

connaturale [konnatu'ra:le] *agg* wie angeboren, natürlich; *(congeniale)* wesensgleich

connaturare [konnatu'ra:re] **I.** *vt* [sich *dat*] zur eigenen Natur machen **II.** *vr* **-rsi** in Fleisch und Blut übergehen

connaturato, -a [konnatu'ra:to] *agg* wie angeboren, natürlich

connazionale [konnattsio'na:le] **I.** *agg* aus dem gleichen Land **II.** *mf* Landsmann *m/* -männin *f*

connection [kə'nɛkʃən] <-> *f (relazione)* Verbindungen *f pl;* **~ tra …** Verbindungen zwischen …

connessi [kon'nɛssi] *mpl* **gli annessi e ~** alles Drum und Dran, alles, was dazugehört

connessione [konnes'sio:ne] *f* ① *(fra due fatti)* Verbindung *f* ② EL Anschluss *m* ③ TEC Verbindung *f;* **~ a banda larga** TEL Breitbandverbindung *f;* **~ a raggi infrarossi** Infrarotverbindung *f;* **~ flat** Flatrate *f*

connesso, -a [kon'nɛsso] *agg* ① EL angeschlossen ② TEC verbunden ③ *(fig: fatti, fenomeni)* verbunden, zusammenhängend

connettere [kon'nɛttere] <connetto, connettei, connesso> **I.** *vt* ① *(fili, pezzi)* verbinden, zusammenfügen ② *(fig: fatti, fenomeni)* in Zusammenhang bringen; *(idee)* verknüpfen **II.** *vi (ordinare i propri pensieri)* klar denken; **non riesco a ~** ich kann keinen klaren Gedanken fassen **III.** *vr* **-rsi** zusammenhängen

connettivale [konnetti'va:le] *agg* Bindegewebs-

connettivo, -a *agg* **tessuto ~** Bindegewebe *nt*

connivente [konni'vɛnte] **I.** *agg* stillschweigend einverstanden **II.** *mf* Mitwisser(in) *m(f)*

connivenza [konni'vɛntsa] *f* stilles Einverständnis; JUR Mitwisserschaft *f*

connotato [konno'ta:to] *m* Kennzeichen *nt,* Merkmal *nt;* **cambiare i -i a qu** *(fam scherz)* jdn windelweich schlagen

connotazione [konnotat'tsio:ne] *f* Konnotation *f*

connubio [kon'nu:bio] <-i> *m* ① *(matrimonio)* Heirat *f* ② *(fig: unione)* Verbindung *f;* POL Bündnis *nt*

cono ['kɔ:no] *m* Kegel *m;* MAT Konus *m;* **~ gelato** Eistüte *f;* **a ~** kegelförmig

conobbi [ko'nobbi] *1. pers sing pass rem di* **conoscere**

conocchia [ko'nɔkkia] <-cchie> *f* [Spinn]-rocken *m*

conoide [ko'nɔ:ide] *m* Konoid *nt*

conoscente [konoʃ'ʃɛnte] *mf* Bekannte(r) *f(m)*

conoscenza [konoʃ'ʃɛntsa] *f* ① *(apprendimento)* Kenntnis *f;* **avere ~ di qc** von etw Kenntnis haben; **essere a ~ di qc** über etw *akk* Bescheid wissen; **per ~** zur Kenntnisnahme; **venire a ~ di qc** etw erfahren; **prendere ~ di qc** ADM etw zur Kenntnis nehmen ② MED Bewusstsein *nt;* **perdere la ~** das Bewusstsein verlieren; **essere privo di ~** bewusstlos sein ③ *(persona)* Bekannte(r) *f(m),* Bekanntschaft *f;* **avere molte -e** viele Bekannte haben; **fare la ~ di qu** jds Bekanntschaft machen; **piacere di fare la sua ~** [sehr] angenehm, ich freue mich, Ihre Bekanntschaft zu machen; **una vecchia ~** ein alter Bekannter, eine alte Bekannte

conoscere [ko'noʃʃere] <conosco, conobbi, conosciuto> *vt* ① *(persona)* kennen, kennenlernen; **~ qu di vista/personalmente** jdn vom Sehen/persönlich kennen; **ti faccio ~ mio fratello** ich mache dich mit meinem Bruder bekannt; **conosco i miei polli** *(scherz)* ich kenne meine Pappenheimer ② *(cosa)* sich auskennen in +*dat* [*o* bei], kennen; *(lingue)* beherrschen, können

conoscibile [konoʃ'ʃi:bile] *agg* erkennbar

conoscitivo, -a [konoʃʃi'ti:vo] *agg* Erkenntnis-

conoscitore, -trice [konoʃʃi'to:re] *m, f* Kenner(in) *m(f)*

conosciuto, -a [konoʃ'ʃu:to] **I.** *pp di* **conoscere** **II.** *agg* bekannt

conosco [ko'nosko] *1. pers sing pr di* **conoscere**

conquibus [koŋ'kui:bus] <-> *m (scherz)* Nervus rerum *m geh*

conquista [koŋ'kuista] *f* ① *(ottenimento)*

Erreichen *nt,* Erwerbung *f; (della libertà)* Erringung *f,* Erlangung *f; (del potere)* Ergreifung *f* ② MIL Eroberung *f* ③ *(progresso)* Errungenschaft *f* ④ *(fig: ~ amorosa)* Eroberung *f*

conquistare [koŋkuis'ta:re] *vt* ① *(ottenere)* erreichen, erwerben; *(libertà)* erlangen, erringen; *(potere)* ergreifen ② MIL erobern ③ *(fig: persona)* erobern; *(amicizia, amore, simpatia)* gewinnen

conquistatore, -trice [koŋkuista'to:re] *m, f* ① MIL Eroberer(in) *m(f)* ② *(fig: chi fa conquiste amorose)* Herzensbrecher(in) *m(f)*

consacrare [konsa'kra:re] **I.** *vt* ① REL weihen ② *(re, imperatore)* salben ③ *(dedicare)* widmen **II.** *vr* **-rsi** sich widmen; *(a Dio, completamente)* sich weihen

consacrazione [konsakrat'tsio:ne] *f* Weihe *f; (durante la messa)* Wandlung *f*

consanguinea *f v.* **consanguineo**

consanguineità [konsaŋguinei'ta] <-> *f* Blutsverwandtschaft *f*

consanguineo, -a [konsaŋ'gui:neo] <-ei, -ee> **I.** *agg* blutsverwandt **II.** *m, f* Blutsverwandte(r) *f(m)*

consapevole [konsa'pe:vole] *agg* bewusst; **essere ~ delle proprie responsabilità** sich *dat* seiner Verantwortung bewusst sein

consapevolezza [konsapevo'lettsa] *f* Bewusstsein *nt*

consapevolizzare [konsapevolid'dza:re] **I.** *vt* bewusst machen; **~ qu di qc** jdm etw bewusst machen **II.** *vr* **-rsi di qc** sich *dat* über etw *akk* bewusst werden

consapevolizzazione [konsapevoliddzat'tsio:ne] *f* Vergegenwärtigung *f*

conscio, -a ['kɔnʃʃo] <-sci, -sce> *agg* bewusst; **essere ~ dei propri doveri** sich *dat* seiner Pflichten bewusst sein

consecutiva [konseku'ti:va] *f* LING Konsekutivsatz *m*

consecutivo, -a [konseku'ti:vo] *agg* ① *(giorno, ora)* [darauf]folgend ② *(traduzione, interprete)* Konsekutiv- ③ LING Konsekutiv-, konsekutiv

consegna [kon'seɲɲa] *f* ① *(di merci)* [Aus]lieferung *f,* Zustellung *f;* **pagamento alla ~** Zahlung *f* bei Lieferung ② ADM [Amts]übergabe *f* ③ *(custodia)* Aufbewahrung *f;* **ricevere in ~** zur Aufbewahrung erhalten

consegnare [konseɲ'ɲa:re] *vt (recapitare)* übergeben, abliefern; COM [aus]liefern; *(affidare)* anvertrauen

consegnatario, -a [konseɲɲa'ta:rio] <-i, -ie> *m, f* Empfänger(in) *m(f)*

conseguente [konse'guɛnte] *agg* ① *(danno, disturbi)* Folge- ② *(persona)* konsequent, unbeirrbar ③ *(ragionamento, deduzione)* konsequent, folgerichtig

conseguentemente [konseguente'mente] *avv* folglich

conseguenza [konse'guɛntsa] *f* Konsequenz *f,* Folge *f; (conclusione logica)* [Schluss]folgerung *f;* **agire di ~** entsprechend handeln; **in ~ di qc** infolge einer Sache *gen*

conseguimento [konsegui'mento] *m* Erlangung *f*

conseguire [konse'gui:re] **I.** *vt* erlangen **II.** *vi* hervorgehen; **da ciò consegue che …** daraus folgt, dass …

consenso [kon'sɛnso] *m* Zustimmung *f,* Einverständnis *nt;* **il ~ a qc** die Zustimmung zu etw; **dare il ~ a qc** einer Sache *dat* zustimmen; **tacito ~** stillschweigendes Einverständnis

consensuale [konsensu'a:le] *agg* einvernehmlich

consentire [konsen'ti:re] **I.** *vi* ① *(essere d'accordo)* zustimmen, beipflichten ② *(acconsentire)* zustimmen **II.** *vt* zulassen

consenziente [konsen'tsiɛnte] *agg* zustimmend

consequenziale [konsekuen'tsia:le] *agg* Folge-

conserto [kon'sɛrto] *m* **di ~** einmütig

conserva [kon'sɛrva] *f (cibo)* Konserve *f; (in vasi)* Eingemachte(s) *nt*

conservabile [konser'va:bile] *agg* konservierbar, haltbar

conservabilità [konservabili'ta] <-> *f* Haltbarkeit *f*

conservante [konser'vante] *m* Konservierungsstoff *m*

conservare [konser'va:re] **I.** *vt* ① GASTR konservieren, haltbar machen; *(in vasi)* einmachen ② *(custodire)* aufbewahren ③ *(fig: mantenere)* erhalten, bewahren **II.** *vr* **-rsi** ① GASTR sich halten ② *(mantenersi)* sich erhalten; *(in salute)* gesund bleiben

conservatività [konservativi'ta] <-> *f* ① Konservativität *f geh* ② JUR Konservativität *f,* konservative Beschaffenheit *f*

conservativo [konserva'ti:vo] *m* Konservierungsstoff *m*

conservatore, -trice [konserva'to:re] **I.** *agg* konservativ **II.** *m, f* Konservative(r) *f(m)*

conservatorio [konserva'tɔ:rio] <-i> *m* ① MUS Konservatorium *nt* ② *(per ragazze)* [Mädchen]stift *nt,* [Mädchen]institut *nt*

conservatorismo [konservato'rizmo] *m* Konservativismus *m*

conservatrice *f v.* **conservatore**

conservazione [konservat'tsio:ne] *f* ① *(mantenimento)* Erhaltung *f* ② GASTR

Konservierung *f,* Haltbarmachung *f* ③ BIOL Selbsterhaltung *f;* **istinto di ~** Selbsterhaltungstrieb *m* ④ PHYS Speicherung *f*

conservazionismo [konservattsio'nizmo] *m* ECOL *(dell'ecosistema)* Öko-Konservatismus *m (Tendenz zur Erhaltung von Ökosystemen)*

conservazionista [konservattsio'nista] <-i *m,* -e *f*> ECOL **I.** *agg* naturerhaltend **II.** *mf* Befürworter(in) *m(f)* intakter Ökosysteme

conserviero, -a [konser'viɛ:ro] *agg* Konserven-

conservificio [konservi'fi:tʃo] <-ci> *m* Konservenfabrik *f*

consesso [kon'sɛsso] *m* Vereinigung *f;* **~ di popoli** Völkervereinigung *f*

considerabile [konside'ra:bile] *agg* beachtlich

considerare [konside'ra:re] *vt* ① *(tenere conto)* berücksichtigen, bedenken; **tutto considerato** alles in allem; **considerata la sua età** wenn man sein [*o* ihr] Alter bedenkt, für sein [*o* ihr] Alter ② *(soppesare)* abschätzen; *(esaminare)* erwägen ③ *(ritenere)* betrachten ④ *(stimare)* achten, schätzen

considerazione [konsiderat'tsio:ne] *f* ① *(osservazione)* Betrachtung *f; (riflessione)* Überlegung *f;* **agire senza ~** unüberlegt handeln ② *(esame)* Erwägung *f;* **prendere in ~** beachten; **in ~ di qc** in Anbetracht einer Sache *gen* ③ *(stima)* Ansehen *nt,* Wertschätzung *f;* **essere tenuto in gran ~** hoch angesehen sein

considerevole [konside're:vole] *agg* beachtlich

consigliabile [konsiʎ'ʎa:bile] *agg* ratsam

consigliare [konsiʎ'ʎa:re] **I.** *vt* raten, empfehlen; *(persone)* beraten; **~ a qu di fare qc** jdm raten etw zu tun **II.** *vr* **-rsi** sich beraten

consigliere, -a [konsiʎ'ʎɛ:re] *m, f* ① *(chi dà consigli)* Ratgeber(in) *m(f),* Berater(in) *m(f)* ② ADM Rat *m*/Rätin *f;* **~ d'amministrazione** Aufsichtsrat *m;* **~ di stato** Staatsrat *m*

consiglio [kon'siʎʎo] <-gli> *m* ① *(suggerimento)* Rat[schlag] *m,* Empfehlung *f;* **chiedere un ~ a qu** jdn um Rat fragen; **dare un ~ a qu** jdm einen Rat geben; **la notte porta ~** *(prov)* man soll die Sache überschlafen ② ADM Rat *m;* **il ~ d'amministrazione** der Vorstand; **Consiglio Direttivo** Vorstand *m;* **~ dei ministri** Ministerrat *m;* **~ di fabbrica** Betriebsrat *m;* **~ di stato** Staatsrat *m;* **sala del ~** Ratssaal *m;* **Consiglio dell'Economia e della Finanza** EU ECOFIN-Rat *m;* **Consiglio europeo** EU Europäischer Rat, Europarat ③ *(riunione)* Beratung *f*

Consiglio ampliato <-> *m (Europäische Union)* Erweiterter Rat *m*

consiliare [konsi'lia:re] *agg* Rats-

consistente [konsis'tɛnte] *agg* ① *(materiale)* fest, solide ② *(fig: notevole)* beträchtlich, beachtlich

consistenza [konsis'tɛntsa] *f* ① *(di materiale)* Festigkeit *f* ② COM Bestand *m* ③ *(fig: valore)* Gehalt *m;* **prendere ~** Form annehmen

consistere [kon'sistere] <consisto, consistei *o* consistetti, consistito> *vi essere* **~ in qc** aus etw [*o* in etw *dat*] bestehen

consocia *f v.* **consocio**

consociare [konso'tʃa:re] **I.** *vt* zusammenschließen **II.** *vr* **-rsi** sich zusammenschließen

consociata [konso'tʃa:ta] *f* Beteiligungsgesellschaft *f*

consociativismo [konsotʃati'vizmo] *m* POL *(pej)* Kompromissstrategie *f,* Anbiederungspolitik *f*

consociativista [konsotʃati'vista] <-i *m,* -e *f*> *mf (pej)* Kompromissler *m*

consociato, -a I. *agg* angeschlossen **II.** *m, f* Teilhaber(in) *m(f)*

consociazione [konsotʃat'tsio:ne] *f* Zusammenschluss *m*

consocio, -a [kon'sɔ:tʃo] *m, f* Teilhaber(in) *m(f);* **~ in affari** Geschäftspartner *m*

consolante [konso'lante] *agg* tröstlich, tröstend

consolare [konso'la:re] **I.** *vt* trösten **II.** *vr* **-rsi di qc** sich über etw *akk* trösten; **-rsi con il pensiero che …** sich mit dem Gedanken trösten, dass …

consolato [konso'la:to] *m* Konsulat *nt*

consolatore, -trice [konsola'to:re] **I.** *agg* tröstend **II.** *m, f* Tröster(in) *m(f)*

consolazione [konsolat'tsio:ne] *f* Trost *m;* **premio di ~** Trostpreis *m*

console ['kɔnsole] *m* Konsul *m*

consolidamento [konsolida'mento] *m* ① *(di struttura, terreno)* [Be]festigung *f* ② *(fig: rinsaldamento)* Konsolidierung *f,* Festigung *f; (di amicizia, conoscenza)* Vertiefung *f*

consolidare [konsoli'da:re] **I.** *vt* ① *(rendere solido)* festigen ② *(fig: rinsaldare)* konsolidieren; *(posizione)* ausbauen, stärken; *(migliorare)* verbessern; *(amicizia, conoscenza)* vertiefen, festigen **II.** *vr* **-rsi** ① *(diventare solido)* fest werden ② *(amicizia, conoscenza)* sich festigen, sich vertiefen

consolidato [konsoli'da:to] *m* konsolidierte Schuld

consolidato, -a *agg* ❶ COM konsolidiert ❷ *(fig: rinsaldato)* gesichert, gefestigt
consolidazione [konsolidat'tsio:ne] *f* Konsolidation *f,* Konsolidierung *f*
consolle [kon'sɔlle] <-> *f* Konsole *f*
consommé [kɔ̃sɔ'me] <-> *m* Kraftbrühe *f,* Consommé *f o nt*
consonante [konso'nante] *f* Konsonant *m,* Mitlaut *m*
consonantico, -a [konso'nantiko] <-ci, -che> *agg* konsonantisch
consonanza [konso'nantsa] *f* Konsonanz *f,* Gleichklang *m*
consono, -a ['kɔnsono] *agg* entsprechend, angemessen
consorella [konso'rɛlla] **I.** *f* [Mit]schwester *f* **II.** *agg* Schwester-
consorte [kon'sɔrte] *mf* Gemahl(in) *m(f),* Gatte *m*/Gattin *f*
consorteria [konsorte'ri:a] <-ie> *f* ❶ POL *(pej)* [Partei]klüngel *m,* Clique *f* ❷ HIST Sippenbündnis *nt*
consorziare [konsor'tsia:re] **I.** *vt* zusammenschließen **II.** *vr* **-rsi** sich zusammenschließen
consorzio [kon'sɔrtsio] <-i> *m* JUR, FIN Konsortium *nt;* AGR Genossenschaft *f*
constare [kons'ta:re] *vi essere* ❶ *(essere costituito)* bestehen; **~ di qc** aus etw bestehen ❷ *(risultare)* sich ergeben; *(essere noto)* bekannt sein; **a quanto mi consta** soweit mir bekannt ist
constatare [konsta'ta:re] *vt* feststellen
constatazione [konstatat'tsio:ne] *f* Feststellung *f*
consueto, -a *agg* gewohnt, üblich
consuetudinario, -a [konsuetudi'na:rio] <-i, -ie> **I.** *agg* JUR Gewohnheits- **II.** *m, f* Gewohnheitsmensch *m*
consuetudine [konsue'tu:dine] *f* ❶ *(abitudine)* Gewohnheit *f;* **avere la ~ di fare qc** die Gewohnheit haben etw zu tun; **per ~** aus Gewohnheit ❷ *(costume)* Brauch *m;* **com'è nostra ~** wie es bei uns Brauch ist
consulente [konsu'lɛnte] *mf* Berater(in) *m(f);* **~ legale/tributario** Rechts-/Steuerberater(in)
consulenza [konsu'lɛntsa] *f* Beratung *f*
consulta [kon'sulta] *f* ❶ *(riunione)* Beratung *f,* Besprechung *f* ❷ ADM, POL beratende Versammlung
consultare [konsul'ta:re] **I.** *vt (medico, avvocato)* zu Rate ziehen, konsultieren, beiziehen A; *(libro)* nachschlagen in +*dat* **II.** *vr* **-rsi** sich beraten
consultazione [konsultat'tsio:ne] *f* ❶ *(dare consigli)* Beratung *f* ❷ *(ricerca)* Konsultation *f;* **opere di ~** Nachschlagewerke *nt pl*
consultivo, -a [konsul'ti:vo] *agg* beratend
consulto [kon'sulto] *m* Konsilium *nt*
consultore, -trice [konsul'to:re] *m, f* Berater(in) *m(f)*
consultorio [konsul'tɔ:rio] <-i> *m* Beratungsstelle *f;* **~ familiare** Familienberatung[sstelle] *f*
consultrice *f v.* **consultore**
consumare [konsu'ma:re] **I.** *vt* ❶ *(usare)* verbrauchen; *(scarpe, cinturino)* abnutzen ❷ *(pasti)* verzehren, zu sich *dat* nehmen ❸ *(matrimonio)* vollziehen; *(delitto)* begehen **II.** *vr* **-rsi** *(logorarsi)* sich abnutzen; **-rsi la vista** sich *dat* die Augen verderben
consumato, -a [konsu'ma:to] *agg* ❶ *(consunto)* verbraucht, verlebt; *(vestiti, scarpe)* abgenutzt ❷ *(matrimonio)* vollzogen
consumatore, -trice [konsuma'to:re] *m, f* Verbraucher(in) *m(f)*
consumazione [konsumat'tsio:ne] *f* ❶ *(consumo)* Verbrauch *m* ❷ GASTR Verzehr *m,* Konsumation *f* A ❸ JUR Vollzug *m*
consumer benefit [kən'sju:mə 'benefit] <-> *m* COM Produktattraktivität *f,* Kaufanreiz *m*
consumerismo [konsume'rizmo] *m* Verbraucherschutzbewegung *f*
consumismo [konsu'mizmo] *m* Konsumdenken *nt,* -rausch *m*
consumistico, -a [konsu'mistiko] <-ci, -che> *agg* konsumorientiert
consumo [kon'su:mo] *m* Konsum *m; (uso)* Verbrauch *m;* **civiltà dei -i** Konsumgesellschaft *f;* **beni di ~** Konsumgüter *nt pl*
consuntivo [konsun'ti:vo] *m* Bilanz *f; (a. fig)* Abrechnung *f,* Bilanz *f;* **fare il ~** Bilanz ziehen
consunto, -a [kon'sunto] *agg* ❶ *(consumato)* verbraucht; *(scarpe, indumenti)* abgenutzt ❷ *(persona)* verbraucht; *(volto)* ausgezehrt
consunzione [konsun'tsio:ne] *f* Auszehrung *f*
consuocero, -a [kon'suɔ:tʃero] *m, f* Vater *m*/Mutter *f* des Schwiegersohns
consustanziale [konsustan'tsia:le] *agg* Dreifaltigkeits-
consustanzialità [konsustantsiali'ta] <-> *f* Dreifaltigkeit *f*
conta ['konta] *f* **fare la ~** *(nei giochi)* abzählen
contabile [kon'ta:bile] **I.** *agg* Rechnungs-, Buchungs- **II.** *mf* Buchhalter(in) *m(f)*
contabilità [kontabili'ta] <-> *f* Buchführung *f,* -haltung *f;* **ufficio ~** Buchhaltung *f;* **tenere la ~** die Bücher führen; **la doppia ~ valutaria** *(Unione monetaria europea)* die doppelte Währungsbuchhaltung

contabilizzare [kontabilid'dza:re] *vt* buchen

contachilometri [kontaki'lɔ:metri] <-> *m* Kilometerzähler *m*

contacopie [konta'kɔ:pie] <-> *m* TEC Kopienzähler *m*

contadina *f v.* **contadino**

contadinesco, -a [kontadi'nesko] <-schi, -sche> *agg* bäuerlich, Bauern-

contadino, -a [konta'di:no] **I.** *m, f* ① AGR Bauer *m*/Bäuerin *f*; **~, scarpe grosse e cervello fino** *(prov)* der Schein trügt ② *(pej: persona dai modi grossolani)* Bauer *m* **II.** *agg* bäuerlich

contado [kon'ta:do] *m* ① *(campagna)* Umland *nt* ② *(popolazione)* Bevölkerung *f* des Umlandes

contafiletti [kontafi'letti] <-> *m* TEC Gewindemesser *m*

contagiare [konta'dʒa:re] *vt* anstecken, infizieren

contagio [kon'ta:dʒo] <-gi> *m* Ansteckung *f*, Infizierung *f*

contagioso, -a [konta'dʒo:so] *agg* ansteckend

contagiri [konta'dʒi:ri] <-> *m* Drehzahlmesser *m*, Tourenzähler *m*

contagocce [konta'gottʃe] <-> *m* Pipette *f*; **col ~** *(scherz)* tröpfchenweise

container [kən'teinə *o* kon'tɛiner] <-> *m* Container *m*

containerizzare [konteinerid'dza:re] *vt* in Container verladen

containerizzazione [konteineriddzat'tsio:ne] *f* TEC Verladung *f* in Container

contametri [kontra'mɛ:tri] <-> *m* ① TEC Messvorrichtung *f* für Stranglängen ② FILM Filmzähler *m*

contaminare [kontami'na:re] *vt* ① *(acque, aria)* verunreinigen, verseuchen ② *(fig: corrompere)* verderben, beeinträchtigen; *(reputazione, nome)* beschmutzen

contaminazione [kontaminat'tsio:ne] *f* ① *(dell'acqua, aria)* Verunreinigung *f*, Verseuchung *f* ② *(fig: corruzione)* Beeinträchtigung *f*, Schädigung *f*

contaminuti [kontami'nu:ti] <-> *m* Eieruhr *f*

contante [kon'tante] **I.** *agg* bar; **denaro** [*o* **moneta**] **~** Bargeld *nt* **II.** *m* Bargeld *nt*; **pagare in -i** bar bezahlen

contapallini [kontapal'li:ni] <-> *m* Schrotkugelzähler *m*

contare [kon'ta:re] **I.** *vt (numerare)* zählen; *(calcolare)* zusammenzählen; **~ i giorni/le ore/i minuti** *(fig)* die Stunden zählen **II.** *vi* ① *(numeri)* zählen; **~ fino a trenta** bis dreißig zählen ② *(valere)* zählen, gelten; **questo non conta** das zählt nicht ③ *(fare assegnamento)* zählen; **~ su qu/qc** auf jdn/etw zählen ④ *(proporsi)* rechnen; **~ di** +*inf* damit rechnen, dass …, davon ausgehen, dass …

contascatti [konta'skatti] <-> *m* Gebührenzähler *m*

contasecondi [kontase'kondi] <-> *m* Sekundenzähler *m*

contata [kon'ta:ta] *f* Überschlagsrechnung *f*; **dare una ~ a qc** etw überschlagen

contato, -a [kon'ta:to] *agg (denaro)* abgezählt; *(fig)* wenig, gezählt; **avere i minuti -i** wenig Zeit haben

contatore [konta'to:re] *m* Zähler *m*; *(orologio)* Stoppuhr *f*

contattare [kontat'ta:re] *vt* sich in Verbindung setzen mit, kontaktieren *geh*

contatteria [kontatte'ri:a] <-rie> *f* TEC Kontaktmaterial *nt*, Kontaktzubehör *nt*, Kontaktteile *ntpl*

contatto [kon'tatto] *m* ① *(accostamento)* Kontakt *m*, Berührung *f*; **lenti a ~** Kontaktlinsen *fpl* ② *(fig: relazione)* Kontakt *m*, Verbindung *f*; **mantenere i -i con qu** den Kontakt zu jdm aufrechterhalten; **prendere ~ con qu** mit jdm Kontakt aufnehmen; **essere in ~ con qu** mit jdm in Verbindung stehen; **venire a ~ con** in Kontakt kommen mit ③ EL Kontakt *m* ④ MOT Zündung *f* ⑤ TEL, RADIO Verbindung *f*

contattologo, -a [kontat'tɔ:logo] <-gi, -ghe> *m, f* OPT Kontaktlinsenspezialist(in) *m(f)*

conte, contessa ['konte, kon'tessa] *m, f* Graf *m*/Gräfin *f*

contea [kon'tɛ:a] *f* ① ADM Grafschaft *f* ② *(titolo)* Grafentitel *m*

conteggiare [konted'dʒa:re] **I.** *vt* ausrechnen **II.** *vi* rechnen

conteggio [kon'teddʒo] <-ggi> *m* [Be]rechnung *f*; **~ alla rovescia** Countdown *m o nt*

contegno [kon'teɲɲo] *m* ① *(compostezza)* Haltung *f*; **darsi un ~** Haltung annehmen ② *(comportamento)* Verhalten *nt*

contegnoso, -a [konteɲ'ɲo:so] *agg* zurückhaltend; *(altero)* hochmütig

contemperare [kontempe'ra:re] *vt* ① *(adattare)* angleichen (**a** an +*akk*), anpassen (**a** an +*akk*) ② *(mitigare)* ausgleichen, mildern

contemplare [kontem'pla:re] *vt* ① *(guardare attentamente)* betrachten; *(ammirare)* bewundern ② *(meditare)* sich vertiefen in +*akk*

contemplativo, -a [kontempla'ti:vo] *agg* besinnlich; REL kontemplativ

contemplazione [kontemplat'tsio:ne] *f* Betrachtung *f*; REL Kontemplation *f*

contempo [kon'tɛmpo] *m* **nel ~** gleichzeitig
contemporanea *f v.* **contemporaneo**
contemporaneamente [kontemporanea'mente] *avv* gleichzeitig
contemporaneista [kontemporane'ista] <-i *m*, -e *f*> *mf* Experte *m*/Expertin *f* für zeitgenössische Geschichte und Literatur
contemporaneità [kontemporanei'ta] <-> *f* Gleichzeitigkeit *f*
contemporaneo, -a [kontempo'ra:neo] <-ei, -ee> **I.** *agg* gleichzeitig; HIST zeitgenössisch; **storia -a** Zeitgeschichte *f* **II.** *m, f* Zeitgenosse *m*/-genossin *f*
contendente [konten'dɛnte] **I.** *agg* rivalisierend **II.** *mf* Rivale *m*/Rivalin *f*
contendere [kon'tɛndere] <irr> **I.** *vt* streitig machen [wollen], rivalisieren um **II.** *vi* streiten; **~ per qc** um etw streiten **III.** *vr* **-rsi qc** um etw kämpfen
contenere [konte'ne:re] <irr> **I.** *vt* ❶ *(persone, cose)* enthalten, fassen ❷ *(fig: lacrime, sdegno, entusiasmo)* unterdrücken ❸ *(piena)* eindämmen **II.** *vr* **-rsi** ❶ *(moderarsi)* sich beherrschen ❷ *(comportarsi)* sich verhalten
contenitore [konteni'to:re] *m* Behälter *m*
contentare [konten'ta:re] **I.** *vt* zufrieden stellen **II.** *vr* **-rsi di qc** sich mit etw zufriedengeben; **chi si contenta gode** *(prov)* Zufriedenheit macht glücklich
contentezza [konten'tettsa] *f* Zufriedenheit *f*; *(letizia)* Freude *f*; *(felicità)* Glück *nt*
contentino [konten'ti:no] *m (fam)* Extra *nt*, Zugabe *f*
contento, -a [kon'tɛnto] *agg* ❶ *(soddisfatto)* zufrieden; **essere ~ di qc** mit etw zufrieden sein; **fare ~ qu** jdn zufrieden stellen ❷ *(lieto)* froh; **essere ~ di qc** über etw *akk* froh sein; *(felice)* mit etw glücklich sein; **sono ~ per te** ich freue mich für dich
contenutistico, -a [kontenu'tistiko] <-ci, -che> *agg* LIT inhaltlich
contenuto [konte'nu:to] *m* Inhalt *m*
contenuto, -a I. *pp di* **contenere II.** *agg (gioia, carattere, stile)* verhalten, zurückhaltend
contenzione [konten'tsio:ne] *f* Ruhigstellung *f*; **camicia di ~** Zwangsjacke *f*
contenzioso [konten'tsio:so] *m* Gerichtsbarkeit *f*
contenzioso, -a *agg* Streit-
conterraneo, -a [konter'ra:neo] **I.** *agg* aus der gleichen Gegend kommend **II.** *m, f* Landsmann *m*/-männin *f*
contesa [kon'te:sa] *f* Streit *m*, Auseinandersetzung *f*
contesi [kon'te:si] *1. pers sing pass rem di* **contendere**
conteso [kon'te:so] *pp di* **contendere**
contessa *f v.* **conte**
contestabile [kontes'ta:bile] *agg* anfechtbar
contestare [kontes'ta:re] *vt* protestieren gegen; *(negare)* bestreiten, abstreiten; JUR anfechten
contestatore, -trice [kontesta'to:re] *m, f* Anfechter(in) *m(f)*; POL, SOC Protestler(in) *m(f)*
contestazione [kontestat'tsio:ne] *f* ❶ POL, SOC Protest *m* ❷ JUR Anfechtung *f* ❸ *(contrasto)* Widerspruch *m*
conteste [kon'tɛste] *mf* Mitzeuge *m*/-zeugin *f*
contesto [kon'tɛsto] *m* ❶ *(di scritto, discorso)* Zusammenhang *m*, Kontext *m* ❷ *(fig: ambiente)* Umfeld *nt*, Hintergrund *m*
contestuale [kontestu'a:le] *agg* kontextuell; LIT Kontext-
contestualizzare [kontestualid'dza:re] *vt* ❶ *(avvenimento)* einordnen, zuordnen ❷ *(parole)* im Sinnzusammenhang sehen
contiguità [kontigui'ta] <-> *f* Angrenzung *f*
contiguo, -a [kon'ti:guo] *agg* angrenzend
continentale [kontinen'ta:le] **I.** *agg* kontinental, Festland[s]- **II.** *mf* Festland[s]bewohner(in) *m(f)*
continente [konti'nɛnte] *m* Kontinent *m*, Erdteil *m*; *(terraferma)* Festland *nt*; **~ antico/nuovo** Alte/Neue Welt
continenza [konti'nɛntsa] *f* Enthaltsamkeit *f*, Zurückhaltung *f*
contingentamento [kontindʒenta'mento] *m* Kontingentierung *f*
contingentare [kontindʒen'ta:re] *vt* kontingentieren
contingente [kontin'dʒɛnte] *m* COM Kontingent *nt*
contingenza [kontin'dʒɛntsa] *f* ❶ *(circostanza)* Umstand *m*, Zufälligkeit *f* ❷ *(loc)* **indennità di ~** Teuerungszulage *f*
continuare [kontinu'a:re] **I.** *vt* fortsetzen **II.** *vi* fortfahren; *(durare)* weitergehen, andauern; **~ a fare qc** mit etw fortfahren; **~ a dormire** weiterschlafen; **~ a vivere** weiterleben
continuativo, -a [kontinua'ti:vo] *agg* Dauer-, dauerhaft; **impiego a carattere ~** Dauerbeschäftigung *f*
continuatore, -trice [kontinua'to:re] *m, f* Fortsetzer(in) *m(f)*
continuazione [kontinuat'tsio:ne] *f* Fortsetzung *f*; **in ~** dauernd, ununterbrochen
continuità [kontinui'ta] <-> *f* Kontinuität *f*, Fortdauer *f*

C

continuo, **-a** [kon'ti:nuo] *agg* dauernd, ständig; **di ~** dauernd, fortwährend
contitolare [kontito'la:re] **I.** *agg* Mit[inhaber]- **II.** *mf* Mitinhaber(in) *m(f)*
conto ['konto] *m* ① MAT, COM Rechnung *f;* **mettere in ~ qc a qu** jdm etw in Rechnung stellen; **a -i fatti** *(fig)* alles in allem; **fare i -i senza l'oste** *(fig)* die Rechnung ohne den Wirt machen ② FIN Konto *nt* ③ *(stima)* Ansehen *nt;* **tenere da ~ qc** etw in Ehren halten; **tenere in gran ~ qc/qu** eine hohe Meinung von etw/jdm haben ④ *(previsione, valutazione)* **far ~ di fare qc** planen etw zu tun; **far ~ su qu/qc** auf jdn/etw bauen; **dire qc sul ~ di qu** etw über jdn sagen; **tenere ~ di qc** etw berücksichtigen ⑤ *(fig: interesse)* **per ~ di qu** in jds Auftrag; **per ~ mio/tuo/suo** was mich/dich/ihn betrifft ⑥ *(fig)* **fare i -i con qu** mit jdm abrechnen; **dar** [*o* **render**] **~ a qu di qc** jdm über etw *akk* Rechenschaft ablegen; **rendersi ~ di qc** sich *dat* einer Sache *gen* bewusst werden, sich *dat* über etw *akk* im Klaren sein; **alla fin[e] dei -i** schließlich, letztlich; **è un altro ~** das ist ein anderes Kapitel
contorcere [kon'tɔrtʃere] <irr> **I.** *vt* verdrehen **II.** *vr* **-rsi** sich krümmen
contorcimento [kontortʃi'mento] *m* Winden *nt,* Krümmen *nt*
contornare [kontor'na:re] **I.** *vt* ① *(disegno, occhi)* umranden ② *(fig: amici)* umgeben; *(ammiratori)* umschwärmen **II.** *vr* **-rsi** sich umgeben; **-rsi di qu/qc** sich mit jdm/etw umgeben
contorno [kon'torno] *m* ① GASTR Beilage *f* ② *(di disegno, volto)* Kontur *f,* Umriss *m* ③ *(ornamento)* Umrandung *f,* Einfassung *f*
contorsi *1. pers sing pass rem di* **contorcere**
contorsione [kontor'sio:ne] *f* [Ver]drehung *f,* Verrenkung *f*
contorsionista [kontorsio'nista] <-i *m,* -e *f*> *mf* Schlangenmensch *m,* Kontorsionist(in) *m(f)*
contorto, **-a** [kon'tɔrto] **I.** *pp di* **contorcere** **II.** *agg* ① *(storto)* gewunden ② *(fig)* geschnörkelt, verschlungen
contrabbandare [kontrabban'da:re] *vt* schmuggeln
contrabbandiere, **-a** [kontrabban'diɛ:re] **I.** *m, f* Schmuggler(in) *m(f)* **II.** *agg* Schmuggler-
contrabbando [kontrab'bando] *m* Schmuggel *m;* **importare qc di ~** etw illegal einführen; **di ~** *(fig)* heimlich
contrabbasso [kontrab'basso] *m* Kontrabass *m*
contraccambiare [kontrakkam'bia:re] *vt* erwidern
contraccambio [kontrak'kambio] *m* Erwiderung *f*
contraccettivo [kontrattʃet'ti:vo] *m* Verhütungsmittel *nt*
contraccettivo, **-a** *agg* empfängnisverhütend, Verhütungs-
contraccolpo [kontrak'kolpo] *m* ① *(urto)* Gegenschlag *m,* Rückschlag *m* ② *(fig: ripercussione)* Rückwirkung *f*
contraccusa [kontrak'ku:za] *f* Gegenklage *f*
contrada [kon'tra:da] *f* Straße *f,* Gasse *f;* HIST *(rione)* Stadtbezirk *m*
contraddire [kontrad'di:re] <irr> **I.** *vt* jdm widersprechen **II.** *vr* **-rsi** sich widersprechen
contraddistinguere [kontraddis'tiŋguere] <irr> **I.** *vt* unterscheiden, kennzeichnen **II.** *vr* **-rsi per qc** sich durch etw abheben
contraddittorio, **-a** <-i, -ie> *agg* widersprüchlich
contraddizione [kontraddit'tsio:ne] *f* Widerspruch *m;* **spirito di ~** Widerspruchsgeist *m;* **cadere in ~** sich in Widersprüche verwickeln
contraente [kontra'ɛnte] **I.** *agg* vertragsabschließend, Vertrags-; **parte ~** Vertragspartei *f* **II.** *mf* Vertragspartner(in) *m(f)*
contraereo, **-a** *agg* Flugabwehr-
contraffare [kontraf'fa:re] <irr> *vt* nachmachen, imitieren; *(falsificare)* fälschen
contraffattore, **-trice** [kontraffat'to:re] *m, f* Nachahmer(in) *m(f); (falsificatore)* Fälscher(in) *m(f)*
contraffazione [kontraffat'tsio:ne] *f* Nachahmung *f; (falsificazione)* Fälschung *f;* **~ di certificati** Urkundenfälschung *f*
contrafforte [kontraf'fɔrte] *m* ARCH Stütze *f,* Verstärkung *f*
contraggo [kon'traggo] *1. pers sing pr di* **contrarre**
contralto [kon'tralto] **I.** *m* ① *(voce)* Alt *m,* Altstimme *f* ② *(persona)* Alt *m,* Altistin *f* **II.** *agg inv* MUS Alt-; **sassofono ~** Altsaxofon *nt*
contrammiraglio [kontrammi'raʎʎo] *m* Konteradmiral *m*
contrappasso [kontrap'passo] *m* Vergeltung *f*
contrappello [kontrap'pɛllo] *m* zweiter Appell
contrappesare [kontrappe'sa:re] **I.** *vt* ① *(bilanciare)* [ab-, aus]wiegen ② *(fig: valutare)* abwägen **II.** *vr* **-rsi** sich ausgleichen
contrappeso [kontrap'pe:so] *m* ① TEC Ge-

gengewicht *nt* ❷ *(fig: compensazione)* Ausgleich *m*

contrapporre [kontrap'porre] <irr> **I.** *vt* ❶ *(ostacolo, sbarramento)* entgegensetzen ❷ *(fig: opporre)* gegenüberstellen, entgegenstellen **II.** *vr* **-rsi** ❶ *(opporsi)* sich widersetzen ❷ *(essere in contrasto)* gegensätzlich sein

contrapposizione [kontrappozit'tsio:ne] *f* Gegenüberstellung *f*

contrapposto [kontrap'posto] *m* Gegensatz *m,* Gegenteil *nt;* ~ **di qc** Gegensatz zu etw

contrapposto, -a I. *pp di* **contrapporre II.** *agg* gegensätzlich

contrappuntistico, -a [kontrappun'tistiko] <-ci, -che> *agg* kontrapunktisch

contrappunto [kontrap'punto] *m* Kontrapunkt *m*

contrariamente [kontraria'mente] *avv* ~ **a …** im Gegensatz zu …

contrariare [kontra'ria:re] *vt* ❶ *(contraddire)* widersprechen ❷ *(infastidire)* verärgern ❸ *(contrastare)* behindern, durchkreuzen

contrarietà [kontrarie'ta] <-> *f* Ärgernis *nt; (fastidio)* Verärgerung *f*

contrario [kon'tra:rio] <-i> *m* Gegenteil *nt;* **al** ~ im Gegenteil; **in caso** ~ sonst, andernfalls; **avere qc in** ~ etw dagegen haben; **non avere nulla in** ~ nichts dagegen haben

contrario, -a <-i, -ie> *agg* ❶ *(opposto)* gegenteilig, entgegengesetzt; **sono ~ a …** ich bin gegen … ❷ *(avverso)* widrig, ungünstig

contrarre [kon'trarre] <irr> **I.** *vt* ❶ *(patto)* [ab]schließen; *(matrimonio)* schließen; *(obbligo)* übernehmen ❷ *(malattia)* bekommen, sich *dat* zuziehen; *(abitudine)* sich *dat* zulegen; *(debito)* machen ❸ *(labbra, muscolo, sopracciglia)* zusammenziehen **II.** *vr* **-rsi** sich zusammenziehen

contrassegnare [kontrasseɲ'ɲa:re] *vt* kennzeichnen

contrassegno [kontras'seɲɲo] *m* ❶ *(distintivo)* Kennzeichen *nt* ❷ *(fig: di stima, affetto)* Zeichen *nt*

contrastare [kontras'ta:re] **I.** *vt* ❶ *(impedire)* ~ **qc** einer Sache *dat* entgegenwirken ❷ *(negare)* ~ **qc a qu** jdm etw streitig machen **II.** *vi* ❶ *(essere in disaccordo)* ~ **con qu** zu jdm in Widerspruch stehen ❷ *(discutere)* streiten

contrasto [kon'trasto] *m* ❶ *(di cose)* Gegensatz *m* ❷ *(diverbio)* Streit *m* ❸ FOTO, TV Kontrast *m*

contratt(ual)izzato, -a [kontratt(ual)id'dza:to] *agg* unter Vertrag stehend, vertraglich gebunden

contrattaccare [kontrattak'ka:re] *vt* einen Gegenangriff starten auf +*akk*

contrattacco [kontra'takko] <-cchi> *m* Gegenangriff *m*

contrattare [kontrat'ta:re] **I.** *vt* verhandeln [um [*o* über +*akk*]]; COM handeln [um [*o* über +*akk*]] **II.** *vi* handeln

contrattazione [kontrattat'tsio:ne] *f* Verhandlung *f*

contrattempo [kontrat'tɛmpo] *m (impedimento)* Verzögerung *f,* Zwischenfall *m*

contrattista [kontrat'tista] <-i *m,* -e *f*> *mf* Vertragsangestellte(r) *f(m)*

contratto[1] [kon'tratto] *m* Vertrag *m;* ~ **[collettivo] di lavoro** Tarifvertrag *m,* Kollektivvertrag *m* A; ~ **a progetto** projektgebundener Arbeitsvertrag; ~ **a termine** Zeitvertrag *m;* ~ **a tempo determinato** befristeter Arbeitsvertrag; ~ **a tempo indeterminato** unbefristeter Arbeitsvertrag; ~ **cornice** Rahmenvertrag *m;* ~ **di formazione lavoro** Ausbildungsvertrag *m*

contratto[2] *pp di* **contrarre**

contrattuale [kontrattu'a:le] *agg* Vertrags-, vertraglich

contravveleno [kontravve'le:no] *m* Gegengift *nt*

contravvenire [kontravve'ni:re] <irr> *vi* ~ **a qc** gegen etw verstoßen

contravventore, -trice [kontravven'to:re] *m, f* Gesetzesbrecher(in) *m(f)*

contravvenzione [kontravven'tsio:ne] *f* ❶ *(violazione)* [Gesetzes]übertretung *f;* **cadere in** ~ sich strafbar machen ❷ *(contestazione)* gebührenpflichtige Verwarnung, Geldstrafe *f*

contrazione [kontrat'tsio:ne] *f* Zusammenziehung *f*

contribuente [kontribu'ɛnte] *mf* Steuerzahler(in) *m(f)*

contribuire [kontribu'i:re] <contribuisco> *vi* ~ **a qc** zu etw beitragen

contributo [kontri'bu:to] *m* ❶ COM Beitrag *m;* ~ **previdenziale** Versicherungsbeitrag *m;* **-i sociali** Sozialabgaben *fpl* ❷ JUR, ADM Gebühr *f* ❸ *(fig)* **dare un ~ a qc** einen Beitrag zu etw leisten

contribuzione [kontribut'tsio:ne] *f* ❶ COM Beitragszahlung *f,* -leistung *f* ❷ *(contributo)* Beitrag *m*

contristare [kontris'ta:re] **I.** *vt* betrüben **II.** *vr* **-rsi** betrübt sein

contrito, -a [kon'tri:to] *agg* zerknirscht; REL reuig

contrizione [kontrit'tsio:ne] *f* Zerknirschung *f;* REL Reue *f*

contro ['kontro] **I.** *prep* gegen +*akk,* entgegen +*dat;* **sparare ~ qu** auf jdn schießen; **votare/essere ~** dagegen

C

stimmen/sein; **dare** ~ Kontra geben; ~ **natura** wider die Natur, naturwidrig; ~ **assegno/ricevuta/pagamento** gegen Scheck/Quittung/Zahlung **II.** *avv* dagegen; ~ **di me/te/lei** gegen mich/dich/sie **III.** *m* <-> **il pro ed il** ~ Pro und Kontra

C

contro- [kontro] *(in parole composte)* Gegen-, Wider-

controaccusa [kontroak'ku:za] *f* Gegenklage *f*

controbattere [kontro'battere] *vt (fig: ribattere)* erwidern

controbatteria [kontrobatte'ri:a] *f* Gegenfeuer *nt*

controbilanciare [kontrobilan'tʃa:re] **I.** *vt* ① *(carico, pesi)* ausbalancieren ② *(fig: compensare)* ausgleichen, aufwiegen **II.** *vr* **-rsi** ① *(pesi)* sich aufwiegen ② *(pareggiarsi)* sich ausgleichen

controcampo [kontro'kampo] *m* Gegenfeldaufnahme *f*

controcorrente [kontrokor'rɛnte] *avv* gegen den Strom; **andare** ~ *(fig)* gegen den Strom schwimmen

controcultura [kontrokul'tu:ra] *f* Alternativkultur *f*, alternative Kulturkreise *mpl*

controdado [kontro'da:do] *m* Kontermutter *f*, Gegenmutter *f*

controdata [kontro'da:ta] *f* ① *(data aggiunta)* Neudatierung *f* ② *(data di registrazione)* Eingangsdatum *nt*

controdatare [kontroda'ta:re] *vt* neu datieren

controdomanda [kontrodo'manda] *f* Gegenfrage *f*

controesame [kontroe'za:me] *m* Kontrolle *f*, Kontrollprüfung *f*

controfagottista [kontrofagot'tista] <-i *m*, -e *f*> *mf* MUS Kontrafagottist(in) *m(f)*

controffensiva [kontroffen'si:va] *f* Gegenangriff *m*; *(a. fig)* Gegenoffensive *f*; **passare alla** ~ *(a. fig)* zum Gegenangriff übergehen

controfferta [kontrof'fɛrta] *f* COM Gegenerbieten *nt*, Gegenangebot *nt*, Gegenofferte *f*

controffrire [kontrof'fri:re] <controffro, controffersi, controfferto> *vt* ein Gegenangebot machen

controfigura [kontrofi'gu:ra] *f* Double *nt*

controfiletto [kontrofi'letto] *m* Lendenstück *nt*

controfinestra [kontrofi'nɛstra] *f* Innenfenster *nt*

controfinta [kontro'finta] *f* SPORT *(finta e ~)* Körpertäuschung *f*

controfirma [kontro'firma] *f* Gegenzeichnung *f*

controfirmare [kontrofir'ma:re] *vt* gegenzeichnen

controguerriglia [kontroguer'riʎʎa] <-glie> *f* MIL *Guerrillabekämpfung durch Sondereinheiten des Militärs*

controinchiesta [kontroiŋ'kiɛsta] *f* Überprüfung *f*

controindicare [kontroindi'ka:re] *vt* ① MED als gegenangezeigt erklären ② *(su pagina, testo)* am Rande vermerken

controindicazione [kontroindikat'tsio:ne] *f* ① MED Gegenanzeige *f*, Kontraindikation *f* ② *(su pagina, testo)* Randbemerkung *f*

controinformazione [kontroinformat'tsio:ne] *f* alternative Berichterstattung *f*

controinteressato, **-a** [kontrointeres'sa:to] *m, f* JUR Gegenpartei *f*

controinvestimento [kontroinvesti'mento] *m* PSIC Verdrängungsbestreben *nt*

controllabilità [kontrollabili'ta] <-> *f* Kontrollierbarkeit *f*

controllare [kontrol'la:re] **I.** *vt* ① *(accertare)* kontrollieren, überprüfen; *(attività)* beaufsichtigen; *(sorvegliare)* überwachen ② *(situazione, mercato, avversario)* beherrschen, unter Kontrolle haben ③ *(fig: gesti, emozioni)* beherrschen, kontrollieren **II.** *vr* **-rsi** sich beherrschen; **non sapere** [*o* **riuscire a**] **-rsi** sich nicht beherrschen können; **-rsi nelle spese** sich bei den Ausgaben einschränken

controller [kən'troulə *o* kon'trɔller] <- *o* controllers> *m* ① TEC, INFORM Controller *m* ② FERR Kontroller *m*

controllo [kon'trɔllo] *m* ① *(verifica)* Kontrolle *f*, Überprüfung *f*; *(sorveglianza)* Aufsicht *f*, Überwachung *f*; ~ **dei bagagli/biglietti** Gepäck-/Fahrkartenkontrolle *f*; **visita di** ~ Kontrolluntersuchung *f*; ~ **di gestione** COM Controlling *nt* ② *(fig: di gesti, emozioni)* Beherrschung *f*, Kontrolle *f*; **perdere il** ~ die Selbstbeherrschung verlieren ③ TEC Steuerung *f*, Regulierung *f*; ~ **della stabilità dinamica** AUTO Elektronisches Stabilitätsprogramm *nt*, ESP® *nt*

controllore [kontrol'lo:re] *m* Kontrolleur *m*, Schaffner *m*

controluce [kontro'lu:tʃe] **I.** *f* Gegenlicht *nt* **II.** *avv* Gegenlicht-; **fotografia in** ~ Gegenlichtaufnahme *f*; **guardare qc** ~ etw im Gegenlicht betrachten

contromano [kontro'ma:no] *avv* gegen die Fahrrichtung

contromarca [kontro'marka] <-che> *f* Kontrollmarke *f*

contromisura [kontromi'zu:ra] *f* Gegenmaßnahme *f*

controparte [kontro'parte] *f* Gegenpartei *f*
contropartita [kontropar'ti:ta] *f* Gegenleistung *f*
contropelo [kontro'pe:lo] **I.** *avv* gegen den Strich; **prendere qu ~** *(fig)* jdn vor den Kopf stoßen **II.** *m* **fare** [**il pelo ed**] **il ~ a qu** *(fig)* jdn zerpflücken
controperizia [kontrope'rittsia] <-zie> *f* Gegengutachten *nt*
contropezzo [kontro'pettso] *m* Gegenstück *nt*
contropiede [kontro'piɛ:de] *m* Überraschungsangriff *m;* **prendere** [*o* **cogliere**] **qu in ~** *(fig)* jdn überraschen
contropiedista [kontropie'dista] <-i *m*, -e *f*> *mf* SPORT Konterspieler(in) *m(f)*
contropotere [kontropo'tɛ:re] *m* POL außerparlamentarische Opposition *f*
controproducente [kontroprodu'tʃɛnte] *agg* kontraproduktiv
controproposta [kontropro'posta] *f* Gegenvorschlag *m*
controprova [kontro'prɔ:va] *f* Gegenbeweis *m*
controquerela [kontrokue'rɛ:la] *f* JUR Gegenklage *f*
contrordine [kon'trordine] *m* Gegenbefehl *m;* COM Rückrufaktion *f*
controriforma [kontrori'forma] *f* Gegenreformation *f*
controrivoluzionario, -a [kontrorivoluttsio'na:rio] **I.** *agg* konterrevolutionär **II.** *m, f* Konterrevolutionär(in) *m(f)*
controrivoluzione [kontrorivolut'tsio:ne] *f* Konterrevolution *f*
controsala [kontro'sa:la] *f* THEAT Hintergrundkulisse *f*
controsenso [kontro'sɛnso] *m* Widersinn *m*
controsoffittare [kontrosoffit'ta:re] *vt* eine Zwischendecke *f* [*o* blinde Decke *f*] einbauen
controsoffittatura [kontrosoffitta'tu:ra] *f* Bau *m* einer Zwischendecke [*o* blinden Decke]
controsoffitto [kontrosof'fitto] *m* Zwischendecke *f*, blinde Decke
controspionaggio [kontrospio'naddʒo] <-ggi> *m* Gegenspionage *f*
controsterzare [kontroster'tsa:re] *vt* gegenlenken
controsterzata [kontroster'tsa:ta] *f* Gegenlenken *nt*, Gegenlenkvorgang *m*
controsterzo [kontro'stɛrtso] *m v.* **controsterzata**
controstomaco [kontros'tɔ:mako] **I.** *avv* angewidert; *(malvolentieri)* widerwillig **II.** *m* <-chi> Übelkeit *f*
controtendenza [kontroten'dɛntsa] *f* gegenläufige Tendenz
controvalore [kontrova'lo:re] *m* Gegenwert *m*
controvento [kontro'vɛnto] **I.** *avv* gegen den Wind; **andare ~** *(a. fig)* gegen den Wind segeln **II.** *m* Gegenwind *m*
controversia [kontro'vɛrsia] <-ie> *f* ❶ JUR Streitpunkt *m* ❷ *(polemica)* Meinungsverschiedenheit *f*
controverso, -a [kontro'vɛrso] *agg* kontrovers, strittig
controvoglia [kontro'vɔʎʎa] *avv* ungern, widerwillig
contumace [kontu'ma:tʃe] **I.** *agg* ADM abwesend **II.** *mf* ADM Abwesende(r) *f(m)*
contumacia [kontu'ma:tʃa] <-cie> *f* JUR Abwesenheit *f*
contundente [kontun'dɛnte] *agg* schlagend, Schlag-
conturbante [kontur'bante] *agg* verwirrend
contusione [kontu'zio:ne] *f* Prellung *f*, Quetschung *f*
contuso, -a [kon'tu:zo] *agg* geprellt
contuttoché [kontutto'ke] *cong +conj* obwohl, trotz der Tatsache, dass …
contuttociò, con tutto ciò [kontutto'tʃɔ] *cong* dennoch, trotzdem
conurbazione [konurbat'tsio:ne] *f* Ballungsgebiet *nt*
convalescente [konvaleʃ'ʃɛnte] **I.** *agg* genesend, rekonvaleszent **II.** *mf* Rekonvaleszent(in) *m(f)*, Genesende(r) *f(m)*
convalescenza [konvaleʃ'ʃɛntsa] *f* Rekonvaleszenz *f;* **essere in ~** auf dem Wege der Genesung sein
convalescenziario [konvaleʃʃen'tsia:rio] <-i> *m* Genesungsheim *nt*
convalida [kon'va:lida] *f* Beglaubigung *f;* *(riprova)* Bestätigung *f*
convalidare [konvali'da:re] *vt* ❶ JUR bestätigen, beglaubigen ❷ *(fig: sospetto, supposizione)* bestätigen, bekräftigen
convegnismo [konveɲ'ɲizmo] *m (pej)* Kulturveranstaltungswelle *f*
convegnista [konveɲ'ɲista] <-i *m*, -e *f*> *mf* Tagungsteilnehmer(in) *m(f)*
convegnistica [konveɲ'ɲistika] <*obs:* -che> *f* Veranstaltung *f* [*o* Organisation *f*] von Tagungen
convegno [kon'veɲɲo] *m (incontro)* Treffen *nt;* *(di studi, medici, giuristi)* Tagung *f;* **darsi ~** sich verabreden
convenevoli [konve'ne:voli] *mpl* Förmlichkeiten *fpl*
conveniente [konve'niɛnte] *agg* angemessen; *(vantaggioso)* lohnend, günstig
convenienza [konve'niɛntsa] *f* ❶ *pl (rego-*

le) Form *f,* [Anstands]regeln *f pl* ② *(vantaggio)* Form *f,* Vorteil *m;* **matrimonio di ~** Vernunftehe *f*

convenire [konve'ni:re] <irr> **I.** *vi essere o avere* ① *(riunirsi)* sich versammeln ② *(concordare)* **~ su qc** sich über etw *akk* einigen; **~ con qu** sich mit jdm einigen ③ *(tornare utile)* sich lohnen; **ci conviene tentare** das ist einen Versuch wert ④ *(impersonale: essere opportuno)* besser sein; *(essere necessario)* nötig sein **II.** *vt avere* **~ qc** über etw *akk* übereinkommen

convento [kon'vɛnto] *m* Kloster *nt;* **contentarsi di quello che passa il ~** *(fig, scherz)* sich mit dem Vorhandenen zufriedengeben

conventuale [konventu'a:le] *agg* klösterlich, Kloster-

convenuto, **-a** **I.** *pp di* **convenire** **II.** *agg* vereinbart; **come ~** wie vereinbart **III.** *m, f* ① JUR Angeklagte(r) *f(m)* ② *pl (a riunione)* Anwesende *pl*

convenzionale [konventsio'na:le] *agg* ① *(per accordo)* Konventional- ② *(comune)* konventionell ③ *(pej: banale)* banal

convenzionalismo [konventsiona'lizmo] *m* Konventionalismus *m*

convenzionalità [konventsionali'ta] <-> *f* Konventionalität *f*

convenzionare [konventsio'na:re] **I.** *vt* absprechen, abmachen **II.** *vr* **-rsi** übereinkommen, Abmachungen treffen

convenzione [konven'tsio:ne] *f* ① JUR, ADM Abkommen *nt* ② POL Konvent *m,* Versammlung *f* ③ *(intesa)* Konvention *f* ④ *pl (pej: regole tradizionali)* Formeln *f pl,* Konventionen *f pl*

convergente [konver'dʒɛnte] *agg* ① *(strade, linee)* konvergierend, zusammenlaufend ② *(fig: coincidente)* konvergent, übereinstimmend ③ MAT, PHYS konvergent

convergenza [konver'dʒɛntsa] *f* ① *(il convergere, a. fig)* Konvergenz *f,* Annäherung *f* ② MAT Konvergenz *f* ③ FIN, EU **fase di ~** Konvergenzphase *f;* **politica di ~** Konvergenzpolitik *f;* **programma di ~** Konvergenzprogramm *nt*

convergere [kon'vɛrdʒere] <convergo, conversi, converso> **I.** *vi essere* ① *(strade, linee)* zusammenlaufen ② *(fig: mirare a un unico fine)* das gleiche Ziel anstreben; *(concordare)* übereinstimmen ③ MAT konvergieren **II.** *vt avere* ① PHYS konvergieren lassen ② *(fig: volgere)* **~ qc su qc** etw auf etw *akk* richten

conversa *f v.* **converso**

conversare [konver'sa:re] *vi* sich unterhalten

conversatore, **-trice** [konversa'to:re] *m, f* Gesellschafter(in) *m(f)*

conversazione [konversat'tsio:ne] *f* Unterhaltung *f,* Konversation *f*

conversi [kon'vɛrsi] *1. pers sing pass rem di* **convergere**

conversione [konver'sio:ne] *f* ① *(trasformazione)* Umwandlung *f;* EL, TEC Konversion *f* ② REL Bekehrung *f* ③ EU **~ monetaria** Währungsumstellung *f*

converso, **-a** [kon'vɛrso] *pp di* **convergere**

convertibile [konver'ti:bile] **I.** *agg* ① *(auto)* mit aufklappbarem Verdeck ② *(moneta)* konvertierbar **II.** *f* Cabrio[let] *nt*

convertibilità [konvertibili'ta] <-> *f* Konvertierbarkeit *f*

convertire [konver'ti:re] **I.** *vt* ① *(trasformare)* **~ qc in qc** etw in etw *akk* umwandeln ② REL, POL **~ qu a qc** jdn zu etw bekehren ③ FIN, INFORM konvertieren **II.** *vr* **-rsi a qc** zu etw konvertieren; **-rsi in qc** *(trasformarsi)* sich in etw *akk* verwandeln

convertista [konver'tista] <-i *m,* -e *f*> *mf* FIN *(chi converte le azioni in titoli)* Aktientauscher(in) *m(f),* Aktienhändler(in) *m(f)*

convertito, **-a** [konver'ti:to] **I.** *agg* bekehrt **II.** *m, f* Bekehrte(r) *f(m)*

convertitore [konverti'to:re] *m* Umformer *m,* Konverter *m;* **~ di coppia** MOT Wandler *m*

convessità [konvessi'ta] <-> *f* Konvexität *f*

convesso, **-a** [kon'vɛsso] *agg* konvex; *(angolo)* stumpf

convettore [konvet'to:re] *m* Konvektor *m*

convincere [kon'vintʃere] <irr> **I.** *vt* **~ qu [di qc]** jdn [von etw] überzeugen; **mi hanno convinto a venire** sie haben mich überredet zu kommen **II.** *vr* **-rsi di qc** sich von etw überzeugen, etw einsehen

convinto, **-a** [kon'vinto] *agg* überzeugt; JUR überführt

convinzione [konvin'tsio:ne] *f* Überzeugung *f,* Meinung *f*

convitato, **-a** [konvi'ta:to] *m, f* Gast *m*

convitto [kon'vitto] *m* Internat *nt*

convittore, **-trice** [konvit'to:re] *m, f* Internatsschüler(in) *m(f),* Internatszögling *m*

convivenza [konvi'vɛntsa] *f* Zusammenleben *nt*

convivere [kon'vi:vere] <irr> *vi essere o avere* zusammenleben

conviviale [konvi'via:le] *agg (poet)* Tafel-

convocare [konvo'ka:re] *vt* zusammenrufen; POL, ADM einberufen

convocazione [konvokat'tsio:ne] *f* Einberufung *f*

convogliabile [konvoʎ'ʎa:bile] *agg (luce, acque)* kanalisierbar, lenkbar
convogliare [konvoʎ'ʎa:re] *vt (traffico, soccorsi)* leiten, führen
convoglio [kon'vɔʎʎo] <-gli> *m* Konvoi *m,* Kolonne *f;* FERR Zug *m*
convolare [konvo'la:re] *vi essere (poet)* **~ a** [**giuste**] **nozze** sich vermählen
convolvolo [kon'vɔlvolo] *m* Winde *f*
convulsione [konvul'sio:ne] *f* Krampf[anfall] *m,* Konvulsion *f*
convulsivo, -a [konvul'si:vo] *agg* Krampf-, konvulsiv; **tosse -a** Keuchhusten *m*
convulso [kon'vulso] *m* Krampf[anfall] *m*
convulso, -a *agg* ① MED krampfhaft, Krampf-; **tosse -a** Keuchhusten *m* ② *(pianto, riso)* krampfhaft ③ *(fig: lavoro, attività)* hektisch, fieberhaft; *(parole, discorso)* verworren, konfus
cookie ['kʊkɪ] <-s> *m* INFORM Cookie *nt*
coop <-> *f acro di* **cooperativa** Kooperative *f,* Genossenschaft *f*
cooperare [koope'ra:re] *vi* zusammenarbeiten; *(contribuire)* mitwirken; **~ a** [*o* **in**] **qc** an etw *dat* mitwirken
cooperativa [koopera'ti:va] *f* Genossenschaft *f*
cooperativizzare [kooperativid'dza:re] *vt* in eine Kooperative [*o* Genossenschaft] umwandeln
cooperatore, -trice [koopera'to:re] *m, f* ① *(di impresa)* Mitarbeiter(in) *m(f)* ② COM Genossenschaftler(in) *m(f)*
cooperazione [kooperat'tsio:ne] *f* ① *(ad un'impresa)* Mitarbeit *f* ② COM Genossenschaftswesen *nt*
coordinamento [koordina'mento] *m* Koordination *f,* Koordinierung *f*
coordinare [koordi'na:re] *vt* koordinieren, aufeinander abstimmen
coordinata [koordi'na:ta] *f* Koordinate *f;* **sistema di -e** Koordinatensystem *nt*
coordinato, -a *agg* ① *(armonizzato)* koordiniert, abgestimmt ② LING nebengeordnet, beigeordnet
coordinatore, -trice [koordina'to:re] *m, f* Koordinator(in) *m(f)*
coordinazione [koordinat'tsio:ne] *f* Koordination *f,* Abstimmung *f*
cop(p)iglia [ko'piʎʎa (kop'piʎʎa)] <-glie> *f* Splint *m*
Copenaghen [kope'na:gen] *f* Kopenhagen *nt*
copenaghense [kopena'gɛnse] **I.** *agg* Kopenhagener-, aus Kopenhagen stammend **II.** *mf* Kopenhagener(in) *m(f),* Einwohner(in) *m(f)* von Kopenhagen
coperchio [ko'pɛrkio] <-chi> *m* Deckel *m*

copernicano, -a [koperni'ka:no] *agg* kopernikanisch
copersi [ko'pɛrsi] *1. pers sing pass rem di* **coprire**
coperta [ko'pɛrta] *f* ① *(panno)* Decke *f* ② NAUT Deck *nt*
copertina [koper'ti:na] *f* Einband *m,* Umschlag *m*
coperto [ko'pɛrto] *m* ① *(in tavola)* Gedeck *nt* ② *(luogo riparato)* überdachter Ort; **mettersi al ~** sich unterstellen
coperto, -a I. *pp di* **coprire II.** *agg* ① *(luogo)* überdacht ② FIN *(rischio)* gedeckt ③ METEO *(cielo, tempo)* bedeckt ④ *(cosparso)* **essere ~ di qc** mit etw bedeckt sein
copertone [koper'to:ne] *m* ① MOT [Reifen]mantel *m,* Reifen *m* ② *(per riparo)* Plane *f*
copertura [koper'tu:ra] *f* ① *(del tetto)* Bedeckung *f;* ARCH Abdeckung *f* ② COM, FIN, SPORT Deckung *f*
copia ['kɔ:pia] <-ie> *f* ① *(trascrizione)* Kopie *f,* Abschrift *f;* **bella ~** Reinschrift *f;* **brutta ~** Konzept *nt;* **~ di sicurezza** INFORM Sicherheitskopie *f;* **per ~ conforme** ADM für die Richtigkeit der Abschrift ② *(di opere d'arte)* Kopie *f* ③ TYP Exemplar *nt,* Stück *nt* ④ FILM Kopie *f;* FOTO Abzug *m*
copia-incollare [kɔpiaiŋkol'la:re] *vt* INFORM *kopieren und einfügen*
copiare [ko'pia:re] *vt* ① *(trascrivere)* abschreiben; FILM kopieren ② INFORM kopieren ③ *(a scuola)* abschreiben ④ *(imitare)* kopieren
copiativo, -a [kopia'ti:vo] *agg* Kopier-; **carta -a** Kohlepapier *nt*
copiatore, -trice [kopia'to:re] *m, f* ① *(di opere d'arte)* Fälscher(in) *m(f)* ② *(fig: imitatore)* Nachahmer(in) *m(f)*
copiatrice [kopia'tri:tʃe] *f* Kopiergerät *nt,* Kopierer *m*
copiatura [kopia'tu:ra] *f* ① *(operazione)* Kopieren *nt; (trascrizione)* Abschreiben *nt* ② *(brano, passo copiato)* Abgeschriebene(s) *nt*
copiglia *f v.* **coppiglia**
copilota [kopi'lɔ:ta] <-i *m,* -e *f*> *mf* AERO Kopilot(in) *m(f)*
copione [ko'pio:ne] *m* THEAT Regiebuch *nt;* FILM Drehbuch *nt*
copioso, -a [ko'pio:so] *agg (poet)* zahlreich, reichlich
copista [ko'pista] <-i *m,* -e *f*> *mf* Kopist(in) *m(f)*
copisteria [kopiste'ri:a] <-ie> *f* Copyshop *m,* Kopierladen *m*
coppa ['kɔppa *o* 'koppa] *f* ① *(recipiente, contenuto)* Becher *m,* Kelch *m;* **~ da gela-**

to Eisbecher *m;* ~ **da spumante** Sektschale *f;* ~ **dell'olio** TEC Ölwanne *f* ② SPORT Pokal *m* ③ *(del reggiseno)* Körbchen *nt* ④ *pl (di carte da gioco) italienische Spielkartenfarbe*

C

coppetta [kop'petta] *f* Schröpfkopf *m*

coppia ['kɔppia] <-ie> *f* ① *(gener)* Paar *nt;* **a -ie, in** ~ paarweise ② *(uomo e donna)* [Ehe]paar *nt;* **problema di** ~ Beziehungsproblem *nt* ③ SPORT Doppel *nt;* **gara a -ie** Paarlauf *m*

copra ['kɔːpra] *f* Kopra *f*

copresidente [kopresi'dɛnte] *mf* Kopräsident(in) *m(f)*

copriauto [kopri'auto] <-> **I.** *m* Ganzgarage *f,* Vollgarage **II.** *agg inv* **telo** ~ Ganzgarage *f,* Vollgarage *f,* [Auto]abdeckplane *f*

copricalorifero [kopricalo'riːfero] *m* Heizkörperverkleidung *f*

copricapo [kopri'kaːpo] *m* Kopfbedeckung *f*

copricostume [koprikos'tuːme] <-> *m* Strandkleid *nt*

copridivano [kɔpridi'vaːno] *m* Sofa-Überwurf *m*

coprifilo [kopri'fiːlo] *m* Türverkleidung *f,* Türbekleidung *f,* Deckleiste *f*

coprifuoco [kopri'fuɔːko] *m* Ausgangssperre *f*

coprii [ko'priːi] *1. pers sing pass rem di* **coprire**

copriletto [kopri'lɛtto] <-> *m* Tagesdecke *f*

coprimaterasso [koprimate'rasso] <-> *m* Matratzenschoner *m*

copripiumone [kopripiu'moːne] <-> *m* Federbettbezug *m,* Deckbettbezug

copriradiatore [kopriradia'toːre] <-> *m* Kühlerschutz *m*

coprire [ko'priːre] <copro, coprii *o* copersi, coperto> **I.** *vt* ① *(mettere sopra)* [be]decken, zudecken; ~ **qu di baci** jdn mit Küssen bedecken; ~ **qu di onori** jdn mit Ehrungen überhäufen ② *(persona)* bedecken, einhüllen ③ *(fig: impiego)* bekleiden ④ FIN, COM *(debito, rischio)* [ab]decken **II.** *vr* **-rsi** ① FIN sich absichern ② *(cielo, viso)* sich bedecken, sich überziehen; **-rsi di qc** sich mit etw bedecken; **-rsi bene** sich warm anziehen

coprisella [kopri'sɛlla] <-> *m* Sattelschoner *m*

coprispalle [kopris'palle] <-> **I.** *m* Bolero *m,* Bolerojäckchen *nt* **II.** *agg inv* **stola** ~ Bolero *m*

copritermosifone [kopritermosi'foːne] <-> *m v.* **copricalorifero**

coprocessore [koprotʃes'soːre] *m* INFORM Koprozessor *m*

coproduzione [koprodut'tsioːne] *f* Koproduktion *f*

copto, -a ['kɔpto] **I.** *agg* koptisch **II.** *m, f* Kopte *m*/Koptin *f*

copula ['kɔːpula] *f* ① GRAM Kopula *f* ② BIOL Begattung *f,* Kopulation *f*

copy ['kɔpi] <-> *m* ① *(copywriter)* Werbetexter(in) *m(f)* ② *(testo)* Werbetext *m*

copychef ['kɔpiʃɛf] <-> *m* Cheftexter(in) *m(f)*

copyright ['kɔpirait] <-> *m* Copyright *nt*

copywriter ['kɔpi'raitə *o* kɔpi'raiter] <-> *mf* Werbetexter(in) *m(f)*

coque [kɔk] <-> *f* **uovo alla** ~ weich gekochtes Ei

coraggio [ko'raddʒo] *m* Mut *m;* **avere il** ~ **di fare qc** den Mut haben etw zu tun; **fare** ~ **a qu** jdm Mut machen; **mancare di** ~ keinen Mut haben; **perdersi di** ~ den Mut verlieren; ~**!** nur Mut!

coraggioso, -a [korad'dʒoːso] *agg* mutig

corale [ko'raːle] **I.** *agg* MUS Chor-; **canto** ~ Chorgesang *m;* **musica** ~ Chormusik *f* **II.** *m* ① MUS Choral *m* ② REL Chorbuch *nt*

corallifero, -a [koral'liːfero] *agg* Korallen-, korallenreich

corallino, -a [koral'liːno] *agg* ① GEOG Korallen-; **barriera -a** Korallenriff *nt* ② *(colore)* korallenrot

corallo [ko'rallo] *m* Koralle *f*

coram populo ['kɔːram 'pɔːpulo] *avv* coram publico *geh,* öffentlich

corano [ko'raːno] *m* Koran *m*

coratella [kora'tɛlla] *f* Innereien *fpl*

corazza [ka'rattsa] *f* ① MIL Rüstung *f,* Harnisch *m* ② ZOO Panzer *m*

corazzare [korat'tsaːre] **I.** *vt* ① MIL panzern ② *(fig: difendere)* abschirmen **II.** *vr* **-rsi** ① MIL sich panzern ② *(difendersi)* sich wappnen

corazzata [korat'tsaːta] *f* Panzerkreuzer *m*

corazzato, -a [korat'tsaːto] *agg* gepanzert, Panzer-

corazziere [korat'tsiɛːre] *m* ① MIL Kürassier *m* ② *(fig: persona molto alta)* Riese *m,* Hüne *m*

corazzino [korad'dziːno] *m* ① *dim di* **corazza** kleiner Brustharnisch *m* ② SPORT Fechtmaske *f,* Fechtkorb *m*

corbellare [korbel'laːre] *vt (fam)* hänseln

corbelleria [korbelle'riːa] <-ie> *f (fam)* Unsinn *m,* Blödsinn *m*

corbezzolo [kor'bettsolo] *m* Erdbeerbaum *m*

corcontento [korkon'tɛnto] *m (fam)* Sonnenkind *nt*

corda ['kɔrda] *f* ① *(fune)* Seil *nt,* Schnur *f;* SPORT Seil *nt;* **salto della** ~ Seilspringen *nt;* **ballare** [*o* **camminare**] **sulla** ~ seiltanzen;

essere con la ~ al collo *(fig)* den Kopf in der Schlinge haben; **tenere qu sulla ~** *(fig)* jdn auf die Folter spannen; **tirar troppo la ~** *(fig)* den Bogen überspannen; **la ~ troppo tesa si spezza** *(prov)* man soll den Bogen nicht überspannen ② MUS Saite *f;* **strumenti a ~** Saiteninstrumente *nt pl;* **essere teso come le -e di un violino** *(fig)* gespannt sein wie ein Flitzebogen *fam* ③ *(di arco)* Sehne *f* ④ ANAT **-e vocali** Stimmbänder *nt pl* ⑤ *(fig)* **dare ~ a qu** auf jdn eingehen, jdn unterstützen; **essere giù di ~** missgestimmt sein; **tagliare la ~** Reißaus nehmen, sich aus dem Staub machen

cordame [kor'daːme] *m* Tauwerk *nt*

cordata [kor'daːta] *f (alpinismo)* Seilschaft *f*

cordati [kor'daːti] *mpl* Chordaten *pl*

cordiale [kor'diaːle] *agg* herzlich

cordialità [kordiali'ta] <-> *f* ① *(affabilità)* Herzlichkeit *f;* **accogliere qu con ~** jdn herzlich empfangen ② *pl (saluti)* herzliche Grüße *mpl*

cordialmente [kordial'mente] *avv* herzlich

cordless [kɔːdles] **I.** *agg inv* TEL schnurlos, ohne Kabel **II.** *m* <-> schnurloses Telefon

cordoglio [kor'dɔʎʎo] <-gli> *m* Schmerz *m,* [tiefe] Trauer *f,* Leid *nt*

cordone [kor'doːne] *m* ① *(corda)* Schnur *f,* Kordel *f* ② ANAT **~ ombelicale** Nabelschnur *f* ③ EL Kabel *nt*

cordoniforme [kordoni'forme] *agg* fadenförmig, schnurförmig

coreografa *f v.* **coreografo**

coreografia [koreogra'fiːa] *f* Choreografie *f*

coreografico, -a [koreo'graːfiko] <-ci, -che> *agg* ① THEAT choreografisch ② *(fig: cerimonia, manifestazione)* spektakulär

coreografo, -a [kore'ɔːgrafo] *m, f* Choreograf(in) *m(f)*

coriaceo, -a [ko'riaːtʃeo] *agg* ① *(come il cuoio)* ledern, lederartig ② *(fig: privo di sensibilità)* dickfellig

coriandolo [ko'riandolo] *m* ① BOT Koriander *m* ② *pl (di carnevale)* Konfetti *nt*

coricare [kori'kaːre] **I.** *vt* [hin]legen **II.** *vr* **-rsi** sich hinlegen

corifeo, -a [kori'fɛːo] *m, f (a. fig)* Koryphäe *f*

corinzio, -a [ko'rintsio] <-i, -ie> *agg* korinthisch

corista [ko'rista] <-i *m,* -e *f*> *mf* Chorsänger(in) *m(f)*

cormorano [kormo'raːno] *m* Kormoran *m*

cornacchia [kor'nakkia] <-cchie> *f* Krähe *f*

cornamusa [korna'muːza] *f* Dudelsack *m*

cornata [kor'naːta] *f* Stoß *m* mit den Hörnern

cornea ['kɔrnea] *f* Hornhaut *f*

corneale [korne'aːle] *agg* Hornhaut-

corneo, -a ['kɔrneo] *agg* Horn-; **sostanza -a** Keratin *nt;* **strato ~** Hornschicht *f*

corner ['kɔrner] <-> *m* SPORT Eckball *m,* Corner *m* A

cornetta [kor'netta] *f (fam)* Telefonhörer *m;* **mettere giù la ~** den Telefonhörer auflegen

cornettista [kornet'tista] <-i *m,* -e *f*> *mf* Kornettist(in) *m(f)*

cornetto [kor'netto] *m* ① *(amuleto)* hornförmiges Amulett ② GASTR Hörnchen *nt,* Croissant *nt*

cornflakes [kɔːn'fleiks] *mpl* Cornflakes *mpl*

cornice [kor'niːtʃe] *f* ① *(di quadro, specchio)* Rahmen *m* ② ARCH Gesims *nt*

corniciaio [korni'tʃaːio] <-ai> *m* Rahmenhersteller *m*

cornicione [korni'tʃoːne] *m* Kranzgesims *nt*

cornificare [kornifi'kaːre] *vt (scherz)* jdm Hörner aufsetzen

cornista [kor'nista] <-i *m,* -e *f*> *mf* Hornist(in) *m(f)*

corno[1] ['kɔrno] <*pl:* -a *f*> *m* ① ZOO Horn *nt; (del cervo, dell'alce)* Geweih *nt;* **prendere il toro per le -a** *(fig)* den Stier bei den Hörnern packen; **rompere** [*o* **spezzare**] **le -a a qu** *(fam)* jdn verdreschen ② *pl (fam fig: di persona)* Hörner *nt pl;* **fare le -a alla moglie** seine Frau betrügen; **fare le -a al marito** seinem Mann Hörner aufsetzen; **portare le -a** gehörnt sein ③ *(vulg: niente)* **non me ne importa un ~** es kümmert mich einen Dreck!

corno[2] *m* ① *(sostanza)* Horn *nt* ② *(da scarpe)* Schuhlöffel *m* ③ MUS Horn *nt*

cornucopia [kornu'kɔːpia] <-ie> *f* Füllhorn *nt*

cornuto, -a [kor'nuːto] **I.** *agg* ① ZOO Horn-, hörnertragend ② *(fam fig: persona)* gehörnt, betrogen **II.** *m, f* ① *(fam fig: persona tradita)* Gehörnte(r) *f(m)* ② *(vulg: insulto)* Blödmann *m fam*

coro ['kɔːro] *m* Chor *m;* **rispondere in ~** im Chor antworten

corografia [korogra'fiːa] *f* Chorografie *f*

corolla [ko'rɔlla] *f* Korolla *f,* Blumenkrone *f*

corollario [korol'laːrio] <-i> *m* Korollar[ium] *nt*

corona [ko'roːna] *f* ① *(di metallo prezioso)* Krone *f* ② *(ornamento)* Kranz *m;* **~ mortuaria** [*o* **funebre**] [Grab]kranz *m;* **~ di alloro** Lorbeerkranz *m;* **~ di spine**

Dornenkrone *f;* ~ **del rosario** Rosenkranz *m;* ~ **dei santi** Heiligenschein *m* ③ *(fig: potere)* Krone *f,* Herrschaft *f* ④ ASTR Strahlenkranz *m;* ~ **solare** Korona *f* ⑤ *(in cerchio)* **disporsi a** ~ sich im Kreis aufstellen

coronale [koro'na:le] *agg* ① ANAT **osso** ~ Stirnbein *nt* ② ASTR die Korona betreffend

coronamento [korona'mento] *m* Krönung *f*

coronare [koro'na:re] *vt* ① *(fig)* krönen ② *(cingere)* kränzen

coronaria [koro'na:ria] <-ie> *f* ANAT Kranzgefäß *nt*

coronario, **-a** [koro'a:rio] <-i, -ie> *agg* ① ANAT koronar, Kranz- ② LIT den Dichterkranz betreffend; **certame** ~ Dichterwettstreit *m* [um den silbernen Lorbeerkranz]

coronarografia [koronarogra'fi:a] <-ie> *f* MED Koronarradiografie *f*

corpetto [kor'petto] *m* Leibchen *nt; (panciotto)* Weste *f; (corpino)* Mieder *nt*

corpino [kor'pi:no] *m* Mieder *nt*

corpo ['kɔrpo] *m* ① *(parte di Materia)* Körper *m;* **-i celesti** Himmelskörper *mpl* ② *(oggetto)* ~ **del reato** JUR Corpus delicti *nt,* Beweisstück *nt* ③ *(umano e animale)* Körper *m,* Leib *m;* **guardia del** ~ Leibwache *f;* **avere il diavolo in** ~ den Teufel im Leib haben; **anima e** ~ [mit] Leib und Seele; **combattere** ~ **a** ~ Mann gegen Mann kämpfen; **ha qc in** ~ *(è tormentato da qc)* etw liegt ihm schwer im Magen ④ *(parte sostanziale)* Hauptteil *m; (forma)* Form *f;* **dare** ~ **a qc** etw Form geben, etw verwirklichen; **prendere** ~ Form annehmen ⑤ *(insieme di persone)* Körper *m,* Körperschaft *f;* MIL, POL Korps *nt;* ~ **insegnante** ADM Lehrkörper *m;* ~ **di ballo** Ballettgruppe *f* ⑥ MUS Klangkörper *m,* Korpus *nt* ⑦ *(salma)* Leiche *f* ⑧ *(loc)* **andare di** ~ *(fam)* Stuhlgang haben; ~ **di Bacco!** *(fam),* ~ **di mille bombe!** *(fam)* Donnerwetter!

corporale [korpo'ra:le] **I.** *agg (del corpo)* körperlich, Körper- **II.** *m* REL Korporale *nt*

corporation [kɔ:pə'reiʃən] <-> *f* Gesellschaft *f,* Unternehmen *nt*

corporativismo [korporati'vizmo] *m* Korporativismus *m*

corporativista [korporati'vista] <-i *m,* -e *f*> *mf* POL *(fautore del corporativismo)* Korporativist(in) *m(f),* Verfechter(in) *m(f)* des Korporativismus

corporativizzazione [korporatividdazt'tsio:ne] *f Anwendung korporativen Gedankengutes in Wirtschaft und Gesellschaft*

corporativo, **-a** [korpora'ti:vo] *agg* körperschaftlich, korporativ

corporatura [korpora'tu:ra] *f* Körperbau *m*

corporazione [korporat'tsio:ne] *f* ① COM, ADM Körperschaft *f* ② HIST Zunft *f*

corporeità [korporei'ta] <-> *f* Körperlichkeit *f*

corporeo, **-a** [kor'pɔ:reo] <-ei, -ee> *agg* körperlich; *(peso)* Körper-; *(sostanza)* materiell

corposo, **-a** [kor'po:so] *agg* ① *(denso)* dicht, kompakt ② *(vino)* vollmundig

corpulento, **-a** [korpu'lɛnto] *agg* korpulent, beleibt

corpulenza [korpu'lɛntsa] *f* Korpulenz *f,* Beleibtheit *f*

corpus ['kɔrpus] <-> *m* LIT, LING, JUR Korpus *nt*

corpuscolare [korpusko'la:re] *agg* korpuskular, Teilchen-

corpuscolato, **-a** [korpusko'la:to] *agg* BIOL, MED -körperchen, -teilchen; **gli elementi -i del sangue** die Blutkörperchen

corpuscolo [kor'puskolo] *m* ① SCIENT, PHYS Korpuskel *nt* ② ANAT [Blut]körperchen *nt*

Corpus Domini ['kɔrpus 'dɔ:mini] <-> *m* Fronleichnam *m*

correa *f v.* **correo**

corredare [korre'da:re] *vt* ausstatten; ~ **una stanza di qc** einen Raum mit etw ausstatten

corredo [kor'rɛ:do] *m* ① *(di sposa)* Aussteuer *f* ② *(di laboratorio, casa)* Ausstattung *f*

correggere [kor'rɛddʒere] <irr> **I.** *vt* korrigieren, verbessern **II.** *vr* **-rsi di qc** sich *dat* etw abgewöhnen

correggia [kor'reddʒa] <-gge> *f* Riemen *m*

correità [korrei'ta] <-> *f* JUR Mitschuld *f*

correlare [korre'la:re] *vt* in [Wechsel]beziehung stellen

correlativo, **-a** [korrela'ti:vo] *agg* korrelativ

correlazione [korrelat'tsio:ne] *f* Wechselbeziehung *f;* LING Korrelation *f*

corrente [kor'rɛnte] **I.** *agg* ① *(acqua)* fließend; **camera con acqua** ~ Zimmer *nt* mit fließendem Wasser ② *(mese, anno)* laufend; ~ **anno** dieses Jahres, heurig A; ~ **mese** dieses Monats ③ FIN **conto** ~ Girokonto *nt* **II.** *m* **essere/mettere al** ~ auf dem Laufenden sein/halten; **mettersi al** ~ sich auf dem Laufenden halten **III.** *f* ① *(di fiume)* Strömung *f,* Strom *m; (di lava)* [Lava]strom *m* ② EL Strom *m;* ~ **impulsiva** Reizstrom *m;* **prendere la** ~ einen Schlag bekommen; **presa di** ~ Steckdose *f* ③ *(fig:*

moda, tendenza) Richtung *f,* Strömung *f; (movimento)* Bewegung *f;* **seguire la** ~ *(fig)* mit dem Strom schwimmen; **andare contro** [**la**] ~ *(fig)* gegen den Strom schwimmen

correntemente [korrente'mente] *avv* ① *(speditamente)* fließend ② *(comunemente)* üblicherweise

correntista [korren'tista] <-i *m,* -e *f*> *mf* Girokontoinhaber(in) *m(f)*

correo, -a ['kɔrreo *o* kor'rɛ:o] *m, f* JUR Mitschuldige(r) *f(m)*

correre ['korrere] <corro, corsi, corso> **I.** *vi essere o avere* ① *(persone)* laufen, rennen; MOT, SPORT fahren; ~ **dietro a qu** hinter jdm herlaufen; **lasciar** ~ *(fig)* nicht eingreifen; ~ **a gambe levate** die Beine in die Hand nehmen; ~ **ai ripari** Abhilfe schaffen ② *(fig: strade)* verlaufen ③ *(tempo)* schnell vergehen **II.** *vt avere* ① SPORT *(distanza)* laufen; *(gara)* teilnehmen an +*dat* ② *(rischio)* eingehen

corresponsabile [korrespon'sa:bile] *agg* mitverantwortlich

corresponsabilizzare [korresponsabilid'dza:re] *vt* ~ **qu** jdm Verantwortung übertragen, jdn einbeziehen

corresponsione [korrespon'sio:ne] *f* Gegenleistung *f*

corressi [kor'rɛssi] *1. pers sing pass rem di* **correggere**

correttezza [korret'tettsa] *f* Korrektheit *f*

correttivo [korret'ti:vo] *m* Geschmacksverstärker *m*

correttivo, -a *agg* bessernd, Heil-; **ginnastica -a** Krankengymnastik *f*

corretto, -a [kor'rɛtto] **I.** *pp di* **correggere** **II.** *agg* ① *(giusto)* korrekt, richtig ② *(persona, comportamento)* korrekt, untadelig

correttore, -trice [korret'to:re] *m, f* Korrektor(in) *m(f)*

correzione [korret'tsio:ne] *f* ① *(miglioramento)* Verbesserung *f* ② *(dei compiti, saggio)* Korrektur *f; (dallo scolaro)* Verbesserung *f*

corrida [kor'ri:da] *f* Stierkampf *m*

corridoio [korri'do:io] <-oi> *m* ① *(di casa)* Korridor *m,* Flur *m;* **voci di** ~ Gerüchte *ntpl* ② FERR Gang *m* ③ POL, SPORT Korridor *m; (nel tennis)* Doppelfeld *nt*

corridore, -trice [korri'do:re] *m, f* Läufer(in) *m(f);* MOT Rennfahrer(in) *m(f)*

corriera [kor'riɛ:ra] *f* Überlandbus *m*

corriere [kor'riɛ:re] *m (per trasporto)* [Eil]bote *m;* MIL, POL Kurier *m*

corrigendo, -a [korri'dʒɛndo] *m, f* Zögling *m* [einer Besserungsanstalt]

corrimano [korri'ma:no] *m* Griffstange *f; (di scala)* Geländer *nt,* Handlauf *m*

corrispettivo [korrispet'ti:vo] *m* Gegenleistung *f*

corrispettivo, -a *agg* entsprechend

corrispondente [korrispon'dɛnte] **I.** *agg* entsprechend, angemessen **II.** *mf* ① *(epistolare)* Briefpartner(in) *m(f)* ② *(di giornale)* Korrespondent(in) *m(f),* Berichterstatter(in) *m(f);* ~ **di guerra** Kriegsberichterstatter(in) ~ **dall'estero** Auslandskorrespondent(in)

corrispondenza [korrispon'dɛntsa] *f* ① *(di lettere)* Korrespondenz *f;* ADM Schriftverkehr *m;* ~ **commerciale** Handelskorrespondenz *f;* ~ **epistolare** Briefwechsel *m;* **essere in** ~ **con qu** mit jdm in Briefwechsel stehen ② *(di giornale)* Korrespondentenbericht *m*

corrispondere [korris'pondere] <irr> **I.** *vi* ① *(equivalere)* entsprechen, übereinstimmen; ~ **a qc** mit etw übereinstimmen ② *(sentimenti)* erwidern; ~ **all'amore di qu** jds Liebe erwidern ③ *(per lettera)* sich *dat* schreiben **II.** *vt* bezahlen

corro ['korro] *1. pers sing pr di* **correre**

corroborante [korrobo'rante] *agg* stärkend

corroborare [korrobo'ra:re] *vt* ① *(rinvigorire)* kräftigen, stärken ② *(fig: tesi, opinione, teoria)* bestärken, untermauern

corrodere [kor'ro:dere] <irr> **I.** *vt* ① *(metalli)* zersetzen; *(acidi)* ätzen; *(denti)* angreifen ② *(fig)* nagen an +*dat,* zehren an +*dat* **II.** *vr* **-rsi** sich zersetzen

corrompere [kor'rompere] <irr> **I.** *vt* ① *(fig: con denaro)* korrumpieren, bestechen; *(moralmente)* verderben ② *(acqua, aria)* verderben **II.** *vr* **-rsi** ① *(depravarsi)* verderben ② *(putrefarsi)* sich zersetzen

corrompibile [korrom'pi:bile] *agg (merci)* verderblich

corrosi *1. pers sing pass rem di* **corrodere**

corrosione [korro'zio:ne] *f* Korrosion *f;* TEC, CHEM Ätzung *f*

corrosivo [korro'zi:vo] *m* Ätzmittel *nt*

corrosivo, -a *agg* ① CHEM korrosiv ② *(azione, fenomeno)* Korrosions-, Zersetzungs-

corroso *pp di* **corrodere**

corrotto *pp di* **corrompere**

corrucciare [korrut'tʃa:re] **I.** *vt* verdrießen **II.** *vr* **-rsi** sich ärgern

corruccio [kor'ruttʃo] <-cci> *m* Verdruss *m,* Missmut *m*

corrugamento [korruga'mento] *m* ① GEOL Faltung *f* ② *(di fronte)* Runzeln *nt; (di sopracciglia)* Zusammenziehen *nt*

corrugare [korru'ga:re] **I.** *vt (fronte)* runzeln; *(sopracciglia)* zusammenziehen **II.** *vr* **-rsi** sich runzeln

corruppi [korˈruppi] *1. pers sing pass rem di* **corrompere**

corruttela [korrutˈtɛːla] *f* Verderbtheit *f*

corruttibile [korrutˈtiːbile] *agg (persona)* korrupt, bestechlich

corruttibilità [korruttibiliˈta] <-> *f* Korruptheit *f; (con denaro)* Bestechlichkeit *f*

corruttore, **-trice** [korrutˈtoːre] **I.** *agg* verderblich, Verderben bringend **II.** *m, f* Verderber(in) *m(f); (seduttore)* Verführer(in) *m(f)*

corruzione [korrutˈtsioːne] *f* Korruption *f; (con denaro)* Bestechung *f;* **accusa di ~** Korruptionsvorwurf *m; (seduzione)* Verführung *f*

corsa [ˈkorsa] *f* ① *(il correre)* Lauf *m,* Laufen *nt;* **di ~** schnell; **fare una ~** rennen; **fare una ~ in qualche luogo** auf einen Sprung irgendwo hingehen ② SPORT Lauf *m,* Rennen *nt;* **automobile da ~** Rennwagen *m;* **cavallo da ~** Rennpferd *nt;* **andare alle -e** zum Pferderennen gehen ③ *(di automezzo)* Fahrt *f,* Tour *f;* **perdere l'ultima ~** den letzten Bus verpassen; **è proibito scendere dal veicolo in ~** es ist verboten während der Fahrt abzuspringen

corsaro, **-a** [korˈsaːro] **I.** *m, f (pirata)* Korsar *m,* Freibeuter *m* **II.** *agg* Kaper-

corsetteria [korsetteˈriːa] <-ie> *f* ① *(assortimento)* Miederwaren *f pl* ② *(negozio)* Miederwarengeschäft *nt*

corsetto [korˈsetto] *m* ① *(da donna)* Korsett *nt* ② MED Stützkorsett *nt*

corsi [ˈkorsi] *1. pers sing pass rem di* **correre**

corsia [korˈsiːa] <-ie> *f* ① MED Krankensaal *m* ② *(di strada)* [Fahr]spur *f;* **~ di emergenza** Standspur *f;* **~ di marcia** Fahrspur *f;* **~ di sorpasso** Überholspur *f* ③ SPORT Bahn *f*

Corsica [ˈkɔrsika] *f* Korsika *nt*

corsivistica [korsiˈvistika] <-che> *f* Anmerkungen *f pl,* [kursiv gedruckter] Kommentar *m*

corsivo [korˈsiːvo] *m* Kursivschrift *f*

corsivo, **-a** *agg* kursiv

corso, **-a** [ˈkɔrso] **I.** *agg* korsisch **II.** *m, f* Korse *m/*Korsin *f*

corso[1] [ˈkorso] *m* ① *(andamento)* Verlauf *m,* Lauf *m; (d'acqua)* Lauf *m;* **il ~ della vita** der Lauf des Lebens; **nel ~ dei secoli** im Laufe der Jahrhunderte; **seguire** [*o* **fare**] **il suo ~** seinen Lauf nehmen; **in ~ di stampa** im Druck [befindlich]; **aver ~** ablaufen ② *(insegnamento)* Kurs *m;* **~ di sci** Skikurs *m;* **essere fuori ~** die Regelstudienzeit überschritten haben ③ FIN Umlauf *m; (prezzo)* Kurs *m;* **moneta fuori ~** ungültige Münze ④ COM [Ab]lauf *m,* Gang *m* ⑤ *(strada)* Prachtstraße *f,* Korso *m* ⑥ ASTR Lauf *m,* Bahn *f*

corso[2] *pp di* **correre**

corte [ˈkorte] *f* ① *(reggia)* Hof *m* ② ARCH Hof *m* ③ JUR Gericht *nt,* [Gerichts]hof *m;* **~ d'appello** Berufungsgericht *nt;* **Corte di Cassazione** ≈ [Bundes]gerichtshof *m;* **Corte dei Conti** ≈ [Bundes]rechnungshof *m;* **Corte Costituzionale** ≈ [Bundes]verfassungsgericht *nt;* **~ dei conti/di giustizia dell'Unione europea** Europäischer Rechnungs-/Gerichtshof ④ *(loc)* **fare la ~ a qu** jdm den Hof machen

corteccia [korˈtettʃa] <-cce> *f* Rinde *f;* **~ cerebrale** Hirnrinde *f*

corteggiamento [korteddʒaˈmento] *m* ① *(di donna)* [Um]werben *nt* ② ZOO Balz *f*

corteggiare [kortedˈdʒaːre] *vt* jdm den Hof machen, jdn umwerben; *(a principe)* hofieren

corteggiatore, **-trice** [korteddʒaˈtoːre] *m, f* Verehrer(in) *m(f)*

corteo [korˈtɛːo] *m* [Um]zug *m*

cortese [korˈteːze] *agg* ① *(garbato)* höflich; *(gentile)* freundlich ② HIST höfisch

cortesia [korteˈziːa] <-ie> *f* Höflichkeit *f; (gentilezza)* Freundlichkeit *f;* **per ~** bitte; **fammi la ~ di uscire** geh bitte hinaus

cortigiana [kortiˈdʒaːna] *f (prostituta)* Kurtisane *f*

cortigiano, **-a** [kortiˈdʒaːno] *m, f* ① HIST Höfling *m/*Hofdame *f* ② *(pej: adulatore)* Hofschranze *f*

cortile [korˈtiːle] *m* Hof *m*

cortina [korˈtiːna] *f* ① *(tenda)* Vorhang *m* ② *(fig: di nebbia, fumo)* Wand *f*

cortisone [kortiˈzoːne] *m* Kortison *nt*

cortisonoterapia [kortizonoteraˈpiːa] <-ie> *f* MED Kortisontherapie *f*

corto, **-a** [ˈkorto] **I.** *agg* kurz; **settimana -a** Fünftagewoche *f;* **essere a ~ di soldi** knapp bei Kasse sein; **per farla -a** um es kurz zu machen; **alle -e!** [nun aber] zur Sache! **II.** *avv* **tagliar ~** es kurz machen

cortocircuitare [kortotʃirkuiˈtaːre] *vt* TEC kurz schließen

cortocircuito [kortotʃirˈkuːito] *m* Kurzschluss *m*

cortometraggio [kortomeˈtraddʒo] <-ggi> *m* Kurzfilm *m*

corvé [korˈve] <-> *f* ① MIL Sonderkommando *nt;* **essere di ~** zu einem Sonderkommando abgestellt sein ② *(fig: lavoro ingrato e gravoso)* Schinderei *f*

corvetta [korˈvetta] *f* ① NAUT, HIST Korvette *f* ② SPORT Kurbette *f*

corvino, **-a** [korˈviːno] *agg* rabenschwarz, pechschwarz

corvo ['kɔrvo] *m* Rabe *m;* **nero come un ~** rabenschwarz; **~ del malaugurio** *(fig)* Unglücksbote *m*
cosa ['kɔːsa] *f* Sache *f,* Ding *nt;* **arrivare a -e fatte** sich vollendeten Tatsachen gegenübersehen; **[che] ~?** was?; **a che ~ serve?** wozu dient das?; **a [che] ~ pensi?** woran denkst du?; **di che ~?** wovon?; **credersi chissà che ~** sich für Gott weiß wen halten; **è ~ fatta** es ist erledigt; **non è una gran ~** das ist nichts Besonderes; **è la stessa ~** das ist egal; **è tutt'altra ~** das ist etwas völlig anderes; **ho le mie -e** *(fam)* ich habe meine Tage; **la ~ pubblica** der Staat; **le -e si mettono male** die Lage verschlimmert sich; **una ~ tira l'altra, da ~ nasce ~** eins zieht das andere nach [sich]; **raccontami come sono andate le -e** erzähl mir, wie es gelaufen ist; **dimmi una ~** sag' mal; **sai una ~, …** weißt du was? …; **~ vuoi, sono bambini!** was willst du, so sind Kinder eben!; **per prima ~** als Erstes, vor allem; **sopra ogni ~** mehr als alles; **fra le altre -e** unter anderem; **tante [belle] -e!** alles Gute!; *(salutando)* viele Grüße!; **qualche ~** etwas; **qualsiasi ~ succeda** egal, was passiert
cosca ['kɔska] <-sche> *f* Mafia-Klan *m*
coscia ['kɔʃʃa] <-sce> *f* ① ANAT Schenkel *m* ② GASTR Keule *f,* Schlegel *m*
cosciente [koʃ'ʃɛnte] *agg* bewusst
coscientemente [koʃʃente'mente] *avv* bewusst, im Bewusstsein
coscienza [koʃ'ʃɛntsa] *f* ① *(consapevolezza)* Bewusstsein *nt;* **perdere/riacquistare la ~** das Bewusstsein verlieren/wiedererlangen ② *(valori morali)* Gewissen *nt;* **avere la ~ pulita/sporca** ein gutes/schlechtes Gewissen haben; **avere qc sulla ~** etw auf dem Gewissen haben; **caso di ~** Gewissensfrage *f;* **esame di ~** Gewissensprüfung *f;* **mettersi una mano sulla ~** mit sich *dat* ins Gericht gehen ③ *(impegno, senso del dovere)* Gewissenhaftigkeit *f;* **agire con ~** gewissenhaft handeln ④ *(onestà)* Ehrlichkeit *f;* **obiettore di ~** Wehrdienstverweigerer *m*
coscienziale [koʃʃen'tsiaːle] *agg* PSIC Bewusstseins-
coscienziosità [koʃʃentsiosi'ta] <-> *f* Gewissenhaftigkeit *f*
coscienzioso, -a [koʃʃen'tsioːso] *agg* ① *(persona)* gewissenhaft ② *(opera, lavoro)* gewissenhaft, sorgfältig
coscio ['kɔʃʃo] <-sci> *m* Keule *f*
cosciotto [koʃ'ʃɔtto] *m* Schlegel *m,* kleine Keule
coscritto [kos'kritto] *m* Rekrut *m*
coscrivere [kos'kriːvere] <coscrivo, coscrissi, coscritto> *vt* einberufen
coscrizione [koskrit'tsioːne] *f* Einberufung *f*
coseno [ko'seːno] *m* MAT Kosinus *m*
cosentino, -a **I.** *agg* aus Cosenza stammend **II.** *m, f* *(abitante)* Einwohner(in) *m(f)* von Cosenza
Cosentino [kosen'tiːno] *m sing* Umgebung *f* von Cosenza
Cosenza *f* Cosenza *nt (Stadt in Kalabrien)*
così [ko'si] **I.** *avv* ① *(in questo modo)* so; **come va? — ~ ~** wie geht es? — so lala; **non devi fare ~** so darfst du das nicht machen; **per ~ dire** sozusagen; **e ~ via** und so weiter; **è proprio ~** es ist wirklich so ② *(tanto)* so ③ *(correlativo di come)* [so] wie **II.** *agg inv* solche(r, s), so ein(e, r, s) **III.** *cong* so; **~ sia** amen
cosicché [kosik'ke] *cong* sodass, so dass A
cosiddetto, -a [kosid'detto] *agg* so genannt
cosiffatto, -a [kosif'fatto] *agg* solcherart, so beschaffen
cosmesi [koz'mɛːzi] <-> *f,* **cosmetica** [kos'mɛːtika] <-che> *f* Kosmetik *f*
cosmetico [kos'mɛːtiko] <-ci> *m* Kosmetikprodukt *nt*
cosmetico, -a <-ci, -che> *agg* kosmetisch
cosmetista [kosme'tista] <-i *m,* -e *f*> *mf* Kosmetiker(in) *m(f)*
cosmetologia [kosmetolo'dʒiːa] <-ie> *f* MED Kosmetologie *f*
cosmetologico, -a [kosmeto'lɔːdʒiko] <-ci, -che> *agg* MED kosmetologisch
cosmetologo, -a [kosme'tɔːlogo] <-gi, -ghe> *m, f* Kosmetologe *m*/Kosmetologin *f*
cosmico, -a ['kɔzmiko] <-ci, -che> *agg* ① ASTR kosmisch ② *(fig: di tutti)* universal
cosmo ['kɔzmo] *m* Kosmos *m,* Weltall *nt*
cosmografia [kozmogra'fiːa] *f* Kosmografie *f*
cosmologia [kozmolo'dʒiːa] <-gie> *f* Kosmologie *f*
cosmonauta [kozmo'naːuta] <-i *m,* -e *f*> *mf* Kosmonaut(in) *m(f)*
cosmonautica [kozmo'naːutika] *f* Kosmonautik *f,* Technik *f* der bemannten Raumfahrt
cosmonautico, -a [kozmo'naːutiko] <-ci, -che> *agg* kosmonautisch
cosmonave [kozmo'naːve] *f* Raumschiff *nt*
cosmopolita [kozmopo'liːta] <-i *m,* -e *f*> **I.** *mf* Kosmopolit(in) *m(f)* **II.** *agg* kosmopolitisch
coso ['kɔːso] *m* *(fam)* Dingsda *nt,* Dingsbums *nt*

C

cosottoscrittore, **-trice** [kosottoskrit'to:re] *m, f* Mitunterzeichner(in) *m(f)*, Mitzeichner(in) *m(f)*
cospargere [kos'pardʒere] <irr> *vt* bestreuen; *(disseminare)* übersäen; ~ **un dolce di zucchero** einen Kuchen mit Zucker bestreuen

cospetto [kos'pɛtto] *m* **al** ~ **di qu** in jds Gegenwart, jdm gegenüber
cospicuità [kospikui'ta] <-> *f* Ansehnlichkeit *f*, Beträchtlichkeit *f*; *(evidenza)* Augenfälligkeit *f*
cospicuo, **-a** [kos'pi:kuo] *agg* ansehnlich, beträchtlich; *(evidente)* augenfällig
cospirare [kospi'ra:re] *vi* sich verschwören
cospirativo, **-a** [kospira'ti:vo] *agg* konspirativ
cospiratore, **-trice** [kospira'to:re] *m, f* Verschwörer(in) *m(f)*
cospirazione [kospirat'tsio:ne] *f* Verschwörung *f*
cossi ['kɔssi] *1. pers sing pass rem di* **cuocere**
Cost. *abbr di* **Costituzione** Verf.
costa ['kɔsta] *f* ① GEOG Küste *f* ② ANAT, BOT Rippe *f* ③ *(di libro, coltello)* Rücken *m* ④ *(di tessuto)* Rippe *f*; **velluto a -e** Kordsamt *m*
costà [kos'ta] *avv* TOSC *(stato)* dort; *(moto)* dorthin
costale [kos'ta:le] *agg* Rippen-
costante [kos'tante] **I.** *agg* ① *(persona)* beharrlich; *(fermo)* beständig ② *(sentimenti)* anhaltend; *(tempo)* beständig **II.** *f* Konstante *f*
Costantino *(nome maschile)* Konstantin
costanza [kos'tantsa] *f* ① *(di persona)* Beharrlichkeit *f*, Ausdauer *f*; *(fermezza)* Beständigkeit *f* ② TEC, SCIENT Stetigkeit *f*, Konstanz *f*
Costanza [kos'tantsa] *f* Konstanz *nt*; **Lago di** ~ Bodensee *m*
costare [kos'ta:re] *vi, vt essere (a. fig)* kosten; ~ **caro** viel kosten, teuer sein; ~ **poco** wenig kosten, nicht teuer sein; **quanto costa?** wie viel kostet das?; **costi quel che costi** koste es, was es wolle; ~ **fatica a qu** jdn Mühe kosten
costata [kos'ta:ta] *f* Rumpsteak *nt*
costato [kos'ta:to] *m* Brustkorb *m*
costeggiare [kosted'dʒa:re] *vt* ① NAUT entlangfahren an *+dat* ② *(strada, sentiero)* vorbeiführen an *+dat*, entlanglaufen an *+dat*
costei *v.* **costui**
costellare [kostel'la:re] *vt* sprenkeln (**di** mit), übersäen (**di** mit)
costellazione [kostellat'tsio:ne] *f* ASTR Konstellation *f*; *(dello zodiaco)* Sternbild *nt*
costernare [koster'na:re] *vt* bestürzen
costernazione [kosternat'tsio:ne] *f* Bestürzung *f*
costì [kos'ti] *avv (stato)* dort; *(moto)* dorthin
costicchiare [kostik'kia:re] *vi essere (fam)* ganz schön teuer sein
costiera [kos'tiɛ:ra] *f* Küstenregion *f*
costiero, **-a** [kos'tiɛ:ro] *agg* Küsten-
costing ['kɔstiŋ] <-> *m* Kosten[be]rechnung *f*, Kalkulation *f*
costipare [kosti'pa:re] *vt* ① *(terreno)* walzen ② MED verstopfen
costipazione [kostipat'tsio:ne] *f* ① MED *(d'intestino)* Verstopfung *f* ② *(fam: raffreddore)* starke Erkältung, Verkühlung *f* A ③ AGR Bodenverdichtung *f*
costituente [kostitu'ɛnte] **I.** *agg* konstituierend **II.** *f* konstituierende Versammlung **III.** *m* ① *(persona)* Mitglied *nt* der verfassunggebenden Versammlung ② CHEM Bestandteil *m*
costituire [kostitu'i:re] <costituisco> **I.** *vt* ① *(fondare, creare)* gründen ② *(rappresentare)* darstellen, sein ③ *(formare)* bilden; **essere costituito da** bestehen aus, zusammengesetzt sein aus ④ *(eleggere)* ernennen; *(nominare)* einsetzen; ~ **qu a erede** jdn zum Nachfolger ernennen **II.** *vr* **-rsi** ① JUR sich stellen; **-rsi parte civile** Nebenklage erheben; **-rsi in giudizio** vor Gericht erscheinen ② *(formarsi)* sich bilden
costituito, **-a** [kostitu'i:to] *agg* Gesetzes-
costitutivo, **-a** [kostitu'ti:vo] *agg* konstitutiv, bestimmend
costituzionale [kostituttsio'na:le] *agg* ① POL konstitutionell, verfassungsmäßig; JUR Verfassungs-; **Corte Costituzionale** ≈ [Bundes]verfassungsgericht *nt*; **governo/monarchia** ~ konstitutionelle Regierung/Monarchie ② MED konstitutionell
costituzionalità [kostituttsionali'ta] <-> *f* Verfassungsmäßigkeit *f*
costituzionalizzare [kostituttsionalid'dza:re] *vt* POL konstitutionalisieren; ~ **un partito** eine Partei an die Verfassung binden
costituzione [kostitut'tsio:ne] *f* ① JUR Verfassung *f* ② *(di società, giuria)* Bildung *f*, Gründung *f* ③ GEOL Formation *f* ④ MED Konstitution *f* ⑤ *(struttura)* Struktur *f*, Gefüge *nt*
costo ['kɔsto] *m* ① *(somma)* Preis *m*; COM Kosten *pl*, Unkosten *pl*; ~ **della vita** Lebenshaltungskosten *pl*; **-i di nolo** Frachtkosten *pl*; **sotto** ~ unter Preis; **a prezzo di** ~ zum Selbstkostenpreis; **a basso** ~ Bil-

lig-, Discount-; **compagnia aerea a basso** ~ Billigfluglinie *f,* Billigflieger *m fam* ❷ *(fig)* Preis *m,* Einsatz *m;* **a qualunque** [*o* **ogni**] **~, a tutti i -i** um jeden Preis

costola ['kɔstola] *f* ❶ ANAT, BOT Rippe *f;* **stare alle -e di qu** jdm auf der Pelle liegen *fam;* **gli si contano le -e** bei ihm kann man die Rippen zählen *fam* ❷ GASTR Rippchen *nt* ❸ *(di libro, lama)* Rücken *m*

costoletta [kosto'letta] *f* Kotelett *nt*

costolone [kosto'lo:ne] *m* Rippe *f*

costone [kos'to:ne] *m* Gebirgskamm *m,* Grat *m*

costoro [kos'to:ro] *v.* **costui**

costoso, -a [kos'to:so] *agg* teuer; *(dispendioso)* kostspielig

costringere [kos'trindʒere] <irr> *vt* zwingen; **~ qu a fare qc** jdn zwingen etw zu tun; **la febbre lo costringe a letto** das Fieber fesselt ihn ans Bett

costrittivo, -a [kostrit'ti:vo] *agg* ❶ JUR zwingend, Zwangs- ❷ LING **consonanti -e** Reibelaute *mpl*

costrittore [kostit'to:re] *agg* ANAT Schließ-; **muscolo** ~ Schließmuskel *m*

costrizione [kostrit'tsio:ne] *f* Zwang *m*

costruire [kostru'i:re] <costruisco> *vt* ❶ ARCH [er-, auf]bauen; TEC [zusammen]bauen ❷ *(fig)* errichten, aufbauen; **~ sulla sabbia** *(fig)* auf Sand bauen

costruttivo, -a [kostrut'ti:vo] *agg* ❶ *(tecnica, processo)* baulich, Bau- ❷ *(fig)* konstruktiv, aufbauend

costrutto [kos'trutto] *m* ❶ LING Konstruktion *f,* [Satz]bau *m* ❷ *(senso)* Sinn *m,* Zusammenhang *m* ❸ *(fig: profitto)* Nutzen *m;* **cavare** [*o* **trarre**] **~ da qc** aus etw Nutzen ziehen

costruttore, -trice [kostrut'to:re] *m, f* [Er]bauer(in) *m(f)*

costruzione [kostrut'tsio:ne] *f* ❶ ARCH Bau *m; (fabbricazione)* [Auf]bau *m,* Konstruktion *f;* **essere in** ~ im Bau [befindlich] sein ❷ TEC Bauart *f,* Bauweise *f* ❸ LING Konstruktion *f,* [Satz]bau *m;* LIT Aufbau *m*

costui [kos'tu:i], **costei** [kos'tɛ:i] <costoro> *pron dim* diese(r, s), der/die/das da

costume [kos'tu:me] *m* ❶ THEAT Kostüm *nt; (foggia di vestire)* Tracht *f;* **~ da bagno** *(da donna)* Badeanzug *m; (da uomo)* Badehose *f* ❷ *(usanze)* Sitte *f,* Brauch *m; (abitudine)* Gewohnheit *f* ❸ *(condotta morale)* Sitte *f,* Anstand *m;* **il buon** ~ die guten Sitten *fpl;* **una donna di facili -i** eine Frau mit lockerem Lebenswandel; **squadra del buon** ~ Sittenpolizei *f*

costumista [kostu'mista] <-i *m,* -e *f*> *mf* Kostümbildner(in) *m(f)*

costura [kos'tu:ra] *f* Naht *f*

cotangente [kotan'dʒɛnte] *f* Kotangens *m*

cotechino [kote'ki:no] *m Brühwurst aus Schweinefleisch*

cotenna [ko'tenna] *f* Schwarte *f;* **avere la ~ dura** *(fig)* ein dickes Fell haben

cotica ['kɔ:tika] <-che> *f* DIAL Schwarte *f*

cotiledone [koti'lɛ:done] *m* Keimblatt *nt*

cotogna [ko'toɲɲa] *f* Quitte *f*

cotognata [kotoɲ'ɲa:ta] *f* Quittengelee *m o nt; (confitura)* Quittenmarmelade *f*

cotogno [ko'toɲɲo] *m* Quitte *f,* Quittenbaum *m*

cotoletta [koto'letta] *f* Kotelett *nt; (senza osso)* Schnitzel *nt*

cotonare [koto'na:re] **I.** *vt* toupieren **II.** *vr* **-rsi** sich *dat* die Haare toupieren

cotonata [koto'na:ta] *f* einseitig bunt bedruckter Baumwollstoff *m*

cotonatura [kotona'tu:ra] *f* Toupieren *nt*

cotone [ko'to:ne] *m* ❶ *(tessuto)* Baumwollstoff *m,* Baumwolle *f* ❷ BOT Baumwolle *f* ❸ *(ovatta)* ~ [**idrofilo**] Watte *f*

cotoniero, -a [koto'niɛ:ro] *agg* Baumwoll-

cotonificio [kotoni'fi:tʃo] <-ci> *m* Baumwollspinnerei *f*

cotta ['kɔtta] *f* ❶ *(fam: passione amorosa)* Vernarrtheit *f,* Verliebtheit *f;* **avere una ~ per qu** in jdn verknallt sein; **prendersi una ~ per qu** sich in jdn verknallen ❷ REL Chorhemd *nt*

cottage ['kɔtidʒ] <-> *m* Landhaus *nt*

cottimista [kotti'mista] <-i *m,* -e *f*> *mf* Akkordarbeiter(in) *m(f)*

cottimo ['kɔttimo] *m* Akkord *m;* **lavorare a** ~ im Akkord arbeiten

cotto ['kɔtto] *m* Tonfliese *f*

cotto, -a I. *pp di* **cuocere II.** *agg* ❶ GASTR *(pronto)* gar; *(carne, verdura)* gekocht; *(in forno)* gebacken; *(in padella)* gebraten; *(in umido)* gedünstet, geschmort; **ben** ~ durch[gebraten]; **~ e stracotto** *(a. fig)* zerkocht; **farne di -e e di crude** *(fig)* die unmöglichsten Dinge anstellen; **né ~ né crudo** *(fig)* weder Fisch noch Fleisch ❷ *(fam: innamorato)* **essere ~ di qu** in jdn verknallt sein ❸ *(fig: sfinito)* geschafft

cotton fioc ['kɔtn fi'ɔk] <-> *m* Wattestäbchen *nt*

cottura [kot'tu:ra] *f* GASTR Garen *nt; (nell'acqua)* Kochen *nt; (in padella)* Braten *nt; (in umido)* Dünsten *nt,* Schmoren *nt; (in forno)* Backen *nt;* **punto di** ~ Garpunkt *m*

count ['kaunt] <- *o* counts> *m* SPORT Punktzahl *f*

count down ['kaunt 'daun] <-> *m* Countdown *m o nt*

coupé [ku'pe] <-> *f* Coupé *nt,* Kupee *nt*

C

coupon [ku'pɔ̃] <-> *m* Coupon *m,* Abschnitt *m;* ~ **per la benzina** Benzingutschein *m*
couponing ['ku:pɔniŋ] <-> *m* Couponing *nt*
C
couscoussiera [kuskus'siera] *f* GASTR *Pfanne zur Zubereitung von Kuskus*
cova ['ko:va] *f* Brut *f; (tempo)* Brutzeit *f*
covare [ko'va:re] **I.** *vt* ① ZOO ausbrüten ② *(fig: malattia)* ausbrüten *fam; (odio, sospetto, speranza)* hegen **II.** *vi* ① ZOO brüten ② *(fig: stare celato)* verborgen sein, schwelen
covata [ko'va:ta] *f* Brut *f*
coventrizzato, -a [koventrid'dza:to] *agg* zerstört durch Bombardierung, dem Erdboden gleichgemacht
coverage ['kʌvəridʒ] <-> *m* Umfang *m,* Reichweite *f,* Geltungsbereich *m;* INFORM Versorgung *f,* Flächendeckung *f*
cover girl ['kʌvə 'gə:l *o* 'kɔver 'gɛrl] <-> *f* Covergirl *nt*
cover story ['kʌvə 'stɔ:ri] <- *o* cover stories> *f* Titelgeschichte *f,* Titelstory *f*
covo ['ko:vo] *m* ① ZOO Höhle *f,* Bau *m* ② *(fig: nascondiglio)* Schlupfwinkel *m,* Versteck *nt;* ~ **di ladri** Diebesnest *nt*
covone [ko'vo:ne] *m* Garbe *f*
cow-boy ['kaubɔi] <-> *m* Cowboy *m*
coyote [ko'jote] *v.* **coiote**
cozza ['kɔttsa] *f* Miesmuschel *f*
cozzare [kot'tsa:re] **I.** *vi* ① *(sbattere)* anstoßen; ~ **contro qu/qc** gegen jdn/etw stoßen ② ZOO mit den Hörnern stoßen ③ *(fig: mettersi in contrasto)* ~ **con qu** sich mit jdm anlegen **II.** *vr* **-rsi** ① *(urtarsi)* zusammenstoßen ② *(contrastare)* aneinandergeraten
cozzo ['kɔttso] *m* ① *(urto)* Stoß *m* ② *(fig: contrasto)* Auseinandersetzung *f*
CP *mpl abbr di* **Cattolici Popolari** *eine der Nachfolgeparteien der Democrazia Cristiana*
C.P. *abbr di* **Casella Postale** Postf.
C.P.C. *abbr di* **Codice di Procedura Civile** ZPO
C.P.P. *abbr di* **Codice di Procedura Penale** StPO
C.p.r. *abbr di* **con preghiera di restituzione** mit der Bitte um Rückerstattung
CPU *f abbr di* **Central Processing Unit** INFORM CPU *f*
crac [krak] <-> *m* ① *(rumore)* Knacken *nt,* Krachen *nt* ② *(fig)* COM Zusammenbruch *m*
crackare [krak'ka:re] *vt* INFORM knacken
cracker ['krækə *o* 'krɛker] <-> *m* Cracker *m*
cracking ['krækiŋ] <-> *m* Krackverfahren *nt*
Cracovia *f* Krakau *nt*
cracoviano, -a [krako'via:no] **I.** *agg* Krakauer **II.** *m, f (abitante)* Krakauer(in) *m(f)*
CRAL [kral] *m acro di* **Circolo Ricreativo Assistenziale Lavoratori** *Freizeitverband für italienische Arbeiter*
crampo ['krampo] *m* Krampf *m*
cranico, -a ['kra:niko] <-ci, -che> *agg* Schädel-; **trauma** ~ Schädeltrauma *nt*
cranio ['kra:nio] <-i> *m* Schädel *m*
crapula ['kra:pula] *f* Völlerei *f,* Fressgier *f*
crapulone, -a [krapu'lo:ne] *m, f* Vielfraß *m*
crash [kræʃ] <-> *m* ① *(rumore)* Crash *m,* Krach[en] *nt* ② INFORM Absturz *m;* **avere un** ~ abstürzen
crash test [kræʃ test] <- *o* crash tests> *m* Crashtest *m*
crasso, -a ['krasso] *agg* grob, krass; **intestino** ~ Dickdarm *m*
cratere [kra'tɛ:re] *m* Krater *m;* ~ **lunare** Mondkrater *m*
craterico, -a [kra'tɛ:riko] <-ci, -che> *agg* Krater-
crauti ['kra:uti] *mpl* Sauerkraut *nt*
cravatta [kra'vatta] *f* Krawatte *f,* Schlips *m*
cravattino [kravat'ti:no] *m* Fliege *f*
crawl [krɔ:l] <-> *m* Kraul[schwimmen] *nt,* Kraulen *nt;* **battere il** ~ kraulen
crawlista [kro'lista] <-i *m,* -e *f*> *mf* Kraulschwimmer(in) *m(f)*
creanza [kre'antsa] *f* ① *(educazione)* Erziehung *f* ② *(buone maniere)* Anstand *m,* Benehmen *nt*
creare [kre'a:re] *vt* ① *(produrre)* [er]schaffen; COM *(società)* gründen; *(nella moda)* kreieren; TEC konstruieren; *(teoria)* aufstellen ② *(fig: scandalo, disagio)* verursachen; *(difficoltà)* machen, bereiten ③ *(nominare)* ernennen
creatina [krea'ti:na] *f* Kreatin *nt*
creativa *f v.* **creativo**
creative writing [kri(:)'etiv 'raitiŋ] <-> *f* Creative writing *nt,* kreatives Schreiben
creatività [kreativi'ta] <-> *f* Kreativität *f*
creativo, -a [krea'ti:vo] *agg* kreativ, schöpferisch
creato [kre'a:to] *m* Schöpfung *f*
creato, -a *agg* geschaffen
creatore, -trice [krea'to:re] **I.** *agg* schöpferisch **II.** *m, f* Schöpfer(in) *m(f);* **il Creatore** REL der Herr, der Schöpfer
creatura [krea'tu:ra] *f* ① REL Kreatur *f,* Geschöpf *nt* ② *(bambino)* kleines Wesen, Kind *nt* ③ *(essere umano)* Geschöpf *nt,* Wesen *nt*
creazione [kreat'tsio:ne] *f* ① *(il creare)*

[Er]schaffung *f;* REL Schöpfung *f* ② *(fondazione)* Gründung *f* ③ *(nella moda)* Kreation *f* ④ TEC Konstruktion *f* ⑤ *(invenzione)* Erfindung *f*

crebbi ['krebbi] *1. pers sing pass rem di* **crescere**

credei [kre'de:i] *1. pers sing pass rem di* **credere**[1]

credente [kre'dɛnte] **I.** *agg* gläubig **II.** *mf* Gläubige(r) *f(m)*

credenza [kre'dɛntsa] *f* ① *(mobile)* Anrichte *f* ② *(leggenda)* Glaube *m;* **-e popolari** Volksglaube *m*

credenziale [kreden'tsia:le] **I.** *agg (lettera)* Beglaubigungs- **II.** *pl* Akkreditiv *nt*

credere[1] ['kre:dere] <credo, credetti *o* credei, creduto> **I.** *vt* glauben; *(ritenere)* halten für; **io non ci credo** das glaube ich nicht; **lo credo bene!** *(fam)* das glaube ich gern!; **lo credo capace di tutto** ich glaube, er ist zu allem fähig; **credo che ...** +*conj* ich glaube, dass ...; **... da non ~** *(fam)* so was von ..., ... ohne Ende; **qc è impertinente da non ~** etw ist so was von dreist; **qc è noioso da non ~** etw ist langweilig ohne Ende **II.** *vi* glauben; **~ in qu/qc** an jdn/etw glauben; **~ a qu** jdm glauben; **non potevo ~ ai miei occhi** ich traute meinen Augen kaum; **fa come credi** mach, was du für richtig hältst **III.** *vr* **-rsi** sich halten für; **-rsi furbo/intelligente** sich für schlau/intelligent halten; **ma chi ti credi di essere?** für wen hältst du dich eigentlich?

credere[2] *m* Meinung *f,* Vorstellung *f*

credibile [kre'di:bile] *agg* glaubhaft, glaubwürdig

credibilità [kredibili'ta] <-> *f* Glaubhaftigkeit *f,* Glaubwürdigkeit *f*

credit card ['kredit ka:d] <- *o* credit cards> *f* Kreditkarte *f*

creditizio, -a [kredi'tittsio] <-i, -ie> *agg* Kredit-

credit line ['kredit lain] <- *o* credit lines> *f* Kredit[ober]grenze *f*

credito ['kre:dito] *m* ① COM, FIN Kredit *m,* Forderung *f,* Darlehen *nt;* **comprare/vendere a ~** auf Kredit kaufen/verkaufen; **essere in ~** Kredit haben; **~ formativo** Ausbildungsdarlehen *nt;* **~ d'imposta** Steuererstattungsanspruch *m* ② *(fig: stima)* Ansehen *nt; (attendibilità)* Glauben *m,* Beachtung *f;* **godere di molto ~** sehr angesehen sein

creditore, -trice [kredi'to:re] **I.** *agg* Gläubiger-, kreditgebend **II.** *m, f* Gläubiger(in) *m(f)*

credo ['krɛ:do] *m* REL Kredo *nt; (a. fig)* Glaubensbekenntnis *nt*

credulità [kreduli'ta] <-> *f* Leichtgläubigkeit *f*

credulo, -a ['kre:dulo] *agg* leichtgläubig

credulone, -a [kredu'lo:ne] *(fam)* **I.** *agg* naiv, leichtgläubig **II.** *m, f* Einfaltspinsel *m,* Naivling *m*

C

creduto [kre'du:to] *pp di* **credere**

crema ['krɛ:ma] **I.** *f* ① *(panna)* Sahne *f;* **gelato alla ~** Eiscreme *f;* **la ~ della società** *(fig)* die Crème de la crème ② GASTR *(passato)* **~ di pomodoro/piselli** Tomaten-/Erbsencremesuppe *f* ③ *(cosmetico, per calzature)* Creme *f;* **~ antietà** Antiagingcreme *f;* **~ per le mani** Handcreme *f;* **~ da giorno/notte** Tages-/Nachtcreme *f;* **~ da barba** Rasiercreme *f;* **~ solare** Sonnencreme *f;* **~ da scarpe** Schuhcreme *f* **II.** *agg inv* [**color**] **~** cremefarben

cremagliera [kremaʎ'ʎɛ:ra] *f* Zahnstange *f;* **ferrovia a ~** Zahnradbahn *f*

cremare [kre'ma:re] *vt* einäschern

crematorio [krema'tɔ:rio] <-i> *m* Krematorium *nt*

cremazione [kremat'tsio:ne] *f* Einäscherung *f*

crème [krɛm] <-> *f (fig)* Crème *f;* **la ~ della società** die Crème de la crème

cremeria [kreme'ri:a] <-ie> *f* Molkerei *f*

cremisi ['krɛ:mizi] **I.** *agg inv* karmesinrot, karminrot **II.** *m* <-> Karmesin *nt,* Karmin *nt*

Cremlino [krem'li:no] *m* Kreml *m*

Cremona [kre'mo:na] *f* Cremona *nt (Stadt in der Lombardei)*

cremonese [kremo'ne:se] **I.** *agg* Cremoneser **II.** *mf (abitante)* Cremoneser(in) *m(f)* **III.** *f* ① *(sistema di chiusura)* Baskülverschluss *m* ② *(focaccia dolce)* süßer Hefekuchen *m*

Cremonese *m sing* Umgebung *f* von Cremona

cremore [kre'mo:re] *m* **~ di tartaro** Weinstein *m*

cren [krɛn] <-> *m* Meerrettich *m,* Kren *m* A

crepa ['krɛ:pa] *f* Riss *m,* Sprung *m*

crepaccio [kre'pattʃo] <-cci> *m* Spalte *f;* **~ di un ghiacciaio** Gletscherspalte *f*

crepacuore [krepa'kuɔ:re] *m* **morire di ~** an gebrochenem Herzen sterben

crepapelle [krepa'pɛlle] *avv* **a ~** *(fam)* zum Platzen; **ridere a ~** *(fam)* sich kaputtlachen

crepare [kre'pa:re] **I.** *vi essere* ① *(muro, terra)* bersten, aufbrechen ② *(pelle)* aufspringen, aufplatzen ③ *(fig fam)* **~ di rabbia** vor Wut platzen; **~ di paura** vor Angst sterben ④ *(pej: morire)* krepieren *vulg,* verrecken *vulg;* **~ dal caldo** *(fam)* vor Hitze eingehen; **~ dalla sete/fame** *(fam)* vor

Durst/Hunger eingehen; ~ **dalle risa** *(fam)* sich totlachen; **in bocca al lupo! — crepi [il lupo]!** *(fam)* toi, toi, toi!, Hals- und Beinbruch! **II.** *vr* **-rsi** aufbrechen, rissig werden

crêpe [krɛp] <-> *f* GASTR Crêpe *f*

creperia [krepe'riːa] <-ie> *f* Crêperie *f*, Lokal *nt*, in dem Crêpes serviert werden

crepitare [krepi'taːre] *vi (fuoco)* knistern; *(pioggia)* prasseln

crepitio [krepi'tiːo] <-ii> *m (del fuoco)* Knistern *nt; (della pioggia)* Prasseln *nt*

crepuscolare [krepusko'laːre] *agg* ① *(luce, cielo)* dämm[e]rig, Dämmer- ② *(fig: sentimenti, sensazione)* vage, unbestimmt

crepuscolarismo [krepuskola'rizmo] *m* Crepuscolarismo *m (Richtung der italienischen Lyrik zu Beginn des 20. Jh.)*

crepuscolo [kre'puskolo] *m* ① *(ora)* Dämmerung *f; (luce)* Dämmerlicht *nt* ② *(fig: declino)* Untergang *m*, Ende *nt*

crescendo [kreʃ'ʃɛndo] *m* ① MUS Crescendo *nt* ② *(fig: aumento di intensità)* Anschwellen *nt*

crescente [kreʃ'ʃɛnte] *agg* zunehmend

crescenza [kreʃ'ʃɛntsa] *f* GASTR *sahniger Weichkäse aus der Lombardei*

crescere ['kreʃʃere] <cresco, crebbi, cresciuto> **I.** *vi essere* ① *(aumentare, svilupparsi)* wachsen, zunehmen; ~ **di peso/volume** an Gewicht/Volumen zunehmen; **farsi ~ i capelli** sich *dat* die Haare wachsen lassen; **come sei cresciuto!** du bist aber gewachsen! ② *(fig)* ~ **in bellezza/virtù** an Schönheit/Tugend gewinnen; ~ **nella stima di qu** in jds Achtung steigen **II.** *vt avere* ① *(figli)* aufziehen, großziehen ② BOT ziehen, züchten ③ COM *(prezzi)* erhöhen

crescione [kreʃ'ʃoːne] *m* [Brunnen]kresse *f*

crescita ['kreʃʃita] *f* Wachstum *nt;* ~ **zero** COM Nullwachstum *nt*

cresciuto [kreʃ'ʃuːto] *pp di* **crescere**

cresco ['kresko] *1. pers sing pr di* **crescere**

cresima ['krɛːzima] *f* Firmung *f; (nella chiesa luterana)* Konfirmation *f*

cresimando, -a [krezi'mando] *m, f* Firmling *m; (nella chiesa luterana)* Konfirmand(in) *m(f)*

cresimare [krezi'maːre] **I.** *vt* firmen; *(nella chiesa luterana)* konfirmieren **II.** *vr* **-rsi** gefirmt/konfirmiert werden

crespella [kres'pɛlla] *f* GASTR *dünner Pfannkuchen mit Füllung*

crespo ['krespo] *m* Krepp *m*

crespo, -a *agg (capelli)* kraus; *(tessuto)* gekräuselt

cresta ['kresta] *f* ① ZOO [Hahnen]kamm *m;* **alzare/abbassare la ~** *(fig)* den Kopf hoch tragen/einziehen ② GEOG [Gebirgs]kamm *m*, Grat *m;* **essere sulla ~ dell'onda** *(fig)* auf dem Gipfel des Erfolgs sein

creta ['kreːta] *f* ① MIN Ton *m* ② GEOL Kreide *f* ③ *(oggetto)* Tongefäß *nt; (statuetta)* Tonfigur *f*

cretaceo, -a *agg* Kreide-; **periodo ~** Kreidezeit *f*

cretina *f v.* **cretino**

cretinata [kreti'naːta] *f (fam)* Blödsinn *m*

cretineria [kretine'riːa] <-ie> *f (fam)* Dummheit *f*

cretinismo [kreti'nizmo] *m* Kretinismus *m*, Schwachsinnigkeit *f*

cretino, -a [kre'tiːno] **I.** *agg (fam)* blöd[e], blödsinnig **II.** *m, f (fam: stupido)* Idiot(in) *m(f)*

CRI *f abbr di* **Croce Rossa Italiana** ≈ DRK *nt*

cric [krik] <-> *m (fam)* Wagenheber *m*

cricca ['krikka] <-cche> *f* Clique *f; (a. pej)* Bande *f*

cricchiare [krik'kiaːre] *vi* knirschen

cricchio ['krikkio] <-cchi> *m* Knirschen *nt*

cricco ['krikko] <-cchi> *m v.* **cric**

criceto [kri'tʃɛːto] *m* Hamster *m*

cricket ['krikit] <-> *m* Kricket *nt*

Crimea [kri'mɛːa] *f* Krim *f*

criminale [krimi'naːle] **I.** *agg* Kriminal-; *(criminoso)* kriminell **II.** *mf* Kriminelle(r) *f(m)*, Verbrecher(in) *m(f)*

criminalista [krimina'lista] <-i *m*, -e *f*> *mf* Kriminalist(in) *m(f)*, Strafrechtler(in) *m(f)*

criminalità [kriminali'ta] <-> *f* Kriminalität *f;* ~ **finanziaria** Wirtschaftskriminalität *f;* ~ **organizzata** organisiertes Verbrechen

criminalizzazione [kriminaliddzat'tsioːne] *f* Kriminalisierung *f;* ~ **della protesta politica** politische Protestaktionen zur Strafsache machen

Criminalpol. ['kriːminalpol] <-> *f* Kriminalpolizei *f*

crimine ['kriːmine] *m* Verbrechen *nt;* **-i di guerra** Kriegsverbrechen *nt pl*

criminologa *f v.* **criminologo**

criminologia [kriminolo'dʒiːa] <-gie> *f* Kriminologie *f*

criminologo, -a [krimi'nɔːlogo] <-gi, -ghe> *m, f* Kriminologe *m*/Kriminologin *f*

criminoso, -a [krimi'noːso] *agg* kriminell

crinale [kri'naːle] *m* [Gebirgs]kamm *m*, Grat *m*

crine ['kriːne] *m* ① ZOO [Ross]haar *nt* ② BOT Faser *f*

criniera [kri'niɛːra] *f (a. scherz)* Mähne *f*

crinolina [krino'liːna] *f* Krinoline *f*

cripta ['kripta] *f* Krypta *f*
criptare [krip'ta:re] *vt* INFORM codieren, verschlüsseln; ~ **un programma televisivo** einen Fernsehsender verschlüsseln
criptato, -a [krip'ta:to] *agg* INFORM codiert, verschlüsselt; **programma televisivo** ~ Pay-TV *nt,* Abonnementfernsehen *nt*
crisalide [kri'za:lide] *f* ZOO Puppe *f*
crisantemo [krizan'tɛ:mo] *m* Chrysantheme *f*
crisi ['kri:zi] <-> *f* Krise *f;* MED Anfall *m;* ~ **congiunturale** Konjunkturschwäche *f;* ~ **economica** Wirtschaftskrise *f;* ~ **epilettica** epileptischer Anfall; ~ **di governo** Regierungskrise *f;* ~ **di nervi** Nervenzusammenbruch *m;* ~ **di pianto** Weinkrampf *m;* **essere in** ~ sich in einer Krise befinden
crisis management ['kraisis 'mɛnadʒmɛnt] *m* Beschwerdemanagement *nt*
crisma ['krizma] <-i> *m* Chrisma *nt,* Salböl *nt;* **con tutti i -i** *(fig)* ganz ordnungsgemäß
criss-cross ['kriskrɔs] *agg inv* gekreuzt, Kreuz-; **reggiseno** ~ Büstenhalter mit verschränkten Riemen
cristalleria [kristalle'ri:a] <-ie> *f* ① *(da tavola)* Tafelkristall *nt* ② *(fabbrica)* Kristallwarenfabrik *f*
cristalliera [kristal'liɛ:ra] *f* [Glas]vitrine *f*
cristallino [kristal'li:no] *m* ANAT Linse *f*
cristallino, -a *agg* ① *(fig: voce, acqua)* kristallklar ② MIN kristallin
cristallizzare [kristallid'dza:re] **I.** *vt* ① CHEM kristallisieren ② *(fig)* erstarren lassen **II.** *vr* **-rsi** ① CHEM sich kristallisieren ② *(fig)* erstarren
cristallizzazione [kristalliddzat'tsio:ne] *f* ① CHEM Kristallisierung *f,* Kristallisation *f* ② *(fig)* Erstarrung *f*
cristallo [kris'tallo] *m* ① MIN Kristall *m* ② *(vetro)* Kristall[glas] *nt; (lastra)* [Fenster]scheibe *f*
cristiana *f v.* **cristiano**
cristianesimo [kristia'ne:zimo] *m* Christentum *nt*
cristianità [kristiani'ta] <-> *f* ① *(qualità)* Christlichkeit *f* ② *(tutti i cristiani)* Christenheit *f*
cristianizzare [kristianid'dza:re] *vt* zum Christentum bekehren, christianisieren
cristiano, -a [kris'tia:no] **I.** *agg* christlich, Christen- **II.** *m, f* ① REL Christ(in) *m(f)* ② *(fam fig: essere umano)* Mensch *m;* **da** ~ *(fam)* anständig, vernünftig; **essere un buon** ~ *(fam)* ein guter Mensch sein
cristo ['kristo] *m* ① REL **Cristo** Christus *m;* **avanti/dopo Cristo** vor/nach Christus ② *(fam: persona miserevole, malridotta)* Mensch *m,* Kerl *m;* **un povero** ~ ein armer Teufel
criterio [kri'tɛ:rio] <-i> *m* ① *(norma)* Kriterium *nt* ② *(senno)* Vernunft *f,* Verstand *m;* **una persona di** ~ ein vernünftiger Mensch; **fare qc con** ~ etw mit Vernunft tun
critica ['kri:tika] <-che> *f* Kritik *f;* ~ **sociale** Sozialkritik *f;* ~ **storica/letteraria** Geschichts-/Literaturkritik *f;* **rivolgere -che a qu** jdn kritisieren
criticabile [kriti'ka:bile] *agg* tadelnswert
criticare [kriti'ka:re] *vt* kritisieren; LIT, FILM, THEAT, MUS besprechen
critichese [kriti'ke:se] *m* Kritikaster *m,* Nörgler *m*
critico, -a ['kri:tiko] <-ci, -che> **I.** *agg* kritisch; *(difficile)* schwierig; *(a. pej)* nörglerisch **II.** *m, f* Kritiker(in) *m(f);* ~ **letterario/musicale** Literatur-/Musikkritiker *m*
criticone, -a [kriti'ko:ne] *m, f (fam)* Nörgler(in) *m(f)*
crittare [krit'ta:re] *vt v.* **criptare**
crittato, -a [krit'ta:to] *agg v.* **criptato**
crivellare [krivel'la:re] *vt* durchsieben; ~ **qu di pallottole** jdn mit Kugeln durchlöchern
croato, -a [kro'a:to] **I.** *agg* kroatisch; **repubblica -a** kroatische Republik **II.** *m, f (abitante)* Kroate *m*/Kroatin *f* **III.** *m, f (lingua)* Kroatisch(e) *nt*
Croazia *f* Kroatien *nt*
croccante [krok'kante] **I.** *agg* knusp[e]rig **II.** *m* Krokant *m*
crocchetta [krok'ketta] *f* Krokette *f*
crocchia ['krɔkkia] <-cchie> *f (di capelli)* Knoten *m*
crocchio ['krɔkkio] <-cchi> *m* Grüppchen *nt*
croce ['kro:tʃe] *f* Kreuz *nt; (onorificenza)* [Verdienst]kreuz *nt; (segno)* Kreuz[zeichen] *nt;* **Croce Rossa/Verde** Rotes/Grünes Kreuz; **farsi il segno della** ~ sich bekreuzigen; **testa o ~?** Kopf oder Zahl?; **fare una ~ su qc** *(fig)* etw abhaken; **in** ~ gekreuzt; *(braccia)* verschränkt; **ciascuno ha la sua** ~ *(fig)* jeder hat sein Kreuz zu tragen
crocerossina [krotʃeros'si:na] *f* Rotkreuzschwester *f*
crocevia [krotʃe'vi:a] <-> *m* [Weg]kreuzung *f*
crociata [kro'tʃa:ta] *f* Kreuzzug *m*
crociato [kro'tʃa:to] *m* Kreuzritter *m*
crociato, -a *agg* gekreuzt; **parole -e** Kreuzworträtsel *nt;* **scudo** ~ Kreuzwappen *nt (Emblem der Democrazia Cristiana)*
crocicchio [kro'tʃikkio] <-cchi> *m* [Weg]kreuzung *f*

crociera [kro'tʃɛːra] *f* ① NAUT Kreuzfahrt *f* ② AERO Reiseflug *m;* **velocità di ~** Reisegeschwindigkeit *f* ③ ARCH [Gewölbe]kreuz *nt;* **volta a ~** Kreuzgewölbe *nt*
crocifiggere [krotʃi'fiddʒere] <crocifiggo, crocifissi, crocifisso> *vt* ① REL kreuzigen ② *(fig: tormentare)* quälen
crocifissione [krotʃifis'sioːne] *f* Kreuzigung *f*
crocifisso[1] [krotʃi'fisso] *m* ① *(persona)* Gekreuzigte(r) *m* ② REL *(immagine di Gesù)* Kruzifix *nt*
crocifisso[2] *pp di* **crocifiggere**
croco ['krɔːko] <-chi> *m* Krokus *m*
crogiolare [krodʒo'laːre] **I.** *vt* ① *(cuocere)* köcheln [lassen] ② *(oggetti di vetro)* langsam abkühlen lassen **II.** *vr* **-rsi** sich aalen; **-rsi al sole** sich in der Sonne aalen
crogiolarsi [krodʒo'larsi] *vr* sich aalen
crogiolo [kro'dʒɔːlo] *m (a. fig)* Schmelztiegel *m*
crollare [krol'laːre] *vi essere* ① *(costruzione)* einstürzen, zusammenbrechen ② *(persone)* zusammenbrechen; *(prezzi)* fallen
crollo ['krɔllo] *m* ① *(di casa, ponte)* Einsturz *m,* Zusammenbruch *m* ② COM Zusammenbruch *m; (dei prezzi)* Sturz *m;* **~ delle nascite** Geburtenknick *m* ③ *(fig: caduta definitiva)* Zusammenbruch *m,* Ende *nt*
croma ['krɔːma] *f* Achtelnote *f*
cromare [kro'maːre] *vt* verchromen
cromaticità [kromatitʃi'ta] <-> *f* ① *(valore coloristico)* Farbigkeit *f,* Farbgebung *f* ② LIT, MUS, KUNST Chromatik *f*
cromatico, -a [kro'maːtiko] <-ci, -che> *agg* chromatisch
cromatismo [kroma'tizmo] *m* Chromatik *f*
cromato, -a [kro'maːto] *agg* verchromt
cromatura [kroma'tuːra] *f* Verchromung *f*
cromo ['krɔːmo] *m* Chrom *nt*
cromosoma [kromo'sɔːma] <-i> *m* Chromosom *nt*
cromosomico, -a [kromo'sɔːmiko] <-ci, -che> *agg* Chromosomen-
cronaca ['krɔːnaka] <-che> *f* Chronik *f,* Reportage *f;* **~ bianca** allgemeiner Nachrichtenteil; **~ nera** Verbrechens- und Unfallmeldungen *fpl;* **~ politica** politische Meldungen *fpl;* **~ rosa** [*o* **mondana**] Klatschspalte *f;* **fatti di ~** Tagesereignisse *ntpl*
cronica *f v.* **cronico**
cronicità [kronitʃi'ta] <-> *f* chronischer Charakter
cronico, -a ['krɔːniko] <-ci, -che> **I.** *agg* chronisch **II.** *m, f* chronisch Kranke(r) *f(m)*
cronista [kro'nista] <-i *m,* -e *f*> *mf* Berichterstatter(in) *m(f),* Reporter(in) *m(f)*
cronistoria [kronis'tɔːria] *f* Chronik *f*
cronologia [kronolo'dʒiːa] <-gie> *f* Chronologie *f,* zeitliche Abfolge
cronologico, -a [krono'lɔːdʒiko] <-ci, -che> *agg* chronologisch
cronometraggio [kronome'traddʒo] <-ggi> *m* Zeitmessung *f,* Zeitnahme *f*
cronometrare [kronome'traːre] *vt* [ab]stoppen
cronometrista [kronome'trista] <-i *m,* -e *f*> *mf* Zeitnehmer(in) *m(f)*
cronometro [kro'nɔːmetro] *m* Chronometer *m;* SPORT Stoppuhr *f*
cronoscalata [kronoska'laːta] *f* SPORT Bergzeitfahren *nt*
cronotachigrafo [kronota'kiːgrafo] *m* Chronotachograf *m,* Fahrtenschreiber *m*
cronotecnica [krono'tɛknika] <-che> *f* Chronotechnik *f*
cronotecnico, -a [krono'tɛkniko] <-ci, -che> *m, f* Chronotechniker(in) *m(f)*
cross [krɔs] <-> *m* ① *(motociclismo)* Motocross *nt* ② *(nel calcio)* Flanke *f* ③ *(nel pugilato)* Gerade *f*
crossare [kros'saːre] *vi* flanken
crossculturale [krosskultu'raːle] *agg* kulturübergreifend
crossdromo [kross'dromo] *m v.* **crossodromo**
crossista [kros'sista] <-i *m,* -e *f*> *mf* Motocross-Fahrer(in) *m(f)*
crossodromo [krosso'dromo] *m* Motodrom *nt*
crosta ['krɔsta] *f* ① *(del pane)* Kruste *f; (del formaggio)* Rinde *f* ② MED Schorf *m,* Kruste *f;* **~ lattea** Milchschorf *m* ③ GEOG Kruste *f;* **~ terrestre** Erdkruste *f*
crostacei [kros'taːtʃei] *mpl* Krustentiere *ntpl*
crostale [kros'taːle] *agg* Erdkrusten-; **zona ~** Erdkrustenzone *f;* **zolla ~** Erdkrustenscholle *f*
crostata [kros'taːta] *f Mürbeteigkuchen, meist mit Obst oder Marmelade*
crostino [kros'tiːno] *m* [gerösteter] Brotwürfel *m*
crotalo ['krɔːtalo] *m* Klapperschlange *f*
crucca *f v.* **crucco**
crucciare [krut'tʃaːre] **I.** *vt* betrüben **II.** *vr* **-rsi** sich grämen
cruccio ['kruttʃo] <-cci> *m* Kummer *m,* Gram *m*
crucco, -a ['krukko] <-cchi, -cche> *m, f (fam pej)* Deutsche(r) *f(m)*
cruciale [kru'tʃaːle] *agg* entscheidend, kritisch
cruciforme [krutʃi'forme] *agg* kreuzförmig

cruciverba [krutʃi'vɛrba] <-> *m* Kreuzworträtsel *nt*
crudele [kru'de:le] *agg* grausam
crudeltà [krudel'ta] <-> *f* Grausamkeit *f*
crudo, -a ['kru:do] *agg* ① *(carne, verdura)* roh ② *(fig)* nackt
cruento, -a [kru'ɛnto] *agg* blutig
cruising ['kru:ziŋ] <-> *m* Cruising *nt*
crumira *f v.* **crumiro**
crumiraggio [krumi'raddʒo] <-ggi> *m* Streikbruch *m*
crumiro, -a [kru'mi:ro] *m, f* Streikbrecher(in) *m(f)*
cruna ['kru:na] *f* Nadelöhr *nt*
crusca ['kruska] <-sche> *f* Kleie *f;* **l'Accademia della Crusca** *Gesellschaft zur Pflege der italienischen Sprache*
cruscotto [krus'kɔtto] *m* Armaturenbrett *nt*
c.s. *abbr di* **come sopra** w.o., wie oben
CT <-> *m abbr di* **Commissario Tecnico** ≈ Fußballbundestrainer
cubanizzare [kubanid'dza:re] POL **I.** *vt* politisch isolieren, ins politische Abseits stellen **II.** *vr* **-rsi** sich ins politische Abseits stellen
cubanizzazione [kubaniddzat'tsio:ne] *f* POL politische Isolation *f*
cubatura [kuba'tu:ra] *f* Rauminhalt *m,* Volumen *nt*
cubettatrice [kubetta'tri:tʃe] *f* Maschine *f* zur Herstellung von Würfeln
cubetto [ku'betto] *m* Würfel *m*
cubicità [kubitʃi'ta] <-> *f* Würfelform *f*
cubico, -a ['ku:biko] <-ci, -che> *agg* ① *(forma)* kubisch, würfelförmig ② MAT kubisch, Kubik-; **radice -a** Kubikwurzel *f*
cubismo [ku'bizmo] *m* Kubismus *m*
cubista [ku'bista] <-i *m,* -e *f*> **I.** *mf* ① *(artista)* Kubist(in) *m(f)* ② *(nelle discoteche)* Table-Dancer *m* **II.** *agg* kubistisch
cubito ['ku:bito] *m* Elle *f*
cubo ['ku:bo] **I.** *m* ① MAT Kubus *m,* Würfel *m; (terza potenza)* dritte Potenz ② *(oggetto)* Würfel *m* **II.** *agg* **metro ~** Kubikmeter *m o nt*
cucador [kuka'dor] <- *o* cucadores> *m* *(sl)* Frauenheld *m,* Playboy *m*
cuccagna [kuk'kaɲɲa] *f* Schlaraffenland *nt;* **il paese della ~** das Schlaraffenland; **l'albero della ~** *Klettermast, an dessen oberen Ende Preise hängen*
cuccare [kuk'ka:re] **I.** *vt (fam)* ① *(ingannare)* reinlegen, anschmieren ② *(prendere)* erwischen, ertappen ③ *(fig: rimorchiare)* abschleppen, mitschleppen **II.** *vr* **-rsi** *(fam)* ① *(prendersi)* sich holen ② *(sorbirsi)* über sich ergehen lassen
cuccetta [kut'tʃetta] *f* NAUT Koje *f;* FERR Platz *m* im Liegewagen
cuccettista [kuttʃet'tista] <-i *m,* -e *f*> *mf* Liegewagenschaffner(in) *m(f)*
cucchiaiata [kukkia'ia:ta] *f* Löffel [voll] *m*
cucchiaino [kukkia'i:no] *m* Teelöffel *m;* **sono da raccattare col ~** *(fam)* ich gehe auf dem Zahnfleisch
cucchiaio [kuk'kia:io] <-ai> *m* ① *(da tavola)* [Ess]löffel *m* ② TEC Schaufel *f*
cucchiaione [kukkia'io:ne] *m* Kelle *f,* Schöpflöffel *m*
cuccia ['kuttʃa] <-cce> *f* ① *(del cane)* Hundehütte *f; (giaciglio)* Körbchen *nt;* **a ~!** Platz!; *(fig, scherz)* kusch! ② *(fig fam: letto)* Falle *f,* Kiste *f*
cucciola *f v.* **cucciolo**
cucciolata [kuttʃo'la:ta] *f* Wurf *m*
cucciolo, -a ['kuttʃolo] *m, f* [Hunde]junge(s) *nt,* Welpe *m*
cucco ['kukko] <-cchi> *m* ① *(cuculo)* Kuckuck *m;* **vecchio come il ~** *(fam)* uralt ② *(cocco)* Liebling *m,* Nesthäkchen *nt*
cuccuma ['kukkuma] *f* Kanne *f*
cucina [ku'tʃi:na] *f* ① *(luogo)* Küche *f;* **~ componibile** [*o* **all'americana**] Einbauküche *f* ② *(arte, modo)* Küche *f,* Kochkunst *f;* **libro di ~** Kochbuch *nt* ③ *(apparecchio)* Herd *m;* **~ a gas** Gasherd *m,* Rechaud *m* A; **~ elettrica** Elektroherd *m*
cucinare [kutʃi'na:re] **I.** *vt* kochen, zubereiten **II.** *vi* kochen
cuciniere, -a [kutʃi'niɛ:re] *m, f* Küchenmeister *m*
cucinino [kutʃi'ni:no] *m,* **cucinotto** [kutʃi'nɔtto] *m* Kochnische *f*
cucire [ku'tʃi:re] *vt* nähen; **macchina da ~** Nähmaschine *f;* **~ la bocca a qu** *(fig)* jdm den Mund stopfen
cucito [ku'tʃi:to] *m* Näherei *f,* Näharbeit *f*
cucito, -a *agg* genäht; **avere le labbra -e** *(fig)* beharrlich schweigen
cucitrice [kutʃi'tri:tʃe] *f* ① TEC Nähmaschine *f* ② TYP Heftmaschine *f; (per carta)* Hefter *m*
cucitura [kutʃi'tu:ra] *f* ① *(di tessuto)* Naht *f* ② TYP Heftung *f*
cucù [ku'ku] **I.** *m* <-> ① ZOO Kuckuck *m* ② *(orologio)* Kuckucksuhr *f* **II.** *int* kuckuck
cuculo [ku'ku:lo] *m* Kuckuck *m*
cuffia ['kuffia] <-ie> *f* ① *(per la testa)* Haube *f;* **~ da bagno** Badekappe *f* ② TEL, RADIO Kopfhörer *m*
cugino, -a [ku'dʒi:no] *m, f* Cousin *m*/Cousine *f*
cui ['ku:i] *pron rel* ① *(con preposizioni)* **con ~** mit dem/der; **di ~** von dem/der; **in ~** in [*o* an] dem/der; **per ~** für den/die/

C

das ② *(a cui)* dem/der/denen *pl* ③ *(di cui)* dessen/deren

culat(t)one [kula(t)'toːne] *m (vulg)* Hinterlader *m*

culatello [kula'tɛllo] *m emilianische Schinkenart*

culinaria [kuli'naːria] <-ie> *f* Kochkunst *f*

culinario, -a [kuli'naːrio] <-i, -ie> *agg* kulinarisch, Koch-; **arte -a** Kochkunst *f*

culla ['kulla] *f* Wiege *f;* **fin dalla ~** von Geburt an

cullare [kul'laːre] **I.** *vt* wiegen **II.** *vr* **-rsi** *(a. fig)* sich wiegen

culminante [kulmi'nante] *agg* Haupt-, Gipfel-; **punto ~** Höhepunkt *m*

culminare [kulmi'naːre] *vi essere* ① *(fig: arrivare all'apice)* gipfeln; **~ in qc** in etw *dat* gipfeln ② ASTR kulminieren

culminazione [kulminat'tsioːne] *f* Kulmination *f*

culmine ['kulmine] *m* ① *(fig: apice)* Gipfel *m,* Höhepunkt *m* ② *(di monte)* Gipfel *m,* Spitze *f*

culo ['kuːlo] *m* ① *(vulg)* Arsch *m;* **prendere qu per il ~** jdn verarschen; **farsi il ~** [*o* **un ~ così**] sich den Arsch aufreißen; **va a fare in ~** leck mich am Arsch ② *(fam: fortuna)* Schwein *nt,* Dusel *m;* **avere ~** Schwein haben *fam* ③ *(di bicchiere, bottiglia)* Boden *m*

cult [kʌlt] **I.** *m* <-> Kult *m* **II.** *agg inv* Kult-; **~ movie** Kultfilm *m*

culto ['kulto] *m* ① REL Kult[us] *m;* *(religione)* Religion *f;* **libertà di ~** Religionsfreiheit *f* ② *(fig: venerazione)* Kult *m;* **avere il ~ della propria persona** übertriebenen Wert auf sein Äußeres legen

cultore, -trice [kul'toːre] *m, f* Liebhaber(in) *m(f),* Förderer *m/*Förderin *f*

cultura [kul'tuːra] *f* ① *(gener)* Kultur *f,* Bildung *f;* **un uomo di ~** ein kultivierter Mann; **farsi una ~** sich bilden ② AGR Kultur *f,* Pflanzung *f,* Anbau *m*

culturale [kultu'raːle] *agg* ① *(preparazione, prova)* kulturell ② *(associazione, scambi)* Kultur-

culturalismo [kultura'lizmo] *m* ① *(sfoggio di cultura)* übertriebene Zurschaustellung von Bildung; **un'opera che presenta un ~ eccessivo** ein übertrieben bildungsbetontes Werk ② *(interpretazione)* Auslegung *f,* Deutung *f*

culturalistico, -a [kultura'listiko] <-ci, -che> *agg* ① *(che sfoggia cultura)* bildungsprahlerisch, bildungsprotzig ② *(di interpretazione)* interpretatorisch; **opera eccessivamente -a** ein übertrieben bildungsbetontes Werk

culturismo [kultu'rizmo] *m* Bodybuilding *nt*

culturista [kultu'rista] <-i *m,* -e *f*> *mf* Bodybuilder(in) *m(f)*

cumino [ku'miːno] *m* Kümmel *m*

cumulabile [kumu'laːbile] *agg* kumulierbar

cumulare [kumu'laːre] *vt* anhäufen, kumulieren

cumulativo, -a [kumula'tiːvo] *agg* Sammel-; *(prezzo)* Gesamt-

cumulismo [kumu'lizmo] *m (obs)* Kumulierung *f,* Anhäufung *f*

cumulo ['kuːmulo] *m* ① *(di cose)* Haufen *m;* **dire un ~ di sciocchezze** einen Haufen Unsinn reden ② METEO Kumulus *m,* Haufenwolke *f*

cuneense [kune'ɛnse] **I.** *agg* aus [*o* von] Cuneo **II.** *mf (abitante)* Einwohner(in) *m(f)* von Cuneo **III.** *m (cioccolatino)* Praline *f* aus Schokolade

Cuneense *m sing* Umgebung *f* von Cuneo

cuneiforme [kunei'forme] **I.** *agg* keilförmig; **caratteri -i** Keilschriftzeichen *ntpl* **II.** *m* Keilschrift *f*

cuneo ['kuːneo] *m* Keil *m*

Cuneo *f* Cuneo *nt (Stadt in Piemont)*

cunetta [ku'netta] *f* Querrinne *f*

cunicolo [ku'niːkolo] *m* Stollen *m,* unterirdischer Gang

cuoca *f v.* **cuoco**

cuocere ['kuɔːtʃere] <cuocio, cossi, cotto> **I.** *vt avere* ① GASTR garen; *(nell'acqua)* kochen; *(in padella)* braten; *(in forno)* backen; *(in umido)* dünsten, schmoren; **~ alla griglia** grillen; **~ sulla brace** rösten ② *(ceramiche, mattoni, calcina)* brennen ③ *(sole)* verbrennen, austrocknen **II.** *vi essere* ① GASTR kochen; **il riso sta cuocendo** der Reis kocht ② *(fig: offesa)* wehtun, brennen

cuociuova [kuɔːtʃiu'ɔːva] <-> *m* Eierkocher *m*

cuoco, -a ['kuɔːko] <-chi, -che> *m, f* Koch *m/*Köchin *f;* **troppi -chi guastano la cucina** *(prov)* viele Köche verderben den Brei

cuoio ['kuɔːio] <*pl:* -oi *m* o *fig:* -a *f*> *m* ① ANAT, ZOO Leder *nt* ② *(fig, scherz: pelle dell'uomo)* Fell *nt;* **~ capelluto** Kopfhaut *f;* **tirare** [*o* **lasciarci**] **le -a** *(fig fam)* ins Gras beißen

cuore ['kuɔːre] *m* ① ANAT Herz *nt* ② *(fig: sede dei sentimenti)* Herz *nt;* **affari di ~** Herzensangelegenheiten *fpl;* **gente di ~** herzliche Leute *pl;* **amico del ~** Busenfreund *m;* **avere buon ~** ein gutes Herz haben; **essere** [*o* **stare**] **a ~** am Herzen liegen; **prendersi a ~ qc** sich einer Sache annehmen; **ragionare col ~** nach dem Herzen handeln; **spezzare il ~ a qu** *(fig)* jdm das Herz brechen; **senza ~** herzlos; **con tutto il ~** von ganzem Herzen; **a [forma] di ~** herzförmig; **mi si stringe il ~** *(fig)* mir blutet das Herz; **un ~ ed una capanna** Raum ist in der kleinsten Hütte [für ein glücklich liebend Paar]; **~ contento il ciel l'aiuta** *(prov)* dem Glücklichen schlägt keine Stunde ③ *pl (carte da gioco)* Herz *nt* ④ *(fig: punto centrale)* Herz *nt;* **~ del carciofo** Artischockenherz *nt;* **nel ~ della notte** mitten in der Nacht ⑤ *(loc)* **ridere di ~** herzlich lachen

cupcake ['kʌpke:k] <-> *m* Cupcake *m*

cupezza [ku'pettsa] *f* Düsterkeit *f,* Finsternis *f*

cupidigia [kupi'di:dʒa] <-gie> *f* Gier *f;* **~ di ...** Gier nach ...

cupo, -a ['ku:po] *agg* ① *(colore)* dunkel ② *(notte, foresta)* finster ③ *(voce)* tief; *(brontolio)* dumpf ④ *(fig: volto, sguardo)* düster, finster

cupola ['ku:pola] *f* ① ARCH Kuppel *f,* Wölbung *f* ② ASTR Kuppel *f,* Gewölbe *nt*

cupoliforme [kupoli'forme] *agg* kuppelförmig

cupuliforme [kupuli'forme] *agg v.* **cupoliforme**

cura ['ku:ra] *f* ① *(premura)* Aufmerksamkeit *f; (impegno)* Pflege *f,* Sorge *f; (oggetto di interessamento)* Sorge *f;* **avere ~ di qu** sich um jdn kümmern; **avere ~ della propria salute** auf seine Gesundheit achten ② *(accuratezza)* Sorgfalt *f;* **a ~ di ...** *(libro)* herausgegeben von ... ③ MED Kur *f; (terapia)* Behandlung *f;* **casa di ~** Privatklinik *nt;* **luogo di ~ termale** Thermalbad *nt;* **essere in ~ da qu** bei jdm in Behandlung sein

curabile [ku'ra:bile] *agg* heilbar

curante [ku'rante] *agg* behandelnd

curare [ku'ra:re] **I.** *vt* ① *(malato, malattia)* behandeln ② *(badare)* achten auf +*akk,* pflegen; *(interessi)* wahrnehmen; **~ gli affari** den Geschäften nachgehen ③ REL sorgen für, betreuen ④ *(testo)* herausgeben **II.** *vr* **-rsi** ① *(prendersi cura)* sich pflegen; MED sich behandeln lassen ② *(preoccuparsi)* **-rsi di qu/qc** sich um jdn/etw *akk* kümmern; **curati dei fatti tuoi!** kümmere dich um deine Angelegenheiten!

curatela [kura'tɛ:la] *f* JUR Vormundschaft *f,* Kuratel *f*

curativo, -a [kura'ti:vo] *agg* Pflege-, Behandlungs-

curato [ku'ra:to] *m* Pfarrer *m*

curatore, -trice [kura'to:re] *m, f* ① *(di antologia, edizione)* Herausgeber(in) *m(f)* ② JUR Verwalter(in) *m(f)*

curia ['ku:ria] <-ie> *f* Kurie *f*

curiale [ku'ria:le] *agg* ① REL Kurien- ② LIT *(stile)* erhaben

curiosa *f v.* **curioso**

curiosare [kurio'sa:re] *vi* herumschnüffeln

curiosità [kuriosi'ta] <-> *f* ① *(desiderio di sapere)* Neugier *f;* **mostrare ~ per qc** neugierig auf etw *akk* sein ② *(rarità)* Kuriosität *f*

curioso, -a [ku'rio:so] **I.** *agg* ① *(indiscreto)* neugierig ② *(bizzarro)* kurios, sonderbar **II.** *m, f* Neugierige(r) *f(m)*

curriculum (vitae) [kur'ri:kulum ('vi:te)] <-> *m* Lebenslauf *m*

curry ['kʌri] <-> *m* Curry *m o nt*

cursore *m* INFORM Cursor *m*

cursorio, -a [kur'sɔ:rio] <-i, -ie> *agg* kursorisch, rasch

curtain wall ['kə:tən wɔ:l] <- *o* curtain walls> *f* ARCH Curtain-wall *m*

curva ['kurva] *f* Kurve *f;* **doppia ~** S-Kurve *f*

curvaiolo, -a [kurva'io:lo] *m, f (obs)* Fußballzuschauer(in) *m(f)* in der Fankurve

curvare [kur'va:re] **I.** *vt* ① *(sbarra, ramo)* biegen ② *(capo, fronte)* beugen; *(schiena)* krümmen **II.** *vr* **-rsi** sich krümmen; *(persona)* sich beugen

curvatura [kurva'tu:ra] *f* Rundung *f; (piegatura)* Krümmung *f,* Biegung *f*

curvilineo, -a *agg* gekrümmt; MAT krummlinig

curvo, -a ['kurvo] *agg* gebogen, gekrümmt; *(spalle, persona)* gebeugt

curvy ['kurvi] <-> *agg (aspetto fisico)* üppig, rundlich

CUS [kus] *m acro di* **Centro Universitario Sportivo** *Sportausschuss italienischer Universitäten*

cuscinetto[1] [kuʃʃi'netto] *m* ① TEC Lager *nt;* **~ a sfere** Kugellager *nt* ② *(per spilli, timbri)* Kissen *nt*

cuscinetto[2] *agg inv* **stato ~** Pufferstaat *m;* **zona ~** Pufferzone *f*

cuscino [kuʃ'ʃi:no] *m* Kissen *nt,* Polster *m* A

cuscus ['kuskus] <-> *m* GASTR Kuskus *m o nt*

cuspide ['kuspide] *f* Spitze *f;* ARCH Giebel *m*

custode [kus'tɔ:de] **I.** *mf* ① *(sorvegliante)* Aufseher(in) *m(f),* Wächter(in) *m(f); (di museo, palazzo, scuola)* Wärter(in) *m(f),* Pförtner(in) *m(f)* ② *(fig: di valore, bene ideale)* [Be]wahrer(in) *m(f)* **II.** *agg* **angelo ~** Schutzengel *m*

custodia [kus'tɔ:dia] <-ie> *f* ① *(cura)* Bewachung *f,* Beaufsichtigung *f; (conservazione)* Aufbewahrung *f;* **dare qc in ~ a qu** jdm etw zur Aufbewahrung geben ② JUR

~ **cautelare** Sicherungshaft *f* ③ *(astuccio per violino)* Kasten *m; (degli occhiali)* Etui *nt*

custodire [kusto'di:re] <custodisco> **I.** *vt* bewachen; *(casa, bambini, mandria, segreto)* hüten **II.** *vr* **-rsi** auf seine Gesundheit achten

custom ['kʌstəm] **I.** *agg inv (fatto su misura)* nach Maß angefertigt **II.** *f* <-> *(motocicletta)* Motorrad *nt*

customizing ['kʌstəaiziɲ] *m* COM Customizing *nt*

cutaneo, -a [ku'ta:neo] *agg* Haut-

cute ['ku:te] *f* Haut *f*

cuticola [ku'ti:kola] *f* ① ANAT Häutchen *nt;* ~ **delle unghie** Nagelhaut *f* ② BOT, ZOO Kutikula *f*

cutrettola [ku'trettola *o* ku'trεttola] *f* Bachstelze *f*

CV ① *abbr di* **Cavallo Vapore** PS, Pferdestärke ② *abbr di* **curriculum vitae** Lebenslauf

cyberbullismo [saiberbul'lizmo] *m* Cybermobbing *nt*

cybercafé [saiberka'fe] <-> *m* Cybercafé *nt*

cybernauta [saiber'nauta] <-i *m*, -e *f*> *mf v.* **internettista**

cyberpizzo [saiber'pittso] *m Erpressungsgeld im Internet*

cybersesso *m* INFORM Cybersex *m*

cyberspazio [tʃiber'spazio] <-i> *m* INFORM Cyberspace *nt*

cyclette [si'klεt] <- *o* cyclettes> *f* Heimtrainer *m,* Hometrainer *m;* **fare** ~ auf dem Heimtrainer trainieren

czarda *f v.* **ciarda**

Dd

D, d [di] <-> *f* D *nt,* d *nt;* **d come Domodossola** D wie Dora

D ① *abbr di* **Diretto** ≈ E ② *abbr di* **Deutschland** D

d' *prep* = **di** *vor Vokal; v.* **di**

da [da] <dal, dallo, dall', dalla, dai, dagli, dalle> *prep* ① *(stato in luogo)* bei +*dat; (moto da luogo)* von +*dat,* aus +*dat; (moto a luogo: con persone)* zu +*dat; (attraverso)* durch +*akk,* über +*akk; (distanza)* von +*dat; (fuori di)* aus +*dat;* **abito ~ mio zio** ich wohne bei meinem Onkel; **andare ~ Torino a Stoccarda** von Turin nach Stuttgart fahren; **vado ~ un amico** ich gehe zu einem Freund; **vengo ~ casa** ich komme von daheim; **verrò ~ Firenze** ich werde aus [*o* von] Florenz kommen; **trattoria "~ Giovanni"** Gasthof „Bei Giovanni"; ~ **dove** woher, von wo ② *(agente)* von +*dat,* durch +*akk* ③ *(causa)* vor +*dat o akk;* **tremare dal freddo** vor Kälte zittern ④ *(tempo)* seit +*dat,* von +*dat* … an; ~ **cinque anni** seit fünf Jahren; ~ **domani** ab morgen; ~ **oggi in poi** von heute an; [**fin**] ~ **bambino** [schon] als Kind; ~ **allora** seither, seit damals; ~ **molto/poco** seit Langem/Kurzem; ~ **principio** anfangs, am Anfang; ~ **quanto tempo** seit wann ⑤ *(fine, scopo)* als, zu; **auto ~ corsa** Rennauto *nt,* Rennwagen *m;* **cane ~ caccia** Jagdhund *m* ⑥ *(modo)* wie; *(età)* als; ~ **solo** [von] selbst, allein; **comportarsi ~ vero amico** sich wie ein wahrer Freund verhalten ⑦ *(qualità)* mit +*dat;* **una ragazza dai capelli rossi** ein Mädchen mit roten Haaren ⑧ *(valore)* zu +*dat,* im Wert von +*dat* ⑨ *(con inf)* zu[m]; **essere così stanchi ~ non poter stare in piedi** sich vor Müdigkeit nicht mehr auf den Beinen halten können; **qc ~ bere** etw zum Trinken, etw zu trinken

dabbasso [dab'basso] *avv* unten

dabbenaggine [dabbe'naddʒine] *f* Vertrauensseligkeit *f,* Leichtgläubigkeit *f*

dabbene [dab'bε:ne] *agg inv* rechtschaffen, redlich

daccapo [dak'ka:po] *avv* noch einmal [von Anfang an], von vorn

dacché [dak'ke] *cong* ① *(poet: poiché)* weil ② *(da quando)* seit, seitdem

dadaismo [dada'izmo] *m* Dadaismus *m*

dado ['da:do] *m* ① *(cubetto)* Würfel *m;* **giocare ai -i** Würfel spielen, würfeln ② GASTR Brühwürfel *m,* Suppenwürfel *m* ③ *(per bulloni)* [Schrauben]mutter *f*

daffare [daf'fa:re] <-> *m* Arbeit *f,* [dringende] Aufgabe *f;* **avere un gran ~** sehr viel Arbeit haben

daga ['da:ga] <-ghe> *f* großer Dolch, kurzes Schwert

dagli ['daʎʎi] **I.** *prep con articolo gli* **da** **II.** *int (fam)* gib [es] ihm!; ~ **al ladro!** haltet den Dieb!; ~ **oggi, ~ domani, alla fine lo convinse a partire** da er/sie keine Ruhe gab, ließ er sich am Ende zur Abreise überreden

daino ['daːino] *m* Damhirsch *m*

dal [dal] *prep* = **da + il** *v.* **da**

dalia ['daːlia] <-ie> *f* Dahlie *f*

dall' [dall], **dalla** ['dalla], **dallo** ['dallo], **dalle** ['dalle] *prep* = **da + l', la, lo, le** *v.* **da**

daltonico, **-a** [dal'tɔːniko] <-ci, -che> **I.** *agg* farbenblind **II.** *m, f* Farbenblinde(r) *f(m)*

daltonismo [dalto'nizmo] *m* Farbenblindheit *f*, Daltonismus *m*

dama ['daːma] *f* ① *(persona)* Dame *f*; **~ di compagnia** Gesellschaftsdame *f*; **~ di corte** Hofdame *f* ② *(gioco)* Dame *f*, Damespiel *nt*; *(scacchiera)* Damebrett *nt*; **giocare a ~** Dame spielen

damascare [damas'kaːre] *vt* ① *(panno)* damastartig weben ② *(armi)* damaszieren

damasco [da'masko] <-schi> *m* Damast *m*

damerino [dame'riːno] *m* ① *(giovane galante)* Galan *m geh* ② *(pej: bellimbusto)* Geck *m*, Stutzer *m obs*

damigella [dami'dʒɛlla] *f* HIST Edelfräulein *nt*; **~ d'onore** Brautjungfer *f*

damigiana [dami'dʒaːna] *f* große Korbflasche

dammeno [dam'meːno] *agg inv* weniger wert; **essere ~ di qu** jdm unterlegen sein

DAMS [dams] *m acro di* **Discipline delle Arti, della Musica e dello Spettacolo** *Hochschule für darstellende Kunst, Musik und Schauspiel*

danaro [da'naːro] *v.* **denaro**

danaroso, **-a** [dana'roːso] *agg* vermögend, wohlhabend

dance music ['daːns 'mjuːzik] <-> *f* Dance music *f*

dancing ['daːnsiŋ *o* 'dɛnsin(g)] <-> *m* Tanzlokal *nt*

danese [da'neːse] **I.** *agg* dänisch **II.** *mf* Däne *m*/Dänin *f*

Danimarca [dani'marka] *f* Dänemark *nt*

dannare [dan'naːre] **I.** *vt* verdammen, verfluchen; **far ~ qu** jdn zur Verzweiflung treiben **II.** *vr* **-rsi** sich plagen, sich quälen; **-rsi l'anima per qc** sich wegen etw aufzehren

dannato, **-a** [dan'naːto] **I.** *agg* verdammt **II.** *m, f* Verdammte(r) *f(m)*

dannazione [dannat'tsioːne] **I.** *f* ① *(perdizione)* Verdammnis *f*, Verdammung *f* ② *(fig: tormento)* Plage *f*, Strafe *f* **II.** *int* **~!** verdammt [nochmal]! *fam*

danneggiamento [dannedd͡ʒa'mento] *m* Beschädigung *f*

danneggiare [danned'dʒaːre] *vt* ① *(rovinare)* beschädigen ② *(nuocere)* schädigen, schaden; **~ qu/qc** jdm/etw schaden

danno ['danno] *m* Schaden *m*; **-i ambientali** Umweltschaden *pl*; **far -i** Schaden anrichten; **recare ~** Schaden zufügen; **pagare i -i** für den Schaden aufkommen; **a ~** [*o* **ai -i**] **di qu** zu jds Schaden; **rimanere** [*o* **restare**] **col ~ e con le beffe** wer den Schaden hat, braucht für den Spott nicht zu sorgen

dannoso, **-a** [dan'noːso] *agg* **essere ~** [**per** [*o* **a**] **qu/qc**] [für jdn/etw] schädlich sein

dantesco, **-a** [dan'tesko] <-schi, -sche> *agg* dantisch, von Dante

dantista [dan'tista] <-i *m*, -e *f*> *mf* Danteforscher(in) *m(f)*

Danubio [da'nuːbio] *m* Donau *f*

danza ['dantsa] *f* Tanz *m*; **~ classica** Ballett *nt*; **~ popolare** Volkstanz *m*

danzante [dan'tsante] *agg* tanzend, Tanz-; **trattenimento ~** Tanzvergnügen *nt*

danzare [dan'tsaːre] *vi, vt* tanzen

danzatore, **-trice** [dantsa'toːre] *m, f* Tänzer(in) *m(f)*

Danzica ['dantsika] *f* Danzig *nt*

dappertutto [dapper'tutto] *avv* ① *(stato)* überall ② *(moto)* überallhin

dappiè [dap'piɛ], **dappiede** [dap'piɛːde], **dappiedi** [dap'piɛːdi] *avv (poet)* am Fuß[e], zu Füßen

dappiù [dap'piu] *agg inv* mehr wert, besser

dappocaggine [dappo'kaddʒine] *f* Unfähigkeit *f*, Beschränktheit *f*

dappoco [dap'pɔːko] *agg inv* ① *(inetto)* unfähig, beschränkt ② *(di poca importanza)* unbedeutend, bedeutungslos

dappresso [dap'prɛsso] *avv (moto)* von nahem, aus der Nähe; *(stato)* in der Nähe (**a** von)

dapprima [dap'priːma] *avv* im ersten Moment, anfangs

dapprincipio [dapprin'tʃiːpio] *avv* anfangs, am Anfang

dardeggiare [darded'dʒaːre] **I.** *vt (poet)* ① *(sole)* versengen, verbrennen ② *(occhi)* durchbohren **II.** *vi (sole)* brennen, stechen

dardo ['dardo] *m* Pfeil *m*

dare[1] ['daːre] <do, diedi *o* detti, dato> **I.** *vt* ① *(gener)* geben; *(da portare via)* mitgeben; *(medicina)* eingeben, einflößen; *(disposizioni)* geben; *(esame)* ablegen; *(fuoco)* legen; *(sguardo)* werfen; **~ una multa a qu** jdm ein Bußgeld auferlegen; **~ una notizia** Nachricht geben; **~ peso a qc** Wert auf etw *akk* legen; **~ del Lei/tu a qu** jdn siezen/duzen ② *(assegnare)* verleihen, geben ③ *(produrre)* hervorbringen, erzeugen ④ *(causare)* verursachen; *(di-*

spiacere, preoccupazioni, gioia) machen ⑤ *(offrire)* anbieten ⑥ *(festa)* veranstalten; *(ricevimento)* geben ⑦ *(augurare)* wünschen; ~ **il buongiorno a qu** jdm einen guten Tag wünschen **II.** *vi* ① *(guardare)* gehen; **la finestra dà sul cortile** das Fenster geht auf den Hof; **la finestra dà sulla strada** das Fenster geht nach der Straße ② *(prorompere)* ausbrechen ③ *(battere)* schlagen ④ *(fare effetto)* ~ **nell'occhio** ins Auge springen; ~ **alla testa** zu Kopf steigen ⑤ *(tendere a un colore)* ~ **sul rosso** ins Rot gehen **III.** *vr* **-rsi** ① *(dedicarsi)* sich widmen; **darsi alla pittura** sich der Malerei widmen ② *(sottomettersi)* sich ergeben ③ *(incominciare)* anfangen, beginnen ④ *(trovare)* **non darsi pace** keine Ruhe finden ⑤ *(loc)* **si dà il caso che …** +*conj* zufällig …; **può darsi che …** +*conj* es mag sein, dass …, es kann sein, dass …; **darsela a gambe** die Beine in die Hand nehmen; **-rsi per …** sich ausgeben für …

dare[2] <-> *m* Soll *nt;* **il ~ e l'avere** Soll und Haben

dark [daːk *o* dark] **I.** *agg inv* ① *(tipo di musica)* Dark music- *f* ② *(modo di vestirsi)* ausschließlich dunkle Kleidung tragend **II.** *mf* <-> Gruftie *m*

darsena ['darsena] *f* Dock *nt*

darvinismo [darvi'nizmo] *m* Darwinismus *m*

DAT ['dat] *m acro di* **digital audio tape** DAT *nt*

data[1] ['daːta] *f* Datum *nt,* Zeitpunkt *m;* ~ **di nascita** Geburtsdatum *nt;* ~ **di scadenza** Haltbarkeitsdatum *nt;* **rimandare qc a ~ da destinarsi** etw bis auf Weiteres verschieben; **di fresca ~** neueren Datums; **un amico di lunga/vecchia ~** ein alter Freund

data[2] [data *o* 'deitə] *mpl* INFORM Daten *ntpl;* ~ **base** Datenbasis *f;* ~ **bank** Datenbank *f;* ~ **glove** Datenhandschuh *m;* ~ **management** Datenverwaltung *f,* Datenmanagement *nt*

datare [da'taːre] **I.** *vt avere* datieren **II.** *vi essere* datieren; **la nostra amicizia data da maggio 1998** wir sind seit Mai 1998 befreundet; **a ~ da domani** ab morgen

datario [da'taːrio] *m* Datumsanzeige *f*

datazione [datat'tsioːne] *f* Datierung *f*

dativo [da'tiːvo] *m* Dativ *m,* Wemfall *m*

dato ['daːto] *m* Anhaltspunkt *m;* ~ **di fatto** Tatsache *f,* Gegebenheit *f;* **banca -i** INFORM Datenbank *f;* **trasmissione [di] -i** INFORM Datenübertragung *f;* **elaborazione elettronica dei -i** elektronische Datenverarbeitung *f;* **-i fiscali** Steuerdaten *pl*

dato, -a I. *pp di* **dare**[1] **II.** *agg* ① *(determinato)* bestimmt, gewiss, dezidiert A ② *(dedito)* ergeben ③ *(supposto)* gegeben; ~ **che** in Anbetracht der Tatsache, dass; **-e le circostanze** unter diesen Umständen; **-i i nostri ottimi rapporti** in Anbetracht unserer hervorragenden Beziehungen

datore, -trice [da'toːre] *m, f* Geber(in) *m(f);* ~ **di lavoro** Arbeitgeber(in) *m(f),* Dienstgeber(in) *m(f)* A

datoriale [dato'riaːle] *agg* Arbeitgeber-, Dienstgeber- A

dattero ['dattero] *m* ① *(frutto)* Dattel *f* ② *(pianta)* Dattelpalme *f*

dattilo ['dattilo] *m* Daktylus *m*

dattilocomposizione [dattilokomposit'tsioːne] *f* Fingersatz *m*

dattilografa *f v.* **dattilografo**

dattilografare [dattilogra'faːre] *vt* mit der [Schreib]maschine schreiben

dattilografia [dattilogra'fiːa] *f* Maschine[n]schreiben *nt*

dattilografico, -a [dattilo'graːfiko] <-ci, -che> *agg* [Schreib]maschine[n]-; **nastro ~** Farbband *nt*

dattilografo, -a [datti'lɔːgrafo] *m, f* Maschine[n]schreiber(in) *m(f),* Stenotypist(in) *m(f)*

dattilogramma [dattilo'gramma] <-i> *m* Daktylogramm *nt,* Fingerabdruck *m*

dattilologia [dattilolo'dʒiːa] <-gie> *f* Daktylologie *f,* Finger- und Gebärdensprache *f*

dattilologico, -a [dattilo'lɔːdʒiko] <-ci, -che> *agg* daktylologisch

dattiloscopia [dattilos'kɔːpia] <-ie> *f* Daktyloskopie *f,* Fingerabdruckverfahren *nt,* -erkennung *f*

dattiloscopico, -a [dattilos'kɔːpiko] <-ci, -che> *agg* daktyloskopisch; **esame ~** Fingerabdruckuntersuchung *f*

dattiloscritto, -a *agg* Maschine geschrieben, maschinenschriftlich

dattiloscrittura [dattiloskrit'tuːra] *f* Maschine[n]schreiben *nt,* Daktylografie *f* CH

dattiloscrivere [dattilos'kriːvere] <irr> *vt* mit der Maschine schreiben, tippen, daktylografieren CH

dattorno [dat'torno] **I.** *avv* ① *(intorno)* umher, herum; **darsi ~** sich umtun, sich bemühen ② *(vicino)* in der Nähe **II.** *prep* ~ **a** *(intorno)* um … herum; *(vicino)* in der Nähe von … **III.** *agg inv* umliegend

davanti [da'vanti] **I.** *avv* davor; *(di fronte)* gegenüber; *(nella parte anteriore)* vorn[e] **II.** *prep* ~ **a me** *(stato)* vor mir; *(moto)* vor mich **III.** *agg inv* Vorder-, vordere(r, s) **IV.** *m* Vorderteil *nt,* Vorderseite *f*

davanzale [davan'tsaːle] *m* Fensterbank *f*

davanzo, **d'avanzo** [da'vantso] *avv* mehr als genug, im Überfluss

davvero [dav've:ro] *avv* wirklich, tatsächlich; **per ~** tatsächlich, im Ernst

day ['dei] <- *o* days> *m* Tag *m*, Tageszeit *f*

day after ['dei 'a:ftə] *m sing* day after *m*, Tag *m* danach

day hospital [dei 'hɔspitəl *o* dei 'ospital] <- *o* day hospitals> *m* Tagesklinik *f*; **servizio ~** ambulanter Klinikdienst

daylight ['deilait] *agg inv* **lampada ~** Tageslichtlampe *f*

dazebao [dattse'ba:o] <-> *m v.* **dazibao**

daziare [dat'tsia:re] *vt* Zoll erheben auf *+akk*

daziario, **-a** [dat'tsia:rio] <-i, -ie> *agg* Zoll-

dazibao [dattsi'ba:o] <-> *m* Ta-tzu-pao *nt*, politisches Plakat *nt*

daziere [dat'tsiɛ:re] *m* Zollbeamte(r) *m*/-beamtin *f*, Zöllner(in) *m(f)*

dazio ['dattsio] <-i> *m* Zoll *m*

d.C. *abbr di* **dopo Cristo** n. Chr.

DC *f abbr di* **Democrazia Cristiana** HIST *ehemalige christdemokratische Partei Italiens*

D.D.L. *abbr di* **Disegno Di Legge** Gesetzesvorlage *f*, Gesetzentwurf *m*

dea ['dɛ:a] *f* Göttin *f*

deaerare [deae'ra:re] *vt* entlüften; **~ un liquido** eine Flüssigkeit entlüften

deaerazione [deaerat'tsio:ne] *f* TEC Entlüftung *f*

deal [di:l] <-> *m* Handel *m*, Geschäft *nt*

dealer ['di:lə] <- *o* dealers> *mf* Dealer(in) *m(f)*, Drogenhändler(in) *m(f)*, Rauschgifthändler(in) *m(f)*

dealfabetizzazione [dealfabetiddzat'tsio:ne] *f* Dealphabetisierung *f*, Rückgang *m* der Alphabetisierung

deamarizzare [deamatid'dza:re] *vt* *(caffè)* die Bitterstoffe entfernen

deambulante [deambu'lante] *mf* *(obs)* Spaziergänger(in) *m(f)*

deambulare [deambu'la:re] *vi* *(poet)* sich ergehen *geh*, lustwandeln *geh obs*

deambulatorio, **-a** <-i, -ie> *agg* **funzione -a** Fortbewegung *f*

deambulazione [deambulat'tsio:ne] *f* Gang *m*, Fortbewegung *f*

deamicisiano, **-a** [deamitʃi'zia:no] *agg* *(patetico)* pathetisch; **socialismo ~** romantisch verklärter Sozialismus nach Art von De Amicis; **clima ~** *(fig)* schwülstiges Klima

deamplificare [demaplifi'ka:re] *vt* TEC Verstärkung zurücknehmen

deamplificazione [deamplifikat'tsio:ne] *f* TEC Rücknahme *f* der Verstärkung

deasfaltizzazione [deasfaltiddzat'tsio:ne] *f* CHEM Deasphaltierung *f*

deb [deb] <-> *mf* Debütant(in) *m(f)*

débâcle [de'bakl] <- *o* débâcles> *f* Debakel *nt*, Niederlage *f*; **avere** [*o* **subire**] **una ~** ein Debakel erleiden

debbo ['dɛbbo] *1. pers sing pr di* **dovere**[1]

debellamento [debella'mento] *m* völlige Vernichtung

debellare [debel'la:re] *vt* *(poet)* bezwingen, besiegen; *(male)* ausrotten

debilitamento [debilita'mento] *m* *(obs)* Schwächung *f*, Entkräftung *f*

debilitante [debili'tante] *agg* schwächend, entkräftend; **malattia ~** schwächende Krankheit

debilitare [debili'ta:re] *vt* schwächen, entkräften

debilitazione [debilitat'tsio:ne] *f* Schwächung *f*, Entkräftung *f*

debitamente [debita'mente] *avv* in der vorschriftsgemäßen Form, ordnungsgemäß

debito ['de:bito] *m* ① FIN Schuld *f*, Verbindlichkeit *f*, Soll *nt*; **avere un ~ con qu** jdm etw schulden; **annullare un ~** eine Schuld tilgen; **~ pubblico** Staatsverschuldung *f* ② *(obbligo morale)* Pflicht *f*, Schuldigkeit *f*; **sentirsi in ~ verso qu** in jds Schuld stehen

debito, **-a** *agg* ① *(doveroso)* schuldig, gebührend ② *(imposto)* notwendig, geboten ③ *(opportuno)* passend; **a tempo ~** im passenden Augenblick, zur rechten Zeit

debitore, **-trice** [debi'to:re] *m, f* ① *(a. fig)* Schuldner(in) *m(f)* ② COM Debitor *m*

debitorio, **-a** [debi'tɔ:rio] <-ri, -rie> *agg* JUR Schuld[en]-, Schuldner-; **la situazione -a di un'azienda** die Schuldensituation eines Unternehmens

debitrice *f v.* **debitore**

debole ['de:bole] **I.** *agg* schwach, kraftlos **II.** *m* Schwäche *f*, schwache Seite; **avere il ~ del gioco** eine Schwäche für das Glücksspiel haben

debolezza [debo'lettsa] *f* Schwäche *f*, Schwachheit *f*

debordare [debor'da:re] *vi* überlaufen, überfließen

debosciato, **-a** [deboʃ'ʃa:to] **I.** *agg* ausschweifend, lasterhaft, zügellos **II.** *m, f* Wüstling *m*, zügelloser Mensch *m*

debraiata [debra'ia:ta] *f* *(sl)* MOT Schalten *nt* mit Zwischengas

debug [di'bʌg] <-> *m*, **debugging** [di'bʌgiŋ] <-> *m* INFORM Debugging *nt*, Fehlersuche *f* und -behebung *f*

debuttante [debut'tante] **I.** *agg* debütierend **II.** *mf* Debütant(in) *m(f)*

debuttare [debut'ta:re] *vi* debütieren, erstmals [öffentlich] auftreten
debutto [de'butto] *m* Debüt *nt,* erstes [öffentliches] Auftreten
decacordo [deka'kordo] *m* MUS ① *(arpa)* zehnsaitige Harfe *f* ② *(chitarra antica francese)* Déchacorde *nt*
decade ['dɛ:kade] *f (dieci giorni)* Dekade *f*
decadente [deka'dɛnte] *agg* dekadent
decadentismo [decaden'tizmo] *m* LIT Dekadenz *f*
decadentista [dekaden'tista] <-i *m,* -e *f*> **I.** *mf* Vertreter(in) *m(f)* der Dekadenzdichtung **II.** *agg* Dekadenz-; **poetica ~** Dekadenzdichtung *f*
decadentistico, -a [dekaden'tistiko] <-ci, -che> *agg* dekadentistisch; **opera -a** dekadentistisches Werk
decadenza [deca'dɛntsa] *f* ① *(declino)* Dekadenz *f,* Verfall *m* ② *(fig)* LIT Dekadenz *f*
decadere [deka'de:re] <irr> *vi essere* verfallen
decadimento [decadi'mento] *m* Verfall *m,* Dekadenz *f*
decaduto, -a [deka'du:to] *agg* verarmt, heruntergekommen; **nobiltà -a** verarmter Adel; **antiche civiltà -e** untergegangene antike Zivilisationen
decaedro [deka'ɛ:dro] *m* MAT Dekaeder *nt,* Zehnflächner *m*
decaffeinare [dekaffei'na:re] *vt* entkoffeinieren
decaffeinato [dekaffei'na:to] *m* koffeinfreier Kaffee [*o* Tee]
decaffeinazione [dekaffeinat'tsio:ne] *f v.* **decaffeinizzazione**
decaffeinizzare [dekaffeinid'dza:re] *vt* entkoffeinieren
decaffeinizzazione [dekaffeiniddzat'tsio:ne] *f* Entkoffeinierung *f*
decagono [de'ka:gono] *m* MAT Dekagon *nt,* Zehneck *nt*
decagrammo [deka'grammo] *m* Dekagramm *nt*
decalcare [dekal'ka:re] *vt* [ab-, durch]pausen
decalcificare [dekaltʃifi'ka:re] *vt* CHEM, MED Kalzium entziehen
decalcificazione [dekaltʃifikat'tsio:ne] *f* Entkalkung *f*
decalco [de'kalko] <-chi> *m* Abpausen *nt*
decalcomania [dekalkoma'ni:a] <-ie> *f* Abziehbild *nt*
decalitro [de'ka:litro] *m* Dekaliter *m o nt*
decalogo [de'ka:logo] <-ghi> *m* ① REL *(di Mosè)* die Zehn Gebote *nt pl,* Dekalog *m* ② *(norme)* Verhaltensregeln *f pl,* Gebote *nt pl,* Vorschriften *f pl*
decametro [de'ka:metro] *m* Dekameter *m o nt*
decampare [dekam'pa:re] *vi* ① *(rar)* MIL das Lager abbrechen ② *(fig)* verzichten (**da** auf *+akk*), aufgeben (**da qc** etw)
decanato [deka'na:to] *m* Dekanat *nt*
decano [de'ka:no] *m* Älteste(r) *m,* Doyen *m; (titolo)* Dekan *m*
decantare [dekan'ta:re] *vt* rühmen
decantazione [dekantat'tsio:ne] *f* ① CHEM Dekantierung *f,* Klärung *f* ② *(fig)* Läuterung *f*
decapaggio [deka'paddʒo] <-ggi> *m* Dekapierung *f,* Beizen *nt*
decapamento [dekapa'mento] *m (obs) v.* **decapaggio**
decapare [deka'pa:re] *vt* beizen, entzundern, dekapieren
decapatore, -trice [dekapa'to:re] *m, f* Beizer(in) *m(f)*
decapitare [dekapi'ta:re] *vt* enthaupten
decapitazione [dekapitat'tsio:ne] *f* Enthauptung *f*
decappotabile [dekappo'ta:bile] **I.** *agg* mit Klappverdeck; **auto ~** Cabrio[let] *nt* **II.** *f* Cabrio[let] *nt*
decappotare [dekappot'ta:re] *vt* das Verdeck aufklappen
decartellizzazione [dekartelliddzat'tsio:ne] *f* ADM Dekartellisierung *f,* Entflechtung *f*
decasillabo [deka'sillabo] *m* Zehnsilb[l]er *m,* Dekasyllabus *m*
decasillabo, -a *agg* zehnsilbig; **verso ~** Dekasyllabus *m*
decathlon ['dɛ:katlon] <-> *m* Zehnkampf *m*
decatleta [dekat'lɛ:ta] *mf* Zehnkämpfer(in) *m(f)*
decatlon *m v.* **decathlon**
decedere [de'tʃɛ:dere] <decedo, decessi *o* decedetti, deceduto> *vi essere (poet)* entschlafen, versterben
deceduto, -a [detʃe'du:to] **I.** *agg* verstorben, entschlafen **II.** *m, f* Verstorbene(r) *f(m),* Tote(r) *f(m);* **i -i in guerra** die Kriegstoten
decelerare [detʃele'ra:re] *vt* die Geschwindigkeit verringern
deceleratore, -trice [detʃelera'to:re] *agg* verzögernd, verlangsamt; **azione decelaratrice** verzögernde Wirkung
decelerazione [detʃelerat'tsio:ne] *f* Verringerung *f* der Geschwindigkeit
decemvirato [detʃemvi'ra:to] *m* Dezemvirat *nt*
decennale [detʃen'na:le] **I.** *agg* ① *(che dura 10 anni)* zehnjährig ② *(ogni 10 anni)*

zehnjährlich **II.** *m* zehnter Jahrestag; *(celebrazione)* Zehnjahresfeier *f*
decenne [de'tʃɛnne] **I.** *agg* zehnjährig **II.** *mf* Zehnjährige(r) *f(m)*
decennio [de'tʃɛnnio] <-i> *m* Jahrzehnt *nt*
decente [de'tʃɛnte] *agg* ❶ *(di pudore)* schicklich, anständig; *(di tatto)* taktvoll ❷ *(fig: adeguato)* annehmbar, angemessen
decentralizzare [detʃentralid'dza:re] *vt* dezentralisieren
decentralizzazione [detʃentraliddzat'tsio:ne] *f* Dezentralisierung *f*, Auslagerung *f*; ~ **amministrativa** Dezentralisierung der Verwaltung; ~ **produttiva** Dezentralisierung der Produktion
decentramento [detʃentra'mento] *m* Dezentralisierung *f*
decentrare [detʃen'tra:re] *vt* dezentralisieren
decentrato, -a [detʃen'tra:to] *agg* dezentralisiert; **servizi/uffici -i** dezentralisierte Dienste/Ämter
decenvirato [detʃenvi'ra:to] *m v.* **decemvirato**
decenza [de'tʃɛntsa] *f* ❶ *(pudore, dignità)* Schicklichkeit *f*, Anstand *m*; *(tatto)* Takt *m* ❷ *(convenienza)* Angemessenheit *f*
decerato, -a [detʃe'ra:to] *agg* entwachst
decerebrato, -a [detʃere'bra:to] *agg* ❶ *(pej: stupido)* idiotisch *fam*, beknackt *fam* ❷ MED enthirnt
decespugliatore [detʃespuʎʎa'to:re] *m* Rodemaschine *f*
decessi [de'tʃɛssi] *1. pers sing pass rem di* **decedere**
decesso [de'tʃɛss] *m* ADM Ableben *nt geh*, Tod *m*
decibel [detʃi'bɛl *o* 'dɛ:tʃibel] <-> *m* PHYS Dezibel *nt*; **scala in** ~ Dezibelskala *f*; ~ **acustico** Schalldezibel *nt*
decidere [de'tʃi:dere] <decido, decisi, deciso> **I.** *vt* beschließen **II.** *vi* entscheiden **III.** *vr* **-rsi** sich entscheiden; **-rsi a fare qc** sich entschließen etw zu tun; **-rsi di fare qc** beschließen etw zu tun
decidibile [detʃi'di:bile] *agg* ❶ entscheidbar ❷ MAT lösbar, bestimmbar; **formula** ~ bestimmbare Formel
decidibilità [detʃibili'ta] <-> *f* ❶ Entscheidbarkeit *f* ❷ MAT Lösbarkeit *f*, Bestimmbarkeit *f*
deciduo, -a [detʃi'du:o] *agg (foglie)* abfallend; **stella -a** sinkender Stern; **denti -i** Milchzähne *mpl*
decifrabile [detʃi'fra:bile] *agg* entzifferbar
decifrabilità [detʃifrabili'ta] <-> *f* Dechiffrierbarkeit *f*; **calligrafia di facile** ~ leicht zu entschlüsselnde Handschrift; ~ **dei pensieri** *(fig)* Durchschaubarkeit *f* der Gedanken
deciframento [detʃifra'mento] *m (obs)* Dechiffrierung *f*, Entschlüsselung *f*, Entzifferung *f*; ~ **di un testo crittografico** Entschlüsselung eines codierten Textes
decifrare [detʃi'fra:re] *vt (scrittura)* entziffern; *(codice)* entschlüsseln; *(enigma)* [auf]lösen
decifrato, -a [detʃi'fra:to] *agg* dechiffriert, entschlüsselt, entziffert; **un messaggio** ~ eine entschlüsselte Nachricht
decifratore, -trice [detʃifra'to:re] *m, f* Entzifferer *m*/Entzifferin *f*; ~ **di enigmi** Rätsellöser *m*
decifrazione [detʃifrat'tsio:ne] *f* Entzifferung *f*, Entschlüsselung *f*
decigrado [detʃi'gra:do] *m* MAT Dezigrad *m*
decigrammo [detʃi'grammo] *m* Dezigramm *nt*
decilitro [de'tʃi:litro] *m* Deziliter *m o nt*
decima ['dɛ:tʃima] *f* ❶ MUS Dezime *f* ❷ MAT zehnte Potenz; **7 alla** ~ sieben hoch zehn
decimale [detʃi'ma:le] *agg* dezimal, Dezimal-
decimalizzare [detʃimalid'dza:re] *vt* dezimalisieren, auf das Dezimalsystem umstellen
decimare [detʃi'ma:re] *vt* dezimieren
decimazione [detʃimat'tsio:ne] *f* Dezimierung *f*, Dezimation *f*
decimetro [de'tʃi:metro] *m* Dezimeter *m o nt*
decimilionesimo, -a [detʃimilio'nɛ:zimo] **I.** *agg* ❶ *(posto)* zehnmillionste(r, s); **occupare il** ~ **posto** auf dem zehnmillionsten Platz liegen; **la -a targa di una provincia** das zehnmillionste Nummernschild einer Provinz ❷ *(con valore frazionario)* zehnmillion[s]tel **II.** *m, f* Zehnmillionstel *nt*; **un** ~ ein Zehnmillionstel
decimillesimo [detʃimil'lɛ:zimo] *m* Zehntausendstel *nt*; **un** ~ **di secondo** eine Zehntausendstelsekunde
decimillesimo, -a *agg* ❶ *(posto)* zehntausendste(r, s) ❷ *(con valore frazionario)* zehntausendstel; **la -a parte** der zehntausendste Teil
decimilligrammo [detʃimilli'grammo] *m* Dezimilligramm *nt*
decimillimetro [detʃimil'li:metro] *m* Dezimillimeter *m o nt*
decimo ['dɛ:tʃimo] *m (frazione)* Zehntel *nt*, zehnter Teil
decimo, -a I. *agg* zehnte(r, s) **II.** *m, f* Zehnte(r, s) *f(m, nt)*; *v. a.* **quinto**
decimoprimo [detʃimo'pri:mo], **decimo-**

D

secondo [detʃimose'kondo] *agg (poet) v.* **undicesimo**, **dodicesimo**

decina [de'tʃiːna] *f v.* **diecina**

decisamente [detʃiza'mente] *avv* ① *(con risolutezza)* mit Entschiedenheit, [fest] entschlossen ② *(veramente)* ausgesprochen

decisi [de'tʃiːzi] *1. pers sing pass rem di* **decidere**

decisionale [detʃizio'naːle] *agg* Entscheidungs-

decisionalità [detʃizionali'ta] <-> *f* Entscheidungsfähigkeit *f,* Entscheidungsfreudigkeit *f*

decisione [detʃi'zioːne] *f* ① *(risolutezza)* Entschlossenheit *f* ② *(deliberazione)* Entscheidung *f,* Entschluss *m;* **prendere una ~** eine Entscheidung treffen; **~ preliminare** Vorentscheidung *f* ③ JUR *(sentenza)* Entscheid *m,* Beschluss *m*

decisionismo [detʃizio'nizmo] *m* ① *(decidere affrettatamente)* [übereilte] Entscheidungsfreudigkeit *f* ② PHILOS Dezisionismus *m*

decisionista [detʃizio'nista] <-i *m,* -e *f*> *mf* Dezisionist(in) *m(f),* Entscheidungsfreudige(r) *f(m)*

decisionistico, **-a** [detʃizio'nistiko] <-ci, -che> *agg (modi, piglio)* entschieden

decision maker [di'siʒən 'meikə, di'siʒən meker] <- *o* decision makers> *mf* Entscheidungsträger(in) *m(f)*

decisività [detʃizivi'ta] <-> *f* Entschiedenheit *f,* Entschlossenheit *f,* Bestimmtheit *f*

decisivo, **-a** [detʃi'ziːvo] *agg* ausschlaggebend, entscheidend; SPORT Entscheidungs-

deciso, **-a** [de'tʃiːzo] **I.** *pp di* **decidere** **II.** *agg* entschlossen, entschieden

decisore, **deciditrice** [detʃi'zoːre, detʃidi'triːtʃe] *m, f* Entscheider(in) *m(f)*

decisorio, **-a** [detʃi'zoːrio] <-i, -ie> *agg* JUR entscheidend, Entscheidungs-; **giuramento ~** Entscheidungseid *m;* **parere ~** entscheidende Meinung

deck [dek] <- *o* decks> *m* ① *(ponte di una nave)* Deck *nt* ② *(registratore)* Kassettendeck *nt*

declamare [dekla'maːre] *vt, vi* deklamieren

declamatore, **-trice** [deklama'toːre] *m, f* Vortragskünstler(in) *m(f)*

declamatorio, **-a** [deklama'tɔːrio] <-i, -ie> *agg* deklamatorisch

declamatrice *f v.* **declamatore**

declamazione [deklamat'tsioːne] *f* Deklamation *f*

declaratorio, **-a** [deklara'tɔːrio] <-i, -ie> *agg* deklaratorisch, feststellend

declassamento [deklassa'mento] *m* ① *(passaggio a una classe inferiore)* Deklassierung *f* ② *(diminuzione di prestigio)* Abstieg *m*

declassare [deklas'saːre] *vt* deklassieren, herabsetzen

declassificare [deklassifi'kaːre] *vt* deklassieren, zurückstufen, herabsetzen, sozial erniedrigen

declinante [dekli'nante] *agg* ① *(che digrada verso il basso)* abfallend, sinkend; **pendio ~ verso la valle** Abhang *m,* Lehne *f* A ② *(fig: che si avvicina alla fine)* ausgehend, sich dem Ende nähernd

declinare [dekli'naːre] **I.** *vt* ① LING deklinieren, beugen ② *(porre un rifiuto)* zurückweisen, ablehnen **II.** *vi* ① *(diminuire)* sinken, nachlassen ② *(volgere alla fine)* zu Ende gehen ③ *(sole, astro)* untergehen

declinatoria [deklina'tɔːria] <-ie> *f* JUR Einrede *f* der Unzuständigkeit, Einwand *m* des Rechtsmangels

declinazione [deklinat'tsioːne] *f* Deklination *f*

declino [de'kliːno] *m* ① *(decadenza)* Niedergang *m,* Untergang *m* ② *(fig: di bellezza)* Schwinden *nt,* Verblühen *nt*

declivio [de'kliːvio] <-i> *m* Hang *m,* Berghang *m;* **in ~** geneigt, abfallend

decloratore [deklora'toːre] *m* Entchlorer *m*

declorazione [deklorat'tsioːne] *f* Entchlorung *f*

decoder [di'koudə *o* decoder] <- *o* decoders> *m* Decoder *m,* Datenentschlüsseler *nt*

decodificabile [dekodifi'kaːbile] *agg* decodierbar, entschlüsselbar; **dati -i** entschlüsselbare Daten

decodificare [dekodifi'kaːre] *vt* decodieren, entschlüsseln; INFORM decodieren, dekodieren

decodificatore, **-trice** [dekodifika'toːre] *m, f* ① *(chi decodifica un messaggio)* Decodierer(in) *m(f)* einer Nachricht ② INFORM Decoder *m,* Datenentschlüsseler *m*

decodificazione [dekodifikat'tsioːne] *f* ① *(decifrazione)* Entzifferung *f,* Entschlüsselung *f* ② INFORM Decodierung *f,* Entschlüsselung *f*

decollare [dekol'laːre] *vi* abheben, starten

décolleté [dekɔl'te] **I.** *agg inv (abito)* ausgeschnitten, dekolletiert; *(scarpe)* ausgeschnitten **II.** *m* <-> *(di abito)* Ausschnitt *m,* Dekolletee *nt; (di scarpe)* Ausschnitt *m*

decollettivizzazione [dekollettividdzat'tsioːne] *f* Dekollektivierung *f*

decollo [de'kɔllo] *m* ① AERO Start *m,* Abheben *nt* ② *(fig)* Aufschwung *m*

decolonizzazione [dekoloniddzat'tsioː-

ne] *f* Dekolonisation *f,* Entkolon[ial]isierung *f*

decolorante [dekolo'rante] **I.** *agg* bleichend, Bleich- **II.** *m* Bleichmittel *nt,* Entfärbungsmittel *nt*

decolorare [dekolo'ra:re] *vt* bleichen, entfärben

decolorazione [dekolorat'tsio:ne] *f* Entfärbung *f,* Bleichung *f,* Blondierung *f*

decommissioning [di:kəmiʃəniŋ] <-> *m* Außerdienststellung *f,* Ausmusterung *f,* Stilllegung *f*

decompongo *1. pers sing pr di* **decomporre**

decomponibile [dekompo'ni:bile] *agg* zerlegbar, auflösbar

decomponibilità [dekomponibili'ta] <-> *f* Zerlegbarkeit *f,* Auflösbarkeit *f*

decomporre [dekom'porre] <irr> **I.** *vt* MAT, CHEM zerlegen, [in seine Einzelteile] auflösen **II.** *vr* **-rsi** CHEM sich zersetzen

decomposizione [dekompozit'tsio:ne] *f* ① *(scomposizione)* Zerlegung *f,* Auflösung *f* ② *(putrefazione)* Zersetzung *f,* Verwesung *f*

decomposto, -a [dekom'pɔsto] **I.** *pp di* **decomporre II.** *agg* zerlegt, aufgelöst; **un prodotto ~** ein [in seine Einzelteile] zerlegtes Produkt; **cadavere ~** verweste Leiche

decompressimetro [dekompres'si:metro] *m* Dekometer *nt*

decompressione [dekompres'sio:ne] *f* Druckentlastung *f,* Dekompression *f*

decomprimere [dekom'pri:mere] <decomprimo, decompressi, decompresso> *vt (gas)* dekomprimieren, den Druck verringern

deconcentrare [dekontʃen'tra:re] **I.** *vt* zerstreuen; ADM dekonzentrieren, auflösen **II.** *vr* **-rsi** die Konzentration verlieren

deconcentrato, -a [dekontʃen'tra:to] *agg* unkonzentriert, abgelenkt; **alunno ~** unkonzentrierter Schüler

deconcentrazione [dekontʃentrat'tsio:ne] *f* ① *(distrazione)* Unkonzentriertheit *f,* Zerstreutheit *f* ② COM *(diffusione di ricchezza)* Dekonzentration *f,* Entflechtung *f*

decondizionamento [dekondittsiona'mento] *m* PSIC Dekonditionierung *f,* Befreiung *f* von einer Abhängigkeit; **centro medico per il ~ dal tabacco** medizinisches Zentrum zur Raucherentwöhnung

decondizionare [dekondittsio'na:re] **I.** *vt* dekonditionieren, von einer bedingten Reaktion befreien **II.** *vr* **-rsi** sich von einer Konditionierung befreien

decongelamento [dekondʒela'mento] *m* ① *(decongelazione)* Auftauen *nt;* **~ di una sostanza** Auftauen einer Substanz ② *(fig)* Auftauen *nt,* Aus-Sich-Herausgehen *nt;* **~ di un credito** Auftauen eines Kredits

decongelare [dekondʒe'la:re] *vt* auftauen

decongelazione [dekondʒelat'tsio:ne] *f* Auftauen *nt*

decongestionamento [dekondʒestiona'mento] *m* ① MED Stillung *f* einer inneren Blutung, Auflösung *f* einer Blutstauung ② *(del traffico)* Entlastung *f*

decongestionante [dekondʒestio'nante] **I.** *agg* abschwellend, den Blutandrang herabmindernd **II.** *m* Blut stillendes Mittel

decongestionare [dekondʒestio'na:re] *vt* ① MED eine innere Blutung stillen, eine Blutstauung auflösen ② *(traffico)* entlasten

decongestione [dekondʒes'tio:ne] *f* ① MED Abschwellung *f,* Herabminderung *f* des Blutandrangs ② *(fig)* Entlastung *f*

decontaminare [dekontami'na:re] *vt* dekontaminieren, entgiften; **~ una centrale nucleare** ein Atomkraftwerk dekontaminieren

decontaminazione [dekontaminat'tsio:ne] *f* Dekontamination *f,* Entgiftung *f*

decontestualizzare [dekontestualid'dza:re] *vt* vom Kontext abweichen; **decontestualizzi sempre i nostri discorsi!** du weichst immer vom Thema ab!

decontestualizzazione [dekontestualiddzat'tsio:ne] *f* Abweichung *f* vom Kontext, Dekontextualisierung *f*

decontrarre [dekon'trarre] <irr> *vt* entkrampfen

decontratto, -a [dekon'tratto] **I.** *pp di* **decontrarre II.** *agg* entspannt, locker

decontrazione [dekontrat'tsio:ne] *f* Entkrampfung *f*

décor [de'kɔr] <- *o* décors> *m* ① *(scenario)* Bühnenausstattung *f,* Bühnenbild *nt,* [Film]kulisse *f* ② *(quadro)* Gemälde *nt* ③ *(arredamento)* Ausstattung *f,* Ausschmückung *f*

decorare [deko'ra:re] *vt* [aus]schmücken, verzieren

decorativismo [dekorati'vizmo] *m* Dekorativismus *m*

decorativo, -a [dekora'ti:vo] *agg* schmückend, dekorativ; *(arte)* Dekorations-

decorato, -a [deko'ra:to] *agg* dekoriert, verziert

decoratore, -trice [dekora'to:re] *m, f* Dekorateur(in) *m(f)*

decorazione [dekorat'tsio:ne] *f* Dekoration *f,* Ausschmückung *f*

decoro [de'kɔ:ro] *m* ① *(dignità)* Anstand *m* ② *(fig: vanto)* Zierde *f,* Glanz *m* ③ *(onore, prestigio)* Ansehen *nt,* Prestige *nt*

D

D

decoroso, -a [deko'ro:so] *agg* ❶ *(dignitoso)* anständig ❷ *(di prestigio)* angesehen, geachtet
decorrenza [dekor'rɛntsa] *f* ❶ *(data)* Fristbeginn *m;* **con ~ dal 1 maggio** vom 1. Mai ab ❷ *(periodo)* Laufzeit *f*
decorrere [de'korrere] <irr> *vi essere* ❶ *(passare)* vergehen, verstreichen ❷ FIN, COM laufen; **a ~ da domani** von morgen an
decorso [de'korso] *m* ❶ *(del tempo)* Ablauf *m,* Verlauf *m* ❷ *(della malattia)* Verlauf *m*
decorticare [dekorti'ka:re] **I.** *vt* ❶ *(una pianta)* entrinden, [ab]schälen, enthülsen ❷ *(un animale)* rupfen **II.** *vr* **-rsi** die Rinde [*o* Schale] verlieren
decorticazione [dekortikat'tsio:ne] *f* ❶ BOT Entrinden *nt* ❷ *(scuoiatura)* Häuten *nt,* Abziehen *nt* ❸ MED Dekortikation *f*
decostruttivismo [dekostrutti'vizmo] *m* FILOS, LIT, ARCH Dekonstruktivismus *m*
decotto [de'kɔtto] *m* Aufguss *m*
decrebbi *1. pers sing pass rem di* **decrescere**
decremento [dekre'mento] *m* Abnahme *f,* Minderung *f*
decrepitezza [dekrepi'tettsa] *f* Hinfälligkeit *f,* Gebrechlichkeit *f*
decrepito, -a [de'krɛ:pito] *agg* ❶ *(di estrema vecchiaia)* hinfällig, altersschwach ❷ *(fig)* überaltert, überholt
decrescente [dekreʃ'ʃɛnte] *agg* abnehmend, sinkend; **serie ~ di numeri** abnehmende Zahlenreihe; **la fase ~ della luna** die abnehmende Mondphase; **costi -i** COM sinkende Kosten
decrescenza [dekreʃ'ʃɛntsa] *f* Abnahme *f,* Rückgang *m;* **la marea è in ~** die Flut geht zurück
decrescere [de'kreʃʃere] <irr> *vi essere* abnehmen, zurückgehen; *(prezzi)* fallen
decrescita [de'kreʃʃita] *f* ❶ *(diminuzione)* Rückgang *m; (di un ghiacciaio)* Rückgang *m,* Kleinerwerden *nt;* **~ del numero di reati** Rückgang der Kriminalität ❷ ECON Wachstumsrücknahme *f*
decretare [dekre'ta:re] *vt* anordnen, verordnen
decretazione [dekretat'tsio:ne] *f* JUR Beschluss *m,* Verordnung *f;* **~ d'urgenza** Dringlichkeitserlass *m*
decreto [de'krɛ:to] *m* Verordnung *f,* Dekret *nt;* **~ di citazione** [Vor]ladung *f;* **~ legge** Gesetzesverordnung *f;* **~ legislativo** Rechtsverordnung *f;* **~ ministeriale** *Ermächtigungsgesetz eines Ministeriums*
decretone [dekre'to:ne] *m* Gesamtbeschluss *m,* Gesamtverordnung *f;* **~ fiscale** Steuergesamtbeschluss *m*
decriminalizzare [dekriminalid'dza:re] *vt* entkriminalisieren
decriminalizzazione [dekriminaliddzat'tsio:ne] *f* Entkriminalisierung *f*
decriptare [dekrip'ta:re] *vt v.* **decrittare**
decriptatorio, -a [dekripta'tɔ:rio] <-i, -ie> *agg v.* **decrittatorio**
decriptazione [dekriptat'tsio:ne] *f v.* **decrittazione**
decrittare [dekrit'ta:re] *vt* dekryptieren, entziffern
decrittatorio, -a [dekritta'tɔ:rio] <-i, -ie> *agg* dekryptisch, verschlüsselt
decrittazione [dekrittat'tsio:ne] *f* Dekryptation *f,* Entzifferung *f,* Entschlüsselung *f*
decubito [de'ku:bito] *m* MED **piaghe da ~** Wundliegen *nt*
decuplicare [dekupli'ka:re] *vt* verzehnfachen
decuplo ['dɛ:kuplo] *m* Zehnfache(s) *nt*
decuplo, -a *agg* zehnfach
decurtare [dekur'ta:re] *vt* [ver]kürzen
decurtazione [dekurtat'tsio:ne] *f* ADM, FIN Kürzung *f,* Abschreibung *f;* **~ dei salari** Kürzung der Löhne und Gehälter
decussato, -a [dekus'sa:to] *agg* **croce -a** Andreaskreuz *nt*
dedalo ['dɛ:dalo] *m* Labyrinth *nt*
dedica ['dɛ:dika] <-che> *f* Widmung *f*
dedicante [dedi'kante] **I.** *mf* Widmende(r) *f(m)* **II.** *agg* widmend, zuneigend
dedicare [dedi'ka:re] **I.** *vt* widmen; REL weihen **II.** *vr* **-rsi** sich widmen
dedicatario, -a [dedika'ta:rio] <-i, -ie> *m, f* Gewidmete(r) *f(m)*
dedicatoria [dedika'tɔ:ria] <-ie> *f* Widmung *f*
dedicazione [dedikat'tsio:ne] *f* ❶ *(cerimonia)* Weihe *f* ❷ *(dedica)* Widmung *f*
dedito, -a ['dɛ:dito] *agg* gewidmet; *(ai vizi)* ergeben
dedizione [dedit'tsio:ne] *f* Hingabe *f;* **~ al lavoro** Hingabe an die Arbeit
dedotto [de'dotto] *pp di* **dedurre**
deducibile [dedu'tʃi:bile] *agg* ❶ *(conclusione)* ableitbar ❷ COM *(spese)* abziehbar, abzugsfähig
deducibilità [dedutʃibili'ta] <-> *f* FIN Absetzbarkeit *f;* **~ fiscale** steuerliche Abzugsfähigkeit *f*
dedurre [de'durre] <deduco, dedussi, dedotto> *vt* ❶ *(conclusioni)* folgern; **~ da qc** aus etw schließen, den Schluss aus etw ziehen ❷ COM *(spese)* abziehen; **~ le spese dalle tasse** die Kosten von der Lohnsteuer absetzen
deduttivo, -a [dedut'ti:vo] *agg* ableitend, deduktiv
deduzione [dedut'tsio:ne] *f* ❶ *(conclusio-*

ne) [Schluss]folgerung *f,* Schluss *m* ② *(detrazione)* Abzug *m,* Absetzung *f*
deejay [diːˈdʒei] <- *o* deejays> *mf* DJ *m*
de-escalation [diːeskəˈleiʃən] <- *o* de--escalations> *f* ① *(di impegno militare)* Deeskalation *f* ② *(di fenomeno politico, sociale, economico)* Entschärfung *f*
de facto [de ˈfakto] *avv* ① JUR de facto; **riconoscimento ~ di uno stato** De-facto-Anerkennung eines Staates ② *(in realtà)* tatsächlich; **~ chi comanda in casa è lei!** in Wahrheit ist sie es, die zu Hause das Sagen hat!
défaillance [defaˈjãːs] <-> *f* Schwäche[anfall *m*] *f*
defalcare [defalˈkaːre] *vt* abziehen; **~ le spese dalle tasse** die Kosten von den Steuern absetzen
defalcazione [defalkatˈtsioːne] *f* ① *(detrazione)* Abrechnung *f,* Abschreibung *f* ② *(somma defalcata)* Abzug *m*
defalco [deˈfalko] <-chi> *m* Absetzung *f,* Abzug *m*
defascistizzare [defaʃʃistidˈdzaːre] *vt* von faschistischen Elementen befreien
defascistizzazione [defaʃʃistiddzatˈtsioːne] *f* Befreiung *f* von faschistischen Elementen
defaticamento [defatikaˈmento] *m* SPORT Lockerung *f;* **corsa di ~** Auslaufen *nt*
defaticante [defatiˈkante] *agg* SPORT lockernd; **allenamento ~** Lockerungstraining, Entspannungstraining
defaticarsi [defatiˈkarsi] *vr* SPORT Lockerungsübungen [*o* Dehnungsübungen] machen
defatigante [defatiˈgante] *agg* ermüdend, anstrengend
defatigare [defatiˈgaːre] *vt* ermüden; **~ l'avversario** den Gegner zermürben
defatigatorio, -a [defatigaˈtɔːrio] <-i, -ie> *agg* JUR schleppend, Verschleppungs-
default [diˈfɔːlt] <-> *m* ① INFORM Standardeinstellung *f* ② *(difetto)* Fehler *m*
defecare [defeˈkaːre] **I.** *vt* klären **II.** *vi* Kot ausscheiden
defecazione [defekatˈtsioːne] *f* Stuhlentleerung *f,* Defäkation *f*
defedante [defeˈdɛnte] *agg* auszehrend, entkräftend; **una cura ~** eine kräftezehrende Behandlung
defedato, -a [defeˈdaːto] *agg* MED ausgezehrt, entkräftet; **individuo ~** entkräftete Person; **organismo ~** entkräfteter Organismus
defenestrare [defenesˈtraːre] *vt* ① *(buttare dalla finestra)* aus dem Fenster werfen ② *(fig)* hinauswerfen; POL stürzen
defenestrazione [defenestratˈtsioːne] *f* ① *(lancio dalla finestra)* Fenstersturz *m* ② *(fig)* Hinauswurf *m;* POL Sturz *m*
defensionale [defensioˈnaːle] *agg* Verteidigungs-
deferente [defeˈrɛnte] *agg* ① *(rispettoso)* ehrerbietig ② ANAT **canale ~** Samenleiter *m*
deferenza [defeˈrɛntsa] *f* Ehrerbietung *f,* Hochachtung *f*
deferimento [deferiˈmento] *m* ① *(denuncia)* Anzeige *f* ② *(assegnazione)* Vorlage *f,* Unterbreitung *f*
deferire [defeˈriːre] *vt* ① JUR *(giuramento)* auferlegen; *(denunciare)* anzeigen, belangen; **~ qu all'autorità giudiziaria** jdn gerichtlich belangen ② *(sottoporre)* überweisen, unterbreiten
deferrizzazione [deferriddzatˈtsioːne] *f* *(dell'acqua)* Enteisenung *f*
defettologia [defettoloˈdʒiːa] <-gie> *f* Defektologie *f*
defezionare [defettsioˈnaːre] *vi* abfallen (**da** von), abtrünnig werden
defezione [defetˈtsioːne] *f* Wortbruch *m,* Treulosigkeit *f;* POL Abfall *m,* Abtrünnigkeit *f;* MIL Desertion *f*
defezionista [defettsioˈnista] <-i *m,* -e *f*> **I.** *agg* Abspaltungs-, abspaltend **II.** *mf* Abtrünnige(r) *f(m)*
defibrillatore [defibrillaˈtoːre] *m* MED Defibrillator *m*
defibrillazione [defibrillatˈtsioːne] *f* Defibrillation *f*
deficiente [defiˈtʃɛnte] **I.** *agg* ① *(scarso)* schwach, nicht ausreichend ② *(persona)* geistesschwach, schwachsinnig; *(scolaro)* lernbehindert **II.** *mf* MED Geistesgestörte(r) *f(m); (pej)* Schwachsinnige(r) *f(m),* Idiot *m*
deficienza [defiˈtʃɛntsa] *f* ① *(scarsità)* Mangel *m,* Unzulänglichkeit *f* ② MED Geistesgestörtheit *f,* Idiotie *f*
deficit [ˈdɛːfitʃit] <-> *m* Verlust *m,* Defizit *nt*
deficitario, -a [defitʃiˈtaːrio] <-i, -ie> *agg* mangelhaft, Mangel-; FIN defizitär
defilare [defiˈlaːre] **I.** *vt* MIL aus der Schusslinie bringen; **~ le truppe** die Truppen in gedeckte Stellung bringen **II.** *vr* **-rsi** ① MIL aus der Schusslinie bringen; **le truppe si sono defilate** die Truppen haben sich in Deckung gebracht ② *(farsi da parte)* sich aus der Schusslinie bringen; **appena può si defila** er verdrückt sich so schnell er kann
defilato, -a [defiˈlaːto] *agg* ① *(protetto)* geschützt, gedeckt; **mantenersi in una posizione -a** in Deckung bleiben ② *(ap-*

D

partato) abgeschieden, abgesondert; **strada -a rispetto al traffico** Nebenstraße *f*

défilé [defi'le] <-> *m* Modenschau *f*

definibile [defi'ni:bile] *agg* ① *(precisabile)* bestimmbar, definierbar ② *(risolvibile)* lösbar

definire [defi'ni:re] <definisco> *vt* ① *(descrivere)* beschreiben; *(spiegare)* definieren, erklären ② *(limiti)* bestimmen ③ *(risolvere)* [auf]lösen, beenden

D

definitezza [definit'tettsa] *f* Bestimmtheit *f*; ~ **di forma** Formvorgabe *f*

definitivista [definiti'vista] <-i *m*, -e *f*> *mf* Layouter(in) *m(f)*

definitività [definitivi'ta] <-> *f* Endgültigkeit *f*

definitivo, **-a** [defini'ti:vo] *agg* endgültig, definitiv; **in -a** *(in conclusione)* schließlich; *(tutto sommato)* alles in allem

definito, **-a** [defi'ni:to] *agg* ① *(determinato)* bestimmt, festgelegt, dezidiert A ② *(nitido, chiaro)* klar, scharf

definitore, **-trice** [defini'to:re] *m*, *f* ① *(VAKAT)* Person *f*, die definiert ② REL Definitor *m*

definizione [definit'tsio:ne] *f* ① *(determinazione)* Definition *f*, [genaue] Bestimmung *f*; **per** ~ per Definition ② *(decisione)* Entscheidung *f*, Beendigung *f*

defiscalizzabile [defiskalid'dza:bile] *agg* *(importo)* entfiskalisierbar

defiscalizzare [defiskalid'dza:re] *vt* ① FIN entfiskalisieren ② *(fig)* entbürokratisieren

defiscalizzazione [defiskaliddzat'tsio:ne] *f* Entfiskalisierung *f*

deflagrante [defla'grante] **I.** *agg* ① *(che esplode)* Detonations-, detonierend; **sostanza** ~ explosive Substanz ② *(fig: sconvolgente)* aufwühlend, schockierend; **un dramma** ~ ein erschütterndes Drama **II.** *m* *(esplosivo)* Sprengstoff *m*

deflagrare [defla'gra:re] *vi* ① CHEM verpuffen, [schwach] explodieren ② *(fig)* auflodern, aufflammen; *(mischia)* ausbrechen

deflagrazione [deflagrat'tsio:ne] *f* ① CHEM Verpuffung *f*; GEOL Deflagration *f* ② *(fig)* Explosion *f*, Ausbruch *m*

deflativo, **-a** [defla'ti:vo] *agg* Deflations-, deflationär

deflatore [defla'to:re] *m* FIN Deflator *m*

deflatorio, **-a** [defla'tɔ:rio] <-ri, -rie> *agg* deflatorisch

deflazionare [deflattsio'na:re] *vt* deflationieren

deflazione [deflat'tsio:ne] *f* Deflation *f*

deflazionista [deflattsio'nista] <-i *m*, -e *f*> *mf* Deflationist(in) *m(f)*

deflazionistico, **-a** [deflattsio'nistiko] <-ci, -che> *agg* deflationistisch, deflationär

deflessione [defles'sio:ne] *f* ① *(fig: allontanamento)* Ausnahme *f*; ~ **da un principio** Abweichung *f* von einem Prinzip ② TEC Ablenkung *f* ③ OPT Ablenkung *f* ④ MED Deflexion[slage] *f*

deflettere [de'flɛttere] <irr> *vi* abweichen

deflettore [deflet'to:re] *m* Deflektor *m*, Klappe *f*; MOT Ausstellfenster *nt*

deflorare [deflo'ra:re] *vt* *(poet)* entjungfern, deflorieren

deflorazione [deflorat'tsio:ne] *f* *(poet)* Entjungferung *f*, Defloration *f*

defluire [deflu'i:re] <defluisco> *vi essere* ① *(liquidi)* [her]abfließen, herunterfließen ② *(gas)* entweichen, ausströmen ③ *(fig: capitale)* abfließen; *(folla)* hinausströmen

deflusso [de'flusso] *m* ① *(di liquidi)* Abfluss *m*, Ablaufen *nt* ② *(di gas)* Abzug *m*, Entweichen *nt* ③ *(fig)* Auszug *m*; *(di capitale)* Abfluss *m*

defogliante [defoʎ'ʎante] **I.** *agg* Entlaubungs- **II.** *m* Entlaubungsmittel *nt*

defogliare [defoʎ'ʎa:re] **I.** *vt* *(obs)* entlauben **II.** *vr* **-rsi** das Laub [*o* die Blätter] verlieren

defogliazione [defoʎʎat'tsio:ne] *f* Entlaubung *f*

defoliante *v.* **defogliante**

deforestazione [deforestat'tsio:ne] *f* Entwaldung *f*

deformabile [defor'ma:bile] *agg* deformierbar, verformbar

deformabilità [deformabili'ta] <-> *f* Deformierbarkeit *f*, Verformbarkeit *f*

deformante [defor'mante] *agg* deformierend, verformend; **specchio** ~ Zerrspiegel *m*, Vexierspiegel *m*

deformare [defor'ma:re] *vt* ① TEC verformen; *(pej)* verunstalten, entstellen ② *(fig: verità)* verzerren, entstellen

deformato, **-a** [defor'ma:to] *agg* deformiert, verformt; **dita -e** verkrüppelte Finger; **una notizia -a** *(fig)* eine entstellte Nachricht

deformazione [deformat'tsio:ne] *f* ① TEC Verformung *f*; *(pej)* Verunstaltung *f*, Entstellung *f* ② *(fig)* Verzerrung *f*, Entstellung *f*; ~ **professionale** *(fig)* Berufskrankheit *f*

deforme [de'forme] *agg* entstellt; *(troppo grosso)* unförmig

deformità [deformi'ta] <-> *f* Verunstaltung *f*; *(senza forma)* Unförmigkeit *f*; MED Missbildung *f*

deframmentazione [deframmenta'ttsio:ne] *f* INFORM Defragmentierung *f*

defraudamento [defrauda'mento] *m* Unterschlagung *f*; **subire un** ~ betrogen werden

defraudare [defrau'da:re] *vt* betrügen; ~ **qu di qc** jdn um etw betrügen; *(fig)* jdm etw vorenthalten
defraudatore, **-trice** [defrauda'to:re] *m, f* Betrüger(in) *m(f)*
defraudazione [defraudat'tsio:ne] *f* Betrug *m,* Unterschlagung *f*
defunto, **-a** [de'funto] **I.** *agg* ① *(morto)* verstorben, tot ② *(fig: amore)* erloschen **II.** *m, f* Verstorbene(r) *f(m),* Tote(r) *f(m)*
degassamento [degassa'mento] *m* Entgasung *f*
degassare [degas'sa:re] *vt* CHEM entgasen
degassatore [degassa'to:re] *m* Entgaser *m*
degassificare [degassifi'ka:re] *vt* CHEM entgasen
degassificato, **-a** [degassifi'ka:to] *agg* entgast
degassificazione [degassifikat'tsio:ne] *f* Entgasung *f*
degenerare [dedʒene'ra:re] *vi* ① *(dirizzare)* entarten, degenerieren; MED, BIOL verkümmern, degenerieren ② *(fig: cambiare in peggio)* ausarten; ~ **in qc** in etw *akk* ausarten
degenerata *f v.* **degenerato**
degenerativo, **-a** [dedʒenera'ti:vo] *agg* Degenerations-
degenerato, **-a** [dedʒene'ra:to] **I.** *agg* ① MED, BIOL degeneriert ② *(fig: di morale)* verkommen **II.** *m, f* verkommene Person
degenerazione [dedʒenerat'tsio:ne] *f* Degeneration *f*
degenere [de'dʒɛ:nere] *agg* missraten
degente [de'dʒɛnte] **I.** *agg* bettlägerig **II.** *mf* Krankenhauspatient(in) *m(f)*
degenza [de'dʒɛntsa] *f* Bettlägerigkeit *f;* ~ **ospedaliera** Krankenhausaufenthalt *m*
deglassare [deglas'sa:re] *vt* GASTR verdünnen
degli ['deʎʎi] *prep* = **di + gli** *v.* **di**
deglutire [deglu'ti:re] <deglutisco> *vt* schlucken, aufnehmen
deglutizione [deglutit'tsio:ne] *f* Schlucken *nt,* Aufnahme *f*
degnare [deɲ'ɲa:re] **I.** *vt* würdigen, für würdig halten; **non ~ qu di uno sguardo** jdn keines Blickes würdigen **II.** *vr* **-rsi** sich herablassen, sich bequemen
degnazione [deɲɲat'tsio:ne] *f* Liebenswürdigkeit *f,* Güte *f*
degno, **-a** ['deɲɲo] *agg* würdig, wert; ~ **di nota** beachtenswert, bemerkenswert; **una -a ricompensa** eine angemessene Belohnung
degradabile [degra'da:bile] *agg* CHEM abbaubar
degradabilità [degradabili'ta] <-> *f* Abbaubarkeit *f*
degradante [degra'dante] *agg* entwürdigend
degradare [degra'da:re] **I.** *vt* degradieren **II.** *vr* **-rsi** sich erniedrigen
degradazione [degradat'tsio:ne] *f* ① MIL Degradierung *f* ② REL, PHYS Degradation *f* ③ *(fig)* Abbau *m,* Niedergang *m; (avvilimento morale)* Herabwürdigung *f,* Erniedrigung *f*
degrado [de'gra:do] *m* Zerfall *m,* Verfall *m*
degustare [degus'ta:re] *vt* probieren, [ver]kosten
degustatore, **-trice** [degusta'to:re] *m, f* Verkoster(in) *m(f),* Prüfer(in) *m(f)*
degustazione [degustat'tsio:ne] *f* ① *(assaggio)* Probieren *nt,* [Ver]kosten *nt,* Degustation *f* ② *(locale)* Probierstube *f*
deh [dɛ] *int (poet)* oh, ach
dei[1] ['dɛ:i] *m pl di* **dio**
dei[2] ['de:i] *prep* = **di + i** *v.* **di**
deicida [dei'tʃi:da] <-i *m,* -e *f*> **I.** *agg* gottesmörderisch; **popolo ~** gottesmörderisches Volk **II.** *mf* Gottesmörder(in) *m(f)*
deicidio [dei'tʃi:dio] <-i> *m* Gottesmord *m*
deideologizzare [deideolodʒid'dza:re] *vt (partito)* entideologisieren
deideologizzazione [deideolodʒiddzat'tsio:ne] *f* Entideologisierung *f*
deidratare [deidra'ta:re] *vt* dehydratisieren
deidratazione [deidratat'tsio:ne] *f* Dehydratation *f,* Wasserentzug *m*
deidrocongelazione [deidrokondʒelat'tsio:ne] *f* Gefriertrocknung *f*
deidrogenare [deidrodʒe'na:re] *vt* CHEM dehydrieren
deidrogenazione [deidrodʒenat'tsio:ne] *f* CHEM Dehydrierung *f*
deiezione [deiet'tsio:ne] *f* ① GEOL *(deposito di detriti)* Schutthalde *f* ② GEOG *(da cratere vulcanico)* Auswurf *m,* Ausstoßung *f* ③ MED *(di feci)* Entleerung *f* ④ *pl (escrementi)* Exkremente *ntpl*
deificare [deifi'ka:re] *vt* ① *(divinizzare)* vergöttlichen ② *(fig: glorificare)* vergöttern, verherrlichen
deificazione [deifikat'tsio:ne] *f* ① REL Vergöttlichung *f* ② *(fig)* Vergötterung *f,* Verherrlichung *f*
deifico, **-a** [de'i:fiko] <-ci, -che> *agg* vergöttlichend
deiforme [dei'forme] *agg (poet)* göttlich, göttergleich
deindicizzare [deinditʃid'dza:re] *vt* ① COM deindexieren, vom Preisindex lösen; ~ **i salari/l'economia** die Gehälter/

D

die Wirtschaft deindexieren ② INFORM deindizieren
deindicizzazione [deinditʃiddzat'tsio:ne] *f* ① COM Deindexierung *f* ② INFORM Deindizierung *f*
deindustrializzare [deindustrialid'dza:re] *vt* deindustrialisieren
D
deindustrializzazione [deindustrialiddzat'tsio:ne] *f* Deindustrialisierung *f*
deismo [de'izmo] *m* Deismus *m*
deista [de'ista] <-i *m*, -e *f*> *mf* Deist(in) *m(f)*
deistico, **-a** [de'istiko] <-ci, -che> *agg* deistisch
deità [dei'ta] <-> *f (poet)* Gottheit *f*
déjà vu [de'ʒa 'vy] **I.** *agg inv* Déjà-vu- **II.** *m* <-> PSIC Déjà-vu-Erlebnis *nt*
del [del] *prep* = **di + il** *v.* **di**
delatore, **-trice** [dela'to:re] *m, f* Denunziant(in) *m(f)*, Spitzel *m*
delatorio, **-a** [dela'tɔ:rio] <-i, -ie> *agg* Denunzianten-, denunzierend
delattosizzato, **-a** [delattosid'dza:to] *agg* laktosefrei, frei von Milchzucker
délavé, **délavée** [dela've] <inv *o* délavés *m*, délavées *f*> *agg* vorgewaschen; **jeans** ~ verwaschene Jeans
delazione [delat'tsio:ne] *f* Denunziation *f*, denunzierende Anzeige
delebile [de'le:bile] *agg* löschbar, entfernbar; **inchiostro** ~ löschbare Tinte
delega ['dɛ:lega] <-ghe> *f* Vollmacht *f*, Ermächtigung *f*; **per** ~ im Auftrag, in Vollmacht
delegante [dele'gante] **I.** *agg* delegierend **II.** *mf* Delegant(in) *m(f)*, Vollmachtgeber(in) *m(f)*; **firma del** ~ Unterschrift des Auftraggebers
delegare [dele'ga:re] *vt* beauftragen; ~ **qc a qu** jdn mit etw beauftragen, etw an jdn delegieren; JUR jdn zu etw ermächtigen, jdm die Vollmacht zu etw erteilen
delegatario, **-a** [delega'ta:rio] <-i, -ie> **I.** *m, f* JUR Anweisungsbegünstigte(r) *f(m)* **II.** *agg* anweisungsbegünstigt; **creditore** ~ Gläubiger, dem ein Schuldner angewiesen ist
delegato, **-a** [dele'ga:to] **I.** *agg* beauftragt, bevollmächtigt **II.** *m, f* Delegierte(r) *f(m)*, Beauftragte(r) *f(m)*, Bevollmächtigte(r) *f(m)*
delegazione [delegat'tsio:ne] *f* ① POL Delegation *f*, Ermächtigung *f* ② *(rappresentanza)* Delegation *f*, Abordnung *f* ③ *(sede, circoscrizione territoriale)* Amtsbereich *m*; REL Delegatur *f*
delegificare [deladʒifi'ka:re] *vt* der öffentlichen Verwaltung übertragen
delegificazione [deledʒifikat'tsio:ne] *f* Übertragung *f* an die öffentliche Verwaltung
delegittimare [deledʒitti'ma:re] *vt* die Legitimation entziehen; ~ **un comitato** einem Ausschuss die Legitimation entziehen
delegittimazione [deledʒittimat'tsio:ne] *f* Entzug *m* [*o* Aberkennung *f*] der Legitimation
delete [di'li:t] <-> *m* Löschen *nt*, Löschung *f*; ~ **di un file** Löschen einer Datei
deleterio, **-a** [dele'tɛ:rio] <-i, -ie> *agg* verderblich, schädlich
delfinario [delfi'na:rio] <-ri> *m* Delfinarium *nt*
delfiniera [delfi'niɛ:ra] *f* Delfinharpune *f*
delfinista [delfi'nista] <-i *m*, -e *f*> *mf* SPORT Delfinschwimmer(in) *m(f)*
delfino [del'fi:no] *m* Delfin *m*; **nuoto a** ~ Delfinschwimmen *nt*
delibare [deli'ba:re] *vt* ① *(poet: cibi, bevande)* kosten ② JUR anerkennen
delibazione [delibat'tsio:ne] *f* ① *(poet: assaggio)* Kosten *nt* ② JUR **giudizio di** ~ *gerichtliches Verfahren, in dem über die Anerkennung eines ausländischen Urteils entschieden wird*
delibera [de'li:bera] *f* Beschluss *m*, Entscheidung *f*
deliberante [delibe'rante] *agg* beschließend, beschlussfassend; **tribunale** ~ beschließendes Gericht; **potere** ~ Entscheidungsgewalt *f*
deliberare [delibe'ra:re] **I.** *vt* ① *(decidere)* entscheiden, beschließen ② *(nelle aste)* zuschlagen **II.** *vi* ~ **su qc** über etw *akk* beraten
deliberatamente [deliberata'mente] *avv* mit [voller] Absicht, mit Vorbedacht
deliberatario, **-a** [delibera'ta:rio] <-i, -ie> **I.** *agg* erstehend, ersteigernd **II.** *m, f* Käufer(in) *m(f)*
deliberato [delibe'ra:to] *m* Entscheidung *f*, Beschluss *m*
deliberato, **-a** *agg* entschieden, beschlossen; *(risoluto)* entschlossen, entschieden
deliberazione [deliberat'tsio:ne] *f* ① *(decisione)* Entscheidung *f*, Beschluss *m* ② *(discussione preliminare)* Beratung *f*, Beratschlagung *f*
delicatezza [delika'tettsa] *f* ① *(finezza)* Zartheit *f* ② *(di sentimenti)* Zartgefühl *nt*, Feingefühl *nt* ③ *(tatto)* Takt[gefühl *nt*] *m* ④ *(cibo, bevanda)* Leckerbissen *m*, Delikatesse *f*, Schmankerl *nt* A
delicato, **-a** [deli'ka:to] *agg* ① *(per finezza)* fein, zart ② *(sentimento)* zart; *(gusto)* delikat ③ *(facile a guastarsi)* empfindlich, anfällig; *(debole)* empfindlich; *(salute)* zart

④ *(che richiede attenzione, tatto)* heikel, delikat ⑤ *(cibo, bevanda)* delikat, köstlich
delicious [di'liʃəs *o* de'liʃus] **I.** *f* <-> Delicious *m;* **golden** ~ Golden Delicious *m* **II.** *agg inv* Delicious-; **mele** ~ Delicious *m*
delimitabile [delimi'ta:bile] *agg* begrenzbar, abgrenzbar
delimitare [delimi'ta:re] *vt* ① *(circoscrivere)* abgrenzen, begrenzen ② *(fig)* abstecken, abgrenzen; *(definire)* definieren, festlegen
delimitativo, **-a** [delimita'ti:vo] *agg* begrenzend, abgrenzend; **segnale** ~ Begrenzungszeichen *nt*
delimitazione [delimitat'tsio:ne] *f* ① *(di confini)* Abgrenzung *f,* Begrenzung *f* ② *(fig: di attribuzioni)* Abgrenzung *f,* Definition *f*
delineamento [delinea'mento] *m* ① *(fig: descrizione essenziale)* kurze Beschreibung, Abriss *m;* ~ **di un problema** Abriss eines Problems ② *(abbozzo, esposizione sommaria)* Entwurf *m,* Skizzierung *f*
delineare [deline'a:re] **I.** *vt* ① *(abbozzare)* umreißen, skizzieren ② *(fig)* [kurz] umreißen, skizzieren **II.** *vr* **-rsi** sich abzeichnen, sichtbar werden
delinquente [deliŋ'kuɛnte] *mf* ① JUR Verbrecher(in) *m(f),* Straftäter(in) *m(f)* ② *(fig, scherz)* Gauner(in) *m(f)*
delinquenza [deliŋ'kuɛntsa] *f* Kriminalität *f,* Straffälligkeit *f;* ~ **minorile** Jugendkriminalität *f*
delinquenziale [deliŋkuen'tsia:le] *agg* Verbrecher-, Verbrechens-
delinquere [de'liŋkuere] *vi* Straftaten begehen; **associazione per** [*o* **a**] ~ kriminelle Vereinigung
deliquescenza [delikueʃ'ʃɛntsa] *f* CHEM Löslichkeit *f,* Auflösbarkeit *f*
deliquio [de'li:kuio] <-qui> *m (geh)* Ohnmacht *f;* **cadere in** ~ in Ohnmacht fallen
delirante [deli'rante] *agg* ① *(irragionevole)* irrsinnig, absurd ② *(frenetico)* irrsinnig; *(applauso)* rasend
delirare [deli'ra:re] *vi* ① MED irrereden, delirieren ② *(fig)* fantasieren
delirio [de'li:rio] <-i> *m* ① MED Wahn[vorstellung *f*] *m,* Delirium *nt* ② *(fig: esaltazione)* Rausch *m,* Taumel *m*
delirium tremens [de'li:rium 'trɛ:mens] <--> *m* Delirium tremens *nt*
delitto [de'litto] *m* ① JUR Verbrechen *nt,* Delikt *nt;* ~ **colposo/doloso** fahrlässig/vorsätzlich begangene Straftat; **corpo del** ~ Beweisstück *nt* ② ADM Straftat *f,* strafbare Handlung
delittuosità [delittuosi'ta] <-> *f* Verbrechen *nt,* Tatbestand *m* eines Verbrechens
delittuoso, **-a** [delittu'o:so] *agg* ungesetzlich, verbrecherisch
delivery [di'livəri] <- *o* deliveries> *f* Lieferung *f*
delivery order [di'livəri 'ɔ:də] <- *o* delivery orders> *m* Lieferanweisung *f,* -auftrag *m*
delizia [de'littsia] <-ie> *f* ① *(piacere)* Genuss *m,* Vergnügen *nt;* **la** ~ **di qc** das Vergnügen an etw *dat* ② *(predilezione)* Genuss *m,* Freude *f*
deliziare [delit'tsia:re] **I.** *vt* Freude bereiten (**qu** jdm), erfreuen, ergötzen **II.** *vr* **-rsi** sich erfreuen (**di** an +*dat*), sich ergötzen (**di** an +*dat*)
delizioso, **-a** [delit'tsio:so] *agg* ① *(cibo, bevanda)* köstlich ② *(persona, cosa)* entzückend, reizend
dell' [dell], **della** ['della], **delle** ['delle], **dello** ['dello] *prep* = **di + l', la, le, lo** *v.* **di**
delta ['dɛlta] <-> **I.** *m o f (lettera greca)* Delta *nt* **II.** *m (di fiume)* Delta *nt*
deltaplanista [deltapla'nista] <-i *m,* -e *f*> *mf* SPORT Drachenflieger(in) *m(f)*
deltaplano [delta'pla:no] *m* [Flug]drachen *m;* **fare il** ~ Drachen fliegen
deltista [del'tista] <-i *m,* -e *f*> *mf* Drachenflieger(in) *m(f)*
deltizio, **-a** [del'ti:ttsio] <-zi, -zie> *agg* Delta-; **foce -a** Deltamündung *f;* **formazione -a** Deltaformation *f*
delucidare [delutʃi'da:re] *vt* erklären, verständlich machen
delucidazione [delutʃidat'tsio:ne] *f* Erklärung *f,* Aufklärung *f*
deludente [delu'dɛnte] *agg* enttäuschend, frustrierend
deludere [de'lu:dere] <deludo, delusi, deluso> *vt* enttäuschen
delusione [delu'zio:ne] *f* Enttäuschung *f*
deluso, **-a** [de'lu:zo] **I.** *pp di* **deludere** **II.** *agg* enttäuscht
demagogia [demago'dʒi:a] <-gie> *f* Demagogie *f*
demagogico, **-a** [dema'gɔ:dʒiko] <-ci, -che> *agg* demagogisch
demagogo [dema'gɔ:go] <-ghi *m*> *mf* Demagoge *m*/Demagogin *f*
demandare [deman'da:re] *vt* verweisen, überweisen; *(affidare)* anvertrauen
demaniale [dema'nia:le] *agg* Domänen-, staatlich; **bene** ~ Domänengut *nt*
demanialità [demaniali'ta] <-> *f* Domanialität *f*
demanializzare [demanialid'dza:re] *vt* verstaatlichen, zur Domäne machen
demanializzazione [demanialiddzat'tsio:ne] *f* Verstaatlichung *f,* Domänialisierung *f*

D

demanio [de'maːnio] <-i> *m* Staatsgut *nt,* Domäne *f*

demarcare [demar'kaːre] *vt* abgrenzen

demarcativo, -a [demarka'tiːvo] *agg* ❶ *(che delimita)* begrenzend, abgrenzend, Demarkations-; **linea -a** Demarkationslinie ❷ LING demarkierend *f*

demarcazione [demarkat'tsioːne] *f* Abgrenzung *f;* **linea di ~** Demarkationslinie *f*

demedicalizzare [demedikalid'dzaːre] *vt* der medizinischen Sphäre [*o* dem medizinischen Bereich] entziehen

demente [de'mɛnte] **I.** *agg* ❶ MED schwachsinnig ❷ *(pej: idiota)* blöd[e] **II.** *mf* ❶ MED Schwachsinnige(r) *f(m)* ❷ *(pej: idiota)* Blödian *m fam,* Dummkopf *m*

demenza [de'mɛntsa] *f* ❶ MED Schwachsinn *m* ❷ *(pej: stoltezza)* Blödheit *f,* Dummheit *f*

demenziale [demen'tsiaːle] *agg* ❶ MED Demenz-, dement; **stato ~** Demenz *f;* **comportamento ~** verrücktes Verhalten ❷ *(assurdo)* irrsinnig, schwachsinnig; **discorso ~** Faselei *f;* **comicità ~** *(fig)* absurde Komik, Blödelei *f*

demenzialità [dementsiali'ta] <-> *f* Schwachsinnigkeit *f*

demeritare [demeri'taːre] **I.** *vt* unwürdig sein (**qc** einer Sache *gen,* nicht verdienen (**qc** etw) **II.** *vi (rar)* sich unwürdig erweisen (**di qc** einer Sache *gen*

demerito [de'mɛːrito] *m* Vergehen *nt,* Schuld *f*

demilitarizzare [demilitarid'dzaːre] *vt* entmilitarisieren

demilitarizzazione [demilitariddzat'tsioːne] *f* Entmilitarisierung *f*

demi-monde [d(ə)mi'mɔ̃'d] <- *o* demimondes> *m* Halbwelt *f,* Demimonde *f*

demineralizzare [demineralid'dzaːre] *vt* *(acqua)* entmineralisieren

demineralizzazione [demineraliddzat'tsioːne] *f* Entmineralisierung *f*

demistificante [demistifi'kante] *agg* entmystifizierend

demistificare [demistifi'kaːre] *vt* entmystifizieren

demistificatorio, -a [demistifika'tɔːrio] <-i, -ie> *agg* entmystifizierend

demistificazione [demistifikat'tsioːne] *f* Entmystifizierung *f*

demitizzare [demitid'dzaːre] *vt* entmythisieren, entmythologisieren

demitizzazione [demitiddzat'tsioːne] *f* ❶ Entmythisierung *f,* Entmythologisierung *f* ❷ *(di testi sacri)* Entmythologisierung *f*

demitologizzare [demitolodʒid'dzaːre] *vt* entmythologisieren, entmythisieren, von einem Mythos befreien

demitologizzazione [demitolodʒiddzat'tsioːne] *f* Entmythologisierung *f,* Entmythisierung *f*

demiurgico, -a [demi'urdʒiko] <-ci, -che> *agg* demiurgisch, weltenschöpfend

demiurgo [demi'urgo] <-gi *o* -ghi> *m* Demiurg *m,* Weltschöpfer *m;* **atteggiarsi a ~** sich als Schöpfer gebärden

demmo ['demmo] *1. pers pl pass rem di* **dare**[1]

demo car ['demo kaː] *f* Vorführwagen *m*

democratica *f v.* **democratico**

democraticismo [demokrati'tʃizmo] *m* Demokratismus *m*

democraticità [demokratitʃi'ta] <-> *f* demokratische Art, demokratisches Wesen

democratico, -a [demo'kraːtiko] <-ci, -che> **I.** *agg* ❶ POL demokratisch ❷ *(alla mano)* leutselig **II.** *m, f* Demokrat(in) *m(f)*

democratismo [demokra'tizmo] *m* Demokratismus *m*

democratizzare [demokratid'dzaːre] *vt* demokratisieren

democratizzazione [demokratiddzat'tsioːne] *f* Demokratisierung *f*

democrazia [demokrat'tsiːa] <-ie> *f* Demokratie *f;* **Democrazia Cristiana** HIST *ehemalige christdemokratische Partei Italiens*

democristianità [demokristiani'ta] <-> *f* *(obs)* Christdemokratie *f*

democristiano, -a [demokris'tiaːno] **I.** *agg* HIST christdemokratisch **II.** *m, f* HIST Christdemokrat(in) *m(f)*

démodé [demo'de] *agg inv* aus der Mode [gekommen], unmodern, nicht modisch

demodossologia [demodossolo'dʒiːa] <-gie> *f* Meinungsforschung *f,* Erforschung *f* der öffentlichen Meinungsbildung

demodossologo, -a [demodos'sɔːlogo] <-gi *o* -ghi, -ghe> *m, f* Meinungsforscher(in) *m(f)*

demodulare [demodu'laːre] *vt* TEC demodulieren, gleichrichten

demodulatore, -trice [demodula'toːre] *agg* Demodulator-, demodulierend, gleichrichtend; **circuito elettrico ~** Demodulatorstromkreis *m*

demodulazione [demodulat'tsioːne] *f* Demodulation *f,* Gleichrichtung *f*

demoecologia [demoekolo'dʒiːa] <-gie> *f* ECOL Demökologie *f*

demofobia [demofo'biːa] <-ie> *f* Demophobie *f*

demografia [demogra'fiːa] *f* Demografie *f,* Bevölkerungswissenschaft *f*

demografico, -a [demo'gra:fiko] <-ci, -che> *agg* demografisch, Bevölkerungs-

demografo, -a [de'mɔ:grafo] *m, f* Demograf(in) *m(f)*

demolire [demo'li:re] <demolisco> *vt* ① *(distruggere)* zerstören; *(appartamento)* demolieren, verwüsten; *(muri)* abreißen, niederreißen; *(auto)* verschrotten; *(navi)* abwracken ② *(fig)* vernichten; *(reputazione)* ruinieren; *(scritto, film)* verreißen

demolitivo, -a [demoli'ti:vo] *agg* MED entfernend, Resektions-; **intervento chirurgico ~** Resektion *f*, operative Entfernung

demolitore, -trice [demoli'to:re] **I.** *agg* zerstörerisch; *(a. fig)* vernichtend **II.** *m, f* Abbrucharbeiter(in) *m(f)*

demolizione [demolit'tsio:ne] *f* ① *(distruzione)* Zerstörung *f*; *(di muri)* Abriss *m*, Abbruch *m*; *(di appartamento)* Verwüstung *f*; *(di macchinari)* Verschrottung *f* ② *(fig)* Vernichtung *f*; *(della critica)* Verriss *m*

demologia [demolo'dʒi:a] <-gie> *f* Volkskunde *f*

demologico, -a [demo'lɔ:dʒiko] <-ci, -che> *agg* demologisch, volkskundlich

demologo, -a [de'mɔ:logo] <-gi, -ghe> *m, f* Demologe *m*/Demologin *f*, Volkskundler(in) *m(f)*

demoltiplica [demol'ti:plika] <-che> *f* Untersetzungsgetriebe *nt*

demoltiplicare [demoltipli'ka:re] *vt* untersetzen

demoltiplicatore, -trice [demoltiplika'to:re] **I.** *agg* Untersetzungs-, untersetzend *m* **II.** *m, f* Untersetzungsgetriebe *nt*; **~ di frequenza** Frequenzuntersetzer *m*

demoltiplicazione [demoltiplikat'tsio:ne] *f* Untersetzung *f*

demone ['dɛ:mone] *m* Dämon *m*

demonetizzare [demonetid'dza:re] *vt* aus dem Umlauf ziehen

demonetizzazione [demonetiddzat'tsio:ne] *f* Demonetisierung *f*, Außerkurssetzung *f* eines Zahlungsmittels

demoniaco, -a [demo'ni:ako] <-ci, -che> *agg* teuflisch, dämonisch

demonico, -a [de'mɔ:niko] <-ci, -che> *agg (poet)* übernatürlich, dämonisch

demonio [de'mɔ:nio] <-i> *m* Teufel *m*; *(a. fig)* Teufelskerl *m*; **fare il ~** ausrasten

demonismo [demo'nizmo] *m* Dämonismus *m*

demonizzare [demonid'dza:re] *vt* dämonisieren, verteufeln

demonizzazione [demoniddzat'tsio:ne] *f* Dämonisierung *f*, Verteufelung *f*; **~ della libertà di pensiero** Verteufelung der Gedankenfreiheit

demonofobia [demonofo'bi:a] <-ie> *f* PSIC Dämonophobie *f*, Teufelsangst *f*

demonolatria [demonola'tri:a] <-ie> *f* Teufelskult *m*

demonologia [demonolo'dʒi:a] <-gie> *f* Dämonologie *f*

demonologo, -a [demo'nɔ:logo] <-gi, -ghe> *m, f* Dämonologe *m*/Dämonologin *f*

demonomania [demonoma'ni:a] <-ie> *f* Dämonomanie *f*

demoplutocrazia [demoplutokrat'tsi:a] <-ie> *f* Scheindemokratie *f*

demoproletario, -a [demoprole'ta:rio] <-i, -ie> **I.** *agg* volksproletarisch; **partito ~** volksproletarische Partei **II.** *m, f* Anhänger(in) *m(f)* einer volksproletarischen Partei

demopsicologia [demopsikolo'dʒi:a] <-gie> *f* Völkerpsychologie *f*, Volkspsychologie *f*

demoralizzante [demoralid'dzante] *agg* demoralisierend, entmutigend

demoralizzare [demoralid'dza:re] **I.** *vt* entmutigen, demoralisieren **II.** *vr* **-rsi** den Mut verlieren

demoralizzato, -a [demoralid'dza:to] *agg* demoralisiert, entmutigt

demoralizzatore, -trice [demoraliddza'to:re] **I.** *agg* demoralisierend **II.** *m, f* Demoralisierer(in) *m(f)*

demoralizzazione [demoraliddzat'tsio:ne] *f* Entmutigung *f*, Demoralisierung *f*

demordere [de'mɔrdere] <demordo, demorsi, demorso> *vi* lockerlassen, ablassen

demoscopia [demosko'pi:a] <-ie> *f* Demoskopie *f*, Meinungsforschung *f*

demoscopico, -a [demos'kɔ:piko] <-ci, -che> *agg* demoskopisch, Meinungsforschungs-; **sondaggio ~** demoskopische Umfrage; **tecniche -che** demoskopische Methoden

demoscopo, -a *m, f* Meinungsforscher(in) *m(f)*

demotivare [demoti'va:re] *vt* demotivieren

demotivato, -a [demoti'va:to] *agg* demotiviert; **sentirsi ~** sich frustriert fühlen

demotivazione [demotivat'tsio:ne] *f* Demotivation *f*

demuscazione [demuskat'tsio:ne] *f* Mückenvernichtung *f*, Fliegenvernichtung *f*

denaro [de'na:ro] *m* ① *(soldi)* Geld *nt*; **~ contante** Bargeld *nt*; **~ spicciolo** Kleingeld *nt*; **avere il ~ contato** knapp bei Kasse sein; **buttare il ~** sein Geld zum Fenster hinauswerfen; **far -i a palate** Geld scheffeln; **il ~ è una chiave che apre tutte le porte** *(prov)* Geld öffnet alle Türen ② *pl* *(di carte da gioco)* *italienische Spielkartenfarbe*

denatalità [denatali'ta] *f* Geburtenrückgang *m*

denaturante [denatu'rante] **I.** *agg* denaturierend, ungenießbar machend *nt* **II.** *m* Denaturiermittel *nt*

D

denaturare [denatu'ra:re] *vt* denaturieren, vergällen

denaturato, **-a** [denatu'ra:to] *agg* denaturiert

denaturazione [denaturat'tsio:ne] *f* Denaturierung *f*

denazificare [denattsifi'ka:re] *vt* entnazifizieren

denazificazione [denattsifikat'tsio:ne] *f* HIST Entnazifizierung *f*

denazionalizzare [denattsionalid'dza:re] *vt* entstaatlichen

denazionalizzazione [denattsionaliddzat'tsio:ne] *f* Denationalisierung *f*, Entstaatlichung *f*

dendrocronologia [dendrokronolo'dʒi:a] <-gie> *f* Dendrochronologie *f*

dendrologia [dendrolo'dʒi:a] <-gie> *f* BOT Dendrologie *f*, Baumkunde *f*

dendrologico, **-a** [dendro'lɔ:dʒiko] <-ci, -che> *agg* dendrologisch

dendrometria [dendrome'tri:a] <-ie> *f* Dendrometrie *f*, Baummessung *f*

dendrometrico, **-a** [dendro'mɛ:triko] <-ci, -che> *agg* dendrometrisch, Baummessungs-

denegare [dene'ga:re] *vt* nicht zugestehen

denicotinizzare [denikotinid'dza:re] *vt* ~ **qc** einer Sache *dat* Nikotin entziehen

denicotinizzazione [denikotiniddzat'tsio:ne] *f* Entnikotinisierung *f*, Entziehung *f* des Nikotins

denigrare [deni'gra:re] *vt* verleumden, diffamieren; *(reputazione)* ruinieren

denigratore, **-trice** [denigra'to:re] *m, f* Verleumder(in) *m(f)*

denigratorio, **-a** [denigra'tɔ:rio] <-i, -ie> *agg* verleumderisch

denigrazione [denigrat'tsio:ne] *f* Verleumdung *f*, Diffamierung *f*

denim ['denim] <-> *m* Denim *m o nt*

denocciolare [denottʃo'la:re] *vt* entsteinen, entkernen; ~ **le ciligie/albicocche** Kirschen/Aprikosen entsteinen

denocciolato, **-a** [denottʃo'la:to] *agg* entsteint, entkernt; **prugne -e** entsteinte Pflaumen

denocciolatrice [denottʃola'tri:tʃe] *f* Entkerner *m*, Entsteiner *m*

denominare [denomi'na:re] **I.** *vt* [be]nennen, bezeichnen als **II.** *vr* **-rsi** sich nennen

denominativo, **-a** [denomina'ti:vo] *agg* bezeichnend, benennend

denominatore [denomina'to:re] *m* MAT Nenner *m*

denominazione [denominat'tsio:ne] *f* *(attribuzione di un nome)* Bezeichnung *f*, Benennung *f*; *(nome)* Name *m*; FIN Denominierung *f*; **vino di ~ di origine controllata** [*o* **vino DOC**] Qualitätswein aus kontrolliertem Anbau

denotare [deno'ta:re] *vt* bedeuten, ausdrücken

denotativo, **-a** [denota'ti:vo] *agg* ❶ hinweisend, anzeigend ❷ LING denotativ

denotazione [denotat'tsio:ne] *f* Andeutung *f*

densimetrico, **-a** [densi'mɛ:triko] <-ci, -che> *agg* densimetrisch; **esame** ~ Dichteprüfung *f*

densimetro [den'si:metro] *m* Dichtemesser *m*, Densimeter *nt*

densità [densi'ta] <-> *f* ❶ *(fittezza)* Dichte *f*, Dichtigkeit *f*; ~ **della popolazione** Bevölkerungsdichte *f* ❷ *(fluidità ridotta)* Dicke *f*, Dickflüssigkeit *f*

denso, **-a** ['dɛnso] *agg* ❶ *(fluido)* dick[flüssig] ❷ *(fitto)* dicht ❸ *(fig)* dicht, reich; **una settimana -a di avvenimenti** eine ereignisreiche Woche

dentale [den'ta:le] **I.** *agg* dental, Zahn- **II.** *f* LING Dental[laut] *m*, Zahnlaut *m*

dentario, **-a** [den'ta:rio] <-i, -ie> *agg* Zahn-; **carie -a** Karies *f*

dentata [den'ta:ta] *f* Biss[wunde *f*] *m*

dentato, **-a** [den'ta:to] *agg* gezahnt, gezackt; TEC Zahn-; **ruota -a** Zahnrad *nt*

dentatore, **-trice** [denta'to:re] *m, f* Arbeiter(in) *m(f)* an einer Räderfräsmaschine

dentatrice [denta'tri:tʃe] *f* Räderfräsmaschine *f*

dentatura [denta'tu:ra] *f* ❶ ANAT Gebiss *nt* ❷ TEC Zahnung *f*

dente ['dɛnte] *m* ❶ ANAT Zahn *m*; ~ **canino** Eckzahn *m*; ~ **incisivo** Schneidezahn *m*; ~ **molare** Backenzahn *m*; ~ **del giudizio** Weisheitszahn *m*; ~ **di latte** Milchzahn *m*; **avere mal di -i** Zahnschmerzen haben; **battere i -i** mit den Zähnen klappern; **avere il ~ avvelenato contro qu** jdn gefressen haben *fam*; **mettere qc sotto i -i** *(fig)* etw zwischen die Zähne schieben; **mostrare i -i a qu** *(fig)* jdm die Zähne zeigen; **restare a -i asciutti** *(fig)* leer ausgehen; **stringere i -i** *(fig)* die Zähne zusammenbeißen ❷ GASTR **al** ~ *(spaghetti, pasta)* bissfest, al dente; *(riso)* körnig ❸ TEC Zacke *f*, Zahn *m* ❹ BOT ~ **di leone** Löwenzahn *m*

dentellare [dentel'la:re] *vt* zacken, auszacken
dentellato, **-a** [dentel'la:to] *agg* ausgezackt, gezähnt
dentellatura [dentella'tu:ra] *f* Zähnung *f;* ARCH Zackenornament *nt*
dentello [den'tɛllo] *m* ① *(di francobollo)* Zahn *m,* Zähnchen *nt* ② ARCH Zacke *f* ③ *(d'ingranaggio)* Zahn *m*
dentice ['dɛntitʃe] *m* ZOO Zahnbrasse *f*
dentiera [den'tiɛ:ra] *f* ① *(protesi)* Zahnersatz *m,* Gebiss *nt* ② *(cremagliera)* Zahnstange *f,* Zahnrad *nt*
dentifricio [denti'fri:tʃo] <-ci> *m* Zahnputzmittel *nt; (pasta)* Zahnpasta *f*
dentifricio, **-a** <-ci, -cie> *agg* **pasta -a** Zahnpasta *f*
dentista [den'tista] <-i *m,* -e *f*> *mf* Zahnarzt *m/*-ärztin *f*
dentistico, **-a** [den'tistiko] <-ci, -che> *agg* zahnärztlich, Zahnarzt-
dentizione [dentit'tsio:ne] *f* Zahndurchbruch *m,* Zahnen *nt*
dentro ['dentro] **I.** *avv (stato)* darin, drinnen; *(moto)* hinein, herein; **essere ~** *(fam)* drin sein; *(in carcere)* sitzen *sl;* **mettere ~** *(fam)* einlochen *sl,* einbuchten *sl* **II.** *prep (stato)* in +*dat*; *(moto)* in +*akk*; **~ casa** im Haus; **~ di me** in meinem Inner[e]n, bei mir; **essere ~ a qc** *(fam)* in etw *dat* drinstecken
denuclearizzare [denukleatid'dza:re] *vt* Atomwaffen abrüsten
denuclearizzato, **-a** [denuklearid'dza:to] *agg* atomwaffenfrei
denuclearizzazione [denukleariddzat'tsio:ne] *f* Schaffung *f* einer atomwaffenfreien Zone, Abrüstung *f* von Atomwaffen
denudamento [denuda'mento] *m* Entblößung *f,* Entkleidung *f*
denudare [denu'da:re] **I.** *vt* entblößen; *(a. fig)* entkleiden **II.** *vr* **-rsi** sich entblößen, sich entkleiden
denudazione [denudat'tsio:ne] *f* ① Entblößung *f,* Entkleidung *f* ② GEOL Abtragung *f,* Denudation *f*
denuncia [de'nuntʃa] <-ce *o* -cie, -ie> *f* ① JUR Anzeige *f;* **sporgere ~** Anzeige erstatten ② ADM [An]meldung *f* ③ *(dichiarazione)* Erklärung *f;* **~ dei redditi** Steuererklärung *f*
denunciante [denun'tʃante] *mf* Erklärende(r) *f(m),* Anzeigeerstatter *m*
denunciare [denun'tʃa:re] *vt* ① JUR anzeigen; *(fig: accusare)* brandmarken ② ADM [an]melden ③ *(fig: dimostrare)* zeigen ④ *(dichiarare)* erklären
denunciatore, **denunziatore**, **-trice** [denuntʃa'to:re] *m, f* Anzeigeerstattende(r) *f(m)*
denutrito, **-a** [denu'tri:to] *agg* unterernährt
denutrizione [denutrit'tsio:ne] *f* Unterernährung *f*
deodorante [deodo'rante] **I.** *agg* de[s]odorierend **II.** *m* De[s]odorant *nt*
deodorare [deodo'ra:re] *vt* de[s]odorieren
deodorazione [deodorat'tsio:ne] *f* Deodorisierung *f,* Desodorisation *f*
deodorizzare [deodorid'dza:re] *vt* de[s]odorieren; **~ un ambiente** einen Raum de[s]odorieren
deodorizzazione [deodoriddzat'tsio:ne] *f* Desodorisierung *f,* Desodorisation *f*
deontologia [deontolo'dʒi:a] <-gie> *f* ① *(codice morale)* Pflichtkodex *m* ② PHILOS Deontologie *f,* Ethik *f* als Pflichtenlehre; **~ professionale** Berufsethos *nt;* **~ medica** medizinische Ethik
deontologico, **-a** [deonto'lɔ:dʒiko] <-ci, -che> *agg* deontologisch, Pflicht-
deorbitare [deorbi'ta:re] *vt* ASTR schießen, befördern; **~ un satellite** einen Satelliten aus seiner Umlaufbahn befördern
deorbitazione [deorbitat'tsio:ne] *f* ASTR Beförderung *f* aus der Umlaufbahn
deossiribonucleico [deossiribonu'klɛ:iko] *agg* **acido ~** Desoxyribonukleinsäure *f*
deostruire [deostru'i:re] <deostruisco> *vt* eine Verstopfung beseitigen; MED von einer Verstopfung befreien; **~ una conduttura** eine verstopfte Leitung reinigen
deparlamentarizzazione [deparlamentariddzat'tsio:ne] *f* Entparlamentarisierung *f*
dépassé, **dépassée** [depa'se] <- *o* dépassés *m,* dépassées *f*> *agg* veraltet, unmodern; **moda ~** überholte Mode; **coma ~** MED irreversibles Koma, Hirntod *m*
depauperamento [depaupera'mento] *m* Erschöpfung *f,* Auslaugung *f; (fig)* Verarmung *f*
depauperare [depaupe'ra:re] *vt* erschöpfen, auslaugen
depauperato, **-a** [depaupe'ra:to] *agg* erschöpft, ausgelaugt
depenalizzare [depenalid'dza:re] *vt* JUR für straffrei erklären
depenalizzazione [depenaliddzat'tsio:ne] *f* [Erklärung *f* der] Straffreiheit *f*
dépendance [depã'dã:s] <-> *f* Nebengebäude *nt,* Dependance *f,* Nebenbetrieb *m,* Filiale *f*
depennamento [depenna'mento] *m* Streichen *nt,* Streichung *f*
depennare [depen'na:re] *vt* [aus-, durch]streichen

deperibile [depe'ri:bile] *agg* [leicht] verderblich

deperimento [deperi'mento] *m* ① MED Kräfteverfall *m*, Auszehrung *f* ② *(deterioramento)* Verfall *m*; *(danno)* Schaden *m*, Schädigung *f*; *(di alimenti)* Verderben *nt*

deperire [depe'ri:re] <deperisco> *vi essere* ① *(di salute)* verkümmern, dahinsiechen ② *(deteriorarsi)* verderben, verkommen; *(consumarsi)* verfallen

deperito, -a [depe'ri:to] *agg* ausgezehrt, mitgenommen

depersonalizzazione [depersonaliddzat'tsio:ne] *f* Entpersönlichung *f*, Depersonalisation *f*

depicciolare [depittʃo'la:re] *vt* den Stängel [*o* Stiel] entfernen, entstielen

depicciolatrice [depittʃola'tri:tʃe] *f* Maschine *f* zum Entfernen der Stängel [*o* Stiele]

depigmentato, -a [depigmen'ta:to] *agg* BIOL pigmentlos, depigmentiert

depigmentazione [depigmentat'tsio:ne] *f* BIOL Depigmentierung *f*

depilare [depi'la:re] *vt* ① *(gambe)* enthaaren ② *(peli)* entfernen; *(sopracciglia)* zupfen

depilatore [depila'to:re] *m* *(apparecchio)* Enthaarungsgerät *nt*, Epiliergerät *nt*

depilatore, -trice *agg* enthaarend, Enthaarungs-

depilatorio [depila'tɔ:rio] *m* Enthaarungsmittel *nt*

depilatorio, -a <-i, -ie> *agg* enthaarend, Enthaarungs-

depilatrice [depila'tri:tʃe] *f* Epiliergerät *nt*

depilazione [depilat'tsio:ne] *f* Enthaarung *f*

dépistage [depis'taʒ] <- *o* dépistages> *m* ① *(individuazione di piste)* Aufspüren *nt* ② *(ricerca particolareggiata)* [genaue] Untersuchung *f*; ~ **di massa** MED Reihenuntersuchung *f*

depistaggio [depis'taddʒo] <-ggi> *m* Irreführung *f*

depistare [depis'ta:re] *vt* irreleiten, irreführen

dépliant [depli'jã] <-> *m* Faltblatt *nt*, Prospekt *m o nt*

deplorabile [deplo'ra:bile] *agg* tadelnswert

deplorare [deplo'ra:re] *vt* ① *(biasimare)* missbilligen, tadeln ② *(compiangere)* beklagen, bedauern

deplorazione [deplorat'tsio:ne] *f* Missbilligung *f*, Tadel *m*

deplorevole [deplo're:vole] *agg* ① *(da biasimare)* tadelnswert ② *(miserevole)* beklagenswert, bedauernswert; *(fatto)* bedauerlich

depolarizzante [depolarid'dzante] **I.** *agg* CHEM depolarisierend **II.** *m* CHEM *(depolarizzatore)* Depolarisator *m*

depolarizzare [depolarid'dza:re] *vt* CHEM depolarisieren

depolarizzatore [depolariddza'to:re] *m* CHEM Depolarisator *m*

depolarizzazione [depoliriddzat'tsio:ne] *f* CHEM Depolarisation *f*

depoliticizzare [depolititʃid'dza:re] *vt* entpolitisieren

depoliticizzazione [depolititʃiddzat'tsio:ne] *f* Entpolitisierung *f*

depolpaggio [depol'paddʒo] <-ggi> *m* Fruchtfleischentfernung *f*

depolpatore [depolpa'to:re] *m* Fruchtfleischentferner *m*, Schnitzelmaschine *f*

depolverizzare [depolverid'dza:re] *vt* PHYS entstauben, depulverisieren

depolverizzatore [depolveriddza'to:re] *m* TEC Entstauber *m*, Depulverisator *m*

depolverizzazione [depolveriddzat'tsio:ne] *f* PHYS Entstaubung *f*, Depulverisation *f*

deponente [depo'nɛnte] **I.** *agg* **verbo ~** Deponens *nt* **II.** *m* ① LING Deponens *nt* ② TYP, MAT, CHEM Indexzahl *f*, Index *m*

deporre [de'porre] <irr> **I.** *vt* ① *(oggetto)* absetzen, ablegen; *(uova)* legen; *(fig: armi)* niederlegen ② *(in giudizio)* ablegen; *(da testimone)* aussagen ③ *(fig: pensiero)* fallen lassen **II.** *vi* ① *(in tribunale)* aussagen ② *(fig)* ~ **a favore di qu** sich für jdn aussprechen

deportare [depor'ta:re] *vt* deportieren

deportato, -a [depor'ta:to] *m, f* Deportierte(r) *f(m)*

deportazione [deportat'tsio:ne] *f* Deportation *f*

deporto [de'pɔrto] *m* FIN Deport *m*, Deportgeschäft *nt*, Kursabschlag *m*

deposi *1. pers sing pass rem di* **deporre**

depositante [depozi'tante] *mf* Hinterleger(in) *m(f)*, Deponent(in) *m(f)*

depositare [depozi'ta:re] **I.** *vt* ① *(porre giù)* absetzen, abstellen, ablegen ② *(in banca)* deponieren, hinterlegen ③ *(in custodia)* zur Aufbewahrung geben; *(documenti)* deponieren, hinterlegen ④ *(in magazzino)* [ein]lagern ⑤ *(liquidi)* ablagern, absetzen **II.** *vi* einen Bodensatz bilden

depositario, -a [depozi'ta:rio] <-i, -ie> *m, f* ① *(gener)* Verwahrer(in) *m(f)*, Aufbewahrer(in) *m(f)* ② FIN Depositar *m* ③ *(fig)* Bewahrer(in) *m(f)*, Wächter(in) *m(f)*, Hüter(in) *m(f)*

deposito [de'pɔ:zito] *m* ① *(in banca)* Hinterlegung *f*; *(somma)* Depot *nt*, Einlage *f*

❷ *(di valigie)* Aufbewahrung *f;* *(di documenti)* Hinterlegung *f;* ~ **bagagli** Gepäckaufbewahrung *f;* ~ **a cassette** Schließfächer *nt pl* ❸ *(in magazzino)* [Ein]lagerung *f;* *(luogo)* Depot *nt,* [Sammel]lager *nt* ❹ *(di liquidi)* [Boden]satz *m,* Depot *nt;* GEOL Ablagerung *f* ❺ *(cauzione)* Kaution *f*

deposizione [depozit'tsio:ne] *f* ❶ *(sedimento)* Ablagerung *f* ❷ *(da una carica)* Absetzung *f* ❸ *(in tribunale)* Zeugenaussage *f* ❹ REL Kreuzabnahme *f*

deposto *pp di* **deporre**

depotenziamento [depotentsia'mento] *m* Schwächung *f,* Abbau *m*

depotenziare [depoten'tsia:re] *vt* die Leistung vermindern, schwächen

depravare [depra'va:re] *vt* ❶ *(volgere al male)* verderben ❷ *(fig)* pervertieren, korrumpieren

depravato, -a [depra'va:to] **I.** *agg* verdorben, verkommen **II.** *m, f* verkommener Mensch

depravazione [depravat'tsio:ne] *f* Verderbtheit *f,* Verkommenheit *f*

deprecabile [depre'ka:bile] *agg* unwillkommen, unliebsam

deprecare [depre'ka:re] *vt* missbilligen

deprecativo, -a [depreka'ti:vo] *agg* missbilligend

deprecazione [deprekat'tsio:ne] *f* Missbilligung *f,* Beanstandung *f*

depredamento [depreda'mento] *m* Plünderung *f*

depredare [depre'da:re] *vt* ❶ *(saccheggiare)* plündern ❷ *(derubare)* ausrauben, berauben; ~ **qu di qc** jdn einer Sache *gen* berauben

depredatore, -trice [depreda'to:re] *m, f* *(poet)* Plünderer *m*/Plünderin *f*

depredatorio, -a [depreda'tɔ:rio] <-i, -ie> *agg* plündernd

depressa *f v.* **depresso**

depressi [de'prɛssi] *1. pers sing pass rem di* **deprimere**

depressionario, -a [depressio'na:rio] <-i, -ie> *agg* METEO **area -a** Tiefdruckgebiet *nt*

depressione [depres'sio:ne] *f* ❶ *(avvallamento)* [Ab]senkung *f,* Vertiefung *f;* GEOG Landsenke *f* ❷ METEO Tief[druckgebiet] *nt* ❸ MED Depression *f*

depressivo, -a [depres'si:vo] *agg* depressiv, niedergeschlagen

depresso, -a [de'prɛsso] **I.** *pp di* **deprimere** **II.** *agg* ❶ *(abbassato)* abgesenkt, vertieft ❷ *(avvilito)* deprimiert, niedergeschlagen **III.** *m, f* deprimierte Person; MED Depressive(r) *f(m)*

depressore [depres'so:re] **I.** *agg* depressorisch **II.** *m* Depressor *m*

depressurizzare [depressurid'dza:re] *vt* TEC den Luftdruck senken

depressurizzazione [depressuriddzat'tsio:ne] *f* Luftdrucksenkung *f*

deprezzamento [deprettsa'mento] *m* Wertminderung *f;* *(della moneta)* Entwertung *f*

deprezzare [depret'tsa:re] *vt* ❶ *(diminuire il prezzo)* ~ **qc** den Preis einer Sache *gen* senken; *(svalutare)* den Wert einer Sache *gen* mindern ❷ *(moneta)* entwerten ❸ *(fig)* abwerten

deprimente [depri'mɛnte] *agg* deprimierend, bedrückend

deprimere [de'pri:mere] <deprimo, depressi, depresso> *vt (fig)* deprimieren, bedrücken

deprimibile [depri'mi:bile] *agg* verminderbar, reduzierbar; **polso** ~ MED leichter Pulsschlag, schwacher Puls

deprivare [depri'va:re] *vt* berauben

deprivato, -a [depri'va:to] *agg* beraubt; **una persona -a di ogni bene** eine Person, der alles geraubt wurde

deprivazione [deprivat'tsio:ne] *f* ❶ *(sottrazione)* Entzug *m* ❷ PSIC Deprivation *f,* Mangel *m* ❸ MED Deprivation *f,* Entzug *m;* ~ **sensoriale** verminderte Wahrnehmungsfähigkeit

depurare [depu'ra:re] *vt* reinigen; CHEM klären

depurativo [depura'ti:vo] *m* Entschlackungsmittel *nt*

depurativo, -a *agg* reinigend, entschlackend

depuratore [depura'to:re] *m* ❶ *(apparecchio)* Reinigungsapparat *m* ❷ *(impianto)* Kläranlage *f*

depuratore, -trice *agg* Klär-, Reinigungs-

depurazione [depurat'tsio:ne] *f* Reinigung *f,* Klärung *f*

deputare [depu'ta:re] *vt* beauftragen, abordnen

deputato, -a [depu'ta:to] *m, f* ❶ *(delegato)* Beauftragte(r) *f(m)* ❷ POL Abgeordnete(r) *f(m),* Mandatar(in) *m(f)* A

deputazione [deputat'tsio:ne] *f* Abordnung *f*

dequalificare [dekualifi'ka:re] *vt* dequalifizieren, entqualifizieren

dequalificazione [dekualifikat'tsio:ne] *f* Herabsetzung *f*

déraciné [derasi'ne] *agg inv* *(sradicato)* entwurzelt

deragliamento [deraʎʎa'mento] *m* Entgleisen *nt*

deragliare [deraʎ'ʎa:re] *vi essere* entgleisen

deragliatore [deraʎʎa'toːre] *m* TEC Kettenwechsler *m*

dérapage [dera'paːʒ] <-> *m v.* **derapaggio**

derapaggio [dera'paddʒo] <-ggi> *m* ① AERO *(slittata o deviazione laterale)* Abgleiten *nt* ② SPORT *(sci)* [seitliches] Abrutschen *nt* ③ SPORT *(nell'automobilismo tecnica per affrontare le curve)* Übersteuern *nt,* Untersteuern *nt; (slittamento della vettura)* Ausbrechen *nt;* ~ **controlé** kontrolliertes Über-/Untersteuern

derapare [dera'paːre] *vi* MOT schleudern, ausbrechen; AERO abrutschen, abkippen

derapata [dera'paːta] *f v.* **dérapage**

derattizzante [drattid'dzante] **I.** *agg* CHEM rattentötend, rattenvernichtend **II.** *m* CHEM Rattengift *nt,* Rattenvernichtungsmittel *nt*

derattizzazione [derattiddzat'tsioːne] *f* Rattenbekämpfung *f,* Rattenvernichtung *f*

derby ['dɛrbi] <-> *m* Derby *nt*

deregolamentare [deregolamen'taːre] *vt* ADM deregulieren, die Reglementierung aufheben

deregolamentazione [deregolamentat'tsioːne] *f* ADM Aufhebung *f* einer Reglementierung

deregolare [derego'laːre] *vt* ADM deregulieren, die Reglementierung aufheben [*o* lockern]

deregulation [diːregju'leiʃən] <-> *f* ADM Deregulation *f*

derelitto, -a [dere'litto] **I.** *agg* vereinsamt, verlassen **II.** *m, f* vereinsamter Mensch

derelizione [derelit'tsioːne] *f* ① JUR Besitzaufgabe *f,* Eigentumsverzicht *m,* Dereliktion *f* ② PHILOS Dereliktion *f,* Verlassenheit *f* ③ *(obs: abbandono totale)* Alleinsein *nt,* Verlassensein *nt,* Vereinsamung *f,* Einsamkeit *f*

derequisire [derekui'ziːre] *vt* ADM freigeben

derequisizione [derekuizit'tsioːne] *f* Freigabe *f*

deresponsabilizzare [deresponsabilid'dzaːre] *vt* von einer Verantwortung entheben

deresponsabilizzazione [deresponsabiliddzat'tsioːne] *f* Befreiung *f* [*o* Freisprechung *f*] von Verantwortung

deretano [dere'taːno] *m* Gesäß *nt*

deridere [de'riːdere] <irr> *vt* auslachen; ~ **qu per qc** jdn wegen etw auslachen

derisione [deri'zioːne] *f* Verspottung *f,* Spott *m*

derisore [deri'zoːre] *m* Spötter *m*

derisorio, -a [deri'zɔːrio] <-i, -ie> *agg* ① *(che deride)* Spott-, spöttisch ② *(di derisione)* lächerlich

deriva [de'riːva] *f* ① NAUT *(trascinamento)* Abtrift *f,* Drift *f;* **andare alla** ~ abgetrieben werden; *(fig)* sich treiben lassen ② *(di natante)* [Kiel]schwert *nt* ③ *(di aereo)* Seitenruder *nt* ④ GEOL ~ **dei continenti** Kontinentaldrift *f,* Kontinentalverschiebung *f*

derivabile [deri'vaːbile] *agg* ableitbar, herleitbar; **funzione** ~ MAT ableitbare Funktion

derivabilità [derivabili'ta] <-> *f* MAT Ableitbarkeit *f,* Herleitbarkeit *f*

derivare [deri'vaːre] **I.** *vi essere* ① *(aver origine)* ~ **da** herkommen von, seinen Ursprung haben in +*dat; (fiumi)* entspringen in +*dat* ② *(fig: discendere)* [ab]stammen; **ciò deriva da ...** das kommt von ... her **II.** *vt avere* ① *(canale)* ableiten ② *(fig: per deduzione)* ableiten

derivata [deri'vaːta] *f* Ableitung *f*

derivativo, -a [deriva'tiːvo] *agg* ① *(non originario)* abgeleitet ② MED ableitend; **intervento chirurgico** ~ ableitender chirurgischer Eingriff

derivato [deri'vaːto] *m* ① CHEM Derivat *nt* ② LING Ableitung *f*

derivatore [deriva'toːre] *m* TEC Nebenwiderstand *m,* Shunt *m*

derivatore, -trice *agg* Ableitungs-, ableitend; **circuito** ~ Ableitungsstromkreis *m;* **canale** ~ **d'acque** Abwasserkanal *m,* Entsorgungskanal *m*

derivazione [derivat'tsioːne] *f* ① TEC Abzweigung *f,* Ableitung *f;* EL Abzweigung *f,* Abzweig *m;* TEL Nebenanschluss *m;* **in** ~ parallel geschaltet ② MAT Differenzialrechnung *f* ③ LING Derivation *f,* Ableitung *f*

dermatite [derma'tiːte] *f* Hautentzündung *f,* Dermatitis *f;* ~ **atopica** Neurodermitis *f*

dermatologa *f v.* **dermatologo**

dermatologia [dermatolo'dʒiːa] <-gie> *f* Dermatologie *f*

dermatologo, -a [derma'tɔːlogo] <-gi, -ghe> *m, f* Hautarzt *m*/-ärztin *f,* Dermatologe *m*/Dermatologin *f*

dermatoplastica [dermato'plastika] <-che> *f* MED Hauttransplantation *f,* Dermatoplastik *f*

dermatosi [derma'tɔːzi] <-> *f* Hautkrankheit *f,* Dermatose *f*

dermocosmetico [dermokos'mɛːtiko] <-ci> *m* Hautkosmetikum *nt*

dermocosmetico, -a <-ci, -che> *agg* hautkosmetisch; **prodotto** ~ hautkosmetisches Produkt

dermocosmetologo, -a [dermokosme'tɔːlogo] <-gi, -ghe> *m, f* Hautkosmetiker(in) *m(f)*

dermoide [der'mɔːide] *f* Kunstleder *nt*

dermosifilopatico, -a [dermosifilo'pa:tiko] <-ci, -che> *agg* Haut- und Geschlechtskrankheiten betreffend
deroga ['dɛ:roga] <-ghe> *f* Abweichung *f,* [teilweise] Außerkraftsetzung *f;* **in ~ a** abweichend von, in Abweichung von
derogabile [dero'ga:bile] *agg* abdingbar
derogare [dero'ga:re] *vi* JUR etw teilweise außer Kraft setzen; **~ a qc** etw derogieren
derogatorio, -a [deroga'tɔ:rio] <-i, -ie> *agg* JUR *(derogativo)* abweichend, aufhebend, derogativ, derogatorisch
derogazione [derogat'tsio:ne] *f* ① JUR *(deroga)* Abschaffung *f,* Aufhebung *f,* Zuwiderhandlung *f,* Derogation *f* ② JUR *(obs: perdita temporanea della nobiltà)* temporäre Aberkennung *f* des Adelstitels
derrata [der'ra:ta] *f* [Ess]ware *f;* **-e alimentari** Lebensmittel *ntpl,* Nahrungsmittel *ntpl*
derrick ['derik] <-> *m* ① TEC *(tipo di gru)* Derrickkran *m,* Montagekran *m* ② TEC *(castello piramidale nei pozzi petroliferi)* Bohrturm *m,* Erdölturm *m* ③ GEOL *(masse rocciose)* Spitze *f*
derrista [der'rista] <-i> *m* Minenarbeiter *m,* Erdölbohrarbeiter *m*
derubare [deru'ba:re] *vt* bestehlen, berauben
derubato, -a [deru'ba:to] *agg* beraubt, bestohlen; **~ di ogni dignità** *(fig)* aller Würde beraubt
derubricare [derubri'ka:re] *vt* JUR zurückstufen
derubricazione [derubrikat'tsio:ne] *f* JUR Zurückstufung *f,* Abschwächung *f*
deruralizzare [deruralid'dza:re] *vt* ADM zum Baugrundstück erklären, als Baugebiet ausweisen
deruralizzazione [deruraliddzat'tsio:ne] *f* ① ADM *(sottrazione di un immobile al catasto agricolo)* Ausweisung *f* als Baugebiet ② *(abbandono delle campagne)* Landflucht *f*
derustizzazione [derustiddzat'tsio:ne] *f* Rostentfernung *f*
derviscio [der'viʃʃo] <-sci> *m* Derwisch *m*
desacralizzare [dezakralid'dza:re] *vt* entweihen, entheiligen
desacralizzazione [dezakraliddzat'tsio:ne] *f* Entweihung *f*
desalinizzare [dezalinid'dza:re] *vt* CHEM entsalzen
desalinizzazione [desaliniddzat'tsio:ne] *f* Entsalzung *f*
desaparecido, -a [desapare'tʃi:do] <- *o* desaparecidos *m,* desaparecidas *f*> *m, f* *(scomparso)* Verschwundene(r) *f(m),* Verschleppungsopfer *nt*
deschetto [des'ketto] *m* Arbeitstisch *m* [des Schuhmachers], Werkbank *f*
desco ['desko] <-schi> *m (poet)* Tafel *f geh*
descolarizzare [deskolarid'dza:re] *vt* entschulen, die bisher üblichen Schulformen abschaffen
descolarizzazione [deskolariddzat'tsio:ne] *f* Entschulung *f,* Abschaffung *f* der bisher üblichen Schulformen
descrissi *1. pers sing pass rem di* **descrivere**
descrittivismo [deskritti'vizmo] *m* KUNST Deskriptivismus *m*
descrittivo, -a [deskrit'ti:vo] *agg* beschreibend, deskriptiv
descrittore, -trice [deskrit'to:re] *m, f* Beschreiber(in) *m(f)*
descrivere [des'kri:vere] <irr> *vt* ① *(rappresentare)* beschreiben; *(avvenimento)* schildern ② *(lasciare una traccia)* beschreiben; **l'aereo descrisse nel cielo un ampio arco** das Flugzeug beschrieb einen großen Bogen am Himmel
descrivibile [deskri'vi:bile] *agg* beschreibbar
descrizione [deskrit'tsio:ne] *f* Schilderung *f,* Beschreibung *f*
desegregazione [dezegragat'tsio:ne] *f* SOC Aufhebung *f* der Rassentrennung, Desegregation *f*
desensibilizzare [desensibilid'dza:re] *vt* desensibilisieren
desensibilizzatore [dezensibiliddza'to:re] *m* FOTO Desensibilisator *m*
desensibilizzazione [dezensibiliddzat'tsio:ne] *f* FOTO Desensibilisation *f,* Desensibilisierung *f*
desertico, -a [de'zɛrtiko] <-ci, -che> *agg* Wüsten-
deserticolo, -a [dezer'ti:kolo] *agg* Wüsten-; **animale ~** Wüstentier *nt*
desertificazione [dezertifikat'tsio:ne] *f* GEOG Desertifikation *f,* Wüstenbildung *f*
deserto [de'zɛrto] *m* ① GEOG Wüste *f* ② *(fig)* Einöde *f*
deserto, -a *agg* unbewohnt, menschenleer; *(fig)* ausgestorben
desessualizzare [dezessualid'daz:re] *vt* entsexualisieren
desessualizzazione [dezessualiddzat'tsio:ne] *f* Entsexualisierung *f*
déshabillé [dezabi'je] <-> *m* Hauskleid *nt,* Morgenrock *m*
desiderabile [deside'ra:bile] *agg* wünschenswert; *(sessualmente)* begehrenswert
desiderabilità [deziderabili'ta] <-> *f* Begehrtheit *f*

desiderare [deside'ra:re] *vt* wünschen; *(sessualmente)* begehren; **~ un figlio** sich *dat* ein Kind wünschen; **~ di rivedere qu** sich wünschen, jdn wiederzusehen; **farsi ~** sich rarmachen; **lasciare a ~** zu wünschen übrig lassen; **ti desiderano al telefono** du wirst am Telefon verlangt
desiderata [deside'ra:ta] *mpl* Wünsche *mpl*, Anliegen *ntpl*
desiderativo, **-a** [desidera'ti:vo] *agg* ❶ *(che manifesta desiderio)* Wunsch- ❷ LING optativ, Wunsch-
desiderio [desi'dɛ:rio] <-i> *m* ❶ *(aspirazione)* Wunsch *m;* **~ di qc** Wunsch nach etw ❷ *(brama sensuale)* Begierde *f;* **il suo ~ di potenza** seine Begierde nach Macht
desideroso, **-a** [deside'ro:so] *agg* verlangend, sehnsüchtig; **essere ~ di qc** etw wünschen
design [di'zain *o* de'zain] <-> *m* Design *nt*
designabile [deziɲ'ɲa:bile] *agg* bestimmbar, designierbar
designare [desiɲ'ɲa:re] *vt* bestimmen, bestellen
designato, **-a** [deziɲ'ɲa:to] *agg* bestimmt, designiert
designatore, **-trice** [deziɲɲato:re] **I.** *agg* bestimmend, designierend; **commissione -trice** designierender Ausschuss **II.** *m, f* Designierende(r) *f(m)*
designazione [desiɲɲat'tsio:ne] *f* ❶ *(di incarico)* Ernennung *f*, Bestellung *f* ❷ *(indicazione)* Bestimmung *f*
designer [di'zainə *o* de'zainer] <-> *mf* Designer(in) *m(f)*
desinare[1] [dezi'na:re] *vi* [zu] Mittag essen
desinare[2] *m* Mittagessen *nt*
desinente [dezi'nɛnte] *agg* endend
desinenza [dezi'nɛntsa] *f* Endung *f*
desistenza [dezis'tɛntsa] *f* Rücktritt *m;* **~ da un crimine** Ablassen *nt* von einem Verbrechen; **~ da una querela** Rückzug *m* einer Anzeige
desistere [de'sistere] <desisto, desistei *o* desistetti, desistito> *vi* ❶ JUR zurücknehmen; **~ da qc** etw zurücknehmen, von etw absehen ❷ *(da attuare qc)* verzichten; **~ da un progetto** von einem Plan Abstand nehmen
desk ['desk] <-> *m* Desk *m*, Computertisch *m*
desktop <-> *m* INFORM Arbeitsoberfläche *f*, Benutzeroberfläche *f*
desktop publishing ['desktɔp 'pʌbliʃiŋ] <-> *m* INFORM Desktop-Publishing *nt*
desocializzazione [desotʃaliddzat'tsio:ne] *f* Desozialisierung *f*
desolante [dezo'lante] *agg* trostlos, desolat
desolare [dezo'la:re] *vt* ❶ *(devastare)* verheeren, verwüsten ❷ *(addolorare)* [tief] betrüben, bekümmern
desolato, **-a** [dezo'la:to] *agg* ❶ *(luogo)* verlassen, ausgestorben; *(per squallore)* öd[e], trostlos ❷ *(persona)* tief betrübt, bekümmert ❸ *(dispiaciuto)* **sono veramente ~ di …** es tut mir wirklich sehr leid, dass …
desolazione [dezolat'tsio:ne] *f* ❶ *(rovina)* Verheerung *f*, Verwüstung *f* ❷ *(squallore)* Öde *f*, Trostlosigkeit *f* ❸ *(dolore)* [tiefe] Betrübnis *f*
desolforare [desolfo'ra:re] *vt* CHEM entschwefeln
desolforatore [desolfora'to:re] *m* Entschweflungsanlage *f*, Entschwefler *m*
desolforazione [desolforat'tsio:ne] *f* Entschwefelung *f*
desovranizzare [desovranid'dza:re] *vt* die Souveränität entziehen
desperado [despe'ra:do] <-> *m* Desperado *m*
despota ['dɛspota] <-i *m*, -e *f*> *mf* Despot(in) *m(f)*
desquamativo, **-a** [deskuama'ti:vo] *agg* abschuppend; **processo ~** Abschuppungsprozess *m*
desquamazione [deskuamat'tsio:ne] *f* ❶ *(distacco di squame)* Abschuppung *f* ❷ GEOL *(disgregazione delle rocce)* Desquamation *f* ❸ MED Desquamation *f*
dessert [de'sɛ:r] <-> *m* Nachspeise *f*, Dessert *nt*
dessi ['dessi] *1. e 2. pers sing conj imp di* **dare**[1]
destabilizzante [destabilid'dzante] *agg* destabilisierend
destabilizzare [destabilid'dza:re] *vt* destabilisieren, instabil machen
destabilizzatore [destabiliddza'to:re] *m* destabilisierendes Element
destabilizzatore, **-trice** *agg* destabilisierend
destabilizzazione [destabiliddzat'tsio:ne] *f* Destabilisierung *f*
destare [des'ta:re] **I.** *vt* ❶ *(poet: svegliare)* [auf]wecken, erwecken *geh* ❷ *(fig)* wachrufen, erwecken; *(meraviglia, sospetti)* erregen **II.** *vr* **-rsi** *(poet)* erwachen *geh*
deste ['deste] *2. pers pl pass rem, 2. pers pl conj imp di* **dare**[1]
desti ['desti] *2. pers sing pass rem di* **dare**[1]
destinare [desti'na:re] *vt* verurteilen; *(somma)* widmen, zueignen; **~ qc a qu** etw für jdn bestimmen; **destinato al fallimento** zum Scheitern verurteilt; **destinato a morire** dem Tod geweiht
destinatario, **-a** [destina'ta:rio] <-i, -ie>

I. *agg* **banca -a** Empfängerbank *f;* **paese ~** Bestimmungsland *nt* **II.** *m, f* Adressat(in) *m(f),* Empfänger(in) *m(f)*

destinazione [destinat'tsio:ne] *f* ① *(scopo, fine)* Bestimmung *f,* [End]zweck *m,* Ziel *nt;* **raggiungere la propria ~** sein Ziel erreichen ② *(luogo)* Bestimmungsort *m,* Ziel[ort *m*] *nt;* **giungere a ~** am Ziel ankommen

destino [des'ti:no] *m* Schicksal *nt*

destituire [destitu'i:re] <destituisco> *vt* absetzen; **~ qu da qc** jdn von etw absetzen, jdn einer Sache *gen* entheben

destituito, -a [destitu'i:to] *agg* abgesetzt, enthoben

destituzione [destitut'tsio:ne] *f* Absetzung *f,* [Amts]enthebung *f*

desto, -a ['desto] *agg* ① *(sveglio)* wach ② *(vigilante)* wachsam

destoricizzare [destoritʃid'dza:re] *vt* aus dem geschichtlichen Zusammenhang reißen

destorificazione [destorifikat'tsio:ne] *f* Herausreißen *nt* aus dem geschichtlichen Zusammenhang

destra ['dɛstra] *f* ① *(mano)* Rechte *f;* **dare la ~ a qu** jdn rechts gehen lassen ② *(lato)* rechte Seite; **a ~** rechts; **alla mia ~** zu meiner Rechten ③ POL Rechte *f*

destreggiarsi [destred'dʒarsi] *vr* zurechtkommen; **~ con qu/qc** mit jdm/etw zurechtkommen; **~ in qc** sich in etw *dat* zurechtfinden

destrese [des'tre:ze] *m* POL Jargon *m* der Rechten

destrezza [des'trettsa] *f* Geschick *nt,* Gewandtheit *f;* **~ di mano** Fingerfertigkeit *f;* **gioco di ~** Geschicklichkeitsspiel *nt*

destriero [des'triɛ:ro] *m (poet)* [Schlacht]ross *nt obs*

destrimano [destri'ma:no] **I.** *agg inv* rechtshändig **II.** *mf* <-> Rechtshänder(in) *m(f)*

destrismo [des'trizmo] *m* ① POL Rechtsorientierung *f* ② MED Rechtshändigkeit *f*

destro ['dɛstro] *m* ① *(opportunità)* Gelegenheit *f,* rechter Zeitpunkt ② SPORT Rechte *f*

destro, -a *agg* ① *(lato, parte)* rechte(r, s); **il braccio ~ di qu** jds rechte Hand ② *(fig)* tüchtig, geschickt

destrorso, -a [des'trɔrso] *agg* rechtsdrehend

destrutturare [destruttu'ra:re] *vt* ① *(scomporre)* destrukturieren; **~ qc** die Struktur von etw auflösen ② *(smantellare)* demontieren, abbauen

destrutturato, -a [destruttu'ra:to] *agg* destrukturiert, strukturlos

destrutturazione [destrutturat'tsio:ne] *f* Destrukturation *f,* Destrukturierung *f*

desueto, -a [desu'ɛ:to] *agg (poet)* ungebräuchlich; *(disusato)* ungewohnt

desuetudine [desue'tu:dine] *f* ① *(poet)* Ungebräuchlichkeit *f,* Ungewohntheit *f* ② JUR Nichtbeachtung *f*

desumere [de'su:mere] <desumo, desunsi, desunto> *vt* **~ qc [da qc]** etw [aus etw] folgern

desumibile [desu'mi:bile] *agg* **è ~ che …** es ist anzunehmen, dass …

desunsi [de'sunsi] *1. pers sing pass rem di* **desumere**

desunto [de'sunto] *pp di* **desumere**

detartraggio [detar'traddʒo] <-ggi> *m* MED Zahnsteinentfernung *f*

detartrasi [detar'tra:si] <-> *f v.* **detartraggio**

detassabilità [detassabili'ta] <-> *f* Möglichkeit *f* der Steuerbefreiung

detassare [detas'sa:re] *vt* von der Steuer befreien

detassazione [detassat'tsio:ne] *f* Steuerbefreiung *f*

detective [di'tektiv *o* de'tɛctiv] <-> *m* ① *(agente di polizia)* Geheimpolizist *m* ② *(investigatore privato)* [Privat]detektiv *m*

detector [di'tektə *o* de'tɛctor] <-> *m* Detektor *m*

deteinato, -a [detei'na:to] *agg* entkoffeiniert, koffein-, theinfrei

detenere [dete'ne:re] <irr> *vt* ① *(possedere)* besitzen, bei [*o* mit] sich *dat* führen; *(primato)* halten; *(incarico)* inne haben ② *(in prigione)* gefangen halten, in Haft [be]halten

detentivo, -a [deten'ti:vo] *agg* **pena -a** Freiheitsstrafe *f*

detentore, -trice [deten'to:re] **I.** *agg* haltend, verteidigend **II.** *m, f* Inhaber(in) *m(f),* Besitzer(in) *m(f);* **~ di un titolo** SPORT Titelverteidiger(in) *m(f)*

detenuto, -a [dete'nu:to] *m, f* Häftling *m,* Inhaftierte(r) *f(m)*

detenzione [deten'tsio:ne] *f* ① *(possesso)* Besitz *m; (fig)* Innehaben *nt;* **~ di armi e munizioni** unerlaubter Waffenbesitz ② *(pena)* Haft *f,* Gewahrsam *m;* **~ preventiva** Untersuchungshaft *f*

detergente [deter'dʒɛnte] **I.** *agg* reinigend, Reinigungs-; **latte ~** Reinigungsmilch *f* **II.** *m* Reinigungsmittel *nt*

detergenza [deter'dʒɛntsa] *f* Reinigungskraft *f,* Reinigung *f*

detergere [de'tɛrdʒere] <irr> *vt* ① *(pulire)* reinigen, säubern; *(biancheria)* waschen ② *(togliere)* abwischen

deteriorabile [deterio'ra:bile] *agg* verderblich

deterioramento [deteriora'mento] *m* Abnutzung *f,* Verschleiß *m; (di cibi)* Verderb *m,* Verderben *nt; (di oggetti)* Beschädigung *f*

deteriorare [deterio'ra:re] **I.** *vt (danneggiare)* beschädigen; *(cibi)* verderben **II.** *vr* **-rsi** ① *(cibi)* verderben, schlecht werden; *(oggetti)* beschädigt werden; *(edifici)* verfallen ② *(fig)* sich verschlechtern ③ *(logorarsi)* verschleißen

deteriorato, -a [deterio'ra:to] *agg* verdorben, zerfressen; **rapporti -i** *(fig)* verschlechterte Beziehungen

deteriore [dete'rio:re] *agg* minderwertig, miserabel

determinabile [determi'na:bile] *agg* bestimmbar

determinabilità [determinabili'ta] <-> *f* Bestimmbarkeit *f*

determinante [determi'nante] *agg* ① *(decisivo)* entscheidend, maßgeblich, ausschlaggebend; **fattore ~ per la risoluzione del conflitto** ein maßgeblicher Faktor zur Beilegung des Konflikts ② JUR determinant, entscheidend

determinare [determi'na:re] *vt* ① *(precisare)* festlegen, bestimmen ② *(causare)* verursachen, bewirken

determinatezza [determina'tettsa] *f* ① *(precisione)* Genauigkeit *f,* Exaktheit *f* ② *(fermezza)* Entschlossenheit *f,* Entschiedenheit *f*

determinativo, -a [determina'ti:vo] *agg* bestimmt, dezidiert A

determinato, -a [determi'na:to] *agg* ① *(stabilito, fissato)* bestimmt, festgelegt, dezidiert A; **in -i casi** in bestimmten Fällen ② *(risoluto)* entschlossen, entschieden, dezidiert A; *(volontà)* fest

determinazione [determinat'tsio:ne] *f* ① *(stabilizzazione)* Festsetzung *f,* Festlegung *f* ② *(decisione)* Beschluss *m;* **la ~ di qc** der Beschluss eine Sache ③ *(risoluzione)* Entschiedenheit *f,* Bestimmtheit *f*

determinismo [determi'nizmo] *m* Determinismus *m*

deterrente [deter'rɛnte] **I.** *agg* abschreckend, Abschreckungs- **II.** *m* Abschreckungswaffe *f,* Abschreckungsmittel *nt*

deterrenza [deter'rɛntsa] *f* Abschreckung *f*

detersi *1. pers sing pass rem di* **detergere**

detersivo [deter'si:vo] *m (sostanza per pulire)* Reinigungsmittel *nt; (per biancheria)* Waschmittel *nt; (per stoviglie)* Spülmittel *nt; (per pavimenti)* Putzmittel *nt*

detersivo, -a *agg* reinigend, Reinigungs-

deterso *pp di* **detergere**

detestabile [detes'ta:bile] *agg* verabscheuungswürdig, hassenswert; *(insopportabile)* unausstehlich, scheußlich

detestare [detes'ta:re] *vt* verabscheuen, hassen

detonante [deto'nante] **I.** *agg* explosiv, Spreng- **II.** *m* Sprengstoff *m*

detonare [deto'na:re] *vi* detonieren

detonatore [detona'to:re] *m* Zündkapsel *f,* Sprengkapsel *f,* Detonator *m*

detonazione [detonat'tsio:ne] *f* ① *(scoppio)* Explosion *f,* Detonation *f* ② *(in motori)* Klopfen *nt,* Klingeln *nt*

detraggo *1. pers sing pr di* **detrarre**

detraibile [detra'i:bile] *agg* abzugsfähig, absetzbar; **spese -i** absetzbare Ausgaben

detraibilità [detraibili'ta] <-> *f* Abzugsfähigkeit *f,* Absetzbarkeit *f*

detrarre [de'trarre] <irr> *vt* abziehen; **~ le spese dall'incasso** die Kosten von der Einnahme abziehen

detrattivo, -a [detrat'ti:vo] *agg* Abzugs-

detrattore, -trice [detrat'to:re] *m, f* Verleumder(in) *m(f),* Ehrabschneider *m obs*

detrazione [detrat'tsio:ne] *f* ① *(sottrazione)* Abzug *m,* Abrechnung *f* ② *(fig: denigrazione)* Verleumdung *f*

detrimento [detri'mento] *m* Nachteil *m;* **a ~ di qu** zu jds Nachteil

detritico, -a [de'tri:tiko] <-ci, -che> *agg* Geröll-; **depositi -i** Geröllhalde *f*

detrito [de'tri:to] *m* ① *(frammento)* Bruchstück *nt* ② *(rifiuto)* Schutt *m,* Abfall *m* ③ GEOL Geröll *nt,* [Gesteins]schutt *m*

detronizzare [detronid'dza:re] *vt* ① POL entthronen, stürzen ② *(fig)* entmachten, absetzen

detronizzazione [detroniddzat'tsio:ne] *f* Entthronung *f;* **la ~ di un campione** die Entthronung eines Champions, die Ablösung eines Titelverteidigers

detta ['detta] *f* **a ~ di …** nach Aussage von …, wie von … gesagt wird; **a ~ mia/tua** meiner/deiner Aussage nach; **a ~ sua** seiner/Aussage nach

dettagliante [dettaʎ'ʎante] *mf* Einzelhändler(in) *m(f)*

dettagliare [dettaʎ'ʎa:re] *vt* im Einzelnen darlegen, detaillieren

dettagliato, -a [dettaʎ'ʎa:to] *agg* eingehend, detailliert

dettaglio [det'taʎʎo] <-gli> *m* Detail *nt,* Einzelheit *f;* **vendita al ~** Einzelhandel *m,* Einzelverkauf *m;* **in ~** eingehend, detailliert

dettame [det'ta:me] *m gener al pl* ① *(principio)* Gebot *nt,* Grundsatz *m; (fig,* *pej)* Diktat *nt* ② *(suggerimento)* Impuls *m,* Anregung *f*

dettare [detˈtaːre] *vt* ① *(lettera)* diktieren ② *(condizioni)* auferlegen, aufzwingen; *(legge)* vorschreiben; ~ **legge** *(fig)* das Regiment führen; ~ **sentenze** *(fig)* befehlen, kommandieren

dettato [detˈtaːto] *m* ① *(testo)* Diktat *nt* ② *(norma)* Vorschrift *f,* Bestimmungen *f pl*

dettatore, **-trice** [dettaˈtoːre] *m, f* ① *(chi detta un testo)* Diktierer(in) *m(f),* Diktant(in) *m(f)* ② LIT *(trattatista dell'arte del comporre)* Verfasser(in) *m(f)* einer Abhandlung über die Aufsatzkunst ③ *(obs: dittatore)* Diktator *m*

dettatura [dettaˈtuːra] *f* Diktat *nt,* Diktieren *nt;* **scrivere sotto** ~ nach Diktat schreiben

detti [ˈdɛtti] *1. pers sing pass rem di* **dare**[1]

detto [ˈdetto] *m (motto)* [Aus]spruch *m,* Wort *nt; (sentenza)* Lebensregel *f,* Sinnspruch *m;* ~ **popolare** Volksweisheit *f*

detto, **-a** **I.** *pp di* **dire**[1] **II.** *agg* ① *(con soprannome)* genannt ② *(suddetto)* oben genannt, oben erwähnt ③ ADM vorgenannt

deturpare [deturˈpaːre] *vt* entstellen, verunstalten

deturpatore, **-trice** [deturpaˈtoːre] *agg* entstellend, verunstaltend

deturpazione [deturpatˈtsioːne] *f* Entstellung *f,* Verunstaltung *f*

deumidificare [deumidifiˈkaːre] *vt* entfeuchten

deumidificatore [deumidifikaˈtoːre] *m* Entfeuchtungsapparat *m,* Entfeuchter *m*

deumidificazione [deumidifikatˈtsioːne] *f* Entfeuchtung *f*

devalutazione [devalutatˈtsioːne] *f* FIN Abwertung *f,* Devalutation *f*

devastare [devasˈtaːre] *vt* ① *(guastare, rovinare)* verwüsten, verheeren ② *(distruggere)* vernichten, zerstören

devastatore, **-trice** [devastaˈtoːre] **I.** *agg* verwüstend, verheerend; *(che distrugge)* vernichtend, zerstörend **II.** *m, f* Zerstörer(in) *m(f)*

devastazione [devastatˈtsioːne] *f* Verwüstung *f,* Verheerung *f; (distruzione)* Vernichtung *f,* Zerstörung *f*

deviamento [deviaˈmento] *m* ① *(del traffico)* Umleitung *f* ② *(fig)* Abweichung *f*

deviante [deˈviante] *agg* abweichend; **comportamento** ~ von der Norm sozialen Verhaltens abweichend

devianza [deviˈantsa] *f* ① *(aberranza)* Devianz *f,* Abnormität *f* ② PHYS Deviation *f*

deviare [deviˈaːre] **I.** *vi* ① *(di direzione)* abkommen; *(strada)* abzweigen ② *(fig)* abweichen, abkommen **II.** *vt* ① *(traffico)* umleiten ② *(fig)* lenken

deviato, **-a** [deˈviaːto] *agg* umgeleitet; **traffico** ~ umgeleiteter Verkehr

deviatoio [deviaˈtoːio] <-toi> *m* FERR *(scambio ferroviario)* Weiche *f*

deviatore [deviaˈtoːre] *m* ① TEC Verteiler[kasten] *m* ② FERR Weichensteller *m,* Weichenwärter *m*

deviazione [deviatˈtsioːne] *f* ① *(allontanamento dalla norma)* Abweichung *f; (spostamento)* Verschiebung *f* ② *(via diversa)* Umweg *m; (stradale)* Umleitung *f*

deviazionismo [deviattsioˈnizmo] *m* POL Abweichlertum *nt*

deviazionista [deviattsioˈnista] <-i *m,* -e *f*> *mf* POL Abweichler(in) *m(f)*

deviscerare [deviʃʃeˈraːre] *vt* ① *(togliere le viscere)* ausweiden, ausnehmen ② *(fig: sviscerare)* eingehend behandeln

devitalizzare [devitalidˈdzaːre] *vt* MED abtöten; ~ **un molare** den Nerv eines Backenzahns abtöten

devitalizzazione [devitaliddzatˈtsioːne] *f* MED Devitalisation *f,* Abtötung *f*

devitaminizzante [devitaminidˈdzante] *agg* BIOL Vitamine entziehend, devitaminisierend

devitaminizzare [devitaminidˈdzaːre] *vt* MED Vitamine entziehen

devo [ˈdɛːvo] *1. pers sing pr di* **dovere**[1]

devoltare [devolˈtaːre] *vt* TEC mit niedriger Spannung betreiben, heruntertransformieren

devoltore [devolˈtoːre] *m* TEC Abwärtstransformator *m*

devoluto [devoˈtuːto] *pp di* **devolvere**

devoluzione [devolutˈtsioːne] *f* ① JUR Übergabe *f,* Übertragung *f* ② FIN Zuweisung *f,* Zuwendung *f*

devolvere [deˈvɔlvere] <devolvo, devolvei *o* devolvetti, devoluto> *vt* ① JUR übergeben; *(diritto)* übertragen ② FIN zuweisen, zuwenden

devoto, **-a** [deˈvɔːto] **I.** *agg* ① *(religioso)* gläubig, fromm; *(pej)* devot ② *(affezionato)* ergeben, treu ③ *(a un ideale)* ergeben **II.** *m, f* ① REL Gläubige(r) *f(m),* Fromme(r) *f(m),* frommer Mensch ② *(fig)* Ergebene(r) *f(m),* Getreue(r) *f(m)*

devozionale [devottsioˈnaːle] *agg* Andachts-

devozione [devotˈtsioːne] *f* ① *(spirituale)* Andacht *f; (religiosità)* Frömmigkeit *f,* Gläubigkeit *f* ② *(deferenza)* Ergebenheit *f,* Hochachtung *f* ③ *(affetto)* Ergebenheit *f,* Treue *f* ④ *(dedizione)* Hingabe *f;* ~ **a qu** Hingabe an jdn; **-i** Gebete *nt pl*

di [di] <d', del, dello, dell', della, dei, degli,

D

delle> *prep* ① *(specificazione)* von +*dat*, für +*akk*, zu +*dat*; *(riferito a materia)* aus +*dat*; *(possessivo)* von +*dat*; **una donna ~ trent'anni** eine dreißigjährige Frau; **un litro ~ latte** ein Liter Milch; **la città ~ Torino** die Stadt Turin; **il mese ~ gennaio** der Monat Januar ② *(causa)* vor +*dat*; **gridare ~ gioia** vor Freude schreien ③ *(modo, mezzo)* mit +*dat*; **venire ~ corsa** schnell kommen, angerannt kommen ④ *(fine, scopo)* zu +*dat*, für +*akk* ⑤ *(origine)* aus +*dat*, von +*dat*; **cittadino ~ Torino** Einwohner *m* von Turin; **essere ~ Trieste** aus Triest sein ⑥ *(moto da luogo)* von +*dat*, aus +*dat* ⑦ *(tempo)* bei +*dat*, in +*dat*, an +*dat*; **alzarsi ~ mattina** morgens aufstehen; **d'estate** im Sommer; **~ giorno** tagsüber, bei Tag[e], untertags A; **~ sera** abends, am Abend ⑧ *(paragone)* als ⑨ *(partitivo)* **vorrei del pane** ich möchte [etwas] Brot ⑩ *(con infinito)* **mi sembra ~ capire** ich glaube, ich verstehe; **tentare ~ fuggire** zu fliehen versuchen ⑪ *(loc)* **non c'è ~ meglio** es gibt nichts Besseres; **invece ~ lui** an seiner Stelle; **dopo/prima ~ me** nach/vor mir

dì [di] <-> *m (poet)* Tag *m*

dia ['di:a] *1., 2. e 3. pers sing conj pr di* **dare**[1]

diabete [dia'bɛ:te] *m* Zuckerkrankheit *f*, Diabetes *m*

diabetico, -a [dia'bɛ:tiko] <-ci, -che> **I.** *agg* diabetisch, zuckerkrank **II.** *m, f* Diabetiker(in) *m(f)*

diabolico, -a [dia'bɔ:liko] <-ci, -che> *agg* teuflisch, diabolisch

diaconia [diako'ni:a] <-ie> *f* Diakonie *f*

diacono [di'a:kono] *m* Diakon *m*

diacritico, -a [dia'kri:tiko] <-ci, -che> *agg* diakritisch

diacronia [diakro'ni:a] <-ie> *f* Diachronie *f*

diacronico, -a [dia'krɔ:niko] <-ci, -che> *agg* diachron[isch]

diadema [dia'dɛ:ma] <-i> *m* Diadem *nt*

diafano, -a [di'a:fano] *agg* ① *(trasparente)* durchscheinend, durchsichtig ② *(fig: delicato)* zart

diafonia [diafo'ni:a] <-ie> *f* ① MUS Diafonie *f* ② TEC, TEL Störgeräusch *nt*

diaframma [dia'framma] <-i> *m* ① *(elemento divisorio)* [Trenn]wand *f*, Barriere *f* ② ANAT Zwerchfell *nt* ③ FOTO, OPT Blende *f* ④ TEL Membran[e] *f* ⑤ *(anticoncezionale)* Diaphragma *nt*, [Intrauterin]pessar *nt*

diaframmare [diafram'ma:re] *vi* FOTO abblenden; **~ sul 16** Blende 16 einstellen

diagnosi [di'aɲɲozi] <-> *f* Diagnose *f*; **fare una ~** eine Diagnose stellen

diagnostica [diaɲ'ɲɔstika] <-che> *f* Diagnostik *f*

diagnosticare [diaɲɲosti'ka:re] *vt* diagnostizieren

diagnostico, -a [diaɲ'ɲɔstiko] <-ci, -che> **I.** *agg* diagnostisch **II.** *m, f* Diagnostiker(in) *m(f)*

diagonale [diago'na:le] **I.** *agg* diagonal **II.** *m* ① *(stoffa)* Diagonal *m* ② SPORT *(calcio)* Querpass *m*; *(tennis)* Cross *m* **III.** *f* Diagonale *f*

diagramma [dia'gramma] <-i> *m* Diagramm *nt*; **~ di flusso** INFORM *(flowchart)* Flussdiagramm *nt*

diagrammatore [diagramma'to:re] *m* INFORM *(plotter)* Plotter *m*, Dataplotter *m*

dialettale [dialet'ta:le] *agg* Dialekt-, dialektal

dialettalismo [dialetta'lizmo] *m* Dialektausdruck *m*, Mundartwort *nt*

dialettica [dia'lɛttika] <-che> *f* Dialektik *f*

dialettico, -a [dia'lɛttiko] <-ci, -che> *agg* dialektisch; **abilità -a** Unterredungskunst *f*

dialettismo [dialet'tizmo] *m* Dialektausdruck *m*, Mundartwort *nt*

dialetto [dia'lɛtto] *m* Mundart *f*, Dialekt *m*; **parlare in ~** Dialekt sprechen

dialettologia [dialettolo'dʒi:a] <-ie> *f* LING Dialektologie *f*, Dialekt-, Mundartforschung *f*

dialisi [di'a:lizi] <-> *f* Dialyse *f*

dialogare [dialo'ga:re] *vi* ein Gespräch führen

dialogico, -a [dia'lɔ:dʒiko] <-ci, -che> *agg* dialogisch, in Dialogform

dialogo [di'a:logo] <-ghi> *m* Dialog *m*

diamante [dia'mante] *m* Diamant *m*; **di ~** diamanten; **un cuore di ~** *(fig)* ein Herz aus Stein; **nozze di ~** diamantene Hochzeit

diamantifero, -a [diaman'ti:fero] *agg* Diamanten enthaltend, Diamant[en]-

diametrale [diame'tra:le] *agg* diametral, gegensätzlich

diametralmente [diametral'mente] *avv* diametral, völlig anders; **~ opposto** vollkommen gegensätzlich

diametro [di'a:metro] *m* Durchmesser *m*

diamine ['dia:mine] *int (fam)* [zum] Teufel!; **~ se lo voglio!** und ob ich das will!

diana ['dia:na] *f* ① MIL Wecken *nt*; **suonare la ~** zum Wecken blasen; *(fig)* das Zeichen geben ② ASTR Morgenstern *m*

dianzi ['diantsi] *avv (poet)* vor Kurzem

diapason [di'a:pazon] <-> *m* ① *(strumento)* Stimmgabel *f*; **dare il ~** den Ton angeben ② *(registro)* Register *nt*

diapositiva [diapozi'ti:va] *f* Dia *nt*

diapoteca [diapoˈtɛːka] <-che> *f (diateca)* Diathek *f*

diaproiettore [diaproietˈtoːre] *m* Diaprojektor *m*

diaria [diˈaːria] <-ie> *f* Tagegeld *nt,* Aufwandsentschädigung *f;* ~ **parlamentare** Diäten *pl*

diario [diˈaːrio] <-i> *m* Tagebuch *nt;* ~ **di bordo** Schiffstagebuch *nt,* Logbuch *nt;* ~ **scolastico** Aufgabenheft *nt;* **tenere un** ~ ein Tagebuch führen

diarrea [diarˈrɛːa] *f* Durchfall *m,* Diarrhö *f*

diaspora [diˈaspora] *f* Diaspora *f*

diaspro [diˈaspro] *m* MIN Jaspis *m*

diatonia [diatoˈniːa] <-ie> *f* Diatonik *f*

diatriba [diˈaːtriba] *f* Diatribe *f; (discorso)* Moralpredigt *f; (scritto)* Streitschrift *f*

diavola [ˈdiaːvola] *f* **pollo alla** ~ *pikant gewürztes Hähnchen vom Rost;* **fare un lavoro alla** ~ miserable Arbeit leisten

diavoleria [diavoleˈriːa] <-ie> *f* ① *(perfidia)* Teufelei *f* ② *(fam: stravaganza)* Verrücktheit *f*

diavolerio [diavoˈlɛːrio] <-i> *m* SETT Höllenlärm *m*

diavolessa [diavoˈlessa] *f* Teufelin *f; (a. fig)* Teufel *m; (persona vivace)* Teufel[sweib *nt*] *m*

diavoletto, -a [diavoˈletto] *m, f (scherz)* kleiner Teufel *fam*

diavolio [diavoˈliːo] <-ii> *m* Höllenlärm *m fam,* höllisches Durcheinander *nt*

diavolo [ˈdiaːvolo] *m* Teufel *m; (persona vivace)* Teufel[skerl] *m;* **avvocato del** ~ Advocatus Diaboli *m;* **un povero** ~ *(fam)* ein armer Teufel; **avere il** ~ **addosso** den Teufel im Leib haben; **quel ragazzo è un** ~ **scatenato** dieser Junge hat den Teufel im Leib; **avere un** ~ **per capello** fuchsteufelswild sein; **mandare qu al** ~ jdn zum Teufel schicken; **mandare tutto al** ~ alles zur Hölle wünschen; **saperne una più del** ~ mit allen Wassern gewaschen sein; **per mille -i!** Teufel nochmal!; **che** ~ **vuoi adesso?** was zum Teufel willst du jetzt?; **come/dove/perché** ~**?** wie/wo/warum zum Teufel?; **stare a casa del** ~ *(scherz)* am Ende der Welt wohnen; **il** ~ **fa le pentole, ma non i coperchi** *(prov)* es ist nichts so fein gesponnen, es kommt doch ans Licht der Sonnen; **il diavolo non è brutto, quanto lo si dipinge** *(prov)* es wird nichts so heiß gegessen, wie es gekocht wird

dibattere [diˈbattere] **I.** *vt* erörtern **II.** *vr* **-rsi** um sich schlagen; *(divincolarsi)* sich winden

dibattimento [dibattiˈmento] *m* JUR Hauptverhandlung *f,* Gerichtsverhandlung *f*

dibattito [diˈbattito] *m* [lebhafte] Diskussion *f;* **un** ~ **su qc** eine Diskussion über etw *akk*

dibattuto, -a [dibatˈtuːto] *agg* umstritten

diboscamento [diboskaˈmento] *m* Abholzung *f,* Entwaldung *f*

dicembre [diˈtʃɛmbre] *m* Dezember *m; v. a.* **aprile**

diceria [ditʃeˈriːa] <-ie> *f* Gerede *nt,* Klatsch *m*

dichiarante [dikiaˈrante] *mf* ADM Erklärende(r) *f(m),* Deklarant(in) *m(f)*

dichiarare [dikiaˈraːre] **I.** *vt* ① *(manifestare)* kundtun, erklären; ADM *(generalità)* angeben ② FIN, COM *(notificare)* deklarieren, angeben ③ *(annunziare, proclamare)* erklären, [offiziell] mitteilen; ~ **marito e moglie** zu Mann und Frau erklären; ~ **la guerra** den Krieg erklären; ~ **qu in arresto** jdn für verhaftet erklären; ~ **aperta la seduta** die Sitzung für eröffnet erklären; ~ **colpevole qu** jdn für schuldig erklären **II.** *vr* **-rsi** ① *(confessare il proprio amore)* seine Liebe gestehen ② *(proclamarsi)* sich aussprechen; **-rsi favorevole** sich dafür aussprechen; **-rsi innocente** sich für unschuldig erklären

dichiaratamente [dikiarataˈmente] *avv* erklärtermaßen, ausdrücklich

dichiarativo, -a [dikiaraˈtiːvo] *agg* erklärend, erläuternd

dichiarazione [dikiaratˈtsioːne] *f* Erklärung *f,* Deklaration *f;* ~ **dei redditi** Einkommensteuererklärung *f;* ~ **d'amore** Liebeserklärung *f;* ~ **finale** Abschlusserklärung *f*

diciannove [ditʃanˈnɔːve] **I.** *num* neunzehn **II.** *m* <-> ① *(numero)* Neunzehn *f* ② *(nelle date)* Neunzehnte(r) *m* **III.** *fpl* neunzehn Uhr; *v. a.* **cinque**

diciannovenne [ditʃannoˈvɛnne] **I.** *agg* neunzehnjährig **II.** *mf* Neunzehnjährige(r) *f(m)*

diciannovesimo [ditʃannoˈvɛːzimo] *m (frazione)* Neunzehntel *nt,* neunzehnter Teil

diciannovesimo, -a I. *agg* neunzehnte(r, s) **II.** *m, f* Neunzehnte(r, s) *f(m, nt); v. a.* **quinto**

diciassette [ditʃasˈsɛtte] **I.** *num* siebzehn **II.** *m* <-> ① *(numero)* Siebzehn *f* ② *(nelle date)* Siebzehnte(r) *m* **III.** *fpl* siebzehn Uhr; *v. a.* **cinque**

diciassettenne [ditʃassetˈtɛnne] **I.** *agg* siebzehnjährig **II.** *mf* Siebzehnjährige(r) *f(m)*

D

D

diciassettesimo [ditʃasset'tɛːzimo] *m (frazione)* Siebzehntel *nt,* siebzehnter Teil
diciassettesimo, -a I. *agg* siebzehnte(r, s) **II.** *m, f* Siebzehnte(r, s) *f(m, nt); v. a.* **quinto**
diciottenne [ditʃot'tɛnne] **I.** *agg* achtzehnjährig **II.** *mf* Achtzehnjährige(r) *f(m)*
diciottesimo, -a [ditʃot'tɛːzimo] **I.** *agg* achtzehnte(r, s) **II.** *m, f* Achtzehnte(r, s) *f(m, nt)* **III.** *m, f (frazione)* Achtzehntel *nt,* achtzehnter Teil; *v. a.* **quinto**
diciotto [di'tʃɔtto] **I.** *num* achtzehn **II.** *m* <-> ① *(numero)* Achtzehn *f* ② *(nelle date)* Achtzehnte(r) *m* **III.** *fpl* achtzehn Uhr; *v. a.* **cinque**
dicitore, -trice [ditʃi'toːre] *m, f* Vortragskünstler(in) *m(f)*
dicitura [ditʃi'tuːra] *f* Ausdruck *m,* Redeweise *f; (didascalia)* Aufschrift *f,* Beschriftung *f*
dico ['diːko] *1. pers sing pr di* **dire**[1]
didascalia [didaska'liːa] <-ie> *f* ① LIT Bildunterschrift *f,* Legende *f* ② FILM Untertitel *m* ③ THEAT Regieanweisung *f*
didascalico, -a [didas'kaːliko] <-ci, -che> *agg* Lehr-, didaktisch
didatta [di'datta] <-i *m,* -e *f*> *mf* Didaktiker(in) *m(f)*
didattica [di'dattika] <-che> *f* Didaktik *f*
didatticismo [didatti'tʃizmo] *m* Schulmeisterlichkeit *f*
didattico, -a [di'dattiko] <-ci, -che> *agg* didaktisch
didentro [di'dentro] <-> *m (fam)* Innere(s) *nt*
didietro [di'diɛːtro] **I.** *agg inv* hintere(r, s), Hinter- **II.** *m* <-> ① *(parte posteriore)* Rückseite *f* ② *(scherz: sedere)* Hinterteil *nt*
dido ['diːdo] *m* ZOO *(dronte)* Dronte *f,* Dodo *m*
dieci ['diɛːtʃi] **I.** *num* zehn **II.** *m* <-> ① *(numero)* Zehn *f; (nelle date)* Zehnte(r) *m* ② *(voto scolastico)* sehr gut **III.** *fpl* zehn Uhr; *v. a.* **cinque**
diecimila [dietʃi'miːla] **I.** *num* zehntausend **II.** *m* <-> Zehntausend *f*
diecimilionesimo [dietʃimilio'nɛːzimo] *v.* **decimilionesimo**
diecimillesimo [dietʃimil'lɛːzimo] *v.* **decimillesimo**
diecina [die'tʃiːna] *f* MAT Zehner *mpl;* **una ~ [di …]** [etwa] zehn […]; **a -e** zu [*o* in] Dutzenden
diedi ['diɛːdi] *1. pers sing pass rem di* **dare**[1]
die-in ['daiin] <-> *m* Die-in *nt,* Anti[atom]waffendemonstration *f*
dieresi [di'ɛːrezi] <-> *f* Diärese *f; (segno diacritico)* Trema *nt*
diesis [di'ɛːzis] <-> *m* MUS Kreuz *nt,* Erhöhungszeichen *nt,* Diesis *f*
dieta ['diɛːta] *f* Diät *f;* **stare a ~** Diät halten
dietetica [die'tɛːtika] <-che> *f* Diätetik *f*
dietetico, -a [die'tɛːtiko] <-ci, -che> *agg* diätetisch, Diät-
dietista [die'tista] <-i *m,* -e *f*> *mf* Diätassistent(in) *m(f)*
dietologia [dietolo'dʒiːa] <-gie> *f* Diätetik *f*
dietologo, -a [die'tɔːlogo] <-gi, -ghe> *m, f* MED Diätist(in) *m(f),* Diätassistent(in) *m(f)*
dietro ['diɛːtro] **I.** *prep* ① *(locale, stato)* hinter *+dat; (moto)* hinter *+akk;* **~ di me** hinter mir ② *(appresso)* **portarsi ~ qu** jdn mitnehmen ③ *(fig: alle spalle)* **tutti gli ridono ~** alle lachen hinter seinem Rücken [über ihn] ④ *(temporale)* nach *+dat;* **un guaio ~ l'altro** ein Unglück nach dem andern; **~ consegna** bei Lieferung ⑤ *(dopo, mediante)* gegen *+akk;* **~ ricevuta** gegen Quittung; **~ domanda** auf Wunsch **II.** *avv (stato)* hinten; *(moto)* nach hinten
dietrofront, dietro-front ['diɛːtro 'front] **I.** *m* <-> *(a. fig)* Kehrtwendung *f* **II.** *int* kehrt
dietrologia [dietrolo'dʒiːa] <-ie> *f Manie (vor allem in der Politik), hinter allem verborgene Beweggründe zu vermuten*
dietrologo, -a [die'trɔːlogo] <-gi, -ghe> *m, f Person, die hinter allem verborgene Beweggründe vermutet*
difatti [di'fatti] *cong* in der Tat, tatsächlich
difendere [di'fɛndere] <difendo, difesi, difeso> **I.** *vt (gener)* verteidigen; *(diritto, interessi)* vertreten; *(dare riparo)* schützen **II.** *vr* **-rsi da qu/qc** sich gegen jdn/etw verteidigen; *(proteggersi)* sich vor jdm/etw schützen
difendibile [difen'diːbile] *agg* gut zu verteidigen
difenditrice *f v.* **difensore**
difensiva [difen'siːva] *f* Defensive *f,* Verteidigung *f;* **stare sulla ~** in der Defensive sein
difensivismo [difensi'vizmo] *m* SPORT Defensivtaktik *f*
difensivista [difensi'vista] <-i *m,* -e *f*> *mf* SPORT Anhänger(in) *m(f)* einer Defensivtaktik
difensivistico, -a [difensi'vistiko] <-ci, -che> *agg* SPORT [übertrieben] defensiv; **tattica -a** [übertriebene] Defensivtaktik *f*
difensivo, -a [difen'siːvo] *agg* Verteidigungs-, Defensiv-
difensore, difenditrice [difen'soːre, difendi'triːtʃe] *m, f* ① *(protettore)* Verteidi-

ger(in) *m(f)*, Beschützer(in) *m(f)* ② SPORT Verteidiger(in) *m(f)* ③ *(avvocato)* [Straf]verteidiger(in) *m(f)*
difesa [di'fe:sa] *f* Verteidigung *f*, Abwehr *f*; *(riparo)* Schutz *m*; **la ~ da** [*o* **contro**] **qu/qc** die Verteidigung gegen jdn/etw; **la ~ di qc** der Schutz vor etw *dat*; **legittima ~** Notwehr *f*; **~ antiaerea** Flugabwehr *f*
difesi [di'fe:si] *1. pers sing pass rem di* **difendere**
difeso [dife:so] *pp di* **difendere**
difettare [difet'ta:re] *vi* ① *(mancare, scarseggiare)* mangeln; **~ di qc** an etw *dat* mangeln ② *(essere difettoso)* Mängel haben, mangelhaft sein
difettivo, -a [difet'ti:vo] *agg* ① *(poet: incompleto)* unvollkommen, unvollständig ② GRAM defektiv
difetto [di'fɛtto] *m* ① *(mancanza)* Mangel *m*; **il ~ di qc** der Mangel an etw *dat*; **far ~** fehlen ② *(imperfezione)* Fehler *m*, Defekt *m*; **~ di fabbricazione** Fabrikationsfehler *m*
difettoso, -a [difet'to:so] *agg* fehlerhaft, mangelhaft; *(meccanismo)* defekt; *(fisico)* angegriffen, mitgenommen
diffamare [diffa'ma:re] *vt* verleumden, diffamieren
diffamatore, -trice [diffama'to:re] *m, f* Verleumder(in) *m(f)*
diffamatorio, -a [diffama'tɔ:rio] <-i, -ie> *agg* verleumderisch; **campagna -a** Hetzkampagne *f*
diffamatrice *f v.* **diffamatore**
diffamazione [diffamat'tsio:ne] *f* Verleumdung *f*; JUR üble Nachrede
differente [diffe'rɛnte] *agg* unterschiedlich; **è una cosa ~** das ist etwas anderes
differentemente [differente'mente] *avv* anders
differenza [diffe'rɛntsa] *f* *(diversità)* Verschiedenheit *f*; *(divario)* Unterschied *m*; **~ di opinioni** Meinungsunterschiede *mpl*; **~ di prezzo** Preisdifferenz *f*; **a ~ di** im Unterschied zu; **per me non fa ~** das ist mir egal
differenziabile [differen'tsia:bile] *agg* unterscheidbar, differenzierbar
differenziabilità [differentsiabili'ta] <-> *f* Unterscheidbarkeit *f*; MAT Differenzierbarkeit *f*
differenziale [differen'tsia:le] **I.** *agg* Differenzial-; **calcolo ~** MAT Differenzialrechnung *f* **II.** *m* Differenzial[getriebe] *nt*
differenziare [differen'tsia:re] **I.** *vt* unterscheiden, differenzieren *geh* **II.** *vr* **-rsi da qu/qc** sich von jdm/etw unterscheiden
differenziatore [differentsia'to:re] *m* Differenziergerät *nt*, -kreis *m*
differenziazione [differentsiat'tsio:ne] *f* Unterscheidung *f*, Differenzierung *f*
differibile [diffe'ri:bile] *agg* verschiebbar, aufschiebbar
differimento [differi'mento] *m* Verschiebung *f*, Aufschub *m*
differire [diffe'ri:re] <differisco> **I.** *vt avere* verschieben, aufschieben; **~ qc di un mese** etw um einen Monat verschieben; **~ qc al prossimo anno** etw auf nächstes Jahr verschieben **II.** *vi essere o avere* unterschiedlich sein; **~ da qu/qc** sich von jdm/etw unterscheiden
differita [diffe'ri:ta] *f* Aufzeichnung *f*, zeitversetzte Übertragung *f*
difficile [dif'fi:tʃile] **I.** *agg* ① *(complicato, astruso)* schwer, schwierig ② *(faticoso)* mühsam ③ *(persona)* schwierig; **essere di gusti -i** wählerisch sein ④ *(improbabile)* kaum, schwerlich; **è ~ che venga ...** er/sie wird kaum ... kommen [können] **II.** *m* Schwierigkeit *f*; **fare il ~** Schwierigkeiten machen
difficilmente [diffitʃil'mente] *avv* kaum, schwerlich
difficoltà [diffikol'ta] <-> *f* Schwierigkeit *f*; **incontrare ~** auf Schwierigkeiten stoßen; **sollevare ~** Schwierigkeiten machen; **con ~** unter Schwierigkeiten, mit Mühe; **ad ogni/alla minima ~** bei jeder/bei der kleinsten Schwierigkeit
difficoltoso, -a [diffikol'to:so] *agg* schwer, schwierig
diffida [dif'fi:da] *f* Warnung *f*, Verwarnung *f*
diffidare [diffi'da:re] **I.** *vi* **~ di qu** jdm misstrauen **II.** *vt* verwarnen; **~ qu dal fare qc** jdn [davor] warnen, etw zu tun
diffidente [diffi'dɛnte] *agg* misstrauisch
diffidenza [diffi'dɛntsa] *f* Misstrauen *nt*
diffondere [dif'fondere] <irr> **I.** *vt* ausbreiten, verbreiten; *(notizia)* verbreiten **II.** *vr* **-rsi** sich verbreiten, sich ausbreiten; **-rsi troppo su una questione** sich lang und breit über ein Thema auslassen
diffonditrice *f v.* **diffusore**
difforme [dif'forme] *agg* andersförmig; *(fig)* abweichend, nicht übereinstimmend
difformità [difformi'ta] <-> *f* Abweichung *f*, Verschiedenheit *f*
diffrazione [diffrat'tsio:ne] *f* PHYS Diffraktion *f*
diffusi *1. pers sing pass rem di* **diffondere**
diffusione [diffu'zio:ne] *f* ① *(il difondere)* Verbreitung *f*, Ausbreitung *f*; *(di notizia)* Verbreitung *f* ② PHYS Diffusion *f*, Streuung *f*
diffusività [diffuzivi'ta] <-> *f* PHYS Diffusionskoeffizient *m*

D

D

diffuso, **-a** [dif'fu:zo] **I.** *pp di* **diffondere** **II.** *agg* verbreitet, diffus
diffusore [diffu'zo:re] *m (apparecchio)* Diffusor *m;* ~ **di luce** Streuscheibe *f;* ~ **sonoro** Lautsprecher *m*
diffusore, **diffonditrice** [diffu'zo:re, diffondi'tri:tʃe] *m, f (propagatore)* Verbreiter(in) *m(f)*
difilato, **-a** [difi'la:to] *agg o avv* geradewegs, direkt
difronte [di'fronte] **I.** *agg inv* gegenüberliegend **II.** *avv* gegenüber
difterite [difte'ri:te] *f* Diphtherie *f*
diga ['di:ga] <-ghe> *f* Damm *m,* Deich *m,* [Stau]wehr *nt;* ~ **di ritenuta** Staudamm *m;* ~ **di sbarramento** Talsperre *f;* ~ **marittima** Schutzdamm *m,* Hafenmole *f;* **rompere le -ghe** *(fig)* die Schranken durchbrechen
digerente [didʒe'rɛnte] *agg* Verdauungs-
digeribile [didʒe'ri:bile] *agg* verdaulich
digeribilità [didʒeribili'ta] <-> *f* Verdaulichkeit *f*
digerire [didʒe'ri:re] <digerisco> *vt* ❶ MED verdauen ❷ *(fig)* fressen *fam,* bewältigen ❸ *(fig: sopportare)* ertragen
digestione [didʒes'tio:ne] *f* Verdauung *f*
digestivo [didʒes'ti:vo] *m* ❶ *(farmaco)* verdauungsförderndes Mittel ❷ *(bevanda)* Digestif *m,* Magenbitter *m*
digestivo, **-a** *agg* Verdauungs-
digesto [di'dʒɛsto] *m* HIST Digesten *pl*
digicam ['didʒikam] <-> *f* Digitalkamera *f,* Digiknipse *f fam*
digital divide ['didʒitəl di'vaid] <-> *m* INFORM digitale Kluft
digitale [didʒi'ta:le] **I.** *agg* ❶ ANAT Finger- ❷ INFORM digital, Digital- **II.** *f* FOTO Digitalkamera *f*
digitalina [didʒita'li:na] *f* Digitalis *nt*
digitalizzare *vt* INFORM digitalisieren
digitalizzato, **-a** [didʒitalid'dza:to] *agg* TEC, INFORM digitalisiert
digitare [didʒi'ta:re] *vt* eintippen, eingeben; ~ **i dati sulla tastiera** die Daten über die Tastatur eingeben
digitazione [didʒitat'tsio:ne] *f* Fingersatz *m*
digitronica [didʒi'trɔ:nika] <-che> *f* digitale Elektronik *f*
digiunare [didʒu'na:re] *vi* fasten, hungern
digiunatore, **-trice** [didʒuna'to:re] *m, f* Fastende(r) *f(m),* Hungerkünstler(in) *m(f)*
digiuno [di'dʒu:no] *m* ❶ ANAT *(intestino)* Leerdarm *m* ❷ *(astensione da alimenti)* Fasten *nt,* Hungern *nt;* **a** ~ auf nüchternen Magen
digiuno, **-a** *agg (senza cibo)* nüchtern; **essere** [a] ~ **di qc** *(fig: essere privo)* ohne etw sein
dignità [diɲɲi'ta] <-> *f* ❶ *(rispetto)* Würde *f,* Dignität *f* ❷ *(decoro)* Anstand *m,* Schicklichkeit *f* ❸ *(alta carica)* [Amts]würde *f*
dignitario [diɲɲi'ta:rio] <-i> *m* Würdenträger *m*
dignitoso, **-a** [diɲɲi'to:so] *agg* würdevoll, würdig
DIGOS ['di:gos] *f acro di* **Divisione Investigazioni Generali e Operazioni Speciali** *Sondereinsatzdezernat der italienischen Polizei*
digradare [digra'da:re] *vi* abfallen, sich senken
digradazione [digradat'tsio:ne] *f* Dämpfung *f,* Abschwächung *f*
digredire [digre'di:re] <digredisco> *vi* abkommen, abschweifen
digressione [digres'sio:ne] *f* ❶ *(deviazione)* Abweichung *f,* Umweg *m* ❷ *(divagazione)* Abschweifung *f,* Exkurs *m*
digressivo, **-a** [digres'si:vo] *agg* abschweifend
digrignare [digriɲ'ɲa:re] *vt* blecken, fletschen; ~ **i denti** *(persone)* mit den Zähnen knirschen; *(animali)* die Zähne fletschen
digrossare [digros'sa:re] *vt* ❶ *(sgrossare)* behauen, [grob] bearbeiten ❷ *(fig)* einführen (**in** in +*akk*)
dilagare [dila'ga:re] *vi essere* ❶ *(espandersi)* über die Ufer treten, überfluten; **il fiume dilagò per la campagna** der Fluss überflutete das Land ❷ *(fig)* um sich greifen, sich ausbreiten ❸ SPORT spielbestimmend sein
dilaniare [dila'nia:re] *vt* ❶ *(lacerare)* zerreißen, zerfetzen ❷ *(fig)* zerfleischen
dilapidare [dilapi'da:re] *vt* verschwenden
dilapidatore, **-trice** [dilapida'to:re] *m, f* Verschwender(in) *m(f)*
dilapidazione [dilapidat'tsio:ne] *f* Verschwendung *f,* Vergeudung *f*
dilatabile [dila'ta:bile] *agg* ausdehnbar
dilatare [dila'ta:re] **I.** *vt* [aus]dehnen, erweitern; *(bocca)* aufreißen, aufsperren **II.** *vr* **-rsi** *(ampliarsi)* sich ausdehnen; *(fig)* sich ausbreiten
dilatatorio, **-a** [dilata'tɔ:rio] <-i, -ie> *agg* dehnend
dilatazione [dilatat'tsio:ne] *f* Ausdehnung *f,* Erweiterung *f*
dilatorio, **-a** [dila'tɔ:rio] <-i, -ie> *agg* aufschiebend, dilatorisch *geh; (tattica, manovra)* Verzögerungs-
dilavamento [dilava'mento] *m* Auswaschung *f*
dilazionabile [dilattsio'na:bile] *agg* auf-

schiebbar, verschiebbar; **pagamento ~ in rate mensili** Zahlung in monatlichen Raten

dilazionare [dilattsio'na:re] *vt* hinausschieben, aufschieben; FIN stunden

dilazione [dilat'tsio:ne] *f* Aufschub *m;* FIN Stundung *f;* JUR Dilation *f*

dileggiare [diled'dʒa:re] *vt* verhöhnen

dileggiatore, **-trice** [dileddʒa'to:re] *m, f* Spötter(in) *m(f)*

dileggio [di'leddʒo] <-ggi> *m* Verhöhnung *f*

dileguare [dile'gua:re] **I.** *vt avere* zerstreuen, vertreiben **II.** *vi essere* schwinden *geh,* verschwinden; *(fig)* verfliegen **III.** *vr* **-rsi** verschwinden

dilemma [di'lɛmma] <-i> *m* Dilemma *nt*

diletta *f v.* **diletto**

dilettante [dilet'tante] **I.** *agg* Amateur-, Laien-; *(pej)* dilettantisch; **fotografo ~** Amateurfotograf *m;* **pittore ~** Hobbymaler *m* **II.** *mf* ① *(non professionista)* Nichtfachmann *m,* Laie *m;* **compagnia di -i** THEAT Laienspielgruppe *f* ② *(pej)* Nichtskönner(in) *m(f),* Dilettant(in) *m(f)*

dilettantesco, **-a** [dilettan'tesko] <-schi, -sche> *agg (pej)* stümperhaft, dilettantisch

dilettantismo [dilettan'tizmo] *m* ① SPORT Amateursport *m* ② *(atteggiamento)* Dilettantismus *m; (pej)* Stümperhaftigkeit *f*

dilettantistico, **-a** [dilettan'tistiko] <-ci, -che> *agg* ① SPORT amateurhaft, Amateur- ② *(pej: superficiale)* laienhaft, dilettantisch

dilettare [dilet'ta:re] **I.** *vt* erfreuen, ergötzen **II.** *vr* **-rsi** sich erfreuen; **-rsi di qc** etw zu seinem Vergnügen tun

dilettevole [dilet'te:vole] **I.** *agg* erfreulich, angenehm **II.** *m* Erfreuliche(s) *nt,* Angenehme(s) *nt*

diletto [di'lɛtto] *m* Vergnügen *nt,* Ergötzen *nt;* **far qc per ~** etw zum Vergnügen tun

dilettoso, **-a** [dilet'to:so] *agg (poet)* delektabel *geh,* delektierlich *geh*

diligente [dili'dʒɛnte] *agg* fleißig; *(accurato)* sorgfältig

diligenza [dili'dʒɛntsa] *f* ① *(cura)* Fleiß *m; (accuratezza)* Sorgfalt *f* ② HIST *(carrozza)* Postwagen *m*

diliscare [dilis'ka:re] *vt* entgräten

dilucidare [dilutʃi'da:re], **dilucidazione** [dilutʃidat'tsio:ne] *v.* **delucidare**, **delucidazione**

diluente [dilu'ɛnte] *m* Verdünnung *f*

diluire [dilu'i:re] <diluisco> *vt* ① *(sostanze)* verdünnen; *(sciogliere)* auflösen ② *(fig)* verwässern

diluizione [diluit'tsio:ne] *f* Verdünnung *f*

dilungare [diluŋ'ga:re] **I.** *vr* **-rsi in qc** sich in etw *dat* ergehen **II.** *vt (poet)* hinausschieben; *(rimuovere)* fernhalten

diluviare [dilu'via:re] *vi essere o avere* METEO in Strömen regnen, gießen *fam*

diluvio [di'lu:vio] <-i> *m* ① METEO Wolkenbruch *m,* sintflutartiger Regen ② *(fig)* Flut *f,* Regen *m;* **~ universale** Sintflut *f*

dimafonista [dimafo'nista] <-i *m,* -e *f*> *mf* Aufzeichnungsgerätetechniker(in) *m(f)*

dimafono [di'ma:fono] *m* TEC Aufzeichnungsgerät *nt* für Telefongespräche

dimagramento [dimagra'mento] *m* ① MED Abmagerung *f* ② AGR Auslaugung *f*

dimagrante [dima'grante] *agg* **cura ~** Schlankheitskur *f,* Abmagerungskur *f*

dimagrare [dima'gra:re] **I.** *vi essere* abnehmen, abmagern **II.** *vt avere* ① *(rendere magro)* abmagern [lassen] ② AGR auslaugen

dimagrimento [dimagri'mento] *m v.* **dimagramento**

dimagrire [dima'gri:re] <dimagrisco> *vi essere* abnehmen

dimenare [dime'na:re] **I.** *vt* schütteln; **~ qc** [mit] etw schütteln; **~ la coda** mit dem Schwanz wedeln **II.** *vr* **-rsi** sich schütteln; *(nel letto)* sich wälzen

dimenio [dime'ni:o] <-ii> *m* Geschüttel *nt,* Gezappel *nt*

dimensionamento [dimensiona'mento] *m* MAT Dimensionierung *f,* Bemessung *f*

dimensionare [dimentsio'na:re] *vt* dimensionieren, bemessen

dimensione [dimen'sio:ne] *f* Dimension *f;* **-i** *(misure)* Abmessungen *pl*

dimenticanza [dimenti'kantsa] *f* ① *(omissione)* Versäumnis *nt* ② *(effetto del dimenticare)* Vergessenheit *f* ③ *(mancanza di memoria)* Vergesslichkeit *f*

dimenticare [dimenti'ka:re] **I.** *vt* vergessen; *(trascurare)* vernachlässigen **II.** *vr* **-rsi** [**di**] vergessen

dimenticatoio [dimentika'to:io] <-oi> *m (scherz)* Vergessenheit *f;* **andare a finire nel ~** in Vergessenheit geraten

dimentico, **-a** [di'mentiko] <-chi, -che> *agg (poet)* vergessend, uneingedenk *geh*

dimesso, **-a** [di'messo] **I.** *pp di* **dimettere** **II.** *agg* ① *(modesto)* bescheiden, schlicht ② *(pej: trascurato)* nachlässig

dimestichezza [dimesti'kettsa] *f* ① *(familiarità)* Vertraulichkeit *f,* Vertrautheit *f;* **entrare in ~ con qu** mit jdm vertraut werden ② *(fig: pratica)* Vertrautheit *f;* **aver ~ con qc** mit etw vertraut sein, sich mit etw auskennen

dimettere [di'mettere] <irr> **I.** *vt* entlassen **II.** *vr* **-rsi** zurücktreten

dimezzare [dimed'dza:re] *vt* ① *(in due)*

halbieren, teilen ② *(ridurre)* drosseln, herabdrücken

diminuendo [diminu'ɛndo] *m* MUS Diminuendo *nt*

diminuire [diminu'i:re] <diminuisco> **I.** *vt avere* vermindern, verringern **II.** *vi essere* geringer werden; ~ **di qc** an etw *dat* abnehmen; ~ **di prezzo** billiger werden

diminutivo [diminu'ti:vo] *m* LING Diminutiv[um] *nt,* Verkleinerungsform *f*

diminutivo, -a *agg* verkleinernd, diminutiv

diminuzione [diminut'tsio:ne] *f* Verringerung *f,* Abnahme *f;* ~ **dei costi** Kostensenkung *f;* ~ **delle esportazioni** Exportrückgang *m;* ~ **di pena** Strafmilderung *f;* ~ **del personale** Personalabbau *m;* ~ **di peso** Gewichtsabnahme *f;* ~ **di temperatura** Temperaturrückgang *m;* ~ **del valore** Wertminderung *f*

dimisi *1. pers sing pass rem di* **dimettere**

dimissionare [dimissio'na:re] *vt* entlassen

dimissione [dimis'sio:ne] *f gener al pl* Rücktritt *m,* Demission *f;* **lettera di -i** Rücktrittsgesuch *nt*

dimissioni [dimis'sio:ni] *fpl* Rücktritt *m;* **lettera di** ~ Rücktrittsgesuch *nt*

dimmer ['dimə *o* 'dimmer] <-> *m* Dimmer *m,* Helligkeitsregler *m*

dimora [di'mɔ:ra] *f* Wohnsitz *m;* **senza fissa** ~ ohne festen Wohnsitz

dimorare [dimo'ra:re] *vi (poet)* JUR Aufenthalt nehmen *geh,* wohnen

dimostrante [dimos'trante] *mf* Demonstrant(in) *m(f)*

dimostrare [dimos'tra:re] **I.** *vt* ① *(palesare)* zeigen; **non dimostra affatto i suoi sessant'anni** man sieht ihm [*o* ihr] seine [*o* ihre] 60 Jahre überhaupt nicht an ② *(provare)* beweisen **II.** *vi* demonstrieren **III.** *vr* **-rsi** sich herausstellen; **la notizia si è dimostrata falsa** die Nachricht hat sich als falsch erwiesen

dimostrativo, -a [dimostra'ti:vo] *agg* beweisend, Beweis-

dimostrazione [dimostrat'tsio:ne] *f* ① *(manifestazione)* Beweis *m,* Bekundung *f geh* ② *(argomentazione)* Beweisführung *f,* Beweis *m* ③ *(protesta)* Demonstration *f,* [Protest]kundgebung *f*

dinamica [di'na:mika] <-che> *f (a. fig)* Dynamik *f*

dinamicità [dinamitʃi'ta] <-> *f* Dynamik *f*

dinamico, -a [di'na:miko] <-ci, -che> *agg* dynamisch

dinamismo [dina'mizmo] *m* Dynamismus *m*

dinamitardo, -a [dinami'tardo] **I.** *agg* Sprengstoff-, Dynamit- **II.** *m, f* Sprengstoffattentäter(in) *m(f)*

dinamite [dina'mi:te] *f* Dynamit *nt*

dinamo ['di:namo] <-> *f* Dynamo *m,* Generator *m*

dinamoelettrico, -a [dinamoe'lɛttriko] <-ci, -che> *agg* **macchina -a** Dynamomaschine *f,* Lichtmaschine *f*

dinanzi [di'nantsi] **I.** *avv (stato)* vorn(e); *(moto)* voraus, nach vorne **II.** *prep* ~ **a** *(stato)* vor +*dat*; *(moto)* vor +*akk* **III.** *agg inv* ① *(anteriore)* gegenüber liegend ② *(precedente)* vorhergehend, vorige(r, s)

dinastia [dinas'ti:a] <-ie> *f* Dynastie *f*

dinastico, -a [di'nastiko] <-ci, -che> *agg* dynastisch

dindin, din din [din'din] **I.** *m* <-> Klingeln *nt,* Bimmeln *nt* **II.** *int* kling[e]ling

dindon, din don [din'dɔn] **I.** *m* <-> Bimbam *nt* **II.** *int* bim, bam

dinette [di'nɛt] <-> *f* Dinette *f*

diniego [di'niɛ:go] <-ghi> *m* Verneinung *f;* *(rifiuto)* Weigerung *f*

dinner jacket ['dinə 'dʒækit *o* 'dinner 'dʒaket] <-> *m* Dinnerjacket *nt,* Smokingjackett *nt*

dinner party ['dinə 'pa:ti *o* 'dinner 'parti] <-> *m* Dinnerparty *f*

dinoccolato, -a [dinokko'la:to] *agg* gelenkig

dinosauro [dino'sa:uro] *m* Dinosaurier *m,* Dinosaurus *m*

dintorni [din'torni] *mpl* Umgebung *f;* **nei** ~ **di** in der Umgebung von

dintorno [din'torno] **I.** *avv* herum, ringsherum, im Umkreis **II.** *prep* ~ **a** um +*akk* … herum

dio ['di:o] <dei> *m* Gott *m;* **cantare come un** ~ singen wie ein junger Gott

Dio *m (Signore)* Gott *m;* **andarsene con** ~ seines Weges gehen *geh;* **la pioggia viene giù che** ~ **la manda** der Himmel öffnet seine Schleusen; **come** ~ **vuole** *(alla meglio)* wie es Gott gefällt; **grazie a** ~ Gott sei Dank; **senza** ~ gottlos; ~ **m'assista!** Gott steh mir bei!; ~ **me ne guardi!** Gott behüte!; ~ **ce la mandi buona!** Gott sei uns gnädig!; ~ **sa quando** Gott weiß, wann; ~ **sia lodato** Gott sei gelobt; ~ **ci scampi e liberi!** Gott bewahre!; ~ **lo voglia!** gebe es Gott!; ~ **non voglia!** da sei Gott vor!; **per l'amor di ~!** um Gottes Willen!

diocesano [diotʃe'za:no] *m* Diözesan *m*

diocesano, -a *agg* diözesan

diocesi [di'ɔ:tʃezi] <-> *f* Diözese *f,* Bistum *nt*

diodo ['di:odo] *m* TEC Diode *f*

dionisiaco, -a [dioni'zi:ako] <-ci, -che> *agg* dionysisch

diossina [dios'si:na] *f* Dioxin *nt*

diottria [diot'tri:a] <-ie> *f* OPT Dioptrie *f*

diottrica [di'ɔttrika] <-che> *f* PHYS, OPT Dioptrik *f*
diottrico, -a [di'ɔttriko] <-ci, -che> *agg* dioptrisch
dipanamento [dipana'mento] *m* Aufwick[e]lung *f*
dipanare [dipa'na:re] *vt* ❶ *(lana)* aufwickeln, aufspulen ❷ *(fig)* entwirren, auflösen
dipartimento [diparti'mento] *m* ❶ *(circoscrizione territoriale)* Verwaltungsbezirk *m,* Departement *nt* CH ❷ *(ministero)* Ministerium *nt,* Departement *nt* CH ❸ *(di università)* Fachbereich *m*
dipartita [dipar'ti:ta] *f (poet: morte)* Hinscheiden *nt*
dipendente [dipen'dɛnte] **I.** *agg* abhängig, untergeordnet **II.** *mf* Beschäftigte(r) *f(m),* Angestellte(r) *f(m)*
dipendenza [dipen'dɛntsa] *f (subordinazione)* Abhängigkeit *f;* **in ~ di ciò** infolgedessen, folglich
dipendere [di'pɛndere] <dipendo, dipesi, dipeso> *vi essere* **~ da qu/qc** von jdm/etw abhängen, durch jdn/etw bedingt sein; **vieni anche tu? — dipende** kommst du auch? — das kommt [ganz] darauf an
dipingere [di'pindʒere] <dipingo, dipinsi, dipinto> **I.** *vt* ❶ *(con colori)* malen; *(per adornare)* ausmalen, bemalen; **~ su qc** auf etw *akk* malen; **~ ad acquerello** mit Wasserfarben malen; **~ ad olio** in Öl malen ❷ *(fig: descrivere)* ausmalen, zeichnen, beschreiben **II.** *vr* **-rsi** sich schminken
dipinto [di'pinto] *m* Gemälde *nt*
dipinto, -a **I.** *pp di* **dipingere** **II.** *agg* gemalt; *(ornato)* bemalt; *(truccato)* geschminkt; **non voler vedere qu neanche ~** jdn nicht einmal im Traum sehen wollen; **non volerci stare neppure ~** nicht einmal dort begraben sein wollen
dipl. *abbr di* **diploma** Dipl.
diploma [di'plɔ:ma] <-i> *m* Diplom *nt,* [Abschluss]zeugnis *nt;* **~ di benemerenza** Ehrenurkunde *f,* Diplom *nt*
diplomare [diplo'ma:re] **I.** *vt* ein Abschlusszeugnis ausstellen, diplomieren *geh* **II.** *vr* **-rsi** einen Abschluss machen
diplomata *f v.* **diplomato**
diplomatico [diplo'ma:tiko] <-ci> *m* POL Diplomat(in) *m(f)*
diplomatico, -a <-ci, -che> *agg (a fig)* diplomatisch
diplomatismo [diploma'tizmo] *m* Diplomatie *f,* diplomatisches Verhalten
diplomatizzare [diplomatid'dza:re] *vt* diplomatisch behandeln
diplomatizzazione [diplomatiddzat'tsio:ne] *f* diplomatisches Vorgehen *nt*
diplomato, -a [diplo'ma:to] **I.** *agg* diplomiert, [staatlich] geprüft, Diplom- **II.** *m, f* Diplominhaber(in) *m(f),* Magister *m,* Magistra *f* A; **~ in agraria** Diplomlandwirt *m*
diplomazia [diplomat'tsi:a] <-ie> *f (a. fig)* Diplomatie *f;* **entrare nella ~** die Diplomatenlaufbahn einschlagen
dipoi, di poi [di'pɔ:i] **I.** *avv* danach, nachher **II.** *agg inv* [darauf]folgend, nächste(r, s)
dipolo [di'pɔ:lo] *m* TEC Dipol *m*
diportismo [dipor'tizmo] *m* Sportschifffahrt *f*
diportista [dipor'tista] <-i *m,* -e *f*> *mf* Sportschifffahrt Betreibende(r) *f(m)*
diporto [di'pɔrto] *m* ❶ *(divertimento)* Vergnügen *nt,* Zerstreuung *f* ❷ SPORT **imbarcazione da ~** Sportboot *nt*
dipresso [di'prɛsso] *avv* **a un ~** ungefähr, annähernd
diradamento [dirada'mento] *m* ❶ BOT Ausdünnung *f,* Lichten *nt* ❷ *(fig: diminuzione)* Abnahme *f,* Verringerung *f*
diradare [dira'da:re] **I.** *vt* ❶ *(rendere meno fitto, spesso)* dünner werden lassen; *(piante, capelli)* lichten, ausdünnen ❷ *(fig: visite)* einschränken, verringern **II.** *vr* **-rsi** seltener werden; *(piante, capelli)* sich lichten; *(nebbia, folla)* sich auflösen
diramare [dira'ma:re] **I.** *vt* ❶ *(diffondere)* in Umlauf bringen, verbreiten ❷ *(piante)* entästen, ausputzen **II.** *vr* **-rsi** sich verzweigen; *(strada)* abzweigen, sich gabeln
diramazione [diramat'tsio:ne] *f* ❶ *(ramificazione)* Verzweigung *f;* **~ di un fiume** Flussarm *m* ❷ *(diffusione)* Verbreitung *f*
dire[1] ['di:re] <dico, dissi, detto> *vt* ❶ *(gener)* sagen; *(raccontare)* erzählen; *(parlare)* sprechen, reden; **~ bugie** lügen; **~ la sua** seine Meinung sagen; **dirle grosse** *(fam)* den Mund voll nehmen; **dir male di qu** jdm Übles nachsagen; **avere da ~ su qu** jdn kritisieren; **lasciar ~** sprechen lassen; **a ~ il vero** um die Wahrheit zu sagen; **lo dicevo io!** das habe ich ja [gleich] gesagt!; **dico bene?** nicht wahr?; **è presto detto** das ist leicht gesagt; **come si dice in tedesco?** wie heißt das auf Deutsch?; **dice di essere ammalato** er sagt, er sei krank; **si dice che sia molto ricco** man sagt, er sei sehr reich; **~ di sì/no** ja/nein sagen; **~ pane al pane** das Kind beim Namen nennen; **dico sul serio** im Ernst; **un film che non dice nulla** *(fig)* ein nichts sagender Film; **così dicendo** mit diesen Worten; **diciamo, ...** sagen wir mal ...; **dica, signora?** Sie wünschen [gnädige Frau]?, was darf es sein?; **è facile a dirsi**

[**ma non a farsi**] das ist leichter gesagt als getan ❷ *(recitare)* vortragen; *(poesia)* aufsagen; *(preghiera)* sprechen; *(messa)* lesen ❸ *(significare)* heißen, bedeuten; **sarebbe a ~?** wie meinen Sie?; **come sarebbe a ~?** was soll das?, wie ist das gemeint?; **voler ~** bedeuten; **vale a ~** will sagen, das heißt ❹ *(pensare)* meinen; **che ne dici del mio abito nuovo?** was sagst du zu meinem neuen Kleid? ❺ *(chiamare)* nennen

dire² *m* Sagen *nt,* Reden *nt,* Worte *ntpl;* **hai un bel ~** du hast gut reden; **tra il ~ e il fare c'è di mezzo il mare** *(prov)* das ist leichter gesagt als getan

direct mail [di'rekt meil] <-> *f* COM Directmailing *nt*

directory [di'rekt(ə)ri] <- *o* directories> *f* INFORM Directory *nt,* Verzeichnis *nt*

diressi [di'rɛssi] *1. pers sing pass rem di* **dirigere**

diretta [di'rɛtta] *f* TV, RADIO **in ~** live, direkt; **trasmissione in ~** Livesendung *f*

direttamente [diretta'mente] *avv* ❶ *(per via diretta)* direkt, geradewegs ❷ *(senza interposizione)* unmittelbar

direttissima [diret'tissima] *f* Schnellverbindung *f;* **per ~** JUR im Schnellverfahren

direttiva [diret'ti:va] *f* Direktive *f,* Verhaltensregel *f;* **~ comunitaria** EU-Verordnung *f*

direttivo [diret'ti:vo] *m* Leitung *f,* Führung *f*

direttivo, -a *agg* leitend, Leitungs-, Führungs-; **norme -e** Direktiven *fpl*

diretto [di'rɛtto] *m* ❶ *(treno)* Eilzug *m* ❷ SPORT *(pugilato)* Gerade *f*

diretto, -a I. *pp di* **dirigere II.** *agg* ❶ *(senza deviazioni)* direkt, unmittelbar ❷ *(guidato)* geleitet, geführt ❸ LING **complemento ~** Akkusativobjekt *nt;* **discorso ~** direkte Rede

direttore, -trice [diret'to:re] **I.** *agg* Leit-, Richt-; **principio ~** Leitsatz *m* **II.** *m, f* Direktor(in) *m(f),* Leiter(in) *m(f);* **~ di banda** Kapellmeister(in) *m(f);* **~ del coro** Chorleiter(in) *m(f);* **~ d'orchestra** Orchesterleiter(in) *m(f),* Dirigent(in) *m(f);* **~ artistico** Regisseur(in) *m(f),* künstlerische(r) Leiter(in) *m(f);* **~ didattico** Rektor(in) *m(f) (an Grund- u Hauptschulen);* **~ responsabile** Herausgeber(in) *m(f);* **~ delle vendite** Vertriebsleiter(in) *m(f)*

direttoriale [diretto'ria:le] *agg* direktorial, Direktor-

direttorio [diret'tɔ:rio] <-ii> *m* Direktorium *nt*

direttrice [diret'tri:tʃe] *f* ❶ *v.* **direttore** ❷ *(mat)* Leitlinie *f;* POL, MIL Richtung *f*

direzionale [direttsio'na:le] *agg* ❶ *(relativo alla direzione)* Direktoren-, Direktions-; **centro ~** Geschäftszentrum *nt,* City *f* ❷ *(di direzione)* Richt-, Richtungs-; **microfono ~** Richtmikrofon *nt*

direzione [diret'tsio:ne] *f* ❶ *(organo dirigente)* Leitung *f,* Direktion *f;* **~ amministrativa** Geschäftsleitung *f;* **sotto la ~ di** unter [der] Leitung von ❷ *(senso)* Richtung *f;* **in ~ di** in Richtung [auf +*akk* [*o* zu]]

dirigente [diri'dʒɛnte] **I.** *agg* führend, Führungs-, leitend; **classe ~** Führungsschicht *f* **II.** *mf* leitende(r) Angestellte(r) *f(m);* **~ sindacale** Gewerkschaftsführer(in) *m(f)*

dirigenza [diri'dʒɛntsa] *f* Führung *f,* Leitung *f*

dirigere [di'ri:dʒere] <dirigo, diressi, diretto> **I.** *vt* ❶ *(essere a capo)* leiten, führen; MOT, NAUT lenken; MUS dirigieren ❷ *(indirizzare)* richten; **~ qu/qc verso qu/qc** jdn/etw auf jdn/etw richten **II.** *vr* **-rsi** zugehen; **-rsi verso qu** auf jdn zugehen; **-rsi verso ...** Richtung ... gehen/fahren

dirigibile [diri'dʒi:bile] *m* Luftschiff *nt*

dirigibilità [diridʒibili'ta] <-> *f* Lenkbarkeit *f,* Manövrierfähigkeit *f*

dirigismo [diri'dʒizmo] *m* POL Dirigismus *m*

dirimente [diri'mɛnte] *agg* JUR **impedimento matrimoniale ~** Ehehindernis *nt*

dirimere [di'ri:mere] <dirimo, *obs:* dirimei *o* dirimetti, *manca il pp*> *vt (poet)* beilegen, schlichten

dirimpettaio, -a [dirimpet'ta:io] <-ai, -aie> *m, f (fam)* Gegenüber *nt,* Visavis *nt*

dirimpetto [dirim'pɛtto] **I.** *avv* gegenüber, vis-à-vis **II.** *prep* **~ a te** dir gegenüber **III.** *agg inv* gegenüber liegend

diritto [di'ritto] *m* ❶ *(complesso di norme)* Recht *nt;* **~ civile** Zivilrecht *nt;* **~ penale** Strafrecht *nt;* **~ privato** Privatrecht *nt;* **~ pubblico** öffentliches Recht ❷ *(scienza)* Jura *f,* Rechtswissenschaft *f,* Jus *nt* A ❸ *(facoltà, pretesa)* Recht *nt;* **avere ~ a qc** Recht auf etw *akk* haben; **~ dei lavoratori** Arbeitnehmerrecht *nt;* **~ di proprietà** Eigentumsrecht *nt;* **~ di sciopero** Streikrecht *nt;* **~ di voto** Wahlrecht *nt;* **-i d'autore** Urheberrechte *ntpl;* **-i dell'uomo** Menschenrechte *ntpl;* **rivendicare un ~** einen Anspruch geltend machen; **a ~** mit Recht; **a buon ~** mit gutem Recht; **di ~** von Rechts wegen ❹ *pl (tassa)* Gebühren *fpl,* Abgaben *fpl;* **avanzare dei -i** Gebühren erheben ❺ *(parte principale)* Vorderseite *f* ❻ SPORT Vorhand *f*

diritto, -a *agg* ❶ *(dritto)* gerade, aufrecht; **tirar ~** ohne Halt durchfahren; *(fig)* unbeirrt seinen Weg machen ❷ *(fig)* geradlinig;

(onesto) rechtschaffen, redlich; **rigar ~** spuren *fam*

dirittura [dirit'tu:ra] *f* ❶ *(linea retta)* Gerade *f* ❷ SPORT **~ d'arrivo** Zielgerade *f*

diroccare [dirok'ka:re] <dirocco, dirocchi> *vt* niederreißen

diroccato, -a [dirok'ka:to] *agg* baufällig

dirompente [dirom'pɛnte] *agg* **bomba ~** Sprengbombe *f,* Splitterbombe *f;* **forza ~** Sprengkraft *f*

dirottamente [dirotta'mente] *avv* in hohem Maß[e], heftig

dirottamento [dirotta'mento] *m* Kursänderung *f,* Kursabweichung *f; (di un dirottatore)* Flugzeugentführung *f*

dirottare [dirot'ta:re] **I.** *vt* ❶ *(far deviare)* zur Kursänderung zwingen ❷ *(deviare)* umleiten **II.** *vi* den Kurs ändern

dirottatore, -trice [dirotta'to:re] *m, f* Luftpirat(in) *m(f),* Flugzeugentführer(in) *m(f)*

dirotto, -a [di'rotto] *agg* heftig, stark; **a ~** in hohem Maß[e]; **piovere a ~** in Strömen regnen

dirozzare [dirod'dza:re] *vt* ❶ *(legno, marmo)* roh behauen [*o* bearbeiten] ❷ *(fig)* formen; *(costumi)* verfeinern; *(popolo)* zivilisieren

dirt track ['də:t træk] <-> *m* MOT Dirt-Track *m,* Sandbahn *f,* Aschenbahn *f*

dirupo [di'ru:po] *m* abschüssiges Gelände *nt*

disabile [di'za:bile] **I.** *agg* behindert **II.** *mf* Behinderte(r) *f(m);* **posti riservati ai -i** für Behinderte reservierte Plätze

disabilità [dizabili'ta] <-> *f (handicap)* Behinderung *f,* Invalidität *f*

disabilitare [dizabili'ta:re] *vt* abqualifizieren, [funktions]unfähig machen, für unfähig erklären

disabilitato, -a [dizabili'ta:to] *agg* außer Betrieb, außer Funktion

disabitato, -a [dizabi'ta:to] *agg* unbewohnt

disabituare [dizabitu'a:re] **I.** *vt* **~ qu a qc** jdm etw abgewöhnen **II.** *vr* **-rsi a qc** sich *dat* etw abgewöhnen

disaccoppiare [dizakkop'pia:re] *vt* trennen, scheiden, lösen, entkoppeln, auskuppeln

disaccordo [dizak'kɔrdo] *m* ❶ MUS Missklang *m,* Dissonanz *f* ❷ *(contrasto)* Uneinigkeit *f;* **essere in ~ su qc** über etw *akk* uneinig sein

disacidare [dizatʃi'da:re] *vt* entsäuern

disacidificazione [dizatʃidifikat'tsio:ne] *f* Entsäuerung *f*

disacidire [dizatʃi'di:re] *vt* entsäuern

disadattamento [dizadatta'mento] *m* Unangepasstheit *f,* fehlendes Anpassungsvermögen

disadattare [dizadat'ta:re] *vt* ❶ *(rendere disadatto)* unpassend [*o* ungeeignet] machen ❷ PHYS, TEC fehlanpassen, fehladaptieren A

disadattato, -a [dizadat'ta:to] **I.** *agg* unangepasst, nicht anpassungsfähig **II.** *m, f* nicht anpassungsfähige Person; **~ sociale** *(sl)* Asi *m*

disadatto, -a [diza'datto] *agg* ungeeignet; **essere ~ per qc** für etw ungeeignet sein; *(persona)* unfähig zu etw sein

disadorno, -a [diza'dorno] *agg* schmucklos, schlicht

disaerare [disae'ra:re] *vt* entlüften

disaeratore [dizaera'to:re] *m* Entlüfter *m*

disaerazione [dizaerat'tsio:ne] *f* Entlüftung *f*

disafferenza [dizaffe'rɛntsa] *f* Aufhebung *f* der Zugehörigkeit

disaffezionare [dizaffettsio'na:re] **I.** *vt* entfremden (**da qc** etw *dat,* abgeneigt machen (**da qc** etw *dat* **II.** *vr* **-rsi a** [*o* **da**] **qu/qc** das Interesse an jdm/etw verlieren

disaffezione [dizaffet'tsio:ne] *f* ❶ *(mancanza d'affetto)* Lieblosigkeit *f;* **la ~ da qc** die Lieblosigkeit gegenüber etw ❷ *(mancanza d'interesse)* Abneigung *f;* **la ~ a qc** [*o* **per**] die Abneigung gegen etw

disagevole [diza'dʒe:vole] *agg* beschwerlich, mühselig

disaggregare [dizaggre'ga:re] **I.** *vt* trennen **II.** *vr* **-rsi** sich trennen, sich lösen

disaggregazione [dizaggregat'tsio:ne] *f* Zersetzung *f,* Verwitterung *f*

disagiato, -a [diza'dʒa:to] *agg* ❶ *(senza agio)* unbehaglich, unbequem ❷ *(povero)* mittellos, ärmlich; **condizione -a** Bedürftigkeit *f*

disagio [di'za:dʒo] *m* Unbehagen *nt; (mancanza di comodità)* Unbequemlichkeit *f; (imbarazzo)* Verlegenheit *f;* **sentirsi a ~** sich unbehaglich fühlen; **mettere a ~ qu** jdn in Verlegenheit bringen

disallineamento [dizallinea'mento] *m* ❶ Ausgliederung *f* [aus einer Reihe] ❷ *(mismatch)* Missverhältnis *nt;* **~ tra i salari e il costo della vita** Missverhältnis [*o* Diskrepanz *f*] zwischen den Einkommen und den Lebenshaltungskosten

disallineare [dizalline'a:re] *vt* auf verschiedene Frequenzen [*o* Leitungen] legen, aus einer Reihe nehmen

disalveare [dizalve'a:re] *vt* in ein [anderes] Flussbett [um]leiten

disambientato, -a [dizambien'ta:to] *agg* unvertraut, fremd

disamina [di'za:mina] *f a.* JUR [gründliche] Prüfung *f*

disamorare [dizamo'ra:re] **I.** *vt* verleiden (**qu da qc** jdm etw), die Freude verderben (**qu da qc** jdm an etw +*dat*) **II.** *vr* **-rsi** die Lust/Liebe/Freude verlieren (**da** an +*dat*)

disamorarsi [dizamo'rarsi] *vr* ~ **da qc/qu** das Interesse an jdm/etw verlieren; ~ **dal lavoro** die Freude an der Arbeit verlieren

disamorato, -a [dizamo'ra:to] *agg* gleichgültig (**da, di** gegen, gegenüber), teilnahmslos

disamore [diza'mo:re] *m (obs)* Gleichgültigkeit *f* (**per, a** gegenüber), Teilnahmslosigkeit *f; (avversione)* Abneigung *f* (**per** gegen)

disancorare [dizanko'ra:re] **I.** *vt* den Anker lichten **II.** *vr* **-rsi** *(liberarsi)* sich lösen; **-rsi da certi pregiudizi** bestimmte Vorurteile ablegen

disappagato, -a [dizappa'ga:to] *agg* unerfüllt, unbefriedigt; **aspettative -e** enttäuschte Erwartungen

disappannamento [dezappanna'mento] *m* Abwischen *nt* [beschlagener Scheiben]

disappartenenza [dizapparte'nɛntsa] *f* Nichtzugehörigkeit *f*

disappetenza [dizappe'tɛntsa] *f* Appetitlosigkeit *f*

disapprovare [dizappro'va:re] *vt* missbilligen, ablehnen

disapprovazione [dizapprovat'tsio:ne] *f* Missbilligung *f,* Ablehnung *f*

disappunto [dizap'punto] *m* Enttäuschung *f*

disarcionare [dizartʃo'na:re] *vt* aus dem Sattel werfen

disarmante [dizar'mante] *agg* entwaffnend

disarmare [dizar'ma:re] *vt (persone, a fig)* entwaffnen; *(fortezze)* wehrlos machen

disarmato, -a [dizar'ma:to] *agg* ① *(senza armi)* unbewaffnet ② *(fig)* wehrlos

disarmismo [dizar'mizmo] *m* Befürwortung *f* der Abrüstung

disarmo [di'zarmo] *m* ① *(di forze militari)* Abrüstung *f* ② *(di persone)* Entwaffnung *f*

disarmonia [dizarmo'ni:a] *f* Disharmonie *f,* Dissonanz *f*

disarmonico, -a [dizar'mɔ:niko] <-ci, -che> *agg* disharmonisch, unharmonisch

disarticolato, -a [dizartiko'la:to] *agg* ① MED abgetrennt ② *(fig)* unartikuliert

disassortire [dizassor'ti:re] *vt* aussortieren, aus dem Sortiment nehmen

disassortito, -a [dizassor'ti:to] *agg* verschieden; **scarpe -e** nicht zusammengehörende Schuhe

disastrare [dizas'tra:re] *vt* verwüsten, eine Katastrophe anrichten in [*o* bei] +*dat*

disastrato, -a [dizas'tra:to] *agg* verwüstet

disastro [di'zastro] *m* ① *(calamità)* [schweres] Unglück *nt,* Katastrophe *f;* MIL Niederlage *f* ② *(fig)* Katastrophe *f; (disordine)* Chaos *nt*

disastrologo, -a [dizas'trɔ:logo] <-gi, -ghe> *m, f* Unheilsprophet(in) *m(f)*

disastroso, -a [dizas'tro:so] *agg* katastrophal, fürchterlich

disatomizzare [dizatomid'dza:re] *vt* atomwaffenfrei machen

disatomizzazione [dizatomiddzat'tsio:ne] *f* Schaffung *f* einer atomwaffenfreien Zone

disattendere [dizat'tɛndere] <disattendo, disattesi, disatteso> *vt* JUR missachten, nicht beachten

disattento, -a [dizat'tɛnto] *agg* unaufmerksam

disattenzione [dizatten'tsio:ne] *f* ① *(mancanza d'impegno, di riguardo)* Unaufmerksamkeit *f* ② *(svista)* Unachtsamkeit *f,* Versehen *nt*

disattivare [dizatti'va:re] *vt (bomba)* entschärfen; *(impianto)* abschalten

disavanzo [diza'vantso] *m* Fehlbetrag *m,* Defizit *nt;* **-i pubblici** Haushaltsdefizit *nt*

disavvedutezza [dizavvedu'tettsa] *f* Unvorsichtigkeit *f,* Unbedachtheit *f*

disavveduto, -a [dizavve'du:to] *agg* unvorsichtig, unbedacht

disavventura [dizavven'tu:ra] *f* Unglück *nt,* Missgeschick *nt*

disavvertenza [dizavver'tɛntsa] *f* Unachtsamkeit *f,* Versehen *nt*

disavvezzare [dizavvet'tsa:re] *vt* abgewöhnen (**qu a qc** jdm etw), entwöhnen (**qu a qc** jdn einer Sache *gen*

disbrigo [diz'bri:go] <-ghi> *m* [rasche] Erledigung *f*

discanto [dis'kanto] *m* MUS Diskant *m*

discapito [dis'ka:pito] *m* Nachteil *m,* Schaden *m;* **a ~ di qu** zu jds Nachteil

discarica [dis'ka:rika] <-che> *f* ① *(per rifiuti)* [Schutt]abladeplatz *m,* [Müll]deponie *f* ② *(da nave)* Ausladung *f,* Löschung *f*

discarico [dis'ka:riko] <-chi> *m (fig)* Entlastung *f;* **testimone a ~** Entlastungszeuge *m/*-zeugin *f*

discendente [diʃʃen'dɛnte] **I.** *agg* absteigend, fallend, Abwärts- **II.** *mf* Nachkomme *m*

discendenza [diʃʃen'dɛntsa] *f* ① *(origine)* Abstammung *f* ② *(discendenti)* Nachkommenschaft *f*

discendere [diʃ'ʃendere] <irr> **I.** *vi essere* ① *(provenire)* ~ **da qu/qc** von jdm/etw abstammen ② *(venire giù, scendere)* hinuntersteigen, hinabsteigen; *(da veicolo)* aussteigen; *(da cavallo, bicicletta)* absteigen; ~ **in una fossa** in eine Grube hinuntersteigen; ~ **da un luogo** von einem Ort heruntersteigen ③ *(fig: abbassarsi)* abfallen, sich senken; *(prezzi, temperatura)* sinken, fallen **II.** *vt avere* hinabsteigen, hinuntergehen

discensionale [diʃʃensio'naːle] *agg* PHYS absteigend

discepolo, -a [diʃ'ʃeːpolo] *m, f* ① *(poet: alunno)* Schüler(in) *m(f)* ② *(seguace)* Anhänger(in) *m(f)* ③ REL Jünger *m*

discernere [diʃ'ʃɛrnere] <discerno, discernei, *manca il pp*> *vt* ① *(distinguere)* auseinanderhalten, unterscheiden ② *(scorgere)* [klar] erkennen

discernimento [diʃʃerni'mento] *m* Unterscheidungsvermögen *nt; (giudizio)* Urteilsvermögen *nt,* Vernunft *f*

discesa [diʃ'ʃeːsa] *f* ① *(il venire giù)* Absteigen *nt,* Abstieg *m; (da cavallo)* Absitzen *nt; (da veicolo)* Aussteigen *nt* ② *(pendenza)* Gefälle *nt,* Abhang *m,* Lehne *f* A ③ *(invasione)* Einfall *m* ④ SPORT Abfahrt *f;* ~ **libera** Abfahrtslauf *m,* Abfahrtsrennen *nt*

discesi *1. pers sing pass rem di* **discendere**

discesismo [diʃʃe'sizmo] *m* Abfahrtslauf *m*

discesista [diʃʃe'sista] <-i *m,* -e *f*> *mf* Abfahrtsläufer(in) *m(f)*

disceso *pp di* **discendere**

dischetto [dis'ketto] *m* INFORM Diskette *f;* **drive per -i** Diskettenlaufwerk *nt*

dischiudere [dis'kiuːdere] <irr> *vt* ① *(schiudere)* aufmachen; *(occhi)* aufschlagen ② *(fig)* öffnen

discinto, -a [diʃ'ʃinto] *agg (poet)* nachlässig gekleidet

disciogliere [diʃ'ʃɔʎʎere] <irr> *vt (liquefare, stemperare)* auflösen; *(neve)* schmelzen

disciplina [diʃʃi'pliːna] *f* ① *(ordine)* Disziplin *f* ② *(materia di studio)* Disziplin *f,* [Unterrichts]fach *nt*

disciplinare[1] [diʃʃipli'naːre] *agg* disziplinarisch, Disziplinar-, disziplinär A*;* **sanzioni -i** Disziplinarmaßnahmen *f pl*

disciplinare[2] *vt* ① *(regolare)* regeln, ordnen ② *(fig)* disziplinieren *geh,* bezwingen

disciplinato, -a [diʃʃipli'naːto] *agg* diszipliniert

disc-jockey ['disk 'dʒɔki *o* 'dis 'dʒoki] <-> *mf* Diskjockey *m*

disco[1] [disko] <-schi> *m* ① *(piastra rotonda)* Scheibe *f;* ~ **volante** fliegende Untertasse; ~ **orario** Parkscheibe *f,* Parkuhr *f;* **zona** ~ blaue Zone, Kurzparkzone *f* ② SPORT Diskus *m;* **classificarsi primo nel** ~ beim Diskuswerfen den ersten Platz erreichen ③ MUS [Schall]platte *f;* **cambiare** ~ *(fig)* eine andere Platte auflegen ④ INFORM *(disco magnetico)* Magnetplatte *f;* ~ **fisso** [*o* **rigido**] INFORM Festplatte *f* ⑤ FERR Lichtsignal *nt;* ~ **rosso** Haltsignal *nt* ⑥ TEL *(~ combinatore)* Wählscheibe *f* ⑦ MOT Scheibe *f;* ~ **del freno** Bremsscheibe *f;* ~ **della frizione** Kupplungsscheibe *f* ⑧ ANAT ~ **intervertebrale** Bandscheibe *f,* Zwischenwirbelscheibe *f*

disco[2] <-> *f (discoteca, discomusic)* Disko *f;* **andare in** ~ in die Disko gehen

discobar [disko'bar] <-> *m* Tanzbar *f*

discobolo [dis'kɔːbolo] *m* Diskuswerfer(in) *m(f)*

disco dance ['diskou 'daːns] <-> *f* MUS Disco Dance *m*

disco-digitale ['diskodidʒi'taːle] <dischi-digitali> *m* digitale Aufnahme, digitaler Tonträger

discofilo, -a [dis'kɔːfilo] *m, f* ① *(collezionista di dischi)* Schallplattenliebhaber(in) *m(f),* Schallplattensammler(in) *m(f)* ② *(frequentatore di discoteche)* Discogänger(in) *m(f),* Discofan *m*

discografia [diskogra'fiːa] *f* ① *(tecnica)* Schallplattenproduktion *f* ② *(elenco)* Diskografie *f*

discografico, -a [disko'graːfiko] <-ci, -che> **I.** *agg* Schallplatten- **II.** *m, f* Beschäftigte(r) *f(m)* in der Schallplattenindustrie

discoide [dis'kɔːide] **I.** *agg* scheibenförmig **II.** *m (compressa)* Dragee *nt*

discolo, -a ['diskolo] *m, f* Bengel *m,* Lausejunge *m,* Göre *f,* Gör *nt*

discolpa [dis'kolpa] *f* Entlastung *f; (VAKAT)* Rechtfertigung *f;* **a mia** ~ zu meiner Entlastung

discolpare [diskol'paːre] **I.** *vt* entschuldigen; JUR entlasten; *(dall'accusa)* befreien **II.** *vr* **-rsi** sich rechtfertigen, sich entschuldigen

disconoscere [disko'noʃʃere] <irr> *vt* nicht anerkennen

disconoscimento [diskonoʃʃi'mento] *m* Nichtanerkennung *f,* Nichtanerkennen *nt*

discontinuità [diskontinui'ta] *f* ① *(mancanza di continuità)* Diskontinuität *f; (interruzione)* Unterbrechung *f* ② *(fig)* Unbeständigkeit *f,* Unstetigkeit *f*

discontinuo, -a [diskon'tiːnuo] *agg* ① *(non continuo)* unterbrochen, mit Unterbrechungen ② *(non costante)* unbeständig, unstet

discordante [diskor'dante] *agg* ① *(opposto)* gegensätzlich ② *(contradditorio)* nicht übereinstimmend, widersprüchlich

D

discordanza [diskor'dantsa] *f* Diskordanz *f,* Missklang *m*
discordare [diskor'da:re] *vi* disharmonieren, nicht zusammenstimmen; **~ da qu su qc** mit jdm in etw *dat* nicht übereinstimmen
discorde [dis'kɔrde] *agg* gegensätzlich, widersprüchlich
discordia [dis'kɔrdia] <-ie> *f* Zwietracht *f,* Uneinigkeit *f*
discorrere [dis'korrere] <irr> *vi* **~ di qc** sich über etw *akk* unterhalten, über etw *akk* reden
discorsivo, -a [diskor'si:vo] *agg* 1 *(relativo al discorso)* Rede-, Gesprächs- 2 *(loquace)* gesprächig
discorso [dis'korso] *m* 1 *(discussione)* Unterhaltung *f,* Gespräch *nt;* **attaccar ~** eine Unterhaltung anfangen; **il ~ cadde su di te** dann war die Rede von dir; **questo è un altro ~** das ist etw [ganz] anderes; **fare un ~ campato in aria** ins Blaue hinein reden 2 *(esposizione orale)* Ansprache *f,* Rede *f;* **~ inaugurale** Eröffnungsansprache *f;* **pronunciare un ~** eine Rede halten 3 LING **~ diretto/indiretto** direkte/indirekte Rede
discostante [diskos'tante] *agg* unsympathisch, abstoßend
discostare [diskos'ta:re] **I.** *vt* abrücken, wegrücken **II.** *vr* **-rsi da qu/qc** sich von jdm/etw entfernen
discosto, -a [dis'kɔsto] **I.** *agg* abgelegen; **essere ~ da qc** von etw abgelegen sein **II.** *avv* weit, abseits
discoteca [disko'tɛ:ka] <-che> *f* Diskothek *f,* Disco *f fam;* **andare in ~** in die Disco gehen
discount ['diskaunt] <-> *m* Discountgeschäft *nt,* Discounter *m*
discreditare [diskredi'ta:re] **I.** *vt* in Verruf bringen, diskreditieren **II.** *vr* **-rsi** in Verruf kommen, sich diskreditieren
discredito [dis'kre:dito] *m* Misskredit *m*
discrepanza [diskre'pantsa] *f* Widersprüchlichkeit *f,* Diskrepanz *f*
discretamente [diskreta'mente] *avv* 1 *(con discrezione)* taktvoll, diskret 2 *(sufficientemente)* ziemlich [gut], ganz gut; *(mediocremente)* einigermaßen, halbwegs *fam*
discreto, -a [dis'kre:to] *agg* 1 *(sufficiente)* ausreichend, genügend 2 *(moderato)* mäßig, bescheiden 3 *(abbastanza buono)* ziemlich gut, ganz gut 4 *(di tatto)* taktvoll, diskret
discrezionale [diskrettsio'na:le] *agg* JUR Ermessens-; **potere ~** Ermessensfreiheit *f*
discrezionalità [diskrettsionali'ta] <-> *f* Ermessensfreiheit *f,* Ermessen *nt*
discrezione [diskret'tsio:ne] *f (fatto)* Diskretion *f; (senso della misura)* Maß *nt;* **senza ~** taktlos, indiskret; **a ~** nach Belieben
discriminante [diskrimi'nante] **I.** *agg* JUR **circostanza ~** Strafmilderungsgrund *m* **II.** *m* MAT Diskriminante *f*
discriminare [diskrimi'na:re] *vt* 1 *(far differenza)* unterschiedlich behandeln 2 JUR *(crimine)* entkriminalisieren; *(persone)* entlasten
discriminatorio, -a [diskrimina'tɔ:rio] <-i, -ie> *agg* unterscheidend; POL diskriminierend
discriminazione [diskriminat'tsio:ne] *f* Diskriminierung *f;* **~ razziale** Rassendiskriminierung *f*
discussi [dis'kussi] *1. pers sing pass rem di* **discutere**
discussione [diskus'sio:ne] *f* Diskussion *f,* Erörterung *f;* POL Debatte *f; (litigio)* Auseinandersetzung *f*
discusso, -a [dis'kusso] *agg* umstritten
discutere [dis'ku:tere] <discuto, discussi, discusso> **I.** *vt* 1 *(per prendere una decisione)* diskutieren, besprechen 2 *(contestare)* bestreiten, bezweifeln **II.** *vi* 1 *(conversare)* **~ di** [*o* **su**] **qc** über etw *akk* diskutieren 2 *(litigare)* heftig diskutieren; **~ di qc** [sich] über etw *akk* streiten
discutibile [disku'ti:bile] *agg* 1 *(da discutere)* diskutabel, strittig 2 *(incerto)* umstritten, zweifelhaft
disdegnare [dizdeɲ'ɲa:re] *vt* verschmähen
disdegno [diz'deɲɲo] *m* Geringschätzung *f,* Verachtung *f*
disdegnoso, -a [dizdeɲ'ɲo:so] *agg (poet: sprezzante)* geringschätzig, verächtlich
disdetta [diz'detta] *f* 1 *(sfortuna)* Pech *nt,* Missgeschick *nt* 2 *(di contratto)* Kündigung *f*
disdettare [dizdet'ta:re] *vt* JUR kündigen
disdicevole [dizdi'tʃe:vole] *agg (poet)* unziemlich *geh,* unschicklich *geh*
disdire [diz'di:re] <irr> **I.** *vt* 1 JUR kündigen 2 *(ritrattare)* zurücknehmen, widerrufen 3 *(non rispettare)* absagen 4 *(annullare)* rückgängig machen, stornieren **II.** *vr* **-rsi** sich *dat* widersprechen
disdoro [diz'dɔ:ro] *m (poet)* Schmach *f geh,* Schande *f*
diseconomia [dizekono'mi:a] <-ie> *f (squilibrio economico)* Unausgeglichenheit *f* der Handelsbilanz
diseconomicità [dizekonomitʃi'ta] <-> *f* Kostenprogression *f*

diseconomico, **-a** [dizeko'nɔːmiko] <-ci, -che> *agg* kostenprogressiv, nicht wirtschaftlich

diseducativo, **-a** [dizeduka'tiːvo] *agg* unpädagogisch

disegnare [diseɲ'ɲaːre] *vt* ① *(tracciando linee)* zeichnen ② *(descrivere)* beschreiben, skizzieren ③ *(progettare)* konzipieren, planen; *(col disegno)* entwerfen ④ *(fig: avere in animo)* planen, vorhaben, sich *dat* vornehmen

disegnatore, **-trice** [diseɲɲa'toːre] *m, f* Zeichner(in) *m(f)*

disegno [di'seɲɲo] *m* ① *(rappresentazione grafica)* Zeichnung *f,* Bild *nt;* **~ animato** Zeichentrickfilm *m* ② *(fig: abbozzo)* Entwurf *m,* Skizze *f;* **fare -i** Pläne schmieden ③ *(motivo ornamentale)* Muster *nt* ④ *(arte)* Zeichnen *nt,* Zeichenkunst *f* ⑤ *(fig: intenzione)* Plan *m;* **~ di legge** Gesetzesvorlage *f,* Gesetzentwurf *m*

diseguale [dize'guaːle] *agg v.* **disuguale**

disequilibrio [dizekuili'briːo] <-ri> *m* Ungleichgewicht *nt*

diserbante [dizer'bante] *m* Unkrautbekämpfungsmittel *nt*

diserbare [dizer'baːre] *vt* Unkraut jäten auf, Unkraut entfernen von

diseredare [dizere'daːre] *vt* enterben

diseredazione [dizeredat'tsioːne] *f* Enterbung *f*

disertare [dizer'taːre] **I.** *vi* ① MIL Fahnenflucht begehen, desertieren ② *(fig)* abfallen, abtrünnig werden; **~ dal partito** von der Partei abfallen **II.** *vt* verlassen

disertore [dizer'toːre] *m* ① MIL Fahnenflüchtige(r) *f(m),* Deserteur *m* ② *(fig)* Abtrünnige(r) *f(m)*

diserzione [dizer'tsioːne] *f* ① MIL Fahnenflucht *f,* Desertion *f* ② *(fig)* Abtrünnigkeit *f,* Abfall *m*

disfacimento [disfatʃi'mento] *m* ① *(decomposizione)* Auflösung *f; (di cadavere)* Verwesung *f* ② *(fig: sfacelo)* Auflösung *f,* Zerrüttung *f*

disfare [dis'faːre] <irr> **I.** *vt (scomporre)* auflösen; *(distruggere)* zerstören; *(letto)* aufdecken, abdecken **II.** *vr* **-rsi** ① *(andare in pezzi)* entzweigehen; *(fig)* sich auflösen ② *(liberarsi)* sich entledigen

disfatta [dis'fatta] *f* Niederlage *f*

disfattismo [disfat'tizmo] *m* Defätismus *m*

disfattista [disfat'tista] <-i *m,* -e *f*> **I.** *agg* defätistisch **II.** *mf* Defätist(in) *m(f)*

disfatto *pp di* **disfare**

disfavore [disfa'voːre] *m* **a ~ di** zuungunsten [*o* zum Nachteil] von

disfeci *1. pers sing pass rem di* **disfare**

disfida [dis'fiːda] *f (poet)* Herausforderung *f*

disfonia [disfo'niːa] <-ie> *f* Dysfonie *f,* Stimmbildungsstörung *f*

disfonico, **-a** [dis'fɔːniko] <-ci, -che> *agg* dysfonisch

disfunzionale [disfuntsio'naːle] *agg* nicht funktionsgerecht, nicht funktionell

disfunzione [disfun'tsioːne] *f* ① MED Funktionsstörung *f* ② TEC schlechtes Funktionieren

disgelare [dizdʒe'laːre] **I.** *vt avere* erwärmen; *(liberare dal ghiaccio)* auftauen **II.** *vr* **-rsi** [auf]tauen

disgelo [diz'dʒɛːlo] *m* ① METEO [Auf]tauen *nt,* Tauwetter *nt* ② *(fig)* POL Tauwetter *nt*

disgiungere [dis'dʒundʒere] <irr> *vt (poet)* trennen, scheiden

disgiuntivo, **-a** [disdʒun'tiːvo] *agg* trennend, Trenn-; GRAM disjunktiv

disgiunzione [disdʒun'tsioːne] *f* Trennung *f*

disgrazia [diz'grattsia] *f* ① *(sventura)* Unglück *nt,* Pech *nt;* **per ~** unglücklicherweise; **le -ie non vengono mai sole, le -ie vengono a tre per volta** *(prov)* ein Unglück kommt selten allein ② *(sfavore)* Ungnade *f*

disgraziata *f v.* **disgraziato**

disgraziatamente [dizgrattsiata'mente] *avv* unglücklicherweise, unglückseligerweise

disgraziato, **-a** [dizgrat'tsiaːto] **I.** *agg* unglücklich, unglückselig **II.** *m, f* ① *(persona sfortunata)* Pechvogel *m,* Unglücksrabe *m; (persona deplorevole)* Unglückselige(r) *f(m)* ② *(fam: persona minorata)* Unglückliche(r) *f(m)*

disgregabile [dizgre'gaːbile] *agg* auflösbar

disgregamento [dizgrega'mento] *m* Zerfall *m,* Auflösung *f*

disgregare [dizgre'gaːre] **I.** *vt* ① *(frantumare)* auseinanderbrechen [lassen], zersplittern ② *(fig)* auflösen, zersetzen **II.** *vr* **-rsi** ① *(andare in pezzi)* auseinandergehen, zersplittern ② *(fig)* sich auflösen

disgregatore, **-trice** [dizgrega'toːre] **I.** *agg* auflösend, zersetzend **II.** *m, f* zersetzender Faktor

disgregazione [dizgregat'tsioːne] *f* Zersetzung *f,* Auflösung *f; (~ meteorica)* Verwitterung *f*

disguido [diz'guiːdo] *m* ① *(postale)* Fehlleitung *f,* Fehlzustellung *f* ② *(svista)* Versehen *nt*

disgustare [dizgus'taːre] **I.** *vt* ① *(dare disgusto)* anwidern ② *(fig)* abstoßen **II.** *vr*

D

-rsi Widerwillen empfinden; **-rsi di qc** von etw angeekelt sein

disgusto [diz'gusto] *m* Widerwille *m,* Abscheu *m;* **il ~ per qc** der Ekel vor etw *dat*

disgustoso, -a [dizgus'to:so] *agg* ① *(nauseante)* Ekel erregend; *(cibo)* unappetitlich, ungustiös A ② *(fig)* abstoßend, ekelhaft

disidentità [dizidenti'ta] <-> *f* Identitätsverlust *m*

disidratare [dizidra'ta:re] *vt* ① *(alimenti)* trocknen, dörren ② *(privare dell'acqua)* austrocknen

disidratato, -a [dizidra'ta:to] *agg* ① *(alimenti)* getrocknet, Trocken-, Dörr- ② *(organismo)* ausgetrocknet ③ MED dehydratisiert

disidratatore [dizidrata'to:re] *m* Entwässerungsgerät *nt*

disidratazione [dizidratat'tsio:ne] *f* ① *(alimentare)* Trocknen *nt,* Dörren *nt* ② *(eliminazione dell'acqua)* Wasserentzug *m,* Dehydratation *f*

disilludere [dizil'lu:dere] <irr> **I.** *vt* ernüchtern, enttäuschen **II.** *vr* **-rsi** ernüchtert sein

disillusione [dizillu'zio:ne] *f* Ernüchterung *f,* Enttäuschung *f*

disimballare [dizimbal'la:re] *vt* auspacken

disimparare [dizimpa'ra:re] *vt* verlernen

disimpegnare [dizimpeɲ'ɲa:re] **I.** *vt (liberare)* befreien; *(fig: da impegno, promessa)* entbinden **II.** *vr* **-rsi** *(liberarsi)* sich befreien

disimpegnato, -a [dizimpeɲ'ɲa:to] *agg* ① *(locale)* frei zugänglich ② *(fig)* POL nicht engagiert

disimpegno [dizim'peɲɲo] *m* ① *(di mansioni)* Erledigung *f,* [Aufgaben]erfüllung *f* ② POL fehlendes Engagement

disimpiego [dizim'piɛ:go] <-ghi> *m* Arbeitslosigkeit *f; (lavoro ridotto)* Unterbeschäftigung *f*

disincagliare [diziŋkaʎ'ʎa:re] **I.** *vt* ① NAUT flottschleppen, flottmachen ② *(fig)* wiederbeleben, wieder in Gang bringen **II.** *vr* **-rsi** ① NAUT flottkommen ② *(fig)* freikommen, herauskommen

disincaglio [diziŋ'kaʎʎo] *m* Flottmachen *nt*

disincantato, -a [diziŋkan'ta:to] *agg* ① *(disilluso)* nicht mehr verzaubert, entzaubert ② *(fig: smaliziato)* ernüchtert

disincanto [diziŋ'kanto] *m* ① *(da influsso magico)* Entzauberung *f* ② *(fig)* Ernüchterung *f*

disincentivante [dizintʃenti'vante] *agg* hemmend, einschränkend

disincentivare [dizintʃenti'va:re] *vt* hemmen, einschränken

disincentivazione [dizintʃentivat'tsio:ne] *f* Hemmen *nt*

disincentivo [dizintʃen'ti:vo] *m* Hemmung *f,* Beschränkung *f*

disincrostante [dizinkros'tante] **I.** *agg* [Kalk]ablagerungen lösend **II.** *m* Kesselsteinentferner *m*

disincrostare [dizinkros'ta:re] *vt* von [Kalk]ablagerungen befreien

disindustrializzare [dizindustrialid'dza:re] *vt* die Industrie abbauen, einen Industriestandort verlegen

disindustrializzazione [dizindustrialiddzat'tsio:ne] *f* Industrieabbau *m*

disinfestare [dizinfes'ta:re] *vt* entwesen, von Ungeziefer befreien; **~ la cantina dai topi** den Keller von Mäusen befreien

disinfestazione [dizinfestat'tsio:ne] *f* Entwesung *f,* Vernichtung *f* von Schädlingen

disinfettante [dizinfet'tante] **I.** *agg* desinfizierend **II.** *m* Desinfektionsmittel *nt*

disinfettare [dizinfet'ta:re] **I.** *vt* desinfizieren; **~ una ferita** eine Wunde desinfizieren **II.** *vr* **-rsi** sich desinfizieren; **-rsi con l'alcool** sich mit Alkohol desinfizieren

disinfezione [dizinfet'tsio:ne] *f* Desinfektion *f*

disinfiammare [dizinfiam'ma:re] *vt* eine Entzündung stillen

disinformato, -a [dizinfor'ma:to] *agg* schlecht informiert

disinformazione [dizinformat'tsio:ne] *f* Fehlinformation *f,* Unkenntnis *f*

disingannare [diziŋgan'na:re] **I.** *vt* jdm die Augen öffnen; *(deludere)* enttäuschen, ernüchtern **II.** *vr* **-rsi** seine Illusionen aufgeben

disinganno [diziŋ'ganno] *m* Enttäuschung *f,* Ernüchterung *f*

disingranare [dizingra'na:re] *vt* auseinandernehmen, trennen

disinibire [dizini'bi:re] <disinibisco, disinibisci> **I.** *vt* enthemmen; **atteggiamento disinibito** enthemmtes Verhalten **II.** *vr* **-rsi** seine Hemmungen verlieren

disinibito, -a [dizini'bi:to] **I.** *agg* unbefangen, ungehemmt **II.** *m, f* unbefangener Mensch *m*

disinibitorio, -a [dizinibi'tɔ:rio] <-i, -ie> *agg* enthemmend

disinibizione [dizinibit'tsio:ne] *f* Enthemmung *f*

disinnescare [dizinnes'ka:re] *vt (a. fig)* entschärfen

disinnesco [dizin'nesko] <-schi> *m (a. fig)* Entschärfung *f*

disinnestare [dizinnes'ta:re] *vt* MOT *(frizione)* auskuppeln; *(marcia)* herausnehmen; TEC *(spina)* herausziehen
disinnesto [dizin'nɛsto] *m* ❶ *(disinserimento)* Ausschalten *nt;* ~ **della frizione** Auskupplung *f;* **leva di** ~ Abschalthebel *m* ❷ TEL Unterbrechung *f* der Verbindung
disinquinamento [diziŋkuina'mento] *m* Dekontaminierung *f,* Entseuchung *f*
disinquinare [diziŋkui'na:re] *vt* von Schadstoffen befreien
disinserire [dizinse'ri:re] <disinserisco> *vt* abschalten, ausschalten
disinserito, -a [dizinse'ri:to] **I.** *agg* ❶ *(non inserito)* ausgeschlossen ❷ TEC ausgeschaltet, vom Stromkreis getrennt **II.** *m, f* Außenseiter *m,* Ausgeschlossene(r) *f(m)*
disinstallare [dizinstal'la:re] *vt* INFORM deinstallieren
disintasare [dizinta'sa:re] *vt* frei machen, ausräumen; ~ **il traffico** einen Stau auflösen
disintegrare [dizinte'gra:re] **I.** *vt* ❶ *(ridurre in frammenti)* zertrümmern, zerkleinern ❷ PHYS spalten **II.** *vr* **-rsi** ❶ *(ridursi in frammenti)* sich auflösen ❷ PHYS sich spalten, zerfallen
disintegratore [dizintegra'to:re] *m* Desintegrator *m*
disintegrazione [dizintegrat'tsio:ne] *f* ❶ *(ridurre in frammenti)* Zertrümmerung *f,* Zerkleinerung *f* ❷ PHYS Spaltung *f,* Zerfall *m*
disinteressamento [dizinteressa'mento] *m* Interesselosigkeit *f,* Desinteresse *nt;* **il** ~ **per qc** das Desinteresse an etw *dat*
disinteressare [dizinteres'sa:re] **I.** *vt* ~ **qu a qc** jdm das Interesse an etw *dat* nehmen **II.** *vr* **-rsi di qu/qc** sich nicht für jdn/etw interessieren; *(smettere di interessarsi)* das Interesse an jdm/etw verlieren
disinteressato, -a [dizinteres'sa:to] *agg* ❶ *(senza interesse)* uninteressiert, desinteressiert ❷ *(senza interesse personale)* uneigennützig
disinteresse [dizinte'rɛsse] *m* ❶ *(imparzialità)* Unvoreingenommenheit *f* ❷ *(noncuranza)* Desinteresse *nt,* Interesselosigkeit *f;* **mostrare** ~ **per qc** Desinteresse an etw *dat* zeigen ❸ *(generosità)* Uneigennützigkeit *f*
disintermediazione [dizintermediat'tsio:ne] *f* FIN Geldanlage *f (außerbanklich, wodurch die Rolle der Banken geschwächt wird)*
disintossicante [dizintossi'kante] **I.** *agg* entgiftend, entschlackend **II.** *m* Entgiftungsmittel *nt,* Entschlackungsmittel *nt*
disintossicare [dizintossi'ka:re] **I.** *vt* entgiften **II.** *vr* **-rsi** den Körper entschlacken
disintossicazione [dizintossikat'tsio:ne] *f* Entgiftung *f,* Entschlackung *f*
disinvolto, -a [dizin'vɔlto] *agg* ❶ *(privo di timidezza)* unbefangen, ungezwungen ❷ *(pej: sfacciato)* frech, unverfroren
disinvoltura [dizinvol'tu:ra] *f* ❶ *(franchezza)* Unbefangenheit *f,* Ungezwungenheit *f* ❷ *(pej: sfacciataggine)* Frechheit *f,* Unverfrorenheit *f*
disistima [dizis'ti:ma] *f* Geringschätzung *f,* Missachtung *f*
disk drive <-> *m* INFORM *(drive per dischetti)* Diskettenlaufwerk *nt*
dislivello [dizli'vɛllo] *m* ❶ *(differenza di livello)* Höhenunterschied *m* ❷ *(fig)* Unterschied *m;* ~ **tra classi sociali** Klassenunterschied *m*
dislocamento [dizloka'mento] *m* ❶ *(spostamento)* Verschiebung *f* ❷ MIL Dislozieren *nt,* Stationierung *f*
dislocare [dizlo'ka:re] *vt* ❶ *(spostare)* verlegen, versetzen ❷ MIL dislozieren
dislocazione [dizlokat'tsio:ne] *f* ❶ *(trasferimento)* Verschiebung *f* ❷ MIL Stationierung *f* ❸ *(collocazione)* Versetzung *f,* Verlegung *f*
dismisura [dizmi'zu:ra] *f* **a** ~ maßlos, übermäßig
disneyano, -a [dizne'ia:no] *agg* Disney-; **personaggi -i** Disneyfiguren *fpl*
disneyland ['diznilænd *o* 'diznejland] *f sing* Disneyland *nt*
disobbediente [dizobbe'diɛnte] *agg v.* **disubbidiente**
disobbligare [dizobbli'ga:re] **I.** *vt* ~ **qu da qc** jdn von etw entbinden **II.** *vr* **-rsi con qu per qc** sich bei jdm für etw revanchieren
disoccupato, -a [dizokku'pa:to] **I.** *agg* ❶ *(senza lavoro)* arbeitslos ❷ *(poet: ozioso)* müßig *geh* **II.** *m, f* Arbeitslose(r) *f(m);* ~ **di lunga durata** Langzeitarbeitslose(r) *f(m)*
disoccupazione [dizokkupat'tsio:ne] *f* Arbeitslosigkeit *f;* ~ **giovanile** Jugendarbeitslosigkeit *f;* ~ **stagionale** saisonbedingte Arbeitslosigkeit
disoleare [dizole'a:re] *vt* Öl gewinnen [*o* herauspressen]
disoleazione [dizoleat'tsio:ne] *f* Ölpressung *f*
disomogeneità [dizomodʒenei'ta] <-> *f* Ungleichheit *f,* Uneinheitlichkeit *f*
disomogeneo, -a [dizomo'dʒɛ:neo] <-ei, -ee> *agg* ungleich, uneinheitlich
disonestà [dizones'ta] *f* Unehrlichkeit *f,* Unredlichkeit *f*
disonesto, -a [dizo'nɛsto] *agg* ❶ *(privo di*

D

onestà) unehrlich, unredlich ② *(immorale)* unanständig

disonorare [dizono'ra:re] **I.** *vt* entehren **II.** *vr* **-rsi** seine Ehre verlieren

disonore [dizo'no:re] *m* ① *(perdita dell'onore)* Verlust *m* der Ehre ② *(vergogna)* Schande *f; (a. fig)* Schandfleck *m*

disonorevole [dizono're:vole] *agg* unehrenhaft, entehrend

disopra, **di sopra** [di'so:pra] **I.** *avv* oben, darauf; *(moto)* nach oben; *(nella parte superiore)* darüber **II.** *agg inv* obere(r, s), darüber liegend **III.** *m* <-> Oberseite *f,* Außenseite *f; (parte)* oberer Teil; **essere al ~ di ogni cosa** über den Dingen stehen; **essere al ~ di ogni sospetto** über jeden Verdacht erhaben sein

disordinare [dizordi'na:re] *vt* in Unordnung bringen; *(a. fig)* durcheinanderbringen

disordinato, **-a** [dizordi'na:to] **I.** *agg* ① *(scompigliato)* ungeordnet ② *(privo di modo)* unordentlich, ungeregelt ③ *(privo di misura)* unmäßig **II.** *m, f* unordentliche Person

disordine [di'zordine] *m* ① *(scompiglio)* Unordnung *f,* Durcheinander *nt;* **in ~** unaufgeräumt ② *(situazione confusa)* Durcheinander *nt* ③ *(sregolatezza)* Unmäßigkeit *f* ④ *pl (tumulti)* Unruhen *f pl*

disorganicità [dizorganitʃi'ta] <-> *f* Unlogik *f,* Folgewidrigkeit *f*

disorganico, **-a** [dizor'ga:niko] <-ci, -che> *agg* unorganisch, anorganisch

disorganizzare [dizorganid'dza:re] **I.** *vt* desorganisieren, zerrütten **II.** *vr* **-rsi** sich auflösen

disorganizzato, **-a** [dizorganid'dza:to] *agg* unorganisiert, desorganisiert

disorganizzazione [dizorganiddzat'tsio:ne] *f* Organisationsmangel *m,* Desorganisation *f*

disorientamento [dizorienta'mento] *m* Verwirrung *f,* Desorientierung *f*

disorientare [dizorien'ta:re] **I.** *vt* ① *(nella direzione)* in die Irre führen ② *(fig)* verwirren **II.** *vr* **-rsi** ① *(nella direzione)* sich verirren ② *(fig)* die Orientierung verlieren

disorientato, **-a** [dizorien'ta:to] *agg* desorientiert, orientierungslos

disorlare [dizor'la:re] *vt* den Saum [*o* die Webkante] abtrennen

disormeggiare [dizormed'dza:re] *vt* die Leinen losmachen

disossare [dizos'sa:re] *vt* entbeinen

disossatore [dizossa'to:re] *agg* **coltello ~** Ausbeinmesser *nt*

disossatrice [dizossa'tri:tʃe] *f* Entkerner *m,* Entsteiner *m*

disossidante [dizossi'dante] **I.** *agg* desoxidierend **II.** *m* Reduktionsmittel *nt*

disossidare [dizossi'da:re] *vt* desoxidieren

disossidazione [dizossidat'tsio:ne] *f* Desoxidation *f*

disostruire [dizostru'i:re] <disostruisco> *vt* TEC, MED ausräumen, von einer Verstopfung befreien

disostruzione [dizostrut'tsio:ne] *f* MED Beseitigung *f* von Arterienverstopfungen

disotto, **di sotto** [di'sotto] **I.** *avv* unten; *(moto)* nach unten; *(nella parte inferiore)* darunter **II.** *agg inv* untere(r, s), darunter liegend **III.** *m* <-> Unterseite *f,* Innenseite *f; (parte)* unterer Teil; **al ~ del livello del mare** unter dem Meeresspiegel; **rimanere al ~ di qu** *(fig)* jdm unterlegen sein

dispaccio [dis'pattʃo] <-cci> *m* Botschaft *f,* Bericht *m;* **~ telegrafico** Telegramm *nt*

disparato, **-a** [dispa'ra:to] *agg* ungleichartig, verschieden

disparere [dispa're:re] *m* Meinungsunterschied *m*

dispari ['dispari] *agg inv* ungleich; MAT ungerade

disparità [dispari'ta] *f* Ungleichheit *f,* Verschiedenheit *f*

disparte [dis'parte] *avv* **in ~** beiseite; **lasciare qc in ~** etw beiseitelassen; **tenersi** [*o* **starsene**] **in ~** abseitsstehen

dispendio [dis'pɛndio] <-i> *m* großer Aufwand; *(pej)* Verschwendung *f;* **~ di energie** Energieverschwendung *f*

dispendioso, **-a** [dispen'dio:so] *agg* aufwendig, kostspielig

dispensa [dis'pɛnsa] *f* ① *(fascicolo)* [Einzel]ausgabe *f,* Lieferung *f;* **~ universitaria** Skript *nt* ② *(esonero)* Freistellung *f,* Befreiung *f;* **~ matrimoniale** Ehedispens *f* ③ *(mobile)* Anrichte *f* ④ *(stanzino)* Vorratskammer *f,* Speisekammer *f*

dispensare [dispen'sa:re] *vt* ① *(distribuire)* austeilen, verteilen ② *(esonerare)* befreien, freistellen; ADM suspendieren

dispensario [dispen'sa:rio] <-ri> *m* Krankenfürsorgeeinrichtung *f*

dispensatore, **-trice** [dispensa'to:re] *m, f* Spender(in) *m(f),* Freisteller(in) *m(f)*

dispenser [di'spensə *o* dis'pɛnser] <-> *m* Spender *m*

dispensiere, **-a** [dispen'siɛ:re] *m, f* Verwalter(in) *m(f)* [eines Lebensmittelvorrats]; NAUT Proviantmeister *m*

disperare [dispe'ra:re] **I.** *vi* **~ di qc** an etw *dat* verzweifeln; **far ~ qu** jdn zur Verzweiflung bringen **II.** *vr* **-rsi** verzweifeln; **-rsi per qc** an etw *dat* verzweifeln

disperato, **-a** [dispe'ra:to] **I.** *agg* verzweifelt, hoffnungslos; **caso ~** hoffnungsloser

Fall **II.** *m, f* Verzweifelte(r) *f(m),* Hoffnungslose(r) *f(m);* **è un povero ~** *(fam)* er ist ein armer Schlucker; **lavorare come un ~** *(fam)* wie ein Wilder arbeiten

disperazione [disperat'tsio:ne] *f* ❶ *(mancanza di speranza)* Verzweiflung *f,* Hoffnungslosigkeit *f;* **il coraggio della ~** der Mut der Verzweiflung ❷ *(che fa disperare)* Elend *nt,* Unglück *nt*

disperdere [dis'pɛrdere] <irr> **I.** *vt* ❶ *(dissipare)* verstreuen, zerstreuen ❷ *(consumare)* verbrauchen, aufbrauchen **II.** *vr* **-rsi** ❶ *(dissiparsi)* sich zerstreuen, sich verlaufen ❷ *(fig)* **-rsi in qc** sich in etw *dat* verlieren; **lo scrittore si è disperso nella descrizione di dettagli** der Schriftsteller hat sich in Detailschilderungen verloren

dispersa *f v.* **disperso**

dispersione [disper'sio:ne] *f* ❶ *(dissipazione)* Zerstreuung *f;* *(fig)* Verschwendung *f* ❷ PHYS Dispersion *f;* **~ di calore** Wärmeverlust *m*

dispersività [dispersivi'ta] <-> *f* ❶ PSIC Zerstreutheit *f* ❷ PHYS Dispersität *f*

dispersivo, -a [disper'si:vo] **I.** *agg* zerstreut **II.** *m, f* zerstreute Person

disperso, -a [dis'pɛrso] **I.** *agg* ❶ *(sparso)* zerstreut, versprengt ❷ *(perso)* verloren [gegangen] ❸ *(irreperibile)* vermisst, abgängig A; **dare qu per ~** jdn als vermisst melden ❹ *(fig)* zersplittert **II.** *m, f* Vermisste(r) *f(m)*

dispersore [disper'so:re] *m* ❶ PHYS Ableiter *m,* Erdung *f* ❷ *(fosse biologiche)* biologische Kläranlage *f*

dispetto [dis'petto] *m* ❶ *(atto spiacevole)* Bosheit *f;* **fare un ~ a qu** jdm einen [bösen] Streich spielen; **a ~ di qu** jdm zum Trotz ❷ *(irritazione)* Ärger *m;* **provare ~ per qc** sich über etw *akk* ärgern

dispettoso, -a [dispet'to:so] *agg* boshaft; *(fastidioso)* lästig, ärgerlich

dispiacere[1] [dispia'tʃe:re] *m* ❶ *(afflizione)* Kummer *m* ❷ *(rammarico)* Bedauern *nt*

dispiacere[2] <irr> *vi essere* missfallen, nicht zusagen; **mi dispiace** [**che …**] es tut mir leid [, dass …]; **ti dispiace posare il libro sul tavolo?** macht es dir etwas aus, das Buch auf den Tisch zu legen?; **se non ti dispiace …** wenn du nichts dagegen hast …, wenn es dir recht ist …

dispiaciuto, -a [dispia'tʃu:to] *agg* bekümmert; **essere ~ di qc** über etw *akk* bekümmert sein

dispiegare [dispie'ga:re] *vt* ausbreiten, auseinanderfalten

dispiego [dis 'piɛ:go] <-ghi> *m* großer Aufwand, großes Aufgebot; **~ di denaro** großer Kostenaufwand

display [di'splei] <-> *m* INFORM Display *nt;* **~ a colori** Farbdisplay *nt*

displuvio [dis'plu:vio] <-i> *m* ❶ GEOG *(spartiacque)* Wasserscheide *f* ❷ *(del tetto)* Dachgrat *m*

dispongo *1. pers sing pr di* **disporre**

disponibile [dispo'ni:bile] *agg* ❶ *(a disposizione)* verfügbar; *(merce, libro)* vorrätig; **non c'è più un posto ~** es ist kein Platz mehr frei ❷ *(persone)* frei; **questo pomeriggio sono ~** heute Nachmittag habe ich Zeit

disponibilità [disponibili'ta] <-> *f* Verfügbarkeit *f;* *(di merce, libro)* Vorrätigkeit *f*

disporre [dis'porre] <irr> **I.** *vt* ❶ *(collocare)* aufstellen, anordnen ❷ *(sistemare)* [an]ordnen ❸ *(preparare)* vorbereiten, einstimmen ❹ *(prescrivere)* veranlassen, anordnen **II.** *vi* ❶ *(avere a disposizione)* **~ di qc** über etw *akk* verfügen ❷ *(stabilire)* bestimmen, verfügen ❸ *(decidere)* entscheiden **III.** *vr* **-rsi** ❶ *(sistemarsi)* sich aufstellen ❷ *(prepararsi)* **-rsi a qc** sich auf etw *akk* vorbereiten

disposal [dis'pouzəl] <-> *m* Einwegartikel *m*

dispositivo [dispozi'ti:vo] *m* ❶ JUR Tenor *m* ❷ *(congegno)* Vorrichtung *f;* *(fig: di sicurezza)* Vorkehrung *f*

dispositivo, -a *agg* verfügend; ADM, JUR dispositiv

disposizione [dispozit'tsio:ne] *f* ❶ *(collocazione)* Aufstellung *f,* Anordnung *f;* **la ~ degli invitati a tavola** die Tischordnung für die Gäste ❷ *(inclinazione)* Veranlagung *f;* **avere ~ a** [*o* **per**] **qc** zu etw Veranlagung haben ❸ *(condizione di spirito)* Verfassung *f* ❹ *(ordine)* Bestimmung *f* ❺ *(servizio)* Verfügung *f;* **mettere qc a ~ di qu** jdm etw zur Verfügung stellen; **tenersi a ~** sich zur Verfügung halten

disposofobia [dispozofo'bi:a] <-ie> *f* PSIC Messie-Syndrom *nt*

disposto [dis'posto] *m* Bestimmung *f*

disposto, -a I. *pp di* **disporre II.** *agg* ❶ *(collocato)* aufgestellt, angeordnet; *(casa)* eingerichtet; *(sistemato)* [an]geordnet ❷ *(pronto)* bereit; **essere ~ a fare qc** bereit sein etw zu tun ❸ *(condizione d'animo)* bereit, geneigt; **ben/mal ~** gut/schlecht aufgelegt

dispotico, -a [dis'pɔ:tiko] <-ci, -che> *agg* ❶ POL despotisch ❷ *(fig)* despotisch, tyrannisch

dispotismo [dispo'tizmo] *m* ❶ POL Despotismus *m* ❷ *(fig)* Tyrannei *f*

dispregiativo, -a [dispredʒa'ti:vo] *agg* verächtlich

D

dispregio [dis'prɛːdʒo] <-gi> *m* Verachtung *f,* Missachtung *f*

disprezzabile [dispret'tsaːbile] *agg* verachtenswert, zu verachten

disprezzare [dispret'tsaːre] *vt* ① *(ritenere indegno)* verachten; *(disdegnare)* verschmähen ② *(non osservare)* missachten, unterschätzen

disprezzo [dis'prɛttso] *m* ① *(sdegnoso rifiuto)* Verachtung *f; (di cose)* Verschmähung *f* ② *(noncuranza)* Missachtung *f,* Unterschätzung *f*

disputa ['disputa] *f* ① *(discussione)* Disput *m,* Streitgespräch *nt* ② *(alterco)* Auseinandersetzung *f*

disputare [dispu'taːre] **I.** *vt* ① *(contendere)* streitig machen ② SPORT *(partita)* austragen **II.** *vr* **-rsi qc** um etw kämpfen

disquisire [diskui'ziːre] <disquisisco> *vi* [ausführlich] diskutieren; **~ su qc** über etw *akk* debattieren

disquisizione [diskuizit'tsioːne] *f* [eingehende] Darlegung *f*

dissacrante [dissa'krante] *agg* ketzerisch

dissacrare [dissa'kraːre] *vt* ① REL entweihen ② *(fig: demitizzare)* entmythisieren

dissacratore, **-trice** [dissakra'toːre] **I.** *agg* ketzerisch **II.** *m, f* Ketzer(in) *m(f)*

dissacrazione [dissakrat'tsioːne] *f* ① REL Entweihung *f* ② *(fig)* Entmythisierung *f*

dissalare [dissa'laːre] *vt* entsalzen

dissalatore [dissala'toːre] *m* Entsalzungsanlage *f,* -gerät *nt*

dissalazione [dissalat'tsioːne] *f* Entsalzung *f*

dissaldatore [dissalda'toːre] *m* Gerät *nt* zum Losschweißen

dissanguamento [dissaŋgua'mento] *m* ① MED Verbluten *nt* ② *(fig)* Ausbluten *nt,* Aderlass *m geh*

dissanguare [dissaŋ'guaːre] **I.** *vt* ① MED verbluten lassen; *(animali)* ausbluten lassen ② *(fig)* schröpfen, ausnehmen, [bis aufs Blut] aussaugen **II.** *vr* **-rsi** ① MED verbluten; **-rsi per qc** an etw *dat* verbluten ② *(fig)* sich aufopfern

dissanguatore, **-trice** [dissaŋgua'toːre] **I.** *agg (fig)* ausbeuterisch **II.** *m, f (fig)* Ausbeuter(in) *m(f)*

dissapore [dissa'poːre] *m* Unstimmigkeit *f*

disseccare [disse'kaːre] *vt, vr* **-rsi** austrocknen, trocknen

disseccazione [dissekkat'tsioːne] *f* Trocknen *nt,* Dörren *nt*

disselciare [dissel'tʃaːre] *vt* aufreißen, das Pflaster aufreißen von

disseminare [dissemi'naːre] *vt* ① *(spargere)* verstreuen, ausstreuen ② *(fig)* verbreiten

disseminato, **-a** [dissemi'naːto] *agg* ① *(sparso)* verteilt, verstreut ② **~ di errore** voller Fehler, voll von Fehlern; **~ di incoerenze** voller [*o* voll von] Unstimmigkeiten

disseminatore, **-trice** [dissemina'toːre] *m, f* Kolporteur(in) *m(f)*

disseminazione [disseminat'tsioːne] *f* Aussaat *f*

dissennatezza [dissenna'tettsa] *f* Unverstand *m,* Unvernunft *f*

dissennato, **-a** [dissen'naːto] *agg* unvernünftig, töricht

dissenso [dis'sɛnso] *m* ① *(divergenza di opinioni)* Meinungsverschiedenheit *f* ② *(disapprovazione)* Missbilligung *f,* Ablehnung *f* ③ POL, REL Abweichlertum *nt,* Dissidententum *nt*

dissenteria [dissente'riːa] <-ie> *f* Ruhr *f*

dissentire [dissen'tiːre] *vi* **~ da qu su qc** mit jdm in etw *dat* nicht übereinstimmen

dissenziente [dissen'tsiɛnte] **I.** *agg* anders denkend **II.** *mf* Andersdenkende(r) *f(m)*

disseppellire [disseppel'liːre] <disseppellisco> *vt* ① *(riportare alla luce)* ausgraben, freilegen ② *(esumare)* exhumieren

dissequestrare [dissekues'traːre] *vt* freigeben

dissequestro [disse'kuɛstro] *m* Freigabe *f*

dissertare [disser'taːre] *vi* **~ su** [*o* **di**] **qc** etw [gründlich] abhandeln

dissertazione [dissertat'tsioːne] *f* wissenschaftliche Abhandlung; **~ di laurea** Hochschulabschlussarbeit *f*

disservizio [disser'vittsio] *m* Misswirtschaft *f; (cattivo funzionamento)* schlechtes Funktionieren

dissestare [disses'taːre] *vt* ① *(mettere in disordine)* aus den Fugen gehen lassen, in Unordnung bringen ② *(fig)* das Gefüge zerstören; *(famiglia)* zerrütten

dissesto [dis'sɛsto] *m (fig)* Zerrüttung *f;* **ditta in ~** vom Konkurs bedrohte Firma; **~ finanziario** katastrophale Finanzlage

dissetante [disse'tante] **I.** *agg* durstlöschend, durststillend **II.** *m* Durstlöscher *m*

dissetare [disse'taːre] **I.** *vt* **~ qu** jds Durst löschen **II.** *vr* **-rsi** seinen Durst löschen

dissezione [disset'tsioːne] *f* Sezierung *f*

dissi ['dissi] *1. pers sing pass rem di* **dire**[1]

dissidente [dissi'dɛnte] **I.** *agg* abgefallen, abtrünnig **II.** *mf* Dissident(in) *m(f),* Abtrünnige(r) *f(m)*

dissidenza [dissi'dɛntsa] *f* Interessenkollision *f,* Dissidenz *f*

dissidio [dis'siːdio] <-i> *m* Zwist *m,* Meinungsverschiedenheit *f*

dissigillare [dissidʒil'laːre] *vt* das Siegel aufbrechen, entsiegeln

dissimile [dis'si:mile] *agg* nicht ähnlich, verschieden
dissimmetria [dissimme'tri:a] *f* Asymmetrie *f*
dissimmetrico, **-a** [dissim'mɛ:triko] <-ci, -che> *agg* asymmetrisch
dissimulare [dissimu'la:re] *vt* ① *(nascondere)* verheimlichen, verbergen; *(sentimento)* verhehlen ② *(fingere)* vorspiegeln, vortäuschen
dissimulatore, **-trice** [dissimula'to:re] *m, f* Heuchler(in) *m(f)*
dissimulazione [dissimulat'tsio:ne] *f* Verstellung *f,* Vortäuschung *f*
dissintonia [dissinto'ni:a] <-ie> *f* ① RADIO [Frequenz]störung *f* ② *(disarmonia)* Verstimmung *f*
dissintonizzare [dissintonid'dza:re] *vt* auf Störfrequenz stellen [*o* schalten]
dissipare [dissi'pa:re] **I.** *vt* ① *(dissolvere)* auflösen, zerstreuen ② *(fig: dubbi)* zerstreuen ③ *(sperperare)* vergeuden, verschwenden **II.** *vr* **-rsi** *(a. fig)* sich auflösen
dissipata *f v.* **dissipato**
dissipatezza [dissipa'tettsa] *f* ① *(sperpero)* Verschwendungssucht *f* ② *(modo vizioso)* Zügellosigkeit *f,* Liederlichkeit *f*
dissipativo, **-a** [dissipa'ti:vo] *agg* ① *(che provoca dissipazione)* Verschwendung [*o* Vergeudung] hervorrufend ② *(obs: lassativo)* abführend
dissipato, **-a** [dissi'pa:to] **I.** *agg* ① *(di sperpero)* verschwenderisch ② *(sfrenato)* ausschweifend, liederlich **II.** *m, f* ausschweifender Mensch
dissipatore, **-trice** [dissipa'to:re] *m, f* Verschwender(in) *m(f)*
dissipazione [dissipat'tsio:ne] *f* ① *(sperpero)* Verschwendung *f,* Vergeudung *f* ② *(condotta sregolata)* Zügellosigkeit *f,* Maßlosigkeit *f*
dissociabile [disso'tʃa:bile] *agg* trennbar
dissociare [disso'tʃa:re] *vt* ① *(separare)* trennen ② CHEM dissoziieren
dissociativo, **-a** [dissotʃati:vo] *agg* Trennungs-, Spaltungs-; **fattore ~** Trennungsfaktor *m*
dissociato, **-a** [disso'tʃa:to] *m, f* ① PSIC an Dissoziation Leidende(r) *f(m)* ② POL Genosse *m*/Genossin *f; (nei processi contro i terroristi, la mafia)* Aussteiger(in) *m(f)*
dissociazione [dissotʃat'tsio:ne] *f* ① *(disgiunzione)* Trennung *f* ② CHEM, PSIC Dissoziation *f,* Spaltung *f*
dissodamento [dissoda'mento] *m* Urbarmachung *f*
dissodare [disso'da:re] *vt* urbar machen
dissolsi [dis'sɔlsi] *1. pers sing pass rem di* **dissolvere**
dissolto [dis'sɔlto] *pp di* **dissolvere**
dissolubile [disso'lu:bile] *agg* [auf]lösbar
dissoluta *f v.* **dissoluto**
dissolutezza [dissolu'tettsa] *f* Ausschweifung *f,* Sittenlosigkeit *f*
dissoluto, **-a** [disso'lu:to] **I.** *agg* ausschweifend, sittenlos **II.** *m, f* zügelloser Mensch
dissoluzione [dissolut'tsio:ne] *f* ① *(disfacimento)* Auflösung *f,* Zersetzung *f* ② *(fig)* Auflösung *f,* Zerfall *m*
dissolvenza [dissol'vɛntsa] *f* FILM **~ in apertura** Einblendung *f;* **~ in chiusura** Ausblendung *f;* **~ incrociata** Überblendung *f*
dissolvere [dis'sɔlvere] <dissolvo, dissolsi, dissolto> **I.** *vt* ① *(sciogliere)* auflösen ② *(disperdere)* zerstreuen ③ *(dissipare)* vertreiben **II.** *vr* **-rsi** sich auflösen
dissomigliare [dissomiʎ'ʎa:re] **I.** *vi* keine Ähnlichkeit haben; **~ da qu** jdm unähnlich sein **II.** *vr* **-rsi** sich *dat* nicht ähnlich sein
dissonante [disso'nante] *agg* ① MUS dissonant, misstönend ② *(fig)* nicht übereinstimmend, verschieden
dissonanza [disso'nantsa] *f* ① MUS Dissonanz *f* ② *(fig)* Unstimmigkeit *f,* Disharmonie *f*
dissotterrare [dissotter'ra:re] *vt* ausgraben, exhumieren
dissuadere [dissua'de:re] <dissuado, dissuasi, dissuaso> *vt* abbringen; **~ qu da qc** jdn von etw abbringen, jdm etw ausreden
dissuasione [dissua'zio:ne] *f* Abraten *nt*
dissuaso [dissu'a:zo] *pp di* **dissuadere**
dissuggellare [dissuddʒel'la:re] *vt* ① *(lettera)* entsiegeln ② *(poet fig: segreto)* enthüllen, offenbaren; *(occhi, labbra)* öffnen
distaccare [distak'ka:re] **I.** *vt* ① *(separare)* abnehmen, ablösen, trennen ② *(allontanare)* entfernen; *(da famiglia)* trennen ③ SPORT zurücklassen, abhängen **II.** *vr* **-rsi** ① *(allontanarsi)* sich abwenden ② *(distinguersi)* sich abheben
distaccato, **-a** [distak'ka:to] *agg* distanziert
distacco [dis'takko] <-chi> *m* ① *(rimozione)* Abnahme *f,* Ablösung *f* ② *(fig: allontanamento)* Abkehr *f,* Abwendung *f* ③ *(distanza)* Abstand *m,* Ablöse *f* A
distante [dis'tante] **I.** *agg* ① *(lontano)* fern, weit ② *(fig: di riserbo)* unnahbar **II.** *avv* [weit] entfernt; **venire da ~** von weit her kommen
distanza [dis'tantsa] *f* ① *(spazio)* Abstand *m,* Entfernung *f,* Ablöse *f* A; **~ di sicurezza** Sicherheitsabstand *m;* **comando a ~** Fernsteuerung *f* ② *(tempo)* Abstand *m* ③ *(fig: differenza)* Unterschied *m*

distanziamento [distantsia'mento] *m* Distanzierung *f*
distanziare [distan'tsia:re] *vt* ① *(disporre a distanza)* in einem bestimmten Abstand aufstellen ② *(fig)* SPORT abhängen, hinter sich *dat* lassen
distare [dis'ta:re] <disto, *mancano pass rem e pp*> *vi* entfernt sein
distendere [dis'tɛndere] <irr> **I.** *vt* ① *(estendere)* ausbreiten; *(braccia, mani)* ausstrecken; *(vele)* aufziehen; *(biancheria)* aufhängen ② *(mettere a giacere)* [hin]legen ③ *(gambe)* ausstrecken; *(nervi, muscoli)* entspannen ④ *(spalmare)* ~ **qc su qc** etw auf etw *akk* streichen ⑤ *(abbattere)* niederstrecken **II.** *vr* **-rsi** ① *(rilassarsi)* sich entspannen ② *(sdraiarsi)* sich hinlegen ③ *(stirarsi)* sich strecken, sich dehnen
distensione [disten'sio:ne] *f* ① *(allungamento, estensione)* Dehnung *f,* Streckung *f* ② *(rilassamento)* Entspannung *f*
distensivo, **-a** [disten'si:vo] *agg* entspannend; **politica -a** Entspannungspolitik *f*
distesa [dis'te:sa] *f* ① *(quantità)* [ganze] Reihe *f* ② *(estensione)* Ausdehnung *f,* Weite *f*
distesamente [distesa'mente] *avv* in allen Einzelheiten
distesi *1. pers sing pass rem di* **distendere**
disteso, **-a** [dis'te:so] **I.** *pp di* **distendere** **II.** *agg* ① *(sdraiato, allungato)* ausgestreckt; *(vela)* gestrafft ② *(pacato)* gedämpft ③ *(rilassato)* entspannt **III.** *avv* **a -a** ohne Unterbrechung; *(cantare)* aus vollem Hals[e]; **per ~** in allen Einzelheiten, ausführlich
distico ['distiko] <-ci> *m* Distichon *nt,* Zweizeiler *m*
distillare [distil'la:re] **I.** *vt avere* ① CHEM destillieren; *(acquavite)* brennen ② *(mandar fuori)* [tropfenweise] absondern **II.** *vi essere* tropfen, sich absondern
distillato [distil'la:to] *m* ① CHEM Destillat *nt* ② *(bevanda)* Branntwein *m* ③ *(fig)* Konzentrat *nt*
distillato, **-a** *agg* *(alcol)* gebrannt; CHEM destilliert
distillatore [distilla'to:re] *m* Destillator *m*
distillatore, **-trice** *m, f* ① CHEM Destillateur *m* ② *(di liquori)* Branntweinbrenner(in) *m(f)*
distillazione [distillat'tsio:ne] *f* Destillation *f*
distilleria [distille'ri:a] <-ie> *f* [Branntwein]brennerei *f*
distinguere [dis'tiŋguere] <distinguo, distinsi, distinto> **I.** *vt* ① *(discernere)* auseinanderhalten, unterscheiden ② *(percepire)* unterscheiden, wahrnehmen ③ *(vedere)* erkennen ④ *(contrassegnare)* kennzeichnen, unterscheiden **II.** *vr* **-rsi da qu** [**per qc**] sich von jdm [in etw *dat*] unterscheiden
distinguo [dis'tiŋguo] <-> *m* Präzisierung *f*
distinta [dis'tinta] *f* Aufstellung *f,* Liste *f,* Verzeichnis *nt*
distintivo [distin'ti:vo] *m* Erkennungsmarke *f,* Abzeichen *nt*
distintivo, **-a** *agg* Unterscheidungs-, unterscheidend, distinktiv; **caratteri -i** SCIENT Unterscheidungsmerkmale *nt pl*
distinto, **-a** [dis'tinto] **I.** *pp di* **distinguere** **II.** *agg* ① *(differente)* verschieden[artig], getrennt ② *(chiaro)* deutlich ③ *(fine)* vornehm, distinguiert *geh;* **-i saluti** hochachtungsvoll, mit freundlichen Grüßen
distinzione [distin'tsio:ne] *f* ① *(considerazione separata)* Unterschied *m* ② *(discriminazione)* Unterscheidung *f,* Unterschied *m* ③ *(riguardo)* Hochachtung *f*
distogliere [dis'tɔʎʎere] <irr> *vt* abbringen; *(attenzione)* ablenken; *(sguardo)* abwenden
distonia [disto'ni:a] <-ie> *f* MED Dystonie *f*
distorcere [dis'tɔrtʃere] <irr> **I.** *vt* ① *(torcere, contorcere)* verziehen, verzerren ② *(fig: verità)* entstellen, verzerren ③ TEC, PHYS verzerren **II.** *vr* **-rsi** sich winden; **-rsi il polso** sich *dat* die Hand verstauchen
distorsione [distor'sio:ne] *f* ① MED Verstauchung *f* ② TEC, PHYS Verzerrung *f* ③ *(fig)* Entstellung *f,* Verzerrung *f*
distrarre [dis'trarre] <irr> **I.** *vt* ① *(dallo studio)* ablenken; *(divertire)* zerstreuen ② *(sguardo)* abwenden; *(somma)* abzweigen; *(truppe)* abziehen **II.** *vr* **-rsi** ① *(volgere la mente)* sich ablenken [lassen] ② *(divertirsi)* sich zerstreuen
distratto, **-a** [dis'tratto] **I.** *agg* unaufmerksam, zerstreut **II.** *m, f* zerstreute Person
distrazione [distrat'tsio:ne] *f* ① *(disattenzione)* Unaufmerksamkeit *f,* Zerstreutheit *f* ② *(diversivo)* Zerstreuung *f,* Ablenkung *f*
distretto [dis'tretto] *m* Bezirk *m,* Distrikt *m;* ~ **carbonifero** Kohlenrevier *nt;* ~ **postale** Postbezirk *m,* Zustellbezirk *m*
distribuire [distribu'i:re] <distribuisco> *vt* verteilen, austeilen; *(fornire)* versorgen mit; *(onoreficenze)* vergeben; *(posta)* austragen, zustellen
distributivo, **-a** [distribu'ti:vo] *agg* distributiv, verteilend; **giustizia -a** ausgleichende Gerechtigkeit
distributore [distribu'to:re] *m* TEC Verteiler *m;* ~ **di benzina** Tankstelle *f;* ~ **di si-**

garette Zigarettenautomat *m;* ~ **automatico** Automat *m*

distributore, **-trice** *m, f* Verteiler(in) *m(f); (della posta, di giornali)* Austräger(in) *m(f)*

distribuzionale [distributtsio'na:le] *agg* Verteiler-, Distributions-

distribuzionalismo [distributtsiona'lizmo] *m* LING Distributionalismus *m*

distribuzionalista [distributtsiona'lista] <-i *m*, -e *f*> *mf* LING Distributionalist(in) *m(f)*

distribuzione [distribut'tsio:ne] *f* ① *(assegnazione)* Zuteilung *f*, Verteilung *f* ② *(consegna)* Austeilung *f*, Zustellung *f* ③ *(fornitura)* Versorgung *f;* ~ **energetica** Energieversorgung ④ *(meccanismo)* Steuerung *f* ⑤ COM Vertrieb *m*, Distribution *f* ⑥ *(posizione)* Verteilung *f*, Distribution *f*

districare [distri'ka:re] **I.** *vt* entwirren **II.** *vr* **-rsi** *(fig: trarsi d'impaccio)* sich herauswinden

distruggere [dis'truddʒere] <irr> *vt* ① *(annientare)* zerstören, vernichten; *(specie)* ausrotten ② *(vanificare)* zunichtemachen, vereiteln ③ *(fig)* zerstören, zugrunde richten

distruttivo, **-a** [distrut'ti:vo] *agg* zerstörerisch; *(a. fig)* destruktiv; *(critica)* vernichtend

distrutto [dis'trutto] *pp di* **distruggere**

distruttore [distrut'to:re] *m* ~ **di documenti** Reißwolf *m*, Aktenvernichter *m*

distruttore, **-trice** **I.** *agg* Zerstörungs- **II.** *m, f* Zerstörer(in) *m(f)*

distruzione [distrut'tsio:ne] *f* Zerstörung *f*, Vernichtung *f; (di specie)* Ausrottung *f*

disturbare [distur'ba:re] **I.** *vt* ① *(ostacolare)* stören ② *(infastidire)* belästigen, stören, sekkieren A **II.** *vr* **-rsi** sich bemühen, [sich *dat*] Umstände machen; **non si disturbi** machen Sie sich keine Umstände; **grazie, ma non doveva -rsi** vielen Dank, das war [doch] nicht nötig

disturbatore, **-trice** [disturba'to:re] *m, f* Störenfried *m*

disturbo [dis'turbo] *m* ① TEC Störung *f* ② MED Verstimmung *f*, Beschwerden *f pl;* ~ **di stomaco** Magenbeschwerden *f pl* ③ *(incomodo)* Bemühung *f*, Mühe *f;* **togliere il** ~ sich empfehlen *geh*, nicht länger stören wollen

disubbidiente [dizubbi'diɛnte] *agg* ungehorsam

disubbidienza [dizubbi'diɛntsa] *f* Ungehorsam *m*, Nichtbefolgung *f*

disubbidire [dizubbi'di:re] <disubbidisco> *vi* ~ **a qu** jdm nicht gehorchen; ~ **a un ordine** einen Befehl nicht befolgen

disuguaglianza [dizuguaʎ'ʎantsa] *f* ① *(divario)* Unterschied *m;* **-e sociali** soziale Unterschiede ② MAT Ungleichung *f*

disuguale [dizu'gua:le] *agg* ① *(diverso)* ungleich, unterschiedlich ② *(irregolare)* ungleichmäßig, unregelmäßig; *(terreno)* uneben

disumanità [dizumani'ta] <-> *f* Unmenschlichkeit *f*, Grausamkeit *f*

disumanizzare [dizumanid'dza:re] *vt* entmenschlichen

disumanizzazione [dizumaniddzat'tsio:ne] *f* Entmenschlichung *f*

disumano, **-a** [dizu'ma:no] *agg* unmenschlich

disunione [dizu'nio:ne] *f* ① *(mancanza di coesione)* Uneinigkeit *f* ② *(discordia)* Zwietracht *f*

disunire [dizu'ni:re] <disunisco> *vt* ① *(separare)* scheiden, trennen ② *(fig)* entzweien

disusato, **-a** [dizu'za:to] *agg* ungebräuchlich; *(antiquato)* veraltet

disuso [di'zu:zo] *m* **in** ~ veraltet; **cadere in** ~ veralten, ungebräuchlich werden

disutile [di'zu:tile] **I.** *agg* ① *(cose)* unnütz, nutzlos ② *(pej: persone)* nichtsnutzig **II.** *m* Verlust *m*

ditale [di'ta:le] *m* Fingerhut *m*

ditata [di'ta:ta] *f* ① *(colpo)* Stoß *m* mit dem Finger ② *(impronta)* Fingerabdruck *m*

diteggiatura [diteddʒa'tu:ra] *f* MUS *(atto e tecnica)* Fingersatz *m*

dito ['di:to] <nel loro insieme: -a *f*, considerati separatamente: -i *m*> *m* ① ANAT *(della mano)* Finger *m; (del piede)* Zeh *m*, Zehe *f;* **avere qc sulla punta delle -a** *(fig)* etw aus dem Effeff beherrschen *fam;* **si contano sulle** [*o* **sulla punta delle**] **-a** man kann sie an zehn Fingern abzählen; **leccarsi le -a** *(fig)* sich *dat* alle zehn Finger lecken *fam;* **mettere il** ~ **sulla piaga** *(fig)* den wunden Punkt treffen; **mordersi le -a** *(fig)* vor Wut mit den Zähnen knirschen; **non muovere un** ~ **in favore di qu** für jdn keinen Finger rühren; **segnare a** ~ **qu** *(fig)* mit Fingern auf jdn zeigen; **toccare il cielo con un** ~ den Himmel offen sehen *geh;* **questo me lo lego al** ~ *(fig)* das werde ich mir hinter die Ohren schreiben ② *(del guanto)* Finger *m* ③ *(misura)* Fingerbreit *m; (di liquidi)* Schluck *m*

ditta ['ditta] *f* Firma *f*, Betrieb *m*

dittafono [dit'ta:fono] *m* ① *(per la dettatura)* Diktiergerät *nt*, Diktafon *nt* ② *(per la conversazione)* Sprechanlage *f*

dittatore [ditta'to:re] *m* Diktator *m*

dittatoriale [dittato'ria:le] *agg* diktatorisch

D

dittatura [ditta'tu:ra] *f* Diktatur *f*
dittongo [dit'tɔŋgo] <-ghi> *m* LING Doppelvokal *m,* Diphthong *m*
diuresi [diu'rɛ:zi] <-> *f* MED Harnausscheidung *f,* Diurese *f*
diuretico [diu'rɛ:tiko] <-ci> *m* Diuretikum *nt,* harntreibendes Mittel
diuretico, -a <-ci, -che> *agg* harntreibend, diuretisch
diurna [di'urna] *f* THEAT, FILM Nachmittagsvorstellung *f,* -veranstaltung *f*
diurnista [diur'nista] <-i *m,* -e *f*> *mf* Aushilfskraft *f (mit täglicher Entlohnung)*
diurno, -a [di'urno] *agg* Tag[es]-; **albergo ~** Tageshotel *nt;* **servizio ~ e notturno** Tag und Nacht geöffnet
diuturno, -a [diu'turno] *agg (poet)* fortdauernd, fortwährend
diva ['di:va] *f* Diva *f*
divagare [diva'ga:re] **I.** *vi* abschweifen, abkommen **II.** *vt* zerstreuen, ablenken; **~ da qc** von etw ablenken **III.** *vr* **-rsi** sich zerstreuen
divagazione [divagat'tsio:ne] *f* Abschweifung *f,* Exkurs *m*
divampare [divam'pa:re] *vi essere* ① *(incendio, fiamma)* auflodern ② *(fig: emozione, guerra)* auflodern; *(persone)* glühen; **~ d'ira** vor Zorn glühen
divano [di'va:no] *m* Sofa *nt,* Couch *f;* **~ letto** Bettcouch *f*
divaricare [divari'ka:re] *vt* ① *(in ginnastica)* [weit] spreizen ② *(allargare)* verbreitern, öffnen
divaricatore [divarika'to:re] *m* MED Wundhaken *m*
divario [di'va:rio] *m* Unterschied *m;* **~ nord-sud** Nord-Süd-Gefälle *nt*
divellere [di'vɛllere] <divello, divelsi, divelto> *vt (poet)* ausreißen, entwurzeln
divenire [dive'ni:re] <irr> *vi essere* werden; **~ qc** [zu] etw werden
diventare [diven'ta:re] *vi essere* werden; **~ qc** [zu] etw werden; **~ vecchio** alt werden; **il bambino è diventato uomo** das Kind ist zum Mann geworden; **mi fai ~ nervoso** du machst mich nervös
diverbio [di'vɛrbio] <-i> *m* Wortgefecht *nt,* Wortwechsel *m*
divergente [diver'dʒɛnte] *agg* ① *(in direzione diversa, a. fig)* auseinanderlaufend ② MAT divergent ③ OPT **lente ~** Zerstreuungslinse *f*
divergenza [diver'dʒɛntsa] *f* ① *(punto di allontanamento)* Auseinanderlaufen *nt,* Auseinanderstreben *nt* ② MAT Divergenz *f* ③ *(fig)* [Meinungs]verschiedenheit *f,* Divergenz *f*
divergere [di'vɛrdʒere] <divergo, *mancano pass rem e pp*> *vi* ① *(andare in direzioni diverse)* auseinanderlaufen, abzweigen ② MAT, SCIENT divergieren; *(fig)* abweichen
diversamente [diversa'mente] *avv* ① *(in maniera diversa)* anders, auf andere Weise ② *(altrimenti)* sonst, andernfalls
diversificare [diversifi'ka:re] **I.** *vt* unterscheiden **II.** *vr* **-rsi** sich unterscheiden
diversificazione [diversifikat'tsio:ne] *f* ① *(atto)* Unterscheidung *f* ② *(effetto)* Unterschiedlichkeit *f* ③ COM Diversifikation *f*
diversione [diver'sio:ne] *f* ① *(deviazione)* Umleitung *f,* Ableitung *f* ② MIL Ablenkungsmanöver *nt*
diversità [diversi'ta] <-> *f* ① *(differenza)* Verschiedenheit *f; (divario)* Unterschied *m; (di prezzo)* Differenz *f* ② *(varietà)* Vielfalt *f*
diversivo [diver'si:vo] *m* Abwechslung *f,* Ablenkung *f*
diversivo, -a *agg* **manovra -a** Ablenkungsmanöver *nt*
diverso, -a [di'vɛrso] **I.** *agg* ① *(differente)* verschieden, anders, andere(r, s) ② *pl (vari)* mehrere, diverse, einige **II.** *pron indef pl* etliche, mehrere
divertente [diver'tɛnte] *agg* unterhaltsam, lustig
divertimentificio [divertimenti'fi:tʃo] <-ci> *m* Unterhaltungsprogramm *nt,* Vergnügungspark *m,* Funpark *m*
divertimento [diverti'mento] *m* ① *(passatempo)* Unterhaltung *f,* Vergnügen *nt* ② *(godimento)* Vergnügen *nt;* **buon ~!** viel Vergnügen! ③ *(persona)* Unterhalter(in) *m(f)* ④ MUS Divertimento *nt,* Divertissement *nt*
divertire [diver'ti:re] **I.** *vt* unterhalten, amüsieren **II.** *vr* **-rsi** sich vergnügen; **-rsi con qu/qc** sich mit jdm/etw vergnügen; **-rsi a fare qc** seinen Spaß an etw *dat* haben; **-rsi alle spalle di qu** sich über jdn lustig machen
divertito, -a [diver'ti:to] *agg* vergnügt, belustigt, amüsiert
divezzare [divet'tsa:re] **I.** *vt* ① *(disabituare)* entwöhnen ② *(slattare)* abstillen **II.** *vr* **-rsi da qc** sich *dat* etw abgewöhnen
dividendo [divi'dɛndo] *m* ① MAT Dividend *m* ② FIN Dividende *f*
dividere [di'vi:dere] <divido, divisi, diviso> **I.** *vt* ① *(separare)* [auf]teilen, [in Stücke] teilen; **~ in quattro** vierteln, in vier [Stücke] teilen ② *(suddividere)* einteilen, aufteilen ③ *(distribuire)* [ver-, auf]teilen ④ *(fig: condividere)* teilen ⑤ *(fig: disunire)* trennen, entzweien ⑥ MAT teilen; **~ per …** durch … teilen; **~ 9 per 3** 9 durch 3 teilen **II.** *vr* **-rsi** sich teilen; *(sepa-*

rarsi) sich trennen; **-rsi tra casa e ufficio** eine Doppelbelastung [von Haushalt und Beruf] tragen

divieto [di'viɛ:to] *m* Verbot *nt;* ~ **di fumare** Rauchverbot *nt;* ~ **di parcheggio** Parkverbot *nt;* ~ **di sosta** Halteverbot *nt;* ~ **di transito** keine Durchfahrt

divinare [divi'na:re] *vt* hellsehen, wahrsagen

divinatore, -trice [divina'to:re] **I.** *agg* hellseherisch **II.** *m, f* Hellseher(in) *m(f),* Wahrsager(in) *m(f)*

divinatorio, -a [divina'tɔ:rio] <-i, -ie> *agg* hellseherisch

divinatrice *f v.* **divinatore**

divinazione [divinat'tsio:ne] *f* Wahrsagung *f*

divincolamento [diviŋkola'mento] *m* Krümmen *nt,* Winden *nt*

divincolarsi [diviŋko'larsi] *vr* sich krümmen, sich winden

diving ['daiviŋ] <-> *m* SPORT Tauchen *nt,* Tauchsport *m*

divinità [divini'ta] <-> *f* ① *(natura)* Göttlichkeit *f* ② *(dio)* Gottheit *f*

divinizzare [divinid'dza:re] *vt* ① *(considerare divino)* vergöttlichen ② *(fig)* vergöttern

divinizzazione [diviniddzat'tsio:ne] *f* ① *(deificazione)* Vergöttlichung *f,* Vergottung *f* ② *(fig)* Vergötterung *f*

divino [di'vi:no] *m* Göttliche(s) *nt*

divino, -a *agg* ① *(appartenente alla divinità)* göttlich, Gottes- ② *(fig)* himmlisch, göttlich

divisa [di'vi:za] *f* ① *(uniforme)* Uniform *f;* ~ **sportiva** Sportdress *m;* **essere in** ~ eine Uniform tragen ② FIN Devise *f,* ausländisches Zahlungsmittel; ~ **europea** Eurowährung *f*

divisamento [diviza'mento] *m (obs)* Vorhaben *nt,* Absicht *f*

divisare [divi'za:re] *vt* vorhaben, beabsichtigen

divisi [di'vi:zi] *1. pers sing pass rem di* **dividere**

divisibile [divi'zi:bile] *agg* teilbar

divisibilità [divizibili'ta] <-> *f* Teilbarkeit *f*

divisionale [divizio'na:le] *agg* ① MIL Divisions- ② FIN **moneta** ~ Scheidemünze *f,* Scheidegeld *nt*

divisione [divi'zio:ne] *f* ① *(ripartizione)* [Auf]teilung *f;* ~ **dei poteri** Gewaltenteilung *f* ② *(separazione)* Teilung *f,* Trennung *f; (scomposizione)* Trennung *f;* ~ **in sillabe** Silbentrennung *f;* ~ **dei beni** JUR Güterteilung *f,* Gütertrennung *f* ③ *(suddivisione)* Aufteilung *f,* Einteilung *f* ④ MAT Teilung *f,* Division *f* ⑤ *(fig: disunione)* Kluft *f,* Gegensatz *m* ⑥ *(reparto)* Abteilung *f;* ~ **ospedaliera** Krankenhausabteilung *f,* -station *f* ⑦ MIL Division *f* ⑧ SPORT Spielklasse *f,* Division *f;* **massima** ~ SPORT erste Division *f,* 1. Liga *f,* ≈ Bundesliga *f*

divismo [di'vizmo] *m* ① *(ammirazione)* Starkult *m* ② *(comportamento capriccioso)* Starallüren *pl*

diviso, -a [di'vi:zo] **I.** *pp di* **dividere** **II.** *agg* ① *(separato)* getrennt, abgesondert ② *(fig)* uneinig, getrennt

divisore [divi'zo:re] *m* ① MAT Divisor *m,* Teiler *m;* ~ **comune** MAT gemeinsamer Teiler ② TEC Trennscheibe *f*

divisorio [divi'zɔ:rio] *m* Trennwand *f;* ~ **di vetro** Trennscheibe *f*

divisorio, -a <-i, -ie> *agg* Trenn-, Scheide-; **parete -a** Scheidewand *f*

divo, -a ['di:vo] *m, f* Star *m*

divorare [divo'ra:re] *vt* ① *(mangiare avidamente, a. fig)* verschlingen; ~ **la strada** Kilometer fressen ② *(fig: distruggere)* fressen, verzehren

divoratore, -trice [divora'to:re] *m, f* Vielfraß *m;* ~ **di dolciumi** Schleckermaul *nt fam;* ~ **di libri** Bücherwurm *m*

divorziare [divor'tsia:re] *vi* ① JUR ~ **da qu** sich von jdm scheiden lassen ② *(fig)* sich trennen

divorzio [di'vɔrtsio] <-i> *m* ① JUR [Ehe]scheidung *f;* **chiedere il** ~ die Scheidung einreichen ② *(fig)* Trennung *f*

divorzismo [divor'tsizmo] *m Befürwortung der Ehescheidung*

divorzista [divor'tsista] <-i *m,* -e *f*> **I.** *agg* ① *(che riguarda il divorzio)* Scheidungs-, die Scheidung betreffend ② *(favorevole al divorzio)* scheidungsfreundlich, die Scheidung befürwortend **II.** *mf (avvocato)* Scheidungsanwalt *m*/Scheidungsanwältin *f*; *(giudice)* Scheidungsrichter(in) *m(f)*

divorzistico, -a [divor'tsistiko] <-ci, -che> *agg* POL Scheidungs-

divulgare [divul'ga:re] **I.** *vt* verbreiten, bekannt machen **II.** *vr* **-rsi** sich verbreiten, bekannt werden

divulgativo, -a [divulga'ti:vo] *agg* allgemein verständlich, populärwissenschaftlich

divulgatore, -trice [divulga'to:re] *m, f* Verbreiter(in) *m(f); (di dottrina)* Propagandist(in) *m(f)*

divulgazione [divulgat'tsio:ne] *f* Verbreitung *f,* Bekanntmachung *f*

dizionario [dittsio'na:rio] <-i> *m* Wörterbuch *nt;* ~ **monolingue/bilingue** ein-/zweisprachiges Wörterbuch; ~ **tecnico**

Fachwörterbuch *nt;* **consultare il ~** im Wörterbuch nachschlagen

dizionarista [dittsiona'rista] <-i *m,* -e *f*> *mf* Lexikograf(in) *m(f),* Wörterbuchverfasser(in) *m(f)*

dizione [dit'tsio:ne] *f* ❶ *(modo)* Aussprache *f* ❷ *(recitazione)* Vortrag *m,* Deklamation *f*

dl *abbr di* **decilitro** dl

D.L. *abbr di* **Decreto legge** *Verordnung mit Gesetzeskraft*

dm *abbr di* **decimetro** dm

D.M. *abbr di* **Decreto Ministeriale** *Ministerialerlass*

DNA *m abbr di* **Deoxyribonucleic acid** *(acido deossiribonucleico)* DNA *f,* DNS *f*

do[1] [dɔ] <-> *m* MUS c *nt,* C *nt;* **~ maggiore/minore** C-Dur/C-Moll; **chiave di ~** C-Schlüssel *m*

do[2] *1. pers sing pr di* **dare**[1]

dobbiamo [dob'bia:mo] *1. pers pl pr di* **dovere**[1]

DOC [dɔk] *acro di* **Denominazione di Origine Controllata** QbA *(Qualitätswein aus bestimmten Anbaugebieten)*

doccia ['dottʃa] <-cce> *f* ❶ *(nel bagno)* Dusche *f;* **fare la ~** [sich] duschen; **una ~ fredda** eine kalte Dusche ❷ *(grondaia)* Dachrinne *f* ❸ MED Beinschiene *f,* Armschiene *f*

docciacrema [dottʃa'krɛ:ma] *m* Cremedusche *f*

docciare [dot'tʃa:re] *(fam)* **I.** *vt einer Dusche unterziehen* **II.** *vr* **-rsi** [sich] duschen

doccione [dot'tʃo:ne] *m* [Regen]abflussrohr *nt; (di costruzioni antiche)* Wasserspeier *m*

docente [do'tʃɛnte] **I.** *agg* Lehr[er]-; **personale ~** Lehrkörper *m* **II.** *mf* Lehrkraft *f,* Lehrer(in) *m(f);* **~ universitario** Dozent(in) *m(f),* Hochschullehrer(in) *m(f);* **libero ~** Privatdozent(in) *m(f)*

docenza [do'tʃɛntsa] *f* Dozentur *f;* **libera ~** Privatdozentur *f*

docile ['dɔ:tʃile] *agg* ❶ *(persone)* gefügig, fügsam ❷ *(animale)* zahm ❸ *(strumento)* handlich; *(materiale)* geschmeidig, weich

docilità [dotʃili'ta] <-> *f* ❶ *(sottomissione)* Gefügigkeit *f,* Fügsamkeit *f* ❷ *(di animali)* Zahmheit *f* ❸ *(di strumenti)* Handlichkeit *f*

docking ['dɔkiŋ *o* 'doking] <-> *m* TEC Docking *nt,* Docken *nt*

documentale [dokumen'ta:le] *agg* urkundlich, dokumentarisch; **prova ~** Urkundenbeweis *m*

documentare [dokumen'ta:re] **I.** *vt* dokumentieren; *(comprovare)* beweisen; *(con documenti)* belegen, nachweisen **II.** *vr* **-rsi** [**su qc**] sich [über etw *akk*] informieren

documentario [dokumen'ta:rio] <-i> *m* Dokumentarfilm *m*

documentario, -a <-i, -ie> *agg* dokumentarisch, Dokumentar-; **materiale ~** Dokumentationsmaterial *nt,* Belegmaterial *nt*

documentatore, -trice [dokumenta'to:re] *m, f* Dokumentator(in) *m(f)*

documentazione [dokumentat'tsio:ne] *f* ❶ *(raccolta di materiale)* Dokumentation *f* ❷ *(appendice di documenti)* Dokumentationsmaterial *nt,* Belegmaterial *nt* ❸ *(insieme di documenti)* Unterlagen *fpl,* Akte *f*

documento [doku'mento] *m* ❶ ADM Dokument *nt,* Papiere *ntpl;* **~ contabile** COM Buchungsbeleg *m* ❷ *pl (di identità)* Papiere *ntpl,* [Personal]ausweis *m* ❸ *(fig: testimonianza storica)* Dokument *nt,* Zeugnis *nt*

dodecaedro [dodeka'ɛ:dro] *m* Zwölfflächner *m*

dodecafonia [dodekafo'ni:a] *f* Zwölftonmusik *f*

dodecagono [dode'ka:gono] *m* Zwölfeck *nt*

dodecasillabo [dodeka'sillabo] *m* Zwölfsilb[l]er *m*

dodecasillabo, -a *agg* zwölfsilbig

dodicenne [dodi'tʃɛnne] **I.** *agg* zwölfjährig **II.** *mf* Zwölfjährige(r) *f(m)*

dodicennio [dodi'tʃɛnnio] <-i> *m* Zeitraum *m* von 12 Jahren, 12 Jahre

dodicesimale [doditʃezi'ma:le] *agg* MAT duodezimal; **calcolo ~** Duodezimalrechnung *f*

dodicesimo [dodi'tʃɛ:zimo] *m (frazionario)* Zwölftel *nt,* zwölfter Teil

dodicesimo, -a **I.** *agg* zwölfte(r, s) **II.** *m, f* Zwölfte(r, s) *f(m, nt); v. a.* **quinto**

dodici ['do:ditʃi] **I.** *num* zwölf **II.** *m* <-> ❶ *(numero)* Zwölf *f;* **essere in ~** zu zwölft sein ❷ *(nelle date)* Zwölfte(r) *m* **III.** *fpl* zwölf Uhr; *v. a.* **cinque**

doga ['do:ga] <-ghe> *f* [Fass]daube *f*

dogana [do'ga:na] *f* ❶ *(imposta)* Zoll *m* ❷ *(ufficio)* Zoll *m,* Zollbehörde *f;* **operazioni di ~** Zollabfertigung *f;* **passare la ~** den Zoll passieren ❸ *(impiegati)* Zollbeamte[n] *mpl*

doganale [doga'na:le] *agg* Zoll-

doganiere [doga'niɛ:re] *mf* Zollbeamte(r) *m*/-beamtin *f*

dogaressa [doga'ressa] *f* HIST Frau *f* eines/des Dogen

doge ['dɔ:dʒe] *m* Doge *m*

doglia ['dɔʎʎa] <-glie> *f* ❶ *(poet)* Weh *nt geh,* Schmerz *m* ❷ *pl (del parto)* [Geburts]wehen *fpl*

dogma ['dɔgma] <-i> *m* Dogma *nt*
dogmatica [dog'ma:tika] *f* Dogmatik *f*
dogmatico [dog'ma:tiko] <-ci> *m* Dogmatiker *m*
dogmatico, -a <-ci, -che> *agg* dogmatisch
dogmatismo [dogma'tizmo] *m* Dogmatismus *m*
dogmatizzare [dogmatid'dza:re] *vi* dogmatische Ansichten vertreten
do-it-yourself ['du:itjo:'self] <-> *m* *(fai da te)* Do-it-yourself *nt*
dolby® ['dɔlbi] <-> *m* Dolby® *nt*
dolce ['doltʃe] **I.** *agg* ❶ *(sapore)* süß; **~ come il miele** honigsüß ❷ *(lieve, tenero)* leicht, sanft ❸ *(delicato, mite)* mild **II.** *m* Süßspeise *f,* Süßigkeit *f,* Kuchen *m,* Dessert *nt*
dolceamaro, -a [doltʃea'ma:ro] *agg* bittersüß
dolcetto [dol'tʃetto] *m* ❶ *(piccolo dolce)* Gebäck *nt* ❷ *(vino rosso piemontese)* Dolcetto *m*
dolcezza [dol'tʃettsa] *f* ❶ *(sapore dolce, a. fig)* Süße *f;* **le -e della vita** die Freuden des Lebens ❷ *(mitezza)* Milde *f* ❸ *(bontà)* Sanftheit *f,* Güte *f*
dolciario, -a [dol'tʃa:rio] <-i, -ie> *agg* **industria -a** Süßwarenindustrie *f*
dolciastro, -a [dol'tʃastro] *agg* ❶ *(sapore)* unangenehm süß ❷ *(fig, pej: persona, maniera)* honigsüß, süßlich
dolcificante [doltʃifi'kante] **I.** *agg* süßend, Süß- **II.** *m* Süßstoff *m*
dolcificare [doltʃifi'ka:re] *vt* ❶ *(rendere dolce)* süßen ❷ *(acqua)* enthärten
dolciume [dol'tʃu:me] *m* ❶ *(sapore troppo dolce)* unangenehme Süße ❷ *pl (prodotti)* Süßwaren *fpl*
dolente [do'lɛnte] *agg* schmerzend, schmerzhaft; *(fig)* schmerzlich; **sono ~ per quanto è successo** ich bedaure, was geschehen ist
dolere [do'le:re] <dolgo, dolsi, doluto> **I.** *vi essere o avere* schmerzen, weh tun; **mi dolgono i denti** mir tun die Zähne weh; **mi duole di non potervi aiutare** es tut mir leid, euch nicht helfen zu können **II.** *vr* **-rsi** *(lamentarsi)* sich beklagen; **-rsi con qu di qc** sich bei jdm über etw *akk* beklagen; **-rsi di qc** etw bedauern, über etw *akk* betrübt sein
dolina [do'li:na] *f* GEOL Doline *f*
dollaro ['dɔllaro] *m* Dollar *m*
dolmen ['dɔlmen] <-> *m* Dolmen *m*
dolo ['dɔ:lo] *m* *(nel diritto penale)* Vorsatz *m,* Dolus *m;* *(nel diritto privato)* arglistige Täuschung
dolomite [dolo'mi:te] *f* Dolomit *m;* **le Dolomiti** GEOG die Dolomiten
dolorante [dolo'rante] *agg* schmerzend, schmerzhaft
dolorare [dolo'ra:re] *vi* *(poet)* leiden, Schmerzen erleiden
dolore [do'lo:re] *m* ❶ MED Schmerz *m,* Weh *nt;* **~ di testa** Kopfschmerzen *mpl,* Kopfweh *nt;* **~ alla schiena** Rückenschmerzen *mpl* ❷ *(fig: afflizione)* Kummer *m,* Leid *nt;* **con mio grande ~** zu meinem großen Leidwesen ❸ REL **atto di ~** Bußgebet *nt*
dolorifico, -a [dolo'ri:fiko] <-ci, -che> *agg* Schmerz-
doloroso, -a [dolo'ro:so] *agg* ❶ MED schmerzhaft ❷ *(afflitto)* schmerzlich, traurig
dolosità [dolosi'ta] <-> *f* vorsätzliches Verhalten
doloso, -a [do'lo:so] *agg* JUR vorsätzlich
dolsi ['dɔlsi] *1. pers sing pass rem di* **dolere**
doluto [do'lu:to] *pp di* **dolere**
domabile [do'ma:bile] *agg* zähmbar; *(fig)* bezähmbar
domanda [do'manda] *f* ❶ *(interrogazione, quesito)* Frage *f;* **fare una ~** eine Frage stellen; **punto di ~** Fragezeichen *nt* ❷ *(richiesta)* Anfrage *f,* Antrag *m;* ADM Antrag *m,* Gesuch *nt,* Ansuchen *nt* A; *(di lavoro)* Bewerbung *f;* **~ di matrimonio** Heiratsantrag *m* ❸ COM Nachfrage *f*
domandare [doman'da:re] **I.** *vt* ❶ *(per sapere qc)* fragen [nach]; **~ qc a qu** jdn etw fragen; **~ un consiglio a qu** jdn um Rat fragen; **~ notizie di qu** Auskunft über jdn erbitten; **~ il prezzo** nach dem Preis fragen ❷ *(per ottenere qc)* bitten; **~ un favore a qu** jdn um einen Gefallen bitten; **~ la parola** um das Wort bitten; **~ scusa** um Entschuldigung bitten **II.** *vr* **-rsi** sich fragen
domani [do'ma:ni] **I.** *avv* morgen; **~ mattina** morgen früh; **~ pomeriggio** morgen Nachmittag; **a ~!** bis morgen! **II.** *m* <-> ❶ *(giorno seguente)* darauffolgender Tag ❷ *(fig)* Morgen *nt,* Zukunft *f*
domare [do'ma:re] *vt* ❶ *(animali)* zähmen, bändigen ❷ *(fig)* bändigen; *(passioni)* bezähmen; *(popolo)* unterwerfen; *(rivolta)* niederwerfen
domatore, -trice [doma'to:re] *m, f* ❶ *(di cavalli)* Zureiter(in) *m(f)* ❷ *(di belve)* Tierbändiger(in) *m(f),* Dompteur *m,* Dompteuse *f*
domattina [domat'ti:na] *avv* morgen früh
domatura [doma'tu:ra] *f* Zähmung *f,* Bändigung *f*
domenica [do'me:nika] <-che> *f* Sonntag *m;* **la** [*o* **di**] **~** sonntags; **l'ho visto ~** ich habe ihn am Sonntag gesehen; **~ scorsa/**

D

D

prossima [am] letzten/[am] nächsten Sonntag; **tutta la ~** den ganzen Sonntag [über]; **ogni ~, tutte le -che** jeden Sonntag; **una ~ sì, una ~ no** jeden zweiten Sonntag; **una ~** eines Sonntags, an einem Sonntag; **~ a otto** Sonntag in acht Tagen; **~ mattina/pomeriggio/sera** [am] Sonntagmorgen/-nachmittag/-abend; **di ~ mattina/pomeriggio/sera** sonntagmorgens/-nachmittags/-abends; **oggi è ~ due maggio** heute ist Sonntag, der zweite Mai

domenicale [domeni'ka:le] *agg* Sonntags-, sonntäglich

domestica *f v.* **domestico**

domesticità [domestitʃi'ta] <-> *f* Domestikation *f,* Domestizierung *f*

domestico, -a [do'mɛstiko] <-ci, -che> **I.** *agg* Haus-, häuslich; *(animale)* Haus-; *(pianta)* Kultur-; **lavori -ci** Hausarbeit *f;* **per uso ~** für den Hausgebrauch **II.** *m, f* Hausangestellte(r) *f(m),* Hausdiener *m,* Dienstmädchen *nt*

domiciliare [domitʃi'lia:re] *agg* Haus-; **arresti -i** Hausarrest *m;* **perquisizione ~** Haus[durch]suchung *f*

domiciliato, -a [domitʃi'lia:to] *agg* ① ADM wohnhaft ② COM **cambiale -a** Domizilwechsel *m*

domicilio [domi'tʃi:lio] <-i> *m* Wohnung *f,* Wohnsitz *m,* Domizil *nt;* **consegna a ~** Lieferung frei Haus; **lavoro a ~** Heimarbeit *f;* **violazione di ~** Hausfriedensbruch *m*

dominante [domi'nante] *agg* vorherrschend, dominierend

dominare [domi'na:re] **I.** *vi* ① *(essere padrone assoluto)* herrschen ② *(fig: primeggiare)* **~ su qu** jdm überlegen sein ③ *(fig: prevalere)* [vor]herrschen, dominieren **II.** *vt (a. fig)* beherrschen **III.** *vr* **-rsi** sich beherrschen

dominatore, -trice [domina'to:re] *m, f* [Be]herrscher(in) *m(f)*

dominazione [dominat'tsio:ne] *f* Herrschaft *f*

dominicale [domini'ka:le] *agg* **reddito ~** JUR Pachteinkünfte *pl*

dominio [do'mi:nio] <-i> *m* ① *(padronanza)* Herrschaft *f;* **avere il ~ di qc** die Herrschaft über etw *akk* ausüben ② *(controllo)* Beherrschung *f;* **~ di sé** Selbstbeherrschung *f* ③ JUR *(proprietà)* Eigentum *nt,* Besitz *m;* **beni di ~ pubblico** Allgemeingut *nt* ④ *(territorio)* Herrschaftsgebiet *nt*

domino ['dɔ:mino] <-> *m* ① *(costume)* Domino *m* ② *(persona mascherata)* Domino *m* ③ *(gioco)* Domino[spiel] *nt*

domma ['dɔmma] *m v.* **dogma**

donare [do'na:re] **I.** *vt* ① *(regalare)* verschenken, geben ② *(fig)* hingeben ③ *(sangue, organi)* spenden **II.** *vi (fig)* stehen, schmeicheln **III.** *vr* **-rsi** sich hingeben, sich [ganz] widmen

donatario, -a [dona'ta:rio] <-i, -ie> *m, f* JUR Beschenkte(r) *f(m)*

donativo [dona'ti:vo] *m (poet)* Gabe *f,* Belohnung *f*

donatore, -trice [dona'to:re] *m, f* Spender(in) *m(f)*

donazione [donat'tsio:ne] *f* Spende *f,* Geschenk *nt;* JUR Schenkung *f*

donchisciotte [doŋkiʃ'ʃɔtte] <-> *m* Don Quichotte *m*

donde ['donde] *avv* ① *(da dove)* woher, von wo ② *(da che)* woraus

dondolamento [dondola'mento] *m* Schaukeln *nt*

dondolare [dondo'la:re] **I.** *vt* schaukeln **II.** *vr* **-rsi** ① *(muoversi oscillando)* schaukeln ② *(fig: oziare)* herumtrödeln *fam*

dondolio [dondo'li:o] <-ii> *m* Schaukeln *nt*

dondolo ['dondolo] *m* Hollywoodschaukel *f;* **a ~** Schaukel-; **cavallo a ~** Schaukelpferd *nt;* **sedia a ~** Schaukelstuhl *m*

dondoloni [dondo'lo:ni] *avv* schaukelnd; **camminare ~** *(fig)* herumbummeln

dongiovanni [dondʒo'vanni] <-> *m* Don Juan *m,* Frauenheld *m*

donna ['dɔnna] *f* ① *(gener)* Frau *f;* **~ di casa** Hausfrau *f;* **~ di mondo** Dame *f* von Welt; **~ di strada** Strichmädchen *nt;* **~ di vita** Lebedame *f;* **bicicletta da ~** Damen[fahr]rad *nt* ② *(in carte da gioco)* Dame *f* ③ *(domestica)* Hausangestellte *f,* Putzhilfe *f fam;* **~ di servizio** Haushaltshilfe *f*

donnaccia [don'nattʃa] <-cce> *f (pej)* [liederliches] Weibsstück *nt*

donnaiolo [donna'iɔ:lo] *m* Schürzenjäger *m fam,* Frauenheld *m*

donnesco, -a [don'nesko] <-schi, -sche> *agg* Frauen-; **lavori -schi** Frauenarbeit *f*

donnicciola [donnit'tʃɔ:la] *f* ① *(donna pettegola)* Waschweib *nt fam,* Klatschbase *f fam* ② *(pej: uomo pauroso)* Weichling *m,* Waschlappen *m fam*

donnina [don'ni:na] *f* kleine Frau; **non è più una bambina, è già una ~** sie ist kein Kind mehr, sondern schon eine junge Frau; **~ allegra** leichtes Mädchen

donnola ['dɔnnola] *f* Wiesel *nt*

dono ['do:no] *m* ① *(regalo)* Geschenk *nt;* **in ~** zum Geschenk ② *(fig: dote)* Gabe *f,* Begabung *f;* **~ di natura** Naturbegabung *f*

donzella [don'dzɛlla] *f (poet)* Maid *f*

doodle ['du:dəl] <-> *m* INET Doodle *nt*

doomwriter ['du:m'raitə *o* 'dum'raiter]

<-> *m* LIT Apokalyptiker *m,* pessimistischer Schriftsteller *m* [*o* Journalist *m*]

doomwriting ['du:m'raitiŋ *o* 'dum'rai-tin(g)] <-> *m* LIT pessimistischer Journalismus, Schwarzmalerei *f*

dopaggio [do'paddʒo] <-ggi> *m* Dopingwirkung *f*

dopante [do'pante] *agg* Doping-; **sostanza** ~ Dopingmittel *nt*

dopato, -a [do'pa:to] *agg* gedopt; **atleta** ~ gedopter Athlet

doping ['doupiŋ *o* 'dɔpin(g)] <-> *m* Doping *nt*

dopo ['do:po] **I.** *avv* ❶ *(tempo)* nachher, danach; **poco** ~ kurz danach; **a** ~ bis später, bis dann *fam;* ~ **di che** darauf[hin] ❷ *(luogo)* danach **II.** *prep* ❶ *(tempo)* nach +*dat*; **due anni** ~ nach zwei Jahren ❷ *(luogo)* hinter +*dat* **III.** *cong* nachdem **IV.** *agg inv* [darauf]folgend, nächste(r, s); **il giorno** ~ am nächsten Tag

dopobarba [dopo'barba] <-> *m* Rasierwasser *nt,* Aftershave *nt*

dopoborsa [dopo'borsa] <-> *m* Nachbörse *f*

dopocena [dopo'tʃe:na] <-> *m* Zeit *f* nach dem Abendessen; *(trattenimento)* Empfang *m* nach dem Abendessen

dopodiché, dopo di che [dopodi'ke, 'do:po di 'ke] *avv* darauf, schließlich

dopodomani [dopodo'ma:ni] *avv* übermorgen

dopofestival [dopo'festival] <-> *m* Schlussveranstaltung *f (Veranstaltung, die nach einem Festival stattfindet, mit Interviews, Kommentaren etc);* **le rivelazioni del** ~ die Enthüllungen der Schlussveranstaltung

dopoguerra [dopo'guɛrra] <-> *m* Nachkriegszeit *f,* Nachkriegsjahre *nt pl;* **storia del** ~ Nachkriegsgeschichte *f*

dopolavoro [dopola'vo:ro] <-> *m öffentliche Einrichtung für die Freizeitgestaltung des Arbeitnehmers*

dopopranzo [dopo'prandzo] **I.** *m* <-> [früher] Nachmittag *m* **II.** *avv* am [frühen] Nachmittag, nachmittags

doposci [dopoʃ'ʃi] *m* Après-Ski[-Kleidung *f*] *nt*

doposcuola [dopos'kuɔ:la] <-> *m* Kinderhort *m,* nachmittägliche Kinderbetreuung

dopoteatro [dopote'a:tro] <-> *m* Ausklang *m* des Theaterabends

dopotutto [dopo'tutto], **dopo tutto** ['do:po 'tutto] *avv* schließlich, letzten Endes

dopovoto [dopo'vo:to] <-> *m* Zeitraum *m* nach den Wahlen; **le reazioni del** ~ die Reaktionen nach den Wahlen

doppiaggio [dop'piaddʒo] <-ggi> *m* FILM Synchronisation *f,* Synchronisierung *f*

doppiare [dop'pia:re] *vt* ❶ NAUT umschiffen ❷ SPORT überrunden ❸ FILM synchronisieren

doppiatore, -trice [doppia'to:re] *m, f* Synchronsprecher(in) *m(f)*

doppietta [dop'pietta] *f* ❶ *(fucile)* Doppelflinte *f,* -büchse *f* ❷ SPORT *(nel pugilato)* Dublette *f; (nel calcio)* doppelter Treffer; *(due vittorie)* Doppelerfolg *m* ❸ MOT **fare la** ~ mit Zwischengas schalten

doppiezza [dop'piettsa] *f* Doppelzüngigkeit *f,* Falschheit *f*

doppifondi *pl di* **doppiofondo**

doppio ['doppio] *m* ❶ *(di quantità, numero, misura)* Doppelte(s) *nt* ❷ SPORT Doppel *nt;* ~ **femminile/maschile** Damen-/Herrendoppel; ~ **misto** gemischtes Doppel

doppio, -a <-i, -ie> **I.** *agg* ❶ *(gener)* doppelt, doppel-, Doppel-; **filo** ~ Zwirn *m;* **chiudere a -a mandata** den Schlüssel zweimal umdrehen ❷ *(fig)* zweideutig; *(ipocrita)* doppelzüngig; **fare il** ~ **gioco** ein doppeltes Spiel spielen **II.** *avv* doppelt, zweifach; **vederci** ~ doppelt sehen *fam;* **in** ~ in doppelter Ausfertigung

doppiofallo [doppio'fallo] <doppifalli> *m* SPORT ❶ *(tennis)* Doppelfehler *m* ❷ *(basket, pallavolo)* Doppelfehler *m*

doppiofondo [doppio'fondo] <doppifondi> *m* doppelter Boden; NAUT Doppelboden *m*

doppione [dop'pio:ne] *m* Duplikat *nt*

doppiopetto [doppio'pɛtto] <-> *m* Zweireiher *m,* Doppelreiher *m*

doppiovetro [doppio've:tro] <doppivetri> *m (fam: vetrocamera)* Doppelfenster *nt*

doppista [dop'pista] <-i *m,* -e *f*> *mf* SPORT [Tennis]doppelspieler(in) *m(f)*

dorare [do'ra:re] *vt* ❶ *(con oro)* vergolden ❷ GASTR goldbraun backen ❸ *(fig)* ~ **la pillola** die [*o* eine] bittere Pille versüßen

dorato, -a [do'ra:to] *agg* ❶ *(rivestito d'oro)* vergoldet, Gold- ❷ *(fig)* golden ❸ GASTR goldbraun gebacken

doratore, -trice [dora'to:re] *m, f* Vergolder(in) *m(f)*

doratura [dora'tu:ra] *f* ❶ *(rivestimento)* Vergoldung *f* ❷ *(ornamento)* goldene Verzierung

doriano, -a [do'ria:no] **I.** *agg* den Fußballclub Sampdoria in Genua betreffend **II.** *m, f* Spieler *m*/Fan *m* des Fußballclubs Sampdoria

dorico, -a ['dɔ:riko] <-ci, -che> *agg* KUNST dorisch

dormicchiare [dormik'kiaːre] *vi* nicken, dösen *fam*

dormiglione, -a [dormiʎ'ʎoːne] *m, f* Langschläfer(in) *m(f)*, Schlafmütze *f fam*

dormire [dor'miːre] **I.** *vi* ① *(gener)* schlafen; ~ **come un ghiro** wie ein Murmeltier schlafen; **dormirci sopra** etw überschlafen ② *(fig)* ruhen; **qui dorme in pace …** *(su sepolcri)* hier ruht [in Frieden] …; ~ **sugli allori** sich auf seinen Lorbeeren ausruhen *fam* **II.** *vt* schlafen; ~ **sonni tranquilli** einen ruhigen Schlaf haben; ~ **il sonno del giusto** den Schlaf des Gerechten schlafen

dormita [dor'miːta] *f* langer, tiefer Schlaf

dormitina [dormi'tiːna] *f* Schläfchen *nt*

dormitorio [dormi'tɔːrio] <-i> *m* ① *(stanzone)* Schlafsaal *m;* ~ **pubblico** Nachtasyl *nt* ② *(città)* Schlafstadt *f*

dormiveglia [dormi'veʎʎa] <-> *m* Dämmerzustand *m,* Halbschlaf *m*

dorsale [dor'saːle] **I.** *agg* MED Rücken-, dorsal; **spina** ~ Rückgrat *nt,* Wirbelsäule *f* **II.** *m* ① *(di letto)* Kopfende *nt* ② *(di poltrona)* Rück[en]lehne *f* **III.** *f* [Berg]rücken *m; (catena)* Bergkette *f*

dorsista [dor'sista] <-i *m,* -e *f*> *mf* SPORT Rückenschwimmer(in) *m(f)*

dorso ['dɔrso] *m* ① *(schiena)* Rücken *m;* **a ~ nudo** mit nacktem Oberkörper ② *(faccia esterna)* Rücken *m;* ~ **della mano** Handrücken *m* ③ SPORT Rückenschwimmen *nt*

dosacaffè [dosakaf'fe] <-> *m* Kaffeedosierer *m*

dosaggio [do'zaddʒo] <-ggi> *m* Dosierung *f*

dosare [do'zaːre] *vt* ① *(misurare)* dosieren ② *(fig)* dosieren, bemessen

dosaspaghetti [dosaspa'getti] <-> *m* Spaghettimessbehälter *m*

dosatura [doza'tuːra] *f* Dosierung *f*

dosazucchero [dosa'tsukkero] <-> *m* Zuckerstreuer *m*

dose ['dɔːze] *f* ① *(quantità)* Menge *f,* Ration *f,* Quantum *nt;* **una buona ~ di legnate** eine gehörige Tracht Prügel ② MED Dosis *f* ③ *(fig, scherz)* Portion *f fam;* **rincarare la ~** noch einen draufsetzen

dossier [do'sje] <-> *m* Dossier *nt*

dosso ['dɔsso] *m* ① *(dorso)* Rücken *m;* **levarsi i vestiti di ~** sich ausziehen ② *(~ stradale)* Unebenheit *f,* Kuppe *f*

dossometria [dossome'triːa] <-ie> *f* SOC Doxometrie *f*

dostowskiano, -a [dostovs'kiaːno] *agg (dostoevskiano)* dostojewskisch; **l'opera -a** das dostojewskische Werk

dotale [do'taːle] *agg* Mitgift-; **beni -i** Mitgift *f,* Aussteuer *f*

dotare [do'taːre] *vt* ① *(dare la dote)* als Mitgift geben; ~ **qu di qc** jdm etw als Mitgift geben ② *(corredare)* ausstatten; ~ **qc di qc** etw mit etw ausstatten

dotato, -a [do'taːto] *agg* ① *(di talento)* begabt, intelligent; **molto ~** hochbegabt ② *(provvisto)* versehen, ausgestattet; **essere ~ di qc** mit etw ausgestattet sein

dotazione [dotat'tsioːne] *f* ① *(rendita)* Zuwendung *f* ② *(mezzi e materiali)* Ausstattung *f,* Ausrüstung *f*

dotcom [dɔt'cɔːm] *f (sl)* Dotcom *f*

dote ['dɔːte] *f* ① *(della sposa)* Mitgift *f,* Aussteuer *f;* **cacciatore di ~** Mitgiftjäger *m;* **portare in ~** in die Ehe mitbringen; **sposare la ~** *(fam)* Geld heiraten ② *(fig: pregio)* Mitgift *f,* Gabe *f*

Dott. *abbr di* **Dottore** ≈ Dipl., M.A. *(akademischer Grad, der nach einem mit einer Prüfung abgeschlossem Studium erworben wird)*

dotto, -a ['dɔtto] **I.** *agg* [sehr] gebildet, gelehrt **II.** *m, f* Gelehrte(r) *f(m),* Wissenschaftler(in) *m(f)*

dottorale [dotto'raːle] *agg* ① *(di, da dottore)* Doktor- ② *(iron, pej)* besserwisserisch, neunmalklug

dottorato [dotto'raːto] *m* Doktorwürde *f,* Promotion *f;* **fare il ~ di ricerca** promovieren

dottore, -essa [dot'toːre, dotto'ressa] *m, f* ① *(laureato)* Doktor *m; (con diploma)* Diplominhaber(in) *m(f),* Magister *m*/Magistra *f* A; ~ **in legge/medicina** Doktor der Rechte/der Medizin ② *(fam: medico)* Doktor(in) *m(f)*

dottrina [dot'triːna] *f* ① *(cognizioni)* Wissen *nt,* Bildung *f* ② *(principi teorici)* Lehre *f,* Theorie *f* ③ REL *(principi di fede cristiana)* Glaubenslehre *f; (catechismo)* Katechismus *m* ④ JUR Rechtslehre *f,* Rechtstheorie *f*

dottrinario [dottri'naːrio] <-i> *m* Doktrinär *m*

Dott.ssa *abbr di* **Dottoressa** ≈ Dipl., M.A. *(akademischer Grad, der nach einem mit einer Prüfung abgeschlossem Studium erworben wird)*

double event ['dʌbl i'vent] <-> *m* Double event *m o nt*

double-face [duble'faːs] *agg* **giacca ~** Wendejacke *f*

dove ['doːve] **I.** *avv* ① *(stato)* wo ② *(moto)* wohin; **da** [*o* **di**] ~ woher; ~ **vai?** wohin gehst du? **II.** *cong* ① +*conj (nel caso che)* falls, wenn ② *(mentre)* während **III.** *m* Wo *nt;* **per ogni ~** *(stato)* überall; *(moto)* überallhin

dovere[1] [do'veːre] <devo *o* debbo, dovei *o*

dovetti, dovuto> **I.** *vi* müssen, sollen; **sono dovuto andare** ich musste gehen; **ho dovuto mangiare** ich musste essen; **come si deve** wie es sich gehört; **deve essere successo qc** es muss etw passiert sein; **strano, dovrebbe già nevicare** seltsam, es müsste [eigentlich] schon schneien **II.** *vt (essere debitore)* schulden; *(a. fig)* verdanken; **come dovevasi dimostrare** was zu beweisen war

dovere[2] *m* Pflicht *f;* ~ **coniugale** eheliche Pflichten *fpl;* **farsi un ~ di qc** sich *dat* etw zur Pflicht machen; **sentirsi in ~ di ...** sich verpflichtet fühlen zu ...; **a ~** pflichtgemäß; *(come si deve)* wie es sich gehört

doveroso, -a [dove'ro:so] *agg* geboten, gebührend

dovizia [do'vittsia] <-ie> *f (poet)* ① *(abbondanza)* Fülle *f* ② *(ricchezza)* unermesslicher Reichtum *m*

dovunque [do'vuŋkue] *cong+conj* ① *(stato)* wo [auch] immer; *(moto)* wohin [auch] immer ② *(dappertutto: stato)* überall; *(moto)* überallhin

dovuto [do'vu:to] *m* Schuld *f,* Verpflichtungen *fpl*

dovuto, -a *agg* ① *(necessario)* gebührend, geboten ② *(causato)* ~ **a** verursacht durch [*o* von]

download ['daʊnləʊd] INFORM **I.** *vt (scaricare)* downloaden, herunterladen **II.** *m* Download *m,* Herunterladen *nt*

downloadare [daʊnloa'da:re] *vt* INET herunterladen

dozzina [dod'dzi:na] *f* Dutzend *nt;* **una ~ [di ...]** [etwa] zwölf [...], ein Dutzend [...]; **a -e** in [*o* zu] Dutzenden, dutzendweise; **roba di [*o* da] ~** *(pej)* Dutzendware *f*

dozzinale [doddzi'na:le] *agg (pej)* gewöhnlich, alltäglich; **prodotti -i** Billigwaren *fpl*

D.P. *abbr di* **Decreto Presidenziale** *Präsidialerlass*

D.P.C. *abbr di* **Decreto del Presidente del Consiglio** *Ermächtigungsgesetz des Ministerpräsidenten*

D.P.R. *abbr di* **Decreto del Presidente della Repubblica** *abbr di* **D.P.**

Dr. *abbr di* **Dottore, Dottoressa** ≈ Dipl., M.A. *(akademischer Grad, der nach einem mit einer Prüfung abgeschlossem Studium erworben wird)*

dracma ['drakma] *f* Drachme *f*

draconiano, -a [drako'nia:no] *agg* drakonisch; *(severo)* streng

drafting ['dra:ftiŋ] <-> *m* JUR Gesetzesentwurf *m,* Regierungsvorlage *f*

draga ['dra:ga] <-ghe> *f* [Schwimm]bagger *m*

dragaggio [dra'gaddʒo] <-ggi> *m* Ausbaggerung *f*

dragamine [draga'mi:ne] <-> *m* Minensuchboot *nt*

dragare [dra'ga:re] *vt* ① *(scavare sottacqua)* ausbaggern ② *(mine)* räumen

dragata [dra'ga:ta] *f* Ausbaggerung *f* [des Meeresgrundes]

drago ['dra:go] <-ghi> *m* Drache *m*

dragona [dra'go:na] *f* MIL Portepee *nt*

dragone [dra'go:ne] *m* ① MIL Dragoner *m* ② *(mostro)* [großer] Drache *m*

dragster ['drægstə] <-> *m* MOT Dragster *m*

dramma ['dramma] <-i> *m* ① THEAT Drama *nt,* Schauspiel *nt;* ~ **pastorale** Schäferspiel *nt,* Hirtenspiel *nt* ② *(fig)* Drama *nt; (esagerazione)* Theater *nt*

drammatica [dram'ma:tika] <-che> *f* Dramatik *f,* dramatische Kunst

drammaticità [drammatitʃi'ta] <-> *f* Dramatik *f*

drammatico, -a [dram'ma:tiko] <-ci, -che> *agg* dramatisch; **attore ~** THEAT Theaterschauspieler *m;* **una situazione -a** eine dramatische Situation

drammatizzare [drammatid'dza:re] *vt* ① *(ridurre in forma di dramma)* für die Bühne bearbeiten ② *(fig: esagerare)* dramatisieren

drammaturga *f v.* **drammaturgo**

drammaturgia [drammatur'dʒi:a] <-gie> *f* dramatische Dichtkunst, Abhandlung *f* zur dramatischen Dichtkunst

drammaturgico, -a [dramma'turdʒiko] <-ci, -che> *agg* dramatisch, die dramatische Dichtkunst betreffend

drammaturgo, -a [dramma'turgo] <-ghi, -ghe> *m, f* Dramatiker(in) *m(f),* Bühnendichter(in) *m(f)*

drappeggiare [drapped'dʒa:re] **I.** *vt* drapieren; *(avvolgere)* einhüllen **II.** *vr* **-rsi** sich [ein]hüllen; **-rsi in qc** sich in etw *akk* hüllen

drappeggio [drap'peddʒo] <-ggi> *m* Drapierung *f*

drappella [drap'pɛlla] *f* Fanfarenflagge *f*

drappello [drap'pɛllo] *m* Schar *f,* Trupp *m*

drapperia [drappe'ri:a] <-ie> *f* ① *(assortimento)* Stoffsortiment *nt* ② *(magazzino)* Tuchfabrik *f*

drappo ['drappo] *m* Tuch *nt*

drastico, -a ['drastiko] <-ci, -che> *agg* drastisch

drawback ['drɔ:bæk] <-> *m* Drawback *nt,* Zollrückvergütung *f*

drenaggio [dre'naddʒo] <-ggi> *m* ① *(sistema per lo scolo delle acque)* Entwässerungsanlage *f,* Drainage *f* ② *(bonifica)* Dränung *f,* Dränierung *f* ③ MED Drainage *f*

drenare [dre'na:re] *vt* drainieren
Dresda ['drɛzda] *f* Dresden *nt*
driade ['dri:ade] *f* Dryade *f,* Waldnymphe *f*
dribblare [drib'bla:re] *vi* dribbeln
drindrin, drin drin [drin'drin] **I.** *m* <-> Klingeln *nt* **II.** *int* kling[e]ling
drink [driŋk *o* drink] <-> *m* Drink *m*
dritto, -a ['dritto] **I.** *m, f (fam)* Schlauberger *m,* Schlaukopf *m* **II.** *agg v.* **diritto, -a**
drive ['draiv] <-> *m* INFORM Laufwerk *nt*
drive-in ['draivin] **I.** *agg inv* Drive-in-, Auto-; **cinema ~** Autokino *nt;* **ristorante ~** Drive-in-Restaurant *nt* **II.** *m* <-> Autokino *nt*
drizzare [drit'tsa:re] **I.** *vt* ① *(raddrizzare)* gerade machen; **~ le orecchie** die Ohren spitzen ② *(innalzare)* aufrichten ③ *(dirigere)* **~ qu verso qc** jdn auf etw *akk* hinlenken **II.** *vr* **-rsi** sich aufrichten
droga ['drɔ:ga] <-ghe> *f* ① *(sostanza aromatica)* Gewürz *nt* ② MED Arzneimittel *nt,* Droge *f* ③ *(stupefacente)* Rauschgift *nt,* Droge *f;* **-ghe leggere/pesanti** weiche/harte Drogen
drogaggio [dro'gaddʒo] *m* Doping *nt*
drogare [dro'ga:re] **I.** *vt* ① GASTR würzen ② *(somministrare droghe a qu)* unter Drogen setzen, Rauschgift geben; SPORT dopen; **~ qu** jdm Rauschgift geben **II.** *vr* **-rsi** *(prendere la droga)* Rauschgift nehmen; SPORT Dopingmittel nehmen
drogato, -a [dro'ga:to] *m, f* Drogenabhängige(r) *f(m),* Rauschgiftsüchtige(r) *f(m)*
drogheria [droge'ri:a] <-ie> *f* Kolonialwarengeschäft *nt,* Drogerie *f*
droghiere, -a [dro'giɛ:re] *m, f* Kolonialwarenhändler(in) *m(f),* Drogist(in) *m(f)*
dromedario [drome'da:rio] <-i> *m* Dromedar *nt*
drone ['dro:ne] *m (aeromobile)* Drohne *f*
drop-out ['drɔpaut] <-> *mf (emarginato)* Drop-out *m;* INFORM Drop-out *m*
drudo, -a ['dru:do] *m, f (poet)* Buhle *mf poet*
DS *m abbr di* **Democratici di Sinistra** *linke demokratische Partei Italiens*
duale [du'a:le] *m* Dual[is] *m*
dualismo [dua'lizmo] *m* Dualismus *m*
dualità [duali'ta] <-> *f* Dualität *f,* Zweiheit *f*
dubbio ['dubbio] *m* Zweifel *m; (sospetto)* Verdacht *m;* **avere un ~ su qc** an etw *dat* Zweifel haben; **avere dei -i su qu** an jdm zweifeln; **essere in ~ su qc** über etw *akk* im Zweifel sein; **senza ~** zweifellos, ohne Zweifel; **mi sorge un ~** mir kommen Zweifel; **in caso di ~** im Zweifelsfalle
dubbio, -a <-i, -ie> *agg* zweifelhaft, fragwürdig, unsicher
dubbiosità [dubbiosi'ta] <-> *f* Ungewissheit *f*
dubbioso, -a [dub'bio:so] *agg* ① *(che è in dubbio)* zweifelnd, unsicher ② *(che dà motivo di dubbio)* zweifelhaft, dubios
dubitare [dubi'ta:re] *vi* ① *(esitare)* zweifeln; **~ di qu/qc** an jdm/etw zweifeln ② *(ritenere poco probabile)* bezweifeln; **~ di qc** etw bezweifeln; **dubito assai che tu venga** ich bezweifle sehr, dass du kommst ③ *(temere)* befürchten; **dubito che la malattia sia ben più grave** ich befürchte, dass die Krankheit wesentlich schlimmer ist
dubitativo, -a [dubita'ti:vo] *agg* unbestimmt, zweifelnd
Dublino [du'bli:no] *f* Dublin *nt*
duca ['du:ka] <-chi> *m* Herzog *m*
ducale [du'ka:le] *agg* herzoglich, Herzogs-
ducato [du'ka:to] *m* ① POL Herzogtum *nt* ② *(moneta d'oro)* Dukaten *m*
duce ['du:tʃe] <-ci> *m* Führer *m;* **il Duce** *(Benito Mussolini)* der Duce
ducetto [du'tʃetto] *m* Kaiser *m,* Zar *m*
duchessa [du'kessa] *f* Herzogin *f*
duchessina [dukes'si:na] *f* Herzogstochter *f*
duchino [du'ki:no] *m* Herzogssohn *m*
due ['du:e] **I.** *num* zwei; *(fig fam)* ein paar; **non poter dividersi in ~** *(fig)* sich nicht zweiteilen können; **fare ~ passi** *(fam)* ein paar Schritte gehen; **scambiare ~ chiacchiere** *(fam)* einen [kleinen] Schwatz halten; **a ~ a ~** zu zweien [nebeneinander], paarweise; **su ~ piedi** aus dem Stand **II.** *m* <-> ① *(numero)* Zwei *f;* **lavorare/mangiare per ~** für zwei arbeiten/essen ② *(nelle date)* Zweite(r) *m* ③ *(voto scolastico)* ≈ mangelhaft, ungenügend ④ SPORT *(nel canottaggio)* **~ con/senza** Zweier *m* mit/ohne **III.** *f pl* zwei Uhr *f; v. a.* **cinque**
duecentesco, -a [duetʃen'tesko] <-schi, -sche> *agg* das dreizehnte Jahrhundert betreffend
duecentista [duetʃen'tista] <-i *m,* -e *f*> *mf* ① *(nell'arte)* Künstler(in) *m(f)* des Duecento ② SPORT Zweihundertmeterläufer(in) *m(f)*
duecentistico, -a [duetʃen'tistiko] <-ci, -che> *agg* das Duecento betreffend
duecento [due'tʃɛnto] **I.** *num* zweihundert **II.** *m* <-> Zweihundert *f;* **il Duecento** das dreizehnte Jahrhundert; *(nell'arte e nella letteratura italiana)* das Duecento
duellante [duel'lante] *m* Duellant *m*
duellare [duel'la:re] *vi* **~ con qu** sich mit jdm duellieren
duello [du'ɛllo] *m* ① HIST Duell *nt;* **battersi a ~** ein Duell austragen; **sfidare a ~** zum

Duell [heraus]fordern ② SPORT Zweikampf *m,* Duell *nt*
duemila [due'mi:la] **I.** *num* zweitausend **II.** *m* <-> Zweitausend *f;* **il ~** das Jahr 2000
duepezzi [due'pɛttsi], **due pezzi** ['du:e 'pɛttsi] <-> *m (giacca e gonna)* Kostüm *nt,* Zweiteiler *m; (costume da bagno)* Zweiteiler *m fam,* Bikini *m*
duetto [du'etto] *m* ① MUS Duett *nt* ② *(scherz)* Duo *nt*
dulcamara [dulka'ma:ra] <-> *m* BOT Quacksalber *m*
dulia [du'li:a] <-ie> *f* REL Heiligenverehrung *f*
dumper ['dʌmpə *o* 'damper] <-> *m* MOT Dumper *m,* Kipper *m,* Kippkarren *m,* Kippwagen *m* [für Erdtransport]
dumping ['dʌmpiŋ *o* 'dampin(g)] <-> *m* COM Dumping *nt,* Preisunterbietung *f*
duna ['du:na] *f* Düne *f*
dune buggy ['dju:n 'bʌgi] <-> *m o f* MOT Dünenfahrzeug *nt,* Dune Buggy *m (kleiner, offener Geländewagen)*
dunque ['duŋkue] **I.** *cong* ① *(perciò)* folglich, also ② *(allora)* also ③ *(esortativo)* nun, also **II.** *m* **essere al ~** vor einer Entscheidung stehen; **veniamo al ~** kommen wir zum springenden Punkt
duo ['du:o] <-> *m* Duo *nt*
duodecimale [duodetʃi'ma:le] *agg* duodezimal
duodecimo, -a [duo'dɛ:tʃimo] *agg (obs)* zwölfte(r, s)
duodeno [duo'dɛ:no] *m* Zwölffingerdarm *m*
duolo ['duɔ:lo] *m (poet)* Pein *f geh*
duomo ['duɔ:mo] *m* Dom *m*
duplicare [dupli'ka:re] *vt* duplizieren
duplicato [dupli'ka:to] *m* Duplikat *nt,* Kopie *f*
duplicatore [duplika'to:re] *m* Kopiergerät *nt,* Kopierer *m*
duplicatorista [duplikato'rista] <-i *m,* -e *f*> *mf* Spezialist(in) *m(f)* für das Duplizieren *(z.B. von Zeichnungen und Büchern)*
duplicazione [duplikat'tsio:ne] *f* Kopieren *nt,* Duplizieren *nt,* Vervielfältigung *f*
duplice ['du:plitʃe] *agg* zweifach, doppelt
duplicità [duplitʃi'ta] <-> *f* Duplizität *f,* Zweifachheit *f*
dura *f v.* **duro**
durame [du'ra:me] *m* BOT Kern[holz *nt*] *m*
durante [du'rante] *prep* während +*gen;* **~ la guerra** während des Krieges; **vita natural ~** zeitlebens
durare [du'ra:re] *vi essere o avere* ① *(continuare)* [an]dauern, weitergehen; **così non può ~** so kann das nicht weitergehen ② *(mantenersi)* halten, sich halten ③ *(prov)* **chi la dura la vince** Beharrlichkeit führt zum Ziel
durata [du'ra:ta] *f* Dauer *f; (di oggetti)* Lebensdauer *f,* Haltbarkeit *f;* **~ d'ascolto** *(di cassette)* Spieldauer *f;* **di lunga ~** haltbar, von langer Lebensdauer
duraturo, -a [dura'tu:ro] *agg* bleibend, dauerhaft
durevole [du're:vole] *agg* dauerhaft, langlebig
durezza [du'rettsa] *f* ① *(qualità)* Härte *f* ② *(fig: severità)* Härte *f; (del clima)* Strenge *f; (ostinazione)* Hartnäckigkeit *f;* **~ di cuore** Hartherzigkeit *f*
duro ['du:ro] *m* ① *(gener)* Harte(s) *nt* ② *(fig)* Schwierigkeit *f*
duro, -a I. *agg* ① *(resistente)* hart; **grano ~** Hartweizen *m;* **è un osso ~** *(fig)* das ist eine harte Nuss *fam; (persona)* er/sie ist ganz schön zäh *fam* ② *(tiglioso, a. fig)* zäh ③ *(severo)* hart, streng; *(ostinato)* hartnäckig; **~ di cuore** hartherzig ④ *(difficile)* schwer, schwierig; **un testo ~ da capire** ein schwer verständlicher Text; **tempi -i** harte Zeiten *f pl* ⑤ *(persona)* **~ di comprendonio** schwer von Begriff; **~ d'orecchi** schwerhörig; **più ~ di un mulo** störrischer als ein Esel **II.** *avv* hart; **tener ~** durchhalten **III.** *m, f* harter Bursche
durone [du'ro:ne] *m* Hornhaut *f*
duttile ['duttile] *agg* ① *(materiale)* dehnbar, geschmeidig; *(metallo)* duktil ② *(fig: carattere)* flexibel
duttilità [duttili'ta] <-> *f* ① *(di materiale)* Dehnbarkeit *f,* Geschmeidigkeit *f; (di metallo)* Duktilität *f* ② *(fig)* Flexibilität *f*
duty-free shop ['dju:tifri: 'ʃɔp] <-> *m* Dutyfreeshop *m*
DVD [divud'di] <-> *m abbr di* **digital versatile disc** DVD *f;* **lettore ~** DVD-Player *m*

D

Ee

E

e [e] *cong* 1 *(correlativa)* und, sowie; **e … e …** sowohl … als auch … 2 *(ma, invece)* aber, doch 3 *(ebbene)* gut, nun 4 MAT und, plus; **tutti e tre** alle drei
E, **e** [e] <-> *f* E *nt*, e *nt*; **e come Empoli** E wie Emil; **vitamina E** Vitamin E
E *abbr di* **est** O
è [ɛ] *3. pers sing pr di* **essere**[1]
EA *abbr di* **Ente Autonomo** autonome Körperschaft
EAD *abbr di* **elaborazione automatica dei dati** automatische Datenverarbeitung
ebanista [eba'nista] <-i *m*, -e *f*> *mf* Kunsttischler(in) *m(f)*
ebanisteria [ebaniste'riːa] <-ie> *f* Kunsttischlerei *f*
ebanite [eba'niːte] *f* Ebonit *nt*
ebano ['ɛːbano] *m* 1 BOT Ebenholzbaum *m* 2 *(legno)* Ebenholz *nt*
ebbe ['ɛbbe] *3. pers sing pass rem di* **avere**[1]
ebbene [eb'bɛːne] *cong* 1 *(dunque)* also, [nun] gut 2 *(interrogativo)* nun, also
ebbi ['ɛbbi] *1. pers sing pass rem di* **avere**[1]
ebbrezza [eb'brettsa] *f (a. fig)* Rausch *m*, Trunkenheit *f*; **~ della velocità** Geschwindigkeitsrausch *m*; **essere in stato di ~** betrunken sein
ebbro, **-a** ['ɛbbro] *agg* betrunken; *(fig)* trunken, berauscht; **~ d'amore** liebestrunken; **~ di gioia** freudetrunken; **~ di felicità** glückstrahlend
ebete ['ɛːbete] **I.** *agg* schwachsinnig; *(viso, sguardo)* blöd[e] **II.** *mf* Schwachsinnige(r) *f(m)*; *(fig, pej)* Schwachkopf *m*
ebetismo [ebe'tizmo] *m* Stumpfsinn *m*, Schwachsinn *m*
ebollizione [ebollit'tsioːne] *f* Sieden *nt*; **punto di ~** Siedepunkt *m*
e-book ['ibuk] <inv> *m* INFORM E-Book *nt*
e-book reader ['ibukridə] <-> *m* INFORM E-Book-Reader *m*, E-Reader
ebraico, **-a** [e'braːiko] <-ci, -che> *agg* hebräisch
ebraismo [ebra'izmo] *m* 1 REL Judentum *nt* 2 LING Hebraismus *m*
ebraista [ebra'ista] <-i *m*, -e *f*> *mf* Hebraist(in) *m(f)*
ebreo, **-a** [e'brɛːo] <-ei, -ee> **I.** *agg* jüdisch **II.** *m, f* Jude *m*/Jüdin *f*
EC *abbr di* **EuroCity** FERR EC *m*
ecatombe [eka'tombe] *f* Gemetzel *nt*, Blutbad *nt*
ecc. *abbr di* **eccetera** etc.
eccedente [ettʃe'dɛnte] **I.** *agg* überschüssig **II.** *m* Überschuss *m*
eccedenza [ettʃe'dɛntsa] *f* Überschuss *m*; **avere ~ di qc** an etw *dat* Überschuss haben; **in ~** im Überschuss, überzählig
eccedere [et'tʃɛːdere] **I.** *vt* 1 *(superare)* übersteigen, übertreffen 2 *(fig: limiti)* überschreiten **II.** *vi* übertreiben; **~ in qc** sich bei etw *dat* übernehmen
eccellente [ettʃel'lɛnte] *agg* ausgezeichnet, Spitzen-
eccellenza [ettʃel'lɛntsa] *f* 1 *(titolo)* Exzellenz *f* 2 *(qualità)* Unübertrefflichkeit *f*, Vorzüglichkeit *f*; *(perfezione)* Vollkommenheit *f*; **per ~** par excellence *geh*, schlechthin
eccellere [et'tʃɛllere] <eccello, eccelsi, eccelso> *vi essere o avere* sich auszeichnen; **~ in qc** sich durch etw auszeichnen; **~ su qu** jdm überlegen sein
eccelso, **-a** [et'tʃɛlso] *agg* 1 *(fig)* erhaben, vortrefflich 2 *(altissimo)* höchste(r, s)
eccentrica *f v.* **eccentrico**
eccentricità [ettʃentritʃi'ta] <-> *f* 1 *(fig)* Überspanntheit *f*, Exzentrizität *f* 2 MAT, ASTR Exzentrizität *f*
eccentrico, **-a** [et'tʃɛntriko] <-ci, -che> *agg* 1 *(fig)* exzentrisch, bizarr 2 MAT, ASTR exzentrisch, abweichend
eccepibile [ettʃi'piːbile] *agg (argomento)* fraglich, angreifbar; *(contegno)* tadelnswert
eccepire [ettʃi'piːre] <eccepisco> *vt* einwenden
eccessivo, **-a** [ettʃes'siːvo] *agg* 1 *(esagerato)* übertrieben; *(prezzo, temperatura)* übermäßig hoch, zu hoch 2 *(persona)* unbeherrscht
eccesso [et'tʃɛsso] *m* 1 *(esagerazione)* Übermaß *nt*; *(pej)* Exzess *m*; **l'~ di qc** das Übermaß an etw *dat*; **~ nel bere** übermäßiger Alkoholkonsum; **dare in -i** Wutanfälle bekommen; **all'eccesso** übermäßig; **fino all'~** bis zum Exzess; **in ~** zu viel 2 *pl* Ausschreitungen *f pl*
eccetera [et'tʃɛːtera] *avv* et cetera, und so weiter
eccetto [et'tʃɛtto] **I.** *prep* außer +*dat*, bis auf +*akk* **II.** *cong* **~ che …** es sei denn, …, außer [wenn] …
eccettuare [ettʃettu'aːre] *vt* ausnehmen, absehen von; **eccettuati i presenti** Anwesende ausgenommen
eccezionale [ettʃettsio'naːle] *agg* außerge-

wöhnlich; *(singolare)* einmalig; **in via** [**del tutto**] ~ [ganz] ausnahmsweise

eccezione [ettʃet'tsio:ne] *f* ① *(rarità)* Ausnahme *f;* **fare** ~ eine Ausnahme darstellen; **senza** ~ ausnahmslos; **d'~** Ausnahme-; **ad ~ di** mit Ausnahme von; **l'~ conferma la regola** *(prov)* die Ausnahme bestätigt die Regel ② JUR Einspruch *m,* Einrede *f*

ecchimosi [ek'ki:mozi] <-> *f* Bluterguss *m*

eccì [et'tʃi] *int* hatschi

eccidio [et'tʃi:dio] <-i> *m* Massaker *nt,* Gemetzel *nt*

eccipiente [ettʃi'piɛnte] *m* Arzneimittelträger *m,* Trägerstoff *m*

eccitabile [ettʃi'ta:bile] *agg* erregbar, reizbar

eccitabilità [ettʃitabili'ta] <-> *f* Erregbarkeit *f,* Reizbarkeit *f*

eccitamento [ettʃita'mento] *m* Ansporn *m,* Anreiz *m*

eccitante [ettʃi'tante] **I.** *agg* *(caffé)* anregend; *(atmosfera)* erregend **II.** *m* Aufputschmittel *nt*

eccitare [ettʃi'ta:re] **I.** *vt* ① *(agitare)* erregen, aufregen; *(masse)* aufheizen ② *(fig: curiosità)* erwecken; *(fantasia)* anregen **II.** *vr* **-rsi** sich aufregen

eccitazione [ettʃitat'tsio:ne] *f* ① *(fisica)* Erregung *f,* Aufregung *f* ② *(psichica)* Erregtheit *f* ③ TEC, PHYS Erregung *f*

ecclesiastico [ekkle'ziastiko] <-ci> *m* Geistliche(r) *m*

ecclesiastico, -a <-ci, -che> *agg* kirchlich, geistlich

ecco ['ɛkko] **I.** *avv* da [ist [*o* sind]], hier [ist [*o* sind]], da kommt [*o* kommen]; **~mi** da bin ich; **~ti il libro** da hast du das Buch; ~ **il libro** da ist das Buch; ~ **perché ...** deswegen, das ist der Grund, warum ...; ~ **tutto** das ist alles; ~ **fatto** fertig, das hätten wir **II.** *int* [ja] eben, genau

eccome [ek'ko:me] *avv* und wie, und ob

ECG *abbr di* **elettrocardiogramma** EKG *nt*

echeggiare [eked'dʒa:re] *vi avere o essere* widerhallen, [er]tönen

echi *pl di* **eco**

echinococco [ekino'kɔkko] <-cchi> *m* Blasenwurm *m,* Echinokokkus *m*

echinodermi [ekino'dɛrmi] *mpl* Stachelhäuter *mpl*

eclatante [ekla'tante] *agg* eklatant, offensichtlich; **un successo** ~ ein aufsehenerregender Erfolg

eclettico, -a [e'klɛttiko] <-ci, -che> *agg* ① *(persona, studioso)* vielseitig ② PHILOS eklektisch

eclettismo [eklet'tizmo] *m* Eklektizismus *m*

eclissare [eklis'sa:re] **I.** *vt* ① ASTR verdunkeln ② *(fig)* in den Schatten stellen **II.** *vr* **-rsi** ① ASTR sich verdunkeln ② *(fig)* untertauchen

eclisse [e'klisse] *f,* **eclissi** [e'klissi] <-> *f* Finsternis *f;* ~ **di luna** Mondfinsternis *f;* ~ **di sole** Sonnenfinsternis *f*

eclittico, -a [e'klittiko] <-ci, -che> *agg* ekliptisch

ecloga ['ɛ:kloga] *f v.* **egloga**

eco ['ɛ:ko] <echi *m*> *f o m (a. fig)* Echo *nt,* Widerhall *m;* **fare ~ alle parole di qu** jdm beipflichten

ecoattivista [ekoatti'vista] *f* Ökoaktivist(in) *m(f)*

ecocardiografia [ekokardiogra'fi:a] <-ie> *f* MED Echokardiografie *f,* Ultraschall-Kardiografie *f*

ecocardiografo [ekokar'diɔ:grafo] *m* MED Echokardiograf *m*

ecocatastrofe [ekoka'tastrofe] *f* ECOL Umweltkatastrophe *f*

ecocertificazione [ekotʃertifika'tsio:ne] *f* Öko-Zertifikat *nt*

ecocidio [eko'tʃi:dio] <-di> *m* ECOL Ökozid *m,* Umweltzerstörung *f*

ecocompatibile [ekokompa'ti:bile] *agg* umweltverträglich

ecocontributo [ɛkokontri'bu:to] *m* ECON Verschrottungsprämie *f*

ecodeputato [ekodepu'ta:to] *m* POL Abgeordnete(r) *f(m)* der Grünen

ecodesign [ekodi'zain] *m* Ökodesign *nt*

ecodiesel [ɛko'di:zel] <-> *m o f* AUTO abgasreduziertes Dieselfahrzeug

ecoetichetta [ɛkoeti'ketta] *f* ECOL Umweltgütesiegel *nt*

ecografia [ekogra'fi:a] <-ie> *f* MED *(esame)* Ultraschalluntersuchung *f;* *(diagnostica)* Ultraschalldiagnostik *f*

ecografico, -a [eko'gra:fiko] <-ci, -che> *agg* MED echografisch

ecografo [e'kɔ:grafo] *m* Ultraschallgerät *nt*

ecogramma [eko'gramma] <-i> *m* Ultraschallbild *nt*

ecoincentivo [ekointʃen'ti:vo] *m* Verschrottungsprämie *f*

ecolabel [ikə'leibl] <-> *m* ökologisches Gütesiegel der EU

ecologa *f v.* **ecologo**

ecologia [ekolo'dʒi:a] <-gie> *f* Ökologie *f*

ecologico, -a [eko'lɔdʒiko] <-ci, -che> *agg* ökologisch, Umwelt-

ecologista [ekolo'dʒista] <-i *m,* -e *f*> *mf* Umweltschützer(in) *m(f)*

ecologo, -a [e'kɔ:logo] <-gi, -ghe> *m, f* Ökologe *m*/Ökologin *f*

ecometro [e'kɔ:metro] *m* TEC, NAUT Echolot *nt*

E

E

e-commerce [i'kɔmers] <-> *m* COM E-Commerce *nt*
ecomostro [eko'mostro] *m* Betonklotz *m* *(eine die Umwelt verschandelnde Gebäudekonstruktion)*
economa *f v.* **economo**
economato [ekono'ma:to] *m* Verwaltung *f*
economia [ekono'mi:a] <-ie> *f* ❶ *(gener)* Wirtschaft *f;* **~ domestica** Hauswirtschaft *f,* Haushaltsführung *f;* **~ politica** Volkswirtschaftslehre *f;* **Nuova Economia** New Economy *f* ❷ *(risparmio)* Sparsamkeit *f;* **fare ~** [*o* **-ie**] sparen ❸ *pl (somma)* Ersparnisse *f pl,* Ersparte(s) *nt*
economicismo [ekonomi'tʃizmo] *m* Ökonomismus *m*
economicistico, -a [ekonomi'tʃistiko] <-ci, -che> *agg* ökonomistisch
economico, -a [eko'nɔ:miko] <-ci, -che> *agg* ❶ *(condizioni, criterio)* wirtschaftlich ❷ *(poco costoso)* preiswert, billig
economismo [ekono'mizmo] *m v.* **economicismo**
economista [ekono'mista] <-i *m,* -e *f*> *mf* Wirtschaftswissenschaftler(in) *m(f)*
economizzare [ekonomid'dza:re] **I.** *vt* sparen, einsparen **II.** *vi* Haus halten, sparen
economizzatore [ekonomiddza'to:re] *m* TEC Ekonomiser *m; (per lavatrici)* Spartaste *f,* Sparvorrichtung *f*
economo, -a [e'kɔ:nomo] *m, f* Verwalter(in) *m(f)*
economy (class) ['ikɔnəmi 'kla:s] <-> *f* Economyklasse *f,* Economy Class *f*
ecopacifismo [ekopatʃi'fizmo] *m sing* Umweltschutz- und Friedensbewegung *f*
ecopacifista [ekopatʃi'fista] <-i *m,* -e *f*> *mf* Ökopazifist(in) *m(f)*
ecoreato [ɛkore'a:to] *m* ECOL Umweltvergehen *nt*
ecoscandaglio [ekoskan'daʎʎo] <-gli> *m* NAUT Echolot *nt*
ecosfera [eko'sfɛ:ra] *f* ECOL, GEOG Ökosphäre *f*
ecosistema [ekosis'tɛ:ma] *m* Ökosystem *nt*
ecosolidale [ekosoli'da:le] *agg (prodotto)* nachhaltig; *(progetto)* nachhaltig, ökologisch bewusst
ecostrage [eko'stradʒe] *f* ECOL Umweltkatastrophe *f*
ecotassa [ɛko'tassa] *f* ECOL Ökosteuer *f*
ecoturismo [ɛkotu'rizmo] *m* ECOL Ökotourismus *m*
ecru [e'kry] *agg inv* ❶ *(tessuto)* roh, ungebleicht ❷ *(colore)* ekrü, naturfarben
ecstasy ['ekstəsi] <-> *f* Ecstasy *nt*
ecumenico, -a [eku'mɛ:niko] <-ci, -che> *agg* ökumenisch
eczema [ek'dzɛ:ma] <-i> *m* Ekzem *nt*
ed. *abbr di* **edizione** Ed., Ausg.
ed *cong* = **e** *davanti a vocale*
Ed. *abbr di* **editore** Hg., Hrsg.
edelweiss ['e:dəlvais] <-> *f* Edelweiß *nt*
edema [e'dɛ:ma] <-i> *m* Ödem *nt*
eden ['ɛ:den] <-> *m* Eden *nt; (fig)* Paradies *nt;* **il giardino dell'~** der Garten Eden
edera ['e:dera] *f* Efeu *m*
edibile [e'di:bile] *agg (obs: commestibile)* essbar, genießbar
edicola [e'di:kola] *f* ❶ *(del giornalaio)* Zeitungsstand *m,* -kiosk *m* ❷ ARCH Ädikula *f*
edicolante [ediko'lante] *mf* Zeitungsverkäufer(in) *m(f) (am Zeitungsstand)*
edificabile [edifi'ka:bile] *agg* bebaubar, Bau-
edificabilità [edifikabili'ta] <-> *f* Bebaubarkeit *f*
edificante [edifi'kante] *agg* erbaulich, erhebend
edificare [edifi'ka:re] *vt* ❶ ARCH [er]bauen, errichten ❷ *(fig)* bauen; *(stato, azienda)* aufbauen, gründen; *(dottrina)* begründen; *(teoria)* aufstellen; *(moralmente)* erbauen; **~ sulla sabbia** *(fig)* auf Sand bauen
edificatore, -trice [edifika'to:re] **I.** *agg* [er]bauend **II.** *m, f* Erbauer(in) *m(f)*
edificazione [edifikat'tsio:ne] *f* ❶ ARCH Bau *m,* Errichtung *f,* Erbauung *f* ❷ *(fig)* [Be]gründung *f; (moralmente)* Erbauung *f*
edificio [edi'fi:tʃo] <-ci> *m* ❶ ARCH Gebäude *nt,* Bau *m* ❷ *(fig)* Aufbau *m,* Gefüge *nt*
edile [e'di:le] **I.** *agg* baulich, Bau- **II.** *m* Bauarbeiter *m*
edilizia [edi'littsia] <-ie> *f* Bauwesen *nt,* Baugewerbe *nt*
edilizio, -a [edi'littsio] <-i, -ie> *agg* baulich, Bau-
edipico, -a [e'di:piko] <-ci, -che> *agg* ödipal, Ödipus-; **complesso ~** Ödipuskomplex *m*
editing ['editiŋ] <-> *m* ❶ *(editoria)* Redigieren *nt,* Redaktion *f* ❷ INFORM Editieren *nt*
edito, -a ['ɛ:dito] *agg* verlegt, aufgelegt; *(a cura di)* herausgegeben von
editor <-> *m* INFORM Editor *m*
editore, -trice [edi'to:re] **I.** *agg* Verlags-; *(dell'editore)* Verleger-, verlegerisch; **casa -trice** Verlag *m,* Verlagshaus *nt* **II.** *m, f* ❶ *(pubblicatore)* Verleger(in) *m(f)* ❷ *(curatore)* Herausgeber(in) *m(f)*
editoria [edito'ri:a] <-ie> *f* Verlagswesen *nt;* **~ da tavolo** Desktop-Publishing *nt*
editoriale [edito'ria:le] **I.** *agg* Verlags-;

(dell'editore) Verleger-, verlegerisch **II.** *m* Leitartikel *m*
editorialista [editoria'lista] <-i *m*, -e *f*> *mf* Leitartikler(in) *m(f)*, Leitartikelschreiber(in) *m(f)*
editrice *f v.* **editore**
editto [e'ditto] *m* HIST Edikt *nt*, Erlass *m*
edizione [edit'tsio:ne] *f* ① TYP Auflage *f*; *(esemplare)* Ausgabe *f*; ~ **economica** Taschenbuchausgabe *f*, Billigausgabe *f*; ~ **originale** Originalausgabe *f*; ~ **straordinaria** Sonderausgabe *f* ② TV, RADIO Ausgabe *f* ③ *(di manifestazione)* Veranstaltung *f*
edonismo [edo'nizmo] *m* Hedonismus *m*
edonista [edo'nista] <-i *m*, -e *f*> *mf* Genussmensch *m*
edonistico, **-a** [edo'nistiko] <-ci, -che> *agg* genießerisch
EDP *f abbr di* **Electronic Data Processing** EDV *f*
educanda [edu'kanda] *f* Internatsschülerin *f*, Pensionatsschülerin *f*; *(fig)* schamhaftes Mädchen
educandato [edukan'da:to] *m* Mädchenpensionat *nt*, Mädcheninternat *nt*
educare [edu'ka:re] *vt* ① *(giovani)* erziehen ② *(fig)* gewöhnen; *(allenare)* trainieren, stärken; ~ **qu a qc** jdn an etw *akk* gewöhnen
educativo, **-a** [eduka'ti:vo] *agg* Erziehungs-; *(metodo)* erzieherisch; *(romanzo)* Erziehungs-, Bildungs-
educato, **-a** [edu'ka:to] *agg* [wohl] erzogen, artig
educatore, **-trice** [eduka'to:re] **I.** *agg* erzieherisch **II.** *m, f* Erzieher(in) *m(f)*
educazione [edukat'tsio:ne] *f* ① *(dei giovani)* Erziehung *f*; ~ **fisica** Leibeserziehung *f*, Turnen *nt*; ~ **stradale** Verkehrserziehung *f* ② *(buone maniere)* [gutes] Benehmen *nt*, Erziehung *f*; **gente senza** ~ Leute ohne Benehmen
EED *abbr di* **elaborazione elettronica dei dati** EDV *f*
EEG *abbr di* **elettroencefalogramma** MED EEG *nt*
efelide [e'fɛ:lide] *f* Sommersprosse *f*
effem(m)inata *f v.* **effem(m)inato**
effem(m)inatezza [effem(m)ina'tettsa] *f* ① *(con tratti femminili)* Effeminiertheit *f*, Verweiblichung *f* ② *(pej)* Verweichlichung *f*
effem(m)inato [effem(m)i'na:to] *m (pej)* Weichling *m*
effem(m)inato, **-a** *agg* ① effeminiert, geziert ② *(pej)* verweichlicht, weibisch
efferatezza [effera'tettsa] *f* Grausamkeit *f*, Abscheulichkeit *f*
efferato, **-a** [effe'ra:to] *agg* grausam, roh
efferente [effe'rente] *agg (condotto)* Ableitungs-, ableitend
effervescente [efferveʃ'ʃɛnte] *agg* ① *(frizzante)* sprudelnd, [auf]brausend; *(pasticca)* Brause- ② *(fig)* lebhaft, resch A
effervescenza [efferveʃ'ʃɛntsa] *f* ① *(di pasticca, acqua)* Sprudeln *nt*; *(di vino)* Gärung *f* ② *(fig: agitazione)* Erregung *f*, Aufregung *f*
effettato, **-a** [effet'ta:to] *agg* effektvoll, wirkungsvoll
effettismo [effet'tizmo] *m* Effekthascherei *f*
effettivamente [effettiva'mente] *avv* tatsächlich, in Wirklichkeit
effettività [effettivi'ta] <-> *f* Wirklichkeit *f*, Tatsächlichkeit *f*
effettivo [effet'ti:vo] *m* ① ADM, COM [Effektiv]bestand *m* ② MIL [Effektiv]stärke *f*
effettivo, **-a** *agg* ① *(reale)* wirklich; *(valore, danno)* effektiv, tatsächlich ② *(socio, professore)* ordentlich; *(operaio)* festangestellt; **personale** ~ Personalbestand *m* ③ MIL aktiv, Berufs-; **ufficiale** ~ Berufsoffizier *m*
effetto [ef'fɛtto] *m* ① JUR, PHYS Wirkung *f*, Auswirkung *f*; *(fig)* Ergebnis *nt*; *(scopo)* Zweck *m*; ~ **serra** ECOL Treibhauseffekt *m*; **causa ed** ~ Ursache und Wirkung; **fare l'~ di** aussehen wie, den Eindruck machen als ob; **ottenere l'~ voluto** die gewünschte Wirkung erzielen; **fare** ~ Eindruck machen; **in -i** wirklich, in der Tat; **-i collaterali** Nebenwirkungen *fpl*; **-i personali** persönliche Gegenstände *mpl* ② FIN Schuldverschreibung *f*, Wechsel *m*
effettuare [effettu'a:re] *vt* ausführen, durchführen
effettuazione [effettuat'tsio:ne] *f* Ausführung *f*, Durchführung *f*
efficace [effi'ka:tʃe] *agg* wirksam, wirkungsvoll
efficacia [effi'ka:tʃa] <-cie> *f* Wirksamkeit *f*, Wirkung *f*
efficiente [effi'tʃɛnte] *agg (organizzazione, persona)* leistungsfähig, effizient; *(che funziona)* wirksam, wirkungsvoll
efficientismo [effitʃen'tizmo] *m* Streben *nt* nach Effizienz
efficientista [effitʃen'tista] <-i *m*, -e *f*> *mf* Anhänger(in) *m(f)* des Effizienzstrebens
efficientistico, **-a** [effitʃen'tistiko] <-ci, -che> *agg* nach Effizienz strebend, Efficiency-
efficienza [effi'tʃɛntsa] *f* Wirksamkeit *f*, Effizienz *f*; *(di persona)* Leistungsfähigkeit *f*; *(di motore)* Leistung *f*
effigiare [effi'dʒa:re] *vt (poet)* darstellen,

E

abbilden; *(modellare con effigi)* mit Bildern versehen [*o* schmücken]

effigie [efˈfiːdʒe] <- *o* -gi> *f (poet)* Bildnis *nt,* Bild *nt*

effimero, **-a** [efˈfiːmero] *agg* ① *(fugace)* flüchtig, vergänglich; *(di breve durata)* kurzlebig ② ZOO eintägig, Eintags-

efflusso [efˈflusso] *m* Ausströmen *nt,* Austreten *nt*

effluvio [efˈfluːvio] <-i> *m* Duft *m*

effondere [efˈfondere] <irr> *vt* ergießen

effrazione [effratˈtsioːne] *f* Aufbrechen *nt,* Aufbruch *m; (fig)* Verletzung *f*

effusione [effuˈzioːne] *f* ① *(versamento)* Vergießen *nt,* Ausgießen *nt; (di gas)* Ausströmen *nt; (di lava)* Erguss *m,* Effusion *f* ② *(fig)* Überschwänglichkeit *f; (cordialità)* Herzlichkeit *f;* **con ~** überschwänglich

egalitario [egaliˈtaːrio] *agg v.* **egualitario**

egemone [eˈdʒɛːmone] *agg* hegemonial; *(a. fig)* [vor]herrschend

egemonia [edʒemoˈniːa] <-ie> *f* Hegemonie *f; (a. fig)* [Vor]herrschaft *f*

egemonico, **-a** [edʒeˈmɔːniko] <-ci, -che> *agg* hegemonial, Hegemonie-

egemonizzare [edʒemonidˈdzaːre] *vt* beherrschen

Egeo [eˈdʒɛːo] *m* Ägäis *f*

egida [ˈɛːdʒida] *f* ① *(fig)* Schutz *m,* Obhut *f,* Ägide *f* ② *(nella mitologia)* Ägide *f*

Egitto [eˈdʒitto] *m* **l'~** Ägypten *nt*

egittologa *f v.* **egittologo**

egittologia [edʒittoloˈdʒiːa] <-ie> *f* Ägyptologie *f*

egittologo, **-a** [edʒitˈtɔːlogo] <-gi, -ghe> *m, f* Ägyptologe *m*/Ägyptologin *f*

egizia *f v.* **egizio**

egiziano, **-a** [edʒitˈtsiaːno] **I.** *agg* ägyptisch **II.** *m, f* Ägypter(in) *m(f)*

egizio, **-a** [eˈdʒittsio] <-i, -ie> **I.** *agg* altägyptisch **II.** *m, f* [Alt]ägypter(in) *m(f)*

egli [ˈeʎʎi] *pron pers 3. pers sing m* er

egloga [ˈɛːgloga] <-ghe> *f* Ekloge *f*

ego [ˈɛːgo] <-> *m* Ego *nt,* Ich *nt*

egocentrica *f v.* **egocentrico**

egocentricità [egotʃentritʃiˈta] <-> *f* Egozentrik *f,* Ichbezogenheit *f*

egocentrico, **-a** [egoˈtʃɛntriko] <-ci, -che> **I.** *agg* egozentrisch **II.** *m, f* Egozentriker(in) *m(f)*

egocentrismo [egotʃenˈtrizmo] *m* Egozentrik *f,* Ichbezogenheit *f*

egoismo [egoˈizmo] *m* Egoismus *m,* Selbstsucht *f*

egoista [egoˈista] <-i *m,* -e *f*> **I.** *mf* Egoist(in) *m(f)* **II.** *agg* egoistisch, selbstsüchtig

egoistico, **-a** [egoˈistiko] <-ci, -che> *agg* egoistisch, selbstsüchtig

egolalia [egolaˈliːa] <-ie> *f Tendenz, immer über sich selbst zu sprechen*

egotismo [egoˈtizmo] *m* Egotismus *m*

Egr. *abbr di* **egregio** sehr geehrte(r) …

egregio, **-a** [eˈgrɛːdʒo] <-gi, -gie> *agg* ausgezeichnet, vortrefflich; *(nelle lettere)* sehr geehrte(r)

eguaglianza [eguaʎˈʎantsa] *f v.* **uguaglianza**

egualitario, **-a** [egualiˈtaːrio] <-i, -ie> **I.** *agg* egalitär **II.** *m, f* Gleichmacher(in) *m(f)*

egualitarismo [egualitaˈrizmo] *m* Egalitarismus *m*

eh [ɛ *o* e] *int (fam)* he; *(sorpresa, compatimento)* oh; *(domanda)* was; **niente male, ~?** nicht übel, was?; **~! dove corri?** *(fam)* he! wo läufst du hin?

ehi [ˈeːi] *int (fam)* hallo, he[da]

ehm [m] *int (fam)* hm

E.I. *abbr di* **Esercito Italiano** *die italienischen Steitkräfte*

eiaculare [eiakuˈlaːre] *vi* ejakulieren

eiaculazione [eiakulatˈtsioːne] *f* Ejakulation *f,* Samenerguss *m*

eidomatica® [eidoˈmaːtika] <-che> *f* INFORM Bildverarbeitung *f*

eidomatica [eidoˈmaːtika] <-che> *f* INFORM Bildverarbeitung *f,* Bildbearbeitung *f*

eidophor, **eidofor®** [eidiˈfɔr] <-> *m* TV *(grande schermo)* Eidophor® *nt,* Fernsehgroßbild-Projektionsanlage *f*

eiettabile [eietˈtaːbile] *agg* **sedile ~** Schleudersitz *m*

elaborare [elaboˈraːre] *vt* ① *(tesi, piano)* ausarbeiten, erarbeiten ② INFORM *(dati)* verarbeiten ③ BIOL *(digerire)* verdauen; *(secernere)* absondern, produzieren

elaboratezza [elaboraˈtettsa] *f* Ausgefeiltheit *f,* Geschliffenheit *f*

elaborato [elaboˈraːto] *m* ① *(a scuola)* Arbeit *f,* Aufgabe *f* ② INFORM Ausdruck *m* ③ BIOL *(digestione)* Verdauung *f; (secrezione)* Absonderung *f,* Produktion *f*

elaborato, **-a** *agg* ausgefeilt, geschliffen

elaboratore [elaboraˈtoːre] *m* INFORM Computer *m,* Rechner *m;* **~ elettronico** EDV-Anlage *f*

elaboratore, **-trice** *agg* ausarbeitend, verarbeitend

elaborazione [elaboratˈtsioːne] *f* ① INFORM Verarbeitung *f* ② *(di progetto, piano, teoria)* Erstellung *f,* Ausarbeitung *f* ③ BIOL Verdauung *f*

elargire [elarˈdʒiːre] <elargisco> *vt* spenden

elargizione [elardʒitˈtsioːne] *f* Spende *f*

elasticità [elastitʃiˈta] <-> *f* ① *(di molle,*

gomma) Elastizität *f,* Dehnbarkeit *f* ② *(agilità)* Beweglichkeit *f,* Gelenkigkeit *f* ③ *(fig)* Flexibilität *f,* Beweglichkeit *f;* ~ **mentale** geistige Beweglichkeit

elasticizzare [elastitʃid'dza:re] *vt* flexibilisieren

elasticizzato, -a [elastitʃid'dza:to] *agg* Stretch-

elastico [e'lastiko] <-ci> *m* ① *(tessuto)* elastisches Gewebe ② *(per fissare)* Gummi[band] *nt*

elastico, -a <-ci, -che> *agg* ① *(molla, tessuto)* elastisch, dehnbar ② *(persona)* gelenkig, beweglich; *(carattere)* beweglich, flexibel; *(cedevole)* nachgiebig

Elba *f* ① *(isola toscana)* Elba *nt* ② GEOG *(fiume)* Elbe *f*

elbano, -a [el'ba:no] *m, f (abitante dell'isola d'Elba)* Einwohner(in) *m(f)* von Elba

eldorado [eldo'ra:do] *m* [El]dorado *nt*

elefante [ele'fante] *m* Elefant *m*

elefantesco, -a [elefan'tesko] <-schi, -sche> *agg* Elefanten-; *(fig)* gigantisch

elefantessa [elefan'tessa] *f* Elefantenkuh *f*

elefantiasi [elefan'ti:azi] <-> *f* ① MED Elefantiasis *f* ② *(fig)* Aufgeblähtheit *f*

elegante [ele'gante] *agg* elegant

eleganza [ele'gantsa] *f* Eleganz *f*

eleggere [e'lɛddʒere] <irr> *vt* wählen

elegia [ele'dʒi:a] <-gie> *f* Elegie *f*

elegiaco, -a [ele'dʒi:ako] <-ci, -che> *agg* elegisch, Klage-

elementare [elemen'ta:re] **I.** *agg (semplice)* einfach; *(di base)* elementar, Grund-; **scuola** ~ Grundschule **II.** *fpl* Grundschule *f*

elementarizzare [elementarid'dza:re] *vt* vereinfachen

elemento [ele'mento] *m* ① *(gener,* CHEM, PHILOS Element *nt* ② *(fig: parte costitutiva)* Bestandteil *m,* Element *nt; (di studio, arte)* Grundlage *f* ③ *(fig, pej: individuo)* Person *f,* Subjekt *nt*

elemosina [ele'mɔ:zina] *f* Almosen *nt,* Spende *f;* **chiedere l'~** um Almosen bitten, betteln; **fare l'~** ein Almosen geben

elemosinare [elemozi'na:re] **I.** *vt* erbetteln, betteln um **II.** *vi* betteln

elencare [eleŋ'ka:re] *vt* auflisten; *(enumerare)* aufzählen

elencazione [eleŋkat'tsio:ne] *f* Auflistung *f; (enumerazione)* Aufzählung *f*

elenco [e'lɛŋko] <-chi> *m* Verzeichnis *nt,* Liste *f;* ~ **telefonico** Telefonbuch *nt*

elessi *1. pers sing pass rem di* **eleggere**

eletta *f v.* **eletto**

elettivo, -a [elet'ti:vo] *agg* Wahl-

eletto, -a [e'lɛtto] **I.** *pp di* **eleggere** **II.** *agg* ① POL gewählt ② REL auserwählt ③ *(fig)* erlesen **III.** *m, f* Gewählte(r) *f(m)*

elettorale [eletto'ra:le] *agg* Wahl-

elettoralismo [elettora'lizmo] *m* Stimmenfang *m*

elettorato [eletto'ra:to] *m* Wählerschaft *f,* Wähler *mpl*

elettore, -trice [elet'to:re] *m, f* Wähler(in) *m(f)*

elettrauto [elet'tra:uto] <-> *m* Kraftfahrzeugelektrodienst *m*

elettrica *f v.* **elettrico**

elettrice *f v.* **elettore**

elettricista [elettri'tʃista] <-i *m,* -e *f*> *mf* Elektriker(in) *m(f)*

elettricità [elettritʃi'ta] <-> *f* PHYS Elektrizität *f*

elettrico, -a [e'lɛttriko] <-ci, -che> **I.** *agg* PHYS elektrisch, Elektrizitäts- **II.** *m, f* Elektriker(in) *m(f)*

elettrificare [elettrifi'ka:re] *vt* auf Elektrobetrieb umstellen

elettrificazione [elettrifikat'tsio:ne] *f* Umstellung *f* auf Elektrobetrieb

elettrizzante [elettrid'dzante] *agg* aufregend

elettrizzare [elettrid'dza:re] **I.** *vt* ① PHYS elektrisieren ② *(fig)* aufrütteln; *(entusiasmare)* begeistern **II.** *vr* **-rsi** PHYS elektrisiert werden; *(fig)* in Aufregung geraten

elettrizzazione [elettriddzat'tsio:ne] *f* Elektrisierung *f*

elettro [e'lɛttro] *m* ① *(lega)* Gold- und Silberlegierung *f* ② *(ambra)* [gelber] Bernstein *m*

elettro- [elettro] *(in parole composte)* Elektro-, elektrisch

elettrocalamita [elettrokala'mi:ta] *f* Elektromagnet *m*

elettrocardiogramma [elettrokardio'gramma] *m* Elektrokardiogramm *nt*

elettrochimica [elettro'ki:mika] <-che> *f* Elektrochemie *f*

elettrochimico, -a [elettro'ki:miko] <-ci, -che> **I.** *agg* elektrochemisch **II.** *m, f* Elektrochemiker(in) *m(f)*

elettrochoc [elettro'ʃɔk] *m v.* **elettroshock**

elettrodo [e'lɛttrodo] *m* Elektrode *f*

elettrodomestico [elettrodo'mɛstiko] *m* Elektrogerät *nt,* Haushaltsgerät *nt;* **negozio di -ci** Elektrogeschäft *nt*

elettroencefalogramma [elettroentʃefalo'gramma] *m* Elektroenzephalogramm *nt*

elettrofisica [elettro'fi:zika] <-che> *f* Elektrophysik *f*

elettrolisi [elet'trɔ:lizi] <-> *f* Elektrolyse *f*

elettrolita, elettrolito [elet'trɔ:lita, elet'trɔ'li:to] <-i> *m* Elektrolyt *m*
elettrolitico, -a [elettro'li:tiko] <-ci, -che> *agg* elektrolytisch
elettromagnete [elettromaɲ'ɲɛ:te] *m* Elektromagnet *m*
elettromagnetico, -a [elettromaɲ'ɲɛ:tico] <-ci, -che> *agg* elektromagnetisch
elettromeccanica [elettromek'ka:nika] <-che> *f* Elektromechanik *f*
elettromeccanico, -a [elettromek'ka:niko] <-ci, -che> **I.** *agg* elektromechanisch **II.** *m, f* Elektromechaniker(in) *m(f)*
elettromotrice [elettromo'tri:tʃe] *f* E-Lok *f*
elettrone [elet'tro:ne] *m* Elektron *nt*
elettronica [elet'trɔ:nika] <-che> *f* Elektronik *f*
elettronico, -a [elet'trɔ:niko] <-ci, -che> *agg* ① elektronisch, Elektronik- ② INFORM, INET elektronisch; **posta -a** elektronische Post; **commercio ~** Internethandel *m,* Onlinehandel *m,* E-commerce *m*
elettroscopio [elettros'kɔ:pio] <-i> *m* Elektroskop *nt*
elettroshock [elettro'ʃɔk] <-> *m* Elektroschock *m*
elettroshockterapia [elettroʃɔktera'pi:a] <-ie> *f* MED Elektroschocktherapie *f*
elettrosmog [elɛttro'zmɔg] <-> *m* ECOL Elektrosmog *m*
elettrostatica [eletro'sta:tika] <-che> *f* PHYS Elektrostatik *f*
elettrotecnica [elettro'tɛknika] <-che> *f* Elektrotechnik *f*
elettrotecnico, -a [elettro'tɛkniko] <-ci, -che> **I.** *agg* elektrotechnisch **II.** *m, f* Elektrotechniker(in) *m(f)*
elettroterapia [elettrotera'pi:a] *f* Elektrotherapie *f*
elettrovalvola [elettroval'vo:la] *f* TEC elektrisches Ventil
elevamento [eleva'mento] *m* [Boden]erhebung *f,* Erhöhung *f*
elevare [ele'va:re] **I.** *vt* ① *(edificio)* aufstocken; **~ un edificio di un piano** ein Gebäude um einen Stock erhöhen ② *(fig)* anheben, erhöhen ③ *(alzare)* erheben, anheben ④ ADM *(multa)* auferlegen ⑤ MAT **~ un numero al quadrato** eine Zahl zum Quadrat erheben, eine Zahl quadrieren **II.** *vr* **-rsi** sich erheben, emporragen
elevatezza [eleva'tettsa] *f* ① *(di monte)* Höhe *f* ② *(fig)* Erhabenheit *f*
elevato, -a [eleva:to] *agg (monte, prezzo)* hoch
elevatore [eleva'to:re] *m* TEC Hebewerk *nt,* Elevator *m*
elevatore, -trice *agg* Hebe-; TEC Hub-; **carrello ~** Gabelstapler *m*
elevazione [elevat'tsio:ne] *f* ① *(innalzamento, aumento)* Erhebung *f,* Erhöhung *f* ② MIL, ASTR Elevation *f*
elezione [elet'tsio:ne] *f* Wahl *f*
eliambulanza [eliambu'lantsa] *f* AERO Rettungshubschrauber *m*
eliapprodo [eliap'prɔ:do] *m* AERO Hubschraubernotlandeplatz *m*
elibus ['ɛ:libus] <-> *m* AERO Großraumhubschrauber *m*
elica ['ɛ:lika] <-che> *f* ① NAUT Schiffsschraube *f* ② AERO Propeller *m*
elicoidale [elikoi'da:le] *agg* Spiral-, Schrauben-
elicoplano [eli'kɔ:plano] *m* AERO Kombinationshubschrauber *m*
elicottero [eli'kɔttero] *m* Hubschrauber *m,* Helikopter *m*
elidere [e'li:dere] <elido, elisi, eliso> *vt (annullare)* aufheben
eliminare [elimi'na:re] *vt* ① *(togliere)* beseitigen, entfernen ② *(fig: ipotesi)* ausschließen; *(espellere)* ausscheiden
eliminatoria [elimina'tɔ:ria] <-ie> *f* Vorrunde *f,* Qualifikation[srunde] *f,* Ausscheidungskämpfe *mpl*
eliminazione [eliminat'tsio:ne] *f* ① SPORT Ausscheiden *nt; (squalifica)* [Platz]verweis *m* ② *(soppressione, rimozione)* Entfernen *nt,* Beseitigung *f*
elio ['ɛ:lio] *m* Helium *nt*
eliocentrico, -a [elio'tʃɛntriko] <-ci, -che> *agg* heliozentrisch
elioelettrico, -a [elioe'lɛttriko] <-ci, -che> *agg* TEC Sonnenenergie-, Solarenergie-
eliografia [eliogra'fi:a] *f* Heliografie *f,* Lichtdruckverfahren *nt*
eliparco [eli'parko] <-chi> *m* Hubschrauberparkplatz *m*
eliportato, -a [elipor'ta:to] *agg v.* **elitrasportato**
eliporto [eli'pɔrto] *m* Hubschrauberlandeplatz *m*
eliportuale [eliportu'a:le] *agg* den Hubschrauberlandeplatz betreffend
eliposta [eli'pɔsta] *f* Hubschrauberpost *f,* Postbeförderung *f* per Hubschrauber; **inviato a mezzo ~** per Hubschrauberpost gesendet
elisi [e'li:zi] *1. pers sing pass rem di* **elidere**
elisio [e'li:zio] *m* Elysium *nt*
elisio, -a <-i, -ie> *agg* elysisch
elisione [eli'zio:ne] *f* Elision *f*
elisir [eli'zir] <-> *m* Elixier *nt;* **~ d'amore** Liebestrank *m*

eliso [e'li:zo] *pp di* **elidere**
elitario, -a [eli'ta:rio] <-i, -ie> *agg* elitär
elitarismo [elita'rizmo] *m* Elitedenken *nt,* elitäres Verhalten
elitaxì [elita'ksi] <-> *m* Hubschraubertaxi *nt*
élite [e'lit] <-> *f* Elite *f*
elitista [eli'tista] <-i *m,* -e *f*> **I.** *agg* ① *(che fa parte di un élite)* elitär ② *(che ha una concezione di tipo elitario)* elitegläubig **II.** *mf* ① *(chi fa parte di un élite)* Angehörige(r) *f(m)* einer Elite ② *(chi ha una concezione di tipo elitario)* Elitegläubige(r) *f(m)*
elitrasportato, -a [elitraspor'ta:to] *agg* mit dem Hubschrauber transportiert [*o* befördert]
ella ['ella] *pron pers 3. pers sing f* sie
ellenico, -a [el'lɛ:niko] <-ci, -che> *agg* hellenisch, [alt]griechisch
ellenismo [elle'nizmo] *m* HIST, LIT Hellenismus *m*
ellenista [elle'nista] <-i *m,* -e *f*> *mf* Hellenist(in) *m(f),* Gräzist(in) *m(f)*
ellenistico, -a [elle'nistiko] <-ci, -che> *agg* hellenistisch
ellisse [el'lisse] *f* MAT Ellipse *f*
ellissi [el'lissi] <-> *f* LING Ellipse *f*
ellittico, -a [el'littiko] <-ci, -che> *agg* elliptisch
elmetto [el'metto] *m (per soldati, minatori, ciclisti)* Helm *m*
elmo ['elmo] *m (nelle antiche armature)* Helm *m*
elogiare [elo'dʒa:re] *vt* loben
elogiativo, -a [elodʒa'ti:vo] *agg* lobend, Lobes-
elogio [e'lɔ:dʒo] <-gi> *m* Lob *nt,* Lobrede *f;* ~ **funebre** Trauerrede *f*
eloquente [elo'kuɛnte] *agg* ① *(oratore, discorso)* redegewandt ② *(sguardo, silenzio)* vielsagend, sprechend
eloquenza [elo'kuɛntsa] *f* ① *(di oratore, discorso)* Redegewandtheit *f,* Wortgewandtheit *f,* Eloquenz *f* ② *(fig: di gesto, sguardo)* Beredtheit *f*
elsa ['elsa] *f* Degenglocke *f*
elucubrare [eluku'bra:re] *vt* ausklügeln, austüfteln
elucubrazione [elukubrat'tsio:ne] *f* Tüftelei *f*
eludere [e'lu:dere] <eludo, elusi, eluso> *vt* ~ **qc** einer Sache *dat* ausweichen
elusivo, -a [elu'zi:vo] *agg* ausweichend
eluso [e'luzo] *pp di* **eludere**
elvetico, -a [el'vɛ:tiko] <-ci, -che> *agg* helvetisch, schweizerisch
elzevirista [eldzevi'rista] <-i *m,* -e *f*> *mf* Feuilletonist(in) *m(f)*
elzeviro [eldze'vi:ro] *m* ① *(di giornale)* Feuilleton[artikel *m*] *nt* ② TYP Elzevir *f*
emaciamento [ematʃa'mento] *m* starke Abmagerung, Auszehrung *f*
emaciare [ema'tʃa:re] **I.** *vt* auszehren, ausmergeln **II.** *vr* **-rsi** stark abmagern
emaciato, -a [ema'tʃa:to] *agg* stark abgemagert
E-mail [i'meil] <-> *f* E-Mail *f*
emanare [ema'na:re] *vt avere* ① *(luce, calore)* ausstrahlen; *(liquidi, gas)* ausströmen ② JUR *(leggi)* erlassen ③ *(fig: simpatia)* ausstrahlen
emanazione [emanat'tsio:ne] *f* ① *(di luce, calore)* Ausstrahlung *f; (di liquidi, gas)* Ausströmen *nt* ② JUR Verkündung *f,* Erlass *m*
emancipare [emantʃi'pa:re] **I.** *vt* emanzipieren, befreien; JUR mündig sprechen **II.** *vr* **-rsi** sich emanzipieren
emancipato, -a [emantʃi'pa:to] *agg* emanzipiert
emancipazione [emantʃipat'tsio:ne] *f* Emanzipation *f*
emarginare [emardʒi'na:re] *vt* ① ADM anmerken, am Rande vermerken ② *(fig)* ins Abseits drängen, ausgrenzen
emarginati [emardʒi'na:ti] *mpl* Randgruppen *f pl,* Minderheiten *f pl*
emarginato, -a [emardʒi'na:to] **I.** *agg* ADM angemerkt, am Rande vermerkt **II.** *m, f* *(persona)* Ausgestoßene(r) *f(m)*
ematico, -a [e'ma:tiko] <-ci, -che> *agg* MED hämato-, Blut-
ematologo, -a [ema'tɔ:logo] <-gi, -ghe> *m, f* Hämatologe *m*/Hämatologin *f*
ematoma [ema'tɔ:ma] <-i> *m* MED Hämatom *nt; (livido)* Bluterguss *m*
embargo [em'bargo] <-ghi> *m* Embargo *nt*
emblema [em'blɛ:ma] <-i> *m* Emblem *nt,* Sinnbild *nt*
emblematico, -a [emble'ma:tiko] <-ci, -che> *agg* emblematisch, sinnbildlich
embolia [embo'li:a] <-ie> *f* MED Embolie *f*
embolo ['ɛmbolo] *m* ① MED Gefäßpfropf *m,* Embolus *m* ② TEC, MOT Luftblase *f*
embrice ['embritʃe] *m* Dachziegel *m*
embrionale [embrio'na:le] *agg* ① BIOL embryonal, Embryo- ② *(fig)* im Keim vorhanden; **un progetto** ~ ein unausgereifter Plan
embrione [embr'io:ne] *m* ① BIOL Embryo *m;* BOT Keimling *m* ② *(fig)* Keim *m,* Ansatz *m;* **essere in** ~ im Keim vorhanden sein
emendabilità [emendabili'ta] <-> *f (geh: correggibilità)* Verbesserungsfähigkeit *f*
emendamento [emenda'mento] *m*

① *(correzione)* Verbesserung *f*, Berichtigung *f* ② JUR Abänderung *f*

emendare [emen'da:re] *vt* ① *(correggere)* verbessern, berichtigen ② JUR [ab]ändern

emergente [emer'dʒɛnte] *agg* aufstrebend, emporkommend; **paesi -i** Schwellenländer *nt pl*

emergenza [emer'dʒɛntsa] *f* unvorhergesehener Umstand; *(situazione critica)* Notfall *m;* **stato di ~** Ausnahmezustand *m;* **freno di ~** Notbremse *f*

emergere [e'mɛrdʒere] <emergo, emersi, emerso> *vi essere* ① *(apparire in alto)* emporragen ② *(venir fuori)* auftauchen ③ *(fig: eccellere)* herausragen, sich hervortun; *(risultare)* deutlich werden, herauskommen

emerito, -a [e'mɛ:rito] *agg* ① *(professore)* emeritiert ② *(insigne)* hervorragend, bedeutend ③ *(fig, a. scherz)* notorisch, bekannt; **sei un ~ stupido** du bist ein ausgesprochener Dummkopf

emersi [e'mɛrsi] *1. pers sing pass rem di* **emergere**

emersione [emer'sio:ne] *f* NAUT Auftauchen *nt;* GEOG, ASTR Emersion *f*

emerso [e'mɛrso] *pp di* **emergere**

emetico [e'mɛ:tiko] <-ci> *m* Brechmittel *nt*

emetico, -a <-ci, -che> *agg* Brechreiz erregend, Brech-

emettere [e'mettere] <irr> *vt* ① *(mandare fuori)* hervorbringen, herausbringen; *(calore)* ausströmen, ausstrahlen ② *(grido, sibilo)* ausstoßen, von sich *dat* geben ③ FIN emittieren; *(assegno)* ausstellen ④ JUR *(sentenza)* aussprechen; *(mandato)* erlassen ⑤ *(fig: opinione)* aussprechen, zum Ausdruck bringen

emettitore [emetti'to:re] *m* RADIO, TEL Emitter *m*

emettitrice [emetti'tri:tʃe] *f* Ausgabegerät *nt; (di biglietti)* Fahrkartenautomat *m*

emiciclo [emi'tʃi:klo] *m* Halbkreis *m*

emicrania [emi'kra:nia] <-ie> *f* MED Migräne *f*

emigrante [emi'grante] **I.** *agg* auswandernd, emigrierend **II.** *mf* Auswanderer *m*/Auswanderin *f*, Emigrant(in) *m(f)*

emigrare [emi'gra:re] *vi essere o avere* ① *(espatriare)* auswandern, emigrieren ② ZOO ziehen, wandern

emigrato, -a [emi'gra:to] **I.** *agg* ausgewandert, emigriert **II.** *m, f* Auswanderer *m*/Auswanderin *f*, Emigrant(in) *m(f)*

emigratorio, -a [emigra'tɔ:rio] <-i, -ie> *agg* Auswanderungs-, Emigrations-

emigrazione [emigrat'tsio:ne] *f* ① *(espatrio)* Auswanderung *f*, Emigration *f* ② ZOO Wanderung *f*, Migration *f* ③ FIN Abwanderung *f*, Flucht *f;* **l'~ di capitali** die Kapitalflucht

Emilia *f* ① *(regione)* Emilia-Romagna *f* ② *(città)* Emilia *f (Stadt in der Emilia Romagna)*

emiliano [emi'lia:no] *m sing (dialetto)* Emilianisch(e) *nt*, Dialekt *m* der Emilia

emiliano, -a **I.** *agg* aus der Emilia stammend, emlianisch **II.** *m, f (abitante)* Emilianer(in) *m(f)*

Emilia-Romagna [e'mi:lia ro'maɲɲa] *f* Emilia-Romagna *f*

eminente [emi'nɛnte] *agg* ① *(alzato)* erhöht ② *(fig)* hervorragend, vortrefflich

eminentemente [eminente'mente] *avv* ausgesprochen; *(soprattutto)* überwiegend, vorwiegend

eminentissimo, -a [eminen'tissimo] *agg* hochwürdigste(r, s)

eminenza [emi'nɛntsa] *f* ① REL Eminenz *f* ② *(fig)* Vorzüglichkeit *f*, Vortrefflichkeit *f* ③ *(luogo)* Erhebung *f*, Anhöhe *f*

emirato [emi'ra:to] *m* Emirat *nt*

emiro [e'mi:ro] *m* Emir *m*

emisferico, -a [emis'fɛ:riko] <-ci, -che> *agg* hemisphärisch

emisfero [emis'fɛ:ro] *m* ① GEOG Hemisphäre *f*, Erdhalbkugel *f;* **~ australe/boreale** südliche/nördliche Hemisphäre; **~ terrestre** Erdhalbkugel *f* ② ANAT Hemisphäre *f*, Gehirnhälfte *f* ③ MAT Hemisphäre *f*, Halbkugel *f*

emisi *1. pers sing pass rem di* **emettere**

emissario [emis'sa:rio] <-i> *m* ① GEOG Abfluss *m* ② *(agente segreto)* geheimer Abgesandter, [Geheim]agent *m*

emissione [emis'sio:ne] *f* ① *(diffusione, fuoriuscita)* Aussenden *nt*, -stoßen *nt* ② COM, FIN Emission *f*, Ausgabe *f* ③ PHYS Emission *f;* RADIO Ausstrahlung *f*

emistichio [emis'ti:kio] <-chi> *m* Halbvers *m*, Halbzeile *f*

emittente [emit'tɛnte] **I.** *agg* ① RADIO sendend, Sende- ② FIN Emissions- **II.** *f* TV, RADIO Sender *m*

emittenza [emit'tentsa] *f* Ausstrahlung *f*, Sendung *f*

Emmental ['mɛntal] <-> *m* Emmentaler *m*

emodialisi [emodia'li:zi] <-> *f* MED Blutwäsche *f*, Hämodialyse *f*

emodializzato, -a [emodialid'dza:to] *m, f* Hämodialysepatient(in) *m(f)*

emodinamico, -a [emodi'na:miko] <-ci, -che> *agg* MED hämodynamisch

emofilia [emofi'li:a] <-ie> *f* MED Bluterkrankheit *f*, Hämophilie *f*

emofiliaco [emofi'li:ako] <-ci> *m* Bluter *m*
emoglobina [emoglo'bi:na] *f* Hämoglobin *nt*
emoji [e'mɔ:ʒi] <-> *mf* INET Emoji *nt*
emolliente [emol'liɛnte] **I.** *agg* weich machend **II.** *m* ① MED Schleim lösendes Mittel; *(crema)* entzündungshemmendes Mittel ② *(per tessuti)* Weichmacher *m*
emolumento [emolu'mento] *m (poet)* Bezüge *mpl,* Entgelt *nt,* Gehalt *nt*
emorragia [emorra'dʒi:a] <-gie> *f* MED Blutung *f,* Hämorrhagie *f*
emorroidi [emor'rɔ:idi] *fpl* Hämorrhoiden *fpl*
emostatico [emos'ta:tiko] <-ci> *m* Blut stillendes Mittel
emostatico, -a <-ci, -che> *agg* Blut stillend; **matita -a** Alaunstift *m,* Blutstillstift *m*
emoteca [emo'tɛ:ka] *f* Blutbank *f*
emotiva *f v.* **emotivo**
emotività [emotivi'ta] <-> *f* Gefühlsbetontheit *f*
emotivo, -a [emo'ti:vo] **I.** *agg* Gefühls-, emotional, gefühlsmäßig; *(persona)* gefühlsbetont, emotional **II.** *m, f* Gefühlsmensch *m*
emozionabilità [emotsionabili'ta] <-> *f* Empfindsamkeit *f,* Emotionalität *f*
emozionale [emottsio'na:le] *agg* emotional, Gefühls-
emozionante [emottsio'nante] *agg* aufregend, spannend
emozionare [emottsio'na:re] **I.** *vt* bewegen, aufregen **II.** *vr* **-rsi** sich aufregen, sich erregen
emozione [emot'tsio:ne] *f* Gefühl *nt; (agitazione)* Aufregung *f,* Erregung *f;* **provare una forte ~** stark bewegt sein
empatia [empa'ti:a] <-ie> *f* PSIC Empathie *f,* Einfühlungsvermögen *nt*
empietà [empie'ta] <-> *f* Schändlichkeit *f;* REL Gottlosigkeit *f*
empii [em'pi:i] *1. pers sing pass rem di* **empire**
empio, -a ['empio] <-i, -ie> *agg* schändlich, ruchlos; REL gottlos
empire [em'pi:re] <empio, empii, empito> **I.** *vt (riempire)* füllen; **~ qc di qc** etw mit etw füllen **II.** *vr* **-rsi** sich satt essen; **-rsi di dolci** sich mit Süßigkeiten vollstopfen
empireo [em'pi:reo] *m* Empyreum *nt*
empirico, -a [em'pi:riko] <-ci, -che> **I.** *agg* ① *(rimedio, metodo)* empirisch ② *(pej)* unwissenschaftlich, laienhaft **II.** *m, f* MED Heilpraktiker(in) *m(f)*
empirismo [empi'rizmo] *m* ① PHILOS Empirismus *m* ② MED Naturheilverfahren *nt*
empirista [empi'rista] <-i *m,* -e *f*> *mf* PHILOS Empirist *m*
empiristico, -a [empi'ristiko] <-ci, -che> *agg* empiristisch
empito [em'pi:to] *pp di* **empire**
emporio [em'pɔ:rio] <-i> *m* COM Handelszentrum *nt; (negozio)* Kaufhaus *nt*
emù [e'mu] <-> *m* ZOO Emu *m*
emula *f v.* **emulo**
emulare [emu'la:re] *vt* ① *(sforzarsi di eguagliare)* jdm nacheifern ② INFORM emulieren
emulazione [emulat'tsio:ne] *f* ① *(desiderio di eguagliare)* Nacheifern *nt* ② INFORM Emulation *f*
emulo, -a ['ɛ:mulo] **I.** *agg* nacheifernd **II.** *m, f* Nacheiferer *m/*Nacheiferin *f,* Schüler(in) *m(f)*
emulsionare [emulsio'na:re] *vt* emulgieren
emulsionatore [emulsiona'to:re] *m (apparecchio)* Emulgiergerät *nt,* Vorverstäuber *m*
emulsionatore, -trice *agg* emulgierend
emulsione [emul'sio:ne] *f* Emulsion *f*
Enalotto [ena'lɔtto] *m staatlich organisierte Lotterie*
encefalico, -a [entʃe'fa:liko] <-ci, -che> *agg* Enzephalo-, [Ge]hirn-
encefalo [en'tʃɛ:falo] *m* Großhirn *nt*
encefalopatia [entʃefalopa'ti:a] <-ie> *f* MED Enzephalopathie *f,* Gehirnerkrankung *f*
enciclica [en'tʃi:klika] <-che> *f* Enzyklika *f*
enciclopedia [entʃiklope'di:a] <-ie> *f* Enzyklopädie *f,* [Konversations]lexikon *nt*
enciclopedico, -a [entʃiklo'pɛ:diko] <-ci, -che> *agg* enzyklopädisch
enclave [ã'kla:v] <-> *f* Enklave *f*
enclitico, -a [eŋ'kli:tiko] <-ci, -che> *agg* enklitisch
encomiabile [eŋko'mia:bile] *agg (poet)* lobenswert, rühmenswert
encomiare [eŋko'mia:re] *vt (poet)* rühmen, [lob]preisen
encomiastico, -a [eŋko'miastiko] <-ci, -che> *agg (poet)* rühmend, [lob]preisend; **discorso ~** Lobrede *f*
encomio [eŋ'kɔ:mio] <-i> *m* Lob *nt,* Lobrede *f;* **degno di ~** rühmenswert
endecasillabo [endeka'sillabo] *m* Elfsilb[l]er *m,* elffüßiger Vers
endecasillabo, -a *agg* elfsilbig, elffüßig
endemico, -a [en'dɛ:miko] <-ci, -che> *agg* endemisch
endocardio [endo'kardio] <-i> *m* ANAT Endokard *nt,* Herzinnenhaut *f*

E

endocrino, **-a** [en'dɔːkrino] *agg* ANAT endokrin
endoenergetico, **-a** [endoenerdʒɛːtiko] <-ci, -che> *agg* **processo ~** Prozess, dem von außen Energie zugefügt werden muss
endogeno, **-a** [en'dɔːdʒeno] *agg* endogen
endoscopio [endos'kɔːpio] <-i> *m* Endoskop *nt*
endovenoso, **-a** [endove'noːso] *agg* MED intravenös
endurista [endu'rista] <-i *m*, -e *f*> *mf* MOT Enduro-Fahrer(in) *m(f)*
enduro [en'duːro] <-> *m* Enduro *f*, geländegängiges Motorrad
ENEL ['ɛːnel] *m abbr di* **Ente Nazionale per l'Energia Elettrica** *Nationale Elektrizitätsgesellschaft Italiens*
energetico, **-a** [ener'dʒɛːtiko] <-ci, -che> *agg* ① PHYS energetisch, energieerzeugend; **fonti -che** Energiequellen *f pl* ② MED kräftigend, aufbauend
energia [ener'dʒiːa] <-gie> *f* Energie *f*; **~ atomica** [*o* **nucleare**] Atomenergie *f*, Kernenergie *f*; **~ elettrica** elektrische Energie; **~ rinnovabile** erneuerbare Energie; **~ verde** [*o* **sostenibile**] grüne Energie; **~ solare** Sonnenenergie *f*, Solarenergie; **~ d'urto** Stoßenergie *f*; **con ~** kraftvoll, tatkräftig; **senza ~** energielos
energico, **-a** [e'nɛrdʒiko] <-ci, -che> *agg* kraftvoll
energizzare [enerdʒid'dzaːre] *vt* **~ qc** einer Sache *dat* Energie zuführen
energumeno, **-a** [ener'guːmeno] *m, f* Besessene(r) *f(m)*, Rasende(r) *f(m)*
energy drink ['enədʒi 'drink] <-> *m* Energydrink *m*, Energy-Drink
energy manager ['enədʒi 'mænidʒə] <-> *mf* *(dirigente responsbile dell'energia)* Energiemanager(in) *m(f)*, Energy Manager *m*
energy saving ['enədʒi'seiviŋ] <-> *m* *(risparmio di energia)* Energiesparmaßnahme *f*
enfant prodige [ã'fã prɔ'diːʒ] <-> *m* Wunderkind *nt*
enfant terrible [ã'fã te'ribl] <-> *m* Enfant terrible *nt*
enfasi ['ɛnfazi] <-> *f* Nachdruck *m*, Emphase *f*
enfatico, **-a** [en'faːtiko] <-ci, -che> *agg* nachdrücklich, emphatisch
enfatizzazione [enfatiddzat'tsioːne] *f* ① *(l'enfatizzare)* Emphatisierung *f* ② *(esagerazione)* Überbewertung *f*
enfiteusi [enfi'tɛːuzi] <-> *f* JUR Erbpacht *f*
Engadina [eŋga'diːna] *f* GEOG Engadin *nt*
engagé [ãga'ʒe] *agg inv* engagiert
engagement [ãgaʒ'mã] <-> *m* Engagement *nt*
engineer [endʒi'niə] <-> *mf* *(ingegnere)* Ingenieur(in) *m(f)*
engineering [endʒi'niəriŋ] <-> *m* *(ingegneria)* Ingenieurwesen *nt*
ENI ['ɛːni] *m abbr di* **Ente Nazionale Idrocarburi** *staatlicher italienischer Energiekonzern*
enigma [e'nigma] <-i> *m* Rätsel *nt*
enigmatico, **-a** [enig'maːtiko] <-ci, -che> *agg* rätselhaft
enigmista [enig'mista] <-i *m*, -e *f*> *mf* Rätsellöser(in) *m(f)*
enigmistico, **-a** [enig'mistiko] <-ci, -che> *agg* Rätsel-
Enna *f* Enna *nt (Stadt in Sizilien)*
ennese [en'neːse] **I.** *agg* aus Enna stammend **II.** *mf (abitante)* Einwohner(in) *m(f)* von Enna
Ennese *m sing* Umgebung *f* von Enna
ennesimo, **-a** [en'nɛːzimo] *agg* ① *(fam)* x-te[r,s], hundertste(r, s); **per l'-a volta** zum x-ten Mal ② MAT n-te[r,s]
enologa *f v.* **enologo**
enologia [enolo'dʒiːa] <-gie> *f* Weinkunde *f*
enologico, **-a** [eno'lɔːdʒiko] <-ci, -che> *agg* weinkundlich
enologo, **-a** [e'nɔːlogo] <-gi, -ghe> *m, f* Weinkundler(in) *m(f)*
enorme [e'norme] *agg* enorm, ungeheuer
enormità [enormi'ta] <-> *f* ① *(grandezza)* Riesengröße *f*, Enormität *f* ② *(fig)* Ungeheuerlichkeit *f*; *(pej)* Abscheulichkeit *f*; **costa un'~!** *(fam)* das kostet ein Schweinegeld!
enoteca [eno'tɛːka] *f* ① *(raccolta)* Weinsammlung *f*, Weinlager *nt* ② *(locale)* Weinhandlung *f*, Weinprobierstube *f*
enoturismo [enotu'rizmo] *m* Weintourismus *m*
en passant [ã pa'sã] *avv* en passant, im Vorübergehen
en plein [ã 'plɛ̃] <-> *m* ① *(alla roulette)* voller Gewinn ② *(fig)* Volltreffer *m*; **fare un ~** einen Volltreffer erzielen
ensemble [ã'sãbl] <-> *m* ① *(moda)* Kostüm *nt* ② MUS Ensemble *nt*
ente ['ɛnte] *m* ① *(istituzione)* Körperschaft *f*, Anstalt *f* ② PHILOS Wesen *nt*
enter ['entə] <-> *m* INFORM *(invio)* Enter *nt*, Eingabetaste *f*
entità [enti'ta] <-> *f* ① *(valore)* Wert *m*; *(importanza)* Bedeutung *f* ② PHILOS Entität *f*
entomologa *f v.* **entomologo**
entomologia [entomolo'dʒiːa] <-gie> *f* Insektenkunde *f*, Entomologie *f*

entomologo, **-a** [ento'mɔːlogo] <-gi, -ghi> *m, f* Insektenforscher(in) *m(f)*
entourage [ãtu'raːʒ] <-> *m* Gefolge *nt,* Gefolgschaft *f*
entraîneuse [ãtrɛ'nøːz] <-> *f* Animierdame *f*
entrambi, **-e** [en'trambi] *agg o pron* [alle] beide; **-e le parti** beide Teile, beide Parteien
entrante [en'trante] *agg* kommend, nächste(r, s)
entrare [en'traːre] *vi essere* ① *(in un luogo)* hineingehen; ~ **in casa** ins Haus gehen; ~ **dalla porta/finestra** zur Tür/zum Fenster hereinkommen; **entrate pure!** kommt doch herein!; **fare ~ qu** jdn hereinlassen ② *(fig: in un gruppo)* eintreten; ~ **nell'esercito** zum Militär gehen; ~ **in convento** ins Kloster gehen ③ *(vestito)* passen; **la gonna non mi entra più** der Rock passt mir nicht mehr ④ *(trovare posto)* **qui non c'entra più nessuno** *(fam)* hier passt niemand mehr rein; **questo non c'entra** *(fig fam)* das hat damit nichts zu tun ⑤ *(fig: iniziare)* ~ **in contatto con qu** mit jdm Verbindung aufnehmen; ~ **in carica** ein Amt antreten
entrata [en'traːta] *f* ① *(ingresso)* Eingang *m; (per veicoli)* Einfahrt *f;* ~ **principale** Haupteingang *m* ② *(l'entrare)* Eintritt *m* ③ INFORM Eingabe *f* ④ *pl* COM Einnahmen *fpl* ⑤ *(in guerra)* Eintritt *m; (in carica)* Antritt *m*
entratura [entra'tuːra] *f* ① *(ingresso)* Eingang *m,* Flur *m,* Diele *f* ② *(fig)* Zugang *m*
entrecôte [ãtrə'koːt] <-> *f* Entrecote *nt,* Zwischenrippenstück *nt*
entro ['entro] *prep* innerhalb *+gen o dat,* binnen *+gen o dat*; ~ **e non oltre il 30 ottobre** ADM bis spätestens [zum] 30. Oktober; **si sposa ~ l'anno** er/sie heiratet noch in diesem Jahr
entroterra [entro'tɛrra] <-> *m* Hinterland *nt*
entusiasmare [entuziaz'maːre] **I.** *vt* begeistern, mitreißen **II.** *vr* **-rsi** sich begeistern; **-rsi per qc** sich für etw begeistern
entusiasmo [entu'ziazmo] *m* Begeisterung *f,* Enthusiasmus *m;* **essere pieno di ~ per qc/qu** von etw/jdm hell[auf] begeistert sein
entusiasta [entu'ziasta] <-i *m,* -e *f*> **I.** *agg* begeistert; **essere ~ di qc** von etw begeistert sein **II.** *mf* Enthusiast(in) *m(f),* Begeisterte(r) *f(m)*
entusiastico, **-a** [entu'ziastiko] <-ci, -che> *agg* begeistert; *(applauso)* stürmisch
enucleare [enukl'aːre] *vt* ① *(poet)* herausarbeiten, herausschälen ② MED ausschälen, enuklieren
enucleazione [enukleat'tsioːne] *f* MED Ausschälung *f,* Enukleation *f*
enumerare [enume'raːre] *vt* aufzählen
enumerazione [enumerat'tsioːne] *f* Aufzählung *f*
enunciare [enun'tʃaːre] *vt* darlegen, formulieren
enunciativo, **-a** [enuntʃa'tiːvo] *agg* aussagend, Aussage-
enunciato [enun'tʃaːto] *m* Formulierung *f,* Wortlaut *m*
enunciazione [enuntʃat'tsioːne] *f* Formulierung *f,* Darlegung *f*
enuresi [enu'rɛːzi] <-> *f* MED Bettnässen *nt,* Enurese *f*
enzima [en'dziːma] <-i> *m* Enzym *nt*
enzimologo, **-a** [entsi'mɔːlogo] <-gi, -ghe> *m, f* MED Enzymologe *m/*Enzymologin *f*
eolico, **-a** [e'ɔːliko] <-ci, -che> *agg* ① *(del vento)* Wind-; **energia -a** Windenergie *f;* **motore ~** Windmotor *m* ② *(degli Eoli)* äolisch
Eolie [e'ɔːlie] *fpl* Liparische Inseln *fpl*
epatico, **-a** [e'paːtiko] <-ci, -che> *agg* Leber-; **cirrosi -a** Leberzirrhose *f*
epatite [epa'tiːte] *f* Hepatitis *f*
epatologo, **-a** [epa'tɔːlogo] <-gi, -ghe> *m, f* MED Leberspezialist(in) *m(f)*
epica ['ɛːpika] <-che> *f* Epik *f*
epicentro [epi'tʃɛntro] *m* ① GEOL Epizentrum *nt* ② *(fig)* Herd *m,* Schwerpunkt *m*
epico, **-a** ['ɛːpiko] <-ci, -che> *agg* episch, erzählend; **poema ~** Epos *nt*
epicurea *f v.* **epicureo**
epicureismo [epikure'izmo] *m* PHILOS Epikureismus *m*
epicureo, **-a** [epiku'rɛo] **I.** *agg* epikureisch **II.** *m, f* ① PHILOS Epikureer(in) *m(f)* ② *(fig)* Genussmensch *m*
epidemia [epide'miːa] <-ie> *f* ① MED Epidemie *f,* Seuche *f* ② *(fig)* Plage *f*
epidemico, **-a** [epi'dɛːmiko] <-ci, -che> *agg* ① MED epidemisch, seuchenartig ② *(fig)* [weit] um sich greifend
epidemiologo, **-a** [epide'miɔːlogo] <-gi, -ghe> *m, f* MED Epidemiologe *m/*Epidemiologin *f*
epidermico, **-a** [epi'dɛrmiko] <-ci, -che> *agg* ANAT Oberhaut-, epidermal
epidermide [epi'dɛrmide] *f* Epidermis *f,* Oberhaut *f*
epifania [epifa'niːa] <-ie> *f* Epiphanie *f;* **Epifania** *(festa)* Dreikönigsfest *nt*
epigono [e'piːgono] *m* Epigone *m,* Nachahmer *m*

epigrafe [e'pi:grafe] *f* Aufschrift *f,* Inschrift *f*
epigrafia [epigra'fi:a] *f* Epigrafik *f,* Inschriftenkunde *f*
epigrafica [epi'gra:fika] <-che> *f* Meißelschrift *f*
epigrafico, -a [epi'gra:fiko] <-ci, -che> *agg* epigrafisch, Epigrafik-
epigrafista [epigra'fista] <-i *m,* -e *f*> *mf* Epigrafiker(in) *m(f),* Inschriftenforscher(in) *m(f)*

E

epigramma [epi'gramma] <-i> *m* LIT Epigramm *nt*
epigrammatico, -a [epigram'ma:tiko] <-ci, -che> *agg* ❶ LIT epigrammatisch ❷ *(fig)* beißend, treffend
epilatore [epila'to:re] *m* Epiliergerät *nt*
epilatorio, -a [epila'tɔ:rio] <-i, -ie> *agg* Epilier-, Enthaarungs-; **crema -a** Enthaarungscreme *f*
epilazione [epilat'tsio:ne] *f* Enthaaren *nt*
epilessia [epiles'si:a] <-ie> *f* Epilepsie *f*
epilettico, -a [epi'lɛttiko] <-ci, -che> **I.** *agg* epileptisch **II.** *m, f* Epileptiker(in) *m(f)*
epilogo [e'pi:logo] <-ghi> *m* ❶ LIT Epilog *m,* Nachwort *nt* ❷ *(fig)* Nachspiel *nt*
episcopale [episko'pa:le] *agg* bischöflich, Bischofs-
episcopato [episko'pa:to] *m* Episkopat *nt,* Bischofsamt *nt*
episodico, -a [epi'zɔ:diko] <-ci, -che> *agg* ❶ *(film, romanzo)* episodisch, episodenartig ❷ *(fig)* vereinzelt
episodio [epi'zɔ:dio] <-i> *m* Episode *f*
epistassi [epis'tassi] <-> *f* MED Nasenbluten *nt*
epistola [e'pistola] *f* ❶ *(poet)* Brief *m* ❷ REL Epistel *f,* Brief *m; (alla messa)* Lesung *f*
epistolare [episto'la:re] *agg* brieflich, Brief-; **romanzo ~** Briefroman *m;* **stile ~** Briefstil *m*
epistolario [episto'la:rio] <-i> *m* Briefsammlung *f*
epitaffio [epi'taffio] <-i> *m* Epitaph *nt,* Grabinschrift *f*
epitelio [epi'tɛ:lio] <-i> *m* ANAT Epithel *nt*
epiteto [e'pi:teto] *m* Beiname *m; (pej)* Schimpfname *m*
epoca ['ɛ:poka] <-che> *f* Zeit *f,* Epoche *f;* **~ glaciale** Eiszeit *f;* **auto d'~** Oldtimer *m;* **a quell'~** zu jener Zeit, damals
epodo [e'pɔ:do] *m* LIT Epode *f,* Abgesang *m*
eponimo, -a [e'pɔ:nimo] **I.** *agg* namengebend **II.** *m, f* Namengeber(in) *m(f),* Eponym *nt*
epopea [epo'pɛ:a] *f* ❶ LIT [Helden]epos *nt; (genere letterario)* Epik *f* ❷ HIST Heldentaten *f pl*
epos ['ɛ:pos] <-> *m* LIT Epos *nt*
eppure [ep'pu:re] *cong* und doch, trotzdem
epulone [epu'lo:ne] *m (scherz)* Schlemmer *m,* Prasser *m*
epurare [epu'ra:re] *vt* POL säubern
epurazione [epurat'tsio:ne] *f* POL Säuberung *f*
equalizzare [ekualid'dza:re] *vt (obs)* nivellieren, gleichmachen
equanime [e'kua:nime] *agg (giudizio)* sachlich, gerecht; *(giudice)* unparteiisch, unvoreingenommen
equanimità [ekuanimi'ta] <-> *f (di giudizio)* Sachlichkeit *f; (di giudice)* Unparteilichkeit *f,* Unvoreingenommenheit *f*
equatore [ekua'to:re] *m* Äquator *m*
equatoriale [ekuato'ria:le] *agg* äquatorial, Äquator-
equazione [ekuat'tsio:ne] *f* Gleichung *f*
equestre [e'kuɛstre] *agg* Reiter-; HIST Ritter-
equiangolo, -a [ekui'aŋgolo] *agg* gleichwink[e]lig
equidistante [ekuidis'tante] *agg* gleich weit entfernt, äquidistant
equidistanza [ekuidis'tantsa] *f* gleich große Entfernung, Äquidistanz *f*
equilatero, -a [ekui'la:tero] *agg* gleichseitig
equilibrare [ekuili'bra:re] **I.** *vt* ❶ *(tenere in equilibrio)* ausgleichen; *(pesi)* ins Gleichgewicht bringen; *(spese)* im Gleichgewicht halten ❷ *(scafo)* trimmen; MOT auswuchten **II.** *vr* **-rsi** sich ausgleichen
equilibrato, -a [ekuili'bra:to] *agg* ❶ *(fig)* ausgeglichen ❷ MOT ausgewuchtet; NAUT getrimmt
equilibratura [ekuilibra'tu:ra] *f* TEC, MOT Auswuchten *nt;* **~ delle ruote** Auswuchten *nt* der Räder
equilibrio [ekui'li:brio] <-i> *m* ❶ PHYS Gleichgewicht *nt* ❷ *(fig)* Gleichgewicht *nt; (di persona)* Ausgeglichenheit *f;* **perdere/mantenere l'~** das Gleichgewicht verlieren/halten
equilibrismo [ekuili'brizmo] *m* ❶ *(arte)* Äquilibristik *f,* Gleichgewichtskunst *f* ❷ *(fig)* Schaukelpolitik *f*
equilibrista [ekuili'brista] <-i *m,* -e *f*> *mf* Äquilibrist(in) *m(f),* Gleichgewichtskünstler(in) *m(f)*
equilizzatore [ekuiliddza'to:re] *m* Equalizer *m*
equino [e'kui:no] *m* Pferd *nt*
equino, -a *agg* Pferde-
equinozio [ekui'nɔttsio] <-i> *m* ASTR Tagundnachtgleiche *f,* Äquinoktium *nt;* **~ di**

primavera Frühlingsäquinoktium *nt;* **~ d'autunno** Herbstäquinoktium *nt*

equipaggiamento [ekuipaddʒa'mento] *m* Ausrüstung *f*

equipaggiare [ekuipad'dʒa:re] **I.** *vt* ausrüsten **II.** *vr* **-rsi** sich ausrüsten

equipaggio [ekui'paddʒo] <-ggi> *m* Besatzung *f,* Crew *f*

equiparare [ekuipa'ra:re] *vt* ① *(uguagliare)* gleichstellen ② *(comparare)* vergleichen

equiparazione [ekuiparat'tsio:ne] *f* Gleichstellung *f*

équipe [e'kip] <-> *f* Team *nt,* Mannschaft *f;* **lavoro di ~** Teamarbeit *f*

equipollente [ekuipol'lɛnte] *agg* gleichwertig

equipollenza [ekuipol'lɛntsa] *f* Gleichwertigkeit *f*

equità [ekui'ta] <-> *f* Unparteilichkeit *f,* Unvoreingenommenheit *f;* **~ sociale** Sozialverträglichkeit *f*

equitazione [ekuitat'tsio:ne] *f* Reiten *nt,* Reitsport *m*

equivalente [ekuiva'lɛnte] **I.** *agg* gleichwertig, gleich bedeutend; MAT äquivalent; *(in geometria)* deckungsgleich **II.** *m* Gegenwert *m*

equivalenza [ekuiva'lɛntsa] *f* ① MAT Äquivalenz *f; (in geometria)* Deckungsgleichheit *f* ② *(fig)* Gleichwertigkeit *f*

equivalere [ekuiva'le:re] <irr> **I.** *vi essere o avere* entsprechen, gleichkommen **II.** *vr* **-rsi** gleichwertig sein, sich decken

equivocare [ekuivo'ka:re] *vi* sich täuschen, sich irren

equivocità [ekuivotʃi'ta] <-> *f* Zweideutigkeit *f*

equivoco [e'kui:voko] <-ci> *m* Zweideutigkeit *f; (malinteso)* Missverständnis *nt;* **cadere in un ~** einem Missverständnis zum Opfer fallen

equivoco, -a <-ci, -che> *agg* ① *(modo)* zweideutig ② *(fig: persona)* undurchsichtig

equo, -a ['ɛ:kuo] *agg* ① *(persona, giudice)* gerecht, unvoreingenommen ② COM angemessen

era[1] ['ɛ:ra] *f* Ära *f,* Zeitalter *nt;* HIST Zeitrechnung *f;* **l'~ atomica** das Atomzeitalter; **l'~ cristiana/maomettana** die christliche/mohammedanische Zeitrechnung; **l'~ geologica** Erdzeitalter *nt*

era[2] *3. pers sing imp di* **essere**[1]

erariale [era'ria:le] *agg* Staatskassen-

erario [e'ra:rio] <-i> *m* Staatskasse *f*

erba ['ɛrba] *f* ① BOT Gras *nt;* **un filo d'~** ein Grashalm *m;* **~ medicinale** Heilpflanze *f;* **fare d'ogni ~ un fascio** *(fig)* alles in einen Topf werfen; **la mala ~ non muore mai** *(prov)* Unkraut vergeht nicht ② GASTR Gewürz[kraut] *nt;* **~ cipollina** Schnittlauch *m* ③ *(sl: marijuana)* Gras *nt*

erbaceo, -a [er'ba:tʃeo] <-ei, -ee> *agg* grasartig, Gras-

erbaggio [er'baddʒo] <-ggi> *m* Gemüse *nt*

erbario [er'ba:rio] <-i> *m* ① *(libro)* Kräuterbuch *nt* ② *(collezione)* Herbarium *nt,* Kräutersammlung *f*

erbicida[1] [erbi'tʃi:da] <-i *m,* -e *f*> *agg* unkrautvernichtend, herbizid

erbicida[2] <-i> *m* Herbizid *nt,* Unkrautvernichtungsmittel *nt*

erbivendolo, -a [erbi'vendolo] *m, f* Gemüsehändler(in) *m(f)*

erbivoro, -a [er'bi:voro] **I.** *agg* pflanzenfressend **II.** *m, f* ① *(animale)* Pflanzenfresser *m* ② *(scherz)* Vegetarier(in) *m(f)*

erborista [erbo'rista] <-i *m,* -e *f*> *mf* *(esperto)* Kräuterspezialist(in) *m(f);* COM Heilpflanzenverkäufer(in) *m(f)*

erboristeria *f* ① *(disciplina)* Kräuterkunde *f* ② *(negozio)* Kräuterladen *m*

erboso, -a [er'bo:so] *agg* grasbewachsen, Gras-

Ercolano [erko'la:no] *f* Herculaneum *nt*

ercole ['ɛrkole] *m (fig, scherz)* Muskelprotz *m,* Herkules *m*

erculeo, -a [er'ku:leo] *agg* baumstark

erede [e'rɛ:de] *mf* Erbe *m*/Erbin *f*

eredità [eredi'ta] <-> *f* Erbschaft *f,* Erbe *nt;* **lasciare in ~** vererben; **ricevere in ~** erben

ereditare [eredi'ta:re] *vt* erben

ereditarietà [ereditarie'ta] <-> *f* BIOL [Ver]erblichkeit *f; (fatto)* Vererbung *f*

ereditario, -a [eredi'ta:rio] <-i, -ie> *agg* ① *(principe)* Erb-, Kron- ② JUR Erb-, Nachlass- ③ BIOL erblich

ereditiera [eredi'tiɛ:ra] *f* [reiche] Erbin *f*

eremita [ere'mi:ta] <-i> *m* Eremit *m,* Einsiedler *m*

eremitaggio [eremi'taddʒo] <-ggi> *m* Einsiedelei *f*

eremitico, -a [ere'mi:tiko] <-ci, -che> *agg* Einsiedler-, eremitisch

eremo ['ɛ:remo] *m* Einsiedelei *f; (fig)* Stille *f,* Abgeschiedenheit *f*

eresia [ere'zi:a] <-ie> *f* Ketzerei *f,* Häresie *f; (dottrina)* Irrlehre *f*

eresiarca [erezi'arka] <-chi> *m* Häresiarch *m*

eressi [e'rɛssi] *1. pers sing pass rem di* **erigere**

eretica *f v.* **eretico**

ereticale [ereti'ka:le] *agg* ketzerisch, Ketzer-

eretico, **-a** [e'rɛːtiko] <-ci, -che> **I.** *agg* ketzerisch, Ketzer- **II.** *m, f* ① REL Ketzer(in) *m(f)* ② *(fam)* Gottlose(r) *f(m)*
eretto, **-a** [e'rɛtto] **I.** *pp di* **erigere** **II.** *agg* gerade, aufrecht
erezione [eret'tsioːne] *f* ① ARCH Errichtung *f*, Bau *m* ② BIOL Erektion *f*
erg [ɛrg] <-> *m* ① PHYS Erg *nt* ② GEOG Erg *nt*
ergastolano, **-a** [ergasto'laːno] *m, f* zu lebenslänglich Verurteilte(r) *f(m)*, Lebenslängliche(r) *f(m) fam*
ergastolo [er'gastolo] *m* ① *(pena)* lebenslängliche Freiheitsstrafe ② *(luogo)* Zuchthaus *nt*
ergere ['ɛrdʒere] <ergo, ersi, erto> **I.** *vt* erheben, emporrichten **II.** *vr* **-rsi** aufragen
ergo ['ɛrgo] *cong (scherz)* ergo, also
ergonomia [ergono'miːa] <-ie> *f* Ergonomie *f*, Ergonomik *f*
ergonomico, **-a** [ergo'nɔːmiko] <-ci, -che> *agg* ergonomisch
ergonomo, **-a** *m, f* Ergonom(in) *m(f)*
eri ['ɛːri] *2. pers sing imp di* **essere**[1]
erica ['ɛːrika] <-che> *f* BOT Erika *f*, Heidekraut *nt*
erigere [e'riːdʒere] <erigo, eressi, eretto> **I.** *vt* ① ARCH errichten, erbauen ② *(fig)* gründen **II.** *vr* **-rsi** sich aufwerfen; **-rsi a giudice** sich zum Richter aufwerfen
erinni [e'rinni] *f pl* LIT Erinnyen *f pl*, Rachegöttinnen *f pl*
eritema [eri'tɛːma] <-i> *m* Hautrötung *f*, Erythem[a] *nt*; ~ **solare** Sonnenallergie *f*
ermafroditismo [ermafrodi'tizmo] *m* Hermaphrodismus *m*, Zweigeschlechtigkeit *f*
ermafrodito [ermafro'diːto] *m* Zwitter *m*, Hermaphrodit *m*
ermafrodito, **-a** *agg* Zwitter-, hermaphroditisch
ermellino [erme'liːno] *m* ① ZOO Hermelin *nt* ② *(pelliccia)* Hermelin *m*
ermeneutica [erme'neːutika] <-che> *f* Hermeneutik *f*
ermetico, **-a** [er'mɛːtiko] <-ci, -che> *agg* ① TEC, LIT hermetisch ② *(fig)* unverständlich, dunkel
ermetismo [erme'tizmo] *m* ① LIT Hermetismus *m* ② *(di testo, frase, discorso)* Verschlüsseltheit *f*
ernia ['ɛrnia] <-ie> *f* MED [Eingeweide]bruch *m*, Hernie *f*; ~ **del disco** Bandscheibenvorfall *m*
erniario, **-a** [er'niaːrio] <-i, -ie> *agg* Bruch-; **cinto** ~ Bruchband *nt*
ero ['ɛːro] *1. pers sing imp di* **essere**[1]
erodere [e'roːdere] <irr> *vt* erodieren, auswaschen
eroe, **eroina** [e'rɔːe, ero'iːna] *m, f* Held(in) *m(f)*
erogare [ero'gaːre] *vt* ① *(gas, luce, acqua)* liefern ② *(denaro)* spenden
erogatore [eroga'toːre] *m* Verteiler *m*
erogatore, **-trice** *agg* versorgend, Versorgungs-; **società -trice del gas** Gas[versorgungs]gesellschaft *f*
erogazione [erogat'tsioːne] *f* ① *(di gas, luce, acqua)* Lieferung *f*, Versorgung *f* ② *(di denaro)* Spende *f*
eroicità [eroitʃi'ta] <-> *f* Heldenhaftigkeit *f*
eroicizzare [eroid'dzaːre] *vt* heroisieren; *(a. fig)* verherrlichen
eroico, **-a** [e'rɔːiko] <-ci, -che> *agg* heldenhaft, heroisch
eroina[1] [ero'iːna] *f* Heldin *f*
eroina[2] [ero'iːna] *f (droga)* Heroin *nt*
eroinomane [eroi'nɔːmane] **I.** *mf* Heroinsüchtige(r) *f(m)* **II.** *agg* heroinsüchtig
eroismo [ero'izmo] *m* Heldenhaftigkeit *f*
erompere [e'rompere] <irr> *vi* hervorbrechen; ~ **in un grido** einen Schrei ausstoßen
eros ['ɛːros] <-> *m* Eros *m*
erosi *1. pers sing pass rem di* **erodere**
erosione [ero'zioːne] *f* Erosion *f*
erosivo, **-a** [ero'ziːvo] *agg* erosiv
eroso *pp di* **erodere**
erosore [ero'soːre] *m (obs) alter Begriff für steuerflüchtige Großgrundbesitzer*
erotico, **-a** [e'rɔːtiko] <-ci, -che> *agg* erotisch
erotismo [ero'tizmo] *m* Erotik *f*; *(tendenza)* Eroti[zi]smus *m*
erotizzare [erotid'dzaːre] *vt* erotisieren
erpete ['ɛrpete] *m* Herpes *m*; ~ **zoster** Gürtelrose *f*, Herpes zoster *m*
erpice ['erpitʃe] *m* AGR Egge *f*
errabondo, **-a** [erra'bondo] *agg (poet)* umherirrend
errante [er'rante] *agg* umherirrend
errare [er'raːre] *vi* ① *(vagare)* umherirren ② *(sbagliare)* [sich] irren; **se non erro** wenn ich mich nicht irre
errata corrige [er'raːta 'kɔrridʒe] <-> *m* TYP Errata *nt pl*, Korrigenda *pl*
errato, **-a** [er'raːto] *agg* irrig, verfehlt
erroneità [erronei'ta] <-> *f* Irrigkeit *f*, Abwegigkeit *f*
erroneo, **-a** [er'rɔːneo] *agg* irrig, falsch
errore [er'roːre] *m* Irrtum *m*, Fehler *m*; ~ **di battitura** Tippfehler *m*; ~ **di calcolo** Rechenfehler *m*; ~ **d'ortografia** Rechtschreibfehler *m*; **per** ~ irrtümlich; **cadere in** ~ einem Irrtum unterliegen
ersi ['ɛrsi] *1. pers sing pass rem di* **ergere**

erta ['erta] *f* Steigung *f;* **stare all'~** auf der Hut sein
erto ['erto] *pp di* **ergere**
erudire [eru'di:re] <erudisco> *vt* bilden, lehren
erudito, -a [eru'di:to] **I.** *agg* gelehrt **II.** *m, f* Gelehrte(r) *f(m)*
erudizione [erudit'tsio:ne] *f* Gelehrtheit *f,* Wissen *nt*
eruibile [eru'i:bile] *agg (obs)* ableitbar
eruttare [erut'ta:re] *vt* ausstoßen, ausspeien
eruttazione [eruttat'tsio:ne] *f* Aufstoßen *nt,* Rülpser *m fam*
eruttivo, -a [erut'ti:vo] *agg* eruptiv, Eruptions-; **rocce -e** GEOL Lavagestein *nt*
eruzione [erut'tsio:ne] *f* Ausbruch *m,* Eruption *f*
es. *abbr di* **esempio** Bsp.
esacerbare [ezatʃer'ba:re] *vt (poet)* verschärfen, verschlimmern
esacerbazione [ezatʃerbat'tsio:ne] *f* Verschärfung *f,* Verschlimmerung *f,* Verbitterung *f,* Erbitterung *f*
esaedro [eza'ɛ:dro] *m* Hexaeder *m,* Sechsflächner *m*
esagerare [ezadʒe'ra:re] *vt, vi* übertreiben; **~ in qc** mit etw übertreiben
esagerato, -a [ezadʒe'ra:to] **I.** *agg* übertrieben, überzogen; *(persona)* überspannt **II.** *m, f* Übertreiber(in) *m(f)*
esagerazione [ezadʒerat'tsio:ne] *f* Übertreibung *f*
esagitato, -a [ezadʒi'ta:to] *agg* aufgewühlt, stark erregt
esagonale [ezago'na:le] *agg* sechseckig, hexagonal
esagono [e'za:gono] *m* Sechseck *nt,* Hexagon *nt*
esalare [eza'la:re] **I.** *vt avere (respiro)* aushauchen; *(profumo)* ausströmen **II.** *vi essere (odore, profumo)* aufsteigen
esalazione [ezalat'tsio:ne] *f* Ausströmen *nt*
esaltare [ezal'ta:re] **I.** *vt* [lob]preisen, rühmen **II.** *vr* **-rsi** sich rühmen; *(entusiasmarsi)* sich begeistern
esaltato, -a [ezal'ta:to] **I.** *agg* überschwänglich **II.** *m, f* überspannte Person
esaltazione [ezaltat'tsio:ne] *f* ① *(lode)* Verherrlichung *f,* Lobpreisung *f* ② *(fig)* Enthusiasmus *m,* Überschwang *m*
esame [e'za:me] *m* ① *(nell'insegnamento)* Prüfung *f;* **~ orale** mündliche Prüfung; **~ scritto** schriftliche Prüfung; **~ di guida** Fahrprüfung *f;* **~ di laurea** Diplomprüfung *f,* Examen *nt;* **-i di maturità** Abitur *nt,* Reifeprüfung *f,* Matura *f* A; **dare un ~** eine Prüfung ablegen; **passare un ~** eine Prüfung bestehen ② MED Untersuchung *f;* **~ del sangue** Blutuntersuchung *f*
esametro [e'za:metro] *m* Hexameter *m*
esamificio [ezami'fi:tʃo] <-ci> *m (pej: istituto di scarsa qualità didattica)* Prüfungsfabrik *f*
esaminando, -a [ezami'nando] *m, f* Prüfling *m,* Examenskandidat(in) *m(f)*
esaminare [ezami'na:re] *vt* prüfen; MED untersuchen; JUR *(testimoni)* vernehmen, verhören
esaminatore, -trice [ezamina'to:re] **I.** *agg* Prüfungs-; **commissione -trice** Prüfungskommission *f* **II.** *m, f* Prüfer(in) *m(f)*
esangue [e'zaŋgue] *agg* ① *(volto)* bleich; *(stile)* blutleer ② MED blutarm, anämisch
esanime [e'za:nime] *agg* leblos, tot
esasperante [ezaspe'rante] *agg* [nerven]aufreibend; *(voce)* schrill
esasperare [ezaspe'ra:re] **I.** *vt* ① *(persona)* empören, aufbringen ② *(pena, sofferenza)* verschärfen, verschlimmern **II.** *vr* **-rsi** wütend werden, aufdrehen A
esasperazione [ezasperat'tsio:ne] *f* Verschlimmerung *f,* Verschärfung *f;* *(irritazione)* Gereiztheit *f;* **portare qu all'~** jdn zur Weißglut bringen
esattezza [ezat'tettsa] *f* Genauigkeit *f*
esattivo, -a [ezat'ti:vo] *agg (esattoriale)* Eintreibungs-
esatto [e'zatto] **I.** *pp di* **esigere** **II.** *agg* genau, exakt; *(corretto)* richtig
esattore, -trice [ezat'to:re] *m, f* [Geld]einnehmer(in) *m(f),* [Geld]eintreiber(in) *m(f)*
esattoria [ezatto'ri:a] <-ie> *f* Zahlstelle *f,* Steuereinnahmestelle *f*
esattrice *f v.* **esattore**
esaudire [ezau'di:re] <esaudisco> *vt (persona)* erhören; *(desiderio)* erfüllen
esauriente [ezau'riɛnte] *agg* erschöpfend, befriedigend
esaurimento [ezauri'mento] *m* Erschöpfung *f;* **~ nervoso** Nervenzusammenbruch *m;* **fino ad ~ della merce** solange der Vorrat reicht
esaurire [ezau'ri:re] <esaurisco> **I.** *vt* aufbrauchen, verbrauchen **II.** *vr* **-rsi** ① *(sorgente, vena)* versiegen; *(forze)* zu Ende gehen ② COM ausgehen; *(libri)* vergriffen sein ③ MED sich erschöpfen
esaurito, -a [ezau'ri:to] *agg* ① *(miniera)* ausgebeutet; *(sorgente)* versiegt ② *(posti)* ausverkauft; *(edizione)* vergriffen ③ MED erschöpft, einem Zusammenbruch nahe
esaustivo, -a [ezau'sti:vo] *agg* erschöpfend, ausreichend
esausto, -a [e'za:usto] *agg* erschöpft
esautorare [ezauto'ra:re] *vt* absetzen, entmachten

E

esautorazione [ezautorat'tsio:ne] *f* Entmachtung *f,* Absetzung *f*
esazione [ezat'tsio:ne] *f* ADM Eintreibung *f*
esborso [ez'borso] *m* ADM Ausgabe *f,* Auslage *f*
esca ['eska] <esche> *f* ❶ *(a. fig)* Köder *m;* **gettare l'~** den Köder auswerfen ❷ *(fig: sostanza infiammabile)* Zunder *m*
escalation [eskə'leiʃən] <-> *f* Eskalation *f*
escandescenza [eskandeʃ'ʃɛntsa] *f* Jähzorn *m;* **dare in -e** Tobsuchtsanfälle bekommen
escape [is'keip] <-> *m* INFORM *(tasto del computer)* Escapetaste *f*
escapismo [eska'pizmo] *m* PSIC Eskapismus *m*
escatologia [eskatolo'dʒi:a] <-gie> *f* Eschatologie *f*
escatologico, -a [eskato'lɔ:dʒiko] <-ci, -che> *agg* eschatologisch
escavatore, -trice [eskava'to:re] **I.** *agg* Bagger- **II.** *m, f* Bagger *m*
escavazione [eskavat'tsio:ne] *f* Ausgrabung *f*
esche *pl di* **esca**
eschimese [eski'me:se] **I.** *agg* Eskimo- **II.** *mf* Eskimo *m*/Eskimofrau *f*
eschimo ['ɛskimo] *m v.* **eskimo**
esclamare [eskla'ma:re] *vt* ausrufen
esclamativo, -a [esklama'ti:vo] *agg* Ausrufe-; **punto ~** Ausrufezeichen *nt,* Ausrufzeichen *nt* A, Rufzeichen *nt* A
esclamazione [esklamat'tsio:ne] *f* Ausruf *m*
escludere [es'klu:dere] <escludo, esclusi, escluso> *vt* ausschließen
esclusa *f v.* **escluso**
esclusi [es'klu:zi] *1. pers sing pass rem di* **escludere**
esclusione [esklu'zio:ne] *f* Ausschluss *m;* **a ~ di** mit Ausnahme von; **andare per ~** ausschlussweise vorgehen; **criterio di ~** Ausschlusskriterium *nt*
esclusiva [esklu'zi:va] *f* Alleinverkaufsrecht *nt,* Monopol *nt*
esclusivamente [eskluziva'mente] *avv* ausschließlich, allein
esclusivista [eskluzi'vista] <-i *m,* -e *f*> *mf* COM Alleinverkäufer(in) *m(f),* Alleinvertreter(in) *m(f)*
esclusività [eskluzivi'ta] <-> *f* Exklusivität *f*
esclusivo, -a [esklu'zi:vo] *agg* exklusiv, Exklusiv-
escluso, -a [es'klu:zo] **I.** *pp di* **escludere** **II.** *agg* ausgeschlossen; *(eccetto)* außer; **non è ~ che …** +*conj* es ist nicht ausgeschlossen, dass …; **fino al 24 maggio ~** bis einschließlich 23. Mai **III.** *m, f* Ausgeschlossene(r) *f(m)*
esco ['ɛsko] *1. pers sing pr di* **uscire**
escogitare [eskodʒi'ta:re] *vt* ausdenken, austüfteln
escoriare [esko'ria:re] *vt* abschürfen
escoriazione [eskoriat'tsio:ne] *f* [Haut]abschürfung *f*
escremento [eskre'mento] *m* Exkrement *nt*
escrescenza [eskreʃ'ʃɛntsa] *f* Auswuchs *m,* Wucherung *f*
escrezione [eskret'tsio:ne] *f* Ausscheidung *f,* Absonderung *f*
escursione [eskur'sio:ne] *f* ❶ *(gita)* Ausflug *m; (per studi)* Exkursion *f;* **andare in ~ a …** einen Ausflug nach … machen ❷ METEO Schwankung *f;* **~ termica** Temperaturschwankung *f*
escursionista [eskursio'nista] <-i *m,* -e *f*> *mf* Ausflügler(in) *m(f)*
escussi [es'kussi] *1. pers sing pass rem di* **escutere**
escussione [eskus'sio:ne] *f* JUR Vernehmung *f,* Einvernahme *f* A
escutere [es'ku:tere] <escuto, escussi, escusso> *vt* JUR vernehmen, anhören; *(debitore)* auf Zahlung verklagen
esecrabile [eze'kra:bile] *agg* verdammenswert
esecrando, -a [eze'krando] *agg (poet)* verdammenswert
esecrare [eze'kra:re] *vt* verdammen, verurteilen
esecutare [ezeku'ta:re] *vt* JUR bestrafen
esecutività [ezekutivi'ta] <-> *f* Vollstreckbarkeit *f*
esecutivo [ezeku'ti:vo] *m* Exekutive *f*
esecutivo, -a *agg* ❶ JUR exekutiv ❷ *(progetto, fase)* ausführend
esecutore, -trice [ezeku'to:re] *m, f* ❶ JUR Vollstrecker(in) *m(f)* ❷ MUS Vortragende(r) *f(m)*
esecuzione [ezekut'tsio:ne] *f* ❶ *(contratto)* Ausführung *f* ❷ JUR *(sentenza)* Vollstreckung *f* ❸ MUS Vortrag *m*
eseguire [eze'gui:re] *vt* ❶ *(realizzare)* ausführen, durchführen ❷ JUR *(sentenza)* vollstrecken ❸ MUS vortragen, spielen ❹ INFORM [**comando**] **esegui** Ausführen *nt*
esempio [e'zɛmpio] <-i> *m* Beispiel *nt;* **essere un ~ di bontà** ein Musterbeispiel an Güte sein; **dare il buon/cattivo ~** mit gutem/schlechtem Beispiel vorangehen; **fare un ~** ein Beispiel anführen; **seguire l'~ di qu** jds Beispiel folgen; **per ~** zum Beispiel; **che ti serva d'~!** das soll dir eine Lehre sein!

esemplare [ezem'pla:re] **I.** *agg* beispielhaft **II.** *m* Exemplar *nt,* Stück *nt*
esemplificare [ezemplifi'ka:re] *vt* durch Beispiele erläutern
esentare [ezen'ta:re] **I.** *vt* ~ **qu da qc** jdn von etw befreien **II.** *vr* **-rsi da qc** sich einer Sache *dat* entziehen
esentasse [ezen'tasse] *agg inv* steuerfrei
esente [e'zɛnte] *agg* befreit, frei; **essere ~ da qc** von etw befreit sein; **~ da tasse** steuerfrei
esequie [e'zɛ:kuie] *f pl* Begräbnisfeier *f,* Exequien *pl*
esercente [ezer'tʃɛnte] *mf* Gewerbetreibende(r) *f(m)*
esercitare [ezertʃi'ta:re] **I.** *vt* ❶ *(professione)* ausüben ❷ *(corpo, memoria)* üben, trainieren ❸ *(potere, diritto)* ausüben **II.** *vr* **-rsi [in qc]** sich [in etw *dat*] üben
esercitazione [ezertʃitat'tsio:ne] *f* ❶ *(allenamento)* Übung *f,* Training *nt* ❷ *(lezione)* Übungskurs *m*
esercito [e'zɛrtʃito] *m* Armee *f,* Heer *nt*
esercizio [ezer'tʃittsio] <-i> *m* ❶ *(gener)* Übung *f;* **essere fuori ~** außer Übung sein ❷ COM *(gestione)* Betrieb *m; (anno)* Geschäftsjahr *nt*
esibire [ezi'bi:re] <esibisco> **I.** *vt* ❶ *(passaporto, documento)* vorzeigen, vorlegen ❷ *(bravura, nudità)* zeigen, zur Schau stellen **II.** *vr* **-rsi** ❶ *(offrirsi)* sich anbieten ❷ *(in pubblico)* auftreten
esibizione [ezibit'tsio:ne] *f* ❶ THEAT Auftritt *m;* SPORT Darbietung *f* ❷ *(di documenti)* Vorlage *f,* Vorzeigen *nt* ❸ *(mostra)* Vorführung *f,* Schau *f*
esibizionismo [ezibittsio'nizmo] *m* Prahlerei *f*
esibizionista [ezibittsio'nista] <-i *m,* -e *f*> *mf* Exhibitionist(in) *m(f)*
esigei [ezi'dʒe:i] *1. pers sing pass rem di* **esigere**
esigente [ezi'dʒɛnte] *agg* anspruchsvoll, fordernd
esigenza [ezi'dʒɛntsa] *f* Anspruch *m; (bisogno)* Bedürfnis *nt*
esigere [e'zi:dʒere] <esigo, esigei *o* esigetti, esatto> *vt* ❶ *(richiedere)* verlangen, fordern ❷ *(riscuotere)* einziehen ❸ *(fig)* erfordern, verlangen
esiguo, -a [e'zi:guo] *agg* gering, geringfügig
esilarante [ezila'rante] *agg* erheiternd; **gas ~** Lachgas *nt*
esile ['ɛ:zile] *agg* schmächtig; *(tenue, gracile)* zart
esiliare [ezi'lia:re] **I.** *vt* verbannen, ins Exil schicken **II.** *vr* **-rsi** ❶ POL in die Verbannung gehen ❷ *(fig)* sich zurückziehen; **-rsi dalla società** sich von der Gesellschaft zurückziehen
esiliato, -a [ezilia:to] **I.** *agg* verbannt, im Exil **II.** *m, f* Verbannte(r) *f(m)*
esilio [e'zi:lio] <-i> *m* ❶ POL Exil *nt,* Verbannung *f* ❷ *(fig)* Abkehr *f*
esimere [e'zi:mere] <esimo, *mancano pass rem e pp*> *vt* befreien
esimio, -a [e'zi:mio] <-i, -ie> *agg* hervorragend; *(nelle lettere)* hochverehrt
esistei [ezis'te:i] *1. pers sing pass rem di* **esistere**
esistente [ezis'tɛnte] *agg* vorhanden, existent
esistenza [ezis'tɛntsa] *f* Existenz *f; (di cose)* Vorhandensein *nt; (vita)* Existenz *f,* Dasein *nt*
esistenziale [ezisten'tsia:le] *agg* existenziell
esistere [e'zistere] <esisto, esistei *o* esistetti, esistito> *vi essere* existieren, bestehen; *(esserci)* da sein
esitare [ezi'ta:re] *vi* zögern
esitazione [ezitat'tsio:ne] *f* Zögern *nt*
esito ['ɛ:zito] *m* ❶ *(risultato)* Ergebnis *nt* ❷ ADM Bearbeitung *f,* Erledigung *f*
eskimo ['ɛskimo] <-> *m* Parka *m o f*
esobiologia [ezobiolo'dʒi:a] <-ie> *f* Kosmobiologie *f*
esodo ['ɛ:zodo] *m* Abwanderung *f;* REL, LIT Exodus *m,* Auszug *m*
esofago [e'zɔ:fago] <-gi> *m* Speiseröhre *f*
esogeno, -a [e'zɔ:dʒeno] *agg* exogen
esonerare [ezone'ra:re] **I.** *vt* freistellen **II.** *vr* **-rsi** sich befreien
esonero [e'zɔ:nero] *m* Freistellung *f*
esorbitante [ezorbi'tante] *agg* gewaltig, exorbitant
esorcismo [ezor'tʃizmo] *m* Exorzismus *m*
esorcista [ezor'tʃista] <-i *m,* -e *f*> *mf* Exorzist(in) *m(f)*
esorcizzare [ezortʃid'dza:re] *vt* austreiben
esordiente [ezor'diɛnte] **I.** *agg* angehend **II.** *mf* Debütant(in) *m(f),* Anfänger(in) *m(f)*
esordio [e'zɔrdio] <-i> *m* *(inizio)* Anfang *m;* THEAT Debüt *nt*
esordire [ezor'di:re] <esordisco> *vi* anfangen; THEAT debütieren
esortare [ezor'ta:re] *vt* ermahnen; **~ qu a [fare] qc** jdn zu etw ermahnen
esortazione [ezortat'tsio:ne] *f* Ermahnung *f*
esoso, -a [e'zɔ:zo] *agg (persona)* habgierig; *(prezzo)* Wucher-
esoterico, -a [ezo'tɛ:riko] <-ci, -che> *agg* esoterisch
esoterismo [ezote'rizmo] *m* Esoterik *f*
esotermo [ezo'tɛrmo] *agg* warmblütig

esotico, **-a** [e'zɔːtiko] <-ci, -che> *agg* exotisch

ESP *abbr di* **Electronic Stability Program** AUTO **sistema ~** ESP *nt*

espadrilles [ɛspa'drij] *f pl* Espadrilles *f pl*

espandere [es'pandere] <espando, espansi *o* espandetti, espanso> **I.** *vt* ausdehnen, erweitern **II.** *vr* **-rsi** sich ausdehnen, sich ausbreiten; COM expandieren

espandibile [espan'diːbile] *agg* ① *(aumentabile)* erweiterbar, ausdehnbar ② PHYS ausdehnbar, expansibel

espansione [espan'sioːne] *f* ① PHYS Ausdehnung *f,* Erweiterung *f;* ASTR Ausdehnung *f,* Weite *f;* COM Expansion *f* ② *(fig)* Überschwänglichkeit *f,* Herzlichkeit *f*

espansivo, **-a** [espan'siːvo] *agg* ① *(affettuoso)* überschwänglich, offenherzig ② PHYS expansiv, Expansions-

espanso, **-a** [es'panso] **I.** *pp di* **espandere II.** *agg* Schaumstoff-

espatriare [espa'triaːre] *vi essere* auswandern

espatrio [es'paːtrio] <-i> *m* Auswanderung *f*

espediente [espe'diɛnte] *m* Notbehelf *m,* Ausweg *m*

espellere [es'pɛllere] <espello, espulsi, espulso> *vt* ① *(allievi, giocatore)* ausweisen, verweisen; *(persona)* ausstoßen ② MED ausscheiden

esperanto [espe'ranto] *m* LING Esperanto *nt*

esperienza [espe'riɛntsa] *f* ① *(gener)* Erfahrung *f;* **per ~** aus Erfahrung; **senza ~** unerfahren ② SCIENT Versuch *m*

esperimento [esperi'mento] *m* Experiment *nt,* Versuch *m*

esperto, **-a** [es'pɛrto] **I.** *agg* sachkundig; *(abile)* gewandt **II.** *m, f* Fachmann *m/* Fachfrau *f,* Experte *m/*Expertin *f*

espiare [espi'aːre] *vt* [ab-, ver]büßen; REL sühnen

espiatorio, **-a** [espia'tɔːrio] <-i, -ie> *agg* Sühne-; **capro ~** *(fig)* Sündenbock *m*

espiazione [espiat'tsioːne] *f* Buße *f;* REL Sühne *f*

espirare [espi'raːre] *vt* ausatmen

espirazione [espirat'tsioːne] *f* Ausatmen *nt*

espletare [esple'taːre] *vt* bearbeiten, erledigen

esplicare [espli'kaːre] *vt (esercitare)* ausüben; *(attività)* entfalten

esplicazione [esplikat'tsioːne] *f (esercizio)* Ausübung *f; (di attività)* Entfaltung *f*

esplicito, **-a** [es'pliːtʃito] *agg* explizit; *(ordine)* ausdrücklich

esplodere [es'plɔːdere] <esplodo, esplosi, esploso> **I.** *vi essere o avere* ① *(bomba, dinamite)* explodieren; *(fucile)* losgehen ② *(fig)* ausbrechen **II.** *vt avere* abfeuern

esplorare [esplo'raːre] *vt* ① *(indagare)* erforschen; MED untersuchen ② *(fig)* auskundschaften

esploratore, **-trice** *m, f* Forscher(in) *m(f)*

esplorazione [esplorat'tsioːne] *f* Erforschung *f;* MED Untersuchung *f*

esplosi [es'plɔːzi] *1. pers sing pass rem di* **esplodere**

esplosione [esplo'zioːne] *f* ① *(di mina, bomba)* Explosion *f* ② *(fig)* Ausbruch *m*

esplosivo [esplo'ziːvo] *m* Sprengstoff *m*

esplosivo, **-a** *agg* Spreng-, explosiv

esploso [es'plɔːzo] *pp di* **esplodere**

esponente [espo'nɛnte] **I.** *mf* ① *(rappresentante)* Vertreter(in) *m(f)* ② *(persona autorevole)* Wortführer(in) *m(f)* **II.** *m* MAT Exponent *m,* Hochzahl *f*

esponenziale [esponen'tsiaːle] MAT **I.** *agg* Exponential-, exponential **II.** *f* Exponentialgleichung *f*

esporre [es'porre] <irr> **I.** *vt* ① *(porre fuori)* aussetzen, ausstellen ② *(narrare)* darlegen; *(spiegare)* erläutern **II.** *vr* **-rsi** sich aussetzen

esportare [espor'taːre] *vt* ① COM exportieren, ausführen ② *(a. fig)* herausbringen

esportatore, **-trice** [esporta'toːre] **I.** *m, f* Exporteur(in) *m(f)* **II.** *agg* Export-, exportierend

esportazione [esportat'tsioːne] *f* Export *m,* Ausfuhr *f*

esposi *1. pers sing pass rem di* **esporre**

esposimetro [espo'ziːmetro] *m* FOTO Belichtungsmesser *m*

esposizione [espozit'tsioːne] *f* ① *(di merci, opere d'arte)* Ausstellung *f* ② *(di fatto, brano)* Darstellung *f,* Ausführung *f*

esposto, **-a** [es'posto] **I.** *pp di* **esporre II.** *agg* ① *(mostra)* ausgestellt; METEO ausgesetzt ② *(motivo, ragione)* dargelegt, vorgetragen

espressamente [espressa'mente] *avv* ausdrücklich

espressi [es'prɛssi] *1. pers sing pass rem di* **esprimere**

espressione [espres'sioːne] *f* Ausdruck *m,* Wendung *f;* **con ~** ausdrucksvoll

espressionismo [espressio'nizmo] *m* KUNST, LIT, MUS Expressionismus *m*

espressionista [espressio'nista] <-i *m,* -e *f*> **I.** *agg* expressionistisch **II.** *mf* Expressionist(in) *m(f)*

espressionistico, **-a** [espressio'nistiko] <-ci, -che> *agg* expressionistisch

espressivistico, **-a** [espressi'vistiko] <-ci,

-che> *agg* LIT ausdrucksvoll, ausdrucksstark

espressività [espressivi'ta] *f* Ausdruckskraft *f*

espressivo, -a [espres'si:vo] *agg* ausdrucksvoll

espresso [es'prɛsso] *m* ① *(caffè)* Espresso *m* ② FERR Schnellzug *m,* Express[zug] *m* ③ *(lettera)* Eilbrief *m,* Expressbrief *m*

espresso, -a I. *pp di* **esprimere** II. *agg* ① *(ordine, dovere)* ausdrücklich ② *(lettera, treno)* Express-, Eil- ③ **caffè ~** Espresso *m*

esprimere [es'pri:mere] <esprimo, espressi, espresso> I. *vt* ausdrücken, zum Ausdruck bringen II. *vr* **-rsi** sich ausdrücken

espromissione *f* FIN Schuldübernahme *f*

espropriare [espro'pria:re] *vt* enteignen

espropriazione [espropriat'tsio:ne] *f* Enteignung *f*

esproprio [es'prɔ:pio] <-i> *m* Enteignung *f*

espugnare [espuɲ'ɲa:re] *vt* ① MIL [er]stürmen, einnehmen ② *(fig)* bezwingen

espugnazione [espuɲɲat'tsio:ne] *f* Erstürmung *f,* Einnahme *f*

espulsi [es'pulsi] *1. pers sing pass rem di* **espellere**

espulsione [espul'sio:ne] *f* ① *(di socio, membro)* Ausschluss *m; (di allievo)* Verweis *m* ② MED Absonderung *f; (delle feci)* Ausscheidung *f*

espulso [es'pulso] *pp di* **espellere**

esquimese [eskui'me:se] *mf v.* **eschimese**

essa ['essa] *pron pers 3. pers sing f* sie; *(riferito a cose, animali)* es

essai [e'sɛ] <-> *m* Essay *m o nt*

esse ['esse] *pron pers 3. pers pl f* sie

essenza [es'sɛntsa] *f* ① *(di discorso, problema)* Wesen *nt,* Wesentliche(s) *nt* ② CHEM Essenz *f;* **~ di rose** Rosenöl *nt*

essenziale [essen'tsia:le] I. *agg* ① *(sostanziale)* wesentlich; *(principale)* Haupt- ② CHEM ätherisch; **oli -i** ätherische Öle II. *m* Wesentliche(s) *nt,* Hauptsache *f*

essenzialmente [essentsial'mente] *avv* *(in sostanza, in effetti)* im Wesentlichen; *(fondamentalmente)* grundlegend

essere[1] ['ɛssere] <sono, fui, stato> *vi essere* ① *(gener)* sein; **c'è, ci sono** es gibt; **c'è odore di …** es riecht nach …; **c'era una volta** es war einmal; **c'eri anche tu?** warst du auch da?; **ci siamo!** *(luogo)* da wären wir!; *(fig)* das hätten wir!; *(momento)* jetzt ist es soweit!; **~ di qu** jdm gehören; **è freddo** es ist kalt; **è Natale** es ist Weihnachten; **sono loro** sie sind es; **sono ore che t'aspetto** ich warte [schon] seit Stunden auf dich; **chi è?** wer ist es?; *(alla porta)* wer ist da?; **che ora è?, che ore sono?** wie spät ist es?; **come sarebbe a dire?** was soll das heißen? ② *(trovarsi)* sich befinden ③ *(fam: costare)* kosten; **quant'è?** *(fam)* was kostet das? ④ *(provenire)* stammen; **sono di Padova** ich bin aus Padua

essere[2] *m* ① *(esistenza)* Sein *nt,* Dasein *nt* ② *(essenza)* Wesen *nt* ③ *(fam: persona)* Mensch *m,* [Lebe]wesen *nt;* **gli -i viventi** die Lebewesen *nt pl*

essi ['essi] *pron pers 3. pers pl m* sie

essiccare [essik'ka:re] I. *vt* *(palude)* trockenlegen, austrocknen; *(frutta)* dörren II. *vr* **-rsi** ① *(frutta, materiali)* trocknen ② *(fig)* versiegen

essiccativo, -a [essikka'ti:vo] *agg* austrocknend; **polvere -a** Trockenpulver *nt*

essiccatoio [essikka'to:io] <-oi> *m* ① *(macchina per l'essicazione)* Trockengerät *nt,* Dörrgerät *nt,* Darre *f* ② *(impianto per l'essicazione)* Trockenanlage *f,* Trocknungsanlage *f* ③ *(luogo in cui si compie l'essicazione)* Trockenraum *m*

essiccazione [essikkat'tsio:ne] *f* ① *(disidratazione)* Trocknung *f,* Dehydratation *f* ② *(bonifica)* Trockenlegung *f*

esso ['esso] *pron pers 3. pers sing m* er; *(riferito a cose, animali)* es

est [ɛst] <-> *m* Ost[en] *m;* **a ~ di** östlich von

estasi ['ɛstazi] <-> *f* Verzückung *f,* Ekstase *f;* **andare in ~** in Verzückung geraten

estasiare [esta'zia:re] I. *vt* hinreißen, in Ekstase bringen II. *vr* **-rsi** in Ekstase geraten

estate [es'ta:te] *f* Sommer *m;* **in ~, d'~** im Sommer

estatico, -a [es'ta:tiko] <-ci, -che> *agg* ekstatisch, verzückt

estemporaneo, -a [estempo'ra:neo] *agg* improvisiert, aus dem Stegreif, Stegreif-

estendere [es'tɛndere] <irr> I. *vt* erweitern, vergrößern; *(a. fig)* ausdehnen II. *vr* **-rsi** sich erstrecken, sich ausdehnen

estensione [esten'sio:ne] *f* ① *(di territorio, superficie)* Ausdehnung *f* ② *(di arto)* Streckung *f,* Strecken *nt*

estensivo, -a [esten'si:vo] *agg* großflächig, extensiv

estenuante [estenu'ante] *agg* ermüdend

estenuare [estenu'a:re] I. *vt* ermatten, erschöpfen II. *vr* **-rsi** ermatten

estenuazione [estenuat'tsio:ne] *f* Kräfteverlust *m,* Ermattung *f*

estere ['ɛstere] *m* CHEM Ester *m*

esteriore [este'rio:re] I. *agg* äußere(r, s),

Außen- **II.** *m* Äußere(s) *nt,* Äußerliche(s) *nt*

esterna *f v.* **esterno**

esternare [ester'na:re] *vt* äußern

esternatore, **-trice** [esterna'to:re] *m, f* Person *f,* die ihre persönliche Meinung äußert

esterno [es'tɛrno] *m* Äußere(s) *nt; (di edificio)* Außenseite *f*

E

esterno, **-a** **I.** *agg* äußere(r, s), Außen-; **per uso ~** zur äußerlichen Anwendung **II.** *m, f (di collegio)* Externe(r) *f(m)*

estero ['ɛstero] *m* Ausland *nt;* **all'~** im/ins Ausland

estero, **-a** *agg* ausländisch, Auslands-; **ministero degli affari -i** Außenministerium *nt;* **commercio ~** Außenhandel *m*

esterofobia [esterofo'bi:a] <-ie> *f* Auslandsfeindlichkeit *f*

esterrefatto, **-a** [esterre'fatto] *agg* bestürzt, entsetzt

estesi *1. pers sing pass rem di* **estendere**

esteso, **-a** [es'te:so] **I.** *pp di* **estendere** **II.** *agg* ausgedehnt; *(fig)* umfassend, umfangreich; **per ~** ausführlich

esteta [es'tɛ:ta] <-i *m,* -e *f*> *mf* Ästhet(in) *m(f)*

estetica [es'tɛ:tika] <-che> *f* Ästhetik *f; (bellezza)* Schönheit *f*

estetico, **-a** [es'tɛ:tiko] <-ci, -che> *agg* ästhetisch, schön

estetista [este'tista] <-i *m,* -e *f*> *mf* Kosmetiker(in) *m(f)*

estimo ['ɛstimo] *m* [Ab]schätzung *f*

estinguere [es'tiŋguere] <estinguo, estinsi, estinto> **I.** *vt* ① *(incendio)* löschen ② COM tilgen, löschen **II.** *vr* **-rsi** ① *(incendio)* erlöschen ② *(fig)* aussterben

estinto, **-a** [es'tinto] **I.** *agg* ausgestorben, erloschen **II.** *m, f* Verstorbene(r) *f(m)*

estintore [estin'to:re] *m* Feuerlöscher *m*

estinzione [estin'tsio:ne] *f* ① *(di famiglia)* Aussterben *nt,* Erlöschen *nt;* BIOL *(di specie)* Aussterben *nt* ② *(di incendio)* Löschen *nt,* Löschung *f* ③ *(di vulcano)* Erlöschen *nt* ④ COM *(di debito)* Tilgung *f*

estirpare [estir'pa:re] *vt* ① *(sradicare)* [her]ausreißen; MED *(dente)* ziehen; *(tumore)* entfernen ② AGR *(erbacce)* ausrotten, herausreißen ③ *(fig)* ausmerzen, ausrotten

estivo, **-a** [es'ti:vo] *agg* sommerlich, Sommer-

estone ['ɛstone] **I.** *agg* estländisch, estisch **II.** *mf* Este *m*/Estin *f*

Estonia [es'tɔ:nia] *f* Estland *nt*

estorcere [es'tɔrtʃere] <estorco, estorsi, estorto> *vt* ① *(denaro)* **~ qc a qu** jdm etw abpressen ② *(fig)* abnötigen; **~ un favore a qu** jdm einen Gefallen abnötigen

estorsione [estor'sio:ne] *f* Erpressung *f*

estradizione [estradit'tsio:ne] *f* Auslieferung *f;* **procedura di ~** Auslieferungsverfahren *nt*

estraneità [estranei'ta] <-> *f* ① *(non appartenenza, non pertinenza)* Nichtbeteiligung *f,* Unbeteiligtheit *f* ② *(freddezza, distacco)* Distanziertheit *f*

estraneo, **-a** [es'tra:neo] <-ei, -ee> **I.** *agg* fremd; ADM unbefugt **II.** *m, f* Fremde(r) *f(m);* ADM Unbefugte(r) *f(m);* **vietato l'ingresso agli -i** Zutritt für Unbefugte verboten

estraniare [estra'nia:re] **I.** *vt* entfremden; **~ qu da qu** jdn jdm entfremden **II.** *vr* **-rsi da qu** sich jdm entfremden; **-rsi dalla realtà** vor der Realität flüchten

estrapolazione [estrapolat'tsio:ne] *f* Extrapolation *f*

estrarre [es'trarre] <irr> *vt* ① *(tirare fuori)* ausziehen, herausziehen; *(dente)* ziehen ② *(numeri)* ziehen; **~ a sorte** auslosen ③ MIN fördern, gewinnen ④ MAT *(radice)* ziehen

estrattivo, **-a** [estrat'ti:vo] *agg* Förder-; **industria -a** Bergbau *m*

estratto [es'tratto] *m* ① GASTR *(di carne, pomodori)* Extrakt *m* ② COM, ADM Auszug *m;* **~ conto** Kontoauszug *m* ③ *(opuscolo)* Auszug *m;* **~ di nascita** Auszug *m* aus dem Geburtsregister

estratto, **-a** *agg (alcaloide)* extrahiert; *(premio)* ausgelost

estrazione [estrat'tsio:ne] *f* ① *(VAKAT)* [Aus-, Heraus]ziehen *nt; (di dente)* Ziehen *nt* ② MIN Förderung *f,* Gewinnung *f* ③ CHEM Extraktion *f* ④ MAT *(di radice)* Ziehen *nt* ⑤ *(di numeri)* Ziehung *f* ⑥ *(fig)* Abstammung *f,* Herkunft *f*

estremismo [estre'mizmo] *m* Extremismus *m*

estremista [estre'mista] <-i *m,* -e *f*> *mf* Extremist(in) *m(f)*

estremistico, **-a** [estre'mistiko] <-ci, -che> *agg* extremistisch

estremità [estremi'ta] <-> *f* ① *(parte)* Ende *nt* ② *pl (mani e piedi)* Extremitäten *fpl*

estremizzare [estremid'dza:re] *vt* radikalisieren; *(acuire le tensioni)* die Spannungen verschärfen

estremizzazione [estremiddzat'tsio:ne] *f* Radikalisierung *f*

estremo [es'trɛ:mo] *m* ① *(punto estremo)* Ende *nt,* äußerster Punkt *m* ② *(fig)* Extrem *nt* ③ *pl* ADM Hauptdaten *pl*

estremo, **-a** *agg* ① *(a. fig)* äußerste(r, s), letzte(r, s); **l'Estremo Oriente** GEOG der Ferne Osten; **a mali -i, -i rimedi** *(prov)* auf einen groben Klotz gehört ein grober Keil

② POL extrem; **l'-a destra/sinistra** die extreme Linke/Rechte
estremorientale [estremorien'ta:le] *agg* fernöstlich
estrinsecare [estrinse'ka:re] **I.** *vt* äußern **II.** *vr* **-rsi** sich äußern
estro ['ɛstro] *m* Eingebung *f; (capriccio)* Anwandlung *f;* ~ **creativo** Kreativität *f*
estrogenato, -a [estrodʒe'na:to] *agg (fornito, carico di estrogeni)* Östrogene enthaltend, mit Östrogenen versehen; **animale** ~ mit Östrogenen gefüttertes Tier
estrogeno [es'trɔ:dʒeno] *m* Östrogen *nt*
estroso, -a [es'tro:so] *agg* ① *(fantasioso)* fantasievoll, originell ② *(capriccioso)* launisch
estroverso, -a [estro'vɛrso] **I.** *agg* extrovertiert **II.** *m, f* Extrovertierte(r) *f(m)*
estuario [estu'a:rio] <-i> *m* Trichtermündung *f*
esuberante [ezube'rante] *agg* ① *(sovrabbondante)* übermäßig ② *(persona)* temperamentvoll
esuberanza [ezube'rantsa] *f* ① *(sovrabbondanza)* Übermaß *nt,* Überfluss *m* ② *(di persona)* Temperament *nt*
esulare [ezu'la:re] *vi* hinausgehen (**da** über +*akk*), fernstehen (**da** jdm *dat*
esule ['ɛ:zule] **I.** *agg* verbannt, im Exil [lebend] **II.** *mf* Verbannte(r) *f(m),* im Exil Lebende(r) *f(m)*
esultare [ezul'ta:re] *vi* jubeln, überglücklich sein; ~ **per qc** über etw *akk* hocherfreut sein
età [e'ta] <-> *f* Alter *nt;* GEOL, HIST Zeitalter *nt;* **l'~ del bronzo/ferro** die Bronze-/Eisenzeit; **maggiore** ~ Volljährigkeit *f;* **minore** ~ Minderjährigkeit *f;* **raggiungere la maggiore** ~ volljährig werden; **all'~ di dodici anni** im Alter von zwölf Jahren
etc. *abbr di* **eccetera** etc.
etere ['ɛ:tere] *m* ① *(poet)* Äther *m,* Himmel *m* ② CHEM Äther *m*
eterizzazione [eteriddzat'tsio:ne] *f* ① *(narcosi da etere)* Ätherisieren *nt,* Äthernarkose *f* ② TEC *(eliminazione della manualità)* Fernsteuerung *f,* Fernbedienung *f*
eternit® [eter'nit *o* 'ɛ:ternit] <-> *m* Eternit® *nt o m*
eternità [eterni'ta] <-> *f* Ewigkeit *f*
eterno [e'tɛrno] *m* Ewigkeit *f;* **in** ~ in Ewigkeit
eterno, -a *agg* ewig
etero ['ɛtero] *agg inv v.* **eterosessuale**
eterocentrico, -a [etero'tʃɛntriko] <-ci, -che> *agg* heterozentrisch
eterodiretto, -a [eterodi'rɛtto] *agg* labil, unentschlossen und beeinflussbar
eteroeducazione [eteroedukat'tsio:ne] *f* Fremderziehung *f*
eterogeneo, -a [etero'dʒɛ:neo] *agg* heterogen
eterosessuale [eterosessu'a:le] **I.** *agg* heterosexuell **II.** *mf* Heterosexuelle(r) *f(m)*
eterosessualità [eterosessuali'ta] <-> *f* Heterosexualität *f*
ethernet ['iθə:nit] <-> *m* INFORM *(tipo di rete informatica aziendale)* Ethernet *nt (LAN-topologie)*
etica ['ɛ:tika] <-che> *f* Ethik *f; (morale)* Moral *f; (ethos)* Ethos *nt;* ~ **professionale** Berufsethos *nt*
etichetta [eti'ketta] *f* ① COM Etikett *nt; (del prezzo)* [Preis]etikett *nt,* Preisschild *nt* ② *(cerimoniale)* Etikette *f,* Form *f*
etico, -a ['ɛ:tiko] <-ci, -che> *agg* ethisch, moralisch
etilato, -a [eti'la:to] *agg* verbleit; **benzina -a** verbleites Benzin
etilico, -a [e'ti:liko] <-ci, -che> *agg* Äthyl-; **alcool** ~ Äthylalkohol *m*
etilismo [eti'lizmo] *m* Alkoholismus *m; (intossicazione)* Alkoholvergiftung *f*
etilometro [eti'lɔ:metro] *m* Alkomat *m,* Alkoholmessgerät *nt*
etilotest [etilo'tɛst] <-> *m* Alkoholtest *m;* **sottoporsi all'~** sich einem Alkoholtest unterziehen
etimologia [etimolo'dʒi:a] <-gie> *f* Etymologie *f*
etimologico, -a [etimo'lɔ:dʒiko] <-ci, -che> *agg* etymologisch
Etna ['ɛtna] *m* Ätna *m*
etnico, -a ['ɛtniko] <-ci, -che> *agg* ethnisch, Volks-
etnocidio [etno'tʃi:dio] <-di> *m* Völkermord *m*
etnolinguista [etnoliŋ'guista] <-i *m,* -e *f*> *mf* LING Ethnolinguist(in) *m(f)*
etnolinguistica [etnoliŋ'guistika] <-che> *f* LING Ethnolinguistik *f*
etnolinguistico, -a [etnoliŋ'guistiko] <-ci, -che> *agg* ethnolinguistisch
etnologia [etnolo'dʒi:a] <-gie> *f* Ethnologie *f,* Völkerkunde *f*
etnologo, -a [et'nɔ:logo] <-gi, -ghe> *m, f* Ethnologe *m/*Ethnologin *f*
etnomusicologia [etnomuzikolo'dʒi:a] <-gie> *f* MUS Musikethnologie *f*
etnostoria [etno'stɔ:ria] <-ie> *f* HIST Ethnohistorie *f*
etologia [etolo'dʒi:a] <-gie> *f* Ethologie *f*
etologo, -a [e'tɔ:logo] <-gi, -ghe> *m, f* Ethologe *m/*Ethologin *f*
ETR 500 *m abbr di* **Elettrotreno** FERR *italienischer Hochgeschwindigkeitszug*

E

etrusco, -a [e'trusko] <-schi, -sche> **I.** *agg* etruskisch **II.** *m, f* Etrusker(in) *m(f)*

ettaedro [etta'ɛ:dro] *m* Siebenflächner *m,* Heptaeder *nt*

ettaro ['ɛttaro] *m* Hektar *m o nt*

etto ['ɛtto] *m,* **ettogrammo** [etto'grammo] *m* hundert Gramm, Hektogramm *nt*

ettolitro [et'tɔ:litro] *m* Hektoliter *m o nt*

eucalipto [euka'lipto] *m* Eukalyptus *m*

E

eucarestia [eukares'ti:a], **eucaristia** [eukaris'ti:a] <-ie> *f* Eucharistie *f*

eufemismo [eufe'mizmo] *m* Euphemismus *m*

eufemistico, -a [eufe'mistiko] <-ci, -che> *agg* euphemistisch

eufemizzare [eufemid'dza:re] *vt (geh)* euphemisieren

euforia [eufo'ri:a] <-ie> *f* Euphorie *f,* Hochgefühl *nt*

euforico, -a [eu'fɔ:riko] <-ci, -che> *agg* euphorisch

eugenetica [eudʒe'nɛ:tika] <-che> *f* SCIENT Eugenetik *f,* Eugenik *f*

eugenetico, -a [eudʒe'nɛ:tiko] <-ci, -che> *agg* eugenetisch, eugenisch

eugenismo [eudʒe'nizmo] *m* Eugeniktheorie *f*

eugenista [eudʒe'nista] <-i *m,* -e *f*> *mf* Eugeniker(in) *m(f)*

eunuco [eu'nu:ko] <-chi> *m* Eunuch *m*

eureka [eu'rɛ:ka] *int* heureka!; **quando ormai non ci speravo più...~! Ecco il risultato!** als ich schon nicht mehr hoffte...Heureka! Da war die Lösung!

Euro <-> *m* Euro *m;* **l'introduzione dell'~** die Einführung des Euro; **le monete e le banconote in ~** die Euro-Münzen und -Banknoten; **la fase di transizione dalla Lira all'~** die Übergangsphase von der Lira zum Euro; **la doppia indicazione in LIT e in ~** die doppelte Preisauszeichnung in LIT und in Euro; **il simbolo ~** das Euro-Symbol; **il pagamento in ~** die Bezahlung in Euro; **la crisi dell'~** die Eurokrise

euroamericano, -a [euroameri'ka:no] *agg* Europa und Amerika betreffend

euroasiatico, -a [euroa'zia:tiko] <-ci, -che> *agg* eurasisch

eurobbligazioni [eurobbligat'tsio:ni] *fpl* FIN Euro-Anleihen *fpl,* Euroanleihen

eurobond ['eurobɔnd] <-> *m* FIN *(eurobbligazione)* Eurobond *m*

euroccidentale [eurottʃiden'ta:le] *agg* westeuropäisch

Euro-cent, eurocent <-> *m (unità valutaria)* Eurocent *nt*

eurocentrico, -a [euro'tʃɛntriko] <-ci, -che> *agg* eurozentrisch

eurocentrismo [eurotʃen'trizmo] *m* Eurozentrismus *m*

eurocheque [euroʃ'ʃɛk] <-> *m* Euroscheck *m*

eurocittà [eurotʃit'ta] <-> *f* Europastadt *f*

eurocity [euro'siti] <-> *m* FERR Eurocity *m*

eurocomunismo [eurokomu'nizmo] *m* Eurokommunismus *m*

eurocomunista [eurokomu'nista] <-i *m,* -e *f*> **I.** *agg* eurokommunistisch **II.** *mf* Eurokommunist(in) *m(f)*

eurocomunitario, -a [eurokomuni'ta:rio] *agg* die EU betreffend, EU-; **norma -a** EU-Norm *f,* Euronorm *f;* **legge -a** EU-Gesetz *nt*

eurocrate [eu'rɔ:krate] *mf* POL Eurokrat(in) *m(f)*

eurocritico, -a [euro'kritiko] <-ci, -che> *agg* europakritisch

eurodeputato, -a [eurodepu'ta:to] *m, f* POL Europa-Abgeordnete(r) *f(m),* Europa-Mandatar(in) *m(f)* A

eurodestra [ɛuro'dɛstra] *f* POL europäische Rechte

eurodivisa [eurodi'vi:za] *f* FIN Eurodevisen *fpl,* Eurowährung *f*

eurodollaro [euro'dɔllaro] *m* Eurodollar *m*

eurofilo, -a [eu'rɔfilo] *m, f* Anhänger(in) *m(f)* der europäischen Idee

Eurolandia [euro'landia] *f (iron: Europa unita)* Euroland *nt*

eurolira [euro'li:ra] *f* FIN Eurolira *f*

euromercato [euromer'ka:to] *m* FIN Eurogeldmarkt *m,* Euro-Markt *m*

euromissile [euro'missile] *m* Mittelstreckenrakete *f*

euromissilistico, -a [euromissi'listiko] <-ci, -che> *agg* die europäischen Mittelstreckenraketen betreffend

euromoneta [euromo'ne:ta] *f* FIN *(eurodivisa)* europäische Währung

Europa [eu'rɔ:pa] *f* Europa *nt*

europarlamentare [europarlamen'ta:re] **I.** *agg* das Europaparlament betreffend **II.** *mf* Europaparlamentarier(in) *m(f)*

europarlamento [europarla'mento] *m* ❶ *(Parlamento)* Europaparlament *nt,* Europäisches Parlament ❷ *(edificio)* Europaparlament[sgebäude] *nt*

europea *f v.* **europeo**

europeismo [europe'izmo] *m* Europagedanke *m*

europeista [europe'ista] <-i *m,* -e *f*> **I.** *mf* Europäer(in) *m(f),* Anhänger(in) *m(f)* der Europabewegung **II.** *agg* europäisch

europeisticamente [europeistika'mente] *avv* dem europäischen Gedanken folgend

europeistico, -a [europeˈistiko] <-ci, -che> *agg* europäisch, Europa-
europeizzare [europeidˈdzaːre] *vt* europäisieren
europeizzazione [europeiddzatˈtsioːne] *f* Europäisierung *f*
europeo, -a [euroˈpɛːo] <-ei, -ee> **I.** *agg* europäisch; **il mercato comune ~** der Gemeinsame Markt **II.** *m, f* Europäer(in) *m(f)*
europocentrismo [europotʃenˈtrizmo] *m v.* **eurocentrismo**
Europol [ɛuroˈpɔl] *m acro di* **European Police** Europol *f*
europolitica [ɛuropoˈliːtika] *f* Europapolitik *f*
europoliziotto, -a [ɛuropolitˈtsiɔtto] *m, f* *(agente dell'Europol)* Europol-Beamte(r) *m/*-Beamtin *f*
euroscettico, -a [euroˈʃɛttiko] <-ci, -che> **I.** *agg* euroskeptisch **II.** *m, f* Euroskeptiker(in) *m(f)*
euroseggio [euroˈsɛddʒo] <-ggi> *m* Europaparlamentssitz *m*
eurosinistra [ɛurosiˈnistra] *f* POL europäische Linke
eurosocialismo [eurosotʃaˈlizmo] *m* europäische sozialistische Bewegung
Eurostar [ɛuroˈstaːr] <-> *m* FERR Eurostar *m*
eurotassa [euroˈtassa] *f* Europasteuer *f*, Unionssteuer
euroterrorismo [euroterroˈrizmo] *m* europaweiter Terrorismus
euroterrorista [euroterroˈrista] <-i *m*, -e *f*> **I.** *mf* Europa-Terrorist(in) *m(f)* **II.** *agg* den europaweiten Terrorismus betreffend
eurovaluta [eurovaˈluːta] *f* Eurowährung *f*
eurovisione [euroviˈzioːne] *f* Eurovision *f*; **collegamento in ~** Eurovisionsübertragung *f*
eutanasia [eutanaˈziːa] <-ie> *f* Sterbehilfe *f*, Euthanasie *f*
eutrofizzante [eutrofidˈdzante] *agg* eutrophierend
eutrofizzazione [eutrofiddzatˈtsioːne] *f* BIOL Eutrophierung *f*
E.V. *abbr di* **Vostra Eccellenza** E. Exz.
evacuare [evakuˈaːre] **I.** *vt* ❶ *(città, territorio)* evakuieren, räumen ❷ *(feci)* ausscheiden **II.** *vi* ❶ *(luogo)* verlassen; **~ da una città** eine Stadt verlassen ❷ *(defecare)* Stuhlgang haben
evacuazione [evakuatˈtsioːne] *f* ❶ *(di territorio, piazza)* Evakuierung *f*, Räumung *f* ❷ *(di feci)* Ausscheidung *f*
evadere [eˈvaːdere] <evado, evasi, evaso> **I.** *vi essere (scappare)* ausbrechen; **~ dalla prigione** aus dem Gefängnis ausbrechen **II.** *vt avere* ❶ ADM *(pratica, corrispondenza)* erledigen ❷ JUR **~ le tasse** Steuern hinterziehen
evanescente [evaneʃˈʃɛnte] *agg* verschwommen; *(suono)* undeutlich
evanescenza [evaneʃˈʃɛntsa] *f* Verschwommenheit *f*
evangelico, -a [evanˈdʒɛːliko] <-ci, -che> *agg* evangelisch
evangelista [evandʒeˈlista] <-i> *m* Evangelist *m*
evangelizzare [evandʒelidˈdzaːre] *vt* ❶ *(Vangelo)* verkünden ❷ *(convertire)* evangelisieren ❸ *(fig)* überreden
evangelizzazione [evandʒeliddzatˈtsioːne] *f* Evangelisation *f*
Evangelo [evanˈdʒɛːlo] *m v.* **Vangelo**
evaporare [evapoˈraːre] *vi essere o avere* verdunsten
evaporazione [evaporatˈtsioːne] *f* Verdunstung *f*
evasa *f v.* **evaso**
evasi [eˈvaːzi] *1. pers sing pass rem di* **evadere**
evasione [evaˈzioːne] *f* ❶ *(fuga)* Flucht *f*; *(da carcere)* Ausbruch *m* ❷ *(fig: distrazione)* **romanzo d'~** Unterhaltungsroman *m* ❸ ADM Erledigung *f* ❹ *(mancato pagamento di tasse)* **~ fiscale** Steuerhinterziehung *f*
evasivo, -a [evaˈziːvo] *agg* ausweichend
evaso, -a [eˈvaːzo] **I.** *pp di* **evadere** **II.** *m, f* Flüchtling *m*
evasore [evaˈzoːre] *m* Steuerhinterzieher *m*
evenemenziale [evenemenˈtsiaːle] *agg* HIST *(obs)* ereignisbezogen
evenienza [eveˈniɛntsa] *f* Fall *m*, Gelegenheit *f*; **nell'~ che …** +*conj* für den Fall, dass …, falls …
evento [eˈvɛnto] *m* Ereignis *nt*, Vorfall *m*; **ad ogni ~** für alle Fälle
eventuale [eventuˈaːle] **I.** *agg* eventuell, möglich **II.** *fpl* **varie ed -i** Verschiedene(s) *nt*, Sonstige(s) *nt*
eventualità [eventualiˈta] <-> *f* Möglichkeit *f*; **nell'~ che …** +*conj* für den Fall, dass …; **per ogni ~** für alle Fälle
eventualmente [eventualˈmente] *avv* möglicherweise, eventuell
evergreen [ˈevəgriːn *o* ɛverˈgrin] *agg inv* *(intramontabile)* immer modern, unvergänglich
eversione [everˈsioːne] *f* [Gesellschafts]-zersetzung *f*
eversivo, -a [everˈsiːvo] *agg* [gesellschafts]-zersetzend
evidente [eviˈdɛnte] *agg* evident; *(visibile)*

augenfällig, sichtlich; *(manifesto)* offensichtlich; *(chiaro)* klar, deutlich

evidenza [evi'dɛntsa] *f* Evidenz *f*, Augenfälligkeit *f*; **mettere qc ~** etw hervorheben; **mettersi in ~** sich hervortun

evidenziare *vt* markieren

evidenziatore *m* Textmarker *m*, Leuchtstift *m*

evidenziatore, -trice [evidentsia'toːre] *agg* Markier-, Leucht-; **colore ~** Leuchtfarbe *f*; **segnale ~** Leuchtsignal *nt*

evirare [evi'raːre] *vt* MED entmannen, kastrieren

evirazione [evirat'tsioːne] *f* MED Entmannung *f*, Kastration *f*

evitare [evi'taːre] *vt* vermeiden; *(scansare)* meiden; *(pericolo)* umgehen, ausweichen *+dat*

evo ['ɛːvo] *m* Zeit[alter *nt*] *f*; **~ antico** Altertum *nt*, Antike *f*; **medio ~** Mittelalter *nt*

evocare [evo'kaːre] *vt* ① *(spiriti)* beschwören ② *(fig: richiamare)* heraufbeschwören

evolutivo, -a [evolu'tiːvo] *agg* Entwicklungs-, Evolutions-

evoluto, -a [evo'luːto] **I.** *pp di* **evolvere** **II.** *agg* entwickelt, reif

evoluzione [evolut'tsioːne] *f* ① *(sviluppo)* Entwicklung *f*; BIOL, SOC Evolution *f* ② *gener al pl* AERO, NAUT Manöver *nt* ③ SPORT Übung *f*, Bewegung *f*

evoluzionismo [evoluttsio'nizmo] *m* Evolutionstheorie *f*

evolvere [e'vɔlvere] <evolvo, evolvei *o* evolvetti, evoluto> **I.** *vt* entwickeln **II.** *vr* **-rsi** sich entwickeln

evviva [ev'viːva] **I.** *int (fam)* es lebe …, hoch lebe …, hurra; **~ gli sposi!** hoch lebe das Brautpaar!, sie leben hoch!; **~ il re!** hoch [*o* es] lebe der König! **II.** *m* <-> Hochruf *m*, Hurra *nt*

ex [ɛks] *prep* ehemalig, ex-; *(presidente)* Alt-

exchanger [iks'tʃeindʒə] <-> *m* FIN Exchanger *m*, Währungsumrechner *m*

executive [ig'zekjutiv] **I.** *mf* <-> Führungskraft *f*, Manager *m* **II.** *m* <-> *(aereo di piccole dimensioni)* Geschäftsflugzeug *nt*

exit poll ['ɛksit poul] <-> *m* Wahlprognose *f*, Hochrechnung *f*

expo [ɛks'po] <-> *f* Weltausstellung *f*, Expo *f*

export ['ekspɔːt] <-> *m* COM *(esportazione)* Export *m*; **ditta di import-~** Import-Export-Firma *f*

extention [eks'tɛnʃn] *f* Haarverlängerung *f*

external auditor [eks'təːnl 'ɔːditə] <-> *mf* *(revisore del bilancio)* externer Bilanzprüfer *m*, Revisor *m*

extra ['ɛkstra] **I.** *agg inv* ① *(speciale)* besondere[r,s], extra, Extra- ② COM *(spese)* Sonder- **II.** *m* <-> Extra *nt*, Sonderausgabe *f* **III.** *prep* außerhalb *+gen*

extraatmosferico, -a [ekstraatmos'fɛːriko] <-ci, -che> *agg* außeratmosphärisch, Weltraum-

extracee [ekstra'tʃɛːe] <-> *agg* EU-extern, nicht zur EU gehörig; **commercio/mercato ~** EU-externer Handel/Markt

extracellulare [ekstratʃellu'laːre] *agg* BIOL, MED extrazellulär

extracomunitario, -a [ekstrakomuni'taːrio] <-i, -ie> **I.** *agg* nicht zur EU gehörig **II.** *m, f* Bürger(in) *m(f)* eines Nicht-EU-Staates

extraconiugale [ekstrakoniu'gaːle] *agg* außerehelich

extracontrattuale [ekstrakontrattu'aːle] *agg* ① *(che ha luogo fuori dal contratto)* außervertraglich ② *(che non deriva da rapporto contrattuale)* nicht vertraglich vereinbart

extracorporeo, -a [ekstra] <-ei, -ee> *agg* MED extrakorporal

extracurricolare [ekstrakurriko'laːre] *agg* Zusatz-; **esame ~** Zusatzprüfung *f*

extradiegetico, -a [ekstradie'dʒɛːtiko] <-ci, -che> *agg* LIT extradiegetisch; **narrazione -a** Erzählhaltung, in der der Autor die Personen/Ereignisse von außerhalb des Geschehens kommentiert

extraeuropeo, -a [ekstraeuro'pɛːo] <-ei, -ee> *agg* außereuropäisch

extragalattico, -a [ekstraga'lattiko] <-ci, -che> *agg* ASTR extragalaktisch, außergalaktisch

extragiudiziale [ekstradʒudit'tsiaːle] *agg* JUR außergerichtlich

extra-large ['ekstrə'laːdʒ] *agg inv* XL *(Kleidergröße: sehr groß)*

extralegale [ekstrale'gaːle] *agg* ① *(non richiesto dalla legge)* außergesetzlich ② *(illegale)* ungesetzlich, illegal

extralinguistico, -a [ekstrakiŋ'guistiko] <-ci, -che> *agg* außersprachlich

extramurale [ekstramu'raːle] *agg* außerhalb einer Institution [stattfindend]

extranazionale [ekstranattsio'naːle] *agg* außerstaatlich

extraorario, -a [ekstrao'raːrio] <-i, -ie> *agg* außerhalb des Zeitplans [stattfindend]

extraparlamentare [ekstraparlamen'taːre] **I.** *agg* außerparlamentarisch **II.** *mf* Mitglied *nt* einer außerparlamentarischen Organisation

extraprocessuale [ekstraprotʃessu'aːle] *agg* JUR ① *(che ha luogo fuori dal processo)*

außerhalb des Prozesses stattfindend ② *(extragiudiziale)* außergerichtlich
extraprofitto [ekstrapro'fitto] *m* FIN *(eccedenza di profitto)* Profitüberschuss *m,* Gewinnüberschuss *m*
extrarapido, -a [ekstra'ra:pido] *agg* ① *(rapidissimo)* sehr schnell, Hochgeschwindigkeits- ② FOTO **lastra fotografica -a** hochempfindliche Fotoplatte ③ TEC **acciaio ~** Hochleistungs-Schnellstahl *m*
extrascolastico, -a [ekstrasko'lastiko] <-ci, -che> *agg* außerschulisch
extrasensibile [ekstrasen'si:bile] *agg* PHILOS übersinnlich
extrasensoriale [ekstrasenso'ria:le] *agg* außersinnlich, übersinnlich
extrasistole [ekstra'sistole] *f* MED Extrasystole *f*
extrasolare [ekstraso'la:re] *agg außerhalb des Sonnensystems befindlich*
extrasottile [ekstrasot'ti:le] *agg* hauchdünn
extrastrong ['ekstrə'strɔŋ] **I.** *f* <-> *(tipo di carta)* Karton *m,* steifes Papier **II.** *agg inv* ① *(riferito a carta)* besonders steif ② *(fortissimo)* sehr stark, extrastark
extratemporale [ekstratempo'ra:le] *agg* außerzeitlich
extraterrestre [ekstrater'rɛstre] **I.** *agg* außerirdisch **II.** *mf* Außerirdische(r) *f(m)*
extraterritoriale [ekstraterrito'ria:le] *agg* exterritorial, außerstaatlich
extraterritorialità [ekstraterritoriali'ta] <-> *f* Exterritorialität *f*
extrauniversitario, -a [ekstrauniversi'ta:rio] *agg* außeruniversitär
extraurbano, -a [ekstraur'ba:no] *agg* außerhalb der Stadt, außerstädtisch
extravergine [ekstra'verdʒine] *agg inv* nativ, unbehandelt; **olio di oliva ~** natives Olivenöl
ex voto [ɛks 'vɔ:to] <-> *m* Exvoto *nt,* Weihegabe *f*
eye-liner ['ai'lainə] <-> *m* Lidstrich *m,* Eyeliner *m*
eye-shadow ['ai 'ʃædou] <-> *m (ombretto, belletto per occhi)* Lidschatten *m*

F

Ff

F, f ['ɛffe] <-> *f* F *nt,* f *nt;* **f come Firenze** F wie Friedrich
F *abbr di* **Fahrenheit** F
fa[1] [fa] <-> *m* MUS f *nt,* F *nt;* **~ maggiore** f-Moll; **~ minore** F-Dur
fa[2] **I.** *3. pers sing pr di* **fare**[1] **II.** *avv (addietro)* vor; **tre anni ~** vor drei Jahren
fabbisogno [fabbi'zoɲɲo] *m* Bedarf *m;* **il ~ di qc** der Bedarf an etw *dat*
fabbrica ['fabbrika] <-che> *f* ① *(stabilimento)* Fabrik *f,* Werk *nt* ② *(costruzione)* Bau *m,* Bauwerk *nt*
fabbricabile [fabbri'ka:bile] *agg* ① *(edificabile)* bebaubar, Bau-; **area ~** Baugebiet *nt;* **terreno ~** Baugrund *m* ② *(producibile, realizzabile)* erzeugbar, herstellbar
fabbricabilità [fabbrikabili'ta] <-> *f* Bebaubarkeit *f*
fabbricante [fabbri'kante] *mf* Fabrikant(in) *m(f)*
fabbricare [fabbri'ka:re] *vt* ① *(costruire)* [er-, auf]bauen ② *(produrre)* herstellen, erzeugen A
fabbricato [fabbri'ka:to] *m* Bau *m,* Gebäude *nt;* **~ annesso** Anbau *m*
fabbricazione [fabbrikat'tsio:ne] *f* Herstellung *f,* Produktion *f;* **~ in serie** Serienproduktion *f;* **difetto di ~** Fabrikationsfehler *m*
fabbriceria [fabbritʃe'ri:a] <-ie> *f* REL Kirchenverwaltung *f,* Kirchenpflege *f*
fabbro ['fabbro] *m* ① *(~ ferraio)* Schmied *m* ② *(di serrature)* Schlosser *m*
fabulatore, -trice [fabula'to:re] *m, f* Fabulant *m,* Fabulierer *m*
fabulatorio, -a [fabula'tɔ:rio] <-i, -ie> *agg* PSIC Konfabulations-
fabulazione [fabulat'tsio:ne] *f* PSIC Konfabulation *f*
faccenda [fat'tʃɛnda] *f* ① *(affare, cosa da fare)* Angelegenheit *f,* Sache *f* ② *pl (lavori domestici)* Hausarbeit *f* ③ *(situazione)* Umstand *m,* Lage *f*
faccendone, -a [fattʃen'do:ne] *m, f (fam)* Hansdampf *m* in allen Gassen
facchinaggio [fakki'naddʒo] <-ggi> *m* Trägerarbeit *f; (fig)* Plackerei *f*
facchino [fak'ki:no] *m* ① *(portabagagli)* Träger *m,* Gepäckträger *m* ② *(d'albergo)* Hoteldiener *m* ③ *(fig, pej)* Rüpel *m,* Grobian *m;* **lavorare come un ~** wie ein Pferd arbeiten
faccia ['fattʃa] <-cce> *f* ① *(volto)* Gesicht *nt;* **~ tosta** *(fig)* Dreistigkeit *f; (perso-*

na) unverschämte Person; **~ a ~** Auge in Auge, von Angesicht zu Angesicht; **non guardare in ~ a nessuno** auf niemanden Rücksicht nehmen; **dire le cose in ~ [a qu]** jdm etw ins Gesicht sagen, kein Blatt vor den Mund nehmen; **alla ~!** *(fam)* Donnerwetter! ② *(espressione)* Miene *f,* Ausdruck *m* ③ *(aspetto)* Aussehen *nt* ④ *(parte)* Seite *f; (di case)* Fassade *f* ⑤ *(superficie)* Oberfläche *f*

facciale [fat'tʃa:le] *agg* Gesichts-

facciata [fat'tʃa:ta] *f* ① ARCH Fassade *f* ② *(di pagina)* Seite *f* ③ *(fig)* Aussehen *nt*

faccia-vista ['fattʃa 'vista] **a ~** unverputzt

faccina [fattʃi:na] *f* INFORM Emoticon *nt,* Smiley *nt*

faccio ['fattʃo] *1. pers sing pr di* **fare**[1]

faccioso, -a [fattʃo:so] *agg* pausbackig

face lifting [feis liftiŋ] <-> *m* Facelifting *nt*

faceto, -a [fa'tʃɛ:to] *agg* witzig

facezia [fa'tʃɛttsia] <-ie> *f* Witz *m,* Schmäh *m* A

fachiro [fa'ki:ro] *m* Fakir *m*

facile ['fa:tʃile] *agg* ① *(agevole)* leicht; *(testo)* verständlich; **~ a dirsi** leicht zu sagen ② *(affabile)* umgänglich, nett ③ *(probabile)* wahrscheinlich ④ *(poco serio)* leichtfertig; **donna di -i costumi** leichte Frau

facilità [fatʃili'ta] <-> *f* ① *(agevolezza)* Leichtigkeit *f* ② *(comprensibilità)* Verständlichkeit *f* ③ *(predisposizione)* Gewandtheit *f* ④ *(leggerezza)* Leichtfertigkeit *f*

facilitare [fatʃili'ta:re] *vt* ① *(agevolare)* erleichtern ② *(essere utile)* **~ qu** jdm helfen

facilitazione [fatʃilitat'tsio:ne] *f* Erleichterung *f;* FIN Vergünstigung *f*

facilone, -a [fatʃi'lo:ne] *m, f* leichtsinniger Mensch

faciloneria [fatʃilone'ri:a] <-ie> *f* Leichtfertigkeit *f*

facinoroso, -a [fatʃino'ro:so] **I.** *agg (turbolento)* gewalttätig; *(pronto alla violenza)* gewaltbereit **II.** *m, f* Gewalttäter(in) *m(f)*

facocero [fako'tʃɛ:ro] *m* ZOO Warzenschwein *nt*

facoltà [fakol'ta] <-> *f* ① *(capacità)* Fähigkeit *f,* Gabe *f;* **~ di intendere e di volere** JUR Zurechnungsfähigkeit *f* ② *(potere)* Befugnis *f,* Macht *f* ③ *(permesso)* Erlaubnis *f* ④ *(universitaria)* Fakultät *f;* **~ di farmacia** pharmazeutische Fakultät; **~ di legge** juristische Fakultät; **~ di lettere e filosofia** philosophische Fakultät

facoltatività [fakoltativi'ta] <-> *f* Freiwilligkeit *f*

facoltativo, -a [fakolta'ti:vo] *agg* ① *(a discrezione)* beliebig ② *(di libera scelta)* wahlfrei, fakultativ ③ *(non obbligatorio)* unverbindlich; **fermata -a** Bedarfshaltestelle *f*

facoltoso, -a [fakol'to:so] *agg* vermögend, wohlhabend

façon [fa'sɔ̃] <-> *f* ① *(modello)* Modell *nt* ② *(produzione)* Konfektion *f*

facondo, -a [fa'kondo] *agg (poet)* redegewandt

façonnista [fason'nista] <-i *m,* -e *f*> *mf (confezionista)* Konfektionär *m*

facsimilare [faksimi'la:re] *agg* Faksimile-, Faksimiledruck-

facsimile [fak'si:mile] <-> *m* Faksimile *nt*

factor ['fæktə] <-> *m* FIN Factor *m,* Factoring-Unternehmen *nt*

factoring ['fæktəriŋ *o* 'faktorin(g)] <-> *m* FIN Factoring *nt*

factotum [fak'tɔ:tum] <-> *mf* Faktotum *nt*

faenza [fa'ɛntsa] *f* Fayence *f*

faggio ['faddʒo] <-ggi> *m* Buche *f*

fagiano [fa'dʒa:no] *m* Fasan *m*

fagiolino [fadʒo'li:no] *m* grüne Bohne *f,* Fisole *f* A

fagiolo [fa'dʒɔ:lo] *m* Bohne *f;* **andare a ~** *(fam)* passen, behagen; **capitare a ~** *(fam)* wie gerufen kommen

fagocitare [fagotʃi'ta:re] *vt* ① BIOL phagozytieren ② *(fig: assorbire)* sich einverleiben

fagocitatore, -trice [fagotʃita'to:re] *m, f* Aufkäufer *m*

fagocito [fago'tʃi:to] *m* BIOL Phagozyt *m,* Fresszelle *f*

fagotto [fa'gɔtto] *m* ① MUS Fagott *nt* ② *(involto)* Bündel *nt;* **far ~** *(fig)* sein Bündel schnüren

faida ['fa:ida] *f* Fehde *f; (vendetta)* Blutrache *f*

faidaté, fai da te ['fa:ida'te] <-> *m* Do-it-yourself *nt,* Heimwerken *nt; (area di servizio)* Selbsttanken *nt*

faina [fa'i:na] *f* ZOO Steinmarder *m*

falange [fa'landʒe] *f* ① MIL Phalanx *f* ② ANAT *(piede, mano)* [Finger-, Zehen]glied *nt,* erste Phalanx

falangetta [falan'dʒɛtta] *f* ANAT *(Fuß, Hand)* dritte Phalanx

falangina [falan'dʒi:na] *f* ANAT *(Fuß, Hand)* zweite Phalanx

falangista [falan'dʒista] <-i *m,* -e *f*> *mf* Falangist(in) *m(f)*

falcata [fal'ka:ta] *f* ① *(del cavallo)* Sprung *m* ② *(del podista)* Schritt *m*

falce ['faltʃe] *f* Sichel *f;* **~ fienaia** Sense *f;* **~ di luna** Mondsichel *f*

falciacaricatrice [faltʃakarika'tri:tʃe] *f* AGR Mählader *m*

falciare [fal'tʃa:re] *vt* ① *(erba, grano)* mähen ② *(fig: mietere vittime)* dahinraffen; MIL niedermähen

falciatrice [faltʃa'triːtʃe] *f* Mähmaschine *f;* **~ a mano** Rasenmäher *m*

falcidia [fal'tʃiːdia] <-ie> *f* ① *(riduzione)* Kürzung *f* ② *(strage)* Blutbad *nt*

falco ['falko] <-chi> *m* Falke *m*

falconiere [falko'niɛːre] *m* Falkner *m*

falda ['falda] *f* ① GEOL Schicht *f* ② *(di monte)* Hang *m* ③ *(di neve)* Schneeflocke *f* ④ *(di abito)* Schoß *m; (di cappello)* Krempe *f*

falegname [faleɲ'ɲaːme] *m* Schreiner *m,* Tischler *m*

falegnameria [faleɲɲame'riːa] <-ie> *f* Schreinerei *f,* Tischlerei *f*

falena [fa'lɛːna] *f* Nachtfalter *m*

falesia [fa'lɛːzia] <-ie> *f* Kliff *nt*

falla ['falla] *f* ① NAUT Leck *nt* ② MIL *(nello schieramento)* Lücke *f*

fallace [fal'laːtʃe] *agg* trügerisch

fallacia [fal'laːtʃa] <-cie> *f* Unzuverlässigkeit *f*

fallatura [falla'tuːra] *f* Webfehler *m*

fallico, -a ['falliko] <-ci, -che> *agg* phallisch

fallimentare [fallimen'taːre] *agg* ① JUR Konkurs- ② *(fig: situazione)* katastrophal

fallimento [falli'mento] *m* ① JUR Konkurs *m;* **dichiarare ~** Konkurs anmelden ② *(fig: insuccesso)* Schiffbruch *m,* Scheitern *nt*

fallire [fal'liːre] <fallisco> **I.** *vi essere* ① JUR Konkurs machen ② *(fig)* misslingen, scheitern **II.** *vt avere* verfehlen

fallito, -a [fal'liːto] **I.** *agg* ① JUR bankrott ② *(fig)* gescheitert, misslungen **II.** *m, f* ① *(bancarottiere)* Bankrotteur(in) *m(f)* ② *(fig)* Gescheiterte(r) *f(m),* Versager(in) *m(f)*

fallo ['fallo] *m* ① *(errore)* Fehler *m,* Irrtum *m;* **cogliere qu in ~** jdn auf frischer Tat ertappen ② SPORT Foul *nt;* **~ laterale** Seitenaus *nt* ③ ANAT Phallus *m*

fallocrate [fal'lɔːkrate] *m* Phallokrat *m,* Macho *m*

fallocratico, -a [fallo'kraːtiko] <-ci, -che> *agg* phallokratisch, Macho-

fallocrazia [fallokrat'tsiːa] <-ie> *f* ① *(società)* Phallokratie *f* ② *(maschilismo)* männlicher Chauvinismus

falloso, -a [fal'loːso] *agg* regelwidrig

fall-out [fɔːl'aut] <-> *m* radioaktiver Niederschlag, Fallout *m*

falò [fa'lɔ] <-> *m* [Freuden]feuer *nt*

falsare [fal'saːre] *vt* verdrehen; *(riportare alterando)* verfälschen

falsariga [falsa'riːga] <-ghe> *f* ① *(foglio)* Linienblatt *nt* ② *(fig: esempio, modello)* Beispiel *nt,* Vorbild *nt;* **sulla ~ di qu** nach jds Beispiel

falsario [fal'saːrio] <-i> *m* Fälscher *m; (di monete)* Falschmünzer *m*

falsetto [fal'setto] *m* Falsett *nt*

falsificabile [falsifi'kaːbile] *agg* fälschbar

falsificabilità [falsifikabili'ta] <-> *f (imitabilità)* Fälschbarkeit *f; (modificabilità)* Abänderbarkeit *f*

falsificare [falsifi'kaːre] *vt* fälschen

falsificazione [falsifikat'tsioːne] *f* Fälschung *f*

falsità [falsi'ta] <-> *f* Unwahrheit *f; (ipocrisia)* Falschheit *f*

falso ['falso] *m* Falsche(s) *nt;* JUR Fälschung *f*

falso, -a *agg* falsch; *(falsificato)* gefälscht

fama ['faːma] *f* ① *(reputazione)* [guter] Ruf *m;* **di dubbia ~** von zweifelhaftem Ruf ② *(celebrità)* Ruhm *m*

fame ['faːme] *f* ① *(stimolo)* Hunger *m;* **avere ~** Hunger haben; **mi viene ~** ich bekomme Hunger; **~ da lupi** [*o* **cani**] *(fam)* Bärenhunger *m;* **morire di ~** verhungern; *(fig fam)* vor Hunger umkommen ② *(fig: bramosia)* Gier *f,* Sucht *f; (di sapere)* Durst *m*

famelico, -a [fa'mɛːliko] <-ci, -che> *agg* ① *(affamato)* ausgehungert ② *(poet fig)* gierig

famigerato, -a [famidʒe'raːto] *agg* berüchtigt

famiglia [fa'miʎʎa] <-glie> *f* Familie *f;* **~ allargata** Patchwork-Familie *f;* **~ reale** Königshaus *nt,* königliche Familie *f;* **~ umana** Menschengeschlecht *nt;* **essere di ~** zur Familie gehören; **essere di buona ~** aus gutem Hause sein; **metter su ~** eine Familie gründen

famigliastra [famiʎ'ʎastra] *f* Stieffamilie *f*

familiare [fami'liaːre] **I.** *agg* ① *(della famiglia)* familiär, Familien- ② *(consueto, noto)* vertraut ③ *(semplice)* einfach; *(cucina)* gutbürgerlich ④ LING umgangssprachlich, familiär; **linguaggio ~** Umgangssprache *f* **II.** *mf* [Familien]angehörige(r) *f(m)* **III.** *f* MOT Familienwagen *m*

familiarità [familiari'ta] <-> *f* ① *(confidenza)* Vertraulichkeit *f* ② *(pratica)* Vertrautheit *f*

familiarizzarsi [familiarid'dzarsi] *vr* vertraut werden; *(impratichirsi)* sich vertraut machen

famoso, -a [fa'moːso] *agg* berühmt

fan [fæn *o* fan] <-> *m* Fan *m*

fanale [fa'naːle] *m* Licht *nt,* Lampe *f;* **~ antinebbia** MOT Nebellicht *nt,* Nebelleuchte *f*

fanalino [fana'liːno] *m* kleine Lampe,

Leuchte *f;* **~ di coda** MOT Rücklicht *nt; (fig)* Letzte *mf,* Schlusslicht *nt*

fanatico, -a [faˈnaːtiko] <-ci, -che> **I.** *agg* fanatisch; **essere ~ di qc** von etw begeistert sein **II.** *m, f* Fanatiker(in) *m(f)*

fanatismo [fanaˈtizmo] *m* Fanatismus *m*

fanciulla [fanˈtʃulla] *f (poet)* [junges] Mädchen

fanciullezza [fantʃulˈlettsa] *f* Kindheit *f,* Kindesalter *nt*

fanciullo [fanˈtʃullo] *m (poet)* Knabe *m,* Kind *nt*

fanculo [fanˈkuːlo] *int (vulg: vaffanculo)* leck mich [am Arsch]!; **mandare qu a ~** jdn zum Teufel schicken; **andare a ~** den Bach hinuntergehen

fandonia [fanˈdɔːnia] <-ie> *f* Märchen *nt,* Lüge *f*

fanfaluca [fanfaˈluːka] <-che> *f (fig)* Geschwätz *nt*

fanfara [fanˈfaːra] *f* ① *(banda)* Blechmusikkapelle *f* ② *(musica)* Fanfare *f*

fanfarona *f v.* **fanfarone**

fanfaronata [fanfaroˈnaːta] *f* Prahlerei *f*

fanfarone, -a [fanfaˈroːne] *m, f* Prahler(in) *m(f),* Prahlhans *m*

fanghiglia [faŋˈgiʎʎa] <-glie> *f* Schlamm[schicht *f*] *m,* Gatsch *m* A

fango [ˈfaŋgo] <-ghi> *m* ① *(limo)* Schlamm *m,* Gatsch *m* A ② GEOL Schlick *m* ③ MED Fango *m* ④ *pl (termali)* Moorbäder *nt pl;* **cura dei -ghi** Schlammkur *f*

fangoso, -a [faŋˈgoːso] *agg* ① *(pieno di fango)* schlammig ② *(coperto di fango)* dreckig, schmutzig

fangoterapia [faŋgoteraˈpiːa] *f* MED Fangotherapie *f*

fannullone, -a [fannulˈloːne] *m, f* Nichtstuer(in) *m(f),* Tachinierer *m* A

fanone [faˈnoːne] *m* ZOO Barte *f*

fantapolitica [fantapoˈliːtika] <-che> *f* ① LIT *(genere narrativo)* politische Science-Fiction *f* ② *(ipotesi politica inverosimile)* politische Utopie *f;* **la sua proposta è pura ~!** sein Vorschlag ist eine reine politische Utopie; **fare della ~** politische Fantasterei betreiben

fantapolitico, -a [fantapoˈliːtiko] <-ci, -che> *agg* utopisch-politisch

fantascientifico, -a [fantaʃenˈtiːfiko] <-ci, -che> *agg* die Science-Fiction betreffend

fantascienza [fantaʃˈʃɛntsa] *f* Science-Fiction *f*

fantasia [fantaˈziːa] <-ie> *f* ① *(immaginazione)* Fantasie *f,* Vorstellungsvermögen *nt* ② *(capriccio)* Laune *f* ③ *(tessuto)* bunt gemusterter Stoff ④ MUS Fantasie *f*

fantasioso, -a [fantaˈzioːso] *agg* fantasievoll

fantasista [fantaˈzista] <-i *m,* -e *f*> *mf* Kabarettkünstler(in) *m(f)*

fantasma[1] [fanˈtazma] <-i> *m* Gespenst *nt,* Geist *m*

fantasma[2] *agg inv (governo)* Schein-; *(nave)* Geister-

fantasmagoria [fantazmagoˈriːa] <-ie> *f* Phantasmagorie *f,* Trugbild *nt*

fantasmagorico, -a [fantasmaˈgɔːriko] <-ci, -che> *agg* phantasmagorisch, bizarr

fantasmatico, -a [fantasˈmaːtiko] <-ci, -che> *agg* rätselhaft, unheimlich

fantasmico, -a [fanˈtasmiko] <-ci, -che> *agg (poet)* gespenstisch, geisterhaft

fantasmino [fantaˈsmiːno] *m* Füßling *m (nur Zehen und Ferse bedeckend)*

fantasticare [fantastiˈkaːre] **I.** *vt* träumen von, fantasieren von **II.** *vi* träumen, fantasieren

fantasticheria [fantastikeˈriːa] <-ie> *f* Fantasterei *f,* Träumerei *f*

fantastico, -a [fanˈtastiko] <-ci, -che> *agg* fantastisch; *(della fantasia)* Einbildungs-

fante [ˈfante] *m* ① MIL Infanterist *m* ② *(nelle carte francesi)* Bube *m; (nelle carte tedesche)* Unter *m*

fanteria [fanteˈriːa] <-ie> *f* Infanterie *f*

fantino [fanˈtiːno] *m* Jockey *m*

fantoccio [fanˈtɔttʃo] <-cci> *m* ① *(pupazzo)* Puppe *f* ② *(fig: succube)* Hampelmann *m,* Marionette *f;* **governo ~** Marionettenregierung *f*

fantomatico, -a [fantoˈmaːtiko] <-ci, -che> *agg* unwirklich, unfassbar

farabutto, -a [faraˈbutto] *m, f* Schurke *m/* Schurkin *f*

faraglione [faraʎˈʎoːne] *m* Klippe *f*

faraona [faraˈoːna] *f* ZOO Perlhuhn *nt*

faraone [faraˈoːne] *m* HIST Pharao *m*

farcire [farˈtʃiːre] <farcisco> *vt* füllen, farcieren

farcitura [fartʃiˈtuːra] *f* Füllung *f,* Farce *f*

fard [far(d)] <-> *m (cosmetico, belletto)* Rouge *nt;* **darsi il ~** Rouge auftragen; **un tocco di ~** ein Hauch Rouge

fardello [farˈdɛllo] *m* ① *(involto)* Bündel *nt* ② *(fig: peso)* Bürde *f,* Last *f*

fare[1] [ˈfaːre] <faccio, feci, fatto> **I.** *vt* ① machen; *(fig: amicizia)* schließen; *(opera)* verfassen; **non fa niente** das macht nichts ② *(attività)* tun; *(mestiere)* ausüben; **~ il medico** Arzt sein ③ *(sport)* treiben; *(tennis, calcio)* spielen ④ *(comportamento)* spielen; **non ~ la sciocca!** spiel nicht die Dumme ⑤ *(rappresentazione)* spielen; *(al teatro, cinema)* geben ⑥ *(loc)* **~ sapere qc a qu** jdn etw wissen lassen; **~ vedere** zeigen; **~ a meno di qc** ohne etw auskommen; **~ tardi** zu spät kommen; **5 più 3 fa 8** 5 und 3 macht [*o* ist] 8; **farcela** es schaffen; **farla finita con qu** mit jdm Schluss machen; **strada facendo** unterwegs; **chi la fa l'aspetti** *(prov)* wie du mir, so ich dir; **far da sé** selbst machen; **quell'uomo si è fatto da sé** *(fig)* dieser Mann ist ein Selfmademan; **chi fa da sé fa per tre** *(prov)* selbst ist der Mann/die Frau **II.** *vi* ❶ *(lavorare)* tun; *(agire)* handeln ❷ *(essere efficace)* wirken ❸ *(essere adatto)* geeignet sein; **questo lavoro non fa per me** diese Arbeit ist nichts für mich ❹ *(loc)* **fa bello** es ist schön; **fa caldo** es ist warm; **fa freddo** es ist kalt; **faccia pure!** bitte sehr!; **non mi fa né caldo né freddo** das lässt mich kalt **III.** *vr* **-rsi** *(rendersi)* werden; **-rsi avanti** sich melden, vortreten; **-rsi da parte** zur Seite treten, den Platz räumen; **-rsi fare una copia** sich *dat* eine Kopie machen lassen; **-rsi notare** sich bemerkbar machen; **-rsi pregare** sich bitten lassen; **farsela addosso** *(fam)* [sich *dat*] in die Hosen machen; **-rsi in quattro** sich zerreißen, sich vierteilen; **-rsi strada** seinen Weg machen; **si è fatto tardi** es ist spät geworden

fare[2] *m* ❶ *(comportamento)* Benehmen *nt; (portamento)* Art *f* ❷ *(modo di fare)* Tun *nt,* Handlungsweise *f* ❸ *(loc)* **ha un bel ~ a pregarlo, ma è tutto inutile** er/sie kann ihn [noch so] viel bitten, es nützt doch nichts; **sul far del giorno** bei Tagesanbruch

faretra [fa'rɛːtra] *f* Köcher *m*

faretto [fa'retto] *m* ❶ *dim di* **faro** kleiner Leuchtturm *m* ❷ *(lampada a incandescenza)* Spot *m*

farfalla [far'falla] *f* ❶ ZOO Schmetterling *m* ❷ *(cravatta)* Fliege *f* ❸ SPORT Schmetterlingsschwimmen *nt,* Butterfly *m* ❹ TEC *(valvola)* Drosselklappe *f* ❺ *pl* GASTR *Nudelsorte*

farfallina [farfal'liːna] *f* leichtes Mädchen

farfallone [farfal'loːne] *m (fig)* Frauenheld *m*

farfugliare [farfuʎ'ʎaːre] *vi* murmeln

farina [fa'riːna] *f* Mehl *nt;* **~ animale** AGR Tiermehl *nt;* **non è ~ del tuo sacco** *(fig)* das ist nicht auf deinem Mist gewachsen; **la farina del diavolo se ne va in crusca** *(prov)* unrecht' Gut gedeiht nicht gut

farinacei [fari'naːtʃei] *mpl* [Stärke]mehlprodukte *ntpl*

farinaceo, -a *agg* mehlig

faringe [fa'rindʒe] *f* ANAT Rachen *m*

faringite [farin'dʒiːte] *f* Rachenentzündung *f*

farinoso, -a [fari'noːso] *agg* mehlhaltig, mehlig; **neve -a** Pulverschnee *m*

fariseo, -a [fari'zɛːo] *m, f (a. fig)* Pharisäer *m*

farmaceutico, -a [farma'tʃɛːutiko] <-ci, -che> *agg* pharmazeutisch; *(industria)* Pharma-, Arzneimittel-

farmacia [farma'tʃiːa] <-cie> *f* ❶ *(arte)* Pharmazie *f,* Arznei[mittel]kunde *f* ❷ *(locale)* Apotheke *f;* **~ di turno** diensttuende Apotheke; **da vendersi solo in ~** apothekenpflichtig

farmacista [farma'tʃista] <-i *m,* -e *f*> *mf* Apotheker(in) *m(f)*

farmaco ['farmako] <-ci *o* -chi> *m* Heilmittel *nt,* Medikament *nt,* Arznei *f*

farmacodipendente [farmakodipen'dɛnte] **I.** *mf* Medikamentenabhängige(r) *f(m)* **II.** *agg* medikamentenabhängig, medikamentensüchtig

farmacodipendenza [farmakodipen'dɛntsa] *f* Medikamentenabhängigkeit *f,* Medikamentensucht *f*

farmacologia [farmakolo'dʒiːa] <-gie> *f* Pharmakologie *f,* Arzneimittellehre *f*

farmacologo, -a [farma'kɔːlogo] <-gi, -ghe> *m, f* Pharmakologe *m/* Pharmakologin *f*

farmacopea [farmako'pɛːa] *f* Arzneibuch *nt*

farmacovigilanza [farmakovidʒi'lantsa] *f* Medikamentenprüfung *f,* Zulassungsverfahren *nt* für Medikamente

Farnesina [farne'ziːna] *f sing (Ministero degli Affari Esteri italiano)* **la ~** *italienisches Außenministerium*

farneticare [farneti'kaːre] *vi* ❶ *(delirare)* fantasieren ❷ *(dire assurdità)* faseln, wirr reden

faro ['faːro] *m* ❶ *(torre)* Leuchtturm *m* ❷ *(di veicolo)* Scheinwerfer *m;* **-i abbaglianti** Fernlicht *nt;* **-i anabbaglianti** Abblendlicht *nt* ❸ *(fig poet)* Leuchte *f fam*

farragine [far'raːdʒine] *f (obs fig)* Durcheinander *nt*

farraginoso, -a [farradʒi'noːso] *agg* verworren

farsa ['farsa] *f* ❶ LIT Farce *f,* Posse *f* ❷ *(fig: buffonata)* Posse *f,* [Narren]streich *m*

farsesco, -a [far'sesko] <-schi, -sche> *agg* grotesk

farsetto [far'setto] *m* Wams *nt; (maglione)* Unterjacke *f*

fasc. *abbr di* **fascicolo** Faszikel *m*

fascetta [faʃ'ʃetta] *f* ❶ *(fiscale)* Banderole *f,* Streifband *nt* ❷ *(libri)* Buchbinde *f* ❸ TEC Schlauchklemme *f*

fascia ['faʃʃa] <-sce> *f* ❶ *(striscia di tessuto)* Band *nt;* MED Binde *f;* **~ elastica** MED elastische Binde ❷ *pl (per bambini)* Windel *f;* **bambino in -sce** Wickelkind *nt*

F

3 *(di territorio)* Strich *m,* Streifen *m;* ~ **piovosa tropicale** METEO der tropische Regenwaldgürtel 4 *(di carta)* Banderole *f,* Streifband *nt* 5 *(fig: settore)* Ausschnitt *m,* Teil *m*

fasciame [faʃˈʃaːme] *m* NAUT Schiffsumhüllung *f*

fasciare [faʃˈʃaːre] *vt* 1 *(ferita)* verbinden 2 *(bambino)* wickeln 3 *(aderire)* [eng] anliegen an +*dat,* umschließen

fasciatoio [faʃʃaˈtoːio] <-oi> *m* Wickelkommode *f*

F

fasciatura [faʃʃaˈtuːra] *f* Verband *m*

fascicolare [faʃʃikoˈlaːre] *vt* einheften, zusammenheften

fascicolatore [faʃʃikolaˈtoːre] *m* Hefter *m,* Sorter *m*

fascicolatrice [faʃʃikolaˈtriːtʃe] *f* Heftmaschine *f*

fascicolazione [faʃʃikolatˈtsioːne] *f* 1 *(studio della composizione in fascicoli di codici e libri)* Heften *nt,* Hefttechnik *f* 2 *(disposizione di rivista, di giornale in fascicoli)* Zeitungsordner *m,* Zeitschriftenordner *m* 3 MED *(lieve contrazione muscolare)* leichte Muskelkontraktion *f*

fascicolo [faʃˈʃiːkolo] *m* 1 *(di riviste, dispensa)* Heft *nt,* Lieferung *f* 2 *(di documenti)* Aktenbündel *nt;* ~ **d'ufficio** Prozessakte *f*

fascina [faʃˈʃiːna] *f* Reisigbündel *nt*

fascino [ˈfaʃʃino] *m* 1 *(attrattiva)* Charme *m,* Zauber *m* 2 *(allettamento)* Reiz *m,* Faszination *f*

fascio [ˈfaʃʃo] <-sci> *m* 1 *(di legna)* Bund *m,* Stoß *m* 2 *(di fiori)* Strauß *m* 3 *(di nervi, raggi, erba)* Bündel *nt;* **far d'ogni erba un** ~ *(fig)* alles über einen Kamm scheren 4 POL Verband *m,* Bund *m;* HIST *(partito fascista)* faschistische Partei *f* 5 HIST *(emblema)* Liktorenbündel *nt,* Rutenbündel *nt,* Faszes *pl*

fascismo [faʃˈʃizmo] *m* Faschismus *m*

fascista [faʃˈʃista] <-i *m,* -e *f*> **I.** *agg* faschistisch **II.** *mf* Faschist(in) *m(f)*

fase [ˈfaːze] *f* 1 *(gener,* ASTR, PHYS, CHEM, TEC Phase *f; (a stadio)* Stadium *nt,* Abschnitt *m;* **essere fuori** ~ *(fig)* nicht in Form sein; ~ **di sviluppo** Entwicklungsstufe *f* 2 MOT Takt *m;* **motore a tre -i** Dreitaktmotor *m*

fastello [fasˈtɛllo] *m (legna, paglia)* Bündel *nt,* Bund *m*

fast-food [ˈfa(ː)stˈfu(ːd)] <-> *m* 1 *(pasto veloce)* Fastfood *nt* 2 *(locale)* Fastfoodrestaurant *nt*

fast-fooder [ˈfaːstˈfuːdə] <-> *mf (frequentatore abituale di fast-food)* Stammkunde *m/*-kundin *f* von Fastfoodrestaurants; **da quando lavora in centro è diventato un** ~ seit er im Zentrum arbeitet isst er immer in Fastfoodrestaurants

fasti [ˈfasti] *mpl* HIST Heldentaten *f pl; (fatti memorabili)* Ruhmesblätter *nt pl*

fastidio [fasˈtiːdio] <-i> *m* 1 *(molestia)* Belästigung *f,* Störung *f;* **dare** ~ **a qu** jdn belästigen; **Le dà** ~ **il fumo?** stört Sie der Rauch? 2 *(noia)* Überdruss *m,* Verdruss *m* 3 *(disgusto)* Ekel *m* 4 *(dispiacere)* Unannehmlichkeit *f*

fastidioso, -a [fastiˈdioːso] *agg* 1 *(seccante)* lästig, unangenehm; *(noioso)* langweilig 2 *(irritabile)* reizbar

fasto [ˈfasto] *m* Prunk *m*

fastoso, -a [fasˈtoːso] *agg* prunkvoll

fasullo, -a [faˈzullo] *agg* 1 *(moneta, oro)* falsch 2 *(fig: persona)* unfähig, schlecht

fata [ˈfaːta] *f* Fee *f*

fatale [faˈtaːle] *agg* fatal; *(di morte)* tödlich, todbringend; *(di disastro)* verhängnisvoll, unselig; *(di fascino)* unwiderstehlich

fatalismo [fataˈlizmo] *m* Fatalismus *m*

fatalista [fataˈlista] <-i *m,* -e *f*> *mf* Fatalist(in) *m(f)*

fatalità [fataliˈta] <-> *f* 1 *(destino)* Schicksalhaftigkeit *f,* Fatalität *f* 2 *(disgrazia)* Unglück *nt*

fatamorgana [fatamorˈgaːna] *f* Fata Morgana *f*

fatica [faˈtiːka] <-che> *f* 1 *(sforzo, difficoltà)* Mühe *f,* Anstrengung *f;* **a** ~ mit Mühe; **fare** ~ **a fare qc** Mühe haben etw zu tun 2 *(stanchezza)* Müdigkeit *f* 3 *(lavori pesanti)* Schwerarbeit *f*

faticare [fatiˈkaːre] *vi* 1 *(sottoporsi a sforzo)* hart arbeiten 2 *(incontrare difficoltà)* sich abmühen, Mühe haben

faticoso, -a [fatiˈkoːso] *agg* mühsam, anstrengend; *(stile)* bemüht

fatiscente [fatiʃˈʃɛnte] *agg* baufällig, heruntergekommen

fato [ˈfaːto] *m* Schicksal *nt*

Fatt. *abbr di* **fattura** Rechn.

fattezze [fatˈtettse] *f pl* [Gesichts]züge *m pl*

fattibile [fatˈtiːbile] *agg* möglich, machbar

fattispecie [fattisˈpɛːtʃe] <-> *f* Tatbestand *m;* **nella** ~ im vorliegenden Fall

fattivo, -a [fatˈtiːvo] *agg* tatkräftig

fatto [ˈfatto] *m* 1 *(azione)* Tat *f;* **cogliere qu sul** ~ jdn auf frischer Tat ertappen; **dato di** ~ Tatsache *f;* **i -i parlano chiaro** die Tatsachen sprechen für sich; **il** ~ **è che ...;** ~ **sta che ...** Tatsache ist, dass ...; **mettere qu davanti al** ~ **compiuto** jdn vor vollendete Tatsachen stellen 2 *(avvenimento)* Ereignis *nt;* ~ **di cronaca** Tagesgeschehen *nt,* Tagesereignis *nt* 3 *(affare)* Angelegenheit *f,* Sache *f;* **badare ai** [*o* **farsi i**] **-i**

propri sich um seine eigenen Angelegenheiten kümmern ④ *(fig)* **andare per i -i propri** seines Weges gehen; **sapere il ~ proprio** sich zu helfen wissen

fatto, -a **I.** *pp di* **fare**[1] **II.** *agg* ① *(compiuto)* gemacht, getan; *(abito)* fertig, von der Stange; TEC hergestellt, gefertigt; **~ a macchina** maschinell hergestellt; **~ a mano** in Handarbeit hergestellt; **~ a cubo** würfelförmig [gemacht]; **~ a uovo** eiförmig [gemacht]; **~ di legno** aus Holz [gemacht]; **~ di plastica** aus Plastik [gemacht]; **ben ~!** gut gemacht!; **a conti -i** alles in allem; **detto ~** gesagt, getan ② *(maturo, a. fig)* reif ③ *(conformato fisicamente)* gebaut; **individuo ben/mal ~** eine gut/schlecht gebaute Person ④ *(addetto)* geschaffen; **essere ~ per qc/qu** für etw/jdn [wie] geschaffen sein; **non essere ~ per qc/qu** für etw/jdn nicht geeignet sein ⑤ *(sl: sfinito)* geschafft, fertig ⑥ *(sl: drogato)* breit; **è completamente ~** er ist völlig breit ⑦ *(sl: pazzo)* verrückt, übergeschnappt

fattora *f (fam) v.* **fattore**

fattore [fat'to:re] *m* ① *(elemento determinante)* Faktor *m*, Umstand *m* ② MAT, PHYS, BIOL Faktor *m;* **~ ereditario** BIOL Erbfaktor *m*

fattore, -essa *o* **-a** [fat'to:re, fatto'ressa] *m, f (fam)* Gutsverwalter(in) *m(f)*

fattoria [fatto'ri:a] <-ie> *f* Gutshof *m*, [Land]gut *nt*

fattorino, -a [fatto'ri:no] *m, f* ① *(commesso)* Bote *m/*Botin *f; (di negozio)* Laufbursche *m/*-mädchen *nt* ② *(bigliettaio)* Schaffner(in) *m(f)*

fattrice [fat'tri:tʃe] *f* ZOO weibliches Zuchttier

fattucchiera [fattuk'kiɛ:ra] *f* Zauberin *f*

fattura [fat'tu:ra] *f* ① *(lavorazione)* Anfertigung *f*, Herstellung *f* ② *(confezione)* Fasson *f* ③ COM Rechnung *f;* **rilasciare una ~** COM eine Rechnung ausstellen ④ *(fam: maleficio)* Zauberei *f*, Hexerei *f*

fatturante [fattu'rante] *mf (obs)* Akkordarbeiter(in) *m(f)*, Stückarbeiter(in) *m(f)*

fatturare [fattu'ra:re] *vt* COM fakturieren

fatturato [fattu'ra:to] *m* COM Umsatz *m*

fatturatrice [fattura'tri:tʃe] *f* Rechenmaschine *f*, Fakturiermaschine *f*

fatturazione [fatturat'tsio:ne] *f* COM Verrechnung *f*

fatturista [fattu'rista] <-i *m*, -e *f*> *mf* COM Fakturist(in) *m(f)*

fatuo, -a ['fa:tuo] *agg* oberflächlich, seicht

fauci ['fa:utʃi] *fpl* Rachen *m*, Schlund *m*

fauna ['fa:una] *f* Tierreich *nt*, Fauna *f*

fauno ['fa:uno] *m* Faun *m*

fausto, -a ['fa:usto] *agg* glücklich

fautore, -trice [fau'to:re] *m, f* Förderer *m/*Förderin *f; (sostenitore)* Befürworter(in) *m(f)*

fava ['fa:va] *f (legume)* dicke Bohne, Saubohne *f;* **prendere due piccioni con una ~** *(prov)* zwei Fliegen mit einer Klappe schlagen

favelas [fa'vɛlas] <-> *fpl* Favelas *fpl*, Elendsviertel *ntpl*

favella [fa'vɛlla] *f* Sprache *f*

favellare [favel'la:re] *vt, vi* reden, sprechen

favilla [fa'villa] *f* ① *(scintilla)* Funke[n] *m;* **far -e** *(fig fam)* Erfolg haben, groß rauskommen ② *(fig: causa)* Auslöser *m*

favo ['fa:vo] *m* ① *(miele)* [Bienen]wabe *f* ② MED Favus *m*

favola ['fa:vola] *f* Fabel *f*, Märchen *nt;* **il mondo delle -e** Märchenwelt *f*

favolistica [favo'listika] <-che> *f* Fabeldichtung *f*, Märchenschatz *m*

favoloso, -a [favo'lo:so] *agg* fabelhaft; *(enorme)* großartig, außergewöhnlich

favonio [fa'vɔ:nio] <-> *m (poet: vento)* Zephir *m*

favore [fa'vo:re] *m* ① *(benevolenza)* Wohlwollen *nt* ② *(servizio)* Gefallen *m*, Gefälligkeit *f;* **per ~** bitte; **fare un ~ a qu** jdm einen Gefallen tun ③ *(protezione)* Gunst *f*, Schutz *m;* **parlare in ~ di qu** zu jds Gunsten sprechen

favoreggiare [favored'dʒa:re] *vt* begünstigen, bevorzugen, vorziehen

favoreggiatore, -trice [favoreddʒa'to:re] *m, f* Förderer *m/*Förderin *f; (protettore)* Beschützer(in) *m(f)*

favorevole [favo're:vole] *agg* ① *(vantaggioso)* günstig ② *(benevolo)* wohlwollend ③ *(consenziente)* zustimmend; **essere ~** dafür sein; **essere ~ a qc/qu** für etw/jdn sein

favorire [favo'ri:re] <favorisco> *vt* ① *(assecondare)* begünstigen ② *(agevolare)* unterstützen, fördern ③ *(in espressioni di cortesia)* **favorisca il biglietto** die Fahrkarte, bitte; **vuole ~?** *(invitando a mangiare)* geben Sie mir [*o* uns] die Ehre?; *(offrendo)* darf ich Ihnen das anbieten?

favorita [favo'ri:ta] *f (amante)* Geliebte *f; (negli harem)* Favoritin *f*

favoriti [favo'ri:ti] *mpl* Backenbart *m*, Favoris *pl*

favoritismo [favori'tizmo] *m* Begünstigung *f*, Günstlingswirtschaft *f*

favorito, -a [favo'ri:to] **I.** *agg* ① *(prediletto)* Lieblings-, bevorzugt ② *(probabile vincitore)* favorisiert **II.** *m, f* ① *(beniamino)* Liebling *m* ② *(in gare, elezioni)* Favorit(in) *m(f)*

fax [faks] <-> *m* ① *(apparecchio)* Fax[ge-

F

rät] *nt;* **via** [*o* **per**] ~ per Fax ② *(messaggio)* Fax *nt*
faxare [fa'ksaːre] *vt* faxen
fazione [fat'tsioːne] *f* Faktion *f*
fazioso, -a [fat'tsioːso] **I.** *agg* faktiös, aufwieglerisch **II.** *m, f* Aufrührer(in) *m(f),* Aufwiegler(in) *m(f)*
fazzoletto [fattso'letto] *m* Tuch *nt; (da naso)* Taschentuch *nt;* ~ **di carta** Papiertaschentuch *nt*
FC *abbr di* **fuori corso: uno studente** ~ *ein Student, der die Regelstudienzeit überschritten hat*

F

febbraio [feb'braːio] *m* Februar *m,* Feber *m* A; *v. a.* **aprile**
febbre ['fɛbbre] *f (a. fig)* Fieber *nt;* ~ **da fieno** Heuschnupfen *m;* ~ **dell'oro** Goldfieber *nt*
febbricitante [febbritʃi'tante] *agg* fiebernd
febbrifugo [feb'briːfugo] <-ghi> *m* Fiebermittel *nt*
febbrifugo, -a <-ghi, -ghe> *agg* fiebersenkend
febbrile [feb'briːle] *agg* ① MED fiebrig, Fieber- ② *(fig)* fieberhaft
fecale [fe'kaːle] *agg* Fäkal-
feccia ['fɛttʃa] <-cce> *f* ① *(di vino)* [Boden]satz *m,* Hefe *f* ② *(fig, pej)* Abschaum *m*
feci[1] ['fɛːtʃi] *fpl* Fäkalien *pl*
feci[2] ['feːtʃi] *1. pers sing pass rem di* **fare**[1]
fecola ['fɛːkola] *f* Stärkemehl *nt*
fecondare [fekon'daːre] *vt* ① BIOL befruchten ② *(rendere fertile)* fruchtbar machen
fecondazione [fekondat'tsioːne] *f* Befruchtung *f;* ~ **artificiale** MED künstliche Befruchtung; ~ **in vitro** In-vitro-Fertilisation *f*
fecondità [fekondi'ta] <-> *f (a. fig)* Fruchtbarkeit *f*
fecondo, -a [fe'kondo] *agg* fruchtbar; *(nozze)* kinderreich
fede ['feːde] *f* ① *(credo)* Glaube[n] *m* ② *(fiducia)* Vertrauen *nt* ③ *(onestà, fedeltà)* Treue *f* ④ *(anello)* Trauring, Ehering *m* ⑤ *(attestato)* Schein *m,* Bescheinigung *f;* ~ **di battesimo** Taufschein *m;* ~ **di credito** Schuldschein *m* ⑥ *(loc)* **far** ~ bezeugen; **in** ~ ADM für die Richtigkeit; **in buona** ~ in gutem Glauben; **in mala** ~ in böser Absicht
fedele [fe'deːle] **I.** *agg* ① *(devoto)* treu ② *(esatto)* genau; *(traduzione, riproduzione)* [original]getreu **II.** *mf* ① *(credente)* Gläubige(r) *f(m)* ② *(seguace)* Anhänger(in) *m(f),* Getreue(r) *f(m)*
fedelissimo, -a [fede'lissimo] *m, f* Vertraute(r) *f(m),* enge(r) Mitarbeiter(in) *m(f)*
fedeltà [fedel'ta] <-> *f* ① *(devozione)* Treue *f* ② *(esattezza)* Zuverlässigkeit *f,* Treue *f; (in acustica)* Wiedergabetreue *f,* -genauigkeit *f;* **ad alta** ~ Hi[gh]-Fi[delity]-
federa ['fɛːdera] *f* [Kopf]kissenbezug *m*
federale [fede'raːle] *agg* ① POL föderativ, Bundes- ② *(di società)* Verbands-, Vereins-
federalismo [federa'lizmo] *m* Föderalismus *m*
federativo, -a [federa'tiːvo] *agg* föderativ, föderalistisch
federato, -a [fede'raːto] *agg* verbündet
federazione [federat'tsioːne] *f* ① *(di stati)* Föderation *f* ② *(di società)* Verband *m;* **Federazione delle Borse Europee** FIN Europäischer Börsenverband *m*
FEDERCALCIO [feder'kaltʃo] *f abbr di* **Federazione Italiana Gioco Calcio** *italienischer Fußballverband,* ≈ DFB *m*
FEDERMECCANICA [federmek'kaːnika] *f abbr di* **Federazione Sindacale dell'Industria Metalmeccanica Italiana** *italienischer Gewerkschaftsbund der Metall verarbeitenden Industrie*
fedifrago, -a [fe'diːfrago] <-ghi, -ghe> *agg (poet a. scherz)* wortbrüchig
fedina [fe'diːna] *f* JUR Strafregisterauszug *m;* ~ **penale** Führungszeugnis *nt*
fedine [fe'diːne] *fpl (favoriti)* Koteletten *pl*
feedback ['fiːdbæk *o* 'fidbɛk] <-> *m* ① Feed-back *nt* ② INFORM *(retroazione)* Rückkopplung *f*
feeling ['fiːliŋ *o* 'filin(g)] <-> *m* Feeling *nt;* **tra di loro c'è un** ~ die beiden fühlen sich zueinander hingezogen
fegataccio [fega'tattʃo] <-cci> *m (obs)* Draufgänger *m*
fegatello [fega'tɛllo] *m* GASTR gebackene Schweinsleberscheibe *f*
fegatini [fega'tiːni] *mpl* GASTR gebackene Geflügelleber *f*
fegato ['feːgato] *m* ANAT Leber *f;* **avere** ~ Mut haben; **si mangia il** ~ *(fig)* es wurmt ihn [*o* sie]
felce ['feltʃe] *f* Farn *m*
feldspato [felds'paːto] *m* MIN Feldspat *m*
felice [fe'liːtʃe] *agg* glücklich, freudig
felicità [felitsi'ta] <-> *f* Glück *nt,* Glückseligkeit *f*
felicitarsi [felitʃi'tarsi] *vr* ~ **di qc** sich über etw *akk* freuen; ~ **con qu per qc** jdn zu etw beglückwünschen
felicitazione [felitʃitat'tsioːne] *f* Glückwunsch *m*
felino [fe'liːno] *m* Katze *f*
felino, -a *agg* katzenartig, Katzen-
felliniano, -a [felli'niaːno] *agg* Fellini'sch, Fellini-
fellonia [fello'niːa] <-ie> *f (obs poet)* Verrat *m,* Felonie *f*

felpa ['felpa] *f* Plüsch *m*

felpato, **-a** [fel'pa:to] *agg* Plüsch-; **con passo** ~ *(fig)* auf leisen Sohlen

feltrabile [fel'tra:bile] *agg* verfilzbar

feltrabilità [feltrabili'ta] <-> *f* Verfilzbarkeit *f*

feltro ['feltro] *m* ① *(tessuto)* Filz *m* ② *(cappello)* Filzhut *m*

feluca [fe'lu:ka] <-che> *f* ① NAUT Feluke *f* ② *(cappello)* Zweispitz *m*

femmina ['femmina] *f* ① *(oft pej: donna)* Weib *nt* ② ZOO Weibchen *nt* ③ TEC Mutter *f*

femminicidio [femmini'tʃi:dio] <-di *rar:* -dii> *m* Mord *m* an einer Frau, Frauenmord

femminile [femmi'ni:le] **I.** *agg* weiblich; *(abito, sport)* Damen-; *(lavoro)* Frauen-; *(scuola)* Mädchen-; **genere** ~ LING Femininum *nt* **II.** *m* ① LING Femininum *nt* ② SPORT Damenwettbewerb *m*

femminilizzare [femminilid'dza:re] *vt* frauenfreundlich gestalten

femminismo [femmi'nizmo] *m* Feminismus *m*, Frauenbewegung *f*

femminista [femmi'nista] <-i *m*, -e *f*> *mf* Feminist(in) *m(f)*

femminuccia [femmi'nuttʃa] <-cce> *f* ① *(bambina)* Mädchen *nt* ② *(fig: uomo pavido)* Waschlappen *m fam*

femore ['fɛ:more] *m* Oberschenkelknochen *m*

fendente [fen'dɛnte] *m* Säbelhieb *m*

fendere ['fɛndere] <fendo, fendei *o* fendetti, fenduto> *vt* ① *(tagliare)* spalten ② *(folla)* sich *dat* einen Weg bahnen durch; *(onde)* durchpflügen

fendinebbia [fendi'nebbia] <-> *m* Nebelscheinwerfer *m*

fenditura [fendi'tu:ra] *f* ① *(taglio)* Spaltung *f* ② *(apertura)* Spalt *m*, Riss *m*

fenice [fe'ni:tʃe] *f* Phönix *m*; **essere come l'araba** ~ so selten sein wie ein weißer Rabe

fenicottero [feni'kɔttero] *m* Flamingo *m*

fenolo [fe'nɔ:lo] *m* CHEM Phenol *nt*

fenomenale [fenome'na:le] *agg* phänomenal, unglaublich

fenomeno [fe'nɔ:meno] *m* Phänomen *nt*

ferale [fe'ra:le] *agg (poet)* ① *(di lutto)* traurig ② *(di morte)* todbringend

feretro ['fɛ:retro] *m* Bahre *f*

feriale [fe'ria:le] *agg* Wochen-, Werk-

ferie ['fɛ:rie] *f pl* Ferien *pl*, Urlaub *m*; **andare in** ~ in Urlaub gehen; **essere in** ~ im Urlaub sein, Ferien haben; **prender le** ~ Urlaub nehmen

ferimento [feri'mento] *m* Verletzung *f*, Verwundung *f*

ferire [fe'ri:re] <ferisco> *vt* ① verletzen; *(colpendo)* verwunden ② *(fig: offendere)* verletzen ③ *(fig: occhi)* blenden

ferita [fe'ri:ta] *f* Verletzung *f*, Wunde *f*; **riaprire una** ~ *(fig)* eine alte Wunde wieder aufreißen

ferito, **-a** [fe'ri:to] **I.** *agg* verletzt, verwundet **II.** *m, f* Verletzte(r) *f(m)*, Verwundete(r) *f(m)*

feritoia [feri'to:ia] <-oie> *f* ① MIL Schießscharte *f* ② *(in ambienti)* Schlitz *m*

feritore, **-trice** [feri'to:re] *m, f* JUR Täter(in) *m(f)*

F

ferma ['ferma] *f* MIL Wehrdienstzeit *f*, Präsenzdienst *m* A

fermacalzoni [fermakal'tso:ni] <-> *m* Fahrradklammer *f*

fermacarte [ferma'karte] <-> *m* Briefbeschwerer *m*

fermacravatta [fermakra'vatta] <-e> *m* Krawattennadel *f*

fermaglio [fer'maʎʎo] <-gli> *m* ① *(borchia, fibbia)* Schnalle *f*, Spange *f* ② *(per fogli)* Heftklammer *f*

fermaporte [ferma'porte] <-> *m* Türstopper *m*

fermare [fer'ma:re] **I.** *vt* ① *(arrestare il movimento)* anhalten; *(emorragia)* stillen; *(motore)* abstellen ② *(fuggitivo)* fassen; *(di polizia)* festnehmen ③ *(fissare)* befestigen; *(bottone)* annähen; *(fig: sguardo)* heften ④ *(chiudere)* schließen, sperren A **II.** *vr* **-rsi** ① *(arrestarsi)* [an]halten; *(orologio)* stehen bleiben ② *(trattenersi)* sich aufhalten; **senza -rsi** ununterbrochen

fermata [fer'ma:ta] *f* ① *(sosta)* Halt *m*, Aufenthalt *m*; ~ **facoltativa** [*o* **a richiesta**] Bedarfshaltestelle *f*; ~ **obbligatoria** planmäßige Haltestelle ② *(luogo)* Haltestelle *f* ③ MUS Fermate *f*

fermentabile [fermen'ta:bile] *agg* gärungsfähig

fermentare [fermen'ta:re] **I.** *vi (a. fig)* gären **II.** *vt* fermentieren

fermentatore [fermenta'to:re] *m* Gärungsapparat *m*, Gärgerät *nt*

fermentazione [fermentat'tsio:ne] *f* Gärung *f*

fermentescibile [fermenteʃ'ʃi:bile] *agg* gärfähig

fermentescibilità [fermenteʃʃibili'ta] <-> *f* Gärfähigkeit *f*

fermento [fer'mento] *m* ① *(enzima)* Ferment *nt* ② *(lievito)* Hefe *f*, Germ *m* A ③ *(fig: agitazione)* Unruhe *f*, Gärung *f*; *(forza creativa)* Kreativität *f*

fermezza [fer'mettsa] *f* Entschlossenheit *f*, Festigkeit *f*; ~ **di propositi** Standhaftigkeit *f*

fermo ['fermo] *m* ① *(chiusura)* Haltevorrichtung *f* ② JUR Festnahme *f*
fermo, -a **I.** *agg* ① *(non in moto)* still, unbeweglich; *(sguardo)* starr; *(veicolo)* stehend; **essere ~** *(in piedi)* [still] stehen; *(seduto)* [still] sitzen; *(sdraiato)* [still] liegen ② *(non in funzione)* still stehend; *(orologio)* stehen geblieben; COM stillliegend, stockend ③ *(fig: risoluto)* entschlossen, dezidiert A; *(costante)* beständig **II.** *int* halt
fermoposta [fermo'pɔsta] **I.** *agg inv avv* postlagernd **II.** *m* <-> Schalter *m* für postlagernde Sendungen
feroce [fe'roːtʃe] *agg* ① *(bestia)* wild ② *(persona)* grausam ③ *(fig)* furchtbar, schrecklich
ferocia [fe'rɔːtʃa] <-cie> *f* ① *(di bestie)* Wildheit *f* ② *(di persone)* Grausamkeit *f*
ferodo [fe'rɔːdo] *m* TEC **~ per freni** Bremsbelag *m*
Ferr. *abbr di* **ferrovia** Eisenbahn
ferraglia [fer'raʎʎa] <-glie> *f* Schrott *m,* Alteisen *nt*
ferragosto [ferra'gosto] *m* ① *(festa)* Mariä Himmelfahrt ② *(periodo)* Mitte *f* August
ferramenta [ferra'menta] *fpl* Eisenwaren *fpl*
Ferrara *f* Ferrara *nt (Stadt in der Emilia-Romagna)*
ferrare [fer'raːre] *vt* beschlagen
ferrarese [ferra'reːse] **I.** *agg* aus Ferrara stammend **II.** *mf (abitante)* Einwohner(in) *m(f)* von Ferrara
Ferrarese *m sing* Umgebung *f* von Ferrara
ferrarista [ferra'rista] <-i *m,* -e *f*> *mf* Ferrarifahrer(in) *m(f)*
ferrato, -a [fer'raːto] *agg (a. fig)* beschlagen; **strada -a** Schienenstrang *m,* Eisenbahn *f*
ferravecchio [ferra'vɛkkio] *m* Schrotthändler *m*
ferreo, -a ['fɛrreo] <-ei, -ee> *agg* eisern
ferriera [fer'riɛːra] *f* Eisenhütte *f*
ferrifero, -a [fer'riːfero] *agg* eisenhaltig, Eisen-
ferro ['fɛrro] *m* ① *(metallo, oggetto)* Eisen *nt;* **~ da stiro** Bügeleisen *nt;* **~ battuto** Schmiedeeisen *nt;* **di ~** *(a. fig)* eisern; **battere il ~ finché è caldo** *(fig)* das Eisen schmieden, solange es heiß ist; **toccare ~** *(fig)* auf Holz klopfen ② *(da calza)* Stricknadel *f* ③ *pl (strumenti di lavoro)* Handwerkszeug *nt,* Werkzeug *nt* ④ *pl* GASTR Rost *m,* Grill *m;* **bistecca ai -i** gegrilltes Beefsteak *nt*
ferroso, -a [fer'roːso] *agg* eisenhaltig
ferrotranvieri [ferrotran'viɛːri] *mpl* Eisen- und Straßenbahner *mpl*
FERROTRANVIERI [ferrotran'viɛːri] *mpl abbr di* **Federazione Nazionale Lavoratori Autoferrotranvieri e Internavigatori** *italienischer Gewerkschaftsbund der Angestellten des öffentlichen Verkehrs und der Binnenschifffahrt*
ferrovia [ferro'viːa] *f* Eisenbahn *f;* **~ a cremagliera** Zahnradbahn *f*
ferroviario, -a [ferro'viaːrio] *agg* Eisenbahn-
ferroviere [ferro'viɛːre] *m* Eisenbahner *m*
ferruginoso, -a [ferrudʒi'noːso] *agg* eisenhaltig
fertile ['fɛrtile] *agg* fruchtbar
fertilizzante [fertilid'dzante] *m* Dünger *m*
fertilizzare [fertilid'dzaːre] *vt* düngen
ferula ['fɛːrula] *f* Schiene *f; (fig)* Geißel *f*
fervente [fer'vɛnte] *agg* ① *(di passione)* leidenschaftlich; *(amore)* glühend; *(odio)* blind ② *(di zelo)* eifrig
fervere ['fɛrvere] <fervo, fervei *o* fervetti, *manca il pp*> *vi* ① *(ribollire)* kochen ② *(fig)* auf Hochtouren laufen
fervido, -a ['fɛrvido] *agg (preghiera)* inbrünstig; *(auguri)* herzlich; *(fantasia)* blühend; *(attività)* eifrig
fervore [fer'voːre] *m* ① *(passione)* Leidenschaft *f* ② *(zelo)* Inbrunst *f,* [Feuer]eifer *m* ③ *(fig: momento culminante)* Höhepunkt *m*
fervorino [fervo'riːno] *m* REL *(a. scherz)* Moralpredigt *f*
fesseria [fesse'riːa] <-ie> *f (fam)* Dummheit *f,* Blödsinn *m*
fesso, -a ['fesso] **I.** *pp di* **fendere** **II.** *agg* ① *(incrinato)* gesprungen, rissig ② *(stridulo)* schrill ③ *(fam: tonto)* bescheuert, beknackt *sl;* **fare ~ qu** *(vulg)* jdn bescheißen
fessura [fes'suːra] *f* Spalt *m,* Spalte *f,* Schlitz *m*
festa ['fɛsta] *f* ① *(solennità)* Feiertag *m; (cerimonia)* Fest *nt,* Feier *f;* REL Fest *nt;* **~ della mamma** Muttertag *m;* **~ nazionale** Nationalfeiertag *m* ② *(dimostrazione gioiosa)* Fest[tag *m*] *nt;* **far ~ a qu** jdn herzlich begrüßen; **fare la ~ a qu** *(fig: ucciderlo)* jdn umbringen ③ *(vacanza)* freier Tag *m*
festeggiamenti [festeddʒa'menti] *mpl* Feierlichkeiten *fpl*
festeggiare [fested'dʒaːre] *vt* ① *(anniversario)* feiern ② *(persona)* festlich empfangen
festino [fes'tiːno] *m* Party *f,* Fete *f*
festival [festi'val *o* 'fɛstival] <-> *m* ① *(festa popolare)* Fest *nt* ② *(rassegna artistica)* Festival *nt;* **~ musicale** Musikfestspiele *ntpl*
festività [festivi'ta] <-> *f* Feiertag *m,* Festlichkeit *f*

festivo, -a [fes'tiːvo] *agg* ① *(giorno)* Feier-, Fest-; *(orario)* Feiertags-, Festtags-; **riposo ~** Sonntagsruhe *f* ② *(banchetto)* Fest-; *(abito)* festlich

festone [fes'toːne] *m* Girlande *f; (di fiori)* Gewinde *nt*

festoso, -a [fes'toːso] *agg* freudig

festuca [fes'tuːka] <-che> *f* ① *(poet)* Strohhalm *m* ② BOT Schwingel *m*

feticcio [fe'tittʃo] <-cci> *m* Fetisch *m*

feticismo [feti'tʃizmo] *m* Fetischismus *m*

feticista [feti'tʃista] <-i *m*, -e *f*> **I.** *mf* Fetischist(in) *m(f)* **II.** *agg* fetischistisch

fetido, -a ['fɛːtido] *agg* stinkend

feto ['fɛːto] *m* Fötus *m*

fetore [fe'toːre] *m* Gestank *m*

fetta ['fetta] *f* ① *(di cibo)* Scheibe *f;* **tagliare a -e** in Scheiben schneiden; **-e biscottate** Zwieback *m* ② *(fig: di luna)* Sichel *f; (di terra)* Streifen *m*

fettina [fet'tiːna] *f* ① *(piccola fetta)* kleine Scheibe ② *(carne)* [kleines] Kalbs- oder Rinderschnitzel *nt*

fettuccia [fettut'sʃa] <-ce> *f* Band *nt*

fettuccine [fettut'tʃiːne] *fpl (pasta)* Bandnudeln *fpl*

feudale [feu'daːle] *agg* feudal, Feudal-

feudatario [feuda'taːrio] <-i> *m* ① HIST Lehnsherr *m* ② *(fig: proprietario terriero)* Großgrundbesitzer *m*

feudo ['fɛːudo] *m* ① HIST Lehen *nt* ② *(fig: proprietà terriera)* Großgrundbesitz *m*

FF.AA. *fpl abbr di* **Forze Armate** *italienische Streitkräfte*

FI *f abbr di* **Forza Italia** Forza Italia *f (italienische rechtsliberale Partei)*

fiaba ['fiaːba] *f* Märchen *nt*

fiabesco, -a [fia'besko] <-schi, -sche> *agg* märchenhaft, Märchen-

fiacca ['fiakka] *f* ① *(stanchezza)* Müdigkeit *f* ② *(svogliatezza)* Trägheit *f;* **battere la ~** herumtrödeln

fiaccare [fiak'kaːre] *vt* schwächen

fiacchite [fiak'kiːte] *f (fam scherz: pigrizia)* [akuter] Anfall von Faulheit

fiacco, -a ['fiakko] <-cchi, -cche> *agg* ① *(persona)* müde, matt ② *(fig)* schwach

fiaccola ['fiakkola] *f* Fackel *f;* **la ~ olimpica** SPORT das olympische Feuer

fiaccolata [fiakko'laːta] *f* Fackelzug *m*

fiala ['fiaːla] *f* Ampulle *f,* Phiole *f*

fialoide [fialo'iːde] *m* Flacon *m o nt*

fiamma ['fiamma] *f* Flamme *f;* **andare in -e** in Flammen aufgehen

fiammante [fiam'mante] *agg (colore)* leuchtend, knall- *fam;* **rosso ~** feuerrot, knallrot *fam;* **nuovo ~** [funkel]nagelneu

fiammata [fiam'maːta] *f* Stichflamme *f; (fig)* Strohfeuer *nt*

fiammeggiare [fiammed'dʒaːre] *vi* aufflammen

fiammifero [fiam'miːfero] *m* Streichholz *nt,* Zündholz *nt* A

fiammingo, -a [fiam'miŋgo] <-ghi, -ghe> *agg* flämisch, flandrisch

fiancata [fiaŋ'kaːta] *f* ① *(parte laterale)* Seitenteil *nt,* Seitenwand *f* ② *(urto)* Seitenstoß *m*

fiancheggiare [fiaŋked'dʒaːre] *vt* ① *(stare a lato)* säumen ② MIL flankieren ③ *(fig: sostenere)* **~ qu** jdn unterstützen, jdm zur Seite stehen

fiancheggiatore, -trice [fiaŋkeddʒa'toːre] *m, f* Sympathisant(in) *m(f),* Anhänger(in) *m(f)*

fianco ['fiaŋko] <-chi> *m* ① ANAT Hüfte *f* ② *(lato)* Seite *f; (di monte)* Abhang *m,* Lehne *f* A; **~ a ~** Seite an Seite; **di ~** *(laterale)* seitlich; *(accanto)* nebenan; **di ~ a** neben, bei

Fiandra ['fiandra] *f* Flandern *nt*

fiasco ['fiasko] <-schi> *m* ① *(recipiente)* Korbflasche *f,* [strohumflochtene] Flasche *f* ② *(fig: insuccesso)* Fiasko *nt;* **fare ~** Schiffbruch erleiden; *(all'esame)* durchfallen

fiat ['fiːat] *m* **in un ~** im Nu

FIAT *f acro di* **Fabbrica Italiana Automobili Torino** FIAT *(italienische Automobilfabrik Turin)*

fiatare [fia'taːre] *vi* ① atmen ② *(fig)* den Mund aufmachen, sprechen; **non ~!** halt' den Mund!

fiato ['fiaːto] *m* ① *(aria espirata)* Atem *m;* **prendere ~** Luft holen; **trattenere il ~** den Atem anhalten; **in un** [*o* **d'un**] **~** in einem Zug; **rimanere senza ~** *(fig)* sprachlos sein ② *(energia)* Ausdauer *f;* **fare il ~** SPORT trainieren ③ *pl (strumenti)* Blasinstrumente *nt pl*

fibbia ['fibbia] <-ie> *f* Schnalle *f*

fibra ['fiːbra] *f* ① BOT, BIOL Faser *f* ② TEC Fiber *f; (cartone)* Vulkanfiber *f* ③ *(fig: costituzione fisica)* Konstitution *f*

fibroso, -a [fi'broːso] *agg* faserig, Faser-

fica ['fiːka] <-che> *f (vulg)* Möse *f*

ficata [fi'kaːta] *f (sl) v.* **figata**

ficcanaso [fikka'naːso] <-i *o* - *m,* - *f*> *mf (fam)* Schnüffler(in) *m(f)*

ficcare [fik'kaːre] **I.** *vt* stecken **II.** *vr* **-rsi** sich legen; *(cacciarsi)* sich verstecken; **-rsi nei guai** sich in die Nesseln setzen; **-rsi qc in testa** sich *dat* etw in den Kopf setzen

fichidindia *pl di* **ficodindia**

fico ['fiːko] <-chi> *m* ① *(frutto)* Feige *f;* **non me n'importa un ~ secco** *(fam)* das ist mir Wurscht, ich schere mich den Teufel darum; **non valere un ~ secco** *(fam)* keinen Pfifferling wert sein ② *(sl: persona attraente)* cooler Typ/coole Frau; **che ~!** cool!

fico, -a <-chi, -che> *agg (sl: bello)* geil

ficodindia [fiko'dindia] <fichidindia> *m* ① *(pianta)* Feigenkaktus *m* ② *(frutto)* Kaktusfeige *f*

ficologia [fikolo'dʒiːa] <-ie> *f* BOT Algenkunde *f,* Algologie *f*

ficologo, -a [fikɔːlogo] <-gi, -ghe> *m, f* Algenforscher(in) *m(f),* Algologe *m/*Algologin *f*

F

fidanzamento [fidantsa'mento] *m* Verlobung *f*

fidanzarsi [fidan'tsarsi] *vr* sich verloben

fidanzato, -a [fidan'tsaːto] *m, f* Verlobte(r) *f(m),* Braut *f,* Bräutigam *m*

fidare [fi'daːre] **I.** *vi* ~ **in qc** auf etw *akk* vertrauen **II.** *vr* **-rsi di qu** jdm vertrauen; **-rsi in qc** auf etw *akk* vertrauen; **non -rsi a uscire da soli** sich nicht trauen allein auszugehen; **-rsi è bene, non -rsi è meglio** *(prov)* Vertrauen ist gut, Kontrolle ist besser

fidato, -a [fi'daːto] *agg* zuverlässig

fideiussione [fideius'sioːne] *f* JUR Bürgschaft *f*

fideiussore [fideius'soːre] *m* JUR Bürge *m*

fido ['fiːdo] *m* ① FIN Kredit *m;* ~ **bancario** Bankkredit *m* ② *(fedele)* Getreuer *m*

fido, -a *agg* treu

fiducia [fi'duːtʃa] <-cie> *f* Vertrauen *nt;* **avere ~ in qu** Vertrauen zu jdm haben; **di ~** Vertrauens-; **ispirare ~** Vertrauen erwecken

fiduciaria [fidutʃa'riːa] <-ie> *f* COM Treuhand *f*

fiduciario, -a [fidu'tʃaːrio] <-i, -ie> **I.** *agg* Treuhand-, treuhänderisch; **moneta -a** Papierwährung *f* **II.** *m, f* Treuhänder(in) *m(f)*

fiducioso, -a [fidu'tʃoːso] *agg* vertrauensvoll; **essere ~ in qc** auf etw *akk* vertrauen

fiele ['fiɛːle] *m* ① *(bile)* Galle *f* ② *(fig: astio)* Bitterkeit *f,* Groll *m*

fienagione [fiena'dʒoːne] *f* Heuernte *f*

fienile [fie'niːle] *m* Heuschober *m*

fieno ['fiɛːno] *m* Heu *nt;* **febbre** [*o* **raffreddore**] **da ~** Heuschnupfen *m*

fiera ['fiɛːra] *f* ① *(di paese)* Jahrmarkt *m* ② *(del bestiame)* [Vieh]markt *m* ③ COM *(esposizione)* Messe *f,* Ausstellung *f*

fierezza [fie'rettsa] *f* Stolz *m*

fiero, -a ['fiɛːro] *agg* ① *(orgoglioso)* stolz ② *(feroce, crudele)* grausam

fievole ['fieːvole] *agg* schwach

fifa ['fiːfa] *f (fam)* Bammel *m,* Schiss *m;* **avere una ~ blu** einen mächtigen Bammel haben

fifo ['fiːfo] <-> *m* COM Fifo-Methode *f*

fifone, -a [fi'foːne] *m, f (fam)* Angsthase *m*

fig. *abbr di* **figura** Abb.

figata [fi'gaːta] *f (sl: cosa riuscita)* Knüller *m,* Knaller *m; (cosa molto bella)* geile Sache *f;* **che ~!** geil!

figg. *abbr di* **figure** Abb., Abbildungen

figgiccino, -a *m, f* Mitglied *nt* der italienischen Jungkommunisten

figgicciotto, -a *m, f (pej: figgiccino)* italienische(r) Jungkommunist(in) *m(f)*

figlia ['fiʎʎa] <-glie> *f* ① *(prole)* Tochter *f* ② *(ragazza)* Mädchen *nt* ③ *(tagliando)* Abschnitt *m*

figliare [fiʎ'ʎaːre] *vt* werfen; *(bovini)* kalben

figliastro, -a [fiʎ'ʎastro] *m, f* Stiefsohn *m/*-tochter *f*

figliata [fiʎ'ʎaːta] *f* Wurf *m*

figlio ['fiʎʎo] <-gli> *m* ① *(prole)* Kind *nt; (di sesso maschile)* Sohn *m;* **~ unico** Einzelkind *nt;* **~ di nessuno** Findelkind *nt;* **~ di mammà/papà** *(fam)* Mutter-/Vatersöhnchen *nt;* **~ di puttana** *(vulg)* Hurensohn ② *(ragazzo)* Junge *m,* Bub *m* A ③ ZOO Junge(s) *nt* ④ *pl (prole)* Kinder *nt pl;* **senza -gli** kinderlos

figlioccio, -a [fiʎ'ʎɔttʃo] <-cci, -cce> *m, f* Patenkind *nt*

figliolanza [fiʎʎo'lantsa] *f* Nachwuchs *m,* Kinder *nt pl*

figo ['fiːgo] <-ghi> *m* SETT *v.* **fico 2.**

figo, -a <-ghi, -ghe> *agg* SETT *v.* **fico, -a**

figura [fi'guːra] *f* ① *(corporatura)* Figur *f* ② *(aspetto esteriore)* Form *f,* Gestalt *f; (apparenza)* Aussehen *nt,* Erscheinung *f* ③ *(illustrazione)* Abbildung *f,* Bild *nt* ④ *(loc)* **fare [una] bella/brutta ~** einen guten/schlechten Eindruck machen; **che ~!** *(iron)* so eine Blamage!

figurare [figu'raːre] **I.** *vt* ① *(ritrarre)* darstellen ② *(simboleggiare)* symbolisieren, versinnbildlichen ③ *(plasmare)* bearbeiten **II.** *vi* ① *(apparire)* [dabei] sein, erscheinen; *(in registri)* verzeichnet sein ② *(far bella figura)* im Vordergrund stehen, hervortreten **III.** *vr* **-rsi** sich *dat* vorstellen; **figurati!** stell dir vor!, denk nur!

figurativo, -a [figura'tiːvo] *agg* bildlich, figurativ; *(arti)* bildend

figurato, -a [figu'raːto] *agg* ① *(rappresentato in figura)* bildlich; *(significato)* übertragen, figurativ; **danza -a** Figurentanz *m* ② *(libro)* bebildert

figurina [figu'riːna] *f* ① *(statuina)* Figurine *f* ② *(su cartoncino)* Bildchen *nt*

figurino [figu'riːno] *m* ① *(disegno)* Modeskizze *f,* -zeichnung *f* ② *(rivista)* Modezeitschrift *f*

figuro [fi'gu:ro] *m* [verdächtiges] Individuum *nt*

fila ['fi:la] *f* ① *(serie)* Reihe *f* ② *(successione nel tempo)* Serie *f,* Folge *f;* **di ~** hintereinander, ununterbrochen ③ *(fig)* Reihe *f,* Serie *f* ④ *(coda)* Schlange *f;* **far la ~** Schlange stehen

filamento [fila'mento] *m* ① BOT Staubfaden *m* ② *(di lampadina)* Glühfaden *m* ③ ANAT Faser *f*

filanca® [fi'laŋka] *f* Helanca® *nt*

filanda [fi'landa] *f* Spinnerei *f*

filantropa *f v.* **filantropo**

filantropia [filantro'pi:a] *f* Menschenliebe *f,* Philanthropie *f*

filantropo, -a [fi'lantropo] *m, f* Menschenfreund *m,* Philanthrop *m*

filare[1] [fi'la:re] *m (di piante)* Reihe *f*

filare[2] **I.** *vt avere* ① *(fibre tessili)* spinnen ② *(ridurre in fili)* Fäden ziehen lassen **II.** *vi essere o avere* ① *(fare la tela)* spinnen ② *(assumere forma di filo)* Fäden ziehen ③ *(discorso)* fließen; *(avere un filo logico)* schlüssig sein ④ *(fam: andarsene)* verschwinden; *(svignarsela)* sich verdrücken, sich aus dem Staub machen ⑤ *(scherz: amoreggiare)* etw miteinander haben

filarmonica [filar'mɔ:nika] <-che> *f* Philharmonie[orchester *nt*] *f*

filarmonico, -a [filar'mɔ:niko] <-ci, -che> **I.** *agg* philharmonisch **II.** *m, f* Philharmoniker(in) *m(f)*

filastrocca [filas'trɔkka] <-cche> *f* ① *(per bambini)* Kinderreim *m* ② *(fig: tiritera)* Litanei *f*

filatelia [filate'li:a] *f* Philatelie *f,* Briefmarkenkunde *f*

filatelico, -a [fila'tɛ:liko] <-ci, -che> **I.** *agg* philatelistisch, Briefmarken- **II.** *m, f* Philatelist(in) *m(f)*

filatelista [filate'lista] <-i *m,* -e *f*> *mf* Philatelist(in) *m(f)*

filato [fi'la:to] *m* Garn *nt*

filato, -a *agg* ① *(ridotto in filo)* gesponnen ② *(fig: ininterrotto)* schlüssig

filatore, -trice [fila'to:re] *m, f* Spinner(in) *m(f)*

filatura [fila'tu:ra] *f* ① *(lavorazione)* Spinnen *nt* ② *(opificio)* Spinnerei *f*

file ['fail] <-> *m* ① INFORM Datei *f;* **~ attuale** Update *nt;* **~ immagine** Bilddatei *f;* **~ di testo** Textdatei *f;* **percorso ~** Dateipfad *m* ② ADM Akte *f*

filettaggio [filet'taddʒo] <-ggi> *m* TEC Gewinde *nt*

filettare [filet'ta:re] *vt* mit Kordeln schmücken

filettatore, -trice [filetta'to:re] *m, f* Filetierer(in) *m(f)*

filettatrice [filetta'tri:tʃe] *f* TEC Filetiermaschine *f*

filettatura [filetta'tu:ra] *f* ① *(insieme dei filetti)* Besatz *m,* Bänder *nt pl* ② TEC Gewinde *nt*

filetto [fi'letto] *m* ① *(nastrino)* Band *nt* ② GASTR Filet *nt,* Lungenbraten *m* A

filiale [fi'lia:le] *f* Filiale *f,* Zweigstelle *f*

filiazione [filiat'tsio:ne] *f* ① JUR Abstammung *f;* *(fig)* Herleitung *f,* Herkunft *f* ② COM Tochtergesellschaft *f*

filibustering [fili'bastering] <-> *m* PARL *parlamentarische Verschleppungstaktik durch Dauerreden*

filibustiere [filibus'tiɛ:re] *m* Freibeuter *m,* skrupelloser Mensch

filière [fi'ljɛr] <-> *m* COM, ADM *(titolo all'ordine)* Orderpapier *nt*

filiforme [fili'forme] *agg* fadenförmig

filigrana [fili'gra:na] *f* ① *(in oreficeria)* Filigran *nt* ② *(sulla carta)* Wasserzeichen *nt*

filippica [fi'lippika] <-che> *f* Philippika *f,* Strafrede *f*

filisteo, -a [filis'tɛ:o] **I.** *agg* ① HIST Philister- ② *(fig: gretto)* spießbürgerlich, engstirnig **II.** *m, f* ① HIST Philister *m* ② *(fig: conformista)* Spießbürger(in) *m(f)*

fillossera [fi'lɔssera] *f* ZOO Reblaus *f*

film [film] <-> *m* ① FOTO, FILM Film *m;* **~ d'animazione** Zeichentrickfilm *m;* **~ giallo** Kriminalfilm *m;* **girare un ~** einen Film drehen ② *(per alimenti)* Folie *f*

filmare [fil'ma:re] *vt* ① *(girare)* aufnehmen, filmen ② *(romanzo)* verfilmen

filmico, -a ['filmiko] <-ci, -che> *agg* filmisch, Film-

filmina [fil'mi:na] *f* FILM Diafilm[streifen] *m*

filmmaker ['film'meikə] <-> *mf* FILM *(autore)* Filmemacher(in) *m(f)*

film noir ['film 'nwar] <-> *m* FILM Film noir *m*

film-opera <-> *m* FILM Opernfilm *m,* verfilmte Oper *f*

film-strip ['film'strip] <-> *m* FILM Filmsatz *m*

filo ['fi:lo] *m (gener)* Faden *m;* *(prodotto)* Garn *nt;* *(di perle)* Schnur *f;* *(metallico)* Draht *m;* **~ spinato** Stacheldraht *m;* **~ d'erba** Grashalm *m;* **un ~ d'acqua** ein dünner Wasserstrahl *m;* **un ~ di speranza** ein Hoffnungsschimmer *m;* **un ~ di voce** eine dünne Stimme; **dar del ~ da torcere a qu** eine harte Nuss für jdn sein; **essere attaccato a un ~** an einem seidenen Faden hängen; **fare il ~ a qu** jdm den Hof machen; **perdere il ~ del discorso** den Faden verlieren; **per ~ e per segno** in allen Einzelheiten; **~ conduttore** Leitfaden *m*

F

filoamericano, -a [filoameri'ka:no] *agg* amerikafreundlich

filoarabo, -a [filo'a:rabo] *agg* pro-arabisch

filoatlantico, -a [filoa'tlantiko] <-ci, -che> *agg* der NATO gegenüber positiv eingestellt

filobus ['fi:lobus] *m* Oberleitungsbus *m*

filocinese [filotʃi'ne:se] *agg* China gegenüber positiv eingestellt

filocomunista [filokomu'nista] <-i *m,* -e *f*> *agg* dem Kommunismus nahestehend

filodendro [filo'dɛndro] *m* BOT Philodendron *m*

filodiffusione [filodiffu'zio:ne] *f* Drahtfunk *m*

filodiffuso, -a [filodif'fu:zo] *agg* RADIO per Kabel übertragen

filodrammatica [filodram'ma:tika] <-che> *f* Laienbühne *f; (compagnia)* Laienspiel[er]gruppe *f*

filodrammatico, -a [filodram'ma:tiko] <-ci, -che> **I.** *agg* Laienspiel[er]- **II.** *m, f* Laien[schau]spieler(in) *m(f)*

filofascista [filofaʃ'ʃista] <-i *m,* -e *f*> *agg* faschistenfreundlich

filogenesi [filo'dʒɛ:nezi] *f* BIOL Stammesgeschichte *f*

filoisraeliano, -a [filoizrae'lia:no] *agg* pro-israelisch

filologa *f v.* **filologo**

filologia [filolo'dʒi:a] <-gie> *f* Philologie *f;* ~ **classica** Altphilologie *f;* ~ **germanica/romanza** germanische/romanische Philologie

filologico, -a [filo'lɔ:dʒiko] <-ci, -che> *agg* philologisch

filologo, -a [fi'lɔ:logo] <-gi, -ghe> *m, f* Philologe *m/*Philologin *f*

filonazista [filona'tsista] <-i *m,* -e *f*> *agg* Nazi-, neofaschistisch

filoncino [filon'tʃi:no] *m* Stangenbrötchen *nt*

filone [fi'lo:ne] *m* 1 *(di giacimento)* Ader *f* 2 *(pane)* längliches Brot 3 *(fig: di cultura)* Bewegung *f,* Strömung *f*

filoneismo [filone'izmo] *m* Innovationsfreude *f*

filoneista [filone'ista] <-i *m,* -e *f*> *agg* innovationsfreudig

filoneistico, -a [filone'istiko] <-ci, -che> *agg (poet)* aufgeschlossen gegenüber Neuem

filonucleare [filonukle'a:re] *agg* Pro-Atomkraft-; **vertice** ~ Pro-Atomkraftgipfel *m*

filooccidentale [filoottʃiden'ta:le] *agg* westlich orientiert; **politica** ~ Westpolitik *f*

filorientale [filorien'ta:le] *agg* östlich, Ost-; **politica** ~ Ostpolitik *f*

filoso, -a [fi'lo:so] *agg* 1 *(pieno di fili)* faserig 2 *(tiglioso)* zäh

filosofa *f v.* **filosofo**

filosofale [filozo'fa:le] *agg (scherz)* philosophenhaft; **pietra** ~ Stein *m* der Weisen

filosofare [filoso'fa:re] *vi* philosophieren, philosophisch betrachten

filosofeggiare [filosofed'dʒa:re] *vi (iron)* sich als Philosoph aufspielen

filosofessa *f v.* **filosofo**

filosofia [filozo'fi:a] <-ie> *f* 1 *(dottrina)* Philosophie *f* 2 *(fig: serenità)* Gelassenheit *f,* Gleichmut *m*

filosofico, -a [filo'zɔ:fiko] <-ci, -che> *agg* philosophisch

filosofo, -a *o* **-essa** [fi'lɔ:zofo, filozo'fessa] *m, f* Philosoph(in) *m(f)*

filosovietico, -a [filoso'viɛ:tiko] <-ci, -che> *agg* der Sowjetunion nahestehend

filossera [fi'lɔssera] *f v.* **fillossera**

filoveicolo [filove'i:kolo] *m* TEC Fahrzeug *nt* mit Oberleitung

filovia [filo'vi:a] *f* Autobuslinie *f* mit Oberleitung

filtrare [fil'tra:re] **I.** *vt avere* filtern **II.** *vi essere* 1 *(liquidi)* durchsickern 2 *(luce)* durchdringen, durchscheinen 3 *(fig: notizie)* durchsickern

filtro ['filtro] *m* 1 *(apparecchio)* Filter *m; (per il tè)* Sieb *nt;* **sigaretta con** ~ Filterzigarette *f;* ~ **per caffè** Filtertüte *f,* Kaffeefilter; ~ **antiodore** Geruchsfilter; ~ **antispam** INET Spamfilter 2 *(bevanda)* Zaubertrank *m*

filtrotè [filtro'tɛ] <-> *m* Tee-Ei *nt*

filugello [filu'dʒɛllo] *m* ZOO Seidenraupe *f*

filza ['filtsa] *f* 1 *(serie di elementi)* Kette *f* 2 *(fig: sequela)* Reihe *f*

fimosi [fi'mɔ:zi] <-> *f* MED Phimose *f,* Vorhautverengung *f*

fin [fin] *prep v.* **fine, fino**

finale [fi'na:le] **I.** *agg* 1 *(conclusivo)* letzte(r, s), Schluss- 2 *(definitivo)* endgültig; LING final, Final- **II.** *m* 1 *(conclusione)* Schluss *m,* Ende *nt* 2 MUS Finale *nt* **III.** *f* 1 LING Finalsatz *m* 2 SPORT Endrunde *f; (calcio, tennis)* Finale *nt,* Endspiel *nt; (pugilato)* Endkampf *m*

finalina [fina'li:na] *f* SPORT Spiel *nt* um den 3. Platz, kleines Finale *nt*

finalissima [fina'lissima] *f* Endausscheidung *f*

finalista [fina'lista] <-i *m,* -e *f*> *mf* Endspielteilnehmer(in) *m(f),* Finalist(in) *m(f)*

finalità [finali'ta] <-> *f* Zweck *m*

finalizzare [finalid'dza:re] *vt* ~ **qc a qc** mit etw auf etw *akk* abzielen

finalizzazione [finaliddzat'tsio:ne] *f* Zielsetzung *f,* Ziel *nt,* Zweck *m*

finalmente [final'mente] *avv* endlich, schließlich

financial paper [fai'nænʃəl 'peipə] <-> *f* FIN *(cambiale finanziaria)* Forderungspapier *nt,* Kreditpapier *nt,* Schuldtitel *m*

financial trust [fai'nænʃəl 'trʌst] <-> *m* FIN *(monopolio finanziario)* Finanzmonopol *nt*

finanza [fi'nantsa] *f* ① *(insieme di ricchezze)* Finanz *f,* Geldwesen *nt* ② *pl (mezzi di enti pubblici)* Gelder *nt pl,* Finanzen *f pl;* **ministero delle -e** Finanzministerium *nt* ③ *pl (disponibilità private)* Finanzen *f pl* ④ *(banche)* Bankwelt *f,* Finanz *f*

finanziamento *m* Finanzierung *f*

finanziare [finan'tsia:re] *vt* finanzieren

finanziaria [finan'tsia:ria] <-ie> *f* ① *(società)* Finanzgesellschaft *f* ② *(legge)* Haushaltsgesetz *nt*

finanziario, -a [finan'tsia:rio] <-i, -ie> *agg* finanziell, Finanz-; **legge -a** Haushaltsgesetz *nt,* Finanzgesetz *nt*

finanziarizzarsi [finantsiarid'dzarsi] *vr (obs)* finanzwirtschaftliche Kompetenz erwerben

finanziarizzazione [finantsiariddzat'tsio:ne] *f* ① FIN *(importanza delle attività finanziarie)* Bedeutung *f* der Direktfinanzierung ② *(azione diretta a ricevere o a fornire finanziamenti)* Direktfinanzierung *f*

finanziatore, -trice [finantsia'to:re] *m, f* Finanzier *m,* Geldgeber(in) *m(f)*

finanziere [finan'tsiɛ:re] *m* ① *(banchiere)* Finanz[fach]mann *m* ② *(della guardia di finanza doganale)* Zollbeamte(r) *m; (guardia tributaria)* Steuerfahnder *m*

finca ['fiŋka] <-che> *f* ADM [Tabellen]spalte *f*

finché [fiŋ'ke] *cong* ① *(per tutto il tempo che)* solange ② *(fino al momento in cui)* [solange] bis

fine ['fi:ne] **I.** *agg* ① fein; *(sottile)* dünn ② *(puro)* rein ③ *(fig: eccellente)* fein, gut ④ *(fig: elegante)* fein ⑤ *(fig: vista)* scharf; *(udito)* fein **II.** *f (conclusione)* Ende *nt,* Schluss *m;* **alla ~** schließlich, endlich; **alla fin ~** alles in allem, im Endeffekt; **in ~** zum Schluss; **a ~ mese** am [*o* zum] Monatsende; **che ~ ha fatto?** was ist aus ihm [*o* ihr] geworden? **III.** *m* ① *(scopo)* Ziel *nt,* Zweck *m;* **secondo ~** Hintergedanke *m;* **a fin di bene** in bester Absicht; **il ~ giustifica i mezzi** der Zweck heiligt die Mittel ② *(esito)* Ende *nt,* Ausgang *m;* **lieto ~** Happyend *nt;* **salvo buon ~** COM unter üblichem Vorbehalt

finesettimana ['fi:ne setti'ma:na] <-> *m o f* Wochenende *nt*

finestra [fi'nɛstra] *f* ① *(gener)* Fenster *nt,* Öffnung *f* ② INFORM Fenster *nt* ③ *(giornale)* Kurznachricht *f*

finestratura [finestra'tu:ra] *f* Verglasung *f,* Fenster *nt pl*

finestrino [fines'tri:no] *m (di veicolo)* Fenster *nt*

finezza [fi'nettsa] *f* Feinheit *f; (acutezza)* Schärfe *f*

fingere ['findʒere] <fingo, finsi, finto> **I.** *vt* vortäuschen **II.** *vi* sich verstellen; **~ di ...** *+inf* so tun als ob ... **III.** *vr* **-rsi malato** sich krank stellen

finger food ['fiŋger 'fu:d] <-> **I.** *m* Fingerfood *nt,* Finger-Food **II.** *agg* **stuzzichini ~** Appetithäppchen *nt* als Fingerfood *pl*

finimenti [fini'menti] *mpl (bardatura)* Geschirr *nt*

finimento [fini'mento] *m* ① *(rifinitura)* Feinbearbeitung *f* ② *(ornamento)* Verzierung *f,* Aufputz *m* A ③ *pl (bardatura)* Geschirr *nt*

finimondo [fini'mondo] *m (fam)* Heidenlärm *m,* Mordskrach *m*

finire [fi'ni:re] <finisco> **I.** *vt avere* ① *(portare a compimento)* beenden; *(lavoro)* abschließen; **~ di bere** austrinken; **~ di mangiare** fertig essen; **~ di parlare** ausreden ② *(smettere)* aufhören; **finiscila!** hör auf damit!; **finiamola!** Schluss damit! ③ *(estinguere)* aufbrauchen, verbrauchen ④ *(loc)* **finirai con l'ammalarti** du wirst noch krank werden **II.** *vi essere* ① *(giungere alla fine)* zu Ende gehen; **~ male** böse enden; **ho finito** ich bin fertig ② *(cessare)* aufhören ③ *(per consumo)* ausgehen ④ *(morire)* sterben ⑤ *(loc)* **com'è poi andata a ~?** wie ist die Sache eigentlich ausgegangen?; **dov'è andato a ~ il giornale?** wo ist die Zeitung hingekommen?

finitimo, -a [fi'ni:timo] *agg (poet)* angrenzend

finito, -a [fi'ni:to] *agg* ① *(compiuto)* beendet; *(lavoro)* abgeschlossen; **farla -a con qu** mit jdm Schluss machen; **[tutto] è ~** es ist [alles] aus ② *(fam: rovinato)* gebrochen, erledigt *fam* ③ *(prodotto)* fertig, Fertig-

finlandese [finlan'de:se] **I.** *agg* finnisch **II.** *mf* Finne *m*/Finnin *f*

Finlandia [fin'landia] *f* Finnland *nt*

fino ['fi:no] *<davanti a consonante:* fin> **I.** *prep* bis; **~ a** bis; *(luogo)* bis [zu [*o* nach]]; **~ a casa** bis nach Hause; **~ a domani** bis morgen; **~ a nuovo ordine** bis auf Weiteres; **~ da ...** schon seit ...; **fin da bambino** von Kind an; **fin dove** bis wohin; **fin quando** bis wann **II.** *avv (perfino)* sogar, selbst

fino, -a *agg* ① *(sottile)* dünn, fein; *(oro)*

F

fein ② *(purissimo)* fein ③ *(acuto)* scharf, fein

finocchio [fiˈnɔkkio] <-cchi> *m* ① BOT Fenchel *m* ② *(vulg)* Schwule(r) *m*

finora [fiˈnoːra] *avv* bis jetzt

finsi [ˈfinsi] *1. pers sing pass rem di* **fingere**

finta [ˈfinta] *f* ① *(simulazione)* Verstellung *f;* **fare ~** sich verstellen; **fare ~ di niente** [so] tun, als ob nichts wäre; **fare ~ di non sentire** so tun, als ob man nichts hörte ② SPORT Finte *f*

fintantoché [fintantoˈke] *cong v.* **finché**

finto, -a [ˈfinto] **I.** *pp di* **fingere** **II.** *agg* ① *(non vero)* falsch ② *(artificiale)* künstlich, Kunst- ③ *(simulato)* vorgetäuscht, Schein-; **~ attacco** Scheinangriff *m*

finzione [finˈtsioːne] *f* ① *(simulazione)* [Vor]täuschung *f* ② *(doppiezza)* Heuchelei *f,* Verstellung *f* ③ *(invenzione)* Fiktion *f*

fioccare [fiokˈkaːre] *vi essere* ① *(cadere a fiocchi)* [in Flocken] schneien ② *(fig)* regnen, hageln

fiocco [ˈfiɔkko] <-cchi> *m* ① *(bioccolo)* Flocke *f; (di stoffa)* Bausch *m;* **-cchi d'avena** Haferflocken *f pl;* **coi -cchi** *(fig)* ausgezeichnet, bärig A ② *(di nastro)* Schleife *f* ③ *(di neve)* Schneeflocke *f*

fiocina [ˈfiɔːtʃina] *f* Harpune *f*

fioco, -a [ˈfiɔːko] <-chi, -che> *agg* schwach, leise

fionda [ˈfionda] *f* Schleuder *f*

fiondarsi [fionˈdarsi] *vr (fam)* stürmen, stürzen

fioraio, -a [fioˈraːio] <-ai, -aie> *m, f* Blumenhändler(in) *m(f)*

fiorami [fioˈraːmi] *mpl* **a ~** geblümt

fiordaliso [fiordaˈliːzo] *m* ① BOT Kornblume *f* ② HIST *(giglio)* [französische] Lilie *f*

fiordilatte [fiordiˈlatte] <-> *m* ① *(mozzarella) Mozzarellakäse aus Kuhmilch* ② *(gelato) Eissorte aus Milch, Sahne und Zucker*

fiordo [ˈfiɔrdo] *m* Fjord *m*

fiore [ˈfioːre] *m* ① BOT Blume *f* ② *(di albero, a. fig)* Blüte *f;* **essere in ~** *(a. fig)* blühen, in voller Blüte stehen ③ *(parte eletta)* Auslese *f; (della società)* Elite *f;* **il fior ~ della società** die Spitzen der Gesellschaft ④ *pl (di carte da gioco)* Kreuz *nt,* Eichel *f* ⑤ *(loc)* **avere i nervi a fior di pelle** *(fam)* total angespannt sein

fiorentino [fiorenˈtiːno] *m sing (dialetto)* Florentinisch(e) *nt*

fiorentino, -a **I.** *agg* florentinisch **II.** *m, f (abitante)* Florentiner(in) *m(f)*

Fiorentino *m sing* Umgebung *f* von Florenz

fioretto [fioˈretto] *m* ① SPORT Florett *nt* ② *(offerta devota)* kleines Opfer; **fare un ~** ein kleines Opfer auf sich nehmen

fiorino [fioˈriːno] *m* Gulden *m,* Florin *m*

fiorire [fioˈriːre] <fiorisco> **I.** *vi essere* ① *(essere in fiore, a. fig)* blühen ② *(prosperare)* blühen; *(speranza)* keimen **II.** *vt avere* verzieren, schmücken

fiorista [fioˈrista] <-i *m,* -e *f*> *mf* Florist(in) *m(f)*

fiorito, -a [fioˈriːto] *agg* ① *(coperto di fiori)* blumenbedeckt; *(adorno di fiori)* blumengeschmückt ② *(fig: stile)* blumig

fioritura [fioriˈtuːra] *f* ① *(processo, a. fig: sviluppo)* Blüte *f* ② *(epoca)* Blüte[zeit] *f* ③ *(di muffa)* Schimmel[fleck] *m*

Firenze [fiˈrɛntse] *f* Florenz *nt (Hauptstadt der Toskana)*

firma [ˈfirma] *f* ① *(sottoscrizione)* Unterschrift *f;* **~ elettronica** elektronische Signatur; **mettere la ~** unterschreiben ② COM Marke *f*

firmamento [firmaˈmento] *m* ① *(volta celeste)* Firmament *nt* ② *(fig: ambiente)* Welt *f*

firmare [firˈmaːre] *vt* unterschreiben

firmatario, -a [firmaˈtaːrio] <-i, -ie> **I.** *agg* unterzeichnend **II.** *m, f* Unterzeichner(in) *m(f)*

firmware [ˈfəːmwɛə *o* ˈfirmwɛr] <-> *m* INFORM Firmware *f*

FISAFS [ˈfiːzafs] *f abbr di* **Federazione Italiana Sindacati Autonomi Ferrovie dello Stato** *autonomer Gewerkschaftsbund für die Angestellten der italienischen Staatbahn FS*

fisarmonica [fizarˈmɔːnika] <-che> *f* Ziehharmonika *f,* Akkordeon *nt*

fiscal adviser [ˈfiskəl ədˈvaizə] <-> *mf* FIN *(consulente fiscale)* Finanzberater(in) *m(f)*

fiscal drag [ˈfiskəl dræg] <-> *m* FIN *(drenaggio fiscale)* fiskalpolitische Bremswirkung *f,* heimliche Steuerprogression *f*

fiscale [fisˈkaːle] *agg* ① *(di tributi)* fiskalisch, Steuer- ② *(per controllo)* Kontroll- ③ *(medico)* Amts- ④ *(fig: rigoroso)* streng, hart

fiscalismo [fiskaˈlizmo] *m* ① *(sistema fiscale eccessivamente oneroso)* Steuerschraube *f,* Fiskalpolitik *f* ② *(fig: atteggiamento duro)* harter Kurs *m*

fiscalista [fiskaˈlista] <-i *m,* -e *f*> *mf* ① *(consulente)* Steuerberater(in) *m(f)* ② *(fig)* Kleinigkeitskrämer *m*

fiscalistico, -a [fiskaˈlistiko] <-ci, -che> *agg* hart, streng

fiscalizzare [fiskalidˈdzaːre] *vt* fiskalisieren, auf den Fiskus übertragen

fiscalizzazione [fiskaliddzatˈtsioːne] *f* Fiskalisierung *f,* Verstaatlichung *f*

fischiare [fi'skia:re] **I.** *vi (emettere un fischio)* pfeifen; *(serpente)* zischen; **mi fischiano le orecchie** *(fig)* mir klingen die Ohren **II.** *vt* ① *(zufolare)* pfeifen ② SPORT *(partita)* anpfeifen; *(fine della partita)* abpfeifen ③ *(per disapprovare)* auspfeifen

fischietto [fi'skietto] *m* Trillerpfeife *f*

fischio ['fiskio] <-schi> *m* ① *(suono)* Pfiff *m; (a. fig)* Pfeifen *nt; (di serpenti)* Zischen *nt;* **prendere -schi per fiaschi** *(fig)* sich schwer täuschen, voll danebenliegen ② *(strumento)* Pfeife *f*

fisco ['fisko] *m* ① *(erario)* Staatskasse *f,* Fiskus *m* ② *(ufficio)* Steuerbehörde *f*

fisherman ['fiʃəmən] <-> *m* NAUT Motorboot *nt* für die Hochseefischerei

fisica ['fi:zika] <-che> *f* Physik *f;* ~ **nucleare** Kernphysik *f*

fisico ['fi:ziko] <-ci> *m (corporatura)* Körperbau *m*

fisico, -a <-ci, -che> **I.** *agg* ① SCIENT, PHYS physikalisch ② *(della natura)* physisch; *(del corpo umano)* physisch, Körper-; **educazione -a** Sport *m,* Leibeserziehung *f* **II.** *m, f* Physiker(in) *m(f)*

fisima ['fi:zima] *f* fixe Idee, Einbildung *f*

fisiocinesiterapia [fisiotʃinezitera'pi:a] <-ie> *f* MED Physio-Kinesiotherapie *f,* Bewegungstherapie *f*

fisiocinesiterapista [fisiotʃinezitera'pista] <-i *m,* -e *f*> *mf* MED Physio-Kinesiotherapeut(in) *m(f)*

fisiognom(on)ia [fizioɲɲo'mi:a (fizioɲɲomo'ni:a)] <-ie> *f* Physiognomik *f*

fisiologia [fiziolo'dʒi:a] *f* Physiologie *f*

fisiologico, -a [fizio'lɔ:dʒiko] *agg* physiologisch

fisiologo, -a [fiz'iologo] <-gi, -ghe> *m, f* Physiologe *m/*Physiologin *f*

fisionomia [fiziono'mi:a] <-ie> *f* ① *(di persona)* Physiognomie *f,* Gestalt *f; (del viso)* Physiognomie *f,* Gesichtszüge *mpl* ② *(fig)* Aussehen *nt,* Gesicht *nt*

fisioterapia [fiziotera'pi:a] *f* Physiotherapie *f,* Krankengymnastik *f*

fisioterapista [fiziotera'pista] <-i *m,* -e *f*> *mf* Physiotherapeut(in) *m(f),* Krankengymnast(in) *m(f)*

fissaggio [fis'saddʒo] <-ggi> *m* ① BOT Fixierung *f* ② FOTO Fixieren *nt;* **bagno di ~** Fixierbad *nt*

fissamaiuscole [fissama'iuskole] <-> *m (di macchina da scrivere)* Feststelltaste *f* für Großbuchstaben; *(di computer)* Shift-Taste *f*

fissante [fis'sante] **I.** *agg* Fixier-, Klebe-; **spray ~** Fixierspray *nt* **II.** *m (sostanza)* Fixiermittel *nt,* Kleber *m*

fissare [fis'sa:re] **I.** *vt* ① *(applicare)* befestigen, festmachen; *(chiodo)* einschlagen ② *(fig: sguardo, attenzione)* richten auf +*akk* ③ *(guardare)* den Blick richten auf +*akk,* fixieren ④ *(stabilire)* festsetzen; *(prezzo)* vereinbaren; *(domicilio)* legen, aufschlagen ⑤ *(prenotare)* reservieren; *(viaggio)* buchen **II.** *vr* **-rsi** ① *(tenersi fermo)* **-rsi su qu/qc** sich auf jdn/etw richten ② *(stabilirsi in un luogo)* sich niederlassen ③ *(intestarsi)* **-rsi su qc** sich auf etw *akk* versteifen; **si è fissato di diventare un pittore** er hat sich *dat* in den Kopf gesetzt, Maler zu werden

fissata [fis'sa:ta] *f v.* **fissato**

fissativo [fissa'ti:vo] *m* Fixiermittel *nt; (nella pittura)* Fixativ *nt*

fissato, -a [fis'sa:to] *m, f* Besessene(r) *f(m)*

fissatore [fissa'to:re] *m* Fixativ *nt;* ~ **per capelli** Haarfestiger *m*

fissazione [fissat'tsio:ne] *f* ① *(determinazione)* Festsetzung *f;* ~ **di un termine** FIN Befristung *f* ② *(idea ossessiva)* fixe Idee; PSIC Zwangsvorstellung *f*

fissile ['fissile] *agg* spaltbar

fissionare [fissio'na:re] *vt* PHYS spalten

fissione [fis'sio:ne] *f* Kernspaltung *f*

fissità [fissi'ta] <-> *f* Unbeweglichkeit *f*

fisso ['fisso] *m* festes Gehalt

fisso, -a *agg* ① *(fissato saldamente)* fest [sitzend] ② *(sguardo)* starr ③ *(invariabile)* fest; *(domicilio, impiego)* fest; *(idea)* fix; **avere un chiodo ~** eine fixe Idee haben; **prezzo ~** fester Preis

fistola ['fistola] *f* MED Fistel *f*

fistolizzarsi [fistolid'dzarsi] *vr* MED eine Fistel bilden, sich zur Fistel umbilden

fitness ['fitnis] <-> *f* ① SPORT Fitness *f;* **fare** [*o* **praticare**] ~ sich fit halten ② *(locale)* Fitnessstudio *nt*

fitocosmesi [fitokos'mɛ:zi] <-> *f* Naturkosmetik *f,* Pflanzenkosmetik *f*

fitopreparatore, -trice [fitoprepara'to:re] *m, f* Pflanzensortierer(in) *m(f)* für Pflanzenpräparate

fitoterapia [fitotera'pi:a] *f* ① MED Pflanzenheilkunde *f* ② AGR Schädlingsbekämpfung *f*

fitta ['fitta] *f* stechender Schmerz

fittacamere [fitta'ka:mere] <-> *mf (fam)* Zimmervermieter(in) *m(f)*

fittare [fit'ta:re] *vt (fam)* vermieten

fittavolo, -a [fit'ta:volo] *m, f* [Land]pächter(in) *m(f)*

fittile ['fittile] *agg* tönern, Ton-

fittizio, -a [fit'tittsio] <-i, -ie> *agg* falsch, Schein-

fitto ['fitto] *m* ① *(fig)* Tiefe *f; (del bosco)* Dickicht *nt* ② *(pigione)* Miete *f*

F

fitto, **-a** *agg* ① dicht; *(tessuto)* engmaschig; **un tema ~ di errori** ein Aufsatz voller Fehler; **a capo ~** kopfüber ② *(chiodo)* eingeschlagen ③ *(fig: mistero)* tief

fittone [fit'to:ne] *m* BOT Pfahlwurzel *f*

fiumana [fiu'ma:na] *f* ① *(corrente)* Flut *f* ② *(fig: massa)* Strom *m,* Menge *f*

fiume[1] ['fiu:me] *m* ① *(corso d'acqua)* Fluss *m,* Strom *m* ② *(fig: grande quantità)* Strom *m; (di parole)* Schwall *m;* **a -i** in Strömen

fiume[2] *agg inv (fig)* endlos; **un romanzo ~** Romanzyklus *m*

fiutare [fiu'ta:re] *vt* ① *(annusare)* beschnuppern ② *(aspirare col naso)* schnupfen ③ *(fig: intuire)* wittern

fiuto ['fiu:to] *m* ① *(il fiutare)* Schnuppern *nt; (odorato)* Witterung *f* ② *(aspirazione)* Schnupfen *nt;* **tabacco da ~** Schnupftabak *m* ③ *(fig: intuizione)* Spürsinn *m,* Riecher *m fam;* **riconoscere al ~** *(fig)* auf Anhieb erkennen

fix [fiks] <-> *f (sl)* Schuss *m,* Druck *m*

fixing ['fiksiŋ *o* 'fiksin(g)] <-> *m* FIN Fixing *nt*

flabello [fla'bɛllo] *m* Wedel *m*

flaccido, **-a** ['flattʃido] *agg* schlaff

flacone [fla'ko:ne] *m* Flakon *nt o m,* Fläschchen *nt*

flag [flæg] <-> *m* INFORM Flag *nt*

flagellare [fladʒel'la:re] *vt* ① *(col flagello)* geißeln; *(fig: grandine)* peitschen ② *(fig: censurare)* geißeln

flagello [flad'dʒɛllo] *m (a. fig)* Geißel *f;* **un ~ di gente/di soldi** *(fam)* ein Haufen *m* Leute/Geld

flagrante [fla'grante] *agg* offensichtlich, offenkundig; **cogliere qu in ~** jdn auf frischer Tat ertappen

flanella [fla'nɛlla] *f* Flanell *m*

flâneur [fla'nœ:r] <-> *m (perditempo, fannullone)* Müßiggänger(in) *m(f),* Herumtreiber(in) *m(f)*

flash [flæʃ *o* flɛʃ] **I.** *agg inv (breve)* Kurz- **II.** *m* <-> ① FOTO Blitzlicht *nt* ② *(notizia)* Kurznachricht *f*

flat [flæt] *agg inv* pauschal, Festpreis-; **tariffa ~** Flatrate *f*

flatting ['flætiŋ *o* 'flatin(g)] <-> *m (vernice traslucida)* Möbelpolitur *f*

flatulenza [flatu'lɛntsa] *f* MED Blähung *f*

flautista [flau'tista] <-i *m,* -e *f*> *mf* Flötist(in) *m(f),* Flötenspieler(in) *m(f)*

flauto ['fla:uto] *m* Flöte *f;* **~ dolce** Blockflöte *f;* **~ magico** Zauberflöte *f;* **~ traverso** Querflöte *f*

flebile ['flɛ:bile] *agg* weinerlich, schwach

flebite [fle'bi:te] *f* MED Venenentzündung *f*

flebo ['flɛ:bo] <-> *f (fam: fleboclisi)* [Venen]infusion *f*

fleboclisi [flebo'kli:zi] <-> *f* [Venen]infusion *f*

flebotomia [fleboto'mi:a] <-ie> *f* Aderlass *m*

flemma ['flɛmma] *f* Phlegma *nt,* Schwerfälligkeit *f*

flemmatico, **-a** [flem'ma:tiko] <-ci, -che> *agg* phlegmatisch, träge

flesciare [fle'ʃa:re] *vi* flashen

flessibile [fles'si:bile] *agg* biegsam; *(a. fig)* flexibel; *(carattere)* nachgiebig; **orario di lavoro ~** Gleitzeit *f*

flessibilizzazione [flessibiliddzat'tsio:ne] *f* Flexibilisierung *f*

flessione [fles'sio:ne] *f* ① *(azione)* Krümmen *nt,* Biegen *nt* ② *(piegatura, curvatura)* Krümmung *f,* Biegung *f* ③ *(in ginnastica)* Beuge *f;* **~ sulle ginocchia** Kniebeuge *f* ④ LING Flexion *f,* Beugung *f* ⑤ COM *(calo)* Rückgang *m*

flessitario, **-a** [flessi'ta:rio] <-i, -ie> *m, f (fam)* Flexitarier(in) *m(f)*

flessivo, **-a** [fles'si:vo] *agg* beugbar, flexivisch

flesso ['flɛsso] *pp di* **flettere**

flessometro [fles'sɔ:metro] *m* Rollbandmaß *nt*

flessore [fles'so:re] *m* ANAT Beugemuskel *m*

flessuoso, **-a** [flessu'o:so] *agg* ① *(corpo)* geschmeidig ② *(fiume, strada)* gewunden

flettere ['flɛttere] <fletto, fletei *o* flessi, flesso> **I.** *vt* ① biegen; *(membra)* beugen ② LING beugen **II.** *vr* **-rsi** sich biegen, sich beugen; **-rsi sulle ginocchia** in die Knie gehen

flexitariano, **-a** [fleksita'ria:no] **I.** *m, f* Flexitarier(in) *m(f)* **II.** *agg* flexitarisch

flic ['flik] <-> *m (sl)* Bulle *m*

flicornista [flikor'nista] <-i *m,* -e *f*> *mf* MUS Flügelhornspieler(in) *m(f)*

flicorno [fli'korno] *m* MUS Flügelhorn *nt;* **~ basso grave** Kontrabass-Flügelhorn; **~ baritono** Bariton-Flügelhorn

flight dispatcher ['flait dis'pætʃə] <-> *m (spedizioniere aereo)* Luftfrachtspediteur(in) *m(f)*

flight recorder ['flait ri'kɔ:də] <-> *m* AERO *(scatola nera)* Blackbox *f,* Flugschreiber *m*

flip-book ['flipbuk] <-> *m* Daumenkino *nt*

flippare [flip'pa:re] *vi avere (sl: drogarsi)* fixen; *(agitarsi)* ausflippen

flippato, **-a** [flip'pa:to] *agg (sl: stravolto)* ausgepumpt; *(drogato)* Junkie-

flipper ['flipper] <-> *m* Flipper *m;* **giocare a ~** flippern, Flipper spielen

flirt [flə:t] <-> *m* Flirt *m*

flirtare [flir'ta:re] *vi* flirten
flit ['flit] <-> *m (per uso domestico)* Insektenspray *nt*
F.lli *abbr di* **fratelli** Gebr.
FLM *f abbr di* **Federazione Lavoratori Metalmeccanici** *Verband der Arbeitnehmer in der Metall verarbeitenden Industrie*
float ['flout] **I.** *agg inv* Float- **II.** *m* <-> FIN *(fluttuazione)* Fluktuation *f; (fondo cassa)* Kassenfonds *m,* -bestand *m*
floating ['floutiŋ] <-> *m* FIN *(fluttuazione)* Fluktuation *f*
floccaggio [flok'kaddʒo] <-ggi> *m* TEC Flocculatur *f,* Beflocken *nt*
floccare [flok'ka:re] *vt* TEC kotonisieren, flocken
floccato [flok'ka:to] *m* TEC Faserflor *m,* Vlies *nt*
floccatrice [flokka'tri:tʃe] *f* TEC Flockdruckmaschine *f*
flock [flɔk] <-> *m* TEC *(insieme di fibre)* Flocken *f pl,* Schuppen *f pl*
flogistico, -a [flo'dʒistiko] <-ci, -che> *agg* MED entzündlich, Entzündungs-
flop ['flop] *m* Flop *m*
floppy disk ['flɔppi disk] <-> *m* INFORM Diskette *f,* Floppydisk *f*
flora ['flɔ:ra] *f* Pflanzenwelt *f,* Flora *f*
floreale [flore'a:le] *agg* Blumen-
floricoltore, -trice [florikol'to:re] *m, f* Blumenzüchter(in) *m(f)*
floricoltura [florikol'tu:ra] *f* Blumenzucht *f*
floridezza [flori'dettsa] *f* Blüte *f,* Gedeihen *nt*
florido, -a ['flɔ:rido] *agg* blühend
florovivaismo [floroviva'izmo] *m v.* **florovivaistica**
florovivaista [floroviva'ista] <-i *m,* -e *f*> *mf* Gärtner(in) *m(f)*
florovivaistica [floroviva'istika] <-che> *f* Gartenbau *m*
florovivaistico, -a [floroviva'istiko] <-ci, -che> *agg* Gärtner-; **impianto ~** Gartenbaubetrieb *m*
floscio, -a ['flɔʃʃo] <-sci, -sce> *agg* ❶ *(non rigido)* weich ❷ *(moscio)* schlaff ❸ *(fig: molle)* weichlich
flotta ['flɔtta] *f* Flotte *f*
flow chart ['flou tʃa:t] <-> *m* INFORM Flussdiagramm *nt*
fluato, -a [flu'a:to] *agg* FOTO, FILM unscharf, verschwommen
fluente [flu'ɛnte] *agg* fließend
fluido ['flu:ido] *m* ❶ PHYS Flüssigkeit *f* ❷ *(fig)* Fluidum *nt*
fluido, -a *agg* ❶ PHYS *(stile)* flüssig ❷ *(fig: mutevole)* wandelbar, unbeständig
fluidodinamico, -a [fluidodi'na:miko] <-ci, -che> *agg* hydrodynamisch
fluidostatica [fluido'sta:tika] <-che> *f* PHYS Hydrostatik *f*
fluidostatico, -a [fluido'sta:tiko] <-ci, -che> *agg* hydrostatisch
fluire [flu'i:re] <fluisco> *vi essere* ❶ *(liquidi)* fließen; *(gas)* strömen ❷ *(fig: discorso)* fließen
fluitazione [fluitat'tsio:ne] *f (legname)* Flößen *nt*
fluorescente [fluoreʃ'ʃɛnte] *agg* fluoreszierend; **lampada ~** Neonlampe *f;* **striscia ~** Kontrastblende *f*
fluorescenza [fluoreʃ'ʃɛntsa] *f* Fluoreszenz *f*
fluorite [fluo'ri:te] *f* MIN Flussspat *m*
fluoro [flu'ɔ:ro] *m* CHEM Fluor *nt*
fluoruro [fluo'ru:ro] *m* Fluorid *nt*
flusso ['flusso] *m* ❶ *(scorrimento,* PHYS Strom *m,* Fluss *m; (del gas)* Strömen *nt; (dell'acqua)* Fließen *nt* ❷ *(fig: della storia)* Lauf *m* ❸ *(fig: di persone)* Strom *m; (di cose)* Fluss *m;* **~ di merci** Warenstrom *m* ❹ *(alta marea)* Flut *f;* **~ e riflusso** NAUT Ebbe und Flut; *(fig)* Auf und Ab
flûte ['flyt] <-> *m* Sektflöte *f*
fluttuare [fluttu'a:re] *vi* ❶ *(ondeggiare)* wogen, schaukeln ❷ FIN schwanken
fluttuazione [fluttuat'tsio:ne] *f* Schwankung *f;* **~ dei cambi** FIN Wechselkursschwankung *f*
fluviale [flu'via:le] *agg* Fluss-
fly and drive ['flai ən 'draiv] <-> *m (biglietto)* Fly-and-Drive-Ticket *nt*
flyby ['flaibai] <-> *m* AERO Fly-by *nt*
flying dutchman ['flaiiŋ 'dʌtʃmən] <-> *m* Flying Dutchman *m,* Fliegender Holländer *m*
flying junior ['flaiiŋ dʒu:njə] <-> *m* Flying Junior *m*
f.m. *abbr di* **fine mese** ult. *(ultimo, am Ende des Monats)*
FM *abbr di* **modulazione di frequenza** FM
FMI *m abbr di* **Fondo Monetario Internazionale** IWF *m*
fobia [fo'bi:a] <-ie> *f* [krankhafte] Angst *f;* PSIC Phobie *f*
foca ['fɔ:ka] <-che> *f* Seehund *m*
focaccia [fo'kattʃa] <-cce> *f* ❶ *(pane)* Fladen *m* ❷ *(dolce)* runder Hefekuchen *m* ❸ *(loc)* **rendere pan per ~** mit gleicher Münze heimzahlen
focale [fo'ka:le] **I.** *agg* Brenn[punkt]-, fokal; **distanza ~** Brennweite *f* **II.** *f* Brennweite *f*
focalizzare [fokalid'dza:re] *vt* ❶ FOTO scharf stellen ❷ *(fig)* scharf umreißen

F

foce ['fo:tʃe] *f* Mündung *f*
focheggiamento [fokeddʒa'mento] *m* Fokussierung *f*
fochista [fo'kista] <-i *m*, -e *f*> *mf* Heizer(in) *m(f)*
focolaio [foko'la:io] <-ai> *m* Herd *m*
focolare [foko'la:re] *m* ❶ *(per cucinare)* Herd *m;* HIST Feuerstelle *f* ❷ TEC Feuerraum *m; (di caldaia)* Feuerung *f*
focoso, -a [fo'ko:so] *agg* feurig
fodera ['fɔ:dera] *f* Hülle *f*, Bezug *m; (di vestito)* Futter *nt; (di libro)* Schutzhülle *f;* ~ **del cuscino** Kissenbezug *m*
foderare [fode'ra:re] *vt (vestiti)* füttern; *(libri)* einbinden; *(cassetti)* ausschlagen
fodero ['fɔ:dero] *m* Scheide *f*
foga ['fo:ga] *f* Hitze *f*, Ungestüm *nt;* **nella ~ del discorso** im Eifer des Gesprächs
fogey ['fougi] <-> *m* Traditionalist(in) *m(f)*
foggia ['fɔddʒa] <-gge> *f* ❶ *(forma)* Form *f; (di abito)* Schnitt *m* ❷ *(modo di abbigliarsi)* Tracht *f*, Mode *f*
Foggia *f* Foggia *nt (Stadt in Apulien)*
foggiano, -a **I.** *agg* aus Foggia stammend **II.** *m, f (abitante)* Einwohner(in) *m(f)* von Foggia
Foggiano [fod'dʒa:no] *m sing* Umgebung *f* von Foggia
foglia ['fɔʎʎa] <-glie> *f* Blatt *nt;* ~ **d'oro** Blattgold *nt;* **ho mangiato la ~** *(fam)* jetzt ist bei mir der Groschen gefallen; **tremare come una ~** wie Espenlaub zittern
fogliame [foʎ'ʎa:me] *m* Laub *nt*
foglio ['fɔʎʎo] <-gli> *m* ❶ *(pezzo di carta)* Bogen *m*, Blatt *nt;* ~ **protocollo** Kanzleipapierbogen *m* ❷ *(documento, banconota)* Schein *m;* ~ **rosa** MOT provisorische Fahrerlaubnis *f* ❸ *(giornale)* Blatt *nt;* ~ **volante** Flugblatt *nt*, Flugzettel *m* ❹ *(lamina)* Folie *f; (piastra)* Platte *f* A; ~ **elettronico** INFORM *(spreadsheet)* Tabellenkalkulationsprogramm *nt;* ~ **di stile** Druckformatvorlage *f*
fogna ['foɲɲa] *f* ❶ *(canale)* Abwasserkanal *m* ❷ *(fig, pej: ambiente corrotto)* Sumpf *m*
fognatura [foɲɲa'tu:ra] *f* Kanalisation *f*, Entwässerung *f*
fogy <-> *m v.* **fogey**
föhn [fø:n] <-> *m* ❶ METEO Föhn *m* ❷ *(asciugacapelli)* [Haar]föhn *m*
foia ['fɔ:ia] <-oie> *f* ❶ ZOO Brunst *f* ❷ *(fig)* Begierde *f*
fola ['fɔ:la] *f (poet)* ❶ *(favola)* Märchen *nt* ❷ *(frottola)* Lüge *f*
folaga ['fɔ:laga] <-ghe> *f* ZOO Blässhuhn *nt*
folata [fo'la:ta] *f* Windstoß *m*
folclore [folk'lo:re] *m* Folklore *f*
folcloristico, -a [folklo'ristiko] <-ci, -che> *agg* folkloristisch
folgorante [folgo'rante] *agg* ❶ *(luce)* blendend ❷ *(fig: sguardo)* [durch]bohrend; *(bellezza)* strahlend, blendend
folgorare [folgo'ra:re] *vt* ❶ *(fulmine)* treffen, erschlagen ❷ *(scarica elettrica)* ~ **qu** jdm einen elektrischen Schlag verpassen ❸ *(con arma da fuoco)* niederschießen
folgorazione [folgorat'tsio:ne] *f* ❶ *(fulminazione)* Blitzschlag *m; (di corrente)* Stromschlag *m*, elektrischer Schlag ❷ *(fig: della mente)* Geistesblitz *m*
folgore ['folgore] *f (poet)* Blitz[strahl] *m*
folk ['fouk *o* 'fɔlk] **I.** *agg inv* Folk-; **canzone ~** Folksong *m* **II.** *m* <-> MUS Folk *m*
folk singer ['fouk 'siŋə *o* 'fɔlk 'siŋə] <-> *mf* MUS *(cantante di folk-song)* Folk-Interpret(in) *m(f)*
folk song ['fouk sɔŋ *o* 'fɔlk sɔŋ] <-> *f* MUS *(canzone popolare, spesso di protesta)* Volkslied *nt*, Folksong *m;* **al concerto ascolteremo solo ~** auf dem Konzert werden wir nur Volkslieder hören
folla ['folla *o* 'fɔlla] *f* Menge *f*
follante [fol'lante] *m* CHEM Walkhilfsstoff *m*
follare [fol'la:re] *vt* ❶ *(sottoporre a follatura)* walken ❷ *(pigiare l'uva)* keltern, Trauben [mit den Füßen] pressen
follatrice [folla'tri:tʃe] *f* TEC Walkmaschine *f*, Walke *f*
follatura [folla'tu:ra] *f* TEC Walken *nt*, Walke *f*
folle ['fɔlle] **I.** *agg* verrückt, närrisch; *(progetto, spesa)* sinnlos, unsinnig; **in ~** MOT im Leerlauf **II.** *mf* Narr *m*/Närrin *f*
folleggiare [folled'dʒa:re] *vi* es toll treiben
folletto [fol'letto] *m* ❶ *(nelle fiabe)* Kobold *m* ❷ *(fig: ragazzo vivace)* Wildfang *m*
follia [fol'li:a] <-ie> *f* Wahnsinn *m*, Torheit *f;* **alla ~** wahnsinnig; **fare -ie per qu** die verrücktesten Dinge für jdn tun
follicolo [fol'li:kolo] *m* ❶ ANAT Follikel *m* ❷ BOT Fruchthülse *f*, Samenkapsel *f*
follower ['fɔllower] <-> *mf* INET Follower(in) *m(f)*
follow-up ['fɔlouʌp *o* 'fɔllo'ap] <-> *m* ❶ *(VAKAT)* Einarbeitungsphase *f* ❷ MED Nachuntersuchung *f*
folto ['folto] *m* ❶ *(del bosco)* Dickicht *nt;* **nel ~ del bosco** im Dickicht des Waldes ❷ *(fig: della mischia)* Getümmel *nt*, Gewühl *nt*
folto, -a *agg* dicht
fomentare [fomen'ta:re] *vt* schüren
fomentatore, -trice [fomenta'to:re] *m, f* Anstifter(in) *m(f)*
fomite ['fɔ:mite] *m (poet)* Keim *m*, Nährboden *m*

fonda ['fonda] *f* NAUT Ankerplatz *m;* **essere alla ~** vor Anker liegen

fondaco ['fondako] <-chi> *m* Faktorei *f*

fondale [fon'da:le] *m* ① NAUT Wassertiefe *f* ② THEAT Bühnenhintergrund *m*

fondamentale [fondamen'ta:le] *agg* wesentlich, Grund-

fondamento¹ [fonda'mento] <*pl* -a> *m* ARCH Fundament *nt*

fondamento² *m (fig)* Fundament *nt,* Grundlage *f;* **notizie senza ~** Berichte, die jeder Grundlage entbehren; **fare ~ su qu/qc** *(fig)* auf jdn/etw bauen

fondare [fon'da:re] **I.** *vt* ① *(costruire)* das Fundament legen für ② *(fig: istituire)* gründen; *(teoria)* aufstellen; *(accusa)* stützen **II.** *vr* **-rsi su qc** sich auf etw *akk* stützen

fondatezza [fonda'tettsa] *f* Stichhaltigkeit *f,* Glaubwürdigkeit *f*

fondazione [fondat'tsio:ne] *f* ① *(istituzione)* Gründung *f* ② JUR Stiftung *f*

fondello [fon'dɛllo] *m (di bossolo)* Unterseite *f; (di calzoni)* Hosenboden *m;* **prendere qu per i -i** sich über jdn lustig machen

fondente [fon'dɛnte] *m* ① TEC Schmelzmittel *nt,* Flussmittel *nt* ② GASTR Fondant *m o nt;* **cioccolato ~** Bitterschokolade *f*

fondere ['fondere] <fondo, fusi, fuso> **I.** *vt* ① *(neve, ghiaccio)* schmelzen ② *(statua)* gießen ③ *(fig)* verschmelzen **II.** *vi* schmelzen **III.** *vr* **-rsi** ① *(sciogliersi)* schmelzen ② TEC *(valvola)* durchbrennen ③ *(fig)* sich zusammenschließen

fonderia [fonde'ri:a] <-ie> *f* Gießerei *f*

fondiario, -a [fon'dia:rio] <-i, -ie> *agg* Boden-, Grund-

fondista [fon'dista] <-i *m,* -e *f*> *mf* ① SPORT Langstreckenläufer(in) *m(f)* ② *(di giornale)* Leitartikler(in) *m(f),* Leitartikelschreiber(in) *m(f)*

fondivalle *pl di* **fondovalle**

fondo ['fondo] *m* ① *(di recipiente)* Boden *m; (di pozzo)* Grund *m; (di valle)* Sohle *f; (limite estremo)* Ende *nt; (parte inferiore)* unterer Rand; *(sfondo)* Hintergrund *m; (parte più interna, a. fig)* Innerste(s) *nt;* **in ~ alla stanza** hinten im Zimmer; **andare a ~** *(nave)* untergehen; **andare in ~ a qc** *(fig)* einer Sache *dat* auf den Grund gehen; **avere uno stomaco senza ~** unersättlich sein; **da cima a ~** von Kopf bis Fuß; *(fig)* durch und durch; **in ~** *(fig)* im Grunde [genommen]; **articolo di ~** Leitartikel *m;* **~ oculare** ANAT Augenhintergrund *m* ② SPORT Langstreckenlauf *m;* **fare sci di ~** langlaufen ③ *(in cosmesi)* Grundierung *f* ④ *(deposito)* Bodensatz *m; (di liquido)* Rest *m;* **-i di caffè** Kaffeesatz *m* ⑤ *(bene immobile)* Grundstück *nt; (terreno)* [Land]gut *nt* ⑥ COM *(voce di bilancio)* Fonds *m;* **-i** Finanzmittel *pl;* **-i d'investimento** Investitionsfonds *m* ⑦ *(mezzi monetari)* Kapital *nt,* Geld[bestand *m*] *nt* ⑧ FIN **~ di cassa** Kassenbestand *m;* **~ d'esercizio** Betriebskapital *nt,* Gelder *ntpl;* **a ~ perduto** nicht rückzahlbar

fondo, -a *agg* ① *(profondo)* tief ② *(folto, fitto)* dicht; *(notte, foresta)* tief

fondocampo [fondo'kampo] <-> *m* SPORT Toraus *nt*

fondoschiena [fondo'skiɛ:na] <-> *m (fam: sedere)* Hintern *m*

fondovalle [fondo'valle] <fondivalle> *m* Talsohle *f*

fonduta [fon'du:ta] *f* GASTR Fondue *nt*

fonema [fo'nɛ:ma] <-i> *m* LING Phonem *nt*

fonetica [fo'nɛ:tika] <-che> *f* Phonetik *f*

fonetico, -a [fo'nɛ:tiko] <-ci, -che> *agg* phonetisch

fonico ['fɔ:niko] <-ci> *m* FILM Tonmeister *m*

fonico, -a <-ci, -che> *agg* Laut-, phonisch

fonoassorbente [fonoassor'bɛnte] *agg* schalldicht, schallisolierend; **materiale ~** schallisolierendes Material; **parete ~** schalldichte Wand

fonocassetta [fonokas'setta] *f* Tonband *nt,* Audiokassette *f*

fonodettatura [fonodetta'tu:ra] *f* TEL Phonodiktat *nt*

fonografo [fo'nɔ:grafo] *m* MUS Plattenspieler *m*

fonogramma [fono'gramma] <-i> *m* ① LING phonetisches Zeichen ② PHYS Phonogramm *nt*

fonokit [fono'kit] <-> *m* Stimmenrekonstruktion *f*

fonologia [fonolo'dʒi:a] <-gie> *f* LING Phonologie *f*

fonometro [fo'nɔ:metro] *m* PHYS Phonometer *nt,* Geräuschmesser *m*

fonomontaggio [fonomon'taddʒo] <-ggi> *m* Tonzusammenschnitt *m*

fonoriproduttore [fonoriprodut'to:re] *m* Tonwiedergabegerät *nt*

fonoriproduzione [fonoriprodut'tsio:ne] *f* Tonaufzeichnung *f*

font [fɔnt] <-> *m o f* Font *m,* Zeichensatz *m*

fontana [fon'ta:na] *f* Brunnen *m;* **~ a getto** Springbrunnen *m*

fontanella [fonta'nɛlla] *f* ① [Trink]brunnen *m* ② ANAT Fontanelle *f*

fontaniere [fonta'niɛ:re] *m* Wassermeister *m*

fontanile [fonta'ni:le] *m* ① *(presa*

F

d'acqua) Steigbrunnen *m* ❷ *(abbeveratoio)* Tränke *f*

fonte ['fonte] **I.** *f (a. fig)* Quelle *f* **II.** *m* ~ **battesimale** Taufbecken *nt*

footing ['futiŋ] <-> *m* SPORT Jogging *nt,* Laufen *nt;* **fare** ~ joggen

foracchiare [forak'kiaːre] *vt* durchlöchern

foraggero, -a [forad'dʒɛːro] *agg* Futter-

foraggiare [forad'dʒaːre] *vt* ❶ *(cavalli)* füttern ❷ *(fig: mantenere)* durchfüttern *fam*

F

foraggio [fo'raddʒo] <-ggi> *m* [Vieh]futter *nt*

forare [fo'raːre] **I.** *vt* ❶ *(parete, lamiera)* durchlöchern, durchbohren ❷ *(biglietti)* lochen; ~ **una gomma** eine Reifenpanne haben **II.** *vi (pneumatico)* platzen, ein Loch bekommen

foratura [fora'tuːra] *f* Reifenpanne *f*

forbici ['fɔrbitʃi] *f pl* Schere *f;* **un paio di** ~ eine Schere

forbitezza [forbi'tettsa] *f (obs)* ❶ *(nettezza)* Reinheit *f* ❷ *(fig: stile, discorso)* Geschliffenheit *f*

forbito [for'biːto] *agg (fig: lingua, discorso)* gewählt, geschliffen

forca ['forka] <-che> *f* ❶ AGR Heugabel *f* ❷ *(patibolo)* Galgen *m;* **condannare alla** ~ jdn zum Tode durch den Strang verurteilen ❸ *(valico)* enger Bergpass

forcella [for'tʃɛlla] *f* ❶ TEC, BOT Gabel *f; (per alberi)* Stütze *f;* ~ **amortizzata** Federgabel *f* ❷ *(di montagna)* Felsspalte *f*

forcellino [fortʃel'liːno] *m* Radgabel *f*

forchetta [for'ketta] *f* Gabel *f;* **essere una buona** ~ *(fig)* ein guter Esser sein; **parlare in punta di** ~ hochgestochen reden

forchettata [forket'taːta] *f* eine Gabel [voll]; **una** ~ **di spaghetti** eine Gabel voll Spaghetti; **ne assaggio una** ~ *(fig)* ich probiere ein bisschen davon

forchettone [forket'toːne] *m* ❶ *(grande forchetta)* Fleischgabel *f,* Vorlegegabel *f* ❷ *(fig, pej)* Raffer *m*

forcina [for'tʃiːna] *f* Haarnadel *f*

forcipe ['fɔrtʃipe] *m* MED [Geburts]zange *f*

forcone [for'koːne] *m* Mistgabel *f*

forense [fo'rɛnse] *agg* Gerichts-, gerichtlich

foresta [fo'rɛsta] *f* Wald *m;* ~ **vergine** Urwald *m*

forestale [fores'taːle] *agg* Wald-, Forst-

foresteria [foreste'riːa] <-ie> *f* Gästehaus *nt*

forestiero, -a [fores'tiɛːro] **I.** *agg* fremd **II.** *m, f* Fremde(r) *f(m),* Ausländer(in) *m(f)*

forfait [fɔr'fɛ] <-> *m* ❶ FIN Pauschalbetrag *m,* Pauschale *f;* **a** ~ pauschal, Pauschal-; **lavoro a** ~ Akkordarbeit *f* ❷ SPORT Aufgabe *f;* **dichiarare** ~ SPORT aufgeben

forfetario, -a [forfe'taːrio] <-i, -ie> *agg* FIN Pauschal-

forfettario, -a [forfe'taːrio] <-i, -ie> *agg* FIN Pauschal-

forfora ['forfora] *f* Schuppen *f pl*

forgia ['fɔrdʒa] <-ge> *f* Schmiede *f*

forgiare [for'dʒaːre] *vt* ❶ *(modellare)* schmieden ❷ *(fig: plasmare)* formen

Forlì *f* Forlì *nt (Stadt in der Emilia-Romagna)*

forlivese [forli'veːse] **I.** *agg* aus Forlì stammend **II.** *mf (abitante)* Einwohner(in) *m(f)* von Forlì

Forlivese *m sing* Umgebung *f* von Forlì

forma ['forma] *f* ❶ *(aspetto)* Form *f;* **prendere** ~ Gestalt annehmen; **a** ~ **di …** …-förmig ❷ *(del corpo)* Gestalt *f;* **badare alla** ~ die Form wahren; **essere in** ~ in Form sein; **essere giù di** ~ nicht in Form sein ❸ *(per calzature)* Leisten *m; (per dolci)* Form *f; (del sarto)* Schneiderpuppe *f* ❹ *(fig: struttura)* Form *f;* POL Regierungsform *f; (stile, modo)* Form *f*

formaggiera [formad'dʒɛːra] *f* Käseschälchen *f (für geriebenen Käse)*

formaggino [formad'dʒiːno] *m* Käseecke *f*

formaggio [for'maddʒo] <-ggi> *m* Käse *m;* ~ **da spalmare** Schmierkäse *m,* Streichkäse *m;* ~ **pecorino** Schaf[s]käse *m;* ~ **fresco** Frischkäse *m*

formaldeide [formal'dɛːide] *f* CHEM Formaldehyd *nt*

formale [for'maːle] *agg* ❶ *(attinente alla forma)* formal, Form- ❷ *(osservante la forma)* förmlich, formal ❸ *(ufficiale)* formell

formalina [forma'liːna] *f* CHEM Formalin *nt*

formalismo [forma'lizmo] *m* Formalismus *m*

formalista [forma'lista] <-i *m,* -e *f*> *mf* Formalist(in) *m(f)*

formalistico, -a [forma'listiko] <-ci, -che> *agg* formalistisch; **dottrina/teoria -a** formalistische Doktrin/Theorie

formalità [formali'ta] <-> *f* Formalität *f;* **per** ~ der Form halber

formalizzare [formalid'dzaːre] **I.** *vt* formalisieren **II.** *vr* **-rsi per qc** an etw *dat* Anstoß nehmen

formare [for'maːre] **I.** *vt* ❶ *(modellare)* formen ❷ *(creare, costituire)* bilden ❸ TEL *(numero)* wählen ❹ *(addestrare, educare)* ausziehen, heranziehen **II.** *vr* **-rsi** ❶ *(prodursi)* sich bilden ❷ *(svilupparsi)* sich entwickeln

format ['fɔːmæt] <-> *m* FOTO, INFORM Format *nt;* ~ **orrizontale** Querformat

formato [for'maːto] *m* Größe *f;* FOTO Format *nt;* **fotografia** ~ **tessera** Passbild *nt;* **pellicola** ~ **ridotto** Schmalfilm *m*

formato, -a *agg* 1 *(sviluppato)* voll entwickelt, reif 2 *(costituito)* gebildet, zusammengesetzt

formattare [format'taːre] *vt* INFORM formatieren; ~ **un dischetto** eine Diskette formatieren

formattato, -a *agg* INFORM formatiert

formattazione [formattat'tsioːne] *f* INFORM Formatierung *f*

formazione [format'tsioːne] *f* 1 *(creazione)* Entstehung *f,* Bildung *f;* *(sviluppo)* Entwicklung *f* 2 *(addestramento)* Ausbildung *f;* **contratto di** ~ [**professionale**] Ausbildungsvertrag *m* 3 GEOL Formation *f* 4 MIL Formation *f;* SPORT Aufstellung *f*

formella [for'mɛlla] *f* 1 ARCH Kassette *f;* *(riquadro)* Tafel *f;* *(per pavimentazione)* Fliese *f* 2 *(combustibile)* Brikett *nt*

formica® ['fɔrmika] *f* *(laminato)* Resopal® *nt*

formica [for'miːka] <-che> *f* Ameise *f;* ~ **operaia** Arbeiterin *f*

formicaio [formi'kaːio] <-ai> *m* 1 ZOO Ameisenhaufen *m* 2 *(fig)* Gewimmel *nt*

formichiere [formi'kiɛːre] *m* ZOO Ameisenbär *m*

formico, -a ['fɔrmiko] <-ci, -che> *agg* CHEM Ameisen-; **acido** ~ Ameisensäure *f*

formicolare [formiko'laːre] *vi* 1 *avere* *(brulicare)* ~ **di ...** wimmeln von [*o* vor] ...; **la strada formicolava di gente** auf der Straße wimmelte es von Leuten 2 *avere* *(fig: essere pieno)* ~ **di ...** wimmeln von ... *fam* 3 *essere* *(essere intorpidito)* kribbeln

formicolio [formiko'liːo] <-ii> *m* 1 *(brulichio)* Gewimmel *nt* 2 *(di arti)* Kribbeln *nt*

formidabile [formi'daːbile] *agg* furchtbar, schrecklich; *(fig)* riesig, außerordentlich

formoso, -a [for'moːso] *agg* üppig; *(ben fatto)* wohl geformt

formula ['fɔrmula] *f* Formel *f,* Wendung *f;* ~ **di commiato** Abschiedsformel *f;* ~ **magica** Zauberspruch *m;* ~ **di struttura** CHEM Strukturformel *f;* **gara automobilistica di Formula 1** SPORT Formel-1-Rennen *nt*

formulare [formu'laːre] *vt* formulieren

formulario [formu'laːrio] <-i> *m* 1 *(raccolta di formule)* Formularsammlung *f* 2 *(modulo)* Formular *nt,* Vordruck *m*

formulazione [formulat'tsioːne] *f* Formulierung *f;* *(testo)* Wortlaut *m*

fornace [for'naːtʃe] *f* 1 TEC Brennofen *m* 2 *(stabilimento)* Ziegelei *f* 3 *(fig: luogo caldo)* Backofen *m fam*

fornaio, -a [for'naːio] <-ai, -aie> *m, f* Bäcker(in) *m(f)*

fornello [for'nɛllo] *m* 1 *(per cucinare)* [kleiner] Herd *m,* Kocher *m;* ~ **a gas** Gasherd *m;* ~ **elettrico** Elektroherd *m* 2 *(di caldaia)* Feuerung *f* 3 *(di miniera)* Blindschacht *m*

fornicare [forni'kaːre] *vi* *(poet)* Unzucht treiben

fornicazione [fornikat'tsioːne] *f* *(poet)* Unzucht *f;* *(adulterio)* Ehebruch *m*

F

fornire [for'niːre] <fornisco> **I.** *vt* 1 *(somministrare, provvedere)* ~ **qu di qc** jdn mit etw ausstatten; ~ **qc a qu** jdn mit etw beliefern, jdm etw liefern 2 *(informazioni)* geben, erteilen; *(prova)* erbringen **II.** *vr* **-rsi di qc** sich mit etw versorgen

fornito, -a [for'niːto] *agg* *(provvisto, equipaggiato)* beliefert; *(arredato)* ausgerüstet, ausgestattet; **negozio** ~ **di ...** ein mit ... beliefertes Geschäft; **ben** ~ gut ausgestattet

fornitore, -trice [forni'toːre] *m, f* Lieferant(in) *m(f);* ~ **ufficiale** SPORT offizieller Ausrüster

fornitura [forni'tuːra] *f* 1 *(azione)* [Be]lieferung *f;* **blocco delle forniture** Lieferblockade *f* 2 *(merce)* Lieferung *f* 3 *(arredamento)* Ausstattung *f;* **-e per ufficio** Bürobedarf *m*

forno ['forno] *m* 1 *(costruzione)* Ofen *m;* *(per pane)* Backofen *m,* Backrohr *nt* A; **pasta al** ~ überbackenes Nudelgericht; **patate al** ~ Ofenkartoffeln *f pl;* ~ **a microonde** Mikrowelle *f* 2 TEC Schmelzofen *m* 3 *(panetteria)* Bäckerei *f*

foro[1] ['foːro] *m* *(buco)* Loch *nt;* INFORM Loch *nt,* Lochung *f*

foro[2] ['fɔːro] *m* 1 HIST Forum *nt* 2 JUR Gerichtsstand *m*

Foro Europeo dei non Vedenti <-> *m* Europäisches Behindertenforum *nt*

forra ['forra] *f* Schlucht *f*

forse ['forse] **I.** *avv* vielleicht **II.** *m* Zweifel *m;* **essere in** ~ im Zweifel sein; **mettere in** ~ infrage stellen

forsennato, -a [forsen'naːto] **I.** *agg* rasend, wahnsinnig **II.** *m, f* Rasende(r) *f(m),* Wahnsinnige(r) *f(m)*

forte[1] ['fɔrte] *avv* 1 *(a voce alta)* laut; **lo puoi dire ~!** das kannst du laut sagen! 2 *(velocemente)* schnell 3 *(assai)* stark; *(mangiare)* gut, tüchtig

forte[2] **I.** *agg* 1 *(robusto)* stark, kräftig; *(carattere)* fest 2 *(somma)* groß, hoch 3 *(intenso)* stark; *(colore)* kräftig; *(che non sbiadisce)* waschecht; *(sapore, odore)* scharf 4 *(abile)* gut, stark 5 LING stark; **dare man ~ a qu** jdm zur Hand gehen; **farsi ~ di qc** sich auf etw *akk* stützen **II.** *m* ❶ *(persona)* Starke(r) *f(m); (fig)* Mächtige(r) *f(m)* ❷ *(specialità)* Stärke *f;* **la matematica non è il suo ~** Mathematik ist nicht seine Stärke ❸ MIL Fort *nt*

fortezza [for'tettsa] *f* ❶ MIL Festung *f* ❷ *(robustezza, fermezza)* Stärke *f; (d'animo, di carattere)* Festigkeit *f* ❸ *(virtù)* Tapferkeit *f*

F

fortificare [fortifi'ka:re] *vt* ❶ MIL befestigen ❷ *(corpo)* kräftigen, stärken

fortificazione [fortifikat'tsio:ne] *f* Befestigung *f*

fortilizio [forti'littsio] <-i> *m* kleine Festung, Fort *nt*

fortino [for'ti:no] *m* Bunker *m*

fortuito, -a [for'tu:ito] *agg* zufällig; **per un caso ~** per [*o* durch] Zufall

fortuna [for'tu:na] *f* ❶ *(destino)* Schicksal *nt* ❷ *(buona sorte)* Glück *nt;* **un colpo di ~** ein Glücksfall *m;* **avere ~ in qc** bei etw Glück haben; **fare ~** sein Glück machen; **per ~** zum Glück ❸ *(patrimonio)* Vermögen *nt;* **atterraggio di ~** Notlandung *f*

fortunato, -a [fortu'na:to] *agg* glücklich; **essere ~** Glück haben

fortunoso, -a [fortu'no:so] *agg* bewegt, wechselvoll

foruncolo [fo'ruŋkolo] *m* Furunkel *m o nt*

forviare [forvi'a:re] **I.** *vt* ❶ *(sviare)* irreleiten ❷ *(fig: traviare)* auf Abwege führen, verführen **II.** *vi* auf Abwege geraten; *(bes fig)* vom rechten Weg abkommen

forwardare *vt* INFORM weiterleiten, forwarden

forza ['fɔrtsa] *f* ❶ *(robustezza)* Kraft *f,* Stärke *f;* **essere in -e** bei Kräften sein; **con ~** mit Kraft; **con tutte le -e** mit aller Kraft ❷ *(fig)* Kraft *f;* **farsi ~** *(fig)* sich Mut machen; **in ~ di** kraft *+gen*; **a ~ di …** vom vielen …, nach langem …; **a ~ di gridare** vom vielen Schreien ❸ *(efficacia)* Macht *f,* Stärke *f* ❹ *(violenza)* Gewalt *f;* **~ bruta** rohe Gewalt; **~ maggiore** höhere Gewalt; **con la ~** mit Gewalt; **per ~** *(controvoglia)* notgedrungen; *(naturalmente)* natürlich; **contro la ~ la ragion non vale** *(prov)* wo Gewalt herrscht, schweigen die Rechte ❺ *pl* MIL **-e [armate]** Streitkräfte *f pl* ❻ POL **Forza Italia** Forza Italia *f (in den 90er Jahren entstandene italienische politische Bewegung)*

forzare [for'tsa:re] **I.** *vt* ❶ *(scassinare)* aufbrechen; *(penetrare)* durchbrechen ❷ *(accelerare)* beschleunigen ❸ *(sottoporre a sforzo)* beanspruchen ❹ *(costringere)* zwingen **II.** *vi* drücken; *(porta, cassetto)* klemmen

forzato, -a [for'tsa:to] **I.** *agg* ❶ *(privo di naturalezza)* gezwungen ❷ JUR Zwangs- ❸ TEC Druck- **II.** *m, f* Zuchthäusler(in) *m(f)*

forziere [for'tsiɛ:re] *m* Geldschrank *m*

forzista [fort'tsista] <-i *m,* -e *f*> *mf Mitglied der Partei Forza Italia*

forzoso, -a [for'tso:so] *agg* Zwangs-

forzuto, -a [for'tsu:to] *agg* bärenstark

fosburista [fosbu'rista] <-i *m,* -e *f*> *mf* SPORT Hochspringer(in) *m(f)* mit Floptechnik

fosbury ['fɔzbəri] <-> *m* SPORT *(salto dorsale)* [Fosbury-]Flop *m*

foschia [fos'ki:a] <-schie> *f* Dunst *m*

fosco, -a ['fosko] <-schi, -sche> *agg* ❶ *(colore)* dunkel ❷ *(fig: sguardo)* finster, düster

fosfato [fos'fa:to] *m* Phosphat *nt*

fosforescente [fosforeʃ'ʃɛnte] *agg* phosphoreszierend; *(fig: occhi)* leuchtend

fosforescenza [fosforeʃ'ʃɛntsa] *f* Phosphoreszenz *f*

fosforo ['fɔsforo] *m* ❶ CHEM Phosphor *m* ❷ *(fam fig: intelligenza)* Grips *m*

fossa ['fɔssa] *f* ❶ *(scavo)* Graben *m* ❷ *(buca)* Grube *f,* Loch *nt* ❸ *(tomba)* Grab *nt;* **~ comune** Massengrab *nt;* **scavarsi la ~ con le proprie mani** sich *dat* sein eigenes Grab schaufeln ❹ ANAT Höhle *f* ❺ GEOL Graben *m*

fossato [fos'sa:to] *m* Wassergraben *m*

fosse ['fosse] *3. per sing conj imp di* **essere[1]**

fossetta [fos'setta] *f* Grübchen *nt*

fossi ['fossi] *1. e 2. pers sing conj imp di* **essere[1]**

fossile ['fɔssile] **I.** *agg* ❶ *(di epoca remota)* versteinert, fossil ❷ *(fig)* vorsintflutlich **II.** *m* Fossil *nt*

fosso ['fɔsso] *m* ❶ MIL Festungsgraben *m* ❷ *(per acqua)* Bewässerungsgraben *m;* **~ di scolo** Abflussrinne *f;* **saltare il ~** *(fig)* sich *dat* einen Ruck geben, sich durchringen

foste ['foste] *2. pers pl conj imp di* **essere[1]**

fosti ['fosti] *2. pers sing pass rem di* **essere[1]**

foto ['fɔ:to] <-> *f* Foto *nt*

foto- [foto] *(in parole composte)* Foto-

fotoamatore, -trice [fotoama'to:re] *m, f* Hobbyfotograf(in) *m(f),* Amateurfotograf(in) *m(f)*

fotobatteria [fotobatte'ri:a] <-ie> *f* TEC Fotobatterie *f,* fotovoltaische Batterie *f*

fotocellula [foto'tʃɛllula] *f* Fotozelle *f*

fotochimica [foto'ki:mika] *f sing* Fotochemie *f*

fotochimico, -a [foto'ki:miko] <-ci, -che> *agg* CHEM fotochemisch

fotocinematografia [fototʃinematogra'fi:a] <-ie> *f* Filmfotografie *f*

fotocinematografico, -a [fototʃinemato'gra:fiko] <-ci, -che> *agg* die Filmfotografie betreffend

fotocolor [foto'kolor] <-> *f* FOTO Farbfilm *m*

fotocomporre [fotokom'porre] <irr> *vt* TYP im Fotosatz herstellen

fotocomposizione [fotokompozit'tsio:ne] *f* Fotosatz *m*

fotoconduttività [fotokonduttivi'ta] <-> *f* PHYS Fotoleitfähigkeit *f*

fotoconduttivo, -a [fotokondut'ti:vo] *agg* PHYS fotoleitfähig

fotoconduttore [fotokondut'to:re] *m* PHYS Fotoleiter *m*, -widerstand *m*

fotoconduzione [fotokondut'tsio:ne] *f* Fotoleitung *f*

fotocopia [foto'kɔ:pia] *f* Fotokopie *f*

fotocopiare [fotoko'pia:re] *vt* fotokopieren

fotocopiatore [fotoko'pia:re] *m* Fotokopiergerät *nt*

fotocopiatrice [fotokopia'tri:tʃe] *f* Fotokopierer *m*

fotocromatico, -a [fotokro'ma:tiko] <-ci, -che> *agg* OPT fototrop; **lenti -che** fototrope Brillengläser

fotocronaca [foto'krɔ:naka] <-che> *f* Bildbericht *m*

fotocronista [fotokro'nista] <-i *m*, -e *f*> *mf* Fotoreporter(in) *m(f)*

fotoelettricità [fotoelettritʃi'ta] <-> *f* Fotoelektrizität *f*

fotoelettrico, -a [fotoe'lɛttriko] <-ci, -che> *agg* ❶ TEC fotoelektrisch; **effetto ~** Fotoeffekt *m* ❷ TEC *(che produce luce)* lichterzeugend

fotofit [foto'fit] <-> *m (sistema di identificazione personale)* [fotografisches] Phantombild *nt*

fotogeneratore [fotodʒenera'to:re] *m* Solar-

fotogenico, -a [foto'dʒɛ:niko] <-ci, -che> *agg* fotogen

fotogiornale [fotodʒor'na:le] *m* Illustrierte *f*

fotografa *f v.* **fotografo**

fotografare [fotogra'fa:re] *vt* ❶ FOTO fotografieren, aufnehmen ❷ *(fig)* sich *dat* einprägen

fotografia [fotogra'fi:a] *f* ❶ *(tecnica)* Fotografie *f* ❷ *(immagine, copia)* Fotografie *f*, Aufnahme *f*; **~ a colori** Farbfoto *nt*, Farbbild *nt*; **~ in bianco e nero** Schwarz-Weiß-Aufnahme *f*; **~ formato tessera** Passbild *nt*; **~ aerea** Luftbild *nt*; **~ istantanea** Momentaufnahme *f*, Schnappschuss *m fam*

fotografico, -a [foto'gra:fiko] <-ci, -che> *agg* ❶ FOTO Foto-, fotografisch; **macchina -a** Kamera *f*, Fotoapparat *m*; **studio ~** Fotostudio *nt*, Fotoatelier *nt* ❷ *(fig: fedele al modello)* wirklichkeitsgetreu, genau

fotografo, -a [fo'tɔ:grafo] *m, f* Fotograf(in) *m(f)*

fotogramma [foto'gramma] <-i> *m* ❶ TEC, SCIENT Fotogramm *nt* ❷ FOTO, FILM Einzelbild *nt*

fotoincisione [fotointʃi'zio:ne] *f* Fototiefdruckverfahren *nt*, Heliogravüre *f*

fotoincisore [fotointʃi'zo:re] *m* Fotograveur *m*

fotointerpretazione [fotointerpretat'tsio:ne] *f* Fotoanalyseverfahren *nt*

fotokit [foto'kit] <-> *m v.* **fotofit**

fotolaboratorio [fotolabora'tɔ:rio] <-i> *m* FOTO Fotolabor *nt*

fotolibro [foto'li:bro] *m* Bildband *m*

fotolografo, -a [foto'lɔ:grafo] *m, f* Holografieexperte *m*/-expertin *f*

fotomeccanico, -a [fotomek'ka:niko] <-ci, -che> *agg* fotomechanisch

fotometria [fotome'tri:a] <-ie> *f* Fotometrie *f*

fotomodella [fotomo'dɛlla] *f* Fotomodell *nt*

fotomontaggio [fotomon'taddʒo] <-ggi> *m* Fotomontage *f*

fotoreportage [fotorəpor'taʒ] <-> *m* Fotoreportage *f*, Bildbericht *m*

fotoreporter [fotore'pɔrter] <-> *mf* Fotoreporter(in) *m(f)*

fotoriproduttore [fotoriprodut'to:re] *m* TEC, FOTO Fotokopiergerät *nt*

fotoriproduzione [fotoriprodut'tsio:ne] *f* ❶ FOTO *(processo)* fotografische Wiedergabe *f* ❷ FOTO *(copia)* Fotokopie *f*

fotoromanzo [fotoro'mandzo] *m* Fotoroman *m*

fotosafari [fotosa'fa:ri] <-> *m* Fotosafari *f*

fotoscioppare [fotoʃop'pa:re] *vt* INFORM mit Photoshop® retuschieren

fotosensibile [fotosen'si:bile] *agg* ❶ *(sensibile alla luce)* lichtempfindlich, fotosensibel ❷ BIOL fotosensibel

fotoservizio [fotoser'vi:tsio] <-zi> *m* Bildbericht *m*

fotosintesi [foto'sintezi] <-> *f* BOT Fotosynthese *f*

fotosub [foto'sub] <-> *mf* Unterwasserfotograf(in) *m(f)*

fototeca [fɔto'tɛ:ka] <-che> *f* Bildarchiv *nt*

F

fototelegrafia [fototelegra'fi:a] <-ie> *f* TEC Bildtelegrafie *f*
fototelegrafico, **-a** [fototele'gra:fiko] <-ci, -che> *agg* bildtelegrafisch
fototelegramma [fototele'gramma] <-i> *m* Bildtelegramm *nt*
fototessera [foto'tɛssera] *f* FOTO Lichtbild *nt,* Passfoto *nt*
fototipia [fototi'pi:a] <-ie> *f* Lichtdruck *m*
fottere ['fottere] **I.** *vt* ❶ *(vulg)* ficken, bumsen, pempern A ❷ *(fam: imbrogliare)* leimen *sl,* linken *sl;* **va a farti ~!** *(vulg)* leck mich am Arsch! *vulg* **II.** *vr* **fottersene di qu/qc** *(vulg)* auf jdn/etw scheißen *vulg*
foulard [fu'lar] <-> *m* Kopftuch *nt; (per il collo)* Halstuch *nt*
fra [fra] *prep v.* **tra**
frac [frak] <-> *m* Frack *m*
fracassare [frakas'sa:re] **I.** *vt* zerbrechen, zertrümmern **II.** *vr* **-rsi** zerbrechen; *(su scogli)* zerschellen; *(legno)* zersplittern
fracasso [fra'kasso] *m* ❶ *(chiasso)* Krach *m,* Lärm *m; (di vetri)* Geklirr *nt* ❷ *(fam: forte quantità)* Haufen *m*
fraccata [frak'ka:ta] *f* **una ~ di panini** ein Haufen *m* Brötchen, jede Menge Brötchen
fradicio ['fra:ditʃo] *m* Korruption *f,* Korruptheit *f*
fradicio, **-a** <-ci, -ce> *agg* ❶ *(marcio)* verdorben; *(uova)* faul; *(legno)* morsch ❷ *(bagnato)* durchnässt; *(di sudore)* schweißgebadet; **bagnato ~** klatschnass ❸ *(fig: corrotto)* verdorben
fradiciume [fradi'tʃu:me] *m* ❶ *(putridume)* faules Zeug ❷ *(fig)* Verderbtheit *f,* Korruptheit *f*
fragile ['fra:dʒile] *agg* ❶ *(facile a rompersi)* zerbrechlich; *(capelli)* spröde; **~!** *(su pacchi)* Vorsicht, Glas! ❷ *(fig: gracile)* zart, schwach; *(salute, speranza)* schwach
fragilità [fradʒili'ta] <-> *f* ❶ *(di vetro)* Zerbrechlichkeit *f* ❷ *(gracilità)* Zartheit *f,* Schwäche *f*
fragola ['fra:gola] *f* Erdbeere *f*
fragore [fra'go:re] *m* Getöse *nt; (del tuono)* Grollen *nt; (di motori)* Dröhnen *nt*
fragoroso, **-a** [frago'ro:so] *agg* tosend, dröhnend; *(applauso)* brausend; *(risata)* schallend
fragrante [fra'grante] *agg* duftend, wohl riechend
fragranza [fra'grantsa] *f* Duft *m,* Wohlgeruch *m*
fraintendere [frain'tɛndere] <irr> *vt* missverstehen; **ti prego di non fraintendermi** bitte versteh mich recht
frame ['freim] <-> *m* ❶ FOTO Filmbild *nt* ❷ INFORM Frame *m o nt*
frammentare [frammen'ta:re] *vt* zerstückeln
frammentario, **-a** [frammen'ta:rio] <-i, -ie> *agg* fragmentarisch; *(a. fig)* bruchstückhaft
frammentazione [frammentat'tsio:ne] *f* Zersplitterung *f*
frammento [fram'mento] *m* ❶ *(pezzo)* Bruchstück *nt; (coccio)* Scherbe *f* ❷ *(fig)* LIT Fragment *nt*
frammettere [fram'mettere] <irr> **I.** *vt* dazwischenstellen/-setzen/-legen **II.** *vr* **-rsi** ❶ sich dazwischenstellen/-setzen/-legen ❷ *(fig)* sich einmischen
frammezzo [fram'mɛddzo] **I.** *avv* dazwischen **II.** *prep* **~ a** *(stato)* zwischen +*dat; (moto)* zwischen +*akk*
frammischiare [frammis'kia:re] *vt* vermischen
frammisi *1. pers sing pass rem di* **frammettere**
frana ['fra:na] *f* ❶ *(di terreno)* Erdrutsch *m,* Steinlawine *f* ❷ *(fig: rovina)* Misserfolg *m,* Fiasko *nt* ❸ *(fam scherz)* Trampel[tier *nt*]
franare [fra'na:re] *vi essere* ❶ *(terreno)* abrutschen ❷ *(fig)* zusammenbrechen, scheitern
francamente [fraŋka'mente] *avv* ehrlich, offen [heraus]
francescano [frantʃes'ka:no] *m* Franziskaner *m*
francescano, **-a** *agg* franziskanisch, Franziskaner-
francese [fran'tʃe:se] **I.** *agg* französisch **II.** *mf* Franzose *m*/Französin *f*
francesismo [frantʃe'zizmo] *m* LING Gallizismus *m*
francesista [frantʃe'sista] <-i *m,* -e *f*> *mf* Romanist(in) *m(f)* mit Schwerpunkt Französisch
francesistica [frantʃe'zistika] <-che> *f* französische Sprache und Kultur *f*
franchezza [fraŋ'kettsa] *f* ❶ *(schiettezza)* Aufrichtigkeit *f,* Offenheit *f* ❷ *(disinvoltura)* Unbefangenheit *f; (pej)* Unverfrorenheit *f*
franchigia [fraŋ'ki:dʒa] <-gie> *f* ❶ FIN [Gebühren]freiheit *f; (nelle assicurazioni)* [teilweiser] Risikoausschluss *m;* **~ fiscale** Steuerfreiheit *f;* **in ~** [abgaben-, gebühren]frei; **in ~ doganale** zollfrei; **in ~ postale** portofrei ❷ NAUT Landgang *m*
franchising [fræn'tʃaiziŋ *o* fran'tʃaisin(g)] <-> *m* Franchising *nt*
Francia ['frantʃa] *f* Frankreich *nt*
franco ['fraŋko] <-chi> *m* ❶ *(moneta belga, francese)* Franc *m; (moneta svizzera)* Franken *m* ❷ HIST Franke *m*

franco, **-a** <-chi, -che> *agg* ① COM franko, frei; ~ **domicilio** frei Haus; ~ **fabbrica** ab Fabrik; ~ **magazzino** frei Lager ② *(sicuro di sé)* unbefangen ③ *(sincero)* offen, aufrichtig ④ *(degli antichi Franchi)* fränkisch ⑤ *(loc)* **farla -a** *(fig)* ungeschoren davonkommen; **lingua -a** Lingua Franca *f,* Verkehrssprache *f*

francobollo [fraŋko'bollo] *m* Briefmarke *f*

francofilo, **-a** [fraŋ'kɔ:filo] *agg* frankophil

Francoforte [fraŋko'fɔrte] *f* Frankfurt *nt*

francone ['fraŋkone] **I.** *agg* fränkisch **II.** *mf* Franke *m/*Fränkin *f*

Franconia [fraŋ'kɔ:nia] *f* Franken *nt*

frangente [fran'dʒɛnte] *m* ① *(onda)* Sturzwelle *f,* Brecher *m* ② *(punto d'urto)* Klippe *f,* Riff *nt* ③ *(fig: momento grave)* Notlage *f*

frangere ['frandʒere] <frango, fransi, franto> **I.** *vt* ① *(rompere)* brechen; *(olive)* [aus]pressen ② *(fig: resistenza)* brechen **II.** *vr* **-rsi** sich brechen

frangetta [fran'dʒetta] *f* Pony *m*

frangia ['frandʒa] <-ge> *f* ① *(di stoffa)* Franse *f* ② *(fascia costiera)* Küstenstreifen *m,* -saum *m* ③ *(fig)* POL Flügel *m* ④ *(fig: aggiunta)* Schnörkel *m,* Ausschmückung *f*

frangibile [fran'dʒi:bile] *agg* zerbrechlich

frangiflutti [frandʒi'flutti] <-> *m* Wellenbrecher *m*

frangigramma [frandʒi'gramma] <-i> *m* Herdgitter *nt*

frangitura [frandʒi'tu:ra] *f* [Aus]pressen *nt*

frangivento [frandʒi'vɛnto] <-> *m* Windschutz *m*

fransi ['fransi] *1. pers sing pass rem di* **frangere**

franto ['franto] *pp di* **frangere**

frantoio [fran'to:io] <-oi> *m (per olive)* Ölmühle *f; (per pietre)* Steinmühle *f*

frantumare [frantu'ma:re] **I.** *vt* zertrümmern **II.** *vr* **-rsi** zerbrechen, in Stücke gehen; *(legno)* zersplittern

frantumi [fran'tu:mi] *mpl* [Bruch]stücke *ntpl,* Trümmer *pl;* **andare in** ~ in die Brüche gehen

frappé [frap'pɛ] <-> *m* Milchmixgetränk *nt,* Milchshake *m*

frapporre [frap'porre] <irr> **I.** *vt* ① *(cose)* dazwischenlegen/-stellen/-setzen ② *(fig: ostacoli)* in den Weg legen; ~ **indugi a qc** etw verzögern, etw verschleppen **II.** *vr* **-rsi** dazwischentreten, sich einmischen

frasario [fra'za:rio] <-i> *m* *(di persona)* Redeweise *f,* Ausdrucksweise *f; (di categoria)* Sprache *f*

frasca ['fraska] <-sche> *f* ① *(fronda)* Zweig *m* ② *(d'osteria)* Schild *nt,* Laubgebinde *nt* ③ *(loc)* **saltare di palo in** ~ *(fig)* Gedankensprünge machen

frascati [fras'ka:ti] <-> *m (vino laziale)* Frascati *m*

frase ['fra:ze] *f* ① LING Satz *m* ② *(espressione)* Ausdruck *m; (locuzione)* Redewendung *f;* ~ **fatta** Gemeinplatz *m* ③ MUS Phrase *f*

fraseggiare [frazed'dʒa:re] *vi* ① LING Sätze bilden ② MUS phrasieren

fraseggio [fra'zeddʒo] <-ggi> *m* ① LING Satzbildung *f* ② MUS Phrasierung *f*

fraseologia [frazeolo'dʒi:a] <-gie> *f* Phraseologie *f*

frassino ['frassino] *m* Esche *f*

frastagliare [frastaʎ'ʎa:re] *vt* zerschneiden; *(ai margini)* ausschneiden

frastagliato, **-a** [frastaʎ'ʎa:to] *agg (terreno, costa)* zerklüftet

frastornato, **-a** [frastor'na:to] *agg (per rumore)* benommen; *(nelle idee)* verwirrt

frastuono [fras'tuɔ:no] *m* Getöse *nt,* Lärm *m*

frate ['fra:te] *m* REL Bruder *m;* **farsi** ~ ins Kloster gehen

fratellanza [fratel'lantsa] *f* ① *(tra fratelli)* Brüderlichkeit *f,* Brüderschaft *f* ② *(comunanza)* Bruderschaft *f* ③ *(fig: d'idee)* Gemeinsamkeit *f*

fratellastro [fratel'lastro] *m* Stiefbruder *m*

fratello [fra'tɛllo] *m* ① *(parente)* Bruder *m* ② *(fig)* REL *(di confraternita, comunanza)* Bruder *m* ③ *pl (solo maschi)* Brüder *mpl; (-i e sorelle)* Geschwister *pl;* COM Gebrüder *pl;* ~ **d'armi** Waffenbruder *m*

fraternità [fraterni'ta] <-> *f* ① *(vincolo fraterno)* Brüderlichkeit *f* ② *(fig: amicizia, comunanza)* Bruderschaft *f*

fraternizzare [fraternid'dza:re] *vi* sich verbrüdern

fraterno, **-a** [fra'tɛrno] *agg* ① *(relativo a fratelli)* brüderlich, Bruder- ② *(fig: amorevole)* brüderlich

fratricida [fratri'tʃi:da] <-i *m,* -e *f*> *mf (di fratello)* Brudermörder(in) *m(f); (di sorella)* Schwestermörder(in) *m(f);* **guerra** ~ Bruderkrieg *m*

fratta ['fratta] *f* Unterholz *nt,* Dickicht *nt*

frattaglie [frat'taʎʎe] *fpl* Innereien *pl*

frattale [frat'ta:le] **I.** *agg* Fraktal- **II.** *m* MAT, INFORM Fraktal *nt*

frattanto [frat'tanto] *avv* inzwischen, währenddessen

frattempo [frat'tɛmpo] *m* **nel** ~ inzwischen, währenddessen

frattura [frat'tu:ra] *f (a. fig)* Bruch *m*

fraudolento, **-a** [fraudo'lɛnto] *agg* betrügerisch

fraudolenza [fraudo'lɛntsa] *f* Betrug *m*

frazionale [frattsio'na:le] *agg* aufteilbar, Bruch-; **moneta ~** Scheidemünze *f;* **numero ~** Bruchzahl *f*

frazionare [frattsio'na:re] *vt* [auf]teilen

frazionario, -a [frattsio'na:rio] <-i, -ie> *agg* Bruch-, Teil-

frazione [frat'tsio:ne] *f* ① *(porzione)* Teil *m,* Bruchteil *m* ② POL Fraktion *f* ③ MAT Bruch *m* ④ *(di città)* Vorort *m*

freak [fri:k] <-> *mf* Freak *m*

freatico, -a [fre'a:tiko] <-ci, -che> *agg* Grundwasser-

freccia ['frettʃa] <-cce> *f* Pfeil *m;* **veloce come una ~** pfeilschnell

frecciata [fret'tʃa:ta] *f* Spitze *f,* Stichelei *f*

freddare [fred'da:re] *vt* ① *(cibi)* abkühlen lassen ② *(fig: entusiasmo)* abkühlen, dämpfen ③ *(fig: uccidere)* kaltmachen

freddezza [fred'dettsa] *f* Kälte *f; (indifferenza)* Gleichgültigkeit *f; (sangue freddo)* Kaltblütigkeit *f*

freddo ['freddo] *m* Kälte *f;* **a ~** *(fig)* kaltblütig; **avere ~** frieren; **fa ~** es ist kalt; **fa un ~ cane** *(fam)* es ist saukalt *fam;* **far venir ~** *(fig)* erschau[d]ern lassen; **non mi fa né caldo né ~** das lässt mich [völlig] kalt, das ist mir egal

freddo, -a *agg* kalt; *(a. fig)* kühl; *(colore)* kalt; **animali a sangue ~** Kaltblüter *mpl;* **guerra -a** Kalter Krieg; **mostrarsi ~ con qu** jdm die kalte Schulter zeigen

freddoloso, -a [freddo'lo:so] *agg* gegen Kälte empfindlich, verfroren

freddura [fred'du:ra] *f* Kalauer *m*

free climber [fri: 'klaimə] <-> *mf* SPORT Freeclimber *m*

free climbing [fri: 'klaimiŋ] <-> *m* SPORT Freeclimbing *nt*

freedom ['fri:dəm] <-> *m* Freiheitsideal *nt*

free jazz ['fri: dʒæz] <-> *m* MUS Freejazz *m;* **concerto ~** Freejazz-Konzert *nt*

free lance ['fri:'læns] **I.** *agg inv* frei, freiberuflich; **artista ~** freie(r) Künstler(in); **giornalista ~** freie(r) Journalist(in) **II.** *mf* <-> Freelance *m,* freie(r) Mitarbeiter(in) *m(f)*

free rider ['fri: 'raidə] <-> *mf* ADM *(chi trae vantaggio dal bene pubblico senza pagarne gli oneri)* Trittbrettfahrer *m*

freestyle ['fri:stail] **I.** *m* <-> SPORT *(sci)* Akrobatikski *m; (nuoto)* Freistil *m* **II.** *agg inv* SPORT **competizione ~** Freistilschwimmen *nt*

freeware <- *o* freewares> *m* INFORM Freeware *f*

freezer ['fri:zə *o* 'frizer] <-> *m* ① *(cella del frigorifero)* Tiefkühlfach *nt,* Gefrierfach *f* ② *(apparecchio congelatore)* Gefrierschrank *m,* Kühlbox *f*

fregare [fre'ga:re] **I.** *vt* ① *(pavimento)* scheuern; *(fiammifero)* reiben ② *(fig fam: imbrogliare)* anschmieren; *(rubare)* abstauben, klauen **II.** *vr* **-rsi** ① *(strisciare)* sich reiben ② *(fam)* **fregarsene di qc** auf etw *akk* pfeifen

fregata [fre'ga:ta] *f* Fregatte *f*

fregatura [frega'tu:ra] *f (fam)* Betrug *m,* Schwindel *m;* **dare una ~ a qu** jdn übers Ohr hauen; **prendere una ~** hereingelegt werden

fregio ['fre:dʒo] <-gi> *m* ① ARCH Fries *m* ② *(su copricapo)* Tresse *f*

frego ['fre:go] <-ghi> *m* Strich *m*

fregola ['fre:gola] *f* ① ZOO Brunst *f* ② *(fig: smania)* Sucht *f*

fremere ['frɛ:mere] <fremo, fremei *o* fremetti, fremuto> *vi* zittern, beben; *(di orrore)* schaudern

fremito ['frɛ:mito] *m (turbamento)* Zittern *nt,* Beben *nt; (di orrore)* Schauder *m*

frenare [fre'na:re] **I.** *vt* ① *(veicolo)* [ab]bremsen ② *(cavallo)* zügeln ③ *(fig: trattenere)* zügeln; *(lacrime)* zurückhalten; *(riso)* sich verbeißen *fam; (lingua)* im Zaum halten **II.** *vr* **-rsi** sich beherrschen

frenastenia [frenaste'ni:a] <-ie> *f* MED Schwachsinn *m*

frenastenico, -a [frenas'tɛ:niko] <-ci, -che> **I.** *agg* schwachsinnig **II.** *m, f* Schwachsinnige(r) *f(m)*

frenata [fre'na:ta] *f* Bremsung *f,* Bremsen *nt*

frenesia [frene'zi:a] <-ie> *f* ① *(pazzia)* Tobsucht *f,* Raserei *f* ② *(fig: smania)* Sucht *f;* **~ del gioco** Spielleidenschaft *f*

frenetico, -a [fre'nɛ:tiko] <-ci, -che> *agg (a. fig)* rasend; *(applauso)* frenetisch

frenico, -a ['frɛ:niko] <-ci, -che> *agg* ANAT Zwerchfell-

frenista [fre'nista] <-i *m,* -e *f*> *mf* Bremsenspezialist(in) *m(f)*

freno ['fre:no] *m* ① TEC Bremse *f;* **~ a mano** Handbremse *f* ② *(del cavallo)* Gebiss *nt* ③ *(fig)* **mettere un ~ a qc** einer Sache *dat* einen Riegel vorschieben; **tenere a ~ qu** jdn im Zaum halten; **senza ~** zügellos

frenocomio [freno'kɔ:mio] <-i> *m* Irrenhaus *nt*

frenulo ['frɛ:nulo] *m* ANAT [Zungen]bändchen *nt,* Frenulum *nt*

frequentare [frekuen'ta:re] *vt* ① *(persone)* verkehren mit; **~ cattive compagnie** schlechten Umgang haben ② *(luoghi)* verkehren in +*dat; (scuola)* gehen in +*akk,* besuchen

frequentato, -a [frekuen'ta:to] *agg (locale)* gut besucht; *(strada)* belebt

frequente [fre'kuɛnte] *agg* häufig

frequenza [fre'kuɛntsa] *f* ① *(di incidenti, fatti)* Häufung *f,* Häufigkeit *f* ② *(di persone)* Menge *f,* Zahl *f* ③ *(di scuola)* Besuch *m* ④ PHYS Frequenz *f* ⑤ INFORM **~ di refresh** Bildwiederholfrequenz *f*

fresatrice [freza'tri:tʃe] *f* TEC Fräsmaschine *f*

freschezza [fres'kettsa] *f* Frische *f*

freschista [fres'kista] <-i *m,* -e *f*> *mf* KUNST Freskenmaler(in) *m(f)*

fresco ['fresko] *m* ① *(temperatura)* Frische *f;* **fa ~** es ist kühl; **stare al ~** *(fig fam)* hinter Gittern sitzen ② *(tessuto)* Fresko *m*

fresco, -a <-schi, -sche> *agg (a. fig)* frisch; **essere ~ di studi** gerade sein Examen gemacht haben; **un dottore ~ di studi** ein frischgebackener Doktor; **stare ~** *(fig fam)* aufgeschmissen sein

frescura [fres'ku:ra] *f* Kühle *f,* Frische *f*

fretta ['fretta] *f* Eile *f;* **aver ~** Eile haben, pressieren A; **far ~ a qu** jdn zur Eile antreiben; **non c'è ~** das hat keine Eile; **in ~** in Eile; **in ~ e furia** in aller Eile

frettoloso, -a [fretto'lo:so] *agg* ① *(rapido)* eilig, hastig ② *(sommario)* oberflächlich

friabile [fri'a:bile] *agg (terreno)* locker, bröck[e]lig; *(pasta)* mürbe; *(neve)* körnig; *(pietre)* brüchig

Fribourg [fri'bu:r] *f (in Svizzera)* Freiburg *nt*

Friburgo [fri'burgo] *f (in Germania)* Freiburg *nt*

fricassea [frikas'sɛ:a] *f* GASTR Frikassee *nt*

fricativa [frika'ti:va] *f* LING Reibelaut *m,* Frikativ *m*

fricchettone [frikket'to:ne] *m (sl)* Freak *m*

friggere ['friddʒere] <friggo, frissi, fritto> **I.** *vt* backen, braten; *(con molto olio)* frittieren; **andare a farsi ~** *(fam)* sich zum Teufel scheren; **mandare qu a farsi ~** *(fam)* jdn zum Teufel jagen **II.** *vi* ① *(crepitare)* brutzeln ② *(fig: fremere)* kochen

friggitoria [friddʒito'ri:a] <-ie> *f* Bratstube *f,* Frittenbude *f*

frigidità [fridʒidi'ta] <-> *f* MED Frigidität *f*

frigido, -a ['fri:dʒido] *agg* ① MED frigid[e] ② *(fig: freddo)* kalt[herzig]

frignare [friɲ'ɲa:re] *vi* wimmern

frigo ['fri:go] <-> *m (fam)* Eisschrank *m*

frigobar [frigo'bar] <-> *m* Mini-Bar *f*

frigocongelatore [frigokondʒela'to:re] *m* Kühlschrank *m* mit [Dreisterne-]Gefrierfach

frigorifero [frigo'ri:fero] *m* Kühlschrank *m,* Eiskasten *m* A

frigorifero, -a *agg* Kühl-

fringe benefit [frindʒ 'benəfit] <-> *m* ADM *(beneficio accessorio)* Lohnnebenleistungen *fpl*

fringuello [friŋ'guɛllo] *m* Buchfink *m*

frinire [fri'ni:re] <frinisco> *vi* zirpen

frisbee® ['frisbi:] <-> *m* Frisbee® *nt,* Frisbeescheibe *f;* **lanciare il ~** die Frisbeescheibe werfen; **fare una partita a** [*o* **giocare a**] **~** Frisbee spielen

Frisia ['fri:zia] *f* Friesland *nt;* **~ Occidentale/Orientale** West-/Ostfriesland *nt*

frisone [fri'zo:ne] **I.** *agg* friesisch **II.** *mf* Friese *m/*Friesin *f*

frissi ['frissi] *1. pers sing pass rem di* **friggere**

frittata [frit'ta:ta] *f* Eierkuchen *m,* Omelett *nt;* **fare una ~** *(fig fam)* Mist bauen

frittella [frit'tɛlla] *f* ① GASTR Krapfen *m* ② *(macchia d'unto)* Fettfleck *m*

fritto ['fritto] *m* Gebratene(s) *nt,* Gebackene(s) *nt;* **~ misto** gemischtes Ausgebackenes *(meist Fisch, aber auch Fleisch oder Gemüse)*

fritto, -a I. *pp di* **friggere II.** *agg* ① GASTR gebraten, gebacken; *(con molto olio)* frittiert ② *(fig fam: spacciato)* geliefert, angeschmiert, gelackmeiert; **esser bell'e ~** *(fig fam)* in Teufels Küche sein; **~ e rifritto** *(fam fig)* zum tausendsten Mal aufgewärmt

frittura [frit'tu:ra] *f* [Aus]gebackene(s) *nt,* Frittüre *f;* **~ di pesce** gebackene Fische

friulano [friu'la:no] *m sing* Friaulanisch(e) *nt*

friulano, -a I. *agg* friaulanisch, friaulisch **II.** *m, f (abitante)* Bewohner(in) *m(f)* des Friaul

Friuli [fri'u:li] *m* Friaul *nt;* **il ~ è una regione a statuto speciale** die [autonome] Region Friaul hat einen Sonderstatus

frivolezza [frivo'lettsa] *f* Leichtfertigkeit *f,* Frivolität *f*

frivolo, -a ['fri:volo] *agg* leichtfertig, frivol

frizionare [frittsio'na:re] *vt* einreiben

frizione [frit'tsio:ne] *f* ① *(attrito)* Einreibung *f* ② *(fig: dissenso)* Reibung *f* ③ *(massaggio)* Massage *f* ④ MOT Kupplung *f;* **innestare la ~** einkuppeln; **disinnestare la ~** auskuppeln

frizzante [frid'dzante] *agg* ① *(vento)* schneidend ② *(bibita)* prickelnd ③ *(fig: motto)* beißend

frizzo ['friddzo] *m* bissige Bemerkung *f*

frocio ['frɔtʃo] <-i> *m (vulg: omosessuale)* Schwule(r) *m fam*

frodare [fro'da:re] *vt* betrügen; **~ il fisco** Steuern hinterziehen

frode ['frɔ:de] *f* Betrug *m;* **~ fiscale** Steuerhinterziehung *f*

frodo ['frɔ:do] *m* Schmuggel *m;* **cacciare di ~** wildern

frogia ['frɔːdʒa] <-gie *o* -ge> *f (cavallo)* Nüster *f*

frollare [frol'laːre] **I.** *vt avere (carne di selvaggina)* abhängen lassen, mürbe werden lassen **II.** *vi essere* abhängen, mürbe werden

frollatura [frolla'tuːra] *f (carne di selvaggina)* Abhängen[lassen] *nt,* Abhängezeit *f*

frollo, -a ['frɔllo] *agg* ❶ *(carne)* abgehangen ❷ *(fig: persone)* schlapp, schlaff ❸ *(loc)* **pasta -a** Mürbeteig *m*

frombola ['frombola] *f (poet)* Schleuder[waffe] *f*

fromboliere [frombo'liɛːre] *m* ❶ HIST Schleuderschütze *m* ❷ SPORT Torjäger *m*

fronda ['fronda] *f* ❶ *(frasca)* Zweig *m* ❷ *pl (fogliame)* Laubwerk *nt* ❸ *pl (fig: ornamenti)* Schnörkel *mpl,* Verzierungen *fpl*

frondoso, -a [fron'doːso] *agg* ❶ BOT [dicht] belaubt ❷ *(fig: stile)* verschnörkelt

frontale [fron'taːle] *agg* ❶ ANAT Stirn- ❷ *(attacco)* frontal, Frontal- ❸ LING frontal

frontaliero, -a [fronta'liɛːro] *m, f (frontiera)* Grenzgänger(in) *m(f)*

frontalino [fronta'liːno] *m* Bedienteil *nt* eines Autoradios; **~ estraibile** abnehmbares Bedienteil [eines Autoradios]

fronte ['fronte] **I.** *f* ❶ ANAT Stirn *f;* **a ~ alta/bassa** erhobenen/gesenkten Hauptes ❷ *(fig: volto)* Gesicht *nt* ❸ *(facciata)* Vorderseite *f;* **a ~** *(a confronto)* gegenüber *+dat; (a lato)* nebenstehend ❹ *(loc)* **di ~ alla casa** gegenüber dem Haus; **la casa di ~** das Haus gegenüber; **di ~ a questa situazione** angesichts der Lage **II.** *m* ❶ MIL, POL Front *f* ❷ *(loc)* **far ~ alle difficoltà** den Schwierigkeiten bewältigen; **far ~ agli impegni** den Verpflichtungen nachkommen; **far ~ alle spese** für die Kosten aufkommen

fronteggiare [fronted'dʒaːre] *vt* ❶ *(far fronte)* **~ qu** jdm widerstehen; **~ le difficoltà** *(fig)* die Schwierigkeiten bewältigen ❷ *(edificio)* **~ qc** einer Sache *dat* gegenüber liegen

frontespizio [frontes'pittsio] <-i> *m* Frontispiz *nt,* Titelseite *f*

frontiera [fron'tiɛːra] *f* [Staats]grenze *f;* **passare la ~** die Grenze überschreiten

frontone [fron'toːne] *m* ARCH Giebel *m*

fronzolo ['frondzolo] *m* Flitter *m,* Tand *m; (fig: stile)* Schnörkel *m*

Frosinone *f* Frosinone *nt (Stadt im Latium)*

frotta ['frɔtta] *f* Schar *f,* Schwarm *m;* **a -e** in Scharen, scharenweise

frottola ['frɔttola] *f* Flunkerei *f,* Märchen *nt*

frugale [fru'gaːle] *agg* ❶ *(persona)* genügsam, anspruchslos ❷ *(pasto)* einfach, bescheiden

frugalità [frugali'ta] <-> *f* Genügsamkeit *f,* Einfachheit *f*

frugare [fru'gaːre] **I.** *vi* [herum]kramen, [herum]stöbern **II.** *vt* durchsuchen

frugolo ['fruːgolo] *m* Wildfang *m*

fruire [fru'iːre] <fruisco> *vi* **~ di qc** etw genießen

fruit [fruːt] <-> *f (obs: maglietta, t-shirt)* T-Shirt *nt*

frullare [frul'laːre] **I.** *vt avere* rühren, quirlen; *(panna)* schlagen **II.** *vi essere o avere* schwirren; *(a uccelli)* flattern; *(motore)* surren

frullateria [frullate'riːa] <-ie> *f* Milchbar *f*

frullato [frul'laːto] *m* [Milch]mixgetränk *nt*

frullatore [frulla'toːre] *m* Mixer *m;* **~ a immersione** Stabmixer *f*

frullino [frul'liːno] *m* Quirl *m,* Sprudler *m* A

frumento [fru'mento] *m* Weizen *m,* Korn *nt*

fruscio [fruʃ'ʃiːo] <-scii> *m* Rauschen *nt,* Knistern *nt*

frusinate [fruzi'naːte] **I.** *agg* aus Frosinone stammend **II.** *mf (abitante)* Einwohner(in) *m(f)* von Frosinone

frusta ['frusta] *f* ❶ *(sferza)* Peitsche *f* ❷ *(da cucina)* Schneebesen *m*

frustare [frus'taːre] *vt* ❶ *(con la sferza)* [aus]peitschen ❷ *(fig: censurare)* geißeln

frustata [frus'taːta] *f* Peitschenhieb *m*

frustino [frus'tiːno] *m* Reitpeitsche *f,* [Reit]gerte *f*

frustrante [frus'trante] *agg* frustrierend, Frust-

frustrare [frus'traːre] *vt (tentativi)* vereiteln; *(speranze)* zunichtemachen, enttäuschen

frustrazione [frustrat'tsioːne] *f* ❶ Enttäuschung *f;* PSIC Frustration *f* ❷ *(di tentativi)* Vereitelung *f*

frutice ['fruːtitʃe] *m* BOT Strauch *m*

frutta ['frutta] *f sing* Obst *nt;* **~ candita** kandierte Früchte *fpl;* **~ secca** Dörrobst *nt;* **~ da tavola** Tafelobst *nt;* **essere alla ~** beim Dessert sein; *(fig fam)* am Ende sein

fruttare [frut'taːre] *vi* ❶ *(capitale)* einbringen, abwerfen ❷ *(fig: esempio)* Früchte tragen, fruchten

frutteto [frut'teːto] *m* Obstgarten *m*

frutticolo, -a [frut'tiːkolo] *agg* Obst-

frutticoltura [fruttikol'tuːra] *f* Obstbau *m*

fruttiera [frut'tiɛːra] *f* Obstschale *f*

fruttifero, -a [frut'tiːfero] *agg* ❶ BOT Obst-, fruchttragend ❷ *(fig)* einträglich; *(conto)* zinsbringend, zinstragend

fruttivendolo, -a [frutti'vendolo] *m, f* Obsthändler(in) *m(f)*

frutto ['frutto] *m* ① BOT Frucht *f* ② *pl (fig: prodotti di attività umana)* Früchte *f pl* ③ *(fig: conseguenza)* Ergebnis *nt;* **~ dell'amore** Kind *nt* der Liebe ④ COM *(profitto)* Ertrag *m,* Gewinn *m;* FIN *(interesse)* Zins *m;* **mettere a ~ un capitale** Kapital gewinnbringend anlegen ⑤ *(loc)* **-i di mare** Meeresfrüchte *f pl*

fruttosio [frut'tɔːzio] <-i> *m* Fruchtzucker *m,* Fructose *f*

fruttuoso, -a [fruttu'oːso] *agg* fruchtbar, ertragreich

FS *f pl abbr di* **Ferrovie dello Stato** *staatliche italienische Eisenbahn*

fsch [f(ə)ʃ] *int* zisch; **fare ~** zisch machen, zischen

f.to *abbr di* **firmato** gez.

fu [fu] **I.** *3. pers sing pass rem di* **essere**[1] **II.** *agg inv* verstorben, selig; **il ~ Giuseppe Bianchi** der selige Giuseppe Bianchi; **Bianchi Mario ~ Giuseppe** Mario Bianchi, Sohn des verstorbenen Giuseppe

fucilare [futʃi'laːre] *vt* erschießen

fucilata [futʃi'laːta] *f* Gewehrschuss *m*

fucilazione [futʃilat'tsioːne] *f* Erschießung *f*

fucile [fu'tʃiːle] *m* Gewehr *nt;* **~ ad avancarica** Vorderlader *m;* **~ da caccia** Jagdgewehr *nt;* **~ mitragliatore** [leichtes] Maschinengewehr *nt*

fuciliere [futʃi'liɛːre] *m* Schütze *m,* Füsilier *m* CH

fucina [fu'tʃiːna] *f* ① *(focolare)* Schmiedeofen *m* ② *(locale)* Schmiede *f*

fucinare [futʃi'naːre] *vt* schmieden

fuco ['fuːko] <-chi> *m* Drohne *f*

fuga ['fuːga] <-ghe> *f* ① *(atto del fuggire)* Flucht *f;* **darsi alla ~** die Flucht ergreifen; **mettere in ~** in die Flucht schlagen ② *(fuoriuscita)* Entweichen *nt; (a di liquidi)* Ausströmen *nt; (fig: di notizie)* Durchsickern *nt* ③ *(fig: espatrio)* Abwanderung *f* ④ MUS Fuge *f* ⑤ ARCH Flucht *f* ⑥ SPORT Ausreißen *nt* ⑦ COM **~ di capitali** Kapitalflucht *f*

fugace [fu'gaːtʃe] *agg* vergänglich, flüchtig

fugacità [fugatʃi'ta] <-> *f* Vergänglichkeit *f,* Flüchtigkeit *f*

fugare [fu'gaːre] *vt* ① *(poet: mettere in fuga)* in die Flucht schlagen, verjagen ② *(fig: dissipare)* vertreiben; *(dubbi, nubi)* zerstreuen

fuggiasco, -a [fud'dʒasko] <-schi, -sche> **I.** *agg* flüchtig **II.** *m, f* Flüchtige(r) *f(m)*

fuggifuggi [fuddʒi'fuddʒi] <-> *m* [wilde] Flucht *f*

fuggire [fud'dʒiːre] **I.** *vi essere* ① *(scappare)* fliehen, flüchten; **~ via** fortlaufen ② SPORT ausreißen; *(fig)* davoneilen; *(tempo)* verfliegen **II.** *vt avere* meiden

fuggitivo, -a [fuddʒi'tiːvo] **I.** *agg* flüchtend **II.** *m, f* Flüchtling *m*

fui *1. pers sing pass rem di* **essere**[1]

fulcro ['fulkro] *m* ① TEC Drehpunkt *m* ② *(fig)* Kern *m,* Angelpunkt *m*

fulgido, -a ['fuldʒido] *agg* glänzend, leuchtend

fulgore [ful'goːre] *m* Glanz *m*

fuliggine [fu'liddʒine] *f* Ruß *m*

fuligginoso, -a [fuliddʒi'noːso] *agg* rußig

full employment [ful im'plɔimənt] <-> *m* Vollzeitbeschäftigung *f*

full immersion [ful i'məːʃən] <-> *f* Full-immersion *f;* **essere in ~** maximalen Einsatz bringen; **fare un corso ~** einen Intensivkurs machen

full-time [ful'taim] **I.** *agg inv* Vollzeit-, Ganztags-; **impiego ~** volle Stelle; **lavoro ~** Ganztagsarbeit *f;* **occupazione ~** Vollzeitbeschäftigung *f* **II.** *avv* ganztags; **lavorare a ~** ganztags arbeiten **III.** *m* <-> Vollzeitbeschäftigung *f;* **ho accettato il ~** ich habe den Fulltimejob angenommen

fulminante [fulmi'nante] **I.** *agg* ① TEC Spreng-, Schieß-, Zünd- ② *(fig: sguardo)* durchbohrend ③ *(malattia)* tödlich **II.** *m (fam)* Streichholz *nt,* Zündholz *nt* A

fulminare [fulmi'naːre] **I.** *vt* ① *(fulmine)* treffen, erschlagen ② *(scarica elettrica)* einen elektrischen Schlag verpassen ③ *(con arma da fuoco)* niederschießen ④ *(fig: con lo sguardo)* durchbohren **II.** *vi* blitzen **III.** *vr* **-rsi** durchbrennen

fulmine ['fulmine] *m* Blitz *m;* **un ~ a ciel sereno** [wie] ein Blitz aus heiterem Himmel; **un colpo di ~** *(fig)* Liebe *f* auf den ersten Blick; **come un ~** wie ein Blitz

fulmineo, -a [ful'miːneo] <-ei, -ee> *agg* ① *(veloce)* blitzschnell ② *(improvviso)* schlagartig

fulvo, -a ['fulvo] *agg* rotblond

fumaiolo [fuma'iɔːlo] *m* Schornstein *m*

fumare [fu'maːre] *vt, vi* rauchen

fumata [fu'maːta] *f* ① *(colonna di fumo)* Rauchsäule *f* ② *(per segnalazione)* Rauchzeichen *nt* ③ *(di tabacco)* Rauchen *nt*

fumatore, -trice [fuma'toːre] *m, f* Raucher(in) *m(f)*

fumetto [fu'metto] *m* ① *(nuvoletta)* Sprechblase *f* ② *pl* Comics *m pl,* Bildstreifen *m pl;* **racconto a -i** Comic *m*

fumigazione [fumigat'tsioːne] *f* Ausräucherung *f*

fumista [fu'mista] <-i *m,* -e *f*> *mf* Ofensetzer(in) *m(f),* Hafner(in) *m(f)* A

F

fummo ['fummo] *1. pers pl pass rem di* **essere**[1]
fumo ['fu:mo] *m* ❶ *(prodotto di combustione)* Rauch *m,* Qualm *m; (vapore)* Dampf *m;* **andare in ~** *(fig)* sich in Rauch auflösen; **essere pieno di ~** *(fig)* aufgeblasen sein; **mandare in ~ qc** *(fam)* etw platzen lassen; **vendere ~** ein Schaumschläger sein; **molto ~ e poco arrosto** *(fig)* mehr Schein als Sein, viel Lärm um nichts ❷ *(del tabacco)* Rauchen *nt*
fumogeno, -a [fu'mɔ:dʒeno] *agg* Rauch-, raucherzeugend
fumoseria [fumose'ri:a] <-ie> *f* Dunkelheit *f,* Unklarheit *f*
fumoso, -a [fu'mo:so] *agg* ❶ *(pieno di fumo)* verraucht, rauchig ❷ *(che fa fumo)* rauchend ❸ *(fig: oscuro)* nebelhaft, dunkel
funambolo, -a [fu'nambolo] *m, f* Seiltänzer(in) *m(f)*
fune ['fu:ne] *f (corda)* Seil *nt; (cavo)* Tau *nt; (per bucato)* Leine *f;* **tiro alla ~** Tauziehen *nt*
funebre ['fu:nebre] *agg* ❶ *(relativo ai morti)* Leichen-, Toten- ❷ *(fig: mesto, lugubre)* düster
funerale [fune'ra:le] *m* Beerdigung *f;* **una faccia da ~** ein Gesicht wie drei Tage Regenwetter
funerario, -a [fune'ra:rio] <-i, -ie> *agg* Grab-
funereo, -a [fu'nɛ:reo] <-ei, -ee> *agg v.* **funebre**
funestare [funes'ta:re] *vt* heimsuchen, überschatten
funesto, -a [fu'nɛsto] *agg* verderbenbringend, verhängnisvoll
fungaia [fuŋ'ga:ia] <-aie> *f* ❶ *(terreno)* Pilzplatz *m,* Pilzbeet *nt* ❷ *(fig, pej: quantità)* Haufen *m*
fungere ['fundʒere] <fungo, funsi, funto> *vi* **~ da** fungieren als; ADM amtieren als; *(essere)* sein; **~ da padrino** Pate sein
fungibile [fun'dʒi:bile] *agg* vertretbar
fungo ['fuŋgo] <-ghi> *m* Pilz *m,* Schwamm *m* A, Schwammerl *nt* A; **~ edule** Speisepilz *m;* **~ porcino** Steinpilz *m;* **~ prataiolo** Champignon *m;* **~ velenoso** Giftpilz *m;* **crescere come -ghi** wie Pilze aus dem Boden schießen
funicolare [funiko'la:re] *f* [Stand]seilbahn *f*
funivia [funi'vi:a] <-ie> *f* [Draht]seilbahn *f,* Seilschwebebahn *f*
funny ['fʌni] <-> *m* NAUT Regatta-Jacht *f*
funsi ['funsi] *1. pers sing pass rem di* **fungere**
funto ['funto] *pp di* **fungere**
funzionale [funtsio'na:le] *agg* zweckmäßig, funktionell
funzionalismo [funtsiona'lizmo] *m* Funktionalismus *m*
funzionalistico, -a [funtsiona'listiko] <-ci, -che> *agg* funktionalistisch
funzionalizzare [funtsionalid'dza:re] *vt* funktionstüchtig machen, verbessern
funzionamento [funtsiona'mento] *m* Arbeitsweise *f,* Funktionieren *nt*
funzionante [funtsio'nante] *agg* funktionsfähig, funktionierend; **congegno ~** funktionstüchtiges Gerät; **apparecchio ~** funktionsfähiger Apparat; **una radio degli anni '40 perfettamente ~** ein vollständig funktionsfähiges Radio aus den 40-ern
funzionare [funtsio'na:re] *vi* ❶ TEC funktionieren, gehen; **far ~** in Betrieb setzen, in Gang bringen ❷ *(persone)* fungieren, amtieren
funzionario, -a [funtsio'na:rio] <-i, -ie> *m, f* Amtsperson *f,* Funktionär(in) *m(f); (impiegato)* Beamte(r) *m/*Beamtin *f; (incaricato)* Beauftragte(r) *f(m)*
funzione [fun'tsio:ne] *f* ❶ *(gener,* MAT, MED, TEC, INFORM Funktion *f; (a di persona)* Tätigkeit *f,* Aufgabe *f; (ufficio)* Stellung *f; (carica)* Amt *nt; (mansione)* Befugnis *f;* **nell'esercizio delle proprie -i** in Ausübung seines Amtes; **entrare in ~** in Betrieb gehen; *(persone)* die Arbeit aufnehmen ❷ *(cerimonia, rito)* Feier *f;* **~ funebre** Totenmesse *f;* **~ religiosa** Gottesdienst *m*
fuoco ['fuɔ:ko] <-chi> *m* ❶ *(gener)* Feuer *nt;* **-chi d'artificio** Feuerwerk *nt;* **dar ~ a qc** etw in Brand setzen, etw anzünden; **pigliar ~** Feuer fangen; **andare a ~** in Flammen aufgehen; **scherzare col ~** *(fig)* mit dem Feuer spielen; **mettere a ~ un argomento** *(fig)* eine Frage genau unter die Lupe nehmen; **mettere la mano sul ~ per qu** *(fig)* für jdn die Hand ins Feuer legen; **soffiare sul ~** *(fig)* in die Glut blasen, das Feuer schüren; **al ~!** Feuer!, es brennt! ❷ *(fornello)* [Herd]platte *f,* Flamme *f,* Feuer *nt* ❸ FOTO, PHYS Brennpunkt *m,* Fokus *m* ❹ MIL Feuer *nt;* **fare ~** Feuer machen; MIL Feuer geben, feuern; **aprire/cessare il ~** das Feuer eröffnen/einstellen
fuor(i)uscita [fuor(i)uʃ'ʃi:ta] *f* Ausströmen *nt,* Entweichen *nt; (rinuncia)* Ausstieg *m; (dal partito)* Austritt *m*
fuor(i)uscito, -a [fuor(i)uʃ'ʃi:to] *m, f* Emigrant(in) *m(f)*
fuorché [fuor'ke] **I.** *cong* außer **II.** *prep* ausgenommen *+nom o akk,* außer *+dat,* mit Ausnahme *+gen*
fuordopera <-> *m* LIT *(parte non integrante di un'opera letteraria)* Kommentar *m,* Anmerkung *f*

fuori [fu'ɔːri] **I.** *avv* ❶ *(stato)* draußen; *(sulla superficie)* außen; *(fuori di casa: persone)* außer Haus; *(all'estero)* im Ausland ❷ *(moto)* heraus, hinaus; **sporgersi in ~** sich hinauslehnen; **~ [di qui]!** hinaus!; **~ i soldi!** her mit dem Geld! ❸ *(loc)* **fuor di dubbio** außer Zweifel; **essere ~ strada** *(fig)* auf dem falschen Dampfer sein; **far ~** *(fam: uccidere)* abmurksen; *(patrimonio)* durchbringen; **metter ~** *(denaro)* ausgeben; *(notizia)* verbreiten; *(persona)* vor die Tür setzen; **tagliar ~ qu** jdn [von etw] ausschließen; **essere ~ di sé** außer sich *dat* sein **II.** *prep* ❶ *(stato)* außerhalb *+gen*; *(fig)* außer *+dat* ❷ *(moto)* aus *+dat* ❸ *(loc)* **~ concorso/pericolo/uso** außer Konkurrenz/Gefahr/Gebrauch; **~ luogo** unangebracht, fehl am Platz[e]; **~ mano** abgelegen, entlegen; **~ orario** außerplanmäßig, außerhalb der [festgesetzten] Zeit; **~ tempo** aus dem Takt; **~ tiro** außer Schussweite **III.** *m* **il di ~** die Außenseite

FUORI ['fuːri] *m abbr di* **Fronte Unitario Omosessuale Rivoluzionario Italiano** *italienische Homosexuellenbewegung*

fuoribordismo [fuoribor'dizmo] *m* SPORT Regatta *f* mit Außenbordern

fuoribordo [fuori'bordo] <-> *m* ❶ *(motore)* Außenbordmotor *m* ❷ *(imbarcazione)* Außenborder *m*

fuoriborsa [fuori'borsa] <-> *m* FIN Freiverkehr *m*

fuoribusta [fuori'busta] **I.** *m* <-> Extravergütung *f*, Nebenvergütung *f*; **il mio ~ è quasi pari al mio stipendio** meine Nebenvergütung ist fast so hoch wie mein Gehalt **II.** *agg inv* Sonder-, Neben-; **premio ~** Sonderprämie *f*

fuoricampo [fuori'kampo] **I.** *agg inv* FILM Off, off; **voce ~** Off-Stimme *f* **II.** *m* <-> ❶ FILM *(suono, voce)* Off *nt* ❷ SPORT Aus *nt*

fuoriclasse [fuori'klasse] **I.** *agg inv* erstklassig; *(speciale)* Spezial-, Sonder- **II.** *mf* <-> Sonderklasse *f fam*, Klassemann, Klassefrau *m, f*

fuori combattimento [fuorikombatti'mento] **I.** *agg inv* knock-out; **mettere qu ~** jdn k.o. schlagen; *(fig)* jdn außer Gefecht setzen **II.** *m* <-> Knock-out *m*

fuori corsa [fuori'korsa] **I.** *avv* SPORT ausgeschieden **II.** *agg inv* SPORT ausgeschieden

fuoricorso [fuori'korso] <-> *mf* Student(in) *m(f)*, der [die] die Studienzeit überschritten hat

fuorigara [fuori'gaːra] **I.** *avv* außer Konkurrenz, aus dem Wettbewerb; **finire ~** aus dem Wettbewerb ausscheiden **II.** *agg inv* außer Konkurrenz

fuorigioco [fuori'dʒɔːko] <-> *m* Abseits *nt*, Aus *nt*

fuorilegge [fuori'leddʒe] <-> *mf* Gesetzlose(r) *f(m)*

fuorimano [fuori'maːno] **I.** *avv* abgelegen; **abitare/vivere ~** abgelegen wohnen/leben **II.** *agg inv* abgelegen, abgeschieden; **strada ~** abseits gelegene Straße

fuori misura, **fuorimisura** [fu'ɔːri mi'zuːra] **I.** *agg inv* ❶ *(che non risponde a misure standard)* Sonder-; **giacca ~** Jacke in Sondergröße; **armadio ~** Sondermodell eines Schrankes ❷ *(fig: esagerato, eccessivo)* unangemessen, Über-; **litigio ~** unangemessener Streit; **reazione ~** Überreaktion *f* **II.** *avv (in modo eccessivo, smodato)* maßlos, zu viel; **fumare ~** übermäßig rauchen; **mangiare ~** zu viel essen; **bere ~** zu viel trinken

fuorimoda [fuori'mɔːda] **I.** *agg inv* unmodern, aus der Mode gekommen **II.** *avv* nicht modisch, nicht nach der Mode; **vestire ~** sich nicht nach der Mode kleiden

fuori orario, **fuoriorario** [fu'ɔːri o'raːrio] **I.** *avv* außerhalb des [feststehenden] Zeitplanes, nicht pünktlich **II.** *agg inv* unpünktlich, nicht pünktlich; **programma ~** nicht pünktlich beginnendes Programm

fuoripagina [fuori'paːdʒina] <-> *m* Artikel *m* auf einer Sonderseite

fuoripasto [fuori'pasto] *avv* außerhalb der Mahlzeiten; **non mangio mai ~** ich esse nie zwischendurch

fuoripista [fuori'pista] <-> *m* SPORT Tiefschneefahren *nt*; **fare un ~** außerhalb der Piste fahren

fuoriporta [fuori'pɔrta] **I.** *avv* in der Vorstadt **II.** *agg inv* in der Vorstadt; **ristorante ~** Vorstadtrestaurant

fuoriprogramma [fuoripro'gramma] <-> *m* Zugabe *f*, Pausenfüller *m*, Programmfüller *m*; **eseguire un ~** eine Zugabe geben; **trasmettere un ~** einen Pausenfüller senden

fuoriquota [fuori'kuɔːta] <-> *mf* SPORT überzähliger Spieler/Athlet

fuorisacco [fuori'sakko] **I.** *m* <-> Eilbrief *m*, Eilsendung *f* **II.** *agg inv* Eil-; **plico ~** Eilsendung *f*

fuorisede [fuori'sɛːde] **I.** *agg inv* auswärtig **II.** *mf* <-> Auswärtige(r) *f(m)*

fuoriserie [fuori'sɛːrie] **I.** *agg inv* Sonder-, Spezial- **II.** *f* <-> Sonderausführung *f*, Sondermodell *nt*

fuoristrada [fuori'straːda] **I.** *m* <-> ❶ AUTO Geländewagen *m* ❷ SPORT *(gara)* Querfeldeinrennen *nt* **II.** *agg inv* Gelände-; **moto ~** Geländemotorrad *nt*; **auto ~** Geländewagen *m*

F

fuoristradista [fuoristra'dista] <-i *m,* -e *f*> *mf* Fahrer(in) *m(f)* eines Geländewagens

fuoristradistico, -a [fuoristra'di:stiko] *agg* Gelände-; **prestazioni -che** Geländeeigenschaften

fuoriuscire [fuoriuʃʃi:re] <irr> *vi* ~ **da** austreten aus

fuoriuscitismo [fuoriuʃʃi'tizmo] *m* Opposition *f* emigrierter Exilanten; **il governo è minacciato dal forte ~ degli esuli** die Regierung wird durch die starke Opposition emigrierter Exilanten bedroht

fuorivia [fuori'vi:a] *avv* weit weg, außer Landes

fuormisura [fuormi'zu:ra] *v.* **fuorimisura**

fuorviante [fuor'viante] *agg* ① *(che svia)* irreführend, abwegig ② *(fig: aberrante)* abwegig; **indizio ~** irreführendes Indiz; **ipotesi ~** irrige Annahme

fuorviare [fuorvi'a:re] **I.** *vt* ① *(sviare)* irreleiten ② *(fig: traviare)* auf Abwege führen, verführen **II.** *vi* auf Abwege geraten; *(bes fig)* vom rechten Weg abkommen

furba *f v.* **furbo**

furbacchione, -a [furbak'kio:ne] *m, f* *(fam)* Schlaumeier *m*

furberia [furbe'ri:a] <-ie> *f* Listigkeit *f,* List *f*

furbizia [fur'bittsia] <-ie> *f* Schlauheit *f,* Schläue *f*

furbo, -a ['furbo] **I.** *agg* schlau, listig **II.** *m, f* Schlaumeier *m*

furente [fu'rɛnte] *agg* wütend

furetto [fu'retto] *m* ZOO Frettchen *nt*

furfante [fur'fante] *m* Gauner *m*

furgonato [furgo'na:to] *m* MOT Nutzfahrzeug *nt,* Transporter *m*

furgonato, -a *agg* MOT Transport-, Nutz-

furgone [fur'go:ne] *m* Lieferwagen *m;* **~ per traslochi** Möbelwagen *m*

furia ['fu:ria] <-ie> *f* ① *(accesso di collera)* Wut *f;* **andare su tutte le -ie** einen heiligen Zorn bekommen, auf die Palme gehen *fam* ② *(fig: a del vento)* Wüten *nt* ③ *(fretta)* [große] Eile *f;* **in fretta e ~** in aller Eile ④ *(fig: di sentimenti)* Heftigkeit *f* ⑤ *(persona)* Furie *f fam* ⑥ *(loc)* **a ~ di ...** durch viel[es] ...

furibondo, -a [furi'bondo] *agg* wütend

furiere [fu'riɛ:re] *m* MIL Kompaniefeldwebel *m*

furioso, -a [fu'rio:so] *agg* ① *(persona)* wütend ② *(fig: passione, tempesta)* heftig

furono ['fu:rono] *3. pers pl pass rem di* **essere**[1]

furore [fu'ro:re] *m* ① *(agitazione violenta)* Wut *f,* Raserei *f* ② *(veemenza)* Heftigkeit *f;* **far ~** *(fig)* Furore machen

furoreggiare [furored'dʒa:re] *vi* Furore machen

furtivo, -a [fur'ti:vo] *agg* ① *(sguardo)* verstohlen, heimlich ② *(merce)* gestohlen

furto ['furto] *m* ① *(azione)* Diebstahl *m;* **~ di dati** INFORM Datenklau *m fam* ② *(cosa rubata)* Diebesgut *nt*

fusa ['fu:sa] *f pl* **far le ~** schnurren

fuscello [fuʃ'ʃɛllo] *m* [dürrer] Zweig *m; (di paglia)* Halm *m*

fusciacca [fuʃ'ʃakka] <-cche> *f* Schärpe *f*

fuseaux [fy'zo] <-> *mpl* Leggin[g]s *mpl*

fusi ['fu:zi] *1. pers sing pass rem di* **fondere**

fusibile [fu'zi:bile] *m* Schmelzsicherung *f*

fusilli [fu'silli *o* fu'zilli] *mpl (pasta)* spiralförmige Nudelsorte

fusione [fu'zio:ne] *f* ① *(di metalli)* Schmelzen *nt; (di campane)* Gießen *nt;* **punto di ~** Schmelzpunkt *m;* **~ nucleare** Kernfusion *f* ② *(di colori)* Mischung *f* ③ *(di suoni)* Einklang *m* ④ COM Fusion *f;* POL Zusammenschluss *m;* SPORT Zusammenspiel *nt*

fuso ['fu:zo] **I.** *pp di* **fondere** **II.** *m* ① *(in filatura)* Spindel *f* ② *(della ruota)* Achszapfen *m; (dell'ancora)* Schaft *m* ③ *(loc)* **~ orario** Zeitzone *f*

fusoliera [fuzo'liɛ:ra] *f* AERO Rumpf *m*

fustagno [fus'taɲɲo] *m* Baumwollflanell *m,* Barchent *m*

fustella [fus'tɛlla] *f (medicinali)* Preisabschnitt *m*

fustellare [fustel'la:re] *vt* ① *(sagomare con una fustella)* stanzen, perforieren ② *(carotare il terreno con una fustella)* brechen

fustellatrice [fustellat'tri:tʃe] *f* TEC *(macchina usata per fustellare)* Stanze *f*

fustigare [fusti'ga:re] *vt* ① *(battere)* [aus]peitschen ② *(fig)* geißeln

fustigazione [fustigat'tsio:ne] *f* Auspeitschung *f; (fig)* Geißelung *f*

fustino [fus'ti:no] *m* Tonne *f;* **~ di detersivo** Waschpulverbehälter *m*

fusto ['fusto] *m* ① BOT Stamm *m* ② *(di colonna)* Schaft *m* ③ *(recipiente)* Fass *nt* ④ *(fig: tronco umano)* Rumpf *m* ⑤ *(fam: giovane aitante)* Prachtkerl *m*

futile ['fu:tile] *agg* unbedeutend, nichtig

futilità [futili'ta] <-> *f* Nichtigkeit *f*

futuribile [futu'ri:bile] **I.** *agg* Zukunfts-, zukünftig; **fenomeno ~** Zukunftsphänomen *nt;* **guerra ~** zukünftiger Krieg **II.** *m* PHILOS, REL Szenario *nt,* Apokalypse *f*

futurismo [futu'rizmo] *m* KUNST, LIT, MUS Futurismus *m*

futurista [futu'rista] <-i *m,* -e *f*> **I.** *agg* futuristisch **II.** *mf* Futurist(in) *m(f)*

futuristico, **-a** [futu'ristiko] <-ci, -che> *agg* futuristisch
futuro [fu'tu:ro] *m* ① *(avvenire)* Zukunft *f* ② LING Futur *nt*
futuro, **-a** *agg* zukünftig
futurologia [futurolo'dʒi:a] <-ie> *f* Zukunftsforschung *f*
futurologico, **-a** [futuro'lɔ:dʒiko] <-ci, -che> *agg* futurologisch, Zukunftsforschung betreffend
futurologo, **-a** [futu'rɔ:logo] <-gi, -ghe> *m, f* Zukunftsforscher(in) *m(f)*, Futurologe *m*/Futurologin *f*
FX producer [ɛf ɛks prə'dju:sə] <- *o* FX producers> *mf* FILM, TV Effekttechniker *m*

Gg

G

g *abbr di* **grammo** g
G, **g** [dʒi] <-> *f* G *nt*, g *nt*; **g come Genova** G wie Gustav
gabardina [gabar'di:na], **gabardine** [gabar'din] <-> *f* Gabardine *m o f*
gabbana [gab'ba:na] *f* **voltar ~** das [*o* sein] Mäntelchen nach dem Wind[e] hängen
gabbare [gab'ba:re] *vt* ① *(ingannare)* betrügen, hintergehen ② *(deridere)* verulken, verschaukeln
gabbia ['gabbia] <-ie> *f* ① ZOO Käfig *m*; *(per uccelli)* Vogelbauer *nt o m* ② *(fig fam)* Kittchen *nt*, Loch *nt*; **~ di matti** *(fam)* Irrenhaus *nt* ③ ARCH Armierung *f* ④ *(involucro)* Korb *m*; *(per trasporto)* [Latten]verschlag *m*
gabbiano [gab'bia:no] *m* Möwe *f*
gabella [ga'bɛlla] *f* HIST Zoll *m*, Steuer *f*
gabellare [gabel'la:re] *vt* HIST ausgeben (**per** als)
gabelliere [gabel'liɛ:re] *m* HIST Zöllner *m*
gabinetto [gabi'netto] *m* ① *(toilette)* Toilette *f*; **andare al ~** auf die Toilette gehen ② *(studio)* Arbeitszimmer *nt*; *(a scuola)* Raum *m*; MED Praxis *f*; ADM Amtszimmer *nt*; **~ di fisica** Physikraum *m* ③ POL Kabinett *nt*
gadget ['gadʒit] <-> *m* *(accessorio)* Schnickschnack *m fam*; *(omaggio)* Werbebeigabe *f*
gaffe [gaf] <-> *f* Schnitzer *m*; **fare una ~** ins Fettnäpfchen treten *fam*
gaffer ['gæfə] <-> *m* FILM, TV Filmtechniker *m*
gag [gæg *o* gag] <-> *f* Gag *m*
gagà [ga'ga] <-> *m* *(pej)* Lackaffe *m*, Laffe *m*
gagliardetto [gaʎʎar'detto] *m* SPORT Fähnchen *nt*, Wimpel *m*; POL Standarte *f*; NAUT Stander *m*
gagliardia [gaʎʎar'di:a] <-ie> *f* Stärke *f*, Kühnheit *f*
gagliardo, **-a** [gaʎ'ʎardo] *agg* *(giovane, pianta, vino)* kräftig, feurig; *(guerriero)* wacker, kühn
gaglioffa *f v.* **gaglioffo**
gaglioffaggine [gaʎʎof'faddʒine] *f* Tölpelhaftigkeit *f*
gaglioffo, **-a** [gaʎ'ʎɔffo] **I.** *agg* nichtsnutzig, tölpelhaft **II.** *m, f* Nichtsnutz *m*, Faulenzer(in) *m(f)*, Tachinierer *m* A
gaiezza [ga'iettsa] *f* Fröhlichkeit *f*, Ausgelassenheit *f*
gaio, **-a** ['ga:io] <-ai, -aie> *agg* fröhlich
gala ['ga:la] *f* ① *(lusso)* Pracht *f*, Gala *f*; **mettersi in ~** sich in Schale werfen; **di ~** Gala- ② *(ricevimento)* Empfang *m* ③ *(di tessuto)* Rüsche *f*
galante [ga'lante] **I.** *agg* galant **II.** *m* Kavalier *m*
galanteria [galante'ri:a] <-ie> *f* Galanterie *f*, Ritterlichkeit *f*
galantina [galan'ti:na] *f* GASTR Sülze *f*, Aspik *m o nt*
galantuomo [galan'tuɔ:mo] <galantuomini> *m* Ehrenmann *m*, Gentleman *m*; **il re ~** *Beiname von Vittorio Emanuele II.*; **il tempo è ~** *(prov)* mit der Zeit wird alles ins rechte Lot kommen
galassia [ga'lassia] <-ie> *f* Milchstraße *f*, Galaxis *f*
galateo [gala'tɛ:o] *m* Knigge *m*, gutes Benehmen
galattico, **-a** [ga'lattiko] <-ci, -che> *agg* galaktisch, Milchstraßen-
galattosio [galat'tɔ:zio] <-> *m* CHEM Galaktose *f*
galea [ga'lɛ:a] *f* Galeere *f*
galeone [gale'o:ne] *m* Galeone *f*, Galione *f*
galeotto [gale'ɔtto] *m* ① *(ergastolano)* Sträfling *m*, Zuchthäusler *m* ② NAUT, HIST Galeerensklave *m*, -sträfling *m* ③ *(scherz)* Gauner *m*
galera [ga'lɛ:ra] *f* ① NAUT, HIST Galeere *f* ② *(prigione)* Gefängnis *nt*, Zuchthaus *nt*;

avanzo di ~ Galgenvogel *m,* Galgenstrick *m;* **tipo da** ~ Knastbruder *m fam*

galla ['galla] *f* ① *(vescica, bolla)* Blase *f;* BOT Galle *f,* Wucherung *f* ② *(loc)* **a** ~ an der Oberfläche; **stare a** ~ oben schwimmen; *(a. fig)* sich über Wasser halten; **tenersi a** ~ sich über Wasser halten; **venire a** ~ auftauchen; *(fig)* an den Tag kommen; **la verità vien sempre a** ~ *(prov)* die Wahrheit kommt immer ans Licht

galleggiabilità [galleddʒabili'ta] <-> *f* Schwimmfähigkeit *f*

galleggiamento [galleddʒa'mento] *m* Schwimmen *nt;* **linea di** ~ Wasserlinie *f*

galleggiante [galled'dʒante] **I.** *agg* schwimmend, Schwimm- **II.** *m* ① NAUT Wasserfahrzeug *nt* ② *(per la pesca, di recipiente)* Schwimmer *m*

galleggiare [galled'dʒa:re] *vi* [obenauf] schwimmen, treiben

galleria [galle'ri:a] <-ie> *f* ① *(traforo)* Tunnel *m; (di talpa)* Gang *m;* MIN Stollen *m;* ~ **del vento** Windkanal *m* ② *(di quadri)* Galerie *f* ③ THEAT, FILM Rang *m,* Galerie *f* ④ MOT, AERO Kanal *m*

gallerista [galle'rista] <-i *m,* -e *f*> *mf* Galerist(in) *m(f)*

galletta [gal'letta] *f* [Schiffs]zwieback *m*

galletto [gal'letto] *m* ① ZOO Hähnchen *nt,* Hendl *nt* A ② *(fig fam)* Gockel *m,* Hallodri *m* ③ TEC Flügelmutter *f*

gallicismo [galli'tʃizmo] *m* LING Gallizismus *m*

gallico, -a ['galliko] <-ci, -che> *agg* HIST, LING gallisch

gallina [gal'li:na] *f* Henne *f,* [Haus]huhn *nt;* **avere un cervello di** ~ *(fam)* ein Spatzenhirn haben; **andare a letto con le -e** mit den Hühnern zu Bett gehen; ~ **vecchia fa buon brodo** *(prov, scherz)* das Alter hat auch seine Reize

gallinacei [galli'na:tʃei] *mpl* Hühnervögel *mpl*

gallinella [galli'nɛlla] *f* Wasserhuhn *nt*

gallio ['gallio] *m* CHEM Gallium *nt*

gallismo [gal'lizmo] *m (fig)* Männlichkeitswahn *m,* Gockeltum *nt*

gallo[1] ['gallo] *m* ZOO Hahn *m; (a. fig)* Gockel *m fam;* **fare il** ~ sich wie ein Gockel aufführen; **al canto del** ~ beim ersten Hahnenschrei; **troppi -i a cantare non fa mai giorno** *(prov)* viele Köche verderben den Brei

gallo[2] *agg inv* SPORT Bantam-; **peso** ~ Bantamgewicht *nt*

gallofilia [gallofi'li:a] <-ie> *f* Frankophilie *f*

gallonare [gallo'na:re] *vt* mit Tressen versehen

gallone [gal'lo:ne] *m* ① MIL Tresse *f* ② *(guarnizione)* Besatz *m*

galoche [ga'lɔʃ] <-> *f v.* **caloscia**

galoppante [galop'pante] *agg* galoppierend; **inflazione** ~ galoppierende Inflation

galoppare [galop'pa:re] *vi (fig)* ZOO galoppieren; *(persona)* hasten, sich abhetzen

galoppata [galop'pa:ta] *f* Galopp *m; (fig)* Hetzerei *f*

galoppino [galop'pi:no] *m* Lakai *m,* Laufbursche *m;* ~ **elettorale** Wahlhelfer *m*

galoppo [ga'lɔppo] *m* Galopp *m;* **andare al** ~ galoppieren

galoscia [ga'lɔʃʃa] *f v.* **caloscia**

galvanico, -a [gal'va:niko] <-ci, -che> *agg* galvanisch

galvanismo [galva'nizmo] *m* Galvanismus *m*

galvanizzare [galvanid'dza:re] *vt* ① TEC galvanisieren ② *(fig)* aufrütteln

galvanizzazione [galvaniddzat'tsio:ne] *f* ① TEC Galvanisierung *f* ② *(fig)* Aufrütt[e]lung *f*

galvanometro [galva'nɔ:metro] *m* Galvanometer *nt*

galvanoplastica [galvano'plastika] <-che> *f* Galvanoplastik *f*

galvanoplastico, -a [galvano'plastiko] <-ci, -che> *agg* galvanoplastisch

galvanotipia [galvanoti'pi:a] <-ie> *f* Galvanotypie *f*

gamba ['gamba] *f* ① ANAT Bein *nt; (a di animali)* Lauf *m;* **cadere a -e all'aria** *(a. fig)* aufs Kreuz fallen *fam;* **camminare a quattro -e** auf allen Vieren laufen; **correre a -e levate** die Beine in die Hand nehmen; **darsela a -e** sich davonmachen, sich aus dem Staub machen; **essere in** ~ auf Draht sein, fit sein *fam;* **prendere qc sotto** ~ etw auf die leichte Schulter nehmen; **sedere a -e incrociate** im Schneidersitz sitzen ② *(di pantalone)* [Hosen]bein *nt; (di tavolo)* Bein *nt,* Fuß *m* ③ MUS *(d'organo)* Gambenstimme *f;* **viola da** ~ Gambe *f,* Kniegeige *f* ④ *(di lettera)* [Grund]strich *m*

gambale [gam'ba:le] *m* [Stiefel]schaft *m*

gamberetto [gambe'retto] *m* Garnele *f*

gambero ['gambero] *m* Krebs *m;* **diventare rosso come un** ~ krebsrot werden; **fare come i -i** im Krebsgang gehen

gambetto [gam'betto] *m (gioco degli scacchi)* Gambit *nt;* **fare/dare il** ~ **a qu** *(a. fig)* jdm ein Bein stellen

gambiera [gam'biɛ:ra] *f* Beinschiene *f*

gambizzare [gambid'dza:re] *vt* in die Beine schießen

gambizzazione [gambiddzat'tsio:ne] *f* *Terrorakt, bei dem auf die Beine der Opfer geschossen wird*

gambo ['gambo] *m* ① BOT Stiel *m,* Stängel *m* ② *(fig)* Stiel *m,* Schaft *m*
game [geim] <-> *m* SPORT Spiel *nt*
gamella [ga'mɛlla] *f* Essnapf *m,* Blechnapf *m*
gamete [ga'mɛːte] *m* BIOL Geschlechtszelle *f,* Gamet *m*
gametogenesi [gameto'dʒɛːnezi] <-> *f* BIOL Gametogenese *f*
gamia [ga'miːa] <-ie> *f* BIOL geschlechtliche Fortpflanzung *f*
gamico, -a ['gaːmiko] <-ci, -che> *agg* BIOL geschlechtlich, Geschlechts-
gamma[1] ['gamma] *f* ① *(di varie gradazioni)* Skala *f* ② *(serie)* Reihe *f,* Serie *f;* **~ di prodotti** Produktpalette *f* ③ RADIO Band *nt;* **~ [di lunghezza] d'onda** Wellenlänge *f*
gamma[2] *agg inv* PHYS Gamma-; **raggi ~** Gammastrahlen *mpl*
ganascia [ga'naʃʃa] <-sce> *f* ① ANAT Kinnlade *f* ② ZOO Ganasche *f* ③ MOT *(del freno)* [Brems]backe *f*
ganascino [ganaʃ'ʃiːno] *m* Bäckchen *nt*
gancio ['gantʃo] <-ci> *m* Haken *m;* **~ di traino** Anhängerkupplung *f*
Gand [gã] *f* GEOG Gent *nt*
gang [gæŋ *o* gang] <-> *f* Gang *f,* Bande *f*
ganga ['gaŋga] *f* ① MIN Ganggestein *nt* ② *(fam)* Bande *f,* Clique *f*
ganghero ['gaŋgero] *m* ① *(di porte, finestre)* Angel *f* ② *(di vestito)* Häkchen *nt,* Öse *f* ③ *(loc)* **uscire dai -i** aus der Haut fahren; **essere fuori dai -i** außer sich *dat* sein [vor Wut]
ganglio ['gaŋglio] <-gli> *m* ① ANAT Ganglion *nt,* Nervenknoten *m* ② *(fig)* Lebensnerv *m*
gangrena [gaŋ'grɛːna] *f v.* **cancrena**
gangster ['ganster *o* 'gaŋgster] <-> *m* Gangster *m*
gangsteristico, -a [gangste'ristiko] <-ci, -che> *agg* gangsterhaft, Gangster-; **gruppo ~** Gangsterbande *f*
ganimede [gani'mɛːde] *m* Schönling *m*
ganzo, -a ['gandzo] **I.** *agg (fam)* pfiffig, clever **II.** *m, f* ① *(pej)* Liebhaber *m* ② *(fam)* cleverer Bursche
gap [gæp *o* gap] <-> *m* Kluft *f*
gara ['gaːra] *f* Wettkampf *m,* Wettstreit *m,* Wettbewerb *m; (lotta concorrenziale)* Konkurrenzkampf *m;* **~ d'appalto** Ausschreibungswettbewerb *m;* **~ di solidarietà** Spendenmarathon *m;* **fare una ~** einen Wettkampf veranstalten; **fare a ~ con** wetteifern mit; **essere fuori ~** ausgeschieden sein
garage [ga'raːʒ] <-> *m* Garage *f; (per servizio)* [Autoreparatur]werkstatt *f;* **~ sotterraneo** Tiefgarage *f*
garagista [gara'dʒista] <-i *m,* -e *f*> *mf* [Auto]werkstattbesitzer(in) *m(f)*
garante [ga'rante] *mf* Bürge *m*/Bürgin *f,* Garant(in) *m(f);* **farsi ~ per qu/di qc** für jdn/etw bürgen
garantire [garan'tiːre] <garantisco> **I.** *vt* ① *(assicurare)* bürgen für ② JUR haften für ③ COM Garantie leisten für ④ *(fig: dare per certo)* garantieren, versichern **II.** *vi* bürgen **III.** *vr* **-rsi** sich *dat* eine Bürgschaft besorgen
garantito, -a [garan'tiːto] *agg* garantiert; **l'automobile è -a per un anno** das Auto hat ein Jahr Garantie; **impermeabile ~** garantiert wasserfest; **quei soldi, ~, non li rivedi più!** *(fam)* das Geld siehst du garantiert nicht wieder!
garanzia [garan'tsiːa] <-ie> *f* ① JUR Garantie *f,* Sicherheit *f;* **avviso di ~** Ermittlungsbescheid *m* ② *(fig)* Gewähr[leistung] *f;* **dare una ~** eine Garantie geben; **dare ~ di serietà** Seriosität zusichern; **essere una ~** *(persona, progetto)* eine [sichere] Bank sein
garbare [gar'baːre] *vi essere (fam)* gefallen, zusagen
garbatezza [garba'tettsa] *f* Liebenswürdigkeit *f*
garbato, -a [gar'baːto] *agg* angenehm, liebenswürdig
garbo ['garbo] *m (grazia)* Charme *m,* Anmut *f; (buone maniere)* Höflichkeit *f,* Anstand *m;* **con bel ~** behutsam; **senza ~** ungehobelt, plump
garbuglio [gar'buʎʎo] <-gli> *m* Wirrwarr *m,* Gewirr *nt*
garçonne [gar'sɔn] <-> *f* **alla ~** nach Jungenart, nach Männerart
garçonnière [garsɔ'njɛːr] <-> *f* Junggesellenwohnung *f*
Gardena [gar'deːna] *f* **Val ~** Grödner Tal *nt,* Gröden *nt*
garden centre ['gaːdn 'sentə] <-> *m (vivaio)* Großgärtnerei *f*
gardenia [gar'dɛːnia] <-ie> *f* Gardenie *f*
garden-party ['gaːdn 'paːti *o* 'garden 'parti] *m* Gartenfest *nt*
gardesano, -a [garde'zaːno] *agg* Gardasee-
gareggiare [gared'dʒaːre] *vi* wetteifern; SPORT kämpfen, antreten; **~ con qu in** [*o* **a**] **qc** mit jdm um etw [*o* in etw *dat*] wetteifern
garganella [garga'nɛlla] *f* **bere a ~** [direkt aus der Flasche] in den Mund gießen; *(fig)* saufen, zechen
gargarismo [garga'rizmo] *m* ① *(azione)*

G

Gurgeln *nt;* **fare i -i** gurgeln ② *(liquido)* Gurgelmittel *nt*

gargarizzare [gargarid'dza:re] *vi* gurgeln

garibaldino, -a [garibal'di:no] **I.** *agg* Garibaldi-, von [*o* wie] Garibaldi **II.** *m, f* Garibaldianer(in) *m(f)*

garitta [ga'ritta] *f* Wach[t]turm *m*

garofano [ga'rɔ:fano] *m* Nelke *f;* **chiodi di ~** Gewürznelken *f pl*

garrese [gar're:se] *m* Widerrist *m*

garretto [gar'retto] *m* ① ZOO Hachse *f* ② *(fam: caviglia)* Ferse *f,* Hacke *f*

garrire [gar'ri:re] <garrisco> *vi (uccelli)* kreischen, lärmen

G

garrito [gar'ri:to] *m* lautes Gezwitscher

garrotta [gar'rɔtta] *f* Gar[r]otte *f,* Würgeisen *nt*

garrulo, -a ['garrulo] *agg* ① *(uccelli)* zwitschernd ② *(fig: persona)* kreischend; *(loquace)* geschwätzig

garza ['gardza] *f* Gaze *f;* MED Verbandmull *m*

garzare [gar'dʒa:re] *vt* aufrauen

garzatrice [gardʒa'tri:tʃe] *f* Raumaschine *f*

garzatura [gardʒa'tu:ra] *f* [Auf]rauen *nt*

garzone, -a [gar'dzo:ne] *m, f* [Lauf]bursche *m,* Laufmädchen *nt*

gas [gas] <-> *m* Gas *nt;* **~ asfissiante** Giftgas *nt;* **~ esilarante** Lachgas *nt;* **~ lacrimogeno** Tränengas *nt;* **~ nobile** Edelgas *nt;* **a tutto ~** *(fig fam)* mit Volldampf; **~ di scarico** Abgase *mpl;* **~ serra** Treibgas *nt;* **bolletta del ~** Gasrechnung *f*

gasare [ga'za:re] *v.* **gassare**

gasarsi [ga'sarsi] *vr (fig fam)* sich aufblasen, sich aufspielen

gasato, -a [ga'sa:to] **I.** *agg (gassato)* mit Kohlensäure versetzt; **acqua -a** Sprudelwasser *nt;* **bibita -a** Brause *f* **II.** *m, f (fig fam: esaltato)* aufgedrehte Person

gasdotto [gaz'dotto] *m* Gasleitung *f*

gasista [ga'zista] *v.* **gassista**

gasolina® [gazo'li:na] *f* Gasolin® *nt*

gasolio [ga'zɔ:lio] *m* Dieselkraftstoff *m*

gasometro [ga'zɔ:metro] *m* Gasbehälter *m*

gassare [gas'sa:re] *vt* mit Kohlensäure versetzen

gassato, -a [gas'sa:to] *agg* kohlensäurehaltig

gassificare [gassifi'ka:re] *vt* gasifizieren

gassificazione [gassifikat'tsio:ne] *f* Gasifizierung *f*

gassista [gas'sista] <-i *m,* -e *f*> *mf* Gasarbeiter(in) *m(f)*

gassometro [gas'sɔ:metro] *v.* **gasometro**

gassosa [gas'so:sa] *f* Brause[getränk *nt*] *f*

gassoso, -a [gas'so:so] *agg* gasförmig, Gas-

gastrico, -a ['gastriko] <-ci, -che> *agg* Magen-, gastrisch; **lavanda -a** Magenspülung *f*

gastrite [gas'tri:te] *f* Gastritis *f*

gastroenterico, -a [gastroen'tɛ:riko] <-ci, -che> *agg* Magendarm-

gastroenterite [gastroente'ri:te] *f* Magendarmentzündung *f,* Gastroenteritis *f*

gastrointestinale [gastrointesti'na:le] *agg* Magendarm-, gastrointestinal

gastronoma *f v.* **gastronomo**

gastronomia [gastrono'mi:a] <-ie> *f* Gastronomie *f*

gastronomico, -a [gastro'nɔ:miko] <-ci, -che> *agg* gastronomisch

gastronomo, -a [gas'trɔ:nomo] *m, f* Gastronom(in) *m(f)*

gastropatia [gastropa'ti:a] <-ie> *f* Magenleiden *nt*

gastroscopia [gastrosko'pi:a] <-ie> *f* Magenspiegelung *f,* Gastroskopie *f*

gastroscopio [gastros'kɔ:pio] <-i> *m* Gastroskop *nt*

gate [geit] <-> *m* Flugsteig *m,* Gate *nt*

gâteau [ga'to] <-> *m* Kuchen *m*

gateway ['geitwei] <-> *m* INFORM Gateway *nt*

gatta ['gatta] *f* Katze *f;* **una ~ da pelare** eine Heidenarbeit *fam; (difficile)* eine harte Nuss; **fare la ~ morta** sich dumm stellen, scheinheilig tun; **~ ci cova!** da ist was faul!; **tanto va la ~ al lardo che ci lascia lo zampino** *(prov)* der Krug geht so lange zum Brunnen, bis er bricht

gattabuia [gatta'bu:ia] <-ie> *f (fam)* Kittchen *nt*

gattesco, -a [gat'tesko] <-schi, -sche> *agg* katzenhaft, Katzen-; **con agilità -a** flink wie ein Wiesel; **con furberia -a** schlau wie ein Fuchs

gattimammoni *pl di* **gattomammone**

gattinara [gatti'na:ra] <-> *m* Gattinara *m (trockener Rotwein aus Piemont)*

gatto ['gatto] *m* Katze *f; (maschio)* Kater *m;* **~ selvatico** Wildkatze *f;* **~ delle nevi** Schneekatze *f;* **il ~ con gli stivali** der Gestiefelte Kater; **c'erano quattro -i** *(fig)* es war kaum jemand da; **al buio tutti i -i sono neri** [*o* **bigi**] *(prov)* bei Nacht sind alle Katzen grau; **quando il ~ non c'è i topi ballano** *(prov)* wenn die Katze aus dem Haus ist, tanzen die Mäuse [auf dem Tisch]

gattò [gat'tɔ] <-> *m* DIAL *süditalienisches Backofengericht aus Kartoffeln, Fleisch, Eiern und Käse*

gattofilo, -a [gat'tɔ:filo] **I.** *agg* Katzen liebend **II.** *m, f* Katzenliebhaber(in) *m(f),* Katzennarr *m/*-närrin *f*

gattomammone [gattomam'mo:ne]

<gattimammoni> *m* Buhmann *m*, schwarzer Mann

gattoni [gat'toːni] *avv* auf allen vieren

gattopardo [gatto'pardo] *m* große Raubkatze; *(~ africano)* Serval *m;* ~ **americano** Ozelot *m*

gaudente [gau'dɛnte] **I.** *agg* genießerisch, Genießer- **II.** *mf* Genießer(in) *m(f)*

gaudio ['gaːudio] <-i> *m (poet)* Wonne *f*

gaudioso, -a [gau'dioːso] *agg (poet)* wonnevoll, freudig

gavetta [ga'vetta] *f* Blechnapf *m;* **venire dalla** ~ von der Pike auf dienen

gavettone [gavet'toːne] *m* ① MIL *(recipiente per il rancio)* Feldküche *f* ② *(scherzo da caserma)* Wasserbombenwerfen *nt*

gavotta [ga'vɔtta] *f* Gavotte *f*

gay ['gei] **I.** *m* <-> Homosexuelle(r) *m* **II.** *agg inv* homosexuell; **locale** ~ Schwulenlokal *nt;* **matrimonio** ~ Homo-Ehe *f*, gleichgeschlechtliche Ehe

gazebo [gad'dzɛːbo] *m* Gartenpavillon *m*

gazza ['gaddza] *f* Elster *f;* ~ **ladra** diebische Elster

gazzarra [gad'dzarra] *f (fam)* Spektakel *nt*, Zirkus *m*

gazzella [gad'dzɛlla] *f* ① ZOO Gazelle *f;* **occhi da** ~ Rehaugen *ntpl* ② *(sl: dei carabinieri)* Polizeieinsatzwagen *m (schnellster Einsatzwagen der Karabinieri)*

gazzetta [gad'dzetta] *f* Zeitung *f*, Gazette *f;* **la Gazzetta Ufficiale** Amtsblatt *m*

gazzettino [gaddzet'tiːno] *m* ① *(piccolo giornale)* [kleine] Zeitung *f* ② *(parte del giornale)* Sparte *f*, Spalte *f* ③ *(fig, pej: persona pettegola)* Klatschtante *f fam*, Waschweib *nt fam*

gazzettistico, -a [gadzzet'tistiko] <-ci, -che> *agg (pej)* Käseblatt- *fam*

gazzosa [gad'dzoːsa] *v.* **gassosa**

Gazz. Uff. *abbr di* **Gazzetta Ufficiale** *regelmäßige Mitteilungen der italienischen Regierung*

GB *abbr di* **gigabyte** GB

geco ['dʒɛːko] <-chi> *m* Gecko *m*

geiger ['gaigər] <-> *m* Geigerzähler *m*

gel [dʒɛl] <-> *m* Gel *nt*

gelare [dʒe'laːre] **I.** *vi* ① *essere (diventare di ghiaccio)* frieren, gefrieren; *(stagno)* zufrieren ② *essere o avere (impersonale,* METEO frieren **II.** *vt avere* gefrieren [lassen]; *(fig: sangue)* erstarren lassen **III.** *vr* **-rsi** erfrieren

gelata [dʒe'laːta] *f* Frost *m*

gelataio, -a [dʒela'taːio] <-ai, -aie> *m, f* Eishersteller(in) *m(f); (venditore)* Eisverkäufer(in) *m(f)*

gelateria [dʒelate'riːa] <-ie> *f* Eiscafé *nt*, Eisdiele *f*

gelatiera [dʒela'tiɛːra] *f* Eismaschine *f*

gelatina [dʒela'tiːna] *f* ① GASTR Gelatine *f; (salato)* Aspik *m o nt;* ~ **di frutta** Fruchtgelee *nt o m* ② CHEM Gelatine *f*

gelatinoso, -a [dʒelati'noːso] *agg* gallertartig

gelato [dʒe'laːto] *m* Eis *nt*, Speiseeis *nt*

gelato, -a *agg* [zu]gefroren, eisig; **cono** ~ Eistüte *f*

gelidezza [dʒeli'dettsa] *f* ① METEO Frost *m* ② *(fig: di persona)* Kälte *f*, Frostigkeit *f*

gelido, -a ['dʒɛːlido] *agg* ① *(acqua, aria, stanza)* eisig, eiskalt ② *(fig: persona, accoglienza)* eisig, kühl

gelificante [dʒelifi'kante] **I.** *m* Geliermittel *nt* **II.** *agg* Gelier-

gelificare [dʒelifi'kaːre] **I.** *vt* gelatinieren **II.** *vr* **-rsi** gelieren

gelificazione [dʒelifikat'tsioːne] *f (atto del gelificare)* Gelatinierung *f; (atto del gelificarsi)* Gelieren *nt*

gelo ['dʒɛːlo] *m* ① METEO Frost *m*, eisige Kälte ② *(fig)* Frostigkeit *f*, Kälte *f;* **essere di** ~ *(fig: persona)* eiskalt sein

gelone [dʒe'loːne] *m* Frostbeule *f*

gelosia [dʒelo'siːa] <-ie> *f* ① *(stato d'animo)* Eifersucht *f;* **fare una scenata di** ~ eine Eifersuchtsszene machen; **custodire qc con** ~ etw sorgsam hüten ② *(cura attenta)* [peinliche] Sorgfalt *f* ③ *(di finestra)* Jalousie *f*, Fensterladen *m*

geloso, -a [dʒe'loːso] *agg* ~ **di qu** auf jdn eifersüchtig

gelseto [dʒel'seːto] *m* Maulbeerhain *m*

gelsicoltura [dʒelsikol'tuːra] *f* Maulbeerzucht *f*

gelso ['dʒɛlso] *m* Maulbeerbaum *m*

gelsomino [dʒelso'miːno] *m* Jasmin *m*

gemella *f v.* **gemello**

gemellaggio [dʒemel'laddʒo] <-ggi> *m* Städtepartnerschaft *f*

gemellare[1] [dʒemel'laːre] *agg* Zwillings-; **parto** ~ Zwillingsgeburt *f*

gemellare[2] *vt* durch eine Städtepartnerschaft verbinden

gemelli [dʒe'mɛlli] *mpl* ① ASTR **Gemelli** Zwillinge *mpl;* **sono [dei] Gemelli** ich bin [ein] Zwilling ② *(golfini)* Twinset *nt* ③ *(bottoni)* Manschettenknöpfe *mpl*

gemello, -a [dʒe'mɛllo] **I.** *agg* ① *(fratelli)* Zwillings-; *(letti)* Doppel-, doppelt ② *(fig: simile)* ähnlich, verwandt **II.** *m, f* Zwilling *m*

gemere ['dʒɛːmere] *vi* ① *(piangere)* stöhnen, ächzen ② *(fig: soffrire)* stöhnen

geminato, -a [dʒemi'naːto] *agg* Zwillings-, Doppel-

geminazione [dʒeminat'tsioːne] *f* ① MIN

G

Zwillingsbildung *f* ② LING Gemination *f*, Konsonantenverdoppelung *f*

gemito [ˈdʒɛːmito] *m (lamento)* Stöhnen *nt*, Ächzen *nt*; *(del vento)* Heulen *nt*

gemma [ˈdʒɛmma] *f* ① BOT Knospe *f* ② MIN Edelstein *m* ③ *(fig: preziosità)* Perle *f*, Juwel *nt*; *(del firmamento)* Stern *m*; **la ~ dell'Adriatico** *(Venezia)* die Perle der Adria

gemmario, -a [dʒemˈmaːrio] <-i, -ie> *agg* Edelstein-

gemmazione [dʒemmatˈtsioːne] *f* Knospung *f*

gemmologia [dʒemmoloˈdʒiːa] <-gie> *f* Gemmologie *f*

G

gemuto [dʒeˈmuːto] *pp di* **gemere**

gendarme [dʒenˈdarme] *m* ① MIL Gendarm *m* ② *(fig: donna)* Feldwebel *m fam*, Dragoner *m fam*

gendarmeria [dʒendarmeˈriːa] <-ie> *f* Gendarmerie *f*

gender [ˈdʒɛnder] <-> *m* Gender *nt*

gene [ˈdʒɛːne] *m* Gen *nt*

genealogia [dʒenealoˈdʒiːa] <-gie> *f* Genealogie *f*

genealogico, -a [dʒeneaˈlɔːdʒiko] <-ci, -che> *agg* genealogisch; **albero ~** Stammbaum *m*

genealogista [dʒenealoˈdʒista] <-i *m*, -e *f*> *mf* Genealoge *m*/Genealogin *f*

generale [dʒeneˈraːle] **I.** *agg* ① *(fatti, principi, norma)* allgemein; *(comune a tutti)* umfassend; **in ~** im Allgemeinen ② *(direttore)* General-; *(ispettore)* Ober-; *(segretario)* Haupt- **II.** *m* MIL General *m*; **~ di brigata** Brigadegeneral *m*; **~ di corpo d'armata** Generalleutnant *m*

generalesco, -a [dʒeneraˈlesko] <-schi, -sche> *agg (pej)* feldwebelhaft, kommandiersüchtig

generalessa [dʒeneraˈlessa] *f* ① *(scherz: moglie di un generale)* Frau General ② *(fig, pej: di carattere)* Feldwebel *m fam*

generalità [dʒeneraliˈta] <-> *f* ① *pl* ADM Personalien *pl*, Angaben *fpl* zur Person; **declinare le proprie ~** seine Personalien angeben ② *(maggioranza)* Allgemeinheit *f*, Mehrheit *f* ③ *(discorso, concetto generico)* Allgemeinheit *f*

generalizzare [dʒeneralidˈdzaːre] *vt, vi* verallgemeinern

generalizzazione [dʒeneraliddzatˈtsioːne] *f* Verallgemeinerung *f*

generalmente [dʒeneralˈmente] *avv* im Allgemeinen, gewöhnlich

general trader [ˈdʒɛnərəl ˈtreidə] <-> *mf* COM Hauptvertriebsleiter(in) *m(f)* einer Import-Export-Firma

generare [dʒeneˈraːre] *vt* ① *(figlio)* zeugen ② *(fig: causare)* erzeugen; *(sospetto, dubbio)* erregen; *(provocare)* bewirken ③ PHYS erzeugen

generativo, -a [dʒeneraˈtiːvo] *agg* [er]zeugend, [Er]zeugungs-

generatore [dʒeneraˈtoːre] *m* PHYS Generator *m*

generatore, -trice *agg* erzeugend, Erzeugungs-

generatrice [dʒeneraˈtriːtʃe] *f* ① MAT Erzeugende *f* ② EL Lademaschine *f*

generazionale [dʒenerattsioˈnaːle] *agg (conflitto)* Generations-

generazione [dʒeneratˈtsioːne] *f* ① *(di coetanei)* Generation *f* ② BIOL Zeugung *f*; **tramandare di ~ in ~** von Generation zu Generation überliefern

genere [ˈdʒɛːnere] *m* ① LING Genus *nt* ② *pl* COM Güter *ntpl*; **-i alimentari** Lebensmittel *ntpl*; **-i di consumo** Konsumgüter *ntpl*; **-i di prima necessità** lebensnotwendige Güter *pl* ③ LIT Gattung *f* ④ BOT, ZOO Gattung *f* ⑤ *(insieme di persone)* Geschlecht *nt*; *(insieme di cose)* Art *f*; **il ~ umano** das Menschengeschlecht ⑥ *(tipo)* Art [und Weise *f*] *f* ⑦ *(loc)* **in ~** im Allgemeinen, gewöhnlich

generica *f v.* **generico**

genericità [dʒeneritʃiˈta] <-> *f* Allgemeinheit *f*

generico [dʒeˈnɛːriko] *m* Allgemeine(s) *nt*

generico, -a <-ci, -che> *agg* ① MED allgemein, praktisch; **medico ~** Arzt *m* für Allgemeinmedizin; **medicinali -ci** Generika *ntpl* ② *(discorso, significato)* allgemein

genero [ˈdʒɛːnero] *m* Schwiegersohn *m*

generosa *f v.* **generoso**

generosità [dʒenerosiˈta] <-> *f* ① *(munificenza)* Großzügigkeit *f*, Freigebigkeit *f* ② *(magnanimità)* Großmut *f*, Hochherzigkeit *f*

generoso, -a [dʒeneˈroːso] **I.** *agg* ① *(magnanimo)* großherzig, großmütig ② *(mancia)* großzügig; *(vino)* edel; *(scollo)* tief, offenherzig **II.** *m, f* großmütiger Mensch

genesi [ˈdʒɛːnezi] <-> **I.** *f* Entstehung *f*; *(di opera d'arte)* Genese *f* **II.** *f o m* REL Genesis *f*, Schöpfungsgeschichte *f*

genetica [dʒeˈnɛːtika] <-che> *f* Genetik *f*

genetico, -a [dʒeˈnɛːtiko] <-ci, -che> *agg* genetisch; **ingegneria -a** Gentechnik *f*

genetista [dʒeneˈtista] <-i *m*, -e *f*> *mf* Genforscher(in) *m(f)*

genetliaco [dʒeneˈtliːako] <-ci> *m* Geburtstag *m*; **nel ~ di …** am Geburtstag von …

gengiva [dʒenˈdʒiːva] *f* Zahnfleisch *nt*

gengivale [dʒendʒiˈvaːle] *agg* Zahnfleisch-

gengivite [dʒendʒi'viːte] *f* Zahnfleischentzündung *f*
genia [dʒe'niːa] <-ie> *f* Gesindel *nt,* Brut *f*
geniale [dʒe'niaːle] *agg* genial
genialità [dʒeniali'ta] <-> *f* Genialität *f*
genico, -a ['dʒɛːniko] <-ci, -che> *agg* Gen-
geniere [dʒe'niɛːre] *m* Pionier *m*
genio ['dʒɛːnio] <-i> *m* ① *(capacità eccezionale)* Genie *nt;* **un uomo di ~** ein erfindungsreicher Mensch ② *(in mitologia)* Schutzgeist *m* ③ *(talento)* Begabung *f;* **lampo di ~** Geistesblitz *m* ④ ADM **~ civile** [staatliches] Bauamt *nt* ⑤ *(loc)* **mi va a ~** das sagt mir zu, das liegt mir
genitale [dʒeni'taːle] *agg* genital, Geschlechts-
genitali [dʒeni'taːli] *mpl* Genitalien *pl,* Geschlechtsorgane *ntpl*
genitivo [dʒeni'tiːvo] *m* Genitiv *m,* Wesfall *m*
genitivo, -a *agg* genitivisch, Genitiv-; **caso ~** Genitiv *m,* Wesfall *m*
genitore [dʒeni'toːre] *m* ① *(padre)* Vater *m,* Erzeuger *m; (madre)* Mutter *f* ② *pl (padre e madre)* Eltern *pl*
genitorialità [dʒenitoriali'ta] *f* Elternsein *nt*
genitrice [dʒeni'triːtʃe] *f (poet)* Schöpferin *f,* Mutter *f*
gennaio [dʒen'naːio] *m* Januar *m,* Jänner *m* A; *v. a.* **aprile**
genocidio [dʒeno'tʃiːdio] <-i> *m* Völkermord *m*
genotipo [dʒeno'tiːpo *o* dʒe'nɔːtipo] *m* Genotyp *m*
Genova ['dʒɛːnova] *f* Genua *nt (Hauptstadt Liguriens)*
genovese [dʒeno'veːse] **I.** *agg* genuesisch; **pesto alla ~** Pesto *nt (aus Genua stammende Soße aus Olivenöl, fein gehacktem Basilikum, geriebenem Parmesan und Pinienkernen)* **II.** *mf (abitante)* Genuese *m/* Genuesin *f* **III.** *m sing (dialetto)* Genuesisch(e) *nt*
Genovese *m sing* Umgebung *f* von Genua
gentaglia [dʒen'taʎʎa] <-glie> *f (pej)* Pack *nt,* Gesindel *nt*
gente ['dʒɛnte] *f* ① *sing (persone in genere)* Leute *pl,* Menschen *mpl;* **~ di campagna** Landbevölkerung *f,* Landvolk *nt;* **~ di teatro** Theaterleute *pl;* **la ~ dice …** die Leute sagen …, man sagt …; **abbiamo ~ a cena** *(fam)* wir bekommen zum Abendessen Besuch ② HIST Familie *f,* Stamm *m;* **diritto delle -i** JUR Völkerrecht *nt*
gentildonna [dʒentil'dɔnna] *f* vornehme Dame; *(nobile)* Edelfrau *f,* Adlige *f*
gentile [dʒen'tiːle] **I.** *agg* ① *(persona, maniere)* freundlich, nett, höflich ② *(lineamenti)* weich, lieblich ③ *(sentimenti, animo)* edel; **~ signora** gnädige Frau; *(nelle lettere)* sehr geehrte Frau …; **il gentil sesso** das schwache Geschlecht **II.** *m* REL Ungläubige(r) *f(m),* Heide *m/*Heidin *f,* Nichtchrist(in) *m(f)*
gentilezza [dʒenti'lettsa] *f* ① *(di persona)* Freundlichkeit *f,* Höflichkeit *f;* **~ di aspetto** nettes Äußeres; **~ di modi** freundliche Art; **~ di sentimenti** edle Gesinnung ② *(piacere)* Gefälligkeit *f;* **per ~** bitte, wären Sie bitte so freundlich, seien Sie bitte so nett; **fammi la ~ di …** *+inf* sei so nett und …, tu mir den Gefallen und …
gentilizio, -a [dʒenti'littsio] <-i, -ie> *agg (poet)* Adels-, Familien-
gentiluomo [dʒenti'luɔːmo] <gentiluomini> *m* Adlige(r) *m,* Edelmann *m;* **comportarsi da ~** sich wie ein Ehrenmann verhalten
gentleman ['dʒentəlmən] <-> *m (signore)* Gentleman *m,* Kavalier *m*
genuflessione [dʒenufles'sioːne] *f* Kniefall *m,* Niederknien *nt*
genuflettersi [dʒenu'flɛttersi] <irr> *vr* niederknien, auf die Knie fallen
genuinità [dʒenuini'ta] <-> *f* Echtheit *f,* Unverfälschtheit *f*
genuino, -a [dʒenu'iːno] *agg* echt, unverfälscht
genziana [dʒen'tsiaːna] *f* Enzian *m*
geocaching ['dʒeokæʃiŋ] *m* INET Geocaching *nt*
geocentrico, -a [dʒeo'tʃɛntriko] <-ci, -che> *agg* geozentrisch
geocentrismo [dʒeotʃen'trizmo] *m* Geozentrik *f*
geochimica [dʒeo'kiːmika] <-che> *f* Geochemie *f*
geode [dʒe'ɔːde] *m* Geode *f*
geodesia [dʒeode'ziːa] <-ie> *f* Erdvermessung *f,* Geodäsie *f*
geodetico, -a [dʒeo'dɛːtiko] <-ci, -che> *agg* Erdvermessungs-, geodätisch
geodinamica [dʒeodi'naːmika] <-che> *f* Geodynamik *f*
geodinamico, -a [dʒeodi'naːmiko] <-ci, -che> *agg* geodynamisch
geofisica [dʒeo'fiːzika] <-che> *f* Geophysik *f*
geofisico, -a [dʒeo'fiːziko] <-ci, -che> **I.** *agg* geophysisch **II.** *m, f* Geophysiker(in) *m(f)*
geofisiologo, -a [geofi'ziɔːlogo] <-gi, -ghe> *m, f* Geophysiologe *m/*Geophysiologin *f*
geografa *f v.* **geografo**
geografia [dʒeogra'fiːa] *f* Geografie *f,* Erdkunde *f*

G

geografico, **-a** [dʒeo'gra:fiko] <-ci, -che> *agg* geografisch; **atlante** ~ Atlas *m;* **carta -a** Landkarte *f*
geografo, **-a** [dʒe'ɔ:grafo] *m, f* Geograf(in) *m(f)*
geolinguistica [dʒeoliŋ'guistika] <-che> *f* Sprachgeografie *f*
geologa *f v.* **geologo**
geologia [dʒeolo'dʒi:a] <-gie> *f* Geologie *f*
geologico, **-a** [dʒeo'lɔ:dʒiko] <-ci, -che> *agg* geologisch
geologo, **-a** [dʒe'ɔ:logo] <-gi, -ghe> *m, f* Geologe *m/* Geologin *f*

G

geomagnetismo [dʒeomaɲɲe'tizmo] *m* Erdmagnetismus *m*
geometra [dʒe'ɔ:metra] <-i *m*, -e *f*> *mf* Geometer *m,* Vermessungstechniker(in) *m(f)*
geometria [dʒeome'tri:a] <-ie> *f* Geometrie *f*
geometrico, **-a** [dʒeo'mɛ:triko] *agg* ❶ MAT geometrisch ❷ *(fig: esattezza, precisione)* mathematisch
geomorfologia [dʒeomorfolo'dʒi:a] *f* Geomorphologie *f*
geonauta [dʒeo'na:uta] <-i *m*, -e *f*> *mf* Höhlenforscher(in) *m(f)*
geopolitica [dʒeopo'li:tika] <-che> *f* Geopolitik *f*
geopolitico, **-a** [dʒeopo'li:tiko] <-ci, -che> *agg* geopolitisch
georgico, **-a** [dʒe'ɔrdʒiko] <-ci, -che> *agg (poet)* ländlich, Ackerbau-
geotecnica [dʒeo'tɛknika] <-che> *f* Geotechnik *f*
geotermica [dʒeo'tɛrmika] <-che> *f* Geothermik *f*
geotermico, **-a** [dʒeo'tɛrmiko] <-ci, -che> *agg* geothermisch
geotropico, **-a** [dʒeo'trɔ:piko] <-ci, -che> *agg* geotrop
geotropismo [dʒeotro'pizmo] *m* Geotropismus *m*
geranio [dʒe'ra:nio] <-i> *m* Geranie *f*
gerarca [dʒe'rarka] <-chi> *m* ❶ REL Hierarch *m* ❷ HIST, POL hohes Parteimitglied
gerarchia [dʒerar'ki:a] <-chie> *f* Hierarchie *f,* Rangordnung *f;* **le -ie celesti** die himmlischen Heerscharen *fpl*
gerarchico, **-a** [dʒe'rarkiko] <-ci, -che> *agg* hierarchisch
gerbera [dʒer'bɛ:ra] *f* Gerbera *f*
geremiade [dʒere'mi:ade] *f (pej)* ewiges Gejammer
gerente [dʒe'rɛnte] *mf* [Geschäfts]führer(in) *m(f)*, -leiter(in) *m(f)*
gerenza [dʒe'rɛntsa] *f* [Geschäfts]führung *f,* -leitung *f*
gergale [dʒer'ga:le] *agg* Jargon-, Slang-; **espressione** ~ Slangausdruck *m*
gergo ['dʒɛrgo] <-ghi> *m* Jargon *m,* Slang *m;* ~ **giornalistico** Journalistenjargon *m*
geriatra [dʒe'ria:tra] <-i *m*, -e *f*> *mf* Geriater(in) *m(f)*
geriatria [dʒeria'tri:a] <-ie> *f* Geriatrie *f,* Altersheilkunde *f*
geriatrico, **-a** [dʒe'ria:triko] <-ci, -che> *agg* geriatrisch; **clinica -a** Altenpflegeheim *nt*
geriopsichiatra [dʒeriopsi'kia:tra] <-i *m*, -e *f*> *mf* MED *auf dem Gebiet der Geriatrie spezialisierter Psychologe*
gerla ['dʒɛrla] *f* Tragkorb *m,* Hucke *f*
germana *f v.* **germano**
Germania [dʒer'ma:nia] *f* Deutschland *nt;* **vado in** ~ ich fahre nach Deutschland
germanico, **-a** [dʒer'ma:niko] <-ci, -che> *agg* germanisch
germanio [dʒer'ma:nio] *m* Germanium *nt*
germanismo [dʒerma'nizmo] *m* Germanismus *m*
germanista [dʒerma'nista] <-i *m*, -e *f*> *mf* Germanist(in) *m(f)*
germanistica [dʒerma'nistika] <-che> *f* Germanistik *f*
germano, **-a** [dʒer'ma:no] **I.** *agg* ❶ *(tedesco)* germanisch ❷ *(fratello)* leiblich **II.** *m, f* Germane *m/* Germanin *f*
germanofilia [dʒermanofi'li:a] *f* Deutschfreundlichkeit *f*
germanofobia [dʒermanofo'bi:a] *f* Deutschfeindlichkeit *f*
germanofono, **-a** [dʒerma'nɔ:fono] *agg* deutschsprachig
germe ['dʒɛrme] *m* ❶ BIOL Keim *m,* Keimling *m* ❷ MED Keim *m;* **-i patogeni** Krankheitserreger *mpl* ❸ BOT Keimling *m,* Sämling *m* ❹ *(fig: origine)* Keim *m,* Ursprung *m;* **in** ~ *(fig)* im Keim
germicida[1] [dʒermi'tʃi:da] <-i, -e> *agg* keimtötend, bakterizid
germicida[2] <-i> *m* keimtötendes Mittel, Bakterizid *nt*
germinale [dʒermi'na:le] *agg* Keim-
germinare [dʒermi'na:re] *vi essere o avere* BOT keimen
germinativo, **-a** [dʒermina'ti:vo] *agg* Keim-, Keimungs-
germinazione [dʒerminat'tsio:ne] *f* Keimen *nt,* Keimung *f*
germogliare [dʒermoʎ'ʎa:re] *vi essere o avere* ❶ BOT sprießen, treiben ❷ *(fig: nascere)* keimen
germoglio [dʒer'moʎʎo] <-gli> *m* ❶ BOT Spross *m,* Trieb *m* ❷ *(fig: origine)* Keim *m*

gerocomio [dʒero'kɔːmio] *v.* **gerontocomio**

geroglifico [dʒero'gliːfiko] *m* ① LING Hieroglyphe *f* ② *gener al pl (fig)* Krähenfüße *mpl fam,* Hieroglyphen *fpl*

geroglifico, -a <-ci, -che> *agg* LING hieroglyphisch, Hieroglyphen-

gerontocomio [dʒeronto'kɔːmio] <-i> *m* Altenheim *nt*

gerontologa *f v.* **gerontologo**

gerontologia [dʒerontolo'dʒiːa] <-gie> *f* Gerontologie *f*

gerontologo, -a [dʒeron'tɔːlogo] <-gi, -ghe> *m, f* Gerontologe *m/* Gerontologin *f*

gerundio [dʒe'rundio] <-i> *m* Gerundium *nt*

gerundivo, -a [dʒerun'diːvo] *agg* gerundiv

Gerusalemme [dʒeruza'lɛmme] *f* Jerusalem *nt*

gessare [dʒes'saːre] *vt* ① *(carta, bende)* [ein]gipsen ② AGR kalken, mit Kalkdünger anreichern

gessato [dʒes'saːto] *m (abito)* Nadelstreifenanzug *m*

gessato, -a *agg (trattato con gesso)* mit Gips behandelt; *(impregnato di gesso)* gipshaltig

gessatura [dʒessa'tuːra] *f* ① AGR Kalken *nt,* Anreicherung *f* mit Kalkdünger ② *(di mosto)* Gipsen *nt*

gessetto [dʒes'setto] *m* Kreide *f*

gesso ['dʒɛsso] *m* ① *(per lavagna)* Kreide *f* ② MIN Gips *m* ③ MED Gips[verband] *m* ④ *(scultura)* Gipsfigur *f*

gessoso, -a [dʒes'soːso] *agg* gipshaltig, Gips-

gesta ['dʒɛsta] *fpl* LIT Heldentaten *fpl*

gestante [dʒes'tante] *f* Schwangere *f,* werdende Mutter

gestatorio, -a [dʒesta'tɔːrio] <-i, -ie> *agg* **sedia -a** Tragsessel *m* [des Papstes]

gestazione [dʒestat'tsioːne] *f* ① MED Schwangerschaft *f* ② *(fig: preparazione)* Bearbeitung *f;* **in ~** in Bearbeitung, in Vorbereitung

gesticolare [dʒestiko'laːre] *vi* gestikulieren

gestionale [dʒestio'naːle] *agg* [Geschäfts]führungs-

gestione [dʒes'tioːne] *f* [Geschäfts]führung *f,* -leitung *f;* **~ dei costi** Kostenmanagement *nt;* **~ del motore** AUTO Motorsteuerung *f;* **~ fondi** FIN Fondsmanagement *nt;* **società di ~** FIN Fondsgesellschaft *f;* **~ prestiti** FIN Darlehensverwaltung *f*

gestire [dʒes'tiːre] <gestisco> **I.** *vt* COM, JUR leiten, führen, abwickeln **II.** *vi (gesticolare)* gestikulieren

gesto ['dʒɛsto] *m* Geste *f,* Gebärde *f;* **ha fatto un bel ~** das war eine nette Geste von ihm [*o* ihr]

gestore, -trice [dʒes'toːre] *m, f* [Geschäfts]führer(in) *m(f),* [Geschäfts]leiter(in) *m(f);* **~ telefonico** Mobilfunkanbieter *m*

gestuale [dʒestu'aːle] *agg* Gesten-, Gebärden-

Gesù [dʒe'zu] *m* Jesus *m*

gesuita [dʒezu'iːta] <-i> *m* ① REL Jesuit *m* ② *(pej: ipocrita)* Heuchler *m*

gesuitico, -a [dʒezu'iːtiko] <-ci, -che> *agg* ① REL jesuitisch, Jesuiten- ② *(pej: ipocrita)* heuchlerisch

gesuitismo [dʒezui'tizmo] *m* Jesuitentum *nt*

gettare [dʒet'taːre] **I.** *vt* ① *(lanciare)* werfen, schmeißen; **~ via qc** etw wegwerfen; **~ le braccia al collo a qu** jdm die Arme um den Hals werfen ② NAUT *(ancora, reti)* auswerfen ③ AGR *(seme)* [aus]säen ④ ARCH *(fondamenta)* legen ⑤ *(statua)* gießen ⑥ *(radici, ponte)* schlagen ⑦ *(grido)* ausstoßen **II.** *vi* ① BOT keimen, treiben ② *(rubinetto, fontana)* fließen, laufen **III.** *vr* **-rsi** ① *(buttarsi)* **-rsi a terra** sich auf den Boden werfen; **-rsi ai piedi di qu** sich jdm vor die Füße werfen; **-rsi contro qu** sich auf jdn stürzen; **-rsi dalla finestra** sich aus dem Fenster stürzen; **-rsi in ginocchio** sich auf die Knie werfen ② *(fiume)* münden

gettata [dʒet'taːta] *f* ① *(di metalli, cemento)* Guss *m* ② *(diga)* Damm *m*

gettito ['dʒɛttito] *m* Ertrag *m*

getto ['dʒɛtto] *m* ① BOT Spross *m,* Trieb *m* ② *(di liquido)* Strahl *m* ③ *(di metallo)* Guss *m* ④ *(di calcestruzzo)* [Beton]schüttung *f* ⑤ *(fig)* **a ~ continuo** ununterbrochen; **di ~** flüssig, zügig

gettonare [dʒetto'naːre] *vt (fam)* ① *(disco)* spielen lassen ② *(scherz)* TEL anrufen

gettonato, -a [dʒetto'naːto] *agg (fam)* gespielt, gedrückt; **la canzone più -a dell'anno** das meistgespielte Lied des Jahres

gettone [dʒet'toːne] *m* ① *(gener)* [Einwurf]münze *f,* -marke *f;* **telefono a -i** Münzfernsprecher *m;* **~ del telefono** [*o* **telefonico**] Telefonmünze *f* ② *(al gioco)* Spielmarke *f,* Jeton *m*

gettoniera [dʒetto'niɛːra] *f* Münzbüchse *f,* Münzkassette *f*

gettonista [dʒtto'nista] <-i *m,* -e *f*> *mf* Abtreibungsarzt *m/*-ärztin *f*

geyser ['gaizə] <-> *m* Geysir *m,* Geiser *m*

ghaneano, -a [gane'aːno] **I.** *agg (del Ghana, ghaniano)* ghanaisch **II.** *m, f (nativo del Ghana)* Ghanaer(in) *m(f)* **III.** *m, f sing (dialetto del Ghana)* Ghanaisch(e) *nt*

ghenga ['gɛŋga] <-ghe> *f (scherz)* Clique *f*
ghepardo [ge'pardo] *m* Gepard *m*
gheriglio [ge'riʎʎo] <-gli> *m* [Nuss]-kern *m*
ghermire [ger'mi:re] *vt* ① ZOO [mit den Krallen] packen [*o* greifen] ② *(fig: carpire)* entreißen, fortnehmen; **~ un segreto a qu** jdm ein Geheimnis entreißen
gherone [ge'ro:ne] *m* ① *(di camicia)* Zwickel *m* ② NAUT Schothorn *nt*
ghetta ['getta] *f* Gamasche *f;* **pantaloni con le -e** Steghose *f*
ghettizzare [gettid'dza:re] *vt* ghettoisieren *geh*
ghettizzazione [gettiddzat'sio:ne] *f* Ghettoisierung *f geh*
ghetto ['getto] *m* Ghetto *nt*
ghiacciaia [giat'tʃa:ia] <-aie> *f* Eisschrank *m,* Eiskasten *m* A
ghiacciaio [giat'tʃa:io] <-ai> *m* Gletscher *m*
ghiacciare [giat'tʃa:re] **I.** *vt avere* ① *(gelare)* gefrieren, vereisen ② *(fig: una persona)* erstarren lassen **II.** *vr* **-rsi** zufrieren
ghiacciata [giat'tʃa:ta] *f* Eisgetränk *nt*
ghiacciato, -a [giat'tʃa:to] *agg* ① *(strada, terreno)* vereist, gefroren ② *(molto freddo)* eiskalt, eisig
ghiaccio ['giattʃo] <-cci> *m* Eis *nt;* **~ secco** Trockeneis *nt;* **pattinaggio sul ~** Schlittschuhlaufen *nt;* **rompere il ~** *(a. fig)* das Eis brechen; **rimanere di ~** *(fig)* wie erstarrt sein; **essere un pezzo di ~** *(fig)* ein Eisklumpen sein
ghiacciolo [giat'tʃɔ:lo] *m* ① *(pezzo di ghiaccio)* Eiszapfen *m* ② GASTR Wassereis *nt*
ghiaia ['gia:ia] <-aie> *f* Kies *m*
ghiaiettino [giaiet'ti:no] *m ganz kleiner Kies*
ghiaione [gia'io:ne] *m* Geröllhalde *f,* Berghalde *f*
ghiaioso, -a [gia'io:so] *agg* kiesig, Kies-
ghianda ['gianda] *f* ZOO Eichel *f*
ghiandaia [gian'da:ia] <-aie> *f* Eichelhäher *m*
ghiandola ['giandola] *f* Drüse *f*
ghiandolare [giando'la:re] *agg* Drüsen-, glandulär *scient*
ghiera ['giɛ:ra] *f* Ring *m; (a di bastone, ombrello)* Zwinge *f*
ghigliottina [giʎʎot'ti:na] *f* Guillotine *f,* Fallbeil *nt*
ghigliottinamento [giʎʎottina'mento] *m* ① *(decapitazione)* Enthauptung *f* ② *(fig: licenziamento improvviso)* Feuern *nt*
ghigliottinare [giʎʎotti'na:re] *vt* ① *(decapitare)* guillotinieren, enthaupten ② *(fig: licenziare improvvisamente)* feuern
ghignare [giɲ'ɲa:re] *vi* grinsen
ghignata [giɲ'ɲa:ta] *f,* **ghigno** ['giɲɲo] *m* Grinsen *nt*
ghingheri ['giŋgeri] *avv* **in ~** *(fam scherz)* herausgeputzt, aufgetakelt
ghiotto, -a ['giotto] *agg* ① *(persona)* naschhaft; **è ~ di dolci** er mag gern Süßigkeiten, er nascht gern ② *(cibo)* schmackhaft, lecker
ghiottone, -a [giot'to:ne] *m, f* ① *(persona)* Schlemmer(in) *m(f),* Leckermaul *nt* ② ZOO Vielfraß *m*
ghiottoneria [giottone'ri:a] <-ie> *f* ① *(avidità)* Naschhaftigkeit *f* ② GASTR Leckerbissen *m,* Schmankerl *nt* A
ghiozzo ['giɔddzo] *m* Grundel *f,* Gründling *m*
ghiribizzo [giri'biddzo] *m (fam)* Schnapsidee *f*
ghirigoro [giri'gɔ:ro] *m* Schnörkel *m*
ghirlanda [gir'landa] *f* ① *(di fiori, foglie)* Girlande *f,* Kranz *m* ② ARCH Feston *nt*
ghiro ['gi:ro] *m* ZOO Siebenschläfer *m;* **dormire come un ~** wie ein Murmeltier schlafen
ghisa ['gi:za] *f* Gusseisen *nt*
ghostbuster ['goust'bʌstə] <-> *mf (acchiappafantasmi)* Ghostbuster *m,* Geisterjäger(in) *m(f)*
ghost-writer ['goust'raitə] <-> *mf* Ghostwriter *m*
già [dʒa] *avv* ① *(prima d'ora)* schon, bereits ② *(sin d'ora)* jetzt schon ③ *(ormai)* nun[mehr], schon ④ *(ex)* ehemalig ⑤ *(assenso)* gewiss, schon ⑥ *(rafforzativo)* gewiss; **~ ~** ja, ja
giacca ['dʒakka] <-cche> *f* Jacke *f; (indumento maschile)* Jackett *nt,* Sakko *m;* **~ a vento** Anorak *m,* Windjacke *f;* **~ ad un petto** Einreiher *m;* **~ a doppio petto** Zweireiher *m*
giacché [dʒak'ke] *cong* da … [schon], weil … [schon]
giacchetta [dzak'ketta] *f* Jacke *f*
giacchetto [dzak'ketto] *m* Jackett *nt*
giaccio ['dʒattʃo] *1. pers sing pr di* **giacere**
giacente [dʒa'tʃɛnte] *agg (posta)* [post]lagernd; *(pratica)* unerledigt
giacenza [dʒa'tʃɛntsa] *f* Lagerbestand *m,* Lager *nt;* **-e di magazzino** Lagerbestand *m;* **capitale in ~** brachliegendes Kapital
giacere [dʒa'tʃe:re] <giaccio, giacqui, giaciuto> *vi essere* liegen; *(a. fig)* ruhen; **~ bocconi** auf dem Bauch liegen; **~ sul fianco** auf der Seite liegen; **~ supino** auf

dem Rücken liegen; **qui giace …** *(sulle tombe)* hier ruht [in Frieden] …
giaciglio [dʒa'tʃiʎʎo] <-gli> *m* Lager *nt,* Schlafgelegenheit *f*
giacimento [dʒatʃi'mento] *m* Vorkommen *nt,* Lager *nt*
giacinto [dʒa'tʃinto] *m* ❶ BOT Hyazinthe *f* ❷ MIN Hyazinth *m*
giaciuto [dʒa'tʃu:to] *pp di* **giacere**
giacomo giacomo ['dʒa:komo 'dʒa:komo] **far ~** *(fam)* schlottern
giacqui ['dʒakkui] *1. pers sing pass rem di* **giacere**
giaculatoria [dʒakula'tɔ:ria] <-ie> *f* ❶ REL Stoßgebet *nt* ❷ *(scherz)* Leier *f,* Litanei *f*
giada[1] ['dʒa:da] *f* Jade *m o f*
giada[2] *agg inv* **verde ~** jadegrün
giaggiolo [dʒad'dʒɔ:lo] *m* Schwertlilie *f,* Iris *f*
giaguaro [dʒa'gua:ro] *m* Jaguar *m*
giallastro, -a [dʒal'lastro] *agg* gelblich, schmutzig gelb
gialliccio, -a [dʒal'littʃo] <-cci, -cce> *agg* gelblich
gialligno, -a [dʒal'liɲɲo] *agg* gelblich, vergilbt
giallino, -a [dʒal'li:no] *agg* blassgelb, gelblich; **pullover ~** blassgelber Pullover; **colorito ~** gelblicher Farbton
giallista [dʒal'lista] <-i *m,* -e *f*> *mf* Kriminalschriftsteller(in) *m(f)*
giallo ['dʒallo] *m* ❶ *(colore)* Gelb *nt;* **~ dell'uovo** Eigelb *nt;* **~ di Siena** Sienamarmor *m;* **passare col ~** bei Gelb über die Ampel fahren ❷ LIT, FILM Krimi *m fam*
giallo, -a *agg* ❶ *(colore)* gelb; **farina -a** Maismehl *nt;* **febbre -a** Gelbfieber *nt;* **Pagine -e** Gelbe Seiten *f pl* ❷ LIT, FILM, THEAT, TV Kriminal-, Krimi- *fam;* **romanzo ~** Kriminalroman *m;* **film ~** Kriminalfilm *m*
giallobù [dʒallo'blu] **I.** *agg inv (relativo alla squadra di calcio del Verona)* gelbblau **II.** *m* <-> ❶ *(chi gioca nella squadra del Verona)* Gelbblaue *m,* Spieler *m* bei Verona ❷ *(tifoso della squadra del Verona)* Fan *m* der Gelbblauen
giallognolo, -a [dʒal'loɲɲolo] *agg* blassgelb, gelblich
giallorosa [dʒallo'rɔ:za] *agg inv* kitschig, Kitsch-; *(stampa)* Boulevard-
giambo ['dʒambo] *m* Jambus *m*
giammai [dʒam'ma:i] *avv (poet)* nie, niemals
gianduia [dʒan'du:ia] <-> *m* GASTR N[o]ugat *m o nt*
giansenismo [dʒanse'nizmo] *m* Jansenismus *m*
giansenista [dʒanse'nista] <-i *m,* -e *f*> *mf* Jansenist(in) *m(f)*
giansenistico, -a [dʒanse'nistiko] <-ci, -che> *agg* jansenistisch
Giappone [dʒap'po:ne] *m* **il ~** Japan *nt*
giapponese [dʒappo'ne:se] **I.** *agg* japanisch **II.** *mf* Japaner(in) *m(f)*
giapponeseria [dʒapponese'ri:a] <-ie> *f (pej)* [japanischer] Krimskrams *m,* Nippes *pl*
giara ['dʒa:ra] *f* Amphore *f,* Kanne *f*
giardinaggio [dʒardi'naddʒo] <-ggi> *m* Gartenbau *m,* Gartenarbeit *f*
giardinetta® [dʒardi'netta] *f* Kombiwagen *m,* Kombi *m fam*
giardiniera [dʒardi'niɛ:ra] *f* ❶ MOT Kombiwagen *m,* Kombi *m fam* ❷ GASTR Mischgemüse *nt; (sottaceti)* Mixed Pickles *pl* ❸ *(mobile)* Blumenständer *m*
giardiniere, -a [dʒardi'niɛ:re] *m, f* Gärtner(in) *m(f)*
giardino [dʒar'di:no] *m* ❶ Garten *m;* **~ botanico** botanischer Garten; **-i pubblici** [öffentlicher] Park *m;* **~ zoologico** Zoo *m,* Tiergarten *m* ❷ *(scuola)* **~ musicale** Musikgarten *m*
giarrettiera [dʒarret'tiɛ:ra] *f* Strumpfband *nt,* Strumpfhalter *m*
giavellottista [dʒavellot'tista] <-i *m,* -e *f*> *mf* Speerwerfer(in) *m(f)*
giavellotto [dʒavel'lɔtto] *m* ❶ MIL Wurfspieß *m,* Lanze *f* ❷ SPORT Speer *m*
già-vissuto ['dʒa vis'su:to] <-> *m* PSIC *(déjà vu)* Déjàvu-Erlebnis *nt*
gibbo ['dʒibbo] *m* Höcker *m,* Buckel *m*
gibbone [dʒib'bo:ne] *m* Gibbon *m*
gibbosità [dʒibbosi'ta] <-> *f* Buck[e]ligkeit *f; (del terreno)* Unebenheit *f*
gibboso, -a [dʒib'bo:so] *agg* buck[e]lig; *(terreno)* uneben
giberna [dʒi'bɛrna] *f* Patronentasche *f*
gibigian(n)a [dʒibi'dʒa:na (dʒibi'dʒanna)] *f* LOMB Lichtschimmer *m;* **fare la ~** *(fig)* sich aufdonnern, sich auftakeln
Gibilterra [dʒibil'tɛrra] *f* Gibraltar *nt*
gigabyte [gigabait] <-> *m* INFORM Gigabyte *nt*
gigaelettronvolt [dʒigaelettron'vɔlt] <-> *m* TEC *(unità di energia)* Gigaelektronvolt *nt*
gigante [dʒi'gante] **I.** *agg* riesengroß, Riesen-; **i Monti Giganti** das Riesengebirge **II.** *m* ❶ *(poet)* Gigant *m,* Riese *m* ❷ *(persona imponente)* Riese *m;* **fare passi da ~** Riesenschritte machen
giganteggiare [dʒiganted'dʒa:re] *vi* [riesenhaft] hervorragen, herausragen
gigantesco, -a [dʒigan'tesko] <-schi, -sche> *agg* riesenhaft, Riesen-
gigantessa [dʒigan'tessa] *f (scherz, pej)* Riesin *f*

G

gigantismo [dʒigan'tizmo] *m* MED Gigantismus *m,* Riesenwuchs *m*

gigliaceo, -a [dʒiʎ'ʎa:tʃeo] *agg* lilienartig, Lilien-

gigliato, -a [dʒiʎ'ʎa:to] *agg* Lilien-

giglio ['dʒiʎʎo] <-gli> *m* Lilie *f*

gigolo [ʒigɔ'lo] <-> *m* Gigolo *m*

gilda ['dʒilda] *f* Gilde *f,* Zunft *f*

gilè [dʒi'lɛ] <-> *m* Weste *f*

gillette® [dʒi'let] *m* Rasierapparat *m*

gimcana [dʒim'ka:na] *v.* **gincana**

gin [dʒin] <-> *m* Gin *m*

gincana [dʒiŋ'ka:na] *f* Gymkhana *nt; (fig)* Hürdenlauf *m*

ginecologa *f v.* **ginecologo**

ginecologia [dʒinekolo'dʒi:a] <-gie> *f* Gynäkologie *f,* Frauenheilkunde *f*

ginecologico, -a [dʒineko'lɔ:dʒiko] <-ci, -che> *agg* gynäkologisch

ginecologo, -a [dʒine'kɔ:logo] <-gi, -ghe> *m, f* Gynäkologe *m*/Gynäkologin *f,* Frauenarzt *m*/-ärztin *f*

ginepro [dʒi'ne:pro] *m* Wacholder *m;* **bacche di ~** Wachholderbeeren *f pl*

ginestra [dʒi'nɛstra] *f* Ginster *m*

Ginevra [dʒi'ne:vra] **I.** *m (cantone)* Genf *nt* **II.** *f (città)* Genf *nt*

gingillarsi [dʒindʒil'larsi] *vr* ❶ *(giocherellare)* **~ con qc** mit etw herumspielen ❷ *(fig: baloccarsi)* herumtrödeln

gingillo [dʒin'dʒillo] *m* Krimskrams *m,* Nippes *pl*

gingillone, -a [dʒindʒil'lo:ne] *m, f (fam pej)* Tranfunzel *f,* Trödler(in) *m(f)*

ginnasiale [dʒinna'zia:le] **I.** *agg* Gymnasial-, Gymnasium[s]- **II.** *mf* Schüler(in) *m(f)* des ginnasio

ginnasio [dʒin'na:zio] <-i> *m* ≈ gymnasiale Mittelstufe *(9. und 10. Klasse)*

ginnasta [dʒin'nasta] <-i *m,* -e *f*> *mf* Turner(in) *m(f)*

ginnastica [dʒin'nastika] <-che> *f* ❶ SPORT Gymnastik *f;* **~ correttiva** [*o* **medica**] Krankengymnastik *f* ❷ *(fig)* Übung *f;* **~ mentale** Gedächtnistraining *nt*

ginnastico, -a [dʒin'nastiko] <-ci, -che> *agg,* **ginnico, -a** ['dʒinniko] <-ci, -che> *agg* gymnastisch, Gymnastik-; *(fig)* gelenkig, sportlich; **percorso** [*o* **sentiero**] **~** Trimm-dich-Pfad *m*

ginocchiera [dʒinok'kiɛ:ra] *f* Knieschützer *m*

ginocchio [dʒi'nɔkkio] <-cchi *m o* -cchia *f*> *m* Knie *nt;* **arrivare fino al ~** bis zum Knie gehen; **stare in ~** knien; **piegare il ~** einen Knicks machen; **mettersi in ~** *(fig)* sich klein machen, sich beugen

ginocchioni [dʒinok'kio:ni] *avv* auf den Knien; **starsene ~** knien

giocare [dʒo'ka:re] **I.** *vi* ❶ *(gener)* spielen; **~ a carte** Karten spielen; **~ a palla** Ball spielen; **~ al lotto** Lotto spielen; **~ con qc** mit etw spielen; **~ con la propria vita** sein Leben aufs Spiel setzen ❷ SPORT **~** [**a qc**] [etw] spielen ❸ FIN spekulieren **II.** *vt* ❶ *(al gioco)* spielen; *(carta)* [aus]spielen; *(somma)* setzen, spielen um ❷ *(fig: ingannare)* betrügen, täuschen **III.** *vr* **-rsi** verspielen, riskieren; **-rsi l'anima** [*o* **l'osso del collo**] Kopf und Kragen riskieren

giocata [dʒo'ka:ta] *f* ❶ *(mossa)* Zug *m,* Spiel *nt* ❷ *(puntata)* Einsatz *m,* Spiel *nt* ❸ *(partita)* Spiel *nt,* Partie *f* ❹ *(al lotto)* Tipp *m*

giocatore, -trice [dʒoka'to:re] *m, f* ❶ Spieler(in) *m(f);* **~ d'azzardo** Glücksspieler(in) *m(f)* ❷ FIN Spekulant(in) *m(f)*

giocattolo [dʒo'kattolo] *m* Spielzeug *nt*

giocherellare [dʒokerel'la:re] *vi* [herum]-spielen

giocherellone, -a [dʒokerel'lo:ne] *agg* verspielt; *(persona)* leichtlebig

giocheria [dʒoke'ri:a] <-ie> *f* ❶ *(negozio)* Spielwarenhandlung *f* ❷ *(ludoteca)* Spielothek *f*

giochetto [dʒo'ketto] *m* ❶ *(divertimento)* Spielchen *nt* ❷ *(fig: lavoro facile)* leichtes Spiel, Kinderspiel *nt*

gioco ['dʒɔ:ko] <-chi> *m* Spiel *nt; (giocattolo)* Spielzeug *nt;* **~ d'azzardo** Glücksspiel *nt;* **~ di parole** Wortspiel *nt;* **~ di società** Gesellschaftsspiel *nt;* **~ degli scacchi** Schachspiel *nt;* **~ del lotto** Lottospiel *nt;* **~ da bambini** [*o* **da ragazzi**] *(fig)* Kinderspiel *nt;* **i -chi olimpici** die Olympischen Spiele; **campo da ~** Spielfeld *nt;* **fare il ~ di qu** *(fig)* jdm in die Hände spielen; **fare il doppio ~** *(fig)* ein falsches [*o* doppeltes] Spiel treiben; **entrare in ~** ins Spiel kommen, im Spiel sein; **essere in ~** auf dem Spiel stehen; **mettere in ~ qc** etw aufs Spiel setzen; **cambiar ~** *(fig)* die Taktik ändern; **prendersi ~ di qu** sich über jdn lustig machen; **il ~ non vale la candela** *(prov)* das ist den Aufwand nicht wert; **ogni bel ~ dura poco** *(prov)* in der Kürze liegt die Würze

giocoforza [dʒoko'fɔrtsa] <-> *m* **essere ~** nötig sein; **è ~ andarci** da muss man hingehen

giocoliere, -a [dʒoko'liɛ:re] *m, f* Jongleur(in) *m(f)*

Gioconda [dʒo'konda] *f* **La ~** die Mona Lisa

giocondità [dʒokondi'ta] <-> *f* Heiterkeit *f*

giocondo, -a [dʒo'kondo] *agg* heiter

giocoso, -a [dʒo'koːso] *agg* heiter; **opera -a** heiter-komische Oper
giogaia [dʒo'gaːia] <-aie> *f* Gebirgskette *f*
giogo ['dʒoːgo] <-ghi> *m* Joch *nt*
gioia ['dʒɔːia] <-ie> *f* ① *(emozione)* Freude *f;* **darsi alla pazza ~** sich ins Vergnügen stürzen ② *(gioiello)* Juwel *m o nt*
gioielleria [dʒoielle'riːa] <-ie> *f* ① *(negozio)* Juweliergeschäft *nt* ② *(arte)* Goldschmiedekunst *f*
gioielliere, -a [dʒoiel'liɛːre] *m, f* Juwelier(in) *m(f)*
gioiello [dʒo'iɛllo] *m* ① *(monile)* Schmuck *m* ② *(fig)* Juwel *nt,* Perle *f*
gioioso, -a [dʒo'ioːso] *agg* fröhlich, freudig
gioire [dʒo'iːre] <gioisco> *vi* **~ di qc** über etw *akk* jubeln
giornalaio, -a [dʒorna'laːio] <-ai, -aie> *m, f* Zeitungsverkäufer(in) *m(f),* -händler(in) *m(f)*
giornale [dʒor'naːle] *m* ① *(quotidiano, settimanale)* Zeitung *f; (rivista)* Zeitschrift *f;* **~ di moda** Modezeitschrift *f;* **~ di strada** Straßenblatt *nt* ② RADIO, TV Nachrichten *fpl;* **~ radio** Rundfunknachrichten *fpl* ③ *(registro)* Journal *nt,* Buch *nt;* **~ di bordo** Schiffstagebuch *nt;* **~ di classe** Klassenbuch *nt;* **~ di viaggio** Reisejournal *nt*
giornalese [dʒorna'leːse] <-> *m (iron, pej)* Zeitungsjargon *m*
giornaletto [dʒorna'letto] *m (fam)* Comic-Heft *nt*
giornaliero, -a [dʒorna'liɛːro] **I.** *agg* ① *(quotidiano)* [all]täglich, Tage[s]- ② *(variabile)* wechselnd, schwankend **II.** *m, f* Tagelöhner(in) *m(f)*
giornalino [dʒorna'liːno] *m (fam)* Comic-Heft *nt*
giornalismo [dʒorna'lizmo] *m* Journalismus *m,* Zeitungswesen *nt;* **~ partecipativo** INET Bürgerjournalismus
giornalista [dʒorna'lista] <-i *m,* -e *f*> *mf* Journalist(in) *m(f)*
giornalistese [dʒornalis'teːse] <-> *m (iron, pej) v.* **giornalese**
giornalistico, -a [dʒorna'listiko] <-ci, -che> *agg* journalistisch, Zeitungs-
giornalmente [dʒornal'mente] *avv* täglich, jeden Tag
giornata [dʒor'naːta] *f* ① *(giorno)* Tag *m;* **~ libera** freier Tag; **uova di ~** [lege]frische Eier *ntpl;* **in ~** im Lauf[e] des Tages; **a -e** tageweise; **vivere alla ~** in den Tag hinein leben ② COM Tagelohn *m;* **lavorare a ~** im Tagelohn arbeiten
giorno ['dʒorno] *m* Tag *m; (ricorrenza)* Jahrestag *m;* **~ feriale** Werktag *m;* **~ festivo** Feiertag *m;* **~ lavorativo** Arbeitstag *m;* **punto [a] ~** Hohlsaumstich *m;* **piatto del ~** Tagesgericht *nt;* **i fatti del ~** die Tagesereignisse *ntpl;* **al** [*o* **il**] **~** am Tag, täglich; **di ~** tags[über], bei Tag, untertags A; **di ~ in ~** von Tag zu Tag; **da un ~ all'altro** von einem Tag zum anderen; **un ~ o l'altro** irgendwann, eines Tages; **~ per ~** Tag für Tag; **in pieno ~** am helllichten Tag; **sul far del ~** bei Tagesanbruch; **al ~ d'oggi** heutzutage; **ai nostri -i** zu unserer Zeit, heutzutage; **a -i alterni** jeden zweiten Tag; **uno di questi -i** in diesen Tagen, demnächst; **buon ~** *v.* **buongiorno**
giostra ['dʒɔstra] *f (nelle fiere)* Karussell *nt,* Ringelspiel *nt* A
giostraio [dʒo'straːio] <-ai> *m* Karussellbetreiber(in) *m(f)*
giostrare [dʒos'traːre] *vi* sich durchlavieren
giovamento [dʒova'mento] *m* Nutzen *m,* Vorteil *m*
giovane ['dʒoːvane] **I.** *agg* jung; **animale ~** Jungtier *nt* **II.** *mf* Jugendliche(r) *f(m); (ragazzo)* Junge *m,* Bub *m* A; *(ragazza)* [junges] Mädchen *nt;* **da ~** in der Jugend[zeit]; **Plinio il ~** Plinius der Jüngere **III.** *avv* jugendlich
giovanetto, -a [dʒova'netto] *m, f (ragazzo)* Jüngling *m,* Knabe *m; (ragazza)* [junges] Mädchen *nt*
giovanile [dʒova'niːle] *agg* jugendlich
giovanilismo [dʒovani'lizmo] *m* Jugendlichkeitskult *m*
giovanotto [dʒova'nɔtto] *m* junger Mann, Bursche *m*
giovare [dʒo'vaːre] **I.** *vi avere o essere* nützen, nützlich sein; **non giova ...** *+inf* es ist nicht ratsam zu ... *+inf* **II.** *vr* **-rsi di qu/qc** sich *dat* jdn/etw zu Nutze machen
Giove ['dʒɔːve] *m* Jupiter *m;* **per ~!** *(fam)* bei allen Göttern!
giovedì [dʒove'di] <-> *m* Donnerstag *m;* **~ grasso** Faschingsdonnerstag *m;* **~ santo** Gründonnerstag *m; v. a.* **domenica**
giovenca [dʒo'vɛŋka] <-che> *f* Kalbe *f*
gioventù [dʒoven'tu] <-> *f* Jugend *f;* **amori/errori di ~** Jugendlieben *fpl*/Jugendsünden *fpl;* **in ~** in der Jugend
giovevole [dʒo'veːvole] *agg* **~ [a]** bekömmlich [für]
gioviale [dʒo'viaːle] *agg* heiter
giovialità [dʒoviali'ta] <-> *f* Heiterkeit *f*
giovinastro [dʒovi'nastro] *m* [junger] Flegel *m*
giovinetto [dʒovi'netto] *v.* **giovanetto**
giovinezza [dʒovi'nettsa] *f* Jugendlichkeit *f,* Jugendalter *nt;* **la seconda ~** die zweite Jugend
GIP ['dʒip] <-> *mf abbr di* **giudice per le**

indagini preliminari Untersuchungsrichter *m*

gipsoteca [dʒipso'tɛːka] <-che> *f* Gipsfigurenkabinett *nt*

girabile [dʒi'raːbile] *agg* girierbar, übertragbar

giradischi [dʒira'diski] <-> *m* Plattenspieler *m*

giradito [dʒira'diːto] *m* Nagelbettentzündung *f*, [Nagel]umlauf *m*

giraffa [dʒi'raffa] *f* ① ZOO Giraffe *f* ② FILM, TV, RADIO Galgen *m sl*

giramento [dʒira'mento] *m* Schwindel[gefühl *nt*] *m;* ~ **di testa** *(fam)* Drehwurm *m;* **questo lavoro è un ~ di scatole** *(fam)* diese Arbeit geht mir auf den Keks *fam*

giramondo [dʒira'mondo] <-> *mf* Weltenbummler(in) *m(f)*

giranastri [dʒira'nastri] <-> *m* Kassettendeck *nt*, -recorder *m*

girandola [dʒi'randola] *f* ① *(fuoco d'artificio)* Feuerrad *nt* ② *(fig: persona)* Flattergeist *m*, Wetterfahne *f* ③ *(giocattolo)* Windrädchen *nt* ④ *(del vento)* Wetterfahne *f*

girandolone, -a [dʒirando'loːne] *m, f* *(fam)* Herumtreiber(in) *m(f)*

girante [dʒi'rante] *mf* FIN Girant(in) *m(f)*, Indossant(in) *m(f)*

girare [dʒi'raːre] **I.** *vt* ① *(chiave)* [herum]drehen, [um]drehen; *(testa, occhi)* drehen; *(fig: domanda)* weitergeben ② FILM drehen ③ FIN indossieren, girieren ④ *(città, isola)* abfahren, durchfahren; *(ostacolo)* umgehen; ~ **il mondo** in der Welt herumkommen ⑤ *(fam: mescolare)* [um]rühren **II.** *vi* ① *(gener)* sich drehen; **mi girano le scatole** *(fam)* ich bin auf hundertachtzig; **mi girano per la testa un sacco di idee** *(fam)* mir schwirren eine Menge Ideen im Kopf herum; ~ **alla larga** Abstand halten; **gira e rigira** man kann es drehen und wenden, wie man will ② MED schwindlig werden; **far ~ la testa a qu** jdn schwindlig machen; *(fare innamorare)* jdm den Kopf verdrehen; **mi gira la testa** mir wird schwindlig ③ *(fam)* passen; **dipende da come mi gira** *(fam)* kommt drauf an, wie es mir gerade passt ④ *(camminare)* herumlaufen ⑤ *(voltare)* abbiegen ⑥ FIN zirkulieren ⑦ *(notizie, dicerie)* im Umlauf sein **III.** *vr* **-rsi** sich [um]wenden; **in questa casa non ci si gira** *(fam)* in diesem Haus kann man sich nicht bewegen

girarrosto [dʒirar'rɔsto] *m* Grill *m*, [Braten]spieß *m*

girasole [dʒira'soːle] *m* Sonnenblume *f*

girata [dʒi'raːta] *f* ① *(passeggiata)* Runde *f*, Rundgang *m* ② FIN Giro *nt* ③ *(il girare)* Drehung *f*

giratario, -a [dʒira'taːrio] <-i, -ie> *m, f* FIN Giratar *m*

girato, -a [dʒi'raːto] *agg* ① *(persona)* mit dem Rücken zugewandt ② GASTR gegrillt, Grill-; **arrosto ~** Spießbraten *m;* **pollo ~** Grillhähnchen *nt* ③ FIN giriert, indossiert

giratubi [dʒira'tuːbi] <-> *m* Rohrzange *f*

giravolta [dʒira'vɔlta] *f* Purzelbaum *m*

girellare [dʒirel'laːre] *vi* umherschlendern, bummeln

girello [dʒi'rɛllo] *m* ① *(per bambini)* Laufernhilfe *f* ② GASTR Kugel *f*, Nuss *f*

girellone, -a [dʒirel'loːne] *m, f* *(fam)* Bummler(in) *m(f)*

giretto [dʒi'retto] *m* *(fam)* kleiner Rundgang, Spaziergang *f*

girevole [dʒi'reːvole] *agg* drehbar, Dreh-

girgentino, -a [dʒirdʒen'tiːno] *agg v.* **agrigentino**

girigogolo [dʒiri'gɔːgolo] *m* ① *(scrittura)* Schnörkel *m* ② *(parole)* Kauderwelsch *nt*

girino [dʒi'riːno] *m* ZOO Kaulquappe *f*

girl [gəːl] <-> *f* [Tanz]girl *nt*

girlfriend [gəːl'frend] <-> *f* Freundin *f*, Flamme *f scherz*

girlgroup [gəːl'gruːp] <-> *m* Girlgroup *f*

girlie ['gərli] <-> *f* Girlie *nt*

giro ['dʒiːro] *m* ① *(cerchia)* Kreis *m;* ~ **di parole** Umschreibung *f;* ~ **di valzer** Walzerrunde *f* ② *(rotazione)* Drehung *f;* TEC Rotation *f;* ASTR Umdrehung *f;* MOT Drehzahl *f* ③ SPORT Rundstreckenrennen *nt;* **il ~ di Francia** die Tour de France ④ *(passeggiata)* Rundgang *m;* *(in macchina)* Rundfahrt *f;* *(viaggio)* Reise *f;* **fare il ~ della città** eine Stadtrundfahrt machen; ~ **turistico** Rundfahrt *f;* **essere in ~ per lavoro/affari** beruflich/geschäftlich unterwegs sein; **andare in ~** umherlaufen ⑤ *(di vestito)* Ausschnitt *m* ⑥ *(di carte)* Runde *f* ⑦ *(circolazione)* Umlauf *m;* ~ **d'affari** Umsatz *m;* **mettere in ~ una diceria** ein Gerücht in Umlauf bringen ⑧ *(periodo di tempo)* Lauf *m;* **nel ~ di un mese/anno** im Laufe eines Monats/Jahres ⑨ *(fig)* **prendere in ~ qu** jdn auf den Arm nehmen; **essere su di -i** aufgedreht sein; **fare un ~ d'orizzonte** eine Bestandsaufnahme machen

girocollo [dʒiro'kɔllo] *m* Rundausschnitt *m*

giroconto [dʒiro'konto] *m* Girogeschäft *nt*

girone [dʒi'roːne] *m* ① SPORT Runde *f;* ~ **d'andata** Vorrunde *f;* ~ **di ritorno** Rückrunde *f* ② LIT Kreis *m;* **i -i dell'inferno di Dante** Dantes Höllenkreise

gironzolare [dʒirondzo'laːre] *vi* *(fam)* herumbummeln; ~ **intorno a qu/qc** um jdn/etw herumschwänzeln

giroscopio [dʒiros'kɔːpio] <-i> *m* Gyroskop *nt*

girotondo [dʒiro'tondo] *m* Ringelreihen *m*

girovaga *f v.* **girovago**

girovagare [dʒirova'gaːre] *vi* umherschweifen, umherziehen

girovago, -a [dʒi'rɔːvago] <-ghi, -ghe> **I.** *agg (gente)* herumziehend, umherziehend; *(attori, suonatori)* fahrend, Wander- **II.** *m, f* Herumziehende(r) *f(m),* Umherziehende(r) *f(m)*

girovita [dʒiro'viːta] <-> *m* Taillenumfang *m;* **prendere il ~** Taillenumfang messen

gita ['dʒiːta] *f* Ausflug *m;* **andare in ~ a …** einen Ausflug nach … machen

gitano, -a [dʒi'taːno] *(pej)* **I.** *agg* Zigeuner- *pej* **II.** *m, f* Zigeuner(in) *m(f) pej*

gitante [dʒi'tante] *mf* Ausflügler(in) *m(f)*

gittata [dʒit'taːta] *f* Reichweite *f;* **missile a ~ intermedia** Mittelstreckenrakete *f*

giù [dʒu] *avv (stato)* unten; *(moto)* herunter, hinunter; **andare su e ~** auf und ab gehen; **mandare ~** *(a. fig)* schlucken; **mettere ~** ablegen; *(cappello)* abnehmen; **essere ~** *(fig)* niedergeschlagen sein; **essere ~ di morale** demoralisiert sein; **quella storia non mi va ~** diese Geschichte liegt mir schwer im Magen *fam;* **la notizia l'ha buttato ~** die Nachricht hat ihn zutiefst getroffen; **i prezzi sono andati ~** die Preise sind gesunken; **su per ~** ungefähr, etwa; **~ di lì** oder so [ungefähr]; *(temporale)* so herum; **in ~** *(verso il basso)* hinunter; *(in basso)* unten; **scendi ~** komm herunter; **~ le mani!** Hände weg!

giubba ['dʒubba] *f* Jacke *f*

giubbetto [dʒub'betto] *m* leichte Jacke

giubbino [dʒub'biːno] *m* Blouson *m*

giubbone [dʒub'boːne] *m* weite Jacke; *(per motociclista)* Motorradjacke *f*

giubbotto [dʒub'bɔtto] *m* Blouson *m,* Sportjacke *f;* **~ salvagente** Schwimmweste *f;* **~ antiproiettile** kugelsichere Weste

giubilare [dʒubi'laːre] **I.** *vt (scherz)* in den Ruhestand versetzen **II.** *vi (poet)* frohlocken *geh,* jubilieren *geh*

giubileo [dʒubi'lɛːo] *m* ① REL Jubeljahr *nt* ② *(cinquantenario)* Jubiläum *nt*

giubilo ['dʒuːbilo] *m (poet)* Jubel *m,* Frohlocken *nt*

giuda ['dʒuːda] <-> *m (pej)* Judas *m*

giudaico, -a [dʒu'daːiko] <-ci, -che> *agg* jüdisch, Juden-

giudaismo [dʒuda'izmo] *m* Judaismus *m*

giudeo-italiano, -a [dʒu'dɛːoita'liaːno] **I.** *m, f* Judenitaliener(in) *m(f)* **II.** *agg* judenitalienisch

giudeo-romanesco, -a [dʒu'dɛːoroma'nesko] <-chi, -che> **I.** *m, f* Mitglied *nt* der jüdischen Gemeinde in Rom **II.** *agg* der jüdischen Gemeinde in Rom

giudicare [dʒudi'kaːre] *vt* ① JUR entscheiden; *(persona)* verurteilen; **fu giudicato colpevole** er wurde [für] schuldig erklärt ② *(valutare)* urteilen über +*akk;* **giudicò opportuno tacere** er/sie hielt es für gut, zu schweigen

giudicato [dʒudi'kaːto] *m (sentenza)* rechtskräftiges Urteil; **passare in ~** Rechtskraft erlangen, rechtskräftig werden

giudicato, -a *agg* beurteilt

giudicatore, -trice [dʒudika'toːre] **I.** *agg* [be]urteilend, Urteils- **II.** *m, f* Beurteiler(in) *m(f)*

giudice ['dʒuːditʃe] *mf* ① JUR Richter(in) *m(f);* **~ conciliatore** Friedensrichter(in) *m(f);* **~ costituzionale** JUR Verfassungsrichter(in) *m(f);* **~ penale** Strafrichter *m;* **~ popolare** Geschworene(r) *f(m),* Schöffe *m/* Schöffin *f;* **~ togato** Berufsrichter *m* ② SPORT Zielrichter(in) *m(f);* **~ di gara** Kampfrichter(in) *m(f)*

giudiziale [dʒudit'tsiaːle] *agg* gerichtlich, Gerichts-

giudiziario, -a [dʒudit'tsiaːrio] <-i, -ie> *agg* gerichtlich, richterlich; **carcere ~** Untersuchungsgefängnis *nt;* **ufficiale ~** Gerichtsvollzieher *m*

giudizio [dʒu'dittsio] <-i> *m* ① *(ragione)* Vernunft *f,* Verstand *m;* **l'età del ~** das Alter der Vernunft; **non avere ~** keinen Verstand haben ② *(opinione)* Urteil *nt,* Beurteilung *f; (facoltà)* Urteilsvermögen *nt;* **rimettersi al ~ di qu** sich jds Urteil beugen; **farsi un ~ su qu/qc** sich *dat* über jdn/etw ein Urteil bilden; **a mio/tuo ~** meiner/deiner Meinung nach; **a suo ~** seiner/ihrer Meinung nach ③ JUR Prozess *m,* Verfahren *nt; (sentenza)* Urteil *nt;* **~ di assoluzione** Freispruch *m;* **~ di condanna** Verurteilung *f;* **comparire in ~** vor Gericht erscheinen; **trascinare qu in ~** jdn vor Gericht bringen; **rinviare qu a ~** das Hauptverfahren gegen jdn eröffnen ④ REL Gericht *nt;* **il ~ universale** [*o* **finale**] das Jüngste [*o* Letzte] Gericht

giudizioso, -a [dʒudit'tsioːso] *agg* vernünftig, überlegt

giuggiola ['dʒuddʒola] *f* ① BOT Brustbeere *f* ② *(fig: cosa da nulla)* Lappalie *f,* Bagatelle *f* ③ *(loc)* **andare in brodo di -e** *(fig)* vor Seligkeit vergehen

giugno ['dʒuɲɲo] *m* Juni *m; v. a.* **aprile**

giugulare [dʒugu'laːre] *agg* jugular, Hals-

G

giuliano, -a [dʒu'liaːno] **I.** *agg* ① *(del Venezia Giulia)* aus dem julischen Teil Venetiens stammend ② *(di Giulio Cesare)* julianisch; **il calendario ~** der julianische Kalender **II.** *m, f (abitante)* Bewohner(in) *m(f)* des julischen Teils Veneziens

giulivo, -a [dʒu'liːvo] *agg* fidel, vergnügt; **era tutto ~** er war kreuzfidel

giullare [dʒul'laːre] *m* Spielmann *m*

giullaresco, -a [dʒulla'resko] <-schi, -sche> *agg* Spielmanns-

giumenta [dʒu'menta] *f* [Reit]stute *f,* Reitpferd *nt*

giunco ['dʒuŋko] <-chi> *m* Schilf *nt,* Binse *f*

giungere ['dʒundʒere] <giungo, giunsi, giunto> **I.** *vi essere* [an]kommen, eintreffen; *(nave)* einlaufen; **mi giunge nuovo** das ist mir neu; **~ all'orecchio di qu** jdm zu Ohren kommen **II.** *vt avere (poet)* vereinigen; **~ le mani in preghiera** die Hände zum Gebet falten

giungla ['dʒuŋgla] *f (a. fig)* Dschungel *m*

giunone [dʒu'noːne] *f* Göttin *f* Juno

giunsi ['dʒunsi] *1. pers sing pass rem di* **giungere**

giunta ['dʒunta] *f* ① ADM Ausschuss *m* ② *(aggiunta)* Zugabe *f;* **per ~** überdies ③ *(per indumenti)* Ansatz *m*

giuntare [dʒun'taːre] *vt* ① *(fare una giunta)* zugeben ② *(cucendo)* annähen, einsetzen

giuntatrice [dʒunta'triːtʃe] *f* ① FILM Filmklebepresse *f* ② TEC Fügehobel *m*

giuntatura [dʒunta'tuːra] *f* Zusammenfügung *f,* Verbindung *f*

giunto ['dʒunto] *m* ① FERR Stoß *m,* Fuge *f* ② MOT Kupplung *f;* **~ cardanico** Gelenkkupplung *f;* **~ rotante** rotierender Dichtkopf

giunto *pp di* **giungere**

giuntura [dʒun'tuːra] *f* ① *(di pezzi)* Verbindung *f,* Naht *f* ② ANAT Gelenk *nt*

giunzione [dʒun'tsioːne] *f* Verbindung *f,* Fuge *f*

giuocare [dʒuo'kaːre] *v.* **giocare**

giuoco ['dʒuɔːko] *v.* **gioco**

Giura ['dʒuːra] *m* Jura *m*

giuramento [dʒura'mento] *m* Schwur *m,* Eid *m;* **fare ~** schwören; **prestar ~** einen Eid leisten

giurare [dʒu'raːre] **I.** *vt* schwören, beschwören; **~ il falso** einen Meineid leisten **II.** *vi* **~ su qc** bei etw [*o* auf etw *akk*] schwören

giurato, -a [dʒu'raːto] **I.** *agg (nemico)* [ein]geschworen; *(interprete, guardia)* vereidigt, beeidigt **II.** *m, f* Geschworene(r) *f(m)*

giureconsulto [dʒurekon'sulto] *m* Rechtsgelehrte(r) *f(m)*

giurì [dʒu'ri] <-> *m* **~ d'onore** Ehrengericht *nt*

giuria [dʒu'riːa] <-ie> *f* ① *(di gara, concorso)* Jury *f,* Preisgericht *nt* ② JUR Schwurgericht *nt*

giuridicità [dʒuriditʃi'ta] <-> *f* Rechtlichkeit *f,* Rechtsgültigkeit *f*

giuridico, -a [dʒu'riːdiko] <-ci, -che> *agg* juristisch; **persona -a** juristische Person

giurin giurella [dʒu'riːn dʒu'rella], **giurin giurello** [dʒu'riːn dʒu'rello], **giurin giuretta** [dʒu'riːn dʒu'retta] **I.** *int (giuro)* ich schwöre **II.** *m* **fare ~** *(giurare)* [es] hoch und heilig schwören, es ganz fest versprechen

giurisdizionale [dʒurizdittsio'naːle] *agg* Gerichtsbarkeits-, gerichtlich

giurisdizione [dʒurizdit'tsioːne] *f* ① JUR Gerichtsbarkeit *f,* Rechtsprechung *f* ② *(competenza)* Zuständigkeit *f*

giurisprudenza [dʒurispru'dɛntsa] *f* Jura *ntpl,* Jus *nt* A

giurisprudenziale [dʒurispruden'tsiaːle] *agg* juristisch

giurista [dʒu'rista] <-i *m,* -e *f*> *mf* Jurist(in) *m(f)*

giusta ['dʒusta] *prep* ADM laut *+gen,* gemäß *+gen;* **~ il decreto** laut Beschluss

giustapporre [dʒustap'porre] <irr> *vt* nebeneinanderstellen

giustapposizione [dʒustappozit'tsioːne] *f* ① *(il giustapporre)* Nebeneinanderstellung *f* ② LING Juxtaposition *f*

giustapposto *pp di* **giustapporre**

giustezza [dʒus'tettsa] *f* ① *(esattezza)* Richtigkeit *f* ② TYP Spaltenbreite *f*

giustificare [dʒustifi'kaːre] **I.** *vt* ① *(condotta, errore)* rechtfertigen ② *(spese)* belegen **II.** *vr* **-rsi** sich rechtfertigen

giustificativo [dʒustifika'tiːvo] *m* Beleg[stück *nt*] *m*

giustificativo, -a *agg* belegend, Beleg-

giustificazione [dʒustifikat'tsioːne] *f* ① *(gener)* Rechtfertigung *f* ② *(a scuola)* Entschuldigung *f;* **libretto delle -i** Entschuldigungsbüchlein *nt (in das die Eltern die Entschuldigungen für Schulversäumnisse eintragen)* ③ *(riconoscimento)* Unterlage *f,* Beleg *m*

giustificazionistico, -a [dʒustifikattsio'nistiko] <-ci, -che> *agg* rechtfertigend, entschuldigend

giustizia [dʒus'tittsia] <-ie> *f* ① *(equità)* Gerechtigkeit *f;* **rendere ~ a qu** jdm Gerechtigkeit widerfahren lassen; **con ~** gerecht; **secondo ~** rechtmäßig ② JUR Jus-

tiz *f;* ~ **sommaria** *(a. fig)* kurzer Prozess; **ricorrere alla** ~ vor Gericht gehen
giustiziare [dʒustit'tsiaːre] *vt* hinrichten
giustiziato, -a [dʒustit'tsiaːto] *m, f* Hingerichtete(r) *f(m)*
giustiziere [dʒustit'tsiɛːre] *m* Scharfrichter *m,* Henker *m*
giusto, -a I. *agg (persona, causa)* gerecht; *(osservazione, parola)* richtig, passend; *(salario)* gerecht; *(prezzo)* angemessen; *(preciso)* genau; *(vero)* richtig; **essere ~ di sale** genug gesalzen sein; **il conto è ~** die Rechnung stimmt; **hai l'ora -a?** hast du die genaue [Uhr]zeit? **II.** *m, f* Gerechte(r) *f(m)*
giusto[1] ['dʒusto] *m* Rechte(s) *nt,* Richtige(s) *nt;* **chiedere il ~** sein[en] Teil verlangen; **dare a ciascuno il ~** jedem das geben, was ihm zusteht
giusto[2] **I.** *avv* ① *(esattamente)* genau, richtig; **colpire ~** *(fig)* ins Schwarze treffen; **arrivare ~ [in tempo]** [gerade noch] rechtzeitig kommen ② *(proprio)* eben **II.** *int (in risposta)* richtig, stimmt
glabro, -a ['glaːbro] *agg* [glatt] rasiert, bartlos
glacé [gla'se] *agg inv* ① GASTR glaciert, kandiert ② *(lucido)* **guanti ~** Glaceehandschuhe *mpl*
glaciale [gla'tʃaːle] *agg* eiskalt, Eis-; *(a. fig)* eisig; **il mar ~ artico** das nördliche Eismeer
glaciazione [glatʃat'tsioːne] *f* Vereisung *f*
gladiatore [gladia'toːre] *m* Gladiator *m*
gladiatorio, -a [gladia'tɔːrio] <-i, -ie> *agg* Gladiatoren-
gladiolo [gla'diːolo] *m* Gladiole *f*
glande ['glande] *m* ANAT Eichel *f*
glandolare [glando'laːre] *agg* glandulär, Drüsen-
Glarona [gla'roːna] **I.** *m (cantone)* Glarus *nt* **II.** *f (città)* Glarus *nt*
glasnost ['glasnost] <-> *f* Glasnost *nt*
glassa ['glassa] *f* Glasur *f; (per torta)* Tortenguss *m*
glassare [glas'saːre] *vt* glasieren, glacieren
glauco, -a ['glaːuko] <-chi, -che> *agg (poet)* blaugrün, meergrün
glaucoma [glau'kɔːma] <-i> *m* grüner Star, Glaukom *nt*
gleba ['glɛːba] *f (poet)* [Erd]scholle *f;* **servo della ~** Leibeigene(r) *m*
gli [ʎi] **I.** *art det m pl (davanti a s impura, gn, pn, ps, x, z)* die **II.** *pron pers* ① *3. pers m sing* ihm ② *3. pers m e f pl (fam)* ihnen
glicemia [glitʃe'miːa] <-ie> *f* Blutzucker *m*
glicemico, -a [gli'tʃɛːmiko] <-ci, -che> *agg* Blutzucker-
gliceride [gli'tʃɛːride] *m* Glyzerid *nt*
glicerina [glitʃe'riːna] *f* Glyzerin *nt*
glicine ['gliːtʃine] *m* Glyzinie *f*
gliela ['ʎeːla], **gliele** ['ʎeːle], **glieli** ['ʎeːli], **glielo** ['ʎeːlo], **gliene** ['ʎeːne] = **gli/le + la, le, li, lo, ne**
glissare [glis'saːre] *vi* hinweggehen
glittoteca [glitto'tɛːka] <-che> *f* Glyptothek *f*
globale [glo'baːle] *agg* global, umfassend
globalistico [globa'listiko] <-ci, -che> *agg* global
globalità [globali'ta] <-> *f* Gesamtheit *f*
globalizzare [globalid'dzaːre] *vt* globalisieren
globalizzazione [globaliddzat'tsioːne] *f* Globalisierung *f*
global player <- *o* global players> *m* Global Player *m*
globe-trotter [gloub'trɔtə] <-> *mf* Globetrotter(in) *m(f),* Weltenbummler(in) *m(f)*
globo ['glɔːbo] *m* ① *(gener)* Kugel *f* ② ASTR Kugel *f,* Globus *m;* ~ **celeste** [Himmels]firmament *nt;* ~ **terrestre** Erdball *m* ③ ANAT Apfel *m;* ~ **oculare** Augapfel *m* ④ EL Lampenglocke *f*
globulare [globu'laːre] *agg* ① ASTR kugelförmig, rund; **ammasso ~** Sternhaufen *m* ② MED Blutkörperchen-
globulina [globu'liːna] *f* Globulin *nt*
globulo ['glɔːbulo] *m* Blutkörperchen *nt*
glocalizzazione [glokaliddzat'tsioːne] *f* POL Glokalisierung *f*
gloria[1] ['glɔːria] <-ie> *f* Ruhm *m;* REL Herrlichkeit *f; (vanto)* Stolz *m;* **il cammino della ~** der Weg zum Ruhm; **lavorare per la ~** *(scherz)* für Gottes Lohn arbeiten
gloria[2] <-> *m (preghiera)* Gloria *nt*
gloriarsi [glo'riarsi] *vr* ~ **di qc** sich einer Sache *gen* rühmen; *(vantarsi)* mit etw prahlen
glorificare [glorifi'kaːre] *vt* ① *(Dio)* preisen ② *(martire, eroe)* ehren, verherrlichen
glorificazione [glorifikat'tsioːne] *f* ① *(di Dio)* Verherrlichung *f* ② *(di poeta, martire, eroe)* Verehrung *f*
glorioso, -a [glo'rioːso] *agg* glorreich, ruhmreich; **essere** [*o* **andare**] ~ **di qc** sehr stolz auf etw *akk* sein
glossa ['glɔssa] *f* Glosse *f*
glossare [glos'saːre] *vt* glossieren
glossario [glos'saːrio] <-i> *m* Glossar *nt*
glossatore [glossa'toːre] *m* Glossator *m*
glottide ['glɔttide] *f* Glottis *f*
glottologa *f v.* **glottologo**
glottologia [glottolo'dʒiːa] <-gie> *f* Sprachwissenschaft *f*
glottologico, -a [glotto'lɔːdʒiko] <-ci, -che> *agg* sprachwissenschaftlich

glottologo, -a [glot'tɔ:logo] <-gi, -ghe> *m, f* Sprachwissenschaftler(in) *m(f)*
glucide [glu'tʃi:de] *m* Glykosid *nt*
glucosio [glu'kɔ:zio] <-i> *m* Glykose *f,* Glucose *f*
glutammato [glutam'ma:to] *m* Glutamat *nt*
glutammico, -a [glu'tammiko] <-ci, -che> *agg* Glutamin-; **acido ~** Glutaminsäure *f*
gluteo ['glu:teo] *m* Gesäßbacke *f,* -muskel *m*
glutine ['glu:tine] *m* Gluten *nt*
gnao ['ɲa:o], **gnau** ['ɲa:u] *int* miau
gnaulare [ɲau'la:re] *vi* ZOO miauen
gnocco ['ɲɔkko] <-cchi> *m* ❶ GASTR Klößchen *nt* ❷ *(fam pej: uomo goffo)* Tölpel *m*
gnomico, -a ['ɲɔ:miko] <-ci, -che> *agg* gnomisch
gnomo ['ɲɔ:mo] *m* Gnom *m,* Kobold *m*
gnorri ['ɲɔrri] *m* **fare lo ~** *(fam)* sich dumm stellen
gnoseologia [ɲozeolo'dʒi:a] <-gie> *f* Erkenntnislehre *f*
gnosi ['ɲɔ:zi] <-> *f* Gnosis *f*
gnostica *f v.* **gnostico**
gnosticismo [ɲosti'tʃizmo] *m* Gnostizismus *m*
gnostico, -a ['ɲɔstiko] <-ci, -che> **I.** *agg* gnostisch **II.** *m, f* Gnostiker(in) *m(f)*
gnu [ɲu] <-> *m* Gnu *nt*
goal [goul *o* gɔl] <-> *m* Tor *nt;* **fare** [*o* **segnare**] **un ~** ein Tor schießen
gobba ['gɔbba] *f (fam: sulla schiena)* Buckel *m; (su altra parte del corpo)* Höcker *m;* **avere la ~** *(fam)* einen Buckel haben; **~ a ponente luna crescente, ~ a levante luna calante** *(prov)* z wie zunehmender Mond, a wie abnehmender Mond
gobbo, -a ['gobbo] **I.** *agg* ❶ *(che ha la gobba)* buckelig ❷ *(con le spalle curve)* krumm, gebückt; **diventare ~** krumm werden ❸ *(curvo)* höckerig, krumm; **ha il naso ~** er/sie hat eine höckerige Nase ❹ *(fig, scherz)* **colpo ~** ein böser Streich **II.** *m, f* Buckelige(r) *f(m);* **il ~ di Notre Dame** der Glöckner von Notre Dame
gobelin [go'blɛ̃] <-> *m* Gobelin *m*
goccia ['gottʃa] <-cce> *f* Tropfen *m;* **somigliarsi come due -cce d'acqua** sich *dat* gleichen wie ein Ei dem anderen; **la ~ che fa traboccare il vaso** *(fig)* der Tropfen, der das Fass zum Überlaufen bringt; **fino all'ultima ~** bis zum letzten Tropfen; **a ~** tropfenförmig; **a ~ a ~** tropfenweise; **a ~ a ~ si** [*o* **l'acqua**] **scava la pietra** *(prov)* steter Tropfen höhlt den Stein
goccio ['gottʃo] <-cci> *m (fam)* Tropfen *m,* Schluck *m*
gocciola ['gottʃola] *f* Tropfen *m;* **ho la ~ al naso** mir läuft die Nase
gocciolamento [gottʃola'mento] *m* Tropfen *nt*
gocciolare [gottʃo'la:re] **I.** *vt avere* tropfen, tröpfeln; **la ferita gocciolava sangue** aus der Wunde tropfte Blut **II.** *vi essere o avere* ❶ *(bricco, cannella)* tropfen; *(naso)* laufen ❷ *(liquido)* tropfen
gocciolatoio [gottʃola'to:io] <-oi> *m* Dachtraufe *f*
gocciolio [gottʃo'li:o] <-ii> *m* Tröpfeln *nt,* Tropfen *nt*
gocciolo ['gottʃolo] *m (fam)* Tropfen *m,* Tröpfchen *nt;* **non ce n'è più neanche un ~** *(fam)* es ist kein Tropfen mehr da
godere [go'de:re] <godo, godei *o* godetti, goduto> **I.** *vi* **~ di qc** etw genießen; *(compiacersi)* sich über etw *akk* freuen; **~ di ... +inf, ~ che ... +conj** sich freuen, dass ...; **~ della fiducia di qu** jds Vertrauen genießen; **godeva nel vederlo così felice** er/sie freute sich, ihn so glücklich zu sehen **II.** *vt* genießen; **~ ottima salute** sich bester Gesundheit erfreuen, bei bester Gesundheit sein; **-rsi la vita/le vacanze** das Leben/den Urlaub genießen; **godersela** *(fam)* sich vergnügen; **me la godo al sole** *(fam)* ich genieße die Sonne
godereccio, -a [gode'rettʃo] <-cci, -cce> *agg (fam: gente)* genießerisch, lebenslustig; *(vita)* locker
godibile [go'di:bile] *agg* nutzbar; *(alimenti)* genießbar
godibilità [godibili'ta] <-> *f* ❶ *(piacevolezza)* Unterhaltsamkeit *f* ❷ *(fruibilità)* Nutzbarkeit *f*
godimento [godi'mento] *m* ❶ *(diletto)* Genuss *m; (vantaggio)* Nutzen *m;* **trarre ~ da qc** *(vantaggio)* aus etw Nutzen ziehen; *(gioia)* an etw *dat* Freude haben ❷ JUR Genuss *m*
godurioso, -a [gadu'riɔ:so] *agg (scherz)* vergnüglich; **un fine-settimana ~, all'insegna di cibo e amore** ein vergnügliches Wochenende unter dem Motto „Essen und Liebe"
goffaggine [gof'faddʒine] *f* Plumpheit *f*
goffo, -a ['gɔffo] *agg* ❶ *(impacciato)* ungeschickt, unbeholfen ❷ *(inelegante)* schlecht sitzend
goffrare [gof'fra:re] *vt* gaufrieren
goffratura [goffra'tu:ra] *f* Gaufrage *f*
gogna ['goɲɲa] *f* Halseisen *nt; (berlina)* Pranger *m;* **mettere alla ~** *(fig)* anprangern
gogò [go'gɔ] <-> *m* **a ~** haufenweise
go-kart ['gouka:t *o* go'kart] <-> *m* Gokart *m*

gol [gɔl] *v.* **goal**

gola ['go:la] *f* ① ANAT Kehle *f; (collo)* Hals *m;* **prendere qu per la ~** *(a. fig)* jdn an [*o* bei] der Gurgel packen; **ricacciarsi il pianto in ~** das Weinen unterdrücken; **urlare a piena ~** aus vollem Hals schreien; **ho l'acqua alla ~** *(a. fig)* das Wasser steht mir bis zum Hals; **fino alla ~** bis zum Hals(e) ② *(vizio)* Gefräßigkeit *f;* **peccati di ~** Völlerei *f;* **far ~** Appetit machen; *(fig)* reizen; **ne ammazza più la ~ che la spada** *(prov)* mehr noch als des Krieges Lanze führt Völlerei zum Todestanze ③ GEOG Schlucht *f* ④ *(del camino)* Schlot *m*

golden delicious ['gouldən di'liʃəs] **I.** *m* <-> *(varietà di melo)* Apfelbaum *m* der Sorte Golden Delicious **II.** *f* <-> *(frutto di tale qualità di melo)* Golden Delicious *m*

golden girl ['gouldən gə:l] <-> *f reiches erfolgreiches Mädchen*

golden goal ['golden gɔl] <-> *m* SPORT Golden Goal *nt*

golden share ['gouldən 'ʃɛə] <-> *m* FIN Schlüsselbeteiligung *f*

goldoniano, -a [goldo'nia:no] *agg* goldonianisch

golf [gɔlf] <-> *m* ① SPORT Golf *nt,* Golfspiel *nt* ② *(maglia)* [kragenlose] Strickjacke *f*

golfista [gol'fista] <-i *m,* -e *f*> *mf* Golfspieler(in) *m(f)*

golfistico, -a [gol'fistiko] <-ci, -che> *agg* Golf-

golfo ['golfo] *m* Golf *m,* Bucht *f;* **guerra del Golfo** Golfkrieg *m*

goliarda *f v.* **goliardo**

goliardia [goliar'di:a] <-ie> *f* ① *(spirito universitario)* Studentengeist *m* ② *(insieme dei goliardi)* Studentenschaft *f*

goliardico, -a [go'liardiko] <-ci, -che> *agg* studentisch, Studenten-; *(fig)* jugendlich leichtsinnig

goliardo, -a [go'liardo] *m, f* Student(in) *m(f)*

golletto [gol'lɛtto] *m* SPORT kümmerliches Tor *nt*

golosa *f v.* **goloso**

golosità [golosi'ta] <-> *f* ① *(ghiottoneria)* Naschhaftigkeit *f* ② *(leccornia)* Leckerbissen *m,* Schmankerl *nt* A

goloso, -a [go'lo:so] **I.** *agg* ① *(ghiotto)* naschhaft ② *(fig: avido)* **essere ~ di qc** nach etw gieren **II.** *m, f* Schlemmer(in) *m(f),* Leckermaul *nt*

golpe ['gɔlpe] <-> *m* [Militär]putsch *m,* Staatsstreich *m*

golpista [gol'pista] <-i *m,* -e *f*> *mf* Putschist(in) *m(f)*

golpistico, -a [gol'pistiko] <-ci, -che> *agg* Militärputsch-; **tentativo ~** Putschversuch *m*

gomena ['go:mena] *f* Tau *nt*

gomitata [gomi'ta:ta] *f* Stoß *m* mit dem Ellenbogen

gomito ['go:mito] *m* ① ANAT Ell[en]bogen *m;* **alzare il ~** einen heben *fam;* **farsi largo a forza di -i** *(fig)* die Ellbogen benutzen ② *(di fiume, tubazioni)* Knie *nt;* **curva a ~** Haarnadelkurve *f*

gomitolo [go'mi:tolo] *m* Knäuel *m o nt*

gomma ['gomma] *f* ① *(materiale)* Gummi *m o nt;* **~ naturale** Kautschuk *m;* **~ americana** [*o* **da masticare**] Kaugummi *m o nt* ② *(fam)* [Auto]reifen *m;* **cambiare una ~** *(fam)* einen Reifen wechseln; **forare una ~** *(fam)* einen Platten fahren ③ *(da cancellare)* Radiergummi *m;* **~ da matita** Radiergummi *m*

gommapiuma® [gomma'piu:ma] *f* Schaumgummi *m*

gommato, -a [gom'ma:to] *agg* gummiert

gommatura [gomma'tu:ra] *f* MOT Bereifung *f*

gommifero, -a [gom'mi:fero] *agg* gummihaltig, Gummi-

gommificio [gommi'fi:tʃo] <-ci> *m* Gummifabrik *f*

gommina® [gom'mi:na] <-> *f* Wet-Gel *nt,* Haargel *nt*

gommino [gom'mi:no] *m* Gummidichtung *f*

gommista [gom'mista] <-i *m,* -e *f*> *mf* Reifenhändler(in) *m(f)*

gommone [gom'mo:ne] *m* Schlauchboot *nt*

gommosità [gommosi'ta] <-> *f* Gummigehalt *m,* Gummiartigkeit *f*

gommoso, -a [gom'mo:so] *agg* Gummi-, gummiartig

gonade ['gɔ:nade] *f* Gonade *f,* Keimdrüse *f*

gondola ['gondola] *f* Gondel *f*

gondoliere [gondo'liɛ:re] *m* Gondoliere *m,* Gondelführer *m*

gonfalone [gonfa'lo:ne] *m* Banner *nt*

gonfaloniere [gonfalo'niɛ:re] *m* Bannerträger *m*

gonfiabile [gon'fia:bile] *agg* aufblasbar

gonfiare [gon'fia:re] **I.** *vt* ① *(pallone, materassino)* aufblasen, aufpumpen; *(guance, vele, stomaco)* aufblähen ② *(fig: notizia)* aufbauschen; *(persona)* übertrieben loben **II.** *vr* **-rsi** *(diventare gonfio)* sich aufblähen; *(inorgoglire)* sich [vor Stolz] aufblasen

gonfiato, -a [gon'fia:to] *agg (pallone, materassino)* aufgepumpt; *(vele)* [auf]gebläht; **pallone ~** *(fig, pej)* aufgeblasener Mensch

G

gonfiezza [gon'fiettsa] *f* Schwellung *f*

gonfio, **-a** ['gonfio] <-i, -ie> *agg* ① MED [an]geschwollen; *(occhi)* verquollen, geschwollen ② *(fiume, torrente)* angeschwollen ③ *(fig: persona)* aufgeblasen ④ *(fig: stile)* geschwollen, schwülstig ⑤ *(loc)* **andare a -ie vele** *(fig)* gut vorankommen; *(cosa)* gut laufen

gonfiore [gon'fioːre] *m* [An]schwellung *f*

gong [gɔŋg] <-> *m* Gong *m;* **colpo di ~** Gongschlag *m*

gongolare [goŋgo'laːre] *vi* frohlocken *geh*

gonna ['gonna *o* 'gɔnna] *f* [Damen]rock *m;* **~ a pieghe** Faltenrock *m;* **~ a portafoglio** Wickelrock *m;* **~ pantalone** Hosenrock *m*

gonnella [gon'nɛlla] *f* Rock *m,* Röckchen *nt;* **correre dietro alle -e** *(fam)* hinter jedem Rock her sein

gonococco [gono'kɔkko] <-cchi> *m* Gonokokkus *m*

gonorrea [gonor'rɛːa] *f* Gonorrhöe *f,* Tripper *m*

gonzo, **-a** ['gondzo] **I.** *agg (fam pej)* einfältig **II.** *m, f (fam pej)* Dämlack *m,* Schwachkopf *m*

googlare [gug'laːre] <googlo, googli> *vt* googeln

google® ['gugel] *m* INET Google® *nt;* **fare una ricerca su ~** googeln; **cercare qu/qc su ~** jdn/etw googeln

gora ['gɔːra] *f* ① *(di mulino)* Mühlbach *m* ② *(stagno)* Sumpfwasser *nt*

gordiano, **-a** [gor'diaːno] *agg* gordisch; **nodo ~** gordischer Knoten

gorgheggiare [gorged'dʒaːre] *vi* ① ZOO trillern; *(usignoli)* schlagen ② MUS trillern

gorgheggio [gor'geddʒo] <-ggi> *m* ① ZOO Getriller *nt; (di usignoli)* Schlagen *nt* ② MUS Triller *m*

gorgiera [gor'dʒɛːra] *f* HIST ① *(di abito femminile)* Halsband *nt* ② *(di armatura)* Halsberge *f*

gorgo ['gorgo] <-ghi> *m* ① *(d'acqua)* Strudel *m* ② *(fig)* Wirbel *m*

gorgogliare [gorgoʎ'ʎaːre] *vi (liquido)* blubbern; *(intestino)* rumoren

gorgoglio[1] [gor'goʎʎo] <-gli> *m (di liquido)* Blubbern *nt*

gorgoglio[2] [gorgoʎ'ʎiːo] <-glii> *m* fortwährendes Gurgeln

gorgonzola [gorgon'dzɔːla] *m* Gorgonzola *m (Blauschimmelkäse aus der Lombardei)*

gorilla [go'rilla] <-> *m (fig)* ZOO Gorilla *m*

Gorizia *f* Görz *nt (Stadt im Friaul)*

goriziano, **-a** **I.** *agg* aus Görz **II.** *m, f (abitante)* Einwohner(in) *m(f)* von Görz

Goriziano [gori'tsiaːno] *m sing* Umgebung *f* von Görz

gota ['gɔːta] *f* TOSC *(poet)* Wange *f*

goticheggiante [gotiked'dʒante] *agg (chiesa)* gotisch angehaucht

gotico *m* Gotik *f;* **~ fiorito** Flamboyantstil *m*

gotico, **-a** ['gɔːtiko] <-ci, -che> *agg* gotisch

goto ['gɔːto] *m* Gote *m*

gotta ['gotta] *f* Gicht *f*

Gottinga [got'tiŋga] *f* Göttingen *nt*

gottoso, **-a** [got'toːso] **I.** *agg* gichtartig, Gicht- **II.** *m, f* Gichtkranke(r) *f(m)*

governante [gover'nante] **I.** *mf* POL Regierende(r) *f(m)* **II.** *f* ① *(istitutrice)* Gouvernante *f* ② *(di casa)* Haushälterin *f*

governare [gover'naːre] **I.** *vt* ① *(paese, stato)* regieren; *(comune, regione)* verwalten ② *(casa, famiglia, azienda)* führen, leiten; *(bestie)* versorgen ③ NAUT, AERO steuern **II.** *vr* **-rsi** sich verhalten

governativo, **-a** [governa'tiːvo] *agg* Regierungs-

governatorato [governato'raːto] *m* Gouvernement *nt*

governatore, **-trice** [governa'toːre] *m, f* POL, ADM Gouverneur(in) *m(f);* FIN *(di una banca)* Präsident(in) *m(f)*

governatoriale [governato'riaːle] *agg* Gouverneurs-

governatrice *f v.* **governatore**

governissimo [gover'nissimo] *m* POL große Koalitionsregierung

governo [go'vɛrno] *m* ① POL Regierung *f;* **~ fantasma** Scheinregierung *f;* **~ fantoccio** Marionettenregierung *f;* **~ federale** Bundesregierung *f;* **~ monocolore** Einparteienregierung *f;* **~ ponte** Übergangsregierung *f;* **~ di coalizione** Koalitionsregierung *f* ② *(della casa)* Haushalt *m,* Hauswirtschaft *f; (delle bestie)* Versorgung *f* ③ *(direzione)* Leitung *f;* ADM Verwaltung *f*

gozzo ['gottso] *m* Kropf *m;* **restare sul ~** *(fig)* im Hals stecken bleiben

gozzoviglia [gottso'viʎʎa] <-glie> *f* Prasserei *f*

gozzovigliare [gottsoviʎ'ʎaːre] *vi* prassen

gozzuto, **-a** [got'tsuːto] *agg* kropfig, Kropf-

GR *m abbr di* **Giornale Radio** Hörfunknachrichten; **il ~ 1** die Hörfunknachrichten im ersten Programm

gracchiare [grak'kiaːre] *vi* krächzen; *(rana)* quaken; *(cicala)* zirpen

gracchio ['grakkio] <-cchi> *m* ① *(il gracchiare)* Krächzen *nt; (di rana)* Quaken *nt; (di cicala)* Zirpen *nt* ② *(uccello)* Alpendohle *f*

gracidare [gratʃi'daːre] *vi* quaken

gracidio [gratʃi'diːo] <-ii> *m* Quaken *nt,* Gequake *nt*

gracile ['graːtʃile] *agg (fragile)* zart, grazil; *(fig)* schwach

gracilità [gratʃili'ta] <-> *f* Zartheit *f,* Grazilität *f*

gradasso [gra'dasso] *m (pej)* Aufschneider *m;* **fare il ~** *(pej)* prahlen, aufschneiden

gradatamente [gradata'mente] *avv* stufenweise

gradazione [gradat'tsioːne] *f* ① *(di vino, liquore)* Grad *m;* **~ alcolica** Alkoholgehalt *m* ② *(di colori, luci, suoni)* Abstufung *f;* **in ~** abgestuft

gradevole [gra'deːvole] *agg* angenehm, gefällig

gradevolezza [gradevo'lettsa] *f* Annehmlichkeit *f*

gradimento [gradi'mento] *m* Wohlgefallen *m; (accoglimento)* Billigung *f;* **indice di ~** Einschaltquote *f;* **questo è di mio ~** das gefällt mir, das sagt mir zu

gradinata [gradi'naːta] *f* Freitreppe *f; (di stadi, teatri)* Sitzreihe *f,* Rang *m*

gradino [gra'diːno] *m* Stufe *f*

gradire [gra'diːre] <gradisco> *vt* [gern] mögen, [gern] entgegennehmen; *(desiderare)* wünschen; **voglia ~ i più sentiti auguri** mit den besten Wünschen; **gradisci un caffè?** möchtest du [gern] einen Kaffee?

gradito, -a [gra'diːto] *agg* willkommen, angenehm, gern gesehen

grado ['graːdo] *m* ① METEO, MAT, LING, PHYS, MED Grad *m;* **~ alcolico** Alkoholgehalt *m;* **~ comparativo** LING Komparativ *m;* **~ superlativo** LING Superlativ *m;* **~ di vaporizzazione** Verdampfungsgrad *m;* **ustioni di terzo ~** Verbrennungen *fpl* dritten Grades; **la temperatura è di 7 -i** die Temperatur beträgt 7 Grad ② *(di parentela)* [Verwandtschafts]grad *m* ③ *(stadio)* Schritt *m,* Stufe *f; (di difficoltà)* Schwierigkeitsgrad *m;* **andare per -i** schrittweise vorgehen; **a ~ a ~** Schritt für Schritt, allmählich; **al massimo ~** im höchsten Grade ④ *(condizione sociale)* Stellung *f;* MIL Rang *m;* **essere al più alto ~ della carriera** auf dem Höhepunkt der beruflichen Laufbahn sein; **rimuovere dal ~** degradieren ⑤ *(fig)* **essere in ~ di fare qc** in der Lage sein etw zu tun; **di buon ~** *(poet)* gern[e]

graduabile [gradu'aːbile] *agg* abstufbar

graduale [gradu'aːle] *agg* graduell, stufenweise

gradualismo [gradua'lizmo] *m* Staffelung *f*

gradualità [graduali'ta] <-> *f* Staffelung *f*

gradualmente [gradual'mente] *avv* stufenweise, schrittweise

graduare [gradu'aːre] *vt* ① TEC in Grade einteilen, graduieren ② *(fig: ordinare per gradi)* abstufen, staffeln

graduato [gradu'aːto] *m* MIL Unterführer *m*

graduato, -a *agg* in Grade eingeteilt, graduiert

graduatoria [gradua'tɔːria] <-ie> *f* Rangfolge *f,* Rangliste *f*

graduazione [graduat'tsioːne] *f* Gradeinteilung *f,* Graduation *f*

graffa ['graffa] *f* Schelle *f,* Krampe *f*

graffetta [graf'fetta] *f* Kabelschelle *f*

graffettatrice [graffetta'triːtʃe] *f* Heftgerät *nt,* Tacker *m*

graffiante [graf'fiante] *agg (fig)* bissig, beißend

graffiare [graf'fiaːre] **I.** *vt* [ver-, zer]kratzen **II.** *vr* **-rsi** sich kratzen

graffiata [graf'fiaːta] *f (atto)* Kratzen *nt; (effetto)* Kratzer *m*

graffiatura [graffia'tuːra] *f,* **graffio** ['graffio] <-i> *m* Kratzer *m,* Schramme *f; (di pelle)* Kratzwunde *f*

graffitaro, -a [graffit'tːaro] *m, f* Graffitimaler(in) *m(f),* Graffitikünstler(in) *m(f)*

graffito [graf'fiːto] *m* Sgraffito *nt;* **i -i** Graffiti *pl*

graffito, -a *agg* [ein]geritzt, Sgraffito-

grafia [gra'fiːa] <-ie> *f* Grafie *f,* Schrift *f*

grafica ['graːfika] <-che> *f (arte)* Grafik *f;* **~ computerizzata** Computergrafik *f*

grafic design <-> *m* Grafikdesign *nt*

graficizzare [grafitʃid'dzaːre] *vt* grafisch gestalten

grafico ['graːfiko] <-ci> *m (rappresentazione)* Grafik *f*

grafico, -a <-ci, -che> **I.** *agg* grafisch **II.** *m, f (tecnico)* Grafiker(in) *m(f)*

grafite [gra'fiːte] *f* Grafit *m*

grafologa *f v.* **grafologo**

grafologia [grafolo'dʒiːa] <-gie> *f* Grafologie *f*

grafologico, -a [grafo'lɔːdʒiko] <-ci, -che> *agg* grafologisch

grafologo, -a [gra'fɔːlogo] <-gi, -ghe> *m, f* Grafologe *m/* Grafologin *f*

gramaglie [gra'maʎʎe] *fpl* **in ~** in Trauer

gramigna [gra'miɲɲa] *f* BOT Quecke *f,* Queckengras *nt;* **crescere** [*o* **moltiplicarsi**] **come la ~** wuchern, sich wie Unkraut vermehren

graminacee [grami'naːtʃee] *fpl* Gräser *ntpl*

graminaceo, -a [grami'naːtʃeo] <-ei, -ee> *agg* grasartig, Gras-

grammaestro *v.* **gran maestro**

G

G

grammatica [gram'ma:tika] <-che> *f* Grammatik *f*
grammaticale [grammati'ka:le] *agg* grammatikalisch; **errore ~** Grammatikfehler *m*
grammaticalizzare [grammatikalid'dza:re] **I.** *vt* LING grammatikalisieren **II.** *vi* LING *(assumere funzione grammaticale)* grammatikalische Funktion haben
grammaticalizzazione [grammatikaliddzat'tsio:ne] *f* LING Grammatikalisierung *f*
grammaticografia [grammatikogra'fi:a] <-ie> *f* Grammatikologie *f*
grammo ['grammo] *m* ① *(unità di misura)* Gramm *nt* ② *(fig: quantità minima)* Funke *m*
grammofono [gram'mɔ:fono] *m* Grammofon *nt*
gramo, -a ['gra:mo] *agg* armselig, elend
gran [gran] *v.* **grande I.**
gran(o)turco [gran(o)'turko] <-chi> *m* Mais *m,* Kukuruz *m* A
grana[1] ['gra:na] *f* ① *(sl: denaro)* Kies *m* ② *(fig fam)* Stunk *m;* **piantare una ~** *(fam)* Stunk machen; **avere un sacco di -e** *(fam)* eine Menge Ärger am Hals haben ③ FOTO, MIN Korn *nt*
grana[2] <-> *m* GASTR *ein dem Parmesan ähnlicher Hartkäse aus der Lombardei*
granaglie [gra'naʎʎe] *f pl* Getreide *nt*
granaio [gra'na:io] <-ai> *m* ① AGR Getreidespeicher *m* ② *(fig)* Kornkammer *f*
granario, -a [gra'na:rio] <-i, -ie> *agg* Getreide-
granata [gra'na:ta] *f* ① *(per scopare)* Strohbesen *m,* Reisigbesen *m* ② MIL Granate *f* ③ BOT Granatapfel *m*
granatiere [grana'tiɛ:re] *m* ① MIL Grenadier *m* ② *(fig: persona alta e robusta)* Koloss *m,* Brocken *m*
granato [gra'na:to] *m* Granat *m*
granato, -a *agg* granat-, Granat-; **mela -a** Granatapfel *m;* **rosso ~** granatrot
Gran Bretagna ['gram bre'taɲɲa] *f* Großbritannien *nt*
grancassa [graŋ'kassa] *f* große Trommel; **battere la ~** *(fig)* die Werbetrommel rühren
grancevola [gran'tʃɛ:vola] *f* Meerspinne *f,* Seespinne *f*
granchio ['graŋkio] <-chi> *m* ① ZOO Krabbe *f,* Taschenkrebs *m* ② *(fig: sbaglio)* Schnitzer *m;* **prendere un ~** hereinfallen *fam,* einem Trugschluss erliegen
grand' [grand] *v.* **grande I.**
grandangolare [grandaŋgo'la:re] **I.** *m* Weitwinkelobjektiv *nt* **II.** *agg* weitwinklig, Weitwinkel-
grand commis [grã kɔ'mi] <-> *m (altissimo funzionario di amministrazione pubblica)* hoher Verwaltungsfunktionär *m*
grande ['grande] <più grande *o* maggiore, grandissimo *o* massimo *o* sommo> **I.** *agg* ① *(gener)* groß; *(largo)* breit; *(esteso)* weit; **come ti sei fatto ~!** wie du gewachsen bist! ② *(fig)* groß, bedeutend ③ *(rafforzativo)* **ci vogliono [dei] gran quattrini** dazu braucht man eine Menge Geld; **una gran bella donna** eine bildschöne Frau; **un gran bevitore/fumatore** ein starker Trinker/Raucher; **avere una gran fame** *(fam)* Kohldampf haben; **[una] gran cosa** *(fam)* super, toll, bärig A; **non è un gran che** das ist nichts Besonderes **II.** *mf* ① *(adulto)* Erwachsene(r) *f(m)* ② *(chi eccelle)* Große(r) *f(m),* Mächtige(r) *f(m)* ③ HIST Grande *m;* **Federico il Grande** Friedrich der Große **III.** *m* Größe *f;* *(fig)* Großartige(s) *nt;* **riprodurre in ~** vergrößern; **fare le cose in ~** etw groß aufziehen
grandeggiare [granded'dʒa:re] *vi* ① *(di costruzione)* **~ su qc** über etw *akk* hinausragen ② *(fig: darsi arie)* den großen Herrn/die große Dame spielen
grandezza [gran'dettsa] *f* ① *(gener,* PHYS, MAT Größe *f;* *(dimensione)* Ausmaß *nt;* **mania di ~** Großmannssucht *f;* **aspirare alla ~** nach Macht und Größe streben; **in ~ naturale** in Originalgröße; *(persone)* in Lebensgröße ② *(fig: nobilità)* Größe *f;* **~ d'animo** Edelmut *m*
grandiglione, -a [grandiʎ'ʎo:ne] *m, f* TOSC *(fam)* großes Kind
grandinare [grandi'na:re] *vi essere o avere* METEO hageln; **grandina** es hagelt; **grandinano bombe** *(fig)* es hagelt Bomben
grandinata [grandi'na:ta] *f* Hagel[schlag] *m*
grandine ['grandine] *f* METEO Hagel *m;* **chicco di ~** Hagelkorn *nt;* **~ di riso** *(fig)* Reisregen *m*
grandiosità [grandiosi'ta] <-> *f* Großartigkeit *f,* Größe *f*
grandioso, -a [gran'dio:so] *agg* großartig, grandios
grandissimo [gran'dissimo] *superlativo di* **grande**
granduca, -duchessa [gran'du:ka] *m, f* Großherzog(in) *m(f)*
granducale [grandu'ka:le] *agg* großherzoglich
granducato [grandu'ka:to] *m* ① *(titolo)* Großherzogwürde *f* ② *(territorio)* Großherzogtum *nt*
granduchessa *f v.* **granduca**

granduchessina [grandukes'si:na] *f* jüngste Großherzogtochter
granello [gra'nɛllo] *m (di seme, sabbia, a. fig)* Korn *nt; (di uva)* Kern *m*
granicolo, **-a** [gra'ni:kolo] *agg* Getreide-
granicoltura [granikol'tu:ra] *f* Getreidebau *m*
granita [gra'ni:ta] *f* Granita *f (Sorbet aus gestoßenem Eis und Fruchtsaft oder Kaffee)*
granitico, **-a** [gra'ni:tiko] <-ci, -che> *agg* ① MIN granitisch, Granit- ② *(fig: fede, volontà)* unerschütterlich
granito [gra'ni:to] *m* Granit *m*
gran maestro ['gram ma'ɛstro] *m* ① *(di Massoneria)* Großmeister *m* ② HIST Hofmeister *m*
grano ['gra:no] *m* ① BOT Korn *nt,* Getreide *nt; (frumento)* Weizen *m;* **~ saraceno** Buchweizen *m* ② *(di pepe)* Korn *nt* ③ *(di rosario, collana)* Perle *f,* Kugel *f* ④ *(fig: quantità minima)* Korn *nt;* **con un ~ di sale** *(fig)* einsichtig und vernünftig
granulare[1] [granu'la:re] *agg* körnig, gekörnt, Korn-
granulare[2] *vt* granulieren, körnen
granulato [granu'la:to] *m (materiale in granuli)* Granulat *nt*
granulato, **-a** *agg (ridotto in granuli)* granulös; *(ruvido)* rau; **superficie -a** raue Oberfläche
granulo ['gra:nulo] *m* Granulum *nt*
granuloma [granu'lɔ:ma] <-i> *m* Granulom *nt*
granulosità [granulosi'ta] <-> *f* Körnigkeit *f*
granuloso, **-a** [granu'lo:so] *agg* gekörnt, körnig
grappa ['grappa] *f* GASTR Grappa *m (italienischer Tresterbranntwein)*
grappetta [grap'petta] *f* Heftklammer *f*
grappino [grap'pi:no] *m (fam)* Gläschen *nt* Grappa
grappolo ['grappolo] *m* ① BOT [Wein]traube *f;* **un ~ d'uva** eine [Wein]traube; **fiori a ~** Traubenblütler *mpl* ② *(fig)* Traube *f*
grassaggio [gras'saddʒo] <-ggi> *m* [Ab]schmieren *nt*
grassatore [grassa'to:re] *m* Straßenräuber *m,* Wegelagerer *m*
grassetto [gras'setto] *m* halbfette Schrift
grassetto, **-a** *agg* halbfett; *(computer)* fett
grassezza [gras'settsa] *f* ① *(di persona, animale)* Fettleibigkeit *f* ② *(di cibo)* Fettgehalt *m,* Fettigkeit *f* ③ AGR Fruchtbarkeit *f,* Fettheit *f*
grasso ['grasso] *m* Fett *nt;* GASTR Schmalz *nt;* **~ vegetale** Pflanzenfett *nt;* **~ per lubrificare** Schmierfett *nt;* **cercare di perdere un po' di ~** ein wenig abzuspecken versuchen
grasso, **-a** *agg* ① *(persona)* dick[leibig], fett ② BOT, AGR fett; **piante -e** Fettpflanzen *fpl* ③ *(pelle, capelli)* fettig ④ GASTR *(carne, formaggio, brodo)* fett; *(cucina, cibo)* fetthaltig, fettig ⑤ *(fig: ricco)* fett; **fare -i guadagni** dicke Geld machen ⑥ *(di carnevale)* **la settimana -a** *die letzte Karnevalswoche*
grassoccio, **-a** [gras'sɔttʃo] <-cci, -cce> *agg* pummelig, rundlich
grassone, **-a** [gras'so:ne] *m, f* Dickwanst *m*
grata ['gra:ta] *f* Gitter *nt*
gratella [gra'tɛlla] *f* Grill *m,* Rost *m;* **bistecca in ~** gegrilltes Steak
graticcio [gra'tittʃo] <-cci> *m* ① *(stuoia)* Darre *f* ② *(di chiusura)* Gitter *nt*
graticola [gra'ti:kola] *f* ① GASTR Rost *m,* Grill *m;* **pesce in ~** gegrillter Fisch ② *(di confessionale)* Beichtgitter *nt* ③ *(di tortura)* Rost *m*
gratifica [gra'ti:fika] <-che> *f* COM Gratifikation *f,* [Sonder]zuwendung *f;* **~ natalizia** Weihnachtsgeld *nt;* **~ di fine rapporto** goldener Händedruck *(äußerst üppige Abfindung)*
gratificante [gratifi'kante] *agg* befriedigend
gratificare [gratifi'ka:re] *vt* eine [Sonder]zuwendung gewähren für
gratificazione [gratifikat'tsio:ne] *f* Gratifikation *f,* [Sonder]zuwendung *f*
gratin [gra'tɛ̃] <-> *m* **al ~** gratiniert, überbacken
gratinare [grati'na:re] *vt* gratinieren, überbacken
gratis ['gra:tis] *avv* gratis, kostenlos
gratitudine [grati'tu:dine] *f* Dankbarkeit *f;* **provare ~ nei confronti di qu** jdm dankbar sein
grato, **-a** ['gra:to] *agg* ① *(persona)* dankbar; **essere ~ a qu di qc** jdm für etw dankbar sein ② *(odore, sapore)* angenehm, erfreulich
grattacapo [gratta'ka:po] *m (fam)* Scherereі *f,* Unannehmlichkeit *f*
grattacielo [gratta'tʃɛ:lo] *m* Wolkenkratzer *m*
gratta e vinci ['gratta e 'vintʃi] <-> *m* Rubbellos *nt*
grattare [grat'ta:re] **I.** *vt* ① *(pelle)* kratzen ② *(grattugiare)* reiben ③ *(graffiare)* [weg]kratzen, verkratzen ④ *(sl)* klauen *fam* **II.** *vi* ① *(produrre rumore metallico)* kratzen ② *(fam)* MOT *(marcia)* krachen, kratzen **III.** *vr* **-rsi** sich kratzen
grattata [grat'ta:ta] *f* ① *(fam)* MOT Krachen *nt,* Kratzen *nt;* **che bella ~!** *(fam*

scherz) schönen Gruß vom Getriebe! ❷ *(di testa, naso)* Kratzen *nt*

grattugia [grat'tuːdʒa] <-gie> *f* Reibe *f*

grattugiare [grattu'dʒaːre] *vt* reiben

gratuità [gratui'ta] <-> *f* ❶ *(senza pagamento)* Unentgeltlichkeit *f* ❷ *(fig)* Grundlosigkeit *f*

gratuito, -a [gra'tuːito *o* gratu'iːto] *agg* ❶ gratis, umsonst; **biglietto ~** Freikarte *f* ❷ *(fig)* grundlos

gravame [gra'vaːme] *m* ❶ *(fig: peso)* Last *f*, Belastung *f* ❷ JUR Rechtsmittel *nt*

gravare [gra'vaːre] **I.** *vt* ❶ *(caricare)* **~ qc di qc** etw mit etw beladen ❷ *(fig)* **~ qu/qc di qc** jdn/etw mit etw belasten **II.** *vi* **~ su qu/qc** *(a. fig)* auf jdm/etw lasten; **il peso della famiglia grava sulle sue spalle** die Sorge für die Familie lastet schwer auf seinen [*o* ihren] Schultern

grave ['graːve] *agg* ❶ *(importante, serio)* schwer wiegend; *(errore, peccato, malattia)* schwer; *(situazione, caso)* ernst; *(atteggiamento)* ernsthaft ❷ MUS grave; *(nota)* tief ❸ *(pesante)* schwer

gravidanza [gravi'dantsa] *f* Schwangerschaft *f*

gravido, -a ['graːvido] *agg* ❶ *(donna)* schwanger; *(animale)* trächtig; **è -a di cinque mesi** sie ist im fünften Monat schwanger ❷ *(fig poet)* **nubi -e di pioggia** regenschwere Wolken *fpl*

gravimetria [gravime'triːa] <-ie> *f* Gravimetrie *f*

gravità [gravi'ta] <-> *f* ❶ PHYS Schwerkraft *f*, Anziehungskraft *f* ❷ *(fig)* Schwere *f*; *(di situazione)* Ernst *m*

gravitare [gravi'taːre] *vi* ❶ ASTR kreisen, gravitieren ❷ *(fig)* sich bewegen; **~ intorno a** angezogen werden von

gravitazionale [gravitattsio'naːle] *agg* Gravitations-

gravitazione [gravitat'tsioːne] *f* Gravitation *f*, Anziehungskraft *f*; **legge di ~** Gravitationsgesetz *nt*

gravosità [gravosi'ta] <-> *f* Bürde *f*, Last *f*

gravoso, -a [gra'voːso] *agg* drückend, beschwerlich

grazia ['grattsia] <-ie> *f* ❶ *(armonia, delicatezza)* Anmut *f*; **le tre -ie** die drei Grazien ❷ *(gentilezza)* Liebenswürdigkeit *f*; **con ~** freundlich ❸ REL Gnade *f*; **colpo di ~** *(fam)* Gnadenstoß *m*; **~ di Dio** *(fam)* Gottesgabe *f* ❹ JUR Begnadigung *f*; **concedere la ~** begnadigen ❺ *(benevolenza)* Gunst *f*, Wohlwollen *nt*; **essere nelle -ie di qu** in jds Gunst stehen; **in** [*o* **per**] **~ di** dank +*dat o gen*; **nell'anno di ~ …** im Jahre des Heils …; **troppa ~ Sant'Antonio!** *(fam)* zu viel des Guten!

graziare [grat'tsiaːre] *vt* ❶ JUR begnadigen ❷ *(fig: concedere)* **~ qu di qc** jdm etw gewähren

graziato, -a [grat'tsiaːto] *m, f* ❶ JUR Begnadigte(r) *f(m)* ❷ REL Begnadete(r) *f(m)*

grazie ['grattsie] *int* danke; **tante ~!** vielen Dank!, danke schön!; **~ mille!, mille ~!** vielen Dank!, tausend Dank!; **sì/no, ~** ja, bitte/nein, danke; **~ a** dank +*dat o gen*, durch +*akk*; **~ a Dio/al cielo** Gott/dem Himmel sei Dank; **~ per l'ospitalità** danke für die Gastfreundschaft

graziosità [grattsiosi'ta] <-> *f* Liebreiz *m*, Anmut *f*

grazioso, -a [grat'tsioːso] *agg* graziös, lieblich; *(piacevole)* reizend; *(gentile)* liebenswürdig

greca ['grɛːka] <-che> *f (motivo ornamentale)* Mäander *m*

grecale [gre'kaːle] **I.** *agg* nordöstlich, Nordost- **II.** *m* Nordostwind *m*

Grecia ['grɛːtʃa] *f* Griechenland *nt*

grecismo [gre'tʃizmo] *m* Gräzismus *m*

grecista [gre'tʃista] <-i *m*, -e *f*> *mf* Gräzist(in) *m(f)*

grecità [gretʃi'ta] <-> *f* Griechentum *nt*, griechische Kultur u Literatur

grecizzare [gretʃid'dzaːre] *vt, vi* gräzisieren

greco ['grɛːko] *m sing* LING Griechisch(e) *nt*; **~ antico/moderno** Alt-/Neugriechisch(e) *nt*

greco, -a <-ci, -che> **I.** *agg* HIST, LING griechisch, altgriechisch; GEOG griechisch; *(naso, profilo)* griechisch, klassisch; **~-ortodosso** griechisch-orthodox; **~-romano** griechisch-römisch **II.** *m, f* Grieche *m*/Griechin *f*

green card [griːn 'kɑːd] <-> *f* Green Card *f*

gregario [gre'gaːrio] <-i> *m (di società, organizzazione)* Mitglied *nt*; *(pej)* Mitläufer(in) *m(f)*

gregario, -a <-i, -ie> *agg* Herden-

gregge ['greddʒe] <*pl:* -i *f*> *m* ❶ ZOO Herde *f* ❷ *(fig: moltitudine di persone)* Herde *f*, Masse *f*; **il ~ del parroco** die Schäflein *ntpl* des Pfarrers; **uscire dal ~** *(fig)* nicht mit der Herde laufen

greggio ['greddʒo] *m* Rohöl *nt*, Erdöl *nt*

greggio, -a <-ggi, -gge> *agg* ❶ *(materiali, prodotti)* roh; **allo stato ~** im Urzustand ❷ *(fig: rozzo)* ungehobelt, grob

gregoriano, -a [grego'riaːno] *agg* gregorianisch

grembiale [grem'biaːle], **grembiule** [grem'biuːle] *m* Schürze *f*; *(camice)* Kittel *m*; *(per bambini)* Schürzchen *nt*

grembo ['grɛmbo *o* 'grembo] *m* Schoß *m*

gremire [gre'miːre] <gremisco> **I.** *vt* füllen, bevölkern **II.** *vr* **-rsi di** sich füllen mit
greppia ['greppia] <-ie> *f* Futtertrog *m,* [Futter]krippe *f*
grésil [gre'sil] <-> *f* *typische Frühlingseisregenfälle*
greto ['greːto] *m* Kiesbank *f*
grettezza [gret'tettsa] *f* Kleinlichkeit *f*
gretto, -a ['gretto] *agg* ❶ *(avaro)* geizig; **animo ~** Krämerseele *f* ❷ *(fig)* kleinlich
greve ['grɛːve] *agg* schwer, schwül
grezza ['grettsa] *f* MER *(figuraccia, gaffe)* Fettnäpfchen *nt;* **fare una ~** ins Fettnäpfchen treten
grezzo ['greddzo] *v.* **greggio**
grida ['griːda] *f* HIST Erlass *m,* Bekanntmachung *f*
gridare [gri'daːre] **I.** *vi* schreien; *(per chiamare)* rufen; **~ a squarcia gola** aus vollem Halse schreien **II.** *vt* ❶ *(dire ad alta voce)* schreien; *(per chiamare)* rufen; **~ aiuto** um Hilfe rufen ❷ *(fam)* ausschimpfen
gridio [gri'diːo] <-ii> *m* Geschrei *nt*
grido[1] ['griːdo] <*pl*: -a *f*> *m* ❶ *(di persone)* Schrei *m,* Ruf *m;* *(invocazione)* Aufschrei *m* ❷ *(fig: fama)* Ruf *m;* **di ~** von Ruf, berühmt; **essere all'ultimo ~** der letzte Schrei sein
grido[2] <*pl*: -i *m*> *m* *(di animali)* Schrei *m,* Ruf *m*
griffare [grif'faːre] *vt* lizenzieren, die Lizenz erteilen für
griffato, -a [grif'faːto] *agg* ❶ *(abito, oggetto firmato da stilista)* Marken- ❷ *(chi utilizza solo oggetti firmati da stilisti)* auf Markenartikel fixiert
griffe [grif] <-> *f* Designeretikett *nt*
grifone [gri'foːne] *m* ❶ *(uccello)* Gänsegeier *m* ❷ *(mostro)* Greif *m*
grigiastro, -a [gri'dʒastro] *agg* gräulich
grigio ['griːdʒo] <-gi> *m* Grau *nt*
grigio, -a <-gi, -gie> *agg* ❶ *(colore)* grau; **~ cenere** aschgrau; **~ perla** perlgrau ❷ *(fig: scialbo)* grau, trostlos; **vedere tutto ~** *(fig)* alles grau in grau sehen
Grigioni [gri'dʒoːni] *mpl* Graubünden *nt*
grigiore [gri'dʒoːre] *m* ❶ *(di paesaggio)* Grau *nt* ❷ *(fig)* Eintönigkeit *f*
grigioverde [gridʒo'verde] **I.** *agg* graugrün **II.** *m* ❶ *(colore)* Graugrün *nt* ❷ MIL Uniform *f,* Soldatenrock *m*
griglia ['griʎʎa] <-glie> *f* ❶ GASTR Grill *m,* [Brat]rost *m;* **pollo/bistecca alla ~** Hähnchen *nt*/Steak *nt* vom Grill, gegrilltes Hähnchen/Steak ❷ *(inferriata,* MOT, PHYS Gitter *nt;* **~ del radiatore** Kühlergrill *m*
grignolo [griɲ'ɲɔːlo] *m* Grignolo *m* *(Rotwein aus Piemont)*
grill [gril] <-> *m* ❶ *(griglia)* Grill *m,* [Brat]rost *m* ❷ *(carne)* Grillfleisch *nt;* *(pesce)* gegrillter Fisch *m* ❸ *(fam: ristorante)* Autobahnrestaurant *nt*
grilletto [gril'letto] *m* Abzug *m;* **premere il ~** abdrücken
grillino, -a [gri'liːno] *m, f* POL Anhänger(in) *m(f)* der Fünf-Sterne-Bewegung
grillo ['grillo] *m* ❶ ZOO Grille *f* ❷ *(fig: capriccio)* Grille *f,* Laune *f;* **avere molti -i per il capo** *(fam)* eine Menge Flausen im Kopf haben
grinfia ['grinfia] <-ie> *f* *(fam)* Klaue *f;* **cadere** [*o* **finire**] **nelle -ie di qu** *(fig fam)* jdm in die Hände fallen
grinta ['grinta] *f* ❶ *(faccia dura)* grimmiges Gesicht; **mostrare la ~** grimmig dreinschauen ❷ SPORT [verbissener] Kampfgeist *m*
grinza ['grintsa] *f* ❶ *(della pelle)* Falte *f,* Runzel *f* ❷ *(di vestito)* Falte *f;* **le calze fanno le -e** die Strümpfe werfen Falten ❸ *(fig)* **non fare una ~** einwandfrei sein; *(calcolo)* aufs Haar stimmen
grinzoso, -a [grin'tsoːso] *agg* *(pelle)* faltig, runz[e]lig; *(vestito)* zerknittert, verknittert
grip [grip] <-> *m* SPORT Griff *m*
grippaggio [grip'paddʒo] *m* **~ del pistone** Kolbenfresser *m*
grippare [grip'paːre] **I.** *vi* fressen **II.** *vr* **-rsi** MOT sich festfressen
grisou [gri'zu] <-> *m* Grubengas *nt*
grissino [gris'siːno] *m* ❶ GASTR Grissini *nt pl* *(Knabberstangen aus Weißbrotteig)* ❷ *(fig: persona molto magra)* Hering *m;* **è magro come un ~** er ist dünn wie ein Hering
groenlandese [groenlan'deːse] **I.** *agg* grönländisch **II.** *mf* Grönländer(in) *m(f)*
Groenlandia [groen'landia] *f* Grönland *nt*
grog [grɔg] <-> *m* Grog *m*
gromma ['gromma] *f* Weinstein *m*
grondaia [gron'daːia] <-aie> *f* Dachrinne *f,* Regenrinne *f*
grondare [gron'daːre] **I.** *vi* *(piovere)* triefen; *(cadere a gocce)* tröpfeln, tropfen; **~ di qc** von etw triefen **II.** *vt* vergießen, verlieren
groppa ['grɔppa] *f* ❶ ZOO Kruppe *f* ❷ *(fig, scherz: dorso dell'uomo)* Buckel *m,* Kreuz *nt;* **avere molti anni sulla ~** schon viele Jahre auf dem Buckel haben
groppone [grop'poːne] *m* *(fam scherz)* Buckel *m;* **piegare il ~** *(fig)* schuften, malochen
gros-grain [gro'grɛ̃] <-> *m* Ripsband *nt*
grossa ['grɔssa] *f* Gros *nt;* **dormire della ~** *(fam)* schlafen wie ein Murmeltier
grossetano, -a **I.** *agg* aus Grosseto stam-

G

mend **II.** *m, f (abitante)* Einwohner(in) *m(f)* von Grosseto

Grossetano [grosse'ta:no] *m sing* Umgebung *f* von Grosseto

Grosseto *f* Grosseto *nt (Stadt in der Toskana)*

grossezza [gros'settsa] *f* Dicke *f,* Umfang *m*

grossista [gros'sista] <-i *m,* -e *f*> *mf* Grossist(in) *m(f),* Großhändler(in) *m(f)*

grosso ['grɔsso] *m* Hauptteil *m,* Großteil *m*

grosso, -a *agg* ❶ *(grande)* groß; **dito ~** *(fam)* Daumen *m; (del piede)* großer Zeh; **il pesce ~ mangia il piccolo** *(prov)* die großen Fische fressen die kleinen ❷ *(di notevole spessore)* dick; *(sale)* grob[körnig] ❸ *(robusto)* kräftig ❹ *(fig: persona)* groß, wichtig; **un pezzo ~** ein hohes Tier *fam;* **un ~ industriale** ein Großunternehmer ❺ COM *(somma, guadagno)* hoch; *(affare)* groß, wichtig ❻ *(rozzo)* grob, roh ❼ *(loc)* **mare ~** bewegte See; **sbagliarsi di ~** *(fam)* sich gewaltig irren; **questa sì che è -a!** *(fam)* das ist heiß!; **dirle -e** *(fam)* Stuss verzapfen; **farle -e** *(fam)* Dummheiten machen

grossolanità [grossolani'ta] <-> *f (modi)* Grobschlächtigkeit *f; (parole)* Grobheit *f*

grossolano, -a [grosso'la:no] *agg (persona, modi)* grob; **fare un errore ~** einen groben Fehler begehen

grossomodo [grosso'mɔ:do] *avv* ungefähr

grotta ['grɔtta] *f* Grotte *f*

grottescamente [grotteska'mente] *avv* grotesk, lachhaft

grottesco [grot'tesko] *m* Groteske *f*

grottesco, -a <-schi, -sche> *agg* grotesk, absonderlich

groupie ['gru:pi] <-> *mf* Groupie *nt*

groviera [gro'viɛ:ra] <-> *m o f* Gruyère[käse] *m,* Greyerzer *m*

groviglio [gro'viʎʎo] <-gli> *m* Gewirr *nt,* Durcheinander *nt*

gru [gru] <-> *f* ❶ ZOO Kranich *m* ❷ TEC Kran *m*

gruccia ['gruttʃa] <-cce> *f* ❶ MED Krücke *f;* **camminare con le -cce** auf Krücken gehen ❷ *(per abiti)* Bügel *m;* **~ appendiabiti** Kleiderbügel *m*

grufolare [grufo'la:re] *vi* ❶ ZOO [mit der Schnauze] [herum]wühlen ❷ *(fig, pej)* schlürfen, schmatzen

grugnire [gruɲ'ɲi:re] <grugnisco> **I.** *vi* ❶ ZOO grunzen ❷ *(fig, pej)* knurren, maulen **II.** *vt (fig, pej: saluto)* grunzen

grugnito [gruɲ'ɲi:to] *m* Grunzen *nt*

grugno ['gruɲɲo] *m* ❶ ZOO Schnauze *f,* Rüssel *m* ❷ *(pej: faccia)* Schnauze *f vulg,* Fresse *f vulg;* **rompere il ~ a qu** jdm die Fresse polieren *vulg* ❸ *(fig fam: broncio)* Schnute *f*

grullo, -a ['grullo] *(pej)* **I.** *agg* doof **II.** *m, f* Schwachkopf *m*

grumo ['gru:mo] *m* Klumpen *m*

gruppettaro, -a [gruppet'ta:ro] *m, f (sl)* Gruppenmitglied *nt,* Teilnehmer(in) *m(f)* einer Runde

gruppista [grup'pista] <-i *m,* -e *f*> *mf* Vermittler(in) *m(f)* zwischen Heimarbeitern und Auftraggebern

gruppo ['gruppo] *m* ❶ *(gener)* Gruppe *f;* POL Fraktion *f;* SPORT Verein *m,* Gruppe *f;* **~ sanguigno** Blutgruppe *f;* **lavoro di ~** Teamarbeit *f* ❷ COM, FIN Verband *m,* Konzern *m,* Kette *f;* **~ economico** Wirtschaftsverband *m;* **~ finanziario** Finanzgruppe *f* ❸ MOT Satz *m,* Aggregat *nt*

gruppuscolo [grup'puskolo] *m* POL Splittergruppe *f*

gruviera [gru'viɛ:ra] *v.* **groviera**

gruzzolo ['gruttsolo] *m (fam)* Notgroschen *m*

GSM *m abbr di* **Global System for Mobile communication** GSM *nt*

G.U. *v.***Gazzetta Ufficiale** *regelmäßige Mitteilungen der italienischen Regierung*

guadagnare [guadaɲ'ɲa:re] **I.** *vt* ❶ *(denaro)* verdienen ❷ *(fig: tempo, spazio, velocità)* gewinnen [an +*dat*] ❸ *(cima, vetta)* erreichen ❹ *(vincere)* gewinnen; **tanto di guadagnato** umso besser **II.** *vi* ❶ *(ricevere uno stipendio)* verdienen; **~ per vivere** seinen Lebensunterhalt verdienen ❷ *(fare una migliore figura)* zur Geltung kommen; **senza il cappello ci guadagna** ohne Hut sieht er besser aus

guadagno [gua'daɲɲo] *m* Verdienst *m; (utile, vantaggio)* Gewinn *m;* **~ lordo/netto** Brutto-/Nettoverdienst *m*

guadagnucchiare [guadaɲɲuk'kia:re] **I.** *vt (guadagnare poco)* wenig verdienen **II.** *vi (guadagnare appena il necessario per vivere)* gerade so viel verdienen, wie man für die Lebenshaltungskosten benötigt, sich gerade so über Wasser halten

guadare [gua'da:re] *vt* durchwaten

guado ['gua:do] *m* Furt *f;* **passare a ~** durchwaten

guaglione, -a [guaʎ'ʎo:ne] *m, f* NAPOL Schlingel *m,* Strick *m*

guai ['gua:i] *int* wehe; **~ a te se ci riprovi!** wehe, du machst das noch mal!

guaina [gua'i:na] *f* ❶ *(di spada)* Scheide *f* ❷ ANAT, BOT Scheide *f* ❸ *(indumento)* Korsett *nt*

guaio ['gua:io] <-ai> *m* ❶ *(disgrazia)* Unglück *nt;* **ficcarsi nei -ai** *(fam)* Ärger kriegen; **passare un ~** im Schlamassel stecken ② *(fastidio)* Ärger *m;* **che ~!** so ein Ärger!

guaire [gua'i:re] *vi* winseln

guaito [gua'i:to] *m* Gewinsel *nt*

gualdrappa [gual'drappa] *f* Satteldecke *f*

guancia ['guantʃa] <-ce> *f* ① ANAT Wange *f,* Backe *f* ② GASTR [Schweins-, Kalbs]-kopf *m*

guanciale [guan'tʃa:le] *m* *(cuscino)* [Kopf]kissen *nt,* Polster *m* A; **dormire fra due -i** *(fig)* ruhig schlafen

guano ['gua:no] *m* Guano *m*

guantiera [guan'tiɛ:ra] *f* Tablett *nt*

guanto ['guanto] *m* Handschuh *m;* **calzare come un ~** wie angegossen sitzen; **trattare qu coi -i** jdn mit Glaceehandschuhen anfassen; **mandare** [*o* **gettare**] **il ~** *(fig)* das Handtuch werfen; **raccogliere il ~** *(fig)* den Fehdehandschuh aufnehmen; **con mano di ferro e ~ di velluto** harter Kern unter einer weichen Schale

guantone [guan'to:ne] *m* Boxhandschuh *m*

guappo ['guappo] *m* NAPOL Mitglied *nt* der Kamorra

guar [ga:] <-> *m* *(additivo alimentare)* Guar *nt,* Guarkernmehl *nt*

guardaboschi [guarda'boski] <-> *m* Waldhüter(in) *m(f),* Förster(in) *m(f)*

guardacaccia [guarda'kattʃa] <-> *m* Jagdaufseher(in) *m(f)*

guardacoste [guarda'kɔste] <-> *m* Küstenwache *f*

guardalinee [guarda'li:nee] <-> *m* ① FERR Streckenwärter(in) *m(f)* ② SPORT Linienrichter(in) *m(f)*

guardare [guar'da:re] **I.** *vt* ① *(vedere)* [an]sehen, anschauen; **guarda!** sieh mal!; **~ la televisione** fernsehen; **~ un film** einen Film ansehen; **~ qu/qc con la coda dell'occhio** jdn/etw aus den Augenwinkeln beobachten; **~ qu dall'alto in basso** jdn von oben herab ansehen; **~ qu di sbieco** jdn schief anschauen; **stare a ~** zuschauen, dastehen ② *(custodire)* hüten **II.** *vi* ① *(badare)* **~ a qc** sich um etw kümmern, auf etw *akk* aufpassen; **non ~ a spese** keine Kosten scheuen; **Dio ce ne guardi!** *(fam)* Gott behüte uns!, Gott bewahre! ② *(edificio, finestra)* **~ su qc** auf etw *akk* gehen; **le finestre guardano sul cortile** die Fenster gehen auf den Hof; **le finestre guardano a sud** die Fenster liegen auf der Südseite **III.** *vr* **-rsi** ① *(osservarsi)* sich ansehen; **non si guardano più in faccia** sie reden nicht mehr miteinander ② *(stare in guardia)* **-rsi da qc** sich vor etw *dat* hüten

guardaroba [guarda'rɔ:ba] <-> *m* ① *(armadio)* Kleiderschrank *m,* Kleiderkasten *m* A ② *(stanza)* Garderobe *f,* Ankleideraum *m* ③ *(indumenti)* Kleidung *f,* Garderobe *f*

guardarobiere, -a [guardaro'biɛ:re] *m, f* Garderobier *m/*Garderobiere *f* [*o* Garderobenfrau *f*]

guardasigilli [guardasi'dʒilli] <-> *m* ① JUR *Justizminister als Gegenzeichner des Staatssiegels* ② HIST Siegelbewahrer *m*

guardata [guar'da:ta] *f* Blick *m;* **dammi una ~ ai bambini!** schau mal nach den Kindern!

guardia ['guardia] <-ie> *f* ① *(mil)* Wache *f;* MED Wachdienst *m;* SPORT Deckung *f;* **~ del corpo** Leibwache *f;* **~ di finanza** Zollbehörde *f;* *(persona)* Zollbeamte(r) *m/* -beamtin *f;* **~ forestale** Förster(in) *m(f);* **~ giurata** vereidigte(r) Wächter(in) *m(f);* **~ medica** ärztlicher Notdienst; **cane da ~** Wachhund *m;* **cambio della ~** *(a. fig)* Wachablösung *f;* **corpo di ~** Gardekorps *nt;* **medico di ~** diensthabender Arzt; **mettere qu in ~** jdn warnen; **mettersi/stare in ~** in Deckung gehen/sein; **essere di ~** auf Wache sein; **fare la ~** Wache halten; **giocare a -ie e ladri** Räuber und Gendarm spielen; **in ~!** Achtung!, aufgepasst! ② *(limite)* Anzeiger *m;* **segnale di ~** Wasserstandsanzeiger *m* ③ *(di libro)* Vorsatz *m*

guardiamarina [guardiama'ri:na] <-> *m* Leutnant *m* zur See

guardiano, -a [guar'dia:no] *m, f* ① *(di proprietà)* Wächter(in) *m(f),* Aufseher(in) *m(f)* ② REL Hüter(in) *m(f)*

guardina [guar'di:na] *f* Arrestzelle *f*

guardingo, -a [guar'diŋgo] <-ghi, -ghe> *agg* behutsam, umsichtig

guardone [guar'do:ne] *m* Voyeur *m*

guardrail [ga:d'reil *o* gard'rɛil] <-> *m* Leitplanke *f*

guarentigia [guaren'ti:dʒa] <-gie> *f* Garantie *f,* Gewährleistung *f*

guarigione [guari'dʒo:ne] *f* Heilung *f,* Genesung *f;* **pronta ~!** gute Besserung!

guarire [gua'ri:re] <guarisco> **I.** *vt avere* ① MED heilen; *(persona a)* gesund machen ② *(fig: noia, tristezza)* besiegen; **~ qu da qc** jdn von etw heilen **II.** *vi essere* ① MED gesund werden, genesen ② *(fig: dal vizio)* **~ da qc** von etw geheilt werden

guaritore, -trice [guari'to:re] *m, f* Heilpraktiker(in) *m(f)*

guarnigione [guarni'dʒo:ne] *f* Garnison *f*

guarnire [guar'ni:re] <guarnisco> *vt* ① *(indumento, tovaglia)* verzieren, schmücken; GASTR garnieren ② MIL *(di soldati)* bemannen

guarnizione [guarnit'tsio:ne] *f* ① *(di indu-*

G

mento, tenda) Garnitur *f,* Verzierung *f* ② GASTR *(contorni)* Beilage *f* ③ TEC, MOT Dichtung *f*

guastafeste [guasta'fɛste] <-> *mf* Spielverderber(in) *m(f),* Miesmacher(in) *m(f) fam*

guastare [guas'ta:re] **I.** *vt* ① *(gener)* verderben; *(gioia)* trüben ② *(meccanismi, strada)* beschädigen, kaputt machen **II.** *vr* **-rsi** ① *(tempo)* sich verschlechtern ② *(cosa, meccanismo)* kaputt gehen ③ *(cibi)* verderben, schlecht werden

guasto ['guasto] *m* ① TEC Schaden *m,* Defekt *m,* Aussetzer *m;* MOT Panne *f,* Havarie *f* A ② *(fig: corruzione)* Verderbnis *f*

G

guasto, -a *agg* ① *(gener)* kaputt, defekt ② *(cibo)* verdorben, schlecht; *(frutta)* verfault; *(uova)* faul ③ MED *(dente)* krank, schlecht ④ *(fig)* verderbt, korrupt; **cervello ~** *(fig)* krankes Hirn

guazza ['guattsa] *f* Tau[nässe *f*] *m*

guazzabuglio [guattsa'buʎʎo] <-gli> *m* Durcheinander *nt,* Kunterbunt *nt; (a. fig)* Wust *m*

guazzo ['guattso] *m* ① *(arte)* Gouache *f* ② *(di liquidi)* Lache *f;* **ciliegie in ~** Kirschen *f pl* in Alkohol

guercio, -a ['guɛrtʃo] <-ci, -ce> **I.** *agg* schielend, schieläugig **II.** *m, f* Schielende(r) *f(m);* **essere ~** schielen

guerra ['guɛrra] *f* ① MIL Krieg *m;* **~ aerea** Luftkrieg *m;* **~ atomica** Atomkrieg *m;* **~ batteriologica** Krieg *m* mit biologischen Waffen; **~ chimica** Krieg *m* mit chemischen Waffen; **~ civile** Bürgerkrieg *m;* **~ fredda** Kalter Krieg; **~ lampo** Blitzkrieg *m;* **~ psicologica** psychologische Kriegsführung; **~ di successione** Erbfolgekrieg *m;* **-e stellari** Krieg *m* der Sterne; **zona di ~** Kriegsgebiet *nt;* **la prima/seconda ~ mondiale** der Erste/Zweite Weltkrieg; **entrare in ~** in den Krieg eintreten; **essere in ~ con qu** mit jdm Krieg führen; **essere sul piede** [*o* **in assetto**] **di ~** kriegsbereit sein ② *(fig)* POL, COM Krieg *m,* Kampf *m;* **~ d'interessi** Interessenkonflikt *m;* **la ~ contro la droga/la criminalità** der Kampf gegen die Drogen/die Kriminalität

guerrafondaio, -a [guerrafon'da:io] <-ai, -aie> **I.** *agg* kriegstreibend, kriegshetzerisch **II.** *m, f* Kriegstreiber(in) *m(f),* -hetzer(in) *m(f)*

guerreggiare [guerred'dʒa:re] *vi* Krieg führen; **~ con/contro qu** mit jdm/gegen jdn Krieg führen

guerresco, -a [guer'resko] <-schi, -sche> *agg* ① MIL kriegerisch, Kriegs- ② *(fig: incline alla guerra)* kriegerisch, kriegslustig

guerriero, -a [guer'riɛ:ro] **I.** *agg* ① kriegerisch, Krieger- ② *(fig: aspetto, animo)* streitbar; *(combattivo)* angriffslustig **II.** *m, f* Krieger(in) *m(f)*

guerriglia [guer'riʎʎa] <-glie> *f* Guerilla[krieg *m*] *f*

guerrigliero, -a [guerriʎ'ʎɛ:ro] *m, f* Guerillero *m,* Guerillakämpfer(in) *m(f)*

guest star [ges(t) 'sta: *o* gɛst 'star] <-> *mf* FILM Gaststar *m,* Gastschauspieler(in) *m(f)*

gufare [gu'fa:re] **I.** *vi (verso del gufo)* rufen [wie ein Uhu oder Kauz] **II.** *vt (sl: portare sfortuna)* Unglück bringen

gufata [gu'fa:ta] *f (sl: iettatura)* böser Blick *m,* Unglück *nt*

gufo ['gu:fo] *m* ① ZOO Eule *f;* **~ reale** Uhu *m;* **~ comune** Waldohreule *f* ② *(fig, pej: persona poco socievole)* Eigenbrötler *m,* Kauz *m*

guglia ['guʎʎa] <-glie> *f* ① ARCH Fiale *f* ② GEOG Felsnadel *f* ③ *(per l'albero di Natale)* Christbaumspitze *f*

gugliata [guʎ'ʎa:ta] *f* Faden[länge *f*] *m*

guida¹ ['gui:da] *f* ① MOT Fahren *nt,* Führen *nt;* **scuola ~** Fahrschule *f;* **patente di ~** Führerschein *m;* **posto di ~** Fahrersitz *m* ② *(libro)* Leitfaden *m; (per il turista)* Reiseführer *m;* TEL [Telefon]buch *nt;* **~ al comporre/al tradurre** Aufsatz-/Übersetzungshandbuch *nt* ③ *(persona)* [Reise]führer(in) *m(f),* Leiter(in) *m(f);* **fare da ~ a qu** jdn führen, jdm den Weg weisen ④ TEC Führung *f,* Schiene *f;* MOT Lenkung *f*

guida² *agg inv* Führungs-

guidare [gui'da:re] *vt* ① *(gener)* führen, leiten ② MOT fahren, führen; **non sa ~** er/sie kann nicht Auto fahren ③ SPORT anführen, führen [in +*dat*]

guidatore, -trice [guida'to:re] *m, f* Fahrer(in) *m(f),* Lenker(in) *m(f)*

guidistica [gui'distika] <-che> *f (produzione di guide turistiche)* Reiseführerproduktion *f; (reparto di guide turistiche nelle librerie)* Reiseführerabteilung *f*

guinness® <-> *m* Guinnessbuch *nt* [der Rekorde]

guinzaglio [guin'tsaʎʎo] <-gli> *m* ① ZOO [Hunde]leine *f;* **portare il cane al ~** den Hund an der Leine führen ② *(fig)* Leine *f;* **tenere qu al ~** *(fig)* jdn an der [kurzen] Leine halten

guisa ['gui:za] *f* Art und Weise *f;* **a ~ di** wie; **di** [*o* **in**] **~ che** sodass, so dass A

guitto, -a ['guitto] *m, f (pej)* Schmierenkomödiant(in) *m(f);* **compagnia di -i** Schmierentheater *nt*

guizzare [guit'tsa:re] *vi essere* ① *(pesce, serpente)* [in die Höhe] schnellen; *(fiam-*

me) züngeln; *(lampi)* zucken ❷ *(fig: sfuggire)* entschlüpfen, [ent]gleiten

guizzo ['guittso] *m* ❶ *(di pesce, serpente)* Zucken *nt*, Schnellen *nt; (di fiamme)* Züngeln *nt* ❷ *(fig)* Ruck *m*

guru ['gu:ru] <-> *m* Guru *m*

guscio ['guʃʃo] <-sci> *m* ❶ ZOO Schale *f; (della tartaruga)* Panzer *m; (di chiocciola)* Haus *nt* ❷ BOT Schale *f; (di piselli)* Hülse *f*, Schote *f; (dell'uovo)* Schale *f* ❸ *(fig)* Schneckenhaus *nt;* **chiudersi nel ~** sich in sein Schneckenhaus zurückziehen; **stare nel proprio ~** zurückgezogen leben, ein verschlossener Mensch sein; **uscire dal ~** aus seinem Schneckenhaus herauskommen

gustare [gus'ta:re] **I.** *vt* ❶ GASTR probieren, kosten ❷ *(fig: godere)* genießen **II.** *vr* **-rsi** genießen

gustativo, -a [gusta'ti:vo] *agg* Geschmacks-

gusto ['gusto] *m* ❶ *(senso, sensazione, sapore)* Geschmack *m;* **al ~ di lampone** mit Himbeergeschmack ❷ *(piacere)* Gefallen *nt*, Freude *f; (godimento)* Genuss *m;* **lavorare di ~** gern arbeiten; **mangiare di ~** mit Appetit essen; **ridere di ~** herzlich lachen; **prenderci ~** Spaß daran haben; **non c'è ~** es macht keinen Spaß ❸ *(opinione, estetica)* Geschmack *m;* **avere buon ~** einen guten Geschmack haben; **vestire con ~** sich geschmackvoll kleiden; **uno scherzo di pessimo ~** ein geschmackloser Scherz; **è questione di -i** es ist eine Geschmacksfrage; **non è di mio ~** das ist nicht nach meinem Geschmack; **tutti i -i son -i** *(prov)* über Geschmack lässt sich [nicht] streiten

gustoso, -a [gus'to:so] *agg* ❶ GASTR schmackhaft, wohlschmeckend ❷ *(fig: che diverte)* köstlich, amüsant

guttaperca [gutta'pɛrka] <-che> *f* Guttapercha *f o nt*

gutturale [guttu'ra:le] *agg* guttural, Guttural-, kehlig

H

Hh

h ❶ *abbr di* **ora** h, Std. ❷ *abbr di* **etto** 100 Gramm

H, h ['akka] <-> *f* H *nt*, h *nt;* **h come hotel** H wie Heinrich; **bomba H** Wasserstoffbombe *f*

ha *abbr di* **ettaro** ha

ha [a] *3. pers sing pr di* **avere**[1]

habitat ['a:bitat] <-> *m* ❶ BIOL Habitat *nt* ❷ *(fig: ambiente adatto)* geeignetes Milieu

habitué [abi'tɥe] <-> *mf* Stammgast *m*

habitus ['a:bitus] <-> *m* MED, BIOL Habitus *m*

hacker ['hækə *o* 'haker] <-> *mf* INFORM Hacker(in) *m(f)*

hackeraggio [ake'raddʒo] *m (pirateria informatica)* Software-Piraterie *f*

hacking ['hækiŋ *o* 'akiŋ] <-> *m (pirateria nell'informatica)* Hacken *nt*

hai ['a:i] *2. pers sing pr di* **avere**[1]

hairstyle [hɛə'stail *o* ɛr'stail] <-> *m (acconciatura)* Styling *nt*, Frisur *f*

hairstyling [hɛə'stailiŋ *o* ɛr'stailing] <-> *m (studio di un'acconciatura)* Hairstyling *nt*

hairstylist [hɛə'stailist *o* ɛr'stailist] <-> *mf* Hairstylist(in) *m(f)*

hall [hɔ:l] <-> *f* [Eingangs]halle *f*

hamburg(h)eria [amburge'ri:a] <-ie> *f* Burger-Imbissbude *f*

hamburger [am'burger] <-> *m* Hamburger *m*, Burger *m;* **~ vegetariano** Gemüseburger

hamburgerizzazione [amburgeriddzat'tsio:ne] *f* ❶ *(pasto rapido)* Fastfood *nt* ❷ *(semplificazione)* [problematische] Vereinfachung *f* eines Prozesses; *(finalizzazione al consumo)* nur auf den Konsum ausgerichtete Vorgehensweise *f*

handheld <-> *m* INFORM Handheld *m*

handicap ['hændikæp *o* 'ɛndikap] <-> *m* Handikap *nt*

handicappare [andikap'pa:re] *vt* behindern, handikapen

handicappato, -a [andikap'pa:to] **I.** *agg (fig)* MED behindert **II.** *m, f (fig)* MED Behinderte(r) *f(m)*

handling ['hændliŋ *o* 'ɛndling] <-> *m* ❶ AERO *(assistenza a terra negli aeroporti)* Bodenorganisation *f* ❷ ADM, COM *(operazioni manuali di magazzino)* manuelle Lagerarbeiten *f pl*

handmade ['hænd'meid *o* 'ɛnd'meid] *agg inv (fatto a mano)* handgemacht; **maglione ~** in Handarbeit hergestellter Pullover

hangar [ã'ga:r] <-> *m* Hangar *m*, Flugzeughalle *f*

hanno ['anno] *3. pers pl pr di* **avere**[1]

happening ['ɛpəniŋ *o* 'ɛppenin(g)] <-> *m* Happening *nt*
happy end ['ɛppi 'end *o* ɛppi 'ɛnd] <-> *m* Happyend *nt*
happy hour ['ɛppi 'auar] <-> *f* Happy Hour *f*
hard-core ['ard kɔr] *agg inv* FILM Hardcore-
hard discount ['ard dis'kaunt] <-> *m* Billig-Discountmarkt *m*
hard disk ['ard 'disk] <-> *m* INFORM Festplatte *f*
hard top ['ard 'tɔp *o* ard 'top] <-> *m* Hardtop *nt o m*
hardware ['ard 'wɛə *o* 'ardwer] <-> *m* INFORM Hardware *f*
hardwarista [ardwe'rista] <-i *m*, -e *f*> *mf* INFORM Hardware-Informatiker(in) *m(f)*

H

harem [a'rem *o* 'arem] <-> *m* Harem *m*
harmonium [armo'njom *o* ar'monium] <-> *m* Harmonium *nt*
hascisc [aʃ'ʃiʃ] <-> *m*, **hashish** [aʃ'ʃiʃ] <-> *m* Haschisch *nt o m*
hashtag ['aʃtag] <-> *m* INET Hashtag *nt*
haute [ot] <-> *f (poet)* Highsociety *f*, gesellschaftliche Oberschicht
haute-couture ['ot ku'tyr] <-> *f* Haute Couture *f*
HDTV *abbr di* **high definition television** HDTV *nt*
head hunter ['ed 'hʌntə *o* 'ɛd 'anter] <-> *m* Headhunter(in) *m(f)*
head hunting ['ed 'hʌntiŋ *o* 'ɛd 'antin(g)] <-> *m* ❶ *(caccia all'uomo, caccia di taglie)* Menschenjagd *f* ❷ COM *(ricerca di personale altamente qualificato)* Headhuntertätigkeit *f*
heading ['ediŋ *o* 'ɛdin(g)] <-> *m* ❶ *(testata giornalistica)* Aufmacher *m* ❷ SPORT *(colpo di testa)* Kopfstoß *m*
health food ['elθ 'fu:d *o* 'ɛlt 'fud] <-> *m* *(alimento salutistico)* gesundheitlich wertvolles Nahrungsmittel *nt*
hearing ['iəriŋ *o* 'hiaring] <-> *m (indagine conoscitiva)* Hearing *nt*, öffentliche Anhörung *f*
heavy metal ['evi 'met(a)l] **I.** *m* <-> MUS *(rock duro)* Heavy Metal *nt*, Heavy Rock *m* **II.** *agg inv* MUS Heavymetal-; **gruppo ~** Heavymetal-Gruppe *f*
help ['elp *o* 'ɛlp] <-> *m* INFORM Hilfe[funktion] *f*
Helsinki ['ɛlsiŋki] *f* Helsinki *nt*
henna ['ɛnna] *f* ❶ *(tintura)* Henna *f o nt* ❷ BOT Hennastrauch *m*
herpes ['ɛrpes] <-> *m* Herpes *m*
hertz [(h)ɛrts] <-> *m* Hertz *nt*
hg *abbr di* **ettogrammo** 100 g
hi-fi ['aifai] *abbr di* **high-fidelity** Hi-Fi
high ['ai] **I.** *agg inv (sotto effetto di droga)* high **II.** *m o f* <-> Hochstimmung *f* nach dem Genuss von Rauschgift
high-fidelity ['aifi'deliti] **I.** *agg inv* High-Fidelity- **II.** *f* <-> High Fidelity *f*
highlight [ai'la:it] <-> *m* Highlight *nt*
high society ['ai sə'saiəti] <-> *f* High Society *f*, gesellschaftliche Oberschicht
hijacking ['ai'dʒækiŋ] <-> *m (dirottamento o sequestro aereo a scopo politico)* Luftpiraterie *f*, Flugzeugentführung *f*
hippy ['ippi] **I.** *mf* <-> Hippie *m* **II.** *agg inv* Hippie-
hit [it *o* 'it] <-> *m* Hit *m*
hit-parade ['it pə'reid] <-> *f* MUS Hitparade *f*, Charts *fpl;* **entrare nella ~** in die Charts kommen
hl *abbr di* **ettolitro** hl, 100 l
ho [ɔ] *1. pers sing pr di* **avere**[1]
hobby ['ɔbi *o* 'ɔbbi] <-> *m* Hobby *nt*, Steckenpferd *nt*
hockey ['ɔki *o* 'ɔkei] <-> *m* Hockey *nt*
holding ['ouldiŋ *o* 'ɔldin(g)] <-> *f* Holdinggesellschaft *f*
home banking ['oum bɛnkiŋ] <-> *m* Homebanking *nt*
home design ['oum di'zain *o* 'om de'zain] <-> *m (architettura d'interni)* Innenarchitektur *f*; **progetto di ~** Projekt *nt* der Innenarchitektur
home designer ['oum di'zainə *o* 'om de'zainer] <-> *mf (progettista d'interni, arredatore)* Innenarchitekt(in) *m(f)*
home fitness ['oum 'fitnis *o* 'om 'fitnes] <-> *f (esercizi ginnici praticati in casa)* Hometraining *nt*
homeland ['oumlænd *o* 'omlend] <-> *f* Homeland *nt*
homeless ['oumlis] <-> *mf (senzatetto)* Obdachlose(r) *f(m)*
home movie ['oum 'mu:vi *o* 'om 'muvi] <-> *m (film amatoriale)* [Amateur]video *nt*
homepage ['oumpeidʒ] <-> *f* INFORM *(pagina Internet)* Homepage *f*
Hong Kong [xoŋ'kɔŋ] *f* Hongkong *nt*
horror ['ɔrror] <-> *m* FILM Horrorfilm *m;* LIT Horrorroman *m*
host ['ost] <-> *m* INFORM Host *m*
hostaria [osta'ri:a] <-ie> *f* rustikales Gasthaus
hostess ['ɔstes] <-> *f* ❶ AERO Stewardess *f* ❷ *(guida turistica)* Reiseführerin *f*, Reiseleiterin *f*, Hostess *f*
hot dog ['ɔt dɔg] <-> *m* ❶ *(panino)* Hotdog *nt o m* ❷ SPORT Akrobatikski *m*
hotel [o'tɛl] <-> *m* Hotel *nt;* **~ benessere** Wellnesshotel
hôtellerie [otelle'ri:] <-> *f* Hotellerie *f*, Hotelgewerbe *nt*
hot line ['ɔt 'lain] <- *o* hot lines> *f* Hotline *f*

hot money ['ɔt 'mʌni] <-> *m* ① FIN heißes Geld, vagabundierende Gelder *nt pl* ② *(moneta in rapida svalutazione)* Inflationswährung *f*
hot pants ['ɔt 'pænts] <-> *mpl (pantaloncini femminili molto corti e aderenti)* Hotpants *f pl*
house music ['aus 'mju:zik] <-> *f* MUS House *m,* Housemusik *f*
HTML *abbr di* **Hypertext Markup Language** INFORM **codice ~** HTML-Code *m*
human relations ['ju:mən ri'leiʃəns] *f pl* ADM *(rivalutazione aziendale dell'elemento umano)* Human Relations *f pl*
humour ['ju:mə *o* 'jumor] <-> *m* Humor *m;* **avere senso dello ~** Sinn für Humor haben
humus ['umus] <-> *m* ① BOT Humus *m* ② *(fig)* Nährboden *m*
hustler ['ʌstlə] **I.** *agg inv* streberisch **II.** *mf* <-> *(arrivista)* Streber(in) *m(f)*
Hz *abbr di* **hertz** Hz

I i

i *art det m pl* die
I, i [i] <-> *f* I *nt,* i *nt;* **i come Imola** I wie Ida; **i lunga** J *nt,* j *nt*
I *abbr di* **Italia** I
IA *abbr di* **intelligenza artificiale** KI
IAL *m abbr di* **Istituto Addestramento Lavoratori** *Berufsschule für die Ausbildung von (technischen) Handwerkern*
iato [i'a:to] *m* ① LING Hiat[us] *m* ② *(fig)* Bruch *m,* Unterbrechung *f*
ib. *abbr di* **ibidem** ib.
IBAN [i'ba:n] <-> *m abbr di* **International Bank Account Number** FIN IBAN *f*
iberico, -a [i'bɛ:riko] <-ci, -che> *agg* iberisch
ibernare [iber'na:re] *vi* Winterschlaf halten
ibernazione [ibernat'tsio:ne] *f* ① ZOO Winterschlaf *m* ② MED Hibernation *f*
ibi ['i:bi], **ibis** ['i:bis] <-> *m (poet)* Ibis *m*
ibid. *abbr di* **ibidem** ibd.
ibisco [i'bisko] <-schi> *m* Hibiskus *m*
ibrido ['i:brido] *m* ① ZOO, BOT Hybridzüchtung *f,* Hybride *f o m* ② *(fig: mescolanza)* Mischung *f,* Gemisch *nt*
ibrido, -a *agg* ① ZOO, BOT hybrid, Hybrid-; **animale ~** Mischling *m,* Bastard *m* ② TEC Hybrid-; **motore ~** Hybridantrieb *m;* **veicolo ~** Hybridfahrzeug *nt* ③ *(fig: stile, linguaggio)* hybrid, Misch-
IC FERR *abbr di* **InterCity** IC *m*
ICE FERR *abbr di* **InterCity Express** ICE *m*
ICI, Ici *f abbr di* **Imposta Comunale sugli Immobili** Grundsteuer *f*
icona ['ikɔ:na *o* i'ko:na] *f* ① *(immagine sacra)* Ikone *f* ② INFORM Icon *nt,* Schaltfläche *f;* **~ di applicazione** Icon *nt;* **ridurre a ~** minimieren
iconicità [ikonitʃi'ta] <-> *f* Bildhaftigkeit *f,* Ikonismus *m*
iconico, -a [i'kɔ:niko] <-ci, -che> *agg* ikonisch *geh*
iconologo, -a [iko'nɔ:logo] <-gi, -ghe> *m, f* Ikonograf(in) *m(f)*
ics [iks] <-> *f v.* **X, x**
id. *abbr di* **idem** desgl.
Iddio [id'di:o] *m* [Herr]gott *m;* **Signore ~!** mein Gott!, Herrgott!; **benedetto ~!** allmächtiger Gott!
idea [i'dɛ:a] *f* ① PHILOS Idee *f,* Begriff *m* ② *(conoscenza elementare)* Vorstellung *f; (immagine)* Bild *nt;* **farsi un'~ di qc** sich *dat* eine Vorstellung von etw machen ③ *(pensiero)* Idee *f,* Gedanke *m;* **~ fissa** fixe Idee; **neanche per ~!** nicht im Mindesten!, nicht [mal] im Traum! ④ *(impressione)* Eindruck *m; (opinione)* Meinung *f,* Ansicht *f;* **-e politiche** politische Gesinnung; **cambiare ~** es sich *dat* anders überlegen ⑤ *(trovata)* Idee *f,* Einfall *m* ⑥ *(proposito)* Gedanke *m; (piano, progetto)* Plan *m,* Vorhaben *nt;* **accarezzare un'~** mit einem Gedanken spielen ⑦ *(sapere)* Ahnung *f; (sensazione)* Gefühl *nt;* **avere ~ di qc** eine Ahnung von etw haben; **non averne la più pallida ~** keinen blassen Schimmer davon haben ⑧ *(apparenza)* Anschein *m;* **dare l'~ di qc** den Anschein von etw erwecken
ideale [ide'a:le] **I.** *agg* ① *(che concerne l'idea)* ideell, geistig ② *(perfetto)* ideal, vollkommen **II.** *m* Ideal *nt; (modello)* Vorbild *nt*
idealista [idea'lista] <-i *m,* -e *f*> *mf* Idealist(in) *m(f)*
idealistico, -a [idea'listiko] <-ci, -che> *agg* idealistisch
idealizzare [idealid'dza:re] *vt* idealisieren

idealizzazione [idealiddzat'tsio:ne] *f* Idealisierung *f*
idealmente [ideal'mente] *avv* ❶ *(teoricamente, di pensiero)* ideell, geistig ❷ *(in modo ideale)* ideal
ideare [ide'a:re] *vt* ❶ *(concepire)* [sich *dat*] ausdenken; *(inventare)* erfinden ❷ *(progettare)* planen
ideatore, **-trice** [idea'to:re] *m, f* Schöpfer(in) *m(f)*; *(inventore)* Erfinder(in) *m(f)*
ideazione [ideat'tsio:ne] *f* ❶ *(atto dell'ideare)* Ausdenken *nt*, Ersinnen *nt*; *(invenzione)* Erfinden *nt* ❷ *(progettazione)* Planung *f*
idem ['i:dem] <-> **I.** *pron dim* idem, desgleichen **II.** *avv (fam)* ebenso
identicità [identitʃi'ta] <-> *f* Identität *f*, völlige Übereinstimmung
identico, **-a** [i'dɛntiko] <-ci, -che> *agg* identisch; **essere ~ a qc** mit etw identisch sein, völlig übereinstimmen
identificabile [identifi'ka:bile] *agg* identifizierbar
identificare [identifi'ka:re] **I.** *vt* ❶ *(riconoscere)* identifizieren; **~ qu** jds Identität feststellen, jdn identifizieren ❷ *(considerare identico)* gleichsetzen **II.** *vr* **-rsi con qu/qc** sich mit jdm/etw identifizieren
identificazione [identifikat'tsio:ne] *f* Identifikation *f*, Identifizierung *f*
identikit [identi'kit *o* i'dɛntikit] <-> *m* Phantombild *nt*
identità [identi'ta] <-> *f* ❶ *(di persona)* Identität *f*; **carta d'~** Personalausweis *m* ❷ *(l'essere identico)* Gleichheit *f*
ideografico, **-a** [ideo'gra:fiko] <-ci, -che> *agg* ideografisch
ideogramma [ideo'gramma] <-i> *m* ❶ *(di scrittura)* Ideogramm *nt*, Begriffszeichen *nt* ❷ *(di statistica)* [Statistik]diagramm *nt*
ideologa *f v.* **ideologo**
ideologia [ideolo'dʒi:a] <-gie> *f* Ideologie *f*
ideologicamente [ideolodʒika'mente] *avv* ideologisch
ideologico, **-a** [ideo'lɔ:dʒiko] <-ci, -che> *agg* ideologisch
ideologo, **-a** [ide'ɔ:logo] <-gi *o fam:* -ghi, -ghe> *m, f* Ideologe *m*/Ideologin *f*
idi ['i:di] *mpl o fpl* HIST Iden *pl*
idilliaco, **-a** [idil'li:ako] <-ci, -che> *agg*, **idillico**, **-a** [i'dilliko] <-ci, -che> *agg* idyllisch
idillio [i'dillio] <-i> *m* ❶ LIT Idylle *f* ❷ *(fig)* Idyll *nt*; **~ familiare** Familienidyll *nt*; **intrecciare un ~** zarte Bande knüpfen
idiocultura [idiokul'tu:ra] *f* Eigenkultur *f*, Idiokultur *f*; **l'~ dei sardi** die sardische Eigenkultur
idioma [i'diɔ:ma] <-i> *m* Idiom *nt*
idiomatico, **-a** [idio'ma:tiko] <-ci, -che> *agg* idiomatisch; **frasi -che** idiomatische Redewendungen *fpl*
idiosincrasia [idiosiŋkra'zi:a] <-ie> *f* ❶ MED Idiosynkrasie *f*, Überempfindlichkeit *f* ❷ *(fig: avversione totale)* unüberwindliche Abneigung (**per** gegen), Abscheu *m* (**per** vor +*dat*)
idiota [i'diɔ:ta] <-i *m*, -e *f*> **I.** *agg* idiotisch; MED schwachsinnig **II.** *mf* Idiot(in) *m(f)*; MED Schwachsinnige(r) *f(m)*
idiotismo [idio'tizmo] *m* LING Spracheigenheit *f*
idiozia [idiot'tsi:a] <-ie> *f* ❶ MED Idiotie *f*, Schwachsinn *m* ❷ *(stupidità)* Idiotie *f*, Dummheit *f*
idolatra [ido'la:tra] <-i *m*, -e *f*> **I.** *agg* götzenanbetend, götzenverehrend **II.** *mf* ❶ REL Götzenanbeter(in) *m(f)*, -diener(in) *m(f)* ❷ *(fig: fanatico)* fanatische(r) Verehrer(in)
idolatrare [idola'tra:re] *vt* ❶ REL [als Götzen] anbeten ❷ *(fig: ammirare)* abgöttisch verehren; *(amare)* vergöttern, anbeten
idolatria [idola'tri:a] <-ie> *f* ❶ REL Götzendienst *m* ❷ *(fig: ammirazione)* abgöttische Verehrung; *(amore)* Vergötterung
idolatrico, **-a** [ido'la:triko] <-ci, -che> *agg* ❶ REL Götzen-, götzendienerisch ❷ *(fig)* abgöttisch
idolo ['i:dolo] *m* ❶ *(divinità)* Götze *m*; *(oggetto)* Götzenbild *nt* ❷ *(fig)* Idol *nt*
idoneità [idonei'ta] <-> *f* Fähigkeit *f*, Tauglichkeit *f*; **~ all'insegnamento** Lehrbefähigung *f*; **~ al lavoro** Arbeitsfähigkeit *f*; **esami di ~** Eignungsprüfungen *fpl*
idoneo, **-a** [i'dɔ:neo] <-ei, -ee> *agg* ❶ *(atto)* fähig, tauglich; **~ al servizio militare** wehrdiensttauglich ❷ *(adatto)* geeignet
idra ['i:dra] *f* ❶ ZOO Hydra *f* ❷ *(fig)* Übel *nt*
idrante [i'drante] *m* ❶ *(dispositivo)* Hydrant *m* ❷ *(autobotte)* Löschfahrzeug *nt*
idratabile [idra'ta:bile] *agg* CHEM hydrierbar
idratante [idra'tante] *agg* Feuchtigkeits-, feuchtigkeitsspendend; **crema ~** Feuchtigkeitscreme *f*
idratare [idra'ta:re] *vt* **~ qc** einer Sache *dat* Feuchtigkeit zuführen; CHEM etw hydratisieren
idrato [i'dra:to] *m* Hydrat *nt*; **-i di carbonio** Kohlenhydrate *ntpl*
idraulica [i'dra:ulika] <-che> *f* Hydraulik *f*
idraulico, **-a** [i'dra:uliko] <-ci, -che> **I.** *agg*

hydraulisch; **sistema** ~ Hydraulik *f* **II.** *m, f* Installateur(in) *m(f)*

idrico, -a ['i:driko] <-ci, -che> *agg* Wasser-, Hydro-

idroaerogiro [idroaero'dʒi:ro] *m* AERO Hydrocopter *m*

idroaeroporto [idroaero'pɔrto] *m* AERO *(idroscalo)* Wasserflughafen *m*

idrocarburo [idrokar'bu:ro] *m* Kohlenwasserstoff *m*

idrocultura [idrokul'tu:ra] *f* Hydrokultur *f*

idrodegradazione [idrodegradat'tsio:ne] *f* CHEM Zersetzung *f* durch Wasser

idrodinamica [idrodi'na:mika] *f* Hydrodynamik *f*

idroelettrico, -a [idroe'lɛttriko] <-ci, -che> *agg* hydroelektrisch; **centrale -a** Wasserkraftwerk *nt*

idrofilo, -a [i'drɔ:filo] *agg* hydrophil, Wasser aufnehmend

idrofobia [idrofo'bi:a] *f* ❶ CHEM Hydrophobie *f* ❷ MED *(rabbia)* Tollwut *f*

idrofobo, -a [i'drɔ:fobo] *agg* ❶ MED tollwütig ❷ *(fig fam: furioso)* fuchsteufelswild

idrofono [i'drɔ:fono] *m* Echolot *nt*

idrofugo, -a [i'drɔ:fugo] <-ghi, -ghe> *agg* Wasser abstoßend, Wasser abweisend

idrogenare [idrodʒe'na:re] *vt* hydrieren

idrogeno [i'drɔ:dʒeno] *m* Wasserstoff *m*

idrografia [idrogra'fi:a] *f* Hydrografie *f*, Gewässerkunde *f*

idroguida [idro'gui:da] *f* MOT Servolenkung *f*

idrolisi [i'drɔ:lizi] <-> *f* Hydrolyse *f*

idromassaggio [idromas'saddzo] <-ggi> *m* ❶ *(massaggio)* Unterwassermassage *f* ❷ *(impianto)* Unterwassermassagevorrichtung *f*; **vasca [da]** ~ Whirlpool *m*

idrometro [i'drɔ:metro] *m* Wasserstandsmesser *m*

idronomia [idrono'mi:a] <-ie> *f* SCIENT Erosionsforschung *f*

idroplano [idro'pla:no] *m* Tragflächenboot *nt*

idropotabile [idropo'ta:bile] *agg* trinkbar

idropulitrice [idropuli'tri:tʃe] *f* Hochdruckreiniger *m*

idrorepellente [idrorepel'lɛnte] *agg* Wasser abstoßend

idroscala [idro'ska:la] *f* TEC hydraulische Hubleiter *f*

idroscalo [idros'ka:lo] *m* Wasserflughafen *m*

idrosolubile [idroso'lu:bile] *agg* wasserlöslich

idrossido [i'drɔssido] *m* Hydroxyd *nt*

idrostatica [idros'ta:tika] <-che> *f* Hydrostatik *f*

idrovia [idro'vi:a] *f* Wasserstraße *f*

idrovolante [idrovo'lante] *m* Wasserflugzeug *nt*

idrovora [i'drɔ:vora] *f* [Wasser]saugpumpe *f*

idrovoro, -a [i'drɔ:voro] *agg* Wasser absorbierend

idruntino, -a [idrun'ti:no] **I.** *agg (di Otranto)* aus Otranto **II.** *m, f (abitante)* Einwohner(in) *m(f)* von Otranto

ie, i.e. *abbr di* **id est** d.h., d.i.

iella ['iɛlla] *f (fam)* Pech *nt*, Unglück *nt*; **portare** ~ Unglück bringen

iellato, -a [iel'la:to] *agg (fam)* vom Pech verfolgt

iena ['iɛ:na] *f* Hyäne *f*

ieratico, -a [ie'ra:tiko] <-ci, -che> *agg* ❶ *(sacerdotale)* hieratisch *geh*, priesterlich ❷ *(fig)* würdevoll; *(solenne)* feierlich

ieri ['iɛ:ri] **I.** *avv* gestern; ~ **l'altro** vorgestern; ~ **mattina** gestern Morgen; ~ **sera** gestern Abend; **da ~ ad oggi** von gestern auf heute; **sembra nato** ~ *(fig)* er ist naiv **II.** *m* <-> Gestern *nt*

iettatore, -trice [ietta'to:re] *m, f* Unglücksbringer(in) *m(f)*

iettatura [ietta'tu:ra] *f* böser Blick, Unglück *nt*

IGE ['i:dʒe] *f abbr di* **Imposta Generale sull'Entrata** USt, Umsatzsteuer

igiene [i'dʒɛ:ne] *f* Hygiene *f*, Gesundheitspflege *f*; **ufficio d'~** Gesundheitsamt *nt*; **~ della bocca** Mundpflege *f*; **~ personale** Körperpflege *f*

igienico, -a [i'dʒɛ:niko] <-ci, -che> *agg* hygienisch; *(salutare)* gesund; **carta -a** Toilettenpapier *nt*; **impianti ~-sanitari** sanitäre Anlagen *f pl*

igienista [idʒe'nista] <-i *m*, -e *f*> *mf* Hygieniker(in) *m(f)*; *(fig)* Reinlichkeitsfanatiker(in) *m(f)*

igienizzante [idʒenid'dzante] *agg* antibakteriell

igienizzare [idʒenid'dzare] *vt etw hygienisch reinigen*

ignaro, -a [iɲ'ɲa:ro] *agg* unwissend; *(inesperto)* unerfahren; **~ degli avvenimenti** über die Ereignisse nicht unterrichtet

ignavia [iɲ'ɲa:via] <-ie> *f* Willensschwäche *f*

ignavo, -a [iɲ'ɲa:vo] *agg* willensschwach

ignifugo, -a [iɲ'ɲi:fugo] <-ghi, -ghe> *agg* Feuer hemmend; *(resistente al fuoco)* feuerfest

ignobile [iɲ'ɲɔ:bile] *agg* niederträchtig, gemein

ignobiltà [iɲɲobil'ta] <-> *f* Niederträchtigkeit *f*, Gemeinheit *f*

ignominia [iɲɲo'mi:nia] <-ie> *f* Schande *f*

I

ignominioso, -a [iɲɲomi'nio:so] *agg* schändlich

ignorante [iɲɲo'rante] **I.** *agg* ❶ *(incompetente)* unfähig; *(inesperto)* unerfahren ❷ *(senza cultura)* ungebildet; *(che non sa)* unwissend ❸ *(maleducato)* ungezogen **II.** *mf* ❶ *(senza istruzione)* Unwissende(r) *f(m)*, Ignorant(in) *m(f)* ❷ *(maleducato)* ungezogener Mensch, Flegel *m*

ignoranza [iɲɲo'rantsa] *f* ❶ *(insipienza)* Unwissenheit *f;* **non è ammessa l'~ della legge** Unwissenheit schützt vor Strafe nicht ❷ *(maleducazione)* Ungezogenheit *f*

ignorare [iɲɲo'ra:re] *vt* ❶ *(non conoscere)* nicht kennen; *(non sapere)* nicht wissen ❷ *(trascurare)* übersehen, ignorieren

ignorato, -a [iɲɲo'ra:to] *agg* ❶ *(non conosciuto)* unbekannt ❷ *(trascurato)* unbeachtet

ignoto [iɲ'ɲɔ:to] *m* Unbekannte(s) *nt*

ignoto, -a **I.** *agg* unbekannt, nicht bekannt; **monumento al Milite Ignoto** Denkmal *nt* des Unbekannten Soldaten **II.** *m, f* Unbekannte(r) *f(m)*

ignudo, -a [iɲ'ɲu:do] *agg (poet)* nackt, unbekleidet

igrometro [i'grɔ:metro] *m* Feuchtigkeitsmesser *m*, Hygrometer *nt*

igroscopico, -a [igros'kɔ:piko] <-ci, -che> *agg* hygroskopisch

ih [i] *int* ❶ *(disgusto)* igitt, pfui ❷ *(stupore)* ach ❸ *(al cavallo)* hü

il [il] *art det m sing* der/die/das

ilare [i'la:re] *agg* heiter, fröhlich

ilarità [ilari'ta] <-> *f* Heiterkeit *f*, Fröhlichkeit *f*

ileo ['i:leo] *m* ❶ ANAT *(intestino)* Krummdarm *m; (osso)* Darmbein *nt* ❷ MED Darmverschluss *m*

iliaco, -a [i'li:ako] <-ci, -che> *agg* Darmbein-

ill. *abbr di* **illustrazione** Abb.

illanguidire [illaŋgui'di:re] <illanguidisco, illanguidisci> **I.** *vt avere* schwächen **II.** *vi essere* [immer] schwächer werden; *(persona a)* ermatten; *(forze, attenzione)* erlahmen, nachlassen

illazione [illat'tsio:ne] *f* Schlussfolgerung *f*

illecito [il'le:tʃito] *m* gesetzwidrige Handlung; ~ **penale** strafrechtliches Vergehen

illecito, -a *agg* unerlaubt, unzulässig; *(illegale)* gesetzwidrig, widerrechtlich

illegale [ille'ga:le] *agg* illegal, gesetzwidrig

illegalità [illegali'ta] *f* Illegalität *f; (atto)* Gesetzwidrigkeit *f*

illeggiadrire [illeddʒa'dri:re] <illeggiadrisco, illeggiadrisci> *vt avere (cosa)* verschönen, Glanz verleihen (**qc** etw *dat; (persona)* [eine gewisse] Anmut verleihen (**qu** jdm)

illeggibile [illed'dʒi:bile] *agg (difficile a leggersi)* unleserlich, schwer entzifferbar

illegittima *f v.* **illegittimo**

illegittimità [illedʒittimi'ta] *f* Unrechtmäßigkeit *f*, Gesetzwidrigkeit *f; (di figli)* Unehelichkeit *f;* ~ **costituzionale** Verfassungswidrigkeit *f*

illegittimo, -a [ille'dʒittimo] **I.** *agg* gesetzwidrig, unrechtmäßig; *(figli)* unehelich **II.** *m, f* uneheliches Kind

illeso, -a [il'le:zo] *agg* ❶ *(incolume)* heil, unversehrt ❷ *(indenne, cosa)* unbeschädigt; *(persona)* unbeschadet

illetterato, -a [illette'ra:to] *agg* ungebildet; *(analfabeta)* analphabetisch

illibatezza [illiba'tettsa] *f* Reinheit *f*, Unschuld *f;* JUR Unbescholtenheit *f; (di donna)* Jungfräulichkeit *f*

illibato, -a [illi'ba:to] *agg* rein, unschuldig; JUR unbescholten; *(donna)* jungfräulich

illicenziabilità [illitʃentsiabili'ta] <-> *f* Unkündbarkeit *f*

illimitato, -a [illimi'ta:to] *agg* unbegrenzt, unbeschränkt

illiquidità [illikuidi'ta] *f* COM Illiquidität *f*, [vorübergehende] Zahlungsunfähigkeit *f*

illividire [illivi'di:re] <illividisco> **I.** *vt avere* ❶ *(rendere livido)* blau anlaufen lassen ❷ *(coprire di lividi)* mit blauen Flecken übersäen **II.** *vr* **-rsi** blau anlaufen

Ill.mo *abbr di* **illustrissimo** *(in Briefen)* hochverehrter …

illogico, -a [il'lɔ:dʒiko] <-ci, -che> *agg* unlogisch

illudere [il'lu:dere] <illudo, illusi, illuso> **I.** *vt* ~ **qu** jdm falsche Hoffnungen machen **II.** *vr* **-rsi** sich *dat* etwas vormachen

illuminante [illumi'nante] *agg* ❶ *(che diffonde luce)* leuchtend, Leucht- ❷ *(fig)* erleuchtend; **la grazia** ~ die Gnade der Erleuchtung

illuminare [illumi'na:re] **I.** *vt* ❶ *(diffondere luce)* beleuchten, erleuchten ❷ REL erleuchten ❸ *(fig: svelare il vero)* ~ **qu su qc** jdn über etw *akk* aufklären **II.** *vr* **-rsi** *(apparire in luce)* hell werden, aufleuchten; **-rsi di contentezza** vor Freude strahlen

illuminato, -a [illumi'na:to] *agg* ❶ *(rischiarato)* erleuchtet, beleuchtet ❷ *(fig)* erleuchtet, eingeweiht ❸ HIST, POL aufgeklärt

illuminazione [illuminat'tsio:ne] *f* ❶ *(atto, effetto)* Beleuchtung *f*, Beleuchten *nt* ❷ *(apparato)* Beleuchtung[sanlage] *f* ❸ *(fig)* Erleuchtung *f*

illuminismo [illumi'nizmo] *m* Aufklärung *f*

illuminista [illumi'nista] <-i *m,* -e *f*> *mf* Aufklärer(in) *m(f),* Anhänger(in) *m(f)* der Aufklärung
illuminotecnica [illumino'tɛknika] <-che> *f* Beleuchtungstechnik *f*
illusa *f v.* **illuso**
illusi [il'lu:zi] *1. pers sing pass rem di* **illudere**
illusione [illu'zio:ne] *f* Täuschung *f,* Illusion *f;* ~ **ottica** optische Täuschung; **dare l'~** vortäuschen; **farsi delle -i** sich *dat* Illusionen machen
illusionismo [illuzio'nizmo] *m* Zauberkunst *f*
illusionista [illuzio'nista] <-i *m,* -e *f*> *mf* Zauberkünstler(in) *m(f)*
illusionistico, -a [illuzio'nistiko] <-ci, -che> *agg* Zauber-
illuso, -a [il'lu:zo] **I.** *pp di* **illudere** **II.** *m, f* Träumer(in) *m(f),* Schwärmer(in) *m(f)*
illusorietà [illuzorie'ta] <-> *f* Schein *m,* [Lug *m* und] Trug *m;* **l'~ di quelle promesse è ovvia** das sind offenkundig nur leere Versprechungen
illusorio, -a [illu'zɔ:rio] <-i, -ie> *agg* illusorisch, trügerisch
illustrare [illus'tra:re] *vt* ❶ *(con figure)* illustrieren ❷ *(con spiegazioni)* erläutern, veranschaulichen
illustrativo, -a [illustra'ti:vo] *agg* veranschaulichend, illustrierend; **materiale** ~ Bildmaterial *nt;* **nota -a** erläuternde Anmerkung
illustrato, -a [illus'tra:to] *agg* illustriert; **cartolina -a** Ansichtskarte *f;* **rivista -a** Illustrierte *f*
illustratore, -trice [illustra'to:re] *m, f* Buchillustrator(in) *m(f),* Zeitschriftenillustrator(in) *m(f)*
illustrazione [illustrat'tsio:ne] *f* ❶ *(figura)* Illustration *f,* Abbildung *f;* **-i fuori testo** Abbildungen *f pl* auf Tafeln ❷ *(commento)* Illustration *f,* Erläuterung *f*
illustre [il'lustre] *agg* ❶ *(famoso)* berühmt, bekannt ❷ *(nobile)* vornehm
illustrissimo, -a [illus'trissimo] *agg* sehr verehrt; **Vostra Signoria Illustrissima** HIST Euer Hochwohlgeboren
ILOR ['ilɔr] *f acro di* **Imposta Locale sui Redditi** *kommunale Einkommensteuer*
imbacuccare [imbakuk'ka:re] **I.** *vt* einhüllen **II.** *vr* **-rsi** sich einhüllen
imbaldanzire [imbaldan'tsi:re] **I.** *vt avere* übermütig machen **II.** *vi essere* übermütig werden **III.** *vr* **-rsi** übermütig werden
imbaldanzirsi [imbaldan'tsirsi] *vr* übermütig werden
imballaggio [imbal'laddʒo] <-ggi> *m* Verpackung *f;* ~ **a perdere** Einwegverpackung *f;* ~ **a rendere** Leergut *nt;* **carta da** ~ Packpapier *nt*
imballare [imbal'la:re] *vt* verpacken, einpacken
imballatore, -trice [imballa'to:re] *m, f* Packer(in) *m(f)*
imbalneabile [imbalne'a:bile] *agg* mit Badeverbot belegt
imbalsamare [imbalsa'ma:re] *vt* ❶ *(persone)* einbalsamieren ❷ *(animali)* ausstopfen, präparieren
imbalsamatore, -trice [imbalsama'to:re] *m, f* ❶ *(di persone)* Einbalsamierer(in) *m(f)* ❷ *(di animali)* Tierpräparator(in) *m(f)*
imbalsamazione [imbalsamat'tsio:ne] *f* ❶ *(di persone)* Einbalsamierung *f* ❷ *(di animali)* Ausstopfen *nt*
imbambolato, -a [imbambo'la:to] *agg* verträumt, träumerisch; *(pej)* wie betäubt, bewegungslos
imbandierare [imbandie'ra:re] *vt* beflaggen, mit Fahnen schmücken
imbandigione [imbandi'dʒo:ne] *f* Herrichtung *f* [einer Festtafel]
imbandire [imban'di:re] <imbandisco> *vt (pasto)* auftischen; *(mensa)* [festlich] herrichten
imbarazzante [imbarat'tsante] *agg* heikel; *(increscioso)* peinlich
imbarazzare [imbarat'tsa:re] **I.** *vt (fig: mettere in imbarazzo)* in Verlegenheit bringen, verlegen machen; *(confondere)* verwirren **II.** *vr* **-rsi** verlegen werden
imbarazzato, -a [imbarat'tsa:to] *agg (persona)* verlegen; *(confuso)* verwirrt
imbarazzo [imba'rattso] *m* Verlegenheit *f;* *(confusione)* Verwirrung *f;* **non avere che l'~ della scelta** die Qual der Wahl haben; **mettere qu in** ~ jdn in Verlegenheit bringen
imbarbarimento [imbarbari'mento] *m* Verrohung *f*
imbarbarire [imbarba'ri:re] <imbarbarisco> **I.** *vt avere* verrohen lassen **II.** *vi essere* verrohen
imbarcadero [imbarka'dɛ:ro] *m* Landungssteg *m*
imbarcare [imbar'ka:re] **I.** *vt* einschiffen, an Bord nehmen; *(merce)* verladen **II.** *vr* **-rsi** ❶ *(salire a bordo)* sich einschiffen, an Bord gehen ❷ *(impegnarsi)* **-rsi in qc** sich auf etw *akk* einlassen
imbarcatoio [imbarka'to:io] <-oi> *m* Fallreep *nt*
imbarcatura [imbarka'tu:ra] *f* Krümmung *f*
imbarcazione [imbarkat'tsio:ne] *f* Boot *nt;* ~ **a remi** Ruderboot *nt;* ~ **a vela** Segelboot *nt*

imbarco [im'barko] <-chi> *m* ① *(atto dell'imbarcare)* Einschiffung *f; (di merci)* Verladung *f* ② *(banchina)* Verladeplatz *m,* Kai *m* ③ *(arruolamento)* Anmusterung *f;* **ottenere un ~** angeheuert werden

imbastardire [imbastar'di:re] <imbastardisco> **I.** *vi essere* ① *(divenire bastardo)* entarten ② *(fig: degenerare)* verkommen **II.** *vt avere* ① *(rendere bastardo)* bastardieren ② *(fig: guastare)* verderben

imbastire [imbas'ti:re] <imbastisco> *vt* ① *(tessuti)* heften, [an]reihen ② *(fig)* [in groben Zügen] entwerfen, skizzieren; *(mettere in opera)* einfädeln

imbastitura [imbasti'tu:ra] *f* ① *(cucitura)* Heften *nt; (risultato)* Heftnaht *f* ② SPORT Erschlaffung *f*

imbattersi [im'battersi] *vr* ~ **in qu/qc** auf jdn/etw stoßen

imbattibile [imbat'ti:bile] *agg* unschlagbar

imbattuto, -a [imbat'tu:to] *agg* ungeschlagen

imbavagliamento [imbavaʎʎa'mento] *m* ① *(atto di imbavagliare)* Knebeln *nt,* Kneb[e]lung *f* ② *(fig: censura, oppressione)* Mundtot machen *nt*

imbavagliare [imbavaʎ'ʎa:re] *vt* knebeln

imbeccare [imbek'ka:re] *vt* ① *(nutriere)* füttern ② *(fig: istruire)* vorsagen, einflüstern

imbeccata [imbek'ka:ta] *f* [Schnabel voll *m*] Futter *nt; (fig)* Vorsagen *nt*

imbecille [imbe'tʃille] **I.** *agg* dumm, blöd; MED schwachsinnig **II.** *mf* Schwachkopf *m,* Dummkopf *m;* MED Schwachsinnige(r) *f(m)*

imbecillità [imbetʃilli'ta] <-> *f* Dummheit *f;* MED Imbezillität *f,* Schwachsinn *m* [mittleren Grades]

imbelle [im'bɛlle] *agg* ① *(poet: inetto alla guerra)* unkriegerisch ② *(fig: debole)* schwach; *(vile)* feige

imbellettare [imbellet'ta:re] **I.** *vt* ① *(ornare di belletto)* schminken ② *(fig)* verschönern, ausschmücken **II.** *vr* **-rsi** sich schminken

imbellire [imbel'li:re] <imbellisco> **I.** *vt avere* verschönern **II.** *vr* **-rsi** schöner werden

imberbe [im'bɛrbe] *agg* bartlos; *(fig, scherz)* unreif, unerfahren

imbestialire [imbestia'li:re] <imbestialisco, imbestialisci> **I.** *vi essere* wütend [*o* rasend] werden, aufdrehen A **II.** *vr* **-rsi** wütend [*o* rasend] werden, aufdrehen A

imbestialirsi [imbestia'lirsi] <mi imbestialisco> *vr* rasend werden, ausrasten, aufdrehen A

imbevere [im'be:vere] <imbevo, imbevvi *o* imbevetti, imbevuto> **I.** *vt* eintunken; *(fare assorbire)* durchtränken **II.** *vr* **-rsi di qc** sich mit etw vollsaugen

imbiancare [imbiaŋ'ka:re] **I.** *vt avere* weiß färben; *(tessuto)* bleichen; *(pareti)* [weiß] anstreichen, tünchen **II.** *vi essere* ① *(diventar bianco)* weiß werden; *(incanutire)* ergrauen ② *(fig: impallidire)* erblassen

imbiancato, -a [imbiaŋ'ka:to] *agg (tessuto)* gebleicht; *(pareti)* [weiß] getüncht

imbiancatura [imbiaŋka'tu:ra] *f (di biancheria)* Bleichen *nt; (tinteggiatura)* [weißer] Anstrich *m*

imbianchimento [imbiaŋki'mento] *m* Bleichen *nt*

imbianchino [imbiaŋ'ki:no] *m* ① *(operaio)* Anstreicher *m,* Maler *m* ② *(pej: pittore)* Farbenkleckser *m*

imbianchire [imbiaŋ'ki:re] <imbianchisco> **I.** *vt avere* bleichen **II.** *vi essere* weiß werden, ergrauen

imbibizione [imbibit'tsio:ne] *f* Durchtränkung *f; (assorbimento)* Einsaugen *nt*

imbiondire [imbion'di:re] <imbiondisco> **I.** *vt avere* blondieren, blond färben **II.** *vi essere* blond werden

imbizzarrire [imbiddzar'ri:re] <imbizzarrisco> *vi essere* ① *(cavallo)* scheuen ② *(persona)* sich erregen

imboccare [imbok'ka:re] *vt* ① *(introdurre cibo)* füttern ② *(strada)* einbiegen in +*akk*

imboccatura [imbokka'tu:ra] *f* ① *(entrata)* Einfahrt *f; (apertura)* Öffnung *f; (sbocco)* Mündung *f* ② *(di strumento a fiato)* Mundstück *nt* ③ *(del morso)* Gebiss *nt*

imbocco [im'bokko] <-cchi> *m* Eingang *m; (apertura)* Öffnung *f; (sbocco)* [Ein]mündung *f*

imbonimento [imboni'mento] *m* ① *(di un prodotto)* Anpreisung *f* ② *(fig)* Lobhudelei *f; (su cose di pregio inesistente)* Schönfärberei *f*

imbonire [imbo'ni:re] <imbonisco, imbonisci> *vt* anpreisen (**qu** jdm etw)

imbonitore, -trice [imboni'to:re] *m, f* Anpreiser(in) *m(f); (al mercato)* Marktschreier(in) *m(f)*

imborghesire [imborge'zi:re] <imborghesisco> **I.** *vi essere* verbürgerlichen; *(pej)* verspießern **II.** *vr* **-rsi** verspießern

imboscare [imbos'ka:re] **I.** *vt* ① *(nascondere)* im Wald verstecken ② *(fig: merce)* hamstern **II.** *vr* **-rsi** ① *(nascondersi)* sich im Wald verstecken ② MIL sich dem Militärdienst entziehen ③ *(scherz: sottrarsi a compiti, impegni)* sich drücken *fam*

imboscata [imbos'ka:ta] *f* Hinterhalt *m;* **cadere in un'~** in einen Hinterhalt geraten

imboscato [imbos'ka:to] *m* MIL Deserteur *m,* Fahnenflüchtiger *m; (fig)* Drückeberger *m*

imboscato, -a *agg* untergetaucht

imboschimento [imbos'ki:mento] *m* Bewaldung *f*

imboschire [imbos'ki:re] <imboschisco, imboschisci> **I.** *vt avere* aufforsten, mit Bäumen bepflanzen **II.** *vi essere* sich bewalden, sich mit Wald bedecken **III.** *vr* **-rsi** sich bewalden, sich mit Wald bedecken

imbottigliamento [imbottiʎʎa'mento] *m* ❶ *(di liquidi)* [Flaschen]abfüllung *f* ❷ *(del traffico)* [Verkehrs]stau *m*

imbottigliare [imbottiʎ'ʎa:re] **I.** *vt* [in Flaschen] abfüllen; **essere** [*o* **restare**] **imbottigliati** *(fig: veicoli)* im Stau stecken bleiben **II.** *vr* **-rsi** sich stauen

imbottigliatore, -trice [imbottiʎʎa'to:re] *m, f* Abfüller(in) *m(f)*

imbottigliatrice [imbottiʎʎa'tri:tʃe] *f* Abfüllmaschine *f*

imbottire [imbot'ti:re] <imbottisco> *vt* ❶ *(riempire)* füllen; *(vestiti)* wattieren; *(poltrona)* polstern ❷ *(panini)* belegen ❸ *(fig: riempire)* vollstopfen

imbottita [imbot'ti:ta] *f* Steppdecke *f*

imbottito, -a [imbot'ti:to] *agg (poltrona)* gepolstert; *(abito)* wattiert; *(panino)* belegt

imbottitura [imbotti'tu:ra] *f (di poltrone)* Polsterung *f; (di abiti)* Wattierung *f*

imbracare [imbra'ka:re] *vt* ❶ *(cingere con corde o catene)* mit einem Seil [*o* einer Kette] umwickeln ❷ *(bambino)* wickeln

imbracciare [imbrat'tʃa:re] *vt* in den Arm nehmen; *(fucile)* schultern

imbranato, -a [imbra'na:to] **I.** *agg* tollpatschig **II.** *m, f* Tollpatsch *m*

imbrancare [imbraŋ'ka:re] **I.** *vt* zusammentreiben **II.** *vr* **-rsi** eine Gruppe bilden; **-rsi in cattive compagnie** sich in schlechte Gesellschaft begeben

imbrattacarte [imbratta'karte] <-> *mf* Schreiberling *m*

imbrattare [imbrat'ta:re] **I.** *vt* beschmieren, beschmutzen **II.** *vr* **-rsi** sich beschmutzen; **-rsi di sangue** *(a. fig)* sich mit Blut beflecken

imbrattatele [imbratta'te:le] <-> *mf* Farbenkleckser(in) *m(f),* Sonntagsmaler(in) *m(f)*

imbratto [im'bratto] *m* Schmutz *m,* Geschmiere *nt*

imbrigliare [imbriʎ'ʎa:re] **I.** *vt* ❶ *(mettere le redini)* [auf]zäumen ❷ *(fig: tenere a freno)* zügeln, bändigen **II.** *vr (fig)* sich verfangen

imbrigliatura [imbriʎʎa'tu:ra] *f* ❶ *(di terreno)* Befestigung *f; (di corso d'acqua)* Eindämmung *f* ❷ NAUT Verstärkung *f*

imbroccare [imbrok'ka:re] *vt* ❶ *(colpire nel segno)* [ins Schwarze] treffen ❷ *(fig: azzeccare)* treffen; *(indovinare)* erraten; **non ne imbrocca una** ihm [*o* ihr] geht alles schief

imbrogliare [imbroʎ'ʎa:re] **I.** *vt* ❶ *(confondere)* durcheinanderbringen; ~ **le idee a qu** jdn verwirren; ~ **la matassa** Verwirrung stiften ❷ *(truffare)* in die Irre führen; *(frodare)* betrügen **II.** *vr* **-rsi** ❶ *(ingarbugliarsi)* sich verwickeln ❷ *(nel parlare)* sich verhaspeln

imbroglio [im'brɔʎʎo] *m* ❶ *(ingarbugliamento)* Verwicklung *f; (fig: difficoltà)* Hindernis *nt* ❷ *(truffa)* Betrug *m*

imbroglione, -a [imbroʎ'ʎo:ne] *m, f* Betrüger(in) *m(f),* Schwindler(in) *m(f)*

imbronciarsi [imbron'tʃarsi] *vr* ❶ *(corrucciarsi)* schmollen, verärgert sein ❷ *(fig: cielo)* sich verdüstern; *(tempo)* sich verschlechtern

imbrunire[1] [imbru'ni:re] <imbrunisco> *vi essere o avere* dunkel werden; *(dopo il tramonto)* dämmern; **il cielo imbrunisce** der Himmel verdunkelt sich

imbrunire[2] *m sing* [Abend]dämmerung *f;* **sull'~** in der [Abend]dämmerung

imbruttire [imbrut'ti:re] <imbruttisco> **I.** *vt avere* hässlich machen **II.** *vi essere* hässlich[er] werden

imbucare [imbu'ka:re] *vt (impostare)* einwerfen

imbufalire [imbufa'li:re] <imbufalisco, imbufalisci> **I.** *vi essere* vor Wut kochen [*o* platzen] **II.** *vr* **-rsi** vor Wut kochen [*o* platzen]

imbufalirsi [imbufa'lirsi] <m'imbufalisco> *vr* ausrasten

imbufalito, -a [imbufa'li:to] *agg (arrabbiato, incazzato)* aufgebracht, wütend

imbullonare [imbullo'na:re] *vt* verbolzen, mit einem Bolzen befestigen

imburrare [imbur'ra:re] *vt* mit Butter bestreichen, buttern

imbussolare [imbusso'la:re] *vt* ❶ MIL [mit einer Patrone] laden ❷ *(nell'urna)* in die Urne werfen

imbustamento [imbusta'mento] *m* Kuvertieren *nt,* Eintüten *nt fam*

imbustare [imbus'ta:re] *vt* kuvertieren, in einen Umschlag stecken

imbustatrice [imbusta'tri:tʃe] *f* TEC Kuvertiermaschine *f*

imbustinatrice [imbustina'tri:tʃe] *f* TEC Tütenfüllmaschine *f*

imbuto [im'bu:to] *m* Trichter *m;* **a ~** trichterförmig

IME *m abbr di* **Istituto Monetario Europeo** EWI *nt*

imene [i'mɛ:ne] *m* ANAT Jungfernhäutchen *nt,* Hymen *nt o m scient*

imitabile [imi'ta:bile] *agg* nachahmbar, nachzuahmen

imitare [imi'ta:re] *vt* imitieren, nachahmen; *(firma)* fälschen; **questo vetro imita l'alabastro** dieses Glas sieht aus wie Alabaster

imitativo, -a [imita'ti:vo] *agg* Nachahmungs-, Imitations-

imitatore, -trice [imita'to:re] *m, f* Nachahmer(in) *m(f)*

imitazione [imitat'tsio:ne] *f* Nachahmung *f; (contraffazione)* Fälschung *f;* **fare l'~ di qu** jdn nachahmen

immacolato, -a [immako'la:to] *agg* rein, makellos; **la Vergine -a** die Heilige Jungfrau [Maria]

immagazzinamento [immagaddzina'mento] *m* [Ein]lagerung *f*

immagazzinare [immagaddzi'na:re] *vt* ① *(nel magazzino)* [ein]lagern ② INFORM einspeisen ③ *(fig: nozioni)* speichern; *(raccogliere)* ansammeln

immaginabile [immadʒi'na:bile] *agg* denkbar, vorstellbar

immaginare [immadʒi'na:re] *vt* ① *(figurarsi)* sich *dat* vorstellen; **La disturbo? — s'immagini!** störe ich [Sie]? — aber keineswegs, [aber] ich bitte Sie! ② *(ideare)* sich *dat* ausdenken; *(inventare)* erfinden ③ *(supporre)* annehmen, vermuten; *(intuire)* ahnen; *(indovinare)* erraten ④ *(illudersi)* sich *dat* einbilden; *(sperare)* hoffen

immaginario, -a [immadʒi'na:rio] <-i, -ie> *agg* imaginär; *(non reale)* unwirklich, Fantasie-; **numero ~** imaginäre Zahl

immaginativa [immadʒina'ti:va] *f* Vorstellungskraft *f,* -vermögen *nt;* **mancare di ~** keine Fantasie haben

immaginativo, -a [immadʒina'ti:vo] *agg* Vorstellungs-

immaginazione [immadʒinat'tsio:ne] *f* Vorstellung[skraft] *f; (fantasia)* Fantasie *f;* **una fervida ~** eine blühende Fantasie

immagine [im'ma:dʒine] *f* ① *(gener)* [Ab]bild *nt; (figura)* Gestalt *f,* Figur *f* ② *(nell'arte)* Bildnis *nt,* Bild *nt* ③ *(riproduzione)* Abbild *nt,* Ebenbild *nt* ④ *(evocazione di una realtà)* Verkörperung *f* ⑤ *(rappresentazione simbolica)* Sinnbild *nt,* Symbol *nt* ⑥ *(fig: descrizione)* Bild *nt; (rappresentazione)* Darstellung *f*

immaginismo [immadʒi'nizmo] *m* Hang *m* zu bildhafter Rede

immaginoso, -a [immadʒi'no:so] *agg* fantasievoll, fantasiereich

immalinconire [immaliŋko'ni:re] <immalinconisco> **I.** *vt avere* schwermütig machen **II.** *vr* **-rsi** schwermütig werden

immancabile [immaŋ'ka:bile] *agg* unausbleiblich; *(inevitabile)* unvermeidlich

immane [im'ma:ne] *agg* riesig, ungeheuer

immanente [imma'nɛnte] *agg* immanent

immanenza [imma'nɛntsa] *f* Immanenz *f*

immangiabile [imman'dʒa:bile] *agg* ungenießbar

immanicato, -a [immani'ka:to] *agg* ① *(provvisto di maniche)* mit Ärmeln ② *(provvisto di impugnatura, di manico)* mit Griff ③ *(raccomandato, ammanicato)* gedeckt, begünstigt

immantinente [immanti'nɛnte] *avv (poet)* sofort, unverzüglich

immateriale [immate'ria:le] *agg* immateriell; *(dello spirito)* geistig; **beni -i** JUR geistige Güter *nt pl*

immatricolare [immatriko'la:re] **I.** *vt* eintragen, registrieren; *(automobili)* zulassen; *(all'università)* immatrikulieren, einschreiben, inskribieren A **II.** *vr* **-rsi** sich immatrikulieren [lassen], sich inskribieren A

immatricolazione [immatrikolat'tsio:ne] *f* Immatrikulation *f,* Einschreibung *f,* Inskription *f* A; *(di un'automobile)* Zulassung *f,* Typisierung *f* A

immaturità [immaturi'ta] *f* Unreife *f*

immaturo, -a [imma'tu:ro] *agg* ① *(acerbo, a. fig)* unreif ② *(prematuro)* vorzeitig, verfrüht ③ MED unreif; **nascita -a** Frühgeburt *f*

immedesimare [immedezi'ma:re] **I.** *vt (obs)* identifizieren **II.** *vr* **-rsi** verwachsen (**in** mit), eins werden (**in** mit), sich identifizieren (**in** mit)

immedesimarsi [immedezi'marsi] *vr* **~ in qu** sich in jdn hineinversetzen; **~ nella situazione di qu** sich in jds Lage hineinversetzen

immedesimazione [immedezimat'tsio:ne] *f* Identifikation *f* (**di** mit)

immediatamente [immediata'mente] *avv* sofort, unverzüglich

immediatezza [immedia'tettsa] *f* Unmittelbarkeit *f; (simultaneità)* Unverzüglichkeit *f*

immediato, -a [imme'dia:to] *agg* ① *(diretto)* unmittelbar, direkt; **~ superiore** unmittelbarer Vorgesetzter; **nelle -e vicinanze** in unmittelbarer Nähe ② *(pronto)* sofortig, prompt

immemorabile [immemo'ra:bile] *agg* undenklich

immemore [im'mɛ:more] *agg* nicht gedenkend

immensità [immensi'ta] <-> *f* ① *(qualità)*

Unermesslichkeit *f*, Unendlichkeit *f* ② *(quantità)* Unmenge *f*
immenso, -a [im'mɛnso] *agg* ① *(enorme)* unermesslich, immens; *(sconfinato)* grenzenlos, unendlich [groß]; *(numeroso)* unzählig ② *(fig: intenso)* ungeheuer; *(desiderio)* brennend
immensurabile [immensu'ra:bile] *agg* unmessbar; *(fig)* unermesslich
immergere [im'mɛrdʒere] <immergo, immersi, immerso> **I.** *vt* ① *(tuffare)* eintauchen ② *(fig)* versenken **II.** *vr* **-rsi** ① *(penetrare)* eindringen; *(in acqua, tra la folla)* untertauchen ② *(dedicarsi)* sich vertiefen; **-rsi nel sonno** in Schlaf sinken; **-rsi nello studio** sich ins Studium vertiefen
immeritato, -a [immeri'ta:to] *agg* unverdient
immeritevole [immeri'te:vole] *agg* unwürdig
immersi [im'mɛrsi] *1. pers sing pass rem di* **immergere**
immersione [immer'sio:ne] *f* ① *(introduzione in mezzo liquido)* [Ein-, Unter]tauchen *nt* ② NAUT Tiefgang *m*
immerso [im'mɛrso] *pp di* **immergere**
immettere [im'mettere] <irr> *vt* einführen; *(fig)* zuführen; *(acqua)* einlaufen lassen
immigrante [immi'grante] **I.** *agg* immigrierend, einwandernd **II.** *mf* Einwanderer *m*/Einwanderin *f*, Zuwanderer/Zuwanderin, Immigrant(in) *m(f)*
immigrare [immi'gra:re] *vi essere* immigrieren, einwandern
immigrato, -a [immi'gra:to] **I.** *agg* immigriert, eingewandert **II.** *m, f* Immigrant(in) *m(f)*, Einwanderer *m*/Einwanderin *f*, Zuwanderer/Zuwanderin; **ufficio -i** Ausländeramt *nt*; *(entro i confini comunali)* Zugezogene(r) *f(m)*
immigrazione [immigrat'tsio:ne] *f* Immigration *f*, Einwanderung *f*
imminente [immi'nɛnte] *agg* [unmittelbar] bevorstehend
imminenza [immi'nɛntsa] *f* [unmittelbares] Bevorstehen
immischiare [immis'kia:re] **I.** *vt* ~ **qu in qc** jdn in etw *akk* hineinziehen **II.** *vr* **-rsi** [**in qc**] sich [in etw *akk*] einmischen
immiserimento [immizeri'mento] *m* *(a. fig)* Verarmung *f*
immiserire [immize'ri:re] <immiserisco> **I.** *vt avere* verarmen lassen **II.** *vr* **-rsi** *(a. fig)* verarmen
immisi [im'mi:zi] *1. pers sing pass rem di* **immettere**
immissario [immis'sa:rio] <-i> *m* Zufluss *m*
immissione [immis'sio:ne] *f* *(introduzione)* Einführen *nt*; *(sbocco)* Einströmen *nt*
immobile [im'mɔ:bile] **I.** *agg* unbeweglich **II.** *m* Immobilie *f*, unbewegliches Gut
immobiliare [immobi'lia:re] *agg* Immobilien-, Immobiliar-
immobilismo [immobi'lizmo] *m* starre Haltung; *(inazione)* Untätigkeit *f*
immobilità [immobili'ta] *f* Unbeweglichkeit *f*; *(inerzia)* Regungslosigkeit *f*
immobilizzare [immobilid'dza:re] *vt* ① *(rendere immobile)* bewegungsunfähig machen; MED ruhigstellen, immobilisieren ② COM *(capitale)* festlegen, langfristig anlegen
immobilizzatore [immobiliddza'to:re] *m* AUTO Wegfahrsperre *f*
immobilizzazione [immobiliddzat'tsio:ne] *f* ① *(atto dell'immobilizzare)* Unbeweglichmachen *nt* ② MED Ruhigstellung *f* ③ FIN Festlegung *f*
immobilizzo [immobi'liddzo] *m* Festlegung *f*
immodestia [immo'dɛstia] *f* Unbescheidenheit *f*
immodesto, -a [immo'dɛsto] *agg* unbescheiden
immolare [immo'la:re] **I.** *vt* [auf]opfern **II.** *vr* **-rsi** sich aufopfern
immolazione [immolat'tsio:ne] *f* [Auf]opferung *f*
immondezza [immon'dettsa] *f* ① *(immondizie)* Müll *m*, Abfall *m* ② *(fig: sudiciume)* Schmutzigkeit *f*
immondezzaio [immondet'tsa:io] <-ai> *m* Müllabladeplatz *m*
immondizia [immon'dittsia] <-ie> *f* Abfall *m*, Müll *m*; **bidone delle -e** Mülltonne *f*
immondo, -a [im'mondo] *agg* ① *(sporco)* schmutzig ② *(fig: indecente)* unanständig
immorale [immo'ra:le] *agg* unmoralisch
immoralità [immorali'ta] *f* Unmoral *f*; *(scostumatezza)* Unsittlichkeit *f*; *(corruzione)* Verderbtheit *f*
immortalare [immorta'la:re] **I.** *vt* verewigen **II.** *vr* **-rsi** sich verewigen; *(ottenere fama)* unsterblichen Ruhm erlangen
immortale [immor'ta:le] *agg* unsterblich; *(fig)* ewig
immortalità [immortali'ta] *f* Unsterblichkeit *f*
immotivato, -a [immoti'va:to] *agg* unmotiviert; *(senza ragione)* unbegründet
immoto, -a [im'mɔ:to] *agg* unbeweglich, regungslos
immune [im'mu:ne] *agg* ① MED **essere ~ a qc** gegen etw immun sein ② *(libero)* **esse-**

re ~ da qc frei von etw sein; **rimanere ~ da qc** von etw verschont bleiben

immunità [immuni'ta] <-> *f* MED, POL Immunität *f*

immunitario, -a [immuni'taːrio] <-i, -ie> *agg* Immunitäts-

immunizzare [immunid'dzaːre] *vt* immunisieren

immunizzazione [immuniddzat'tsioːne] *f* Immunisierung *f*

immunodeficienza [immunodefi'tʃɛntsa] *f* Immunschwäche *f;* **sindrome da ~ acquisita** Immunschwächekrankheit *f,* Aids *nt*

immunologico, -a [immuno'lɔːdʒiko] <-ci, -che> *agg* immunologisch

immunologo, -a [immu'nɔːlogo] <-gi *m*, -ghe *f*> *m, f* Immunologe *m*/Immunologin *f*

immusonirsi [immuzo'nirsi] <m'immusonisco> *vr* schmollen

immutabile [immu'taːbile] *agg* unveränderlich, unwandelbar

immutabilità [immutabili'ta] <-> *f* Unveränderlichkeit *f*

immutato, -a [immu'taːto] *agg* unverändert

impaccare [impak'kaːre] *vt* verpacken

impaccatore, -trice [impakka'toːre] *m, f* [Ver]packer(in) *m(f)*

impaccatrice [impakka'triːtʃe] *f* TEC Paketiermaschine *f*

impacchettare [impakket'taːre] *vt* ① *(involgere)* abpacken, einpacken, verpacken ② *(fig fam: arrestare)* schnappen; *(prendere)* kassieren

impacchettatrice [impakketta'triːtʃe] *f* TEC Paketiermaschine *f*

impacciare [impat'tʃaːre] *vt* behindern; *(disturbare)* stören

impacciato, -a [impat'tʃaːto] *agg* ① *(maldestro)* unbeholfen, plump ② *(imbarazzato)* verlegen, befangen

impaccio [im'pattʃo] <-cci> *m* ① *(imbarazzo)* Verlegenheit *f;* **cavarsi d'~** sich aus der Verlegenheit ziehen ② *(disturbo)* Störung *f;* **essere d'~ a qu** jdm im Wege sein

impacco [im'pakko] <-chi> *m* Umschlag *m,* Kompresse *f*

impact factor ['impækt 'fæktə] <-> *m* COM Einflussfaktor *m,* Impact *m*

impadronirsi [impadro'nirsi] <m'impadronisco> *vr* ① *(impossessarsi)* **~ di qc** sich einer Sache *gen* bemächtigen; *(appropriarsi indebitamente)* sich *dat* etw aneignen ② *(fig: acquisire a fondo)* **~ di qc** sich *dat* etw aneignen

impagabile [impa'gaːbile] *agg (a. fig)* unbezahlbar

impaginare [impadʒi'naːre] *vt* TYP umbrechen

impaginato, -a [impadʒi'naːto] **I.** *agg* TYP umbrochen **II.** *m, f* TYP Umbruch *m,* umbrochener Satz

impaginazione [impadʒinat'tsioːne] *f* TYP Umbruch *m*

impagliare [impaʎ'ʎaːre] *vt* ① *(rivestire)* mit Stroh umwickeln ② *(imbalsamare)* ausstopfen

impagliatore, -trice [impaʎʎa'toːre] *m, f* ① *(di oggetti)* Korbflechter(in) *m(f),* Strohflechter(in) *m(f)* ② *(di animali)* [Tier]präparator(in) *m(f)*

impagliatura [impaʎʎa'tuːra] *f* ① *(rivestimento)* Strohgeflecht *nt,* Korbgeflecht *nt* ② *(imballo)* Strohfüllung *f* ③ *(di animali)* Ausstopfung *f*

impalare [impa'laːre] **I.** *vt* pfählen **II.** *vr* **-rsi** eine kerzengerade Haltung einnehmen; **-rsi sull'attenti** stramm stehen

impalato, -a [impa'laːto] *agg (rigido)* kerzengerade; **starsene ~** untätig herumstehen

impalcatura [impalka'tuːra] *f* [Bau]gerüst *nt; (fig)* Aufbau *m*

impallidire [impalli'diːre] <impallidisco> *vi essere* ① *(sbiancare)* erblassen ② *(fig: attenuarsi)* verblassen

impallinare [impalli'naːre] *vt* [mit einem Schrotschuss] treffen; *(tirare)* abfeuern

impalmare [impal'maːre] *vt* zum Traualtar führen

impalpabile [impal'paːbile] *agg* kaum wahrnehmbar; *(finissimo)* hauchdünn

impaludare [impalu'daːre] **I.** *vt* versumpfen lassen **II.** *vr* **-rsi** versumpfen, sumpfig werden

impanare [impa'naːre] *vt* ① GASTR panieren ② *(vite)* ein Gewinde schneiden in +*akk*

impancarsi [impaŋ'karsi] *vr* sich aufspielen (**a** als)

impaniare [impa'niaːre] **I.** *vt* ① *(spalmare di pania)* mit Vogelleim bestreichen ② *(fig: ingannare)* hereinlegen, anschmieren *fam,* leimen *sl* **II.** *vr* **-rsi** ① *(uccelli)* auf Leimruten hängen bleiben ② *(fig: impastoiarsi)* sich verfangen; **-rsi in un affare poco pulito** sich in ein unsauberes Geschäft hineinziehen lassen

impantanare [impanta'naːre] **I.** *vt* in einen Sumpf verwandeln, versumpfen lassen **II.** *vr* **-rsi** ① *(affondare nel pantano, a. fig)* im Morast versinken; **si è impantanato in un mare di debiti** er steckt bis zum Hals in Schulden ② *(fig)* sich verwickeln [*o* hineinziehen] lassen (**in** in +*akk*)

impantanarsi [impanta'narsi] *vr* ① *(affon-*

dare nel pantano) im Morast versinken ② *(fig: impegolarsi)* ~ **in qc** sich in etw *akk* verwickeln lassen; **si è impantanato in un mare di debiti** er steckt bis zum Hals in Schulden

impaperarsi [impape'rarsi], **impappinarsi** [impappi'narsi] *vr* sich verhaspeln *fam,* sich verheddern *fam*

imparabile [impa'ra:bile] *agg (tiro di pallone)* unhaltbar

imparare [impa'ra:re] *vt* [er]lernen; ~ **a leggere/scrivere** lesen/schreiben lernen; **impara l'arte e mettila da parte** *(prov)* gelernt ist gelernt

imparaticcio [impara'tittʃo] *m* ① *(nozioni mal assimilate)* oberflächliches Wissen ② *(lavoro malfatto)* Stümperei *f*

impareggiabile [impared'dʒa:bile] *agg* unvergleichlich

imparentarsi [imparen'tarsi] *vr* ~ **con qu** sich mit jdm verschwägern; ~ **con qc** *(per mezzo del matrimonio)* in etw *+akk* einheiraten

impari ['impari] *agg inv* ① *(disuguale)* ungleich ② MAT *(dispari)* ungerade

imparità [impari'ta] *f* Ungleichheit *f; (inferiorità)* Unterlegenheit *f*

impartire [impar'ti:re] <impartisco> *vt* ① *(distribuire)* zuteilen, verteilen ② *(concedere)* erteilen, geben

imparziale [impar'tsia:le] *agg* unparteiisch; *(non prevenuto)* unvoreingenommen; *(giusto)* gerecht

imparzialità [impartsiali'ta] *f* Unparteilichkeit *f; (mancanza di prevenzione)* Unvoreingenommenheit *f;* **giudicare con** ~ unparteiisch urteilen

impasse [ɛ̃'pas] <-> *f* Sackgasse *f*

impassibile [impas'si:bile] *agg* unerschütterlich; *(indifferente)* gleichmütig; **restare** ~ keine Miene verziehen

impassibilità [impassibili'ta] <-> *f* Unerschütterlichkeit *f; (indifferenza)* Gleichmut *m*

impastare [impas'ta:re] *vt* ① *(pasta)* kneten ② *(colori)* mischen

impastato, -a [impas'ta:to] *agg* ① *(imbrattato)* ~ **di qc** mit etw beschmiert; **avere la lingua -a** eine belegte Zunge haben ② *(fig: formato)* **essere** ~ **di bontà** die Güte selbst sein; **è** ~ **di cattiveria** er steckt voller Bosheit

impastatore, -trice [impasta'to:re] *m, f* [Teig]kneter(in) *m(f)*

impastatrice [impasta'tri:tʃe] *f* Knetmaschine *f*

impasticcarsi [impastik'karsi] *vr (fam: di droghe)* sich mit Drogen vollpumpen; *(di medicinali)* sich mit Tabletten vollstopfen

impasticcato, -a [impastik'ka:to] **I.** *m, f (sl: drogato)* Fixer(in) *m(f),* Junkie *m* **II.** *agg* drogensüchtig, drogenabhängig

impasticciare [impastit'tʃa:re] **I.** *vt* ① GASTR vermengen, mixen ② *(fig)* zusammenschustern **II.** *vr* **-rsi** ① *(sporcarsi)* sich dreckig machen ② *(fig: confondersi)* sich verzetteln

impasto [im'pasto] *m* Mischung *f,* Gemisch *nt;* GASTR Teig *m*

impastoiare [impasto'ia:re] *vt* ① *(legare)* fesseln ② *(fig: intralciare)* behindern

impatto [im'patto] *m* ① *(urto)* Aufprall *m; (scontro)* Zusammenstoß *m* ② *(fig)* Wirkung *f; (contatto)* Berührung *f; (incontro)* Begegnung *f*

impaurire [impau'ri:re] <impaurisco> **I.** *vt avere* ~ **qu** jdm Furcht einjagen; *(intimidare)* jdn einschüchtern **II.** *vr* **-rsi** erschrecken

impavido, -a [im'pa:vido] *agg* unerschrocken

impaziente [impat'tsiɛnte] *agg* ① *(senza pazienza)* ungeduldig ② *(ansioso)* aufgeregt; *(desideroso)* begierig

impazientirsi [impattsiɛn'tirsi] <m'impazientisco> *vr* ungeduldig werden

impazienza [impat'tsiɛntsa] *f* Ungeduld *f*

impazzare [impat'tsa:re] *vi essere* toben

impazzata [impat'tsa:ta] *f* **all'**~ wie verrückt, wie wahnsinnig; **fuggire all'**~ Hals über Kopf davonlaufen; **menare colpi all'**~ wie wahnsinnig um sich schlagen

impazzimento [impattsi'mento] *m* Verrücktwerden *nt;* **che** ~ **questo lavoro!** *(fig)* diese Arbeit bringt mich noch zum Wahnsinn!

impazzire [impat'tsi:re] <impazzisco> *vi essere* ① *(ammattire)* verrückt werden ② *(fig: languire)* ~ **d'amore** vor Liebe vergehen; ~ **per qu** auf jdn [*o* nach jdm] verrückt sein; ~ **per il ballo** leidenschaftlich gern tanzen ③ *(fig: stillarsi il cervello)* sich *dat* den Kopf zerbrechen ④ GASTR gerinnen

impeccabile [impek'ka:bile] *agg* einwandfrei, tadellos

impeccabilità [impekkabili'ta] <-> *f* Fehlerlosigkeit *f*

impedenza [impe'dɛntsa] *f* Impedanz *f,* Scheinwiderstand *m*

impedimento [impedi'mento] *m* Hindernis *nt;* **essere d'**~ ein Hindernis sein, im Wege sein

impedire [impe'di:re] <impedisco> *vt* ① *(intralciare)* behindern; *(vista, transito)* versperren ② *(ostacolare)* ~ **qc a qu** jdn an etw *dat* hindern; *(trattenere)* jdn von etw abhalten ③ *(impacciare)* ~ **qc a qu** jdn bei etw [be]hindern ④ *(scongiurare)* verhindern; *(prevenire)* verhüten ⑤ MED lähmen

impegnare [impeɲ'ɲa:re] **I.** *vt* ① *(per garanzia)* verpfänden ② *(prenotare)* vormerken, reservieren ③ *(tenere occupato)* beschäftigen ④ *(obbligare)* ~ **a qc** zu etw verpflichten **II.** *vr* **-rsi** ① *(obbligarsi)* **-rsi a fare qc** sich verpflichten etw zu tun ② *(impiegare energie)* sich einsetzen, sich engagieren; **-rsi nello studio** sich dem Studium widmen

impegnativa [impeɲɲa'ti:va] *f* Krankenschein *m*, ärztliche Überweisung

impegnativo, -a [impeɲɲa'ti:vo] *agg* ① *(vincolante)* verbindlich; *(che obbliga)* verpflichtend ② *(che richiede impegno)* anspruchsvoll

impegnato, -a [impeɲ'ɲa:to] *agg* ① *(occupato)* beschäftigt ② *(fidanzato)* verlobt; *(promesso)* versprochen ③ *(riservato)* belegt, besetzt; *(prenotato)* [vor]bestellt

impegno [im'peɲɲo] *m* ① *(obbligo)* Verpflichtung *f*, Revers *m* A; FIN, COM Verbindlichkeit *f*; *(promessa)* Versprechen *nt*; **soddisfare gli -i** den Verpflichtungen nachkommen; **senza ~** unverbindlich ② *(fig)* Engagement *nt*, Einsatz *m*; *(zelo)* Eifer *m*; **lottare con ~** mit vollem Einsatz kämpfen

impegolarsi [impego'larsi] *vr* ~ **in qc** sich auf etw *akk* einlassen; *(intromettersi)* sich in etw *akk* einmischen; ~ **nei guai** sich in Schwierigkeiten verstricken

impelagarsi [impela'garsi] *vr* ~ **in qc** sich in etw *akk* verstricken

impellente [impel'lɛnte] *agg* dringend, dringlich; *(motivo)* zwingend

impenetrabile [impene'tra:bile] *agg* ① *(non trapassabile)* undurchlässig; *(inaccessibile)* undurchdringlich ② *(fig)* unergründlich, undurchschaubar

impenetrabilità [impenetrabili'ta] <-> *f* Unzugänglichkeit *f*; PHYS Undurchlässigkeit *f*

impenitente [impeni'tɛnte] *agg* unverbesserlich

impennaggio [impen'naddʒo] <-ggi> *m* Leitwerk *nt*

impennarsi [impen'narsi] *vr* ① *(cavallo)* sich aufbäumen ② AERO *(cabrare)* steil aufsteigen ③ *(fig: inalberarsi)* hochfahren, aufbrausen

impennata [impen'na:ta] *f* ① *(di cavallo)* [Sich]aufbäumen *nt* ② *(di aereo)* überzogener Flug; *(di nave)* Achterlastigkeit *f*

impensabile [impen'sa:bile] *agg* ① *(inconcepibile)* undenkbar, unvorstellbar; *(assurdo)* unmöglich, absurd ② *(imprevedibile)* unvorhersehbar

impensato, -a [impen'sa:to] *agg* unvermutet, ungeahnt; *(inaspettato)* unerwartet, überraschend

impensierire [impensie'ri:re] <impensierisco> **I.** *vt* ~ **qu** jdm Sorgen machen, jdn beunruhigen **II.** *vr* **-rsi** sich *dat* Sorgen machen

impepata [impe'pa:ta] *f* GASTR Impepata *f* *(neapolitanisches Meeresfrüchtegericht)*

imperare [impe'ra:re] *vi* ~ **su qu/qc** jdn/etw beherrschen, über jdn/etw herrschen

imperativo [impera'ti:vo] *m* ① LING Imperativ *m*, Befehlsform *f* ② PHILOS Imperativ *m*; ~ **categorico/ipotetico** kategorischer/hypothetischer Imperativ

imperativo, -a *agg* ① *(gener)* befehlend, Befehls-; **tono ~** Befehlston *m* ② JUR zwingend; POL imperativ; **mandato ~** imperatives Mandat ③ LING Imperativ-, Befehls-

imperatore, -trice [impera'to:re] *m, f* Kaiser(in) *m(f)*

impercettibile [impertʃet'ti:bile] *agg* kaum wahrnehmbar

imperdonabile [imperdo'na:bile] *agg* unverzeihlich

imperfetto [imper'fɛtto] *m* LING Imperfekt *nt*, Mitvergangenheit *f* A

imperfetto, -a *agg* ① *(difettoso)* mangelhaft, unvollkommen ② *(incompleto)* unvollständig

imperfezione [imperfet'tsio:ne] *f* Unvollkommenheit *f*, Fehlerhaftigkeit *f*; *(difetto)* Fehler *m*; ~ **della vista** Sehfehler *m*

Imperia [impe'ri:a] *f* Imperia *nt* *(Stadt in Ligurien)*

imperiale [impe'ria:le] *agg* kaiserlich, Kaiser-

imperialismo [imperia'lizmo] *m* Imperialismus *m*

imperialista [imperia'lista] <-i *m*, -e *f*> **I.** *agg* imperialistisch **II.** *mf* Imperialist(in) *m(f)*

imperialistico, -a [imperia'listiko] <-ci, -che> *agg* imperialistisch

imperialregio, -a [imperial'rɛ:dʒo] *agg* kaiserlich-königlich

imperiese [impe'tie:se] **I.** *agg* aus Imperia stammend **II.** *mf* *(abitante)* Einwohner(in) *m(f)* von Imperia

Imperiese *m sing* Umgebung *f* von Imperia

imperio [im'pɛ:rio] <-i> *m* *(poet)* ① *(impero)* [Kaiser]reich *nt* ② *(comando)* Herrschaft *f*

imperiosità [imperiosi'ta] <-> *f* herrische Art

imperioso, -a [impe'rio:so] *agg* ① *(autoritario)* herrisch ② *(fig: impellente)* zwingend

imperito, **-a** [impe'ri:to] *agg (poet)* unerfahren; *(incapace)* unfähig

imperituro, **-a** [imperi'tu:ro] *agg* unvergänglich

imperizia [impe'rittsia] *f* Unerfahrenheit *f; (poca formazione)* mangelhafte Ausbildung

imperlare [imper'la:re] *vt* ① *(adornare con perle)* mit Perlen besetzen ② *(cospargere di gocce)* [ab]perlen (**qc** von etw); *(rugida)* benetzen

impermalirsi [imperma'lirsi] <impermalisco, impermalisci> *vr* gekränkt sein; **~ con qu di qc** jdm etw übel nehmen

impermeabile [imperme'a:bile] **I.** *agg (riferito a liquidi)* undurchlässig; *(riferito all'acqua)* wasserdicht **II.** *m* Regenmantel *m*

impermeabilità [impermeabili'ta] <-> *f* [Wasser]undurchlässigkeit *f*

impermeabilizzare [impermeabilid'dza:re] *vt* [wasser]dicht machen; *(tessuto)* imprägnieren; *(muri)* abdichten

impermutabile [impermu'ta:bile] *agg* unabänderlich

imperniare [imper'nia:re] *vt* ① *(collegare con perni)* verzapfen; *(con bulloni)* verbolzen ② *(fig: basare)* **~ qc su qc** etw auf etw *akk* stützen

impero[1] [im'pɛ:ro] *m* ① *(potestà imperiale)* kaiserliche Gewalt ② *(territorio)* [Kaiser]reich *nt,* Imperium *nt;* **l'~ britannico** das britische Empire; **gli -i centrali** die Mittelmächte *f pl* ③ *(stile)* Empire *nt* ④ *(fig: potere)* Macht *f,* Herrschaft *f*

impero[2] *agg inv* Empire-

imperscrutabile [imperskru'ta:bile] *agg* unergründlich; *(persona)* undurchschaubar

impersonale [imperso'na:le] *agg* unpersönlich

impersonare [imperso'na:re] *vt* ① *(simbolo, tipo)* verkörpern, personifizieren ② *(da attore)* darstellen, spielen

impersonificare [impersonifi'ka:re] *vt (form)* personifizieren, verkörpern

impersonificazione [impersonifikat'tsio:ne] *f* ① *(rappresentazione)* Personifizierung *f geh,* Verkörperung *f* ② *(quintessenza)* **l'~ della bontà/stupidità** die personifizierte Güte/Dummheit *geh,* die Güte/Dummheit in Person

imperterrito, **-a** [imper'tɛrrito] *agg* unerschrocken; *(imperturbabile)* unerschütterlich

impertinente [imperti'nɛnte] **I.** *agg* frech; *(sfrontato)* unverschämt **II.** *mf* unverschämter Mensch

impertinenza [imperti'nɛntsa] *f* Frechheit *f; (sfrontatezza)* Unverschämtheit *f*

imperturbabile [impertur'ba:bile] *agg* unerschütterlich

imperturbabilità [imperturbabili'ta] <-> *f* Gelassenheit *f*

imperturbato, **-a** [impertur'ba:to] *agg* gelassen, ungerührt

imperversare [imperver'sa:re] *vi* toben, wüten

impervio, **-a** [im'pɛrvio] <-i, -ie> *agg* unwegsam; *(inaccessibile)* unzugänglich

impeto ['impeto] *m* ① *(moto violento)* Heftigkeit *f; (violenza)* Wucht *f; (assalto)* Ansturm *m;* **urtare con ~** mit Wucht aufprallen ② *(fig: impulso violento)* Ausbruch *m; (slancio)* Schwung *m;* **nell'~ del discorso** im Redeeifer; **agire d'~** ungestüm handeln

impetrare [impe'tra:re] *vt (poet)* erbitten, erflehen

impettito, **-a** [impet'ti:to] *agg* kerzengerade; *(fig)* mit [stolz]geschwellter Brust

impetuosità [impetuosi'ta] <-> *f* Ungestüm *nt*

impetuoso, **-a** [impetu'o:so] *agg* ungestüm, heftig

impiallacciare [impiallat'tʃa:re] *vt* furnieren (**in** mit)

impiallacciatura [impiallattʃa'tu:ra] *f* Furnier *nt; (operazione)* Furnierung *f*

impiantabile [impian'ta:bile] *agg* MED als Implantat geeignet

impiantabilità [impiantabili'ta] <-> *f* MED *(possibilità di essere trapiantato)* Eignung *f* für Implantationen

impiantare [impian'ta:re] *vt* ① *(costruire)* errichten, aufbauen; TEC installieren ② *(fondare)* gründen ③ *(fig: discussione, dibattito)* in Gang bringen

impiantito [impian'ti:to] *m* Fußboden *m; (a mattonelle)* Fliesenfußboden *m,* Plattenfußboden *m*

impianto [im'pianto] *m* ① *(fase iniziale)* Einrichtung *f;* TEC Installierung *f* ② *(complesso di attrezzature)* Anlage *f;* **~ sportivo** Sportanlage *f;* **~ telefonico** Fernsprechanlage *f*

impiastrare [impias'tra:re] **I.** *vt* ① *(spalmare)* beschmieren ② *(insudiciare)* beschmieren; *(macchiare)* beklecksen **II.** *vr* **-rsi** *(pej)* sich bemalen, sich übertrieben schminken

impiastricciare [impiastrit'tʃa:re] *vt* beschmieren, besudeln

impiastro [im'piastro] *m* ① MED [Brei]umschlag *m* ② *(fig fam: persona seccante)* Nervensäge *f,* Quälgeist *m*

impiattare [impiat'ta:re] *vt* auf dem Teller anrichten

impiccagione [impikka'dʒo:ne] *f,* **impiccamento** [impikka'mento] *m* Erhängen *nt,* Hinrichtung *f*

impiccare [impik'ka:re] **I.** *vt* [er]hängen, aufhängen **II.** *vr* **-rsi** sich erhängen, sich aufhängen; **impiccati!** geh zum Teufel!

impiccato, -a [impik'ka:to] **I.** *agg* erhängt **II.** *m, f* Erhängte(r) *f(m)*

impicciare [impit'tʃa:re] **I.** *vt (impedire)* behindern; *(ostacolare)* versperren **II.** *vr* **-rsi in qc** sich in etw *akk* einmischen

impiccio [im'pittʃo] <-cci> *m* ① *(ostacolo)* Hindernis *nt;* **essere d'~** im Weg sein ② *(fig: seccatura)* Plage *f* ③ *(fig: guaio)* Klemme *f fam;* **essere negli -cci** in der Klemme stecken *fam*

impiccione, -a [impit'tʃo:ne] *m, f* Störenfried *m; (curioso)* Naseweis *m*

impiccolire [impikko'li:re] <impiccolisco> **I.** *vt avere* verkleinern **II.** *vr* **-rsi** sich verkleinern

impiegare [impie'ga:re] *vt* ① *(applicare)* anwenden; *(usare)* verwenden ② *(tempo)* brauchen; *(trascorrere)* verbringen

impiegata *f v.* **impiegato**

impiegatizio, -a [impiega'tittsio] <-i, -ie> *agg* Angestellten-; **rapporto ~** Angestelltenverhältnis *nt*

impiegatizzazione [impiegatiddzat'tsio:ne] *f* ① *(riduzione alla condizione di impiegato)* Beschränkung *f* auf ein Angestelltenverhältnis ② *(diffusione del ruolo impiegatizio)* zunehmende Beliebtheit *f* von Angestelltenverhältnissen

impiegato, -a [impie'ga:to] *m, f* Angestellte(r) *f(m); (funzionario pubblico)* Beamte(r) *m/*Beamtin *f;* **~ d'amministrazione** Verwaltungsangestellte(r) *m,* Verwaltungsbeamte(r) *m;* **~ pubblico** Angehörige(r) *f(m)* des öffentlichen Dienstes; **~ ministeriale** Ministerialbeamte(r) *m;* **~ statale** [Staats]beamte(r) *m*

impiego [im'piɛ:go] <-ghi> *m* ① *(occupazione)* Beschäftigung *f; (posto di lavoro)* Stelle *f;* **~ fisso** feste Stelle; **~ a tempo pieno** Vollbeschäftigung *f;* **~ pubblico** Stelle *f* im öffentlichen Dienst ② *(utilizzazione)* Gebrauch *m,* Verwendung *f; (applicazione)* Anwendung *f* ③ FIN Anlage *f*

impietosire [impieto'si:re] <impietosisco> **I.** *vt* **~ qu** jds Mitleid erregen; *(commuovere)* jdn rühren **II.** *vr* **-rsi** Mitleid haben; *(commuoversi)* gerührt sein

impietrire [impie'tri:re] <impietrisco> *vi essere (fig)* erstarren; **-rsi per lo spavento** vor Schreck erstarren; **starsene lì impietrito** wie versteinert dastehen

impigliare [impiʎ'ʎa:re] **I.** *vt* gefangen halten, festhalten **II.** *vr* **-rsi** ① *(rimanere avviluppato)* sich verfangen (**in** in +*dat*), hängen bleiben (**in** in +*dat*) ② *(fig: rimanere coinvolto)* sich verstricken (**in** in +*akk*)

impigliarsi [impiʎ'ʎarsi] *vr* **~ in qc** sich in etw *dat* verfangen, an etw *dat* hängen bleiben

impigrire [impi'gri:re] <impigrisco> **I.** *vt avere* träge machen **II.** *vr* **-rsi** träge werden

impinguare [impiŋ'gua:re] **I.** *vt* ① *(ingrassare)* mästen ② *(fig: arricchire)* bereichern **II.** *vr* **-rsi** sich bereichern

impiombare [impiom'ba:re] *vt* ① *(saldare con piombo)* plombieren, mit einer Plombe versehen; *(dente)* plombieren, mit einer Füllung versehen ② *(rivestire di piombo)* verbleien; *(tubo)* verlöten

impiombatura [impiomba'tu:ra] *f* ① *(atto dell'impiombare)* Verplombung *f,* Verbleiung *f* ② *(sigillo)* Plombe *f* ③ *(fam: di dente)* Plombe *f,* Füllung *f*

impiparsi [impi'parsi] *vr (fam)* pfeifen (**di** auf +*akk*); **me ne impipo di quello che dicono di me!** ich pfeife darauf, was die [anderen] über mich sagen!

impitonire [impito'ni:re] <impitonisco, impitonisci> *vt (sl: incantare, abbindolare)* um den Finger wickeln, becircen

implacabile [impla'ka:bile] *agg* unversöhnlich, unerbittlich

implacabilità [implakabili'ta] <-> *f* Unversöhnlichkeit *f,* Unerbittlichkeit *f*

implementare [implemen'ta:re] *vt* INFORM implementieren

implicare [impli'ka:re] **I.** *vt* ① *(coinvolgere)* **~ qu in qc** jdn in etw *akk* verwickeln ② *(sottintendere)* implizieren, einschließen; *(come conseguenza)* mit sich *dat* bringen **II.** *vr* **-rsi in qc** sich in etw *akk* verstricken

implicazione [implikat'tsio:ne] *f* Einbeziehen *nt,* Einbeziehung *f*

implicito, -a [im'pli:tʃito] *agg* ① *(sottinteso)* unausgesprochen, implizit; **accettazione -a** JUR stillschweigende Annahme ② LING, MAT implizit

implorare [implo'ra:re] *vt* erflehen, erbitten; **~ Dio** zu Gott flehen

implorazione [implorat'tsio:ne] *f* Flehen *nt,* flehentliche Bitte

implume [im'plu:me] *agg* federlos, unbefiedert

impluvio [im'plu:vio] <-i> *m* ARCH Impluvium *nt*

impolitico, -a [impo'li:tiko] <-ci, -che> *agg* ① *(inopportuno)* politisch unangebracht; *(non consigliabile)* politisch unklug ② *(fig)* unklug

impollinare [impolli'na:re] *vt* bestäuben

impollinazione [impollinat'tsio:ne] *f* Bestäubung *f*

impoltronire [impoltro'ni:re] <impoltronisco> **I.** *vt avere* träge machen **II.** *vr* **-rsi** träge werden

impolverare [impolver'a:re] **I.** *vt* staubig machen **II.** *vr* **-rsi** staubig werden

imponderabile [imponde'ra:bile] *agg* nicht abzuwägen; *(incalcolabile)* unberechenbar

imponderabilità [imponderabili'ta] <-> *f* Unberechenbarkeit *f*, Unwägbarkeit *f*

imponente [impo'nɛnte] *agg* ① *(grandioso)* imposant, großartig ② *(che incute rispetto)* imponierend, beeindruckend

imponenza [impo'nɛntsa] *f* ① *(grandiosità)* Großartigkeit *f* ② *(di persona)* Ansehnlichkeit *f*

impongo [im'poŋo] *1. pers sing pr di* **imporre**

imponibile [impo'ni:bile] **I.** *agg* besteuerbar, steuerpflichtig **II.** *m* Bemessungsgrundlage *f*; *(reddito)* steuerpflichtiges Einkommen, Steuerbasisbetrag *m*; **~ di mano d'opera** gesetzlich festgelegte Einstellungsquote von Arbeitskräften

impopolare [impopo'la:re] *agg* unpopulär

impopolarità [impopolari'ta] *f* Unpopularität *f*

imporporare [imporpo'ra:re] **I.** *vt* purpurrot färben **II.** *vr* **-rsi** [purpur]rot werden, erröten

imporre [im'porre] <irr> **I.** *vt* ① *(prescrivere)* vorschreiben ② *(legge, tassa, silenzio)* auferlegen; *(nome)* geben; *(volontà)* aufzwingen ③ *(mani)* auflegen **II.** *vr* **-rsi** ① *(persone)* sich durchsetzen; *(affermarsi)* sich behaupten ② *(moda)* sich durchsetzen

import ['impɔ:t] <- *o* imports> *m* COM *(importazione)* Import *m*; **società di ~-export** Import-Export-Firma *f*

importante [impor'tante] **I.** *agg* bedeutend, wichtig **II.** *m* Wichtige(s) *nt*; *(cosa essenziale)* Hauptsache *f*; **l'~ è stare bene** Hauptsache, man ist gesund

importanza [impor'tantsa] *f* Wichtigkeit *f*, Bedeutung *f*; **dare ~ a qc** einer Sache *dat* Bedeutung beimessen; **di nessuna** [*o* **senza**] **~** bedeutungslos; *(senza rilievo)* belanglos; **di poca ~** von geringer Bedeutung, unwichtig

importare [impor'ta:re] **I.** *vt avere (dall'estero)* importieren; *(a. fig)* einführen; **~ in franchigia** COM zollfrei einführen **II.** *vi essere* ① *(stare a cuore)* am Herzen liegen ② *(interessare)* interessieren ③ *(essere necessario)* nötig sein; *(interessare)* interessieren; **non me ne importa niente** das ist mir egal; **non importa** das macht nichts; **importa che ...** *+conj* es ist wichtig, dass ...; **devo proprio venire o non importa?** muss ich wirklich kommen, oder ist es nicht nötig?

importatore, -trice [importa'to:re] **I.** *agg* Einfuhr-, Import-; **paese ~ di caffè** Kaffeeimportland *nt*; **società -trice di automobili** Autoimportfirma *f* **II.** *m, f* Importeur(in) *m(f)*, Einfuhrhändler(in) *m(f)*

importazione [importat'tsio:ne] *f* ① *(introduzione dall'estero)* Import *m*, Einfuhr *f* ② *(complesso delle merci importate)* Einfuhrgut *nt*, Importware *f*

importo [im'pɔrto] *m* Betrag *m*; *(somma)* Summe *f*

importuna *f v.* **importuno**

importunare [importu'na:re] *vt* belästigen, sekkieren A; *(disturbare)* stören

importunità [importuni'ta] <-> *f* Lästigkeit *f*; *(invadenza)* Aufdringlichkeit *f*

importuno, -a [impor'tu:no] **I.** *agg* lästig; *(invadente)* aufdringlich; *(visitatore)* ungelegen **II.** *m, f* lästige Person

imposi [im'po:zi] *1. pers sing pass rem di* **imporre**

imposizione [impozit'tsio:ne] *f* ① *(ingiunzione)* Befehl *m*; *(costrizione)* Zwang *m* ② FIN Abgabe *f*, Steuer *f* ③ *(di nome)* Namensgebung *f* ④ REL [Hand]auflegen *nt*

impossessarsi [imposses'sarsi] *vr* ① *(appropriarsi)* **~ di qu** jdn in seine Gewalt bringen; **~ di qc** von etw Besitz ergreifen ② *(fig: apprendere)* **~ di qc** sich *dat* etw aneignen

impossibile [impos'si:bile] **I.** *agg* ① *(inattuabile)* unmöglich ② *(incredibile)* unglaublich ③ *(insopportabile)* unmöglich, unerträglich **II.** *m* Unmögliche(s) *nt*

impossibilità [impossibili'ta] *f* Unmöglichkeit *f*

impossibilitare [impossibili'ta:re] *vt* verhindern

impossibilitato, -a [impossibili'ta:to] *agg* verhindert; **essere ~ a fare qc** nicht in der Lage sein etw zu tun

impossidenza [impossi'dɛntsa] *f (form: povertà)* Besitzlosigkeit *f*

imposta [im'pɔsta] *f* ① *(battente)* [Fenster]laden *m* ② FIN Steuer *f*, Abgabe *f*; **~ di ricchezza mobile** Einkommen[s]steuer *f*; **~ sul valore aggiunto** Mehrwertsteuer *f*; **ufficio delle -e** Finanzamt *nt*; **esente da ~** steuerfrei; **soggetto a ~** steuerpflichtig ③ ARCH Kämpfer *m*

impostare [impos'ta:re] *vt* ① *(cosa)* die Voraussetzungen schaffen für; *(problemi)* genau bestimmen; *(lavoro)* anlegen ② *(im-*

bucare: nella cassetta) einwerfen; *(alla posta)* aufgeben

impostazione [impostat'tsio:ne] *f* Anlegen *nt;* ~ **di un problema** Aufgabenstellung *f;* ~ **della voce** Einnehmen *nt* der korrekten Singhaltung

imposto, **-a** [im'posto] **I.** *pp di* **imporre II.** *agg* auferlegt; **prezzo** ~ vorgeschriebener Preis

impostore, **-a** [impos'to:re] *m, f* Schwindler(in) *m(f),* Betrüger(in) *m(f)*

impostura [impos'tu:ra] *f* Schwindel *m,* Betrug *m*

impotente [impo'tɛnte] **I.** *agg* ① *(senza potenza)* machtlos ② *(incapace)* unfähig ③ MED impotent ④ *(debole)* schwach, kraftlos ⑤ *(inefficace)* wirkungslos **II.** *m* impotenter Mann

impotenza [impo'tɛntsa] *f* ① *(mancanza di potenza)* Machtlosigkeit *f* ② *(incapacità)* Unfähigkeit *f,* Unvermögen *nt* ③ MED Impotenz *f* ④ *(debolezza)* Schwäche *f*

impoverimento [impoveri'mento] *m* Verarmung *f*

impoverire [impove'ri:re] <impoverisco> **I.** *vt avere* ① *(rendere povero)* verarmen lassen, in Armut bringen ② *(terreno)* auslaugen; *(cultura)* verkümmern lassen **II.** *vr* **-rsi** *(a. fig)* verarmen

impraticabile [imprati'ka:bile] *agg* ① *(non percorribile)* unwegsam; *(strada)* unbefahrbar ② *(non applicabile)* unanwendbar; *(inattuabile)* undurchführbar ③ *(fig: intrattabile)* unverträglich ④ *(campo da gioco)* unbespielbar

impraticabilità [impratikabili'ta] *f* ① *(di terreno)* Unwegsamkeit *f; (di strada)* Unbefahrbarkeit *f; (di campo da gioco)* Unbespielbarkeit *f* ② *(fig)* Unbrauchbarkeit *f,* Unanwendbarkeit *f*

impratichire [imprati'ki:re] <impratichismo, impratichisci> **I.** *vt* einüben; *(in un lavoro)* einarbeiten; ~ **qu nell'uso del computer** jdn in den Umgang mit dem Computer einführen **II.** *vr* **-rsi** sich [ein]üben; *(in un lavoro)* sich einarbeiten; **-rsi a cucinare** sich im Kochen üben

impratichirsi [imprati'kirsi] <m'impratichisco> *vr* sich [ein]üben; *(in un lavoro)* sich einarbeiten

imprecare [impre'ka:re] *vi* ~ [**contro qu/qc**] fluchen [auf [*o* über] jdn/etw]

imprecazione [imprekat'tsio:ne] *f* Fluch *m;* **lanciare -i** Flüche ausstoßen, fluchen

imprecisato, **-a** [impretʃi'za:to] *agg* nicht genau; *(indeterminato)* unbestimmt

imprecisione [imprettʃi'zio:ne] *f* Ungenauigkeit *f; (senza accuratezza)* Nachlässigkeit *f; (indeterminatezza)* Unbestimmtheit *f*

impreciso, **-a** [impre'tʃi:zo] *agg* ungenau; **calcolo** ~ Überschlagsrechnung *f*

impregiudicato, **-a** [impredʒudi'ka:to] *agg* JUR nicht vorbestraft; *(incensurato)* unbescholten

impregnare [impreɲ'ɲa:re] **I.** *vt* ① *(imbevere)* ~ **qc di qc** etw mit etw [durch]tränken ② *(fig: riempire)* ~ **qc di qc** etw mit etw erfüllen; *(permeare)* etw mit etw durchsetzen ③ TEC imprägnieren **II.** *vr* **-rsi** sich voll saugen; *(fig)* sich füllen

imprendere [im'prɛndere] <imprendo, impresi, impreso> *vt (poet)* beginnen; *(intraprendere)* unternehmen

imprendibile [impren'di:bile] *agg* uneinnehmbar

imprenditore, **-trice** [imprendi'to:re] *m, f* Unternehmer(in) *m(f)*

imprenditoriale [imprendito'ria:le] *agg* Unternehmer-

imprenditrice *f v.* **imprenditore**

impreparato, **-a** [imprepa'ra:to] *agg* unvorbereitet; *(senza formazione)* unausgebildet

impreparazione [imprepara'zio:ne] *f* mangelnde Vorbereitung

impresa [im'pre:sa] *f* ① *(azione)* Unternehmen *nt,* Unterfangen *nt;* ~ **eroica** Heldentat *f,* heroische Tat ② *(organismo)* Unternehmen *nt,* Betrieb *m;* ~ **industriale** Industrieunternehmen *nt*

impresario, **-a** [impre'sa:rio] <-i, -ie> *m, f* ① *(di una ditta)* Unternehmer(in) *m(f)* ② *(di spettacolo)* Theateragent(in) *m(f),* Impresario *m*

imprescindibile [impreʃʃin'di:bile] *agg* unumgänglich; *(indispensibile)* unabdingbar

imprescrittibile [impreskrit'ti:bile] *agg* unverjährbar

impresi [im'pre:zi] *1. pers sing pass rem di* **imprendere**

impreso [im'pre:zo] *pp di* **imprendere**

impressi [im'prɛssi] *1. pers sing pass rem di* **imprimere**

impressionabile [impressio'na:bile] *agg* ① *(fantasia)* [leicht] erregbar ② FOTO belichtbar

impressionante [impressio'nante] *agg* beeindruckend, eindrucksvoll

impressionare [impressio'na:re] **I.** *vt* ① *(turbare)* beeindrucken; *(commuovere)* tief bewegen; *(disgrazia)* erschüttern ② *(colpire, fare effetto)* Eindruck machen auf +*akk* ③ FOTO belichten **II.** *vr* **-rsi** ① *(turbarsi)* sich beeindrucken lassen; *(essere* *scosso)* erschüttert sein ② FOTO belichtet werden

impressione [impres'sio:ne] *f* ① *(sensazione)* [Sinnes]eindruck *m,* Empfindung *f; (presentimento)* Gefühl *nt* ② *(opinione)* Eindruck *m;* **fare buona ~** einen guten Eindruck machen ③ *(turbamento)* [starker] Eindruck *m; (scossa)* Erschütterung *f* ④ *(impronta)* Abdruck *m* ⑤ *(stampa)* Druck *m,* Auflage *f*

impressionismo [impressio'nizmo] *m* Impressionismus *m*

impressionista [impressio'nista] <-i *m,* -e *f*> **I.** *agg* impressionistisch **II.** *mf* Impressionist(in) *m(f)*

impressionistico, -a [impressio'nistiko] <-ci, -che> *agg* impressionistisch

impresso [im'prɛsso] *pp di* **imprimere**

imprevedibile [impreve'di:bile] *agg* unvorhersehbar; *(persona)* unberechenbar

impreveduto, -a [impreve'du:to] *agg* unvorhergesehen; *(inatteso)* unvermutet

imprevidente [imprevi'dɛnte] *agg* nicht vorausschauend; *(non prudente)* leichtsinnig

imprevidenza [imprevi'dɛntsa] *f* mangelnde Voraussicht

imprevisto [impre'visto] *m* Unvorhergesehene(s) *nt;* **salvo -i** wenn nichts [Unvorhergesehenes] dazwischenkommt

imprevisto, -a *agg* unvorhergesehen; *(inatteso)* unvermutet

impreziosire [imprettsio'si:re] <impreziosisco> *vt (a. fig)* bereichern; *(ornare)* verzieren, ausschmücken

imprigionamento [impridʒona'mento] *m* Einsperren *nt,* Inhaftierung *f adm*

imprigionare [impridʒo'na:re] *vt* ① *(incarcerare)* einsperren, inhaftieren ② *(fig: bloccare)* einklemmen; *(rinchiudere)* einschließen

imprimere [im'pri:mere] <imprimo, impressi, impresso> *vt* ① *(impronta)* aufprägen; *(sigillo, timbro)* aufdrücken ② *(fig: carattere distintivo)* verleihen ③ *(fig: ricordo)* einprägen

imprinting ['imprintiŋ] <-> *m* SCIENT, BIOL, ZOO Imprinting *nt*

improbabile [impro'ba:bile] *agg* unwahrscheinlich

improbabilità [improbabili'ta] <-> *f* Unwahrscheinlichkeit *f*

improbo, -a ['improbo] *agg (poet)* ① *(disonesto)* unehrlich; *(malvagio)* boshaft ② *(fig: faticoso, duro)* mühsam, anstrengend, hart; **fatica -a** große und nicht lohnende Mühe

improduttività [improduttivi'ta] *f* Unproduktivität *f; (mancanza di rendimento)* Unergiebigkeit *f*

improduttivo, -a [improdut'ti:vo] *agg* unproduktiv; *(che non rende)* unergiebig

impronta [im'pronta] *f* ① *(segno)* Abdruck *m; (traccia)* Spur *f;* **-e digitali** Fingerabdrücke *mpl* ② *(fig: carattere distintivo)* Stempel *m*

improntare [impron'ta:re] *vt (fig: caratterizzare)* gestalten

improntitudine [impronti'tu:dine] *f* Frechheit *f; (sfrontatezza)* Unverschämtheit *f*

impronunziabile [impronun'tsia:bile] *agg* unaussprechlich, unaussprechbar

improperio [impro'pɛ:rio] <-i> *m* Beleidigung *f; (espressione irriverente)* Schimpfwort *nt*

improprietà [improprie'ta] <-> *f* ① *(del linguaggio)* Ungenauigkeit *f; (errore)* Unkorrektheit *f* ② *(singolo vocabolo)* ungenauer Ausdruck

improprio, -a [im'prɔ:prio] <-i, -ie> *agg* unangebracht, unpassend; *(parole, locuzioni)* nicht korrekt

improrogabile [improro'ga:bile] *agg* unaufschiebbar

improvvido, -a [im'prɔvvido] *agg (poet)* ① *(imprevidente)* nicht vorsorgend (**di** für) ② *(incauto)* unvorsichtig, unbedacht

improvvisare [improvvi'za:re] **I.** *vt (a. fig)* improvisieren **II.** *vr* **-rsi** spielen; **-rsi cuoco** sich als Koch versuchen

improvvisata [improvvi'za:ta] *f (fam)* ① *(avvenimento piacevole)* Überraschung *f* ② *(visita)* überraschender Besuch

improvvisatore, -trice [improvviza'to:re] *m, f* MUS Improvisator(in) *m(f);* LIT Stegreifdichter(in) *m(f)*

improvvisazione [improvvizat'tsio:ne] *f* Improvisation *f*

improvviso [improv'vi:zo] *m* **all'~** plötzlich

improvviso, -a *agg* ① *(inatteso)* unerwartet ② *(repentino)* überraschend, plötzlich

imprudente [impru'dɛnte] **I.** *agg* ① *(sventato)* unbesonnen, leichtsinnig ② *(incauto)* unvorsichtig; *(senza riflettere)* unüberlegt **II.** *mf* unvorsichtiger Mensch

imprudenza [impru'dɛntsa] *f* Unvorsichtigkeit *f; (sventatezza)* Leichtsinn *m*

impubere [im'pu:bere] **I.** *agg* nicht [geschlechts]reif **II.** *mf* noch nicht geschlechtsreifer Junge, noch nicht geschlechtsreifes Mädchen

impudente [impu'dɛnte] **I.** *agg* unverschämt **II.** *mf* unverschämter Kerl

impudenza [impu'dɛntsa] *f* ① *(assenza di*

ritegno) Schamlosigkeit *f* ② *(sfacciataggine)* Unverschämtheit *f*

impudicizia [impudi'tʃittsia] *f* Schamlosigkeit *f*

impudico, **-a** [im'pu:diko] <-ci, -che> *agg* schamlos; *(indecente)* unanständig

impugnabile [impuɲ'ɲa:bile] *agg* anfechtbar

impugnare [impuɲ'ɲa:re] *vt* ① *(afferrare)* ergreifen; *(tenere in mano)* in der Hand halten ② *(contestare)* beanstanden; *(sentenza, testamento)* anfechten

impugnatura [impuɲɲa'tu:ra] *f* Griff *m*

impugnazione [impuɲɲat'tsio:ne] *f* Anfechtung *f;* **mezzo d'~** JUR Rechtsmittel *nt*

impulsiva *f v.* **impulsivo**

impulsività [impulsivi'ta] <-> *f* Impulsivität *f*

impulsivo, **-a** [impul'si:vo] **I.** *agg* impulsiv **II.** *m, f* impulsiver Mensch

impulso [im'pulso] *m* ① *(fig: incremento)* Anreiz *m,* Antrieb *m; (moto istintivo)* Impuls *m,* innere Regung; *(inclinazione naturale)* Trieb *m* ② PHYS Impuls *m*

impunemente [impune'mente] *avv* ungestraft, straflos

impunibile [impu'ni:bile] *agg* ① *(azione)* nicht strafbar ② *(persona)* nicht der Strafe unterliegend

impunibilità [impunibili'ta] <-> *f* Nicht-Strafbarkeit *f*

impunità [impuni'ta] <-> *f* Straffreiheit *f,* Straflosigkeit *f;* **godere l'~** Straffreiheit genießen

impunito, **-a** [impu'ni:to] *agg* unbestraft, straflos

impuntare [impun'ta:re] **I.** *vi* ① *(inciampare)* stolpern; *(urtare)* anstoßen (**in** an +*akk*), stoßen (**in** gegen, an +*akk*) ② *(fig: nel parlare)* stocken; **~ per emozione** vor Aufregung stammeln **II.** *vr* **-rsi** ① *(per resistere)* sich [auf dem Boden] aufstemmen ② *(ostinarsi)* beharren (**a** auf +*dat*), sich versteifen (**a** auf +*akk*)

impuntarsi [impun'tarsi] *vr* ① *(per resistere)* bocken ② *(ostinarsi)* **~ a fare qc** darauf beharren etw zu tun; **s'impunta a dire di no** er beharrt auf seinem/sie beharrt auf ihrem Nein

impuntire [impun'ti:re] <impuntisco, impuntisci> *vt* steppen

impuntura [impun'tu:ra] *f* ① *(cucitura)* Steppnaht *f; (punto)* Steppstich *m* ② NAUT *(di vela)* Nockohr *nt*

impurità [impuri'ta] *f (a. fig: morale)* Unreinheit *f; (imbrattamento)* Verunreinigung *f;* **~ dell'aria** Luftverschmutzung *f*

impuro, **-a** [im'pu:ro] *agg* ① *(sporco)* unrein, unsauber ② *(immorale)* unanständig ③ LING **esse -a** vorkonsonantisches s

imputabile [impu'ta:bile] *agg* ① *(attribuibile)* zuschreibbar, zuzuschreiben; **una svista ~ a negligenza** ein auf Nachlässigkeit zurückzuführendes Versehen ② *(responsabile)* **essere ~ per** [*o* **di**] **qc** für etw verantwortlich sein ③ JUR zurechnungsfähig

imputabilità [imputabili'ta] <-> *f* MED, JUR Zurechnungsfähigkeit *f*

imputare [impu'ta:re] *vt* ① *(considerare responsabile)* **~ qu di qc** jdn für etw verantwortlich machen ② *(attribuire la colpa)* **~ qc a qu** jdm für etw die Schuld geben ③ JUR *(accusare)* **~ qu di qc** jdn einer Sache *gen* beschuldigen

imputato, **-a** [impu'ta:to] *m, f (nella fase del giudizio)* Angeklagte(r) *f(m); (nella fase dell'inchiesta)* Beschuldigte(r) *f(m)*

imputazione [imputat'tsio:ne] *f* ① JUR Anklage *f* ② COM Anrechnung *f*

imputridimento [imputridi'mento] *m* Verwesung *f*

imputridire [imputri'di:re] <imputridisco> *vi* verwesen; *(marcire)* verfaulen

in[1] [in] <nel, nello, nell', nella, nei, negli, nelle> *prep* ① *(stato in luogo)* in +*dat,* auf +*dat; (moto a luogo)* nach +*akk,* in +*akk; (moto attraverso luogo)* durch +*akk;* **andare ~ Austria** nach Österreich fahren; **restare ~ casa** im Haus bleiben; **vivere ~ campagna** auf dem Lande leben; **~ alto** oben; *(verso l'alto)* nach oben; **~ fuori** nach außen; **~ giù** nach unten ② *(tempo determinato)* in +*dat; (tempo continuato)* innerhalb +*gen,* im Laufe +*gen;* **sbrigare qc ~ giornata** etw im Laufe des Tages erledigen; **~ breve** in Kürze; **di quando ~ quando** von Zeit zu Zeit; **di volta ~ volta** von Mal zu Mal ③ *(modo, maniera)* in +*dat,* mit +*dat;* **dividere ~ sei** in sechs Teile teilen; **disporsi ~ cerchio** sich im Kreis aufstellen; **~ tedesco** auf Deutsch; **~ pace** in Frieden ④ *(mezzo, strumento)* mit +*dat,* in +*dat;* **andare ~ tram** mit der Straßenbahn fahren; **pagare ~ contanti** bar bezahlen ⑤ *(materia)* aus +*dat,* von +*dat* ⑥ *(scopo, fine)* zu +*dat,* für +*akk;* **accorrere ~ aiuto di qu** jdm zu Hilfe eilen ⑦ *(causa)* vor +*dat,* wegen +*gen* ⑧ *(stato coniugale femminile)* verheiratete; **Filomena Rossi ~ Neri** Filomena Rossi, verheiratete Neri ⑨ *(quantità)* zu +*dat;* **essere ~ due** zu zweit sein; **venire ~ gran numero** zahlreich erscheinen ⑩ GASTR mit +*dat;* **carne ~ umido** gedünstetes Fleisch; **riso ~ bianco** Reis mit Butter ⑪ *(loc)* **~ compagnia di** in Begleitung +*gen;* **~ re-**

lazione a in Bezug auf; **~ seguito a** infolge von

in² [in] **I.** *avv (di moda, trendy)* in; **essere ~** „in" sein; **fare ~** im Trend liegen, „in" sein **II.** *agg inv (elegante, alla moda)* „in", trendy; **questo è proprio un locale ~** das Lokal ist absolut „in"

INA ['i:na] *f abbr di* **Istituto Nazionale delle Assicurazioni** *nationales italienisches Versicherungsinstitut*

inabbordabile [inabbor'da:bile] *agg* unzugänglich; *(persona)* unnahbar

inabile [i'na:bile] *agg* unfähig; **~ al lavoro** arbeitsunfähig; **~ al servizio militare** [wehrdienst]untauglich

inabilità [inabili'ta] <-> *f* Unfähigkeit *f*

inabilitare [inabili'ta:re] *vt* ① *(rendere inadatto)* untauglich [*o* unfähig] machen ② JUR **~ qu** jds Geschäftsfähigkeit einschränken

inabilitazione [inabilitat'tsio:ne] *f* ① *(incapacità)* Unfähigkeit *f* ② JUR beschränkte Geschäftsfähigkeit

inabissamento [inabissa'mento] *m* Versinken *nt*

inabissare [inabis'sa:re] **I.** *vt* versenken **II.** *vr* **-rsi** versinken

inabitabile [inabi'ta:bile] *agg* unbewohnbar

inabitato, -a [inabi'ta:to] *agg* unbewohnt

inabrogabile [inabro'ga:bile] *agg* JUR unaufhebbar

inaccessibile [inattʃes'si:bile] *agg* ① *(irraggiungibile)* unerreichbar ② *(impercorribile)* unzugänglich ③ *(fig: incomprensibile)* unverständlich; *(di prezzo)* unerschwinglich

inaccettabile [inattʃet'ta:bile] *agg* unannehmbar, inakzeptabel

inaccostabile [inakkos'ta:bile] *agg* unnahbar; *(irraggiungibile)* unerreichbar

inacerbire [inatʃer'bi:re] <inacerbisco> **I.** *vt* verschärfen; *(peggiorare)* verschlimmern **II.** *vr* **-rsi** sich verschlimmern; *(inasprirsi)* sich verschärfen

inacidire [inatʃi'di:re] <inacidisco> **I.** *vt avere* ① *(render acido)* sauer machen ② *(fig: inasprire)* verbittern; **~ il sangue** böses Blut machen **II.** *vr* **-rsi** sauer werden

inadattabile [inadat'ta:bile] *agg (persona)* nicht anpassungsfähig; *(cosa)* unanpassbar

inadattabilità [inadattabili'ta] <-> *f* ① *(inservibilità)* Unverwendbarkeit *f* ② *(fig: incapacità di adattarsi)* mangelnde Anpassungsfähigkeit

inadatto, -a [ina'datto] *agg* **essere ~ a qc** für etw ungeeignet sein

inadeguatezza [inadegua'tettsa] *f* Unangemessenheit *f*

inadeguato, -a [inade'gua:to] *agg* unangemessen; **mezzi -i** unzureichende Mittel *ntpl*; **essere ~ a un compito** einer Aufgabe nicht gewachsen sein

inadempiente [inadem'piɛnte] **I.** *agg* JUR vertragsbrüchig **II.** *mf* ① JUR Vertragsbrüchige(r) *f(m)* ② *(debitore)* Schuldner(in) *m(f)*

inadempienza [inadem'piɛntsa] *f* Nichterfüllung *f*

inafferrabile [inaffer'ra:bile] *agg* ① *(non catturabile)* nicht fassbar ② *(incomprensibile)* unverständlich

inagibile [ina'dʒi:bile] *agg (apparecchio)* außer Betrieb; *(luogo)* nicht betretbar

inalare [ina'la:re] *vt* inhalieren, einatmen

inalatore [inala'to:re] *m* Inhalator *m*

inalazione [inalat'tsio:ne] *f* Inhalation *f*

inalberare [inalbe'ra:re] **I.** *vt* aufpflanzen **II.** *vr* **-rsi** ① *(cavallo)* sich aufbäumen ② *(adirarsi)* zornig werden

inalienabile [inalie'na:bile] *agg* JUR unveräußerlich

inalterabile [inalte'ra:bile] *agg* ① *(non alterabile)* unveränderlich; *(tinta, colore)* [wasch]echt; *(cibo)* unverderblich ② *(imperturbabile)* unerschütterlich

inalterabilità [inalterabili'ta] <-> *f* Unveränderlichkeit *f*

inalterato, -a [inalte'ra:to] *agg* unverändert; *(cibo)* unverdorben

INAM ['i:nam] *f acro di* **Istituto Nazionale per l'Assicurazione contro le Malattie** *nationale italienische Krankenversicherungsanstalt*

inamidare [inami'da:re] *vt* stärken

inammissibile [inammis'si:bile] *agg* unannehmbar; JUR unzulässig

inammissibilità [inammissibili'ta] <-> *f* Unzulässigkeit *f*

inamovibile [inamo'vi:bile] *agg* JUR unabsetzbar

inane [i'na:ne] *agg (poet)* vergeblich; *(vuoto)* leer

inanellato, -a [inanel'la:to] *agg* ① *(capelli)* gekringelt ② *(dita)* beringt

inanimato, -a [inani'ma:to] *agg* ① *(che non ha vita)* unbeseelt ② *(privo di sensi)* leblos

inappagabile [inappa'ga:bile] *agg* unerfüllbar; *(insaziabile)* unstillbar

inappagamento [inappaga'mento] *m* Unerfülltheit *f*; *(scontentezza)* Unzufriedenheit *f*

inappagato, -a [inappa'ga:to] *agg* unerfüllt; *(insoddisfatto)* unbefriedigt

inappellabile [inappel'la:bile] *agg* ① JUR unanfechtbar ② *(fig)* unwiderruflich

inappetente [inappe'tɛnte] *agg* appetitlos

inappetenza [inappe'tɛntsa] *f* Appetitlosigkeit *f*
inapplicabile [inappli'ka:bile] *agg* unanwendbar
inapplicabilità [inapplikabili'ta] <-> *f* Unanwendbarkeit *f*
inapprendibile [inappren'di:bile] *agg* nicht erlernbar
inapprensibile [inappren'si:bile] *agg* unverständlich
inapprezzabile [inappret'tsa:bile] *agg* unschätzbar; *(impagabile)* unbezahlbar
inappuntabile [inappun'ta:bile] *agg* ① *(irreprensibile)* untad[e]lig ② *(privo di difetti)* einwandfrei
inarcamento [inarka'mento] *m* Krümmung *f*
inarcare [inar'ka:re] **I.** *vt* krümmen; ~ **le sopracciglia** die Augenbrauen hochziehen **II.** *vr* **-rsi** sich krümmen
inargentare [inardʒen'ta:re] *vt (a. fig)* versilbern
inarginato, -a [inardʒi'na:to] *agg* nicht eindämmbar, nicht in den Griff zu bekommen
inaridimento [inaridi'mento] *m* Austrocknen *nt*
inaridire [inari'di:re] <inaridisco> *vi essere* ① *(diventare secco)* austrocknen, vertrocknen ② *(fig: esaurirsi)* versiegen
inarrestabile [inarres'ta:bile] *agg* unaufhaltsam
inarrivabile [inarri'va:bile] *agg* unerreichbar
inarticolato, -a [inartiko'la:to] *agg* unartikuliert
inascoltato, -a [inaskol'ta:to] *agg* ① *(non ascoltato)* nicht befolgt ② *(inesaudito)* nicht erhört
inaspettato, -a [inaspet'ta:to] *agg* unerwartet; *(insperato)* unverhofft
inasprimento [inaspri'mento] *m* Verschärfung *f;* *(peggioramento)* Verschlimmerung *f*
inasprire [inas'pri:re] <inasprisco> **I.** *vt* ① *(rendere più aspro)* verschärfen; *(peggiorare)* verschlimmern ② *(esasperare)* verbittern ③ *(aumentare)* erhöhen **II.** *vr* **-rsi** ① *(diventare aspro)* sauer werden ② *(persona, animo)* verbittert sein; *(situazioni)* sich verschärfen
inastare [inas'ta:re] *vt* aufpflanzen, aufstecken
inattaccabile [inattak'ka:bile] *agg* ① *(immune da attacchi)* unangreifbar ② *(resistente)* beständig, -fest
inattendibile [inatten'di:bile] *agg* unglaubwürdig
inatteso, -a [inat'te:so] *agg* unerwartet; *(imprevisto)* unvorhergesehen
inattitudine [inatti'tu:dine] *f* ~ **a qc** mangelnde Begabung für etw
inattivare [inatti'va:re] *vt* MED, CHEM inaktivieren; TEC entschärfen
inattività [inattivi'ta] *f* Untätigkeit *f;* *(interruzione)* Stillstand *m;* CHEM Inaktivität *f*
inattivo, -a [inat'ti:vo] *agg* ① *(non attivo)* tatenlos ② *(vulcano)* untätig; *(spento)* erloschen ③ *(fermo)* stillgelegt
inattuabile [inattu'a:bile] *agg* undurchführbar; *(irrealizzabile)* nicht zu verwirklichen; **un progetto** ~ ein nicht zu verwirklichendes Projekt
inattuale [inattu'a:le] *agg* nicht aktuell; *(opinione, abito)* unzeitgemäß
inaudito, -a [inau'di:to] *agg* unglaublich; **comportamento** ~ unerhörtes Benehmen
inaugurale [inaugu'ra:le] *agg* Einweihungs-; *(di apertura)* Eröffnungs-
inaugurare [inaugu'ra:re] *vt* ① *(iniziare con solennità)* feierlich eröffnen ② *(aprire al pubblico)* eröffnen; *(costruzione, edificio)* einweihen; *(monumento)* enthüllen; *(consacrare)* weihen ③ *(scherz: usare per la prima volta)* einweihen
inaugurazione [inaugurat'tsio:ne] *f* *(di mostre, opere pubbliche)* Eröffnung *f;* *(di edificio)* Einweihung *f;* *(di monumenti)* Enthüllung *f*
inavvedutezza [inavvedu'tettsa] *f* Unachtsamkeit *f,* Unvorsichtigkeit *f*
inavveduto, -a [inavve'du:to] *agg* unachtsam
inavvertenza [inavver'tɛntsa] *f* Unachtsamkeit *f;* *(imprudenza)* Unvorsichtigkeit *f*
inavvertitamente [inavvertita'mente] *avv* unabsichtlich, versehentlich
inavvertito, -a [inavver'ti:to] *agg* unbemerkt
inazione [inat'tsio:ne] *f* Untätigkeit *f,* Tatenlosigkeit *f*
inbreeding [in'bri:diŋ] <-> *m* BIOL Endogamie *f*
incacchiarsi [inkat'tʃarsi] *vr (fam: arrabbiarsi)* sich tierisch ärgern; **non farmi incacchiare!** bring mich nicht zur Weißglut!
incacchiato, -a [inkat'tʃa:to] *agg (fam)* verärgert, grantig A; **sono ~ nero per colpa sua!** ich habe mich über ihn [*o* sie] schwarz geärgert!
incafonire [inkafo'ni:re] <incafonisco, incafonisci> **I.** *vt (far diventare qu cafone)* zum Rüpel [*o* Flegel] machen **II.** *vi essere (diventare cafone, rozzo, maleducato)* zum Rüpel [*o* Flegel] werden **III.** *vr* **-rsi** zum Rüpel [*o* Flegel] werden

incafonirsi [inkafo'nirsi] <incafonisco> *vr* zum Rüpel werden

incagliare [iŋkaʎ'ʎa:re] **I.** *vi essere* NAUT auflaufen, stranden **II.** *vr* **-rsi** ① NAUT auflaufen, stranden ② *(fig: interrompersi)* ins Stocken geraten; *(nel parlare)* stocken, stecken bleiben **III.** *vt avere* ① NAUT stranden lassen, auflaufen lassen ② *(fig: ostacolare)* behindern, hemmen

incagliarsi [iŋkaʎ'ʎarsi] *vr* ① NAUT auflaufen, stranden ② *(fig: interrompersi)* ins Stocken geraten; *(nel parlare)* stocken, stecken bleiben

incaglio [iŋ'kaʎʎo] <-gli> *m* ① NAUT Auflaufen *nt* ② *(fig: intoppo)* Hindernis *nt*

incalcinare [iŋkaltʃi'na:re] *vt (muro)* verputzen; AGR kalken

incalcolabile [iŋkalko'la:bile] *agg* nicht berechenbar; *(non valutabile)* unschätzbar

incallimento [iŋkalli'mento] *m* Schwieligwerden *nt; (fig)* Verhärtung *f*

incallire [incal'li:re] <incallisco, incallisci> **I.** *vt avere* ① *(rendere calloso)* schwielig machen ② *(fig: indurire)* verhärten **II.** *vi essere* ① *(fare il callo)* Schwielen bekommen ② *(fig: assuefarsi)* sich gewöhnen (**in** an +*akk*) **III.** *vr* **-rsi** ① *(fare il callo)* Schwielen bekommen ② *(fig: assuefarsi)* sich gewöhnen (**in** an +*akk*); **-rsi nel vizio** dem Laster verfallen sein

incallirsi [incal'lirsi] <incallisco> *vr* ① *(fare il callo)* Schwielen bekommen ② *(fig: assuefarsi)* **~ nel vizio** dem Laster verfallen sein

incallito, -a [incal'li:to] *agg* ① *(reso calloso)* schwielig ② *(fig: accanito)* hartnäckig; *(insensibile)* hart; **fumatore ~** Kettenraucher *m;* **bevitore ~** Gewohnheitstrinker *m*

incalorirsi [iŋkalo'rirsi] <mi incalorisco, ti incalorisci> *vr* ① *(riscaldarsi)* sich erwärmen ② MED sich entzünden ③ *(fig: infervorarsi)* sich ereifern, sich erhitzen

incalzante [iŋkal'tsante] *agg* bedrängend; *(urgente)* dringend

incalzare [iŋkal'tsa:re] **I.** *vt* ① *(inseguire)* verfolgen; *(assalire)* bedrängen; **~ qu** sich jdm an die Fersen heften ② *(fig: urgere)* drängen **II.** *vr* **-rsi** sich überstürzen

incameramento [iŋkamera'mento] *m* Einziehung *f*

incamerare [incame'ra:re] *vt* einziehen

incamiciare [iŋkami'tʃa:re] *vt* verkleiden; TEC ummanteln

incamiciatura [iŋkamitʃa'tu:ra] *f* ① *(strato di materiale)* Verkleidung *f; (strato di protezione)* Schutzschicht *f* ② MIL Hülse *f*

incamminare [iŋkammi'na:re] **I.** *vt* in die Wege leiten **II.** *vr* **-rsi** ① *(andare)* sich auf den Weg machen ② *(fig)* **-rsi verso qc** auf etw *akk* zusteuern

incanalare [iŋkana'la:re] **I.** *vt* ① *(acqua)* kanalisieren; *(convogliare)* [in einem Kanal] auffangen ② *(dirigere)* lenken ③ *(fig)* leiten **II.** *vr* **-rsi verso qc** auf etw *akk* zuströmen

incanalatura [iŋkanala'tu:ra] *f* Kanalisierung *f*

incancellabile [iŋkantʃel'la:bile] *agg* ① *(scrittura)* nicht ausradierbar ② *(fig: indelebile)* unauslöschlich

incancrenire [iŋkaŋkre'ni:re] <incancrenisco> *vi essere* MED brandig werden

incandescente [iŋkandeʃ'ʃɛnte] *agg (a. fig)* glühend

incandescenza [iŋkande'ʃɛntsa] *f* Glühen *nt;* **lampada a ~** Glühlampe *f*

incantamento [iŋkanta'mento] *m* Verzauberung *f*

incantare [iŋkan'ta:re] **I.** *vt* ① *(con arti magiche)* verzaubern ② *(serpenti)* beschwören ③ *(fig: estasiare)* bezaubern, entzücken **II.** *vr* **-rsi** ① *(restare ammaliato)* entzückt sein ② *(restare intontito)* benommen sein; *(essere stordito)* betäubt sein

incantato, -a [iŋkan'ta:to] *agg* ① *(fatato)* verzaubert, Zauber-; **anello ~** Zauberring *m;* **castello ~** verwunschenes Schloss ② *(estasiato)* verzaubert ③ *(intontito)* benommen, wie betäubt

incantatore, -trice [iŋkanta'to:re] *m, f* ① *(operatore d'incantesimi)* Zauberer *m/* Zauberin *f* ② *(fig: ammaliatore)* Verführer(in) *m(f);* **~ di serpenti** Schlangenbeschwörer(in) *m(f)*

incantesimo [iŋkan'te:zimo] *m* Zauber *m; (formula magica)* Zauberformel *f*

incantevole [iŋkan'te:vole] *agg* zauberhaft, bezaubernd

incanto [iŋ'kanto] *m* ① *(magia)* Zauberei *f;* **come per ~** wie von Zauberhand ② *(fig: fascino)* Zauber *m;* **d'~** wunderbar; **quella ragazza è un ~** das Mädchen ist bezaubernd ③ JUR Versteigerung *f;* **mettere all'~** versteigern

incanutire [iŋkanu'ti:re] <incanutisco> *vi essere* ergrauen

incapace [iŋka'pa:tʃe] **I.** *agg* unfähig; *(inetto)* untüchtig; **~ di intendere e di volere** JUR unzurechnungsfähig **II.** *mf* Versager(in) *m(f)*

incapacità [iŋkapatʃi'ta] *f* ① *(inabilità)* Unfähigkeit *f* ② JUR Rechtsunfähigkeit *f;* **~ giuridica** Rechtsunfähigkeit *f*

incaparbirsi [iŋkapar'birsi] <m'incaparbisco> *vr* **~ a fare qc** sich *dat* etw in den Kopf setzen

incaponirsi [iŋkapo'nirsi] <mi incaponi-

sco, ti incaponisci> *vr* ~ **in qc** sich *dat* etw in den Kopf setzen; *(intestardirsi)* sich auf etw *akk* versteifen

incappare [iŋkap'pa:re] *vi essere* ~ **in qu** auf jdn stoßen; ~ **in qc** in etw *akk* [hinein]geraten

incappottare [iŋkappot'ta:re] **I.** *vt* in einen Mantel hüllen **II.** *vr* **-rsi** sich in einen Mantel hüllen

incappucciare [iŋkapput'tʃa:re] *vt* ~ **qu** jdm eine Mütze/Kapuze aufsetzen; **-rsi di neve** schneebedeckt sein

incapricciarsi [iŋkaprit'tʃarsi] *vr* ~ **di qu/qc** sich in jdn/etw vernarren

incapsulamento [iŋkapsula'mento] *m* ❶ MED Einkapselung *f; (di denti)* Überkronung *f* ❷ TEC *(di bottiglie)* Verkapselung *f* [mit einem Kronkorken]

incapsulare [iŋkapsu'la:re] *vt* ❶ MED einkapseln; *(denti)* verkronen ❷ TEC *(bottiglie)* verkapseln

incarceramento [iŋkartʃera'mento] *m* Einsperren *nt;* HIST Einkerkerung *f*

incarcerare [iŋkartʃe'ra:re] *vt* ❶ *(imprigionare)* einsperren, inhaftieren; HIST einkerkern ❷ *(fig: rinchiudere)* einschließen

incardinare [iŋkardi'na:re] *vt* ❶ *(porta)* einhängen ❷ *(fig)* ~ **qc su qc** *(impostare)* etw auf etw *dat* aufbauen; *(basare)* etw auf etw *akk* stützen

incaricare [iŋkari'ka:re] **I.** *vt* ~ **qu di fare qc** jdn beauftragen, etw zu tun **II.** *vr* **-rsi di fare qc** es übernehmen, etw zu tun

incaricato, -a [iŋkari'ka:to] **I.** *agg* **essere** ~ **di qc** mit etw beauftragt sein; **professore** ~ außerordentlicher Professor **II.** *m, f* ❶ *(funzionario)* Beauftragte(r) *f(m)* ❷ *(professore)* Lehrbeauftragte(r) *f(m)*

incarico [iŋ'ka:riko] <-chi> *m* Auftrag *m; (di insegnante)* Lehrauftrag *m;* **per** ~ **di** im Auftrag von

incarnare [iŋkar'na:re] **I.** *vt* verkörpern; *(rappresentare)* darstellen **II.** *vr* **-rsi** ❶ REL *(Cristo)* Mensch werden ❷ MED *(unghia)* [ins Fleisch] einwachsen

incarnato, -a [iŋkar'na:to] *agg* ❶ REL *(Cristo)* Fleisch geworden ❷ *(unghie)* eingewachsen

incarnazione [iŋkarnat'tsio:ne] *f* ❶ REL *(di Cristo)* Menschwerdung *f* ❷ *(fig: concretizzazione)* Verkörperung *f;* **è l'~ della malvagità** er/sie ist die Bosheit in Person

incarnire [iŋkar'ni:re] <incarnisco, incarnisci> **I.** *vi essere* [ins Fleisch] einwachsen **II.** *vr* **-rsi** [ins Fleisch] einwachsen

incarnirsi [iŋkar'nirsi] <incarnisco> *vr* [ins Fleisch] einwachsen

incarognirsi [iŋkaroɲ'ɲirsi] <m'incarognisco> *vr* verkommen, verludern *fam*

incartamento [iŋkarta'mento] *m* Akte *f,* Aktenbündel *nt*

incartapecorire [iŋkartapeko'ri:re] <incartapecorisco, incartapecorisci> *vi essere* ❶ *(insecchire)* vertrocknen; *(pelle)* runzlig werden ❷ *(fig: inaridirsi)* verknöchern

incartare [iŋkar'ta:re] *vt* [in Papier] einwickeln

incarto [iŋ'karto] *m* Verpackung *f*

incartocciare [iŋkartot'tʃa:re] *vt* in Tüten abpacken

incasellare [iŋkasel'la:re] *vt* ❶ *(disporre in casellario)* auf Fächer verteilen ❷ *(fig: catalogare)* katalogisieren

incasinare [inkazi'na:re] *vt (fam)* ein Chaos anrichten

incasinato, -a [inkazi'na:to] *agg (fam: cosa)* verworren, chaotisch; *(fam: persona)* konfus, kopflos

incassare [iŋkas'sa:re] *vt* ❶ *(collocare in cassa)* in Kisten verpacken ❷ *(riscuotere)* [ein]kassieren, einheben A

incassatore, -trice [iŋkassa'to:re] *m, f (imballatore)* Packer(in) *m(f)*

incassatura [iŋkassa'tu:ra] *f* ❶ *(inserimento)* Einlassen *nt,* Einpassen *nt* ❷ *(incastonatura)* Einfassung *f*

incassettatrice [inkassetta'tri:tʃe] *f* TEC Kästenabfertigungsmaschine *f*

incasso [iŋ'kasso] *m* Einnahme *f;* COM Inkasso *nt;* **realizzare un forte** ~ hohe Einnahmen verbuchen können

incastellatura [iŋkastella'tu:ra] *f* Gerüst *nt; (di supporto)* Gestell *nt*

incastonare [iŋkasto'na:re] *vt* ❶ *(fermare nel castone)* [ein]fassen ❷ *(fig: inserire)* [schmückend] einfügen

incastonatura [iŋkastona'tu:ra] *f* [Ein]fassung *f*

incastrare [iŋkas'tra:re] **I.** *vt* ❶ TEC zusammenstecken ❷ *(fam: coinvolgere)* festnageln, verwickeln **II.** *vr* **-rsi** sich verklemmen, sich spießen A

incastro [iŋ'kastro] *m* ❶ TEC [Steck]verbindung *f;* **a** ~ zusammengesteckt; ~ **a maschio e femmina** Spundung *f* ❷ *(gioco enigmistico) Einschachtelung eines Wortes in ein anderes*

incatenamento [iŋkatena'mento] *m* Verkettung *f*

incatenare [iŋkate'na:re] **I.** *vt* ❶ *(legare con catene)* anketten; *(persona)* in Ketten legen ❷ *(fig: soggiogare)* fesseln; *(legare strettamente)* festbinden **II.** *vr* **-rsi** sich [eng] verbinden, sich vereinigen

incatramare [iŋkatra'ma:re] *vt* [ein]teeren

incattivire [iŋkatti'vi:re] **I.** *vt avere (rende-*

re cattivo) böse machen; *(adirare)* verärgern, erzürnen **II.** *vr* **-rsi** sich erbosen

incauto, -a [iŋˈkaːuto] *agg* unvorsichtig; *(avventato)* unüberlegt

incavare [iŋkaˈvaːre] *vt* aushöhlen

incavato, -a [iŋkaˈvaːto] *agg* ① *(cavo)* ausgehöhlt ② *(fig: occhi)* tief liegend; *(guance)* hohl, eingefallen

incavatura [iŋkavaˈtuːra] *f* Aushöhlung *f*

incavo [iŋˈkaːvo] *m* Aushöhlung *f; (cavità)* Vertiefung *f; (di abiti)* Ausschnitt *m;* ~ **della manica** Ärmelausschnitt *m*

incavolarsi [iŋkavoˈlarsi] *vr (fam)* fuchsteufelswild werden; **mi fai incavolare** du bringst mich auf die Palme

incavolato, -a [inkavoˈlaːto] *agg (fam scherz)* sauer, wütend; **essere ~ nero con qu** stinksauer auf jdn sein

incavolatura [iŋkavolaˈtuːra] *f (fam)* Koller *m*

incazzarsi [iŋkatˈtsarsi] *vr (vulg)* ausrasten *sl*

incazzato, -a [inkatˈtsaːto] *agg (vulg)* sauwütend

incazzatura [iŋkattsaˈtuːra] *f (vulg)* Sauwut *f*

incazzoso, -a [inkatˈtsoːso] *agg (vulg: iroso)* reizbar, jähzornig

incedere [inˈtʃɛːdere] <incedo, incessi *o* incedei *o* incedetti, incesso> *vi (geh)* [einher]schreiten

incedibile [intʃeˈdiːbile] *agg* nicht übertragbar

incendiare [intʃenˈdiaːre] **I.** *vt* ① *(bruciare)* anzünden, in Brand setzen ② *(fig: infiammare)* entflammen **II.** *vr* **-rsi** sich entzünden, in Brand geraten; *(prendere fuoco)* Feuer fangen

incendiario, -a [intʃenˈdiaːrio] <-i, -ie> **I.** *agg* Brand-; **bombe -ie** Brandbomben *f pl* **II.** *m, f* Brandstifter(in) *m(f)*

incendio [inˈtʃɛndio] <-i> *m (fuoco)* Brand *m,* Feuer *nt;* ~ **doloso** Brandstiftung *f,* Brandlegung *f* A

incenerimento [intʃeneriˈmento] *m* ~ [**delle immondizie**] Müllverbrennung *f*

incenerire [intʃeneˈriːre] <incenerisco> **I.** *vt* ① *(ridurre in cenere)* einäschern ② CHEM veraschen **II.** *vr* **-rsi** zu Asche werden

inceneritore [intʃeneriˈtoːre] *m* Müllverbrennungsanlage *f*

incensamento [intʃensaˈmento] *m (a. fig)* Beweihräucherung *f*

incensare [intʃenˈsaːre] *vt (a. fig)* REL beweihräuchern

incensata [intʃenˈsaːta] *f (a. fig)* Beweihräucherung *f*

incensatore, -trice [intʃensaˈtoːre] *m, f (fig)* Schmeichler(in) *m(f),* Schöntuer(in) *m(f)*

incensiere [intʃenˈsiɛːre] *m* Weihrauchfass *nt*

incenso [inˈtʃɛnso] *m* Weihrauch *m*

incensurabile [intʃensuˈraːbile] *agg* tadellos; *(inappuntabile)* untadelig

incensurato, -a [intʃensuˈraːto] *agg* ① *(irreprensibile)* tadellos ② JUR nicht vorbestraft

incentivante [intʃentiˈvante] *agg* Leistungs-, Anreiz-; **compenso ~** Prämie *f,* Leistungszulage *f*

incentivare [intʃentiˈvaːre] *vt* anregen; *(incrementare)* ankurbeln

incentivazione [intʃentivatˈtsioːne] *f* Anregung *f; (incremento)* Ankurbelung *f*

incentivo [intʃenˈtiːvo] *m* Anreiz *m; (stimolo)* Anregung *f;* ~ **fiscale** Steuererleichterung *f*

incentrare [intʃenˈtraːre] **I.** *vt (poet)* in den Mittelpunkt stellen **II.** *vr* **-rsi su qu/qc** sich um jdn/etw drehen

inceppamento [intʃeppaˈmento] *m* ① *(l'inceppare, l'incepparsi)* Hemmung *f; (di apparecchi meccanici)* Klemmen *nt; (di armi)* Ladehemmung *f* ② *(fig: ostacolo)* Hindernis *nt*

inceppare [intʃepˈpaːre] **I.** *vt* [be]hindern **II.** *vr* **-rsi** [sich ver]klemmen; *(bloccarsi)* blockieren

incerare [intʃeˈraːre] *vt* [ein]wachsen

incerata [intʃeˈraːta] *f* ① *(tela)* Wachstuch *nt* ② *(impermeabile)* Regenhaut *f,* Regenschutz *m*

incerottatura [intʃerɔttaˈtuːra] *f* Verarztung *f* mit Pflastern

incertezza [intʃerˈtettsa] *f* ① *(mancanza di certezza)* Ungewissheit *f* ② *(esitazione)* Unsicherheit *f*

incerto [inˈtʃɛrto] *m* unvorherzusehender Fall, Risiko *nt*

incerto, -a *agg* ungewiss, unsicher; **data -a** nicht feststehendes Datum; **tempo ~** unbeständiges Wetter

incespicare [intʃespiˈkaːre] *vi* ① *(inciampare)* ~ [**in qc**] [über etw *akk*] stolpern ② *(fig)* ~ **nel leggere/parlare** stockend lesen/sprechen

incessante [intʃesˈsante] *agg* unaufhörlich; *(persistente)* anhaltend

incessi [inˈtʃɛssi] *1. pers sing pass rem di* **incedere**

incesso [inˈtʃɛsso] *pp di* **incedere**

incesto [inˈtʃɛsto] *m* Inzest *m,* Blutschande *f*

incestuoso, -a [intʃestuˈoːso] *agg* inzestuös

incetta [inˈtʃɛtta] *f* Vorratskauf *m,* Großeinkauf *m,* Hamsterkauf *m;* **fare ~ di zucchero** einen großen Zuckervorrat kaufen

incettare [intʃet'ta:re] *vt* ① *(accaparrare)* auf Vorrat kaufen, hamstern *fam* ② *(fig: procacciarsi)* sich *dat* verschaffen

incettatore, -trice [intʃetta'to:re] *m, f* Großeinkäufer(in) *m(f),* Hamsterer *m fam,* Hamsterin *f fam*

inchiappettare [inkiappet'ta:re] *vt (vulg: inculare)* arschficken

inchiesta [iŋ'kiɛsta] *f* ① JUR Ermittlung *f,* Ausforschung *f* A; **commissione d'~** Untersuchungsausschuss *m,* Ermittlungsausschuss *m;* **~ giudiziaria** Ermittlungsverfahren *nt* ② *(giornalistica)* Bericht *m; (indagine)* Nachforschung *f;* **svolgere un'~** Nachforschungen anstellen ③ SOC Umfrage *f;* **~ statistica** statistische Erhebung

inchinare [iŋki'na:re] **I.** *vt* neigen; *(corpo)* beugen; **~ la fronte** den Kopf senken **II.** *vr* ① *(per riverenza)* **-rsi davanti a qu/qc** sich vor jdm/etw verneigen ② *(cedere)* **-rsi a qc** sich einer Sache *dat* beugen; *(sottomettersi)* sich in etw *akk* fügen

inchino [iŋ'ki:no] *m* Verneigung *f,* Verbeugung *f*

inchiodare [iŋkio'da:re] **I.** *vt* ① *(fissare con chiodi)* annageln, festnageln; **~ una cassa** eine Kiste zunageln; **~ alla croce** ans Kreuz nageln ② *(fig: immobilizzare)* festhalten; **il lavoro lo inchioda a tavolino** die Arbeit fesselt ihn an den Schreibtisch; **~ la macchina** scharf bremsen **II.** *vr* **-rsi** *(fig)* plötzlich stehen bleiben

inchiodata [iŋkio'da:ta] *f (fam: frenata)* Vollbremsung *f*

inchiostrare [iŋkios'tra:re] *vt* einfärben

inchiostrazione [iŋkiostrat'tsio:ne] *f* Einfärbung *f*

inchiostro [iŋ'kiɔstro] *m* Tinte *f;* **~ di china** [Auszieh]tusche *f;* **~ da stampa** Druckerfarbe *f;* **~ per timbri** Stempelfarbe *f;* **~ simpatico** Geheimtinte *f;* **nero come l'~** pechschwarz

inciampare [intʃam'pa:re] *vi essere o avere* ① *(incespicare)* **~ in qc** über etw *akk* stolpern ② *(fig)* **~ in qu/qc** auf jdn/etw stoßen

inciampo [in'tʃampo] *m* ① *(ostacolo)* Hindernis *nt;* **essere d'~ a qu** jdm im Wege sein ② *(fig: difficoltà)* Hindernis *nt*

incicognarsi [intʃikoɲ'ɲarsi] *vr (sl)* schwanger werden

incidentale [intʃiden'ta:le] *agg* ① *(casuale)* zufällig ② *(secondario)* nebensächlich, Neben- ③ JUR Inzidenz-

incidentalità [intʃidentali'ta] <-> *f (casualità)* Zufälligkeit *f*

incidente [intʃi'dɛnte] **I.** *agg* MAT, OPT Einfalls-, Inzidenz-; **raggio ~** Einfallsstrahl *m* **II.** *m* Unfall *m;* **~ di piccola entità** Bagatellunfall *m*

incidentistica [intʃiden'tistika] <-che> *f (studio degli incidenti)* Unfallursachenforschung *f,* Unfallstatistik *f*

incidenza [intʃi'dɛntsa] *f* ① MAT, OPT Einfall *m;* **angolo d'~** Einfallswinkel *m* ② *(fig: ripercussione)* Auswirkung *f*

incidere [in'tʃi:dere] <incido, incisi, inciso> **I.** *vi* **~ su qc** sich auf etw *akk* auswirken **II.** *vt* ① *(tagliare)* einschneiden ② *(intagliare)* [ein]ritzen; *(scolpire)* [ein]gravieren; **~ il legno** [in Holz] schnitzen; **~ la pietra** [in Stein] hauen; **~ il rame** [in Kupfer] stechen ③ *(registrare)* aufzeichnen, aufnehmen ④ *(fig: imprimere)* **~ qc nella memoria** sich etw einprägen

incinta [in'tʃinta] *agg* schwanger; **è ~ di quattro mesi** sie ist im vierten Monat schwanger; **rimanere ~** schwanger werden

incipiente [intʃi'piɛnte] *agg* beginnend; **calvizie ~** erste Anzeichen *nt pl* einer Glatze

incipriare [intʃi'pria:re] **I.** *vt* [ein]pudern **II.** *vr* **-rsi** sich [ein]pudern

incirca [in'tʃirka] *avv* ungefähr; **all'~** ungefähr, etwa

incisi [in'tʃi:zi] *1. pers sing pass rem di* **incidere**

incisione [intʃi'zio:ne] *f* ① *(taglio)* [Ein]schnitt *m* ② *(arte)* Gravierung *f* ③ *(disegno inciso)* Gravur *f,* Stich *m;* **~ all'acquaforte** Radierung *f;* **~ a bulino** Stich *m;* **~ in legno** Holzschnitt *m;* **~ su rame** Kupferstich *m* ④ *(registrazione)* Aufnahme *f*

incisività [intʃizivi'ta] <-> *f* ① *(taglio)* Schärfe *f* ② *(fig: efficacia)* Einprägsamkeit *f*

incisivo [intʃi'zi:vo] *m* Schneidezahn *m*

incisivo, -a *agg* ① *(tagliente)* schneidend ② *(fig)* einschneidend; *(efficace)* wirkungsvoll

inciso[1] [in'tʃi:zo] *pp di* **incidere**

inciso[2] *m* LING Einschiebsel *nt;* **per ~** nebenbei

incisore [intʃi'zo:re] *m* Graveur(in) *m(f);* **~ in legno** Holzschneider(in) *m(f);* **~ in pietra** Bildhauer(in) *m(f);* **~ in rame** Kupferstecher(in) *m(f);* **~ in litografia** Litograf(in) *m(f)*

incisorio, -a [intʃi'zɔ:rio] <-i, -ie> *agg* Gravier-, Schneide-; **sala -a** Seziersaal *m*

incitamento [intʃita'mento] *m* Anreiz *m; (stimolo)* Anregung *f*

incitare [intʃi'ta:re] *vt* **~ qu a [fare] qc** jdn

zu etw anregen; *(pej)* jdn zu etw aufwiegeln [*o* aufhussen A]

incitatore, -trice [intʃita'toːre] *m, f* Antreiber(in) *m(f)*

incitrullire [intʃitrul'liːre] <incitrullisco> *vi essere* verdummen, verblöden

inciucio [in'tʃutʃo] <-ci> *m (pej)* POL fauler Kompromiss

incivile [intʃi'viːle] *agg* ① *(barbaro)* unzivilisiert ② *(maleducato)* unhöflich, grob

incivilimento [intʃivili'mento] *m* Zivilisierung *f*

incivilire [intʃiv'liːre] <incivilisco> **I.** *vt (popolo)* zivilisieren; *(ingentilire)* verfeinern **II.** *vr* **-rsi** zivilisierter werden; *(ingentilirsi)* sich verfeinern

inciviltà [intʃivil'ta] *f* ① *(basso livello di civiltà)* Mangel *m* an Kultur ② *(azione incivile)* Ungezogenheit *f,* ungehobeltes Benehmen

inclassificabile [iŋklassifi'kaːbile] *agg* ① *(che non si può classificare)* nicht klassifizierbar; *(in livelli)* nicht einstufbar ② *(a scuola)* unzensierbar ③ *(fig: scorretto)* unter aller Kritik

inclemente [iŋkle'mɛnte] *agg* ① *(inflessibile)* erbarmungslos, unerbittlich ② *(fig: avverso)* widrig, ungünstig; *(clima)* rau

inclemenza [iŋkle'mɛntsa] *f* Erbarmungslosigkeit *f*

inclinabile [iŋkli'naːbile] *agg* [schräg] verstellbar; *(ribaltabile)* kippbar

inclinare [iŋkli'naːre] **I.** *vt* neigen, schräg stellen **II.** *vi* ① *(pendere)* ~ **a destra/sinistra** sich nach rechts/links neigen ② *(fig)* ~ **a fare qc** geneigt sein, etw zu tun **III.** *vr* **-rsi** sich neigen, sich beugen

inclinazione [iŋklinat'tsioːne] *f* ① *(pendenza)* Neigung *f; (piano obliquo)* Schräge *f* ② *(fig: propensione)* Neigung *f; (capacità naturale)* Veranlagung *f; (simpatia)* Zuneigung *f*

incline [iŋ'kliːne] *agg* **essere ~ a qc** zu etw neigen

includere [iŋ'kluːdere] <includo, inclusi, incluso> *vt* ① *(inserire)* einfügen ② *(comprendere)* einschließen, einbeziehen ③ *(implicare, racchiudere)* [mit] einbegreifen

inclusione [iŋklu'zioːne] *f* ① *(atto dell'includere)* Einbeziehung *f* ② SOC Inklusion *f* ③ ADM Anlage *f*

inclusive tour [in'kluːsiv tur] <-> *m* Pauschalreise *f*

inclusivo, -a [iŋklu'ziːvo] *agg* einschließlich; **~ delle spese** inklusive Spesen

incluso [iŋ'kluːzo] *pp di* **includere**

incocciare [iŋkot'tʃaːre] **I.** *vt avere* ① NAUT *(agganciare)* einhaken ② DIAL *(incontrare)* zufällig treffen; *(urtare)* stoßen (**qc** gegen, an etw *akk* **II.** *vi essere* DIAL *(imbattersi)* stoßen (**in** auf +*akk*); **~ male/bene** es schlecht/gut treffen **III.** *vr* **-rsi** DIAL ① *(incaponirsi)* sich versteifen (**in** auf +*akk*) ② *(impermalirsi)* beleidigt sein, einschnappen *fam*

incoercibile [iŋkoer'tʃiːbile] *agg* ① CHEM, PHYS unverdichtbar ② *(che non si può reprimere)* unbezwingbar

incoerente [iŋkoe'rɛnte] *agg (contraddittorio)* widersprüchlich; **discorso ~** unzusammenhängende Rede; **persona ~** inkonsequente Person

incoerenza [iŋkoe'rɛntsa] *f (contraddizione)* Widersprüchlichkeit *f; (incongruenza)* Zusammenhang[s]losigkeit *f*

incogliere [iŋ'kɔʎʎere] *irr (poet)* **I.** *vt avere* überraschen; *(cogliere di sorpresa)* ertappen **II.** *vi essere* widerfahren; *(capitare)* zustoßen

incognita [iŋ'kɔɲɲita] *f* ① MAT Unbekannte *f,* unbekannte Größe ② *(fig)* unvorhersehbare Sache

incognito [iŋ'kɔɲɲito] *m* Inkognito *nt;* **viaggiare in ~** inkognito reisen

incognito, -a *agg (non conosciuto)* unbekannt; *(non riconosciuto)* unerkannt

incollare [iŋkol'laːre] **I.** *vt* ① *(attaccare)* aufkleben, ankleben; **~ parti insieme** zusammenkleben ② *(fig)* [fest]kleben; **~ la faccia contro la vetrina** das Gesicht an das Schaufenster drücken **II.** *vr* **-rsi a qc** an etw *dat* festkleben; **-rsi a qu** *(fig)* sich an jdn [*o* jdm] klammern

incollatura [iŋkolla'tuːra] *f* ① *(operazione dell'incollare)* Ankleben *nt,* Anleimen *nt* ② *(nell'ippica)* Halslänge *f;* **vincere di mezza ~** um eine halbe Halslänge siegen

incollerire [iŋkolle'riːre] <incollerisco, incollerisci> **I.** *vi essere* sich erzürnen, in Zorn geraten **II.** *vr* **-rsi** sich erzürnen, in Zorn geraten

incollerirsi [iŋkolle'rirsi] <incollerisco> *vr* sich erzürnen

incolmabile [iŋkol'maːbile] *agg* unausfüllbar; *(insostituibile)* unersetzbar

incolonnare [iŋkollo'naːre] **I.** *vt* ① *(cifre)* [in einer Spalte/in Spalten] untereinanderschreiben ② *(persone)* in Reih und Glied aufstellen **II.** *vr* **-rsi** sich in Reih und Glied aufstellen

incolonnatore [iŋkollona'toːre] *m* Tabulator *m*

incolore [iŋko'loːre] *agg (a. fig)* farblos

incolpare [iŋkol'paːre] *vt* **~ qu di qc** *(accusare)* jdn einer Sache *gen* beschuldigen; *(rendere responsabile)* jdn für etw verantwortlich machen

incolpevole [iŋkol'pe:vole] *agg* schuldlos; *(innocente)* unschuldig

incolpevolezza [iŋkolpevo'lettsa] *f* Schuldlosigkeit *f; (innocenza)* Unschuld *f*

incolsi [iŋ'kolsi] *1. pers sing pass rem di* **incogliere**

incolto, **-a** [iŋ'kolto] **I.** *pp di* **incogliere** **II.** *agg* ① *(terreno)* unbestellt, brach ② *(fig: non curato)* ungepflegt; *(trascurato)* vernachlässigt ③ *(fig: ignorante)* ungebildet

incolume [iŋ'kɔ:lume] *agg* unversehrt; *(cosa)* unbeschädigt

incolumità [iŋkolumi'ta] <-> *f* Unversehrtheit *f; (fig)* Unverletzlichkeit *f*

incombente [iŋkom'bɛnte] *agg* bevorstehend; *(pericolo)* drohend

incombenza [iŋkom'bɛntsa] *f* ① *(incarico)* Auftrag *m* ② *(dovere)* Aufgabe *f,* Verpflichtung *f*

incombere [iŋ'kombere] <incombo, incombei *o* incombetti, *manca il pp*> *vi* ① *(essere imminente)* bevorstehen; *(sovrastare minacciando)* drohen ② *(spettare)* **~ a qu** jdm obliegen

incombustibile [iŋkombus'ti:bile] *agg* nicht brennbar; *(resistente al fuoco)* feuerfest

incominciare [iŋkomin'tʃa:re] *vt, vi* beginnen, anfangen

incommensurabile [iŋkommensu'ra:bile] *agg* riesig, unermesslich

incomodare [iŋkomo'da:re] **I.** *vt* **~ qu** jdm Umstände bereiten **II.** *vr* **-rsi** sich bemühen, sich *dat* Umstände machen; **non s'incomodi!** machen Sie sich *dat* keine Umstände!

incomodo [iŋ'kɔ:modo] *m* Unbequemlichkeit *f;* **essere d'~ per qu** jdm unbequem sein; **scusi l'~** entschuldigen Sie die Störung

incomodo, **-a** *agg (inopportuno)* ungelegen; *(fastidioso)* lästig

incomparabile [iŋkompa'ra:bile] *agg* unvergleichlich

incompatibile [iŋkompa'ti:bile] *agg (inconciliabile)* unvereinbar; *(persone)* nicht zusammenpassend; *(sistemi)* inkompatibel

incompatibilità [iŋkompatibili'ta] *f* Unvereinbarkeit *f; (di persone)* Unverträglichkeit *f*

incompetente [iŋkompe'tɛnte] **I.** *agg* ① *(inesperto)* nicht kompetent ② JUR nicht zuständig ③ *(pej)* untüchtig; *(incapace)* unfähig **II.** *mf* Laie *m*

incompetenza [iŋkompe'tɛntsa] *f* ① *(ignoranza)* Unkenntnis *f; (mancanza di competenza)* Inkompetenz *f* ② JUR Unzuständigkeit *f*

incompiuto, **-a** [iŋkom'piu:to] *agg* unvollendet

incompleto, **-a** [iŋkom'plɛ:to] *agg* unvollständig

incomprensibile [iŋkompren'si:bile] *agg* unverständlich

incomprensione [iŋkompren'sio:ne] *f* Unverständnis *nt; (mancanza di comprensione)* Verständnislosigkeit *f*

incompreso, **-a** [iŋkom'pre:so] *agg* unverstanden; *(genio)* verkannt

incomunicabile [iŋkomuni'ka:bile] *agg* nicht mitteilbar

inconcepibile [iŋkontʃe'pi:bile] *agg* undenkbar; *(inimmaginabile)* unvorstellbar; *(incomprensibile)* unfassbar, unbegreiflich

inconciliabile [iŋkontʃi'lia:bile] *agg* unversöhnlich; *(fig)* unvereinbar

inconcludente [iŋkoŋklu'dɛnte] *agg (discorso)* zusammenhang[s]los; *(vano)* unnütz, fruchtlos; *(persona)* unbeständig

incondizionato, **-a** [iŋkondittsio'na:to] *agg* bedingungslos

inconfessabile [iŋkonfes'sa:bile] *agg* uneingestehbar; *(turpe)* schändlich

inconfessato, **-a** [iŋkonfes'sa:to] *agg* ungestanden; *(tenuto segreto)* uneingestanden

inconfondibile [iŋkonfon'di:bile] *agg* unverwechselbar; *(fig)* unverkennbar

inconfutabile [iŋkonfu'ta:bile] *agg* unwiderlegbar; *(incontestabile)* unanfechtbar

incongruente [iŋkoŋgru'ɛnte] *agg* nicht übereinstimmend; *(contradditorio)* widersprüchlich

incongruenza [iŋkoŋgru'ɛntsa] *f* Nichtübereinstimmung *f; (contraddizione)* Widerspruch *m*

incongruo, **-a** [iŋ'kɔŋgruo] *agg* unangemessen; *(non adatto)* unpassend

inconsapevole [iŋkonsa'pe:vole] *agg* unbewusst; *(ignaro)* ahnungslos

inconsapevolezza [iŋkonsapevo'lettsa] *f* Unbewusstheit *f*

inconscio [iŋ'kɔnʃo] *m sing* Unbewusste(s) *nt*

inconscio, **-a** <-sci, -scie *o* -sce> *agg* unbewusst

inconseguente [iŋkonse'guɛnte] *agg* inkonsequent

inconseguenza [iŋkonse'guɛntsa] *f* Inkonsequenz *f*

inconsideratezza [iŋkonsidera'tettsa] *f* Unüberlegtheit *f*

inconsiderato, **-a** [iŋkonside'ra:to] *agg* unüberlegt

inconsistente [iŋkonsis'tɛnte] *agg* ① *(senza fondamento)* unhaltbar; *(persona)* haltlos ② PHYS, CHEM unbeständig, inkonsistent *scient*

inconsistenza [iŋkonsis'tɛntsa] *f* ① *(infondatezza)* Unhaltbarkeit *f; (di persona)* Haltlosigkeit *f* ② PHYS, CHEM Unbeständigkeit *f,* Inkonsistenz *f scient*

inconsolabile [iŋkonso'la:bile] *agg* untröstlich

inconsueto, -a [iŋkonsu'ɛ:to] *agg* ungewohnt; *(insolito)* ungewöhnlich

inconsulto, -a [iŋkon'sulto] *agg* unbesonnen

incontaminato, -a [iŋkontami'na:to] *agg* unbefleckt; *(non infestato)* unverseucht

incontentabile [iŋkonten'ta:bile] *agg* ungenügsam; *(insaziabile)* unstillbar; **sei ~** du bist nie zufrieden

incontestabile [iŋkontes'ta:bile] *agg* unbestreitbar

incontestato, -a [iŋkontes'ta:to] *agg* unbestritten

incontinenza [iŋkonti'nɛntsa] *f* ① *(intemperanza)* Zügellosigkeit *f* ② MED Inkontinenz *f*

incontrare [iŋkon'tra:re] **I.** *vt* ① *(gener)* **~ qu** jdn treffen, jdm begegnen ② *(trovarsi di fronte a)* **~ qc** einer Sache *dat* gegenüberstehen ③ *(fig: trovare)* finden ④ SPORT treffen auf *+akk* **II.** *vr* **-rsi** ① sich treffen, sich begegnen ② *(conoscersi)* sich kennenlernen ③ SPORT gegeneinander antreten

incontrario [iŋkon'tra:rio] *avv* **all'~** *(fam)* verkehrt herum; **andare all'~** schiefgehen

incontrastabile [iŋkontras'ta:bile] *agg* unwiderstehlich; *(inoppugnabile)* unanfechtbar

incontrastato, -a [iŋkontras'ta:to] *agg* unangefochten; *(indiscusso)* unbestritten

incontro[1] [iŋ'kontro] *m* ① *(di persone)* Begegnung *f; (convegno)* Zusammenkunft *f,* Treffen *nt;* **fissare un ~** einen Termin [für ein Treffen] ausmachen ② SPORT Begegnung *f; (partita)* Spiel *nt; (di pugilato)* Kampf *m*

incontro[2] **I.** *avv* entgegen; **mi corse ~** er/sie lief mir entgegen, er/sie lief auf mich zu **II.** *prep* **~ a qu/qc** auf jdn/etw *+akk* … zu; **farsi ~ a qu** auf jdn zugehen; **venire ~ a qu** *(fig)* jdm entgegenkommen; **andare ~ a difficoltà** Schwierigkeiten begegnen

incontrollabile [iŋkontrol'la:bile] *agg* unkontrollierbar

incontrollato, -a [iŋkontrol'la:to] *agg* unkontrolliert; *(privo di controllo)* unbeherrscht

incontrovertibile [iŋkontrover'ti:bile] *agg* unanfechtbar; *(indiscutibile)* unbestreitbar

inconveniente [iŋkonve'niɛnte] *m* Unannehmlichkeit *f; (difficoltà)* Schwierigkeit *f*

incoraggiamento [iŋkoraddʒa'mento] *m* Ermutigung *f*

incoraggiare [iŋkorad'dʒa:re] *vt* ermutigen; *(fig a.)* unterstützen; *(favorire)* fördern; **~ qu a qc** jdn zu etw ermutigen

incordatura [iŋkorda'tu:ra] *f (di racchetta)* Bespannung *f; (di strumento)* Besaitung *f*

incornare [iŋkor'na:re] *vt* ① *(colpire con le corna)* auf die Hörner nehmen ② *(fam: tradire il coniuge)* **~ qu** jdm Hörner aufsetzen

incorniciare [iŋkorni'tʃa:re] *vt* ① *(mettere in cornice)* [ein]rahmen ② *(fig)* umrahmen

incorniciatura [iŋkornitʃa'tu:ra] *f* [Ein]rahmung *f*

incoronare [iŋkoro'na:re] *vt (cingere di corona)* krönen; *(inghirlandare)* bekränzen; **~ la moglie/il marito** der Ehefrau/dem Ehemann Hörner aufsetzen

incoronazione [iŋkoronat'tsio:ne] *f* Krönung *f*

incorporare [iŋkorpo'ra:re] *vt* ① *(più elementi in una massa)* vermengen ② *(fig: annettere)* einverleiben; *(inserire)* eingliedern

incorporazione [iŋkorporat'tsio:ne] *f* Vermengung *f; (fig)* Einverleibung *f*

incorporeo, -a [iŋkor'pɔ:reo] <-ei, -ee> *agg* körperlos; *(fig)* zart, durchscheinend

incorreggibile [iŋkorred'dʒi:bile] *agg* unkorrigierbar; *(fig)* unverbesserlich

incorrere [iŋ'korrere] <irr> *vi essere* **~ in un errore** einem Irrtum verfallen; **~ in un pericolo** in Gefahr geraten

incorrotto, -a [iŋkor'rotto] *agg (fig: puro)* unverdorben, unbestochen

incorruttibile [iŋkorrut'ti:bile] *agg* ① *(inalterabile)* unverderblich ② *(fig: persona)* unbestechlich

incorsi *1. pers sing pass rem di* **incorrere**

incorso *pp di* **incorrere**

incosciente [iŋkoʃ'ʃɛnte] **I.** *agg* ① *(senza coscienza)* gewissenlos; *(irresponsabile)* verantwortungslos ② MED bewusstlos **II.** *mf* verantwortungslose Person

incoscienza [iŋko'ʃɛntsa] *f* ① *(mancanza di coscienza)* Gewissenlosigkeit *f; (irresponsabilità)* Verantwortungslosigkeit *f* ② *(leggerezza)* Unbeschwertheit *f* ③ MED Bewusstlosigkeit *f*

incostante [iŋkos'tante] *agg* unbeständig; *(volubile)* wankelmütig

incostanza [iŋkos'tantsa] *f* Unbeständigkeit *f; (volubilità)* Wankelmut *m*

incostituzionale [iŋkostituttsio'na:le] *agg* verfassungswidrig

incravattato, -a [iŋkravat'ta:to] *agg* mit Krawatte

incredibile [iŋkre'di:bile] *agg* unglaublich

I

incredula *f v.* **incredulo**
incredulità [iŋkreduli'ta] <-> *f* Ungläubigkeit *f*
incredulo, -a [iŋ'krɛːdulo] **I.** *agg* ungläubig **II.** *m, f* Ungläubige(r) *f(m)*
incrementare [iŋkremen'taːre] *vt* steigern; *(fare prosperare)* fördern
incrementativo, -a [iŋkrementa'tiːvo] *agg* COM, FIN fördernd, Anreiz-
incremento [iŋkre'mento] *m* Steigerung *f;* *(sviluppo)* Zunahme *f;* **tasso annuale d'~** COM, FIN jährliche Zuwachsrate
increscioso, -a [iŋkreʃ'ʃoːso] *agg* bedauerlich; *(sgradito)* lästig
increspare [iŋkres'paːre] *vt (stoffa)* kräuseln; *(carta)* kreppen
increspatura [iŋkrespa'tuːra] *f* Kräuselung *f; (di carta)* Kreppung *f*
incretinire [iŋkreti'niːre] <incretinisco> *vi essere* verblöden
incriccarsi [inkrik'kaːrsi] *vr (fam)* **mi si è incriccata la mano** ich habe mir die Hand verknackst *fam*
incriminare [iŋkrimi'naːre] *vt* anklagen; *(incolpare)* beschuldigen
incriminazione [iŋkriminat'tsioːne] *f* Anschuldigung *f*
incrinare [iŋkri'naːre] **I.** *vt* ❶ *(fendere)* einen Sprung verursachen in *+dat* [*o* an *+dat*] ❷ *(fig: danneggiare)* schädigen **II.** *vr* **-rsi** einen Riss bekommen
incrinatura [iŋkrina'tuːra] *f* Sprung *m; (crepa)* Riss *m*
incrociare [iŋkro'tʃaːre] **I.** *vt* ❶ *(gener,* BIOL, ZOO kreuzen; *(gambe, braccia)* verschränken; ~ **le armi** *(fig)* die Waffen kreuzen; ~ **le braccia** *(fig)* die Arbeit niederlegen, streiken ❷ *(incontrare)* ~ **qu/qc** jdm/etw begegnen **II.** *vr* **-rsi** sich kreuzen; *(incontrarsi)* sich treffen, sich begegnen
incrociatore [iŋkrotʃa'toːre] *m* Kreuzer *m*
incrocio [iŋ'kroːtʃo] <-ci> *m* Kreuzung *f*
incrollabile [iŋkrol'laːbile] *agg* unerschütterlich; *(stabile)* fest
incrostare [iŋkros'taːre] *vt* ❶ *(ricoprire come una crosta)* verkrusten ❷ *(per ornamento)* inkrustieren
incrostarsi [iŋkros'tarsi] *vr* verkrusten
incrostazione [iŋkrostat'tsioːne] *f* ❶ *(formazione di crosta)* Verkrustung *f; (effetto)* Kruste *f* ❷ *(sedimento)* Belag *m*
incrudelire [iŋkrude'liːre] <incrudelisco, incrudelisci> *vi* ❶ *avere (infierire)* wüten; *(essere crudele)* grausam sein (**su** gegen) ❷ *essere (diventare malvagio)* grausam werden
incrudimento [iŋkrudi'mento] *m (di metalli)* Verfestigung *f*
incrudire [iŋkru'diːre] <incrudisco, incrudisci> **I.** *vt avere* [ver]härten, hart machen; *(metalli)* verfestigen **II.** *vi essere* ❶ *(metalli)* spröde werden; *(indurire)* hart werden; *(ferita)* sich verschlimmern ❷ *(fig: diventare crudo)* hart werden; *(inasprire)* sich verschärfen
incruento, -a [iŋkru'ɛnto] *agg* unblutig; **battaglia -a** *(scherz)* Wortgefecht *nt*
incubatrice [iŋkuba'triːtʃe] *f* ❶ *(per uova)* Brutapparat *m* ❷ *(per neonati)* Brutkasten *m*
incubazione [iŋkubat'tsioːne] *f* ❶ *(cova)* Brüten *nt; (periodo)* Brutzeit *f* ❷ MED Inkubation *f* ❸ *(fig: sviluppo)* Entwicklung *f*
incubo ['iŋkubo] *m* ❶ *(da sogni, a. fig)* Alptraum *m* ❷ *(fig: paura)* Angst *f,* Alpdruck *m; (persona)* Schreckgespenst *nt;* ~ **degli esami** Prüfungsangst *f*
incudine [iŋ'kuːdine] *f* Amboss *m;* **essere tra l'~ e il martello** *(fig)* in der Zwickmühle sein
inculcare [iŋkul'kaːre] *vt* einschärfen, eintrichtern *fam*
inculturazione [iŋkulturat'tsioːne] *f* kulturelle Anpassung *f*
incunabolo [iŋku'naːbolo] *m* Inkunabel *f,* Wiegendruck *m*
incuneare [iŋkune'aːre] **I.** *vt* einkeilen; *(fissare)* verkeilen; *(fig)* einzwängen **II.** *vr* **-rsi** sich einkeilen; *(inserirsi a forza)* eindringen
incupire [iŋku'piːre] <incupisco> *vi essere* ❶ *(diventare scuro)* sich verdunkeln ❷ *(fig)* sich verdüstern
incurabile [iŋku'raːbile] *agg* unheilbar; *(fig)* unverbesserlich
incurante [iŋku'rante] *agg* **essere ~ di qc** sich um etw keine Gedanken machen; *(indifferente)* einer Sache gegenüber gleichgültig sein
incuranza [iŋku'rantsa] *f* Unbekümmertheit *f; (indifferenza)* Gleichgültigkeit *f; (disprezzo)* Missachtung *f*
incuria [iŋ'kuːria] *f* Sorglosigkeit *f*
incuriosire [iŋkurio'siːre] <incuriosisco> **I.** *vt* neugierig machen **II.** *vr* **-rsi** neugierig werden
incursione [iŋkur'sioːne] *f* Einfall *m; (attacco)* Angriff *m; (per rapina)* Überfall *m*
incurvamento [iŋkurva'mento] *m* Krümmung *f*
incurvare [iŋkur'vaːre] **I.** *vt* [durch]biegen; *(inchinare)* beugen; *(curvare)* krümmen; ~ **la schiena** *(fig)* dienern **II.** *vr* **-rsi** sich beugen; *(piegarsi)* sich biegen
incussi [iŋ'kussi] *1. pers sing pass rem di* **incutere**
incusso [iŋ'kusso] *pp di* **incutere**
incustodito, -a [iŋkusto'diːto] *agg* unbe-

aufsichtigt; *(non sorvegliato)* unbewacht; **parcheggio ~** unbewachter Parkplatz; **passaggio a livello ~** unbeschrankter Bahnübergang

incutere [iŋ'ku:tere] <incuto, incussi, incusso> *vt* **~ qc a qu** jdm etw einflößen; **~ timore/spavento a qu** jdm Angst/einen Schreck einjagen

indaco ['indako] **I.** *agg inv* indigoblau, Indigo- **II.** *m* <-chi> Indigo *m o nt*

indaffarato, -a [indaffa'ra:to] *agg* viel beschäftigt

indagare [inda'ga:re] **I.** *vt* erforschen **II.** *vi* ermitteln; **~ su qc** über etw *akk* Nachforschungen anstellen

indagatore, -trice [indaga'to:re] **I.** *agg* *(sguardo)* forschend **II.** *m, f* Forscher(in) *m(f)*

indagine [in'da:dʒine] *f* Untersuchung *f;* JUR Ermittlung *f,* Ausforschung *f* A; *(ricerca)* Erforschung *f*

indebitamento [indebita'mento] *m* Verschuldung *f*

indebitarsi [indebi'tarsi] *vr* sich verschulden

indebito, -a [in'de:bito] *agg* ① *(che non è dovuto)* ungebührlich; *(illecito)* unrechtmäßig; JUR widerrechtlich ② *(inopportuno)* unpassend

indebolimento [indeboli'mento] *m* Schwächung *f*

indebolire [indebo'li:re] <indebolisco> **I.** *vt avere* schwächen **II.** *vr* **-rsi** schwach werden

indecente [inde'tʃɛnte] *agg* unanständig; *(disdicevole)* unschicklich; **prezzi -i** unverschämte Preise

indecenza [inde'tʃɛntsa] *f* Unanständigkeit *f;* *(sconvenienza)* Anstößigkeit *f;* *(vergogna)* Schande *f*

indecifrabile [indetʃi'fra:bile] *agg* ① *(scrittura)* unentzifferbar; *(codice)* undechiffrierbar ② *(fig: oscuro)* unerforschlich

indecisione [indetʃi'zio:ne] *f* Unentschlossenheit *f*

indeciso, -a [inde'tʃi:zo] *agg* ① *(irresoluto)* unentschlossen, unschlüssig ② *(fig: incerto)* verschwommen; **tempo ~** unbeständiges Wetter

indeclinabile [indekli'na:bile] *agg* LING undeklinierbar

indecoroso, -a [indeko'ro:so] *agg* ungehörig; *(disdicevole)* unschicklich

indefesso, -a [inde'fɛsso] *agg* unermüdlich

indefinibile [indefi'ni:bile] *agg* undefinierbar; *(inspiegabile)* unerklärlich

indefinito, -a [indefi'ni:to] *agg* ① *(indeterminato)* unbestimmt; *(spazio)* unbegrenzt ② LING unbestimmt, indefinit ③ *(non risolto)* ungelöst

indegnità [indeɲɲi'ta] <-> *f* Unwürdigkeit *f*

indegno, -a [in'deɲɲo] *agg* unwürdig

indelebile [inde'lɛ:bile] *agg* ① *(non cancellabile)* unauslöschbar; *(colore)* echt; *(inchiostro)* dokumentenecht ② *(fig: indimenticabile)* unauslöschlich

indelicatezza [indelika'tettsa] *f* Taktlosigkeit *f*

indelicato, -a [indeli'ka:to] *agg* taktlos

indemagliabile [indemaʎ'ʎa:bile] *agg* maschenfest; *(calze)* laufmaschensicher

indemoniato, -a [indemo'nia:to] **I.** *agg* ① *(ossesso)* [vom Teufel] besessen ② *(fig)* **un ragazzino ~** *(scherz)* ein Wildfang *m* **II.** *m, f* Besessene(r) *f(m)*

indenne [in'dɛnne] *agg* ① *(incolume)* unverletzt, unversehrt ② *(senza danni)* schadlos, unbeschädigt

indennità [indenni'ta] <-> *f* ① *(attribuzione patrimoniale)* Vergütung *f;* **~ di buonuscita** Abfindung *f,* Abfertigung *f* A; **~ chilometrica** Fahrtgeld *nt;* **~ di contingenza** Teuerungszulage *f;* **~ di licenziamento** [Kündigungs]abfindung *f;* **~ di trasferta** Reisekostenvergütung *f* ② *(risarcimento)* Schadensersatz *m*

indennizzare [indennid'dza:re] *vt* entschädigen

indennizzo [inden'niddzo] *m* Entschädigung *f;* **richiesta di ~** Entschädigungsforderung *f*

indentro, in dentro [in'dentro] **I.** *avv* hinein; **all'~** nach innen **II.** *agg inv* tief [liegend]

inderogabile [indero'ga:bile] *agg* unabdingbar

inderogabilità [inderogabili'ta] <-> *f* Unabdingbarkeit *f*

indescrivibile [indeskri'vi:bile] *agg* unbeschreiblich

indesiderabile [indeside'ra:bile] *agg*, **indesiderato, -a** [indeside'ra:to] *agg* unerwünscht

indeterminabile [indetermi'na:bile] *agg* unbestimmbar

indeterminatezza [indetermina'tettsa] *f* Unbestimmtheit *f;* *(irrisolutezza)* Unentschiedenheit *f*

indeterminativo, -a [indetermina'ti:vo] *agg* unbestimmt; **articolo ~** LING unbestimmter Artikel

indeterminato, -a [indetermi'na:to] *agg* unbestimmt; *(vago)* vage; **contratto a tempo ~** unbefristeter Vertrag

indeterminazione [indetermina'tsio:ne] *f* ① *(imprecisione)* Unbe-

I

stimmtheit *f* ② *(indecisione)* Unentschlossenheit *f*

indetraibile [indetra'i:bile] *agg* FIN nicht [steuerlich] absetzbar; **queste spese sono tutte -i** keine dieser Ausgaben ist steuerlich absetzbar

indetto [in'detto] *pp di* **indire**

indeuropeo, -a [indeuro'pɛ:o] *v.* **indoeuropeo**

indi ['indi] *avv (poet)* danach, sodann

India ['india] *f* Indien *nt*

indiano, -a [in'dia:no] **I.** *agg* ① *(dell'India)* indisch ② *(dell'America del Nord)* indianisch, Indianer-; **camminare in fila -a** *(fig)* im Gänsemarsch gehen **II.** *m, f* ① *(dell'India)* Inder(in) *m(f)*; **fare l'~** *(fig)* sich dumm stellen ② *(pellerossa)* Indianer(in) *m(f)*

indiavolato, -a [indiavo'la:to] *agg* besessen, vom Teufel geritten; **un ragazzo ~** ein kleiner Teufel; **rumore ~** Höllenlärm *m*

indicare [indi'ka:re] *vt* ① *(additare)* zeigen auf +*akk* ② TEC [an]zeigen, angeben; **il termometro indica 20 gradi** das Thermometer zeigt 20 Grad [an] ③ *(consigliare)* empfehlen, nennen

indicativo [indika'ti:vo] *m* LING Indikativ *m*

indicativo, -a *agg* hinweisend; *(segnalare)* anzeigend; *(fig)* bezeichnend; **modo ~** LING Indikativ *m;* **prezzo ~** Preisempfehlung *f;* **valore ~** Richtwert *m*

indicato, -a [indi'ka:to] *agg* angezeigt; *(adatto)* geeignet

indicatore [indika'to:re] *m* ① TEC Anzeiger *m,* Indikator *m;* **~ di direzione** AUTO seitliche Blinkleuchte ② *(elenco)* Verzeichnis *nt*

indicatore, -trice *agg* Hinweis-, Anzeige-; **cartello ~** Verkehrsschild *nt,* Verkehrszeichen *nt*

indicazione [indikat'tsio:ne] *f* ① *(atto dell'indicare)* [An]zeigen *nt* ② *(dato, notizia)* Angabe *f* ③ *(informazione, cenno)* Hinweis *m* ④ MED Indikation *f*

indice ['inditʃe] *m* ① ANAT Zeigefinger *m* ② TEC Zeiger *m* ③ *(fig: indizio)* [An]zeichen *nt* ④ *(elenco)* Verzeichnis *nt;* REL Index *m;* **~ analitico** Sachregister *nt;* **~ dei libri proibiti** Index *m* der verbotenen Bücher; **mettere all'~** auf den Index setzen ⑤ *(in statistica)* Index *m;* **~ azionario tedesco** Deutscher Aktienindex; **~ di gradimento** Einschaltquote *f;* **~ di natalità** Geburtenziffer *f*

indicibile [indi'tʃi:bile] *agg* unsagbar

indicizzabile [inditʃid'dza:bile] *agg* COM, FIN indexierbar; **i salari non sono sempre -i** die Löhne sind nicht immer indexierbar

indicizzare [inditʃid'dza:re] *vt* COM indexieren, dynamisieren

indicizzato, -a [inditʃid'dza:to] *agg* COM, FIN indexiert; **il mutuo sulla casa è ~** die Hypothek auf dem Haus ist indexiert; **prestito ~** indexierte Anleihe

indicizzazione [inditʃiddzat'tsio:ne] *f* Indexierung *f,* Dynamisierung *f*

indico ['in'di:ko] *1. pers sing pr di* **indire**

indietreggiare [indietred'dʒa:re] *vi essere o avere* zurückweichen

indietro [in'diɛ:tro] *avv* zurück, retour A; **dare ~ qc** etw zurückgeben; **fare marcia ~** *(fig)* einen Rückzieher machen; **lasciare ~ qu** jdn zurücklassen; *(fig)* jdn überholen; **tirarsi ~** sich zurückziehen; **tornare ~** zurückkehren; **voltarsi ~** sich umdrehen; **essere ~ con il lavoro** mit der Arbeit im Rückstand sein; **l'orologio è ~** die Uhr geht nach; **all'~** rückwärts

indifeso, -a [indi'fe:so] *agg* wehrlos; *(non protetto)* ungeschützt

indifferente [indiffe'rɛnte] *agg* gleichgültig; **è ~ a tutto** ihm ist alles gleichgültig; **per me è ~** das ist mir gleich

indifferenza [indiffe'rɛntsa] *f* Gleichgültigkeit *f;* **trattare qu con ~** jdn gleichgültig behandeln

indifferibile [indiffe'ri:bile] *agg* unaufschiebbar

indifferibilità [indifferibili'ta] <-> *f* Unaufschiebbarkeit *f*

indigeno, -a [in'di:dʒeno] **I.** *agg (popolazione, cucina)* einheimisch; *(di colonia)* eingeboren; *(flora, fauna)* heimisch **II.** *m, f* Einheimische(r) *f(m); (di colonia)* Eingeborene(r) *f(m)*

indigente [indi'dʒɛnte] **I.** *agg* notleidend; *(povero)* bedürftig **II.** *mf* Notleidende(r) *f(m); (povero)* Bedürftige(r) *f(m)*

indigenza [indi'dʒɛntsa] *f* Not *f,* Elend *nt*

indigestione [indidʒes'tio:ne] *f* Verdauungsstörung *f;* **fare un'~ di film/libri** *(fig)* bis zum Überdruss Filme sehen/Bücher lesen

indigesto, -a [indi'dʒɛsto] *agg* ① *(cibo)* unverdaulich ② *(fig)* unerträglich, schwer verdaulich

indignare [indiɲ'ɲa:re] **I.** *vt* entrüsten, empören; **cittadini indignati** Wutbürger *mpl* **II.** *vr* **-rsi per qc** sich über etw *akk* entrüsten

indignazione [indiɲɲat'tsio:ne] *f* Entrüstung *f,* Empörung *f*

indilazionabile [indilattsio'na:bile] *agg* unaufschiebbar

indimenticabile [indimenti'ka:bile] *agg* unvergesslich

indipendente [indipen'dɛnte] **I.** *agg* unabhängig; *(autonomo)* selbst[st]ändig **II.** *mf* Unabhängige(r) *f(m)*

indipendentismo [indipenden'tizmo] *m* Unabhängigkeits[be]streben *nt*

indipendentista [indipenden'tista] <-i *m*, -e *f*> *mf* Befürworter(in) *m(f)* der Unabhängigkeit, Vertreter(in) *m(f)* der Unabhängigkeit

indipendenza [indipen'dɛntsa] *f* Unabhängigkeit *f*; *(autonomia)* Selbst[st]ändigkeit *f*

indire [in'di:re] <irr> *vt* ansagen; *(concorso)* ausschreiben; *(assemblea)* einberufen; *(elezioni)* anberaumen

indiretto, -a [indi'rɛtto] *agg* indirekt; **per vie -e** auf Umwegen

indirizzare [indirit'tsa:re] **I.** *vt* ① *(dirigere)* lenken; **~ qu da qu** *(mandare)* jdn zu jdm schicken ② *(fig: instradare)* lenken ③ *(rivolgere)* **~ la parola a qu** das Wort an jdn richten ④ *(corredare dell'indirizzo)* adressieren **II.** *vr* **-rsi** ① *(rivolgersi)* sich wenden ② *(per consiglio, aiuto)* **-rsi a qu** sich an jdn wenden

indirizzario [indirit'tsa:rio] <-i> *m* Adressbuch *nt*

indirizzo [indi'rittso] *m* Anschrift *f*, Adresse *f*

indisciplina [indiʃʃi'pli:na] *f* Disziplinlosigkeit *f*

indisciplinato, -a [indiʃipli'na:to] *agg* disziplinlos, undiszipliniert

indiscreto, -a [indis'kre:to] *agg* indiskret; *(importuno)* zudringlich, aufdringlich

indiscrezione [indiskret'tsio:ne] *f* Indiskretion *f*; *(importunità)* Aufdringlichkeit *f*, Zudringlichkeit *f*

indiscriminato, -a [indiskrimi'na:to] *agg* unterschiedslos; *(a caso)* wahllos; **violenza -a** blinde Gewalt

indiscusso, -a [indis'kusso] *agg* unbestritten; **è ~ che avete torto** es ist gar keine Frage, dass ihr im Unrecht seid

indiscutibile [indisku'ti:bile] *agg* unbestreitbar

indispensabile [indispen'sa:bile] **I.** *agg* unentbehrlich; *(assolutamente necessario)* unerlässlich **II.** *m* Allernötigste(s) *nt*

indispettire [indispet'ti:re] <indispettisco> **I.** *vt avere* [ver]ärgern **II.** *vr* **-rsi** sich ärgern

indisponente [indispo'nɛnte] *agg* ärgerlich

indispongo *1. pers sing pr di* **indisporre**

indisponibile [indispo'ni:bile] *agg* unverfügbar

indisporre [indis'porre] <irr> *vt* verstimmen, ärgern

indisposizione [indispozit'tsio:ne] *f* Unwohlsein *nt*

indisposto, -a [indis'posto] **I.** *pp di* **indisporre** **II.** *agg* unpässlich, unwohl

indissi [in'dissi] *1. pers sing pass rem di* **indire**

indissolubile [indisso'lu:bile] *agg* unauflösbar

indistintamente [indistinta'mente] *avv* ① *(senza discriminazione)* unterschiedslos ② *(vagamente)* unklar, vage

indistinto, -a [indis'tinto] *agg* verschwommen; *(non chiaro)* undeutlich

indistruttibile [indistrut'ti:bile] *agg (a. fig)* unzerstörbar; *(materiale, stoffa)* unverwüstlich

indisturbato, -a [indistur'ba:to] *agg* ungestört; *(non ostacolato)* ungehindert

indivia [in'di:via] <-ie> *f* Endivie *f*

individuale [individu'a:le] **I.** *agg* individuell, persönlich; **gara ~** SPORT Einzel[spiel] *nt* **II.** *f* Einzelkampf *m*

individualismo [individua'lizmo] *m* Individualismus *m*

individualista [individua'lista] <-i *m*, -e *f*> *mf* Individualist(in) *m(f)*

individualistico, -a [individua'listiko] <-ci, -che> *agg* individualistisch

individualità [individuali'ta] <-> *f* ① *(gener)* Individualität *f*; *(singolarità)* Besonderheit *f* ② *(personaggio)* Persönlichkeit *f*, Erscheinung *f*

individualizzazione [individualiddzat'tsio:ne] *f* Personalisierung *f*

individuare [individu'a:re] **I.** *vt* ① *(riconoscere)* erkennen; JUR identifizieren ② *(determinare)* bestimmen; *(scoprire)* herausfinden **II.** *vr* **-rsi** sich zu einer Persönlichkeit entwickeln; *(prendere forma)* Gestalt annehmen

individuazione [individuat'tsio:ne] *f* ① *(riconoscimento)* Erkennen *nt*; JUR Identifizierung *f* ② *(determinazione)* Feststellung *f*; *(scoperta)* Auffinden *nt*

individuo [indi'vi:duo] *m* ① BIOL [Einzel]wesen *nt* ② *(persona singola)* Individuum *nt*, Person *f* ③ *(pej)* Subjekt *nt*

indivisibile [indivi'zi:bile] *agg* ① MAT, JUR unteilbar ② *(cose)* untrennbar ③ *(persone)* unzertrennlich

indivisibilità [indivizibili'ta] *f* Unteilbarkeit *f*

indiviso, -a [indi'vi:zo] *agg* ungeteilt

indiziare [indit'tsia:re] *vt* verdächtigen

indiziario, -a [indit'tsia:rio] <-i, -ie> *agg* Indizien-

indiziato, -a [indit'tsia:to] **I.** *agg* verdächtigt **II.** *m, f* Verdächtigte(r) *f(m)*

indizio [in'dittsio] <-i> *m* ① *(sintomo)*

un ~ di qc ein Zeichen *nt* für etw; JUR ein Indiz *nt* für etw ② *(base)* Anhaltspunkt *m*

indocile [in'dɔːtʃile] *agg* unfügsam

indoeuropeo [indoeuro'pɛːo] *m sing* Indoeuropäisch(e) *nt*

indoeuropeo, -a <-ei, -ee> **I.** *agg* indoeuropäisch **II.** *m, f* Indoeuropäer(in) *m(f)*

indole ['indole] *f* Wesen *nt*, Natur *f; (carattere)* Charakter *m;* **per ~** von Natur aus

indolente [indo'lɛnte] *agg* nachlässig; *(apatico)* träge

indolenza [indo'lɛntsa] *f* Nachlässigkeit *f; (pigrizia)* Trägheit *f*

indolenzimento [indolentsi'mento] *m* Fühllosigkeit *f*

indolenzire [indolen'tsiːre] <indolenzisco> **I.** *vt avere* einschlafen lassen **II.** *vr* **-rsi** steif werden; **il mio braccio [si] è indolenzito** mein Arm ist eingeschlafen

indolore [indo'loːre] *agg* schmerzlos

indomabile [indo'maːbile] *agg* unbezähmbar

indomani [indo'maːni] *m* **l'~** der darauf folgende Tag; **l'~ dell'incidente** am Tag nach dem Unfall; **rimandare la visita all'~** den Besuch auf den nächsten Tag verschieben

indomito, -a [in'dɔːmito] *agg* ungezähmt; *(fig)* unbeugsam

indorare [indo'raːre] **I.** *vt* ① *(rivestire d'oro)* mit Gold überziehen; *(a. fig)* vergolden; **~ la pillola** *(fig)* die bittere Pille versüßen ② GASTR vor dem Braten in geschlagenem Ei wälzen **II.** *vr* **-rsi** sich vergolden, golden werden

indossare [indos'saːre] *vt* ① *(avere indosso)* tragen, anhaben ② *(mettersi indosso)* anziehen

indossatore, -trice [indossa'toːre] *m, f* *(uomo)* Dressman *m; (donna)* Mannequin *nt*

indosso [in'dɔsso] *avv* an, auf; **avere, mettersi ~** *v.* **indossare**

indotto [in'dɔtto] *m* Zuliefer- und Dienstleistungsbereich *m*

indotto, -a I. *pp di* **indurre II.** *agg* induziert; **corrente -a** Nebenstrom *m*, Induktionsstrom *m*

indottrinare [indottri'naːre] *vt* unterweisen

indovina *f v.* **indovino**

indovinare [indovi'naːre] **I.** *vt* [er]raten **II.** *vi* raten; **tirare a ~** auf gut Glück raten; **indovina un po' chi ha vinto?** *(fam)* rate mal, wer gewonnen hat?

indovinato, -a [indovi'naːto] *agg* geglückt, gelungen

indovinello [indovi'nɛllo] *m* Rätsel *nt*

indovino, -a [indo'viːno] *m, f* Wahrsager(in) *m(f)*

indubbio, -a [in'dubbio] <-i, -ie> *agg* zweifellos, ohne Zweifel

indubitabile [indubi'taːbile] *agg* unzweifelhaft

induco [in'duːko] *1. pers sing pr di* **indurre**

indugiare [indu'dʒaːre] **I.** *vi* zögern **II.** *vr* **-rsi** verweilen *geh*, sich aufhalten

indugio [in'duːdʒo] <-gi> *m* Zögern *nt;* **senza ~** unverzüglich

indulgente [indul'dʒɛnte] *agg* nachsichtig

indulgenza [indul'dʒɛntsa] *f* Nachsicht *f*

indulgere [in'duldʒere] <indulgo, indulsi, indulto> *vi (poet)* nachgeben, Nachsicht haben (**a** mit)

indulto [in'dulto] *m* Straferlass *m*

indumento [indu'mento] *m* Kleidungsstück *nt;* **-i intimi** Unterwäsche *f*

indurimento [induri'mento] *m* [Ver]härtung *f*

indurire [indu'riːre] <indurisco> **I.** *vt avere (a. fig)* [ver]härten, hart machen **II.** *vr* **-rsi** *(diventar duro)* [sich] verhärten, hart werden; **-rsi in qc** sich auf etw *akk* versteifen

indurre [in'durre] <induco, indussi, indotto> *vt* **~ qu a qc** jdn zu etw bewegen; **~ qu in errore** jdn irreführen; **~ qu in tentazione** jdn in Versuchung führen

industria [in'dustria] <-ie> *f* ① *(attività)* Gewerbe *nt*, Handel *m; (impresa commerciale)* Industrie *f;* **~ libraria** Buchhandel *m;* **~ turistica** Fremdenverkehrsgewerbe *nt;* **~ leggera** Konsumgüterindustrie *f;* **~ pesante** Schwerindustrie *f* ② *(operosità)* Betriebsamkeit *f*

industrial design [in'dʌstriəl di'zain] <-> *m* Industrial Design *nt*

industrial designer [in'dʌstriəl di'zainə] <- *o* industrial designers> *mf* Industrial Designer(in) *m(f)*

industriale [indus'triaːle] **I.** *agg* industriell, gewerblich; **chimica ~** industrielle Chemie; **corrente ~** Industriestrom *m;* **scuola ~** Gewerbeschule *f;* **zona ~** Industriegebiet *nt* **II.** *mf* Industrielle(r) *f(m)*

industrializzare [industrialid'dzaːre] *vt* industrialisieren

industrializzazione [industrialiddzat'tsioːne] *f* Industrialisierung *f*

industriarsi [indus'triarsi] *vr* sich bemühen, sich abmühen

industrioso, -a [indus'trioːso] *agg* betriebsam

induttivo, -a [indut'tiːvo] *agg* PHILOS, EL induktiv

induzione [indut'tsioːne] *f* ① PHILOS, PHYS

Induktion *f* ❷ *(supposizione)* Vermutung *f*

inebetire [inebe'tiːre] <inebetisco> *vi essere* verblöden

inebriare [inebri'aːre] **I.** *vt* ❶ *(ubriacare)* berauschen, betrunken machen ❷ *(fig)* berauschen, trunken machen **II.** *vr* **-rsi** ❶ *(ubriacarsi)* sich betrinken ❷ *(fig)* sich berauschen (**a** an +*dat*)

ineccepibile [inettʃe'piːbile] *agg* einwandfrei

inedia [i'nɛːdia] <-ie> *f* [langes] Fasten *nt*

inedificabile [inedifi'kaːbile] *agg* unbebaubar

inedito [i'nɛːdito] *m* unveröffentlichte Schrift

inedito, -a *agg* ❶ LIT unveröffentlicht ❷ *(fig)* unbekannt, neu

ineducato, -a [inedu'kaːto] *agg* unerzogen, ungezogen

ineffabile [inef'faːbile] *agg* unaussprechlich, unsagbar

inefficace [ineffi'kaːtʃe] *agg* unwirksam

inefficacia [ineffi'kaːtʃa] *f* Unwirksamkeit *f*

inefficiente [ineffi'tʃɛnte] *agg* nicht leistungsfähig

inefficienza [ineffi'tʃɛntsa] *f* Leistungsunfähigkeit *f*

ineguagliabile [ineguaʎ'ʎaːbile] *agg* unvergleichlich, unerreichbar

ineguaglianza [ineguaʎ'ʎantsa] *f* Ungleichheit *f*

ineguale [ine'guaːle] *agg* ungleich

ineleggibile [ineled'dʒiːbile] *agg* unwählbar

ineleggibilità [ineleddʒibili'ta] *f* Unwählbarkeit *f*

ineludibilità [ineludibili'ta] <-> *f* Unvermeidbarkeit *f*

ineluttabile [inelut'taːbile] *agg (poet)* unabwendbar

ineluttabilità [ineluttabili'ta] <-> *f (poet)* Unabwendbarkeit *f*

inequivocabile [inekuivo'kaːbile] *agg* unmissverständlich

inerente [ine'rɛnte] *agg* ~ **a qc** in Zusammenhang mit etw, etw betreffend

inerme [i'nɛrme] *agg* ❶ *(disarmato)* unbewaffnet ❷ *(indifeso)* wehrlos

inerpicarsi [inerpi'karsi] *vr* ~ **su qc** auf etw *akk* klettern [*o* kraxeln A]

inerte [i'nɛrte] *agg* ❶ *(inoperoso,* PHYS träge; *(inattivo)* untätig ❷ CHEM untätig, reaktionsträge; *(gas)* Edel-

inertizzazione [inertiddzat'tsioːne] *f* CHEM chemische Inaktivierung *f,* Stabilisierung *f*

inerzia [i'nɛrtsia] <-ie> *f* ❶ *(oziosità,* PHYS Trägheit *f; (inoperosità)* Untätigkeit *f;* **forza d'~** Trägheit *f* der Masse; *(fig)* Macht *f* der Gewohnheit ❷ CHEM Reaktionsträgheit *f,* Untätigkeit *f*

inesattezza [inezat'tettsa] *f* Ungenauigkeit *f*

inesatto, -a [ine'zatto] *agg* ungenau

inesauribile [inezau'riːbile] *agg* unerschöpflich

ineseguibile [ineze'guiːbile] *agg* undurchführbar

inesigibile [inezi'dʒiːbile] *agg* FIN uneinbringlich

inesistente [inezis'tɛnte] *agg* nicht bestehend; **questa cosa è ~** das gibt es nicht

inesistenza [inezis'tɛntsa] *f* Nichtbestehen *nt*

inesorabile [inezo'raːbile] *agg* ❶ *(implacabile)* unerbittlich ❷ *(fatale)* unabwendbar

inesorabilità [inezorabili'ta] <-> *f* ❶ *(implacabilità)* Unerbittlichkeit *f* ❷ *(fatalità)* Unabwendbarkeit *f*

inesperienza [inespe'riɛntsa] *f* Unerfahrenheit *f*

inesperto, -a [ines'pɛrto] *agg* unerfahren

inesplicabile [inespli'kaːbile] *agg* unerklärlich, unerklärbar

inesplicato, -a [inespli'kaːto] *agg* ungeklärt, unerklärt

inesplorabile [inesplo'raːbile] *agg* unerforschlich, unergründbar

inesplorato, -a [inesplo'raːto] *agg* unerforscht

inespressivo, -a [inespres'siːvo] *agg* ausdruckslos

inespresso, -a [ines'prɛsso] *agg* unausgedrückt

inesprimibile [inespri'miːbile] *agg* unaussprechlich

inespugnabile [inespuɲ'ɲaːbile] *agg* uneinnehmbar

inestimabile [inesti'maːbile] *agg* unschätzbar

inestinguibile [inestiŋ'guiːbile] *agg* ❶ *(fuoco)* nicht löschbar ❷ *(fig)* unauslöschlich

inestirpabile [inestir'paːbile] *agg* unausrottbar

inestricabile [inestri'kaːbile] *agg* ❶ *(nodo)* unentwirrbar ❷ *(fig)* unlösbar

inetta *f v.* **inetto**

inettitudine [inetti'tuːdine] *f* Untauglichkeit *f*

inetto, -a [i'nɛtto] **I.** *agg* untauglich; *(incapace)* unfähig; **essere ~ alle armi** [wehrdienst]untauglich sein **II.** *m, f* Versager(in) *m(f)*

inevaso, **-a** [ine'va:zo] *agg* unbearbeitet, unerledigt

inevitabile [inevi'ta:bile] *agg* unvermeidbar

in extremis [in eks'trɛ:mis] *avv (sul punto di morte)* im Sterben; *(all'ultimo momento)* im letzten Moment

inezia [i'nɛttsia] <-ie> *f* Kleinigkeit *f,* Lappalie *f*

infagottare [infagot'ta:re] *(fam)* **I.** *vt* ① *(persona)* einmumme[l]n, dick anziehen ② *(vestito)* dick machen **II.** *vr* **-rsi** sich einmumme[l]n; *(pej)* sich unvorteilhaft kleiden

infallibile [infal'li:bile] *agg* ① *(che non fallisce)* unfehlbar ② *(preciso)* sicher

infallibilità [infallibili'ta] <-> *f* ① *(di metodo)* Unfehlbarkeit *f* ② *(precisione)* Sicherheit *f*

infamare [infa'ma:re] **I.** *vt* entehren **II.** *vr* **-rsi** sich entehren

infame [in'fa:me] *agg* ① *(ignobile)* schändlich, infam ② *(fig, scherz)* widerlich, scheußlich

infamia [in'fa:mia] <-ie> *f* ① *(ignominia)* Schande *f,* Schmach *f* ② *(scelleratezza)* Schändlichkeit *f* ③ *(fig, scherz)* Schande *f fam;* **senza ~ e senza lode** *(fam)* ohne Saft und Kraft

infangare [infaŋ'ga:re] *vt* ① *(sporcare di fango)* [mit Schlamm] beschmutzen ② *(fig: infamare)* durch den Schmutz ziehen; **~ il proprio nome** seinen Namen mit Schimpf und Schande bedecken

infante [in'fante] *mf (bambino)* Kleinkind *nt*

infanticida [infanti'tʃi:da] <-i *m,* -e *f*> *mf* Kindesmörder(in) *m(f)*

infanticidio [infanti'tʃi:dio] <-i> *m* Kindermord *m,* Kindesmord *m*

infantile [infan'ti:le] *agg* ① *(dell'infanzia)* kindlich, Kinder-; **asilo ~** Kindergarten *m* ② *(pej: immaturo)* kindisch, infantil

infantilismo [infanti'lizmo] *m* ① MED Infantilismus *m* ② *(fig, pej)* mangelnde Reife, Infantilität *f geh*

infantilità [infantili'ta] <-> *f* Kindlichkeit *f; (pej)* Infantilität *f geh*

infanzia [in'fantsia] <-ie> *f* ① *(periodo)* Kindheit *f* ② *(bambini in generale)* Kinder *nt pl;* **prima ~** Kleinkindalter *nt;* **seconda ~** Kindheit *f (vom dirtten bis zum zwölften Lebensjahr);* **dall'~** von Kindheit an

infarcire [infar'tʃi:re] <infarcisco> *vt* ① GASTR füllen ② *(fig)* **~ un discorso di citazioni** eine Rede mit Zitaten spicken

infarinare [infari'na:re] **I.** *vt* ① *(stampo)* mit Mehl bestäuben; *(pesce, carne)* in Mehl wenden ② *(fig)* **~ qc di qc** etw mit etw bestreuen **II.** *vr* **-rsi** *(scherz: incipriarsi)* sich pudern

infarinatura [infarina'tu:ra] *f* ① *(l'infarinare)* Einmehlen *nt* ② *(fig)* oberflächliche Kenntnis; **avere un'~ di tedesco** oberflächliche Deutschkenntnisse haben

infartato, **-a** [infar'ta:to] **I.** *agg (colpito da infarto)* Infarkt- **II.** *m, f* Infarktpatient(in) *m(f)*

infarto [in'farto] *m* Infarkt *m;* **~ cardiaco** Herzinfarkt *m;* **~ cerebrale** Gehirnschlag *m*

infastidire [infasti'di:re] <infastidisco> **I.** *vt* belästigen, ärgern, sekkieren A **II.** *vr* **-rsi per qc** sich über etw *akk* ärgern

infaticabile [infati'ka:bile] *agg* unermüdlich

infatti [in'fatti] *cong* in der Tat, tatsächlich

infatuare [infatu'a:re] **I.** *vt* begeistern (**per** für), einnehmen (**per** für) **II.** *vr* **-rsi** sich vernarren (**di, per** in +*akk*)

infatuazione [infatuat'tsio:ne] *f* Schwärmerei *f*

infausto, **-a** [in'fa:usto] *agg* unheilvoll, unglückselig

infecondo, **-a** [infe'kondo] *agg (terreno)* unfruchtbar; *(persona a)* steril; *(matrimonio)* kinderlos

infedele [infe'de:le] **I.** *agg* ① *(sleale)* untreu, treulos ② *(fig)* ungetreu ③ REL ungläubig **II.** *mf* Ungläubige(r) *f(m)*

infedeltà [infedel'ta] *f* ① *(l'essere infedele)* Untreue *f,* Treulosigkeit *f* ② *(fig: inesattezza)* Ungenauigkeit *f*

infelice [infe'li:tʃe] **I.** *agg* ① *(sfortunato)* unglücklich ② *(mal riuscito)* misslungen ③ *(sfavorevole)* ungünstig, unglücklich **II.** *mf* Unglückliche(r) *f(m)*

infelicità [infelitʃi'ta] *f* Unglück *nt*

infelicitare [infelitʃi'ta:re] *vt* unglücklich machen

infeltrire [infel'trire] <infeltrisce> *vi* verfilzen

inferii [infe'ri:i] *1. pers sing pass rem di* **inferire**[2]

inferiore [infe'rio:re] *comparativo di* **basso** **I.** *agg* niedrig; *(minore)* niedriger; *(più basso)* untere(r, s), Unter-; *(a. fig)* minderwertig; **essere ~ a qu per intelligenza** jdm geistig unterlegen sein **II.** *mf* Untergebene(r) *f(m)*

inferiorità [inferiori'ta] <-> *f* Minderwertigkeit *f; (di persona)* Unterlegenheit *f;* **complesso d'~** Minderwertigkeitskomplex *m*

inferire [infe'ri:re] <inferisco, infersi, inferto> *vt (colpo, pugnalata)* versetzen

inferma *f v.* **infermo**

infermeria [inferme'ri:a] <-ie> *f* Krankenstation *f*

infermiere, **-a** [infer'miɛ:re] *m, f* Krankenpfleger *m*/Krankenschwester *f* [*o* Krankenpflegerin *f*]

infermieristica [infermie'ristika] <-che> *f* Krankenpflege *f*

infermieristico, **-a** [infermie'ristiko] <-ci, -che> *agg* Krankenpflege(r)-; **assistenza -a** Krankenpflege *f*

infermità [infermi'ta] <-> *f* Krankheit *f;* ~ **della volontà** Willensschwäche *f*

infermo, **-a** [in'fermo] **I.** *agg* krank **II.** *m, f* Kranke(r) *f(m)*

infernale [infer'na:le] *agg* ① *(dell'inferno)* höllisch ② *(fig: persona, azione)* teuflisch, diabolisch; *(musica, chiasso)* Höllen-; **un caos** ~ ein heilloses Chaos

inferno [in'fɛrno] *m* Hölle *f;* **vita d'**~ Hundeleben *nt;* **mandare qu all'**~ jdn zum Teufel jagen

inferocire [infero'tʃi:re] **I.** *vt avere* wild machen **II.** *vi* ① *essere (divenire feroce, adirarsi)* wild werden ② *avere (infierire)* wüten (**contro** gegen) **III.** *vr* **-rsi** wild [*o* wütend] werden

inferocirsi [infero'tʃirsi] <m'inferocisco> *vr* wild werden

inferriata [infer'ria:ta] *f* [Eisen]gitter *nt*

infersi [in'fɛrsi] *1. pers sing pass rem di* **inferire**

inferto [in'fɛrto] *pp di* **inferire**

infervorare [infervo'ra:re] **I.** *vt* anspornen **II.** *vr* **-rsi** sich erhitzen

infestare [infes'ta:re] *vt* verseuchen; **erba infestante** Unkraut *nt*

infestazione [infestat'tsio:ne] *f* Verseuchung *f*

infettare [infet'ta:re] **I.** *vt* ① MED anstecken, infizieren *scient* ② *(fig: contaminare)* verseuchen, infizieren *geh;* INFORM mit einem Virus verseuchen **II.** *vr* **-rsi** sich anstecken, sich infizieren

infettività [infettivi'ta] <-> *f* MED Ansteckungsfähigkeit *f,* Infektiosität *f*

infettivo, **-a** [infet'ti:vo] *agg* infektiös, Infektions-

infettivologo, **-a** [infetti'vɔ:logo] <-gi *o* -ghi, -ghe> *m, f* MED Spezialist(in) *m(f)* für Infektionskrankheiten

infetto, **-a** [in'fɛtto] *agg* ① MED infiziert ② *(inquinato)* verseucht

infeziologo, **-a** [infet'tsiɔ:logo] <-gi, -ghe> *m, f v.* **infettivologo**

infezione [infet'tsio:ne] *f* Infektion *f,* Entzündung *f fam*

infiacchire [infiak'ki:re] <infiacchisco> **I.** *vt avere* schwächen, entkräften **II.** *vr* **-rsi** matt werden, ermatten

infialatore, **-trice** [infiala'to:re] *m, f* TEC *(persona addetta all'infialatrice)* Abfüller(in) *m(f)* für Ampullenmedikamente

infiammabile [infiam'ma:bile] **I.** *agg (sostanza)* entflammbar, entzündbar; *(con pericolo d'incendio)* feuergefährlich **II.** *m* feuergefährliches Material

infiammabilità [infiammabili'ta] <-> *f* Entflammbarkeit *f,* Entzündbarkeit *f; (con pericolo d'incendio)* Feuergefährlichkeit *f*

infiammare [infiam'ma:re] **I.** *vt* ① *(bruciare)* anzünden ② *(fig: cuore, animo)* entflammen lassen ③ GASTR flambieren **II.** *vr* **-rsi** ① *(incendiarsi)* sich entzünden; *(bruciare)* brennen ② *(adirarsi)* aufbrausen ③ *(sole, guance)* rot werden; **-rsi in viso** erröten ④ MED sich entzünden

infiammatorio, **-a** [infiamma'tɔ:rio] <-i, -ie> *agg* Entzündungs-, entzündend

infiammazione [infiammat'tsio:ne] *f* Entzündung *f*

infiascare [infias'ka:re] *vt* in [Korb]flaschen füllen

inficiare [infi'tʃa:re] *vt* anfechten

infido, **-a** [in'fi:do] *agg* treulos, untreu; *(a. fig)* tückisch

infierire [infie'ri:re] <infierisco> *vi* wüten

infiggere [in'fiddʒere] <infiggo, infissi, infitto> **I.** *vt* ① *(chiodo)* einschlagen; *(palo)* hineinrammen ② *(fig: nella mente, memoria)* einprägen **II.** *vr* **-rsi** eindringen

infilare [infi'la:re] **I.** *vt* ① *(chiave, anello)* stecken; *(ago)* einfädeln; *(perle)* auffädeln, aufreihen ② *(trapassare)* ~ **qc in qc** etw auf [*o* in] etw *akk* stecken ③ *(vestito, scarpe)* schlüpfen in +*akk,* anziehen ④ *(strada)* einschlagen, nehmen **II.** *vr* **-rsi** schlüpfen; **-rsi nel letto** ins Bett schlüpfen

infilata [infi'la:ta] *f* Reihe *f;* **d'**~ in Längsrichtung

infiltrarsi [infil'trarsi] *vr* durchsickern

infiltrazione [infiltrat'tsio:ne] *f* ① *(di gas, liquido)* Eindringen *nt,* Durchsickern *nt* ② MED Infiltration *f*

infilzare [infil'tsa:re] *vt (trafiggere)* durchbohren; *(con spada)* aufspießen

infilzata [infil'tsa:ta] *f* Reihe *f; (fig)* [Ab]folge *f*

infimo, **-a** ['infimo] *agg superlativo di* **basso** niedrigste(r, s), unterste(r, s)

infine [in'fi:ne] *avv* ① *(finalmente)* schließlich, am Ende ② *(insomma)* endlich, vielleicht einmal

infingarda *f v.* **infingardo**

infingardaggine [infiŋgar'daddʒine] *f* Drückebergerei *f*

infingardo, **-a** [infin'gardo] **I.** *agg* drückebergerisch, unwillig **II.** *m, f* Drückeberger(in) *m(f)*

infinità [infini'ta] <-> *f* ① *(illimitatezza)* Unendlichkeit *f* ② *(fig: quantità immensa)* Unmenge *f*

infinitamente [infinita'mente] *avv* unendlich

infinitesimale [infinitezi'ma:le] *agg* ① MAT infinitesimal ② *(fig: minimo)* winzig klein

infinitesimo [infini'tɛ:zimo] *m* ① *(parte infinitamente piccola)* winziger Teil ② MAT Grenzwert *m*

infinitesimo, -a *agg* ① MAT infinitesimal ② *(minimo)* allerkleinste(r, s), winzig

infinitivo, -a [infini'ti:vo] *agg* LING **proposizione -a** Infinitivsatz *m*

infinito [infi'ni:to] *m* ① *(ciò che non ha fine)* Unendliche(s) *nt*, Endlose(s) *nt;* **all'~** endlos, ewig ② LING Infinitiv *m* ③ MAT, FOTO Unendlich *nt*

infinito, -a *agg* unendlich; LING infinit

infinocchiare [infinok'kia:re] *vt (fam)* übers Ohr hauen

infiocchettare [infiokket'ta:re] *vt* mit Schleifen verzieren

infiorare [infio'ra:re] *vt* ① *(con fiori)* mit Blumen schmücken ② *(fig: discorso)* ausschmücken

infiorescenza [infioreʃ'ʃɛntsa] *f* Blütenstand *m*

infirmare [infir'ma:re] *vt* anfechten; *(argomento)* entkräften

infischiarsi [infis'kiarsi] *vr (fam)* **~ di qc** auf etw *akk* pfeifen

infissi [in'fissi] *1. pers sing pass rem di* **infiggere**

infisso [in'fisso] *m* ① ARCH Einfassung *f*, Rahmenwerk *nt* ② *(serramento)* Blendrahmen *m*, Einfassung *f* ③ LING Infix *nt*

infittire [infit'ti:re] <infittisco, infittisci> **I.** *vt avere* dichter machen **II.** *vi essere* sich verdichten, dichter werden **III.** *vr* **-rsi** sich verdichten, dichter werden

infitto [in'fitto] *pp di* **infiggere**

inflazionato, -a [inflat'tsiona:to] *agg* inflationiert

inflazione [inflat'tsio:ne] *f* ① *(in economia)* Inflation *f;* **~ galoppante/strisciante** galoppierende/schleichende Inflation ② *(fig: rapido accrescimento)* Schwemme *f*

inflazionistico, -a [inflattsio'nistiko] <-ci, -che> *agg* inflationistisch, inflatorisch

inflessibile [infles'si:bile] *agg* unbiegsam; *(fig)* unbeugsam

inflessibilità [inflessibili'ta] <-> *f* Unbeugsamkeit *f*

inflessione [infles'sio:ne] *f* Tonfall *m*

infliggere [in'fliddʒere] <infliggo, inflissi, inflitto> *vt* auferlegen, verhängen

influente [influ'ɛnte] *agg* einflussreich

influenza [influ'ɛntsa] *f* ① *(azione determinante)* Einfluss *m;* **l'~ su qu/qc** der Einfluss auf jdn/etw; **sfera d'~** Einflussbereich *m* ② MED Grippe *f*

influenzabile [influen'tsa:bile] *agg (persona)* beeinflussbar, leicht zu beeinflussen; **un elettore ~** ein leicht zu beeinflussender Wähler

influenzale [influen'tsa:le] *agg* grippal, Grippe-

influenzare [influen'tsa:re] **I.** *vt* beeinflussen **II.** *vr* **-rsi** eine Grippe bekommen

influire [influ'i:re] <influisco> *vi* **~ su qu/qc** auf jdn/etw einwirken, jdn/etw beeinflussen

influsso [in'flusso] *m* Einfluss *m*

infocato, -a [info'ka:to] *agg (a. fig)* glühend [heiß]

infognarsi [infoɲ'ɲarsi] *vr (fam)* **~ nei debiti** sich in Schulden stürzen; **~ con qu** sich mit jdm einlassen

infoltire [infol'ti:re] <infoltisco> **I.** *vt avere* verdichten **II.** *vr* **-rsi** dichter werden

infomediario [infome'dia:rio] <-i> *m* INFORM *Berater für neue Medien*

infondatezza [infonda'tettsa] *f* Unbegründetheit *f*

infondato, -a [infon'da:to] *agg* unbegründet

infondere [in'fondere] <irr> *vt (coraggio)* einflößen; *(fiducia)* erwecken

inforcare [infor'ka:re] *vt* ① *(fieno)* aufgabeln ② *(occhiali)* aufsetzen ③ *(bicicletta)* sich setzen auf +*akk*

informale [infor'ma:le] *agg* informell

informante [infor'mante] *mf* Informant(in) *m(f)*, Umfrageteilnehmer(in) *m(f)*

informare [infor'ma:re] **I.** *vt* **~ qu di** [*o* **su**] **qc** jdn über etw *akk* informieren, jdn von etw benachrichtigen **II.** *vr* **-rsi su** [*o* **di**] **qc** sich nach etw erkundigen, sich über etw *akk* informieren

informatica [infor'ma:tika] <-che> *f* Informatik *f*

informatico, -a [infor'ma:tiko] <-ci, -che> **I.** *agg* Datenverarbeitungs-, Informatik-; **autostrada -a** Datenautobahn *f;* **pirata ~** Hacker *m;* **sistema ~** EDV-System *nt* **II.** *m, f* Informatiker(in) *m(f)*

informativa [informa'ti:va] *f* ① ADM Informationsschreiben *nt* ② JUR *(atto)* Polizeibericht *m*

informativo, -a [informa'ti:vo] *agg* informativ; **a titolo ~** zur Information

informatizzare [informatid'dza:re] *vt* INFORM computerisieren

informatizzazione [informatiddzat'tsio:ne] *f* INFORM Computerisierung *f*

informato, -a [infor'ma:to] *agg* unterrichtet, informiert

informatore, -trice [informa'to:re] **I.** *agg* auskunftgebend, Informations- **II.** *m, f* Informant(in) *m(f)*, Auskunftgeber(in) *m(f)*

informazione [informat'tsio:ne] *f* Auskunft *f*, Information *f*; **-i sul traffico** RADIO Verkehrsmeldung *f*

informe [in'forme] *agg* unförmig; *(fig)* gestaltlos

informicolamento [informikola'mento] *m* Kribbeln *nt*

informicolarsi, informicolirsi [informiko'larsi, informiko'lirsi] *vr* einschlafen

infornare [infor'na:re] *vt* in den Backofen schieben; ~ **il pane** [Brot] backen

infornata [infor'na:ta] *f* Einschieben *nt*, Backen *nt*

infortunarsi [infortu'narsi] *vr* verunglücken

infortunato, -a [infortu'na:to] **I.** *agg* verunglückt **II.** *m, f* Verunglückte(r) *f(m)*

infortunio [infor'tu:nio] <-i> *m* Unfall *m*, Havarie *f* A

infortunistica [infortu'nistika] *f* Unfallforschung *f*

infortunistico, -a [infortu'nistiko] <-ci, -che> *agg* [Arbeits]unfall- *f*

infossamento [infossa'mento] *m* Versenken *nt*

infossare [infos'sa:re] **I.** *vt* versenken **II.** *vr* **-rsi** ① *(guance)* einfallen ② *(avvallarsi)* einsinken

infossato, -a [infos'sa:to] *agg* ① *(campo)* mit Furchen durchzogen ② *(guance)* hohl, eingefallen; *(occhi)* tief liegend

infotainment [infou'teinmənt] <-> *m* TV Infotainment *nt*

infra ['infra] *avv* unten; **vedi** ~ siehe unten

infracidire [infratʃi'di:re] *vi essere* faulen

infradiciare [infradi'tʃa:re] **I.** *vt* durchnässen **II.** *vr* **-rsi** nass werden

infradito [infra'di:to] **I.** *m o f* <-> Dianette *f* **II.** *agg inv* Dianetten-; **striscia** ~ Dianettenriemen *m*

inframmesso *pp di* **inframmettere**

inframmettenza [inframmet'tɛntsa] *f* Aufdringlichkeit *f*

inframmettere [infram'mettere] <irr> **I.** *vt* dazwischensetzen/-legen/-stellen **II.** *vr* **-rsi in qc** sich in etw *akk* einmischen

inframmezzare [inframmed'dza:re] *vt* ~ **qc a qc** etw mit etw vereinbaren; ~ **periodi di lavoro a periodi di svago** Arbeit und Freizeit miteinander vereinbaren

inframmischiare [inframmis'kia:re] *vt* ~ **qc a qc** etw unter etw *akk* mischen

inframmisi *1. pers sing pass rem di* **inframmettere**

infrangere [in'frandʒere] <irr> **I.** *vt* ① *(rompere)* zerbrechen ② *(fig)* übertreten; ~ **la legge** das Gesetz brechen; ~ **un contratto** einen Vertrag verletzen **II.** *vr* **-rsi** zerbrechen

infrangibile [infran'dʒi:bile] *agg* unzerbrechlich; *(vetro)* bruchfest

infransi *1. pers sing pass rem di* **infrangere**

infranto, -a [in'franto] **I.** *pp di* **infrangere** **II.** *agg* ① *(frantumato)* zerbrochen ② *(fig)* **cuore** ~ gebrochenes Herz

infraordine [infra'ordine] *m* ZOO Untergattung *f*

infrarosso, -a [infra'rosso] *agg* infrarot, Infrarot-

infrasettimanale [infrasettima'na:le] *agg* während der Woche

infrastruttura [infrastrut'tu:ra] *f* Infrastruktur *f*

infrastrutturale [infrastruttu'ra:le] *agg* infrastrukturell

infrasuono [infra'suɔ:no] *m* Infraschall *m*

infrazione [infrat'tsio:ne] *f* **l'~ a qc** die Verletzung einer Sache *gen*

infreddatura [infredda'tu:ra] *f* Schnupfen *m*, Erkältung *f*, Verkühlung *f* A

infreddolito, -a [infreddo'li:to] *agg* **essere tutto** ~ ganz durchgefroren sein

infrequente [infre'kuɛnte] *agg* nicht häufig, selten

infrequenza [infre'kuɛntsa] *f* Seltenheit *f*

infrociare [infro'tʃa:re] **I.** *vt (sl)* ~ **qc** gegen etw knallen **II.** *vr* **-rsi** *(sl)* aufeinanderknallen

infrollire [infrol'li:re] <infrollisco, infrollisci> *vi essere* ① GASTR *(carne)* mürbe werden, abhängen ② *(fig: indebolire)* schlapp [*o* kraftlos] werden

infruttescenza [infruttеʃ'ʃɛntsa] *f* Fruchtstand *m*

infruttifero, -a [infrut'ti:fero] *agg* ① BOT keine Früchte tragend, fruchtlos ② FIN *(capitale)* unverzinslich

infruttuoso, -a [infruttu'o:so] *agg* ① *(infruttifero)* fruchtlos ② *(fig)* vergeblich, erfolglos; *(fatica)* fruchtlos

infuori [in'fuɔ:ri] **I.** *avv* **all'~** nach außen, hinaus **II.** *prep* **all'~ di** mit Ausnahme von +*dat*, außer +*dat*

infuriare [infu'ria:re] **I.** *vi* wüten, toben **II.** *vr* **-rsi** wütend werden

infusi [in'fu:zi] *1. pers sing pass rem di* **infondere**

infusione [infu'zio:ne] *f (di erbe)* Aufguss *m*; *(bevanda)* [Kräuter]tee *m*

infuso [in'fu:zo] *m* Aufguss *m*; *(bevanda)* [Kräuter]tee *m*

infuso, -a **I.** *pp di* **infondere** **II.** *agg (versa-*

I

to sopra) übergossen; **avere la scienza -a** *(scherz)* die Weisheit mit Löffeln gefressen haben

ingabbiare [iŋgab'bia:re] *vt* ❶ *(mettere in gabbia)* in einen Käfig stecken ❷ *(fig)* einkesseln

ingabbiatura [ingabbia'tu:ra] *f* Tragwerk *nt*

ingaggiare [iŋgad'dʒa:re] *vt* *(assumere con contratto)* verpflichten; SPORT unter Vertrag nehmen; THEAT, FILM, MUS engagieren; *(impiegati)* einstellen, aufnehmen A

ingaggio [iŋ'gaddʒo] <-ggi> *m* ❶ *(assunzione con contratto)* Anwerbung *f*, Verpflichtung *f*; SPORT Einkauf *m* ❷ *(somma)* Gage *f*

ingagliardire [iŋgaʎʎar'di:re] <ingagliardisco, ingagliardisci> **I.** *vt avere* kräftigen, stark machen **II.** *vi essere* kräftig werden **III.** *vr* **-rsi** kräftig werden

ingannabile [iŋgan'na:bile] *agg* gutgläubig, leicht zu täuschen; **un cliente ~** ein gutgläubiger [*o* leicht zu täuschender] Kunde

ingannare [iŋgan'na:re] **I.** *vt* ❶ *(indurre in errore)* täuschen; **l'apparenza inganna** der Schein trügt ❷ *(imbrogliare)* betrügen, hintergehen; **~ il tempo** die Zeit totschlagen **II.** *vr* **-rsi** sich irren, sich täuschen; **se non m'inganno ...** wenn ich mich nicht täusche ...

ingannatore, -trice [iŋganna'to:re] **I.** *agg* trügerisch **II.** *m, f* Betrüger(in) *m(f)*

ingannevole [iŋgan'ne:vole] *agg* trügerisch, irreführend

inganno [iŋ'ganno] *m* ❶ *(frode)* Betrug *m*; **cadere in ~** getäuscht werden; **trarre in ~** täuschen ❷ *(illusione)* Täuschung *f*

ingarbugliare [iŋgarbuʎ'ʎa:re] **I.** *vt (a. fig)* verwirren, durcheinanderbringen **II.** *vr* **-rsi** *(a. fig)* sich verheddern

ingarbugliato, -a [iŋgarbuʎ'ʎa:to] *agg* ❶ *(aggrovigliato)* verheddert ❷ *(fig: complicato)* verzwickt

ingegnaccio [indʒeɲ'ɲattʃo] <-cci> *m* *(fam)* Intelligenzbestie *f*

ingegnarsi [indʒeɲ'ɲarsi] *vr* ❶ *(adoperarsi)* sich ereifern ❷ *(industriarsi)* sich bemühen; *(arrabattarsi)* sich durchschlagen

ingegnere [indʒeɲ'ɲɛ:re] *m* Ingenieur(in) *m(f)*; **~ civile** Bauingenieur(in) *m(f)*; **~ meccanico** Maschinenbauingenieur(in) *m(f)*; **~ navale** Schiffbauingenieur(in) *m(f)*

ingegneria [indʒeɲɲe'ri:a] <-ie> *f* Ingenieurwesen *nt*; **facoltà d'~** Technische Hochschule; **~ civile** Bauingenieurwesen *nt*; **~ nucleare** Kerntechnik *f*

ingegno [in'dʒeɲɲo] *m* ❶ *(facoltà dell'intelletto, intelligenza)* Geist *m*, Verstand *m* ❷ *(inclinazione)* Talent *nt*, Begabung *f*

ingegnosità [indʒeɲɲosi'ta] <-> *f* Einfallsreichtum *m*

ingegnoso, -a [indʒeɲ'ɲo:so] *agg* findig, einfallsreich

ingelosire [indʒelo'si:re] <ingelosisco> **I.** *vt avere* eifersüchtig machen **II.** *vr* **-rsi** eifersüchtig werden

ingenerare [indʒene'ra:re] *vt* hervorrufen, erzeugen, erregen; *(confusione)* stiften

ingeneroso, -a [indʒene'ro:so] *agg* unedel, schlecht

ingente [in'dʒɛnte] *agg* riesig, ungeheuer

ingentilire [indʒenti'li:re] <ingentilisco, ingentilisci> **I.** *vt avere* veredeln, verfeinern **II.** *vi essere* sich verfeinern **III.** *vr* **-rsi** sich verfeinern

ingentilirsi [indʒenti'lirsi] <ingentilisco> *vr* sich verfeinern

ingenua *f v.* **ingenuo**

ingenuità [indʒenui'ta] <-> *f* Naivität *f*; *(candore)* Unschuld *f*

ingenuo, -a [in'dʒɛ:nuo] **I.** *agg* naiv; *(candido)* unschuldig **II.** *m, f* naiver Mensch

ingerenza [indʒe'rɛntsa] *f* Einmischung *f*

ingerire [indʒe'ri:re] <ingerisco> **I.** *vt* einnehmen, [hinunter]schlucken **II.** *vr* **-rsi in qc** sich in etw *akk* einmischen

ingessare [indʒes'sa:re] *vt* vergipsen; MED eingipsen

ingessato [indʒes'sa:to] *agg* *(fam)* **un'atmosfera un po' ingessata** eine etwas gezwungene Atmosphäre

ingessatura [indʒessa'tu:ra] *f* Gips[verband] *m*

ingestione [indʒes'tio:ne] *f* Einnahme *f*

Inghilterra [iŋgil'tɛrra] *f* England *nt*

inghiottire [iŋgiot'ti:re] <inghiottisco *o* inghiotto> *vt (a. fig)* [hinunter]schlucken

inghirlandare [iŋgirlan'da:re] *vt* ❶ *(con ghirlanda)* [mit Girlanden] schmücken; *(capo a)* bekränzen ❷ *(fig)* umschließen, umgeben

ingiallire [indʒal'li:re] <ingiallisco, ingiallisci> **I.** *vt avere* gelb färben **II.** *vi essere* ❶ *(diventare giallo)* gelb werden; *(carta)* vergilben ❷ *(fig)* vergehen; *(bellezza)* [ver]welken

ingigantire [indʒigan'ti:re] <ingigantisco> **I.** *vt avere* aufbauschen **II.** *vr* **-rsi** riesengroß werden

inginocchiarsi [indʒinok'kiarsi] *vr* sich knien, [sich] niederknien

inginocchiatoio [indʒinokkia'to:io] <-oi> *m* Kniebank *f*

ingioiellare [indʒoiel'la:re] **I.** *vt* mit Schmuck versehen; *(cosa)* schmücken **II.** *vr* **-rsi** Schmuck anlegen

ingiù [in'dʒu] *avv* **all'~** nach unten, hinunter; **guardare dall'~** von unten heraufsehen

ingiudicato, -a [indʒudi'ka:to] *agg* unentschieden

ingiungere [in'dʒundʒere] <irr> *vt* auferlegen

ingiuntivo, -a [indʒun'ti:vo] *agg* Mahn-; **decreto ~** Mahnbescheid *m*

ingiunto *pp di* **ingiungere**

ingiunzione [indʒun'tsio:ne] *f* Anordnung *f;* *(richiesta perentoria)* Aufforderung *f;* **~ di pagamento** Zahlungsaufforderung *f,* Mahnung *f;* **procedimento d'~** Mahnverfahren *nt*

ingiuria [in'dʒu:ria] *f* Beleidigung *f,* Schmähung *f*

ingiuriare [indʒu'ria:re] *vt* beleidigen, beschimpfen

ingiurioso, -a [indʒu'rio:so] *agg* Schmäh-, beleidigend

ingiusta *f v.* **ingiusto**

ingiustificabile [indʒustifi'ka:bile] *agg* unentschuldbar

ingiustificato, -a [indʒustifi'ka:to] *agg* ungerechtfertigt, unbegründet

ingiustizia [indʒus'tittsia] *f* Ungerechtigkeit *f*

ingiusto [in'dʒusto] *m* Unrecht *nt,* Ungerechtigkeit *f*

ingiusto, -a **I.** *agg* ① *(persona)* ungerecht ② *(cosa)* ungerechtfertigt **II.** *m, f* ungerechter Mensch

inglese [iŋ'gle:se] **I.** *agg* englisch, britisch **II.** *mf* Engländer(in) *m(f),* Brite *m,* Britin *f;* **giardino all'~** englischer Garten

inglesismo [iŋgle'sizmo] *m* Anglizismus *m*

inglobare [iŋglo'ba:re] *vt* einverleiben

inglorioso, -a [iŋglo'rio:so] *agg* ruhmlos

ingobbire [iŋgob'bi:re] <ingobbisco, ingobbisci> **I.** *vi essere* buck[e]lig werden **II.** *vr* **-rsi** buck[e]lig werden

ingobbirsi [iŋgob'birsi] <ingobbisco> *vr* buck[e]lig werden

ingobbito, -a [iŋgob'bi:to] *agg* buck[e]lig

ingoiare [iŋgo'ia:re] *vt* ① *(cibo)* verschlingen ② *(fig: subire)* [hinunter]schlucken *fam*

ingolfamento [iŋgolfa'mento] *m* Absaufen *nt fam*

ingolfarsi [iŋgol'farsi] *vr* MOT zu viel Benzin bekommen, absaufen *fam*

ingolosire [iŋgolo'si:re] <ingolosisco> *vt avere* ① *(rendere goloso)* **~ qu** jdm Appetit machen ② *(fig: allettare)* verlocken

ingombrante [iŋgom'brante] *agg* sperrig

ingombrare [iŋgom'bra:re] *vt* versperren

ingombro [iŋ'gombro] *m* Hindernis *nt;* **essere d'~** im Wege sein, Platz wegnehmen

ingombro, -a *agg* versperrt

ingommare [iŋgom'ma:re] *vt* kleben

ingordigia [iŋgor'di:dʒa] <-gie> *f* ① *(voracità)* Gefräßigkeit *f* ② *(fig: cupidigia)* **l'~ di qc** die Gier nach etw

ingordo, -a [iŋ'gordo] *agg* ① *(vorace)* gefräßig; **essere ~ di dolci** naschsüchtig sein ② *(fig: cupido)* **essere ~ di qc** gierig nach etw sein

ingorgare [iŋgor'ga:re] **I.** *vt* verstopfen **II.** *vr* **-rsi** sich verstopfen; *(traffico)* sich stauen

ingorgo [iŋ'gorgo] <-ghi> *m* ① *(intasamento)* Verstopfung *f;* **~ [di traffico]** Verkehrsstau *m* ② MED Stauung *f*

ingovernabile [iŋgover'na:bile] *agg* unregierbar

ingozzare [iŋgot'tsa:re] **I.** *vt (animali)* fressen; *(fig)* verschlingen **II.** *vr* **-rsi** sich vollstopfen

ingranaggio [iŋgra'naddʒo] <-ggi> *m (a. fig)* TEC Getriebe *nt;* **essere preso nell'~ degli affari** von den Geschäften voll in Anspruch genommen sein

ingranare [iŋgra'na:re] **I.** *vt* einkuppeln; *(marcia)* einlegen **II.** *vi* ① TEC ineinandergreifen ② *(fam: funzionare)* klappen

ingrandimento [ingrandi'mento] *m* Vergrößerung *f;* **lente d'~** Vergrößerungsglas *nt*

ingrandire [ingran'di:re] <ingrandisco> **I.** *vt avere* ① *(gener,* FOTO vergrößern ② COM steigern; *(casa, negozio, regno)* ausbauen ③ *(fig: esagerare)* aufbauschen **II.** *vr* **-rsi** ① *(crescere)* sich vergrößern ② *(fig: espandersi)* sich erweitern, wachsen

ingranditore [ingrandi'to:re] *m* Vergrößerer *m*

ingrassamento [iŋgrassa'mento] *m* ① ZOO Mästung *f* ② AGR Düngung *f*

ingrassare [iŋgras'sa:re] **I.** *vt avere* ① *(persone)* dick machen ② AGR düngen ③ *(ungere con grasso)* einfetten, schmieren **II.** *vr* **-rsi** *(aumentare di peso)* zunehmen, dick werden; *(diventare ricco)* reich werden

ingrasso [iŋ'grasso] *m* ① ZOO Mast *f* ② AGR Düngung *f;* *(concime)* Dünger *m;* **buoi da ~** Mastochsen *mpl*

ingrata *f v.* **ingrato**

ingratitudine [iŋgrati'tu:dine] *f* Undankbarkeit *f,* Undank *m*

ingrato, -a [iŋ'gra:to] **I.** *agg (a. fig)* undankbar **II.** *m, f* Undankbare(r) *f(m)*

ingravidare [iŋgravi'da:re] *vi essere* schwanger werden

ingraziarsi [iŋgrat'tsiarsi] *vr* ~ **qu** sich bei jdm beliebt machen

ingrediente [iŋgre'diɛnte] *m* Zutat *f*

ingressaggio [iŋgres'sa:ddzo] <-ggi> *m* ADM Katalogisierung *f,* Aufnahme *f* in die Bibliothekskartei

ingressare [iŋgres'sa:re] *vt* ADM katalogisieren, registrieren

ingresso [iŋ'grɛsso] *m* ❶ *(entrata, accesso)* Eingang *m* ❷ *(anticamera)* Vorzimmer *nt* ❸ THEAT Auftritt *m; (in una carica)* Antritt *m* ❹ *(facoltà)* Zutritt *m;* **vietato l'~ ai non addetti ai lavori** Zutritt für Unbefugte verboten ❺ *(biglietto)* [Eintritts]karte *f;* ~ **libero** Eintritt frei

ingrippare [iŋgrip'pa:re] **I.** *vt* MOT festfressen **II.** *vr* **-rsi** MOT sich festfressen

ingrossamento [iŋgrossa'mento] *m* Verdickung *f*

I

ingrossare [iŋros'sa:re] **I.** *vt avere* ❶ *(rendere grosso)* dick machen ❷ *(accrescere)* verstärken ❸ *(mare)* aufwühlen **II.** *vr* **-rsi** anschwellen

ingrosso [iŋ'grɔsso] *avv* **all'~** COM en gros, im Großen; **commercio all'~** Großhandel *m;* **vendere all'~** en gros verkaufen

inguacchio [iŋ'guakkio] <-chi> *m (fam: pasticcio, pastrocchio)* Schlamassel *m,* Pfuscherei *f*

inguaiare [iŋgua'ia:re] *(fam)* **I.** *vt* Scherereien einbringen (**qu** jdm), in Schwierigkeiten bringen (**qu** jdn); ~ **una ragazza** ein Mädchen schwängern **II.** *vr* **-rsi** in Schwierigkeiten geraten; **si è inguaiato fino al collo** er steckt bis zum Hals in Schwierigkeiten

inguainare [iŋguai'na:re] *vt* einziehen; *(spada)* [ein]stecken; **quell'abito la inguaina molto bene** das Kleid betont ihre Formen sehr gut

ingualcibile [iŋgual'tʃi:bile] *agg* knitterfrei

inguaribile [iŋgua'ri:bile] *agg* unheilbar; *(fig)* unverbesserlich

inguinale [iŋgui'na:le] *agg* Leisten-

inguine ['iŋguine] *m* Leiste *f*

ingurgitare [iŋgurdʒi'ta:re] *vt* hinunterschlucken, hinunterwürgen

inibire [ini'bi:re] <inibisco> *vt* ❶ *(proibire)* untersagen, verbieten ❷ PSIC hemmen

inibito, **-a** [ini'bi:to] **I.** *agg* gehemmt **II.** *m, f* gehemmter Mensch

inibitore [inibi'to:re] *m* CHEM Hemmstoff *m;* ~ **d'appetito** Appetitzügler *m*

inibizione [inibit'tsio:ne] *f* Hemmung *f*

inidoneità [inidonei'ta] *f* Untauglichkeit *f*

inidoneo, **-a** [ini'dɔ:neo] *agg* ungeeignet, untauglich

iniettare [iniet'ta:re] *vt* [ein]spritzen, injizieren

iniettore [iniet'to:re] *m* Injektor *m;* ~ **del carburante** Einspritzventil *nt*

iniezione [iniet'tsio:ne] *f* ❶ TEC Einspritzung *f;* **motore ad** ~ Einspritzmotor *m* ❷ MED Injektion *f,* Spritze *f*

inimicare [inimi'ka:re] **I.** *vt* zum Feind [*o* zu Feinden] machen, entzweien **II.** *vr* **-rsi** sich verfeinden

inimicarsi [inimi'karsi] *vr* sich verfeinden

inimicizia [inimi'tʃittsia] <-ie> *f* Feindschaft *f*

inimitabile [inimi'ta:bile] *agg* unnachahmlich

inimmaginabile [inimmadʒi'na:bile] *agg* unvorstellbar

ininfiammabile [ininfiam'ma:bile] *agg* nicht entzündbar

inintelligibile [inintelli'dʒi:bile] *agg* unverständlich; *(grafia)* unleserlich

ininterrotto, **-a** [ininter'rotto] *agg* ununterbrochen

iniqua *f v.* **iniquo**

iniquità [inikui'ta] <-> *f* ❶ *(ingiustizia)* Ungerechtigkeit *f* ❷ *(malvagità)* Niederträchtigkeit *f,* Bosheit *f*

iniquo, **-a** [i'ni:kuo] **I.** *agg* ❶ *(ingiusto)* ungerecht, unbillig ❷ *(malvagio)* niederträchtig, boshaft, bösartig, raß A ❸ *(poet: avverso, sfavorevole)* abscheulich **II.** *m, f* niederträchtiger [*o* ungerechter] Mensch

iniziale [init'tsia:le] **I.** *agg* anfänglich, Anfangs- **II.** *f* Anfangsbuchstabe *m;* **le -i di un nome** die Initialen

inizialmente [inittsial'mente] *avv* am Anfang, zu Beginn

iniziare [init'tsia:re] *vt avere* ❶ *(intraprendere)* beginnen, anfangen ❷ *(avviare)* ~ **qu a qc** jdn in etw *akk* einführen; ~ **qu ai riti massonici** jdn in die Rituale der Freimaurer einweihen ❸ *(computer)* starten

iniziata *f v.* **iniziato**

iniziatico, **-a** [init'tsia:tiko] <-ci, -che> *agg* Einführungs-, Initiations-; **cerimoniale** ~ Einführungszeremoniell *nt; (nell'etnologia)* Initiationsritus *m*

iniziativa [inittsia'ti:va] *f* ❶ *(azione)* Initiative *f,* Anregung *f;* **agire di propria** ~ etw auf eigene Faust [*o* von sich *dat* aus] tun; **prendere l'~ di qc** etw in die Hand nehmen ❷ *(attitudine)* Unternehmung *f;* **spirito d'~** Unternehmungsgeist *m*

iniziato, **-a** [init'tsia:to] *agg* **essere ~ a qc** in etw *akk* eingeführt sein; *(a un rito)* in etw *akk* eingeweiht sein

iniziatore, **-trice** [inittsia:to:re] *m, f* Initiator(in) *m(f)*

iniziazione [inittsiat'tsio:ne] *f* **l'~ a qc** die Einweihung in etw *akk*

inizio [i'nittsio] <-i> *m* Beginn *m,* Anfang *m;* **-i** Anfänge *mpl;* **avere ~** beginnen, anfangen; **all'~** anfangs, am Anfang; **dall'~** im Voraus, im Vorhinein A

inlettera [in'lɛttera *o* in'lettera] <-> *m* INFORM Zeichenlängenakzent *m*

innalzamento [innaltsa'mento] *m* ① ARCH Errichtung *f,* Bau *m* ② *(a. fig)* Erhebung *f;* **~ a potenza** Erhebung *f* zur Potenz

innalzare [innal'tsa:re] **I.** *vt* ① *(levare in alto)* hochheben ② *(erigere)* errichten **II.** *vr* **-rsi** ① *(levarsi verso l'alto)* sich erheben ② *(socialmente)* aufsteigen

innamoramento [innamora'mento] *m* Verliebtheit *f*

innamorare [innamo'ra:re] **I.** *vt* verliebt machen; **un sorriso che innamora** [*o* **che fa ~**] ein Lächeln zum Verlieben **II.** *vr* **-rsi** [**di qu**] sich [in jdn] verlieben

innamorato, **-a** [innamo'ra:to] **I.** *agg* verliebt; **~ cotto** bis über beide Ohren verliebt **II.** *m, f* Verliebte(r) *f(m)*

innanzi [in'nantsi] **I.** *avv* ① *(avanti)* vorn[e] ② *(prima)* vorher, vorhin **II.** *prep* vor *+dat;* **~ tutto** vor allem, insbesondere **III.** *agg inv* vorhergehend

innato, **-a** [in'na:to] *agg* ① *(per natura)* angeboren ② *(spontaneo)* natürlich, spontan

innaturale [innatu'ra:le] *agg* unnatürlich

innegabile [inne'ga:bile] *agg* unleugbar, unbestreitbar

inneggiare [inned'dʒa:re] *vi* **~ a qc** auf etw *akk* eine Hymne singen

innervosire [innervo'si:re] <innervosisco> **I.** *vt* nervös machen **II.** *vr* **-rsi** nervös werden

innescare [innes'ka:re] *vt* ① *(ami)* einen Köder festmachen an *+dat* ② *(cariche esplosive)* scharf machen

innesco [in'nesko] <-schi> *m* Auslösung *f; (di carica esplosiva)* Zündvorrichtung *f*

innestare [innes'ta:re] **I.** *vt* ① AGR veredeln, pfropfen ② TEC kuppeln; *(marcia)* einlegen ③ *(inserire, a. fig)* einschieben; EL *(spina)* einstecken **II.** *vr* **-rsi in qc** in etw *akk* einmünden

innesto [in'nɛsto] *m* ① AGR Vered[e]lung *f,* Pfropfung *f* ② TEC Kupplung *f* ③ *(fig)* Einschieben *nt* ④ AUTO Schaltvorgang *m,* Getriebeschaltung *f*

innevato, **-a** [inne'va:to] *agg* verschneit

inno ['inno] *m* Hymne *f*

innocente [inno'tʃɛnte] **I.** *agg* unschuldig; *(ingenuo)* naiv, harmlos **II.** *mf* Unschuldige(r) *f(m)*

innocenza [inno'tʃɛntsa] *f* ① *(mancanza di colpa)* Unschuld *f,* Schuldlosigkeit *f* ② *(purezza d'animo)* Unschuld *f; (ingenuità)* Naivität *f*

innocuità [innokui'ta] <-> *f* Unschädlichkeit *f*

innocuo, **-a** [in'nɔ:kuo] *agg* unschädlich; *(animale, persona)* harmlos

innominabile [innomi'na:bile] *agg* unaussprechlich

innovamento [innova'mento] *m* Erneuerung *f; (novità)* Neuerung *f*

innovare [inno'va:re] *vt* erneuern

innovativo, **-a** [innova'ti:vo] *agg* erneuernd, Erneuerungs-

innovatore, **-trice** [innova'to:re] *m, f* Erneuerer *m/*Erneuerin *f*

innovazione [innovat'tsio:ne] *f* Erneuerung *f; (novità)* Neuerung *f*

Innsbruck ['insbruk] *f* Innsbruck *nt*

innumerevole [innume're:vole] *agg* unzählig

inoccupato, **-a** [inokku'pa:to] **I.** *agg* unbeschäftigt, beschäftigungslos **II.** *m, f* Unbeschäftigte(r) *f(m)*

inoculare [inoku'la:re] *vt* ① MED [ein]impfen ② *(fig)* einimpfen

inoculazione [inokulat'tsio:ne] *f* ① MED [Ein]impfung *f* ② *(fig)* Einimpfen *nt*

inodore, **-a** [ino'do:re] *agg* geruchlos; *(fiore)* nicht riechend

inoffensivo, **-a** [inoffen'si:vo] *agg (parole)* nicht beleidigend; *(animale)* ungefährlich, harmlos

inoltrare [inol'tra:re] **I.** *vt* ① ADM einreichen ② *(far proseguire)* übermitteln, weiter leiten **II.** *vr* **-rsi** ① *(addentrarsi)* vordringen ② *(fig: progredire)* sich einarbeiten

inoltrato, **-a** [inol'tra:to] *agg* spät [abends]; **a notte** [*o* **sera**] **-a** zu vorgerückter Stunde; **fino a notte -a** bis spät in die Nacht [hinein]

inoltre [i'noltre] *avv* ① *(oltre a ciò)* ferner, außerdem ② *(per di più)* darüber hinaus, überdies

inoltro [i'noltro] *m* Weiterleiten *nt*

inondare [inon'da:re] *vt* ① *(allagare)* überschwemmen ② *(fig: gioia)* erfüllen; *(lacrime)* überströmen, fließen über *+akk*

inondazione [inondat'tsio:ne] *f* ① *(allagamento)* Überschwemmung *f* ② *(fig)* Schwemme *f*

inoperabile [inope'ra:bile] *agg* inoperabel, nicht operierbar

inoperante [inope'rante] *agg* wirkungslos

inoperosità [inoperosi'ta] <-> *f* Untätigkeit *f*

inoperoso, **-a** [inope'ro:so] *agg (persona)* untätig; *(capitale)* tot; *(macchina)* stillgelegt

inopinabile [inopi'na:bile] *agg* unvorstellbar

inopinato, -a [inopi'na:to] *agg* unvorhergesehen

inopportunità [inopportuni'ta] *f* Ungelegenheit *f*

inopportuno, -a [inoppor'tu:no] *agg* unangebracht; *(visita)* ungelegen

inoppugnabile [inoppuɲ'ɲa:bile] *agg* ① *(certo, evidente)* unwiderlegbar ② JUR unanfechtbar

inoppugnabilità [inoppuɲɲabili'ta] <-> *f* ① *(evidenza)* Unwiderlegbarkeit *f* ② JUR Unanfechtbarkeit *f*

inorganico, -a [inor'ga:niko] <-ci, -che> *agg* CHEM anorganisch

inorgoglire [inorgoʎ'ʎi:re] <inorgoglisco, inorgoglisci> **I.** *vt avere* stolz machen (**di** auf +*akk*) **II.** *vi essere* stolz werden (**di** auf +*akk*) **III.** *vr* **-rsi** stolz werden (**di** auf +*akk*)

inorgoglirsi [inorgoʎ'ʎirsi] *vr* ~ **di qc** auf etw *akk* stolz werden

inorridire [inorri'di:re] <inorridisco> **I.** *vt avere* erschrecken, entsetzen **II.** *vi essere* [er]schaudern

inospitale [inospi'ta:le] *agg* ① *(persona, casa)* ungastlich, unfreundlich ② *(regione)* unwirtlich

inosservanza [inosser'vantsa] *f* Nichtbeachtung *f*

inosservato, -a [inosser'va:to] *agg* unbemerkt; *(non rispettato)* unbeachtet

inossidabile [inossi'da:bile] *agg* rostfrei

INPS [imps] *m acro di* **Istituto Nazionale Previdenza Sociale** *nationale italienische Sozialversicherungsanstalt*

input ['input] <-> *m* ① INFORM Eingabe *f*, Input *m o nt* ② *(fig: impulso)* Anstoß *m*

inquadramento [iŋkuadra'mento] *m* Einordnung *f*

inquadrare [iŋkua'dra:re] *vt* ① *(incorniciare)* einrahmen ② *(fig)* einordnen ③ FOTO, FILM aufnehmen

inquadratura [iŋkuadra'tu:ra] *f* FOTO Bildausschnitt *m;* FILM Einstellung *f*

inqualificabile [iŋkualifi'ka:bile] *agg* unter aller Kritik

inquietante [iŋkuie'tante] *agg* ① *(preoccupante)* beunruhigend ② *(perturbante)* hinreißend

inquietare [iŋkuie'ta:re] **I.** *vt* beunruhigen, beängstigen **II.** *vr* **-rsi** sich beunruhigen

inquieto, -a [iŋ'kuiɛ:to] *agg* ① *(turbato)* unruhig ② *(irritato)* verärgert, grantig A ③ *(preoccupato)* besorgt

inquietudine [iŋkuie'tu:dine] *f* Unruhe *f; (preoccupazione)* Beunruhigung *f*, Sorge *f*

inquilino, -a [iŋkui'li:no] *m, f* Mieter(in) *m(f)*

inquinamento [iŋkuina'mento] *m* ① ECOL Verschmutzung *f;* ~ **acustico** Lärmbelästigung *f;* ~ **atmosferico** Luftverschmutzung; ~ **dell'ambiente** Umweltverschmutzung; ~ **marino** Meeresverschmutzung; ~ **nucleare** radioaktive Verseuchung ② JUR ~ **delle prove** Manipulation *f* von Beweismaterial

inquinante [iŋkui'nante] *agg* umweltgefährdend

inquinare [iŋkui'na:re] *vt* ① *(infettare)* verschmutzen, verseuchen ② *(fig: corrompere)* verderben

inquirente [iŋkui'rɛnte] **I.** *agg* ermittelnd, Untersuchungs-; **magistrato** ~ Untersuchungsrichter *m* **II.** *f* Untersuchungsausschuss *m*

inquisire [iŋkui'zi:re] <inquisisco> **I.** *vt* untersuchen, [nach]forschen über +*akk* **II.** *vi* nachforschen, ermitteln

inquisitore, -trice [iŋkuizi'to:re] **I.** *agg* forschend; JUR Ermittlungs-, Untersuchungs-; HIST Inquisitions- **II.** *m, f* Ermittler(in) *m(f)*

inquisitorio, -a [iŋkuizi'tɔ:rio] <-i, -ie> *agg* ① HIST inquisitorisch, Inquisitions- ② *(fig: severo)* forschend

inquisitrice *f v.* **inquisitore**

inquisizione [iŋkuizit'tsio:ne] *f* ① *(inchiesta)* Untersuchung *f* ② HIST [**Santa**] **Inquisizione** Inquisition *f*

insabbiamento [insabbia'mento] *m* Versandung *f*

insabbiare [insab'bia:re] **I.** *vt* ① *(coprire di sabbia)* mit Sand bedecken ② *(fig: celare)* vertuschen; *(non far procedere)* im Sand[e] verlaufen lassen **II.** *vr* **-rsi** ① *(coprirsi di sabbia)* versanden ② *(arenarsi)* auf Sand laufen

insabbiatore, -trice [insabbia'to:re] **I.** *m, f* ① *(fig: chi agisce per insabbiare, ostacolare una procedura)* Vertuscher(in) *m(f)* ② JUR Prozessverschlepper(in) *m(f)* **II.** *agg* ① *(che insabbia)* vertuschend, verschleiernd ② *(fig: che manovra per ostacolare una procedura)* behindernd, verschleppend

insaccare [insak'ka:re] **I.** *vt (mettere in sacchi)* einsacken, in Säcke füllen; *(in budelli)* in Häute [*o* Därme] füllen **II.** *vr* **-rsi** zusammensacken

insaccati [insak'ka:ti] *mpl* Wurst *f*, Wurstwaren *fpl*

insacchettare [insakket'ta:re] *vt* eintüten

insalata [insa'la:ta] *f* Salat *m;* ~ **russa** *Gemüsesalat mit Mayonnaise*

insalatiera [insala'tiɛ:ra] *f* Salatschüssel *f*

insalubre [insa'lu:bre] *agg* ungesund, gesundheitsschädlich

insalutato, -a [insalu'ta:to] *agg* ungegrüßt

insanabile [insa'na:bile] *agg* ① *(inguaribi-*

le) unheilbar ② *(irrimediabile)* hoffnungslos

insanguinare [insaŋgui'na:re] **I.** *vt* blutig machen; *(a. fig)* mit Blut beflecken **II.** *vr* **-rsi** sich blutig machen; *(a. fig)* sich mit Blut beflecken

insania [in'sa:nia] <-ie> *f (poet)* Torheit *f,* Wahnsinn *m*

insanire [insa'ni:re] *vi essere (poet)* wahnsinnig werden

insano, -a [in'sa:no] *agg (poet)* wahnsinnig; *(atto)* wahnwitzig

insaponare [insapo'na:re] *vt* einseifen

insaporire [insapo'ri:re] <insaporisco> **I.** *vt* abschmecken **II.** *vi* schmackhaft werden

insaporo, -a [insa'po:ro] *agg* geschmacklos

insaputa [insa'pu:ta] *f* **all'~ di** ohne Wissen *+gen;* **a mia ~** ohne mein Wissen

insaturo, -a [in'sa:turo] *agg* ungesättigt

insaziabile [insat'tsia:bile] *agg* unersättlich

insaziabilità [insattsiabili'ta] <-> *f* Unersättlichkeit *f*

inscatolare [inskato'la:re] *vt* in Dosen füllen

inscenare [inʃe'na:re] *vt* ① THEAT inszenieren ② *(fig)* veranstalten, machen

inscindibile [inʃin'di:bile] *agg* untrennbar

insecchire [insek'ki:re] <insecchisco> *vi essere* ① *(diventare secco)* austrocknen ② *(fig: persona)* abmagern

insediamento [insedia'mento] *m* ① *(in una carica)* Amtseinsetzung *f,* Amtsantritt *m* ② *(presa di possesso)* Einnahme *f* ③ *(stanziamento in dimora)* Ansiedlung *f; (pej)* Einnistung *f*

insediare [inse'dia:re] **I.** *vt* [in das Amt] einsetzen **II.** *vr* **-rsi** ① ADM sein Amt antreten ② *(stabilirsi)* sich niederlassen, sich ansiedeln; *(pej)* sich einnisten

insediativo, -a [insedia'ti:vo] *agg* Siedlungen und Industrieansiedlungen betreffend

insegna [in'seɲɲa] *f* ① *(di grado, dignità)* Abzeichen *nt,* Zeichen *nt;* **all'~ di** *(fig)* im Zeichen *+gen* ② *(di negozio)* Schild *nt*

insegnamento [inseɲɲa'mento] *m* ① *(di una disciplina, di un'arte)* Unterricht *m* ② *(precetto)* Lehre *f*

insegnante [inseɲ'ɲante] **I.** *agg* lehrend, Lehr-; **personale ~** Lehrpersonal *nt* **II.** *mf* Lehrer(in) *m(f),* Lehrkraft *f adm*

insegnare [inseɲ'ɲa:re] **I.** *vt* lehren, unterrichten; **~ qc a qu** jdn etw lehren, jdm etw beibringen; **~ a leggere e a scrivere a qu** jdm das Lesen und Schreiben beibringen **II.** *vi* unterrichten, lehren

inseguire [inse'gui:re] *vt* **~ qu/qc** jdn/etw verfolgen

inseguitore, -trice [insegui'to:re] *m, f* Verfolger(in) *m(f)*

insellare [insel'la:re] *vt* satteln

inselvatichire [inselvati'ki:re] <inselvatichisco> **I.** *vt avere* verwildern lassen **II.** *vr* **-rsi** verwildern

inseminato, -a [insemi'na:to] *agg* befruchtet, besamt

inseminazione [inseminat'tsio:ne] *f* Befruchtung *f;* **~ artificiale** künstliche Befruchtung

insenatura [insena'tu:ra] *f* Einbuchtung *f,* Bucht *f*

insensatezza [insensa'tettsa] *f* Unbesonnenheit *f*

insensato, -a [insen'sa:to] *agg* ① *(persona)* unvernünftig ② *(azione)* unsinnig

insensibile [insen'si:bile] *agg* ① *(impercettibile)* unmerklich, unauffällig ② *(persona)* unempfindlich; *(pej)* gefühllos

insensibilità [insensibili'ta] <-> *f* Unempfindlichkeit *f; (pej)* Gefühllosigkeit *f*

inseparabile [insepa'ra:bile] *agg* ① *(cose)* untrennbar ② *(persone)* unzertrennlich

insepolto, -a [inse'polto] *agg* unbegraben

inserimento [inseri'mento] *m* Einfügung *f; (di persona)* Eingliederung *f;* **punto di ~** INFORM Einfügemarke *f*

inserire [inse'ri:re] <inserisco> **I.** *vt* ① *(introdurre, a. fig)* einfügen; *(spina)* einstecken ② *(in un giornale)* aufgeben **II.** *vr* **-rsi** *(essere attaccato)* sich einfügen; **-rsi in qc** *(integrarsi)* einer Sache *dat* beitreten, in etw *akk* eintreten

inserto [in'sɛrto] *m* ① *(incartamento)* Aktenheft *nt* ② *(in giornale, rivista)* Beilage *f* ③ FILM Insert *nt;* **~ pubblicitario** Werbebeilage *f*

inservibile [inser'vi:bile] *agg* unbrauchbar, nutzlos

inserviente [inser'viɛnte] *mf* Dienstbote *m/*-botin *f*

inserzione [inser'tsio:ne] *f* ① *(atto dell'inserire)* Einfügung *f,* Einschiebung *f* ② *(annuncio pubblicitario)* Anzeige *f,* Inserat *nt;* **fare un'~** eine Anzeige aufgeben

inserzionista [insertsio'nista] <-i *m,* -e *f*> *mf* Inserent(in) *m(f)*

insetticida¹ [insetti'tʃi:da] <-i *m,* -e *f*> *agg* insektizid, insektentötend; **polvere ~** Insektenpulver *nt*

insetticida² <-i> *m* Insektenvernichtungsmittel *nt,* Insektizid *nt scient*

insettivoro [inset'ti:voro] *m* Insektenfresser *m*

insettivoro, -a *agg* insektenfressend

insetto [in'sɛtto] *m* Insekt *nt;* **~ nocivo** Schädling *m*

insicurezza [insiku'rettsa] *f* Unsicherheit *f*

insicuro, -a [insi'ku:ro] *agg* unsicher

inside ['in'said] **I.** *avv (dentro)* innerhalb, in **II.** *m* <-> *(i retroscena di un fatto)* Hintergrund *m*

insidia [in'si:dia] <-ie> *f* Falle *f*

insidiare [insi'dia:re] *vt* **~ qu** jdn in einen Hinterhalt locken, jdm auflauern

insidioso, -a [insi'dio:so] *agg (persone, domande)* hinterhältig; *(cose)* [heim]tückisch; *(situazione)* verfänglich

insieme [in'siɛ:me] **I.** *avv* ① *(complessivamente)* zusammen ② *(contemporaneamente)* zugleich, gleichzeitig **II.** *prep* ① *(in compagnia)* **~ a** [*o* **con**] zusammen mit +*dat* ② *(contemporaneamente)* gleichzeitig mit +*dat* **III.** *m* ① *(totalità)* Gesamtheit *f,* Ganze(s) *nt* ② MAT Menge *f*

insight ['insait] <- *o* insights> *m* PSIC *(penetrazione psicologica)* Einblick *m*

insigne [in'siɲɲe] *agg* bedeutend, hervorragend

insignificante [insiɲɲifi'kante] *agg* unbedeutend, bedeutungslos

insignire [insiɲ'ɲi:re] *vt* auszeichnen (**di** mit)

insincerità [insintʃeri'ta] *f* Unaufrichtigkeit *f,* Unehrlichkeit *f*

insincero, -a [insin'tʃɛ:ro] *agg* unaufrichtig, unehrlich

insindacabile [insinda'ka:bile] *agg* unkontrollierbar; *(definitivo)* unanfechtbar, endgültig

insinuante [insinu'ante] *agg* einschmeichelnd

insinuare [insinu'a:re] **I.** *vt* ① *(introdurre)* [ein]stecken, hineinstecken ② *(fig)* unterstellen; *(sospetti)* erwecken, erregen; **cosa vuoi ~?** was willst du damit sagen? **II.** *vr* **-rsi** *(infiltrarsi)* eindringen; **-rsi in qc** *(penetrare)* sich in etw *akk* einschleichen

insinuazione [insinuat'tsio:ne] *f* Unterstellung *f*

insipidezza [insipi'dettsa] *f* Fadheit *f,* Geschmacklosigkeit *f*

insipido, -a [in'si:pido] *agg* ① GASTR fade, geschmacklos ② *(fig: banale)* fade

insipiente [insi'piɛnte] *agg* unwissend, dumm

insipienza [insi'piɛntsa] *f* Unwissenheit *f,* Dummheit *f*

insistente [insis'tɛnte] *agg* nachdrücklich, eindringlich; *(ostinato)* beharrlich; *(continuo)* anhaltend

insistenza [insis'tɛntsa] *f (perseveranza)* Beharrlichkeit *f; (continuità)* Anhalten *nt*

insistere [in'sistere] <insisto, insistei *o* insistetti, insistito> *vi* ① *(persistere)* **~ in qc** auf etw *dat* beharren ② *(ribadire)* **~ su qc** auf etw *akk* immer wieder zurückkehren

insito, -a ['insito] *agg* verwurzelt, innewohnend; *(qualità)* angeboren

insoddisfatto, -a [insoddis'fatto] *agg* ① *(persona)* unbefriedigt, unzufrieden; **rimanere ~ di qc** mit etw unzufrieden sein ② *(desiderio)* unerfüllt

insoddisfazione [insoddisfat'tsio:ne] *f* Unzufriedenheit *f,* Unbefriedigtsein *nt*

insofferente [insoffe'rɛnte] *agg* unduldsam

insofferenza [insoffe'rɛntsa] *f* Unduldsamkeit *f*

insolazione [insolat'tsio:ne] *f* Sonnenstich *m*

insolente [inso'lɛnte] *agg* frech

insolentire [insolen'ti:re] <insolentisco> *vi* ① *avere (usare parole insolenti)* schimpfen ② *essere (diventare insolente)* frech werden

insolenza [inso'lɛntsa] *f* ① *(arroganza)* Frechheit *f* ② *(villania)* Beleidigung *f*

insolito, -a [in'sɔ:lito] *agg* ungewöhnlich

insolubile [inso'lu:bile] *agg* ① *(problema, questione)* unlösbar; *(dubbio)* nicht zu zerstreuen ② CHEM unlöslich

insolubilità [insolubili'ta] <-> *f* ① *(di problema, questione)* Unlösbarkeit *f* ② CHEM Unlöslichkeit *f*

insoluti [inso'lu:ti] *mpl* Außenstände *pl*

insoluto, -a [inso'lu:to] *agg* ① *(problema, questione)* ungelöst ② CHEM nicht gelöst ③ *(debito)* nicht eingelöst, unbezahlt

insolvente [insol'vɛnte] *agg* zahlungsunfähig, insolvent

insolvenza [insol'vɛntsa] *f* Zahlungsunfähigkeit *f,* Insolvenz *f*

insolvibile [insol'vi:bile] *agg* zahlungsunfähig, insolvent

insolvibilità [insolvibili'ta] <-> *f* Zahlungsunfähigkeit *f,* Insolvenz *f*

insomma [in'somma] **I.** *avv (in conclusione)* also, somit; *(in breve)* kurz; *(in conclusione)* schließlich **II.** *int* [was] nun, also [was]

insondabile [inson'da:bile] *agg* ① *(profondità)* nicht auslotbar ② *(fig: inesplorabile)* unerforschlich, unergründlich

insonne [in'sɔnne] *agg* ① *(persona, notte)* schlaflos ② *(fig: instancabile)* unermüdlich

insonnia [in'sɔnnia] <-ie> *f* Schlaflosigkeit *f*

insonnolito, -a [insonno'li:to] *agg* schläfrig, verschlafen

insonorizzare [insonorid'dza:re] *vt* schalldicht isolieren

insonorizzazione [insonoriddzat'tsio:ne] *f* Schalldämpfung *f*

insopportabile [insoppor'ta:bile] *agg* unerträglich

insorgenza [insor'dʒɛntsa] *f* Auftreten *nt*

insorgere [in'sordʒere] <irr> *vi essere* ① *(ribellarsi)* ~ **contro qu/qc** sich gegen jdn/etw erheben ② *(manifestarsi)* auftreten, erscheinen

insormontabile [insormon'ta:bile] *agg* unüberwindlich

insorsi *1. pers sing pass rem di* **insorgere**

insorto, **-a** [in'sorto] **I.** *pp di* **insorgere** **II.** *m, f* Aufständische(r) *f(m)*

insospettabile [insospet'ta:bile] *agg* ① *(senza sospetto)* unverdächtig ② *(imprevisto)* unvermutet

insospettire [insospet'ti:re] <insospettisco> **I.** *vt avere* argwöhnisch machen **II.** *vr* **-rsi** argwöhnisch werden

insostenibile [insoste'ni:bile] *agg* ① *(pena)* unerträglich; *(spese)* untragbar ② *(tesi,* MIL unhaltbar

insostituibile [insostitu'i:bile] *agg* unersetzlich

insozzare [insot'tsa:re] **I.** *vt* besudeln; *(reputazione)* beschmutzen **II.** *vr* **-rsi** sich beschmutzen; *(di vergogna)* sich bedecken

insperabile [inspe'ra:bile] *agg* nicht zu erhoffen; **un aiuto ~** eine nicht zu erhoffende Hilfe

insperato, **-a** [inspe'ra:to] *agg* unverhofft

inspiegabile [inspie'ga:bile] *agg* unerklärlich

inspirare [inspi'ra:re] *vt* einatmen

inspirazione [inspirat'tsio:ne] *f* Einatmen *nt*

instabile [ins'ta:bile] *agg* ① *(non stabile)* nicht stabil, instabil ② *(tempo)* unbeständig; *(carattere)* wankelmütig ③ PHYS instabil, labil

instabilità [instabili'ta] <-> *f* Unbeständigkeit *f*, Instabilität *f*

installare [instal'la:re] *vt* ① *(persone)* unterbringen; *(in una carica)* einsetzen ② TEC anschließen; INFORM installieren

installatore, **-trice** [installa'to:re] *m, f* Installateur(in) *m(f)*

installazione [installat'tsio:ne] *f* Installation *f*; **dischetto di ~** INFORM Installationsdiskette *f*

instancabile [instaŋ'ka:bile] *agg* unermüdlich

instaurare [instau'ra:re] **I.** *vt* schaffen, errichten; *(processo)* einleiten **II.** *vr* **-rsi** errichtet werden

instauratore, **-trice** [instaura'to:re] *m, f* Gründer(in) *m(f)*

instaurazione [instaurat'tsio:ne] *f* Gründung *f*, Errichtung *f*

instillare [instil'la:re] *vt* einträufeln, eintröpfeln

instradare [instra'da:re] *vt (a. fig)* leiten, einweisen

insù [in'su] *avv* **all'~** nach oben, hinauf; **naso all'~** Stupsnase *f*

insubordinato, **-a** [insubordi'na:to] *agg* undiszipliniert

insubordinazione [insubordinat'tsio:ne] *f* ① *(indisciplina)* Undiszipliniertheit *f* ② JUR, MIL Gehorsamsverweigerung *f*, Insubordination *f*

insuccesso [insut'tʃɛsso] *m* Misserfolg *m*

insudiciare [insudi'tʃa:re] **I.** *vt* ① *(sporcare)* beschmutzen ② *(fig: disonorare)* entehren **II.** *vr* **-rsi** *(sporcarsi)* sich schmutzig machen; *(compromettersi)* sich in Verruf bringen

insufficiente [insuffi'tʃɛnte] *agg* ungenügend

insufficienza [insuffi'tʃɛntsa] *f* ① *(inadeguatezza)* Unzulänglichkeit *f*; **assolvere qu per ~ di prove** jdn aus Mangel an Beweisen freisprechen ② *(incapacità)* Ungeeignetheit *f* ③ *(votazione scolastica)* Ungenügend *nt* ④ MED Schwäche *f*, Versagen *nt*

insulare [insu'la:re] *agg* Insel-, insular

insulina [insu'li:na] *f* Insulin *nt*

insulso, **-a** [in'sulso] *agg* ① *(cosa)* banal ② *(persona)* geistlos

insultante [insul'tante] *agg* beleidigend

insultare [insul'ta:re] *vt* beleidigen, beschimpfen

insulto [in'sulto] *m* ① *(ingiuria, offesa)* Beleidigung *f*, Beschimpfung *f* ② *(fig: danno)* Anfechtung *f*

insuperabile [insupe'ra:bile] *agg* ① *(insormontabile)* unüberwindlich ② *(imbattibile)* unübertrefflich, bärig A

insuperato, **-a** [insupe'ra:to] *agg* unübertroffen

insuperbire [insuper'bi:re] <insuperbisco> **I.** *vt avere* stolz machen **II.** *vr* **-rsi** stolz werden

insurrezionale [insurrettsio'na:le] *agg* aufständisch

insurrezione [insurret'tsio:ne] *f* Aufstand *m*

insussistente [insussis'tɛnte] *agg* inexistent

insussistenza [insussis'tɛntsa] *f* Inexistenz *f*

intaccare [intak'ka:re] *vt* ① *(incidere)* [ein]kerben ② *(corrodere, a. fig)* MED angreifen

intaccatura [intakka'tu:ra] *f* ① *(atto

dell'intaccare) [Ein]kerben *nt* ② *(tacca, incavatura)* Kerbe *f*

intacco [in'takko] <-chi> *m* Kerbe *f*

intagliare [intaʎ'ʎa:re] *vt (legno)* schnitzen; *(metallo)* [aus]stechen; *(pietra)* hauen

intaglio [in'taʎʎo] *m* Schnitzerei *f*

intangibile [intan'dʒi:bile] *agg* unberührbar; *(fig)* unantastbar

intanto [in'tanto] **I.** *avv (nel frattempo)* inzwischen, unterdessen; *(invece)* dagegen; **per ~** einstweilen **II.** *cong* **~ che** während

intarsiare [intar'sia:re] *vt* ① *(lavorare a intarsio)* intarsieren ② *(fig: impreziosire)* schmücken, verzieren

intarsio [in'tarsio] <-i> *m* ① *(decorazione)* Intarsie *f,* Einlegearbeit *f* ② *(in enigmistica)* Schachtelrätsel *nt*

intasamento [intasa'mento *o* intaza'mento] *m* Verstopfung *f*

intasare [inta'sa:re *o* inta'za:re] **I.** *vt* verstopfen **II.** *vr* **-rsi** sich verstopfen

intascare [intas'ka:re] *vt* einstecken

intatto, -a [in'tatto] *agg* unberührt, unversehrt

intavolare [intavo'la:re] *vt* ① *(registrare)* aufstellen ② *(avviare)* einleiten; *(discussione)* eröffnen

integerrimo, -a [inte'dʒɛrrimo] *agg superlativo di* **integro** äußerst integer; *(fig)* makellos

integrale [inte'gra:le] **I.** *agg* ① *(completo, intero)* vollständig, Voll-; **edizione ~** Gesamtausgabe *f* ② MAT Integral- ③ *(farina)* Vollkorn-; **pane ~** Vollkornbrot *nt* **II.** *m* MAT Integral *nt*

integrare [inte'gra:re] **I.** *vt* ① *(completare)* ergänzen ② SOC integrieren, eingliedern **II.** *vr* **-rsi** ① *(completarsi)* sich ergänzen ② SOC sich integrieren

integrativo, -a [integra'ti:vo] *agg* Ergänzungs-; *(esame)* Aufbau-

integratore [integra'to:re] *m* Ergänzer *m;* **-i alimentari** Nahrungsergänzung *f*

integrazione [integrat'tsio:ne] *f* ① *(completamento)* Ergänzung *f;* **cassa ~** Lohnergänzungskasse *f,* ≈ Kurzarbeitergeld *nt;* **andare** [*o* **essere**] **in cassa ~** kurzarbeiten ② SOC Integration *f,* Eingliederung *f*

integrità [integri'ta] <-> *f* ① *(qualità di intatto)* Unversehrtheit *f,* Intaktheit *f; (completezza)* Vollständigkeit *f* ② *(fig: probità)* Rechtschaffenheit *f,* Integrität *f*

integro, -a ['integro] <più integro, integerrimo> *agg* ① *(intatto)* intakt, unversehrt; *(completo)* vollständig ② *(fig: probo)* integer, rechtschaffen

intelaiatura [intelaia'tu:ra] *f* ARCH Gerüst *nt; (di finestra)* Rahmen *m*

intellettivo, -a [intellet'ti:vo] *agg* geistig, Verstandes-

intelletto [intel'lɛtto] *m* Geist *m,* Intellekt *m*

intellettuale [intellettu'a:le] **I.** *agg* geistig, intellektuell; **facoltà ~** Denkvermögen *nt;* **lavoro ~** geistige Arbeit **II.** *mf* Intellektuelle(r) *f(m),* Geistesarbeiter *m*

intellettualistico, -a [intellettua'listiko] <-ci, -che> *agg* intellektualistisch

intellettualità [intellettuali'ta] <-> *f* Intellektualität *f,* Verstandesmäßigkeit *f*

intelligence [in'telidʒɛns] *f* Geheimdienst *m*

intelligente [intelli'dʒɛnte] *agg* intelligent

intelligenza [intelli'dʒɛntsa] *f* Verstand *m,* Intelligenz *f;* **quoziente di ~** Intelligenzquotient *m*

intelligibile [intelli'dʒi:bile] *agg* verständlich

INTELSAT *m acro di* **INternational TELecommunications SATellite** INTELSAT *m*

intemerata [inteme'ra:ta] *f* Maßregelung *f*

intemerato, -a *agg* unbescholten; *(coscienza)* rein

intemperante [intempe'rante] *agg* unmäßig, maßlos

intemperanza [intempe'rantsa] *f* ① *(smodatezza)* Unmäßigkeit *f* ② *(violenza)* Unbeherrschtheit *f*

intemperie [intem'pɛ:rie] *fpl* schlechtes Wetter

intempestivo, -a [intempes'ti:vo] *agg* ungelegen

intendente [inten'dɛnte] *m* Verwalter *m,* Direktor *m*

intendenza [inten'dɛntsa] *f* Direktion *f,* Verwaltungsstelle *f;* **~ di finanza** Finanzdirektion *f*

intendere [in'tɛndere] <irr> **I.** *vt* ① *(comprendere)* verstehen; **darla a ~ a qu** jdm etw weismachen; **lasciare ~ qc a qu** jdm etw zu verstehen geben ② *(udire)* vernehmen, hören ③ *(avere intenzione)* beabsichtigen, vorhaben, wollen; **non intendo offenderti** ich will dich nicht beleidigen **II.** *vr* **-rsi** ① *(andare d'accordo)* sich verstehen; **intendersela con qu** mit jdm etw haben; *(illecitamente)* mit jdm unter einer Decke stecken ② *(esser competente)* **-rsi di qc** sich in etw *dat* auskennen

intendimento [intendi'mento] *m* ① *(facoltà d'intendere)* Verständnis *nt; (intelligenza)* Verstand *m* ② *(intenzione, scopo)* Absicht *f,* Sinn *m*

intenditore, -trice [intendi'to:re] *m, f* Kenner(in) *m(f);* **a buon intenditor**

poche parole *(prov)* einem Gelehrten ist gut predigen

intenerire [intene'ri:re] <intenerisco> **I.** *vt* ❶ *(render tenero)* weich machen ❷ *(fig: commuovere)* erweichen, rühren **II.** *vr* **-rsi** ❶ *(divenire tenero)* weich werden ❷ *(commuoversi)* sich erweichen lassen

intensificare [intensifi'ka:re] **I.** *vt* verstärken, intensivieren **II.** *vr* **-rsi** sich verstärken

intensificazione [intensifikat'tsio:ne] *f* Verstärkung *f,* Zunahme *f*

intensità [intensi'ta] <-> *f* Stärke *f,* Intensität *f*

intensivo, -a [inten'si:vo] *agg* intensiv

intenso, -a [in'tɛnso] *agg* intensiv; *(colore, luce)* kräftig, satt; *(sguardo)* eindringlich

intentare [inten'ta:re] *vt* JUR anstrengen; **~ una causa contro qu** gegen jdn einen Prozess anstrengen

intentato, -a [inten'ta:to] *agg* unversucht; **non lasciar nulla d'~** nichts unversucht lassen

intento [in'tɛnto] *m (proposito)* Absicht *f; (fine)* Zweck *m;* **~ suicida** Suizidabsicht *f*

intento, -a *agg* aufmerksam; **essere ~ a fare qc** dabei sein, etw zu tun

intenzionale [intentsio'na:le] *agg* absichtlich, vorsätzlich

intenzionato, -a [intentsio'na:to] *agg* gesinnt; **essere bene/male ~** gute/böse Absichten haben

intenzione [inten'tsio:ne] *f* ❶ *(intendimento)* Absicht *f;* **avere ~ di fare qc** die Absicht haben etw zu tun ❷ *(desiderio)* Wille *m*

interafricano, -a [interafri'ka:no] *agg* interafrikanisch

interagente [intera'dʒɛnte] *agg* interagierend

interagire [intera'dʒi:re] <interagisco> *vi* ❶ *(esercitare un'azione reciproca)* interagieren, zusammenwirken ❷ PHYS Wechselwirkungen zeigen

interalleato, -a [interalle'a:to] *agg* interalliiert; **conferenza -a** Alliiertenkonferenz *f;* **forze -e** alliierte Streitkräfte *fpl*

interamente [intera'mente] *avv* ganz, vollständig

interamericano, -a [interameri'ka:no] *agg* interamerikanisch

interarabo, -a [inter'a:rabo] *agg* interarabisch

interarmi [inter'armi] *agg inv* MIL unter Beteiligung mehrerer Truppenteile

interasiatico, -a [intera'zia:tiko] <-ci, -che> *agg* interasiatisch

interasse [inter'asse] *m* TEC Achsabstand *m*

interatomico, -a [intera'tɔ:miko] <-ci, -che> *agg* Atom-; **spazio ~** Atomabstand *m;* **forze -che** Atomstreitkräfte *fpl*

interattività [interattivi'ta] <-> *f* Interaktivität *f,* Dialog *m*

interattivo, -a [interat'ti:vo] *agg* INFORM interaktiv

interaziendale [interaddzien'da:le] *agg* zwischenbetrieblich

interazione [interat'tsio:ne] *f* ❶ *(influenza reciproca)* Interaktion *f* ❷ PHYS Wechselwirkung *f*

interbancario, -a [interbaŋ'ka:rio] <-i, -ie> *agg* zwischen Banken; **accordi -i** Abstimmungen zwischen Banken

interbase [inter'ba:ze] <-> *m o f* SPORT *im Baseball, Malspieler zwischen dem 2. und 3. Mal*

interbellico, -a [inter'bɛlliko] <-ci, -che> *agg* **periodo ~** Friedensperiode *f* zwischen zwei Kriegen

interbinario [interbi'na:rio] <-i> *m* FERR Gleisabstand *m,* Spur *f*

interblocco [inter'blɔkko] <-cchi> *m* ❶ TEC Notschalter *m* ❷ INFORM Abstand *m* zwischen zwei Absätzen

intercalare[1] [interka'la:re] **I.** *agg* Zwischen-; *(mese, anno)* Schalt- **II.** *m* ❶ *(nel parlare)* Füllwort *nt* ❷ LIT Kehrreim *m,* Refrain *m*

intercalare[2] *vt* einfügen, einschieben

intercambiabile [interkam'bia:bile] *agg* austauschbar, auswechselbar

intercambiabilità [interkambiabili'ta] <-> *f* Austauschbarkeit *f*

intercapedine [interka'pɛ:dine] *f* Zwischenraum *m*

intercategoriale [interkatego'ria:le] *agg* zwischen Berufsgruppen [*o* Berufsständen]

intercedere [inter'tʃɛ:dere] **I.** *vt avere* erbitten **II.** *vi* ❶ *essere (intercorrere)* dazwischenliegen ❷ *avere (farsi intermediario)* vermitteln, sich einsetzen

interceditrice *f v.* **intercessore**

intercessione [intertʃes'sio:ne] *f* Fürsprache *f*

intercessore, -ceditrice [intertʃes'so:re, intertʃedi'tri:tʃe] *m, f* Fürsprecher(in) *m(f)*

intercettare [intertʃet'ta:re] *vt* abhören

intercettazione [intertʃettat'tsio:ne] *f (di lettera)* Abfangen *nt; (di telefonata)* Abhören *nt*

intercity [inter'siti] <-> *m* FERR Intercity *m*

interclasse [inter'klasse] **I.** *f* <-> *(nella scuola elementare, insieme di più classi parallele)* Jahrgangsstufe *f* **II.** *agg inv (che interessa più classi)* Jahrgangs-

interclassismo [interklas'sizmo] <-> *m*

PHILOS, SOC *(ideologia)* Ablehnung *f* von Klassenunterschieden
interclassista [interklas'ista] <-i *m*, -e *f*> **I.** *mf* PHILOS, SOC *(sostenitore dell'interclassismo)* Befürworter(in) *m(f)* einer Gesellschaft ohne Klassenunterschiede **II.** *agg* ❶ *(comune a tutte le classi sociali, interclassistico)* Klassen übergreifend, klassenlos ❷ PHILOS, SOC *(proprio dell'interclassismo)* gegen Klassenunterschiede
interclassistico, -a [interklas'istiko] <-ci, -che> *agg* Klassen übergreifend
intercompartimentale [interkompartimen'ta:le] *agg* zwischen Abteilungen
intercomunale [interkomu'na:le] *agg* interkommunal
intercomunicante [interkomuni'kante] *agg* Verbindungs-
interconfederale [interkonfede'ra:le] *agg* mehrere [Gewerkschafts]verbände betreffend
interconfessionale [interkonfessio'na:le] *agg* REL interkonfessionell, ökumenisch
interconfessionalismo [interkonfessiona'lizmo] *m* REL Interkonfessionalismus *m geh*, Ökumene *f*
interconfessionalista [interkonfessiona'lista] <-i *m*, -e *f*> **I.** *mf* REL Anhänger(in) *m(f)* des ökumenischen Gedankens **II.** *agg* REL ökumenisch
interconfessionalistico, -a [interkonfessiona'listiko] <-ci, -che> *agg* REL *(interconfessionale)* ökumenisch, interkonfessionell
interconfessionalità [interkonfessionali'ta] <-> *f* REL Ökumene *f*
interconnessione [interkonnes'sio:ne] *f* ❶ *(connessione reciproca tra fatti)* Verbindung *f* ❷ TEC Zusammenschaltung *f*
interconnettere [interkon'nɛttere] <irr> *vt* TEC zusammenschalten
intercontinentale [interkontinen'ta:le] *agg* interkontinental; **missile** ~ Interkontinentalrakete *f*
intercooler [intə'ku:lə *o* inter'kuler] <- *o* intercoolers> *m* MOT Zwischenkühler *m*
intercorrente [interkor'rɛnte] *agg* ❶ *(che trascorre tra due momenti)* zwischenzeitlich ❷ MED interkurrent
intercorrere [inter'korrere] <irr> *vi essere* dazwischenliegen; *(fig)* bestehen
interculturale [interkultu'ra:le] *agg* interkulturell
interculturalismo [interkultura'lizmo] <-> *m* interkulturelle Verständigung
interdentale [interden'ta:le] *agg* interdental; **spazio** ~ Zahnzwischenraum *m;* **filo** ~ Zahnseide *f;* **suono** ~ Interdentallaut *m*, Zwischenzahnlaut *m*
interdetto [inter'detto] *m* REL Interdikt *nt*
interdetto, -a I. *pp di* **interdire II.** *m, f* JUR Entmündigte(r) *f(m)* **III.** *agg (sorpreso, turbato)* sprachlos
interdigitale [interdidʒi'ta:le] *agg* zwischen den Zehen; **membrana** ~ Schwimmhaut *f*
interdipendente [interdipen'dɛnte] *agg* voneinander abhängig
interdipendenza [interdipen'dɛntsa] *f* gegenseitige Abhängigkeit
interdire [inter'di:re] <irr> *vt* ❶ *(proibire)* untersagen, verbieten ❷ REL mit einem Interdikt belegen ❸ JUR entmündigen
interdisciplinare [interdiʃʃipli'na:re] *agg* interdisziplinär
interdisciplinarità [interdiʃʃiplinari'ta] <-> *f* ❶ *(atteggiamento)* interdisziplinäre Denkweise ❷ *(collaborazione tra diverse discipline)* interdisziplinäre Zusammenarbeit
interdissi *1. pers sing pass rem di* **interdire**
interditore [interdi'to:re] *m* SPORT im Tackling [*o* Stören gegnerischer Aktionen] gewandter Fußballspieler
interdizione [interdit'tsio:ne] *f* ❶ *(proibizione)* Verbot *nt* ❷ REL Interdikt *nt* ❸ JUR Entmündigung *f*
interessamento [interessa'mento] *m* ❶ *(interesse)* Interesse *nt; (partecipazione)* Anteilnahme *f* ❷ *(intervento)* Bemühung *f*, Verwendung *f*
interessante [interes'sante] *agg* interessant; **essere in stato** ~ in anderen Umständen sein
interessare [interes'sa:re] **I.** *vt avere* ❶ *(riguardare)* betreffen, angehen ❷ *(destare attenzione)* interessieren, interessant sein für **II.** *vi essere* ~ **a qu** jdn interessieren **III.** *vr* **-rsi** ❶ *(occuparsi)* **-rsi di qu/qc** sich um jdn/etw kümmern ❷ *(mostrare interesse)* **-rsi a** [*o* **di**] **qu/qc** sich für jdn/etw interessieren
interessato, -a [interes'sa:to] **I.** *agg (fig, pej: azione)* eigennützig; *(persona)* materiell eingestellt **II.** *m, f* Interessent(in) *m(f); (la persona in causa)* Betreffende(r) *f(m)*
interesse [inte'rɛsse] *m* ❶ FIN Zins *m*, Zinsen *mpl;* **tasso d'**~ Zinssatz *m* ❷ *(tornaconto, utilità)* Interesse *nt;* **agire nell'**~ **di qu** jds Interessen wahrnehmen ❸ *(interessamento)* Interesse *nt; (partecipazione)* [An]teilnahme *f* ❹ *pl (affari)* Angelegenheiten *fpl*, Interessen *ntpl*
interessenza [interes'sɛntsa] *f* Gewinnbeteiligung *f*
interetnico, -a [inter'ɛtniko] <-ci, -che> *agg* zwischen ethnischen Gruppen

intereuropeo, -a [intereuro'pɛ:o] <-ei, -ee> *agg* zwischen europäischen Staaten, innerhalb der EU

interezza [inte'rettsa] *f* Gesamtheit *f*

interfaccia [inter'fattʃa] <-cce> *f o m* INFORM Schnittstelle *f;* ~ **grafica** Grafikoberfläche *f;* ~ **seriale** serielle Schnittstelle; ~ **stampante** Druckerschnittstelle *f;* ~ **utente** Benutzeroberfläche *f*

interfacciabile [interfat'tʃa:bile] *agg* INFORM über Schnittstellen verbindbar

interfacciale [interfat'tʃa:le] *agg* INFORM Schnittstellen-, Interface-; **sistema** ~ Oberflächensystem *nt*

interfacciamento [interfattʃa'mento] *m* ① *(l'interfacciare)* Einschub *m* ② INFORM Verbindung *f* über Schnittstellen

interfacciare [interfat'tʃa:re] *vt* ① *(porre tra due superfici)* zwischenlegen ② INFORM über eine Schnittstelle verbinden

interfacoltà [interfakol'ta] *f* Studentenausschuss *m*

interfalda [inter'falda] *f* Füllmaterial *nt*

interfederale [interfede'ra:le] *agg* Bundes-, interföderal

interferenza [interfe'rɛntsa] *f* ① PHYS Interferenz *f* ② *(fig: intromissione)* Einmischung *f*

interferenziale [interferen'tsia:le] *agg* PHYS Interferenz-

interferire [interfe'ri:re] <interferisco> *vi* ① PHYS interferieren ② *(fig: intromettersi)* ~ **in qc** sich in etw *akk* einmischen

interfogliare [interfoʎ'ʎa:re] *vt* TYP durchschießen, interfoliieren

interfogliatura [interfoʎʎa'tu:ra] *f* TYP Durchschießen *nt,* Interfoliierung *f*

interfoglio [inter'fɔʎʎo] *m* Trennblatt *nt*

interfonico, -a [inter'fɔ:niko] <-ci, -che> *agg* Sprech-, Haustelefon-; **impianto** ~ Sprechanlage *f*

interfono [inter'fɔ:no] <-> *m* Sprechanlage *f;* ~ **per neonati** Babyfon *nt*

interforze [inter'fɔrtse] *agg inv* MIL truppenübergreifend

intergalattico, -a [interga'lattiko] <-ci, -che> *agg* intergalaktisch

intergenerazionale [interdʒenerattsio'na:le] *agg* zwischen Generationen, generationenübergreifend

interiezione [interiet'tsio:ne] *f* Interjektion *f*

interim ['interim] <-> *m* Interimsregierung *f,* Übergangsregierung *f;* **ad** ~ auf Zeit, ad Interim

interimistico, -a [interi'mistiko] <-ci, -che> *agg* ADM Übergangs-, vorübergehend

interinale [interi'na:le] *agg* vorübergehend, vorläufig; **lavoro** ~ Zeitarbeit *f*

interinato [interi'na:to] *m* provisorische Amtszeit

interiora [inte'rio:ra] *fpl* Innereien *fpl*

interiore [inte'rio:re] *agg* innere(r, s), Innen-; **vita** ~ Innenleben *nt*

interiorità [interiori'ta] <-> *f* Innere *nt*

interiorizzare [interiorid'dza:re] **I.** *vt* verarbeiten; ~ **un evento traumatico** ein traumatisches Erlebnis verarbeiten **II.** *vr* **-rsi** verinnerlicht werden

interiorizzazione [interioriddzat'tsio:ne] *f* Verinnerlichung *f*

interista [inte'rista] <-i *m,* -e *f*> **I.** *mf* ① SPORT *(giocatore)* Inter-Spieler *m* ② SPORT *(tifoso)* Inter Mailand-Fan *m* **II.** *agg (dell'Inter)* Inter-, Inter Mailand-

interlinea [inter'li:nea] *f* Zeilenabstand *m*

interlineare[1] [interline'a:re] *agg* zwischen den Zeilen, Zeilen-

interlineare[2] *vt* durchschießen

interlingua [inter'liŋgua] *f* LING *(lingua artificiale)* Interlingua *f,* Welthilfssprache *f*

interlinguistica [interliŋ'guistika] <-che> *f* LING Interlinguistik *f*

interlinguistico, -a [interliŋ'guistiko] <-ci, -che> *agg* ① LING *(comune a più lingue diverse)* interlingual, zwei oder mehrere Sprachen betreffend ② LING *(che riguarda l'interlinguistica)* interlinguistisch

interlocale [interlo'ka:le] *agg* überörtlich, überregional

interlocutore, -trice [interloku'to:re] *m, f* Gesprächspartner(in) *m(f)*

interlocutorio, -a [interloku'tɔ:rio] <-i, -ie> *agg* Zwischen-

interlocutrice *f v.* **interlocutore**

interludio [inter'lu:dio] <-i> *m* Zwischenspiel *nt,* Interludium *nt*

intermediale [interme'dia:le] *agg* KUNST multimedial

intermediario, -a [interme'dia:rio] <-i, -ie> **I.** *agg* dazwischenliegend, Zwischen- **II.** *m, f* Vermittler(in) *m(f),* Mittelsperson *f*

intermediazione [intermediat'tsio:ne] *f* Vermittlungstätigkeit *f;* **operazione di** ~ Vermittlungsgeschäft *nt*

intermedio, -a [inter'mɛ:dio] *agg* Zwischen-, Mittel-

intermestruale [intermestru'a:le] *agg* intermenstrual, intermenstruell

intermestruo [inter'mɛstruo] *m* MED Zyklus *m*

intermezzo [inter'mɛddzo] *m* ① MUS, LIT Intermezzo *nt* ② *(intervallo)* Pause *f*

interminabile [intermi'na:bile] *agg* endlos, unaufhörlich

interministeriale [interministe'ria:le] *agg* interministeriell

intermittente [intermit'tɛnte] *agg* wech-

selnd, Wechsel-; TEC intermittierend; **febbre** ~ Wechselfieber *nt;* **luce** ~ Blinklicht *nt*
intermittenza [intermit'tɛntsa] *f* Diskontinuität *f geh;* TEC Intermittenz *f*
intermodale [intermo'da:le] *agg* Umlade-, Umsteige-; **trasporto ~ di merci** Umladetransport *m*
intermuscolare [intermusko'la:re] *agg* MED intermuskulär
interna *f v.* **interno**
internal auditing [in'tə:nl 'ɔ:ditiŋ *o* in'ternal 'ɔditing] <-> *m* COM betriebsinterne Rechnungsprüfung
internal auditor [in'tə:nl 'ɔ:ditə *o* in'ternal 'ɔditor] <- *o* internal auditors> *m* COM betriebsinterne(r) Rechnungsprüfer(in) *m(f)*
internamente [interna'mente] *avv* ❶ *(dentro)* innen, im Inner[e]n ❷ *(fig: nell'anima)* innerlich, im Inner[e]n
internamento [interna'mento] *m* Internierung *f;* MED Einweisung *f*
internare [inter'na:re] *vt* internieren; MED einweisen
internato [inter'na:to] *m* ❶ *(periodo)* Praktikum *nt* ❷ *(convitto)* Internat *nt*
internauta [inter'nauta] <-i *m,* -e *f*> *mf* Surfer(in) *m(f)*
internavigatore [internaviga'to:re] *m* NAUT Angestellte(r) *f(m)* einer Binnenschifffahrtsgesellschaft
internazionale [internattsio'na:le] **I.** *agg* international **II.** *f* **Internazionale** Internationale *f*
internazionalismo [internattsiona'lizmo] *m* ❶ HIST Internationalismus *m* ❷ COM Tendenz *f* zur Bildung multinationaler Konzerne
internazionalista [internattsiona'lista] <-i *m,* -e *f*> *mf* HIST Internationalist(in) *m(f)*
internazionalistico, -a [internattsiona'listiko] <-ci, -che> *agg* internationalistisch; **movimento** ~ die sozialistische Internationale; **ideologia -a** die Ideologie der sozialistischen Internationale
internazionalità [internattsionali'ta] <-> *f* internationale Bedeutung, Internationalität *f*
internazionalizzare [internattsionalid'dza:re] *vt* internationalisieren
internazionalizzazione [internattsionaliddzat'tsio:ne] *f* Internationalisierung *f*
internegativo [internega'ti:vo] *m* FOTO Dianegativ *nt* für Abzüge
Internet [inter'net] <-> *f* INFORM, TEL Internet *nt;* **navigare su** ~ im Internet surfen; **~ browser** Internetbrowser *m;* **~ café** Internetcafé *nt;* **~ provider** Internetprovider *m;* **sito** ~ Website *f;* **pagina** ~ Webseite *f,* Internetseite; **collegamento a** ~ Internetanschluss *m;* **accesso a** ~ Internetzugang *m;* **gergo di** ~ Internetjargon *m*
Internet-dipendente *mf* Internetabhängige(r) *f(m)*
Internet-scenario *m* Internetszene *f*
internettista [internet'tista] <-i *m,* -e *f*> *mf* Internetanwender(in) *m(f)*
internista [inter'nista] <-i *m,* -e *f*> *mf* Internist(in) *m(f)*
interno [in'tɛrno] *m* ❶ *(parte interna)* Innere(s) *nt* ❷ FILM Innenaufnahme *f* ❸ *(numero interno)* Wohnungsnummer *f;* TEL Durchwahlnummer *f,* Apparat *m* ❹ *(territorio nazionale)* Inland *nt;* **ministro degli interni** [*o* **dell'~**] Innenminister *m*
interno, -a I. *agg* innere(r, s), Innen-; *(mare)* Binnen-; ADM *(alunno)* intern; *(politica)* Innen-; *(fig)* innerlich; **medicina -a** innere Medizin; **regolamento** ~ interne Regelung **II.** *m, f* Interne(r) *f(m);* SPORT Mittelstürmer(in) *m(f)*
intero [in'te:ro] *m* Ganze(s) *nt;* **per** ~ ganz, im Ganzen; **firmare per** ~ mit vollem Namen unterschreiben
intero, -a *agg* ganz, vollständig; *(fig: fiducia)* voll; **un anno** ~ ein ganzes Jahr; **latte** ~ Vollmilch *f*
interoceanico, -a [interotʃe'a:niko] <-ci, -che> *agg* interozeanisch
interparete® [interpa're:te] <-> *f* SPORT künstliche Kletterwand
interparlamentare [interparlamen'ta:re] *agg* PARL interparlamentarisch
interpartitico, -a [interpar'ti:tiko] <-ci, -che> *agg* POL überparteilich, Mehrparteien-
interpellante [interpel'lante] **I.** *mf* PARL Interpellant(in) *m(f)* **II.** *agg* PARL Anfrage-, eine Anfrage einbringend
interpellanza [interpel'lantsa] *f* Anfrage *f,* Interpellation *f geh*
interpellare [interpel'la:re] *vt* befragen, anfragen bei; POL interpellieren an +*akk*
interpellato, -a [interpel'la:to] **I.** *m, f* ADM Angesprochene(r) *f(m)* **II.** *agg (consultato)* zu Rate gezogen, kontaktiert
interpersonale [interperso'na:le] *agg* zwischenmenschlich
interpiano [inter'pia:no] *m* AERO Tragflächenabstand *m*
interplanetario, -a [interplane'ta:rio] *agg* interplanetar[isch], Weltraum-
interpolabile [interpo'la:bile] *agg* interpolierbar
interpolare [interpo'la:re] *vt* interpolieren
interpolazione [interpolat'tsio:ne] *f* Interpolation *f*

interporre [inter'porre] <irr> **I.** *vt* dazwischenlegen; JUR *(appello)* einlegen; ~ **la propria influenza** seinen Einfluss geltend machen; ~ **ostacoli** Hindernisse in den Weg legen; ~ **tempo** zögern **II.** *vr* **-rsi** dazwischentreten; *(fig)* sich einschalten
interporto [inter'pɔrto] *m* COM Zwischenlager *nt*
interposi *1. pers sing pass rem di* **interporre**
interposizione [interpozit'tsio:ne] *f* Vermittlung *f*
interposto *pp di* **interporre**
interpretabile [interpre'ta:bile] *agg* interpretierbar
interpretare [interpre'ta:re] *vt* ① *(chiarire)* deuten, auslegen ② MUS, FILM, THEAT interpretieren; *(rappresentare)* spielen, darstellen
interpretariato [interpreta'ria:to] *m* Dolmetschen *nt*
interpretativo, **-a** [interpreta'ti:vo] *agg* ① *(esegetico)* auslegend, kommentierend ② JUR interpretativ, auslegend
interpretazione [interpretat'tsio:ne] *f* ① *(di testi, leggi)* Interpretation *f*, Auslegung; *(di parole, azione)* Deutung *f*, Auslegung *f* ② *(attribuzione di un significato)* Deutung *f* ③ MUS Interpretation *f*; FILM, THEAT Darstellung *f*
interprete [in'tɛrprete] *mf* ① *(traduttore)* Dolmetscher(in) *m(f)*; ~ **simultaneo** Simultandolmetscher *m* ② FILM, TV, THEAT Darsteller(in) *m(f)*; MUS Interpret(in) *m(f)* ③ *(commentatore)* Kommentator(in) *m(f)*, Interpret(in) *m(f)* ④ *(espositore di volontà altrui)* Vermittler(in) *m(f)*; **farsi ~ di qc presso qu** bei jdm in etw *dat* vermitteln
interprovinciale [interprovin'tʃa:le] *agg* provinzenübergreifend; **campionato ~** Bezirksmeisterschaften *f pl*
interpsicologia [interpsikolo'dʒi:a] <-ie> *f* PSIC Interpsychologie *f*, Psychologie *f* der zwischenmenschlichen Beziehungen
interpunzione [interpun'tsio:ne] *f* Interpunktion *f*, Zeichensetzung *f*
interrail [inter'reil] <-> *m* FERR Interrailticket *nt*, -karte *f*
interramento [interra'mento] *m* Eingraben *nt*
interrare [inter'ra:re] **I.** *vt* eingraben, vergraben **II.** *vr* **-rsi** sich mit Erde füllen
interrato [inter'ra:to] *m* Kellergeschoss *nt*
interrazziale [interrat'tsia:le] *agg* zwischen den Rassen
interregionale [interredʒo'na:le] **I.** *agg* überregional **II.** *m* FERR Interregio *m*
interregno [inter'reɲɲo] *m* Interregnum *nt*
interrelato, **-a** [interre'la:to] *agg* miteinander in Zusammenhang stehend; **fenomeni -i** Phänomene, die miteinander in Zusammenhang stehen
interrelazione [interrelat'tsio:ne] *f* Zusammenhang *m*
interrogante [interro'gante] **I.** *mf* Fragesteller(in) *m(f)* **II.** *agg* fragend, Fragen stellend
interrogare [interro'ga:re] *vt* ① *(porre domande)* [be]fragen, anfragen bei; *(a scuola)* abhören, abfragen ② JUR verhören, vernehmen ③ *(fig: coscienza)* befragen ④ INFORM abfragen, abrufen
interrogativo [interroga'ti:vo] *m* ① LING Fragezeichen *nt* ② *(quesito)* Frage *f*
interrogativo, **-a** *agg* fragend, Frage-; LING interrogativ
interrogato, **-a** [interro'ga:to] **I.** *m, f* Befragte(r) *f(m)* **II.** *agg* befragt, verhört
interrogatorio [interroga'tɔ:rio] <-i> *m* Verhör *nt*, Vernehmung *f*, Einvernahme *f* A
interrogazione [interrogat'tsio:ne] *f* ① *(l'interrogare)* Befragung *f*; *(a scuola)* Abfragen *nt* ② JUR Vernehmung *f*, Einvernahme *f* A ③ POL Anfrage *f*
interrompere [inter'rompere] <irr> **I.** *vt* ① *(troncare)* unterbrechen, abbrechen ② *(sospendere)* unterbrechen, einstellen **II.** *vr* **-rsi** einhalten; *(nel parlare)* sich unterbrechen
interrompibile [interrom'pi:bile] *agg* unterbrechbar, aussetzbar; **questa lezione non è ~** eine Unterbrechung der Unterrichtseinheit ist nicht möglich
interrotto *pp di* **interrompere**
interruttore [interrut'to:re] *m* Schalter *m*
interruzione [interrut'tsio:ne] *f* Unterbrechung *f*; **senza ~** ununterbrochen
interscambiabile [interskam'bia:bile] *agg* austauschbar, auswechselbar; **queste parti sono -i** die Teile sind austauschbar
interscambiabilità [interskambiabili'ta] <-> *f* Austauschbarkeit *f*, Auswechselbarkeit *f*
interscambio [inters'kambio] *m* Warenaustausch *m*
interscolastico, **-a** [intersko'la:stiko] <-ci, -che> *agg* zwischen Schulen
interscuola [inter'skuɔ:la] <-> *f* Mittagspause *f* in Internaten
intersecare [interse'ka:re] **I.** *vt* [durch]kreuzen **II.** *vr* **-rsi** sich schneiden, sich kreuzen
intersettoriale [intersetto'ria:le] *agg* fachübergreifend, gebietsübergreifend
intersezione [interset'tsio:ne] *f* Schnittpunkt *m*, Schnittstelle *f*
intersindacale [intersinda'ka:le] *agg* ge-

werkschaftsübergreifend; **agitazione** ~ gewerkschaftsübergreifende Proteste; **incontro** ~ Treffen mehrerer Gewerkschaftsgruppen

intersoggettivo, **-a** [intersoddʒet'ti:vo] *agg* intersubjektiv

interstazionale [interstattsio'na:le] *agg* FERR zwischen zwei Bahnhöfen

interstellare [interstel'la:re] *agg* ASTR *(intersiderale)* interstellar

interstiziale [interstit'tsia:le] *agg* ❶ BIOL, ANAT interstitiell, in den Zwischenräumen liegend ❷ PHYS, CHEM frei im Kristallgitter vorkommend; **atomi -i** freie Atome im Gitter; **composto** ~ 2-Phasen-Verbindung

interstizio [inters'tittsio] <-i> *m* Zwischenraum *m; (di tempo)* Zwischenzeit *f*

intertemporale [intertempo'ra:le] *agg* zwischenzeitlich

intertesto [inter'tɛsto] *m* Texteinschub *m*

intertestuale [intertestu'a:le] *agg* intertextual, zwischen zwei Texten; **analisi** ~ textkritischer Vergleich

intertestualità [intertestuali'ta] <-> *f* LING intertextuelle Beziehungen *f pl*

intertropicale [intertropi'ka:le] *agg* GEOG in den Tropen liegend; **regione** ~ Tropen *f pl*

interurbana [interur'ba:na] *f* TEL Ferngespräch *nt*

interurbano, **-a** [interur'ba:no] *agg* zwischen den Städten liegend; TEL Fern[sprech]-; **linea di servizio -a** Fernsprechverbindung *f*

intervallare [interval'la:re] *vt* unterbrechen, dazwischenschieben

intervallo [inter'vallo] *m* ❶ *(di tempo)* [Zwischen]zeit *f* ❷ *(di spazio)* Zwischenraum *m,* Abstand *m* ❸ MUS Intervall *nt* ❹ *(ricreazione)* Pause *f*

interveniente [interve'niɛnte] *mf* ❶ JUR *(chi interviene a un processo in corso)* Intervenient(in) *m(f)* ❷ COM, FIN *(chi interviene a favore di terzi nel pagare una cambiale)* Ehrenzahler(in) *m(f),* Honorant(in) *m(f)*

intervenire [interve'ni:re] <irr> *vi essere* ❶ *(intromettersi)* ~ **in qc** sich in etw *akk* einmischen; ~ **in una discussione** sich in eine Diskussion einschalten ❷ *(partecipare)* ~ **a qc** an etw *dat* teilnehmen ❸ MED einen Eingriff vornehmen

interventismo [interven'tizmo] <-> *m* ❶ HIST Bewegung *f* zugunsten militärischer Interventionen *(bes 1914-15)* ❷ POL Interventionismus *m*

interventista [interven'tista] <-i *m,* -e *f*> **I.** *mf* ❶ *(hist)* Befürworter(in) *m(f)* militärischer Interventionen ❷ JUR Interventionist(in) *m(f)* **II.** *agg (interventistico)* für militärische Interventionen

interventistico, **-a** [interven'tistiko] <-ci, -che> *agg* militärische Interventionen unterstützend; **propaganda -a** Propaganda für Militäreinsätze

intervento [inter'vɛnto] *m* ❶ *(intromissione)* Eingreifen *nt,* Dazwischentreten *nt; (della polizia)* Einschreiten *nt; (ingerenza)* Einmischung *f;* POL, COM Intervention *f;* **politica del non** ~ Politik *f* der Nichteinmischung ❷ *(partecipazione)* **l'~ a qc** die Teilnahme an etw *dat* ❸ *(discorso in un dibattito)* Ansprache *f,* Rede *f* ❹ MED Eingriff *m*

intervenuti [interve'nu:ti] *mpl (presenti)* Erschienene[n] *pl;* **ringraziamo tutti gli** ~ wir danken allen, die gekommen sind

intervenuto, **-a** [interve'nu:to] **I.** *pp di* **intervenire** **II.** *agg* anwesend, versammelt; **il pubblico ~ era molto folto** die Öffentlichkeit war zahlreich erschienen

intervenzionismo [interventsio'nizmo] <-> *m* COM, FIN Interventionismus *m*

interview ['intəvju] <- *o* interviews> *f (intervista)* Interview *nt*

intervista [inter'vista] *f* Interview *nt; (statistica)* Befragung *f*

intervistare [intervis'ta:re] *vt* interviewen; *(statisticamente)* befragen

intervistatore, **-trice** [intervista'to:re] *m, f* Interviewer(in) *m(f)*

intesa [in'te:sa] *f* ❶ *(accordo)* Einverständnis *nt,* Absprache *f* ❷ COM Absprache *f* ❸ POL Bündnis *nt,* Entente *f*

intesi [in'tesi] *1. pers sing pass rem di* **intendere**

inteso, **-a** [in'te:so] **I.** *pp di* **intendere** **II.** *agg* vereinbart, verstanden; **resta ~ che …** es ist vereinbart, dass …

intessere [in'tɛssere] *vt* ❶ *(tessere, intrecciare)* flechten ❷ *(fig: comporre)* ersinnen, anzetteln

intestardirsi [intestar'dirsi] <m'intestardisco> *vr* ~ **su** [*o* **in**] **qc** sich auf etw *akk* versteifen

intestare [intes'ta:re] *vt* ❶ *(libro)* mit einer Überschrift versehen; *(busta)* mit Namen versehen; *(lettera)* mit Briefkopf versehen ❷ ~ **qc a qu** *(conto)* etw auf jds Namen eintragen; *(casa)* etw auf jds Namen überschreiben

intestatario, **-a** [intesta'ta:rio] <-i, -ie> *m, f* Inhaber(in) *m(f)*

intestato, **-a** [intes'ta:to] *agg (carta)* mit Namen versehen; ~ **a** lautend auf

intestazione [intestat'tsio:ne] *f* ❶ *(registrazione)* Eintragung *f* ❷ *(dicitura)* Überschrift *f*

intestinale [intesti'na:le] *agg* Darm-
intestino [intes'ti:no] *m* Darm *m;* ~ **cieco** Blinddarm *m*
intiepidire [intiepi'di:re] <intiepidisco> **I.** *vt avere* ① *(rendere tiepido)* lau[warm] machen ② *(fig: mitigare)* abkühlen **II.** *vr* **-rsi** ① *(diventare tiepido)* lau[warm] werden ② *(attenuarsi)* sich abschwächen, nachlassen
intifada [inti'fa:da] *f* Intifada *f*
intima ['intima] *f* ① ANAT Intima *f* ② DIAL *(federa)* Bettbezug *m*
intimare [inti'ma:re] *vt* anordnen, befehlen; *(guerra)* erklären; ~ **l'alt** Halt gebieten
intimazione [intimat'tsio:ne] *f* Aufforderung *f,* Befehl *m; (di guerra)* Erklärung *f;* ~ **di pagamento** Zahlungsaufforderung *f*
intimidazione [intimidat'tsio:ne] *f* Einschüchterung *f*
intimidire [intimi'di:re] <intimidisco> **I.** *vt avere* ① *(rendere timido)* schüchtern machen ② *(incutere timore)* einschüchtern **II.** *vr* **-rsi** schüchtern werden
intimità [intimi'ta] <-> *f* ① *(di sentimenti)* Intimität *f,* Vertraulichkeit *f;* **essere in ~ con qu** mit jdm vertraut sein ② *(di ambienti)* Gemütlichkeit *f*
intimo ['intimo] *m* ① *(dell'animo)* Innerste(s) *nt* ② *pl* engste Verwandte *pl*
intimo, -a *agg* ① *(più interno)* innerste(r, s); **biancheria -a** Unterwäsche *f* ② *(persona)* intim, vertraut; **rapporti -i** intime Beziehungen ③ *(ambiente)* gemütlich
intimorire [intimo'ri:re] <intimorisco> **I.** *vt* [ver]ängstigen, verschüchtern **II.** *vr* **-rsi** sich fürchten
intingere [in'tindʒere] <irr> *vt* eintauchen, eintunken
intingolo [in'tiŋgolo] *m* Tunke *f,* Soße *f*
intirizzire [intirid'dzi:re] **I.** *vt avere* erstarren lassen **II.** *vr* **-rsi** erstarren
intisichire [intizi'ki:re] <intisichisco, intisichisci> *vi essere* ① MED schwindsüchtig werden ② BOT verkümmern ③ *(fig)* verkümmern, versauern
intitolare [intito'la:re] *vt* ① *(dare un titolo)* betiteln, überschreiben ② *(dedicare)* widmen
intoccabile [intok'ka:bile] **I.** *agg* unberührbar **II.** *mf* Unberührbare(r) *f(m)*
intollerabile [intolle'ra:bile] *agg* unerträglich
intollerante [intolle'rante] *agg* intolerant, unduldsam
intolleranza [intolle'rantsa] *f* Intoleranz *f,* Unduldsamkeit *f;* ~ **alimentare** MED Nahrungsmittelintoleranz
intonacare [intona'ka:re] *vt* verputzen
intonaco [in'tɔ:nako] <-ci *o* -chi> *m* Verputz *m*
intonare [into'na:re] **I.** *vt* MUS anstimmen, intonieren; *(strumento)* stimmen **II.** *vr* **-rsi con** [*o* **a**] **qc** zu etw passen
intonazione [intonat'tsio:ne] *f* ① MUS Anstimmen *nt; (di strumento)* Stimmen *nt* ② LING Intonation *f,* Tongebung *f*
intontimento [intonti'mento] *m* Benommenheit *f*
intontire [inton'ti:re] <intontisco> **I.** *vt avere* benommen machen **II.** *vi essere* benommen werden
intoppo [in'tɔppo] *m* ① *(ostacolo)* Hindernis *nt* ② *(urto)* Stoß *m*
intorbidamento [intorbida'mento] *m* Trübung *f*
intorbidare [intorbi'da:re] **I.** *vt avere* trüben, trübe machen **II.** *vr* **-rsi** trübe werden
intorno [in'torno] **I.** *avv* umher, herum; **girare ~** umherlaufen; **guardarsi ~** umherschauen, sich umschauen; **tutt'~** ringsherum, ringsumher **II.** *prep* ~ **a** an +*dat; (locale, temporale)* um +*akk* … herum; **lavorare ~ a un progetto** an einem Projekt arbeiten **III.** *agg inv* umliegend
intorpidimento [intorpidi'mento] *m* Erstarrung *f*
intorpidire [intorpi'di:re] <intorpidisco> **I.** *vt avere* ① *(membra)* gefühllos machen ② *(fig)* stumpf machen **II.** *vr* **-rsi** ① *(membra)* gefühllos werden ② *(fig)* stumpf werden
intortare [intor'ta:re] *vt (fam: raggirare, abbindolare qu)* jdn um den Finger wickeln, jdn einwickeln
intossicare [intossi'ka:re] **I.** *vt* vergiften **II.** *vr* **-rsi** sich vergiften
intossicazione [intossikat'tsio:ne] *f* Vergiftung *f*
intracomunitario, -a [intrakomuni'ta:rio] <-i, -ie> *agg* innereuropäisch, EU-intern; **scambi -i** EU-interne Transaktionen
intradosso [intra'dɔsso] *m* ① ARCH Laibung *f* ② AERO *(superficie inferiore di un'ala)* Tragflügelunterseite *f*
intraducibile [intradu'tʃi:bile] *agg* ① *(lingua)* unübersetzbar ② *(fig: sentimento)* unausdrückbar
intraducibilità [intradutʃibili'ta] <-> *f* Unübersetzbarkeit *f*
intralciare [intral'tʃa:re] **I.** *vt* behindern, hemmen **II.** *vr* **-rsi** ① *(complicarsi)* sich verwickeln ② *(ostacolarsi)* sich behindern
intralcio [in'traltʃo] <-ci> *m* Hindernis *nt*
intrallazzare [intrallat'tsa:re] *vi* Machenschaften betreiben
intrallazzatore, -trice [intrallattsa'to:re] *m, f* Ränkeschmied *m*

intrallazzo [intral'lattso] *m* Machenschaft *f,* Intrige *f*
intrallazzone, **-a** [intrallat'tsoːne] *m, f (fam: intrallazzatore)* Schieber *m fam*
intramezzare [intramed'dzaːre] *vt* **~ qc con qc** etw in etw *akk* einschieben
intramontabile [intramon'taːbile] *agg* unvergänglich, unsterblich
intramuscolare [intramusko'laːre] **I.** *agg* MED intramuskulär **II.** *f* MED *(iniezione)* intramuskuläre Injektion
intramuscolo [intra'muskolo] **I.** *agg inv* MED *(intramuscolare)* intramuskulär; **iniezione ~** intramuskuläre Injektion **II.** *f* <-> MED intramuskuläre Injektion *f*
Intranet [intra'net] <-> *f* INFORM Intranet *nt*
intransigente [intransi'dʒɛnte] *agg* unnachgiebig, unversöhnlich
intransigenza [intransi'dʒɛntsa] *f* Unnachgiebigkeit *f,* Unversöhnlichkeit *f*
intransitabile [intransi'taːbile] *agg* unbefahrbar
intransitabilità [intransitabili'ta] <-> *f* Unpassierbarkeit *f*
intransitivo [intransi'tiːvo] *m* LING Intransitiv *nt,* intransitives Verb
intransitivo, **-a** *agg* LING intransitiv
intrapersonale [intraperso'naːle] *agg* persönlich, intim
intrappolare [intrappo'laːre] *vt* ① *(animali)* in einer Falle fangen ② *(fig: truffare)* hereinlegen
intraprendente [intrapren'dɛnte] *agg* unternehmungslustig; *(con le donne)* draufgängerisch
intraprendenza [intrapren'dɛntsa] *f* Unternehmungslust *f; (con le donne)* Draufgängertum *nt*
intraprendere [intra'prɛndere] <irr> *vt (spedizione)* unternehmen; *(carriera)* einschlagen; *(studi)* ergreifen, beginnen
intrapsichico, **-a** [intra'psiːkiko] <-ci, -che> *agg* PSIC psychisch bedingt
intrasferibile [intrasfe'riːbile] *agg* unübertragbar
intrasferibilità [intrasferibili'ta] <-> *f* Unübertragbarkeit *f*
intrasportabile [intraspor'taːbile] *agg* nicht transportfähig; **il malato è ~** der Kranke ist nicht transportfähig
intrattabile [intrat'taːbile] *agg* ① *(problema)* heikel, schwierig; *(persona, carattere)* schwierig, unzugänglich ② *(metallo)* schwer zu bearbeiten; **un materiale ~** ein schwer zu bearbeitendes Material ③ *(prezzo)* nicht verhandlungsfähig
intrattabilità [intrattabili'ta] <-> *f* ① *(di persona)* Unleidlichkeit *f,* Unverträglichkeit *f* ② TEC schlechte Bearbeitbarkeit *f* ③ *(di argomento)* Schwierigkeit *f*
intrattenere [intratte'neːre] <irr> **I.** *vt* unterhalten **II.** *vr* **-rsi su qc** sich bei etw aufhalten
intrattenimento [intratteni'mento] *m* Unterhaltung *f*
intrattenitore, **-trice** [intratteni'toːre] *m, f* Unterhalter(in) *m(f),* Entertainer(in) *m(f)*
intrauterino, **-a** [intraute'riːno] *agg* ANAT intrauterin
intrav(v)edere [intrav(v)e'deːre] <irr> *vt* ① *(scorgere)* [flüchtig] erblicken ② *(fig: intuire)* [er]ahnen
intrecciare [intret'tʃaːre] **I.** *vt* ① *(capelli, vimini)* flechten; *(dita)* verschlingen ② *(fig)* knüpfen, spinnen **II.** *vr* **-rsi** ① *(incrociarsi)* sich verschlingen ② *(interesse)* sich verflechten
intreccio [in'trettʃo] <-cci> *m* ① *(lavoro)* Flechtwerk *nt,* Geflecht *nt* ② *(fig: trama)* Verwicklung *f,* Handlung *f*
intrepido, **-a** [in'trɛːpido] *agg* unerschrocken, draufgängerisch
intricare [intri'kaːre] **I.** *vt* verwickeln, verwirren **II.** *vr* **-rsi** sich verwickeln
intrico [in'triːko] <-chi> *m* Geflecht *nt; (fig)* Gewirr *nt*
intrigante [intri'gante] **I.** *agg* intrigant **II.** *mf* Intrigant(in) *m(f)*
intrigare [intri'gaːre] **I.** *vi* Ränke schmieden, intrigieren **II.** *vr* **-rsi in qc** *(fam: impicciarsi)* sich in etw *akk* einmischen
intrigo [in'triːgo] <-ghi> *m* ① *(briga)* Intrige *f,* Machenschaften *f pl;* **ordire un ~** eine Intrige anzetteln ② *(situazione imbarazzante)* Schlamassel *m fam*
intrinseco, **-a** [in'trinseko] <-ci, -che> *agg* innere(r, s); *(fig)* vertraut; *(amicizia)* innig
intriso, **-a** *agg* **~ di** triefend von [*o* vor +*dat*]
introdurre [intro'durre] <introduco, introdussi, introdotto> **I.** *vt* ① *(inserire)* [hinein]stecken, einführen ② *(mettere in uso,* COM einführen ③ *(far entrare)* eintreten lassen; *(presentare)* vorstellen ④ *(fig: avviare)* einleiten ⑤ LING einleiten **II.** *vr* **-rsi in qc** in etw *akk* eindringen
introduttivo, **-a** [introdut'tiːvo] *agg* einleitend, einführend
introduzione [introdut'tsioːne] *f* ① *(immissione)* Einführung *f* ② COM Einfuhr *f* ③ *(prefazione)* Einleitung *f* ④ *(avviamento, guida)* Einführung *f* ⑤ *(di persona)* Vorstellung *f* ⑥ MUS Vorspiel *nt; (di opera)* Ouvertüre *f*
introitare [introi'taːre] *vt* einnehmen

introito [in'trɔːito] *m (incasso)* Einnahme *f,* Einkünfte *f pl*
intromettersi [intro'mettersi] <irr> *vr* ❶ *(interporsi)* dazwischentreten ❷ *(immischiarsi)* ~ **in qc** sich in etw *akk* einmischen
intromissione [intromis'sioːne] *f* ❶ *(intervento)* Dazwischentreten *nt,* Eingreifen *nt; (mediazione)* Vermittlung *f* ❷ *(ingerenza)* Einmischung *f*
introvabile [intro'vaːbile] *agg* unauffindbar
introverso, -a [intro'vɛrso], **introvertito, -a** [introver'tiːto] **I.** *agg* introvertiert **II.** *m, f* Introvertierte(r) *f(m)*
intrufolare [intrufo'laːre] **I.** *vt (fam)* gleiten lassen **II.** *vr* **-rsi** sich einschmuggeln
intrufolarsi [intrufo'larsi] *vr* sich einschmuggeln
intrugliare [intruʎ'ʎaːre] **I.** *vt (fam: mescolare)* zusammenrühren, mixen **II.** *vr* **-rsi** ❶ *(fam: sporcarsi)* sich schmutzig machen ❷ *(immischiarsi)* **-rsi in qc** sich auf etw *akk* einlassen
intruglio [in'truʎʎo] <-gli> *m* ❶ *(pej: mistura)* Gemisch *nt; (bevanda)* Gebräu *nt* ❷ *(fig: imbroglio)* Machenschaft *f*
intrusa *f v.* **intruso**
intrusione [intru'zioːne] *f* ❶ *(intervento)* Eindringen *nt* ❷ *(ingerenza)* Einmischung *f* ❸ GEOL Intrusion *f*
intruso, -a [in'truːzo] *m, f* Eindringling *m*
intuibile [intu'iːbile] *agg* [er]ahnbar, fühlbar
intuire [intu'iːre] <intuisco> *vt* ❶ *(sentire)* fühlen, ahnen ❷ *(presentire)* [voraus]ahnen
intuitivo, -a [intui'tiːvo] *agg* ❶ *(comprensibile, ovvio)* verständlich, offensichtlich; **è** ~ das versteht sich von selbst ❷ *(relativo all'intuizione)* intuitiv
intuito [in'tuːito] *m* ❶ *(conoscenza immediata)* Gefühl *nt,* Intuition *f;* **sapere per** ~ gefühlsmäßig wissen ❷ *(perspicacia)* Scharfsinn *m*
intuizione [intuit'tsioːne] *f* Intuition *f; (presentimento)* Vorgefühl *nt,* Vorahnung *f*
inturgidire [inturdʒi'diːre] <inturgidisco, inturgidisci> *vi essere* [an]schwellen
inumano, -a [inu'maːno] *agg* unmenschlich, inhuman
inumare [inu'maːre] *vt* begraben, beerdigen
inumazione [inumat'tsioːne] *f* Beerdigung *f*
inumidire [inumi'diːre] <inumidisco> **I.** *vt* befeuchten, anfeuchten; *(bucato)* besprengen, einsprengen **II.** *vr* **-rsi** feucht werden
inurbamento [inurba'mento] *m* Landflucht *f*
inurbano, -a [inur'baːno] *agg (persona)* grobschlächtig; *(comportamento)* unzivilisiert
inurbarsi [inur'barsi] *vr* in die Stadt ziehen
inusitato, -a [inuzi'taːto] *agg* ungewöhnlich
inutile [i'nuːtile] *agg* ❶ *(senza utilità)* unnütz, nutzlos ❷ *(inefficace)* nutzlos, unwirksam ❸ *(vano, superfluo)* zwecklos, sinnlos
inutilità [inutili'ta] *f* ❶ *(mancanza di utilità)* Nutzlosigkeit *f,* Zwecklosigkeit *f* ❷ *(inefficacia)* Unwirksamkeit *f* ❸ *(l'essere vano, superfluo)* Sinnlosigkeit *f*
inutilizzabile [inutilid'dzaːbile] *agg* unbrauchbar, nicht verwendbar
invadente [inva'dɛnte] **I.** *agg* aufdringlich **II.** *mf* aufdringlicher Mensch
invadenza [inva'dɛntsa] *f* Aufdringlichkeit *f*
invadere [in'vaːdere] <invado, invasi, invaso> *vt* ❶ *(con forza)* überfallen; *(città)* einnehmen; *(fortezza)* stürmen; *(paese)* einfallen in +*akk* ❷ *(fig)* überschwemmen
invaditrice *f v.* **invasore**
invaghire [inva'giːre] <invaghisco> **I.** *vt* verliebt machen **II.** *vr* **-rsi di qu** sich in jdn verlieben; **-rsi di qc** *(fig)* mit etw liebäugeln
invalida *f v.* **invalido**
invalidare [invali'daːre] *vt* für ungültig erklären; JUR anfechten
invalidità [invalidi'ta] *f* ❶ *(gener)* Ungültigkeit *f* ❷ JUR Rechtsungültigkeit *f* ❸ *(per menomazione)* Invalidität *f*
invalido, -a [in'vaːlido] **I.** *agg* ❶ *(gener)* ungültig, nichtig ❷ JUR rechtsungültig ❸ *(per menomazione)* invalide **II.** *m, f* Invalide *mf;* ~ **di guerra** Kriegsversehrte(r) *m;* ~ **civile** Erwerbsunfähige(r) *m*
invalso, -a [in'valso] *agg* üblich, verbreitet
invano [in'vaːno] *avv* umsonst, vergebens
invariabile [inva'riaːbile] *agg* unveränderlich
invariabilità [invariabili'ta] *f* Unveränderlichkeit *f*
invariato, -a [inva'riaːto] *agg* unverändert
invasamento [invaza'mento] *m* ❶ *(ossessione)* Besessenheit *f* ❷ *(esaltazione)* Aufgebrachtheit *f*
invasare [inva'zaːre] *vt* ❶ *(ossessionare)* besessen machen ❷ *(mettere in un vaso)* in ein Gefäß füllen; *(piante)* eintopfen
invasatura [invaza'tuːra] *f* Eintopfen *nt*
invasi [in'vaːzi] *1. pers sing pass rem di* **invadere**
invasione [inva'zioːne] *f* ❶ MIL Invasion *f,*

I

Einfall *m* ② *(enorme affluenza)* Ansturm *m* ③ *(fig: diffusione)* Verbreitung *f*
invaso[1] [in'va:zo] *pp di* **invadere**
invaso[2] *m (di piante)* Eintopfen *nt*
invasore, **invaditrice** [inva'zo:re, invadi'tri:tʃe] **I.** *agg* eindringend, einfallend **II.** *m, f* Invasor(in) *m(f)*, Eindringling *m*
invecchiamento [invekkia'mento] *m* ① BIOL Altern *nt*, Alterung *f*; ~ **della pelle** Hautalterung *f* ② *(del vino)* Alterung *f*, Lagerung *f* ③ TEC Aushärtung *f*, Aushärten *nt* ④ *(fig)* Veralten *nt*
invecchiare [invek'kia:re] **I.** *vi essere* ① BIOL altern, alt werden ② *(vino)* altern, [ab]lagern **II.** *vt avere* ① *(far diventare vecchio)* alt werden lassen ② *(far sembrare vecchio)* alt machen ③ *(vino)* altern lassen
invece [in've:tʃe] **I.** *avv* dagegen, indes[sen] **II.** *prep* ~ **di** [an]statt *+gen*; ~ **di lei** an ihrer Stelle
inveire [inve'i:re] <inveisco> *vi* ~ **contro qu/qc** auf jdn/etw schimpfen, gegen jdn/etw wettern
invelenire [invele'ni:re] *vi essere* ~ **contro qu** gegen jdn aufgebracht sein
invendibile [inven'di:bile] *agg* unverkäuflich
inventare [inven'ta:re] *vt* ① *(scoprire, trovare)* erfinden ② *(escogitare)* ersinnen, ausdenken ③ *(ideare, immaginare)* erfinden; **inventarne di tutti i colori** die unglaublichsten Dinge erfinden, Geschichten erzählen
inventariare [inventa'ria:re] *vt* Bestandsaufnahme machen von
inventario [inven'ta:rio] <-i> *m* ① *(elencazione di beni)* Inventur *f*, Bestandsaufnahme *f* ② *(registro)* Aufnahmeverzeichnis *nt*
inventiva [inven'ti:va] *f* Erfindungsgabe *f*; **ricco d'** ~ erfindungsreich
inventivo, **-a** [inven'ti:vo] *agg* erfinderisch, Erfinder-
inventore, **-trice** [inven'to:re] *m, f* Erfinder(in) *m(f)*
invenzione [inven'tsio:ne] *f* ① *(ideazione)* Erfindung *f*; *(scoperta)* Entdeckung *f* ② *(prodotto della fantasia)* Erfindung *f*; *(bugia)* Lüge *f*
inverecondia [invere'kondia] <-ie> *f* Schamlosigkeit *f*
inverecondo, **-a** [invere'kondo] *agg* schamlos
invernale [inver'na:le] *agg* winterlich, Winter-; **sport** ~ Wintersport *m*
invernata [inver'na:ta] *f* Winter[s]zeit *f*
inverniciare [inverni'tʃa:re] *vt* lackieren, anstreichen
inverniciatura [invernitʃa'tu:ra] *f* ① *(verniciatura)* Lackierung *f*, Anstrich *m* ② *(fig: infarinatura)* Anstrich *m*
inverno [in'vɛrno] *m* Winter *m*; **d'**~ im Winter; **nel cuore dell'**~ im tiefsten Winter
invero [in've:ro] *avv (poet)* wahrlich *geh*, wirklich
inverosimiglianza [inverosimiʎ'ʎantsa] *f* Unwahrscheinlichkeit *f*
inverosimile [invero'si:mile] *agg* unwahrscheinlich
inversione [inver'sio:ne] *f* ① *(atto dell'invertire)* Umkehrung *f*; ~ **di marcia** MOT Wenden *nt*; ~ **di rotta** Kurswechsel *m* ② LING, CHEM Inversion *f*
inverso [in'vɛrso] *m* Gegenteil *nt*
inverso, **-a** *agg* umgekehrt, entgegengesetzt
invertebrati [inverte'bra:ti] *mpl* ZOO Wirbellose[n] *pl*
invertebrato, **-a** [inverte'bra:to] *agg* ① ZOO wirbellos ② *(fig: persona smidollata)* ohne Rückgrat
invertire [inver'ti:re] *vt* ① *(nel senso contrario)* umkehren; *(direzione)* ändern ② *(scambiare)* [aus]tauschen, [aus]wechseln; *(posto, disposizione)* umstellen ③ LING, CHEM invertieren ④ *(fig: capovolgere)* auf den Kopf stellen, umkehren
invertito, **-a** [inver'ti:to] *m, f* Invertierte(r) *f(m)*
invertitore [inverti'to:re] *m* Wender *m*, Wechsler *m*
investigare [investi'ga:re] **I.** *vt* erforschen, untersuchen **II.** *vi* Nachforschungen anstellen
investigativo, **-a** [investiga'ti:vo] *agg* *(agente)* Kriminal-; *(ufficio)* Detektiv-; **servizio** ~ Ermittlungsdienst *m*
investigatore, **-trice** [investiga'to:re] *m, f* [Er]forscher(in) *m(f)*; ~ **privato** Privatdetektiv *m*
investigazione [investigat'tsio:ne] *f* Untersuchung *f*, Nachforschung *f*
investimento [investi'mento] *m* ① FIN Investition *f*, Anlage *f*; ~ **estero** FIN Auslandsinvestition *f* ② *(urto)* Zusammenstoß *m*; *(di persone, animali)* Anfahren *nt*; *(a morte)* Überfahren *nt*
investire [inves'ti:re] **I.** *vt* ① ~ **qu di qc** *(di una carica)* jdn mit etw betrauen; *(di potere, titolo, dignità)* jdm etw verleihen ② FIN investieren, anlegen ③ *(urtare)* zusammenstoßen mit, auffahren auf *+akk*; *(persone, animali)* anfahren; *(a morte)* überfahren **II.** *vr* **-rsi** *(di un titolo)* erreichen, bekleiden; **-rsi di qu/qc** *(di persona, parte)* sich in jdn/etw hineinversetzen
investitore, **-trice** [investi'to:re] *m, f*

① *(stradale)* Unfallfahrer(in) *m(f)* ② FIN Anleger(in) *m(f)*, Investor(in) *m(f)*

investitura [investi'tu:ra] *f* Investitur *f*

investment trust [in'vestmənt trʌst] <-> *m* FIN *(fondo chiuso)* Investmenttrust *m*

inveterato, -a [invete'ra:to] *agg* eingewurzelt

invetriare [invetri'a:re] *vt* ① *(di vernice vitrea)* glasieren ② *(di vetri)* verglasen

invetriata [invetri'a:ta] *f (finestra)* Glasfenster *nt; (porta)* Glastür *f*

invettiva [invet'ti:va] *f* Schmährede *f*, Schmähung *f*

inviare [invi'a:re] *vt* ① *(cose)* [ver]schicken, [ver]senden ② *(persone)* schicken, entsenden

inviato, -a [invi'a:to] *m, f* ① *(di giornale)* Berichterstatter(in) *m(f)*; **~ speciale** Sonderberichterstatter *m* ② *(in diplomazia)* [Ab]gesandte(r) *f(m)*

invidia [in'vi:dia] <-ie> *f* Neid *m;* **crepare d'~** vor Neid platzen; **possedere una salute che fa ~** eine beneidenswerte Gesundheit besitzen

invidiabile [invi'dia:bile] *agg* beneidenswert

invidiare [invi'dia:re] *vt* ① *(persone)* neidisch sein auf *+akk;* **~ qu per qc** jdn um etw beneiden ② *(cose)* missgönnen, neiden

invidioso, -a [invi'dio:so] **I.** *agg* neidisch; **essere ~ di qu/qc** auf jdn/etw neidisch sein **II.** *m, f* neidischer Mensch

inviluppare [invilup'pa:re] *vt* ① *(avvolgere)* einhüllen ② *(fig: irretire)* hineinziehen (**in** in *+akk*), verwickeln (**in** in *+akk*) ③ *(fig: nascondere, mascherare)* verbergen, verhüllen

inviluppo [invi'luppo] *m* ① *(intrico)* Geflecht *nt* ② *(fig: imbroglio)* verwickelte Angelegenheit

invincibile [invin'tʃi:bile] *agg* unbesiegbar

invio [in'vi:o] <-ii> *m* ① *(spedizione)* Sendung *f; (di persone)* Entsendung *f* ② INFORM *(tasto)* Eingabetaste *f*, Entertaste *f*

inviolabile [invio'la:bile] *agg* unverletzlich, unverletzbar; *(diritto)* unantastbar; *(luoghi)* heilig

inviolabilità [inviolabili'ta] <-> *f* Unverletzbarkeit *f; (di diritto)* Unantastbarkeit *f*

inviolato, -a [invio'la:to] *agg* unverletzt; *(foresta, verginità)* unberührt; *(fede)* ungebrochen

inviperirsi [invipe'rirsi] <m'inviperisco> *vr* wütend werden, aufdrehen A

invischiare [invis'kia:re] **I.** *vt* ① *(spalmare di vischio)* mit Vogelleim einstreichen ② *(catturare con il vischio)* mit Vogelleim fangen ③ *(fig: coinvolgere)* einwickeln **II.** *vr* **-rsi** sich einlassen (**in** auf *+akk*)

invischiarsi [invis'kiarsi] *vr* **~ in qc** sich auf etw *akk* einlassen

invisibile [invi'zi:bile] *agg* unsichtbar

invisibilità [invizibili'ta] *f* Unsichtbarkeit *f*

inviso, -a [in'vi:zo] *agg (malvisto)* unbeliebt; *(odiato)* verhasst

invitante [invi'tante] *agg* einladend, verlockend

invitare [invi'ta:re] *vt* ① *(chiamare a partecipare)* einladen; **~ qu a cena** jdn zum Abendessen einladen ② *(esortare)* auffordern, mahnen; *(convocare)* bitten, ersuchen; *(ordinare)* auffordern

invitato, -a [invi'ta:to] *m, f* Gast *m*, Eingeladene(r) *f(m)*

invito [in'vi:to] *m* ① *(chiamata, biglietto)* Einladung *f* ② *(esortazione)* Aufforderung *f*, [Er]mahnung *f*

invitto, -a [in'vitto] *agg (poet)* unbesiegt

invivibile [invi'vi:bile] *agg* unerträglich; *(ambiente)* menschenunwürdig

invivibilità [invivibili'ta] <-> *f* Unerträglichkeit *f* der herrschenden Lebensbedingungen, schlechte Lebensqualität

invocare [invo'ka:re] *vt* ① *(chiamare con fervore)* anflehen, anrufen ② *(implorare)* erbitten, bitten um ③ *(ambire)* beschwören

invocazione [invokat'tsio:ne] *f* ① *(azione dell'invocare)* Anrufung *f* ② *(grido)* Ruf *m;* **~ di soccorso** Hilferuf *m*

invogliare [invoʎ'ʎa:re] **I.** *vt* **~ qu a qc** jdn zu etw anregen **II.** *vr* **-rsi di qc** auf etw *akk* Lust bekommen

involare [invo'la:re] *(poet)* **I.** *vt* entwenden *geh* **II.** *vi* dahinschwinden *geh*

involgarire [involga'ri:re] <involgarisco> **I.** *vt avere* ordinär machen **II.** *vr* **-rsi** ordinär werden

involgere [in'vɔldʒere] <irr> *vt* **~ qc in qc** etw in etw *akk* einwickeln

involontario, -a [involon'ta:rio] *agg* ① *(contro la propria volontà)* unfreiwillig ② *(senza intenzione)* unabsichtlich, ungewollt ③ *(gesto)* unwillkürlich

involsi *1. pers sing pass rem di* **involgere**

involtare [invol'ta:re] *vt* einwickeln

involtino [invol'ti:no] *m* Roulade *f*

involto[1] [in'vɔlto] *pp di* **involgere**

involto[2] *m* ① *(pacco)* Paket *nt* ② *(fagotto)* Bündel *nt*

involucro [in'vɔ:lukro] *m* Hülle *f*

involutivo, -a [involu'ti:vo] *agg* rückbildend, Rückbildungs-

involuto, -a [invo'lu:to] *agg* verworren

involuzione [involut'tsio:ne] *f* ① *(declino, degenerazione)* Rückentwicklung *f* ② MED

Rückbildung *f* ③ *(l'essere contorto)* Gewundenheit *f*

invulnerabile [invulne'raːbile] *agg* unverwundbar; *(fig)* unangreifbar

invulnerabilità [invulnerabili'ta] *f* Unverwundbarkeit *f*; *(fig)* Unangreifbarkeit *f*

inzaccherare [intsakke'raːre] *vt* mit Schlamm beschmutzen

inzigare [indzi'gaːre] *vt* reizen, sticheln

inzuccherare [intsukke'raːre] *vt* ① *(di zucchero)* zuckern ② *(fig)* versüßen

inzuppare [intsup'paːre] **I.** *vt* ① *(impregnare)* durchnässen ② *(intingere)* eintauchen, eintunken; *(imbevere)* einweichen **II.** *vr* **-rsi** ① *(imbeversi)* sich vollsaugen ② *(sotto la pioggia)* durchnässt werden

io ['iːo] **I.** *pron pers 1. pers sing* ich **II.** *m* <-> Ich *nt*; **nel proprio ~** im Inneren, innerlich

iodato [io'daːto] *m* Jodat *nt*

iodato, -a *agg* jodhaltig, jodsauer

iodico, -a ['iɔːdiko] <-ci, -che> *agg* jodhaltig, Jod-

iodio ['iɔːdio] *m* Jod *nt*

ioduro [io'duːro] *m* Jodid *nt*

iogurt ['iɔːgurt] <-> *m* Joghurt *m o nt*

iole ['iɔːle] *f* Jolle *f*

ione ['ioːne] *m* Ion *nt*

ionico, -a ['iɔːniko] <-ci, -che> *agg* ① GEOG ionisch ② PHYS Ionen-

iosa ['iɔːza] *avv* **a ~** in Hülle und Fülle

IP *f abbr di* **Italiana Petroli** *italienische Mineralölgesellschaft*

iper- [iper] *(in parole composte)* über-, Über-

iperacidità [iperatʃidi'ta] <-> *f* MED Hyperacidität *f*, Magenübersäuerung *f*

iperaffaticamento [iperaffatika'mento] *m* MED Überanstrengung *f*

iperattività [iperattivi'ta] <-> *f* MED Hyperaktivität *f*, Überfunktion *f*; **~ intestinale** Überfunktion des Verdauungstraktes

iperattivo, -a [iperat'tiːvo] *agg* extrem aktiv, hyperaktiv

iperbole [i'pɛrbole] *f* ① MAT, LING Hyperbel *f* ② *(fig: esagerazione)* Übertreibung *f*

iperbolico, -a [iper'bɔːliko] <-ci, -che> *agg* ① MAT, LING hyperbolisch ② *(fig: smisurato)* übertrieben

ipercalorico, -a [iperka'lɔːriko] <-ci, -che> *agg* kalorienreich

ipercritica [iper'kriːtika] <-che> *f* übertrieben beißende [Verreiß]kritik

ipercriticismo [iperkriti'tʃizmo] *m* übertrieben kritische Einstellung

ipercritico, -a [iper'kriːtiko] <-ci, -che> *agg* überkritisch

ipereccitabile [iperettʃi'taːbile] *agg* MED überempfindlich, hypersensibel

ipereccitabilità [iperettʃitabili'ta] <-> *f* MED Hypersensibilität *f*, Übererregbarkeit *f*

iperemotività [iperemotivi'ta] <-> *f* PSIC Überempfindlichkeit *f*

iperemotivo, -a [iperemo'tiːvo] **I.** *agg* emotionsgeladen **II.** *m, f* stark gefühlsbetonter Mensch

iperestensione [ipereste n'sioːne] *f* ANAT, SPORT Überstrecken *nt* von Gliedmaßen

iperglicemia [iperglitʃe'miːa] <-ie> *f* MED Hyperglykämie *f*

iperglicemico, -a [iperglitʃɛːmiko] <-ci, -che> *agg* MED hyperglykämisch

iperinflazione [iperinflat'tsioːne] *f* FIN galoppierende Inflation, hohe Inflationsrate

ipermarket [iper'maːkit] <-> *m*, **ipermercato** [ipermer'kaːto] *m* Großmarkt *m*

ipermetrope [iper'mɛːtrope] **I.** *agg* weitsichtig **II.** *mf* Weitsichtige(r) *f(m)*

ipermetropia [ipermetro'piːa] <-ie> *f* Weitsichtigkeit *f*

ipernutrire [ipernu'triːre] *vt* MED überernähren

ipernutrizione [ipernutrit'tsioːne] *f* ① MED *(nutrizione eccessiva)* Überernährung *f* ② MED *(forma di terapia)* künstliche Überernährung

iperossigenazione [iperossidʒenat'tsioːne] *f* MED überdosierte Sauerstoffzufuhr

iperproteico, -a [iperpro'tɛːiko] <-ci, -che> *agg* eiweißreich; **dieta -a** eiweißreiche Kost/Diät

iperprotettività [iperprotettivi'ta] <-> *f* übertriebene Fürsorge

iperprotettivo, -a [iperprotet'tiːvo] *agg* überängstlich, überfürsorglich

ipersensibile [ipersen'siːbile] *agg* übersensibel, hochempfindlich

ipersensibilità [ipersensibili'ta] <-> *f* ① *(acuita percezione delle cose)* ausgeprägte Sensibilität ② MED Hyperästhesie *f*

ipertensione [iperten'sioːne] *f* Bluthochdruck *m*

ipertensivo, -a [iperten'siːvo] **I.** *agg* MED *(che causa l'ipertensione arteriosa o è dovuto a essa)* hypertonisch, Hypertonie hervorrufend, durch Bluthochdruck bedingt **II.** *m, f* MED *(farmaco che aumenta la pressione)* hypertonisches Pharmakum *nt*

ipertermale [iperter'maːle] *agg* *(acqua sorgiva avente temperatura superiore a 40 gradi)* über 40 Grad heißes Quellwasser betreffend

iperteso, -a [iper'teːso] **I.** *agg* MED hypertonisch **II.** *m, f* MED Hypertoniker(in) *m(f)*

ipertesto [iper'tɛsto] *m* INFORM Hypertext *m*

ipertestuale [ipertestu'aːle] *agg* INFORM Hypertext-

ipertestualità [ipertestuali'ta] <-> *f* INFORM Hypertext *m*
ipertradizionalista [ipertradittsiona'lista] *agg (fam)* stinkkonservativ
iperventilazione [iperventilat'tsio:ne] *f* MED Hyperventilation *f*
ipervitaminico, -a [ipervita'mi:niko] <-ci, -che> *agg* vitaminreich, [über]reich an Vitaminen; **dieta -a** vitaminreiche Kost
ipnosi [ip'nɔ:zi] <-> *f* Hypnose *f*
ipnoterapeuta [ipnotera'pɛ:uta] <-i *m*, -e *f*> *mf* MED, PSIC Hypnotherapeut(in) *m(f)*
ipnotico, -a [ip'nɔ:tiko] <-ci, -che> **I.** *agg* hypnotisch **II.** *m, f* Hypnotikum *nt*
ipnotizzare [ipnotid'dza:re] *vt* hypnotisieren
ipnotizzatore, -trice [ipnotiddza'to:re] *m, f* Hypnotiseur(in) *m(f)*
ipoalimentazione [ipoalimentat'tsio:ne] *f* Unterernährung *f*
ipoallergenico, -a [ipoaller'dʒɛ:niko] <-ci, -che> *agg* -freundlich, antiallergen; **cosmetici -ci** hautfreundliche Kosmetika
ipocalorico, -a [ipoka'lɔ:riko] <-ci, -che> *agg* kalorienarm
ipocondria [ipokon'dri:a] <-ie> *f* ❶ PSIC Hypochondrie *f* ❷ *(poet: malinconia)* Schwermut *f*
ipocondriaco, -a [ipokon'dri:ako] <-ci, -che> **I.** *agg* hypochondrisch **II.** *m, f* Hypochonder *m*
ipocrisia [ipokri'zi:a] <-ie> *f* Scheinheiligkeit *f*, Heuchelei *f*
ipocrita [i'pɔ:krita] <-i *m*, -e *f*> **I.** *agg* scheinheilig, heuchlerisch **II.** *mf* Scheinheilige(r) *f(m)*, Heuchler(in) *m(f)*
ipodermico, -a [ipo'dɛrmiko] <-ci, -che> *agg* MED subkutan
ipodotato, -a [ipodo'ta:to] *agg* PSIC minderbemittelt
ipoeccitabilità [ipoettʃitabili'ta] <-> *f* MED verminderte [*o* herabgesetzte] Empfindlichkeit *f*
ipofisi [i'pɔ:fizi] <-> *f* ANAT Hirnanhangdrüse *f*, Hypophyse *f*
ipomania [ipoma'ni:a] <-ie> *f* PSIC Hypomanie *f*
iponutrire [iponu'tri:re] *vt* MED unterernähren
iponutrizione [iponutrit'tsio:ne] *f* MED Unterernährung *f*, Mangelernährung *f*
ipopigmentazione [ipopigmentat'tsio:ne] *f* MED schwache Pigmentation *f* der Haut
ipoproteico, -a [ipopro'tɛ:iko] <-ci, -che> *agg* eiweißarm
iposodico, -a [ipo'sɔ:diko] <-ci, -che> *agg* natriumarm, salzarm
ipostasi [i'pɔstazi] <-> *f* Hypostase *f*
ipoteca [ipo'tɛ:ka] <-che> *f* Hypothek *f*; **mettere un'~ su qc** *(fig)* auf etw *akk* setzen
ipotecare [ipote'ka:re] *vt* JUR mit einer Hypothek belasten
ipotecario, -a [ipote'ka:rio] <-i, -ie> *agg* hypothekarisch; *(mutuo)* grundpfandrechtlich
ipotenusa [ipote'nu:za] *f* MAT Hypotenuse *f*
ipotesi [i'pɔ:tezi] <-> *f* ❶ *(congettura, supposizione)* Annahme *f*, Hypothese *f* ❷ MAT, PHILOS Hypothese *f* ❸ *(caso, eventualità)* Fall *m*, Eventualität *f*; **nell'~ che ...** +*conj* für den [*o* im] Fall, dass ...; **nella migliore delle ~** im günstigsten Fall
ipotetico, -a [ipo'tɛ:tiko] <-ci, -che> *agg* ❶ *(considerato per ipotesi)* angenommen, hypothetisch ❷ *(dubbio, incerto)* unsicher, zweifelhaft ❸ LING **periodo ~** Bedingungssatz *m*
ipotizzare [ipotid'dza:re] *vt* annehmen
ipotonia [ipoto'ni:a] <-ie> *f* Hypotonie *f*
ipotrofia [ipotro'fi:a] <-ie> *f* MED Hypotrophie *f*
ippica ['ippika] <-che> *f* Reitsport *m*, Reiten *nt*; **ma datti all'~!** *(fig, iron)* such dir einen anderen Beruf!
ippico, -a ['ippiko] <-ci, -che> *agg* Reit-, Pferde-
ippocampo [ippo'kampo] *m* Seepferdchen *nt*
ippocastano [ippokas'ta:no] *m* Rosskastanie *f*
ippodromo [ip'pɔ:dromo] *m* Pferderennbahn *f*, Hippodrom *m o nt*
ippopotamo [ippo'pɔ:tamo] *m* Nilpferd *nt*, Flusspferd *nt*
iprite [i'pri:te] *f* Senfgas *nt*
ipsilon ['ipsilon] <-> *f* Ypsilon *nt*
IPZS *m abbr di* **Istituto Poligrafico e Zecca dello Stato** *staatliche Druckerei und Münze*
IR *abbr di* **treno InterRegionale** FERR Interregio *m*
ira ['i:ra] *f* Zorn *m*; **avere uno scatto d'~** einen Zornesausbruch haben; **successe l'~ di Dio** *(fam)* es war der Teufel los
iracheno, -a [ira'kɛ:no] **I.** *agg* irakisch **II.** *m, f* Iraker(in) *m(f)*
iracondia [ira'kondia] <-ie> *f* Jähzorn *m*
iracondo, -a [ira'kondo] *agg* jähzornig
Iran [i'ran] *m* **l'~** der Iran
iraniano, -a [ira'nia:no] **I.** *agg* iranisch **II.** *m, f* Iraner(in) *m(f)*
Iraq [i'rak] *m* **l'~** der Irak
irascibile [iraʃ'ʃi:bile] *agg* jähzornig
irascibilità [iraʃibili'ta] <-> *f* Jähzornigkeit *f*

irato, -a [i'ra:to] *agg* zornig, erzürnt

irenologia [irenolo'dʒi:a] <-ie> *f* SCIENT Irenik *f*, Bemühung *f* um eine friedliche Aussöhnung

ireos ['i:reos] <-> *m* Iris *f*, Schwertlilie *f*

IRI ['i:ri] *m abbr di* **Istituto per la Ricostruzione Industriale** *Institut für industriellen Wiederaufbau*

iridare [iri'da:re] *vt* regenbogenartig färben

iridato, -a [iri'da:to] *agg* regenbogenfarbig; **maglia -a** Regenbogentrikot *nt*

iride ['i:ride] *f* ① *(arcobaleno)* Regenbogen *m* ② ANAT Iris *f*, Regenbogenhaut *f* ③ OPT Irisblende *f* ④ BOT Iris *f*, Schwertlilie *f*

iridescente [irideʃ'ʃɛnte] *agg* irisierend, in Regenbogenfarben schillernd

iridescenza [iride'ʃɛntsa] *f* Schillern *nt* in Regenbogenfarben

iris ['i:ris] <-> *m* Iris *f*

irish coffee ['aiəriʃ 'kɔfi] <- *o* irish coffees> *m* GASTR Irish Coffee *m*

Irlanda [ir'landa] *f* Irland *nt*

irlandese [irlan'de:se] **I.** *agg* irisch **II.** *mf* Ire *m*/Irin *f*

ironia [iro'ni:a] <-ie> *f* Ironie *f*; **~ della sorte** Ironie des Schicksals

ironico, -a [i'rɔ:niko] <-ci, -che> *agg* ironisch

ironizzare [ironid'dza:re] *vt, vi* ironisieren

iroso, -a [i'ro:so] *agg* zornig

IRPEF ['irpef] *f acro di* **Imposta sul Reddito delle PErsone Fisiche** Einkommensteuer *f*, Lohnsteuer *f*

IRPEG *f acro di* **Imposta sul Reddito delle PErsone Giuridiche** Körperschaftssteuer *f*

irradiamento [irradia'mento] *m* [Aus]strahlung *f*

irradiare [irra'dia:re] **I.** *vt avere* ① *(rischiarare)* bestrahlen; *(illuminare)* anstrahlen, strahlen auf +*akk* ② *(diffondere)* ausstrahlen ③ MED, PHYS bestrahlen; *(colpire con raggi radioattivi)* verstrahlen ④ RADIO ausstrahlen **II.** *vr* **-rsi** ausstrahlen; *(strade)* abzweigen

irradiazione [irradiat'tsio:ne] *f* ① *(emissione di raggi)* Strahlung *f*; *(propagazione)* Ausstrahlung *f* ② MED Bestrahlung *f*

irraggiungibile [irraddʒun'dʒi:bile] *agg* unerreichbar

irragionevole [irradʒo'ne:vole] *agg* ① *(irrazionale)* irrational, ohne Vernunft ② *(senza raziocinio)* unvernünftig ③ *(fig: sospetto)* unbegründet; *(prezzo)* ungerechtfertigt

irrancidire [irrantʃi'di:re] <irrancidisco> *vi essere* ranzig werden

irrappresentabilità [irrapprezentabili'ta] <-> *f* Nichtvorstellbarkeit *f*

irrazionale [irrattsio'na:le] *agg* ① *(irragionevole)* irrational, vernunftlos ② *(insensato)* vernunftwidrig; *(persone)* unvernünftig ③ MAT, PHILOS irrational, irrationell

irrazionalismo [irrattsiona'lizmo] *m* Irrationalismus *m*

irrazionalistico, -a [irrattsiona'listiko] <-ci, -che> *agg* irrational, irrationell

irrazionalità [irrattsionali'ta] <-> *f* Irrationalität *f*

irreale [irre'a:le] *agg* unwirklich, irreal

irrealismo [irrea'lizmo] *m* ① KUNST, LIT Irrealismus *m* ② *(mancanza di realismo)* Realitätsferne *f*

irrealizzabile [irrealid'dza:bile] *agg* undurchführbar, unrealisierbar

irrealtà [irreal'ta] <-> *f* Unwirklichkeit *f*, Irrealität *f*

irrecuperabile [irrekupe'ra:bile] *agg* unwiederbringlich; **un credito ~** eine uneinbringliche Forderung

irrecusabile [irreku'za:bile] *agg* unabweisbar; *(prova)* unwiderlegbar

irredento, -a [irre'dɛnto] *agg* unerlöst, unbefreit

irredimibile [irredi'mi:bile] *agg* untilgbar

irrefrenabile [irrefre'na:bile] *agg* unaufhaltsam; *(fig a.)* ununterdrückbar

irrefutabile [irrefu'ta:bile] *agg* unwiderlegbar

irreggimentare [irreddʒimen'ta:re] *vt* ① MIL einem Regiment eingliedern ② *(fig)* reglementieren

irregolare [irrego'la:re] **I.** *agg* ① *(gener)* unregelmäßig; *(non conforme alla regola)* regelwidrig; *(condotta)* unordentlich; MIL irregulär; JUR rechtswidrig, gesetzwidrig; *(non uniforme)* ungleichmäßig ② LING unregelmäßig, irregulär **II.** *m* Irreguläre(r) *m*

irregolarità [irregolari'ta] <-> *f* ① *(gener)* Unregelmäßigkeit *f* ② JUR Rechtswidrigkeit *f*, Gesetzwidrigkeit *f*; *(reato)* Vergehen *nt*

irreligioso, -a [irreli'dʒo:so] *agg* unreligiös, nicht religiös; *(contrario alla religione)* religionswidrig

irremissibile [irremis'si:bile] *agg* unverzeihbar, unverzeihlich

irremovibile [irremo'vi:bile] *agg* unbeugsam, unerschütterlich

irreparabile [irrepa'ra:bile] *agg* ① *(danno)* nicht wiedergutzumachen, irreparabel; *(perdita)* unersetzlich; **un danno ~** ein nicht wiedergutzumachender Schaden ② *(fig: inevitabile)* unvermeidlich

irreperibile [irrepe'ri:bile] *agg* unauffindbar

irreprensibile [irrepren'si:bile] *agg* tadellos, einwandfrei

irrequietezza [irrekuie'tettsa] *f* Unruhe *f,* Ruhelosigkeit *f*

irrequieto, **-a** [irre'kuiɛ:to] *agg* unruhig, ruhelos

irrequietudine [irrekuie'tu:dine] *f* innere Unruhe

irresistibile [irresis'ti:bile] *agg* unwiderstehlich

irresoluto, **-a** [irreso'lu:to] *agg* unentschlossen, unschlüssig

irrespirabile [irrespi'ra:bile] *agg* ❶ *(aria)* stickig, unerträglich; *(tossico)* schädlich ❷ *(fig: insopportabile)* unerträglich

irresponsabile [irrespon'sa:bile] *agg* ❶ *(esente da responsabilità)* unverantwortlich; *(persone)* verantwortungslos ❷ JUR unzurechnungsfähig

irresponsabilità [irresponsabili'ta] <-> *f* ❶ *(l'essere irresponsabile)* Unverantwortlichkeit *f; (di persone)* Verantwortungslosigkeit *f* ❷ JUR Unzurechnungsfähigkeit *f*

irrestringibile [irrestrin'dʒi:bile] *agg* nicht einlaufend

irretire [irre'ti:re] <irretisco, irretisci> *vt* ❶ *(rar: prendere nella rete)* im Netz fangen ❷ *(fig: abbindolare)* einwickeln, umgarnen

irreversibile [irrever'si:bile] *agg* nicht umkehrbar, irreversibel *geh; (fig)* unwiderruflich

irrevocabile [irrevo'ka:bile] *agg* unwiderruflich

irriconoscibile [irrikonoʃ'ʃi:bile] *agg* nicht wiederzuerkennen

irridere [ir'ri:dere] <irrido, irrisi, irriso> *vt* verlachen, verhöhnen

irriducibile [irridu'tʃi:bile] *agg* ❶ *(prezzo)* nicht herabsetzbar, fest ❷ *(volontà)* unbeugsam ❸ MAT *(frazione)* echt

irriflessivo, **-a** [irrifles'si:vo] *agg* unüberlegt

irrigare [irri'ga:re] *vt* AGR bewässern

irrigatore [irriga'to:re] *m* AGR Sprinkler *m,* Beregnungsvorrichtung *f*

irrigatore, **-trice** *agg* bewässernd, Bewässerungs-

irrigazione [irrigat'tsio:ne] *f* AGR Bewässerung *f*

irrigidimento [irridʒidi'mento] *m* ❶ *(l'irrigidire, l'irrigidirsi)* Versteifung *f; (di un cadavere)* Erstarrung *f* ❷ *(fig)* Verschärfung *f*

irrigidire [irri'di:re] <irrigidisco> **I.** *vt* ❶ *(rendere rigido)* versteifen, steif machen ❷ *(fig: inasprire)* verschärfen **II.** *vr* **-rsi** ❶ *(farsi rigido)* steif werden; *(aria)* rau werden ❷ *(ostinarsi)* **-rsi in** [*o* **su**] **qc** sich auf etw *akk* versteifen

irriguo, **-a** [ir'ri:guo] *agg* ❶ TEC Bewässerungs- ❷ GEOG wasserreich

irrilevante [irrile'vante] *agg* irrelevant; *(trascurabile)* unbedeutend, unerheblich

irrilevanza [irrile'vantsa] *f* Bedeutungslosigkeit *f,* Irrelevanz *f*

irrimediabile [irrime'dia:bile] *agg* nicht wiedergutzumachen, irreparabel; **un danno** ~ ein nicht wiedergutzumachender Schaden

irripetibile [irripe'ti:bile] *agg* unwiederholbar; *(pagamento)* einmalig

irrisi [ir'ri:si] *1. pers sing pass rem di* **irridere**

irrisione [irri'zio:ne] *f* Verspottung *f*

irriso [ir'ri:so] *pp di* **irridere**

irrisorio, **-a** [irri'zɔ:rio] <-i, -ie> *agg* spöttisch, Spott-; **prezzo** ~ Spottpreis *m;* **salario** ~ Hungerlohn *m*

irrispettoso, **-a** [irrispet'to:so] *agg* respektlos; *(condotta)* ungebührlich

irritabile [irri'ta:bile] *agg* ❶ *(eccitabile)* reizbar, erregbar ❷ MED empfindlich

irritabilità [irritabili'ta] <-> *f* ❶ *(eccitabilità)* Reizbarkeit *f,* Erregbarkeit *f* ❷ MED Empfindlichkeit *f*

irritare [irri'ta:re] **I.** *vt* ❶ *(provocare fastidio)* reizen; *(far arrabbiare)* ärgern ❷ MED entzünden **II.** *vr* **-rsi** ❶ *(adirarsi)* sich ärgern ❷ MED sich entzünden

irritazione [irritat'tsio:ne] *f* ❶ *(per stizza)* Gereiztheit *f,* Ärger *m* ❷ MED Entzündung *f*

irriverente [irrive'rɛnte] *agg* respektlos

irriverenza [irrive'rɛntsa] *f* Respektlosigkeit *f*

irrobustire [irrobus'ti:re] <irrobustisco> **I.** *vt* stärken, kräftigen **II.** *vr* **-rsi** sich kräftigen, stark werden

irrogare [irro'ga:re] *vt* verhängen (**a carico di** gegen, über +*akk*)

irrogazione [irrogat'tsio:ne] *f* Verhängung *f*

irrompere [ir'rompere] <irr> *vi essere* ~ **in qc** in etw *akk* einbrechen

irrorare [irro'ra:re] *vt* ❶ *(bagnare)* benetzen; **il sangue irrora l'organismo** das Blut versorgt den Organismus ❷ AGR spritzen

irroratrice [irrora'tri:tʃe] *f* Pflanzenspritze *f*

irrotto *pp di* **irrompere**

irruente [irru'ɛnte] *agg* ungestüm, heftig

irruenza [irru'ɛntsa] *f* Ungestüm *nt*

irruppi *1. pers sing pass rem di* **irrompere**

irruvidire [irruvi'di:re] <irruvidisco> **I.** *vt avere* aufrauen; *(pelle)* rau machen **II.** *vr* **-rsi** rau werden

irruzione [irrut'tsio:ne] *f* Einbruch *m;* **fare** ~ **in …** einbrechen in … +*akk*

irsuto, -a [ir'su:to] *agg* struppig
irto, -a ['irto] *agg* ① *(ispido)* struppig ② *(fig)* ~ **di qc** gespickt mit etw; *(terreno)* voll mit etw
ISBN [i:ɛsse'biɛ:nne] *m abbr di* **International Standard Book Number** ISBN *f*
iscrissi *1. pers sing pass rem di* **iscrivere**
iscritto [is'kritto] *m* **in** [*o* **per**] ~ schriftlich
iscritto, -a I. *pp di* **iscrivere II.** *m, f* Mitglied *nt,* Eingetragene(r) *f(m)*
iscrivere [is'kri:vere] <irr> **I.** *vt* ① *(registrare)* eintragen ② *(far ammettere)* anmelden; *(all'università)* einschreiben **II.** *vr* **-rsi a qc** sich zu etw anmelden; **-rsi a un partito** einer Partei beitreten; **-rsi all'università** sich an der Universität einschreiben [*o* inskribieren A]
iscrizione [iskrit'tsio:ne] *f* ① *(atto dell'iscrivere)* Anmeldung *f; (all'università)* Einschreibung *f* ② *(registrazione)* Eintragung *f* ③ *(frase incisa)* Inschrift *f*
ISDN [i:ɛsse'diɛ:nne] TEL *abbr di* **Integrated Services Digital Network** ISDN
ISEF ['i:zef] *m acro di* **Istituto Superiore di Educazione Fisica** *italienische Sporthochschule*
Isernia *f* Isernia *nt (Stadt in Molise)*
isernino, -a I. *agg (di Isernia)* aus Isernia **II.** *m, f (abitante)* Einwohner(in) *m(f)* von Isernia
Isernino *m sing* Umgebung *f* von Isernia
Islam [iz'lam] <-> *m* Islam *m*
islamico, -a [iz'la:miko] <-ci, -che> **I.** *agg* islamisch **II.** *m, f* Mohammedaner(in) *m(f)*
islamismo [izla'mizmo] *v.* **Islam**
islamista [izla'mista] <-i *m,* -e *f*> *mf* Islamist(in) *m(f)*
islamistico *agg* islamistisch
Islanda [iz'landa] *f* Island *nt*
islandese [izlan'de:se] **I.** *agg* isländisch **II.** *mf* Isländer(in) *m(f)*
isobara [i'zɔ:bara] *f* Isobare *f*
isola ['i:zola] *f* Insel *f;* ~ **pedonale** Verkehrsinsel *f; (nel centro storico)* Fußgängerzone *f;* ~ **spartitraffico** Mittelstreifen *m*
isolamento [izola'mento] *m* ① *(esclusione da contatti)* Absonderung *f,* Isolierung *f; (solitudine)* Einsamkeit *f* ② JUR, MED, EL, PHYS, TEC Isolierung *f;* ~ **dal freddo** Kälteisolierung *f;* ~ **acustico** Schalldämmung *f;* ~ **termico** Wärmedämmung *f*
isolano, -a [izo'la:no] **I.** *agg* insular, Insel- **II.** *m, f* Inselbewohner(in) *m(f)*
isolante [izo'lante] **I.** *agg* isolierend, Isolier- **II.** *m* Isolierstoff *m;* ~ **acustico** Schallisolierstoff *m;* ~ **termico** Wärmeisolierstoff *m*
isolare [izo'la:re] **I.** *vt* ① *(separare)* isolieren, [ab]trennen; ~ **una frase dal contesto** einen Satz aus dem Zusammenhang nehmen ② *(ammalato, detenuto,* CHEM, PHYS isolieren **II.** *vr* **-rsi** sich absondern
isolato [izo'la:to] *m* Häuserblock *m*
isolato, -a I. *agg* isoliert; *(persona)* abgesondert, zurückgezogen; *(luogo)* abgeschieden; **un caso** ~ ein Einzelfall *m;* **vivere** ~ abgeschieden leben **II.** *m, f* zurückgezogen lebender Mensch
isolatore [izola'to:re] *m* Isolator *m*
isoscele [i'zɔʃʃele] *agg* gleichschenk[e]lig
isotermico, -a [izo'tɛrmiko] *agg* isothermisch
ispanismo [ispa'nizmo] *m* LING Hispanismus *m*
ispanista [ispa'nista] <-i *m,* -e *f*> *mf* Hispanist(in) *m(f)*
ispanistica [ispa'nistika] <-che> *f* Hispanistik *f*
ispanizzare [ispanid'dza:re] **I.** *vt* hispanisieren **II.** *vr* **-rsi** sich an die spanische Kultur anpassen
ispanizzazione [ispaniddzat'tsio:ne] *f* Hispanisierung *f*
ispano-americano, -a [ispanoame-ri'ka:no] *agg* ① *(dell'America latina)* lateinamerikanisch ② *(della Spagna e dell'America)* spanisch-amerikanisch
ispettivo, -a [ispet'ti:vo] *agg* Inspektions-
ispettorato [ispetto'ra:to] *m* ① *(organo, edificio)* Aufsichtsamt *nt,* Aufsichtsbehörde *f;* ~ **del lavoro** Gewerbeaufsichtsamt *nt* ② *(ufficio, grado)* Inspektorat *nt*
ispettore, -trice [ispet'to:re] *m, f* Inspektor(in) *m(f)*
ispezionare [ispet'tsio'na:re] *vt* prüfen, zensurieren A
ispezione [ispet'tsio:ne] *f* ① *(di vigilanza)* Überwachung *f,* Aufsicht *f* ② *(di controllo)* Revision *f,* Inspektion *f* ③ MED Untersuchung *f*
ispido, -a ['ispido] *agg* ① *(irto)* borstig, struppig ② *(fig: carattere)* rüde, kratzbürstig, raß A
ispirare [ispi'ra:re] **I.** *vt* ① *(suscitare)* erwecken, erregen; *(paura)* einflößen ② *(suggerire)* empfehlen, anregen ③ *(estro creativo)* inspirieren **II.** *vr* **-rsi a qc** sich von etw inspirieren lassen; *(prendere a modello)* sich an etw *dat* orientieren; *(adeguarsi)* sich nach etw richten
ispirato, -a [ispi'ra:to] *agg* beseelt
ispiratore, -trice [ispira'to:re] *m, f* Anreger(in) *m(f); (fig)* Ursache *f*
ispirazione [ispirat'tsio:ne] *f* ① *(estro creativo)* Inspiration *f,* Eingebung *f* ② *(suggerimento)* Inspiration *f,* Anregung *f* ③ *(trovata)* Einfall *m,* Eingebung *f*
Israele [izra'ɛ:le] *m* Israel *nt*

israeliano, -a [izrae'lia:no] **I.** *agg* israelisch **II.** *m, f* Israeli *mf*
israelita [israe'li:ta] <-i *m*, -e *f*> *mf* Israelit(in) *m(f)*
israelitico, -a [israe'li:tiko] <-ci, -che> *agg* israelitisch
issare [is'sa:re] *vt* stemmen, hochheben; *(vele)* hissen
Istanbul [is'tambul] *f* Istanbul *nt*
istantanea [istan'ta:nea] <-ee> *f* Momentaufnahme *f*, Schnappschuss *m*
istantaneo, -a [istan'ta:neo] <-ei, -ee> *agg* augenblicklich, sofortig
istante [is'tante] *m* Augenblick *m*, Moment *m*; **all'~** augenblicklich, unverzüglich
istanza [is'tantsa] *f* ① *(richiesta)* Antrag *m*, Ansuchen *nt* A ② JUR, ADM Instanz *f*
ISTAT *m acro di* **Istituto (Centrale) di STATistica** *italienisches Zentralamt für Statistik*
ISTEL *f acro di* **Indagine Sull'ascolto delle TELevisioni (in Italia)** *Nationales Institut für Medienforschung (in Italien)*
isteria [iste'ri:a] <-ie> *f* Hysterie *f*
isterico, -a [is'tɛ:riko] <-ci, -che> **I.** *agg* hysterisch **II.** *m, f* Hysteriker(in) *m(f)*
isterilire [isteri'li:re] <isterilisco, isterilisci> **I.** *vt* ① *(rendere sterile)* unfruchtbar machen ② *(fig)* verkümmern lassen **II.** *vr* **-rsi** ① *(divenire sterile)* unfruchtbar werden ② *(fig)* versiegen, verkümmern
istigare [isti'ga:re] *vt* **~ qu a qc** jdn zu etw anstiften
istigatore, -trice [istiga'to:re] *m, f* Anstifter(in) *m(f)*, Aufwiegler(in) *m(f)*
istigazione [istigat'tsio:ne] *f* Anstiftung *f*, Aufwieglung *f*
istintivo, -a [istin'ti:vo] *agg* instinktiv
istinto [is'tinto] *m* Instinkt *m*; *(impulso)* Trieb *m*; *(sentimento)* Gefühl *nt*; **~ di conservazione** Selbsterhaltungstrieb *m*; **~ materno** Mutterinstinkt *m*
istituire [istitu'i:re] <istituisco> *vt* ① *(fondare)* gründen ② *(stabilire)* stiften ③ *(nominare)* einsetzen, ernennen ④ *(impostare)* aufstellen, anstellen
istitutivo, -a [istitu'ti:vo] *agg* gründend, Satzungs-
istituto [isti'tu:to] *m* ① *(ente, impresa)* Institut *nt*, Anstalt *f*; **~ di bellezza** Schönheitssalon *m*, Kosmetikinstitut *nt*; **~ di pena** Strafanstalt *f*; **~ ospedaliero** Krankenanstalt *f* ② *(banca)* Institut *nt*, Bank *f*; **~ di credito** Kreditinstitut *nt*; **Istituto monetario europeo** Europäisches Währungsinstitut ③ *(di facoltà universitaria)* Institut *nt* ④ *(scuola)* Schule *f*, Institut *nt*; **~ superiore** Oberschule *f*
istitutore, -trice [istitu'to:re] *m, f* ① *(precettore)* Hauslehrer(in) *m(f)*, Privatlehrer(in) *m(f)*; *(nei collegi)* Heimlehrer(in) *m(f)* ② *(fondatore)* Gründer(in) *m(f)*
istituzionale [istituttsio'na:le] *agg* institutionell; **fini -i** Grundziele *nt pl*; **referendum ~** Volksentscheid *m*
istituzionalizzare [istituttsionalid'dza:re] **I.** *vt* ① *(rendere istituzione)* institutionalisieren ② *(fig)* fest etablieren **II.** *vr* **-rsi** sich etablieren
istituzionalizzazione [istituttsionalid-dzat'tsio:ne] *f* Institutionalisierung *f*
istituzione [istitut'tsio:ne] *f* ① *(fondazione)* Stiftung *f*, Gründung *f*; *(ente)* Institution *f*; *(ordinamento)* Einrichtung *f* ② *(nomina)* Einsetzung *f*, Ernennung *f* ③ *(fondato su leggi, usi)* Institution *f* ④ *pl (nozioni fondamentali)* Grundbegriffe *mpl*, Grundlagen *fpl*
istmo ['istmo] *m* ① GEOG Landenge *f* ② ANAT Verengung *f*
istoriare [isto'ria:re] *vt* bebildern
istrice ['istritʃe] *m* ① ZOO Stachelschwein *nt* ② *(fig)* ruppiger Mensch
istrione [istri'o:ne] *m* HIST Histrione *m*; *(pej)* Schmierenkomödiant *m*; *(fig)* Komödiant *m*
istrionesco, -a [istrio'nesko] <-schi, -sche> *agg (pej)* komödiantenhaft
istruire [istru'i:re] <istruisco> **I.** *vt* ① *(insegnare)* unterrichten, lehren ② *(educare)* erziehen, bilden; *(ammaestrare)* dressieren ③ *(dare istruzioni)* unterrichten, anleiten ④ JUR *(processo)* einleiten **II.** *vr* **-rsi** *(darsi un'istruzione)* sich bilden; **-rsi su qc** *(informarsi)* sich über etw *akk* informieren
istruttivo, -a [istrut'ti:vo] *agg* lehrreich
istruttore, -trice [istrut'to:re] **I.** *agg* ausbildend, Ausbildungs-; JUR Untersuchungs- **II.** *m, f* Lehrer(in) *m(f)*
istruttoria [istrut'tɔ:ria] <-ie> *f* [Vor]untersuchung *f*
istruttorio, -a [istrut'tɔ:rio] <-i, -ie> *agg* ermittelnd, untersuchend
istruttrice *f v.* **istruttore**
istruzione [istrut'tsio:ne] *f* ① *(insegnamento)* Unterricht *m* ② *(cognizioni acquisite)* [Aus]bildung *f*; **grado di ~** Bildungsniveau *nt*; **titolo di ~** Bildungsabschluss *m* ③ *(direttiva)* Anweisung *f*; **impartire -i** Anweisungen erteilen ④ *pl (prescrizioni)* Gebrauchsanweisung *f* ⑤ JUR [Vor]untersuchung *f*
istupidire [istupi'di:re] <istupidisco> **I.** *vt avere* verdummen, dumm machen **II.** *vi essere* verdummen, dumm werden
ITALCABLE [ital'ka:ble] *f acro di* **Servizi**

Cablografici Radiotelegrafici e Radioelettrici *interkontinentale Fernmeldegesellschaft*

ITALCASSE [ital'kasse] *m acro di* **Istituto di Credito della Cassa di Risparmio Italiana** *Kreditinstitut der italienischen Sparkassen*

ITALGAS [ital'gas] *f acro di* **Società Italiana per il Gas** *Gesellschaft für die italienische Gasversorgung*

Italia [i'ta:lia] *f* Italien *nt;* **vado in ~** ich fahre nach Italien; **l'~ è un paese molto bello** Italien ist ein sehr schönes Land

italiana *f v.* **italiano**

italianismo [italia'nizmo] *m* Italianismus *m*

italianista [italia'nista] <-i *m,* -e *f*> *mf* Italianist(in) *m(f)*

I

italianistica [italia'nistika] <-che> *f* LING Italianistik *f;* **dipartimento di ~** italienische Abteilung; **professore di ~** Professor für Italianistik

italianità [italiani'ta] <-> *f* italienische Wesensart

italianizzare [italianid'dza:re] *vt* italianisieren

italiano [ita'lia:no] *m sing* Italienisch(e) *nt;* **come si dice in ~?** was [*o* wie] heißt das auf Italienisch?; **parla ~?** sprechen Sie Italienisch?

italiano, **-a I.** *agg* italienisch; **all'-a** auf italienische Art **II.** *m, f* Italiener(in) *m(f);* **è -a** sie ist Italienerin

italico, **-a** [i'ta:liko] <-ci, -che> **I.** *agg* italisch; **carattere ~** TYP Kursivschrift *f* **II.** *m, f* Italiker(in) *m(f),* Italier(in) *m(f)*

italo- [italo] *(in parole composte)* italo-, Italo-

italocentrico, **-a** [italo'tʃɛntriko] <-ci, -che> *agg* Italiens Bedeutung hervorhebend, auf Italien ausgerichtet; **atteggiamento ~** nationalistisches Italiengehabe

italofilo, **-a** [ita'lɔ:filo] **I.** *agg* italienbegeistert, italophil; **viaggiatori -i** begeisterte Italienreisende **II.** *m, f* Italienliebhaber(in) *m(f),* Italienfan *m*

ITALTEL *f acro di* **società ITAliana TELecomunicazioni** *italienische Telekom*

item ['aitəm] <- *o* items> *m* Item *nt*

iter ['i:ter] <-> *m (trafila burocratica)* Weg *m,* Gang *m;* **~ burocratico** Dienstweg *m*

iterativo, **-a** [itera'ti:vo] *agg* iterativ

iterazione [iterat'tsio:ne] *f* Wiederholung *f*

itinerante [itine'rante] *agg* Wander-, wandernd; **mostra ~** Wanderausstellung *f*

itinerario [itine'ra:rio] <-i> *m* [Reise]weg *m,* Route *f;* **~ europeo** Europastraße *f*

ITIS ['i:tis] *m acro di* **Istituto Tecnico Industriale Statale** *Schule für industrietechnische Berufsausbildung*

itterico, **-a** [it'tɛ:riko] <-ci, -che> **I.** *agg* gelbsüchtig, Gelbsucht- **II.** *m, f* an Gelbsucht Erkrankte(r) *f(m)*

itterizia [itter'rittsia] <-ie> *f* Gelbsucht *f*

ittico, **-a** ['ittiko] <-ci, -che> *agg* Fisch-

ittiologia [ittiolo'dʒi:a] <-gie> *f* Fischkunde *f*

iugero ['iu:dʒero] *m* Joch *nt*

Iugoslavia [iugoz'la:via] *f* **l'ex ~** das ehemalige Jugoslawien

iugoslavo, **-a** [iugoz'la:vo] **I.** *agg* jugoslawisch **II.** *m, f* Jugoslawe *m*/Jugoslawin *f*

iuta ['iu:ta] *f* Jute *f*

IVA ['i:va] *f acro di* **Imposta sul Valore Aggiunto** MwSt., MWSt.

ivato, **-a** [i'va:to] *agg* Mehrwertsteuer inbegriffen

ivi ['i:vi] *avv (poet)* ❶ *(lì)* da, dort ❷ *(nelle citazioni)* ebenda

J j

J, j [i l'luŋga] <-> *f* J *nt,* j *nt;* **j come jersey** J wie Julius

J *abbr di* **Joule** J

jabot [ʒa'bo] <-> *m* Jabot *nt*

jack [dʒæk] <-> *m (nelle carte da gioco)* Bube *m*

jacket ['dʒækit *o* 'dʒaket] <-> *m* ❶ TEC *(rivestimento in lega di alluminio)* Leichtmetallüberzug *m,* Schutzmantel *m* aus Leichtmetall ❷ TEC Bohrinselfundament *nt*

jackpot ['dʒækpɔt] <-> *m* Jackpot *m*

jacquard [ʒa'kar] *agg inv* Jacquard-

jazz [dʒæz *o* dʒɛts] <-> *m* Jazz *m*

jazzista [dʒad'dzista] <-i *m,* -e *f*> *mf* Jazzmusiker(in) *m(f)*

jazzistico, -a [dʒad'dzistiko] <-ci, -che> *agg* Jazz-

jeans [dʒiːnz] *mpl* Jeans *pl*

jeanseria [dʒinse'riːa] <-ie> *f* ❶ *(negozio)* Jeans-Shop *m* ❷ *(fabbrica, stabilimento)* Jeansfabrik *f*

jeep® [dʒiːp] <-> *f* Jeep® *m*

jersey ['dʒəːzi *o* 'dʒerzi] <-> *m* Jersey *m*

jet [dʒɛt] <-> *m* Jet *m*

jetlag [dʒɛt'læg *o* 'dʒɛtlɛg] <-> *m* Jetlag *m*

jet pocket [dʒɛt 'pɔkit] <- *o* jet pockets> *m* AERO *(paracadute con motore)* Motorfallschirm *m*

jet-set [dʒɛt 'sɛt] <-> *m,* **jet-society** [dʒɛt sə'saiəti] <-> *f* Jetset *m*

jihad [dʒi'aːd *o* ʒi'haːd] <-> *f* REL Dschihad *m*

jihadista [dʒia'dista *o* ʒiha'dista] <-i *m,* -e *f*> **I.** *mf* REL Dschihadist(in) *m(f)* **II.** *agg* REL dschihadistisch

jingle ['dʒɪŋgəl] <-> *m* Jingle *m*

job [dʒɔb] <- *o* jobs> *m* INFORM Job *m*

jockey ['dʒɔki] <-> *m* Jockey *m*

jodler ['joːdlər] <-> *m* Jodeln *nt*

jogging ['dʒɔgiŋ] <-> *m* Jogging *nt;* **fare ~** joggen

joint ['dʒɔint] <- *o* joints> *m (sl: spinello)* Joint *m*

joint venture ['dʒɔint 'vɛntʃə] <- *o* joint ventures> *f* COM, FIN *(contratto)* Jointventure *nt,* Joint Venture *nt*

jolly ['dʒɔli] <-> *m* Joker *m*

jorky ball [ʒɔr'ki bɔːl] *m sing* SPORT Jorkyballspiel *nt*

joule [dʒuːl *o* dʒaul] <-> *m* Joule *nt*

journal [ʒur'nal] <- *o* journaux> *m (diario)* Tagebuch *nt,* Journal *nt obs*

joystick ['dʒɔistik] <- *o* joysticks> *m* INFORM Joystick *m*

jr. *abbr di* **junior** jr., jun.

judo ['dʒiːdo *o* 'dʒuːdɔ] <-> *m* Judo *nt*

judoista [dʒuːdɔ'ista] <-i *m,* -e *f*> *mf* Judosportler(in) *m(f)*

jukebox ['dʒuːkbɔks] <-> *m* Musikbox *f*

jumbo [dʒʌmbou *o* dʒumbo] *m,* **jumbo-jet** [dʒʌmbou 'dʒɛt *o* dʒumbo 'dʒɛt] <-> *m* AERO Jumbojet *m*

jumbo-tram [dʒʌmbou'tram *o* dʒumbo'tram] <-> *m (vettura tranviaria piu lunga del normale)* Straßenbahn *f* mit erhöhter Beförderungskapazität

jumping ['dʒamping] <-> *m v.* **bungee-jumping**

junior[1] ['iunjor] *agg inv* junior

junior[2] ['iunjor, iu'njɔːres] <juniores> *mf* SPORT Junior(in) *m(f)*

junkie ['dʒʌŋki] <- *o* junkies> *m* ❶ *(sl: tossicodipendente)* Junkie *m* ❷ *(eroinomane)* Heroinsüchtige(r) *f(m)*

jus [ʒy] <-> *m* Parfümessenz *f*

juventino, -a I. *agg* ❶ *(della Juventus)* Juventus-, Juve- ❷ *(di giocatore o di tifoso)* Juventus-, Juve-; **la maglia -a** das Juventus-Trikot **II.** *m, f* ❶ *(giocatore)* Juve-Spieler *m,* Spieler *m* von Juventus Turin ❷ *(tifoso)* Juve-Fan *m*

J

Kk

K, k ['kappa] <-> *m o f* K *nt,* k *nt;* **k come Kursaal** K wie Kaufmann

kajal [ka'dʒal] <-> *m (in cosmetologia)* Kajal *nt*

kalashnikov [ka'laʃnikɔf] <-> *m* Kalaschnikow *f*

kamikaze [kami'kaddze] <-> *m* Selbstmordattentäter *m*

kaputt [ka'put] *agg inv* kaputt

karaoke [kara'ɔke] <-> *m* Karaoke *nt*

karatè [kara'tɛ *o* ka'rate] <-> *m* Karate *nt*

karateka [kara'tɛka] <-> *m o f (chi pratica il karate)* Karateka *m,* Karatekämpfer(in) *m(f)*

kart [kaːt] <-> *m* Gokart *m*

kartismo [kar'tizmo] *m* Gokart-Fahren *nt,* Gokart-Sport *m*

kartodromo [kar'tɔːdromo] *m* Gokart-Bahn *f*

kashmir ['kaʃmir *o* ka'ʃmir] <-> *m* Kaschmir *m*

kayak [ka'jak] <-> *m* Kajak *m*

KB *abbr di* **kilobyte** INFORM KB

Kbyte [kei'bait] *m abbr di* **kilobyte** Kbyte *nt*

kefir ['kɛfir *o* kɛ'fir] <-> *m* Kefir *m*

keirin [kei'rin] <-> *m* SPORT *(nel ciclismo, gara di velocità)* Radsprint *m*

képi [ke'pi] <-> *m* Käppi *nt*

kermesse [ker'mɛs] <-> *f* ① *(festa)* Kirmes *f,* Kir[ch]tag *m* A ② SPORT Ehrenrunde *f* ③ *(fig: allegria)* Jubel

kerosene [kero'zɛːne] *v.* **cherosene**

ketamina [keta'miːna] *f* Ketamin *nt*

ketch [kɛtʃ] <-> *m* Ketsch *f*

ketchup ['kɛtʃəp] <-> *m* Ketchup *m o nt*

key [kiː] <-> *m* ① TEC *(capo di un gruppo di tecnici)* technische(r) Leiter(in) *m(f);* **~ engineer** leitender Ingenieur ② INFORM *(insieme di caratteri)* Key *m* ③ INFORM *(tasto)* Computertaste *f*

keyboard ['kiːbɔːd] <- *o* keyboards> *f* INFORM, MUS Keyboard *nt*

kg *abbr di* **chilogrammo** kg

kibbu(t)z [kib'buts] <-> *m* Kibbuz *m*

kidnapping ['kidnæpiŋ *o* kid'nɛpping] <-> *m* Kidnapping *nt,* [Kindes]entführung *f*

killer ['kilə *o* 'killer] <-> *mf* Killer *m fam,* Mörder(in) *m(f)*

killing ['kiliŋ] <-> *m (colpo di fortuna)* Glücksfall *m,* Glücksgriff *m*

kilobyte ['kilə bait] <- *o* kilobytes> *m* INFORM *(unità pari a 1024 byte)* Kilobyte *nt*

kiloton [kilo'ton] <-> *m,* **kilotone** [kilo'toːne] <-> *m* Kilotonne *f*

kindergarten ['kindərgartən] <-> *m* Kindergarten *m*

kinderheim ['kindərhaim] <-> *m* Kinderheim *nt*

kingmaker ['kiŋmeikə] <- *o* kingmakers> *m* POL *(chi ha il potere di favorire una nomina)* einflussreiche(r) Wahlhelfer(in) *m(f)*

kirsch [kirʃ] <-> *m* Kirsch *m,* Kirschwasser *nt*

kit [kit] <- *o* kits> *m (insieme di pezzi)* Kit *m o nt,* Satz *m;* **~ di montaggio** Werkzeugsatz *m;* **~ per campeggio** Campingausrüstung *f;* **~ da trucco** Schminkutensilien *nt pl*

kitesurf [kait'səf] <-> *m* SPORT Kitesurfen *nt*

kitsch [kitʃ] **I.** *agg inv* kitschig **II.** *m* <-> Kitsch *m*

kiwi <-> ['kiwi] *m* Kiwi *f*

kleenex® ['kliːneks] <-> *m* Kosmetiktuch *nt,* Kleenex® *nt*

km *abbr di* **chilometro** km

knockdown [nɔk'daun *o* 'knok'daun] **I.** *m* <-> SPORT Knockdown *m* **II.** *agg inv* knockdown

knockout [nɔk'aut] **I.** *m* <-> Knock-out *m,* K.o.-Schlag *m* **II.** *agg inv avv* knock-out, k.o.; **essere ~** *(a. fig)* k.o. sein; **mettere qu ~** SPORT jdn k.o. schlagen; *(fig)* jdn erledigen

know-how <-> [nou'hau] *m* Know-how *nt*

knowledge engineer ['nɔlidʒ ɛndʒi'niə *o* 'nɔlidʒ 'enginir] <- *o* knowledge engineers> *mf* INFORM *auf leistungsfähige Datensysteme spezialisierte(r) Informatiker(in)*

koala [ko'aːla] <-> *m* Koala[bär] *m,* Beutelbär *m*

kolchoz [kal'xɔs] <-> *m* Kolchose *f,* Kolchos *m*

kolossal [kolɔ'saːl] <-> *m* FILM Monumentalfilm *m,* monumentale Inszenierung

krapfen ['krapfən *o* 'krafen] <-> *m* Krapfen *m*

kris(s) [kris] <-> *m* Kris *m*

krug [kruːk] <-> *m* Krug *m*

kümmel ['kʏməl] <-> *m* Kümmel[branntwein] *m*

kursaal ['kuːrzaːl] <-> *m* Kursaal *m*

kW *abbr di* **chilowatt** kW

K-way® [kei'wei] <-> *m o f* K-Way® *m,* [umschnallbare] Windjacke mit Kapuze

K-Way® ['kappa 'wei] <-> *m o f* Windjacke *f*, Regenjacke *f*

kWh *abbr di* **chilowattora** kWh

L

l *abbr di* **litro** l

L, l ['ɛlle] <-> *f* L *nt*, l *nt;* **ferro a L** Winkeleisen *nt;* **l come Livorno** L wie Ludwig

L *abbr di* **lira** L, Lit

l' **I.** *art det m e f sing davanti a vocale* der/die/das **II.** *pron pers* ❶ *3. pers m sing* ihn ❷ *3. pers f sing* sie ❸ *(forma di cortesia: L')* Sie

L'Aia ['la:ia] *f* Den Haag *nt*

L'Aquila *f* L'Aquila *nt (Hauptstadt der Region Abruzzen)*

la¹ [la] **I.** *art det f sing* der/die/das **II.** *pron pers* ❶ *3. pers f sing* sie ❷ *(forma di cortesia: La)* Sie

la² <-> *m* MUS a *nt*, A *nt;* **dare il ~** *(a. fig)* den Ton angeben

là [la] *avv (stato)* dort, da; *(moto)* dorthin, dahin; **andare troppo in ~** *(fig)* zu weit gehen; **tirarsi in ~** zur Seite gehen; **chi va ~?** MIL wer da?; **di ~** *(stato in luogo)* drüben; *(da quel luogo)* von dort, von dorther; *(verso quel luogo)* hinüber; **al di ~ del fiume** jenseits des Flusses; **per di ~** dort hindurch; **via di ~!** weg da!

labaro ['la:baro] *m* Standarte *f*, Fahne *f*

labbro¹ ['labbro] <*pl:* -a *f*> *m* ANAT Lippe *f;* **pendere dalle -a di qu** an jds Lippen hängen; **~ leporino** Hasenscharte *f;* **rifarsi le -a** sich die Lippen aufspritzen lassen

labbro² *m (margine)* Rand *m*

labiale [la'bia:le] **I.** *agg* labial, Lippen- **II.** *f* LING Labiallaut *m*, Lippenlaut *m;* **leggere il ~** lippenlesen

labile ['la:bile] *agg* flüchtig, vergänglich

labiolettura [labiolet'tu:ra] *f* Ablesen *nt* von den Lippen

labirintico, -a [labi'rintiko] <-ci, -che> *agg* labyrinthisch; *(fig)* verworren

labirinto [labi'rinto] *m* Labyrinth *nt*

laboratorio [labora'tɔ:rio] <-i> *m* ❶ SCIENT Labor[atorium] *nt* ❷ *(officina)* Werkstatt *f*

laboratorista [laborato'rista] <-i *m*, -e *f*> *mf* Laborant(in) *m(f)*

laboriosità [laboriosi'ta] <-> *f* Arbeitsamkeit *f*, Fleiß *m*

laborioso, -a [labo'rio:so] *agg* arbeitsam, eifrig

lacca ['lakka] <-cche> *f* ❶ *(sostanza)* Lack *m; (per unghie)* Nagellack *m* ❷ *(per capelli)* Haarspray *nt*

laccare [lak'ka:re] *vt* lackieren, lacken

laccatura [lakka'tu:ra] *f* Lackierung *f*, Politur *f*

lacchè [lak'kɛ] <-> *m* ❶ *(valletto)* Lakai *m* ❷ *(fig, pej)* Kriecher *m*, Speichellecker *m*

laccio ['lattʃo] <-cci> *m (nodo)* Schlinge *f; (nastro)* Schnur *f; (delle scarpe)* Schnürsenkel *m*

lacerabile [latʃe'ra:bile] *agg* zerreißbar

lacerante [latʃe'rante] *agg (che lacera)* zerreißend; *(fig)* quälend

lacerare [latʃe'ra:re] **I.** *vt* ❶ *(strappare)* zerreißen ❷ *(fig)* quälen **II.** *vr* **-rsi** *(strapparsi)* reißen; *(fig)* sich quälen

lacerazione [latʃerat'tsio:ne] *f* ❶ *(atto)* Zerreißen *nt* ❷ MED Risswunde *f*

lacero, -a ['la:tʃero] *agg* zerrissen, zerlumpt; **ferita -a** Risswunde *f*

lacerto [la'tʃɛrto] *m (muscolo)* [Arm]muskel *m*

laconicità [lakonitʃi'ta] <-> *f* ❶ *(di persona)* Einsilbigkeit *f*, Wortkargheit *f* ❷ *(di discorso, risposta)* Kürze *f*, Bündigkeit *f*

laconico, -a [la'kɔ:niko] <-ci, -che> *agg* ❶ *(risposta)* lakonisch, kurz und bündig ❷ *(persona)* wortkarg, einsilbig

lacrima ['la:krima] *f* ❶ *(dell'occhio)* Träne *f;* **-e di coccodrillo** Krokodilstränen *f pl;* **avere le -e agli occhi** Tränen in den Augen haben; **ridere fino alle -e** Tränen lachen ❷ *(goccia)* Tropfen *m*

lacrimale [lakri'ma:le] *agg* Tränen-; **secreto ~** Tränenflüssigkeit *f*

lacrimare [lakri'ma:re] *vi* weinen

lacrimazione [lakrimat'tsio:ne] *f* Tränen *nt*, Tränenfluss *m*

lacrimevole [lakri'me:vole] *agg* beklagenswert, bedauerlich

lacrimogeno, -a [lakri'mɔ:dʒeno] *agg* Tränen erregend, Tränen-; **gas ~** Tränengas *nt*

lacrimoso, -a [lakri'mo:so] *agg* verweint

lacuale [laku'a:le] *agg* [Binnen]see-

lacuna [la'ku:na] *f* Lücke *f; (fig a.)* Mangel *m;* **~ della memoria** Gedächtnislücke *f*

lacunosità [lakunosi'ta] <-> *f* Lückenhaftigkeit *f*

lacunoso, -a [laku'no:so] *agg* lückenhaft, unvollständig
lacustre [la'kustre] *agg* [Binnen]see-
ladar ['la:dar] <-> *m* TEC *(radar ottico)* Laserradargerät *nt*
laddove [lad'do:ve] *(obs poet)* **I.** *avv* *(stato)* dort, wo; *(moto)* dorthin, wo **II.** *cong* ① *(qualora)* wenn, falls ② *(mentre)* anstatt, wo doch
ladino, -a [la'di:no] **I.** *agg* ladinisch **II.** *m, f* Ladiner(in) *m(f)*
ladra ['la:dra] *f v.* **ladro**
ladreria [ladre'ri:a] <-ie> *f* Dieberei *f,* Diebstahl *m*
ladresco, -a [la'dresko] <-schi, -sche> *agg* diebisch
ladro, -a ['la:dro] **I.** *agg* diebisch **II.** *m, f* Dieb(in) *m(f); (fig)* Gauner(in) *m(f),* Halsabschneider(in) *m(f)*
ladrocinio [ladro'tʃi:nio] *v.* **latrocinio**
ladrone [la'dro:ne] *m* [Straßen]räuber *m;* **i due -i** *(sul Calvario)* die beiden Schächer
ladronesco, -a [ladro'nesko] <-schi, -sche> *agg* räuberisch
ladruncolo, -a [la'druŋkolo] *m, f* Spitzbube *m/*-bübin *f; (ladro)* kleiner Dieb/kleine Diebin
lager ['la:gər] <-> *m* Konzentrationslager *nt,* Vernichtungslager *nt;* **il ~ di Dachau** das Konzentrationslager Dachau
Lager <-> *f* GASTR *(tipo di birra)* Lagerbier *nt;* **una ~ per favore!** ein Lager, bitte!
laggiù [lad'dʒu] *avv (stato)* dort unten, da drüben; *(moto)* dort hinunter, dort hinüber
lagna ['laɲɲa] *f (fam)* ① *(lamento)* Gejammer *nt* ② *(persona)* Nervensäge *f* ③ *(discorso)* Litanei *f,* Salbaderei *f*
lagnanza [laɲ'ɲantsa] *f* Beschwerde *f,* Klage *f*
lagnarsi [laɲ'ɲarsi] *vr* **~ per** [*o* **di**] **qc** sich über etw *akk* beschweren; *(lamentarsi)* über etw *akk* klagen
lagno ['laɲɲo] *m (poet)* Wehklage *f*
lago ['la:go] <-ghi> *m* GEOG See *m;* **~ artificiale** Stausee *m;* **Lago Maggiore** Lago *m* Maggiore; **Lago Trasimeno** Trasimenischer See; **Lago di Costanza** Bodensee *m;* **Lago di Garda** Gardasee *m*
lagotto [la'dʒɔtto] *m* ZOO Jagd- und Trüffelhund *m*
lagrima ['la:grima] *v.* **lacrima**
laguna [la'gu:na] *f* Lagune *f*
lagunare [lagu'na:re] *agg* Lagunen-
laica *f v.* **laico**
laicale [lai'ka:le] *agg* weltlich, Laien-; *(aconfessionale)* konfessionslos
laicato [lai'ka:to] *m* Laienstand *m*
laicismo [lai'tʃizmo] *m* Laizismus *m*
laicità [laitʃi'ta] <-> *f* Laientum *nt*
laicizzare [laitʃid'dza:re] *vt* ① *(persone)* in den Laienstand zurückversetzen, laisieren ② *(beni)* säkularisieren, verweltlichen
laico, -a ['la:iko] <-ci, -che> **I.** *agg* ① *(non ecclesiastico)* weltlich, Laien- ② *(non confessionale)* konfessionslos **II.** *m, f* Laie *m*
laidezza [lai'dettsa] *f (poet)* ① *(sozzura)* Schmutzigkeit *f* ② *(fig: sconcezza)* Unflätigkeit *f*
laido, -a ['la:ido] *agg (poet)* ① *(sporco, sozzo)* schmutzig ② *(fig: sconcio)* unflätig, unanständig
lama[1] ['la:ma] *f* ① *(del coltello)* [Messer]klinge *f* ② *(spada)* Schwert *nt,* Degen *m;* **~ a doppio taglio** *(fig)* zweischneidiges Schwert
lama[2] <-> *m* ① REL Lama *m* ② ZOO Lama *nt*
lambada [lam'ba:da] *f* MUS Lambada *m o f*
lambiccare [lambik'ka:re] **I.** *vt* destillieren **II.** *vr* **-rsi il cervello** [**su qc**] sich *dat* [über etw *akk*] den Kopf zerbrechen
lambiccato, -a [lambik'ka:to] *agg* gekünstelt, geschraubt; *(soluzione)* spitzfindig
lambire [lam'bi:re] <lambisco> *vt* ① *(con la lingua)* [ab]lecken ② *(fig: sfiorare)* leicht berühren, streifen
lambrusco [lam'brusko] <-schi> *m* Lambrusco *m (Rotwein aus der Emilia-Romagna)*
lamella [la'mɛlla] *f* Lamelle *f*
lamellare [lamel'la:re] *agg* lamellenförmig, lamellar
lamelliforme [lamelli'forme] *agg* lamellenförmig
lamentare [lamen'ta:re] **I.** *vt* klagen über +*akk,* beklagen **II.** *vr* **-rsi per** [*o* **di**] **qc** sich über etw *akk* beklagen, über etw *akk* klagen
lamentazione [lamentat'tsio:ne] *f* Jammern *nt,* Gejammer *nt*
lamentela [lamen'tɛ:la] *f* Beschwerde *f,* Klage *f*
lamentevole [lamen'te:vole] *agg (poet)* klagend
lamentio [lamen'ti:o] <-ii> *m* Gejammer *nt*
lamento [la'mento] *m* ① *(gemito)* Klage *f,* Wehklagen *nt* ② ZOO Heulen *nt; (di cane)* Winseln *nt* ③ MUS Klagelied *nt*
lamentoso, -a [lamen'to:so] *agg* klagend, jammernd
lametta [la'metta] *f* [Rasier]klinge *f*
lamiera [la'miɛ:ra] *f* Blech *nt;* **~ ondulata** Wellblech *nt*
lamierino [lamie'ri:no] *m* Feinblech *nt*
lamierista [lamie'rista] <-i *m,* -e *f*> *mf* Blechschläger(in) *m(f),* Metallschmied(in) *m(f)*

lamina ['laːmina] *f* Blättchen *nt,* Folie *f;* ~ **d'oro** Goldfolie *f*

laminare[1] [lami'naːre] *agg* blättchenförmig

laminare[2] *vt* ① *(ridurre in lamine)* [aus]walzen ② *(coprire con lamine)* mit einem Metallbelag versehen; *(sci)* mit Stahlkanten versehen

laminato [lami'naːto] *m* Walzstück *nt,* Walzgut *nt*

laminato, -a *agg* [aus]gewalzt

laminatoio [lamina'toːio] <-oi> *m* Walzmaschine *f,* Walzwerk *nt*

laminazione [laminat'tsioːne] *f* [Aus]walzen *nt*

lampada ['lampada] *f* Lampe *f,* Leuchte *f;* ~ **al neon** Neonröhre *f,* Neonlampe *f*

lampadario [lampa'daːrio] <-i> *m* Lüster *m,* [Kron]leuchter *m*

lampadato, -a [lampa'daːto] *agg* solariumgebräunt

lampadina [lampa'diːna] *f* [Glüh]birne *f;* ~ **a basso consumo** Energiesparlampe *f*

lampante [lam'pante] *agg (evidente)* einleuchtend, klar

lampeggiamento [lampeddʒa'mento] *m* ① METEO Blitzen *nt,* Wetterleuchten *nt* ② *(di auto)* Blinken *nt*

lampeggiare [lamped'dʒaːre] *vi* ① *avere* METEO blitzen, wetterleuchten ② *avere (fig: occhi)* funkeln, leuchten ③ *avere* MOT, TEC blinken ④ *essere o avere (impersonale)* blitzen, wetterleuchten

lampeggiatore [lampeddʒa'toːre] *m* MOT Blinker *m*

lampeggio [lamped'dʒiːo] <-ii> *m* Aufleuchten *nt;* METEO Wetterleuchten *nt*

lampioncino [lampion'tʃiːno] *m* Lampion *m o nt,* Papierlaterne *f*

lampione [lam'pioːne] *m* [Straßen]laterne *f*

lampista [lam'pista] <-i *m,* -e *f*> *mf* FERR Signalwärter(in) *m(f);* MIN Lampenwärter(in) *m(f)*

lampo[1] ['lampo] *m* Blitz *m; (a. fig)* Aufleuchten *nt;* ~ **di genio** Geistesblitz *m;* **in un** ~ im Nu

lampo[2] *agg inv* Blitz-; **chiusura** [*o* **cerniera**] ~ Reißverschluss *m;* **visita** ~ POL Blitzbesuch *m*

lampone [lam'poːne] *m* ① *(pianta)* Himbeerstrauch *m* ② *(frutto)* Himbeere *f*

lampreda [lam'prɛːda] *f* Lamprete *f,* Neunauge *nt*

lana ['laːna] *f* Wolle *f;* ~ **d'acciaio** Stahlwolle *f;* ~ **di legno** Holzwolle *f;* ~ **di vetro** Glaswolle *f*

lanaiolo, -a [lana'iɔːlo] *m, f* Wollhändler(in) *m(f)*

lanceolato, -a [lantʃeo'laːto] *agg* lanzenförmig; BOT lanzettförmig

lancetta [lan'tʃetta] *f (di orologio)* Zeiger *m*

lancia ['lantʃa] <-ce> *f* Lanze *f;* **spezzare una** ~ **in favore di qu** *(fig)* für jdn eine Lanze brechen

lanciabile [lan'tʃaːbile] *agg* schleuderbar; COM absetzbar

lanciabombe [lantʃa'bombe] <-> *m* Granatwerfer *m*

lanciafiamme [lantʃa'fiamme] <-> *m* Flammenwerfer *m*

lanciamissili [lantʃa'missili] **I.** *agg inv* Raketen-, Raketenabschuss- **II.** *m* <-> Raketenabschussrampe *f*

lanciapiattello [lantʃapiat'tɛllo] <-> *m* Wurfmaschine *f*

lanciarazzi [lantʃa'raddzi] <-> *m* Raketenwerfer *m*

lanciare [lan'tʃaːre] **I.** *vt* ① *(gettare)* werfen, schleudern; *(razzo)* abschießen; *(bombe)* abwerfen ② COM einführen, lancieren ③ *(fig: grido)* ausstoßen; *(occhiata)* zuwerfen **II.** *vr* **-rsi** ① *(buttarsi)* sich stürzen; *(dall'alto)* sich fallen lassen; **-rsi contro qu/qc** sich auf jdn/etw stürzen ② *(fig)* **-rsi in qc** sich in etw *akk* stürzen

lanciasiluri [lantʃasi'luːri] <-> *m* Torpedo[ausstoß]rohr *nt*

lanciato, -a [lan'tʃaːto] *agg* abgeworfen, abgeschossen; **essere** ~ *(fig)* in Fahrt sein

lanciatore, -trice [lantʃa'toːre] *m, f* Werfer(in) *m(f);* ~ **del disco** Diskuswerfer *m;* ~ **del giavellotto** Speerwerfer *m;* ~ **del peso** Kugelstoßer *m*

lanciere [lan'tʃɛːre] *m* Lanzenreiter *m*

lancinante [lantʃi'nante] *agg (fig)* stechend

lancio ['lantʃo] <-ci> *m* ① *(gener)* Wurf *m; (salto)* Sprung *m; (dall'alto)* Absprung *m; (di bombe)* Abwurf *m* ② *(fig)* COM Lancieren *nt*

landa ['landa] *f* Heide *f,* Heideland *nt*

lanerie [lane'riːe] *fpl* Wollwaren *fpl*

lanetta [la'netta] *f* leichter Wollstoff; *(tessuto misto)* Halbwolle *f*

langravio [laŋ'graːvio] <-i> *m* Landgraf *m*

languidezza [laŋgui'dettsa] *f* Mattigkeit *f,* Schwäche *f*

languido, -a ['laŋguido] *agg* ① *(fiacco)* matt ② *(fig: sguardo, occhi)* schmachtend

languire [laŋ'guiːre] <languo *o* languisco, languii, languito> *vi* ① *(struggersi)* schmachten; ~ **in carcere** im Kerker schmachten ② *(indebolirsi)* ermatten; *(attività)* stocken; **la conversazione langue** die Konversation stockt ③ *(venir meno)* vergehen; ~ **dalla fame** vor Hunger vergehen

languore [laŋ'guo:re] *m* ① *(fiacchezza)* Mattigkeit *f* ② *(fig: spirituale)* Niedergeschlagenheit *f* ③ *(struggimento)* Schmachten *nt*

laniccio [la'nittʃo] <-cci> *m* Staubfluse *f*

laniere, -a [la'niɛ:re] *m, f* Wollwarenfabrikant(in) *m(f)*

laniero, -a [la'niɛ:ro] *agg* Woll-

lanificio [lani'fi:tʃo] <-ci> *m* Wollspinnerei *f*

lanolina [lano'li:na] *f* Lanolin *nt*

lanoso, -a [la'no:so] *agg* wollig

lanterna [lan'tɛrna] *f* ① *(gener)* Laterne *f* ② NAUT Blinklicht *nt; (faro)* Leuchtturm *m*

lanternino [lanter'ni:no] *m* kleine Laterne; **cercare qu col ~** *(fig)* jdn verzweifelt suchen

lanugine [lanu'dʒi:ne] *f* Flaum *m*

lapalissiano, -a [lapalis'sia:no] *agg* altbekannt; **verità -a** Binsenwahrheit *f*

lapidare [lapi'da:re] *vt* steinigen

lapidario [lapi'da:rio] <-i> *m* ① *(operaio)* Steinmetz *m*, Steinhauer *m* ② *(museo)* Lapidarium *nt*

lapidario, -a <-i, -ie> *agg* ① *(arte)* Stein-, Steinmetz- ② *(fig)* kurz und bündig, lapidar

lapidazione [lapidat'tsio:ne] *f* Steinigung *f*

lapide ['la:pide] *f (su sepolcri)* Grabstein *m; (su muri)* Gedenktafel *f*, Gedenkstein *m*

lapis ['la:pis] <-> *m* Bleistift *m; (di colore)* Buntstift *m;* ~ **emostatico** Blutstillstift *m*

lapislazzuli [lapiz'laddzuli] <-> *m* Lapislazuli *m*

lappare [lap'pa:re] *vt, vi* schlabbern

lappatrice [lappa'tri:tʃe] *f* TEC Läppmaschine *f*

lappatura [lappa'tu:ra] *f* ① TEC *(di metallo)* Läppen *nt* ② TEC *(di pietre preziose)* Schleifen *nt*

lapsus ['lapsus] <-> *m* Lapsus *m*, Flüchtigkeitsfehler *m*

laptop ['læptɔp] <- *o* laptops> *m* INFORM Laptop *m*

lardellare [lardel'la:re] *vt* GASTR spicken, füllen

lardo ['lardo] *m* Speck *m*

largheggiare [larged'dza:re] *vi* ~ **di** [*o* **in**] **qc** mit etw freigebig sein; ~ **in cortesie** betont höflich sein; ~ **in mance** reichlich Trinkgeld geben

larghezza [lar'gettsa] *f* ① *(gener)* Breite *f; (ampiezza)* Weite *f*, Geräumigkeit *f* ② *(fig: liberalità)* Großzügigkeit *f*, Freigebigkeit *f;* ~ **d'idee** Weitblick *m*

largire [lar'dʒi:re] <largisco> *vt (poet)* spenden, gewähren

largitore, -trice [lardʒi'to:re] *m, f (poet)* Spender(in) *m(f)*

largizione [lardʒit'tsio:ne] *f (poet)* freizügige Spende, großzügiges Geschenk

largo ['largo] <-ghi> *m* ① *sing (larghezza)* Breite *f*, Weite *f;* **farsi ~ tra la folla** sich *dat* einen Weg durch die Menge bahnen; **girare al ~ da qu** um jdn einen [großen] Bogen machen; **fate ~!** Platz da! ② *sing (mare)* offene See, offenes Meer; **prendere il ~** NAUT in See stechen; *(fig)* das Weite suchen, sich aus dem Staube machen ③ MUS Largo *nt* ④ *(piccola piazza)* Platz *m*

largo, -a <-ghi, -ghe> *agg* ① *(gener)* breit; *(ampio)* weit; *(spazioso)* geräumig; *(vestito)* bequem; ~ **di fianchi** mit breiten Hüften; ~ **di spalle** breitschultrig; ~ **tre metri** drei Meter breit; **curva -a** flache Kurve; **stare alla -a da qu** jdn meiden, sich *dat* jdn vom Halse halten; **su -a scala** in großem Umfang ② *(generoso)* großzügig; *(quantità)* reichlich; *(d'idee)* großzügig, aufgeschlossen

larice ['la:ritʃe] *m* Lärche *f*

laringe [la'rindʒe] *f o m* ANAT Kehlkopf *m*

laringite [larin'dʒi:te] *f* MED Kehlkopfentzündung *f*

laringotomia [lariŋgoto'mi:a] <-ie> *f* MED Kehlkopfschnitt *m*

LARN *mpl acro di* **Livelli di Assunzione giornalieri Raccomandati di energia e di Nutrienti per la popolazione italiana** *italienische Empfehlungen für die Nährstoffzufuhr*

larva ['larva] *f* ① ZOO Larve *f* ② *(fig: ombra)* Gespenst *nt*, Schatten *m;* **un uomo ridotto a una ~** ein Mensch, der nur noch ein Schatten seiner selbst ist ③ *(fig: apparenza)* [An]schein *m*

larvale [lar'va:le] *agg* larval, Larven-

larvato, -a [lar'va:to] *agg* verhüllt, verschleiert

lasagne [la'zaɲɲe] *fpl* Lasagne *f (überbackene Nudelplatten mit Hackfleischfüllung)*

lasciapassare [laʃʃapas'sa:re] <-> *m* Passierschein *m*

lasciare [laʃ'ʃa:re] **I.** *vt* ① *(non portare con sé)* lassen, zurücklassen; *(dimenticare)* [liegen/stehen/hängen] lassen ② *(abbandonare)* verlassen; *(posto)* aufgeben; *(separarsi da)* sich trennen von; **chi lascia la via vecchia per la nuova, sa quel che lascia, ma non sa quel che trova** *(prov)* ≈ ein Spatz in der Hand ist besser als eine Taube auf dem Dach ③ *(in eredità)* hinterlassen, vermachen; ~ **detto** ausrichten lassen; ~ **scritto** schriftlich festlegen 4 *(mollare)* loslassen, auslassen A; *(liberare)* freilassen; ~ **le cose come stanno** die Dinge auf sich beruhen lassen; ~ **il discorso a mezzo** das Gespräch nicht zu Ende führen; **o prendere o** ~ entweder oder, ja oder nein; ~ **ogni speranza** jede Hoffnung aufgeben 5 *(affidare, consegnare)* lassen, abgeben, überlassen 6 *(consentire)* lassen, zulassen; ~ **andare** fortlassen; *(non curarsi)* sich nicht kümmern um; ~ **andare** [*o* **perdere**] [*o* **stare**] sein lassen; ~ **correre** es geschehen lassen, ein Auge zudrücken; ~ **a desiderare** zu wünschen übrig lassen; ~ **fare** in Ruhe lassen, gewähren lassen; ~ **stare qu** jdn in Ruhe lassen; **lasciamo stare!** reden wir nicht mehr darüber! **II.** *vr* **-rsi** auseinandergehen, sich trennen; **-rsi andare** *(fig)* sich gehen lassen

lascito ['laʃʃito] *m* Vermächtnis *nt,* Hinterlassenschaft *f*

lascivia [laʃʃiːvia] <-ie> *f* Wollust *f*

lascivo, -a [laʃʃiːvo] *agg* wollüstig

laser ['laːzer] <-> *m* Laser *m*

laserfoto [lazer'fɔːto] <-> *f* Laserfoto *nt*

laserista [laze'rista] <-i *m,* -e *f*> *mf* TEC Lasertechniker(in) *m(f)*

La Spezia *f* La Spezia *nt (Stadt in Ligurien)*

lassativo [lassa'tiːvo] *m* Abführmittel *nt*

lassativo, -a *agg* abführend, Abführ-

lassismo [las'sizmo] *m* 1 REL Laxismus *m* 2 *(fig)* Laxheit *f,* Gleichgültigkeit *f*

lasso ['lasso] *m* ~ **di tempo** Zeitraum *m,* Zeitspanne *f*

lassù [las'su] *avv (stato)* dort [*o* da] oben; *(moto)* da [*o* dort] hinauf

last minute [laːst'mɪnit] *agg inv* **volo** ~ Last-Minute-Flug *m;* **offerta** ~ Last-Minute-Angebot *nt*

lastra ['lastra] *f* 1 *(piastra)* Platte *f,* Tafel *f; (di vetro)* Scheibe *f* 2 FOTO Fotoplatte *f; (radiografia)* Röntgenaufnahme *f* 3 TYP Druckplatte *f*

lastricare [lastri'kaːre] *vt* pflastern

lastricato [lastri'kaːto] *m* [Straßen]pflaster *nt*

lastrico ['lastriko] <-chi *o* -ci> *m* 1 *(di strada)* Pflaster *nt,* Pflasterung *f* 2 *(fig: miseria)* Armut *f,* Elend *nt;* **buttare** [*o* **ridurre**] **qu sul** ~ *(fig)* jdn an den Bettelstab bringen

lastrone [las'troːne] *m* Felsplatte *f,* Felswand *f*

latebra [la'tɛːbra] *f (poet)* 1 *(nascondiglio)* Unterschlupf *m,* Schlupfwinkel *m* 2 *(fig)* Tiefe *f,* Unterste(s) *nt*

latente [la'tɛnte] *agg* versteckt, verborgen

laterale [late'raːle] **I.** *agg* seitlich, Neben- **II.** *m* SPORT Außenläufer *m*

lateranense [latera'nɛnse] *agg* lateranisch, Lateran-

laterizi [late'rittsi] *mpl* Ziegel[steine] *mpl,* Backsteine *mpl*

laterizio, -a [late'rittsio] <-i, -ie> *agg* aus [gebrannter] Tonerde, Ziegel-, Backstein-; **materiale** ~ Ziegelsteine *mpl*

latice ['laːtitʃe] *m* Latex *m,* Gummimilch *f*

latifoglio, -a [lati'fɔʎʎo] <-gli, -glie> *agg* breitblätt[e]rig

latifondista [latifon'dista] <-i *m,* -e *f*> *mf* Großgrundbesitzer(in) *m(f)*

latifondistico, -a [latifon'distiko] <-ci, -che> *agg* HIST Großgrund-

latifondo [lati'fondo] *m* Großgrundbesitz *m,* Latifundium *nt*

latina *f v.* **latino**

Latina [la'tiːna] *f* Latina *nt (Stadt in Latium)*

latine(n)se [lati'nɛ(n)se] **I.** *agg (di Latina)* latinisch **II.** *mf (abitante)* Einwohner(in) *m(f)* von Latina

latinismo [lati'nizmo] *m* Latinismus *m*

latinità [latini'ta] <-> *f* 1 *(tradizione, carattere)* lateinischer Charakter, Latinität *f* 2 *(lingua, letteratura)* römische Klassik

latino [la'tiːno] *m sing* Latein[isch] *nt*

latino, -a I. *agg* lateinisch; *(neolatino)* romanisch; REL römisch[-katholisch]; **America -a** Lateinamerika *nt;* **~-americano** lateinamerikanisch; **chiesa -a** römisch-katholische Kirche **II.** *m, f* 1 *(abitante del Lazio antico)* Latiner(in) *m(f)* 2 *(romano)* Römer(in) *m(f)*

latitante [lati'tante] **I.** *agg* flüchtig [vor dem Gesetz] **II.** *mf* Flüchtige(r) *f(m)*

latitanza [lati'tantsa] *f* Flüchtigsein *nt*

latitudinale [latitudi'naːle] *agg* Breiten-; **coordinata** ~ Breitengrad *m*

latitudine [lati'tuːdine] *f* [geografische] Breite *f*

lato ['laːto] *m* 1 *(parte)* Seite *f;* **a ~ di qu** neben jdm, an jds Seite 2 *(fig: aspetto)* Seite *f,* Aspekt *m; (punto di vista)* Gesichtspunkt *m,* Standpunkt *m;* **d'altro** ~ and[e]rerseits; **da un ~ ..., dall'altro ...** einerseits ..., and(e)rerseits ...

lato, -a *agg (poet)* ausgedehnt; *(fig)* weit; **in senso** ~ im weiteren Sinne

latore, -trice [la'toːre] *m, f* Überbringer(in) *m(f)*

latrare [la'traːre] *vi* kläffen

latrato [la'traːto] *m* Gekläff[e] *nt*

latrice *f v.* **latore**

latrina [la'triːna] *f* Abort *m*

latrocinio [latro'tʃiːnio] <-i> *m* betrügerischer Diebstahl

latta ['latta] *f* 1 *(lamiera)* Blech *nt* 2 *(recipiente)* Kanne *f,* Kanister *m*

L

lattaio, -a [lat'ta:io] <-i, -ie> *m, f* Milchmann *m*/-frau *f*, Milchhändler(in) *m(f)*
lattante [lat'tante] **I.** *agg* saugend **II.** *mf* Säugling *m*
lattazione [lattat'tsio:ne] *f* Milchabsonderung *f*, Milchproduktion *f*
latte ['latte] *m sing* Milch *f*; **~ cagliato** Dickmilch *f*; **~ condensato** Kondensmilch *f*; **~ detergente** Reinigungsmilch *f*; **~ intero** Vollmilch *f*; **~ materno** Muttermilch *f*; **~ scremato** Magermilch *f*; **~ in polvere** Milchpulver *nt*; **~ in scatola** Dosenmilch *f*; **denti da ~** Milchzähne *mpl*; **fior di ~** Rahm *m*; **bianco come il ~** schneeweiß
lattemiele [latte'miɛ:le] <-> *m* ① GASTR *Süßspeise aus Honig und Milch* ② *(fig)* Gefälligkeit *f*, Fügsamkeit *f*; **essere tutto ~ con qu** jdm Honig ums Maul schmieren
latteo, -a ['latteo] <-ei, -ee> *agg* Milch-; *(simile al latte)* milchig; **via -a** ASTR Milchstraße *f*
latteria [latte'ri:a] <-ie> *f* Molkerei *f*
lattescente [latteʃ'ʃɛnte] *agg* milchig, milchfarben
lattescenza [latteʃ'ʃɛntsa] *f* Milchigkeit *f*
lattice ['lattitʃe] *v.* **latice**
latticello [latti'tʃɛllo] *m* Buttermilch *f*
latticini [latti'tʃi:ni] *mpl* Milchprodukte *ntpl*, Milcherzeugnisse *ntpl*
lattico, -a ['lattiko] <-ci, -che> *agg* Milch-
lattiera [lat'tiɛ:ra] *f* Milchkanne *f*
lattiero, -a [lat'tiɛ:ro] *agg* Milch-
lattifero, -a [lat'ti:fero] *agg* milchführend, milcherzeugend; **vacca -a** Milchkuh *f*
lattiginoso, -a [lattidʒi'no:so] *agg* ① *(simile al latte)* milchig, milchartig ② BOT Milchsaft absondernd
lattina [lat'ti:na] *f* Büchse *f*, Dose *f*
lattoniere [latto'niɛ:re] *m* Klempner *m*, Blechschmied *m*
lattonzolo [lat'tontsolo] *m* Jungtier *nt (das noch gesäugt wird)*; *(maialino)* Spanferkel *nt*
lattosio [lat'tɔ:zio] <-i> *m* Laktose *f*, Milchzucker *m*
lattuga [lat'tu:ga] <-ghe> *f* Lattich *m*; GASTR grüner Salat
lauda ['la:uda] <-i> *f* Lauda *f*, Laude *f*
laudano ['la:udano] *m* Opiumtinktur *f*, Laudanum *nt*
laudativo, -a [lauda'ti:vo] *agg* lobend, Lob-
laurea ['la:urea] *f* Hochschulabschluss *m*, Diplom *nt*; **~ breve** *dreijähriges Kurzstudium*; **esame di ~** Examen *nt*, Diplomprüfung *f*; **tesi di ~** Diplomarbeit *f*, Magisterarbeit *f*; **conseguire la ~** den Hochschulabschluss erwerben; **prendere la ~ in giurisprudenza** seinen Abschluss in Jura machen
laureando, -a [laure'ando] *m, f* Examenskandidat(in) *m(f)*, Diplomand(in) *m(f)*
laureare [laure'a:re] **I.** *vt* **~ qu** jdm einen akademischen Grad verleihen **II.** *vr* **-rsi** den Hochschulabschluss erwerben; **-rsi in medicina** seinen Abschluss in Medizin machen
laureato, -a [laure'a:to] **I.** *agg (studente)* mit Hochschulabschluss, diplomiert **II.** *m, f* Hochschulabsolvent(in) *m(f)*, Akademiker(in) *m(f)*; **~ in legge/lettere** Absolvent *m* der Rechte/Philologie
lauro ['la:uro] *m* ① *(poet)* Lorbeer *m* ② *(fig)* Lorbeerkranz *m*
lautal® [lau'ta:l] <-> *f* MIN *(lega costituita da alluminio, silicio e rame)* Lautal® *nt (Al-Si-Cu-Legierung)*
lauto, -a ['la:uto] *agg* auserlesen; *(abbondante)* üppig
LAV *f abbr di* **Lega Anti Vivisezione** *Vereinigung gegen Tierversuche*
lava ['la:va] *f* Lava *f*
lavaauto [lava'a:uto] <-> *mf* MOT Autowäscher(in) *m(f)*
lavabiancheria [lavabiaŋke'ri:a] <-> *f* Waschmaschine *f*
lavabile [la'va:bile] *agg* waschbar, waschecht
lavabo [la'va:bo] *m (ambiente)* Waschraum *m*; *(lavandino)* Waschbecken *nt*
lavacristallo [lavakris'tallo] <-> *m* MOT Scheibenwaschanlage *f*
lavacro [la'va:kro] *m* ① *(poet)* Waschung *f* ② *(fig)* Läuterung *f*, Reinigung *f*; *(battesimo)* Taufe *f*; **Santo ~** Taufe *f*
lavafrutta [lava'frutta] <-> *m mit Wasser gefüllte Tischschale zum Waschen von Obst*
lavaggiatore, -trice [lavaddʒa'to:re] *m, f* ① TEC Verantwortliche(r) *f(m)* für industrielle Reinigungsprozesse ② *(lavamacchine)* Autowäscher(in) *m(f)*
lavaggio [la'vaddʒo] <-ggi> *m* ① *(gener)* Reinigung *f*, Wäsche *f*, Waschen *nt*; **~ del cervello** Gehirnwäsche *f*; **~ a secco** chemische Reinigung ② MED Spülung *f*; **~ gastrico** Magenspülung *f*
lavagna [la'vaɲɲa] *f* ① GEOL Schiefer *m* ② *(nelle scuole)* [Schiefer]tafel *f*; **~ luminosa** Overheadprojektor *m*
lavamacchine [lava'makkina] <-> *mf v.* **lavaauto**
lavamano [lava'ma:no] <-> *m* Waschtisch *m*
lavamoquette [lavamo'kɛt] <-> *f* Moquettereinigungsgerät *nt*
lavanda [la'vanda] *f* ① *(atto del lavare, del*

lavarsi) Waschung *f;* MED Spülung *f;* **~ gastrica** Magenspülung *f* ② BOT Lavendel *m; (profumo)* Lavendelwasser *nt*

lavandaia [lavan'daːia] *f (fig, pej)* Waschweib *nt*

lavandaio, -a [lavan'daːio] <-ai, -aie> *m, f* Wäscher(in) *m(f)*

lavanderia [lavande'riːa] <-ie> *f* Wäscherei *f; (stanza)* Waschküche *f*

lavandino [lavan'diːno] *m* Waschbecken *nt,* Spülbecken *nt*

lavapavimenti [lavapavi'menti] <-> *f* Bodenreinigungsgerät *nt*

lavapiatti [lava'piatti] <-> *mf* Tellerwäscher(in) *m(f)*

lavare [la'vaːre] **I.** *vt* [ab]waschen; *(stoviglie)* spülen, abwaschen; *(denti, vetri)* putzen; **~ a secco** chemisch reinigen **II.** *vr* **-rsi** sich waschen; **-rsi come i gatti** Katzenwäsche machen; **lavarsene le mani** *(fig)* seine Hände in Unschuld waschen

lavasciuga [lavaʃ'ʃuːga] <-> *f* TEC Waschtrockner *m*

lavasecco [lava'sekko] <-> *m o f* chemische Reinigung

lavastoviglie [lavasto'viʎʎe] <-> *f* [Geschirr]spülmaschine *f*

lavata [la'vaːta] *f* [flüchtiges] [Ab]waschen *nt;* **dare a qu una ~ di capo** *(fig)* jdm den Kopf waschen

lavatergifari [lavatɛrdʒi'faːri] <-> *m* MOT Scheinwerferwischer *m*

lavatergilunotto [lavatɛrdʒilu'nɔtto] <-> *m* MOT Heckscheibenwisch- und Waschanlage *f*

lavatesta [lava'tɛsta] **I.** *m* <-> Nackenstütze *f* für die Haarwäsche beim Friseur **II.** *agg inv* **catino ~** Haarwaschnackenstütze *f*

lavativo [lava'tiːvo] *m* Drückeberger *m,* Taugenichts *m*

lavatoio [lava'toːio] <-oi> *m* ① *(stanza)* Waschküche *f* ② *(vasca)* Waschtrog *m* ③ *(lastra)* Waschbrett *nt*

lavatore, -trice [lava'toːre] *m, f (persona)* Wäscher(in) *m(f)*

lavatrice [lava'triːtʃe] *f* TEC Waschmaschine *f*

lavatura [lava'tuːra] *f* ① *(il lavare)* Waschen *nt,* Wäsche *f* ② *(acqua)* Spülwasser *nt,* Waschwasser *nt;* **un brodo che è una ~ di piatti** eine Brühe, die wie Abwaschwasser schmeckt

lavavetri [lava'veːtri] <-> *mf* ① *(persona)* Fensterputzer(in) *m(f)* ② *(di parabrezza)* Autoscheibenputzer(in) *m(f)* ③ *(attrezzo)* [elektrisches] Fensterputzgerät *nt*

lavello [la'vɛllo] *m* Spülbecken *nt,* Waschbecken *nt*

lavico, -a ['laːviko] <-ci, -che> *agg* aus Lava, Lava-

lavina [la'viːna] *f* Lawine *f*

lavorabile [lavo'raːbile] *agg* bearbeitbar, verarbeitbar; *(terreno)* bestellbar

lavorante [lavo'rante] *mf* Geselle *m/*Gesellin *f*

lavorare [lavo'raːre] **I.** *vt (agire su)* bearbeiten; *(pasta)* kneten; *(terreno)* bestellen **II.** *vi* ① *(gener)* arbeiten ② *(funzionare)* laufen ③ *(negozio)* [gut] gehen **III.** *vr* **-rsi qu** *(fam)* jdn herumbekommen [wollen], jdn umgarnen

lavorativo, -a [lavora'tiːvo] *agg* Arbeits-, Werk-; **terreno ~** Ackerland *nt;* **settimana -a** Arbeitswoche *f*

lavoratore, -trice [lavora'toːre] **I.** *agg* arbeitend, erwerbstätig **II.** *m, f* Arbeiter(in) *m(f),* Erwerbstätige(r) *f(m);* **~ agricolo** Landarbeiter *m;* **~ autonomo** Selbstständige(r) *m;* **~ dipendente** Festangestellte(r) *f(m),* Arbeitnehmer *m,* Dienstnehmer *m* A; **~ qualificato** gelernter Arbeiter; **~ specializzato** Facharbeiter *m*

lavorazione [lavorat'tsioːne] *f* Bearbeitung *f; (di materie prime)* Verarbeitung *f; (di film)* Herstellung *f; (di terreno)* Bestellung *f; (di pasta)* Kneten *nt;* **~ in serie** Serienfertigung *f;* **essere in ~** in Arbeit sein

lavorio [lavo'riːo] <-ii> *m* ① *(attività)* Geschäftigkeit *f,* Betriebsamkeit *f* ② *(fig: intrigo)* Intrige *f*

lavoro [la'voːro] *m* ① *(attività di produzione)* Arbeit *f,* Tätigkeit *f; (remunerato)* Beschäftigung *f;* **~ nero** [*o* **abusivo**] Schwarzarbeit *f,* Pfusch *m* A; **-i domestici** Hausarbeit *f;* **-i forzati** Zwangsarbeit *f;* **~ di manovalanza** Knochenjob *m;* **~ straordinario** Überstunden *fpl;* **-i in corso** *(su strade)* Baustelle *f;* **senza ~** arbeitslos; **andare al ~** zur Arbeit gehen ② *(opera)* Arbeit *f,* Werk *nt;* **~ teatrale** Theaterstück *nt,* Bühnenwerk *nt;* **hai fatto proprio un bel ~!** *(iron)* da hast du aber etw Schönes angerichtet!

layout ['leiaut] <-> *m* Layout *nt*

layout man ['leiaut mæn] <- *o* layout men> *m* TYP Layouter(in) *m(f)*

laziale [lat'tsiaːle] **I.** *mf* ① *(abitante)* Bewohner(in) *m(f)* Latiums ② SPORT *(giocatore)* Spieler(in) *m(f)* von Lazio Rom ③ SPORT *(tifoso)* Lazio-Fan *m* **II.** *agg* aus Latium

Lazio ['lattsio] <*sing*> **I.** *m* Latium *nt* **II.** *f* SPORT *(squadra di calcio romana)* Lazio Rom *ohne Artikel*

lazo ['laddzo] <-> *m* Lasso *nt o m;* **prendere al ~** mit dem Lasso einfangen

lazzaretto [laddza'retto] *m* Lazarett *nt*

lazzaronata [laddzaro'naːta] *f* Gaunerei *f*

lazzarone [laddza'roːne] *m* Schurke *m,* Lump *m; (fannullone)* Nichtsnutz *m*

lazzeretto [laddze'retto] *m v.* **lazzaretto**

lazzo ['laddzo *o* 'lattso] *m* Schwank *m,* Witz *m,* Schmäh *m* A

LC *abbr di* **Lotta Continua** *italienische Linkspartei*

le [le] **I.** *art det f pl* die *f pl;* ~ **signore** die Frauen **II.** *pron pers 3. pers f sing* ❶ *(complemento di termine)* ihr; **non ~ hai detto nulla?** hast du ihr nichts gesagt? ❷ *(complemento di termine, forma di cortesia: Le)* Ihnen; **adesso Le comunico i Suoi risultati** ich teile Ihnen jetzt Ihre Ergebnisse mit **III.** *pron pers 3. pers f pl* ❶ *(complemento oggetto)* sie; **non ~ avevo mai sentite così entusiaste** so begeistert habe ich sie noch nie gehört ❷ *(in espressioni ellittiche, spesso non tradotto)* **guarda che ~ prendi!** pass auf, sonst setzt es was!

lead [liːd] <-> *m* TYP *(nel linguaggio giornalistico, il cappello introduttivo di un articolo)* Vorspann *m* eines Zeitungsartikels

leader ['liːdə] <-> *mf* Führer *m*

leaderismo [lide'rizmo] *m* Herrscherallüren *f pl*

leadership ['liːdəʃip *o* 'liderʃip] <-> *f* Führung *f,* Führerschaft *f*

leale [le'aːle] *agg* ❶ *(onesto, sincero)* aufrichtig; *(di comportamento)* fair ❷ *(fedele)* treu, loyal

lealismo [lea'lizmo] *m* Loyalität *f,* Regierungstreue *f*

lealista [lea'lista] <-i *m,* -e *f*> **I.** *mf* Regierungstreue(r) *f(m);* HIST Loyalist(in) *m(f)* **II.** *agg* loyal

lealtà [leal'ta] <-> *f* ❶ *(onestà, sincerità)* Aufrichtigkeit *f,* Rechtschaffenheit *f; (comportamento)* Fairness *f* ❷ *(fedeltà)* Treue *f,* Loyalität *f*

leardo [le'ardo] **I.** *agg* grau und weiß getupft, grauscheckig **II.** *m* Grauschimmel *m*

leasing ['liːsiŋ] <-> *m* FIN Leasing *nt;* **prendere un'auto in ~** ein Auto leasen; **società di ~** Leasing-Gesellschaft *f;* ~ **immobiliare** Immobiliarleasing *nt;* ~ **finanziario** Finanzierungsleasing *nt*

lebbra ['lebbra] *f* ❶ MED Lepra *f,* Aussatz *m* ❷ BOT Schorf *m* ❸ *(fig)* Aussatz *m,* Übel *nt*

lebbrosa *f v.* **lebbroso**

lebbrosario [lebbro'saːrio] <-i> *m* Leprakrankenhaus *nt,* Leprastation *f*

lebbroso, -a [leb'broːso] **I.** *agg* aussätzig, leprakrank **II.** *m, f* Aussätzige(r) *f(m)*

leccaculo [lekka'kuːlo] <-li *o* -> *m (vulg)* Arschkriecher *m,* Schleimscheißer *m*

lecca lecca [lekka'lekka] <-> *m* Lutscher *m*

leccapiatti [lekka'piatti] <-> *mf (ghiottone)* Leckermaul *nt*

leccapiedi [lekka'piɛːdi] <-> *mf (pej)* Speichellecker *m*

leccarda [lek'karda] *f* Fettfänger *m,* Fettpfanne *f*

leccare [lek'kaːre] **I.** *vt* lecken, schlecken; ~ **i piedi a qu** *(fig)* vor jdm kriechen **II.** *vr* **-rsi** sich schniegeln, sich schön machen; **-rsi le dita** [*o* **i baffi**] **per qc** *(fig)* sich die Finger nach etw lecken

leccata [lek'kaːta] *f* Lecken *nt,* Ablecken *nt*

leccato, -a [lek'kaːto] *agg (fig)* gepflegt

leccatura [lekka'tuːra] *f (fig)* Schmeichelei *f*

Lecce *f* Lecce *nt (Stadt in Apulien)*

leccese [lek'keːse] **I.** *agg (di Lecce)* aus Lecce **II.** *mf (abitante)* Einwohner(in) *m(f)* von Lecce

Leccese *m sing* Umgebung *f* von Lecce

leccio ['lettʃo] <-cci> *m* Steineiche *f*

leccornia [lekkor'niːa] <-ie> *f* Delikatesse *f,* Leckerbissen *m*

lecitina [letʃi'tiːna] *f* Lezithin *nt*

lecito, -a ['leːtʃito] *agg* erlaubt, zulässig

ledere ['lɛːdere] <ledo, lesi, leso> *vt* beschädigen; *(fig)* schädigen; MED verletzen

lega ['leːga] <-ghe> *f* ❶ *(federazione)* Bund *m,* Liga *f; (associazione)* Verband *m,* Vereinigung *f;* ~ **anseatica** HIST Hanse *f;* ~ **delle nazioni** HIST Völkerbund *m* ❷ *(di metalli)* Legierung *f;* ~ **in argento** Silberlegierung *f;* **di bassa ~** [**d'oro**] niedriger Goldgehalt

legaccio [le'gattʃo] <-cci> *m* [Schnür]band *nt;* **-cci delle scarpe** Schnürsenkel *m pl*

legaiolo, -a [lega'ioːlo] **I.** *m, f (pej: leghista)* Parteimitglied *nt* der Lega Nord **II.** *agg* Lega-

legale [le'gaːle] **I.** *agg* legal, gesetzlich, Gesetzes-; *(secondo legge)* gesetzmäßig, rechtsgültig; *(a. fig)* rechtmäßig; *(per vie legali)* gerichtlich; **studio ~** Anwaltsbüro *nt,* [Rechts]anwaltskanzlei *f* **II.** *m* [Rechts]anwalt *m*

legalità [legali'ta] <-> *f* Gesetzlichkeit *f,* Legalität *f; (a. fig)* Rechtmäßigkeit *f*

legalitario, -a [legali'taːrio] <-i, -ie> *agg* gesetzmäßig, sich im Rahmen der Legalität bewegend

legalizzare [legalid'dzaːre] *vt* JUR legalisieren; ADM amtlich beglaubigen

legalizzazione [legaliddzat'tsioːne] *f* JUR Legalisierung *f;* ADM amtliche Beglaubigung

Legambiente [legam'biɛnte] *f* ECOL *acro di* **Lega per l'ambiente** *italienischer Naturschutzbund*

legame [le'gaːme] *m* ❶ *(vincolo)* Bindung *f,* Band *nt geh; (rapporto)* Verhältnis *nt* ② *(nesso logico)* Zusammenhang *m*

legamento [lega'mento] *m* ① *(legame)* Verbindung *f,* Bindung *f* ② ANAT Band *nt*

Lega Nord ['le:ga nɔrd] *f* POL Lega Nord *f* *(sezessionistische Partei Norditaliens)*

legante [le'gante] *m* Bindemittel *nt*

legare [le'ga:re] **I.** *vt* ① *(collegare)* binden, anbinden, festbinden; *(con spago)* zuschnüren, verschnüren; *(con funi)* vertäuen; *(alla catena)* fesseln; *(cane)* anketten; *(capelli)* zusammenbinden; **ho le mani legate** *(fig)* mir sind die Hände gebunden; **legarsela al dito** *(fam)* es sich hinter die Ohren schreiben ② MED *(arteria)* abbinden ③ *(libri)* [ein]binden ④ *(fig)* verpflichten, [ver]binden **II.** *vi* ① CHEM eine Legierung bilden ② *(fig)* zusammenpassen; *(andar d'accordo)* sich verstehen, sich vertragen **III.** *vr* **-rsi a qu** sich an jdn binden

legatario, -a [lega'ta:rio] <-i, -ie> *m, f* Legatar *m,* Vermächtnisnehmer(in) *m(f)*

legato [le'ga:to] *m* ① MUS Legato *nt* ② POL Gesandte(r) *f(m),* Legat *m* ③ JUR Vermächtnis *nt*

legatore, -trice [lega'to:re] *m, f* Buchbinder(in) *m(f)*

legatoria [legato'ri:a] <-ie> *f* Buchbinderei *f*

legatrice *f v.* **legatore**

legatura [lega'tu:ra] *f* ① *(il legare)* Bindung *f; (azione)* Binden *nt; (con spago)* Verschnürung *f; (con funi)* Vertäuen *nt* ② MED Abbinden *nt* ③ MUS Ligatur *f* ④ *(rilegatura)* Einband *m;* ~ **in pelle** Ledereinband *m;* ~ **a spirale** Spiralheftung *f*

legazione [legat'tsio:ne] *f* Gesandtschaft *f,* Legation *f*

legenda [le'dʒɛnda] *f* Legende *f,* Zeichenerklärung *f*

legge ['leddʒe] *f* ① *(norma)* Gesetz *nt,* Regel *f;* ~ **del gioco** Spielregel *f;* ~ **dell'onore** Ehrenkodex *m* ② JUR *(precetto giuridico)* Gesetz *nt; (diritto)* Recht *nt;* **per** ~ gesetzlich, nach dem Gesetz ③ *(giurisprudenza)* Jura *ohne Artikel,* Rechtswissenschaft *f,* Recht *nt,* Jus *nt* A; **uomo di** ~ Gesetzeskundige(r) *f(m),* Jurist *m;* **dottore in** ~ Doktor *m* der Rechte ④ *(ordine)* Vorschrift *f*

leggenda [led'dʒɛnda] *f* ① LIT Sage *f,* Legende *f* ② *(fig)* Märchen *nt* ③ *(in araldica)* Wappenspruch *m,* Wahlspruch *m* ④ *(didascalia)* Legende *f,* Zeichenerklärung *f*

leggendario [leddʒen'da:rio] <-i> *m* Legendenbuch *nt,* Legendensammlung *f*

leggendario, -a <-i, -ie> *agg* sagenhaft, Sagen-

leggere ['lɛddʒere] <leggo, lessi, letto> **I.** *vt* lesen; *(ad altri)* vorlesen; ADM, JUR verlesen; ~ **il futuro** die Zukunft voraussagen; ~ **la mano** aus der Hand lesen; ~ **la musica** Noten lesen **II.** *vi* lesen

leggerezza [leddʒe'rettsa] *f* ① *(gener)* Leichtigkeit *f* ② *(fig)* Unbeschwertheit *f; (frivolezza)* Leichtfertigkeit *f; (sconsideratezza)* Leichtsinn *m*

leggero, -a [led'dʒɛ:ro] *agg (gener)* leicht; *(delicato)* leise, sanft; *(agile)* gewandt, flink; **atletica -a** Leichtathletik *f;* **musica -a** leichte Musik, Unterhaltungsmusik *f;* **una ragazza -a** ein leichtes Mädchen; **prendere le cose alla -a** die Dinge auf die leichte Schulter nehmen

leggerone, -a [leddʒe'ro:ne] *m, f (facilone)* Leichtfuß *m*

leggiadria [leddʒa'dri:a] <-ie> *f* Anmut *f,* Grazie *f*

leggiadro, -a [led'dʒa:dro] *agg* anmutig, reizend; *(forma)* zierlich

leggibile [led'dʒi:bile] *agg (scrittura)* leserlich; *(libro)* lesbar; *(raccomandabile)* lesenswert

leggiero [led'dʒɛ:ro] *agg v.* **leggero**

leggina [led'dʒi:na] *f* Gesetzesnovelle *f*

leggings ['legiŋs] *mpl* Leggin[g]s *pl*

leggio [led'dʒi:o] <-ii> *m* ① *(per libri)* Lesepult *nt* ② MUS Notenständer *m*

leggiucchiare [leddʒuk'kia:re] *vt* überfliegen

leggo ['lɛggo] *1. pers sing pr di* **leggere**

leghismo [le'gizmo] *m* Bündnisbildung *f*

leghista [le'gista] <-i *m,* -e *f*> **I.** *mf* ① POL *(sostenitore di una lega)* Anhänger(in) *m(f)* eines Bündnisses, Bündnismitglied *nt* ② POL *(sostenitore della Lega Nord)* Anhänger(in) *m(f)* der Lega Nord **II.** *agg (relativo alla Lega Nord)* der Lega Nord, Lega-; **il deputato** ~ der Lega-Abgeordnete; **la manifestazione** ~ die Lega Nord-Kundgebung

legiferare [ledʒife'ra:re] *vi* ① JUR Gesetze erlassen ② *(fig, scherz)* Vorschriften machen, befehlen

legionario [ledʒo'na:rio] <-i> *m* ① HIST Legionär *m* ② *(della Legione straniera)* Fremdenlegionär *m*

legionario, -a <-i, -ie> *agg* Legions-, Legionär[s]-

legione [le'dʒo:ne] *f* MIL Legion *f*

legislativo, -a [ledʒizla'ti:vo] *agg* gesetzgebend, legislativ; **potere** ~ Legislative *f*

legislatore, -trice [ledʒizla'to:re] *m, f* Gesetzgeber(in) *m(f)*

legislatura [ledʒizla'tu:ra] *f* ① *(attività, assemblea)* Legislative *f,* Legislatur *f* ② *(periodo)* Legislaturperiode *f*

legislazione [ledʒizlat'tsio:ne] *f* ① *(attivi-*

tà) Gesetzgebung *f* ② *(le leggi)* Gesetze *ntpl,* Recht *nt*

legittima [le'dʒittima] *f* JUR Pflichtteil *m o nt*

legittimare [ledʒitti'maːre] *vt* ① JUR legitimieren; *(figlio)* anerkennen ② *(fig: giustificare)* rechtfertigen, entschuldigen

legittimario, -a [ledʒitti'maːrio] <-i, -ie> *m, f* gesetzlicher Erbe, gesetzliche Erbin

legittimatorio, -a [ledʒittima'tɔːrio] <-i, -ie> *agg* JUR berechtigend, legitimierend; **documento ~** Legitimationsurkunde *f*

legittimazione [ledʒittimat'tsioːne] *f* Legitimation *f,* Legitimierung *f*

legittimità [ledʒittimi'ta] <-> *f* ① JUR Rechtsgültigkeit *f,* Gesetzlichkeit *f; (fig)* Legitimität *f,* Rechtmäßigkeit *f* ② *(di prole)* Ehelichkeit *f* ③ *(fig: fondatezza)* Berechtigung *f*

legittimo, -a [le'dʒittimo] *agg* ① *(conforme alla legge)* gesetzlich, rechtsgültig; *(per disposizione di legge)* berechtigt; *(fig)* legitim, rechtmäßig; **-a difesa** Notwehr *f* ② *(prole)* ehelich ③ *(fig: fondato)* berechtigt, gerechtfertigt; *(dubbio)* begründet

legna ['leɲɲa] <- *o* -e> *f* [Brenn]holz *nt;* **far ~** Holz sammeln; **mettere ~ al fuoco** *(fig)* Öl ins Feuer gießen

legnaia [leɲ'ɲaːia] <-aie> *f* Holzschuppen *m*

legname [leɲ'ɲaːme] *m* Holz *nt,* Nutzholz *nt;* **~ da costruzione** Bauholz *nt*

legnare [leɲ'ɲaːre] *vt* TOSC verprügeln, verhauen *fam*

legnata [leɲ'ɲaːta] *f* Prügel *mpl*

legno ['leɲɲo] *m* Holz *nt; (pezzo)* Holzscheit *nt;* **testa di ~** *(fam: persona poco intelligente)* Holzkopf *m; (persona ostinata)* Dickschädel *m,* Dickkopf *m;* **~ compensato** Sperrholz *nt*

legnosità [leɲɲosi'ta] <-> *f* Holzigkeit *f,* Zähigkeit *f*

legnoso, -a [leɲ'ɲoːso] *agg* ① *(di legno)* hölzern, aus Holz ② *(fig: frutta)* holzig; *(carne)* zäh

leguleio [legu'leːio] <-ei> *m (pej)* Rechtsverdreher *m,* Winkeladvokat *m*

legume [le'guːme] *m* ① *(baccello)* Hülse *f,* Schote *f* ② *pl* Hülsenfrüchte *fpl*

lei ['lɛːi] *pron pers* ① *3. pers f sing* sie; *(con preposizione)* sie, ihr, ihrer; **beata ~!** die Glückliche ② *3. pers m e f sing (forma di cortesia: Lei)* Sie; *(con preposizione)* Sie, Ihnen, Ihrer; **dare del Lei a qu** jdn siezen, jdn mit Sie anreden

lembo ['lembo] *m* Rand *m; (di indumento)* Saum *m; (a. fig)* Zipfel *m; (striscia)* [dünner] Streifen *m*

lemma ['lɛmma] <-i> *m* Stichwort *nt,* Lemma *nt*

lemmario [lem'maːrio] <-i> *m* Stichwörterverzeichnis *nt*

lemme lemme ['lɛmme 'lɛmme] *avv (fam)* gemächlich, in aller Gemütsruhe

lemure ['lɛːmure] *m* ① *(mitologia)* Lemur[e] *m* ② ZOO Lemur *m,* Maki *m*

lena ['leːna] *f* Eifer *m,* Kraft *f; (di volontà)* Willensstärke *f;* **lavorare di buona ~** eifrig, tüchtig arbeiten

lendine ['lɛndine] *m* Nisse *f*

lenimento [leni'mento] *m* Linderung *f,* Milderung *f*

leninismo [leni'nizmo] *m* Leninismus *m*

lenire [le'niːre] *vt (poet)* lindern, mildern

lenitivo [leni'tiːvo] *m* Schmerz stillendes Mittel, Schmerzmittel *nt*

lenitivo, -a *agg* Schmerz stillend, lindernd

lenocinio [leno'tʃiːnio] <-i> *m* ① JUR Kuppelei *f,* Zuhälterei *f* ② *(fig)* Verlockung *f*

lenone [le'noːne] *m* Kuppler *m,* Zuhälter *m*

lente ['lɛnte] *f* Linse *f;* **-i** Brille *f;* **~ d'ingrandimento** Lupe *f,* Vergrößerungsglas *nt;* **-i a contatto** [*o* **corneali**] Kontaktlinsen *fpl*

lentezza [len'tettsa] *f (di persona)* Langsamkeit *f; (di cosa)* Langwierigkeit *f*

lenticchia [len'tikkia] <-cchie> *f* BOT Linse *f*

lenticolare [lentiko'laːre] *agg* linsenförmig

lentiggine [len'tiddʒine] *f* Sommersprosse *f*

lentigginoso, -a [lentiddʒi'noːso] *agg* voll[er] Sommersprossen, sommersprossig

lento ['lɛnto] *m* MUS Lento *nt,* Blues *m*

lento, -a *agg* ① *(non veloce)* langsam; *(veleno, medicina, rimedio)* langsam wirkend; **cuocere a fuoco ~** auf kleiner Flamme kochen ② *(lungo, interminabile)* lang, langwierig ③ *(fig: lungo, monotono)* langsam, träge; **essere ~ a capire** schwer von Begriff sein ④ *(molle, allentato)* locker, lose; *(abito)* locker sitzend ⑤ *(dolce)* sanft

lentocrazia [lentokrat'tsiːa] <-ie> *f (iron, pej)* schleichende Bürokratie *f*

lenza ['lɛntsa] *f* Angelschnur *f*

lenzuolo [lɛn'tsuɔːlo] <-i *m, o* -a *f*> *m* ① *(gener)* Laken *nt;* **~ funebre** Leichentuch *nt* ② *(nel letto)* Betttuch *nt,* [Bett]laken *nt,* Leintuch *nt* A; **~ con gli angoli** Spannbettlaken *nt*

leonardesco, -a [leonar'desko] <-schi, -sche> *agg* ① im Stile Leonardos [*o* Leonardo da Vincis] ② *(fig)* Universal-; **ingegno ~** Universalgenie *nt*

leone [le'oːne] *m* ① ZOO Löwe *m;* **fare la parte del ~** sich den Löwenanteil nehmen

❷ ASTR **Leone** Löwe *m;* **sono Leone, sono un** [*o* **del**] **Leone** ich bin [ein] Löwe

leonessa [leo'nessa] *f* Löwin *f*

leonino, -a [leo'ni:no] *agg* Löwen-; **chioma -a** Löwenmähne *f*

leopardo [leo'pardo] *m* Leopard *m*

lepido, -a ['lɛ:pido] *agg* scharfsinnig, geistreich

lepidottero [lepi'dɔttero] *m* Falter *m,* Schmetterling *m*

leporino [lepo'ri:no] *agg* **labbro ~** MED Hasenscharte *f*

lepre ['lɛ:pre] *f* Hase *m;* **~ in salmì** Hasenpfeffer *m;* **pauroso come una ~** hasenfüßig, hasenherzig

lercio, -a ['lɛrtʃo *o* 'lertʃo] <-ci, -ce> *agg* ❶ *(sozzo)* schmutzig, dreckig ❷ *(fig)* widerlich, ekelhaft

lerciume [ler'tʃu:me] *m* Schmutz *m,* Unrat *m*

lesbica ['lɛzbika] <-che> *f* Lesbierin *f*

lesbico, -a ['lɛzbiko] <-ci, -che> *agg* lesbisch

lesi ['le:zi] *1. pers sing pass rem di* **ledere**

lesina ['le:zina] *f* Ahle *f*

lesinare [lezi'na:re] **I.** *vt* **~ qc** mit [*o* an] etw *dat* sparen; **~ il centesimo** jeden Pfennig [*o* Groschen A] umdrehen **II.** *vi* **~ su qc** mit [*o* an] etw *dat* sparen

lesionare [lezio'na:re] *vt* beschädigen

lesione [le'zio:ne] *f* Beschädigung *f,* Schaden *m;* MED, JUR Verletzung *f;* **pericolo di ~** Verletzungsgefahr *f*

lesivo, -a [le'zi:vo] *agg* schädigend

leso, -a ['le:zo] **I.** *pp di* **ledere** **II.** *agg* beschädigt; MED verletzt; JUR geschädigt; *(fig)* verletzt, gekränkt

lessare [les'sa:re] *vt* kochen, sieden

lessi ['lɛssi] *1. pers sing pass rem di* **leggere**

lessicale [lessi'ka:le] *agg* lexikalisch

lessico ['lɛssiko] <-ci> *m* ❶ LIT Wörterbuch *nt* ❷ LING Wortschatz *m*

lessicografa *f v.* **lessicografo**

lessicografia [lessikogra'fi:a] *f* Lexikografie *f*

lessicografo, -a [lessi'kɔ:grafo] *m, f* Lexikograf(in) *m(f)*

lessicologa *f v.* **lessicologo**

lessicologia [lessikolo'dʒi:a] <-ie> *f* Lexikologie *f*

lessicologo, -a [lessi'kɔ:logo] <-gi, -ghe> *m, f* Lexikologe *m*/Lexikologin *f*

lessicostatistica [lessikosta'tistika] <-che> *f* LING Lexikostatistik *f,* Sprachstatistik *f*

lesso ['lesso] *m* Kochfleisch *nt,* Suppenfleisch *nt*

lesso, -a *agg* gekocht, gesotten

lesto, -a ['lɛsto] *agg* gewandt, behände; **essere ~ di mano** lange Finger machen; **~ di mente** scharfsinnig

lestofante [lesto'fante] *mf* Betrüger(in) *m(f),* Gauner(in) *m(f)*

letale [le'ta:le] *agg* tödlich, Todes-

letamaio [leta'ma:io] <-ai> *m* ❶ *(concimaia)* Misthaufen *m,* Mistgrube *f* ❷ *(fig)* Schweinestall *m fam*

letame [le'ta:me] *m* Mist *m*

letargia [letar'dʒi:a] <-gie> *f* Lethargie *f*

letargico, -a [le'tardʒiko] <-ci, -che> *agg* lethargisch

letargo [le'targo] <-ghi> *m* ❶ MED Lethargie *f,* Schlafkrankheit *f* ❷ ZOO *(invernale)* Winterschlaf *m;* *(estivo)* Sommerschlaf *m* ❸ *(fig)* Lethargie *f,* Teilnahmslosigkeit *f*

letizia [le'tittsia] <-ie> *f* Freude *f,* Fröhlichkeit *f*

letta ['lɛtta] *f* rasches Durchlesen, Überfliegen *nt*

lettera ['lɛttera *o* 'lettera] *f* ❶ *(dell'alfabeto)* Buchstabe *m;* TYP Type *f,* Letter *f;* **alla ~** buchstabengetreu; *(traduzione)* wörtlich ❷ *(comunicazione scritta)* Brief *m,* Schreiben *nt;* **~ assicurata** Wertbrief *m;* **~ circolare** Rundschreiben *nt;* **~ espresso** Eilbrief *m;* **~ raccomandata** Einschreib[e]brief *m;* **per ~** brieflich ❸ *pl (letteratura)* Literatur *f;* *(materie letterarie)* Geisteswissenschaften *f pl;* **uomo di -e** Literat *m,* literarisch gebildeter Mensch

letterale [lette'ra:le] *agg* wörtlich, wortgetreu *f*

letteralmente [letteral'mente] *avv* ❶ *(alla lettera)* wörtlich ❷ *(fig: completamente)* buchstäblich, gänzlich

letterario, -a [lette'ra:rio] <-i, -ie> *agg* literarisch, Literatur-; LING gehoben; **lingua -a** Schriftsprache *f;* **materie -ie** geisteswissenschaftliche Fächer *nt pl*

letterato, -a [lette'ra:to] *m, f* Literat(in) *m(f),* literarisch gebildeter Mensch

letteratura [lettera'tu:ra] *f* Literatur *f*

lettiga [let'ti:ga] <-ghe> *f* ❶ *(portantina)* Sänfte *f* ❷ *(barella)* [Trag]bahre *f,* Krankentrage *f*

lettino [let'ti:no] *m (letto per bambini)* Kinderbett *nt;* *(branda)* Liege *f;* **~ solare** Sonnenbank *f*

letto ['lɛtto] *m* ❶ *(mobile)* Bett *nt;* **~ matrimoniale** [*o* **a due piazze**] Doppelbett *nt,* Ehebett *nt;* **~ a castello** Doppelstockbett *nt;* **andare a ~** ins [*o* zu] Bett gehen, schlafen gehen; **andare a ~ con qu** *(fam)* mit jdm ins Bett gehen; **mettersi a ~** *(per dormire)* ins [*o* zu] Bett gehen; *(per malattia)* das Bett hüten [müssen]; **~ funebre** Sarg *m,* [Toten]bahre *f* ❷ GEOL Lager *nt,*

Bank *f;* *(di fiume)* Flussbett *nt;* *(di valle)* Talsohle *f* ③ *(fig: matrimonio)* Ehe *f;* **figlio di primo ~** Kind *nt* aus erster Ehe

letto <-a> **I.** *pp di* **leggere** **II.** *agg* **~ ed approvato** ADM gelesen und genehmigt; **~, confermato e sottoscritto** ADM gelesen, bestätigt und unterschrieben

lettorato [letto'ra:to] *m* Lektorat *nt*

lettore [let'to:re] *m* TEC Laufwerk *nt;* **~ CD** [*o* **di compact disc**] CD-Player *m;* **~ CD-ROM** CD-ROM-Laufwerk *nt;* **~ DVD** DVD-Player *m;* **~ ottico** Scanner *m;* **~ MP3** MP3-Player *m;* **~ per microfilm** Lesegerät *nt* [für Mikrofilme]

lettore, -trice *m, f* ① *(chi legge)* Leser(in) *m(f)* ② *(professione)* Lektor(in) *m(f)*

lettura [let'tu:ra] *f* ① *(atto del leggere)* Lesen *nt,* Lektüre *f;* *(ad alta voce)* Vorlesen *nt;* TEC *(del contatore)* Ablesen *nt* ② *(scritto)* Lektüre *f,* Lesestoff *m;* **-e per l'infanzia** Kinderliteratur *f,* Kinderbücher *nt pl*

letturista [lettu'rista] <-i *m,* -e *f*> *mf* Ableser(in) *m(f)*

leucemia [leutʃe'mi:a] <-ie> *f* MED Leukämie *f*

leucemico, -a [leu'tʃɛ:miko] <-ci, -che> *m, f* an Leukämie Erkrankte(r) *f(m)*

leucocita [leuko'tʃi:ta] <-i> *m,* **leucocito** [leuko'tʃi:to] *m* Leukozyt *m,* weißes Blutkörperchen *nt*

leucorrea [leukor'rɛ:a] *f* Weißfluss *m*

leva ['lɛ:va] *f* ① TEC Hebel *m* ② *(sbarra)* Brechstange *f,* -eisen *nt* ③ *(fig)* Hebel *m;* *(stimolo)* Antrieb *m;* **fare ~ su qu** auf jdn einwirken ④ *(arruolamento)* Einberufung *f* [zum Wehrdienst], Wehrpflicht *f;* **classe di ~** [Rekruten]jahrgang *m*

levanoccioli [leva'nɔttʃoli] <-> *m* Entsteiner *m*

levante [le'vante] **I.** *agg* aufgehend; **sole ~** aufgehende Sonne **II.** *m* ① *(est)* Osten *m* ② *(vento)* Ostwind *m* ③ *(Paesi del Mediterraneo orientale)* Küstenländer *nt pl* des östlichen Mittelmeers, Levante *f*

levapunti [leva'punti] <-> *m o f* Entklammerer *m*

levare¹ [le'va:re] **I.** *vt* ① *(alzare)* heben, aufheben; *(ancora)* lichten; **~ le braccia in alto** sich geschlagen geben; **~ gli occhi al cielo** die Augen verdrehen ② *(togliere)* fortnehmen, wegnehmen; *(ostacolo)* beseitigen; **~ di mezzo qu** jdn beseitigen; **levati di mezzo!** geh aus dem Weg!; **levati dai piedi!** bleib mir vom Leibe! ③ *(estrarre: dente)* ziehen; *(chiodo)* herausziehen ④ *(seduta)* schließen, auflösen ⑤ *(fame, sete)* stillen ⑥ *(tenda)* abbrechen ⑦ *(tassa, divieto)* aufheben ⑧ *(vizio)* abgewöhnen **II.** *vr* **-rsi** ① *(alzarsi)* aufstehen; **-rsi in volo** [zum Flug] starten, abfliegen ② *(sollevarsi)* sich erheben; *(vento)* aufkommen ③ *(indumenti)* sich *dat* ausziehen, ablegen ④ *(voglia)* befriedigen; *(fame, sete)* stillen; *(vizio)* sich abgewöhnen; **-rsi qu/qc dalla testa** sich *dat* jdn/etw aus dem Kopf schlagen

levare² *m (di sole, astro)* Aufgang *m,* Aufgehen *nt*

levata [le'va:ta] *f* ① *(di sole, astro)* Aufgang *m,* Aufgehen *nt* ② *(dal letto)* Aufstehen *nt* ③ *(della posta)* Leerung *f* ④ *(di merci)* Beziehen *nt,* Bezug *m*

levataccia [leva'tattʃa] <-cce> *f* frühes Aufstehen; **fare una ~** sehr früh aufstehen [müssen]

levato, -a [le'va:to] *agg* ① *(alzato dal letto)* auf[geblieben] ② *(sollevato)* aufgehoben ③ *(salvo)* abgesehen von +*dat,* außer +*dat*

levatoio, -a [leva'to:io] <-oi, -oie> *agg* beweglich; **ponte ~** Zugbrücke *f,* Fallbrücke *f*

levatrice [leva'tri:tʃe] *f* Hebamme *f*

levatura [leva'tu:ra] *f* Format *nt,* Niveau *nt*

leveraggio [leve'raddʒo] <-ggi> *m* TEC, MOT Hebelwerk *nt,* Hebelsystem *nt*

levigare [levi'ga:re] *vt* ① *(limare, lisciare)* glätten, polieren; *(con abrasivo)* schleifen, schmirgeln ② *(lappare)* läppen

levigatezza [leviga'tettsa] *f* Glätte *f,* Schliff *m*

levitazione [levitat'tsio:ne] *f* Levitation *f,* freies Schweben

levriere [le'vriɛ:re], **levriero** [le'vriɛ:ro] *m* Windhund *m,* Windspiel *nt*

lezione [let'tsio:ne] *f* ① *(scolastica)* Unterrichtsstunde *f;* **~ di ballo** Tanzstunde *f;* **~ di storia** Geschichtsunterricht *m;* **assistere alla ~** am Unterricht teilnehmen; **fare ~** unterrichten; *(all'università)* Vorlesungen halten; **prendere/dare -i** Privatunterricht nehmen/geben ② *(di università)* Vorlesung *f* ③ *(in un libro)* Lektion *f;* *(compito a casa)* Hausaufgabe *f* ④ *(fig: ammaestramento)* Belehrung *f,* Lehre *f;* **dare a qu una ~** jdm eine Lektion erteilen

leziosità [lettsiosi'ta] <-> *f* Affektiertheit *f,* Geziertheit *f*

lezioso, -a [let'tsio:so] *agg* affektiert, geziert; *(smorfioso)* zimperlich

lezzo ['leddzo] *m* ① *(cattivo odore)* Gestank *m* ② *(fig)* Schmutz *m,* Verworfenheit *f*

li [li] *pron pers* ① *3. pers m pl* sie ② *(forma di cortesia: Li)* Sie

lì [li] *avv (stato)* dort, da; *(moto)* dorthin, dahin; **essere ~ ~ per fare qc** nahe dran sein, etw zu tun; **di ~ a pochi giorni** wenige Tage später; **fin ~** bis dort[hin]; **giù di ~** mehr oder weniger, ungefähr; **per [di] ~** da [hin]durch; **~ per ~** im ersten Augenblick

liana [li'aːna] *f* Liane *f*

libagione [liba'dʒoːne] *f* ① *(cerimonia,* REL Trankopfer *nt* ② *(scherz)* Zecherei *f,* Trinkgelage *nt*

libanesizzare [libanezid'dzaːre] *vt (linguaggio giornalistico)* mit Krieg überziehen, in Unruhe versetzen

libanizzazione [libaniddzat'tsioːne] *f (linguaggio giornalistico)* Kriegszustand *m,* zerrüttete Lage

libbra ['libbra] *f* Pfund *nt*

libeccio [li'bettʃo] <-cci> *m* ① *(vento)* Südwest[wind] *m* ② *(sud-ovest)* Südwesten *m*

libello [li'bɛllo] *m* Schmähschrift *f,* Pamphlet *nt*

libellula [li'bɛllula] *f* Libelle *f*

liberale [libe'raːle] **I.** *agg* ① *(che rispetta la libertà)* freisinnig, freiheitlich gesinnt; *(generoso)* freigebig, großzügig; *(magnanimo)* großmütig ② POL liberal **II.** *m* ① *(chi rispetta la libertà)* freisinniger Mensch ② POL Liberale(r) *f(m)*

liberalismo [libera'lizmo] *m* Liberalismus *m*

liberalità [liberali'ta] <-> *f* Großzügigkeit *f*

liberalizzare [liberalid'dzaːre] *vt* liberalisieren

liberalizzazione [liberaliddzat'tsioːne] *f* Liberalisierung *f;* **~ dei servizi finanziari** Liberalisierung der Finanzdienstleistungen

liberamente [libera'mente] *avv* ① *(con franchezza)* freimütig, frei, offen ② *(senza formalità)* anstandslos, ohne Weiteres

liberare [libe'raːre] **I.** *vt* ① *(restituire alla libertà)* befreien, freilassen; *(fig: da impiego)* entbinden ② *(salvare da pericolo)* retten, bewahren ③ *(sgombrare)* abräumen, [aus]räumen; **~ l'intestino** den Darm entleeren **II.** *vr* **-rsi da** [*o* **di**] **qc** sich von etw befreien

liberatore, -trice [libera'toːre] **I.** *agg* befreiend, Befreiungs- **II.** *m, f* Befreier(in) *m(f)*

liberatorio, -trice [libera'tɔːrio] <-i, -ie> *agg* ① *(gener)* befreiend ② FIN Schulden tilgend

liberatrice *f v.* **liberatore**

liberazione [liberat'tsioːne] *f* ① *(gener)* Befreiung *f,* Freilassung *f* ② *(fig)* Erleichterung *f*

liberismo [libe'rizmo] *m* Freihandel *m; (dottrina)* Freihandelslehre *f*

liberista [libe'rista] <-i *m,* -e *f*> **I.** *mf* ① *(seguace del liberismo)* Befürworter(in) *m(f)* des Freihandels ② SPORT *(discesista)* Abfahrtsläufer(in) *m(f)* **II.** *agg (che riguarda il liberalismo)* Freihandels-; **principi -i** Grundsätze des Freihandels

libero, -a ['liːbero] *agg* frei; **~ arbitrio** Willensfreiheit *f;* **mercato ~** freier Markt; **è ~ di ... +** *inf* es steht Ihnen frei zu ...

liberta *f v.* **liberto**

libertà [liber'ta] <-> *f* Freiheit *f;* **~ di parola** Redefreiheit *f;* **~ di scelta** freie Wahl; **~ vigilata** Entlassung *f* auf Bewährung; **giorno di ~** freier Tag; **mettere in ~** freilassen; **prendersi la ~ di fare qc** sich *dat* die Freiheit [heraus]nehmen, etw zu tun

libertario, -a [liber'taːrio] <-i, -ie> **I.** *agg* anarchistisch, libertär **II.** *m, f* libertärer Mensch

liberticida [liberti'tʃiːda] <-i *m,* -e *f*> *agg* freiheitsfeindlich, freiheitsgefährdend

libertinaggio [liberti'naddʒo] <-ggi> *m* Zügellosigkeit *f,* Ausschweifung *f; (religioso, morale)* Libertinage *f geh*

libertino, -a [liber'tiːno] **I.** *agg* frei denkend; *(sessualmente)* zügellos, ausschweifend **II.** *m, f* Libertin *m,* Freigeist *m; (sessualmente)* Wüstling *m*

liberto, -a [li'bɛrto] *m, f* HIST Freigelassene(r) *f(m)*

liberty ['liːberti] *m* Jugendstil *m*

libidine [li'biːdine] *f* ① *(lascivia)* Lüsternheit *f,* Geilheit *f;* **che ~ ragazzi!** *(fam)* echt geil! ② *(fig)* Begierde *f,* Sucht *f*

libidinoso, -a [libidi'noːso] *agg* lüstern, geil

libido [li'biːdo] <-> *f* Libido *f*

libraio, -a [li'braːio] <-ai, -aie> *m, f* Buchhändler(in) *m(f)*

librario, -a [li'braːrio] <-i, -ie> *agg* Buch-, Bücher-

librarsi [li'brarsi] *vr* schweben; *(equilibrarsi)* balancieren

librato, -a [li'braːto] *agg* schwebend, gleitend; **volo ~** Gleitflug *m*

libratore [libra'toːre] *m* Gleitflugzeug *nt,* Gleiter *m*

libreria [libre'riːa] <-ie> *f* ① *(negozio)* Buchhandlung *f,* Buchladen *m* ② *(mobile)* Bücherschrank *m,* Bücherregal *nt; (fig)* Schrankwand *f*

libresco, -a [li'bresko] <-schi, -sche> *agg (pej)* Buch-, Bücher-; **cultura -a** Bücherweisheit *f,* Buchwissen *nt*

librettista [libret'tista] <-i *m,* -e *f*> *mf* Librettist(in) *m(f)*

libretto [li'bretto] *m* ① *(piccolo libro)* Büchlein *nt,* kleines Buch; *(per appunti)* Notizbuch *nt,* Notizblock *m;* **~ di assegni**

Scheckheft *nt,* Scheckbuch *nt;* ~ **di risparmio** Sparbuch *nt* ② MUS Libretto *nt,* Textbuch *nt* ③ *(documento)* Ausweis *m,* Papier *nt;* ~ **di circolazione** Fahrzeugschein *m;* ~ **personale** MIL Wehrpass *m;* ~ **universitario** Studienbuch *nt*

libro ['li:bro] *m* Buch *nt;* ~ **di cucina** Kochbuch *nt;* ~ **di testo** Schulbuch *nt,* Lehrbuch *nt;* ~ **illustrato** Bilderbuch *nt;* ~ **mastro** COM Hauptbuch *nt;* ~ **nero** schwarze Liste; JUR Strafregister *nt;* **Libro Verde** EU Grünbuch *nt*

Libro Verde <-> *m (Unione europea)* Grünbuch *nt*

licantropo [li'kantropo] *m* Werwolf *m,* Wolfsmensch *m*

liceale [litʃe'a:le] **I.** *agg* ≈ gymnasial, Gymnasial- **II.** *mf* Schüler(in) *m(f)* eines liceo

liceità [litʃei'ta] <-> *f* Zulässigkeit *f*

licenza [li'tʃɛntsa] *f* ① *(autorizzazione)* Erlaubnis *f,* Genehmigung *f;* ~ **di caccia** Jagdschein *m;* ~ **di esercizio** Gewerbeschein *m;* ~ **di porto d'armi** Waffenschein *m* ② MIL *(congedo)* Urlaub *m,* Urlaubsschein *m;* ~ **di convalescenza** MIL Erholungsurlaub *m,* Genesungsurlaub *m* ③ *(abuso)* Freiheit *f;* ~ **poetica** dichterische Freiheit; **prendersi troppe -e** sich *dat* zu viele Freiheiten herausnehmen ④ *(attestato)* Abgangszeugnis *nt;* ~ **elementare** Grundschulabgangszeugnis *nt* ⑤ *(patente)* Lizenz *f,* Patent *nt;* SPORT, COM, ADM Lizenz *f;* **su ~ tedesca** in deutscher Lizenz

licenziabile [litʃen'tsia:bile] *agg* kündbar

licenziabilità [litʃentsiabili'ta] <-> *f* Kündbarkeit *f*

licenziamento [litʃentsia'mento] *m* Entlassung *f,* Kündigung *f;* ~ **per giusta causa** gerechtfertigte Kündigung

licenziare [litʃen'tsia:re] **I.** *vt* ① *(impiegato)* entlassen ② *(ospiti)* verabschieden **II.** *vr* **-rsi** ① *(da un impiego)* kündigen ② *(per commiato)* sich verabschieden

licenziosità [litʃentsiosi'ta] <-> *f* Zügellosigkeit *f,* Liederlichkeit *f*

licenzioso, -a [litʃen'tsio:so] *agg* zügellos, liederlich

liceo [li'tʃɛ:o] *m Schule für die letzten fünf Jahre vor dem Abitur;* ~ **classico** *humanistische Schule für die letzten drei Jahre vor dem Abitur*

lichene [li'kɛ:ne] *m* Flechte *f*

licitare [litʃi'ta:re] *vi* bieten

licitazione [litʃitat'tsio:ne] *f* ① *(asta)* Versteigerung *f,* Versteigern *nt* ② *(offerta)* Gebot *nt*

lido ['li:do] *m* ① *(spiaggia)* [Sand]strand *m;* *(Venezia)* Lido *m* ② *(poet)* Gestade *nt*

Liechtenstein ['lɪçtənʃtain] *m* **il** ~ Liechtenstein *nt*

lieto, -a ['liɛ:to] *agg* ① *(persone)* froh, glücklich; **sono ~ di conoscerLa** [ich bin] sehr erfreut [, Sie kennenzulernen] ② *(eventi)* freudig, froh

lieve ['liɛ:ve] *agg* ① *(poco pesante)* leicht ② *(debole)* geringfügig, leicht; *(delicato)* leise, sanft

lievitare [lievi'ta:re] *vi essere* ① *(pasta)* aufgehen ② *(fig: prezzi)* ansteigen, in die Höhe klettern

lievitazione [lievitat'tsio:ne] *f* ① *(di pasta)* Gärung *f,* Aufgehen *nt* ② *(fig: dei prezzi)* Ansteigen *nt*

lievitista [lievi'tista] <-i *m,* -e *f*> *mf* GASTR Hefebäcker(in) *m(f)*

lievito ['liɛ:vito] *m* BIOL Hefe *f,* Germ *m* A; ~ **di birra** Bierhefe *f;* ~ **in polvere** Trockenhefe *f*

lift [lift] <-> *m* Liftboy *m,* Fahrstuhlführer *m*

liftback [lift'bæk] **I.** *agg inv* MOT mit Heckklappe **II.** *m* <-> MOT *(station wagon)* Kombi *m*

lifting ['lifting] <-> *m* Liften *nt;* ~ **facciale** Gesichtsstraffung *f,* Facelifting *nt*

light ['lait] *agg inv* ① *(leggero)* light, leicht ② SPORT *(categoria di pugili)* Leichtgewichts-

light pen ['lait pɛn] <- *o* light pens> *f* INFORM Leuchtstift *m*

ligio, -a ['li:dʒo] <-gi, -gie> *agg* treu, untertan; ~ **al dovere** pflichteifrig, pflichttreu

lignaggio [liɲ'ɲaddʒo] <-ggi> *m (poet)* Abstammung *f,* Herkunft *f*

ligneo, -a ['liɲɲeo] <-ei, -ee> *agg* hölzern, aus Holz

lignite [liɲ'ɲi:te] *f* Lignit *m,* Braunkohle *f*

ligure[1] [li'gu:re] *m sing (dialetto)* ligurischer Dialekt

ligure[2] **I.** *mf (abitante)* Ligurer(in) *m(f)* **II.** *agg* ligurisch

Ligure *m gener al pl* HIST Ligurer *m pl*

Liguria [li'gu:ria] *f sing* Ligurien *nt*

lilla ['lilla], **lillà** [lil'la] **I.** *agg inv* lila, fliederfarben **II.** *m* <-> ① *(colore)* Lila *nt,* Fliederfarbe *f* ② BOT Flieder *m*

lillipuziano, -a [lilliput'tsia:no] **I.** *agg* Liliputaner- **II.** *m, f* Liliputaner(in) *m(f)*

LIM [ɛllei'ɛmme] *abbr di* **lavagna interattiva multimediale** [digitales] Whiteboard

lima ['li:ma] *f* Feile *f*

limaccioso, -a [limat'tʃo:so] *agg* schlammig, trüb

limare [li'ma:re] **I.** *vt* ① *(sbarre)* feilen ② *(fig: romanzo)* [stilistisch] überarbeiten, ausfeilen **II.** *vr* **-rsi le unghie** sich *dat* die Nägel feilen

limatura [lima'tuːra] *f* ① *(lavorazione)* Feilen *nt* ② *(particelle)* Feilstaub *m,* Feilspäne *mpl*

limbo ['limbo] *m* Vorhölle *f,* Limbus *m*

lime [laim] *m* Limette *f*

limetta [li'metta] *f* Nagelfeile *f*

liming ['limiŋ] <-> *m* GEOL, AGR Kalkung *f*

limitare[1] [limi'taːre] *m* ① *(soglia)* [Tür]schwelle *f* ② *(fig)* Schwelle *f*

limitare[2] **I.** *vt* ① *(confinare)* eingrenzen, begrenzen ② *(restringere)* einschränken, beschränken **II.** *vr* **-rsi [in qc]** sich [in etw *dat*] einschränken; **-rsi a qc** sich auf etw *akk* beschränken

limitativo, -a [limita'tiːvo] *agg* einschränkend, beschränkend

limitato, -a [limi'taːto] *agg* ① *(scarso)* beschränkt, begrenzt ② *(modesto)* bescheiden, mäßig

limitazione [limitat'tsioːne] *f* Beschränkung *f,* Begrenzung *f*

limite ['liːmite] *m (a. fig)* Grenze *f;* **caso ~** Grenzfall *m;* **-i di età** Altersgrenze *f;* **~ di velocità** Geschwindigkeitsbegrenzung *f;* **al ~** letzten Endes, im Endeffekt; **fuori ~** SPORT im Aus, außerhalb des Spielfeldes; **nei -i del possibile** im Rahmen des Möglichen; **essere al ~ del minimo esistenziale** am Rand des Existenzminimums sein

limitrofo, -a [li'miːtrofo] *agg* angrenzend, Grenz-

limo ['liːmo] *m* Schlamm *m,* Schlick *m*

limonare [limo'naːre] *vi (fam)* schmusen, rummachen *fam*

limonata [limo'naːta] *f* [Zitronen]limonade *f*

limone [li'moːne] *m* ① *(frutto)* Zitrone *f* ② *(pianta)* Zitronenbaum *m* ③ *(colore)* Zitronengelb *nt*

limoso, -a [li'moːso] *agg* schlammig

limpidezza [limpi'dettsa] *f* Klarheit *f,* Durchsichtigkeit *f*

limpido, -a ['limpido] *agg* ① *(trasparente)* klar, durchsichtig ② *(fig)* klar, rein

lince ['lintʃe] *f* Luchs *m*

linciaggio [lin'tʃaddʒo] <-ggi> *m* Lynchjustiz *f,* Lynchen *nt;* **~ morale** Rufmord *m*

linciare [lin'tʃaːre] *vt* lynchen

lindo, -a ['lindo] *agg* ① *(pulito)* reinlich, sauber; *(accurato)* ordentlich ② *(fig: abbigliamento)* gepflegt, fesch A

linea ['liːnea] *f* ① *(segno)* Linie *f,* Strich *m;* TYP Zeile *f;* **a grandi -e** in groben Zügen ② *(di abito)* Schnitt *m,* Modell *nt* ③ *(su strumenti di misura)* Teilstrich *m* ④ TEL, EL Leitung *f;* **restare in ~** TEL am Apparat bleiben ⑤ AERO, FERR, NAUT, MOT Linie *f*

lineamenti [linea'menti] *mpl* ① *(fisionomia)* [Gesichts]züge *mpl* ② *(fig)* Grundzüge *mpl*

lineare [line'aːre] *agg* ① *(come una linea)* linienartig, linear, Linear- ② *(fig)* geradlinig, klar

linearità [lineari'ta] <-> *f (di condotta)* Geradheit *f,* Aufrichtigkeit *f; (di discorso)* Geradlinigkeit *f,* Klarheit *f*

lineatura [linea'tuːra] *f* Lineatur *f,* Lini[i]erung *f*

lineetta [line'etta] *f (trattino)* Bindestrich *m,* Gedankenstrich *m;* TYP [kleiner] Strich *m;* MAT Minuszeichen *nt*

linfa ['linfa] *f* ① ANAT Lymphe *f;* BOT Pflanzensaft *m;* **~ vitale** Lebenselixier *nt,* Energiequelle *f* ② *(fig)* Inspiration *f,* Eingebung *f*

linfatico, -a [lin'faːtiko] <-ci, -che> **I.** *agg* lymphatisch, Lymph- **II.** *m, f* an Lymphatismus Erkrankte(r) *f(m)*

linfatismo [linfa'tizmo] *m* Lymphatismus *m*

lingotto [liŋ'gɔtto] *m* ① *(massello)* Barren *m* ② TYP Reglette *f*

lingua ['liŋgua] *f* ① ANAT Zunge *f;* **mala ~** böse Zunge; **avere la ~ lunga** *(fig)* eine lose Zunge haben; **avere la ~ sciolta** ein flinkes Mundwerk haben; **avere qc sulla punta della ~** *(fig)* etw auf der Zunge [liegen] haben; **mordersi la ~** *(fig)* sich *dat* auf die Zunge beißen ② *(linguaggio)* Sprache *f;* **di ~ tedesca** deutschsprachig; **~ parlata** gesprochene Sprache, Umgangssprache *f;* **studiare -e** Sprachen studieren ③ *(striscia)* länglicher Streifen, Zunge *f;* **~ di terra** Landzunge *f*

linguaccia [liŋ'guattʃa] <-cce> *f* ① MED belegte Zunge ② *(fig)* böse Zunge, Lästermaul *nt*

linguacciuto, -a [liŋguat'tʃuːto] **I.** *agg* klatschsüchtig, klatschhaft **II.** *m, f* Lästermaul *nt fam; (pettegolo)* Klatschmaul *nt fam*

linguaggio [liŋ'guaddʒo] <-ggi> *m* Sprache *f;* **~ simbolico** INFORM Symbolsprache *f;* **~ tecnico** Fachsprache *f;* **~ di programmazione** INFORM Programmiersprache *f*

linguella [liŋ'guɛlla] *f* gummiertes Papier

linguetta [liŋ'guetta] *f* ① *(piccola lingua)* kleine Zunge, Zünglein *nt* ② *(delle buste)* Klappe *f; (delle scarpe)* Zunge *f,* Lasche *f* ③ MUS Zunge *f,* Rohrblatt *nt* ④ TEC Feder *f*

linguista [liŋ'guista] <-i *m,* -e *f*> *mf* Linguist(in) *m(f),* Sprachwissenschaftler(in) *m(f)*

linguistica [liŋ'guistika] <-che> *f* Linguistik *f,* Sprachwissenschaft *f;* **~ computazionale** Computerlinguistik *f*

linguistico, **-a** [liŋ'guistiko] <-ci, -che> *agg* 1 *(della lingua)* sprachlich, Sprach[en]- 2 *(della linguistica)* linguistisch, sprachwissenschaftlich
linificio [lini'fi:tʃo] <-ci> *m* Leinenweberei *f*
linimento [lini'mento] *m* Einreibemittel *nt*
link [liŋk] <- *o* links> *m* 1 INFORM Link *m*, Hyperlink *m* 2 TEC Linkkopplung *f*
linkare [liŋ'ka:re] *vt* INET verlinken
lino ['li:no] *m* 1 *(pianta)* Flachs *m*, Lein *m* 2 *(tessuto)* Leinen *nt*
linoleum [li'nɔ:leum] <-> *m* Linoleum *nt*
linotipia [linoti'pi:a] <-ie> *f* 1 *(composizione)* Linotypesatz *m*, Zeilensatz *m* 2 *(locale)* Zeilensetzerei *f*
linotype® ['lainotaip *o* lino'taip] <-> *f* Linotype-Setzmaschine *f*
Linz [lɪnts] *f* Linz *nt*
liofilizzare [liofilid'dza:re] *vt* gefriertrocknen
liofilizzato [liofilid'dza:to] *m* gefriergetrocknetes Produkt
liofilizzato, **-a** *agg* gefriergetrocknet; **caffè ~** gefriergetrockneter Kaffee
liofilizzazione [liofiliddzat'tsio:ne] *f* Gefriertrocknung *f*, Liophylisation *f*; **prodotti sottoposti a ~** gefriergetrocknete Produkte *nt pl*
lipide [li'pi:de] *m* Fett *nt*, Lipid *nt*
lipizzano [lipit'tsa:no] *m* Lipizzaner *m*
lipoaspirazione [lipoaspirat'tsio:ne] *f* MED Fettabsaugung *f*
lipoma [li'po:ma] <-i> *m* MED Lipom[a] *nt*
liposolubile [liposo'lu:bile] *agg* fettlöslich
liposuzione [liposut'tsio:ne] *f v.* **lipoaspirazione**
Lipsia ['lipsia] *f* Leipzig *nt*
lipstick ['lipstik] <- *o* lipsticks> *m* Lippenstift *m*
LIPU *f acro di* **Lega Italiana per la Protezione degli Uccelli** *italienischer Vogelschutzbund*
liquame [li'kua:me] *m* Jauche *f*
liquefare [likue'fa:re] <irr> **I.** *vt* 1 *(gas)* verflüssigen, flüssig machen 2 *(metalli)* zum Schmelzen bringen, schmelzen 3 *(neve)* zergehen lassen, schmelzen **II.** *vr* **-rsi** 1 *(gas)* sich verflüssigen, flüssig werden 2 *(metalli, ghiaccio)* schmelzen
liquefazione [likuefat'tsio:ne] *f* Verflüssigung *f*
liquefeci *1. pers sing pass rem di* **liquefare**
liquidare [likui'da:re] *vt* 1 *(conto)* bezahlen, begleichen; *(somma)* auszahlen 2 *(persone)* auszahlen 3 *(svendere)* ausverkaufen; *(azienda)* auflösen 4 *(affare)* abwickeln, erledigen 5 *(fig: impiegato)* entlassen; *(avversario)* beseitigen; *(uccidere)* liquidieren
liquidatore, **-trice** [likuida'to:re] *m, f* Liquidator(in) *m(f)*, Abwickler(in) *m(f)*
liquidazione [likuidat'tsio:ne] *f* 1 *(di un'azienda)* Geschäftsauflösung *f* 2 *(somma liquidata)* Abfindung *f* 3 *(della pensione)* Auszahlung *f* 4 *(svendita)* Ausverkauf *m*; **~ di fine stagione** [Saison]ausverkauf *m*, [Saison]schlussverkauf *m*
liquidità [likuidi'ta] <-> *f* 1 PHYS Flüssigkeit *f* 2 FIN Liquidität *f*
liquido ['li:kuido] *m* 1 PHYS Flüssigkeit *f*; **~ amniotico** Fruchtwasser *nt*; **~ per freni** Bremsflüssigkeit *f*; **~ refrigerante** Kältemittel *nt* 2 FIN Bargeld *nt*
liquido, **-a** *agg* 1 PHYS flüssig 2 FIN liquid[e], zahlungsfähig; **denaro ~** Bargeld *nt*
liquirizia [likui'rittsia] <-ie> *f* 1 BOT Süßholz *nt* 2 GASTR Lakritze *f*
liquore [li'kuo:re] *m* Likör *m*; **negozio di -i** Spirituosengeschäft *nt*
liquoroso, **-a** [likuo'ro:so] *agg* likörartig, Likör-
lira ['li:ra] *f* 1 *(moneta)* Lira *f*; **non avere una ~** keinen Pfennig haben 2 MUS Leier *f*, Lyra *f* 3 *(uccello ~)* Leierschwanz *m*
lirica ['li:rika] <-che> *f* 1 LIT Lyrik *f*, Poesie *f* 2 MUS Opernmusik *f*, Komposition *f* für Gesang
liricità [liritʃi'ta] <-> *f* lyrischer Charakter, Poesie *f*
lirico, **-a** ['li:riko] <-ci, -che> **I.** *agg* 1 LIT lyrisch 2 *(fig)* lyrisch, gefühlvoll 3 MUS Opern-; **cantante -a** Opernsängerin *f*; **stagione -a** [Theater]spielzeit *f* **II.** *m, f* Lyriker(in) *m(f)*
Lisbona [liz'bo:na] *f* Lissabon *nt*
lisca ['liska] <-sche> *f* [Fisch]gräte *f*
lisciamento [liʃʃa'mento] *m* 1 *(levigazione)* Glätten *nt*, Glattstreichen *nt* 2 *(fig: adulazione)* Schmeichelei *f*
lisciare [liʃ'ʃa:re] **I.** *vt* 1 *(levigare)* glätten; *(marmo, legno)* polieren 2 *(capelli, barba)* [glatt] streichen; **-rsi i capelli** sich die Haare glatt streichen 3 *(animali)* streicheln 4 *(fig: adulare)* **~ qu** jdm schmeicheln 5 *(opera)* verschönern, ausschmücken **II.** *vr* **-rsi** 1 *(persone)* sich herausputzen, sich schniegeln 2 *(animali)* sich putzen
liscio ['liʃʃo] *m* 1 *(ballo)* Gesellschaftstanz *m* 2 SPORT Fehlschuss *m*, Fehlstoß *m*
liscio, **-a** <-sci, -sce> *agg* 1 *(levigato)* glatt, eben; *(capelli)* glatt 2 *(fig)* glatt, einfach, ohne Komplikationen; **va tutto ~** es läuft alles glatt; **passarla -a** mit heiler Haut davonkommen 3 GASTR *(caffè)* ohne Milch,

ohne Schnaps; *(bevanda alcolica)* ohne Selterswasser, pur
lisciva [liʃˈʃiːva] *f* [Aschen]lauge *f*
liscivia [liʃˈʃiːvia] <-ie> *f* [Aschen]lauge *f*
liseuse [liˈzøːz] <-> *f* Bettjacke *f*, Bettjäckchen *nt*
liso, -a [ˈliːzo] *agg* abgenutzt, abgetragen
lista [ˈlista] *f* ① *(striscia)* Streifen *m* ② *(elenco)* Liste *f*, Verzeichnis *nt* ③ *(menu)* Speisekarte *f*; ~ **dei vini** Weinkarte *f*
listare [lisˈtaːre] *vt* einfassen, umranden
listello [lisˈtɛllo] *m* [Zier]leiste *f*
listing [ˈlistiŋ] <-> *m* ① *(elenco)* Listenschreibung *f* ② INFORM Listing *nt*
listino [lisˈtiːno] *m* Liste *f*, Verzeichnis *nt*; ~ **dei prezzi** Preisliste *f*
litania [litaˈniːa] <-ie> *f (a. fig)* Litanei *f*
litantrace [litanˈtraːtʃe] *m* Steinkohle *f*
lite [ˈliːte] *f* ① *(litigio)* Streit *m*, Zank *m* ② JUR Rechtsstreit *m*, Prozess *m*
litigante [litiˈgante] *mf* Streitende(r) *f(m)*; **fra i due -i il terzo gode** *(prov)* wenn zwei sich streiten, freut sich der Dritte
litigare [litiˈgaːre] *vi* [sich] streiten
litigio [liˈtiːdʒo] <-gi> *m* Streit *m*, Zank *m*
litigiosità [litidʒosiˈta] <-> *f* Streitsucht *f*, Zanksucht *f*
litigioso, -a [litidˈdʒoːso] *agg* streitsüchtig, zanksüchtig
litografare [litograˈfaːre] *vt* lithografieren
litografia [litograˈfiːa] *f* ① *(arte, opera)* Lithografie *f* ② *(stabilimento)* Steindruckerei *f*
litografico, -a [litoˈgraːfiko] <-ci, -che> *agg* lithografisch
litografo [liˈtɔːgrafo] *m* Lithograf *m*
litologia [litoloˈdʒiːa] <-gie> *f* Gesteinskunde *f*
litorale [litoˈraːle] **I.** *agg* Küsten-, Strand- **II.** *m* Küste *f*, Küstenstreifen *m*
litoranea [litoˈraːnea] *f* Küstenstraße *f*
litoraneo, -a [litoˈraːneo] *agg* Küsten-
litote [liˈtoːte] *f* LING *(figura retorica)* Litotes *f*
litro [ˈliːtro] *m* Liter *m o nt*
littore [litˈtoːre] *m* Liktor *m*
littorina [littoˈriːna] *f* Triebwagen *m* [mit Dieselmotor]
littorio, -a [litˈtɔːrio] <-i, -ie> *agg* ① HIST Liktoren- ② *(fascista)* Faschisten-, faschistisch
Lituania [lituˈaːnia] *f* Litauen *nt*
liturgia [liturˈdʒiːa] <-gie> *f* Liturgie *f*
liturgico, -a [liˈturdʒiko] <-ci, -che> *agg* liturgisch
liutista [liuˈtista] <-i *m*, -e *f*> *mf* Lautenspieler(in) *m(f)*
liuto [liˈuːto] *m* Laute *f*
livella [liˈvɛlla] *f* Wasserwaage *f*
livellamento [livellaˈmento] *m* ① TEC Einebnung *f*, Planierung *f* ② *(fig)* Angleichen *nt*, Ausgleichen *nt*
livellare [livelˈlaːre] *vt* ① TEC [ein]ebnen, planieren ② *(fig)* ausgleichen, angleichen; *(persone)* gleich machen, gleich stellen; *(differenze)* nivellieren
livellatore, -trice [livellaˈtoːre] **I.** *agg* ausgleichend **II.** *m, f* ① TEC Planierer(in) *m(f)* ② *(fig)* Gleichmacher(in) *m(f)*
livellatrice *f* Planierraupe *f*
livellazione [livellatˈtsioːne] *f* Nivellierung *f*
livello [liˈvɛllo] *m* ① *(altezza)* Höhe *f*, Niveau *nt*; *(del mare)* Spiegel *m*, Stand *m*; **differenza di** ~ Höhenunterschied *m* ② *(fig)* Niveau *nt*, Stand *m*; *(condizione sociale)* Rang *m*, Stand *m*; ~ **dei prezzi** Preisniveau *nt*; ~ **di sussistenza** Existenzminimum *nt*; **ad alto** ~ auf höherer Ebene
livido [ˈliːvido] *m* blauer Fleck *m*
livido, -a *agg* bläulich, blassblau
lividura [liviˈduːra] *f v.* **livido II.**
living-room [ˈliviŋruːm] <- *o* living-rooms> *m (soggiorno)* Wohnzimmer *nt*
livore [liˈvoːre] *m* Missgunst *f*, [blasser] Neid *m*
livornese [livorˈneːse] **I.** *mf (abitante)* Einwohner(in) *m(f)* Livornos, Livorneser(in) *m(f)* **II.** *agg* livornesisch; **triglie alla** ~ Meerbarbe auf livornesische Art
Livornese *m sing* Provinz *f* Livorno
Livorno [liˈvɔːrno] *f sing* Livorno *nt (Stadt in der Toskana)*
livrea [liˈvrɛːa] *f* Livree *f*
lizza [ˈlittsa] *f* Wettkampf *m*, Streit *m*; **scendere in** ~ in die Schranken treten
lo [lo] **I.** *art det m sing davanti a s impura, gn, pn, ps, x, z* der/die/das **II.** *pron pers 3. pers m sing* ihn/sie/es
load [ˈloud] <-> *m* INFORM Laden *nt*
loading [ˈloudiŋ] <-> *m* INFORM Laden *nt*
lobato, -a [loˈbaːto] *agg* lappig, gelappt
lobbismo [lɔbˈbizmo] *m* Lobbyismus *m*
lobbista [lɔbˈbista] <-i *m*, -e *f*> *mf* Lobbyist(in) *m(f)*
lobbistico, -a [lɔbˈbistiko] <-ci, -che> *agg* Lobby-; **sistema** ~ Lobbyismus *m*; **politica -a** lobbyistische Interessenpolitik
lobby [ˈlɔbi] <- *o* lobbies> *f* Lobby *f*
lobbying [ˈlɔbiiŋ] <-> *m (lobbismo)* Lobbyismus *m*
lobo [ˈlɔːbo] *m* ANAT Lappen *m* [eines Organs], Lobus *m*; ~ **dell'orecchio** Ohrläppchen *nt*; ~ **polmonare** Lungenflügel *m*
locale [loˈkaːle] **I.** *agg* ① *(di luogo)* örtlich, Orts-; *(di un determinato luogo)* einheimisch; *(persone)* ortsansässig

L

② *(caratteristico del luogo)* ortsüblich, örtlich ③ MED örtlich, Lokal- **II.** *m* ① *(stanza)* Raum *m,* Räumlichkeit *f* ② *(luogo pubblico)* Lokal *nt;* ~ **notturno** Nachtlokal *nt*

localino [loka'li:no] *m* ① *dim di* **locale** kleiner Raum ② *(appartamento, stanza)* Bude *f* ③ *(ambiente pubblico di ritrovo)* [kleine] Kneipe, Beisel *nt o f* A

localista [loka'lista] <-i *m,* -e *f*> **I.** *mf* ① POL Regionalist(in) *m(f)* ② LING *(sostenitore del localismo)* Befürworter(in) *m(f)* des Lokalismus **II.** *agg* POL regional; **politica** ~ regionale Strukturpolitik

località [lokali'ta] <-> *f* Ort *m,* Örtlichkeit *f*

localizzabile [lokalid'dza:bile] *agg* lokalisierbar

localizzare [lokalid'dza:re] *vt* lokalisieren, örtlich festlegen; NAUT, AERO orten; *(circoscrivere)* eingrenzen, eindämmen

localizzazione [lokaliddzat'tsio:ne] *f* Lokalisierung *f;* NAUT, AERO Ortung *f*

locanda [lo'kanda] *f* Gasthaus *nt,* Gastwirtschaft *f*

locandiere, -a [lokan'diɛ:re] *m, f* Wirt(in) *m(f),* Gastwirt(in) *m(f)*

locandina [lokan'di:na] *f* Reklamezettel *m*

locare [lo'ka:re] *vt* JUR *(fabbricati)* vermieten; *(terreni)* verpachten

locatario, -a [loka'ta:rio] <-i, -ie> *m, f (di casa)* Mieter(in) *m(f); (di terreno)* Pächter(in) *m(f)*

location [lou'keiʃən] <- *o* locations> *f* FILM, FOTO *(set esterno)* Drehort *m*

locativo [loka'ti:vo] *m* LING Lokativ *m,* Ortsfall *m*

locativo, -a *agg* Miets-, Pacht-

locatore, -trice [loka'to:re] *m, f* Vermieter(in) *m(f); (di terreno)* Verpächter(in) *m(f)*

locazione [lokat'tsio:ne] *f* ① *(da parte del locatore)* Vermietung *f; (di terreni)* Verpachtung *f* ② *(da parte del locatario)* Miete *f,* Pacht *f;* **dare in** ~ vermieten; *(terreni)* verpachten

loc. cit. *abbr di* **loco citato** loc. cit., a.a.O. *(am angegebenen Ort)*

loco ['lɔ:ko] *m* **in alto** ~ an höchster Stelle

locomotiva [lokomo'ti:va] *f* Lokomotive *f*

locomotore [lokomo'to:re] *m* Elektrolokomotive *f,* E-Lok *f*

locomotorio, -a [lokomo'tɔ:rio] <-i, -ie> *agg* lokomotorisch, Fortbewegungs-

locomotrice [lokomo'tri:tʃe] *f* [Elektro]triebwagen *m*

locomozione [lokomot'tsio:ne] *f* ① *(facoltà propria)* Fortbewegung *f,* Sichfortbewegen *nt* ② *(mediante veicolo)* Transport *m,* Beförderung *f;* **mezzo di** ~ Beförderungsmittel *nt*

loculo ['lɔ:kulo] *m* Grabnische *f*

locusta [lo'ku:sta] *f* ① ZOO [Wander]heuschrecke *f* ② *(fig)* Blutsauger *m,* Schmarotzer *m*

locuzione [lokut'tsio:ne] *f* Redewendung *f,* Redensart *f*

lodabile [lo'da:bile] *agg* löblich, lobenswert

lodare [lo'da:re] **I.** *vt* ① *(dar lodi)* loben, anerkennen ② *(dichiararsi soddisfatto)* billigen, gutheißen ③ *(celebrare)* preisen, rühmen; **sia lodato il cielo!** dem Himmel sei Dank!, Gott sei Dank! **II.** *vr* **-rsi** sich [selbst] loben; **chi si loda s'imbroda** *(prov)* Eigenlob stinkt

lodatore, -trice [loda'to:re] *m, f* Lobredner(in) *m(f),* Schmeichler(in) *m(f)*

lode ['lɔ:de] *f* ① *(elogio)* Lob *nt,* Anerkennung *f;* **a** [*o* **in**] ~ **di** zu Ehren von ② *(voto)* Auszeichnung *f* ③ *(contemplazione)* Lobpreisung *f*

loden ['lo:dən] <-> *m* ① *(panno)* Loden *m* ② *(cappotto)* Lodenmantel *m*

lodevole [lo'de:vole] *agg* ① *(meritevole di lode)* löblich, lobenswert ② *(voto scolastico)* ausgezeichnet, sehr gut

lodo ['lɔ:do] *m* Schiedsspruch *m*

logaritmico, -a [loga'ritmiko] <-ci, -che> *agg* logarithmisch, Logarithmen-

logaritmo [loga'ritmo] *m* Logarithmus *m*

loggare [log'ga:re] INFORM **I.** *vi* sich einloggen **II.** *vpr* **-si** [**su qc**] sich [in etw *akk*] einloggen

loggia ['lɔddʒa] <-gge> *f* ① ARCH Loggia *f,* Säulen[vor]halle *f* ② *(di massoneria)* Loge *f*

loggiato [lɔd'dʒa:to] *m* Loggia *f,* Arkade *f*

loggione [lɔd'dʒo:ne] *m* Galerie *f*

loggionista [lɔddʒo'nista] <-i *m,* -e *f*> *mf* Zuschauer(in) *m(f)* in der Galerie

logica ['lɔ:dʒika] <-che> *f* Logik *f;* **a filo di** ~ logisch, folgerichtig; **a rigor di** ~ streng genommen

logicità [lodʒitʃi'ta] <-> *f* Logizität *f,* Folgerichtigkeit *f*

logico, -a ['lɔ:dʒiko] <-ci, -che> *agg* ① *(conforme alla logica)* logisch, folgerichtig ② *(naturale)* natürlich, selbstverständlich

login [log'ɪn] <-> *f* INFORM Login *nt;* **fare il** ~ sich einloggen

logistica [lo'dʒistika] <-che> *f* Logistik *f*

logistic manager [lou'dʒistik 'mænidʒə] <- *o* logistic managers> *m* COM Logistic Manager(in) *m(f)*

logistico, -a [lo'dʒistiko] <-ci, -che> *agg* logistisch

loglio ['lɔʎʎo] <-gli> *m* Lolch *m;* **separare il grano dal ~** *(fig)* die Spreu vom Weizen trennen
logo ['lɔgo] <-> *m* Logo *nt;* **~ per cellulare** Handylogo *nt*
logoff [log'ɔf] <-> *f* INFORM Logoff *nt*
logogrifo [logo'gri:fo] *m* Buchstabenrätsel *nt,* Silbenrätsel *nt*
logomachia [logoma'ki:a] <-chie> *f* *(poet)* Wortgefecht *nt*
logopedista [logope'dista] <-i *m,* -e *f*> *mf* MED Logopäde *m/*Logopädin *f*
logoramento [logora'mento] *m* Abnutzung *f,* Verschleiß *m*
logorante [logo'rante] *agg* aufreibend, zermürbend
logorare [logo'ra:re] **I.** *vt* abnutzen, verschleißen; *(vestiti)* abtragen; *(salute)* ruinieren **II.** *vr* **-rsi** ❶ *(consumarsi)* sich abnutzen; **-rsi la vista** sich die Augen verderben ❷ *(fig)* sich aufreiben, sich zugrunde richten
logorio [logo'ri:o] <-ii> *m* ❶ *(logoramento)* [kontinuierliche] Abnutzung *f* ❷ *(fig)* Zermürbung *f,* Zerrüttung *f*
logoro, -a ['lo:goro] *agg* abgenutzt, verbraucht; *(vestito)* abgetragen
logorrea [logor'rɛ:a] *f* ❶ MED Logorrhö[e] *f* ❷ *(fig, scherz)* krankhafte Geschwätzigkeit
logoterapeuta [logotera'pɛ:uta] *mf* MED *v.* **logopedista**
logoterapia [logotera'pi:a] *f* PSIC Gesprächstherapie *f*
logoterapista [logotera'pista] <-i *m,* -e *f*> *mf* MED *v.* **logopedista**
lol [lɔl] *int (fam) abbr di* **laughing out loud** INET lol
lolla ['lɔlla] *f* Streu *f*
lombaggine [lom'baddʒine] *f* Hexenschuss *m*
lombarda *f v.* **lombardo**
Lombardia [lombar'di:a] *f* Lombardei *f*
lombardo [lom'bardo] *m sing (dialetto)* lombardischer Dialekt, Lombardisch(e) *nt;* **scrivere poesie in ~** Gedichte in lombardischem Dialekt verfassen
lombardo, -a I. *agg* lombardisch **II.** *m, f* *(abitante)* Lombarde *m/*Lombardin *f*
lombare [lom'ba:re] *agg* Lumbal-, Lenden-
lombata [lom'ba:ta] *f* ❶ *(taglio di carne)* Lende *f,* Lendenstück *nt* ❷ *(arrosto)* Lendenbraten *m*
lombo ['lombo] *m* ❶ ANAT Lende *f* ❷ *pl* Hüften *f pl*
lombricicoltore, -trice [lombrikikol'to:re] *m, f* AGR Regenwurmzüchter(in) *m(f)*
lombrico [lom'bri:ko] <-chi> *m* Regenwurm *m*
lompo ['lo:mpo] *m* GASTR *(surrogato del caviale)* Kaviarersatz *m*
Londra ['londra] *f* London *nt*
longa manus ['lɔŋga 'ma:nus] <-> *f* im Auftrag [eines anderen] Handelnde(r) *f(m)*
longanime [loŋ'ga:nime] *agg* nachsichtig
longanimità [loŋganimi'ta] <-> *f* Nachsicht *f*
longarina [loŋga'ri:na] *v.* **longherina**
longarone [loŋga'ro:ne] *v.* **longherone**
long drink ['lɔŋ 'driŋk] <- *o* long drinks> *m* Longdrink *m*
longevità [londʒevi'ta] <-> *f* Langlebigkeit *f*
longevo, -a [lon'dʒɛ:vo] *agg* langlebig
longherina [loŋge'ri:na] *f* Längsträger *m;* *(di scala)* Freiwange *f;* *(traversina)* Schwellenrost *m*
longherone [loŋge'ro:ne] *m* Holm *m,* Längsträger *m*
longilineo, -a [londʒi'li:neo] <-ei, -ee> *agg* hochgewachsen, schlank und groß
longitudinale [londʒitudi'na:le] *agg* längsgerichtet, längs-
longitudine [londʒi'tu:dine] *f* [geografische] Länge *f,* Längengrad *m*
long play ['lɔŋ 'plei] <- *o* long plays> *m* MUS Langspielplatte *f*
long seller ['lɔŋ 'selə] <- *o* long sellers> *m* Longseller *m*
lontanamente [lontana'mente] *avv* ❶ *(in lontananza)* weit, entfernt ❷ *(con negazione)* im Geringsten, im Entferntesten; **non ci penso neanche ~** ich denke nicht im Traum daran
lontananza [lonta'nantsa] *f* Ferne *f,* Entfernung *f;* *(fig)* Fernsein *nt*
lontano, -a [lon'ta:no] **I.** *agg* ❶ *(spaziale)* fern, entfernt ❷ *(temporale)* lange her ❸ *(assente, estraneo)* abwesend, fern ❹ *(vago)* entfernt, unklar; *(somiglianza)* entfernt **II.** *avv* weit entfernt, weitab; **andare ~** sich entfernen; *(fig)* abweichen; **vedere ~** *(fig)* weitblickend sein; **alla -a** vage, flüchtig; **~ dagli occhi, ~ dal cuore** *(prov)* aus den Augen, aus dem Sinn
lontra ['lontra] *f* Fischotter *m*
lontrato, -a [lon'tra:to] *agg nach Art des Fischotterfells gegerbt*
lonza ['lontsa] *f* SETT GASTR Lendenstück *nt*
look [luk] <- *o* looks> *m* ❶ COM *(di prodotto)* Produktimage *nt* ❷ *(moda)* Look *m;* **~ casual** lässiges Outfit
lookologo, -a [lu'kɔlogo] <-gi, -ghe> *m, f* ❶ COM Produktwerber(in) *m(f)* ❷ *(stilista che si cura dell'aspetto esteriore)* Imagepfleger(in) *m(f)*
loop [lu:p] <- *o* loops> *m* ❶ TEC Ringschaltung *f* ❷ *(circuito chiuso)* geschlossener

L

Stromkreis ③ INFORM zyklische Programmierung ④ AERO *(acrobazia)* Looping *m*

loppa ['lɔppa] *f* Spreu *f*

loquace [lo'kua:tʃe] *agg* gesprächig; *(pej)* geschwätzig, redselig; *(fig: gesto, silenzio)* bedeutungsvoll, vielsagend

loquacità [lokuatʃi'ta] <-> *f* Gesprächigkeit *f; (pej)* Redseligkeit *f*

lord [lɔrd] <-> *m* ① *(titolo)* Lord *m* ② *(fam: gran signore)* großer Herr; **vivere come un ~** *(fam)* auf großem Fuße leben

lordare [lor'dare] *vt* beschmutzen

lordo, -a ['lordo] *agg* ① *(sudicio)* schmutzig, beschmutzt ② COM Brutto-, brutto

lordume [lor'du:me] *m* Schmutz *m,* Unrat *m*

lordura [lor'du:ra] *f* ① *(sozzura)* Schmutzigkeit *f* ② *(persone)* Gesindel *nt,* Pack *nt*

lorica [lo'ri:ka] <-che> *f* Brustpanzer *m* [der römischen Legionäre]

loro ['lɔ:ro] **I.** *pron pers* ① *3. pers pl* sie; *(con preposizione)* sie, ihnen, ihrer; *(complemento di termine)* ihnen; **beati ~!** die Glücklichen! ② *3. pers pl (forma di cortesia: Loro)* Sie; *(con preposizione)* Sie, Ihnen, Ihrer; *(complemento di termine)* Ihnen **II.** *agg inv* ihr; *(forma di cortesia: Loro)* Ihr; **le ~ speranze** ihre Hoffnungen; **il ~ padre/zio** ihr Vater/Onkel; **un ~ amico** ein Freund von ihnen **III.** *pron pos* **il/la ~** ihre(r, s); *(forma di cortesia: Loro)* Ihre(r, s) **IV.** *m* **il ~** das Ihre; **anche tu sei dei ~?** bist du auch einer von ihnen?; **~ due** die beiden

losanga [lo'zaŋga] <-ghe> *f* Rhombus *m,* Raute *f*

Losanna [lo'zanna] *f* Lausanne *nt*

losco, -a ['losko] <-schi, -sche> *agg* ① *(strabico)* schielend ② *(miope)* kurzsichtig ③ *(fig)* finster, suspekt; *(affare)* unsauber, anrüchig

loto ['lɔ:to] *m* Lotos *m,* Lotosblume *f*

lotta ['lɔtta] *f* ① *(combattimento)* Kampf *m;* **~ a corpo a corpo** Nahkampf *m;* **fare la ~** raufen ② SPORT Ringen *nt,* Ringkampf *m;* **~ libera** Freistilringen *nt* ③ *(fig: dissidio)* Streit *m,* Auseinandersetzung *f;* **~ di classe** Klassenkampf *m;* **~ per l'esistenza** Existenzkampf *m;* **~ al terrorismo** Anti-Terror-Kampf *m*

lottare [lot'ta:re] *vi* kämpfen, ringen; **~ con il sonno** mit dem Schlaf kämpfen

lottatore, -trice [lotta'to:re] *m, f* ① *(chi lotta, combatte)* Kämpfer(in) *m(f)* ② SPORT Ringkämpfer(in) *m(f)*

lotteria [lotte'ri:a] <-ie> *f* Lotterie *f*

lottizzabile [lottid'dza:bile] *agg* parzellierbar, in Landparzellen aufteilbar; **terreno ~** aufteilbares Landgut

lottizzare [lottid'dza:re] *vt* in Parzellen aufteilen, parzellieren

lottizzatore, -trice [lottiddza'to:re] **I.** *agg* ① *(che lottizza)* parzellierend, Ländereien aufteilend ② ADM bei der Ämtervergabe parteiisch handelnd, Ämterschieberei betreibend **II.** *m, f* ① *(chi lottizza)* Verantwortliche(r) *f(m)* für die Landaufteilung ② ADM Ämterschieber(in) *m(f)*

lottizzatorio, -a [lottiddza'tɔ:rio] <-i, -ie> *agg* POL Vetternwirtschaft betreibend, Ämterschieberei betreibend; **sistema ~** Vetternwirtschaft *f*

lottizzazione [lottiddzat'tsio:ne] *f* ① *(di terreno)* Aufteilung *f* in Parzellen, Parzellierung *f* ② *(di potere)* Ämteraufteilung *f* [zwischen den Parteien]

lotto ['lɔtto] *m* ① *(gioco)* Lotto[spiel] *nt;* **giocare al ~** [im] Lotto spielen ② *(di terreno)* Parzelle *f; (di merce)* [Waren]posten *m,* Partie *f;* **a -i** partieweise, parzellenweise

love affair [lʌv ə'fɛə] <- *o* love affairs> *f* Liebesaffäre *f,* Affäre *f*

love boat [lʌv bout] <- *o* love boats> *m* Loveboat *nt;* **molte coppie vanno in crociera su una ~** viele Paare verbringen ihre Kreuzfahrt auf einem Loveboat

love story [lʌv 'stɔ:ri] <- *o* love stories> *f* Lovestory *f,* Liebesaffäre *f*

low technology [lou tek'nɔlədʒi] **I.** *agg inv* TEC Low-Tech- **II.** *m* <-> TEC Low-Tech *nt*

lozione [lot'tsio:ne] *f* Lotion *f,* Wasser *nt;* **~ per capelli** Haarwasser *nt*

LP <-> *m* LP *f*

Lubecca [lu'bɛkka] *f* Lübeck *nt*

lubrico, -a ['lu:briko] <-ci, -che> *agg* ① *(sdrucciole)* schlüpfrig, rutschig, glitschig ② *(fig)* schlüpfrig, zweideutig

lubrificante [lubrifi'kante] **I.** *agg* Schmier- **II.** *m* Schmiere *f,* Schmiermittel *nt*

lubrificare [lubrifi'ka:re] *vt* [ab]schmieren

lubrificazione [lubrifikat'tsio:ne] *f* [Ab]schmieren *nt*

lucano [lu'ka:no] *m sing (dialetto)* lukanische Dialektgruppe

lucano, -a I. *agg* lukanisch; **Appennino ~** der lukanische Teil des Apennins **II.** *m, f (abitante)* Lukaner(in) *m(f)*

Lucca *f* Lucca *nt (Stadt in der Toskana)*

lucchese [luk'ke:se] **I.** *mf (abitante)* Einwohner(in) *m(f)* aus Lucca **II.** *agg* aus Lucca

Lucchese *m sing* Provinz *f* Lucca

lucchetto [luk'ketto] *m* Vorhängeschloss *nt*

luccicare [luttʃi'ka:re] *vi* leuchten, funkeln

luccichio [luttʃi'ki:o] <-chii> *m* Gefunkel *nt,* Glitzern *nt*

luccio ['luttʃo] <-cci> *m* Hecht *m*

lucciola ['luttʃola] *f* Glühwürmchen *nt,* Leuchtkäfer *m;* **prender -e per lanterne** etw falsch verstehen, etw verwechseln

luce ['lu:tʃe] *f* ① *(gener,* PHYS, TEC Licht *nt;* **-i di posizione** Standlicht *nt;* **dare alla ~** zur Welt bringen; **fare ~ su qc** Licht in etw *akk* bringen, etw aufklären; **mettere in ~ qc** etw an den Tag bringen; **mettere qu in cattiva ~** jdn ins schiefe Licht rücken, jdn schlechtmachen; **mettersi in ~** sich hervortun; **riportare qc alla ~** etw wieder ans Licht bringen; **~ intermittente** Blinklicht *nt;* **a -i rosse** *(cinema)* Porno-; **alla ~ dei fatti** in Anbetracht der Tatsachen; **contro ~** bei Gegenlicht ② *(sole)* Helligkeit *f,* Tageslicht *nt,* Sonnenlicht *nt;* **alle prime -i** bei Tagesanbruch, im Morgengrauen

lucente [lu'tʃɛnte] *agg* leuchtend, funkelnd, glänzend

lucentezza [lutʃen'tettsa] *f* Leuchten *nt,* Glanz *m; (di seta, perle)* Schimmer *m*

lucerna [lu'tʃɛrna] *f* Lampe *f,* Öllampe *f*

Lucerna [lu'tʃɛrna] **I.** *m (cantone)* Luzern *nt* **II.** *f (città)* Luzern *nt*

lucernario [lutʃer'na:rio] <-i> *m* Oberlicht *nt*

lucertola [lu'tʃɛrtola] *f* Eidechse *f*

lucherino [luke'ri:no] *m* Zeisig *m,* Erlenfink *m*

lucidabile [lutʃi'da:bile] *agg* polierbar, polierfest

lucidabilità [lutʃi'dabili'ta] <-> *f* Polierbarkeit *f*

lucidalabbra [lutʃida'labbra] <-> *m* Lipgloss *nt*

lucidante [lutʃi'dante] **I.** *m* Poliermittel *nt* **II.** *agg* Polier-

lucidare [lutʃi'da:re] *vt* ① *(gener)* glänzend machen; *(scarpe)* putzen, wichsen; *(mobili)* polieren; *(pavimenti)* bohnern, wienern ② *(disegni)* durchpausen

lucidatore, **-trice** [lutʃida'to:re] *m, f* Polierer(in) *m(f)*

lucidatrice [lutʃida'tri:tʃe] *f* Bohnermaschine *f*

lucidatura [lutʃida'tu:ra] *f* ① *(lustratura)* Polieren *nt; (di scarpe)* Putzen *nt,* Wichsen *nt; (di pavimenti)* Bohnern *nt* ② *(di disegni)* Durchpausen *nt*

lucidità [lutʃidi'ta] <-> *f* Klarheit *f*

lucido ['lu:tʃido] *m* ① *(lucentezza)* Glanz *m* ② *(per mobili)* Politur *f,* Poliermittel *nt; (per scarpe)* Schuhcreme *f; (per pavimenti)* Bohnerwachs *nt* ③ *(disegno)* Pause[zeichnung] *f; (per lavagna luminosa)* Folie *f*

lucido, **-a** *agg* ① *(lucente)* glänzend, blank; **carta -a** Transparentpapier *nt* ② *(fig)* klar, durchsichtig

lucignolo [lu'tʃiɲɲolo] *m* ① *(stoppino)* Docht *m* ② *(scherz: persona)* Bohnenstange *f fam,* Klappergestell *nt fam*

lucrare [lu'kra:re] *vt* ① *(somme)* einnehmen, einstecken ② *(fig: indulgenze)* erlangen

lucrativo, **-a** [lukra'ti:vo] *agg* einträglich, lukrativ

lucro ['lu:kro] *m* Gewinn *m,* Vorteil *m*

lucroso, **-a** [lu'kro:so] *agg* gewinnbringend, einträglich, lohnend

luculliano, **-a** [lukul'lia:no] *agg* lukullisch, üppig

ludibrio [lu'di:brio] <-i> *m* Hohn *m,* [boshafter] Spott *m;* **essere il ~ di tutti** zum Gespött aller [Leute] werden

ludico, **-a** ['lu:diko] <-ci, -che> *agg* spielerisch, Spiel-

ludo ['lu:do] *m* ① HIST Spiel *nt,* Schauspiel *nt* ② *pl* Festspiele *nt pl*

ludopatia [ludopa'ti:a] <-ie> *f* PSIC Spielsucht *f*

ludoteca [ludo'tɛ:ka] <-che> *f* Spiel[i]othek *f*

ludotecario, **-a** [ludote'ka:rio] <-i, -ie> *m, f* Verleiher(in) *m(f)* einer Spiel[i]othek

lue ['lu:e] <-> *f* Syphilis *f,* Lues *f*

luganiga [lu'ga:niga] <-ghe> *f* SETT [feine] Wurst *f*

luglio ['luʎʎo] *m* Juli *m; v. a.* **aprile**

lugubre ['lu:gubre] *agg* schaurig, unheilvoll

lui ['lu:i] *pron pers 3. pers m sing* ① *(soggetto)* er ② *(oggetto)* ihn; *(con preposizione)* ihn, ihm, seiner; **beato ~!** der Glückliche!

lumaca [lu'ma:ka] <-che> *f* Schnecke *f*

lumacone, **-a** [luma'ko:ne] *m, f (goffo)* Tranfunzel *f fam,* Schlafmütze *f fam*

lumbard [lum'ba:rd] **I.** *agg inv* LOMB, DIAL Lega Nord- **II.** *mf* <-> LOMB, DIAL überzeugte(r) Lega Nord-Wähler(in) *m(f)*

lume ['lu:me] *m* Lampe *f; (a. fig)* Leuchte *f; (luce)* Licht *nt;* **perdere il ~ della ragione** außer sich sein

lumeggiare [lumed'dʒa:re] *vt* ① *(in pittura)* Lichteffekte erzielen ② *(fig: fatto)* aufklären, erhellen

lumicino [lumi'tʃi:no] *m* Lämpchen *nt,* kleine Lampe

lumiera [lu'miɛ:ra] *f* Kronleuchter *m,* Lüster *m,* Luster *m* A

luminare [lumi'na:re] *m* Leuchte *f*

luminaria [lumi'na:ria] <-ie> *f* ① *(illuminazione)* [Fest]beleuchtung *f* ② *(quantità di lumi accesi)* Lichtermeer *nt*

L

luminescente [lumineʃ'ʃɛnte] *agg* lumineszierend, Leucht-
luminescenza [lumineʃ'ʃɛntsa] *f* Lumineszenz *f*, Leuchten *nt*
luminismo [lumi'nizmo] *m* Helldunkelmalerei *f*
luministica [lumi'nistika] <-che> *f* Beleuchtungstechnik *f*
lumino [lu'mi:no] *m* Lämpchen *nt;* ~ **da notte** Nachttischlampe *f*
luminosità [luminosi'ta] <-> *f* ① *(chiarore)* Helligkeit *f* ② PHYS Lichtstärke *f*
luminoso, -a [lumi'no:so] *agg* ① *(che emette luce)* strahlend, leuchtend ② *(limpido)* klar, hell ③ *(fig)* hervorragend, glänzend; *(sorriso)* strahlend
lumpo ['lumpo] *m v.* **lompo**
luna ['lu:na] *f* ① ASTR Mond *m;* ~ **calante** abnehmender Mond; ~ **crescente** zunehmender Mond; ~ **piena** Vollmond *m;* **a mezza** ~ halbmondförmig; ~ **di miele** Flitterwochen *f pl* ② *(lunazione)* Mondwechsel *m* ③ *(fig)* Laune *f;* **avere la** ~ **di traverso** [*o* **storta**] schlechte Laune haben
luna park ['lu:na 'park] <-> *m* Vergnügungspark *m*
lunare [lu'na:re] *agg* Mond-
lunario [lu'na:rio] <-i> *m* Kalender *m*, Almanach *m*
lunatico, -a [lu'na:tiko] <-ci, -che> *agg* launenhaft, unbeständig; *(strano)* wunderlich
lunazione [lunat'tsio:ne] *f* Mondwechsel *m*
luncheonette [lʌnʃə'net] <- *o* luncheonettes> *f* GASTR Imbissstube *f*, Bistro *nt*
Luneburgo [lune'burgo] *f* Lüneburg *nt;* **Lande di** ~ Lüneburger Heide *f*
lunedì [lune'di] <-> *m* Montag *m; v. a.* **domenica**
lunetta [lu'netta] *f* ① ARCH Lünette *f*, Bogenfeld *nt* ② *(mezzaluna)* Wiegemesser *nt*
Lungadige *m sing* Etsch-Uferpromenade [Lungadige] *f*
lungaggine [luŋ'gaddʒine] *f* Langatmigkeit *f*, Schwerfälligkeit *f;* **le -i della burocrazia** Bürokratismus *m*
lungamente [luŋga'mente] *avv* lange [Zeit]
lungarno [luŋ'garno] *m* Straße *f* am Arno [entlang]
lunghezza [luŋ'gettsa] *f* ① *(estensione)* Länge *f*, Längsseite *f; (di tempo)* Länge *f*, Dauer *f* ② *(lentezza)* Langsamkeit *f*
lungi ['lundʒi] *avv (poet)* fern, fernab *geh*, in weiter Ferne; ~ **da me ogni sospetto!** jeglicher Verdacht sei fern von mir!
lungimirante [lundʒimi'rante] *agg* weitblickend, voraussehend
lungimiranza [lundʒimi'rantsa] *f* Weitblick *m*, Weitsicht *f*
lungo ['luŋgo] **I.** *m* Länge *f;* **per il** ~ der Länge nach **II.** *prep* ① *(di luogo)* längs +*gen o dat*, entlang … +*dat o gen*, … +*akk* entlang ② *(di tempo)* während +*gen o dat*
lungo, -a <-ghi, -ghe> *agg* ① *(estensione)* lang; *(tempo)* lange dauernd, langwierig; *(affare, progetto, programma)* langfristig; *(lontananza)* weit, lang; **avere le mani** [*o* **le unghie**] **-ghe** *(fig)* lange Finger machen; **saperla -a** mit allen Wassern gewaschen sein, es faustdick hinter den Ohren haben; **alla -a** auf die Dauer; **di gran -a** weitaus, bei Weitem; **in** ~ **e in largo** kreuz und quer; *(fig)* ausführlich, des Langen und Breiten ② *(persona)* hochgewachsen; *(lento)* langsam ③ *(bevanda, brodo)* dünn, verdünnt
lungofiume [luŋgo'fiu:me] *m* Uferstraße *f*, Uferpromenade *f*
lungolago [luŋgo'la:go] *m* Promenade *f* am Seeufer
lungomare [luŋgo'ma:re] *m* Strandpromenade *f*, Straße *f* am Meer
lungometraggio [luŋgome'traddʒo] <-ggi> *m* Spielfilm *m*
lungotevere [luŋgo'te:vere] *m* Straße *f* am Tiber [entlang]
lunotto [lu'nɔtto] *m* Heckscheibe *f;* ~ **termico** heizbare Heckscheibe
lunula ['lu:nula] *f* Nagelmond *m*
luogo ['luɔ:go] <-ghi> *m* Ort *m*, Stelle *f; (località)* Ortschaft *f*, Örtlichkeit *f; (posto)* Platz *m*, Raum *m; (locale)* Lokal *nt*, Raum *m; (punto)* Stelle *f;* ~ **di divertimento** Vergnügungsstätte *f;* **le autorità del** ~ die örtliche Behörde, die Lokalbehörde; **in nessun** ~ nirgends; **in primo** ~ zunächst; **sul** ~ an Ort und Stelle; **fuori** ~ unangebracht, fehl am Platz[e]; **in** ~ **di** anstelle von; **aver** ~ stattfinden; **dar** ~ **a qc** Anlass zu etw geben
luogotenente [luogote'nɛnte] *m* Statthalter *m*
lupa ['lu:pa] *f* ① ZOO Wölfin *f* ② *(fig)* Nymphomanin *f*
lupanare [lupa'na:re] *m (poet)* Freudenhaus *nt*
lupetto [lu'petto] *m* ① ZOO kleiner Wolf; *(cane)* junger Wolfshund ② *(scout)* junger Pfadfinder, Wölfling *m*
lupino [lu'pi:no] *m* Lupine *f*
lupo ['lu:po] *m* Wolf *m;* **cane** ~ Wolfshund *m*, deutscher Schäferhund; ~ **mannaro** Werwolf *m*, Wolfsmensch *m;* **fame da -i** Bärenhunger *m fam;* **tempo da -i** Hundewetter *nt fam;* ~ **di mare** Seebär *m;* **al ~!**

fangt den Wolf!; **il ~ perde il pelo ma non il vizio** *(prov)* die Katze lässt das Mausen nicht

luppolo ['luppolo] *m* Hopfen *m*

lurex® ['lu:reks] <-> *m* Lurex® *nt (Garn mit metallisierten Fasern)*

lurido, -a ['lu:rido] *agg* ❶ *(sporco)* schmutzig, dreckig ❷ *(fig)* verkommen, unmoralisch

luridume [luri'du:me] *m* ❶ *(sporcizia)* Schmutz *m,* Unrat *m* ❷ *(fig)* Sündenpfuhl *m*

lusinga [lu'ziŋga] <-ghe> *f* Schmeichelei *f*

lusingare [luziŋ'ga:re] **I.** *vt* **~ qu** jdm schmeicheln **II.** *vr* **-rsi** *(osar credere)* hoffen

lusingatore, -trice [luziŋga'to:re] **I.** *agg* schmeichelnd **II.** *m, f* Schmeichler(in) *m(f),* Schöntuer(in) *m(f)*

lusinghiero, -a [luziŋ'giɛ:ro] *agg* schmeichlerisch, schmeichelhaft

lussazione [lussat'tsio:ne] *f* Luxation *f,* Verrenkung *f*

lussemburghese [lussembur'ge:se] **I.** *agg* luxemburgisch, Luxemburger **II.** *mf* Luxemburger(in) *m(f)*

Lussemburgo [lussem'burgo] *m* **il ~** Luxemburg *nt*

lusso ['lusso] *m* Luxus *m;* **automobile di ~** Luxuswagen *m,* Luxuslimousine *f;* **edizione di ~** Luxusausgabe *f,* Prachtausgabe *f;* **permettersi certi -i** sich einen gewissen Luxus erlauben

lussuoso, -a [lussu'o:so] *agg* luxuriös, Luxus-

lussureggiante [lussured'dʒante] *agg* üppig, prächtig

lussuria [lus'su:ria] <-ie> *f* Fleischeslust *f,* Unzucht *f*

lussurioso, -a [lussu'rio:so] **I.** *agg* geil, unzüchtig **II.** *m, f* unzüchtiger Mensch

lustrale [lus'tra:le] *agg (poet)* REL reinigend, läuternd; **acqua ~** Weihwasser *nt*

lustrare [lus'tra:re] **I.** *vt* reinigen; *(mobili, metallo)* polieren; *(pavimenti)* bohnern; *(scarpe)* putzen, wichsen; **~ le scarpe a qu** *(fig)* jdm nicht das Wasser reichen können **II.** *vi* blank sein, glänzen

lustrascarpe [lustras'karpe] <-> *mf* Schuhputzer(in) *m(f)*

lustrata [lus'tra:ta] *f* rasches Putzen

lustrino [lus'tri:no] *m* Flitter *m; (paillette)* Paillette *f*

lustro ['lustro] *m* ❶ *(lucentezza)* Glanz *m* ❷ *(fig: gloria)* Ruhm *m,* Ehre *f*

lustro, -a *agg* glänzend, blank

luterano, -a [lute'ra:no] **I.** *agg* lutherisch **II.** *m, f* Lutheraner(in) *m(f)*

lutto ['lutto] *m* Trauer *f; (abito)* Trauerkleidung *f; (periodo)* Trauerzeit *f;* **essere in ~** in Trauer sein; **prendere il ~** Trauer tragen; **chiuso per ~** wegen Trauerfall geschlossen

luttuoso, -a [luttu'o:so] *agg* ❶ *(sventuroso)* unheilvoll, verhängnisvoll ❷ *(funesto)* tödlich

L

Mm

m *abbr di* **metro** m

M, m ['ɛmme] <-> *f* M *nt,* m *nt;* **m come Milano** M wie Martha

M5S [ɛmmetʃiŋkue'ɛsse] *abbr di* **Movimento 5 stelle** POL Fünf-Sterne-Bewegung *f*

ma[1] [ma] **I.** *cong* ① *(però)* [je]doch, aber ② *(bensì)* sondern ③ *(rafforzativo)* sogar, doch; **~ è impossibile!** das ist doch nicht möglich! **II.** *int* wer weiß; **~ [insomma]!** na ja! *fam;* **sarà vero? — ~!** ob es [wohl] wahr ist? — was weiß ich!

ma[2] <-> *m* Aber *nt;* **non ci sono ~ che tengano** da gibt es kein Wenn und kein Aber

macabro, -a ['ma:kabro] *agg* makaber

macaco [ma'ka:ko] <-chi> *m* ① ZOO Makak *m* ② *(fig, pej)* Affe *m fam*

macché [mak'ke] *int* im Gegenteil, ach was

maccheroni [makke'ro:ni] *mpl* Makkaroni *pl*

maccheronico, -a [makke'rɔ:niko] <-ci, -che> *agg* ① LIT makkaronisch ② *(fig: storpiato)* stümperhaft

macchia ['makkia] <-cchie> *f* ① *(sporco)* Fleck *m* ② *(chiazza)* Sprenkel *m; (in pittura)* Farbtupfer *m* ③ *(fig: colpa)* Makel *m,* Schandfleck *m* ④ BOT Macchia *f (für den Mittelmeerraum charakteristischer Buschwald)*

macchiare [mak'kia:re] **I.** *vt* ① *(sporcare)* beflecken, Flecken machen auf +*akk;* **~ di vino la tovaglia** Weinflecken auf die Tischdecke machen ② *(fig: onore, innocenza)* beflecken **II.** *vr* **-rsi** ① *(sporcarsi)* sich beflecken; *(cose)* Flecken bekommen ② *(fig)* sich besudeln; **-rsi di una colpa** eine Schuld auf sich laden

macchiato, -a [mak'kia:to] *agg (sporco)* mit Flecken; *(di colore diverso)* gefleckt; **caffè ~** Espresso mit einem Schluck Milch

macchietta [mak'kietta] *f* ① *(schizzo, bozzetto)* Farbskizze *f* ② *(persona)* Original *nt* ③ THEAT Karikatur *f*

macchiettista [makkiet'tista] <-i *m,* -e *f*> *mf* ① *(che fa caricature)* Karikaturist(in) *m(f)* ② *(attore)* Komiker(in) *m(f)*

macchina ['makkina] *f* ① *(congegno)* Maschine *f,* Apparat *m; (apparecchiatura)* Apparatur *f;* **~ da caffè** Kaffeemaschine *f,* Espressomaschine; **~ da cucire** Nähmaschine; **~ da scrivere** Schreibmaschine; **~ fotografica** Fotoapparat *m;* **~ [fotografica] digitale** Digitalkamera *f;* **scrivere a ~** Maschine schreiben; **fatto a ~** maschinell hergestellt ② *(auto)* Auto *nt,* Wagen *m;* **andare in ~** mit dem Auto fahren ③ *(fig: struttura)* Apparat *m* ④ *(fig: meccanismo)* Maschinerie *f,* Getriebe *nt*

macchinale [makki'na:le] *agg* mechanisch, unwillkürlich

macchinare [makki'na:re] *vt* anzetteln, anstiften

macchinario [makki'na:rio] <-i> *m* Maschinen *fpl,* Maschinenpark *m*

macchinatore, -trice [makkina'to:re] *m, f* Intrigant(in) *m(f); (di un complotto)* Drahtzieher(in) *m(f)*

macchinazione [makkinat'tsio:ne] *f* Machenschaften *fpl,* Intrige *f*

macchinetta [makki'netta] *f* ① *dim di* **macchina** Maschinchen *nt* ② *(fam: apparecchio)* Ding *nt,* Maschine *f;* **la ~ da caffè** die Espressomaschine; **parlare come una ~** reden wie ein Wasserfall; **rispondere a ~** ohne nachzudenken antworten

macchinismo [makki'nizmo] *m* Technisierung *f*

macchinista [makki'nista] <-i *m,* -e *f*> *mf* ① *(addetto alle macchine)* Maschinist(in) *m(f),* Mechaniker(in) *m(f)* ② FERR Lokomotivführer(in) *m(f)* ③ NAUT Maschinist(in) *m(f)* ④ THEAT Maschinenmeister(in) *m(f)*

macchinoso, -a [makki'no:so] *agg* kompliziert, verwickelt

macedonia [matʃe'dɔ:nia] <-ie> *f* Obstsalat *m*

macellaio, -a [matʃel'la:io] <-i, -ie> *m, f* ① *(chi macella)* Schlachter(in) *m(f),* Fleischer(in) *m(f)* ② *(negoziante)* Metzger(in) *m(f),* Fleischer(in) *m(f),* Fleischhauer(in) *m(f)* A ③ *(fig, pej)* Schlächter *m*

macellare [matʃel'la:re] *vt* ① *(animali)* schlachten ② *(fig)* abschlachten, hinmetzeln

macelleria [matʃelle'ri:a] <-ie> *f* Metzgerei *f,* Fleischerei *f*

macello [ma'tʃɛllo] *m* ① *(mattatoio)* Schlachthof *m* ② *(strage)* Blutbad *nt,* Gemetzel *nt* ③ *(fig, scherz)* Fiasko *nt,* Reinfall *m*

macerare [matʃe'ra:re] **I.** *vt* auflösen, aufweichen **II.** *vr* **-rsi** ① *(consumarsi)* sich verschleißen, sich verbrauchen ② *(tormentarsi)* sich quälen

Macerata *f* Macerata *nt (Stadt in den Marken)*

maceratese I. *mf (abitante)* Einwohner(in)

m(f) aus Macerata **II.** *agg* aus [*o* von] Macerata
macerazione [matʃerat'tsio:ne] *f (processo)* Auflösung *f,* Aufweichen *nt*
macerie [ma'tʃɛ:rie] *fpl* Trümmer *pl,* Schutt *m*
macero ['ma:tʃero] *m* Auflösung *f,* Einstampfen *nt;* **carta da ~** Makulatur *f*
macero, -a *agg* ❶ *(decomposto)* aufgelöst, verrottet ❷ *(fig: sfinito)* zerschlagen, entkräftet
machiavellico, -a [makia'vɛlliko] <-ci, -che> *agg* machiavellistisch; *(a. fig)* skrupellos
machiavellismo [makiavel'lizmo] *m* Machiavellismus *m*
macigno [ma'tʃiɲɲo] *m* Fels[block] *m;* **un cuore di ~** ein Herz aus Stein
macilento, -a [matʃi'lɛnto] *agg* ausgezehrt, abgezehrt
macina ['ma:tʃina] *f* Mühlstein *m*
macinacaffè [matʃinakaf'fɛ] <-> *m* Kaffeemühle *f*
macinadosatore [matʃinadoza'to:re] *m* TEC Kaffeedosiermühle *f*
macinapepe [matʃina'pe:pe] <-> *m* Pfeffermühle *f*
macinare [matʃi'na:re] *vt* ❶ *(grano, caffè)* mahlen ❷ *(fig: strada, chilometri)* fressen *fam*
macinato [matʃi'na:to] *m* ❶ *(prodotto di macinazione)* Mehl *nt,* Gemahlene(s) *nt* ❷ *(fam: carne tritata)* Hackfleisch *nt,* Faschierte *nt* A
macinatore, -trice [matʃina'to:re] *m, f* Müller(in) *m(f)*
macinazione [matʃinat'tsio:ne] *f* [Zer]mahlen *nt,* Zerreiben *nt*
macinino [matʃi'ni:no] *m* ❶ *(per caffè)* Kaffeemühle *f; (per pepe)* Pfeffermühle *f* ❷ *(fig, scherz: vecchia auto)* Mühle *f fam,* [Klapper]kiste *f fam*
maciste [ma'tʃiste] *m (scherz)* Herkules *m*
maciullare [matʃul'la:re] *vt* ❶ *(canapa, tessuti)* brechen ❷ *(stritolare)* zermalmen, zerquetschen
macroanalisi [makroa'na:lizi] *f* ❶ *(gener)* Makroanalyse *f* ❷ COM, FIN *(macroeconomia)* Makroökonomie *f*
macrobiotica [makrobi'ɔ:tika] <-che> *f* Makrobiotik *f*
macrobiotico, -a [makrobi'ɔ:tiko] <-ci, -che> *agg* makrobiotisch; **negozio ~** Laden *m* mit makrobiotischen Lebensmitteln
macroclima [makro'kli:ma] *m* METEO Großklima *nt,* Makroklima *nt*
macrocontesto [makrokon'tɛsto] *m* ❶ LING Makrokontext *m* ❷ *(gener)* globaler Textzusammenhang
macrocosmo [makro'kɔzmo] *m* Makrokosmos *m*
macrocristallino, -a [makrokristal'li:no] *agg* GEOL makrokristallin
macrodistribuzione [makrodistribut'tsio:ne] *f* FIN globale Einkommensverteilung
macrodonte [makro'dɔnte] **I.** *agg* MED an Makrodontose erkrankt **II.** *mf* MED Makrodontosepatient(in) *m(f)*
macroeconomia [makroekono'mi:a] *f* COM, FIN Makroökonomie *f*
macroeconomico, -a [makroeko'nɔ:miko] <-ci, -che> *agg* makroökonomisch
macrometeorologia [makrometeoro-lo'dʒi:a] *f sing* METEO Großklimaforschung *f*
macromolecola [makromo'lɛ:kola] *f* CHEM Makromolekül *nt*
macromolecolare [makromoleko'la:re] *agg* CHEM makromolekular
macronutriente [makronutri'ɛnte] *m* BIOL Grundnährstoff *m*
macropetalo, -a [makro'pɛ:talo] *agg* BOT großblütig
macroprogrammazione [makroprogrammat'tsio:ne] *f* INFORM Makroprogrammierung *f*
macroscopico, -a [makros'kɔ:piko] <-ci, -che> *agg* ❶ TEC makroskopisch ❷ *(fig: enorme)* riesig, gewaltig
macrosistema [makrosis'tɛ:ma] <-i> *m* Makrosystem *nt*
macrosociologia [makrosotʃolo'dʒi:a] *f sing* SOC Makrosoziologie *f*
macrosociologico, -a [makrosotʃo'lɔ:dʒiko] <-ci, -che> *agg* SOC makrosoziologisch
macrostruttura [makrostru'tu:ra] *f* ❶ *(gener)* Grobgefüge *nt* ❷ SCIENT Makrostruktur *f*
maculato, -a [maku'la:to] *agg* gefleckt, gesprenkelt
madama [ma'da:ma] *f* ❶ HIST Madame *f* ❷ *(scherz)* Gnädige *f*
madamigella [madami'dʒɛlla] *f (scherz)* gnädiges Fräulein
madia ['ma:dia] <-ie> *f* Backtrog *m*
madido, -a ['ma:dido] *agg* nass, feucht; **~ di sudore** *(persona)* schweißgebadet; *(camicia)* schweißnass
Madonna [ma'dɔnna] *f* ❶ REL Jungfrau Maria *f,* Muttergottes *f* ❷ *(nell'arte)* Madonna *f,* Madonnenbild *nt*
madonnaro, -a [madon'na:ro] *m, f* Pflastermaler(in) *m(f)*
madonnina [madon'ni:na] *f* engelhaftes Mädchen

madornale [mador'naːle] *agg* gewaltig, enorm

madre[1] ['maːdre] *f* ① *(genitrice)* Mutter *f;* ~ **natura** Mutter *f* Natur ② *(di animali)* Muttertier *nt,* Mutter *f* ③ REL Schwester *f;* ~ **superiora** [Schwester] Oberin *f*

madre[2] *agg inv* ① *(che ha figli)* Mutter-; **ragazza** ~ unverheiratete Mutter ② *(principale)* Leit-, Haupt-

madrelingua [madre'liŋgua] *f* Muttersprache *f;* **essere di** ~ **italiana** Italienisch als Muttersprache sprechen

madrepatria [madre'paːtria] *f* Vaterland *nt; (delle colonie)* Mutterland *nt*

madreperla [madre'pɛrla] *f* Perlmutter *f,* Perlmutt *nt*

madreperlaceo, -a [madreper'laːtʃeo] *agg* perlmutt[er]farben

madrepora [ma'drɛːpora] *f* Steinkoralle *f,* Madrepore *f*

madre surrogata ['maːdre surro'gaːta] *f* Leihmutter *f*

madrevite [madre'viːte] *f* Mutter *f,* Muttergewinde *nt,* Innengewinde *nt*

madrigale [madri'gaːle] *m* Madrigal *nt*

madrilista [madri'lista] <-i *m,* -e *f*> **I.** *agg* SPORT Real-, Madrid- **II.** *mf* ① SPORT *(giocatore del Real Madrid)* Spieler *m* von Real Madrid ② SPORT *(tifoso del Real Madrid)* Madrid-Fan *m,* Real-Fan *m*

madrina [ma'driːna] *f* ① *(ai sacramenti)* Patin *f,* Patentante *f* ② *(ad inaugurazioni)* Patin *f*

maestà [maes'ta] <-> *f* ① *(imponenza)* Erhabenheit *f,* Majestät *f* ② *(di sovrani)* Majestät *f;* **Sua** ~ Seine [*o* Ihre] Majestät

maestosità [maestosi'ta] <-> *f* Erhabenheit *f,* Großartigkeit *f*

maestoso, -a [maes'toːso] *agg* ① *(aspetto, gesto)* hoheitsvoll, majestätisch ② MUS feierlich, maestoso

maestra [ma'ɛstra *o* ma'estra] *f* ① *(insegnante)* [Grundschul]lehrerin *f;* ~ **d'asilo** Kindergärtnerin *f* ② *(esperta)* Meisterin *f* ③ NAUT Großsegel *nt*

maestrale [maes'traːle] *m* Mistral *m*

maestranze [maes'trantse] *fpl* Arbeiterschaft *f,* Belegschaft *f*

maestria [maes'triːa] <-ie> *f* *(abilità)* Meisterschaft *f,* Geschicklichkeit *f*

maestro, -a [ma'ɛstro *o* ma'estro] **I.** *m, f* ① *(di scuola primaria)* [Grundschul]lehrer(in) *m(f)* ② *(istruttore)* Lehrer(in) *m(f);* ~ **di ballo/di nuoto** Tanz-/Schwimmlehrer *m;* ~ **del coro** Chorleiter *m* ③ *(esperto)* Meister *m,* Experte *m;* **nessuno nasce** ~ *(prov)* es ist noch kein Meister vom Himmel gefallen **II.** *agg* ① *(principale)* Haupt-; **strada -a** Hauptstraße *f;* **muro** ~ tragende Wand ② *(abile)* meisterhaft, Meister-

mafia ['maːfia] *f* Mafia *f*

mafiosità [mafiosi'ta] <-> *f* mafioser Charakter

mafioso, -a [ma'fioːso] **I.** *agg* Mafia- **II.** *m, f* Mafioso *m*/Mafiosa *f*

maga ['maːga] <-ghe> *f* ① *(che fa magie)* Zauberin *f* ② *(fig: donna affascinante)* Circe *f*

magagna [ma'gaɲɲa] *f* ① *(difetto)* Mangel *m,* Defekt *m; (di frutta)* faule Stelle ② *(acciacco)* Gebrechen *nt*

magari [ma'gaːri] **I.** *int* und wie, schön wär's [ja] *fam* **II.** *cong* +*conj* wenn nur … +*conj,* wenn doch … +*conj;* ~ **fosse vero!** wenn es doch wahr wäre! **III.** *avv* ① *(forse)* möglicherweise, vielleicht ② *(persino)* sogar

magazzinaggio [magaddzi'naddʒo] <-ggi> *m* ① *(periodo)* Lagerung *f,* Lagerhaltung *f* ② *(prezzo)* Lagergebühr *f*

magazziniere, -a [magaddzi'niɛːre] *m, f* Lagerverwalter(in) *m(f),* Lagerhalter(in) *m(f)*

magazzino [magad'dziːno] *m* ① *(deposito)* [Waren]lager *nt* ② *(punto di vendita)* Kaufhaus *nt,* Warenhaus *nt*

maggese [mad'dʒeːse] *m* Brachland *nt,* Brache *f*

maggio ['maddʒo] *m* Mai *m; v. a.* **aprile**

maggiolino [maddʒo'liːno] *m* ① ZOO Maikäfer *m* ② *(autovettura)* Käfer *m*

maggiorana [maddʒo'raːna] *f* Majoran *m*

maggioranza [maddʒo'rantsa] *f* ① *(maggior parte)* Mehrzahl *f* ② *(in assemblea)* Mehrheit *f,* Majorität *f*

maggiorare [maddʒo'raːre] *vt* COM *(prezzi)* anheben, erhöhen

maggiorazione [maddʒorat'tsioːne] *f* Erhöhung *f*

maggiordomo [maddʒor'dɔːmo] <-i> *m* ① *(capo della servitù)* Butler *m* ② HIST Hausmeister *m,* Ober[haus]hofmeister *m*

maggiore [mad'dʒoːre] **I.** *agg* ① *(comparativo: più grande)* größer; *(più alto)* höher; *(più vecchio)* älter; *(più importante)* größer, bedeutender; MAT größer; MIL Ober-; MUS Dur-, -Dur; **la sorella è** ~ **di tre anni** die Schwester ist [um] drei Jahre älter; **forza** ~ höhere Gewalt; **Stato Maggiore** MIL Stab *m;* **tono** ~ MUS Durtonart *f,* Dur *nt;* **andare per la** ~ einen hervorragenden Ruf haben, großen Erfolg haben ② *(superlativo relativo: il più grande)* größte(r, s); *(il più vecchio)* älteste(r, s); *(per importanza)* bedeutendste(r, s), Haupt- **II.** *mf* ① MIL Major *m* ② *(primogenito)* Erstgeborene(r) *f(m),* Älteste(r) *f(m)*

maggiorenne [maddʒoˈrɛnne] **I.** *agg* volljährig, mündig **II.** *mf* Volljährige(r) *f(m)*
maggiorenti [maddʒoˈrɛnti] *mpl* Oberschicht *f*
maggioritario, -a [maddʒoriˈtaːrio] <-i, -ie> *agg* mehrheitlich, Mehrheits-; **sistema ~** POL Mehrheitswahlrecht *nt*
maggiormente [maddʒorˈmente] *avv* ① *(di più)* mehr, stärker, in höherem Maß ② *(più di tutto)* am meisten
magi [ˈmaːdʒi] *mpl* **i re ~** die Heiligen Drei Könige *mpl,* die drei Weisen *mpl* aus dem Morgenland
magia [maˈdʒiːa] <-gie> *f* ① *(arte occulta)* Magie *f,* Zauberei *f* ② *(fig)* Zauber *m*
magico, -a [ˈmaːdʒiko] <-ci, -che> *agg* ① *(di magia)* Zauber-, magisch; **formula -a** Zauberformel *f* ② *(fig: incantevole)* zauberhaft, bezaubernd
magione [maˈdʒoːne] *f (obs a. scherz)* Domizil *nt*
magistero [madʒisˈtɛːro] *m* ① *(insegnamento)* Lehrtätigkeit *f,* Lehramt *nt* ② *(obs: facoltà)* pädagogische Hochschule
magistrale [madʒisˈtraːle] *agg* ① *(per maestri)* Lehrer-, Lehr-; **istituto ~** *Lehrerbildungsanstalt für Grundschullehrer* ② *(da maestro)* meisterhaft, vorbildlich
magistrato [madʒisˈtraːto] *m* ① ADM *(carica pubblica)* öffentliches Amt; *(persona)* Amtsperson *f* ② JUR *(giudice)* Richter *m*
magistratura [madʒistraˈtuːra] *f* ① *(organi giudiziari)* Justiz *f,* Justizbehörde *f* ② *(funzione)* Richteramt *nt* ③ *(magistrati)* Richterstand *m*
maglia [ˈmaʎʎa] <-glie> *f* ① *(intrecciatura)* Masche *f;* **~ diritta/rovescia** rechte/linke Masche; **lavorare a ~** stricken ② *(maglione)* Pullover *m;* SPORT Trikot *nt* ③ *pl (fig: trame)* Netz *nt;* **cadere nelle -glie d'un intrigo** in ein Intrigennetz geraten
magliaia [maʎˈʎaːia] <-aie> *f* Strickerin *f*
maglieria [maʎʎeˈriːa] <-ie> *f* ① *(genere di merci)* Trikotagen *fpl,* Strickwaren *fpl* ② *(fabbrica)* Strickerei *f,* Wirkerei *f* ③ *(bottega)* Strickwarengeschäft *nt*
maglietta [maʎˈʎetta] *f (indumento)* Strickhemd *nt,* [leichter] Strickpullover *m,* T-Shirt *nt*
maglificio [maʎʎiˈfiːtʃo] <-ci> *m* Strickwarenfabrik *f*
maglio [ˈmaʎʎo] <-gli> *m* ① *(per forgiare)* Gesenkhammer *m* ② *(martello)* [schwerer] Hammer *m* ③ SPORT *(hockey)* Schläger *m*
maglione [maʎˈʎoːne] *m* [dicker] Pullover *m*
magma [ˈmagma] <-i> *m* Magma *nt*
magnaccia [maɲˈɲattʃa] <-> *m* DIAL Zuhälter *m*
magnanimità [maɲɲanimiˈta] <-> *f* Großmut *f*
magnanimo, -a [maɲˈɲaːnimo] *agg* großmütig, edel
magnate [maɲˈɲaːte] *m* Magnat *m*
magnesia [maɲˈɲɛːzia] *f* CHEM Magnesiumoxid *nt,* Magnesia *f*
magnesio [maɲˈɲɛːzio] *m* Magnesium *nt*
magnete [maɲˈɲɛːte] *m* ① PHYS Magnet *m* ② EL Zündmagnet *m,* Zündspule *f*
magnetico, -a [maɲˈɲɛːtiko] <-ci, -che> *agg* ① EL magnetisch, Magnet-; **campo ~** Magnetfeld *nt* ② *(fig: sguardo)* magnetisierend
magnetismo [maɲɲeˈtizmo] *m* Magnetismus *m*
magnetizzabile [maɲɲetidˈdzaːbile] *agg* PHYS magnetisierbar
magnetizzare [maɲɲetidˈdzaːre] *vt* magnetisieren
magnetizzazione [maɲɲetiddzatˈtsioːne] *f* Magnetisierung *f*
magnetofonico, -a [maɲɲetoˈfɔːniko] <-ci, -che> *agg* ① *(del magnetofono)* Magnetofon-, magnetisch ② *(che è stato registrato dal magnetofono)* Tonband-, Magnetband-
magnetofono® [maɲɲeˈtɔːfono] *m* Tonbandgerät *nt,* Magnetofon *nt*
magnetolettore [maɲɲetoletˈtoːre] *m* INFORM Tonbandwiedergabegerät *nt*
magnetolettura [maɲɲetoletˈtuːra] *f* INFORM Abruf *m* von auf Datenträgern gespeicherten Daten
magnetomeccanica [maɲɲetomekˈkaːnika] <-che> *f* PHYS Magnetomechanik *f*
magnificare [maɲɲifiˈkaːre] *vt* verherrlichen, rühmen
magnificenza [maɲɲifiˈtʃɛntsa] *f* ① *(dell'animo)* Großmut *f* ② *(di una festa, di una villa)* Pracht *f,* Prunk *m* ③ *(titolo)* Magnifizenz *f*
magnifico, -a [maɲˈɲiːfiko] <-ci, -che> *agg* herrlich, prächtig; *(sontuoso)* prunkvoll
magniloquente [maɲɲiloˈkuɛnte] *agg* salbungsvoll, pathetisch
magniloquenza [maɲɲiloˈkuɛntsa] *f* Pathos *m,* Schwülstigkeit *f*
magno, -a [ˈmaɲɲo] *agg (poet)* groß; **aula -a** Festsaal *m,* Aula *f;* **Carlo Magno** Karl der Große
magnolia [maɲˈɲɔːlia] <-ie> *f* Magnolie *f*
mago, -a [ˈmaːgo] <-ghi, -ghe> *m, f* ① *(che esercita magia)* Magier(in) *m(f),* Zauberer *m,* Zauberin *f* ② *(guaritore)* Wunderheiler(in) *m(f)*

M

magone [ma'go:ne] *m* SETT ① *(del pollo)* Hühnermagen *m* ② *(fig: affanno)* Sorge *f,* Kummer *m;* **avere il ~** ein unangenehmes Gefühl in der Magengegend haben

Magonza [ma'gontsa] *f* Mainz *nt*

magra ['ma:gra] *f* Niedrigwasser *nt;* **tempi di ~** *(fig)* magere Zeiten *f pl*

magrezza [ma'grettsa] *f* Magerkeit *f*

magro ['ma:gro] *m* ① *(senza grasso)* magerer Teil, Magere(s) *nt* ② *(senza carni)* fleischlose Kost; **mangiare di ~** fleischlos essen

magro, -a *agg* ① *(persona)* mager; **~ come un chiodo** spindeldürr ② *(fig: scarso)* dürftig, spärlich

mah [ma] *int v.* **ma[1] II.**

maharaja [maa'ra:dʒa *o* maara'dʒa] <-> *m* Maharadscha *m*

mai ['ma:i] *avv* ① *(nessuna volta)* nie[mals]; **nessuno ... ~** niemand ... je; **non ... ~** nie; **~ più** nie mehr, nie wieder; **ora più che ~** jetzt erst recht, jetzt mehr denn je; **~ e poi ~** nie und nimmer ② *(qualche volta)* jemals, je; **chi l'avrebbe ~ detto?** wer hätte das jemals gedacht? ③ *(fam: interrogativo)* denn; **come ~ non vieni?** wieso kommst du denn nicht?

maiala [ma'ia:la] *f (vulg)* Sau *f*

maiale [ma'ia:le] *m* ① ZOO Schwein *nt* ② *(carne)* Schweinefleisch *nt,* Schwein *nt* ③ *(vulg)* Sau *f*

mail ['meil] <-> *f* Mail *f*

mailinglist [meiliŋ'list] <-> *f* INFORM Mailinglist *f*

mail order ['meil 'ɔ:də] <-> *m* Bestellung *f* per Post

mainframe [mein'freim] <- *o* mainframes> *m* INFORM Großrechner *m*

maiolica [ma'iɔ:lika] <-che> *f* ① *(ceramica)* Majolika *f* ② *pl (vasellame)* Majolikawaren *f pl*

maionese [maio'ne:se] *f* Mayonnaise *f*

Maiorca [ma'iɔrka] *f* Mallorca *nt*

mais ['ma:is] <-> *m* Mais *m,* Kukuruz *m* A

maiuscola [ma'iuskola] *f* Großbuchstabe *m*

maiuscolo, -a [ma'iuskolo] *agg (scrittura)* groß; *(lettera)* groß, Groß-, großgeschrieben

mal [mal] *m v.* **male[2]**

mala ['ma:la] *f (sl)* Unterwelt *f*

malaccetto, -a [malat'tʃɛto] *agg* unwillkommen, ungern gesehen

malaccio *avv (fam)* schlimm, übel

malaccolto, -a [malak'kɔlto] *agg* schlecht empfangen, schlecht aufgenommen

malacconcio, -a [malak'kontʃo] <-ci, -ce> *agg* unpassend, unangemessen

malaccortezza [malakkor'tettsa] *f* Unvorsichtigkeit *f,* Unachtsamkeit *f*

malaccorto, -a [malak'kɔrto] *agg* ① *(frase)* unpassend, unklug ② *(persona)* unachtsam, unvorsichtig

malachite [mala'ki:te] *f* Malachit *m*

malacopia [mala'kɔ:pia] <malecopie> *f* Konzept *nt;* **scrivere in ~ qc** etw ins Unreine schreiben

malacreanza [malakre'antsa] <malecreanze> *f* Unhöflichkeit *f,* Plumpheit *f*

malafede [mala'fe:de] <*pl* malefedi> *f* böse Absicht *f,* Böswilligkeit *f;* **agire in ~** in böser Absicht handeln

malaffare [malaf'fa:re] *m* **di ~** verrufen, übel beleumdet

malagevole [mala'dʒe:vole] *agg* beschwerlich, anstrengend

malagevolezza [maladʒevo'lettsa] *f* Unbefahrbarkeit *f*

malagiato, -a [mala'dʒa:to] *agg* unbemittelt

malagrazia [mala'grattsia] <malegrazie> *f* Grobheit *f,* Ungeschliffenheit *f*

malalingua [mala'liŋgua] <malelingue> *f* Lästerzunge *f,* Lästermaul *nt fam*

malamente [mala'mente] *avv* in übler Weise, schlecht

malandato, -a [malan'da:to] *agg* ① *(ridotto male)* heruntergekommen; *(negozio, bar)* heruntergewirtschaftet ② *(sciatto)* verwahrlost

malandrinesco, -a [malandri'nesko] <-chi, -che> *agg* schurkenhaft; **alla -a** wie ein Schurke

malandrino, -a [malan'dri:no] **I.** *m, f* ① *(scherz: furbo)* Schlingel *m,* Spitzbube *m* ② *(persona losca)* Übeltäter *m,* Bösewicht *m* **II.** *agg* ① *(gente, vita)* diebisch, unehrlich ② *(scherz: occhi, sorriso)* spitzbübisch, schelmisch

malanimo [ma'la:nimo] *m* Abneigung *f;* *(ostilità)* Feindseligkeit *f;* **con ~** feindselig; **di ~** widerwillig

malanno [ma'lanno] *m* ① *(disgrazia)* Unglück *nt,* Unheil *nt;* **un ~ non vien mai solo** *(prov)* ein Unglück kommt selten allein ② *(malattia)* Leiden *nt,* Übel *nt*

malaparata [malapa'ra:ta] <maleparate> *f (fam)* kritische [*o* gefährliche] Situation *f*

malaparola [malapa'rɔ:la] <malaparole *o* male parole> *f* böses Wort *nt;* **prendere qc a male parole** etw in den falschen Hals bekommen

malapena [mala'pe:na] *f* **a ~** mit Müh' und Not, kaum

malaria [ma'la:ria] <-ie> *f* Malaria *f*

malarico, -a [ma'la:riko] <-ci, -che> **I.** *agg*

Malaria-; **febbre -a** Sumpffieber *nt* **II.** *m, f* Malariakranke(r) *f(m)*

malasanità [malasani'ta] <-> *f schlecht funktionierendes Gesundheitswesen;* **un altro episodio di ~** ein weiteres Beispiel für die vielen Übel im Gesundheitswesen

malasorte [mala'sɔrte] <malesorti> *f* Missgeschick *nt,* Unglück *nt*

malata *f v.* **malato**

malaticcio, -a [mala'tittʃo] <-cci, -cce> *agg* kränklich

malato, -a [ma'la:to] **I.** *agg* krank; **è ~ di fegato** er ist leberkrank; **essere ~ di invidia** *(fig)* grün sein vor Neid **II.** *m, f* Kranke(r) *f(m)*

malattia [malat'ti:a] <-ie> *f* ❶ *(morbo)* Krankheit *f* ❷ *(fig: vizio)* Laster *nt; (fissazione)* fixe Idee; **~ professionale** Berufskrankheit *f;* **non bisogna farne una ~** man darf sich deshalb nicht verrückt machen lassen

malaugurato, -a [malaugu'ra:to] *agg* unglückselig, verhängnisvoll

malaugurio [malau'gu:rio] <-i> *m* böses Omen; **fare l'uccello del ~** den Teufel an die Wand malen

malavita [mala'vi:ta] *f* Unterwelt *f*

malavitoso, -a [malavi'to:so] **I.** *agg* Unterwelt-, Verbrecher- **II.** *m, f* Verbrecher(in) *m(f);* **gruppi di -i** Gruppierungen der Unterwelt

malavoglia [mala'vɔʎʎa] <malevoglie> *f* Widerwillen *nt,* Unlust *f;* **di ~** ungern, widerwillig

malcaduco [malka'du:ko] <-chi> *m (fam: epilessia)* Fallsucht *f*

malcapitato, -a [malkapi'ta:to] **I.** *agg* unglücklich **II.** *m, f* Unglückliche(r) *f(m),* Pechvogel *m*

malcelato, -a [maltʃe'la:to] *agg* unverhohlen

malconcio, -a [mal'kontʃo] <-ci, -ce> *agg (persona)* übel zugerichtet

malcontento [malkon'tɛnto] *m* Unzufriedenheit *f*

malcontento, -a *agg* unzufrieden

malcostume [malkos'tu:me] *m* Sittenlosigkeit *f,* Verdorbenheit *f*

maldestro, -a [mal'dɛstro] *agg* ungeschickt, unbeholfen

maldicente [maldi'tʃɛnte] **I.** *agg* klatschsüchtig **II.** *mf* Lästerzunge *f,* Lästermaul *nt fam*

maldicenza [maldi'tʃɛntsa] *f* ❶ *(sparlare)* Lästern *nt* ❷ *(calunnie)* üble Nachrede, Verleumdung *f*

maldisposto, -a [maldis'posto] *agg* **essere ~ verso qu** jdm übel gesinnt sein

male[1] ['ma:le] <peggio, malissimo> *avv* ❶ *(non bene)* schlecht; **star ~** krank sein, sich unwohl fühlen; **finir ~** ein böses Ende nehmen; **andar di ~ in peggio** immer schlechter gehen; **meno ~ che è finita** gut, dass es vorbei ist ❷ *(erroneamente)* fälschlicherweise

male[2] *m* ❶ *(non bene)* Schlechte(s) *nt,* Böse(s) *nt;* **fare il ~** Böses tun; **far ~ alla salute** ungesund sein; **non c'è ~** es geht; **andare a ~** *(fam: carne, frutta)* vergammeln *fam* ❷ *(danno)* Schaden *m* ❸ *(sventura)* Unglück *nt,* Unheil *nt;* **non tutto il ~ vien per nuocere** *(prov)* durch Schaden wird man klug; **mal comune mezzo gaudio** *(prov)* geteiltes Leid ist halbes Leid ❹ *(dolore)* Schmerz *m;* **far ~** weh tun; **mal di denti** Zahnschmerzen *mpl* ❺ *(malattia)* Krankheit *f,* Leiden *nt;* **mal d'auto** Reisekrankheit *f*

malecopie *pl di* **malacopia**

malecreanze *pl di* **malacreanza**

maledetto [male'detto] **I.** *pp di* **maledire** **II.** *agg (a. fam pej)* verdammt, verflucht **III.** *mf* Verdammte(r) *f(m),* Verfluchte(r) *f(m)*

maledire [male'di:re] <irr> *vt* verdammen, verfluchen

maledizione[1] [maledit'tsio:ne] *f* ❶ *(condanna)* Fluch *m,* Verwünschung *f* ❷ *(fig: rovina)* Fluch *m*

maledizione[2] *int* **~! il treno è partito** *(fam)* verdammt [nochmal], der Zug ist weg

maleducato, -a [maledu'ka:to] **I.** *agg* ungezogen, flegelhaft **II.** *m, f* Flegel *m,* Lümmel *m*

maleducazione [maledukat'tsio:ne] *f* Ungezogenheit *f,* Flegelhaftigkeit *f*

malefatta [male'fatta] *f* Verfehlung *f,* Missetat *f*

malefedi *(rar) pl di* **malafede**

maleficio [male'fi:tʃo] <-ci> *m* Hexerei *f,* Zauberei *f*

malefico, -a [ma'lɛ:fiko] <-ci, -che> *agg* ❶ *(nocivo)* schädlich, giftig ❷ *(di maleficio)* Zauber-, Hexen-

malegrazie *pl di* **malagrazia**

malelingue *pl di* **malalingua**

maleodorante [maleodo'rante] *agg* übel riechend

maleparate *pl di* **malaparata**

malerba [ma'lɛrba] *f* Unkraut *nt;* **la ~ non muore mai** *(scherz)* Unkraut vergeht nicht *fam*

malesorti *pl di* **malasorte**

malessere [ma'lɛssere] *m* ❶ *(indisposizione)* Unwohlsein *nt,* Unpässlichkeit *f* ❷ *(fig: turbamento)* Unbehagen *nt,* Unruhe *f*

malestro [ma'lɛstro] *m* Schaden *m*

M

malevoglie *pl di* **malavoglia**
malevolenza [malevo'lɛntsa] *f* Missgunst *f,* Böswilligkeit *f*
malevolo, -a [ma'lɛːvolo] *agg* missgünstig, böswillig
malfamato, -a [malfa'maːto] *agg* verrufen, übel beleumdet
malfatto [mal'fatto] *m* Unrecht *nt,* Verfehlung *f*
malfatto, -a *agg* ❶ *(lavoro, azione)* missraten, misslungen ❷ *(corpo, persona)* missgestaltet
malfattore, -trice [malfat'toːre] *m, f* Übeltäter(in) *m(f),* Missetäter(in) *m(f)*
malfermo, -a [mal'fermo] *agg (passo, persona)* unsicher; *(struttura)* instabil
malformato, -a [malfor'maːto] *agg* missgebildet
malformazione [malformat'tsioːne] *f* Missbildung *f*
malfunzionamento [malfuntsiona'mento] *m* mangelnde Funktionstüchtigkeit
malga ['malga] <-ghe> *f* Alm *f,* Hochweide *f*
malgarbo [mal'garbo] *m* Grobheit *f*
malgoverno, mal governo [malgo'vɛrno] *m* Misswirtschaft *f*

malgrado [mal'graːdo] **I.** *prep* trotz *+gen o dat* **II.** *cong +conj* obwohl, wenn … auch **III.** *avv* **mio/tuo** ~ gegen meinen/deinen Willen
malia [ma'liːa] <-ie> *f* ❶ *(fascino)* Zauber *m,* Faszination *f* ❷ *(pratica magica)* Zauberei *f,* Hexerei *f*
maliardo, -a [ma'liardo] *agg* bezaubernd, faszinierend
malignare [maliɲ'ɲaːre] *vi* ~ **su qu/qc** über jdn/etw klatschen
malignità [maliɲɲi'ta] <-> *f* Boshaftigkeit *f,* Bosheit *f*
maligno, -a [ma'liɲɲo] *agg* ❶ *(avverso)* böse ❷ *(malvagio)* boshaft, böswillig ❸ MED bösartig
malinconia [maliŋko'niːa] <-ie> *f* Melancholie *f*
malinconico, -a [maliŋ'kɔːniko] <-ci, -che> *agg* melancholisch
malincuore [maliŋ'kuɔːre] *m* **a** ~ schweren Herzens, notgedrungen
malinformato, -a [malinfor'maːto] *agg* schlecht informiert
malintenzionato, -a [malintentsio'naːto] *agg* übel gesinnt, böswillig
malinteso [malin'teːso] *m* Missverständnis *nt*
malinteso, -a *agg (male interpretato)* missverstanden
malissimo [ma'lissimo] *avv superlativo di* **male**[1]
malizia [ma'littsia] <-ie> *f* ❶ *(sentimento)* Arglist *f,* Bosheit *f* ❷ *(furbizia allusiva)* Pfiffigkeit *f,* Gewitztheit *f* ❸ *(astuzia)* Trick *m,* Finesse *f*
malizioso, -a [malit'tsioːso] *agg* ❶ *(maligno)* boshaft, arglistig ❷ *(birichino)* pfiffig, gewitzt
malleabile [malle'aːbile] *agg* ❶ *(metallo)* hämmerbar, formbar; PHYS dehnbar ❷ *(fig: carattere)* gefügig
malleabilità [malleabili'ta] <-> *f* ❶ PHYS Dehnbarkeit *f* ❷ *(fig)* Gefügigkeit *f*
malleolo [mal'lɛːolo] *m* [Fuß]knöchel *m*
mallevadore, -drice [malleva'doːre] *m, f* Bürge *m*
malleveria [malleve'riːa] <-ie> *f* Bürgschaft *f*
mallo ['mallo] *m* weiche Außenschale *f (von Nüssen u Mandeln)*
malloppo [mal'lɔppo] *m (fam)* Sore *f sl,* [Diebes]beute *f*
malmenare [malme'naːre] *vt* ❶ *(conciare male)* misshandeln; *(picchiare)* verprügeln ❷ *(fig)* attackieren; *(strumento)* malträtieren
malmesso, -a [mal'messo] *agg* verwahrlost; *(negli abiti)* nachlässig, ungepflegt
malnutrito, -a [malnu'triːto] *agg* unterernährt
malo, -a ['maːlo] *agg* böse, schlecht; **in ~ modo** in übler Weise
malocchio [ma'lɔkkio] *m* böser Blick
malora [ma'loːra] *f* Verderben *nt,* Verhängnis *nt;* **mandare qu in ~** jdn zugrunde richten; [**va**] **in ~!** *(fam)* [geh] zum Teufel!
malore [ma'loːre] *m* plötzliche Übelkeit
malpagato, -a [malpa'gaːto] *agg* schlecht bezahlt, unterbezahlt
malpartito [malpar'tiːto] *avv* **a** ~ in einem schlechten Zustand, in einer schlechten Lage
malpensante [malpen'sante] *agg* übel gesinnt, schlecht denkend
malpreparato, -a [malprepa'raːto] *agg* unvorbereitet, schlecht vorbereitet
malridotto, -a [malri'dotto] *agg* ❶ *(oggetto)* verschlissen, abgenutzt ❷ *(persona)* übel zugerichtet
malriuscito, -a [malriuʃ'ʃiːto] *agg* nicht geglückt, misslungen
malsano, -a [mal'saːno] *agg* ❶ *(clima, ambiente)* ungesund ❷ *(persona)* krank, kränklich
malservito, -a [malser'viːto] *agg* schlecht bedient
malsicuro, -a [malsi'kuːro] *agg* ❶ *(instabile)* instabil, schwankend ❷ *(fig: incerto)* ungewiss, zweifelhaft, unsicher
malta ['malta] *f* Mörtel *m*

Malta ['malta] *f* Malta *nt*
maltagliati [maltaʎ'ʎa:ti] *mpl kleine, unregelmäßig geschnittene Nudeln*
maltempo [mal'tɛmpo] *m* Unwetter *nt; (cattivo tempo)* schlechtes Wetter
malto ['malto] *m* Malz *nt*
maltrattamento [maltratta'mento] *m* Misshandlung *f*
maltrattare [maltrat'ta:re] *vt* ❶ *(persone, animali)* misshandeln, quälen ❷ *(fig)* verstümmeln, verschandeln
malumore [malu'mo:re] *m* ❶ *(cattiva vena)* schlechte Laune, Missstimmung *f* ❷ *(scontentezza)* Unzufriedenheit *f,* Verstimmung *f*
malva ['malva] *f* Malve *f*
malvagio, -a [mal'va:dʒo] <-gi, -gie> **I.** *agg* niederträchtig, böse **II.** *m, f* Bösewicht *m*
malvagità [malvadʒi'ta] <-> *f* Niedertracht *f,* Bosheit *f*
malversazione [malversat'tsio:ne] *f* Veruntreuung *f,* Unterschlagung *f*
malvestito, -a [malves'ti:to] *agg* schlecht gekleidet
malvissuto, -a [malvis'su:to] *agg* verlebt
malvisto, -a [mal'visto] *agg* unbeliebt
malvivente [malvi'vɛnte] *mf* Übeltäter(in) *m(f),* Verbrecher(in) *m(f)*
malvivenza [malvi'vɛntsa] *f* ❶ *(rar: malavita)* Unterwelt *f,* Verbrecherwelt *f,* Verbrechertum *nt* ❷ *(modo di comportarsi da malvivente)* sträfliches Verhalten
malvolentieri [malvolen'tiɛ:ri] *avv* ungern, widerwillig
malvolere [malvo'le:re] *vt* **farsi ~ da qu** sich bei jdm unbeliebt machen
mamma[1] ['mamma] *f* ❶ *(fam)* Mama *f,* Mami *f fam* ❷ *(fig)* Mutter *f*
mamma[2] *int* **~ mia!** [ach] du lieber Himmel!
mammario, -a [mam'ma:rio] <-i, -ie> *agg* Brust-
mammella [mam'mɛlla] *f* ❶ ANAT [weibliche] Brust *f* ❷ *(di animali)* Zitze *f*
mammifero [mam'mi:fero] *m* Säugetier *nt*
mammo ['mammo] *m (scherz)* Hausmann *m*
mammografia [mammogra'fi:a] *f* Mammografie *f*
mammola ['mammola'fi:a] *f* Veilchen *nt*
mammut [mam'mut] <-> *m* Mammut *nt*
management ['mænidʒmənt] <- *o* managements> *m* Management *nt*
manager ['mænidʒə *o* 'manadʒer] <- *o* managers> *mf* COM Manager(in) *m(f),* Leiter(in) *m(f)*
manageriale [manadʒe'ria:le] *agg* Manager-, Führungs-; **spirito ~** unternehmerischer Geist
managerialità [manadʒeriali'ta] <-> *f* Führungsqualitäten *f pl*
managerismo [manadʒe'rizmo] *m (pej)* Zielstrebigkeit *f,* Karrieredenken *nt*
managing ['mænidʒiŋ *o* 'manadʒin(g)] <-> *m* Führungsetage *f*
manata [ma'na:ta] *f* ❶ *(colpo)* Schlag *m* mit der Hand ❷ *(quantità)* Hand *f* voll
mancamento [maŋka'mento] *m* Ohnmacht *f*
mancanza [maŋ'kantsa] *f* ❶ *(carenza)* **la ~ di qc** der Mangel an etw *dat;* **per ~ di** aus Mangel an +*dat;* **in ~ di meglio** mangels Alternative ❷ *(fallo)* Fehler *m,* Verfehlung *f*
mancare [maŋ'ka:re] **I.** *vi* ❶ *essere (essere assente, insufficiente)* fehlen; *(persone)* abwesend sein ❷ *essere (venir meno)* wegbleiben; *(luce)* ausfallen ❸ *essere (spazio, tempo)* fehlen; **mancano tre giorni a Natale** es sind noch drei Tage bis Weihnachten ❹ *avere* **~ a qc** *(sottrarsi)* etw versäumen; *(non mantenere)* etw nicht [ein]halten ❺ *avere (trascurare)* **~ a qc** etw vernachlässigen **II.** *vt avere* ❶ *(fallire)* verfehlen ❷ *(perdere)* verpassen; **non farsi ~ niente** es sich *dat* an nichts fehlen lassen; **ci mancherebbe altro!** das fehlte gerade noch!
mancato, -a [maŋ'ka:to] *agg (tentativo)* fehlgeschlagen, erfolglos; *(scrittore, artista)* verhindert
manche ['mã:ʃ] <-> *f* Durchgang *m,* Runde *f*
manchevole [maŋ'ke:vole] *agg* ❶ *(insufficiente)* unzulänglich ❷ *(imperfetto)* mangelhaft
manchevolezza [maŋkevo'lettsa] *f* ❶ *(scorrettezza)* Verfehlung *f,* Fehltritt *m* ❷ *(insufficienza)* Unzulänglichkeit *f,* Mangelhaftigkeit *f*
mancia ['mantʃa] <-ce> *f* Trinkgeld *nt*
manciata [man'tʃa:ta] *f* Handvoll *f;* **a -e** mit vollen Händen; **una ~ di sabbia** eine Handvoll Sand
mancino, -a [man'tʃi:no] **I.** *agg* ❶ *(persona)* linkshändig ❷ *(lato)* linke(r, s) ❸ *(fig)* link *fam,* hinterhältig, [heim]tückisch **II.** *m, f* Linkshänder(in) *m(f)*
manco ['maŋko] *avv (fam)* nicht mal, auch nicht; **~ per sogno** nicht mal im Traum; **~ a dirlo!** darüber reden wir nicht [ein]mal!; **~ male!** zum Glück!, Gott sei Dank!
mandante [man'dante] *mf* Auftraggeber(in) *m(f);* JUR Mandant(in) *m(f)*

M

mandarancio [manda'rantʃo] <-ci> *m* Klementine *f*

mandare [man'da:re] *vt* ① *(inviare)* schicken, [über]senden; *(far andare)* schicken; ~ **a chiamare qu** nach jdm schicken; **non ~ giù qc** *(fig)* etw nicht schlucken *fam,* etw nicht hinnehmen ② *(raggi, profumo)* ausstrahlen; *(grido)* ausstoßen

mandarino [manda'ri:no] *m* ① BOT Mandarine *f* ② HIST Mandarin *m*

mandata [man'da:ta] *f* ① *(spedizione)* Sendung *f* ② *(di serrature)* [Schlüssel]umdrehung *f*

mandatario, -a [manda'ta:rio] <-i, -ie> *m, f* Mandatar(in) *m(f),* Beauftragte(r) *f(m)*

mandato [man'da:to] *m* ① *(incarico)* Auftrag *m;* ~ **di cattura** Haftbefehl *m* ② POL *(delega)* Mandat *nt;* **durata del ~** Mandatszeit *f* ③ COM [Zahlungs]anweisung *f*

mandibola [man'di:bola] *f* Unterkiefer *m*

mandolino [mando'li:no] *m* Mandoline *f*

mandorla ['mandorla] *f* Mandel *f*

mandorlato [mandor'la:to] *m* Mandelgebäck *nt,* Mandelkuchen *m*

mandorlo ['mandorlo] *m* Mandelbaum *m*

mandra ['mandra] *f,* **mandria** ['mandria] *f (fig, pej)* Herde *f*

mandriano [mandri'a:no] *m* Viehhüter *m*

mandrillo [man'drillo] *m* ① ZOO Mandrill *m* ② *(fam fig: libidinoso)* Lustmolch *m,* Sexprotz *m*

mandrino [man'dri:no] *m* Spindel *f*

mandrogno, -a [man'droɲɲo] **I.** *agg (persona, specialità)* aus Alessandria *(in Piemont)* **II.** *m, f (abitante)* Einwohner(in) *m(f)* Allessandrias

maneggevole [maned'dʒe:vole] *agg* ① *(arnese)* handlich ② *(fig: carattere)* gefügig, fügsam

maneggiare [maned'dʒa:re] *vt* ① *(materiali)* bearbeiten ② *(arnesi)* handhaben, umgehen mit

maneggio [ma'neddʒo] <-ggi> *m* ① *(uso)* Verwendung *f,* Handhabung *f* ② *(amministrazione)* Verwaltung *f,* Führung *f* ③ *(manovra)* Manipulation *f,* Manöver *nt* ④ *(esercizi per cavalli)* Zureiten *nt; (luogo)* Manege *f*

maneggione, -a [maned'dʒo:ne] *m, f* Intrigant(in) *m(f)*

manesco, -a [ma'nesko] <-schi, -sche> *agg* handgreiflich, tätlich

manetta [ma'netta] *f* ① TEC [Hand]hebel *m;* **andare a ~** mit Vollgas fahren ② *pl* Handschellen *fpl;* **mettere le -e a qu** jdm Handschellen anlegen

manga ['maŋga] <-> *m* Manga-Comic *m*

manganellare [maŋganel'la:re] *vt* [nieder]knüppeln

manganello [maŋga'nɛllo] *m* Knüppel *m*

manganese [maŋga'ne:se] *m* Mangan *nt*

mangereccio, -a [mandʒe'rettʃo] <-cci, -cce> *agg* essbar, Speise-

mangeria [mandʒe'ri:a] <-ie> *f (fam)* Unterschlagung *f*

mangiabambini [mandʒabam'bi:ni] <-> *mf* Kinderschreck *m;* **orco ~** der gute Riese

mangiabile [man'dʒa:bile] *agg* essbar

mangiadischi [mandʒa'diski] <-> *m (obs) automatischer tragbarer Plattenspieler mit Schlitzöffnung*

mangia-e-bevi [mandʒae'be:vi] <-> *m* GASTR gemischtes Eis mit Früchten [und Likör], Fruchtbecher *m*

mangiafagioli [mandʒafa'dʒɔ:li] <-> *mf* ① *(scherz: persona che mangia moltissimi fagioli)* Bohnenfan *m,* Bohnenesser(in) *m(f)* ② *(pej: persona goffa e grossolana)* Bauer *m*

mangiafumo [mandʒa'fu:mo] *agg inv* Rauchverzehrer-; **candela ~** Rauchverzehrer *m*

mangiamoccoli [mandʒa'mɔkkoli *o* mandʒa'mokkoli] <-> *mf (pej)* Frömmler(in) *m(f)*

mangianastri [mandʒa'nastri] <-> *m* Kassettenrecorder *m*

mangiapagnotte [mandʒapaɲ'ɲɔtte] <-> *mf* Schmarotzer(in) *m(f)* auf Staatskosten

mangiapane [mandʒa'pa:ne] <-> *mf* Tagedieb(in) *m(f);* ~ **a tradimento** [*o* **a ufo**] Schnorrer *m*

mangiapatate [mandʒapa'ta:ta] **I.** *mf* <-> *(fig, pej)* Faulenzer(in) *m(f),* Tagedieb(in) *m(f),* Tachinierer(in) *m(f)* A **II.** *agg inv* kartoffelessend; **tedeschi ~** Kartoffelesser *mpl*

mangiapolenta [mandʒapo'lɛnta] <-> *mf (scherz: riferito ai lombardi e veneti)* Polentaesser(in) *m(f) (meist abwertender Spitzname der Süditaliener für Norditaliener)*

mangiapopolo [mandʒa'pɔ:polo] <*rar:* -i> *mf* Volksausbeuter(in) *m(f)*

mangiapreti [mandʒa'prɛ:ti] <-> *mf* Pfaffenhasser(in) *m(f),* Pfaffenächter(in) *m(f)*

mangiare[1] [man'dʒa:re] *vt* ① *(cibi)* essen; *(animali)* fressen; **dare da ~ a qu** jdn füttern; **mangiarsi le mani** *(fig)* sich *dat* in den Hintern beißen [können] *fam;* **mangiarsi qu con gli occhi** jdn mit den Augen verschlingen ② *(consumare)* verbrauchen; *(patrimonio, risparmi)* verschlingen, aufzehren ③ *(parole)* verschlucken ④ *(pedina)* schlagen; *(carta)* stechen ⑤ *(fig: intaccare)* zerfressen

mangiare[2] *m* Essen *nt,* Speise *f; (di animali)* Fressen *nt*
mangiasapone [mandʒasa'poːne] <-> *mf (pej)* Seifenfresser(in) *m(f) (Schimpfname der Norditaliener für die Süditaliener)*
mangiasoldi [mandʒa'sɔldi] *agg inv* **macchinetta ~** Spielautomat *m*
mangiata [man'dʒaːta] *f (fam)* Schmaus *m;* **farsi una bella ~** sich den Bauch vollschlagen
mangiatoia [mandʒa'toːia] <-oie> *f* [Futter]krippe *f*
mangiatore, -trice [mandʒa'toːre] *m, f* Esser(in) *m(f);* **~ di fuoco** Feuerschlucker *m*
mangiauomini [mandʒa'uɔːmini] <-> *f (scherz)* Männervernascherin *f,* männermordender Vamp
mangime [man'dʒiːme] *m* Futter *nt*
mangione, -a [man'dʒoːne] *m, f (scherz)* Vielfraß *m fam*
mangiucchiare [mandʒuk'kiaːre] *vt* essen wie ein Spatz
mango ['maŋgo] <-ghi> *m* Mango *f*
mangusta [maŋ'gusta] *f* Manguste *f,* Mungo *m*
mania [ma'niːa] <-ie> *f* ① PSIC Wahn *m,* Manie *f;* **~ di persecuzione** Verfolgungswahn *m* ② *(fig: fissazione)* Manie *f; (passione)* Leidenschaft *f;* **avere la ~ del ballo** leidenschaftlich gern tanzen
maniacalità [maniakali'ta] <-> *f* Besessenheit *f*
maniaco, -a [ma'niːako] <-ci, -che> **I.** *agg* ① PSIC manisch, Wahn- ② *(fig: fanatico)* fanatisch **II.** *m, f* ① PSIC Wahnsinnige(r) *f(m)* ② *(fig)* Fanatiker(in) *m(f),* Verrückte(r) *f(m) fam*
manica ['maːnika] <-che> *f* Ärmel *m;* **in -che di camicia** *(a. fig)* hemdsärmelig; **senza -che** ärmellos; **essere di ~ larga** *(fig)* nachsichtig sein; **essere di ~ stretta** *(fig)* streng sein; **è un altro paio di -che!** *(fam)* das ist ein anderes Paar Schuhe
Manica ['maːnika] *f* Ärmelkanal *m*
manicaretto [manika'retto] *m* Leckerbissen *m*
manichetta [mani'ketta] *f* ① *(mezza manica)* Ärmelschoner *m* ② TEC *(tubo)* Schlauch *m*
manichino [mani'kiːno] *m* ① *(per artisti)* Gliederpuppe *f* ② *(per sarti)* Schneiderpuppe *f,* Kleiderpuppe *f; (da vetrina)* Schaufensterpuppe *f*
manico ['maːniko] <-chi *o* -ci> *m* Griff *m; (di coltello)* Heft *nt; (di pentola)* Henkel *m; (di scopa)* Stiel *m; (di borsa)* Bügel *m; (di strumento a corda)* Hals *m*
manicomio [mani'kɔːmio] <-i> *m* ① *(ospedale)* Psychiatrie *f,* psychiatrische Klinik ② *(fig, scherz)* Irrenhaus *nt fam*
manicotto [mani'kɔtto] *m* ① *(di pelliccia)* Muff *m* ② TEC Muffe *f,* Manschette *f*
manicure [mani'kuːre] <-> *f* Maniküre *f*
maniera [ma'niɛːra] *f* ① *(modo)* Art *f,* Weise *f; (stile)* Stil *m;* **alla ~ di ...** nach Art +*gen,* auf ...-art; **in tutte le -e** unbedingt; **ognuno alla sua ~** jeder nach seinem Geschmack ② *pl (galateo)* Manieren *f pl*
manierato, -a [manie'raːto] *agg* gekünstelt
manierismo [manie'rizmo] *m (arte)* Manierismus *m*
manierista [manie'rista] <-i *m,* -e *f>* **I.** *mf* Manierist(in) *m(f)* **II.** *agg* manieristisch
maniero [ma'niɛːro] *m (poet)* Schloss *nt,* Burg *f*
manifattura [manifat'tuːra] *f* ① *(lavorazione)* Verarbeitung *f* ② *(stabilimento)* Manufaktur *f,* Manufakturbetrieb *m*
manifatturiero, -a [manifattu'riɛːro] *agg* Verarbeitungs-
manifestante [manifes'tante] *mf* Demonstrant(in) *m(f),* Teilnehmer(in) *m(f)* einer Kundgebung
manifestare [manifes'taːre] **I.** *vt* kundtun *geh,* äußern **II.** *vi* demonstrieren **III.** *vr* **-rsi** sich zeigen, sich erweisen
manifestazione [manifestat'tsioːne] *f* ① *(di coraggio, gioia)* Zeichen *nt,* Äußerung *f* ② *(spettacolo)* Veranstaltung *f* ③ *(dimostrazione pubblica)* Demonstration *f,* Kundgebung *f;* **~ contro la guerra** Antikriegskundgebung *f*
manifestino [manifes'tiːno] *m* Flugblatt *nt,* Flugzettel *m* A
manifesto [mani'fɛsto] *m* ① *(avviso)* Plakat *nt,* Bekanntmachung *f* ② *(programma)* Manifest *nt*
manifesto, -a *agg* deutlich, offenkundig; *(noto)* bekannt
maniglia [ma'niʎʎa] <-glie> *f* Griff *m; (di sostegno)* Handgriff *m; (di porta)* Klinke *f,* Türschnalle *f* A
manigoldo [mani'goldo] *m* ① *(furfante)* Schurke *m* ② *(scherz)* Spitzbube *m,* Gauner *m*
manipolare [manipo'laːre] *vt* ① *(materiale)* bearbeiten ② *(sofisticare)* verfälschen ③ *(fig: elezioni, risultati)* manipulieren
manipolativo, -a [manipola'tiːvo] *agg* ① *(di manipolazione)* manipulierend, manipulativ *geh* ② JUR *(nel processo costituzionale)* **sentenze -e** Verfassungsurteile *nt pl*
manipolazione [manipolat'tsioːne] *f*

M

① *(di ingredienti)* Bearbeitung *f* ② *(fig: di notizie, dati)* Manipulation *f*
manipolo [ma'ni:polo] *m* ① *(fascio)* Bündel *nt* ② *(gruppetto)* Schar *f*
mani pulite [mani pu'li:te] *pl senza articolo (fig)* Antikorruptionsprozesse *mpl*
maniscalco [manis'kalko] <-chi> *m* Hufschmied *m*
manna ['manna] *f* ① REL, BOT Manna *nt* ② *(fig: bene inatteso)* Geschenk *nt* des Himmels, Segen *m;* **aspettare la ~ dal cielo** warten, bis einem die gebratenen Tauben in den Mund fliegen *fam*
mannaggia [man'naddʒa] *int* MER verflixt [nochmal] *fam,* verdammt [nochmal] *fam*
mannaia [man'na:ia] <-aie> *f* Henkersbeil *nt*
mannaro [man'na:ro] *agg* **lupo ~** Werwolf *m; (delle favole)* böser Wolf
mannequin [man'kɛ̃] <-> *f* Mannequin *nt*
mano ['ma:no] *f* ① *(arto)* Hand *f;* **fallo di ~** SPORT Handspiel *nt;* **a portata di ~** bei der Hand, [griff]bereit; **alla ~** *(fig: persona)* umgänglich; **fuori ~** abgelegen, entlegen; **man ~ che** *(come)* wie; *(mentre)* während; **a ~ a ~, man ~** nach und nach; **andare contro ~** die falsche Fahrspur benutzen; **dare la ~** die Hand geben; **dare una ~ a qu** *(fig)* jdm zur Hand gehen; **di prima/seconda ~** aus erster/zweiter Hand; **tenere per ~** an der Hand halten; **far man bassa di qc** etw einsacken, etw an sich *akk* raffen; *(mangiare)* etw aufessen; **prendere la ~** *(cavallo)* durchgehen; **stare con le -i in ~** die Hände in den Schoß legen; **ho le -i legate** mir sind die Hände gebunden; **ho le -i bucate** mir zerrinnt das Geld zwischen den Fingern; **-i in alto!** Hände hoch!; **-i pulite** *(fig)* POL Antikorruptionsprozesse *mpl* ② *(di colore, vernice)* Anstrich *m; (strato)* Schicht *f* ③ *(potere)* Gewalt *f,* Macht *f;* **essere in ~ a qu** in jds Gewalt sein ④ *(lato)* Seite *f*
manodopera, mano d'opera [mano'dɔ:pera] *f* ① *(lavoratori)* Arbeitskräfte *fpl* ② *(costo)* Arbeitslohn *m*
manomesso *pp di* **manomettere**
manometria [manome'tri:a] *f sing* PHYS Manometrie *f*
manometro [ma'nɔ:metro] *m* Manometer *nt,* Druckmesser *m*
manomettere [mano'mettere] <irr> *vt* ① *(lettera)* [unerlaubt] öffnen; *(cassetto)* aufbrechen; *(tomba)* plündern ② *(documenti)* fälschen
manomorta [mano'mɔrta] *f (fam scherz)* **fare la ~** zudringlich werden
manopesca [mano'peska] *agg inv* Samt-, aus Samt; **stoffa ~** Samt *m*

M

manopola [ma'nɔ:pola] *f* ① *(impugnatura)* Halteriemen *m,* [Halte]griff *m* ② TEC [Dreh]knopf *m,* Regler *m*
manoscritto [manos'kritto] *m* Manuskript *nt*
manoscritto, -a *agg* handschriftlich, handgeschrieben
manovalanza [manova'lantsa] *f* Hilfsarbeit *f,* Handlangerdienst *m*
manovale [mano'va:le] *m* Handlanger *m,* Hilfsarbeiter *m*
manovella [mano'vɛlla] *f* Kurbel *f*
manovellismo [manovel'li:zmo] *m* Kurbeltrieb *m*
manovra [ma'nɔ:vra] *f* ① TEC Bedienung *f* ② *(fig)* Maßnahmen *fpl,* Vorkehrungen *fpl* ③ *(guida, timone)* Steuerung *f*
manovrabile [mano'vra:bile] *agg* TEC lenkfähig, manövrierfähig
manovrare [mano'vra:re] **I.** *vt* ① *(azionare)* betätigen, bedienen ② *(fig: persona)* lenken, handhaben **II.** *vi* ① MIL manövrieren ② *(fig: tramare)* manövrieren
manovratore [manovra'to:re] *m (guidatore)* Führer *m,* Lenker *m*
manrovescio [manro'vɛʃʃo] *m* Ohrfeige *f* [mit dem Handrücken]
mansarda [man'sarda] *f* Mansarde *f*
mansionario [mansio'na:rio] <-i> *m* ① HIST, REL Kirchendiener(in) *m(f),* Messner(in) *m(f),* Küster(in) *m(f)* ② ADM Aufgabenfeld *nt* ③ JUR Aufgabenverteilung *f*
mansione [man'sio:ne] *f* ① *(compito)* Aufgabe *f;* ADM Obliegenheit *f* ② *(competenza)* Befugnis *f*
mansueto, -a [mansu'ɛ:to] *agg* sanft; *(animale)* zahm
mansuetudine [mansue'tu:dine] *f* Sanftheit *f; (di animale)* Zahmheit *f*
mantecare [mante'ka:re] *vt (pasta)* kneten; *(colla)* anrühren
mantecato [mante'ka:to] *m (gelato)* *weiches, feinkörniges Speiseeis*
mantella [man'tɛlla] *f* Cape *nt,* Pelerine *f*
mantello [man'tɛllo] *m* ① *(cappotto)* Mantel *m,* Umhang *m* ② ZOO Fell *nt* ③ *(fig: strato)* Decke *f*
mantenere [mante'ne:re] <irr> **I.** *vt* ① *(far continuare)* [er]halten ② *(persone, famiglia)* unterhalten, ernähren; *(amante)* aushalten ③ *(parola, promessa)* einhalten, halten; *(segreto)* bewahren; *(ordine, affermazione)* aufrecht erhalten; *(posto)* behaupten, halten **II.** *vr* **-rsi** ① *(giovani, in forze)* sich erhalten ② *(provvedere ai bisogni)* für seinen Unterhalt sorgen
mantenimento [manteni'mento] *m* ① *(conservazione)* Erhaltung *f* ② *(di famiglia)* Unterhalt *m,* Ernährung *f* ③ *(di paro-

la, promessa) Einhaltung *f,* Halten *nt; (di posto)* Behauptung *f; (di ordine, affermazione)* Aufrechterhaltung *f*

mantenni *1. pers sing pass rem di* **mantenere**

mantenuto *pp di* **mantenere**

mantice ['mantitʃe] *m* ① MUS [Blase]balg *m* ② *(di auto, carrozza)* Verdeck *nt*

mantide ['mantide] *f* Fangheuschrecke *f;* ~ **religiosa** Gottesanbeterin *f*

manto ['manto] *m* ① *(indumento)* Mantel *m* ② *(di neve)* Decke *f* ③ *(fig: finzione, pretesto)* Deckmantel *m*

Mantova ['mantova] *f* Mantua *nt (Stadt in der Lombardei)*

mantovano [manto'va:no] *m sing (dialetto)* Dialekt *m* Mantuas

mantovano, -a **I.** *agg* aus Mantua; **il poeta** ~ der Dichter aus Mantua *(Vergil)* **II.** *m, f (abitante)* Einwohner(in) *m(f)* von Mantua

Mantovano *m sing* Umgebung *f* von Mantova

manuale [manu'a:le] **I.** *agg* handgemacht, Hand- **II.** *m* Handbuch *nt,* Lehrbuch *nt*

manualistica [manua'listika] <-che> *f* TYP Universalhandbuch *nt*

manubrio [ma'nu:brio] <-i> *m (di bicicletta)* Lenkstange *f*

manufatto [manu'fatto] *m* ① *(prodotto)* Manufaktur[ware] *f* ② *(piccola costruzione)* Arbeit *f,* Arbeiten *f pl*

manufatto, -a *agg* Manufaktur-

manutenibilità [manutenibili'ta] <-> *f* erforderliche [*o* fällige] Wartung

manutenzione [manuten'tsio:ne] *f* Wartung *f,* Instandhaltung *f*

manzo ['mandzo] *m* Rind *nt*

maoismo [mao'izmo] *m* Maoismus *m*

maomettano, -a [maomet'ta:no] **I.** *m, f* Mohammedaner(in) *m(f)* **II.** *agg* mohammedanisch

mappa ['mappa] *f* Landkarte *f;* ~ **catastale** Katasterkarte *f;* ~ **concettuale** Mindmap *f*

mappamondo [mappa'mondo] *m* Weltkarte *f; (globo)* Globus *m*

mappato, -a [map'pa:to] *agg* TEC kennfeldgesteuert

mappatura [mappa'tu:ra] *f* GEOG Kartierung *f;* TEC Kennfeld *nt*

maquillage [maki'ja:ʒ] <-> *m* Make-up *nt*

marabù [mara'bu] <-> *m* Marabu *m*

marachella [mara'kɛlla] *f (fam)* Mogelei *f,* Schwindel *m*

maracuja [maraku'ʒa] <-> *f* Maracuja *f*

maramaldismo [maramal'dizmo] *m* Siegen *nt* über Wehrlose

maramao [mara'ma:o], **marameo** [mara'mɛ:o] *int (scherz)* ätsch *fam,* Pustekuchen *fam;* **far ~ a qu** jdm eine lange Nase machen *fam*

marasca [ma'raska] <-sche> *f* Sauerkirsche *f*

maraschino [maras'ki:no] *m* Maraschino *m*

marasma [ma'razma] <-i> *m (fig)* Durcheinander *nt,* Chaos *nt*

maratona [mara'tɔ:na] *f* Marathon *m*

marca ['marka] <-che> *f* ① *(segno)* Zeichen *nt* ② COM Marke *f;* ~ **depositata** [*o* **registrata**] eingetragenes Warenzeichen ③ *(scontrino)* [Aufbewahrungs]schein *m,* [Quittungs]zettel *m; (bollo)* [Steuer-, Wert-, Gebühren]marke *f,* Stempelmarke *f* A

marcamento [marka'mento] *m* SPORT Deckung *f*

marcantonio, -a [markan'tɔ:nio] <-i, -ie> *m, f (fam)* ① *(uomo)* Mordskerl *m* ② *(donna)* Walküre *f scherz*

marcare [mar'ka:re] *vt* ① *(oggetti)* kennzeichnen, markieren ② SPORT *(punti)* machen; *(gol)* schießen; *(avversario)* decken ③ *(parola, voce)* hervorheben, betonen

marcato, -a [mar'ka:to] *agg* ① *(con marchio)* gekennzeichnet, markiert ② *(fig)* ausgeprägt, markant

marcatore, -trice [marka'to:re] *m, f* ① *(chi fa marcature)* Kennzeichner(in) *m(f),* Markierer(in) *m(f)* ② SPORT *(di gol)* Torschütze *m*/-schützin *f*

marcatura [marka'tu:ra] *f* ① *(gener)* Kennzeichnung *f,* Markierung *f* ② SPORT *(punteggio)* Punktezahl *f*

Marche ['marke] *f pl* Marken *f pl*

marchese, -a [mar'ke:ze] *m, f* Marchese *m*/Marchesa *f; (in Francia)* Marquis(e) *m(f)*

marchetta [mar'ketta] *f* [Versicherungs]-marke *f;* **far -e** *(fam)* anschaffen gehen

marchiano, -a [mar'kia:no] *agg* ungeheuer, riesig

marchiare [mar'kia:re] *vt* ① *(marcare)* [kenn]zeichnen, markieren; *(con timbro)* stempeln ② *(fig)* zeichnen

marchigiano *m sing* Mundarten *f pl* der Marken

marchigiano, -a **I.** *m, f (abitante)* Bewohner(in) *m(f)* der Marken **II.** *agg* der Marken, aus den Marken

marchio ['markio] <-chi> *m* ① *(del bestiame)* [Brand]zeichen *nt,* [Brand]mal *nt* ② *(fig)* Brandmal *nt,* Schandmal *nt* ③ COM Warenzeichen *nt,* Markenzeichen *nt;* ~ **di qualità** Gütezeichen *nt,* Gütesiegel *nt*

marchionimo [mar'kio:nimo] *m* Markenbezeichnung *f*

marcia ['martʃa] <-ce> *f* ① *(cammino)*

M

Marsch *m;* ~ **silenziosa** Schweigemarsch *m;* **mettersi in** ~ sich in Bewegung setzen ② MUS Marsch *m* ③ TEC, MOT Gang *m;* ~ **indietro** Rückwärtsgang *m* ④ SPORT Gehen *nt*

marcialonga [martʃa'loŋga] <marcelonghe> *f* SPORT Wettkampf *m* im Skilanglauf

marciapiede [martʃa'piɛ:de] *m* ① *(di strada)* Gehweg *m,* Bürgersteig *m;* **battere il** ~ auf den Strich gehen *fam* ② *(di stazione)* Bahnsteig *m*

marciare [mar'tʃa:re] *vi* ① *(camminare,* MIL*)* marschieren ② *(fam: funzionare)* laufen, gehen ③ SPORT gehen

marcio ['martʃo] *m* ① *(parte marcia)* verdorbene Stelle ② *(fig: corruzione)* Verderbtheit *f*

marcio, -a <-ci, -ce> *agg* ① *(frutto)* faul, verdorben; *(legno)* morsch ② MED eitrig ③ *(fig: società, costume)* verderbt, verkommen; **aver torto** ~ völlig im Unrecht sein

marcire [mar'tʃi:re] <marcisco> *vi essere* ① *(frutta, carne)* [ver]faulen, verderben ② MED *(ferita)* eitern ③ *(fig: nell'ozio)* verkommen

marciume [mar'tʃu:me] *m* ① *(cose marce)* faules Zeug, Moder *m* ② *(fig: corruzione)* Verderbtheit *f,* Verkommenheit *f*

marco ['marko] <-chi> *m* Mark *f;* ~ **tedesco** Deutsche Mark *f,* D-Mark *f*

marconista [marko'nista] <-i> *m* Funker *m*

mare ['ma:re] *m* See *f,* Meer *nt;* **Mar Egeo** Ägäis *f;* **Mar Ligure** Ligurisches Meer; **Mare Mediterraneo** Mittelmeer *nt;* **Mar Tirreno** Tyrrhenisches Meer; **Mare del Nord** Nordsee *f;* **Mare del Sud** Südsee *f;* **sul livello del** ~ über dem Meeresspiegel; **essere in alto** ~ *(fig)* noch weit vom Ziel entfernt sein; **promettere mari e -i** *(fig)* das Blaue vom Himmel versprechen; **uomo in** ~**!** Mann über Bord!

marea [ma'rɛ:a] <-ee> *f* ① NAUT Gezeiten *pl;* **alta** ~ Flut *f;* **bassa** ~ Ebbe *f* ② *(fig)* Flut *f*

mareggiata [mared'dʒa:ta] *f* Sturmflut *f*

maremma [ma'remma] *f (pianura lungo la costa marina)* Seemarsch *m;* **Maremma toscana** Maremmen *f pl*

maremoto [mare'mɔ:to] *m* Seebeben *nt*

maresciallo [mareʃ'ʃallo] *m* ① *(ufficiale supremo)* Marschall *m* ② *(sottufficiale)* Feldwebel *m*

maretta [ma'retta] *f* ① NAUT leichter Seegang, leichte See ② *(fig: nervosismo)* gespannte Atmosphäre

marezzato, -a [mared'dza:to] *agg* gemasert

marezzatura [mareddza'tu:ra] *f* ① *(di stoffa, carta)* Moiré[muster] *nt* ② *(di legno, marmo)* Maserung *f*

margarina [marga'ri:na] *f* Margarine *f*

margherita [marge'ri:ta] *f* Margerite *f;* **torta** ~ Sandkuchen *m;* [**pizza**] ~ *Pizza mit Mozzarella und Tomaten*

marginale [mardʒi'na:le] *agg* nebensächlich, Neben-; COM Marge-; **nota** ~ Randbemerkung *f*

marginalizzare [mardʒinalid'dza:re] *vt* ausgrenzen; ~ **le minoranze etniche** ethnische Minderheiten ausgrenzen; ~ **una questione** eine Frage ausklammern

marginare [mardʒi'na:re] *vt* den Rand von etw bestimmen, einlegen

margine ['mardʒine] *m* ① *(parte estrema)* Rand *m* ② TYP Steg *m* ③ COM *(quantità)* Spanne *f,* Marge *f* ④ *(fig: di tempo)* Spanne *f; (eccedenza)* Spielraum *m*

mariano, -a [mari'a:no] *agg* Marien-

marijuana [mæri'wa:nə *o* mari'wana] *f* Marihuana *nt*

marina[1] [ma'ri:na] *f* ① *(riva)* Küste *f; (città)* Küstensiedlung *f,* Küstenstadt *f* ② NAUT, MIL Marine *f*

marina[2] [ma'ri:na] *m o f* Marina *f,* Motorboothafen *m*

marinaio [mari'na:io] <-ai> *m* Seemann *m;* MIL Matrose *m;* **promessa da** ~ *(fig)* leere Versprechung

marinara [mari'na:ra] *f* ① *(abito)* Matrosenanzug *m* ② *(cappello) Strohhut mit breiter, hochgezogener Krempe*

marinare [mari'na:re] *vt* ① GASTR einlegen, marinieren ② *(fam fig: scuola)* schwänzen

marinaresco, -a [marina'resko] <-schi, -sche> *agg* Seemanns-, Matrosen-

marinaro, -a [mari'na:ro] *agg* See-, Matrosen-; *(di pescatori)* Fischer-

marinata [mari'na:ta] *f* Marinade *f*

marine [mə'ri:n *o* ma'ri:n] <-> *m* Marinesoldat *m,* Mariner *m sl*

marineria [marine'ri:a] <-ie> *f* Seestreitkräfte *f pl,* Marine *f*

marino, -a [ma'ri:no] *agg* Meer[es]-, See-; **acqua -a** Meerwasser *nt;* **cavalluccio** ~ Seepferdchen *nt;* **blu** ~ marineblau

marioleria [mariole'ri:a] <-ie> *f* Gaunerei *f*

mariolo [mari'ɔ:lo] *m* Gauner *m*

marionetta [mario'netta] *f* ① *(fantoccio)* Marionette *f* ② *(fig)* Hampelmann *m; (senza carattere)* Marionette *f*

maritale [mari'ta:le] *agg* des [Ehe]manns; **potestà** ~ eheliche Gewalt

maritare [mari'ta:re] **I.** *vt* verheiraten **II.** *vr* **-rsi con qu** jdn heiraten

marito [ma'ri:to] *m* [Ehe]mann *m;* **pren-**

der ~ heiraten; **ragazza** [**in età**] **da ~** Mädchen *nt* im heiratsfähigen Alter

maritozzo [mari'tɔttso] *m süßes Brötchen aus Hefeteig mit Rosinen und Pinienkernen*

marittimo [ma'rittimo] *m* Hafenarbeiter *m; (marinaio)* Seemann *m*

marittimo, -a *agg* See-, Hafen-; *(clima, città)* maritim

marker ['maːkə] <- *o* markers> *m* ① *(evidenziatore)* Marker *m* ② BIOL, MED Kontrastmittel *nt*

market ['maːkit *o* 'market] <-> *m* Supermarkt *m*

marketer ['maːkitə *o* 'marketer] <- *o* marketers> *m* Marketingexperte *m/*-expertin *f*

marketing ['maːkitiŋ *o* 'marketing] <-> *m* Marketing *nt;* **ricerca di ~** Marktforschung *f;* **direct ~** Direktmarketing *nt*

marmaglia [mar'maʎʎa] <-glie> *f* [Lumpen]pack *nt,* Gesindel *nt*

marmellata [marmel'laːta] *f* Marmelade *f*

marmifero, -a [mar'miːfero] *agg* Marmor-

marmista [mar'mista] <-i *m,* -e *f*> *mf* Marmorsteinmetz(in) *m(f)*

marmitta [mar'mitta] *f* ① *(pentolone)* [Koch]kessel *m,* Topf *m* ② MOT Auspufftopf *m;* **~ catalitica** [Auspuff *m* mit] Katalysator *m*

marmittone [marmit'toːne] *m* Schlafmütze *f*

marmo ['marmo] *m* Marmor *m*

marmocchio, -a [mar'mɔkkio] <-cchi, -cchie> *m, f (fam)* Knirps *m/*Göre *f*

marmoreo, -a [mar'mɔːreo] <-ei, -ee> *agg* Marmor-

marmorizzare [marmorid'dzaːre] *vt* marmorieren

marmotta [mar'mɔtta] *f* ① ZOO Murmeltier *nt* ② *(fig)* Schlafmütze *f fam,* Faulpelz *m*

marna ['marna] *f* Mergel *m*

marocchino [marok'kiːno] *m* ① *(cuoio)* Maroquin *m,* Maroquinleder *nt* ② *(bevanda) kleiner Cappuccino mit Schokoladengeschmack im Glas*

marocchino, -a I. *agg* marokkanisch **II.** *m, f* Marokkaner(in) *m(f)*

Marocco [ma'rɔkko] *m* **il ~** Marokko *nt*

maroso [ma'roːso] *m* Sturzwelle *f*

marrano [mar'raːno] *m* Flegel *m*

marrone[1] [mar'roːne] *m* ① BOT [Edel]kastanie *f* ② GASTR [Ess]kastanie *f,* Maroni *f* A ③ *(colore)* Braun *nt*

marrone[2] *agg inv* [kastanien]braun

marsala [mar'saːla] <-> *m* Marsala[wein] *m*

marsc' [marʃ] *int* marsch

marsina [mar'siːna] *f* Frack *m*

marsupiali [marsu'piaːli] *mpl* Beuteltiere *ntpl*

marsupio [mar'suːpio] <-i> *m* Bauchtasche *f,* Beutel *m*

Marte ['marte] <-> *m* Mars *m*

martedì [marte'di] <-> *m* Dienstag *m;* **~ grasso** Faschingsdienstag *m; v. a.* **domenica**

martellamento [martella'mento] *m* ① *(colpo)* Hämmern *nt* ② *(fig: di domande)* Trommelfeuer *nt*

martellare [martel'laːre] **I.** *vt* ① *(il ferro)* hämmern ② *(percuotere)* schlagen, hämmern ③ *(fig)* **~ qu di domande** jdn mit Fragen überschütten **II.** *vi* klopfen, pochen

martellata [martel'laːta] *f* Hammerschlag *m*

martelletto [martel'letto] *m* ① MED Perkussionshammer *m* ② *(del pianoforte)* Hämmerchen *nt,* Hammer *m; (della macchina da scrivere)* Typenhebel *m*

martellio [martel'liːo] <-ii> *m* Hämmern *nt,* Gehämmer *nt*

martello [mar'tɛllo] *m (gener, a. fig)* ANAT, SPORT Hammer *m; (da ghiaccio)* Pickel *m*

martinetto [marti'netto] *m* Winde *f*

martingala [martiŋ'gaːla] *f* Rückengurt *m*

martin pescatore [mar'tin peska'toːre] <-i> *m* Eisvogel *m*

martire ['martire] *mf* Märtyrer(in) *m(f)*

martirio [mar'tiːrio] <-i> *m* REL Martyrium *nt; (fig: supplizio)* Qual *f*

martirizzare [martirid'dzaːre] *vt v.* **martoriare**

martora ['martora] *f* Marder *m*

martoriare [marto'riaːre] *vt* ① *(torturare)* martern ② *(fig: tormentare)* quälen, peinigen

marxismo [mark'sizmo] *m* Marxismus *m*

marxista [mark'sista] <-i *m,* -e *f*> **I.** *mf* Marxist(in) *m(f)* **II.** *agg* marxistisch

marzapane [martsa'paːne] *m* Marzipan *nt*

marziale [mar'tsiaːle] *agg* ① *(della guerra)* Kriegs-; **arti -i** Kampfsportarten *fpl* ② *(fig: aspetto, passo)* martialisch *geh,* kriegerisch

marziano, -a [mar'tsiaːno] **I.** *agg* Mars- **II.** *m, f* ① ASTR Marsmensch *m* ② *(fig)* Sonderling *m*

marzo ['martso] *m* März *m;* **tempo di ~** Aprilwetter *nt; v. a.* **aprile**

mas [mas] <-> *m* Schnellboot *nt*

mascalzonata [maskaltso'naːta] *f (fam)* Lumperei *f*

mascalzone [maskal'tsoːne] *m (fam)* Lump *m,* Schuft *m*

mascara [mas'kaːra] <-> *m* Wimperntusche *f,* Mascara *nt*
mascarpone [maskar'poːne] *m Frischmilchkäse aus der Lombardei*
mascella [maʃ'ʃɛlla] *f* Kiefer *m*
mascellare [maʃʃel'laːre] **I.** *agg* Kiefer- **II.** *m* Kieferknochen *m,* Kiefer *m*
maschera ['maskera] *f* ① *(finto volto, persona, a. fig)* Maske *f;* ~ **antigas** Gasmaske *f;* ~ **subacquea** Tauchermaske *f,* Taucherbrille *f* ② *(travestimento)* Kostümierung *f,* Maskerade *f;* **ballo in** ~ Maskenball *m* ③ THEAT Kostüm *nt,* Maske *f* ④ *(protezione)* [Schutz]maske *f; (mortuaria)* [Toten]maske *f; (cosmetica)* [Schönheits]maske *f* ⑤ THEAT, FILM Platzanweiser(in) *m(f)*
mascheramento [maskera'mento] *m* ① *(il mascherare)* Maskierung *f* ② MIL *(fig)* Tarnung *f*
mascherare [maske'raːre] **I.** *vt* ① *(travestire)* kostümieren, verkleiden ② *(mimetizzare,* MIL tarnen ③ *(fig: nascondere)* verdecken, tarnen **II.** *vr* **-rsi da qu** *(travestirsi)* sich als jdn verkleiden; *(assumere un'apparenza)* sich als jdn ausgeben
mascherata [maske'raːta] *f* ① *(gruppo)* Maskenzug *m* ② *(festa)* Maskerade *f*
mascherato, -a [maske'raːto] *agg* maskiert, verkleidet; **ballo** ~ Maskenball *m*
mascherina [maske'riːna] *f (per il viso)* Halbmaske *f*
mascherone [maske'roːne] *m* ① *(ornamento)* Maskaron *m* ② *(volto deformato)* Fratze *f*
maschietta [ma'skietta] *f* burschikoses Mädchen *nt;* **capelli alla** ~ Bubikopf *m*
maschietto [ma'skietto] *m* Junge *m*
maschile [ma'skiːle] **I.** *agg* ① männlich; *(di uomo)* Herren-, Männer-; *(di ragazzo)* Knaben-, Jungen- ② LING männlich, maskulin **II.** *m* LING Maskulinum *nt*
maschilismo [maski'lizmo] *m* Männlichkeitswahn *m,* Machismo *m*
maschilista [maski'lista] <-i *m,* -e *f*> **I.** *mf* Macho *m* **II.** *agg* Macho-, machohaft
maschilistico, -a [maski'listiko] <-ci, -che> *agg* frauenfeindlich, machohaft
maschio ['maskio] <-schi> *m* ① BIOL Männchen *nt* ② *(uomo)* Mann *m; (ragazzo)* Junge *m,* Knabe *m* ③ TEC Zapfen *m; (utensile)* Gewindebohrer *m*
mascolinizzare [maskolinid'dzaːre] **I.** *vt* vermännlichen **II.** *vr* **-rsi** männlich werden
mascolino, -a [masko'liːno] *agg* männlich
mascotte [mas'kɔt] <-> *f* Maskottchen *nt*
masnada [maz'naːda] *f* Horde *f,* Bande *f*
masnadiere [mazna'diɛːre] *m* Halunke *m,* Bandit *m;* **faccia da** ~ *(fam)* Gaunervisage *f*
masochismo [mazo'kizmo] *m* Masochismus *m*
masochista [mazo'kista] <-i *m,* -e *f*> *mf* Masochist(in) *m(f)*
masochistico, -a [mazo'kistiko] <-ci, -che> *agg* masochistisch
massa ['massa] *f* ① PHYS Masse *f* ② *(mucchio)* Menge *f,* Haufen *m; (moltitudine)* [Un]menge *f,* große Menge; **in** ~ massenweise, massenhaft; *(in blocco)* im Ganzen, en bloc ③ SOC [breite] Masse *f,* Volk *nt* ④ *(nella tecnica dello spettacolo)* Gesamtheit *f* ⑤ EL Erde *f,* Masse *f;* **collegare** [*o* **mettere**] **a** ~ erden
Massa ['massa] *f* Massa *nt (Stadt in der Toskana)*
massacrante [massa'krante] *agg* aufreibend, mörderisch
massacrare [massa'kraːre] *vt* ① *(trucidare)* niedermetzeln, hinschlachten ② *(malmenare)* misshandeln; *(fig: logorare)* aufreiben
massacro [mas'saːkro] *m* ① *(eccidio)* Massaker *nt,* Gemetzel *nt* ② *(fig)* Katastrophe *f*
massaggiare [massad'dʒaːre] *vt* massieren
massaggiatore [massaddʒa'toːre] *m* Massagegerät *nt*
massaggiatore, -trice *m, f* Masseur(in) *m(f)*
massaggio [mas'saddʒo] <-ggi> *m* Massage *f*
massaia [mas'saːia] <-aie> *f* Hausfrau *f*
massaio [mas'saːio] <-ai> *m* Gutsverwalter *m,* Aufseher *m*
massello [mas'sɛllo] *m* ① *(lingotto)* Metallblock *m,* Massel *f* ② *(blocco di pietra)* Werkstein[block] *m,* Naturstein *m*
masseria [masse'riːa] <-ie> *f* Bauernhof *m,* Gutshof *m*
masserizie [masse'rittsie] *fpl* Hausrat *m*
massese [mas'seːse] **I.** *mf (abitante)* Einwohner(in) *m(f)* von Massa **II.** *agg* aus Massa
Massese *m sing* Umgebung *f* von Massa
massicciata [massit'tʃaːta] *f* Tragschicht *f;* ~ **ferroviaria** Schotterung *f,* Schotterbettung *f*
massiccio [mas'sittʃo] <-cci> *m* [Gebirgs]massiv *nt*
massiccio, -a <-cci, -cce> *agg* ① *(solido)* massiv; *(sodo)* fest, solide; *(voluminoso)* massiv, wuchtig ② *(fig: violento)* massiv; *(pesante)* erdrückend
massificare [massifi'kaːre] *vt* vermassen
massificazione [massifikat'tsioːne] *f* Vermassung *f*
massima ['massima] *f* ① *(sentenza,*

motto) Maxime *f* ❷ *(principio)* Grundsatz *m;* **in linea di ~** im Prinzip, grundsätzlich ❸ *(temperatura)* Höchsttemperatur *f*

massimale [massi'ma:le] **I.** *agg* höchste(r, s), Höchst- **II.** *m* ❶ *(limite)* Höchstgrenze *f* ❷ FIN Höchstbetrag *m,* Höchstsumme *f*

massimalismo [massima'lizmo] *m* POL, HIST Extremismus *m*

massimalista [massima'lista] <-i *m,* -e *f*> **I.** *mf* POL Extremist(in) *m(f)* **II.** *agg* extremistisch; **programma ~** Parteiprogramm ohne Zugeständnisse

massimalistico, -a [massima'listiko] <-ci, -che> *agg* extremistisch

massimizzare [massimid'dza:re] *vt* maximieren

massimizzazione [massimiddzat'tsio:ne] *f* Maximierung *f;* **~ dei profitti** Gewinnmaximierung *f*

massimo ['massimo] *m* ❶ *(il grado più elevato)* Maximum *nt,* Höchstmaß *nt;* **al ~** höchstens ❷ SPORT Schwergewicht *nt,* Schwergewichtler *m*

massimo, -a *superlativo di* **grande** *agg* ❶ *(estremamente grande)* maximal, sehr groß ❷ *(il più grande)* größte(r, s); **peso ~** SPORT Schwergewicht *nt;* **~ comune divisore** MAT größter gemeinsamer Teiler; **in -a parte** größtenteils ❸ *(il più alto)* höchste(r, s); **temperatura -a** Höchsttemperatur *f*

massimoleggero [massimoled'dʒɛ:ro] <-i> **I.** *agg* leichtgewichtig; **peso ~** Gewichtsklasse zwischen 79 kg und 86 kg **II.** *m* Boxer *m* in der Gewichtsklasse zwischen 79 kg und 86 kg

massivo, -a [mas'si:vo] *agg* ❶ *(in massa)* Massen- ❷ MED *(asportazione)* Total-; *(emorragia)* massiv ❸ *(massiccio)* stark, massiv

mass media [mæs 'mi:djə *o* mas 'mɛdia] *mpl* Massenmedien *pl*

masso ['masso] *m* Felsblock *m;* **sentirsi un ~ sullo stomaco** ein schweres Gefühl im Magen haben

massofisioterapia [massofiziotera'pi:a] *f* MED Massage[therapie] *f*

massofisioterapista [massofiziotera'pista] <-i *m,* -e *f*> *mf* MED Masseur(in) *m(f)*

massone [mas'so:ne] *m* Freimaurer *m*

massoneria [massone'ri:a] <-ie> *f* Freimaurerei *f*

massonico, -a [mas'sɔ:niko] <-ci, -che> *agg* freimaurerisch, Freimaurer-

mastello [mas'tɛllo] *m* Bottich *m,* Bütte *f*

master ['ma:stə *o* 'master] <- *o* masters> *m Ausbildungsgang nach dem Universitätsabschluss;* **un ~ in economia aziendale** ein Master in Betriebswirtschaft

masterizzare [masterid'dza:re] *vt* INFORM brennen

masterizzatore *m* TEC Brenner *m;* **~ [per] CD-ROM** CD-ROM-Brenner *m*

masticare [masti'ka:re] *vt* ❶ *(cibo, tabacco)* kauen ❷ *(fig: biascicare)* murmeln; *(lingua)* radebrechen; **~ amaro** [*o* **veleno**] *(fig)* etw zähneknirschend schlucken

masticatorio, -a [mastika'tɔ:rio] <-i, -ie> *agg* Kau-

masticazione [mastikat'tsio:ne] *f* Kauen *nt*

mastice ['mastitʃe] *m* ❶ *(miscuglio adesivo)* Kitt *m* ❷ *(resina)* Mastix *m*

mastino [mas'ti:no] *m* Bluthund *m*

mastite [mas'ti:te] *f* Brust[drüsen]entzündung *f*

mastodonte [masto'donte] *m (fig)* Koloss *m*

mastodontico, -a [masto'dɔntiko] <-ci, -che> *agg* kolossal

mastro ['mastro] *m (artigiano)* Meister *m*

masturbare [mastur'ba:re] *vt* **-rsi** masturbieren, sich selbst befriedigen

masturbarsi [mastur'barsi] *vr* masturbieren

masturbazione [masturbat'tsio:ne] *f* Masturbation *f,* Selbstbefriedigung *f*

matassa [ma'tassa] *f* ❶ *(di filo)* Docke *f,* Strähne *f* ❷ EL Wicklung *f* ❸ *(fig)* verwickelte Situation, Verwicklung *f*

match [mætʃ] <-> *m* Match *nt o m; (di pugilato)* Fight *m,* Boxkampf *m*

match winner [mætʃ 'winə] <-> *m* SPORT Matchwinner *m*

matematica [mate'ma:tika] <-che> *f* Mathematik *f*

matematicamente [matematika'mente] *avv* ❶ MAT nach mathematischen Regeln ❷ *(fig: in modo certo)* ganz sicher, todsicher *fam*

matematico, -a [mate'ma:tiko] <-ci, -che> **I.** *agg* ❶ MAT mathematisch ❷ *(di assoluta precisione)* exakt, präzis[e] **II.** *m, f* Mathematiker(in) *m(f)*

Matera *f* Matera *nt (Stadt in Basilicata)*

materano, -a I. *m, f (abitante)* Einwohner(in) *m(f)* von Matera **II.** *agg* aus Matera

Materano [mate'ra:no] *m sing* Umgebung *f* von Matera

materassaio, -a [materas'sa:io] <-ai, -aie> *m, f* Polsterer *m*/Polsterin *f*

materassino [materas'si:no] *m* Luftmatratze *f*

materasso [mate'rasso] *m* Matratze *f;* **~ a molle** Federkernmatratze *f;* **~ di gommapiuma** Schaumstoffmatratze *f;* **~ in lattice** Latexmatratze *f*

materia [ma'tɛ:ria] <-ie> *f* ❶ *(sostanza)*

M

Stoff *m,* Substanz *f;* ~ **grigia** graue Substanz; **-ie plastiche** Kunststoffe *ntpl;* **-ie prime** Rohstoffe *ntpl* ② *(contrapposta a spirito)* Materie *f* ③ *(argomento)* Thema *nt,* Stoff *m;* **indice per -ie** Sachregister *nt;* **entrare in** ~ zum Thema kommen ④ *(disciplina)* [Lehr]fach *nt*

materiale [mate'ria:le] **I.** *agg* ① *(di, della materia)* stofflich, materiell ② *(concreto)* real, konkret ③ *(effettivo)* [effektiv] notwendig **II.** *m* ① *(prodotto necessario)* Material *nt,* Stoff *m,* Mittel *nt;* ~ **composito** Verbundmaterial, n ② *(strumenti)* Mittel *ntpl,* Bedarf *m* ③ *(appunti e documenti)* Unterlagen *fpl*

materialismo [materia'lizmo] *m* Materialismus *m*

materialista [materia'lista] <-i *m,* -e *f*> **I.** *mf* Materialist(in) *m(f)* **II.** *agg* materialistisch

materialistico, -a [materia'listiko] <-ci, -che> *agg* materialistisch

materialità [materiali'ta] <-> *f* ① *(condizione)* Materialität *f* ② *(fig: volgarità)* Grobheit *f,* Vulgarität *f*

materializzare [materialid'dza:re] **I.** *vt* materialisieren **II.** *vr* **-rsi** ① *(prender corpo)* sich materialisieren ② *(diventar concreto)* konkret werden

materializzazione [materialiddzat'tsio:ne] *f* Materialisation *f*

materialmente [material'mente] *avv* konkret, tatsächlich; *(in sostanza)* faktisch

maternità [materni'ta] <-> *f* ① *(condizione di madre)* Mutterschaft *f;* **interruzione della** ~ Schwangerschaftsunterbrechung *f* ② JUR Mutterschutz *m;* **essere in** ~ im Mutterschutz sein ③ *(reparto ospedaliero)* Entbindungsstation *f*

materno, -a [ma'tɛrno] *agg* ① *(di, da madre)* mütterlich, Mutter-; **scuola -a** Kindergarten *m,* Vorschule *f* ② *(da parte di madre)* mütterlicherseits ③ *(lingua)* Mutter-; *(terra)* Heimat-

matita [ma'ti:ta] *f* Stift *m; (lapis)* Bleistift *m*

matriarcale [matriar'ka:le] *agg* matriarchalisch

matriarcato [matriar'ka:to] *m* Matriarchat *nt*

matrice [ma'tri:tʃe] *f* ① MAT, BIOL Matrix *f* ② TYP Matrize *f,* Mater *f* ③ TEC Gesenk *nt* ④ COM Stammregister *nt* ⑤ *(fig: fonte)* Ursprung *m*

matricida [matri'tʃi:da] <-i *m,* -e *f*> *mf* Muttermörder(in) *m(f)*

matricidio [matri'tʃi:dio] <-i> *m* Muttermord *m*

matricola [ma'tri:kola] *f* ① *(registro)* Matrikel *f,* Register *nt* ② *(numero)* Matrikelnummer *f* ③ *(studente)* Studienanfänger(in) *m(f)* ④ *(fig)* SPORT Anfänger(in) *m(f),* Neuling *m* ⑤ MIL Stammrolle *f*

matricolare [matriko'la:re] *agg* Matrikel-

matricolato, -a [matriko'la:to] *agg (scherz)* abgefeimt; *(bugiardo)* gerissen, durchtrieben; *(sciocco)* ausgemacht

matrigna [ma'triɲɲa] *f* Stiefmutter *f*

matrimoniale [matrimo'nia:le] *agg* ehelich, Ehe-

matrimonio [matri'mɔ:nio] <-i> *m* ① *(rapporto)* Ehe *f;* ~ **gay** Homoehe *f* ② *(cerimonia)* Hochzeit *f,* Trauung *f;* **unire in** ~ trauen

matrona [ma'trɔ:na] *f* Matrone *f*

matroneo [matro'nɛ:o] *m* Empore *f*

matta[1] ['matta] *f (carta da gioco)* Joker *m*

matta[2] *f v.* **matto**

mattacchione, -a [mattak'kio:ne] *m, f (scherz)* Spaßvogel *m,* Witzbold *m fam*

mattana [mat'ta:na] *f (fam)* Kapriole *f,* launiger Einfall *m*

mattatoio [matta'to:io] <-oi> *m* Schlachthof *m*

matterello [matte'rɛllo] *m* Nudelholz *nt*

mattina [mat'ti:na] *f* Morgen *m;* **di** ~ morgens; **di prima** ~ am frühen Morgen; **domani** ~ morgen früh; **ieri** ~ gestern früh; **questa** ~ heute Morgen; **sabato** ~ Samstag früh

mattinata [matti'na:ta] *f* Vormittag *m*

mattiniero, -a [matti'niɛ:ro] *agg* **essere** ~ Frühaufsteher(in) *m(f)* sein

mattino [mat'ti:no] *m* Morgen *m;* **di buon** ~ frühmorgens; **giornale del** ~ Morgenzeitung *f*

matto, -a ['matto] **I.** *agg* ① *(pazzo)* wahnsinnig, verrückt; **scacco** ~ schachmatt; **avere una voglia -a di qc** *(fam)* ganz verrückt auf etw *akk* sein; **essere ~ da legare** *(fam)* total verrückt sein, spinnen ② *(fig: falso)* falsch, unecht **II.** *m, f (pazzo)* Wahnsinnige(r) *f(m); (fam)* Verrückte(r) *f(m)*

mattone [mat'to:ne] *m* ① *(laterizio)* Ziegel[stein] *m,* Backstein *m* ② *(fig: libro, film)* Schinken *m; (persona)* Langweiler *m fam*

mattonella [matto'nɛlla] *f (piastrella)* Fliese *f,* [Stein]platte *f*

mattutino [mattu'ti:no] *m* ① REL Mette *f,* Matutin *f* ② *(della campana)* Morgenläuten *nt*

mattutino, -a *agg* Morgen-, morgendlich

matura *f v.* **maturo**

maturando, -a [matu'rando] *m, f* Abiturient(in) *m(f),* Maturant(in) *m(f)* A

maturare [matu'ra:re] **I.** *vi essere* ① *(frutti)* reifen, reif werden; *(diventar stagiona-*

to) ausreifen ② *(persona)* reifer werden ③ COM *(interessi)* fällig werden ④ *(giungere a compimento)* reif werden **II.** *vt avere* ① *(frutti)* reifen lassen, reif werden lassen; *(formaggio, vino)* [aus]reifen lassen ② *(idea, piano)* reifen lassen ③ *(fig: promuovere)* ~ **qu** jdm das Reifezeugnis erteilen **III.** *vr* **-rsi** reif werden

maturazione [maturat'tsio:ne] *f* ① *(gener)* Reifen *nt,* Reifeprozess *m* ② COM Fälligkeit *f*

maturità [maturi'ta] <-> *f* ① *(età)* bestes Alter; *(a. fig)* Reife *f* ② BIOL [Geschlechts]reife *f* ③ *(diploma)* Abiturzeugnis *nt,* Reifezeugnis *nt;* **esame di ~** ≈ Abitur *nt,* Matura *f* A, Maturität *f* CH

maturo, -a [ma'tu:ro] **I.** *agg* ① *(frutto)* reif; *(vino)* ausgereift ② *(adulto)* erwachsen, reif ③ *(studente)* mit Abitur, mit Matura A ④ *(fig: equilibrato, compiuto)* reif ⑤ *(fig: approfondito)* reiflich, gründlich ⑥ COM fällig **II.** *m, f* Abiturient(in) *m(f)* [nach der Reifeprüfung], Maturant(in) *m(f)* A

matusa [ma'tu:za] **I.** *mf* <-> verknöcherter Mensch **II.** *agg inv* überlebt, veraltet

mausoleo [mauzo'lɛ:o] *m* Mausoleum *nt*

max [maks] *avv* maximal

maxicalcolatore [maksikalkola'to:re] *m* TEC Großrechner *m*

maxicappotto [maksikap'pɔtto] *m* Maximantel *m (knöchellanger Mantel)*

maxicondono ['maksikon'do:no] *m Riesenstraferlass für Steuer- und Bausünder*

maxidecreto ['makside'krɛ:to] *m* umfangreiches Dekret

maxiemendamento [maksiemenda'mento] *m* POL *umfangreicher Änderungsantrag im Gesetzgebungsverfahren*

maxigonna [maksi'gonna *o* maksi'gɔnna] *f* Maxirock *m (knöchellanger Rock)*

maximoto [maksi'mɔ:to] *f* schweres Motorrad *nt,* Feuerstuhl *m fam*

maximulta [maksi'multa] *f* saftige Strafe, Denkzettel *m*

maxiprocesso [maksipro'tʃɛsso] *m* Mammutprozess *m*

maxirissa [maksi'rissa] *f* Massenauseinandersetzung *f*

maxischermo [maksi'skermo] *m* Riesenleinwand *f;* **televisore a ~** Großbildschirmfernseher *m*

maxitangente [maksitan'dʒɛnte] *f* Spitzenschmiergelder *nt pl,* astronomische [Schmier]geldsumme

maxitram [maksi'tram] <-> *m* Großraumstraßenbahn *f*

mayday ['meidei] <-> *m internationaler Notruf im Funksprechverkehr*

mazza ['mattsa] *f* ① *(bastone)* Knüppel *m,* Schlagstock *m* ② MIL Keule *f* ③ SPORT Schlagholz *nt; (a. fig: persona)* Schläger *m* ④ *(grosso martello)* Vorschlaghammer *m,* Fäustel *m*

mazzata [mat'tsa:ta] *f* Knüppelschlag *m,* Hammerschlag *m; (a. fig)* Keulenschlag *m*

mazziare [mat'tsia:re] *vt* ① MERID *(bastonare)* ~ **qu** jdn [ver]prügeln; ~ **qc** auf etw *akk* einprügeln ② *(rimproverare)* zusammenstauchen

mazzo ['mattso] *m* ① *(di fiori)* Strauß *m; (di erbe)* Bündel *nt; (di oggetti)* Bund *m* ② *(di carte)* [Karten]spiel *nt* ③ *(vulg scherz)* **farsi il ~** sich den Arsch aufreiben

MB *abbr di* **megabyte** MB

MBA *m abbr di* **Master in Business Administration** MBA *mf*

MCD *abbr di* **Massimo Comune Divisore** ggT *(größter gemeinsamer Teiler)*

mcm *abbr di* **minimo comune multiplo** kgV *(kleinstes gemeinsames Vielfaches)*

me [me] *pron pers 1. pers sing* ① *(oggetto)* mich; *(con preposizione)* mich, mir, meiner; **da ~** selbst, selber; **fra** [*o* **tra**] **~ e ~** in meinem Innern; **per** [*o* **quanto a**] **~** was mich betrifft; **secondo ~** meiner Meinung nach ② *(soggetto in forme comparative ed esclamative)* ich ③ *(complemento di termine davanti a lo, la, li, le, ne)* mir; *(complemento oggetto davanti a la, lo, li, le, ne)* mich

meandro [me'andro] *m* Mäander *m*

MEC [mɛk] *m acro di* **Mercato Comune Europeo** Gemeinsamer [europäischer] Markt

Mecca ['mɛkka] <-cche> *f* Mekka *nt;* **venire dalla ~** *(fam fig: ignorare)* aus allen Wolken fallen; *(comportarsi o vestirsi)* von einem anderen Stern sein

meccanica [mek'ka:nika] <-che> *f* ① PHYS, TEC Mechanik *f* ② *(attività tecnologica)* Maschinenbau *m,* Technik *f*

meccanicità [mekkanitʃi'ta] <-> *f* Automatismus *m*

meccanico, -a [mek'ka:niko] <-ci, -che> **I.** *agg* mechanisch; *(a. fig)* automatisch **II.** *m, f* Mechaniker(in) *m(f); (per automobil)* Automechaniker(in) *m(f)*

meccanismo [mekka'nizmo] *m* Mechanismus *m*

meccanizzare [mekkanid'dza:re] *vt* mechanisieren

meccanizzazione [mekkaniddzat'tsio:ne] *f* Mechanisierung *f*

meccano® [mek'ka:no] *m* [technischer] Metallbaukasten *m*

meccanografia [mekkanogra'fi:a] *f* [automatisierte] Datenverarbeitung *f*

meccanografico, -a [mekkano'gra:fiko] <-ci, -che> *agg* Datenverarbeitungs-, Rechen-; **centro** ~ Rechenzentrum *nt*

meccatronica [mekka'trɔ:nika] <-che> *f* TEC Elektromechanik *f*

meccatronico, -a [mekka'trɔ:niko] <-ci, -che> **I.** *agg* ① *(relativo alla meccatronica)* elektromechanisch ② *(che si occupa del funzionamento di macchine elettroniche)* Elektromechanik-; **manutentore** ~ Experte für die Wartung elektromechanischer Anlagen **II.** *m, f* Elektromechaniker(in) *m(f)*

mecenate [metʃe'na:te] *mf* Mäzen(in) *m(f)*

mecenatismo [metʃena'tizmo] *m* Mäzenatentum *nt*

mèche [mɛʃ] <-> *f* Strähne *f;* **farsi le** ~ sich Strähnen ins Haar einarbeiten

medaglia [me'daʎʎa] <-glie> *f* Medaille *f;* *(riconoscimento)* Orden *m,* Auszeichnung *f;* ~ **al valor civile** Verdienstorden *m;* ~ **al valor militare** Tapferkeitsmedaille *f;* **il rovescio della** ~ *(fig)* die Kehrseite der Medaille

medaglietta [medaʎ'ʎetta] *f* REL kleine Medaille *(als Medaillon getragen)*

M

medaglione [medaʎ'ʎo:ne] *m* Medaillon *nt*

medesimo, -a [me'de:zimo] **I.** *agg* ① *(stesso)* **il** ~/**la -a** derselbe/dieselbe/dasselbe ② *(uguale)* gleich ③ *(in persona)* selbst **II.** *pron dim* **il** ~/**la -a** derselbe/dieselbe/dasselbe

media[1] ['mɛ:dia] <-ie> *f* ① *(gener)* Durchschnitt[swert] *m;* **in** ~ im Durchschnitt; ~ [**dei**] **voti** Notendurchschnitt ② MAT Mittel *nt,* Mittelwert *m;* *(~ ponderata)* gewichteter Durchschnitt

media[2] ['mi:dʒe] *mpl* Massenmedien *ntpl;* ~ **digitali** digitale Medien; **magnate dei** ~ *(fam)* Medienzar *m*

media buyer ['mi:dʒe 'baiə] <-> *m* Werbeberater(in) *m(f)*

mediale [me'dia:le] *agg* Medien-; **cultura** ~ Medienkultur *f*

media man ['mi:dʒe mæn] <-> *m* Werbestratege *m/*-strategin *f*

medianico, -a [me'dia:niko] <-ci, -che> *agg* medial

medianità [mediani'ta] <-> *f* Fähigkeit *f* des Mediums, mediale Fähigkeit *f*

mediano, -a [me'dia:no] **I.** *agg* Mittel-, mittlere(r, s) **II.** *m, f* Läufer(in) *m(f)*

mediante [me'diante] *prep* mit *+dat,* durch *+akk,* mittels *+gen*

mediare [me'dia:re] *vt* ① *(da mediatore)* vermitteln ② MAT den Mittelwert bilden aus

mediateca [media'tɛ:ka] <-che> *f* Medienarchiv *nt*

mediatico, -a [me'dia:tiko] *agg* Medien-; **evento** ~ Medienevent *m*

mediato, -a [me'dia:to] *agg* mittelbar, indirekt

mediatore, -trice [media'to:re] **I.** *m, f* ① *(intermediario)* Mittelsmann *m/*-person *f,* Vermittler(in) *m(f)* ② COM Makler(in) *m(f)* **II.** *agg* vermittelnd, Mittler-

mediazione [mediat'tsio:ne] *f* ① *(conciliazione)* Vermittlung *f* ② *(provvigione)* Maklergebühr *f*

medica *f (rar) v.* **medico**

medicabile [medi'ka:bile] *agg* heilbar, behandelbar

medicalizzazione [medikaliddzat'tsio:ne] *f* medizinische Interpretation fachexterner Phänomene

medicamento [medika'mento] *m* Medikament *nt,* Arznei *f*

medicamentoso, -a [medikamen'to:so] *agg* heilkräftig, Heil-, medikamentös

medicare [medi'ka:re] **I.** *vt* behandeln **II.** *vr* **-rsi** sich [selbst] behandeln

medicastro [medi'kastro] *m (pej)* Kurpfuscher *m*

medicazione [medikat'tsio:ne] *f* Behandlung *f*

medicina [medi'tʃi:na] *f* ① *(scienza)* Medizin *f;* ~ **legale** Gerichtsmedizin *f;* **studiare** ~ Medizin studieren ② *(farmaco)* Medizin *f,* Arznei *f*

medicinale [meditʃi'na:le] **I.** *m* Arzneimittel *nt;* **-i generici** Generika *ntpl* **II.** *agg* Heil-, Arznei-

medico, -a ['mɛ:diko] <-ci, -che> **I.** *m, f* Arzt *m/*Ärztin *f;* ~ **di base** Arzt/Ärztin für Allgemeinmedizin, Allgemeinarzt/-ärztin **II.** *agg* ① *(della medicina)* medizinisch ② *(del medico)* ärztlich, Arzt-

medievale [medie'va:le] *agg* mittelalterlich

medievistica [medie'vistika] *f sing* SCIENT Mediävistik *f*

medio ['mɛ:dio] <-i> *m* Mittelfinger *m*

medio, -a <-i, -ie> *agg* ① *(di mezzo)* Mittel-, mittlere(r, s); **ceto** ~ Mittelstand *m;* **dito** ~ Mittelfinger *m;* **peso** ~ SPORT Mittelgewicht *nt,* Mittelgewichtler *m;* **scuola -a** Mittelschule *f;* **licenza -a** Mittelschulabschluss *m* ② *(di valore intermedio)* Durchschnitts-, durchschnittlich

mediocrazia [mediokrat'tsi:a] <-ie> *f* POL Mediokratie *f*

mediocre [me'diɔ:kre] *agg* mittelmäßig, mäßig; *(ordinario)* gewöhnlich

mediocredito [medio'kre:dito] *m* mittelfristiger Kredit

mediocrità [mediokri'ta] <-> *f* Mittelmäßigkeit *f;* **l'aurea ~** der goldene Mittelweg
medioevale [medioe'va:le] *agg v.* **medievale**
medioevo [medio'ɛ:vo] *m* Mittelalter *nt*
medioleggero [medioled'dʒɛ:ro] **I.** *agg* **peso ~** Weltergewicht *nt* **II.** *m* Weltergewicht *nt,* Weltergewichtler *m*
mediologia [mediolo'dʒi:a] *f sing* SCIENT Medienwissenschaften *f pl*
mediomassimo [medio'massimo] **I.** *agg* **peso ~** Halbschwergewicht *nt* **II.** *m* Halbschwergewicht *nt,* Halbschwergewichtler *m*
mediorientale [mediorien'ta:le] *agg* Nahost-, Mittelost-
meditabondo, -a [medita'bondo] *agg* gedankenversunken
meditare [medi'ta:re] **I.** *vi* meditieren **II.** *vt* ❶ *(considerare)* bedenken, nachdenken über +*akk* ❷ *(preparare)* planen, ausdenken
meditativo, -a [medita'ti:vo] *agg* nachdenklich; *(della meditazione)* meditativ
meditato, -a [medi'ta:to] *agg* [wohl]überlegt, [wohl]bedacht
meditazione [meditat'tsio:ne] *f* ❶ *(riflessione)* Meditation *f* ❷ *(considerazione)* Überlegung *f,* Erwägung *f* ❸ *(preparazione)* Ausdenken *nt,* Planen *nt*
mediterraneità [mediterranei'ta] <-> *f* Charakteristik *f* des Mittelmeerraumes
mediterraneo, -a <-ei, -ee> *agg* ❶ *(gener)* mittelländisch ❷ *(del Mediterraneo)* mediterran, Mittelmeer-; **il Mar Mediterraneo** das Mittelmeer
Mediterraneo [mediter'ra:neo] *m* Mittelmeer *nt*
medium ['mɛdjum] <-> *mf* Medium *nt*
medusa [me'du:za] *f* Qualle *f*
meeting ['mi:tiŋ] <-> *m* Treffen *nt,* Begegnung *f*
meeting-point ['mi:tiŋ 'point] <-> *m* Jugendtreffpunkt *m*
mefitico, -a [me'fi:tiko] <-ci, -che> *agg* ❶ *(fetido)* stinkend ❷ *(fig: corrotto)* verkommen
megabit [mɛga'bit] <-> *m* INFORM Megabit *nt*
megabyte, Megabyte ['megəbait *o* 'mega'bait] <-> *m* INFORM Megabyte *nt*
megacaloria [megakalo'ri:a] <-ie> *f* PHYS Megajoule *nt*
megaciclo [mega'tʃi:klo] *m* Megahertz *nt*
megaconcerto [megakon'tʃɛrto] *m* Megakonzert *nt*
megafonista [megafo'nista] <-i *m*, -e *f*> *mf* Megafonist(in) *m(f)*
megafono [me'ga:fono] *m* Megafon *nt,* Sprachrohr *nt*
megagalattico, -a [mɛgagalat'ti:ko] <-ci, -che> *agg (fam)* riesig, Riesen-; **una somma -a** eine Riesensumme
megahertz [mega'ɛrts] <-> *m* Megahertz *nt*
megalomane [mega'lɔ:mane] *agg* größenwahnsinnig
megalomania [megaloma'ni:a] *f* Größenwahn *m*
megalopoli [mega'lɔ:poli] <-> *f* Megalopolis *f,* Riesenmetropole *f*
megateneo [mɛgate'nɛo] *m* UNIV *Universität mit einer übergroßen Zahl von Studenten*
megatrend [mega'trend] <-> *m* COM, FIN Megatrend *m,* Haupttrend *m*
megavolt [mega'vɔlt] <-> *m* TEC Megavolt *nt*
megawatt [mega'vat] <-> *m* TEC Megawatt *nt*
megera [me'dʒɛ:ra] *f* Megäre *f*
meglio[1] ['mɛʎʎo] **I.** *avv comparativo di* **bene** ❶ *(in modo migliore)* besser; **andar di bene in ~** immer besser werden; *(iron)* immer schöner werden; **tanto ~!, ~ così!** umso besser! ❷ *(piuttosto)* lieber, besser ❸ *(più)* mehr, besser ❹ *(ovvero)* [oder] besser; **per ~ dire** [oder] besser gesagt ❺ *(più facilmente)* leichter, besser ❻ *(con valore di superlativo)* am Besten **II.** *agg comparativo di* **buono** ❶ *(migliore)* besser ❷ *(preferibile)* besser ❸ *(fam: con valore di superlativo)* beste(r, s), allerbeste(r, s)
meglio[2] <-> *mf* Beste(s) *nt;* **il ~ possibile** das Bestmögliche; **fare del proprio ~** sein Bestes tun
mela ['me:la] *f* Apfel *m*
melagrana [mela'gra:na] *f* Granatapfel *m*
melanina [mela'ni:na] *f* Melanin *nt*
melanzana [melan'dza:na *o* melan'tsa:na] *f* Aubergine *f,* Melanzani *f* A
melassa [me'lassa] *f* Melasse *f*
melato, -a [me'la:to] *agg* ❶ GASTR mit Honig gesüßt ❷ *(fig, pej)* honigsüß, süßlich
melenso, -a [me'lɛnso] *agg* ❶ *(persona)* einfältig, dämlich ❷ *(cosa)* albern, geistlos
melissa [me'lissa] *f* Melisse *f*
mellifluo, -a [mel'li:fluo] *agg (pej)* honigsüß, süßlich
melma ['melma] *f* ❶ *(fango)* Schlamm *m* ❷ *(fig)* Schmutz *m*
melmoso, -a [mel'mo:so] *agg* schlammig
melo ['me:lo] *m* Apfelbaum *m*
mélo [me'lo] **I.** *agg inv* melodramatisch **II.** *m* <-> Melodram[a] *nt*
melodia [melo'di:a] <-ie> *f* ❶ MUS Melodie *f* ❷ *(fig)* Harmonie *f*

M

melodico, -a [meˈlɔːdiko] <-ci, -che> *agg* melodisch

melodioso, -a [meloˈdioːso] *agg* melodiös; *(armonico)* melodisch

melodista [meloˈdista] <-i *m*, -e *f*> *mf* Melodiker(in) *m(f)*

melodramma [meloˈdramma] <-i> *m* ① THEAT Melodram[a] *nt* ② *(fig, pej)* Theatralik *f;* **cadere nel ~** pathetisch werden

melodrammatico, -a [melodramˈmaːtiko] <-ci, -che> *agg* ① THEAT melodramatisch ② *(teatrale)* theatralisch

melograno [meloˈgraːno] *m* Granat[apfel]baum *m*

melone [meˈloːne] *m* [Netz]melone *f,* [Honig]melone *f*

meltdown [mɛltˈdaun] <- *o* meltdowns> *m* PHYS Schmelzen *nt* des Reaktorkerns

melting pot [ˈmɛltiŋ pɔt] <- *o* melting pots> *m* Schmelztiegel *m*

membrana [memˈbraːna] *f* ① ANAT, BIOL, TEC, RADIO Membran(e) *f* ② MUS *(del tamburo)* Trommelfell *nt* ③ *(pergamena)* Pergament *nt*

membranoso, -a [membraˈnoːso] *agg* membran[en]artig

membratura [membraˈtuːra] *f* Gliederung *f*

membro[1] [ˈmɛmbro] *m* ① *(persona)* Mitglied *nt* ② *(parte costitutiva)* Teil *nt,* Glied *nt* ③ ANAT *(pene)* [männliches] Glied *nt*

membro[2] <*pl*: -a *f*> *m* ANAT *(arto)* Gliedmaßen *f pl,* Glieder *nt pl*

membruto, -a [memˈbruːto] *agg* starkgliedrig

memorabile [memoˈraːbile] *agg* denkwürdig

memorandum [memoˈrandum] <-> *m* ① *(promemoria)* Merkzettel *m* ② *(documento espositivo)* Denkschrift *f,* Memorandum *nt*

memore [ˈmɛːmore] *agg (geh)* eingedenk; **essere ~ di qc** einer Sache *gen* eingedenk sein

memoria [meˈmɔːria] <-ie> *f* ① *(capacità, processo)* Gedächtnis *nt,* Erinnerungsvermögen *nt;* **a ~** auswendig ② *(ricordo)* **la ~ di qu/qc** die Erinnerung an jdn/etw ③ *(annotazione)* Notiz *f,* Gedächtnisstütze *f* ④ *(menzione)* Erwähnung *f* ⑤ *(cimelio, documento)* Erinnerungsstück *nt* ⑥ *pl (opera)* Memoiren *f pl* ⑦ INFORM Speicher *m;* **~ ad accesso casuale** *(RAM)* Arbeitsspeicher *m;* **capacità di ~** Speicherkapazität *f;* **~ di correzione** Korrekturspeicher *m;* **posizione di ~** Speicherplatz *m;* **~ principale** Hauptspeicher *m* ⑧ TEC Steuerung *f*

memorial [miˈmɔːriəl] <- *o* memorials> *m* ① *(manifestazione)* Memorial *nt* ② *(monumento di commemorazione)* Denkmal *nt;* **il Lincoln ~ a Washington** das Lincoln-Denkmal in Washington

memoriale [memoˈriaːle] *m* ① *(scritto)* Denkschrift *f,* Verteidigungsschrift *f* ② *(monumento)* Gedenkstätte *f*

memorizzare [memoridˈdzaːre] *vt* ① *(nella memoria)* ins Gedächtnis einprägen ② INFORM speichern

memorizzazione [memoriddzatˈtsioːne] *f* ① PSIC Memorisierung *f* ② INFORM Speicherung *f*

Memotel® [ˈmɛmotel] *m* TEL *zentraler Anrufbeantworterservice der Telecom*

menabò [menaˈbɔ] <-> *m* Lay-out *nt*

menadito [menaˈdiːto] *avv* **sapere a ~** etw aus dem Effeff beherrschen; **ripetere a ~** etw wie am Schnürchen heruntersagen *fam*

menare [meˈnaːre] **I.** *vt* ① *(condurre)* führen; **~ il can per l'aia** *(fig)* etw auf die lange Bank schieben *fam;* **~ qu per il naso** jdn an der Nase herumführen ② *(battere, picchiare)* schlagen; *(colpi)* austeilen; **~ le mani** handgreiflich werden ③ *(coda)* wedeln mit ④ *(fam: trascorrere)* verbringen; *(vita)* führen **II.** *vr* **-rsi** sich schlagen

menata [meˈnaːta] *f (fam fig)* Litanei *f*

mencio, -a [ˈmentʃo] <-ci, -ce> *agg* TOSC schlaff, schlapp; **cappello ~** Schlapphut *m*

mendicante [mendiˈkante] **I.** *agg* Bettel-, bettelnd **II.** *mf* Bettler(in) *m(f)*

mendicare [mendiˈkaːre] **I.** *vt* ① *(elemosinare)* erbetteln, betteln um ② *(fig)* flehen um **II.** *vi* betteln [gehen]

mendicità [menditʃiˈta] <-> *f* Armut *f*

mendico, -a [menˈdiːko] <-chi, -che> **I.** *agg* Bettler- **II.** *m, f* Bettler(in) *m(f)*

menefreghismo [menefreˈgizmo] *m* [zynische] Gleichgültigkeit *f,* Ungerührtheit *f*

menefreghista [menefreˈgista] <-i *m*, -e *f*> **I.** *agg* gleichgültig, ungerührt **II.** *mf* gleichgültige Person

menestrello [menesˈtrɛllo] *m* Spielmann *m,* fahrender Musikant *m*

meninge [meˈnindʒe] *f* Hirnhaut *f*

meningite [meninˈdʒiːte] *f* Hirnhautentzündung *f,* Meningitis *f scient*

menisco [meˈnisko] <-schi> *m* Meniskus *m*

meno [ˈmeːno] **I.** *avv* ① *(comparativo di poco)* weniger, nicht so viel; **di** [*o* **in**] **~** weniger; **uno più o ~** einer mehr oder weniger; **~ male!** *(fam)* Gott sei Dank!; **non essere da ~ di qu** jdm unterlegen sein ② *(in frasi comparative)* **~ di** nicht so wie, weniger als; **poco ~** so gut wie, fast; **tanto ~** umso weniger; **niente ~ che …** kein Geringerer als …; **né più né ~** nicht mehr und nicht weniger; **in ~ di un attimo** in null Komma nichts *fam* ③ *(in frasi superlative)* am wenigsten; **quanto ~** wenigstens; **~ che ~** am allerwenigsten ④ *(di temperatura, nelle votazioni scolastiche,* MAT minus ⑤ *(di ora)* vor; **sono le 3 ~ 5** es ist fünf [Minuten] vor drei ⑥ *(no)* nicht; **dobbiamo decidere se andarci o ~** wir müssen entscheiden, ob wir hingehen oder nicht ⑦ *(loc)* **fare a ~ di qc/qu** auf etw/jdn verzichten, ohne etw/jdn auskommen; **venir ~ a qc** einer Sache *dat* nicht nachkommen **II.** *agg inv* ① *(minore in quantità)* geringer, weniger ② *(in minor numero)* weniger, nicht so viel; **ha ~ anni di me** er/sie ist jünger als ich **III.** *prep* außer *+dat;* **a ~ di** [*o* **che** *+conj*] es sei denn, dass …, außer wenn … **IV.** *m* <-> ① *(la minor cosa)* Geringste(s) *nt,* Mindeste(s) *nt;* **parlare del più e del ~** von diesem und jenem reden ② *(la parte minore)* geringerer Teil ③ MAT Minus[zeichen] *nt* ④ *pl (minoranza)* Minderheit *f*

Meno ['mɛːno] *m* Main *m*

menomare [meno'maːre] *vt* ① *(mutilare)* behindern, beeinträchtigen; *(danneggiare)* verletzen ② *(ridurre)* verringern, schmälern

menomato [meno'maːto] *mf* Behinderte(r) *f(m)*

menomazione [menomat'tsioːne] *f (perdita)* Beeinträchtigung *f; (mutilazione)* Behinderung *f*

menopausa [meno'paːuza] *f* Menopause *f*

mensa ['mɛnsa] *f* ① *(locale)* Kantine *f; (universitaria)* Mensa *f* ② *(tavola)* Tafel *f geh,* Tisch *m*

menscevico, -a [menʃʃe'viko] <-chi, -che> **I.** *agg* HIST menschevistisch **II.** *m, f* Menschewik(in) *m(f),* Menschewist(in) *m(f)*

menscevismo [menʃʃe'vizmo] *m* HIST Menschewismus *m*

mensile [men'siːle] **I.** *agg* ① *(di ogni mese)* monatlich, Monats- ② *(che dura un mese)* einmonatig **II.** *m* ① *(stipendio)* Monatsgehalt *nt* ② *(periodico)* Monatsheft *nt,* -schrift *f*

mensilità [mensili'ta] <-> *f* ① *(retribuzione)* Monatsgehalt *nt,* Monatslohn *m;* **tredicesima ~** dreizehntes Monatsgehalt ② *(periodicità mensile)* monatliche Leistung, monatlicher Vorgang

mensola ['mɛnsola] *f* Konsole *f*

menta ['menta] *f* ① BOT Minze *f* ② GASTR *(liquore)* Pfefferminzlikör *m; (confetto)* Pfefferminzbonbon *nt*

mentale [men'taːle] *agg* ① *(della mente)* Geistes-, geistig ② *(senza parlare)* still; *(calcolo, lavoro)* Kopf-

mentalità [mentali'ta] <-> *f* Mentalität *f*

mentalmente [mental'mente] *avv* ① *(con la mente)* im Geiste ② *(di mente)* innerlich

mente ['mente] *f* ① *(intelligenza, intelletto)* Geist *m,* Verstand *m;* **a ~ lucida** bei klarem Verstand ② *(attenzione)* Gedanken *mpl,* Kopf *m; (intenzione)* Sinn *m;* **avere in ~ di fare qc** im Sinn haben, etw zu tun ③ *(memoria)* Gedächtnis *nt;* **a ~** auswendig; **passare** [*o* **uscir**] **di ~** aus dem Sinn kommen, entfallen; **venire in ~, passare per la ~** in den Sinn kommen, einfallen ④ *(fig)* Kopf *m,* Geist *m;* **levarsi qu/qc dalla ~** sich *dat* jdn/etw aus dem Kopf schlagen; **ficcarsi** [*o* **mettersi**] **in ~ di fare qc** *(fam)* sich *dat* in den Kopf setzen, etw zu tun; **cosa ti salta in ~?** was fällt dir ein?

mentecatto, -a [mente'katto] *agg* schwachsinnig; **povero ~!** *(fam)* du armer Irrer!

mentina [men'tiːna] *f* Pfefferminzbonbon *nt*

mentire [men'tiːre] *vi* lügen

mentito, -a [men'tiːto] *agg* falsch, erlogen; **sotto -e spoglie** verkappt, unter falschem Namen

mentitore, -trice [menti'toːre] *m, f* Lügner(in) *m(f)*

mento ['mento] *m* Kinn *nt;* **doppio ~** Doppelkinn *nt*

mentolo [men'tɔːlo] *m* Menthol *nt*

mentore ['mɛntore] *m (poet)* Mentor(in) *m(f)*

mentre ['mentre] **I.** *cong* ① *(temporale)* während ② *(avversativo)* während, wohingegen **II.** *m* **in quel ~** gerade in diesem Moment

menu [me'nu] <-> *m* ① *(lista)* Speise[n]karte *f* ② *(insieme di vivande)* Speisenfolge *f,* Menü *nt* ③ INFORM Menü *nt;* **barra dei ~** Menüleiste *f;* **~ di assistenza** Hilfemenü *nt;* **~ d'avvio** Startmenü *nt;* **~ a discesa** Pull-down-Menü *nt;* **opzione ~** Menüpunkt *m*

menzionare [mentsio'naːre] *vt* nennen, erwähnen

menzione [men'tsioːne] *f* Erwähnung *f*

menzogna [men'tsoɲɲa] *f* Lüge *f*

menzognero, -a [mentsoɲ'ɲɛːro] *agg* ① *(bugiardo)* verlogen, lügend ② *(fig: fallace, illusorio)* trügerisch, täuschend

Merano [me'raːno] *f* Meran *nt (Stadt in Südtirol)*

M

meraviglia [mera'viʎʎa] <-glie> *f* ❶ *(sorpresa)* Überraschung *f* ❷ *(stupore)* Erstaunen *nt,* Verwunderung *f* ❸ *(cosa, persona meravigliosa)* Wunder *nt;* **le sette -glie del mondo** die Sieben Weltwunder; **a ~** wunderbar, ausgezeichnet

meravigliare [meraviʎ'ʎa:re] **I.** *vt* verwundern, erstaunen **II.** *vr* **-rsi** sich wundern; **mi meraviglio di te!** ich muss mich doch sehr über dich wundern!; **non mi meraviglierei affatto se ...** es würde mich [gar] nicht wundern, wenn ...

meraviglioso, -a [meraviʎ'ʎo:so] *agg* wunderbar

mercante, -essa [mer'kante, merkan'tessa] *m, f* Händler(in) *m(f); (fig, pej)* Krämer *m;* **~ di uomini** Menschenhändler *m,* Schlepper *m*

mercanteggiare [merkanted'dʒa:re] **I.** *vi* **~ [su qc]** [um etw] feilschen **II.** *vt (pej)* verschachern

mercantesco, -a [merkan'tesko] <-schi, -sche> *agg (pej)* Krämer-

mercantessa *f v.* **mercante**

mercantile [merkan'ti:le] **I.** *agg* Handels-, kaufmännisch; *(del mercante)* Händler- **II.** *m* Handelsschiff *nt,* Frachtschiff *nt*

M

mercantilismo [merkanti'lizmo] *m* Merkantilismus *m*

mercanzia [merkan'tsi:a] <-ie> *f* [Handels]ware *f*

mercatino [merka'ti:no] *m* [Wochen]markt *m;* **~ di Natale** Weihnachtsmarkt *m*

mercatistica [merka'tistika] <-che> *f* Marketing *nt*

mercato [mer'ka:to] *m* ❶ COM Markt *m;* FIN Handel *m;* **~ all'ingrosso** Großmarkt *m;* **~ al minuto** Einzelhandel *m;* **~ monetario** Geldhandel *m;* **~ nero** Schwarzmarkt *m;* **Mercato Comune [Europeo]** Gemeinsamer Markt; **Mercato Interno Europeo** Europäischer Binnenmarkt; **piazza del ~** Marktplatz *m;* **analisi di ~** Marktanalyse *f;* **economia di ~** Marktwirtschaft *f;* **a buon ~** preiswert, günstig ❷ *(fig: confusione)* Durcheinander *m*

merce ['mɛrtʃe] *f* ❶ COM Ware *f* ❷ *pl* Güter *ntpl;* **scalo -i** Güterbahnhof *m;* **treno -i** Güterzug *m* ❸ *(fig)* Gut *nt*

mercenario [mertʃe'na:rio] <-i> *m* Söldner *m*

mercenario, -a <-i, -ie> *agg* ❶ *(truppe, soldati)* Söldner- ❷ *(fig, pej)* käuflich, bestechlich

merceologia [mertʃeolo'dʒi:a] <-ie> *f* Warenkunde *f*

merceria [mertʃe'ri:a] <-ie> *f* ❶ *(assortimento)* Kurzwaren *fpl* ❷ *(negozio)* Kurzwarenhandlung *f*

mercerizzare [mertʃerid'dza:re] *vt* merzerisieren

merchandiser ['mə:tʃəndaizə] <- *o* merchandisers> *mf* COM Verkäufer(in) *m(f)* [von Fan-Artikeln]

merchandizing ['mə:tʃəndaiziŋ] <-> *m* COM Merchandising *nt*

merci ['mɛrtʃi] <-> *m* Güterzug *m*

merciaio, -a [mer'tʃa:io] <-ciai, -ciaie> *m, f* Kurzwarenhändler(in) *m(f)*

mercificare [mertʃifi'ka:re] *vt* kommerzialisieren

mercificazione [mertʃifikat'tsio:ne] *f* Kommerzialisierung *f*

mercimonio [mertʃi'mɔ:nio] <-i> *m* [schmutziger] Handel *m*

mercoledì [merkole'di] <-> *m* Mittwoch *m; v. a.* **domenica**

mercuriale [merku'ria:le] **I.** *agg* ❶ ASTR Merkur- ❷ CHEM Quecksilber- **II.** *f* COM Marktbericht *m*

mercurio [mer'ku:rio] *m* CHEM Quecksilber *nt*

Mercurio [mer'ku:rio] *m* ASTR Merkur *m*

merda ['mɛrda] *f (vulg)* Scheiße *f;* **essere nella ~** in der Scheiße stecken, beschissen dran sein

merdaio [mer'da:io] <-ai> *m (vulg)* Dreck[s]loch *nt*

merdoso, -a [mer'do:so] *agg (vulg)* beschissen; *(a. fig)* dreckig

merenda [me'rɛnda] *f* Vesper[brot] *nt,* Nachmittagsimbiss *m,* Jause *f* A; **fare [la] ~** Vesper machen, vespern, jausnen A

meretrice [mere'tri:tʃe] *f (poet)* Dirne *f,* Hure *f*

merge [mə:dʒ] <- *o* merges> *m* INFORM Dateiverknüpfung *f*

meridiana [meri'dia:na] *f* ❶ *(orologio)* Sonnenuhr *f* ❷ ASTR Mittagslinie *f*

meridiano [meri'dia:no] *m* Meridian *m*

meridiano, -a *agg* Mittags-

meridionale [meridio'na:le] **I.** *agg* ❶ *(del sud)* südlich, Süd- ❷ *(del Mezzogiorno italiano)* süditalienisch; **l'Italia ~** Süditalien *nt* **II.** *mf* ❶ *(del sud)* Südländer(in) *m(f)* ❷ *(del Mezzogiorno italiano)* Süditaliener(in) *m(f)*

meridionalismo [meridiona'lizmo] *m* LING süditalienischer Ausdruck

meridione [meri'dio:ne] *m* Süden *m*

meringa [me'riŋga] <-ghe> *f* Meringe *f,* Baiser *nt,* Windbäckerei *f* A

merino [me'ri:no] **I.** *agg inv* Merino- **II.** *m* <-> ❶ ZOO Merino *m,* Merinoschaf *nt* ❷ *(lana)* Merinowolle *f*

meritare [meri'ta:re] **I.** *vt* verdienen **II.** *vi* *(fam: valere)* sich lohnen, der Mühe wert sein **III.** *vr* **-rsi** [sich] verdienen; **questa te la sei proprio meritata!** *(fam)* das geschieht dir gerade recht!

meritevole [meri'teːvole] *agg* wert, würdig

merito ['mɛːrito] *m* ① *(qualità)* Verdienst *nt;* **in ~ a ...** was ... betrifft, in Bezug auf *+akk ...*; **a pari ~** bei Gleichwertigkeit ② *(valore)* Wert *m,* Vorzug *m*

meritocratico, -a [mɛrito'kraːtiko] <-ci, -che> *agg* Verdienst-, Leistungs-; **il principio ~** das Leistungsprinzip

meritocrazia [mɛritokrat'tsiːa] *f* Leistungsprinzip *nt*

meritorio, -a [meri'tɔːrio] <-i, -ie> *agg* verdienstvoll

merlato, -a [mer'laːto] *agg* mit Zinnen versehen

merlatura [merla'tuːra] *f* Zinnenkranz *m*

merlettaia [merlet'taːia] <-aie> *f* Spitzenklöpplerin *f*

merletto [mer'letto] *m* Spitze *f*

merlo ['mɛrlo] *m* ARCH Zinne *f*

merlo, -a *m, f* ① ZOO Amsel *f,* Schwarzdrossel *f* ② *(fam fig)* Gimpel *m*

merluzzo [mer'luttso] *m* Kabeljau *m*

mero, -a ['mɛːro] *agg (poet)* pur, rein

mésalliance [meza'ljɑ̃s] <mésalliances> *f* Mesalliance *f geh,* nicht standesgemäße Ehe

mescere ['meʃʃere] <mesco, mescei, mesciuto> *vt (poet)* einschenken, eingießen

meschina *f v.* **meschino**

meschinità [meskini'ta] <-> *f* ① *(ristrettezza mentale)* Kleinlichkeit *f,* Engherzigkeit *f* ② *(inadeguatezza)* Dürftigkeit *f,* Unzulänglichkeit *f*

meschino, -a [mes'kiːno] **I.** *agg* ① *(misero)* armselig; *(fig)* kläglich ② *(insufficiente)* dürftig, spärlich ③ *(gretto)* kleinlich, engstirnig **II.** *m, f* armer Teufel *fam*

mesciato, -a [meʃ'ʃaːto] *agg (capelli)* gesträhnt; *(ragazza -a)* Mädchen *nt* mit gesträhnten Haaren [*o* mit Strähnchen]

mescita ['meʃʃita] *f* Ausschank *m*

mesciuto *pp di* **mescere**

mescolanza [mesko'lantsa] *f* ① *(il mescolare)* Mischung *f,* Mischen *nt* ② *(insieme di cose mescolate)* Mischung *f,* Gemisch *nt* ③ *(fig, pej: confusione)* Mischmasch *m fam*

mescolare [mesko'laːre] **I.** *vt* ① *(mischiare)* [ver]mischen; *(carte)* mischen ② *(fig: confondere)* durcheinanderbringen **II.** *vr* **-rsi** ① *(unirsi in una massa)* sich vermischen ② *(confondersi)* sich mischen ③ *(fig: immischiarsi)* sich einmischen

mescolata [mesko'laːta] *f* [kurzes] Umrühren *nt;* **dare una ~ alle carte** die Karten kurz mischen

mescolatrice [meskola'triːtʃe] *f* Rührmaschine *f,* Mischkneter *m*

mese ['meːse] *m* ① *(periodo di tempo)* Monat *m;* **essere al terzo ~** im dritten Monat [schwanger] sein ② *(stipendio)* Monatslohn *m,* -gehalt *nt* ③ *(canone d'affitto)* Monatsmiete *f*

messa ['messa] *f* ① REL, MUS Messe *f;* **dire la ~** die Messe lesen; **sentire la ~** die Messe hören; **servir la ~** ministrieren, bei der Messe dienen ② *(azione del mettere)* **~ a fuoco** Scharfeinstellung *f;* **~ a massa** [*o* **a terra**] EL Erdung *f;* **~ a punto** TEC Einstellung *f,* Regulierung *f;* **~ in marcia** TEC Ingangsetzen *nt;* **~ in moto** TEC Anlassen *nt;* **~ in opera** TEC Installation *f,* Verlegung *f;* **~ in piega** Wellung *f,* [Wasser]welle *f;* **~ in scena** *v.* **messinscena**

messaggera *f v.* **messaggero**

messaggeria [messaddʒe'riːa] <-ie> *f* Versandbuchhandel *m;* **~ postale** Bahnpost *f*

messaggero, -a [messad'dʒɛːro] **I.** *m, f* Bote *m*/Botin *f* **II.** *agg (poet)* kündend

messaggiare [messad'dʒaːre] **I.** *vi (fam)* simsen **II.** *vt (fam)* eine SMS [*o* eine E-Mail] schicken **III.** *vr* **-rsi** *(fam)* sich simsen

messaggino [messad'dʒiːno] *m* TEL SMS[-Nachricht] *f*

messaggio [mes'saddʒo] <-ggi> *m* ① *(notizia)* Nachricht *f;* *(a. fig)* Botschaft *f* ② *(discorso solenne)* Botschaft *f* ③ INFORM Message *f,* Nachricht *f*

messaggistica [messad'dʒistika] <-che> *f* Kommunikationswesen *nt*

messale [mes'saːle] *m* Messbuch *nt,* Missale *nt*

messe ['mɛsse] *f* ① *(mietitura)* [Getreide]ernte *f* ② *(quantità di cereali)* Getreide *nt,* Korn *nt* ③ *(epoca)* Erntezeit *f* ④ *(fig)* Ernte *f,* Ausbeute *f*

messia [mes'siːa] <-> *m* ① REL *(il Messia)* der Messias ② *(fig)* Befreier *m,* Retter *m*

messicano, -a [messi'kaːno] **I.** *agg* mexikanisch **II.** *m, f* Mexikaner(in) *m(f)*

Messico ['mɛssiko] *m* **il ~** Mexiko *nt*

Messina [mes'siːna] *f* Messina *nt (Stadt in Sizilien)*

messinese [messi'neːse] **I.** *mf (abitante)* Einwohner(in) *m(f)* Messinas **II.** *agg* aus Messina

Messinese *m sing* Umgebung *f* von Messina

messinscena, messa in scena [messin'ʃɛːna] <messe in scena> *f* Inszenierung *f*

M

messo[1] ['messo] *pp di* **mettere**
messo[2] *m (poet)* ❶ *(messaggero)* Bote *m* ❷ ADM Amtsdiener *m;* ~ **di tribunale** Gerichtsdiener *m*
mestierante [mestie'rante] *mf (pej)* Pfuscher(in) *m(f)*
mestiere [mes'tiɛːre] *m* ❶ *(lavoro)* Beruf *m,* Handwerk *nt;* **i ferri del** ~ das Handwerkszeug; **fare i -i** die Hausarbeit verrichten ❷ *(competenza)* Fach *nt,* Metier *nt,* Handwerk *nt;* **essere del** ~ vom Fach sein ❸ *(pej)* Gewerbe *nt*
mestizia [mes'tittsia] <-ie> *f* Wehmut *f,* Traurigkeit *f*
mesto, -a ['mɛsto] *agg* wehmütig, traurig
mestola ['mestola] *f* ❶ *(da cucina)* Schöpflöffel *m,* [Schöpf]kelle *f* ❷ *(del muratore)* [Maurer]kelle *f*
mestolo ['mestolo] *m* Kochlöffel *m*
mestruale [mestru'aːle] *agg* menstrual, Menstruations-
mestruazione [mestrua'tsioːne] *f,* **mestruo** ['mɛstruo] *m* Monatsblutung *f,* Menstruation *f*
meta ['mɛːta] *f* ❶ *(destinazione)* Ziel *nt* ❷ *(scopo)* Zweck *m*
metà [me'ta] <-> *f* ❶ *(parte)* Hälfte *f;* **a** ~ halb, zur Hälfte; **dire le cose a** ~ sich vage ausdrücken; **fare a** ~ halbe-halbe machen ❷ *(punto di mezzo)* Mitte *f;* ~ **campo** Mittelfeld *nt;* **a** ~ **strada** auf halbem Wege ❸ *(fig, scherz: coniuge)* bessere Hälfte
metabolico, -a [meta'bɔːliko] <-ci, -che> *agg* metabolisch
metabolismo [metabo'lizmo] *m* Stoffwechsel *m,* Metabolismus *m*
metacarpo [meta'karpo] *m* Mittelhand *f*
metadone [meta'dɔːne] *m* CHEM, MED Methadon *nt*
metafisica [meta'fiːzika] *f* Metaphysik *f*
metafisico, -a [meta'fiːziko] <-ci, -che> **I.** *agg* metaphysisch **II.** *m, f* Metaphysiker(in) *m(f)*
metafora [me'taːfora] *f* Metapher *f;* **fuor di** ~ unverblümt
metaforico, -a [meta'fɔːriko] <-ci, -che> *agg* metaphorisch
metaletteratura [metalettera'tuːra] *f* LIT Literatur *f* über das Schreiben
metalinguaggio [metaliŋ'guaddʒo] <-ggi> *m* Metasprache *f*
metallico, -a [me'talliko] <-ci, -che> *agg* Metall-, metallen; *(a. fig)* metallisch
metallifero, -a [metal'liːfero] *agg* metallhaltig, erzhaltig
metallizzare [metallid'dzaːre] *vt* metallisieren
metallizzato, -a [metallid'dzaːto] *agg* metallic
metallo [me'tallo] *m* Metall *nt*
metallurgia [metallur'dʒiːa] <-gie> *f* Metallurgie *f,* Hüttenkunde *f*
metallurgico, -a [metal'lurdʒiko] <-ci, -che> **I.** *agg* metallurgisch, Hütten-, **II.** *m, f* Hüttenarbeiter, Metallarbeiter(in) *m(f)*
metalmeccanico, -a [metalmek'kaːniko] **I.** *agg* Metall- [und Maschinenbau-] **II.** *m, f* Metallarbeiter(in) *m(f)*
metamorfosi [meta'mɔrfozi] <-> *f* Metamorphose *f*
metano [me'taːno] *m* Methan[gas] *nt*
metanodotto [metano'dotto] *m* Gas[fern]leitung *f*
metastasi [me'tastazi] <-> *f* Metastase *f,* Tochtergeschwulst *f*
metatesi [me'taːtezi] <-> *f* Lautumstellung *f,* Metathese *f*
metatesto [meta'testo] *m a.* LETTER Metatext *m*
metempsicosi [metempsi'kɔːzi] <-> *f* Seelenwanderung *f*
meteo ['mɛːteo] *m* Wettervorhersage *f*
meteoecologia [meteoekolo'dʒiːa] *f* ECOL, METEO Klimaforschung *f* unter ökologischen Gesichtspunkten, ökologische Klimaforschung
meteora [me'tɛːora] *f* Meteor *m*
meteorico, -a [mete'ɔːriko] <-ci, -che> *agg* meteorisch
meteorite [meteo'riːte] *m o f* Meteorit *m*
meteorologa *f v.* **meteorologo**
meteorologia [meteorolo'dʒiːa] <-gie> *f* Meteorologie *f,* Wetterkunde *f*
meteorologico, -a [meteoro'lɔːdʒiko] <-ci, -che> *agg* meteorologisch; **bollettino** ~ Wetterbericht *m*
meteorologo, -a [meteo'rɔːlogo] <-gi, -ghe> *m, f* Meteorologe *m*/Meteorologin *f*
meteosat ['mɛːteosat] <-> *m* METEO Wettersatellit *m*
meticciare [metit'tʃaːre] **I.** *vt* ❶ *(razze)* [miteinander] kreuzen ❷ *(ricette)* vermischen, [miteinander] mischen **II.** *vr* **-rsi** *(culture)* [miteinander] verschmelzen
meticcio, -a [me'tittʃo] <-cci, -cce> *m, f* ❶ BIOL Hybride *f o m* ❷ *(persona)* Mestize *m,* Mischling *m*
meticolosità [metikolosi'ta] <-> *f* Gewissenhaftigkeit *f,* Akribie *f*
meticoloso, -a [metiko'loːso] *agg* gewissenhaft, minutiös
metile [me'tiːle] *m* Methyl *nt*
metilico, -a [me'tiːliko] <-ci, -che> *agg* Methyl-
metodica [me'tɔːdika] <-che> *f* Methodik *f*

M

metodicità [metoditʃi'ta] <-> *f* methodisches Vorgehen

metodico, -a [me'tɔːdiko] <-ci, -che> *agg* ① *(sistematico)* methodisch ② *(abitudinario)* gewohnheitsmäßig

metodismo [meto'dizmo] *m* Methodismus *m*

metodista [meto'dista] <-i *m*, -e *f*> **I.** *agg* methodistisch, Methodisten- **II.** *mf* Methodist(in) *m(f)*

metodistico, -a [meto'distiko] <-ci, -che> *agg* methodistisch

metodo ['mɛːtodo] *m* ① *(procedimento)* Methode *f*, Verfahren *nt* ② *(ordine)* System *nt*, Methode *f* ③ *(manuale)* Leitfaden *m*, Lehrbuch *nt*

metodologia [metodolo'dʒiːa] <-gie> *f* Methodik *f*, Methodologie *f*

metodologicamente [metodolodʒika'mente] *avv* methodologisch

metodologico, -a [metodo'lɔːdʒiko] <-ci, -che> *agg* methodologisch, methodisch

metodologo, -a [meto'dɔːlogo] <-gi, -ghe> *m, f* SCIENT Experte *m*/Expertin *f* für Methodologie

metonimia [meto'niːmia *o* metoni'miːa] *f* LIT Metonymie *f*

metraggio [me'traddʒo] <-ggi> *m* Messen *nt* [nach Metern]; **film a corto/lungo ~** Kurz-/[Normal]film *m*

metratura [metra'tuːra] *f* Länge *f* in Metern

metrica ['mɛːtrika] <-che> *f* Verslehre *f*, Metrik *f*

metrico, -a ['mɛːtriko] <-ci, -che> *agg* metrisch

metro[1] ['mɛːtro] *m* ① *(unità di lunghezza)* Meter *m o nt* ② *(strumento)* Metermaß *nt*, Meterband *nt*; **~ pieghevole** Stabmeter *m* ③ *(fig: criterio di giudizio)* Maßstab *m* ④ LIT *(piede)* Versfuß *m*; *(verso)* Metrum *nt*, Versmaß *nt*

metro[2] ['mɛːtro] <-> *f*, **metrò** [me'trɔ] <-> *m (fam)* U-Bahn *f*; *(a Parigi e Mosca)* Metro *f*

metronomo [me'trɔːnomo] *m* Metronom *nt*

metronotte [metro'nɔtte] <-> *m* Nachtwächter *m*

metropoli [me'trɔːpoli] <-> *f* Großstadt *f*, Metropole *f*

metropolita [metropo'liːta] <-i> *m* Metropolit *m*

metropolitana [metropoli'taːna] *f* Untergrundbahn *f*, U-Bahn *f*

metropolitano [metropoli'taːno] *m* Polizist *m*, Schutzmann *m*

metropolitano, -a *agg* Großstadt-

mettere ['mettere] <metto, misi, messo> **I.** *vt* ① *(collocare, apporre)* setzen; *(in piedi)* stellen; *(orizzontalmente)* legen; **~ a confronto** gegenüberstellen, vergleichen; **~ ai voti** zur Abstimmung bringen; **~ al mondo** zur Welt bringen; *(fig)* in die Welt setzen; **~ in chiaro** klarstellen; **~ in funzione** in Betrieb setzen; **~ in giro** in Umlauf bringen; **~ in pericolo** in Gefahr bringen; **~ qu in libertà** jdm die Freiheit geben; **~ su** *(fondare)* gründen; *(organizzare)* einrichten, aufbauen; *(aprire)* eröffnen; *(fam: mettere a cuocere)* aufsetzen ② *(ficcare)* [hinein]stecken; **~ dentro** *(infilare)* hineinstecken; *(fam fig: imprigionare)* einlochen ③ *(applicare)* [auf]kleben; *(appendere)* [auf]hängen ④ *(fam: installare)* installieren; EL legen ⑤ *(infondere)* machen; *(discordia)* säen; *(provocare)* verursachen, auslösen; **~ paura a qu** jdm Angst einjagen ⑥ *(indossare)* anziehen, tragen; *(cappello)* aufsetzen ⑦ *(imporre)* auferlegen ⑧ *(ridurre)* umsetzen, machen zu; **~ in pratica** in die Tat umsetzen ⑨ *(sviluppare)* bekommen; *(radici)* ansetzen; **~ i denti** Zähne bekommen; **~ le radici** Wurzeln schlagen ⑩ *(alloggiare)* unterbringen ⑪ *(depositare)* deponieren ⑫ *(puntare)* [ein]setzen ⑬ *(fam: far pagare)* zahlen lassen ⑭ *(loc)* **mettercela tutta** alles daran setzen; **~ bocca** d[a]reinreden, sich einmischen **II.** *vi* ① *(sboccare)* münden ② *(germogliare)* keimen, treiben ③ *(supporre)* annehmen; **mettiamo che ...** *+conj* nehmen wir an, dass ... **III.** *vr* **-rsi** ① *(collocarsi)* sich stellen; *(sedersi)* sich setzen; *(sdraiarsi)* sich legen; **-rsi a ...** *+inf* anfangen zu ... *+inf*, beginnen zu ... *+inf*; **-rsi a sedere** sich [hin]setzen; **-rsi a proprio agio** es sich bequem machen ② *(cacciarsi)* sich bringen, sich stürzen ③ *(indossare)* [sich] anziehen; *(cappello)* [sich] aufsetzen ④ *(unirsi)* sich vereinigen, sich zusammentun; **-rsi con qu** *(associarsi)* sich mit jdm vereinigen; *(avere una relazione amorosa)* mit jdm gehen; **-rsi in contatto con qu** sich mit jdm in Verbindung setzen

mezz'aria [med'dzaːria] *f* **a ~** in halber Höhe

mezz'asta [med'dzasta] *f* **a ~** auf Halbmast

mezz'ora [med'dzoːra] <mezze ore> *f* halbe Stunde

mezzacalzetta, mezza calzetta [meddzakal'tsetta] <mezzecalzette> *f (fam)* kleines Würstchen

mezzacartuccia, mezza cartuccia [meddzakar'tuttʃa] <mezzecartucce> *f (fam)* Niete *f*, Blindgänger *m*

M

mezzadria [meddza'driːa] <-ie> *f* Halbpacht *f*
mezzadro [med'dzaːdro] *m* Halbpächter *m*
mezzala, **mezz'ala** [med'dzaːla] <-i *o* mezze ali> *f* Halbstürmer(in) *m(f)*; **~ destra** Halbrechte(r) *f(m)*
mezzaluna [meddza'luːna] <mezzelune> *f* ① ASTR Halbmond *m* ② *(coltello)* Wiegemesser *nt*
mezzana [med'dzaːna] *f* ① NAUT Besansegel *nt* ② *v.* **mezzano**
mezzanino [meddza'niːno] *m* Zwischengeschoss *nt*, Mezzanin *nt*
mezzano, **-a** [med'dzaːno] **I.** *m, f* Kuppler(in) *m(f)* **II.** *agg* mittlere(r, s), Mittel-
mezzanotte [meddza'nɔtte] <mezzenotti> *f* Mitternacht *f*
mezzapunta [meddza'punta] <mezzepunte> *f* ① SPORT *(nel calcio)* Libero *m* ② *(scarpa da danza)* Ballettschuh *m* ③ *(posizione di danza)* Vorderfuß *m*; **ballare sulle mezzepunte** auf dem Vorderfuß tanzen
mezzasega [meddza'seːga] <mezzeseghe> *mf (vulg)* kleiner Schwächling
mezzatacca [meddza'takka] <mezzetacche> *f (fam)* Nichtskönner(in) *m(f)*, Volltrottel *m*
mezzecalzette *pl di* **mezzacalzetta**
mezzecartucce *pl di* **mezzacartuccia**
mezzelune *pl di* **mezzaluna**
mezzenotti *pl di* **mezzanotte**
mezzeria [meddze'riːa] <-ie> *f (linea)* mittlere Linie; *(punto)* mittlerer Punkt; **linea di ~** *(di strada)* Mittellinie *f*
mezzibusti *pl di* **mezzobusto**
mezzicontralti *pl di* **mezzocontralto**
mezzi di comunicazione ['mɛddzi di komunikat'tsioːne] *mpl* Kommunikationsmittel *ntpl*
mezzi di comunicazione di massa ['mɛddzi di komunikat'tsioːne di 'massa] *mpl* Massenmedien *ntpl*
mezzisoprani *pl di* **mezzosoprano**
mezzo ['mɛddzo] **I.** *m* ① *(metà)* Hälfte *f* ② *(parte centrale)* Mitte *f* ③ *(espediente)* Mittel *nt*; **~ legale** Rechtsmittel *nt*; **con ogni ~** mit allen Mitteln; **per ~ di** *(persona)* durch; *(cosa)* mit, mithilfe von; **il fine giustifica i -i** *(prov)* der Zweck heiligt die Mittel ④ *(veicolo)* Verkehrsmittel *nt*, Fahrzeug *nt* ⑤ *pl* Mittel *ntpl*; **privo di -i** mittellos; **-i di comunicazione di massa** Massenmedien *ntpl* ⑥ PHYS Medium *nt* ⑦ *(fig: misura)* Maß *nt*; **via di ~** *(fig)* Mittelweg *m* ⑧ *(fig: dote, capacità)* Fähigkeit *f* ⑨ *(loc)* **andarci di ~** etw abbekommen *fam*; **esserci di ~** beteiligt sein, mit von der Partie sein *fam*; **levar** [*o* **togliere**] **di ~** aus dem Weg räumen, ausschalten **II.** *avv* zur Hälfte, halb
mezzo, **-a** *agg* ① *(metà di un intero)* halb, Halb-; **le tre e ~** drei Uhr dreißig, halb vier; **mezz'ora** halbe Stunde *f*; **non dire una -a parola** kein Wort sagen ② *(medio, intermedio)* mittlere(r, s); **vestito di -a stagione** Übergangskleid *nt*; **un uomo** [*o* **una donna**] **di -a età** ein Mann [*o* eine Frau] mittleren Alters ③ *(fig: quasi o non completo)* halb
mezzobusto, **mezzo busto** [meddzo'busto] <mezzibusti> *m* ① *(parte del corpo)* Büste *f*; **fotografia a ~** Brustbild *nt* ② *(iron: annunciatore televisivo)* Fernsehansager(in) *m(f)*, Nachrichtensprecher(in) *m(f)*
mezzobusto <mezzibusti> *m (iron)* Fernsehansager(in) *m(f)*, Nachrichtensprecher(in) *m(f)*
mezzocontralto, **mezzo contralto** [meddzokon'traltro] <mezzicontralti> *m* Mezzosopran *m*
mezzofondista [meddzofon'dista] <-i *m*, -e *f*> *mf* Mittelstreckenläufer(in) *m(f)*, -schwimmer(in) *m(f)*
mezzofondo [meddzo'fondo] *m* Mittelstreckenlauf *m*, -schwimmen *nt*
mezzogiorno [meddzo'dʒorno] *m* ① *(le 12)* Mittag *m*, zwölf Uhr [mittags] ② *(sud)* Süden *m* ③ *(l'Italia meridionale)* Süditalien *nt*
mezzosangue [meddzo'saŋgue] <-> *m* Halbblut *nt*
mezzosoprano, **mezzo soprano** [meddzoso'praːno] <mezzisoprani> *m* Mezzosopran *m*
mezzuccio [med'dzuttʃo] <-cci> *m (pej)* fauler Trick *m*
mi[1] [mi] **I.** *pron pers 1. pers sing* ① *(complemento di termine)* mir ② *(complemento oggetto)* mich **II.** *pron rifl 1. pers sing* mich
mi[2] <-> *m* MUS e *nt*, E *nt*
miagolare [miago'laːre] *vi* ① *(gatto)* miauen ② *(pej: cantare)* jaulen
miagolata [miago'laːta] *f (pej: canto lamentoso)* Katzenmusik *f fam*
miagolio [miago'liːo] <-ii> *m* ① *(di gatto)* Miauen *nt* ② *(fig: piagnucolio)* Geplärr[e] *nt fam*
miao ['miaːo] *int* miau
miasma [mi'azma] <-i> *m* Pestgestank *m*, Miasma *nt*
MIB *m abbr di* **Milano Indice Borsa** Mailänder Börsenindex *m*
MIBTEL *m abbr di* **Milano Indice Borsa**

Telematico Mailänder telematischer Börsenindex *m*

mica ['mi:ka] *avv* ① *(affatto, per niente)* **non ... ~** doch nicht, gar nicht; *(per caso)* doch [wohl] nicht; **non è ~ morto nessuno!** bloß keine Hektik! ② *(fam)* nicht; **~ male quel tipo!** nicht übel dieser Typ!

miccia ['mittʃa] <-cce> *f* Zündschnur *f*

michelaccio [mike'lattʃo] <-cci> *m* Müßiggänger *m*

michetta [mi'ketta] *f* SETT *kleines, rundes Brötchen*

micia *f v.* **micio**

micidiale [mitʃi'dia:le] *agg* ① *(mortale)* tödlich ② *(fig: molto dannoso)* schädlich; *(intollerabile)* mörderisch *fam*

micio, -a ['mi:tʃo] <-ci, -ce> *m, f (fam)* Mieze *f*

micosi [mi'kɔ:zi] <-> *f* Pilzkrankheit *f,* Mykose *f*

microampere [mikroã'pɛ:r] <-> *m* PHYS Mikroampére *nt*

microamperometro [mikroampe'rɔ:metro] *m* PHYS Mikroampéremeter *nt*

microanalisi [mikroa'na:lizi] <-> *f* CHEM Mikroanalyse *f*

microbibliografia [mikrobibliogra'fi:a] *f* FOTO Mikrodokumentation *f*

microbicida [mikrobi'tʃi:da] <-i> *m* CHEM Bakterizid *nt*

microbico, -a [mi'krɔ:biko] <-ci, -che> *agg* mikrobiell

microbilancia [mikrobi'lantʃa] <-ce> *f* CHEM Mikroanalysenwaage *f,* mikrochemische Waage, Mikrowaage *f*

microbiologa *f v.* **microbiologo**

microbiologia [mikrobiolo'dʒi:a] *f* Mikrobiologie *f*

microbiologico, -a [mikrobio'lɔ:dʒiko] <-ci, -che> *agg* CHEM, BIOL mikrobiologisch

microbiologo, -a [mikrobi'ɔ:logo] <-gi, -ghe> *m, f* Mikrobiologe *m*/Mikrobiologin *f*

microbo ['mi:krobo] *m* Mikrobe *f*

microcalcolatore [mikrokalkola'to:re] *m* INFORM Mikrocomputer *m*

microcamera [mikro'ka:mera] *f* Kleinstbildkamera *f*

microcassetta [mikrokas'setta] *f* TEC Mikrokassette *f*

microchimica [mikro'ki:mika] *f* CHEM Mikrochemie *f*

microchip ['maikroutʃip] <- *o* microchips> *m* TEC Mikrochip *m,* Chip *m*

microchirurgia [mikrokirur'dʒi:a] *f* MED Mikrochirurgie *f*

microcircuito [mikrotʃir'ku:ito] *m* TEC Mikroschaltung *f*

microclima [mikro'kli:ma] *m* Mikroklima *nt*

microclimatologia [mikroklimatolo'dʒi:a] <-ie> *f* METEO Mikroklimatologie *f*

microcomponente [mikrokompo'nɛnte] *m* TEC Mikrobaustein *m*

microcomputer ['mikrokəm'pju:tə] <-> *m v.* **microcalcolatore**

microconflittualità [mikrokonflittuali'ta] <-> *f* Kleinkrieg *m*

microcontesto [mikrokon'tɛsto] *m* LING Mikrokontext *m*

microcosmico, -a [mikro'kɔzmiko] <-ci, -che> *agg* mikrokosmisch

microcosmo [mikro'kɔzmo] *m* Mikrokosmos *m*

microcriminalità [mikrokriminali'ta] <-> *f* Kleinkriminalität *f*

microdelinquenza [mikrodeliŋ'kuentsa] *f v.* **microcriminalità**

microdinamometro [mikrodina'mɔ:mɛtro] *m* PHYS Mikrodynamometer *nt*

microeconomia [mikroekono'mi:a] *f* COM, FIN Mikroökonomie *f*

microelaboratore [mikroelabora'to:re] *m v.* **microcalcolatore**

microelemento [mikroele'mento] *m* ① BIOL oligodynamische Substanz ② CHEM Mikroelement *nt*

microelettronica [mikroelet'trɔ:nika] *f* TEC Mikroelektronik *f*

microelettronico, -a [mikroelet'trɔ:niko] <-ci, -che> *agg* TEC mikroelektronisch

microfarad [mikro'fa:rad] <-> *m* PHYS Mikrofarad *nt*

microfessurazione [mikrofessurat'tsio:ne] *f* Mikrorissbildung *f*

microfibra [mikro'fi:bra] *f* Mikrofaser *f*

microfiche [mikro'fiʃ] <- *o* microfiches> *f* FOTO Mikrofiche *nt o m,* Mikrokarte *f*

microfilm [mikro'film] *m* Mikrofilm *m*

microfilmare [mikrofil'ma:re] *vt* mikroverfilmen

microfilmatrice [mikrofilma'tri:tʃe] *f* FOTO Mikrofilm-Aufnahmegerät *nt*

microfilmatura [mikrofilma'tu:ra] *f* FOTO Mikrodokumentation *f,* Mikroverfilmung *f*

microflora [mikro'flɔ:ra] *f* BIOL pflanzliche Mikroorganismen *mpl*

microfono [mi'krɔ:fono] *m* Mikrofon *nt;* TEL Telefonhörer *m*

microfotografia [mikrofotogra'fi:a] *f* Mikrofotografie *f*

microfotografico, -a [mikrofoto'gra:fiko] <-ci, -che> *agg* FOTO mikrofotografisch; **apparecchio ~** Mikrofoto-Kopiergerät *nt*

microglossario [mikroglos'sa:rio] *m* ① LING *(linguaggio settoriale)* fachsprachliches Wörterbuch ② LING *(vocaboli più fre-*

M

quenti di un autore) Frequenzwörterbuch *nt*

microgrammo [mikro'grammo] *m* Mikrogramm *nt*

microimpresa [mikroim'pre:sa] *f* Kleinstunternehmen *nt,* Kleinstbetrieb *m*

microinterruttore® [mikrointerrut'to:re] *m* TEC Mikroschalter *m*

microistruzione [mikroisttrut'tsio:ne] *f* INFORM Mikrobefehl *m*

microlettore [mikrolet'to:re] *m* Lesegerät *nt* [für Mikrofilme]

microlingua [mikro'liŋgua] *f* LING Fachsprache *f*

microlitro [mikro'li:tro] *m* Mikroliter *m*

micromacinatore [mikromatʃina'to:re] *m* PHYS Feinmörser *m,* Mikropulverisator *m*

micromania [mikroma'ni:a] *f* PSIC Tendenz *f* zur Verharmlosung [*o* Bagatellisierung]

micrometeorologia [mikrometeorolo'dʒi:a] *f* METEO Mikrometeorologie *f*

micrometria [mikrome'tri:a] *f* TEC Mikrometrologie *f,* Feinmessung *f* mittels Messschraube [*o* Bügelmessschraube]

micrometrico, -a [mikro'mɛ:triko] <-ci, -che> *agg* ① TEC *(di minima entità)* mikrometer-, im Mikrometerbereich ② TEC *(relativo al micrometro)* Messschrauben-; **vite -a** Messschraube *f,* Bügelmessschraube *f*

micrometro [mi'krɔ:metro] *m* Mikrometer *nt*

micromillimetro [mikromil'li:metro] *m* ein Millionstel Millimeter *m*

microminiaturizzare [mikrominiaturid'dza:re] *vt* TEC mikrominiaturisieren

microminiaturizzazione [mikrominiaturiddzat'tsio:ne] *f* Mikrominiaturisierung *f,* starke Verkleinerung

micromotore [mikromo'to:re] *m* ① *(motore)* Kleinmotor *m* ② *(veicolo)* Kleinmotorfahrzeug *nt*

micromotorista [mikromoto'rista] <-i *m,* -e *f*> *mf* Kleinkraftradfahrer(in) *m(f)*

micron ['mi:kron] <-> *m (obs)* Mikron *nt*

micronizzare [mikronid'dza:re] *vt* PHYS, TEC pulverisieren

micronizzatore [mikroniddza'to:re] *m* TEC Pulverisator *m,* Mörser *m*

micronizzazione [mikroniddzat'tsio:ne] *f* TEC Pulverisierung *f* im My-Bereich

micronutriente [mikronutri'ɛnte] *m* BIOL Mikronährstoff *m,* Spurenelement *nt*

microonda [mikro'onda] *f* Mikrowelle *f;* **forno a -e** Mikrowellenherd *m*

micropolvere [mikro'polvere] *f (polveri sottili)* Feinstaub *m*

microporosità [mikroporosi'ta] <-> *f* Mikroporen *fpl*

microporoso, -a [mikropo'ro:so] *agg* Mikroporen-; **materiale ~** Mikroporenmaterial *nt*

microprocessore [mikroprotʃes'so:re] *m* INFORM Mikroprozessor *m*

microprogramma [mikropro'gramma] <-i> *m* INFORM Mikroprogramm *nt*

microprogrammazione [mikroprogrammat'tsio:ne] *f* INFORM Mikroprogrammierung *f*

microproiettore [mikroproiet'to:re] *m* OPT Mikroprojektor *m*

microproiezione [mikroproiet'tsio:ne] *f* OPT Mikroprojektion *f*

micropropagatore, -trice [mikropropaga'to:re] *m, f* BOT Pflanzer(in) *m(f)* von Mestemen

micropropagazione [mikropropagat'tsio:ne] *f* BOT Massenanpflanzung *f* von Mestemen

microregistratore [mikroredʒistra'to:re] *m* Taschenaufnahmegerät *nt*

microrganismo [mikroorga'nizmo] *m* Mikroorganismus *m*

microriproduttore [mikroriprodut'to:re] *m v.* **microfilmatrice**

microsaldatura [mikrosalda'tu:ra] *f* ① TEC *(tecnica di precisione usata per saldare)* Mikroschweißtechnik *f* ② TEC *(operazione di saldatura)* Mikroschweißen *nt* ③ TEC *(punto di saldatura)* extrem dünne Schweißfuge *f*

microscheda [mikros'kɛ:da] *f* Mikrokarte *f*

microscopia [mikrosko'pi:a] <-ie> *f* Mikroskopie *f*

microscopico [mikros'kɔ:piko] <-ci, -che> *agg* mikroskopisch; *(fig: estremamente piccolo)* verschwindend klein, winzig

microscopio [mikros'kɔ:pio] <-i> *m* Mikroskop *nt;* **~ elettronico** Elektronenmikroskop *nt*

microscopista [mikrosko'pista] <-i *m,* -e *f*> *mf* TEC Mikroskopierer(in) *m(f),* Mikroskopiker(in) *m(f)*

microsecondo [mikrose'kondo] *m* Mikrosekunde *f*

micro-show ['maikrouʃou] <- *o* micro-shows> *m* TV kurze Showeinlage, Blitzauftritt *m* in einer Show

microsisma [mikro'sizma] <-i> *m* GEOL mikroseismische Bewegung

microsismico, -a [mikro'sizmiko] <-ci, -che> *agg* GEOL mikroseismisch

microsismografo [mikrosiz'mɔ:grafo] *m* TEC Mikroseismograf *m*

microsociologia [mikrosotʃolo'dʒi:a] *f* SOC Mikrosoziologie *f*

microsociologico, **-a** [mikrosotʃo'lɔːdʒiko] <-ci, -che> *agg* SOC mikrosoziologisch
microsolco[1] [mikro'solko] <-chi> *m* ① *(solco)* Mikrorille *f* ② *(disco)* Langspielplatte *f*
microsolco[2] *agg inv* **disco ~** Langspielplatte *f*
microsonda [mikro'sonda] *f* TEC, MED Mikrosonde *f*
microspazio [mikro'spattsio] *m* PHYS Ausdehnung *f* atomarer Größenordnung
microspia [mikros'piːa] *f* Minispion *m*, [Abhör]wanze *f*
microstampatrice [mikrostampa'triːtʃe] *f* TEC Lese- und Rückvergrößerungsdrucker *m*
microstazione [mikrostat'tsioːne] *f* kleine Polizeiwache der Carabinieri
microstoria [mikro'stɔːria] <-> *f* HIST regionale Kulturgeschichte
microstorico, **-a** [mikro'stɔːriko] <-ci, -che> *agg* HIST die regionale Kulturgeschichte betreffend
microstruttura [mikrostrut'tuːra] *f* ① BIOL Mikrostruktur *f* ② *(fig)* LIT Mikrogefüge *nt*
microtelefono [mikrote'lɛːfono] *m* TEL Telefonhörer *m*
microtomo [mikro'tɔːmo] *m* MED Mikrotom *nt*
microvolt [mikrovɔlt] <-> *m* PHYS Mikrovolt *nt*
middlebrow ['midlbrau] **I.** *agg inv* durchschnittlich gebildet **II.** *mf* <- *o* middlebrows> durchschnittlich gebildeter Mensch
middle class ['midl 'klaːs] <-> *f* Mittelschicht *f*
midolla [mi'dolla] *f* Krume *f*
midollare [midol'laːre] *agg* [Knochen]mark-
midollo [mi'dollo] <*pl* -a *f o rar:* -i *m*> *m* ① ANAT, BOT Mark *nt* ② *(fig)* Mark *nt*, Knochen *m*; **fino alle -a** durch und durch; **un uomo senza ~** ein Mann *m* ohne Rückgrat
midsummer ['mid'sʌmə] *m sing* Mittsommer *m*, Hochsommer *m*
mie ['miːe], **miei** ['miɛːi] *v.* **mio**
miele ['miɛːle] *m* Honig *m*; **luna di ~** Flitterwochen *fpl*
mietere ['miɛːtere] *vt* ① AGR mähen ② *(fig: raccogliere)* einheimsen *fam*, ernten ③ *(fig: vittime)* fordern
mietilega, **mietilegatrice** [mieti'leːga, mietilega'triːtʃe] *f* Mähbinder *m*
mietitore, **-trice** [mieti'toːre] **I.** *m, f* Mäher(in) *m(f)*, Schnitter(in) *m(f)* **II.** *agg* vernichtend
mietitrebbiatrice [mietitrebbia'triːtʃe] *f* Mähdrescher *m*
mietitrice [mieti'triːtʃe] *f* Mähmaschine *f*
mietitura [mieti'tuːra] *f* ① *(lavoro)* Mähen *nt* ② *(periodo)* Erntezeit *f*
migliaccio [miʎ'ʎattʃo] <-cci> *m* Kastanienkuchen *m*
migliaio [miʎ'ʎaːio] <*pl*: -aia *f*> *m* Tausend *nt*; **un ~ [di …]** etwa tausend […]; **-aia** tausend, Tausende *pl*; **a -aia** zu Tausenden
miglio[1] ['miʎʎo] <*pl*: -glia *f*> *m* ① *(unità di misura)* Meile *f* ② *(fig: distanza notevole)* meilenweite Entfernung; **essere lontano un ~** meilenweit entfernt sein ③ *(pietra)* Meilenstein *m*
miglio[2] <-gli> *m* BOT Hirse *f*
miglioramento [miʎʎora'mento] *m* [Ver]besserung *f*
migliorare [miʎʎo'raːre] **I.** *vt avere* [ver]bessern **II.** *vi essere* besser werden, sich bessern; **il malato migliora di giorno in giorno** dem Kranken geht es von Tag zu Tag besser **III.** *vr* **-rsi** sich bessern
migliorativo, **-a** [miʎʎora'tiːvo] *agg* [Ver]besserungs-
migliore [miʎ'ʎoːre] **I.** *agg (comparativo di buono)* besser; *(superlativo relativo)* beste(r, s); **nel ~ dei casi** im günstigsten Fall **II.** *mf* Beste(r) *f(m)*
miglioria [miʎʎo'riːa] <-ie> *f* Ausbau *m*, Umbau *m*
migliorista [miʎʎo'rista] <-i *m*, -e *f*> *mf* Anhänger(in) *m(f)* der gemäßigt systemkritischen Linken
mignatta [miɲ'ɲatta] *f* ① ZOO Blutegel *m* ② *(pej)* Blutsauger *m*
mignolo ['miɲɲolo] *m* ① *(della mano)* kleiner Finger ② *(del piede)* kleiner Zeh
mignotta [miɲ'ɲotta] *f* DIAL *(vulg)* Hure *f*
migrare [mi'graːre] *vi essere* wandern; *(uccelli)* ziehen
migratore, **-trice** [migra'toːre] **I.** *agg* Wander-; *(uccelli)* Zug- **II.** *m, f* Wanderer *m*/Wanderin *f*; *(emigrante)* Auswanderer/Auswanderin
migratorio, **-a** [migra'tɔːrio] <-i, -ie> *agg* ① *(correnti)* Migrations-, Wander- ② ZOO Zug- ③ SOC **background ~** Migrationshintergrund *m*
migratrice *f v.* **migratore**
migrazione [migrat'tsioːne] *f* Wanderung *f*, Migration *f*; **~ di ioni/~ dei poli** Ionen-/Polwanderung *f*
milanese[1] [mila'neːse] *m sing (dialetto)* mailändischer Dialekt; **parlare in ~** mailändischen Dialekt sprechen
milanese[2] **I.** *mf (abitante)* Mailän-

der(in) *m(f)* **II.** *agg* mailändisch; **risotto alla** ~ Risotto nach Mailänder Art

Milanese *m sing* Umgebung *f* von Mailand

milanesità [milanezi'ta] <-> *f* mailändische Identität

milanista [mila'nista] <-i *m*, -e *f*> **I.** *agg* SPORT Milan-, von AC Mailand **II.** *mf (tifoso)* AC Mailand-Fan *m*

Milano [mi'la:no] *f* Mailand *nt (Hauptstadt der Lombardei)*

miliardario, -a [miliar'da:rio] <-i, -ie> **I.** *m, f* Milliardär(in) *m(f)* **II.** *agg* Milliardär[s]-; *(somma)* Milliarden-

miliardo [mi'liardo] *m* Milliarde *f*

miliare [mi'lia:re] *agg* **pietra** ~ *(a. fig)* Meilenstein *m*

milionario, -a [milio'na:rio] <-i, -ie> **I.** *m, f* Millionär(in) *m(f)* **II.** *agg* Millionär[s]-; *(somma)* Millionen-; *(persona)* millionenschwer *fam*

milione [mi'lio:ne] *m* Million *f*

militante [mili'tante] **I.** *agg* militant **II.** *mf* Militant(in) *m(f)*

militare[1] [mili'ta:re] **I.** *agg* Militär-, Soldaten-; **esercitazione** ~ Wehrübung *f;* **servizio** ~ Wehrdienst *m* **II.** *m* Soldat *m*

militare[2] *vi* ❶ *(fare il soldato)* Soldat sein, Wehrdienst leisten ❷ *(fig: partecipare attivamente)* aktiv [tätig] sein

M

militaresco, -a [milita'resko] <-schi, -sche> *agg (pej)* Kasernen-

militaria [mili'ta:ria] *f* MIL Militaria *ntpl*

militarismo [milita'rizmo] *m* Militarismus *m*

militarista [milita'rista] <-i *m*, -e *f*> *mf* Militarist(in) *m(f)*

militaristico, -a [milita'ristiko] <-ci, -che> *agg* militaristisch

militarizzare [militarid'dza:re] *vt* militarisieren; *(fortificare)* befestigen

militarizzazione [militariddzat'tsio:ne] *f* Militarisierung *f*

militassolto, -a [militas'sɔlto] *agg* [aus dem Wehrdienst] entlassen

milite ['mi:lite] *m* ❶ *(soldato)* Soldat *m;* **il Milite Ignoto** der Unbekannte Soldat ❷ *(membro)* Milizsoldat *m* ❸ *(fig: chi lotta)* Kämpfer *m,* Streiter *m*

militesente [milite'zɛnte] *agg* [von der Wehrpflicht] freigestellt

milizia [mi'littsia] <-ie> *f* ❶ MIL *(esercito)* Armee *f,* Heer *nt* ❷ *(speciale corpo armato)* Miliz *f* ❸ *(fig: partecipazione attiva)* Kämpfen *nt,* Kampf *m*

milk-shake [milk'ʃeik] <- *o* milk-shakes> *m* GASTR Milchmixgetränk *nt* [mit Speiseeis]

millantare [millan'ta:re] **I.** *vt* rühmen, angeben mit **II.** *vr* **-rsi di qc** sich einer Sache *gen* rühmen

millantatore, -trice [millanta'to:re] **I.** *m, f* Angeber(in) *m(f),* Prahler(in) *m(f)* **II.** *agg* prahlerisch

millanteria [millante'ri:a] <-ie> *f* Prahlen *nt,* Prahlerei *f*

mille ['mille] **I.** *num* [ein]tausend; ~ **grazie** tausend Dank **II.** *m* <-> [Ein]tausend *f o nt;* **l'anno** ~ das Jahr Tausend *(nach Christus);* **le** ~ **ed una notte** Tausendundeine Nacht; **per** ~ Promille, vom Tausend; **uno su** [*o* **fra**] ~ einer von tausend

millecento [mille'tʃɛnto] *m* zwölftes Jahrhundert

millefoglie [mille'fɔʎʎe] <-> *mf* ❶ GASTR Blätterteiggebäck *nt* ❷ BOT Schafgarbe *f*

millenario [mille'na:rio] <-i> *m* tausendster Jahrestag

millenario, -a <-i, -ie> *agg* ❶ *(che dura mille anni)* tausendjährig ❷ *(che ricorre ogni mille anni)* alle tausend Jahre, Tausendjahr[es]-

millennio [mil'lɛnnio] <-i> *m* Jahrtausend *nt,* Millennium *nt*

millepiedi [mille'piɛ:di] <-> *m* Tausendfüß[l]er *m*

millesimale [millɛzi'ma:le] *agg* ❶ *(millesima parte)* Tausendstel- ❷ *(fig)* winzig

millesimato, -a [millɛzi'ma:to] *agg* Jahrgang-; **una bottiglia -a** eine Weinflasche mit Angabe des Jahrgangs

millesimo [mil'lɛ:zimo] *m (frazione)* Tausendstel *nt*

millesimo, -a I. *agg* tausendste(r, s) **II.** *m, f* Tausendste(r, s) *f(m, nt)*

milleusi [mille'u:zi] *agg inv* Allzweck-, Mehrzweck-; **apriscatole** ~ multifunktionaler Dosenöffner

millibar [milli'bar] <-> *m* Millibar *nt*

milligrammo [milli'grammo] *m* Milligramm *nt*

millimetrato, -a [millime'tra:to] *agg* **carta -a** Millimeterpapier *nt*

millimetro [mil'li:metro] *m* Millimeter *m o nt*

milza ['miltsa] *f* Milz *f*

mimare [mi'ma:re] **I.** *vt* mimen, mimisch darstellen **II.** *vi* schauspielern

mimetico, -a [mi'mɛ:tiko] <-ci, -che> *agg* ❶ *(gener,* PHILOS, LIT, ZOO mimetisch ❷ *(imitativo)* imitativ ❸ *(mimetizzante)* Tarn-, tarnend

mimetismo [mime'tizmo] *m* ❶ ZOO Mimese *f* ❷ *(fig)* Anpassungsfähigkeit *f,* Anpassungsvermögen *nt*

mimetizzare [mimetid'dza:re] **I.** *vt* MIL tarnen **II.** *vr* **-rsi** ❶ MIL sich tarnen ❷ *(adeguarsi)* sich anpassen

mimica ['mi:mika] <-che> *f* Mimik *f*

mimico, -a ['mi:miko] <-ci, -che> *agg* mimisch; **linguaggio ~** Gebärdensprache *f*
mimo, -a ['mi:mo] *m, f* Pantomime *m/* Pantomimin *f*
mimosa [mi'mo:sa] *f* Mimose *f*
min. ❶ *abbr di* **minuto** min., Min. ❷ *abbr di* **minimo, minima** min.
mina ['mi:na] *f* Mine *f*
minaccia [mi'nattʃa] <-cce> *f* ❶ *(intimidazione)* Drohung *f* ❷ *(pericolo)* Bedrohung *f*, Gefahr *f*
minacciare [minat'tʃa:re] *vt* ❶ *(intimidire)* drohen; **~ qu di qc** jdn mit etw [be]drohen ❷ *(fig)* drohen, befürchten lassen
minaccioso, -a [minat'tʃo:so] *agg* drohend; *(pericoloso)* bedrohlich, gefährlich
minare [mi'na:re] *vt* ❶ *(collocare mine)* verminen, Minen legen in ❷ *(fig: logorare)* untergraben, zerstören
minareto [mina're:to] *m* Minarett *nt*
minatore [mina'to:re] *m* Bergmann *m*
minatorio, -a [mina'tɔ:rio] <-i, -ie> *agg* Droh-
minchia ['miŋkia] <-chie> *f* MER *(vulg: pene)* Schwanz *m;* **testa di ~!** Saftsack!
minchiona *f v.* **minchione**
minchionaggine [miŋkio'naddʒine] *f (vulg)* Dämlichkeit *f fam*
minchionare [miŋkio'na:re] *vt (vulg)* verarschen *vulg*
minchione, -a [miŋ'kio:ne] *m, f (vulg)* Blödmann *m fam,* [Einfalts]pinsel *m fam;* **fossi ~!** ich wär' ja blöd! *fam*
minchioneria [miŋkione'ri:a] <-ie> *f (vulg)* Scheiß *m,* Scheiße *f*
minerale [mine'ra:le] **I.** *agg* mineralisch, Mineral- **II.** *m* Mineral *nt,* Erz *nt*
mineralizzare [mineralid'dza:re] *vt* mineralisieren
mineralizzazione [mineraliddzat'tsio:ne] *f* Mineralisation *f*
mineralogia [mineralo'dʒi:a] <-gie> *f* Mineralogie *f*
mineralogico, -a [minera'lɔ:dʒiko] <-ci, -che> *agg* mineralogisch
mineralurgia [mineralur'dʒi:a] *f* ❶ MIN *(trattamento con il fuoco dei minerali metalliferi)* Erzverhüttung *f* ❷ MIN *(raffinazione)* Erzverarbeitung *f*
minerario, -a [mine'ra:rio] <-i, -ie> *agg* ❶ *(dei minerali)* Erz- ❷ *(delle miniere)* Bergbau-, Montan-
minerva[1] [mi'nɛrva] <-> *m* Zündhölzer *nt pl,* Zündholzbriefchen *nt*
minerva[2] *f (per il collo)* Stützkorsett *nt*
minestra [mi'nɛstra] *f* ❶ GASTR Suppe *f* ❷ *(fig)* Geschichte *f,* Sache *f;* **è sempre la solita ~** *(fig)* es ist immer die alte Geschichte
minestrina [mines'tri:na] *f* [leichte] Suppe *f,* Brühe *f*
minestrone [mines'tro:ne] *m* ❶ GASTR [dicke] Suppe *f (meist mit Gemüsen, Hülsenfrüchten, Teigwaren o Reis)* ❷ *(fig: miscuglio)* Mischmasch *m fam,* Sammelsurium *nt fam*
mingherlino, -a [miŋger'li:no] *agg* schmächtig; *(uomo)* schmalbrüstig
mini ['mi:ni] **I.** *f* <-> Mini[rock] *m* **II.** *agg inv* Mini-, mini
miniabito [mini'a:bito] *m* Minikleid *nt*
miniacciaieria [miniattʃaie'ri:a] *f* TEC Ministahlwerk *nt*
minialloggio [minial'lɔddʒo] <-ggi> *m* 1-2-Zimmerwohnung *f,* kleine Wohnung
miniappartamento [miniapparta'mento] *m v.* **minialloggio**
miniare [mi'nia:re] *vt* mit Miniaturen ausschmücken
miniassegno [minias'seɲɲo] *m* FIN Minischeck *m*
miniatore, -trice [minia'to:re] *m, f* Miniatur[en]maler(in) *m(f)*
miniatura [minia'tu:ra] *f* ❶ *(arte)* Miniaturmalerei *f* ❷ *(opera)* Miniatur *f;* **in ~** en miniature, im Kleinen ❸ *(fig: lavoro di precisione)* Präzisionsarbeit *f*
miniaturista [miniatu'rista] <-i *m,* -e *f*> *mf (artista)* Miniatur[en]maler(in) *m(f)*
miniaturizzare [miniaturid'dza:re] *vt* TEC miniaturisieren
minibar [mini'bar] <-> *m* Minibar *f*
minibasket [mini'ba:skit] *m sing* SPORT Minibasketball *m*
minibomber [mini'bɔmber] <-> *m* kurze Bomberjacke
minibus ['minibus *o* mini'bus] <-> *m* MOT Kleinbus *m*
minicalcolatore [minikalkola'to:re] *m v.* **microcalcolatore**
minicomputer [minikəm'pju:tə] <-> *m v.* **microcalcolatore**
minidisco [mini'disko] <-chi> *m* INFORM Diskette *f*
minielaboratore [minielabo'ra:re] *m v.* **microcalcolatore**
miniera [mi'niɛ:ra] *f* ❶ MIN Bergwerk *nt,* Grube *f* ❷ *(fig: fonte)* Fundgrube *f*
minigolf [mini'gɔlf] <-> *m* Minigolf *nt*
minigonna [mini'gonna *o* mini'gɔnna] *f* Minirock *m*
minima ['mi:nima] *f* ❶ METEO Tiefsttemperatur *f* ❷ MUS halbe Note
minimal art ['miniməl a:t] <-> *f* KUNST Minimalart *f,* Minimal Art *f*
minimale [mini'ma:le] *agg* Mindest-
minimalismo [minima'lizmo] *m* Minimalismus *m*

M

minimalista [minima'lista] <-i *m*, -e *f*> **I.** *agg* minimalistisch **II.** *mf* Minimalist(in) *m(f)*

minimalistico, -a [minima'listiko] <-ci, -che> *agg* minimalistisch

minimal music ['miniməl 'mju:zik] <-> *f* MUS Minimalmusic *f*, Minimal Music *f*

minimarket [mini'ma:kit] <-> *m v.* **minimercato**

minimercato [minimer'ka:to] *m* kleiner Supermarkt

minimissile [mini'missile] *m* MIL Kleinstrakete *f*

minimizzare [minimid'dza:re] *vt* bagatellisieren, verniedlichen

minimo ['mi:nimo] *m* Geringste(s) *nt*, Mindeste(s) *nt*; *(misura)* Mindestmaß *nt*, Minimum *nt*; **al ~** mindestens; **~ salariale** Grundlohn *m*

minimo, -a *agg* ① *(superlativo di piccolo)* minimal, sehr klein ② *(il più piccolo)* kleinste(r, s); *(a. fig)* geringste(r, s) ③ *(il più basso)* tiefste(r, s), niedrigste(r, s) ④ *(ultimo)* Mindest-, äußerste(r, s) ⑤ *(nessuno)* geringste(r, s), mindeste(r, s)

minimosca [mini'moska] <-> *m* ① SPORT *(categoria di pugili leggeri)* Junior-Fliegengewicht *nt* ② SPORT *(pugile dei pesi minimosca)* Junior-Fliegengewichtler(in) *m(f)*

minimum tax ['miniməm tæks] *f sing* FIN steuerpflichtiger Mindestbetrag für Selbstständige

minio ['mi:nio] *m* Mennige *f*

minipillola [mini'pillola] *f* Minipille *f*

miniregistratore [miniredʒistra'to:re] *m* Minirecorder *m*

miniriforma [miniri'forma] *f* POL Minireform *f*

minischermo [mini'skermo] *m (di un cellulare o tablet)* [kleines] Display, [kleiner] Screen

miniserie [mini'sɛ:rie] <-> *f* TV Mehrteiler *m*

ministeriale [ministe'ria:le] *agg* Minister-, ministerial; **crisi ~** Regierungskrise *f*

ministero [minis'tɛ:ro] *m* ① *(dicastero)* Ministerium *nt*; **~ degli [affari] esteri** Außenministerium *nt*; **~ della difesa** Verteidigungsministerium *nt*; **~ delle finanze** Finanzministerium *nt* ② *(governo)* Kabinett *nt*, Regierung *f* ③ JUR **pubblico ~** Staatsanwalt *m*; *(organo)* Staatsanwaltschaft *f* ④ *(fig: ufficio)* Mission *f*, hoher Auftrag

ministro [mi'nistro] *m* ① POL Minister(in) *m(f)*; **primo ~** Premierminister *m*; **~ della difesa** Verteidigungsminister(in) *m(f)*; **~ degli esteri** Außenminister(in) *m(f)*; **~ delle finanze** Finanzminister(in) *m(f)*; **~ degli interni** Innenminister(in) *m(f)*; **~ della giustizia** Justizminister(in) *m(f)* ② *(fig)* Diener(in) *m(f)*; *(divulgatore)* Verbreiter(in) *m(f)*

minoranza [mino'rantsa] *f* Minderheit *f*, Minorität *f*

minorato, -a [mino'ra:to] **I.** *agg* behindert **II.** *m, f* Behinderte(r) *f(m)*

minorazione [minorat'tsio:ne] *f* ① MED Behinderung *f* ② *(riduzione)* [Ver]minderung *f*, Kürzung *f*

minore [mi'no:re] **I.** *agg* ① *(comparativo: più piccolo)* kleiner; *(fig)* geringer; *(più breve)* kürzer; *(più giovane)* jünger; *(meno importante)* unbedeutend; **Asia Minore** Kleinasien *nt*; **l'Orsa ~** der Kleine Bär ② *(superlativo relativo)* kleinste(r, s) ③ MUS Moll-, -Moll **II.** *mf* ① *(persona più giovane)* Jüngste(r) *f(m)* ② *(minorenne)* Minderjährige(r) *f(m)*, Jugendliche(r) *f(m)*

minorenne [mino'rɛnne] **I.** *mf* Minderjährige(r) *f(m)*, Jugendliche(r) *f(m)*; **tribunale dei -i** Jugendgericht *nt* **II.** *agg* minderjährig

minorile [mino'ri:le] *agg* Jugend-, jugendlich; **delinquenza ~** Jugendkriminalität *f*; **lavoro ~** Kinderarbeit *f*

minoritario, -a [minori'ta:rio] <-i, -ie> *agg* Minderheiten-, Minderheits-

minuendo [minu'ɛndo] *m* MAT Minuend *m*

minuetto [minu'etto] *m* Menuett *nt*

minuscola [mi'nuskola] *f* Kleinbuchstabe *m*

minuscolo, -a [mi'nuskolo] *agg* ① *(scrittura)* klein; **lettera -a** kleiner Buchstabe, Kleinbuchstabe *m* ② *(piccolissimo)* winzig

minuta [mi'nu:ta] *f* Konzept *nt*, Entwurf *m*

minutaglia [minu'taʎʎa] <-glie> *f (pej)* [Klein]kram *m fam*

minutamente [minuta'mente] *avv* ① *(a pezzetti)* in kleine[n] Stücke[n] ② *(in modo particolareggiato)* in allen Einzelheiten, aufs Genaueste

minuteria [minute'ri:a] <-ie> *f* Kleinartikel *mpl*, Nippes *mpl*

minuto [mi'nu:to] *m* Minute *f*; **~ primo** Minute *f*; **~ secondo** Sekunde *f*; **~ di silenzio** Schweigeminute *f*; **in un ~** *(fig: rapidamente)* in einer Sekunde *fam*; **spaccare il ~** *(fig)* auf die Minute genau sein; **questa è una questione di pochi -i** das ist eine Sache von wenigen Minuten; **non avere un ~ di pace** keine ruhige Minute haben; **ho i -i contati** meine Zeit ist knapp [bemessen]

minuto, -a *agg* ① *(piccolo)* klein, Klein- ② *(di poca importanza)* klein ③ *(gracile)* zierlich; *(delicato, sottile)* fein ④ *(partico-*

lareggiato) genau, eingehend ❺ *(di bassa condizione)* nieder, einfach
minuzia [mi'nuttsia] <-ie> *f* Kleinigkeit *f*
minuziosità [minuttsiosi'ta] <-> *f* peinliche Genauigkeit
minuzioso, -a [minut'tsioːso] *agg (lavoro)* minutiös; *(persona)* peinlich genau
minuzzolo [mi'nuttsolo] *m* Stückchen *nt,* kleines Stück
mio, -a ['miːo] <miei, mie> **I.** *agg* mein; **la -a anima/voce** meine Seele/Stimme; ~ **padre/zio** mein Vater/Onkel; **un ~ amico** ein Freund von mir **II.** *m, f* **il ~** das Meine; **dire la -a** meine Meinung sagen; **essere** [*o* **stare**] **dalla -a** auf meiner Seite sein; **la -a del ...** mein Brief vom ...; **ne ho fatta una delle -e** ich habe einen meiner Streiche gespielt **III.** *pron pos* **il ~, la -a** meiner, meine, mein[e]s; **i miei** meine Eltern
miope ['miːope] **I.** *agg (fig)* MED kurzsichtig **II.** *mf* Kurzsichtige(r) *f(m)*
miopia [mio'piːa] <-ie> *f (fig)* MED Kurzsichtigkeit *f*
miosotide [mio'zɔːtide] *f* Vergissmeinnicht *nt*
mira ['miːra] *f* ❶ *(il mirare)* Zielen *nt,* [An]visieren *nt;* **prendere di ~ qu** *(fig)* jdn aufs Korn nehmen *fam* ❷ *(bersaglio)* Ziel *nt* ❸ *(fig: intenzione, scopo)* Ziel *nt,* Absicht *f*
mirabile [mi'raːbile] *agg* bewundernswert; *(meraviglioso)* wunderbar
mirabilie [mira'biːlie] *fpl (scherz)* Wunderdinge *ntpl*
mirabolante [mirabo'lante] *agg* märchenhaft *fam,* unglaublich, großartig
miracolato, -a [mirako'laːto] *agg* durch [ein] Wunder geheilt
miracolo [mi'raːkolo] *m* Wunder *nt;* ~ **economico** Wirtschaftswunder *nt;* **far -i** Wunder tun; *(fig)* Wunder vollbringen; **conoscere** [*o* **sapere**] **vita, morte e -i di qu** von jdm auch noch das kleinste Detail kennen; **per ~** wie durch ein Wunder; **che ~!** *(fam)* o Wunder!
miracoloso, -a [mirako'loːso] *agg* ❶ *(che fa miracoli)* wundertätig ❷ *(cosa)* wunderbar; *(persona)* phänomenal, fabelhaft
miraggio [mi'raddʒo] <-ggi> *m* ❶ PHYS Luftspiegelung *f* ❷ *(fig: promessa seducente)* Trugbild *nt*
mirare [mi'raːre] *vi* ❶ *(puntare)* zielen; ~ **a qc** auf etw *akk* zielen, etw anvisieren ❷ *(fig: tendere)* ~ **a qc** nach etw trachten; ~ **in alto** ein hohes Ziel anstreben
mirato, -a [mi'raːto] *agg* zielgerichtet
miriade [mi'riːade] *f* Myriade *f*
mirino [mi'riːno] *m* ❶ MIL Korn *nt; (a. fig)* Visier *nt,* Fadenkreuz *nt* ❷ FOTO Sucher *m*
mirra ['mirra] *f* Myrrhe *f*
mirtillo [mir'tillo] *m* Heidelbeere *f,* Blaubeere *f*
mirto ['mirto] *m* Myrte *f*
misantropa *f v.* **misantropo**
misantropia [mizantro'piːa] <-ie> *f* Menschenhass *m*
misantropo, -a [mi'zantropo] **I.** *m, f* Menschenfeind(in) *m(f),* Misanthrop *m geh* **II.** *agg* menschenfeindlich, misanthropisch *geh*
miscela [miʃ'ʃɛːla] *f* Mischung *f;* MOT Gemisch *nt*
miscelamento [miʃʃela'mento] *m* Mischen *nt*
miscelare [miʃʃe'laːre] *vt* [ver]mischen
miscelatore [miʃʃela'toːre] *m* ❶ *(apparecchio)* Mixer *m* ❷ *(recipiente graduato)* Mischbecher *m,* Mixbecher *m*
miscelatore, -trice *agg* Misch-, Mix-
miscelatura [miʃʃela'tuːra] *f* Mischen *nt,* Mischung *f*
miscellanea [miʃʃel'laːnea] *f* ❶ *(mescolanza)* Mischung *f,* Gemisch *nt* ❷ *(di libro)* Sammelband *m,* Sammelwerk *nt*
miscellaneo, -a [miʃʃel'laːneo] <-ei, -ee> *agg* Sammel-
mischia ['miskia] <-schie> *f* ❶ *(gener,* SPORT Gewühl *nt,* Gedränge *nt* ❷ *(rissa)* Handgemenge *nt,* Getümmel *nt*
mischiare [mis'kiaːre] **I.** *vt* [ver]mischen; *(carte)* mischen **II.** *vr* **-rsi tra la folla** sich unters Volk mischen
misconoscere [misko'noʃʃere] <irr> *vt* nicht anerkennen, verkennen
miscredente [miskre'dɛnte] **I.** *mf* Ungläubige(r) *f(m)* **II.** *agg* ungläubig
miscuglio [mis'kuʎʎo] <-gli> *m* Mischung *f,* Gemisch *nt*
misera *f v.* **misero**
miserabile [mize'raːbile] **I.** *agg* ❶ *(compassionevole)* erbärmlich, jämmerlich ❷ *(povero)* armselig, miserabel ❸ *(pej)* erbärmlich, miserabel **II.** *mf* Elende(r) *f(m)*
miserere [mize'rɛːre] <-> *m* Miserere *nt*
miserevole [mize'reːvole] *agg* ❶ *(compassionevole)* Mitleid erregend, bedauernswert ❷ *(misero)* armselig, elend
miseria [mi'zɛːria] <-ie> *f* ❶ *(povertà)* Armut *f,* Elend *nt* ❷ *(infelicità)* Not *f,* Leid *nt* ❸ *(nonnulla)* **costare una ~** spottbillig sein; **pagare una ~** einen Hungerlohn zahlen ❹ *(meschinità)* Armseligkeit *f,* Armut *f* ❺ *(loc)* **porca ~!, ~ ladra!** *(fam)* elende Schweinerei! *vulg*
misericordia [mizeri'kɔrdia] <-ie> *f* Barmherzigkeit *f; (pietà)* Mitleid *nt;* **avere**

~ di qu mit jdm Mitleid haben; **senza ~** erbarmungslos
misericordioso, **-a** [mizerikor'dio:so] *agg* barmherzig; *(compassionevole)* mitleidsvoll, mitleidig
misero, **-a** ['mi:zero] **I.** *agg* ① *(povero)* arm, elend ② *(insufficiente)* kümmerlich, jämmerlich; *(meschino)* kläglich **II.** *m, f* Arme(r) *f(m)*
misfatto [mis'fatto] *m* Untat *f,* Missetat *f*
misi ['mi:zi] *1. pers sing pass rem di* **mettere**
mismatch ['mismætʃ] <-> *m* Ungleichgewicht *nt,* Missverhältnis *nt;* **~ tra domanda e offerta** Missverhältnis zwischen Nachfrage und Angebot
misoginia [mizodʒi'ni:a] <-ie> *f* Frauenhass *m,* Misogynie *f*
misogino, **-a** [mi'zɔ:dʒino] *agg* frauenfeindlich, misogyn
miss [mis] <-> *f* Miss *f*
missaggio [mis'saddʒo] <-ggi> *m* FILM Mischen *nt*
missile ['missile] *m* Flugkörper *m,* Rakete *f;* **~ Cruise** Marschflugkörper *m*
missilistica [missi'listika] <-che> *f* Raketenforschung *f,* Raketentechnik *f*
missilistico, **-a** [missi'listiko] <-ci, -che> *agg* Raketen-
missing ['misiŋ] <-> *m* Verschollene(r) *f(m)*
missino, **-a** [mis'si:no] *m, f Bis 1995, Mitglied o Anhänger der Partei M(ovimento) S(ociale) I(taliano)*
missionario, **-a** [missio'na:rio] <-i, -ie> **I.** *m, f* ① REL Missionar(in) *m(f)* ② *(fig: apostolo)* Apostel *m* **II.** *agg* ① REL missionarisch, Missions- ② *(fig: zelante)* missionarisch
missione [mis'sio:ne] *f* Mission *f;* *(funzione)* Auftrag *m*
missiva [mis'si:va] *f (scherz)* Epistel *f*
mister ['mistə] <-> *m* ① *(vincitore di un concorso)* Mister *m;* **~ universo** Mister *m* Universum ② SPORT *(allenatore)* Coach *m,* Trainer *m*
misterioso, **-a** [miste'rio:so] *agg (incomprensibile)* geheimnisvoll, mysteriös; *(enigmatico)* rätselhaft; *(segreto)* geheim, heimlich
mistero [mis'tɛ:ro] *m* ① *(segreto)* Geheimnis *nt;* **non fare ~ di qc** aus etw kein Geheimnis machen ② *(enigma)* Rätsel *nt* ③ REL Mysterium *nt*
mistica ['mistika] <-che> *f* Mystik *f*
misticismo [misti'tʃizmo] *m* Mystizismus *m*
mistico, **-a** ['mistiko] <-ci, -che> **I.** *agg* mystisch **II.** *m, f* Mystiker(in) *m(f)*
mistificare [mistifi'ka:re] *vt* ① *(ingannare)* täuschen, irreführen ② *(falsificare)* fälschen
mistificatore, **-trice** [mistifika'to:re] *m, f* ① *(ingannatore)* Heuchler(in) *m(f),* Täuscher(in) *m(f)* ② *(falsificatore)* Fälscher(in) *m(f)*
mistificazione [mistifikat'tsio:ne] *f* Täuschung *f,* Irreführung *f*
misto ['misto] *m* Mischung *f,* Gemisch *nt*
misto, **-a** *agg* Misch-, gemischt; **classe/scuola -a** gemischte Klasse/Schule; **matrimonio ~** Mischehe *f;* **fritto ~** *verschiedenes Ausgebackenes, meist Fisch, aber auch Gemüse und Fleisch*
mistura [mis'tu:ra] *f* Gemisch *nt,* Mischung *f*
misura [mi'zu:ra] *f* ① *(gener, a. fig)* Maß *nt;* **non avere il senso della ~** kein Gefühl für das rechte Maß haben; **spendere senza ~** ohne Maß und Ziel vergeuden; **a ~** maßgerecht; *(fig)* maßvoll, in Maßen; **fuor di ~** maßlos; **oltre ~** über die Maßen; **su ~** nach Maß, Maß- ② *(taglia)* Größe *f;* **prendere le -e a qu** bei jdm Maß nehmen; **prendere le -e di qc** etw [ab]messen ③ *(provvedimento)* Maßnahme *f*
misurabile [mizu'ra:bile] *agg* messbar
misurare [mizu'ra:re] **I.** *vt* ① *(valutare)* [aus-, ab]messen; *(terreni)* vermessen ② *(provare)* anprobieren ③ *(limitare)* begrenzen, einschränken **II.** *vi* messen **III.** *vr* **-rsi** ① *(fig: cimentarsi)* sich messen ② *(contenersi)* sich mäßigen, maßvoller werden
misurato, **-a** [mizu'ra:to] *agg* ① *(moderato)* mäßig, maßvoll ② *(equilibrato)* ausgeglichen, gemäßigt ③ *(ponderato)* abgewogen ④ *(limitato)* begrenzt
misuratore [mizura'to:re] *m* Messgerät *nt*
misuratore, **-trice** *m, f* Vermesser(in) *m(f)*
misurazione [mizurat'tsio:ne] *f* Messen *nt,* Messung *f;* *(di terreni)* Vermessung *f*
misurino [mizu'ri:no] *m* Messbecher *m;* CHEM Messzylinder *m*
mite ['mi:te] *agg* ① *(benevolo)* mild[e], sanftmütig; *(tono)* mild; *(indulgente)* nachsichtig ② *(clima)* mild ③ *(mansueto)* zahm ④ *(moderato)* mäßig
mitezza [mi'tettsa] *f* ① *(benevolenza)* Milde *f,* Sanftmut *f;* *(indulgenza)* Nachsicht *f* ② *(di clima)* Milde *f* ③ *(mansuetudine)* Zahmheit *f*
miticità [mititʃi'ta] <-> *f* mythischer Charakter
miticizzare [mititʃid'dza:re] *vt* zum Mythos erheben

mitico, -a ['mi:tiko] <-ci, -che> *agg* ① *(del mito)* mythisch ② *(leggendario)* legendär, sagenhaft

mitigare [miti'ga:re] **I.** *vt* ① *(addolcire)* mildern; *(dolore)* lindern ② *(attenuare)* [ab]mildern, dämpfen **II.** *vr* **-rsi** *(freddo, dolore)* nachlassen

mitigazione [mitigat'tsio:ne] *f* Milderung *f*

mitizzare [mitid'dza:re] **I.** *vt* zum Mythos erheben **II.** *vi* Mythen schaffen

mito ['mi:to] *m* Mythos *m*

mitologia [mitolo'dʒi:a] <-gie> *f* Mythologie *f*

mitologico, -a [mito'lɔ:dʒiko] <-ci, -che> *agg* ① *(di mito)* mythologisch ② *(fig: favoloso)* sagenhaft

mitra[1] ['mi:tra] <-> *m* MIL Maschinengewehr *nt*, -pistole *f*

mitra[2] *f* REL Mitra *f*, Bischofsmütze *f*

mitraglia [mi'traʎʎa] <-glie> *f* ① *(insieme di colpi)* Feuerstoß *m*, Feuersalve *f* ② *(mitragliatrice)* Maschinengewehr *nt*

mitragliamento [mitraʎʎa'mento] *m* Maschinengewehrfeuer *nt*

mitragliare [mitraʎ'ʎa:re] *vt* ① MIL unter Maschinengewehrfeuer nehmen ② *(fig: bersagliare)* bombardieren

mitragliata [mitraʎ'ʎa:ta] *f* Feuerstoß *m*, Feuergarbe *f*

mitragliatore [mitraʎʎa'to:re] *m* MG-Schütze *m*

mitragliatore, -trice *agg* Maschinen-

mitragliatrice [mitraʎʎa'tri:tʃe] *f* Maschinengewehr *nt*; **parlare come una ~** *(fam)* reden wie ein Wasserfall

mitragliera [mitraʎ'ʎɛ:ra] *f* Maschinenkanone *f*

mitraglietta [mitraʎ'ʎetta] *f* Maschinenpistole *f*

mitt. *abbr di* **mittente** Abs.

mittente [mit'tɛnte] *mf* Absender(in) *m(f)*

mixare [mik'sa:re] *vt* FILM, TV mischen

mixer ['miksə] <-> **I.** *m* ① *(recipiente)* Mischbecher *m*, Mixbecher *m* ② *(del frullatore)* Mixer *m* **II.** *mf* TV Bildmischer(in) *m(f)*

mixeraggio [mikse'raddʒo] <-ggi> *m* ① FILM, TV *(missaggio)* Mischen *nt* ② MUS Mix *m*, Mixen *nt*

MLD *m abbr di* **Movimento per la Liberazione della Donna** *Bewegung für die Befreiung der Frau*

MLS *m abbr di* **Movimento dei Lavoratori per il Socialismo** *sozialistische Arbeiterbewegung Italiens*

mm *abbr di* **millimetro** mm

M.M. *abbr di* **Marina Militare** *italienische Kriegsmarine*

MM.GG. *mpl abbr di* **Magazzini Generali** Fruchtgroßhandel *m*

mnemonico, -a [mne'mɔ:niko] <-ci, -che> *agg* Erinnerungs-, mnemonisch; **facoltà -a** Erinnerungsvermögen *nt*; **esercizi -ci** Gedächtnisübungen *fpl*; **mezzi -ci** Gedächtnishilfen *fpl*

MO *abbr di* **Medio Oriente** Nahost

mo' [mɔ] *m* **a ~ di** *(fam)* auf die Art

mobbing ['mɔbiɲ] *m* Mobbing *nt*; **fare ~** mobben

mobile ['mɔ:bile] **I.** *m* ① *(oggetto d'arredamento)* Möbel[stück] *nt*; **~ imbottito** Polstermöbel *nt*; **~ portacomputer** Computertisch *m* ② PHYS beweglicher Körper **II.** *agg* ① *(gener)* beweglich; **scala ~** TEC Rolltreppe *f*; COM gleitende Lohnskala ② MIL mobil

mobilia [mo'bi:lia] <-ie> *f* Mobiliar *nt*, Hausrat *m*

mobiliare [mobi'lia:re] *agg* COM beweglich; **mercato ~** Effektenmarkt *m*

mobiliere [mobi'liɛ:re] *m* Möbelfabrikant *m*; *(commerciante)* Möbelhändler *m*

mobilificio [mobili'fi:tʃo] <-ci> *m* Möbelfabrik *f*

mobilio [mo'bi:lio] <-i> *m v.* **mobilia**

mobilità [mobili'ta] <-> *f* *(capacità di spostamento)* Beweglichkeit *f*; *(professionale, sociale)* Mobilität *f*; **~ articolare** Gelenkigkeit *f*

mobilitare [mobili'ta:re] **I.** *vt* *(gener,* MIL*)* mobilisieren; *(capitale)* flüssig machen **II.** *vr* **-rsi** sich in Bewegung setzen

mobilitazione [mobilitat'tsio:ne] *f* ① *(appello generale)* Mobilisierung *f* ② MIL Mobilmachung *f*

moca[1] ['mɔ:ka] <-> *m* Mokka[kaffee] *m*

moca[2] <-che> *f* *Kaffeemaschine für die Zubereitung von Mokkakaffee*

mocassino [mokas'si:no] *m* Mokassin *m*

moccicare [mottʃi'ka:re] *vi* DIAL ① *(colar moccio)* schleimen, laufen ② *(frignare)* greinen *fam*

moccio ['mottʃo] <-cci> *m* *(fam)* Rotz *m*, Rotze *f* DIAL

moccioso, -a [mot'tʃo:so] **I.** *agg* verschleimt *fam*, rotzig *fam* **II.** *m, f* *(a. fig)* Rotznase *f fam*

moccolo ['mɔkkolo *o* 'mokkolo] *m* ① *(di candela)* Kerzenstummel *m*; **reggere il ~** *(fig)* Anstandswauwau sein ② *(fam: moccio)* Rotz *m*, Rotze *f* DIAL

mochettato, -a [mokɛt'ta:to] *agg* Moquette-, Teppich-; **pavimento ~** Teppichboden *m*

moda ['mɔ:da] *f* Mode *f*; **alla ~** nach der Mode, modisch; **l'alta ~** die Haute Cou-

M

ture; ~ **pronta** Konfektionsmode; ~ **green** Ökomode; **fuori** ~ altmodisch; **di** ~ modern; **andare** [*o* **essere**] **di** ~ [in] Mode sein; **passare di** ~ aus der Mode kommen; **seguire la** ~ mit der Mode gehen

modale [mo'daːle] *agg* modal, Modal-

modalità [modali'ta] <-> *f* ❶ *(circostanza caratteristica)* Bedingung *f* ❷ *(cosa formale)* Formsache *f* ❸ JUR Bestimmung *f*, Modalität *f* ❹ INET, TEC Modus *m;* ~ **in linea** Online-Betrieb *m;* ~ **fuori linea** Offline-Betrieb; ~ **standby** Stand-by-Betrieb *m*, Stand-by-Modus *m*

modanatura [modana'tuːra] *f* Dekorleiste *f*, Blende *f*, Zierteil *nt*

modella [mo'dɛlla] *f* Modell *nt; (indossatrice)* Modell *nt*, Mannequin *nt*

modellare [model'laːre] **I.** *vt* ❶ *(plasmare)* formen, modellieren ❷ *(disegnare)* umreißen, skizzieren ❸ *(fig: conformare ad un modello)* ~ **qc su qc** etw an etw *dat* ausrichten **II.** *vr* **-rsi su qc** sich nach etw richten

modellatore [modella'toːre] *m* Korsett *nt*

modellatore, -trice *m, f* Modelleur(in) *m(f)*

modellatura [modella'tuːra] *f* Modellierung *f*

M

modellinista [modelli'nista] <-i *m*, -e *f*> *mf* FILM, TV Miniaturmodellierer(in) *m(f)*, Miniaturmodelleur(in) *m(f)*

modellino [model'liːno] *m* Modell *nt* [in verkleinertem Maßstab]

modellismo [model'lizmo] *m* Modellbau *m*

modellista [model'lista] <-i *m*, -e *f*> *mf* Modelleur(in) *m(f)*, Modellist(in) *m(f); (di abiti)* Modelldesigner(in) *m(f)*

modellistica [model'listika] <-che> *f* Modellbau *m*

modello [mo'dɛllo] *m* ❶ *(gener)* Modell *nt; (oggetto di riferimento)* Muster *nt* ❷ *(abito)* Modell[kleid] *nt* ❸ *(figurino)* [Schnitt]muster *nt* ❹ *(fig: esempio)* Vorbild *nt;* **essere un** ~ **di qc** ein Muster an etw *dat* sein ❺ *(forma, stampo)* Form *f*

modem ['modem] <-> *m* INFORM, TEL Modem *nt;* ~ **esterno** externes Modem

Modena ['modena] *f* Modena *nt (Stadt in der Emilia-Romagna)*

modenese [mode'neːse] **I.** *mf (abitante)* Einwohner(in) *m(f)* von Modena **II.** *agg* aus [*o* von] Modena

Modenese *m sing* Umgebung *f* von Modena

moderare [mode'raːre] **I.** *vt* ❶ *(ridurre)* vermindern, mäßigen; *(spese)* einschränken ❷ *(misurare)* zügeln, mäßigen; *(richieste)* herunterschrauben **II.** *vr* **-rsi** sich mäßigen, maßhalten

moderatezza [modera'tettsa] *f* maßvolles Verhalten

moderato, -a [mode'raːto] *agg* ❶ *(non eccessivo)* maßvoll, mäßig; *(nel mangiare, fumare)* maßvoll; *(equilibrato)* ausgeglichen ❷ POL gemäßigt ❸ MUS moderato, mäßig schnell

moderatore [modera'toːre] *m* PHYS Moderator *m*

moderatore, -trice I. *m, f* Moderator(in) *m(f)* **II.** *agg* mäßigend

moderazione [moderat'tsioːne] *f* Mäßigkeit *f; (nel bere, mangiare)* Maßhalten *nt*

modernamente [moderna'mente] *avv* ❶ *(in modo moderno)* modern ❷ *(in tempi moderni)* in jüngster Zeit

modern dance ['mɔdən 'daːns] <-> *f* moderne Tanzrichtungen *fpl*

modernismo [moder'nizmo] *m* Modernismus *m*

modernità [moderni'ta] <-> *f* Modernität *f*

modernizzare [modernid'dzaːre] **I.** *vt* modernisieren **II.** *vr* **-rsi** mit der Zeit gehen

moderno [mo'dɛrno] *m* Moderne(s) *nt*

moderno, -a *agg* modern; *(lingua)* neuere(r, s); *(storia)* neuzeitlich

modern style ['mɔdən 'stail] <-> *m* KUNST Jugendstil *m*

modestia [mo'dɛstia] <-ie> *f* ❶ *(virtù)* Bescheidenheit *f;* ~ **a parte** *(scherz)* bei aller Bescheidenheit ❷ *(sobrietà)* Genügsamkeit *f*, Anspruchslosigkeit *f* ❸ *(pudore)* Sittsamkeit *f*

modesto, -a [mo'dɛsto] *agg* ❶ *(umile)* bescheiden; *(parsimonioso)* anspruchslos, genügsam ❷ *(privo di sfarzo)* bescheiden, einfach; *(prezzo)* niedrig, reell ❸ *(pudico, serio)* sittsam, anständig

modicità [moditʃi'ta] <-> *f* Mäßigkeit *f*, Niedrigkeit *f*

modico, -a ['mɔːdiko] <-ci, -che> *agg* gering; *(prezzi)* niedrig, mäßig

modifica [mo'diːfika] <-che> *f* [Ab-, Um-, Ver]änderung *f*, Modifikation *f*

modificare [modifi'kaːre] **I.** *vt* [ab-, um-, ver]ändern, modifizieren; [**comando**] **modifica** *(computer)* Bearbeiten *nt* **II.** *vr* **-rsi** sich [ver]ändern

modificazione [modifikat'tsioːne] *f* [Ab]änderung *f*, Modifizierung *f;* BIOL Modifikation *f*

modiglianesco, -a [modiʎʎa'nesko] <-schi, -sche> *agg (del pittore A. Modigliani)* wie in Modiglianis Bildern; **un volto** ~ ein Gesichtsausdruck à la Modigliani

modista [mo'dista] *f* Modistin *f*
modo ['mɔːdo] *m* ① *(gener)* Art *f,* Weise *f,* Art und Weise *f;* **una persona a ~** eine anständige Person; **~ di pagamento** Zahlungsweise *f;* **~ di vivere** Lebensart *f;* **di** [*o* **in**] **~ che ...** *+conj* so, dass ...; **in che ~?** wie?; **in qualche ~** irgendwie; **in qualunque ~** unter allen Umständen; **c' è ~ e ~ di dire qc** man kann etwas so oder so sagen; **ciascuno a suo ~** *(prov)* jeder nach seinem Geschmack ② *(occasione)* Gelegenheit *f,* Möglichkeit *f;* **ad** [*o* **in**] **ogni ~** auf jeden Fall, jedenfalls; **in nessun ~** auf keinen Fall ③ LING Modus *m,* Aussageweise *f;* **~ condizionale** Konditional *m;* **~ congiuntivo** Konjunktiv *m;* **~ indicativo** Indikativ *m* ④ *(locuzione)* Redewendung *f;* **~ di dire** Redensart *f* ⑤ MUS Tonart *f;* **~ maggiore** Dur *nt;* **~ minore** Moll *nt*
modulare[1] [modu'laːre] *agg* ① ADM Formular- ② TEC Modul[ar]-; *(sistema)* Baukasten-
modulare[2] *vt* ① MUS, PHYS modulieren ② RADIO, TEC regeln
modulatore [modula'toːre] *m* Modulator *m*
modulatore, -trice *agg* modulatorisch, Modulations-
modulazione [modulat'tsioːne] *f* ① PHYS, RADIO Modulation *f* ② MUS Übergang *m,* Modulieren *nt*
modulo ['mɔːdulo] *m* ① *(formulario)* Formblatt *nt,* Formular *nt* ② TEC, ARCH, MAT Modul *m*
moffetta [mo'fetta] *f* Stinktier *nt,* Skunk *m*
mogano ['mɔːgano] *m* Mahagoni *nt*
moggio ['mɔddʒo] <*pl*: -ggia *f*> *m* Scheffel *m*
mogio, -a ['mɔːdʒo] <-gi, -ge> *agg* ① *(avvilito)* niedergeschlagen, bedrückt ② *(privo di vivacità)* schlapp, lustlos
moglie ['moʎʎe] <-gli> *f* [Ehe]frau *f;* **dare in ~** zur Frau geben; **prender ~** heiraten; **~ e buoi dei paesi tuoi** *(prov)* bleibe im Lande und nähre dich redlich; **tra ~ e marito non mettere il dito** *(prov)* lass Eheleute ihre Streitigkeiten allein ausfechten!
mogul [mou'gʌl] <- *o* moguls> *m* FILM, TV Medien-Mogul *m*
mohair [mɔ'ɛːr] <-> *m* Mohair *m*
moina [mo'iːna] *f (fam)* Schmeichelei *f;* **fare le -e a qu** *(fam)* jdm um den Bart gehen
moire [mwuar] *f* Moiré *nt o m*
mola ['mɔːla] *f* Schleifstein *m,* Schleifscheibe *f*
molare [mo'laːre] **I.** *m* Backenzahn *m; (di animali)* Mahlzahn *m,* Molar[zahn] *m* **II.** *agg* ANAT **dente ~** Backenzahn *m*
molatrice [mola'triːtʃe] *f* Schleifmaschine *f*
molatura [mola'tuːra] *f* Schleifen *nt*
mole ['mɔːle] *f* ① *(dimensione)* Ausmaß *nt,* Umfang *m* ② ARCH [imponierendes] Bauwerk *nt,* Burg *f* ③ *(volume)* [wuchtige] Masse ④ *(fig: quantità)* Menge *f,* Masse *f fam;* **~ di studio** Lernpensum *nt*
molecola [mo'lɛːkola] *f* Molekül *nt*
molecolare [moleko'laːre] *agg* molekular, Molekular-
molestare [moles'taːre] *vt* belästigen
molestia [mo'lɛstia] <-ie> *f* ① *(fastidio)* Plage *f,* Lästigkeit *f* ② *(azione molesta)* Belästigung *f;* **-ie sessuali** sexuelle Belästigung ③ JUR Störung *f,* Unfug *m*
molesto, -a [mo'lɛsto] *agg* lästig
molisano [moli'zaːno] *m sing (dialetto)* Dialekt *m* des Molise
molisano, -a I. *m, f (abitante)* Bewohner(in) *m(f)* des Molise **II.** *agg* aus der Region Molise
Molise [mo'liːze] *m* Molise *m*
molitorio, -a [moli'tɔːrio] <-i, -ie> *agg* Mühl[en]-
molitura [moli'tuːra] *f (di cereali)* Mahlen *nt; (di olive)* Pressen *nt*
molla ['mɔlla] *f* ① TEC Feder *f;* **materasso a -e** Federkernmatratze *f* ② *pl (pinze)* Zange *f;* **prendere qu con le -e** *(fam fig)* jdn mit Vorsicht genießen ③ *(fig: impulso)* Triebfeder *f*
mollare [mol'laːre] **I.** *vt* ① *(lasciar andare)* loslassen ② *(allentare)* locker machen ③ *(fam fig: dare)* austeilen, verpassen ④ *(fam fig: piantare)* sitzen lassen **II.** *vi* ① *(cedere)* nachgeben ② *(fam fig: smetterla)* locker lassen; **tira e molla** nach langem Hin und Her
molle ['mɔlle] **I.** *agg* ① *(morbido)* weich; *(flessibile)* biegsam, geschmeidig ② *(bagnato)* nass, durchnässt; *(umido)* feucht ③ *(fig: debole)* schwach, weichlich **II.** *m* ① *(il morbido)* Weiche(s) *nt* ② *(liquido)* Flüssigkeit *f* zum Einweichen
molleggiamento [molleddʒa'mento] *m* Federn *nt,* Federung *f*
molleggiare [molled'dʒaːre] **I.** *vi* federn **II.** *vr* **-rsi** sich federnd bewegen; **-rsi sulle gambe** in den Knien federn
molleggio [mol'leddʒo] <-ggi> *m* Federung *f*
molletta [mol'letta] *f* ① *(per capelli)* [Haar]klammer *f,* -klemme *f* ② *(per panni)* [Wäsche]klammer *f* ③ *pl (per zucchero)* Zuckerzange *f; (per ghiaccio)* Eiszange *f*
mollettone [molet'toːne] *m* Molton *m*

mollezza [mol'lettsa] *f* ① *(l'essere molle)* Weichheit *f* ② *(fig: fiacchezza)* Weichlichkeit *f*, Schwäche *f*
mollica [mol'li:ka] <-che> *f* [Brot]krume *f*
molliccio, -a [mol'littʃo] <-cci, -cce> *agg* ① *(alquanto molle)* matschig *fam* ② *(fam pej: viscido)* schlüpfrig, [aal]glatt
mollo ['mɔllo] *m* Flüssigkeit *f* zum Einweichen
mollo, -a *agg* nass; *(umido)* feucht; **pappa -a** *(fam pej)* Schlappschwanz *m*, Waschlappen *m*
molluschicoltore, -trice [molluʃʃikol'to:re] *m, f* Muschelzüchter(in) *m(f)*
mollusco [mol'lusko] <-schi> *m* ① ZOO Weichtier *nt*, Molluske *f* ② *(fig, pej)* Waschlappen *m fam*, Weichling *m*
molo ['mɔ:lo] *m* [Hafen]mole *f*
moloc ['mɔ:lok] <-> *m* Moloch *m geh*
molotov ['mɔ:lotov] <-> *f* Molotowcocktail *m*
molteplice [mol'te:plitʃe] *agg* vielfältig
molteplicità [molteplitʃi'ta] <-> *f* Vielfältigkeit *f*; *(varietà)* Vielfalt *f*
moltiplica [mol'ti:plika] <-che> *f* TEC Übersetzung *f*
moltiplicando [moltipli'kando] *m* MAT Multiplikand *m*
moltiplicare [moltipli'ka:re] **I.** *vt* ① MAT multiplizieren; **~ un numero per un altro** eine Zahl mit einer anderen multiplizieren ② *(accrescere)* vervielfachen, vermehren; *(fig)* steigern **II.** *vr* **-rsi** sich vermehren
moltiplicatore [moltiplika'to:re] *m* ① *(fig)* MAT Multiplikator *m* ② TEC Verstärker *m*, Vervielfacher *m*; *(di velocità)* Übersetzungsgetriebe *nt*
moltiplicatore, -trice *agg* Vervielfältigungs-
moltiplicazione [moltiplikat'tsio:ne] *f* ① MAT Multiplikation *f* ② *(accrescimento numerico)* Vermehrung *f*, Zuwachs *m* ③ BOT Fortpflanzung *f*, Vermehrung *f*
moltissimo [mol'tissimo] *avv superlativo di* **molto, -a**
moltitudine [molti'tu:dine] *f* ① *(di persone)* Menge *f*; *(folla)* Masse *f* ② *(di cose)* Vielzahl *f*, Menge *f*
molto ['molto] **I.** *avv* ① *(quantità)* viel ② *(intensità)* sehr ③ *(a lungo)* lange ④ *(spesso)* oft, viel ⑤ *(con comparativi)* viel **II.** *pron indef* viel[e, s]; **a dir ~** höchstens; **fra non ~** in Kürze; **per ~** auf lange [Zeit hinaus]; **~ dopo/prima** viel später/früher
molto, -a <più, moltissimo> *agg* ① *(in gran numero)* viel ② *(intenso, grande)* groß ③ *(lungo)* lange
momentaneamente [momentanea'mente] *avv* in diesem Moment
momentaneo, -a [momen'ta:neo] <-ei, -ee> *agg* augenblicklich, momentan
momento [mo'mento] *m (istante)* Augenblick *m*, Moment *m*; *(periodo)* Zeit *f*, Zeitraum *m*; **a -i** jeden Moment; *(quasi)* um ein Haar; **dal ~ che** *(temporale)* seit dem Augenblick, da …; *(causale)* da …; **da un ~ all'altro** von einem Augenblick zum andern; **del ~** momentan; **in qualunque ~** jederzeit; **in un ~** in einem Augenblick, im Nu; **ogni ~** andauernd, ununterbrochen; **per il ~** einstweilen, vorläufig; **sul ~** sofort, auf der Stelle; **un ~!** einen Augenblick!
mona ['mo:na] **I.** *m* VENEZ *(vulg: stupido)* Affenarsch *m* **II.** *f* SETT *(vulg: vulva)* Möse *f*
monaca ['mɔ:naka] <-che> *f* Nonne *f*
monacale [mona'ka:le] *agg (da monaco)* mönchisch, Mönchs-; *(da monaca)* Nonnen-; *(a. fig)* mönchisch
monachesimo [mona'ke:zimo] *m* Mönch[s]tum *nt*
monaco ['mɔ:nako] <-ci> *m* Mönch *m*
Monaco ['mɔ:nako] *f* ① *(principato)* Monaco *nt* ② *(di Baviera)* München *nt*
monade ['mɔ:nade] *f* Monade *f*
monarca [mo'narka] <-chi> *m* Monarch *m*
monarchia [monar'ki:a] <-chie> *f* Monarchie *f*
monarchico, -a [mo'narkiko] <-ci, -che> **I.** *agg* monarchistisch **II.** *m, f* Monarchist(in) *m(f)*
monastero [monas'tɛ:ro] *m* Kloster *nt*
monastico, -a [mo'nastiko] <-ci, -che> *agg* Kloster-; *(a. fig)* klösterlich
monatto [mo'natto] *m* HIST Leichenträger *m*
monca *f v.* **monco**
moncherino [moŋke'ri:no] *m* Armstumpf *m*
monco, -a ['moŋko] <-chi, -che> **I.** *agg (a. fig)* verstümmelt; **essere ~ d'un braccio** nur einen Arm haben **II.** *m, f* Krüppel *m*
moncone [moŋ'ko:ne] *m* Stumpf *m*
mondanità [mondani'ta] <-> *f* ① *(frivolezza)* Mondänität *f* ② *(gente)* Highsociety *f*, Schickeria *f sl*
mondano, -a [mon'da:no] *agg* ① *(ricercato)* mondän; *(frivolo)* Halbwelt- ② *(del mondo)* weltlich
mondare [mon'da:re] *vt* säubern, putzen
mondezzaio [mondet'tsa:io] <-ai> *m* ① *(luogo)* Müllabladeplatz *m*, Mülldeponie *f* ② *(fig, pej: letamaio)* Saustall *m fam*
mondiale [mon'dia:le] *agg* ① *(del mondo)* Welt- ② *(fam fig: ottimo)* fabelhaft *fam*

M

mondiali [mon'dia:li] *mpl* SPORT Weltmeisterschaften *fpl*
mondo ['mondo] *m* ❶ *(gener)* Welt *f; (universo)* Weltall *nt; (terra)* Erde *f;* **fare il giro del ~** eine Weltreise machen; **mettere al ~** zur Welt bringen; **venire al ~** auf die Welt kommen; **fuori del ~** *(fig)* weltfremd; **da che ~ è ~** seit die Welt besteht; **per nessuna cosa** [*o* **per niente**] **al ~** nicht um alles in der Welt; **com'è piccolo il ~!** wie klein doch die Welt ist; **tutto il ~ è paese** *(prov)* die Menschen sind doch überall gleich ❷ *(fig: regno)* Reich *nt; (ambiente sociale, civiltà)* Welt *f;* **il ~ animale/minerale/vegetale** das Tier-/Mineral-/Pflanzenreich; **il ~ antico/il nuovo ~** die Alte/Neue Welt; **il bel ~** die vornehme Welt; **l'altro ~** das Jenseits; **cose dell'altro ~** *(fam)* haarsträubende Dinge; **donna di ~** Frau *f* von Welt; **uomo di ~** Weltmann *m* ❸ *(fig: gran quantità)* Unmenge *f,* Fülle *f;* **divertirsi un ~** *(fam)* sich köstlich amüsieren; **essere la fine del ~** umwerfend sein
mondo, -a *agg* ❶ *(lindo)* gesäubert ❷ *(fig: puro)* sauber; *(coscienza)* rein
mondovisione [mondovi'zio:ne] *f* Satellitenübertragung *f*
monelleria [monelle'ri:a] <-ie> *f* Lausbubenstreich *m*
monello, -a [mo'nɛllo] *m, f* ❶ *(pej: ragazzo di strada)* Straßenjunge *m,* -mädchen *nt* ❷ *(ragazzo vivace)* Lausbub *m,* Lausejunge *m fam*
moneta [mo'ne:ta] *f* FIN Münze *f,* Geldstück *nt; (denaro)* Geld *nt; (valuta)* Währung *f; (spicciolo)* Kleingeld *nt;* **[ri]pagare qu con la stessa ~** es jdm mit gleicher Münze heimzahlen; **la ~ unica europea** die europäische Einheitswährung
monetario, -a [mone'ta:rio] <-i, -ie> *agg* Münz-, Geld-, Währungs-
monetica [mo'ne:tika] *f sing* INFORM Zahlungsverkehr *m* per Magnetkarte
monetizzare [monetid'dza:re] *vt* FIN in Geldwert umrechnen
monetizzazione [monetiddzat'tsio:ne] *f* FIN Schätzung *f* von Sachwerten
money manager ['mʌni 'mænidʒə] <- *o* money managers> *mf* COM, FIN Vermögensverwalter(in) *m(f)*
mongolfiera [moŋgol'fiɛ:ra] *f* [Heißluft]-ballon *m*
mongolismo [moŋgo'lizmo] *m* Mongolismus *m*
mongoloide [moŋgo'lɔ:ide] **I.** *agg* mongoloid **II.** *mf* Mongoloide(r) *f(m)*
monile [mo'ni:le] *m* Schmuckstück *nt*
monismo [mo'nizmo] *m* Monismus *m*
monito ['mɔ:nito] *m* Mahnung *f*
monitor ['mɔnitə *o* 'mɔnitor], **monitore** [moni'to:re] <-> *m* INFORM *(schermo)* Monitor *m*
monitoraggio [monito'ra:dʒio] <-ggi> *m* Monitorüberwachung *f,* Überwachung *f* am Monitor; **~ dell'attività cardiaca** Überwachung der Herztätigkeit am Monitor; **~ dell'attività sismica** seismografische Monitoraufzeichnungen
monitorare [monito'ra:re] *vt* überwachen, kontrollieren
monitoriale [monito'ria:le] *agg* ❶ *(relativo al funzionamento del monitor)* Monitor-, Bildschirm- ❷ *(in pedagogia, mutuo insegnamento)* **sistema ~** Dialogmodell *nt*
monitorio, -a [moni'tɔ:rio] <-i, -ie> *agg* ❶ *(che ammonisce)* Warn[ungs]-, Mahn- ❷ TV Monitor-
monitorizzare [monitorid'dza:re] *vt* ❶ *(dotare di monitor)* mit Bildschirmen ausstatten ❷ *(sottoporre a monitoraggio)* am Monitor überwachen
monna ['mɔnna] *f (poet obs)* Frau *f*
mono ['mono] *agg inv (monofonico)* mono
monoasse [mono'asse] *agg inv* einachsig
monoblocco[1] [mono'blɔkko] <-cchi> *m* Zylinderblock *m*
monoblocco[2] *agg inv* aus einem Block bestehend, Block-
monocamera [mono'ka:mera] *f* Einzimmerwohnung *f*
monocamerale [monokame'ra:le] *agg* Einkammer-; **sistema ~** Einkammersystem *nt*
monocameralismo [monokamera'lizmo] *m* POL Einkammersystem *nt*
monocanna [mono'kanna] **I.** *m* <-> *(fucile)* einläufiges Gewehr **II.** *agg inv* einläufig
monocassetta [monokas'setta] **I.** *m* <-> Recorder *m* mit einfachem Kassettendeck **II.** *agg inv* mit einfachem Kassettendeck
monocilindrico, -a [monotʃi'lindriko] <-ci, -che> *agg* Einzylinder-
monoclasse [mono'klasse] *agg inv* Einklassen-, aus einer Klasse bestehend
monocolo[1] [mo'nɔ:kolo] *m* ❶ *(lente)* Monokel *nt* ❷ *(canocchiale)* Fernrohr *nt*
monocolo[2] *agg inv* einäugig
monocolore [monoko'lo:re] *agg inv* ❶ POL Einparteien- ❷ *(di un solo colore)* einfarbig
monocoltura [monokol'tu:ra] *f* Monokultur *f*
monocomando [monoko'mando] *agg inv* ❶ *(che ha un solo comando)* mit nur einer Betätigungsmöglichkeit ❷ *(con un solo posto di pilotaggio)* **velivolo ~** Einsitzer *m*
monocromaticità [monokromatitʃi'ta]

M

<-> *f* ① *(gener)* Einfarbigkeit *f* ② PHYS, MED Monochromasie *f*

monocromatico, **-a** [monokro'ma:tiko] <-ci, -che> *agg* ① *(di un solo colore)* einfarbig, monochrom ② PHYS monochromatisch, einfarbig

monocromatore [monokroma'to:re] *m* PHYS Monochromator *m*

monocromo [mo'nɔ:kromo] *m* monochromes Gemälde

monocromo, **-a** *agg* einfarbig, monochrom

monoculare [monoku'la:re] *agg* monokular

monocultura [monokul'tu:ra] *f* BIOL einheitliche Kultur

monodose [mono'dɔ:ze] *agg inv* in Einzeldosen abgepackt; **farmaco** ~ Einzeldosis *f*

monofamiliare [monofami'lia:re] *agg* Einfamilien-

monofase [mono'fa:ze] *agg inv* einphasig

monogamia [monoga'mi:a] <-ie> *f* Einehe *f*, Monogamie *f*

monogenitoriale [monodʒenitori'a:le] *agg* alleinerziehend; **famiglia** ~ Einelternfamilie *f*; **affidamento** ~ alleiniges Sorgerecht

M

monografia [monogra'fi:a] *f* Monografie *f*

monografico, **-a** [mono'gra:fiko] <-ci, -che> *agg* monografisch

monogramma [mono'gramma] <-i> *m* Monogramm *nt*

monokini [mono'ki:ni] <-> *m* Minikini *m*

monolingue [mono'liŋgue] *agg inv* einsprachig

monolinguismo [monoliŋ'guizmo] *m* Einsprachigkeit *f*

monolitico, **-a** [mono'li:tiko] <-ci, -che> *agg (a. fig)* monolithisch

monolito [mo'nɔ:lito] *m* Monolith *m*

monolocale [monolo'ka:le] *m* Einzimmerwohnung *f*, Garconniere *f* A

monologo [mo'nɔ:logo] <-ghi> *m* Monolog *m*, Selbstgespräch *nt*

monomania [monoma'ni:a] *f* Monomanie *f*

monomediale [monome'dia:le] *agg* monomedial

monomotore [monomo'to:re] *m* einmotoriges Flugzeug

monopartitico, **-a** [monopat'ti:tiko] <-ci, -che> *agg* POL Einparteien-; **sistema** ~ Einparteiensystem *nt*

monopartitismo [monoparti'tizmo] *m* POL Einparteiensystem *nt*

monopattino [mono'pattino] *m* Roller *m*

monopetto [mono'pɛtto] **I.** *agg inv* einreihig **II.** *m* <-> Einreiher *m*

monopezzo [mono'pettso] **I.** *m* <-> Einteiler *m*, einteiliger Badeanzug **II.** *agg inv* einteilig; **costume** ~ einteiliger Badeanzug

monoplano [mono'pla:no] *m* Eindecker *m*

monopoli® [mo'nɔ:poli] <-> *m* Monopoly® *nt*

monopolio [mono'pɔ:lio] <-i> *m (a. fig)* Monopol *nt*

monopolista [monopo'lista] <-i *m*, -e *f*> *mf* Monopolist(in) *m(f)*

monopolistico, **-a** [monopo'listiko] <-ci, -che> *agg* monopolistisch

monopolizzare [monopolid'dza:re] *vt* ① COM monopolisieren ② *(fig: accentrare su di sé)* [auf sich] konzentrieren ③ *(fig: riservare a pochi)* reservieren, [für sich] in Anspruch nehmen

monopolizzatore, **-trice** [monopoliddza'to:re] **I.** *agg* Monopol- **II.** *m, f* Monopolist(in) *m(f)*

monopolizzazione [monopoliddzat'tsio:ne] *f* ① COM Monopolisierung *f* ② *(fig: possesso esclusivo di una cosa)* Alleinanspruch *m*

monoposto [mono'posto] **I.** *agg inv* einsitzig **II.** *m* <-> Einsitzer *m*

monoprogrammazione [monoprogrammat'tsio:ne] *f* INFORM Monotasking *nt*

monorecchino [monorek'ki:no] *m* Single-Ohrring *m*

monoreddito [mono'rɛddito] *agg inv* **famiglia** ~ Familie mit nur einem Einkommen

monormeggio [monor'meddʒo] <-ggi> *m* NAUT Anlegeboje *f* für Öltankschiffe

monorotaia [monoro'ta:ia] <-aie> *f* Einschienenbahn *f*

monoscafo [mono'ska:fo] *m* NAUT Eindecker *m*

monoscì [mono'ʃi] <-> *m* SPORT Monoski *m*

monoscocca [mono'skɔkka] **I.** *f* <-> MOT Fahrzeug *nt* mit selbsttragender Karosserie **II.** *agg inv* MOT mit selbsttragender Karosserie

monoscopio [monos'kɔ:pio] <-i> *m* Testbild *nt*

monosillabico [monosil'la:biko] *m* einsilbiges Wort

monosillabico, **-a** <-ci, -che> *agg* einsilbig

monossido [mo'nɔssido] *m* Monoxyd *nt*

monoteismo [monote'izmo] *m* Monotheismus *m*

monoteista [monote'ista] <-i *m*, -e *f*> **I.** *mf* Monotheist(in) *m(f)* **II.** *agg* monotheistisch

monoteistico, **-a** [monote'istiko] <-ci, -che> *agg* monotheistisch

monotipo [mono'ti:po] *m* ❶ *(stampa)* Monotypie *f* ❷ *(®macchina)* Monotype® *f*
monotonia [monoto'ni:a] <-ie> *f* Eintönigkeit *f,* Monotonie *f*
monotono, -a [mo'nɔ:tono] *agg (uniforme)* gleichförmig, monoton; *(privo di varietà)* eintönig; *(fig: noioso)* langweilig
monotype® ['mɔnətaip] <-> *f* Monotype® *f*
monouso [mono'u:zo] *agg inv* Einweg-; **siringa** ~ Einwegspritze *f*
monovalente [monova'lɛnte] *agg* einwertig
monovano [mono'va:no] **I.** *m* Zimmer *nt* **II.** *agg inv* Zimmer-, Einzimmer-; **appartamento** ~ Einzimmerwohnung *f,* Garconniere *f* A
monovolume [monovo'lu:me] **I.** *f* MOT Großraumlimousine *nt* **II.** *agg* TEC, MOT Großraum-
monsignore [monsiɲ'ɲo:re] *m* Monsignore *m*
monsone [mon'so:ne] *m* Monsun *m*
monta ['monta] *f* ❶ *(accoppiamento)* Decken *nt,* Beschälung *f* ❷ *(luogo)* Deckstation *f* ❸ SPORT Reiten *nt*
montacarichi [monta'ka:riki] <-> *m* Lastenaufzug *m*
montaggio [mon'taddʒo] <-ggi> *m* ❶ TEC Montage *f;* **catena di** ~ Fließband *nt* ❷ FILM Montage *f,* Schnitt *m* ❸ *(incorniciatura)* Rahmung *f*
montagna [mon'taɲɲa] *f* ❶ *(monte)* Berg *m;* **-e russe** Achterbahn *f* ❷ *(regione montuosa)* Gebirge *nt,* Berge *mpl;* **andare in** ~ in die Berge fahren ❸ *(fig: grande quantità)* Berg *m*
montagnoso, -a [montaɲ'ɲo:so] *agg* bergig, gebirgig
montanaro, -a [monta'na:ro] **I.** *m, f* Gebirgsbewohner(in) *m(f),* Bergbewohner(in) *m(f)* **II.** *agg* Gebirgs-, Berg-
montano, -a [mon'ta:no] *agg* Gebirgs-, Berg-
montante [mon'tante] *m (asta)* Pfeiler *m,* Pfosten *m*
montapanna [monta'panna] <-> *m* elektrisches Rührgerät
montare [mon'ta:re] **I.** *vi essere* ❶ *(salire)* [auf]steigen; *(in veicolo)* einsteigen ❷ GASTR *(panna)* steif werden **II.** *vt avere* ❶ ZOO *(accoppiarsi)* bespringen, besteigen ❷ *(comporre)* aufbauen, zusammenbauen, aufstellen; *(mobili)* einbauen; TEC montieren ❸ GASTR schlagen ❹ FILM montieren ❺ *(fig: esagerare)* aufbauschen, übertreiben; ~ **la testa a qu** *(fam)* jdm den Kopf verdrehen **III.** *vr* **-rsi** sich aufregen; **-rsi la testa** *(fam)* sich *dat* was einbilden
montato, -a [mon'ta:to] *agg* ❶ GASTR **panna -a** Schlagsahne *f,* Schlag *m* A ❷ *(sl: persona)* aufgeblasen *fam*
montatore, -trice [monta'to:re] **I.** *m, f* ❶ TEC Montagearbeiter(in) *m(f),* Monteur(in) *m(f)* ❷ FILM Cutter(in) *m(f)* **II.** *agg* Montage-
montatura [monta'tu:ra] *f* ❶ *(di gioielli)* Fassung *f* ❷ *(di occhiali)* Gestell *nt* ❸ *(fig: esagerazione)* Aufbauschen *nt,* Übertreibung *f* ❹ *(fig: finzione)* Vortäuschung *f* ❺ TEC Montage *f,* Zusammenbau *m*
montavivande [montavi'vande] <-> *m* Speisenaufzug *m*
monte ['monte] *m* ❶ *(rilievo)* Berg *m;* **Monte Bianco** Montblanc *m* ❷ *(fig: grande quantità)* Berg *m,* Haufen *m fam* ❸ FIN *(somma)* Geldsumme *f; (banca)* Geldinstitut *nt;* ~ **dei pegni** Pfandleihanstalt *f;* ~ **di pietà** Leihhaus *nt* ❹ *(fig)* **andare a** ~ ins Wasser fallen, scheitern; **mandare a** ~ über den Haufen werfen *fam*
montebianco [monte'biaŋko] *m kegelförmige Süßspeise aus Kastaniencreme mit Sahne*
Montecitorio [montetʃi'to:rio] *m (sede della Camera dei deputati) Sitz des italienischen Parlamentes*
MONTEDISON® *f großer italienischer Chemiekonzern*
montone [mon'to:ne] *m* ❶ Schafbock *m; (castrato)* Hammel *m* ❷ *(fam: giaccone)* Schaffelljacke *f; (cappotto)* Schaffellmantel *m*
montuosità [montuosi'ta] <-> *f* Gebirge *nt*
montuoso, -a [montu'o:so] *agg* gebirgig, bergig
monumentale [monumen'ta:le] *agg* ❶ *(di monumento)* Denkmal[s]-, Monumental- ❷ *(città, regione)* reich an Denkmälern ❸ *(fig: enorme)* monumental
monumento [monu'mento] *m* Monument *nt; (a. fig)* Denkmal *nt*
moog® [mu:d] <-> *m* MUS Synthesizer *m*
moon boot® ['mu:n 'bu:t *o* 'mɔn but] <-> *m* Moonboot *m*
moquettato, -a [mokɛt'ta:to] *agg* mit Moquette ausgelegt, Moquette verlegt
moquette [mo'kɛt] <-> *f* Teppichboden *m*
mora ['mɔ:ra] *f* ❶ BOT *(del rovo)* Brombeere *f; (del gelso)* Maulbeere *f* ❷ JUR *(ritardo)* Verzug *m; (somma)* Verzugszinsen *mpl*
morale [mo'ra:le] **I.** *agg* moralisch, Moral- **II.** *f* ❶ *(moralità)* Moral *f* ❷ PHILOS Moralphilosophie *f,* Ethik *f* ❸ *(insegnamento)* Lehre *f; (della favola)* Moral *f* **III.** *m (fam: spirito)* Stimmung *f,* Moral *f;* **essere giù di** ~ den Moralischen haben *fam;* **essere**

su di ~ in guter Stimmung sein; **risollevare il ~ di qu** jdn aufmuntern, jdn aufbauen

moraleggiare [moraled'dʒaːre] *vi* moralisieren, Moral predigen

moralismo [mora'lizmo] *m* Moralismus *m*

moralista [mora'lista] <-i *m*, -e *f*> *mf* ① *(pej: intransigente)* Moralprediger(in) *m(f)* ② PHILOS Moralist(in) *m(f)*

moralistico, -a [mora'listiko] <-ci, -che> *agg* moralistisch

moralità [morali'ta] <-> *f* Sittlichkeit *f*; *(morale)* Moral *f*

moralizzare [moralid'dzaːre] *vt* sittlich machen

moratoria [mora'tɔːria] <-ie> *f* ① *(sospensione)* Moratorium *nt*, [Zahlungs]aufschub *m* ② *(dilazione)* Stundung *f*, Aussetzung *f*

moratorio, -a [mora'tɔːrio] <-i, -ie> *agg* Verzugs-

morbidezza [morbi'dettsa] *f* Weichheit *f*, Zartheit *f*; *(al tatto)* Haptik *f*

morbido, -a ['mɔrbido] *agg (a. fig)* weich

morbillo [mor'billo] *m* Masern *fpl*

morbo ['mɔrbo] *m* ① MED Krankheit *f* ② *(fig: piaga)* Plage *f*, Übel *nt*

morbosità [morbosi'ta] <-> *f* Krankhaftigkeit *f*, Morbidität *f*

morboso, -a [mor'boːso] *agg* ① *(anormale)* krankhaft, morbid[e] ② MED Krankheits-

morchia ['mɔrkia] <-chie> *f* [Boden]satz *m*

mordace [mor'daːtʃe] *agg* ① *(cane)* bissig ② *(fig: caustico)* bissig, scharf; *(lingua)* spitz

mordacità [mordatʃi'ta] <-> *f* Bissigkeit *f*, Schärfe *f*

mordente [mor'dɛnte] *m* ① CHEM Beize *f*, Beizmittel *nt* ② *(fig: grinta)* Kampfgeist *m*, Mumm *m*

mordenzare [mordɛn'tsaːre] *vt* ① TEC *(in tintoria)* beizen ② TEC *(in tipografia)* ätzen

mordenzatura [mordɛntsa'tuːra] *f* ① TEC *(operazione nell'industria tessile)* Beizen *nt* ② TYP *(morsura)* Ätzung *f*, Ätzen *nt* ③ FOTO Fixieren *nt*, Fixage *f*

mordere ['mɔrdere] <mordo, morsi, morso> *vt* ① *(morsicare)* beißen; *(insetti)* stechen; *(mela, cibi)* beißen in +*akk*; **-rsi le dita** [*o* **le mani**] *(fig)* sich *dat* in den Hintern beißen [können] *fam*; **can che abbaia non morde** *(prov)* Hunde, die bellen, beißen nicht ② *(far presa)* fassen, packen ③ *(corrodere)* ätzen ④ *(fig: irritare)* beißen, stechen ⑤ *(fig: tormentare)* quälen; **mi morde la coscienza** mein Gewissen plagt mich, ich habe Gewissensbisse

mordicchiare [mordik'kiaːre] *vt* knabbern, nagen

morello [mo'rɛllo] *m* Rappe *m*

morena [mo'rɛːna] *f* Moräne *f*

morendo [mo'rɛndo] <-> *m* MUS Morendo *nt*

morente [mo'rɛnte] **I.** *mf* Sterbende(r) *f(m)* **II.** *agg* ① *(persona)* sterbend, im Sterben liegend ② *(fig)* zu Ende gehend; *(sole)* untergehend

morfema [mor'fɛːma] <-i> *m* Morphem *nt*

morfina [mor'fiːna] *f* Morphium *nt*, Morphin *nt*

morfinismo [morfi'nizmo] *m* Morphinismus *m*

morfinomane [morfi'nɔːmane] **I.** *agg* morphiumsüchtig **II.** *mf* Morphinist(in) *m(f)*

morfologia [morfolo'dʒiːa] <-gie> *f* ① LING, BIOL Morphologie *f* ② GEOG, MIN [Geo]morphologie *f*

morfologico, -a [morfo'lɔːdʒiko] *agg* morphologisch

morganatico, -a [morga'naːtiko] <-ci, -che> *agg* morganatisch

moria [mo'riːa] <-ie> *f* Massensterben *nt*

moribondo, -a [mori'bondo] **I.** *agg* sterbend, im Sterben liegend; **essere ~** im Sterben liegen **II.** *m, f* Sterbende(r) *f(m)*

morigeratezza [moridʒera'tettsa] *f* Mäßigkeit *f*, maßvolle Haltung *f*

morigerato, -a [moridʒe'raːto] *agg* sittsam; *(sobrio)* gemäßigt, mäßig

morire [mo'riːre] <muoio, morii, morto> *vi essere* ① *(cessare di vivere)* sterben; *(piante)* eingehen; *(animali)* eingehen, sterben; **~ ammazzato** umgebracht werden; **~ impiccato** durch Erhängen sterben; **~ di morte naturale/violenta** eines natürlichen/gewaltsamen Todes sterben ② *(fig)* **~ di fame/sete** vor Hunger/Durst sterben; **~ dal sonno** todmüde sein; **una fame da ~** *(fam)* ein Mordshunger *m*; **una sete da ~** *(fam)* ein Mordsdurst *m*; **più brutto di così si muore** so etwas Hässliches habe ich noch nie gesehen ③ *(fig: cessare di esistere)* sterben; *(luce)* erlöschen, verlöschen; *(suono)* ersterben, verhallen; *(estinguersi)* aussterben; *(terminare)* enden; *(non riuscire)* in die Brüche gehen

mormone [mor'moːne] *m* Mormone *m*

mormorare [mormo'raːre] *vi* ① *(bisbigliare)* murmeln, flüstern ② *(sparlare)* munkeln ③ *(fig: acque, fronde)* murmeln, rauschen

mormorazione [mormorat'tsioːne] *f (pej)* Gerede *nt*, Gemunkel *nt*

mormoreggiare [mormored'dʒaːre] *vi* ① *(mormorare)* murmeln, rauschen ② *(fig)* murren

mormorio [mormo'riːo] <-ii> *m* ① *(sus-

surro) Gemurmel *nt,* Geraune *nt* ② *(di acque, fronde)* Murmeln *nt poet,* Rauschen *nt* ③ *(commento maligno)* Gerede *nt,* Gemunkel *nt*

moro ['mɔːro] *m* Maulbeerbaum *m*

moro, **-a** **I.** *agg* ① *(nero)* schwarz ② *(di capelli scuri)* dunkelhaarig, brünett; *(di carnagione scura)* dunkelhäutig **II.** *m, f* ① *(persona)* Schwarze(r) *f(m)* ② *(di capelli scuri)* dunkelhaarige Person; *(di carnagione scura)* dunkelhäutige Person

morosa *f v.* **moroso**

morosità [morosi'ta] <-> *f* JUR Verzug *m,* Säumigkeit *f*

moroso, **-a** [mo'roːso] *agg* JUR säumig

morsa ['mɔrsa] *f* Schraubstock *m;* **essere preso in una ~** *(fig)* in die Zange genommen werden *fam*

morsetto [mor'setto] *m* Zwinge *f,* Klammer *f;* EL Klemme *f*

morsi ['mɔrsi] *1. pers sing pass rem di* **mordere**

morsicare [morsi'kaːre] *vt* ① *(mordere)* beißen [in +*akk*]; *(insetti)* stechen ② *(pungere)* beißen, stechen

morsicatura [morsika'tuːra] *f (segno di morso)* Biss *m,* Bisswunde *f; (segno di puntura d'insetto)* Stich *m*

morso[1] ['mɔrso] *pp di* **mordere**

morso[2] *m* ① *(il mordere)* Biss *m,* [Zu]beißen *nt* ② *(segno)* Biss *m,* Bisswunde *f; (puntura d'insetto)* Stich *m; (di serpente)* Biss *m* ③ *(boccone)* Bissen *m* ④ *(di cavallo)* Gebiss *nt*

morta *f v.* **morto**

mortacci [mor'tattʃi] *int (pej)* **i ~ [loro]!** zum Teufel [mit ihnen]!; **~ tua/vostra!** leck/leckt mich!

mortadella [morta'dɛlla] *f* Mortadella *f*

mortaio [mor'taːio] <-ai> *m* Mörser *m*

mortale [mor'taːle] *agg* ① *(soggetto a morte)* sterblich ② *(che causa la morte, a. fig)* tödlich; **peccato ~** Todsünde *f;* **salto ~** Salto mortale *m* ③ *(di morte)* Tod[es]-, tödlich; *(di morto)* Toten-

mortalità [mortali'ta] <-> *f* Sterblichkeit *f*

mortalmente [mortal'mente] *avv* ① *(in modo mortale)* tödlich ② *(fig: profondamente)* tödlich; *(odiare)* auf den Tod; *(annoiarsi)* zu Tode, tödlich

mortaretto [morta'retto] *m* Böller *m*

morte ['mɔrte] *f* ① *(cessazione della vita)* Tod *m; (di piante, animali)* Eingehen *nt;* **pericolo di ~** Lebensgefahr *f;* **fare una brutta ~** einen schlimmen Tod haben; **condannare a ~ qu** jdn zum Tode verurteilen; **darsi la ~** sich töten, sich das Leben nehmen; **scherzare con la ~** mit dem Leben spielen; **a ~!** Tod!, tötet ihn [*o* sie]!; **finché ~ non ci separi** bis dass der Tod uns scheidet; **~ civile** JUR Verlust *m* der bürgerlichen Ehrenrechte; **pena di ~** Todesstrafe *f;* **sentenza di ~** Todesurteil *nt* ② *(fig: fine)* Tod *m,* Ende *nt;* **silenzio di ~** Totenstille *f;* **avere la ~ nel cuore** todunglücklich sein; **annoiarsi a ~** *(fam)* sich zu Tode langweilen; **avercela a ~ con qu** *(fam)* jdn wie die Pest hassen

mortificare [mortifi'kaːre] **I.** *vt (umiliare)* beschämen, demütigen **II.** *vr* **-rsi** ① *(avvilirsi)* beschämt sein ② REL *(punirsi)* sich kasteien

mortificazione [mortifikat'tsioːne] *f* ① *(umiliazione)* Demütigung *f* ② REL Kasteiung *f*

morto, **-a** ['mɔrto] **I.** *pp di* **morire** **II.** *m, f (persona morta)* Tote(r) *f(m); (defunto)* Verstorbene(r) *f(m);* **giorno dei -i** Allerseelen *nt;* **fare il ~** sich tot stellen; **sembrare un ~ che cammina** *(fam)* wie eine wandelnde Leiche aussehen **III.** *agg* ① *(che ha cessato di vivere)* tot ② *(fig: inerte)* leblos, [wie] tot; **punto ~** toter Punkt; **stanco ~** *(fam)* todmüde; **fare la mano -a** zudringlich werden ③ *(fig: civiltà)* untergegangen, versunken; *(lingua, capitale, binario)* tot; *(acqua)* stehend

mortorio [mor'tɔːrio] <-i> *m (fam)* todlangweilige Sache *f;* **questa città è un ~** in dieser Stadt ist überhaupt nichts los [*o* ist tote Hose *fam*]

mortuario, **-a** [mortu'aːrio] <-i, -ie> *agg* Toten-, Leichen-; **la camera -a** das Totenzimmer

mosaicista [mozai'tʃista] <-i *m,* -e *f*> *mf (artista)* Mosaikkünstler(in) *m(f); (operaio)* Mosaikarbeiter(in) *m(f)*

mosaico [mo'zaːiko] <-ci> *m* Mosaik *nt;* **pavimento a ~** Mosaik[fuß]boden *m*

mosca[1] ['moska] <-sche> *f* ① *(a. fig)* ZOO Fliege *f;* **giocare a ~ cieca** Blindekuh spielen; **essere raro come le -sche bianche** selten sein wie ein weißer Rabe; **fare d'una ~ un elefante** *(fam)* aus einer Mücke einen Elefanten machen; **non far male ad una ~** *(fam)* keiner Fliege etw zuleide tun, gutmütig sein; **non si sente volare una ~** *(fig)* es ist totenstill; **gli salta la ~ al naso** *(fam fig)* ihm reißt der Geduldsfaden; **zitto e ~!** *(fam)* Ruhe!, kein Wort [mehr]! ② *(fig: persona noiosa)* Quälgeist *m fam*

mosca[2] **I.** *agg inv* **peso ~** Fliegengewicht *nt* **II.** *m* - Fliegengewicht *nt,* Fliegengewichtler *m*

Mosca ['moska] *f* Moskau *nt*

moscaio [mos'kaːio] <-ai> *m* Fliegenschwarm *m*

moscardino [moskar'di:no] *m* ZOO *(roditore)* Haselmaus *f*
moscatello [moska'tɛllo] *m* Muskateller *m*
moscato [mos'ka:to] *m* Muskateller *m*
moscato, -a *agg* ① *(uva)* Muskateller- ② *(noce)* Muskat-
moscerino [moʃʃe'ri:no] *m* Taufliege *f*, kleine Fliege
moschea [mos'kɛ:a] *f* Moschee *f*
moschettiere [mosket'tiɛ:re] *m* ① MIL Musketier *m;* **i tre -i** die drei Musketiere ② SPORT *Spieler in der italienischen Fußballnationalmannschaft*
moschetto [mos'ketto] *m* Karabiner *m;* HIST Muskete *f*
moschettone [mosket'to:ne] *m* Karabiner[haken] *m*
moschicida [moski'tʃi:da] <-i> **I.** *m* Fliegengift *nt* **II.** *agg* Fliegen[gift]-
moscio, -a ['moʃʃo] <-sci, -sce> *agg* schlapp, schlaff; **cappello ~** Schlapphut *m;* **un tipo ~** ein Schlaffi *m sl*
moscone [mos'ko:ne] *m* ① ZOO große Fliege, Brummer *m fam* ② *(fam fig: corteggiatore)* Verehrer *m* ③ *(pattino)* Ruderboot *nt*
Mosella [mo'zɛlla] *f* Mosel *f*
mossa ['mɔssa] *f* ① *(movimento)* Bewegung *f* ② *(movenza)* Geste *f*, Gebärde *f* ③ MIL Manöver *nt* ④ *(nel gioco, a. fig)* Zug *m*
mossi ['mɔssi] *1. pers sing pass rem di* **muovere**
mosso, -a ['mɔsso] **I.** *pp di* **muovere** **II.** *agg* ① *(agitato)* bewegt ② *(ondulato)* gewellt ③ MUS lebhaft, mosso
mostarda [mos'tarda] *f* ① *(salsa)* Senfsoße *f* ② *(frutta)* **~ di Cremona** *Früchte in Senfsirup*
mosto ['mosto] *m* [Trauben]most *m*
mostra ['mostra] *f* ① *(d'arte)* Ausstellung *f;* **~ fotografica** Bilderausstellung *f* ② COM Messe *f* ③ *(fig: sfoggio)* Schau *f*, Zurschaustellung *f;* **mettere in ~ qc** *(fig)* etw zur Schau stellen ④ *(fig: finta)* [äußerer] Schein *m*, Anschein *m;* **far ~ di** +*inf* den Anschein erwecken, etw zu tun ⑤ *(vetrina)* Auslage *f*
mostrare [mos'tra:re] **I.** *vt* ① *(far vedere)* zeigen; *(per controllo)* [vor]zeigen; **~ i denti** *(fig)* die Zähne zeigen *fam* ② *(fingere)* vortäuschen, heucheln **II.** *vr* **-rsi** sich zeigen
mostriciattolo [mostri'tʃattolo] *m (fam)* kleines Monster
mostrina [mos'tri:na] *f* Kragenspiegel *m*
mostro ['mostro] *m* ① *(creatura fantastica)* Monstrum *nt*, Ungeheuer *nt; (a. fig)* Scheusal *nt* ② *(scherz: portento)* **essere un ~ di qc** ein Ausbund an etw *dat* sein

mostruosità [mostruosi'ta] <-> *f* Monstrosität *f*
mostruoso, -a [mostru'o:so] *agg* ① *(orrendo)* scheußlich ② *(eccezionale)* ungeheuer[lich]
mota ['mɔ:ta] *f* Schlamm *m*
motel [mo'tɛl] <-> *m* Motel *nt*
motivare [moti'va:re] *vt* ① *(causare)* verursachen ② *(precisare il motivo)* begründen ③ PSIC motivieren
motivazione [motivat'tsio:ne] *f* ① *(esposizione delle ragioni)* Begründung *f* ② PSIC Motivation *f*
motivo [mo'ti:vo] *m* ① *(ragione)* Motiv *nt*, [Beweg]grund *m*, Ursache *f;* **aver ~ di** [*o* **per**] **...** +*inf* Grund haben zu ... +*inf;* **dar ~ di** Anlass geben zu; **per -i di famiglia/salute** aus familiären/gesundheitlichen Gründen ② MUS, LIT Thema *nt*, Motiv *nt;* **~ conduttore** Leitmotiv *nt* ③ *(canzone)* Melodie *f*, [Musik]stück *nt* ④ *(decorazione)* Muster *nt*
moto[1] ['mɔ:to] *m (gener,* HIST, POL Bewegung *f;* **avverbi di ~** Ortsadverbien *nt pl* der Bewegung; **con ~** MUS mit Bewegung, etwas beschleunigt; **fare** [**del**] **~** sich *dat* Bewegung verschaffen; **essere in ~** in Bewegung sein; MOT in Gang sein; **mettere in ~** in Gang setzen; **mettersi in ~** sich in Bewegung setzen; *(fig)* in Gang kommen
moto[2] <-> *f (motocicletta)* Motorrad *nt;* **~ d'acqua** Seascooter *m*
motobarca [moto'barka] <-che> *f* kleines Motorboot
motocarro [moto'karro] *m* dreirädriger Kastenwagen, Dreirad *nt*
motocarrozzetta [motokarrot'tsetta] *f* Motorrad *nt* mit Beiwagen, Beiwagenmaschine *f*
motocicletta [mototʃi'kletta] *f* Motorrad *nt*
motociclismo [mototʃi'klizmo] *m* Motorradsport *m*
motociclista [mototʃi'klista] *mf* Motorradfahrer(in) *m(f)*
motociclistico, -a [mototʃi'klistiko] *agg* Motorrad-; SPORT Motorrad[sport]-
motociclo [moto'tʃi:klo] *m* Motorrad *nt*
motocross [moto'krɔs] <-> *m* Motocross *nt*
motocrossista [motokros'sista] <-i *m*, -e *f*> *mf* Motocross-Fahrer(in) *m(f)*
motodromo [mo'tɔ:dromo] *m* Motodrom *nt*
motofalciatrice [motofaltʃa'tri:tʃe] *f* Mähmaschine *f*
motofurgone [motofur'go:ne] *m* dreirädriger Lieferwagen *m*, Dreirad *nt*
motonave [moto'na:ve] *f* Motorschiff *nt*

motopeschereccio [motopeske'rettʃo] *m* Fischkutter *m*

motopompa [moto'pompa] *f* Motorpumpe *f*

motopropulsore [motopropul'soːre] **I.** *agg* Antriebs-; **gruppo ~** Antriebsaggregat *nt,* Triebwerk *nt* **II.** *m* Antriebsmotor *m,* Triebwerk *nt*

motoraduno [motora'duːno] *m* Motorradfahrertreffen *nt*

motorboat ['moutə'bout] <-> *m* NAUT Motorboot *nt*

motorcaravan [moutəkærə'væn *o* mɔtor'karavan] <-> *m* MOT Campingbus *m*

motore [mo'toːre] *m* ① TEC Motor *m,* Antrieb *m;* **~ a benzina** Benzinmotor *m;* **~ ad iniezione diretta** Motor *m* mit Direkteinspritzung; **~ a scoppio** Verbrennungsmotor *m;* **~ Diesel** Dieselmotor *m* ② *(fig: movente)* Motor *m,* Triebfeder *f* ③ INFORM **~ di ricerca** Suchmaschine *f*

motore, -trice *agg* ① TEC Antriebs-, Trieb- ② *(nervi)* Bewegungs-

motoretta [moto'retta] *f* *(fam)* [Motor]roller *m*

motorhome ['moutəhoum] <-> *m* MOT Wohnmobil *nt*

motorino [moto'riːno] *m* ① *(fam: ciclomotore)* Mofa *nt,* Moped *nt,* Mokick *nt* ② TEC Kleinmotor *m,* kleiner Motor; **~ d'avviamento** Anlasser *m,* Starter *m*

motorio, -a [mo'tɔːrio] <-i, -ie> *agg* Bewegungs-, motorisch

motorismo [moto'rizmo] *m* Motorsport *m*

motorista [moto'rista] <-i> *m* Maschinist *m*

motoristico, -a [moto'ristiko] <-ci, -che> *agg* Motorsport-

motorizzare [motorid'dzaːre] **I.** *vt* motorisieren **II.** *vr* **-rsi** *(fam)* sich motorisieren

motorizzazione [motoriddzat'tsioːne] *f* Motorisierung *f;* **Ispettorato della ~** Straßenverkehrsamt *nt*

motorscooter ['moutəskuːtə] *m* [Motor]roller *m*

motoscafo [motos'kaːfo] *m* Motorboot *nt*

motosega [moto'seːga] <-ghe> *f* Motorsäge *f*

motovedetta [motove'detta] *f* Patrouillenboot *nt,* Wachboot *nt*

motoveicolo [motove'iːkolo] *m* Motorfahrzeug *nt*

motovelodromo [motove'lɔːdromo] *m* Motorradrennbahn *f*

motozappa [moto'tsappa] *f* TEC Motorhacke *f*

motrice [mo'triːtʃe] *f* ① *(di autotreno)* Sattelschlepper *m* ② TEC *(macchina)* Zugmaschine *f* ③ FERR Triebwagen *m*

motteggiare [motted'dʒaːre] *vi* witzeln, scherzen

motteggiatore, -trice [motteddʒa'toːre] *m, f* Spötter(in) *m(f)*

motteggiatore [motteddʒa'toːre] *agg* spöttisch

motteggio [mot'teddʒo] <-ggi> *m* Spott *m,* Spöttelei *f*

mottetto [mot'tetto] *m* ① MUS Motette *f* ② LIT Volksweisheit *f*

motto ['mɔtto] *m* *(detto arguto)* Witz *m,* Schmäh *m* A; *(detto sentenzioso)* Wahlspruch *m,* Motto *nt;* *(massima)* Wahlspruch *m,* Devise *f;* *(slogan pubblicitario)* Werbeslogan *m,* Werbespruch *m*

mountain-bike ['mauntin 'baik] <-> *f* Mountainbike *nt*

mouse [maus] <-> *m* INFORM Maus *f;* **tappetino per il ~** Mauspad *nt,* Mousepad *nt*

mouse pad ['maus pɛd] <-> *m* INFORM Mauspad *nt,* Mousepad *nt*

mousse [mus] <-> *f* Mousse *f*

moutonné [mutɔ'ne] *agg inv* **velluto ~** Kordsamt *m*

movente [mo'vɛnte] *m* Beweggrund *m*

movenza [mo'vɛntsa] *f* ① *(atteggiamento)* Bewegung *f* ② *(fig: andamento)* Tendenzen *f pl*

movil® [mo'vil] <-> *m* *Synthetikgewebe aus PVC*

movimentare [movimen'taːre] *vt* beleben, in Schwung bringen

movimentazione [movimentat'tsioːne] *f* Warenumschlag *m*

movimentista [movimen'tista] <-i *m,* -e *f*> **I.** *mf* POL Befürworter(in) *m(f)* von Bürgerinitiativen **II.** *agg* Bürgerinitiativen unterstützend

movimento [movi'mento] *m* ① *(mossa, moto)* Bewegung *f;* **mettersi in ~** sich in Bewegung setzen ② MIL Bewegung *f,* Verschiebung *f* ③ FERR, FIN, COM Verkehr *m* ④ MUS Tempo *nt* ⑤ *(corrente,* POL*)* Bewegung *f* ⑥ TEC Antrieb *m;* *(meccanismo)* Werk *nt,* Mechanik *f*

moviola [mo'viɔːla] *f* Schneidetisch *m*

mozambicano, -a [motsambi'kaːno] **I.** *agg* mosambikanisch **II.** *m, f* *(abitante)* Mosambikaner(in) *m(f)*

mozione [mot'tsioːne] *f* Antrag *m,* Motion *f* CH; **~ di fiducia** Vertrauensantrag *m;* **~ di sfiducia** Misstrauensantrag *m*

mozzafiato [mottsa'fiaːto] *agg inv* *(fam)* atemberaubend

mozzare [mot'tsaːre] *vt* ① *(recidere)* abschneiden, abschlagen ② *(fig: interrompere)* abbrechen; **da ~ il fiato** den Atem berauben

mozzarella [mottsa'rɛlla] *f* Mozzarella *m*

M

(Frischkäse aus Büffel- oder Kuhmilch); **~ in carrozza** *Käse- u Brotscheiben, die zusammen paniert und fritiert werden*
mozzicone [mottsi'ko:ne] *m* Stumpf *m; (di sigaretta)* Stummel *m*
mozzo ['mottso] *m (marinaio)* Schiffsjunge *m*
mozzo, -a *agg* ① *(reciso)* abgeschnitten, abgeschlagen ② *(fig: mutilo)* verstümmelt, verkürzt
ms., MS. *abbr di* **manoscritto** Ms., Mskr.
M.S. *abbr di* **Movimento Studentesco** *Studentenbewegung Ende der 60er-Jahre*
MSI-DN *m abbr di* **Movimento Sociale Italiano - Destra Nazionale** *italienische neofaschistische Partei*
mucca ['mukka] <-cche> *f* Kuh *f;* **~ pazza** *(fam)* an BSE erkranktes Rind
mucchio ['mukkio] <-cchi> *m* Haufen *m,* Menge *f;* **a -cchi** haufenweise *fam*
muco ['mu:ko] <-chi> *m* Schleim *m*
mucosa [mu'ko:sa] *f* Schleimhaut *f*
mucoso, -a [mu'ko:so] *agg* schleimig; ANAT Schleim-
muda ['mu:da] *f* Mauser *f*
muffa ['muffa] *f* ① Schimmel *m;* **fare la ~** schimm[e]lig werden, schimmeln ② *(fig: abbandono, inattività)* Muff *m fam*
muffin ['mʌffin] <-> *m* Muffin *m;* **piccolo ~** Cupcake *m*
muffire [muf'fi:re] <muffisco> *vi essere* schimmeln; *(a. fig)* verschimmeln
muffola ['muffola] *f* ① SPORT *(guanto)* Fausthandschuh *m* ② TEC *(di forno)* Muffel *f* ③ EL [Kabel]muffe *f*
muflone [mu'flo:ne] *m* Mufflon *m*
mugghiare [mug'gia:re] *vi* ① *(bue)* muhen, brüllen ② *(fig: mare, vento)* heulen
mugghio ['muggio] <-gghi> *m* ① *(di bue)* Muhen *nt,* Brüllen *nt* ② *(fig: di mare, vento)* Heulen *nt*
muggine ['muddʒine] *m* Meeräsche *f*
muggire [mud'dʒi:re] <muggisco> *vi* ① *(bovino)* muhen, brüllen ② *(fig: mare, vento)* heulen
muggito [mud'dʒi:to] *m* ① *(di bovino)* Muhen *nt,* Brüllen *nt* ② *(di mare, vento)* Heulen *nt*
mughetto [mu'getto] *m* ① BOT Maiglöckchen *nt* ② MED Soor *m*
mugnaio, -a [muɲ'ɲa:io] <-i, -ie> *m, f* Müller(in) *m(f)*
mugo ['mu:go] <-ghi> *m* Latschenkiefer *f*
mugolare [mugo'la:re] **I.** *vi* ① *(cane)* winseln ② *(fig: vento)* heulen ③ *(persona)* stöhnen **II.** *vt* brumme[l]n, murmeln
mugolio [mugo'li:o] <-ii> *m* Gewinsel *nt,* Winseln *nt*
mugugnare [muguɲ'ɲa:re] *vi* brummen, knurren
mugugno [mu'guɲɲo] *m* Gebrumme[l] *nt*
mulatta *f v.* **mulatto**
mulattiera [mulat'tiɛ:ra] *f* Saumpfad *m,* Maultierpfad *m*
mulatto, -a [mu'latto] **I.** *m, f* Mulatte *m,* Mulattin *f* **II.** *agg* Mulatten-
muliebre [mu'li:ebre] *agg* weiblich, Frauen-
mulinare [muli'na:re] **I.** *vt avere* ① *(macchinare)* sich ausdenken, aushecken *fam* ② *(girare)* herumwirbeln, wirbeln **II.** *vi essere* wirbeln
mulinello [muli'nɛllo] *m* ① *(moto vorticoso)* Wirbel *m* ② *(di canna da pesca)* Rolle *f* ③ NAUT Ankerwinde *f* ④ *(ventilatore)* Ventilator *m,* Lüfter *m*
mulino [mu'li:no] *m* Mühle *f;* **~ ad acqua** Wassermühle *f;* **~ a vento** Windmühle *f;* **tirare** [*o* **portare**] **acqua al proprio ~** *(fig)* immer zuerst für sich selbst sorgen
mulo ['mu:lo] *m* Maultier *nt,* Maulesel *m;* **ostinato come un ~** störrisch wie ein Esel
multa ['multa] *f* ① *(pena)* Geldstrafe *f* ② *(ammenda)* Verwarnungsgeld *nt,* Bußgeld *nt*
multare [mul'ta:re] *vt* mit einer Geldstrafe belegen
multi-access ['mʌlti'ækses] *agg inv* mit vielfältigen Zugriffsmöglichkeiten
multiaccessoriato, -a [multiattʃesso'ria:to] *agg* AUTO mit allen Extras
multicanale [multika'na:le] *agg inv* Mehrkanal-
multicapsulare [multikapsu'la:re] *agg* BOT Vielkapsel-
multicellulare [multitʃellu'la:re] *agg* BIOL vielzellig; **organismo ~** Vielzeller *m*
multicentrico, -a [multi'tʃɛntriko] <-ci, -che> *agg* dezentral, mit vielen Zentren
multicolore [multiko'lo:re] *agg* bunt, vielfarbig
multicomponente [multikompo'nɛnte] *agg* SCIENT Mehrkomponenten-
multiculturale [multikultu'ra:le] *agg* multikulturell, Multikulti- *fam*
multiculturalismo [multikultu'rizmo] *m* multikulturelle Zugehörigkeit
multidisciplinare [multidiʃʃipli'na:re] *agg* fachübergreifend, multidisziplinär
multidisciplinarità [multidiʃʃiplinari'ta] <-> *f* multidisziplinärer Charakter
multietnico, -a [multi'ɛtniko] <-ci, -che> *agg* multiethnisch, Vielvölker-
multifattoriale [multifatto'ria:le] *agg* multifaktoriell, mit verschiedenen Ursachen
multiflash [muli'flæʃ] *agg inv* FOTO Mehrfachblitz-

M

multifocale [multifo'ka:le] *agg* TEC mit mehreren Brennpunkten
multiforme [multi'forme] *agg* ❶ *(vario, molteplice)* vielfältig, vielgestaltig ❷ *(versatile)* vielseitig
multifunzionale [multifuntsio'na:le] *agg* multifunktional, Multifunktions-
multifunzionalità [multifuntsionali'ta] <-> *f* Funktionsvielfalt *f*
multifunzione [multifunt'tsio:ne] *agg inv* multifunktional
multigrade ['mʌltigreid] *agg inv* **olio** ~ Mehrbereichsöl *nt*
multilaterale [multilate'ra:le] *agg* mehrseitig; *(a. fig)* multilateral
multilateralismo [multilatera'lizmo] <-> *m* multilaterale Beziehungen *f pl*
multilateralità [multilaterali'ta] <-> *f* multilateraler Charakter
multilingue [multi'liŋgue] *agg inv* mehrsprachig, polyglott
multilinguismo [multiliŋ'guizmo] *m* Mehrsprachigkeit *f*
multimedia [multi'mɛ:dia] *agg inv* Multimedia-
multimediale [multimɛ'dia:le] *agg* INFORM multimedial; **enciclopedia** ~ multimediales Lexikon
multimedialità [multimɛdiali'ta] <-> *f* INFORM, TEL Multimedia *nt*
multimetro [multi'mɛ:tro] *m* TEC Vielfachmessgerät *nt*, Vielfachmessinstrument *nt*
multimilionario, -a [multimilio'na:rio] <-i, -ie> **I.** *m, f* Multimillionär(in) *m(f)* **II.** *agg* millionenschwer *fam*
multimmagine [multiim'ma:dʒine] *agg inv* TEC, TV mit Bildfeldzerleger
multimodale [multimo'da:le] *agg* auf verschiedene Art und Weise; **trasporto** ~ Beförderung mit wechselnden Transportmitteln
multimodo, -a [multi'mɔ:do] *agg* OPT Multimode-
multinazionale [multinattsio'na:le] **I.** *f* multinationales Unternehmen **II.** *agg* multinational
multinomiale [multino'mia:le] *agg (in statistica)* Multinomial-
multipartitico, -a [multipar'ti:tiko] <-ci, -che> *agg* POL Mehrparteien-; **sistema** ~ Mehrparteiensystem *nt*
multipartitismo [multiparti'tizmo] *m* POL Mehrparteiensystem *nt*
multipiano [multi'pia:no] *agg inv* mehrstöckig, Etagen-; **un parcheggio** ~ ein mehrstöckiges Parkhaus
multiplazione [multiplat'tsio:ne] *f* TEL Multiplexbetrieb *m*
multiplex [multi'plɛks] <-> *m* TEL, INFORM Multiplexing *nt*
multiplexer [multi'plɛkser] <-> *m* INFORM Multiplexer *nt*
multiplo ['multiplo] *m* Vielfache(s) *nt;* **il minimo comune** ~ MAT das kleinste gemeinsame Vielfache
multiplo, -a *agg* mehrfach, vielfach; **presa -a** Mehrfachsteckdose *f*
multipolare [multipo'la:re] *agg* mehrpolig
multipolarità [multipolari'ta] <-> *f* ❶ PHYS Mehrpoligkeit *f* ❷ *(compresenza di più centri di potere)* dezentrale Machtverteilung
multiprocessing [mʌlti'prousesiŋ] <-> *m* INFORM Multiprozessorbetrieb *m*
multiprogrammazione [multiprogrammat'sio:ne] *f* INFORM Multiprogramming *nt*, Multiprogrammierung *f*
multiproprietà [multiproprie'ta] <-> *f* JUR gemeinschaftlicher Immobilienbesitz
multiproprietario, -a [multiproprie'ta:rio] <-i, -ie> *agg* JUR gemeinschaftlich besitzend, mitbesitzend; **assetto** ~ Ausrüstung aus Gemeinschaftsbesitz
multirazziale [multirat'tsia:le] *agg* Vielvölker-; **società** ~ multikulturelle Gesellschaft
multiruolo [multi'zuɔ:lo] *agg inv* mit vielen Aufgaben [*o* Rollen]
multisala [multi'sa:la] **I.** *agg inv* mit mehreren Kinosälen **II.** *f* <-> FILM Kinozentrum *nt*, Multiplexkino *nt*
multiscafo [multi'ska:fo] **I.** *m* <-> NAUT Mehrdecker *m* **II.** *agg inv* mit geteiltem Bootsrumpf
multisecolare [multiseko'la:re] *agg* jahrhundertealt
multistadio [multi'sta:dio] *agg inv* AERO mehrstufig
multistrato [multi'stra:to] *agg inv* TEC Schichtholz-; **pannello** ~ Schichtholzplatte *f*
multiuso [multi'u:zo] *agg inv* Vielzweck-, Mehrzweck-; **dispositivo** ~ Mehrzweckgerät *nt*
multiutenza [multiu'tɛntsa] *f* vielseitige Anwendungsmöglichkeiten *f pl*, vielseitige Nutzung; ~ **telefonica** vielseitige Telefonnutzung
multivideo [multi'vi:deo] **I.** *m* <-> TEC, FILM Multivisionswand *f* **II.** *agg inv* Multivisions-; **schermo** ~ Multivisionswand *f*
multivisione [multivi'zio:ne] *f* TEC, FILM Multivision *f*
multivoltino, -a [multivɔl'ti:no] *agg* ZOO mit mehreren Würfen im Jahr
mummia ['mummia] <-ie> *f* ❶ *(cadavere*

M

imbalsamato) Mumie *f* ② *(sl fig: persona vecchia)* Scheintote(r) *f(m)*

mummificare [mummifi'ka:re] **I.** *vt* mumifizieren **II.** *vr* **-rsi** *(fam: fossilizzarsi spiritualmente)* verkalken; *(rinsecchirsi)* verknöchern

mummificazione [mummifikat'tsio:ne] *f* Mumifizierung *f*

mungere ['mundʒere] <mungo, munsi, munto> *vt* ① *(mucca, capra)* melken ② *(sl: sfruttare)* ausnehmen *fam,* melken *fam*

mungitore, **-trice** [mundʒi'to:re] *m, f* Melker(in) *m(f)*

mungitrice [mundʒi'tri:tʃe] *f* Melkmaschine *f,* Melkanlage *f*

mungitura [mundʒi'tu:ra] *f* Melken *nt*

municipale [munitʃi'pa:le] *agg* Stadt-, Gemeinde-; **consiglio ~** Gemeinderat *m;* **palazzo ~** Rathaus *nt*

municipalismo [munitʃipa'lizmo] *m* Lokalpatriotismus *m,* Kirchturmpolitik *f*

municipalizzare [munitʃipalid'dza:re] *vt* kommunalisieren

municipalizzazione [munitʃipaliddzat'tsio:ne] *f* Kommunalisierung *f*

municipio [muni'tʃi:pio] <-i> *m* ① *(amministrazione)* Stadt[verwaltung] *f,* Gemeinde[verwaltung] *f* ② *(sede)* Rathaus *nt;* **sposarsi in ~** standesamtlich heiraten

munificenza [munifi'tʃɛntsa] *f* *(poet)* Hochherzigkeit *f geh,* Generosität *f geh*

munifico, **-a** [mu'ni:fiko] <-ci, -che> *agg* *(poet)* generös *geh,* hochherzig *geh*

munire [mu'ni:re] <munisco> **I.** *vt* **~ qu/qc di qc** jdn/etw mit etw versehen **II.** *vr* **-rsi di qc** *(procurarsi)* sich mit etw ausrüsten; **-rsi contro qc** *(premunirsi)* sich gegen etw wappnen

munito, **-a** [mu'ni:to] *agg* ① *(fortificato)* befestigt ② *(fig: dotato)* **essere ~ di qc** mit etw ausgestattet sein; **essere muniti di biglietto** einen Fahrschein besitzen ③ *(fig: negli annunci funebri)* erhalten haben

munizioni [munit'tsio:ni] *fpl* Munition *f*

munsi ['munsi] *1. pers sing pass rem di* **mungere**

munto ['munto] *pp di* **mungere**

muoio ['muɔ:io] *1. pers sing pr di* **morire**

muovere ['muɔ:vere] <muovo, mossi, mosso> **I.** *vt avere* ① *(spostare)* bewegen; *(coda)* wedeln mit; *(pedina)* vorrücken, ziehen; **~ i primi passi** die ersten Schritte machen; **non ~ un dito** *(fam fig)* keinen Finger rühren ② *(mettere in moto)* in Bewegung setzen ③ *(suscitare)* erregen, hervorrufen ④ *(sollevare)* vorbringen, erheben ⑤ *(spingere)* bringen, treiben **II.** *vi essere* ① *(partire)* **~ da** abgehen von ② *(andare)* **~ incontro a qu** jdm entgegengehen ③ *(fig: derivare)* **~ da qc** von etw ausgehen **III.** *vr* **-rsi** ① *(essere in movimento)* sich bewegen; *(mettersi in movimento)* sich in Bewegung setzen, aufbrechen; *(darsi da fare)* sich rühren; **oggi non mi muovo di casa** *(fam)* heute gehe ich nicht aus dem Haus; **e dai, muoviti!** *(fam)* los, beweg' dich mal! ② *(fig: commuoversi)* gerührt werden ③ *(fig: sollevarsi)* sich erheben

muraglia [mu'raʎʎa] <-glie> *f (fig)* Mauer *f*

muraglione [muraʎ'ʎo:ne] *m* Schutzmauer *f*

murale [mu'ra:le] *agg* Mauer-; *(carta, giornale, pittura)* Wand-

murales [mu'rales] *mpl* KUNST Murales *mpl,* Wandmalerei *f*

muralismo [mura'lizmo] *m* KUNST Wandmalerei *f,* Deckenmalerei *f*

murare [mu'ra:re] **I.** *vt* mauern; *(chiudere)* zumauern; *(conficcare)* einmauern **II.** *vr* **-rsi** *(fig)* sich abkapseln

murario, **-a** [mu'ra:rio] <-i, -ie> *agg* ① *(di muratura)* Mauer-, gemauert ② *(di muratore)* Maurer-

muratore [mura'to:re] *m* ① *(operaio)* Maurer *m* ② *(fig: massone)* [Frei]maurer *m*

muratura [mura'tu:ra] *f* ① *(costruzione)* Mauerwerk *nt,* Mauer *f* ② *(il murare)* Mauern *nt,* Mauerung *f*

murena [mu'rɛ:na] *f* Muräne *f*

muriatico, **-a** [mu'ria:tiko] <-ci, -che> *agg* **acido ~** Salzsäure *f*

muricciolo [murit'tʃɔ:lo] *m* Einfassungsmauer *f,* Grenzmauer *f;* *(del giardino)* Gartenmauer *f*

muro[1] ['mu:ro] <*pl*: -a *f*> *m* *(cinta difensiva)* Mauer *f;* **~ di cinta** Ringmauer *f,* Einfriedungsmauer *f;* **chiudersi fra quattro -a** *(fig)* sich in die eigenen vier Wände zurückziehen

muro[2] *m* *(parete)* Mauer *f;* *(fig)* Wand *f;* **~ divisorio** Trennwand *f,* Zwischenwand *f;* **~ maestro** tragende Wand; **~ del pianto** Klagemauer *f;* **armadio a ~** Wandschrank *m,* Einbauschrank *m;* **mettere qu al ~** *(fig)* jdn an die Wand stellen; **parlare al ~** *(fam fig)* gegen eine Wand reden; **sbattere la testa contro il ~** *(fig)* mit dem Kopf durch die Wand wollen; **è scritto anche sui -i** *(fig)* das pfeifen die Spatzen von den Dächern; **è come urtare contro il ~** da beißt man auf Granit

musa ['mu:za] *f* ① *(dea)* Muse *f* ② *(poet: ispirazione)* Muse *f,* Musenkuss *m;* *(fig:*

poeta) Dichter *m,* von der Muse Geküsste(r) *f(m) scherz*

muschiato, -a [mus'kia:to] *agg* Moschus-, moschus-; **topo ~** ZOO Bisamratte *f*

muschio ['muskio] <-schi> *m* ① BOT Moos *nt* ② *(secrezione)* Moschus *m*

musco ['musko] *m* BOT *v.* **muschio**

muscolare [musko'la:re] *agg* muskulär, Muskel-

muscolatura [muskola'tu:ra] *f* Muskulatur *f*

muscolo ['muskolo] *m* ① ANAT Muskel *m* ② SETT *(cozza)* Miesmuschel *f*

muscoloso, -a [musko'lo:so] *agg* muskulös

muscoso, -a [mus'ko:so] *agg* bemoost, moosbedeckt

museificare [muzεifi'ka:re] *vt* ① *(collocare qc in un museo)* im Museum ausstellen ② *(rendere un luogo simile a un museo)* in ein Museum verwandeln ③ *(fig: togliere vivacità a qc)* überladen

museificazione [muzεifikat'sio:ne] *f* ① *(collocazione di qc in un museo)* Ausstellung *f* im Museum ② *(fig: imbalsamazione)* Ausstopfen *nt,* Präparierung *f* [von Ausstellungsstücken]

museo [mu'zε:o] *m* Museum *nt;* **pezzo da ~** *(fig)* Museumsstück *nt fam*

museologo, -a [muzε'ɔ:logo] <-gi, -ghe> *m, f* Museumsfachkraft *f*

museruola [muze'ruɔ:la] *f* Maulkorb *m;* **mettere la ~ a qu** *(fig)* jdm einen Maulkorb anlegen *fam*

musica ['mu:zika] <-che> *f* ① *(gener)* Musik *f;* **~ da camera** Kammermusik *f;* **~ di fondo** Hintergrundmusik *f;* **carta da ~** Notenpapier *nt;* **far ~** Musik machen, musizieren; **leggere la ~** Noten lesen; **mettere in ~** vertonen; **le sue parole sono ~ per le mie orecchie** seine [*o* ihre] Worte sind Musik in meinen Ohren; **è sempre la solita ~** *(fam)* es ist immer dasselbe Lied ② *(singolo componimento)* Musikstück *nt,* Musik *f* ③ *(fam: banda)* Musik *f,* Musikkapelle *f*

musicabile [muzi'ka:bile] *agg* vertonbar

musical ['mju:zikəl] <-> *m* Musical *nt*

musicale [muzi'ka:le] *agg* ① *(di musica)* Musik-, musikalisch ② *(portato per la musica)* musikalisch ③ *(armonioso)* musikalisch, klangvoll

musicalità [muzikali'ta] <-> *f* Klangfülle *f,* Musikalität *f*

musicante [muzi'kante] **I.** *mf (a. pej)* Musikant(in) *m(f)* **II.** *agg* musizierend

musicare [muzi'ka:re] *vt* in Musik setzen, vertonen

musicassetta [muzikas'setta] *f* Musikkassette *f*

music hall ['mju:zik hɔ:l] <-> *m* Varieté *nt*

musicista [muzi'tʃista] <-i *m,* -e *f*> *mf* ① *(compositore)* Komponist(in) *m(f)* ② *(esecutore)* Musiker(in) *m(f)*

musicologia [muzikolo'dʒi:] *f* Musikwissenschaft *f*

musicoterapia [muzikotera'pi:a] *f* Musiktherapie *f*

muso ['mu:zo] *m* ① *(di animale)* Schnauze *f,* Maul *nt* ② *(fig, pej: di persona)* Schnauze *f vulg,* Maul *nt vulg; (broncio)* Schnute *f fam,* Flappe *f fam; (faccia)* Visage *f fam;* **a ~ duro** *(fig)* kaltschnäuzig *fam;* **avere** [*o* **fare**] [*o* **tenere**] **il ~** *(fam)* eine Schnute ziehen, schmollen; **rompere** [*o* **spaccare**] **il ~ a qu** *(sl)* jdm eins auf die Schnauze hauen *fam,* jdm die Fresse polieren *vulg* ③ *(fig: di auto)* Schnauze *f fam; (di aereo)* Nase *f*

musone [mu'zo:ne] *mf (fam)* Miesepeter *m,* Sauertopf *m*

musoneria [muzone'ri:a] <-ie> *f (fam)* Miesepetrigkeit *f,* Sauertöpfischkeit *f*

mussare [mus'sa:re] *vi* moussieren

mussola ['mussola] *f* Musselin *m*

mussulmano [mussul'ma:no] *m v.* **musulmano**

mustacchi [mus'takki] *mpl* Schnauzbart *m,* [großer] Schnurrbart *m*

musulmano, -a [musul'ma:no] **I.** *agg* muselmanisch; *(islamico)* moslemisch **II.** *m, f* Moslem *m*/Moslime *f*

muta ['mu:ta] *f* ① *(di uccelli)* Mauser *f; (di rettili, insetti)* Häutung *f* ② SPORT Taucheranzug *m* ③ MIL Ablösung *f* ④ *(di cani)* [Hunde]meute *f*

mutabile [mu'ta:bile] *agg* veränderlich

mutamento [muta'mento] *m* ① *(cambiamento)* [Ver]änderung *f* ② *(trasformazione)* Wandel *m,* Wechsel *m*

mutande [mu'tande] *fpl* Unterhose *f*

mutandine [mutan'di:ne] *fpl* ① *(indumento femminile)* Schlüpfer *m,* Slip *m* ② *(calzoncini da bagno)* Badehose *f*

mutare [mu'ta:re] **I.** *vt avere* [ver]ändern, wechseln **II.** *vi, vr* **-rsi** sich verwandeln, sich verändern

mutazione [mutat'tsio:ne] *f* ① *(cambiamento)* Wechsel *m,* Veränderung *f* ② BIOL Mutation *f*

mutevole [mu'te:vole] *agg* veränderlich, wechselhaft; *(a. pej)* unbeständig

mutevolezza [mutevo'lettsa] *f* Unbeständigkeit *f,* Wechselhaftigkeit *f*

mutilare [muti'la:re] *vt* verstümmeln; *(a. fig)* entstellen

mutilato, -a [muti'la:to] **I.** *m, f* Versehr-

M

te(r) *f(m)*, Körperbeschädigte(r) *f(m)*; **~ di guerra** Kriegsversehrte(r) *m* **II.** *agg* versehrt; *(a. fig)* verstümmelt
mutilazione [mutilat'tsio:ne] *f* Verstümmelung *f*; *(a. fig)* Entstellung *f*
mutilo, -a ['mu:tilo] *agg (poet)* verstümmelt
mutismo [mu'tizmo] *m* ① MED Stummheit *f* ② *(silenzio)* Schweigen *nt*, Schweigsamkeit *f*
muto ['mu:to] *m* Stummfilm *m*
muto, -a I. *agg* MED, LING stumm; *(per lo stupore)* sprachlos; **cinema ~** Stummfilm *m*; **fare scena -a** *(fig)* kein Wort hervorbringen; **essere ~ come un pesce** stumm sein wie ein Fisch **II.** *m, f* Stumme(r) *f(m)*
mutua ['mu:tua] *f* ADM Versicherungsträger *m*; **cassa ~ malattia** Krankenkasse *f*; **essere in ~** krankgeschrieben sein; **mettersi in ~** sich krankschreiben lassen
mutualistico, -a [mutua'listiko] <-ci, -che> *agg* ADM [Sozial]versicherungs-
mutuante [mutu'ante] **I.** *agg* Darlehens-, Kredit- **II.** *mf* Darlehensgeber *m*, Kreditgeber *m*
mutuare [mutu'a:re] *vt* FIN [als Darlehen] aufnehmen
mutuata *f v.* **mutuato**
mutuatario, -a [mutua'ta:rio] <-i, -ie> *m, f* Darlehensnehmer *m*, Kreditnehmer *m*
mutuato, -a [mutu'a:to] *m, f* Versicherte(r) *f(m)*; MED Kassenpatient(in) *m(f)*
mutuo ['mu:tuo] *m* Darlehen *nt*, Kredit *m*
mutuo, -a *agg* gegenseitig
mystery ['mistəri] <- *o* mysteries> *m* Krimi *m*, Thriller *m*

Nn

N

n *abbr di* **numero** Nr.
N, n ['ɛnne] <-> *f* N *nt*, n *nt*; **n come Napoli** N wie Nordpol
N *abbr di* **nord** N
nabuk ['na:buk] <-> *m* Nabukleder *nt*; **scarpe in ~** Schuhe aus Nabukleder
nacchere ['nakkere] *fpl* Kastagnetten *fpl*
nacqui ['nakkui] *1. pers sing pass rem di* **nascere**
nafta ['nafta] *f* ① *(petrolio greggio)* Rohöl *nt* ② *(per motori Diesel)* Dieselöl *nt*
naftalina [nafta'li:na] *f* Naphthalin *nt*
naia ['na:ia] <-aie> *f* ① ZOO Kobra *f*, Brillenschlange *f* ② MIL *(sl)* Barras *m sl*
naïf [na'if] *agg inv* naiv
nailon ['na:ilon] *m v.* **nylon**
nana *f v.* **nano**
nanismo [na'nizmo] *m* Zwergwuchs *m*
nanna ['nanna] *f (linguaggio infantile)* Heia *f*; **andare a ~** in die Heia gehen; **fare la ~** Heia machen; **mettere a ~** ins Heiabett legen
nano, -a ['na:no] **I.** *agg* zwergenhaft, Zwerg[en]- **II.** *m, f* Zwerg(in) *m(f)*; *(persona)* Liliputaner *m*
nanochirurgia [nanokirur'dʒi:a] <-gie> *f* MED Nano-Chirurgie *f*
NAP [nap] *mpl acro di* **Nuclei Armati Proletari** *italienische Terroristenorganisation*
napalm ['napalm *o* na'palm] *m* Napalm *nt*; **bomba al ~** Napalmbombe *f*
napoletana [napole'ta:na] *f* neapolitanische Kaffeemaschine
napoletani [napole'ta:ni] *mpl* GASTR spaghettiartige Suppennudeln *fpl*
napoletano [napole'ta:no] *m* ① *sing (dialetto)* neapolitanischer Dialekt ② *pl* GASTR spaghettiartige Suppennudeln *fpl*
napoletano, -a I. *m, f (abitante)* Neapolitaner(in) *m(f)* **II.** *agg* neapolitanisch; **canzone -a** neapolitanisches Lied; **pizza alla -a** *Pizza mit Tomaten, Mozzarella, Sardellen und Origano*
Napoletano *m sing* Umgebung *f* von Neapel
Napoli ['na:poli] *f* Neapel *nt (Hauptstadt Kampaniens)*
nappa ['nappa] *f* ① *(ornamento)* Quaste *f*, Troddel *f* ② *(pelle)* Nappa[leder] *nt* ③ *(fam: nasone)* dicke Nase, Gurke *f*
NAR [nar] *mpl acro di* **Nuclei Armati Rivoluzionari** *italienische Terroristenorganisation*
narcisismo [nartʃi'zizmo] *m* Narzissmus *m*
narcisista [nartʃi'zista] <-i *m*, -e *f*> *mf* Narzisst(in) *m(f)*
narciso [nar'tʃi:zo] *m* ① BOT Narzisse *f* ② *(fig)* Narziss *m*
narciso, -a *agg* selbstverliebt
narco ['narko] <narcos> *m* Drogendealer(in) *m(f)*

narcodollari [narko'dɔllari] *mpl* Narkodollars *mpl*

narcosi [nar'kɔːzi] <-> *f* Narkose *f*, Betäubung *f*

narcotest [narko'tɛst] <-> *m* MED Drogentest *m*

narcotico [nar'kɔːtiko] <-ci> *m* Narkotikum *nt*, Betäubungsmittel *nt*

narcotico, -a <-ci, -che> *agg* betäubend, narkotisch

narcotizzare [narkotid'dzaːre] *vt* narkotisieren, betäuben

narcotrafficante [narkotraffi'kante] *mf* Drogenhändler(in) *m(f)*

narcotraffico [narko'traffiko] <-ci> *m* Drogenhandel *m*

nari ['naːri] *fpl (poet)* Nasenlöcher *ntpl*, Nüstern *fpl*

narice [na'riːtʃe] *f* ANAT Nasenloch *nt;* ZOO Nüster *f*

narrare [nar'raːre] **I.** *vt* erzählen **II.** *vi* ~ **di qu/qc** von jdm/etw erzählen

narratage [nə'reitidʒ] <-> *f* FILM *Erzählerperspektive eines involvierten Filmdarstellers*

narrativa [narra'tiːva] *f* ① LIT erzählende Literatur ② JUR Darlegung *f* des Tatbestandes

narratività [narrativi'ta] <-> *f* Erzählstil *m*

narrativo, -a [narra'tiːvo] *agg* erzählend, Erzähl-

narratore, -trice [narra'toːre] *m, f* Erzähler(in) *m(f)*

narrazione [narrat'tsioːne] *f* Erzählung *f*

NAS *acro di* **Nucleo Antisofisticazioni Sanità (dei Carabinieri)** *Abteilung der italienischen Militärpolizei für Ernährungshygiene*

NASA ['naːza] *f* NASA *f*

nasale [na'saːle] **I.** *agg* ① ANAT Nasen- ② LING nasal, Nasal- ③ *(voce)* näselnd **II.** *f* LING Nasal[laut] *m*

nasata [na'saːta] *f* Nasenstüber *m*

nascente [naʃ'ʃɛnte] *agg (giorno)* anbrechend; *(astro, sole)* aufgehend

nascere ['naʃʃere] <nasco, nacqui, nato> *vi essere* ① *(persone)* geboren werden, zur Welt kommen; **non sono nato ieri** ich bin nicht von gestern ② ZOO *(mammiferi)* geworfen werden ③ BOT keimen, sprießen ④ *(fiumi)* entspringen ⑤ ASTR *(sole)* aufgehen; *(giorno)* anbrechen ⑥ *(fig: avere origine)* entstehen ⑦ *(fig: venire alla mente)* einfallen, kommen; **mi nasce un sospetto** mir kommt ein Verdacht

nascita ['naʃʃita] *f* ① *(gener)* Geburt *f;* **di ~** von Geburt [an] ② ZOO *(di mammiferi)* Wurf *m* ③ BOT Keimen *nt* ④ *(fig: del sole)* Aufgang *m; (del giorno)* Anbruch *m*

nascituro, -a [naʃʃi'tuːro] **I.** *agg* ungeboren **II.** *m, f* ungeborenes Kind

nasco ['nasko] *1. pers sing pr di* **nascere**

nascondere [nas'kondere] <nascondo, nascosi, nascosto> **I.** *vt* ① *(celare)* verstecken ② *(sentimento)* verhehlen, verheimlichen; **~ qc a qu** jdm etw verheimlichen **II.** *vr* **-rsi** sich verstecken

nascondiglio [naskon'diʎʎo] <-gli> *m* Versteck *nt*

nascondino [naskon'diːno] *m* **giocare a ~** Verstecken spielen

nascosi [nas'koːsi] *1. pers sing pass rem di* **nascondere**

nascosto, -a [nas'kosto] **I.** *pp di* **nascondere** **II.** *agg* ① *(celato)* versteckt, verborgen; *(luogo)* abgelegen; **rimanere ~** im Verborgenen bleiben ② *(fig)* heimlich; **di ~** heimlich

nasello [na'sɛllo] *m* Seehecht *m*

naso ['naːso] *m* Nase *f;* ZOO Schnauze *f;* **~ all'insù** Stupsnase *f;* **avere buon ~** einen guten Riecher haben *fam;* **ficcare il ~ negli affari altrui** sich einmischen; **non vedere più in là del proprio ~** nicht über die eigene Nasenspitze hinaussehen

nassa ['nassa] *f* Reuse *f*

nastro ['nastro] *m* Band *nt;* **~ adesivo** Klebestreifen *m;* **~ biadesivo** Doppelklebeband *nt;* **~ elastico** Gummiband *nt;* **~ isolante** Isolierband *nt;* **~ magnetico** Magnet[ton]band *nt;* **~ sonoro** Tonband *nt;* **~ trasportatore** Förderband *nt*

nastroteca [nastro'tɛːka] <-che> *f* Phonothek *f*

nasturzio [nas'turtsio] <-i> *m* Kresse *f*

natale [na'taːle] *agg* Geburts-, Heimat-

Natale [na'taːle] *m* Weihnacht *f*, Weihnachten *nt*

natalità [natali'ta] <-> *f* Geburtenziffer *f*

natalizio, -a [nata'littsio] <-i, -ie> *agg* ① *(relativo alla nascita)* Geburts- ② *(relativo al Natale)* Weihnachts-, weihnachtlich

natante [na'tante] **I.** *agg* schwimmend **II.** *m* Wasserfahrzeug *nt*

natatorio, -a [nata'tɔːrio] <-i, -ie> *agg* Schwimm-

natica ['naːtika] <-che> *f* Gesäßbacke *f*, Hinterbacke *f*

nativo, -a [na'tiːvo] **I.** *agg* ① *(paese)* Geburts-, Heimat-; *(dialetto)* einheimisch, regional; **essere ~ di Firenze/Parigi** aus Florenz/Paris stammen ② MIN gediegen **II.** *m, f* Eingeborene(r) *f(m);* **i -i digitali** die Digital Natives *mpl*

nato, -a ['naːto] **I.** *pp di* **nascere** **II.** *agg* geboren; **cieco/sordo ~** von Geburt an blind/taub; **un attore ~** *(fig)* der geborene Schauspieler

N

N.A.T.O. ['na:to] *f* NATO *f*, Nato *f*
natura [na'tu:ra] *f* Natur *f*; *(indole)* Wesen *nt*, Anlage *f*; ~ **morta** Stillleben *nt*; **contro** ~ naturwidrig
naturale [natu'ra:le] I. *agg* natürlich; **a grandezza** ~ in Lebensgröße; **scienze -i** Naturwissenschaften *f pl* II. *avv* gewiss, sicherlich
naturalezza [natura'lettsa] *f* Natürlichkeit *f*; **con** ~ natürlich, ungezwungen
naturalismo [natura'lizmo] *m* Naturalismus *m*
naturalista [natura'lista] <-i *m*, -e *f*> I. *agg* Natur-; **medico** ~ Heilpraktiker *m* II. *mf* ① SCIENT Naturforscher(in) *m(f)* ② LIT Naturalist(in) *m(f)*
naturalistico, -a [natura'listiko] <-ci, -che> *agg* ① SCIENT naturwissenschaftlich ② LIT naturalistisch
naturalizzare [naturalid'dza:re] *vt* naturalisieren, einbürgern
naturalizzazione [naturaliddzat'tsio:ne] *f* Naturalisation *f*, Einbürgerung *f*
naturalmente [natural'mente] *avv* ① *(di, per natura)* von Natur [aus] ② *(fig)* selbstverständlich
naturismo [natu'rizmo] *m* Naturismus *m*, Freikörperkultur *f*
naturista [natu'rista] <-i *m*, -e *f*> *mf* Anhänger(in) *m(f)* des Naturismus
naufraga *f v.* **naufrago**
naufragare [naufra'ga:re] *vi essere o avere (a. fig)* Schiffbruch erleiden
naufragio [nau'fra:dʒo] <-gi> *m* ① NAUT Schiffbruch *m* ② *(fig)* Scheitern *nt*, Schiffbruch *m*
naufrago, -a ['na:ufrago] <-ghi, -ghe> *m, f* Schiffbrüchige(r) *f(m)*
nausea ['na:uzea] *f* ① MED Übelkeit *f* ② *(fig)* Ekel *m*
nauseabondo, -a [nauzea'bondo] *agg*, **nauseante** [nauze'ante] *agg* Ekel erregend, widerwärtig
nauseare [nauze'a:re] *vt* [an]ekeln
nautica ['na:utika] <-che> *f* Nautik *f*, Schifffahrtskunde *f*
nautico, -a ['na:utiko] <-ci, -che> *agg (di mare)* Schifffahrts-, See-; **sport** ~ Wassersport *m*
navale [na'va:le] *agg* Schiff[s]-, Schifffahrts-; *(di mare)* See-
navalmeccanica [navalmek'ka:nika] *f* Schiffbau *m*
navalmeccanico [navalmek'ka:niko] <-ci> *m* Schiffbauarbeiter *m*
navalmeccanico, -a <-ci, -che> *agg* Schiffbau-
navata [na'va:ta] *f* [Kirchen]schiff *nt*; ~ **centrale** Mittelschiff *nt*; ~ **laterale** Seitenschiff *nt*
nave ['na:ve] *f* Schiff *nt*; ~ **a vapore** Dampfschiff *nt*; ~ **a vela** Segelschiff *nt*; ~ **da carico** Frachtschiff *nt*; ~ **da guerra** Kriegsschiff *nt*; ~ **cisterna** Tanker *m*; ~ **traghetto** Fähre *f*
navetta [na'vetta] *f* ① *(spola)* [Weber]schiffchen *nt* ② *(treno)* Pendelzug *m*; ~ **spaziale** Raumfähre *f*
navicella [navi'tʃɛlla] *f* ① *(piccola nave)* Schiffchen *nt* ② *(di dirigibile)* Gondel *f*; *(di aerostato)* Korb *m*
navigabile [navi'ga:bile] *agg* schiffbar, befahrbar
navigabilità [navigabili'ta] <-> *f* Schiffbarkeit *f*
navigante [navi'gante] I. *agg* ① NAUT Schiffs-; *(persone)* seefahrend ② AERO fliegend; **personale** ~ fliegendes Personal II. *mf* Seefahrer(in) *m(f)*
navigare [navi'ga:re] *vi* ① NAUT [zur See] fahren; ~ **in cattive acque** *(fig)* sich in einer üblen Lage befinden ② AERO fliegen ③ INFORM *(Internet)* surfen; ~ **in Internet/in Rete** im Internet/Web surfen
navigato, -a [navi'ga:to] *agg* ① *(percorso da navi)* befahren ② *(fig: persona)* [welt]erfahren, lebenserfahren
navigatore [naviga'to:re] *m* ~ [**satellitare**] Navigationssystem *nt*, Navigationsgerät *nt*, Navi *nt fam*
navigatore, -trice [naviga'to:re] *m, f* Seefahrer(in) *m(f)*, Schiffer(in) *m(f)*
navigazione [navigat'tsio:ne] *f* ① NAUT Schifffahrt *f* ② AERO Navigation *f*
naviglio [na'viʎʎo] <-gli> *m* Flotte *f*, Schiffe *nt pl*; ~ **mercantile** Handelsflotte *f*; ~ **da passeggeri** Passagierschiffe *nt pl*
navimodellismo [navimodel'lizmo] *m* Schiffsmodellbau *m*
navimodellista [navimodel'lista] <-i *m*, -e *f*> *mf* Schiffsmodellbauer(in) *m(f)*
navy ['neivi] I. *agg inv* dunkelblau; **un pullover color** ~ ein dunkelblauer Pullover II. *f* <-> NAUT Marine *f*
nazi ['na:tsi] I. *agg inv* Nazi- II. *mf* <-> Nazi *m*
nazionale [nattsio'na:le] I. *agg (di nazione)* National-, national; *(di paese)* Landes-, einheimisch; *(di Stato)* Staats-, staatlich II. *f* Nationalmannschaft *f*; ~ **di calcio** Fußballnationalmannschaft *f*
nazionalismo [nattsiona'lizmo] *m* Nationalismus *m*
nazionalista [nattsiona'lista] <-i *m*, -e *f*> *mf* Nationalist(in) *m(f)*
nazionalistico, -a [nattsiona'listiko] <-ci, -che> *agg* nationalistisch

N

nazionalità [nattsionali'ta] <-> *f* Nationalität *f,* Staatsangehörigkeit *f*

nazionalizzare [nattsionalid'dza:re] *vt* nationalisieren, verstaatlichen

nazionalizzazione [nattsionaliddzat'tsio:ne] *f* Nationalisierung *f,* Verstaatlichung *f*

nazionalsocialismo [nattsionalsotʃa'lizmo] *m* Nationalsozialismus *m*

nazionalsocialista [nattsionalsotʃa'lista] <-i *m,* -e *f*> **I.** *agg* nationalsozialistisch **II.** *mf* Nationalsozialist(in) *m(f)*

nazione [nat'tsio:ne] *f* Nation *f; (Stato)* Staat *m;* **Nazioni Unite, NU** Vereinte Nationen *fpl,* UN *f*

naziskin ['na:tsiskin] <-> *mf* Neonazi *m*

nazismo [nat'tsizmo] *m* Nazismus *m*

nazista [nat'tsista] <-i *m,* -e *f*> **I.** *agg* nazistisch **II.** *mf* Nazi *m*

N.B., n.b. *abbr di* **nota bene** NB

N.d.A. *abbr di* **nota dell'autore** Anm. d. Verf.

N.d.D. *abbr di* **nota della direzione** Anmerkung der Geschäftsleitung

N.d.E. *abbr di* **nota dell'editore** Anm. d. Verl.

N.d.R. *abbr di* **nota della redazione** Anm. d. R.

'ndrangheta [n'draŋgeta] *f* 'Ndrangheta *f (kalabresische Form der Mafia)*

'ndranghetista [n'draŋge'tista] <-i *m,* -e *f*> **I.** *mf* Mitglied *nt* der 'Ndrangheta **II.** *agg (mentalità)* charakteristisch für die 'Ndrangheta

N.d.T. *abbr di* **nota del traduttore** Anm. d. Ü.

ne [ne] **I.** *pron* ① *(persona: di lui)* von ihm, über ihn, seiner; *(di lei)* von ihr, über sie, ihrer; *(di loro)* von ihnen, über sie, ihrer; **~ parlano molto** man spricht viel von ihm/ihr/ihnen ② *(cosa)* damit, darüber, davon, daraus; **~ parlano molto** man spricht viel davon; **non ~ vedo proprio la ragione** ich sehe wirklich keinen Grund dafür ③ *(con valore partitivo)* davon, einige, welche; **dammene ancora** gib mir mehr davon; **quanti anni hai? — ~ ho 29** wie alt bist du? — ich bin 29 [Jahre alt]; **hai dei giornali? — sì, ~ ho** hast du Zeitungen? — ja, ich habe welche **II.** *avv (spesso non si traduce)* von hier [*o* da]; **andarsene** fortgehen, weggehen; **non te ~ andare** geh nicht fort!

NE *abbr di* **nordest** NO

né [ne] *cong* und nicht, auch nicht; **~ ... ~ ...** weder ... noch ...; **~ più ~ meno** nicht mehr und nicht weniger

neanche [ne'aŋke] *avv v.* **nemmeno**

nebbia ['nebbia] <-ie> *f* ① METEO Nebel *m* ② *(fig)* Nebel *m,* Trübung *f*

nebbiogeno [neb'biɔ:dʒeno] *m* Nebelwerfer *m*

nebbiogeno, -a *agg* Nebel erzeugend

nebbiolo [neb'biɔ:lo] *m* Nebbiolo *m (Rotwein aus Piemont)*

nebbiosità [nebbiosi:ta] <-> *f* ① METEO Nebligkeit *f* ② *(fig)* Verschwommenheit *f*

nebbioso, -a [neb'bio:so] *agg* ① METEO neb[e]lig ② *(fig)* unklar

nebulizzare [nebulid'dza:re] *vt* zerstäuben, sprühen

nebulizzatore [nebuliddza'to:re] *m* Zerstäuber *m,* Sprühgerät *nt*

nebulizzazione [nebuliddzat'tsio:ne] *f* Zerstäubung *f,* Sprühen *nt*

nebulosa [nebu'lo:sa] *f* Nebelfleck *m,* Nebel *m*

nebulosità [nebulosi'ta] <-> *f* ① METEO Nebligkeit *f* ② *(fig)* Unklarheit *f,* Verworrenheit *f*

nebuloso, -a [nebu'lo:so] *agg* ① METEO neb[e]lig ② *(fig: sfumato)* unklar, nebelhaft

nécessaire [nesɛ'ser] <-> *m* Set *nt;* **~ per le unghie** Maniküreset *nt*

necessariamente [netʃessaria'mente] *avv* notgedrungen

necessario [netʃes'sa:rio] *m* Nötige(s) *nt,* Notwendige(s) *nt*

necessario, -a <-i, -ie> *agg* nötig, notwendig

necessità [netʃessi'ta] <-> *f* Notwendigkeit *f; (bisogno, povertà)* Not *f;* **avere ~ di qc** etw notwendig brauchen; **essere nella ~ di fare qc** gezwungen sein, etw zu tun; **in caso di ~** im Notfall, im Bedarfsfall; **per ~** gezwungenermaßen

necessitare [netʃessi'ta:re] **I.** *vt avere* erfordern, erforderlich machen **II.** *vi essere* ① *(avere bisogno)* **~ di qc** etw benötigen ② *(impersonale)* nötig sein

necessitato, -a [netʃessi'ta:to] *agg* genötigt, gezwungen

necrofila *f v.* **necrofilo**

necrofilia [nekrofi'li:a] <-ie> *f* Nekrophilie *f*

necrofilo, -a [ne'krɔ:filo] **I.** *agg* nekrophil **II.** *m, f* Nekrophile(r) *f(m)*

necroforo [ne'krɔ:foro] *m* Totengräber *m*

necrologio [nekro'lɔ:dʒo] <-gi> *m* Nachruf *m; (annunzio)* Todesanzeige *f*

necropoli [ne'krɔ:poli] <-> *f* ① *(città dei morti)* Nekropolis *f,* Totenstadt *f* ② *(cimitero)* Friedhof *m*

necroscopia [nekrosko'pi:a] <-ie> *f* Leichenschau *f,* Autopsie *f*

necroscopico, -a [nekros'kɔ:piko] <-ci,

-che> *agg* Leichen-, Toten-; **esame ~** Leichenschau *f*

nefandezza [nefan'dettsa] *f* Ruchlosigkeit *f,* Frevelhaftigkeit *f*

nefando, -a [ne'fando] *agg* ruchlos, schändlich

nefasto, -a [ne'fasto] *agg* Unglücks-, unheilvoll

nefrosi [ne'frɔ:zi] <-> *f* Nephrose *f*

negare [ne'ga:re] *vt* ① *(contestare)* verneinen, abstreiten; **chi tutto nega, tutto confessa** *(prov)* wer sich verteidigt, klagt sich an ② *(rifiutare)* verweigern, versagen ③ *(non riconoscere)* absprechen

negativa [nega'ti:va] *f* ① *(il negare)* Verneinung *f* ② *(rifiuto)* Verweigerung *f* ③ *(risposta negativa)* Absage *f,* Nein *nt* ④ FOTO Negativ *nt*

negatività [negativi'ta] <-> *f* Negativität *f*

negativo [nega'ti:vo] *m* FOTO Negativ *nt*

negativo, -a *agg* ① *(non affermativo)* negativ, verneinend; ADM abschlägig; *(risposta)* ablehnend ② *(sfavorevole)* ungünstig, nachteilig

negato, -a [ne'ga:to] *agg* ① *(contestato)* verneint; *(rifiutato)* versagt ② *(fig: non portato)* **essere ~ per qc** für etw unbegabt sein

negatore, -trice [nega'to:re] **I.** *agg* verneinend, leugnend, verweigernd **II.** *m, f* Leugner(in) *m(f),* Verweigerer *m,* Verweigerin *f*

N

negazione [negat'tsio:ne] *f* ① *(gener)* Verneinung *f; (contestazione)* Leugnung *f* ② *(rifiuto)* Verweigerung *f* ③ *(contrario)* Gegenteil *nt* ④ LING Verneinung *f,* Negation *f*

negazionismo [negatsio'nizmo] *m* HIST Geschichtsverleugnung *f,* Verleugnung *f* des Holocaust

neghittosità [negittosi'ta] <-> *f* Nachlässigkeit *f; (pigrizia)* Trägheit *f*

neghittoso, -a [negit'to:so] *agg* nachlässig, gleichgültig; *(pigro)* träge

negletto, -a [neg'lεtto] *agg* vernachlässigt

negli ['neʎʎi] *prep* = **in + gli** *v.* **in**[1]

négligé [negli'ʒe] <-> *m* Negligé *nt,* leichter Morgenmantel *m*

negligente [negli'dʒεnte] **I.** *agg* nachlässig **II.** *mf* nachlässiger Mensch

negligenza [negli'dʒεntsa] *f* Nachlässigkeit *f*

negoziabile [negot'tsia:bile] *agg* ① COM bankfähig ② FIN *(titoli)* handelsfähig; *(cambiali)* übertragbar

negoziale [negot'tsia:le] *agg* rechtsgeschäftlich

negoziante [negot'tsiante] *mf* Kaufmann *m*/Kauffrau *f,* Händler(in) *m(f)*

negoziare [negot'tsia:re] **I.** *vt* ① *(contrattare)* aushandeln, verhandeln über +*akk* ② FIN *(titoli)* handeln mit; *(cambiali)* begeben **II.** *vi* **~ in qc** mit etw Handel treiben

negoziato [negot'tsia:to] *m* Verhandlung *f,* Unterhandlung *f;* **-i di pace** Friedensverhandlungen *fpl;* **essere in ~ con qu** mit jdm in Verhandlung stehen

negoziatore, -trice [negottsia'to:re] *m, f* Unterhändler(in) *m(f)*

negoziazione [negottsiat'tsio:ne] *f* ① *(trattativa)* Verhandlung *f* ② FIN *(di titoli, cambiali)* Handel *m*

negozio [ne'gɔttsio] <-i> *m* Geschäft *nt,* Laden *m*

negra *f v.* **negro**

negriere [ne'griε:re], **negriero** [ne'griε:ro] *m* ① HIST Sklavenhändler *m* ② *(fig, pej)* Sklaventreiber *m*

negro, -a ['ne:gro] **I.** *agg* schwarz, farbig **II.** *m, f* Schwarze(r) *f(m),* Farbige(r) *f(m)*

negroamericano, -a [negroameri'ka:no] *agg* afroamerikanisch

negromante [negro'mante] *mf* Zauberer *m*/Zauberin *f*

negromantico, -a [negro'mantiko] <-ci, -che> *agg* Zauberkünstler, Schwarzkünstler-

negromanzia [negroman'tsi:a] <-ie> *f* Zauberei *f*

nel [nel], **nell'**, **nella** ['nella], **nelle** ['nelle], **nello** ['nello], **nei** ['ne:i] *prep* = **in + il, l', la, le, lo, i** *v.* **in**[1]

nembo ['nembo] *m* Sturmwolke *f*

nembostrato [nembos'tra:to] *m* Regenwolke *f*

nemico, -a [ne'mi:ko] <-ci, -che> **I.** *agg* ① *(ostile)* feindlich; **essere ~ di qu** jdm feindlich gesinnt sein; **farsi ~ qu** sich *dat* jdn zum Feind machen ② *(fig: avverso)* **essere ~ di qu/qc** jdm/etw abgeneigt sein **II.** *m, f* Feind(in) *m(f),* Gegner(in) *m(f);* **~ mortale** Todfeind *m*

nemmeno [nem'me:no] *avv* nicht einmal, auch nicht; **~ una settimana dopo** noch keine Woche später; **~ uno** kein einziger; **~ per idea** [*o* **per sogno**]**!** nicht [einmal] im Traum

nenia ['nε:nia] <-ie> *f* Trauergesang *m; (cantilena)* Kantilene *f*

neo ['nε:o] *m* ① ANAT Muttermal *nt,* Leberfleck *m* ② *(di bellezza)* Schönheitspflästerchen *nt,* Schönheitsfleck *m* ③ *(fig: piccolo difetto)* Schönheitsfehler *m*

neo- [neo] *(in parole composte)* Neo-, neo-

neoacquisto [neoak'kuisto] *m* SPORT Neuzugang *m*

neoassunto, -a [neoas'sunto] **I.** *agg* neu

angestellt **II.** *m, f* neue(r) Mitarbeiter(in) *m(f)*
neobarocco [neoba'rɔkko] *m* ARCH Neobarock *m*
neocentrismo [nɛotʃen'trizmo] *m* POL *politische Tendenz zur Wiederstärkung des Zentrums*
neoclassicismo [neoklassi'tʃizmo] *m* Klassizismus *m*
neocomunista [neokomu'nista] *mf* Neokommunist(in) *m(f)*
neocorporativismo [neokorporati'vizmo] *m* POL Neokorporativismus *m*
neodiplomato, -a [neodiplo'maːto] *m, f* Schulabgänger(in) *m(f)* mit Abitur, Maturant(in) *m(f)* A
neoevoluzionismo [neoevolutsio'nizmo] *m* Neoevolutionismus *m*
neofascismo [neofaʃ'ʃizmo] *m* Neofaschismus *m*
neofascista [neofaʃ'ʃista] <-i *m*, -e *f*> **I.** *agg* neofaschistisch **II.** *mf* Neofaschist(in) *m(f)*
neofita [ne'ɔːfita] <-i *m*, -e *f*> *mf* ❶ REL Neubekehrte(r) *f(m)*, Neugetaufte(r) *f(m)* ❷ *(fig)* Neuling *m*
neoformazione [neoformat'tsioːne] *f* Neubildung *f*
neoindustriale [neoindus'triaːle] *agg* hoch industrialisiert; **la società ~** die hoch industrialisierte Gesellschaft
neointegralismo [neointegra'lizmo] *m* Schaffung *f* neuer Wertvorstellungen
neolaureato, -a [neolaure'aːto] *m, f* frischgebackene(r) Hochschulabsolvent(in) *m(f)*
neoliberismo [neolibe'rizmo] *m* COM, FIN Neoliberalismus *m*
neolitico [neo'liːtiko] *m* Neolithikum *nt*, Jungsteinzeit *f*
neologismo [neolo'dʒizmo] *m* Neologismus *m*
neologizzare [neolodʒid'dzaːre] *vi (creare neologismi)* Neologismen prägen, Wortneubildungen kreieren
neomarxista [neomark'sista] <-i *m*, -e *f*> POL **I.** *mf* Neomarxist(in) *m(f)* **II.** *agg* neomarxistisch; **correnti -e** neomarxistische Strömungen *fpl*
neon ['nɛːon] <-> *m* Neon *nt;* **illuminazione al ~** Neonbeleuchtung *f*
neonato, -a [neo'naːto] **I.** *agg* ❶ *(bambino)* neugeboren ❷ *(fig, scherz)* frischgebacken **II.** *m, f* Neugeborene(s) *nt*
neonazismo [neonat'tsizmo] *m* Neonazismus *m*
neonazista [neonat'tsista] <-i *m*, -e *f*> **I.** *agg* neonazistisch **II.** *mf* Neonazist(in) *m(f)*
neopatentato, -a [neopaten'taːto] *m, f Person, die gerade den Führerschein gemacht hat*
neopentecostalismo [neopentekosta'lizmo] *m* REL Pfingstbewegung *f*
neoplatonico, -a [neopla'tɔːniko] *agg* neuplatonisch
neopositivismo [neopoziti'vizmo] *m* Neopositivismus *m*
neopromosso, -a [neopro'mɔsso] **I.** *agg* SPORT neu aufgestiegen; **la squadra -a in serie A** die neu in die 1. Liga aufgestiegene Mannschaft **II.** *m, f* SPORT Aufsteiger(in) *m(f)*
neorealismo [neorea'lizmo] *m* ❶ PHILOS Neorealismus *m* ❷ LIT, FILM Neoverismus *m*
neotestamentario, -a [neotestamen'taːrio] *agg* neutestamentlich
neozelandese [neoddzelan'deːse] **I.** *agg* neuseeländisch **II.** *mf* Neuseeländer(in) *m(f)*
neozoico [neod'dzɔːiko] *m* Neozoikum *nt*
nepitella [nepi'tɛlla] *f* Bergmelisse *f*, Bergminze *f*
nepotismo [nepo'tizmo] *m* Vetternwirtschaft *f*
neppure [nep'puːre] *avv v.* **nemmeno**
nequizia [ne'kuittsia] <-ie> *f* Bosheit *f*, Boshaftigkeit *f*
nerastro, -a [ne'rastro] *agg* schwärzlich
nerazzurro [nerad'dzurro] *m Spieler der Fußballmannschaft Inter Mailand*
nerazzurro, -a *agg* schwarzblau
nerbata [ner'baːta] *f* Peitschenhieb *m*, -schlag *m*
nerbo ['nɛrbo] *m* ❶ *(staffile)* Peitsche *f*, Ochsenziemer *m* ❷ *(fig)* Kern *m; (forza)* Kraft *f*
nerboruto, -a [nerbo'ruːto] *agg* sehnig; *(a. fig)* kräftig, stark
neretto [ne'retto] *m* ❶ *(colore)* schwärzliche Farbe ❷ TYP Halbfettdruck *m*, Halbfettschrift *f;* **in ~** halbfett
nerista [ne'rista] <-i *m*, -e *f*> *mf* Zeitungsredakteur(in) *m(f)* der Cronaca nera *(Unglücksmeldungen und Kriminalität)*
nero ['neːro] *m* Schwarz(e) *nt*, Schwärze *f;* **~ di seppia** Sepia *f;* **~ su bianco** Schwarz auf Weiß
nero, -a *agg (colore, a. fig)* schwarz; **cronaca -a** Verbrechens- und Unfallmeldungen *fpl;* **vino ~** Rotwein *m;* **vedere tutto ~** [immer] schwarzsehen *fam*
nerofumo, nero fumo [nero'fuːmo] *m* Ruß *m*
nerume [ne'ruːme] *m* ❶ Schwärze *f*, Schwarz *nt* ❷ BOT Blattfleckenkrankheit *f*
nervatura [nerva'tuːra] *f* ❶ BOT Blatt-

N

aderung *f,* Rippen *fpl* ② *(elemento di sostegno)* Rippe *f*

nervino, -a [ner'vi:no] *agg* Nerven-; *(medicamento)* Nerven stärkend

nervo ['nɛrvo] *m* ① ANAT Nerv *m;* **avere i -i a fior di pelle** *(fig)* überreizte Nerven haben, ein Nervenbündel sein; **avere i -i a pezzi** *(fig)* mit den Nerven herunter sein; **far venire i -i a qu** *(fig)* jdm auf die Nerven gehen ② BOT Blattader *f,* Rippe *f* ③ *(fam: tendine)* Sehne *f* ④ *(fig)* Kraft *f,* Stärke *f*

nervosismo [nervo'sizmo] *m* Nervosität *f,* Reizbarkeit *f*

nervosità [nervosi'ta] <-> *f* ① *(nervosismo)* Nervosität *f* ② *(fig: incisività)* Prägnanz *f*

nervoso [ner'vo:so] *m (fam)* Nervosität *f;* **mi viene il ~** ich werde nervös; **far venire il ~ a qu** jdm auf die Nerven gehen *fam*

nervoso, -a *agg* ① *(relativo ai nervi)* Nerven- ② *(eccitabile)* nervös, reizbar

nesci ['nɛʃʃi] *m* TOSC **fare il ~** sich dumm stellen

nespola ['nɛspola] *f* ① BOT Mispel *f* ② *(fam fig)* Schlag *m,* Hieb *m*

nespole ['nɛspole] *int* Donnerwetter!

nespolo ['nɛspolo] *m* Mispelbaum *m*

nesso ['nɛsso] *m* Zusammenhang *m;* LING Verbindung *f;* **senza ~** zusammenhang[s]los; *(discorso)* unzusammenhängend

N

nessuno [nes'su:no] *m* Niemand *m;* **terra di ~** Niemandsland *nt;* **figli di ~** Findelkinder *ntpl*

nessuno, -a I. *agg* kein; *(in frasi interrogative)* irgendein; **in nessun caso** auf keinen Fall; **in nessun luogo** nirgends; **non ho -a voglia** ich habe keine Lust **II.** *pron indef* ① *(non uno)* niemand, keine(r, s); **non ho visto ~** ich habe niemanden gesehen ② *(qualcuno)* jemand; **nessun altro** kein anderer

netiquette <-> *m* INFORM Netiquette *f*

nettapenne [netta'penne] <-> *m* Tintenwischer *m,* Federwischer *m*

nettapiedi [netta'piɛ:di] <-> *m* Fußmatte *f*

nettare[1] ['nɛttare] *m* Göttertrank *m,* Nektar *m*

nettare[2] [net'ta:re] *vt* reinigen, putzen

nettezza [net'tettsa] *f* Sauberkeit *f; (a. fig)* Reinheit *f;* **~ urbana** *(pulizia stradale)* Straßenreinigung *f; (raccolta rifiuti)* Müllabfuhr *f*

netto, -a ['netto] *agg* ① *(biancheria)* rein, sauber ② *(risposta, rifiuto)* klar, entschieden; **tagliar ~** kurzen Prozess machen ③ COM Netto-, Rein-; **stipendio ~** Nettogehalt *nt;* **al ~** netto

netturbino [nettur'bi:no] *m* Straßenkehrer *m*

network ['netwə:k] <- *o* networks> *m* RADIO, TV Network *nt*

neurale [neu'ra:le] *agg* neural, Nerven-

neurite [neu'ri:te] *f v.* **nevrite**

neuro ['nɛ:uro] *f (fam)* MED *(clinica neurologica)* Neuro *f;* **venir ricoverato alla** [*o* **in**] **~** auf der Neuro eingeliefert werden

neurobiologia [neurobiolo'dʒi:a] *f* Neurobiologie *f*

neurobiologico, -a [neurobio'lɔ:dʒiko] <-ci, -che> *agg* neurobiologisch

neurobiologo, -a [neuro'biɔ:logo] <-gi, -ghe> *m, f* Neurobiologe *m/*Neurobiologin *f*

neurochimica [neuro'ki:mika] *f* Neurochemie *f*

neurochirurgia [neurokirur'dʒi:a] *f* Neurochirurgie *f*

neurofarmacologia [neurofarmakolo'dʒi:a] *f* MED Neuropharmakologie *f*

neurofisiologia [neurofiziolo'dʒi:a] *f* MED Neurophysiologie *f*

neurofisiologo, -a [neurofi'ziɔ:logo] <-gi, -ghe> *m, f* MED Neurophysiologe *m/*Neurophysiologin *f*

neurologa *f v.* **neurologo**

neurologia [neurolo'dʒi:a] *f* Neurologie *f*

neurologico, -a [neuro'lɔ:dʒiko] <-ci, -che> *agg* neurologisch, Nerven-

neurologo, -a [neu'rɔ:logo] <-gi, -ghe> *m, f* Neurologe *m/*Neurologin *f*

neuropatologa *f v.* **neuropatologo**

neuropatologia [neuropatolo'dʒi:a] *f* Neuropathologie *f*

neuropatologo, -a [neuropa'tɔ:logo] <-gi, -ghe> *m, f* Neuropathologe *m/*Neuropathologin *f,* Nervenarzt *m/*-ärztin *f*

neuropsicologia [neuropsikolo'dʒi:a] *f* PSIC, MED Neuropsychologie *f*

neuroscienze [neuroʃ'ʃɛntse] *fpl* neurologische Disziplinen *fpl*

neurotomia [neuroto'mi:a] <-ie> *f* Neurotomie *f*

neurotonico [neuro'tɔ:niko] *m* Nerventonikum *nt*

neurotrasmettitore [neurotrazmetti'to:re] *m* MED Neurotransmitter *m*

neurotrasmissione [neurotrazmis'sio:ne] *f* MED Neurotransmission *f,* Übertragungen *fpl* im Nervensystem

neurovegetativo, -a [neurovedʒeta'ti:vo] *agg* neurovegetativ; **sistema ~** vegetatives Nervensystem

neutrale [neu'tra:le] **I.** *agg* neutral **II.** *mf* Neutrale(r) *f(m)*

neutralismo [neutra'lizmo] *m* Neutralismus *m*

neutralista [neutra'lista] <-i *m*, -e *f*> *mf* Neutralist(in) *m(f)*
neutralità [neutrali'ta] <-> *f* Neutralität *f*
neutralizzare [neutralid'dzaːre] *vt* ① CHEM neutralisieren ② POL für neutral erklären ③ *(fig)* unwirksam machen
neutralizzazione [neutraliddzat'tsioːne] *f* ① POL, CHEM Neutralisation *f* ② *(fig)* Unwirksammachung *f*
neutro ['nɛːutro] *m* ① EL Mittelleiter *m* ② LING Neutrum *nt*, sächliches Geschlecht
neutro, -a *agg* ① CHEM neutral ② EL ungeladen, unelektrisch ③ POL neutral, parteilos ④ LING sächlich, neutrum
neutrone [neu'troːne] *m* PHYS Neutron *nt*; ~ **nucleare** Spaltneutron *nt*
nevaio [ne'vaːio] <-ai> *m* ① *(terreno)* Schneefeld *nt* ② *(accumulo)* Schneewehe *f*
nevato [ne'vaːto] *m* Firnfeld *nt*, Firn *m*
nevato, -a *agg* ① *(coperto di neve)* schneeig; *(alberi, tetti)* Schnee bedeckt; *(strada, terra)* verschneit ② *(fig: colore)* schneeweiß
neve ['neːve] *f* ① METEO Schnee *m*; ~ **carbonica** Trockeneis *nt*; ~ **farinosa** Pulverschnee *m*; ~ **fresca** Neuschnee *m*; **fiocco di** ~ Schneeflocke *f*; **palla di** ~ Schneeball *m*; **bianco come la** ~ schneeweiß ② *(sl: cocaina)* Schnee *m*
nevicare [nevi'kaːre] *vi essere o avere* schneien
nevicata [nevi'kaːta] *f* Schneefall *m*, Schneien *nt*
nevischio [ne'viskio] <-schi> *m* Schneegestöber *nt*
nevosità [nevosi'ta] <-> *f* Schneemenge *f*
nevoso, -a [ne'voːso] *agg* ① *(terra, monte)* Schnee bedeckt ② *(stagione)* schneereich ③ METEO Schnee-
nevralgia [nevral'dʒiːa] <-gie> *f* Neuralgie *f*
nevralgico, -a [ne'vraldʒiko] <-ci, -che> *agg* neuralgisch
nevrastenia [nevraste'niːa] <-ie> *f* Neurasthenie *f*
nevrastenico [nevras'tɛːniko] *mf* Neurastheniker(in) *m(f)*; *(a. fig)* nervöser Mensch
nevrastenico, -a <-ci, -che> *agg* neurasthenisch; *(a. fig)* nervös
nevrite [ne'vriːte] *f* Nervenentzündung *f*, Neuritis *f*
nevrosi [ne'vrɔːzi] <-> *f* Neurose *f*
nevrotico, -a [ne'vrɔːtiko] <-ci, -che> **I.** *agg* neurotisch **II.** *m, f* Neurotiker(in) *m(f)*
nevrotizzante [nevrotid'dzante] *agg* Nerven aufreibend, nervtötend
nevrotizzare [nevrotid'dzaːre] *vt* wahnsinnig machen, nerven
nevvero [nev'veːro] *avv* SETT *(fam)* nicht wahr
newbie ['njuːbi] <-> *m* INFORM Newbie *m*
new entry ['njuː 'entri] <- *o* new entries> *f* ① RADIO Newcomer *m* ② COM Neuerwerbung *f*
news ['njuːz] *fpl* ① *(ultime notizie)* News *fpl*, Neuigkeiten *fpl* ② TV Nachrichten *fpl*
newsgroup <-> *m* INFORM Newsgroup *f*
news group <-> *m* INFORM *(gruppo di intrattenimento per lo scambio di informazioni via Internet)* Newsgroup *f*
newsletter ['njuːz'letə] <- *o* newsletters> *m* FIN Börsenschlagzeilen *fpl*, Börsennachrichten *fpl*
newsmagazine ['njuːzmægə'ziːn] <- *o* newsmagazines> *m* Kulturmagazin *nt*
new wave ['njuː 'weiv] <- *o* new waves> *f* neue Welle, neuer Trend
nicchia ['nikkia] <-cchie> *f* ① ARCH Nische *f*; *(nella roccia)* [Fels]nische *f* ② *(ripostiglio)* Abstellraum *m*
nicchiare [nik'kiaːre] *vi* unschlüssig sein, zögern
nicchio ['nikkio] <-cchi> *m* ① *(conchiglia)* Muschel *f*, Muschelschale *f* ② *(lucerna)* Öllampe *f* ③ *(scherz: cappello)* Birett *nt*
nicciano, -a [nit'tʃaːno] *agg v.* **nietzschiano**
nichel ['niːkel] *m* Nickel *nt*
nichelare [nike'laːre] *vt* vernickeln
nichelatura [nikela'tuːra] *f* Vernick[e]lung *f*
nichelino [nike'liːno] *m* HIST *kleine Nickelmünze im Wert von 20 Centesimi*
nichelio [ni'kɛːlio] *m v.* **nichel**
nichilismo [niki'lizmo] *m* Nihilismus *m*
nichilista [niki'lista] <-i *m*, -e *f*> **I.** *agg* nihilistisch **II.** *mf* Nihilist(in) *m(f)*
nicotina [niko'tiːna] *f* Nikotin *nt*; **senza** ~ nikotinfrei; **cerotto alla** ~ Nikotinpflaster *nt*
nicotinismo [nikoti'nizmo] *m* Nikotinvergiftung *f*
nicotinizzare [nikotinid'dzaːre] **I.** *vt* Nikotin zusetzen (**qc** etw *dat* **II.** *vr* **-rsi** sich mit Nikotin vollpumpen
nicromo [ni'krɔːmo] *m* Nickelchromstahl *m*
nictalope [nik'taːlope] *agg* tagblind
nictalopia [niktalo'piːa] <-ie> *f* Tagblindheit *f*
nidiace [ni'diaːtʃe], **nidiaceo, -a** [ni'diaːtʃeo] **I.** *agg* nicht flügge; Nest- **II.** *m* Nestling *m*

N

nidiata [ni'dia:ta] *f* ❶ ZOO Brut *f* ❷ *(fig, scherz)* Kinderschar *f*
nidificare [nidifi'ka:re] *vi* nisten, ein Nest bauen
nido ['ni:do] *m* ❶ ZOO Nest *nt; (di rapaci)* Horst *m;* **a ~ d'ape** *(fig)* wabenartig, Waben- ❷ *(fig: casa)* Heim *nt,* Nest *nt; (covo)* Versteck *nt,* Schlupfwinkel *m;* **~ d'infanzia** Kinderhort *m*
niellare [niel'la:re] *vt* niellieren
niello [ni'ɛllo] *m* ❶ *(arte)* Niellierkunst *f,* Niellierarbeit *f* ❷ *(materiale, oggetto)* Niello *nt*
niente ['niɛnte] *sing* **I.** *pron indef* ❶ *(nessuna cosa)* nichts ❷ *(interrogativo)* etwas, nichts; **ti serve ~?** brauchst du etwas? ❸ *(poca cosa)* nichts von Belang, eine Kleinigkeit; **è una cosa da ~** es ist eine Kleinigkeit **II.** *m* ❶ *(nessuna cosa)* Nichts *nt* ❷ *(poca cosa)* Kleinigkeit *f,* Nichtigkeit *f* **III.** *avv* nichts, keineswegs; **non è ~ male** er/sie/es ist nicht schlecht; **~ affatto** ganz und gar nicht, durchaus nicht; **nient'altro** nichts anderes; **~ di ~** absolut nichts, ganz und gar nichts; **per ~** *(affatto)* durchaus nicht; *(invano)* vergebens, umsonst; **~ paura!** nur keine Angst!
nientedimeno, **nientemeno** [nientedi'me:no, niente'me:no] **I.** *avv* sogar **II.** *int* Donnerwetter

N

nietzschiano, **-a** [nit'tʃa:no] **I.** *agg* Nietzsche- **II.** *m, f* Anhänger(in) *m(f)* Nietzsches
nightclub ['naitklʌb *o* 'naitkleb] *m* Nachtclub *m*
Nilo ['ni:lo] *m* Nil *m*
nimbo ['nimbo] *m* ❶ *(sfolgorio)* Lichtstrahl *m; (splendore)* Glanz *m* ❷ *(aureola)* Nimbus *m,* Heiligenschein *m*
ninfa ['ninfa] *f* ZOO Nymphe *f*
ninfale [nin'fa:le] **I.** *agg* nymphenhaft **II.** *m* ❶ LIT Nymphendichtung *f* ❷ MUS Regal *nt*
ninfea [nin'fɛ:a] *f* Seerose *f*
ninfetta [nin'fetta] *f (a. fig)* Nymphchen *nt*
ninfomane [nin'fɔ:mane] **I.** *agg* nymphoman **II.** *f* Nymphomanin *f*
ninfomania [ninfoma'ni:a] *f* Nymphomanie *f*
ninja ['nindʒa] <-> *m* SPORT Ninja *m*
ninjatsu [nin'giatzu] <-> *m* SPORT Ninja-Kampfsport *m*
ninnananna [ninna'nanna] <ninnenanne> *f* Wiegenlied *nt*
ninnare [nin'na:re] *vt* in den Schlaf wiegen
ninnenanne *pl di* **ninnananna**
ninnolo ['ninnolo] *m* ❶ *(gingillo)* [Kinder]spielzeug *nt* ❷ *(soprammobile)* Nippfigur *f* ❸ *(fig: cosa di poca importanza)* Kleinigkeit *f,* Bagatelle *f*
nipote [ni'po:te] *mf* ❶ *(di zio)* Neffe *m/* Nichte *f* ❷ *(di nonno)* Enkel(in) *m(f),* Enkelkind *nt* ❸ *pl (discendenti)* Nachkommen *mpl*
nipplo ['nipplo] *m* Nippel *m*
nippomania [nippoma'ni:a] *f* Japan-Begeisterung *f*
nipponico, **-a** [nip'pɔ:niko] <-ci, -che> **I.** *agg* japanisch; **l'arte -a** die japanische Kunst; **studi -ci** japanische Landeskunde **II.** *m, f* Japaner(in) *m(f)*
nirvana [nir'va:na] *m* Nirwana *nt*
nisseno, **-a** [nis'se:no] **I.** *m, f (abitante)* Einwohner(in) *m(f)* von Caltanissetta **II.** *agg* aus Caltanissetta
nitidezza [niti'dettsa] *f* ❶ *(nettezza, chiarezza)* Klarheit *f,* Reinheit *f* ❷ FOTO Schärfe *f*
nitido, **-a** ['ni:tido] *agg* ❶ *(netto, chiaro)* klar, rein ❷ FOTO scharf
nitrato [ni'tra:to] *m* Nitrat *nt*
nitrazione [nitrat'tsio:ne] *f* Nitrierung *f*
nitrico, **-a** ['ni:triko] <-ci, -che> *agg* Salpeter-
nitrire [ni'tri:re] <nitrisco> *vi* wiehern
nitrito [ni'tri:to] *m* ❶ ZOO Gewieher *nt,* Wiehern *nt* ❷ CHEM Nitrit *nt*
nitro ['ni:tro] *m* Salpeter *m*
nitrocellulosa [nitrotʃellu'lo:sa] *f* Nitrozellulose *f,* Zellulosenitrat *nt*
nitroglicerina [nitroglitʃe'ri:na] *f* Nitroglyzerin *nt,* Glyzerintrinitrat *nt*
nitroso, **-a** [ni'tro:so] *agg* salpet[e]rig
nitrurazione [nitrurat'tsio:ne] *f* Nitrierhärtung *f*
nitruro [ni'tru:ro] *m* Nitrid *nt*
nitticora [nit'ti:kora] *f* Nachtreiher *m*
nittitante [nitti'tante] *agg* **membrana ~** Nickhaut *f*
nivale [ni'va:le] *agg* ❶ *(poet)* Schnee bedeckt, schneeig ❷ GEOG Schnee-; **zona ~** Schneegebiet *nt*
niveo, **-a** ['ni:veo] *agg (poet)* schneeweiß
NN *abbr di* **nescio nomen** *(di padre ignoto)* N.N. *(Name unbekannt)*
no [nɔ] **I.** *avv* nein; *(in frasi negative)* nicht; **parti o ~?** fährst du ab oder nicht?; **lo farai, ~?** du wirst es tun, oder [nicht]?; **pare di ~** es scheint nicht so zu sein; **come ~!** und ob!, und wie!; **perché ~?** warum nicht?; **~ e poi ~** Nein, Nein und nochmals Nein; **dire di ~** Nein sagen; **rispondere di ~** Nein sagen, mit Nein antworten; **non dico di ~** da sage ich nicht Nein; *(ammettere)* das schon, das gebe ich zu **II.** *m* <-> ❶ *(risposta)* Nein *nt* ❷ *(voto)* Nein *nt,* Neinstimme *f*
NO *abbr di* **nordovest** NW
nobildonna [nobil'dɔnna] *f* Adlige *f,* Edelfrau *f*

nobile ['nɔːbile] **I.** *agg* ① *(di nobiltà)* ad[e]lig, Adels- ② *(fig)* nobel, vornehm, edel; *(eccellente)* vortrefflich, erhaben ③ CHEM edel, Edel- **II.** *mf* Adlige(r) *f(m);* **i -i** Adel *m*
nobiliare [nobi'liaːre] *agg* ad[e]lig, Adels-
nobilitare [nobili'taːre] **I.** *vt* adeln **II.** *vr* **-rsi** sich erheben
nobilitazione [nobilitat'tsioːne] *f* Adelung *f,* Erhebung *f* in den Adelsstand
nobiltà [nobil'ta] <-> *f* Adel *m; (a. fig)* Vornehmheit *f*
nobiluomo [nobi'luɔːmo] <nobiluomini> *m* Adlige(r) *m,* Edelmann *m*
nocca ['nɔkka] <-cche> *f* Knöchel *m*
nocchiere [nok'kiɛːre], **nocchiero** [nok'kiɛːro] *m* ① NAUT *(poet)* Steuermann *m* ② MIL [Ober]bootsmann *m* ③ *(fig)* Führer *m*
nocchio ['nɔkkio] <-cchi> *m* Knorren *m*
nocchiuto, -a [nok'kiuːto] *agg* knorrig
noccio ['nɔttʃo] *1. pers sing pr di* **nuocere**
nocciola[1] [not'tʃɔːla] *f* Haselnuss *f*
nocciola[2] **I.** *agg inv* haselnussbraun **II.** *m* <-> Haselnussfarbe *f*
nocciolaia [nottʃo'laːia] <-aie> *f* Tannenhäher *m*
nocciolato [nottʃo'laːto] *m* [Hasel]nussschokolade *f*
nocciolina [nottʃo'liːna] *f* Erdnuss *f*
nocciolo[1] ['nɔttʃolo] *m* ① BOT Kern *m,* Stein *m* ② *(fig)* Kern *m,* Hauptsache *f*
nocciolo[2] [not'tʃɔːlo] *m* BOT Haselnuss *f,* Haselnussstrauch *m*
noce ['noːtʃe] **I.** *m* ① *(albero)* Walnussbaum *m; (legno)* Nussbaum *m,* Nussbaumholz *nt* ② *(colore)* Nussbraun *nt* **II.** *f* ① BOT [Wal]nuss *f;* **~ moscata** Muskatnuss *f* ② ANAT [Fuß]knöchel *m* ③ *(misura)* nussgroße Menge ④ GASTR *(di vitello)* Nuss *f,* Nüsschen *nt*
nocella [no'tʃɛlla] *f* ① ANAT [Hand]knöchel *m* ② TEC *(nel compasso)* Spreizgelenk *nt*
nocepesca [notʃe'pɛska] <nocipesche> *f* Nektarine *f*
noceto [no'tʃeːto] *m* Nussbaumgarten *m,* Nussbaumpflanzung *f*
nocino [no'tʃiːno] *m* Nusslikör *m*
nociuto [no'tʃuːto] *pp di* **nuocere**
nocività [notʃivi'ta] <-> *f* Schädlichkeit *f*
nocivo, -a [no'tʃiːvo] *agg* schädlich
no comment [nou 'kɔment] <-> *m* **la sua risposta fu un deciso ~** er/sie antwortete entschlossen: „Kein Kommentar!“
nocqui ['nɔkkui] *1. pers sing pass rem di* **nuocere**
NOCS *mpl acro di* **Nucleo Operativo Corpi Speciali** Sonderkommando der Polizei
nocumento [noku'mento] *m (poet)* Schaden *m,* Schädigung *f;* **essere di ~ a qu** jdm zum Schaden gereichen *geh*
nodale [no'daːle] *agg* ① TEC, SCIENT Knoten- ② *(fig)* zentral, wesentlich
nodo ['nɔːdo] *m* ① *(legamento, intreccio)* Knoten *m;* **~ linfatico** ANAT Lymphknoten *m;* **avere un ~ alla gola** *(fig)* einen Kloß im Hals haben; **fare il ~ alla cravatta** die Krawatte binden; **tutti i -i vengono al pettine** *(prov)* es ist nichts so fein gesponnen, es kommt doch ans Licht der Sonnen ② *(trama)* Handlung *f; (complicazione)* Verwicklung *f,* Schwierigkeit *f* ③ *(vincolo)* Band *nt,* Fessel *f; (impedimento)* Hindernis *nt* ④ *(punto centrale)* Kern *m,* Hauptsache *f* ⑤ MOT, FERR Knotenpunkt *m;* **~ di collegamento** TEL Einwahlknoten *m* ⑥ MED Knötchenbildung *f*
nodosità [nodosi'ta] <-> *f* ① *(gener)* Knotigkeit *f* ② BOT Knorrigkeit *f* ③ MED Knötchenbildung *f*
nodoso, -a [no'doːso] *agg* knotig
nodulare [nodu'laːre] *agg* knötchenförmig
nodulo ['nɔːdulo] *m* BIOL, MED Knötchen *nt*
no frost [nou 'frɔst] **I.** *m* <-> Abtauautomatik *f* **II.** *agg inv* **congelatore ~** Tiefkühltruhe *f* mit Abtauautomatik
noi ['noːi] *pron pers 1. pers pl* ① *(soggetto)* wir ② *(oggetto)* uns; *(con preposizione)* uns
noia ['nɔːia] <-oie> *f* ① *(gener)* Lang[e]weile *f; (tedio)* Überdruss *m* ② *(molestia)* Störung *f,* Belästigung *f; (seccatura)* Unannehmlichkeit *f,* Schererei *f*
noialtri [no'ialtri] *pron pers 1. pers pl* wir, wir unsererseits
noiosaggine [noio'saddʒine] *f* Langweiligkeit *f,* langweilige [*o* dröge] Art
noioso, -a [no'ioːso] **I.** *agg* ① *(che procura noia)* langweilig ② *(che dà fastidio)* lästig **II.** *m, f* langweiliger Mensch, Langweiler(in) *m(f) fam*
noleggiare [noled'dʒaːre] *vt* ① *(dare a nolo)* vermieten, verleihen ② *(prendere a nolo)* mieten, leasen; *(navi, aerei)* chartern
noleggiatore, -trice [noleddʒa'toːre] *m, f* ① *(che dà a nolo)* Vermieter(in) *m(f)* ② *(che prende a nolo)* Mieter(in) *m(f); (di navi, aerei)* Charterer *m/*Charterin *f*
noleggio [no'leddʒo] <-ggi> *m* ① *(affitto)* Miete *f; (di navi, aerei)* Chartern *nt* ② *(prezzo)* Mietpreis *m,* Leihgebühr *f; (di navi, aerei)* Charterpreis *m* ③ *(impresa)* Verleih *m*
nolente [no'lɛnte] *agg (poet)* widerwillig;

N

volente o ~ wohl oder übel, nolens volens *geh*

no limits [nou 'limits] *agg inv* ohne Grenzen; **sport** ~ Extremsport *m*

nolo ['nɔːlo] *m* ① *(trasporto, carico)* Fracht *f* ② *(prezzo)* Mietpreis *m; (per navi, aerei)* Charterpreis *m*

nomade ['nɔːmade] **I.** *agg* nomadisch, Nomaden- **II.** *mf* Nomade *m*/Nomadin *f*

nomadismo [noma'dizmo] *m* Nomadentum *nt*

nome ['noːme] *m* ① *(gener)* Name *m; (prenome)* Vorname *m;* ~ **di battesimo** Vorname *m,* Taufname *m;* **farsi un** ~ sich einen Namen machen; **a** ~ **di qu** in jds Namen; **di** ~ *(chiamato)* namens; **conoscere qu di** ~ jdn dem Namen nach kennen; **qual è il Suo nome?** wie ist Ihr Name?; ~ **utente** Benutzername *m,* Username *m* ② *(denominazione)* Bezeichnung *f,* Benennung *f;* ~ **depositato** Schutzmarke *f* ③ LING Nomen *nt,* Hauptwort *nt;* ~ **astratto** Abstraktum *nt;* ~ **collettivo** Kollektivum *nt;* ~ **composto** Kompositum *nt,* zusammengesetztes Hauptwort; ~ **comune** Gattungsname *m;* ~ **proprio** Eigenname *m*

nomea [no'mɛːa] *f* Ruf *m,* Leumund *m*

nomenclatore [nomeŋkla'toːre] *m* Namenverzeichnis *nt,* Sachregister *nt*

nomenclatura [nomeŋkla'tuːra] *f* Nomenklatur *f*

nomignolo [no'miɲɲolo] *m* Spitzname *m*

nomina ['nɔːmina] *f* Ernennung *f,* Nominierung *f; (all'università)* Berufung *f,* Ruf *m*

nominabile [nomi'naːbile] *agg* nennbar, erwähnbar

nominale [nomi'naːle] *agg* ① LING nominal, Nominal- ② *(del nome)* namentlich, Namens- ③ *(di nome)* nominell, [nur] dem Namen nach bestehend ④ COM nominell, Nominal-

nominalismo [nomina'lizmo] *m* Nominalismus *m*

nominalista [nomina'lista] <-i *m,* -e *f*> *mf* Nominalist(in) *m(f)*

nominalistico, -a [nomina'listiko] <-ci, -che> *agg* nominalistisch

nominare [nomi'naːre] *vt* ① *(chiamare)* nennen; *(cose)* [be]nennen ② *(citare)* erwähnen, nennen; **mai sentito ~!** nie gehört! ③ *(eleggere)* wählen; *(professore)* ernennen, berufen; *(commissione)* einsetzen, einberufen; *(avvocato)* bestellen

nominatamente [nominata'mente] *avv* namentlich; *(fig)* ausdrücklich, besonders

nomination [nɔmi'neiʃən] <-> *f* Nominierung *f;* **una** ~ **all'Oscar** eine Oscar-Nominierung; **ricevere una** ~ für etw nominiert werden

nominativo [nomina'tiːvo] *m* ① LING Nominativ *m,* Werfall *m* ② ADM Name *m*

nominativo, -a *agg* namentlich, Namen[s]-

non [non] *avv* ① *(con verbi)* nicht ② *(con sostantivi determinati)* kein, nicht ③ *(come prefisso)* nicht, Nicht-, non-, Non-; ~ **fumatori** Nichtraucher *mpl;* ~ **violenza** Gewaltlosigkeit *f* ④ *(seguito da un'altra negazione, non si traduce)* ~ **appena** sobald; ~ **... niente** nichts; ~ **... mai** nie[mals]; ~ **che** *v.* **nonché**

nona ['nɔːna] *f* ① HIST Gebetsstunde *f* [zur 9. Tagesstunde], None *f* ② MUS None *f*

nonagenario, -a [nonadʒe'naːrio] <-i, -ie> **I.** *agg* neunzigjährig **II.** *m, f* Neunzigjährige(r) *f(m)*

non aggressione [non aggres'sioːne] *f* JUR Nichtangriffspolitik *f*

non allineamento [non allinea'mento] *m* JUR Anti-Bündnispolitik *f*

non allineato [non alline'aːto] *m* blockfreier Staat

non allineato, -a *agg* eine Anti-Bündnispolitik betreibend

non belligerante [non bellidʒe'rante] **I.** *agg* JUR nicht Krieg führend **II.** *m* nicht im Kriegszustand befindlicher Staat

non belligeranza [non bellidʒe'rantsa] *f* JUR Nichterwägung *f* militärischer Konflikte

nonchalance [nɔ̃ʃa'lɑ̃s] <-> *f* Nonchalance *f,* Lässigkeit *f;* **muoversi con** ~ sich nonchalant geben

nonché, non che [noŋ'ke] *cong* ① *(e inoltre)* sowie, und auch, außerdem ② *(e tanto meno)* geschweige denn

non collaborazione [non kollaborat'tsioːne] *f* Verweigerung *f* der Zusammenarbeit [mit den Arbeitgebern]

nonconformismo [nonkonfor'mizmo] *m* Nonkonformismus *m*

nonconformista [noŋkonfor'mista] <-i *m,* -e *f*> **I.** *agg* nonkonformistisch **II.** *mf* Nonkonformist(in) *m(f)*

non credente [non kre'dɛnte] *mf* REL Nichtgläubige(r) *f(m)*

noncurante [noŋku'rante] *agg* **essere ~ di qc** um etw unbekümmert sein

noncuranza [noŋku'rantsa] *f* ① *(disinvoltura)* Unbekümmertheit *f,* Sorglosigkeit *f* ② *(inosservanza)* Nichtbeachtung *f*

non deambulante [non deambu'lante] **I.** *mf* Gehbehinderte(r) *f(m)* **II.** *agg* gehbehindert

nondimeno [nondi'meːno] *cong (nonostante)* nichtsdestoweniger; *(tuttavia)* trotzdem, dennoch

non docente [non do'tʃɛnte] **I.** *agg* nicht

lehrend, ohne Lehrauftrag; **personale ~** das Schulpersonal ohne Lehrauftrag **II.** *mf* Schulbedienstete(r) *f(m)* ohne Lehrauftrag

none ['nɔːne] *f pl* Nonen *f pl*

non eleggibilità [non eleddʒibili'ta] <-> *f* Nichtwählbarkeit *f*

nonetto [no'netto] *m* Nonett *nt*

non garantito, -a [non garan'tiːto] **I.** *agg* nicht sozial abgesichert **II.** *m, f* nicht sozial abgesicherte Person

non gioco [non 'dʒɔːko] <-> *m* SPORT Mauern *nt,* defensives Spiel

non interferenza [non interfe'rɛntsa] *f* Nichteinmischungspolitik *f*

non intervento [non inter'vɛnto] *m* JUR, POL Prinzip *nt* der Nichteinmischung

nonio ['nɔːnio] <-ii> *m* Nonius *m*

non lettore, -trice [non let'toːre] *m, f* Nichtleser *m*

non libro [non 'liːbro] *m* Schundliteratur *f*

non menzione [non men'tsioːne] <-> *f* JUR *Absehen von einer Eintragung ins Strafregister*

non metallo [non me'tallo] *m* MIN Nichtmetall *nt*

nonna ['nɔnna] *f* Großmutter *f; (fam a. fig)* Oma *f*

nonni ['nɔnni] *mpl* Großeltern *pl; (antenati)* Vorfahren *mpl*

nonnismo [non'nizmo] *m sing* MIL *(fam)* Schikanierung *f* von Rekruten seitens der Dienstältesten

nonno, -a ['nɔnno] *m, f* Großvater *m/* Großmutter *f; (fam)* Opa *m/*Oma *f*

nonnulla [non'nulla] <-> *m* **un ~** eine Kleinigkeit, nichts

nono ['nɔːno] *m (frazione)* Neuntel *nt,* neunter Teil

nono, -a I. *agg* neunte(r, s) **II.** *m, f* Neunte(r, s) *f(m, nt); v. a.* **quinto**

nonostante [nonos'tante] **I.** *prep* trotz +*dat o gen* **II.** *cong* +*conj* auch wenn, obwohl; **ciò ~, pur ~** trotzdem

nonpertanto, non per tanto [nonper'tanto] *cong (poet)* nichtsdestoweniger, trotzdem

non plus ultra [nɔn plus 'ultra] <-> *m* Nonplusultra *nt,* Gipfel *m*

non professionale [non professio'naːle] *agg* ① *(amatoriale)* Amateur-, nicht professionell ② *(pej: senza serietà e competenza)* dilettantisch, dilettantenhaft

non profit [non 'profit] *agg inv* JUR wohltätig, karitativ

non proliferazione [non proliferat'tsioːne] *f* JUR Rüstungskontrolle *f;* **principio di ~** Nonproliferation *f,* Nichtweitergabe *f* von Atomwaffen; **trattato di ~** Kernwaffensperrvertrag *m*

non ricordo [non ri'kɔrdo] <-> *m* angebliche Gedächtnislücke

non ritorno [non ri'torno] <-> *m* kein Zurück *nt,* ohne Wiederkehr *f*

nonsense ['nɔnsəns] <-> *m,* **nonsenso** [non'sɛnso] *m* Nonsens *m,* Unsinn *m*

non so che [non sɔ k'ke] <-> *m* **un [certo] ~** ein gewisses Etwas

nonstop, non stop [nɔn stɔp] **I.** *agg inv* Nonstop-, durchgehend; **orario ~** durchgehende Öffnungszeiten *f pl;* **volo ~** Nonstop-Flug *m* **II.** *f* <-> TV Fernsehsendung *f* ohne Unterbrechungen

non tessuto [non tes'suːto] **I.** *m* Synthetik *nt* **II.** *agg* synthetisch; **stoffa ~** synthetisches Gewebe

nontiscordardime, non-ti-scordar-di-me [nontiskordardi'me] <-> *m* Vergissmeinnicht *nt*

non udente [non u'dɛnte] **I.** *mf* ADM *(form: sordo)* Gehörlose(r) *f(m);* **sottotitoli per i non udenti** Untertitel für Gehörlose **II.** *agg* gehörlos

non valore [non va'loːre] *m* ① PHILOS Wertfreiheit *f* ② *(fig: mancanza di valore)* Fehlen *nt* von Werten

non vedente [non ve'dɛnte] **I.** *mf* ADM *(form: cieco)* Blinde(r) *f(m)* **II.** *agg* blind

non violento, -a [non vio'lɛnto] **I.** *agg* gewaltfrei, friedlich **II.** *m, f* Befürworter(in) *m(f)* des Gewaltverzichts

non voto [non 'voːto] *m sing* Nichtwählen *nt;* **un massiccio ~** eine hohe Nichtwählerquote

noo ['noo], **nooo** ['noː] *int (fam)* nee, oder? *fam*

norcino, -a [nor'tʃiːno] *m, f* Einwohner(in) *m(f)* von Norcia

nord [nɔrd] *m* Nord[en] *m;* **Italia del ~** Norditalien *nt,* Oberitalien *nt;* **a ~ di …** nördlich von …; **verso ~** nordwärts; **Mare del Nord** Nordsee *f;* **Polo Nord** Nordpol *m*

nord- *(in parole composte)* Nord-, nord-

nordest [nɔr'dɛst] *m* Nordost[en] *m;* **di ~** nordöstlich, Nordost-

nordico, -a ['nɔrdiko] <-ci, -che> **I.** *agg* nordisch, Nord- **II.** *m, f* Nordländer(in) *m(f)*

nordismo [nor'dizmo] *m* Präferenz *f* norditalienischer Interessen

nordista [nor'dista] <-i *m,* -e *f*> **I.** *agg* nordstaatlich, Nordstaaten- **II.** *mf* Nordstaatler(in) *m(f)*

nordovest [nor'dɔːvest] *m* ① GEOG Nordwest[en] *m;* **di ~** nordwestlich, Nordwest- ② *(cappello)* Südwester *m*

Norimberga [norim'bɛrga] *f* Nürnberg *nt*

norma ['nɔrma] *f* ① *(regola)* Norm *f,* Richtschnur *f;* **-e di circolazione** Verkehrsvorschriften *fpl;* **-e di navigazione** Schifffahrtsordnung *f;* **-e per l'uso** Gebrauchsanweisung *f;* **a ~ di** laut +*dat o gen,* gemäß +*dat o gen,* nach; **come di ~** wie üblich ❷ *(uso)* Regel *f* ❸ *(in statistica)* dichtester Wert

normale [norˈmaːle] **I.** *agg* ❶ *(conforme alla norma)* normal, üblich ❷ *(regolare)* regelmäßig **II.** *f* Normale *f,* Senkrechte *f*

normalità [normaliˈta] <-> *f* Normalität *f;* **rientrare nella ~** sich wieder normalisieren

normalizzare [normalidˈdzaːre] **I.** *vt* ❶ *(rendere normale)* normalisieren, normal gestalten ❷ *(standardizzare)* normieren, vereinheitlichen **II.** *vr* **-rsi** sich normalisieren

normalizzazione [normaliddzatˈtsioːne] *f* ❶ *(atto del normalizzare)* Normalisierung *f* ❷ *(standardizzazione)* Normierung *f,* Vereinheitlichung *f*

normalmente [normalˈmente] *avv* normalerweise, gewöhnlich; *(conforme alla norma)* vorschriftsmäßig

normanno, -a [norˈmanno] **I.** *agg* ❶ GEOG aus der Normandie ❷ HIST normannisch **II.** *m, f* ❶ GEOG Einwohner(in) *m(f)* der Normandie ❷ HIST Normanne *m*/Normannin *f*

N

normativo, -a [normaˈtiːvo] *agg* normativ, maßgebend

normografo [norˈmɔːgrafo] *m* Schablone *f*

norvegese [norveˈdʒeːse] **I.** *agg* norwegisch **II.** *mf* Norweger(in) *m(f)*

Norvegia [norˈvɛːdʒa] *f* Norwegen *nt*

no-show [nouʃou] <-> *m* Nichterscheinen *nt*

no smoking [nou ˈsmoukiŋ] <-> *m (simbolo di divieto)* Rauchen verboten

nossignora [nossiɲˈɲoːra] *int* nein, meine Dame; *(iron)* aber nein!

nossignore [nossiɲˈɲoːre] *int* nein, mein Herr; *(iron)* aber nein!

nostalgia [nostalˈdʒiːa] <-gie> *f* Nostalgie *f; (rimpianto)* Sehnsucht *f;* **avere la ~ di qc** nach etw Sehnsucht haben; **sentire ~ del proprio paese** Heimweh haben

nostalgico, -a [nosˈtaldʒiko] <-ci, -che> **I.** *agg* sehnsüchtig, sehnsuchtsvoll; *(della patria)* heimwehkrank **II.** *m, f* Reaktionär(in) *m(f)*

nostrano, -a [nosˈtraːno] *agg* einheimisch, hiesig

nostro, -a [ˈnɔstro] **I.** *agg* unser; **la -a speranza** unsere Hoffnung; **~ padre/zio** unser Vater/Onkel; **un ~ amico** ein Freund von uns **II.** *pron pos* **il ~/la -a** unsere(r, s)

nostromo [nosˈtrɔːmo] *m* Bootsmann *m,* Bootsmaat *m*

nota [ˈnɔːta] *f* ❶ *(contrassegno)* [Kenn]zeichen *nt,* Merkmal *nt* ❷ *(appunto)* Anmerkung *f,* Notiz *f;* **prendere ~ di qc** etw notieren ❸ *(osservazione)* Bemerkung *f;* **degno di ~** bemerkenswert ❹ *(commento)* Erläuterung *f;* **~ introduttiva** Einleitung *f;* **~ marginale** Randbemerkung *f* ❺ *(elenco)* Aufstellung *f,* Verzeichnis *nt* ❻ *(conto)* Rechnung *f* ❼ *(comunicazione)* Mitteilung *f,* Schreiben *nt* ❽ MUS Note *f;* **trovare la giusta ~** den richtigen Ton treffen ❾ *(fig: impronta)* Eigenart *f,* Note *f*

nota bene [ˈnɔːta ˈbɛːne] <-> *m* Notabene *nt,* Anmerkung *f*

notabile [noˈtaːbile] **I.** *agg* bemerkenswert, beachtlich; *(persona)* angesehen, bedeutend **II.** *mpl* Honoratioren *mpl,* Prominenz *f*

notabilità [notabiliˈta] <-> *f* ❶ *(qualità)* Angesehensein *nt* ❷ *pl (persone)* Honoratioren *mpl,* Prominenz *f*

notaio [noˈtaːio] <-ai> *m* Notar(in) *m(f)*

notare [noˈtaːre] *vt* ❶ *(prender nota)* aufzeichnen, vermerken ❷ *(contrassegnare)* kennzeichnen ❸ *(rilevare)* bemerken, hervorheben; **farsi ~** sich bemerkbar machen ❹ *(considerare)* beachten, in Betracht ziehen; **far ~ a qu qc** jdn auf etw *akk* aufmerksam machen

notaresco, -a [notaˈresko] <-schi, -sche> *agg (pej)* Notar[s]-, eines Notars

notariato [notaˈriaːto] *m* Notariat *nt*

notarile [notaˈriːle] *agg* notariell, Notariat[s]-

notaro [noˈtaːro] *m v.* **notaio**

notazione [notatˈtsioːne] *f* ❶ *(segnatura)* Kennzeichnung *f,* Anmerkung *f* ❷ MUS Notenschrift *f,* Notation *f* ❸ *(fig: osservazione)* Beobachtung *f,* Bemerkung *f*

notebook [ˈnoutbuk *o* notˈbuk] <- *o* notebooks> *m* INFORM Notebook *nt*

notes [ˈnɔːtes] <-> *m* Notizblock *m*

notevole [noˈteːvole] *agg* beträchtlich, bemerkenswert

notifica [noˈtiːfika] <-che> *f* ❶ ADM Mitteilung *f,* Bekanntmachung *f* ❷ JUR Zustellung *f*

notificabile [notifiˈkaːbile] *agg* ADM *(form)* zustellbar; **atto d'ufficio ~** Amtshandlung zur Bekanntmachung

notificare [notifiˈkaːre] *vt* ❶ ADM bekannt geben, mitteilen; JUR *(sentenza)* zustellen ❷ *(dichiarare)* anmelden, anzeigen

notificazione [notifikatˈtsioːne] *f v.* **notifica**

notizia [noˈtittsia] <-ie> *f* ❶ *(comunicato, novità)* Nachricht *f,* Meldung *f;* **dare ~ di**

qc etw melden; **giunge ~ che …** es wird gemeldet, dass …; **-ie** Nachrichten *fpl;* **buone -ie** gute Neuigkeiten *fpl;* **-ie infondate** Falschmeldungen *fpl* ② *(informazione)* Auskunft *f,* Information *f;* **avere ~ di qc** von etw Kenntnis haben

notiziale [notit'tsia:le] *agg* ① ADM *(form)* bekannt machend ② JUR verbreitend

notiziario [notit'tsia:rio] <-i> *m* TV, RADIO Nachrichten *fpl,* Nachrichtensendung *f*

noto, -a ['nɔ:to] *agg* bekannt; *(famoso)* berühmt; *(pej)* berüchtigt; **ben ~** wohlbekannt

notoriamente [notoria'mente] *avv* bekanntlich, bekanntermaßen

notorietà [notorie'ta] <-> *f* Bekanntheit *f; (fama)* Berühmtheit *f;* JUR Offenkundigkeit *f;* ADM Aktenkundigkeit *f*

notorio, -a [no'tɔ:rio] <-i, -ie> *agg* [allgemein] bekannt; JUR offenkundig; ADM aktenkundig; **atto ~** Zeugenurkunde *f*

nottambula *f v.* **nottambulo**

nottambulismo [nottambu'lizmo] *m* Nachtschwärmerei *f*

nottambulo, -a [not'tambulo] **I.** *agg* nachtschwärmerisch **II.** *m, f* Nachtschwärmer(in) *m(f)*

nottante [not'tante] *mf* Nachtschwester *f,* Krankenpfleger(in) *m(f)* im Nachtdienst

nottata [not'ta:ta] *f* Nacht *f;* **far ~** die ganze Nacht durchmachen

notte ['nɔtte] *f* Nacht *f;* **nel cuore della ~** mitten in der Nacht; **~ bianca** [*o* **in bianco**] schlaflose Nacht; **di ~** nachts, bei Nacht

nottetempo [notte'tɛmpo] *avv* nachts, bei Nacht

nottola ['nɔttola] *f* ZOO *(pipistrello)* Abendsegler *m*

nottolino [notto'li:no] *m* ① *(saliscendi)* [Tür]klinke *f,* [Tür]schnalle *f* A ② *(di arresto)* Sperrklinke *f,* Sperrzahn *m*

nottolone [notto'lo:ne] *m* Ziegenmelker *m*

notturno [not'turno] *m* ① *(in liturgia)* [Nacht]mette *f* ② *(in pittura)* Nachtszene *f,* Nachtbild *nt* ③ FOTO, FILM Nachtaufnahme *f* ④ MUS Nocturne *nt o f*

notturno, -a *agg* nächtlich, Nacht-

novanta [no'vanta] **I.** *num* neunzig **II.** *m* <-> Neunzig *f;* **pezzo da ~** Mafiaboss *m; (fig)* Respektsperson *f; v. a.* **cinquanta**

novantenne [novan'tɛnne] **I.** *agg* neunzigjährig **II.** *mf* Neunzigjährige(r) *f(m)*

novantennio [novan'tɛnnio] <-i> *m* Zeitraum *m* von neunzig Jahren

novantesimo [novan'tɛ:zimo] *m* Neunzigstel *nt*

novantesimo, -a **I.** *agg* neunzigste(r, s) **II.** *m, f* Neunzigste(r, s) *f(m, nt); v. a.* **quinto**

novantina [novan'ti:na] *f* **una ~** [**di …**] [etwa] neunzig […]; **essere sulla ~** an [*o* um] die neunzig sein

Novara *f* Novara *nt (Stadt in Piemont)*

novarese [nova're:se] **I.** *mf (abitante)* Einwohner(in) *m(f)* von Novara **II.** *agg* aus Novara

Novarese *m sing* Provinz *f* Novara

novatore, -trice [nova'to:re] **I.** *m, f* Neuerer *m/*Neuerin *f* **II.** *agg* innovatorisch

novazione [novat'tsio:ne] *f* Novation *f,* Schuldenumschreibung *f*

nove ['nɔ:ve] **I.** *num* neun **II.** *m* <-> ① *(numero)* Neun *f* ② *(nelle date)* Neunte(r) *m* ③ *(voto scolastico)* ≈ Sehr Gut *nt,* Eins *f* **III.** *fpl* neun Uhr; *v. a.* **cinque**

novecentesco, -a [novetʃen'tesko] <-schi, -sche> *agg* das zwanzigste Jahrhundert betreffend

novecentista [novetʃen'tista] <-i *m,* -e *f*> *mf* Künstler(in) *m(f)* des 20. Jahrhunderts

novecento [nove'tʃɛnto] **I.** *num* neunhundert **II.** *m* <-> Neunhundert *f;* **il Novecento** das zwanzigste Jahrhundert; *(nell'arte italiana)* das Novecento

novella [no'vɛlla] *f* ① LIT Novelle *f* ② *(poet: notizia)* Nachricht *f,* Kunde *f;* **la buona ~** die Frohe Botschaft

novellame [novel'la:me] *m (pesci)* junge Fische *mpl; (gener)* junge Tiere *ntpl*

novellare [novel'la:re] *vi* Novellen erzählen

novellatore, -trice [novella'to:re] *m, f* [Novellen]erzähler(in) *m(f)*

novellino, -a [novel'li:no] **I.** *agg* jung, neu; *(persone)* frischgebacken **II.** *m, f* Neuling *m*

novellista [novel'lista] <-i *m,* -e *f*> *mf* Novellenschreiber(in) *m(f),* Novellist(in) *m(f)*

novellistica [novel'listika] *f* Novellistik *f,* Novellendichtung *f*

novello [no'vɛllo] *m* Trieb *m,* Schössling *m*

novello, -a *agg* neu, frisch; **i -i sposi** die Jungvermählten *mfpl*

novembre [no'vɛmbre] *m* November *m; v. a.* **aprile**

novembrino, -a [novem'bri:no] *agg* novemberhaft, November-

novemila [nove'mi:la] **I.** *num* neuntausend **II.** *m* <-> Neuntausend *f*

novena [no'vɛ:na] *f* Novene *f*

novenario [nove'na:rio] <-i> *m* Neunsilb[l]er *m*

novennale [noven'na:le] *agg* ① *(che dura nove anni)* neunjährig ② *(ricorrente ogni nove anni)* neunjährlich, Neunjahr[es]-

N

novenne [no'vɛnne] **I.** *agg* neunjährig **II.** *mf* Neunjährige(r) *f(m)*

novennio [no'vɛnnio] <-i> *m* Zeitraum *m* von neun Jahren

novilunio [novi'luːnio] <-i> *m* Neumond *m*

novissimo, -a [no'vissimo] *agg (poet) superlativo di* **nuovo**

novità [novi'ta] <-> *f* ① *(qualità)* Neuheit *f,* Neuartigkeit *f; (cosa)* Neuheit *f* ② *(notizia)* Neuigkeit *f,* Nachricht *f* ③ *(innovazione)* Neuerung *f,* Neuschöpfung *f*

novizia *f v.* **novizio**

noviziato [novit'tsiaːto] *m* ① REL *(stato, periodo)* Noviziat *nt; (luogo)* Novizeninternat *nt* ② *(tirocinio)* Einarbeitungszeit *f*

novizio, -a [no'vittsio] <-i, -ie> *m, f* ① REL Novize *m/*Novizin *f* ② *(fig: inesperto)* Anfänger(in) *m(f),* Neuling *m*

nozione [not'tsioːne] *f* ① *(conoscenza)* Kenntnis *f* ② *(concetto)* Begriff *m*

nozionismo [nottsio'nizmo] *m* oberflächliches Wissen

nozionistico, -a [nottsio'nistiko] <-ci, -che> *agg* oberflächlich

nozze ['nɔttse] *fpl* Hochzeit *f;* ~ **d'argento/di diamante/d'oro** silberne/diamantene/goldene Hochzeit; **andare a** ~ *(fig)* sich freuen wie ein Schneekönig; **celebrare le** ~ Hochzeit feiern; **festa di** ~ Hochzeitsfeier *f*

N

ns. *abbr di* **nostro** unser

NT *abbr di* **Nuovo Testamento** N.T.

NU *abbr di* **Nazioni Unite** UN *fpl*

nuance [nɥãːs] <-> *f* Nuance *f,* Abstufung *f*

nube ['nuːbe] *f* ① SCIENT *(poet)* Wolke *f* ② *(fig)* Nebel *m,* Schleier *m*

nubifragio [nubi'fraːdʒo] <-gi> *m* Wolkenbruch *m*

nubile ['nuːbile] **I.** *agg* ledig, unverheiratet **II.** *f* Ledige *f,* ledige Frau, Junggesellin *f*

nuca ['nuːka] <-che> *f* Nacken *m,* Genick *nt*

nucleare [nukle'aːre] *agg* nuklear, Kern-; **armi -i** Atomwaffen *fpl*

nuclearizzazione [nukleariddzat'tsioːne] *f* friedliche Nutzung von Kernenergie

nucleico, -a [nu'klɛːiko] <-ci, -che> *agg* **acido** ~ Nukleinsäure *f*

nucleina [nukle'iːna] *f* Nuklein *nt*

nucleinico, -a [nukle'iːniko] *agg v.* **nucleico**

nucleo ['nuːkleo] *m* ① SCIENT Kern *m* ② *(fig: reparto)* Gruppe *f*

nucleonica [nukle'oːnika] *f sing* PHYS Nukleotik *f*

nuclide [nu'kliːde] *m* Nuklid *nt*

nudismo [nu'dizmo] *m* Nudismus *m,* Freikörperkultur *f*

nudista [nu'dista] <-i *m,* -e *f*> *mf* Nudist(in) *m(f)*

nudità [nudi'ta] <-> *f* Nacktheit *f,* Blöße *f*

nudo ['nuːdo] *m* Akt *m*

nudo, -a *agg* nackt, bloß; *(terreno)* kahl; ~ **e crudo** nackt, bloß; **a occhio** ~ mit bloßem Auge; **mettere a** ~ **qc** *(fig)* etw offenlegen

nuke ['njuːk] <- *o* nukes> *f* ① MIL *(il complesso delle armi nucleari)* Atomwaffenarsenal *nt* ② *(fig: le centrali nucleari)* Atommeiler *mpl,* Atomkraftwerke *ntpl*

nulla ['nulla] **I.** *pron indef inv* nichts [von Belang]; *(interrogativo)* etwas; **una cosa da** ~ Kleinigkeit *f,* Nichtigkeit *f;* ~ **osta** *v.* **nullaosta II.** *avv* **non ...** ~ nicht im Geringsten, ganz und gar nicht; **non fa** ~ es macht nichts **III.** *m* <-> Nichts *nt,* Kleinigkeit *f*

nulladimeno [nulladi'meːno] *cong v.* **nondimeno**

nullaggine [nul'laddʒine] *f* Nichtswürdige(s) *nt*

nullaosta, nulla osta [nulla'ɔsta] <-> *m* [amtliche] Genehmigung *f,* Erlaubnis *f*

nullatenente [nullate'nɛnte] **I.** *agg* ADM mittellos, unbemittelt; JUR besitzlos **II.** *mf* ADM Mittellose(r) *f(m);* JUR Besitzlose(r) *f(m)*

nullatenenza [nullate'nɛntsa] *f* ADM Mittellosigkeit *f;* JUR Besitzlosigkeit *f*

nullità [nulli'ta] <-> *f* ① *(qualità)* Nichtigkeit *f* ② ADM Ungültigkeit *f* ③ *(persona)* Null *f fam*

nullo, -a ['nullo] *agg* ① *(non valido)* nichtig, ungültig ② SPORT unentschieden

number one ['nʌmbə wʌn] <-> *mf* Nummer *f* eins

nume ['nuːme] *m* Gottheit *f,* Numen *nt;* ~ **tutelare** *(fig)* Beschützer *m,* Schutzherr *m*

numerabile [nume'raːbile] *agg* nummerierbar, zählbar

numerale [nume'raːle] **I.** *agg* Zahlen- **II.** *m* Zahlwort *nt*

numerare [nume'raːre] *vt* ① *(segnare con un numero)* nummerieren ② *(contare)* [auf]zählen

numerario [nume'raːrio] <-i> *m* Kassenbestand *m,* Bargeld *nt*

numeratore [numera'toːre] *m* ① MAT Zähler *m* ② TEC Nummerator *m,* Nummerierwerk *nt*

numerazione [numerat'tsioːne] *f* Nummerierung *f*

numerico, -a [nu'mɛːriko] <-ci, -che> *agg*

zahlenmäßig, Zahlen-; MAT, INFORM numerisch

numero ['nu:mero] *m* 1 MAT Zahl *f*, Ziffer *f* 2 *(telefonico)* Nummer *f*; ~ **civico** Hausnummer *f*; ~ **di emergenza** Notrufnummer *f*; ~ **di gara** Startnummer *f*; ~ **verde** TEL *für den Anrufer kostenfreie Servicetelefonnummer*; **dare i -i** *(fam)* unverständliches Zeug reden, sich seltsam benehmen; **chiamare un** ~ TEL eine Nummer wählen; **sbagliare** ~ TEL sich verwählen, eine falsche Nummer wählen 3 *(quantità)* [An]zahl *f*, Menge *f*; **far** ~ *(a. fig)* die Zahl vollmachen; **un buon ~ di persone** eine große Anzahl von Personen; **in gran** ~ zahlreich, zahllos; ~ **chiuso** Numerus clausus *m* 4 *(di mezzi pubblici)* Linie *f* 5 *(esemplare di giornale)* Nummer *f*, Exemplar *nt*; ~ **unico** Sonderausgabe *f*; ~ **zero** Nullnummer einer Zeitschrift 6 *(di spettacolo)* Nummer *f* 7 *(taglia, misura)* Größe *f* 8 LING Numerus *m*, Zahl *f*

numerosità [numerosi'ta] <-> *f* große Anzahl, Vielzahl *f*

numeroso, -a [nume'ro:so] *agg* zahlreich; *(famiglia, pubblico)* groß; **una famiglia -a** eine große Familie

numismatica [numiz'ma:tika] <-che> *f* Numismatik *f*, Münzkunde *f*

numismatico, -a [numiz'ma:tiko] <-ci, -che> **I.** *agg* numismatisch, Münzen- **II.** *m, f* Numismatiker(in) *m(f)*, Münzenkenner(in) *m(f)*, Münzensammler(in) *m(f)*

nunzio ['nuntsio] <-i> *m* [Apostolischer] Nuntius *m*

nuocere ['nuɔ:tʃere] <noccio *o* nuoccio, nocqui, nociuto> *vi* schaden

nuora ['nuɔ:ra] *f* Schwiegertochter *f*

nuorese [nuo're:se] **I.** *mf (abitante)* Einwohner(in) *m(f)* von Nuoro **II.** *agg* aus Nuoro

Nuorese *m sing* Umgebung *f* von Nuoro

Nuoro *f* Nuoro *nt (Stadt in Sardinien)*

nuotare [nuo'ta:re] *vi* schwimmen; *(oggetti)* treiben; ~ **a farfalla** im Schmetterlingsstil schwimmen; ~ **a rana** brustschwimmen; ~ **nell'abbondanza** *(fig)* im Überfluss leben

nuotata [nuo'ta:ta] *f* Schwimmen *nt*; *(stile)* Schwimmstil *m*

nuotatore, -trice [nuota'to:re] *m, f* Schwimmer(in) *m(f)*

nuoto [ɔ:to] *m* Schwimmen *nt*, Schwimmsport *m*; **buttarsi a** ~ ins Wasser tauchen; **traversare a ~ un fiume** durch einen Fluss schwimmen

nuova ['nuɔ:va] *f* Neuigkeit *f*, Nachricht *f*; **nessuna ~, buona** ~ keine Nachricht, gute Nachricht

Nuova York ['nuɔ:va 'ɔrk] *f* New York *nt*

Nuova Zelanda ['nuɔ:va ddze'landa] *f* Neuseeland *nt*

nuovismo [nuo'vizmo] *m* blinder Fortschrittsglaube, unkritische Akzeptanz alles Neuen

nuovista [nuo'vista] <-i *m*, -e *f*> *mf* Fortschrittsgläubige(r) *f(m)*

nuovo ['nuɔ:vo] *m sing* Neue(s) *nt*, Neuigkeit *f*; **che c'è di ~?** was gibt es Neues?

nuovo, -a <più nuovo, nuovissimo> *agg* neu; ~ **fiammante** [*o* **di zecca**] [funkel]nagelneu; **questa è proprio -a!** das ist wirklich unerhört!; **di** ~ von Neuem, nochmals

nurse [nə:s] <-> *f* Kinderfräulein *nt*

nut [nʌt] <- *o* nuts> *m* SPORT Klemmschlaufe *f*

nutria ['nu:tria] <-ie> *f* Biberratte *f*

nutrice [nu'tri:tʃe] *f* Ernährerin *f*; *(balia)* Amme *f*, Nährmutter *f*

nutriciglia [nutri'tʃi:ʎʎa] **I.** *m* <-> Mascara *f* **II.** *agg inv* Mascara-

nutriente [nutri'ɛnte] *agg (sostanzioso)* nährend, nahrhaft; *(che nutrisce)* Nahrungs-, Nähr-

nutrimento [nutri'mento] *m* Nahrung *f*

nutrire [nu'tri:re] **I.** *vt* 1 *(alimentare)* nähren, ernähren 2 *(fig: mente)* fördern, pflegen; *(fiducia, odio)* hegen **II.** *vr* **-rsi** sich ernähren, essen

nutritivo, -a [nutri'ti:vo] *agg (cibo)* Nähr-, Nahrungs-; *(sostanzioso)* nahrhaft

nutrito, -a [nu'tri:to] *agg* 1 *(alimentato)* ernährt, genährt; **ben** ~ wohl ernährt; **mal** ~ unterernährt 2 *(fitto)* lebhaft, stürmisch; *(ampio)* ausgiebig

nutritore [nutri'to:re] *m* Futterkrippe *f*

nutrizionale [nutritsio'na:le] *agg* MED Ess-, Nähr-, Ernährungs-; **disturbi -i** Essstörungen *fpl*; **valori -i** Nährwerte *mpl*; **deficienze -i** Ernährungsmängel *mpl*

nutrizione [nutrit'tsio:ne] *f* 1 *(atto del nutrire)* Ernährung *f* 2 *(cibo)* Nahrung *f*, Essen *nt*

nutrizionista [nutritsio'nista] <-i *m*, -e *f*> *mf* SCIENT, MED Ernährungswissenschaftler(in) *m(f)*

nutrizionistica [nutritsio'nistika] *f sing* Ernährungswissenschaft *f*

nuvola ['nu:vola] *f* Wolke *f*; **avere la testa tra le -e** *(fam)* in den Wolken schweben; **cadere** [*o* **cascare**] **dalle -e** *(fam)* aus allen Wolken fallen; **vivere nelle -e** *(fam)* im Wolkenkuckucksheim leben

nuvolaglia [nuvo'laʎʎa] <-glie> *f* Gewölk *nt*

nuvolo, -a ['nu:volo] **I.** *agg* DIAL *(poet)* wolkig, bewölkt **II.** *m, f* 1 METEO Bewölkung *f*; DIAL *(poet)* Wolke *f* 2 *(fig: moltitudine)*

N

Masse *f*, Haufen *m*; *(di zanzare, di gente)* Schwarm *m*

nuvolone [nuvoˈloːne] *m* große Wolke

nuvolosità [nuvolosiˈta] <-> *f* Bewölkung *f*

nuvoloso, **-a** [nuvoˈloːso] *agg* wolkig, bedeckt

nuziale [nutˈtsiaːle] *agg* ehelich, Ehe-; *(festa, rito)* Hochzeits-; **anello ~** Trauring *m*

nuzialità [nuttsialiˈta] <-> *f* Eheschließungsziffer *f*; **premio di ~** Heiratsprämie *f*

nylon® [ˈnailən] <-> *m* Nylon *nt*

Oo

o [o] **I.** *cong davanti a vocale spesso* **od** ① *(oppure)* oder ② *(ossia, vale a dire)* oder auch, das heißt; **o … o** entweder … oder **II.** *int* o, oh, ach

O, **o** [ɔ] <-> *f* O *nt*, o *nt*; **o come Otranto** O wie Otto

O *abbr di* **ovest** W

oasi [ˈɔːazi] <-> *f* Oase *f*

obbediente [obbeˈdiɛnte] *agg v.* **ubbidiente**

obbligare [obbliˈgaːre] **I.** *vt* ① *(costringere)* zwingen; **~ a letto** ans Bett fesseln ② JUR *(vincolare)* verpflichten ③ *(per riconoscenza)* [zu Dank] verpflichten **II.** *vr* **-rsi** ① *(per riconoscenza)* sich verpflichtet fühlen ② JUR *(vincolarsi)* bürgen, haften ③ *(impegnarsi)* sich verpflichten

obbligato, **-a** [obbliˈgaːto] **I.** *agg* ① *(costretto)* gezwungen ② JUR *(vincolato)* verpflichtet ③ *(per riconoscenza)* [zu Dank] verpflichtet ④ *(non variabile, inevitabile)* obligatorisch **II.** *m, f* JUR Schuldner(in) *m(f)*

obbligatorio, **-a** [obbligaˈtɔːrio] <-i, -ie> *agg* vorgeschrieben, obligatorisch; *(materia)* Pflicht-; JUR rechtsgültig, rechtsverbindlich

obbligazione [obbligatˈtsioːne] *f* ① *(obbligo)* Verpflichtung *f* ② *(impegno, debito)* Verbindlichkeit *f* ③ FIN Obligation *f*, Wertpapier *nt*; **-i dello Stato** Staatsanleihen *fpl*; **-i convertibili europee** Euro-Obligationen *fpl* ④ JUR Schuldverschreibung *f*

obbligo [ˈɔbbligo] <-ghi> *m* Pflicht *f*; **essere in ~ di fare qc** die Pflicht haben, etw zu tun; **d' ~** vorgeschrieben, obligatorisch, Pflicht-; **~ scolastico** Schulpflicht *f*; **sentirsi in ~** sich verpflichtet fühlen

obb.mo *abbr di* **obbligatissimo** sehr ergebener …

obbrobrio [obˈbrɔːbrio] <-i> *m* Schande *f*

obbrobrioso, **-a** [obbroˈbrioːso] *agg* schändlich; *(molto brutto)* scheußlich

obelisco [obeˈlisko] <-schi> *m* Obelisk *m*

oberato, **-a** [obeˈraːto] *agg* ① *(di debiti)* überschuldet, übermäßig belastet ② *(fig: sovraccarico)* überladen, überhäuft

obesa *f v.* **obeso**

obesità [obeziˈta] <-> *f* Fettleibigkeit *f*, Fettsucht *f*

obeso, **-a** [oˈbɛːzo] **I.** *agg* fettleibig **II.** *m, f* fettleibige Person

obice [ˈɔːbitʃe] *m* Haubitze *f*

obiettare [obietˈtaːre] *vt* einwenden

obiettività [obiettiviˈta] <-> *f* Objektivität *f*

obiettivo [obietˈtiːvo] *m* ① FOTO, PHYS Objektiv *nt* ② MIL *(bersaglio)* Ziel[gebiet] *nt*, Zielpunkt *m* ③ *(scopo)* Ziel *nt*, Zweck *m*

obiettivo, **-a** *agg* objektiv; *(giudizio)* sachlich; *(arbitro)* unvoreingenommen

obiettore, **-trice** [obietˈtoːre] *m, f* Widerspruch Einlegende(r) *f(m)*; **~ di coscienza** Wehrdienstverweigerer *m*

obiezione [obietˈtsioːne] *f* Einwand *m*, Gegenargument *nt*; **~ di coscienza** Wehrdienstverweigerung *f*

obitorio [obiˈtɔːrio] <-i> *m* Leichenschauhaus *nt*

oblatività [oblativiˈta] <-> *f* ADM *(form)* Selbstlosigkeit *f*

oblazione [oblatˈtsioːne] *f* ① *(offerta)* Spende *f* ② JUR *Strafabwendung durch Geldzahlung*

obliare [obliˈaːre] **I.** *vt (poet)* vergessen, aus dem Gedächtnis verlieren **II.** *vr* **-rsi** *(poet)* sich vergessen, sich versenken; **-rsi in qu** mit den Gedanken bei jdm sein

oblio [oˈbliːo] <-ii> *m (poet)* Vergessenheit *f*

obliquità [oblikuiˈta] <-> *f* Schräge *f*, Schiefe *f*

obliquo, **-a** [obˈliːkuo] *agg* ① *(sghembo)* schief, schräg; *(fig: sguardo)* schief ② *(fig: indiretto)* krumm *fam* ③ LING abhängig

obliterare [obliteˈraːre] *vt* entwerten

obliteratrice [obliteraˈtriːtʃe] *f* Entwerter *m*

obliterazione [obliterat'tsio:ne] *f* Entwertung *f*
oblò [o'blɔ] <-> *m* Bullauge *nt*
oblungo, -a [o'bluŋgo] <-ghi, -ghe> *agg* länglich, mehr lang als breit
oboe ['ɔ:boe] *m* Oboe *f*
oboista [obo'ista] <-i *m*, -e *f*> *mf* Oboist(in) *m(f)*
obolo ['ɔ:bolo] *m* Obolus *m;* ~ **di San Pietro** Peterspfennig *m*
obsolescenza [obsoleʃ'ʃɛntsa] *f* Veralten *nt*
obsoleto, -a [obso'lɛ:to] *agg* veraltet, obsolet *geh*
OC *abbr di* **onde corte** KW *(Kurzwelle)*
oca ['ɔ:ka] <oche> *f* Gans *f;* **collo d'~** TEC Kurbelwelle *f; (di tubi)* Schwanenhals *m;* **pelle d'~** *(fig)* Gänsehaut *f;* **gioco dell'~** *ein Würfelspiel*
ocaggine [o'kaddʒine] *f (fam)* Dummheit *f,* Doofheit *f fam*
ocarina [oka'ri:na] *f* Okarina *f*
occasionale [okkazio'na:le] *agg* Gelegenheits-, gelegentlich; *(per caso)* zufällig; **incontro** ~ Zufallsbekanntschaft *f*
occasione [okka'zio:ne] *f* ❶ *(opportunità)* Gelegenheit *f;* **cogliere l'~** die Gelegenheit nutzen; **perdere un'~** eine Gelegenheit verpassen ❷ COM Gelegenheitskauf *m,* Angebot *nt;* **auto d'~** Gebrauchtwagen *m* ❸ *(circostanza)* Gelegenheit *f,* Anlass *m;* **all'~** gegebenenfalls; **con l'~** bei der Gelegenheit; **in ~ di ...** anlässlich +*gen*; **per l'~** aus diesem Anlass; **l'~ fa l'uomo ladro** *(prov)* Gelegenheit macht Diebe ❹ *(motivo)* Grund *m,* Anlass *m*
occaso [ok'ka:zo] *m (poet)* ❶ *(tramonto)* Sonnenuntergang *m* ❷ *(occidente)* Okzident *m obs,* Abend *m obs* ❸ *(fig: declino)* Untergang *m* ❹ *(fig: morte)* Heimgang *m geh*
occhi *pl di* **occhio**
occhiaccio [ok'kiattʃo] <-cci> *m* **far gli -cci a qu** jdn böse anblicken
occhiaia [ok'kia:ia] <-aie> *f* ❶ *(cavità del cranio)* Augenhöhle *f* ❷ *pl* [dunkle] Ränder *mpl,* [Augen]ringe *mpl*
occhialaio, -a [okkia'la:io] <-ai, -aie> *m, f* Brillenspezialist(in) *m(f)*
occhialeria [okkiale'ri:a] <-ie> *f* Brillengeschäft *nt*
occhialetto [okkia'letto] *m* Lorgnette *f,* Lorgnon *nt*
occhiali [ok'kia:li] *mpl* Brille *f;* ~ **da sole** Sonnenbrille *f;* **serpente dagli ~** Brillenschlange *f*
occhialuto, -a [okkia'lu:to] **I.** *agg* bebrillt **II.** *m, f* Brillenträger(in) *m(f)*
occhiata [ok'kia:ta] *f* [kurzer] Blick *m;* **dare un'~ a qc** einen [kurzen] Blick auf etw *akk* werfen; **dare un'~ al giornale** einen Blick in die Zeitung werfen; **dare un'~ ai bambini** ein Auge auf die Kinder haben; **lanciare un'~ a qu** jdm einen Blick zuwerfen
occhieggiare [okkied'dʒa:re] **I.** *vt* verstohlen schauen; *(a. fig)* liebäugeln mit **II.** *vi* hervorschauen, zu sehen sein; *(luci)* [auf]leuchten, blinken
occhiello [ok'kiɛllo] *m* Knopfloch *nt*
occhietto [ok'kietto] *m* ❶ *(occhio piccolo e vivace)* Äuglein *nt;* **far l'~ a qu** jdm zuzwinkern ❷ TYP Schmutztitel *m*
occhio ['ɔkkio] <-chi> *m* ❶ ANAT, BOT Auge *nt;* **uova all'~ di bue** Spiegeleier *nt pl;* **colpo d'~** [kurzer] Blick *m;* **avere gli occhi foderati di prosciutto** *(fam)* Tomaten auf den Augen haben; **costare** [*o* **valere**] **un ~ della testa** ein Vermögen kosten; **non credere ai propri occhi** seinen Augen nicht trauen; **dare all'** [*o* **nell'**] **~** ins Auge fallen; **essere tutt'occhi** seine Augen überall haben; **non levar gli occhi di dosso a qu** jdn nicht aus den Augen lassen; **mettere gli occhi addosso a qu** ein Auge auf jdn werfen; **non perdere d'~** nicht aus den Augen verlieren; **vedere di buon ~ qu** jdm wohl gesonnen sein; **a ~** schätzungsweise, ungefähr; **a ~ e croce** über den Daumen gepeilt *fam;* **a occhi chiusi** *(fig)* blindlings; **essere** [**come**] **un pugno in un ~** *(fig)* wie die Faust aufs Auge passen; **in un batter d'~** im Nu, in null Komma nichts *fam;* **~!** aufgepasst!, Augen auf!; **~ per ~, dente per dente** Auge um Auge, Zahn um Zahn; **~ non vede, cuore non duole** *(prov)* was ich nicht weiß, macht mich nicht heiß ❷ *(fig: accortezza)* Blick *m,* Auge *nt;* **avere buon ~** ein Auge für etw haben ❸ *(foro)* Auge *nt,* Loch *nt* ❹ TYP Schriftbild *nt*
occhiolino [okkio'li:no] *m* **fare l'~ a qu** jdm zuzwinkern; **fare l'~ a qc** mit etw liebäugeln
occidentale [ottʃiden'ta:le] **I.** *agg* West-, westlich; *(civiltà)* abendländisch **II.** *mf* Bewohner(in) *m(f)* der westlichen Welt
occidente [ottʃi'dɛnte] *m* Westen *m; (civiltà)* Abendland *nt;* **a ~ di** westlich von
occipite [ot'tʃi:pite] *m* Hinterkopf *m*
occitanico, -a [ottʃi'ta:niko] <-ci, -che> *agg* okzitanisch
occludere [ok'klu:dere] <occludo, occlusi, occluso> *vt* verschließen
occlusione [okklu'zio:ne] *f* MED, LING Verschluss *m*
occlusiva [okklu'zi:va] *f* Verschlusslaut *m,* Okklusiv *m*

O

occlusivo, **-a** [okklu'ziːvo] *agg* verschließend
occluso [ok'kluːzo] *pp di* **occludere**
occlusore [okklu'soːre] **I.** *m* OPT Okklusiv *nt* **II.** *agg* das Okklusiv betreffend
occorrente [okkor'rɛnte] **I.** *agg* erforderlich, notwendig **II.** *m* Notwendige(s) *nt,* Nötige(s) *nt;* ~ **per scrivere** Schreibzeug *nt*
occorrenza [okkor'rɛntsa] *f* ① *(necessità, bisogno)* Bedarf *m;* **all'**~ bei Bedarf, im Bedarfsfall ② *(evenienza)* Bedarfsfall *m*
occorrere [ok'korrere] <irr> *vi essere* ① *(essere necessario)* erforderlich sein, benötigt werden ② *(impersonale)* nötig sein, müssen; **occorrono medicinali** es sind Medikamente erforderlich; **mi occorre del latte** ich brauche Milch; **occorre …** +*inf* man muss …; **non occorre …** +*inf* man braucht nicht …, es ist nicht nötig, dass …
occultamento [okkulta'mento] *m* Verbergen *nt,* Verstecken *nt;* *(fig)* Unterdrückung *f*
occultare [okkul'taːre] *vt* verbergen, verstecken; *(fig)* verheimlichen; ASTR verfinstern
occultazione [okkultat'tsioːne] *f* Verbergen *nt,* Verstecken *nt;* ASTR Finsternis *f,* Eklipse *f*
occultismo [okkul'tizmo] *m* Okkultismus *m*
occultista [okkul'tista] <-i *m,* -e *f*> *mf* Okkultist(in) *m(f)*
occulto, **-a** [ok'kulto] *agg* geheim, okkult; **scienze -e** Okkultismus *m*
occupabile [okku'paːbile] *agg* besetzbar, einnehmbar
occupante [okku'pante] **I.** *agg* Besatzungs-, besetzend; **esercito** ~ Besatzungsarmee *f,* -heer *nt* **II.** *mf* ① *(veicolo)* Insasse *m/*Insassin *f* ② *(edificio)* Hausbesetzer(in) *m(f)*
occupare [okku'paːre] **I.** *vt* ① *(luogo)* besetzen; MIL einnehmen ② *(appartamento)* beziehen ③ *(carica)* inne haben, bekleiden ④ *(spazio)* brauchen, wegnehmen **II.** *vr* **-rsi** ① *(interessarsi)* **-rsi di qc** sich mit etw beschäftigen ② *(prendersi cura)* **-rsi di qu** sich um jdn kümmern ③ *(impiegarsi)* angestellt werden ④ *(impicciarsi)* **-rsi di qu** sich in etw *akk* einmischen
occupato, **-a** [okku'paːto] *agg* ① *(posto, telefono)* besetzt, belegt ② *(affaccendato)* beschäftigt ③ *(impiegato)* angestellt, beschäftigt
occupatore, **-trice** [okkupa'toːre] *m, f* Besetzer(in) *m(f)*
occupazionale [okkupattsio'naːle] *agg* Beschäftigungs-
occupazione [okkupat'tsioːne] *f* ① *(presa di possesso)* Besetzung *f* ② JUR Aneignung *f* ③ *(impiego)* Beschäftigung *f,* Anstellung *f* ④ *(attività abituale)* Beschäftigung *f* ⑤ *(complesso di lavoratori)* Beschäftigte[n] *mf pl;* **piena** ~ Vollbeschäftigung *f*
oceanauta [otʃea'naːuta] <-i *m,* -e *f*> *mf* ① SCIENT Ozeanaut(in) *m(f),* Unterwasserforscher(in) *m(f)* ② NAUT Seefahrer(in) *m(f)*
oceanico, **-a** [otʃe'aːniko] <-ci, -che> *agg* ① *(dell'oceano)* ozeanisch ② *(fig: immenso)* unermesslich, unendlich
oceano [o'tʃɛːano] *m* ① GEOG Ozean *m* ② *(fig: immensità)* Meer *nt*
oceanografia [otʃeanogra'fiːa] *f* Meereskunde *f,* Ozeanografie *f*
oceanografico, **-a** [otʃeano'graːfiko] <-ci, -che> *agg* meereskundlich
ocelot [otʃe'lɔt] *m v.* **ozelot**
oche *pl di* **oca**
ochesco, **-a** [o'kesko] <-schi, -sche> *agg* ① *(caratteristico delle oche)* gänseartig, Gänse- ② *(fig)* dämlich
ocra ['ɔːkra] **I.** *agg inv* ockerfarben **II.** *f (colore, tinta)* Ocker *m o nt*
OCSE *f abbr di* **Organizzazione per la Collaborazione e lo Sviluppo Economico** OECD *f*
oculare [oku'laːre] *agg* Aug[en]-, okular *scient;* **testimone** ~ Augenzeuge *m/*-zeugin *f*
oculatezza [okula'tettsa] *f* Umsicht *f,* Besonnenheit *f*
oculato, **-a** [oku'laːto] *agg* umsichtig, besonnen
oculista [oku'lista] <-i *m,* -e *f*> *mf* Augenarzt *m/*-ärztin *f*
oculistica [oku'listika] *f* Augenheilkunde *f*
oculistico, **-a** [oku'listiko] <-ci, -che> *agg* augenärztlich
od [od] *cong* = **o** *davanti a vocale; v.* **o**
ode ['ɔːde] *f* Ode *f*
odiare [o'diaːre] *vt* hassen
odierno, **-a** [o'diɛrno] *agg* heutig
odio ['ɔːdio] <-i> *m* Hass *m,* [heftige] Abneigung *f;* **avere in** ~ **qu** jdn hassen; **venire in** ~ **a qu** sich jds Hass zuziehen; **in** ~ **a** aus Abneigung gegen
odiosità [odiosi'ta] <-> *f* ① *(l'essere odioso)* Abscheulichkeit *f,* Verabscheuenswürdigkeit *f* ② *(l'incitare all'odio)* Gehässigkeit *f*
odioso, **-a** [o'dioːso] *agg* verhasst, hassenswert
odissea [odis'sɛːa] *f* Odyssee *f*
odo ['ɔːdo] *1. pers sing pr di* **udire**

odontalgia [odontal'dʒiːa] <-gie> *f* Zahnschmerz[en *pl*] *m*
odontalgico [odon'taldʒiko] <-ci> *m* [Zahn]schmerzmittel *nt*
odontoiatra [odonto'iaːtra] <-i *m*, -e *f*> *mf* Zahnarzt *m*/-ärztin *f*
odontoiatria [odontoia'triːa] <-ie> *f* Zahnmedizin *f*, Zahnheilkunde *f*
odontoiatrico, -a [odonto'iaːtriko] <-ci, -che> *agg* zahnärztlich, zahnmedizinisch
odontotecnica [odonto'tɛknika] *f* Zahntechnik *f*
odontotecnico, -a [odonto'tɛkniko] <-ci, -che> **I.** *agg* zahntechnisch **II.** *m, f* Zahntechniker(in) *m(f)*
odorare [odo'raːre] *vi* ~ **di qc** nach etw riechen
odorato [odo'raːto] *m* Geruch[ssinn] *m*
odore [o'doːre] *m* ① *(sensazione)* Geruch *m;* **sento ~ di ...** es riecht hier nach ... ② *(fig: concetto, fama)* [Ge]ruch *m geh* ③ *pl* GASTR Gewürzkräuter *nt pl*
odorino [odo'riːno] *m* Aroma *nt*, [würziger] Duft *m*
odoroso, -a [odo'roːso] *agg* duftend, wohlriechend
of course [ɔv 'kɔːs] *avv* sicher, selbstverständlich
offendere [of'fɛndere] <offendo, offesi, offeso> **I.** *vt* ① *(fig: persona)* beleidigen, kränken ② *(violare)* verletzen, verstoßen gegen ③ *(danneggiare)* beschädigen; *(ferire)* verletzen **II.** *vr* **-rsi** ① *(risentirsi)* beleidigt sein ② *(ingiuriarsi)* sich [gegenseitig] beleidigen
offenditrice *f v.* **offensore**
offensiva [offen'siːva] *f* Offensive *f*
offensivo, -a [offen'siːvo] *agg* ① *(lesivo della dignità)* beleidigend, verletzend ② MIL offensiv, Angriffs- ③ *(atto a ferire)* verletzend
offensore, offenditrice [offen'soːre, offendi'triːtʃe] *m, f* ① *(chi offende)* Beleidiger(in) *m(f)* ② MIL Angreifer *m*
offerente [offe'rɛnte] *mf* Bieter(in) *m(f);* **aggiudicare qc al migliore ~** etw dem Meistbietenden zuschlagen
offersi [of'fɛrsi] *1. pers sing pass rem di* **offrire**
offerta [of'fɛrta] *f* ① *(dono)* Gabe *f;* *(obolo)* Spende *f* ② *(proposta)* Angebot *nt;* **~ di lavoro** Stellenangebot *nt* ③ COM Angebot *nt*, Offerte *f;* **domanda e ~** Angebot und Nachfrage
offerto [of'fɛrto] *pp di* **offrire**
offertorio [offer'tɔːrio] <-i> *m* Offertorium *nt*
offesa [of'feːsa] *f* ① *(fig)* Kränkung *f*, Beleidigung *f* ② *(danno materiale)* Schaden *m;* *(lesione fisica)* Verletzung *f* ③ *(oltraggio, violazione)* Verletzung *f*, Verstoß *m*
offesi [of'feːsi] *1. pers sing pass rem di* **offendere**
offeso, -a [of'feːso] **I.** *pp di* **offendere** **II.** *agg* beleidigt, gekränkt **III.** *m, f* Beleidigte(r) *f(m)*, Gekränkte(r) *f(m);* **fare l'~** den Beleidigten spielen
officiante [offi'tʃante] **I.** *agg* zelebrierend **II.** *m* Zelebrant *m*, Offiziant *m*
officiare [offi'tʃaːre] *vt, vi* zelebrieren
officina [offi'tʃiːna] *f* Werkstatt *f*
officinale [offitʃi'naːle] *agg* Arznei-
offline ['ɔːf lain] *agg inv* INFORM offline
off line ['ɔːf lain] *agg inv* INFORM offline
offrire [of'friːre] <offro, offersi *o* offrii, offerto> **I.** *vt* ① *(mettere a disposizione)* anbieten ② *(regalare)* schenken ③ *(fig: esporre, presentare)* bieten, zeigen ④ COM *(mettere in vendita)* anbieten, offerieren ⑤ *(fam: pagare)* zahlen; *(dare)* geben; **oggi offre lui il pranzo** er zahlt heute das Mittagessen; **chi mi offre una sigaretta?** wer gibt mir eine Zigarette? **II.** *vr* **-rsi** sich anbieten
offset ['ɔːfset] <-> *m* Offsetdruck *m*
offuscamento [offuska'mento] *m* Verdunk[e]lung *f*
offuscare [offus'kaːre] *vt* ① *(oscurare, ottenebrare)* verdunkeln, verfinstern ② *(fig)* trüben; *(meriti)* schmälern
ofidi [o'fiːdi] *mpl* Schlangen *fpl*
oftalmico, -a [of'talmiko] <-ci, -che> *agg* Augen-
oftalmologo, -a [oftal'mɔːlogo] <-gi, -ghe> *m, f* Augenarzt *m*/-ärztin *f*
oggettistica [oddʒet'tistika] <-che> *f* Geschenk- und Haushaltsartikel *mpl*
oggettivare [oddʒetti'vaːre] *vt* objektivieren
oggettivazione [oddʒettivat'tsioːne] *f* Objektivierung *f*
oggettivismo [oddʒetti'vizmo] *m* Objektivismus *m*
oggettività [oddʒettivi'ta] <-> *f* Objektivität *f;* **giudicare con ~** objektiv urteilen
oggettivo, -a [oddʒet'tiːvo] *agg* ① PHILOS objektiv ② *(obiettivo)* objektiv, sachlich ③ LING Objekt-
oggetto [od'dʒɛtto] *m* ① *(unità materiale)* Gegenstand *m*, Ding *nt;* **-i preziosi** Wertgegenstände *mpl* ② *(scopo, argomento)* Gegenstand *m;* **~ del discorso** Gesprächsgegenstand *m;* **avere per ~** zum Gegenstand haben ③ JUR Gegenstand *m* ④ PHILOS Objekt *nt* ⑤ LING *(complemento ~)* Akkusativobjekt *nt* ⑥ ADM Betreff *m;* **con riferimento a quanto indicato in ~ ...** ADM un-

O

ter Bezugnahme auf die im Betreff genannte Angelegenheit

oggettualità [oddʒettuali'ta] <-> *f* objektive Wirklichkeit [*o* Realität]

oggi ['ɔddʒi] **I.** *avv* heute; ~ **stesso** heute noch; ~ **a otto/quindici** heute in acht Tagen/zwei Wochen **II.** *m* Heute *nt,* Gegenwart *f;* **il giornale di ~** die Zeitung von heute; **al giorno d'~** heutzutage; **dall'~ al domani** von heute auf morgen

oggidì, **oggigiorno** [oddʒi'di, oddʒi'dʒorno] **I.** *avv* heutzutage **II.** *m* gegenwärtige Zeit *f,* Heute *nt*

ogiva [o'dʒiːva] *f* ① ARCH Spitzbogen *m* ② MIL *(di un missile, di un proiettile)* Spitze *f;* ~ **nucleare** Atomsprengkopf *m*

ogivale [odʒi'vaːle] *agg* ① ARCH spitzbogig, Spitzbogen- ② *(missili)* spitz zulaufend

OGM *acro di* **Organismi Geneticamente Modificati** genmanipulierte Organismen *pl*

ogni ['oɲɲi] <inv, solo al sing> *agg* jeder/jede/jedes; **uno ~ dieci** jeder Zehnte; ~ **tre giorni** alle drei Tage; ~ **tanto** hin und wieder, von Zeit zu Zeit; ~ **momento** andauernd, die ganze Zeit; **ad ~ modo** jedenfalls; **con ~ mezzo** mit allen Mitteln; **con ~ riguardo** mit Hochachtung, mit höchster Achtung; **in ~ caso** in jedem Fall; **in ~ luogo** überall; **in ~ modo** auf jeden Fall, auf alle Fälle

ogniqualvolta [oɲɲikual'vɔlta] *cong (poet)* jedes Mal wenn, sooft

Ognissanti [oɲɲis'santi] <-> *m* Allerheiligen *nt*

ognora [oɲ'ɲoːra] *avv (poet)* allezeit *obs*

ognuno, -a [oɲ'ɲuːno] *pron indef sing* jedermann, [ein] jeder, [eine] jede, [ein] jedes

oh [ɔ *o* o] *int* o, oh

ohé [o'e] *int (fam)* he

ohi ['ɔːi] *int* au, aua

ohibò [oi'bɔ] *int* pfui; **~, che schifo!** pfui Teufel!

ohimè [oi'mɛ] *int* oje, weh mir *geh*

ohm [oːm] <-> *m* Ohm *nt*

oibò *int v.* **ohibò**

OL *abbr di* **onde lunghe** LW *(Langwelle)*

ola *f* SPORT La-Ola-Welle *f*

olà [o'la] *int* heda

Olanda [o'landa] *f* Holland *nt*

olandese[1] [olan'deːse] *m sing (lingua)* Holländisch *nt,* Niederländisch *nt*

olandese[2] **I.** *agg* holländisch, niederländisch; **zoccoli -i** Holzschuhe *mpl* **II.** *mf* Holländer(in) *m(f),* Niederländer(in) *m(f)*

old fashion ['ould 'fæʃən] *m sing* „Oldie"-Mode *f*

old-time ['ould'taim] *agg inv* aus der guten alten Zeit

oleandro [ole'andro] *m* Oleander *m*

oleario, -a [ole'aːrio] <-i, -ie> *agg* ① *(dell'olio)* Öl- ② *(delle olive)* Oliven-

oleato, -a [ole'aːto] *agg* **carta -a** Ölpapier *nt*

oleico, -a [o'lɛːiko] <-ci, -che> *agg* **acido ~** Ölsäure *f*

oleificio [olei'fiːtʃo] <-ci> *m* Ölfabrik *f*

oleochimica [oleo'kiːmika] *f* CHEM Fettverseifungsindustrie *f*

oleodotto [oleo'dotto] *m* [Erd]ölleitung *f,* Pipeline *f*

oleografia [oleogra'fiːa] *f* ① TYP Öl[farben]druck *m* ② *(fig, pej)* Kitsch *m*

oleografico, -a [oleo'graːfiko] *agg* ① TYP den Ölfarbendruck betreffend ② *(fig, pej)* kitschig

oleosità [oleosi'ta] <-> *f* ölige Beschaffenheit *f,* Öligkeit *f*

oleoso, -a [ole'oːso] *agg* ① *(che contiene olio)* ölhaltig, ölig ② *(simile all'olio)* ölig

olezzante [oled'dzante] *agg (poet)* wohlriechend *geh*

olezzare [oled'dzaːre] *vi (poet)* Wohlgeruch ausströmen *geh,* duften

olezzo [o'leddzo] *m (poet)* Wohlgeruch *m geh,* Duft *m*

olfattivo, -a [olfat'tiːvo] *agg* den Geruchssinn betreffend

olfatto [ol'fatto] *m* Geruch[ssinn] *m*

oliare [o'liaːre] *vt* ölen

oliatore [olia'toːre] *m* ① TEC Schmiernippel *m* ② *(recipiente)* Ölkännchen *nt*

oliera [o'liɛːra] *f* Menage *f*

oligarchia [oligar'kiːa] <-chie> *f* Oligarchie *f*

oligopsonio [oligop'sioːno] <-i> *m* COM, FIN oligopsonische Marktform, Oligopson *nt*

oligopsonista [oligopso'nista] <-i *m,* -e *f*> *mf* COM, FIN Einkäufer(in) *m(f)* in einer oligopsonistischen Marktsituation

oligopsonistico, -a [oligopso'nistiko] <-ci, -che> *agg* oligopsonistisch

olimpiade [olim'piːade] *f* Olympiade *f*

olimpico, -a [o'limpiko] <-ci, -che> *agg* olympisch, Olympia-

olimpionico, -a [olim'piɔːniko] <-ci, -che> **I.** *agg* **campione ~** Olympionike *m* **II.** *m, f* Olympionike *m*/Olympionikin *f*

olimpo [o'limpo] *m* Olymp *m*

olio ['ɔːlio] <-i> *m* Öl *nt;* ~ **abbronzante** Sonnenöl *nt;* ~ **combustibile** Heizöl *nt;* ~ **commestibile** Speiseöl *nt;* ~ **essenziale** ätherisches Öl; ~ **di oliva** Olivenöl *nt;* ~ **di ricino** Rizinusöl *nt;* ~ **di semi** Keimöl *nt;* **quadro ad ~** Ölbild *nt,* Ölgemälde *nt;* **andare liscio come l'~** glatt laufen;

estendersi a macchia d'~ sich zusehends ausbreiten; **sott'~** GASTR in Öl eingelegt

oliva[1] [o'liːva] *f* Olive *f*

oliva[2] *agg inv* oliv[grün]

olivastro [oli'vastro] *m* BOT Oleaster *m,* wilde Olive

olivastro, -a *agg* oliv, olivfarben

oliveto [oli'veːto] *m* Olivenhain *m*

olivicoltore, -trice [olivikol'toːre] *m, f* Olivenbauer *m/*-bäuerin *f*

olivicoltura [olivikol'tuːra] *f* Olivenanbau *m*

olivo [o'liːvo] *m* ① BOT Olivenbaum *m,* Olive *f* ② *(simbolo di pace)* Ölzweig *m*

olla ['ɔlla] *f* Tonvase *f,* Tontopf *m*

olmo ['olmo] *m* Ulme *f*

olocausto [olo'kaːusto] *m* ① REL Menschenopfer *nt,* Brandopfer *nt* ② *(fig)* Opfer *nt* ③ HIST Holocaust *m*

olografia [ologra'fiːa] *f* OPT, FOTO Holografie *f*

olografico, -a [olo'graːfiko] *agg* holografisch

olografo, -a [o'lɔːgrafo] *agg* holografisch, [ganz] eigenhändig

ologramma [olo'gramma] <-i> *m* OPT, TEC Hologramm *nt*

olona [o'loːna] *f* Segeltuch *nt*

oloturia [olo'tuːria] <-ie> *f* Seegurke *f*

OLP [ɔlp] *m abbr di* **Organizzazione per la Liberazione della Palestina** PLO *f*

oltraggiare [oltrad'dʒaːre] *vt* [schwer] beleidigen, beschimpfen

oltraggiatore, -trice [oltraddʒa'toːre] *m, f* Beleidiger(in) *m(f)*

oltraggio [ol'traddʒo] <-ggi> *m* [schwere] Beleidigung *f;* **~ a pubblico ufficiale** Beamtenbeleidigung *f*

oltraggioso, -a [oltrad'dʒoːso] *agg* beleidigend

oltralpe, oltr'alpe [ol'tralpe] **I.** *avv* jenseits der Alpen *(von Italien aus gesehen)* **II.** *m* Länder *ntpl* jenseits der Alpen

oltramontano, -a [oltramon'taːno] *agg* jenseits der Berge *(d. h. Alpen); (fig)* ausländisch

oltranza [ol'trantsa] *f* **a ~** bis zum Äußersten

oltranzismo [oltran'tsizmo] *m* Extremismus *m*

oltranzista [oltran'tsista] <-i *m,* -e *f*> *mf* Extremist(in) *m(f)*

oltre ['oltre] **I.** *avv* ① *(di tempo)* länger ② *(di luogo)* weiter; **andare ~** weitergehen; **andare troppo ~** *(fig)* zu weit gehen **II.** *prep* ① *(dall'altra parte di)* jenseits +*gen; (moto)* über +*akk* ② *(più di)* mehr als, über +*akk* ③ *(in aggiunta, in più)* neben +*dat,* außer +*dat* ④ *(eccetto)* **~ a** außer +*dat*

oltrecortina [oltrekor'tiːna] **I.** *agg inv* HIST hinter dem Eisernen Vorhang [gelegen] **II.** *m* HIST Länder *ntpl* hinter dem Eisernen Vorhang

oltrefrontiera [oltrefron'tiɛːra] **I.** *agg inv* jenseits der Grenze **II.** *avv* ① *(stato in luogo)* jenseits der Grenze ② *(moto a luogo)* über die Grenze **III.** *m sing* **paesi d'~** Nachbarländer *ntpl*

oltremanica [oltre'maːnika] **I.** *m sing* GEOG *(spec. la Gran Bretagna)* Großbritannien *nt* **II.** *agg inv* jenseits des Ärmelkanals **III.** *avv* ① *(stato in luogo)* jenseits des Ärmelkanals ② *(moto a luogo)* über den Ärmelkanal

oltremare [oltre'maːre] **I.** *avv (stato)* in Übersee; *(moto)* nach Übersee **II.** *agg inv* **blu ~** ultramarin[blau] **III.** *m sing* **d'~** aus Übersee

oltremarino, -a [oltrema'riːno] *agg* ① *(d'oltremare)* überseeisch, Übersee- ② *(colore)* ultramarin

oltremisura, oltre misura [oltremi'zuːra] *avv* überaus, über die Maßen *geh*

oltremodo, oltre modo [oltre'mɔːdo] *avv* höchst, überaus

oltremondano, -a [oltremon'daːno] *agg* überirdisch

oltreoceano [oltre'tʃɛːano] **I.** *avv (stato)* in Übersee; *(moto)* nach Übersee **II.** *m sing* **d'~** aus Übersee; *(prodotti)* überseeisch

oltrepassare [oltrepas'saːre] *vt (a. fig)* überschreiten

oltretomba [oltre'tomba] <-> *m* Jenseits *nt;* **voce d'~** Grabesstimme *f*

OM *abbr di* **onde medie** MW *(Mittelwelle)*

omaggiare [omad'dʒaːre] *vt* ① *(riverire)* die Hochachtung erweisen (**qu** jdm); **la omaggio!** meine Hochachtung! ② *(ossequiare)* bedenken (**qu con o di qc** jdn mit etw), huldigen

omaggio[1] [o'maddʒo] <-ggi> *m* ① *(offerta)* [Werbe]geschenk *nt;* **libro in ~** Freiexemplar *nt* ② *(fig: segno di rispetto)* Huldigung *f; (a un artista)* Hommage *f;* **rendere ~ a qu** jds gedenken, jdm huldigen ③ *pl (ossequi)* Verehrung *f,* Hochachtung *f; (saluti)* Empfehlung[en *pl*] *f;* **Le porgo i miei -ggi** meine Empfehlung

omaggio[2] *agg inv* **confezione ~** Werbegeschenk *nt*

ombelicale [ombeli'kaːle] *agg* Nabel-; **cordone ~** Nabelschnur *f*

ombelico [ombe'liːko] <-chi> *m* [Bauch]nabel *m*

ombra ['ombra] *f* ① *(gener)* Schatten *m;*

O

all'~ di im Schatten von; **aver paura della propria ~** sich vor seinem eigenen Schatten fürchten; **restare nell'~** *(fig)* im Dunkeln bleiben ② *(fig: parvenza)* Anschein *m;* **senz'~ di dubbio** zweifellos ③ *(fig: protezione)* Schutz *m;* **all'~ di** unter dem Schutz von

ombreggiare [ombred'dʒaːre] *vt (in pittura)* schattieren

ombreggiatura [ombreddʒa'tuːra] *f (in pittura)* Schattierung *f*

ombrella [om'brɛlla] *f* ① BOT Dolde *f* ② ZOO Schirm *m (der Qualle)*

ombrellaio, -a [ombrel'laːio] <-ai, -aie> *m, f* ① *(fabbricante)* Schirmmacher(in) *m(f)* ② *(venditore)* Schirmverkäufer(in) *m(f)*

ombrellificio [ombrelli'fiːtʃo] <-ci> *m* Schirmfabrik *f*

ombrellino [ombrel'liːno] *m* ① *(parasole per signora)* [kleiner] Sonnenschirm *m* ② REL [kleiner] Baldachin *m*

ombrello [om'brɛllo] *m* Schirm *m;* **~ atomico** [*o* **nucleare**] MIL atomarer Schutzschild; **~ pieghevole** Knirps *m*

ombrellone [ombrel'loːne] *m* [großer] Sonnenschirm *m*

ombretto [om'bretto] *m* Lidschatten *m*

ombrina [om'briːna] *f* Umber *m*

ombrosità [ombrosi'ta] <-> *f* ① *(oscurità)* Dunkel *nt* ② *(fig)* Verletzlichkeit *f*

ombroso, -a [om'broːso] *agg* ① *(ricco d'ombra)* schattig ② *(che dà ombra)* Schatten spendend ③ *(fig)* verletzlich; *(animale)* scheu

ombudsman ['ɔmbydsman] <-> *m* JUR Ombudsmann *m*/Ombudsfrau *f*

omega [o'mɛːga] <-> *m* Omega *nt*

omelette [ɔm'lɛt] <-> *f* Omelett *nt*

omelia [ome'liːa] <-ie> *f* ① REL Homilie *f* ② *(fig, scherz)* Predigt *f*

omeopatia [omeopa'tiːa] <-ie> *f* Homöopathie *f*

omeopatico, -a [omeo'paːtiko] <-ci, -che> **I.** *agg* homöopathisch **II.** *m, f* Homöopath(in) *m(f)*

omerico, -a [o'mɛːriko] <-ci, -che> *agg* homerisch

omero ['ɔːmero *o* 'oːmero] *m* ① ANAT Oberarmknochen *m* ② *(poet: spalla)* Schulter *f*

omertà [omer'ta] <-> *f* Schweigepflicht *f,* Verschwiegenheit *f*

omettere [o'mettere] <irr> *vt* auslassen, weglassen; *(non fare)* unterlassen

ometto [o'metto] *m* Männchen *nt; (fig: bambino)* kleiner Mann

omiciattolo [omi'tʃattolo] *m (pej)* kleiner Kerl *m,* Knirps *m*

omicida [omi'tʃiːda] <-i *m,* -e *f*> **I.** *agg* Mörder-, Mord-; **intenzione ~** mörderische Absicht **II.** *mf* Mörder(in) *m(f)*

omicidio [omi'tʃiːdio] <-i> *m* Mord *m;* **~ colposo** fahrlässige Tötung; **~ doloso** Totschlag *m;* **~ premeditato** heimtückischer Mord; **~ su commissione** Auftragsmord *m;* **~ volontario** vorsätzliche Tötung

omisi *1. pers sing pass rem di* **omettere**

omissibile [omis'siːbile] *agg* weglassbar; *(atto)* unterlassbar

omissione [omis'sioːne] *f* ① *(tralasciamento)* Weglassung *f,* Auslassung *f* ② *(volontario mancato compimento)* Unterlassung *f,* Unterlassen *nt;* **~ di soccorso** unterlassene Hilfeleistung

omo ['ɔːmo] *m* TOSC *(obs)* Mensch *m;* **~ sapiens** Homo Sapiens *m*

omoerotico, -a [omoerɔːtiko] *agg (omosessuale)* homoerotisch *geh*

omoerotismo [omoero'tizmo] *m (omosessualità)* Homoerotismus *m geh*

omofobia [omofo'biːa] *f* Homophobie *f*

omofonia [omofo'niːa] <-ie> *f* MUS Homofonie *f*

omofono [o'mɔːfono] *m* LING Homofon *nt*

omofono, -a *agg* MUS, LING homofon

omogeneità [omodʒenei'ta] <-> *f* Homogenität *f,* Gleichartigkeit *f*

omogeneizzare [omodʒeneid'dzaːre] *vt* homogenisieren

omogeneizzati [omodʒeneid'dzaːti] *mpl* [Kinder]fertignahrung *f*

omogeneizzato, -a [omodʒeneid'dzaːto] *agg* homogenisiert; **latte ~** H-Milch *f*

omogeneizzazione [omodʒeneiddzat'tsioːne] *f* Homogenisierung *f*

omogeneo, -a [omo'dʒɛːneo] *agg* homogen, gleich[artig]

omografia [omogra'fiːa] *f* Homografie *f*

omografo [o'mɔːgrafo] *m* LING Homograf *nt*

omografo, -a *agg* LING homografisch

omologare [omolo'gaːre] *vt* genehmigen; *(autoveicoli)* zulassen; *(riconoscere)* anerkennen, bestätigen

omologazione [omologat'tsioːne] *f* Genehmigung *f; (di automezzi)* Zulassung *f; (riconoscimento)* Anerkennung *f,* Bestätigung *f*

omologia [omolo'dʒiːa] <-gie> *f* Homologie *f*

omologo, -a [o'mɔːlogo] <-ghi, -ghe> *agg* homolog

omonima *f v.* **omonimo**

omonimia [omoni'miːa] <-ie> *f* ① *(uguaglianza di nome)* Gleichnamigkeit *f* ② LING Homonymie *f*

omonimo [o'mɔːnimo] *m* LING Homonym *nt*

omonimo, -a **I.** *agg* ① *(d'ugual nome)* gleichnamig ② LING homonym **II.** *m, f* Namensvetter(in) *m(f)*

omosessuale [omosessu'aːle] **I.** *agg (persona, amore, rapporti)* homosexuell; *(matrimonio)* gleichgeschlechtlich **II.** *mf* Homosexuelle(r) *f(m)*

omosessualità [omosessuali'ta] *f* Homosexualität *f*

omuncolo [o'muŋkolo] *m (pej)* kleiner Kerl *m,* Knirps *m*

onagro ['ɔːnagro *o* o'naːgro] *m* Onager *m,* Halbesel *m*

onanismo [ona'nizmo] *m* Onanie *f*

onanista [ona'nista] <-i *m,* -e *f*> *mf* Onanist(in) *m(f)*

oncia ['ontʃa] <-ce> *f* Unze *f*

onciale [on'tʃaːle] **I.** *agg* **scrittura ~** Unzialschrift *f* **II.** *f* Unzialschrift *f,* Unziale *f*

onda ['onda] *f* ① *(del mare)* Welle *f* ② *(fig)* Flut *f;* **essere sulla cresta dell'~** auf dem Gipfel des Erfolgs sein; **seguire l'~** mit dem Strom schwimmen ③ PHYS **-e corte/lunghe/medie** Kurz-/Lang-/Mittelwelle *f;* **~ d'urto** *(a. fig)* Schockwelle *f;* **mettere** [*o* **mandare**] **in ~** TV, RADIO ausstrahlen

ondata [on'daːta] *f* Sturzwelle *f; (fig)* Welle *f;* **~ di caldo** Hitzewelle *f*

onde ['onde] **I.** *avv* ① *(da dove)* woher, von wo ② *(dalla qual cosa)* wovon, woraus **II.** *cong +conj* damit; **~ ...** *+inf* um zu ... *+inf*

ondeggiamento [ondeddʒa'mento] *m (a. fig)* Schwanken *nt,* Schaukeln *nt*

ondeggiare [onded'dʒaːre] *vi (a. fig)* schwanken, schaukeln

ondina [on'diːna] *f* Undine *f*

ondoso, -a [on'doːso] *agg (mare)* bewegt; **moto ~** Wellengang *m*

ondulante [ondu'lante] *agg* ① *(moto)* schwankend, schaukelnd ② *(febbre)* undulierend

ondulare [ondu'laːre] *vt* ① *(capelli)* wellen, in Wellen legen ② *(lamiera)* wellen

ondulato, -a [ondu'laːto] *agg (capelli)* gewellt, wellig; *(terreno)* wellig; *(lamiera)* Well-

ondulatorio, -a [ondula'tɔːrio] <-i, -ie> *agg* wellenförmig, wellenartig; PHYS Wellen-, undulatorisch

ondulazione [ondulat'tsioːne] *f* ① *(disposizione a onde)* Welligkeit *f* ② *(oscillazione)* Wellenbewegung *f* ③ *(acconciatura a onde)* Wellen *nt*

one-man show [wʌnmæn 'ʃou] <- *o* one-man shows> *m* One-Man-Show *f,* Solonummer *f*

onerare [one'raːre] *vt* belasten (**qu di qc** jdn mit etw), aufbürden (**qu di qc** jdm etw)

onere ['ɔːnere] *m* Last *f,* Verpflichtung *f;* **~ fiscale** JUR Belastung *f*

onerosità [onerosi'ta] <-> *f* Belastung *f,* Last *f*

oneroso, -a [one'roːso] *agg* ① JUR entgeltlich ② *(fig: pesante)* belastend

onesta *f v.* **onesto**

onestà [ones'ta] <-> *f* ① *(rettitudine)* Ehrlichkeit *f,* Rechtschaffenheit *f* ② *(comportamento virtuoso)* Ehrbarkeit *f,* Ehrenhaftigkeit *f*

onestamente [onesta'mente] *avv* ① *(con onestà)* ehrlich, redlich ② *(in tutta sincerità)* ehrlicherweise

onesto, -a [o'nɛsto] **I.** *agg* ① *(retto)* ehrlich, redlich ② *(decoroso, lecito)* anständig, schicklich **II.** *m, f* ehrlicher Mensch

ONG [oen'dʒi] <-> *f abbr di* **organizzazione non governativa** POL NGO *f*

onice ['ɔːnitʃe] *m* Onyx *m*

oniomania [onioma'niːa] *f* PSIC Verschwendungssucht *f,* Kaufsucht *f*

onirico, -a [o'niːriko] <-ci, -che> *agg* Traum-, traumhaft

oniromanzia [oniroman'tsiːa] <-ie> *f* Traumdeutung *f*

online ['ɔːn'lain] *agg inv* INFORM online; **servizio ~** Online-Dienst *m*

on line ['ɔnlain] *agg inv* INFORM *(in linea)* online; **servizio ~** Online-Dienst *m*

Onlus ['ɔnlus] <-> *f v.* **organizzazione non lucrativa di utilità sociale** gemeinnützige Organisation ohne lukrative Zwecke, Non-Profit-Organisation *f*

onni- [onni] *(in parole composte)* All[es]-, all[es]-

onnicomprensivo, -a [onnikompren'siːvo] *agg* gesamt, allumfassend

onnipotente [onnipo'tɛnte] *agg* allmächtig

onnipotenza [onnipo'tɛntsa] *f* Allmacht *f*

onnipresente [onnipre'zɛnte] *agg* allgegenwärtig

onnipresenza [onnipre'zɛntsa] *f* Allgegenwart *f*

onnisciente [onniʃ'ʃɛnte] *agg* allwissend

onniscienza [onniʃ'ʃɛntsa] *f* Allwissenheit *f*

onniveggente [onnived'dʒɛnte] *agg* allsehend

onniveggenza [onnived'dʒɛntsa] *f Fähigkeit alles zu sehen*

onnivoro [on'niːvoro] *m* Allesfresser *m*

onnivoro, -a *agg* allesfressend

O

onomastica [ono'mastika] <-che> *f* Namenkunde *f,* Onomastik *f*

onomastico [ono'mastiko] *m* ① *(festa)* Namenstag *m* ② *(lessico)* Namenverzeichnis *nt*

onomastico, -a <-ci, -che> *agg* namenkundlich, Namen[s]-; **lessico ~** Namenverzeichnis *nt*

onomatopea [onomato'pɛːa] <-ee> *f* LING Lautmalerei *f,* Onomatopöie *f*

onomatopeico, -a [onomato'pɛːiko] <-ci, -che> *agg* LING lautmalend, onomatopoetisch

onorabile [ono'raːbile] *agg* ehrbar

onorabilità [onorabili'ta] <-> *f* Ehrbarkeit *f,* Ehrenhaftigkeit *f*

onoranze [ono'rantse] *f pl* Ehrenerweisungen *f pl,* Ehrungen *f pl*

onorare [ono'raːre] *vt* ① *(rendere onore)* ehren ② *(venerare, adorare)* verehren

onorario [ono'raːrio] *m* Honorar *nt*

onorario, -a <-i, -ie> *agg* Ehren-

onoratezza [onora'tettsa] *f* Ehrbarkeit *f,* Honorigkeit *f geh*

onorato, -a [ono'raːto] *agg* ① *(stimato)* angesehen, geachtet ② *(onorevole)* ehrenwert; **l'-a società** die ehrenwerte Gesellschaft *(Mafia, Camorra e le altre simili associazioni)* ③ *(in frasi di cortesia)* sehr erfreut; **molto ~ di fare la Sua conoscenza** es ist mir eine Ehre, Ihre Bekanntschaft zu machen

onore [o'noːre] *m* ① *(reputazione, gloria)* Ehre *f;* **parola d'~** Ehrenwort *nt;* **fare ~ a qc** einer Sache *dat* Ehre antun; *(al pranzo)* sich *dat* etw schmecken lassen; **farsi ~ in qc** mit etw Ehre einlegen; **in ~ di** zu Ehren von ② REL *(adorazione)* Verehrung *f* ③ *(dignità, carica)* Würde *f;* **damigella d'~** Brautjungfer *f;* **uomo d'~** Ehrenmann *m;* **ho l'~ di presentarLe …** ich habe die Ehre, Ihnen … vorzustellen ④ *(decoro)* Ehrenhaftigkeit *f,* Anstand *m;* **Vostro Onore** Euer Ehren

onorevole [ono're:vole] **I.** *agg* ① *(degno di onore)* ehrenwert; *(comportamento)* löblich ② *(parlamentare) Bezeichnung für die Abgeordneten des italienischen Parlaments;* **l'~ deputato** der Herr Abgeordnete **II.** *mf* Abgeordnete(r) *f(m)* des italienischen Parlaments

onorificenza [onorifi'tʃɛntsa] *f* ① *(titolo)* Ehrentitel *m,* Ehrenbezeichnung *f* ② *(decorazione)* Ehrenzeichen *nt*

onorifico, -a [ono'riːfiko] <-ci, -che> *agg* Ehren-; *(senza retribuzione)* ehrenamtlich

onta ['onta] *f* Schande *f*

ontano [on'taːno] *m* Erle *f*

on the rocks [ɔn ðə 'rɔks] *agg inv* on the rocks

ontologia [ontolo'dʒiːa] <-gie> *f* Ontologie *f*

ontologico, -a [onto'lɔːdʒiko] *agg* ontologisch

ONU ['ɔːnu] *f acro di* **Organizzazione delle Nazioni Unite** UNO *f*

oosfera [oos'fɛːra] *f* Eizelle *f*

opacità [opatʃi'ta] <-> *f* ① *(mancanza di lucentezza)* Undurchsichtigkeit *f; (di metallo)* Mattheit *f* ② *(fig)* Dumpfheit *f*

opacizzare [opatʃid'dzaːre] *vt* mattieren, undurchsichtig machen

opaco, -a [o'paːko] <-chi, -che> *agg* ① *(vetro)* trübe; *(lente)* lichtundurchlässig, opak; *(marmo)* glanzlos, matt ② *(fig: mente, suono)* dumpf; *(sguardo)* glanzlos, matt

opale [o'paːle] *m o f* Opal *m*

opalescente [opaleʃ'ʃɛnte] *agg* opaleszent, opalisierend

opalescenza [opaleʃ'ʃɛntsa] *f* Opaleszenz *f*

opalina [opa'liːna] *f* Opalglas *nt*

opalino, -a [opa'liːno] *agg* opalen, opalartig

op. cit. *abbr di* **opera citata** ebd. *(ebenda)*

open day ['oupən 'dei] <-> *m* Tag *m* der offenen Tür

open-end ['oupənend] *agg inv* Open-End-, offen; **filatura ~** TEC Open-End-Spinnen *nt;* **fondo d'investimento ~** FIN Open-End-Investmentfonds *m*

opera ['ɔːpera] *f* ① *(azione)* Arbeit *f; (prodotto)* Werk *nt;* **mettersi all'~** sich ans Werk machen; **è ~ sua** *(fig, iron)* das ist sein [*o* ihr] Werk ② LIT, KUNST Werk *nt;* **~ d'arte** Kunstwerk *nt;* **~ omnia** Gesamtwerk *nt* ③ MUS Oper *f;* **~ buffa** Opera buffa *f;* **~ lirica** Oper *f* ④ *(teatro)* Oper *f,* Opernhaus *nt* ⑤ *(ente assistenziale)* [Hilfs]werk *nt*

operabile [ope'raːbile] *agg* operabel, operierbar

operaio, -a [ope'raːio] <-ai, -aie> **I.** *agg* Arbeiter-; **classe -a** Arbeiterklasse *f* **II.** *m, f* Arbeiter(in) *m(f);* **~ qualificato** gelernter Arbeiter; **~ specializzato** Facharbeiter *m*

operante [ope'rante] *agg* ① *(valido)* gültig ② *(attivo)* wirksam

operare [ope'raːre] **I.** *vt* ① *(fare, realizzare)* bewirken, tun; *(miracoli)* vollbringen; *(a. fig)* wirken ② MED operieren **II.** *vr* **-rsi** ① *(realizzarsi)* geschehen, sich ereignen ② MED sich operieren lassen

operativo, -a [opera'tiːvo] *agg* operativ, Operations-; *(in grado di funzionare)* funktionsfähig

operato [ope'ra:to] *m* Werk *nt,* Tat *f*

operato, -a *agg* ① MED operiert ② *(stoffa)* gemustert

operatore, -trice [opera'to:re] *m, f* ① *(gener)* Arbeiter(in) *m(f);* ~ **sociale** Sozialarbeiter *m* ② MED Chirurg(in) *m(f)* ③ COM Makler(in) *m(f),* Händler(in) *m(f);* ~ **di borsa** Börsenmakler *m;* ~ **economico** Wirtschaftsmakler *m* ④ INFORM Operator(in) *m(f)*

operatorio, -a [opera'tɔ:rio] <-i, -ie> *agg (intervento)* operativ; *(sala)* Operations-

operatrice *f v.* **operatore**

operazione [operat'tsio:ne] *f* ① MED, MIL, MAT Operation *f* ② *(azione)* Aktion *f* ③ COM Geschäft *nt,* Transaktion *f;* ~ **finanziaria** Finanzgeschäft *nt*

opercolatrice [operkola'tri:tʃe] *f* TEC, MED Kapselaufziehmaschine *f*

opercolo [o'pɛrkolo] *m* ① BOT, ZOO Deckel *m;* ~ **delle branchie** Kiemendeckel *m* ② *(fig: rivestimento, coperchio)* Deckel *m,* Überzug *m* ③ MED Kapsel *f*

operetta [ope'retta] *f* Operette *f*

operettista [operet'tista] <-i *m,* -e *f*> *mf* Operettenkomponist(in) *m(f)*

operettistico, -a [operet'tistiko] <-ci, -che> *agg* Operetten-

operistico, -a [ope'ristiko] <-ci, -che> *agg* Opern-

operosità [operosi'ta] <-> *f* Arbeitsamkeit *f,* Eifer *m*

operoso, -a [ope'ro:so] *agg* ① *(laborioso, attivo)* arbeitsam, fleißig ② *(poet: faticoso)* mühevoll, beschwerlich

opificio [opi'fi:tʃo] <-ci> *m* Fabrik *f,* Werk *nt*

opimo, -a [o'pi:mo] *agg* ① *(poet: grasso)* fett ② *(abbondante)* reich, fett *geh* ③ *(fertile)* fett, ertragreich

opinabile [opi'na:bile] *agg* denkbar; *(discutibile)* diskutierbar

opinabilità [opinabili'ta] <-> *f* Strittigkeit *f,* Diskutierbarkeit *f*

opinare [opi'na:re] *vt, vi* meinen, der Meinung sein

opinione [opi'nio:ne] *f* Meinung *f,* Ansicht *f;* **questione di -i** Ansichtssache *f;* **manifestare un'**~ eine Meinung äußern; ~ **pubblica** öffentliche Meinung; **condividere l'**~ **di qu** jds Meinung teilen

opinionista [opinio'nista] <-i *m,* -e *f*> *mf* Kolumnist(in) *m(f)*

opinion leader [ə'pinjən 'li:də] <- *o* opinion leaders> *mf* maßgebende Persönlichkeit der öffentlichen Meinung

opinion maker [ə'pinjən 'meikə] <- *o* opinion makers> *mf* Meinungsbildner(in) *m(f)*

op là [op 'la] *int* hopp, hoppla

opossum [o'pɔssum] <-> *m* Opossum *nt*

oppiare [op'pia:re] *vt* ① *(drogare)* ~ **qu** jdm Opium geben ② *(fig)* berauschen, betäuben

oppiato [op'pia:to] *m* Opiat *nt*

oppiato, -a *agg* opiumhaltig, mit Opium vermischt

oppio ['ɔppio] <-i> *m* Opium *nt*

oppiomane [op'piɔ:mane] **I.** *agg* opiumsüchtig **II.** *mf* Opiumsüchtige(r) *f(m)*

opponente [oppo'nɛnte] *mf* Gegner(in) *m(f),* Opponent(in) *m(f)*

opponibile [oppo'ni:bile] *agg* einwendbar

opporre [op'porre] <irr> **I.** *vt* ① *(addurre contro)* entgegenhalten, einwenden ② *(mettere contro)* entgegenstellen ③ *(fig: ostacolare)* entgegensetzen, entgegenstellen; ~ **resistenza** Widerstand leisten **II.** *vr* **-rsi a qu/qc** sich jdm/etw widersetzen; **mi oppongo!** JUR [ich erhebe] Einspruch!

opportunismo [opportu'nizmo] *m* Opportunismus *m*

opportunista [opportu'nista] <-i *m,* -e *f*> *mf* Opportunist(in) *m(f)*

opportunistico, -a [opportu'nistiko] <-ci, -che> *agg* opportunistisch

opportunità [opportuni'ta] <-> *f* [günstige] Gelegenheit *f*

opportuno, -a [oppor'tu:no] *agg* zweckmäßig, passend; *(visita)* gelegen; **a tempo** ~ bei passender Gelegenheit, zu gegebener Zeit

opposi *1. pers sing pass rem di* **opporre**

oppositivo, -a [oppozi'ti:vo] *agg* widersprechend

oppositore, -trice [oppozi'to:re] *m, f* Gegner(in) *m(f),* Opponent(in) *m(f)*

opposizione [oppozit'tsio:ne] *f* ① *(resistenza)* Widerstand *m* ② POL Opposition *f;* **capo dell'**~ Oppositionsführer *m* ③ JUR Einspruch *m,* Widerspruch *m;* **fare** ~ Einspruch erheben, Widerspruch einlegen ④ *(contrapposizione)* Gegensatz *m*

opposto [op'posto] *m* Gegenteil *nt;* **all'**~ im Gegenteil

opposto, -a *agg* ① *(situato di fronte)* gegenüberliegend, entgegengesetzt ② *(contrario)* gegensätzlich, entgegengesetzt

oppressa *f v.* **oppresso**

oppressi [op'prɛssi] *1. pers sing pass rem di* **opprimere**

oppressione [oppres'sio:ne] *f* ① *(sopraffazione)* Unterdrückung *f* ② *(fig)* Beklemmung *f,* beklemmendes Gefühl

oppressivo, -a [oppres'si:vo] *agg* ① *(cal-*

do) drückend ② *(regime)* repressiv, Zwangs-

oppresso, **-a** [opˈprɛsso] **I.** *pp di* **opprimere** **II.** *agg* ① *(popolo)* unterdrückt ② *(respiro)* schwer, mühsam **III.** *m, f* Unterdrückte(r) *f(m)*

oppressore [oppresˈsoːre] *m* Unterdrücker *m*

opprimente [oppriˈmɛnte] *agg (caldo)* unerträglich; *(persona)* unausstehlich

opprimere [opˈpriːmere] <opprimo, oppressi, oppresso> *vt* ① *(angariare)* unterdrücken ② *(gravare)* niederdrücken ③ *(fig: affliggere)* bedrücken

oppugnabilità [oppuɲɲabiliˈta] <-> *f* Anfechtbarkeit *f*

oppugnare [oppuɲˈɲaːre] *vt* anfechten, bekämpfen

oppugnazione [oppuɲɲatˈtsioːne] *f* Anfechtung *f,* Bekämpfung *f*

oppure [opˈpuːre] *cong* ① *(o, o invece)* oder ② *(altrimenti)* sonst, andernfalls

optacon [ˈɔptakon] <-> *m* TEC Optacon-Gerät *nt*

optare [opˈtaːre] *vi* ① *(scegliere)* **~ per qc** sich für etw entscheiden ② POL, FIN, JUR optieren

optical art [ˈɔptikəl ˈaːt] <-> *f* KUNST Op-Art *f*

optimum [ˈɔptimum] <-> *m* Optimum *nt*

optional(s) [ˈɔpʃənəl(s) *o* ˈɔpʃonal(s)] *mpl* Sonderausstattung *f*

optoelettronica [optoeleˈtrɔːnika] <-che> *f* TEC Optronik *f*

optoelettronico, **-a** *agg* optronisch

optometria [optomeˈtriːa] <-ie> *f* Optometrie *f*

opulento, **-a** [opuˈlɛnto] *agg* üppig; *(stile)* überladen

opulenza [opuˈlɛntsa] *f* Üppigkeit *f; (di stile)* Überladenheit *f*

opuscolo [oˈpuskolo] *m* Heft *nt,* Prospekt *m*

opzionale [optsioˈnaːle] *agg* fakultativ, wahlfrei, optional; JUR, POL Options-

opzione [opˈtsioːne] *f* ① *(libera scelta)* Wahlfreiheit *f* ② POL, FIN, JUR Option *f*

ora[1] [ˈoːra] **I.** *avv* ① *(adesso, presentemente)* jetzt, nun; *(per il momento)* jetzt, im Augenblick; **d'~ in avanti** [*o* **in poi**] von jetzt an, von nun an; **fin d'~** von diesem Augenblick an; **prima d'~** zuvor, vor diesem Augenblick ② *(poco fa)* [so]eben, gerade [jetzt]; **or ~** soeben, gerade ③ *(tra poco)* gleich ④ *(in correlazioni)* **~ … ~ …** einmal …, einmal …, bald …, bald …, jetzt …, dann…; **~ come ~** unter diesen Umständen, nun; **or bene** *v.* **orbene fin ~** *v.* **finora** **II.** *cong* ① *(invece)* nun, aber ② *(dunque, allora)* da, dann, nun; **~ che …** nun, da …

ora[2] *f* ① *(unità, spazio)* Stunde *f;* **a -e** stundenweise; **correre a cento all'~** mit hundert Stundenkilometern fahren; **tra mezz'~** in einer halben Stunde; **per -e e -e** stundenlang ② *(nelle indicazioni temporali)* Uhr *f;* **~ civile** Normalzeit *f;* **~ legale** [*o* **estiva**] Sommerzeit *f;* **~ locale** Ortszeit *f;* **che ~ è? — è l'una** wie viel Uhr ist es? — es ist ein Uhr; **che -e sono? — sono le quattro** wie viel Uhr ist es? — es ist vier Uhr ③ *(fig: momento)* Stunde *f,* Zeit *f;* **di buon'~** früh[morgens]; **è ~ di partire** es ist Zeit abzureisen; **era ora!** es wurde aber auch Zeit!; **far le -e piccole** bis in die frühen Morgenstunden/die Puppen aufbleiben; **non veder l'~ di …** *+inf* es kaum erwarten können zu … *+inf;* **di ~ in ~** von einem Augenblick zum anderen

oracolo [oˈraːkolo] *m* Orakel *nt*

orafo, **-a** [ˈɔːrafo] *m, f* Goldschmied(in) *m(f)*

orale [oˈraːle] **I.** *agg* ① *(della bocca)* Mund-, oral; **da somministrare per via ~** *(di medicinale)* zum Einnehmen ② *(di voce)* mündlich **II.** *m* mündliche Prüfung

oramai [oraˈmaːi] *avv v.* **ormai**

orango [oˈraŋgo] <-ghi> *m,* **orang-utan** [oraŋguˈtan] <-> *m* Orang-Utan *m*

orare [oˈraːre] *vt, vi (poet: pregare)* beten; *(chiedere pregando)* bitten

orario [oˈraːrio] <-i> *m* ① *(gener)* Stunden *f pl,* Zeit *f;* **~ delle visite** Besuchszeit; **~ d'ufficio** Bürozeiten *f pl;* **~ di sportello** Schalterstunden *f pl;* **~ d'apertura dei negozi** Ladenöffnungszeiten *f pl;* **~ di lavoro** Arbeitszeit; **~ continuato** durchgehende Arbeitszeit; **~ elastico** [*o* **flessibile**] Gleitzeit; **~ stabilito** [*o* **fisso**] Kernzeit ② FERR Fahrplan *m; (libro)* Kursbuch *nt;* AERO Flugplan *m;* **in ~** pünktlich; FERR [fahr]planmäßig; AERO planmäßig ③ *(delle lezioni)* Stundenplan *m*

orario, **-a** <-i, -ie> *agg* Stunden-, stündlich; *(di tempo)* Zeit-; **disco ~** Parkscheibe *f;* **fuso ~** Zeitzone *f;* **velocità -a** Stundengeschwindigkeit *f*

orata [oˈraːta] *f* Goldbrasse *f*

oratore, **-trice** [oraˈtoːre] *m, f* Redner(in) *m(f)*

oratoria [oraˈtɔːria] <-ie> *f* Redekunst *f*

oratoriale [oratoˈriaːle] *agg* oratorisch

oratorio [oraˈtɔːrio] *m* Oratorium *nt*

oratorio, **-a** <-i, -ie> *agg* Rede-

oratrice *f v.* **oratore**

orazione [oratˈtsioːne] *f* ① *(preghiera)* Gebet *nt* ② *(discorso)* Rede *f*

orba *f v.* **orbo**

orbare [or'ba:re] *vt (poet)* berauben (**qu di qc** jdn einer Sache +*gen*)
orbe ['ɔrbe] *m (poet)* ① *(cerchio)* Kreis *m;* **~ terracqueo** Erdkreis *m* ② *(sfera, globo)* Kugel *f* ③ *(fig: mondo)* Welt *f*
orbene, or bene [or'bɛ:ne] *cong* also, nun
orbettino [orbet'ti:no] *m* Blindschleiche *f*
orbita ['ɔrbita] *f* ① PHYS Bahn *f* ② ASTR [Umlauf]bahn *f,* Orbit *m,* Orbitalbahn *f* ③ *(fig: ambito)* [Einfluss]bereich *m; (limite)* Sphäre *f,* Rahmen *m;* **uscire dall'~ della legalità** den Bereich der Legalität verlassen ④ ANAT Augenhöhle *f;* **con gli occhi fuori delle -e** mit weit aufgerissenen Augen
orbitale [orbi'ta:le] *agg* orbital, Umlauf-; **stazione ~** [Welt]raumstation *f,* Orbitalstation *f;* **velocità ~** Umlaufgeschwindigkeit *f*
orbitante [orbi'tante] *agg* ① ASTR umlaufend, auf der Umlaufbahn ② *(fig: che gravita attorno a qu)* im Dunstkreis von jdm
orbitare [orbi'ta:re] *vi (a. fig)* kreisen; **~ intorno alla terra** die Erde umkreisen; **~ intorno a qu** *(fig)* in jds Dunstkreis sein
orbo, -a ['ɔrbo] **I.** *agg* blind **II.** *m, f* Blinde(r) *f(m)*
orca ['ɔrka] <-che> *f* ZOO Mörderwal *m,* Schwertwal *m*
orchestra [or'kɛstra] *f* Orchester *nt*
orchestrale [orkes'tra:le] **I.** *agg* Orchester-, orchestral; **complesso ~** Orchester *nt* **II.** *mf* Orchestermusiker(in) *m(f)*
orchestrare [orkes'tra:re] *vt* ① MUS orchestrieren ② *(fig: organizzare)* organisieren
orchestrazione [orkestrat'tsio:ne] *f* ① MUS Orchestration *f* ② *(fig: organizzazione)* Organisation *f*
orchestrina [orkes'tri:na] *f* [Musik]kapelle *f*
orchidea [orki'dɛ:a] *f* Orchidee *f*
orcio ['ortʃo] <-ci> *m* [amphorenförmiger] Tonkrug *m*
orco ['ɔrko] <-chi> *m* ① *(nella mitologia antica)* Orkus *m,* Hades *m* ② *(scherz: nelle fiabe)* Ungeheuer *nt,* Scheusal *nt*
orda ['ɔrda] *f* Horde *f*
ordigno [or'diɲɲo] *m* ① *(arnese)* Gerät *nt,* Maschine *f;* **~ esplosivo** Sprengkörper *m* ② *(fig)* komplizierter Apparat ③ *(fam: oggetto strano)* Apparat *m,* Ding *nt*
ordinale [ordi'na:le] **I.** *agg* Ordinal-, Ordnungs- **II.** *m* Ordinalzahl *f,* Ordnungszahl *f*
ordinamento [ordina'mento] *m* Ordnung *f*
ordinanza [ordi'nantsa] *f* ① ADM Verordnung *f,* Anordnung *f,* Erlass *m;* **d'~** vorschriftsmäßig ② JUR Verfügung *f* ③ MIL Ordonnanz *f;* **ufficiale d'~** Ordonnanzoffizier *m;* **uniforme d'~** Dienstkleidung *f,* -uniform *f*
ordinare [ordi'na:re] **I.** *vt* ① *(mettere in ordine)* ordnen; *(stanza)* in Ordnung bringen, aufräumen ② *(comandare)* befehlen, anordnen ③ *(prescrivere)* verordnen, verschreiben ④ COM *(commissionare)* ordern, bestellen, in Auftrag geben ⑤ *(in locali pubblici)* bestellen ⑥ REL ordinieren; **~ qu sacerdote** jdn zum Priester weihen **II.** *vr* **-rsi** sich aufstellen
ordinariato [ordina'ria:to] *m* Ordinariat *nt*
ordinario [ordi'na:rio] <-i> *m* ① *(consuetudine, normalità)* Übliche(s) *nt,* Normale(s) *nt;* **fuori dell'~** außergewöhnlich, ungewöhnlich ② *(professore di ruolo)* Ordinarius *m*
ordinario, -a <-i, -ie> *agg* ① *(consueto)* üblich; *(normale)* normal; **tariffa -a** Normalpreis *m* ② *(regolare, di ruolo)* ordentlich ③ *(scadente, volgare)* [ganz] gewöhnlich, ordinär
ordinata *f* ① MAT Ordinate *f* ② NAUT Spant *nt;* AERO Spant *nt o m,* Rippe *f;* **dare un'~ a qc** *(fam)* etw [schnell] in Ordnung bringen
ordinativo [ordina'ti:vo] *m* COM Order *f*
ordinativo, -a *agg* Ordnungs-
ordinato, -a [ordi'na:to] *agg* ① *(in ordine)* geordnet, ordentlich ② COM geordert
ordinatore, -trice [ordina'to:re] **I.** *agg* Ordnungs-; **commissione -trice** Lenkungsausschuss *m* **II.** *m, f* Ordner(in) *m(f)*
ordinazione [ordinat'tsio:ne] *f* ① COM Order *f,* Bestellung *f,* Auftrag *m* ② *(in locali pubblici)* Bestellung *f* ③ REL Ordination *f*
ordine ['ordine] *m* ① *(sistemazione, struttura)* Ordnung *f;* **mettere ~** Ordnung schaffen; **richiamare qu all'~** jdn zur Ordnung rufen; **in ~ sparso** in aufgelöster Formation; **con ~** geordnet; **per ~ di merito** leistungsgerecht ② *(categoria)* Kategorie *f; (professionale)* [Berufs]stand *m; (qualità, natura)* Klasse *f,* Art *f;* **di prim'~** erstklassig; **di terz'~** drittklassig; **d'infimo ~** minderwertig; **d'~ generale** von allgemeiner Bedeutung; **questioni d'~ pratico** Angelegenheiten *f pl* praktischer Art ③ *(ceto, classe)* Stand *m,* Klasse *f* ④ *(cavalleresco, religioso)* Orden *m;* **~ episcopale** Bischofswürde *f* ⑤ *(comando)* Anordnung *f;* MIL Befehl *m,* Order *f;* ADM Verfügung *f; (disposizione, direttiva)* Order *f,* Anweisung *f;* **~ del giorno** Tagesordnung *f;* MIL Tagesbefehl *m;* **~ di comparizione** JUR Vorladung *f;* **parola d'~** Parole *f,* Kennwort *nt;* **fino a nuovo ~** bis auf Weiteres; **ai vostri -i** zu Ihren Diensten; **agli -i!** zu Befehl! ⑥ COM Order *f,* Auftrag *m;* **~ di**

O

consegna Lieferauftrag *m;* **~ di pagamento** Zahlungsanweisung *f;* **per ~ di** auf Anordnung von, im Auftrag von ⑦ THEAT Reihe *f,* Rang *m* ⑧ *(successione, classifica)* Reihenfolge *f,* Platzierung *f;* **~ alfabetico** alphabetische Reihenfolge; **narrare per ~** in chronologischer Reihenfolge berichten ⑨ INFORM *(comando)* Befehl *m; (disposizione)* Sortierfolge *f*

ordire [or'diːre] <ordisco> *vt* ① *(abbozzare)* entwerfen, konzipieren ② *(fig: tramare)* anzetteln *fam,* anstiften

ordito [or'diːto] *m* ① TEC Kette *f* ② *(fig: trama)* [Handlungs]gerüst *nt* ③ *(fig: intreccio)* Netz *nt,* Gewebe *nt*

orditore, -trice [ordi'toːre] *m, f* ① *(operaio tessile)* Anknüpfer(in) *m(f),* Andreher(in) *m(f)* ② *(fig: chi trama)* Anstifter(in) *m(f)*

orditura [ordi'tuːra] *f* ① TEC Anknüpfen *nt,* Andrehen *nt* ② *(fig: trama di un'opera)* [Handlungs]gerüst *nt* ③ *(fig: macchinazione)* Anzett[e]lung *f,* Anstiftung *f*

orecchia [o'rekkia] <-cchie> *f* Ohr *nt; v. a.* **orecchio**

orecchiabile [orek'kiaːbile] *agg* ins Ohr gehend, eingängig

orecchiante [orek'kiante] **I.** *agg* ① *(a orecchio)* nach dem Gehör ② *(fig)* oberflächlich, laienhaft **II.** *mf* ① nach dem Gehör singende Person *f* ② *(fig)* Schwätzer(in) *m(f)*

orecchietta [orek'kietta] *f* ① ANAT Vorhof *m,* Vorkammer *f* ② MER *Art von Pasta*

orecchino [orek'kiːno] *m* Ohrring *m,* Ohrclip *m*

orecchio [o'rekkio] <-cchi *m,* -cchie *f*> *m* ① ANAT Ohr *nt;* **entrare da un ~ e uscire dall'altro** zum einen Ohr hinein- und zum anderen wieder hinausgehen *fam;* **fare -cchie da mercante** sich taub stellen; **mettere una pulce nell'~ a qu** jdm einen Floh ins Ohr setzen; **stare con l'~ teso** die Ohren spitzen *fam;* **tirare le -cchie a qu** jdm die Ohren lang ziehen *fam;* **essere duro d'orecchi** *(a. fig)* schwerhörig sein; **da questo ~ non ci sento** *(fig)* auf diesem Ohr bin ich taub *fam;* **aprir bene le -cchie** die Ohren aufsperren *fam;* **essere tutt'-cchi** ganz Ohr sein ② *(udito)* Ohren *nt pl,* Gehör *nt;* **essere debole d'~** schlechte Ohren haben; **avere molto ~** ein feines Ohr [für die Musik] haben; **cantare a ~** nach Gehör singen

orecchioni [orek'kioːni] *mpl (fam)* Ziegenpeter *m,* Mumps *m*

orecchiuto, -a [orek'kiuːto] *agg* ① *(che ha grandi orecchie)* langohrig ② *(fig: ignorante)* eselig *fam*

orefice [o'reːfitʃe] *mf* Goldschmied(in) *m(f); (negoziante)* Juwelier(in) *m(f)*

oreficeria [orefitʃe'riːa] <-ie> *f* ① *(arte)* Goldschmiedekunst *f* ② *(laboratorio)* Goldschmiedewerkstatt *f; (negozio)* Juwelierladen *m,* -geschäft *nt*

oretta [o'retta] *f* Stündchen *nt*

orfano, -a ['ɔrfano] **I.** *agg* verwaist, Waisen-; **essere ~ di madre** mutterlos sein **II.** *m, f* Waisenkind *nt,* Waise *f*

orfanotrofio [orfano'trɔːfio] <-i> *m* Waisenhaus *nt*

organetto [orga'netto] *m* ① *(organo meccanico mobile)* kleine Orgel ② *(fam: armonica a bocca)* Maulorgel *f*

organicità [organitʃi'ta] <-> *f* organische Einheit, organischer Aufbau

organico [or'gaːniko] <-ci> *m* ADM *(personale)* Personal *nt,* Personalbestand *m;* MIL *(personale e mezzi)* Bestand *m*

organico, -a <-ci, -che> *agg* organisch; *(a. fig)* einheitlich

organigramma [organi'gramma] <-i> *m* ① ADM Organigramm *nt* ② INFORM Ablaufdiagramm *nt*

organino [orga'niːno] *m* Drehorgel *f*

organismo [orga'nizmo] *m* ① *(struttura fisiologica)* Organismus *m* ② *(fig: ente)* Organisation *f*

organista [orga'nista] <-i *m,* -e *f*> *mf* Organist(in) *m(f)*

organistico, -a [orga'nistiko] <-ci, -che> *agg* Orgel-

organizzare [organid'dzaːre] **I.** *vt* organisieren; *(festa, spettacolo)* veranstalten **II.** *vr* **-rsi** sich organisieren

organizzata *f v.* **organizzato**

organizzativo, -a [organiddza'tiːvo] *agg* Organisations-, organisatorisch

organizzato, -a [organid'dzaːto] **I.** *agg* organisiert **II.** *m, f* organisiertes Mitglied

organizzatore, -trice [organiddza'toːre] **I.** *agg* Organisations-, organisatorisch **II.** *m, f* Organisator(in) *m(f); (di festa, spettacolo)* Veranstalter(in) *m(f)*

organizzazione [organiddzat'tsioːne] *f* ① *(l'organizzare)* Organisation *f; (di festa, spettacolo)* Veranstaltung *f* ② *(associazione)* Organisation *f,* Verband *m;* **~ segreta** Geheimorganisation *f*

organo ['ɔrgano] *m* ① ANAT Organ *nt* ② TEC Teil *m* ③ MUS Orgel *f* ④ ADM *(giornale)* Organ *nt;* **~ di controllo** Kontrollgremium *nt*

organolettico, -a [organo'lɛttiko] <-ci, -che> *agg* [durch die Sinne] wahrnehmbar

orgasmo [or'gazmo] *m* ① *(sessuale)* Orgasmus *m* ② *(agitazione)* Erregung *f,* Aufregung *f*

orgia ['ɔrdʒa] <-ge *o* -gie> *f* Orgie *f*

orgiastico, -a [or'dʒastiko] <-ci, -che> *agg* orgiastisch

orgoglio [or'goʎʎo] <-gli> *m* Stolz *m*

orgoglioso, -a [orgoʎ'ʎo:so] *agg* stolz; **essere ~ di qu/qc** auf jdn/etw stolz sein

oricella [ori'tʃɛlla] *f* Lackmus *m o nt*

orientabile [orien'ta:bile] *agg* einstellbar, ausrichtbar

orientale [orien'ta:le] **I.** *agg (dell'est)* östlich, Ost-; *(civiltà)* orientalisch; **tappeto ~** Orientteppich *m* **II.** *mf* Orientale *m*/Orientalin *f*

orientalista [orienta'lista] <-i *m*, -e *f*> *mf* Orientalist(in) *m(f)*

orientalistica [orienta'listika] <-che> *f* Orientalistik *f*

orientalistico, -a [orienta'listiko] <-ci, -che> *agg* orientalistisch

orientamento [orienta'mento] *m* Orientierung *f; (a. fig)* [Aus]richtung *f;* **~ professionale** Berufsberatung *f*

orientare [orien'ta:re] **I.** *vt* ① *(disporre)* **~ qc a sud/nord/verso l'alto** etw nach Süden/Norden/oben richten ② *(fig: avviare)* **~ qu verso qc** jdn zu etw hinführen **II.** *vr* **-rsi** ① *(orizzontarsi)* sich orientieren ② *(indirizzarsi)* **-rsi verso qc** sich etw zuwenden

orientativo, -a [orienta'ti:vo] *agg* Orientierungs-, orientierend; **te lo dico a titolo ~** ich sage dir das nur zur Info

orientazione [orientat'tsio:ne] *f* Ausrichtung *f*

oriente [o'riɛnte] *m* ① *(est)* Osten *m* ② *(civiltà)* Orient *m;* **l'Estremo ~** der Ferne Osten; **il Medio ~** der Mittlere Osten; **il Vicino ~** der Nahe Osten

orifizio [ori'fittsio] <-i> *m* ① *(foro)* Öffnung *f* ② ANAT Öffnung *f*, Mund *m*

origami [ori'gami] <-> *m* KUNST Origami *nt*

origamista [origa'mista] <-i *m*, -e *f*> *mf* KUNST Origamispezialist(in) *m(f)*

origano [o'ri:gano] *m* ① *(pianta)* Origanum *nt*, wilder Majoran ② *(spezie)* Origano *m*, Oregano *m*

originale [oridʒi'na:le] **I.** *agg* ① *(non modificato)* Original-, original; *(delle origini)* ursprünglich; *(proprio dell'autore)* echt; **peccato ~** Erbsünde *f* ② *(nuovo)* neuartig ③ *(stravagante)* originell **II.** *m* ① *(opera di mano dell'autore)* Original *nt;* **fedele all'~** originalgetreu ② *(esemplare di documento)* Original *nt*, Urschrift *f* ③ *(lingua originale)* Originalsprache *f* ④ *(modello)* Original *nt* **III.** *mf* Original *nt*

originalità [oridʒinali'ta] <-> *f* Originalität *f*

originare [oridʒi'na:re] *vt* hervorrufen, erzeugen

originario, -a [oridʒi'na:rio] <-i, -ie> *agg* ① *(proveniente da un luogo)* [ab]stammend; *(persona)* gebürtig ② *(primitivo)* ursprünglich, Ur- ③ *(che dà origine)* Ursprungs-, Herkunfts-

origine [o'ri:dʒine] *f* ① *(momento, fase iniziale)* Ursprung *m*, Anfang *m;* **dare ~ a qc** etw hervorrufen, etw verursachen; **in ~** anfangs, am Anfang ② *(punto d'inizio)* Anfang *m*, Beginn *m* ③ *(provenienza)* Herkunft *f*, Abstammung *f* ④ *pl* Ursache *f*, Ursprung *m*

origliare [oriʎ'ʎa:re] *vi* lauschen, horchen

orina [o'ri:na] *f* Urin *m*, Harn *m*

orinale [ori'na:le] *m* Urinal *nt; (vaso da notte)* Nachttopf *m*

orinare [ori'na:re] **I.** *vi* Harn lassen, urinieren **II.** *vt* ausscheiden

orinatoio [orina'to:io] <-oi> *m (obs)* Pissoir *nt*

oriolo [ori'ɔ:lo] *m* TOSC *(orologio)* Uhr *f*

oristanese [orista'ne:se] **I.** *mf (abitante)* Einwohner(in) *m(f)* von Oristano **II.** *agg* aus Oristano

Oristanese *m sing* Umgebung *f* von Oristano

Oristano [ori'sta:no] *f* Oristano *nt (Stadt in Sardinien)*

oriundo, -a [o'riundo] *agg* gebürtig, stammend; **è ~ austriaco** er ist gebürtiger Österreicher

orizzontale [oriddzon'ta:le] **I.** *agg* waagerecht, horizontal **II.** *f* Horizontale *f*, Waagerechte *f*

orizzontamento [oriddzonta'mento] *m* Orientierung *f*

orizzontarsi [oriddzon'tarsi] *vr* sich orientieren

orizzonte [orid'dzonte] *m (a. fig)* Horizont *m;* **giro d'~** Übersicht *f*, Überblick *m*

orlare [or'la:re] *vt* einfassen, umranden; *(nel cucito)* [ein]säumen

orlatura [orla'tu:ra] *f* ① *(messa a punto)* Einfassen *nt; (di tessuto)* Säumen *nt* ② *(orlo)* Rand *m; (di tessuto)* Saum *m*

orlo ['orlo] *m* ① *(margine)* Rand *m* ② *(di tessuto)* Saum *m* ③ *(fig)* Rand *m;* **essere sull'~ della pazzia** am Rande des Wahnsinns sein, am Zusammenbruch sein

orma ['orma] *f* ① *(di persona)* Spur *f*, Fußstapfe *f* ② *(di animale)* Fährte *f* ③ *(fig)* Spur *f;* **mettersi sulle -e** [*o* **calcare le -e**] **di qu** in jds Fußstapfen treten, jds Beispiel folgen

ormai [or'ma:i] *avv* ① *(ora)* nun, jetzt ② *(già)* schon, bereits

ormeggiare [ormed'dʒa:re] **I.** *vt* NAUT fest

O

machen, vertäuen; AERO verankern **II.** *vi* **-rsi** fest machen

ormeggio [or'meddʒo] <-ggi> *m* ① NAUT Verankerung *f,* Vertäuung *f;* AERO Verankerung *f* ② *(luogo)* Ankerplatz *m* ③ *pl* [Halte]leinen *fpl*

ormonale [ormo'na:le] *agg* hormonal, Hormon-

ormone [or'mo:ne] *m* Hormon *nt*

ornamentale [ornamen'ta:le] *agg* Zier-, Ornament-, dekorativ; **piante -i** Zierpflanzen *fpl*

ornamentazione [ornamentat'tsio:ne] *f* Verzierung[en *pl*] *f*

ornamento [orna'mento] *m (decorazione)* Ornament *nt,* Verzierung *f; (a. fig)* Ausschmückung *f*

ornare [or'na:re] **I.** *vt* ① *(abbellire)* verzieren; *(casa, tavola)* [aus]schmücken ② *(fig: arricchire)* schmücken; *(discorso)* ausschmücken **II.** *vr* **-rsi** sich schmücken

ornato [or'na:to] *m* Ornamentik *f*

ornato, -a *agg* verziert, geschmückt

ornitologa *f v.* **ornitologo**

ornitologia [ornitolo'dʒi:a] <-gie> *f* Vogelkunde *f,* Ornithologie *f*

ornitologico, -a [ornito'lɔ:dʒiko] <-ci, -che> *agg* vogelkundlich, ornithologisch

ornitologo, -a [orni'tɔ:logo] <-gi, -ghe> *m, f* Vogelkundler(in) *m(f),* Ornithologe *m/*Ornithologin *f*

ornitomanzia [ornitoman'tsi:a] <-ie> *f* Vogelschau *f*

ornitorinco [ornito'riŋko] <-chi> *m* Schnabeltier *nt*

oro ['ɔ:ro] *m* ① *(metallo, colore)* Gold *nt;* **~ bianco/giallo/rosso** Weiß-/Gelb-/Rotgold *nt;* **d'~** golden, aus Gold; **il secolo d'~** das goldene Zeitalter; **vale tant'~ quanto pesa** das ist nicht mit Gold aufzuwiegen, das ist Gold wert; **non è tutto ~ quel che luccica** *(prov)* es ist nicht alles Gold, was glänzt ② *(denaro)* Gold *nt,* Geld *nt;* **nemmeno per tutto l'~ del mondo** nicht um alles in der Welt; **nuotare nell'~** im Geld schwimmen ③ *pl (oggetti d'~)* Goldstücke *ntpl,* Gold *nt* ④ *pl (di carte)* Karo *nt*

orologeria [orolodʒe'ri:a] <-ie> *f* ① *(arte)* Uhrmacherhandwerk *nt; (industria)* Uhrenindustrie *f* ② *(negozio)* Uhrengeschäft *nt* ③ *(dispositivo)* Zeitzünder *m;* **bomba a ~** Zeitbombe *f*

orologiaio, -a [orolod'dʒa:io] <-giai, -giaie> *m, f* ① *(fabbricante)* Uhrenfabrikant(in) *m(f)* ② *(riparatore)* Uhrmacher(in) *m(f)* ③ *(venditore)* Uhrenhändler(in) *m(f)*

orologiero, -a [orolod'dʒɛ:ro] *agg* Uhr[en]-

orologio [oro'lɔ:dʒo] <-gi> *m* Uhr *f;* **~ al quarzo** Quarzuhr *f;* **~ da polso** Armbanduhr *f;* **~ da tasca** Taschenuhr *f;* **caricare l'~** die Uhr aufziehen; **essere un ~** *(fig)* wie ein Uhrwerk funktionieren; **l'~ va avanti/indietro** die Uhr geht vor/nach

oroscopia [orosko'pi:a] *f* ASTR Schicksalsdeutung *f* anhand Horoskopen, Erstellung *f* von Horoskopen

oroscopo [o'rɔskopo] *m* ① ASTR Horoskop *nt* ② *(pronostico, previsione)* Vorhersage *f*

orpello [or'pɛllo] *m* ① *(similoro)* Flittergold *nt* ② *(fig: falsa apparenza)* Schein *m,* Blendwerk *nt geh* ③ *pl (pej: fronzoli)* Flitter *m*

orrendo, -a [or'rɛndo] *agg* schrecklich, fürchterlich

orribile [or'ri:bile] *agg* ① *(atroce)* schrecklich, furchtbar; *(delitto)* grausig ② *(fig: pessimo)* schrecklich, grässlich

orrido ['ɔrrido] *m* Klamm *f*

orrido, -a *agg* schrecklich; *(aspetto)* furchteinflößend

orripilante [orripi'lante] *agg* haarsträubend

orrore [or'ro:re] *m (repulsione, spavento)* Entsetzen *nt; (avversione)* Abscheu *m; (terrore)* Schrecken *m;* **film dell'~** Horrorfilm *m;* **gli -i della guerra** die Schrecken *mpl* des Krieges; **un sacro ~** ein heiliger Schauer; **avere in ~ qc** einen Horror vor etw *dat* haben *fam*

orsa ['orsa] *f* ① ZOO Bärin *f* ② ASTR **l'Orsa maggiore/minore** der Große/Kleine Bär

orsacchiotto [orsak'kiɔtto] *m* Teddybär *m,* Plüschbär *m;* **~ di peluche** Plüschbär *m*

orso ['orso] *m* Bär *m;* **~ bianco** [*o* **polare**] Eisbär *m;* **~ bruno** Braunbär *m;* **~ grigio** Grizzlybär *m;* **~ lavatore** Waschbär *m*

orsù [or'su] *int (poet)* wohlauf *obs,* wohlan *obs*

ortaggio [or'taddʒo] <-ggi> *m* Gemüse *nt*

ortensia [or'tɛnsia] <-ie> *f* Hortensie *f*

ortica [or'ti:ka] <-che> *f* Brennnessel *f*

orticante [orti'kante] *agg* brennend, Brenn-

orticaria [orti'ka:ria] <-ie> *f* Nesselsucht *f,* -fieber *nt*

orticolo, -a [or'ti:kolo] *agg* Garten-, Gartenbau-; *(piante)* Gemüse-

orticoltore, -trice [ortikol'to:re] *m, f* Gärtner(in) *m(f)*

orticoltura [ortikol'tu:ra] *f* Gartenbau *m*

Ortisei [orti'zɛ:i] *f* Sankt Ulrich *nt*

ortivo, -a [or'ti:vo] *agg* ① *(coltivato ad orto)* Garten- ② ASTR **punto ~** Aufgangspunkt *m*

orto ['ɔrto] *m* [Gemüse-, Nutz]garten *m;* ~ **botanico** botanischer Garten
ortodontista [ortodon'tista] <-i *m,* -e *f*> *mf* MED Kieferorthopäde *m/*-orthopädin *f*
ortodossa *f v.* **ortodosso**
ortodossia [ortodos'siːa] <-ie> *f* Orthodoxie *f*
ortodosso, -a [orto'dɔsso] **I.** *agg* orthodox **II.** *m, f* Angehörige(r) *f(m)* der griechisch-orthodoxen Kirche
ortoflorofrutticolo, -a *agg* AGR, COM den Blumen-, Obst- und Gemüsehandel betreffend
ortoflorofrutticoltura [ortoflorofrut'tiː-kolo] *f* AGR, COM Anbau *m* und Vertrieb *m* von Blumen, Obst und Gemüse
ortofonico, -a [orto'fɔːniko] <-ci, -che> *agg* klangtreu
ortofrenia [ortofre'niːa] <-ie> *f* Lernbehindertenpädagogik *f*
ortofrenico, -a [orto'frɛːniko] <-ci, -che> *agg* **istituto** ~ Schule *f* für Lernbehinderte
ortofrutticolo, -a [ortofrut'tiːkolo] *agg* Obst- und Gemüse-
ortofrutticoltura [ortofruttikol'tuːra] *f* Obst- und Gemüseanbau *m*
ortogonale [ortogo'naːle] *agg* rechtwink[e]lig
ortografia [ortogra'fiːa] *f* Rechtschreibung *f,* Orthografie *f*
ortografico, -a [orto'graːfiko] <-ci, -che> *agg* Rechtschreib-, orthografisch
ortolano, -a [orto'laːno] *m, f* ① *(coltivatore)* Gemüsegärtner(in) *m(f)* ② *(venditore)* Gemüsehändler(in) *m(f)*
ortomercato [ortomer'kaːto] *m* AGR, COM Obst- und Gemüsemarkt *m*
ortopedagogia [ortopedago'dʒiːa] *f* MED Sonderpädagogik *f,* Heilpädagogik *f*
ortopedagogista [ortopedago'dʒista] <-i *m,* -e *f*> *mf* MED Heilpädagoge *m/*-pädagogin *f*
ortopedia [ortope'diːa] <-ie> *f* Orthopädie *f*
ortopedico, -a [orto'pɛːdiko] <-ci, -che> **I.** *agg* orthopädisch, Orthopädie- **II.** *m, f* Orthopäde *m/*Orthopädin *f*
ortovivaismo [ortoviva'izmo] *m* AGR Baumschulzucht *f*
orvieto [or'viɛːto *o* or'vieːto] *m* Orvieto *m* *(Weißwein aus Umbrien)*
orza ['ɔrtsa] *f* ① *(cavo)* Luvbrasse *f* ② *(lato)* Luv *f o nt,* Luvseite *f*
orzaiolo [ordza'iɔːlo] *m* MED Gerstenkorn *nt*
orzare [or'tsaːre] *vi* luven
orzata [or'dzaːta] *f* GASTR ① *(bevanda)* Mandelmilch *f* ② *(sciroppo)* Mandelsirup *m*
orzo ['ɔrdzo] *m* Gerste *f;* ~ **perlato** Perlgraupen *f pl*
osanna [o'zanna] **I.** *int* hosianna **II.** *m* <-> Hosianna *nt,* Hosiannaruf *m*
osannare [ozan'naːre] **I.** *vt* bejubeln **II.** *vi* Hosianna rufen; ~ **a qu** *(fig)* jdm zujubeln
osare [o'zaːre] *vt* wagen; **non oso chiedere** ich wage nicht zu fragen
oscenità [oʃʃeni'ta] <-> *f* ① *(indecenza)* Obszönität *f,* Unanständigkeit *f* ② *(fam: opera bruttissima)* Widerlichkeit *f,* Gräuel *m*
osceno, -a [oʃ'ʃɛːno] *agg* ① *(indecente)* obszön, unanständig ② *(fam: bruttissimo)* widerlich, ekelhaft
oscillare [oʃʃil'laːre] *vi* ① *(dondolare)* schaukeln; PHYS schwingen ② *(variare, tentennare)* schwanken
oscillatore [oʃʃilla'toːre] *m* Oszillator *m*
oscillatorio, -a [oʃʃilla'tɔːrio] <-i, -ie> *agg* schwingend; PHYS Schwingungs-, oszillatorisch
oscillazione [oʃʃillat'tsioːne] *f* Schwankung *f;* PHYS Schwingung *f,* Oszillation *f; (a. fig)* FIN Schwanken *nt;* **-i di temperatura** Temperaturschwankungen *f pl*
oscillografo [oʃʃil'lɔːgrafo] *m* Oszillograf *m*
oscillogramma [oʃʃillo'gramma] <-i> *m* Oszillogramm *nt*
oscuramento [oskura'mento] *m* ① *(eliminazione della luce)* Verdunk[e]lung *f,* Verfinsterung *f* ② *(fig: ottenebramento)* Trübung *f; (della mente)* Umnachtung *f*
oscurare [osku'raːre] **I.** *vt (rendere oscuro)* verdunkeln, verfinstern **II.** *vr* **-rsi** ① *(diventare oscuro)* sich verfinstern ② *(fig: vista)* sich trüben; *(mente)* sich umnachten; *(volto)* sich verfinstern
oscurità [oskuri'ta] <-> *f* ① *(assenza di luce)* Dunkelheit *f,* Finsternis *f* ② *(fig: ottenebramento)* Trübung *f; (di mente)* Umnachtung *f* ③ *(fig: difficile intelligibilità)* Undurchschaubarkeit *f,* Dunkel *nt*
oscuro [os'kuːro] *m* Dunkel *nt,* Dunkelheit *f;* **essere all'~ di qc** von etw keine Ahnung haben
oscuro, -a *agg* ① *(buio)* finster, dunkel; **camera -a** Dunkelkammer *f;* HIST Camera obscura *f* ② *(fig)* dunkel; *(pensiero, volto)* finster; *(pej)* obskur
osmosi [oz'mɔːzi] <-> *f* Osmose *f*
ospedale [ospe'daːle] *m* Krankenhaus *nt,* Spital *nt* A; ~ **da campo** Feldlazarett *nt;* **essere un ~ ambulante** *(fam)* an allen Krankheiten der Welt leiden; **fare sei mesi d'~** sechs Monate im Krankenhaus liegen
ospedaliero, -a [ospeda'liɛːro] *agg* Kran-

O

kenhaus-, Spitals- A; **cure -e** Krankenhausbehandlung *f*
ospedalismo [ospeda'lizmo] *m* PSIC Krankenhaussyndrom *nt*
ospedalità [ospedali'ta] <-> *f* ① *(complesso delle pratiche necessarie per il ricovero in ospedale)* Einlieferung *f* ins Krankenhaus ② *(degenza ospedaliera)* Krankenhausaufenthalt *m,* Spitalsaufenthalt *m* A
ospedalizzare [ospedalid'dza:re] *vt* ins Krankenhaus einliefern
ospitale [ospi'ta:le] *agg* ① *(persona)* gastfreundlich ② *(luogo)* gastlich, einladend
ospitalità [ospitali'ta] <-> *f* Gastfreundschaft *f*
ospitare [ospi'ta:re] *vt* ① *(dare ospitalità)* zu Gast haben; *(accogliere)* beherbergen ② SPORT empfangen ③ *(fig: custodire)* beherbergen; *(articolo, quadri)* aufnehmen ④ INFORM hosten
ospite ['ɔspite] **I.** *mf* ① *(persona che ospita)* Gastgeber(in) *m(f)* ② *(persona ospitata)* Gast *m;* **l'~ è come il pesce, dopo tre giorni puzza** *(prov)* Besuch ist wie Fisch, nach drei Tagen stinkt er **II.** *agg* Gast-
ospizio [os'pittsio] <-i> *m* Heim *nt;* **~ per orfani** Waisenhaus *nt;* **~ per vecchi** Altersheim *nt,* Altenheim *nt*
ossario [os'sa:rio] <-i> *m* Beinhaus *nt,* Ossarium *nt*
ossatura [ossa'tu:ra] *f* ① ANAT *(insieme delle ossa)* Skelett *nt,* Knochengerüst *nt; (struttura)* Knochenbau *m* ② *(fig: struttura portante)* Gerippe *nt,* Skelett *nt; (orditura)* Gerüst *nt*
osseo, -a ['ɔsseo] <-ei, -ee> *agg* Knochen-, knöchern
ossequente [osse'kuɛnte] *agg (poet)* gehorsam, respektvoll (**a** gegenüber), ehrerbietig (**a** gegenüber)
ossequiare [osse'kuia:re] *vt (poet)* **~ qu** jdn hoch achten, jdm Hochachtung entgegenbringen
ossequio [os'sɛkuio] <-qui> *m (poet)* Hochachtung *f;* **gradisca i miei -qui** *(nelle lettere)* hochachtungsvoll
ossequiosità [ossekuiosi'ta] <-> *f (poet)* Ehrerbietigkeit *f geh,* Ehrerbietung *f geh; (pej)* Unterwürfigkeit *f*
ossequioso, -a [osse'kuio:so] *agg (poet)* ehrerbietig *geh; (pej)* unterwürfig
osservante [osser'vante] **I.** *agg* ① *(rispettoso)* **essere ~ di qc** etw befolgen ② REL strenggläubig **II.** *mf* REL Strenggläubige(r) *f(m)*
osservanza [osser'vantsa] *f* Befolgung *f,* Beachtung *f;* REL Observanz *f*
osservare [osser'va:re] *vt* ① *(guardare attentamente)* beobachten, betrachten ② *(mantenere)* beachten, befolgen ③ *(rilevare)* bemerken, beobachten
osservatore, -trice [osserva'to:re] **I.** *agg* beobachtend, Beobachtungs- **II.** *m, f* Beobachter(in) *m(f)*
osservatorio [osserva'tɔ:rio] <-i> *m* Observatorium *nt;* **~ astronomico** Sternwarte *f;* **~ meteorologico** Wetterwarte *f*
osservatrice *f v.* **osservatore**
osservazione [osservat'tsio:ne] *f* ① *(atto, studio)* Beobachtung *f;* **spirito di ~** Beobachtungsgabe *f;* **essere tenuto in ~** unter Beobachtung sein ② *(considerazione critica)* Betrachtung *f,* Untersuchung *f* ③ *(rimprovero)* Vorhaltung *f,* Tadel *m* ④ *(obiezione)* Einwand *m*
ossessa *f v.* **ossesso**
ossessionante [ossessio'nante] *agg* bedrängend, quälend; **idea ~** fixe Idee, Zwangsvorstellung *f*
ossessionare [ossessio'na:re] *vt* ① *(tormentare la coscienza)* bedrängen, quälen ② *(fig: infastidire)* verfolgen, bedrängen
ossessione [osses'sio:ne] *f* ① *(invasamento demoniaco)* Besessenheit *f* ② PSIC Zwangsvorstellung *f,* Obsession *f* ③ *(preoccupazione angosciosa)* Angstvorstellung *f,* Wahn *m*
ossessivo, -a [osses'si:vo] *agg* quälend; PSIC Zwangs-, obsessiv
ossesso, -a [os'sɛsso] **I.** *agg* besessen **II.** *m, f* Besessene(r) *f(m)*
ossia [os'si:a] *cong* oder [besser gesagt], oder [auch]
ossiacido [ossi'a:tʃido] *m* Sauerstoffsäure *f*
ossibuchi *pl di* **ossobuco**
ossidabile [ossi'da:bile] *agg* oxydierbar
ossidante [ossi'dante] **I.** *agg* oxydationsfähig **II.** *m* Oxydationsmittel *nt*
ossidare [ossi'da:re] *vt, vr* **-rsi** oxydieren
ossidazione [ossidat'tsio:ne] *f* Oxydation *f*
ossido ['ɔssido] *m* Oxyd *nt,* Oxid *nt;* **~ di azoto** Stickoxid *nt*
ossidrico, -a [os'si:driko] <-ci, -che> *agg* **cannello ~** Schweißbrenner *m*
ossificazione [ossifikat'tsio:ne] *f* Verknöcherung *f,* Ossifikation *f*
ossigenare [ossidʒe'na:re] *vt* CHEM mit Sauerstoff anreichern; **-rsi i capelli** sich *dat* die Haare blondieren
ossigenato, -a [ossidʒe'na:to] *agg* ① CHEM sauerstoffhaltig, mit Sauerstoff angereichert; **acqua -a** Wasserstoffsuperoxyd *nt* ② *(capelli)* gebleicht, blondiert; **bionda -a** Wasserstoffblondine *f fam*
ossigenatura [ossidʒena'tu:ra] *f* Blondierung *f*

ossigenazione [ossidʒenat'tsioːne] *f* Sauerstoffzufuhr *f*
ossigeno [os'siːdʒeno] *m* ① CHEM Sauerstoff *m* ② *(fig: sovvenzione)* Geldspritze *f fam* ③ *(fig: linfa rinnovatrice)* Frischzellen *f pl,* frisches Blut
ossimoro [ossi'moːro] *m* LIT Oxymoron *nt*
osso[1] ['ɔsso] <*pl:* -a *f*> *m* ANAT Knochen *m;* **avere le -a rotte** zerschlagen sein; **ridursi pelle e -a** vom Fleisch fallen; **farsi le -a** sich die Hörner abstoßen *fam;* **un ~ duro** *(fig: difficoltà)* eine harte Nuss *fam; (persona)* ein zäher Knochen *fam*
osso[2] *m* ① *(osso animale lavorato)* Bein *nt* ② *(nocciolo)* Kern *m,* Stein *m;* **sputa l'~!** *(fam scherz)* spuck es aus!
ossobuco [osso'buːko] <ossibuchi> *m mit Weißwein, Tomaten und anderen Zutaten geschmorte Kalbshaxe*
ossuto, -a [os'suːto] *agg* knochig, knöch[e]rig
ostacolare [ostako'laːre] *vt* behindern, aufhalten; *(progetti)* hintertreiben
ostacolista [ostako'lista] <-i *m,* -e *f*> *mf (atleta)* Hindernisläufer(in) *m(f),* Hürdenläufer(in) *m(f)*
ostacolo [os'taːkolo] *m* Hindernis *nt;* **corsa a -i** Hindernisrennen *nt;* **essere d'~ alla vista** eine Sichtbehinderung darstellen; **saltare un ~** *(a. fig)* ein Hindernis überwinden
ostaggio [os'taddʒo] <-ggi> *m* Geisel *f;* **tenere qu in ~** jdn als Geisel festhalten
ostalgia [ostal'dʒiːa] <-gie> *f* Ostalgie *f*
ostare [os'taːre] *vi* ADM entgegenstehen, im Wege stehen; **nulla osta all'accoglimento della domanda** der Genehmigung *dat* des Antrags steht nichts entgegen
ostativo, -a [osta'tiːvo] *agg* JUR **motivo ~** Hinderungsgrund *m*
oste, -essa ['ɔste, os'tessa] *m, f* [Gast]wirt(in) *m(f);* **fare i conti senza l'~** *(fig)* die Rechnung ohne den Wirt machen
osteggiare [osted'dʒaːre] *vt* bekämpfen
ostello [os'tɛllo] *m* Herberge *f;* **~ della gioventù** Jugendherberge *f*
ostensorio [osten'sɔːrio] <-i> *m* Monstranz *f*
ostentare [osten'taːre] *vt* zur Schau stellen, hervorkehren
ostentato, -a [osten'taːto] *agg* ostentativ, zur Schau gestellt
ostentazione [ostentat'tsioːne] *f* Zurschaustellung *f*
osteopatia [osteopa'tiːa] *f* Osteopathie *f*
osteria [oste'riːa] <-ie> *f* Schenke *f,* [kleine] Gaststätte *f*
ostessa *f v.* **oste**
ostetrica [os'tɛːtrika] <-che> *f* ① *(infermiera)* Hebamme *f* ② *(donna medico)* Geburtshelferin *f*
ostetricia [oste'triːtʃa] <-cie> *f* Geburtshilfe *f*
ostetrico, -a [os'tɛːtriko] <-ci, -che> **I.** *agg* Entbindungs-, Geburts- **II.** *m, f (medico)* Geburtshelfer(in) *m(f)*
ostia ['ɔstia] <-ie> *f* ① REL Hostie *f* ② *(cialda)* Oblate *f*
ostico, -a ['ɔstiko] <-ci, -che> *agg* hart, mühsam
ostile [os'tiːle] *agg* feindlich, feindselig; **acquisizione ~** COM feindliche Übernahme
ostilità [ostili'ta] <-> *f* Feindschaft *f,* Feindseligkeit *f*
ostinarsi [osti'narsi] *vr* **~ su qc** sich auf etw *akk* versteifen
ostinato, -a [osti'naːto] **I.** *agg* hartnäckig, beharrlich **II.** *m, f* Dickkopf *m,* Starrkopf *m*
ostinazione [ostinat'tsioːne] *f (caparbietà)* Dickköpfigkeit *f,* Starrköpfigkeit *f,* Halsstarrigkeit *f; (persistenza)* Hartnäckigkeit *f,* Beharrlichkeit *f*
ostracismo [ostra'tʃizmo] *m* Ostrazismus *m; (fig)* Verbannung *f*
ostrica ['ɔstrika] <-che> *f* Auster *f*
ostricoltore, -trice [ostrikol'toːre] *m, f* Austernzüchter(in) *m(f)*
ostricoltura [ostrikol'tuːra] *f* Austernzucht *f*
ostruire [ostru'iːre] <ostruisco> *vt (condotto)* verschließen, verstopfen; *(passaggio)* versperren
ostruzione [ostrut'tsioːne] *f (di condotto)* Verschluss *m; (di passaggio,* MIL Sperre *f,* Sperrung *f*
ostruzionismo [ostruttsio'nizmo] *m* Obstruktion *f;* SPORT Sperre *f*
ostruzionista [ostruttsio'nista] <-i *m,* -e *f*> *mf* Obstruktionist(in) *m(f)*
ostruzionistico, -a [ostruttsio'nistiko] <-ci, -che> *agg* Obstruktions-
otite [o'tiːte] *f* Ohrenentzündung *f,* Otitis *f*
otoiatra [oto'iaːtra] <-i *m,* -e *f*> *mf* Ohrenarzt *m/*-ärztin *f*
otoiatria [otoia'triːa] <-ie> *f* Ohrenheilkunde *f*
otorinolaringoiatra [otorinolariŋgo'iaːtra] <-i *m,* -e *f*> *mf* Hals-Nasen-Ohren-Arzt *m/*-Ärztin *f*
otre ['oːtre] *m* Schlauch *m;* **essere pieno come un ~** zum Platzen voll sein; *(ubriaco)* zu bis oben hin sein *fam*
ottaedro [otta'ɛːdro] *m* Achtflächner *m,* Oktaeder *m*
ottagonale [ottago'naːle] *agg* achteckig, oktogonal

ottagono [ot'ta:gono] *m* Achteck *nt,* Oktogon *nt*
ottano [ot'ta:no] *m* Oktan *nt;* **numero di -i** Oktanzahl *f*
ottanta [ot'tanta] **I.** *num* achtzig **II.** *m* <-> Achtzig *f; v. a.* **cinquanta**
ottantenne [ottan'tɛnne] **I.** *agg* achtzigjährig **II.** *mf* Achtzigjährige(r) *f(m)*
ottantennio [ottan'tɛnnio] <-i> *m* Zeitraum *m* von achtzig Jahren
ottantesimo [ottan'tɛ:zimo] *m (frazione)* Achtzigstel *nt*
ottantesimo, -a I. *agg* achtzigste(r, s) **II.** *m, f* Achtzigste(r, s) *f(m, nt); v. a.* **quinto**
ottantina [ottan'ti:na] *f* **una ~ [di ...]** [etwa] achtzig [...]; **essere sull'~** an [*o* um] die achtzig sein
ottativo [otta'ti:vo] *m* LING Optativ *m*
ottativo, -a *agg* LING optativ
ottava [ot'ta:va] *f* ① REL Oktav *f* ② LIT, MUS Oktave *f*
ottavino [otta'vi:no] *m* Pikkoloflöte *f*
ottavo [ot'ta:vo] *m* ① *(frazione)* Achtel *nt* ② *(formato)* Oktav *nt* ③ SPORT **-i di finale** Achtelfinale *nt*
ottavo, -a I. *agg* achte(r, s) **II.** *m, f* Achte(r, s) *f(m, nt); v. a.* **quinto**
ottemperanza [ottempe'rantsa] *f* ADM Beachtung *f,* Befolgung *f;* **in ~ alle norme di legge** unter Beachtung der gesetzlichen Bestimmungen
ottemperare [ottempe'ra:re] *vi (poet)* Folge leisten, folgen
ottenebrare [ottene'bra:re] *vt (poet)* ① *(offuscare)* verfinstern, verdunkeln ② *(fig)* trüben
ottenere [otte'ne:re] <irr> *vt* ① *(conseguire)* erlangen, erzielen; *(vittoria)* erringen ② *(ricevere)* erhalten ③ *(ricavare)* gewinnen, erhalten
ottenibile [otte'ni:bile] *agg* erhältlich
ottenimento [otteni'mento] *m* Erlangung *f,* Erringung *f*
ottenni *1. pers sing pass rem di* **ottenere**
ottentotto, -a [otten'tɔtto] *m, f (fig, pej)* Hottentotte *m*/Hottentottin *f*
ottenuto *pp di* **ottenere**
ottetto [ot'tetto] *m* Oktett *nt*
ottica ['ɔttika] <-che> *f* Optik *f*
ottico ['ɔttiko] <-ci> *m* Optiker *m*
ottico, -a <-ci, -che> *agg* optisch; *(nervo)* Seh-; **lettore ~** INFORM Lesestift *m*
ottimale [otti'ma:le] *agg* optimal
ottimalizzare [ottimalid'dza:re] *vt* optimieren
ottimalizzazione [ottimaliddzat'tsio:ne] *f* Optimierung *f*
ottimamente [ottima'mente] *avv superlativo di* **bene**[1] hervorragend, ausgezeichnet
ottimare [otti'ma:re] *v.* **ottimizzare**
ottimismo [otti'mizmo] *m* Optimismus *m*
ottimista [otti'mista] <-i *m,* -e *f*> **I.** *agg* optimistisch **II.** *mf* Optimist(in) *m(f)*
ottimistico, -a [otti'mistiko] <-ci, -che> *agg* optimistisch
ottimizzare [ottimid'dza:re] *vt* optimieren, optimalisieren
ottimo ['ɔttimo] *m* höchster Wert, höchstes Maß; *(stato ideale)* Optimum *nt*
ottimo, -a *agg superlativo di* **buono, -a** ① *(il più buono)* beste(r, s) ② *(molto buono)* sehr gut, ausgezeichnet
otto ['ɔtto] **I.** *num* acht; **dare gli ~ giorni** [mit acht Tagen Frist] kündigen; **oggi a ~** heute in acht Tagen **II.** *m* <-> ① *(numero)* Acht *f* ② *(nelle date)* Achte(r) *m* ③ *(voto scolastico)* ≈ gut, zwei ④ SPORT *(nel pattinaggio)* Acht *f,* Achter *m; (nel canottaggio)* Achter *m* ⑤ *(percorso a forma di otto)* **~ volante** Achterbahn *f* **III.** *f pl* acht Uhr; *v. a.* **cinque**
ottobre [ot'to:bre] *m* Oktober *m; v. a.* **aprile**
ottocentesco, -a [ottotʃen'tesko] <-schi, -sche> *agg* das neunzehnte Jahrhundert betreffend
ottocentista [ottotʃen'tista] <-i *m,* -e *f*> *mf* ① *(artista)* Künstler(in) *m(f)* des Ottocento ② SPORT Achthundertmeterläufer(in) *m(f)*
ottocento [otto'tʃɛnto] **I.** *num* achthundert **II.** *m* <-> ① *(numero)* Achthundert *f;* **l'Ottocento** das neunzehnte Jahrhundert; *(nell' arte italiana)* das Ottocento ② *pl* SPORT Achthundertmeterlauf *m*
ottocifre [otto'tʃi:fre] <-> *m* TEC Uhrmacheröse *f*
ottomana [otto'ma:na] *f* Ottomane *f*
ottomano, -a [otto'ma:no] **I.** *agg* ① *(poet)* osmanisch ② *(turco)* türkisch **II.** *m, f* ① *(poet)* Osmane *m*/Osmanin *f* ② *(turco)* Türke *m*/Türkin *f*
ottomila [otto'mi:la] **I.** *num* achttausend **II.** *m* <-> Achttausend *f*
ottone [ot'to:ne] *m* ① *(lega)* Messing *nt* ② *pl* MUS Blechblasinstrumente *nt pl*
ottotipo [ot'tɔ:tipo] *m* Sehprobentafel *f*
ottuagenario, -a [ottuadʒe'na:rio] <-i, -ie> **I.** *agg* achtzigjährig **II.** *m, f* Achtzigjährige(r) *f(m)*
ottundere [ot'tundere] <ottundo, ottusi, ottuso> *vt (a. fig)* abstumpfen
ottundimento [ottundi'mento] *m (a. fig)* Abstumpfung *f*
ottuplo ['ɔttuplo] *m* Achtfache(s) *nt*
otturare [ottu'ra:re] **I.** *vt* ① MED *(dente)*

füllen, plombieren ② TEC *(falla)* [ver-, zu]stopfen; *(tubo)* abdichten **II.** *vr* **-rsi** verstopfen
otturatore [ottura'to:re] *m* ① MIL [Gewehr]schloss *nt,* Verschluss *m* ② FOTO Verschluss *m*
otturazione [otturat'tsio:ne] *f* ① *(atto, effetto)* Abdichtung *f; (di un dente)* Plombieren *nt* ② *(amalgama)* Füllung *f,* Plombe *f*
ottusi [ot'tu:zi] *1. pers sing pass rem di* **ottundere**
ottusità [ottuzi'ta] <-> *f* Stumpfsinnigkeit *f*
ottuso, -a [ot'tu:zo] **I.** *pp di* **ottundere** **II.** *agg* MAT stumpf; *(suono)* dumpf; *(fig)* stumpfsinnig
Ötztal ['œtsta:l] *f* Ötztal *nt*
outdoor ['autdɔ:] *agg inv* SPORT Freiluft-; **torneo ~** Freiluftturnier *nt*
outing ['auting] <-> *m* Outing *nt*
outline ['autlain] <- *o* outlines> *m* Kurzzusammenfassung *f*
output ['autput] <-> *m* INFORM Output *m o nt,* Ausgabe *f*
outsider [aut'saidə *o* aut'saider] <- *o* outsiders> *mf* Außenseiter(in) *m(f),* Outsider *m*
outstanding [aut'stændiŋ] *agg inv* beachtlich, außergewöhnlich gut
ouverture [uvɛr'ty:r] <-> *f* Ouvertüre *f*
ovaia [o'va:ia] <-aie> *f,* **ovaio** [o'va:io] <*pl:* -aia *f*> *m* Eierstock *m*
ovaiolo, -a [ova'iɔ:lo] *agg* **gallina -a** Legehenne *f*
ovale [o'va:le] **I.** *agg* oval; **palla ~** Rugby *nt* **II.** *m* Oval *nt*
ovalizzare [ovalid'dza:re] *vt* TEC oval machen
ovarico, -a [o'va:riko] <-ci, -che> *agg* ① ANAT Eierstock- ② BOT Fruchtknoten-
ovario [o'va:rio] <-i> *m* Fruchtknoten *m*
ovatta [o'vatta] *f* Watte *f*
ovattare [ovat'ta:re] *vt* ① *(imbottire di ovatta)* wattieren ② *(fig: rumore)* dämpfen
ovazione [ovat'tsio:ne] *f* Ovation *f*
ove ['o:ve] **I.** *avv (poet: stato)* wo; *(moto)* wohin **II.** *cong +conj (poet)* sofern, falls
overcoat ['ouvəkout] <- *o* overcoats> *m* langer Mantel
overdose ['ouvədous *o* over'dɔz(e)] <overdosi> *f (dose eccessiva)* Überdosis *f*
overdrive ['ouvə'draiv *o* over'draiv] <-> *m* Overdrive *m*
overnight ['ouvənait] *agg inv* FIN kurzfristig
oversize ['ouvə'saiz] *agg inv* extraweit
overtime ['ouvə'taim] <-> *m* SPORT Verlängerung *f*
ovest ['ɔ:vest] *m* Westen *m*
ovile [o'vi:le] *m* Schafstall *m;* **tornare all'~** *(fig)* in den Schoß der Familie zurückkehren
ovino [o'vi:no] *m* Schaf *nt*
ovino, -a *agg* Schaf-
oviparo, -a [o'vi:paro] *agg* Eier legend
ovoide [o'vɔ:ide] *agg* eiförmig
ovolo ['ɔ:volo] *m* Kaiserling *m*
ovovia [ovo'vi:a] *f* Kabinenbahn *f*
ovulare [ovu'la:re] *agg* oval, eiförmig
ovulazione [ovulat'tsio:ne] *f* Eisprung *m*
ovulo ['ɔ:vulo] *m* ① BOT Samenanlage *f,* Ovulum *nt scient* ② BIOL Eizelle *f*
ovunque [o'vuŋkue] *avv* ① *(dovunque stato)* wo [auch] immer; *(moto)* wohin [auch] immer ② *(dappertutto)* überall
ovvero [ov've:ro] *cong* oder [auch]
ovviare [ovvi'a:re] *vi* begegnen, entgegenwirken
ovvietà [ovvie'ta] <-> *f* Offensichtlichkeit *f*
ovvio, -a ['ɔvvio] <-i, -ie> *agg* ① *(naturale)* selbstverständlich ② *(evidente)* offensichtlich
ozelot [oddze'lɔt] *m* Ozelot *m*
oziare [ot'tsia:re] *vi* faulenzen
ozio ['ɔttsio] <-i> *m* ① *(abituale inoperosità)* Müßiggang *m;* **stare in ~** müßig sein; **l'~ è il padre dei vizi** *(prov)* Müßiggang ist aller Laster Anfang ② *(inattività temporanea)* Untätigkeit *f* ③ *(tempo libero)* Muße *f,* Mußestunde *f* ④ *pl (vita lussuosa)* luxuriöses Leben, Leben *nt* im Überfluss
oziosa *f v.* **ozioso**
oziosità [ottsiosi'ta] <-> *f* Müßigkeit *f*
ozioso, -a [ot'tsio:so] **I.** *agg* ① *(fannullone)* faul ② *(inoperoso)* untätig ③ *(futile)* überflüssig, müßig **II.** *m, f* Müßiggänger(in) *m(f)*
ozonizzare [oddzonid'dza:re] *vt* ozonisieren
ozono [od'dzɔ:no] *m* CHEM Ozon *nt;* **buco nell'~** Ozonloch *nt*
ozonosfera [oddzonos'fɛ:ra] *f* Ozonschicht *f,* -sphäre *f*

Pp

p. *abbr di* **pagina** S.
P, p [pi] <-> *f* P *nt,* p *nt;* **p come Palermo** P wie Paula
p/c *abbr di* **per conto** für
PA *abbr di* **Pubblica Amministrazione** öffentliche Verwaltung
pacatezza [paka'tettsa] *f* [Gemüts]ruhe *f,* Gelassenheit *f*
pacato, -a [pa'ka:to] *agg* ruhig, gelassen
pacca ['pakka] <-cche> *f (fam)* Klaps *m*
pacchetto [pak'ketto] *m* ① *(piccolo pacco)* Päckchen *nt,* kleines Paket; **un ~ di sigarette** eine Schachtel Zigaretten ② POL, FIN Paket *nt;* **~ azionario** Aktienpaket; **un ~ di proposte** ein Paket von Vorschlägen; **~ salva-euro** Eurorettungsschirm *m* ③ INFORM Office-Paket *nt*
pacchia ['pakkia] <-cchie> *f (fam: divertimento)* Vergnügen *nt,* Spaß *m*
pacchianeria [pakkiane'ri:a] <-ie> *f* Geschmacklosigkeit *f,* Plumpheit *f*
pacchiano, -a [pak'kia:no] *agg* geschmacklos, plump
pacco ['pakko] <-cchi> *m* ① *(involto)* Paket *nt;* **~ bomba** Paketbombe *f* ② *(fam: fregatura)* Betrug *m,* Mogelpackung *f;* **mi ha fatto il ~** er hat mich versetzt
paccottiglia [pakkot'tiʎʎa] <-glie> *f* Ramsch *m,* Ausschussware *f*
pace ['pa:tʃe] *f* ① *(assenza di guerra)* Frieden *m* ② *(accordo)* Friede *m,* Eintracht *f;* **fare ~ con qu** sich mit jdm versöhnen ③ *(serenità,* REL Seelenfriede *m,* innere Ruhe; *(tranquillità fisica)* Ruhe *f;* **godersi la propria ~** seine Ruhe genießen; **mettere** [*o* **mettersi**] **il cuore in ~** es gut sein lassen; **non trovar ~** keine Ruhe finden; **lasciare in ~** in Ruhe lassen; **starsene in** [**santa**] **~** in Ruhe sein
pacemaker ['peismeikə] <-> *m* MED Herzschrittmacher *m*
pachiderma [paki'dɛrma] <-i> *m* ① ZOO Dickhäuter *m* ② *(fig)* schwerfälliger Mensch
Pachistan [pakis'tan] *m* **il ~** Pakistan *nt*
pachistano, -a [pakis'ta:no] **I.** *agg* pakistanisch **II.** *m, f* Pakistaner(in) *m(f),* Pakistani *m*
paciere, -a [pa'tʃɛ:re] *m, f* Friedensstifter(in) *m(f)*
pacifica *f v.* **pacifico**
pacificare [patʃifi'ka:re] **I.** *vt* ① *(nemici)* versöhnen ② *(animi)* beruhigen, besänftigen **II.** *vr* **-rsi** sich versöhnen
pacificatore, -trice [patʃifika'to:re] **I.** *m, f* Frieden[s]stifter(in) *m(f)* **II.** *agg* Versöhnungs-, versöhnlich
pacificatorio, -a [patʃifika'tɔ:rio] <-i, -ie> *agg* Friedens-; **intervento ~** Friedensmission *f;* **intento ~** Friedensabsicht *f*
pacificazione [patʃifikat'tsio:ne] *f* Versöhnung *f,* Befriedung *f*
pacifico, -a [pa'tʃi:fiko] <-ci, -che> *agg* ① *(uomo, indole)* friedliebend, friedlich ② *(vita)* friedlich, ruhig ③ *(fig: chiaro)* klar, selbstverständlich ④ GEOG **il** [*o* **l'Oceano**] **Pacifico** der Pazifische Ozean, der Pazifik
pacifismo [patʃi'fizmo] *m* Friedensbewegung *f*
pacifista [patʃi'fista] <-i *m,* -e *f*> **I.** *mf* Pazifist(in) *m(f)* **II.** *agg* pazifistisch
pacioccone, -a [patʃok'ko:ne] *m, f (fam)* gutmütiger, friedliebender Mensch
pacioso, -a [pa'tʃo:so] *agg* friedlich, umgänglich
pack [pæk] <-> *m* Packeis *nt*
package ['pækidʒ] <- *o* packages> *m* ① INFORM Softwarepaket *nt* ② POL Paket *nt*
packaging ['pækidʒiŋ] <-> *m* COM Produktverpackung *f*
padano, -a [pa'da:no] *agg* Po-; **pianura -a** Poebene *f*
padella [pa'dɛlla] *f* ① *(utensile)* [Brat]pfanne *f,* Stielpfanne *f;* **~ antiaderente** beschichtete Pfanne; **cadere dalla ~ nella brace** *(fig)* vom Regen in die Traufe kommen ② *(per malati)* Bettpfanne *f*
padiglione [padiʎ'ʎo:ne] *m* ① ARCH Pavillon *m; (di fiera)* Halle *f* ② *(auricolare)* Hörmuschel *f*
Padova ['pa:dova] *f* Padua *nt (Stadt in Venetien)*
padovano, -a [pado'va:no] **I.** *m, f (abitante)* Paduaner(in) *m(f)* **II.** *agg* Paduas, aus [von] Padua
Padovano *m sing* Umgebung *f* von Padua
padre ['pa:dre] *m* ① *(gener, a. fig)* Vater *m; (poet: progenitore)* [Stamm]vater *m;* **~ adottivo** Adoptivvater *m;* **~ putativo** Pflegevater *m;* **di ~ in figlio** von Generation zu Generation; **per via di ~** väterlicherseits; **tale il ~ tale il figlio** *(prov)* der Apfel fällt nicht weit vom Stamm ② REL *(Dio)* [Gott]vater *m; (papa)* Papst *m; (titolo)* Pater *m;* **Dio, Padre Onnipotente** Gott, der allmächtige Vater ③ *pl (antenati)* Vorfahren *mpl,* Ahnen *mpl*
padreggiare [padred'dʒa:re] *vi* seinem Vater nachschlagen [*o* ähnlich sein]

padrenostro [padre'nɔstro] <-> *m* Vaterunser *nt,* Paternoster *nt*
Padrenostro [padre'nɔstro] <-> *m* Vaterunser *nt*
padreterno [padre'tɛrno] *m (fam)* ① REL Gottvater *m* ② *(fig)* hohes Tier *nt fam*
padrinesco, -a [padri'nesko] <-chi, -che> *agg* nach Mafiaart, tyrannisch
padrino [pa'dri:no] *m* ① REL *(di battesimo)* [Tauf]pate *m; (di cresima)* [Firm]pate *m* ② *(nei duelli)* Sekundant *m*
padrona *f v.* **padrone**
padronale [padro'na:le] *agg* ① *(del padrone)* herrschaftlich, Herren- ② *(di proprietà)* eigen ③ *(imprenditoriale)* Unternehmer-, Arbeitgeber-
padronanza [padro'nantsa] *f* ① *(fig: conoscenza sicura)* Beherrschung *f* ② *(controllo)* Beherrschung *f,* Kontrolle *f*
padronato [padro'na:to] *m* Arbeitgeberschaft *f,* Unternehmertum *nt*
padroncino, -a [padron'tʃi:no] *m, f* junger Herr, junge Herrin
padrone, -a [pa'dro:ne] *m, f* ① *(proprietario)* Eigentümer(in) *m(f),* Besitzer(in) *m(f);* **~ di casa** Hausherr(in) *m(f); (per gli inquilini)* Hausbesitzer(in) *m(f)* ② *(datore di lavoro)* Arbeitgeber(in) *m(f)* ③ *(dominatore)* Herrscher(in) *m(f),* Gebieter(in) *m(f);* **essere ~ di ...** *+inf* sich frei entscheiden können zu ... *+inf,* die Wahl haben zu ... *+inf* ④ *(conoscitore)* Kenner(in) *m(f)*
padroneggiare [padroned'dʒa:re] **I.** *vt* beherrschen **II.** *vr* **-rsi** sich beherrschen
paesaggio [pae'zaddʒo] <-ggi> *m* ① GEOG Landschaft *f;* **~ alpino** Alpenlandschaft *f;* **~ montano** Gebirgslandschaft *f* ② *(panorama)* Panorama *nt,* Aussicht *f* ③ *(pittura)* Landschaftsbild *nt;* FOTO Landschaftsaufnahme *f*
paesaggista [paezad'dʒista] <-i *m,* -e *f*> *mf* Landschaftsmaler(in) *m(f)*
paesaggistica [paezad'dʒistika] *f* KUNST Landschaftsmalerei *f*
paesaggistico, -a [paezad'dʒistiko] <-ci, -che> *agg* landschaftlich, Landschafts-
paesano, -a [pae'za:no] **I.** *agg* dörflich, Dorf-; *(rustico)* ländlich; **alla -a** nach Bauernart **II.** *m, f (abitante)* Dorfbewohner(in) *m(f)*
paese [pa'e:ze] *m* ① *(nazione, stato)* Land *nt,* Staat *m;* **~ emergente** Schwellenland *nt;* **~ esportatore di petrolio** Erdölexportland *nt;* **~ industrializzato** Industrieland *nt;* **~ in via di sviluppo** Entwicklungsland *nt;* **il bel ~** *(fig: l'Italia)* Italien *nt;* **i Paesi Bassi** die Niederlande *pl;* **mandare qu a quel ~** *(fam fig)* jdn dahin schicken, wo der Pfeffer wächst; **~ che vai, usanze che trovi** *(prov)* andere Länder, andere Sitten ② *(patria)* Vaterland *nt,* Heimat *f* ③ *(villaggio)* Dorf *nt* ④ *(regione)* Gegend *f,* Landschaft *f*
paffuto, -a [paf'fu:to] *agg* pausbackig, pausbäckig
pag. *abbr di* **pagina** S.
paga ['pa:ga] <-ghe> *f (retribuzione)* Lohn *m; (a. iron)* Dank *m;* **giorno di ~** Zahltag *m;* **busta ~** Lohntüte *f*
pagabile [pa'ga:bile] *agg* [be]zahlbar; **~ a rate** zahlbar in Raten [*o* nach]; **~ a vista** zahlbar bei [*o* nach] Sicht; **~ alla consegna** zahlbar bei Erhalt; **~ alla presentazione** zahlbar bei Vorlage; **~ alla scadenza** zahlbar bei Fälligkeit; **~ in anticipo** im Voraus zahlbar; **~ in contanti** bar zahlbar
pagaia [pa'ga:ia] <-aie> *f* Paddel *nt*
pagamento [paga'mento] *m* [Be]zahlung *f;* **~ anticipato** Vorauszahlung *f;* **~ alla consegna** Zahlung *f* bei [Ab]lieferung; **~ a mezzo assegno** Zahlung *f* per Scheck; **~ a pronta cassa** Barzahlung *f;* **~ a rate** Ratenzahlung *f;* **~ contro assegno** Zahlung *f* gegen Nachnahme; **~ supplementare** Zuzahlung *f;* **mancato ~** Nichtzahlung *f*
pagana *f v.* **pagano**
paganesimo [paga'ne:zimo] *m* Heidentum *nt*
pagano, -a [pa'ga:no] **I.** *agg* heidnisch **II.** *m, f* Heide *m*/Heidin *f*
pagante [pa'gante] **I.** *agg* zahlend **II.** *mf* Zahlende(r) *f(m);* **reparto -i** Station *f* für Privatpatienten
pagare [pa'ga:re] *vt* ① *(gener)* [be]zahlen; *(stipendio)* auszahlen; *(versare)* [ein]zahlen; *(imposte, tasse)* [be]zahlen, entrichten; **~ caro qc** *(a. fig)* etw teuer bezahlen; **a ~ e morire c'è sempre tempo** *(prov)* mit dem Bezahlen und dem Sterben hat es keine Eile ② *(offrire)* spendieren, ausgeben *fam;* **~ da bere a qu** jdm einen ausgeben ③ *(ricompensare)* belohnen, bezahlen; **~ qu di** [*o* **con**] **qc** jdn mit etw belohnen ④ JUR abbüßen, verbüßen; **farla ~ cara a qu** *(fam)* jdn für etw büßen lassen, sich an jdm rächen
pagatore, -trice [paga'to:re] **I.** *m, f* Zahler(in) *m(f),* Zahlende(r) *f(m)* **II.** *agg* Zahl-, zahlend; **ufficiale ~** Zahlmeister *m*
pagella [pa'dʒɛlla] *f* [Schul]zeugnis *nt*
pagellino [padʒel'li:no] *m* ① *(nella scuola)* Zwischenzeugnis *nt,* Halbjahreszeugnis ② *(di una partita)* Bewertung *f,* Benotung *f*
paggio ['paddʒo] <-ggi> *m* Page *m*
pagherò [page'rɔ] <-> *m* Eigenwechsel *m,* Solawechsel *m*
paghetta [pa'getta] *f* ① *dim di* **paga** *(re-*

tribuzione scarsa) Hungerlohn *m* ② *(fam: mancetta)* Taschengeld *nt;* **ricevere la ~ settimanale** ein wöchentliches Taschengeld bekommen

pagina ['pa:dʒina] *f* Seite *f;* **prima ~** *(fig)* Titelseite *f;* **quarta ~** *(fig)* Anzeigenteil *m;* **terza ~** *(fig)* Feuilletonteil *m;* **Pagine gialle** Gelbe Seiten *f pl;* **voltar ~** umblättern; *(fig)* ein neues Kapitel anfangen; *(parlare d'altre cose)* das Thema wechseln; **mettere in ~** TYP umbrechen; **~ web** INFORM Webseite *f*

paginatura [padʒina'tu:ra] *f* Paginierung *f; (impaginazione)* Umbruch *m*

paglia ['paʎʎa] <-glie> *f* ① *(materiale)* Stroh *nt;* **fuoco di ~** *(fig)* Strohfeuer *nt* ② *(oggetto)* Strohware *f; (cappello)* Strohhut *m*

pagliaccetto [paʎʎat'tʃetto] *m* ① *(per bambini)* Strampelhose *f* ② *(per donna)* Body[stocking] *m*

pagliacciata [paʎʎat'tʃa:ta] *f (fam)* Narrenposse *f,* Hanswurstiade *f*

pagliaccio [paʎ'ʎattʃo] <-cci> *m* ① *(di circo)* Clown *m,* Bajazzo *m* ② *(fig: buffone)* Hanswurst *m,* Narr *m*

pagliaio [paʎ'ʎa:io] <-ai> *m* Strohhaufen *m;* **cercare un ago in un ~** *(fig)* eine Stecknadel im Heuhaufen suchen

pagliericcio [paʎʎe'rittʃo] <-cci> *m* Strohsack *m*

paglierino, -a [paʎʎe'ri:no] *agg* strohgelb

paglietta [paʎ'ʎetta] *f* ① *(cappello)* Strohhut *m* ② *(d'acciaio)* Stahlwolle *f*

pagliuzza [paʎ'ʎuttsa] *f* ① *(fuscellino di paglia)* Strohhalm *m* ② *(d'oro, d'argento)* Flitter *m,* Paillette *f*

pagnotta [paɲ'ɲɔtta] *f* Rundbrot *nt,* Brotlaib *m*

pago, -a ['pa:go] <-ghi, -ghe> *agg* zufrieden, befriedigt

pagoda [pa'gɔ:da] *f* Pagode *f*

paguro [pa'gu:ro] *m* [Einsiedler]krebs *m*

paia *pl di* **paio**[2]

paillard [pa'ja:r] <-> *f* gegrilltes Kalbsschnitzel

paillette [pa'jɛt] <-> *f* Flitter *m,* Paillette *f*

paio[1] ['pa:io] *1. pers sing pr di* **parere**[1]

paio[2] <*pl*: paia *f*> *m (coppia)* Paar *nt;* **un ~ di** ein paar, einige; **un ~ di calzoni** eine Hose, ein Paar Hosen; **un ~ di forbici** eine Schere; **un ~ di occhiali** eine Brille

paiolo [pa'iɔ:lo] *m* [Koch]kessel *m*

Pakistan [pakis'tan] *m v.* **Pachistan**

pakistano, -a [pakis'ta:no] **I.** *agg v.* **pachistano II.** *m, f v.* **pachistano**

pala ['pa:la] *f* ① *(attrezzo)* Schaufel *f,* Schippe *f* ② *(d'altare)* Altartafel *f,* Altarbild *nt*

paladino [pala'di:no] *m (cavaliere)* Paladin *m*

paladino, -a *m, f (difensore)* Verteidiger(in) *m(f); (di dottrina)* Verfechter(in) *m(f)*

palafitta [pala'fitta] *f* HIST Pfahlbau *m*

palafitticolo, -a [palafit'ti:kolo] **I.** *m, f* Pfahlbaubewohner(in) *m(f)* **II.** *agg* Pfahlbau-

palafreniere [palafre'niɛ:re] *m* Reitknecht *m*

palaghiaccio [pala'gia:ttʃo] <-> *m* SPORT Eissporthalle *f*

palanca [pa'laŋka] <-che> *f* ① *(trave)* Balken *m,* Planke *f* ② *pl (fam: soldi)* Moneten *f pl*

palandrana [palan'dra:na] *f (fam pej)* Kittel *m,* [weites] Hemd *nt*

palasport [pala'spɔrt] <-> *m* SPORT Sportpalast *m*

palata [pa'la:ta] *f* ① *(quantità)* Schaufel[voll] *f;* **guadagnar soldi a -e** *(fam fig)* Geld scheffeln ② *(colpo di pala)* Hieb *m* mit der Schaufel

palatale [pala'ta:le] **I.** *agg* ① ANAT Gaumen- ② LING palatal **II.** *f* LING Palatal[laut] *m,* Gaumenlaut *m*

palatalizzazione [palataliddzat'tsio:ne] *f* Palatalisierung *f*

palatenda [pala' tɛnda] <-> *m* [großes] Festzelt

Palatinato [palati'na:to] *m* Pfalz *f;* **Renania-~** Rheinland-Pfalz *nt*

palatino, -a [pala'ti:no] *agg* ① *(del palazzo reale)* Palast-, Hof- ② *(del Quirinale)* Quirinal- ③ *(del Palatino)* des Palatins

palato [pa'la:to] *m* ① ANAT Gaumen *m* ② *(fig: gusto)* Gaumen *m,* Geschmack *m;* **avere il ~ delicato** einen feinen Gaumen haben

palazzina [palat'tsi:na] *f* Mehrfamilienhaus *nt*

palazzinaro [palattsi'na:ro] *m (pej)* Baulöwe *m*

palazzo [pa'lattso] *m* ① ARCH Palast *m;* **~ reale** Königspalast *m; (del periodo barocco)* Schloss *nt* ② *(condominio)* Wohnhaus *nt* ③ POL Regierungsgebäude *nt;* **il ~ di giustizia** der Justizpalast; **Palazzo** politisches Machtzentrum

Palazzo Madama [pa'lattso ma'da:ma] *m* ① POL *(sede del Senato)* Sitz *m* des italienischen Senats ② POL *(il Senato stesso)* italienischer Senat; **la riunione a ~** die Sitzung im italienischen Senat

palazzotto [palat'tsotto] *m* kleiner Palast

palchettista [palket'tista] <-i *m,* -e *f*> *mf* Logeninhaber(in) *m(f),* -abonnent(in) *m(f)*

P

palchetto [pal'ketto] *m* ① *(ripiano)* Regalbrett *nt* ② THEAT Loge *f*
palchista [pal'kista] <-i *m*, -e *f*> *mf* ① THEAT Inhaber(in) *m(f)* eines Logenplatzes ② *(fig fam: persona che racconta frottole)* Schauspieler(in) *m(f)*
palco ['palko] <-chi> *m* ① THEAT Loge *f* ② *(piano sopraelevato)* Tribüne *f,* Bühne *f*
palcoscenico [palkoʃ'ʃɛːniko] <-ci> *m* ① THEAT Bühne *f* ② *(fig: arte)* Bühne[nkunst] *f*
paleocene [paleo'tʃɛːne] *m* Paleozän *nt*
paleocristiano, **-a** [paleokris'tiaːno] *agg* frühchristlich, urchristlich
paleolitico [paleo'liːtiko] *m* Paläolithikum *nt,* Altsteinzeit *f*
paleomarxismo [paleomark'sizmo] *m* Altmarxismus *m,* überholter Marxismus
paleontologa *f v.* **paleontologo**
paleontologia [paleontolo'dʒiːa] <-gie> *f* Paläontologie *f*
paleontologico, **-a** [paleonto'lɔːdʒiko] <-ci, -che> *agg* paläontologisch
paleontologo, **-a** [paleon'tɔːlogo] <-gi, -ghe> *m, f* Paläontologe *m/*Paläontologin *f*
palermitano, **-a** **I.** *m, f (abitante)* Palermitaner(in) *m(f)* **II.** *agg* palermitanisch, aus Palermo
Palermitano *m sing* Umgebung *f* von Palermo
Palermo *f* Palermo *nt (Hauptstadt Siziliens)*
palesare [pale'zaːre] **I.** *vt* kundtun, kundgeben **II.** *vr* **-rsi** sich offenbaren
palese [pa'leːze] *agg* offenkundig, deutlich
palestra [pa'lɛstra] *f* ① SPORT *(locale)* Turnhalle *f;* *(esercizio)* Turnübung *f,* Gymnastik *f* ② *(fig)* Schule *f,* Schulung *f*
palestrato [pale'straːto] *agg* durchtrainiert
paletot [pal'to] <-> *m* [Winter]mantel *m*
paletta [pa'letta] *f* ① *(piccola pala)* kleine Schaufel; *(per brace, carbone)* Kohlenschaufel *f* ② *(di carabinieri, vigili)* Kelle *f;* *(del capostazione)* Signalstab *m* ③ *(per dolci)* Tortenheber *m,* Kuchenschaufel *f*
paletto [pa'letto] *m* ① *(chiavistello)* Riegel *m* ② *(da infiggere nel terreno)* Pflock *m;* *(da tenda)* Hering *m;* **~ dissuasore** Pfosten *m (um das Parken auf dem Bürgersteig zu verhindern)*
palinare [pali'naːre] *vt* abstecken
palingenesi [palin'dʒɛːnezi] *f* ① REL Wiedergeburt *f* ② *(rinnovamento)* Erneuerung *f*
palio ['paːlio] <-i> *m* ① *(drappo)* kostbar besticktes Tuch *(als Siegesprämie bei Pferderennen, die in einigen italienischen Städten veranstaltet werden)* ② *(gara)* Pferderennen *nt;* **correre il ~** am Pferderennen teilnehmen; **il Palio di Siena** der Palio in Siena ③ *(fig)* **essere/mettere in ~** als Preis ausgesetzt sein/aussetzen
palissandro [palis'sandro] *m* Palisander *m,* Palisanderholz *nt*
palizzata [palit'tsaːta] *f* Palisadenwand *f,* Palisaden *f pl*
palla ['palla] *f* ① *(gener,* SPORT Ball *m;* *(sfera)* Kugel *f;* **pesce ~** Kugelfisch *m;* **~ di neve** Schneeball *m;* **~ di vetro** Glaskugel *f;* **~ da tennis** SPORT Tennisball *m;* **~ a volo** SPORT Volleyball *m;* **giocare a ~** Ball spielen; **prendere** [*o* **cogliere**] **la ~ al balzo** *(fig)* die Gelegenheit beim Schopf ergreifen; **essere una ~ al piede di qu** jdm ein Klotz am Bein sein ② *(proiettile)* Kugel *f* ③ *pl (vulg: testicoli)* Eier *nt pl;* **che -e!** wie langweilig!; **averne le -e piene di qc** die Schnauze voll haben; **far girare le -e** auf die Palme bringen; **non mi rompere le -e!** *(vulg)* du gehst mir auf die Eier!
pallabase [palla'baːze] *f* Baseball *m*
pallacanestro [pallaka'nɛstro] *f* Basketball *m*
palladio [pal'laːdio] *m* Palladium *nt*
pallamano [palla'maːno] *f* Handball *m*
pallanotistico, **-a** [pallano'tistiko] <-ci, -che> *agg* Wasserball-
pallanuoto [palla'nuɔːto] *f* Wasserball *m*
pallavolo [palla'voːlo] *f* Volleyball *m*
palle ['palle] *f pl v.* **palla**
palleggiamento [palleddʒa'mento] *m (a. fig)* Hin- und Herspielen *nt,* -passen *nt*
palleggiare [palled'dʒaːre] *vi* sich im Ballfangen und -werfen üben; *(nella pallavolo)* den Ball in der Luft halten
palleggio [pal'leddʒo] <-ggi> *m* Jonglieren *nt,* Zuwerfen *nt* des Balles
palliativo [pallia'tiːvo] *m* ① *(fig: rimedio inefficace)* Trostpflaster *nt,* Notbehelf *m* ② MED Linderungsmittel *nt*
pallido, **-a** ['pallido] *agg* ① *(viso)* blass; *(colore)* blass, matt ② *(fig: debole)* schwach; *(idea)* blass; **non avere la più -a idea** keinen blassen Schimmel haben
pallina [pal'liːna] *f* Murmel *f,* Klicker *m;* **~ da ping pong** Tischtennisball *m*
pallino [pal'liːno] *m* ① *(del biliardo)* [weißer] Punktball *m;* *(delle bocce)* Malkugel *f,* Zielkugel *f* ② *pl (da caccia)* Schrot *m o nt* ③ *(fam fig: fissazione)* fixe Idee, Manie *f;* **avere il ~ della pulizia** *(fam)* einen Putzfimmel haben, ein Putzteufel sein
pallonata [pallo'naːta] *f* Schuss *m* mit dem Ball
palloncino [pallon'tʃiːno] *m* ① *(giocattolo)* [Luft]ballon *m* ② *(fam: alcoltest)* **fare la prova del ~** ins Röhrchen blasen

P

pallone [pal'lo:ne] *m* ❶ *(grossa palla)* großer Ball; SPORT Fußball *m,* Lederball *m;* **avere** [*o* **sentirsi**] **la testa come un ~** *(fam)* einen dicken Kopf haben; **essere un ~ gonfiato** *(fam)* ein aufgeblasener Mensch sein, eingebildet sein ❷ *(aerostato)* Ballon *m*

pallonetto [pallo'netto] *m (calcio)* Heber *m; (tennis)* Lob *m*

pallore [pal'lo:re] *m* Blässe *f*

pallottola [pal'lɔttola] *f* ❶ *(proiettile)* Kugel *f,* Geschoss *nt* ❷ *(di carta, di legno, vetro)* kleine Kugel, Kügelchen *nt*

pallottoliere [palloto'liɛ:re] *m* Rechenbrett *nt*

palma ['palma] *f* ❶ BOT Palme *f; (ramo)* Palm[en]zweig *m;* **~ da cocco** Kokospalme *f;* **domenica delle Palme** Palmsonntag *m* ❷ *(della mano)* Handteller *m,* Handfläche *f*

palmare [pal'ma:re] *m (computer)* Palmtop *m*

palmato, -a [pal'ma:to] *agg* ❶ ZOO Schwimm- ❷ BOT gefingert, handförmig

palmento [pal'mento] *m* Mühlstein *m,* Mühle *f;* **mangiare a quattro -i** wie ein Scheunendrescher essen *fam*

palmeto [pal'me:to] *m* Palmenhain *m,* Palmenpflanzung *f*

palmipede [pal'mi:pede] **I.** *m* Schwimmvogel *m* **II.** *agg* **uccello ~** Schwimmvogel *m*

palmo ['palmo] *m* ❶ *(della mano)* Handteller *m,* Handfläche *f;* **portare qu in ~ di mano** *(fig)* jdn auf Händen tragen; **restare con un ~ di naso** ein langes Gesicht machen ❷ *(unità di misura)* Spanne *f*

palm top ['pa:mtɔp] <-> *m (Taschencomputer)* Palmtop® *m*

palo ['pa:lo] *m* ❶ *(gener)* Pfahl *m; (del telegrafo)* Mast *m;* **fare il** [*o* **da**] **~** *(sl)* Schmiere stehen; **star dritto come un ~** wie ein Stock dastehen; **saltare di ~ in frasca** *(fig)* vom Hundertsten ins Tausendste kommen ❷ SPORT *(calcio)* [Tor]pfosten *m*

palombaro [palom'ba:ro] *m* Froschmann *m*

palombo [pa'lombo] *m* Glatthai *m*

palpabile [pal'pa:bile] *agg* ❶ *(che si può palpare)* greifbar, fühlbar ❷ *(fig: evidente)* offensichtlich; *(prova)* handfest

palpare [pal'pa:re] *vt* betasten, befühlen; MED abtasten

palpazione [palpat'tsio:ne] *f* Untersuchung *f* [durch Abtasten], Palpation *f*

palpebra ['palpebra] *f* [Augen]lid *nt*

palpitante [palpi'tante] *agg (a. fig)* pulsierend, zuckend; **una notizia di ~ attualità** eine Nachricht von brennender Aktualität

palpitare [palpi'ta:re] *vi (sussultare)* zucken; *(cuore)* schlagen, klopfen

palpitazione [palpitat'tsio:ne] *f* ❶ MED Herzklopfen *nt;* **avere le -i** *(fam)* Herzklopfen haben ❷ *(fig: ansia)* Angst *f,* Erregung *f*

palpito ['palpito] *m* ❶ *(del cuore)* Herzschlag *m* ❷ *(fig)* Herzklopfen *nt;* **~ d'amore** Liebesgefühle *ntpl*

paltò [pal'tɔ] <-> *m* [Winter]mantel *m*

paludamento [paluda'mento] *m (pej, iron)* geschmacklose, auffällige Kleidung *f*

paludarsi [palu'darsi] *vr* ❶ *(pej: conciarsi)* sich zurechtmachen, sich herausputzen ❷ *(avvolgersi)* sich einhüllen

palude [pa'lu:de] *f* Sumpf *m,* Moor *nt*

paludoso, -a [palu'do:so] *agg* sumpfig, moorig

palustre [pa'lustre] *agg* Sumpf-, Moor-

pampa ['pampa] <pampas> *f* Pampa *f*

pamphlet [pɑ̃'flɛ] <-> *m* Pamphlet *nt,* Streitschrift *f,* Schmähschrift *f*

pampino ['pampino] *m* Blatt *nt* der Weinrebe

panacea [pana'tʃɛ:a] <-ee> *f* Allheilmittel *nt,* Wundermittel *nt*

panama ['pa:nama] <-> *m* ❶ *(cappello)* Panama[hut] *m* ❷ *(fibra)* Panama *m,* Gewebe *nt* in Panamabindung

panare [pa'na:re] *vt* panieren

panario, -a [pa'na:rio] <-i, -ie> *agg* Brot-

panca ['paŋka] <-che> *f* [Sitz]bank *f*

pancarré [paŋkar're] <-> *m* Kastenbrot *nt,* Toastbrot *nt*

pancetta [pan'tʃetta] *f* ❶ GASTR durchwachsener Speck, Bauchspeck *m* ❷ *(fam: addome)* Bäuchlein *nt;* **mettere su la ~** ein Bäuchlein ansetzen

panchetto [paŋ'ketto] *m* Schemel *m,* Hocker *m; (per piedi)* Fußbank *f*

panchina [paŋ'ki:na] *f* [Garten]bank *f;* **rimanere in** [*o* **far**] **~** SPORT auf der Reservebank sitzen

pancia ['pantʃa] <-ce> *f* ❶ *(fam: ventre)* Bauch *m;* **avere** [**il**] **mal di ~** Bauchweh haben; **metter su ~** *(fam)* einen Bauch ansetzen; **starsene a ~ all'aria** *(fam)* auf der faulen Haut liegen ❷ *(fig: di fiasco)* [Flaschen]bauch *m,* Ausbauchung *f*

panciata [pan'tʃa:ta] *f* Schlag *m* in den Bauch; *(con la pancia)* Stoß *m* mit dem Bauch

panciera [pan'tʃɛ:ra] *f* Bauchbinde *f,* Leibbinde *f*

panciolle [pan'tʃɔlle] TOSC *(fam)* **starsene in ~** auf der faulen Haut liegen

pancione [pan'tʃo:ne] *m (fam)* ❶ *(grossa pancia)* dicker Bauch, Schmerbauch *m* ❷ *(persona)* Dickbauch *m*

panciotto [pan'tʃɔtto] *m* Weste *f*
panciuto, **-a** [pan'tʃu:to] *agg (persona)* dickbäuchig; *(vaso)* [dick]bauchig
pancotto [paŋ'kɔtto] *m* Brotsuppe *f*
pancreas ['paŋkreas] <-> *m* Bauchspeicheldrüse *f*
pancristiano, **-a** [paŋkris'tia:no] *agg* gesamtchristlich, ökumenisch
panda ['panda] <-> *m* Panda *m,* Katzenbär *m*
pandemia [pande'mi:a] *f* Pandemie *f*
pandemonio [pande'mɔ:nio] <-i> *m* Höllenspektakel *nt,* -lärm *m*
pandolce [pan'doltʃe] *m Hefegebäck aus Genua*
pandoro [pan'dɔ:ro] *m Hefegebäck aus Verona, das zu Weihnachten gegessen wird*
pane ['pa:ne] *m* Brot *nt;* ~ **bianco** Weißbrot *nt;* ~ **integrale** Vollkornbrot *nt;* ~ **nero** Schwarzbrot *nt;* **Pan di Spagna** *eine Art Sandkuchen;* **tenere qu a ~ ed acqua** jdn bei Brot und Wasser halten; **dire ~ al ~ e vino al vino** *(fig)* die Dinge beim Namen nennen; **trovare ~ per i propri denti** *(fig)* eine harte Nuss zu knacken haben; **rendere pan per focaccia** *(fam)* Gleiches mit Gleichem vergelten; **levarsi il ~ di bocca per qu** *(fam)* sich für jdn jeden Bissen vom Munde absparen; **buono come il ~** herzensgut
panegirico [pane'dʒi:riko] <-ci> *m* ❶ LIT Panegyrikus *m* ❷ *(fig)* Verherrlichung *f,* Lobpreisung *f*
panegirista [panedʒi'rista] <-i *m,* -e *f*> *mf* Panegyriker(in) *m(f)*
panetteria [panette'ri:a] <-ie> *f* Bäckerei *f,* Bäckerladen *m*
panettiere, **-a** [panet'tiɛ:re] *m, f* Bäcker(in) *m(f)*
panettone [panet'to:ne] *m Hefenapfkuchen aus Mailand, der zur Weihnachtszeit gegessen wird*
panfilo ['panfilo] *m* Jacht *f*
panforte [pan'fɔrte] *m Früchtebrot aus Siena*
pangasio [paŋ'ga:zio] <-i> *m* Pangasius *m*
pangolino [paŋgo'li:no] *m* Schuppentier *nt*
pangrattato, **pan grattato** [paŋgrat'ta:to] *m* Semmelbrösel *mpl,* Paniermehl *nt*
panico ['pa:niko] *m* Panik *f;* **essere preso dal ~** in Panik geraten
panico, **-a** <-ci, -che> *agg* panisch
paniera [pa'niɛ:ra] *f (per pane)* [Brot]korb *m; (per biancheria)* [Wäsche]korb *m*
paniere [pa'niɛ:re] *m* Korb *m;* **un ~ di frutta** ein Korb voll Obst; ~ **ISTAT** COM statistischer Warenkorb; **il ~ valutario** FIN der Währungskorb
panificare [panifi'ka:re] *vi* Brot backen
panificatore, **-trice** [panifika'to:re] *m, f* [Brot]bäcker(in) *m(f)*
panificazione [panifikat'tsio:ne] *f* Brotbacken *nt,* -herstellung *f*
panificio [pani'fi:tʃo] <-ci> *m* Bäckerei *f,* Brotfabrik *f*
panino [pa'ni:no] *m* Brötchen *nt*
panna ['panna] *f* ❶ GASTR Sahne *f,* Rahm *m,* Obers *nt* A; ~ **montata** Schlagsahne *f,* Schlag *m* A ❷ MOT *(guasto)* [Auto]panne *f*
panne [pan] <-> *f* MOT [Auto]panne *f;* **essere** [*o* **rimanere**] **in ~** eine Autopanne haben
panneggiamento [panneddʒa'mento] *m* Drapierung *f*
panneggiare [panne'dʒa:re] *vt* drapieren
panneggio [pan'neddʒo] <-ggi> *m* Draperie *f,* Faltenwurf *m*
pannello [pan'nɛllo] *m* ❶ EL Schaltbrett *nt,* -tafel *f;* INFORM Bedienungsfeld *nt;* ~ **isolante** Isolierplatte *f;* ~ **solare** Solarzelle *f* ❷ *(arte)* Paneel *nt*
pannilani *pl di* **pannilano**
panno ['panno] *m* ❶ *(tessuto)* Stoff *m,* Tuch *nt* ❷ *pl (biancheria)* Wäsche *f; (vestiti)* Kleider *ntpl;* **mettersi nei -i di qu** sich in jdn hineinversetzen; **non stare più nei propri -i** *(fam)* es nicht mehr aushalten können
pannocchia [pan'nɔkkia] <-cchie> *f* ❶ BOT Rispe *f* ❷ GASTR Maiskolben *m*
pannolino [panno'li:no] *m* ❶ *(per neonato)* Windel *f* ❷ *(assorbente)* [Damen]binde *f*
panorama [pano'ra:ma] <-i> *m* ❶ *(veduta)* Panorama *nt,* Rundblick *m* ❷ *(fig: rassegna)* Überblick *m,* Übersicht *f*
panoramica [pano'ra:mika] <-che> *f* ❶ *(veduta)* Überblick *m,* Übersicht *f* ❷ FOTO Panoramaaufnahme *f;* FILM Panoramaschwenk *m* ❸ *(strada)* Panoramastraße *f*
panoramico, **-a** [pano'ra:miko] <-ci, -che> *agg* ❶ *(veduta)* Panorama-, Aussichts-; *(strada, percorso)* mit schöner Aussicht, Panorama- ❷ *(visione, rassegna)* Übersichts-, umfassend ❸ FOTO Panorama-; FILM Breitwand- ❹ OPT Richt-, Panorama-
panpepato [pampe'pa:to] *m* Pfefferkuchen *m,* Lebkuchen *m*
pansé [pan'se] <-> *f* Ackerstiefmütterchen *nt*
pantacollant [pantakol'lan] *mpl* Leggings *pl*
pantaloncini [pantalon'tʃi:ni] *mpl* kurze [Sommer]hosen *fpl,* Shorts *pl*

P

pantalone [panta'loːne] *agg inv (gonna)* Hosen-

pantaloni [panta'loːni] *mpl* Hose *f,* Hosen *fpl;* **un paio di ~** eine Hose; **~ a cerniere** Zip-Away-Hose *f;* **~ alla pescatora** Caprihose *f*

pantano [pan'taːno] *m (a. fig)* Sumpf *m*

pantanoso, -a [panta'noːso] *agg* sumpfig, schlammig

panteismo [pante'izmo] *m* Pantheismus *m*

panteistico, -a [pante'istiko] <-ci, -che> *agg* pantheistisch

pantera [pan'tɛːra] *f* ① ZOO Panther *m* ② *(sl: della polizia)* schneller Funkstreifenwagen

pantofola [pan'tɔːfola] *f* Pantoffel *m,* Hausschuh *m,* Patschen *m* A

pantofolaio, -a [pantofo'laːio] <-ai, -aie> *m, f* Hausschuhfabrikant(in) *m(f)*

pantografo [pan'tɔːgrafo] *m* ① *(per disegni)* Storchschnabel *m,* Pantograf *m* ② EL Stromabnehmer *m*

pantomima [panto'miːma] *f* Pantomime *f*

pantomimico, -a [panto'miːmiko] <-ci, -che> *agg* pantomimisch

pantomimo [panto'miːmo] *m* Pantomime *m*

panzana [pan'tsaːna] *f (fam)* Flunkerei *f,* Ammenmärchen *nt*

panzanella [pantsa'nɛlla] *f Brotscheiben mit Tomaten, Kräutern, Essig und Öl*

panzarotto [pantsa'rɔtto], **panzerotto** [pantse'rɔtto] *m mit Käse, Schinken u ä. gefüllte Teigtasche*

paonazzo, -a [pao'nattso] *agg* [dunkel]violett

papa ['paːpa] <-i> *m* Papst *m;* **ad ogni morte di ~** *(fig)* alle Jubeljahre [einmal]; **morto un ~ se ne fa un altro** *(prov)* niemand ist unersetzlich

papà [pa'pa] <-> *m (fam)* Papa *m,* Vati *m;* **figlio di ~** *(pej)* verwöhnter Sohn reicher Eltern

papabile [pa'paːbile] **I.** *agg* ① REL zum Papst wählbar ② *(favorito)* bevorzugt, in der engeren Wahl **II.** *m* Papstkandidat *m*

papaia [pa'paːia] <-aie> *f* Papaya *f*

papale [pa'paːle] *agg* päpstlich, Papst-

papalina [papa'liːna] *f* Käppchen *nt*

papalino [papa'liːno] *m* ① *(soldato)* päpstlicher Soldat *m* ② *(militante)* Papstanhänger *m* ③ *(clericale)* Klerikale(r) *m*

paparazzo [papa'rattso] *m* Skandalreporter *m,* Paparazzo *m*

papato [pa'paːto] *m* ① *(istituto storico)* Papsttum *nt,* Papat *m o nt* ② *(dignità papale)* Papstwürde *f* ③ *(durata della carica)* Amtszeit *f* eines Papstes

papavero [pa'paːvero] *m* BOT [Klatsch]mohn *m*

papera ['paːpera] *f* ① ZOO [junge] Gans *f* ② *(fig: errore)* Versprecher *m;* **prendere una ~** sich versprechen ③ *(fam pej: donna stupida)* dumme Gans

papero ['paːpro] *m* [junger] Gänserich *m*

papessa [pa'pessa] *f* Päpstin *f*

papilla [pa'pilla] *f* ANAT Papille *f,* Warze *f;* **-e gustative** Geschmackspapillen *fpl*

papillare [papil'laːre] *agg* papillar, warzenförmig

papillon [papi'jɔ̃] <-> *m* Fliege *f*

papiraceo, -a [papi'raːtʃeo] <-cei, -cee> *agg* Papyrus-, papyrusartig

papiro [pa'piːro] *m* ① BOT *(testo)* Papyrus *m* ② *(scherz: lunga lettera)* Epistel *f*

papismo [pa'pizmo] *m* Papismus *m*

papista [pa'pista] <-i *m,* -e *f*> *mf* Papist(in) *m(f)*

papocchio [pa'pɔkkio] <-cchi> *m (fam)* Betrügerei *f,* Gemauschel *nt*

pappa ['pappa] *f* ① *(minestrina)* Brotsuppe *f,* Grießsuppe *f;* **~ reale** Gelee *nt* Royale; **trovare la ~ pronta** *(fam fig)* sich ins gemachte Nest setzen ② *(pej)* Pampe *f fam,* Brei *m;* **~ molle** *(fam fig)* Schlappschwanz *m* ③ *(per bambini)* Brei *m*

pappafico [pappa'fiːko] <-chi> *m* Vorbramsegel *nt;* **mollare i -chi** die Segel streichen; *(fig)* resignieren

pappagallo [pappa'gallo] *m* ① ZOO Papagei *m* ② *(fig: uomo)* Papagallo *m* ③ MED Uringlas *nt,* Urinal *nt* ④ TEC Wasserpumpenzange *f*

pappagorgia [pappa'gɔrdʒa] <-ge> *f* Doppelkinn *nt*

pappardella [pappar'dɛlla] <-> *f* ① *pl* GASTR *breite, gewellte Bandnudeln* ② *(fig: scritto)* langer Wisch *fam; (discorso)* langatmige Rede

pappare [pap'paːre] **I.** *vt (fam)* ① *(mangiare)* hinunterschlingen ② *(fig: trarre profitti)* einsacken *fam* **II.** *vr* **-rsi** *(divorarsi)* verschlingen

pappata [pap'paːta] *f (fam)* Mampfen *nt,* Schlingen *nt*

pappatoria [pappa'tɔːria] <-ie> *f (fam)* ① *(il mangiare)* Schlingerei *f,* Fresserei *f vulg* ② *(fig: profitto)* Mauserei *f,* Einsacken *nt*

pappina [pap'piːna] *f (fam: per bambini)* Breichen *nt*

pappone, -a [pap'poːne] *m, f (fam)* Vielfraß *m,* Fresssack *m*

paprica ['paːprika] <-che> *f* Paprikagewürz *nt*

pap-test [pap'test] *m* Abstrich *m*

par. *abbr di* **paragrafo** Par.
para ['pa:ra] *f* Paragummi *m o nt*
parabancario [paraban'ka:rio] *m* Banknebengeschäft *nt*
parabancario, -a *agg* als Banknebengeschäft; **leasing ~** Leasing als Banknebengeschäft
parabile [pa'ra:bile] *agg* SPORT haltbar
parabola [pa'ra:bola] *f* ❶ LIT Parabel *f;* REL Gleichnis *nt* ❷ MAT Parabel *f* ❸ *(fig: declino)* allmählicher Niedergang, Abstieg *m*
parabolico, -a [para'bɔ:liko] <-ci, -che> *agg* ❶ MAT Parabel- ❷ TEL Parabol-, Satelliten-; **antenna -a** Satellitenschüssel *f,* Parabolantenne *f*
parabordo [para'bordo] *m* Fender *m*
parabrace [para'bra:tʃe] <-> *m* Glutfang *m*
parabrezza [para'breddza] <-> *m* Windschutzscheibe *f*
paracadutare [parakadu'ta:re] *vt* mit dem Fallschirm abwerfen
paracadute [paraka'du:te] <-> *m* Fallschirm *m*
paracadutismo [parakadu'tizmo] *m* Fallschirmspringen *nt,* Fallschirmsport *m*
paracadutista [parakadu'tista] <-i *m,* -e *f*> **I.** *mf* ❶ Fallschirmspringer(in) *m(f)* ❷ MIL Fallschirmjäger *m* **II.** *agg* Fallschirm-
paracalli [para'kalli] <-> *m* MED Hühneraugenring *m*
paracamino [paraka'mi:no] *m* TEC Ofenschirm *m*
paracarro [para'karro] *m* Leitplanke *f*
paracenere [para'tʃe:nere] <-> *m* Aschfang *m*
paracera [para'tʃe:ra] <-> *m* Kerzenhalter *m*
paracielo [para'tʃɛ:lo] <-> *m* TEC Schutzabdeckung *f*
paracolpi [para'kolpi] <-> *m* *(per porte e finestre)* Stoßfänger *m,* Puffer *m; (paraurti)* Stoßstange *f*
paracomunista [parakomu'nista] <-i *m,* -e *f*> **I.** *mf* POL Parakommunist(in) *m(f)* **II.** *agg* parakommunistisch; **persona ~** Parakommunist(in) *m(f)*
paracoppa [para'kɔppa] *f* MOT [Öl]wannenschutzverkleidung *f*
paraculo [para'ku:lo] *m (vulg)* Analverkehr erhaltende(r) Schwule(r)
paradenti [para'dɛnti] <-> *m* SPORT Zahnschutz *m*
paradentoma [paraden'to:ma] <-i> *m* MED Zahnfleischgeschwulst *f*
paradentosi [paraden'tɔ:zi] <-> *f* MED Parodontose *f*
paradigma [para'digma] <-i> *m* Paradigma *nt*
paradigmatico, -a [paradig'ma:tiko] <-ci, -che> *agg* paradigmatisch
paradisiaco, -a [paradi'zi:ako] <-ci, -che> *agg* ❶ *(del Paradiso)* paradiesisch, Paradies- ❷ *(fig)* himmlisch
paradiso [para'di:zo] *m (a. fig)* Paradies *nt;* **~ terrestre** [Garten] Eden *m;* **sentirsi in ~** sich wie im [siebten] Himmel fühlen
paradontale [paradon'ta:le] *agg* paradontal, Zahnbett-, Zahnfleisch-; **infezione ~** Zahnbettentzündung *f*
paradontologia [paradontolo'dʒi:a] *f* MED Paradontologie *f*
paradontopatia [paradontopa'ti:a] *f* MED Zahnbetterkrankung *f,* Paradontose *f*
paradossale [parados'sa:le] *agg* paradox
paradossalità [paradosali'ta] <-> *f* Paradoxie *f*
paradosso [para'dɔsso] *m* Paradox[on] *nt*
parafango [para'faŋgo] <-ghi> *m (della macchina)* Kotflügel *m; (della motocicletta)* Schutzblech *nt*
parafarmaceutico, -a [parafarma'tʃɛ:utiko] <-ci, -che> *agg* nicht-medizinisch, Gesundheits-
parafarmacia [parafarma'tʃi:a] *f* MED *Herstellung und Vertrieb rezeptfreier Apothekenartikel*
parafarmaco [para'farmako] <-ci> *m* MED rezeptfreier Apothekenartikel, Gesundheitsartikel *m*
parafernale [parafer'na:le] *agg* JUR zusätzlich zur Mitgift eingebracht
paraffina [paraf'fi:na] *f* Paraffin *nt*
parafiamma [para'fiamma] **I.** *m* <-> Feuerschutz *m,* Flammenschutz *m* **II.** *agg inv* feuersicher, feuerfest
parafiscale [parafis'ka:le] *agg* FIN Sozialversicherungs-
parafiscalità [parafiskali'ta] <-> *f* FIN Sozialversicherungswesen *nt*
paraflying ['pærə'flaiiŋ] *m sing* SPORT Paraflying *nt*
parafrasare [parafra'za:re] *vt* paraphrasieren, umschreiben
parafrasi [pa'ra:frazi] <-> *f* Umschreibung *f,* Paraphrase *f*
parafrastico, -a [para'frastiko] <-ci, -che> *agg* paraphrastisch; **spiegazione -a** Paraphrase *f*
parafulmine [para'fulmine] *m* Blitzableiter *m*
parafumo [para'fu:mo] *m* Rußfänger *m*
parafuoco [para'fuɔ:ko] <-> *m* Ofenschirm *m*
paraggi [pa'raddʒi] *mpl* [nähere] Umgebung *f,* Gegend *f*
paraggio [pa'raddʒo] <-ggi> *m* ❶ NAUT Küstenbereich *m,* Küstennähe *f* ❷ *(fig:*

luoghi circonvicini) Umgebung *f* ③ *(obs: confronto, parità)* Gleiche(s) *nt* ④ *(obs: origine nobilare)* Haus *nt;* **un nobile d'alto ~** ein Ad[e]liger aus gutem Hause

paragocce [para'gottʃe] **I.** *agg inv* Tropfenfänger- **II.** *m* <-> Tropfenfänger *m*

paragonabile [parago'na:bile] *agg* vergleichbar; **essere ~ a qc** mit etw vergleichbar sein

paragonare [parago'na:re] **I.** *vt* vergleichen **II.** *vr* **-rsi** sich vergleichen

paragone [para'go:ne] *m* ① *(confronto)* Vergleich *m,* Gegenüberstellung *f;* **a ~ di** im Vergleich zu; **essere senza ~** [*o* **non avere -i**] unvergleichlich sein; **termine del ~** [*o* **pietra di ~**] Vergleichsmoment *nt* ② *(esempio, parallelo)* Beispiel *nt* [zum Vergleich]

paragrafare [paragra'fa:re] *vt* in Paragrafen einteilen

paragrafo [pa'ra:grafo] *m* ① *(di libro, documento)* Abschnitt *m,* Paragraf *m* ② *(segno)* Paragraf *m*

paragrilletto [paragril'letto] *m* Abzugsbügel *m*

paraguai [para'gua:i] <-> *m* *(scherz)* Überzieher *m (um Löcher zu tarnen)*

paraletterario, -a [paralette'ra:rio] *agg* der [*o* von] Konsumliteratur; **generi -i** Genres der Massenliteratur

paraletteratura [paralettera'tu:ra] *f* LIT Konsumliteratur *f,* Massenliteratur *f*

paralisi [pa'ra:lizi] <-> *f* ① MED Lähmung *f,* Paralyse *f scient* ② *(fig)* Lahmlegung *f*

paralitico, -a [para'li:tiko] <-ci, -che> **I.** *agg* gelähmt; *(stato)* Lähmungs- **II.** *m, f* Gelähmte(r) *f(m),* Paralytiker(in) *m(f)*

paralizzare [paralid'dza:re] *vt* ① MED lähmen ② *(fig)* lähmen, lahmlegen

parallasse [paral'lasse] *f* Parallaxe *f*

parallela [paral'lɛ:la] *f* ① MAT Parallele *f* ② *pl* SPORT Barren *m*

parallelepipedo [parallele'pi:pedo] *m* MAT Parallelepiped *nt,* Quader *m*

parallelismo [paralle'lizmo] *m* ① MAT Parallelität *f* ② *(fig)* Parallelität *f geh,* Übereinstimmung *f*

parallelo [paral'lɛ:lo] *m* ① GEOG Breitenkreis *m* ② MAT Parallelprojektion *f;* **in ~** Parallel-

parallelo, -a *agg* Parallel-, parallel

parallelogramma [parallelo'gramma] <-i> *m,* **parallelogrammo** [parallelo'grammo] *m* Parallelogramm *nt*

paralogismo [paralo'dʒizmo] *m* ① PHILOS Paralogismus *m* ② *(fig: deduzione arbitraria da premesse corrette)* Fehlschluss *m*

paralogistico, -a [paralo'dʒistiko] <-ci, -che> *agg* paralogistisch

paralologia [paralolo'dʒi:a] *f* SCIENT *hydrografische und biologische Erforschung von Sumpfgebieten*

paraluce [para'lu:tʃe] <-> *m* Sonnenblende *f*

paralume [para'lu:me] *m* Lampenschirm *m*

paramano [para'ma:no] *m* ① *(guardamano)* Schwertmanschette *f* ② *(in edilizia)* Klinker[stein] *m* ③ *(risvolto della manica)* Manschette *f*

paramedico [para'mɛ:diko] <-ci> *m* MED medizinisches Hilfspersonal

paramedico, -a <-ci, -che> *agg* MED **personale ~** medizinisches Hilfspersonal

paramento [para'mento] *m* ① *pl* REL Paramente *nt pl* ② ARCH Wandfläche *f,* Maueroberfläche *f*

parametrazione [parametrat'tsio:ne] *f* ADM *(form)* Einteilung *f* in Vergütungsklassen

parametrico, -a [para'mɛ:triko] <-ci, -che> *agg* Parameter-, parametrisch

parametrizzare [parametrid'dza:re] *vt* parametr[is]ieren, in Parametern ausdrücken

parametrizzazione [parametriddzat'tsio:ne] *f* PHYS, MAT Parametrisierung *f*

parametro [pa'ra:metro] *m (a. fig)* Parameter *m*

paramilitare [paramili'ta:re] *agg* paramilitärisch

paramosche [para'moske] <-> *m* Fliegenglocke *f*

paramotore [paramo'to:re] *m* AERO Paraglider *m* mit Hilfsmotor

paranco [pa'raŋko] <-chi> *m* Flaschenzug *m*

paraneve [para'ne:ve] <-> *m* Schneezaun *m*

paranoia [para'nɔ:ia] <-oie> *f* Verfolgungswahn *m,* Paranoia *f*

paranoico, -a [para'nɔ:iko] <-ci, -che> **I.** *agg* paranoisch **II.** *m, f* Paranoiker(in) *m(f)*

paranormale [paranor'ma:le] *agg* paranormal, übersinnlich

paranza [pa'rantsa] *f* ① *(barca)* Fischerboot *nt* [mit Lateinersegel] ② *(rete)* Schleppnetz *nt*

paraocchi [para'ɔkki] <-> *m (a. fig)* Scheuklappe *f;* **avere i ~** Scheuklappen tragen

paraorecchie [parao'rekkie] <-> *m* ① SPORT Rugbyhelm *m* ② *(contro il freddo)* Ohrenschützer *m pl*

parapendio [parapen'di:o] <-> *m* ① SPORT

P

(paracadute) Paraglider *m,* Gleitschirm *m* ② SPORT *(attività)* Gleitschirmfliegen *nt*
parapetto [para'pɛtto] *m* ① *(riparo)* Geländer *nt* ② NAUT Reling *f* ③ MIL Brustwehr *f*
parapiglia [para'piʎʎa] <-> *m (fam)* Getümmel *nt*
parapioggia [para'piɔddʒa] <-> *m* Regenschirm *m*
paraplegia [paraple'dʒiːa] <-gie> *f* doppelseitige Lähmung; MED Paraplegie *f; (agli arti inferiori)* Querschnittslähmung *f*
paraplegico, -a [para'plɛːdʒiko] <-ci, -che> **I.** *agg* querschnitt[s]gelähmt **II.** *m, f* Querschnitt[s]gelähmte(r) *f(m)*
parapolitico, -a [parapo'litiko] <-ci, -che> *agg* politisch orientiert
paraponzi [para'pontsi] *int* trallala
parapsichico, -a [para'psiːkiko] <-ci, -che> *agg* parapsychisch, übersinnlich
parapsicologia [parapsikolo'dʒiːa] *f* Parapsychologie *f*
parapsicologico, -a [parapsiko'lɔːdʒiko] <-ci, -che> *agg* parapsychologisch
parapsicologo, -a [parapsi'kɔːlogo] <-gi, -ghe> *m, f* PSIC Parapsychologe *m/*Parapsychologin *f*
parare [pa'raːre] **I.** *vt* ① *(colpo)* abwehren, auffangen; SPORT *(tiro)* parieren, abfangen ② *(ornare)* behängen, schmücken ③ *(schermare)* ~ **qc da qc** etw vor etw *dat* schützen, etw gegen etw abschirmen **II.** *vi* hinauswollen [auf +*akk*]; **dove vuoi andare a ~?** worauf willst du hinaus? **III.** *vr* **-rsi da qc** *(ripararsi)* sich vor etw schützen
parasailing ['pærəsailiŋ] <-> *m* SPORT Parasailing *nt*
parasalite [parasa'liːte] <-> *m* TEC Steigschutz *m* an Hochspannungsmasten
paraschegge [para'skeddʒe] <-> *m* MIL Granatsplitterschutz *m;* **scudo** ~ Granatsplitterschirm *m*
parascientifico, -a [paraʃen'tiːfiko] <-ci, -che> *agg* pseudowissenschaftlich
parascintille [paraʃin'tille] <-> *m* TEC Funkenfänger *m*
parascolastico, -a [parasko'lastiko] <-ci, -che> *agg* unterrichtsbegleitend
parasiluri [parasi'luːri] <-> *m* NAUT, MIL Torpedoschutzschild *nt*
paraski [para'ʃi] <-> *m* SPORT Paraski *m*
parasole [para'soːle] **I.** *m* <-> ① *(ombrello)* Sonnenschirm *m* ② FOTO Sonnenblende *f,* Gegenlichtblende *f* **II.** *agg inv* Sonnen[schutz]-
paraspalle [para'spalle] <-> *m* SPORT Schulterschoner *m*
paraspigolo [para'spiːgolo] *m* TEC Kantenschutz *m*
paraspruzzi [paras'pruttsi] <-> *m* MOT Spritzschutz *m*
parassita [paras'siːta] <-i *m,* -e *f*> **I.** *mf* ① BIOL Parasit *m* ② *(fig)* Schmarotzer(in) *m(f)* **II.** *agg* ① BIOL Schmarotzer-, parasitär ② *(fig)* schmarotzerhaft
parassitario, -a [parassi'taːrio] <-i, -ie> *agg* ① BIOL parasitär ② *(fig)* schmarotzerhaft
parassiticida [parassiti'tʃiːda] <-i *m,* -e *f*> **I.** *agg* gegen Parasiten; **sostanza** ~ Mittel *nt* gegen Parasiten **II.** *m* Mittel *nt* gegen Parasiten
parassitico, -a [paras'sitiko] <-ci, -che> *agg* ① BIOL parasitisch, parasitär, Schmarotzer- ② *(fig)* schmarotzerisch, schmarotzerhaft
parassitismo [parassi'tizmo] *m* ① BIOL Parasitismus *m* ② *(fig)* Schmarotzertum *nt*
parastatale [parasta'taːle] **I.** *agg* halbstaatlich, mit staatlicher Beteiligung **II.** *mf* Angestellte(r) *f(m)* einer halbstaatlichen Einrichtung
parastato [para'staːto] *m Gesamtheit der halbstaatlichen Einrichtungen*
parastinchi [para'stiŋki] <-> *m* SPORT Schienbeinschützer *mpl*
parata [pa'raːta] *f* ① SPORT *(calcio)* Abwehr *f* [durch den Torhüter]; *(scherma)* Parade *f; (boxe)* Parieren *nt* ② MIL [Militär]parade *f* ③ *(rassegna)* Vorführung *f* ④ *(pompa)* Gala *f,* Prunk *m;* **abito da** ~ Galauniform *f;* **carrozza da** ~ Prunkwagen *m*
paratasca [para'taska] <-sche> *m* Patte *f*
paratassi [para'tassi] <-> *f* Parataxe *f*
paratesto [para'tɛsto] *m* LIT textbegleitende Elemente *ntpl*
parati [pa'raːti] *mpl* **carta da** ~ Tapete *f*
paratia [para'tiːa] <-ie> *f* NAUT Schott *nt,* Scheidewand *f*
paratifo [para'tiːfo] *m* Paratyphus *m*
parato [pa'raːto] *m* ① *(addobbo)* Vorhang *m* ② *(rivestimento)* Tapete *f;* **carta da -i** Tapete *f*
parauniversitario, -a [parauniversi'taːrio] <-i, -ie> *agg* auf Universitätsebene, mit Universitäten vergleichbar
paraurti [para'urti] <-> *m* ① MOT Stoßstange *f* ② FERR *(del binario)* Prellbock *m; (del vagone)* Puffer *m*
paravalanghe [parava'laŋge] **I.** *m* <-> Lawinenschutz *m,* Lawinenverbauung *f* **II.** *agg inv* Lawinenschutz-
paravento [para'vɛnto] <-> *m* ① *(suppellettile)* Paravent *m o nt,* spanische Wand ② *(fig)* Deckmantel *m*
parboiled ['paːbɔild] *agg inv* parboiled; **riso** ~ Parboiled-Reis *m*
parca ['parka] <-che> *f* Parze *f*

P

parcella [par'tʃɛlla] *f* ① *(di terreno)* Parzelle *f* ② *(delle spese)* Honorarforderung *f*
parcellare [partʃel'laːre] *agg* partiell; *(terreno)* Parzellen-
parcellazione [partʃellat'tsioːne] *f* Parzellierung *f*
parcellizzare [partʃellid'dzaːre] *vt* ① *(lavoro)* in einzelne Arbeitsgänge zerstückeln ② *(terreni)* parzellieren
parcellizzazione [partʃelliddzat'tsioːne] *f* ① *(di lavoro)* fortgeschrittene Arbeitsteilung ② *(di terreni)* Parzellierung *f*
parcheggiare [parked'dʒaːre] *vt* parken
parcheggio [par'keddʒo] <-ggi> *m* ① *(posteggio)* Parkplatz *m;* ~ **a pagamento** gebührenpflichtiger Parkplatz; ~ **custodito** bewachter Parkplatz; **area di** ~ Parkzone *f; (a. fig)* Abstellplatz *m;* **divieto di** ~ Parkverbot *nt;* **è vietato il** ~ Parken verboten ② *(manovra)* [Ein]parken *nt*
parchimetro [par'kiːmetro] *m* Parkuhr *f,* Parkometer *nt o m*
parco ['parko] <-chi> *m* Park *m;* ~ **giochi** [Kinder]spielplatz *m;* ~ **vetture** [*o* **automobilistico**] Fahrzeugpark *m;* ~ **dei divertimenti** Vergnügungspark *m*
parco, -a <-chi, -che> *agg* ① *(nel mangiare, bere)* sehr genügsam; *(nello spendere)* geizig ② *(mensa, pasto)* karg
parcometro [par'kɔmetro] *m v.* **parchimetro**
par condicio [par kon'ditʃo] <-> *f* DIR, POL Gleichbehandlung *f,* gleiche Wettbewerbsbedingungen *f pl*
pardon [par'dɔ̃] *int* ① *(scusi)* Pardon ② *(con permesso)* Sie gestatten?
parecchio [pa'rekkio] *avv* ziemlich, ganz schön *fam;* **mi sono fermato** ~ ich bin ziemlich lange geblieben
parecchio, -a <-cchi, -cchie> **I.** *agg* [ziemlich] viel, mehr als genug; **-cchie volte** mehrmals; ~ **tempo** ziemlich lange; **c'è** ~ **vento** es ist ziemlich windig; **c'è ancora -a strada** es ist noch viel zu laufen **II.** *pron indef* ziemlich viel(e), etliche; **c'è ancora** ~ **da fare** es gibt noch viel zu tun; **-cchi di noi** viele von uns
pareggiamento [pareddʒa'mento] *m* ① *(equiparazione)* Gleichstellung *f* ② *(di terreno)* Einebnung *f* ③ *(di bilancio)* Ausgleich *m; (di conti)* Begleichung *f*
pareggiare [pared'dʒaːre] **I.** *vt* ① *(terreno)* einebnen ② *(bilanci)* ausgleichen; *(conti)* begleichen ③ *(uguagliare)* ~ **qu** [**in qc**] jdm [in etw *dat*] gleichkommen ④ *(equiparare)* gleichstellen **II.** *vi* ~ [**con qu**] [gegen jdn] unentschieden spielen
pareggio [pa'reddʒo] <-ggi> *m* ① COM Ausgleich *m,* Deckung *f* ② SPORT Unentschieden *nt,* Ausgleich *m;* **chiudere in** ~ unentschieden ausgehen
parelio [pa'rɛːlio] <-i> *m* Nebensonne *f,* Sonnenring *m*
parentado [paren'taːdo] *m* ① *(insieme dei parenti)* Verwandtschaft *f* ② *(fig: legame)* Verwandtschaft *f,* Verwandtsein *nt*
parentale [paren'taːle] *agg (vincolo)* verwandtschaftlich; *(autorità)* elterlich; *(malattia)* erblich, Erb-; **congedo** ~ Erziehungsurlaub *m*
parentame [parɛn'taːme] *m (pej)* Sippschaft *f pej,* Bagage *f pej*
parente [pa'rɛnte] *mf* ① *(persona)* Verwandte(r) *f(m)* ② *(fig: simile)* Ähnliche(s) *nt,* Verwandte(s) *nt*
parentela [paren'tɛːla] *f* ① *(insieme dei parenti)* Verwandtschaft *f,* Verwandte[n] *pl* ② *(fig: legame)* Verwandtschaft *f;* **grado di** ~ Verwandtschaftsgrad *m* ③ *(fig: affinità)* Gleichartigkeit *f,* Affinität *f*
parentesi [pa'rɛntezi] <-> *f* ① *(espressione)* Einschub *m,* Parenthese *f;* **fra** ~ *(fig)* nebenbei bemerkt ② *(segno grafico)* Klammer *f;* ~ **tonda/quadra/graffa** runde/eckige/geschweifte Klammer ③ *(fig: intervallo)* Unterbrechung *f*
parentetico, -a [paren'tɛːtiko] <-ci, -che> *agg* parenthetisch, eingeschoben
parere[1] [pa'reːre] <paio, parvi, parso> *vi essere* ① *(apparire)* scheinen, aussehen; **mi pare di averlo visto** mir scheint, dass ich ihn gesehen habe; **non mi par vero** das ist zu schön, um wahr zu sein ② *(pensare)* meinen, glauben; **ti pare di aver ragione?** glaubst du, Recht zu haben?; **che te ne pare?** was hältst du davon?; **ma Le pare!** wo denken Sie hin! ③ *(fam: volere)* passen, belieben; **fai come ti pare** mache es, wie du meinst/denkst ④ *(assomigliare)* ~ **qu/qc** jdm/etw ähnlich sein ⑤ *(impersonale, sembrare)* scheinen, den Anschein haben; *(dare l'impressione)* so aussehen, als ob; **pare di sì/no** anscheinend schon/nicht; **pare impossibile** es scheint unmöglich [zu sein]; **pare che tu non ci tenga** es scheint, dass du keinen Wert darauf legst; **a quanto pare** wie es scheint, sieht so aus
parere[2] *m* ① *(opinione)* Meinung *f,* Ansicht *f;* **a mio** ~ meiner Meinung nach; **essere del** ~ **che …** der Ansicht sein, dass … ② *(consiglio)* Rat[schlag] *m*
parete [pa'reːte] *f* Wand *f;* **le -i domestiche** *(fig)* die eigenen vier Wände
pargolo ['pargolo] *m (poet: bambino)* Kind *nt*
pari ['paːri] **I.** *agg inv* ① *(uguale)* gleich; **essere** ~ **a qc** einer Sache *dat* entsprechen;

di ~ passo im Gleichschritt; **~ ~** haargenau, wortwörtlich ② *(allo stesso livello)* gleichrangig, gleichgestellt ③ MAT *(numero)* gerade ④ *(sport, nei giochi)* unentschieden ⑤ ANAT paarig, paarweise vorhanden; **essere ~ con qu** mit jdm quitt sein ⑥ *(loc)* **alla ~** Aupair-, au pair; **ragazza alla ~** Aupairmädchen *nt* **II.** *avv inv* gleich; **alla ~** gleich berechtigt, gleich gestellt **III.** *mf* <-> Gleichgestellte(r) *f(m),* Ebenbürtige(r) *f(m);* **trattare qu da ~ a ~** jdn als Seinesgleichen behandeln; **non aver ~** einzigartig sein; **senza ~** einzigartig, einmalig **IV.** *m* <-> Gleichheit *f;* **far ~** SPORT unentschieden spielen; **far ~ e dispari** auslosen

paria ['pa:ria] <-> *m* Paria *m*

parietale [parie'ta:le] **I.** *agg* ① *(graffito, pittura)* Wand- ② ANAT parietal **II.** *m* Scheitelbein *nt*

parificare [parifi'ka:re] *vt* ① JUR [rechtlich] gleich stellen ② ADM [staatlich] anerkennen

parificato, -a [parifi'ka:to] *agg* rechtsgültig anerkannt, gleich gestellt

parificazione [parifikat'tsio:ne] *f* [staatliche] Anerkennung *f,* rechtliche Gleichstellung

Parigi [pa'ri:dʒi] *f* Paris *nt*

pariglia [pa'riʎʎa] <-glie> *f* ① *(coppia di cavalli)* Gespann *nt* ② *(nelle carte)* Zwilling *m* [beim Pokern]; *(nei dadi)* Zweierpasch *m*

parigrado [pari'gra:do] <-> *mf* Ebenbürtige(r) *f(m),* Gleichgestellte(r) *f(m)*

parimenti [pari'menti] *avv (poet)* gleichfalls, ebenfalls

parità [pari'ta] <-> *f* ① *(uguaglianza)* Gleichheit *f; (di diritti)* Gleichberechtigung *f;* **a ~ di condizioni** bei gleichen Bedingungen; **a ~ di diritti** bei Gleichberechtigung; **a ~ di voti** bei Stimmengleichheit ② SPORT Unentschieden *nt;* **chiudere in ~** unentschieden ausgehen ③ COM Parität *f;* **~ salariale** Lohngleichheit *f*

paritario, -a [pari'ta:rio] <-i, -ie> *agg* gleich, Gleich-

paritetico, -a [pari'tɛ:tiko] <-ci, -che> *agg* paritätisch

parka ['parka] <-> *m* Parka *m o f*

parlamentare [parlamen'ta:re] **I.** *agg* parlamentarisch, Parlaments- **II.** *mf* POL Parlamentarier(in) *m(f),* Abgeordnete(r) *f(m)*

parlamentarismo [parlamenta'rizmo] *m* Parlamentarismus *m*

parlamento [parla'mento] *m* Parlament *nt; (assemblea)* Parlamentssitzung *f;* **sedere in ~** einen Sitz im Parlament haben; **Parlamento europeo** Europäisches Parlament

parlante [par'lante] **I.** *agg* ① *(che parla)* sprechend ② *(fig: molto espressivo)* sprechend, ausdrucksvoll **II.** *mf* Sprecher(in) *m(f)*

parlantina [parlan'ti:na] *f (fam)* Redseligkeit *f; (lingua sciolta)* Zungenfertigkeit *f;* **avere una bella** [*o* **buona**] **~** ein flinkes [*o* flottes] Mundwerk haben

parlare[1] [par'la:re] **I.** *vi* ① *(gener)* sprechen; *(comunicare)* reden; **~ a caso** unüberlegt daherreden; **~ a gesti** sich mit Zeichen verständigen; **~ a vanvera** ins Blaue hineinreden, dummes Zeug reden; **~ con le mani** mit den Händen sprechen; **~ tra i denti** in den Bart brummeln; **~ tra sé e sé** Selbstgespräche führen, mit sich selbst sprechen; **~ come un libro stampato** wie gedruckt reden; **far ~ di sé** von sich reden machen; **per non ~ di** ganz zu schweigen von ② *(conversare)* sprechen, sich unterhalten; **~ di qu/qc** über jdn/etw sprechen; **non se ne parli più** Schwamm drüber, darüber soll kein Wort mehr verloren werden ③ *(rivolgere la parola)* **~ a qu** jdn ansprechen ④ *(confessare)* ein Geständnis ablegen ⑤ *(fig: ricordare)* **~ di qu/qc** an jdn/etw erinnern **II.** *vt* sprechen, reden; **~ tedesco/francese/inglese** deutsch/französisch/englisch sprechen **III.** *vr* **-rsi** miteinander reden

parlare[2] *m* ① *(modo di parlare)* Sprechweise *f,* Redeweise *f* ② *(parlata)* Gerede *nt*

parlata [par'la:ta] *f* Sprechweise *f,* Redeweise *f*

parlato, -a [par'la:to] *agg (linguaggio, uso)* gesprochen, Sprach-

parlatore, -trice [parla'to:re] *m, f* guter Redner, gute Rednerin

parlatorio [parla'tɔ:rio] <-i> *m* Besuchszimmer *nt*

parlatrice *f v.* **parlatore**

parlottare [parlot'ta:re] *vi* flüstern, tuscheln

parlottio [parlot'ti:o] <-ii> *m* Getuschel *nt,* Geflüster *nt*

Parma ['parma] *f* Parma *nt (Stadt in Emilia Romagna)*

parmense [par'mɛnse] **I.** *mf (abitante)* Einwohner(in) *m(f)* von Parma **II.** *agg* aus Parma, Parmas

Parmense *m sing* Provinz *f* Parma

parmigiana [parmi'dʒa:na] *f Gericht mit Parmesan und Tomatensoße;* **~ di melanzane** *Auberginenauflauf mit Mozzarella und Tomatensoße*

parmigiano [parmi'dʒa:no] *m* Parmesankäse *m*

parmigiano, -a I. *m, f (abitante)* Einwohner(in) *m(f)* von Parma **II.** *agg* aus Parma

parodia [paro'diːa] <-ie> *f* Parodie *f*

parodiare [paro'diaːre] *vt* parodieren

parodista [paro'dista] <-i *m*, -e *f*> *mf* Parodist(in) *m(f)*

parodistico, -a [paro'distiko] <-ci, -che> *agg* parodistisch

parola [pa'rɔːla] *f* ① *(gener)* Wort *nt;* ~ **d'ordine** Parole *f,* Losung *f;* ~ **chiave** Schlüsselwort *nt;* **-e [in]crociate** Kreuzworträtsel *nt;* **giro di -e** Umschreibung *f;* **in una** ~ kurz gesagt, mit einem Wort; ~ **per** ~ Wort für Wort; **nel vero senso della** ~ im wahrsten Sinne des Wortes; **restare senza -e** keine Worte finden, sprachlos sein; **avere l'ultima** ~ das letzte Wort haben; **cavare le -e di bocca a qu** jdm die Worte aus der Nase ziehen; **una ~ tira l'altra** ein Wort gibt das andere ② *pl (consiglio)* Worte *ntpl,* Rat[schlag] *m* ③ *pl (chiacchiere, ciance)* Gerede *nt,* Geschwätz *nt* ④ *(facoltà di parlare)* Sprache *f;* **avere la ~ facile** redegewandt sein ⑤ *(il parlare)* Reden *nt,* Sprechen *nt;* **rivolgere la ~ a qu** jdn ansprechen ⑥ *(modo di esprimersi)* Redeweise *f,* Art *f* zu sprechen ⑦ *(diritto di parlare)* Wort *nt,* Rederecht *nt* ⑧ *(promessa)* [Ehren]wort *nt;* ~ **d'onore** Ehrenwort *nt;* **essere di ~, mantenere la** ~ sein Wort halten; **credere a qu sulla** ~ jdm aufs Wort glauben; **prendere** [*o* **pigliare**] **in** ~ beim Wort nehmen

parolaccia [paro'lattʃa] <-cce> *f* unflätiges Wort, ordinärer Ausdruck, Fluchwort

parolaio, -a [paro'laːio] <-ai, -aie> **I.** *agg* schwatzhaft **II.** *m, f* Schwätzer(in) *m(f)*

paroliere, -a [paro'liɛːre] *m, f* Texter(in) *m(f),* Textdichter(in) *m(f)*

parolina [paro'liːna] *f* Wörtchen *nt;* **devo dirti una** ~ *(confidenza)* ich muss dir was anvertrauen; *(rimprovero)* ich habe noch ein Wörtchen mit dir zu reden

parolona [paro'loːna] *f,* **parolone** [paro'loːne] *m* langes Wort

parossismo [paros'sizmo] *m* Paroxysmus *m*

parossistico, -a [paros'sistiko] <-ci, -che> *agg* MED paroxysmal, anfallweise auftretend

parotite [paro'tiːte] *f* Mumps *m,* Parotitis *f*

parquet [par'kɛ] <-> *m* Parkett *nt*

parricida [parri'tʃiːda] <-i *m*, -e *f*> *mf* Vatermörder(in) *m(f)*

parricidio [parri'tʃiːdio] <-i> *m* Vatermord *m*

parrocchetto [parrok'ketto] *m* ① ZOO Sittich *m* ② NAUT Fockmastsegel *nt*

parrocchia [par'rɔkkia] <-ie> *f* ① *(circoscrizione)* Pfarrei *f,* Pfarrbezirk *m* ② *(chiesa)* Pfarrkirche *f; (edificio)* Pfarrhaus *nt; (ufficio)* Pfarramt *nt* ③ *(insieme dei fedeli)* Pfarrgemeinde *f,* Pfarre *f*

parrocchiale [parrok'kiaːle] *agg* Pfarr-

parrocchiano, -a [parrok'kiaːno] *m, f* Mitglied *nt* einer Pfarrgemeinde, Pfarrkind *nt*

parroco ['parroko] <-ci> *m* Pfarrer *m*

parrucca [par'rukka] <-cche> *f* Perücke *f*

parrucchiere, -a [parruk'kiɛːre] *m, f* Friseur *m*/Friseuse *f* [*o* Friseurin *f*]; *(per signora)* Damenfriseur/-friseuse [*o* -friseurin]

parrucchino [parruk'kiːno] *m* [Herren]perücke *f*

parruccone, -a [parruk'koːne] *m, f (pej)* altmodischer Mensch *m*

parsimonia [parsi'mɔːnia] *f* Sparsamkeit *f*

parsimonioso, -a [parsimo'nioːso] *agg* sparsam, genügsam

parso ['parso] *pp di* **parere**[1]

partaccia [par'tattʃa] <-cce> *f (fam)* ① *(comportamento sleale)* schlechtes Benehmen ② *(colpo mancino)* böser Streich

parte[1] ['parte] *f* ① *(pezzo, settore)* Teil *nt,* Einzelteil *nt;* ANAT [Körper]teil *m;* **-i di ricambio** Ersatzteile *ntpl;* **-i intime** Intimzonen *fpl* ② *(porzione)* Teil *m,* Portion *f; (quota)* [An]teil *m;* ~ **del discorso** Satzteil *m,* Satzglied *nt;* **in** ~ zum Teil, teilweise; **essere** [*o* **far**] ~ **di qc** zu etw gehören, Bestandteil von etw sein; **prendere ~ a qc** an etw *dat* teilnehmen; **l'occhio vuole la sua** ~ *(fig)* das Äußere darf nicht vernachlässigt werden ③ *(luogo)* Gegend *f;* **da ogni** ~ von überall[her]; **in ogni** ~ überall; **stare dalle -i di Fiesole** in der Gegend von Fiesole wohnen ④ *(lato)* Seite *f; (direzione)* Richtung *f;* **da ~ di** von +*dat,* vonseiten +*gen,* seitens +*gen;* **da una ~ … dall'altra** einerseits … andererseits; **mettere da** ~ *(metter via)* beiseitelegen, als erledigt betrachten; *(tralasciare)* beiseitelassen; **non sapere da che ~ voltarsi** *(fig)* weder ein noch aus wissen; **essere dalla ~ del torto** im Unrecht sein; **fatti da ~!** *(fam)* geh zur Seite!, geh weg!, hau ab! ⑤ *(frazione)* Seite *f,* Partei *f; (partito)* Flügel *m,* Richtung *f;* JUR Partei *f;* **essere ~ in causa** [Prozess]partei sein; *(fig)* betroffen sein; **costituirsi ~ civile** Nebenklage erheben ⑥ THEAT Rolle *f; (fig: ruolo)* Rolle *f,* Aufgabe *f;* MUS Part *m,* Partie *f* ⑦ *(separato)* **a** ~ getrennt, separat

parte[2] *avv* teils; **gli scolari furono ~ promossi e ~ bocciati** die Schüler wurden teils versetzt, teils sind sie durchgefallen

partecipante [partetʃi'pante] **I.** *mf* Teilnehmer(in) *m(f)* **II.** *agg* teilnehmend, Teilnehmer-

partecipare [partetʃi'paːre] **I.** *vi* ~ **a qc** an

etw *dat* teilnehmen; COM an etw *dat* teilhaben; **~ al dolore/alla gioia di qu** jds Schmerz/Freude teilen **II.** *vt* [durch Anzeige] bekannt geben

partecipazione [partetʃi'pat'tsioːne] *f* ① *(di matrimonio, morte)* Anzeige *f* ② *(intervento)* Teilnahme *f,* Mitwirkung *f* ③ *(interessamento)* Anteilnahme *f* ④ COM, FIN, ADM Beteiligung *f;* **~ agli utili** Gewinnbeteiligung *f*

partecipe [par'teːtʃipe] *agg* **essere ~ di qc** an etw *dat* teilnehmen; COM an etw *dat* teilhaben; **essere ~ del dolore/della gioia di qu** jds Schmerz/Freude teilen

parteggiare [parted'dʒaːre] *vi* **~ per qu/qc** für jdn/etw Partei nehmen

partenariato [partena'riaːto] *m (partnership)* Partnerschaft *f,* Zusammenarbeit *f*

partenogenesi [parteno'dʒɛːnezi] <-> *f* Parthenogenese *f,* Jungfernzeugung *f*

partenopeo, -a [parteno'pɛːo] *m, f* Neapolitaner(in) *m(f)*

partenza [par'tɛntsa] *f* ① *(il partire)* Abreise *f,* Aufbruch *m;* **punto di ~** *(a. fig)* Ausgangspunkt *m;* **in ~** abreisend, abfahrend; COM abgehend; **pronto per la ~** abfahr[t]bereit, startbereit ② *(di veicolo)* Abfahrt *f* ③ SPORT, INFORM Start *m;* **~ a caldo** INFORM Warmstart *m;* **~ a freddo** INFORM Kaltstart *m*

parterre [par'tɛːr] <-> *m* THEAT Parterre *nt*

particella [parti'tʃɛlla] *f* LING, PHYS Partikel *f*

participiale [partitʃi'paːle] *agg* LING Partizipial-, partizipial

participio [parti'tʃiːpio] <-i> *m* LING Partizip *nt,* Mittelwort *nt*

particola [par'tiːkola] *f* Hostie *f,* Partikel *f*

particolare [partiko'laːre] **I.** *m* ① *(parte)* Detail *nt,* Einzelheit *f;* **entrare** [*o* **scendere**] **in -i** ins Detail gehen; **fin nei minimi -i** bis ins Detail ② *(elemento costitutivo)* Bestandteil *m* **II.** *agg* ① *(specifico)* besondere(r, s), spezifisch; *(speciale)* Spezial-, Sonder- ② *(proprio)* eigene(r, s), besondere(r, s); *(personale)* persönlich, Privat- ③ *(singolo)* einzeln, Einzel- ④ *(caratteristico)* charakteristisch, eigentümlich, typisch ⑤ *(fuori dal comune)* außergewöhnlich, außerordentlich

particolareggiare [partikolared'dʒaːre] *vt* ausführlich erzählen, eingehend schildern

particolareggiato, -a [partikolared'dʒaːto] *agg* ausführlich, detailliert

particolarismo [partikola'rizmo] *m* Partikularismus *m*

particolarista [partikola'rista] <-i *m,* -e *f*> *mf* POL Partikularist(in) *m(f)*

particolaristico, -a [partikola'ristiko] <-ci, -che> *agg* partikularistisch

particolarità [partiklari'ta] <-> *f* ① *(caratteristica)* Besonderheit *f,* Eigenheit *f* ② *(dettaglio)* Einzelheit *f,* Detail *nt*

particolarizzare [partikolarid'dzaːre] *vt* detailliert schildern

particolarizzazione [partikolariddzat'tsioːne] *f* Detailschilderung *f*

partigiana *f v.* **partigiano**

partigianeria [partidʒane'riːa] <-ie> *f* Parteilichkeit *f*

partigiano, -a [parti'dʒaːno] **I.** *m, f* ① POL, MIL Partisan(in) *m(f),* Widerstandskämpfer(in) *m(f)* ② *(sostenitore)* Parteigänger(in) *m(f),* Verfechter(in) *m(f)* **II.** *agg* ① *(guerra, lotta, resistenza)* Partisanen- ② *(giudizio)* parteiisch ③ *(spirito, politica)* von Parteiengeist beseelt, faktiös

partire [par'tiːre] *vi essere* ① *(andarsene)* weggehen; *(in viaggio)* abreisen; *(con l'aereo)* abfliegen; *(con il treno, l'automobile)* abfahren; **~ per Napoli** nach Neapel abreisen; **~ per le vacanze** in die Ferien fahren; **~ in quarta** *(fam)* loslegen; **~ è un po' morire** *(prov)* Scheiden tut weh ② *(colpo)* losgehen; *(macchina)* anspringen; SPORT starten ③ *(fig: avere inizio)* beginnen; **a ~ da** seit, von … an ④ *(provenire)* **~ da qc** von etw ausgehen ⑤ *(fam scherz: guastarsi)* kaputt gehen; *(impazzire)* durchdrehen; **Gianni è partito** Gianni hat durchgedreht

partita [par'tiːta] *f* ① SPORT Spiel *nt,* Wettkampf *m; (gioco)* Partie *f,* Spiel *nt;* **fare una ~ a carte/scacchi** eine Runde Karten/Schach spielen; **andare alla ~** zum Fußballspiel/ins Stadion gehen; **dare ~ vinta a qu** jdm gegenüber nachgeben ② COM Partie *f,* Posten *m;* **~ semplice/doppia** COM einfache/doppelte Buchführung ③ *(di caccia)* [Jagd]partie *f* ④ MUS Partita *f*

partita di ritorno [par'tiːta di ri'torno] *f* SPORT Rückspiel *nt*

partitico, -a [par'tiːtiko] <-ci, -che> *agg* Partei-, partei-

partitino [parti'tiːno] *m* POL Splitterpartei *f*

partitismo [parti'tizmo] *m* Parteienwirtschaft *f*

partitissima [parti'tissima] *f wichtigstes oder spannendstes Spiel eines Spieltages oder Turniers*

partitivo, -a [parti'tiːvo] *agg* partitiv

partito [par'tiːto] *m* ① POL Partei *f;* **prendere ~ per qu** für jdn Partei ergreifen ② *(risoluzione, decisione)* Entschluss *m,* Entscheidung *f;* **per ~ preso** aus Voreingenommenheit ③ *(offerta di matrimonio)* Partie *f*

partitocrazia [partitokrat'tsi:a] *f* POL *(pej)* Parteienherrschaft *f*

partitore [parti'to:re] *m* Teiler *m,* Trenner *m*

partitura [parti'tu:ra] *f* Partitur *f*

partizionamento [partittsiona'mento] *m* INFORM Partition *f,* Partitionierung *f*

partizione [partit'tsio:ne] *f* INFORM Partition *f*

partner ['pa:tnə *o* 'partner] <-> *mf* Partner(in) *m(f)*

partnership ['pa:tnəʃip *o* partner'ʃip] <-> *f* [Bündnis]partnerschaft *f*

parto ['parto] *m* ① *(il partorire)* Geburt *f,* Entbindung *f* ② *(la creatura partorita)* Neugeborene(s) *nt* ③ *(fig)* Schöpfung *f; (pej)* Ausgeburt *f*

partoriente [parto'riɛnte] *f* Gebärende *f,* Wöchnerin *f*

partorire [parto'ri:re] <partorisco> *vt* ① MED gebären, zur Welt bringen ② *(fig: produrre)* hervorbringen, schaffen

part-time [pa:t'taim *o* part'taim] **I.** *agg inv* Teilzeit- **II.** *m* <-> Teilzeitarbeit *f*

party <-> ['pa:ti *o* 'parti] *m* Party *f*

parure [pa'ry:r] <-> *f* ① *(di biancheria)* [Wäsche]garnitur *f* ② *(di gioielli)* Set *nt,* Garnitur *f*

parvenu [parvə'ny] <-> *mf* Emporkömmling *m,* Neureiche(r) *f(m)*

parvenza [par'vɛntsa] *f* [An]schein *m*

parvi ['parvi] *1. pers sing pass rem di* **parere**[1]

parziale [par'tsia:le] *agg* ① *(non totale)* Teil-, partiell ② *(arbitro, giudizio)* parteiisch

parzialità [partsiali'ta] <-> *f* ① *(atteggiamento)* Parteilichkeit *f* ② *(aspetto parziale)* Teil[aspekt] *m*

parzializzabile [partsialid'dza:bile] *agg* TEC regelbar

parzializzato, -a [partsiali'dza:to] *agg* ① *(gener)* geteilt, aufgeteilt ② TEC Durchfluss geregelt

parzializzazione [partsiliddzat'tsio:ne] *f* TEC Durchflussregelung *f*

parziario, -a [par'tsia:rio] <-i, -ie> *agg* Teil-, Partial-

pascere ['paʃʃere] <pasco, pascetti, pasciuto> *vt (poet)* abgrasen, abweiden; ~ **l'erba** grasen

pascià [paʃ'ʃa] <-> *m* Pascha *m;* **stare** [*o* **vivere**] **come un** ~ wie Gott in Frankreich leben

pasciuto, -a [paʃ'ʃu:to] *agg* wohlgenährt

pascolare [pasko'la:re] *vt, vi* weiden

pascolo ['paskolo] *m* Weide *f*

pasoliniano, -a [pasoli'nia:no] *agg* Pasolini'sche, Pasolinis

Pasqua ['paskua] *f (cristianesimo)* Ostern *nt,* Osterfest *nt; (ebraismo)* Passah[fest] *nt;* ~ **di resurrezione** Osterfest *nt;* **essere contento come una** ~ sich wie ein Schneekönig freuen

pasquale [pas'kua:le] *agg* österlich, Oster-

pasquetta [pas'kuetta] *f* Ostermontag *m;* **fare** ~ [am Ostermontag] einen Ausflug [ins Grüne] machen

pass [pa:s] <-> *m* Kennkarte *f;* **esibire il** ~ die Kennkarte vorzeigen

passa ['passa] **I.** *agg inv* getrocknet **II.** *avv* **e** ~ oder mehr

passabile [pas'sa:bile] *agg* annehmbar, passabel

passaggio [pas'saddʒo] <-ggi> *m* ① *(il passar davanti)* Vorbeigehen *nt,* Vorübergehen *nt; (di truppe)* Vorbeimarschieren *nt,* -marsch *m; (di veicoli)* Vorbeifahren *nt,* -fahrt *f; (di aerei)* Vorbeifliegen *nt,* -flug *m* ② *(il passare attraverso)* Durchgehen *nt; (di persone)* Durchgehen *nt,* -gang *m; (di veicoli)* Durchfahren *nt,* -fahrt *f; (di aerei)* Durchfliegen *nt,* -flug *m;* **essere di** ~ auf der Durchfahrt sein; **vietato il** ~ Durchgang verboten ③ *(il passare oltre)* Hinübergehen *nt; (di veicoli)* Überfahrt *f;* ~ **a livello** Bahnübergang *m* ④ *(movimento, traffico)* Verkehr *m* ⑤ *(viaggio per nave, aereo)* [Schiffs-, Flug-]reise *f* ⑥ *(ospitalità su un veicolo)* Mitfahrt *f;* **dare un** ~ **a qu** jdn [im Auto] mitnehmen; **offrire un** ~ **a qu** jdm eine Mitfahrgelegenheit anbieten ⑦ *(strada)* Durchgang *m,* Weg *m; (in mare)* [enge] Durchfahrt *f,* Passage *f;* ~ **pedonale** Fußgängerüberweg *m,* Schutzweg *m* A ⑧ *(fig: cambiamento)* Übergang *m,* Wechsel *m;* ~ **di proprietà** Eigentumsübertragung *f* ⑨ LIT *(brano)* Passage *f,* Stelle *f* ⑩ MUS Passage *f,* Stück *nt* ⑪ *(successione)* Übergang *m,* Aufeinanderfolge *f;* PHYS Übergang *m* ⑫ SPORT Pass *m,* Zuspiel[en] *nt* [des Balles]

passamaneria [passamane'ri:a] <-ie> *f* ① *(guarnizioni)* Posament *nt,* Besatzartikel *m* ② *(negozio)* Kurzwarenhandlung *f*

passamano [passa'ma:no] *m* ① *(nastrino)* Besatzborte *f* ② *(passaggio di cose)* Kette *f* [zum Weiterreichen von Gegenständen]

passamontagna [passamon'taɲɲa] <-> *m* Sturmhaube *f,* Windhaube *f; (di giacca a vento)* Anorakkapuze *f*

passante [pas'sante] **I.** *mf* Passant(in) *m(f)* **II.** *m* Lasche *f,* Schlaufe *f*

passaparola [passapa'rɔ:la] <-> *m* ① MIL

Durchgeben *nt* ② *(fig: gioco)* stille Post; **giocare a ~** stille Post spielen

passaporto [passa'pɔrto] *m* [Reise]pass *m*

passare [pas'sa:re] **I.** *vi essere* ① *(attraversare)* **~ per qc** durch etw gehen; *(veicoli)* durch etw fahren; **~ per la mente/il capo** durch den Sinn/Kopf gehen; **~ inosservato** *(fig)* unbemerkt bleiben; **~ sopra a qc** *(fig)* über etw *akk* hinweggehen; **di qui non si passa** hier geht es nicht durch ② *(transitare)* vorübergehen, vorbeigehen; *(veicoli)* vorbeifahren; *(venire brevemente)* vorbeikommen; **~ a prendere qu** *(fam)* jdn abholen kommen; **ti passo a salutare** ich komme auf einen Sprung bei dir vorbei *fam* ③ *(entrare)* durchkommen, hereinkommen ④ *(penetrare)* durchgehen, durchpassen ⑤ *(trasferirsi)* umziehen, verziehen ⑥ *(tramandarsi)* **~ da qu a qu** von jdm auf jdn übergehen; **~ alla storia** in die Geschichte eingehen ⑦ *(trascorrere)* vergehen, vorbeigehen ⑧ *(cambiar stato)* **~ da qc a qc** von etw zu etw überwechseln; *(cambiare argomento)* von etw zu etw übergehen ⑨ *(cessare)* vorbeigehen, vorübergehen; *(dolore)* vergehen; **~ di moda** aus der Mode kommen; **passo e chiudo** Ende der Durchsage ⑩ *(essere accettabile)* durchgehen ⑪ *(scolaro)* versetzt werden, aufsteigen A; *(avanzare di grado)* aufsteigen, befördert werden; *(legge)* verabschiedet werden; **~ di ruolo** eine Planstelle bekommen ⑫ *(essere considerato)* **~ per bello** als schön gelten; **mi vuoi far ~ per stupido?** willst du mich für dumm verkaufen? *fam* ⑬ *(nei giochi)* passen; SPORT zuspielen, abgeben; **per questa volta passi** diesmal mag es [noch] durchgehen **II.** *vt avere* ① *(attraversare)* überschreiten, überqueren; *(con veicoli)* fahren über +*akk* ② *(sorpassare)* überholen; *(fig: superare)* überschreiten; **~ il segno** [*o* **la misura**] das Maß überschreiten; **ha passato i settanta** er/sie hat die siebzig überschritten [*o* sie] ③ *(trafiggere)* durchbohren ④ GASTR passieren ⑤ *(porgere)* reichen, geben; *(assegnare)* zukommen lassen; *(ordinazione)* erteilen ⑥ *(patire)* durchmachen, erleiden; **passarne di tutti i colori** allerhand durchmachen; **passarsela male** *(fam)* schlechte Zeiten durchmachen ⑦ *(notizia)* weitergeben, weitersagen; *(voce)* verbreiten; SPORT *(palla)* zuspielen ⑧ *(tempo, vacanze)* verbringen ⑨ *(perdonare, accettare)* durchgehen lassen; *(legge)* verabschieden; *(provvedimento)* billigen; **~ qc sotto silenzio** etw verschweigen ⑩ *(superare: esame)* bestehen; *(pericolo)* überstehen; **passarla liscia** *(fam)* mit heiler Haut davonkommen ⑪ *(scorrere)* durchsehen, überfliegen ⑫ TEL verbinden [mit]; **mi può passare la signora Maier, per favore?** können Sie mich bitte mit Frau Maier verbinden?

passata [pas'sa:ta] *f* ① *(scorsa)* Überfliegen *nt* ② *(di straccio, cencio)* Darüberwischen *nt*, -gehen *nt*, -fahren *nt* ③ *(di selvaggina)* Wildwechsel *m* ④ *(breve applicazione)* [rascher] Anstrich *m* ⑤ GASTR Creme[suppe] *f* ⑥ *(avvenimento di breve durata)* Episode *f*; *(fig)* Anflug *m*

passatello, -a [passa'tɛllo] *agg (scherz)* nicht mehr der Jüngste

passatempo [passa'tɛmpo] *m* Zeitvertreib *m;* **per ~** zum Zeitvertreib

passatistico, -a [passa'tistiko] <-ci, -che> *agg* traditionalistisch

passato [pas'sa:to] *m* ① *(di tempo)* Vergangenheit *f* ② LING **~ prossimo** Passato prossimo *nt;* **~ remoto** Passato remoto *nt* ③ GASTR Püree *nt*, Brei *m*

passato, -a *agg* ① *(trascorso)* vergangen, vorbei; *(settimana, anno)* vorige(r, s), letzte(r, s) ② GASTR passiert ③ *(fig: anziano)* ältlich ④ *(andato a male)* nicht mehr ganz frisch; *(guasto)* verdorben; *(frutta)* überreif

passatoia [passa'to:ia] <-oie> *f* ① *(tappeto)* Läufer *m* ② FERR Gleisübergang *m*

passatrice [passa'tri:tʃe] *f* TEC industrielle Passiermaschine

passatutto [passa'tutto] <-> *m* Passiermaschine *f*

passaverdura [passaver'du:ra], **passaverdure** [passaver'du:re] <-> *m* Passiermaschine *f*

passeggero, -a [passed'dʒɛ:ro] **I.** *agg* vorübergehend, vergänglich **II.** *m, f* Reisende(r) *f(m);* NAUT, AERO Passagier(in) *m(f)*, Fahrgast *m;* **~ clandestino** blinder Passagier

passeggiare [passed'dʒa:re] *vi* spazieren [gehen]

passeggiata [passed'dʒa:ta] *f* ① *(il passeggiare)* Spazierengehen *nt* ② *(percorso)* Spaziergang *m; (con veicolo)* Spazierfahrt *f* ③ *(strada)* Promenade *f*, Spazierweg *m* ④ *(fig: cosa facile)* Kinderspiel *nt*

passeggiatrice [passeddʒa'tri:tʃe] *f (eufemismo)* Strichmädchen *nt*

passeggino [passed'dʒi:no] *m* Kinderwagen *m*, Sportwagen *m;* **~ trekking** Buggy *m*

passeggio [pas'seddʒo] <-ggi> *m* ① *(atto)* Spaziergang *m;* **andare a ~** spazieren gehen; **portare a ~** spazieren führen, ausführen ② *(luogo)* Promenade *f*, Spazierweg *m*

passe-partout [paspar'tu] <-> *m* ① *(chia-*

P

ve) Hauptschlüssel *m,* Generalschlüssel *m* ② *(cornice)* Passepartout *nt*

passera ['passera] *f* ① ZOO *(femmina del passero)* Sperlingsweibchen *nt; (pesce)* Flunder *f* ② *(vulg)* Möse *f*

passeraio [passe'ra:io] <-ai> *m* ① *(pigolio)* Gezwitscher *nt* ② *(fig: cicaleccio)* Schnattern *nt*

passerella [passe'rɛlla] *f* ① *(ponte)* Steg *m,* [kleine] Brücke *f* ② NAUT Bootssteg *m,* Laufgang *m;* AERO Gangway *f,* Laufgang *m;* FERR Gleisübergang *m,* Steg *m* ③ THEAT [Bühnen]rampe *f* ④ *(per indossatrici)* Laufsteg *m*

passero, -a ['passero] *m, f* Sperling *m,* Spatz *m*

passerotto [passe'rɔtto] *m* ① ZOO [junger] Sperling *m* ② *(fam fig)* Spätzchen *nt,* Häschen *nt*

passeur, passeuse [pa'sœ:r, pa'sø:z] <- *o* passeurs> *m, f* ① *(merce)* Schmuggler(in) *m(f)* ② *(persone)* Schlepper(in) *m(f)*

passi ['passi] <-> *m* Passierschein *m*

passibile [pas'si:bile] *agg* ~ **di** JUR strafbar mit; **prezzo ~ d'aumento** Preis, der sich erhöhen kann; **~ di miglioramenti** ausbaufähig

passiflora [passi'flɔ:ra] *f* Passionsblume *f*

passim ['passim] *avv* an verschiedenen Stellen

passino [pas'si:no] *m (fam)* Sieb *nt*

Passio ['passio] <-> *m* Passion *f,* Leidensgeschichte *f* Christi

passionale [passio'na:le] *agg* leidenschaftlich; JUR *(delitto)* Affekt-

passionalità [passionali'ta] <-> *f* Leidenschaftlichkeit *f*

passione [pas'sio:ne] *f* ① *(sofferenza)* Schmerz *m,* Leid[en] *nt,* Kummer *m* ② *(violento amore)* Leidenschaft *f,* leidenschaftliche Liebe ③ *(grande interesse)* Leidenschaft *f,* Passion *f* ④ *(persona)* [große] Liebe *f,* [große] Leidenschaft *f* ⑤ REL Leiden *nt*

passito, -a [pas'si:to] *m, f* Beerenauslese *f*

passivante [passi'vante] *agg* GRAM passivierend

passività [passivi'ta] <-> *f* ① *(estraneità)* Passivität *f,* Teilnahmslosigkeit *f* ② COM Passiva *pl,* Schulden *fpl*

passivo [pas'si:vo] *m* ① LING Passiv *nt,* Leideform *f* ② COM Passiva *pl;* **chiudere in ~** mit Verlust abschließen

passivo, -a *agg* ① *(senza reazione)* passiv ② LING passiv[isch] ③ COM passiv, Passiv-

passo ['passo] *m* ① *(movimento, spazio)* Schritt *m; (andatura)* Gangart *f;* MIL Gleichschritt *m;* **senza muovere un ~** ohne sich von der Stelle zu rühren; *(fig)* ohne einen Finger krumm zu machen; **a ~ d'uomo** im Schritttempo; **andare al ~** im Schritttempo fahren; **fare due** [*o* **quattro**] **-i** *(fig)* sich *dat* die Beine vertreten; **fare il ~ più lungo della gamba** *(fig)* sich überfordern; *(fare spese eccessive)* über seine Verhältnisse leben; **fare un ~ indietro** einen Rückzieher machen; **muovere i primi -i** *(a. fig)* die ersten Schritte tun; **procedere di buon ~** gut vorankommen; **tornare sui propri -i** [denselben Weg] zurückgehen; *(fig)* von vorne anfangen, sich das anders überlegen; **essere a pochi -i** wenige Schritte entfernt sein; **ad ogni ~** auf Schritt und Tritt; **~ ~** langsam; **un ~ dopo l'altro** Schritt für Schritt; **e via di questo ~** *(fam)* und so weiter und so fort ② *(impronta)* Fußstapfe *f,* [Fuß]spur *f* ③ TEC Gewindegang *m* ④ MOT Radstand *m,* Achsstand *m* ⑤ FILM Perforationsabstand *m* ⑥ LIT [Text]stelle *f,* Passus *m* ⑦ MUS Passage *f,* Stelle *f* ⑧ *(fig: progresso)* Fortschritt *m* ⑨ *(passaggio)* Durchgang *m; (con veicolo)* Durchfahrt *f;* **~ carrabile** [*o* **carraio**] Einfahrt *f,* Ausfahrt *f;* **aprirsi il ~ tra la folla** sich *dat* einen Weg durch die Menge bahnen ⑩ *(valico)* Pass *m* ⑪ *(braccio di mare)* Meeresstraße *f*

password ['pa:swə:d *o* 'pasword] <- *o* passwords> *f* INFORM Passwort *nt*

pasta ['pasta] *f* ① GASTR *(impasto)* Teig *m; (alimentare)* Nudeln *fpl,* Teigwaren *fpl; (dolce)* [Fein]gebäck *nt,* Bäckerei *f* A; **~ frolla** Mürb[e]teig *m;* **~ sfoglia** Blätterteig *m* ② *(fig: indole)* Wesen *nt,* Charakter *m;* **essere della stessa ~** aus dem gleichen Holz geschnitzt sein ③ *(massa)* Masse *f,* Brei *m* ④ *(polpa di frutti)* Fruchtfleisch *nt*

pastafrolla [pasta'frɔlla] *f v.* **pasta**

pastasciutta [pastaʃ'ʃutta] *f* Nudelgericht *nt*

pastasciuttaio, -a [pastaʃʃut'ta:io] <-ai, -aie> *m, f (fam scherz)* Nudelfan *m*

pasteggiare [pasted'dʒa:re] *vi* speisen

pastella [pas'tɛlla] *f* Teig *m (aus Mehl, Wasser, Hefe)*

pastello[1] [pas'tɛllo] *m* ① *(per dipingere)* Pastellfarbe *f; (matita)* Pastellstift *m* ② *(dipinto)* Pastell[bild] *nt*

pastello[2] *agg inv* pastellfarben, pastell-; **tinta ~** Pastellfarbe *f*

pasticca [pas'tikka] <-cche> *f* Pastille *f,* Tablette *f*

pasticcere *m v.* **pasticciere**

pasticceria [pastittʃe'ri:a] <-ie> *f* ① *(negozio)* Konditorei *f* ② *(assortimento)* [Fein]gebäck *nt,* Bäckerei *f* A

pasticciare [pastit'tʃa:re] *vt* ① *(eseguire*

P

male) hinhauen *fam* ② *(sporcare)* beklecksen, beschmieren

pasticciato, -a [pastit'tʃa:to] *agg mit Tomaten, Fleischsoße und Käse überbacken*

pasticciere, -a [pastit'tʃɛ:re] *m, f* Konditor(in) *m(f),* Feinbäcker(in) *m(f),* Zuckerbäcker(in) *m(f)* A

pasticcino [pastit'tʃi:no] *m* Kleingebäck *nt,* Feingebäck *nt,* Bäckerei *f* A

pasticcio [pas'tittʃo] <-cci> *m* ① GASTR Pastete *f;* **~ di maccheroni** Makkaroniauflauf *m,* Pastitsio *nt* ② *(fam fig: faccenda imbrogliata)* [schöne] Bescherung *f,* Schlamassel *m;* **mettersi nei -cci** *(fam)* sich in die Nesseln setzen ③ *(fig: lavoro mal fatto)* Hudelei *f fam,* Pfuscherei *f* ④ MUS Pasticcio *nt*

pasticcione, -a [pastit'tʃo:ne] **I.** *m, f (fam)* ① *(arruffone)* Pfuscher(in) *m(f)* ② *(confusionario)* Wirrkopf *m* **II.** *agg (fam)* Pfusch-

pastiche [pas'tiʃ] <-> *m* LIT Pastiche *nt;* MUS Pasticcio *nt*

pastiera [pas'tiɛ:ra] *f neapolitanischer Osterkuchen aus Mürbeteig, gefüllt mit Quark, Vanillecreme und kandierten Früchten*

pastificare [pastifi'ka:re] *vt (paste)* herstellen

pastificio [pasti'fi:tʃo] <-ci> *m* Teigwarenfabrik *f,* Nudelfabrik *f*

pastiglia [pas'tiʎʎa] <-glie> *f* ① *(pasticca)* Pastille *f,* Tablette *f* ② *(contro le zanzare)* Mückenvertreibungsmittel *nt* ③ MOT *(dei freni)* Bremsbelag *m*

pastigliatrice [pastiʎʎa'tri:tʃe] *f* TEC Tablettenpresse *f,* Tablettierautomat *m*

pastina [pas'ti:na] *f* ① *(in brodo)* Suppennudeln *fpl* ② *(pasticcino)* Feingebäck *nt,* kleines Gebäck

pasto ['pasto] *m* Essen *nt,* Mahlzeit *f;* **vino da ~** Tischwein *m,* Tafelwein *m;* **saltare il ~** eine Mahlzeit auslassen; **fare due -i al giorno** zwei Mahlzeiten am Tag zu sich nehmen

pastoia [pas'to:ia] <-oie> *f* ① *(fig: impedimento)* Behinderung *f,* Fessel *f* ② *(fune)* [Fuß]fessel *f*

pastone [pas'to:ne] *m* ① *(per animali)* Kleienfutter *nt* ② *(cibo troppo cotto)* verkochtes Essen, Mampf *m fam,* Pampe *f fam*

pastora *f v.* **pastore**

pastorale [pasto'ra:le] **I.** *agg* ① LIT Hirten-, Schäfer- ② REL pastoral, Bischofs- **II.** *f* ① REL Hirtenbrief *m* ② MUS Pastorale *f* **III.** *m* Hirtenstab *m,* Pastorale *nt*

pastore, -a [pas'to:re] *m, f* ① *(custode)* Hirte *m*/Hirtin *f,* Schäfer(in) *m(f);* **~ di pecore** Schafshirte, -hirtin *m, f* ② *(cane)* Schäferhund *m*/-hündin *f* ③ *(fig: guida)* [An]führer(in) *m(f)* ④ REL Seelsorger(in) *m(f),* Geistliche(r) *f(m),* Pfarrer *m;* *(ministro)* Pastor(in) *m(f);* **~ di anime** Seelsorger *m*

pastorella [pasto'rɛlla] *f* ① *(pecoraia)* Hirtenmädchen *nt,* kleine Schäferin ② MUS Pastorella *f* ③ LIT Pastorelle *f*

pastorizia [pasto'rittsia] <-ie> *f* Viehzucht *f;* *(di ovini)* Schafzucht *f*

pastorizzare [pastorid'dza:re] *vt* pasteurisieren

pastorizzazione [pastoriddzat'tsio:ne] *f* Pasteurisation *f,* Pasteurisierung *f*

pastosità [pastosi'ta] <-> *f* ① *(di pasta)* Teigigkeit *f* ② *(fig: di stile)* Weichheit *f;* *(di colore)* Zartheit *f;* *(di vino)* Vollmundigkeit *f*

pastoso, -a [pas'to:so] *agg* ① *(molle ed elastico)* teigig, knetbar ② *(fig: colore, stile, voce)* weich, zart; *(vino)* vollmundig, samtig

pastrano [pas'tra:no] *m* dicker Mantel

pastrocchio [pas'trɔkkio] <-cchi> *m (fam)* Kuddelmuddel *m o nt*

pastura [pas'tu:ra] *f* [Vieh]futter *nt*

pat [pat] *int* tätschel; **fare ~ ~ sulla spalla a qu** jdm die Schulter tätscheln

patacca [pa'takka] <-cche> *f* ① *(fam: distintivo)* Plakette *f,* billiger Orden ② *(fam fig: macchia)* [Fett-, Schmutz]fleck *m*

pataccone [patak'ko:ne] *m (fam scherz: grosso orologio)* Zwiebel *f,* Kartoffel *f*

patata [pa'ta:ta] *f* Kartoffel *f,* Erdapfel *m* A; **~ americana** [*o* **dolce**] Süßkartoffel *f;* **-e fritte** Pommes frites *pl;* **-e lesse** Salzkartoffeln *f pl;* **sacco di -e** *(fam)* Trampel *m o nt,* Trampeltier *nt*

patatina [pata'ti:na] *f* kleine Kartoffel; **-e fritte** Kartoffelchips *mpl*

patatrac [pata'trak] **I.** *m* <-> Einsturz *m,* Zusammenbruch *m* **II.** *int* krach, plumps

patella [pa'tɛlla] *f* Napfschnecke *f*

patema [pa'tɛ:ma] <-i> *m* Kummer *m,* seelischer Schmerz

patentato, -a [paten'ta:to] *agg* ① *(munito di patente)* staatlich geprüft, zugelassen ② *(fam scherz)* ausgemacht, Ober-

patente [pa'tɛnte] *f* ① ADM Genehmigung *f;* *(licenza)* Lizenz *f;* **prendere la ~ di guida** den Führerschein machen; **~ a punti** Punkteführerschein *m* ② *(fig, scherz)* Stempel *m;* **dare a qu la ~ di bugiardo** jdn zum Lügner abstempeln

patentino [paten'ti:no] *m* vorläufiger Führerschein

patereccio [pate'rettʃo] <-cci> *m* Nagelbettentzündung *f*

paternale [pater'na:le] *f* Strafpredigt *f,* Standpauke *f fam*

paternalismo [paterna'lizmo] *m* ① POL Paternalismus *m* ② *(atteggiamento benevolo)* väterliche Fürsorglichkeit/Fürsorge *f*
paternalistico, -a [paterna'listiko] <-ci, -che> *agg* ① POL paternalistisch ② *(fig)* gönnerhaft
paternità [paterni'ta] <-> *f* ① *(condizione di padre)* Vaterschaft *f* ② ADM Name[n] *m* des Vaters ③ *(fig)* Urheberschaft *f*
paterno, -a [pa'tɛrno] *agg* ① *(del padre)* väterlich, Vater- ② *(da parte del padre)* väterlicherseits
paternoster, pater noster [pater'nɔster] <-> *m* Vaterunser *nt*, Paternoster *nt*
paternostro [pater'nɔstro] <-> *m* Vaterunser *nt; (del rosario)* Rosenkranzperle *f*; **sapere qc come il ~** etw aus dem Effeff können *fam*
pateticità [patetitʃi'ta] <-> *f* Pathetik *f*
patetico, -a [pa'tɛːtiko] <-ci, -che> *agg* pathetisch
pathos ['paːtos] *m* Pathos *nt*
patibolare [patibo'laːre] *agg* Galgen-
patibolo [pa'tiːbolo] *m* Schafott *nt; (forca)* Galgen *m*
patimento [pati'mento] *m* Leiden *nt*, Schmerz *m*
patina ['paːtina] *f* ① *(strato)* [dünne] Schicht *f; (su oggetti metallici)* Patina *f* ② MED [Zungen]belag *m*
patinare [pati'naːre] *vt (metallo)* patinieren; *(carta)* satinieren
patinata [pati'naːta] *f* TYP Probedruck *m* auf Kunstdruckpapier
patinatura [patina'tuːra] *f (di carta)* Satinage *f*, Satinieren *nt; (di metallo)* Patinierung *f*
patino [pa'tiːno] *m v.* **pattino**
patire [pa'tiːre] <patisco> **I.** *vt (offesa, torto)* erleiden, ertragen; *(fame, sete)* leiden; *(freddo, caldo)* leiden unter +*dat* **II.** *vi* leiden
patito, -a [pa'tiːto] **I.** *agg* abgemagert; *(faccia)* eingefallen **II.** *m, f* [leidenschaftlicher] Fan *m*
patogeno, -a [pa'tɔːdʒeno] *agg* krankheitserregend, pathogen
patologa *f v.* **patologo**
patologia [patolo'dʒiːa] <-gie> *f* Pathologie *f*
patologico, -a [pato'lɔːdʒiko] <-ci, -che> *agg* ① MED pathologisch, krankhaft ② *(fig, scherz)* außergewöhnlich
patologizzare [patolodʒit'tsaːre] *vt* pathologisieren
patologo, -a [pa'tɔːlogo] <-gi, -ghe> *m, f* Pathologe *m*/Pathologin *f*
patomorfosi [patomor'fɔːsi] <-> *f* MED Symptomveränderungen *fpl*

P

patos *m v.* **pathos**
patria ['paːtria] <-ie> *f* ① *(nazione)* Vaterland *nt; (città, paese)* Heimatstadt *f*, Geburtsort *m* ② *(luogo d'origine)* Heimat *f; (di cosa)* Herkunftsland *nt*; **~ d'elezione** Wahlheimat *f*; **la madre ~** das Mutterland *nt*
patriarca [patri'arka] <-chi> *m (capo)* Patriarch *m*, Oberhaupt *nt; (capostipite)* Erzvater *m*, Stammvater *m*
patriarcale [patriar'kaːle] *agg* patriarchalisch, Patriarchen-
patriarcato [patriar'kaːto] *m* Patriarchat *nt*
patrigno [pa'triɲɲo] *m* Stiefvater *m*
patrimoniale [patrimo'niaːle] **I.** *agg* Vermögens- **II.** *f* Vermögenssteuer *f*
patrimonio [patri'mɔːnio] <-i> *m* ① COM Vermögen *nt*, Kapital *nt* ② BIOL Erbgut *nt* ③ *(fig: ricchezza)* Reichtum *m*, Schätze *mpl*
patrio, -a ['paːtrio] <-ii, -ie> *agg (obs)* ① *(del padre)* väterlich ② *(della patria)* vaterländisch, Vaterlands-, Heimat-; **-a potestà** JUR väterliche Gewalt; **ritornare ai -ii lidi** zu den heimatlichen Gestaden zurückkehren *geh*
patriota [patri'ɔːta] <-i *m*, -e *f*> *mf* Patriot(in) *m(f)*
patriottardo, -a [patriot'tardo] **I.** *agg* chauvinistisch, übertrieben patriotisch **II.** *m, f* fanatische(r) Patriot(in) *m(f)*, Chauvinist(in) *m(f)*
patriottico, -a [patri'ɔttiko] <-ci, -che> *agg* patriotisch
patriottismo [patriot'tizmo] *m* Patriotismus *m*
patrizia *f v.* **patrizio**
patriziato [patrit'tsiaːto] *m* Patriziat *nt*
patrizio, -a [pa'trittsio] <-i, -ie> **I.** *agg* patrizisch, Patrizier- **II.** *m, f* Patrizier(in) *m(f)*
patrocinare [patrotʃi'naːre] *vt* ① JUR [vor Gericht] verteidigen ② *(sostenere)* begünstigen, befürworten; *(iniziativa)* unterstützen
patrocinatore, -trice [patrotʃina'toːre] *m, f* ① JUR Rechtsbeistand *m*, Verteidiger(in) *m(f)* ② *(fig)* Verfechter(in) *m(f)*, Befürworter(in) *m(f)*
patrocinio [patro'tʃiːnio] <-i> *m* ① JUR Verteidigung *f*, Rechtsbeistand *m* ② REL Schutzherrschaft *f* eines Heiligen
patrona *f v.* **patrono**
patronato [patro'naːto] *m* ① *(istituzione assistenziale)* Fürsorgeeinrichtung *f*, Hilfswerk *nt* ② *(protezione)* Schirmherrschaft *f*, Patronat *nt*
patronessa [patro'nessa] *f* ① *(socia di pa-*

tronato) Förderin *f* [*o* Mitglied *nt*] eines Hilfswerkes ② *(protettrice)* Schirmherrin *f*

patrono, -a [pa'trɔːno] *m, f* ① *(protettore)* Schirmherr(in) *m(f);* REL Schutzpatron(in) *m(f)* ② *(socio di patronato)* Förderer *m/*Förderin *f* eines Hilfswerkes

patta ['patta] *f* ① *(di tasca)* Patte *f* ② *(pareggio)* Patt *nt,* Unentschieden *nt*

patteggiare [patted'dʒaːre] **I.** *vt* aushandeln, verhandeln über *+akk* **II.** *vi* verhandeln, Verhandlungen führen

pattinaggio [patti'naddʒo] <-ggi> *m (a rotelle)* Rollschuhlaufen *nt; (su ghiaccio)* Schlittschuhlaufen *nt;* **~ in linea** Inlineskating *nt*

pattinare [patti'naːre] *vi* ① *(a rotelle)* Rollschuh laufen; *(su ghiaccio)* Schlittschuh laufen; **~ inline** skaten, Inliner fahren ② MOT *(scivolare)* schleudern, rutschen

pattinatore, -trice [pattina'toːre] *m, f (a rotelle)* Rollschuhläufer(in) *m(f); (su ghiaccio)* Schlittschuhläufer(in) *m(f)*

pattino[1] ['pattino] *m* ① *(a rotelle)* Rollschuh *m; (da ghiaccio)* Schlittschuh *m;* **-i in linea** Inlineskater *mpl* ② *(di slitta, aereo)* Kufe *f* ③ TEC [Gleit]schuh *m*

pattino[2] [pat'tiːno] *m (barca)* Tretboot *nt*

patto ['patto] *m* ① *(accordo)* Vereinbarung *f,* Übereinkunft *f;* **venire** [*o* **scendere**] **a -i con qu** mit jdm übereinkommen ② POL Pakt *m,* Vertrag *m;* **Patto Atlantico** Atlantisches Bündnis, [Nord]atlantikpakt; **~ di non aggressione** Nichtangriffspakt; **~ di bilancio** EU Fiskalpakt; **~ di stabilità e di crescita** EU Stabilitäts- und Wachstumspakt ③ *(condizione)* Bedingung *f;* **a ~ che ...** *+conj* unter der Bedingung, dass ...; **a nessun ~** unter keiner Bedingung

pattuglia [pat'tuʎʎa] <-glie> *f* Patrouille *f,* Streife *f;* **~ stradale** Verkehrsstreife *f;* **~ di ricognizione** Spähtrupp *m;* **essere di ~** auf Streife sein

pattugliare [pattuʎ'ʎaːre] **I.** *vi* patrouillieren **II.** *vt* absuchen

pattuire [pattu'iːre] <pattuisco> *vt* abmachen, vereinbaren

pattuito [pattu'iːto] *m* vereinbarte Summe

pattuito, -a *agg* ausgehandelt, vereinbart

pattume [pat'tuːme] *m* Müll *m,* Abfall *m*

pattumiera [pattu'miɛːra] *f* Mülleimer *m,* Abfalleimer *m*

pauperismo [paupe'rizmo] *m* ① *(povertà)* Massenarmut *f,* Pauperismus *m geh* ② REL Armut *f,* Besitzlosigkeit *f*

pauperizzazione [pauperiddzat'tsioːne] *f* zunehmende Verarmung [*o* Verelendung]

paura [pa'uːra] *f* Angst *f,* Furcht *f;* **una ~ da morire** eine Sterbensangst; **una ~ del diavolo** eine Höllenangst; **avere ~ di qc/qu** Angst vor etw/jdm haben; **aver ~ che ...** *+conj* befürchten, dass ..., Angst haben, dass ...; **per ~ che ...** *+conj* aus Angst, dass ...; **fare ~ a qu** jdm Angst machen; **mettere ~ a qu** jdm Angst einjagen; **da far ~** schrecklich, zum Fürchten

pauroso, -a [pau'roːso] *agg* ① *(spaventoso)* Angst erregend, Furcht erregend ② *(timoroso)* ängstlich, furchtsam ③ *(fig: straordinario)* unglaublich, sagenhaft

pausa ['paːuza] *f* Pause *f,* [kurze] Unterbrechung *f; (sosta)* Stockung *f,* Stillstand *m;* **~ caffè** Kaffeepause *f*

pavé [pa've] <-> *m* [Straßen]pflaster *nt*

paventare [paven'taːre] *vt (poet)* fürchten

pavesare [pave'zaːre] *vt* beflaggen

pavese I. *mf (abitante)* Einwohner(in) *m(f)* von Pavia **II.** *agg* aus Pavia

Pavese *m sing* Umgebung *f* von Pavia

Pavia *f* Pavia *nt (Stadt in der Lombardei)*

pavido, -a ['paːvido] *agg (poet)* ängstlich, furchtsam

pavimentare [pavimen'taːre] *vt (stanza)* [mit Fußboden] belegen; *(strada)* pflastern

pavimentazione [pavimentat'tsioːne] *f* Pflaster *nt,* Pflasterung *f*

pavimentista [pavimen'tista] <-i *m,* -e *f*> *mf* Fußbodenleger(in) *m(f),* Pflasterer *m*

pavimento [pavi'mento] *m* Fußboden *m,* Boden[belag] *m*

pavona [pa'voːna] *f* Pfauenhenne *f*

pavone[1] [pa'voːne] *m* ZOO Pfau *m;* **fare il ~** sich brüsten, sich aufplustern *fam*

pavone[2] *agg inv (colore)* pfauenblau, pfauengrün

pavoneggiarsi [pavoned'dʒarsi] *vr* sich aufplustern *fam,* sich brüsten

pavonessa [pavo'nessa] *f v.* **pavona**

pay TV ['pei tiː'vi] <-> *f* Pay-TV *nt (nur gegen Gebühr zu empfangendes Privatfernsehen)*

pazientare [pattsien'taːre] *vi* Geduld haben, sich gedulden

paziente [pat'tsiɛnte] **I.** *agg* ① *(persona)* geduldig ② *(lavoro, ricerca)* mühselig; *(con precisione)* sorgfältig **II.** *mf* Patient(in) *m(f)*

pazienza [pat'tsiɛntsa] *f* Geduld *f; (a precisione)* Sorgfalt *f;* **~!** *(fam)* da kann man nichts machen!; **perdo** [*o* **mi scappa**] **la ~** ich verliere die Geduld, mir reißt der Geduldsfaden

pazza *f v.* **pazzo**

pazzerello, -a [pattse'rɛllo] *agg (fam)* ein wenig verrückt; *(scherz: tempo)* launisch, launenhaft

pazzerellone, -a [pattserel'loːne] **I.** *m, f*

P

(fam) lustiger Kauz **II.** *agg (fam)* närrisch, verrückt

pazzesco, -a [pat'tsesko] <-schi, -sche> *agg* ❶ *(di, da pazzo)* verrückt ❷ *(fam)* unglaublich, wahnsinnig

pazzia [pat'tsiːa] <-ie> *f* ❶ MED Wahnsinn *m* ❷ *(azione stravagante)* Verrücktheit *f,* Torheit *f* ❸ *(fig: assurdità)* Unsinn *m*

pazzo, -a ['pattso] **I.** *agg* ❶ MED wahnsinnig, verrückt; *(insensato)* unsinnig, verrückt; **essere ~ da legare** vollkommen verrückt sein ❷ *(fig: stravagante)* verrückt, extravagant; *(tempo)* unbeständig; *(spese)* wahnsinnig; **essere innamorato ~ di qu** wahnsinnig in jdn verliebt sein; **andare ~ per qc** verrückt nach etw [*o* auf etw *akk*] sein; **darsi alla -a gioia** sich ins Vergnügen stürzen **II.** *m, f* ❶ MED Wahnsinnige(r) *f(m),* Irre(r) *f(m)* ❷ *(fig)* Verrückte(r) *f(m),* Narr *m/*Närrin *f*

p.c. *abbr di* **per conoscenza** z.K.

PC <-> *m abbr di* **personal computer** PC *m*

p.c.c. *abbr di* **per copia conforme** f.d.R.d.A.

PCI *m* HIST *abbr di* **Partito Comunista Italiano** *ehemalige kommunistische Partei Italiens*

PCUS *m abbr di* **Partito Comunista dell'Unione Sovietica** KPdSU *f*

PDCI *m abbr di* **Partito dei Comunisti Italiani** *kommunistische Partei Italiens*

PDS *m abbr di* **Partito Democratico della Sinistra** *sozialistisch-kommunistische Partei Italiens*

PdUP *m abbr di* **Partito d'Unità Proletaria per il Comunismo** *italienische Linkspartei*

pecca ['pɛkka] <-cche> *f* Fehler *m,* Makel *m;* **avere le proprie -cche** nicht fehlerlos sein, [seine] Macken haben *fam*

peccaminoso, -a [pekkami'noːso] *agg (pensiero, vita)* sündig, sündhaft; *(lettura, film)* Schund-

peccare [pek'kaːre] *vi* ❶ REL sündigen ❷ *(commettere errori)* Fehler begehen; **~ di leggerezza** leichtsinnig sein; **~ di presunzione** überheblich sein; **~ per [la] troppa bontà** zu gutmütig sein

peccato [pek'kaːto] *m* ❶ REL Sünde *f;* **~ capitale** Hauptsünde *f;* **~ mortale** Todsünde *f;* **~ originale** Erbsünde *f* ❷ *(errore)* Fehltritt *m,* Fehler *m* ❸ *(fig: inopportunità)* Unangebrachtheit *f,* Sünde *f;* *(disappunto)* Jammer *m;* **che ~!** welch ein Jammer!, wie schade!; **è un ~ che ...** *+conj* es ist schade, dass ...

peccatore, -trice [pekka'toːre] **I.** *agg* sündig, sündhaft **II.** *m, f* Sünder(in) *m(f)*

pece ['peːtʃe] *f* Pech *nt;* **nero come la ~** pechschwarz

pechinese [peki'neːse] **I.** *agg* aus [*o* von] Peking; **cane ~** Pekinese *m* **II.** *mf* ❶ *(abitante)* Einwohner(in) *m(f)* Pekings ❷ ZOO Pekinese *m*

Pechino [pe'kiːno] *f* Peking *nt*

pecora ['pɛːkora] *f* ❶ ZOO Schaf *nt;* **~ nera** *(fig)* schwarzes Schaf ❷ *(fig, pej)* Duckmäuser *m,* Schwächling *m*

pecoraggine [peko'raddʒine] *f* Mitläufertum *nt,* Duckmäuserei *f*

pecoraio, -a [peko'raːio] <-ai, -aie> *m, f* Schäfer(in) *m(f),* Schafhirte *m,* -hirtin *f*

pecorella [peko'rɛlla] *f* ❶ ZOO Schäfchen *nt,* Schäflein *nt;* **la ~ smarrita** das verlorene Schaf ❷ *(fig: nuvoletta)* Schäfchenwolke *f*

pecorino [peko'riːno] *m* Schaf[s]käse *m*

pecorino, -a *agg* Schafs-, vom Schaf

pecorone [peko'roːne] *m* [großer] Feigling *m*

pectina [pek'tiːna] *f* Pektin *nt*

peculato [peku'laːto] *m* Unterschlagung *f* [im Amt], Veruntreuung *f* [im Amt]

peculiare [peku'liaːre] *agg* charakteristisch, eigentümlich

peculiarità [pekuliari'ta] <-> *f* Besonderheit *f,* Eigentümlichkeit *f*

peculio [pe'kuːlio] <-i> *m (fam scherz)* Spargroschen *m,* Sparpfennig *m*

pecuniario, -a [peku'niaːrio] <-i, -ie> *agg* Geld-

pedaggio [pe'daddʒo] <-ggi> *m* Maut *f,* Straßengebühr *f;* **~ autostradale** Autobahngebühr *f;* **a ~** mautpflichtig, gebührenpflichtig

pedagogia [pedago'dʒiːa] <-gie> *f* Pädagogik *f,* Erziehungswissenschaft *f*

pedagogico, -a [peda'gɔːdʒiko] <-ci, -che> *agg* pädagogisch, Erziehungs-

pedalare [peda'laːre] *vi* in die Pedale treten

pedalata [peda'laːta] *f* Pedaltritt *m,* Treten *nt* in die Pedale

pedale [pe'daːle] *m* Pedal *nt;* **~ del freno** Bremspedal *nt;* **~ dell'acceleratore** Gaspedal *nt;* **a ~** Tret-, Pedal-

pedaliera [peda'liɛːra] *f* ❶ *(di bicicletta)* Fahrradpedale *nt pl* ❷ MOT Pedalerie *f*

pedalino [peda'liːno] *m* DIAL Socke *f*

pedalò [peda'lo] <-> *m* SPORT, NAUT Tretboot *nt;* **fare un giro in ~** einen Ausflug im Tretboot machen

pedalone [peda'loːne] *m v.* **pedalò**

pedana [pe'daːna] *f* ❶ *(struttura)* Fuß-

P

brett *nt* ② SPORT Sprungbrett *nt* ③ *(tappeto)* Fußteppich *m,* Läufer *m*

pedante [pe'dante] **I.** *agg* pedantisch, kleinlich **II.** *mf* Pedant(in) *m(f),* Klein[igkeits]krämer(in) *m(f)*

pedanteria [pedante'ri:a] <-ie> *f* Pedanterie *f,* Kleinigkeitskrämerei *f*

pedantesco, -a [pedan'tesko] <-schi, -sche> *agg* pedantisch, schulmeisterlich

pedata [pe'da:ta] *f* ① *(calcio)* Fußtritt *m;* **prendere qu a -e** jdn mit Fußtritten traktieren ② *(impronta)* Fußabdruck *m,* Fußspur *f*

pedemontano, -a [pedemon'ta:no] *agg* am Fuße einer Bergkette liegend

pederasta [pede'rasta] <-i> *m* Päderast *m*

pedestre [pe'dɛstre] *agg* ① *(lavoro, discorso)* gewöhnlich, gemein; *(a. fig)* platt, trivial ② *(milizia)* Fuß-

pediatra [pe'dia:tra] <-i *m,* -e *f*> *mf* Kinderarzt *m/*-ärztin *f*

pediatria [pedia'tri:a] <-ie> *f* Kinderheilkunde *f,* Pädiatrie *f*

pediatrico, -a [pe'dia:triko] <-ci, -che> *agg* Kinder-, pädiatrisch

pedicure [pedi'ku:re] <-> **I.** *f* Fußpflege *f,* Pediküre *f* **II.** *mf* Fußpfleger(in) *m(f)*

pediluvio [pedi'lu:vio] <-i> *m* Fußbad *nt;* **fare un ~** ein Fußbad nehmen

pedina [pe'di:na] *f* ① *(da gioco)* Spielstein *m; (negli scacchi)* Figur *f* ② *(fig: strumento)* Werkzeug *nt,* Marionette *f*

pedinare [pedi'na:re] *vt* bespitzeln, beschatten

pedissequo, -a [pe'dissekuo] *agg* sklavisch genau; *(traduzione, imitazione)* wortgetreu, wörtlich, Wort-für-Wort-

pedonale [pedo'na:le] *agg* Fußgänger-; **isola** [*o* **zona**] **~** Fußgängerzone *f;* **strisce -i** Zebrastreifen *m,* Schutzweg *m* A

pedonalizzare [pedonalid'dza:re] *vt* zur Fußgängerzone erklären

pedonalizzazione [pedonaliddzat'tsio:ne] *f* Verkehrsberuhigung *f*

pedone [pe'do:ne] *m* ① *(persona)* Fußgänger *m;* **zona riservata ai -i** Fußgängerzone *f* ② *(negli scacchi)* Bauer *m*

pedonizzazione [pedoniddzat'tsio:ne] *f* v. **pedonalizzazione**

pedopornografia [pɛdopornogra'fia] <-ie> *f* Kinderpornografie *f*

peduncolo [pe'duŋkolo] *m* ① BOT Stiel *m,* Stängel *m* ② ANAT Fortsatz *m*

peeling ['piliŋ] <-> *m* MED Peeling *nt;* **fare il ~** ein Peeling durchführen

peggio ['pɛddʒo] *comparativo di* **male**[1] **I.** *avv* schlechter, schlimmer; **andare di male in ~** immer schlimmer werden; **cambiare in ~** sich verschlechtern, sich zu seinem Nachteil verändern; **alla** [**meno**] **~** schlecht und recht, hudelig *fam;* **tanto ~ per lui!** *(fam)* umso schlimmer für ihn! **II.** *agg inv* schlimmer, schlechter **III.** *m o f* <-> Schlimmste(s) *nt,* Schlechteste(s) *nt;* **aver la ~** den Kürzeren ziehen; **per il ~** im schlimmsten Fall

peggioramento [peddʒora'mento] *m* Verschlechterung *f,* Verschlimmerung *f*

peggiorare [peddʒo'ra:re] **I.** *vt avere* verschlechtern, schlechter machen **II.** *vi essere* sich verschlechtern, schlechter werden; *(aggravare)* sich verschlimmern

peggiorativo [peddʒora'ti:vo] *m* Pejorativum *nt,* Deteriorativum *nt*

peggiorativo, -a *agg* LING pejorativ, abwertend

peggiore [ped'dʒo:re] *comparativo di* **cattivo, -a** **I.** *agg* ① *(comparativo)* schlechter, schlimmer; *(meno capace)* unfähiger; *(più scadente)* weniger wert; *(meno opportuno)* unpassender ② *(superlativo)* schlechteste(r, s), schlimmste(r, s); **nel ~ dei casi** im schlimmsten Fall **II.** *mf* Schlimmste(r) *f(m),* Übelste(r) *f(m)*

pegno ['peɲɲo] *m* Pfand *nt; (a. fig)* Unterpfand *nt*

pel <-> *m* INFORM Pixel *nt*

pelame [pe'la:me] *m* Fell *nt*

pelandrone, -a [pelan'dro:ne] *m, f (fam)* Drückeberger(in) *m(f); (fannullone)* Faulpelz *m*

pelapatate [pelapa'ta:te] <-> *m* Kartoffelschäler *m*

pelare [pe'la:re] **I.** *vt* ① *(patate, castagne)* schälen, pellen ② *(pollo)* rupfen; *(selvaggina)* häuten ③ *(fig: viso)* die Haut aufspringen lassen ④ *(tagliare a zero)* kahl scheren **II.** *vr* **-rsi** ① *(perdere i capelli)* das Haar verlieren; *(animali)* sich haaren ② *(spellarsi)* sich häuten, sich schälen

pelata [pe'la:ta] *f* ① *(calvizie)* Glatze *f* ② *(il pelare)* Enthaaren *nt; (di pollo)* Rupfen *nt;* **ti hanno dato una bella ~!** *(fam scherz)* da haben sie dich ganz schön geschröpft *fam; (dal parrucchiere)* dich haben sie aber ordentlich geschoren *fam*

pelati [pe'la:ti] *mpl* GASTR geschälte Tomaten *fpl*

pelato [pe'la:to] *m (calvo)* Glatzkopf *m fam*

pelato, -a *agg* ① *(testa)* kahl, Glatz- ② GASTR geschält, gepellt

pelatrice [pela'tri:tʃe] *f* TEC Schälmaschine *m*

pelatura [pela'tu:ra] *f* Pellen *nt,* Schälen *nt*

pellaccia [pel'lattʃa] <-cce> *f (fam: perso-*

P

na astuta) durchtriebener Mensch *m; (persona resistente)* zähe Natur *f*

pellaio, **-a** [pel'la:io] <-ai, -aie> *m, f* ① *(conciatore)* Gerber(in) *m(f)* ② *(venditore)* Fellhändler(in) *m(f),* Fellverkäufer(in) *m(f)*

pellame [pel'la:me] *m* ① *(pelli conciate)* Leder *nt* ② *(pej)* Haut *f*

pelle ['pɛlle] *f* ① *(cute)* Haut *f;* **avere la ~ dura** *(fig)* ein dickes Fell haben; **avere la ~ d'oca** *(fig)* eine Gänsehaut haben; **esser** [**ridotto**] **~ ed ossa** nur noch Haut und Knochen sein; **non stare più nella ~** *(fig)* es nicht mehr abwarten können ② *(pellame)* Leder *nt,* [gegerbtes] Fell *nt;* **~ di camoscio** Wildleder *nt;* **~ di daino** Hirschleder *nt;* **oggetti di** [*o* **in**] **~** Lederwaren *f pl* ③ *(fam fig: vita)* Leben *nt,* Haut *f;* **amici per la ~** Busenfreunde *m pl;* **lasciarci** [*o* **rimetterci**] **la ~** sein Leben dabei einbüßen [*o* verlieren]; **salvar la ~** mit heiler Haut davonkommen ④ *(buccia)* Schale *f,* Haut *f*

pellegrina *f v.* **pellegrino**

pellegrinaggio [pellegri'naddʒo] <-ggi> *m* Wallfahrt *f,* Pilgerfahrt *f*

pellegrino, **-a** [pelle'gri:no] *m, f* Pilger(in) *m(f),* Wallfahrer(in) *m(f)*

pellerossa [pelle'rossa] <pellirosse> *mf* Rothaut *f*

pellet ['pelit] <- *o* pellets> *m* TEC Pellets *nt pl,* Kugelsinter *m*

pelletizzare [pelletid'dza:re] *vt* TEC pelletisieren

pelletteria [pellette'ri:a] <-ie> *f* ① *(industria)* Leder[waren]industrie *f* ② *(assortimento)* Lederwaren *f pl* ③ *(negozio)* Lederwarengeschäft *nt*

pellettiere, **-a** [pellet'tiɛ:re] *m, f* ① *(produttore)* Lederwarenfabrikant(in) *m(f)* ② *(venditore)* Lederwarenhändler(in) *m(f)*

pellicano [pelli'ka:no] *m* Pelikan *m*

pellicceria [pellittʃe'ri:a] <-ie> *f* ① *(lavorazione)* Kürschnerei *f* ② *(negozio)* Pelz[waren]geschäft *nt* ③ *(assortimento)* Pelzwaren *f pl,* Pelze *m pl*

pelliccia [pel'littʃa] <-cce> *f* Fell *nt; (indumento)* Pelz[mantel] *m;* **~ ecologica** Webpelz *m*

pellicciaio, **-a** [pellit'tʃa:io] <-ciai, -ciaie> *m, f* ① *(negoziante)* Pelzhändler(in) *m(f)* ② *(confezionista)* Kürschner(in) *m(f)* ③ *(conciatore)* Gerber(in) *m(f)*

pellicola [pel'li:kola] *f* ① FOTO, FILM Film *m* ② *(pelle sottile)* dünne Haut, Häutchen *nt* ③ *(strato sottile)* Film *m*

pellirossa [pelli'rossa] *mf v.* **pellerossa**

pellirosse *pl di* **pellerossa**, **pellirossa**

pelo ['pɛ:lo] *m* ① *(di uomo)* [Körper]haar *nt; (di animale)* [Tier]haar *nt;* **per un ~, c'è mancato un ~ che ...** +*conj (fam fig)* um ein Haar ..., mit Mühe und Not; **non avere -i sulla lingua** *(fig)* kein Blatt vor den Mund nehmen; **cercare il ~ nell'uovo** *(fig)* ein Haar in der Suppe finden ② *(pelame)* Fell *nt; (pelliccia)* Pelz *m;* **la volpe** [*o* **il lupo**] **perde il ~, ma non il vizio** *(prov)* die Katze lässt das Mausen nicht ③ BOT Härchen *nt pl,* Flaum *m* ④ *(fig: superficie)* Oberfläche *f*

peloso, **-a** [pe'lo:so] *agg* behaart, haarig

peltro ['peltro] *m* Hartzinn *nt*

peluche [pə'luʃ] <-> *m* Plüsch *m*

peluria [pe'lu:ria] <-ie> *f* Flaum *m*

pelvi ['pɛlvi] <-> *f* ANAT Becken *nt*

pelvico, **-a** ['pɛlviko] <-ci, -che> *agg* Becken-

pena ['pe:na] *f* ① *(punizione)* Strafe *f,* Bestrafung *f;* **~ capitale** [*o* **di morte**] Todesstrafe *f;* **~ pecuniaria** Geldstrafe *f* ② *(sofferenza)* Leid[en] *nt,* Qual *f,* Kummer *m;* **-e d'amore** Liebeskummer *m;* **fare ~ a qu** jdm leidtun; **soffrire le -e dell'inferno** Höllenqualen erleiden ③ *(angoscia, pietà)* Sorge *f,* Mitleid *nt;* **essere** [*o* **stare**] **in ~ per qu** in Sorge um jdn sein ④ *(fatica, stento)* Anstrengung *f; (disturbo)* Mühe *f;* **a gran ~** mit Mühe und Not; **a mala ~** mit knapper Not; **valere la ~** sich lohnen, der Mühe wert sein

penale [pe'na:le] **I.** *agg* Straf-, strafrechtlich; **azione ~** strafbare Handlung; **causa ~** Strafsache *f;* **il codice ~** das Strafgesetzbuch **II.** *f* Strafe *f,* Strafbestimmung *f*

penalista [pena'lista] <-i *m,* -e *f*> *mf* Strafrechtler(in) *m(f)*

penalità [penali'ta] <-> *f* ① JUR Strafe *f; (sanzione)* Konventionalstrafe *f,* Vertragsstrafe *f* ② SPORT Strafe

penalizzare [penalid'dza:re] *vt* mit einer Strafe belegen

penalizzazione [penaliddzat'tsio:ne] *f* SPORT Strafe *f*

penalty ['penəlti] <-> *f* Strafstoß *m,* Penalty *m*

penare [pe'na:re] *vi* leiden, [viel] durchmachen

pencolare [peŋko'la:re] *vi* ① *(oscillare)* wanken, schwanken ② *(fig: essere indeciso)* schwanken, unentschieden sein

pen computer [pɛn kom'piuter] <-> *m* INFORM Palmcomputer *m*

pendaglio [pen'daʎʎo] <-gli> *m* Anhängsel *nt,* Anhänger *m*

pendant [pã'dã] <-> *m* Pendant *nt,* Gegenstück *nt;* **fare il** [*o* **da**] **~ a qc** das Pendant zu etwas bilden

pendente [pen'dɛnte] **I.** *agg* ① *(che*

pende) [herab]hängend; *(inclinato)* geneigt, schief; **la torre ~** der schiefe Turm [von Pisa] ② JUR anhängig, schwebend ③ *(conto, causa)* offen[stehend]; **crediti -i** Außenstände *mpl* **II.** *m* Ohrgehänge *nt*

pendenza [pen'dɛntsa] *f* ① *(inclinazione)* Gefälle *nt;* MAT Neigung *f* ② JUR anhängiges Verfahren ③ COM Schuld *f,* offene Rechnung ④ *(fig: questione non risolta)* offene Frage

pendere ['pɛndere] *vi* ① *(essere appeso)* **~ da qc** an etw *dat* hängen, von etw herabhängen ② *(essere inclinato)* schief stehen, sich neigen ③ *(fig: incombere)* **~ su qu** jdm bevorstehen ④ JUR anhängig sein ⑤ *(fig: propendere)* **~ verso qc** zu etw neigen; **~ dalla parte di qu** jdn vorziehen

pendici [pen'di:tʃi] *fpl* [Ab]hang *m*

pendio [pen'di:o] <-ii> *m* ① *(pendenza)* Gefälle *nt* ② *(luogo)* [Ab]hang *m*

pendola ['pɛndola] *f* Pendeluhr *f*

pendolare[1] [pendo'la:re] *vi* pendeln

pendolare[2] **I.** *agg* ① *(moto)* Pendel-, pendelnd ② *(fig: con fasi alterne)* Wechsel-, schwankend **II.** *mf* Pendler(in) *m(f)*

pendolarismo [pendola'rizmo] *m* Pendelbewegung *f,* Pendeln *nt*

pendolarità [pendolari'ta] <-> *f v.* **pendolarismo**

pendolino [pendo'li:no] *m* ① *dim di* **pendolo** [kleines] Pendel *nt* ② ZOO *(uccello)* Beutelmeise *f* ③ FERR *ital. Hochgeschwindigkeitszug mit Kurvenneigung*

pendolo ['pɛndolo] *m* ① PHYS *(di orologio)* Pendel *nt* ② *(filo a piombo)* Senkblei *nt,* Senklot *nt*

pene ['pɛ:ne] *m* Penis *m,* [männliches] Glied *nt*

penetrante [pene'trante] *agg* ① *(odore)* penetrant, scharf; *(freddo, gelo)* scharf, schneidend ② *(fig)* tiefgehend, gründlich; *(sguardo)* durchdringend; *(osservazione)* spitz; *(dolore)* heftig

penetrare [pene'tra:re] **I.** *vi essere* **~ in qc** in etw *akk* eindringen **II.** *vt avere* ① *(fig: capire)* ergründen, eindringen in +*akk* ② *(trapassare)* durchdringen, durchbohren

penetrazione [penetrat'tsio:ne] *f* ① *(avanzamento)* Eindringen *nt,* Penetration *f* ② *(fig: di prodotto)* Vordringen *nt,* Verbreitung *f;* **quota di ~** COM Eroberungsrate *f* ③ MIL Einmarsch *m,* Einfallen *nt* ④ *(fig: introduzione)* Durchdringung *f* ⑤ *(fig: intuizione)* Einfühlungsvermögen *nt; (con prontezza)* Scharfsinn *m*

penicillina [penitʃil'li:na] *f* Penizillin *nt*

peninsulare [peninsu'la:re] *agg* Halbinsel-, halbinselartig

penisola [pe'ni:zola] *f* Halbinsel *f*

penitente [peni'tɛnte] **I.** *agg* büßend, reuig **II.** *mf* Büßer(in) *m(f)*

penitenza [peni'tɛntsa] *f* ① *(pentimento)* Reue *f;* REL Buße *f* ② *(castigo)* Buße *f,* Strafe *f*

penitenziario [peniten'tsia:rio] <-i> *m* Strafanstalt *f,* Gefängnis *nt*

penitenziario, -a <-i, -ie> *agg* Gefängnis-, Straf-

penna ['penna] *f* ① ZOO Feder *f;* **mettere le -e** Federn bekommen; **mutare le -e** das Federkleid wechseln; **lasciarci** [*o* **rimetterci**] **le -e** *(fig)* Federn lassen [müssen], dabei sterben ② *(per scrivere)* [Schreib]feder *f,* Federhalter *m;* **~ biro** [*o* **a sfera**] Kugelschreiber *m;* **~ luminosa** INFORM Light-Pen *m,* Lichtgriffel *m;* **~ ottica** INFORM Lesestift *m;* **~ stilografica** Füllfederhalter *m;* **avere la ~ facile** eine gewandte Feder führen ③ *pl* GASTR *kurze, an Federkiele erinnernde Makkaroni*

pennacchio [pen'nakkio] <-cchi> *m* ① *(ornamento)* Federbusch *m,* Panasch *m* ② *(fig: di fumo)* Rauchfahne *f* ③ ARCH Pendentif *nt*

pennarello [penna'rɛllo] *m* Filzstift *m*

pennellare [pennel'la:re] *vi* ① *(col pennello)* pinseln ② *(fig: descrivere)* skizzieren

pennellata [pennel'la:ta] *f* ① *(di pennello)* Pinselstrich *m* ② *(fig: elemento descrittivo)* Strich *m,* Zug *m*

pennellessa [pennel'lessa] *f* Malerpinsel *m,* Lackpinsel *m*

pennellificio [pennelli'fi:tʃo] <-ci> *m* Pinselfabrik *f*

pennello [pen'nɛllo] *m* Pinsel *m;* **~ da barba** Rasierpinsel *m;* **a ~** *(fig)* haargenau; **andare** [*o* **stare**] **a ~** *(vestito)* wie angegossen sitzen

pennino [pen'ni:no] *m* [Schreib]feder *f*

pennone [pen'no:ne] *m* ① NAUT Segelstange *f,* [Mars]rahe *f* ② *(di bandiera)* Fahnenstange *f*

pennuto [pen'nu:to] *m* Vogel *m;* **-i** Federvieh *nt*

pennuto, -a *agg* gefiedert

penombra [pe'nombra] *f* Halbschatten *m,* Halbdunkel *nt*

penoso, -a [pe'no:so] *agg* ① *(che dà pena)* leidvoll, schmerzlich ② *(faticoso)* mühsam, beschwerlich ③ *(imbarazzante)* peinlich, unangenehm

pensare [pen'sa:re] **I.** *vt* ① *(gener)* denken an +*akk;* **cosa stai pensando?** woran denkst du? ② *(figurarsi)* sich *dat* vorstellen, ausmalen ③ *(considerare)* bedenken, erwägen ④ *(inventare)* ausdenken, erfinden ⑤ *(progettare)* planen; **una ne fa e**

cento ne pensa *(fam)* er hat immer Überraschungen auf Lager, er ist gut für Überraschungen **II.** *vi* ① *(riflettere)* denken; **~ su qc** über etw *akk* nachdenken; **dar da ~** zu denken geben; **e ~ che ...** und wenn man bedenkt, dass ...; **pensaci su!** denk darüber nach!; **pensa e ripensa** nach langer Überlegung ② *(ricordare)* **~ a qu/qc** an jdn/etw denken ③ **~ a qc** *(badare)* auf etw *akk* achten; *(provvedere)* an etw *akk* denken; **pensa ai fatti tuoi** kümmere dich um deine Angelegenheiten ④ *(giudicare)* **~ bene/male di qu** gut/schlecht über jdn denken ⑤ *(credere)* meinen, glauben; **penso che ...** *+conj* ich glaube, dass ... ⑥ *(avere in animo)* **pensare di fare qc** daran denken, etw zu tun

pensata [pen'sa:ta] *f* Einfall *m,* Idee *f*

pensatoio [pensa'to:io] <-oi> *m* *(fam scherz)* [stilles] Örtchen *nt*

pensatore, **-trice** [pensa'to:re] *m, f* Denker(in) *m(f)*; **libero ~** Freidenker(in) *m(f)*

pensée [pã'se] <-> *f* BOT Stiefmütterchen *nt*

pensierino [pensie'ri:no] *m* ① *(pensiero allettante)* verführerischer Gedanke; **fare un ~ su qc** mit etw liebäugeln; **farci un ~** etw in Erwägung ziehen ② *(fam: piccolo dono)* kleine Aufmerksamkeit ③ *(composizione scolastica)* kurzer [Übungs]aufsatz

pensiero [pen'siɛ:ro] *m* ① *(attività mentale)* Gedanke *m;* *(idea)* Idee *f;* **essere assorto nei propri -i** in Gedanken versunken sein; **essere sopra ~** vertieft sein ② *(opinione)* Meinung *f,* Ansicht *f* ③ *(ansia)* Sorge *f;* **stare in ~ per qu/qc** in Sorge um jdn/wegen etw sein; **dar -i a qu** jdm Sorge[n] bereiten ④ *(dottrina, teoria)* Lehre *f,* Denken *nt* ⑤ *(comportamento)* Haltung *f* ⑥ *(fam: dono)* Aufmerksamkeit *f*

pensieroso, **-a** [pensie'ro:so] *agg* nachdenklich, besorgt

pensile ['pɛnsile] *agg* hängend, Hänge-; *(giardino)* Dach-

pensilina [pensi'li:na] *f* [Bahnsteig]überdachung *f;* *(di stadio)* Wetterdach *nt,* Schutzdach *nt*

pensionabile [pensio'na:bile] *agg* pensionsberechtigt

pensionamento [pensiona'mento] *m* Pensionierung *f,* Versetzung *f* in den Ruhestand; **~ anticipato** Frühpensionierung *f*

pensionante [pensio'nante] *mf* Pensionsgast *m*

pensionare [pensio'na:re] *vt* pensionieren, in den Ruhestand versetzen

pensionato [pensio'na:to] *m* Pensionat *nt,* Heim *nt*

pensionato, **-a** **I.** *agg* pensioniert **II.** *m, f* Rentner(in) *m(f),* Bezieher(in) *m(f)* einer Pension, Rentenempfänger(in) *m(f)*

pensione [pen'sio:ne] *f* ① *(albergo, alloggio)* Pension *f;* **~ completa** Vollpension *f;* **mezza ~** Halbpension *f;* **essere** [*o* **stare**] **a ~ da** [*o* **presso**] **qu** bei jdm in Pension sein ② *(rendita)* Pension *f,* Rente *f;* **andare in ~** in Pension gehen; **~ integrativa** Privatrente *f*

pensionistico, **-a** [pensio'nistiko] <-ci, -che> *agg* Renten-, Ruhestands-

pensosità [pensosi'ta] <-> *f* Nachdenklichkeit *f*

pensoso, **-a** [pen'so:so] *agg* nachdenklich, gedankenverloren

pentagonale [pentago'na:le] *agg* fünfeckig

pentagono [pen'ta:gono] *m* Fünfeck *nt;* **il Pentagono** das Pentagon

pentagramma [penta'gramma] <-i> *m* Notenliniensystem *nt*

pentastellato, **-a** [pentastel'la:to] **I.** *m, f* POL Anhänger(in) *m(f)* der Fünf-Sterne-Bewegung **II.** *agg* POL *die Fünf-Sterne-Bewegung betreffend*

pentathlon, **pentatlon** ['pɛntatlon] <-> *m* Fünfkampf *m*

pentavalente [pentava'lɛnte] *agg* fünfwertig

Pentecoste [pente'kɔste] *f* Pfingsten *nt,* Pfingstfest *nt*

penthouse [pɛnt'haus] <- *o* penthouses> *m* Penthouse *nt*

pentimento [penti'mento] *m* Reue *f;* *(rimorso)* Gewissensbiss *m*

pentirsi [pen'tirsi] *vr* **~ di qc** etw bereuen

pentola ['pentola] *f* [Koch]topf *m;* **~ a pressione** Schnellkochtopf *m,* Dampfkochtopf *m;* **bollire in ~** *(fam fig)* ausgekocht werden

pentolaccia [pento'lattʃa] <-cce> *f* ① *(pej)* hässlicher Topf ② *(gioco carnevalesco)* *eine Art Topfschlagen*

pentolino [pento'li:no] *m* Stielkochtopf *m,* Stielkasserolle *f*

penultimo, **-a** [pe'nultimo] **I.** *agg* vorletzte(r, s) **II.** *m, f* Vorletzte(r) *f(m)*

penuria [pe'nu:ria] <-ie> *f* **la ~ di qc** der Mangel an etw *dat*

penzolare [pendzo'la:re] *vi* herabhängen, baumeln

penzoloni [pendzo'lo:ni] *avv* [herab]hängend, baumelnd; **con la lingua ~** mit heraushängender Zunge; **con le orecchie ~** mit hängenden Ohren

peonia [pe'ɔ:nia] <-ie> *f* Pfingstrose *f*

pepare [pe'pa:re] *vt* pfeffern, mit Pfeffer würzen

pepato, **-a** [pe'pa:to] *agg* ① *(condito col*

pepe) gepfeffert ② *(piccante)* pikant, würzig ③ *(fig: pungente)* bissig

pepe¹ ['pe:pe] *m* Pfeffer *m;* ~ **bianco/nero** weißer/schwarzer Pfeffer; ~ **in grani** Pfefferkörner *ntpl*

pepe² *agg inv (fam fig: vivace)* sehr lebhaft

peperonata [pepero'na:ta] *f Gericht aus gedünsteten Paprikaschoten*

peperoncino [peperon'tʃi:no] *m* kleine Pfefferschote; **-i** Peperoni *pl*

peperone [pepe'ro:ne] *m* Paprika *m; (frutto)* Paprikaschote *f;* **diventare** [*o* **farsi**] **rosso come un** ~ *(fig)* bis über die Ohren rot werden

pepita [pe'pi:ta] *f* Klumpen *m*

peppermint ['pepəmint] <-> *m* ① *(gener)* Pfefferminz ② *(caramella)* Pfefferminz[bonbon] *nt*

pepsina [pep'si:na] *f* Pepsin *nt*

per [per] **I.** *prep* ① *(scopo, fine)* für *+akk;* ~ **iscritto** schriftlich; ~ **esempio** zum Beispiel; **essere,** [*o* **stare**] ~ **. . .** *+inf* dabei sein zu . . . *+inf* ② *(locale)* durch *+akk,* nach *+akk,* in *+akk; (su)* auf *+akk;* **passare** ~ **Firenze** durch Florenz fahren; **partire** ~ **Londra** nach London [ab]reisen; ~ **terra** auf dem [*o* den] Boden ③ *(temporale)* während *+gen,* … *+akk* hindurch, … *+akk* lang; ~ **il momento** für den Augenblick; ~ **ora** im Augenblick; ~ **tempo** rechtzeitig; ~ **poco** fast, beinahe; ~ **questa volta** [für] dieses Mal; **correre** ~ **30 chilometri** 30 Kilometer [lang] laufen ④ *(per mezzo)* mit *+dat,* durch *+akk;* **spedire** ~ **posta** mit der Post schicken ⑤ *(causa)* wegen *+gen o dat,* infolge *+gen;* ~ **caso** zufällig; ~ **ciò** deshalb; ~ **il fatto che …** weil …; ~ **quale motivo?** aus welchem Grund? ⑥ MAT mal; **tre** ~ **tre** drei mal drei; **dividere** ~ **sette** durch sieben teilen; **moltiplicare** ~ **sette** mit sieben multiplizieren; **il tre** ~ **cento** drei Prozent ⑦ *(come)* zu *+dat,* als *+akk;* **prendere** ~ **moglie** zur Frau nehmen; **l'ho preso** ~ **un altro** ich habe ihn für einen anderen gehalten; ~ **l'amor di Dio!** *(fam)* um Gottes willen!; ~ **Bacco!** *(fam)* zum Donnerwetter! **II.** *cong* ① *+conj (concessivo)* so [auch] ② *+inf (finale, consecutivo)* um zu *+inf* ③ *+inf (causale)* da, weil

pera ['pe:ra] *f* ① *(frutto di forma oblunga)* Birne *f* ② *(scherz: capo, testa)* Birne *f* ③ *(sl: dose di eroina)* Schuss *m,* Druck *m;* **farsi una** ~ sich einen Schuss setzen

peraltro [pe'raltro] *avv* übrigens, im Übrigen

perbacco [per'bakko] *int (fam)* [zum] Donnerwetter

perbene [per'bɛ:ne] **I.** *agg inv* anständig **II.** *avv* ordentlich, sorgfältig

perbenismo [perbe'nizmo] *m (pej)* kleinbürgerliche Moralvorstellung, Moralismus *m*

perbenistico, -a [perbe'nistiko] <-ci, -che> *agg (pej)* spießig, spießbürgerlich

percento [per'tʃɛnto] <-> *m* Prozent *nt*

percentuale [pertʃentu'a:le] **I.** *agg* prozentual, Prozent- **II.** *f* Prozentsatz *m*

percentualizzare [pertʃentualid'dza:re] *vt* ~ **qc** den Prozentsatz einer Sache *gen* errechnen

percentualizzazione [pertʃentualiddzat'tsio:ne] *f* MAT Prozentuierung *f*

percepire [pertʃe'pi:re] <percepisco> *vt* ① *(ricevere)* bekommen, beziehen ② *(sentire)* wahrnehmen

percettibile [pertʃet'ti:bile] *agg* wahrnehmbar

percezione [pertʃet'tsio:ne] *f* ① *(facoltà)* Wahrnehmungsvermögen *nt* ② ADM Beziehen *nt,* Bezug *m*

perché [per'ke] **I.** *avv* weshalb, warum **II.** *cong* ① *(causale)* weil, da ② *+conj (finale)* damit ③ *+conj (consecutivo)* als dass *+conj* **III.** *m* <-> ① *(motivo)* Warum *nt,* Grund *m* ② *(interrogativo)* Frage *f* **IV.** *pron rel (fam)* ① *(per cui)* weshalb, weswegen ② *(perciò)* deshalb, deswegen

perciò [per'tʃɔ] *cong* deshalb, darum

percome [per'ko:me] <-> *m (fam)* Wie *nt*

percorrenza [perkor'rɛntsa] *f* Strecke *f*

percorrere [per'korrere] <irr> *vt* durchqueren, durchstreifen; *(cammino)* zurücklegen

percorso [per'korso] *m* ① *(tragitto)* Überfahrt *f* ② *(viaggio)* Fahrt *f* ③ *(distanza percorsa)* Strecke *f,* Weg *m* ④ INFORM Pfad *m*

percorso, -a *agg* zurückgelegt

percossa [per'kɔssa] *f* Schlag *m,* Hieb *m;* **-e della sventura** Schicksalsschläge *mpl*

percuotere [per'kuɔ:tere] <percuoto, percossi, percosso> *vt* schlagen, prügeln

percussione [perkus'sio:ne] *f* ① *(colpo)* Schlag *m,* Stoß *m;* **strumenti a** ~ Schlaginstrumente *ntpl,* Perkussionsinstrumente *ntpl* ② MED Abklopfen *nt,* Perkussion *f*

percussore [perkus'so:re] *m* Schlagbolzen *m*

perdei [per'de:i] *1. pers sing pass rem di* **perdere**

perdente [per'dɛnte] **I.** *agg* verlierend, unterliegend **II.** *mf* Verlierer(in) *m(f),* Unterlegene(r) *f(m)*

perdere ['pɛrdere] <perdo, persi *o* perdei *o* perdetti, perso *o* perduto> **I.** *vt* ① *(cessare di avere)* verlieren; *(smarrire)* verlegen; ~ [**il**] **colore** verblassen; ~ **la faccia/**

la ragione *(fig)* das Gesicht/den Verstand verlieren; ~ **la testa/la pazienza** *(fig)* den Kopf/die Geduld verlieren; ~ **le staffe** *(fam)* die Nerven verlieren, ausrasten, einen Ausraster bekommen; ~ **ogni speranza** jede Hoffnung aufgeben; ~ **la vita** ums Leben kommen ② *(treno, coincidenza)* verpassen, versäumen; *(tempo)* vergeuden; *(occasione)* verpassen ③ *(acqua)* auslaufen [lassen], verlieren; *(gas)* ausströmen [lassen]; *(sangue)* verlieren ④ *(loc)* ~ **qu di vista** jdn aus den Augen verlieren; **fare qc a tempo perso** *(fam)* etw als Hobby betreiben, etw zum Zeitvertreib tun **II.** *vi* ① *(colare)* undicht sein, lecken ② *(avere la peggio)* verlieren, den Kürzeren ziehen; **chi perde ha sempre torto** *(prov)* der Verlierer ist immer im Unrecht ③ *(loc)* **vuoto a** ~ Einwegflasche *f;* **lasciar** ~ es sein lassen, es aufgeben; **perso per perso** *(fam)* da sowieso nichts zu verlieren ist **III.** *vr* **-rsi** ① *(smarrirsi)* sich verirren; *(uscire dalla vista)* sich verlieren, sich verlaufen; *(svanire)* sich verflüchtigen ② *(rovinarsi)* sich ruinieren ③ NAUT Schiffbruch erleiden ④ *(loc)* **-rsi d'animo** [*o* **di coraggio**] den Mut verlieren; **-rsi in chiacchiere** [unnötig] viele Worte machen; **-rsi in un bicchiere d'acqua** *(fig)* über einen Strohhalm stolpern; **-rsi dietro a qu** sich jdm völlig hingeben

perdiana [per'dia:na] *int* potztausend *fam*

perdifiato [perdi'fia:to] *avv* **a** ~ *(gridare)* lauthals, aus vollem Hals; *(correre)* bis zur Atemlosigkeit

perdigiorno [perdi'dʒorno] <-> *mf* Tagedieb *m*

perdinci [per'dintʃi] *int (fam)* mein Gott

perdindirindina [perdindirin'di:na] *int (scherz)* ach du lieber Gott, ach herrjemine

perdio, per Dio [per'di:o] *int (fam)* Herrgott nochmal

perdita ['pɛrdita] *f* ① *(gener,* PHYS, COM Verlust *m;* JUR Verwirkung *f;* MED Abgang *m;* TEC Ausfall *m;* **essere in** ~ im Minus sein, Verluste verzeichnen ② *(fuga)* Austreten *nt,* Lecken *nt; (luogo)* Leck *nt* ③ *(spreco)* Vergeudung *f* ④ *(esaurimento)* Verschleiß *m;* **a** ~ **d'occhio** so weit das Auge reicht

perditempo [perdi'tɛmpo] <-> **I.** *m (fam)* Zeitverschwendung *f* **II.** *mf (fam)* Nichtstuer(in) *m(f),* Taugenichts *m*

perdizione [perdit'tsio:ne] *f* ① *(rovina)* Ruin *m,* Verderben *nt* ② REL Verdammnis *f;* **luogo di** ~ Lasterhöhle *f*

perdonare [perdo'na:re] **I.** *vt* ① REL vergeben ② *(scusare)* entschuldigen, verzeihen ③ JUR *(pena)* erlassen **II.** *vi* verzeihen **III.** *vr* **-rsi** sich *dat* verzeihen

perdono [per'do:no] *m* ① REL Vergebung *f* ② *(scusa)* Verzeihung *f;* **chiedere** ~ **a qu** jdn um Entschuldigung bitten; **concedere il** ~ **a qu** jdm verzeihen; **rifiutare il** ~ **a qu** jdm nicht verzeihen ③ JUR Strafnachlass *m*

perdurare [perdu'ra:re] *vi* ① *(permanere)* andauern, anhalten ② *(persistere)* ~ **in qc** auf etw *dat* beharren, bei etw bleiben

perdutamente [perduta'mente] *avv* leidenschaftlich

perduto, -a [per'du:to] *agg* ① *(smarrito, a. fig)* verloren; **andare** ~ verloren gehen ② *(corrotto)* verdorben, verkommen

peregrinare [peregri'na:re] *vi* [umher]ziehen

peregrinazione [peregrinat'tsio:ne] *f* Umherziehen *nt,* Wanderung *f*

perenne [pe'rɛnne] *agg* ① *(neve, gloria)* immerwährend, ewig ② BOT mehrjährig, Dauer- ③ *(fig: continuo)* fortwährend, ständig

perennità [perenni'ta] <-> *f* unbegrenzte Dauer *f,* Ewigkeit *f*

perentorietà [perentorie'ta] <-> *f* ① *(categoricità)* Entschiedenheit *f* ② JUR Endgültigkeit *f,* peremptorischer Charakter *m*

perentorio, -a [peren'tɔ:rio] <-i, -ie> *agg* ① JUR endgültig, aufhebend ② *(tono, risposta)* entschieden, deutlich

perequare [pere'kua:re] *vt* ADM ausgleichen, gerecht aufteilen

perequazione [perekuat'tsio:ne] *f* ADM Ausgleich *m,* Ausgleichen *nt;* ~ **degli oneri/stipendi** Lasten-/Gehaltsausgleich *m*

perestroika [peres'trɔika] *f sing* POL Perestroika *f*

peretta [pe'retta] *f* ① EL Schnurschalter *m* ② MED Klistier *nt,* Klistierspritze *f*

perfettamente [perfetta'mente] *avv* ① *(del tutto)* völlig, ganz und gar ② *(benissimo)* ausgezeichnet, sehr gut

perfettibile [perfet'ti:bile] *agg* verbesserungsfähig

perfetto, -a [per'fɛtto] *agg* ① *(irreprensibile)* perfekt; *(completo)* vollkommen ② *(privo di difetti)* einwandfrei, tadellos

perfezionamento [perfettsiona'mento] *m* Vervollkommnung *f,* Perfektionierung *f;* **corso di** ~ Fortbildungskurs *m*

perfezionare [perfettsio'na:re] **I.** *vt (opera, contratto)* vervollkommnen, vollenden; *(metodo, macchina)* verbessern, perfektionieren **II.** *vr* **-rsi** ① *(diventare perfetto)* sich vervollkommnen ② **-rsi in qc** *(specializzarsi)* sich auf etw *akk* spezialisieren; *(frequentare corsi)* sich in etw *dat* fortbilden

perfezione [perfet'tsio:ne] *f* ① *(compiutezza)* Vollkommenheit *f,* Perfektion *f;* **a** [*o* **alla**] ~ mit Perfektion, perfekt ② *(eccellenza)* Vortrefflichkeit *f* ③ *(realizzazione totale)* Vollendung *f*

perfezionismo [perfettsio'nizmo] *m* Perfektionismus *m*

perfezionista [perfettsio'nista] <-i *m,* -e *f*> *mf* Perfektionist(in) *m(f)*

perfidia [per'fi:dia] <-ie> *f* ① *(qualità)* Heimtücke *f,* Bösartigkeit *f* ② *(azione)* Gemeinheit *f*

perfido, -a ['pɛrfido] *agg* heimtückisch, bösartig

perfino [per'fi:no] *avv* sogar

perforante [perfo'rante] *agg* durchbohrend, durchstechend; **appendicite** ~ Blinddarmdurchbruch *m*

perforare [perfo'ra:re] *vt* durchbohren, durchlöchern; *(carta)* perforieren; *(scheda)* lochen

perforato, -a [perfo'ra:to] *agg* durchlöchert; *(carta)* perforiert; *(scheda)* Loch-; **nastro** ~ Lochstreifen *m;* **scheda -a** Lochkarte *f*

perforatore [perfora'to:re] *m* Locher *m;* TEC Bohrer *m,* Bohrmaschine *f*

perforatrice [perfora'tri:tʃe] *f* ① INFORM Locher *m,* Stanze *f* ② GEOL Bohrhammer *m*

perforazione [perforat'tsio:ne] *f* Lochung *f,* Perforation *f;* MED Durchbruch *m,* Perforation *f;* GEOL Bohrung *f*

performance [pə'fɔ:məns *o* per'fɔrməns] <-> *f* Leistung *f,* Performance *f;* *(di una rete)* Leistungsfähigkeit *f*

performante [perfor'mante] *agg* leistungsfähig, leistungsstark

performativo, -a [performa'ti:vo] *agg* LING performativ

pergamena [perga'mɛ:na] *f* Pergament *nt*

pergola ['pɛrgola] *f* [Wein]laube *f,* Pergola *f*

pergolato [pergo'la:to] *m* Laube *f;* *(insieme di pergole)* Weinlauben *fpl*

pericardio [peri'kardio] <-i> *m* Herzbeutel *m,* Perikard[ium] *nt*

pericolante [periko'lante] *agg* einsturzgefährdet; *(a. fig)* [krisen]gefährdet

pericolo [pe'ri:kolo] *m* Gefahr *f;* ~ **di morte** Lebensgefahr *f;* **essere in** ~ in Gefahr sein; **essere fuori** ~ außer Gefahr sein; **correre** ~ Gefahr laufen; **c'è** ~ **che ...** *+conj* es besteht die Gefahr, dass ...; **non c'è** ~ *(fam scherz)* keine Gefahr, das wird sicher nicht der Fall sein; **a proprio rischio e** ~ auf eigene Gefahr

pericolosità [perikolosi'ta] <-> *f* Gefährlichkeit *f*

pericoloso, -a [periko'lo:so] *agg* gefährlich

periferia [perife'ri:a] <-ie> *f* ① *(di città)* Stadtrand *m,* Peripherie *f;* **quartiere di** ~ Außenbezirk *m;* **abitare in** ~ am Stadtrand wohnen ② ANAT periphere Körperzonen *fpl*

periferica [peri'fɛ:rika] <-che> *f* INFORM periphere Einheit, peripheres Gerät

periferico, -a [peri'fɛ:riko] <-ci, -che> *agg* ① *(di periferia)* peripher, Außen- ② ANAT, INFORM peripher ③ ADM lokal ④ *(fig: marginale)* nebensächlich, Rand-

perifrasi [pe'ri:frazi] <-> *f* Umschreibung *f,* Periphrase *f*

perigeo [peri'dʒɛ:o] *m* Erdnähe *f,* Perigäum *nt*

perilunio [peri'lu:nio] <-i> *m* ASTR Mondnähe *f,* Perilun *nt*

perimetrale [perime'tra:le] *agg* Außen-, äußere(r, s)

perimetro [pe'ri:metro] *m* ① MAT Umfang *m* ② *(linea esterna)* Begrenzungslinie *f*

perinatalità [perinatali'ta] *f* MED perinataler Zeitraum

perineo [peri'nɛ:o] *m* ANAT Damm *m*

periodare [perio'da:re] **I.** *vi* Sätze bilden **II.** *m* Satzbau *m*

periodicista [periodi'tʃista] <-i *m,* -e *f*> *mf* Zeitschriftenredakteur(in) *m(f)*

periodicità [perioditʃi'ta] <-> *f* Periodizität *f,* regelmäßige Wiederkehr

periodico [pe'riɔ:diko] <-ci> *m* Zeitschrift *f*

periodico, -a <-ci, -che> *agg* ① *(ricorrente)* periodisch, regelmäßig wiederkehrend ② MAT periodisch

periodo [pe'ri:odo] *m* ① *(intervallo di tempo)* Periode *f,* Zeit *f;* HIST Zeit *f,* Zeitalter *nt;* ~ **di aspettativa** Wartezeit *f;* ~ **di incubazione** Inkubationszeit *f;* ~ **di prova** Probezeit *f;* ~ **elettorale** Wahlperiode *f;* **andare a -i** *(fig)* launisch sein ② LING Satzgefüge *nt* ③ MUS, MAT Periode *f* ④ ASTR Umlaufzeit *f* ⑤ GEOL Periode *f,* Formation *f* ⑥ PHYS Periode *f,* Schwingungsdauer *f*

peripezia [peripet'tsi:a] <-ie> *f* Schicksalsschläge *mpl,* Wechselfälle *mpl* [des Lebens]

periplo ['pɛ:riplo] *m* Umseg[e]lung *f,* Umschiffung *f*

perire [pe'ri:re] <perisco> *vi essere (poet)* umkommen; *(fig)* vergehen

periscopio [peris'kɔ:pio] <-i> *m* Periskop *nt*

peristaltico, -a [peris'taltiko] <-ci, -che> *agg* peristaltisch

perito, -a [pe'ri:to] **I.** *m, f* ① *(esperto)*

P

Sachverständige(r) *f(m)* ② *(titolo di studio)* Techniker(in) *m(f)* [mit Fachschulabschluss]; ~ **agrario/chimico/industriale** Absolvent *m* einer Fachoberschule für Landwirtschaft/Chemie/Industrie **II.** *agg* ① *(morto)* tot, umgekommen ② *(competente)* sachverständig, sachkundig

peritoneo [perito'nɛ:o] *m* Bauchfell *nt*

peritonite [perito'ni:te] *f* Bauchfellentzündung *f*

perizia [pe'rittsia] <-ie> *f* ① *(abilità)* Gewandtheit *f,* Fertigkeit *f* ② *(giudizio, esame)* Gutachten *nt,* Expertise *f*

perizoma [perid'dzɔ:ma] <-i> *m* Lendenschurz *m*

perla[1] ['pɛrla] *f (a. fig)* Perle *f;* ~ **coltivata** Zuchtperle *f*

perla[2] *agg inv* perlfarben; **grigio** ~ perlgrau

perlaceo, -a [per'la:tʃeo] <-ei, -ee> *agg* perlfarben

perlage [pɛr'laʒ] <- *o* perlages> *m* aufsteigende Perlen *f pl* im Sekt

perlaquale, per la quale [per la 'kua:le] **I.** *agg inv (fam)* anständig, vertrauenswürdig **II.** *avv (fam)* **non** ~ nicht besonders [gut]

perlato, -a [per'la:to] *agg* perlfarben, perl-; *(riso)* perlig

perlifero, -a [per'li:fero] *agg* Perl[en]-

perlina [per'li:na] *f* kleine Perle; *(per collane)* [Glas]perle *f*

perlinguale [perliŋ'gua:le] *agg* perlingual, durch die Zunge

perlomeno, per lo meno [perlo'me:no] *avv* ① *(a dir poco)* mindestens ② *(almeno)* wenigstens

perlopiù, per lo più [perlo'piu] *avv* fast immer, meistens

perlustrare [perlus'tra:re] *vt* absuchen, durchsuchen

perlustrazione [perlustrat'tsio:ne] *f* Durchsuchung *f,* Erkundung *f*

permagelo [perma'dʒɛ:l] *m* GEOL Permafrost *m,* Dauerfrostboden *m*

permalosa *f v.* **permaloso**

permalosità [permalosi'ta] <-> *f* Überempfindlichkeit *f,* Reizbarkeit *f*

permaloso, -a [perma'lo:so] **I.** *agg* überempfindlich, reizbar **II.** *m, f* überempfindlicher Mensch

permanente [perma'nɛnte] **I.** *agg* Dauer-, bleibend; *(fisso)* ständig **II.** *f* Dauerwelle *f*

permanentemente [permanente'mente] *avv* dauerhaft; **risiedere ~ in un luogo** einen ständigen Wohnsitz haben

permanenza [perma'nɛntsa] *f* ① *(soggiorno)* Aufenthalt *m;* **buona ~!** angenehmen Aufenthalt! ② *(il perdurare)* Fortdauer *f,* Andauern *nt*

permanere [perma'ne:re] <permango, permasi, permaso> *vi essere* bleiben

permanganato [permaŋga'na:to] *m* Permanganat *nt*

permango [per'maŋgo] *1. pers sing pr di* **permanere**

permasi [per'ma:si *o* per'ma:zi] *1. pers sing pass rem di* **permanere**

permaso [per'ma:so] *pp di* **permanere**

permeabile [perme'a:bile] *agg* durchlässig

permeabilità [permeabili'ta] <-> *f* Durchlässigkeit *f*

permeare [perme'a:re] *vt (a. fig)* durchdringen

permesso [per'messo] *m* ① *(autorizzazione)* Erlaubnis *f;* ~ **di lavoro** Arbeitserlaubnis *f;* ~ **di soggiorno** Aufenthaltsgenehmigung *f;* ~ **di caccia** Jagdschein *m;* ~ **di pesca** Angelschein *m;* **chiedere il ~ di fare qc** um die Erlaubnis fragen, etw zu tun; **con** ~ Sie gestatten? ② ADM Beurlaubung *f;* MIL Urlaub *m;* **essere in** ~ beurlaubt sein

permettere [per'mettere] <irr> **I.** *vt* erlauben, zulassen, gestatten; ~ **a qu di fare qc** jdm erlauben, etw zu tun; **è permesso?** gestatten Sie?, darf ich? **II.** *vr* **-rsi** sich *dat* erlauben; **come si permette!** was fällt Ihnen ein?

permissivismo [permissi'vizmo] *m* Permissivität *f,* antiautoritäre Erziehung

permissivista [permissi'vista] <-i *m,* -e *f*> **I.** *mf* antiautoritärer [*o* permissiver] Mensch **II.** *agg* antiautoritär, permissiv

permissività [permissivi'ta] <-> *f* Permissivität *f*

permissivo, -a [permis'si:vo] *agg* freizügig, permissiv

permuta ['pɛrmuta] *f* Tausch *m,* Tauschgeschäft *nt*

permutare [permu'ta:re] *vt* eintauschen, umtauschen

permutazione [permutat'tsio:ne] *f* Eintausch *m,* Umtausch *m*

pernice [per'ni:tʃe] *f* Rebhuhn *nt;* **occhio di** ~ *(fig)* Hühnerauge *nt*

pernicioso, -a [perni'tʃo:so] *agg* schädlich, gefährlich

perno ['pɛrno] *m* ① TEC Bolzen *m,* Stift *m* ② *(fig: sostegno)* Stütze *f*

pernottamento [pernotta'mento] *m* Übernachtung *f,* Übernachten *nt*

pernottare [pernot'ta:re] *vi* übernachten

pero ['pe:ro] *m* Birnbaum *m;* **cadere dal** ~ *(essere sorpreso)* fast [*o* beinahe] vom Stängel fallen *fam*

però [pe'rɔ] *cong* ① *(ma)* aber ② *(tuttavia)* dennoch

perone [pe'ro:ne] *m* ANAT Wadenbein *nt*

perorare [pero'ra:re] *vt* befürworten, eintreten für
perorazione [perorat'tsio:ne] *f (poet)* Plädoyer *nt*
per os [per 'ɔ:s] *avv (fam)* **assumere qc ~** etw oral verabreicht bekommen; **un farmaco da assumere ~** ein oral zu verabreichendes Medikament
perpendicolare [perpendiko'la:re] **I.** *agg* senkrecht, lotrecht **II.** *f* Senkrechte *f*
perpendicolo [perpen'di:kolo] *m* **a ~** senkrecht, lotrecht
perpetrare [perpe'tra:re] *vt (poet)* begehen, verüben
perpetua [per'pɛ:tua] *f* Haushälterin *f* eines Geistlichen
perpetuare [perpetu'a:re] **I.** *vt (nome, ricordo)* verewigen; *(stirpe)* erhalten **II.** *vr* **-rsi** sich verewigen
perpetuità [perpetui'ta] <-> *f* Fortbestand *m,* Beständigkeit *f*
perpetuo, -a [per'pɛ:tuo] *agg* ① *(eterno)* ewig, immerwährend ② *(continuo)* fortwährend, fortdauernd
perplessità [perplessi'ta] <-> *f* Unschlüssigkeit *f,* Ratlosigkeit *f*
perplesso, -a [per'plɛsso] *agg* unschlüssig, ratlos
perquisire [perkui'zi:re] <perquisisco> *vt* durchsuchen
perquisizione [perkuizit'tsio:ne] *f* Durchsuchung *f;* **mandato di ~** Durchsuchungsbefehl *m*
persecutore, -trice [perseku'to:re] **I.** *m, f* Verfolger(in) *m(f)* **II.** *agg* unterdrückend
persecutorio, -a [perseku'tɔ:rio] <-i, -ie> *agg* Verfolgungs-, Unterdrückungs-
persecutrice *f v.* **persecutore**
persecuzione [persekut'tsio:ne] *f* ① *(vessazione)* Verfolgung *f;* **mania di ~** Verfolgungswahn *m* ② *(fig: molestia)* Last *f,* Qual *f*
perseguibile [perse'gui:bile] *agg* strafbar
perseguimento [persegui'mento] *m* Verfolgung *f,* Verfolgen *nt*
perseguire [perse'gui:re] *vt* verfolgen, anstreben
perseguitare [persegui'ta:re] *vt* ① *(sottoporre a persecuzione)* verfolgen ② *(fig: infastidire)* belästigen, quälen
perseguitato, -a [persegui'ta:to] **I.** *agg* verfolgt **II.** *m, f* Verfolgte(r) *f(m);* **i -i politici** die politisch Verfolgten *mpl*
perseguito *pp di* **perseguire**
perseveranza [perseve'rantsa] *f* Hartnäckigkeit *f,* Beharrlichkeit *f*
perseverare [perseve'ra:re] *vi* **~ in qc** auf etw *dat* beharren

persi ['pɛrsi] *1. pers sing pass rem di* **perdere**
Persia ['pɛrsia] *f* Persien *nt*
persiana [per'sia:na] *f (imposta)* Fensterladen *m;* **~ avvolgibile** Rollladen *m*
persiano [per'sia:no] *m* ① *(lingua)* Persisch(e) *nt* ② *(gatto)* Perser *m,* Perserkatze *f,* Perserkater *m* ③ *(pelliccia)* Persianer *m*
persiano, -a I. *agg* persisch, Perser- **II.** *m, f* Perser(in) *m(f)*
persico, -a ['pɛrsiko] <-ci, -che> *agg* ① GEOG persisch; **il Golfo Persico** der Persische Golf ② ZOO **pesce ~** Flussbarsch *m*
persino [per'si:no] *avv* sogar
persistente [persis'tɛnte] *agg* andauernd, anhaltend; *(continuo)* fortwährend
persistenza [persis'tɛntsa] *f* ① *(durata)* Anhalten *nt* ② *(perseveranza)* Beharrlichkeit *f,* Ausdauer *f*
persistere [per'sistere] <persisto, persistetti *o* persistei, persistito> *vi* **~ in qc** auf etw *dat* beharren
perso ['pɛrso] *pp di* **perdere**
persona [per'so:na] *f* ① *(individuo,* JUR, LING Person *f; (al plurale)* Leute *pl;* **~ fisica/giuridica** natürliche/juristische Person; **~ di famiglia** Familienangehörige(r) *f(m);* **~ di fiducia** Vertrauensperson *f* ② *(corpo)* Körper *m;* **di ~** persönlich; **in ~** *(personalmente)* [höchst]persönlich; *(fatta persona)* [in der Eigenschaft] als
personaggio [perso'naddʒo] <-ggi> *m* ① *(persona importante)* Persönlichkeit *f* ② THEAT, LIT Figur *f,* Gestalt *f* ③ *(fig: tipo strano)* Figur *f fam,* Individuum *nt*
personal computer ['pə:snəl kəm'pju:tə] <-> *m* INFORM Personalcomputer *m,* PC *m*
personale [perso'na:le] **I.** *agg* persönlich; LING Personal- **II.** *m* ① *(impiegati)* Personal *nt;* **~ di servizio** Dienstpersonal *nt;* **~ di volo** Flugpersonal *nt;* **~ qualificato** Fachpersonal *nt,* Fachkräfte *f pl;* **~ insegnante** Lehrkörper *m;* **reparto del ~** Personalabteilung *f* ② *(corpo)* Figur *f,* Gestalt *f*
personalismo [persona'lizmo] *m* PHILOS Personalismus *m*
personalità [personali'ta] <-> *f* Persönlichkeit *f;* **~ giuridica** juristische Person
personalizzare [personalid'dza:re] *vt* persönlich gestalten
personalizzato, -a [personalid'dza:to] *agg* individuell, personalisiert; **arredamento ~** individuelle Einrichtung
personalizzazione [personaliddzat'tsio:ne] *f* persönliche Gestaltung, Personalisierung *f*

personalmente [personal'mente] *avv* persönlich, selbst
personificare [personifi'ka:re] *vt* ① *(rappresentare)* personifizieren ② *(essere simbolo)* verkörpern
personificazione [personifikat'tsio:ne] *f* ① *(rappresentazione)* Personifizierung *f,* Personifikation *f* ② *(esempio)* anschauliches Beispiel
perspicace [perspi'ka:tʃe] *agg* ① *(persona, ingegno)* scharfsinnig ② *(politica, provvedimento)* umsichtig, weit blickend
perspicacia [perspi'ka:tʃa] <-cie> *f* Scharfsinn *m,* Weitblick *m*
persuadere [persua'de:re] <persuado, persuasi, persuaso> **I.** *vt* ① *(convincere)* überzeugen; **~ qu di qc** jdn von etw überzeugen; **~ qu di fare qc** jdn überreden, etw zu tun ② *(suscitare consenso)* Zustimmung auslösen bei; **ha un modo di fare che non mi persuade** er hat eine Art, die mir nicht gefällt **II.** *vr* **-rsi** ① *(convincersi)* sich überzeugen ② *(capacitarsi)* **-rsi di qc** sich mit etw abfinden
persuaditrice *f v.* **persuasore**
persuasi [persu'a:zi] *1. pers sing pass rem di* **persuadere**
persuasione [persua'zio:ne] *f* Überzeugung *f,* feste Meinung
persuasivo, -a [persua'zi:vo] *agg* überzeugend, Überzeugungs-
persuaso [persu'a:zo] *pp di* **persuadere**
persuasore, persuaditrice [persua'zo:re, persuadi'tri:tʃe] *m, f* Überzeugungs-, Überredungskünstler(in) *m(f)*
pertanto [per'tanto] *cong* deshalb, deswegen
pertica ['pɛrtika] <-che> *f* Stange *f*
pertinace [perti'na:tʃe] *agg (poet)* ① *(ostinato)* hartnäckig, starrköpfig ② *(costante)* beharrlich
pertinacia [perti'na:tʃa] <-cie> *f (poet)* Hartnäckigkeit *f,* Starrköpfigkeit *f*
pertinente [perti'nɛnte] *agg* zugehörig; **la risposta non è ~ al tema** die Antwort geht am Thema vorbei
pertinenza [perti'nɛntsa] *f* Zugehörigkeit *f; (competenza)* Zuständigkeit *f;* **essere di ~ di qu** in jds Zuständigkeit fallen
pertosse [per'tosse] *f* Keuchhusten *m*
pertugio [per'tu:dʒo] <-gi> *m* Spalt *m,* Loch *nt*
perturbare [pertur'ba:re] **I.** *vt* verwirren, stören **II.** *vr* **-rsi** METEO sich verschlechtern
perturbazione [perturbat'tsio:ne] *f* ① METEO, ASTR Störung *f* ② FIN, COM Krise *f*
Perù [pe'ru] *m* **il ~** Peru *nt*
Perugia *f* Perugia *nt (Hauptstadt der Region Umbrien)*

P

perugino, -a [peru'dʒi:no] **I.** *m, f (abitante)* Einwohner(in) *m(f)* von Perugia **II.** *agg* aus Perugia
Perugino *m sing* ① GEOG Provinz *f* Perugia ② **il ~** *(pittore) umbrischer Maler des 15. Jahrhunderts*
peruviano, -a [peru'via:no] **I.** *agg* peruanisch **II.** *m, f* Peruaner(in) *m(f)*
pervadere [per'va:dere] <pervado, pervasi, pervaso> *vt (poet)* durchdringen; *(a. fig)* erfüllen
pervasivo, -a [perva'si:no] *agg* ① *(che tende a diffondersi ovunque)* durchdringend, penetrant ② *(fig)* durchdringend
pervenire [perve'ni:re] <irr> *vi essere* ① *(giungere)* ankommen; ADM eingehen; **~ a destinazione** ADM dem Empfänger zugestellt werden; **far ~** ADM zukommen lassen ② *(raggiungere)* **~ a qc** zu etw gelangen, etw erreichen
perversione [perver'sio:ne] *f* Perversion *f*
perversità [perversi'ta] <-> *f* Perversität *f; (anomalia)* Abartigkeit *f*
perverso, -a [per'vɛrso] *agg* niederträchtig, verdorben
pervertimento [perverti'mento] *m* Entartung *f,* Verkommenheit *f,* Pervertiertheit *f*
pervertire [perver'ti:re] **I.** *vt* verderben **II.** *vr* **-rsi** verkommen, entarten
pervertito, -a [perver'ti:to] **I.** *agg* pervers, entartet **II.** *m, f* Perverse(r) *f(m)*
pervertitore, -trice [perverti'to:re] **I.** *agg* verderblich, verderbend **II.** *m, f* [Sitten]verderber(in) *m(f),* Verführer(in) *m(f),* Perverse(r) *f(m),* perverse Person
pervicace [pervi'ka:tʃe] *agg (poet)* hartnäckig, halsstarrig
pervicacia [pervi'ka:tʃa] <-cie> *f (poet)* Hartnäckigkeit *f,* Halsstarrigkeit *f*
pervinca[1] [per'viŋka] <-che> *f* Immergrün *nt*
pervinca[2] **I.** *m* <-> Blauviolett *nt* **II.** *agg inv* blauviolett
p. es. *abbr di* **per esempio** z. B.
pesa ['pe:sa] *f* ① *(operazione)* [Ab]wiegen *nt* ② *(luogo, apparecchiatura)* Waage *f;* **~ per persone** Personenwaage *f*
pesalettere [pesa'lɛttere *o* pesa'lettere] <-> *m* Briefwaage *f*
pesante [pe'sante] *agg* ① *(che pesa)* schwer ② MIL, TEC, SPORT Schwer-, schwer- ③ METEO drückend; *(fig: atmosfera)* bedrückend ④ *(faticoso)* beschwerlich, mühsam ⑤ *(molesto)* lästig, unangenehm ⑥ *(stile, passo)* schwerfällig, plump ⑦ *(sonno)* tief, fest ⑧ *(a. fig: gioco)* hart
pesantezza [pesan'tettsa] *f* Schwere *f; (di movimento, stile)* Schwerfälligkeit *f;* **~ di**

stomaco Völlegefühl *nt;* ~ **di testa** schwerer Kopf

pesare [pe'sa:re] **I.** *vt* ① *(persona, merce)* [ab]wiegen ② *(fig: valutare)* abwägen; *(giudicare)* abschätzen, prüfen **II.** *vi* ① *(avere un peso)* wiegen; *(essere pesante)* schwer sein ② *(gravare)* ~ **su qc** etw belasten; ~ **sullo stomaco** schwer im Magen liegen ③ *(fig: influire)* Gewicht haben, ins Gewicht fallen ④ *(fig: incombere)* ~ **su qu/qc** auf jdm/etw lasten **III.** *vr* **-rsi** sich wiegen

pesarese [pesa're:se] **I.** *mf (abitante)* Einwohner(in) *m(f)* von Pesaro **II.** *agg* aus Pesaro

Pesarese *m sing* Provinz *f* Pesaro

Pesaro *f* Pesaro *nt (Stadt in den Marken)*

pesata [pe'sa:ta] *f* ① *(atto)* [Ab]wiegen *nt* ② *(quantità)* Gewogene(s) *nt,* Gewicht *nt*

pesatura [pesa'tu:ra] *f* [Ab]wiegen *nt*

pesca[1] ['pɛska] <-sche> *f (frutto)* Pfirsich *m;* ~ **noce** Nektarine *f*

pesca[2] ['peska] <-sche> *f* ① *(il pescare)* Fischfang *m,* Fischerei *f;* ~ **subacquea** Unterwasserfischerei *f,* -jagd *f;* **canna da** ~ Angelrute *f* ② *(lotteria)* Glückstopf *m,* Lotterie *f*

pescaggio [pes'kaddʒo] <-ggi> *m* Tiefgang *m*

pescaia [pes'ka:ia] <-aie> *f* Fischdamm *m,* Schleuse *f*

Pescara *f* Pescara *nt (Stadt in den Abruzzen)*

pescare [pes'ka:re] **I.** *vt* ① *(pesci)* fischen, angeln; *(fig: annegato, relitto)* herausfischen ② *(fig: trovare)* aufgabeln *fam* ③ *(fig: prendere a caso)* herausgreifen, ziehen ④ *(fig: sorprendere)* erwischen, ertappen; ~ **qu con le mani nel sacco** *(fam)* jdn auf frischer Tat ertappen **II.** *vi* Tiefgang haben

pescarese [peska're:se] **I.** *mf (abitante)* Einwohner(in) *m(f)* von Pescara **II.** *agg* aus Pescara

Pescarese *m sing* Provinz *f* Pescara

pescata [pes'ka:ta] *f* ① *(il pescare)* Angelpartie *f* ② *(quantità)* [Fisch]fang *m*

pescatore, -trice [peska'to:re] **I.** *m, f* Fischer(in) *m(f),* Angler(in) *m(f)* **II.** *agg* ZOO **martin** ~ Eisvogel *m;* **rana -trice** Seeteufel *m*

pesce ['peʃʃe] *m* ① ZOO Fisch *m;* ~ **d'acqua dolce** Süßwasserfisch *m;* ~ **di mare** Meeresfisch *m,* Seefisch *m;* ~ **d'aprile** *(fam)* Aprilscherz *m;* **non sapere che -i prendere** [*o* **pigliare**] *(fam)* nicht wissen, was man tun soll; **chi dorme non piglia -i** *(prov)* man muss sich schon anstrengen, wenn man zu etw kommen will, ein schlafender Fuchs fängt kein Huhn ② TYP Leiche *f* ③ ASTR **Pesci** Fische *mpl;* **sono** [**dei**] **Pesci** ich bin [ein] Fisch, mein Sternzeichen ist Fische

pescecane [peʃʃe'ka:ne] <pescicani *o* pescecani> *m* ① ZOO Hai[fisch] *m* ② *(fig)* Hai *m*

peschereccio [peske'rettʃo] <-cci> *m* Fischerboot *nt,* Fischkutter *m*

peschereccio, -a <-cci, -cce> *agg* Fischer[ei]-

pescheria [peske'ri:a] <-ie> *f* Fischhalle *f,* Fischmarkt *m*

pescheto [pes'ke:to] *m* Pfirsichgarten *m*

peschiera [pes'kiɛ:ra] *f* Fischteich *m*

pesciaiola [peʃʃa'iɔ:la] *f (pentola)* Fisch[koch]topf *m*

pesciaiolo, -a [peʃʃa'iɔ:lo] *m, f* Fischverkäufer(in) *m(f),* Fischhändler(in) *m(f)*

pescicani *pl di* **pescecane**

pesciera [peʃ'ʃɛ:ra] *f* Fisch[koch]topf *m*

pescivendolo, -a [peʃʃi've:ndolo] *m, f* Fischverkäufer(in) *m(f),* Fischhändler(in) *m(f)*

pesco ['pɛsko] <-schi> *m* Pfirsichbaum *m*

pescosità [peskosi'ta] <-> *f* Fischreichtum *m*

pescoso, -a [pes'ko:so] *agg* fischreich

pesista [pe'sista] <-i *m,* -e *f*> *mf* Gewichtheber(in) *m(f)*

pesistica [pe'sistika] <-che> *f* Gewichtheben *nt*

pesistico, -a [pe'sistiko] <-ci, -che> *agg* Gewichthebe(r)-

peso ['pe:so] *m* ① *(gener)* Gewicht *nt; (oggetto)* Last *f;* SPORT Gewichtsklasse *f;* ~ **lordo/netto** Brutto-/Nettogewicht *nt;* ~ **massimo/medio** SPORT Schwer-/Mittelgewicht *nt;* **eccedenza di** ~ Übergewicht *nt* ② *(fig: valore)* Gewicht *nt,* Bedeutung *f* ③ *(fig: disagio)* Belastung *f,* Last *f,* Bürde *f;* **avere un** ~ **sullo stomaco** ein Schweregefühl im Magen haben; **avere un** ~ **sulla coscienza** etw auf dem Gewissen haben ④ SPORT *(attrezzo)* Kugel *f;* **sollevamento -i** Gewichtheben *nt*

pessimismo [pessi'mizmo] *m* Pessimismus *m*

pessimista [pessi'mista] <-i *m,* -e *f*> **I.** *mf* Pessimist(in) *m(f)* **II.** *agg* pessimistisch

pessimistico, -a [pessi'mistiko] <-ci, -che> *agg* pessimistisch

pessimo, -a ['pɛssimo] *agg superlativo di* **cattivo, -a** sehr schlecht, sehr böse, sehr übel; **di** ~ **gusto** geschmacklos

pestaggio [pes'taddʒo] <-ggi> *m* Prügelei *f,* Schlägerei *f*

pestare [pes'ta:re] *vt* ① *(battere)* klopfen;

P

(pepe, sale) zerstoßen ❷ *(calpestare)* zertreten; *(uva)* [zer]stampfen; *(mozzicone)* austreten ❸ *(fig: picchiare)* [ver]prügeln

pestata [pes'ta:ta] *f* ❶ *(frantumazione)* Zerstoßen *nt,* Zerstampfen *nt* ❷ *(fam: botte)* Schlägerei *f* ❸ *(pestone)* Fußtritt *m*

peste[1] ['pɛste] *f* ❶ MED Pest *f* ❷ *(fig: persona)* Plage *f* ❸ *(fig: rovina)* Übel *nt,* Ruin *m;* **dire ~ e corna di qu** *(fam)* an jdm kein gutes Haar lassen

peste[2] ['peste] *fpl* ❶ *(orme)* Spuren *fpl,* Fußstapfen *fpl; (di animali)* Fährte *f* ❷ *(fig: guai)* Klemme *f,* Patsche *f*

pestello [pes'tɛllo] *m* Stößel *m*

pesticciare [pestit'tʃa:re] **I.** *vt* TOSC zertreten, treten auf *+akk* **II.** *vi* TOSC mit den Füßen stampfen

pestifero, -a [pes'ti:fero] *agg (fig: cattivo)* schlimm, ekelhaft; *(nauseabondo)* ekelhaft, abscheulich

pestilenza [pesti'lɛntsa] *f* ❶ *(fig: fetore)* Gestank *m; (rovina)* Verderbnis *f,* Übel *nt* ❷ MED Pest *f*

pestilenziale [pestilen'tsia:le] *agg (fetente)* stinkend

pesto ['pesto] *m* Pesto *nt o m (Soße aus Öl, feingehacktem Basilikum, Knoblauch, Käse und Pinienkernen)*

pesto, -a *agg* ❶ *(pepe, aglio)* zerstoßen; *(ossa)* zerschlagen ❷ *(ammaccato)* blau; *(occhi)* mit Ringen unter den Augen ❸ *(fig: buio)* stockdunkel

pestone [pes'to:ne] *m (fam)* Fußtritt *m*

P

petalo ['pɛ:talo] *m* Blumenblatt *nt,* Blütenblatt *nt*

petardo [pe'tardo] *m* ❶ *(bombetta di carta)* Knallfrosch *m,* Knallerbse *f* ❷ FERR Knallkapsel *f*

petecchiale [petek'kia:le] *agg* Fleck-

petizione [petit'tsio:ne] *f* JUR Eingabe *f,* Petition *f;* **a ~** auf Ersuchen

peto ['pe:to] *m (vulg)* Furz *m*

petrarchesco, -a [petrar'kesko] <-schi, -sche> *agg* des Petrarca, im Stil von Petrarca

petrarchismo [petrar'kizmo] *m* Petrarkismus *m*

petrarchista [petrar'kista] <-i *m,* -e *f*> *mf* Petrarkist(in) *m(f); (a studioso)* Petrarcaforscher(in) *m(f)*

petro(l)chimica [petro(l)'ki:mika] <-che> *f* Petrochemie *f*

petro(l)chimico, -a [petro(l)'ki:miko] <-ci, -che> *agg* petrochemisch

petro(l)dollari [petro(l)'dɔllari] *mpl* Petrodollars *mpl*

petroliera [petro'liɛ:ra] *f* [Öl]tanker *m*

petroliere [petro'liɛ:re] *m* ❶ *(tecnico)* Erdölarbeiter *m,* -techniker *m* ❷ *(industriale)* Erdölindustrielle(r) *m*

petroliero, -a [petro'liɛ:ro] *agg* [Erd]öl-

petrolifero, -a [petro'li:fero] *agg* Erdöl-, erdölhaltig; **industria -a** Mineralölindustrie *f*

petrolio [pe'trɔ:lio] *m* Erdöl *nt; (illuminante)* Petroleum *nt;* **~ grezzo** Rohöl *nt;* **estrazione del ~** Erdölförderung *f*

pettegola *f v.* **pettegolo**

pettegolare [pettego'la:re] *vi* klatschen, tratschen *fam*

pettegolezzo [pettego'leddzo] *m* Klatsch *m,* Tratsch *m fam*

pettegolio [pettego'li:o] <-ii> *m* Klatscherei *f,* Geschwätz *nt*

pettegolo, -a [pe'te:golo] **I.** *agg* klatschsüchtig, geschwätzig **II.** *m, f* Klatschbase *f,* Klatschmaul *nt fam*

pettinare [petti'na:re] **I.** *vt* ❶ *(capelli)* kämmen; *(acconciare)* frisieren ❷ *(lino, canapa, lana)* hecheln, kämmeln **II.** *vr* **-rsi** sich kämmen

pettinata [petti'na:ta] *f* [schnelles] Kämmen; **darsi una ~** sich [schnell] kämmen *fam*

pettinato [petti'na:to] *m* Kammgarn[gewebe] *nt*

pettinato, -a *agg* ❶ *(persona)* gekämmt, frisiert ❷ *(filato, tessuto)* Kamm-

pettinatrice [pettina'tri:tʃe] *f* Friseuse *f*

pettinatura [pettina'tu:ra] *f* ❶ *(di capelli)* Frisur *f* ❷ *(di lana)* Hecheln *nt,* Kämmen *nt*

pettine ['pɛttine] *m* Kamm *m; (per tessitura)* Hechel *f*

petting ['pɛtiŋ] <-> *m* Petting *nt*

pettino [pet'ti:no] *m* ❶ *(di grembiule)* Brustlatz *m* ❷ *(di camicia)* Hemdbrust *f* ❸ *(di vestito femminile)* Miedereinsatz *m*

pettirosso [petti'rosso] <-i> *m* Rotkehlchen *nt*

petto ['pɛtto] *m* ❶ ANAT Brust *f; (di donna)* Busen *m; (polmoni)* Lungen *fpl,* Brustorgane *ntpl;* GASTR Bruststück *nt;* **~ della camicia** Hemdbrust *f;* **nota/voce di ~** Brustton *m*/Bruststimme *f;* **a un/doppio ~** ein-/zweireihig; **essere debole di ~** schwach auf der Brust sein ❷ *(fig: cuore)* Herz *nt;* **mettersi una mano sul ~** *(fig)* die Hand aufs Herz legen

pettorale [petto'ra:le] **I.** *agg* Brust- **II.** *m* Brustblatt *nt,* -riemen *m*

pettorina [petto'ri:na] *f* [Brust]latz *m,* [Brust]einsatz *m*

pettoruto, -a [petto'ru:to] *agg (uomo)* breitschult[e]rig; *(donna)* vollbusig

petulante [petu'lante] *agg* ❶ *(arrogante)*

anmaßend, überheblich ② *(insistente)* aufdringlich
petulanza [petu'lantsa] *f* Anmaßung *f,* Überheblichkeit *f*
petunia [pe'tu:nia] <-ie> *f* Petunie *f*
pezza ['pɛttsa] *f* ① *(di tessuto)* Ballen *m; (di lana)* Knäuel *m o nt* ② *(toppa)* Flicken *m,* Fleck[en] *m;* **mettere una ~ a qc** *(fig)* etw wieder gutmachen ③ *(cencio)* Lappen *m,* Tuch *nt;* **trattare qu come una ~ da piedi** *(fam)* jdn wie [den letzten] Dreck behandeln
pezzato [pet'tsa:to] *m* Schecke *m*
pezzato, -a *agg* gescheckt, scheckig
pezzatura [pettsa'tu:ra] *f* COM [Stück]größe *f*
pezzente [pet'tsɛnte] *mf (straccione)* Bettler(in) *m(f); (fam pej)* Hungerleider(in) *m(f) fam*
pezzo ['pettso] *m* ① *(parte)* Stück *nt; (parte di serie)* Teil *nt;* **un ~ di dolce/pane** ein Stück Kuchen/Brot; **un uomo tutto d'un ~** ein ganzer Kerl; **andare in cento** [*o* **mille**] **-i** in tausend Stücke gehen; **cadere a** [*o* **in**] **-i** auseinanderfallen; *(fig)* ganz verkommen; **ridurre in -i** zerstückeln; **essere un ~ di legno** *(fig)* wie aus Stein sein ② *(oggetto)* Stück *nt,* Gegenstand *m;* **un ~ raro** ein seltenes Stück ③ TEC [Bau]teil *nt* ④ LIT, MUS *(brano)* Stück *nt,* Stelle *f; (nel giornalismo)* Artikel *m* ⑤ *(di abito)* Teil *nt;* **un due -i** ein Bikini *m,* ein Zweiteiler *m* ⑥ *(di scacchi)* [Spiel]stein *m,* Figur *f* ⑦ *(tratto)* Stück *nt,* Strecke *f* ⑧ *(fig: tempo)* Weile *f,* Zeitlang *f;* **è un ~ che non ci vediamo** es ist eine Weile her, seit wir uns gesehen haben ⑨ *(loc)* **un ~ grosso** ein hohes Tier *fam;* **un bel ~ di ragazza** ein gut aussehendes Mädchen
pezzuola [pet'tsuɔ:la] *f* Lappen *m; (fazzoletto)* Taschentuch *nt*
PG *m abbr di* **Procuratore Generale** ≈ Generalstaatsanwalt
pH [pi'akka] <-> *m* pH-Wert *m*
phone banking [fon 'bɛnking] <-> *m* FIN Telebanking *nt*
photo finish [foutə 'finiʃ] <-> *m* Zielfoto *nt,* Zielfilm *m*
photoflood ['foutəflʌd] <- *o* photofloods> *m* FOTO Fotospaltlampe *f*
PI *abbr di* (**Ministero della**) **Pubblica Istruzione** *italienisches Kultusministerium*
pia *f v.* **pio**
piaccametro [piak'ka:metro] *m* CHEM PH-Meter *m,* PH-Messgerät *nt*
piaccio ['piattʃo] *1. pers sing pr di* **piacere**[1]
piacente [pia'tʃɛnte] *agg* gewinnend, einnehmend
piacentino, -a [piatʃen'ti:no] **I.** *m, f (abitante)* Einwohner(in) *m(f)* von Piacenza **II.** *agg* aus Piacenza, piacentinisch
Piacentino *m sing* Umgebung *f* von Piacenza
Piacenza *f* Piacenza *nt (Stadt in Emilia-Romagna)*
piacere[1] [pia'tʃe:re] <piaccio, piacqui, piaciuto> *vi essere* gefallen, passen; *(cibi)* schmecken; **mi piace nuotare** ich schwimme gern; **mi piacerebbe rivederti** es würde mich freuen, dich wiederzusehen; **che ti piaccia o no** ob es dir gefällt oder nicht
piacere[2] *m* ① *(soddisfazione)* Gefallen *nt;* **dare ~ a qu** jdm Freude machen; **provare ~ nella musica** Freude an der Musik haben ② *(divertimento)* Vergnügen *nt,* Freude *f;* **gita di ~** Vergnügungsfahrt *f;* **viaggio di ~** Vergnügungsreise *f;* **canta che è un ~** er/sie singt, dass es eine Freude ist; **~!** angenehm!; **è un ~ conoscerLa** angenehm, Sie kennenzulernen; **con ~** mit Vergnügen, gern ③ *(onore)* Ehre *f* ④ *(favore)* Gefallen *m;* **fare un ~ a qu** jdm einen Gefallen tun; **fammi il** [**santo**] **~ di ...** *+inf (fam)* tu mir den Gefallen und ..., sei so lieb und ...; **ma mi faccia il ~!** aber ich bitte Sie!; **per ~** bitte[schön] ⑤ *(volontà)* Belieben *nt;* **a ~** nach Wunsch, nach Belieben
piacevole [pia'tʃe:vole] *agg* angenehm, erfreulich
piacevolezza [piatʃevo'lettsa] *f* Annehmlichkeit *f,* Anmut *f*
piacimento [piatʃi'mento] *m* **a ~** nach Belieben
piaciuto [pia'tʃu:to] *pp di* **piacere**[1]
piacqui ['piakkui] *1. pers sing pass rem di* **piacere**[1]
piadina [pia'di:na] *f* [Teig]fladen *m*
piaga ['pia:ga] <-ghe> *f* ① MED Wunde *f,* Verletzung *f* ② *(fig: danno)* Übel *nt,* Plage *f* ③ *(fig: dolore)* Schmerz *m* ④ *(fam: persona noiosa)* Quälgeist *m*
piagare [pia'ga:re] *vt* ① *(ferire)* verwunden ② *(fig)* verletzen, kränken
piagnisteo [piaɲɲis'tɛ:o] *m* Gejammer *nt,* Geheule *nt*
piagnone, -a [piaɲ'ɲo:ne] *m, f (fam: bambino)* Heulpeter *m/*Heulsuse *f*
piagnucolare [piaɲɲuko'la:re] *vi* wimmern, heulen
piagnucolio [piaɲɲuko'li:o] <-ii> *m* Gewimmer *nt,* Geplärre *nt fam*
piagnucolone, -a [piaɲɲuko'lo:ne] *m, f (fam)* Heulpeter *m/*Heulsuse *f*

P

piagnucoloso, -a [piaɲɲuko'lo:so] *agg* weinerlich, klagend

pialla ['pialla] *f* Hobel *m*

piallare [pial'la:re] *vt* [ab]hobeln

piallata [pial'la:ta] *f* Hobelstrich *m,* Hobeln *nt*

piallatore, -trice [pialla'to:re] **I.** *m, f* Hobler(in) *m(f)* **II.** *agg* Hobel-

piallatrice *f* Hobelmaschine *f*

piallatura [pialla'tu:ra] *f* [Ab]hobeln *nt*

piana ['pia:na] *f* Ebene *f*

pianale [pia'na:le] *m* ① MOT Absatz *m* ② FERR Plattformwagen *m* ③ TEC Plattform *f*

pianeggiante [pianed'dʒante] *agg* flach, eben

pianeggiare [pianed'dʒa:re] **I.** *vi* eben sein **II.** *vt* ebnen

pianella [pia'nɛlla] *f* ① *(pantofola)* Pantoffel *m* ② *(mattonella)* Fliese *f,* Kachel *f*

pianerottolo [piane'rɔttolo] *m* Treppenabsatz *m*

pianeta [pia'ne:ta] <-i> *m* ASTR Planet *m*

piangente [pian'dʒɛnte] *agg* ① *(voce, persona)* weinerlich, wehklagend ② *(salice)* Trauer-

piangere ['piandʒere] <piango, piansi, pianto> **I.** *vi* weinen; **~ di gioia/dolore/rabbia** vor Freude/Schmerz/Wut weinen; **~ sul latte versato** *(fam fig)* unnütze Tränen vergießen; **mi piange il cuore** mir blutet das Herz **II.** *vt* ① *(lacrime)* vergießen ② *(lamentare)* beklagen, beweinen ③ *(rimpiangere)* **~ qc** einer Sache *dat* nachtrauern

pianificabile [pianifi'ka:bile] *agg* planbar

pianificabilità [pianifikabilili'ta] <-> *f* Planbarkeit *f*

pianificare [pianifi'ka:re] *vt* planen

pianificato, -a [pianifi'ka:to] *agg* geplant, Plan-

pianificatore, -trice [pianifika'to:re] *m, f* Planer(in) *m(f)*

pianificazione [pianifikat'tsio:ne] *f* Planung *f;* **~ familiare** Familienplanung *f*

pianista [pia'nista] <-i *m,* -e *f*> *mf* Klavierspieler(in) *m(f); (professionale)* Pianist(in) *m(f)*

pianistico, -a [pia'nistiko] <-ci, -che> *agg* pianistisch, Klavier-

piano, -a *agg* eben, glatt

piano[1] ['pia:no] *m* ① *(livello)* Stufe *f,* Ebene *f,* Niveau *nt;* MAT Ebene *f;* GEOL Schicht *f;* **di primo ~** von Rang; **passare in secondo ~** *(fig)* in den Hintergrund treten ② *(superficie)* Fläche *f;* **~ inclinato** schiefe Ebene ③ *(di edificio)* Stockwerk *nt,* Stock *m;* **abitare al primo ~** im ersten Stock wohnen ④ *(progetto)* Plan *m,* Projekt *nt;* COM, POL Programm *nt; (fig)* Vorhaben *nt,* Absicht *f;* **~ regolatore** ADM Bebauungsplan *m;* **~ di attacco** Angriffsplan *m;* **~ di battaglia** Schlachtplan *m* ⑤ AERO Tragfläche *f* ⑥ FOTO, FILM Perspektive *f;* **primo ~** Vordergrund *m;* **secondo ~** Hintergrund *m* ⑦ MUS Klavier *nt*

piano[2] *avv* ① *(adagio)* langsam, bedächtig; **pian[o] ~** allmählich; **chi va ~, va sano e va lontano** *(prov)* eile mit Weile ② *(a bassa voce)* leise

pianobar [piano'bar] <-> *m* Tanzlokal *nt* mit Livemusik

pianoforte [piano'fɔrte] *m* Klavier *nt,* Piano *nt;* **~ a coda** Flügel *m*

pianola [pia'nɔ:la] *f* Pianola *nt*

pianoro [pia'nɔ:ro] *m* Hochebene *f*

pianoterra [piano'tɛrra] <-> *m* Erdgeschoss *nt,* Parterre *nt*

piansi ['piansi] *1. pers sing pass rem di* **piangere**

pianta ['pianta] *f* ① BOT Pflanze *f,* Gewächs *nt* ② ANAT *(del piede)* Sohle *f* ③ *(disegno)* Plan *m; (carta topografica)* Karte *f,* Plan *m* ④ ADM *(ruolo)* Stellenplan *m,* Stellenverzeichnis *nt* ⑤ *(loc)* **inventare qc di sana ~** etw völlig aus der Luft greifen

piantagione [pianta'dʒo:ne] *f* Pflanzung *f,* Plantage *f*

piantagrane [pianta'gra:ne] <-> *mf (fam)* Pedant(in) *m(f),* Haarspalter(in) *m(f)*

piantare [pian'ta:re] **I.** *vt* ① AGR *(piante)* pflanzen, anbauen; *(terreno)* bepflanzen, bebauen ② *(conficcare)* [ein]schlagen, einrammen ③ *(fig: lasciare)* verlassen, im Stich lassen; **piantala!** *(fam)* hör auf [damit]! **II.** *vr* **-rsi** ① *(fam: lasciarsi)* auseinandergehen, sich trennen ② *(accamparsi)* **-rsi in casa di qc** sich bei jdm einnisten

piantato, -a [pian'ta:to] *agg* ① AGR *(terreno)* bepflanzt; *(piante)* gepflanzt ② *(fig: robusto)* stämmig, robust; *(immobile)* starr, angewurzelt

piantatore, -trice [pianta'to:re] *m, f* ① AGR Pflanzer(in) *m(f)* ② *(proprietario)* Plantagenbesitzer(in) *m(f)*

piantatrice *f* Pflanzmaschine *f*

piantatura [pianta'tu:ra] *f* ① *(operazione)* [An]pflanzen *nt* ② *(stagione)* Pflanzzeit *f*

piantello [pian'tɛllo] *m* TEC Zwirnmaschine *f,* Zwirner *m*

pianterreno [pianter're:no] *m* Erdgeschoss *nt,* Parterre *nt*

pianto ['pianto] *m* Weinen *nt; (lacrime)* Tränen *f pl*

pianto, -a I. *pp di* **piangere II.** *agg* beweint, betrauert

piantonamento [piantona'mento] *m* Überwachen *nt,* Bewachung *f*

piantonare [pianto'na:re] *vt* bewachen, überwachen

piantone [pian'to:ne] *m* ① MIL wachhabender Soldat, Wach[t]posten *m* ② ADM Wache *f*

pianura [pia'nu:ra] *f* Ebene *f*

pianurizzazione [pianuriddzat'tsio:ne] *f* GEOL Verflachung *f*

piastra ['piastra] *f* ① *(lastra)* Scheibe *f,* Platte *f* ② TEC, EL Platte *f* ③ *(moneta)* Piaster *m*

piastrella [pias'trɛlla] *f* Kachel *f,* Fliese *f*

piastrellaio, -a [piastrel'la:io] <-ai, -aie> *m, f* Fliesenleger(in) *m(f)*

piastrellare [piastrel'la:re] *vt* kacheln, fliesen

piastrellista [piastrel'lista] <-i *m,* -e *f*> *mf* Fliesenleger(in) *m(f)*

piastrina [pias'tri:na] *f* ① BIOL Blutplättchen *nt,* Thrombozyt *m* ② MIL Erkennungsmarke *f,* Plakette *f* ③ TEC Zwischenlegscheibe *f*

piattaforma [piatta'forma] <piatteforme> *f* ① *(superficie)* Plattform *f,* Rampe *f* ② GEOG Tafel *f* ③ TEC Scheibe *f* ④ FERR Umlaufblech *nt,* Drehscheibe *f* ⑤ *(fig)* POL Basis *f,* Plattform *f*

piattello [piat'tɛllo] *m (bersaglio)* Tontaube *f;* **tiro al ~** Tontaubenschießen *nt*

piattezza [piat'tettsa] *f* Plattheit *f,* Banalität *f*

piattina [piat'ti:na] *f* ① EL Flachkabel *nt* ② *(profilato metallico)* Metallband *nt,* Bandeisen *nt* ③ *(carrello)* Plattformkarren *m*

piattino [piat'ti:no] *m* Untertasse *f*

piatto ['piatto] *m* ① *(recipiente)* Teller *m;* **~ fondo/piano** tiefer/flacher Teller ② GASTR *(vivanda)* Gericht *nt,* Speise *f; (portata)* Gang *m,* Speisenfolge *f;* **un ~ di minestra/di spaghetti** ein Teller Suppe/Spaghetti; **primo ~** erster Gang; **~ del giorno** Tagesgericht *nt* ③ TEC Schale *f,* Scheibe *f* ④ *pl* MUS Becken *ntpl*

piatto, -a *agg* ① *(piano)* flach, platt; MAT *(angolo)* gestreckt ② *(fig)* seicht, platt

piattola ['piattola] *f* ① ZOO [Küchen]schabe *f* ② *(fam fig: persona noiosa)* Nervensäge *f*

piazza ['piattsa] *f* ① *(area)* Platz *m;* **la ~ San Pietro** der Petersplatz; **fare ~ pulita** *(fig)* reinen Tisch machen ② *(mercato)* Marktplatz *m;* **scendere in ~** *(fig)* auf die Straße gehen, demonstrieren ③ COM, FIN Markt *m* ④ MIL Übungsgelände *nt* ⑤ *(posto)* Platz *m;* **letto ad una ~** Einzelbett *nt* ⑥ *(fig: gente)* Menge *f;* **mettere in ~** *(fig)* an die große Glocke hängen

piazzaffari [piattsaf'fa:ri] *f (Borsa di Milano)* Mailänder Börse *f*

piazzaforte [piattsa'fɔrte] <piazzeforti> *f* ① *(roccaforte)* Festung *f* ② *(a. fig)* Bollwerk *nt*

piazzale [piat'tsa:le] *m* ① *(piazza)* [großer] Platz *m* ② *(area di servizio)* Servicestation *f* ③ FERR Bahnanlage *f*

piazzamento [piattsa'mento] *m* SPORT Aufstellung *f; (in classifica)* Platzierung *f;* MIL Aufstellung *f,* Formierung *f*

piazzare [piat'tsa:re] **I.** *vt* ① *(collocare)* aufstellen ② COM absetzen, auf den Markt bringen ③ *(fig: colpo)* platzieren **II.** *vr* **-rsi** ① SPORT sich platzieren ② *(fam: sistemarsi)* sich einrichten, sich breitmachen *fam*

piazzata [piat'tsa:ta] *f (fam)* Szene *f*

piazzato, -a [piat'tsa:to] *agg* ① SPORT platziert ② *(fig: corpulento)* stämmig, korpulent ③ *(fig: con solida posizione)* gut situiert, in gesicherter Position

piazzatore [piattsa'to:re] *m* SPORT *(nel rugby)* Ballhalter(in) *m(f)*

piazzeforti *pl di* **piazzaforte**

piazzista [piat'tsista] <-i *m,* -e *f*> *mf* Handelsvertreter(in) *m(f)*

piazzola [piat'tsɔ:la] *f* Ausweichstelle *f,* Haltemöglichkeit *f;* **~ di servizio** Servicestation *f;* **~ di sosta** Rastplatz *m;* **~ di emergenza** Notparkplatz *m*

picaresco, -a [pika'resko] <-schi, -sche> *agg* pikaresk, Schelmen-; **romanzo ~** Schelmenroman *m*

picca ['pikka] <-cche> *f* ① *(puntiglio)* Trotz *m,* Groll *m* ② *(arma)* Pike *f* ③ *pl (di carte da gioco)* Pik *nt;* **prendersi un due di -cche** eine Abfuhr erhalten; **rispondere -cche a qu** *(fam)* jdm eine Abfuhr erteilen

piccante [pik'kante] *agg* ① GASTR scharf gewürzt, pikant ② *(fig: mordace)* bissig, boshaft

piccarsi [pik'karsi] *vr* sich *dat* einbilden

piccata [pik'ka:ta] *f mit Zitrone zubereitetes Kalbsschnitzel*

piccato, -a [pik'ka:to] *agg* beleidigt, gereizt, pikiert

picchettaggio [pikket'taddʒo] <-ggi> *m* Streikposten *m*

picchettamento [pikketta'mento] *m* Aufstellen *nt* von Streikposten

picchettare [pikket'ta:re] *vt* ① *(fabbrica)* Streikposten beziehen vor +*dat* ② *(piantar paletti)* abstecken, Pflöcke aufstellen in [*o* auf] +*dat*

picchetto [pik'ketto] *m* ① *(paletto)* Pflock *m,* Pfahl *m* ② MIL Einsatzkommando *nt* ③ *(gruppo di scioperanti)* Streikposten *mpl*

picchiare [pik'kia:re] **I.** *vt* ① *(battere)* schlagen ② *(percuotere)* verprügeln, schlagen ③ *(bussare)* klopfen, pochen; **~ un colpo alla porta** an die Tür klopfen **II.** *vi* ① *(battere)* klopfen, pochen ② AERO im Sturzflug fliegen **III.** *vr* **-rsi** sich prügeln, sich schlagen

picchiata [pik'kia:ta] *f* ① AERO Sturzflug *m* ② *(colpo)* Schlag *m*

picchiatello, -a [pikkia'tɛllo] **I.** *agg (fam)* verrückt, überspannt **II.** *m, f (fam)* Sonderling *m*

picchiato, -a [pik'kia:to] **I.** *agg (fam)* wunderlich, sonderbar **II.** *m, f (fam)* Kauz *m*, seltsamer Vogel

picchiatore, -trice [pikkia'to:re] *m, f* Schläger(in) *m(f)*

picchiettare [pikkiet'ta:re] **I.** *vi (picchiare)* klopfen; *(pioggia)* trommeln, prasseln **II.** *vt* sprenkeln, [be]tupfen

picchiettato [pikkiet'ta:to] *m* Saltato *nt*

picchiettatura [pikkietta'tu:ra] *f* Tüpfelung *f*, Sprenkelung *f*

picchiettio [pikkiet'ti:o] <-ii> *m* Klopfen *nt; (della pioggia)* Prasseln *nt*

picchio ['pikkio] <-cchi> *m* ① ZOO Specht *m* ② *(colpo)* Schlag *m*

piccina *f v.* **piccino**

piccineria [pittʃine'ri:a] <-ie> *f* Kleinlichkeit *f*

piccino, -a [pit'tʃi:no] **I.** *agg* ① *(piccolo)* klein, winzig ② *(fig: umile)* dürftig, bescheiden **II.** *m, f* ① *(bambino)* kleines Kind ② *(di animale)* Junge(s) *nt*

picciolo [pit'tʃɔ:lo] *m* [Blatt]stängel *m*, [Blatt]stiel *m*

piccionaia [pittʃo'na:ia] <-aie> *f* ① *(luogo per piccioni)* Taubenschlag *m* ② THEAT *(loggione)* Galerie *f*

piccioncino, -a [pittʃon'tʃi:no] *m, f (fam)* Turteltaube *f*, Verliebte(r) *f(m)*

piccione [pit'tʃo:ne] *m* Taube *f*; **~ viaggiatore** Brieftaube *f*; **tiro al ~** Tontaubenschießen *nt*; **pigliare** [*o* **prendere**] **due -i con una fava** *(fig)* zwei Fliegen mit einer Klappe schlagen

picciotto [pit'tʃɔtto] *m* SICIL ① *(giovanotto)* junger Mann *m*, junger Spund *m fam* ② HIST sizilianischer Freiheitskämpfer *m*

picco ['pikko] <-cchi> *m (vetta)* Bergspitze *f*, Gipfel *m*; **a ~** senkrecht, steil

piccola *f v.* **piccolo**

piccolezza [pikko'lettsa] *f* ① *(dimensione)* Kleinheit *f* ② *(inezia)* Belanglosigkeit *f*, Lappalie *f* ③ *(fig: grettezza)* Kleinlichkeit *f*

piccolo, -a ['pikkolo] <più piccolo *o* minore, piccolissimo *o* minimo> **I.** *agg* ① *(non grande)* klein; **~ borghese** Kleinbürger *m*, Spießer *m*; **~ imprenditore** Kleinunternehmer *m*; **in ~** verkleinert, in kleinem Maßstab ② *(insufficiente)* ungenügend, gering ③ *(giovane)* jung, klein; **fin da ~** von klein auf, von Kindheit an ④ *(trascurabile)* belanglos, geringfügig; *(errore, obiezione)* unerheblich; *(somma)* unbeträchtlich ⑤ *(fig: meschino)* kleinlich, pedantisch ⑥ *(fig: umile)* bescheiden, zurückhaltend, genügsam; **farsi ~** *(fig)* sich klein machen, sein Licht unter den Scheffel stellen **II.** *m, f* ① *(bambino)* Kind *nt*, Kleine(r, s) *f(m, nt)* ② ZOO Junge(s) *nt*, Jungtier *nt* ③ *(loc)* **nel mio ~** in meinen bescheidenen Verhältnissen, in meinem bescheidenen Rahmen

piccone [pik'ko:ne] *m* [Spitz]hacke *f*

piccoso, -a [pik'ko:so] *agg* reizbar

piccozza [pik'kɔttsa] *f* [Kreuz]hacke *f*, [Eis]pickel *m*

pick-up ['pikʌp] <-> *m* Tonabnehmer *m*

picnic [pik'nik] <-> *m* Picknick *nt*

picosecondo [pikose'kondo] *m* PHYS Pikosekunde *f*

pidiesse [pidi'ɛsse] <-> *m* POL *(Partito Democratico della Sinistra, PDS)* Sozialistische Partei Italiens

pidiessino, -a [pidies'si:no] **I.** *agg* sozialistisch, der PDS; **il leader ~** der Parteichef der PDS **II.** *m, f* Parteimitglied *nt* der PDS

pidocchieria [pidokkie'ri:a] <-ie> *f* Knaus[e]rigkeit *f*

pidocchio [pi'dɔkko] <-cchi> *m* ① ZOO Laus *f* ② *(fig)* Knauser *m fam*, Geizhals *m fam*

pidocchioso, -a [pidok'kio:so] *agg* ① *(infestato dai pidocchi)* verlaust, von Läusen befallen ② *(fig)* geizig, knaus[e]rig *fam*

piè [piɛ] *m (poet)* Fuß *m*; **a ~** [**di**] **pagina** in der Fußnote

pied-à-terre [pieta'tɛ:r] <-> *m* Zweitwohnung *f*

pied-de-poule [piet'pul] <-> *m* Hahnentrittmuster *nt*

piede ['piɛ:de] *m* ① ANAT Fuß *m*; **essere** [*o* **stare**] **in -i** [auf den Füßen] stehen; **essere a -i** zu Fuß sein; **non stare in -i** *(fig)* auf wackeligen Füßen stehen; **andare a -i** zu Fuß gehen; **restare a -i** zu Fuß gehen müssen; **essere tra i -i** *(fam)* im Weg sein; **levarsi** [*o* **togliersi**] **dai -i qu** *(fam)* sich *dat* jdn vom Hals[e] schaffen; **prender ~** Fuß fassen; **tenere in -i** *(fig)* aufrecht erhalten; **mettere i -i in testa a qu** *(fig)* jdn in die Knie zwingen; **mettere in -i qc** *(fig)* etw auf die Beine stellen; **puntare i -i** auf seiner Meinung beharren; **avere tutti ai propri -i** alle zu seinen Füßen liegen haben;

fatto coi -i *(fam)* schlecht gemacht; **ragionare** [*o* **parlare**] **coi -i** *(fam)* unsinniges Zeug [daher]reden; **a -i nudi** barfuß; **da capo a -i** von Kopf bis Fuß; **su due -i** *(fig)* stehenden Fußes, augenblicklich; **i -i piatti** *(sl)* die Bullen *mpl,* die Polypen *mpl* ② *(di mobile)* Bein *nt; (di lampadario)* Fuß *m;* **~ del tavolo** Tischbein *nt* ③ *(di monte)* Fuß *m;* **ai -i della montagna** am Fuß der Berge ④ LIT Versfuß *m,* Versmaß *nt* ⑤ *(unità di misura)* Fuß *m*

piedestallo [piedes'tallo] *m v.* **piedistallo**

piedino [pi'di:no] *m* Pressenotiz *f;* **fare [il] ~** fußeln

piedipiatti [piedi'piatti] <-> *m (sl)* Bulle *m*

piedistallo [piedis'tallo] *m* Sockel *m,* Postament *nt*

piedritto [pie'dritto] *m* Widerlager *nt*

piega ['piɛ:ga] <-ghe> *f* Falte *f;* **gonna a -ghe** Faltenrock *m;* **messa in ~** Einlegen *nt* der Haare; **non fare una ~** *(fig)* haargenau stimmen

piegaciglia [piega'tʃiʎʎa] <-> *m* Wimpernzange *f*

piegaferro [piega'fɛrro] <-> *m* Eisenbieger *m*

piegamento [piega'mento] *m* ① *(fare una piega)* Falten *nt; (piegatura)* Biegen *nt* ② SPORT [Knie-/Rumpf]beuge *f*

piegare [pie'ga:re] **I.** *vt* ① *(curvare)* biegen; *(flettere)* krümmen; *(inclinare)* beugen, biegen; *(testa)* senken ② *(ripiegare)* [zusammen]falten, zusammenlegen; *(fronte)* runzeln ③ *(fig)* zwingen, beugen **II.** *vi* ① *(voltare)* [ab]biegen ② *(pendere da una parte)* sich krümmen, sich neigen **III.** *vr* **-rsi** ① *(fig: arrendersi)* sich ergeben, aufgeben ② *(incurvarsi)* sich beugen; **-rsi sotto il peso degli anni** sich unter der Last der Jahre beugen

piegata [pie'ga:ta] *f* Falten *nt;* **dare una ~ ai vestiti** die Kleider falten

piegatrice [piega'tri:tʃe] *f* Falzmaschine *f*

piegatura [piega'tu:ra] *f* Falten *nt,* Biegen *nt*

pieghettare [pieget'ta:re] *vt* plissieren, fälteln

pieghettatura [piegetta'tu:ra] *f* Fälteln *nt,* Plissieren *nt*

pieghevole [pie'ge:vole] *agg* ① *(metallo, ramo)* biegsam ② *(sedia, tavolo)* [zusammen]klappbar, Klapp-; *(porta)* Falt-

pieghevolezza [piegevo'lettsa] *f* Biegsamkeit *f; (fig)* Nachgiebigkeit *f*

Piemonte [pie'monte] *m* Piemont *m*

piemontese[1] *m sing (dialetto)* piemontesischer Dialekt

piemontese[2] **I.** *mf (abitante)* Piemontese *m/*Piemontesin *f* **II.** *agg* piemontesisch; **le colline -i** das piemontesische Bergland

piena ['piɛ:na] *f* ① *(di corso d'acqua)* Hochwasser *nt;* **essere in ~** Hochwasser haben ② *(calca)* Gedränge *nt,* Menge *f* ③ *(fig: intensità)* Stärke *f,* Kraft *f*

pienezza [pie'nettsa] *f* ① *(intensità)* Fülle *f,* Stärke *f* ② *(fig: impeto)* Wucht *f*

pieno ['piɛ:no] *m* ① *(materia, parte piena)* voller Teil ② *(colmo)* Höhepunkt *m,* Blüte *f;* **nel ~ dell'estate/inverno** mitten im Sommer/im Winter; **nel ~ della notte** mitten in der Nacht ③ MOT voller Tank; *(carico)* volle Ladung; **fare il ~** volltanken

pieno, -a *agg* ① *(colmo)* voll; **~ zeppo** *(fam)* gerammelt voll ② *(massiccio)* massig, stark ③ *(abbondante)* **~ di** reich an +*dat* ④ *(completo)* vollständig, vollkommen; **luna -a** Vollmond *m;* **in ~** *(completamente)* vollständig, gänzlich; *(esattamente)* genau; **sbagliare in ~** [sich] gründlich irren; **in ~ giorno** am helllichten Tag; **in ~ inverno** im tiefsten Winter ⑤ *(fig: pervaso)* **essere ~ di qc** von etw erfüllt sein; **essere ~ di invidia/stupore** voller Neid/Erstaunen sein; **essere ~ di sé** von sich *dat* eingenommen sein

pienone [pie'no:ne] *m (fam)* Gedränge *nt,* Gewühl *nt*

pienotto, -a [pie'nɔtto] *agg* rundlich, voll

piercing ['pi:rsing] <-> *m* Piercing *nt*

pietà [pie'ta] <-> *f* ① *(compassione)* Mitleid *nt,* Erbarmen *nt;* **avere ~ di qu** mit jdm Mitleid haben; **muovere qu a ~** jds Mitleid erregen ② REL Andächtigkeit *f,* Frömmigkeit *f,* Pietät *f* ③ *(amore)* Liebe *f,* Zuneigung *f* ④ *(in arte)* Pietà *f*

pietanza [pie'tantsa] *f* Gericht *nt,* Speise *f*

pietismo [pie'tizmo] *m* ① REL Pietismus *m* ② *(fig, pej)* Frömmelei *f*

pietista [pie'tista] <-i *m,* -e *f*> *mf* Pietist(in) *m(f)*

pietistico, -a [pie'tistiko] <-ci, -che> *agg* ① REL pietistisch ② *(fig, pej)* bigott, frömmlerisch

pietoso, -a [pie'to:so] *agg* ① *(caritatevole)* barmherzig, mildtätig ② *(compassionevole)* Mitleid erregend, erbarmungswürdig; *(persona, stato)* bemitleidenswert

pietra ['piɛ:tra] *f* Stein *m,* Gestein *nt;* **età della ~** Steinzeit *f;* **porre la prima ~** *(a. fig)* den Grundstein legen; **scagliare la prima ~** *(fig)* den ersten Stein werfen; **mettere una ~ sopra qc** *(fig)* Gras über etw *akk* wachsen lassen, mit etw abschließen; **avere un cuore di ~** ein Herz aus Stein haben

pietraia [pie'tra:ia] <-aie> *f (ammasso)* Steinhaufen *m; (luogo)* steiniges Gelände

P

pietrame [pie'tra:me] *m* Gesteinsmasse *f;* *(ammasso)* Steinhaufen *m*
pietrificare [pietrifi'ka:re] **I.** *vt* versteinern, zu Stein werden lassen; *(a. fig)* erstarren lassen **II.** *vr* **-rsi** zu Stein werden; *(a. fig)* erstarren
pietrificazione [pietrifikat'tsio:ne] *f* Versteinerung *f,* Petrifikation *f*
pietrina [pie'tri:na] *f* Feuerstein *m*
pietrisco [pie'trisko] <-schi> *m* Splitt *m,* Schotter *m*
pietroso, -a [pie'tro:so] *agg* ❶ *(di pietra)* steinern, aus Stein ❷ *(pieno di pietre)* steinig
pieve ['piɛ:ve] *f* [Kirchen]gemeinde *f,* Pfarre[i] *f*
pifferaio [piffe'ra:io] <-ai> *m* [umherziehender] Schalmeienspieler *m*
piffero ['piffero] *m* Pfeife *f,* Schalmei *f;* *(a. fig)* Pfeifenspieler *m*
pigiama [pi'dʒa:ma] <-i> *m* Pyjama *m,* Schlafanzug *m*
pigia pigia ['pi:dʒa 'pi:dʒa] <-> *m* [dichtes] Gedränge *nt*
pigiare [pi'dʒa:re] *vt* *(premere)* stoßen, drücken; *(spingere)* dränge[l]n; *(uva)* keltern
pigiatura [pidʒa'tu:ra] *f* Keltern *nt,* Kelterung *f*
pigione [pi'dʒo:ne] *f* ADM Miete *f*
pigliare [piʎ'ʎa:re] *vt* *(fam)* **~ qc** sich *dat* etw schnappen; **pigliarle** Prügel kriegen
piglio ['piʎʎo] *m* Fassen *nt,* Ergreifen *nt;* **dar di ~ a qc** etw schnell packen
pigmentazione [pigmentat'tsio:ne] *f* Pigmentierung *f*
pigmento [pig'mento] *m* Pigment *nt*
pigna ['piɲɲa] *f* Pinienzapfen *m;* **avere le -e in testa** *(fig)* Flausen im Kopf haben *fam*
pignatta [piɲ'ɲatta] *f* *(fam)* [Koch]topf *m*
pignola *f v.* **pignolo**
pignoleria [piɲɲole'ri:a] <-ie> *f* Kleinlichkeit *f*
pignolesco, -a [piɲɲo'lesko] <-schi, -sche> *agg* pingelig, kleinlich
pignolo, -a **I.** *agg* kleinlich, pedantisch **II.** *m, f* Pedant(in) *m(f),* Klein[igkeits]krämer(in) *m(f)*
pignone [piɲ'ɲo:ne] *m* Ritzel *nt,* Triebrad *nt*
pignorabile [piɲɲo'ra:bile] *agg* pfändbar
pignorabilità [piɲɲorabili'ta] <-> *f* Pfändbarkeit *f*
pignoramento [piɲɲora'mento] *m* Pfändung *f,* Pfänden *nt*
pignorare [piɲɲo'ra:re] *vt* ❶ JUR pfänden ❷ *(al monte di pietà)* versetzen, verpfänden

P

pigolare [pigo'la:re] *vi* ❶ *(pulcino)* piep[s]en ❷ *(fig: lamentarsi)* jammern, greinen
pigolio [pigo'li:o] <-ii> *m* Piep[s]en *nt,* Gepiep[s]e *nt*
pigotta [pi'gɔtta] *f* LOMB Stoffpuppe *f*
pigra *f v.* **pigro**
pigrizia [pi'grittsia] <-ie> *f* Faulheit *f,* Trägheit *f*
pigro, -a ['pi:gro] **I.** *agg* *(indolente)* faul, träge **II.** *m, f* Faulenzer(in) *m(f)*
pigrone, -a [pi'gro:ne] *m, f* *(fam)* Faulpelz *m,* Tachinierer *m* A
PIL [pil] *abbr di* **Prodotto Interno Lordo** BIP *(Bruttoinlandsprodukt)*
pila ['pi:la] *f* ❶ EL Batterie *f;* **~ a combustibile** Brennstoffzelle *f* ❷ *(serie)* Reihe *f,* Stapel *m* ❸ *(fam: lampadina tascabile)* Taschenlampe *f* ❹ *(di ponte)* [Brücken]pfeiler *m*
pilastro [pi'lastro] *m* ❶ ARCH [Wand]pfeiler *m,* Pilaster *m* ❷ *(fig: sostegno)* Stütze *f,* Säule *f;* **essere il ~ della famiglia** die Stütze der Familie sein
pilatesco, -a [pila'tesko] <-schi, -sche> *agg* ausweichend; **rispondere in maniera -a** ausweichende Antworten geben
pilatura [pila'tu:ra] *f* Schälung *f,* Schälen *nt*
pile [pail] *m* Fleece *nt*
pilifero, -a [pi'li:fero] *agg* behaart, Haar-
pillola ['pillola] *f* ❶ MED Pille *f,* Tablette *f;* *(anticoncezionale)* [Antibaby]pille *f;* **prendere una** [*o* **la**] **~** eine Tablette [*o* die Pille] [ein]nehmen; **la ~ del giorno dopo** die Pille danach ❷ *(fig: difficoltà)* Ärger *m,* Verdruss *m;* **indorare la ~** *(fig)* die bittere Pille versüßen; **una ~ amara** *(fig)* eine bittere Pille
pillolo ['pillolo] *m* ❶ MED *(scherz: anticoncezionale per l'uomo)* Pille *f* für den Mann ❷ TOSC *(pietra di fiume)* Flusskiesel *m*
pilone [pi'lo:ne] *m* ❶ ARCH Pylon *m,* [Stütz]pfeiler *m* ❷ SPORT Dränger *m*
piloro [pi'lɔ:ro] *m* Pförtner *m,* Pylorus *m*
pilota[1] [pi'lɔ:ta] <-i> *m* TEC **~ automatico** Autopilot *m*
pilota[2] <-i *m,* -e *f*> *mf* ❶ AERO Pilot(in) *m(f);* MOT [Renn]fahrer(in) *m(f)* ❷ NAUT Lotse *m/*Lotsin *f*
pilota[3] *agg inv* ❶ *(guida)* Pilot-, Lotsen- ❷ *(sperimentale)* Modell-, Pilot-
pilotaggio [pilo'taddʒo] <-ggi> *m* ❶ AERO Steuerung *f;* **scuola di ~** Flugschule *f* ❷ NAUT Lotsen *nt*
pilotare [pilo'ta:re] *vt* ❶ *(automobile)* fahren, steuern; *(nave)* lotsen; *(aereo)* fliegen, führen ❷ *(fig: condurre)* führen, begleiten

piluccare [piluk'ka:re] *vt* ① *(uva)* abbeeren ② *(mangiare sbocconcellando)* knabbern
pimento [pi'mento] *m* Piment *m o nt*
pimpante [pim'pante] *agg* lebhaft, keck
pin [pin] <-> *m acro di* **personal identification number** PIN *f*
pina ['pi:na] *f v.* **pigna**
pinacoteca [pinako'tɛ:ka] <-che> *f* Pinakothek *f*
pinco ['piŋko] <-chi> *m* Dummkopf *m,* Trottel *m;* ~ **pallino** *(fam)* irgendwer, ein x-beliebiger
pineta [pi'ne:ta] *f* Pinienwald *m*
ping-pong [piŋg 'pɔŋg] <-> *m* Tischtennis *nt,* Pingpong *nt*
pingue ['piŋgue] *agg* ① *(grasso)* dick, fett ② *(fertile)* fruchtbar ③ *(fig: abbondante)* reichlich, fett
pinguedine [piŋ'guɛ:dine] *f* ① *(adiposità)* Fettsucht *f* ② *(grassezza)* Fettleibigkeit *f*
pinguino [piŋ'gui:no] *m* Pinguin *m*
pinna ['pinna] *f* ① ZOO Flosse *f* ② SPORT [Schwimm]flosse *f* ③ NAUT Bootskiel *m,* Schlingerkiel *m*
pinnacolo [pin'na:kolo] *m* ① ARCH Fiale *f* ② *(fig: roccia)* Zinne *f*
pinneggiare [pinned'dʒa:re] *vi* mit Flossen [*o* Beinschlag] schwimmen
pino ['pi:no] *m* ① BOT Kiefer *f* ② *(legno)* Kiefernholz *nt*
pinolo [pi'nɔ:lo] *m* Pinienkern *m*
pin-up girl ['pinʌp 'gə:l] <-> *f* Fotomodell *nt*
pinza ['pintsa] *f* ① TEC Zange *f;* MED Pinzette *f* ② ZOO *(fam)* Schere *f,* Zange *f*
pinzare [pin'tsa:re] *vt* stechen, beißen
pinzatura [pintsa'tu:ra] *f* Stich *m,* Biss *m*
pinzetta [pin'tsetta] *f* Pinzette *f*
pinzimonio [pintsi'mɔ:nio] <-i> *m* TOSC *Salatsoße aus Öl, Pfeffer u Salz*
pio, -a ['pi:o] <pii, pie> *agg* ① *(devoto)* demütig, ergeben ② *(religioso)* gläubig, gottesfürchtig ③ *(caritatevole)* barmherzig, wohltätig
pioggerella [pioddʒe'rɛlla] *f* Nieselregen *m,* Sprühregen *m*
pioggia ['piɔddʒa] <-gge> *f* ① METEO Regen *m;* **-gge acide** saurer Regen; ~ **fine/fitta/scrosciante** leichter/heftiger/prasselnder Regen; ~ **mista a neve** Schneeregen *m;* **stagione delle -gge** Regenzeit *f* ② *(fig)* Regen *m,* Flut *f; (rimproveri)* Hagel *m*
piolo ['piɔ:lo] *m* ① *(legnetto)* Holzpflock *m; (della tenda)* Hering *m* ② *(di scala)* [Holz]sprosse *f*
piombare [piom'ba:re] **I.** *vi essere* ① *(cadere dall'alto)* herunterfallen, herunterstürzen ② *(fig: sprofondare)* fallen, versinken ③ *(fig: disgrazie)* zustoßen, widerfahren **II.** *vt avere* ① *(fam: dente)* plombieren ② *(pacco)* versiegeln, verplomben; *(carro)* verbleien, plombieren
piombatura [piomba'tu:ra] *f* ① *(di dente)* Plombe *f,* Füllung *f* ② *(atto)* Füllen *nt,* Plombieren *nt* ③ *(rivestimento di piombo)* Verbleiung *f*
piombifero, -a [piom'bi:fero] *agg* bleihaltig, Blei-
piombino [piom'bi:no] *m* ① *(proiettile)* Geschoss *nt,* Kugel *f* ② *(di lenza)* Angelblei *nt,* Senker *m; (di rete)* Netzblei *nt* ③ *(di filo a piombo)* Senkblei *nt; (scandaglio)* Lot *nt*
piombo ['piombo] *m* ① CHEM Blei *nt;* **pesare come il** ~ schwer wie Blei sein; **andare coi piedi di** ~ *(fig)* auf der Hut sein, vorsichtig sein; **senza** ~ bleifrei ② *(del filo a piombo)* Senkblei *nt; (di lenza)* Angelblei *nt,* Senker *m;* **filo a** ~ Lot *nt,* Senkblei *nt;* **a** ~ senkrecht ③ *(sigillo)* Plombe *f* ④ *(proiettile)* [Blei]kugel *f,* Projektil *nt* ⑤ *pl* Bleiplatten *fpl* ⑥ TYP Drucktypen *mpl,* Lettern *fpl*
pioniere [pio'niɛ:re] *m* Pionier *m*
pionierismo [pionie'rizmo] *m* Pioniergeist *m*
pionieristico, -a [pionie'ristiko] <-ci, -che> *agg* wegbereitend, bahnbrechend
pio pio ['pi:o 'pi:o] **I.** *m* <-> Piep[s]en *nt* **II.** *int* piep[s] piep[s]
pioppaia [piop'pa:ia] <-aie> *f* Pappelpflanzung *f*
pioppeto [piop'petto] *m* Pappelwald *m*
pioppo ['piɔppo] *m* Pappel *f*
piorrea [pior'rɛ:a] *f* MED Eiterfluss *m*
piota ['piɔ:ta] *f* Rasenscholle *f,* Erdscholle *f*
piovano, -a [pio'va:no] *agg* Regen-
piovasco [pio'vasko] <-schi> *m* Regenschauer *m,* Platzregen *m*
piovere ['piɔ:vere] <piove, piovve, piovuto> *vi essere o avere* ① METEO regnen; *(penetrare acqua)* durchregnen, hereinregnen; ~ **a catinelle** wie aus Eimern schütten; ~ **a dirotto** gießen; ~ **a scroscio** in Strömen regnen; **su questo non ci piove** *(fam fig)* das ist so klar wie Kloßbrühe; **piove sul bagnato** *(in senso positivo)* wer hat dem wird gegeben; *(in senso negativo)* ein Unglück kommt selten allein ② *(fig)* hageln, regnen; *(rimproveri)* hageln ③ *(fig: notizia)* eingehen; *(disgrazia)* hereinbrechen
piovigginare [pioviddʒi'na:re] *vi essere o avere* nieseln, tröpfeln
piovigginoso, -a [pioviddʒi'no:so] *agg* regnerisch

P

pioviscolare [piovisko'la:re] *vi essere o avere* nieseln

piovosità [piovosi'ta] <-> *f* Niederschlagsneigung *f,* Schauerneigung *f*

piovoso, **-a** [pio'vo:so] *agg* regnerisch, Regen-

piovra ['piɔ:vra] *f* ① ZOO Polyp *m* ② *(fig)* Blutsauger *m,* Schmarotzer *m*

piovuto [pio'vu:to] *pp di* **piovere**

piovve ['piɔvve] *3. pers sing pass rem di* **piovere**

pipa ['pi:pa] *f* Pfeife *f;* **fumare la ~** Pfeife rauchen

pipata [pi'pa:ta] *f* ① *(quantità di tabacco)* Pfeife[voll] *f,* Pfeifenfüllung *f* ② *(tirata di fumo)* [Pfeifen]zug *m;* **fare una ~** an der Pfeife ziehen

pipeline ['paiplain] <-> *m* Pipeline *f,* Erdölleitung *f*

pipetta [pi'petta] *f* Pipette *f*

pipì [pi'pi] <-> *f (fam)* Pipi *nt;* **fare** [**la**] **~** Pipi machen, pieseln

pipistrello [pipis'trɛllo] *m* ① ZOO Fledermaus *f* ② *(mantello)* Umhang *m,* Fledermauscape *nt*

pipita [pi'pi:ta] *f* ① ZOO Pips *m* ② ANAT Nagelhaut *f*

piqué [pi'ke] <-> *m* Pikee *m o nt,* Piqué *m o nt*

pira ['pi:ra] *f (poet)* Scheiterhaufen *m*

piramidale [pirami'da:le] *agg* ① ARCH pyramidenförmig, Pyramiden- ② *(fig: madornale)* gewaltig, riesig ③ *(organizzazione)* hierarchisch

piramide [pi'ra:mide] *f* Pyramide *f*

piranha [pi'raɲɲa] <-> *m* Piranha *m*

pirata *agg inv* Piraten-; **edizione** [*o* **copia**] **~** Raubkopie *f;* **emittente ~** Piratensender *m*

pirata, **-tessa** [pi'ra:ta, pira'tessa] <-i, -esse> *m, f* ① *(uomo di mare)* Pirat(in) *m(f),* Seeräuber(in) *m(f);* **~ della strada** Unfallflüchtige(r) *f(m);* **~ dell'aria** Flugzeugentführer(in) *m(f),* Luftpirat(in) *m(f)* ② *(fig)* Gauner(in) *m(f),* Betrüger(in) *m(f)* ③ INFORM **~ informatico** Hacker *m*

piratare [pira'ta:re] *vt* INFORM **~ qc** von etw Raubkopien anfertigen

piratato, **-a** [pira'ta:to] *agg* INFORM **software ~** Software-Raubkopie *f*

pirateggiare [pirated'dʒa:re] *vi* ① *(esercitare la pirateria)* Pirat sein ② *(fig: fare ruberie)* gaunern, betrügen

pirateria [pirate'ri:a] <-ie> *f* ① *(azione, mondo)* Piraterie *f;* **~ informatica** Software-Piraterie *f* ② *(fig)* Gaunerei *f,* Betrügerei *f*

piratesco, **-a** [pira'tesko] <-schi, -sche> *agg* seeräuberisch, Piraten-

piratessa *f v.* **pirata**

Pirenei [pire'nɛ:i] *mpl* Pyrenäen *pl*

pirico, **-a** ['pi:riko] <-ci, -che> *agg* pyritisch, Pyrit-; **polvere -a** Schießpulver *nt*

pirite [pi'ri:te] *f* Pyrit *m,* Schwefelkies *m*

piritico, **-a** [pi'ri:tiko] <-ci, -che> *agg* Pyrit-, pyrithaltig

piroetta [piro'etta] *f* Pirouette *f; (giravolta)* schnelle [Um]drehung

piroettare [piroet'ta:re] *vi* Pirouetten drehen

pirofila [pi'rɔ:fila] *f* ① *(materiale)* feuerfestes Material ② *(tegame)* feuerfeste Form

pirofilo, **-a** [pi'rɔ:filo] *agg* feuerfest, hitzebeständig

piroga [pi'rɔ:ga] <-ghe> *f* Einbaum *m*

piromane [pi'rɔ:mane] *mf* Pyromane *m/*Pyromanin *f*

piromania [piroma'ni:a] *f* Pyromanie *f*

pirometallurgia [pirometallur'dʒi:a] *f* TEC Pyrometallurgie *f*

piroscafo [pi'rɔskafo] *m* Dampfer *m,* Dampfschiff *nt*

piroscissione [piroʃʃis'sio:ne] *f* Krackverfahren *nt*

pirotecnica [piro'tɛknika] <-che> *f* Pyrotechnik *f,* Feuerwerkskunst *f*

pirotecnico [piro'tɛkniko] <-ci> *m* Rüstungsfabrik *f*

pirotecnico, **-a** <-ci, -che> **I.** *agg* pyrotechnisch **II.** *m, f* Feuerwerker(in) *m(f),* Pyrotechniker(in) *m(f)*

Pisa *f* Pisa *nt (Stadt in der Toskana)*

pisano, **-a** [pi'sa:no] **I.** *m, f (abitante)* Pisaner(in) *m(f)* **II.** *agg* pisanisch

Pisano *m sing* Umgebung *f* von Pisa

piscia ['piʃʃa] <-sce> *f (vulg)* Pisse *f;* **fare la ~** pissen, pinkeln

pisciare [piʃ'ʃa:re] *vi (vulg)* pissen; **pisciarsi addosso** [*o* **sotto**] *(fig)* sich in die Hosen machen *fam*

pisciata [piʃ'ʃa:ta] *f (vulg)* Pissen *nt;* **fare una ~** [mal] pinkeln [gehen] *fam*

pisciatoio [piʃʃa'to:io] <-oi> *m (vulg)* Pissoir *nt,* Pissbecken *nt*

piscicoltore, **-trice** [piʃʃikol'to:re] *m, f* Fischzüchter(in) *m(f)*

piscicoltura [piʃʃikol'tu:ra] *f* Fischzucht *f*

piscina [piʃ'ʃi:na] *f* ① *(vasca)* Schwimmbecken *nt,* -bassin *nt* ② *(stabilimento)* Schwimmbad *nt,* Badeanstalt *f;* **~ coperta** Hallenbad *nt;* **~ scoperta** Freibad *nt*

piscio ['piʃʃo] <-sci> *m (vulg)* Pisse *f*

piscione, **-a** [piʃ'ʃo:ne] *m, f (vulg)* Pisser(in) *m(f)*

pisello[1] [pi'sɛllo] *m* ① BOT, GASTR Erbse *f;* **crema di -i** Erbsencremesuppe *f* ② *(fam: pene)* Zipfel *m*

pisello[2] *agg inv* erbsengrün

pisolare [pizo'laːre] *vi (fam)* dösen, ein Nickerchen machen

pisolino [pizo'liːno] *m (fam)* Nickerchen *nt;* **fare** [*o* **schiacciare**] **un ~** dösen, ein Nickerchen machen

pisside ['pisside] *f* REL Hostienkelch *m*

pissi pissi ['pissi 'pissi] **I.** *m* <-> Wispern *nt,* Zischeln *nt* **II.** *int* psch[t], psch[t]

pista ['pista] *f* ① *(traccia)* Fährte *f,* Spur *f* ② *(da ballo)* Tanzfläche *f* ③ SPORT Piste *f,* Bahn *f* ④ *(di circo)* Manege *f* ⑤ AERO Rollfeld *nt;* **~ di atterraggio** Landebahn *f;* **~ di rullaggio** Rollbahn *f;* **~ di volo** Flugbahn *f* ⑥ *(del registratore)* [Magnet]spur *f;* FILM Streifen *m,* Spur *f* ⑦ *(via)* Weg *m,* Pfad *m;* **~ ciclabile** Rad[fahr]weg *m*

pistacchio[1] [pis'takkio] <-cchi> *m* Pistazie *f*

pistacchio[2] *agg inv* pistaziengrün

pistillo [pis'tillo] *m* [Blüten]stempel *m,* Blütennarbe *f*

Pistoia *f* Pistoia *nt (Stadt in der Toskana)*

pistoiese [pistoi'eːse] **I.** *mf (abitante)* Einwohner(in) *m(f)* von Pistoia **II.** *agg* aus Pistoia, von Pistoia; **cittadino ~** Bürger von Pistoia

Pistoiese *m sing* Provinz *f* Pistoia

pistola [pis'tɔːla] *f* Pistole *f;* **~ ad acqua** Wasserpistole *f*

pistolero [pisto'lɛːro] *m* Pistolenheld, Revolverheld *m*

pistolettata [pistolet'taːta] *f* Pistolenschuss *m*

pistone [pis'toːne] *m* ① MOT [Motor]kolben *m* ② MUS Ventil *nt,* Piston *nt*

pitagorico [pita'gɔːriko] *m* Pythagoreer *m*

pitagorico, -a <-ci, -che> *agg* pythagoreisch; **tavola -a** Einmaleins *nt*

pitale [pi'taːle] *m (fam)* Nachttopf *m*

pitoccare [pitok'kaːre] *vi* betteln

pitoccheria [pitokke'riːa] <-ie> *f* Knaus[e]rigkeit *f*

pitocco, -a [pi'tɔkko] <-cchi, -cche> **I.** *m, f* Geizhals *m* **II.** *agg* geizig, knaus[e]rig

pitonato, -a [pito'naːto] *agg* aus *(Kunst-)Pythonleder*

pitone [pi'toːne] *m* Python *m*

pittima ['pittima] *f* Nervensäge *f,* Quälgeist *m*

pittografia [pittogra'fiːa] *f* Bilderschrift *f,* Piktografie *f*

pittografico, -a [pitto'graːfiko] <-ci, -che> *agg* Bilder-, piktografisch

pittogramma [pitto'gramma] <-i> *m* Piktogramm *nt*

pittore, -trice [pit'toːre] *m, f* ① *(artista)* Zeichner(in) *m(f),* Maler(in) *m(f)* ② *(imbianchino)* Maler(in) *m(f),* Anstreicher(in) *m(f)*

pittoresco, -a [pitto'resko] <-schi, -sche> *agg (a. fig)* pittoresk, malerisch

pittorico, -a [pit'tɔːriko] <-ci, -che> *agg* ① *(di pittura)* Mal-, Zeichen- ② *(fig)* malerisch

pittrice *f v.* **pittore**

pittura [pit'tuːra] *f* ① *(arte)* Malerei *f,* Zeichenkunst *f* ② *(dipinto)* Bild *nt,* Gemälde *nt;* **sembrare una ~** wie gemalt sein ③ *(verniciatura)* Anstrich *m*

pitturare [pittu'raːre] **I.** *vt* ① *(dipingere)* malen ② *(verniciare)* anstreichen **II.** *vr* **-rsi** *(fam)* sich schminken, sich anmalen

più [piu] *comparativo di* **molto, -a** **I.** *avv* ① *(maggiormente)* mehr; *(comparativo)* [noch] mehr; *(superlativo)* am meisten; **~ intelligente/bello** intelligenter/schöner; **è il ~ vecchio** er ist der Älteste, er ist am ältesten; **ha lasciato i bambini quando ~ avevano bisogno del padre** er hat die Kinder verlassen, als sie den Vater am meisten brauchten; **in ~** darüber hinaus; **mi ha dato un libro in ~** er/sie hat mir ein Buch zu viel gegeben; **tanto ~** viel mehr; **niente** [**di**] **~** nichts mehr; **non ne posso ~** ich kann nicht mehr; **mai ~** nie[mals] mehr, nie wieder; **~ che mai** mehr denn je; **~ … che …** mehr … als …, eher … als …; **~ o meno** mehr oder weniger; **chi ~ chi meno** der eine mehr, der andere weniger; **~ su** weiter oben; **tra non ~ di un mese** in nicht mehr als einem Monat; **chi ~ ha ~ vuole** *(prov)* wer viel hat, will noch mehr; **chi ~ ne ha ~ ne metta** und das ist [längst] noch nicht alles, und so weiter und so fort ② *(di temperatura)* plus, über Null; **~ tre** 3 Grad über Null ③ MAT plus, und ④ *(votazione scolastica)* plus ⑤ *(oltre)* weiter; **per di ~** obendrein, darüber hinaus **II.** *prep* [und] außerdem [noch], plus **III.** *agg inv* mehr; *(parecchi)* einige, mehrere; **ci vuole ~ tempo** es braucht mehr Zeit; **~ persone vengono e meglio è** je mehr Leute kommen, umso besser ist es; **al ~ presto** so schnell wie möglich; **al ~ tardi** spätestens **IV.** *m* <-> ① *(massimo)* Höchste(s) *nt,* Meiste(s) *nt;* **al ~** höchstens; **a ~ non posso** *(fam)* mit voller Kraft, was das Zeug hält; **tutt'al ~** allerhöchstens, maximal; **per lo ~** umso mehr, als ② *(parte maggiore)* größter Teil, Großteil *m;* **il ~ delle volte** meistens, in den meisten Fällen ③ *pl (la maggioranza)* Mehrzahl *f,* Mehrheit *f* ④ *(cosa più importante)* Hauptsache *f,* Wichtigste(s) *nt* ⑤ MAT Plus[zeichen] *nt* ⑥ *(loc)* **parlare del ~ e del meno** über dieses und jenes reden

piuccheperfetto [piukkeper'fɛtto] *m* Plusquamperfekt *nt,* Vorvergangenheit *f*

P

piuma[1] ['piu:ma] *f* ① *(penna)* [Flaum]feder *f,* Daune *f* ② *(ornamento)* [Schmuck]feder *f*

piuma[2] *agg inv* **peso ~** SPORT Federgewicht *nt*

piumaggio [piu'maddʒo] <-ggi> *m* Federkleid *nt,* Gefieder *nt*

piumato, -a [piu'ma:to] *agg* gefedert, Feder-

piumino [piu'mi:no] *m* ① ZOO Flaumfeder *f,* Flaum *m* ② *(per la cipria)* Puderquaste *f* ③ *(coperta)* Federbett *nt* ④ *(per spolverare)* Staubwedel *m* ⑤ *(proiettile)* Schießbolzen *m*

piumone® [piu'mo:ne] *m* Steppdecke *f,* Daunenjacke *f*

piumoso, -a [piu'mo:so] *agg (fig: soffice)* flaumig, weich

piuttosto [piut'tɔsto] *avv* ① *(più volentieri)* eher, lieber; *(più facilmente)* leichter; **~ che ...** *+conj o inf,* **~ di ...** *+inf* eher, als dass ...; *(anziché)* [an]statt zu ... *+inf,* [an]statt dass ... ② *(alquanto)* ziemlich, relativ ③ *(invece)* anstatt ④ *(meglio)* besser, vielmehr

piva ['pi:va] *f* Dudelsack *m*

pivello, -a [pi'vɛllo] *m, f (fam)* Grünschnabel *m*

piviale [pi'via:le] *m* Chormantel *m,* Pluviale *nt*

pixel ['piksəl] <-> *m* ① INFORM Pixel *nt,* Bildelement *nt* ② FOTO Bildpunkt *m,* Bildelement *nt*

pizza ['pittsa] *f* ① GASTR Pizza *f;* **~ al taglio** Pizza in Stücken ② *(fig: persona o cosa noiosa)* Langweiler(in) *m(f),* langweilige Sache; **che ~!** wie langweilig!

pizzaiolo, -a [pittsa'iɔ:lo] *m, f* ① *(chi fa le pizze)* Pizzabäcker(in) *m(f);* **alla -a** *mit Tomaten, Knoblauch und Petersilie* ② *(gestore di pizzeria)* Inhaber(in) *m(f)* einer Pizzeria

pizzardone [pittsar'do:ne] *m* DIAL Schutzmann *m*

pizzeria [pittse'ri:a] <-ie> *f* Pizzeria *f,* Pizzabäckerei *f*

pizzicagnolo, -a [pittsi'kaɲɲolo] *m, f* Wurst- und Käsehändler(in) *m(f)*

pizzicare [pittsi'ka:re] **I.** *vt* ① *(stringere)* kneifen, zwicken ② *(pungere)* stechen ③ *(stuzzicare)* stochern, bohren ④ *(fig)* stechen; *(freddo)* beißen ⑤ MUS zupfen **II.** *vi* ① *(prudere)* kitzeln, jucken; *(fam fig)* kribbeln, prickeln ② *(bruciare)* brennen, stechen

pizzicato [pittsi'ka:to] *m* Pizzicato *nt*

pizzicato, -a *agg* gezupft, pizzicato; **strumenti a corde -e** Zupfinstrumente *ntpl*

pizzicheria [pittsike'ri:a] <-ie> *f* Wurst- u Käsegeschäft *nt*

pizzico ['pittsiko] <-chi> *m* ① *(pizzicotto)* Kniff *m* ② *(di sale, di pepe)* Prise *f* ③ *(puntura d'insetto)* [Insekten]stich *m,* -biss *m*

pizzicore [pittsi'ko:re] *m* ① *(prurito)* Jucken *nt,* Kribbeln *nt* ② *(fam fig)* Lust *f,* Laune *f*

pizzicottare [pittsikot'ta:re] *vt (fam)* kneifen, zwicken

pizzicotto [pittsi'kɔtto] *m* Kneifen *nt,* Zwicken *nt*

pizzo ['pittso] *m* ① *(merletto)* Spitze *f* ② *(barba)* Spitzbart *m* ③ *(tangente)* Schutzgeld *nt;* **pagare il ~** Schutzgeld zahlen

placare [pla'ka:re] **I.** *vt* ① *(fig)* besänftigen, beruhigen ② *(fame, sete)* stillen **II.** *vr* **-rsi** sich beruhigen; *(a. fig)* sich legen

placca ['plakka] <-cche> *f* ① *(piastra)* Platte *f* ② *(targhetta)* Plakette *f,* Schildchen *nt* ③ EL Anode *f* ④ MED Fleck *m;* **~ batterica** [*o* **dentaria**] [bakterieller] Zahnbelag *m,* Plaque *f*

placcaggio [plak'kaddʒo] <-ggi> *m* Festhaltegriff *m,* Stoppgriff *m* [im Rugby]

placcare [plak'ka:re] *vt* plattieren; **~ d'** [*o* **in**] **oro/argento** vergolden/versilbern

placcatura [plakka'tu:ra] *f* Plattierung *f,* Dublierung *f*

placchetta [plak'ketta] *f* ① EL Fangelektrode *f* ② *(bassorilievo)* Plakette *f* ③ TEC [Schneid]plättchen *nt*

placebo [pla'tʃɛ:bo] <-> *m* Placebo *nt*

placenta [pla'tʃɛnta] *f* Plazenta *f,* Mutterkuchen *m*

placet ['pla:tʃet] <-> *m* Plazet *nt*

placidità [platʃidi'ta] <-> *f* Ruhe *f,* Stille *f*

placido, -a ['pla:tʃido] *agg* ruhig, still

placito ['pla:tʃito] *m* HIST Urteil *nt*

plafond [pla'fɔ̃] <-> *m* ① *(soffitto)* [Zimmer]decke *f* ② FIN, COM Plafond *m*

plafoniera [plafo'niɛ:ra] *f* Deckenlampe *f,* -leuchte *f;* FILM Deckenstrahler *m,* -scheinwerfer *m*

plagiare [pla'dʒa:re] *vt* ① LIT plagiieren ② JUR hörig machen, gefügig machen

plagiario, -a [pla'dʒa:rio] <-i, -ie> **I.** *agg* plagiatorisch **II.** *m, f* Plagiator(in) *m(f)*

plagio ['pla:dʒo] <-gi> *m* ① LIT Plagiat *nt* ② JUR Hörigmachen *nt*

plaid [plɛd] <-> *m* Plaid *nt o m,* Reisedecke *f*

planare [pla'na:re] *vi* gleiten

planarità [planari'ta] <-> *f* TEC Planheit *f*

planata [pla'na:ta] *f* Gleitflug *m*

planato, -a [pla'na:to] *agg* Gleit-; **volo ~** Gleitflug *m*

plancia ['plantʃa] <-ce> *f* ① AUTO Armaturenbrett *nt;* ~ **portastrumenti** Instrumententafel *f* ② NAUT *(ponte)* [Kommando]brücke *f; (passerella)* [Lauf]steg *m*

plancton ['plaŋkton] <-> *m* Plankton *nt*

planetario [plane'ta:rio] <-i> *m* ① ASTR Planetarium *nt* ② MOT Planetengetriebe *nt*

planetario, -a <-i, -ie> *agg* planetar[isch], Planeten-

planetologia [planetolo'dʒi:a] *f* ASTR Planetologie *f*

planetologo, -a [plane'tɔ:logo] <-ghi, -ghe> *m, f* ASTR Planetologe *m*/Planetologin *f*

planimetria [planime'tri:a] <-ie> *f* ① MAT Planimetrie *f,* ebene Geometrie ② *(pianta)* Gebäudeplan *m* ③ *(topografia)* Flächenmessung *f*

planimetrico, -a [plani'mɛ:triko] <-ci, -che> *agg* planimetrisch

planimetro [pla'ni:metro] *m* Planimeter *nt,* Flächenmesser *m*

planisfero [planis'fɛ:ro] *m* Planisphäre *f,* Planiglobium *nt;* ~ **celeste** Himmelskarte *f,* Sternkarte *f*

plantare [plan'ta:re] *m* orthopädische [Schuh]einlage

plantigrado, -a [plan'ti:grado] **I.** *agg* Sohlen- **II.** *m, f* ① ZOO Sohlengänger *m* ② *(fam pej)* lahme Ente *f*

plasma ['plazma] <-i> *m* Plasma *nt*

plasmabile [plaz'ma:bile] *agg* formbar, gestaltbar

plasmare [plaz'ma:re] *vt* ① *(materiale)* modellieren, formen ② *(fig)* formen, bilden

plastica ['plastika] <-che> *f* ① *(materiale)* Plastik *nt,* Kunststoff *m* ② KUNST, MED Plastik *f*

plasticismo [plasti'tʃizmo] *m* Plastizität *f*

plasticità [plastitʃi'ta] <-> *f* Plastizität *f*

plasticizzante [plastitʃid'dzante] **I.** *agg* TEC plastifizierend, Plastifizier- **II.** *m* TEC *(sostanza ~)* Plastifiziermittel *nt*

plastico ['plastiko] <-ci> *m* ① ARCH Modell *nt* ② *(rappresentazione topografica)* Relief *nt*

plastico, -a <-ci, -che> *agg* ① *(in plastica)* aus Plastik, Plastik- ② *(arte)* darstellend, bildend; *(in rilievo)* plastisch ③ TEC dehnbar, modellierbar ④ MED plastisch

plastificante [plastifi'kante] *m* Weichmacher *m,* Plastifikator *m*

plastificare [plastifi'ka:re] *vt* ① *(rendere plastico)* plasti[fi]zieren ② *(rivestire di plastica)* [mit Kunststoff] beschichten

plastificazione [plastifikat'tsio:ne] *f* Plastifizierung *f; (di plastica)* Beschichtung *f*

plastilina® [plasti'li:na] *f* Plastilin® *nt,* Knetgummi *m o nt*

plastimetro [plas'ti:metro] *m* GEOL, TEC Prüfgerät *nt* für Bodendurchlässigkeit

platano ['pla:tano] *m* Platane *f*

platea [pla'tɛ:a] *f* ① THEAT Parkett *nt* ② TV *(pubblico)* Publikum *nt,* Zuschauer *mpl*

plateale [plate'a:le] *agg* offensichtlich, eindeutig

plateau [pla'to] <-> *m* ① GEOG Plateau *nt,* Tafel *f* ② *(cassetta)* Kasten *m,* Kästchen *nt*

platinare [plati'na:re] *vt* platinieren; *(capelli)* platinblond färben

platino ['pla:tino] *m* Platin *nt*

platonico [pla'tɔ:niko] <-ci> *m* Platoniker *m*

platonico, -a <-ci, -che> *agg* platonisch

plausibile [plau'zi:bile] *agg (spiegazione, ragione)* plausibel, einsehbar; *(prova)* stichhaltig

plausibilità [plauzibili'ta] <-> *f* Glaubwürdigkeit *f,* Plausibilität *f*

plauso ['pla:uzo] *m* Beifall *m,* [begeisterte] Zustimmung *f*

playback ['pleibæk] <-> *m* Play-back *nt*

playboy ['pleibɔi] <- *o* playboys> *m* Playboy *m*

playgirl ['pleigə:l *o* plɛi'gɛrl] <-> *f (donna piacente)* Playgirl *nt*

playlist ['pleilist] <-> *f* Playlist *f*

playmaker ['pleimeikə] <-> *m* Spielführer(in) *m(f)*

playout ['pleiaut] <- *o* playouts> *m* SPORT Spiele *ntpl* um den Klassenerhalt

plaza ['plaza] <- *o* plazas> *f* ① *(piazza)* Plaza *f,* Platz *m* ② *(l'arena dove ha luogo la corrida)* Stierkampfarena *f*

plazer [pla'tser] <plazers> *m* LIT Troubadourlyrik *f*

plebaglia [ple'baʎʎa] <-glie> *f (pej)* Pöbel *m,* Gesindel *nt*

plebe ['plɛ:be] *f* ① *(pej)* Pöbel *m,* Mob *m* ② HIST Plebs *f*

plebeo, -a [ple'bɛ:o] *agg* ① *(pej)* pöbelhaft, gemein ② HIST plebejisch

plebiscitario, -a [plebiʃʃi'ta:rio] <-i, -ie> *agg* ① POL plebiszitär ② *(fig)* einstimmig, einhellig

plebiscito [plebiʃ'ʃi:to] *m* ① POL Plebiszit *nt,* Volksabstimmung *f* ② *(fig)* Einstimmigkeit *f*

Pleiadi ['plɛ:iadi] *fpl* Plejaden *pl*

plenario, -a [ple'na:rio] <-i, -ie> *agg* ① *(riunione)* Voll-, Plenar- ② *(totale)* vollkommen, vollständig; **indulgenza -a** REL vollständiger Ablass

plenilunare [plenilu'na:re] *agg* Vollmond-

plenilunio [pleni'lu:nio] <-i> *m* Vollmond *m*

plenipotenziario, -a [plenipoten'tsia:rio]

<-i, -ie> **I.** *agg* bevollmächtigt **II.** *m, f* Bevollmächtigte(r) *f(m)*

plenum ['plɛːnum] <-> *m* Vollversammlung *f,* Plenum *nt*

pleonasmo [pleo'nazmo] *m* Pleonasmus *m*

pleonastico, -a [pleo'nastiko] <-ci, -che> *agg* ① LING, LIT pleonastisch ② *(fig: superfluo)* überflüssig, unnötig

plesso ['plɛsso] *m* ① ANAT Plexus *m;* ~ **solare** Sonnengeflecht *nt,* Solarplexus *m* ② *(fig)* Geflecht *nt,* Komplex *m*

pletora ['plɛːtora] *f* ① *(fig: sovrabbondanza)* Überschuss *m,* Überfluss *m* ② MED Plethora *f,* Blutfülle *f*

pletorico, -a [ple'tɔːriko] <-ci, -che> *agg (sovrabbondante)* überflüssig, übermäßig

plettro ['plɛttro] *m* Plektron *nt*

pleura ['plɛːura] *f* Brustfell *nt,* Rippenfell *nt*

pleurico, -a ['plɛːuriko] <-ci, -che> *agg* Brustfell-, Rippenfell-

pleurite [pleu'riːte] *f* Brustentzündung *f,* Rippenfellentzündung *f,* Pleuritis *f*

PLI *m abbr di* **Partito Liberale Italiano** *liberale Partei Italiens*

plico ['pliːko] <-chi> *m* Aktenbündel *nt; (busta)* großer Umschlag; ~ **postale** Postsendung *f*

plin ['plin] <-> *m kleine, üblicherweise hausgemachte, mit Fleisch gefüllte Teigtasche; Spezialität aus dem Piemont*

plissé [pli'se] **I.** *agg inv* plissiert, Plissee- **II.** *m* <-> Plissee *nt*

plissettare [plisset'taːre] *vt* plissieren

plissettatrice [plissetta'triːtʃe] *f* TEC Faltmaschine *f,* Plisseemaschine *f*

plissettatura [plissetta'tuːra] *f* TEC Plissieren *nt*

plot [plɔt] <-> *m* FILM, TV, LIT Plot *m,* Handlung *f*

plotone [plo'toːne] *m* MIL Zug *m,* Abteilung *f;* ~ **d'esecuzione** Exekutionskommando *nt*

plotter ['plɔtə] <- *o* plotters> *m* INFORM Plotter *m,* Kurvenzeichner *m*

plug-In [plʌg'ɪn] <-> *m* INFORM Plug-in *nt*

plumbeo, -a ['plumbeo] <-ei, -ee> *agg* ① *(di piombo)* bleiern ② *(colore)* bleifarben

plurale [plu'raːle] **I.** *agg* pluralisch, Mehrzahl- **II.** *m* Plural *m,* Mehrzahl *f*

pluralismo [plura'lizmo] *m* Pluralismus *m*

pluralista [plura'lista] <-i *m,* -e *f*> *mf* Pluralist(in) *m(f)*

pluralistico, -a [pluralistiko] <-ci, -che> *agg* pluralistisch

pluralità [plurali'ta] <-> *f (maggioranza)* Mehrheit *f,* Mehrzahl *f*

pluri- [pluri] *(in parole composte)* mehr[fach]-, viel-

pluriaggravato, -a [pluriaggra'vaːto] *agg* JUR durch mehrere Umstände erschwert

pluriarticolato, -a [pluriartiko'laːto] *agg* Mehrgelenk-; **grù -a** Mehrgelenkkran *m*

pluriatomico, -a [pluria'tɔːmiko] <-ci, -che> *agg* PHYS mehratomig

pluricellulare [pluritʃellu'laːre] *agg* vielzellig; **organismo** ~ Vielzeller *m*

pluricentrico, -a [pluri'tʃɛntriko] <-ci, -che> *agg* polizentralistisch, dezentral

pluriclasse [pluri'klasse] **I.** *f* in mehrere Klassen aufgeteiter Grundschulunterricht **II.** *agg* Mehrklassen-; **scuola** ~ Zwergschule *f*

pluricoltura [plurikol'tuːra] *f* AGR Polykultur *f*

pluridecorato, -a [pluurideko'raːto] **I.** *agg* mehrfach ausgezeichnet, mehrfach prämiert **II.** *m, f* mehrfach ausgezeichnete Person *f*

pluridimensionale [pluridimensio'naːle] *agg* mehrdimensional

pluridimensionalità [pluridimensionali'ta] <-> *f* Mehrdimensionalität *f,* Vielschichtigkeit *f*

pluridirezionale [pluridirettsio'naːle] *agg* in mehrere Richtungen; **indagini -i** Ermittlungen, die in mehrere Richtungen laufen

pluridisabilità [pluridizabili'ta] *f* Mehrfachbehinderung *f*

pluridisciplinare [pluridiʃʃipli'naːre] *agg* multidisziplinär; **una ricerca** ~ eine multidisziplinäre Studie

pluriennale [plurien'naːle] *agg* mehrjährig

plurietnico, -a [pluri'ɛtniko] <-ci, -che> *agg* multiethnisch

plurifase [pluri'faːze] *agg inv* ① *(che si svolge in più fasi)* mehrphasig, in mehreren Phasen ② TEC Mehrphasen-; **corrente** ~ Mehrphasenstrom *m* ③ COM, FIN Mehrphasen-

pluriforme [pluri'forme] *agg* mehrgestaltig

plurigemellare [pluridʒemel'laːre] *agg* MED Mehrlings-; **parto** ~ Mehrlingsgeburt *f*

plurigemino, -a [pluri'dʒeːmino] *agg* MED *v.* **plurigemellare**

plurilaterale [plurilate'raːle] *agg* ① *(gener)* mehrseitig ② POL *(nel linguaggio diplomatico)* multilateral

plurilateralità [plurilaterali'ta] <-> *f* multilateraler Charakter

plurilingue [pluri'liŋgue] *agg inv* mehrsprachig, plurilingue; **zona** ~ mehrsprachige Region; **testo** ~ mehrsprachig abgefasster Text

plurilinguismo [plurilin'guizmo] *m* LING Mehrsprachigkeit *f,* Vielsprachigkeit *f*

P

plurilinguistico, -a [plurilin'guistiko] <-ci, -che> *agg* den Multilinguismus betreffend

plurimandatario, -a [plurimanda'ta:rio] **I.** *m, f* COM Verkaufsagent(in) *m(f)* mit mehreren Auftraggebern **II.** *agg* mit mehreren Auftraggebern

plurimiliardario, -a [plurimiliar'da:rio] **I.** *agg* milliardenschwer *fam* **II.** *m, f* Multimilliardär(in) *m(f)*

plurimilionario, -a [plurimilio'na:rio] **I.** *agg* millionenschwer *fam* **II.** *m, f* Multimillionär(in) *m(f)*

plurimillenario, -a [plurimille'na:rio] *agg* jahrtausendealt

plurimo, -a ['plu:rimo] *agg* ① *(parto)* mehrfach ② *(voto)* Mehr[stimmen]-

plurimotore [plurimo'to:re] **I.** *agg* mehrmotorig **II.** *m* Mehrmotorenflugzeug *nt*

plurinazionale [plurinattsio'na:le] *agg* Mehrvölker-, mehrstaatlich

plurinominale [plurinomi'na:le] *agg* mehrstimmenwahlberechtigt

plurinquisito, -a [plurinkui'si:to] *agg* JUR mehrerer Vergehen verdächtig

pluriomicida [pluriomi'tʃi:da] *mf* Massenmörder(in) *m(f)*; **l'evaso è un ~** der entlaufene Sträfling ist ein Massenmörder

pluripartitico, -a [pluripar'ti:tiko] <-ci, -che> *agg* Mehrparteien-

pluripartitismo [pluriparti'tizmo] *m* POL Mehrparteiensystem *nt*

plurireddito [pluri'rɛddito] *agg inv* FIN mit mehreren Einkommen

plurisecolare [pluriseko'la:re] *agg* jahrhundertealt

plurisettimanale [plurisettima'na:le] *agg* mehrwöchentlich

plurisettoriale [plurisetto'ria:le] *agg* COM Sektoren übergreifend

plurisillabo, -a [pluri'sillabo] *agg* mehrsilbig

pluristadio, -a [pluris'ta:dio] <-i, -ie> *agg* Mehrstufen-

pluristilismo [pluristi'lizmo] *m* stilistische Vielfalt

pluristilistico, -a [pluristilistico] <-ci, -che> *agg* stilistisch variierend

plurititolato, -a [pluritito'la:to] *agg* SPORT zahlreiche Titel innehabend; **è una squadra -a** die Mannschaft hat mehrere Titel errungen

pluriuso [pluri'u:zo] *agg inv* Mehrzweck-, Allzweck-

plurivalente [pluriva'lɛnte] *agg* ① *(gener)* vielseitig ② *(med)* polyvalent ③ CHEM mehrwertig, mehrbindig

plurivalutario, -a [plurivalu'ta:rio] *agg* FIN in mehreren Währungen

plusvalenza [pluzva'lɛntsa] *f* Wertzuwachs *m*

plusvalore [pluzva'lo:re] *m* ① COM Wertzuwachs *m* ② PHILOS Mehrwert *m*

plutocrate [plu'tɔ:krate] *mf* Plutokrat(in) *m(f)*

plutocratico, -a [pluto'kra:tiko] <-ci, -che> *agg* plutokratisch

plutocrazia [plutokrat'tsi:a] <-ie> *f* Plutokratie *f*

plutonio [plu'tɔ:nio] *m* Plutonium *nt*

pluviale [plu'via:le] *agg* Regen-

pluviometro [plu'viɔ:metro] *m* Niederschlagsmesser *m*, Pluviometer *nt*

p.m. *abbr di* **pomeridiano** p.m.

PM *m abbr di* **Pubblico Ministero** ≈ Staatsanwaltschaft

pneumatico [pneu'ma:tiko] <-ci> *m* Reifen *m*

pneumatico, -a <-ci, -che> *agg* ① TEC pneumatisch, Luftdruck-; **martello ~** Presslufthammer *m* ② *(gonfiabile)* aufblasbar; **materasso ~** Luftmatratze *f*

PO *m abbr di* **Potere Operaio** *linke Arbeiterbewegung Italiens*

po' [pɔ] *avv (fam)* ein wenig, ein bisschen; **un ~ di …** etwas …, ein wenig …; **dimmi un ~!** sag mal!; **senti un ~!** hör' mal [her]!; *v. a.* **poco**

poc'anzi [pok 'antsi] *avv (poet)* vor Kurzem, eben erst

pochezza [pok'kettsa] *f* ① *(fig: meschinità)* Kleinlichkeit *f* ② *(scarsezza)* Knappheit *f*, Spärlichkeit *f* ③ *(modestia)* Bescheidenheit *f*

pochino [po'ki:no] *m (fam)* **un ~** ein bisschen

pocketbook ['pɔkitbuk] <- *o* pocketbooks> *m* Taschenbuch *nt*

pocket money ['pɔkit 'mʌni] <-> *m* Taschengeld *nt*

poco, -a <-chi, -che> **I.** *agg* wenig, gering; *(debole)* schwach; *(piccolo)* gering, klein; *(breve)* wenig, kurz; *(cattivo)* wenig, schlecht; **è -a cosa** das ist eine Kleinigkeit **II.** *pron indef* ① *pl (persone)* wenige; *(cose)* wenig; **essere in -chi** wenige sein ② *(piccola quantità)* wenig, nicht viel; **c'è ~ da fare** *(fam)* da kann man nicht viel machen; **meglio ~ che niente** *(prov)* besser wenig als gar nichts

poco[1] ['pɔ:ko] <meno, pochissimo> *avv* wenig, nicht sehr; *(breve tempo)* kurz, nicht lange; *(con comparativo)* [nur] wenig, nicht viel; **mangia ~** er/sie isst wenig; **~ gentile** nicht sehr freundlich; **pesa ~ più di …** er/sie wiegt etwas mehr als …; **~ dopo/prima** kurz darauf/vorher; **~ fa** vor Kurzem, eben; **fra ~** in Kürze, bald;

per ~ *(temporale)* kurz; *(a buon mercato)* billig, preiswert; *(quasi)* beinahe, fast; **da ~** *(di poca importanza)* unbedeutend, geringfügig; *(da poco tempo)* seit Kurzem; **a ~ a ~** nach und nach, allmählich; **~ importa** das macht nichts; **~ male** auch gut, das macht nichts; **stare ~ bene** sich nicht [ganz] wohl fühlen

poco[2] <-chi> *m* Wenige(s) *nt,* Geringe(s) *nt;* **un ~** ein bisschen *nt fam;* **un ~ di ...** ein wenig ...; **accontentarsi del ~** sich mit wenig zufriedengeben; **essere un ~ di buono** *(fam)* ein Nichtsnutz sein

podagra [po'da:gra] *f* [Fuß]gicht *f*

podcast ['podkast] <-> *m* INET Podcast *m*

podere [po'de:re] *m* [Land]gut *nt*

poderoso, -a [pode'ro:so] *agg* ❶ *(muscoli, braccia)* kräftig, stark ❷ *(esercito)* mächtig ❸ *(fig)* groß, gewaltig

podestà [podes'ta] <-> *m* HIST *(nel medioevo)* [mittelalterlicher] Stadtvogt *m; (nel periodo fascista)* Ortsvorsteher *m*

podio ['pɔ:dio] <-i> *m* Tribüne *f,* Podium *nt;* MUS Dirigentenpult *nt*

podismo [po'dizmo] *m* Gehen *nt,* Gehsport *m*

podista [po'dista] <-i *m,* -e *f*> *mf* Geher(in) *m(f)*

podistico, -a [po'distiko] <-ci, -che> *agg* Geh-

poema [po'ɛ:ma] <-i> *m* ❶ LIT Dichtung *f;* **~ cavalleresco** Ritterepos *nt;* **~ epico** Epos *nt* ❷ *(fig: scritto prolisso)* Roman *m*

poemetto [poe'metto] *m* Kurzepos *nt*

poesia [poe'zi:a] <-ie> *f* ❶ *(genere)* Dichtung *f; (a. fig)* Poesie *f* ❷ *(singolo componimento)* Gedicht *nt* ❸ *(complesso di opere)* Dichtung *f,* Gedichte *ntpl*

poeta, -tessa [po'ɛ:ta, poe'tessa] <-i, -esse> *m, f* ❶ LIT Dichter(in) *m(f),* Poet(in) *m(f)* ❷ *(fam pej)* Schwärmer(in) *m(f),* Träumer(in) *m(f)*

poetare [poe'ta:re] *vt, vi* dichten

poetastro, -a [poe'tastro] *m, f (pej)* Dichterling *m*

poetessa *f v.* **poeta**

poetica [po'ɛ:tika] <-che> *f* Poetik *f*

poeticità [poetitʃi'ta] <-> *f* Poetische(s) *nt,* poetische Qualität

poetico, -a [po'ɛ:tiko] <-ci, -che> *agg* poetisch, Dichtungs-; *(sentimentale)* schwärmerisch, sentimental

poggiare [pod'dʒa:re] **I.** *vt (appoggiare)* [an]lehnen; *(posare)* [hin]legen **II.** *vi* ❶ ARCH stehen, ruhen ❷ *(fig)* basieren, [sich] gründen **III.** *vr* **-rsi** sich stützen, sich [an]lehnen

poggiata [pod'dʒa:ta] *f* ❶ SPORT *(nell'equitazione)* Dressurstellung *f* auf den Hinterbeinen ❷ NAUT Beidrehen *nt* ❸ *(terreno sulla sommità di un poggio)* Terrasse *f* auf einer Anhöhe

poggiatesta [poddʒa'tɛsta] <-> *m* Kopfstütze *f*

poggio ['pɔddʒo] <-ggi> *m* Anhöhe *f,* Hügel *m*

poggiolo [pod'dʒɔ:lo] *m* Balkon *m*

pogrom [pa'grɔm] <-> *m* Pogrom *nt o m*

poh [phɔ] *int* pfui, bah

poi ['pɔ:i] *avv* ❶ *(dopo)* nachher ❷ *(quindi)* dann, darauf ❸ *(più tardi)* später; **pensare al ~** an später denken; **prima o ~** früher oder später; **d'ora in ~** von nun an ❹ *(inoltre)* außerdem ❺ *(enfatico)* dann [noch]; **no e ~ no** *(fam)* nein und nochmals nein ❻ *(posposto, infine)* schließlich, endlich

poiché [poi'ke] *cong* da, weil

pois [pwa] <-> *m* Tupfen *m;* **a ~** getüpfelt, getupft

poker ['poukər *o* poker] <-> *m* Poker[spiel] *nt;* **giocare a ~** pokern, Poker spielen

pokerista [poke'rista] <-i *m,* -e *f*> *mf* Pokerspieler(in) *m(f)*

polacca [po'lakka] *f (danza)* Polonaise *f*

polacco, -a [po'lakko] <-cchi, -cche> **I.** *agg* polnisch **II.** *m, f* Pole *m*/Polin *f*

polare [po'la:re] *agg* Polar-, polar; *(a. fig)* gegensätzlich

polarità [polari'ta] <-> *f* ❶ PHYS Polarität *f* ❷ *(fig)* Polarität *f,* Gegensätzlichkeit *f*

polarizzare [polarid'dza:re] *vt* ❶ PHYS polarisieren ❷ *(fig)* anziehen

polarizzazione [polariddzat'tsio:ne] *f* ❶ PHYS Polarisation *f* ❷ *(fig: attrazione)* Anziehung *f*

polca ['pɔlka] <-che> *f* Polka *f*

polemica [po'lɛ:mika] <-che> *f* Polemik *f; (controversia)* Auseinandersetzung *f,* Kontroverse *f;* **fare della ~** polemisieren

polemicità [polemitʃi'ta] <-> *f* polemische Haltung, Neigung *f* zur Polemik

polemico, -a [po'lɛ:miko] <-ci, -che> *agg* ❶ *(combattivo)* kämpferisch ❷ *(proprio della polemica)* polemisch

polemista [pole'mista] <-i *m,* -e *f*> *mf* ❶ *(autore)* Verfasser(in) *m(f)* von Streitschriften ❷ *(persona polemica)* Polemiker(in) *m(f)*

polemizzare [polemid'dza:re] *vi* **~ su qc** gegen etw polemisieren

polenta [po'lɛnta] *f* Polenta *f*

polentone, -a [polen'to:ne] *m, f* ❶ *(fam: persona lenta)* lahme Ente, Lahmarsch *m vulg* ❷ *(pej)* Polentafresser(in) *m(f) vulg (Schimpfname für Norditaliener)*

pole position ['poul pə'ziʃən] *f sing* SPORT

(nelle gare automobilistiche) Pole Position *f*

polesine [po'le:zine] *m* Flussinsel *f; (del Po)* Podelta *nt*

poli- [poli] *(in parole composte)* Mehr-, Viel-

poliaccoppiato, -a [poliakkop'pia:to] *agg* mit mehreren Materialien beschichtet, mehrfach beschichtet

poliacrilico, -a [polia'kri:liko] <-ci, -che> *agg* Polyacryl-; **fibre -che** Polyacrylfasern *f pl*

poliambulatorio [poliambula'tɔ:rio] <-i> *m* MED Polyklinik *f*

poliammide [poliam'mi:de] *f* Polyamid *nt*

poliammidico, -a [poliam'mi:diko] <-ci, -che> *agg* Polyamid-; **fibre -che** Polyamidfasern *f pl*

poliandria [polian'dri:a] <-ie> *f* Vielmännerei *f,* Polyandrie *f*

poliatomico, -a [polia'tɔ:miko] <-ci, -che> *agg* PHYS mehratomig

policentrico, -a [poli'tʃɛntriko] <-ci, -che> *agg* polyzentrisch

policentrismo [politʃen'trizmo] *m* ① *(gener)* Dezentralisation *f* ② POL Polyzentrismus *m*

policlinica [poli'kli:nika] <-che> *f* MED Poliklinik *f*

policlinico [poli'kli:niko] <-ci> *m* Poliklinik *f*

policoltura [polikol'tu:ra] *f* AGR Polykultur *f;* **praticare la ~** in Polykultur bebauen

policromatico, -a [polikro'ma:tiko] <-ci, -che> *agg* polychrom, vielfarbig

policromia [polikro'mi:a] <-ie> *f* Polychromie *f,* Vielfarbigkeit *f*

policromo, -a [po'li:kromo] *agg* vielfarbig, bunt

poliedricità [poliedritʃi'ta] <-> *f* ① *(fig)* Vielseitigkeit *f* ② MAT Vielflächigkeit *f,* Polyedrie *f*

poliedrico, -a [poli'ɛ:driko] <-ci, -che> *agg* ① *(fig: ingegno, mente)* vielseitig ② MAT vielflächig, polyedrisch

poliedro [poli'ɛ:dro] *m* MAT Vielflächner *m,* Polyeder *nt*

poliennale [polien'na:le] *agg* mehrjährig

poliestere[1] [poli'ɛstere] *m* Polyester *m*

poliestere[2] *agg inv* Polyester-, aus Polyester

polietilene [polieti'lɛ:ne] *m* Polyäthylen *nt*

polifase [poli'fa:ze] *agg inv* mehrphasig, Mehrphasen-

polifonia [polifo'ni:a] <-ie> *f* MUS Polyfonie *f,* Mehrstimmigkeit *f*

polifonico, -a [poli'fɔ:niko] <-ci, -che> *agg* MUS polyfon, mehrstimmig

polifonismo [polifo'nizmo] *m* MUS Polyfonie *f*

polifonista [polifo'nista] <-i *m,* -e *f*> *mf* MUS Polyfoniker(in) *m(f)*

polifunzionale [polifuntsio'na:le] *agg* Mehrzweck-

poligama *f v.* **poligamo**

poligamia [poliga'mi:a] <-ie> *f* ① *(di persone)* Vielehe *f* ② BOT, ZOO Polygamie *f*

poligamico, -a [poli'ga:miko] <-ci, -che> *agg* polygam

poligamo, -a [po'li:gamo] **I.** *agg* polygam **II.** *m, f* Polygamist(in) *m(f)*

poliglotta [poli'glɔtta] <-i *m,* -e *f*> **I.** *mf* Mehrsprachige(r) *f(m)* **II.** *agg* polyglott, mehrsprachig

poliglottico, -a [poli'glɔttiko] <-ci, -che> *agg* mehrsprachig, polyglott

poliglottismo [poliglo'tizmo] *m* LING Mehrsprachigkeit *f*

poligonale [poligo'na:le] *agg* MAT polygonal, vieleckig

poligono [po'li:gono] *m* ① MAT Vieleck *nt,* Polygon *nt* ② MIL Schießplatz *m*

poligrafia [poligra'fi:a] *f* Vervielfältigung *f; (copia)* Abzug *m,* Kopie *f*

poligrafico [poli'gra:fiko] <-ci> *m* Druckerei *f*

poligrafico, -a <-ci, -che> *agg* ① *(copia)* vervielfältigt ② *(di poligrafia)* Vervielfältigungs- ③ *(istituto)* grafisch

poligrafo [po'li:grafo] *m (duplicatore)* Vervielfältigungsapparat *m,* Kopierer *m*

polimaterico, -a [polima'teriko] <-ci, -che> *agg* KUNST multimedial

polimaterismo [polimate'rizmo] *m* KUNST multimediale Kunst

polimeria [polime'ri:a] <-ie> *f* Polymerie *f*

polimerico, -a [poli'mɛ:riko] <-ci, -che> *agg* polymer

polimerizzare [polimerid'dza:re] *vt* polymerisieren

polimerizzazione [polimeriddzat'tsio:ne] *f* Polymerisation *f*

polimero [po'li:mero] *m* Polymer *nt*

polimero, -a *agg* ① BIOL vielteilig, mehrgliedrig ② CHEM polymer

polimorfismo [polimor'fizmo] *m* Polymorphismus *m*

polimorfo, -a [poli'mɔrfo] *agg* polymorph

polinomio [poli'nɔ:mio] <-i> *m* Polynom *nt*

polio ['pɔ:lio] <-> *f* Kinderlähmung *f,* Polio *f*

poliomielite [poliomie'li:te] *f* Kinderlähmung *f*

poliomielitico, -a [poliomie'li:tiko] <-ci, -che> **I.** *m, f* MED Polymeliekranke(r) *f(m)*

II. *agg* MED an Polymelie erkrankt, durch Polymelie bedingt

polipo ['pɔːlipo] *m* ① ZOO Polyp *m*, Krake *m* ② MED Polyp *m*

poliscafo [poli'skaːfo] *m* NAUT Doppelrumpfboot *nt*

polisemia [polise'miːa] <-ie> *f* Polysemie *f*

polisettoriale [polisetto'riaːle] *agg* Sektoren übergreifend

polish [pɔliʃ] <-> *m* Metallputzmittel *nt*

polisillabo, -a [poli'sillabo] **I.** *agg* mehrsilbig **II.** *m, f* mehrsilbiges Wort

polisportiva [polispor'tiːva] *f* Sportverein *m*; **una ~ milanese** ein Mailänder Sportverein

polista [po'lista] <-i *m*, -e *f*> *mf* SPORT Polospieler(in) *m(f)*

polistico, -a [po'listiko] <-ci, -che> *agg* SPORT Polo-

polistirolo [polisti'rɔːlo] *m* Polystyrol *nt*, Styropor® *nt*

politecnico [poli'tɛkniko] <-ci> *m* Polytechnikum *nt*

politecnico, -a <-ci, -che> *agg* polytechnisch

politeismo [polite'izmo] *m* Polytheismus *m*, Vielgötterei *f*

politeista [polite'ista] <-i *m*, -e *f*> **I.** *mf* Polytheist(in) *m(f)* **II.** *agg* polytheistisch

politeistico, -a [polite'istiko] <-ci, -che> *agg* polytheistisch

politica [po'litika] <-che> *f* Politik *f*; *(a. fig)* Diplomatie *f*; **~ estera** Außenpolitik *f*; **~ interna** Innenpolitik *f*; **~ finanziaria** Finanzpolitik *f*; **~ salariale** Lohnpolitik *f*; **~ scolastica** Bildungspolitik *f*; **~ sociale** Sozialpolitik *f*; **~ dei prezzi** Preispolitik *f*; **~ dell'occupazione** Beschäftigungspolitik *f*; **~ del non intervento** Politik *f* der Nichteinmischung; **la ~ monetaria unica** EU die gemeinsame Währungspolitik

politically correct [pə'litikəli kə'rekt] *agg inv* politisch korrekt

politicante [politi'kante] *mf (pej)* Politisierer(in) *m(f)*

politicastro, -a [politi'kastro] *m, f* Politikaster *m*

politichese [politi'keːse] *m* POL *(pej)* Politjargon *m*

politichino [politi'kiːno] *m* ① *(scherz: persona astuta che riesce con gentilezza a conseguire ciò che vuole)* Diplomat(in) *m(f)* ② *(rar pej: politico maneggione)* intrigante(r) Politiker(in) *m(f)*

politicismo [politi'tʃizmo] *m* Politisierung *f*

politicità [polititʃi'ta] <-> *f* POL politischer Charakter, Politikum *nt*; **la ~ di uno sciopero** der Streik als Politikum

politicizzare [polititʃid'dzaːre] *vt* politisieren

politicizzazione [polititʃiddzat'tsioːne] *f* Politisierung *f*

politico [po'liːtiko] <-ci> *m* ① POL Politiker *m* ② *(fig)* diplomatischer Mensch

politico, -a <-ci, -che> *agg* politisch; **economia -a** Volkswirtschaft *f*; **elezioni -che** Parlamentswahlen *f*; **scienze -che** Politikwissenschaft *f pl*

politicone, -a [politi'koːne] *m, f (fam)* Lavierer *m*, raffinierter Mensch

politologa *f v.* **politologo**

politologia [politolo'dʒiːa] <-gie> *f* Politologie *f*, Politikwissenschaft *f*

politologo, -a [poli'tɔːlogo] <-gi, -ghe> *m, f* Politologe *m*/Politologin *f*, Politikwissenschaftler(in) *m(f)*

politrasfuso, -a [politras'fuːso] **I.** *m, f* mehrfache(r) Transfusionspatient(in) *m(f)* **II.** *agg* **paziente ~** mehrfacher Transfusionspatient

polittico [po'littiko] <-ci> *m* Flügelaltar *m*, Polyptydion *nt*

politura [poli'tuːra] *f* Glätten *nt*, Polieren *nt*

polivalente [poliva'lɛnte] *agg* polyvalent, mehrwertig

polivalenza [poliva'lɛntsa] *f* Mehrwertigkeit *f*

polivinile [polivi'niːle] *m* Polyvinyl *nt*

polizia [polit'tsiːa] <-ie> *f* Polizei *f*; *(commissariato)* Polizeiwache *f*; **agente di ~** Polizeibeamte(r) *m*; **~ sanitaria** Gesundheitspolizei *f*; **~ stradale** Verkehrspolizei *f*; **~ tributaria** Steuerfahndungsdienst *m*; **~ urbana** städtische Polizei

poliziesco, -a [polit'tsiesko] <-schi, -sche> *agg* ① ADM polizeilich, Polizei- ② LIT, FILM Kriminal-

poliziotto [polit'tsiɔtto] *agg inv* **cane ~** Polizeihund *m*; **donna ~** Polizistin *f*

poliziotto, -a *m, f* ① ADM Polizist(in) *m(f)* ② *(fig, pej)* Spitzel *m*, Schnüffler(in) *m(f) fam*

polizza ['pɔːlittsa] *f* COM Police *f*, Polizze *f* A; **~ di assicurazione** Versicherungspolice *f*; **fare una ~** eine Versicherung abschließen

polla ['polla] *f* Quelle *f*

pollaio [pol'laːio] <-ai> *m* ① *(per polli)* Hühnerstall *m* ② *(fam fig: luogo sporco)* Schweinestall *m*, Saustall *m*

pollaiolo, -a [polla'iɔːlo] *m, f* Geflügelhändler(in) *m(f)*

pollame [pol'laːme] *m* Geflügel *nt*

pollastro, -a [pol'lastro] *m, f* ① ZOO junges

P

Huhn *nt*, junge Henne *f* ② *(fam fig)* Einfaltspinsel *m*

polleria [polleˈriːa] <-ie> *f* Geflügelhandlung *f*

pollice [ˈpɔllitʃe] *m* ① ANAT *(della mano)* Daumen *m;* **avere il ~ verde** *(fig)* eine grüne Hand haben ② *(unità di misura)* Zoll *m;* **non cedere di un ~** *(fig)* keinen Zoll[breit] zurückweichen

pollicoltura [pollikolˈtuːra] *f* Geflügelzucht *f*, Hühnerzucht *f*

polline [ˈpɔlline] *m* Pollen *m*, Blütenstaub *m*

pollivendolo, -a [polliˈvendolo] *m, f* Geflügelhändler(in) *m(f)*

pollo [ˈpollo] *m* ① ZOO Huhn *nt;* GASTR Hähnchen *nt*, Hendl *nt* A; **andare a letto con i -i** mit den Hühnern zu Bett gehen; **conoscere i propri -i** *(fam)* seine Pappenheimer kennen; **fa ridere i -i** da lachen ja die Hühner! *fam* ② *(fig: individuo ingenuo)* dummes Huhn *fam*

pollone [polˈloːne] *m* Schössling *m*, Spross *m*

polluzione [pollutˈtsioːne] *f* ① MED Pollution *f* ② *(inquinamento)* Verschmutzung *f*, Verunreinigung *f*

polmonare [polmoˈnaːre] *agg* Lungen-

polmone [polˈmoːne] *m* ① ANAT Lunge *f;* **gridare a pieni -i** aus voller Kehle schreien; **respirare a pieni -i** tief einatmen ② *(fig: stimolo)* Antrieb *m*, Motor *m* ③ *(fig: di città)* [grüne] Lunge *f*, Grünzone *f*

polmonite [polmoˈniːte] *f* Lungenentzündung *f*

polo[1] [ˈpɔːlo] *m* ① GEOG Pol *m;* **~ nord** Nordpol *m;* **~ sud** Südpol *m;* **da un ~ all'altro** *(fig)* überall auf der Welt ② *(fig)* **essere ai -i opposti** *(fig)* gegensätzliche Positionen vertreten ③ POL *(coalizione)* Koalition *f;* **Polo della libertà** POL *Mitte-Rechts-Parteiengruppierung* ④ SPORT Polo *nt*

polo[2] <-> *f* Polohemd *nt*

polonaise [poloˈnɛːz] <-> *f* Polonaise *f*

Polonia [poˈlɔːnia] *f* Polen *nt*

polpa [ˈpolpa] *f* *(di frutto)* [Frucht]fleisch *nt; (di carne)* [mageres, knochenloses] Fleisch *nt*

polpaccio [polˈpattʃo] <-cci> *m* Wade *f*

polpacciuto, -a [polpatˈtʃuːto] *agg (fam)* mit dicken Waden

polpastrello [polpasˈtrɛllo] *m* *(della mano)* Fingerkuppe *f; (del piede)* Zehenkuppe *f*

polpetta [polˈpetta] *f* GASTR Fleischklößchen *nt*, Frikadelle *f*, faschiertes Laibchen A; **far -e di qu** [*o* **ridurre qu in -e**] *(scherz)* aus jdm Hackfleisch machen *fam*

polpettone [polpetˈtoːne] *m* GASTR Hackbraten *m*, falscher Hase

polpo [ˈpolpo] *m* Krake *m*, Oktopus *m*

polposo, -a [polˈpoːso] *agg* fleischig

polsiera [polˈsiɛːra] *f* MED Handgelenkbandage *f;* SPORT Handgelenkschoner *m*

polsino [polˈsiːno] *m* Manschette *f*

polso [ˈpolso] *m* ① ANAT Handgelenk *nt* ② *(di manica)* Manschette *f* ③ *(fig: energia)* Tatkraft *f*, Energie *f;* COM Finanzkraft *f; (ingegno)* Talent *nt*, Geist *m;* **un uomo di ~** ein Mann der Tat ④ MED Puls[schlag] *m;* **sentire** [*o* **tastare**] **il ~ a qu** jdm den Puls fühlen; *(fig)* jdm auf den Zahn fühlen

Poltergeist [ˈpɔltərgaist *o* ˈpolterrgaist] <-> *m* Poltergeist *m*

poltiglia [polˈtiʎʎa] <-glie> *f* ① *(miscuglio)* Brei *m;* **ridurre qu in ~** jdn zu Brei schlagen *fam* ② *(fango)* Schlamm *m*

poltrire [polˈtriːre] <poltrisco> *vi* ① *(starsene a letto)* sich im Bett rekeln ② *(fig)* faulenzen, auf der faulen Haut liegen *fam*, tachinieren A; **~ nell'ozio** müßig sein, dem Müßiggang frönen

poltrona [polˈtroːna] *f* ① *(mobile)* Sessel *m* ② *(fig: carica)* [bequemer] Posten *m*, [gute] Stellung *f* ③ THEAT Parkettplatz *m*

poltronaggine [poltroˈnaddʒine] *f* Trägheit *f*, Faulheit *f*

poltrone, -a [polˈtroːne] **I.** *m, f* Faulenzer(in) *m(f)*, Tachinierer *m* A **II.** *agg* faul, träge

poltroneria [poltroneˈriːa] <-ie> *f* Müßiggang *m*, Trägheit *f*

polvere [ˈpolvere] *f* ① *(gener)* Staub *m;* **togliere la ~** Staub wischen; **ridurre qu in ~** *(fig)* jdn zur Schnecke machen *fam* ② *(sostanza)* Staub *m*, Pulver *nt;* MIL [Schieß]pulver *nt;* **~ di carbone/vetro/d'oro** Kohlen-/Glas-/Goldstaub *m;* **~ da sparo** Schießpulver *nt;* **in ~** in Pulverform, Pulver-; **caffè in ~** Pulverkaffee *m* ③ REL Staub *m*, Asche *f*

polveriera [polveˈriɛːra] *f* ① *(magazzino)* Pulvermagazin *nt*, Munitionsdepot *nt* ② *(fig)* Pulverfass *nt*

polverificio [polveriˈfiːtʃo] <-ci> *m* Pulverfabrik *f*

polverina [polveˈriːna] *f* ① MED Pulver *nt;* *(VAKAT)* Pülverchen *nt fam* ② *(sl: cocaina)* Koks *m*

polverio [polveˈriːo] <-ii> *m* Staubwolke *f*

polverizzare [polveridˈdzaːre] **I.** *vt* ① *(ridurre in polvere)* pulverisieren, zu Pulver zermahlen ② *(nebulizzare)* zerstäuben ③ *(fig: suddividere)* zerstückeln; *(annien-*

P

tare) vernichten, niedermachen; *(superare)* zunichtemachen; *(record)* brechen ④ GASTR bestreuen, bestäuben **II.** *vr* **-rsi** zu Staub werden

polverizzatore [polveriddza'to:re] *m* Zerstäuber *m,* Sprühgerät *nt;* MOT Einspritzdüse *f*

polverizzatore, **-trice** *agg* Zerstäubungs-

polverizzazione [polveriddzat'tsio:ne] *f* Zerstäubung *f,* Pulverisierung *f;* *(fig)* Zerstückelung *f*

polverone [polve'ro:ne] *m* dichte Staubwolke

polveroso, **-a** [polve'ro:so] *agg* staubig, staubbedeckt

pomata [po'ma:ta] *f* Salbe *f,* Creme *f;* *(per capelli)* Pomade *f*

pomello [po'mɛllo] *m* ① *(zigomo)* Jochbogen *m,* Zygoma *nt* ② *(oggetto sferico)* Knauf *m,* Knopf *m*

pomeridiano, **-a** [pomeri'dia:no] *agg* nachmittäglich, Nachmittags-

pomeriggio [pome'riddʒo] <-ggi> *m* Nachmittag *m;* **di ~** nachmittags; **domani/oggi ~** morgen/heute Nachmittag; **nel primo/tardo ~** am frühen/späten Nachmittag; [**il**] **venerdì ~** [am] Freitagnachmittag

pomfo ['pɔnfo] *m* MED Blase *f*

pomice ['po:mitʃe] <-ci> *f* Bimsstein *m;* **pietra ~** Bimsstein *m*

pomiciare [pomi'tʃa:re] *vi* *(sl)* knutschen *fam,* schmusen *fam*

pomicione, **-a** [pomi'tʃo:ne] *m, f* *(sl)* Knutscher(in) *m(f) fam*

P

pomo ['po:mo] *m* ① BOT Apfelfrucht *f;* **~ d'Adamo** Adamsapfel *m* ② DIAL *(mela)* Apfel *m* ③ *(oggetto sferico)* Kugel *f,* Knauf *m*

pomodorata [pomodo'ra:ta] *f* *(fam)* Tomatenwurf *m;* **prendere qu a -e** *(fam)* jdn mit Tomaten bewerfen

pomodoro [pomo'dɔ:ro] *m* Tomate *f,* Paradeiser *m* A; **diventare rosso come un ~** rot wie eine Tomate werden

pompa ['pompa] *f* ① TEC Pumpe *f* ② *(fam)* Tanksäule *f,* Zapfsäule *f* ③ *(sfarzo)* Pomp *m,* Prunk *m;* **impresa di -e funebri** Bestattungsinstitut *nt;* **mettersi in ~ magna** *(scherz)* sich in Schale werfen *fam*

pompaggio [pom'paddʒo] <-ggi> *m* Pumpen *nt*

pompare [pom'pa:re] *vt* ① *(gener)* pumpen ② *(fam: gonfiare)* aufpumpen ③ *(fam fig: esagerare)* aufbauschen

Pompei [pom'pɛ:i] *f* Pompeji *nt*

pompelmo [pom'pɛlmo] *m* Pampelmuse *f,* Grapefruit *f*

pompiere [pom'piɛ:re] *m* Feuerwehrmann *m*

pompon [pɔ̃'pɔ̃] <-> *m* Pompon *m,* Quaste *f*

pomposità [pomposi'ta] <-> *f* Prunk *m,* Pracht *f*

pomposo, **-a** [pom'po:so] *agg* ① *(sfarzoso)* pompös, prunkvoll ② MUS feierlich

ponderabile [ponde'ra:bile] *agg* ① *(quantità)* messbar ② *(fig: decisione)* erwägenswert

ponderare [ponde'ra:re] *vt* erwägen, abwägen, in Erwägung ziehen

ponderatezza [pondera'tettsa] *f* Überlegtheit *f,* Besonnenheit *f*

ponderato, **-a** [ponde'ra:to] *agg* ① *(discorso, decisione)* [wohl, gut] überlegt ② *(persona)* überlegt, besonnen

ponderazione [ponderat'tsio:ne] *f* Erwägung *f,* Überlegung *f*

ponderoso, **-a** [ponde'ro:so] *agg* mühsam, aufwendig

ponente [po'nɛnte] *m* ① GEOG Westen *m* ② *(vento)* Westwind *m*

pongo ['poŋgo] *1. pers sing pr di* **porre**

ponte ['ponte] *m* ① TEC, NAUT, SPORT Brücke *f;* *(a. fig)* Verbindung *f;* **~ levatoio/sospeso** Zug-/Hängebrücke; **~ aereo** Luftbrücke; **~ di comando** Kommandobrücke; **~ radio** [Rund]funkverbindung *f;* **gettare un ~** *(a. fig)* eine Brücke schlagen ② *(nell'edilizia)* [Bau]gerüst *nt* ③ MOT Achse *f* ④ MED [Zahn]brücke *f* ⑤ EL Brücke *f,* Schaltdraht *m* ⑥ *(loc)* **rompere** [*o* **tagliare**] **i -i** alle Brücken hinter sich *dat* abbrechen; **fare il ~** einen Brückentag nehmen, ein langes Wochenende machen

pontefice [pon'te:fitʃe] <-ci> *m* ① REL Papst *m* ② HIST Pontifex *m*

ponticello [ponti'tʃɛllo] *m* Steg *m*

pontiere [pon'tiɛ:re] *m* Brückenbaupionier *m*

pontificale [pontifi'ka:le] **I.** *agg* päpstlich, Papst-, pontifikal **II.** *m* *(messa)* Pontifikalmesse *f;* *(libro)* Pontifikale *nt*

pontificare [pontifi'ka:re] *vi* ① REL das Pontifikalamt zelebrieren ② *(fig)* [auf übertriebene Art] dozieren

pontificato [pontifi'ka:to] *m* REL *(papato)* Papsttum *nt,* Papstwürde *f;* *(carica)* Pontifikat *nt*

pontificio, **-a** [ponti'fi:tʃo] <-ci, -cie> *agg* ① REL päpstlich, Papst- ② HIST **lo stato ~** der Kirchenstaat

pontile [pon'ti:le] *m* Landungssteg *m,* Landungsbrücke *f*

pony ['pouni] <-> *m* Pony *nt*

pony express ['pouni iks'pres] <-> *m* Schnellkurierservice *m*

ponzare [pon'tsa:re] **I.** *vi* TOSC *(fam)* sich *dat* den Kopf zerbrechen **II.** *vt (fam)* aushecken

pool [pu:l] <- *o* pools> *m* ① FIN Kartell *nt* ② *(gruppo di persone)* Team *nt* ③ *(gruppo di giudici)* richterliche Untersuchungskommission; ~ **antimafia** Richter *mpl* gegen die Mafia; ~ **Mani Pulite** *richterlicher Untersuchungsausschuss der 90er zur Aufklärung der Korruptionsskandale* ④ BIOL gemeinsames Erbgut ⑤ SPORT Poolbillard *nt*

pop [pɔp] *agg inv* poppig; *(musica, cultura, moda)* Pop-

pop art ['pɔp a:t] <-> *f* Pop-Art *f*

pop-corn ['pɔp kɔ:n] <-> *m* Popcorn *nt*

pope ['pɔ:pe] <-> *m* Pope *m*

popelin ['pɔ:pelin] <-> *m* Popelin *m*, Popeline *m o f*

popeline [pɔpə'lin *o* pope'line] <-> *m o f* Popelin(e) *m*

pop jazz [pɔp 'dʒæz *o* pɔp 'dʒets] <-> *m* MUS Pop-Jazz *m*

pop music [pɔp 'mju:zik] <-> *f* MUS Pop *m*, Popmusik *f*

popò [po'pɔ] <-> **I.** *f (fam: feci)* Aa *nt* **II.** *m (fam: sedere)* Po[po] *m*, Hintern *m*

popolamento [popola'mento] *m* ① *(di persone)* Besiedlung *f* ② ZOO, BOT Bestand *m*

popolano, -a [popo'la:no] **I.** *agg* ① *(del popolo)* volkstümlich, Volks- ② *(a sostegno del popolo)* zugunsten des Volkes, Volks- **II.** *m, f* Mann *m*/Frau *f* aus dem Volk

popolare[1] [popo'la:re] *agg* ① *(del popolo)* Volks-; **casa** ~ Siedlungshaus *nt; (abitazione sociale)* Sozialwohnung *f* ② *(diffuso nel popolo)* Volks-, volkstümlich; **canzone** ~ Volkslied *nt;* **musica** ~ Volksmusik *f* ③ *(noto)* populär, beliebt ④ *(divulgativo)* populär, allgemein verständlich

popolare[2] **I.** *vt* ① *(rendere abitato)* bevölkern, besiedeln ② *(abitare)* bewohnen ③ *(riempire di gente)* bevölkern **II.** *vr* **-rsi** ① *(diventare popolato)* besiedelt werden ② *(affollarsi)* sich bevölkern

popolaresco, -a [popola'resko] <-schi, -sche> *agg* volkstümlich

popolarità [popolari'ta] <-> *f* Popularität *f*, Beliebtheit *f*

popolazione [popolat'tsio:ne] *f* ① *(quantità di persone)* Bevölkerung *f*, Population *f;* ~ **civile** Zivilbevölkerung *f;* **densità di** ~ Bevölkerungsdichte *f* ② *(di un territorio)* Einwohner *mpl* ③ *(popolo)* Volk *nt* ④ ZOO Bewohner *mpl* ⑤ *(raggruppamento)* Bevölkerungsgruppe *f*

popolazionismo [popolattsio'nizmo] *m* POL Bevölkerungszuwachs fördernde Politik *f*

popolazionista [popolattsio'nista] <-i *m*, -e *f*> *mf* POL Befürworter(in) *m(f)* des Bevölkerungswachstums

popolino [popo'li:no] *m (pej)* niederes Volk

popolo ['pɔ:polo] *m* ① *(di un paese)* Volk *nt; (di una città, regione)* Bevölkerung *f* ② *(classe sociale)* Volk *nt* ③ *(moltitudine)* Volksmenge *f*, Volksmasse *f* ④ *(sudditi)* Volk *nt*, Untertanen *mpl*

popoloso, -a [popo'lo:so] *agg* dicht bevölkert, dicht besiedelt

popone [po'po:ne] *m* TOSC Melone *f*

poppa ['poppa] *f* ① NAUT Heck *nt* ② *(fam: mammella)* Brust *f*

poppante [pop'pante] **I.** *agg (bambino)* an der Mutterbrust trinkend **II.** *mf* ① *(lattante)* Säugling *m* ② *(fam fig)* Grünschnabel *m*

poppare [pop'pa:re] *vt* saugen, [an der Mutterbrust] trinken

poppata [pop'pa:ta] *f* Milchmahlzeit *f*

poppatoio [poppa'to:io] <-oi> *m* Fläschchen *nt*, Nuckelflasche *f fam*

pop star ['pɔp star] <- *o* pop stars> *f* MUS Popstar *m*

populismo [popu'lizmo] *m* Populismus *m*

populistico, -a [popu'listiko] <-ci, -che> *agg* populistisch

porcaio [por'ka:io] <-ai> *m (vulg)* Saustall *m*

porcata [por'ka:ta] *f (vulg)* Sauerei *f*

porcellana [portʃel'la:na] *f* Porzellan *nt*

porcellanaceo, -a [portʃella'na:tʃeo] <-ei, -ee> *agg* porzellanen, aus Porzellan

porcellanato, -a [portʃella'na:to] *agg* Email-

porcellino [portʃel'li:no] *m* ① ZOO Ferkel *nt;* ~ **d'India** Meerschweinchen *nt* ② *(stufa)* tragbares [Elektro]öfchen ③ *(fam fig: bambino sporco)* Schweinchen *nt*, Ferkel *nt*

porcellone, -a [portʃel'lo:ne] *m, f (fam)* Schweinehund *m vulg*, Schwein *nt vulg*

porcheria [porke'ri:a] <-ie> *f* ① *(sporcizia)* Dreck *m*, Schmutz *m* ② *(pasto)* Schweinefraß *m fam; (bevanda)* Gesöff *nt fam* ③ *(fig: azione)* Schweinerei *f fam; (fam: cosa brutta)* scheußliche Sache; *(cosa sporca)* Schweinerei *f*, Schweinkram *m*

porchetta [por'ketta] *f* Spanferkel *nt*

porcile [por'tʃi:le] *m* ① *(per maiali)* Schweinestall *m* ② *(fig, pej)* Schweinestall *m*, Saustall *m vulg*

porcino [por'tʃi:no] *m* Steinpilz *m*

porco, -a ['pɔrko] <-ci, -che> **I.** *m, f* ① ZOO

Schwein *nt;* **piede** [*o* **piè**] **di ~** TEC Brechstange *f;* **gettar le perle ai -ci** *(fig)* Perlen vor die Säue werfen ② *(fig, pej)* Schwein *nt,* Sau *f vulg* **II.** *agg* ① *(pej: schifoso)* widerlich, ekelhaft ② *(vulg: in esclamazioni)* verdammt *fam,* beschissen, Sau-, Scheiß- *fam;* **-a miseria!** *(vulg)* verfluchte Schweinerei!; **~ Giuda!** *(vulg)* zum Teufel nochmal! *fam*

porcospino [porkos'pi:no] *m* ① ZOO Stachelschwein *nt* ② *(fig)* Kratzbürste *f*

Pordenone [porde'no:ne] *f* Pordenone *nt* *(Stadt in Friaul)*

pordenonese [pordeno'ne:se] **I.** *mf* *(abitante)* Einwohner(in) *m(f)* von Pordenone **II.** *agg* aus Pordenone

Pordenonese *m sing* Umgebung *f* von Pordenone

porfido ['pɔrfido] *m* Porphyr *m*

porgere ['pɔrdʒere] <porgo, porsi, porto> *vt* ① *(dare)* geben, reichen; **~ la mano** die Hand geben; **~ l'orecchio** ganz Ohr sein ② *(esporre)* darlegen, vortragen ③ *(fig)* [an]bieten

poriferi [po'ri:feri] *mpl* Schwämme *mpl*

porno ['porno] **I.** *m* <-> Porno *m* **II.** *agg inv* Porno-, pornografisch; **film ~** Pornofilm *m;* **rivista ~** Pornozeitschrift *f*

pornoattore, -trice [pornoat'to:re] *m, f* FILM Pornodarsteller(in) *m(f)*

pornocassetta [pornokas'setta] *f* Pornovideo *nt*

pornodivo, -a [porno'di:vo] *m, f* Pornostar *m*

pornofilm [porno'film] <-> *m* FILM Porno *m,* Pornostreifen *m*

pornofumetto [pornofu'metto] *m* pornografischer Comicstrip

pornografia [pornogra'fi:a] *f* Pornografie *f*

pornografico, -a [porno'gra:fiko] <-ci, -che> *agg* pornografisch

pornolocale [pornolo'ka:le] *m* Nachtclub *m* mit Peepshow

pornorivista [pornori'vista] *f* Pornozeitschrift *f*

pornoshop [pɔrno'ʃɔp] <-> *m* Sex-Shop *m*

porno show [pɔrno 'ʃou] <-> *m* Peepshow *f*

pornosoft ['pɔrnosoft] *agg inv* **film ~** Softporno *m*

pornostampa [porno'stampa] *f* pornografische Druckerzeugnisse *ntpl*

pornostar [porno'sta:] <-> *mf* FILM Pornostar *m*

pornotelefono [pɔrnote'lɛfono] *m* Sextelefon *nt*

pornovideo [porno'vi:deo] <-> *m* Pornovideo *nt*

P

poro ['pɔ:ro] *m* Pore *f;* **~ sudorifero** Schweißpore *f;* **sprizzare veleno da tutti i -i** *(fig)* Gift und Galle spucken

porosità [porosi'ta] <-> *f* Porosität *f*

poroso, -a [po'ro:so] *agg* ① *(pelle)* großporig ② *(roccia, legno)* porös

porpora ['porpora] *f (a. fig)* Purpur *m*

porporato [porpo'ra:to] *m* Kardinal *m*

porporato, -a *agg* purpurgekleidet

porporina [porpo'ri:na] *f* ① *(colorante)* Purpurin *nt* ② *(miscuglio di polveri)* Bronzefarbe *f*

porporino, -a [porpo'ri:no] *agg* purpurrot, purpurfarben

porre ['porre] <pongo, posi, posto> **I.** *vt* ① *(mettere)* stellen, legen, setzen ② *(fig: supporre)* annehmen; **poniamo che sia errato** nehmen wir an, dass es falsch ist ③ JUR voraussetzen, annehmen ④ *(loc)* **~ una domanda a qu** jdm eine Frage stellen; **~ fine** [*o* **termine**] **a qc** einer Sache *dat* ein Ende setzen **II.** *vr* **-rsi** *(mettersi)* sich setzen, sich stellen, sich legen; **-rsi in marcia** sich in Bewegung setzen; **-rsi in salvo** sich in Sicherheit bringen

porro ['pɔrro] *m* ① BOT Lauch *m,* Porree *m* ② MED *(fam)* Warze *f*

porsi ['pɔrsi] *1. pers sing pass rem di* **porgere**

porta ['pɔrta] *f* ① *(apertura)* Tür *f;* **a -e chiuse** JUR unter Ausschluss der Öffentlichkeit; **prendere la ~** *(fam)* fortgehen; **sfondare una ~ aperta** *(fig)* offene Türen einrennen; **mettere qu alla ~** jdn vor die Tür setzen; **indicare la ~ a qu** *(fig)* jdm die Tür weisen *geh,* jdn hinauswerfen; **chiudere la ~ in faccia a qu** jdm die Tür vor der Nase zuschlagen; **ha tutte le -e aperte** ihm [*o* ihr] stehen alle Türen offen ② *(portone)* Tor *nt,* Pforte *f* ③ SPORT Tor *nt* ④ NAUT Luke *f*

portaaghi [porta'a:gi] <-> *m* Nadelbüchse *f*

portabagagli [portaba'gaʎʎi] <-> *m* ① *(per veicoli)* [Dach]gepäckträger *m;* *(per biciclette)* Gepäckständer *m* ② *(facchino)* Gepäckträger *m*

portabandiera [portabandiɛ:ra] <-> *mf* ① *(fig: esponente principale)* Anführer(in) *m(f),* Hauptvertreter(in) *m(f)* ② MIL Fahnenträger(in) *m(f)*

portabastoni [portabas'to:ni] <-> *m* SPORT *(nel golf)* Caddie *m*

portabiancheria [portabiaŋke'ri:a] <-> *m* Wäscheständer *m*

portabiglietti [portabiʎ'ʎetti] <-> *m* Kreditkartenetui *nt*

portabile [por'ta:bile] *agg* tragbar, bequem

portabilità [portabili'ta] <-> *f* ① *(di abbi-*

gliamento) Tragbarkeit *f* ❷ TEC Anpassungsfähigkeit *f* ❸ *(fig)* Vielseitigkeit *f*

portabiti [port'a:biti] **I.** *m* <-> Kleiderhalter *m* **II.** *agg inv* Kleider-

portabollo [pota'bollo] <-> *m* Sichthülle *f* für den Kfz-Steuerbeleg

portabombe [porta'bombe] **I.** *m* <-> MIL, AERO Bombenträger *m* **II.** *agg inv* Bomben-

portaborse [porta'borse] <-> *mf (pej)* Taschenträger(in) *m(f)*

portabottiglie [portabo'tiʎʎe] <-> *m* Flaschengestell *nt*

portaburro [porta'burro] <-> *m* Butterdose *f*

portacaratteri [portaka'ratteri] *agg inv* TEC Typenrad-

portacarta [porta'karta] <-> *m* Toilettenpapierhalter *m*

portacarte [porta'karte] <-> *m* Mappe *f,* Ordner *m*

portacassette [portakas'sette] <-> *m* Kassettenständer *m*

portacatino [portaka'ti:no] <- *o* -i> *m* Waschtisch *m*

portacenere [porta'tʃe:nere] <-> *m* Aschenbecher *m*

portaceste [porta'tʃeste] <-> *mf* THEAT *(obs)* Kofferträger(in) *m(f)*

portachiatte [porta'kiatte] <-> *f* ❶ NAUT *(nave mercantile che traina chiatte)* Schutenschlepper *m,* Lastkahnschlepper *m* ❷ NAUT *(barcone a fondo piatto)* Schute *f,* Lastkahn *m*

portachiavi [porta'kia:vi] <-> *m* Schlüsselring *m,* -bund *m*

portacicche [porta'tʃikke] <-> *m (sl: giberna)* Patronentasche *f*

portacipria [porta'tʃi:pria] <-> *m* Puderdose *f*

portacolori [portako'lo:ri] <-> *mf* SPORT *(nel ciclismo e nell'ippica)* Teamfahrer(in) *m(f),* Jockey *m* eines Rennstalls

portacontainer [portakon'tɛiner] **I.** *m o f* <- *o* portacontainers> MOT Containerfahrzeug *nt* **II.** *agg inv* Container-; **autocarro** ~ Containerwagen *m;* **nave** ~ Containerschiff *nt;* **vagone** ~ Containertragwagen *m*

portacontenitori [portakonteni'to:ri] <-> *m o f v.* **portacontainer**

portacqua [port'akkua] <-> *mf* ❶ *(chi porta l'acqua)* Wasserfahrer(in) *m(f)* ❷ SPORT *(nel ciclismo)* Wasserträger(in) *m(f)* ❸ *(fig: chi partecipa a un'impresa da una posizione subalterna)* dienstbarer Geist, Taschenträger *m*

portacravatte [portakra'vatte] <-> *m* Krawattenstange *f*

portadocumenti [potadoku'menti] <-> *m* Brieftasche *f*

portadolci [porta'doltʃi] <-> *m* Kuchenteller *m,* Kuchenplatte *f*

portaelicotteri [portaeli'kɔtteri] **I.** *f* <-> NAUT, MIL Hubschrauberträger *m* **II.** *agg inv* Hubschrauber-; **nave** ~ Hubschrauberträger *m*

portaerei [porta'ɛ:rei] <-> *f* Flugzeugträger *m*

portaferiti [portafe'ri:ti] <-> *m* MIL Militärsanitäter(in) *m(f)*

portafiaccole [porta'fiakkole] <-> *m* Fackelhalterung *f*

portafiammiferi [portafiam'mi:feri] **I.** *m* <-> Streichholzschachtel *f,* Zündholzschachtel *f* A **II.** *agg inv* Streichholz-, Zündholz- A

portafiaschi [porta'fiaski] <-> *m* Tragegestell *nt* für Korbflaschen

portafilo [porta'fi:lo] <-> *m* TEC Fädenspanner *m*

portafinestra [portafi'nɛstra] <portefinestre> *f* Balkontür *f*

portafiori [porta'fio:ri] **I.** *agg inv* Blumen- **II.** *m* <-> Blumenständer *m*

portafoglio [porta'fɔʎʎo] *m* ❶ *(per denaro)* Geldtasche *f; (per carte)* Brieftasche *f* ❷ *(per documenti)* Aktentasche *f* ❸ *(fig)* POL Portefeuille *nt,* Geschäftsbereich *m* ❹ FIN Wertpapierbestand *m;* ~ **estero** Devisenbestand *m*

portaformaggio [portafor'maddʒo] <-i *o* -> *m* Käseglocke *f*

portafortuna [portafor'tu:na] **I.** *agg inv* Glücks- **II.** *m* <-> Glücksbringer *m*

portafoto [porta'fɔ:to] <-> *m,* **portafotografie** [portafotogra'fi:e] <-> *m* FOTO Fotomappe *f*

portafrutta [porta'frutta] <-> *m* Obstteller *m,* Obstschale *f*

portafusibili [portafu'zi:bili] <-> *m* TEC Sicherungskasten *m*

portaghiaccio [porta'giattʃo] **I.** *m* <-> Eiswürfelbereiter *m,* Eiswürfelschale *f* **II.** *agg inv* Eis-, Eiswürfel-

portagioie [porta'dʒɔ:ie], **portagioielli** [portadʒo'iɛlli] <-> *m* Schmuckkästchen *nt,* Schmuckschatulle *f*

portagomitoli [portago'mi:toli] <-> *m* Knäuldose *f*

portaimmondizie [portaimmon'dittsie] **I.** *m* <-> Abfalleimer *m,* Mülleimer *m* **II.** *agg inv* Müll-, Abfall-

portaimpronta [portaim'pronta] <-> *m* MED Abnahmegerät *nt* für Gebissabdrücke

portaincenso [portain'tʃɛnso] <-> *m* Weihrauchfass *nt*

portalampade [porta'lampade] <-> *m*

P

① *(elemento in cui si avvita la lampadina)* Lampenfassung *f* ② *(fig)* Tischlampe *f*

portalapis [porta'la:pis] <-> *m* ① *(portamatita)* Bleistifthalter *m* ② *(astuccio)* Federmappe *f*

portale [por'ta:le] *m a.* INET Portal *nt;* ~ **Internet** Onlineportal, Internetportal

portalettere [porta'lɛttere *o* porta'lettere] *mf* Briefträger(in) *m(f)*, Postbote *m*, -botin *f*

portaliquori [portali'kuo:ri] <-> *m* Tablett *nt* für Likörflasche und -gläser

portamalgama [porta'malgama] <-> *m* MED Instrument *nt* für Amalgamfüllungen

portamatita [portama'ti:ta] <-> *m* Bleistifthalter *m*

portamatite [portama'ti:te] <-> *m* Bleistiftmäppchen *nt*, -etui *nt*

portamento [porta'mento] *m* Haltung *f*

portamine [porta'mi:ne] <-> *m* Druckbleistift *m*

portamissili [porta'missili] <-> *m* Raketenträger *m*

portamonete [portamo'ne:te] <-> *m* Portmonee *nt*, Geldbörse *f*

portampolle [portam'polle] <-> *m* GASTR *(oliera)* Öl-und Essigständer *m*

portante [por'tante] *agg (struttura, muro)* tragend-; **piano** [*o* **superficie**] ~ Tragfläche *f*

portantina [portan'ti:na] *f* ① *(per ammalati)* [Trag]bahre *f*, Trage *f* ② *(sedia portatile)* Sänfte *f*, Tragsessel *m*

portantino, **-a** [portan'ti:no] *m, f* Krankenträger(in) *m(f)*

portanza [por'tantsa] *f* ① *(gener)* Tragfähigkeit *f* ② PHYS Auftrieb *m*

portaobiettivi [portaobiet'ti:vi] <-> *m* OPT Objektivträger *m*, Objektivhalter *m;* ~ **rotatorio** Objektivrevolver *m*

portaocchiali [portaok'kia:li] <-> *m* Brillenetui *nt*

portaoggetti [portaod'dʒɛtti] **I.** *agg inv* Objekt- **II.** *m* <-> Objektträger *m*

portaolio [porta'ɔ:lio] <-> *m* Ölständer *m*

portaombrelli [portaom'brɛlli] <-> *m* Schirmständer *m*

portapacchi [porta'pakki] <-> *m* ① *(di veicolo)* Gepäckträger *m* ② *(fattorino)* Paketzusteller *m*

portapenne [porta'penne] <-> *m* ① *(astuccio)* Federetui *nt*, Federmäppchen *nt* ② *(asticciola)* Federhalter *m*

portapiatti [porta'piatti] **I.** *m* <-> ① *(scolapiatti)* Geschirrständer *m* ② *(vassoio)* großes Tablett, Serviertablett *nt* **II.** *agg inv* **vassoio** ~ Serviertablett *nt*

portapillole [porta'pillole] <-> *m* Pillendöschen *nt*

portapipe [porta'pi:pe] <-> *m* Pfeifenständer *m*

portaposate [portapo'sa:te] <-> *m* Besteckkasten *m*

portapranzi [porta'prandzi] <-> *m* Servierwagen *m*, Tablett *nt*

portarazzi [porta'raddzi] <-> *m* MIL Raketenträger *m*

portare [por'ta:re] **I.** *vt* ① *(trasportare)* tragen; *(recare)* bringen; ~ **in dote** als Aussteuer mitbringen; ~ **in regalo** als Geschenk mitbringen; ~ **in tavola** auftischen, auftragen; ~ **via** wegbringen; ~ **bene** [*o* **fortuna**] **a qu** *(fig)* jdm Glück bringen; ~ **male** [*o* **sfortuna**] **a qu** *(fig)* jdm Unglück bringen ② *(spostare)* verschieben, rücken; ~ **su/giù** hinauf-/hinuntertragen; ~ **dentro/fuori** hinein-/heraustragen ③ *(indossare)* tragen, anhaben ④ *(reggere, tenere)* halten, tragen ⑤ *(condurre)* führen; *(veicoli)* fahren, lenken; *(animali)* führen, treiben; ~ **a spasso qu** jdn spazieren führen ⑥ *(avere)* haben, tragen; ~ **gli occhiali** eine Brille tragen; ~ **un titolo** einen Titel führen ⑦ *(mostrare)* aufweisen, tragen; ~ **bene/male gli anni** für sein Alter gut/schlecht aussehen ⑧ *(indurre)* [hin]treiben, bringen ⑨ *(addurre)* [an]bringen, aufführen; *(prova)* erbringen; *(esempio)* anführen ⑩ *(produrre)* hervorbringen, mit sich *dat* bringen; *(causare)* verursachen ⑪ *(sostenere)* unterstützen ⑫ *(trasmettere)* überbringen, übertragen; MAT übertragen ⑬ *(fig: amore)* empfinden; *(rancore)* hegen; *(rispetto)* entgegenbringen; *(pazienza)* aufbringen **II.** *vr* **-rsi** ① *(recarsi)* sich begeben ② *(stare di salute)* sich fühlen, sich befinden ③ *(comportarsi)* sich verhalten, sich führen ④ *(spostarsi)* rücken

portareliquie [portare'li:kuie] <-> *m* Reliquienschrein *m*

portarifiuti [portari'fiu:ti] **I.** *m* <-> Abfalleimer *m*, Mülleimer, m **II.** *agg inv* Müll-, Abfall-; **cestino** ~ Mülleimer *m*

portaritratti [portari'tratti] <-> *m* Bilderrahmen *m*

portariviste [portari'viste] <-> *m* Zeitungsständer *m*

portarocchetti [portarok'ketti] <-> *m* Spulenhalter *m*

portarossetto [portaros'etto] <-> *m* Lippenstiftetui *nt*

portarotoli [porta'rɔ:toli] <-> *m* Papierrollenhalter *m*

portasapone [portasa'po:ne] <-> *m* Seifendose *f*, -schale *f*

portasci [portaʃ'ʃi] <-> *m* Skiträger *m*

portasciugamano [portaʃʃuga'maːno] <-> *m* Handtuchhalter *m*
portascopino [portasko'piːno] <-> *m* Klosettbürstenständer *m*
portasigarette [portasiga'rette] <-> *m* Zigarettenetui *nt*
portasigari [porta'siːgari] <-> *m* Zigarrenetui *nt*
portaspada [porta'spaːda] <-> *m* Schwertscheide *f,* Scheide *f*
portaspazzolini [portaspattso'liːni] <-> *m* Zahnputzbecherhalter *m*
portaspazzolino [portaspattso'liːno] <-> *m* Zahnbürstenhülse *f*
portaspilli [portas'pilli] <-> *m* Nadelkissen *nt*
portastecchini [portastek'kiːni] <-> *m v.* **portastuzzicadenti**
portastuzzicadenti [portastuttsika'dɛnti] <-> *m* Zahnstochergefäß *nt*
portata [por'taːta] *f* ① *(di pranzo)* Gang *m* ② *(capacità di carico)* Tragfähigkeit *f,* Ladefähigkeit *f* ③ MIL Reichweite *f,* Schussweite *f* ④ *(di fiume)* Wassermenge *f* ⑤ *(fig: importanza)* Tragweite *f,* Bedeutung *f; (autorità)* Einfluss *m,* Stellung *f,* Rang *m* ⑥ *(loc)* **alla ~ di** erreichbar für; *(prezzo)* erschwinglich für; **a ~ di mano** in Reichweite
portatessera [porta'tɛssera] <-> *m* Ausweishülle *f*
portatile [por'taːtile] **I.** *agg (televisione)* tragbar; *(macchina da scrivere)* Reise-; *(radio)* Koffer- **II.** *m (computer)* Laptop *m*
portato, -a *agg* ① *(abito, giacca)* getragen ② *(fig: predisposto)* **essere ~ per qc** für etw begabt sein
portatore, -trice [porta'toːre] *m, f* ① *(addetto al trasporto)* Träger(in) *m(f)* ② MED [Über]träger(in) *m(f)* ③ FIN Überbringer(in) *m(f)* ④ COM *(possessore)* Inhaber(in) *m(f);* **titolo al ~** Inhaberpapier *nt,* -aktie *f*
portatovagliolo [portatovaʎ'ʎɔːlo] *m (busta)* Serviettentasche *f; (anello)* Serviettenring *m*
portatrice *f v.* **portatore**
portattrezzi [portat'trettsi] <-> *m* Werkzeugkoffer *m,* Werkzeugkasten *m*
portauova [porta'uɔːva], **portauovo** [porta'uɔːvo] <-> *m* ① *(piccolo contenitore)* Eierbecher *m* ② *(scatola)* Eierschachtel *f*
portautensili [portauten'siːli] <-> *m* TEC Werkzeugspindel *f*
portavalori [portava'loːri] **I.** *agg inv* Geld-; **furgone ~** Geldtransporter *m* **II.** *mf* <-> Geldtransporteur(in) *m(f)*
portavasi [porta'vaːzi] <-> *m* Blumenständer *m*
portavivande [portavi'vande] <-> *m (carrello)* Speisewagen *m,* Servierwagen *m; (cesta)* Speisebehälter *m*
portavoce [porta'voːtʃe] <-> *mf* Sprecher(in) *m(f),* Wortführer(in) *m(f);* **essere il ~ di qu** jds Sprachrohr sein
porte-enfant ['pɔrt ã'fã] <-> *m* Babytragesitz *m,* -gestell *nt*
portefinestre *pl di* **portafinestra**
portello [por'tɛllo] *m* ① *(sportello)* [Schrank]flügel *m* ② NAUT Luke *f;* AERO Klappe *f*
portellone [portel'lɔːne] *m* Heckklappe *f*
portento [por'tɛnto] *m* ① *(avvenimento)* Wunder *nt,* außergewöhnliches Ereignis ② *(persona)* außergewöhnlicher Mensch, Genie *nt;* **essere un ~ di memoria** ein unwahrscheinliches Gedächtnis haben
portentoso [porten'toːso] *m* Außergewöhnliche(s) *nt,* Wunderbare(s) *nt*
portentoso, -a *agg (eccezionale)* außergewöhnlich, sagenhaft *fam*
porticato [porti'kaːto] *m* Laubengang *m,* Arkaden *f pl*
porticato, -a *agg* Lauben-, Arkaden-
portico ['pɔrtiko] <-ci> *m* ① ARCH Laubengang *m,* Bogengang *m* ② *(costruzione rurale)* [Geräte]schuppen *m*
portiera [por'tiɛːra] *f* Wagentür *f,* Autotür *f*
portiere, -a [por'tiɛːre] *m, f* ① *(portinaio)* Pförtner(in) *m(f)* ② SPORT Torwart *m/*Torfrau *f*
portinaio, -a [porti'naːio] <-i, -ie> *m, f* Portier *m/*Portiersfrau *f,* Pförtner(in) *m(f)*
portineria [portine'riːa] <-ie> *f* Portier[s]loge *f*
porto[1] ['pɔrto] *pp di* **porgere**
porto[2] *m* ① *(d'armi)* Waffenschein *m* ② *(spesa di trasporto)* Porto *nt;* **franco di ~** portofrei, gebührenfrei ③ NAUT Hafen *m; (rifugio)* Zuflucht *f;* **~ di mare** Seehafen *m; (fig)* Rummelplatz *m,* Durcheinander *nt* ④ *(fig: punto d'arrivo)* Ziel *nt,* Ende *nt;* **giungere in ~** *(fig)* am Ziel ankommen; **condurre in ~ un affare** *(fig)* eine Angelegenheit abschließen, ein Geschäft unter Dach und Fach bringen
porto[3] <-> *m (vino)* Portwein *m*
Portogallo [porto'gallo] *m* **il ~** Portugal *nt*
portoghese [porto'geːse] **I.** *agg* portugiesisch **II.** *mf* ① *(abitante)* Portugiese *m/*Portugiesin *f* ② *(fig: chi entra senza pagare)* Zaungast *m;* **fare il ~** sich ohne Eintrittskarte hineinschmuggeln
portone [por'toːne] *m* Portal *nt,* Tor *nt; (per veicoli)* Einfahrt *f*

P

portuale [portu'a:le] **I.** *agg* Hafen- **II.** *m* Hafenarbeiter *m*

porzionatura [portsiona'tu:ra] *f (di un alimento)* Portionierung *f*

porzione [por'tsio:ne] *f* [An]teil *m; (di cibo)* Portion *f*

posa ['pɔ:sa] *f* ① *(collocazione)* Aufstellung *f,* Anbringung *f* ② FOTO Belichtung *f; (ripresa)* Zeitaufnahme *f; (fotografia)* Bild *nt,* Aufnahme *f* ③ *(atteggiamento)* Pose *f,* Positur *f;* **mettersi in ~** sich in Positur setzen

posacenere [posa'tʃe:nere] <-> *m* Aschenbecher *m*

posare [po'sa:re] **I.** *vt (metter giù)* niederstellen, hinstellen, hinlegen, absetzen **II.** *vi* ① *(poggiare)* ruhen, liegen ② *(stare in posa)* posieren ③ *(fig: fondarsi)* sich stützen, beruhen **III.** *vr* **-rsi** sich niederlassen

posata [po'sa:ta] *f* Besteck *nt*

posateria [posate'ri:a] <-ie> *f* Bestecksatz *m*

posatezza [posa'tettsa] *f* Bedächtigkeit *f,* Gesetztheit *f*

posato, -a [po'sa:to] *agg* bedächtig, gesetzt; *(equilibrato)* ausgeglichen

poscritto [pos'kritto] *m* Postskript[um] *nt,* Nachschrift *f*

posdomani [pozdo'ma:ni] *avv (poet)* übermorgen

posi ['po:si] *1. pers sing pass rem di* **porre**

positiva [pozi'ti:va] *f* Positiv *nt*

positivismo [poziti'vismo] *m* PHILOS Positivismus *m*

positivista [poziti'vista] <-i *m,* -e *f*> *mf* ① PHILOS Positivist(in) *m(f)* ② *(utilitarista)* Utilitarist(in) *m(f),* Pragmatiker(in) *m(f)*

positivistico, -a [poziti'vistiko] <-ci, -che> *agg* positivistisch

positività [pozitivi'ta] <-> *f* positiver Charakter

positivo [pozi'ti:vo] *m* ① *(ciò che è buono)* Positive(s) *nt; (ciò che esiste)* Wirkliche(s) *nt,* Konkrete(s) *nt; (ciò che è sicuro)* Sichere(s) *nt,* Gewisse(s) *nt* ② OPT, FOTO Positiv *nt* ③ LING Positiv *m,* Grundstufe *f*

positivo, -a *agg* ① MAT, FOTO, MED, EL, PHYS positiv ② LING im Positiv ③ *(affermativo)* positiv, bestätigend; *(favorevole)* günstig

posizionare [pozittsio'na:re] *vt* ① *(rilevare la posizione altrui)* anpeilen, orten ② FIN, TEC positionieren; **~ un prodotto** ein Produkt positionieren

posizionatore [pozittsiona'to:re] *m* TEC Positioniervorrichtung *f*

posizione [pozit'tsio:ne] *f* ① GEOG, ASTR Lage *f,* Position *f;* MIL, TEC Stellung *f;* SPORT Stellung *f,* Position *f; (ubicazione)* Lage *f,* Standort *m;* **luci di ~** Standlicht *nt,* Positionslichter *ntpl* ② *(atteggiamento del corpo)* Haltung *f* ③ *(collocazione)* Anordnung *f,* Aufstellung *f* ④ *(fig: convinzione)* Standpunkt *m,* Überzeugung *f;* **prendere ~** Stellung beziehen

posologia [pozolo'dʒi:a] <-gie> *f* Dosierungsanweisung *f*

posporre [pos'porre] <irr> *vt* ① *(collocare dopo)* nachstellen, zurückstellen ② *(differire)* verschieben, aufschieben

posposizione [pospozit'tsio:ne] *f* Nachstellung *f; (fig)* Verschiebung *f*

possedere [posse'de:re] <possiedo, possedetti *o* possedei, posseduto> *vt* besitzen, haben; *(a. fig)* verfügen über +*akk*

possedimento [possedi'mento] *m* ① *(proprietà terriera)* Ländereien *fpl,* Besitztum *nt* ② POL Hoheitsgebiet *nt*

posseditrice *f v.* **possessore**

posseduto *pp di* **possedere**

possente [pos'sɛnte] *agg* mächtig, groß

possessione [posses'sio:ne] *f* Besitz *m*

possessivo, -a [posses'si:vo] *agg* ① LING **aggettivo ~** besitzanzeigendes Adjektiv; **pronome ~** Possessivpronomen *nt* ② *(fig)* Besitz ergreifend

possesso [pos'sɛsso] *m* ① *(il possedere)* Besitz *m;* **presa di ~** Inbesitznahme *f;* **venire in ~ di qc** in den Besitz von etw gelangen ② *(padronanza)* Beherrschung *f;* **essere nel pieno ~ delle proprie facoltà mentali** im Vollbesitz seiner geistigen Kräfte sein ③ *pl (proprietà terriera)* Ländereien *fpl;* POL Kolonialbesitz *m,* Hoheitsgebiet *nt*

possessore, posseditrice [posses'so:re, possedi'tri:tʃe] *m, f* Besitzer(in) *m(f),* Inhaber(in) *m(f)*

possessorio, -a [posse'sɔ:rio] <-i, -ie> *agg* JUR possessorisch, Besitz-; **azione -a** Besitzklage *f,* possessorische Klage

possibile [pos'si:bile] **I.** *agg* ① *(eventuale)* möglich ② *(fattibile)* möglich, durchführbar; **con tutta la cura ~** mit der größtmöglichen Sorgfalt; **al più presto ~** so bald wie möglich ③ *(probabile)* wahrscheinlich ④ *(pensabile)* möglich, denkbar ⑤ *(con superlativi e comparativi)* möglichst **II.** *m* Mögliche(s) *nt;* **nei limiti del ~** im Rahmen des Möglichen

possibilità [possibili'ta] <-> *f* Möglichkeit *f*

possibilmente [possibil'mente] *avv (se possibile)* möglicherweise, wenn möglich

possidente [possi'dɛnte] *mf* Besitzer(in) *m(f); (di immobili)* Grundbesitzer(in) *m(f)*

posso ['pɔsso] *1. pers sing pr di* **potere**[1]

post [post] *m* INET Kommentar *m,* Beitrag *m;* **lasciare un ~ su un blog** in einem Blog posten
posta ['pɔsta] *f* ❶ *(gener)* Post *f;* *(ufficio)* Postamt *nt;* ~ **aerea** Luftpost *f;* ~ **elettronica** INFORM elektronische Post; ~ **prioritaria** *schneller beförderte Post;* **spedire per** ~ mit der Post schicken; **a giro di** ~ postwendend; **fermo** ~ postlagernd ❷ *(nei giochi)* [Spiel]einsatz *m* ❸ *(di giornale)* Leserbriefrubrik *f*
postacelere [posta'tʃe:lere] *m* Eilpost *f*
postagiro [posta'dʒi:ro] *m* Postschecküberweisung *f*
postale [pos'ta:le] **I.** *agg* Post-; **cartolina** ~ Postkarte *f;* **casella** ~ Postfach *nt* **II.** *m* NAUT Postschiff *nt;* FERR Postzug *m;* AERO Postflugzeug *nt*
postalizzazione [postaliddzat'tsio:ne] *f* Postzustellung *f*
Postamat® [posta'mat] <-> *m* *Geldautomat für Postgirokontoinhaber*
postare [pos'ta:re] *vt, vi* INET posten
postarsi [pos'tarsi] *vr* sich auf die Lauer legen, sich postieren
postazione [postat'tsio:ne] *f* Stellung *f*
postbellico, -a [post'bɛlliko] <-ci, -che> *agg* Nachkriegs-
postcomunismo [postkomu'nizmo] *m* POL Postkommunismus *m*
postcomunista [postkomu'nista] <-i *m,* -e *f*> **I.** *mf* Postkommunist(in) *m(f)* **II.** *agg* postkommunistisch
postcongressuale [postkoŋgressu'a:le] *agg* nach dem Kongress, Kongress-; **documento** ~ Kongresspapier *nt*
postdatare [postda'ta:re] *vt* vor[aus]datieren
postdatazione [postdatat'tsio:ne] *f* Vordatierung *f,* Vordatieren *nt*
postdibattimentale [postdibattimen'ta:le] *agg* nach der Debatte, im Anschluss an die Debatte; **fase** ~ Urteilsfindung *f*
postdibattimento [postdibatti'mento] *m* JUR Urteilsfindung *f*
posteggiare [posted'dʒa:re] *vt, vi* parken
posteggiatore, -trice [posteddʒa'to:re] *m, f* Parkwächter(in) *m(f)*
posteggio [pos'teddʒo] <-ggi> *m* ❶ *(luogo)* Parkplatz *m;* ~ **a pagamento** gebührenpflichtiger Parkplatz ❷ *(operazione)* Parken *nt;* **divieto di** ~ Parkverbot *nt*
postelegrafico, -a [postele'gra:fiko] <-ci, -che> **I.** *agg* Post- und Telegrafen- **II.** *m, f* Post- und Telegrafenangestellte(r) *f(m)*
postelegrafonico, -a [postelegra'fɔ:niko] <-ci, -che> **I.** *agg* Post-, Telegrafen- und Telefon- **II.** *m, f* Post-, Telegrafen- und Telefonangestellte(r) *f(m)*
poster ['pɔster] <-> *m* Poster *nt o m*
posteri ['pɔsteri] *mpl* Nachkommen *mpl*
posteriore [poste'rio:re] **I.** *agg* ❶ *(spazio)* hintere(r, s), rückwärtig ❷ *(tempo)* später, nachfolgend ❸ *(arto)* Hinter- **II.** *m* *(fam scherz: sedere)* Hintern *m*
posteriorità [posteriori'ta] <-> *f* Späterkommen *nt,* Spätersein *nt*
posterità [posteri'ta] <-> *f* Nachwelt *f;* *(discendenza)* Nachkommenschaft *f*
post-fattuale [postfattu'a:le] *agg* post-faktisch
postfazione [postfat'tsio:ne] *f* Nachwort *nt*
posticcio [pos'tittʃo] <-ci> *m* *(toupet)* Toupet *nt*
posticcio, -a <-cci, -cce> *agg* künstlich, falsch
posticino [posti'tʃi:no] *m* *(fam)* [stilles] Örtchen *nt*
posticipare [postitʃi'pa:re] *vt* verschieben, aufschieben; *(seduta)* vertagen
posticipato, -a [postitʃi'pa:to] *agg o avv* nachträglich
posticipazione [postitʃipat'tsio:ne] *f* Verschiebung *f,* Vertagung *f*
posticipo [pos'ti:tʃipo] *m* ❶ *(posticipazione)* Verschiebung *f,* Vertagung *f* ❷ TV Fernsehaufzeichnung *f*
postiglione [postiʎ'ʎo:ne] *m* Postillion *m*
postilla [pos'tilla] *f* Anmerkung *f,* Randbemerkung *f;* JUR Nachtrag *m*
postillare [postil'la:re] *vt* mit Anmerkungen versehen
postindustriale [postindus'tria:le] *agg* postindustriell; **la società** ~ die postindustrielle Gesellschaft
postino, -a [pos'ti:no] *m, f* Briefträger(in) *m(f),* Postbote *m,* -botin *f*
post-it® ['poustit] <-> *m* Haftzettel *m*
post-it ['poustit] <-> *m* Haftzettel *m*
postmilitare [postmili'ta:re] *agg* nach der Entlassung aus dem Wehrdienst
postmoderno, -a [postmo'dɛrno] *agg* postmodern
posto ['pɔsto] *m* ❶ *(luogo)* Platz *m,* Ort *m,* Stelle *f;* *(zona)* Gebiet *nt,* Gegend *f;* *(sedile)* [Sitz]platz *m;* ~ **di blocco** FERR Blockstelle *f;* ADM Polizeisperre *f;* ~ **di guida** Fahrersitz *m,* Führersitz *m;* ~ **a sedere** Sitzplatz *m;* ~ **in piedi** Stehplatz *m;* **vicino di** ~ Sitznachbar *m;* **stare al proprio** ~ *(fig)* sich gut benehmen; **far ~ a qu** jdm Platz machen; **mandare qu in quel** ~ *(fam)* jdn zum Teufel jagen; **al ~ di qu** an jds Stelle; **sul** ~ an Ort und Stelle; **-i esauriti** ausverkauft ❷ *(posizione)* Rang *m,* Stellung *f;* MIL Posten *m;* ~ **di guardia** Wachposten *m;* ~ **di polizia** Polizeiwa-

P

che *f*, -revier *nt* ❸ *(impiego)* Stelle *f*, [An]stellung *f* ❹ *(locale)* Lokal *nt* ❺ *(situazione)* Lage *f*, Stelle *f*; **essere a ~** in Ordnung sein; **essere una persona a ~** *(fig)* in Ordnung sein *fam*; **essere fuori ~** unangebracht sein; **mettere a ~** *(a. fig)* in Ordnung bringen; **mettere la testa a ~ a qu** *(fig)* jdm den Kopf zurechtrücken *fam* ❻ INFORM Platz *m*, Station *f*

posto, **-a I.** *pp di* **porre II.** *agg* ❶ *(collocato)* aufgestellt ❷ *(supposto)* angenommen; **~ che …** +*conj* angenommen, dass …; **~ ciò …** davon ausgehend …

postoperatorio, **-a** [postopera'tɔ:rio] *agg* postoperativ

post-produzione [postprodut'tsio:ne] *f* FILM, TV Nachproduktion *f*

postribolo [pos'tri:bolo] *m* Bordell *nt*, Freudenhaus *nt*

postscriptum [post'skriptum] <-> *m* Postskriptum *nt*

post-sessantottesco, **-a** [postsessantot'tesko] <-ci, -che> *agg* ❶ *(che viene dopo l'ideologia studentesca del Sessantotto)* nach der 68er Bewegung ❷ *(che si ispira a tali tendenze)* im Dunst der 68er Bewegung

post-sessantottino, **-a** [postsessantot'ti:no] *m, f* Anhänger(in) *m(f)* der 68er-Generation

postulare [postu'la:re] *vt* fordern, postulieren

postulato [postu'la:to] *m* Postulat *nt*

postumo ['pɔstumo] *m* ❶ MED Nachwirkung *f* ❷ *pl (conseguenze)* Folgen *f pl*, Folgeerscheinungen *f pl*

postumo, **-a** *agg* postum; *(figlio)* nachgeboren

post-universitario, **-a** [postuniversi'ta:rio] <-i, -ie> *agg* nach der Uni, im Anschluss an die Uni; **formazione -a** Weiterbildung *f* nach der Uni

potabile [po'ta:bile] *agg* Trink-, trinkbar

potare [po'ta:re] *vt* beschneiden, stutzen

potassa [po'tassa] *f* Pottasche *f*

potassio [po'tassio] *m* Kalium *nt*

potei [po'te:i] *1. pers sing pass rem di* **potere[1]**

potente [po'tɛnte] *agg* ❶ *(stato, persona)* mächtig; *(di forza fisica)* stark, kräftig; *(efficace)* wirksam, stark ❷ *(fam: di grande effetto)* sehr wirkungsvoll ❸ MED potent, zeugungsfähig ❹ TEC leistungsfähig

potentino, **-a** [poten'ti:no] **I.** *m, f (abitante)* Einwohner(in) *m(f)* von Potenza **II.** *agg* aus Potenza

Potentino *m sing* Umgebung *f* von Potenza

potenza [po'tɛntsa] *f* ❶ *(potere, autorità)* Macht *f*, Gewalt *f*; MIL Stärke *f*, Schlagkraft *f*; *(forza fisica)* Kraft *f*, Stärke *f*; PHYS Kraft *f*, Leistung *f*; TEC, EL, MOT Leistung *f* ❷ MED, MAT Potenz *f*; **all'ennesima ~** MAT zur n-ten Potenz; *(fig)* in höchster Potenz ❸ *(intensità)* Intensität *f*, Heftigkeit *f*; *(efficacia)* Wirksamkeit *f* ❹ POL Macht *f*; **le grandi -e** die Großmächte ❺ *(fig: capacità)* Kraft *f*, Vermögen *nt*

Potenza *f* Potenza *nt (Hauptstadt der Region Basilicata)*

potenziale [poten'tsia:le] **I.** *agg* potenziell; PHILOS, LING potenzial **II.** *m (fig)* PHYS, EL Potenzial *nt*; PHYS Leistungsfähigkeit *f*

potenzialità [potentsiali'ta] <-> *f* Möglichkeit *f*; PHILOS Potenzialität *f*

potenziamento [potentsia'mento] *m* Steigerung *f*, Ausbau *m*; MIL *(di missili)* Nachrüstung *f*

potenziare [poten'tsia:re] *vt* verstärken, erweitern

potere[1] [po'te:re] <posso, potei, potuto> *vi* ❶ *(avere la possibilità)* können; *(riuscire)* vermögen, in der Lage sein; **si può fare** das lässt sich machen; **non si può** es geht nicht; **non ne posso più** ich kann nicht mehr ❷ *(avere il permesso)* dürfen, können; **si può?** ist es gestattet?, darf ich? ❸ *(dovere)* müssen, sollen ❹ *(essere probabile)* können, mögen; **può darsi** [*o* **essere**] **che …** +*conj* es könnte sein, dass … ❺ *(osare)* wagen, können ❻ *(avere influenza)* vermögen

potere[2] *m* ❶ *(possibilità)* Können *nt*, Vermögen *nt*; *(capacità)* Fähigkeit *f*; *(facoltà)* Möglichkeit *f*, Fähigkeit *f* ❷ *(virtù)* Kraft *f*, Macht *f* ❸ *(influenza)* Einfluss *m*, Macht *f* ❹ POL *(possesso)* Macht *f*, Gewalt *f*; *(comando)* Macht *f*; **~ temporale** weltliche Macht; **pieni -i** Vollmacht *f*; **i -i dello stato** die Staatsgewalt; **essere al ~** an der Macht sein ❺ JUR Gewalt *f* ❻ PHYS Kraft *f* ❼ COM **~ d'acquisto** Kaufkraft *f* ❽ MED **~ nutritivo** Nährwert *m*

potestà [potes'ta] <-> *f* Befugnis *f*, Gewalt *f*; **patria ~** JUR elterliche Gewalt

pot-pourri ['po pu'ri] <-> *m* ❶ GASTR *Eintopf aus Gemüse und Fleisch* ❷ *(miscuglio)* Potpourri *nt*, buntes Gemisch

potuto [po'tu:to] *pp di* **potere**

povera *f v.* **povero**

poveraccio, **-a** [pove'rattʃo] <-cci, -cce> *m, f (fam)* armer Teufel

poverino, **-a** [pove'ri:no] **I.** *agg* arm, elend **II.** *m, f (fam)* Ärmste(r) *f(m)*

povero, **-a** ['pɔ:vero] **I.** *agg* ❶ *(misero)* arm, elend; **~ in canna** bettelarm, arm wie eine Kirchenmaus; **un ~ diavolo** *(fam)* ein armer Teufel ❷ *(frugale)* einfach, genügsam; **in parole -e** *(fam)* in simplen Worten ❸ *(scarso)* spärlich, dürftig; *(disadorno)* schmucklos, einfach; *(vuoto)* leer, arm ❹ *(privo)* ~ **di** arm an +*dat* ❺ *(infelice)* unglücklich, unglückselig ❻ *(defunto)* selig **II.** *m, f* Arme(r) *f(m)*

povertà [pover'ta] <-> *f* ❶ *(indigenza)* Armut *f;* **far voto di ~** das Armutsgelübde ablegen ❷ *(mancanza)* **la ~ di qc** die Armut an etw *dat;* **~ di risorse** Mittellosigkeit *f*

pozione [pot'tsioːne] *f* ❶ *(filtro magico)* Zaubertrank *m* ❷ MED Heiltrank *m,* Saft *m*

pozza ['pottsa] *f (d'acqua)* Pfütze *f; (di sangue)* [Blut]lache *f*

pozzanghera [pot'tsaŋgera] *f* [Wasser]-pfütze *f*

pozzetto [pot'tsetto] *m* ❶ *(nelle fognature)* Gully *m,* Abfluss *m* ❷ NAUT Plicht *f,* Cockpit *nt*

pozzo ['pottso] *m* ❶ *(per estrarre acqua)* Brunnen *m* ❷ MIN Schacht *m,* Grube *f; (di petrolio)* Bohrloch *nt;* GEOL Höhle *f; (~ nero)* Kloake *f,* Senkgrube *f* ❸ *(fig: grande quantità)* Unmenge *f;* **essere un ~ di scienza** ein Wunder an Gelehrsamkeit sein; **essere un ~ senza fondo** *(fig)* ein Fass ohne Boden sein; **avere un ~ di soldi** eine Unmenge Geld haben ❹ NAUT Plicht *f,* Cockpit *nt*

pozzolanicità [pottsolanitʃi'ta] <-> *f* MIN Eigenschaften *f pl* der Puzzolanerde, Kalkbindeeigenschaften *f pl*

pp. *abbr di* **pagine** Seiten

PPI *m abbr di* **Partito Popolare Italiano** *italienische Volkspartei*

PP.TT. *abbr di* (**Ministero delle**) **Poste e Telecomunicazioni** *italienisches Postministerium*

PRA *m abbr di* **Pubblico Registro Automobilistico** *zentrales Straßenverkehrregister Italiens*

Praga ['praːga] *f* Prag *nt*

pragmatico, -a [prag'maːtiko] <-ci, -che> *agg* pragmatisch

pragmatismo [pragma'tizmo] *m* Pragmatismus *m*

pragmatista [pragma'tista] <-i *m,* -e *f*> *mf* Pragmatiker(in) *m(f)*

pralina [pra'liːna] *f* Praline *f*

pralinare [prali'naːre] *vt* mit Schokolade oder Zuckerguss überziehen

prammatica [pram'maːtika] *f* **di ~** obligat, üblich; *(prescritto)* vorgeschrieben

prammatico, -a [pram'maːtiko] <-ci, -che> *agg* praktisch, pragmatisch

pranoterapeutico, -a [pranotera'pɛːutiko] <-ci, -che> *agg* pranotherapeutisch

pranoterapia [pranotera'piːa] *f* MED Pranotherapie *f,* Handauflegen *nt*

pranoterapico, -a [pranote'raːpiko] <-ci, -che> *agg* pranotherapeutisch

pranoterapista [pranotera'pista] <-i *m,* -e *f*> *mf* Pranotherapeut(in) *m(f)*

pranzare [pran'dzaːre] *vi* zu Mittag essen

pranzo ['prandzo] *m* [Mittag]essen *nt;* **~ di gala** Galadiner *nt;* **sala da ~** Esszimmer *nt;* **all'ora di ~** zur Mittagszeit; **dopo ~** nach dem [Mittag]essen

prassi ['prassi] <-> *f* ❶ *(procedura corrente)* Gepflogenheit *f* ❷ *(pratica)* Praxis *f*

prataiolo [prata'iɔːlo] *m* Wiesenchampignon *m*

prataiolo, -a *agg* Feld-, Wiesen-

prateria [prate'riːa] <-ie> *f* Prärie *f*

pratica ['praːtika] <-che> *f* ❶ *(attività)* Praxis *f; (pej)* Praktik *f;* **mettere in ~** in die Praxis umsetzen; **in ~** in der Praxis; **vale più la ~ che la grammatica** *(prov)* Probieren geht über Studieren ❷ *(esperienza)* Erfahrung *f;* **avere ~ di qc** mit etw Erfahrung haben ❸ ADM Vorgang *m,* Akte *f* ❹ *pl (atti)* Akten *f pl,* Dokumente *nt pl* ❺ *(usanza)* Brauch *m,* Sitte *f;* REL Handlung *f,* Übung *f* ❻ *(tirocinio)* Praktikum *nt*

praticabile [prati'kaːbile] **I.** *agg* ❶ *(che si può praticare)* ausführbar, anwendbar ❷ *(terreno)* begehbar; *(strada)* befahrbar **II.** *m* Praktikabel *nt*

praticabilità [pratikabili'ta] <-> *f* ❶ *(l'essere praticabile)* Ausführbarkeit *f,* Anwendbarkeit *f* ❷ *(di terreno)* Begehbarkeit *f; (di strada)* Befahrbarkeit *f*

praticamente [pratika'mente] *avv* ❶ *(in effetti)* im Grunde, praktisch ❷ *(in modo pratico)* praktisch

praticantato [pratikan'taːto] *m* Praktikum *nt*

praticante [prati'kante] **I.** *agg* REL praktizierend **II.** *mf* ❶ *(chi fa un tirocinio)* Praktikant(in) *m(f)* ❷ REL praktizierende(r) Gläubige(r) *f(m)*

praticare [prati'kaːre] **I.** *vt* ❶ *(mettere in pratica)* in die Praxis umsetzen, praktizieren ❷ *(fare)* machen, durchführen; *(esercitare)* ausüben, betreiben; MED praktizieren; *(seguire)* [aus]üben **II.** *vi* **~ con qu** mit jdm verkehren; **~ in un locale** in einem Lokal verkehren

praticità [pratitʃi'ta] <-> *f* ❶ *(comodità)* Bequemlichkeit *f* ❷ *(l'essere pratico)* Zweckmäßigkeit *f,* Handlichkeit *f;* **~ di comando** Bedienkomfort *m;* **~ d'uso** Bedienungsfreundlichkeit *f*

pratico, -a ['praːtiko] <-ci, -che> *agg* ❶ *(metodo, problema, consiglio)* praktisch ❷ *(carattere, persona)* praktisch [veranlagt], geschickt; **essere ~ di qc** in etw *dat* erfahren sein; **non sono ~ del posto** ich

P

kenne mich hier nicht aus ③ *(macchina, utensile)* zweckmäßig, praktisch; *(comodo a usarsi)* handlich

prato ['pra:to] *m* Wiese *f; (di giardino, parco)* Rasen *m;* AGR Weide *f*

pratolina [prato'li:na] *f* Gänseblümchen *nt*

pre- [pre] *(in parole composte)* Vor-, Prä-

prealpino, **-a** [preal'pi:no] *agg* Voralpen-

preambolo [pre'ambolo] *m* ① *(discorso introduttivo)* Einleitungsrede *f,* Vorrede *f* ② *(fam: cerimonia)* Umschweife *pl,* Umständlichkeit *f;* **senza tanti -i** *(fam)* ohne Umschweife

preanestetico, **-a** [preanes'tɛ:tiko] <-ci, -che> **I.** *agg* MED vor der Anästhesie **II.** *m, f* MED Präanästhetikum *nt*

preannunziare [preannun'tsia:re], **preannunciare** [preannun'tʃa:re] *vt* vorankündigen, anzeigen

preannunzio, **preannuncio** [prean'nuntsio, prean'nuntʃo] *m* Vorankündigung *f*

preapertura [preaper'tu:ra] *f* POL Sondierungsgespräche *nt pl*

preavvisare [preavvi'za:re] *vt* im Voraus benachrichtigen

preavviso [preav'vi:zo] *m* ① *(avviso preventivo)* Vorankündigung *f,* vorherige Benachrichtigung; ADM Voranmeldung *f* ② JUR Voranzeige *f* ③ *(periodo)* Frist *f*

prebarba [pre'barba] **I.** *m* <-> Preshavelotion *f* **II.** *agg inv* Preshave-, Rasier-

prebellico, **-a** [pre'bɛlliko] <-ci, -che> *agg* Vorkriegs-

prebenda [pre'bɛnda] *f* ① REL Pfründe *f,* Präbende *f* ② *(pej)* unrechtmäßiger [*o* illegaler] Verdienst *m*

precampionato[1] [prekampio'na:to] *agg inv* Vorbereitungs-

precampionato[2] *m* SPORT Vorbereitungsspiel *nt,* Freundschaftsspiel *nt*

precaria *f v.* **precario**

precariato [preka'ria:to] *m* befristetes Arbeitsverhältnis

precarietà [prekarie'ta] <-> *f* ① *(provvisorietà)* Vorläufigkeit *f* ② MED Bedenklichkeit *f*

precario, **-a** [pre'ka:rio] <-i, -ie> **I.** *agg* ① *(provvisorio)* vorläufig, provisorisch; ADM zeitlich befristet, auf Zeit; **personale ~** Zeitpersonal *nt* ② *(insicuro)* unsicher ③ MED prekär, bedenklich; COM prekär, schwierig **II.** *m, f* Angestellte(r) *f(m)* mit Zeitvertrag

precauzionale [prekauttsio'na:le] *agg* vorbeugend, Vorsichts-; MED prophylaktisch

precauzione [prekaut'tsio:ne] *f* Vorsicht *f; (misura preventiva)* Vorsorgemaßnahme *f,* Vorsichtsmaßnahme *f;* **prendere le proprie -i** eigene Vorkehrungen treffen

precedei *1. pers sing pass rem di* **precedere**

precedente [pretʃe'dɛnte] **I.** *agg* vorige(r, s), vorherige(r, s) **II.** *m* ① *pl* JUR Vorleben *nt;* **-i penali** Vorstrafen *f pl* ② *(atto)* Präzedenzfall *m;* **senza -i** beispiellos, nie da gewesen ③ *pl (condotta)* Führung *f*

precedenza [pretʃe'dɛntsa] *f* ① MOT Vorfahrt *f* ② *(diritto di precedere)* Vortritt *m,* Vor[tritts]recht *nt* ③ *(priorità)* Priorität *f; (nelle cerimonie)* Vorrang *m*

precedere [pre'tʃɛ:dere] <precedo, precedetti *o* precedei, preceduto> *vt* ① *(andare innanzi)* vorangehen, vorfahren ② *(essere anteriore)* vorausgehen, voraus sein ③ *(fig: arrivare prima)* zuvorkommen, zuerst ankommen

precessione [pretʃes'sio:ne] *f* Präzession *f*

precetto [pre'tʃɛtto] *m* ① *(insegnamento)* Regel *f,* Vorschrift *f;* REL Gebot *nt* ② ADM *(ordine)* Befehl *m,* Bescheid *m* ③ MIL Einberufung *f*

precettore, **-trice** [pretʃet'to:re] *m, f* Erzieher(in) *m(f),* Privatlehrer(in) *m(f)*

precipitante [pretʃipi'tante] *m* Ausfällungsmittel *nt,* Präzipitationsmittel *nt*

precipitare [pretʃipi'ta:re] **I.** *vt avere* ① *(gettare)* hinabstürzen, hinunterstürzen ② *(fig: affrettare)* überstürzen, übereilen **II.** *vi essere* ① *(cadere)* [herab]stürzen ② *(fig)* sich überschlagen **III.** *vr* **-rsi** ① *(gettarsi)* sich [hinab]stürzen ② *(recarsi in fretta)* stürzen

precipitato, **-a** *agg* überstürzt, übereilt

precipitatore [pretʃipita'to:re] *m* CHEM Fällmittel *nt,* Fällungsmittel *nt*

precipitazione [pretʃipitat'tsio:ne] *f* ① METEO Niederschlag *m* ② *(fig: fretta)* Überstürzung *f,* Übereilung *f*

precipitevolissimevolmente [pretʃipitevolissimevol'mente] *avv (scherz)* Hals über Kopf

precipitosamente [pretʃipitosa'mente] *avv* ungestüm, überstürzt

precipitoso, **-a** [pretʃipi'to:so] *agg (fig)* voreilig, unüberlegt; *(fuga, corsa)* kopflos

precipizio [pretʃi'pittsio] <-i> *m* ① *(abisso)* Abgrund *m;* **correre a ~** *(fig)* laufen, als ob der Teufel hinter einem her sei ② *(fig)* Verderben *nt,* Abgrund *m;* **essere sull'orlo del ~** *(fig)* am Rande des Abgrunds stehen

precipuo, **-a** [pre'tʃi:puo] *agg* hauptsächlich, Haupt-

precisamente [pretʃiza'mente] *avv* ① *(esattamente)* präzise, exakt ② *(come risposta)* jawohl, [ganz] genau

precisare [pretʃiˈzaːre] *vt* präzisieren, genauer bestimmen; *(esporre)* detailliert erläutern

precisazione [pretʃizatˈtsioːne] *f* Präzisierung *f,* Erläuterung *f*

precisino, -a [pretʃiˈsiːno] **I.** *agg* genau nehmend, pingelig **II.** *m, f (iron)* pingelig genaue Person; **Giovanni è un ~!** Giovanni nimmt es ganz genau!

precisione [pretʃiˈzioːne] *f* Präzision *f,* Genauigkeit *f;* **strumento di ~** Präzisionsgerät *nt;* **esprimersi con ~** sich präzise ausdrücken; **lavorare con ~** mit Präzision arbeiten; **sapere qc con ~** etw genau wissen

preciso, -a [preˈtʃiːzo] **I.** *agg* ① *(esatto)* genau, exakt; **sono le 10 -e** es ist Punkt 10 [Uhr]; **queste sono le sue -e parole** das sind genau seine [*o* ihre] Worte ② *(ordinato)* ordentlich, genau ③ *(determinato)* bestimmt **II.** *avv (nelle risposte)* [ganz] genau, jawohl

precludere [preˈkluːdere] <precludo, preclusi, precluso> *vt* ① *(fuga, cammino, passaggio)* [ver]sperren ② *(fig: possibilità)* verbauen

preclusione [prekluˈzioːne] *f* Verhinderung *f,* Ausschließen *nt;* JUR Ausschluss *m*

precluso [preˈkluːzo] *pp di* **precludere**

precoce [preˈkɔːtʃe] *agg* ① *(bambino, ragazzo)* frühreif ② *(inverno, stagione)* vorzeitig, Früh- ③ BOT Früh- ④ *(morte, vecchiaia)* allzu früh, vorzeitig

precocemente [prekotʃeˈmente] *avv* verfrüht, [zu] früh

precocità [prekotʃiˈta] <-> *f* Frühzeitigkeit *f*

precognizione [prekoɲɲitˈtsioːne] *f* Voraussehen *nt,* Präkognition *f*

preconcetto [prekonˈtʃɛtto] *m* Vorurteil *nt,* vorgefasste Meinung; **avere** [*o* **nutrire**] **dei -i nei confronti di qu** Vorurteile gegen jdn haben

preconcetto, -a *agg* vorgefasst

preconfezionamento [prekonfettsionaˈmento] *m* Herstellung *f* von Fertigprodukten

preconfezionare [prekonfettsioˈnaːre] *vt* vorverpacken

preconfezionato [prekonfettsioˈnaːto] *m* Fertigprodukt *nt*

preconfezionato, -a *agg* abgepackt; **prodotti alimentari -i** abgepackte Nahrungsmittel *ntpl*

preconizzare [prekonidˈdzaːre] *vt* voraussagen, weissagen

preconoscenza [prekonoʃˈʃɛntsa] *f* Voraussehen *nt,* Weissagen *nt*

preconscio, -a [preˈkɔnʃo] <-sci, -scie> **I.** *agg* vorbewusst **II.** *m, f* Vorbewusste(s) *nt*

precorrere [preˈkorrere] <irr> *vt* vorwegnehmen

precorritore, -trice [prekorriˈtoːre] **I.** *m, f* Vorläufer(in) *m(f)* **II.** *agg* der Zeit voraus, vorhergehend

precorsi *1. pers sing pass rem di* **precorrere**

precorso *pp di* **precorrere**

precostituire [prekostituˈiːre] <precostituisco> *vt* vorher bilden

precotto [preˈkɔtto] *m* Fertiggericht *nt*

precottura [prekotˈtuːra] *f* industrielle Herstellung von vorgekochten Fertiggerichten

precursore, -corritrice [prekurˈsoːre] **I.** *agg* vorausgehend **II.** *m, f* Vorläufer(in) *m(f)*

preda [ˈprɛːda] *f* Beute *f;* *(animale)* Fang *m;* *(a. fig)* Opfer *nt;* **uccello da ~** Raubvogel *m;* **essere** [*o* **cadere**] **in ~ a qu/qc** jdm zum Opfer fallen/Opfer von etw sein, von etw gepackt sein

predare [preˈdaːre] *vt* ① *(denari, preziosi)* erbeuten, rauben ② *(persone)* berauben, ausrauben; *(luogo)* plündern, ausrauben

predatore, -trice [predaˈtoːre] **I.** *agg* Raub-, räuberisch **II.** *m, f* ① ZOO Raubtier *nt;* *(uccello)* Raubvogel *m* ② *(predone)* Räuber(in) *m(f)*

predecessore [predetʃesˈsoːre] *mf* Vorgänger(in) *m(f);* **-i** Vorfahren *mpl*

predella [preˈdɛlla] *f* Podest *nt;* *(dell'altare)* Altarsockel *m*

predellino [predelˈliːno] *m* Trittbrett *nt*

predestinare [predestiˈnaːre] *vt* vorherbestimmen, prädestinieren

predestinazione [predestinatˈtsioːne] *f* Prädestination *f,* Vorherbestimmung *f*

predeterminare [predetermiˈnaːre] *vt* [vorab] veranschlagen, ansetzen

predeterminato, -a [predetermiˈnaːto] *agg* veranschlagt, geplant

predetto, -a [preˈdɛtto] **I.** *pp di* **predire** **II.** *agg* oben genannt, erwähnt

predica [ˈprɛːdika] <-che> *f* ① REL Predigt *f* ② *(fam fig)* Strafpredigt *f,* Standpauke *f*

predicare [prediˈkaːre] *vt* ① REL predigen ② *(insegnare)* predigen, lehren; **~ al deserto** ein Prediger in der Wüste sein; **~ al vento** in den Wind reden

predicativo, -a [predikaˈtiːvo] *agg* LING prädikativ, Aussage-

predicato [prediˈkaːto] *m* ① LING Prädikat *nt,* Satzaussage *f* ② *(titolo)* Titel *m,* Prädikat *nt* ③ ADM Anwartschaft *f*

predicatore, -trice [predikaˈtoːre] **I.** *m, f*

P

① REL Prediger(in) *m(f)* ② *(sostenitore)* Verfechter(in) *m(f)*, Prediger(in) *m(f)* **II.** *agg* Dominikaner-, Prediger-

predicatorio, -a [predika'tɔ:rio] <-i, -ie> *agg* predigend, Prediger-

predicatrice *f v.* **predicatore**

predicazione [predikat'tsio:ne] *f* Predigen *nt*

predico [pre'di:co] *1. pers sing pr di* **predire**

predicozzo [predi'kɔttso] *m (fam scherz)* Strafpredigt *f*, Standpauke *f*

predigerito, -a [predidʒe'ri:to] *agg* vorverdaut

predilessi [predi'lɛssi] *1. pers sing pass rem di* **prediligere**

prediletto, -a [predi'lɛtto] **I.** *pp di* **prediligere** **II.** *agg* bevorzugt, Lieblings- **III.** *m, f* Liebling *m*

predilezione [predilet'tsio:ne] *f* ① *(preferenza)* Vorliebe *f* ② *(oggetto)* bevorzugter Gegenstand

prediligere [predi'li:dʒere] <prediligo, predilessi, prediletto> *vt* vorziehen, bevorzugen

predire [pre'di:re] <irr> *vt* vorhersagen, prophezeien

predisporre [predis'porre] <irr> **I.** *vt* ① *(preparare)* vorbereiten; ~ **qu/qc a qc** jdn/etw auf etw *akk* vorbereiten ② MED ~ **a qc** für etw anfällig machen ③ INFORM *(sistema)* einrichten **II.** *vr* **-rsi a qc** sich auf etw *akk* vorbereiten

predisposizione [predispozit'tsio:ne] *f* ① *(inclinazione)* Neigung *f*; **avere ~ alla musica** musisch veranlagt sein ② MED Anfälligkeit *f*, Prädisposition *f* ③ *(preparazione)* Vorbereitung *f*

predisposto, -a [predis'posto] **I.** *pp di* **predisporre** **II.** *agg* ① *(organizzato)* geplant ② *(compatibile)* geeignet, kompatibel ③ *(incline, propenso)* veranlagt, neigend ④ MED **essere ~ a qc** für etw prädisponiert sein

predissi *1. pers sing pass rem di* **predire**

predizione [predit'tsio:ne] *f* Vorhersage *f*, Vorausschau *f*

predominante [predomi'nante] *agg* vorherrschend

predominare [predomi'na:re] *vi* ① *(prevalere)* vorherrschen, überwiegen ② *(dominare)* ~ **su qu** über jdn herrschen

predominio [predo'mi:nio] <-i> *m* Vorherrschaft *f*

predone [pre'do:ne] *m* Räuber *m*

preedipico, -a [pree'di:piko] <-ci, -che> *agg* PSIC dem Ödipuskomplex vorangegangen

preesame [pree'za:me] *m* Vorprüfung *f*

preesistei *1. pers sing pass rem di* **preesistere**

preesistente [preezis'tɛnte] *agg* vorherig, Ausgangs-

preesistenza [preezis'tɛntsa] *f* Präexistenz *f*, vorheriges Bestehen

preesistere [pree'zistere] <irr> *vi essere* vorher bestehen, präexistieren

preesistito, -a [preezis'ti:to] *agg* schon da gewesen; **una situazione -a** eine schon da gewesene Situation

prefabbricare [prefabbri'ka:re] *vt* ① ARCH vorfertigen ② *(fig)* sich *dat* zurechtlegen

prefabbricato [prefabbri'ka:to] *m* Fertig[bau]teil *nt*

prefabbricato, -a *agg* Fertig[bau]-; **casa -a** Fertighaus *nt*

prefabbricazione [prefabbrikat'tsio:ne] *f* Fertigbauweise *f*

prefazione [prefat'tsio:ne] *f* Vorwort *nt*

preferenza [prefe'rɛntsa] *f* Vorzug *m*, Vorliebe *f*; **diritto di ~** Vorzugsrecht *nt*; **dare** [*o* **accordare**] **la propria ~ a qc/qu** etw/jdn bevorzugen; **fare -e** Unterschiede machen; **non ho -e** das ist mir egal

preferenziale [preferen'tsia:le] *agg* Vorzugs-, Präferenz-; **corsia ~** Fahrspur *f* für öffentliche Verkehrsmittel; **trattamento ~** Vorzugsbehandlung *f*

preferibile [prefe'ri:bile] *agg* vorzuziehen, vorteilhafter

preferibilità [preferibili'ta] <-> *f* Vorzug *m*

preferibilmente [preferibil'mente] *avv* lieber, am liebsten

preferire [prefe'ri:re] <preferisco> *vt* vorziehen, bevorzugen; **~ il nuoto allo sci** lieber schwimmen als Ski laufen

preferito, -a [prefe'ri:to] **I.** *agg* Lieblings- **II.** *m, f* Liebling *m*

prefestivo, -a [prefes'ti:vo] *agg* vor einem Feiertag

prefettizio, -a [prefet'tittsio] <-i, -ie> *agg* Präfektur-

prefetto [pre'fɛtto] *m* Präfekt *m*

prefettura [prefet'tu:ra] *f* Präfektur *f*

prefiggere [pre'fiddʒere] <prefiggo, prefissi, prefisso> **I.** *vt* im Voraus festsetzen **II.** *vr* **-rsi** sich *dat* vornehmen; **-rsi uno scopo** sich *dat* ein Ziel setzen

prefigurare [prefigu'ra:re] *vt* ① *(costituire l'anticipazione di)* [symbolisch] ankündigen, ein Vorbote sein (**qc** von etw) ② *(anticipare, precorrere)* vorwegnehmen, ein Vorläufer sein (**qc** von etw)

prefigurativo, -a [prefigura'ti:vo] *agg* KUNST noch nicht gegenständlich

prefigurato, -a [prefigu'ra:to] *agg* angekündigt, vorweggenommen

P

prefigurazione [prefigurat'tsio:ne] *f* Präfiguration *f*
prefinanziamento [prefinantsia'mento] *m* Vorfinanzierung *f*
prefinanziare [prefinan'tsia:re] *vt* FIN vorfinanzieren
prefissare [prefis'sa:re] **I.** *vt* vorveranschlagen, [im Voraus] festsetzen **II.** *vr* **-rsi** sich *dat* vornehmen; **-rsi una meta** sich *dat* ein Ziel setzen
prefissato, -a [prefis'sa:to] *agg* angesetzt, festgesetzt
prefissi [pre'fissi] *1. pers sing pass rem di* **prefiggere**
prefisso[1] [pre'fisso] *pp di* **prefiggere**
prefisso[2] *m* ① LING Präfix *nt* ② TEL Vorwahl[nummer] *f*
preformatrice [preforma'tri:tʃe] *f* TEC Modellformmaschine *f*
pregare [pre'ga:re] *vt* ① REL beten zu ② *(chiedere)* bitten; **ti prego di farmi un favore** ich bitte dich um einen Gefallen; **farsi ~** sich bitten lassen ③ *(in frasi di cortesia)* bitten, ersuchen; **entri, La prego** treten Sie bitte ein
pregevole [pre'dʒe:vole] *agg* ① *(oggetto)* fein, erlesen; *(opera)* beachtenswert ② *(persona)* ehrwürdig, achtenswert
preghiera [pre'giɛ:ra] *f* ① REL Gebet *nt* ② *(richiesta)* Bitte *f*
pregiarsi [pre'dʒarsi] *vr (poet)* sich geehrt fühlen, die Ehre haben
pregiatissimo, -a [pre'dʒa'tissimo] *agg (geh)* hochverehrt; *(nelle lettere)* verehrteste(r, s)
pregiato, -a [pre'dʒa:to] *agg (vini, tessuti)* hochwertig, Qualitäts-; *(oggetto)* wertvoll; *(valuta)* hart; *(lettera)* geschätzt; **in risposta alla Vostra -a lettera del …** in Beantwortung Ihres geschätzten Schreibens vom …
pregio ['prɛ:dʒo] <-gi> *m* ① *(valore)* Wert *m* ② *(vantaggio)* Vorteil *m*, Vorzug *m* ③ *(stima)* Wert *m*, Wertschätzung *f*; **tenere in ~** [hoch] schätzen; **farsi ~ di … +inf** sich beehren, zu … *+inf*
pregiudicante [predʒudi'kante] *agg* kompromittierend, beeinträchtigend
pregiudicare [predʒudi'ka:re] *vt* ① *(compromettere)* beeinträchtigen ② *(danneggiare)* **~ qc** einer Sache *dat* schaden
pregiudicato, -a [predʒudi'ka:to] *m, f* Vorbestrafte(r) *f(m)*
pregiudiziale [predʒudit'tsia:le] JUR **I.** *agg* präjudiziell **II.** *f* Präjudiz *nt*
pregiudizievole [predʒudit'tsie:vole] *agg* schädlich
pregiudizio [predʒu'dittsio] <-zi> *m* ① *(preconcetto)* Vorurteil *nt*; **avere -i nei confronti di** [*o* **contro**] **qc/qu** gegen etw/jdn Vorurteile haben; **essere senza -i** unvoreingenommen sein ② *(danno)* Schaden *m*; **recare ~ a qu/qc** jdm/etw Schaden zufügen; **essere di ~ per la salute** gesundheitsschädlich sein
Preg.mo *abbr di* **pregiatissimo** verehrtester …
pregnante [preɲ'ɲante] *agg* bedeutungsvoll, prägnant
pregnanza [preɲ'ɲantsa] *f* Bedeutungsfülle *f*, Prägnanz *f*
pregno, -a ['preɲɲo] *agg* ① ZOO trächtig ② *(fam: donna)* schwanger
prego ['prɛ:go] *int* bitte; **~?** wie bitte?
pregustare [pregus'ta:re] *vt* [schon] im Voraus genießen, sich auf etw freuen
preinstallato, -a [preinstal'la:to] *agg* TEC vorinstalliert
preislamico, -a [preiz'la:miko] <-ci, -che> *agg* HIST vorislamisch
preistoria [preis'tɔ:ria] *f* ① HIST Vorgeschichte *f*, Prähistorie *f* ② *(fig: origine)* Ursprung *m*
preistorico, -a [preis'tɔ:riko] <-ci, -che> *agg* ① HIST prähistorisch, vorgeschichtlich ② *(fam scherz)* vorsintflutlich
preistruttoria [preistrut'tɔ:ria] *f* JUR Vorverhandlung *f*
preistruttorio, -a [preistrut'tɔ:rio] <-i, -ie> *agg* JUR vor der Hauptverhandlung, Vorverhandlungs-; **atti -i** Gerichtsakte *f* vor der Hauptverhandlung
preistruzione [preistrut'tsio:ne] *f* JUR Vorverhandlung *f*
prelatizio, -a [prela'tittsio] <-i, -ie> *agg* ① REL Prälaten- ② JUR Vorkaufs-, das Vorkaufsrecht betreffend
prelato [pre'la:to] *m* Prälat *m*
prelavaggio [prela'vaddʒo] <-ggi> *m* Vorwaschgang *m*
prelazione [prelat'tsio:ne] *f* Vorkauf *m*; **diritto di ~** Vorkaufsrecht *nt*
prelevamento [preleva'mento] *m* Entnahme *f*, Abholung *f*; FIN Abhebung *f*, Behebung *f* A
prelevare [prele'va:re] *vt* ① FIN abheben, beheben A ② *(ritirare)* abholen, übernehmen ③ *(arrestare)* festnehmen ④ *(requisire)* beschlagnahmen ⑤ INFORM abrufen
prelibato, -a [preli'ba:to] *agg* köstlich
prelievo [pre'liɛ:vo] *m* ① MED Entnahme *f* ② FIN Abhebung *f*
preliminare [prelimi'na:re] *agg* ① *(iniziale)* einleitend ② *(preparatorio)* Vorbereitungs-; **corso ~** Vorbereitungskurs *m*; **esame ~** Zwischenprüfung *f*, Vorprüfung *f*
preliminari [prelimi'na:ri] *mpl* Einlei-

P

tung *f,* Präliminarien *pl; (della pace, di un trattato)* Vorverhandlung *f*

preludere [pre'lu:dere] <preludo, prelusi, preluso> *vi* ~ **a qc** *(preannunciare)* auf etw *akk* hindeuten; *(fare un'introduzione)* auf etw *akk* hinführen

preludio [pre'lu:dio] <-i> *m* ❶ MUS Präludium *nt* ❷ *(segno preliminare)* Vorzeichen *nt* ❸ *(proemio)* Vorrede *f,* Einleitung *f* ❹ *(fig: premessa)* Auftakt *m*

prelusi [pre'lu:zi] *1. pers sing pass rem di* **preludere**

preluso [pre'lu:zo] *pp di* **preludere**

pré-maman [pre ma'mã] **I.** *m* <-> Umstandskleid *nt* **II.** *agg inv* Umstands-

premarcato, **-a** [premar'ka:to] *agg* vorgedruckt

prematrimoniale [prematrimo'nia:le] *agg* vorehelich

prematuro, **-a** [prema'tu:ro] **I.** *agg* ❶ *(morte)* vorzeitig, früh ❷ *(parto, neonato)* Früh- ❸ *(fig: affrettato)* voreilig **II.** *m, f* Frühgeburt *f*

premeditare [premedi'ta:re] *vt* vorsätzlich begehen, planen

premeditato, **-a** [premedi'ta:to] *agg* vorsätzlich [begangen]; **omicidio** ~ [vorsätzlicher] Mord *m*

premeditazione [premeditat'tsio:ne] *f* Vorsatz *m;* **con/senza** ~ vorsätzlich/nicht vorsätzlich

premere ['prɛ:mere] **I.** *vt* ❶ *(comprimere)* drücken; *(calcare)* aufdrücken, durchdrücken; ~ **il freno/l'acceleratore** [auf] das Brems-/Gaspedal treten ❷ *(fig: gravare)* drücken, belasten; *(incalzare)* drängen **II.** *vi* ❶ *(esercitare una pressione)* ~ **su qc** auf etw *akk* drücken; ~ **su qu** *(fig)* auf jdn Druck ausüben ❷ *(fig: gravare)* ~ **su qu** auf jdm lasten ❸ *(fig: stare a cuore)* am Herzen liegen ❹ *(fig: essere urgente)* drängen

premessa [pre'messa] *f* ❶ *(chiarimento preliminare)* Vorbemerkung *f; (nel libro)* Vorwort *nt* ❷ *(condizione necessaria)* Voraussetzung *f;* PHILOS Prämisse *f*

premettere [pre'mettere] <irr> *vt* vorausschicken; **ciò premesso …** dies vorausgeschickt …, unter diesen Umständen …

premiale [pre'mia:le] *agg* ausgezeichnet

premiare [pre'mia:re] *vt* auszeichnen, prämieren

premiazione [premiat'tsio:ne] *f* Preisverleihung *f,* Prämierung *f;* ~ **degli Oscar** Oscarverleihung *f*

premier ['prəmjə *o* 'prɛmjer] <-> *m* Premier *m,* Premierminister(in) *m(f)*

première [prə'mjɛr] <- *o* premières> *f* FILM Premiere *f*

premier ship ['prɛmier ʃip] <-> *f* Amt *nt* des Regierungschefs

preminente [premi'nɛnte] *agg* vorrangig, Haupt-

preminenza [premi'nɛntsa] *f* Überlegenheit *f,* Vorrang *m*

premio[1] ['prɛ:mio] <-i> *m* ❶ *(vincita)* Gewinn *m,* Preis *m;* **Premio Nobel** Nobelpreis *m;* **Premio Oscar** *(vincitore)* Oscarpreisträger(in) *m(f);* **monte -i** [Gesamt]gewinnsumme *m* ❷ *(indennità)* Zulage *f,* Prämie *f;* ~ **d'anzianità** Alterszulage *f* ❸ FIN, SPORT Prämie *f*

premio[2] *agg inv* Gewinn-, Preis-; **viaggio** ~ Gewinnreise *f*

premisi *1. pers sing pass rem di* **premettere**

premonitore, **-trice** [premoni'to:re] *agg* warnend, Warn-

premonizione [premonit'tsio:ne] *f* Weissagung *f*

premunire [premu'ni:re] <premunisco> **I.** *vt (fig)* im Voraus sichern **II.** *vr* **-rsi contro qc** sich vor etw schützen

premunizione [premunit'tsio:ne] *f* Abwehr *f*

premura [pre'mu:ra] *f* ❶ *(fretta)* Eile *f,* Drängen *nt* ❷ *(cura)* Sorgfalt *f* ❸ *(sollecitudine)* Aufmerksamkeit *f,* Zuvorkommenheit *f*

premuroso, **-a** [premu'ro:so] *agg* ❶ *(sollecito)* eifrig, beflissen ❷ *(pieno d'attenzioni)* bemüht, aufmerksam

prenatale [prena'ta:le] *agg* vorgeburtlich, pränatal *scient*

prenatalizio, **-a** [prenata'littsio] <-i, -ie> *agg* vorweihnachtlich, Vorweihnachts-

prendere ['prɛndere] <prendo, presi, preso> **I.** *vt* ❶ *(pigliare)* nehmen; *(afferrare)* [er]greifen, fassen; *(strada)* nehmen, einschlagen; *(odore, nome)* annehmen; MIL einnehmen; *(rilevare)* [über]nehmen; *(derivare)* übernehmen, annehmen; *(lezioni, tram)* nehmen; *(decisione)* treffen, fassen; *(coraggio)* fassen; *(aria)* schnappen, schöpfen; *(fuoco)* fangen; *(parola)* ergreifen; *(mangiare, bere)* [ein]nehmen; ~ **appunti** [sich *dat*] Notizen machen; ~ **forma** Form annehmen; ~ **piede** Fuß fassen; ~ **posizione/posto/atto** Stellung/Platz/Kenntnis nehmen; ~ **sonno** einschlafen; ~ **tempo** zögern, zaudern; ~ **le misure** Maß nehmen; ~ **le mosse** anlaufen, beginnen; ~ **il sole** sich sonnen; ~ **in affitto** mieten; ~ **in consegna** übernehmen, in Empfang nehmen; ~ **qu sul serio** jdn ernst nehmen; ~ **qu in braccio** jdn in den

P

Arm nehmen; ~ **qu con le buone** *(fam)* es jdm im Guten sagen; ~ **qu con le cattive** *(fam)* jdm drohen ❷ *(portare con sé)* mitnehmen ❸ *(rubare)* [weg]nehmen, stehlen ❹ *(catturare)* fassen; *(arrestare)* festnehmen, verhaften ❺ *(uccidere)* erlegen, schießen; *(pesci)* fangen ❻ *(sorprendere)* erwischen, ertappen ❼ *(guadagnare)* bekommen, verdienen; *(buscarsi)* bekommen, einstecken; *(malattia)* bekommen, sich *dat* holen *fam* ❽ *(occupare)* brauchen, beanspruchen ❾ *(trattare)* behandeln, nehmen ❿ *(scambiare)* ~ **qu per qu** jdn mit jdm verwechseln, jdn für jdn halten **II.** *vi* ❶ *(piante)* Wurzel fassen ❷ *(fuoco)* brennen, zünden ❸ *(colla)* fest werden; *(cemento)* [ab]binden ❹ *(avviarsi)* ~ **per qc** auf etw *akk* zugehen ❺ *(cominciare)* ~ **a fare qc** anfangen, etw zu tun **III.** *vr* **-rsi** ❶ *(afferrarsi)* **-rsi a qc** sich an etw *dat* festhalten ❷ *(azzuffarsi)* sich verprügeln, sich schlagen; **prenderle** *(fam)* Prügel beziehen; **prenderne** *(fam)* den Frack vollkriegen ❸ *(assumersi)* übernehmen; **-rsi cura di qu** sich um jdn kümmern ❹ *(fare)* machen, nehmen; **-rsi un giorno di ferie** einen Tag frei nehmen; **-rsi una vacanza** Urlaub machen ❺ *(loc)* **prendersela** *(fam)* sich ärgern, sich aufregen; **prendersela con qu** *(fam)* auf jdn böse sein; **prendersela comoda** *(fam)* eine ruhige Kugel schieben; **prendersela a cuore** *(fam)* es sich *dat* zu Herzen nehmen

prendisole [prendi'so:le] <-> *m* Trägerkleid *nt*

prenditore, -trice [prendi'to:re] *m, f* ❶ FIN Wechselnehmer *m; (di assegno)* Zahlungsempfänger(in) *m(f)* ❷ SPORT Fänger(in) *m(f)*

prenome [pre'no:me] *m* ❶ *(nome individuale)* Vorname *m* ❷ HIST Pränomen *nt*

prenotare [preno'ta:re] **I.** *vt* [vor]bestellen, reservieren; *(viaggio)* buchen **II.** *vr* **-rsi per qc** sich für etw *akk* anmelden

prenotazione [prenotat'tsio:ne] *f* [Vor]bestellung *f,* Reservierung *f; (di viaggio)* Buchung *f*

prensile ['prɛnsile] *agg* Greif-; **coda ~** Greifschwanz *m*

preoccupante [preokku'pante] *agg* Besorgnis erregend

preoccupare [preokku'pa:re] **I.** *vt* beunruhigen **II.** *vr* **-rsi** [**per qu/qc**] sich *dat* [um jdn/etw] Sorgen machen

preoccupazione [preokkupat'tsio:ne] *f* Sorge *f*

preolimpico, -a [preo'limpiko] <-ci, -che> *agg* SPORT vorolympisch

preordinamento [preordina'mento] *m* Vorherbestimmung *f*

preordinare [preordi'na:re] *vt* vorbereiten, bereit stellen

preordinato, -a [preordi'na:to] *agg* vorherbestimmt

prepagamento [prepaga'mento] *m* Voraus[be]zahlung *f*

prepagato, -a [prepa'ga:to] *agg* vor[aus]bezahlt

preparare [prepa'ra:re] **I.** *vt* ❶ *(gener)* vorbereiten; *(apprestare)* herrichten, zurechtmachen; *(letto)* richten; *(pranzo)* zubereiten; *(tavola)* decken; CHEM präparieren ❷ *(elaborare)* vorbereiten, ausarbeiten ❸ *(fig: predisporre)* vorbereiten; *(tenere in serbo)* bringen, bereithalten **II.** *vr* **-rsi a qc** *(fare preparativi)* sich auf etw *akk* vorbereiten; **-rsi per andare a teatro** sich für den Theaterbesuch fertig machen

preparativi [prepara'ti:vi] *mpl* Vorbereitungen *fpl*

preparato [prepa'ra:to] *m* Präparat *nt*

preparato, -a *agg* vorbereitet; *(pronto)* bereit; **essere ~ a tutto** auf alles vorbereitet sein

preparatore, -trice [prepara'to:re] **I.** *m, f* Vorbereiter(in) *m(f)* **II.** *agg* vorbereitend

preparatorio, -a [prepara'tɔ:rio] <-i, -ie> *agg* Vorbereitungs-, vorbereitend

preparatrice *f v.* **preparatore**

preparazione [preparat'tsio:ne] *f* ❶ *(addestramento)* Vorbereitung *f;* **la ~ agli esami** die Prüfungsvorbereitung ❷ *(complesso di nozioni)* Wissen *nt,* Bildung *f;* ~ **generale** Allgemeinwissen *nt* ❸ *(di cibi)* Zubereitung *f*

preparucchiare [preparuk'kia:re] *vt* auf die Schnelle machen

prepensionabile [prepensio'na:bile] *agg* zum Vorruhestand berechtigt

prepensionamento [prepensiona'mento] *m* Vorruhestand *m,* Frührente *f*

preponderante [preponde'rante] *agg* vorherrschend, überwiegend

preponderanza [preponde'rantsa] *f* Überwiegen *nt,* Übermacht *f*

preporre [pre'porre] <irr> *vt* ❶ *(anteporre)* vor[an]setzen; *(mettere a capo)* an die Spitze stellen ❷ *(fig: preferire)* ~ **qu/qc a qu/qc** jdn/etw jdm/etw vorziehen

prepositivo, -a [prepozi'ti:vo] *agg* präpositional, Präpositions-

preposizione [prepozit'tsio:ne] *f* Präposition *f,* Verhältniswort *nt*

preposto *pp di* **preporre**

prepotente [prepo'tɛnte] **I.** *agg* ❶ *(persona)* arrogant, anmaßend ❷ *(fig)* dringend, sehnlich **II.** *mf* arrogante Person

prepotenza [prepo'tɛntsa] *f (caratteristica)* Rücksichtslosigkeit *f; (atto)* Übergriff *m*
preprint ['pri:print] <- *o* preprints> *m* Vordruck *m*
preprocessuale [preprotʃssu'a:le] *agg* JUR vor der Gerichtsverhandlung
prepuzio [pre'puttsio] <-i> *m* Vorhaut *f*
prerogativa [preroga'ti:va] *f* ① *(caratteristica)* besondere Eigenschaft, besonderer Vorzug ② *(privilegio)* Vorrecht *nt,* Privileg *nt*
preromanticismo [preromanti'tʃizmo] *m* Vorromantik *f*
preruolo [pre'ruɔ:lo] <-> *m die Zeit vor der Übernahme ins Beamtenverhältnis*
presa ['pre:sa] *f* ① *(il prendere)* Griff *m,* Umklammerung *f;* ~ **di posizione** Stellungnahme *f;* ~ **di possesso** Inbesitznahme *f;* ~ **in consegna** Entgegennahme *f;* ~ **in considerazione** Berücksichtigung *f;* ~ **in giro** *(fam)* Veräppelung *f;* **essere alle -e con qc** sich mit etw herumschlagen ② *(effetto)* Halt *m;* TEC Greifen *nt; (di cemento, colla)* Festwerden *nt* ③ EL Steckdose *f* ④ *(di sale, pepe, tabacco)* Prise *f*
presagio [pre'za:dʒo] <-gi> *m* ① *(presentimento)* [Vor]ahnung *f* ② *(segno)* Vorzeichen *nt*
presagire [preza'dʒi:re] <presagisco> *vt (presentire)* [voraus]ahnen; *(predire)* voraussagen; *(prevedere)* vorhersehen
presago, -a [pre'za:go] <-ghi, -ghe> *agg (poet)* vorausahnend
presalario [presa'la:rio] *m staatliches Stipendium für Studenten,* ≈ BAföG *nt*
presbiopia [prezbio'pi:a] <-ie> *f* Weitsichtigkeit *f*
presbite ['prɛzbite] **I.** *agg* weitsichtig **II.** *mf* Weitsichtige(r) *f(m)*
presbiteriano, -a [prezbite'ria:no] **I.** *m, f* Presbyterianer(in) *m(f)* **II.** *agg* presbyterianisch
presbiterio [prezbi'tɛ:rio] <-i> *m* ① ARCH Chorraum *m* ② REL Presbyterium *nt*
prescegliere [preʃ'ʃeʎʎere] <irr> *vt* [aus]wählen
prescienza [preʃ'ʃɛntsa *o* preʃʃi'ɛntsa] *f* Vor[her]wissen *nt,* Vorauswissen *nt,* Kenntnis *f* der Zukunft
presciistico, -a [preʃi'istiko] <-ci, -che> *agg* SPORT Ski-; **ginnastica -a** Skigymnastik *f*
prescindere [preʃ'ʃindere] <irr> *vi* ~ **da qc** von etw absehen; **a ~ da, prescindendo da** abgesehen von
prescolare [presko'la:re] *agg* Vorschul-; **età ~** Vorschulalter *nt*
prescolastico, -a [presko'lastiko] <-ci, -che> *agg* Vorschul-

P

prescrivere [pres'kri:vere] <irr> *vt* ① JUR verjähren lassen ② *(ordinare)* vorschreiben; MED verschreiben, verordnen
prescrivibile [preskri'vi:bile] *agg* MED verschreibbar
prescrizionale [preskrittsio'na:le] *agg* **termine ~** Verjährungsfrist *f*
prescrizione [preskrit'tsio:ne] *f* ① JUR Verjährung *f* ② MED Verschreibung *f,* Verordnung *f* ③ *(norma)* Vorschrift *f*
preselezione [preselet'tsio:ne] *f* ① *(selezione preliminare)* Vorauswahl *f* ② SPORT Vorentscheidung *f* ③ TEL Vorwahl *f*
presentare [prezen'ta:re] **I.** *vt* ① *(documento, passaporto)* [vor]zeigen, vorlegen; *(persona)* vorstellen; *(candidato)* aufstellen; *(prodotti, macchine)* vorführen; FILM vorführen; THEAT aufführen ② *(saluti)* ausrichten, übermitteln; *(rispetti)* erweisen; *(scusa, reclamo)* vorbringen ③ *(introdurre)* einführen ④ ADM *(domanda)* stellen; *(richiesta)* einreichen ⑤ *(fig)* aufweisen, haben; *(offrire)* [dar]bieten, anbieten; *(illustrare)* erläutern, beschreiben **II.** *vr* **-rsi** ① *(apparire)* erscheinen ② *(farsi conoscere)* sich vorstellen, sich bekannt machen ③ *(offrirsi)* sich [an]bieten; *(capitare)* sich einstellen, eintreten; *(apparire)* sich erweisen; *(essere)* sich präsentieren
presentatore, -trice [prezenta'to:re] *m, f* ① *(chi presenta)* Präsentator(in) *m(f)* ② TV, MUS, FILM Ansager(in) *m(f),* Moderator(in) *m(f)* ③ JUR, ADM Antragsteller(in) *m(f)*
presentazione [prezentat'tsio:ne] *f* ① ADM Einreichung *f; (di documento)* Vorlage *f* ② *(di persona)* Vorstellung *f; (in pubblico)* Vorstellung *f,* Auftritt *m; (di candidati)* Aufstellung *f* ③ *(raccomandazione)* Empfehlung *f;* **lettera di ~** Empfehlungsschreiben *nt* ④ *(introduzione)* Einführung *f,* Präsentation *f; (di prodotti, merci, modelli)* Einführung *f,* Vorführung *f* ⑤ THEAT Aufführung *f;* FILM Vorführung *f*
presente [pre'zɛnte] **I.** *agg* ① *(partecipante)* anwesend, gegenwärtig; **aver ~ qu/qc** *(fig)* sich an jdn/etw erinnern; **far ~ qc a qu** *(fig)* jdn auf etw *akk* hinweisen; **tener ~ qc** *(fig)* etw bedenken; **tener ~ qu** *(fig)* jdn berücksichtigen ② *(attuale)* jetzig, gegenwärtig; *(anno, mese, secolo)* diese(r, s); **il tempo ~** die heutige Zeit, die Gegenwart ③ LING Präsens- ④ *(questo)* vorliegend, diese(r, s) ⑤ *(negli appelli)* hier, anwesend **II.** *mf* Anwesende(r) *f(m);* **-i esclusi** Anwesende ausgenommen **III.** *m* ① *(tempo)* Gegenwart *f;* **al ~** derzeit, jetzt; **per il ~** für den Moment, im Augenblick ② LING Präsens *nt,* Gegenwart *f* ③ *(dono)* Geschenk *nt,* Präsent *nt* **IV.** *f*

[vorliegendes] Schreiben *nt;* **con la ~ Le comunichiamo …** hiermit teilen wir Ihnen mit …

presentimento [presenti'mento] *m* Vorgefühl *nt,* [Vor]ahnung *f*

presentire [presen'ti:re] *vt* [voraus]ahnen

presenza [pre'zɛntsa] *f* ① *(l'essere presente)* Anwesenheit *f,* Gegenwart *f;* *(esistenza)* Vorhandensein *nt;* **fare atto di ~** anwesend sein, sich sehen lassen ② *(aspetto)* Aussehen *nt*

presenziare [prezen'tsia:re] *vt, vi* ~ [**a**] **qc** einer Sache *dat* beiwohnen

presepio [pre'zɛ:pio] <-i> *m* Krippe *f*

preserale [prese'ra:le] *agg* Vorabend-

preservare [preser'va:re] *vt* **~ qu/qc da qc** jdn/etw vor etw *dat* schützen

preservativo [preserva'ti:vo] *m* Präservativ *nt,* Verhütungsmittel *nt*

presi ['pre:si] *1. pers sing pass rem di* **prendere**

preside ['prɛ:side] *mf (di scuola)* Schulleiter(in) *m(f),* Direktor(in) *m(f);* *(di facoltà)* Dekan *m*

presidente, -essa [presi'dɛnte, presiden'tessa] *m, f (dirigente)* Vorsitzende(r) *f(m),* Leiter(in) *m(f);* JUR, POL Präsident(in) *m(f);* **~ della regione** Regionsvorsitzende(r) *f(m);* **~ della Repubblica** Staatspräsident(in) *m(f);* **~ del consiglio dei ministri** Ministerpräsident(in) *m(f)*

presidenza [presi'dɛntsa] *f* ① *(carica)* Präsidentschaft *f* ② *(sede)* Präsidium *nt* ③ *(personale)* Leitung *f* ④ *(di scuola)* Schulleitung *f;* *(di facoltà)* Dekanat *nt*

presidenziale [presiden'tsia:le] *agg* Präsidenten-, präsidial

presidenzialismo [presidentsia'lizmo] *m* POL Präsidenzialismus *m*

presidiare [presi'dia:re] *vt* ① MIL besetzen, unter Besatzung nehmen ② *(fig)* sichern

presidio [pre'si:dio] <-i> *m* ① MIL Garnison *f,* Besatzung *f* ② *(fig)* Sicherung *f*

presidium [pre'si:dium] <-> *m* Präsidium *nt*

presiedere [pre'siɛ:dere] <presiedo, presiedei *o* presiedetti, presieduto> **I.** *vt* leiten **II.** *vi* **~ a qc** die Leitung einer Sache *gen* haben

preso ['pre:so] *pp di* **prendere**

pressa ['prɛssa] *f* ① TEC, TYP Presse *f* ② *(fam: calca)* Gedränge *nt;* **avere ~** *(fam)* DIAL es eilig haben

press agent ['preseidʒənt *o* 'presadʒənt] <- *o* press agents> *mf* Presseagent(in) *m(f)*

pressainsilatrice [pressainsila'tri:tʃe] *f* AGR Silopresse *f*

pressante [pres'sante] *agg* dringend

pressapasta [pressa'pasta] <-> *m* TEC Gautschpresse *f*

pressappoco, press'a poco [pressap'pɔ:ko] *avv* ungefähr, nahezu

pressare [pres'sa:re] *vt* ① TEC pressen ② *(fig: incalzare)* drängen

pressatrice [pressa'tri:tʃe] *f* AGR Druckwalze *f*

pressatura [pressa'tu:ra] *f* Pressen *nt*

pressi ['prɛssi] *mpl* **nei -i di** in der Nähe von

pressibile [pres'si:bile] *agg* kompressibel

pressibilità [pressibili'ta] <-> *f* Kompressibilität *f*

pressing ['prɛssiŋ] <-> *m* SPORT Powerplay *nt*

pressione [pres'sio:ne] *f* ① *(forza)* Druck *m;* **~ atmosferica** Luftdruck *m;* **~ di iniezione** Einspritzdruck *m;* **pentola a ~** Dampfkochtopf *m,* Schnellkochtopf *m;* **far ~ su qu** auf jdn Druck ausüben, jdn unter Druck setzen ② COM Last *f;* **~ tributaria** Steuerlast *f* ③ *(del sangue)* Blutdruck *m;* **avere la ~ alta/bassa** hohen/niedrigen Blutdruck haben

presso ['prɛsso] **I.** *avv* nahe, in der Nähe **II.** *prep* ① *(vicino a)* nahe an +*dat,* nahe bei +*dat,* in der Nähe +*gen;* *(moto)* zu +*dat,* in die Nähe +*gen* ② *(in casa di, fig)* bei +*dat;* *(moto)* zu +*dat* ③ *(nelle lettere)* bei +*dat*

pressoché [presso'ke] *avv* fast, beinahe

pressocolata [pressoko'la:ta] *f* TEC Spritzguss *m*

pressofusione [pressofu'zio:ne] *f* TEC Spritzguss *m*

pressofuso, -a [presso'fu:zo] *agg* im Spritzgussverfahren gefertigt

pressostatico, -a [presso'sta:tiko] *agg* TEC Druckregel-; **valvola -a** Druckregelventil *nt*

pressostato [presso'sta:to] *m* TEC Druckregler *m*

pressurizzare [pressurid'dza:re] *vt* unter Überdruck setzen

pressurizzazione [pressuriddzat'tsio:ne] *f* Überdruck *m*

prestabilire [prestabi'li:re] <prestabilisco> *vt* [vorher] festsetzen

prestabilito, -a [prestabi'li:to] *agg (prefissato)* vorgemerkt, geplant; **una data -a** ein vorgemerktes Datum

prestampare [prestam'pa:re] *vt* Probeexemplare drucken

prestampato [prestam'pa:to] *m* Vordruck *m*

prestampato, -a *agg* vorgedruckt

prestanome [presta'no:me] <-> *mf* Strohmann *m*

P

prestante [pres'tante] *agg* stattlich

prestanza [pres'tantsa] *f* Stattlichkeit *f*

prestare [pres'ta:re] **I.** *vt* ① *(dare in prestito)* [ver]leihen, ausleihen ② *(fig: aiuto, giuramento)* leisten; *(fede)* schenken; *(attenzione)* zollen, schenken; ~ **ascolto a qu/qc** jdm/etw Gehör schenken; ~ **orecchio a qu** jdm sein Ohr leihen **II.** *vr* **-rsi** ① *(adoperarsi)* sich zur Verfügung stellen ② *(essere adatto)* **-rsi a qc** sich für etw eignen

prestatore, **-trice** [presta'to:re] *m, f* Verleiher(in) *m(f)*; ~ **di lavoro** [*o* **d'opera**] Arbeitnehmer(in) *m(f)*

prestavoce [presta'vo:tʃe] <-> *mf* Synchronsprecher(in) *m(f)*

prestazione [prestat'tsio:ne] *f* Leistung *f*

presti(di)giatore, **-trice** [presti(di)dʒa'to:re] *m, f* Taschenspieler(in) *m(f)*, Illusionist(in) *m(f)*

prestigio [pres'ti:dʒo] <-gi> *m* ① *(fama)* Ansehen *nt*, Prestige *nt* ② *(illusione)* **giochi di** ~ Zaubertricks *mpl*

prestigioso, **-a** [presti'dʒo:so] *agg* Luxus-

prestito ['prɛstito] *m* ① FIN Darlehen *nt*, Anleihe *f* ② *(il prestare)* Ausleihen *nt*; **dare in** [*o* **a**] ~ **qc** etw [ver]leihen; **prendere in** [*o* **a**] ~ **qc** [sich *dat*] etw leihen

presto ['prɛsto] *avv* ① *(fra poco)* bald; **a** ~ bis gleich, bis bald ② *(in fretta)* schnell, rasch; **fare** ~ sich beeilen; **al più** ~ so schnell wie möglich; *(non prima)* frühestens ③ *(facilmente)* leicht, schnell; **è** ~ **detto/fatto** das ist leicht gesagt/getan ④ *(prima del tempo)* zu früh, verfrüht ⑤ *(di buon'ora)* früh[zeitig] ⑥ MUS presto

P

presumere [pre'zu:mere *o* pre'su:mere] <presumo, presunsi, presunto> *vt* ① *(supporre)* annehmen, vermuten ② *(pretendere)* sich *dat* anmaßen

presumibile [prezu'mi:bile *o* presu'mi:bile] *agg* wahrscheinlich

presunsi [pre'zunsi] *1. pers sing pass rem di* **presumere**

presuntivo, **-a** [prezun'ti:vo *o* presun'ti:vo] *agg* mutmaßlich; **bilancio** ~ Haushaltsplan *m*; **somma -a** veranschlagte Summe

presunto, **-a** [pre'zunto *o* pre'sunto] **I.** *pp di* **presumere II.** *agg* vermutlich; JUR mutmaßlich

presuntuoso, **-a** [prezuntu'o:so] *agg* anmaßend, eingebildet

presunzione [prezun'tsio:ne *o* presun'tsio:ne] *f (ambizione)* Überheblichkeit *f*, Anmaßung *f*

presupponenza [presuppo'nɛntsa] *f* Zumutung *f*

presupporre [presup'porre] <irr> *vt* ① *(immaginare)* vermuten, annehmen ② *(implicare)* voraussetzen

presupposizione [presuppozit'tsio:ne] *f* ① *(supposizione)* Annahme *f*, Vermutung *f* ② *(implicazione)* Voraussetzung *f*

presupposto [presup'posto] *m* Voraussetzung *f*

presupposto, **-a I.** *pp di* **presupporre II.** *agg* vorausgesetzt

prêt-à-porter ['prɛt a por'te] <-> *m* Konfektion *f*; *(abito)* Konfektionskleid *nt*

prete ['prɛ:te] *m* Priester *m*; **scherzo da** ~ *(fam)* schlechter Witz

pretendente [preten'dɛnte] *mf* ① *(al trono)* Anwärter(in) *m(f)* ② *(corteggiatore)* Freier *m*

pretendere [pre'tɛndere] <irr> *vt* ① *(esigere)* verlangen, fordern ② *(presumere)* sich *dat* einbilden

pretensionatore [pretensiona'to:re] *m* AUTO Gurtstraffer *m*

pretenzioso, **-a** [preten'tsio:so] *agg* anspruchsvoll, prätentiös

preterintenzionale [preterintentsio'na:le] *agg* nicht vorsätzlich, unabsichtlich; **omicidio** ~ Totschlag *m*, Körperverletzung *f* mit Todesfolge

preterintenzione [preterintent'tsio:ne] *f* JUR Nichtvorsätzlichkeit *f*

pretermine [pre'tɛrmine] *agg inv* MED Früh-, verfrüht; **parto** ~ Frühgeburt *f*

pretesa [pre'te:sa] *f* ① *(esigenza)* Anspruch *m*; *(richiesta)* Forderung *f*; **una persona senza -e** ein anspruchsloser Mensch; **con la** ~ **di ...** mit dem Anspruch, zu ... ② *(presunzione)* Einbildung *f*, Anmaßung *f*

pretesi *1. pers sing pass rem di* **pretendere**

preteso *pp di* **pretendere**

pretesto [pre'tɛsto] *m (scusa)* Vorwand *m*; *(a occasione)* Gelegenheit *f*; **con il** ~ **di ...** unter dem Vorwand, zu ...

pretestuosità [pretestuosi'ta] <-> *f* Vorwandfunktion *f*

pretestuoso, **-a** [pretestu'ɔ:so] *agg* vorgeschoben

pretore [pre'to:re] *m* ① JUR Amtsrichter *m* ② HIST Prätor *m*

pretorio [pre'tɔ:rio] <-i> *m* Prätorium *nt*

pretorio, **-a** <-i, -ie> *agg* ① ADM Gemeinde- ② JUR amtsrichterlich

pretto, **-a** ['prɛtto] *agg* ① *(vino)* rein ② *(fig)* echt, rein

pretura [pre'tu:ra] *f* ① JUR Amtsgericht *nt* ② HIST Prätur *f*

prevalente [preva'lɛnte] *agg* überwiegend, vorwiegend; *(opinione)* vorherrschend

prevalentemente [prevalente'mente] *avv* hauptsächlich
prevalenza [preva'lɛntsa] *f* ❶ *(maggioranza)* Mehrheit *f; (di cose)* Übergewicht *nt* ❷ TEC Förderhöhe *f*
prevalere [preva'leːre] <irr> *vi essere o avere* ❶ *(imporsi)* überwiegen, vorherrschen ❷ *(vincere)* ~ **su qu** jdm überlegen sein
prevalgo *1. pers sing pr di* **prevalere**
prevaricare [prevari'kaːre] *vi* unehrenhaft handeln; *(abusare del potere)* seine Macht missbrauchen
prevaricazione [prevarikat'tsioːne] *f* Machtmissbrauch *m,* Amtsmissbrauch *m,* Übergriff *m*
prevedere [preve'deːre] <irr> *vt* voraussehen, vorhersagen
prevedibile [preve'diːbile] *agg* voraussehbar, vorhersehbar
prevendita [pre'vendita] *f* Vorverkauf *m*
prevenire [preve'niːre] <irr> *vt* ❶ *(precedere)* ~ **qu/qc** jdm/etw zuvorkommen ❷ *(anticipare)* vorwegnehmen ❸ *(prendere precauzioni)* ~ **qc** einer Sache *dat* vorbeugen ❹ *(influenzare)* voreinnehmen ❺ *(avvertire prima)* [vor]warnen
preventivare [preventi'vaːre] *vt* veranschlagen
preventivista [preventi'vista] <-i *m,* -e *f*> *mf* COM *(chi stende preventivi)* Experte, Expertin *m, f* für Kostenvoranschläge
preventivo [preven'tiːvo] *m* Kostenvoranschlag *m*
preventivo, -a *agg* Vorbeuge-, vorbeugend; JUR Untersuchungs-; MED vorbeugend; COM Vor-; **carcere** ~ Untersuchungshaft *f*
prevenuto, -a [preve'nuːto] **I.** *pp di* **prevenire II.** *agg* **essere ~ contro qu/qc** gegenüber jdm/etw voreingenommen sein
prevenzione [preven'tsioːne] *f* ❶ *(pregiudizio)* Voreingenommenheit *f,* Vorurteil *nt;* **senza** ~ unvoreingenommen ❷ MED Vorbeugung *f* ❸ JUR Verhütung *f;* ~ **degli incidenti** Unfallverhütung *f*
prevertice [pre'vɛrtitʃe] *m* POL Vorbereitungsgipfel *m*
previdente [previ'dɛnte] *agg* vorausschauend; *(prudente)* vorsorgend
previdenza [previ'dɛntsa] *f* ❶ *(assistenza)* Fürsorge *f;* ~ **per la vecchiaia** Altersvorsorge *f;* ~ **sociale** soziale Fürsorge; **cassa di** ~ Versorgungskasse *f;* **ente di** ~ Sozialversicherungsträger *m* ❷ *(l'essere previdente)* Voraussicht *f,* Weitblick *m*
previdenziale [previden'tsiaːle] *agg* Versorgungs-, Fürsorge-
previdi *1. pers sing pass rem di* **prevedere**
previo, -a ['prɛːvio] <-i, -ie> *agg* ADM nach vorherigem, nach vorheriger
previsionale [previzio'naːle] *agg* Vor-, Voranschlags-
previsione [previ'zioːne] *f* ❶ *(pronostico)* Vorhersage *f,* Voraussicht *f;* METEO Vorhersage *f* ❷ COM Planung *f*
previsto *pp di* **prevedere**
preziosa *f v.* **prezioso**
preziosi [pret'tsioːsi] *mpl* Wertsachen *fpl*
preziosismo [prettsio'sizmo] *m* Erlesenheit *f,* Geziertheit *f*
preziosità [prettsiosi'ta] <-> *f* ❶ *(valore)* Kostbarkeit *f* ❷ *(eleganza)* Erlesenheit *f*
prezioso, -a [pret'tsioːso] **I.** *agg* ❶ *(oggetto, pietra, metallo, a. fig)* wertvoll, kostbar ❷ *(fig: ricercato)* erlesen **II.** *m, f (fam)* **fare il** ~ sich rarmachen; **non fare tanto il ~!** nun hab dich doch nicht so!, stell dich nicht so an!
prezzare [pret'tsaːre] *vt* auszeichnen
prezzario [pret'tsaːrio] <-ie> *m* Preisliste *f*
prezzato, -a [pred'dzaːto] *agg* ausgezeichnet
prezzatrice [preddza'triːtʃe] *f* TEC, COM Auszeichnungsmaschine *f*
prezzatura [preddza'tuːra] *f* COM Warenauszeichnung *f*
prezzemolo [pret'tseːmolo] *m* Petersilie *f;* **essere come il** ~ überall mitmischen *fam,* ein Tausendsassa sein
prezzo ['prɛttso] *m* Preis *m; (cartellino)* Preisschild *nt;* ~ **di favore** Vorzugspreis *m,* Sonderpreis *m;* ~ **di listino** Listenpreis *m,* Katalogpreis *m;* **a ~ di costo** zum Selbstkostenpreis; **a ~ di grossi** [*o* **grandi**] **sacrifici** unter großen Opfern; **a metà** ~ zum halben Preis; **a qualunque** ~ *(fig)* um jeden Preis, unbedingt; **pagare qc a caro** ~ *(fig)* etw teuer bezahlen; **non avere** ~ unbezahlbar sein; **tirare sul** ~ den Preis drücken
prezzolare [prettso'laːre] *vt* anwerben, dingen, kaufen *fam*
PRI *m abbr di* **Partito Repubblicano Italiano** *republikanische Partei Italiens*
pricing ['praisiŋ] <-> *m* COM, FIN Preisbildung *f,* Preisfestsetzung *f*
prigione [pri'dʒoːne] *f* ❶ *(carcere)* Gefängnis *nt* ❷ *(fig: luogo buio)* Loch *nt fam; (ambiente privo di libertà)* Gefängnis *nt,* Käfig *m*
prigionia [pridʒo'niːa] <-ie> *f* Gefangenschaft *f*
prigioniero, -a [pridʒo'niɛːro] **I.** *agg* ❶ *(carcerato)* gefangen ❷ *(fig)* gefangen, befangen; **essere ~ dei pregiudizi** in Vor-

P

urteilen befangen sein **II.** *m, f* Gefangene(r) *f(m)*

prima[1] ['priːma] *avv* ① *(temporale)* vorher, [zu]erst; *(più presto, una volta)* früher; **come ~** [so] wie früher; **quanto ~** so bald wie möglich; **ne so quanto ~** *(fam)* jetzt bin ich so schlau wie vorher; **~ di** vor; *(piuttosto)* bevor; **~ che** *+conj*, **~ di** *+inf* bevor; **~ o poi** früher oder später ② *(locale)* vor ③ *(in primo luogo)* zuerst, zunächst; **~ di tutto** vor allem; **~ il dovere, poi il piacere** [zu]erst die Arbeit, dann das Vergnügen

prima[2] *f* ① THEAT, FILM Premiere *f;* **~ TV** Fernsehpremiere *f* ② MOT erster Gang ③ *(scuola)* erste Klasse ④ FERR, NAUT, AERO erste Klasse ⑤ SPORT *(nella scherma)* Prim *f*

primario, -a [pri'maːrio] <-i, -ie> **I.** *agg* ① *(scuola)* Grund-; *(era)* paläozoisch ② *(importanza, interesse)* vorrangig, Spitzen- ③ *(settore)* Haupt-, Primär- **II.** *m, f* Chefarzt *m/*-ärztin *f,* Primar *m/*Primaria *f* A

primate [pri'maːte] *m* Primas *m*

primati [pri'maːti] *mpl* Primaten *mpl*

primaticcio, -a [prima'tittʃo] <-cci, -cce> *agg* frühreif, Früh-

primatista [prima'tista] <-i *m*, -e *f*> *mf* Rekordhalter(in) *m(f),* -inhaber(in) *m(f)*

primato [pri'maːto] *m* ① SPORT Rekord *m* ② *(superiorità)* Spitzenstellung *f,* Primat *nt o m;* **~ tecnologico** Technologievorsprung *m*

primavera [prima'vɛːra] *f* ① *(stagione)* Frühling *m,* Frühjahr *nt;* **in ~** im Frühling; **Primavera araba** POL Arabischer Frühling ② *(fig: anno)* Lenz *m geh,* Jahr *nt* ③ BOT Schlüsselblume *f*

primaverile [primave'riːle] *agg* frühlingshaft, Frühlings-

primeggiare [primed'dʒaːre] *vi* die erste Stelle einnehmen, führen

prime rate ['praim reit] <- *o* prime rates> *m* FIN Primerate *f*

primitiva *f v.* **primitivo**

primitivismo [primiti'vizmo] *m* Primitivismus *m*

primitivo, -a [primi'tiːvo] **I.** *agg* ① *(originario)* primitiv, urtümlich ② *(fig, pej)* primitiv; *(rozzo)* ungehobelt **II.** *m, f* ① *(di popolazione)* Ureinwohner(in) *m(f),* Eingeborene(r) *f(m)* ② *(fig, pej)* primitiver Mensch, Primitivling *m fam*

primizia [pri'mittsia] <-ie> *f* ① *(frutta)* Frühobst *nt; (verdura)* Frühgemüse *nt* ② *(notizia)* Neuigkeit *f; (pubblicazione)* Neuerscheinung *f*

primo ['priːmo] *m* ① *(primo giorno)* Erste(r) *m;* **il ~ dell'anno** der Neujahrstag; **il ~ di maggio** der Erste Mai ② *pl* die ersten Tage *(der Woche, des Monats, des Jahres);* **ai -i di maggio** in den ersten Maitagen, Anfang Mai; **sui -i del Novecento** am Anfang des 20. Jahrhunderts ③ GASTR erster Gang; **per ~ prenderò il risotto** als ersten Gang nehme ich Risotto

primo, -a I. *agg* ① *(gener)* erste(r, s); *(iniziale)* früh; *(prossimo)* nächste(r, s); *(più bravo)* beste(r, s), tüchtigste(r, s); **alla -a** beim ersten Mal; **Alessandro ~** Alexander der Erste; **nelle -e ore del mattino** in den ersten Morgenstunden; **in ~ luogo** an erster Stelle; **in un ~ tempo** zunächst, zuerst; **sulle -e** am Anfang; **di ~ grado** ersten Grades; **di prim'ordine** erstklassig, von höchstem Rang; **di -a qualità** COM erste Wahl; *(fig)* erstklassig; **di -a mano** *(fig)* aus erster Hand; **a -a vista** auf den ersten Blick ② *(fig: principale)* hauptsächlich, Haupt-; *(elementare)* grundlegend, Grund-; **~ piano** Vordergrund *m;* **-a donna** Primadonna *f;* **il ~ cittadino** POL der italienische Staatspräsident *m;* ADM der Bürgermeister *m* **II.** *m, f (di successione)* Erste(r) *f(m); (più bravo)* Beste(r) *f(m),* Tüchtigste(r) *f(m);* **essere il ~ in graduatoria** der Erste in der Rangordnung sein; **per ~** zuerst

primogenito, -a [primo'dʒɛːnito] **I.** *m, f* Erstgeborene(r) *f(m)* **II.** *agg* erstgeboren

primonovecentesco, -a [primonovetʃen'tesko] <-schi, -sche> *agg* Anfang des 20.Jahrhunderts; **gli anni -schi** zu Beginn des 20.Jahrhunderts

primordi [pri'mɔrdi] *mpl* [erste] Anfänge *mpl*

primordiale [primor'diaːle] *agg* ① *(dei primordi)* anfänglich, Anfangs-; *(primigenio)* ursprünglich, Ur-; **istinto ~** Urinstinkt *m* ② *(fig: antiquato)* unterentwickelt, antiquiert

primula ['priːmula] *f* Primel *f*

principale [printʃi'paːle] **I.** *agg* ① *(più importante)* hauptsächlich, wichtigste(r, s) ② *(di maggior valore)* wertvollste(r, s), Haupt- ③ *(di maggior autorità)* bedeutendste(r, s), führend ④ LING Haupt- **II.** *mf* Chef(in) *m(f),* Vorgesetzte(r) *f(m)*

principalmente [printʃipal'mente] *avv* hauptsächlich, vor allem

principato [printʃi'paːto] *m* ① *(stato)* Fürstentum *nt* ② *(dignità, governo)* Herrschaft *f*

principe[1] ['printʃipe] *m* ① *(sovrano)* Herrscher *m,* Fürst *m* ② *(figlio di sovrano)* [Kron]prinz *m;* **~ azzurro** Märchenprinz *m* ③ *(fam fig)* König *m;* **fare una vita da ~** fürstlich leben

principe[2] *agg inv* **edizione** ~ Erstausgabe *f*

principesco, -a [printʃi'pesko] <-schi, -sche> *agg* fürstlich, Fürsten-

principessa [printʃi'pessa] *f* Prinzessin *f,* Fürstin *f*

principiante [printʃi'piante] *mf* Anfänger(in) *m(f)*

principiare [printʃi'pia:re] *vt, vi essere o avere* beginnen, anfangen; **è** [*o* **ha**] **principiato a nevicare** es hat zu schneien begonnen; **a ~ da …** ab …

principio [prin'tʃi:pio] <-i> *m* ① *(inizio)* Anfang *m,* Beginn *m; (di luogo)* Anfang *m;* **da** [*o* **in**] [*o* **al**] ~ am Anfang, zu Beginn; [**sin**] **dal** ~ von Anfang an ② *(origine)* Ursprung *m,* Anfang *m* ③ *(concetto fondamentale)* Prinzip *nt,* Grundsatz *m; (norma)* Regel *f,* Norm *f;* **questione di ~** Grundsatzfrage *f;* **in linea di ~, per ~** grundsätzlich, prinzipiell

priore [pri'o:re] *m* ① REL Prior *m* ② HIST Zunftvorsteher *m*

priorità [priori'ta] <-> *f* Priorität *f,* Vorrang *m*

prioritario, -a [priori'ta:rio] <-i, -ie> *agg* Vorzugs-, bevorzugt; *(impegno, scelta, interesse)* vorrangig

priorizzare [priorid'dza:re] *vt* priorisieren

prisma ['prizma] <-i> *m* Prisma *nt*

prismatico, -a [priz'ma:tiko] <-ci, -che> *agg* Prisma-, prismatisch

privacy ['praivəsi *o* 'praivasi] <-> *f* Privatsphäre *f*

privare [pri'va:re] **I.** *vt* **~ qu di qc** jdn einer Sache *gen* berauben **II.** *vr* **-rsi di qc** auf etw *akk* verzichten

privata *f v.* **privato**

privatista [priva'tista] <-i *m,* -e *f*> *mf (studente)* Privatschüler(in) *m(f)*

privativa [priva'ti:va] *f* Monopol *nt;* **~ industriale** Patentschutz *m*

privatizzabile [privatid'dza:bile] *agg* FIN privatisierbar

privatizzare [privatid'dza:re] *vt* privatisieren

privatizzazione [privatiddzat'tsio:ne] *f* FIN Privatisierung *f*

privato [pri'va:to] *m* Privatleben *nt,* Privatsphäre *f*

privato, -a **I.** *agg* privat, Privat-; **in ~** privat, persönlich **II.** *m, f* Privatperson *f,* Privatmann *m*

privazione [privat'tsio:ne] *f* ① *(rinuncia)* Entbehrung *f,* Verzicht *m* ② JUR Entzug *m,* Aberkennung *f*

privé [pri've:] <-> *m abgetrennter Saal in einem Restaurant, Casino, etc.*

privilegiare [privile'dʒa:re] *vt* privilegieren; *(a. fig)* bevorzugen

privilegiato, -a [privile'dʒa:to] **I.** *agg* privilegiert **II.** *m, f* Privilegierte(r) *f(m)*

privilegio [privi'lɛ:dʒo] <-gi> *m* ① *(onore)* Ehre *f,* Privileg *nt;* **avere il ~ di …** die Ehre haben, zu … ② *(vantaggio)* Vorzug *m,* Privileg *nt*

privo, -a ['pri:vo] *agg* **~ di** ohne, -los; **cadere ~ di sensi** bewusstlos zusammenbrechen

pro [prɔ] **I.** *prep* zugunsten *+gen,* für *+akk* **II.** *m* <-> Für *nt,* Pro *nt; (utilità)* Nutzen *m;* **a che ~?** wozu?, wofür?; **buon ~ gli faccia!** *(fam scherz)* wohl bekomm's!; **il ~ ed il contro** das Für und Wider, das Pro und Kontra

probabile [pro'ba:bile] *agg* wahrscheinlich

probabilità [probabili'ta] <-> *f (attendibilità)* Wahrscheinlichkeit *f; (possibilità)* Chance *f,* Möglichkeit *f,* Aussicht *f;* **avere una ~ su cento** eine Chance von eins zu hundert haben; **con molta** [*o* **tutta**] [*o* **ogni**] **~** aller Wahrscheinlichkeit nach, sehr wahrscheinlich

probabilmente [probabil'mente] *avv* wahrscheinlich

probante [pro'bante] *agg* überzeugend, beweisend

probiotico [pro'biɔ:tiko] <-ci, -che> *agg* probiotisch

probità [probi'ta] <-> *f* Redlichkeit *f,* Rechtschaffenheit *f*

problema [pro'blɛ:ma] <-i> *m* ① *(gener)* Problem *nt; (difficoltà)* Schwierigkeit *f;* MAT Frage *f,* Aufgabe *f* ② *(fig: persona)* Problemfall *m,* Problem *nt*

problematica [proble'ma:tika] <-che> *f* Problematik *f*

problematicità [problematitʃi'ta] <-> *f* Fraglichkeit *f*

problematico, -a [proble'ma:tiko] <-ci, -che> *agg* problematisch, schwierig; *(poco attendibile)* fraglich, zweifelhaft

problematizzare [problematid'dza:re] *vt* ① *(rendere problematico)* verkomplizieren ② *(analizzare criticamente)* problematisieren

probo, -a ['prɔ:bo] *agg (poet)* redlich, rechtschaffen

proboscide [pro'bɔʃʃide] *f* Rüssel *m*

procacciare [prokat'tʃa:re] *vt* besorgen, beschaffen; *(fig)* verschaffen

procace [pro'ka:tʃe] *agg (poet)* provozierend, herausfordernd

procapite, pro capite [pro'ka:pite] *avv* pro Kopf, Pro-Kopf-

procedere [pro'tʃɛ:dere] <procedo, procedei *o* procedetti, proceduto> *vi* ① *essere (avanzare)* vorangehen, voranschreiten

P

② *avere (fig: seguitare)* fortfahren, weitermachen ③ *essere (seguire il proprio corso)* [voran]gehen, laufen ④ *avere (dare inizio)* **~ a qc** mit etw beginnen, etw vornehmen ⑤ *avere* JUR **~ contro qu** gerichtlich gegen jdn vorgehen

procedimento [protʃedi'mento] *m* Vorgang *m;* JUR Verfahren *nt*

procedura [protʃe'du:ra] *f* Prozedur *f;* ADM Vorgang *m;* JUR Verfahren *nt;* **~ burocratica** Amtsvorgang *m;* **~ di espulsione** Abschiebungsverfahren *nt*

procedurale [protʃedu'ra:le] *agg* Verfahrens-

proceduto *pp di* **procedere**

processare [protʃes'sa:re] *vt* vor Gericht stellen

processione [protʃes'sio:ne] *f* Prozession *f*

processo [pro'tʃɛsso] *m* ① JUR Verfahren *nt,* Prozess *m;* **~ civile/penale** Zivil-/Strafprozess *m* ② *(procedimento)* Verfahren *nt* ③ *(sviluppo)* Vorgang *m,* Prozess *m*

processore *m* INFORM Prozessor *m*

processuale [protʃessu'a:le] *agg* Verfahrens-, Prozess-

procinto [pro'tʃinto] *m* **in ~ di ...** *+inf* im Begriff, zu ... *+inf*

procione [pro'tʃo:ne] *m* Waschbär *m*

proclama [pro'kla:ma] <-i> *m* Aufruf *m*

proclamare [prokla'ma:re] *vt* proklamieren, erklären; **~ lo sciopero generale** den Generalstreik ausrufen

proclamazione [proklamat'tsio:ne] *f* Ausrufung *f,* Proklamation *f*

procrastinare [prokrasti'na:re] *vt (poet)* aufschieben, hinausschieben

procreare [prokre'a:re] *vt* zeugen

procreatica [prokre'a:tika] <-che> *f* künstliche Befruchtung im Reagenzglas

procreazione [prokreat'tsio:ne] *f* Fortpflanzung *f,* Zeugung *f*

procura [pro'ku:ra] *f* ① JUR Vollmacht *f;* COM Prokura *f;* **matrimonio per ~** Ferntrauung *f* ② *(ufficio)* Staatsanwaltschaft *f*

procurare [proku'ra:re] *vt* ① *(fare avere)* besorgen; *(a. fig)* verschaffen ② *(causare)* verursachen, bereiten

procuratore, -trice [prokura'to:re] *m, f* ① JUR *(magistrato)* Staatsanwalt *m/*-anwältin *f; (laureato in legge)* Anwaltsanwärter(in) *m(f);* **Procuratore Generale** ≈ Generalstaatsanwalt *m;* **~ della Repubblica** Staatsanwalt *m;* **~ legale** Rechtsanwalt *m* ② COM Bevollmächtigte(r) *f(m),* Prokurist(in) *m(f)*

proda ['prɔ:da] *f* Ufer *nt*

prode ['prɔ:de] **I.** *agg (poet)* kühn, tapfer **II.** *m (poet)* tapferer Recke, Held *m*

prodezza [pro'dettsa] *f* ① *(coraggio)* Kühnheit *f* ② LIT, HIST Heldentat *f*

prodiga *f v.* **prodigo**

prodigalità [prodigali'ta] <-> *f* Großzügigkeit *f,* Freigebigkeit *f*

prodigarsi [prodi'garsi] *vr* **~ per qu** sich für jdn aufopfern

prodigio[1] [pro'di:dʒo] <-gi> *m* Wunder *nt*

prodigio[2] *agg inv* Wunder-; **bambino ~** Wunderkind *nt;* **fanciullo** [*o* **ragazzo**] **~** Wunderknabe *m*

prodigioso, -a [prodi'dʒo:so] *agg* wunderbar, Wunder-; *(memoria, cultura)* außerordentlich, phänomenal

prodigo, -a ['prɔ:digo] <-ghi, -ghe> *agg* ① *(pej: che dà senza misura)* verschwenderisch; **la parabola del figliol ~** das Gleichnis vom verlorenen Sohn ② *(fig: generoso)* freigebig

proditorio, -a [prodi'tɔ:rio] <-i, -ie> *agg* verräterisch; **omicidio ~** Meuchelmord *m*

prodotto[1] [pro'dotto] *pp di* **produrre**

prodotto[2] *m* ① COM Erzeugnis *nt,* Produkt *nt;* **~ alimentare** Lebensmittel *nt;* **~ interno lordo** Bruttoinlandsprodukt *nt;* **~ nazionale** Volkseinkommen *nt;* **~ sociale lordo** Bruttosozialprodukt *nt;* **-i di bellezza** Kosmetikartikel *mpl,* Kosmetika *ntpl* ② *(risultato)* Ergebnis *nt* ③ *(fig: della fantasia, del pensiero)* Produkt *nt*

prodromo ['prɔ:dromo] *m* ① *(segno precorrente)* Vorzeichen *nt* ② MED Prodrom *nt,* Frühsymptom *nt* ③ ARCH Pronaos *m*

producibile [produ'tʃi:bile] *agg* herstellbar, erzeugbar

producibilità [produtʃibili'ta] <-> *f* Herstellbarkeit *f,* Erzeugbarkeit *f*

produco *1. pers sing pr di* **produrre**

product manager ['prɔdʌkt 'mænidʒə] <- *o* product managers> *mf* COM Produktmanager(in) *m(f)*

produrre [pro'durre] <produco, produssi, prodotto> **I.** *vt* ① COM erzeugen, produzieren; AGR erzeugen; *(fabbricare)* herstellen ② *(dare)* liefern, hervorbringen ③ *(causare)* verursachen, hervorrufen; *(generare)* erzeugen ④ *(presentare)* vorlegen; *(al pubblico)* vorstellen, vorführen ⑤ JUR *(prove, documento)* anführen; *(testimone)* vorführen **II.** *vr* **-rsi** ① THEAT auftreten ② *(formarsi)* sich bilden

produttività [produttivi'ta] <-> *f* ① COM Produktivität *f* ② AGR Ertragfähigkeit *f*

produttivo, -a [produt'ti:vo] *agg* ① COM produktiv; AGR ergiebig, ertragreich ② *(di produzione)* Herstellungs-, Produktions- ③ *(fig)* produktiv

produttore, -trice [produt'to:re] **I.** *m, f*

① COM Hersteller(in) *m(f)*, Erzeuger(in) *m(f);* AGR Erzeuger *m* ② FILM Produzent(in) *m(f)* **II.** *agg* Herstellungs-, Produktions-; **casa -trice** Herstellerfirma *f;* **i paesi -i di cacao** die kakaoproduzierenden Länder

produzione [produt'tsio:ne] *f* ① COM Erzeugung *f*, Produktion *f;* AGR Erzeugung *f; (fabbricazione)* Herstellung *f;* FILM Produktion *f;* ~ **in serie** Serienherstellung *f*, Serienproduktion *f;* ~ **a catena** Fließbandfertigung *f*, Fließbandproduktion *f;* ~ **integrata** Produktionsverbund *m;* **costo di** ~ Produktionskosten *pl* ② *(formazione)* Bildung *f* ③ LIT, MUS Schaffen *nt; (opera)* Werk *nt* ④ ADM *(di documenti)* Vorlage *f* ⑤ JUR *(di prove)* Anführung *f; (di testimone)* Vorführung *f*

proemio [pro'ɛ:mio] <-i> *m* Einleitung *f*, Vorwort *nt*

profana *f v.* **profano**

profanare [profa'na:re] *vt* entweihen

profanazione [profanat'tsio:ne] *f* Entweihung *f*

profano [pro'fa:no] *m* Weltliche(s) *nt*, Profane(s) *nt*

profano, -a *agg (mondano)* weltlich, profan; *(fig)* profan

proferire [profe'ri:re] <proferisco> *vt* ① *(parola, frase)* aussprechen ② *(giuramento, voto)* ablegen

professare [profes'sa:re] **I.** *vt* ① *(dichiarare)* bekunden, bezeigen ② *(manifestare)* sich bekennen zu **II.** *vr* **-rsi** sich erklären; **si professa mio amico** er sagt, er sei mein Freund

professionale [professio'na:le] *agg* beruflich, professionell

professionalità [professionali'ta] <-> *f* Professionalität *f*

professionalizzare [professionalid'dza:re] **I.** *vt* professionalisieren **II.** *vr* **-rsi** professionell werden

professionalizzazione [professionaliddzat'tsio:ne] *f* Professionalisierung *f*

professione [profes'sio:ne] *f* ① *(attività)* Beruf *m*, Gewerbe *nt* ② *(dichiarazione)* Bekundung *f*, Bezeugung *f;* REL *(di fede)* Bekenntnis *nt; (dei voti)* Gelübde *nt*

professionismo [professio'nizmo] *m* SPORT Berufssport *m*, Profisport *m*

professionista [professio'nista] <-i *m*, -e *f*> *mf* SPORT Berufssportler(in) *m(f)*, Profi *m fam;* **libero** ~ Freiberufler(in) *m(f)*

professionistico, -a [professio'nistiko] <-ci, -che> *agg* Profi-, Berufs-

professorale [professo'ra:le] *agg* ① *(di, da professore)* professorenmäßig, Professor- ② *(fig, pej)* schulmeisterlich

professorato [professo'ra:to] *m* Professur *f*, Lehramt *nt*

professore, -essa [profes'so:re, profes-so'ressa] *m, f (insegnante)* Lehrer(in) *m(f); (di università)* Professor(in) *m(f);* ~ **incaricato** Lehrbeauftragte(r) *m;* ~ **straordinario/di ruolo** außerordentlicher/ordentlicher Professor

profeta, -tessa [pro'fɛ:ta, profe'tessa] <-i, -esse> *m, f* Prophet(in) *m(f)*

profetico, -a [pro'fɛ:tiko] <-ci, -che> *agg* prophetisch

profetizzare [profetid'dza:re] *vt, vi* prophezeien, weissagen

profezia [profet'tsi:a] <-ie> *f* Prophezeiung *f; (di astrologo)* Weissagung *f*

proficuo, -a [pro'fi:kuo] *agg* gewinnbringend, nützlich

profilare [profi'la:re] **I.** *vt* ① *(delineare i contorni)* abzeichnen, umreißen ② *(orlare)* besetzen **II.** *vr* **-rsi** ① *(risaltare)* sich abheben, sich abzeichnen ② *(essere imminente)* sich abzeichnen

profilassi [profi'lassi] <-> *f* Prophylaxe *f*, Krankheitsverhütung *f*

profilato [profi'la:to] *m* Profil[eisen] *nt*

profilato, -a *agg* ① *(ben delineato)* abgezeichnet, konturiert ② *(abito, gonna)* betresst

profilatrice [profila'tri:tʃe] *f* Profilmaschine *f*

profilattico [profi'lattiko] <-ci> *m* Präservativ *nt*, Kondom *nt o m*

profilattico, -a <-ci, -che> *agg* prophylaktisch, krankheitsverhütend

profilatura [profila'tu:ra] *f* Profilierung *f*

profilo [pro'fi:lo] *m* ① *(gener)* Profil *nt* ② *(linea)* Umriss *m*, Kontur *f* ③ *(fig)* Charakterisierung *f*, Kurzbeschreibung *f*

profiterole [prɔfi'trɔl] <-> *m Eclair mit Sahnefüllung und Schokoladensoße*

profittare [profit'ta:re] *vi* ~ **di qc** aus etw Nutzen ziehen

profittatore, -trice [profitta'to:re] *m, f* Nutznießer(in) *m(f)*

profittevole [profit'te:vole] *agg* gewinnbringend, nützlich

profitto [pro'fitto] *m* ① *(vantaggio)* Profit *m*, Nutzen *m;* **trarre** ~ **da qc** aus etw Profit ziehen ② *(fig: progresso)* Fortschritt *m*, Erfolg *m* ③ COM Profit *m*, Gewinn *m*

profondere [pro'fondere] <irr> **I.** *vt (lodi, complimenti)* austeilen, um sich werfen mit **II.** *vr* **-rsi in qc** sich in etw *dat* ergehen

profondità [profondi'ta] <-> *f* ① *(gener)* Tiefe *f* ② *(fig: intensità)* Stärke *f*

profondo [pro'fondo] *m* Tiefe *f;* **psicologia del** ~ Tiefenpsychologie *f*

P

profondo, **-a** *agg* ① *(gener)* tief ② *(fig: intenso)* tief; *(sentimento)* stark; *(non superficiale)* tiefgehend, gründlich

proforma [pro'forma], **pro forma** [prɔ 'forma] **I.** *avv o agg inv* pro forma **II.** *m* <-> Formalität *f*

profugo, **-a** ['prɔːfugo] <-ghi, -ghe> **I.** *agg* [heimat]vertrieben, flüchtend **II.** *m, f* Flüchtling *m,* [Heimat]vertriebene(r) *f(m)*

profumare [profu'maːre] **I.** *vt avere* [ein]parfümieren **II.** *vi essere* ~ **[di qc]** [nach etw] duften **III.** *vr* **-rsi** sich parfümieren

profumatamente [profumata'mente] *avv* teuer; **pagare qc** ~ für etw einen saftigen Preis zahlen *fam*

profumeria [profume'riːa] <-ie> *f* ① *(negozio)* Parfümerie *f* ② *(fabbricazione)* Parfümherstellung *f*

profumiere, **-a** [profu'miɛːre] *m, f* ① *(fabbricante)* Parfümhersteller(in) *m(f),* Parfümeur *m* ② *(rivenditore)* Parfümhändler(in) *m(f)*

profumiero, **-a** [profu'miɛːro] *agg* Parfüm-

profumo [pro'fuːmo] *m* ① *(fragranza)* Duft *m* ② *(essenza)* Parfüm *nt*

profusi *1. pers sing pass rem di* **profondere**

profusione [profu'zioːne] *f* **a** ~ im Überfluss

profuso *pp di* **profondere**

progenie [pro'dʒɛːnie] <-> *f (poet)* Geschlecht *nt*

progenitore, **-trice** [prodʒeni'toːre] *m, f* ① *(capostipite)* Stammvater *m/*-mutter *f* ② *pl (antenati)* Vorfahren *mpl*

progesterone [prodʒeste'roːne] *m* Progesteron *nt*

progettare [prodʒet'taːre] *vt* ① *(viaggio, spedizione)* planen ② *(ponte, diga)* planen, entwerfen

progettazione [prodʒettat'tsioːne] *f* Planung *f*

progettista [prodʒet'tista] <-i *m,* -e *f*> *mf* ① Entwerfer(in) *m(f)* ② TEC Planer(in) *m(f),* Konstrukteur(in) *m(f)*

progettistica [prodʒet'tistika] <-che> *f* Planung *f*

progetto [pro'dʒɛtto] *m* ① COM Projekt *nt;* JUR, TEC Entwurf *m;* ~ **di legge** Gesetzentwurf *m;* ~ **di riforma** Reformvorhaben *nt* ② *(proposito)* Plan *m* ③ *(ideazione)* Planung *f;* **essere in** ~ in Planung sein, geplant sein

prognosi ['prɔɲɲozi] <-> *f* Prognose *f*

programma [pro'gramma] <-i> *m* ① *(gener,* POL, LIT, COM, INFORM Programm *nt;* **avere in** ~ **qc** etw vorhaben; ~ **antivirus** INFORM Antivirenprogramm *nt;* ~ **mail** INFORM Mailprogramm *nt;* ~ **di** **[video]scrittura** INFORM Textverarbeitungsprogramm *nt* ② *(elenco di spettacoli)* Programm *nt; (singolo spettacolo)* Vorstellung *f; (opuscolo)* Programmheft *nt;* **fuori** ~ nicht programmgemäß, außerplanmäßig ③ *(di scuola)* [Lehr]stoff *m*

programmare [program'maːre] *vt* ① FILM, THEAT, TV, RADIO aufs Programm setzen, ins Programm nehmen ② INFORM programmieren ③ COM planen

programmatico, **-a** [program'maːtiko] <-ci, -che> *agg* programmatisch

programmatore, **-trice** [programma'toːre] *m, f* ① INFORM Programmierer(in) *m(f)* ② COM Wirtschaftsplaner(in) *m(f)*

programmazione [programmat'tsioːne] *f* ① COM [Wirtschafts]planung *f* ② INFORM Programmierung *f* ③ *(di scuola)* Lehrplan *m*

progredire [progre'diːre] <progredisco> *vi essere o avere* ① *(avanzare)* fortschreiten, voranschreiten ② *(far progressi)* Fortschritte machen, vorankommen

progredito, **-a** [progre'diːto] *agg* fortschrittlich, fortgeschritten

progressione [progres'sioːne] *f* ① MAT Reihe *f* ② *(aumento)* Steigerung *f,* Zunahme *f;* **essere in** ~ ansteigen ③ MUS Sequenz *f*

progressismo [progres'sizmo] *m* POL Progressismus *m*

progressista [progres'sista] <-i *m,* -e *f*> **I.** *mf* Fortschrittsgläubige(r) *f(m),* Progressist(in) *m(f)* **II.** *agg* fortschrittlich, Fortschritts-

progressistico, **-a** [progres'sistiko] <-ci, -che> *agg* progressiv

progressività [progressivi'ta] <-> *f* stufenweise Erhöhung, Progressivität *f*

progressivo, **-a** [progres'siːvo] *agg* fortschreitend, progressiv; **imposta -a** Progressivsteuer *f*

progresso [pro'grɛsso] *m (perfezionamento)* Fortschritt *m; (sviluppo)* Weiterentwicklung *f,* Fortentwicklung *f;* **far -i** Fortschritte machen, vorankommen

proibire [proi'biːre] <proibisco> *vt* verbieten, untersagen

proibitivo, **-a** [proibi'tiːvo] *agg* ① *(decreto, provvedimento)* verbietend, prohibitiv ② *(prezzi)* unerschwinglich

proibizione [proibit'tsioːne] *f* Verbot *nt,* Verbieten *nt*

proibizionismo [proibittsio'nizmo] *m* Prohibition *f*

proiettare [proiet'taːre] **I.** *vt* ① FILM, FOTO vorführen; *(sullo schermo)* projizieren ② *(gettar fuori)* hinauswerfen, hinaus-

P

schleudern ③ *(fig)* ~ **qc in qc** etw auf [*o* in] etw *akk* projizieren **II.** *vr* **-rsi** *(riflettersi)* sich auswirken

proiettile [proiet'ti:le] *m* Geschoss *nt,* Projektil *nt*

proiettore [proiet'to:re] *m* ① FILM, FOTO Projektor *m* ② MOT Scheinwerfer *m* ③ INFORM Beamer *m*

proiezione [proiet'tsio:ne] *f* ① FILM, FOTO Vorführung *f; (sullo schermo)* Projektion *f* ② MAT, GEOG Projektion *f* ③ *(lancio)* Werfen *nt*

project manager ['prɔdʒekt 'mænidʒə] <- *o* project managers> *mf* Projektleiter(in) *m(f)*

prolasso [pro'lasso] *m* Prolaps *m,* Vorfall *m*

prole ['prɔ:le] *f* Kinder *ntpl,* Nachkommen *mpl*

proletaria *f v.* **proletario**

proletariato [proleta'ria:to] *m* Proletariat *nt*

proletario, -a [prole'ta:rio] <-i, -ie> **I.** *agg* proletarisch **II.** *m, f* Proletarier(in) *m(f)*

proletarizzare [proletarid'dza:re] **I.** *vt* proletarisieren **II.** *vr* **-rsi** zum Proletarier werden

proletarizzazione [proletariddzat'tsio:ne] *f* Proletarisierung *f*

proliferare [prolife'ra:re] *vi* ① BIOL wuchern ② *(fig: moltiplicarsi)* wuchern, sich vermehren

proliferazione [proliferat'tsio:ne] *f* ① BIOL Wucherung *f* ② *(fig: espansione)* Vermehrung *f,* Ausbreitung *f,* Proliferation *f geh*

prolifero, -a [pro'li:fero] *agg* wuchernd

prolificare [prolifi'ka:re] *vi* ① BIOL sich fortpflanzen, sich vermehren; BOT keimen ② *(fig: espandersi)* sich ausbreiten

prolificazione [prolifikat'tsio:ne] *f* ① BIOL Fortpflanzung *f,* Vermehrung *f;* BOT Keimung *f* ② *(fig)* Ausbreitung *f,* Sichausbreiten *nt*

prolificità [prolifitʃi'ta] <-> *f* ① BIOL Zeugungsfreudigkeit *f* ② *(fig: fecondità)* Fruchtbarkeit *f*

prolifico, -a [pro'li:fiko] <-ci, -che> *agg* ① *(fecondo)* zeugungsfreudig, fruchtbar ② *(fig)* schaffensfreudig, fruchtbar

prolissità [prolissi'ta] <-> *f* Weitschweifigkeit *f,* Langatmigkeit *f*

prolisso, -a [pro'lisso] *agg* langatmig, ausschweifend

prologo ['prɔ:logo] <-ghi> *m* Prolog *m; (personaggio, preambolo)* Einleitung *f*

prolunga [pro'luŋga] <-ghe> *f* ① EL Verlängerung *f,* Verlängerungskabel *nt,* Verlängerungsschnur *f* ② *(estensione)* Verlängerung *f*

prolungamento [proluŋga'mento] *m* Verlängerung *f;* ~ **della vita** Lebensverlängerung

prolungare [proluŋ'ga:re] **I.** *vt* ① *(rendere più lungo)* verlängern ② *(fig)* in die Länge ziehen **II.** *vr* **-rsi** ① *(estendersi)* sich ausbreiten, sich verlängern; *(nello spazio)* sich verlängern, sich erstrecken; *(nel tempo)* sich hinziehen, sich in die Länge ziehen ② *(nel discorso)* ausschweifen, ausholen

promemoria [prome'mɔ:ria] <-> *m* [Akten]notiz *f,* Merkzettel *m*

promessa [pro'messa] *f* ① *(parola)* Versprechen *nt;* **fare una** ~ ein Versprechen geben; **-e** Versprechungen *fpl* ② *(fig: giovane)* Hoffnung *f*

promesso, -a [pro'messo] **I.** *pp di* **promettere** **II.** *agg (sposo)* versprochen; *(terra)* gelobt **III.** *m, f* Verlobte(r) *f(m)*

promettente [promet'tɛnte] *agg* viel versprechend

promettere [pro'mettere] <irr> **I.** *vt* ① *(impegnarsi)* versprechen ② *(fig: far intravedere)* aussehen nach **II.** *vr* **-rsi** sich versprechen; *(a Dio)* sich weihen

prominente [promi'nɛnte] *agg* vorspringend

prominenza [promi'nɛntsa] *f* Vorspringen *nt,* Vorsprung *m*

promiscuità [promiskui'ta] <-> *f* Vermischung *f; (sessuale)* Promiskuität *f*

promiscuo [pro'miskuo] *m* Kombiwagen *m*

promiscuo, -a *agg* gemischt; *(classe, scuola)* Gemeinschafts-; LING beidgeschlechtig; *(sessualmente)* promisk

promisi *1. pers sing pass rem di* **promettere**

promontorio [promon'tɔ:rio] <-i> *m* Kap *nt*

promossi *1. pers sing pass rem di* **promuovere**

promosso, -a [pro'mɔsso] **I.** *pp di* **promuovere** **II.** *agg* gefördert, versetzt **III.** *m, f* [in die nächste Klasse] versetzte(r) Schüler(in) *m(f)*

promotion [prə'mouʃən] <-> *f* Werbung *f,* Promotion *f*

promotore, -trice [promo'to:re] **I.** *m, f* Förderer *m*/Förderin *f; (iniziatore)* Initiator(in) *m(f)* **II.** *agg* Förderer-

promozionale [promot'tsio'na:le] *agg* Werbe-, Promotion-

promozione [promot'tsio:ne] *f* ① *(avanzamento)* Beförderung *f; (di alunno)* Versetzung *f;* SPORT [Tabellen]aufstieg *m* ② COM Werbung *f,* Promotion *f*

prompt *m* ~ **dei comandi** INFORM Eingabeaufforderung *f*

promulgare [promul'ga:re] *vt* ❶ JUR *(legge)* erlassen ❷ *(diffondere)* verbreiten, verkünden
promulgazione [promulgat'tsio:ne] *f* ❶ JUR *(di legge)* Erlass *m* ❷ *(divulgazione)* Verbreitung *f,* Verkündung *f*
promuovere [pro'muɔ:vere] <irr> *vt* ❶ *(proporre)* anregen, fördern; *(iniziare)* initiieren; *(arti, cultura, ricerca)* fördern ❷ *(far avanzare)* befördern; *(alunno)* versetzen
pronipote [proni'po:te] *mf* ❶ *(dei nonni)* Urenkel(in) *m(f); (degli zii)* Großneffe *m*/-nichte *f* ❷ *pl* Nachkommen *mpl*
pronome [pro'no:me] *m* Pronomen *nt,* Fürwort *nt*
pronominale [pronomi'na:le] *agg* pronominal, Pronominal-
pronosticare [pronosti'ka:re] *vt* voraussagen, prognostizieren
pronostico [pro'nɔstiko] <-ci> *m* Voraussage *f,* Prognose *f*
prontezza [pron'tettsa] *f* Promptheit *f,* Schnelligkeit *f*
pronto ['pronto] *int* TEL hallo!
pronto, -a *agg* ❶ *(preparato)* bereit, fertig; **essere ~ per partire** reisefertig sein; **-i? Attenti, via!** auf die Plätze, fertig, los! ❷ *(disposto)* bereit; **essere ~ a fare qc** bereit sein etw zu tun; **essere ~ a tutto** zu allem bereit sein ❸ *(rapido)* schnell, rasch; *(cosa)* prompt, sofortig; **~ soccorso** erste Hilfe; **auguri di -a guarigione** Glückwünsche zur baldigen Genesung ❹ *(facile)* leicht, schnell
prontuario [prontu'a:rio] <-i> *m* Handbuch *nt*
pronuncia [pro'nuntʃa] <-ce> *f* ❶ LING Aussprache *f* ❷ JUR Urteilsspruch *m,* Entscheidung *f*
pronunciare [pronun'tʃa:re] **I.** *vt (parola, consonante)* aussprechen; *(giudizio, sentenza)* sprechen, verkünden; *(discorso)* halten **II.** *vr* **-rsi** ❶ *(esprimere giudizio)* sich aussprechen ❷ JUR urteilen
pronunciato [pronun'tʃa:to] *m* JUR Urteilsspruch *m*
pronunciato, -a *agg* ❶ *(naso, mento)* ausgeprägt ❷ *(fig)* ausgeprägt, ausgesprochen
pronunzia [pro'nuntsia] *f v.* **pronuncia**
proof-reading [pru:f 'ri:diŋ] *m* Korrekturlesen *nt;* **fare il ~** Korrektur lesen
propaganda [propa'ganda] *f* Propaganda *f,* Werbung *f;* **~ dell'odio** Hasspropaganda *f*
propagandare [propagan'da:re] *vt* verbreiten, propagieren
propagandista [propagan'dista] <-i *m,* -e *f*> *mf* ❶ *(chi fa propaganda)* Propagandist(in) *m(f)* ❷ COM [Handels]vertreter(in) *m(f)*
propagandistico, -a [propagan'distiko] <-ci, -che> *agg* propagandistisch, Werbe-
propagare [propa'ga:re] **I.** *vt (fig: fede, dottrina)* verbreiten, propagieren **II.** *vr* **-rsi** ❶ *(diffondersi)* sich ausbreiten, sich ausdehnen ❷ BIOL sich fortpflanzen, sich vermehren
propagatore, -trice [propaga'to:re] *m, f* Verbreiter(in) *m(f),* Verkünder(in) *m(f)*
propagazione [propagat'tsio:ne] *f* ❶ PHYS Verbreitung *f; (della luce)* Fortpflanzung *f; (del calore, suono)* Ausbreitung *f* ❷ *(diffusione)* Verbreitung *f,* Ausbreitung *f* ❸ BIOL Fortpflanzung *f,* Vermehrung *f*
propaggine [pro'paddʒine] *f (diramazione)* Verzweigung *f; (di un monte)* Ausläufer *m; (di una stirpe)* Nachkommen *mpl*
propalare [propa'la:re] *vt* verbreiten, ausplaudern
propano [pro'pa:no] *m* Propan[gas] *nt*
propedeutica [prope'dɛ:utika] <-che> *f* Propädeutik *f*
propedeutico, -a [prope'dɛ:utiko] <-ci, -che> *agg* propädeutisch
propellente [propel'lɛnte] **I.** *agg* vorwärtstreibend, Treib- **II.** *m* Treibstoff *m*
propendere [pro'pɛndere] <propendo, propendei *o* propesi, propenso> *vi* **~ per qu/qc** zu jdm/etw neigen, für jdn/etw sein
propensione [propen'sio:ne] *f* ❶ *(l'essere propenso)* Neigung *f;* **avere la ~ a fare qc** geneigt sein, etw zu tun ❷ *(disposizione)* Anlage *f;* **avere ~ per la musica** musisch veranlagt sein
propenso, -a [pro'pɛnso] **I.** *pp di* **propendere II.** *agg* geneigt; **essere** [*o* **sentirsi**] **~ verso qu** jdm geneigt sein
propesi [pro'pe:si] *1. pers sing pass rem di* **propendere**
propilene [propi'lɛ:ne] *m* Propylen *nt*
propinare [propi'na:re] *vt* ❶ *(somministrare)* [ein]geben, verabreichen ❷ *(fig, scherz)* auftischen, unterjubeln *fam*
propiziare [propit'tsia:re] *vt* günstig stimmen, geneigt machen
propiziatore, -trice [propittsia'to:re] **I.** *agg* günstig stimmend **II.** *m, f* Fürsprecher(in) *m(f)*
propiziatorio, -a [propittsia'tɔ:rio] <-i, -ie> *agg* günstig stimmend, Versöhnungs-
propiziatrice *f v.* **propiziatore**
propizio, -a [pro'pittsio] <-i, -ie> *agg* günstig
proponente [propo'nɛnte] *mf* Antragssteller(in) *m(f)*
propongo *1. pers sing pr di* **proporre**

P

proponibile [propo'ni:bile] *agg* vorschlagbar

proponimento [proponi'mento] *m* Vorsatz *m*

proporre [pro'porre] <irr> **I.** *vt* vorschlagen; *(tesi, problema)* vorbringen; *(questione, mozione, richiesta)* stellen **II.** *vr* **-rsi** sich *dat* vornehmen; **-rsi un fine** [*o* **una meta**] sich *dat* ein Ziel stecken

proporzionale [proportsio'na:le] *agg* ① *(della proporzione)* verhältnismäßig, proportional; **elezione ~** Verhältniswahl *f* ② MAT proportional

proporzionalità [proportsionali'ta] <-> *f* ① *(relazione)* Verhältnismäßigkeit *f* ② MAT Proportionalität *f*

proporzionare [proportsio'na:re] *vt* anpassen, ins richtige Verhältnis setzen

proporzionato, -a [proportsio'na:to] *agg* ① *(adeguato)* entsprechend ② *(armonico)* proportioniert; *(corpo)* wohlproportioniert

proporzione [proport'tsio:ne] *f* ① MAT Proportion *f,* Verhältnisgleichung *f* ② *(rapporto)* Verhältnis *nt;* **in ~ a** im Verhältnis zu ③ *pl* *(fig)* Ausmaße *nt pl;* **avere il senso delle -i** *(fig)* ein Gefühl für das rechte Maß haben

proposi *1. pers sing pass rem di* **proporre**

proposito [pro'pɔ:zito] *m* ① *(proponimento)* Vorsatz *m,* Vorhaben *nt;* *(progetto)* Plan *m;* **di ~** *(apposta)* mit Absicht, absichtlich ② *(argomento)* Bezug *m;* **a ~ di** in Bezug auf, was … betrifft; **a ~** übrigens, apropos; **arrivare** [*o* **venire**] **a ~** gelegen kommen; **a questo ~** hierzu, in dieser Hinsicht

proposizione [propozit'tsio:ne] *f* Satz *m,* These *f*

proposta [pro'posta] *f* Vorschlag *m;* ADM Antrag *m;* **~ di matrimonio** Heiratsantrag *m;* **~ di legge** Gesetzesvorlage *f;* **fare** [*o* **avanzare**] **una ~** einen Vorschlag machen [*o* vorbringen]; ADM einen Antrag stellen; **su ~ di qu** auf jds Vorschlag [hin]

proposto *pp di* **proporre**

propriamente [propria'mente] *avv* ① *(in senso proprio)* eigentlich ② *(in modo appropriato)* passend, richtig

proprietà [proprie'ta] <-> *f* ① JUR Eigentum *nt,* Besitz *m;* **diritto di ~** Eigentumsrecht *nt* ② *(qualità)* Eigenschaft *f,* Beschaffenheit *f* ③ *(precisione)* Richtigkeit *f*

proprietario, -a [proprie'ta:rio] <-i, -ie> *m, f* Eigentümer(in) *m(f),* Besitzer(in) *m(f)*

proprio, -a <-i, -ie> *agg* ① *(suo)* eigen; *(di lui)* sein; *(di lei, loro)* ihr; **vino di produzione -a** Wein *m* aus eigener Herstellung; **con le -ie mani** eigenhändig ② *(tipico)* bestimmt, besondere(r, s); **vero e ~** echt, wirklich ③ *(adatto)* eigen, eigentlich

proprio[1] ['prɔ:prio] *avv* ① *(precisamente)* [ganz] genau ② *(davvero)* wirklich

proprio[2] <-i> *m* Eigene(s) *nt;* **lavorare in ~** selbstständig arbeiten

propugnare [propuɲ'ɲa:re] *vt* verfechten

propugnatore, -trice [propuɲɲa'to:re] *m, f* Verfechter(in) *m(f)*

propulsione [propul'sio:ne] *f* ① *(fig: spinta)* Antrieb *m,* Aufschwung *m* ② TEC Antrieb *m*

propulsivo, -a [propul'si:vo] *agg* treibend, Schub-

propulsore [propul'so:re] *m* Triebwerk *nt*

prora ['prɔ:ra] *f* Bug *m*

proroga ['prɔ:roga] <-ghe> *f* Aufschub *m,* Verlängerung *f;* *(di termine)* Verschiebung *f;* *(di cambiale)* Prolongierung *f;* *(di pagamento)* Stundung *f*

prorogabile [proro'ga:bile] *agg* aufschiebbar, verlängerbar

prorogare [proro'ga:re] *vt* aufschieben, verlängern; *(pagamento)* stunden; *(termine)* verschieben

prorompente [prorom'pɛnte] *agg* ungestüm; *(gioia, forza)* unbändig

prorompere [pro'rompere] <irr> *vi* hervorbrechen; **~ in lacrime** in Tränen ausbrechen

prosa ['prɔ:za] *f* LIT Prosa *f;* *(componimento)* Prosatext *m*

prosaico, -a [pro'za:iko] <-ci, -che> *agg* ① *(fig, pej)* nüchtern, prosaisch ② LIT prosaisch, Prosa-

prosatore, -trice [proza'to:re] *m, f* Prosaschriftsteller(in) *m(f)*

proscenio [proʃ'ʃɛ:nio] <-i> *m* Proszenium *nt,* Vorbühne *f*

prosciogliere [proʃ'ʃɔʎʎere] <irr> *vt* ① *(liberare)* befreien ② JUR freisprechen

proscioglimento [proʃʃoʎʎi'mento] *m* ① *(liberazione)* Befreiung *f,* Lossprechung *f* ② JUR Freisprechung *f,* Freispruch *m*

prosciolsi *1. pers sing pass rem di* **prosciogliere**

prosciolto *pp di* **prosciogliere**

prosciugamento [proʃʃuga'mento] *m* ① *(il prosciugare)* Trockenlegung *f* ② *(inaridimento)* Austrocknung *f*

prosciugare [proʃʃu'ga:re] **I.** *vt* *(terreno)* austrocknen; *(palude)* trocken legen **II.** *vr* **-rsi** trocken werden, austrocknen

prosciutto [proʃ'ʃutto] *m* Schinken *m*

proscrissi *1. pers sing pass rem di* **proscrivere**

proscritto, -a [pros'kritto] **I.** *pp di* **pro-**

P

scrivere **II.** *agg* geächtet, verbannt **III.** *m, f* Verbannte(r) *f(m),* Geächtete(r) *f(m)*

proscrivere [pros'kri:vere] <irr> *vt* ① *(esiliare)* verbannen, ächten ② *(fig)* verbieten, abschaffen

proscrizione [proskrit'tsio:ne] *f* ① HIST Ächtung *f,* Proskription *f* ② *(esilio)* Verbannung *f* ③ *(fig)* Abschaffung *f,* Verbot *nt*

prosecco [pro'sekko] <-chi> *m* Prosecco *m*

prosecuzione [prosekut'tsio:ne] *f* Fortsetzung *f,* Weiterführung *f*

proseguimento [prosegui'mento] *m* Fortsetzung *f,* Weiterführung *f;* **buon ~!** weiter so!, weiterhin alles Gute!

proseguire [prose'gui:re] **I.** *vt* fortsetzen, weiterführen **II.** *vi* weitermachen; **~ in qc** etw fortsetzen

proselito, -a [pro'zɛ:lito] *m, f* Proselyt *m*

prosieguo [pro'siɛ:guo] *m* ADM Fortsetzung *f,* Folge *f;* **in ~ di tempo** in der Folgezeit

prosindaco, -a [pro'sindako] *m, f* stellvertretende(r) Bürgermeister(in) *m(f)*

prosodia [prozo'di:a] <-ie> *f* Prosodie *f*

prosopopea [prozopo'pɛ:a] *f* Blasiertheit *f*

prosperare [prospe'ra:re] *vi* gedeihen

prosperità [prosperi'ta] <-> *f* Wohlstand *m,* Gedeihen *nt*

prospero, -a ['prɔspero] *agg (commercio)* blühend; *(paese)* wohlhabend, blühend; *(annata)* glücklich; *(sorte)* günstig

prosperoso, -a [prospe'ro:so] *agg (commercio, regione)* blühend, wohlhabend

P

prospettare [prospet'ta:re] **I.** *vt* darstellen, darlegen **II.** *vr* **-rsi** sich darstellen

prospettico, -a [pros'pɛttiko] <-ci, -che> *agg* perspektivisch

prospettiva [prospet'ti:va] *f* ① *(tecnica)* Perspektive *f* ② *(vista)* Ausblick *m* ③ *(fig)* Aussicht *f,* Perspektive *f* ④ *(disegno)* perspektivische Zeichnung

prospettivismo [prospetti'vizmo] *m* KUNST perspektivische Kunst

prospetto [pros'pɛtto] *m* ① *(tabella)* Übersicht *f,* Aufstellung *f* ② *(veduta)* [Vorder]ansicht *f* ③ *(facciata)* Vorderseite *f* ④ *(disegno)* Tabelle *f,* Schaubild *nt*

prospiciente [prospi'tʃɛnte] *agg* **~ qc** mit Blick auf etw *akk*

prossimamente [prossima'mente] *avv (fra breve)* in Kürze, demnächst; **~ su questo schermo** demnächst in diesem Kino

prossimità [prossimi'ta] <-> *f* Nähe *f;* **in ~ di** in der Nähe von

prossimo ['prɔssimo] *m* Nächste(r) *f(m)*

prossimo, -a *agg* ① *(vicino)* nächste(r, s); *(nel tempo)* kommend; **passato ~** LING Perfekt *nt;* **trapassato ~** LING Plusquamperfekt *nt;* **la -a volta** das nächste Mal; **ci vediamo venerdì ~** wir sehen uns nächsten Freitag ② *(parente)* nah[e] ③ *(diretto)* unmittelbar, direkt

prostata ['prɔstata] *f* ANAT Prostata *f*

prosternarsi [proster'narsi] *vr* sich auf die Knie werfen

prostituire [prostitu'i:re] <prostituisco> **I.** *vt* prostituieren, verkaufen **II.** *vr* **-rsi** sich prostituieren, sich verkaufen

prostituta [prosti'tu:ta] *f* Prostituierte *f*

prostituto [prosti'tu:to] *m (omosessuale che si prostituisce)* Strichjunge *m*

prostituzione [prostitut'tsio:ne] *f* Prostitution *f*

prostrare [pros'tra:re] **I.** *vt* ① *(fig: fiaccare)* schwächen, entkräften ② *(fig: umiliare)* erniedrigen, kränken **II.** *vr* **-rsi** ① *(gettarsi ai piedi)* sich auf die Knie werfen ② *(fig: umiliarsi)* kriechen, sich erniedrigen

prostrazione [prostrat'tsio:ne] *f* ① *(depressione)* Niedergeschlagenheit *f* ② *(spossatezza)* Erschöpfung *f,* Ermattung *f*

protagonismo [protago'nizmo] *m (pej)* Geltungsdrang *m,* Profilsucht *f*

protagonista [protago'nista] <-i *m,* -e *f*> *mf* ① FILM, THEAT Hauptdarsteller(in) *m(f)* ② LIT Protagonist(in) *m(f)*

proteggere [pro'tɛddʒere] <proteggo, protessi, protetto> *vt (difendere)* [be]schützen; *(soccorrere, garantire)* schützen

proteggi-slip [pro'tɛddʒizlip] <-> *m* Slipeinlage *f*

proteico, -a [pro'tɛ:iko] <-ci, -che> *agg* eiweißhaltig, Eiweiß-

proteiforme [protei'forme] *agg* wandelbar, vielgestaltig

proteina [prote'i:na] *f* Protein *nt,* Eiweiß *nt*

protendere [pro'tɛndere] <irr> **I.** *vt* hinstrecken, vorstrecken, ausstrecken **II.** *vr* **-rsi** sich vorbeugen

protervia [pro'tɛrvia] <-ie> *f* Vermessenheit *f*

protervo, -a [pro'tɛrvo] *agg (poet)* vermessen

protesi[1] [pro'te:si] *1. pers sing pass rem di* **protendere**

protesi[2] ['prɔ:tezi] <-> *f* MED, LING Prothese *f*

proteso *pp di* **protendere**

protessi [pro'tɛssi] *1. pers sing pass rem di* **proteggere**

protesta [pro'tɛsta] *f* ① *(disapprovazione)*

Protest *m;* **per** ~ aus Protest ② *(dichiarazione)* Bezeugung *f,* Beteuerung *f*

protestante [protes'tante] **I.** *agg* protestantisch **II.** *mf* Protestant(in) *m(f)*

protestantesimo [protestan'te:zimo] *m* Protestantismus *m*

protestare [protes'ta:re] **I.** *vt* ① *(sentimento)* bezeugen, beteuern ② FIN *(cambiale)* zu Protest gehen lassen, protestieren; COM *(merce)* beanstanden, reklamieren **II.** *vi* ~ [**contro qc**] [gegen etw] protestieren

protestatario, -a [protesta'ta:rio] <-i, -ie> *agg* Protest-

protesto [pro'tɛsto] *m* Protest *m*

protettivo, -a [protet'ti:vo] *agg* schützend, Schutz-

protetto, -a [pro'tɛtto] **I.** *pp di* **proteggere** **II.** *m, f* Schützling *m,* Protegé *m* **III.** *agg* ① *(difeso)* Schutz-, geschützt ② INFORM ~ **in scrittura** schreibgeschützt

protettorato [protetto'ra:to] *m* ① *(tutela)* Protektorat *nt,* Schutzherrschaft *f* ② *(territorio)* Schutzgebiet *nt,* Protektorat *nt*

protettore, -trice [protet'to:re] **I.** *m, f* ① *(chi protegge)* [Be]schützer(in) *m(f)* ② *(chi favorisce)* Förderer *m/*Förderin *f; (di una persona amata)* Gönner(in) *m(f)* ③ *(patrono)* [Schutz]patron(in) *m(f),* Schutzheilige(r) *f(m)* ④ *(sfruttatore di prostitute)* Zuhälter *m* **II.** *agg* [be]schützend, Schutz-; **santo** ~ Schutzheilige(r) *m;* **società -trice degli animali** Tierschutzverein *m,* Tierschutzverband *m*

protezione [protet'tsio:ne] *f* ① Schutz *m* ② *(pej: favoreggiamento)* Protektion *f,* Begünstigung *f* ③ *(pej: superiorità)* Gönnerhaftigkeit *f*

protezionismo [protettsio'nizmo] *m* Protektionismus *m*

protezionista [protettsio'nista] <-i *m,* -e *f*> **I.** *mf* Protektionist(in) *m(f)* **II.** *agg* protektionistisch

protezionistico, -a [protettsio'nistiko] <-ci, -che> *agg* protektionistisch

proto ['prɔ:to] *m* Faktor *m*

protocollare [protokol'la:re] **I.** *vt* protokollieren, ins Protokollbuch eintragen **II.** *agg* protokollarisch, Protokoll-

protocollo [proto'kɔllo] *m* Protokoll *nt;* **carta** [**formato**] ~ Kanzleipapier *nt;* **mettere a** ~ protokollieren, zu Protokoll nehmen

protomartire [proto'martire] *mf* erste(r) Märtyrer(in) *m(f)*

protone [pro'to:ne] *m* Proton *nt*

protoplasma [proto'plazma] *m* Protoplasma *nt*

prototipo[1] [pro'tɔ:tipo] *m* ① TEC Prototyp *m* ② *(scherz)* Muster[stück] *nt,* Inbegriff *m* ③ *(modello)* Urbild *nt*

prototipo[2] *agg* früher, Ur-

protozoi [protod'dzɔ:i] *mpl* Protozoen *ntpl*

protrarre [pro'trarre] <irr> **I.** *vt* hinausziehen, in die Länge ziehen; *(differire)* aufschieben **II.** *vr* **-rsi** sich hinausziehen, sich in die Länge ziehen

protrazione [protrat'tsio:ne] *f* ① *(proroga)* Hinausschieben *nt* ② *(prolungamento)* Verlängerung *f,* Aufschub *m*

protuberanza [protube'rantsa] *f* Auswuchs *m,* Vorsprung *m; (sul naso)* Höcker *m*

Prov. *abbr di* **provincia** ≈ Reg. Bez.

prova ['prɔ:va] *f* ① *(esame)* Prüfung *f;* ~ **orale/scritta** mündliche/schriftliche Prüfung ② *(esperimento)* Test *m,* Probe *f;* **mettere qu alla** ~ jdn auf die Probe stellen ③ *(dimostrazione)* Beweis *m,* Nachweis *m; (testimonianza)* Beweis *m,* Zeugnis *nt;* **alla** ~ **dei fatti** anhand der Tatsachen; **fino a** ~ **contraria** bis zum Beweis des Gegenteils, bis zum Gegenbeweis ④ *(esperienza)* Erfahrung *f* ⑤ JUR Beweis *m* ⑥ *(theat, mus)* Probe *f;* ~ **generale** Generalprobe *f* ⑦ TYP *(di stampa)* [Korrektur]abzug *m,* [Korrektur]Fahne *f* ⑧ SPORT Wettkampf *m*

provabile [pro'va:bile] *agg* beweisbar, nachweisbar

provapile [prova'pi:le] <-> *m* TEC Batterieprüfer *m*

provare [pro'va:re] **I.** *vt* ① *(sperimentare)* probieren, versuchen; TEC, SCIENT testen; *(abito, scarpe)* anprobieren; **bisogna** ~ **per credere** man muss es selbst probieren, um es glauben zu können ② *(saggiare)* auf die Probe stellen, versuchen ③ *(assaggiare)* probieren, kosten ④ *(sentire)* empfinden, fühlen; *(dolore, simpatia, pietà)* haben ⑤ *(cimentare)* prüfen ⑥ *(dimostrare)* beweisen ⑦ MUS, THEAT, FILM proben **II.** *vr* **-rsi** ① *(tentare)* versuchen, probieren; **-rsi a fare qc** versuchen, etw zu tun ② *(cimentarsi)* **-rsi in qc** sich in etw *dat* üben

provato, -a [pro'va:to] *agg* ① *(fedele)* treu ② *(dimostrato)* erwiesen; *(rimedio)* [alt]bewährt; TEC erprobt ③ *(estenuato)* heimgesucht, geprüft; *(stanco)* erschöpft

provengo *1. pers sing pr di* **provenire**

provenienza [prove'niɛntsa] *f* Herkunft *f; (a. fig)* Quelle *f*

provenire [prove'ni:re] <irr> *vi essere* ① *(arrivare)* ~ **da** [her]kommen aus [*o* von] ② *(fig: trarre origine)* ~ **da qc** aus [*o* von] etw stammen

provento [pro'vɛnto] *m* Ertrag *m*

P

provenuto *pp di* **provenire**
proverbiale [prover'bia:le] *agg (a. fig)* sprichwörtlich
proverbio [pro'vɛrbio] <-i> *m* Sprichwort *nt*
provetta [pro'vetta] *f* Reagenzglas *nt;* **figlio in ~** Retortenbaby *nt*
provetto, -a [pro'vɛtto] *agg* erfahren
provider <- *o* providers> *m* INFORM *(Internet)* Provider *m*
provincia [pro'vintʃa] <-cie *o* -ce> *f* ① ADM Provinz *f* ② *(territorio)* Land *nt; (pej)* Provinz *f*
provinciale [provin'tʃa:le] *agg* ① ADM Provinzial-, Provinz-; **strada ~** Landstraße *f* ② *(pej)* provinziell, kleinstädtisch
provincialismo [provintʃa'lizmo] *m (a. pej)* Provinzialismus *m*
provincialità [provintʃali'ta] <-> *f* Provinzlertum *nt,* Provinzialität *f*
provincializzare [provintʃalid'dza:re] **I.** *vt* ADM provinzialisieren, an die Provinz abtreten **II.** *vr* **-rsi** *(pej)* zum Provinzler [*o* zur Provinzlerin] werden
provincializzazione [provintʃaliddzat'tsio:ne] *f* ① ADM Provinzialisierung *f* ② *(pej)* Provinziellwerden *nt*
provino [pro'vi:no] *m* ① FILM Probeaufnahme *f* ② *(campione)* Muster *nt,* Probe *f* ③ TEC, CHEM Reagenzglas *nt,* Prüfglas *nt*
provocante [provo'kante] *agg* herausfordernd, provozierend; *(sessualmente)* aufreizend
provocare [provo'ka:re] *vt* ① *(cagionare)* hervorrufen, verursachen ② *(eccitare)* reizen, provozieren; *(sessualmente)* aufreizen ③ *(muovere)* reizen, bewegen; *(pej: spingere)* aufstacheln
provocatore, -trice [provoka'to:re] **I.** *agg* herausfordernd; **agente ~** Agent provocateur *m,* Lockspitzel *m* **II.** *m, f* Provokateur(in) *m(f),* Aufwiegler(in) *m(f)*
provocatorio, -a [provoka'tɔ:rio] <-i, -ie> *agg* herausfordernd, provozierend, provokativ
provocatrice *f v.* **provocatore**
provocazione [provokat'tsio:ne] *f* Herausforderung *f,* Provokation *f*
provola ['prɔ:vola] *f* MER Provola *f (Käsesorte, vorwiegend aus Büffelmilch)*
provolone [provo'lo:ne] *m* Provolone *m (birnenförmige Käsesorte, vorwiegend aus Kuhmilch)*
provvedere [provve'de:re] <irr> **I.** *vi* **~ a qc** für etw sorgen **II.** *vt* ① *(fornire)* **~ qu/qc di qc** jdn/etw mit etw versehen ② *(procurarsi)* besorgen, beschaffen **III.** *vr* **-rsi di qc** sich *dat* etw besorgen
provvedimento [provvedi'mento] *m* Maßnahme *f,* Vorkehrung *f*
provveditorato [provvedito'ra:to] *m* Verwaltungsamt *nt;* **~ agli studi** [Ober]schulamt *nt*
provveditore, -trice [provvedi'to:re] *m, f* Amtsleiter(in) *m(f)*
provvidenza [provvi'dɛntsa] *f* ① REL [göttliche] Vorsehung *f* ② *(fig)* Glück *nt* ③ *pl (provvedimento)* [Vorsorge-, Versorgungs]-maßnahmen *fpl*
provvidenziale [provviden'tsia:le] *agg* ① *(opportuno)* willkommen, gelegen ② *(della divina provvidenza)* gottgewollt
provvidenzialità [provvidentsiali'ta] <-> *f* Willkommensein *nt,* glückliche Fügung
provvidi *1. pers sing pass rem di* **provvedere**
provvido, -a ['prɔvvido] *agg (previdente)* vorsorglich; *(utile)* günstig; *(decisione)* weitsichtig
provvigione [provvi'dʒo:ne] *f* Provision *f,* Vermittlungsgebühr *f*
provvisorietà [provvizorie'ta] <-> *f* Vorläufigkeit *f*
provvisorio, -a [provvi'zɔ:rio] <-i, -ie> *agg* vorläufig, vorübergehend; *(governo, lavoro)* Übergangs-
provvista [prov'vista] *f* Vorrat *m,* Versorgung *f;* **fare ~ di qc** sich mit etw eindecken
provvisto, -a [prov'visto] **I.** *pp di* **provvedere II.** *agg* **essere ~ di qc** mit etw versehen sein
prozio, -a [prot'tsi:o] *m, f* Großonkel *m/* Großtante *f*
prua ['pru:a] *f* Bug *m*
prudente [pru'dɛnte] *agg* ① *(persona)* vorsichtig ② *(azione, comportamento)* umsichtig, überlegt
prudenza [pru'dɛntsa] *f* Vorsicht *f,* Umsicht *f;* **guidare con ~** vorsichtig fahren; **la ~ non è mai troppa** *(prov)* Vorsicht ist die Mutter der Porzellankiste, sicher ist sicher
prudenziale [pruden'tsia:le] *agg* Vorsichts-; **misure -i** Vorsichtsmaßnahmen *fpl*
prudere ['pru:dere] *vi manca il pp* jucken; **mi prude la schiena/il naso** mir [*o* mich] juckt der Rücken/die Nase
pruderie [pry'dri] <-> *f* Prüderie *f*
prugna ['pruɲɲa] *f* Pflaume *f*
prugnola ['pruɲɲola] *f* Schlehe *f*
prunaio [pru'na:io] <-ai> *m* Dornengestrüpp *nt*
pruno ['pru:no] *m* ① BOT Dornbusch *m* ② *(spina)* Dorn *m*
prurigine [pru'ri:dʒine] *f* Jucken *nt*
pruriginoso, -a [pruridʒi'no:so] *agg*

① MED juckend ② *(fig)* aufreizend, [sexuell] erregend
prurito [pru'ri:to] *m* Jucken *nt,* Juckreiz *m*
Prussia ['prussia] *f* Preußen *nt*
prussiano, -a [prus'sia:no] **I.** *agg* preußisch **II.** *m, f* Preuße *m/*Preußin *f*
prussico, -a ['prussiko] <-ci, -che> *agg* **acido ~** Blausäure *f*
PS ① *abbr di* **Pubblica Sicurezza** *unbewaffnete Sicherheitspolizei* ② *abbr di* **postscriptum** PS
psammoterapia [psammotera'pi:a] *f* MED Psammotherapie *f*
psammoterapico, -a [psammote'ra:piko] <-ci, -che> *agg* psammotherapeutisch; **cura -a** Psammotherapie *f*
PSd'A *abbr di* **Partito Sardo d'Azione** *Sardische Aktionspartei*
PSDI *m* HIST *abbr di* **Partito Socialista Democratico Italiano** *sozialdemokratische Partei Italiens*
psefologia [psefolo'dʒi:a] *f* ① POL *(gener)* Wahlstatistik *f* ② POL *(spostamenti degli elettori)* Wählerwanderungen *f pl*
pseudepigrafia [pseudepigra'fi:a] *f* LIT fälschliche Autorenzuordnung
pseudoanglicismo [pseudoaŋgli'tʃizmo] *m* LING Pseudoanglizismus *m,* englisches Lehnwort mit veränderter Bedeutung
pseudoanglismo [pseudoaŋ'glizmo] *m* Pseudoanglizismus *m*
pseudocultura [pseudokul'tu:ra] *f* Halbbildung *f*
pseudoermafroditismo [pseudoermafrodi'tizmo] *m* BIOL Scheinzwitter *m*
pseudofrancese [pseudofran'tʃe:se] *agg* LING pseudofranzösisch
pseudogravidanza [pseudogravi'dantsa] *f* MED Scheinschwangerschaft *f*
pseudoinglese [pseudoiŋ'gle:se] *agg* LING pseudoenglisch
pseudonimo [pseu'dɔ:nimo] *m* Pseudonym *nt,* Deckname *m*
PSI *m* HIST *abbr di* **Partito Socialista Italiano** *sozialistische Partei Italiens*
psicanalisi [psika'na:lizi] *f* Psychoanalyse *f*
psicanalista [psikana'lista] <-i *m,* -e *f*> *mf* Psychoanalytiker(in) *m(f)*
psicanalitico, -a [psikana'listiko] <-ci, -che> *agg* psychoanalytisch
psicanalizzare [psikanalid'dza:re] *vt* psychoanalytisch behandeln, psychoanalysieren, eine Psychoanalyse vornehmen bei
psiche ['psi:ke] *f* Psyche *f*
psichedelico, -a [psike'dɛ:liko] <-ci, -che> *agg* psychedelisch
psichiatra [psi'kia:tra] <-i *m,* -e *f*> *mf* Psychiater(in) *m(f)*
psichiatria [psikia'tri:a] <-ie> *f* Psychiatrie *f*
psichiatrico, -a [psi'kia:triko] <-ci, -che> *agg* psychiatrisch
psichiatrizzare [psikiatrid'dza:re] *vt* ① *(trattare con i metodi della psicoterapia)* einer Psychotherapie unterziehen ② *(problematizzare in termini psichiatrici)* psychiatrisch interpretieren
psichiatrizzazione [psikiatriddzat'tsio:ne] *f* PSIC psychiatrische Interpretation aller Abweichungen von der sozialen Norm
psichico, -a ['psi:kiko] <-ci, -che> *agg* psychisch
psicobiofisico, -a [psikobio'fi:ziko] <-ci, -che> *agg* psychobiologisch
psicodidattica [psikodi'dattika] *f sing* PSIC psychologische Didaktik
psicodramma [psiko'dramma] *m* ① PSIC Psychodrama *nt* ② *(fig: situazione di conflittualità esasperata)* Nervenkrieg *m*
psicofarmaco [psiko'farmako] *m* Psychopharmakon *nt*
psicofarmacologia [psikofarmakolo'dʒi:a] *f* MED, PSIC Psychopharmakologie *f*
psicofarmacologico, -a [psikofarmako'lɔ:dʒiko] <-ci, -che> *agg* psychopharmakologisch
psicogeno, -a [psi'kɔ:dʒeno] *agg* psychogen, psychisch bedingt
psicografologia [psikografolo'dʒi:a] *f* Grafologie *f*
psicografologo, -a [psikogra'fɔ:logo] <-gi, -ghe> *m, f* Grafologe *m/*Grafologin *f*
psicogramma [psiko'gramma] <-i> *m* Psychogramm *nt*
psicolabile [psiko'la:bile] *agg* psychisch labil
psicolinguistica [psikoliŋ'guistika] *f sing* LING Psycholinguistik *f*
psicolinguistico, -a [psikoliŋ'guistiko] <-ci, -che> *agg* psycholinguistisch; **disciplina -a** Psycholinguistik *f*
psicologa *f v.* **psicologo**
psicologia [psikolo'dʒi:a] <-gie> *f* Psychologie *f;* **~ del profondo** Tiefenpsychologie *f*
psicologico, -a [psiko'lɔ:dʒiko] <-ci, -che> *agg* ① SCIENT psychologisch ② *(dell'anima)* seelisch, psychisch
psicologistico, -a [psikolo'dʒistiko] *agg* psychologistisch
psicologo, -a [psi'kɔ:logo] <-gi, -ghe> *m, f* Psychologe *m/*Psychologin *f*
psicometria [psikome'tri:a] <-ie> *f* Psychometrie *f*
psicomotricista [psikomotri'tʃista] <-i *m,* -e *f*> *mf* PSIC Therapeut(in) *m(f)* für Psychomotorik

P

psicopatico, **-a** [psiko'pa:tiko] <-ci, -che> **I.** *agg* psychopathisch **II.** *m, f* Psychopath(in) *m(f)*

psicopatologia [psikopatolo'dʒi:a] *f* Psychopathologie *f*

psicopatologico, **-a** [psikopato'lɔ:dʒiko] <-ci, -che> *agg* psychopathologisch

psicopedagogico, **-a** [psikopeda'gɔ:dʒiko] <-ci, -che> *agg* PSIC psychagogisch

psicosessualità [psikosessuali'ta] <-> *f* PSIC Sexualpsychologie *f*

psicosi [psi'kɔ:zi] <-> *f* Psychose *f;* ~ **collettiva** Massenpsychose *f;* ~ **degli esami** Prüfungsangst *f*

psicosociale [psikoso'tʃa:le] *agg* psychosozial

psicosociologia [psikosotʃolo'dʒi:a] *f sing* SOC, PSIC Sozialpsychologie *f*

psicosociologo, **-a** [psikoso'tʃɔ:logo] <-gi, -ghe> *m, f* SOC, PSIC Spezialist(in) *m(f)* der Sozialpsychologie

psicosomatico, **-a** [psikoso'ma:tiko] <-ci, -che> *agg* psychosomatisch

psicosomatizzare [psikosomatid'dza:re] *vt psychische Konflikte somatisch werden lassen*

psicoterapia [psikotera'pi:a] *f* Psychotherapie *f*

psicoterapico, **-a** [psikote'ra:piko] <-ci, -che> *agg* psychotherapeutisch

psicoterapista [psikotera'pista] <-i *m*, -e *f*> *mf* Psychotherapeut(in) *m(f)*

psicotico, **-a** [psi'kɔ:tiko] <-ci, -che> *agg* psychotisch

psoriasi [pso'ri:azi] <-> *f* Schuppenflechte *f,* Psoriasis *f*

P

pss, **pst** [ps] *int* ❶ *(per imporre silenzio)* pst ❷ *(per imporre attenzione)* he, hallo, pst

PT *abbr di* **Poste e Telecomunicazioni** *italienisches Post- und Fernmeldewesen*

PTP *abbr di* **Posto Telefonico Pubblico** Münzfernsprecher, öffentliches Telefon

P.T.P. *abbr di* **Posto Telefonico Pubblico** Münzfernsprecher, öffentliches Telefon

puah [puah] *int* pfui, igitt; ~ **che schifo!** pfui, wie ekelhaft!

pub [pʌb *o* pab] <- *o* pubs> *m* Pub *m,* Kneipe *f*

pubblicano [pubbli'ka:no] *m* HIST Zöllner *m*

pubblicare [pubbli'ka:re] *vt* veröffentlichen, herausgeben

pubblicazione [pubblikat'tsio:ne] *f* ❶ *(il pubblicare)* Veröffentlichung *f,* Herausgabe *f* ❷ *(opera)* Veröffentlichung *f,* Publikation *f* ❸ *pl (di matrimonio)* Aufgebot *nt;* **fare le -i** das Aufgebot bestellen

pubblicista [pubbli'tʃista] <-i *m*, -e *f*> *mf* ❶ LIT Publizist(in) *m(f)* ❷ JUR Staatsrechtler(in) *m(f)*

pubblicistica [pubbl'tʃistika] <-che> *f* ❶ *(attività)* Publizistik *f* ❷ JUR Staatsrecht *nt,* Staatsrechtslehre *f*

pubblicistico, **-a** [pubbl'tʃistiko] <-ci, -che> *agg* ❶ LIT publizistisch ❷ JUR des öffentlichen Rechts, staatsrechtlich

pubblicità [pubblitʃi'ta] <-> *f* ❶ *(propaganda)* Werbung *f,* Reklame *f* ❷ *(diffusione)* Verbreitung *f*

pubblicitario, **-a** [pubblitʃi'ta:rio] <-i, -ie> **I.** *agg* Werbe- **II.** *m, f* Werbefachmann *m*/-fachfrau *f*

pubblicizzare [pubblitʃid'dza:re] *vt* bewerben, werben für

pubblico ['pubbliko] *m* Öffentlichkeit *f,* Allgemeinheit *f; (spettatori, lettori, ascoltatori)* Publikum *nt*

pubblico, **-a** <-ci, -che> *agg* öffentlich; *(dello Stato)* Staats-, staatlich; *(della collettività)* [All]gemein-; ~ **funzionario** Beamte(r) *m;* **agente di -a sicurezza** Polizeibeamte(r) *m*/-beamtin *f;* **i servizi -ci** der Öffentliche Dienst; **-che relazioni** Public Relations *pl,* Öffentlichkeitsarbeit *f*

pubblivoro, **-a** [pub'bli:voro] *m, f* Werbespot-Fan *m*

pube ['pu:be] *m* Schambein *nt*

puberale [pube'ra:le] *agg* pubertär, Pubertäts-

pubertà [puber'ta] <-> *f* Pubertät *f*

public company ['pʌblik 'kʌmpəni] <- *o* public companies> *f* FIN Börsenaktiengesellschaft *f*

public relations ['pʌblik ri'leiʃənz *o* 'pablik re'leʃonz] *f pl* Public Relations *pl*

publiredazionale [publiredattsio'na:le] **I.** *agg* die Schleichwerbung betreffend **II.** *m* Schleichwerbung *f* in Zeitschriften und Zeitungen

pudibondo, **-a** [pudi'bondo] *agg (poet)* schamhaft

pudicizia [pudi'tʃittsia] <-ie> *f* Schamhaftigkeit *f*

pudico, **-a** [pu'di:ko] <-chi, -che> *agg (persona)* schamhaft; *(sguardo, bacio)* verschämt

pudore [pu'do:re] *m* ❶ *(vergogna)* Scham *f* ❷ *(pudicizia)* Schamhaftigkeit *f; (discrezione)* Verschämtheit *f*

puericultore, **-trice** [puerikul'to:re] *m, f* Säuglingspfleger(in) *m(f)*

puericultura [puerikul'tu:ra] *f* Säuglingspflege *f*

puerile [pue'ri:le] *agg* ❶ *(età)* Kindes-, Kinder- ❷ *(pej)* kindisch, albern

puerilità [puerili'ta] <-> *f (a. pej)* Albernheit *f,* Kinderei *f*

puerpera [pu'ɛrpera] *f* Wöchnerin *f*
puerperale [puerpe'ra:le] *agg* *(febbre)* Kindbett-
puerperio [puer'pɛ:rio] <-i> *m* Wochenbett *nt*
pugilato [pudʒi'la:to] *m* Boxsport *m,* Boxen *nt*
pugile ['pu:dʒile] *m* Boxer *m*
pugilistico, -a [pudʒi'listiko] <-ci, -che> *agg* Box-
Puglia ['puʎʎa] *f* Apulien *nt*
pugliese[1] [puʎ'ʎe:se] *m sing* *(dialetto)* apulischer Dialekt
pugliese[2] **I.** *mf* *(abitante)* Apulier(in) *m(f)* **II.** *agg* apulisch
pugnalare [puɲɲa'la:re] *vt* erdolchen, erstechen
pugnalata [puɲɲa'la:ta] *f* Dolchstoß *m*
pugnale [puɲ'ɲa:le] *m* Dolch *m*
pugno ['puɲɲo] *m* ① *(mano chiusa)* Faust *f;* **avere qc in ~** *(fig)* sich *dat* einer Sache *gen* sicher sein, etw im Griff haben; **mostrare il ~** [*o* **i -i**] mit der Faust drohen; **essere** [**come**] **un ~ in un occhio** *(fig)* wie die Faust aufs Auge passen ② *(colpo)* Faustschlag *m;* **fare a -i** sich prügeln; *(fig: colori)* sich beißen; **venire a -i** aneinandergeraten, mit den Fäusten aufeinander losgehen ③ *(quantità)* Hand voll *f*
puh [phu] *int* pfui
pula ['pu:la] *f* ① *(di cereali)* Spreu *f* ② *(sl: polizia)* Polente *f,* Bullen *mpl*
pulce ['pultʃe] *f* Floh *m;* **mercato delle -i** Flohmarkt *m;* **mettere una ~ nell'orecchio a qu** jdm einen Floh ins Ohr setzen
pulciaio [pul'tʃa:io] <-ciai> *m* ① ZOO Flohnest *nt* ② *(pej)* Schweinestall *m fam*
pulcinella [pultʃi'nɛlla] <-> *m* *(maschera)* Pulcinella *m*
pulcino [pul'tʃi:no] *m* ZOO Küken *nt;* **sembrare un ~ bagnato** dastehen wie ein begossener Pudel
pulcioso, -a [pul'tʃo:so] *agg* voller Flöhe
puledro, -a [pu'le:dro] *m, f* Fohlen *nt,* Füllen *nt*
puleggia [pu'leddʒa] <-gge> *f* Riemenscheibe *f,* Rollenzug *m*
pulire [pu'li:re] <pulisco> **I.** *vt* sauber machen; *(casa, scarpe)* putzen; *(strada)* reinigen **II.** *vr* **-rsi i denti** [sich *dat*] die Zähne putzen; **-rsi il naso** [sich *dat*] die Nase putzen; **-rsi la bocca** [sich *dat*] den Mund abwischen
puliscivetri [puliʃʃi've:tri] <-> **I.** *mf* *(pulivetri, lavavetri)* Autoscheibenputzer(in) *m(f)* **II.** *m* *(fam: tergicristallo)* Scheibenwischer *m*
pulita [pu'li:ta] *f* [schnelle] Reinigung *f*
pulito [pu'li:to] *m* ① *(l'essere pulito)* Saubere(s) *nt,* Reine(s) *nt* ② *(bella copia)* Reinschrift *f*
pulito, -a *agg* ① *(cose, mani, viso, a. fig)* sauber, rein ② *(persone)* sauber, gepflegt ③ *(fig)* anständig; *(faccenda, affari)* sauber; *(coscienza)* rein; *(barzelletta)* anständig, stubenrein *fam* ④ *(fam fig: senza denaro)* blank, abgebrannt
pulitrice [puli'tri:tʃe] *f* ① TEC Poliermaschine *f* ② AGR Dreschmaschine *f*
pulitura [puli'tu:ra] *f* Reinigung *f,* Säuberung *f;* **~ a secco** Trockenreinigung *f*
pulivetri [puli've:tri] <-> *mf v.* **puliscivetri**
pulizia [pulit'tsi:a] <-ie> *f* *(azione)* Säuberung *f,* Reinigung *f;* **donna delle -ie** Putzfrau *f;* **fare le -ie** sauber machen, putzen; **fare ~** *(fig)* aufräumen, Ordnung schaffen; **~ etnica** ethnische Säuberung
pullman ['pulman] <-> *m* [Reise]bus *m*
pullover [pul'lɔ:ver] <-> *m* Pullover *m*
pullulare [pullu'la:re] *vi* ① *(insetti, persone)* wimmeln ② *(fig)* sprießen
pulmino [pul'mi:no] *m* Kleinbus *m*
pulmistico, -a [pul'mistiko] <-ci, -che> *agg* Bus-, mit dem Bus
pulpito ['pulpito] *m* Kanzel *f;* **montare** [*o* **salire**] **sul ~** *(fig)* [Moral]predigten halten, predigen; **senti da che ~ viene la predica!** *(fam)* ausgerechnet er/sie will eine Moralpredigt halten!
pulsante [pul'sante] **I.** *m* [Druck]taste *f,* Drücker *m;* **~ del campanello** Klingelknopf *m* **II.** *agg* pulsierend
pulsare [pul'sa:re] *vi* *(cuore)* klopfen, pochen; *(sangue, a. fig)* pulsieren
pulsazione [pulsat'tsio:ne] *f* Pulsschlag *m*
pulviscolo [pul'viskolo] *m* Staub *m*
puma ['pu:ma] <-> *m* Puma *m*
pummarola [pumma'rɔ:la] *f* NAPOL ① *(pomodoro)* Tomate *f,* Paradeiser *m* A ② *(salsa)* Tomatensoße *f*
punch [pʌntʃ] <-> *m* Punsch *m*
pungente [pun'dʒɛnte] *agg* ① *(freddo)* beißend ② *(spina, insetto)* stechend ③ *(fig: risposta, critica)* bissig; *(desiderio)* brennend; *(pensiero, curiosità)* quälend
pungere ['pundʒere] <pungo, punsi, punto> *vt* ① *(spina, insetto)* stechen; *(ortica)* brennen; *(barba)* kratzen; *(freddo)* beißen ② *(fig: parole, offesa)* stechen, treffen; *(desiderio)* brennen; *(pensiero, curiosità)* quälen
pungiglione [pundʒiʎ'ʎo:ne] *m* Stachel *m*
pungolare [puŋgo'la:re] *vt* ① *(buoi, muli)* antreiben ② *(fig: stimolare)* anspornen
pungolo ['puŋgolo] *m* ① *(bastone)* Ochsenziemer *m* ② *(fig)* Stachel *m*

P

punibile [pu'niːbile] *agg* strafbar
punire [pu'niːre] <punisco> *vt* [be]strafen
punitivo, -a [puni'tiːvo] *agg* Straf-, strafend
punizione [punit'tsioːne] *f* Strafe *f,* Bestrafung *f;* **per ~** zur Strafe; **tiro di ~** Strafstoß *m*
punk [pʌŋk] <-> *mf* Punk *m,* Punker(in) *m(f)*
punsi ['punsi] *1. pers sing pass rem di* **pungere**
punta ['punta] *f* ❶ *(estremità)* Spitze *f;* GEOG *(cima)* Spitze *f,* Gipfel *m; (della costa)* Landzunge *f;* **ore di ~** Spitzenzeit *f,* Stoßzeiten *fpl;* **cappello a tre -e** Dreispitz *m;* **~ del naso** Nasenspitze *f;* **camminare in ~ di piedi** auf Zehenspitzen gehen; **fare la ~ ad una matita** einen Bleistift spitzen; **terminare a ~** spitz zulaufen; **prendere qu di ~** *(fig)* jdm entschieden widersprechen ❷ *(massima intensità)* Maximum *nt,* Höchstmaß *nt* ❸ *(quantità minima)* Kleinigkeit *f;* GASTR Idee *f,* Prise *f; (fig)* Hauch *m* ❹ SPORT Angriffsspieler *m,* Spitze *f*
puntale [pun'taːle] *m* Zwinge *f;* NAUT Stütze *f; (dell'ombrello)* Spitze *f*
puntamento [punta'mento] *m* Zielen *nt,* Zielortung *f*
puntare [pun'taːre] **I.** *vt* ❶ *(appoggiare)* stemmen, stützen; **~ i piedi per terra** *(fig)* sich hartnäckig sträuben ❷ *(dirigere)* zielen, richten; **~ il dito verso qu** mit dem Finger auf jdn zeigen ❸ *(cane)* aufspüren ❹ *(scommettere)* setzen; **~ qc su qc** etw auf etw *akk* setzen; **~ sul cavallo perdente** *(fig)* auf das falsche Pferd setzen **II.** *vi* ❶ *(dirigersi)* **~ su** [*o* **a**] **qc** auf etw *akk* zuhalten ❷ *(fig)* **~ su qc** auf etw *akk* setzen, mit etw rechnen
puntasecca [punta'sekka] <puntesecche> *f* Kaltnadelradierung *f*
puntaspilli [puntas'pilli] <-> *m* Nadelkissen *nt*
puntata [pun'taːta] *f* ❶ *(gita)* Abstecher *m* ❷ *(scommessa)* Einsatz *m* ❸ MIL, SPORT Vorstoß *m* ❹ *(colpo di punta)* Stoß *m* mit der Spitze ❺ *(fascicolo)* [Nach]lieferung *f,* Ergänzungslieferung *f* ❻ TV, RADIO Folge *f,* Fortsetzung *f;* **a -e** in Fortsetzungen, mehrteilig
puntatore [punta'toːre] *m* INFORM Cursor *m*
puntatore, -trice [punta'toːre] *m, f* ❶ *(scommettitore)* Wetter(in) *m(f)* ❷ MIL Richtschütze *m*/-schützin *f*
punteggiare [punted'dʒaːre] *vt* ❶ *(lamiera, linea)* lochen, punktieren ❷ *(fig)* **~ qc di qc** etw mit etw durchsetzen
punteggiatura [punteddʒa'tuːra] *f* ❶ LING Interpunktion *f* ❷ *(macchiettatura)* Tüpfelung *f*
punteggio [pun'teddʒo] <-ggi> *m* Punktzahl *f,* Wertung *f*
puntellamento [puntella'mento] *m* [Ab]stützung *f*
puntellare [puntel'laːre] *vt* ❶ *(sostenere)* [ab]stützen ❷ *(fig: tesi)* untermauern
puntellatura [puntella'tuːra] *f* [Ab]stützung *f*
puntello [pun'tɛllo] *m (a. fig)* Stütze *f*
punteria [punte'riːa] <-ie> *f* ❶ MOT Stößel *m* ❷ MIL Richten *nt*
punteruolo [punte'ruɔːlo] *m (del calzolaio)* Ahle *f; (del meccanico)* Körner *m*
puntesecche *pl di* **puntasecca**
puntiforme [punti'forme] *agg* punktartig
puntiglio [pun'tiʎʎo] <-gli> *m* Eigensinn *m,* Starrsinn *m*
puntiglioso, -a [puntiʎ'ʎoːso] *agg* verbohrt, eigensinnig
puntina [pun'tiːna] *f* ❶ *(da giradischi)* Nadel *f,* Saphirnadel *f* ❷ *(da disegno)* Reißzwecke *f* ❸ *(chiodino)* Stift *m*
puntinatore [puntina'toːre] *m* TEC Lochstreifenstanzer *m*
puntinatura [puntina'tuːra] *f* KUNST Pointillismus *m*
puntinistico, -a [punti'nistiko] <-ci, -che> *agg* KUNST pointillistisch
puntino [pun'tiːno] *m* Pünktchen *nt;* **-i di sospensione** Auslassungspunkte *mpl;* **mettere i -i sulle i** *(fig)* Klarheit in die Sache bringen; *(di persona)* ein Pedant sein
punto¹ ['punto] *pp di* **pungere**
punto² *m* ❶ *(gener,* MAT, MUS, PHYS, TYP, TEC Punkt *m;* **~ esclamativo/interrogativo** Ausrufe-/Fragezeichen *nt;* **-i di sospensione** Auslassungspunkte *mpl;* **~ e virgola** Strichpunkt *m,* Semikolon *nt;* **due -i** Doppelpunkt *m;* **~ di fusione/ebollizione** Schmelz-/Siedepunkt *m;* **-i neri** Mitesser *mpl;* **i -i cardinali** die Himmelsrichtungen *fpl;* **messa a ~** TEC Einstellung *f,* Justierung *f;* **alle tre in ~** Punkt drei [Uhr]; **~ e basta!** *(fam)* basta!, punktum! ❷ *(nel cucito)* Stich *m; (a maglia)* Masche *f;* **~ croce/erba** Kreuz-/Stielstich *m;* **dare un ~ a qc** etw schnell übernähen ❸ MED *(metallo)* Klammer *f; (filo)* Faden *m; (operazione)* Stich *m* ❹ *(argomento)* Frage *f,* Punkt *m,* Sache *f;* **~ di vista** Standpunkt *m,* Gesichtspunkt *m;* **~ a favore** Pluspunkt *m;* **venire al ~** zur Sache kommen; **questo è il ~** das ist das Problem ❺ *(istante)* [Zeit]punkt *m,* Augenblick *m;* **~ culminante** Höhepunkt *m;* **essere sul ~ di ...** im Begriff sein, zu ...; **in ~ di morte** in der Todesstunde, dem Tod nahe;

P

ad un certo ~ dann auf einmal, unversehens; **fino a questo ~** bis hierher; **di ~ in bianco** auf einmal, ganz plötzlich ⑥ *(ricapitolazione)* Zusammenfassung *f,* Überblick *m;* **fare il ~** NAUT die Position bestimmen; **fare il ~ su una questione** ein Problem rekapitulieren; **fare il ~ della situazione** eine Situation schildern, es auf den Punkt bringen ⑦ *(luogo)* Punkt *m,* Stelle *f;* **~ debole** wunder Punkt, Schwachstelle *f;* **~ di assistenza** Servicestation *f;* **~ di vendita** Verkaufsstelle *f,* -büro *nt;* **~ di ritrovo** Treffpunkt *m* ⑧ *(voto)* Punkt *m,* Note *f*

puntone [pun'toːne] *m* Strebe *f*

puntuale [puntu'aːle] *agg* pünktlich; *(esatto)* genau

puntualità [puntuali'ta] <-> *f* Pünktlichkeit *f;* *(esattezza)* Genauigkeit *f*

puntualizzare [puntualid'dzaːre] *vt* präzisieren, umreißen

puntualizzazione [puntualiddzat'tsioːne] *f* Präzisierung *f*

puntura [pun'tuːra] *f* ① MED Punktion *f* ② *(fam)* Spritze *f,* Injektion *f* ③ *(di ago, zanzara, spina)* Stich *m* ④ *(dolore)* Stechen *nt* ⑤ *(fig)* Stich *m*

puntuto, -a [pun'tuːto] *agg* spitz

punzecchiamento [puntsekkia'mento] *m* Sticheln *nt,* Stichelei *f*

punzecchiare [puntsek'kiaːre] *vt* ① *(pungere)* stechen ② *(fig: provocare)* sticheln

punzecchiatura [puntsekkia'tuːra] *f* ① *(puntura)* [leichter] Stich *m* ② *(fig)* Sticheln *nt,* Stichelei *f*

punzonare [puntso'naːre] *vt* stanzen

punzonatrice [puntsona'triːtʃe] *f* Stanzmaschine *f,* Stanze *f*

punzonatura [puntsona'tuːra] *f* Stanzen *nt*

punzone [pun'tsoːne] *m* Prägestempel *m,* Punze *f*

può ['puɔ] *3. pers sing pr di* **potere[1]**

puoi ['puɔːi] *2. pers sing pr di* **potere[1]**

pupa ['puːpa] *f (fam fig: ragazza,* ZOO Puppe *f*

pupattola [pu'pattola] *f (fam: bambola)* Puppe *f;* *(fig, pej: donna)* Püppchen *nt*

pupazzo [pu'pattso] *m* ① *(fantoccio)* Puppe *f* ② *(fig)* Hampelmann *m*

pupilla [pu'pilla] *f* ① ANAT Pupille *f* ② *(occhio)* Auge *nt,* Augapfel *m* ③ *(fig)* Augenstern *m*

pupillare [pupil'laːre] *agg* ① ANAT Pupillen- ② JUR Mündel-

pupillo, -a [pu'pillo] *m, f* ① JUR Mündel *nt* ② *(fam)* Liebling *m*

pupinizzare [pupinid'dzaːre] *vt* TEC mit Induktanzrollen [*o* Drosselwiderständen] versehen

pupo ['puːpo] *m* ① *(burattino)* sizilianische Marionette ② *(fam: bambino)* Bübchen *nt,* Kindchen *nt*

pur *v.* **pur(e)**

pura *f v.* **puro**

puramente [pura'mente] *avv* lediglich, bloß

purché [pur'ke] *cong +conj* wenn … [nur]

purchessia [purkes'siːa] *agg inv* irgendein, beliebig

pure ['puːr] **I.** *cong* ① *(anche se)* auch wenn, obwohl, wenn … auch ② *(tuttavia)* doch, dennoch **II.** *avv* ① *(anche)* auch, ebenso ② *(proprio)* wirklich ③ *(rafforzativo)* doch ④ *(esortativo)* nur, ruhig; **faccia ~!** nur zu!, bitte sehr!

purè [pu'rɛ] <-> *m,* **purea** [pu'rɛːa] *f* Püree *nt*

purezza [pu'rettsa] *f* Reinheit *f;* *(regolarità)* Feinheit *f,* Korrektheit *f*

purga ['purga] <-ghe> *f* Abführmittel *nt*

purgante [pur'gante] **I.** *m* Abführmittel *nt* **II.** *agg* büßend, Fegefeuer-

purgare [pur'gaːre] **I.** *vt* ① MED **~ qu** jdm ein Abführmittel geben ② *(pulire)* reinigen, säubern ③ POL säubern **II.** *vr* **-rsi** ① MED ein Abführmittel [ein]nehmen ② *(fig)* rein [gewaschen] werden, sich rein waschen

purgativo, -a [purga'tiːvo] *agg* Abführ-

purgato, -a [pur'gaːto] *agg* LIT *(stile)* rein; *(edizione)* purgiert

purgatorio [purga'tɔːrio] <-i> *m* Fegefeuer *nt*

purificare [purifi'kaːre] **I.** *vt* ① *(depurare)* klären, reinigen ② *(fig)* läutern, rein waschen **II.** *vr* **-rsi** ① *(diventare puro)* rein werden ② *(fig)* geläutert werden

purificatore, -trice [purifika'toːre] **I.** *agg* rein waschend, reinigend **II.** *m, f* Reiniger(in) *m(f)*

purificazione [purifikat'tsioːne] *f* ① *(depurazione)* Reinigung *f,* Klärung *f* ② *(fig)* Reinwaschung *f,* Läuterung *f*

purismo [pu'rizmo] *m* Purismus *m*

purista [pu'rista] <-i *m,* -e *f*> *mf* Purist(in) *m(f)*

puristico, -a [pu'ristiko] <-ci, -che> *agg* puristisch

purità [puri'ta] <-> *f* Reinheit *f,* Lauterkeit *f*

puritana *f v.* **puritano**

puritanesimo [purita'neːzimo] *m* Puritanismus *m*

puritano, -a [puri'taːno] **I.** *agg* puritanisch **II.** *m, f* Puritaner(in) *m(f)*

puro, -a ['puːro] *agg* ① *(vino, acqua, alcol, aria)* rein; *(animali)* reinrassig ② *(solo)* pur; **il ~ necessario** das Allernötigste ③ *(fig)* rein; **per ~ caso** aus purem Zufall

P

purosangue [puro'saŋgue] **I.** *agg inv* ① *(cavallo)* vollblütig, reinrassig ② *(fig, scherz)* echt, Vollblut- **II.** *mf* <-> Vollblut[pferd] *nt*

purpureo, **-a** [pur'pu:reo] *agg* purpurn, purpurfarben

purtroppo [pur'trɔppo] *avv* leider

purulento, **-a** [puru'lɛnto] *agg* eit[e]rig, eiternd

purulenza [puru'lɛntsa] *f* Eiterung *f*, Eiter *m*

pus [pus] *m* Eiter *m*

push up ['puʃʌp] <-> *m* Push-up-BH *m*

pusillanime [puzil'la:nime] **I.** *agg* duckmäuserisch **II.** *mf* Duckmäuser *m*

pusillanimità [puzillanimi'ta] <-> *f* Duckmäuserei *f*, Duckmäusertum *nt*

pustola ['pustola] *f* Pustel *f*

pustoloso, **-a** [pusto'lo:so] *agg* pustulös

putacaso, **puta caso** [puta'ka:zo] *avv* etwa, zufällig; ~ **che …** +*conj* gesetzt den Fall, dass …

putativo, **-a** [puta'ti:vo] *agg* vermeintlich

putiferio [puti'fɛ:rio] <-i> *m* Geschrei *nt*, Gezänk *nt*; *(fig)* Durcheinander *nt*

putredine [pu'trɛ:dine] *f* Fäulnis *f*

putrefare [putre'fa:re] <irr> **I.** *vi essere* faulen, verwesen **II.** *vr* **-rsi** faulen, verwesen

putrefazione [putrefat'tsio:ne] *f* ① *(decomposizione)* Verwesung *f*, Fäulnis *f* ② *(fig)* Zersetzung *f*, Verderbtheit *f*

putrefeci *1. pers sing pass rem di* **putrefare**

putrella [pu'trɛlla] *f* Eisenträger *m*

putrescente [putreʃ'ʃɛnte] *agg* faulend, verwesend

putrescenza [putreʃ'ʃɛntsa] *f* Verwesung *f*, Fäulnis *f*

putrido, **-a** ['pu:trido] *agg* ① *(marcio)* faul, verwest ② *(fig)* verderbt, zersetzt

putsch [putʃ] <-> *m* POL, MIL Putsch *m*

puttana [put'ta:na] *f (vulg)* Hure *f*, Nutte *f*

puttanesco, **-a** [putta'nesko] <-schi, -sche> *agg (vulg)* hurenhaft, dirnenhaft; **spaghetti alla -a** *Spaghetti mit Tomatensoße, Sardellen, Kapern und schwarzen Oliven*

puttaniere [putta'niɛ:re] *m (vulg)* Hurenbock *m*; *(scherz: dongiovanni)* Schürzenjäger *m*

putto ['putto] *m* Putte *f*

puzza ['puttsa] *f* DIAL Gestank *m*; **avere la ~ sotto il naso** hochnäsig sein

puzzare [put'tsa:re] *vi* ① *(fare puzzo)* stinken, übel riechen; ~ **di qc** nach etw stinken; **gli puzza il fiato** er riecht aus dem Mund, er hat Mundgeruch ② *(fig: essere sospetto)* stinken ③ *(fam: non interessare)* pfeifen auf

puzzle ['pʌzəl *o* 'patsle] <-> *m* Puzzle *nt*

puzzo ['puttso] *m* Gestank *m*

puzzola ['puttsola] *f* Iltis *m*; *(fig)* Stinktier *nt*

puzzolente [puttso'lɛnte] *agg* stinkend

puzzone, **-a** [put'tso:ne] *m, f* DIAL *(fam)* Stinker *m*, Stinktier *nt*; *(fig)* Widerling *m*, Schwein *nt*

P.za *abbr di* **Piazza** Pl.

P

Qq

q *abbr di* **quintale** dz *(Doppelzentner, 100 kg)*

Q, q [ku] <-> *f* Q *nt,* q *nt;* **q come quarto** Q wie Quelle

QCER [kutʃie'ɛrre] *m abbr di* **Quadro Comune Europeo di Riferimento per le lingue** GER *m*

QI [ku'i:] *abbr di* **quoziente d'intelligenza** IQ *m*

qua [kua] **I.** *avv* ① *(stato)* da, hier; **di ~** von hier [aus]; **essere più di là che di ~** *(fig)* mehr tot als lebendig sein ② *(moto)* hierher, her; **dà qua** her, her damit; **andare di ~ e di là** hin und her gehen; **per di ~** hier durch, in dieser Richtung; **vieni ~** komm her!; **~ i soldi!** *(fam)* her mit dem Geld! *fam,* Geld her! ③ *(preceduto da questo)* da, hier ④ *(temporale)* **da quando in ~?** *(fam)* seit wann?; **da un anno in ~** seit einem Jahr **II.** *m* <-> Quaken *nt* **III.** *int* quak quak

quaderneria [kuaderne'ri:a] *f* Heftsortiment *nt,* Auswahl *f* an Heften

quaderno [kua'dɛrno] *m* [Schreib-, Schul]-heft *nt; (in bibliografia)* Heft *nt,* Nummer *f;* **~ a quadretti/a righe** kariertes/lini[i]ertes Heft; **~ formato A4** DIN-A4-Heft *nt*

quadrangolare [kuadraŋgo'la:re] *agg* ① MAT viereckig ② SPORT Vier[er]-

quadrangolo [kua'draŋgolo] *m* Viereck *nt*

quadrangolo, -a *agg* viereckig

quadrante [kua'drante] *m* ① *(di orologio)* Zifferblatt *nt; (di bussola)* Kompassquadrant *m* ② MAT Quadrant *m,* Viertelkreis *m*

quadrare [kua'dra:re] **I.** *vt avere* MAT quadrieren, ins Quadrat erheben **II.** *vi essere o avere* ① *(corrispondere)* **~ con qc** mit etw übereinstimmen ② *(fam fig: piacere)* passen, liegen ③ *(conti, calcoli)* stimmen

quadratico, -a [kua'dra:tiko] <-ci, -che> *agg* quadratisch, Quadrat-

quadrato [kua'dra:to] *m* ① MAT *(quadrangolo)* Quadrat *nt; (potenza)* Quadrat *nt,* zweite Potenz; **7 al ~** 7 hoch zwei; **elevare un numero al ~** eine Zahl quadrieren [*o* ins Quadrat erheben] ② SPORT *(pugilato)* Ring *m*

quadrato, -a *agg* ① *(forma)* quadratisch, viereckig ② *(fig: solido)* stabil, kräftig; *(equilibrato)* ausgeglichen, ausgewogen ③ MAT Quadrat-

quadratura [kuadra'tu:ra] *f* MAT, ASTR Quadratur *f*

quadrettare [kuadret'ta:re] *vt* karieren, kästeln

quadrettatura [kuadretta'tu:ra] *f* ① *(suddivisione)* Karieren *nt,* Kästeln *nt* ② *(reticolato)* Kästchenmuster *nt*

quadretto [kua'dretto] *m* ① *(piccolo quadro)* kleines Bild, Skizze *f* ② *(piccolo quadrato)* Kästchen *nt; (di cioccolata)* Stück *nt* ③ *(fig: scena)* nette [*o* lebhafte] Szene

quadricromia [kuadrikro'mi:a] <-ie> *f* Vierfarbendruck *m*

quadridimensionale [kuadridimensio'na:le] *agg* vierdimensional

quadridimensionalità [kuadridimensionali'ta] <-> *f* Vierdimensionalität *f*

quadriennale [kuadrien'na:le] **I.** *agg* ① *(che dura quattro anni)* vierjährig ② *(che ricorre ogni quattro anni)* vierjährlich **II.** *f* Quadriennale *f*

quadriennalità [kuadriennali'ta] <-> *f* vierjährige Dauer, vierjährliche Wiederkehr

quadriennio [kuadri'ɛnnio] <-i> *m* Zeitraum *m* von vier Jahren, Quadriennium *nt*

quadrifoglio [kuadri'fɔʎʎo] <-gli> *m* ① BOT vierblätt[e]riges Kleeblatt ② *(di strada)* **raccordo a ~** Kleeblatt *nt*

quadrigemino, -a [kuadri'dʒɛ:mino] *agg* Vierlings-

quadriglia [kua'driʎʎa] <-glie> *f* Quadrille *f*

quadrilatero [kuadri'la:tero] *m* ① MAT Viereck *nt* ② *(configurazione)* viereckige Form

quadrilatero, -a *agg* viereckig, vierseitig, Vierseiten-

quadrilingue [kuadri'liŋgue] *agg inv* viersprachig; **la Svizzera ~** die viersprachige Schweiz; **il documento ~** ein Papier in vier Sprachen; **una persona ~** jemand, der vier Sprachen spricht

quadrimestralità [kuadrimestrali'ta] <-> *f* viermonatiger Zeitraum

quadrimestre [kuadri'mɛstre] *m* ① *(periodo)* Zeitraum *m* von vier Monaten ② *(di scuola)* Hälfte *f* des Schuljahres [von viermonatiger Dauer]

quadrimotore [kuadrimo'to:re] *m* viermotoriges Flugzeug

quadripartire [kuadripar'ti:re] <quadripartisco> *vt* durch vier teilen, vierteln

quadripartito [kuadripar'ti:to] *m* Vierparteienregierung *f*

quadripartito, -a *agg* ① POL Vierparteien- ② *(di quattro contraenti)* Vierer-; **accor-**

Q

do ~ Viererabkommen *nt;* **patto** ~ Viermächtepakt *m* ③ *(diviso in quattro)* viergeteilt

quadripartizione [kuadripartit'tsio:ne] *f* Teilung *f* in vier Teile, Vierteilung *f*

quadripolarità [kuadripolari'ta] *f* TEC Vierpoligkeit *f*

quadrisillabico, -a [kuadrisil'la:biko] <-ci, -che> *agg (parola)* viersilbig

quadrisillabo, -a [kuadri'sillabo] **I.** *agg* viersilbig **II.** *m, f* ① *(parola)* viersilbiges Wort ② *(verso)* viersilbiger Vers, Viersilb[l]er *m*

quadrista [kua'drista] <-i *m*, -e *f*> *mf* TEC Kontrolleur(in) *m(f)* von Steuersystemen

quadrivio [kua'dri:vio] <-i> *m* [Straßen]kreuzung *f*

quadro ['kua:dro] *m* ① *(dipinto)* Bild *nt,* Gemälde *nt* ② *(quadrato)* Viereck *nt;* **a -i** kariert ③ *(fig: descrizione)* Bild *nt,* Beschreibung *f; (scena)* Szene *f,* Anblick *m;* **fare un ~ della situazione** die Situation schildern ④ *(fig: prospetto)* Tabelle *f,* Übersicht *f* ⑤ *(fig: ambito)* Rahmen *m;* **nel ~ dei nuovi accordi** im Rahmen der neuen Vereinbarungen ⑥ THEAT Bild *nt;* FILM [Film]szene *f,* Einstellung *f;* TV [Fernseh]bild *nt* ⑦ TEC Tafel *f,* Brett *nt* ⑧ *pl* POL, MIL Führung[sschicht] *f,* Kader *mpl;* ADM Führungskräfte *fpl;* SPORT Kader *m;* **-i amministrativi** leitende Angestellte *mpl;* **-i direttivi** Führungskräfte *fpl* ⑨ *pl (di carte da gioco)* Karo *nt*

quadro, -a *agg* ① *(quadrato)* quadratisch, [vier]eckig ② MAT Quadrat-; **metro/centimetro ~** Quadratmeter *m o nt*/-zentimeter *m o nt*

quadrumvirato, quadrunvirato [kuadrunvi'ra:to] *m* ① POL Vierergremium *nt* ② HIST Quadrumvirat *nt*

quadrumviro, quadrunviro [kua'drunviro] *m* Mitglied *nt* eines Vierergremiums

quadrupede [kua'dru:pede] **I.** *m* Vierfüß[l]er *m* **II.** *agg* vierbeinig, vierfüßig

quadruplicare [kuadrupli'ka:re] **I.** *vt avere* ① MAT mit vier multiplizieren ② *(fig)* vervierfachen **II.** *vi essere* um ein Vierfaches ansteigen [*o* sich vermehren] **III.** *vr* **-rsi** sich vervierfachen

quadruplice [kua'dru:plitʃe] *agg* Vierfach-, vierfach [ausgeführt]

quadruplo ['kua:druplo] *m* Vierfache(s) *nt*

quadruplo, -a *agg* vierfach, viermal so groß

quaggiù [kuad'dʒu] *avv* ① *(qua in basso: stato)* hier [*o* da] unten; *(moto)* hier herunter, hinunter ② *(sulla terra)* auf Erden, hienieden *poet; (al sud)* hier unten [im Süden]

quaglia ['kuaʎʎa] <-glie> *f* Wachtel *f*

qual [kual] *v.* **quale**

qualche ['kualke] <inv, solo al sing> *agg* ① *(alcuni)* einige; **~ minuto/ora/mese** einige Minuten/Stunden/Monate; **~ volta** manchmal ② *(uno)* ein(e), irgendein(e); **in ~ modo** irgendwie ③ *(un certo)* ein(e) gewisse(r, s); **~ cosa** *v.* **qualcosa**

qualcheduno [kualke'du:no] *pron indef v.* **qualcuno**

qualcosa [kual'kɔ:sa] <inv> *pron indef* etwas; **~ di grande** etwas Großes; **~ come 50 euro** so ungefähr 50 Euro; **è già ~** das ist doch [immerhin] schon etwas

qualcuno, -a [kual'ku:no] <solo al sing> *pron indef* ① *(alcuni)* einige, welche *fam* ② *(uno: riferito a persone)* [irgend]jemand, [irgend]eine(r); *(riferito a cose)* irgendeine(r, s) ③ *(persona importante)* jemand [Besonderer]

quale ['kua:le] <*davanti a consonante spesso* qual> **I.** *agg* ① *(interrogativo)* welche(r, s), was für ein(e); **qual è il tuo libro preferito?** welches ist dein Lieblingsbuch? ② *(esclamativo)* welch ein(e), was für ein(e); **ma -i vacanze: sono pieno di lavoro!** von wegen Ferien: ich habe einen Haufen Arbeit! ③ *(come)* wie; **è tale ~ te l'ho descritto** er ist so, wie ich ihn dir beschrieben habe **II.** *pron inter* welche(r, s) **III.** *pron rel* ① der …, welcher/die …, welche/das …, welches *geh,* der …, der/die …, die/das …, das *geh;* **il bambino del ~ t'ho accennato** das Kind, das ich dir gegenüber [bereits] erwähnt habe ② *(come)* wie, wie zum Beispiel; **erbe, -i la menta e l'ortica** Kräuter wie Minze und Brennnessel **IV.** *avv* als, wie; **in certo qual modo** gewissermaßen, irgendwie; **tale e ~ sua madre** *(fam)* ganz die Mutter; **non tanto per la ~** *(fam: persona)* nicht ganz in Ordnung; *(lavoro)* nicht so, wie es sein sollte, nicht regulär

qualifica [kua'li:fika] <-che> *f* ① *(titolo)* Titel *m,* Bezeichnung *f* ② *(doti professionali)* Qualifikation *f,* Eignung *f* ③ *(giudizio)* Beurteilung *f*

qualificante [kualifi'kante] *agg* ① *(che attribuisce una qualifica)* qualifizierend ② *(fig: saliente)* wichtig, bemerkenswert

qualificare [kualifi'ka:re] **I.** *vt* ① *(definire)* bezeichnen, kennzeichnen; *(con giudizio)* beurteilen ② *(preparare)* qualifizieren, befähigen; *(professionalmente)* ausbilden, weiterbilden **II.** *vr* **-rsi** ① *(definirsi)* sich bezeichnen [als] ② *(ottenere una qualifica)* sich qualifizieren [als], anerkannt werden [als] ③ SPORT sich qualifizieren

qualificativo, -a [kualifika'ti:vo] *agg* ① LING Eigenschafts-; **aggettivo ~** Eigenschaftswort *nt* ② *(che serve a qualificare)* qualifizierend

qualificato, **-a** [kualifi'ka:to] *agg* ① *(operaio, tecnico)* gelernt, qualifiziert; **operaio ~** Facharbeiter *m* ② *(esperto)* erfahren, fähig; *(dotato)* geeignet, begabt ③ *(fig: famiglia, persona)* vornehm, distinguiert

qualificazione [kualifikat'tsio:ne] *f* ① *(qualifica)* Qualifikation *f,* Qualifizierung *f* ② *(titolo)* Titel *m*

qualità [kuali'ta] <-> *f* ① *(gener)* Qualität *f;* **prodotti di ~** Qualitätsware *f,* Qualitätserzeugnisse *nt pl;* **di ~** von Qualität; **di prima ~** erstklassig; **di ~ superiore** hochwertig ② *(dote)* Begabung *f,* Gabe *f* ③ *(varietà)* Sorte *f,* Qualität *f*

qualitativo, **-a** [kualita'ti:vo] *agg* ① *(valutazione, differenza)* qualitativ, Qualitäts- ② CHEM qualitativ

qualora [kua'lo:ra] *cong +conj* falls, wenn

qualsiasi [kual'si:asi] <inv, solo al sing> *agg* jeder/jede/jedes [beliebige], jeglicher/jegliche/jegliches; **vieni un giorno ~** komm an irgendeinem Tag; **a ~ prezzo** um jeden Preis

qualunque [kua'luŋkue] <inv, solo al sing> *agg* ① *(ogni, ciascuno)* jeder/jede/jedes [beliebige], jeglicher/jegliche/jegliches; **a ~ costo** zu jedem Preis ② *(uno qualsiasi)* irgendein/irgendeine/irgendein, ein gewöhnlicher/eine gewöhnliche/ein gewöhnliches; **in ~ modo** wie auch immer; **l'uomo ~** der Mann von der Straße; **è una persona ~** er/sie ist eine Person wie jede andere ③ *(relativo)* welcher/welche/welches [auch immer], was [auch immer]

qualunquismo [kualuŋ'kuizmo] *m* „Jedermanns"-Bewegung *f*

qualunquista [kualuŋ'kuista] <-i *m*, -e *f*> *mf* unpolitischer Mensch

qualunquistico, **-a** [kualuŋ'kuistiko] <-ci, -che> *agg* POL der Qualunquisten, qualunquistisch

quando ['kuando] **I.** *avv* ① *(interrogativo)* wann; **per ~?** [für] wann?, bis wann?; **da ~?** seit wann?; **di ~?** von wann?, aus welcher Zeit?; **fino a ~?** bis wann?, wie lange noch? ② *(relativo)* als, wenn; **di ~ in ~** ab und zu, dann und wann **II.** *cong* ① *(temporale, col passato)* als; *(col presente ed il futuro)* wenn, sobald; **quand'ecco che …** da, als plötzlich … ② *(tutte le volte che)* wenn, jedes Mal [*o* immer] wenn ③ *(mentre)* während, aber ④ *(poiché)* da, wenn ⑤ *+conj (condizionale)* wenn, falls ⑥ *(esclamativo)* wenn; **~ si dice la fortuna!** wenn das kein Glück ist! **III.** *m* Wann *nt*

quantificare [kuantifi'ka:re] *vt* bestimmen, quantifizieren *geh*

quantificatore, **-trice** [kuantifika'to:re] **I.** *agg* den Quantor betreffend **II.** *m, f* Quantor *m*

quantificazione [kuantifikat'tsio:ne] *f* Quantifikation *f,* Festlegung *f*

quantistico, **-a** [kuan'tistiko] <-ci, -che> *agg* Quanten-; **teoria/meccanica -a** Quantentheorie *f*/-mechanik *f*

quantità [kuanti'ta] <-> *f* ① PHYS Menge *f,* Quantität *f* ② *(gran numero)* [große] Menge *f;* **in ~** in Hülle und Fülle

quantitativo, **-a** [kuantita'ti:vo] **I.** *agg* ① *(di quantità)* quantitativ, mengenmäßig ② CHEM quantitativ **II.** *m, f* Menge *f,* Anzahl *f*

quanto ['kuanto] **I.** *m* PHYS Quant *nt;* **teoria dei -i** Quantentheorie *f* **II.** *avv* ① *(interrogativo)* wie viel; *(tempo)* wie lang[e]; *(distanza)* wie weit ② *(esclamativo)* wie [sehr], so viel ③ *(nella misura che)* so viel … als, so viel … dass; **per ~ io ne sappia** soviel ich weiß ④ *(come)* wie; **tanto … ~ …** [genau]so [*o* ebenso] … wie …; *(sia … sia …)* als auch …, … so wie …; **per ~** *+conj* wie [sehr] auch, so [sehr] auch; **~ mai** überaus, mehr denn je; **~ prima** so bald wie möglich

quanto, **-a** **I.** *agg* ① *(interrogativo)* wie viel; **~ [tempo] dura lo spettacolo?** wie lange dauert die Vorstellung?; **-i anni hai?** wie alt bist du?; **-i ne abbiamo oggi?** der Wievielte ist heute? ② *(esclamativo)* wie viel, so viel ③ *(nella quantità che)* so viel … wie; **compra -e cartoline vuoi** kauf so viele Postkarten, wie du willst; **tutti -i** alle miteinander, allesamt ④ *(quello che)* **da ~ ho capito** so viel ich verstanden habe **II.** *pron inter* wie viel(e); **~ costa?, quant'è?** was [*o* wie viel] kostet das? **III.** *pron rel* ① was ② *pl (coloro che)* [alle] die ③ *(con partitivo)* etwas [von]

quantunque [kuan'tuŋkue] *cong +conj* wenn auch, obwohl

qua qua [kua k'kua] *v.* **qua²**

quaranta [kua'ranta] **I.** *num* vierzig **II.** *m* <-> Vierzig *f; v. a.* **cinquanta**

quarantena [kuaran'tɛ:na] *f* ① MED Quarantäne *f;* **fare la ~** unter Quarantäne stehen; **mettere in ~** MED unter Quarantäne stellen; *(fig: comunicazione)* sperren ② *(periodo)* vierzig Tage

quarantenne [kuaran'tɛnne] **I.** *agg* vierzigjährig **II.** *mf* Vierzigjährige(r) *f(m)*

quarantennio [kuaran'tɛnnio] <-i> *m* Zeitraum *m* von vierzig Jahren, vierzig Jahre *nt pl*

quarantesimo [kuaran'tɛːzimo] *m (frazione)* Vierzigstel *nt,* vierzigster Teil

quarantesimo, -a **I.** *agg* vierzigste(r, s) **II.** *m, f* Vierzigste(r, s) *f(m, nt)*

quarantina [kuaran'tiːna] *f* **una ~ [di …]** [etwa] vierzig […]; **essere sulla ~** an [*o* um] die vierzig sein

quarantott'ore [kuarantɔt'toːre] <-> *f* Handköfferchen *nt*

quarantotto [kuaran'tɔtto] **I.** *num* achtundvierzig **II.** *m* <-> ① *(numero)* Achtundvierzig *f* ② *(fam fig: confusione)* Durcheinander *nt,* Wirrwarr *m;* **fare un ~** *(fam)* Krach schlagen

quaresima [kua'reːzima] *f* Fastenzeit *f*

quaresimale [kuarezi'maːle] *agg* Fasten-, Fastenzeit-

quarta ['kuarta] *f* ① *(classe)* vierte Klasse; *(alla scuola superiore)* vorletztes Schuljahr ② MOT vierter Gang; **partire in ~** *(fig)* loslegen *fam* ③ MUS Quart(e) *f*

quartana [kuar'taːna] *f* Viertagefieber *nt,* Quartan[a] *f*

quartetto [kuar'tetto] *m* Quartett *nt*

quartiere [kuar'tiɛːre] *m* ① *(di città)* Viertel *nt,* Stadtteil *m* ② MIL Quartier *nt;* **~ generale** Hauptquartier *nt*

quartierino [kuartie'riːno] *m* ① *dim di* **quartiere** [Stadt]viertel *nt* ② TOSC *(piccolo alloggio)* kleines Apartment

quartina [kuar'tiːna] *f* ① LIT Vierzeiler *m,* vierzeilige Strophe ② MUS Quartole *f*

quartino [kuar'tiːno] *m* ① *(fam: di vino)* Viertel *nt,* Viertelliter *m* ② *(quarta parte)* Viertel *nt*

quarto ['kuarto] *m (frazione, quantità)* Viertel *nt,* vierter Teil; **~ d'ora** Viertelstunde *f;* **sono le tre e un ~** es ist Viertel nach drei [Uhr]; **il ~ d'ora accademico** das akademische Viertel; **i -i di finale** das Viertelfinale *nt;* **un ~ di vino** ein Viertel *nt* Wein

quarto, -a **I.** *agg* vierte(r, s); **-a malattia** *leichte Form von Scharlach* **II.** *m, f* Vierte(r, s) *f(m, nt); v. a.* **quinto**

quarzifero, -a [kuar'tsiːfero] *agg* quarzhaltig

quarzo ['kuartso] *m* Quarz *m*

quasi ['kuaːzi] **I.** *avv* ① *(circa)* ungefähr, etwa ② *(pressoché)* fast, beinahe ③ *(forse)* wohl ④ *(come se fosse)* gleichsam, beinahe **II.** *cong+conj* **~ [che]** als ob

quasi flagranza ['kuaːzi fla'grantsa] <-> *f* JUR Verhaftung *f* in flagranti

quasi gol ['kuaːzi gɔl] <-> *m* SPORT Beinahe-Tor *nt*

quassù [kuas'su] *avv* ① *(qua in alto: stato)* hier [*o* da] oben; *(moto)* [hier]herauf, [hier]hinauf ② *(al nord)* hier oben [im Norden] ③ *(in montagna)* hier oben [in den Bergen]

quaterna [kua'tɛrna] *f (nel lotto, nella tombola)* Quaterne *f,* Vierergewinn *m*

quaternario, -a [kuater'naːrio] <-i, -ie> *agg* ① *(verso)* viersilbig ② GEOL quartär

quatto, -a ['kuatto] *agg* ① *(chinato e basso)* geduckt, gebückt ② *(zitto zitto)* ganz still, sachte

quattordicenne [kuattordi'tʃɛnne] **I.** *agg* vierzehnjährig **II.** *mf* Vierzehnjährige(r) *f(m)*

quattordicesima [kuattordi'tʃezima] *f (retribuzione)* vierzehntes Monatsgehalt

quattordicesimo [kuattordi'tʃezimo] *m (frazione)* Vierzehntel *nt*

quattordicesimo, -a **I.** *agg* vierzehnte(r, s) **II.** *m, f* Vierzehnte(r, s) *f(m, nt); v. a.* **quinto**

quattordici [kuat'torditʃi] **I.** *num* vierzehn **II.** *m* <-> ① *(numero)* Vierzehn *f* ② *(nelle date)* Vierzehnte(r) *m* **III.** *fpl* vierzehn Uhr; *v. a.* **cinque**

quattrino [kuat'triːno] *m* ① *(moneta spicciola)* Heller *m,* Pfennig *m* ② *pl (denari)* Geld *nt;* **avere un sacco di -i** *(fam)* Geld wie Heu haben, schweinereich sein

quattrinoso, -a [kuattri'noːso] *agg (fam)* betucht; **una persona -a** eine betuchte Person

quattro ['kuattro] **I.** *num* vier **II.** *agg (fig: pochi)* ein paar, wenig; **gridare ai ~ venti** in alle Welt hinausposaunen; **spargere qc ai ~ venti** etw in alle Winde [*o* Himmelsrichtungen] verstreuen; **dirne ~ a qu** jdm die Meinung sagen; **parlare a quattr'occhi con qu** mit jdm unter vier Augen sprechen; **fare ~ chiacchiere** schwätzen; **fare ~ passi** einen kleinen Spaziergang machen; **fare ~ salti** das Tanzbein schwingen; **fare il diavolo a ~** einen Höllenlärm machen; **farsi in ~ per qu** sich für jdn krumm legen [*o* zerreißen] *fam;* **in ~ e quattr'otto** im Handumdrehen, im Nu **III.** *m* <-> ① *(numero)* Vier *f* ② *(nelle date)* Vierte(r) *m* ③ *(voto scolastico)* ≈ mangelhaft, ungenügend ④ SPORT Vierer *m* **IV.** *fpl* vier Uhr; *v. a.* **cinque**

quattrocchi, quattr'occhi [kuat'trɔkki] *avv* **a ~** unter vier Augen

quattrocentesco, -a [kuattrotʃen'tesko] <-schi, -sche> *agg* das fünfzehnte Jahrhundert betreffend

quattrocentista [kuattrotʃen'tista] <-i *m,* -e *f*> *mf* ① *(artista)* Künstler(in) *m(f)* des Quattrocento ② SPORT Vierhundertmeterläufer(in) *m(f); (nuotatore)* Vierhundertmeterschwimmer(in) *m(f)*

quattrocento [kuattro'tʃɛnto] **I.** *num* vierhundert **II.** *m* <-> Vierhundert *f;* **il Quattrocento** das fünfzehnte Jahrhundert; *(nell'arte italiana)* das Quattrocento

quattroesettanta [kuattroeset'anta] *m sing Segelbootsklasse für 2 Personen*

quattromila [kuattro'mi:la] **I.** *num* viertausend **II.** *m* <-> Viertausend *f*

quello, -a ['kuello] **I.** *agg* <quel, quell', quei, quegli> ① *(persona, animale, cosa lontana)* jene(r, s), der, die, das (da) ② *(persona, animale, cosa già nota)* jene(r, s), der, die, das ③ *(tale)* solche(r, s), erartige(r, s) **II.** *pron dim* ① *(persona, animale, cosa lontana)* jene(r, s), er, die, das (da) ② *(colui, ciò)* der, die, das; **~ che** derjenige, der [*o* welcher]; **di ~ che …** als …; **tutto ~ che …** [all] das, was …; **per quel che ne so io** so viel ich [darüber] weiß ③ *(uomo)* der [Mann]; *(donna)* die [Frau]; **una di -e** *(pej)* eine von der Straße; **arriva ~ dei gelati** der Eisverkäufer kommt ④ *(abitanti)* Einwohner *mpl,* Bewohner *mpl*

querceto [kuer'tʃe:to] *m* Eichenwald *m*

quercia ['kuɛrtʃa] <-ce> *f* ① BOT Eiche *f,* Eichenbaum *m;* **forte** [*o* **saldo**] **come una ~** bärenstark, unerschütterlich [*o* unverwüstlich] wie eine Eiche ② *(legno)* Eiche *f,* Eichenholz *nt* ③ **la Quercia** POL *Symbol der links demokratischen Partei Italiens PDS*

Quercia ['kuertʃa] *f sing* POL *(simbolo del PDS)* italienische Sozialisten *fpl* [PDS]

querela [kue'rɛ:la] *f* Klage *f;* **sporgere ~ contro qu** gegen jdn Klage erheben, jdn verklagen

querelabile [kuere'la:bile] *agg* JUR verklagbar

querelante [kuere'lante] *mf* Kläger(in) *m(f)*

querelare [kuere'la:re] *vt* verklagen, Klage erheben gegen

querelato, -a [kuere'la:to] *m, f* Beklagte(r) *f(m),* Angeklagte(r) *f(m)*

quesito [kue'zi:to] *m* Frage *f,* Problem *nt*

quest [kwest] <- *o* quests> *f* Ermittlung *f,* Untersuchung *f*

questionare [kuestio'na:re] *vi* ① *(discutere)* **~ di qc** [über] etw *akk* diskutieren ② *(litigare)* **~ con qu su qc** mit jdm über etw *akk* streiten

questionario [kuestio'na:rio] <-i> *m* Fragenkatalog *m; (foglio relativo)* Fragebogen *m*

questione [kues'tio:ne] *f* ① *(problema, disputa,* POL, SOC, HIST Problem *nt,* Frage *f;* **essere fuori ~** außer Frage stehen ② *(controversia)* Streitfrage *f* ③ *(litigio)* Auseinandersetzung *f,* Streit *m* ④ *(faccenda)* Angelegenheit *f,* Sache *f;* **la ~ meridionale** die süditalienische Frage; **~ d'onore** Ehrensache *f;* **è ~ di un minuto** es ist eine Sache von einer Minute; **è ~ di vita o di morte** es geht um Leben und Tod

questo, -a ['kuesto] **I.** *agg* ① *(persona, animale, cosa vicina)* diese(r, s), der, die, das (hier); **in ~ momento** soeben, in diesem Augenblick; **quest'oggi** heute; **uno di -i giorni** in den nächsten Tagen ② *(persona, animale, cosa nota)* diese(r, s), der, die, das ③ *(simile)* derartige(r, s), solche(r, s), so ein(e) **II.** *pron dim* ① *(persona, animale, cosa vicina)* diese(r, s), dies, das [hier] ② *(ciò)* dies, das; **~ mai** niemals; **~ no/sì** das nicht/schon; **senti -a!** hör dir das an!; **in ~** darin; **per ~** deshalb, deswegen; **su ~** darüber; **con ~** damit, mit diesen Worten; **con tutto ~** nichtsdestoweniger, trotz alledem; **a ~ siamo arrivati!** *(fam)* soweit sind wir [also] gekommen!; **-a proprio non ci voleva!** *(fam)* das hat gerade noch gefehlt!; **-a sì che è bella!** *(fam)* das ist ja allerhand! ③ *(quanto segue)* dies, folgendes

questore [kues'to:re] *m* Polizeipräsident *m,* Polizeichef *m*

questua ['kuɛstua] *f* Almosensammeln *nt; (in chiesa)* Kollekte *f*

questura [kues'tu:ra] *f* Amt *nt* des Polizeipräsidenten; *(sede)* Polizeipräsidium *nt,* Polizei *f;* **andare in ~** zur Polizei gehen

questurino [kuestu'ri:no] *m (fam)* Schutzmann *m,* Büttel *m,* Bulle *m*

qui [kui] *avv* ① *(stato)* hier, da; **di ~ in avanti** *(spazio)* von hier an; *(tempo)* von jetzt an; **~ dentro/fuori/sopra/sotto/vicino** hier drinnen/draußen/oben/unten/in der Nähe ② *(moto)* hierher, [da]her; **da ~** von hier aus; **di ~** von hier [aus]; **per di ~** hier durch, hier [herum]; **fin ~** *(locale)* bis hierhin; *(temporale)* bis jetzt; **~ dentro/fuori/sopra/sotto/vicino** hier hinein/heraus/herauf/herunter/in die Nähe ③ *(preceduto da questo)* hier, da

quiescenza [kuieʃ'ʃɛntsa] *f* Ruhestand *m,* Pension *f*

quietanza [kuie'tantsa] *f* Quittung *f,* Empfangsbestätigung *f;* **per ~** Betrag erhalten

quietanzatrice [kuietantsa'tri:tʃe] *f* COM, TEC Quittungsdrucker *m*

quietare [kuie'ta:re] **I.** *vt* beruhigen, dämpfen **II.** *vr* **-rsi** sich beruhigen, ruhig werden

quiete ['kuiɛ:te] *f* ① *(calma)* Ruhe *f; (pace dell'anima)* Seelenfrieden *m,* innere Ruhe ② *(silenzio)* Stille *f*

quietismo [kuie'tizmo] *m* Quietismus *m*

quieto, -a ['kuiɛ:to] *agg* ① *(mare, aria)* ruhig ② *(persona)* ruhig; *(fig)* friedfertig, friedliebend ③ *(animale)* friedlich, zahm ④ *(silenzioso)* still, geräuschlos

quindi ['kuindi] **I.** *avv* dann, darauf **II.** *cong* daher, also

quindicenne [kuindi'tʃɛnne] **I.** *agg* fünfzehnjährig **II.** *mf* Fünfzehnjährige(r) *f(m)*

quindicennio [kuindi'tʃɛnnio] <-i> *m* Zeitraum *m* von fünfzehn Jahren

quindicesima [kuindi'tʃɛ:zima] *f (retribuzione aggiuntiva)* 15. Monatsgehalt *nt*

quindicesimo [kuindi'tʃɛ:zimo] *m (frazione)* Fünfzehntel *nt*

quindicesimo, -a **I.** *agg* fünfzehnte(r, s) **II.** *m, f* Fünfzehnte(r, s) *f(m, nt); v. a.* **quinto**

quindici ['kuinditʃi] **I.** *num* fünfzehn; **fra ~ giorni** in vierzehn Tagen **II.** *m* <-> ① *(numero)* Fünfzehn *f* ② *(nelle date)* Fünfzehnte(r) *m* **III.** *fpl* fünfzehn Uhr; *v. a.* **cinque**

quindicina [kuindi'tʃi:na] *f* ① *(serie)* **una ~ [di …]** [etwa] fünfzehn […] ② *(periodo)* zwei Wochen *fpl;* **la prima ~ di luglio** die erste Julihälfte

quindicinale [kuinditʃi'na:le] **I.** *agg* vierzehntägig, vierzehntäglich, Halbmonats- **II.** *m* Halbmonatszeitschrift *f*

quindicisillabo [kuinditʃil'la:bo] *m* LIT fünfzehnsilbiges Versmaß

quinquennale [kuiŋkuen'na:le] *agg* ① *(che dura cinque anni)* fünfjährig ② *(che ricorre ogni cinque anni)* fünfjährlich, Fünfjahr[es]-

quinquennalità [kuiŋkuennali'ta] <-> *f* ① *(durata di cinque anni)* fünfjähriger Zeitraum ② *(scadenza, periodicità quinquennale)* Fünfjahresfrist *f,* Fünfjahresrate *f*

quinquennio [kuiŋ'kuɛnnio] <-i> *m* Zeitraum *m* von fünf Jahren

quinta ['kuinta] *f* ① THEAT Kulisse *f;* **stare dietro le -e** *(a. fig)* hinter den Kulissen bleiben, im Hintergrund bleiben ② *(classe)* fünfte Klasse; *(alla scuola superiore)* letztes Schuljahr ③ MOT fünfter Gang ④ MUS Quint(e) *f; v. a.* **quinto**

quintale [kuin'ta:le] *m* Doppelzentner *m,* Zentner *m* A

quintessenza [kuintes'sɛntsa] *f* ① *(a. fig)* Quintessenz *f* ② *(esempio)* Inbegriff *m,* Muster[bild] *nt*

quintetto [kuin'tetto] *m* Quintett *nt*

quinto ['kuinto] *m (frazione)* Fünftel *nt;* **quattro -i** vier Fünftel *ntpl*

quinto, -a **I.** *agg* fünfte(r, s); **la -a volta** das fünfte Mal; **la -a parte di** ein Fünftel *gen;* **Alessandro V** Alexander der Fünfte **II.** *m, f* Fünfte(r, s) *f(m, nt);* **arrivare ~** als Fünfter ankommen

quintuplicare [kuintupli'ka:re] **I.** *vt* verfünffachen, um ein Fünffaches erhöhen **II.** *vr* **-rsi** sich verfünffachen, um ein Fünffaches ansteigen

quintuplo ['kuintuplo] *m* Fünffache(s) *nt*

quintuplo, -a *agg* fünffach, fünfmal so groß

qui pro quo ['kui prɔ 'kuɔ] <-> *m* Verwechslung *f,* Missverständnis *nt*

Quirinale [kuiri'na:le] *m* ① GEOG Quirinal *m* ② POL Quirinal *m,* Sitz *m* des Staatspräsidenten

quisquilia [kuis'kui:lia] <-ie> *f* Belanglosigkeit *f,* Kinkerlitzchen *nt fam*

quiz [kuidz] <-> *m* Quiz *nt*

quizshow [kuidz'ʃou] <-> *m* TV Quizshow *f*

quizzarolo, -a [kuittsa'rɔ:lo] TV **I.** *agg* Quiz-; **trasmissione -a** Quizsendung *f;* **televisione -a** *(fig) mit Quizsendungen überfrachtetes Fernsehen* **II.** *m, f* ① *(conduttore)* Quizmaster *m* ② *(partecipante)* Quizteilnehmer(in) *m(f)*

quorum ['kuɔ:rum] *m* Quorum *nt*

quota ['kuɔ:ta] *f* ① *(parte)* Anteil *m,* Quote *f; (statistica)* Quote *f,* Rate *f* ② SPORT *(posizione)* Stelle *f,* Platz *m; (ippica)* Gewinnquote *f* ③ *(cifra)* Betrag *m* ④ COM, FIN Teilzahlung *f,* Rate *f; (ripartizione)* [Mitglieds]beitrag *m;* **~ d'ammortamento** Tilgungsrate *f,* Amortisationsquote *f;* **~ di partecipazione** Gesellschaftsanteil *m,* Kapitalanteil *m* ⑤ *(altitudine)* Höhe *f;* AERO [Flug]höhe *f;* **prendere/perdere ~** an Höhe gewinnen/verlieren

quotare [kuo'ta:re] *vt* ① FIN quotieren; *(titoli, quota)* notieren ② *(fig: stimare)* schätzen

quotato, -a [kuo'ta:to] *agg* ① *(apprezzato)* angesehen, geschätzt ② FIN notiert, quotiert

quotazione [kuotat'tsio:ne] *f* ① FIN [Kurs]notierung *f,* Quotation *f* ② *(di persona)* Achtung *f,* Wertschätzung *f*

quotidiano [kuoti'dia:no] *m* ① *(giornale)* [Tages]zeitung *f* ② *(vita quotidiana)* Alltag *m;* **cultura del ~** Alltagskultur *f*

quotidiano, -a *agg* täglich, Tages-; *(solito)* alltäglich

quoziente [kuot'tsiɛnte] *m* ① MAT Quotient *m* ② *(in statistica)* Ziffer *f,* Rate *f*

qwerty ['kwɛrti] *agg inv* QWERTY; **tastiera ~** englischsprachige Standardtastatur[belegung]

qzerty ['ktsɛrti] *agg inv* QZERTY; **tastiera ~** italienische Standardtastatur[belegung]

Rr

R, r ['ɛrre] <-> *f* R *nt,* r *nt;* **r come Roma** R wie Richard

R. ① *abbr di* **rapido** ≈ IC *m* ② *abbr di* **raccomandata** Einschr. ③ *abbr di* **Réaumur** R

rabarbaro [ra'barbaro] *m* ① *(pianta)* Rhabarber *m* ② *(liquore)* Rhabarberlikör *m*

rabberciare [rabber'tʃaːre] *vt* flicken, ausbessern; *(fig)* zusammenstoppeln, zurechtschustern

rabberciatura [rabbertʃa'tuːra] *f* Ausbesserung *f*

rabbi ['rabbi] <-> *m* Rabbi *m*

rabbia ['rabbia] <-ie> *f* ① *(collera)* Wut *f,* Zorn *m;* **fare ~ a qu** jds Zorn erregen; **mi fa ~** *(fam)* das ärgert mich; **che ~!** *(fam)* so ein Mist!; **sfogare la propria ~ su qu** seine Wut an jdm auslassen ② *(dispetto)* Verdruss *m,* Unmut *m* ③ MED *(idrofobia)* Tollwut *f* ④ *(fig: impeto, furia)* Toben *nt,* Wüten *nt; (del vento)* Tosen *nt;* **sfogare la propria ~ su qu** seine Wut an jdm auslassen

rabbico, -a ['rabbiko] <-ci, -che> *agg* Tollwut-

rabbino [rab'biːno] *m* Rabbiner *m*

rabbioso, -a [rab'bioːso] *agg* ① *(arrabbiato)* wütend, zornig ② *(fig: furioso)* wütend, tobend; *(vento)* tosend ③ *(accanito)* verbissen, wütend ④ MED tollwütig

rabbonire [rabbo'niːre] <rabbonisco> **I.** *vt* besänftigen, beruhigen **II.** *vr* **-rsi** sich besänftigen, sich beruhigen

rabbrividire [rabbrivi'diːre] <rabbrividisco> *vi essere* [er]schaudern; *(dal freddo)* schaudern, erschauern

rabbuffare [rabbuf'faːre] **I.** *vt* zerzausen **II.** *vr* **-rsi** sich zusammenbrauen

rabbuffo [rab'buffo] *m* Rüffel *m,* Verweis *m*

rabbuiare [rabbu'iaːre] *vi, vr* **-rsi** sich verdüstern, sich verfinstern

rabdomante [rabdo'mante] *mf* Wünschelrutengänger(in) *m(f)*

rabdomanzia [rabdoman'tsiːa] <-ie> *f* Radiästhesie *f,* Wünschelrutengängerei *f*

racc. *abbr di* **raccomandata** Einschr.

raccapezzare [rakkapet'tsaːre] **I.** *vt* ① *(mettere insieme)* zusammenbringen, zusammenkratzen ② *(capire)* begreifen **II.** *vr* **-rsi** *(fam)* sich zurechtfinden, klarkommen; **con tutta questa confusione non mi raccapezzo più** aus diesem ganzen Durcheinander werde ich nicht mehr schlau

raccapezzarsi [rakkapet'tsarsi] *vr (fam)* sich zurechtfinden, klarkommen

raccapricciante [rakkaprit'tʃaːnte] *agg* schauderhaft, entsetzlich

raccapricciare [rakkaprit'tʃaːre] **I.** *vi essere* erschaudern **II.** *vr* **-rsi** sich grausen

raccapricciarsi [rakkaprit'tʃarsi] *vr* sich grausen

raccapriccio [rakka'prittʃo] <-ci> *m* Schaudern *nt,* Entsetzen *nt*

raccattafieno [rakkatta'fiɛːno] <-> *m* Heurechen *m*

raccattapalle [rakkatta'palle] <-> *mf* Balljunge *m,* Ballmädchen *nt*

raccattare [rakkat'taːre] *vt* ① *(raccogliere da terra)* auflesen, einsammeln ② *(mettere insieme)* sammeln, zusammentragen ③ *(fam fig)* zusammenkratzen

racchetta [rak'ketta] *f* SPORT *(da tennis)* Schläger *m,* Racket *nt; (da sci)* Stock *m*

racchettone [rakket'tɔːne] *m* Beachballschläger *m*

racchio, -a ['rakkio] <-cchi, -cchie> **I.** *agg (fam)* hässlich, garstig **II.** *m, f (fam)* Missgeburt *f*

racchiudere [rak'kiuːdere] <irr> *vt* enthalten

raccoglibriciole [rakkoʎʎi'briːtʃole] <-> *m* Tischbesen *m,* Krümelbesen *m*

raccogliere [rak'kɔʎʎere] <irr> **I.** *vt* ① *(da terra)* aufheben ② *(frutti)* ernten ③ *(fig)* einheimsen, erlangen ④ *(radunare)* sammeln **II.** *vr* **-rsi** ① *(riunirsi)* sich versammeln ② *(fig: volgere la mente)* sich sammeln

raccoglimento [rakkoʎʎi'mento] *m* Sammlung *f;* REL Andacht *f*

raccogliticcio, -a [rakkoʎʎi'tittʃo] <-cci, -cce> **I.** *agg* zusammengeklaubt; *(cultura, nozioni)* oberflächlich **II.** *m, f* buntes Allerlei *nt,* Gemisch *nt*

raccoglitore [rakkoʎʎi'toːre] *m* ① *(per documenti)* Sammelmappe *f,* Ordner *m* ② TEC *(vaschetta)* Sammelbecken *nt*

raccoglitrice *f* Erntemaschine *f*

raccolgo *1. pers sing pr di* **raccogliere**

raccolsi *1. pers sing pass rem di* **raccogliere**

raccolta [rak'kɔlta] *f* ① *(atto)* Sammeln *nt;* **~ differenziata** Abfalltrennung *f;* **~ multimateriale** Wertstofftonne *f* ② *(collezione)* Sammlung *f* ③ AGR *(raccolto)* Ernte *f*

raccolto [rak'kɔlto] *m* Ernte *f*

raccolto, -a **I.** *pp di* **raccogliere** **II.** *agg* ① *(riunito)* vereint, zusammengebracht

② *(fig: pensoso)* versunken; *(concentrato)* gesammelt ③ *(capelli)* geschlungen, geflochten ④ *(con le membra rannicchiate)* zusammengekauert

raccomandabile [rakkoman'da:bile] *agg* empfehlenswert

raccomandare [rakkoman'da:re] **I.** *vt* ① *(affidare alle cure)* anvertrauen, ans Herz legen ② *(segnalare)* empfehlen; *(intervenire per)* sich verwenden für, protegieren ③ *(consigliare)* empfehlen, anraten **II.** *vr* **-rsi** ① *(implorare)* anflehen; **mi raccomando!** ich möchte doch sehr bitten!, denk daran! ② *(affidarsi)* sich anvertrauen ③ *(essere raccomandato)* protegiert werden

raccomandata [rakkoman'da:ta] *f (lettera)* Einschreiben *nt,* Einschreib[e]brief *m*

raccomandatario, -a [rakkomanda'ta:rio] <-i, -ie> *m, f* Empfänger(in) *m(f)* einer Empfehlung

raccomandato, -a [rakkoman'da:to] **I.** *agg* empfohlen; **lettera -a** Einschreib[e]brief *m* **II.** *m, f* Empfohlene(r) *f(m),* Schützling *m*

raccomandazione [rakkomandat'tsio:ne] *f* Empfehlung *f*

raccomodare [rakkomo'da:re] *v.* **riaccomodare**

raccontare [rakkon'ta:re] *vt* ① *(narrare)* erzählen; **raccontarne delle belle** [*o* **di cotte e di crude**] [*o* **di tutti i colori**] *(fam)* alles Mögliche erzählen; **a me non la racconti** *(fam)* das kannst du mir nicht weismachen ② *(riferire)* berichten; ~ **per filo e per segno** haarklein berichten, lang und breit erzählen

racconto [rak'konto] *m* ① *(narrazione)* Erzählung *f,* Geschichte *f; (il raccontare)* Erzählen *nt* ② LIT Kurzgeschichte *f*

raccorciare [rakkor'tʃa:re] **I.** *vt* [ver]kürzen **II.** *vr* **-rsi** kürzer werden

raccordare [rakkor'da:re] *vt* anschließen, verbinden

raccorderia [rakkorde'ri:a] *f* TEC Rohrmuffen *fpl,* Rohrverbindungsstücke *ntpl*

raccordo [rak'kɔrdo] *m* ① *(collegamento)* Anschluss *m,* Verbindung *f* ② FERR Anschluss *m; (strada)* Zubringerstraße *f;* ~ **ad anello** Ringstraße *f;* ~ **autostradale** Autobahnkreuz *nt,* Autobahnanschluss *m* ③ TEC Anschlussstück *nt,* Nippel *m;* MOT Verbindungsstück *nt*

raccostamento [rakkosta'mento] *m* Annäherung *f*

raccostare [rakkos'ta:re] **I.** *vt* ① *(ravvicinare)* annähern, heranrücken ② *(raffrontare)* gegenüberstellen, vergleichen **II.** *vr* **-rsi** sich annähern

R

raccozzare [rakkot'tsa:re] *vt* zusammenklauben, zusammenkratzen

rachide ['ra:kide] *f* ANAT Rückgrat *nt,* Wirbelsäule *f*

rachitico, -a [ra'ki:tiko] <-ci, -che> **I.** *agg* ① MED rachitisch ② *(fig)* kümmerlich **II.** *m, f* Rachitiker(in) *m(f)*

rachitismo [raki'tizmo] *m* Rachitis *f*

racimolare [ratʃimo'la:re] *vt* ① *(fig)* zusammenklauben, zusammenkratzen ② AGR unreife, harte Weintrauben lesen

racket ['rækit *o* 'raket] <-> *m* Verbrechersyndikat *nt*

rada ['ra:da] *f* Reede *f*

radar ['ra:dar] **I.** *m* <-> Radar *m o nt* **II.** *agg inv* Radar-

radarabile [rada'ra:bile] *agg* mit Radar erfassbar [*o* ortbar]; **un aereo** ~ ein mit Radarhilfe lokalisierbares Flugzeug

radarista [rada'rista] <-i *m,* -e *f*> *mf* Radartechniker(in) *m(f),* Radarbeobachter(in) *m(f)*

radaristica [rada'ristika] *f sing* TEC Radartechnik *f*

radarlocalizzazione [radarlokaliddzat'tsio:ne] *f* TEC Radarerfassung *f*

radarmeteorologia [radarmeteorolo'dʒi:a] *f* TEC, METEO Wetterradartechnik *f*

radarnavigazione [radarnavigat'tsio:ne] *f* AERO, NAUT Radarnavigation *f*

radarriflettente [radarriflet'tɛnte] *agg* TEC durch Radar erfassbar

radarsonda [radar'sonda] *f* TEC Radarsonde *f*

radartachimetro [radarta'ki:metro] *m* TEC Radar[kontroll]gerät *nt,* Radarpistole *f*

radartopografia [radartopogra'fi:a] *f* GEOG, TEC Radarkartografie *f*

radartopografico, -a [radartopo'gra:fiko] *agg* radarkartografisch

raddensare [radden'sa:re] **I.** *vt* verdichten **II.** *vr* **-rsi** sich verdichten

raddobbare [raddob'ba:re] *vt* ausbessern

raddobbo [rad'dɔbbo] *m* Ausbesserung *f*

raddolcire [raddol'tʃi:re] <raddolcisco> **I.** *vt* ① *(bevanda)* [ver]süßen ② *(fig)* mildern **II.** *vr* **-rsi** milder werden

raddoppiamento [raddoppia'mento] *m* Verdopp[e]lung *f*

raddoppiare [raddop'pia:re] **I.** *vt avere* ① *(duplicare)* verdoppeln ② *(fig: accrescere)* verstärken, steigern **II.** *vi essere (crescere)* sich verdoppeln, zunehmen

raddoppio [ra'ddoppio] <-pi> *m* ① *(raddoppiamento)* Verdopp[e]lung *f,* Verdoppeln *nt* ② FERR Umbau *m* auf Doppelspur

raddrizzamento [raddrittsa'mento] *m* ① *(correzione)* Aufrichten *nt,* Geraderücken *nt* ② EL Gleichrichtung *f*

raddrizzare [raddrit'tsaːre] **I.** *vt* ① *(lama, chiodo, quadro)* gerade richten, zurechtbiegen ② *(fig: correggere)* berichtigen, verbessern ③ EL gleichrichten **II.** *vr* **-rsi** sich aufrichten
raddrizzatore [raddrittsa'toːre] *m* Gleichrichter *m*
raddrizzatrice [raddrittsa'triːtʃe] *f* ① TEC Richtmaschine *f* ② RADIO, TV, EL Gleichrichterröhre *f*
radente [ra'dɛnte] *agg* streifend, Streif-
radere ['raːdere] <rado, rasi, raso> **I.** *vt* ① *(col rasoio)* rasieren ② *(abbattere)* abholzen, abhauen **II.** *vr* **-rsi** sich rasieren
radezza [ra'dettsa] *f* ① *(di capelli, denti)* Spärlichkeit *f* ② *(di visita)* Seltenheit *f*
radiale [ra'diaːle] *agg* MAT, PHYS, ASTR radial, Radial-; **pneumatico** ~ Gürtelreifen *m,* Radialreifen
radiante [ra'diante] *agg* *(splendente)* strahlend; PHYS Strahlungs-, Strahlen-; **terapia** ~ Strahlentherapie *f*
radiare [ra'diaːre] *vt* ADM streichen
radiatore [radia'toːre] *m* ① *(termosifone)* Heizkörper *m,* Radiator *m* ② MOT Kühler *m* ③ PHYS Strahler *m*
radiazione [radiat'tsioːne] *f* PHYS Strahlung *f*
radica ['raːdika] <-che> *f* Wurzelholz *nt; (per pipe)* Bruyèreholz *nt*
radicale [radi'kaːle] **I.** *agg* ① *(fig)* radikal, tief greifend ② POL radikal ③ LING Wurzel-, Stamm- ④ BOT Wurzel- **II.** *mf* Radikale(r) *f(m)*
radicaleggiare [radikaled'dʒaːre] *vi* eine radikale Politik vertreten
radicalismo [radika'lizmo] *m* Radikalismus *m*
radicalità [radikali'ta] <-> *f* *(rigidezza, estrema durezza)* Radikalität *f*
radicalizzare [radikalid'dzaːre] *vt* radikalisieren
radicando [radi'kando] *m* Radikand *m*
radicare [radi'kaːre] *vi, vr* **-rsi** sich einwurzeln, Wurzeln schlagen
radicato, -a [radi'kaːto] *agg* ① BOT verwurzelt ② *(fig)* verhaftet
radicchio [ra'dikkio] <-cchi> *m* Radicchio *m*
radice [ra'diːtʃe] *f* ① BOT, ANAT, MAT Wurzel *f;* **mettere -i** *(fig)* Wurzeln schlagen ② LING Wurzel *f,* Stamm *m* ③ *(fig: causa)* Wurzel *f,* Quelle *f*
radicolare [radiko'laːre] *agg* Wurzel-
radi e getta ['raːdi e 'dʒɛtta] **I.** *m* <-> Einwegrasierer *m* **II.** *agg inv* Einmalrasier-
radio[1] ['raːdio] **I.** *f* <-> ① TEC Rundfunk *m,* Radio *nt;* **trasmettere per** ~ im Radio übertragen; ~ **ricevente** Rundfunkempfänger *m;* ~ **trasmittente** Rundfunksender *m* ② *(apparecchio)* Radio[gerät] *nt;* **sentire** [*o* **ascoltare**] **la** ~ Radio hören **II.** *agg inv* Radio-, [Rund]funk-; **contatto** ~ Funkkontakt *m;* **giornale** ~ Rundfunknachrichten *fpl;* **ponte** ~ Funkbrücke *f*
radio[2] *m* CHEM Radium *nt*
radioabbonato, -a [radioabbo'naːto] *m, f* Rundfunkteilnehmer(in) *m(f)*
radioamatore, -trice [radioama'toːre] *m, f* Amateurfunker(in) *m(f)*
radioamatoriale [radioamato'riaːle] *agg* Amateurfunk[er]-, für den Amateurfunk
radioascoltatore, -trice [radioaskolta'toːre] *m, f* Rundfunkhörer(in) *m(f)*
radioassistenza [radioassis'tɛntsa] *f* Funknavigation *f*
radioattivare [radioatti'vaːre] *vt* CHEM spalten; ~ **l'uranio** Uran spalten
radioattivazione [radioattivat'tsioːne] *f* CHEM Kernspaltung *f,* Spaltung *f* in radioaktive Zerfallsprodukte
radioattività [radioattivi'ta] *f* Radioaktivität *f*
radioattivo, -a [radioat'tiːvo] *agg* radioaktiv; **rifiuti -i** Atommüll *m;* **scorie -e** radioaktive Abfälle *mpl*
radioaudizione [radioaudit'tsioːne] *f* Rundfunkempfang *m*
radiobiologia [radiobiolo'dʒiːa] *f* Radiobiologie *f,* Strahlenbiologie *f*
radiocanalizzazione [radiokanaliddzat'tsioːne] *f* TEL Frequenzteilung *f*
radiocentro [radio'tʃɛntro] *m* Rundfunksendeanlage *f*
radiocinema [radio'tʃiːnema] <-> *m* TEL Rundfunksendung *f* von Kinofilmen
radiocollegamento [radiokollega'mento] *m* Funkverbindung *f,* -kontakt *m*
radiocomandare [radiokoman'daːre] *vt* fernsteuern
radiocomandato [radiokoman'daːto] *agg* ferngesteuert
radiocomando [radioko'mando] *m* Fernsteuerung *f*
radiocomunicazione [radiokomunikat'tsioːne] *f* Funkverkehr *m*
radiocontaminazione [radiokontaminat'tsioːne] *f* ECOL radioaktive Verseuchung
radioconversazione [radiokonversat'tsioːne] *f* Rundfunkgespräch *nt*
radiocronaca [radio'krɔːnaka] *f* Rundfunkreportage *f*
radiocronista [radiokro'nista] *mf* Rundfunkreporter(in) *m(f)*
radiodiffondere [radiodif'fondere] <irr> *vt* senden, im Rundfunk übertragen

R

radiodiffusione [radiodiffu'zio:ne] *f* Rundfunk *m*
radiodiffuso *pp di* **radiodiffondere**
radiodisturbo [radiodis'turbo] *m* Funkstörung *f*
radiodramma [radio'dramma] *m* Hörspiel *nt*
radiodrammaturgia [radiodrammatur'dʒi:a] *f* Hörspiele *ntpl*
radioelettrico, -a [radioe'lɛttriko] <-ci, -che> *agg* Radio-, Funk-
radioestesista [radioeste'zista] <-i *m*, -e *f*> *mf* Wünschelrutengänger(in) *m(f)*
radiofonia [radiofo'ni:a] <-ie> *f* Radiofonie *f*
radiofonico, -a [radio'fɔ:niko] <-ci, -che> *agg* Rundfunk-, Funk-
radiogoniometro [radiogo'niɔ:metro] *m* Funkpeilgerät *nt*
radiografia [radiogra'fi:a] *f* ❶ *(operazione, tecnica)* Radiografie *f* ❷ *(lastra)* Röntgenbild *nt*, Röntgenogramm *nt* ❸ *(fig)* Analyse *f*
radiografico, -a [radio'gra:fiko] <-ci, -che> *agg* Röntgen-, radiografisch
radiogramma [radio'gramma] <-i> *m* ❶ *(telegramma)* Funktelegramm *nt* ❷ FOTO Radiogramm *nt*
radiogrammofono [radiogram'mɔ:fono] *m (obs)* Musiktruhe *f*
radioinfetto, -a [radioin'fɛtto] *agg* ECOL radioaktiv belastet; **zona -a** ein radioaktiv verseuchtes Gebiet
radiointervista [radiointer'vista] *f* Radiointerview *nt*
radiolari [radio'la:ri] *mpl* Strahlentierchen *ntpl*, Radiolarien *pl*
radiolina [radio'li:na] *f* Transistorradio *nt*
radiologa *f v.* **radiologo**
radiologia [radiolo'dʒi:a] <-gie> *f* Radiologie *f*
radiologico, -a [radio'lɔ:dʒiko] <-ci, -che> *agg* radiologisch
radiologo, -a [ra'diɔ:logo] <-gi, -ghe> *m, f* Radiologe *m*/Radiologin *f*
radioluminescenza [adiolumineʃ'ʃɛntsa] *f* TEC Radioluminiszenz *f*
radiomessaggio [radiomes'saddʒo] <-ggi> *m* Funkmeldung *f*
radiomicrofono [radiomi'krɔ:fono] *m* RADIO, TEL Funkmikrofon *nt*
radiomobile [radio'mɔ:bile] *f* ❶ *(automezzo)* Funkstreifenwagen *m* ❷ TEL Mobilfunk *m*
radionovella [radiono'vɛlla] *f* Hörspiel *nt*
radiooperatore, -trice [radioopera'to:re] *m, f* RADIO, TEL Radiotechniker(in) *m(f)*
radiopilota [radiopi'lɔ:ta] <-i *m*, -e *f*> *m* Autopilot *m*

radioregistratore [radioredʒistra'to:re] *m* Radiorecorder *m*
radiorepetitore [radiorepeti'to:re] *m* RADIO, TEL Relaisstation *f*
radioricevente [radioritʃe'vɛnte] **I.** *agg* Rundfunkempfangs- **II.** *f* Rundfunkempfänger *m*
radioricevitore [radioritʃevi'to:re] *m* Rundfunkempfänger *m*
radioricezione [radioritʃet'tsio:ne] *f* Rundfunkempfang *m*
radiorilevamento [radiorileva'mento] *m* Funkpeilung *f*
radioripetitore [radioripeti'to:re] *m* RADIO, TEL Relaisstation *f*
radioscanner ['reidio'skænə] <- *o* -s> *f* RADIO, TEL Funkscanner *m*
radioscopia [radiosko'pi:a] <-ie> *f* Radioskopie *f*
radioscopico, -a [radios'kɔ:piko] <-ci, -che> *agg* radioskopisch
radioscrivente [radioskri'vɛnte] *f* RADIO, TEL Funkfernschreiber *m*
radiosegnale [radioseɲ'ɲa:le] *m* Sendezeichen *nt*
radiosentiero [radiosen'tiɛ:ro] *m* RADIO, TEL Funkleitlinie *f*
radiosità [radiosi'ta] <-> *f* Leuchten *nt*, Strahlen *nt*
radioso, -a [ra'dio:so] *agg* leuchtend; *(bellezza, sorriso)* strahlend
radiostazione [radiostat'tsio:ne] *f* Rundfunkstation *f*
radiostereofonia [radiostereofo'ni:a] *f* RADIO, TEL digitale Rundfunkübertragung
radiostereofonico, -a [radiostereo'fɔ:niko] <-ci, -che> *agg* im Stereotonverfahren übertragen
radiosveglia [radioz'veʎʎa] *f* Radiowecker *m*
radiotachimetro [radiota'ki:metro] *m* TEC Radar[kontroll]gerät *nt*, Radarpistole *f*
radiotaxi [radio'taksi], **radiotassì** [radiotas'si] <-> *m* Funktaxi *nt*
radiotecnica [radio'tɛknika] <-che> *f* Radiotechnik *f*, Funktechnik *f*
radiotecnico, -a [radio'tɛkniko] <-ci, -che> **I.** *agg* radiotechnisch, funktechnisch **II.** *m, f* Radiotechniker(in) *m(f)*, Rundfunkmechaniker(in) *m(f)*
radiotelefono [radiote'lɛ:fono] *m* Funksprechgerät *nt*
radiotelegrafico, -a [radiotele'gra:fiko] <-ci, -che> *agg* Funk-
radiotelegrafista [radiotelegra'fista] <-i *m*, -e *f*> *mf* Funker(in) *m(f)*
radiotelegramma [radiotele'gramma] *m* Funktelegramm *nt*

R

radiotelemetria [radioteleme'tri:a] *f* TEL, RADIO Funkfernmessen *nt*
radiotelescopio [radioteles'kɔ:pio] *m* Radioteleskop *nt*
radiotelevisione [radiotelevi'zio:ne] *f* Rundfunk- und Fernsehanstalt *f*
radiotelevisivo, -a [radiotelevi'zi:vo] *agg* Rundfunk- und Fernseh-
radioterapia [radiotera'pi:a] *f* Radiotherapie *f*, Strahlentherapie *f*
radiotossicità [radiotositʃi'ta] *f* ECOL Radiotoxizität *f*
radiotrasmettere [radiotraz'mettere] <irr> *vt* senden, übertragen
radiotrasmettitore [radiotrazmetti'to:re] *m* Radiosender *m*
radiotrasmisi *1. pers sing pass rem di* **radiotrasmettere**
radiotrasmissione [radiotrazmis'sio:ne] *f* Radiosendung *f*, -übertragung *f*
radiotrasmittente [radiotrazmit'tɛnte] **I.** *agg* Sende-, Funk- **II.** *f* Rundfunksender *m*
radioutente [radiou'tɛnte] *mf* Rundfunkteilnehmer(in) *m(f)*
rado, -a ['ra:do] *agg* spärlich; *(capelli)* licht; *(nebbia, tela)* dünn; **di ~** selten
radome ['reidoum] <- *o* radomes> *m* TEL, AERO Radom *nt*, Antennenkuppel *f*
radunare [radu'na:re] **I.** *vt* ① *(cose)* ansammeln, zusammentragen ② *(persone)* versammeln **II.** *vr* **-rsi** sich versammeln
radunata [radu'na:ta] *f* Versammlung *f*, Zusammenkunft *f*
raduno [ra'du:no] *m* Versammlung *f*, Zusammenkunft *f*
radura [ra'du:ra] *f* Lichtung *f*
rafano ['ra:fano] *m* Rettich *m*; *(crèn)* Meerrettich *m*, Kren *m* A
raffa ['raffa] *f* **di riffa o di ~** *(fam)* so oder so, wohl oder übel
raffazzonamento [raffattsona'mento] *m* ① *(operazione)* Zusammenstückeln *nt* ② *(cosa)* Stückwerk *nt*
raffazzonare [raffattso'na:re] *vt* zusammenstoppeln, zurechtschustern
rafferma [raf'ferma] *f* freiwillige Verlängerung *f* des Wehrdienstes
raffermare [raffer'ma:re] *vt* ① *(riconfermare)* bestätigen ② MIL erneut [zum Wehrdienst] verpflichten
raffermo, -a [raf'fermo] *agg (pane)* altbacken
raffica ['raffika] <-che> *f* ① METEO Bö[e] *f*; **~ di vento** Windstoß *m* ② *(di mitra)* Garbe *f* ③ *(fig)* Hagel *m*
raffigurare [raffigu'ra:re] **I.** *vt* ① *(rappresentare)* darstellen ② *(simboleggiare)* symbolisieren, verkörpern **II.** *vr* **-rsi** sich *dat* vorstellen
raffilare [raffi'la:re] *vt (lama)* wieder schärfen, neu schleifen
raffilatura [raffila'tu:ra] *f* Egalisierung *f*, Angleichung *f*
raffinamento [raffina'mento] *m* Verfeinerung *f*
raffinare [raffi'na:re] **I.** *vt* ① *(olio, zucchero, sale)* raffinieren; *(oro)* läutern ② *(gusto, stile)* verfeinern **II.** *vr* **-rsi** sich verfeinern, feiner werden
raffinata *f v.* **raffinato**
raffinatezza [raffina'tettsa] *f* Finesse *f*, Feinheit *f*
raffinato, -a [raffi'na:to] **I.** *agg* ① *(olio, sale, zucchero)* raffiniert ② *(fig)* auserlesen, gepflegt **II.** *m, f* feiner Mensch
raffinazione [raffinat'tsio:ne] *f* Raffination *f*
raffineria [raffine'ri:a] <-ie> *f* Raffinerie *f*
rafforzamento [raffortsa'mento] *m* ① *(invigorimento)* Kräftigung *f*, Verstärkung *f* ② *(fig)* [Be]stärkung *f*; *(di carattere)* Festigung *f*
rafforzare [raffor'tsa:re] **I.** *vt* ① *(rinforzare)* verstärken ② *(fig)* bekräftigen, [be]stärken; *(carattere)* festigen **II.** *vr* **-rsi** sich [ver]stärken
raffreddamento [raffredda'mento] *m* Erkalten *nt*, Abkühlen *nt*; **~ ad acqua/aria** Wasser-/Luftkühlung *f*
raffreddare [raffred'da:re] **I.** *vt* abkühlen [lassen], kalt werden lassen; *(fig)* abkühlen lassen **II.** *vr* **-rsi** ① *(diventar freddo)* abkühlen, kühler werden; *(cibo)* kalt werden ② *(fam)* sich erkälten
raffreddato, -a [raffred'da:to] *agg* erkältet
raffreddore [raffred'do:re] *m* Erkältung *f*
raffrontare [raffron'ta:re] *vt* gegenüberstellen, vergleichen
raffronto [raf'fronto] *m* Gegenüberstellung *f*, Vergleich *m*
rafting ['raftiŋ] <-> *m* SPORT Rafting *nt*, Wildwasserfahrt *f* im Schlauchboot
ragade ['ra:gade] *f* Schrunde *f*
raganella [raga'nɛlla] *f* ① ZOO Laubfrosch *m* ② MUS Rätsche *f*
ragazza [ra'gattsa] *f* Mädchen *nt*, Jugendliche *f*, junge Frau; *(fam: fidanzata)* Freundin *f*; **~ copertina** Covergirl *nt*; **è rimasta ~** sie ist unverheiratet geblieben
ragazzata [ragat'tsa:ta] *f (fam)* Lausbubenstreich *m*
ragazzo [ra'gattso] *m* Junge *m*, Bub *m* DIAL; *(fam)* Jugendliche(r) *m*, junger Mann; *(fidanzato)* Freund *m*; *(garzone)* Bursche *m*
raggelare [raddʒe'la:re] **I.** *vi essere* gefrie-

R

ren, vereisen **II.** *vt avere* ① *(rendere gelido)* einfrieren, gefrieren lassen ② *(fig)* erstarren lassen **III.** *vr* **-rsi** gefrieren, einfrieren

raggiante [rad'dʒante] *agg* leuchtend; *(a. fig)* PHYS strahlend

raggiare [rad'dʒaːre] **I.** *vi* leuchten; *(a. fig)* PHYS strahlen **II.** *vt* ausstrahlen

raggiato, -a [rad'dʒaːto] *agg* strahlenförmig

raggiera [rad'dʒɛːra] *f* Strahlenkranz *m*

raggio ['raddʒo] <-ggi> *m* ① *(del sole, delle stelle)* Strahl *m; (luce)* Schein *m,* Schimmer *m* ② *(fig: di speranza, fede)* Strahl *m,* Schimmer *m* ③ PHYS Strahl *m;* **-ggi alfa** Alphastrahlen *mpl;* **-ggi X** [*o* **Röntgen**] Röntgenstrahlen *mpl;* **andare a farsi i -ggi** sich durchleuchten lassen ④ MAT Radius *m* ⑤ *(zona)* Umkreis *m; (ambito)* Gebiet *nt,* Kreis *m;* **~ d'azione** Aktionsradius *m* ⑥ *(di ruota)* Speiche *f*

raggirare [raddʒi'raːre] *vt* einwickeln, hintergehen

raggiro [rad'dʒiːro] *m* Betrug *m,* Schwindel *m*

raggiungere [rad'dʒundʒere] <irr> *vt* erreichen; *(arrivare a riunirsi)* einholen; *(colpire)* treffen

raggiungimento [raddʒundʒi'mento] *m* Erreichen *nt*

raggiunsi *1. pers sing pass rem di* **raggiungere**

raggiunto *pp di* **raggiungere**

raggiustare [raddʒus'taːre] **I.** *vt* ① *(scarpe, vestito)* ausbessern ② *(fig)* ausgleichen; *(lite)* beilegen; *(amici)* versöhnen **II.** *vr* **-rsi** sich versöhnen

raggomitolare [raggomito'laːre] **I.** *vt* aufwickeln, zusammenwickeln **II.** *vr* **-rsi** sich zusammenkauern

raggranellare [raggranel'laːre] *vt (fam)* zusammenkratzen

raggrinzare [raggrin'tsaːre], **raggrinzire** [raggrin'tsiːre] **I.** *vt avere* ① *(pelle)* runzeln ② *(stoffa)* [zer]knittern **II.** *vi essere* ① *(pelle)* sich runzeln ② *(stoffa)* knittern **III.** *vr* **-rsi** ① *(pelle)* sich runzeln ② *(stoffa)* knittern

raggrumare [raggru'maːre] **I.** *vt* gerinnen lassen **II.** *vr* **-rsi** gerinnen

raggruppabilità [raggruppabili'ta] <-> *f* Möglichkeit *f* der Zusammenlegung

raggruppamento [raggruppa'mento] *m* Gruppierung *f*

raggruppare [raggrup'paːre] **I.** *vt* versammeln, gruppieren **II.** *vr* **-rsi** sich versammeln, sich gruppieren

ragguagliare [ragguaʎ'ʎaːre] *vt* ① *(paragonare)* vergleichen ② *(informare)* informieren, unterrichten

ragguaglio [rag'guaʎʎo] <-gli> *m* ① *(confronto)* Vergleich *m* ② *(informazione)* Information *f*

ragguardevole [ragguar'deːvole] *agg* ① *(persona)* angesehen ② *(somma)* beachtlich, ansehnlich

ragia ['raːdʒa] <-gie *o* -ge> *f* Harz *nt;* **acqua ~** Terpentin *nt*

ragionamento [radʒona'mento] *m* Gedankengang *m,* Überlegung *f; (discorso)* Rede *f*

ragionare [radʒo'naːre] *vi* ① *(riflettere)* nachdenken, überlegen ② *(fam: discorrere)* **~ di qc** über etw *akk* sprechen

ragionato, -a [radʒo'naːto] *agg* durchdacht, vernünftig; *(bibliografia, grammatica)* erläutert

ragionatore, -trice [radʒona'toːre] *m, f* Denker(in) *m(f)*

ragione [ra'dʒoːne] *f* ① *(facoltà)* Verstand *m,* Vernunft *f;* **perdere l'uso** [*o* **il lume**] **della ~** den Verstand verlieren; **farsi una ~ di qc** sich mit etw abfinden, mit etw abschließen; **ridurre qu alla ~** jdn zur Vernunft bringen ② *(causa, motivo)* Grund *m;* **non sentir ~** sich *dat* nichts sagen lassen; **per -i di famiglia** aus familiären Gründen; **per -i di forza maggiore** aufgrund höherer Gewalt; **a maggior ~** umso mehr ③ *(diritto)* Recht *nt,* Anspruch *m;* **avere ~** Recht haben; **dare ~ a qu** jdm Recht geben ④ *(misura, rapporto,* MAT Verhältnis *nt* ⑤ *(loc)* **picchiare qu di santa ~** *(fam)* jdn gehörig verprügeln; **a ragion veduta** nach gründlicher Überlegung; **in ~ di** im Verhältnis zu

ragioneria [radʒone'riːa] <-ie> *f* ① *(disciplina)* Buchhaltung *f,* Rechnungswesen *nt;* **studiare ~** die höhere Handelsschule besuchen ② *(ufficio)* Buchhaltung *f,* Rechnungsbüro *nt*

ragionevole [radʒo'neːvole] *agg* vernünftig

ragionevolezza [radʒonevo'lettsa] *f* Vernunft *f*

ragioniere, -a [radʒo'niɛːre] *m, f* Buchhalter(in) *m(f)*

raglan [ra'glan] *agg inv* Raglan-

ragliare [raʎ'ʎaːre] *vi* ① *(asino)* schreien ② *(pej: cantar male)* kreischen, krächzen

raglio ['raʎʎo] <-gli> *m* ① *(dell'asino)* Schrei *m* ② *(pej: canto)* Gekrächze *nt,* Gekreisch[e] *nt*

ragnatela [raɲɲa'teːla] *f* ① *(di ragno)* Spinnennetz *nt,* Spinn[ge]webe *f* ② *(fig: tessuto logoro)* abgewetzter Stoff

ragno ['raɲɲo] *m* Spinne *f*

ragù [ra'gu] <-> *m* ① *(sugo)* [Fleisch]soße *f* ② *(stufato)* Ragout *nt*

Ragusa [ra'gu:sa] *f* Ragusa *nt (Stadt in Sizilien)*

ragusano, -a [ragu'sa:no] **I.** *m, f (abitante)* Ragusaner(in) *m(f)* **II.** *agg* ragusanisch

Ragusano *m sing* Umgebung *f* von Ragusa

RAI ['ra:i] *f acro di* **Radio Audizione Italiana** *staatliche Rundfunkanstalt Italiens*

raid [reid *o* raid] <-> *m* ① SPORT Rennen *nt* ② MIL Überraschungsangriff *m*

raider ['reidə] <-> *mf* FIN Börsenspekulant(in) *m(f)*

RAI-TV ['ra:i tiv'vu] *f abbr di* **Radio Televisione Italiana** *italienische Rundfunk- und Fernsehanstalt*

rallargare [rallar'ga:re] **I.** *vt* erweitern, verbreitern **II.** *vr* **-rsi** sich ausdehnen

rallegramenti [rallegra'menti] *mpl* Glückwünsche *mpl*

rallegrare [ralle'gra:re] **I.** *vt* erheitern, erfreuen **II.** *vr* **-rsi** ① *(diventar allegro)* sich aufheitern ② *(congratularsi)* **-rsi con qu** jdm gratulieren; **mi rallegro!** [ich] gratuliere!

rallentamento [rallenta'mento] *m* ① *(il rallentare)* Verlangsamung *f; (fig)* Nachlassen *nt* ② FILM Zeitlupe *f*

rallentare [rallen'ta:re] **I.** *vt* ① *(passo, corsa)* verlangsamen ② *(vigilanza, visite)* verringern, einschränken **II.** *vi* ① *(diventare più lento)* langsamer werden ② *(fig: diventare meno intenso)* nachlassen

rallentatore [rallenta'to:re] *m* Zeitlupe *f;* **fare una cosa al ~** *(fig)* etw im Zeitlupentempo tun

rallistico, -a [ral'listiko] <-ci, -che> *agg* Rallye-; **prove -che** Rallye-Tests *mpl*

rally ['ræli] <-> *m* SPORT Rallye *f;* **~ di Montecarlo** die Rallye Montecarlo

RAM [ram] *m acro di* **Random Access Memory** *(memoria ad accesso casuale)* RAM *f,* RAM-Speicher *m*

ramaiolo [rama'iɔ:lo] *m* Schöpflöffel *m,* Schöpfkelle *f*

ramanzina [raman'dzi:na] *f (fam)* Standpauke *f;* **fare una ~ a qu** jdm eine Standpauke halten

ramare [ra'ma:re] *vt* ① TEC verkupfern ② AGR mit Kupfervitriol spritzen

ramarro [ra'marro] *m* Smaragdeidechse *f*

ramato [ra'ma:to] *m* Kupfervitriol *nt*

ramato, -a *agg* ① *(filo)* Kupfer-; **zolfo ~** Kupfervitriol *nt* ② *(capelli, barba)* rotblond

ramazza [ra'mattsa] *f* Reisigbesen *m;* **essere di ~** MIL zum Stubendienst eingeteilt sein

rambismo [ram'bizmo] *m* Gewaltverherrlichung *f*

rambo ['rambo] <-> *m* ① FILM Rambo *m* ② *(fig: persona forte e violenta)* Bestie *f,* Kampfmaschine *f*

rame ['ra:me] *m* ① CHEM Kupfer *nt* ② *(oggetto)* Kupfergefäß *nt* ③ *(incisione)* Kupferstich *m* ④ *(colore)* **biondo ~** rotblond; **rosso ~** kupferrot

ramerino [rame'ri:no] *m* TOSC *(rosmarino)* Rosmarin *m*

ramificare [ramifi'ka:re] **I.** *vi* Zweige austreiben **II.** *vr* **-rsi** sich verzweigen, sich verästeln

ramificazione [ramifikat'tsio:ne] *f* ① BOT Verzweigung *f,* Verästelung *f* ② *(suddivisione)* Verzweigung *f,* Aufgliederung *f*

ramingo, -a [ra'miŋgo] <-ghi, -ghe> *agg (obs)* umherirrend, ziellos

ramino [ra'mi:no] *m* Rommé *nt*

rammaricare [rammari'ka:re] **I.** *vt* betrüben **II.** *vr* **-rsi** ① *(dispiacersi)* betrübt sein ② *(lamentarsi)* sich beklagen

rammarico [ram'ma:riko] <-chi> *m* ① *(afflizione)* Kummer *m,* Gram *m* ② *(rincrescimento)* Bedauern *nt* ③ *(lamento)* Klage *f*

rammendare [rammen'da:re] *vt* ausbessern, flicken

rammendatrice [rammenda'tri:tʃe] *f* Kunststopferin *f*

rammendatura [rammenda'tu:ra] *f* ① *(rammendo)* geflickte Stelle *f* ② *(operazione)* Flicken *nt*

rammendo [ram'mɛndo] *m* Flickarbeit *f*

rammentare [rammen'ta:re] **I.** *vt* ① *(richiamare alla mente)* **~ qu/qc** sich an jdn/etw erinnern ② *(assomigliare)* **~ qu** jdn an jdn erinnern ③ *(far presente)* **~ qc a qu** jdn an etw *akk* erinnern **II.** *vr* **-rsi di qu/qc** sich an jdn/etw erinnern

rammollimento [rammolli'mento] *m* Erweichung *f*

rammollire [rammol'li:re] <rammollisco> **I.** *vt* ① *(ammorbidire)* erweichen ② *(fam fig)* verweichlichen; *(instupidire)* verblöden **II.** *vr* **-rsi** ① *(diventar molle)* weich werden ② *(fam fig)* verweichlichen; *(instupidire)* verblöden

rammollito, -a [rammol'li:to] *m, f* Schwachkopf *m fam,* Trottel *m fam*

rammorbidire [rammorbi'di:re] <rammorbidisco> **I.** *vt* ① *(cera, cuoio)* erweichen, weich machen ② *(fig)* mildern **II.** *vr* **-rsi** ① *(diventare morbido)* weich werden ② *(fig)* sich mildern

ramo ['ra:mo] *m* ① BOT Zweig *m,* Ast *m* ② *(di fiume, lago)* Arm *m* ③ *(diramazione)* Verzweigung *f,* Verästelung *f* ④ *(di scienza, disciplina)* Zweig *m,* Gebiet *nt* ⑤ *(discendenza)* Linie *f,* Stamm *m*

ramolatore [ramola'to:re] *m* TEC Reinigungskraft *f* für Gussformen

ramoscello [ramoʃ'ʃɛllo] *m* [kleiner] Zweig *m;* **portare un ~ d'olivo** *(fig)* Frieden stiften

ramoso, -a [ra'mo:so] *agg* verästelt, verzweigt

rampa ['rampa] *f* ① *(di scale)* Rampe *f,* Lauf *m* ② AERO Rampe *f* ③ *(salita)* Steigung *f*

rampante [ram'pante] **I.** *agg* ① *(leone, grifo)* aufgerichtet ② ARCH aufsteigend **II.** *m* Lauf *m*

rampantismo [rampan'tizmo] *m* Karrierismus *m*

rampicante [rampi'kante] **I.** *agg* kletternd, Kletter- **II.** *m* Kletterpflanze *f*

rampichino [rampi'ki:no] <-> *m* BOT Kletterpflanze *f*

rampino [ram'pi:no] *m* ① *(ferro)* Haken *m* ② NAUT Draggen *m*

rampista [ram'pista] <-i *m,* -e *f*> *mf* AERO Fluglotse *m/*-lotsin *f*

rampollo [ram'pollo] *m* ① *(scherz: figlio)* Sprössling *m* ② *(discendente)* Abkömmling *m*

rampone [ram'po:ne] *m* ① *(fiocina)* Harpune *f* ② *(ferro piegato)* Krampe *f* ③ *(per scarpe)* Steigeisen *nt*

rana ['ra:na] *f* Frosch *m;* ~ **pescatrice** Seeteufel *m;* **nuoto a** ~ Brustschwimmen *nt*

rancidezza [rantʃi'dettsa] *f* Ranzigkeit *f*

rancido ['rantʃido] *m* *(sapore)* ranziger Geschmack; *(odore)* ranziger Geruch

rancido, -a *agg* ① *(olio, burro)* ranzig ② *(fig)* verstaubt, altmodisch

rancidume [rantʃi'du:me] *m* ① *(gusto)* ranziger Geschmack; *(odore)* ranziger Geruch ② *(cosa rancida)* ranziges Zeug ③ *(fig)* Plunder *m,* Kram *m*

rancio ['rantʃo] <-ci> *m* MIL Verpflegung *f*

rancore [raŋ'ko:re] *m* Groll *m*

randagio, -a [ran'da:dʒo] <-gi, -ge *o* -gie> *agg* herrenlos, streunend

randellare [randel'la:re] *vt* verprügeln

randellata [randel'la:ta] *f* Knüppelschlag *m*

randello [ran'dɛllo] *m* Prügel *m,* Knüppel *m*

random ['rændəm] *agg inv* ① SCIENT zufällig ② INFORM **accesso** ~ Random[-Access] *m*

randomizzare [randomid'dza:re] *vt* INFORM randomisieren

randomizzazione [randomiddzat'tsio:ne] *f* MAT *(in statistica)* Zufallsexperiment *nt*

range ['reindʒ] <- *o* ranges> *m* PHYS Reichweite *f*

ranger ['reindʒə] <-> *m* Ranger *m*

ranghinatore [raŋgina'to:re] *m* AGR Heurechen *m*

ranghinatura [raŋgina'tu:ra] *f* AGR Heuernte *f* mittels Heurechen

rango ['raŋgo] <-ghi> *m* ① *(condizione sociale)* Rang *m,* Stand *m* ② MIL Reihe *f*

ranking [ræŋkiŋ] <- *o* rankings> *m* Rangordnung *f*

rannicchiarsi [rannik'kiarsi] *vr* ① *(raccogliersi)* sich zusammenkauern ② *(fig)* sich verkriechen

ranno ['ranno] *m* Lauge *f;* **perdere il ~ ed il sapone** *(fig)* Zeit und Mühe verschwenden

rannuvolamento [rannuvola'mento] *m* METEO Bewölkung *f*

rannuvolarsi [rannuvo'larsi] *vr* METEO sich bewölken

ranocchia [ra'nɔkkia] <-cchie> *f* Frosch *m*

ranocchio [ra'nɔkkio] <-cchi> *m* Frosch *m*

rantolare [ranto'la:re] *vi* ① *(emettere rantoli)* röcheln ② *(in agonia)* in den letzten Zügen liegen

rantolio [ranto'li:o] <-ii> *m* Röcheln *nt,* Geröchel *nt*

rantolo ['rantolo] *m* Röcheln *nt*

ranuncolo [ra'nuŋkolo] *m* Ranunkel *f*

rap ['ræp] **I.** *m* <-> Rap *m* **II.** *agg inv* Rap-; **musica** ~ Rap *m*

rapa ['ra:pa] *f* Rübe *f;* **cavolo** ~ Kohlrabi *m;* **cima di** ~ Rübengrün *nt;* **testa di** ~ *(fig, scherz)* Dummkopf *m*

rapace [ra'pa:tʃe] **I.** *agg* ① *(uccello)* Raub- ② *(ladri, amministratori)* räuberisch ③ *(sguardo)* gierig **II.** *m* Raubvogel *m*

rapacità [rapatʃi'ta] <-> *f* Raubgier *f*

rapallizzare [rapallid'dza:re] *vt* verbauen, verschandeln

rapallizzazione [rapalliddzat'tsio:ne] *f* Verbauung *f*

rapare [ra'pa:re] *vt* glatt scheren, abrasieren

raperonzolo [rape'rontsolo] *m* Rapunzel *f*

rapida ['ra:pida] *f* Stromschnelle *f*

rapidità [rapidi'ta] <-> *f* Geschwindigkeit *f,* Schnelligkeit *f*

rapido ['ra:pido] *m* Schnellzug *m*

rapido, -a *agg* schnell

rapimento [rapi'mento] *m* ① *(di persona)* Entführung *f* ② *(fig)* REL Verzückung *f*

rapina [ra'pi:na] *f* Raub *m,* Raubüberfall *m*

rapinare [rapi'na:re] *vt* ① *(cose)* rauben ② *(persone)* berauben

rapinatore, -trice [rapina'to:re] *m, f* Räuber(in) *m(f)*

rapire [ra'pi:re] <rapisco> *vt* ① *(persone)* entführen ② *(cose)* rauben ③ *(fig: estasiare)* hinreißen

rapitore, **-trice** [rapi'toːre] *m, f* Entführer(in) *m(f)*
rappacificare [rappatʃifi'kaːre] **I.** *vt* versöhnen, aussöhnen **II.** *vr* **-rsi** sich versöhnen, sich aussöhnen
rappacificazione [rappatʃifikat'tsioːne] *f* Versöhnung *f,* Aussöhnung *f*
rapper ['ræpə] <- *o* rappers> *mf* MUS Rapper(in) *m(f)*
rappezzare [rappet'tsaːre] *vt* ① *(vestito, scarpa)* flicken, ausbessern ② *(fig, pej)* zusammenstückeln
rappezzatura [rappettsa'tuːra] *f* Flickwerk *nt*
rappezzo [rap'pɛttso] *m* ① *(riparazione)* Flicken *nt* ② *(parte riparata)* Flickstelle *f* ③ *(fig)* [Not]behelf *m,* Provisorium *nt*
rappista [rap'pista] <-i *m,* -e *f*> *mf* MUS Rapper(in) *m(f)*
rapportare [rappor'taːre] **I.** *vt* ① *(confrontare)* vergleichen ② *(riprodurre)* übertragen **II.** *vr* **-rsi a qc** sich auf etw *akk* beziehen
rapporto [rap'pɔrto] *m* ① *(relazione)* Bericht *m,* Meldung *f* ② MIL Rapport *m* ③ *(connessione, legame)* Beziehung *f,* Verhältnis *nt;* **~ qualità-prezzo** Preis-Leistungs-Verhältnis *nt;* **-i commerciali** Geschäftsverbindungen *f pl;* **-i intimi** [*o* **sessuali**] intime Beziehungen *f pl;* **~ di lavoro** Arbeitsverhältnis *nt;* **essere in buoni -i con qu** zu jdm ein gutes Verhältnis haben; **in ~ a** in Bezug auf +*akk* ④ MAT Verhältnis *nt* ⑤ TEC Übersetzung *f*
rapprendere [rap'prɛndere] <irr> **I.** *vt* gerinnen lassen **II.** *vr* **-rsi** gerinnen
rappresaglia [rappre'saʎʎa] <-glie> *f* Repressalie *f,* Strafmaßnahme *f*
rappresentante [rapprezen'tante] *mf* ① *(gener)* Vertreter(in) *m(f),* Repräsentant(in) *m(f);* **~ di classe** Klassensprecher *m* ② COM Vertreter(in) *m(f)* ③ *(fig)* Vertreter(in) *m(f),* Exponent(in) *m(f)*
rappresentanza [rapprezen'tantsa] *f* ① *(potere riconosciuto)* Vertretung *f,* Repräsentation *f* ② COM Vertretung *f,* Niederlassung *f*
rappresentare [rapprezen'taːre] *vt* ① *(raffigurare)* darstellen ② *(simboleggiare)* symbolisieren, verkörpern ③ THEAT *(dramma)* aufführen; *(ruolo)* spielen ④ *(agire per conto di)* vertreten
rappresentativo, **-a** [rapprezenta'tiːvo] *agg* vertretend; *(a. fig)* darstellend; POL *(sistema)* repräsentativ; JUR stellvertretend
rappresentazione [rapprezentat'tsioːne] *f* ① *(gener)* Darstellung *f* ② THEAT Aufführung *f,* Vorstellung *f;* **prima ~** Erstaufführung *f,* Premiere *f*
rappresi *1. pers sing pass rem di* **rapprendere**
rappreso *pp di* **rapprendere**
rapsodia [rapso'diːa] <-ie> *f* Rhapsodie *f*
rapsodo [rap'sɔːdo] *m* Rhapsode *m*
raptus ['raptus] <-> *m* ① MED, PSIC Wutanfall *m* ② *(fig)* Erleuchtung *f*
rarefare [rare'faːre] <irr> **I.** *vt* verdünnen **II.** *vr* **-rsi** ① *(diventare rado)* dünn werden, schwinden ② *(fig)* selten werden
rarefazione [rarefat'tsioːne] *f* ① PHYS Verdünnung *f* ② *(fig)* Verminderung *f*
rarefeci *1. pers sing pass rem di* **rarefare**
rarità [rari'ta] <-> *f* ① *(condizione)* Seltenheit *f* ② *(cosa)* Rarität *f,* Seltenheit *f*
raro, **-a** ['raːro] *agg (esemplare, animale)* selten, rar; **una bestia -a** *(fig)* ein seltenes Exemplar
rasaerba [rasa'ɛrba] <-> *m* TEC Rasentrimmer *m*
rasare [ra'saːre] **I.** *vt* ① *(barba, capelli)* [ab]rasieren, scheren ② *(siepe, prato)* [kurz] schneiden, scheren **II.** *vr* **-rsi** sich rasieren
rasato [ra'saːto] *m* Satin *m*
rasato, **-a** *agg* ① *(barba, persona)* rasiert ② *(tessuto)* satiniert
rasatura [rasa'tuːra] *f* Rasur *f*
raschiamento [raskia'mento] *m* Abschaben *nt,* Auskratzen *nt;* MED Ausschabung *f*
raschiare [ras'kiaːre] *vt* [ab]schaben, abkratzen; **-rsi la gola** sich räuspern
raschiatura [raskia'tuːra] *f* Abschaben *nt,* Auskratzen *nt*
raschietto [ras'kietto] *m* ① *(per scrivania)* Radiermesser *nt* ② *(per le scarpe)* Schaber *m,* Kratzer *m*
raschino [ras'kiːno] *m* Schaber *m,* Kratzer *m*
raschio ['raskio] <-schi> *m* Kratzen *nt*
rasentare [razen'taːre] *vt* ① *(sfiorare)* streifen ② *(fig: avvicinarsi molto a)* **~ qc** einer Sache *dat* nahekommen; **~ il ridicolo** sich am Rande des Lächerlichen bewegen
rasente [ra'zɛnte] *prep* **~** [**a**] dicht an +*dat;* *(a. fig)* hart an +*dat*
rasi ['raːsi] *1. pers sing pass rem di* **radere**
raso ['raːso] *m* Atlas *m,* Satin *m*
raso, **-a** **I.** *pp di* **radere** **II.** *agg* ① *(volto, testa)* kahl, geschoren ② *(bicchiere)* randvoll; *(cucchiaio)* gestrichen voll; **~ terra** *v.* **rasoterra**
rasoio [ra'soːio] <-oi> *m* Rasiermesser *nt;* *(elettrico)* Rasierapparat *m;* **sul filo del ~** *(fig)* auf des Messers Schneide
rasoterra [raso'tɛrra] *agg inv avv* dicht über dem Boden
raspare [ras'paːre] **I.** *vt* ① *(legno)* schaben, raspeln ② *(irritare)* reizen, kratzen; **~ la**

gola im Hals kratzen **II.** *vi* ① *(grattare)* kratzen, scharren ② *(raschiare)* kratzen

raspo ['raspo] *m* Traubenkamm *m*

rassegna [ras'seɲɲa] *f* ① MIL Parade *f*, Truppenschau *f*; **passare in ~** MIL die Parade abnehmen ② *(esame accurato)* [Über]prüfung *f*, Analyse *f*, Untersuchung *f*; **passare in ~ qc** *(fig)* etw Revue passieren lassen; **fare la ~ di qc** etw überprüfen ③ *(resoconto)* Übersicht *f*, Querschnitt *m*; **~ degli spettacoli** Veranstaltungskalender *m* ④ *(recensione)* Bericht *m* ⑤ *(mostra)* Schau *f*, Ausstellung *f* ⑥ *(enumerazione)* Aufzählung *f*

rassegnare [rasseɲ'ɲa:re] **I.** *vt (carica)* niederlegen, aufgeben; *(dimissioni)* einreichen; *(reclamo)* vorbringen **II.** *vr* **-rsi a qc** sich mit etw abfinden

rassegnazione [rasseɲɲat'tsio:ne] *f* Resignation *f*

rasserenamento [rasserena'mento] *m* Aufheiterung *f*

rasserenare [rassere'na:re] **I.** *vt* ① *(aria, cielo)* aufheitern ② *(fig)* aufheitern, aufhellen **II.** *vr* **-rsi** ① METEO sich aufheitern ② *(fig)* sich aufheitern, sich aufhellen

rassestamento [rassesta'mento] *m* Neuordnung *f*, Neuregelung *f*; **il ~ di una ditta** die Neuordnung einer Firma

rassettare [rasset'ta:re] **I.** *vt* ① *(stanza, casa)* aufräumen ② *(abiti)* ausbessern **II.** *vr* **-rsi** sich zurechtmachen

rassicurare [rassiku'ra:re] **I.** *vt* beruhigen, versichern **II.** *vr* **-rsi** sich beruhigen

rassicurazione [rassikurat'tsio:ne] *f* Beruhigung *f*, Versicherung *f*

rassodamento [rassoda'mento] *m* Festigung *f*, Straffung *f*

rassodare [rasso'da:re] **I.** *vt* ① *(indurire)* festigen; *(muscoli, seno)* straffen; *(terreno)* befestigen ② *(fig)* stärken, festigen **II.** *vr* **-rsi** sich straffen; *(rafforzarsi)* sich stärken, sich festigen

R

rassomiglianza [rassomiʎ'ʎantsa] *f* Ähnlichkeit *f*

rassomigliare [rassomiʎ'ʎa:re] **I.** *vi* gleichen, ähnlich sein **II.** *vr* **-rsi** sich *dat* gleichen, sich *dat* ähneln

rastrellamento [rastrella'mento] *m* ① AGR Harken *nt* ② *(fig)* Durchkämmen *nt*

rastrellare [rastrel'la:re] *vt* ① AGR harken ② *(fig)* durchkämmen, absuchen

rastrellata [rastrel'la:ta] *f* ① *(operazione)* Harken *nt* ② *(colpo)* Schlag *m* mit der Harke

rastrelliera [rastrel'liɛ:ra] *f* ① *(per il fieno)* Futterraufe *f* ② *(per i piatti)* Abtropfkorb *m*

rastrello [ras'trɛllo] *m* Harke *f*

rata ['ra:ta] *f* Rate *f*; **pagare/comprare a -e** in Raten zahlen/kaufen

ratafià [rata'fia] <-> *m* Ratafia *m (Fruchtlikör)*

rateale [rate'a:le] *agg* Raten-, ratenweise

ratealista [ratea'lista] <-i *m*, -e *f*> *mf* COM Verkaufsagent(in) *m(f)* für Ratengeschäfte

ratealizzazione [ratealiddzat'tsio:ne] *f* FIN Rateneinteilung *f*, Ratenfestsetzung *f*

rateizzare [rateid'dza:re] *vt* in Raten aufteilen

rateo ['ra:teo] *m* Rechnungsabgrenzung *f*; *(rateizzazione)* Ratenzahlung *f*

ratifica [ra'ti:fika] <-che> *f* Bestätigung *f*; JUR Ratifizierung *f*, Ratifikation *f*

ratificante [ratifi'kante] *agg* ratifizierend

ratificare [ratifi'ka:re] *vt* bestätigen; JUR ratifizieren

ratificazione [ratifikat'tsio:ne] *f* Ratifizierung *f*, Ratifikation *f*

rating ['reitiŋ] <-> *m* ① FIN Prüfung *f* von Obligationen; **agenzia di ~** Ratingagentur *f* ② TV, RADIO Beliebtheitsskala *f* für Rundfunksendungen

Ratisbona [ratiz'bo:na] *f* Regensburg *nt*

rattening ['rætəniŋ] <-> *m Behinderung von Streikbrechern durch die Entwendung von Arbeitsmitteln*

ratticida [ratti'tʃi:da] <-i *m*, -e *f*> **I.** *m* Rattengift *nt* **II.** *agg* Rattengift-; **esca ~** Rattengiftköder *m*

rattizzare [rattid'dza:re] *vt* ① *(fuoco)* wieder anfachen ② *(fig: odio, ira, passione)* wieder aufleben lassen, neu entfachen

ratto ['ratto] *m* ① ZOO Ratte *f* ② JUR Raub *m*

rattoppare [rattop'pa:re] *vt* ① *(riparare)* flicken ② *(fig)* zusammenstoppeln

rattoppatura [rattoppa'tu:ra] *f*, **rattoppo** [rat'tɔppo] *m* ① *(riparazione)* Flicken *m* ② *(fig)* Notlösung *f*, [Not]behelf *m*, Provisorium *nt*

rattrappimento [rattrappi'mento] *m* Verkrampfung *f*

rattrappire [rattrap'pi:re] <rattrappisco> **I.** *vt* verkrampfen **II.** *vr* **-rsi** sich verkrampfen

rattristare [rattris'ta:re] **I.** *vt* betrüben **II.** *vr* **-rsi** betrübt werden

raucedine [rau'tʃɛ:dine] *f* Heiserkeit *f*

rauco, -a ['ra:uko] <-chi, -che> *agg* ① *(voce)* heiser ② *(persona)* rau ③ MUS dumpf

rava ['rava] *f* ① DIAL Radieschen *nt*, Rübe *f*, Rübchen *nt* ② **raccontare la ~ e la °fava** *(fam)* sich lang und breit auslassen

ravanare [rava'na:re] *vi* ① SETT *(frugare, rovistare)* wühlen, stöbern (**in** in +*dat*) ② *(fig)* streben, sich extrem engagieren

ravanello [rava'nɛllo] *m* Radieschen *nt*

rave [reiv] **I.** *m* <- *o* raves> *(sl)* Rave *m o nt,* Fete *f,* [Techno]party *f* **II.** *agg inv* Rave-; **raduno ~** Raveparty *f*

ravegnano, -a [raveɲ'ɲa:no] **I.** *m, f* Einwohner(in) *m(f)* von Ravenna **II.** *agg* aus Ravenna

Ravenna *f* Ravenna *nt (Stadt in der Emilia-Romagna)*

ravennate [raven'na:te] **I.** *mf (abitante)* Einwohner(in) *m(f)* Ravennas **II.** *agg* aus Ravenna

Ravennate *m* Umgebung *f* von Ravenna

ravioli [ra'viɔ:li] *mpl* Ravioli *pl (Teigtaschen mit Fleisch-, Gemüse-, Frischkäsefüllung)*

ravvalorare [ravvalo'ra:re] *vt* bestärken, bekräftigen

ravvedersi [ravve'dersi] <irr> *vr* bereuen, sein Unrecht einsehen

ravvedimento [ravvedi'mento] *m* Reue *f,* Einsicht *f*

ravveduto *pp di* **ravvedersi**

ravviare [ravvi'a:re] **I.** *vt* aufräumen; *(matassa)* entwirren **II.** *vr* **-rsi** sich zurechtmachen, sich frisch machen

ravviata [ravvi'a:ta] *f (fam)* Zurechtmachen *nt,* Ordnen *nt;* **darsi una ~** *(fam)* sich ein wenig zurechtmachen

ravvicinamento [ravvitʃina'mento] *m* ❶ *(il ravvicinarsi)* Annäherung *f,* Näherkommen *nt* ❷ *(fig: riconciliazione)* Versöhnung *f*

ravvicinare [ravvitʃi'na:re] **I.** *vt* ❶ *(avvicinare di più)* annähern, näher bringen ❷ *(fig: rappacificare)* versöhnen **II.** *vr* **-rsi** ❶ *(avvicinarsi)* sich annähern ❷ *(rappacificarsi)* sich versöhnen

ravvicinato, -a [ravvitʃi'na:to] *agg* nah[e], Nah-

ravviluppare [ravvilup'pa:re] **I.** *vt* einwickeln **II.** *vr* **-rsi** sich einwickeln

ravvisare [ravvi'za:re] *vt* erkennen

ravvivare [ravvi'va:re] **I.** *vt* ❶ *(fuoco)* neu entfachen ❷ *(ricordi, speranze)* wieder aufleben lassen **II.** *vr* **-rsi** wieder aufleben

ravvoltolare [ravvolto'la:re] **I.** *vt* einwickeln **II.** *vr* **-rsi** sich einwickeln

raw materials [rɔ: mə'tiəriəls] *mpl* Rohstoffe *mpl*

raziocinante [rattsiotʃi'nante] *agg* vernünftig, vernunftbegabt

raziocinio [rattsio'tʃi:nio] <-i> *m* Vernunft *f*

razionale [rattsio'na:le] **I.** *agg* ❶ *(uomo)* rational, vernunftbegabt ❷ *(procedimento, metodo)* rational, vernünftig ❸ *(alimentazione, architettura)* rationell, zweckmäßig ❹ MAT rational **II.** *m* Rationale(s) *nt*

razionalismo [rattsiona'lizmo] *m* Rationalismus *m*

razionalista [rattsiona'lista] <-i *m,* -e *f*> *mf* Rationalist(in) *m(f)*

razionalistico, -a [rattsiona'listiko] <-ci, -che> *agg* rationalistisch

razionalità [rattsionali'ta] <-> *f* ❶ *(facoltà)* Rationalität *f,* Vernünftigkeit *f* ❷ *(funzionalità)* Zweckmäßigkeit *f*

razionalizzare [rattsionalid'dza:re] *vt* rationalisieren

razionalizzazione [rattsionaliddzat'tsio:ne] *f* Rationalisierung *f*

razionamento [rattsiona'mento] *m* Rationierung *f*

razionare [rattsio'na:re] *vt* rationieren, begrenzen

razione [rat'tsio:ne] *f* Ration *f; (porzione)* Portion *f; (a. fig)* Anteil *m*

razza[1] ['rattsa] *f* ❶ *(di uomini, animali)* Rasse *f;* **di ~ pura** reinrassig ❷ *(di piante)* Sorte *f* ❸ *(famiglia, stirpe)* Herkunft *f,* Abstammung *f* ❹ *(fig)* Klasse *f; (fam pej)* Art *f,* Sorte *f;* **che ~ di uomo sei!** was bist du nur für ein Mensch!

razza[2] ['raddza] *f* ZOO Rochen *m*

razzia [rat'tsi:a] <-ie> *f* ❶ *(scorreria)* Razzia *f* ❷ *(di animali)* Raubzug *m,* Beutezug *m*

razziale [rat'tsia:le] *agg* Rassen-; **conflitto ~** Rassenkonflikt *m;* **odio ~** Rassenhass *m*

razziare [rat'tsia:re] *vt* ausrauben

razzismo [rat'tsizmo] *m* Rassismus *m*

razzista [rat'tsista] <-i *m,* -e *f*> **I.** *mf* Rassist(in) *m(f)* **II.** *agg* rassistisch

razzistico, -a [rat'tsistiko] <-ci, -che> *agg* rassistisch

razzo ['raddzo] *m* ❶ *(fuoco artificiale)* Rakete *f,* Feuerwerkskörper *m* ❷ *(proiettile)* Rakete *f*

razzolare [rattso'la:re] *vi* scharren

RC *f abbr di* **Rifondazione Comunista** *italienische Neokommunisten*

RDT *f abbr di* **Repubblica Democratica Tedesca** HIST DDR *f;* **l'ex ~** die ehemalige DDR

re[1] [re] <-> *m (a. fig)* König *m;* **vita da ~** königliches Leben; **~ di quadri** Karokönig *m*

re[2] [rɛ] <-> *m* MUS d *nt,* D *nt*

rea *f v.* **reo**

reader ['ri:də] <- *o* readers> *m* INFORM Datenlesegerät *nt*

reading ['ri:diŋ] <- *o* readings> *m* ❶ LIT Autorenlesung *f,* Dichterlesung *f* ❷ LIT *(volume che raccoglie scritti di autori diversi)* Essaysammlung *f*

reagentario [readʒɛn'ta:rio] <-i> *m*

R

① CHEM *(gamma di reagenti)* Reagenzien *nt pl* ② CHEM *(mobile, scaffale per reagenti)* Reagenzienschrank *m*

reagente [rea'dʒɛnte] *m* Reagenz *nt*

reagire [rea'dʒiːre] <reagisco> *vi* ~ [**a qc**] [auf etw *akk*] reagieren

reale [re'aːle] **I.** *agg* ① *(di, da re)* königlich, Königs- *m;* **aquila ~** Königsadler *m* ② *(oggetto, fatto)* real, wirklich; *(salario)* Real- ③ JUR Real- ④ MAT reell **II.** *m* Wirklichkeit *f*

real-estate man ['riːəlis'teit mæn] <- *o* real-estate men> *m* COM, FIN Realitätenverwalter(in) *m(f),* Realitätenagent(in) *m(f)*

reali *mpl* Königspaar *nt,* Herrscherpaar *nt*

realismo [rea'lizmo] *m* Realismus *m*

realista [rea'lista] <-i *m,* -e *f*> **I.** *mf* ① *(persona concreta)* Realist(in) *m(f)* ② *(nell'arte)* Realist(in) *m(f)* ③ POL Royalist(in) *m(f)* **II.** *agg* ① *(nell'arte)* realistisch ② POL royalistisch

realistico, -a [rea'listiko] <-ci, -che> *agg* realistisch

realizzabile [realid'dzaːbile] *agg* realisierbar

realizzare [realid'dzaːre] **I.** *vt* ① *(speranza, progetto)* realisieren, verwirklichen ② COM realisieren ③ *(fig: comprendere)* begreifen, realisieren *geh* **II.** *vr* **-rsi** sich verwirklichen, wahr werden

realizzazione [realiddzat'tsioːne] *f* *(di progetto)* Realisierung *f; (di sogno)* Verwirklichung *f*

realizzo [rea'liddzo] *m* ① COM Zwangsverkauf *m* ② FIN Liquidation *f*

realmente [real'mente] *avv* tatsächlich, wirklich

realtà [real'ta] <-> *f* Realität *f,* Wirklichkeit *f;* **in ~** tatsächlich, in Wirklichkeit; **~ virtuale** TEL, INFORM virtuelle Realität

reame [re'aːme] *m (poet)* [König]reich *nt*

reatino, -a [rea'tiːno] **I.** *m, f (abitante)* Einwohner(in) *m(f)* von Rieti **II.** *agg* aus Rieti

Reatino *m sing* Umgebung *f* von Rieti

reato [re'aːto] *m* Straftat *f,* Delikt *nt;* **corpo del ~** Corpus delicti *nt,* Beweisstück *nt;* **il fatto non costituisce ~** die Tat ist nicht strafbar; **-i contro l'ambiente** Umweltkriminalität *f*

reattivo [reat'tiːvo] *m* Reagenz *nt*

reattivo, -a *agg* ① *(gener)* Reaktions-, reagierend ② CHEM Reagenz- ③ EL Reaktanz-

reattore [reat'toːre] *m* ① AERO Düsenflugzeug *nt; (motore)* Düsentriebwerk *nt* ② PHYS Reaktor *m;* **~ nucleare** Kernreaktor *m*

reazionario, -a [reattsio'naːrio] <-i, -ie> **I.** *agg* reaktionär **II.** *m, f* Reaktionär(in) *m(f)*

reazione [reat'tsioːne] *f* Reaktion *f;* **le forze della ~** die reaktionären Kräfte *fpl;* **a ~** AERO Düsen-

reboante [rebo'ante] *agg* ① *(voce)* dröhnend ② *(fig, pej)* bombastisch, schwülstig

rebus ['rɛːbus] <-> *m* ① *(gioco)* Rebus *m o nt,* Bilderrätsel *nt* ② *(fig: persona, cosa incomprensibile)* Rätsel *nt*

rebussistico, -a [rebus'sistiko] <-ci, -che> *agg* ① *(gener)* Rätsel- ② *(scherz: enigmatico, indecifrabile)* rätselhaft

recalcitrare [rekaltʃi'traːre] *v.* **ricalcitrare**

recapitare [rekapi'taːre] *vt* zustellen, abliefern

recapito [re'kaːpito] *m* ① *(indirizzo)* Adresse *f* ② *(consegna)* Zustellung *f*

recare [re'kaːre] **I.** *vt* ① *(portare)* bringen ② *(avere su di sé)* tragen ③ *(cagionare)* bewirken, verursachen; **~ disturbo a qu** jdn stören; **~ offesa a qu** jdn beleidigen **II.** *vr* **-rsi** sich begeben

recedere [re'tʃɛːdere] <recedo, recedetti *o* recedei, receduto> *vi* ① *(tirarsi indietro)* zurückgehen, sich zurückziehen ② JUR zurücktreten ③ MED *(febbre, malattie)* zurückgehen

recensione [retʃen'sioːne] *f* Rezension *f,* Besprechung *f*

recensore, -a [retʃen'soːre] *m, f* Rezensent(in) *m(f)*

recente [re'tʃɛnte] *agg* neu, jüngste(r, s); **di ~** neulich, kürzlich

recentemente [retʃente'mente] *avv* kürzlich, neulich

recentissime [retʃen'tissime] *fpl* neu[e]ste Nachrichten *fpl,* letzte Meldungen *fpl*

recepire [retʃe'piːre] <recepisco> *vt (poet)* empfangen, aufnehmen

reception [ri'sepʃən] <- *o* receptions> *f* Rezeption *f,* Empfangsbüro *nt*

receptionist [ri'sepʃənist] <- *o* receptionists> *mf* Rezeptionist(in) *m(f)*

recessione [retʃes'sioːne] *f* COM Rezession *f,* Rückgang *m*

recessività [retʃessivi'ta] <-> *f* BIOL Rezessivität *f*

recessivo, -a [retʃes'siːvo] *agg* ① BIOL rezessiv ② COM rückläufig

recesso [re'tʃɛsso] *m* ① *(rifugio)* Schlupfwinkel *m* ② *(fig)* Abgrund *m,* geheimer Winkel ③ JUR Rücktritt *m* ④ MED Rückgang *m*

recettività [retʃettivi'ta] *f v.* **ricettività**

recherche [r(ə)'ʃɛrʃ(ə)] <- *o* recherches> *f* Stöbern *nt* in der Vergangenheit

recidere [re'tʃiːdere] <recido, recisi, reciso> **I.** *vt* [ab]schneiden **II.** *vr* **-rsi** aufspringen, rissig werden

recidivante [retʃidi'vante] *agg* wiederkehrend, rekurrent

recidivo, -a [retʃi'di:vo] **I.** *agg* rückfällig, Rückfall- **II.** *m, f* Rückfällige(r) *f(m);* JUR Rückfalltäter, Wiederholungstäter(in) *m(f);* MED rückfällige(r) Patient(in) *m(f)*
recingere [re'tʃindʒere] <irr> *vt* umschließen, umgeben
recintare [retʃin'ta:re] *vt* einfrieden, umzäunen
recinto[1] [re'tʃinto] *pp di* **recingere**
recinto[2] *m* ① *(spazio circoscritto)* Gebiet *nt; (per animali)* Gehege *nt; (per bambini)* Laufstall *m* ② *(ciò che recinge)* Zaun *m,* Umzäunung *f*
recinzione [retʃin'tsio:ne] *f* Einfriedung *f,* Umzäunung *f*
recipiente [retʃi'piɛnte] *m* Behälter *m,* Gefäß *nt*
reciprocità [retʃiprotʃi'ta] <-> *f* Gegenseitigkeit *f*
reciproco [re'tʃi:proko] <-ci> *m* Kehrwert *m*
reciproco, -a <-ci, -che> *agg* gegenseitig; MAT, LING reziprok
recisi [re'tʃi:zi] *1. pers sing pass rem di* **recidere**
reciso, -a [re'tʃi:zo] **I.** *pp di* **recidere** **II.** *agg* ① *(tagliato)* abgeschnitten ② *(fig)* knapp; **fiori -i** Schnittblumen *fpl*
recita ['rɛ:tʃita] *f* Aufführung *f*
recital [retʃi'tal *o* 'rɛ:tʃital] <-> *m* Recital *nt*
recitare [retʃi'ta:re] **I.** *vt* ① *(poesia)* rezitieren, vortragen; *(orazioni)* sprechen; *(lezione)* aufsagen ② *(declamare)* deklamieren ③ THEAT, FILM spielen; **~ la commedia** *(fig)* eine Komödie aufführen **II.** *vi* ① THEAT, FILM spielen ② *(fig, pej)* deklamieren
recitativo [retʃita'ti:vo] *m* Rezitativ *nt*
recitativo, -a *agg* rezitativisch, Rezitativ-
recitazione [retʃitat'tsio:ne] *f* ① *(interpretazione)* Rezitation *f,* Vortrag *m* ② *(disciplina)* Schauspielkunst *f;* **scuola di ~** Schauspielschule *f*
reclamare [rekla'ma:re] **I.** *vi* **~ contro** [*o* **per**] **qc** etw reklamieren, sich über etw *akk* beschweren **II.** *vt* geltend machen, fordern
réclame [re'klam] <-> *f* Reklame *f,* Werbung *f;* **fare ~ a qc/qu** für etw/jdn Werbung machen; **farsi ~** für sich werben
reclamizzare [reklamid'dza:re] *vt* werben, Reklame machen für
reclamizzazione [reklamiddzat'tsio:ne] *f* Werben *nt,* Reklamemachen *nt*
reclamo [re'kla:mo] *m* Reklamation *f; (documento)* Beschwerde *f*
reclinare [rekli'na:re] *vt* neigen
reclusa *f v.* **recluso**
reclusione [reklu'zio:ne] *f* Haft *f*
recluso, -a [re'klu:zo] **I.** *agg* eingeschlossen; JUR inhaftiert **II.** *m, f* Häftling *m,* Inhaftierte(r) *f(m)*
recluta ['rɛ:kluta] *f* ① MIL Rekrut *m* ② *(fig)* Neuling *m*
reclutamento [rekluta'mento] *m* Einberufung *f; (a. fig)* Rekrutierung *f*
reclutare [reklu'ta:re] *vt* einberufen; *(a. fig)* rekrutieren
recondito, -a [re'kɔndito] *agg (poet)* ① *(luogo)* abgelegen, entlegen ② *(fig)* verborgen, geheim
record ['rɛ:kord] **I.** *m* <-> ① SPORT Rekord *m;* **battere un ~** einen Rekord brechen ② INFORM Record *m,* Datensatz *m* **II.** *agg inv* Spitzen-, Rekord-; **incasso ~** Rekordeinnahme *f*
recriminare [rekrimi'na:re] *vi* sich beklagen
recriminazione [rekriminat'tsio:ne] *f* Klage *f*
recrudescenza [rekrudeʃ'ʃɛntsa] *f* Verschlimmerung *f*
recto ['rɛkto] *m* Vorderseite *f,* Rekto *nt*
recuperante [rekupe'rante] *mf* Gebrauchtwaffenhändler(in) *m(f)*
recuperare [rekupe'ra:re] *v.* **ricuperare**
recusare [reku'za:re] *v.* **ricusare**
redarguire [redargu'i:re] <redarguisco> *vt* tadeln, rügen
redarre [re'darre] <usato solo all'inf> *v.* **redigere**
redassi [re'dassi] *1. pers sing pass rem di* **redigere**
redatto [re'datto] *pp di* **redigere**
redattore, -trice [redat'to:re] *m, f* ① *(di giornale, casa editrice)* Redakteur(in) *m(f)* ② *(di atti, documenti)* Verfasser(in) *m(f)*
redazionale [redattsio'na:le] *agg* Redaktions-, redaktionell
redazione [redat'tsio:ne] *f* Redaktion *f;* **~ di un documento** Abfassung *f* eines Dokuments; **~ di verbale** Protokollierung *f*
redditiere, -a [redditi'e:re] *m, f* ① FIN, ADM *(chi gode di un reddito)* Einkommensbezieher(in) *m(f),* Einkommensempfänger(in) *m(f)* ② *(chi vive di rendita)* Rentier *m,* Rentenbezieher(in) *m(f)*
redditività [redditivi'ta] <-> *f* Ertrag[s]fähigkeit *f,* Rentabilität *f*
redditizio, -a [reddi'tittsio] <-i, -ie> *agg* einträglich, rentabel
reddito ['rɛddito] *m* Einkommen *nt; (utile)* Ertrag *m,* Gewinn *m;* **~ lordo/netto** Brutto-/Nettoeinkommen *nt;* **imposta sul ~** Einkommenssteuer *f*
redditometrico, -a [reddito'me:triko] *agg* einkommensbemessend, Einkommens-
redditometro [reddi'tɔ:metro] *m* [steuerliche] Schätztabelle *f*

redensi [re'dɛnsi] *1. pers sing pass rem di* **redimere**
redento, **-a** [re'dɛnto] **I.** *pp di* **redimere** **II.** *m, f* Erlöste(r) *f(m)*, Christ(in) *m(f)* **III.** *agg* erlöst
redentore [reden'to:re] *m* Erlöser *m*, Heiland *m*
redentore, **-trice** *agg* erlösend, befreiend
redenzione [reden'tsio:ne] *f* Erlösung *f*
redevance [rədə'vãs] <- *o* redevances> *f* Abgabe *f*, Gebühr *f*
redibitorio, **-a** [redibi'tɔ:rio] <-i, -ie> *agg* JUR Wandlungs-
redigere [re'di:dʒere] <redigo, redassi, redatto> *vt* ❶ *(compilare, stendere)* verfassen, abfassen ❷ *(curare)* redigieren, bearbeiten
redimere [re'di:mere] <redimo, redensi, redento> *vt (poet)* erlösen, befreien
redimibile [redi'mi:bile] *agg* ❶ *(debito)* kündbar, tilgbar ❷ *(poet)* erlösbar
redini ['rɛ:dini] *f pl* Zügel *m pl*
redivivo, **-a** [redi'vi:vo] *agg* auferstanden, wiedererstanden
reduce ['rɛ:dutʃe] **I.** *agg* heimgekehrt; **essere ~ da una malattia** eine Krankheit [gerade] überstanden haben **II.** *mf* Heimkehrer(in) *m(f)*
refe ['re:fe] *m* Zwirn *m*
referee [rɛfə'ri:] <-> *m* SPORT Referee *m*, Schiedsrichter *m*
referendarista [referenda'rista] <-i *m*, -e *f*> *mf* POL Befürworter(in) *m(f)* von Volksabstimmungen
referendum [refe'rɛndum] <-> *m* ❶ JUR Referendum *nt*, Volksentscheid *m* ❷ *(indagine)* Umfrage *f*
referente [refe'rɛnte] **I.** *agg* berichterstattend; **riunione in sede ~** berichterstattende Versammlung **II.** *mf (persona di riferimento)* Ansprechpartner(in) *m(f)*
referenza [refe'rɛntsa] *f* Referenz *f*, Empfehlung *f*
referenziato, **-a** [referen'tsia:to] *agg* mit Referenzen [ausgestattet]
refertare [refɛr'ta:re] *vt* MED einen Befund erheben über +*akk*, befunden
refertazione [refɛrtat'tsio:ne] *f* MED Befundung *f*
referto [re'fɛrto] *m* MED Befund *m*
refettorio [refet'tɔ:rio] <-i> *m* Refektorium *nt*, Speisesaal *m*
refezione [refet'tsio:ne] *f* Speisung *f*; **~ scolastica** Schulspeisung *f*
refill ['ri:fil *o* 'rɛfil] <-> *m* Patrone *f*
reflation [ri:fleiʃən] <-> *f* COM, FIN Reflation *f*
reflazione [reflat'tsio:ne] *f* FIN, COM Reflation *f*
reflazionistico, **-a** [reflattsio'nistiko] <-ci, -che> *agg* reflationistisch; **fase -a** Reflationsphase *f*
refluo, **-a** ['rɛ:fluo] *agg* zurückfließend; **acque -e** Abwässer *nt pl*
refolo ['rɛ:folo] *m* Bö[e] *f*
refrain [rə'frɛ̃] <-> *m* Refrain *m*
refrattarietà [refrattarie'ta] <-> *f* ❶ *(di materiale)* Hitzebeständigkeit *f*, Feuerfestigkeit *f* ❷ *(fig)* MED Unempfindlichkeit *f*, Immunität *f*
refrattario, **-a** [refrat'ta:rio] <-i, -ie> *agg* ❶ *(materiale)* hitzebeständig, feuerfest ❷ *(fig)* MED **essere ~ [a qc]** [gegen etw] unempfindlich sein
refrigerante [refridʒe'rante] **I.** *agg* kühlend, Kühl- **II.** *m* ❶ *(apparecchio)* Kühlgerät *nt* ❷ *(sostanza)* Kühlmittel *nt*
refrigerare [refridʒe'ra:re] *vt* kühlen
refrigeratore [refridʒera'to:re] *m* ❶ *(fluido)* Kühlflüssigkeit *f* ❷ *(parte del frigorifero)* Kühlaggregat *nt*
refrigerazione [refridʒerat'tsio:ne] *f* Kühlung *f*
refrigerio [refri'dʒɛ:rio] <-i> *m* ❶ *(sensazione di fresco)* Erfrischung *f* ❷ *(fig: sollievo)* Erleichterung *f*
refurtiva [refur'ti:va] *f* Beute *f*, Diebesgut *nt*
refuso [re'fu:zo] *m* TYP Druckfehler *m*
regalare [rega'la:re] *vt* ❶ *(gener)* schenken ❷ COM verschenken, verschleudern
regale [re'ga:le] *agg (a. fig)* königlich, fürstlich
regalia [rega'li:a] <-ie> *f* ❶ *(dono in denaro)* Geldgeschenk *nt*; *(mancia)* Trinkgeld *nt* ❷ *pl (prestazione in natura)* Tribut *m* in Naturalien ❸ HIST Hoheitsrecht *nt*
regalità [regali'ta] <-> *f* ❶ *(carattere regale)* Königtum *nt* ❷ *(l'essere splendido)* Noblesse *f*
regalo [re'ga:lo] *m* Geschenk *nt*, Gabe *f*; **dare qc a qu in ~** jdm etw schenken; **~ di Natale** Weihnachtsgeschenk *nt*; **fare un ~ a qu** jdm etw schenken
regata [re'ga:ta] *f* Regatta *f*
reggae ['rɛ(g)ge] <-> *m* MUS Reggae *m*
reggente [red'dʒɛnte] **I.** *mf* Regent(in) *m(f)* **II.** *f* LING Hauptsatz *m* **III.** *agg* ❶ POL Regenten-, Regentschafts- ❷ LING **proposizione ~** Hauptsatz *m*
reggenza [red'dʒɛntsa] *f* ❶ *(carica)* Regentschaft *f* ❷ *(governo dei reggenti)* Regierung *f*, Herrschaft *f* ❸ LING Rektion *f*
reggere ['rɛddʒere] <reggo, ressi, retto> **I.** *vt* ❶ *(tenere)* halten; *(sostenere)* halten, tragen; *(tenere fermo)* fest halten ❷ *(resistere)* standhalten *dat* ❸ *(dirigere)* leiten, führen; *(governare)* regieren ❹ LING regie-

ren, erfordern ⑤ *(sopportare)* ertragen; ~ **il vino** trinkfest sein **II.** *vi* ① *(resistere)* standhalten ② *(durare)* anhalten; *(cibi)* haltbar sein **III.** *vr* **-rsi** ① *(sostenersi)* sich halten; **-rsi a galla** sich an der Oberfläche halten ② *(fig: controllarsi)* sich beherrschen ③ *(governarsi)* sich regieren ④ *(attaccarsi)* sich fest halten

reggetta [red'dʒɛtta] *f* TEC Eisenband *nt,* Bandstahl *m*

reggettatrice [reddʒetta'tri:tʃe] *f* TEC Bandstahlwickler *m*

reggia ['rɛddʒa] <-gge> *f* ① *(di re)* Königshof *m,* -palast *m* ② *(fig)* Palast *m*

reggiano, -a [red'dʒia:no] **I.** *m, f (abitante)* Einwohner(in) *m(f)* von der Reggio Emilia **II.** *agg* aus Reggio Emilia

Reggiano *m* ① Umgebung *f* von der Reggio Emilia ② *(formaggio)* Parmesan[käse] *m*

reggiborsa [reddʒi'borsa] <-> *mf (pej)* Taschenträger(in) *m(f)*

reggicalze [reddʒi'kaltse] <-> *m* Strumpfhalter *m*

reggifreno [reddʒi'fre:no *o* reddʒi'frɛ:no] <-> *m* Zügel *m*

reggilibro [reddʒi'li:bro], **reggilibri** [reddʒi'li:bri] *m* Buchstütze *f*

reggimentale [reddʒimen'ta:le] *agg* Regiments-

reggimento [reddʒi'mento] *m* ① MIL Regiment *nt* ② *(fig)* Heer *nt*

reggino, -a [red'dʒi:no] **I.** *m, f (abitante)* Einwohner(in) *m(f)* von Reggio Calabria **II.** *agg* aus Reggio [Calabria]

Reggino *m* Umgebung *f* Reggio [Calabria]

Reggio Calabria *f* Reggio [Calabria] *nt (Stadt in Kalabrien)*

Reggio Emilia *f* Reggio Emilia *nt (Stadt in Emilia Romagna)*

reggipetto [reddʒi'pɛtto], **reggiseno** [reddʒi'se:no] *m* Büstenhalter *m;* ~ **a balconcino** Bügel-BH *m*

reggistanga [reddʒi'staŋga] <-> *f* Karrenriemen *m*

reggitesta [reddʒi'tɛsta] <-> *m* Nackenstütze *f,* Nackenkissen *nt*

reggitore, -trice [reddʒi'to:re] **I.** *agg (poet)* leitend **II.** *m, f (poet)* Leiter(in) *m(f)*

regia [re'dʒi:a] <-gie> *f (a. fig)* Regie *f*

regicida [redʒi'tʃi:da] <-i *m,* -e *f*> *mf* Königsmörder(in) *m(f)*

regicidio [redʒi'tʃi:dio] <-i> *m* Königsmord *m*

regimazione [redʒimat'tsio:ne] *f* ① TEC Einfahren *nt* ② *(di un corso d'acqua)* Regulierung *f,* Begradigung *f*

regime [re'dʒi:me] *m* ① POL Regime *nt; (fascismo)* faschistisches Regime ② *(dieta)* Diät *f;* **tenersi a ~** eine Diät machen ③ *(regola di vita)* Lebensweise *f,* -haltung *f* ④ TEC, MOT Drehzahl *f;* **andare a pieno ~** auf vollen Touren laufen

regina [re'dʒi:na] *f* ① *(fig)* POL, ZOO Königin *f* ② *(negli scacchi, nelle carte)* Dame *f*

reginetta [redʒi'netta] *f* Miss *f,* Schönheitskönigin *f*

regio, -a ['rɛ:dʒo] <-gi, -gie> *agg* Königs-; *(a. fig)* königlich

regionale [redʒo'na:le] *agg* regional

regionalismo [redʒona'lizmo] *m* Regionalismus *m*

regionalizzare [redʒonalid'dza:re] *vt* ADM regionalisieren

regionalizzazione [redʒonaliddzat'tsio:ne] *f* ADM Regionalisierung *f*

regione [re'dʒo:ne] *f* Region *f*

regista [re'dʒista] <-i *m,* -e *f*> *mf* Regisseur(in) *m(f);* **aiuto ~** Regieassistent(in) *m(f)*

registrare [redʒis'tra:re] *vt* ① ADM registrieren, eintragen ② FIN [ver]buchen ③ *(prendere nota)* aufzeichnen, eintragen ④ *(rilevare)* registrieren, verzeichnen ⑤ *(sentire)* wahrnehmen ⑥ *(con registratori)* aufnehmen, mitschneiden

registratore [redʒistra'to:re] *m* ① *(apparecchio)* Aufnahmegerät *nt; (magnetofono)* Tonbandgerät *nt;* ~ **di cassa** Registrierkasse *f* ② *(cartella)* Ordner *m,* Registrator *m*

registratore, -trice **I.** *m, f* Registrator(in) *m(f)* **II.** *agg (barometro, apparecchio)* Schreib-

registrazione [redʒistrat'tsio:ne] *f* ① *(il registrare)* Registrierung *f,* Eintragung *f* ② FIN [Ver]buchung *f* ③ MUS, RADIO, TV *(operazione)* Aufnahme *f,* Mitschnitt *m;* **tecnica di ~** Aufnahmetechnik *f; (locale)* Aufnahmestudio *nt*

registro [re'dʒistro] *m* ① *(libro)* Register *nt;* ~ **di classe** Klassenbuch *nt* ② TEC Regler *m*

regnante [reɲ'ɲante] **I.** *agg* herrschend **II.** *mf* Herrscher(in) *m(f)*

regnare [reɲ'ɲa:re] *vi (a. fig)* POL herrschen

regno ['reɲɲo] *m* ① POL *(stato)* [König]reich *nt; (autorità, durata)* Herrschaft *f* ② *(fig)* Reich *nt; (animale, vegetale)* Welt *f*

regola ['rɛ:gola] *f* ① *(principio, norma)* Regel *f;* **-e del gioco** Spielregeln *fpl;* **-e commerciali** Geschäftsregeln *pl;* ~ **d'oro** Grundregel *f;* **di ~** in der Regel; **a ~ d'arte, con tutte le -e** nach allen Regeln der Kunst; **fare ~** die Regel sein; **per vostra norma e ~** zu eurer Orientierung; **servire di ~** eine Lehre sein ② *(ordine)*

R

Vorschrift *f;* **essere in ~** mit den Vorschriften übereinstimmen, in Ordnung sein; **mettere in ~** in Ordnung bringen ③ *(misura, modo)* Maß *nt* ④ REL Ordensregeln *f pl* ⑤ *pl (mestruazioni)* [Monats]regel *f* ⑥ *(loc)* **servire di ~** eine Lehre sein

regolabile [rego'la:bile] *agg* regulierbar, verstellbar

regolamentare[1] [regolamen'ta:re] *agg* vorschriftsmäßig

regolamentare[2] *vt* reglementieren

regolamentazione [regolamentat'tsio:ne] *f* Reglementierung *f*

regolamento [regola'mento] *m* ① *(ordinare)* Ordnung *f,* Reglement *nt; (norme)* Vorschriften *f pl,* Bestimmungen *f pl;* **~ scolastico** Schulordnung *f* ② *(sistemazione)* Regulierung *f* ③ COM Abrechnung *f; (di debito)* Begleichung *f*

regolare[1] [rego'la:re] **I.** *vt* ① *(ordinare)* regeln, ordnen ② *(sistemare)* regulieren, in Ordnung bringen; *(debito)* begleichen ③ TEC einstellen; *(orologio)* stellen **II.** *vr* **-rsi** ① *(di comportamento)* sich verhalten ② *(controllarsi)* sich beherrschen

regolare[2] *agg* ① LING, MAT regelmäßig ② *(in regola)* regulär, vorschriftsmäßig; *(secondo le norme)* geregelt ③ *(proporzionato)* ebenmäßig; *(costante)* gleichmäßig ④ *(puntuale)* regelmäßig, pünktlich

regolarità [regolari'ta] <-> *f* Regelmäßigkeit *f*

regolarizzare [regolarid'dza:re] *vt* gesetzlich regeln

regolarizzazione [regolariddzat'tsio:ne] *f* gesetzliche Regelung *f*

regolata [rego'la:ta] *f* [schnelle] Regelung *f;* **darsi una ~** *(fam)* sich zusammenreißen

regolatezza [regola'tettsa] *f* Regelmäßigkeit *f*

regolato, -a [rego'la:to] *agg* ① *(ordinato da regola)* geregelt ② *(moderato)* maßvoll

regolatore [regola'to:re] *m* Regulator *m,* Regler *m;* **~ cardiaco** MED Herzschrittmacher *m*

regolatore, -trice *agg* regelnd, regulierend; **piano ~** Bebauungsplan *m*

regolazione [regolat'tsio:ne] *f* Regulierung *f,* Regelung *f*

regolo ['rɛ:golo] *m* Stab *m,* Latte *f; (righello)* Lineal *nt;* **~ calcolatore** Rechenschieber *m*

regredire [regre'di:re] <regredisco, regredii, regredito *o* regresso> *vi essere* ① *(tornare indietro)* zurückgehen, zurückweichen ② *(fig)* zurückgehen, nachlassen

regressione [regres'sio:ne] *f* Rückgang *m*

regressivo, -a [regres'si:vo] *agg* rückläufig; *(fig: idee)* rückschrittlich

regresso[1] [re'grɛsso] *pp di* **regredire**

regresso[2] *m* Rückgang *m; (a. fig)* Rückschritt *m*

regular season ['regjulə 'si:zon] <- *o* regular seasons> *f* SPORT erste Runde

regulation ['regju'leiʃən] <-> *f* Betriebsordnung *f,* Geschäftsordnung *f*

reietto, -a [re'iɛtto] **I.** *agg* ausgestoßen, verstoßen **II.** *m, f* Ausgestoßene(r) *f(m)*

reificare [reifi'ka:re] *vt* verdinglichen

reificazione [reifikat'tsio:ne] *f* Verdinglichung *f*

reimpaginazione [reimpadʒinat'tsio:ne] *f* TYP Neuformatierung *f*

reimpiantare [reimpian'ta:re] *vt* MED wieder implantieren

reimpiegare [reimpie'ga:re] *vt* wiederverwenden

reimpiego [reim'piɛ:go] <-ghi> *m* Wiederverwendung *f*

reincaricare [reiŋkari'ka:re] *vt* wiederholt beauftragen

reincarnare [reiŋkar'na:re] *vt* **~ qu** jdm wie aus dem Gesicht geschnitten sein, jds Ebenbild sein

reincarnazione [reiŋkarnat'tsio:ne] *f* Wiedergeburt *f,* Reinkarnation *f*

reingaggio [reiŋ'gaddʒo] *m* ① SPORT Wiederverpflichtung *f* ② *(somma)* Wiederverpflichtungssumme *f*

reinscrivere [rein'skri:vere] <irr> *vt* erneut einschreiben

reinscrizione [reinskrit'tsio:ne] *f* erneute Einschreibung

reinserimento [reinseri'mento] *m* Wiedereinführung *f,* -eingliederung *f*

reinserire [reinse'ri:re] <reinserisco> **I.** *vt* wieder einführen, eingliedern **II.** *vr* **-rsi** sich wieder eingliedern

reinstallare [reinstal'la:re] *vt* **~ qu in qc** jdn in etw *akk* wieder einführen

reinstallazione [reinstallat'tsio:ne] *f* Wiedereingliederung *f,* Wiedereinführung *f*

reintegrabilità [reintegrabili'ta] <-> *f* Wiedereingliederungsfähigkeit *f,* Möglichkeit *f* der Wiedereingliederung

reintegrare [reinte'gra:re] **I.** *vt* reintegrieren, wieder integrieren; *(in una carica)* wieder einsetzen **II.** *vr* **-rsi** sich wieder einfügen, sich reintegrieren

reintegrazione [reintegrat'tsio:ne] *f* Reintegration *f,* Wiedereingliederung *f*

reinvestimento [reinvesti'mento] *m* Neuanlage *f,* Reinvestition *f*

reinvestire [reinves'ti:re] *vt* neu anlegen, wieder investieren

reità [rei'ta] <-> *f* Schuldigkeit *f*

reiterare [reite'ra:re] *vt (poet)* wiederholen
reiterazione [reiterat'tsio:ne] *f* Wiederholung *f*
relais [re'lɛ] <-> *m* Relais *nt*
relativa [rela'ti:va] *f* Relativsatz *m*
relativamente [relativa'mente] *avv* relativ, verhältnismäßig; **~ a** hinsichtlich *+gen*, bezüglich *+gen*, in Bezug auf *+akk*
relativista [relati'vista] <-i *m*, -e *f*> *mf* Relativist(in) *m(f)*
relativistico, -a [relati'vistiko] <-ci, -che> *agg* relativistisch
relatività [relativi'ta] <-> *f* Relativität *f*
relativizzare [relativid'dza:re] *vt* relativieren
relativo, -a [rela'ti:vo] *agg* ❶ *(pertinente)* dazugehörend ❷ PHILOS relativ ❸ *(limitato)* relativ ❹ LING **pronome ~** Relativpronomen *nt*
relatore, -trice [rela'to:re] **I.** *agg* berichterstattend **II.** *m, f* ❶ *(gener)* Referent(in) *m(f)*, Berichterstatter(in) *m(f)* ❷ *(in ambito universitario)* Betreuer(in) *m(f)*
relax [re'laks] <-> *m* Entspannung *f*
relazione [relat'tsio:ne] *f* ❶ *(esposizione)* Bericht *m*, Referat *nt* ❷ *(rapporto)* Beziehung *f*, Verhältnis *nt;* **pubbliche -i** Öffentlichkeitsarbeit *f*, Public Relations *pl;* **avere una ~ con qu** mit jdm ein Verhältnis haben; **essere in buone -i con qu** zu jdm ein gutes Verhältnis haben, zu jdm einen guten Draht haben; **in ~ a** im Verhältnis zu; **in ~ alla vostra richiesta del …** ADM bezüglich Ihrer Anfrage vom … ❸ *(fig)* MAT Relation *f*
relè [re'lɛ] *m v.* **relais**
release [ri'li:s] <- *o* releases> *f* INFORM Verkaufslizenz *f*
relegare [rele'ga:re] *vt* ❶ *(allontanare)* verbannen ❷ *(fig: mettere in disparte)* beiseitestellen
reliability [rilaiə'biliti] <-> *f* TEC, INFORM Zuverlässigkeit *f*
religione [reli'dʒo:ne] *f* Religion *f;* **~ di stato** Staatsreligion *f;* **l'ora di ~** Religionsunterricht *m*
religiosa *f v.* **religioso**
religiosità [relidʒosi'ta] <-> *f* Religiosität *f*, Frömmigkeit *f*
religioso, -a [reli'dʒo:so] **I.** *agg* ❶ REL religiös, Religions-; **matrimonio ~** kirchliche Trauung ❷ *(pio)* fromm, religiös ❸ *(fig: devoto)* ehrfürchtig **II.** *m, f* Ordensbruder *m*/-schwester *f*
reliquia [re'li:kuia] <-quie> *f* Reliquie *f*
reliquiario [reli'kuia:rio] <-i> *m* Reliquienschrein *m*, Reliquiar *nt*
relitto [re'litto] *m (a. fig)* Wrack *nt*
relocation manager [ri:lou'keiʃən 'mænidʒə] <- *o* relocation managers> *m* COM, FIN Verantwortliche(r) *f(m)* für die Umschichtung von Ressourcen
rem [rɛm] <-> *m acro di* **röntgen equivalent man** TEC Rem *nt*
remainder [ri'meində] <-> *m* ❶ *(libro)* Buch *nt* zum Ramschpreis, Buch *nt* im modernen Antiquariat ❷ *(libreria)* modernes Antiquariat
remake [ri:'meik] <- *o* -s> *m* THEAT, FILM, TV Remake *nt*
remare [re'ma:re] *vi* rudern
remata [re'ma:ta] *f* ❶ *(il remare)* Rudern *nt* ❷ *(colpo di remo)* Ruderschlag *m*
rematore, -trice [rema'to:re] *m, f* Ruderer *m*/Ruderin *f*
remigante [remi'gante] **I.** *agg* Schwung- **II.** *f pl* Schwungfedern *f pl*
remigare [remi'ga:re] *vi* [mit den Flügeln] schwingen
reminiscenza [reminiʃ'ʃɛntsa] *f* Reminiszenz *f geh*
remissione [remis'sio:ne] *f* ❶ REL *(perdono)* Erlass *m* ❷ JUR Nachlass *m*, Erlass *m; (di querela)* Rücknahme *f* ❸ *(sottomissione)* Ergebenheit *f*
remissività [remissivi'ta] <-> *f* Gefügigkeit *f*
remissivo, -a [remis'si:vo] *agg* ❶ *(docile)* gefügig, nachgiebig ❷ JUR Erlass-
remo ['rɛ:mo] *m* Ruder *nt*
remora ['rɛ:mora] *f (poet)* Einhalt *m*
remoto, -a [re'mɔ:to] *agg* ❶ *(tempo, causa)* [längst] vergangen, weit zurückliegend ❷ *(paese, località)* abgelegen, weit entfernt ❸ LING **passato ~** Passato remoto *nt*
remunerabilità [remunerabili'ta] <-> *f* Möglichkeit *f* der Zahlung eines Entgeltes, Möglichkeit *f* einer Entlohnung [*o* Vergütung]
remunerare [remune'ra:re] *v.* **rimunerare**
rena ['re:na] *f* Sand *m*
renale [re'na:le] *agg* Nieren-
Renania [re'na:nia] *f* Rheinland *nt;* **~ Settentrionale-Vestfalia** Nordrhein-Westfalen *nt;* **~-Palatino** Rheinland-Pfalz *nt*
renano, -a [re'na:no] **I.** *agg* rheinisch, Rheinländer **II.** *m, f* Rheinländer(in) *m(f)*
renard [rə'nar] <-> *m* Fuchspelz *m*
rendere ['rɛndere] <rendo, resi, reso> **I.** *vt* ❶ *(restituire)* zurückgeben; FIN zurückerstatten; **~ giustizia a qu** jdm gerecht werden; **a buon ~** ich werde mich revanchieren ❷ *(fig)* erweisen; **~ lode a qu** jdn loben; **~ omaggio a qu** jdm huldigen ❸ *(fruttare)* einbringen, abwerfen;

~ **bene/male** viel/wenig einbringen; **un investimento che rende** eine rentable Investition ④ *(far diventare)* machen; ~ **felice/triste qu** jdn glücklich/traurig machen ⑤ *(tradurre)* wiedergeben, übertragen ⑥ *(raffigurare)* wiedergeben, widerspiegeln **II.** *vr* **-rsi** sich machen; **-rsi utile/simpatico** sich nützlich/beliebt machen; **-rsi conto di qc** sich *dat* etw bewusst machen

rendez-vous [rãde'vu] <-> *m* Rendezvous *nt*

rendiconto [rendi'konto] *m* ① *(resoconto)* [Rechenschafts]bericht *m* ② COM Rechnungslegung *f*

rendimento [rendi'mento] *m* ① *(funzionalità)* Leistung *f; (di persona)* Leistungsfähigkeit *f* ② *(reddito)* Ertrag *m*

rendita ['rɛndito] *f* Rendite *f;* **vivere di ~** von den Zinsen leben

rene ['rɛːne] *m* Niere *f*

renetta [re'netta *o* re'nɛtta] *f* Renette *f*

reni ['reːni] *fpl* Kreuz *nt; (di animali)* Lenden *fpl*

renitente [reni'tɛnte] *agg* renitent *geh;* **essere ~ alla leva** den Wehrdienst verweigern

renitenza [reni'tɛntsa] *f* Widersetzung *f,* Renitenz *f geh;* ~ **alla leva** Wehrdienstverweigerung *f*

renna ['rɛnna] *f* Ren[tier] *nt*

Reno ['rɛːno] *m* Rhein *m;* **Basso/Alto ~** Nieder-/Oberrhein *m*

renting ['rɛntiŋ] <-> *m* COM, FIN Rentenbasis *f*

rentrée [rã'tre] <-> *f* Comeback *nt;* **fare la propria ~** ein Comeback feiern

reo, -a ['rɛːo] **I.** *agg* schuldig **II.** *m, f* Schuldige(r) *f(m),* Täter(in) *m(f)*

reografia [reogra'fiːa] *f* MED Rheografie *f*

reogramma [reo'gramma] <-i> *m* MED Rheogramm *nt*

reostato [re'ɔːstato] *m* Rheostat *m*

reparto [re'parto] *m* ① *(in azienda)* Abteilung *f;* ~ **vendite** Vertriebsabteilung *f,* Vertrieb *m* ② MED Station *f;* ~ **psichiatrico** psychiatrische Abteilung

repatriare [repa'triaːre] *vi (obs) v.* **rimpatriare**

repellente [repel'lɛnte] *agg* abstoßend

repentaglio [repen'taʎʎo] <-gli> *m* Risiko *nt;* **mettere a ~** aufs Spiel setzen, riskieren

repentino, -a [repen'tiːno] *agg* plötzlich, augenblicklich

reperibile [repe'riːbile] *agg* auffindbar

reperimento [reperi'mento] *m* Auffinden *nt*

reperire [repe'riːre] <reperisco> *vt* auffinden

repertare [reper'taːre] *vt* ① ADM, JUR ausfindig machen, ermitteln ② MED [als Befund] erstellen

reperto [re'pɛrto] *m* ① *(archeologico)* Fund *m* ② *(giudiziario)* Beweisstück *nt* ③ MED Befund *m*

repertorio [reper'tɔːrio] <-i> *m* ① THEAT, MUS Repertoire *nt* ② *(fig)* Sammlung *f* ③ *(elenco)* Verzeichnis *nt*

replay [riː'plei] <- *o* replays> *m* TV, SPORT Wiederholung *f* [in Zeitlupe]

replica ['rɛːplika] <-che> *f* ① *(risposta)* Entgegnung *f,* Erwiderung *f; (obiezione)* Widerspruch *m* ② THEAT Wiederaufführung *f* ③ TV, RADIO Wiederholung[ssendung] *f* ④ *(nell'arte)* Nachbildung *f,* Replik *f* ⑤ *(ripetizione)* Wiederholung *f*

replicare [repli'kaːre] *vt* ① *(ripetere)* wiederholen ② THEAT wiederaufführen ③ *(rispondere)* erwidern, entgegnen; **ubbidire senza ~** ohne Widerspruch gehorchen

report [ri'pɔːt] <-> *m* ADM Protokoll *nt,* Bericht *m*

reportage [rəpɔr'taʒ] <-> *m* Reportage *f*

reporter [re'pɔrter] <-> *mf* Reporter(in) *m(f)*

reporting [ri'pɔːtiŋ] <-> *m* ① *(nel linguaggio giornalistico)* Berichterstattung *f* ② ADM *(stesura di una relazione)* Protokollierung *f,* Protokollaufnahme *f*

repressi [re'prɛssi] *1. pers sing pass rem di* **reprimere**

repressione [repres'sioːne] *f* ① POL Repression *f* ② PSIC Unterdrückung *f*

repressivo, -a [repres'siːvo] *agg* repressiv

represso, -a [re'prɛsso] *agg* verhalten

reprimere [re'priːmere] <reprimo, repressi, represso> **I.** *vt* unterdrücken **II.** *vr* **-rsi** sich beherrschen

reprint ['riprint] <-> *m* Neudruck *m,* Reprint *m*

reprobo, -a ['rɛːprobo] *agg* schlecht; *(ribelle)* aufsässig; REL verdammt

reprocessing [riː'prousɛsiŋ] <-> *m* TEC Wiederaufarbeitung *f*

repubblica [re'pubblika] <-che> *f* Republik *f;* **Repubblica Federale Tedesca** [*o* **di Germania**] Bundesrepublik *f* Deutschland; **Repubblica Ceca** Tschechische Republik

Repubblica Ceca [re'pubblika 'tʃɛːka] *f sing* Tschechische Republik

repubblicano, -a [repubbli'kaːno] **I.** *agg* republikanisch **II.** *m, f* Republikaner(in) *m(f)*

repubblichino, -a [repubbli'kiːno] **I.** *agg (pej)* der Italienischen Sozialrepublik **II.** *m, f (pej)* Anhänger(in) *m(f)* der Italienischen Sozialrepublik

repulisti [repu'listi] *m* **fare ~** *(fam scherz)* reinen Tisch machen
repulsione [repul'sioːne] *f* ① PHYS Repulsion *f,* Abstoßung *f* ② *(ripulsione)* Abneigung *f*
reputare [repu'taːre] **I.** *vt* erachten für **II.** *vr* **-rsi** sich halten für
reputazione [reputat'tsioːne] *f* Ruf *m*
requête [rə'kɛt] <- *o* requêtes> *f* JUR Requete-Kommission *f*
requie ['rɛːkuie] *f sing* Ruhe *f*
requiem ['rɛːkuiem] <-> *m o f* Requiem *nt;* **messa da ~** Totenmesse *f,* Requiem *nt*
requisire [rekui'ziːre] <requisisco> *vt* requirieren, beschlagnahmen
requisito [rekui'ziːto] *m* Voraussetzung *f,* Fähigkeit *f*
requisitoria [rekuizi'tɔːria] <-ie> *f* JUR Plädoyer *nt,* Anklagerede *f*
requisizione [rekuizit'tsioːne] *f* Requisition *f,* Beschlagnahmung *f*
resa ['reːsa] *f* ① MIL Kapitulation *f,* Aufgabe *f* ② *(restituzione)* Abgabe *f,* Rückgabe *f* ③ *(rendimento)* Leistung *f* ④ *(loc)* **~ dei conti** *(a. fig)* Abrechnung *f*
rescindere [reʃ'ʃindere] <irr> *vt* aufheben; **~ un contratto** einen Vertrag auflösen
rescissione [reʃʃis'sioːne] *f* Aufhebung *f,* Ungültigkeitserklärung *f*
rescisso *pp di* **rescindere**
research man [ri'səːtʃ mæn] <- *o* research men> *m* Marktforscher *m*
resettaggio [reset'taddʒo] <-ggi> *m* INFORM Reset *nt o m,* Neustart *m*
resettare [reset'taːre] *vi* INFORM Reset vornehmen
resi ['reːsi] *1. pers sing pass rem di* **rendere**
Resia ['rɛːzia] *f* Reschen *nt*
residence ['rɛzidəns] <-> *m* Apartmenthotel *nt,* Wohnanlage *f*
residente [resi'dɛnte] **I.** *agg* wohnhaft, ansässig **II.** *mf* Ansässige(r) *f(m),* Anwohner(in) *m(f);* **solo per -i** nur für Anwohner
residenza [resi'dɛntsa] *f* ① *(sede)* Wohnsitz *m;* **luogo di ~** Wohnort *m* ② *(di sovrani)* Residenz *f* ③ *(diplomazia)* Sitz *m*
residenziale [residen'tsiaːle] *agg* Wohn-
residenzialità [residentsiali't] <-> *f* ① *(possibilità di risiedere in una casa)* Bewohnbarkeit *f* ② *(possesso di una residenza)* Wohnhaftigkeit *f*
residualità [residuali'ta] <-> *f* Nebensächlichkeit *f*
residuo [re'siːduo] *m* ① COM Überschuss *m* ② *(rimanenza,* CHEM Rest *m*
residuo, -a *agg* restlich, Rest-
resilienza [resi'liɛntsa] *f* PHYS Widerstandsfähigkeit *f;* PSIC Resilienz *f*
resina ['rɛːzina] *f* Harz *nt*
resinista [resi'nista] <-i *m,* -e *f*> *mf* TEC Kunstharzverarbeiter(in) *m(f)*
resistei [resis'teːi] *1. pers sing pass rem di* **resistere**
resistente [resis'tɛnte] *agg* **~ [a]** widerstandsfähig [gegen]; MED, PHYS resistent [gegen]; **~ al calore** hitzebeständig; **~ al fuoco** feuerfest; **~ alle intemperie** wetterfest
resistenza [resis'tɛntsa] *f* ① *(gener,* PHYS, MIL Widerstand *m;* **~ aerodinamica** Luftwiderstand *m;* **opporre ~** Widerstand leisten *f* ② *(capacità)* Widerstandsfähigkeit *f* ③ *(di materiale)* Haltbarkeit *f,* Resistenz *f; (di persona)* Ausdauer *f*
resistere [re'sistere] <resisto, resistei *o* resistetti, resistito> *vi* ① *(opporsi)* **~ a qu/qc** gegen jdn/etw Widerstand leisten ② *(sopportare)* **~ a qc** etw ertragen; **resisti!** halte durch! ③ *(fig: trattenersi)* **~ a qu/qc** jdm/etw widerstehen
resistivo, -a [resis'tiːvo] *agg* mit Widerstand behaftet, widerstandsfähig
reso ['reːso] *m* ① ZOO *(scimmia)* Rhesusaffe *m* ② *(ciò che è stato restituito)* Rückgabe *f,* Erstattung *f*
reso, -a I. *pp di* **rendere II.** *agg* erstattet, zurückgegeben
resoconto [reso'konto] *m (relazione)* Bericht *m,* Zusammenfassung *f; (esposizione)* [Rechenschafts]bericht *m*
resort [ri'zɔːt] <-> *m* Touristenort *m*
respingente [respin'dʒɛnte] *m* Puffer *m*
respingere [res'pindʒere] <irr> *vt* ① *(nemico, aggressore)* zurückdrängen, abwehren ② *(regalo)* zurückweisen, nicht annehmen ③ *(proposta)* ablehnen; *(accusa)* zurückweisen ④ *(bocciare)* durchfallen lassen, nicht versetzen ⑤ SPORT abwehren
respirare [respi'raːre] **I.** *vi* ① BIOL atmen; **~ con la bocca** durch den Mund atmen; **~ col naso** durch die Nase atmen; **~ a pieni polmoni** tief durchatmen ② *(fig)* aufatmen **II.** *vt* [ein]atmen
respiratore [respira'toːre] *m* ① *(per il sub)* Schnorchel *m* ② MED Sauerstoffgerät *nt,* Beatmungsgerät *nt* ③ AERO Sauerstoffmaske *f*
respiratorio, -a [respira'tɔːrio] <-i, -ie> *agg* Atem-, Atmungs-
respirazione [respirat'tsioːne] *f* Atmung *f;* **~ artificiale** künstliche Beatmung
respiro [res'piːro] *m* ① *(il respirare)* Atem *m;* **una cosa da togliere il ~** eine atemberaubende Sache ② *(singolo atto)* Atemzug *m* ③ *(sollievo)* Seufzer *m,* Atem-

R

zug *m;* **mandare un ~** [**di sollievo**] [erleichtert] aufatmen, einen Seufzer der Erleichterung von sich geben ❹ *(riposo)* Atempause *f*

responsabile [respon'sa:bile] **I.** *agg* verantwortlich; **essere ~ di qc** für etw verantwortlich sein **II.** *mf* Verantwortliche(r) *f(m)*

responsabilità [responsabili'ta] <-> *f* ❶ *(consapevolezza)* Verantwortung *f* ❷ JUR Haftung *f*

responsabilizzare [responsabilid'dza:re] **I.** *vt* jdn verantwortlich machen **II.** *vr* **-rsi** [die] Verantwortung auf sich nehmen

responsabilizzazione [responsabiliddzat'tsio:ne] *f* Übertragung *f* von Verantwortung

responso [res'pɔnso] *m* ❶ *(di oracolo)* [Orakel]spruch *m* ❷ *(di giuria, commissione)* [Schieds]spruch *m*

ressa ['rɛssa] *f* Gedränge *nt*

ressi ['rɛssi] *1. pers sing pass rem di* **reggere**

resta ['rɛsta] *f* ❶ ZOO Gräte *f* ❷ MIL Rüsthaken *m*

restante [res'tante] **I.** *agg* bleibend, übrig; **posta ~** postlagernd **II.** *m* Rest *m*

restare [res'ta:re] *vi essere* ❶ *(rimanere, continuare a stare)* bleiben; **~ in piedi/seduto** stehen/sitzen bleiben; **~ a pranzo** zum Essen bleiben; **~ indietro** *(a. fig)* zurückbleiben ❷ *(diventare)* werden; **~ deluso** enttäuscht werden; **~ orfano/vedovo** Waise/Witwer werden ❸ *(trovarsi)* sein; **~ d'accordo su qc** sich *dat* über etw *akk* einig sein ❹ *(avanzare)* übrig bleiben, verbleiben ❺ *(essere situato)* stehen, liegen

restaurant [restɔ'rã] <-> *m* Restaurant *nt*

restaurare [restau'ra:re] *vt* ❶ ARCH restaurieren ❷ *(fig)* wiederherstellen

restauratore, -trice [restaura'to:re] *m, f* Restaurator(in) *m(f)*

restaurazione [restaurat'tsio:ne] *f* Restauration *f*

restauro [res'ta:uro] *m* Restaurierung *f*

restio, -a [res'ti:o] <-ii, -ie> *agg* ❶ *(riluttante)* abgeneigt ❷ *(mulo, cavallo)* störrisch

restituire [restitu'i:re] <restituisco> *vt* ❶ *(oggetto)* zurückgeben; FIN zurückerstatten ❷ *(reintegrare)* wieder einsetzen ❸ *(contraccambiare)* erwidern

restituzione [restitut'tsio:ne] *f* Rückgabe *f,* [Rück]erstattung *f*

resto ['rɛsto] *m* Rest *m;* **dare il ~ a qu** jdm herausgeben; **del ~** im Übrigen, übrigens

restringere [res'trindʒere] <irr> **I.** *vt* ❶ *(abito)* enger machen ❷ *(fig)* einschränken, begrenzen ❸ *(rendere stitico)* [ver]stopfen **II.** *vr* **-rsi** ❶ *(diventar stretto)* eng[er] werden; *(stoffa)* einlaufen ❷ *(persone)* zusammenrücken, sich zusammendrängen

restringimento [restrindʒi'mento] *m* ❶ *(riduzione)* Schrumpfen *nt* ❷ MED Stenose *f*

restrinsi *1. pers sing pass rem di* **restringere**

restrittivo, -a [restrit'ti:vo] *agg* einschränkend, restriktiv

restrizione [restrit'tsio:ne] *f* Einschränkung *f,* Restriktion *f*

restyling [ri:'stailiŋ] <-> *m* Neugestaltung *f,* neues Design; AUTO Modellpflege, f

resurrezione [resurret'tsio:ne] *f v.* **risurrezione**

resuscitare [resuʃʃi'ta:re] *v.* **risuscitare**

retaggio [re'taddʒo] <-ggi> *m (poet)* ❶ *(eredità)* Erbschaft *f,* Erbe *nt* ❷ *(fig)* Vermächtnis *nt*

retard [ri'ta:d] *agg inv* MED Retard-, langsam wirkend; **pastiglia ~** Retard-Pille *f*

retata [re'ta:ta] *f* ❶ *(fig: di persone)* Razzia *f* ❷ *(di pesci, uccelli)* Fang *m* mit Netzen

rete ['re:te] *f* ❶ *(di filo)* Netz *nt;* **~ per i capelli** Haarnetz *nt;* **~ per la spesa** Einkaufsnetz *nt;* **cadere nella ~ di qu** *(a. fig)* jdm ins Netz gehen ❷ **~ del letto** Sprung[feder]rahmen *m* ❸ *(di strada)* Netz *nt;* **~ ferroviaria/stradale** Eisenbahn-/Straßennetz ❹ TEL [Telefon]netz *nt;* **chiamare da ~ fissa** vom [*o* aus dem] Festnetz anrufen ❺ INFORM, INET Netz *nt,* Netzwerk *nt;* **~ locale** lokales Netzwerk; **essere in Rete** im Netz sein, online sein; **accesso alla ~** Netzzugang *m* ❻ COM **~ di distribuzione** Vertriebsnetz *nt; (di gas, energia)* Verteilernetz *nt* ❼ POL **La Rete** *linksgerichtete politische Bewegung in Italien* ❽ TV Sender *m,* Kanal *m*

reticella [reti'tʃɛlla] *f (per capelli)* Haarnetz *nt*

reticente [reti'tʃɛnte] *agg* verschwiegen

reticenza [reti'tʃɛntsa] *f* Verschwiegenheit *f,* Zurückhaltung *f*

retico, -a ['rɛ:tiko] <-ci, -che> *agg* rätisch

reticolato [retiko'la:to] *m* ❶ *(intreccio)* Geflecht *nt,* Netzwerk *nt* ❷ MIL Drahtverhau *m* ❸ GEOG Netz *nt*

reticolo [re'ti:kolo] *m* Netz *nt,* Gitter *nt*

retina ['rɛ:tina] *f* ❶ ANAT Netzhaut *f,* Retina *f scient* ❷ *(per capelli)* Haarnetz *nt*

retinato, -a [reti'na:to] *agg* TYP Raster-; **immagine -a** Rasterbild *nt*

retino [re'ti:no] *m* ❶ *(piccola rete)* kleines Netz ❷ TYP Raster *m*

retirement [ri'taiəmənt] <-> *m* Pensionierung *f*
retore ['rɛ:tore] *m (poet)* Rhetor *m*
retorica [re'tɔ:rika] <-che> *f* Rhetorik *f*
retorico, -a [re'tɔ:riko] <-ci, -che> *agg* LIT rhetorisch
retrattile [re'trattile] *agg* einziehbar
retribuire [retribu'i:re] <retribuisco> *vt* entlohnen
retributivo, -a [retribu'ti:vo] *agg* Vergütungs-, Entlohnungs-
retribuzione [retribut'tsio:ne] *f* Lohn *m*, Gehalt *nt*
retrivo, -a [re'tri:vo] *agg* rückständig, rückschrittlich
retro[1] ['rɛ:tro] *avv* hinten; **vedi ~** bitte wenden
retro[2] *m* Rückseite *f;* **sul ~** auf der Rückseite
retro[3] [re'tro] *agg inv* nostalgisch; *(retrospettivo)* retrospektiv; **rassegna ~** Retrospektive *f geh*
retroattività [retroattivi'ta] *f* Rückwirkung *f*
retroattivo, -a [retroat'ti:vo] *agg* rückwirkend
retroazione *f* Rückwirkung *f*
retrobottega [retrobot'te:ga] <-> *m* Hinter-, Nebenraum *m* [in einem Laden]
retrocedere [retro'tʃɛ:dere] <retrocedo, retrocessi, retrocesso> **I.** *vi essere* ❶ *(indietreggiare)* zurückweichen, zurückgehen ❷ *(fig)* Abstand nehmen ❸ SPORT absteigen **II.** *vt avere* ❶ SPORT zurückstufen, absteigen lassen ❷ MIL degradieren
retrocessione [retrotʃes'sio:ne] *f* ❶ SPORT Zurückstufung *f* ❷ MIL Degradierung *f* ❸ SPORT Abstieg
retrocesso [retro'tʃɛsso] *pp di* **retrocedere**
retrocucina [retroku'tʃi:na] <-> *m o f* Raum *m* [*o* Kammer *f*] hinter der Küche
retrodatare [retroda'ta:re] *vt* [zu]rückdatieren
retrodatazione [retrodatat'tsio:ne] *f* [Zu]rückdatierung *f*
retrofit ['retrofit] <-> *m* MOT Retrofit-Katalysator *m*
retrogrado, -a [re'trɔ:grado] **I.** *agg* ❶ *(persone, idee)* rückständig ❷ *(moto, movimento)* rückläufig **II.** *m, f* Rückständige(r) *f(m)*
retroguardia [retro'guardia] *f* Nachhut *f*
retroilluminare [retroillumi'na:re] *vt* von hinten beleuchten
retroilluminato, -a [retroillumi'na:to] *agg* von hinten beleuchtet, mit Hintergrundbeleuchtung
retroilluminazione [retroillumna'tsio:ne] *f* TEC Durchlichttechnik *f*, Hintergrundbeleuchtung *f*
retromarcia [retro'martʃa] <-ce> *f* Rückwärtsgang *m;* **fare ~** rückwärtsfahren; *(fig)* einen Rückzieher machen; **mettere la ~** den Rückwärtsgang einlegen
retroscena[1] [retroʃ'ʃɛ:na] <-> *m* ❶ *pl (fig)* Hintergründe *mpl* ❷ *(che avviene dietro la scena)* Vorgänge *mpl* hinter den Kulissen
retroscena[2] *f* Bühnenhintergrund *m*, Kulissen *fpl*
retrospettiva [retrospet'ti:va] *f* Retrospektive *f*
retrospettivo, -a [retrospet'ti:vo] *agg* retrospektiv, zurückschauend; **mostra -a** Retrospektive *f*
retrospezione [retrospet'tsio:ne] *f* Rückblick *m*
retrostante [retros'tante] *agg* dahinterliegend, Hinter-
retroterra [retro'tɛrra] <-> *m* ❶ *(territorio)* Hinterland *nt* ❷ *(fig: background)* Hintergrund *m*
retrotreno [retro'trɛ:no] *m* Hinterachse *f*
retrovia [retro'vi:a] *f* Etappe *f*, Nachschubgebiet *nt*
retrovisivo, -a [retrovi'zi:vo] *agg* Rück-
retrovisore [retrovi'zo:re] *m* Rückspiegel *m*
retta ['rɛtta] *f* ❶ *(di convitto, pensionato)* Pension *f;* **~ di degenza** Pflegesatz *m* ❷ MAT Gerade *f* ❸ *(loc)* **dar ~ a qu** auf jdn hören
rettale [ret'ta:le] *agg* rektal
rettangolare [rettaŋgo'la:re] *agg* rechteckig; *(triangolo)* rechtwinklig
rettangolo [ret'taŋgolo] **I.** *agg* rechteckig; *(triangolo)* rechtwinklig **II.** *m* ❶ MAT Rechteck *nt* ❷ SPORT Feld *nt;* **~ di gioco** Spielfeld *nt*
rettifica [ret'ti:fika] <-che> *f* ❶ *(correzione)* Richtigstellung *f*, Berichtigung *f* ❷ TEC Schliff *m*, Schleifen *nt*
rettificare [rettifi'ka:re] *vt* ❶ *(fig: correggere)* berichtigen, richtigstellen ❷ TEC schleifen
rettificatura [rettifika'tu:ra] *f* TEC Verbesserung *f* der Oberflächengüte
rettificazione [rettifikat'tsio:ne] *f* ❶ *(modificazione)* Begradigung *f* ❷ *(fig)* Berichtigung *f*, Richtigstellung *f*
rettile ['rɛttile] *m (fig, pej)* Reptil *nt*
rettilineo [retti'li:neo] *m* gerade Strecke, Gerade *f*
rettilineo, -a *agg* ❶ *(strada, direzione)* g[e]radlinig ❷ *(fig)* redlich, g[e]radlinig
rettitudine [retti'tu:dine] *f* Redlichkeit *f*, Rechtschaffenheit *f*
retto, -a I. *pp di* **reggere II.** *agg* ❶ MAT

R

(linea) gerade; *(angolo)* recht ② *(diritto)* gerade ③ *(onesto)* redlich, rechtschaffen

rettorato [retto'ra:to] *m* Rektorat *nt*

rettore, -trice [ret'to:re] *m, f* Rektor(in) *m(f)*

rettore [ret'to:re] *agg* leitend

reuma ['rɛ:uma] <-i> *m* Rheuma *nt*

reumatest [reuma'tɛst] <-> *m* MED Blutuntersuchung *f* zur Diagnose von Gelenkrheumatismus

reumatico, -a [reu'ma:tiko] <-ci, -che> *agg* rheumatisch

reumatismo [reuma'tizmo] *m* Rheumatismus *m*

reumatizzarsi [reumatid'dzarsi] *vr* an Rheumatismus erkranken

reumatologico, -a [reumato'lɔ:dʒiko] <-ci, -che> *agg* Rheuma-, rheumatologisch; **clinica -a** Rheumaklinik *f*

revanche [rəvɑ̃ʃ] <- *o* revanches> *f* HIST Revanchismus *m*

revanscismo [revan'ʃizmo] *m* Revanchismus *m*

reverendo [reve'rɛndo] *m* Hochwürden *m*

reverendo, -a *agg* hochwürdig, ehrwürdig

reverenziale [reveren'tsia:le] *agg* ehrfürchtig

revers [rə'vɛr] <-> *m* Revers *nt*

reversibile [rever'si:bile] *agg* ① *(moto, processo)* reversibel, umkehrbar ② COM, JUR reversibel, übertragbar

reversibilità [reversibili'ta] <-> *f* ① *(gener)* Reversibilität *f*, Umkehrbarkeit *f* ② COM, JUR Übertragbarkeit *f*

revisionare [revizio'na:re] *vt* einer Revision unterziehen; TEC überholen; *(conti)* [über]prüfen, durchsehen

revisione [revi'zio:ne] *f* Revision *f*, [Über]prüfung *f*; TEC Überholung *f*

revisionismo [revizio'nizmo] *m* Revisionismus *m*

revisore, -a [revi'zo:re] *m, f* Revisor(in) *m(f)*; *(di bozze)* Korrektor(in) *m(f)*

revival [ri'vaivəl] <-> *m* Revival *nt*

reviviscente [reviviʃ'ʃɛnte] *agg (obs poet)* wieder auflebend; *(fig)* wieder erwachend

reviviscenza [reviviʃ'ʃɛntsa] *f* ① *(poet)* Wiederauferstehung *f* ② *(fig)* Wiedererwachen *nt*

revoca ['rɛ:voka] <-che> *f* Widerruf *m*

revocabile [revo'ka:bile] *agg* widerrufbar

revocare [revo'ka:re] *vt* widerrufen

revocazione [revokat'tsio:ne] *f* Widerruf *m*

revolver [re'vɔlver] <-> *m* Revolver *m*

revolverata [revolve'ra:ta] *f* Revolverschuss *m*

rewriter [ri:'raitə] <- *o* rewriters> *m* INFORM Rewriter *m*

RFT *f abbr di* **Repubblica Federale Tedesca** BRD *f*

Rh *abbr di* **Rhesus** rh, Rh

rhodesiano, -a [rode'sia:no] **I.** *m, f (abitante)* Rhodesianer(in) *m(f)* **II.** *agg* rhodesianisch, aus Rhodesien [heute: Simbabwe]

rhum [rum] *m v.* **rum**

rhythm and blues ['riðəm ænd 'blu:z] *m sing* MUS Rhythm and Blues *m*

ri- [ri] *(in parole composte)* zurück-; *(di nuovo)* wieder[-], von Neuem

RI ① *abbr di* **Repubblica Italiana** *italienische Republik* ② *abbr di* **Rinnovamento Italiano** *eine der christdemokratischen Parteien Italiens*

riabilitare [riabili'ta:re] **I.** *vt (fig)* MED, JUR rehabilitieren **II.** *vr* **-rsi** sich rehabilitieren

riabilitazione [riabilitat'tsio:ne] *f* MED Rehabilitation *f*

riaccendere [riat'tʃɛndere] <irr> **I.** *vt* wieder anzünden, wieder entzünden **II.** *vr* **-rsi** ① *(tornare ad accendere)* sich wieder entzünden, wieder aufflammen ② *(fig)* wieder aufflammen, wieder aufleben

riaccomodare [riakkomo'da:re] **I.** *vt* wieder ausbessern **II.** *vr* **-rsi** sich wieder aussöhnen

riaccompagnare [riakkompaɲ'ɲa:re] *vt* zurückbegleiten

riaccorpamento [riakkorpa'mento] *m* Wiederzusammenkommen *nt*, Wiederzusammenbringen *nt*

riacquistare [riakkuis'ta:re] *vt* ① *(bene, gioiello)* zurückkaufen ② *(fig)* wieder erlangen, wieder gewinnen

riacquisto [riak'kuisto] *m* Wiedererlangung *f*

riaffacciare [riaffat'tʃa:re] **I.** *vt* wieder zeigen **II.** *vr* **-rsi** ① *(affacciarsi di nuovo)* wieder erscheinen ② *(fig: ripresentarsi)* wieder gegenwärtig sein

riaffittare [riaffit'ta:re] *vt* ① *(dare in affitto)* wieder vermieten, wieder verpachten ② *(prendere in affitto)* wieder mieten, wieder pachten

riaffogliamento [riaffoʎʎa'mento] *m* FIN Dividendenscheinerneuerung *f*

riaffoglio [riaf'fɔʎʎo] <-gli> *m* FIN *v.* **riaffogliamento**

riaggiustare [riaddʒus'ta:re] *vt* wieder in Ordnung bringen

riallaccio [rial'lattʃo] <-cci> *m* ① TEL Neuanschluss *m* ② *(fig: ripristino di un contatto)* Wiederaufnahme *f* einer persönlichen Beziehung

riallargare [riallar'ga:re] *v.* **rallargare**

riallungare [riallun'ga:re] **I.** *vt* wieder verlängern **II.** *vr* **-rsi** wieder länger werden

rialzamento [rialtsa'mento] *m* ① *(di terre-*

no) Erhebung *f* ② *(dei prezzi)* [erneute] Erhöhung *f*
rialzare [rial'tsaːre] **I.** *vt avere* ① *(alzare di nuovo)* wieder aufrichten; *(testa)* wieder erheben ② *(alzare di più)* höher machen, erhöhen ③ *(prezzi)* [wieder] erhöhen **II.** *vi essere* ① *(prezzi)* [wieder] steigen ② *(temperatura)* [wieder] ansteigen **III.** *vr* **-rsi** ① *(risollevarsi)* wieder aufstehen ② *(fig)* sich wieder erholen ③ *(termometro)* wieder steigen
rialzato, **-a** [rial'tsaːto] *agg* erhöht
rialzista [rial'tsista] <-i *m*, -e *f*> *mf* Haussier *m*
rialzo [ri'altso] *m* ① *(aumento)* Erhöhung *f*, Steigerung *f*; **essere in ~** steigen; *(fig)* [an] Boden gewinnen; **giocare al ~** auf Hausse spekulieren ② *(di terreno)* Erhebung *f*
riammissione [riammis'sioːne] *f* Wiederzulassung *f*
riandare [rian'daːre] <rivado, riandai, riandato> **I.** *vi essere* ① *(andare di nuovo)* wieder gehen ② *(fig)* zurückkehren **II.** *vt avere* wieder durchlaufen, sich *dat* wieder vergegenwärtigen
rianimare [riani'maːre] **I.** *vt* ① *(restituire forze)* wieder beleben ② *(fig: restituire fiducia)* ermutigen **II.** *vr* **-rsi** ① *(riprendere forza)* wieder aufleben ② *(fig: riprender coraggio)* wieder Mut schöpfen ③ *(fig: luogo)* sich beleben
rianimatologia [rianimatolo'dʒiːa] *f* MED Reanimationslehre *f*, Intensivmedizin *f*
rianimatore, **-trice** [rianima'toːre] *m, f* MED Notfallarzt *m*/-ärztin *f*
rianimatorio, **-a** [rianima'tɔːrio] <-i, -ie> *agg* MED Intensiv-, Wiederbelebungs-
rianimazione [rianimat'tsioːne] *f* Wiederbelebung *f*; MED Reanimation *f*; **centro di ~** Reanimationszentrum *nt*; **reparto di ~** Intensivstation *f*
riannessione [riannes'sioːne] *f* Wiederanschluss *m*
riaperto *pp di* **riaprire**
riapertura [riaper'tuːra] *f* Wiedereröffnung *f*; *(delle scuole)* Wiederbeginn *m*
riaprire [ria'priːre] <irr> **I.** *vt* wieder öffnen; *(scuole)* wieder beginnen **II.** *vr* **-rsi** wieder eröffnet werden
riarmamento [riarma'mento] *m* ① *(di nave, fabbrica)* Ausbesserung *f*, Erneuerung *f* ② MIL Aufrüstung *f*
riarmare [riar'maːre] **I.** *vt* ① *(con armi)* wieder bewaffnen; MIL aufrüsten ② *(nave, ponte)* ausbessern, erneuern **II.** *vr* **-rsi** sich wieder bewaffnen; MIL aufrüsten
riarmo [ri'armo] *m* Aufrüstung *f*; *(modernizzazione)* Nachrüstung *f*; **corsa al ~** Rüstungswettlauf *m*
riarso, **-a** [ri'arso] *agg* ① *(terreno)* ausgedorrt ② *(gola)* ausgetrocknet
riassettare [riasset'taːre] *v.* **rassettare**
riassetto [rias'sɛtto] *m* *(fig)* Neuregelung *f*
riassorbimento [riassorbi'mento] *m* ① *(nuovo assorbimento)* Wiederaufsaugen *nt* ② *(fig)* Wiederaufnehmen *nt*
riassorbire [riassor'biːre] **I.** *vt* ① *(assorbire di nuovo)* wieder aufsaugen ② *(fig)* wieder aufnehmen **II.** *vr* **-rsi** wieder aufgesaugt werden
riassottigliare [riassottiʎ'ʎaːre] **I.** *vt* wieder anspitzen, nach oben verjüngen **II.** *vr* **-rsi** wieder abnehmen, wieder schlank werden
riassumere [rias'suːmere] <irr> *vt* ① *(operaio)* wieder einstellen ② *(carica, funzione)* wieder übernehmen ③ *(sintetizzare)* nacherzählen, zusammenfassen
riassuntivo, **-a** [riassun'tiːvo] *agg* zusammenfassend
riassunto [rias'sunto] *m* Nacherzählung *f*, Zusammenfassung *f*
riassunto, **-a I.** *pp di* **riassumere II.** *agg* wieder eingestellt
riassunzione [riassun'tsioːne] *f* Wiedereinstellung *f*
riattamento [riatta'mento] *m* Wiederherstellung *f*
riattare [riat'taːre] *vt* wieder herstellen
riattivare [riatti'vaːre] *vt* reaktivieren, wieder beleben
riattivazione [riattivat'tsioːne] *f* Reaktivierung *f*, Wiederbelebung *f*
riattizzare [riattit'tsaːre] *v.* **rattizzare**
riavere [ria'veːre] <irr> **I.** *vt* ① *(libri, soldi)* wieder bekommen ② *(vista)* wiedererlangen, zurückerlangen ③ *(avere un'altra volta)* wieder haben **II.** *vr* **-rsi** ① *(recuperare la salute, fig)* FIN sich [wieder] erholen ② *(riprendere i sensi)* wieder zu sich *dat* kommen
riavvicinamento [riavvitʃina'mento] *m* ① *(il riavvicinare)* Wiederannäherung *f* ② *(fig)* Aussöhnung *f*
riavvicinare [riavvitʃi'naːre] **I.** *vt* ① *(oggetti)* wieder annähern, wieder zusammenrücken ② *(fig)* aussöhnen **II.** *vr* **-rsi** sich wieder annähern
riavvio <-ii> *m* INFORM Warmstart *m*
riavvolgere [riav'vɔldʒere] <irr> *vt* aufwickeln, wickeln
riavvolgimento [riavvoldʒi'mento] *m* FILM, MUS Zurückspulen *nt*, Rücklauf *m*; **~ rapido** Schnellrücklauf
ribadire [riba'diːre] <ribadisco> *vt* bekräftigen
ribaldo [ri'baldo] *m* Schuft *m*, Halunke *m*
ribalta [ri'balta] *f* ① THEAT Rampe *f*

❷ *(chiusura)* Klappe *f* ❸ *(loc)* **venire** [*o* **salire**] **alla ~** *(fig)* [groß] herauskommen

ribaltabile [ribal'ta:bile] **I.** *agg* Klapp-, klappbar **II.** *m* ❶ *(parte di autocarro)* kippbare Ladefläche ❷ *(autocarro)* Kipper *m*

ribaltamento [ribalta'mento] *m* Umkippen *nt*

ribaltare [ribal'ta:re] **I.** *vt* ❶ *(capovolgere)* umkippen ❷ *(fig)* verkehren; *(governo)* stürzen **II.** *vr* **-rsi** umkippen

ribaltatore [ribalta'to:re] *m* ❶ TEC *(negli autocarri)* Kippschalter *m* ❷ TEC *(nell'acciaieria, cassone ribaltabile)* Kippkübel *m*

ribassare [ribas'sa:re] **I.** *vt avere* herabsetzen, senken **II.** *vi essere* sinken, fallen

ribassista [ribas'sista] <-i *m*, -e *f*> *mf* Baissier *m*

ribasso [ri'basso] *m* [Preis]senkung *f*, -rückgang *m*; *(alla borsa)* Baisse *f*; **essere in ~** *(fig)* an Ansehen verlieren; **tendenza al ~** sinkende Tendenz; **giocare** [*o* **speculare**] **al ~** auf Baisse spekulieren; **vendere a ~** zu Schleuderpreisen verkaufen

ribattere [ri'battere] *vt* ❶ *(tappeto, materasso)* erneut klopfen ❷ SPORT zurückschlagen, wieder schießen ❸ *(fig: respingere)* zurückweisen; *(confutare)* widerlegen; *(replicare)* widersprechen

ribattezzare [ribatted'dza:re] *vt* ❶ REL wieder taufen ❷ *(fig: dare un nuovo nome)* umtaufen, umbenennen

ribattino [ribat'ti:no] *m* Niet *m*, Niete *f*

ribattuta [ribat'tu:ta] *f* ❶ *(colpo)* neuer Schlag ❷ SPORT Rückschlag *m*, [Aufschlag]return *m*

ribellarsi [ribel'larsi] *vr* ❶ *(sollevarsi)* **~ a qu/qc** sich gegen jdn/etw erheben ❷ *(non ubbidire)* sich widersetzen ❸ *(fig)* **~ a qc** sich gegen etw sträuben

R

ribelle [ri'bɛlle] **I.** *agg* ❶ *(insorto)* rebellisch, aufständisch ❷ *(indocile)* widerspenstig, störrisch **II.** *mf* Rebell(in) *m(f)*, Aufständische(r) *f(m)*

ribellione [ribel'lio:ne] *f* Rebellion *f*, Aufstand *m*

ribellismo [ribel'lizmo] *m* rebellische Haltung

ribellista [ribel'lista] <-i *m*, -e *f*> *agg* rebellisch

ribes ['ri:bes] <-> *m* Johannisbeere *f*, Ribisel *f* A

ribollimento [ribolli'mento] *m (a. fig)* Kochen *nt*, Aufwallen *nt*

ribollire [ribol'li:re] **I.** *vi* ❶ *(bollire nuovamente)* wieder kochen ❷ *(fermentare)* gären ❸ *(fare bolle)* schäumen ❹ *(fig)* kochen, in Wallung geraten **II.** *vt* erneut [auf]kochen

ribollita [ribol'li:ta] *f toskanisches Eintopfgericht aus Brot, Bohnen und Kohl*

ribonucleico, -a [ribonu'klɛ:iko] <-ci, -che> *agg* Ribonuklein-; **acido ~** Ribonukleinsäure *f*

ribrezzo [ri'breddzo] *m* Ekel *m*, Abscheu *m*; **fare ~** Abscheu erregen

ributtante [ribut'tante] *agg* ekelhaft, abstoßend

ributtare [ribut'ta:re] **I.** *vt* ❶ *(buttare di nuovo)* wieder werfen ❷ *(vomitare)* erbrechen **II.** *vi* ❶ *(ripugnare)* abstoßen ❷ *(pianta)* austreiben, sprießen **III.** *vr* **-rsi** sich wieder werfen; **-rsi giù** *(fig)* wieder den Mut verlieren

ricacciare [rikat'tʃa:re] **I.** *vt* ❶ MIL zurückwerfen, zurückschlagen ❷ *(mandar via)* verjagen, vertreiben **II.** *vr* **-rsi** wieder eindringen

ricadere [rika'de:re] <irr> *vi essere* ❶ *(cadere di nuovo)* wieder fallen ❷ *(fig)* **~ in qc** wieder in etw *akk* verfallen ❸ *(abiti)* fallen ❹ *(scendere a terra)* zurückfallen ❺ *(riversarsi)* sich ergießen

ricaduta [rika'du:ta] *f* ❶ MED Rückfall *m* ❷ *(il ricadere)* erneutes Fallen

ricaduto *pp di* **ricadere**

ricalcare [rikal'ka:re] *vt* ❶ *(tracce, cappello)* wieder [ein]drücken; **~ le orme di qu** *(fig)* jds Beispiel folgen ❷ *(disegno)* [durch]pausen ❸ *(fig: seguire un modello)* nachzeichnen, nachahmen

ricalcitrante [rikaltʃi'trante] *agg* störrisch, widerspenstig

ricalcitrare [rikaltʃi'tra:re] *vi* ❶ ZOO ausschlagen ❷ *(fig)* sich auflehnen

ricalcolare [rikalko'la:re] *vt (lunghezza, peso, tragitto)* neu berechnen

ricamare [rika'ma:re] *vt* ❶ *(tovaglia, fazzoletto)* sticken ❷ *(fig: curare)* ausfeilen; *(fam: racconto)* ausschmücken

ricamatrice [rikama'tri:tʃe] *f* Stickerin *f*

ricambiare [rikam'bia:re] *vt avere* ❶ *(auguri, cortesia, favore)* erwidern ❷ *(lenzuola)* wechseln; *(letti)* neu beziehen ❸ *(merce)* umtauschen

ricambio [ri'kambio] <-i> *m* ❶ *(di auguri, favore)* Erwiderung *f* ❷ *(sostituzione)* Auswechs[e]lung *f*, Austausch *m*; TEC Ersatz *m*, Ersatzteil *nt*; **ruota di ~** Ersatzrad *nt* ❸ MED Stoffwechsel *m*

ricamo [ri'ka:mo] *m* ❶ *(lavoro su tessuto)* Stickerei *f* ❷ *(operazione)* Sticken *nt* ❸ *(fig: opera d'arte)* Filigran *nt*; *(aggiunta arbitraria)* Schnörkel *m*, Zierrat *m*

ricanalizzazione [rikanaliddzat'tsio:ne] *f* Neubau *m* eines Kanalsystems

ricandidare [rikandi'da:re] **I.** *vt* erneut für ein Amt vorschlagen, erneut als Kandidaten aufstellen; ~ **qu come ministro** jdn erneut für den Ministerposten vorschlagen **II.** *vr* **-rsi** kandidieren; **-rsi per le amministrative** für die Kommunalwahlen kandidieren; **-rsi come presidente** für das Präsidentenamt kandidieren

ricandidarsi [rikandi'darsi] *vr* wieder kandidieren

ricapitalizzare [rikapitalid'dza:re] *vt* FIN, COM Kapital zuführen

ricapitalizzazione [rikapitaliddzat'tsio:ne] *f* FIN, COM Kapitalzuführung *f*

ricapitolare [rikapito'la:re] *vt* rekapitulieren, zusammenfassen

ricapitolazione [rikapitolat'tsio:ne] *f* Rekapitulation *f*, Zusammenfassung *f*

ricarica [ri'ka:rika] <-che> *f* Nachfüllen *nt*, Nachladen *nt*

ricaricabile [rikari'ka:bile] *agg (batteria)* aufladbar; **carta ~** Prepaidkarte *f;* **cellulare con carta ~** Prepaidhandy *nt*

ricaricare [rikari'ka:re] *vt (fucile)* nachladen; *(batteria)* neu aufladen; *(orologio)* aufziehen; *(bombole, accendini)* auffüllen, nachfüllen

ricattare [rikat'ta:re] *vt* erpressen

ricattato, -a [rikat'ta:to] *agg* erpresst; **mi sento ~** ich fühle mich erpresst

ricattatore, -trice [rikatta'to:re] *m, f* Erpresser(in) *m(f)*

ricattatorio, -a [rikatta'tɔ:rio] <-i, -ie> *agg* erpresserisch, Erpresser-

ricattatrice *f v.* **ricattatore**

ricatto [ri'katto] *m* Erpressung *f*

ricavare [rika'va:re] *vt* ① *(estrarre)* gewinnen ② COM herausholen, gewinnen ③ *(ottenere)* herausholen, herausbringen ④ *(fig: dedurre)* ableiten, folgern; *(insegnamento)* ziehen; **non se ne ricava nulla** dabei kommt nichts heraus

ricavato [rika'va:to] *m* ① COM Ertrag *m* ② *(fig)* Ergebnis *nt*

ricavato, -a *agg* gewonnen, herausgeholt

ricavo [ri'ka:vo] *m* Erlös *m*, Gewinn *m*

ricca *f v.* **ricco**

ricchezza [rik'kettsa] *f* ① *(condizione, beni)* Reichtum *m* ② COM, FIN Vermögen *nt* ③ *(di luogo)* Schatz *m*, Kapital *nt* ④ *(abbondanza)* Reichtum *m*, Fülle *f*

ricciarello [rittʃa'rɛllo] *m* *Mandelgebäck aus Siena*

riccio ['rittʃo] <-cci> *m* ① ZOO Igel *m;* **chiudersi come un ~** *(fig)* sich einigeln ② *(di castagna)* Kastanienschale *f* ③ *(di capelli)* Locke *f*

riccio, -a <-cci, -cce> *agg* ① *(capelli)* kraus, lockig ② *(insalata)* kraus, gekräuselt

ricciolo [rit'tʃɔ:lo] *m* Locke *f*

ricciuto, -a [rit'tʃu:to] *agg* gelockt, lockig

ricco, -a ['rikko] <-cchi, -cche> **I.** *agg* ① *(paese, persona, rendita)* reich; ~ **sfondato** steinreich *fam* ② *(abbondante)* reich, üppig; **essere ~ di qc** reich an etw *dat* sein ③ *(sfarzoso)* prachtvoll, üppig **II.** *m, f* Reiche(r) *f(m)*

riccone, -a [rik'ko:ne] *m, f (fam)* Krösus *m*

ricentrare [ritʃen'tra:re] *vt* erneut treffen; ~ **il bersaglio** erneut ins Schwarze treffen

ricerca [ri'tʃɛrka] <-che> *f* ① *(gener)* Suche *f*, [Nach]forschung *f;* **andare alla ~ di qc/qu** sich auf die Suche nach etw/jdm begeben; **motore di ~** INFORM *(Internet)* Suchmaschine *f* ② SCIENT Forschung *f;* **centro di -che** Forschungszentrum *nt;* **dottorato di ~** Promotion *f* ③ *(indagine)* Untersuchung *f*, Ermittlung *f;* ~ **di mercato** Marktanalyse *f*, Marktforschung *f;* **fare delle -che su qc/qu** Untersuchungen über etw/jdn anstellen ④ *(esercitazione didattica)* Untersuchung *f*, Forschung *f*

ricercare [ritʃer'ka:re] *vt* ① *(sperimentare)* erforschen ② *(indagare)* forschen nach ③ *(fig: parole)* wählen ④ *(cercare a più riprese)* wieder suchen ⑤ *(cercare con cura)* suchen

ricercata *f v.* **ricercato**

ricercatezza [ritʃerka'tettsa] *f* Gewähltheit *f*, Erlesenheit *f*

ricercato, -a [ritʃer'ka:to] **I.** *agg* ① *(apprezzato)* gesucht, begehrt ② *(affettato)* gekünstelt ③ *(maniere, modo)* gewählt **II.** *m, f* Gesuchte(r) *f(m)*

ricercatore, -trice [ritʃerka'to:re] *m, f* Forscher(in) *m(f)*

ricetrasmittente [ritʃetrazmit'tɛnte] *f* Sende- und Empfangsgerät *nt*

ricetta [ri'tʃɛtta] *f* Rezept *nt*

ricettacolo [ritʃet'ta:kolo] *m* ① *(luogo di raccolta)* Sammelstelle *f* ② *(pej: rifugio)* Schlupfwinkel *m;* ~ **di delinquenti** Verbrechernest *nt*

ricettare [ritʃet'ta:re] *vt* hehlen

ricettario [ritʃet'ta:rio] <-i> *m* ① MED Rezeptblock *m* ② *(raccolta di ricette)* Rezeptsammlung *f*

ricettatore, -trice [ritʃetta'to:re] *m, f* Hehler(in) *m(f)*

ricettazione [ritʃettat'tsio:ne] *f* Hehlerei *f*

ricettività [ritʃettivi'ta] <-> *f* ① MED Empfänglichkeit *f* ② *(l'essere ricettivo)* Aufnahmefähigkeit *f* ③ RADIO, TV Empfangsmöglichkeit *f*

ricettivo, -a [ritʃet'ti:vo] *agg* ① *(persona, mente)* aufnahmefähig ② MED empfänglich ③ RADIO Empfangs-

ricevente [ritʃe'vɛnte] **I.** *agg* Empfangs- **II.** *mf* Empfänger(in) *m(f)*

ricevere [ri'tʃe:vere] **I.** *vi (medico, profes-*

R

sore) Sprechstunde haben **II.** *vt* ① *(accettare, prendere)* bekommen, erhalten; **~ in dono/prestito qc** etw geschenkt/geliehen bekommen ② *(fig: insulto, condanna)* entgegennehmen; *(sacramento)* empfangen ③ *(accogliere)* empfangen, aufnehmen; *(ammettere alla propria presenza)* empfangen; *(medico, professore)* Sprechstunde haben für ④ RADIO, TEL empfangen

ricevimento [ritʃevi'mento] *m* Empfang *m*

ricevitore [ritʃevi'toːre] *m* ① TEL Hörer *m* ② PHYS, EL Empfänger *m*, Empfangsgerät *nt*

ricevitore, -trice *m, f* Empfänger(in) *m(f)*

ricevitoria [ritʃevito'riːa] <-ie> *f* Annahmestelle *f*

ricevitrice *f v.* **ricevitore**

ricevuta [ritʃe'vuːta] *f* Empfangsbestätigung *f*, Quittung *f*; **~ fiscale** Steuerbeleg *m*; **~ di ritorno** Rückschein *m*; **raccomandata con ~ di ritorno** Einschreiben *nt* mit Rückschein

ricezione [ritʃet'tsioːne] *f* Empfang *m*

richiamare [rikia'maːre] **I.** *vt* ① *(chiamare di nuovo)* wieder rufen; **~ all'ordine** zur Ordnung rufen ② *(chiamare indietro)* zurückrufen ③ MIL zurückziehen ④ *(attrarre)* anlocken; **~ l'attenzione di qu su qc** jds Aufmerksamkeit auf etw *akk* lenken ⑤ *(riprendere)* rügen, tadeln ⑥ *(rievocare)* erinnern an +*akk*; **~ alla memoria** ins Gedächtnis zurückrufen ⑦ INFORM *(programma)* aufrufen; *(dati)* abrufen **II.** *vr* **-rsi a qc** *(riferirsi)* sich auf etw *akk* berufen

richiamo [ri'kiaːmo] *m* ① *(invito al ritorno)* Zurückberufung *f* ② *(rimprovero)* Tadel *m* ③ *(forza incoercibile)* Ruf *m* ④ *(allettamento)* Verlockung *f* ⑤ *(segno)* Verweis *m*, Verweisungszeichen *nt* ⑥ MED *(vaccino)* Auffrischung *f* ⑦ TEL Fernabfrage *f* ⑧ INFORM Aufruf *m*

R

richiedente [rikie'dɛnte] *mf* Antragsteller(in) *m(f)*

richiedere [ri'kiɛːdere] <irr> *vt* ① *(chiedere di nuovo)* wieder verlangen ② ADM beantragen ③ *(esigere)* verlangen ④ *(consiglio)* erbitten, bitten um; *(parere)* fragen nach ⑤ *(chiedere in restituzione)* zurückverlangen ⑥ *(necessitare)* erfordern

richiesta [ri'kiɛsta] *f* ① *(domanda)* Frage *f*, Anfrage *f* ② ADM Antrag *m*, Gesuch *nt* ③ *(esigenza)* Verlangen *nt*, Anspruch *m*; **a ~ [di]** auf Wunsch [von]; **dietro ~** auf Verlangen ④ INFORM Anfrage *f*

richiesto, -a [ri'kiɛsto] **I.** *pp di* **richiedere** **II.** *agg* gefragt, begehrt

riciclabile [ritʃi'klabile] *agg* recycelbar, wiederverwertbar

riciclabilità [ritʃiklabili'ta] <-> *f* ECOL Wiederverwertbarkeit *f*

riciclaggio [ritʃi'kladdʒo] <-ggi> *m* Recycling *nt*

riciclare [ritʃi'klaːre] *vt* ① TEC wiederverwenden, wiederaufbereiten ② *(denaro)* wieder in Umlauf bringen; *(pej)* waschen *sl*

riciclato, -a [ritʃi'klaːto] *agg* **carta -a** Umweltschutzpapier *nt*

ricimatura [ritʃima'tuːra] *f* AGR Nachschneiden *nt*

ricino ['riːtʃino] *m* Rizinus *m*

ricircolo [ri'tʃirkolo] *m* Wiederverwendung *f*

riclassificazione [riklassifikat'tsioːne] *f* Neueinteilung *f*, Neubewertung *f*; **la ~ dei beni** die Neubewertung von Gütern

ricognitore [rikoɲɲi'toːre] *m* Aufklärer *m*

ricognizione [rikoɲɲit'tsioːne] *f* Aufklärung *f*, Erkundung *f*

ricollegare [rikolle'gaːre] **I.** *vt* ① *(collegare di nuovo)* wieder verbinden ② *(fig)* verbinden **II.** *vr* **-rsi** ① *(riferirsi)* **-rsi a qu/qc** sich auf jdn/etw beziehen ② *(collegarsi di nuovo)* **-rsi con qu/qc** sich wieder mit jdm/etw in Verbindung setzen ③ *(essere connessi)* miteinander verbunden sein

ricolmare [rikol'maːre] *vt* **~ qu/qc di qc** jdn/etw mit etw überhäufen

ricolmo, -a [ri'kolmo] *agg (a. fig)* vollgefüllt, randvoll; **ho il cuore ~ di gioia** mein Herz strömt über vor Freude

ricominciare [rikomin'tʃaːre] **I.** *vt avere* wieder anfangen **II.** *vi essere* wieder anfangen; **si ricomincia!** *(fam)* auf ein Neues!

ricomparsa [rikom'parsa] *f* Wiedererscheinen *nt*

ricompattamento [rikompatta'mento] *m* erneute Annäherung

ricompattare [rikompat'taːre] *vt (gruppo)* wieder festigen

ricompensa [rikom'pɛnsa] *f* Lohn *m*, Belohnung *f*

ricompensare [rikompen'saːre] *vt* ① *(premiare)* belohnen ② *(retribuire)* entschädigen

ricomposizione [rikompozit'tsioːne] *f* Wiederzusammensetzung *f*

ricomprimere [rikom'priːmere] <ricomprimo, ricompressi, ricompresso> *vt* erneut unterdrücken

riconcentrare [rikontʃen'traːre] **I.** *vt* ① MIL wieder zusammenziehen ② *(fig)* konzentrieren (**su** auf +*akk*) **II.** *vr* **-rsi** sich konzentrieren (**su** auf +*akk*)

riconciliare [rikontʃi'liaːre] **I.** *vt* ① *(persone)* wieder aussöhnen ② *(riacquistare)* wieder erhalten **II.** *vr* **-rsi** sich wieder aussöhnen

riconciliazione [rikontʃiliat'tsio:ne] *f* [Wieder]versöhnung *f,* Aussöhnung *f*
ricondizionare [rikondittsio'na:re] *vt* wiederholt beeinflussen
ricondotto *pp di* **ricondurre**
riconducibile [rikondu'tʃi:bile] *agg* ~ **a** zurückführbar auf +*akk*
ricondurre [rikon'durre] <irr> *vt* ~ **qc a qc** etw auf etw *akk* zurückführen; ~ **qu alla ragione** jdn wieder zur Vernunft bringen
riconferma [rikon'ferma] *f* Rückbestätigung *f*
riconfermare [rikonfer'ma:re] *vt* [wieder] bestätigen
ricongiungere [rikon'dʒundʒere] <irr> **I.** *vt* wieder vereinigen **II.** *vr* **-rsi a qu** sich mit jdm wieder vereinigen
ricongratularsi [rikoŋgratu'larsi] *vr* erneut gratulieren (**con qu per qc** jdm zu etw)
riconobbi *1. pers sing pass rem di* **riconoscere**
riconoscente [rikonoʃ'ʃɛnte] *agg* dankbar; **essere ~ a qu per qc** jdm für etw dankbar sein
riconoscenza [rikonoʃ'ʃɛntsa] *f* Dankbarkeit *f*
riconoscere [riko'noʃʃere] <irr> *vt* ❶ *(ravvisare)* wieder erkennen; ~ **qu alla** [*o* **dalla**] **voce** jdn an der Stimme erkennen; ~ **qu ad un chilometro di distanza** *(fam)* jdn auf einen Kilometer Entfernung erkennen ❷ *(distinguere)* unterscheiden ❸ *(ammettere)* einsehen, zugeben ❹ JUR, POL *(considerare legittimo)* anerkennen
riconoscibile [rikonoʃ'ʃi:bile] *agg* erkennbar
riconoscibilità [rikonoʃʃibili'ta] <-> *f* Wiedererkennbarkeit *f,* Identität *f*
riconoscimento [rikonoʃʃi'mento] *m* ❶ *(constatazione)* [Wieder]erkennen *nt;* **segno di ~** Erkennungszeichen *nt;* **documento** [*o* **tessera**] **di ~** Ausweis *m,* Ausweispapier *nt;* ~ **del viso** Gesichtserkennung *f* ❷ JUR, POL *(accettazione)* Anerkennung *f* ❸ *(consenso)* Würdigung *f,* Anerkennung *f* ❹ *(compenso)* Lohn *m,* Anerkennung *f*
riconosciuto [rikonoʃ'ʃu:to] **I.** *pp di* **riconoscere II.** *agg* anerkannt; *(feste, titolo)* offiziell
riconquista [rikoŋ'kuista] *f* Wiedereroberung *f*
riconquistare [rikoŋkuis'ta:re] *vt* ❶ *(territorio)* wieder erobern ❷ *(fig: fiducia)* wieder erlangen
riconsacrazione [rikonsakrat'tsio:ne] *f* Neuweihung *f*
riconsegna [rikon'seɲɲa] *f* Rückgabe *f*
riconsegnare [rikonseɲ'ɲa:re] *vt* ❶ *(consegnare di nuovo)* wieder übergeben ❷ *(restituire)* zurückgeben
riconsiderare [rikonside'ra:re] *vt* nochmals durchdenken
riconsiderazione [rikonsiderat'tsio:ne] *f* Überdenken *nt,* erneute Betrachtung
riconsolidare [rikonsoli'da:re] **I.** *vt* wieder herstellen, konsolidieren; ~ **il governo** die Regierung konsolidieren; ~ **la fiducia verso il popolo** das Vertrauen des Volkes wieder herstellen **II.** *vr* **-rsi in qc** sich in etw *dat* bestärkt fühlen
ricontrattare [rikontrat'ta:re] *vt* neu verhandeln [*o* aushandeln]
riconversione [rikonver'sio:ne] *f* Umstellung *f;* ~ **professionale** berufliche Umschulung
riconvertire [rikonver'ti:re] *vt* ❶ *(persone)* wieder bekehren ❷ *(impianti industriali)* umstellen
ricopersi *1. pers sing pass rem di* **ricoprire**
ricoperto *pp di* **ricoprire**
ricopertura [rikoper'tu:ra] *f* Abdeckung *f*
ricopiare [riko'pia:re] *vt* ❶ *(copiare di nuovo)* wieder kopieren ❷ *(trascrivere)* abschreiben; ~ **in bella** ins Reine schreiben
ricopiatura [rikopia'tu:ra] *f* Abschreiben *nt*
ricoprire [riko'pri:re] <irr> **I.** *vt* ❶ *(coprire di nuovo)* wieder zudecken ❷ *(mobili, poltrone)* abdecken, bedecken ❸ *(fig: colmare)* ~ **qu/qc di qc** jdn/etw mit etw überhäufen ❹ ADM *(carica)* bekleiden **II.** *vr* **-rsi** *(coprirsi di nuovo)* sich wieder bedecken
ricordare [rikor'da:re] **I.** *vt* ❶ *(serbare memoria)* ~ **qu/qc** jds/einer Sache gedenken ❷ *(richiamare alla memoria)* ~ **qu/qc** sich an jdn/etw erinnern ❸ *(far presente)* ~ **qc a qu** jdn an etw *akk* erinnern ❹ *(assomigliare)* ~ **qu** jdm ähneln ❺ *(menzionare)* erwähnen **II.** *vr* **-rsi di qu/qc** sich an jdn/etw erinnern; **me ne ricorderò** *(fam: minaccia)* das werd' ich mir merken!
ricordino [rikor'di:no] *m* *(souvenir)* Andenken *nt,* Mitbringsel *nt*
ricordo [ri'kɔrdo] *m* ❶ *(di persona, cosa, periodo)* Erinnerung *f;* **serbare un buon ~ di qu/qc** jdn/etw in guter Erinnerung behalten; **per ~** zur Erinnerung, als Andenken ❷ *(oggetto)* Andenken *nt* ❸ *(traccia)* Überbleibsel *nt,* Andenken *nt; (vestigia)* Spur *f* ❹ *(memoria)* An[ge]denken *nt*
ricorrente [rikor'rɛnte] **I.** *agg* ❶ *(gener)* [regelmäßig] wiederkehrend ❷ JUR Berufungs- **II.** *mf* Berufungskläger(in) *m(f)*

R

ricorrenza [rikor'rɛntsa] *f* ① *(festività)* Gedenktag *m* ② *(ritorno)* Wiederkehr *f*
ricorrere [ri'korrere] <irr> **I.** *vi essere* ① *(tornare indietro)* zurücklaufen ② *(rivolgersi)* **~ a qu** sich an jdn wenden ③ *(servirsi)* **~ a qc** zu etw greifen ④ *(ripetersi)* sich jähren; *(celebrarsi)* sein ⑤ JUR Rechtsmittel einlegen; **~ in appello** [*o* **in cassazione**] Berufung einlegen; **~ alle vie legali** den Rechtsweg beschreiten **II.** *vt avere* wieder laufen
ricorsività [rikorsivi'ta] <-> *f* ① *(proprietà di ciò che è ricorsivo)* Rekurrenz *f* ② LING Rekursivität *f* ③ MAT Rekursion *f*
ricorso [ri'korso] *m* ① JUR Berufung *f;* **fare ~ contro una sentenza** Berufung gegen ein Urteil einlegen ② *(il ricorrere)* Anwendung *f,* Gebrauch *m;* **fare ~ a qc** von etw Gebrauch machen; *(fig)* an etw *akk* appellieren; **fare ~ a qu** sich an jdn wenden ③ *(reclamo)* Beschwerde *f*
ricossi *1. pers sing pass rem di* **ricuocere**
ricostituente [rikostitu'ɛnte] **I.** *agg* kräftigend, stärkend **II.** *m* Stärkungsmittel *nt*
ricostituire [rikostitu'iːre] <ricostituisco> **I.** *vt* wieder gründen; *(governo)* neu bilden; **famiglia ricostituita** Patchworkfamilie *f* **II.** *vr* **-rsi** sich wieder bilden, wieder gegründet werden
ricostituzione [rikostitut'tsioːne] *f* Wiederherstellung *f; (di partito, organizzazione)* Neugründung *f; (di governo)* Neubildung *f*
ricostruire [rikostru'iːre] <ricostruisco> *vt* ① *(casa, edificio)* wieder aufbauen ② *(economia, industria)* wieder erstellen ③ *(fig)* wieder aufbauen ④ *(fatti)* rekonstruieren
ricostruttivo, -a [rikostrut'tiːvo] *agg* aufbauend, Aufbau-; **metodo ~** Aufbaumethode *f*
ricostruzione [rikostrut'tsioːne] *f* ① *(gener,* POL Wiederaufbau *m* ② *(fig)* Rekonstruktion *f*
ricotta [ri'kɔtta] *f quarkähnlicher Frischkäse*
ricotto *pp di* **ricuocere**
ricoverare [rikove'raːre] **I.** *vt* einliefern **II.** *vr* **-rsi** ins Krankenhaus gehen
ricoverato, -a [rikove'raːto] *m, f (di ospedale)* Krankenhauspatient(in) *m(f)*
ricovero [ri'koːvero] *m* ① *(istituto)* Heim *nt; (per vecchi)* Altersheim *nt* ② *(in ospedale)* Einlieferung *f;* **~ d'urgenza** Notaufnahme *f* ③ *(rifugio)* Unterschlupf *m*
ricreare [rikre'aːre] **I.** *vt* ① *(ristorare)* erfrischen ② *(divertire)* erfreuen, erheitern ③ *(creare di nuovo)* neu gründen **II.** *vr* **-rsi** ① *(svagarsi)* sich erholen, ausspannen ② *(divertirsi)* sich vergnügen
ricreativo, -a [rikrea'tiːvo] *agg* erholsam, entspannend
ricreazione [rikreat'tsioːne] *f* ① *(intervallo)* Pause *f* ② *(ristoro)* Erholung *f* ③ *(distrazione)* Zeitvertreib *m,* Vergnügen *nt*
ricrebbi *1. pers sing pass rem di* **ricrescere**
ricredersi [ri'kreːdersi] *vr* seine Meinung ändern, etw anderes glauben
ricrescere [ri'kreʃʃere] <ricresco, ricrebbi, ricresciuto> *vi essere* ① *(tornare a crescere)* wieder wachsen ② DIAL *(aumentare di volume)* aufgehen
ricromatizzato, -a [rikromatid'dzaːto] *agg* FILM original chromatiert
ricucire [riku'tʃiːre] *vt* ① *(strappo, buco)* vernähen ② MED *(ferita)* [ver]nähen
ricucitura [rikutʃi'tuːra] *f* Flicknaht *f*
ricuocere [ri'kuɔːtʃere] <ricuocio, ricossi, ricotto> *vt* ① *(cibo)* aufkochen ② *(metallo)* glühen
ricuperare [rikupe'raːre] *vt* ① *(riacquistare)* wiedererlangen, wiedererhalten; *(salute)* zurückgewinnen; *(tempo)* aufholen; *(vista, parola)* wiedererlangen ② *(naufraghi)* bergen ③ *(minorato, ex-carcerato)* wieder eingliedern ④ SPORT *(partita)* nachholen ⑤ FIN eintreiben
ricupero [ri'kuːpero] *m* ① *(riacquisto)* Wiedererlangung *f; (di tempo)* Aufholen *nt* ② *(di nave)* Bergung *f* ③ *(di minorato, ex-carcerato)* Wiedereingliederung *f* ④ FIN Eintreiben *nt* ⑤ *(oggetto)* geborgener Gegenstand ⑥ SPORT Nachholspiel *nt*
ricurvo, -a [ri'kurvo] *agg* gebogen; *(dorso, vecchio)* gebeugt
ricusare [riku'zaːre] **I.** *vt (poet)* verweigern; *(a persona)* ablehnen; **~ di fare qc** ablehnen, etw zu tun **II.** *vr* **-rsi** *(poet)* sich weigern; **-rsi di fare qc** sich weigern, etw zu tun
ridacchiare [ridak'kiaːre] *vi* [hämisch] kichern
ridanciano, -a [ridan'tʃaːno] *agg* lustig, vergnügt
ridare [ri'daːre] <irr> *vt* ① *(dare di nuovo)* wieder geben; **dagli e ridagli** *(fam)* nach langem Hin und Her ② *(restituire)* zurückgeben, wiedergeben
ridarella [rida'rɛlla] *f,* **ridarola** [rida'rɔːla] *f (fam)* Lachkrampf *m; (voglia di ridere)* Lachreiz *m;* **avere la ~** einen Lachkrampf bekommen/haben
ridato *pp di* **ridare**
ridda ['ridda] *f* ① *(fig)* Gewirr *nt,* Durcheinander *nt* ② *(ballo)* Reigen *m*
ridefinizione [ridefinit'tsioːne] *f* ① *(gener)* Neudefinition *f* ② FILM *(risoluzione)*

neue [*o* bessere] Auflösung; **la ~ dell'immagine** die bessere Bildauflösung

ridente [ri'dɛnte] *agg* heiter

rider ['raidə] <- *o* riders> *m* ① SPORT *(nell'ippica, fantino)* Jockey *m* ② SPORT *(corridore motociclistico)* Motorradrennfahrer(in) *m(f)*

ridere ['riːdere] <rido, risi, riso> **I.** *vi* lachen; **~ fino alle lacrime** Tränen lachen; **fare per ~** *(fam)* etw zum Spaß tun; **farsi ~ dietro** *(fam)* sich lächerlich machen; **è una cosa da far ~ i polli** *(fam)* da lachen ja die Hühner; **ma non farmi ~!** *(fam)* dass ich nicht lache!; **non c'è nulla da ~** das ist ernst, das ist nicht zum Lachen; **tutti ridono di lui** alle lachen über ihn; **chi ride il venerdì, piange la domenica** *(prov)* den Vogel, der am Morgen pfeift, frisst am Abend die Katze; **ride ben chi ride l'ultimo** *(prov)* wer zuletzt lacht, lacht am besten **II.** *vr* **-rsi di qc** *(burlarsi)* sich über etw *akk* lustig machen; *(infischiarsene)* auf etw *akk* pfeifen

rideterminare [ridetermi'naːre] *vt* neu bestimmen

ridetti *1. pers sing pass rem di* **ridare**

ridetto *pp di* **ridire**

ridico *1. pers sing pr di* **ridire**

ridicolaggine [ridiko'laddʒine] *f* Lächerlichkeit *f*

ridicolizzare [ridikolid'dzare] *vt* lächerlich machen

ridicolo [ri'diːkolo] *m* Lächerlichkeit *f,* Lächerliche(s) *nt;* **cadere nel ~** sich lächerlich machen; **mettere** [*o* **porre**] **qu/qc in ~** jdn/etw lächerlich machen; **volgere una cosa al ~** etw ins Lächerliche ziehen

ridicolo, -a *agg* lächerlich

ridiedi *1. pers sing pass rem di* **ridare**

ridimensionamento [ridimensiona'mento] *m* ① *(di industria, azienda)* Wiederanpassung *f,* Neuanpassung *f* ② *(di persona, situazione)* Neubeurteilung *f*

ridimensionare [ridimensio'naːre] **I.** *vt* wieder anpassen, neu anpassen **II.** *vr* **-rsi** sich wieder auf das rechte Maß beschränken

ridire [ri'diːre] <irr> *vt* ① *(dire di nuovo)* wieder sagen, wiederholen ② *(criticare)* einwenden, aussetzen

ridiscussione [ridiskus'sioːne] *f* Neudiskussion *f,* Wiederaufnahme *f*

ridissi *1. pers sing pass rem di* **ridire**

ridissoluzione [ridissolut'tsioːne] *f* CHEM Wiederauflösen *nt* des Bodensatzes

ridistanziare [ridistan'tsiaːre] *vt* sich erneut distanzieren (**qu/qc** von jdm/etw)

ridistribuzione [ridistribut'tsioːne] *f* Neuverteilung *f*

ridiventare [ridiven'taːre] *vi essere* wieder werden

ridomandare [ridoman'daːre] *vt* ① *(nome, le stesse cose)* erneut fragen ② *(domandare in restituzione)* zurückerlangen, wiederverlangen

ridonare [rido'naːre] *vt* ① *(fiducia, libertà)* wiedergeben ② *(donare a sua volta)* zurückschenken

ridondante [ridon'dante] *agg* redundant

ridondanza [ridon'dantsa] *f* Redundanz *f*

ridosso [ri'dɔsso] *m* Schutzwall *m;* **a ~ di** *(fig)* unmittelbar hinter +*akk o dat*

ridotta [ri'dotta] *f* Schanze *f,* Redoute *f*

ridotto [ri'dotto] *m* ① THEAT Foyer *nt* ② *(opera fortificata)* Schanze *f,* Redoute *f*

ridotto, -a I. *pp di* **ridurre II.** *agg* verkleinert, vermindert; *(prezzi)* herabgesetzt; **biglietto ~** ermäßigte Karte; **formato ~** Kleinformat *nt;* **essere ~ in pezzi** [*o* **a brandelli**] ganz kaputt sein

riducente [ridu'tʃɛnte] **I.** *agg* reduzierend **II.** *m* Reduktionsmittel *nt*

riducibile [ridu'tʃiːbile] *agg* reduzierbar

ridurre [ri'durre] <riduco, ridussi, ridotto> **I.** *vt* ① *(diminuire)* verringern; *(prezzi)* herabsetzen, senken; *(tasse)* senken ② MAT reduzieren; *(frazione)* kürzen ③ *(nel disegno)* umskalieren ④ *(costringere)* zwingen; **essere ridotto a fare qc** gezwungen sein, etw zu tun ⑤ *(far diventare)* machen zu, werden lassen; **~ in polvere** zu Staub machen; **~ qu alla disperazione/ragione** jdn zur Verzweiflung/zur Vernunft bringen **II.** *vr* **-rsi** ① *(diventare)* werden, sich bringen ② *(restringersi)* abnehmen, zusammenschmelzen

riduttore [ridut'toːre] *m* PHYS **~ di corrente** Transformator *m;* **~ di pressione** Druckminderer *m*

riduzione [ridut'tsioːne] *f* ① *(diminuzione)* Senkung *f,* Herabsetzung *f* ② *(adattamento)* Bearbeitung *f* ③ MAT Kürzung *f,* Kürzen *nt* ④ *(di disegno)* Umskalierung *f*

riecco [ri'ɛkko] *avv (fam)* da … wieder; **rieccoti qui!** da bist du ja wieder!

riecheggiare [rieked'dʒaːre] *vi essere* widerhallen, zurückschallen

riedito, -a [ri'ɛːdito] *agg* wieder aufgelegt, neu aufgelegt

riedizione [riedit'tsioːne] *f* ① LIT Neuauflage *f* ② THEAT, FILM Remake *nt*

rieducare [riedu'kaːre] *vt* ① *(persone)* umerziehen, umschulen; MED rehabilitieren ② *(braccio, gamba)* wieder trainieren, wieder beweglich machen

rieducazione [riedukat'tsioːne] *f* Umerziehen *nt,* Umschulung *f;* MED Rehabilitation *f;* **istituto di ~ minorile** Erziehungsheim *nt*

rielaborare [rielabo'ra:re] *vt* wieder ausarbeiten, nachbereiten

rielaborazione [rielaborat'tsio:ne] *f* Neubearbeitung *f*

rieleggere [rie'lɛddʒere] <irr> *vt* wiederwählen

rielezione [rielet'tsio:ne] *f* Wiederwahl *f*

riemergere [rie'mɛrdʒere] <irr> *vi essere* ① *(tornare alla superficie)* wieder auftauchen ② *(fig)* wieder auftreten

riempibottiglie [riempibot'ti:ʎʎe] <-> *f* TEC Flaschenabfüllmaschine *f*

riempimento [riempi'mento] *m* [Auf]füllen *nt,* Füllung *f; (di modulo)* Ausfüllen *nt*

riempire [riem'pi:re] **I.** *vt* ① *(bicchiere, sacco)* [auf]füllen ② *(modulo)* ausfüllen; *(foglio)* beschreiben ③ *(fig)* erfüllen **II.** *vr* **-rsi** ① *(fam: mangiare troppo)* sich voll schlagen ② *(diventare pieno)* **-rsi di qc** sich mit etw füllen

riempitivo [riempi'ti:vo] *m* ① *(integrativo)* Füllsel *nt,* Füllmittel *nt; (parola)* Füllwort *nt* ② *(fig)* Lückenbüßer *m*

riempitivo, -a *agg* füllend, Füll-

riempitrice [riempi'tri:tʃe] *f* TEC Abfüllmaschine *f*

rientrante [rien'trante] *agg* zurückspringend, zurücktretend; *(guance)* hohl

rientranza [rien'trantsa] *f* Vertiefung *f,* Einbuchtung *f*

rientrare [rien'tra:re] *vi essere* ① *(entrare di nuovo)* wieder hineingehen, zurückkehren; **~ in sé** *(fig)* wieder zu sich *dat* kommen; **~ in gioco** das Spiel wieder aufnehmen ② *(tornare)* zurückkommen, zurückkehren; *(a casa)* heimkommen ③ *(restringersi)* einlaufen ④ *(presentare concavità)* zurücktreten, zurückspringen ⑤ *(essere compreso)* hineingehören, dazugehören; **~ nelle spese** auf seine Kosten kommen

rientro [ri'entro] *m* Rückkehr *f; (a casa)* Heimkehr *f*

riepilogare [riepilo'ga:re] *vt* zusammenfassen, rekapitulieren

riepilogo [rie'pi:logo] <-ghi> *m* Zusammenfassung *f*

riesame [rie'za:me] *m* erneute [Über]prüfung *f*

riescludere [ries'klu:dere] <riescludo, riesclusi, riescluso> *vt* erneut disqualifizieren

riesco *1. pers sing pr di* **riuscire**

riessere [ri'ɛssere] <irr> *vi essere (fam)* wieder sein; **dobbiamo ~ a casa prima delle sette** wir müssen vor sieben Uhr wieder zu Hause sein; **ci risiamo!** *(fig fam)* schon wieder!

riesumare [riezu'ma:re] *vt* exhumieren

Rieti *f* Rieti *nt (Stadt in Latium)*

rietino, -a I. *m, f (abitante)* Einwohner(in) *m(f)* von Rieti **II.** *agg* aus Rieti

Rietino [rie'ti:no] *m* Provinz *f* Rieti

rievocare [rievo'ka:re] *vt* wieder wachrufen

rievocativo, -a [rievoka'ti:vo] *agg* Gedenk-, Erinnerungs-

rievocazione [rievokat'tsio:ne] *f* Wachrufen *nt*

rifacimento [rifatʃi'mento] *m* Neuerstellung *f; (opera rifatta)* Neufassung *f*

rifare [ri'fa:re] <irr> **I.** *vt* ① *(esame, tentativo, compito)* wiederholen, neu machen ② *(stanza)* in Ordnung bringen, aufräumen; *(letto)* machen ③ *(imitare)* nachmachen, imitieren ④ *(compensare)* entschädigen ⑤ *(compiere un'altra volta)* wiederholen, erneut tun **II.** *vr* **-rsi** ① *(diventare nuovamente)* wieder werden ② *(ristabilirsi)* sich wieder erholen; MED wieder gesund werden; *(tempo)* sich bessern, wieder schön werden ③ **-rsi di qc** *(prendersi la rivincita)* sich für etw entschädigen; *(vendicarsi)* sich für etw rächen ④ *(cominciare)* **-rsi da qc** bei etw beginnen, zu etw zurückgehen; **-rsi da zero** bei null anfangen ⑤ *(loc)* **-rsi gli occhi/la bocca** sich an dem Anblick/Geschmack erfreuen; **rifarsela con qu** *(fam)* sich mit jdm anlegen; **mi sono rifatto** *(fam)* ich habe mich schadlos gehalten

riferimento [riferi'mento] *m* ① *(relazione)* Bezug *m;* **punto di ~** Bezugspunkt *m; (fig a.)* Anhaltspunkt *m;* **fare ~ a** Bezug nehmen auf +*akk;* **in** [*o* **con**] **~ alla Vostra del ...** ADM Bezug nehmend auf Ihr Schreiben vom ... ② *(richiamo)* Verweis *m,* Hinweis *m*

riferire [rife'ri:re] <riferisco> **I.** *vt* ① *(riportare)* berichten, mitteilen ② *(ascrivere)* zuschreiben ③ *(mettere in relazione)* **~ qc a qc** etw auf etw *akk* beziehen **II.** *vr* **-rsi a qc** *(fare riferimento)* auf etw *akk* Bezug nehmen; *(alludere)* auf etw *akk* anspielen **III.** *vi* **~ su qc** etw vortragen, über etw *akk* Bericht erstatten

riffa ['riffa] *f* TOSC Gewalt *f;* **di ~ o di raffa** *(fam)* so oder so, wohl oder übel; *(volere)* um jeden Preis

rifiatare [rifia'ta:re] *vt* ① *(riprender fiato)* wieder zu Atem kommen ② *(replicare)* erwidern ③ *(fig)* aufatmen

rificolona [rifiko'lo:na] *f* Lampion *m,* Laterne *f*

rifilare [rifi'la:re] *vt* ① *(fam: affibbiare)* andrehen, verpassen; **~ un ceffone a qu**

(fam) jdm eine Ohrfeige verpassen ❷ *(orlo)* genau abschneiden
rifinanziare [rifinan'tsia:re] *vt* refinanzieren
rifinire [rifi'ni:re] *vt* ❶ *(terminare)* wieder beenden, vollenden ❷ *(perfezionare)* fein bearbeiten, überarbeiten
rifinitezza [rifini'tettsa] *f* Feinbearbeitung *f*
rifinitura [rifini'tu:ra] *f* ❶ *(perfezionamento)* Feinarbeit *f*, Vollendung *f* ❷ *(decorazione)* Verzierung *f*, Aufputz *m* A
rifiorimento [rifiori'mento] *m* Wiederaufblühen *nt*
rifiorire [rifio'ri:re] <rifiorisco> *vi essere* ❶ *(tornare a fiorire)* wieder erblühen ❷ *(fig)* wieder aufblühen
rifioritura [rifiori'tu:ra] *f* ❶ BOT [Wieder]erblühen *nt* ❷ *(ricomparsa)* Wiederauftreten *nt*
rifischiare [rifis'kia:re] *vt* ❶ *(fischiare di nuovo)* wieder pfeifen ❷ *(fischiare in risposta)* zurückpfeifen ❸ *(fam: fare la spia)* verpfeifen
rifiutare [rifiu'ta:re] **I.** *vt* ❶ *(non accettare)* ablehnen, zurückweisen ❷ *(negare)* **~ qc a qu** jdm etw verweigern; **~ di fare qc** sich weigern, etw zu tun **II.** *vr* **-rsi di fare qc** sich weigern, etw zu tun
rifiuto [ri'fiu:to] *m* ❶ *(negazione del consenso)* Ablehnung *f*, Absage *f*, [Ver]weigerung *f* ❷ *pl (immondizie)* Abfall *m*, Müll *m*; **-i organici** [**compostabili**] Biomüll *m*; **-i nucleari** [*o* **radioattivi**] Atommüll *m*, radioaktiver Abfall; **-i tossici** Giftmüll *m* ❸ *(scarto)* Abfall *m*, Ausschuss *m* ❹ *(fig)* Abschaum *m*
riflessante [rifles'sante] *m* Glanzshampoo *nt*
riflessi [ri'flɛssi] *1. pers sing pass rem di* **riflettere**
riflessione [rifles'sio:ne] *f* ❶ *(considerazione)* Überlegung *f* ❷ PHYS Reflexion *f*
riflessivo, -a [rifles'si:vo] *agg* ❶ *(persona, mente)* nachdenklich; *(ponderato)* besonnen ❷ LING reflexiv, rückbezüglich
riflesso [ri'flɛsso] *m* ❶ *(efficacia)* Reflex *m* ❷ *(luce)* Widerschein *m*; *(rispecchiamento)* Spiegelung *f* ❸ MED Reflex *m*
riflesso, -a **I.** *pp di* **riflettere** **II.** *agg* ❶ *(raggio, luce, immagine)* reflektiert, widergespiegelt ❷ *(moto, atto)* Reflex-
riflessografia [riflessogra'fi:a] *f* FOTO, TEC Reflexkopierverfahren *nt*
riflessologia [riflessolo'dʒi:a] *f* Reflexzonenmassage *f*; **~ plantare** Fußreflexzonenmassage *f*
riflettere [ri'flɛttere] <irr> **I.** *vt* ❶ PHYS reflektieren ❷ *(rimandare)* zurückwerfen, widerspiegeln ❸ *(fig)* spiegeln, widerspiegeln **II.** *vi* **~ su qc** über etw *akk* nachdenken **III.** *vr* **-rsi** ❶ *(specchiarsi)* sich [wider]spiegeln ❷ *(fig)* **-rsi su qc** *(ripercuotersi)* sich in etw *dat* widerspiegeln; *(influire)* sich auf etw *akk* auswirken
riflettore [riflet'to:re] *m* ❶ EL Scheinwerfer *m* ❷ RADIO, OPT Reflektor *m*
riflettuto [riflet'tu:to] *pp di* **riflettere**
rifluire [riflu'i:re] <rifluisco> *vi essere* ❶ *(tornare a scorrere)* wieder fließen ❷ *(fluire indietro)* zurückfließen, zurückströmen ❸ *(fig: tornare indietro)* zurückströmen
riflusso [ri'flusso] *m* ❶ *(flusso di ritorno)* Rückfluss *m* ❷ *(del mare)* Ebbe *f* ❸ *(fig: di persone)* Zurückströmen *nt*
rifocillare [rifotʃil'la:re] **I.** *vt* stärken **II.** *vr* **-rsi** sich stärken
rifondatore, -trice [rifonda'to:re] **I.** *agg* POL neu gründend, wieder erstehen lassend **II.** *m, f* POL Neugründer(in) *m(f)*
rifondazione [rifondat'tsio:ne] *f* Neugründung *f*; **Rifondazione Comunista** POL *kommunistische Partei in Italien*
rifondere [ri'fondere] <irr> *vt* ❶ *(statua, metallo)* erneut schmelzen ❷ *(fig: danni, spese)* ersetzen, vergüten
riforestazione [riforestat'tsio:ne] *f* ECOL Wiederaufforstung *f*
riforma [ri'forma] *f* ❶ *(gener)* Umgestaltung *f* ❷ POL Reform *f*; **~ scolastica** Bildungsreform *f* ❸ REL Reformation *f* ❹ MIL Ausmusterung *f*
riformabile [rifor'ma:bile] *agg* reformierbar
riformabilità [riformabili'ta] <-> *f* ❶ *(possibilità di essere riformato)* Reformierbarkeit *f*, Reformfähigkeit *f*, Möglichkeit *f* der Reform ❷ MIL *(possibilità di essere esonerato dal servizio militare)* Möglichkeit *f* der Ausmusterung
riformare [rifor'ma:re] **I.** *vt* ❶ *(formare di nuovo)* neu bilden, wieder bilden ❷ *(sottoporre a riforma)* umgestalten; POL, REL reformieren ❸ MIL ausmustern **II.** *vr* **-rsi** sich wieder bilden
riformato [rifor'ma:to] *m* MIL Untaugliche(r) *m*
riformato, -a **I.** *agg* reformiert **II.** *m, f* REL Reformierte(r) *f(m)*
riformatore, -trice [riforma'to:re] **I.** *agg* reformierend, Reformations- **II.** *m, f* Reformator(in) *m(f)*
riformatorio [riforma'tɔ:rio] <-i> *m* Erziehungsheim *nt*
riformatrice *f v.* **riformatore**
riformismo [rifor'mizmo] *m* Reformismus *m*

R

riformista [rifor'mista] <-i *m*, -e *f*> **I.** *mf* Reformist(in) *m(f)* **II.** *agg* reformistisch, reformerisch

riformistico, **-a** [rifor'mistiko] <-ci, -che> *agg* reformistisch

riformulare [riformu'la:re] *vt (frase, richiesta)* umformulieren

riformulazione [riformulat'tsio:ne] *f* Umformulierung *f*

rifornimento [riforni'mento] *m* ① *(operazione)* Versorgung *f;* **fare ~ di benzina** tanken ② *pl (viveri)* Vorräte *mpl* ③ MIL Nachschub *m*

rifornire [rifor'ni:re] <rifornisco> **I.** *vt* **~ qu/qc di qc** jdn/etw mit etw versorgen **II.** *vr* **-rsi di qc** sich mit etw versorgen

rifrangenza [rifran'dʒɛntsa] *f* Brechung *f*

rifrangere [ri'frandʒere] <irr> **I.** *vt* brechen **II.** *vr* **-rsi** ① PHYS sich brechen ② *(infrangersi)* sich brechen; *(rompere)* zerbrechen

rifrattività [rifrattivi'ta] <-> *f* PHYS Brechungseigenschaften *fpl*

rifrazione [rifrat'tsio:ne] *f* Brechung *f,* Refraktion *f*

rifreddo, **-a** [ri'freddo] **I.** *agg* kalt **II.** *m, f* kaltes Gericht *nt*

rifriggere [ri'friddʒere] <irr> *vt* ① GASTR wieder braten ② *(fig fam)* aufwärmen

rifuggire [rifud'dʒi:re] *vi essere* ① *(fuggire di nuovo)* wieder flüchten ② *(evitare)* **~ da qc** etw meiden

rifugiarsi [rifu'dʒarsi] *vr* [sich] flüchten

rifugiato, **-a** [rifu'dʒa:to] **I.** *agg* geflüchtet **II.** *m, f* Flüchtling *m*

rifugio [ri'fu:dʒo] <-gi> *m* ① *(riparo)* Zuflucht *f; (difesa)* Schutz *m;* **~ alpino** Schutzhütte *f,* Berghütte *f* ② MIL Bunker *m,* Luftschutzraum *m;* **~ antiatomico** Atomschutzbunker *m* ③ *(ambiente)* Zufluchtsort *m* ④ *(fig)* Trost *m,* Rettung *f*

rifui *1. pers sing pass rem di* **riessere**

rifulgere [ri'fuldʒere] <rifulgo, rifulsi, rifulso> *vi (poet)* erstrahlen, leuchten; *(fig a.)* glänzen

rifusione [rifu'zio:ne] *f* ① *(risarcimento)* Entschädigung *f,* Ausgleich *m; (di danni)* Ersatz *m* ② *(nuova fusione)* Umschmelzung *f,* Umarbeitung *f*

riga ['ri:ga] <-ghe> *f* ① *(linea)* Linie *f,* Strich *m; (di tessuto)* Streifen *m;* **carta/quaderno a -ghe** lini[i]ertes Papier/Heft ② *(di scritto)* Zeile *f;* **leggere fra le -ghe** *(fig)* zwischen den Zeilen lesen ③ *(di persone, cose)* Reihe *f;* **mettersi in ~** sich in Reih und Glied aufstellen; **rimettersi in ~** sich wieder fügen; **rompere le -ghe** MIL, SPORT die Reihen auflösen, wegtreten; **mettere in ~** *(fig)* jmd zurechtweisen ④ *(di capelli)* Scheitel *m* ⑤ *(asticella)* Lineal *nt* ⑥ INFORM **~ di comando** Befehlszeile *f;* **~ di commento** Kommentarzeile *f*

rigaglie [ri'gaʎʎe] *fpl* Hühner- [*o* Gänse]klein *nt*

rigagnolo [ri'gaɲɲolo] *m* Rinnsal *nt*

rigare [ri'ga:re] **I.** *vt* lini[i]eren **II.** *vi* **rigar diritto** spuren *fam*

rigatoni [riga'to:ni] *mpl* Rigatoni *pl (kurze, dicke Röhrennudeln)*

rigattiere [rigat'tiɛ:re] *m* Altwarenhändler *m*

rigatura [riga'tu:ra] *f* ① *(di foglio, quaderno, pagina)* Lin[i]ierung *f* ② *(di fucile)* Drall *m*

rigenerare [ridʒene'ra:re] **I.** *vt* ① *(far ricrescere)* wieder hervorbringen ② BIOL regenerieren ③ *(ricostituire)* wiederherstellen ④ TEC wiederaufbereiten **II.** *vr* **-rsi** ① BIOL sich regenerieren ② *(fig)* zu neuem Leben erwachen

rigenerativo, **-a** [ridʒenera'ti:vo] *agg* regenerativ, Regenerations-

rigenerato, **-a** [ridʒene'ra:to] **I.** *agg* wiederaufbereitet **II.** *m, f* Regenerat *nt*

rigeneratore, **-trice** [ridʒenera'to:re] **I.** *agg* wieder herstellend, erneuernd **II.** *m, f* Wiederhersteller(in) *m(f),* Erneuerer *m,* Erneuerin *f*

rigenerazione [ridʒenerat'tsio:ne] *f* ① BIOL Regeneration *f* ② REL Wiedergeburt *f* ③ *(fig)* Erneuerung *f* ④ TEC Wiederaufbereitung *f*

rigettare [ridʒet'ta:re] **I.** *vt* ① *(gettare indietro)* zurückwerfen ② *(respingere)* ablehnen, verwerfen ③ BOT sprießen ④ *(fam: vomitare)* brechen ⑤ *(gettare nuovamente)* wieder werfen **II.** *vr* **-rsi** ① *(gettarsi di nuovo)* sich wieder werfen ② *(fig)* wieder auftauchen

rigetto [ri'dʒɛtto] *m* ① MED Abstoßung *f* ② *(fig)* Ablehnung *f*

righello [ri'gɛllo] *m* Lineal *nt*

righettare [riget'ta:re] *vt* Linien ziehen, linieren

righettato, **-a** [riget'ta:to] *agg* liniert, gestreift

rigidezza [ridʒi'dettsa] *f* ① *(rigore)* Härte *f; (del clima)* Rauheit *f* ② *(severità)* Strenge *f* ③ PHYS Starrheit *f,* Festigkeit *f*

rigidità [ridʒidi'ta] <-> *f* ① *(del clima)* Rauheit *f* ② *(fig)* Starrheit *f; (severità)* Strenge *f,* Härte *f* ③ MED Steifheit *f,* Starre *f*

rigido, **-a** ['ri:dʒido] *agg* ① *(colletto, cappello, braccio)* steif ② *(clima)* rau; *(inverno)* streng ③ *(fig: severo)* streng, hart

rigirare [ridʒi'ra:re] **I.** *vt* ① *(girare più volte)* wieder wenden, wieder drehen ② *(percorrere)* durchstreifen, laufen durch

① *(assegno)* wieder indossieren ④ *(fig)* [anders] handhaben; ~ **il discorso/una questione** der Rede/einer Frage eine andere Wendung geben; **saperla** ~ *(fam)* es deichseln können; **gira e rigira** *(fam)* wie man es auch dreht und wendet **II.** *vi* umherlaufen **III.** *vr* **-rsi** sich [wieder] umdrehen; *(nel letto)* sich wälzen

rigiro [ri'dʒiːro] *m* ① *(imbroglio)* Machenschaften *f pl; (di parole)* Umschweife *pl* ② *(giro ripetuto)* Drehung *f,* Wendung *f*

rigo ['riːgo] <-ghi> *m (riga)* Linie *f; (di scrittura)* Zeile *f;* MUS Notenlinie *f*

rigoglio [ri'goʎʎo] <-gli> *m* ① BOT Wuchern *nt* ② *(fig)* Blüte *f*

rigoglioso, -a [rigoʎ'ʎoːso] *agg* ① BOT wuchernd ② *(fig)* blühend, üppig

rigonfiamento [rigonfia'mento] *m* ① *(parte rigonfia)* Schwellung *f* ② *(il gonfiare)* erneutes Anschwellen

rigonfiare [rigon'fiaːre] **I.** *vt* aufpumpen **II.** *vi essere* aufgehen **III.** *vr* **-rsi** wieder anschwellen

rigonfiatura [rigonfia'tuːra] *f* ① *(rigonfiamento)* Wiederaufblasen *nt,* Wiederaufpumpen *nt* ② *(gonfiore)* Schwellung *f,* Blase *f*

rigonfio [ri'gonfio] *m* Schwellung *f*

rigonfio, -a <-i, -ie> *agg* ① *(occhio)* geschwollen; *(ginocchio)* angeschwollen ② *(fig)* aufgeblasen

rigore [ri'goːre] *m* ① *(rigidità)* Strenge *f,* Härte *f;* **a rigor di logica** logischerweise ② *(del clima)* Strenge *f,* Rauheit *f* ③ SPORT Elfmeter *m*

rigorismo [rigo'rizmo] *m* Rigorismus *m*

rigorista [rigo'rista] <-i *m,* -e *f*> *mf* ① *(persona intransigente)* unerbittlicher Mensch, Rigorist(in) *m(f)* ② SPORT Elfmeterschütze *m/*-schützin *f*

rigorosità [rigorosi'ta] <-> *f* Rigorosität *f,* Unerbittlichkeit *f*

rigoroso, -a [rigo'roːso] *agg* ① *(severo)* streng, hart; *(persona)* unerbittlich; *(norma)* rigoros ② *(preciso)* rigoros, genau

rigovernare [rigover'naːre] *vt* ① *(piatti)* spülen, abwaschen ② *(animali)* versorgen

rigovernatura [rigoverna'tuːra] *f* ① *(azione)* Spülen *nt* ② *(acqua sporca)* Spülwasser *nt*

riguadagnare [riguadaɲ'ɲare] *vt* ① *(ricuperare)* wiedergewinnen; *(tempo)* wieder aufholen, einholen ② *(somma)* wieder verdienen

riguardante [riguar'dante] *agg (concernente)* angehend, betreffend

riguardare [riguar'daːre] **I.** *vt* ① *(rivedere)* durchsehen, überprüfen ② *(concernere)* angehen, betreffen ③ *(considerare)* betrachten ④ *(guardare di nuovo)* wieder schauen ⑤ *(guardare indietro)* zurückschauen **II.** *vr* **-rsi da qc** sich vor etw *dat* vorsehen

riguardata [riguar'daːta] *f* Durchsicht *f;* **dare una ~ a qc** etw kurz durchsehen

riguardo [ri'guardo] *m* ① *(cura)* Rücksicht *f,* Aufmerksamkeit *f;* **avere ~ per la propria salute** sich schonen; **non avere alcun** ~ keinerlei Rücksicht nehmen ② *(rispetto)* Achtung *f;* **ospite di** ~ Ehrengast *m* ③ *(relazione)* Bezug *m,* Zusammenhang *m;* **nei -i di, ~ a** in Bezug auf +*akk,* was … betrifft

riguardoso, -a [riguar'doːso] *agg* respektvoll, aufmerksam, rücksichtsvoll

rigurgitare [rigurdʒi'taːre] **I.** *vi essere o avere* ① *(liquidi)* überquellen ② *(fig: persone)* wimmeln **II.** *vt avere* speien

rigurgito [ri'gurdʒito] *m* ① *(di fogna, fiume, canale)* Überquellen *nt* ② MED Ausstoß *m* [aus dem Magen]

rilanciare [rilan'tʃaːre] *vt* ① *(palla, sasso)* zurückwerfen, wieder werfen ② *(fig)* wieder lancieren ③ COM *(offerta)* überbieten

rilancio [ri'lantʃo] <-i> *m* ① *(di pallone)* Rückwurf *m* ② *(fig)* Lancierung *f* ③ COM *(di offerta)* Überbieten *nt;* ~ **economico** Wirtschaftsaufschwung *m*

rilasciamento [rilaʃʃa'mento] *m* Entspannung *f*

rilasciare [rilaʃ'ʃaːre] **I.** *vt* ① ADM ausstellen ② *(muscoli, nervi)* entspannen ③ *(prigioniero)* freilassen **II.** *vr* **-rsi** ① *(lasciarsi di nuovo)* sich wieder trennen ② *(distendersi)* sich entspannen

rilascio [ri'laʃʃo] <-sci> *m* ① ADM Ausstellung *f* ② *(restituzione di libertà)* Freilassung *f,* Entlassung *f*

rilassamento [rilassa'mento] *m* ① *(di muscoli, nervi)* Entspannung *f* ② *(dei costumi)* Lockerung *f*

rilassare [rilas'saːre] **I.** *vt* ① *(muscoli, nervi)* entspannen ② *(disciplina, sorveglianza)* lockern **II.** *vr* **-rsi** ① *(distendersi)* sich entspannen ② *(scadere)* sich lockern

rilassatezza [rilassa'tettsa] *f* Lockerung *f*

rilegare [rile'gaːre] *vt* binden

rilegatore, -trice [rilega'toːre] *m, f* Buchbinder(in) *m(f)*

rilegatura [rilega'tuːra] *f* ① *(operazione)* Binden *nt* ② *(copertura)* Einband *m*

rileggere [ri'lɛddʒere] <irr> *vt* wieder lesen; *(rivedere)* durchlesen

rilento [ri'lɛnto] *avv* **a ~** langsam

rilessi *1. pers sing pass rem di* **rileggere**

riletta [rilet'ta] *f (fam)* nochmaliges Überfliegen

riletto *pp di* **rileggere**

R

rilevabile [rile'vaːbile] *agg* feststellbar

rilevamento [rileva'mento] *m* ① *(determinazione sistematica)* Erhebung *f* ② *(topografico)* Aufnahme *f* ③ NAUT Peilung *f* ④ *(di negozio)* Übernahme *f* ⑤ *(sostituzione)* Ablösung *f* ⑥ INFORM *(di dati)* Abfrage *f*

rilevante [rile'vante] *agg* relevant, bedeutend

rilevare [rile'vaːre] **I.** *vt* ① *(mettere in evidenza)* hervorheben ② *(apprendere)* entnehmen ③ *(raccogliere)* erheben, feststellen ④ *(azienda, negozio)* übernehmen ⑤ *(sostituire)* ablösen ⑥ *(andare a prendere)* abholen ⑦ *(compiere rilevamento topografico)* aufnehmen, vermessen **II.** *vi* vorstehen

rilevato, -a [rile'vaːto] **I.** *agg* erhaben, vorstehend **II.** *m, f* ① *(rilievo del terreno)* Damm *m* ② *(tratto di strada)* [Fahr]damm *m*

rilevazione [rilevat'tsioːne] *f* Erhebung *f*

rilievo [ri'liɛːvo] *m* ① GEOG Relief *nt,* Erhebung *f* ② *(scultura)* Relief *nt;* **alto/basso ~** Hoch-/Basrelief *nt* ③ *(fig: importanza)* Bedeutung *f;* **mettere in ~ qc** etw hervorheben ④ *(rilevamento)* Erhebung *f; (topografico)* Vermessung *f* ⑤ *(osservazione)* Bemerkung *f,* Anmerkung *f*

riloga [ri'lɔːga] <-ghe> *f* Vorhangschiene *f*

rilottare [rilot'taːre] *vi* erneut kämpfen (**contro qu/qc** gegen jdn/etw)

rilucente [rilu'tʃɛnte] *agg* glänzend

rilucere [ri'luːtʃere] <riluce, rilusse, *manca il pp*> *vi* glänzen

riluttante [rilut'tante] *agg* widerwillig, widerstrebend; **essere ~ a fare qc** etw ungern tun

riluttanza [rilut'tantsa] *f* Abneigung *f,* Widerwille *m*

riluttare [rilu'taːre] *vi* widerstreben; **~ a far qc** etw ungern tun

rima ['riːma] *f* Reim *m;* **~ accoppiata** Paarreim *m;* **~ alternata** Kreuzreim *m;* **~ baciata** verschränkter Reim; **rispondere per le -e** *(fig)* eine entsprechende Antwort geben

rimacina [ri'maːtʃina] *f* TEC Feinmahlen *nt*

rimandabile [riman'daːbile] *agg* aufschiebbar, verschiebbar

rimandare [riman'daːre] *vt* ① *(mandare indietro)* zurückschicken ② *(mandare di nuovo)* wieder schicken ③ *(restituire)* zurückgeben ④ SPORT zurückgeben, zurückspielen ⑤ *(trasferire)* [ver]schicken ⑥ *(dimettere)* entlassen, wegschicken ⑦ *(differire)* verschieben ⑧ *(alunno)* nicht versetzen; *(candidato)* durchfallen lassen ⑨ *(fare riferimento)* **~ a qc** auf etw *akk* verweisen

rimando [ri'mando] *m* ① *(riferimento, rinvio)* Verweis *m* ② SPORT Rückschuss *m,* Zurückschlagen *nt*

rimaneggiamento [rimaneddʒa'mento] *m* Umarbeitung *f,* Umstellung *f*

rimaneggiare [rimaned'dʒaːre] *vt* ① *(lista, articolo)* umarbeiten, umstellen ② *(governo)* umbilden

rimanente [rima'nɛnte] **I.** *agg* verbleibend, übrig **II.** *mf* Verbleibende(r) *f(m);* **i -i** die Übrigen **III.** *m* Rest *m*

rimanenza [rima'nɛntsa] *f* Überschuss *m*

rimanere [rima'neːre] <rimango, rimasi, rimasto> *vi essere* ① *(restare, fermarsi, durare)* bleiben; **~ male/confuso** enttäuscht/verwirrt sein; **~ a bocca aperta** mit offenem Mund dastehen; **~ a corto di qc** mit etw knapp sein; **~ al verde** *(fam)* blank sein; **~ indietro** zurückbleiben; **rimanerci** *(fam)* dabei draufgehen ② *(essere situato)* liegen ③ *(avanzare)* übrig bleiben; **non gli rimane altro** [*o* **altro da fare**] **che accettare** es bleibt ihm nichts anderes übrig, als zu akzeptieren ④ *(convenire)* verbleiben

rimangiare [riman'dʒaːre] *vt* ① *(mangiare di nuovo)* wieder essen ② *(fig)* zurücknehmen

rimango [ri'maŋgo] *1. pers sing pr di* **rimanere**

rimarcare [rimar'kaːre] *vt* ADM bemerken, vermerken

rimarchevole [rimar'keːvole] *agg* bemerkenswert

rimarco [ri'marko] <-chi> *m* Bemerkung *f,* Vermerk *m*

rimare [ri'maːre] **I.** *vi* sich reimen **II.** *vt* dichten

rimarginabile [rimardʒi'naːbile] *agg* ① *(di ferita)* heilbar, abheilend ② *(fig)* wieder gutzumachend

rimarginare [rimardʒi'naːre] **I.** *vt* heilen **II.** *vr* **-rsi** [ver]heilen

rimaritare [rimari'taːre] **I.** *vt* wieder heiraten **II.** *vr* **-rsi** wieder heiraten

rimasi [ri'maːsi] *1. pers sing pass rem di* **rimanere**

rimasterizzare [rimasterid'dzaːre] *vt* Masterkopie anfertigen

rimasterizzazione [rimasteriddzat'tsioːne] *f* TEC Anfertigung *f* von Masterkopien

rimasticare [rimasti'kaːre] *vt* ① *(masticare di nuovo)* wieder [durch]kauen ② *(fig: offesa)* zu knabbern haben an +*dat fam*

rimasticazione [rimastikat'tsioːne] *f* ① ZOO *(ruminazione)* Wiederkäuen *nt* ② *(fig: riproposizione banale di cose risapute)* wiederholtes Durchkauen

rimasto [ri'masto] *pp di* **rimanere**
rimasuglio [rima'suʎʎo] <-gli> *m (pej)* Überbleibsel *nt*
rimatore, -trice [rima'toːre] *m, f* Dichter(in) *m(f),* Poet(in) *m(f)*
rimbalzare [rimbal'tsaːre] *vi essere o avere* ① *(palla)* abprallen, zurückprallen ② *(fig: notizia)* sich schnell verbreiten
rimbalzello [rimbal'tsɛllo] *m Steineschleudern über eine Wasserfläche*
rimbalzino [rimbal'tsiːno] *m Geschicklichkeitsspiel mit Münzen*
rimbalzo [rim'baltso] *m* Rückprall *m;* **di ~** indirekt
rimbambimento [rimbambi'mento] *m* Verblödung *f*
rimbambire [rimbam'biːre] <rimbambisco> **I.** *vi essere* verkalken; *(fig)* vertrotteln **II.** *vt* verblöden **III.** *vr* **-rsi** verkalken; *(fam)* vertrotteln, verblöden
rimbambito, -a [rimbam'biːto] **I.** *agg* verblödet; *(vecchio)* senil, verkalkt **II.** *m, f* Kindskopf *m,* Trottel *m*
rimbeccare [rimbek'kaːre] **I.** *vt* erwidern, entgegnen **II.** *vr* **-rsi** einen Wortwechsel haben, sich Bissigkeiten sagen
rimbecillire [rimbetʃil'liːre] <rimbecillisco> **I.** *vi essere* verblöden **II.** *vt avere* ① *(rendere imbecille)* blöd machen ② *(istupidire)* verdummen **III.** *vr* **-rsi** verblöden, verdummen
rimbecillito, -a [rimbetʃil'liːto] **I.** *agg* verblödet **II.** *m, f* Blödian *m,* Dummkopf *m*
rimbellire [rimbel'liːre] <rimbellisco, rimbellisci> *(fam)* **I.** *vi essere* schöner werden **II.** *vr* **-rsi** sich verschönern
rimboccare [rimbok'kaːre] *vt* umschlagen; **-rsi le maniche** *(a. fig)* die Ärmel hochkrempeln
rimboccatura [rimbokka'tuːra] *f* ① *(di lenzuolo)* Umschlag *m* ② *(operazione)* Umschlagen *nt*
rimbombante [rimbom'bante] *agg* ① *(voce)* dröhnend ② *(fig)* bombastisch
rimbombare [rimbom'baːre] *vi essere o avere* dröhnen
rimbombo [rim'bombo] *m* Dröhnen *nt*
rimborsabile [rimbor'saːbile] *agg* rückzahlbar
rimborsabilità [rimborsabili'ta] <-> *f* Rückgaberecht *nt,* Möglichkeit *f* der Rückzahlung
rimborsare [rimbor'saːre] *vt* zurückzahlen, [rück]erstatten, refundieren A
rimborso [rim'borso] *m* Rückzahlung *f,* Erstattung *f*
rimboscamento [rimboska'mento] *m* Aufforstung *f*
rimboscare [rimbos'kaːre] *vt* aufforsten
rimboschimento [rimboski'mento] *m* Aufforstung *f*
rimboschire [rimbos'kiːre] <rimboschisco> **I.** *vt avere* aufforsten **II.** *vi essere* sich bewalden
rimbrottare [rimbrot'taːre] *vt* vorwerfen
rimbrotto [rim'brɔtto] *m* Vorwurf *m*
rimbruttire [rimbrut'tiːre] <rimbruttisco> **I.** *vt* hässlich machen **II.** *vr* **-rsi** hässlich werden
rimediare [rime'diaːre] **I.** *vi* **~ a qc** etw wieder gutmachen **II.** *vt* ① *(danno, guaio)* beheben, wieder gutmachen ② *(fam: procurare)* [sich etw] besorgen ③ *(fam: aggiustare)* ausbessern
rimedio [ri'mɛːdio] <-i> *m* ① *(provvedimento)* Abhilfe *f;* **mettere** [*o* **porre**] **~ a qc** einer Sache *dat* abhelfen ② MED [Heil]mittel *nt*
rimeditare [rimedi'taːre] *vt* überdenken
rimembranza [rimem'brantsa] *f (poet)* Erinnerung *f,* Gedächtnis *nt*
rimeritare [rimeri'taːre] *vt (poet)* vergelten
rimescolamento [rimeskola'mento] *m* ① *(mescolamento)* Mischen *nt* ② *(fig)* Aufruhr *m*
rimescolare [rimesko'laːre] **I.** *vt* ① *(mescolare)* [um]rühren; *(carte)* mischen ② *(mescolare di nuovo)* wieder mischen **II.** *vr* **-rsi** ① *(sangue)* in Wallung geraten, kochen ② *(mischiarsi)* sich mischen ③ *(agitarsi)* in Aufruhr geraten
rimescolata [rimesko'laːta] *f (fam)* Durchmischen *nt*
rimescolio [rimesko'liːo] <-ii> *m* ① *(trambusto)* Aufruhr *m* ② *(fig)* Verwirrung *f*
rimessa [ri'messa] *f* ① *(locale)* Schuppen *m,* Remise *f;* *(per veicoli)* Garage *f* ② THEAT **~ in scena** Wiederaufführung *f* ③ SPORT Einwurf *m* ④ *(immagazzinamento)* Einlagerung *f* ⑤ COM Lieferung *f* ⑥ FIN Überweisung *f*
rimesso, -a [ri'messo] **I.** *pp di* **rimettere II.** *agg* ① *(ristabilito)* wieder erholt ② *(peccato)* vergeben ③ *(messo di nuovo)* wieder gestellt
rimestare [rimes'taːre] *vt* ① *(salsa, minestra)* [wieder] umrühren, durchrühren ② *(fig: frugare)* durchwühlen; *(rimettere in discussione)* wieder aufrühren
rimettere [ri'mettere] <irr> **I.** *vt* ① *(mettere di nuovo)* wieder setzen; *(in piedi)* wieder [auf]stellen; *(disteso)* wieder [hin]legen; *(indossare)* wieder anziehen ② *(affidare)* anvertrauen, überlassen ③ *(pena, colpa)* erlassen, vergeben ④ SPORT zurückspielen ⑤ BOT treiben ⑥ *(differire)* verschieben ⑦ *(merce, lettere)* senden ⑧ *(as-*

R

segno) überweisen ⑨ *(fam: vomitare)* brechen, auskotzen *vulg* ⑩ *(loc)* **rimetterci** *(fam)* verlieren; **rimetterci la reputazione** *(fam)* seinen Ruf schädigen; **rimetterci la salute** *(fam)* seine Gesundheit ruinieren; **rimetterci di tasca propria** *(fam)* aus eigener Tasche draufzahlen **II.** *vr* **-rsi** ① *(riprendersi)* sich wieder erholen ② *(tempo)* sich bessern ③ *(ricominciare)* wieder beginnen; **-rsi a studiare/scrivere/leggere** wieder mit dem Lernen/Schreiben/Lesen beginnen

rimettitore, -trice [rimetti'to:re] *m, f* ① ADM *(chi rimette)* Übermittler(in) *m(f)*, Aussteller(in) *m(f)* ② TEC *(nell'industria tessile, addetto al rimettaggio)* Einfädler(in) *m(f)*, Facharbeiter(in) *m(f)* am Einzug

rimico, -a ['ri:miko] <-ci, -che> *agg* Vers-; **il sistema ~** das Versmaß

riminese [rimi'ne:se] **I.** *mf (abitante)* Einwohner(in) *m(f)* von Rimini **II.** *agg* aus Rimini; **la gente ~** die Leute aus Rimini

Riminese *m sing* Umgebung *f* von Rimini

Rimini *f* Rimini *nt (Stadt in der Emilia Romagna)*

rimisi *1. pers sing pass rem di* **rimettere**

rimmel® ['rimmel] <-> *m* Wimperntusche *f*

rimodernamento [rimoderna'mento] *m* Modernisierung *f*

rimodernare [rimoder'na:re] *vt* modernisieren

rimodernata [rimoder'na:ta] *f (fam)* neuer Look

rimodulazione [rimodulat'tsio:ne] *f* Reorganisation *f*, Umgestaltung *f*

rimonta [ri'monta] *f* ① *(il rimontare)* Wiederbesteigung *f* ② SPORT Aufholen *nt*

rimontaggio [rimon'taddʒo] <-ggi> *m* ① MOT, TEC Wiedereinbau *m* ② TEC *(in enologia)* Umwälzen *nt*

rimontare [rimon'ta:re] **I.** *vt avere* ① *(montare di nuovo)* wieder montieren, wieder zusammensetzen ② *(fiume)* [fluss]aufwärts gehen ③ SPORT aufholen **II.** *vi essere* ① *(montare di nuovo)* wieder aufsteigen; *(in macchina, treno)* wieder einsteigen ② *(fig: risalire)* **~ a** zurückreichen bis

rimorchiare [rimor'kia:re] *vt* ① *(veicolo, nave)* [ab]schleppen ② *(fig fam: conquistare qu)* abschleppen

rimorchiatore [rimorkia'to:re] *m* ① NAUT Schlepper *m*, Schleppboot *nt* ② *(vulg)* Aufreißer *m*

rimorchiatore, -trice *agg* Abschlepp-

rimorchio [ri'mɔrkio] <-chi> *m* ① *(veicolo)* Anhänger *m* ② *(trascinamento)* [Ab]schleppen *nt*; **prendere a ~** abschleppen ③ NAUT Schleppseil *nt*, -tau *nt*

rimordere [ri'mɔrdere] <irr> *vt* ① *(fig)* plagen, nagen an +*dat* ② *(mordere di nuovo)* wieder beißen

rimorso [ri'mɔrso] *m* Reue *f*; *(morso di coscienza)* Gewissensbiss *m*

rimostranza [rimos'trantsa] *f* Protest *m*, Beschwerde *f*

rimostrare [rimos'tra:re] **I.** *vt* wieder zeigen **II.** *vi* protestieren

rimovibile [rimo'vi:bile] *agg* entfernbar, beweglich

rimozione [rimot'tsio:ne] *f* ① *(asportazione)* Beseitigung *f*; *(da carica, impiego)* Entfernung *f* ② PSIC Verdrängung *f*

rimpaginazione [rimpadʒinat'tsio:ne] *f* TYP neue Seiteneinteilung

rimpallo [rim'pallo] *m* ① *(nel biliardo)* Zugball *m* ② *(nel calcio)* Zurückprallen *nt*

rimpastare [rimpas'ta:re] *vt* ① *(sfoglia)* wieder kneten ② *(fig)* umgestalten; *(governo)* umbilden

rimpasto [rim'pasto] *m* ① POL *(del governo)* Umbildung *f*; **~ governativo** Regierungsumbildung *f* ② *(nuovo impasto)* erneutes Kneten

rimpatriando, -a [rimpa'triando] *m, f* ADM Abzuschiebende(r) *f(m)*

rimpatriare [rimpa'tria:re] **I.** *vi essere* in die Heimat zurückkehren **II.** *vt avere* repatriieren, in die Heimat zurückschicken

rimpatriata [rimpa'tria:ta] *f (fam)* Wiedersehen *nt*, Treffen *nt*

rimpatrio [rim'pa:trio] <-ii> *m* Repatriierung *f*, Zurückschicken *nt* in die Heimat

rimpetto [rim'pɛtto] *avv* **di ~ a** gegenüber +*dat*

rimpiangere [rim'piandʒere] <irr> *vt* **~ qu/qc** jdm/etw nachtrauern

rimpianto [rim'pianto] *m* Bedauern *nt*

rimpianto, -a *agg* verstorben

rimpiattare [rimpiat'ta:re] **I.** *vt* verbergen, verstecken **II.** *vr* **-rsi** sich verbergen, sich verstecken

rimpiattino [rimpiat'ti:no] *m* Versteckspiel *nt*

rimpiazzare [rimpiat'tsa:re] *vt* austauschen, ersetzen; *(fare le veci)* ersetzen

rimpiazzo [rim'piattso] *m* Austausch *m*, Ersatz *m*

rimpicciolire [rimpittʃo'li:re] <rimpicciolisco> *vi essere* kleiner werden

rimpiccolire [rimpikko'li:re] <rimpiccolisco> **I.** *vt avere* verkleinern **II.** *vi essere* kleiner werden **III.** *vr* **-rsi** sich verkleinern

rimpinguamento [rimpiŋgua'mento] *m* Mast *f*

R

rimpinguare [rimpiŋ'gua:re] *vt* wieder bereichern, wieder anfüllen
rimpinzare [rimpin'tsa:re] *(fam)* **I.** *vt* vollstopfen **II.** *vr* **-rsi** sich vollstopfen
rimpolpare [rimpol'pa:re] *vt* ① *(rimettere in carne, salute)* wieder Fleisch ansetzen lassen ② *(fig)* ausschmücken, anreichern
rimpossessarsi [rimposses'sarsi] *vr* **~ di qc** etw wieder in Besitz nehmen
rimpoverire [rimpove'ri:re] <rimpoverisco> **I.** *vt avere* wieder arm werden lassen **II.** *vr* **-rsi** verarmen
rimprosciuttire [rimproʃʃut'ti:re] <rimprosciuttisco, rimprosciuttisci> *vi (fam)* fett werden, Fett ansetzen
rimproverare [rimprove'ra:re] **I.** *vt* tadeln **II.** *vr* **-rsi** sich *dat* Vorwürfe machen; **-rsi** [**di**] **qc** sich *dat* etw vorwerfen
rimprovero [rim'prɔ:vero] *m* Tadel *m,* Vorwurf *m*
rimpulizzire [rimpulid'dzi:re] **I.** *vt* auf Hochglanz bringen, herausputzen **II.** *vr* **-rsi** sich herausputzen
rimugghiamento [rimuggia'mento] *m* ① *(atto di rimugghiare)* Brüllen *nt* ② *(del vento, del mare)* Heulen *nt,* Toben *nt*
rimugghiare [rimug'gia:re] *vt* ① *(di mucca)* brüllen ② *(detto del vento, del mare)* heulen, toben
rimuginare [rimudʒi'na:re] *vt* überlegen, grübeln über *+akk*
rimunerare [rimune'ra:re] *vt* belohnen
rimuneratività [rimunerativi'ta] <-> *f* Einträglichkeit *f*
rimunerativo, -a [rimunera'ti:vo] *agg* lohnend
rimunerazione [rimunerat'tsio:ne] *f* Belohnung *f; (paga)* Vergütung *f,* Lohn *m*
rimuovere [ri'muɔ:vere] <irr> *vt* ① *(togliere via)* wegräumen, fortschaffen ② ADM *(destituire)* **~ qu da qc** jdn aus etw entfernen ③ *(muovere nuovamente)* wieder bewegen ④ PSIC verdrängen
rinascere [ri'naʃʃere] <irr> *vi essere* ① *(nascere di nuovo)* wieder geboren werden ② BOT wieder sprießen ③ *(unghie, capelli)* nachwachsen ④ *(fig)* wieder aufleben
rinascimentale [rinaʃʃimen'ta:le] *agg* Renaissance-
rinascimento [rinaʃʃi'mento] *m* Renaissance *f*
rinascita [ri'naʃʃita] *f* ① BOT Wiederaufblühen *nt* ② *(fig)* Wiederaufleben *nt* ③ HIST Renaissance *f*
rinato *pp di* **rinascere**
rincagnato, -a [riŋkaɲ'ɲa:to] *agg* platt
rincalzare [riŋkal'tsa:re] *vt* abstützen
rincalzo [riŋ'kaltso] *m* Stütze *f,* Abstützung *f*
rincarare [riŋka'ra:re] **I.** *vt avere* verteuern, teurer machen; **~ la dose** *(fig)* etw [noch] schlimmer machen **II.** *vi essere* sich verteuern, teurer werden
rincaro [riŋ'ka:ro] *m* [Ver]teuerung *f;* **~ della vita** Anstieg *m* der Lebenshaltungskosten
rincartare [riŋkar'ta:re] *vt* wieder einpacken
rincasare [riŋka'sa:re] *vi essere* heimkehren, nach Hause kommen
rinchiudere [riŋ'kiu:dere] <irr> **I.** *vt* einschließen; *(a. fig)* [ein]sperren **II.** *vr* **-rsi** ① *(chiudersi dentro)* sich einschließen ② *(fig)* sich verschließen
rinchiuso, -a [riŋ'kiu:so] **I.** *agg* eingeschlossen, eingesperrt; *(aria)* abgestanden, verbraucht **II.** *m, f* Umzäunung *f*
rincitrullire [rintʃitrul'li:re] <rincitrullisco> *(fam)* **I.** *vt avere* dumm machen **II.** *vr* **-rsi** verdummen
rincoglionire [riŋkoʎʎo'ni:re] <rincoglionisco, rincoglionisci> *vt (vulg)* verblöden
rincoglionirsi [riŋkoʎʎo'nirsi] <mi rincoglionisco> *vr (vulg)* verblöden
rincoglionito, -a [riŋkoʎʎo'ni:to] *m, f (fam)* Dumpfbacke *f*
rincollare [riŋkol'la:re] *vt* wieder ankleben
rincominciare [riŋkomin'tʃa:re] *vi essere o avere* wieder anfangen
rincontrare [riŋkon'tra:re] *vt* **~ qu** jdm wieder begegnen
rincorare [riŋko'ra:re] **I.** *vt* wieder ermutigen **II.** *vr* **-rsi** wieder Mut fassen
rincorbellire [riŋkorbel'li:re] <rincorbellisco, rincorbellisci> *vi essere (vulg)* verblöden
rincorrere [riŋ'korrere] <irr> **I.** *vt* **~ qu** jdm nachlaufen **II.** *vr* **-rsi** sich *dat* nachlaufen, sich fangen
rincorsa [riŋ'korsa] *f* Anlauf *m;* **prendere la ~** Anlauf nehmen
rincrescere [riŋ'kreʃʃere] <irr> *vi essere (impersonale)* leidtun; **mi rincresce che …** es tut mir leid, dass …
rincrescimento [riŋkreʃʃi'mento] *m* Bedauern *nt*
rincrudimento [riŋkrudi'mento] *m* Verschärfung *f*
rincrudire [riŋkru'di:re] <rincrudisco, rincrudisci> **I.** *vt* verschärfen **II.** *vi essere* sich verschärfen; *(freddo)* strenger werden **III.** *vr* **-rsi** sich verschärfen
rinculare [riŋku'la:re] *vi* zurückprallen; *(indietreggiare)* zurückweichen
rinculo [riŋ'ku:lo] *m* ① *(movimento all'in-*

dietro) Zurückweichen *nt* ② MIL Rückstoß *m*

rincuorare [riŋkuo'ra:re] *vt (poet) v.* **rincorare**

rincupire [riŋku'pi:re] <rincupisco, rincupisci> **I.** *vt avere* verdüstern **II.** *vr* **-rsi** sich verdüstern

rinegoziabile [rinegot'tsia:bile] *agg* neu verhandelbar

rinegoziabilità [rinegotsiabili'ta] <-> *f* Möglichkeit *f* neuer Verhandlungen

rinegoziare [rinegot'tsia:re] *vt* neu aushandeln

rinegoziato, -a [rinegot'tsia:to] *agg* neu verhandelt

rinegoziazione [rinegotsiat'tsio:ne] *f* Neuverhandlung *f*

rinfacciare [rinfat'tʃa:re] *vt* vorwerfen, vorhalten

rinfiancare [rinfiaŋ'ka:re] *vt* ① ARCH seitlich abstützen ② *(fig: ipotesi)* untermauern

rinfocolamento [rinfokola'mento] *m* Wiederanfachen *nt*

rinfocolare [rinfoko'la:re] *vt* ① *(riattizzare)* wieder anfachen ② *(fig: rancore, odio)* wieder aufleben lassen

rinfoderare [rinfode'ra:re] *vt* ① *(spada)* wieder in die Scheide stecken ② *(artigli)* wieder einziehen ③ *(fig: proposta)* unterlassen, zurückziehen

rinforzare [rinfor'tsa:re] **I.** *vt avere* ① *(edificio)* stützen, abstützen ② *(muscoli)* stärken, kräftigen ③ *(suono)* verstärken ④ *(fig: autorità, potere)* stärken **II.** *vi essere* sich verstärken **III.** *vr* **-rsi** kräftiger werden

rinforzo [rin'fɔrtso] *m* ① *(sostegno, fig)* MIL Verstärkung *f* ② *(appoggio)* Stütze *f*

rinfrancare [rinfraŋ'ka:re] **I.** *vt* [wieder] ermutigen **II.** *vr* **-rsi** neuen Mut fassen

rinfrescante [rinfres'kante] *agg* erfrischend

rinfrescare [rinfres'ka:re] **I.** *vt avere* ① *(rendere fresco)* abkühlen, abkühlen lassen ② *(dipinto, memoria)* auffrischen **II.** *vi essere* kühler werden, sich abkühlen **III.** *vr* **-rsi** sich erfrischen

rinfrescata [rinfres'ka:ta] *f* ① *(lavata)* Erfrischung *f;* **darsi una ~** sich frisch machen ② METEO Abkühlung *f*

rinfresco [rin'fresko] <-schi> *m* ① *(ricevimento)* Empfang *m* ② *pl (cibi e bevande)* Erfrischungen *fpl*

rinfusa [rin'fu:za] *f* **alla ~** durcheinander

ring [riŋg] <-> *m* ① SPORT [Box]ring *m* ② COM Ring *m,* Kartell *nt*

ringalluzzire [riŋgallut'tsi:re] <ringalluzzisco> *(fam)* **I.** *vt* aufmuntern, aufbauen **II.** *vr* **-rsi** Oberwasser bekommen

ringhiare [riŋ'gia:re] *vi* knurren

ringhiera [riŋ'giɛ:ra] *f* Geländer *nt*

ringhio ['riŋgio] <-ghi> *m* Knurren *nt*

ringhioso, -a [riŋ'gio:so] *agg* knurrend

ringiovanimento [rindʒovani'mento] *m* Verjüngung *f*

ringiovanire [rindʒova'ni:re] <ringiovanisco> *vi essere* sich verjüngen, jünger werden

ringoiare [riŋgo'ia:re] *vt* ① *(ingoiare di nuovo)* wieder schlucken ② *(fig: risposta)* zurücknehmen; *(non dire)* herunterschlucken

ringrano [riŋ'gra:no] *m* ① AGR *Getreideanbau in zwei aufeinanderfolgenden Jahren ohne Brachphase* ② TEC Wiedereingreifen *nt,* Wiederanlaufen *nt*

ringraziamento [riŋgrattsia'mento] *m* Dank *m,* Danksagung *f;* **-i** Dank *m;* **lettera** [*o* **biglietto**] **di ~** Dankschreiben *nt*

ringraziare [riŋgrat'tsia:re] *vt* **~ qu** jdm danken, sich bei jdm bedanken

rinite [ri'ni:te] *f* Nasenschleimhautentzündung *f,* Rhinitis *f*

rinnegamento [rinnega'mento] *m* Verleugnung *f,* Ablehnung *f*

rinnegare [rinne'ga:re] *vt* verleugnen; *(ideale)* abweichen von; *(figlio)* verstoßen

rinnegato, -a [rinne'ga:to] **I.** *agg* abtrünnig **II.** *m, f* Renegat(in) *m(f),* Abtrünnige(r) *f(m)*

rinnovamento [rinnova'mento] *m* Erneuerung *f*

rinnovare [rinno'va:re] **I.** *vt* ① *(rendere nuovo)* erneuern; *(contratto, abbonamento)* verlängern ② *(domanda, petizione)* wiederholen **II.** *vr* **-rsi** sich wiederholen

rinnovatore, -trice [rinnova'to:re] **I.** *agg* erneuernd, Erneuerungs- **II.** *m, f* Erneuerer *m*/Erneuerin *f*

rinnovazione [rinnovat'tsio:ne] *f* Erneuerung *f*

rinnovellare [rinnovel'la:re] *vt (poet)* erneuern

rinnovo [rin'nɔ:vo] *m* Erneuerung *f;* JUR *(di contratto)* Verlängerung *f*

rinoceronte [rinotʃe'ronte] *m* Nashorn *nt,* Rhinozeros *nt*

rinomanza [rino'mantsa] *f (poet)* Renommee *nt geh*

rinomato, -a [rino'ma:to] *agg* berühmt, renommiert *geh*

rinoplastica [rino'plastika] <-che> *f* MED Rhinoplastik *f,* Nasenplastik *f*

rinorragia [rinorra'dʒi:a] *f* MED Rhinorrhagie *f,* heftiges Nasenbluten

rinorragico, -a [rinor'ra:dʒiko] <-ci, -che> *agg* MED rhinorrhagisch, heftig aus der Nase blutend

rinsaldare [rinsal'da:re] **I.** *vt* festigen, konsolidieren **II.** *vr* **-rsi** sich bestärken, sich konsolidieren

rinsanguare [rinsaŋ'gua:re] **I.** *vt* ① MED wieder zu Kräften kommen lassen ② *(fig)* auffrischen, beleben **II.** *vr* **-rsi** wieder zu Kräften kommen

rinsanire [rinsa'ni:re] <rinsanisco> *vi essere* gesunden

rinsavimento [rinsavi'mento] *m (azione)* Wieder-zur-Vernunft-Kommen *nt; (risultato)* Wiedererlangung *f* der Vernunft

rinsavire [rinsa'vi:re] <rinsavisco> *vi essere* wieder zu Verstand kommen

rinsecchire [rinsek'ki:re] <rinsecchisco> *vi essere* ① *(diventare magro)* abmagern ② *(diventare secco)* vertrocknen

rinserrare [rinser'ra:re] **I.** *vt* wieder einsperren **II.** *vr* **-rsi** sich wieder einschließen

rintanarsi [rinta'narsi] *vr* ① *(animale)* sich [in einem Bau] verkriechen ② *(fig: persona)* sich verkriechen

rintasamento [riŋtasa'mento] *m* erneute Verstopfung

rintavolare [rintavo'la:re] *vt* wieder auftischen, wieder zur Sprache bringen

rinterrare [rinter'ra:re] *vt (pianta)* wieder eingraben, wieder einpflanzen

rintoccare [rintok'ka:re] *vi essere o avere (orologio)* schlagen; *(campana)* läuten

rintocco [rin'tokko] <-cchi> *m (di orologio)* Schlagen *nt,* Schlag *m; (di campana)* [Glocken]schlag *m;* **al ~ della mezzanotte** Schlag Mitternacht

rintontimento [riŋtonti'mento] *m* ① *(forte stordimento)* Benommenheit *f* ② *(che rende tonti)* Benebelung *f*

rintoppare [rintop'pa:re] *vt (fam)* **~ qu** jdm zufällig begegnen

rintorpidito, -a [riŋtorpi'di:to] *agg* stark benebelt, benommen

rintracciare [rintrat'tʃa:re] *vt* auffinden, aufspüren

rintronamento [rintrona'mento] *m* ① *(forte eco)* Dröhnen *nt* ② *(stordimento)* Betäubung *f*

rintronare [rintro'na:re] **I.** *vi essere o avere* dröhnen **II.** *vt avere* betäuben

rintuzzare [rintut'tsa:re] *vt* zurückschlagen, -geben

rinuncia [ri'nuntʃa] <-ie> *f* ① *(il rinunciare)* Verzicht *m* ② JUR Verzichtserklärung *f* ③ *pl (privazioni)* Entsagungen *f pl*

rinunciabile [rinun'tʃa:bile] *agg* verzichtbar, entbehrlich

rinunciare [rinun'tʃa:re] *vi* **~ a qc** auf etw *akk* verzichten; **~ ad ogni speranza** jede Hoffnung aufgeben; **ci rinuncio volentieri** *(fam iron)* darauf kann ich gern verzichten

rinunciatario, -a [rinuntʃia'ta:rio] <-i, -ie> **I.** *agg* verzichtend, Verzichts- **II.** *m, f* Verzichtende(r) *f(m)*

rinunzia [ri'nuntsia] <-ie> *f* ① *(il rinunziare)* Verzicht *m* (**a** auf +*akk*) ② JUR Verzichtserklärung *f* ③ *pl (privazioni)* Entsagungen *f pl*

rinunziare [rinun'tsia:re] *vi* verzichten (**a** auf +*akk*); **~ ad ogni speranza** jede Hoffnung aufgeben; **~ al mondo** der Welt entsagen, sich abkapseln; **ci rinuncio volentieri** *(fam iron)* darauf kann ich gern verzichten

rinunziatario, -a [rinuntsia'ta:rio] <-i, -ie> **I.** *agg* verzichtend, Verzichts- **II.** *m, f* Verzichtende(r) *f(m)*

rinvasare [rinva'za:re] *vt* umtopfen

rinvasatura [rinvaza'tu:ra] *f* Umtopfen *nt*

rinvenimento [rinveni'mento] *m* ① *(ritrovamento)* Auffinden *nt,* Entdecken *nt* ② *(ripresa dei sensi)* Wiederzusichkommen *nt*

rinvenire [rinve'ni:re] <irr> **I.** *vt avere* ① *(oggetti)* wieder finden, entdecken ② *(cause di un fenomeno)* herausfinden **II.** *vi essere (ricuperare i sensi)* wieder zu sich *dat* kommen

rinverdire [rinver'di:re] <rinverdisco> *vt* ① *(far tornar verde)* wieder grün machen ② *(fig)* wieder beleben

rinvestire [rinves'ti:re] *v.* **reinvestire**

rinviare [rinvi'a:re] *vt* ① *(palla, luce)* zurückwerfen; *(risposta)* zurückschicken ② *(rimandare)* **~ a qc** auf etw *akk* verweisen ③ *(differire)* verschieben; *(seduta)* vertagen

rinvigorimento [rinvigori'mento] *m* Erstarkung *f*

rinvigorire [rinvigo'ri:re] <rinvigorisco> **I.** *vt avere* wieder stark machen; *(a. fig)* kräftigen, stärken **II.** *vr* **-rsi** wieder erstarken, wieder stark werden

rinvilire [rinvi'li:re] <rinvilisco, rinvilisci> **I.** *vt avere* verbilligen, billiger machen **II.** *vi essere* billiger werden

rinvio [rin'vi:o] *m* ① *(ritorno)* Rücksendung *f,* Zurücksenden *nt* ② SPORT Rückschuss *m,* Rückwurf *m* ③ *(differimento)* Aufschub *m,* Verschiebung *f; (di seduta, udienza)* Vertagung *f* ④ *(rimando)* Verweis *m*

rinviperire [riŋvipe'ri:re] <rinviperisco, rinviperisci> **I.** *vi* verbittert [*o* aufgebracht] sein (**per qc** über etw *akk* **II.** *vr* **-rsi** sich verbittert zeigen (**per qc** über etw *akk*

rio ['ri:o] <rii> *m (poet)* Bach *m*

riò [ri'ɔ] *1. pers sing pr di* **riavere**

rioccupare [riokku'pa:re] **I.** *vt* wieder besetzen **II.** *vr* **-rsi** ① *(trovare un nuovo lavoro)* wieder eine Beschäftigung finden ② *(fig: interessarsi di nuovo)* **-rsi di qu/qc** sich wieder um jdn/etw kümmern

rioccupazione [riokkupat'tsio:ne] *f* Wiederbesetzung *f*

rionale [rio'na:le] *agg* des Stadtviertels, Stadtviertel-

rione [ri'o:ne] *m* Stadtviertel *nt*

riordinamento [riordina'mento] *m* Neuordnung *f*

riordinare [riordi'na:re] *vt* ① *(oggetti)* wieder ordnen; *(casa, stanza)* aufräumen ② *(dare un nuovo ordinamento)* neu ordnen, neu regeln

riordino [ri'ordino] *m* ADM Neuordnung *f*

riorganizzare [riorganid'dza:re] **I.** *vt* reorganisieren, umgestalten **II.** *vr* **-rsi** sich neu organisieren

riorganizzazione [riorganiddzat'tsio:ne] *f* Reorganisation *f*, Umgestaltung *f*

riottenere [riotte'ne:re] <irr> *vt (vittoria)* wieder [*o* erneut] erringen; *(risultato)* wieder [*o* erneut] erreichen; *(permesso, posto)* wieder [*o* erneut] bekommen; **~ successo** wieder Erfolg haben; **~ sempre la stessa somma** *(addizionando)* immer auf die gleiche Summe kommen, immer das gleiche Ergebnis bekommen

riottoso, -a [riot'to:so] *agg* ① *(poet: litigioso)* streitsüchtig ② *(indocile)* unfolgsam, widerspenstig

ripa ['ri:pa] *f (poet)* ① *(riva)* Ufer *nt* ② *(luogo dirupato)* Abgrund *m*

ripagare [ripa'gare] *vt* ① *(pagare di nuovo)* wieder [be]zahlen; **~ con la stessa moneta** jdm etw mit gleicher Münze heimzahlen ② **~ qu di qc** *(ricompensare)* jdn für etw belohnen; *(indennizzare)* jdn für etw entschädigen

riparabile [ripa'ra:bile] *agg* behebbar, reparabel

riparametrare [riparame'tra:re] *vt* neu bemessen

riparametrazione [riparametrat'tsio:ne] *f* ADM *(form)* Neubemessung *f*

riparare [ripa'ra:re] **I.** *vt* ① *(accomodare)* reparieren ② *(proteggere)* schützen ③ *(torto, ingiustizia)* wieder gutmachen **II.** *vi* ① *(ovviare)* **~ a qc** einer Sache *dat* abhelfen ② *(fam: provvedere)* **~ a qc** für etw [vor]sorgen ③ *(rifugiarsi)* [sich] flüchten **III.** *vr* **-rsi da qc** sich vor etw *dat* schützen; **-rsi in un portone** sich in einem Tor unterstellen

riparato, -a [ripa'ra:to] *agg* ① *(luogo)* geschützt ② *(tetto, vestito)* repariert, ausgebessert

riparatore, -trice [ripara'to:re] **I.** *agg* wieder gutmachend **II.** *m, f* Reparateur(in) *m(f)*

riparazione [riparat'tsio:ne] *f* ① *(accomodatura)* Reparatur *f*, Ausbesserung *f* ② *(fig: di torto)* Wiedergutmachung *f*; *(risarcimento)* Entschädigung *f*

riparlare [ripar'la:re] **I.** *vi* wieder sprechen **II.** *vr* **-rsi** sich wieder vertragen

riparo [ri'pa:ro] *m* ① *(protezione)* Schutz *m*, Unterschlupf *m* ② *(rimedio)* Abhilfe *f*; **porre** [*o* **mettere**] **~ a qc** einer Sache *dat* abhelfen; **non c'è ~** *(fam)* da ist nichts zu machen

ripartire [ripar'ti:re] <ripartisco> **I.** *vt* ① *(dividere)* [auf]teilen, einteilen ② *(distribuire)* verteilen; *(compiti, mansioni)* zuteilen **II.** *vi essere* wieder fortgehen, wieder abfahren; **la macchina non vuol ~** das Auto springt nicht [wieder] an

ripartitore, -trice [riparti'to:re] **I.** *m, f* Briefsortierer(in) *m(f)* **II.** *m, f* Verteiler *m*

ripartizione [ripartit'tsio:ne] *f* ① *(divisione)* [Auf]teilung *f* ② *(distribuzione)* Verteilung *f*; *(di compiti, mansioni)* Zuteilung *f*

ripascimento [ripaʃʃi'mento] *m* ECOL Sanierung *f*

ripassare [ripas'sa:re] **I.** *vi essere* wieder vorbeigehen; *(ritornare)* wieder zurückkommen; **ripassi domani** kommen Sie morgen noch einmal vorbei **II.** *vt avere* ① *(fiume, valico, Alpi)* wieder passieren, wieder überschreiten ② *(contorni di un disegno)* nachziehen, nachzeichnen ③ *(fam: stirare)* aufbügeln, überbügeln ④ *(lezione)* wiederholen

ripassata [ripas'sa:ta] *f* ① *(ulteriore perfezionamento)* Überarbeitung *f*; **dare una ~ alla camicia** das Hemd aufbügeln ② *(fig: di lezione)* Wiederholung *f* ③ *(fam: sgridata)* Anpfiff *m*

ripassatura [ripassa'tu:ra] *f* technische Überholung

ripasso [ri'passo] *m* Wiederholung *f*

ripatteggiare [ripatted'dʒa:re] **I.** *vi* neu verhandeln **II.** *vt* neu aushandeln (**qc con qu** etw mit jdm)

ripensamento [ripensa'mento] *m* Überdenken *nt*, Überlegen *nt*

ripensare [ripen'sa:re] *vi* ① *(riflettere)* **~ a qc** etw überdenken ② *(cambiare parere)* es sich anders überlegen, seine Meinung ändern ③ *(riandare con la memoria)* **~ a qu/qc** an jdn/etw zurückdenken

ripercorrere [riper'korrere] <irr> *vt* ① *(itinerario, tragitto)* erneut gehen ② *(fig)* wieder durchgehen, überdenken

ripercuotere [riper'kuɔ:tere] <irr> **I.** *vt* ① *(percuotere di nuovo)* wieder schlagen

❷ *(riflettere)* zurückwerfen **II.** *vr* **-rsi** ❶ *(provocare urto)* zurückprallen ❷ *(essere riflesso)* zurückgeworfen werden; *(suono)* widerhallen ❸ *(fig)* **-rsi su qc** sich auf etw *akk* auswirken

ripercussione [riperkus'sio:ne] *f* ❶ *(fig)* Auswirkung *f* ❷ PHYS Reflexion *f* ❸ *(contraccolpo)* Rückstoß *m,* Rückprall *m*

riperdonare [riperdo'na:re] *vt* noch einmal verzeihen (**qc a qu** jdm etw)

ripescare [ripes'ka:re] *vt* ❶ *(ricuperare)* wieder [auf]fischen ❷ *(fig fam: ritrovare)* ausfindig machen

ripetente [ripe'tɛnte] **I.** *agg* wiederholend **II.** *mf* Sitzenbleiber(in) *m(f)*

ripetere [ri'pɛ:tere] **I.** *vt* wiederholen **II.** *vr* **-rsi** sich wiederholen

ripetitivo, -a [ripeti'ti:vo] *agg* Wiederholungs-

ripetitore [ripeti'to:re] *m* RADIO, TV Verstärker *m,* Relaisstation *f*

ripetitrice [ripeti'tri:tʃe] *f* FOTO Repitiermaschine *f*

ripetizione [ripetit'tsio:ne] *f* ❶ *(gener)* Wiederholung *f;* ~ [**automatica**] TEL Wahlwiederholung *f* ❷ *(lezione privata)* Nachhilfeunterricht *m,* Nachhilfestunde *f*

ripettinare [ripetti'na:re] **I.** *vt* überkämmen, wieder kämmen **II.** *vr* **-rsi** sich überkämmen, sich wieder kämmen

ripetuto, -a [ripe'tu:to] *agg* wiederholt

ripianamento [ripiana'mento] *m* FIN Ausgleich *m,* Begleichung *f;* **il ~ del deficit** der Ausgleich des Defizits

ripiano [ri'pia:no] *m* ❶ *(palchetto)* [Regal]brett *nt* ❷ *(zona piana)* Terrasse *f,* Ebene *f*

ripicca [ri'pikka] <-cche> *f* Gegenschlag *m,* Vergeltung *f;* **per ~** aus Rache, zum Trotz

ripicchiare [ripik'kia:re] *vt* ❶ *(picchiare di nuovo)* wieder klopfen, wieder schlagen ❷ *(fig)* nachbohren; **picchia e ripicchia** *(fam)* durch ständige Bemühungen

ripicco [ri'pikko] *m v.* **ripicca**

ripidezza [ripi'dettsa] *f* Steilheit *f*

ripidità [ripidi'ta] <-> *f* ❶ *(ripidezza)* Steilheit *f,* Schroffheit *f* ❷ NAUT *(in oceanografia)* Wellenverhältnis *nt* von Höhe zur Länge

ripido, -a ['ri:pido] *agg* steil

ripiegamento [ripiega'mento] *m* Rückzug *m*

ripiegare [ripie'ga:re] **I.** *vt* ❶ *(foglio, tessuto)* zusammenfalten, zusammenlegen ❷ *(ginocchia)* beugen; *(ali)* anlegen ❸ *(piegare di nuovo)* wieder biegen **II.** *vi* ❶ *(fig: trovare ripiego)* **~ su qc** auf etw *akk* ausweichen ❷ MIL zurückweichen **III.** *vr* **-rsi** ❶ *(incurvarsi)* sich biegen, sich krümmen ❷ *(fig)* sich zurückziehen

ripiego [ri'piɛ:go] <-ghi> *m* Ausweg *m,* Notlösung *f;* **soluzione di ~** Verlegenheitslösung *f*

ripienatrice [ripiena'tri:tʃe] *f* MIN, TEC Füllmaschine *f*

ripienista [ripie'nista] <-i *m,* -e *f*> *mf* MUS Ripienist(in) *m(f)*

ripieno [ri'piɛ:no] *m* ❶ GASTR Farce *f,* Füllung *f* ❷ *(materiale)* Füllung *f*

ripieno, -a *agg* [voll]gefüllt, angefüllt; GASTR gefüllt; *(fig)* voll

ripigliare [ripiʎ'ʎa:re] *(fam)* **I.** *vt* wieder nehmen; *(fiato)* wieder holen; *(discorso)* wieder beginnen; *(riaccettare)* wieder [an]nehmen **II.** *vi* sich erholen **III.** *vr* **-rsi** wieder zu sich kommen

ripilare [ripi'la:re] *vt* mit neuen Batterien versehen, neue Batterien einlegen

riplasmare [riplaz'ma:re] *vt* ❶ *(plasmare di nuovo)* wieder modellieren, wieder formen ❷ *(fig)* formen, bilden

ripopolamento [ripopola'mento] *m* Wiederbevölkerung *f,* Wiederbesiedlung *f*

ripopolare [ripopo'la:re] **I.** *vt* wieder bevölkern, wieder besiedeln; *(di animali)* wieder besetzen **II.** *vr* **-rsi** sich wieder bevölkern, sich wieder besiedeln

ripopolazione [ripopolat'tsio:ne] *f* BIOL Wiederbevölkerung *f,* Wiederbesiedlung *f*

riporre [ri'porre] <irr> *vt* ❶ *(mettere via)* zurücklegen, wegtun ❷ *(porre di nuovo)* wieder legen, wieder setzen ❸ *(fig)* **~ fiducia/speranza in qu** sein Vertrauen/seine Hoffnung auf jdn setzen

riportare [ripor'ta:re] **I.** *vt* ❶ *(portare di nuovo)* wieder bringen ❷ *(portare indietro)* zurückbringen ❸ *(riferire)* wiedergeben, hinterbringen ❹ *(citare)* zitieren, wiedergeben ❺ MAT übertragen ❻ *(trasportare)* übertragen ❼ *(fig: vittoria)* erlangen, davontragen; *(danni)* davontragen, erleiden **II.** *vr* **-rsi** ❶ *(tornare indietro)* sich zurückbegeben ❷ *(richiamarsi)* **-rsi a qc** sich auf etw *akk* beziehen

riporto [ri'pɔrto] *m* ❶ MAT Übertrag *m* ❷ *(contabilità)* Übertrag *m,* Vortrag *m* ❸ FIN Report *m* ❹ *(parte di tessuto)* Besatz *m*

riposante [ripo'sante] *agg* erholsam, entspannend

riposare [ripo'sa:re] **I.** *vi* ❶ *(dormire)* ruhen; *(fermarsi)* ausruhen ❷ *(essere posato)* sich befinden; **~ in pace** in Frieden ruhen **II.** *vt* ❶ *(corpo, membra)* ausruhen [lassen]; *(vista)* schonen ❷ *(posare di nuovo)* wieder legen [*o* stellen] [*o* setzen]

R

III. *vr* **-rsi** ① *(dormire)* ruhen ② *(prendere ristoro)* sich ausruhen

riposato, **-a** [ripo'sa:to] *agg* ① *(ritemprato)* ausgeruht ② *(calmo)* ruhig

riposi *1. pers sing pass rem di* **riporre**

riposino [ripo'si:no] *m (fam)* Nickerchen *nt*

riposizionare [riposittsio'na:re] *vt* an seinen Platz rücken, zurechtrücken; *(prodotto)* wieder positionieren

riposo [ri'pɔ:so] *m* ① *(sospensione dell'attività)* Ruhe *f,* Ruhepause *f;* **casa di ~** Altersheim *nt;* **giornata di ~** Ruhetag *m;* **buon ~!** angenehme Ruhe!; **il paziente ha bisogno di ~ assoluto** der Patient braucht absolute Ruhe ② SPORT, MIL Ruhestellung *f* ③ ADM Ruhestand *m;* **andare a ~** in den Ruhestand treten ④ AGR Brachliegen *nt;* **stare in ~** brachliegen

ripostiglio [ripos'tiʎʎo] <-gli> *m* Abstellraum *m*

riposto, **-a** [ri'posto] **I.** *pp di* **riporre** **II.** *agg* ① *(luogo)* abgelegen ② *(senso, pensiero)* verborgen

riprecipitare [ripretʃipi'ta:re] **I.** *vt avere* erneut fallen lassen **II.** *vi essere* wieder herbeistürzen **III.** *vr* **-rsi** überstürzt eilen (**verso qu/qc** zu jdm/etw), zustürzen (**verso qu/qc** auf jdn/etw)

riprendere [ri'prɛndere] <irr> **I.** *vt* ① *(prendere di nuovo)* wieder nehmen; *(posto)* wieder einnehmen; **~ quota/velocità** wieder an Höhe/Geschwindigkeit gewinnen; **~ i sensi/le forze** *(fig)* wieder zu Bewusstsein/Kräften kommen ② *(prendere indietro)* zurücknehmen ③ *(ricominciare)* wieder beginnen, wiederaufnehmen ④ *(rimproverare)* schelten, tadeln ⑤ FILM, FOTO aufnehmen **II.** *vi (ricominciare)* wieder anfangen; **ha ripreso a fumare** er/sie hat wieder angefangen zu rauchen **III.** *vr* **-rsi** ① *(ricuperare vigore)* sich erholen ② *(ravvedersi)* sich bessern

ripresa [ri'pre:sa] *f* ① *(inizio)* Wiederbeginn *m,* Wiederaufnahme *f* ② COM Wiederaufschwung *m* ③ *(da malattia)* Erholung *f,* Besserung *f* ④ FILM, TV Aufnahme *f;* **in ~ diretta** TV in Direktübertragung, live ⑤ MUS, THEAT, FIN Reprise *f* ⑥ MOT Beschleunigung *f* ⑦ SPORT zweite Halbzeit; *(pugilato)* Runde *f* ⑧ *(in sartoria)* Abnäher *m*

ripresentare [riprezen'ta:re] **I.** *vt* wieder vorstellen **II.** *vr* **-rsi** sich wieder vorstellen

ripresi *1. pers sing pass rem di* **riprendere**

ripreso *pp di* **riprendere**

ripristinamento [ripristina'mento] *m* Wiederherstellung *f*

ripristinare [ripristi'na:re] *vt (poet)* ① *(ordine, consuetudine)* wiederherstellen, erneuern ② *(edificio, facciata)* restaurieren, wieder instand setzen ③ *(traffico)* wieder in Gang bringen

ripristino [ri'pristino] *m* Wiederherstellung *f,* Instandsetzung *f*

riprodotto *pp di* **riprodurre**

riproducibile [riprodu'tʃi:bile] *agg* reproduzierbar

riproducibilità [riprodutʃibili'ta] <-> *f* TEC Reproduzierbarkeit *f*

riprodurre [ripro'durre] <irr> **I.** *vt* ① *(produrre di nuovo)* reproduzieren ② *(documento)* vervielfältigen, kopieren ③ *(fig)* wiedergeben; *(rappresentare)* darstellen **II.** *vr* **-rsi** ① BIOL sich fortpflanzen, sich vermehren ② *(ripetersi)* sich wiederholen

riproduttivo, **-a** [riprodut'ti:vo] *agg* ① BIOL Fortpflanzungs-, reproduktiv ② TEC nachbildend, reproduktiv

riproduttore [riprodut'to:re] *m* Tonabnehmer *m*

riproduttore, **-trice** **I.** *agg* Fortpflanzungs- **II.** *m, f* Zuchttier *nt*

riproduttrice [riprodut'tri:tʃe] *f* FOTO Repetierkopiermaschine *f*

riproduzione [riprodut'tsio:ne] *f* ① *(di disegno, quadro)* Reproduktion *f* ② BIOL Fortpflanzung *f* ③ *(registrazione)* Wiedergabe *f*

riprografia [riprogra'fi:a] *f* FOTO, TEC Reprografie *f*

riprografico, **-a** [ripro'gra:fiko] <-ci, -che> *agg* reprografisch; **tecnica -a** Reprotechnik *f*

ripromettere [ripro'mettere] <riprometto, ripromisi, ripromesso> **I.** *vt* wieder versprechen **II.** *vr* **-rsi** ① *(sperare)* sich etw versprechen von, sich etw erhoffen von ② *(promettere a se stesso)* sich etw vornehmen, sich etw versprechen von

ripromettersi [ripro'mettersi] <irr> *vr* sich etw vornehmen, sich etw versprechen von

riprova [ri'prɔ:va] *f* ① MAT Gegenprobe *f* ② *(conferma)* Beweis *m,* Bestätigung *f*

riprovare [ripro'va:re] **I.** *vt* ① *(vestito, cappello)* wieder [an]probieren ② *(fig: sentimento)* wieder fühlen, wieder empfinden **II.** *vr* **-rsi** wieder wagen **III.** *vi* wieder versuchen

riprovatorio, **-a** [riprova'tɔ:rio] <-i, -ie> *agg* tadelnd; **discorso ~** Tadel *m*

riprovazione [riprovat'tsio:ne] *f* Missbilligung *f*

ripubblicabile [ripubbli'ka:bile] *agg* für die Wiederveröffentlichung geeignet

ripubblicare [ripubbli'ka:re] *vt* wieder veröffentlichen

ripubblicazione [ripubblikat'tsio:ne] *f* Wiederveröffentlichung *f,* Neuauflage *f*
ripudiabilità [ripudiabili'ta] <-> *f* Möglichkeit *f* der Ablehnung [*o* Zurückweisung]; ~ **di un'opera** Möglichkeit der Ablehnung eines Werkes
ripudiare [ripu'dia:re] *vt* ① *(persone)* verstoßen ② *(scritto)* verleugnen, zurückweisen ③ *(fede, idee)* verleugnen
ripudio [ri'pu:dio] <-i> *m* Verstoßen *nt; (rifiuto)* Verleugnung *f*
ripugnante [ripuɲ'ɲante] *agg* abstoßend, widerwärtig
ripugnanza [ripuɲ'ɲantsa] *f* Abscheu *m; (avversione)* Abneigung *f,* Widerwille *m;* **ho ~ per la violenza** ich verabscheue Gewalt
ripugnare [ripuɲ'ɲa:re] *vi* ~ **a qu** jdn abstoßen
ripulire [ripu'li:re] <ripulisco> *vt* ① *(pulire di nuovo)* wieder säubern ② *(fig fam: persone)* [total] ausnehmen; *(appartamento)* [total] leer räumen
ripulisti [ripu'listi] *v.* **repulisti**
ripulita [ripu'li:ta] *f (a. fig)* Säuberung *f;* **dare una ~ alle scale** die Treppe rasch sauber machen
ripulitura [ripuli'tu:ra] *f* ① *(operazione)* Säuberung *f* ② *(materiale)* Kehricht *m o nt*
ripulsa [ri'pulsa] *f (poet)* Abweisung *f*
ripulsione [ripul'sio:ne] *f* Abneigung *f*
ripulsivo, -a [ripul'si:vo] *agg* abstoßend
riquadrare [rikua'dra:re] **I.** *vt* viereckig machen; ~ **la testa** [*o* **il cervello**] **a qu** jdm den Kopf zurechtrücken **II.** *vi essere o avere* ① *(misurare)* betragen ② *(fig: soddisfare)* passen
riquadro [ri'kua:dro] *m* ① *(delimitazione quadrata)* Rechteck *nt* ② ARCH Kassette *f*
riqualificare [rikualifi'ka:re] **I.** *vt* wieder qualifizieren **II.** *vr* **-rsi** sich weiterbilden
riqualificazione [rikualifikat'tsio:ne] *f* Weiterbildung *f,* Fortbildung *f*
RIS *m acro di* **reparto investigazioni scientifiche** Spurensicherung *f*
risacca [ri'sakka] <-cche> *f* Brandung *f*
risaccheggiare [risakked'dʒa:re] *vt* erneut plündern
risaia [ri'sa:ia] <-aie> *f* Reisfeld *nt*
risalire [risa'li:re] <irr> **I.** *vt avere* wieder hinaufgehen; ~ **la corrente** *(fig)* gegen den Strom schwimmen **II.** *vi essere* ① *(salire di nuovo)* wieder [auf]steigen, wieder hinaufgehen ② *(rincarare)* steigen ③ *(fig: essere avvenuto)* zurückliegen; ~ **a tre mesi fa** drei Monate zurückliegen
risalita [risa'li:ta] *f* Wiederaufstieg *m;* **impianti di ~** Seilbahnen und Skilifte
risaltare [risal'ta:re] *vi essere o avere* ① *(spiccare)* vorspringen ② *(fig: eccellere)* auffallen, hervorstechen ③ *(saltare di nuovo)* wieder springen
risalto [ri'salto] *m* ① *(sporgenza)* Vorsprung *m* ② *(evidenza)* Hervorhebung *f;* **mettere** [*o* **porre**] **in ~ qc** etw hervorheben
risanabile [risa'na:bile] *agg* ① *(guaribile)* heilbar ② *(fig)* sanierfähig
risanabilità [risanabili'ta] <-> *f* Sanierfähigkeit *f*
risanamento [risana'mento] *m* ① *(urbanistico, finanziario)* Sanierung *f* ② *(fig)* MED Heilung *f*
risanare [risa'na:re] **I.** *vt avere* ① COM, FIN, ARCH sanieren ② *(zona paludosa)* meliorieren, trockenlegen ③ *(fig)* MED heilen **II.** *vi essere* wieder genesen
risanatore, -trice [risana'to:re] **I.** *agg* heilend **II.** *m, f* Heilende(r) *f(m)*
risanguinare [risaŋgui'na:re] *vi* wieder bluten; **la ferita risanguina** die Wunde fängt wieder an zu bluten
risapere [risa'pe:re] <risò, riseppi, risaputo> *vt* erfahren
risaputo, -a [risa'pu:to] *agg (noto)* bekannt
risarcibilità [risartʃibili'ta] <-> *f* Wiedergutmachungsmöglichkeit *f,* Ersatzforderung *f*
risarcimento [risartʃi'mento] *m* ① *(compensazione)* Entschädigung *f* ② *(somma)* Entschädigung[ssumme] *f;* **richiesta di ~ danni** Schadenersatzforderung *f*
risarcire [risar'tʃi:re] <risarcisco> *vt (persone)* entschädigen; *(danno)* ersetzen; *(a. fig: offesa)* wiedergutmachen
risarcitorio, -a [risartʃi'tɔ:rio] <-i, -ie> *agg* JUR Wiedergutmachungs-
risarella [risa'rɛlla] *f (fam)* Lachanfall *m;* **avere la ~** einen Lachkrampf haben
risata [ri'sa:ta] *f* Gelächter *nt,* Lachen *nt*
risbagliare [rizbaʎ'ʎa:re] **I.** *vt* wieder falsch machen **II.** *vi* denselben Fehler wiederholen **III.** *vr* **-rsi** sich erneut vertun
riscaldamento [riskalda'mento] *m* ① *(atto, modo)* Erwärmung *f,* Heizen *nt; (del motore)* Warmlaufen *nt;* ~ **del pianeta** Erderwärmung *f* ② *(impianto, mezzo)* Heizung *f;* ~ **a gas** Gasheizung *f;* ~ **centrale** Zentralheizung *f*
riscaldare [riskal'da:re] **I.** *vt* ① erwärmen; *(minestra, caffè)* aufwärmen; *(stanza, casa)* heizen ② *(fig)* erhitzen **II.** *vi* ① *(aumentare di temperatura)* warm werden; *(stufa)* heizen ② *(fam: minestra)* wärmen **III.** *vr* **-rsi** ① *(riprendere calore)* sich [auf]wärmen ② *(diventare caldo)* warm

R

werden, sich erwärmen ③ *(fig: infervorarsi)* sich erhitzen, sich ereifern

riscaldatore [riskalda'to:re] *m* Heizgerät *nt*

riscaldo [ris'kaldo] *m (fam)* leichte Entzündung

riscattare [riskat'ta:re] **I.** *vt* ① *(persone)* freikaufen; POL befreien ② JUR *(rendita, fondo)* einlösen, zurückkaufen ③ *(fig: redimere)* erlösen, befreien **II.** *vr* **-rsi** sich befreien, sich lösen

riscatto [ris'katto] *m* ① *(liberazione a pagamento)* Loskaufen *nt,* Freikaufen *nt; (prezzo)* Lösegeld *nt* ② JUR Rückkauf *m* ③ POL Befreiung *f*

rischiaramento [riskiara'mento] *m* ① *(fig)* Aufhellen *nt* ② METEO Aufklaren *nt* ③ *(di liquidi)* Klärung *f*

rischiarare [riskia'ra:re] **I.** *vt avere* ① *(rendere chiaro)* beleuchten, aufhellen ② *(fig: mente)* schärfen; *(idee)* klären **II.** *vr* **-rsi** ① METEO aufklaren, sich aufhellen ② *(fig: rasserenarsi)* sich aufhellen; **si rischiarò in volto** seine [*o* ihre] Miene hellte sich auf **III.** *vi essere* aufklaren

rischiare [ris'kia:re] **I.** *vt* riskieren, aufs Spiel setzen **II.** *vi* **~ di fare qc** riskieren, etw zu tun

rischio ['riskio] <-schi> *m* Risiko *nt,* Wagnis *nt; (pericolo)* Gefahr *f;* **correre un ~** ein Risiko eingehen; **mettere qc a ~** etw aufs Spiel setzen; **c'è il ~ di ...** +*inf* es besteht [die] Gefahr, dass ...; **a proprio ~ e pericolo** auf eigene Gefahr

rischiosità [riskiosi'ta] <-> *f* Gefährlichkeit *f,* Gewagtheit *f*

rischioso, -a [ris'kio:so] *agg* riskant, gewagt

risciacquare [riʃʃak'kua:re] *vt* abspülen, nachspülen; *(bottiglie)* ausspülen; *(bocca)* [aus]spülen

risciacquata [riʃʃak'kua:ta] *f* ① *(risciacquatura veloce)* kurzes Abspülen ② *(fig fam: sgridata)* Anpfiff *m*

risciacquatura [riʃʃakkua'tu:ra] *f* ① *(azione)* Spülen *nt* ② *(acqua)* Spülwasser *nt*

risciacquo [riʃ'ʃakkuo] *m* ① *(del bucato)* [Aus]spülen *nt* ② MED *(la bocca)* [Aus]spülen *nt; (medicinale)* Mundwasser *nt* ③ *(lavatrice, lavastoviglie)* Spülgang *m*

risciaquabile [riʃʃak'kua:bile] *agg* ausspülbar, auswaschbar; **shampoo colorato ~** ausspülbares Färbeshampoo

risciò [riʃ'ʃɔ] <-> *m* Rikscha *f*

riscontare [riskon'ta:re] *vt* rediskontieren

risconto [ris'konto] *m* Rediskontierung *f,* Rückdiskont *m*

riscontrabile [riskon'tra:bile] *agg* feststellbar, vergleichbar

riscontrare [riskon'tra:re] **I.** *vt* ① *(confrontare)* vergleichen ② *(esaminare)* überprüfen ③ *(rilevare)* herausfinden **II.** *vi essere* übereinstimmen

riscontro [ris'kontro] *m* ① *(confronto)* Vergleich *m* ② *(verifica)* Überprüfung *f* ③ ADM *(risposta)* Antwort *f* ④ *(fig: corrispondenza)* Entsprechung *f* ⑤ *(fam: corrente d'aria)* Durchzug *m*

riscoperta [risko'pɛrta] *f* Wiederentdeckung *f*

riscossa [ris'kɔssa] *f* Rückeroberung *f*

riscossione [riskos'sio:ne] *f* Auszahlung *f*

riscotimento [riskoti'mento] *m* Wachrütteln *nt*

riscrivere [ris'kri:vere] <riscrivo, riscrissi, riscritto> **I.** *vt* wieder schreiben, erneut schreiben **II.** *vi* zurückschreiben

riscrivibile [riskri'vi:bile] *agg* INFORM wiederbeschreibbar

riscuotere [ris'kuɔ:tere] <irr> **I.** *vt* ① *(stipendio, paga)* kassieren, einnehmen, einheben A ② *(fig)* erzielen; *(ammirazione)* ernten ③ *(scuotere di nuovo)* wieder rütteln **II.** *vr* **-rsi** ① *(risvegliarsi)* aufgerüttelt werden ② *(fig)* sich zusammennehmen ③ *(per paura, stupore)* zusammenfahren

riscuotibilità [riskuɔtibili'ta] <-> *f* Eintreibbarkeit *f,* Einziehbarkeit *f*

risentimento [risenti'mento] *m* ① *(reazione di sdegno)* Ressentiment *nt,* Groll *m* ② MED Nachwirkung *f*

risentire [risen'ti:re] **I.** *vt* ① *(sentire di nuovo)* wieder hören [*o* schmecken] [*o* riechen] [*o* fühlen] ② *(ascoltare di nuovo)* wieder anhören ③ *(provare)* [noch] empfinden, [noch] verspüren **II.** *vi* **~ di qc** [noch] an etw *dat* leiden **III.** *vr* **-rsi** ① *(sentirsi di nuovo)* wieder voneinander hören; **a risentirci!** auf Wiederhören! ② *(offendersi)* gekränkt sein

risentito, -a [risen'ti:to] *agg* gekränkt, beleidigt

riseppellimento [riseppelli'mento] *m* erneute Beerdigung

riserbare [riser'ba:re] *vt* vorbehalten, bereithalten

riserbo [ri'sɛrbo] *m* Zurückhaltung *f,* Reserve *f*

riserva [ri'sɛrva] *f* ① *(provvista)* Reserve *f,* Vorrat *m;* **fare ~ di qc** einen Vorrat von etw anlegen ② COM, MIL Reserve *f* ③ *(di vino)* Jahrgang *m* ④ SPORT Reservespieler(in) *m(f)* ⑤ *(di caccia, pesca)* Revier *nt* ⑥ *(limitazione)* Vorbehalt *m,* Einschränkung *f;* **senza -e** ohne Vorbehalt ⑦ *(giudizio negativo)* Zweifel *m,* Vorbehalt *m* ⑧ TEC Ersatz *m;* MOT Reserve *f;* **essere in ~** MOT auf Reserve fahren

riservare [riser'vaːre] **I.** *vt* ① *(tenere in serbo)* aufbewahren, aufsparen ② *(facoltà, diritto)* vorbehalten ③ *(tavolo, posto)* freihalten **II.** *vr* **-rsi di fare qc** sich *dat* vorbehalten etw zu tun

riservatezza [riserva'tettsa] *f* Zurückhaltung *f*

riservato, -a [riser'vaːto] *agg* ① *(posto, palco)* reserviert ② *(notizia, informazione)* vertraulich, geheim ③ *(persona, carattere)* zurückhaltend

risi ['riːsi] *1. pers sing pass rem di* **ridere**

risicare [rizi'kaːre] *vt (fam)* v.**rischiare: chi non risica non rosica** *(prov)* wer [nicht] wagt, der [nicht] gewinnt

risicoltura [risikol'tuːra] *f* Reis[an]bau *m*

risiedere [ri'siɛːdere] *vi* ① *(aver sede)* ansässig sein ② *(fig: consistere)* **~ in qc** in etw *dat* bestehen

risiforme [risi'forme] *agg* reisförmig

risma ['rizma] *f* ① *(di carta)* Ries *nt* ② *(fig, pej)* Bande *f*

riso[1] ['riːso] *pp di* **ridere**

riso[2] <*pl*: -a *f*> *m (il ridere)* Lachen *nt,* Gelächter *nt*

riso[3] *m* BOT Reis *m;* **-i e bisi** Risi-Bisi *pl (Reis mit Erbsen, Butter und Parmesankäse)*

risolare [riso'laːre] *vt* neu besohlen

risolatura [risola'tuːra] *f* Neubesohlung *f*

risolsi [ri'sɔlsi] *1. pers sing pass rem di* **risolvere**

risolto [ri'sɔlto] *pp di* **risolvere**

risolubilità [risolubili'ta] *f* ① *(risolvibilità)* Lösbarkeit *f,* Auflösbarkeit *f* ② *(possibilità di essere sciolto)* Auflösbarkeit *f*

risolutezza [risolu'tettsa] *f* Entschlossenheit *f*

risolutivo, -a [risolu'tiːvo] *agg* aufhebend, [auf]lösend; *(decisivo)* entscheidend

risoluto, -a [riso'luːto] **I.** *pp di* **risolvere** **II.** *agg* resolut, resch A

risoluzione [risolut'tsioːne] *f* ① *(decisione)* Beschluss *m,* Resolution *f* ② MAT *(soluzione)* Lösung *f; (spiegazione)* Erklärung *f,* [Auf]lösung *f* ③ JUR *(di contratto)* Auflösung *f*

risolvere [ri'sɔlvere] <risolvo, risolsi, risolto *o* risoluto> **I.** *vt* ① *(equazione, problema, indovinello)* lösen ② *(dubbio)* zerstreuen ③ JUR *(contratto)* auflösen ④ *(fam: riuscire a concludere)* zustande bringen ⑤ CHEM *(composto)* auflösen, zerlegen **II.** *vr* **-rsi** ① *(decidersi)* sich entschließen ② *(fig: andare a finire)* **-rsi in qc** auf etw *akk* hinauslaufen; **-rsi bene/male** gut/schlecht ausgehen

risonanza [riso'nantsa] *f* ① *(fig: importanza)* Resonanz *f,* Zustimmung *f* ② PHYS, MED Resonanz *f;* **tomografia a ~ magnetica** Kernspintomografie *f*

risonare [riso'naːre] **I.** *vi essere o avere* ① *(corpo percosso)* dröhnen, tönen ② *(luogo chiuso)* hallen ③ *(suono)* wieder ertönen, wieder klingen ④ *(fig)* klingen ⑤ PHYS mitschwingen **II.** *vt avere* wieder spielen

risorgere [ri'sordʒere] <irr> *vi essere* ① REL auferstehen ② *(sole)* wieder aufgehen ③ *(fig: rinascere)* wieder auftreten, wieder auftauchen

risorgimento [risordʒi'mento] *m* Risorgimento *nt*

risorsa [ri'sorsa] *f* ① *(mezzo)* Reserve *f,* Ressource *f;* **-e finanziarie** Geldmittel *nt pl;* **-e naturali** Rohstoffe *m pl;* **-e umane** Personal *nt* ② *(espediente)* Mittel *nt* ③ *(capacità)* Fähigkeit *f*

risorsi *1. pers sing pass rem di* **risorgere**

risorto *pp di* **risorgere**

risotto [ri'sɔtto] *m* Risotto *m;* **~ ai funghi** Pilzrisotto *m;* **~ alla marinara** Risotto *m* mit Meeresfrüchten

risparmiare [rispar'miaːre] **I.** *vt* ① *(mettere da parte)* sparen; *(non impiegare)* einsparen ② *(voce, occhi)* schonen ③ *(fare a meno di)* sich *dat* sparen ④ *(astenersi dall'infliggere)* verschonen **II.** *vr* **-rsi** sich schonen

risparmiatore, -trice [risparmia'toːre] *m, f* Sparer(in) *m(f)*

risparmio [ris'parmio] <-i> *m* ① *(denaro)* Ersparnis *f;* **cassa di ~** Sparkasse *f;* **libretto di ~** Sparbuch *nt* ② *(economia)* Ersparnis *f,* Einsparung *f;* **~ energetico** Energiesparen *nt;* **lampadina a ~ energetico** Energiesparlampe *f*

risparmioso, -a [rispar'mioːso] *agg (fam)* sparsam, energiesparend

rispecchiare [rispek'kiaːre] **I.** *vt* ① *(riflettere)* widerspiegeln ② *(specchiare di nuovo)* wieder spiegeln **II.** *vr* **-rsi** ① *(rimirarsi)* sich wieder spiegeln ② *(specchiarsi)* sich widerspiegeln

rispedire [rispe'diːre] <rispedisco> *vt* ① *(spedire di nuovo)* wieder schicken ② *(spedire indietro)* zurückschicken

rispettabile [rispet'taːbile] *agg* ① *(persone)* ehrenwert, respektabel; *(dabbene)* ehrbar ② *(età, naso)* beachtlich; *(patrimonio)* beachtlich, ansehnlich

rispettare [rispet'taːre] *vt* ① *(persone)* respektieren, achten ② *(opinioni, diritti)* respektieren, anerkennen ③ *(ordini)* befolgen; *(feste)* beachten; *(parola)* halten ④ *(seguire)* nachvollziehen

rispettivamente [rispettiva'mente] *avv* beziehungsweise

R

rispettivo, **-a** [rispet'ti:vo] *agg* jeweilig
rispetto [ris'pεtto] *m* ❶ *(stima, deferenza)* Respekt *m,* Achtung *f; (riverenza)* Ehrfurcht *f;* **avere ~ per qu/qc** Respekt vor jdm/etw haben; **con ~ parlando** mit Verlaub; **nel ~ reciproco** in gegenseitigem Respekt ❷ *(riguardo)* Rücksicht *f;* **~ a qu/qc** im Vergleich zu jdm/etw, in Bezug auf jdn/etw ❸ *(di legge, regolamento)* Befolgung *f,* Beachtung *f*
rispettoso, **-a** [rispet'to:so] *agg* ❶ *(persona)* respektvoll, ehrerbietig ❷ *(saluti)* hochachtungsvoll
risplendere [ris'plεndere] *vi essere o avere* strahlen, leuchten
rispolverare [rispolve'ra:re] *vt* ❶ *(spolverare di nuovo)* wieder abstauben ❷ *(fig)* [wieder] auffrischen
rispondente [rispon'dεnte] *agg* entsprechend
rispondere [ris'pondere] <rispondo, risposi, risposto> **I.** *vi* ❶ *(gener)* antworten; **~ di sì/no** mit Ja/Nein antworten; **~ ad una domanda/lettera** auf eine Frage/einen Brief antworten, eine Frage/einen Brief beantworten; **~ al saluto di qu** jds Gruß erwidern; **~ a voce/per [i]scritto** mündlich/schriftlich antworten; **~ al telefono** sich am Telefon melden; **non risponde** TEL es meldet sich niemand ❷ *(replicare)* widersprechen ❸ *(delle proprie azioni)* verantwortlich sein [für]; *(delle azioni altrui)* haften [für]; *(in tribunale)* sich verantworten ❹ *(essere conforme)* entsprechen **II.** *vt* antworten, als Antwort geben
risposta [ris'posta] *f* ❶ *(gener)* Antwort *f;* **in ~ a** in Beantwortung *+gen;* **la ~ a una domanda** die Antwort auf eine Frage ❷ *(reazione)* **la ~ a qc** die Reaktion auf etw *akk* ❸ TEC Ansprechen *nt,* Reagieren *nt*
rispostina [rispos'ti:na] *f* ❶ *dim di* **risposta** ❷ *(risposta pungente)* spitze Antwort
risposto [ris'posto] *pp di* **rispondere**
rispostuccia [rispos'tuttʃa] <-cce> *f* ❶ *dim di* **risposta** ❷ *(risposta evasiva)* ausweichende Antwort
rissa ['rissa] *f* Rauferei *f,* Schlägerei *f*
rissoso, **-a** [ris'so:so] *agg* rauflustig, streitsüchtig
rist. *abbr di* **ristampa** Nachdr.
ristabilimento [ristabili'mento] *m* ❶ *(ripristino)* Wiederherstellung *f* ❷ *(della salute)* Erholung *f*
ristabilire [ristabi'li:re] <ristabilisco> **I.** *vt* wieder herstellen **II.** *vr* **-rsi** sich erholen
ristagnare [ristaɲ'ɲa:re] *vi* ❶ *(liquidi)* sich stauen ❷ *(fig)* stagnieren
ristagno [ris'taɲɲo] *m* ❶ *(di fiume, sangue)* Stauung *f* ❷ *(fig)* Stagnation *f,* Stagnieren *nt*
ristampa [ris'tampa] *f* Nachdruck *m,* Neudruck *m*
ristampare [ristam'pa:re] *vt* nachdrucken, neu auflegen
ristato *pp di* **riessere**
ristorante[1] [risto'rante] *m* Restaurant *nt,* [Speise]lokal *nt*
ristorante[2] *agg inv* **vagone ~** FERR Speisewagen *m*
ristorare [risto'ra:re] **I.** *vt* stärken **II.** *vr* **-rsi** sich stärken
ristoratore, **-trice** [ristora'to:re] *agg* labend, erquickend
ristoro [ris'tɔ:ro] *m* Stärkung *f,* Erfrischung *f*
ristrettezza [ristret'tettsa] *f* ❶ *(di spazio)* Enge *f* ❷ *(di mezzi)* Einschränkung *f; (di tempo)* Knappheit *f* ❸ *(fig: di mente)* Beschränktheit *f*
ristretto, **-a** [ris'tretto] **I.** *pp di* **restringere** **II.** *agg* ❶ *(limitato)* knapp ❷ *(caffè)* stark ❸ *(fig: meschino)* beschränkt, kleinlich ❹ *(limitato)* **~ [a]** beschränkt [auf *+akk*]
ristrutturabile [ristruttu'ra:bile] *agg* erneuerbar
ristrutturante [ristruttu'rante] **I.** *agg (balsamo)* kräftigend, Aufbau- **II.** *m (cosmetico)* Aufbau-Haarkur *f*
ristrutturare [ristruttu'ra:re] *vt* umstrukturieren
ristrutturato, **-a** [ristruttu'ra:to] *agg* erneuert, modernisiert
ristrutturazione [ristrutturat'tsio:ne] *f* Umstrukturierung *f,* Renovierung *f*
risucchiare [risuk'kia:re] *vt* ❶ *(trascinare)* aufsaugen ❷ *(succhiare di nuovo)* wieder saugen
risucchio [ri'sukkio] <-cchi> *m* Strudel *m,* Wirbel *m*
risultabile [risul'ta:bile] *agg* hervorgehend
risultante [risul'tante] **I.** *agg* resultierend, sich ergebend **II.** *f* ❶ PHYS Resultante *f* ❷ *(fig: risultato)* Ergebnis *nt,* Resultat *nt*
risultare [risul'ta:re] *vi essere* ❶ *(derivare, essere accertato)* **~ da qc** sich aus etw ergeben, aus etw resultieren; **dal loro disaccordo risultò molta confusione** ihre Meinungsverschiedenheiten führten zu großer Verwirrung ❷ *(emergere, riuscire)* hervorgehen als, sich erweisen als ❸ *(dimostrarsi)* sich herausstellen als, sich erweisen als
risultato [risul'ta:to] *m* Resultat *nt,* Ergebnis *nt*
risuolare [risuo'la:re] *v.* **risolare**
risuonare [risuo'na:re] *v.* **risonare**

R

risurrezione [risurret'tsio:ne] *f* ① REL Auferstehung *f* ② *(fig)* Wiederaufleben *nt*
risurriscaldare [risurriskal'da:re] **I.** *vt (motore)* erneut warm laufen lassen; *(fig: l'atmosfera)* aufheizen **II.** *vr* **-rsi** sich wieder aufwärmen
risurriscaldatore [risurriskalda'to:re] *m* Zwischenerhitzer *m*
risuscitare [risuʃʃi'ta:re] **I.** *vt* ① *(morti)* auferwecken ② *(fig)* wieder aufleben lassen **II.** *vi essere* ① REL auferstehen ② *(riprendersi)* wieder aufleben
risvegliare [rizveʎ'ʎa:re] **I.** *vt* ① *(svegliare)* wieder [auf]wecken ② *(fig: memoria, emozioni)* wieder wachrufen; *(popolo, pigri)* aufrütteln; *(appetito, emozioni)* wieder wecken **II.** *vr* **-rsi** *(a. fig)* wieder erwachen
risveglio [ris'veʎʎo] <-gli> *m* ① *(dal sonno)* Erwachen *nt,* Aufwachen *nt* ② *(fig)* Wiederaufleben *nt*
risvolto [riz'vɔlto] *m* ① *(di vestito)* Aufschlag *m,* Revers *m* ② *(fig: conseguenza)* Kehrseite *f*
ritagliare [ritaʎ'ʎa:re] *vt* ausschneiden; *(tagliare di nuovo)* wieder schneiden
ritaglio [ri'taʎʎo] <-gli> *m* ① *(di giornale)* Ausschnitt *m* ② *(di stoffa)* Schnipsel *m o nt* ③ *(fig)* Rest *m,* Abschnitt *m*
ritardabile [ritar'da:bile] *agg* verzögerbar, aufschiebbar, Aufschub-; **pagamento ~** Zahlung mit Aufschubmöglichkeit
ritardare [ritar'da:re] **I.** *vi* sich verspäten; *(treno)* Verspätung haben; *(orologio)* nachgehen **II.** *vt* ① *(far tardare)* verzögern ② *(rallentare)* verlangsamen ③ *(impedire)* aufhalten ④ *(differire)* aufschieben
ritardata [ritar'da:ta] *f v.* **ritardato**
ritardatario, -a [ritarda'ta:rio] <-i, -ie> *m, f* Nachzügler(in) *m(f),* Verspätete(r) *f(m)*
ritardato, -a [ritar'da:to] **I.** *agg* ① *(moto, scoppio)* verspätet; **reazione a scoppio ~** *(fig)* Spätzündung *f* ② *(persona)* zurückgeblieben; *(scolaro)* lernbehindert **II.** *m, f* Zurückgebliebene(r) *f(m)*
ritardista [ritar'dista] <-i *m,* -e *f*> *mf* SPORT Fallschirmspringer(in) *m(f),* der [die] die Öffnung des Schirms verzögert
ritardo [ri'tardo] *m* ① *(non puntualità)* Verspätung *f; (indugio)* Verzögerung *f; (rallentamento)* Verlangsamung *f;* **essere in ~** sich verspäten, zu spät kommen; **arrivare** [*o* **giungere**] **in ~** sich verspätet haben, verspätet ankommen ② MED, PSIC Zurückbleiben *nt* ③ *(di consegna, pagamento)* Verzug *m*
ritassare [ritas'sa:re] *vt* doppelt besteuern, erneut besteuern
ritassazione [ritassat'tsio:ne] *f* neues Steuersystem, Steuerreform *f*
ritegno [ri'teɲɲo] *m* ① *(riserbo)* Zurückhaltung *f,* Reserve *f;* **senza ~** rücksichtslos ② *(misura)* Einschränkung *f,* Maß *nt*
ritempestare [ritempes'ta:re] *vt* erneut löchern (**di** mit)
ritemprare [ritem'pra:re] **I.** *vt* ① *(fig: forze, spirito)* wieder kräftigen ② *(temprare di nuovo)* wieder härten **II.** *vr* **-rsi** sich wieder kräftigen
ritenere [rite'ne:re] <irr> **I.** *vt* ① *(considerare)* halten für ② COM, FIN einbehalten ③ MED bei sich *dat* behalten ④ *(lacrime)* zurückhalten ⑤ *(ricordare)* behalten **II.** *vr* **-rsi** sich halten für
ritenitura [riteni'tu:ra] *f* Ausputzen *nt*
ritensionare [ritensio'na:re] *vt* nachspannen
ritentività [ritentivi'ta] <-> *f* Erinnerungsvermögen *nt*
ritentivo, -a *agg* **capacità -a** Erinnerungsvermögen *nt;* **memoria -a** Gedächtnis *nt*
ritenuta [rite'nu:ta] *f* ① *(detrazione)* Abzug *m;* **~ d'acconto** Vorsteuer *f* ② *(di flusso)* Zurückhalten *nt*
ritenzione [riten'tsio:ne] *f* ① MED Verhaltung *f,* Retention *f* ② JUR Einbehaltung *f*
ritingere [ri'tindʒere] <irr> *vt* ① *(tingere di nuovo)* wieder färben ② *(di un altro colore)* umfärben
ritirare [riti'ra:re] **I.** *vt* ① *(tirare di nuovo)* wieder ziehen ② *(tirare indietro)* zurückziehen ③ *(richiamare)* zurückberufen ④ *(farsi consegnare)* abholen ⑤ *(togliere dalla circolazione)* einziehen ⑥ *(fig: offesa, promessa)* zurücknehmen **II.** *vr* **-rsi** ① *(tirarsi indietro)* zurückweichen ② *(appartarsi)* sich zurückziehen ③ *(abbandonare)* **-rsi da qc** etw aufgeben ④ *(restringersi)* einlaufen ⑤ *(scorrere via)* abfließen
ritirata [riti'ra:ta] *f* MIL Rückzug *m;* **~ strategica** *(a. fig)* Rückzugsgefecht *nt;* **battere in ~** *(a. fig)* zum Rückzug blasen
ritirato, -a [riti'ra:to] *agg* zurückgezogen
ritiro [ri'ti:ro] *m* ① *(richiamo)* Abberufung *f* ② *(di truppe)* Rückzug *m* ③ FIN *(dalla circolazione)* Einzug *m* ④ *(di pacco)* Abholen *nt* ⑤ *(di patente)* Entzug *m* ⑥ *(rinuncia)* **il ~ da qc** der Rückzug aus etw ⑦ *(in luogo appartato)* Zurückgezogenheit *f;* **~ spirituale** Einkehr *f*
ritmica ['ritmika] <-che> *f* Rhythmik *f*
ritmico, -a ['ritmiko] <-ci, -che> *agg* rhythmisch
ritmo ['ritmo] *m* Rhythmus *m*
ritmomelodico, -a [ritmome'lɔ:diko] <-ci, -che> *agg* melodisch-rhythmisch
rito ['ri:to] *m* ① *(cerimonia)* Ritus *m,* Ritual *nt* ② *(usanza)* Brauch *m;* **di ~** üblich ③ JUR Verfahrensweise *f*

R

ritoccare [ritok'ka:re] *vt (gener)* überarbeiten; *(disegno, labbra)* nachziehen; *(trucco)* auffrischen

ritocco [ri'tokko] <-cchi> *m* Korrektur *f,* Verbesserung *f;* FOTO Retusche *f*

ritorcere [ri'tɔrtʃere] <irr> **I.** *vt* ① *(fig: accusa, insinuazione)* zurückgeben, umkehren ② *(torcere in senso opposto)* verdrehen **II.** *vr* **-rsi** sich verdrehen, sich wenden

ritorcitoio [ritortʃi'to:io] <-oi> *m* Zwirnmaschine *f,* Zwirner *m*

ritorcitrice [ritortʃi'tri:tʃe] *f v.* **ritorcitoio**

ritorcitura [ritortʃi'tu:ra] *f* Zwirnung *f*

ritornare [ritor'na:re] *vi essere* ① *(venire di nuovo)* zurückkehren, zurückkommen; *(a casa)* heimkehren; **~ in sé** wieder zu sich *dat* kommen ② *(ricomparire)* wiederkehren ③ *(ridiventare)* wieder werden

ritornello [ritor'nɛllo] *m* ① LIT Kehrreim *m;* MUS Refrain *m* ② *(fig)* [alte] Leier *f*

ritorno [ri'torno] *m* ① *(rientro)* Rückkehr *f,* Heimkehr *f; (periodico)* Wiederkehr *f;* **biglietto di andata e ~** [Hin- und] Rückfahrkarte *f;* **essere di ~** zurück sein ② *(rinvio)* Rücksendung *f,* Rückgabe *f;* **vuoti di ~** Leergut *nt;* **avere qc di ~** etw zurückbekommen

ritorsi *1. pers sing pass rem di* **ritorcere**

ritorsione [ritor'sio:ne] *f* Entgegnung *f,* Retourkutsche *f*

ritorsivo, -a [ritor'si:vo] *agg* Gegen-, Vergeltungs-

ritorto, -a [ri'tɔrto] **I.** *pp di* **ritorcere** **II.** *agg* ① *(filo)* gezwirnt, gedreht ② *(ramo)* gekrümmt, krumm

ritossire [ritos'si:re] <ritossisco, ritossisci> *vi* wiederholt [*o* erneut] husten

ritradurre [ritra'durre] <ritraduco, ritradussi, ritradotto> *vt* ① *(tradurre di nuovo)* wieder übersetzen ② *(nella lingua originale)* rückübersetzen

ritrarre [ri'trarre] <irr> *vt* ① *(trarre indietro)* zurückziehen ② *(rappresentare)* wiedergeben; *(nell'arte)* abbilden, darstellen

ritrattamento [ritratta'mento] *m* TEC Wiederaufbereitung *f*

ritrattare [ritrat'ta:re] **I.** *vt* ① *(trattare di nuovo)* wieder darlegen, wieder behandeln ② *(disdire)* zurücknehmen, widerrufen **II.** *vr* **-rsi** alles zurücknehmen

ritrattazione [ritrattat'tsio:ne] *f* Widerruf *m*

ritrattista [ritrat'tista] <-i *m,* -e *f*> *mf* Porträtist(in) *m(f),* Porträtmaler(in) *m(f)*

ritratto[1] [ri'tratto] *pp di* **ritrarre**

ritratto[2] *m* ① *(riproduzione)* Porträt *nt;* **farsi fare il ~** sich porträtieren lassen ② *(fig)* Bild *nt,* Abbild *nt*

ritrosia [ritro'si:a] <-ie> *f* ① *(riluttanza)* Widerspenstigkeit *f* ② *(timidezza)* Sprödigkeit *f*

ritroso, -a [ri'tro:so] *agg* ① *(scontroso)* spröd[e], zurückhaltend ② *(restio)* widerwillig, widerspenstig

ritrovamento [ritrova'mento] *m* ① *(risultato)* Wiederfinden *nt* ② *(invenzione)* Erfindung *f; (scoperta)* Entdeckung *f*

ritrovare [ritro'va:re] **I.** *vt* ① *(persone, cose smarrite)* wieder finden ② *(fig: salute, pace)* wiedererlangen ③ *(trovare di nuovo)* wieder antreffen **II.** *vr* **-rsi** ① *(incontrarsi di nuovo)* sich wieder treffen ② *(trovarsi per caso)* kommen, sich finden ③ *(raccapezzarsi)* sich zurechtfinden ④ *(fam: avere)* haben

ritrovato [ritro'va:to] *m* ① *(invenzione)* Erfindung *f* ② *(scoperta)* Entdeckung *f*

ritrovato, -a *agg* wieder gefunden

ritrovo [ri'trɔ:vo] *m* ① *(riunione)* Treffen *nt* ② *(luogo)* Treffpunkt *m*

ritto, -a ['ritto] *agg* senkrecht, hochkant; *(persone)* aufrecht

rituale [ritu'a:le] **I.** *agg* ① *(conforme ai riti)* rituell ② *(fig: abituale)* üblich, gewöhnlich **II.** *m* Ritual *nt*

ritualizzare [ritualid'dza:re] *vt* ritualisieren

ritualizzazione [ritualiddzat'tsio:ne] *f* Ritualisierung *f*

ritufi [ri'tu:fi] <-> *m* Over *nt*

riunificazione [riunifikat'tsio:ne] *f* Wiedervereinigung *f;* **la ~ tedesca** die deutsche Wiedervereinigung

riunione [riu'nio:ne] *f* Versammlung *f,* Treffen *nt*

riunire [riu'ni:re] <riunisco> **I.** *vt* ① *(unire elementi divisi)* wieder vereinen ② *(mettere insieme)* versammeln ③ *(riconciliare)* versöhnen ④ *(convocare)* einberufen **II.** *vr* **-rsi** ① *(fare una riunione)* sich versammeln ② *(tornare insieme)* sich wieder vereinen

riunitore, -trice [riuni'to:re] *m, f* ① *(chi opera unificazione)* Wiedervereiniger *m,* Triebkraft *f* der Einheit ② *(operaio nell'industria tessile)* Wickler *m*

riunitrice [riuni'tri:tʃe] *f* TEC Banddoppler *m,* Bandwickelmaschine *f*

riurlare [riur'la:re] *vi* wieder brüllen

riuscire [riuʃ'ʃi:re] <irr> *vi essere* ① *(essere capace)* etw schaffen; *(raggiungere)* es fertigbringen, es schaffen; **non sono più riuscita ad andare in città** ich habe es nicht mehr geschafft, in die Stadt zu gehen; **sono riuscito a convincerlo** es ist mir gelungen, ihn zu überzeugen, ich konnte ihn überreden ② *(avere esito)* gelingen; **l'esperimento non è riuscito** das Experiment ist nicht gelungen ③ *(risultare)* sich

R

erweisen als ④ *(aver attitudine, fortuna, successo)* erfolgreich sein, Erfolg haben ⑤ *(dimostrarsi)* erscheinen ⑥ *(uscire di nuovo)* wieder hinausgehen ⑦ *(sboccare)* münden

riuscita [riuʃˈʃiːta] *f (esito)* Ausgang *m; (buon esito)* Gelingen *nt; (di persona)* Erfolg *m;* **fare una buona/cattiva ~** Erfolg/Misserfolg haben

riutilizzare [riutilidˈdzaːre] *vt* wiederverwenden

riva [ˈriːva] *f* Ufer *nt*

rivale [riˈvaːle] **I.** *agg* rivalisierend **II.** *mf* Rivale *m/*Rivalin *f,* Konkurrent(in) *m(f); (in amore)* Nebenbuhler(in) *m(f)*

rivaleggiare [rivaledˈdʒaːre] *vi* rivalisieren

rivalersi [rivaˈlersi] <mi rivalgo, mi rivalsi, rivalso> *vr* ① *(prendere una rivincita)* sich Genugtuung verschaffen (**su** bei, **di** per), wegen ② *(usufruire di nuovo)* wieder verwenden

rivalità [rivaliˈta] <-> *f* Rivalität *f*

rivalorizzare [rivaloridˈdzaːre] *vt* aufwerten

rivalsa [riˈvalsa] *f* ① *(compensazione)* Genugtuung *f* ② COM Revers *m,* Entlastungserklärung *f*

rivalutare [rivaluˈtaːre] *vt* ① *(fig)* FIN aufwerten ② *(valutare di nuovo)* wieder schätzen

rivalutazione [rivalutatˈtsioːne] *f* Aufwertung *f*

rivangare [rivaŋˈgaːre] *vt* ① *(fig: passato, storie)* wieder aufrühren ② AGR wieder umgraben

rivangatura [rivaŋgaˈtuːra] *f* ① *(ulteriore vangatura)* erneutes Umgraben ② *(fig: rievocazione)* Wiederausgraben *nt*

rivedere [riveˈdeːre] <irr> **I.** *vt* ① *(gener)* wieder sehen ② *(esaminare)* durchsehen; *(revisionare)* nachprüfen ③ *(rileggere)* durchlesen **II.** *vr* **-rsi** sich wieder sehen; **ci rivedremo!** *(fig)* du wirst noch von mir hören!; **a rivederci!** auf Wiedersehen!

rivedibile [riveˈdiːbile] *agg* MIL zurückgestellt

rivelabilità [rivelabiliˈta] <-> *f* Enthüllbarkeit *f;* **~ di un segreto** Enthüllbarkeit eines Geheimnisses

rivelare [riveˈlaːre] **I.** *vt* ① *(notizia, nascondiglio)* offenbaren, verraten; *(segreto)* enthüllen ② *(manifestare)* verraten, zeigen **II.** *vr* **-rsi** sich erweisen als

rivelatore [rivelaˈtoːre] *m* ① TEC, RADIO Detektor *m* ② FOTO Entwickler *m*

rivelatore, -trice *agg* enthüllend

rivelazione [rivelatˈtsioːne] *f* ① *(di notizie, segreti)* Enthüllung *f;* REL Offenbarung *f* ② *(ciò che viene rivelato)* Offenbarung *f,* Entdeckung *f*

rivendibilità [rivendibiliˈta] <-> *f* Wiederverkäuflichkeit *f*

rivendica [riˈvendika] <-che> *f* ① JUR Forderung *f,* Einfordern *nt,* Anspruch *m* ② *(vendetta)* Vergeltung *f*

rivendicare [rivendiˈkaːre] **I.** *vt* ① JUR einklagen, geltend machen ② *(lottare per)* fordern, beanspruchen **II.** *vr* **-rsi** sich wieder rächen

rivendicazione [rivendikatˈtsioːne] *f* Forderung *f; (di diritto)* Beanspruchung *f*

rivendicazionismo [rivendikattsioˈniːzmo] *m Tendenz der Gewerkschaften, mit immer neuen Forderungen aufzuwarten*

rivendita [riˈvendita] *f* ① COM Wiederverkauf *m* ② *(negozio)* Laden *m*

rivenditore, -trice [rivendiˈtoːre] *m, f* ① *(venditore al minuto)* Kleinhändler(in) *m(f),* Einzelhändler(in) ② *(di seconda mano)* Wiederverkäufer(in) *m(f)*

riverberare [riverbeˈraːre] *vt (luce)* widerspiegeln; *(suono)* zurückwerfen

riverbero [riˈvɛrbero] *m* Widerschein *m*

riverente [riveˈrɛnte] *agg* ehrfürchtig

riverenza [riveˈrɛntsa] *f* ① *(inchino)* Verneigung *f* ② *(rispetto)* Ehrerbietung *f,* Hochachtung *f*

riverire [riveˈriːre] <riverisco> *vt* ① *(rispettare)* verehren, achten ② *(salutare)* **~ qu** sich jdm empfehlen; **La riverisco!** ich empfehle mich!

riverniciatura [rivernitʃaˈtuːra] *f* neue Lackierung, neuer Lackanstrich

riversare [riverˈsaːre] *vt* ① *(versare di nuovo)* wieder [ein-, aus]gießen ② *(fig)* **~ qc su qu** jdn mit etw überschütten

riverseggiare [riversedˈdʒaːre] *vi* neue Verse verfassen

rivestimento [rivestiˈmento] *m* ① *(operazione)* Verkleiden *nt,* Beziehen *nt* ② *(materiale)* Verkleidung *f,* Bezug *m*

rivestire [rivesˈtiːre] **I.** *vt* ① *(ricoprire)* verkleiden, beziehen ② *(indossare)* wieder anziehen ③ *(fig: carica)* bekleiden; *(importanza, grado)* einnehmen ④ *(fornire di abiti nuovi)* einkleiden **II.** *vr* **-rsi** ① *(vestirsi di nuovo)* sich wieder anziehen ② *(mettersi)* sich wieder bedecken

rivestitore, -trice [rivestiˈtoːre] *m, f* Verschaler(in) *m(f)*

rivetto [riˈvetto] *m* Niete *f,* Niet *m o nt*

rividi *1. pers sing pass rem di* **rivedere**

riviera [riˈviɛːra] *f* Küste *f;* **la Riviera ligure** die ligurische Küste

rivierasco, -a [rivieˈrasko] <-schi, -sche> *agg* Küsten-

rivincere [riˈvintʃere] <rivinco, rivinsi, ri-

vinto> *vt* ① *(vincere di nuovo)* wieder gewinnen ② *(vincere quanto perduto)* wiedergewinnen

rivincita [ri'vintʃita] *f* Revanche *f;* **prendersi la ~** sich revanchieren

rivirare [rivi'ra:re] *vi* NAUT erneut [die Segel] wenden

rivissi *1. pers sing pass rem di* **rivivere**

rivissuto *pp di* **rivivere**

rivista [ri'vista] *f* ① *(periodico)* Illustrierte *f* ② *(spettacolo)* Revue *f* ③ MIL Revue *f,* Truppenschau *f* ④ *(controllo)* Durchsicht *f,* Überprüfung *f*

rivisto *pp di* **rivedere**

rivitalizzare [rivitalid'dza:re] *vt* revitalisieren

rivivere [ri'vi:vere] <irr> **I.** *vi essere* ① *(tornare a vivere)* wieder lebendig werden ② *(fig)* wieder aufleben, zu neuem Leben erwachen **II.** *vt avere* wieder erleben

rivivificare [rivivifi'ka:re] *vt* beleben, in Schwung bringen

rivo ['ri:vo] *m* Bach *m,* Fluss *m*

rivolgere [ri'voldʒere] <irr> **I.** *vt* ① *(volgere verso una direzione)* wenden ② *(volgere ripetutamente)* wieder und wieder wenden ③ *(volgere di nuovo)* wieder wenden, wieder drehen ④ *(fig)* **~ l'attenzione a qu/qc** die Aufmerksamkeit auf jdn/etw richten; **~ la parola a qu** das Wort an jdn richten ⑤ *(distogliere)* abwenden **II.** *vr* **-rsi** ① *(voltarsi indietro)* sich umdrehen ② *(indirizzare il discorso, cercare aiuto)* **-rsi a qu** sich an jdn wenden

rivolgimento [rivoldʒi'mento] *m* Umsturz *m,* Umbruch *m*

rivolgitore, -trice [rivoldʒi'to:re] **I.** *agg* Umbruch-, revolutionär **II.** *m, f* Revolutionär(in) *m(f)*

rivolo ['ri:volo] *m* Bach *m,* Rinnsal *nt*

R

rivolsi [ri'vɔlsi] *1. pers sing pass rem di* **rivolgere**

rivolta [ri'vɔlta] *f* Revolte *f,* Aufstand *m*

rivoltante [rivol'tante] *agg* abstoßend

rivoltare [rivol'ta:re] **I.** *vt* ① *(voltare dalla parte opposta)* umdrehen, wenden ② *(voltare ripetutamente)* wieder und wieder drehen ③ *(provocare disgusto)* abstoßen ④ *(fig)* umstürzen **II.** *vr* **-rsi** ① *(ribellarsi)* **-rsi a qu/qc** sich gegen jdn/etw auflehnen ② *(volgersi indietro)* sich umdrehen

rivoltella [rivol'tɛlla] *f* Revolver *m*

rivoltellata [rivoltel'la:ta] *f* Revolverschuss *m*

rivolto *pp di* **rivolgere**

rivoltolare [rivolto'la:re] **I.** *vt* wieder wälzen **II.** *vr* **-rsi** sich wälzen

rivoltoso, -a [rivol'to:so] **I.** *agg* aufständisch, aufrührerisch **II.** *m, f* Aufständische(r) *f(m),* Aufrührer(in) *m(f)*

rivoluzionamento [rivoluttsiona'mento] *m* Revolutionierung *f,* Umbruch *m*

rivoluzionare [rivoluttsio'na:re] *vt* ① *(fig: vita, mente)* in Aufruhr versetzen, durcheinanderbringen ② *(ordine, società)* revolutionieren, umstürzen

rivoluzionario, -a [rivoluttsio'na:rio] <-i, -ie> **I.** *agg* revolutionär **II.** *m, f* Revolutionär(in) *m(f)*

rivoluzione [rivolut'tsio:ne] *f* ① POL Revolution *f,* Umsturz *m;* **la Rivoluzione Francese** die Französische Revolution ② SOC Revolution *f,* Umwälzung *f;* **~ culturale** Kulturrevolution *f;* **~ industriale** industrielle Revolution ③ *(fig fam)* Aufruhr *m*

rizzare [rit'tsa:re] **I.** *vt* ① *(tenda)* aufstellen, aufschlagen ② *(edificio)* errichten ③ *(vele, bandiera)* hissen ④ *(fig)* **~ gli orecchi** die Ohren spitzen; **~ la coda** [*o* **il pelo**] [*o* **la cresta**] hochmütig werden **II.** *vr* **-rsi** *(alzarsi in piedi)* sich aufrichten, aufstehen

RNA *m abbr di* **ribonucleic acid** *(acido ribonucleico)* RNA *f,* RNS *f (Ribonukleinsäure)*

road manager ['roud 'mænidʒə] <- *o* road managers> *mf* Konzertmanager(in) *m(f)*

road movie ['roud 'mu:vi] <- *o* road movies> *m* Roadmovie *m*

roaming ['roumiŋ] *m* TEL Roaming *nt;* **tariffa ~** Roaminggebühr *f*

roba ['rɔ:ba] *f* ① *(possesso)* Sachen *fpl,* Dinge *ntpl* ② *(vestiario)* Sachen *fpl* ③ *(da vendere)* Ware *f;* **~ usata** Gebrauchtwaren *fpl;* **~ da mangiare** *(fam)* Esswaren *fpl* ④ *(affare, faccenda)* Sache *f,* Angelegenheit *f;* **bella ~!** schöner Mist! ⑤ *(stoffa)* Stoff *m,* Tuch *nt* ⑥ *(sl: droga)* Stoff *m sl*

robiola [ro'biɔ:la] *f sahniger Frischkäse aus der Lombardei*

robivecchi [robi'vɛkki] <-> *mf* Altwarenhändler(in) *m(f)*

roboante [robo'ante] *v.* **reboante**

robot ['rɔ:bot] <-> *m* Roboter *m;* **~ da cucina** Küchenmaschine *f;* **~ industriale** Industrieroboter *m*

robotica [ro'bɔ:tika] <-che> *f* Robotertechnik *f,* Robotik *f*

robotico, -a [ro'bɔ:tiko] <-ci, -che> *agg* Roboter-; **tecnologia -a** Robotertechnik *f,* Robotik *f*

robotizzare [robotid'dza:re] *vt* robot[er]isieren, automatisieren

robotizzazione [robotiddzat'tsio:ne] *f* Robot[er]isierung *f,* Vollautomatisierung *f*
robustezza [robus'tettsa] *f* Robustheit *f*
robusto, -a [ro'busto] *agg* ① *(persona, costituzione)* robust, kräftig ② *(cose)* stabil ③ *(vino, voce)* kräftig
rocca ['rɔkka] <-cche> *f* *(fortezza)* Festung *f*
roccaforte [rokka'fɔrte] <roccheforti> *f* ① *(città fortificata)* Festung *f* ② *(fig)* Hochburg *f*
rocchetto [rok'ketto] *m* ① *(di filo)* Garnspule *f,* Garnrolle *f* ② FOTO, TEC Spule *f*
roccia ['rɔttʃa] <-cce> *f* ① GEOL Gestein *nt* ② *(masso di pietra)* Fels *m,* Felsblock *m*
rocciatore, -trice [rottʃa'to:re] *m, f* Kletterer *m/*Kletterin *f*
roccioso, -a [rot'tʃo:so] *agg* felsig
rock [rɔk] **I.** *m* <-> ① *(rock and roll)* Rock and Roll *m;* **ballare il ~** Rock 'n Roll tanzen ② *(genere musicale)* Rockmusik *f;* **il ~ metropolitano** der Metropolitan-Rock; **~ jazz** Rockjazz *m* **II.** *agg inv* Rock-; **cantante ~** Rocksänger(in) *m(f);* **musica ~** Rockmusik *f*
rockeggiare [roked'dʒa:re] *vi* rocken
rockettaro, -a [roket'ta:ro] *m, f* ① *(compositore rock)* Rockmusiker(in) *m(f)* ② *(pej: mediocre imitatore rock)* Möchtegern-Rockstar *m* ③ *(appassionato del rock)* Rockfan *m*
rock-surf ['rɔksə:f] *m* SPORT Snowboarding *nt,* Snowboarden *nt*
roco, -a ['rɔ:ko] <-chi, -che> *agg* rau, heiser
rococò [roko'kɔ] **I.** *m* <-> Rokoko *nt* **II.** *agg inv* Rokoko-
rodaggio [ro'daddʒo] <-ggi> *m* ① TEC Einlaufen *nt;* MOT Einfahren *nt;* *(periodo)* Einlaufzeit *f,* Einfahrzeit *f;* **essere in ~** eingefahren werden ② *(fig)* Eingewöhnung *f;* *(di impiegato)* Einarbeitung *f;* **periodo di ~** Schonfrist *f;* *(di impiegato)* Einarbeitungszeit *f*
rodare [ro'da:re] *vt* TEC einlaufen lassen; MOT einfahren
rodenticida [rodenti'tʃi:da] <-i> *m* CHEM Rattengift *nt*
rodere ['ro:dere] <rodo, rosi, roso> *vt* ① *(rosicchiare)* nagen [an +*dat*] ② *(corrodere)* zerfressen ③ *(fig)* fressen [an +*dat*]
rodesiano, -a I. *agg* GEOG rhodesisch **II.** *m, f* GEOG Rhodesier(in) *m(f)*
rodigino, -a [rodi'dʒi:no] **I.** *agg* aus Rovigo **II.** *m, f* *(abitante)* Einwohner(in) *m(f)* von Rovigo
roditore [rodi'to:re] *m* Nagetier *nt,* Nager *m*
rododendro [rodo'dɛndro] *m* Rhododendron *m o nt,* Almrausch *m* A
rogare [ro'ga:re] *vt* JUR aufsetzen
rogito ['rɔ:dʒito] *m* notarielle Urkunde
rogna ['roɲɲa] *f* ① MED Krätze *f,* Räude *f* ② *(fig fam)* Plage *f*
rognone [roɲ'ɲo:ne] *m* Niere *f*
rognoso, -a [roɲ'ɲo:so] *agg* ① MED krätzig, räudig ② *(fig)* lästig
rogo ['rɔ:go *o* 'ro:go] <-ghi> *m* ① *(pira)* Scheiterhaufen *m* ② *(incendio)* Feuer *nt,* Brand *m*
role-playing ['roulplejŋ] <-> *m* Rollenspiel *nt* [zur Verbesserung des Arbeitsklimas]
rolex® ['ro:leks] <-> *m* Rolex *f*
roll-bar ['roul ba:] <- *o* rollbars> *m* Überrollbügel *m*
roller ['roulə] <- *o* rollers> *m,* **Rollerblade®** <- *o* Rollerblades> *m* Rollerskater *m,* Inlineskater *m*
roll film ['roul film] <- *o* roll films> *m* Rollfilm *m*
roll-on, roll-off ['roulɔn 'roulɔf] <-> *m* Roll-on-roll-off-Schiff *nt*
rollout ['roulaut] <- *o* rollouts> *m* AERO Flugzeugtaufe *f*
ROM [rɔm] **I.** *agg inv* INFORM ROM-; **memoria ~** ROM-Speicher *m* **II.** *f* <-> INFORM ROM-Speicher *m*
Roma ['ro:ma] *f* Rom *nt* *(Hauptstadt Italiens);* **di ~** römisch, Römer; **tutte le strade portano a ~** *(prov)* alle Wege führen nach Rom; **~ non fu fatta in un giorno** *(prov)* Rom wurde nicht an einem Tag erbaut
Romagna [ro'maɲɲa] *f* Romagna *f*
romagnolo [romaɲ'ɲo:lo] *m sing* *(dialetto)* Dialekt *m* der Romagna
romagnolo, -a I. *m, f* *(abitante)* Einwohner(in) *m(f)* der Romagna **II.** *agg* [aus] der Romagna
romana *f v.* **romano**
romancio, -a [ro'mantʃo] <-ci, -ce> **I.** *agg* romantsch [*o* rätoromanisch] **II.** *m, f* Romantsch(e) *nt*
Romandia [roman'di:a] *f* Französische Schweiz
romando, -a [ro'mando] *agg* **Svizzera -a** Französische Schweiz
romanesco, -a [roma'nesko] <-schi, -sche> *agg* römisch
romani [ro'ma:ni] **I.** *m sing* Romani *mpl* **II.** *agg inv* die Romani betreffend; **lingua ~** Romani *nt*
Romania [roma'ni:a] *f* Rumänien *nt*
romanico [ro'ma:niko] *m* Romanik *f*
romanico, -a <-ci, -che> *agg* romanisch
romanista [roma'nista] <-i *m,* -e *f*> *mf* *(studioso)* Romanist(in) *m(f)*

R

romanistica [roma'nistika] *f* Romanistik *f*

romanità [romani'ta] <-> *f* Römertum *nt*

romano, -a [ro'maːno] **I.** *agg* römisch; **fare alla -a** getrennte Kasse machen **II.** *m, f* Römer(in) *m(f)*

romantica *f v.* **romantico**

romanticheggiare [romantiked'dʒaːre] *vi* ① *(adottare atteggiamenti tipici del Romanticismo)* romantisieren ② *(essere eccessivamente sentimentali)* ein Romantiker sein

romanticheria [romantike'riːa] <-ie> *f (pej)* Gefühlsduselei *f*

romanticismo [romanti'tʃizmo] *m* Romantik *f*

romantico, -a [ro'mantiko] <-ci, -che> **I.** *agg* romantisch **II.** *m, f* Romantiker(in) *m(f)*

romanz(i)ero [roman'z(i)eːro] *m (antologia)* Romanzensammlung *f*

romanza [ro'mandza] *f* Romanze *f*

romanzare [roman'dzaːre] *vt* [romanartig] ausschmücken

romanzato, -a [roman'dzaːto] *agg* in Romanform

romanzesco, -a [roman'dzesko] <-schi, -sche> *agg* ① LIT Roman- ② *(cavalleresco)* Ritter-, Helden- ③ *(fig)* fantastisch, abenteuerlich

romanziere, -a [roman'dziɛːre] *m, f* Romancier *m,* Romanschriftsteller(in) *m(f)*

romanzo [ro'mandzo] *m* ① LIT Roman *m;* **~ d'appendice** Fortsetzungsroman *m* ② *(fig)* Märchen *nt;* **sembrare** [*o* **parere**] **un ~** kaum zu glauben sein, unglaublich sein

romanzo, -a *agg* romanisch

rombare [rom'baːre] *vi* dröhnen, donnern

rombo ['rombo] *m* ① MAT Rhombus *m,* Raute *f* ② *(rumore)* Dröhnen *nt,* Donnern *nt* ③ ZOO Scholle *f,* Plattfisch *m*

romeno [ro'mɛːno] *v.* **rumeno**

rompere ['rompere] <rompo, ruppi, rotto> **I.** *vt* ① *(vetro)* brechen; *(vaso, bastone)* zerbrechen; *(catene, argini)* sprengen; *(timpano)* platzen lassen; **~ la faccia a qu** jdm das Gesicht zerschlagen; **~ le ossa a qu** jdm die Knochen brechen; **~ le scatole a qu** *(fam)* jdm auf den Geist gehen ② *(fig: folla, calca)* durchbrechen; *(silenzio, amicizia, incanto)* brechen; *(dieta)* aufhören mit; *(file, righe)* auflösen **II.** *vi* ① *(scoppiare)* **~ in pianto** in Tränen ausbrechen ② *(troncare)* **~ con qu** mit jdm brechen, mit jdm Schluss machen ③ *(fiume)* über die Ufer treten ④ *(prov)* **chi rompe paga e i cocci sono suoi** wer etwas kaputtmacht, der muss dafür zahlen, die Scherben gehören dann ihm **III.** *vr* **-rsi** [zer]brechen, kaputtgehen; **-rsi la testa** *(fig)* sich *dat* den Kopf zerbrechen; **-rsi un braccio/una gamba** sich *dat* einen Arm/ein Bein brechen

rompi ['rompi] **I.** *agg inv (fam)* nervtötend, auf die Nerven gehend **II.** *mf* <-> *(fam)* Nervensäge *f;* **essere un gran ~** eine echte Nervensäge sein

rompiballe [rompi'balle] **I.** *mf* <-> *(vulg)* Nervensäge *f* **II.** *agg inv (vulg)* nervraubend, nervtötend; **ma che individuo ~!** was für eine Nervensäge!

rompicapo [rompi'kaːpo] *m* ① *(fastidio)* Kopfzerbrechen *nt* ② *(indovinello)* Denkaufgabe *f,* Rätsel *nt* ③ *(problema difficile)* kniffliges Problem

rompicazzo [rompi'kattso] <-> *mf (vulg) v.* **rompiballe**

rompicoglioni [rompikoʎ'ʎoːni] <-> *mf (vulg) v.* **rompiballe**

rompicollo [rompi'kɔllo] **I.** *mf* <-> ① *(persona)* Wagehals *m,* verwegener Mensch ② *(percorso)* halsbrecherische Strecke **II.** *avv* **a ~** Hals über Kopf; **correre a ~** Hals über Kopf wegrennen

rompifiamma [rompi'fiamma] <-> *m* Gasaustritt *m;* **fori ~** Gasaustrittslöcher *ntpl*

rompigetto [rompi'dʒɛtto] <-> *m* Strahlrohr *nt*

rompighiaccio [rompigi'attʃo] **I.** *m* <-> ① *(nave)* Eisbrecher *m* ② *(arnese)* Eispickel *m* **II.** *agg inv (a. fig)* das Eis brechend

rompimento [rompi'mento] *m* ① *(fig fam)* Nervensäge *f* ② *(rottura)* Zerbrechen *nt,* Kaputtmachen *nt*

rompipalle [rompi'palle] <-> *mf (vulg) v.* **rompiballe**

rompiscatole [rompis'kaːtole] <-> *mf (fam)* Nervensäge *f*

rompitasche [rompi'taske] **I.** *mf* <-> *(fam)* Nervensäge *f* **II.** *agg inv (fam)* nervtötend

rompitimpani [rompi'timpani] *agg inv* das Trommelfell platzen lassend, unerträglich; **un rumore ~** ein unerträglicher Lärm

ronda ['ronda] *f* Streife *f,* Wache *f;* **fare la ~** auf Streife gehen

rondella [ron'dɛlla] *f* Unterlegscheibe *f*

rondine ['rondine] *f* Schwalbe *f*

rondò [ron'dɔ] <-> *m* ① MUS Rondo *nt* ② LIT Ringelgedicht *nt,* Rondeau *nt*

rondone [ron'doːne] *m* Mauersegler *m*

ronfare [ron'faːre] *vi* ① *(russare)* schnarchen ② *(gatto)* schnurren

ronfata [ron'faːta] *f* tiefer Schlaf

röntgen ['rœntgən] **I.** *agg inv* Röntgen- **II.** *m* <-> Röntgen *nt*

ronzare [ron'dza:re] *vi* ① *(insetti)* summen ② *(fig: idee, pensieri)* schwirren
ronzino [ron'dzi:no] *m (pej)* Gaul *m,* Klepper *m*
ronzio [ron'dzi:o] <-ii> *m* Summen *nt*
rosa[1] ['rɔ:za] *f* BOT *(pianta)* Rose *f,* Rosenstock *m; (fiore)* Rose *f;* ~ **dei venti** Windrose *f;* **fresco come una ~** *(fig)* frisch wie der junge Morgen; **all'acqua di -e** *(fig)* oberflächlich; **se son -e, fioriranno** es wird sich schon zeigen, ob es etwas Gutes ist; **non c'è ~ senza spine** *(prov)* keine Rose ohne Dornen
rosa[2] **I.** *agg inv* ① *(colore)* rosa; **foglio ~** vorläufige Fahrerlaubnis ② *(fig)* **romanzo ~** Liebesroman *m* **II.** *m* <-> Rosa *nt*
rosaio [ro'za:io] <-ai> *m* Rosenstock *m,* -strauch *m*
rosario [ro'za:rio] <-i> *m* ① REL Rosenkranz *m* ② *(fig)* Kette *f,* Folge *f*
rosatello [roza'tɛllo] *m* Rosé[wein] *m*
rosato [ro'za:to] *m* Rosé[wein] *m*
rosato, -a *agg* ① *(colorito)* rosa[farben] ② *(miele)* Rosen- ③ *(vino)* Rosé-
rosbif ['rɔsbif] <-> *m* Roastbeef *nt*
roseo, -a ['rɔ:zeo] *agg (a. fig)* rosig
rosetta [ro'zetta] *f* ① *(diamante)* Rosette *f* ② TEC Unterlegscheibe *f* ③ *(pane)* Rosenbrötchen *nt*
rosi ['ro:si] *1. pers sing pass rem di* **rodere**
rosicare [rosi'ka:re] *vt (rodere)* knabbern [an +*dat*], nagen [an +*dat*]
rosicchiare [rosik'kia:re] *vt (osso, mela)* knabbern [an +*dat*], nagen [an +*dat*]
rosmarino [rozma'ri:no] *m* Rosmarin *m*
roso ['ro:so] *pp di* **rodere**
rosolare [rozo'la:re] *vt* anbraten
rosolata [rozo'la:ta] *f* Anbraten *nt;* **dare una ~ alla carne** das Fleisch anbraten
rosolia [rozo'li:a] <-ie> *f* Röteln *pl*
rosolio [ro'zɔ:lio] <-i> *m* Rosolio *m (süßer Likör mit geringem Alkoholgehalt)*
rosone [ro'zo:ne] *m* ① *(motivo ornamentale)* Rosette *f* ② *(vetrata)* Fensterrose *f,* Rosette *f*
rospo ['rɔspo] *m* Kröte *f;* **coda di ~** Anglerfisch *m;* **mangiare** [*o* **ingoiare**] **un ~** *(fig)* in den sauren Apfel beißen
rossa *f v.* **rosso**
rossastro, -a [ros'sastro] *agg* rötlich
rosseggiare [rossed'dʒa:re] *vi* rötlich schimmern
rossetto [ros'setto] *m* Lippenstift *m*
rossiccio, -a [ros'sittʃo] <-cci, -cce> *agg* rötlich
rosso ['rosso] *m* Rot *nt;* **~ d'uovo** Eigelb *nt;* **passare col ~** bei Rot über die Ampel gehen; **~ di sera bel tempo si spera** *(prov)* Abendrot, Schönwetterbot'
rosso, -a I. *agg* rot; **vino ~** Rotwein *m;* **il Mar Rosso** das Rote Meer **II.** *m, f* ① *(persona rossa di capelli)* Rothaarige(r) *f(m)* ② *(fam)* POL Rote(r) *f(m)*
rossore [ros'so:re] *m* Röte *f*
rosso-verde ['rosso'verde] *agg* POL rot[-]grün
rosticceria [rostittʃe'ri:a] <-ie> *f* Rotisserie *f,* Bratküche *f*
rosticciere, -a [rostit'tʃɛ:re] *m, f* Inhaber(in) *m(f)* einer Rotisserie
rostro ['rɔstro] *m* ① *(becco)* Schnabel *m* ② NAUT Rammsporn *m*
rota ['rɔ:ta] *f* Rota *f*
rotaia [ro'ta:ia] <-aie> *f* Schiene *f,* Gleis *nt;* **uscire dalle -aie** *(a. fig)* entgleisen
rotare [ro'ta:re] <ruoto, ruoti> **I.** *vi* ① *(girare)* [sich] drehen, rotieren ② *(volare)* kreisen, Kreise ziehen **II.** *vt* ① *(braccio, bastone)* kreisen lassen ② AGR *(colture)* wechseln
rotativa [rota'ti:va] *f* Rotationsmaschine *f,* -presse *f*
rotativo, -a [rota'ti:vo] *agg* Rotations-; AGR Fruchtwechsel-
rotatoria [rota'tɔ:ria] *f* Kreisverkehr *m*
rotatorio, -a [rota'tɔ:rio] <-i, -ie> *agg* Dreh-; *(circolazione)* Kreis-
rotazione [rotat'tsio:ne] *f* ① MAT Rotation *f;* ASTR Umdrehung *f* ② AGR **~ delle colture** Fruchtfolge *f,* Rotation *f* ③ *(alternanza)* Wechsel *m,* Rotation *f*
roteare [rote'a:re] **I.** *vt* kreisen lassen; *(occhi)* rollen **II.** *vi* kreisen, Kreise ziehen
rotella [ro'tɛlla] *f* Rolle *f; (di orologio)* Rädchen *nt;* **pattini a -e** Rollschuhe *mpl;* **gli manca una** [*o* **qualche**] **~** *(fam)* bei ihm ist eine Schraube locker
rotismo [ro'tizmo] *m* Räderwerk *nt,* Getriebe *nt*
rotocalco [roto'kalko] *m* Illustrierte *f*
rotolamento [rotola'mento] *m* Rollen *nt*
rotolare [roto'la:re] **I.** *vt* rollen **II.** *vi essere* rollen **III.** *vr* **-rsi** sich rollen, sich wälzen
rotolo ['rɔ:tolo] *m* ① *(di carta igienica)* Rolle *f; (di stoffa)* Ballen *m* ② *(libro antico)* Schriftrolle *f* ③ *(loc)* **andare a -i** *(fam fig)* den Bach runtergehen
rotonda [ro'tonda] *f* ① ARCH Rundbau *m,* Rotunde *f* ② *(traffico)* Kreisverkehr *m*
rotondeggiare [rotonded'dʒa:re] *vi* rund sein
rotondità [rotondi'ta] <-> *f* Rundheit *f; (di persone, membra)* Rundlichkeit *f*
rotondo, -a [ro'tondo] *agg* rund; *(fig a.)* abgerundet
rotoplano [roto'pla:no] *m* AERO Rotorflugzeug *nt,* Drehflügler *m*

R

rotore [ro'to:re] *m* Rotor *m*
rotoscope [routo'skoup] <- *o* rotoscopes> *m* FILM Rotoskop *nt*
rotta ['rotta] *f* ① *(fig)* Bruch *m;* **essere in ~ con qu** mit jdm gebrochen haben, mit jdm zerstritten sein ② *(sconfitta)* Niederlage *f* ③ NAUT, AERO Kurs *m;* **cambiare ~** *(a. fig)* den Kurs ändern; **fare ~ per** [*o* **verso**] **...** Kurs auf ... nehmen
rottamaggio [rotta'maddʒo] <-ggi> *m* Verschrottung *f*
rottamaio [rotta'ma:io] <-ai> *m (deposito)* Schrottplatz *m*
rottamare [rotta'ma:re] *vt* verschrotten
rottamazione [rottamat'tsio:ne] *f* Verschrottung *f*
rottame [rot'ta:me] *m* ① *(residuo)* Bruchstück *nt; (di vetro)* Scherbe *f* ② *(ammasso inservibile)* Schrott[haufen] *m* ③ *(fig fam: persona)* Wrack *nt*
rottamista [rotta'mista] <-i *m*, -e *f*> *mf v.* **rottamaio**
rotto ['rotto] *m (fig fam)* **per il ~ della cuffia** um Haaresbreite
rotto, -a I. *pp di* **rompere II.** *agg* ① *(ridotto in pezzi)* zerbrochen, kaputt ② *(scarpe, camicia)* verschlissen, kaputt ③ *(ossa)* gebrochen ④ *(fig: voce)* erstickt ⑤ *(interrotto)* unterbrochen ⑥ *(resistente)* **essere ~ a qc** gegen etw gefeit sein
rottura [rot'tu:ra] *f* ① *(di tubo, braccio, argine)* Bruch *m* ② *(fig: di tregua)* Abbruch *m; (di fidanzamento)* [Auf]lösung *f; (col passato)* Bruch *m*
rotula ['rɔ:tula] *f* Kniescheibe *f*
rouge [ruʒ] *m* ① *(alla roulette)* Rouge *nt*, Rot *nt* ② *(cosmetico)* Rouge *nt*
roulotte [ru'lɔt] <-> *f* Wohnwagen *m*
round [raund] <-> *m* SPORT Runde *f*
rousseauiano, -a [russo'jano] *agg* Rousseau'sche
routine [ru'tin] <-> *f* Routine *f*
rovente [ro'vɛnte] *agg* glühend; *(a. fig)* heiß
rover ['rouvə] <- *o* rovers> *m* ① *(giovane caposquadra boy-scout)* Leiter *m* einer Pfadfindergruppe ② *(veicolo)* *Rover (Mondfahrzeug an Bord der Apollo 13, 1972)*
rovere ['ro:vere] **I.** *m o f* Stieleiche *f*, Sommereiche *f* **II.** *m* Eichenholz *nt*
rovesciamento [roveʃʃa'mento] *m* Umkehrung *f*, Umsturz *m*
rovesciare [roveʃ'ʃa:re] **I.** *vt* ① *(versare inavvertitamente)* verschütten, vergießen; **~ la colpa su qu** *(fig)* die Schuld auf jdn abwälzen ② *(voltare)* wenden ③ *(far cadere)* umwerfen, umstoßen; *(fig)* POL *(governo)* stürzen ④ *(capovolgere)* umkehren ⑤ MIL niederschlagen **II.** *vr* **-rsi** ① *(capovolgersi)* sich umkehren ② *(gettarsi)* sich stürzen ③ *(cadere)* sich fallen lassen ④ *(riversarsi)* sich ergießen
rovesciata [roveʃ'ʃa:ta] *f* Rückzieher *m*
rovescio [ro'vɛʃʃo] <-sci> *m* ① *(lato opposto)* Rückseite *f; (di stoffa)* linke Seite; **il ~ della medaglia** *(fig)* die Kehrseite der Medaille ② *(maglia)* linke Masche ③ SPORT Rückhand[schlag *m*] *f* ④ *(di pioggia, grandine)* Schauer *m* ⑤ *(fig)* Rückschlag *m*
rovescio, -a <-sci, -sce> *agg* ① *(dalla parte opposta)* verkehrt, umgekehrt; **alla -a** verkehrt, umgekehrt; **conto alla -a** Countdown *m o nt* ② *(supino)* rücklings
Rovigo *f* Rovigo *nt (Stadt in Venetien)*
rovigotto, -a [rovi'gɔtto] **I.** *m, f (fam: abitante)* Einwohner(in) *m(f)* von Rovigo **II.** *agg (fam)* aus Rovigo
rovina [ro'vi:na] *f* ① *(disfacimento)* Einsturz *m* ② *pl (macerie)* Ruinen *fpl* ③ *(fig)* Ruin *m*, Verderben *nt*
rovinare [rovi'na:re] **I.** *vt* ① *(persone)* ruinieren, zugrunde [*o* zu Grunde] richten ② *(salute)* ruinieren; *(raccolto)* verderben ③ *(ponte, edificio)* einreißen **II.** *vi* ① *(cadere giù)* einstürzen ② *(precipitare)* herabstürzen **III.** *vr* **-rsi** sich ruinieren, sich zugrunde [*o* zu Grunde] richten
rovinografia [rovinogra'fi:a] <-ie> *f* Katastrophengenre *nt*, Katastrophenthematik *f* in Film und Literatur
rovinografo, -a [rovi'nɔ:grafo] *m, f* Autor(in) *m(f)* von Katastrophenliteratur, Produzent(in) *m(f)* von Katastrophenfilmen
rovinologia [rovinolo'dʒi:a] <-ie> *f* Katastrophenforschung *f*
rovinologo, -a [rovi'nɔ:logo] <-gi, -ghe> *m, f* Katastrophenforscher(in) *m(f)*
rovinoso, -a [rovi'no:zo] *agg* heftig; **una caduta -a** ein schwerer Fall
rovistare [rovis'ta:re] *vt* durchsuchen, stöbern in +*dat*
rovo ['ro:vo] *m* Brombeerstrauch *m*, Brombeere *f*
rozzezza [rod'dzettsa] *f* Grobheit *f*
rozzo, -a ['roddzo] *agg* ① *(persone, parole)* grob, ungehobelt ② *(lana, tela)* grob, rau
R.R. *abbr di* **ricevuta di ritorno** Rückschein
Rrr *abbr di* **raccomandata con ricevuta di ritorno** Einschreiben gegen Rückschein
RSM *m abbr di* **Repubblica di San Marino** Republik *f* San Marino
ruba ['ru:ba] *f* **andare a ~** *(fam)* reißenden Absatz finden, weggehen wie warme Semmeln

rubacuori [ruba'kuɔːri] **I.** *agg inv* betörend **II.** *mf* <-> Herzensbrecher(in) *m(f)*

rubamazzo [ruba'mattso] *m ein Kartenspiel*

rubare [ru'baːre] *vt* ① *(portafogli, gioielli)* rauben, stehlen; **a ~ poco si va in galera, a ~ tanto si fa carriera** *(prov)* die Kleinen hängt man, die Großen lässt man laufen ② *(fig: segreto)* entlocken; *(tempo, cuore)* stehlen; *(sonno)* rauben

ruberia [rube'riːa] <-ie> *f* Stehlen *nt*

rubicondo, -a [rubi'kondo] *agg* hochrot

rubinetteria [rubinette'riːa] <-ie> *f* Armaturen *fpl*

rubinetto [rubi'netto] *m* Hahn *m*

rubino[1] [ru'biːno] *m* Rubin *m*

rubino[2] *agg inv* rubinrot

rubizzo, -a [ru'bittso *o* ru'biddzo] *agg* rüstig

rublo ['ruːblo] *m* Rubel *m*

rubrica [ru'briːka] <-che> *f* ① *(libretto)* Verzeichnis *nt;* **~ telefonica** Telefonbuch *nt* ② RADIO, TV Rubrik *f* ③ *(di giornale)* Spalte *f* ④ COM, FIN Kontenrahmen *m*

rucola ['ruːkola] *f* Rauke *f*

rude ['ruːde] *agg* rüde, grob

ruderi ['ruːderi] *mpl* ① *(resti di costruzione)* Ruinen *fpl* ② *(fig)* Überreste *mpl*

rudezza [ru'dettsa] *f* Rüdheit *f,* Grobheit *f*

rudimentale [rudimen'taːle] *agg* rudimentär

rudimento [rudi'mento] *m* ① *pl (principi elementari)* Grundlagen *fpl* ② *(abbozzo)* Rudiment *nt*

ruffiana *f v.* **ruffiano**

ruffianata [ruffia'naːta] *f (fam)* Schweinerei *f,* Schiebung *f*

ruffianeggiare [ruffianed'dʒaːre] *vi* kuppeln

ruffianeria [ruffiane'riːa] <-ie> *f* Kuppelei *f*

ruffiano, -a [ruf'fiaːno] *m, f* ① *(fam: chi cerca di ingraziarsi)* Speichellecker(in) *m(f)* ② *(mezzano)* Kuppler(in) *m(f)*

ruga ['ruːga] <-ghe> *f* Falte *f,* Runzel *f*

rugbista [rug'bista] <-i *m,* -e *f*> *mf* Rugbyspieler(in) *m(f)*

rugby ['rugbi] <-> *m* Rugby *nt*

ruggine[1] ['ruddʒine] *f* ① *(sostanza)* Rost *m;* **fare la ~** rosten ② *(fig fam)* Zoff *m sl,* Knies *m* DIAL

ruggine[2] *agg inv* rostbraun, rostfarben

rugginoso, -a [ruddʒi'noːso] *agg* rostig

ruggire [rud'dʒiːre] <ruggisco> *vi* brüllen; *(mare, tempesta)* heulen

ruggito [rud'dʒiːto] *m* Brüllen *nt; (del mare, vento)* Heulen *nt*

rugiada [ru'dʒaːda] *f* Tau *m*

rugosità [rugosi'ta] <-> *f* Runz[e]ligkeit *f*

rugoso, -a [ru'goːso] *agg* runz[e]lig, faltig

rullaggio [rul'laddʒo] <-ggi> *m* **pista di ~** Rollfeld *nt*

rullare [rul'laːre] **I.** *vi* ① *(tamburo)* dröhnen ② AERO rollen **II.** *vt* walzen

rullata [rul'laːta] *f* Abrollen *nt*

rullatrice [rulla'triːtʃe] *f* TEC ① *(macchina che esegue la curvatura di profilati)* Profilfräser *m* ② *(macchina per la filettatura)* Gewindeschälmaschine *m*

rullino [rul'liːno] *m* Film *m,* Filmrolle *f*

rullio [rul'liːo] <-ii> *m* Dröhnen *nt*

rullo ['rullo] *m* ① *(di tamburo)* Trommelwirbel *m* ② *(arnese cilindrico)* Rolle *f;* TYP Walze *f* ③ *pl (sport)* Fahrradergometer *nt*

rulottista [rulot'tista] <-i *m,* -e *f*> *mf* Wohnwagen-Camper *m*

rulottopoli [rulot'tɔpoli] <-> *f* Wohncontainer *mpl*

rum [rum] <-> *m* Rum *m*

rumeno, -a [ru'mɛːno] **I.** *agg* rumänisch **II.** *m, f* Rumäne *m/* Rumänin *f*

ruminanti [rumi'nanti] *mpl* Wiederkäuer *mpl*

ruminare [rumi'naːre] *vt* ① ZOO wiederkäuen ② *(fig: pensare)* [nach]grübeln über +*akk* ③ *(masticare a lungo)* lange kauen

rumine ['ruːmine] *m* Pansen *m*

rumore [ru'moːre] *m* ① *(fenomeno acustico)* Geräusch *nt; (strepito)* Lärm *m,* Krach *m;* **colonna dei -i** FILM Geräuschkulisse *f;* **difesa dal ~** Lärmbekämpfung *f;* **inquinamento da ~** Lärmbelästigung *f* ② *(fig)* Aufsehen *nt;* **fare ~** *(fig)* Aufsehen erregen; **molto ~ per nulla** viel Lärm um nichts

rumoreggiare [rumored'dʒaːre] *vi* ① *(fare rumore)* lärmen; *(tuono)* dröhnen; *(mare)* brausen ② *(fig: persone)* murren

rumorista [rumo'rista] <-i *m,* -e *f*> *mf* Geräuschmacher(in) *m(f)*

rumoroso, -a [rumo'roːso] *agg* laut

runa ['ruːna] *f* Rune *f*

runner ['rʌnnə *o* 'rʌnner] <-> **I.** *mf* SPORT Läufer(in) *m(f)* **II.** *m (copritavolo)* Tischläufer *m*

ruolizzato, -a [ruolid'dzaːto] *agg* ADM verbeamtet

ruolizzazione [ruoliddzat'tsioːne] *f* ADM Übernahme *f,* Verbeamtung *f*

ruolo ['ruɔːlo] *m* ① *(funzione)* Rolle *f,* Funktion *f* ② THEAT Rolle *f* ③ ADM Stellenplan *m;* **insegnanti di ~** festangestellte Lehrer *mpl;* **essere di ~** beamtet sein; **passare di ~** ins Beamtenverhältnis übernommen werden ④ COM Plan *m,* Liste *f*

ruota ['ruɔːta] *f* ① *(gener,* TEC, MOT Rad *nt;* **~ dentata** Zahnrad *nt;* **a ~ libera** *(fig)* im Leerlauf; **essere l'ultima** [*o* **la quinta**] **~**

R

del carro das fünfte Rad am Wagen sein; **a** ~ Rad- ② NAUT Steven *m* ③ *(del lotto)* Ziehungsstelle *f* ④ *(oggetto circolare)* Scheibe *f* ⑤ *(di luna park)* Riesenrad *nt*

ruotare [ruo'ta:re] **I.** *vi* ① *(girare)* [sich] drehen, rotieren ② *(volare)* kreisen, Kreise ziehen **II.** *vt* ① *(braccio, bastone)* kreisen lassen ② AGR *(colture)* wechseln

rupe ['ru:pe] *f* Fels[en] *m*

rupestre [ru'pɛstre] *agg* felsig

ruppi ['ruppi] *1. pers sing pass rem di* **rompere**

rurale [ru'ra:le] *agg* ländlich, Land-

ruscello [ruʃ'ʃɛllo] *m* Bach *m*

ruspa ['ruspa] *f* Bagger *m*

ruspante [rus'pante] *agg* scharrend; **pollo** ~ Freilandhuhn *nt*

ruspare [rus'pa:re] *vi* scharren, kratzen

ruspatore, **-trice** [ruspa'to:re] *m, f* Kastaniensammler(in) *m(f)*

ruspista [rus'pista] <-i *m*, -e *f*> *mf* Baggerführer(in) *m(f)*

russa *f v.* **russo**

russare [rus'sa:re] *vi* schnarchen

Russia ['russia] *f* Russland *nt*

russificare [russifi'ka:re] *vt* russifizieren

russificazione [russifikat'tsio:ne] *f* Russifizierung *f*

russista [rus'sista] <-i *m*, -e *f*> *mf* Russist(in) *m(f)*

russistica [rus'sistika] <-che> *f* Russistik *f*

russo, **-a** ['russo] **I.** *agg* russisch; **insalata -a** *Gemüsesalat mit Mayonnaise und Ei;* **montagne -e** Achterbahn *f* **II.** *m, f* Russe *m*/Russin *f*

rusticano, **-a** [rusti'ka:no] *agg* ländlich, bäuerlich; **cavalleria -a** Bauernehre *f*

rusticità [rustitʃi'ta] <-> *f* Rustikalität *f*

rustico ['rustiko] <-ci> *m* ① *(edificio di campagna)* Landhaus *nt* ② ARCH Rohbau *m*

rustico, **-a** <-ci, -che> *agg* ① *(campagnolo)* ländlich ② *(mobile)* rustikal ③ *(persona)* bäurisch ④ *(fig, pej)* roh, grob

ruta ['ru:ta] *f* Raute *f*

rutinario, **-a** [ruti'na:rio] <-i, -ie> *agg* Routine-, routinemäßig; **procedimento** ~ Routineangelegenheit *f*

rutiniero, **-a** [ruti'niɛro] **I.** *agg* Routine-, routinemäßig **II.** *m, f* Routinier *m*

ruttare [rut'ta:re] *vi* rülpsen, aufstoßen

ruttino [rut'ti:no] *m* Bäuerchen *nt*

rutto ['rutto] *m* Rülpser *m;* **fare un** ~ rülpsen

ruttore [rut'to:re] *m* Schalter *m*

ruvidezza [ruvi'dettsa] *f* ① *(di scorza, pietra)* Rauheit *f* ② *(fig)* Rohheit *f*, Grobheit *f*

ruvido, **-a** ['ru:vido] *agg* ① *(mani, corteccia, stoffa)* rau ② *(fig)* roh, grob

ruzzo ['ruddzo] *m (fam)* Laune *f*, Grille *f*

ruzzolare [ruttso'la:re] **I.** *vi* purzeln, hinunterkugeln **II.** *vt* rollen

ruzzolata [ruttso'la:ta] *f* Purzelbaum *m*

ruzzolone [ruttso'lo:ne] *m* Sturz *m*, Fall *m*

ruzzoloni [ruttso'lo:ni] *avv* purzelnd

Ss

s *abbr di* **secondo** s
S, s ['ɛsse] <-> *f* S *nt,* s *nt;* **s come Savona** S wie Siegfried
S. ❶ *abbr di* **sud** S ❷ *abbr di* **santo** hl., St.
S *abbr di* **sud** S
s.a. *abbr di* **senza anno** o.J.
sabato ['sa:bato] *m* Samstag *m,* Sonnabend *m;* ~ **Santo** Karsamstag *m; v. a.* **domenica**
sabba ['sabba] <-> *m* Hexensabbat *m*
sabbia ['sabbia] <-ie> *f* Sand *m;* **costruire sulla** ~ *(fig)* auf Sand bauen; **[di] color** ~ sandfarben
sabbiato, -a [sab'bia:to] *agg* TEC sandgestrahlt
sabbiatura [sabbia'tu:ra] *f* ❶ MED Sandbad *nt* ❷ TEC Sandstrahlen *nt*
sabbioso, -a [sab'bio:so] *agg* sandig; *(riva)* Sand-; **pietra -a** Sandstein *m*
sabotaggio [sabo'taddʒo] <-ggi> *m* Sabotage *f*
sabotare [sabo'ta:re] *vt* sabotieren
sabotatore, -trice [sabota'to:re] *m, f* Saboteur(in) *m(f)*
S.acc. *abbr di* **Società in accomandita** KG *f*
sacca ['sakka] <-cche> *f* ❶ *(borsa)* [große] Tasche *f,* Reisetasche *f* ❷ MED, ANAT Beutel *m,* Sack *m*
saccaride [sak'ka:ride] *m* Kohle[n]hydrat *nt*
saccarina [sakka'ri:na] *f* Saccharin *nt*
saccarosio [sakka'rɔ:sio] <-i> *m* Saccharose *f*
saccata [sak'ka:ta] *f* Sack[voll] *m*
saccatura [sakka'tu:ra] *f* METEO Tiefdruckrinne *f*
saccente [sat'tʃɛnte] **I.** *agg* besserwisserisch; *(bambino)* altklug **II.** *mf* Besserwisser(in) *m(f)*
saccenteria [sattʃente'ri:a] <-ie> *f* Besserwisserei *f*
saccheggiare [sakked'dʒa:re] *vt* *(città)* plündern; *(banca)* ausrauben
saccheggiatore, -trice [sakkeddʒa'to:re] **I.** *agg* Raub- **II.** *m, f* Räuber(in) *m(f),* Plünderer *m,* Plünderin *f*
saccheggio [sak'keddʒo] <-ggi> *m* Plünderung *f*
sacchetto [sak'ketto] *m* Tüte *f,* Beutel *m,* Sackerl *nt* A
sacco ['sakko] <-cchi> *m* ❶ *(recipiente)* Sack *m;* ~ **a pelo** Schlafsack *m;* ~ **da montagna** Rucksack *m;* **colazione al** ~ Picknick *nt;* **corsa nei -cchi** Sackhüpfen *nt;* **cogliere** [*o* **pescare**] **qu con le mani nel** ~ *(fig)* jdn auf frischer Tat ertappen; **vuotare il** ~ *(fig)* auspacken ❷ *(fig fam)* Haufen *m;* **avere un** ~ **di debiti** einen Haufen Schulden haben ❸ ANAT, ZOO Sack *m,* Beutel *m* ❹ *(tela)* Sackleinen *nt*
saccoccia [sak'kɔttʃa] <-cce> *f* DIAL Tasche *f,* Beutel *m*
saccone [sak'ko:ne] *m* Strohsack *m*
saccopelista [sakkope'lista] <-i *m,* -e *f*> *mf* Rucksacktourist(in) *m(f)*
S.acc.p.a. *abbr di* **Società in accomandita per azioni** KGaA
sacerdotale [satʃerdo'ta:le] *agg* priesterlich, Priester-
sacerdote, -essa [satʃer'dɔ:te, satʃerdo'tessa] *m, f* Geistliche(r) *f(m)*
sacerdozio [satʃer'dɔttsio] <-i> *m* ❶ REL Priestertum *nt,* Priesterschaft *f* ❷ *(fig)* Mission *f*
sacrale [sa'kra:le] *agg* ❶ REL sakral, heilig ❷ ANAT Kreuzbein-
sacramentale [sakramen'ta:le] *agg* sakramental
sacramentare [sakramen'ta:re] *vt* REL die Sakramente austeilen
sacramento [sakra'mento] *m* Sakrament *nt; (l'Eucarestia)* Abendmahl *nt,* Eucharistie *f*
sacrario [sa'kra:rio] <-i> *m* ❶ *(di tempio)* Heiligtum *nt* ❷ *(edificio)* Gedenkstätte *f*
sacrato [sa'kra:to] *v.* **sagrato**
sacrestano [sakres'ta:no] *v.* **sagrestano**
sacrestia [sakres'ti:a] *f v.* **sagrestia**
sacrificale [sakrifi'ka:le] *agg* Opfer-
sacrificare [sakrifi'ka:re] **I.** *vt* opfern **II.** *vr* **-rsi** ❶ *(offrirsi in sacrificio)* sich opfern, sich hingeben ❷ *(sopportare privazioni)* sich aufopfern
sacrificato, -a [sakrifi'ka:to] *agg* ❶ *(pieno di rinunce)* entbehrungsreich, voller Opfer; **in quella ditta è sacrificato** in dieser Firma kann er sich nicht entfalten ❷ *(non valorizzato)* **essere** ~ nicht zur Geltung kommen ❸ *(offerto in sacrificio)* geopfert
sacrificio [sakri'fi:tʃo] <-ci> *m,* **sacrifizio** [sakri'fittsio] <-i> *m* Opfer *nt; (privazione)* Verzicht *m*
sacrilegio [sakri'lɛ:dʒo] <-gi> *m* ❶ *(profanazione)* Frevel *m,* Gotteslästerung *f,* Sakrileg *nt* ❷ *(fig)* Schande *f,* Frevel *m*
sacrilego, -a [sa'kri:lego] <-ghi, -ghe> *agg* gotteslästerlich, frevlerisch
sacripante [sakri'pante] *m* Riesenkerl *m,* Hüne *m;* ~! Teufel auch!

sacristia [sakris'ti:a] *f v.* **sagrestia**
sacro ['sa:kro] *m* Kreuzbein *nt*
sacro, -a *agg* heilig; *(musica, persona)* geistlich; **la -a famiglia** die Heilige Familie; **le -e scritture** die Heilige Schrift
sacrosanto, -a [sakro'santo] *agg* ① REL hochheilig ② *(inviolabile)* unverletzlich
sadico, -a ['sa:diko] <-ci, -che> **I.** *agg* sadistisch **II.** *m, f* PSIC Sadist(in) *m(f)*
sadismo [sa'dizmo] *m* Sadismus *m*
saetta [sa'etta] *f* Blitz *m*
saettare [saet'ta:re] *vt* ① *(sguardi, parole)* schleudern; *(palla)* schießen ② *(fulminare)* blitzen
safari [sa'fa:ri] <-> *m* Safari *f*
safe-sex ['seifseks] <-> *m* Safersex *m*
safety engineer ['seifti endʒi'niə] <- *o* safety engineers> *mf* Arbeitsschutzbeauftragte(r) *f(m)*
saga ['sa:ga] <-ghe> *f* Sage *f,* Saga *f*
sagace [sa'ga:tʃe] *agg* scharfsinnig, klug
sagacia [sa'ga:tʃa] <-ie> *f,* **sagacità** [sagatʃi'ta] <-> *f* Scharfsinn *m,* Klugheit *f*
saggezza [sad'dʒettsa] *f* Weisheit *f*
saggia *f v.* **saggio, -a**
saggiare [sad'dʒa:re] *vt* prüfen; **~ qu** jdn auf die Probe stellen
saggiatore, -trice [saddʒa'to:re] *m, f* Prüfer(in) *m(f)*
saggina [sad'dʒi:na] *f* Hirse *f*
saggio ['saddʒo] <-gi> *m* ① *(prova)* Probe *f* ② FIN *(tasso)* Satz *m* ③ *(scritto)* Essay *m o nt,* Abhandlung *f*
saggio, -a <-ggi, -gge> **I.** *agg* weise, klug **II.** *m, f (persona saggia)* Weise(r) *f(m),* Gelehrte(r) *f(m)*
saggista [sad'dʒista] <-i *m,* -e *f*> *mf* Essayist(in) *m(f)*
saggistica [sad'dʒistika] <-che> *f* Essayistik *f*
saggistico, -a [sad'dʒistiko] <-ci, -che> *agg* essayistisch
sagittario [sadʒit'ta:rio] *m* ① *(arciere)* Bogenschütze *m* ② ASTR Schütze *m;* **sono Sagittario, sono un** [*o* **del**] **Sagittario** ich bin [ein] Schütze
sagoma ['sa:goma] *f* ① *(profilo)* Profil *nt,* Silhouette *f* ② *(nel tiro a segno)* Zielscheibe *f* ③ *(modello)* Form *f,* Schablone *f* ④ *(fig fam)* komischer Kauz
sagomare [sago'ma:re] *vt* formen, modellieren
sagomato *m* Profil *nt*
sagomato, -a [sago'ma:to] *agg* geformt
sagomatura [sagoma'tu:ra] *f* Formgebung *f*
sagra ['sa:gra] *f* ① *(festa popolare)* [Volks]fest *nt* ② REL Kirchweih *f*
sagrato [sa'gra:to] *m* Kirchplatz *m*
sagrestano, -a [sagres'ta:no] *m, f* Küster *m,* Kirchendiener(in) *m(f)*
sagrestia [sagres'ti:a] <-ie> *f* Sakristei *f*
saio ['sa:io] <sai> *m* Kutte *f*
sala ['sa:la] *f* Saal *m;* **~ d'aspetto** Warteraum *m;* **~ da ballo** Ballsaal *m;* **~ da pranzo** Speisesaal *m*
salace [sa'la:tʃe] *agg* ① *(lascivo)* schlüpfrig, lasziv ② *(pungente)* bissig, scharf
salacità [salatʃi'ta] <-> *f* ① *(lascivia)* Schlüpfrigkeit *f,* Laszivität *f* ② *(aggressività)* Schärfe *f,* Bissigkeit *f*
salafismo [sala'fizmo] *m* REL Salafismus *m*
salafita [sala'fi:ta] <-> *m* REL Salafist(in) *m(f)*
salama [sa'la:ma] *f* Schweinswurst *f*
salamandra [sala'mandra] *f* Salamander *m*
salame [sa'la:me] *m* ① GASTR Wurst *f* ② *(fig fam)* Trottel *m*
salamelecco [salame'lɛkko] <-cchi> *m* Katzbuckel *m*
salamoia [sala'mɔ:ia] <-oie> *f* Salzlake *f*
salare [sa'la:re] *vt* salzen
salariale [sala'ria:le] *agg* Lohn-
salarialista [salaria'lista] <-i *m,* -e *f*> *mf* Lohnpolitik verfolgende(r) Gewerkschafter(in) *m(f)*
salariare [sala'ria:re] *vt* besolden, bezahlen
salariato, -a [sala'ria:to] *m, f* Lohnempfänger(in) *m(f)*
salario [sa'la:rio] <-i> *m* Lohn *m,* Vergütung *f,* Salär *nt* A; **~ garantito** Mindestlohn *m;* **~ da fame** Hungerlohn *m*
salassare [salas'sa:re] *vt* ① MED zur Ader lassen ② *(fig)* schröpfen
salasso [sa'lasso] *m* Aderlass *m*
salatino [sala'ti:no] *m* Salzstange *f; (biscotto)* Salzgebäck *nt,* Bäckerei *f* A
salato, -a [sa'la:to] *agg* ① *(gener)* salzig; *(acqua)* Salz-; GASTR gesalzen; **troppo ~** versalzen ② *(fig: prezzo)* gesalzen, gepfeffert
salatura [sala'tu:ra] *f* Pökeln *nt,* Einsalzen *nt*
salciccia [sal'tʃittʃa] *f (fam) v.* **salsiccia**
salda ['salda] *f* Stärke *f,* Appretur *f*
saldare [sal'da:re] **I.** *vt* ① *(congiungere)* verbinden, zusammenfügen ② TEC *(metalli)* löten; *(a fiamma)* schweißen ③ *(conto, debito)* begleichen, bezahlen **II.** *vr* **-rsi** zuheilen, vernarben
saldatore [salda'to:re] *m* TEC Lötkolben *m*
saldatore, -trice *m, f (operaio)* Schweißer(in) *m(f)*
saldatrice [salda'tri:tʃe] *f* EL Schweißapparat *m*
saldatura [salda'tu:ra] *f* ① *(gener, a. fig)*

S

Verbindung *f,* Vereinigung *f* ② TEC Schweißen *nt;* **punto di ~** Schweißstelle *f*

saldezza [sal'dettsa] *f* Festigkeit *f*

saldo ['saldo] *m* ① *(svendita)* Restposten *m,* Restbestand *m;* **-i di fine stagione** Schlussverkauf *m* ② *(di conto, fattura)* Bezahlung *f,* Saldo *m;* **~ attivo** Guthaben *nt;* **~ passivo** Lastschrift *f*

saldo, -a *agg (a. fig)* fest, stark

sale[1] ['sa:le] *m* ① GASTR, CHEM Salz *nt;* **~ comune** [*o* **da cucina**] Kochsalz *nt;* **~ iodato** Jodsalz *nt;* **~ marino** Meersalz *nt;* **un pizzico di ~** eine Prise Salz; **-i da bagno** Badesalz *nt;* **sotto ~** GASTR in Salz eingelegt ② *(fig: senno)* Verstand *m,* Geist *m;* **avere poco ~ in zucca** *(fam)* wenig Grips im Kopf haben, leichtsinnig sein

sale[2] ['seil] <sales> *m* Absatz-, Verkaufs-; **~ analysis** Absatzanalyse *f;* **~ budget** Absatzbudget *nt*

salernitano, -a [salerni'ta:no] **I.** *agg* aus Salerno, salernitanisch **II.** *m, f (abitante)* Bewohner(in) *m(f)* der Stadt Salerno

Salernitano *m sing* Provinz *f* Salerno

Salerno [sa'lɛrno] *f* Salerno *nt (Stadt in Kampanien)*

sales engineer ['seilz endʒi'niə] <- *o* sales engineers> *m* Vertriebagent *m* für Technologiegüter

salesman ['seilzmæn] <- *o* salesmen> *m* [Handels]vertreter *m*

sales manager ['seilz 'mænidʒə] <- *o* sales managers> *mf* Vertriebsleiter(in) *m(f),* Verkaufsleiter(in) *m(f)*

salgemma [sal'dʒɛmma] *m* Steinsalz *nt*

salgo ['salgo] *1. pers sing pr di* **salire**

salice ['sa:litʃe] *m* Weide *f;* **~ piangente** Trauerweide *f*

salicilico, -a [sali'tʃi:liko] <-ci, -che> *agg* Salizyl-; **acido ~** Salizylsäure *f*

salico, -a ['sa:liko] <-ci, -che> *agg* salisch

saliente [sa'liɛnte] *agg* ① *(che sale)* [auf]steigend ② *(fig: notevole)* bedeutend, wichtig

saliera [sa'liɛ:ra] *f* Salzstreuer *m*

salifero, -a [sa'li:fero] *agg* ① *(che contiene sale)* salzhaltig ② *(che produce sale)* salzerzeugend

salificare [salifi'ka:re] *vt* zu Salz machen

salii [sa'li:i] *1. pers sing pass rem di* **salire**

salina [sa'li:na] *f* ① *(impianto)* Saline *f,* Salzwerk *nt* ② MIN Salzlager *nt,* -grube *f*

salinità [salini'ta] <-> *f* Salzgehalt *m*

salino, -a [sa'li:no] *agg* salzhaltig, Salz-

salire [sa'li:re] <salgo, salii, salito> **I.** *vt avere* ersteigen, besteigen; *(scale)* [hoch]steigen **II.** *vi essere* ① *(andare verso l'alto)* nach oben steigen, hinaufsteigen ② *(montare)* [ein]steigen ③ *(alzarsi)* [auf]steigen ④ *(strada)* ansteigen

Salisburgo [saliz'burgo] *f* Salzburg *nt*

saliscendi [saliʃ'ʃendi] <-> *m* ① *(chiusura)* Riegel *m* ② *(salite e discese)* Auf und Ab *nt*

salita [sa'li:ta] *f* Aufstieg *m,* Aufgang *m; (strada)* Steigung *f;* **in ~** bergauf

salito [sa'li:to] *pp di* **salire**

saliva [sa'li:va] *f* Speichel *m,* Spucke *f*

salivare[1] [sali'va:re] *agg* Speichel-

salivare[2] *vi* Speichel absondern

salivazione [salivat'tsio:ne] *f* Speichelfluss *m*

salma ['salma] *f* Leiche *f,* Leichnam *m*

salmastro [sal'mastro] *m (odore)* Salzgeruch *m; (sapore)* Salzgeschmack *m*

salmastro, -a *agg* salzig, brackig; **acque -e** Brackwasser *nt*

salmerie [salme'ri:e] *fpl* Tross *m*

salmì [sal'mi] *m* [scharfes] Wildragout *nt;* **lepre in ~** Hasenpfeffer *m*

salmista [sal'mista] <-i *m,* -e *f*> *mf* Psalmist(in) *m(f),* Psalmensänger(in) *m(f)*

salmistrato, -a [salmis'tra:to] *agg* gepökelt, Pökel-

salmo ['salmo] *m* Psalm *m*

salmodia [salmo'di:a] <-ie> *f* Psalmodie *f*

salmodiare [salmo'dia:re] *vi* psalmodieren, Psalmen singen

salmonare [salmo'na:re] *vt* **~ una trota** Forellen mit lachsfarbenem Fleisch züchten

salmonato, -a [salmo'na:to] *agg* Lachs-; **trota -a** Lachsforelle *f*

salmone [sal'mo:ne] *m* Lachs *m,* Salm *m*

salmonella [salmo'nɛlla] *f* Salmonelle *f*

salmonellosi [salmonel'lɔ:zi] <-> *f* Salmonelleninfektion *f*

salnitro [sal'ni:tro] *m* Salpeter *m*

salone [sa'lo:ne] *m* ① *(gener)* Salon *m* ② *(mostra)* Ausstellung *f;* **~ dell'automobile** Automobilausstellung *f* ③ *(edificio)* Messehalle *f,* Ausstellungshalle *f*

salonista [salo'nista] <-i *m,* -e *f*> *mf* Autoverkäufer(in) *m(f)*

salopette [salɔ'pɛt] <- *o* salopettes> *f* Latzhose *f;* **~ [imbottita] da sciatore** Skihose *f*

salottiero, -a [salot'tiɛ:ro] *agg* salonhaft, Salon-

salotto [sa'lɔtto] *m* ① *(stanza)* Wohnzimmer *nt* ② *(mobilio)* Wohnzimmer[einrichtung *f*] *nt* ③ *(raduno)* Salon *m,* Kreis *m;* **discorsi da ~** Geplauder *nt*

salpare [sal'pa:re] **I.** *vi essere* in See stechen **II.** *vt avere* hieven

salsa ['salsa] *f* Soße *f,* Sauce *f;* **~ di pomodoro** Tomatensauce *f*

S

salsedine [sal'sɛːdine] *f* ❶ *(del mare)* Salzigkeit *f,* Salzgehalt *m* ❷ *(residuo)* Salzrückstände *mpl,* Salzkruste *f*
salsiccia [sal'sittʃa] <-cce> *f* Wurst *f*
salsicciotto [salsit'tʃɔtto] *m* dicke Wurst
salsiera [sal'siɛːra] *f* Sauciere *f,* Soßenschüssel *f*
salso, -a ['salso] **I.** *agg* salzig **II.** *m, f* Salzigkeit *f,* Salzgehalt *m*
salsoiodico, -a [salso'iɔːdiko] <-ci, -che> *agg* jodsalzhaltig, Jodsalz-
saltamartino [saltamar'tiːno] *m* *(fam)* ❶ ZOO Grille *f,* Heuschrecke *f* ❷ *(fig: bambino)* Zappelphilipp *m*
saltare [sal'taːre] **I.** *vi essere o avere* ❶ *(gener)* springen; ~ **dalla finestra** aus dem Fenster springen; ~ **dal ponte** von der Brücke springen; ~ **al collo di qu** *(per abbracciarlo)* jdm um den Hals fallen; *(aggredire)* jdm an die Gurgel gehen; ~ **fuori** herausspringen; *(esprimere)* herausplatzen; *(ritrovare)* auftauchen; ~ **agli occhi** ins Auge springen; ~ **in testa** einfallen; ~ **di palo in frasca** vom Hundertsten ins Tausendste kommen ❷ *(esplodere)* explodieren; ~ **in aria** *(fig)* in die Luft gehen **II.** *vt avere* ❶ *(ostacolo)* überspringen; ~ **la corda** Seil springen ❷ GASTR sautieren, kurz braten ❸ *(fig)* überspringen, auslassen; ~ **il pasto** eine Mahlzeit ausfallen lassen
saltatore, -trice [salta'toːre] **I.** *agg* Spring-, springend **II.** *m, f* Springer(in) *m(f)*
saltellare [saltel'laːre] *vi* hüpfen
saltello [sal'tɛllo] *m* Hüpfer *m*
saltelloni [saltel'loːni] *avv* [a] ~ hüpfend
salterellare [salterel'laːre] *v.* **saltellare**
salterello [salte'rɛllo] *m* ❶ *(danza)* Saltarello *m* ❷ MUS Springer *m* ❸ *(fuoco d'artificio)* Knallfrosch *m*
salterino, -a [salte'riːno] *agg* Hüpf-; **bimbo** ~ Kind, das gern [*o* dauernd] hüpft
salterio [sal'tɛːrio] <-i> *m* Psalter *m*
saltimbanco, -a [saltim'baŋko] <-chi, -che> *m, f* ❶ *(acrobata)* Seiltänzer(in) *m(f)* ❷ *(fig, pej)* Schwindler(in) *m(f),* Scharlatan *m*
saltimbocca [saltim'bokka] <-> *m kleines Kalbsschnitzel;* ~ **alla romana** *Kalbsrouladen mit Schinken und Salbei*
salto ['salto] *m* ❶ *(fig fam)* *a.* SPORT Sprung *m;* ~ **in alto** Hochsprung *m;* ~ **in lungo** Weitsprung *m;* ~ **con l'asta** Stabhochsprung *m;* ~ **mortale** Salto mortale *m,* Todessprung *m;* **fare i -i mortali** *(fig)* alles nur Mögliche tun; **fare quattro -i** *(fam)* das Tanzbein schwingen; **faccio un ~ in città/dalla mia amica** *(fam)* ich gehe kurz in die Stadt/zu meiner Freundin; **in un ~ vado e torno** *(fam)* ich bin sofort wieder zurück ❷ *(omissione)* Überspringung *f,* Auslassung *f* ❸ MUS Intervall *nt* ❹ *(dislivello)* Gefälle *nt*
saltuarietà [saltuarie'ta] <-> *f* Unregelmäßigkeit *f*
saltuario, -a [saltu'aːrio] <-i, -ie> *agg* unregelmäßig
salubre [sa'luːbre] *agg* gesund
salubrità [salubri'ta] <-> *f* Gesundheit *f*
salumaio, -a [salu'maːio] <-ai, -aie> *m, f* *(fam)* Wursthändler(in) *m(f)*
salume [sa'luːme] *m* Wurst *f;* **-i** Wurstwaren *fpl*
salumeria [salume'riːa] <-ie> *f* Wurstwarenhandlung *f*
salumiere, -a [salu'miɛːre] *m, f* Wursthändler(in) *m(f)*
salumificio [salumi'fiːtʃo] <-ci> *m* Wurstgeschäft *nt,* Wurstfabrik *f*
salutare[1] [salu'taːre] *agg* heilsam
salutare[2] *vt* grüßen; *(accogliere)* begrüßen; **andare a ~ qu** jdn besuchen gehen; **salutami tua moglie** grüß' deine Frau von mir
salute [sa'luːte] *f* Gesundheit *f;* **bere alla ~ di qu** auf jds Wohl trinken; **~!** *(nei brindisi)* prost!, zum Wohl!; *(quando si starnutisce)* Gesundheit!; **alla tua/vostra ~!** auf dein/euer Wohl!
salutismo [salu'tizmo] *m* [übertriebenes] Gesundheitsbewusstsein *nt*
salutista [salu'tista] <-i *m,* -e *f*> *mf* ❶ *(chi si cura molto)* Gesundheitsapostel *m fam* ❷ *(appartenente all'esercito della salvezza)* Mitglied *nt* der Heilsarmee, Heilsarmist(in) *m(f)*
saluto [sa'luːto] *m* Gruß *m;* **portare a qu i -i di qu** jdm von jdm Grüße ausrichten; **ricevere un ~** gegrüßt werden; **rivolgere un ~ a qu** jdn grüßen; **in segno di ~** zum Gruß; **tanti cari -i** viele liebe Grüße; **affettuosi -i** herzliche Grüße; **cordiali -i** mit freundlichen Grüßen; **vogliate gradire i più distinti -i** mit vorzüglicher Hochachtung
salva ['salva] *f (a. fig)* Salve *f;* **cartuccia a ~** Platzpatrone *f;* **una ~ di fischi** ein Pfeifkonzert *nt*
salvabile [sal'vaːbile] *agg* [noch] zu retten; **salvare il ~** retten, was [noch] zu retten ist
salvacondotto [salvakon'dotto] *m* Geleitbrief *m,* Schutzbrief *m*
salvadanaio [salvada'naːio] <-ai>, **salvadanaro** [salvada'naːro] *m* Sparbüchse *f,* -dose *f*
salvagente [salva'dʒɛnte] **I.** *agg inv* Schwimm-; **giubbotto ~** Schwimmweste *f*

S

II. *m* <-> ① *(per nuotare)* Rettungsring *m* ② *(isola pedonale)* Verkehrsinsel *f*

salvagocce [salva'gottʃe] <-> *m* Tropfschutz *m*

salvaguardare [salvaguar'da:re] **I.** *vt* [be]schützen; *(interessi)* wahren **II.** *vr* **-rsi da qc** sich vor etw *dat* hüten

salvaguardia [salva'guardia] *f* Schutz *m*

salvaladri [salva'la:dri] *agg inv* zugunsten von Straftätern [Verjährungsfristen verkürzend]

salvamotore [salvamo'to:re] <-> *m* MOT Motorschaltschutz *m*

salvamuro [salva'mu:ro] <- *o* -i> *m* Fußleiste *f*

salvapantaloni [salvapanta'lo:ni] <-> *m* *(battitacco)* Stoßband *nt*

salvapiede [salva'piɛde] *m* Füßling *m*

salvapunte [salva'punte] <-> *m* Bleistiftkappe *f,* Spitzenschoner *m*

salvare [sal'va:re] **I.** *vt* ① *(trarre da un pericolo)* retten; **~ la vita a qu** jdm das Leben retten ② *(proteggere)* schützen ③ INFORM speichern **II.** *vr* **-rsi** ① *(scampare alla morte)* sich retten ② *(trovare scampo)* sich [an einen Ort] retten, Zuflucht finden; **si salvi chi può!** rette sich, wer kann!

salvaschermo [salva'skermo] <-> *m* Bildschirmschoner *m*

salvaslip [salva'zlip] <-> *m* Slipeinlage *f*

salvatacco [salva'takko] *m* Absatzbeschlag *m*

salvataggio [salva'taddʒo] <-ggi> *m* ① *(gener)* Rettung *f;* **cintura di ~** Rettungsring *m;* **operazioni di ~** Rettungsarbeiten *fpl,* Bergungsarbeiten *fpl* ② INFORM Datensicherung *f*

salvatore, **-trice** [salva'to:re] **I.** *m, f* Retter(in) *m(f);* **il Salvatore** der Heiland **II.** *agg* rettend

salvazione [salvat'tsio:ne] *f* Erlösung *f*

salve ['salve] **I.** *f v.* **salva II.** *int* grüß dich/euch!, hallo!, Servus! A, SÜDD

salvezza [sal'vettsa] *f* Rettung *f,* Heil *nt;* **ancora di ~** *(a. fig)* Rettungsanker *m;* **la ~ eterna** das ewige Heil

salvia ['salvia] <-ie> *f* Salbei *m o f*

salvietta [sal'vietta] *f* Serviette *f;* **~ rinfrescante** Erfrischungstuch *nt*

salvo, **-a** *agg* gerettet; **avere -a la vita** mit dem Leben davonkommen

salvo[1] ['salvo] *m sing* **in ~** in Sicherheit

salvo[2] **I.** *prep* außer *+dat,* ausgenommen *+akk,* abgesehen von *+dat* **II.** *cong* **~ che …** *+conj* es sei denn [, dass] …, außer wenn …

sambernardo [samber'nardo] <-i> *m* Bernhardiner *m; v. a.* **San Bernardo**

sambuca [sam'bu:ka] <-che> *f* *Anislikör*

sambuco [sam'bu:ko] <-chi> *m* [schwarzer] Holunder *m*

sampietro [sam'piɛ:tro] *m* Petersfisch *m*

san [san] *v.* **santo I.**

sana *f v.* **sano**

sanabile [sa'na:bile] *agg* ① MED heilbar ② FIN sanierbar

sanare [sa'na:re] **I.** *vt* ① *(ferita, ammalato)* heilen ② *(bilancio, piaga sociale)* sanieren; **~ un debito** eine Schuld begleichen ③ JUR heilen **II.** *vr* **-rsi** heilen

sanatoria [sana'tɔria] *f* JUR Gültigkeitserklärung *f,* nachträgliche Zustimmung; **~ fiscale** Steuerindemnität *f*

sanatorio [sana'tɔ:rio] <-i> *m* Sanatorium *nt*

sanbabilino, **-a** [sanbabi'li:no] **I.** *agg* ① *(di Piazza S. Babila a Milano)* den Mailänder Platz San Babila betreffend ② *(di giovane milanese neofascista)* junge Mailänder Neofaschisten betreffend **II.** *m, f* *(neofascista)* Neofaschist(in) *m(f)* der Piazza San Babila

San Bernardo <- - *o* - -i> *m* Bernhardiner *m*

sancire [san'tʃi:re] <sancisco> *vt* ① *(patto, alleanza)* bestätigen, in Kraft setzen ② JUR sanktionieren

sandalo ['sandalo] *m* ① *(calzatura)* Sandale *f* ② BOT Sandelbaum *m*

San Daniele [san da'niɛ:le] GASTR **I.** *agg* <inv> San-Daniele-, aus San Daniele **II.** *m* *(prosciutto)* San-Daniele-Schinken *m*

sandolino [sando'li:no] *m* Paddelboot *nt*

sandwich ['sændwitʃ] <-> *m* Sandwich *m o nt*

San Gallo [saŋ 'gallo] **I.** *m* *(cantone)* Sankt Gallen *nt* **II.** *f* *(città)* Sankt Gallen *nt*

sangiovese [sandʒo've:se] <-> *m* Sangiovese *m (Rotwein aus der Emilia-Romagna)*

San Gottardo [saŋ got'tardo] <-> *m* Sankt Gotthard *m*

sangria [san'gri:a] <-> *f* Sangria *f*

sangue[1] ['saŋgue] *m* Blut *nt;* **donatore di ~** Blutspender(in) *m(f);* **legami** [*o* **vincoli**] **di ~** Blutsbande *ntpl;* **un** [**cavallo**] **puro ~** ein Vollblut *nt;* **~ freddo** *(fig)* Kaltblütigkeit *f;* **animale a ~ caldo/freddo** Warm-/Kaltblüter *m;* **a ~ caldo** im Affekt; **a ~ freddo** kaltblütig; **bistecca al ~** blutiges Steak; **avere la musica nel ~** Musik im Blut haben; **avere il ~ blu** *(scherz)* blaublütig sein, blaues Blut haben; **mi esce il ~ dal naso** ich habe Nasenbluten; **fra loro non c'è buon ~** sie sind nicht gut aufeinander zu sprechen; **il ~ non è acqua** *(prov)* Blut ist dicker als Wasser; **buon ~ non mente** *(prov)* der Apfel fällt nicht weit vom Stamm

S

sangue[2] *agg inv* blutrot
sanguemisto [saŋgue'misto] *m* Mischling *m*
sanguigna [saŋ'guiɲɲa] *f* Rötel *m; (disegno)* Rötelzeichnung *f*
sanguigno, **-a** [saŋ'guiɲɲo] *agg* ① MED blutig, Blut-; *(ricco di sangue)* blutreich; **pressione -a** Blutdruck *m* ② *(complessione, costituzione)* sanguinisch
sanguinaccio [saŋgui'nattʃo] <-cci> *m (insaccato)* Blutwurst *f*, Blunze[n] *f* A
sanguinare [saŋgui'na:re] *vi* bluten
sanguinario, **-a** [saŋgui'na:rio] <-i, -ie> *agg* blutrünstig
sanguinolento, **-a** [saŋguino'lɛnto] *agg* bluttriefend
sanguinoso, **-a** [saŋgui'no:so] *agg* blutig
sanguisuga [saŋgui'su:ga] <-ghe> *f* ① ZOO Blutegel *m* ② *(fig, pej)* Blutsauger *m*
sanificazione [sanifikat'tsio:ne] *f* Sterilisation *f*, Sterilisierung *f*; **~ di un impianto** Herstellung der Betriebshygiene
sanità [sani'ta] <-> *f* ① *(gener)* Gesundheit *f* ② ADM Gesundheitswesen *nt*
sanitario, **-a** [sani'ta:rio] <-i, -ie> *agg* ADM gesundheitlich, Gesundheits-; **ufficiale ~** Amtsarzt *m*
sanitarista [sanita'rista] <-i *m*, -e *f*> *mf* Hersteller(in) *m(f)* [*o* Verkäufer(in) *m(f)*] von Sanitätsartikeln
sanitizzante [sanitid'dzante] **I.** *agg* desinfizierend; **azione ~** Säuberungsaktion *f*; **prodotto ~** Desinfektionsmittel *nt* **II.** *m* Desinfektionsmittel *nt*
sanitizzare [sanitid'dza:re] *vt* sterilisieren, desinfizieren
sanitizzazione [sanitiddzat'tsio:ne] *f* Sterilisation *f*, Desinfizierung *f*
sano, **-a** ['sa:no] **I.** *agg* ① MED gesund; **~ come un pesce** kerngesund ② *(intero)* heil, ganz; **di -a pianta** von Grund auf, vollkommen **II.** *m, f* Gesunde(r) *f(m)*
sanscrito ['sanskrito] *m* Sanskrit *nt*
sansevieria [sanse'viɛ:ria] <-ie> *f* Bogenhanf *m*, Sansevieria *f*
sant' [sant] *v.* **santo I.**
santa *f v.* **santo**
santarellina [santarel'li:na], **santerellina** [santerel'li:na] *f* Scheinheilige *f*
santerello [sante'rɛllo] *m* Scheinheilige(r) *m*
santificare [santifi'ka:re] **I.** *vt* heiligen, ehren; *(dichiarare santo)* heiligsprechen **II.** *vr* **-rsi** heilig werden
santificazione [santifikat'tsio:ne] *f* Heiligung *f*, Heiligsprechung *f*
santino [san'ti:no] *m* Heiligenbild *nt*
santissimo [san'tissimo] *m* Hostie *f*
santissimo, **-a** *agg* allerheiligste(r, s)

S

santità [santi'ta] <-> *f* Heiligkeit *f*
santo, **-a** ['santo] **I.** *agg* heilig; *(con nome proprio)* Sankt, der/die heilige; *(pio)* fromm, religiös; **acqua -a** Weihwasser *nt*; **olio ~** Salböl *nt*; *(ultima unzione)* Letzte Ölung; **la settimana -a** die Karwoche; **la terra -a** das Heilige Land; **tutto il ~ giorno** *(fam)* den langen Tag lang; **fammi il ~ piacere …** *(fam)* tu mir den einen Gefallen und …; **Sant'Iddio!** *(fam)* ach du lieber Gott! **II.** *m, f* ① REL Heilige(r) *f(m)*; [**tutti**] **i Santi** Allerheiligen *nt*; **pazienza di un ~** Engelsgeduld *f*; **non ci sono -i che tengano** es ist unvermeidlich; **scherza coi fanti e lascia stare i -i** *(prov)* mit ernsten Dingen spaßt man nicht ② *(immagine)* Heiligenbild *nt* ③ *(fam: patrono)* Schutzheilige(r) *f(m)*, Schutzpatron(in) *m(f)*; **deve avere qualche ~ dalla sua** er/sie muss einen [guten] Schutzengel haben
santolo, **-a** ['santolo] *m, f* DIAL Pate *m*/Patin *f*
santone, **-a** [san'to:ne] *m, f* ① REL [als heilig geltende] religiöse Persönlichkeit ② *(fig)* Guru *m*, Sektenführer(in) *m(f)*
santuario [santu'a:rio] <-i> *m* Heiligtum *nt*; *(di tempio ebraico)* Allerheiligste(s) *nt*
sanzionare [santsio'na:re] **I.** *vt* sanktionieren; *(confermare)* bestätigen **II.** *vi* Sanktionen auferlegen
sanzionatore, **-trice** [santsiona'to:re] **I.** *agg* Sanktionen ratifizierend [*o* verhängend] **II.** *m, f* Verhängung *f* einer Sanktion
sanzione [san'tsio:ne] *f* ① *(conferma)* Sanktion *f*; JUR, ADM Bestätigung *f*; *(a. fig)* Billigung *f* ② *(punizione)* Sanktion *f*, Strafmaßnahme *f*; **~ disciplinare** Disziplinarmaßnahme *f*; **-i penali** Strafrechtsmaßnahmen *f pl*
sanzionismo [santsio'nizmo] *m* Sanktionspolitik *f*
sanzionista [santsio'nista] <-i> **I.** *m* Befürworter(in) *m(f)* von Sanktionen **II.** *agg* Sanktionen befürwortend
sanzionistico, **-a** [santsio'nistiko] <-ci, -che> *agg* Sanktion-; **provvedimento ~** Sanktion *f*, Strafmaßnahme *f*
sapere[1] [sa'pe:re] <so, seppi, saputo> **I.** *vt* ① *(conoscere)* wissen, kennen; *(lingua)* können, beherrschen; *(mestiere)* beherrschen, verstehen; **sa il fatto suo** er kennt sich aus; **saperla lunga** schlau sein; **un certo non so che** ein gewisses Etwas; **lo so** ich weiß; **non saprei** ich wüsste nicht; **non si sa mai** man kann nie wissen; **buono a sapersi** gut zu wissen; **averlo saputo!** hätte ich das gewusst! ② *(potere)* können; **saper fare qc** etw

machen können; **so nuotare** ich kann schwimmen ③ *(apprendere)* erfahren; **come hai fatto a saperlo?** wie hast du das herausgefunden? **II.** *vi* ① *(aver sapore)* **~ di qc** nach etw schmecken; **non ~ di niente** nach nichts schmecken ② *(avere odore)* **~ di qc** nach etw riechen ③ *(pensare)* vermuten, ahnen; **mi sa che oggi non viene** ich glaube nicht, dass er/sie heute kommt

sapere[2] *m* Wissen *nt;* **il saper vivere** Lebenskunst *f,* Savoir-vivre *nt geh;* **il saper fare** Gewandtheit *f,* Savoir-faire *nt geh*

sapiente [sa'piɛnte] **I.** *agg* weise, klug **II.** *mf* Weise(r) *f(m),* Gelehrte(r) *f(m)*

sapientone, -a [sapien'to:ne] *(pej)* **I.** *agg* naseweis, neunmalklug **II.** *m, f* Besserwisser(in) *m(f)*

sapienza [sa'piɛntsa] *f* Weisheit *f*

saponario, -a [sapo'na:rio] <-i, -ie> *agg* Seifen-

saponata [sapo'na:ta] *f (acqua)* Seifenlauge *f; (schiuma)* Seifenschaum *m*

sapone [sa'po:ne] *m* Seife *f;* **~ da barba** Rasierseife *f;* **~ da bucato** Kernseife *f;* **bolla di ~** *(a. fig)* Seifenblase *f*

saponeria [sapone'ri:a] <-ie> *f* Seifenfabrik *f,* Seifensiederei *f*

saponetta [sapo'netta] *f* [feines] Seifenstück *nt*

saponiera [sapo'niɛ:ra] *f* Seifenschale *f*

saponiere, -a [sapo'niɛ:re] *m, f* ① *(operaio)* Seifenarbeiter(in) *m(f)* ② *(fabbricante)* Seifenhersteller(in) *m(f),* Seifenfabrikant(in) *m(f)*

saponiero, -a [sapo'niɛ:ro] *agg* Seifen-

saponificabile [saponifi'ka:bile] *agg* verseifbar, zum Verseifen geeignet

saponificare [saponifi'ka:re] *vt* verseifen

saponificazione [saponifikat'tsio:ne] *f* Verseifung *f,* Seifenherstellung *f*

saponificio [saponi'fi:tʃo] <-ci> *m* Seifenfabrik *f*

sapore [sa'po:re] *m* Geschmack *m; (fig a.)* Nachgeschmack *m;* **avere ~ di qc** nach etw schmecken; **senza ~** *(a. fig)* fade

saporito, -a [sapo'ri:to] *agg* ① GASTR schmackhaft ② *(fig: gustoso)* genüsslich, genussvoll ③ *(fig, scherz: conto, prezzo)* gesalzen, gepfeffert

saporoso, -a [sapo'ro:so] *agg* ① GASTR schmackhaft, wohlschmeckend ② *(fig)* pikant; *(stile)* brillant

saputa *f v.* **saputo**

saputello, -a [sapu'tɛllo] *(pej)* **I.** *agg* altklug **II.** *m, f* Besserwisser(in) *m(f)*

saputo, -a [sa'pu:to] **I.** *agg* bekannt **II.** *m, f (pej)* Besserwisser(in) *m(f)*

sarà [sa'ra] *3. pers sing futuro di* **essere**[1]

sarabanda [sara'banda] *f* ① *(fig)* Lärm *m,* Spektakel *nt* ② *(danza)* Sarabande *f*

saracca [sa'rakka] <-cche> *f* ① SETT *(aringa)* Räucherhering *m,* Salzhering *m* ② SETT *(fig: botta)* Klaps *m* [auf den Hintern] ③ SPORT *(brutto tiro)* Fehlschlag *m,* verfehlter Schuss; **le -cche degli annunciatori televisivi** die Fauxpas der Fernsehansager

saraceno, -a [sara'tʃɛ:no] **I.** *agg* sarazenisch; **grano ~** Buchweizen *m* **II.** *m, f* Sarazene *m/*Sarazenin *f*

saracinesca [saratʃi'neska] <-sche> *f* Rollladen *m*

sarago ['sa:rago] <-ghi> *m* Brasse *f*

sarcasmo [sar'kazmo] *m* Sarkasmus *m*

sarcastico, -a [sar'kastiko] <-ci, -che> *agg* sarkastisch

sarchiare [sar'kia:re] *vt* jäten

sarchiatore, -trice [sarkia'to:re] *m, f* Jäter(in) *m(f)*

sarchiatura [sarkia'tu:ra] *f* Jäten *nt*

sarcofago [sar'kɔ:fago] <-gi *o* -ghi> *m* Sarkophag *m*

sarda ['sarda] *f* Sardine *f,* Sprotte *f*

Sardegna [sar'deɲɲa] *f* Sardinien *nt*

sardella [sar'dɛlla] *f (fam)* Sardine *f*

sardina [sar'di:na] *f* Sardine *f;* **-e sott'olio** Ölsardinen *f pl*

sardo ['sardo] *m sing* Sardische *nt*

sardo, -a **I.** *agg* sardisch; **dialetto ~** sardischer Dialekt; **popolazione -a** sardische Bevölkerung **II.** *m, f* Sarde *m,* Sardin *f*

sardonico, -a [sar'dɔ:niko] <-ci, -che> *agg* sardonisch, hämisch

sareste [sa'reste], **saresti** [sa'resti] *2. pers pl, 2. pers sing condizionale di* **essere**[1]

sarmento [sar'mento] *m* Ranke *f*

sarta *f v.* **sarto**

sartia ['sartia] <-ie> *f* Want *f*

sartiame [sar'tia:me] *m* Tauwerk *nt*

sarto, -a ['sarto] *m, f* Schneider(in) *m(f)*

sartoria [sarto'ri:a] <-ie> *f* Schneiderei *f; (tecnica)* Couture *f*

sartorialità [sartori:ali'ta] *f sing* Schneiderkunst *f*

sassaia [sas'sa:ia] <-aie> *f* ① *(luogo)* Steinfeld *nt* ② *(riparo)* Steindamm *m,* -wall *m*

sassaiola [sassa'iɔ:la] *f* Steinhagel *m*

sassarese [sassa're:se] **I.** *agg* aus Sassari **II.** *mf (abitante)* Einwohner(in) *m(f)* von Sassari

Sassarese *m sing* Provinz *f* Sassari

Sassari *f* Sassari *nt (Stadt in Sardinien)*

sassata [sas'sa:ta] *f* Steinwurf *m*

sasso ['sasso] *m* Stein *m;* **restare di ~** zu Stein erstarren; **duro come un ~** steinhart

S

sassofonista [sassofo'nista] <-i *m*, -e *f*> *mf* Saxofonist(in) *m(f)*
sassofono [sas'sɔːfono] *m* Saxofon *nt*
sassone ['sassone] **I.** *agg* sächsisch **II.** *mf* Sachse *m*/Sächsin *f*
Sassonia [sas'sɔːnia] *f* Sachsen *nt;* **Bassa ~** Niedersachsen *nt*
sassoso, -a [sas'soːso] *agg* steinig
Satana ['saːtana] *m* Satan *m*
satanasso [sata'nasso] *m (fam)* Satan *m,* Teufel *m*
satanico, -a [sa'taːniko] <-ci, -che> *agg* satanisch; *(fig a.)* teuflisch
satanismo [sata'nizmo] *m* Satanismus *m*
satellitare [satelli'taːre] *agg (di un satellite)* Satelliten-; *(di dispositivo di comunicazione)* Satellitenfunk-; **navigatore ~** Navigationsgerät *nt,* Navi *nt fam*
satellitario, -a [satelli'taːrio] <-i, -ie> *agg* Satelliten-
satellite [sa'tɛllite] **I.** *m* ① ASTR Satellit *m;* **~ meteorologico** Wettersatellit *m;* **~ televisivo** Fernsehsatellit *m;* **~ di comunicazione** Funksatellit *m;* **trasmissione via ~** Satellitenübertragung *f* ② *(fig, pej)* Anhang *m,* Anhängsel *nt* **II.** *agg* Satelliten-; **città ~** Trabantenstadt *f*
satellizzare [satellid'dzaːre] *vt* in die Abhängigkeit zwingen; **~ uno stato limitrofo** ein Nachbarland zu einem Satellitenstaat machen
satin [sa'tɛ̃] <-> *m* Satin *m*
satinare [sati'naːre] *vt* satinieren
satira ['saːtira] *f* Satire *f*
satireggiare [satired'dʒaːre] **I.** *vt* verspotten **II.** *vi* Satiren schreiben
satiresco, -a [sati'resko] <-schi, -sche> *agg* Satyr-
satirico, -a [sa'tiːriko] <-ci, -che> **I.** *agg* satirisch **II.** *m, f* Satiriker(in) *m(f)*
satirista [sati'rista] <-i *m*, -e *f*> *mf (obs)* Satiriker(in) *m(f)*
satiro ['saːtiro] *m* Satyr *m*
satollare [satol'laːre] **I.** *vt* vollstopfen **II.** *vr* **-rsi di qc** sich mit etw vollstopfen
satollo, -a [sa'tollo] *agg* satt, gesättigt
satrapismo [satra'pizmo] *m* Despotismus *m*
saturare [satu'raːre] **I.** *vt* saturieren; *(a. fig)* sättigen **II.** *vr* **-rsi** sich sättigen
saturazione [saturat'tsioːne] *f* Saturierung *f; (a. fig)* Sättigung *f;* **~ del mercato** Marktsättigung *f*
saturo, -a ['saːturo] *agg* gesättigt
sauce ['soːs] <- *o* sauces> *f* Soße *f*
saudita [sau'diːta] <-i *m*, -e *f*> *agg* Saudi-, saudisch; **Arabia Saudita** Saudi-Arabien *nt*

S

sauna ['saːuna] *f* Sauna *f;* **fare la ~** in die Sauna gehen
sauri ['saːuri] *mpl* Echsen *fpl;* HIST Saurier *mpl*
sauro ['saːuro] *m (cavallo)* Fuchs *m*
sauro, -a *agg* gelbbraun
savana [sa'vaːna] *f* Savanne *f*
savio ['saːvio] *m* ① *(uomo sano di mente)* vernünftiger Mensch ② *(uomo sapiente)* Weise(r) *m*
savio, -a <-i, -ie> *agg* weise
savoiardo [savo'iardo] *m* GASTR Löffelbiskuit *m*
savoiardo, -a *m, f (persona)* Savoyer(in) *m(f)*
Savona [sa'vɔːna] *f* Savona *nt (Stadt in Ligurien)*
savonese [savo'neːse] **I.** *agg* aus Savona **II.** *mf (abitante)* Einwohner(in) *m(f)* von Savona
Savonese *m sing* Provinz *f* Savona
saxofonista [saksofo'nista] *mf v.* **sassofonista**
saxofono [sa'ksɔːfono] *m v.* **sassofono**
saziare [sat'tsiaːre] **I.** *vt* ① *(fame)* sättigen ② *(fig)* befriedigen, stillen **II.** *vr* **-rsi** ① *(riempirsi)* satt werden; **-rsi di qc** sich an etw *dat* sättigen ② *(fig)* genug haben [*o* bekommen]; **-rsi di …** *+inf (fig)* es müde werden zu … *+inf*
sazietà [sattsie'ta] <-> *f (a. fig)* Sättigung *f;* **a ~** *(fig)* zur Genüge
sazio, -a ['sattsio] <-i, -ie> *agg* ① *(di cibo)* satt, gesättigt ② *(fig, pej)* satt, überdrüssig; **non esser mai ~** *(a. fig)* unersättlich sein
sbaciucchiare [zbatʃuk'kiaːre] **I.** *vt* abküssen **II.** *vr* **-rsi** sich abküssen, knutschen *fam*
sbadata *f v.* **sbadato**
sbadataggine [zbada'taddʒine] *f* Zerstreutheit *f,* Unaufmerksamkeit *f*
sbadato, -a [zba'daːto] **I.** *agg* zerstreut, unaufmerksam **II.** *m, f* zerstreute Person
sbadigliare [zbadiʎ'ʎaːre] *vi* gähnen
sbadiglio [zba'diʎʎo] <-gli> *m* Gähnen *nt*
sbafare [zba'faːre] *vt (fam)* ① *(scroccare)* schnorren ② *(mangiare avidamente)* verdrücken
sbafata [zba'faːta] *f (fam pej)* Schnorrerei *f*
sbafatore, -trice [zbafa'toːre] *m, f (fam pej)* Schnorrer(in) *m(f)*
sbafo ['zbaːfo] *m (fam pej)* **vivere/mangiare a ~** schnorren
sbagliare [zbaʎ'ʎaːre] **I.** *vt* ① *(colpo, mira)* verfehlen ② *(scambiare)* verwechseln; **~ i calcoli** sich verrechnen; **~ indirizzo** sich in der Adresse irren; **~ strada** sich verfahren; **~ treno** den falschen Zug nehmen **II.** *vi, vr* **-rsi** sich irren, einen Fehler machen; **~ a leggere/scrivere** falsch lesen/

schreiben; **sbagliando s'impara** *(prov)* aus Fehlern wird man klug

sbagliato, -a [zbaʎ'ʎa:to] *agg* falsch; **giudizio ~** Fehlurteil *nt;* **investimento ~** Fehlinvestition *f*

sbaglio ['zbaʎʎo] <-gli> *m* ① *(errore)* Fehler *m* ② *(equivoco)* Missverständnis *nt,* Irrtum *m;* **per ~** aus Versehen

sbalconato, -a [zbalko'na:to] *agg (sl)* durchgeknallt *fam*

sbalestrare [zbales'tra:re] *vt* schleudern

sbalestrato, -a [zbales'tra:to] *agg* durcheinander, verwirrt

sballare [zbal'la:re] **I.** *vt* ① *(merce)* auspacken ② *(fam: esagerare)* übertreiben **II.** *vi* ① *(a carte)* [aus dem Kartenspiel] ausscheiden ② *(fam)* sich verhauen

sballato, -a [zbal'la:to] *agg (fam)* verrückt, aus der Luft gegriffen

sballo ['zballo] **I.** *m (sl)* Trip *m;* **che ~** zum Ausflippen **II.** *agg (sl: fantastico)* **da ~** echt geil

sballottamento [zballotta'mento] *m* Gerüttel *nt,* Geschüttel *nt*

sballottare [zballot'ta:re] *vt* rütteln, hin und her werfen

sbalordimento [zbalordi'mento] *m* Verblüffung *f*

sbalordire [zbalor'di:re] <sbalordisco> **I.** *vt* ① *(turbare)* verblüffen, aus der Fassung bringen ② *(stordire)* betäuben **II.** *vi* sprachlos sein

sbalorditivo, -a [zbalordi'ti:vo] *agg* verblüffend

sbalzare [zbal'tsa:re] **I.** *vt avere* schleudern, werfen **II.** *vi essere* ① *(cadere)* stürzen, fallen ② *(fare un balzo)* springen

sbalzatore, -trice [zbaltsa'to:re] *m, f* Treibarbeiter, Reliefarbeiter(in) *m(f)*

sbalzo ['zbaltso] *m* ① *(spostamento)* Ruck *m,* Stoß *m* ② *(fig: oscillazione)* Schwankung *f* ③ *(lavorazione)* Treibarbeit *f*

sbancare [zbaŋ'ka:re] **I.** *vt (banco)* sprengen; *(fig: persona)* ausnehmen, ruinieren **II.** *vr* **-rsi** sich ruinieren, sich verausgaben

sbandamento [zbanda'mento] *m* ① MOT Schleudern *nt* ② *(fig)* Entgleisung *f;* **avere un momento di ~** *(fig)* die Orientierung verlieren

sbandare [zban'da:re] *vi* ① *(auto)* schleudern, ins Schleudern geraten ② *(fig)* entgleisen, aus den Fugen geraten

sbandato, -a [zban'da:to] **I.** *agg* ① *(fig: gioventù)* orientierungslos, verloren ② MIL versprengt **II.** *m, f* orientierungslose(r) Jugendliche(r) *f(m)*

sbandellamento [zbandella'mento] *m* Abknipsen *nt* der Metallbänder

sbandieramento [zbandiera'mento] *m* ① *(di bandiere)* Fahnenschwenken *nt* ② *(fig)* Zurschaustellung *f*

sbandierare [zbandie'ra:re] *vt* ① *(bandiera, insegne)* schwenken ② *(fig)* zur Schau stellen; **e non andare a sbandierarlo a tutti!** häng das nicht an die große Glocke! *fam*

sbando ['zbando] *m* ① *(dispersione)* Auflösung *f,* Orientierungslosigkeit *f;* **allo ~** orientierungslos ② *(crisi)* Krise *f,* Niedergang *m;* **essere allo ~** vor dem Niedergang stehen

sbaraccare [zbarak'ka:re] *vt (fam)* ① *(togliere di mezzo)* abziehen ② *(trasferirsi)* sich verziehen, abziehen

sbaragliare [zbaraʎ'ʎa:re] *vt* MIL zerschlagen, niederwerfen; SPORT, POL niederringen, besiegen

sbaraglio [zba'raʎʎo] <-gli> *m* **gettarsi** [*o* **buttarsi**] [*o* **andare**] **allo ~** alles auf eine Karte setzen; **mettere allo ~ qu** jdn einer [großen] Gefahr aussetzen

sbarazzare [zbarat'tsa:re] **I.** *vt* befreien **II.** *vr* **-rsi** sich entledigen, sich befreien (**di** von)

sbarazzarsi [zbarat'tsarsi] *vr* **~ di qu/qc** sich jds/einer Sache entledigen

sbarazzino, -a [zbarat'tsi:no] **I.** *m, f* Schelm(in) *m(f)* **II.** *agg* schelmisch, spitzbübisch

sbarbare [zbar'ba:re] **I.** *vt* ① *(persone)* rasieren ② *(cipolle, cavolo)* ausreißen **II.** *vr* **-rsi** sich rasieren

sbarbatello [zbarba'tɛllo] *m* Grünschnabel *m*

sbarbicare [zbarbi'ka:re] *vt* ① *(pianta)* entwurzeln ② *(fig)* ausmerzen

sbarbino, -a [zbar'bi:no] *m, f* SETT junger Spund

sbarcare [zbar'ka:re] **I.** *vt avere* ① *(passeggeri)* an Land bringen; *(merce)* löschen ② *(fam)* absetzen ③ *(fig)* überstehen; **~ il lunario** *(fig)* sich recht und schlecht über Wasser halten **II.** *vi essere* NAUT an Land gehen; AERO aussteigen

sbarco ['zbarko] <-chi> *m* ① *(atto)* Ausschiffung *f,* Landung *f; (di merci)* Ausladen *nt* ② *(luogo)* Landeplatz *m*

sbarra ['zbarra] *f* ① *(della dogana)* Schranke *f* ② SPORT Reck *nt* ③ *(spranga)* Stange *f;* **essere dietro le -e** *(fig)* hinter Gittern sein ④ TYP Schrägstrich *m,* Querstrich *m*

sbarramento [zbarra'mento] *m* [Ab]sperrung *f*

sbarrare [zbar'ra:re] *vt* ① *(chiudere)* sperren; *(porta)* absperren, versperren; *(assegno)* sperren ② *(occhi)* aufreißen, aufsperren

S

sbarrato, -a [zbar'ra:to] *agg* ① *(bloccato)* gesperrt, versperrt; **assegno ~** FIN Verrechnungsscheck *m* ② *(occhi)* aufgerissen
sbarretta [zbar'retta] *f* [kleiner] Schrägstrich *m*, Querstrich *m*
sbassare [zbas'sa:re] *vt* niedriger machen, absenken
sbastire [zbas'ti:re] <sbastisco, sbastisci> *vt* auftrennen
sbatacchiare [zbatak'kia:re] **I.** *vt* wiederholt schlagen **II.** *vi* immer wieder [zu]schlagen
sbattere ['zbattere] **I.** *vt* ① *(panni, tappeti)* ausschlagen, ausklopfen ② *(ali)* schlagen mit ③ *(battere forte)* [zu]schlagen; **~ qc sul tavolo** etw auf den Tisch knallen ④ *(urtare)* stoßen mit; **non sapere dove ~ la testa** *(fig)* keinen Ausweg mehr finden ⑤ GASTR schlagen **II.** *vi* *(porta)* schlagen **III.** *vr* **sbattersene** *(vulg)* auf etw *akk* scheißen
sbattezzare [zbatted'dza:re] **I.** *vt* zum Abschwören bringen **II.** *vr* **-rsi** ① REL abschwören ② *(scherz)* alles tun, keine Mühe scheuen
sbattimento [zbatti'mento] *m* Schlagen *nt*
sbattitore [zbatti'to:re] *m* Mixer *m*, Mixstab *m*
sbattiuova [zbatti'uɔ:va] <-> *m* Schneebesen *m*
sbattuta [zbat'tu:ta] *f* Schlag *m*, Schlagen *nt*, Klopfen *nt*
sbattuto, -a [zbat'tu:to] *agg* ① GASTR geschlagen ② *(viso)* abgespannt
sbavare [zba'va:re] *vi* ① *(dalla bocca)* sabbern *fam* ② *(colore)* verwischen
sbavatura [zbava'tu:ra] *f* ① *(di colore)* Verwischen *nt*, Verschmieren *nt* ② *(di lumache)* Schleimspur *f* ③ *(fig)* Abschweifung *f*
sbeccare [zbek'ka:re] *vt* abschlagen, abstoßen
sbeffeggiare [zbeffed'dʒa:re] *vt* verspotten, verhöhnen
sbellicarsi [zbelli'karsi] *vr* **~ dalle risa** sich totlachen *fam*
sbendare [zben'da:re] *vt* den Verband abnehmen von
sberla ['zbɛrla] *f* *(fam)* Ohrfeige *f*; **prendere a -e qu** jdn ohrfeigen
sberleffo [zber'lɛffo] *m* Fratze *f*
sbertucciare [zbertut'tʃa:re] *vt* verknittern, zerknittern
sbevazzare [zbevat'tsa:re] *vi* *(fam)* saufen, sich besaufen
sbiadire [zbia'di:re] <sbiadisco> **I.** *vi essere* verblassen, ausbleichen **II.** *vr* **-rsi** blass werden
sbiadito, -a [zbia'di:to] *agg* ① *(colore, tessuto)* gebleicht, verblasst ② *(fig)* farblos, fad[e]
sbiancante [zbiaŋ'kante] **I.** *agg* bleichend **II.** *m* Bleichmittel *nt*
sbiancare [zbiaŋ'ka:re] **I.** *vt avere* bleichen **II.** *vr* **-rsi** ① *(diventare bianco)* bleich werden, erbleichen ② *(schiarirsi)* heller werden
sbianchire [zbiaŋ'ki:re] <sbianchisco, sbianchisci> **I.** *vt avere* ① *(sbiancare)* bleichen ② GASTR blanchieren **II.** *vi essere* heller werden
sbicchierata [zbikkie'ra:ta] *f* Zechen *nt*
sbieco ['zbiɛ:ko] *m* Querband *nt*; **guardare qu di ~** jdn schief anschauen
sbieco, -a <-chi, -che> *agg* schräg, schief
sbiellare [zbiel'la:re] *vi essere o avere* ① *(di automobilista)* mit kaputten Pleuelstangen liegen bleiben ② *(di motore a scoppio)* aufgrund von gebrochenen Pleuelstangen nicht funktionieren; **il motore è sbiellato** die Pleuel des Motors sind defekt ③ *(fig)* ausrasten, spinnen
sbigottimento [zbigotti'mento] *m* Bestürzung *f*
sbigottire [zbigot'ti:re] <sbigottisco> **I.** *vt avere* bestürzen **II.** *vr* **-rsi** [er]staunen
sbilanciamento [zbilantʃa'mento] *m* Ungleichgewicht *nt*
sbilanciare [zbilan'tʃa:re] **I.** *vt* aus dem Gleichgewicht bringen; *(economicamente)* belasten **II.** *vr* **-rsi** zu weit gehen, sich übernehmen
sbilancio [zbi'lantʃo] *m* ① *(squilibrio)* Ungleichgewicht *nt* ② COM Defizit *nt*
sbilenco, -a [zbi'lɛŋko *o* zbi'leŋko] <-chi, -che> *agg* *(a. fig)* krumm, schief
sbirciare [zbir'tʃa:re] *vt* [heimlich] betrachten, mustern
sbirciata [zbir'tʃa:ta] *f* schneller [verstohlener] Blick
sbirro ['zbirro] *m* *(pej)* Polizist *m*, Bulle *m sl*, Häscher *m*
sbizzarrirsi [zbiddzar'rirsi] <mi sbizzarrisco> *vr* sich austoben; **~ a fare qc** etw nach Lust und Laune tun
sbloccamento [zblokka'mento] *m* Freigabe *f*
sbloccare [zblok'ka:re] *vt* ① *(meccanismo)* lösen; *(circolazione, affitti)* freigeben ② *(fig)* lösen, befreien; *(situazione)* entspannen
sblocco ['zblɔkko] <-cchi> *m* Freigabe *f*
sblusare [zblu'za:re] *vt* taillieren; **~ la camicia** das Kleid in der Taille mit einem Gürtel zusammenhalten
sbobba ['zbɔbba] *f* *(fam pej)* Brühe *f*

sbobinamento [zbobina'tu:ra] *m v.* **sbobinatura**
sbobinare [zbobi'na:re] *vt (fam)* abspulen
sbobinatura [zbobina'tu:ra] *f* Abspulen *nt* eines Tonbandes [zum Zweck des Abschreibens]
sboccare [zbok'ka:re] *vi essere* ❶ *(fiume, strada)* münden ❷ *(arrivare)* kommen, gelangen ❸ *(fig)* münden, enden
sboccataggine [zbokka'taddʒine] *f* Derbheit *f,* Unanständigkeit *f*
sboccatezza [sbokkat'tettsa] *f (obs)* Derbheit *f,* Unanständigkeit *f*
sboccato, -a [zbok'ka:to] *agg* unanständig [sprechend]
sbocciare [zbot'tʃa:re] *vi essere (a. fig)* aufblühen
sboccio ['zbɔttʃo] *m* Aufblühen *nt*
sbocco ['zbokko] <-cchi> *m* ❶ *(di fiume, strada)* Mündung *f;* **strada senza ~** Sackgasse *f* ❷ *(fig)* Ausgang *m*
sbocconcellare [zbokkontʃel'la:re] *vt (fam)* knabbern
sbollentare [zbollen'ta:re] *vt* abbrühen, blanchieren
sbollire [zbol'li:re] <sbollisco *o* sbollo> *vi essere o avere* ❶ GASTR nicht mehr kochen, zu kochen aufhören ❷ *(fig)* aufhören, nachlassen; *(rabbia)* verrauchen
sbolognare [zboloɲ'ɲa:re] *vt (fam)* ❶ *(rifilare)* andrehen ❷ *(fig: levarsi di torno)* loswerden
sboom [zbum] <-> *m* ❶ *(scherz)* Tendenzwende *f;* **lo ~ delle nascite** der Geburtenrückgang ❷ COM Flaute *f*
sbornia ['zbɔrnia] <-ie> *f (fam)* Rausch *m*
sborniarsi [zbor'niarsi] *vr (fam)* sich betrinken, sich besaufen *fam*
sborone [zbo'ro:ne] *m (sl)* Poser *m,* Angeber *m;* **fare lo ~** herumposen, angeben
sborra ['zborra] *m (vulg)* Sperma *nt*
sborrare [zbor'ra:re] **I.** *vi* ❶ *avere (vulg)* [ab]spritzen ❷ *essere (uscire con impeto)* hervorquellen, hervorsprudeln **II.** *vt avere* von Wollflusen befreien
sborsare [zbor'sa:re] *vt* ausgeben, auslegen
sborso ['zborso] *m* Ausgabe *f,* Auslage *f*
sboscamento [zboska'mento] *m* Abholzung *f*
sboscare [zbos'ka:re] *vt* abholzen
sbottare [zbot'ta:re] *vi essere (fam)* ausbrechen; **~ a ridere/piangere** *(fam)* in Lachen/Tränen ausbrechen
sbotto ['zbɔtto] *m (fam)* Ausbruch *m;* **~ di risa** Lachanfall *m*
sbottonare [zbotto'na:re] **I.** *vt* aufknöpfen **II.** *vr* **-rsi con qu** *(fig fam)* sich jdm anvertrauen
sbozzare [zbot'tsa:re] *vt* entwerfen; *(marmo)* vorarbeiten
sbozzo ['zbɔttso] *m* Vorarbeit *f,* Entwurf *m*
sbracare [zbra'ka:re] *(fam)* **I.** *vt* die Hosen ausziehen **II.** *vr* **-rsi** sich die Hosen ausziehen; *(slacciarsi)* es sich bequem machen; **-rsi dal ridere** *(fam)* sich totlachen
sbracato, -a [zbra'ka:to] *agg (fam)* ❶ *(vestito male)* schlampig ❷ *(riso)* ausgelassen
sbracciarsi [zbrat'tʃarsi] *vr* ❶ *(agitare le braccia)* die Arme schwenken ❷ *(portare abiti senza maniche)* ärmellos gehen
sbracciato, -a [zbrat'tʃa:to] *agg* ❶ *(vestito)* kurzärm[e]lig; *(senza maniche)* ärmellos ❷ *(persona)* mit nackten Armen
sbrago ['zbrago] <-ghi> *m* ❶ SETT *(strappo)* Riss *m* [in der Hose] ❷ *(sl: sballo)* Wucht *f;* **un film che è uno ~!** der Film ist eine Wucht! ❸ *(fig: svogliatezza)* null Bock *m,* tote Hose; **uno ~ totale** absolut tote Hose
sbraitare [zbrai'ta:re] *vi (fam)* schreien, brüllen
sbranare [zbra'na:re] **I.** *vt* zerfleischen; *(a. fig)* zerreißen **II.** *vr* **-rsi** sich zerfleischen
sbreccare [zbrek'ka:re] *vt* anschlagen
sbrecciare [zbret'tʃa:re] *vt* zerbrechen
sbrendolare [zbrendo'la:re] *vi* TOSC in Fetzen hängen
sbrendolo ['zbrɛndolo *o* 'zbrendolo] *m* TOSC Fetzen *m,* Lumpen *m*
sbrendolone, -a [zbrendo'lo:ne] *m, f* TOSC Schlamper(in) *m(f)*
sbriciolare [zbritʃo'la:re] **I.** *vt* zerkrümeln, zerbröckeln **II.** *vr* **-rsi** zu Bröseln werden
sbrigare [zbri'ga:re] **I.** *vt* ❶ *(faccende)* erledigen, besorgen ❷ *(clienti)* abfertigen **II.** *vr* **-rsi** ❶ *(affrettarsi)* sich beeilen ❷ *(liberarsi)* **-rsi di** [*o* **da**] **qu/qc** sich jds/einer Sache entledigen; **sbrigarsela** *(fam)* mit etw fertig werden
sbrigativo, -a [zbriga'ti:vo] *agg* ❶ *(persona)* kurz entschlossen ❷ *(modi, sistemi)* zeitsparend ❸ *(pej)* oberflächlich
sbrigliare [zbriʎ'ʎa:re] *vt* **~ qc** einer Sache *dat* freien Lauf lassen
sbrigliato, -a [zbriʎ'ʎa:to] *agg* zügellos, ausschweifend
sbrinamento [zbrina'mento] *m* Abtauen *nt*
sbrinare [zbri'na:re] *vt* abtauen
sbrinatore [zbrina'to:re] *m* ❶ *(per frigoriferi)* Abtauautomatik *f* ❷ MOT Defroster *m*
sbrindellare [zbrindel'la:re] **I.** *vt* zerfetzen **II.** *vi* in Fetzen hängen
sbrindellato, -a [zbrindel'la:to] *agg* zerfetzt; *(persona)* zerlumpt
sbrindello [zbrin'dɛllo] *m (fam)* Fetzen *m*

sbrindellone [zbrindel'lo:ne] *(fam)* v. **sbrendolone**

sbrinz [zbrints] <-> *m* Brienzer Käse *m*

sbrodolare [zbrodo'la:re] **I.** *vt* besudeln, bekleckern **II.** *vr* **-rsi** sich besudeln, sich bekleckern

sbrodolone, **-a** [zbrodo'lo:ne] *m, f (fam)* Schmierfink *m,* Kleckerfritze *m*

sbrogliare [zbroʎ'ʎa:re] **I.** *vt* ① *(matassa)* entwirren ② *(fig: questione)* lösen **II.** *vr* **-rsi** sich aus der Affäre ziehen; **sbrogliarsela** *(fam)* mit etw klarkommen

sbronza ['zbrontsa *o* 'zbrondza] *f (fam)* Rausch *m*

sbronzarsi [zbron'tsarsi *o* zbron'dzarsi] *vr (fam)* sich betrinken, sich besaufen *sl*

sbronzo, **-a** ['zbrontso *o* 'zbrondzo] *agg (fam)* betrunken, besoffen *sl*

sbruffonaggine [zbruffo'naddʒine] *f* v. **sbruffoneria**

sbruffone, **-a** [zbruf'fo:ne] *m, f (fam pej)* Angeber(in) *m(f)*

sbruffoneria [zbruffone'ri:a] <-ie> *f* Aufschneiderei *f,* Angeberei *f*

sbucare [zbu'ka:re] *vi essere* herauskommen, hervorkommen; *(apparire)* auftauchen

sbucciapatate [zbuttʃapa'ta:te] <-> *m* Kartoffelschäler *m*

sbucciare [zbut'tʃa:re] **I.** *vt* ① *(patate, castagne)* schälen ② MED aufschürfen **II.** *vr* **-rsi** *(rettili)* sich häuten

sbucciatore [zbuttʃa'to:re] *m* Schäler *m*

sbucciatura [zbuttʃa'tu:ra] *f* ① *(lo sbucciare)* Schälen *nt* ② *(fam)* Kratzer *m;* **farsi una ~** sich aufschürfen

sbucciatutto [zbuttʃa'tutto] <-> *m* Schäler *m*

sbudellare [zbudel'la:re] **I.** *vt* ① *(pollo)* ausnehmen ② *(ferire al ventre)* **~ qu** jdm den Bauch aufschlitzen **II.** *vr* **-rsi dalle risate** *(fam)* sich den Bauch halten vor Lachen

sbuffante [zbuf'fante] *agg* ① *(persona)* schnaufend, schnaubend ② *(abito)* bauschig

sbuffare [zbuf'fa:re] *vi* *(persona)* schnaufen, schnauben; *(locomotiva)* schnaufen

sbuffata [zbuf'fa:ta] *f* Schnauben *nt,* Schnaufen *nt*

sbuffo ['zbuffo] *m* ① *(lo sbuffare)* Schnauben *nt* ② *(di vento)* Windstoß *m* ③ *(di fumo, vapore)* Wolke *f* ④ *(di vestiti)* **maniche a ~** Puffärmel *mpl*

sbugiardare [zbudʒar'da:re] *vt* Lügen strafen, einer Lüge überführen

sbullettare [zbullet'ta:re] **I.** *vt* die Nägel entfernen aus **II.** *vi* [ab]bröckeln

sbullonamento [zbullona'mento] *m* v. **sbullonatura**

sbullonare [zbullo'na:re] *vt* die Bolzen entfernen aus

sbullonatura [zbullona'tu:ra] *f* Abziehen *nt* von Bolzen

sburocratizzare [zburokratid'dza:re] *vt* entbürokratisieren

sbuzzare [zbud'dza:re] *vt* ① *(pollo)* ausnehmen ② *(ferire al ventre)* den Bauch aufschlitzen (**qu** jdm)

scabbia ['skabbia] <-ie> *f* Krätze *f*

scabrezza [ska'brettsa] *f* Rauheit *f*

scabro, **-a** ['ska:bro] *agg* rau

scabrosità [skabrosi'ta] <-> *f* ① *(di superficie)* Rauheit *f* ② *(fig)* Misslichkeit *f*

scabroso, **-a** [ska'bro:so] *agg* ① *(strada)* uneben ② *(fig: delicato)* heikel

scacchiera [skak'kiɛ:ra] *f* Schachbrett *nt*

scacchiere [skak'kiɛ:re] *m* ① MIL Kriegsschauplatz *m* ② POL Schatzamt *nt* ③ *(loc)* **a ~** schachbrettartig

scacchista [skak'kista] <-i *m,* -e *f*> *mf* Schachspieler(in) *m(f)*

scacchistico, **-a** [skak'kistiko] <-ci, -che> *agg* Schach-

scacciacani [skattʃa'ka:ni] **I.** *m o f* <-> Schreckschusspistole *f* **II.** *agg inv* Schreckschuss-

scacciacrisi [skattʃa'kri:zi] *agg inv* krisenüberwindend, aus der Krise führend

scacciaguai [skattʃa'gua:i] **I.** *agg inv* Unheil abwendend; **talismano ~** Talisman *m* **II.** *m* <-> Amulett *nt*

scacciapensieri [skattʃapen'siɛ:ri] <-> *m* Maultrommel *f*

scacciare [skat'tʃa:re] *vt* vertreiben, verjagen

scaccino [skat'tʃi:no] *m* Kirchendiener *m,* Küster *m*

scacco ['skakko] <-cchi> *m* ① *pl (gioco)* Schach *nt;* **giocare agli -cchi** Schach spielen ② *(singolo pezzo)* Schachfigur *f* ③ *(mossa)* Schach[zug *m*] *nt* ④ *(fig)* Niederlage *f,* Schlappe *f* ⑤ *(quadratino)* Schachfeld *nt;* **a -cchi** kariert

scaccomatto, **scacco matto** [skakko'matto] *m* Schachmatt *nt;* **dare ~ a qu** *(a. fig)* jdn schachmatt setzen

scaddi ['skaddi] *1. pers sing pass rem di* **scadere**

scadente [ska'dɛnte] *agg* schlecht; *(merce, prodotto)* minderwertig

scadenza [ska'dɛntsa] *f* ① *(di abbonamento, trattato)* Verfall *m,* Ablauf *m* ② FIN Fälligkeit *f* ③ *(periodo)* Frist *f;* **a breve/lunga ~** kurz-/langfristig ④ *(per un prodotto)* Verfallsdatum *nt*

scadenzare [skaden'tsa:re] *vt* ADM eine Frist festsetzen für, terminieren
scadenzario [skaden'tsa:rio] <-i> *m* Terminkalender *m*
scadere [ska'de:re] <scado, scaddi, scaduto> *vi essere* ① COM, ADM verfallen, ablaufen ② *(perdere valore)* sinken
scadimento [skadi'mento] *m* Verfall *m,* Niedergang *m*
scafandro [ska'fandro] *m* Anzug *m; (di palombaro)* Taucheranzug *m*
scaffalare [skaffa'la:re] *vt* ① *(parete)* mit Regalen versehen ② *(libri)* in Regale einräumen
scaffalatura [skaffala'tu:ra] *f* Regalwand *f*
scaffale [skaf'fa:le] *m* Regal *nt*
scafista [ska'fista] <-i *m,* -e *f*> *mf* Schleuser *m (der mit einem Motorboot illegale Einwanderer transportiert)*
scafo ['ska:fo] *m* [Schiffs]rumpf *m*
scagionare [skadʒo'na:re] **I.** *vt* rechtfertigen **II.** *vr* **-rsi** sich rechtfertigen
scagionatore, -trice [skadʒona'to:re] **I.** *agg* entlastend **II.** *m, f* Entlastungszeuge *m/*-zeugin *f*
scaglia ['skaʎʎa] <-glie> *f* ① ZOO Schuppe *f* ② *(scheggia)* Splitter *m*
scagliare [skaʎ'ʎa:re] **I.** *vt* werfen **II.** *vr* **-rsi** sich stürzen, sich werfen
scaglionamento [skaʎʎona'mento] *m* Staffelung *f*
scaglionare [skaʎʎo'na:re] *vt* staffeln
scaglione [skaʎ'ʎo:ne] *m* ① *(gruppo)* Staffel *f;* **a -i** gruppenweise ② FIN Staffelung *f;* **~ d'imposta** Steuerklasse *f*
scaglioso, -a [skaʎ'ʎo:so] *agg* ① *(pelle)* schuppig ② *(pietra)* schuppenartig, blättrig
scagnozzo, -a [skaɲ'ɲɔttso] *m, f* Handlanger *m*
scala ['ska:la] *f* ① ARCH Treppe *f,* Steige *f* A; **~ a chiocciola** Wendeltreppe *f;* **~ di servizio** Hintertreppe *f;* **~ mobile** Rolltreppe *f* ② *(dispositivo)* Leiter *f* ③ *(fig)* TEC, PHYS Skala *f;* **~ mobile** *(dei salari)* gleitende Lohnskala; **~ Richter** Richterskala *f* ④ *(in disegno, cartografia)* Maßstab *m;* **in ~ ridotta** in verkleinertem Maßstab; **su larga ~** *(fig)* in großem Ausmaß, in großem Umfang ⑤ MUS Tonleiter *f;* **~ in do maggiore** C-Dur-Tonleiter *f*
scalandrone [skalan'dro:ne] *m* Steg *m*
scalare[1] [ska'la:re] *agg* ① *(disposto a scala)* treppenartig, stufenförmig ② MAT Skalen-, skalar
scalare[2] *vt* ① *(montagna)* besteigen, ersteigen; **~ un muro** auf eine Mauer klettern [*o* kraxeln A] ② COM abziehen ③ *(capelli)* stufig schneiden ④ *(graduare)* abstufen ⑤ MOT zurückschalten
scalata [ska'la:ta] *f* Besteigung *f,* Ersteigung *f*
scalatore, -trice [skala'to:re] *m, f* ① *(alpinismo)* Bergsteiger(in) *m(f)* ② *(ciclismo)* Bergfahrer(in) *m(f)*
scalcagnato, -a [skalkaɲ'ɲa:to] *agg* ① *(scarpe)* ausgetreten ② *(persona)* zerlumpt
scalciare [skal'tʃa:re] *vi* austreten, ausschlagen
scalcinare [skaltʃi'na:re] *vt* abkratzen
scalcinato, -a [skaltʃi'na:to] *agg* ① *(muro, casa)* abgebröckelt, abgeblättert ② *(fig: vestito)* verschlissen; *(persona)* heruntergekommen
scalda(a)cqua [skal'dakkua (skalda'akkua)] <->, **scaldabagno** [skalda'baɲɲo] <-i *o* -> *m* Boiler *m*
scaldabanchi [skalda'baŋki] <-> *mf (pej)* Faulpelz *m*
scaldacuore [skalda'kuɔ:re] <-, *rar:* -i> *m* Wickeljacke *f*
scaldaletto [skalda'lɛtto] <-i> *m* Bettwärmer *m*
scaldapiedi [skalda'piɛ:di] <-> *m* Fußwärmer *m*
scaldare [skal'da:re] **I.** *vt* ① *(gener)* erwärmen, warm machen; *(acqua, minestra)* aufwärmen; *(stanza)* heizen; *(motore)* warm laufen lassen ② *(fig)* erwärmen **II.** *vr* **-rsi** ① *(diventare caldo)* sich erwärmen, warm werden ② SPORT sich aufwärmen ③ *(fig: accalorarsi, irritarsi)* sich erhitzen
scaldata [skal'da:ta] *f* Erhitzung *f;* **dare una ~ all'arrosto** den Braten aufwärmen
scaldavivande [skaldavi'vande] <-> *m* Warmhalteplatte *f*
scaldino [skal'di:no] *m* Wärmer *m*
scaleo [ska'lɛ:o] *m* Trittleiter *f*
scaletta [ska'letta] *f* ① *(piccola scala)* kleine Treppe ② *(abbozzo)* Entwurf *m,* Exposé *nt*
scalfire [skal'fi:re] <scalfisco> *vt* ritzen, schrammen
scalfittura [skalfit'tu:ra] *f* Schramme *f*
scalinata [skali'na:ta] *f* Freitreppe *f*
scalino [ska'li:no] *m (a. fig)* Stufe *f; (di scala a pioli)* Sprosse *f*
scalmana [skal'ma:na] *f* ① MED Erkältung *f* ② *(fig, scherz)* Begeisterung *f;* **prendersi una ~ per qu** *(scherz)* Feuer und Flamme für jdn sein
scalmanarsi [skalma'narsi] *vr* ① *(affannarsi)* sich erhitzen ② *(fig)* sich Mühe geben, sich anstrengen; *(nel parlare)* sich ereifern
scalmanato, -a [skalma'na:to] **I.** *agg* erhitzt **II.** *m, f* Hitzkopf *m*
scalmiera [skal'miɛ:ra] *f,* **scalmo** ['skalmo] *m* Dolle *f*

S

scalo ['ska:lo] *m* ① NAUT Anlegestelle *f*, -platz *m* ② FERR Umsteigebahnhof *m*; ~ **merci** Güterbahnhof *m* ③ AERO Zwischenlandeflughafen *m*; **volo senza** ~ Nonstopflug *m*; **fare** ~ zwischenlanden

scalogna [ska'loɲɲa] *f (fam)* Pech *nt*

scalognato, -a [skaloɲ'ɲa:to] *(fam)* **I.** *agg* vom Pech verfolgt **II.** *m, f* Pechvogel *m*, Unglücksrabe *m*

scalogno [ska'loɲɲo] *m* Schalotte *f*

scalone [ska'lo:ne] *m* Prunktreppe *f*; *(esterno)* Freitreppe *f*

scaloppa [ska'lɔppa], **scaloppina** [skalop'pi:na] *f* [in Butter gebratenes] Kalbsschnitzel *nt*

scalpellare [skalpel'la:re] *vt* behauen, meißeln

scalpellino [skalpel'li:no] *m* Steinmetz *m*

scalpello [skal'pɛllo] *m (utensile)* Meißel *m*; *(per legno)* Stechbeitel *m*; MED Skalpell *nt*

scalpicciare [skalpit'tʃa:re] *vi* trampeln

scalpiccio [skalpit'tʃi:o] <-ccii> *m (strisciando i piedi)* Schlurfen *nt*

scalpitare [skalpi'ta:re] *vi* ① ZOO stampfen, scharren ② *(fig, scherz)* ungeduldig sein

scalpitio [skalpi'ti:o] <-ii> *m* Gestampfe *nt*

scalpo ['skalpo] *m* Skalp *m*

scalpore [skal'po:re] *m* Aufsehen *nt*, Lärm *m*

scaltrezza [skal'trettsa] *f* Schläue *f*, Schlauheit *f*

scaltrire [skal'tri:re] <scaltrisco> **I.** *vt* schlau machen **II.** *vr* **-rsi** schlau werden

scaltro, -a ['skaltro] *agg* schlau, gewitzt

scalzacane [skaltsa'ka:ne], **scalzacani** [skaltsa'ka:ni] <-> *mf (fam)* Stümper(in) *m(f)*

scalzare [skal'tsa:re] *vt* ① *(dente)* die Wurzel freilegen ② *(fig)* verdrängen

scalzo, -a ['skaltso] *agg* barfuß; *(attributivo)* barfüßig; **a piedi -i** barfuß, mit nackten Füßen

scambiabilità [skambiabili'ta] <-> *f* [Aus]tauschbarkeit *f*

scambiare [skam'bia:re] **I.** *vt* ① *(confondere)* ~ **qu per qu** jdn mit jdm verwechseln; ~ **qc per qc** etw mit etw vertauschen ② *(fare uno scambio)* [aus]tauschen; ~ **qc con qc** etw gegen etw tauschen ③ *(impressioni, opinioni)* austauschen; *(parole)* wechseln **II.** *vr* **-rsi** [aus]tauschen; *(anelli)* wechseln

scambievole [skam'bie:vole] *agg* gegenseitig, wechselseitig

scambio ['skambio] <-i> *m* ① *(di persona)* Verwechslung *f* ② *(di doni, cortesie, idee)* Austausch *m*; ~ **culturale** Kulturaustausch *m* ③ COM Handel *m*; **-i commerciali** Handelsbeziehungen *fpl*; **libero** ~ Freihandel *m* ④ FERR Weiche *f*

scambista [skam'bista] <-i *m*, -e *f*> *mf* ① COM, FIN Händler(in) *m(f)* ② FERR Weichensteller(in) *m(f)*

scamiciarsi [skami'tʃarsi] *vr* sich bis aufs Hemd ausziehen

scamiciato [skami'tʃa:to] *m* Kleiderrock *m*

scamiciato, -a *agg* in Hemdsärmeln

scamorza [ska'mɔrtsa] *f* ① GASTR *fester, hellgelber Frischkäse* ② *(fig, scherz)* Schwächling *m*

scamosciare [skamoʃ'ʃa:re] <scamoscio, scamosci> *vt* fettgerben

scamosciato, -a [skamoʃ'ʃa:to] *agg* Veloursleder-

scamosciatura [skamoʃʃa'tu:ra] *f* Fettgerbung *f*

scampagnata [skampaɲ'ɲa:ta] *f (fam)* Ausflug *m*, Landpartie *f*

scampanare [skampa'na:re] *vi* ① *(campane)* läuten ② *(abiti)* glockenförmig fallen

scampanata [skampa'na:ta] *f* Geläut[e] *nt*, [Glocken]läuten *nt*

scampanato, -a [skampa'na:to] *agg* glockenförmig

scampanellare [skampanel'la:re] *vi* [lang und eindringlich] klingeln

scampanellata [skampanel'la:ta] *f* [heftiges] Klingeln *nt*

scampanellio [skampanel'li:o] <-ii> *m* Klingeln *nt*, Geklingel *nt*

scampanio [skampa'ni:o] <-ii> *m* [Glocken]läuten *nt*

scampare [skam'pa:re] **I.** *vi essere* entkommen, entrinnen **II.** *vt avere* retten; **scamparla** *(fam)* davonkommen

scampo ['skampo] *m* ① *(salvezza)* Rettung *f*; *(via d'uscita)* Ausweg *m*; **senza** ~ ausweglos ② ZOO Kaisergranat *m*; **-i** Scampi *pl*

scampolo ['skampolo] *m (di stoffa)* [Stoff]rest *m*

scanalare [skana'la:re] *vt* rillen, auskehlen

scanalata [skana'la:ta] *f* Zappen *nt*, Zapping *nt*

scanalatura [skanala'tu:ra] *f* Rille *f*; *(operazione)* Auskehlung *f*

scandagliare [skandaʎ'ʎa:re] *vt* ① NAUT ausloten ② *(fig)* ausloten, sondieren

scandaglio [skan'daʎʎo] <-gli> *m* ① NAUT *(strumento)* Lot *nt*; *(impiego)* [Aus]lotung *f* ② *(fig)* Ausloten *nt*, Sondieren *nt*

scandalismo [skanda'lizmo] *m* Skandalsucht *f*

scandalistico, -a [skanda'listiko] <-ci, -che> *agg* Skandal-

scandalizzare [skandalid'dza:re] **I.** *vt* em-

S

pören **II.** *vr* **-rsi di qc** sich über etw *akk* empören

scandalo ['skandalo] *m* Skandal *m; (turbamento)* Ärgernis *nt; (pubblicità)* Aufsehen *nt;* **dare ~** Ärgernis erregen

scandaloso, -a [skanda'lo:so] *agg* skandalös; **che fortuna -a!** *(scherz)* was für ein unverschämtes Glück!

Scandinavia [skandi'na:via] *f* Skandinavien *nt*

scandinavo, -a [skandi'na:vo] **I.** *agg* skandinavisch **II.** *m, f* Skandinavier(in) *m(f)*

scandire [skan'di:re] <scandisco> *vt* ① MUS *(tempo)* betonen ② *(fig: parole, nome)* deutlich aussprechen ③ INFORM scannen, abtasten

scannare [skan'na:re] **I.** *vt* ① *(animale)* abstechen ② *(persona)* **~ qu** jdm die Kehle durchschneiden ③ *(fig: opprimere)* ausbluten, ruinieren ④ INFORM scannen **II.** *vr* **-rsi** ① *(di persona)* sich überwerfen ② *(fig: darsi da fare)* sich zerreißen

scannatoio [skanna'to:io] <-oi> *m* ① *(del macello)* Schlachthof *m* ② *(fig, pej)* Lasterhöhle *f*

scannello [skan'nɛllo] *m* Kugel *f,* Oberschale *f*

scanner ['skanner] <- *o* scanners> *m* Scanner *m;* **~ a mano** Handscanner *m;* **~ a rullo** Rollscanner *m;* **~ piano** Flachbettscanner *m*

scannerizzare [skannerid'dza:re] *vt* INFORM scannen, abtasten

scanning ['skanniŋ] <-> *m* Scannen *nt;* **fare lo ~ di qc** etw scannen

scanno ['skanno] *m (geh)* Sitz *m*

scansafatiche [skansafa'ti:ke] <-> *mf (fam)* Drückeberger(in) *m(f)*

scansare [skan'sa:re] **I.** *vt* ① *(schivare)* **~ qu/qc** jdm/etw ausweichen ② *(tavolo, mobile)* [weg]rücken ③ *(evitare)* **~ qu** jdn meiden, jdm aus dem Wege gehen; **~ qc** etw [ver]meiden **II.** *vr* **-rsi** [weg]rücken, Platz machen

scansia [skan'si:a] <-ie> *f* Regal *nt*

scansione [skan'sio:ne] *f* ① LIT Skansion *f* ② TV Abtastung *f*

scanso ['skanso] *m* **a ~ di qc** um etw zu vermeiden

scantinato [skanti'na:to] *m* Kellergeschoss *nt*

scantonare [skanto'na:re] **I.** *vi* ① *(voltare all'angolo)* um die Ecke biegen ② *(fig)* ausweichen **II.** *vt* abrunden, abstumpfen

scanzonato, -a [skantso'na:to] *agg* unbekümmert, leichtfertig

scapaccione [skapat'tʃo:ne] *m* Schlag *m* [auf den Hinterkopf]

scapato, -a [ska'pa:to] **I.** *agg* leichtsinnig, unbedacht **II.** *m, f (fam)* leichtsinniger Mensch *m*

scapestrato, -a [skapes'tra:to] **I.** *agg* zügellos, liederlich **II.** *m, f (fam)* Lotterbube *m,* Faulenzer(in) *m(f)*

scapicollarsi [skapikol'larsi] *vr (fam)* sich [fast] überschlagen; *(fig a.)* sich ein Bein ausreißen

scapicollo [skapi'kɔllo] *m* **a ~** DIAL Hals über Kopf

scapigliare [skapiʎ'ʎa:re] **I.** *vt* zerzausen **II.** *vr* **-rsi** sich die Haare raufen

scapigliato, -a [skapiʎ'ʎa:to] *agg* ① *(arruffato)* zerzaust, zerrauft ② *(fig)* unziemlich, unschicklich

scapigliatura [skapiʎʎa'tu:ra] *f* ① *(pej)* Lotterleben *nt* ② LIT *literarische Bewegung im späten 19. Jahrhundert*

scapitare [skapi'ta:re] *vi* ① *(rimetterci)* zuzahlen, einen Verlust machen ② *(fig)* verlieren

scapito ['ska:pito] *m* **a ~ di** zulasten [*o* zu Lasten] von; **vendere a ~** mit Verlust verkaufen

scapola ['ska:pola] *f* Schulterblatt *nt*

scapolare [skapo'la:re] *agg* ANAT Schulterblatt-

scapolo ['ska:polo] *m* Junggeselle *m*

scapolo, -a *agg* ledig, unverheiratet

scapolone [skapo'lo:ne] *m (fam)* Hagestolz *m*

scappamento [skappa'mento] *m* MOT Auspuff *m*

scappare [skap'pa:re] *vi essere* ① *(darsi alla fuga)* weglaufen, davonlaufen; *(di prigione)* ausbrechen; **di qui non si scappa** hier gibt es kein Entrinnen ② *(fig: sfuggire)* entgehen; **gli è scappato detto** es ist ihm rausgerutscht *fam;* **gli è scappato di mente** es ist ihm entfallen; **mi scappa la pazienza** mir reißt die Geduld ③ *(fam)* dringend [machen] müssen; **mi scappa da ridere** ich muss lachen, ich kann mir das Lachen nicht verkneifen

scappata [skap'pa:ta] *f* ① *(breve visita)* Stippvisite *f,* Sprung *m fam* ② *(fig: uscita)* Bemerkung *f* ③ *(fig: errore)* Torheit *f*

scappatella [skappa'tɛlla] *f* Seitensprung *m*

scappatoia [skappa'to:ia] <-oie> *f* Ausweg *m*

scappellare [skappel'la:re] **I.** *vt* den Hut abnehmen von **II.** *vr* **-rsi** den Hut ziehen

scappellata [skappel'la:ta] *f* Hutabnehmen *nt,* Hutziehen *nt*

scappellotto [skappel'lɔtto] *m* Klaps *m*

scappottare [skappot'ta:re] *vt* das Verdeck abnehmen von

scapsulamento [skapsula'mento] *m* Entfernen *nt* der Kapsel

scarabattola [skara'battola] *f* *(fam pej)* Kram *m*

scarabeo [skara'bɛːo] *m* ① *(insetto)* Käfer *m* ② *(gioiello)* Skarabäus *m*, Skarabäengemme *f* ③ *(gioco)* Scrabble *nt*

scarabocchiare [skarabok'kiaːre] *vt* bekritzeln

scarabocchio [skara'bɔkkio] <-cchi> *m* ① *(parola)* Gekritzel *nt* ② *(disegno)* Geschmiere *nt*

scaracchiare [skarak'kiaːre] *vi (vulg)* Rotze husten [*o* spucken]

scaracchio [ska'rakkio] <-cchi> *m (vulg)* Auswurf *m*

scarafaggio [skara'faddʒo] <-ggi> *m* [Küchen]schabe *f*

scaramanzia [skaraman'tsiːa] <-ie> *f* Beschwörung *f*

scaramazza [skara'mattsa] **I.** *f* unregelmäßige Perle *f* **II.** *agg* unregelmäßig

scaramuccia [skara'muttʃa] <-cce> *f* Geplänkel *nt*, kleine Auseinandersetzung

scaraventare [skaraven'taːre] **I.** *vt* werfen, schleudern **II.** *vr* **-rsi** sich werfen, sich stürzen

scarburato, -a [skarbu'raːto] *agg* mit falscher Vergasereinstellung

scarcassato, -a [skarkas'saːto] *agg (fam)* kaputt

scarcerare [skartʃe'raːre] *vt* freilassen, aus der Haft entlassen

scarcerazione [skartʃerat'tsioːne] *f* Freilassung *f*, Haftentlassung *f*

scardinare [skardi'naːre] *vt (finestra, porta)* aushängen, aus den Angeln heben

scarica ['skaːrika] <-che> *f* ① MIL Salve *f* ② *(di grandine, pugni)* Hagel *m* ③ EL Entladung *f*

scaricabarili [skarikaba'riːli] <-> *m* **fare a ~** *(fig fam)* sich *dat* gegenseitig etw in die Schuhe schieben

scaricabile *agg* INFORM herunterladbar

scaricamento [skarika'mento] *m* ① *(di un treno)* Entladen *nt* ② INET Runterladen *nt*, Download *m*

scaricare [skari'kaːre] **I.** *vt* ① *(camion, macchina)* ausladen, entladen ② *(merci)* abladen, ausladen ③ MIL entladen; *(sparare)* abfeuern ④ *(fig)* [ab]laden; **~ la propria collera su qu** seine Wut an jdm auslassen; **~ la colpa addosso a qu** jdm die Schuld zuschieben ⑤ INET herunterladen, downloaden ⑥ PHYS entladen **II.** *vr* **-rsi** ① *(di un peso)* sich entlasten ② *(di tensione nervosa)* sich entspannen, chillen *fam* ③ *(batteria, accumulatore)* leer laufen; *(orologio)* ablaufen

scaricatore [skarika'toːre] *m* Kipper *m*

scaricatore, -trice *m, f* Ablader, Auslader(in) *m(f)*; **~ di porto** Hafenarbeiter(in) *m(f)*

scarico ['skaːriko] *m* ① *(di merci, materiali)* Abladen *nt*, Ausladen *nt*; **divieto di ~** Schuttabladen verboten ② *(di nave, vagone)* Entladen *nt*, Ausladen *nt* ③ *(rifiuti)* Müllhalde *f*, -kippe *f*; **-chi industriali** Industrieabwässer *nt pl* ④ *(di acque, gas)* Abfluss *m*, Auslass *m* ⑤ COM Ausgang *m* ⑥ TEC Auslass *m*, Ablass *m*; MOT Auspuff *m* ⑦ *(fig)* Entlastung *f*

scarico, -a <-chi, -che> *agg* ① *(carro)* leer, unbeladen ② *(batteria)* leer; *(orologio)* abgelaufen ③ *(fig)* frei, unbelastet

scarlattina [skarlat'tiːna] *f* Scharlach *m*

scarlatto [skar'latto] *m* Scharlach[rot *nt*] *m*

scarlatto, -a *agg* scharlachrot

scarmigliare [skarmiʎ'ʎaːre] *vt* zerzausen, zerraufen

scarnificare [skarnifi'kaːre] *vt* vom Fleisch lösen

scarnire [skar'niːre] <scarnisco, scarnisci> *vt* vom Fleisch lösen

scarno, -a ['skarno] *agg* ① *(viso, mani)* abgezehrt, mager ② *(fig)* schlicht, schmucklos

scarola [ska'rɔːla] *f* wilder Lattich

scarpa ['skarpa] *f* ① *(calzatura)* Schuh *m*; **~ da ginnastica** Turnschuh *m*; **~ di cuoio** Lederschuh *m*; **numero di -e** Schuhgröße *f*; **fare le -e a qu** *(fig)* jdm übel mitspielen ② *(fig fam: persona incapace)* Stümper(in) *m(f)*

scarpaio, -a [skar'paːio] <-ai, -aie> *m, f* Schuhverkäufer(in) *m(f)*, Schuhhändler(in) *m(f)*

scarpata [skar'paːta] *f* Böschung *f*

scarpiera [skar'piɛːra] *f* Schuhschrank *m*

scarpinare [skarpi'naːre] *vi (fam)* [lange] laufen, latschen

scarpinata [skarpi'naːta] *f (fam)* Fußmarsch *m*

scarpone [skar'poːne] *m* Stiefel *m*; **~ da sci** Skischuh *m*; **~ da montagna** Bergschuh *m*

scarrozzare [skarot'tsaːre] *vt, vi* [herum]kutschieren, [herum]fahren

scarrozzata [skarot'tsaːta] *f* Spazierfahrt *f*

scarrucolare [skarruko'laːre] *vi* abrollen, abschnurren

scarseggiare [skarsed'dʒaːre] *vi* knapp sein; **~ di** mangeln an +*dat*

scarsella [skar'sɛlla] *f* DIAL [Geld]beutel *m*

scarsezza [skar'settsa] *f* Mangel *m*, Knappheit *f*; **per ~ di denaro/tempo** aus Geld-/Zeitmangel

scarsità [skarsi'ta] <-> *f* Mangel *m*

S

scarso, **-a** ['skarso] *agg* knapp, spärlich; **pesa due chili -i** er/sie/es wiegt knapp zwei Kilo; **essere ~ in inglese** schwach in Englisch sein

scartabellare [skartabel'la:re] *vt* durchblättern; *(vocabolari)* wälzen *fam*

scartafaccio [skarta'fattʃo] <-cci> *m* Kladde *f*

scartamento [skarta'mento] *m* Spurweite *f*

scartare [skar'ta:re] *vt* ① *(pacco)* auspacken ② *(fig)* verwerfen ③ *(nelle carte)* ablegen ④ SPORT ausspielen, umdribbeln

scartata [skar'ta:ta] *f* Seitensprung *m*

scartavetratura [skartavetra'tu:ra] *f* Schmirgeln *nt,* Schleifen *nt*

scarto ['skarto] *m* ① *(eliminazione)* Aussonderung *f* ② *(fig)* Ramsch *m,* Abfall *m* ③ *(nelle carte)* Ablegen *nt*

scartocciare [skartot'tʃa:re] *vt* auspacken

scartoffia [skar'tɔffia] <-ie> *f (fam pej)* Wisch *m,* Schrieb *m*

scassaquindici [skassa'kuinditʃi] <-> *m ein Fingerspiel*

scassare [skas'sa:re] **I.** *vt* ① *(forzare)* aufbrechen ② *(fam: rompere)* kaputt machen **II.** *vr* **-rsi** *(fam)* kaputtgehen

scassinare [skassi'na:re] *vt* aufbrechen

scassinatore, **-trice** [skassina'to:re] *m, f* Einbrecher(in) *m(f)*

scasso ['skasso] *m* Einbruch *m*

scatafascio [skata'faʃʃo] *m* **a ~** *(fam)* drunter und drüber

scatarrare [skatar'ra:re] *vi* Schleim aushusten

scatenamento [skatena'mento] *m* Entfesselung *f*

scatenante [skate'nante] *agg* auslösend, Auslöse-

scatenare [skate'na:re] **I.** *vt* entfesseln **II.** *vr* **-rsi** losbrechen; *(tempesta)* aufkommen; *(rumore)* sich erheben, sich austoben

scatola ['ska:tola] *f* Schachtel *f,* Karton *m; (di carne, piselli)* Büchse *f,* Dose *f;* **~ cranica** Schädel *m;* **~ nera** AERO Flugdatenschreiber *m;* **rompere** [*o* **far girare**] **le -e a qu** *(fam)* jdm auf den Keks gehen; **vendere/comprare qc a ~ chiusa** *(fig)* die Katze im Sack verkaufen/kaufen; **in ~** Dosen-, Büchsen-

scatolame [skato'la:me] *m* Schachteln *f pl;* GASTR Konserven *f pl*

scatolare [skato'la:re] *agg* schachtelförmig, Schachtel-

scatolato, **-a** [skato'la:to] **I.** *agg* konserviert, in Dosen, Dosen-, Konserven- **II.** *m, f* Konserve *f*

scatoletta [skato'lɛtta] *f* [kleine] Dose *f*

scatolificio [skatoli'fi:tʃo] <-ci> *m* Büchsenfabrik *f*

scatologia [skatolo'dʒi:a] <-gie> *f* schmutzige Ausdrucksweise, Fäkalsprache *f*

scattante [skat'tante] *agg* schnell, flink

scattare [skat'ta:re] **I.** *vi essere o avere* ① *(congegni, molle)* [los]schnellen, losgehen; *(trappola)* zuschnappen ② *(persona)* springen, hochschnellen; **~ in piedi** aufspringen; **~ sull'attenti** strammstehen ③ MOT beschleunigen ④ *(fig: per l'ira)* hochfahren, an die Decke gehen *fam* ⑤ *(fig: fare uno scatto)* einen Sprung machen, [stufenweise] steigen ⑥ SPORT spurten **II.** *vt avere* knipsen *fam*

scattista [skat'tista] <-i *m,* -e *f*> *mf* Sprinter(in) *m(f)*

scatto ['skatto] *m* ① TEC Schnellen *nt,* Losgehen *nt; (di trappola)* Zuschnappen *nt;* **serratura a ~** Schnappschloss *nt* ② MIL Abzug *m;* FOTO Auslöser *m* ③ *(moto brusco)* Ruck *m* ④ SPORT Spurt *m* ⑤ *(fig: di ira)* Ausbruch *m,* Anfall *m;* **avere uno ~** aus der Haut fahren ⑥ *(fig: aumento)* Anstieg *m,* Erhöhung *f;* **~ di anzianità** *Lohn- bzw. Gehaltserhöhung entsprechend dem Dienstalter* ⑦ TEL [Gebühren]einheit *f*

scaturire [skatu'ri:re] <scaturisco> *vi essere* ① *(liquidi)* heraussprudeln, herauslaufen ② *(fig)* herauskommen, hervorkommen

scavabuche [skava'bu:ke] <-> *m* AGR Ausheber *m,* hydraulischer Kraftheber

scavafossi [skava'fossi] <-> *f* AGR Aushebemaschine *f*

scavalcare [skaval'ka:re] *vt* ① *(ostacolo)* überklettern ② *(fig)* **~ qu** jdn überflügeln

scavare [ska'va:re] *vt* ① *(fosso)* graben; *(legno, pietra)* aushöhlen ② *(città, tesoro)* ausgraben ③ *(fig)* nachforschen, nachbohren

scavatore, **-trice** [skava'to:re] **I.** *agg* Bagger- **II.** *m, f (operaio)* Ausgräber(in) *m(f)*

scavatrice [skava'tri:tʃe] *f (macchina)* Bagger *m*

scavatura [skava'tu:ra] *f* ① *(del collo)* Ausschnitt *m* ② AGR Graben *m*

scavezzacollo [skavettsa'kɔllo] <-> *mf* Draufgänger(in) *m(f)*

scavo ['ska:vo] *m* ① *(lo scavare)* Grabung *f* ② *(luogo)* Grube *f; (nell'archeologia)* Ausgrabung *f* ③ *(incavatura)* Ausschnitt *m* ④ MIN Abbau *m*

scazzato, **-a** [skat'tsa:to] *agg (vulg)* gefrustet, frustriert

scazzottare [skattsot'ta:re] *(fam)* **I.** *vt* prügeln **II.** *vr* **-rsi** sich prügeln

scazzottata, **scazzottatura** [skattsot'ta:-

ta, skattsotta'tu:ra] *f (fam)* Prügelei *f,* Schlägerei *f*

sceccario [ʃek'ka:rio] <-i> *m* Scheckheft *nt*

scegliere ['ʃeʎʎere] <scelgo, scelsi, scelto> *vt* aussuchen, [aus]wählen; *(preferire)* vorziehen

sceicco [ʃe'ikko] <-cchi> *m* Scheich *m*

scekerare [ʃeke'ra:re] *vt* mixen

scelgo ['ʃelgo] *1. pers sing pr di* **scegliere**

scellerata *f v.* **scellerato**

scelleratezza [ʃellera'tettsa] *f* ❶ *(infamia)* Frevelhaftigkeit *f* ❷ *(azione)* Frevel *m,* Freveltat *f*

scellerato, -a [ʃelle'ra:to] **I.** *agg* frevelhaft, ruchlos **II.** *m, f* Missetäter(in) *m(f),* Frevler(in) *m(f)*

scellino [ʃel'li:no] *m* ❶ *(inglese)* Shilling *m* ❷ *(austriaco)* Schilling *m*

scelsi ['ʃelsi] *1. pers sing pass rem di* **scegliere**

scelta ['ʃelta] *f* [Aus]wahl *f;* **fare una buona/cattiva ~** eine gute/schlechte Wahl treffen; **a ~** zur Auswahl; **merce di prima/seconda ~** Ware *f* erster/zweiter Wahl

scelto, -a ['ʃelto] **I.** *pp di* **scegliere II.** *agg* ❶ *(di buona qualità)* ausgewählt, erlesen ❷ *(persona)* ausgezeichnet

scema *f v.* **scemo**

scemare [ʃe'ma:re] **I.** *vi essere* nachlassen, abnehmen **II.** *vt avere* vermindern, herabsetzen

scemata [ʃe'ma:ta] *f (fam)* Blödsinn *m*

scemenza [ʃe'mɛntsa] *f* Dummheit *f*

scemo, -a ['ʃe:mo] **I.** *agg* dumm, blöd[e] **II.** *m, f* Dummkopf *m,* Esel *m;* **~ del villaggio** Dorftrottel *m*

scempia *f v.* **scempio**

scempiaggine [ʃem'piaddʒine] *f* Dummheit *f,* Torheit *f*

S

scempio ['ʃempio] *m* ❶ *(violenza)* Qual *f* ❷ *(massacro)* Gemetzel *nt*

scempio, -a <-i, -ie> **I.** *agg* ❶ *(cosa)* einfach ❷ *(persona)* dumm, blöd[e] **II.** *m, f* Dummkopf *m*

scena ['ʃɛ:na] *f* ❶ *(palcoscenico)* Bühne *f;* **calcare le -e** auf der Bühne stehen; **entrare in ~** auftreten; *(fig)* auftauchen; **essere di ~** auf der Bühne sein; *(fig)* im Rampenlicht stehen; **mettere in ~** aufführen, inszenieren ❷ *(parte dell'atto)* Szene *f,* Auftritt *m;* **colpo di ~** *(a. fig)* Theatercoup *m* ❸ *(scenario)* Bühnenbild *nt;* **cambiamento di ~** *(a. fig)* Szenenwechsel *m* ❹ *(luogo)* Szene *f* ❺ *(della natura)* Anblick *m* ❻ *(fam: scenata)* Szene *f;* **fare -e** Theater machen ❼ *(fig: attività, vita)* Szene *f,* Bühne *f;* **scomparire dalla ~ politica** von der politischen Bühne abtreten ❽ *(loc)* **fare ~ muta** keine Antwort geben

scenario [ʃe'na:rio] <-i> *m* ❶ THEAT Bühnenbild *nt* ❷ *(paesaggio)* Szenerie *f* ❸ FILM Drehbuch *nt*

scenarista [ʃena'rista] <-i *m,* -e *f*> *mf* Drehbuchautor(in) *m(f)*

scenata [ʃe'na:ta] *f* Szene *f;* **fare una ~ a qu** jdm eine Szene machen

scendere ['ʃendere] <scendo, scesi, sceso> *vi essere* ❶ *(andare giù)* hinuntergehen, hinabsteigen; *(venire giù)* herunterkommen, heruntersteigen; **~ a valle** zu Tal fahren, bergab gehen; **~ a patti con qu** *(fig)* mit jdm verhandeln ❷ *(smontare)* [ab]steigen, aussteigen; **~ da cavallo** vom Pferd absteigen; **~ dal treno** aus dem Zug steigen ❸ *(essere in pendenza)* abfallen, sich neigen ❹ *(capelli)* fallen ❺ *(calare)* abnehmen; *(temperatura, prezzi)* fallen, sinken; *(notte)* hereinbrechen; *(sole)* untergehen

scendiletto [ʃendi'lɛtto] <-> *m* Bettvorleger *m*

sceneggiare [ʃened'dʒa:re] *vt* inszenieren

sceneggiato [ʃened'dʒa:to] *m* Fernsehfassung *f; (a puntate)* Fernsehserie *f*

sceneggiato, -a *agg* für das Fernsehen bearbeitet, Fernseh-

sceneggiatore, -trice [ʃeneddʒa'to:re] *m, f* Drehbuchautor(in) *m(f)*

sceneggiatura [ʃeneddʒa'tu:ra] *f* TV, RADIO, FILM Drehbuch *nt;* THEAT Inszenierung *f*

scenetta [ʃe'netta] *f* Sketch *m*

scenico, -a ['ʃɛ:niko] <-ci, -che> *agg* szenisch; *(di palcoscenico)* Bühnen-; **realizzazione -a** Inszenierung *f*

scenografa *f v.* **scenografo**

scenografia [ʃenogra'fi:a] *f* Bühnengestaltung *f,* Bühnenbild *nt*

scenografico, -a [ʃeno'gra:fiko] <-ci, -che> *agg* ❶ THEAT Bühnenbild- ❷ *(fig, pej)* theatralisch

scenografo, -a [ʃe'nɔ:grafo] *m, f* Bühnenbildner(in) *m(f)*

sceriffo [ʃe'riffo] *m* Sheriff *m*

scervellarsi [stʃervel'larsi] *vr* **~ su** [*o* **intorno a**] **qc** sich *dat* über etw *akk* den Kopf zerbrechen

scervellato, -a [stʃervel'la:to] **I.** *agg* töricht, verrückt **II.** *m, f* Tor *m*/Törin *f,* Verrückte(r) *f(m)*

scesa ['ʃe:sa] *f* ❶ *(lo scendere)* Abstieg *m* ❷ *(strada)* Abhang *m,* abschüssige Straße *f,* Lehne *f* A

scesi ['ʃe:si] *1. pers sing pass rem di* **scendere**

sceso ['ʃe:so] *pp di* **scendere**

scespiriano, -a [ʃespi'ria:no] *agg* Shakespeare betreffend, von Shakespeare

scettica *f v.* **scettico**

scetticismo [ʃetti'tʃizmo] *m* Skepsis *f*

scettico, -a ['ʃɛttiko] <-ci, -che> **I.** *agg* skeptisch **II.** *m, f* Skeptiker(in) *m(f)*

scettro ['ʃɛttro] *m* Zepter *nt*

scevro, -a ['ʃe:vro] *agg (poet)* frei (**di** von), bar +*gen*, -frei, -los; ~ **di pregiudizi** vorurteilsfrei

scheda ['skɛ:da] *f* Zettel *m;* ADM Karteikarte *f;* ~ **elettorale** Wahlschein *m,* Stimmzettel *m;* ~ **grafica** INFORM Grafikkarte *f;* ~ **madre** INFORM Motherboard *nt;* ~ **magnetica** Magnetkarte *f;* ~ **perforata** Lochkarte *f;* ~ **telefonica** Telefonkarte *f*

schedare [ske'da:re] *vt* ADM [ins Polizeiregister] eintragen, abheften

schedario [ske'da:rio] <-i> *m* ① *(raccolta)* Kartei *f* ② *(mobile)* Karteischrank *m; (piccolo)* Karteikasten *m*

schedarista [skeda'rista] <-i *m,* -e *f*> *mf* Karteiführer(in) *m(f)*

schedato, -a [ske'da:to] *m, f* Vorbestrafte(r) *mf*

schedatore, -trice [skeda'to:re] *m, f* Karteiführer(in) *m(f)*

schedatura [skeda'tu:ra] *f* Karteiführung *f,* Eintragung *f* in eine Kartei

schedina [ske'di:na] *f* Tippzettel *m,* Totoschein *m*

schedulare [skedu'la:re] *vt* INFORM programmieren

schedulato, -a [skedu'la:to] *agg* ① *(previsto)* angesetzt, terminiert ② INFORM programmiert

scheggia ['skeddʒa] <-gge> *f* Splitter *m; (di legno)* Holzsplitter *m,* Schiefer *m* A, SÜDD

scheggiare [sked'dʒa:re] **I.** *vt* absplittern **II.** *vr* **-rsi** [zer]splittern

scheitare [skei'ta:re] *vi* Skateboard fahren; **imparare a** ~ Skateboardfahren lernen

scheletrico, -a [ske'lɛ:triko] <-ci, -che> *agg* ① ANAT Skelett- ② *(fig)* karg, knapp; *(persona, corpo)* hager, dürr

scheletrire [skele'tri:re] <scheletrisco, scheletrisci> **I.** *vt* zum Skelett werden lassen **II.** *vr* **-rsi** zum Skelett werden

scheletrito, -a [skele'tri:to] *agg* ① *(persona)* mager, dürr ② *(albero)* verdorrt ③ *(fig)* knapp, karg, dürr

scheletro ['skɛ:letro] *m* ① ANAT Skelett *nt* ② *(di imbarcazione)* Gerippe *nt; (di romanzo)* Gerüst *nt*

schema ['skɛ:ma] <-i> *m* ① *(modello)* Schema *nt* ② JUR Entwurf *m;* ~ **di legge** Gesetz[es]entwurf *m* ③ LIT Entwurf *m,* Gerüst *nt* ④ *(fig)* Schema *nt,* Muster *nt*

schematicità [skematitʃi'ta] <-> *f* Schematismus *m*

schematico, -a [ske'ma:tiko] <-ci, -che> *agg* schematisch

schematismo [skema'tizmo] *m* Schematismus *m*

schematizzare [skematid'dza:re] *vt* schematisieren

schematizzazione [skematiddzat'tsio:ne] *f* Schematisierung *f*

scherma ['skerma] *f* Fechten *nt;* **tirare di** ~ fechten

schermaglia [sker'maʎʎa] <-glie> *f* Wortgefecht *nt*

schermare [sker'ma:re] *vt* abschirmen

schermata [sker'ma:ta] *f* Bildschirm *m*

schermatura [skerma'tu:ra] *f* Abschirmung *f*

schermidore, -a [skermi'do:re] *m, f v.* **schermitore**

schermire [sker'mi:re] <schermisco> **I.** *vt* schützen **II.** *vi* fechten **III.** *vr* **-rsi da qc** sich vor etw *dat* schützen; *(fig)* etw abwehren

schermistico, -a [sker'mistiko] <-ci, -che> *agg* Fecht-

schermitore, -trice [skermi'to:re] *m, f* Fechter(in) *m(f)*

schermo ['skermo] *m* ① *(riparo)* Schirm *m,* Schild *nt* ② FILM, FOTO Leinwand *f;* **diva dello** ~ Filmdiva *f;* **grande** ~ Kino *nt;* **piccolo** ~ Fernseher *m* ③ TV, INFORM Bildschirm *m;* ~ **a colori** Farbbildschirm; ~ **a cristalli liquidi** Flüssigkristallbildschirm; ~ **piatto** Flachbildschirm; ~ **tattile** Touchscreen *m,* berührungsempfindlicher Bildschirm

schermografare [skermogra'fa:re] *vt* durchleuchten

schermografia [skermogra'fi:a] *f* Durchleuchtung *f*

schernire [sker'ni:re] <schernisco> *vt* verhöhnen

schernitore, -trice [skerni'to:re] *m, f* Spötter(in) *m(f)*

scherno ['skerno] *m* Spott *m,* Hohn *m;* **farsi** ~ **di qu/qc** jdn/etw verhöhnen

scherzare [sker'tsa:re] *vi* scherzen, spaßen; ~ **col fuoco** mit dem Feuer spielen; **c'è poco da** ~ da gibt's nichts zu lachen

scherzo ['skertso] *m* ① *(azione, parola scherzosa)* Scherz *m,* Spaß *m;* ~ **da prete** *(fam)* schlechter Scherz; **stare allo** ~ Spaß vertragen [können]; **per** ~ zum [*o* aus] Spaß; **neppure per** ~ auf gar keinen Fall; **senza -i** ohne Scherz, im Ernst; **-i a parte!** Spaß beiseite!; **lo** ~ **è bello quando dura poco** *(prov)* in der Kürze liegt die Würze ② *(sorpresa sgradevole)* Streich *m;* **fare**

S

uno ~ a qu jdm einen Streich spielen ③ *(fig: impresa facile)* Kinderspiel *nt* ④ MUS Scherzo *nt*

scherzoso, -a [sker'tso:so] *agg* lustig, spaßig

schettinaggio [sketti'naddʒo] <-ggi> *m* Rollschuhlaufen *nt*

schettinare [sketti'na:re] *vi* Rollschuh laufen

schettino ['skɛttino] *m* Rollschuh *m*

schiacciamento [skiattʃa'mento] *m* [Zer]quetschen *nt*

schiaccianoci [skiattʃa'no:tʃi] <-> *m* Nussknacker *m*

schiacciante [skiat'tʃante] *agg* [er]drückend

schiacciapatate [skiattʃapa'ta:te] <-> *m* Kartoffelpresse *f*

schiacciare [skiat'tʃa:re] **I.** *vt* ① *(patate)* zerdrücken; *(dito)* quetschen; *(noci, mandorle)* knacken ② SPORT schmettern ③ TEC drücken; *(pedale)* treten ④ *(fig: rendere piatto)* plätten, platt machen ⑤ *(fig: superare)* schlagen ⑥ *(loc)* **~ un pisolino** [*o* **sonnellino**] *(fam)* ein Nickerchen machen **II.** *vr* **-rsi** eine Delle bekommen

schiacciasassi [skiattʃa'sassi] <-> *m* Dampfwalze *f*

schiacciata [skiat'tʃa:ta] *f* ① SPORT Schmetterball *m* ② GASTR Fladenbrot *nt*

schiacciato, -a [skiat'tʃa:to] *agg* ① *(naso)* platt ② SPORT *(tiro)* Schmetter-

schiacciatura [skiattʃa'tu:ra] *f* [Zer-]quetschung *f*

schiaffare [skiaf'fa:re] *vt (fam)* schmeißen, werfen; **l'hanno schiaffato dentro** sie haben ihn eingesperrt

schiaffeggiare [skiaffed'dʒa:re] *vt* ohrfeigen

schiaffo ['skiaffo] *m* Ohrfeige *f*, Watsche *f* A; **prendere qu a -i** jdn ohrfeigen

schiamazzare [skiamat'tsa:re] *vi* ① ZOO *(galline)* gackern; *(oche)* schnattern ② *(persone)* kreischen, lärmen

schiamazzo [skia'mattso] *m* ① ZOO *(di galline)* Gegacker *nt; (di oche)* Geschnatter *nt* ② *(di persone)* Gekreische *nt*, Lärm *m*

schiantare [skian'ta:re] **I.** *vt avere* ① *(rompere)* abbrechen, zerbrechen; *(piante)* ausreißen ② *(fig)* zerreißen **II.** *vi essere (fam)* platzen **III.** *vr* **-rsi** [zer]brechen, zerschellen

schianto ['skianto] *m* Krach *m*, Knall *m*; **di ~** schlagartig

schiappa ['skiappa] *f (fam pej)* Niete *f*

schiarimento [skiari'mento] *m* Aufhellung *f*; *(fig a.)* Aufklärung *f*

schiarire [skia'ri:re] <schiarisco> **I.** *vt avere* aufhellen, hell[er] machen; **-rsi la voce** sich räuspern **II.** *vr* **-rsi** ① METEO sich aufhellen ② *(diventar chiaro)* hell[er] werden

schiarita [skia'ri:ta] *f* ① METEO Aufheiterung *f* ② *(fig)* Verbesserung *f*, Lichtblick *m*

schiattare [skiat'ta:re] *vi essere (fig fam)* platzen

schiava *f v.* **schiavo**

schiavismo [skia'vizmo] *m* Sklaverei *f*, Sklaventum *nt*

schiavitù [skiavi'tu] <-> *f* ① SOC Sklaverei *f*, Versklavung *f* ② *(fig)* Knechtschaft *f*; **ridurre in ~** versklaven

schiavo, -a ['skia:vo] **I.** *agg* versklavt; **essere ~ del vizio** dem Laster ergeben sein; **essere ~ della droga** drogenabhängig sein **II.** *m, f* Sklave *m*/Sklavin *f*

schidione [ski'dio:ne] *f* Bratspieß *m*

schiena ['skiɛ:na] *f* Rücken *m*; **colpire alla ~ qu** *(a. fig)* jdm in den Rücken fallen; **rompersi la ~** sich das Kreuz brechen; *(fig)* am Stock gehen *fam*

schienale [skie'na:le] *m* [Rücken]lehne *f*

schienata [skie'na:ta] *f* ① *(colpo)* Rückenstoß *m* ② SPORT *(nella lotta)* Schulterniederlage *f*; *(nel pugilato)* K.-o.-Schlag *m*

schiera ['skiɛ:ra] *f* ① *(moltitudine)* Schar *f*, Menge *f*; **a -e** scharenweise ② MIL Truppe *f*, Heer *nt* ③ *(Wend)* **casa a ~** Reihenhaus *nt*

schieramento [skiera'mento] *m* ① MIL Aufmarsch *m*, Formation *f* ② SPORT Aufstellung *f* ③ *(fig)* Lager *nt*

schierare [skie'ra:re] **I.** *vt* aufstellen **II.** *vr* **-rsi** ① MIL sich formieren, aufmarschieren ② *(fig)* **-rsi dalla parte di/contro qu** für/gegen jdn Partei nehmen, sich hinter/gegen jdn stellen

schiettezza [skiet'tettsa] *f* Offenheit *f*, Ehrlichkeit *f*

schietto, -a ['skiɛtto *o* 'skietto] *agg* ① *(puro)* rein, echt ② *(fig)* ehrlich, aufrichtig

schifare [ski'fa:re] **I.** *vt* [an]ekeln **II.** *vr* **-rsi di qc** sich vor etw *dat* ekeln

schifezza [ski'fettsa] *f* Widerlichkeit *f*

schifiltoso, -a [skifil'to:so] *agg* zimperlich, heikel *fam*

schifo ['ski:fo] *m* Ekel *m*; **i funghi mi fanno ~** ich ekle mich vor Pilzen; **la minestra è uno ~** die Suppe ist ekelhaft; **che ~!** wie ekelhaft!, igitt!

schifoso, -a [ski'fo:so] *agg* ekelhaft, widerlich; **hai avuto una fortuna -a** *(fam)* du hast unverschämtes Glück gehabt

schiniere [ski'niɛ:re] *m* Beinschiene *f*

schioccare [skiok'ka:re] *vt (frusta)* knallen mit; *(lingua)* schnalzen mit; *(dita)* schnippen mit

S

schiocco ['skiɔkko] <-cchi> *m* Knall *m;* **bacio con lo ~** Schmatz[er] *m fam*
schioppettata [skioppet'ta:ta] *f* Flintenschuss *m,* Büchsenschuss *m*
schioppo ['skiɔppo] *m* Flinte *f,* Büchse *f*
schiribizzo [skiri'biddzo] *v.* **sghiribizzo**
schiudere ['skiu:dere] <irr> **I.** *vt* öffnen, aufmachen **II.** *vr* **-rsi** ① *(fiori)* sich öffnen, aufgehen ② *(fig)* sich [er]öffnen, sich auftun
schiuma ['skiu:ma] *f* Schaum *m;* **~ da barba** Rasierschaum *m;* **fare molta/poca ~** stark/wenig schäumen
schiumaiola [skiuma'iɔ:la] *f* Schaumlöffel *m,* Schaumkelle *f*
schiumare [skiu'ma:re] **I.** *vt* abschäumen **II.** *vi* schäumen
schiumarola [skiuma'rɔ:la] *v.* **schiumaiola**
schiumogeno [skiu'mɔ:dʒeno] *m* Feuerlöscher *m*
schiumogeno, -a *agg* Schaum-, schaumerzeugend
schiumoso, -a [skiu'mo:so] *agg (sapone)* schaumig; *(latte)* schäumend
schiusa ['skiu:sa] *f* Ausschlüpfen *nt*
schiusi ['skiu:si] *1. pers sing pass rem di* **schiudere**
schiuso ['skiu:so] *pp di* **schiudere**
schivare [ski'va:re] *vt* [ver]meiden; **~ un colpo** einem Schlag ausweichen
schivo, -a ['ski:vo] *agg* ① *(geh)* **essere ~ di qc** einer Sache *dat* abgeneigt sein ② *(ritroso)* spröde, widerspenstig
schizofrenia [skiddzofre'ni:a] <-ie> *f* Schizophrenie *f*
schizofrenico, -a [skiddzo'frɛ:niko] <-ci, -che> **I.** *agg* schizophren **II.** *m, f* Schizophrene(r) *f(m)*
schizoide [skid'dzɔ:ide] **I.** *agg* schizoid **II.** *mf* Schizoide(r) *f(m)*
schizzare [skit'tsa:re] **I.** *vt avere* ① *(liquidi)* [ver]spritzen ② *(sporcare)* bespritzen, beschmutzen ③ *(disegnare)* skizzieren ④ *(descrivere)* skizzieren, kurz beschreiben ⑤ *(fig)* [aus-, ver]sprühen **II.** *vi essere* ① *(liquidi)* spritzen ② *(saltar fuori)* schießen; **gli occhi le schizzavano fuori dalle orbite** [*o* **dalla testa**] die Augen traten ihr aus den Höhlen [*o* aus dem Kopf] **III.** *vr* **-rsi** sich bespritzen
schizzata [skit'tsa:ta] *f* Spritzer *m*
schizzato, -a [skit'tsa:to] *agg* ① *(sporcato)* besudelt ② *(delineato)* skizziert ③ *(fig: persona)* überdreht
schizzinoso, -a [skittsi'no:so] *agg* zimperlich, heikel
schizzo ['skittso] *m* ① *(di fango, inchiostro)* Spritzer *m* ② *(abbozzo)* Skizze *f*
sci [ʃi] <-> *m* ① SPORT *(attrezzo)* Ski *m; (attività)* Skifahren *nt* ② AERO Ski *m,* Kufe *f*
scia ['ʃi:a] <scie> *f* ① NAUT Kielwasser *nt* ② *(fig)* Spur *f; (di profumo)* Wolke *f;* **mettersi sulla ~ di qu** in jds Fußstapfen treten
scià [ʃa] <-> *m* Schah *m*
sciabola ['ʃa:bola] *f* Säbel *m*
sciabolata [ʃabo'la:ta] *f* Säbelhieb *m,* Säbelstoß *m*
sciabordare [ʃabor'da:re] **I.** *vi* schwappen **II.** *vt (liquidi nel recipiente)* schwenken; *(agitare)* rühren; *(panni)* ausspülen
sciabordio [ʃabor'di:o] <-ii> *m* Schwappen *nt*
sciacallaggio [ʃakal'la:ddʒo] <-ggi> *m* ① *(furto)* Plünderei *f* ② *(fig: azione cinica)* Abstauberei *f,* zynisches Abzocken
sciacallesco, -a [ʃakal'lesko] <-schi, -sche> *agg* nach Art eines Aasgeiers
sciacallo [ʃa'kallo] *m* Schakal *m; (fig)* Aasgeier *m*
sciacchetrà [ʃakke'tra] *m* Sciacchetrà *m (Weißwein aus Ligurien)*
sciacquare [ʃak'kua:re] *vt (piatti, bicchieri)* abspülen; *(panni)* ausspülen; **-rsi la bocca** den Mund ausspülen; **-rsi le mani** die Hände abwaschen
sciacquata [ʃak'kua:ta] *f* Spülen *nt;* **dare una ~ alla biancheria** die Wäsche ausspülen
sciacquatura [ʃakkua'tu:ra] *f* ① *(acqua)* Abwaschwasser *nt;* **~ di piatti** *(fig, pej)* Spülwasser *nt fam* ② *(pulizia)* [Aus]spülen *nt*
sciacquio [ʃak'kui:o] <-ii> *m* Klatschen *nt,* Schwappen *nt*
sciacquo ['ʃakkuo] *m* [Mund]spülung *f*
sciacquone [ʃak'kuo:ne] *m* Wasserspülung *f;* **tirare lo ~** spülen
Sciaffusa [ʃaf'fu:za] *f* Schaffhausen *nt*
sciaguattare [ʃagguat'ta:re] TOSC **I.** *vt* ausspülen, auswaschen **II.** *vi* schwappen
sciagura [ʃa'gu:ra] *f* Unglück *nt;* **~ ecologica** Umweltkatastrophe *f*
sciagurata *f v.* **sciagurato**
sciagurataggine [ʃagura'taddʒine] *f* Schändlichkeit *f,* Gemeinheit *f*
sciagurato, -a [ʃagu'ra:to] **I.** *agg* ① *(persone)* unglücklich ② *(malvagio)* schändlich; **madre -a** Rabenmutter *f* **II.** *m, f* ① *(disgraziato)* Unglücksrabe *m* ② *(padre, madre)* Rabenvater *m/*-mutter *f*
scialacquare [ʃalak'kua:re] *vt* verschwenden; *(patrimonio)* verprassen
scialacquatore, -trice [ʃalakkua'to:re] **I.** *m, f* Verschwender(in) *m(f)* **II.** *agg* verschwenderisch
scialacquone, -a [ʃalak'kuo:ne] *m, f (fam)* Verschwender(in) *m(f)*

S

scialare [ʃa'la:re] *vi* prassen; **c'è poco da ~** damit kann man keine großen Sprünge machen *fam;* **come intelligenza non ha certo da ~** er/sie ist sicherlich keine Intelligenzbestie *fam*
scialbo, -a ['ʃalbo] *agg (a. fig)* blass
sciallato, -a [ʃal'la:to] *agg* Schal-
scialle ['ʃalle] *m* Schultertuch *nt*
scialo ['ʃa:lo] *m* Verschwendung *f,* Vergeudung *f;* **a ~** in Hülle und Fülle
scialuppa [ʃa'luppa] *f* Beiboot *nt,* Schaluppe *f;* **~ di salvataggio** Rettungsboot *nt*
sciamannato, -a [ʃaman'na:to] *agg* unordentlich, schlampig
sciamano [ʃa'ma:no] *m* Schamane *m*
sciamare [ʃa'ma:re] *vi essere o avere* ① ZOO [aus]schwärmen ② *(fig)* ausschwärmen
sciame ['ʃa:me] *m* ① ZOO Schwarm *m* ② *(fig)* Schwarm *m,* Schar *f*
sciampagna [ʃam'paɲɲa] <-> *f (fam)* Champagner *m*
sciampagnotta [ʃampaɲ'ɲɔtta] *f* Champagnerflasche *f,* Sektflasche *f*
sciampista [ʃam'pista] <-i *m,* -e *f*> *mf* Haarwäscher(in) *m(f)*
sciampo ['ʃampo] *m (fam)* Shampoo *nt*
sciancare [ʃaŋ'ka:re] **I.** *vt* [lenden]lahm machen **II.** *vr* **-rsi** [lenden]lahm werden
sciancrato, -a [ʃaŋ'kra:to] *agg* tailliert
sciangai [ʃaŋ'ga:i] <-> *m* Mikado[spiel] *nt*
sciantosa [ʃan'to:sa] *f* Varietésängerin *f,* Tingeltangelsängerin *f fam*
sciantung ['ʃantuŋg] <-> *m* Schantungseide *f,* Rohseide *f*
sciapo, -a ['ʃa:po] *agg* fade; *(fig a.)* banal
sciarada [ʃa'ra:da] *f* Scharade *f*
sciare [ʃi'a:re] *vi* Ski laufen [*o* fahren]; NAUT Wasserski laufen
sciarpa ['ʃarpa] *f* Schal *m; (fascia)* Schärpe *f*
sciata [ʃi'a:ta] *f (fam)* Skilauf *m,* Skifahrt *f;* **fare una ~** Ski fahren
sciatica ['ʃa:tika] <-che> *f* Ischias *m*
sciatico, -a ['ʃa:tiko] <-ci, -che> *agg* Ischias-
sciatore, -trice [ʃia'to:re] *m, f* Skiläufer(in) *m(f),* -fahrer(in) *m(f)*
sciatteria [ʃatte'ri:a] <-ie> *f* Schlamperei *f*
sciattezza [ʃat'tettsa] *f* Schlampigkeit *f*
sciatto, -a ['ʃatto] *agg* schlampig
sciattone, -a [ʃat'to:ne] *m, f (fam)* Schlamper(in) *m(f)*
scibile ['ʃi:bile] *m* Wissen *nt*
sciccheria [ʃikke'ri:a] <-ie> *f (fam)* Schick *m*
sciccoso, -a [ʃik'ko:so] *agg (fam)* schick
science fiction ['saiəns 'fikʃən] <-> *f* Science-Fiction *f*
scientifica [ʃen'ti:fika] <-che> *f* Erkennungsdienst *m*
scientificità [ʃentifitʃi'ta] <-> *f* Wissenschaftlichkeit *f*
scientifico [ʃen'ti:fiko] <-ci> *m* naturwissenschaftliches Gymnasium
scientifico, -a <-ci, -che> *agg* wissenschaftlich; *(liceo)* naturwissenschaftlich
scientifismo [ʃenti'fizmo] *m* Szienti[f]izismus *m*
scientistico, -a [ʃen'tistiko] <-ci, -che> *agg* PHILOS szientistisch
scienza ['ʃɛntsa] *f* Wissenschaft *f; (sapere)* Wissen *nt;* **~ dell'alimentazione** Ernährungswissenschaft *f;* **~ dell'educazione** Erziehungswissenschaft *f;* **-e amministrative** Verwaltungswissenschaft *f;* **-e economiche** Wirtschaftswissenschaft *f;* **-e naturali** Naturwissenschaft *f*
scienziato, -a [ʃɛn'tsia:to] *m, f* [Natur]wissenschaftler(in) *m(f)*
sciistico, -a [ʃi'istiko] <-ci, -che> *agg* Ski-
sciita [ʃi'i:ta] <-i *m,* -e *f*> *mf* Schiit(in) *m(f)*
scilinguagnolo [ʃiliŋ'guaɲɲolo] *m* Zungenfertigkeit *f;* **avere lo ~ sciolto** *(fam)* redselig sein
scimitarra [ʃimi'tarra] *f* Krummsäbel *m*
scimmia ['ʃimmia] <-ie> *f* Affe *m;* **brutto come una ~** potthässlich
scimmiesco, -a [ʃim'miesko] <-schi, -sche> *agg* Affen-, affenartig
scimmiottamento [ʃimmiotta'mento] *m* Nachäffen *nt*
scimmiottare [ʃimmiot'ta:re] *vt* nachäffen
scimmiotto [ʃim'miɔtto] *m* Äffchen *nt,* kleiner Affe *m*
scimpanzé [ʃimpan'tse] <-> *m* Schimpanse *m*
scimunita *f v.* **scimunito**
scimunitaggine [ʃimuni'taddʒine] *f* Dummheit *f,* Blödheit *f*
scimunito, -a [ʃimu'ni:to] **I.** *agg* dumm, blöd[e] **II.** *m, f* Dummkopf *m*
scindere ['ʃindere] <scindo, scissi, scisso> **I.** *vt* ① CHEM spalten ② *(fig)* auf[spalten] **II.** *vr* **-rsi** sich spalten
scintilla [ʃin'tilla] *f* Funke *m;* **fare -e** *(a. fig)* Funken schlagen
scintillare [ʃintil'la:re] *vi* ① *(fig)* funkeln, leuchten ② PHYS Funken sprühen
scintillio [ʃintil'li:o] <-ii> *m* Funkeln *nt,* Schimmern *nt*
sciò [ʃɔ] *int* weg, fort
sciocca *f v.* **sciocco**
scioccante [ʃok'kante] *agg* schockierend
scioccare [ʃok'ka:re] *vt (fam)* schockieren, schocken
scioccato, -a [ʃok'ka:to] *agg* schockiert

sciocchezza [ʃok'kettsa] *f* ❶ *(scemenza)* Dummheit *f* ❷ *(fig)* Kleinigkeit *f*
sciocco, -a ['ʃɔkko] <-cchi, -cche> **I.** *agg* dumm **II.** *m, f* Dummkopf *m*
sciogliere ['ʃɔʎʎere] <sciolgo, sciolsi, sciolto> **I.** *vt* ❶ *(slegare)* lösen, losmachen; *(nodo)* lösen; *(vele)* setzen ❷ *(liberare)* befreien; *(cane)* loslassen, auslassen A ❸ CHEM lösen ❹ *(ghiaccio, nevi)* schmelzen [lassen] ❺ *(fig)* [auf]lösen; *(contratto)* lösen; *(voto)* einlösen, erfüllen; *(seduta, parlamento)* auflösen; *(dubbio)* aufklären; *(problema)* lösen **II.** *vr* **-rsi** ❶ *(slegarsi)* sich lösen ❷ *(fig)* **-rsi da qc** sich einer Sache *gen* entledigen; **-rsi in lacrime** in Tränen aufgelöst sein ❸ *(neve)* schmelzen
scioglilingua [ʃoʎʎi'liŋgua] <-> *m* Zungenbrecher *m*
scioglimento [ʃoʎʎi'mento] *m* ❶ *(di nodo)* [Auf]lösen *nt; (di vele)* Setzen *nt* ❷ POL *(del parlamento)* Auflösung *f* ❸ JUR *(di matrimonio)* Annullierung *f; (di contratto)* Aufhebung *f* ❹ REL *(di voto)* Einlösung *f* ❺ *(di nevi, ghiaccio)* Schmelze *f,* Schmelzen *nt* ❻ *(fig: di problema)* Lösung *f*
sciolgo ['ʃɔlgo] *1. pers sing pr di* **sciogliere**
sciolina [ʃio'li:na] *f* Skiwachs *nt*
sciolsi ['ʃɔlsi] *1. pers sing pass rem di* **sciogliere**
scioltezza [ʃol'tettsa] *f* ❶ *(di movimenti)* Gewandtheit *f,* Gelenkigkeit *f* ❷ *(di modi)* Leichtigkeit *f,* Ungezwungenheit *f*
sciolto, -a ['ʃɔlto] **I.** *pp di* **sciogliere** **II.** *agg* ❶ *(slegato)* [auf]gelöst, lose ❷ *(fig)* frei, lässig; *(disinvolto)* ungezwungen; **avere la lingua -a** ein flinkes Mundwerk haben
scioperante [ʃope'rante] **I.** *agg* streikend **II.** *mf* Streikende(r) *f(m)*
scioperare [ʃope'ra:re] *vi* streiken
scioperata *f v.* **scioperato**
scioperataggine [ʃopera'taddʒine] *f (pej)* Faulenzerei *f*
scioperatezza [ʃopera'tettsa] *f* Faulheit *f,* Faulenzerei *f*
scioperato, -a [ʃope'ra:to] **I.** *agg* faul, arbeitsscheu **II.** *m, f* Faulpelz *m*
scioperistico, -a [ʃope'ristiko] <-ci, -che> *agg* Streik-; **manifestazione -a** Streikkundgebung *f*
sciopero ['ʃɔ:pero] *m* Streik *m;* **~ bianco** Dienst *m* nach Vorschrift; **~ della fame** Hungerstreik *m;* **~ a sorpresa** [*o* **spontaneo**] wilder Streik; **domani c'è lo ~ degli autobus** morgen streiken die Busfahrer; **fare ~** streiken
sciorinare [ʃori'na:re] *vt (a. fig)* ausbreiten
sciovia [ʃio'vi:a] *f* Skilift *m*
sciovinismo [ʃovi'nizmo] *m* Chauvinismus *m*
sciovinista [ʃovi'nista] <-i *m,* -e *f*> *mf* Chauvinist(in) *m(f)*
sciovinistico, -a [ʃovi'nistiko] <-ci, -che> *agg* chauvinistisch
scipitezza [ʃipi'tettsa] *f* Fadheit *f,* Schalheit *f*
scipito, -a [ʃi'pi:to] *agg* ❶ GASTR fade, schal ❷ *(fig)* fade, geistlos
scippare [ʃip'pa:re] *vt* **~ qu** jdm die Tasche wegreißen
scippatore, -trice [ʃippa'to:re] *m, f* [Hand]taschenräuber(in) *m(f)*
scippo ['ʃippo] *m* [Hand]taschenraub *m*
sciroccato, -a [ʃirok'ka:to] *(sl)* **I.** *agg* sonderlich **II.** *m, f* Sonderling *m*
scirocco [ʃi'rɔkko] <-cchi> *m* Schirokko *m*
sciroppare [ʃirop'pa:re] *vt* einmachen, einkochen; **-rsi qc** *(fam)* etw über sich ergehen lassen
sciroppo [ʃi'rɔppo] *m* Sirup *m;* MED Saft *m;* **~ per la tosse** Hustensaft *m*
sciroppposità [ʃiropposi'ta] <-> *f* ❶ *(gusto)* Sirupgeschmack *m* ❷ *(fig: leziosità)* Affektiertheit *f,* gekünsteltes Getue
sciropposo, -a [ʃirop'po:so] *agg* ❶ *(vino, liquido)* sirupartig ❷ *(fig)* schmalzig
scisma ['ʃizma] <-i> *m* ❶ REL Schisma *nt* ❷ POL, SOC Spaltung *f*
scismatico, -a [ʃiz'ma:tiko] <-ci, -che> **I.** *agg* schismatisch **II.** *m, f* Schismatiker(in) *m(f)*
scissi ['ʃissi] *1. pers sing pass rem di* **scindere**
scissione [ʃis'sio:ne] *f* Spaltung *f;* **~ monetaria** FIN Währungsspaltung *f;* **~ nucleare** PHYS Kernspaltung *f*
scissionismo [ʃissio'nizmo] *m* Spaltungsbewegung *f*
scisso ['ʃisso] *pp di* **scindere**
scissura [ʃis'su:ra] *f* ❶ *(fig)* Spaltung *f* ❷ *(fessura)* Spalt *m*
scisto ['ʃisto] *m* Schiefer *m*
scistoso, -a [ʃis'to:so] *agg* schieferartig, Schiefer-
sciupare [ʃu'pa:re] **I.** *vt* ❶ *(logorare)* abnutzen; *(abito)* verschleißen ❷ *(tempo, fatica)* verschwenden, vergeuden ❸ *(appetito, vista, salute)* verderben **II.** *vr* **-rsi** ❶ *(indumenti)* verschleißen, sich abnutzen ❷ *(persone)* sich verbrauchen, sich kaputtmachen *fam*
sciupio [ʃu'pi:o] <-ii> *m,* **sciupo** ['ʃu:po] *m* Verschwendung *f*
sciupone, -a [ʃu'po:ne] *m, f (fam)* Verschwender(in) *m(f)*
sciuscià [ʃuʃ'ʃa] <-> *m* Schuhputzer *m*

S

scivolare [ʃivoˈlaːre] *vi essere* ① *(perdere l'equilibrio)* [aus]rutschen ② *(scorrere)* gleiten ③ *(sfuggire)* gleiten, rutschen ④ AERO abgleiten, abrutschen
scivolata [ʃivoˈlaːta] *f* ① *(scivolone)* [Aus]rutscher *m* ② AERO Abgleiten *nt*, Abrutschen *nt*
scivolo [ˈʃiːvolo] *m* Rutschbahn *f*, Rutsche *f*
scivolone [ʃivoˈloːne] *m* [Aus]rutscher *m*
scivolosità [ʃivolosiˈta] <-> *f* Glätte *f*, Rutschigkeit *f*
scivoloso, -a [ʃivoˈloːso] *agg* ① *(terreno)* glatt, rutschig ② *(fig, pej)* schleimig, aalglatt
sclerosante [skleroˈsante] **I.** *agg* festigend, stabilisierend; **iniezione ~** Stabilisierungsspritze *f*; **sostanza ~** Stabilisator *m* **II.** *m* Stabilisator *m*; **terapia a base di -i** Therapie *f* auf Stabilisatorenbasis
sclerosi [skleˈrɔːzi] <-> *f* Sklerose *f*; **~ multipla** Multiple Sklerose
sclerotico, -a [skleˈrɔːtiko] <-ci, -che> **I.** *agg* sklerotisch, verkalkt **II.** *m, f* Sklerotiker *m*
sclerotizzare [sklerotidˈdzaːre] **I.** *vt* ① MED Arterienverkalkung hervorrufen ② *(fig)* verhärten; **~ una struttura amministrativa** einen Verwaltungsapparat erstarren lassen **II.** *vr* **-rsi** ① MED an Arterienverkalkung leiden ② *(fig)* erstarren, Flexibilität einbüßen
sclerotizzato, -a [sklerotidˈdzaːto] *agg* ① MED verhärtet, verkalkt ② *(fig)* erstarrt
scocca [ˈskɔkka] <-cche> *f* Aufbau *m*, Karosserie *f*
scoccare [skokˈkare] **I.** *vt avere* ① *(freccia)* abschießen ② *(ore)* schlagen ③ *(fig: bacio)* zuwerfen **II.** *vi essere* ① EL aufleuchten; *(scintilla)* überspringen ② *(ore)* schlagen
scocciare [skotˈtʃaːre] *(fam)* **I.** *vt* nerven **II.** *vr* **-rsi** die Lust verlieren
scocciatore, -trice [skottʃaˈtoːre] *m, f* *(fam)* Störenfried *m*/Nervensäge *f*
scocciatura [skottʃaˈtuːra] *f* *(fam)* Ärgernis *nt*, Belästigung *f*; **che ~!** wie lästig!
scodare [skoˈdaːre] *vt* den Schwanz stutzen [*o* kupieren]
scodella [skoˈdɛlla] *f* Schüssel *f*
scodellare [skodelˈlaːre] *vt* einfüllen
scodinzolamento [skodintsolaˈmento] *m* ① *(di coda)* Schwanzwedeln *nt* ② *(di veicolo)* Ausbrechen *nt*
scodinzolare [skodintsoˈlaːre] *vi* ZOO [mit dem Schwanz] wedeln
scodinzolio [skodintsoˈliːo] <-ii> *m* Schwanzwedeln *nt*
scodinzolo [skoˈdintsolo] *m* SPORT Wedeln *nt*

S

scogliera [skoʎˈʎɛːra] *f* Klippe *f*; **~ corallina** Riff *nt*
scoglio [ˈskɔʎʎo] <-gli> *m* ① GEOG Klippe *f* ② *(fig)* Klippe *f*, Hürde *f*
scoglionare [skoʎʎoˈnaːre] *(vulg)* **I.** *vt* ankotzen **II.** *vr* **-rsi** anöden; **mi sono scoglionato delle tue storie** deine Geschichten öden mich an
scoglionato, -a [skoʎʎoˈnaːto] *agg* *(vulg)* sauer *fam*
scoglionatura [skoʎʎonaˈtuːra] *f* *(vulg)* Öde *f*; **che ~!** wie öde!
scoglioso, -a [skoʎˈʎoːso] *agg* klippenreich, Klippen-
scoiamento [skoiaˈmento] *m* Häuten *nt*, Abziehen *nt*
scoiare [skoˈiaːre] *vt* häuten, abziehen
scoiattolo [skoˈiattolo] *m* Eichhörnchen *nt*
scolabottiglie [skolabotˈtiʎʎe] <-> *m* Trockengestell *nt* [für Flaschen]
scolafiaschi [skolaˈfiaski] <-> *mf* Säufer(in) *m(f)*
scolapasta [skolaˈpasta] <-> *m* [Nudel]sieb *nt*, Seiher *m*
scolapiatti [skolaˈpiatti] <-> *m* Trockengestell *nt* [für Teller]
scolaposate [skolapoˈsaːte] <-> *m* Besteckkorb *m*
scolara *f v.* **scolaro**
scolare¹ [skoˈlaːre] *agg* Schul-, schulpflichtig
scolare² **I.** *vt avere* ① *(bottiglie)* ausgießen, ausschütten; **scolarsi una bottiglia di vino** eine Flasche Wein hinuntergießen ② GASTR abgießen, abtropfen lassen **II.** *vi essere* abfließen, abtropfen
scolaresca [skolaˈreska] <-sche> *f* Schülerschaft *f*
scolaretto, -a [skolaˈretto] *m, f* [dummer] Schuljunge *m*, [kleines] Schulmädchen *nt*
scolarità [skolariˈta] <-> *f* Schulbesuch *m*
scolaro, -a [skoˈlaːro] *m, f* Schüler(in) *m(f)*
scolastica [skoˈlastika] <-che> *f* Scholastik *f*
scolastico, -a [skoˈlastiko] <-ci, -che> *agg* ① *(anno, tasse, programma)* Schul- ② *(fig, pej)* schulmäßig
scolatura [skolaˈtuːra] *f* Abtropfen *nt*, Abgießen *nt*
scoliosi [skoˈliɔːzi] <-> *f* Skoliose *f*
scollacciato, -a [skollatˈtʃaːto] *agg* ① *(abito)* ausgeschnitten, dekolletiert ② *(fig, pej)* anstößig
scollare [skolˈlaːre] **I.** *vt* [ab]lösen **II.** *vr* **-rsi** *(disgiungersi)* sich [ab]lösen
scollato, -a [skolˈlaːto] *agg* *(abito)* ausgeschnitten; **scarpa -a** Pumps *m*
scollatura [skollaˈtuːra] *f* ① *(di abito)* Aus-

schnitt *m* ② *(parte scoperta)* Dekolleté *nt,* Ausschnitt *m* ③ *(di parti incollate)* [Ab]lösung *f*

scollegarsi [skolle'garsi] *vr* INFORM ausloggen

scollo ['skɔllo] *m* Ausschnitt *m*

scolo ['sko:lo] *m* ① *(deflusso)* Ablauf *m,* Abfluss *m* ② *(condotto)* Abfluss *m* ③ *(liquido)* Abwasser *nt* ④ MED Ausfluss *m;* *(vulg)* Tripper *m*

scolopendra [skolo'pɛndra] *f* Tausendfüßler *m*

scolorare [skolo'ra:re] **I.** *vt avere* ausbleichen **II.** *vr* **-rsi** verbleichen

scolorimento [skolori'mento] *m* Entfärbung *f*

scolorina® [skolo'ri:na] *f* Tintenfleckentferner *m*

scolorire [skolo'ri:re] <scolorisco> *vt, vr* **-rsi** *v.* **scolorare**

scolpare [skol'pa:re] **I.** *vt* entschuldigen **II.** *vr* **-rsi** sich entschuldigen

scolpire [skol'pi:re] <scolpisco> *vt* ① *(marmo, statua)* behauen; *(legno)* schnitzen ② *(incidere)* einmeißeln, eingravieren ③ *(fig)* einprägen

scolta ['sko:lta] *f* Wache *f,* Wachposten *m*

scombinare [skombi'na:re] *vt* durcheinanderbringen

scombinato, -a [skombi'na:to] **I.** *agg* durcheinander, verworren **II.** *m, f (fam)* Wirrkopf *m*

scombussolamento [skombussola'mento] *m* Verwirrung *f;* ~ **di stomaco** Magenverstimmung *f*

scombussolare [skombusso'la:re] *vt* verwirren, durcheinanderbringen

scombussolio [skombusso'li:o] <-ii> *m* Durcheinander *nt,* [völlige] Verwirrung *f*

scommessa [skom'messa] *f* Wette *f;* *(somma impegnata)* Einsatz *m;* **fare una** ~ eine Wette abschließen

scommettere [skom'mettere] <irr> *vt* ~ **qc** um etw wetten

scommettitore, -trice [skommetti'to:re] *m, f* Wetter(in) *m(f)*

scomodare [skomo'da:re] **I.** *vt* stören, bemühen **II.** *vr* **-rsi** sich bemühen

scomodità [skomodi'ta] *f* Unbequemlichkeit *f*

scomodo ['skɔ:modo] *m* Störung *f,* Belästigung *f*

scomodo, -a *agg* unbequem

scompaginare [skompadʒi'na:re] **I.** *vt* ① TYP auseinandernehmen ② *(fig)* durcheinanderbringen **II.** *vr* **-rsi** durcheinandergeraten

scompagnare [skompaɲ'ɲa:re] *vt* trennen, teilen

scompagnato, -a [skompaɲ'ɲa:to] *agg* einzeln

scomparire [skompa'ri:re] <irr> *vi essere* ① *(sparire)* verschwinden ② *(fig)* nicht zur Geltung kommen

scomparsa [skom'parsa] *f* ① *(sparizione)* Verschwinden *nt* ② MED Abklingen *nt* ③ *(morte)* Hinscheiden *nt geh*

scomparso, -a [skom'parso] **I.** *agg* ① *(popolo, continente)* untergegangen ② *(irreperibile)* vermisst, abgängig A **II.** *m, f* Hingeschiedene(r) *f(m) geh*

scompartimento [skomparti'mento] *m* ① FERR Abteil *nt;* ~ **fumatori/non fumatori** Raucher-/Nichtraucherabteil *nt* ② *(di armadio)* Fach *nt*

scomparto [skom'parto] *m* Fach *nt*

scompensare [skompen'sa:re] *vt* aus dem Gleichgewicht bringen, stören

scompensato, -a [skompen'sa:to] *agg* unausgewogen, unausgeglichen; MED kompensationsgestört

scompenso [skom'pɛnso] *m* ① MED Kompensationsstörung *f,* Dekompensation *f* ② *(mancanza di equilibrio)* Unausgewogenheit *f,* Unausgeglichenheit *f*

scompigliare [skompiʎ'ʎa:re] *vt* in Unordnung bringen; *(capelli)* zerzausen, zerraufen

scompiglio [skom'piʎʎo] <-gli> *m* Unordnung *f*

scompisciarsi [skompiʃ'ʃarsi] *vr* ~ **dalle risate** *(vulg)* sich kaputtlachen *fam*

scomplessare [skomples'sa:re] *vt (obs)* von Komplexen befreien

scomponibile [skompo'ni:bile] *agg* zerlegbar

scomporre [skom'porre] <irr> **I.** *vt* ① *(disgregare)* durcheinanderbringen; *(scaffali)* zerlegen ② MAT zerlegen ③ *(lineamenti, volto)* entstellen **II.** *vr* **-rsi** aus der Fassung geraten

scomposizione [skompozit'tsio:ne] *f* Zerlegung *f,* Auseinandernehmen *nt*

scompostezza [skompos'tettsa] *f* Ungehörigkeit *f*

scomposto, -a [skom'posto] **I.** *pp di* **scomporre** **II.** *agg* ① *(capelli)* zerzaust ② *(fig: sguaiato)* ungehörig

scomunica [sko'mu:nika] <-che> *f* Exkommunikation *f,* Kirchenbann *m*

scomunicare [skomuni'ka:re] *vt* REL exkommunizieren

sconcatenato, -a [skoŋkate'na:to] *agg* zusammenhang[s]los

sconcertante [skontʃer'tante] *agg* erschütternd

sconcertare [skontʃer'ta:re] *vt* ① *(creare disordine)* verwirren ② *(turbare)* erschüttern

S

sconcerto [skon'tʃɛrto] *m* ① *(preplessità)* Verblüffung *f* ② *(turbamento)* Erschütterung *f*
sconcezza [skon'tʃettsa] *f* Unanständigkeit *f,* Schweinerei *f fam*
sconcio ['skontʃo] <-ci> *m* Unanständigkeit *f,* Schweinerei *f fam*
sconcio, -a <-ci, -ce> *agg* schmutzig, unanständig
sconclusionato, -a [skonkluzio'na:to] *agg* unzusammenhängend
sconcordanza [skoŋkor'dantsa] *f* Nichtübereinstimmung *f,* Inkongruenz *f geh*
scondito, -a [skon'di:to] *agg* ungewürzt, fade
scondizionato, -a [skondittsio'na:to] *agg* [auf dem Postweg] beschädigt; **pacco ~** beschädigtes Paket
sconfessare [skonfes'sa:re] *vt* ① *(rinnegare)* verleugnen ② *(disapprovare)* missbilligen
sconfessione [skonfes'sio:ne] *f* Ableugnung *f; (disapprovazione)* Missbilligung *f*
sconficcare [skonfik'ka:re] *vt* herausziehen
sconfiggere [skon'fiddʒere] <sconfiggo, sconfissi, sconfitto> *vt* schlagen; *(a. fig)* besiegen
sconfinare [skonfi'na:re] *vi* ① *(oltrepassare i confini)* eine [*o* die] Grenze überschreiten ② *(fig)* abkommen, abweichen, abschweifen
sconfinato, -a [skonfi'na:to] *agg* ① *(territorio)* grenzenlos ② *(fig)* unbegrenzt, unbeschränkt; *(a. pej)* schrankenlos, uferlos
sconfinferare [skonfiŋfe'ra:re] *vi (sl)* umhauen, vom Hocker reißen
sconfissi [skon'fissi] *1. pers sing pass rem di* **sconfiggere**
sconfitta [skon'fitta] *f* Niederlage *f;* **~ elettorale** Wahlniederlage *f;* **infliggere una ~ a qu** jdm eine Niederlage zufügen; **subire una ~** eine Niederlage erleiden
sconfitto [skon'fitto] *pp di* **sconfiggere**
sconfortante [skonfor'tante] *agg* entmutigend
sconfortare [skonfor'ta:re] **I.** *vt* entmutigen **II.** *vr* **-rsi** verzagen
sconforto [skon'fɔrto] *m* Verzagtheit *f,* Kummer *m*
scongelamento [skondʒela'mento] *m* Auftauen *nt*
scongelare [skondʒe'la:re] *vt* auftauen
scongelato, -a [skondʒe'la:to] *agg* ① *(alimento)* aufgetaut ② FIN freigegeben; **credito ~** freigegebener Kredit
scongiurare [skondʒu'ra:re] *vt* beschwören; *(pericolo)* abwenden
scongiuro [skon'dʒu:ro] *m* Beschwörung *f; (contro la iettatura)* Exorzismus *m*
sconnessione [skonnes'sio:ne] *f* Zusammenhang[s]losigkeit *f*
sconnesso, -a [skon'nɛsso] *agg* zusammenhang[s]los, konfus
sconnessura [skonnes'su:ra] *f* ① *(qualità)* Losesein *nt* ② *(punto)* Fuge *f,* Spalt *m*
sconnettere [skon'nɛttere] <irr> *vi* wirr reden, faseln
sconosciuto, -a [skonoʃ'ʃu:to] **I.** *agg* unbekannt **II.** *m, f* Unbekannte(r) *f(m)*
sconquassare [skoŋkuas'sa:re] *vt* zerrütten, zerstören
sconquasso [skoŋ'kuasso] *m* Zusammenkrachen *nt*
sconsacrare [skonsa'kra:re] *vt* entweihen
sconsideratezza [skonsidera'tettsa] *f* Unbedachtheit *f,* Gedankenlosigkeit *f*
sconsiderato, -a [skonside'ra:to] *agg* unbedacht, gedankenlos
sconsigliabile [skonsiʎ'ʎa:bile] *agg* nicht ratsam
sconsigliare [skonsiʎ'ʎa:re] *vt* **~ qc a qu** jdm von etw abraten; **~ di ...** *+inf* davon abraten zu ... *+inf*
sconsigliato, -a [skonsiʎ'ʎa:to] **I.** *agg* unbesonnen **II.** *m, f* Unbesonnene(r) *f(m)*
sconsolante [skonso'lante] *agg* betrüblich
sconsolato, -a [skonso'la:to] *agg (persona)* untröstlich; *(espressione)* trostlos
scontante [skon'tante] **I.** *agg* Diskont- **II.** *m* Diskonthaus *nt,* -bank *f*
scontare [skon'ta:re] *vt* ① COM, FIN abziehen, abrechnen; *(cambiale)* diskontieren ② JUR verbüßen ③ *(fig: pagare)* büßen [für], bezahlen [für]
scontato, -a [skon'ta:to] *agg* ① *(ridotto)* ermäßigt ② JUR verbüßt ③ *(previsto)* voraussehbar, selbstverständlich
scontentare [skonten'ta:re] *vt* nicht zufrieden stellen, unzufrieden lassen
scontentezza [skonten'tettsa] *f* Unzufriedenheit *f*
scontento [skon'tɛnto] *m* Unzufriedenheit *f*
scontento, -a *agg* unzufrieden
sconto ['skonto] *m* ① COM Nachlass *m,* Rabatt *m* ② FIN, JUR Diskont *m*
scontornare [skontor'na:re] *vt* FOTO hervorheben
scontrare [skon'tra:re] **I.** *vt* treffen **II.** *vr* **-rsi** ① MOT, FERR, AERO zusammenstoßen ② MIL aufeinandertreffen ③ *(fig)* aufeinanderstoßen
scontrino [skon'tri:no] *m* Quittung *f,* Beleg *m;* **~ [di cassa]** Kassenbon *m;* **~ fiscale** Kassenbon *m*
scontro ['skontro] *m* ① MOT, FERR, AERO Zu-

S

sammenstoß *m* ❷ MIL Zusammenstoß *m,* Gefecht *nt* ❸ SPORT Begegnung *f* ❹ *(fig)* Zusammenstoß *m,* Streit *m*

scontrosa *f v.* **scontroso**

scontrosità [skontrosi'ta] <-> *f* Widerspenstigkeit *f*

scontroso, -a [skon'tro:so] *agg* widerspenstig, störrisch

sconveniente [skonve'niɛnte] *agg* ❶ *(contegno, parole, risposta)* unpassend, ungehörig ❷ *(prezzo)* unangemessen

sconvenienza [skonve'niɛntsa] *f* ❶ *(indecenza)* Ungehörigkeit *f* ❷ COM *(di prezzo)* Unangemessenheit *f*

sconvolgente [skonvol'dʒɛnte] *agg* erschütternd

sconvolgere [skon'vɔldʒere] <irr> *vt* erschüttern, durcheinanderbringen

sconvolgimento [skonvoldʒi'mento] *m* Erschütterung *f,* Verwirrung *f*

sconvolsi *1. pers sing pass rem di* **sconvolgere**

sconvolto *pp di* **sconvolgere**

sconvolto [skon'volto] *m (fam)* Junkie *m*

scoop ['sku(:)p] <- *o* scoops> *m* Scoop *m;* ~ **pubblicitario** Werbeknüller *m*

scoopista [sku'pista] <-i *m,* -e *f*> *mf* Sensationsjournalist(in) *m(f);* ~ **d'assalto** sensationslüsterne(r) Reporter(in) *m(f)*

scoordinazione [skoordinat'tsio:ne] *f* Koordinationsmangel *m,* Mangel *m* an Koordination

scooter ['sku:tə *o* 'skuter] <-> *m* Motorroller *m*

scooterismo [skute'rizmo] *m* ❶ *(produzione)* Herstellung *f* von Motorrollern ❷ *(passione)* Beliebtheit *f* der Motorroller, Begeisterung *f* für Motorroller

scooterista [skute'rista] <-i *m,* -e *f*> *mf* Fahrer(in) *m(f)* eines Motorrollers

scopa ['sko:pa] *f* Besen *m*

scopare [sko'pa:re] *vt* ❶ *(pavimento)* kehren, fegen ❷ *(vulg)* ficken

scopata [sko'pa:ta] *f* ❶ *(spazzata)* Kehren *nt,* Fegen *nt* ❷ *(colpo di scopa)* Besenschlag *m* ❸ *(vulg)* Fick *m;* **farsi una** ~ ficken

scopatina [skopa'ti:na] *f (vulg) v.* **sveltina**

scoperchiare [skoper'kia:re] *vt* abdecken, aufdecken; *(pentola)* den Deckel abnehmen von

scoperta [sko'pɛrta] *f* Entdeckung *f*

scoperto [sko'pɛrto] *m* ❶ *(luogo aperto)* Freie(s) *nt;* **dormire allo** ~ im Freien schlafen ❷ COM, FIN Überziehung *f;* **credito allo** ~ ungedeckter Kredit

scoperto, -a *agg* ❶ *(terrazzo, terreno)* unbedeckt, unbedacht ❷ *(braccia, capo)* unbedeckt, entblößt; **essere troppo** ~ zu leicht angezogen sein ❸ COM, FIN ungedeckt ❹ *(visibile)* offen ❺ *(fig)* offen, direkt; **a viso ~, a fronte -a** freimütig, unverblümt

scopiazzare [skopiat'tsa:re] *vt* schlecht abschreiben, runterschmieren *fam*

scopiazzatura [skopiattsa'tu:ra] *f* schlechte Abschrift *f*

scopiera [sko'piɛ:ra] *f* Besenschrank *m*

scopino [sko'pi:no] *m* Toilettenbürste *f,* Klobürste *f*

scopo ['skɔ:po] *m* Zweck *m; (fine)* Ziel *nt,* Absicht *f;* **a che ~?** wozu?; **raggiungere uno** ~ ein Ziel erreichen

scopone [sko'po:ne] *m ein Kartenspiel*

scoppiare [skop'pia:re] *vi essere* ❶ *(guerra)* ausbrechen ❷ *(bomba)* hochgehen, explodieren; *(gomma)* platzen ❸ *(epidemia)* ausbrechen ❹ *(fig)* ausbrechen; *(per aver mangiato troppo)* platzen; ~ **a piangere/ridere** in Tränen/Gelächter ausbrechen; ~ **dal caldo** vor Hitze fast sterben ❺ SPORT zusammenbrechen, schlappmachen *fam*

scoppiettare [skoppiet'ta:re] *vi* knistern, prasseln

scoppiettio [skoppiet'ti:o] <-ii> *m* Geknister *nt,* Knacken *nt*

scoppio ['skɔppio] <-i> *m* ❶ *(di bomba, mina)* Explosion *f,* Platzen *nt;* **a ~ ritardato** *(fig)* mit verzögerter Wirkung ❷ *(rumore)* Knall *m* ❸ *(fig)* Ausbruch *m* ❹ MOT **motore a** ~ Verbrennungsmotor *m*

scoppola ['skɔppola] *f* DIAL Klaps *m,* Kopfnuss *f*

scoprimento [skopri'mento] *m* Enthüllung *f*

scoprire [sko'pri:re] <scopro, scoprii *o* scopersi, scoperto> **I.** *vt* ❶ *(togliere il coperchio)* aufdecken, abdecken ❷ *(arrivare a conoscere)* entdecken; ~ **l'America** *(fam)* etwas Altbekanntes neu entdecken ❸ *(fig: esporre)* darbieten; *(palesare)* enthüllen **II.** *vr* **-rsi** ❶ *(di indumenti)* sich entblößen; *(a letto)* sich aufdecken ❷ *(rivelarsi)* sich verraten

scopritore, -trice [skopri'to:re] *m, f* Entdecker(in) *m(f)*

scoraggiamento [skoraddʒa'mento] *m* Entmutigung *f*

scoraggiante [skorad'dʒante] *agg* entmutigend

scoraggiare [skorad'dʒa:re] **I.** *vt* entmutigen **II.** *vr* **-rsi** den Mut verlieren

scoraggiato, -a [skorad'dʒa:to] *agg* entmutigt, mutlos

scorbutico, -a [skor'bu:tiko] <-ci, -che> *agg (fig)* widerspenstig, störrisch, raß A

scorbuto [skor'bu:to] *m* Skorbut *m*

S

scorciamento [skortʃa'mento] *m* Abkürzung *f,* Verkürzung *f*

scorciare [skor'tʃa:re] **I.** *vt* ① *(vestito)* kürzen ② *(nell'arte)* perspektivisch verkürzen **II.** *vr* **-rsi** kürzer werden

scorciatoia [skortʃa'to:ia] <-oie> *f* Abkürzung *f*

scorcio ['skortʃo] <-ci> *m* ① *(nell'arte)* [perspektivische] Verkürzung *f* ② *(vista)* Teilansicht *f* ③ *(di tempo)* Zeitabschnitt *m*

scordare [skor'da:re] **I.** *vt* ① *(dimenticare)* vergessen ② MUS verstimmen **II.** *vr* **-rsi** ① *(dimenticarsi)* vergessen ② MUS sich verstimmen

scoreggia [sko'reddʒa] <-gge> *f (vulg)* Furz *m*

scoreggiare [sko'red'dʒa:re] *vi (vulg)* furzen

scorfano ['skɔrfano] *m* ZOO Drachenkopf *m,* Skorpionsfisch *m*

scorfano, -a *m, f (fam)* Missgeburt *f*

scorgere ['skɔrdʒere] <scorgo, scorsi, scorto> *vt* erblicken; *(accorgersi di qc/qu)* etw/jdn bemerken, etw/jdn entdecken

scoria ['skɔ:ria] <-ie> *f* Schlacke *f; (fig)* Abfall *m;* **-ie radioattive** Atommüll *m*

scornare [skor'nare] *vt* lächerlich machen

scorno ['skɔrno] *m* Schmach *f,* Schande *f*

scorpacciata [skorpat'tʃa:ta] *f (fam)* Fresserei *f;* **fare una ~ di ciliege** sich *dat* den Bauch mit Kirschen vollschlagen

scorpione [skor'pio:ne] *m* ① ZOO Skorpion *m* ② ASTR **Scorpione** Skorpion *m;* **sono Scorpione, sono uno** [*o* **dello**] **Scorpione** ich bin [ein] Skorpion

scorporamento [skorpora'mento] *m (obs)* Abzweigung *f*

scorrazzare [skorrat'tsa:re] **I.** *vi* herumlaufen, herumrennen **II.** *vt* durchstreifen

scorrere ['skorrere] <irr> **I.** *vi essere* ① *(fiume)* fließen; *(lacrime)* laufen, rinnen ② *(tempo)* vergehen, verrinnen ③ *(traffico)* fließen ④ *(periodo, ragionamento, discorso)* laufen **II.** *vt avere* ① *(libro)* überfliegen ② *(territorio)* durchstreifen ③ INFORM scrollen

scorreria [skorre'ri:a] <-ie> *f* Einfall *m,* Streifzug *m*

scorrettezza [skorret'tettsa] *f* ① *(errore)* Fehler *m,* Fehlerhaftigkeit *f* ② *(maleducazione)* Unkorrektheit *f,* Unschicklichkeit *f; (azione)* Fauxpas *m*

scorretto, -a [skor'rɛtto] *agg* ① *(compito, traduzione)* fehlerhaft ② *(gesto, contegno)* unkorrekt ③ SPORT unfair, regelwidrig

scorrevole [skor're:vole] *agg* gleitend, verschiebbar; *(traffico, discorso)* flüssig; **porta ~** Schiebetür *f*

scorribanda [skorri'banda] *f* Streifzug *m*

scorrimento [skorri'mento] *m* ① MOT Verkehrsfluss *m;* **corsia di ~** rechte Fahrspur [auf der Autobahn]; **strada di ~** Schnellstraße *f* ② PHYS Schlupf *m*

scorsa ['skorsa] *f* Durchsicht *f*

scorsi ['skɔrsi] *1. pers sing pass rem di* **scorgere, scorrere**

scorso, -a ['skorso] **I.** *pp di* **scorrere** **II.** *agg* vergangen, vorig; **l'anno ~** letztes Jahr; **ultimo ~** vergangenen Monats/Jahres

scorsoio, -a [skor'so:io] <-oi, -oie> *agg* laufend, gleitend; **nodo ~** Schlinge *f*

scorta ['skɔrta] *f* ① *(accompagnamento)* Begleitung *f,* Geleit *nt* ② MIL Eskorte *f,* Geleit *nt* ③ *(provvista)* Vorrat *m,* Reserve *f;* **ruota di ~** Ersatzrad *nt,* Reserverad *nt*

scortare [skor'ta:re] *vt* geleiten, eskortieren

scortecciare [skortet'tʃa:re] **I.** *vt (albero)* entrinden, die Rinde entfernen von; *(muro)* abkratzen **II.** *vr* **-rsi** abbröckeln; *(albero)* die Rinde verlieren

scortese [skor'te:ze] *agg* unhöflich

scortesia [skorte'zi:a] *f* Unhöflichkeit *f*

scorticare [skorti'ka:re] *vt (pelle)* abschürfen, aufschürfen; *(animale)* abziehen

scorticatura [skortika'tu:ra] *f* ① *(di animale)* Abziehen *nt* ② MED Schürfwunde *f*

scorto ['skɔrto] *pp di* **scorgere**

scorza ['skɔrdza *o* 'skɔrtsa] *f* ① *(di albero)* Rinde *f* ② *(di frutto)* Schale *f* ③ *(di serpente, pesce)* Haut *f;* **avere la ~ dura** *(fig)* ein dickes Fell haben

scorzonera [skordzo'ne:ra *o* skortso'ne:ra] *f* Schwarzwurzel *f*

scosceso, -a [skoʃ'ʃe:so] *agg* steil

scosciata [skoʃ'ʃa:ta] *f* Spagat *m o nt*

scossa ['skɔssa] *f* ① EL Schlag *m;* **prendere una ~** einen Schlag bekommen ② *(sbalzo)* Ruck *m,* Stoß *m;* **~ di terremoto** Erd[beben]stoß *m* ③ *(fig)* Schlag *m,* Schock *m*

scossi ['skɔssi] *1. pers sing pass rem di* **scuotere, scuocere**

scosso, -a ['skɔsso] **I.** *pp di* **scuotere** **II.** *agg* erschüttert

scossone [skos'so:ne] *m* starker Ruck

scostante [skos'tante] *agg* abweisend, verschlossen

scostare [skos'ta:re] **I.** *vt* wegschieben, wegrücken; *(tenda)* aufziehen **II.** *vr* **-rsi** wegrücken, zur Seite rücken

scostumatezza [skostuma'tettsa] *f* Unsittlichkeit *f; (maleducazione)* Ungezogenheit *f*

scostumato, -a [skostu'ma:to] *agg* sittenlos; *(maleducato)* ungezogen

scotch [skɔtʃ] <-> *m (whisky)* Scotch [Whisky] *m*
scotch® <-> *m (nastro autoadesivo)* Klebeband *nt*
scotennamento [skotenna'mento] *m* ❶ *(di animali)* Abhäuten *nt* ❷ *(in campo etnologico)* Skalpieren *nt*
scotennare [skoten'na:re] *vt* ❶ *(lardo)* die Schwarte abschneiden von ❷ *(nemici)* skalpieren
scotimento [skoti'mento] *m* Schütteln *nt,* Erschütterung *f*
scottante [skot'tante] *agg* ❶ *(che scotta)* brennend ❷ *(fig)* heikel; *(urgente)* drängend, brennend
scottare [skot'ta:re] **I.** *vt* ❶ *(fiamma, sole)* [ver]brennen; *(liquido bollente)* verbrühen ❷ GASTR aufkochen; *(arrosto)* anbraten ❸ *(fig)* verletzen, kränken **II.** *vi* heiß sein, brennen; **merce che scotta** *(fig)* heiße Ware **III.** *vr* **-rsi** ❶ MED sich verbrennen ❷ *(fig)* sich die Finger verbrennen
scottata [skot'ta:ta] *f* Aufkochen *nt; (di arrosto)* Anbraten *nt*
scottatura [skotta'tu:ra] *f* ❶ MED Verbrennung *f; (di sole)* Sonnenbrand *m* ❷ *(fig)* Enttäuschung *f*
scotto ['skɔtto] *pp di* **scuocere**
scout ['skaut] **I.** *mf* <-> Pfadfinder(in) *m(f)* **II.** *agg inv* Pfadfinder-
scoutismo [skau'tizmo] *m* Pfadfinderbewegung *f*
scoutistico, -a [skau'tistiko] <-ci, -che> *agg* Pfadfinder-
scovare [sko'va:re] *vt* ❶ *(lepre, volpe)* aufspüren ❷ *(fig)* aufstöbern
scovolino [skovo'li:no] *m (per pipe)* Pfeifenputzer *m; (per bottiglie)* Flaschenbürste *f*
Scozia ['skɔttsia] *f* Schottland *nt*
scozzare [skot'tsa:re] *vt* mischen
scozzese [skot'tse:se] **I.** *agg* schottisch; **gonna ~** Schottenrock *m,* Kilt *m* **II.** *mf* Schotte *m/*Schottin *f*
scrambler ['skræmblə] <- *o* scramblers> *m* Decoder *m*
scramblerista [skramble'rista] <-i *m,* -e *f*> *mf* SPORT Motocrossfahrer(in) *m(f)*
screanzato, -a [screan'tsa:to] *agg* ungezogen
screditare [skedi'ta:re] **I.** *vt* diskreditieren, in Misskredit bringen **II.** *vr* **-rsi** sich diskreditieren
scredito ['skre:dito] *m* Misskredit *m,* Verruf *m*
screening ['skri:niŋ] <- *o* screenings> *m* Screening *nt*
screen saver <-> *m* INFORM Bildschirmschoner *m*
scremare [skre'ma:re] *vt* entrahmen
scrematura [skrema'tu:ra] *f* Entrahmung *f*
screpolare [skrepo'la:re] **I.** *vt* rissig machen **II.** *vr* **-rsi** rissig werden
screpolatura [skrepola'tu:ra] *f* Riss *m,* Sprung *m*
screziare [skret'tsia:re] *vt* sprenkeln
screzio ['skrɛttsio] <-i> *m* Meinungsverschiedenheit *f*
scriba ['skri:ba] <-i> *m* ❶ REL Schriftgelehrte(r) *m* ❷ HIST Schreiber *m*
scribacchiare [skribak'kia:re] *vt (pej)* kritzeln, schmieren
scribacchino [skribak'ki:no] *m (pej)* Schreiberling *m*
scricchiolamento [skrikkiola'mento] *m* Knirschen *nt,* Knistern *nt; (di legno)* Knarren *nt,* Ächzen *nt*
scricchiolare [skrikkio'la:re] *vi* knirschen
scricchiolio [skrikkio'li:o] <-ii> *m* Knirschen *nt*
scricciolo ['skrittʃolo] *m (fig fam)* Knirps *m,* Zwerg *m*
scrigno ['skriɲɲo] *m* Schmuckkasten *m*
scriminatura [skrimina'tu:ra] *f* Scheitel *m*
scriptwriter ['skriptraitə] <- *o* scriptwriters> *mf* Drehbuchschreiber(in) *m(f)*
scrissi ['skrissi] *1. pers sing pass rem di* **scrivere**
scriteriato, -a [skrite'ria:to] *agg* unvernünftig
scritta ['skritta] *f* Aufschrift *f*
scritto ['skritto] *m* ❶ *(cosa scritta)* Schriftstück *nt;* **per** [*o* **in**] **~** schriftlich ❷ *(lettera)* Schreiben *nt*
scritto, -a I. *pp di* **scrivere II.** *agg* ❶ *(legge, esame)* schriftlich ❷ *(fig)* eingetragen, eingeschrieben
scrittografico, -a [skritto'gra:fiko] <-ci, -che> *agg (form)* handschriftlich
scrittoio [skrit'to:io] <-oi> *m* Schreibtisch *m*
scrittore, -trice [skrit'to:re] *m, f* Schriftsteller(in) *m(f)*
scrittura [skrit'tu:ra] *f* ❶ *(gener,* REL Schrift *f;* **programma di ~** INFORM Textverarbeitungsprogramm *nt* ❷ JUR Schriftstück *nt,* Dokument *nt; (contratto)* Vertrag *m* ❸ THEAT, FILM, MUS Engagement *nt*
scritturare [skrittu'ra:re] *vt* verpflichten, engagieren, aufnehmen A
scrivana *f v.* **scrivano**
scrivania [skriva'ni:a] <-ie> *f* ❶ *(tavolo per scrivere)* Schreibtisch *m* ❷ INFORM *(desktop)* Benutzeroberfläche *f*
scrivano, -a [skri'va:no] *m, f* Schreiber(in) *m(f)*

S

scrivente [skri'vɛnte] *mf* ADM Unterzeichnete(r) *f(m)*
scrivere ['skri:vere] <scrivo, scrissi, scritto> *vt* schreiben; ~ **a macchina** mit der Maschine schreiben; ~ **a mano** von Hand schreiben; ~ **alla lavagna** an die Tafel schreiben; **macchina da** ~ Schreibmaschine *f;* **come si scrive?** wie schreibt man das?
scroccare [skrok'ka:re] *vt (fam)* schnorren
scroccatore, -trice [skrokka'to:re] *m, f (fam)* Schnorrer(in) *m(f)*
scrocco ['skrɔkko] *m (fam)* **a** ~ umsonst, für lau DIAL; **vivere/mangiare a** ~ schnorren
scroccone, -a [skrok'ko:ne] *m, f (fam)* Schnorrer(in) *m(f)*
scrofa ['skrɔ:fa] *f* Sau *f*
scrollamento [skrolla'mento] *m* Schütteln *nt*
scrollare [skrol'la:re] **I.** *vt* schütteln; *(tovaglia)* ausschütteln; ~ **le spalle** die [*o* mit den] Schultern zucken **II.** *vi* INFORM scrollen, blättern **III.** *vr* **-rsi** *(fig)* sich aufraffen
scrollata [skrol'la:ta] *f* Schütteln *nt*
scrolling ['scrouliŋ] <-> *m* INFORM Scrollen *nt,* Scrolling *nt*
scrollo ['skrɔllo] *m* Schütteln *nt*
scrosciare [skroʃ'ʃa:re] *vi essere o avere* tosen, brausen; *(pioggia)* prasseln
scroscio ['skrɔʃʃo] <-sci> *m* Tosen *nt,* Getöse *nt,* Brausen *nt; (di pioggia)* Prasseln *nt;* ~ **di applausi** Beifallssturm *m;* ~ **di risa** tosendes Gelächter
scrostare [skros'ta:re] **I.** *vt* abkratzen; *(ferita)* die Kruste entfernen von **II.** *vr* **-rsi** abblättern
scroto ['skrɔ:to] *m* Hodensack *m,* Skrotum *nt*
scrupolo ['skru:polo] *m* Skrupel *m;* **senza -i** skrupellos
scrupolosità [skrupolosi'ta] <-> *f* Gewissenhaftigkeit *f*
scrupoloso, -a [skrupo'lo:so] *agg* gewissenhaft
scrutare [skru'ta:re] *vt* erforschen, ergründen
scrutatore, -trice [skruta'to:re] **I.** *m, f* Stimmen[aus]zähler(in) *m(f)* **II.** *agg* prüfend, forschend
scrutinare [skruti'na:re] *vt* ① JUR auszählen ② *(nell'insegnamento)* benoten
scrutinatore, -trice [skrutina'to:re] *m, f* Stimmen[aus]zähler(in) *m(f)*
scrutinio [skru'ti:nio] <-i> *m* ① JUR Abstimmung *f,* Wahlgang *m* ② *(a scuola)* Notenkonferenz *f*
scucire [sku'tʃi:re] **I.** *vt* ① *(orlo)* auftrennen ② *(fam scherz)* herausrücken **II.** *vr* **-rsi** aufgehen
scucito, -a [sku'tʃi:to] *agg* ① *(abito, scarpe)* aufgegangen ② *(fig)* zusammenhang[s]los
scucitura [skutʃi'tu:ra] *f* aufgetrennte Naht
scuderia [skude'ri:a] <-ie> *f* ① ZOO Reitstall *m,* Pferdestall *m,* Rennstall *m* ② SPORT *(automobilismo)* Rennstall *m*
scudetto [sku'detto] *m* Meistertitel *m;* **vincere lo** ~ Meister werden
scudiero [sku'diɛ:ro] *m* Knappe *m*
scudo ['sku:do] *m* ① MIL Schild *m;* **lo** ~ **crociato** der Kreuzschild *(Parteiemblem der ehemaligen christdemokratischen Partei DC)* ② *(fig)* Schutz *m* ③ ZOO [Panzer]schuppe *f* ④ *(araldica)* Wappen *nt* ⑤ *(moneta)* Scudo *m;* ~ **europeo** ECU *m*
scuffia ['skuffia] <-ie> *f* ① *(fam)* Verliebtheit *f,* Verknalltsein *nt* ② NAUT Kentern *nt*
scugnizzo [skuɲ'ɲittso] *m* [neapolitanischer] Gassenjunge *m*
sculacciare [skulat'tʃa:re] *vt* versohlen *fam*
sculacciata [skulat'tʃa:ta] *f* Schläge *mpl* auf den Hintern
sculaccione [skulat'tʃo:ne] *m* Schlag *m* auf den Hintern
sculettare [skulet'ta:re] *vi* mit den Hüften wackeln *fam*
scultore, -trice [skul'to:re] *m, f* Bildhauer(in) *m(f)*
scultoreo, -a [skul'tɔ:reo] *agg (arte)* Bildhauer-, plastisch; *(bellezza)* statuarisch, statuengleich
scultorio, -a [skul'tɔ:rio] <-i, -ie> *agg* ① *(arte, tecnica)* Bildhauer-, plastisch ② *(bellezza, atteggiamento)* statuarisch, statuengleich ③ *(fig)* plastisch, prägnant, bildkräftig
scultrice *f v.* **scultore**
scultura [skul'tu:ra] *f* ① *(arte, tecnica)* Bildhauerei *f* ② *(opera)* Skulptur *f*
scuocere ['skuɔ:tʃere] <scuocio, scossi, scotto> **I.** *vi* verkochen **II.** *vr* **-rsi** verkochen
scuoiamento [skuoia'mento] *v.* **scoiamento**
scuola ['skuɔ:la] *f* Schule *f;* ~ **elementare** Grundschule *f;* ~ **media** ≈ Realschule *f;* ~ **superiore** höhere Schule; ~ **materna** Kindergarten *m;* ~ **guida** Fahrschule *f;* ~ **religiosa** Religionsschule *f;* ~ **serale** Abendschule *f;* **apertura/chiusura delle -e** Beginn *m*/Ende *nt* des Schuljahres; **fare** ~ Schule machen
scuolabus ['skuɔ:labus *o* skuola'bus] *m* Schulbus *m*
scuotere ['skuɔ:tere] <scuoto, scossi, scosso> **I.** *vt* ① *(agitare)* schütteln; *(spal-*

S

le) zucken ② *(fig)* erschüttern, aufrütteln **II.** *vr* **-rsi** sich aufraffen

scuotimento [skuoti'mento] *v.* **scotimento**

scure ['sku:re] *f* Axt *f,* Beil *nt*

scuretto [sku'retto] *m* Fensterladen *m*

scurire [sku'ri:re] <scurisco> **I.** *vt avere* verdunkeln, dunkel machen **II.** *vr* **-rsi** dunkel werden, sich verdunkeln

scuro ['sku:ro] *m* ① *(scuretto)* [Fenster]blende *f,* -laden *m* ② *(oscurità)* Dunkel *nt,* Finsternis *f* ③ *(colore)* Dunkle(s) *nt*

scuro, -a *agg* ① *(colore)* dunkel ② *(notte)* dunkel, finster ③ *(fig: fosco)* finster, düster; *(non chiaro)* obskur, dunkel

scurrile [sku'ri:le] *agg* skurril; *(salace)* lasziv, schlüpfrig

scurrilità [skurili'ta] <-> *f* Schlüpfrigkeit *f*

scusa ['sku:za] *f* ① *(lo scusarsi)* Entschuldigung *f; (perdono)* Verzeihung *f;* **chiedere** [*o* **domandare**] ~ um Entschuldigung bitten ② *(pretesto)* Ausrede *f;* **avere sempre una ~ pronta** nie um eine Ausrede verlegen sein

scusabile [sku'za:bile] *agg* verzeihlich, entschuldbar

scusante [sku'zante] *f* Entschuldigung *f,* Rechtfertigung *f*

scusare [sku'za:re] **I.** *vt* entschuldigen; **scusi, che ore sono?** entschuldigen Sie, wie spät ist es?; **mi scusi** Verzeihung! **II.** *vr* **-rsi con qu di qc** sich bei jdm für etw entschuldigen

SCV *abbr di* **Stato della Città del Vaticano** Vatikanstaat

s.d. *abbr di* **senza data** o.D.

sdebitarsi [zdebi'tarsi] *vr (fig)* ~ **con qu di qc** sich bei jdm für etw revanchieren

sdegnare [zdeɲ'ɲa:re] **I.** *vt* ① *(rifiutare)* ablehnen ② *(provocare risentimento)* aufbringen, empören **II.** *vr* **-rsi** sich empören, sich entrüsten

sdegno ['zdeɲɲo] *m* Empörung *f*

sdegnosità [zdeɲɲosi'ta] <-> *f* Hochmut *m*

sdegnoso, -a [zdeɲ'ɲo:so] *agg* ① *(che prova sdegno)* hochmütig ② *(che mostra sdegno)* verächtlich

sdemanializzazione [sdemanialiddzat'tsio:ne] *f* ADM Verstaatlichung *f* öffentlichen Eigentums

sdentare [zden'ta:re] **I.** *vt* ~ **una sega/ruota** die Zähne einer Säge/eines Rads abbrechen **II.** *vr* **-rsi** die Zähne verlieren

sdentati *mpl* ZOO Zahnarme[n] *mpl,* Edentaten *mpl*

sdentato, -a [zden'ta:to] *agg* zahnlos

SDI *abbr di* **Socialisti Democratici Italiani** *sozialdemokratische Partei Italiens*

sdilinquimento [zdiliŋkui'mento] *m* Schmachten *nt*

sdilinquirsi [zdiliŋ'kuirsi] <mi sdilinquisco> *vr* schmachten

sdoganamento [zdogana'mento] *m* Verzollung *f,* Zollabfertigung *f*

sdoganare [zdoga'na:re] *vt* verzollen, abfertigen

sdolcinatezza [zdoltʃina'tettsa] *f* Süßlichkeit *f*

sdolcinato, -a [zdoltʃi'na:to] *agg* süßlich; **parole -e** Süßholzgeraspel *nt scherz*

sdolcinatura [zdoltʃina'tu:ra] *f* Süßlichkeit *f*

sdoppiamento [zdoppia'mento] *m* Spaltung *f,* Trennung *f; (divisione)* Aufteilung *f*

sdoppiare [zdop'pia:re] **I.** *vt* spalten **II.** *vr* **-rsi** sich spalten

sdraia ['zdra:ia] <-aie> *f (fam)* Liegestuhl *m*

sdraiare [zdra'ia:re] **I.** *vt* [hin]legen; *(buttare a terra)* niederstrecken **II.** *vr* **-rsi** sich [hin]legen

sdraio[1] ['zdra:io] <-ai> *m* Liegen *nt,* Ausgestrecktsein *nt;* **sedia a ~** Liegestuhl *m*

sdraio[2] <-> *f* Liegestuhl *m*

sdrammatizzare [zdrammatid'dza:re] *vt* entschärfen

sdrammatizzazione [sdrammatiddzat'tsio:ne] *f* Herunterspielen *nt;* ~ **di un problema** das Herunterspielen eines Problems

sdrogarsi [sdro'garsi] *vr (sl)* eine Entziehungskur machen, entziehen, clean werden

sdrucciolare [zdruttʃo'la:re] *vi essere* ausrutschen, ausgleiten

sdrucciolevole [zdruttʃo'le:vole] *agg* rutschig, glatt

sdrucciolo, -a ['zdruttʃolo] **I.** *agg* ① LING auf der drittletzten Silbe betont ② LIT *(verso)* proparoxyton, auf ein Proparoxytonon endend **II.** *m, f* Steilhang *m,* abschüssiger Weg

sdrucciolone [zdruttʃo'lo:ne] *m* [Aus]rutscher *m*

sdruccioloni [zdruttʃo'lo:ni] *avv* rutschend

sdruccioloso, -a [zdruttʃo'lo:so] *agg* rutschig, glatt

sdrucire [zdru'tʃi:re] <sdrucisco *o* sdrucio, sdrucisci> *vt* auftrennen, zerreißen

sdrucitura [zdrutʃi'tu:ra] *f* ① *(strappo)* Riss *m* ② *(scucitura)* Auftrennung *f*

se[1] [se] **I.** *cong* ① *(condizionale)* wenn, falls; ~ **mai** wenn je; ~ **non** wenn nicht; ~ **non altro** wenigstens, zumindest; ~ **non che** nur dass, aber; ~ **ben ricordo** wenn ich mich recht entsinne; ~ **me l'avesse detto, avrei accettato** wenn er/

sie es mir gesagt hätte, hätte ich angenommen ② *(dubitativa, interrogativa, indiretta)* ob; **come ~** als ob; **come ~ non lo sapessi!** als ob ich das nicht wüsste! ③ *(esclamativa, desiderativa)* wenn doch; **~ solo l'avessi saputo!** wenn ich das doch nur gewusst hätte! **II.** *m* Wenn *nt*

se[2] *pron pers davanti a lo, la, li, le, ne v.* **si**[1]

SE *abbr di* **sudest** SO

sé [se] *pron rifl 3. pers* sich; **essere fuori di ~** außer sich *dat* sein; **uscire di ~** den Verstand verlieren; **da ~** allein, von selbst; **fra ~** bei sich *dat*; **fra ~ e ~** für sich [allein]; **dentro di ~** in seinem Inneren; **~ stesso, ~ medesimo** sich selbst [*o* selber]; **un caso a ~** ein Fall für sich; **va da ~ che …** es versteht sich [von selbst], dass …; **la cosa di per ~ ha poca importanza** die Sache an und für sich hat wenig Bedeutung; **è un uomo che si è fatto da ~** er ist ein Selfmademan; **chi fa da ~ fa per tre** *(prov)* selbst ist der Mann

sebaceo, -a [se'baːtʃeo] *agg* Talg-

sebbene [seb'bɛːne] *cong +conj* obwohl, wenn auch

SEBC *m abbr di* **Sistema europeo delle Banche centrali** ESZB *nt (Europäisches System der Zentralbanken)*

sebo ['sɛːbo] *m* Talg *m*

seborrea [sebor'rɛːa] *f* Seborrhö[e] *f*

sec *abbr di* **secondo** s, Sek.

secante [se'kante] *f* ① *(retta)* Sekante *f* ② *(funzione)* Sekans *m*

secca ['sekka] <-cche> *f* ① NAUT Untiefe *f* ② *(fig)* Klemme *f*

seccante [sek'kante] *agg* lästig, unangenehm

seccare [sek'kaːre] **I.** *vt avere* ① *(aiuole)* trocknen, trockenlegen ② GASTR trocknen, dörren ③ *(sorgente)* austrocknen ④ *(fig fam: infastidire)* auf die Nerven gehen, sekkieren A **II.** *vr* **-rsi** ① *(diventare secco)* vertrocknen, verdorren ② *(fam: stancarsi)* **-rsi di fare qc** es satthaben, etw zu tun

seccato, -a [sek'kaːto] *agg* ① *(pianta, ramo)* verdorrt, vertrocknet ② *(fam)* genervt

seccatore, -trice [sekka'toːre] *m, f (fam)* Störenfried *m*

seccatura [sekka'tuːra] *f (fam)* Störung *f*, Belästigung *f*

secchezza [sek'kettsa] *f* ① *(di aria, clima)* Trockenheit *f* ② *(di persona)* Magerkeit *f* ③ *(fig)* Schroffheit *f*; *(di stile)* Nüchternheit *f*, Kargheit *f*

secchia ['sekkia] <-cchie> *f* Eimer *m*, Kübel *m*

secchiello [sek'kiɛllo] *m* Eimerchen *nt*, kleiner Eimer

secchio ['sekkio] <-cchi> *m* Eimer *m*, Kübel *m*

secchione, -a [sek'kioːne] *m, f (fam pej)* Streber(in) *m(f)*

secco ['sekko] *m* Trockenheit *f*, Trockene(s) *nt*; **lavatura a ~** chemische Reinigung; **murare a ~** trocken mauern; **rimanere a ~** *(fig)* auf dem Trockenen sitzen

secco, -a <-cchi, -cche> *agg* ① *(terreno, clima)* trocken; *(sorgente)* ausgetrocknet ② *(frutta, funghi)* trocken, Trocken-; *(rami)* verdorrt ③ *(vino)* trocken, herb; *(liquore)* hart ④ *(persona, gambe)* dürr, mager ⑤ *(fig)* trocken, knapp; *(risposta)* schroff ⑥ *(loc)* **fare ~ qu** *(fam)* jdn umlegen; **restarci ~** *(fam)* dabei draufgehen

secentesco, -a [setʃen'tesko] <-schi, -sche> *agg* das siebzehnte Jahrhundert betreffend

secentista [setʃen'tista] <-i *m*, -e *f*> *mf* Künstler(in) *m(f)* des Seicento/des siebzehnten Jahrhunderts

secernere [se'tʃɛrnere] <secerno, secernei *o* secernetti, secreto> *vt* absondern, ausscheiden

secessione [setʃes'sioːne] *f* Sezession *f*

secessionismo [setʃessio'nizmo] *m* Sezessionismus *m*

secessionista [setʃessio'nista] <-i *m*, -e *f*> *mf* Sezessionist(in) *m(f)*

secessionistico, -a [setʃessio'nistiko] <-ci, -che> *agg* sezessionistisch; **corrente -a** sezessionistische Strömung

seco ['seːko] *pron (poet)* mit sich, bei sich, zu sich

secolare [seko'laːre] *agg* ① *(che ha uno, più secoli)* jahrhundertealt ② *(laico, mondano)* weltlich, säkular

secolarizzare [sekolarid'dzaːre] **I.** *vt* säkularisieren **II.** *vr* **-rsi** in die Weltgeistlichkeit eintreten

secolarizzazione [sekolariddzat'tsioːne] *f* Säkularisierung *f*

secolo ['sɛːkolo] *m* ① *(periodo)* Jahrhundert *nt*; **il ~ dell'energia nucleare** das Atomzeitalter; **lo scandalo del ~** der Jahrhundertskandal ② *(fam)* Ewigkeit *f*; **è un ~ che ti aspetto** ich warte schon eine Ewigkeit auf dich

seconda [se'konda] *f* ① *(classe)* zweite Klasse, zweites Schuljahr ② MOT zweiter Gang ③ FERR, NAUT, AERO zweite Klasse; **viaggiare in ~** zweiter Klasse reisen ④ MUS Sekunde *f* ⑤ SPORT Sekond *f* ⑥ *(loc)* **a ~ di** [je] nach *+dat*, gemäß *+dat*; **a ~ dei casi** von Fall zu Fall

secondamento [sekonda'mento] *m* Unterstützung *f*

secondare [sekon'daːre] *vt* unterstützen

S

secondariamente [sekondaria'mente] *avv* zweitens

secondario, -a [sekon'da:rio] <-i, -ie> *agg* sekundär, Zweit-, Neben-; **proposizione -a** Nebensatz *m;* **scuola -a** Sekundarstufe *f*

secondino [sekon'di:no] *m* Gefängniswärter *m*

secondo, -a **I.** *agg* zweite(r, s); **Giacomo Secondo** Jakob der Zweite; **abiti di -a mano** Kleider aus zweiter Hand; **~ fine** verborgene Absicht; **di ~ piano** *(fig)* zweitrangig **II.** *m, f* Zweite(r, s) *f(m, nt)*

secondo[1] [se'kondo] *prep* gemäß *+dat,* nach *+dat,* je nach *+dat;* **~ l'uso** wie gewöhnlich, dem Brauch gemäß; **~ me/te** meiner/deiner Meinung nach; **~ che ...** *+conj* je nachdem, ob ...; **~ quanto mi hanno detto** soweit sie mir gesagt haben

secondo[2] *m* ❶ GASTR zweiter Gang, Hauptgang *m* ❷ *(unità di misura del tempo)* Sekunde *f*

secondogenito, -a [sekondo'dʒɛ:nito] **I.** *agg* zweitgeboren **II.** *m, f* Zweitgeborene(r) *f(m)*

secrétaire [səkre'tɛr] <-> *m* Sekretär *m*

secreto[1] [se'krɛ:to] *m* Sekret *nt*

secreto[2] *pp di* **secernere**

secrezione [sekret'tsio:ne] *f* Sekretion *f,* Ausscheidung *f*

securista [seku'rista] <-i *m,* -e *f*> *mf* Mitglied *nt* der Securidade

securitizzazione [sekuritiddzat'tsio:ne] *f* FIN wertpapiermäßige Unterlegung

sedano ['sɛ:dano] *m* Sellerie *m o f;* **~ di monte** Liebstöckel *m,* Maggikraut *nt*

sedare [se'da:re] *vt* ❶ *(tumulto)* beruhigen ❷ *(dolore)* stillen, lindern

sedativo [seda'ti:vo] *m* Beruhigungsmittel *nt,* Sedativum *nt*

sedativo, -a *agg* beruhigend, Beruhigungs-

sede ['sɛ:de] *f* ❶ COM Sitz *m,* Niederlassung *f* ❷ ADM Sitz *m,* Stelle *f,* Ort *m;* **in ~ di** bei *+dat;* **in separata ~** *(a. fig)* beiseite

sedentarietà [sedentarie'ta] <-> *f* ❶ *(vita)* sitzende Lebensweise ❷ *(di tribù)* Sesshaftigkeit *f*

sedentario, -a [seden'ta:rio] <-i, -ie> *agg* ❶ *(lavoro, vita)* sitzend, im Sitzen ❷ *(tribù)* sesshaft ❸ *(persona)* bewegungsfaul

sedere[1] [se'de:re] <siedo, sedetti *o* sedei, seduto> **I.** *vi essere* sitzen; **mettersi a ~** sich hinsetzen; **stare a ~** sitzen; **~ a tavola** am Tisch sitzen **II.** *vr* **-rsi** sich setzen; **-rsi a tavola** sich zu Tisch setzen

sedere[2] *m* ANAT Gesäß *nt,* Hintern *m fam;* **mi stai prendendo per il ~?** *(fam)* willst du mich verarschen? *vulg*

sedia ['sɛ:dia] <-ie> *f* Stuhl *m,* Sitz *m,* Sessel *m* A; **~ a sdraio** Liegestuhl *m;* **~ elettrica** elektrischer Stuhl

sedicenne [sedi'tʃɛnne] **I.** *agg* sechzehnjährig **II.** *mf* Sechzehnjährige(r) *f(m)*

sedicente [sedi'tʃɛnte] *agg* vorgeblich, angeblich

sedicesimo [sedi'tʃɛ:zimo] *m* *(frazione)* Sechzehntel *nt,* sechzehnter Teil

sedicesimo, -a **I.** *agg* sechzehnte(r, s) **II.** *m, f* Sechzehnte(r, s) *f(m, nt); v. a.* **quinto**

sedici ['se:ditʃi] **I.** *num* sechzehn **II.** *m* <-> *(numero)* Sechzehn *f;* *(nelle date)* Sechzehnte(r) *m* **III.** *fpl* sechzehn Uhr; *v. a.* **cinque**

sedile [se'di:le] *m* Sitz *m;* *(di più posti)* Bank *f*

sedimentare [sedimen'ta:re] *vi essere o avere* einen [Boden]satz bilden

sedimentario, -a [sedimen'ta:rio] <-i, -ie> *agg* sedimentär, Sediment-, Ablagerungs-

sedimentazione [sedimentat'tsio:ne] *f* ❶ *(di liquido)* Bodensatzbildung *f,* Ablagerung *f* ❷ GEOL Sedimentation *f*

sedimento [sedi'mento] *m* ❶ *(deposito)* Ablagerung *f;* *(di liquidi)* [Boden]satz *m* ❷ GEOL Sediment *nt,* Ablagerung *f*

sedizione [sedit'tsio:ne] *f* Aufstand *m,* Erhebung *f*

sedizioso, -a [sedit'tsio:so] *agg* aufständisch, aufrührerisch

sedotto [se'dotto] *pp di* **sedurre**

seducente [sedu'tʃɛnte] *agg* verführerisch

sedurre [se'durre] <seduco, sedussi, sedotto> *vt* verführen; *(fig)* verlocken

seduta [se'du:ta] *f* Sitzung *f;* **~ stante** *(a. fig)* auf der Stelle

seduttivo, -a [sedut'ti:vo] *agg* verführerisch, verführend

seduttore, -trice [sedut'to:re] **I.** *agg* verführerisch **II.** *m, f* Verführer(in) *m(f)*

seduzione [sedut'tsio:ne] *f* Verführung; *(fig)* Verlockung *f,* Versuchung *f*

sega ['se:ga] <-ghe> *f* ❶ *(utensile)* Säge *f;* **~ circolare** Kreissäge *f;* **~ da traforo** Laubsäge *f* ❷ *(vulg)* Wichsen *nt;* **farsi una ~** sich *dat* einen runterholen

segala ['se:gala], **segale** ['se:gale] *f* Roggen *m*

segaligno, -a [sega'liɲɲo] *agg* mager, hager, dürr

segare [se'ga:re] *vt* ❶ *(tronco)* [ab]sägen ❷ *(vene, gola)* durchschneiden ❸ *(stringere)* [ein]schneiden in *+akk* ❹ *(sl)* durchrasseln lassen *fam*

segatrice [sega'tri:tʃe] *f* Maschinensäge *f;* **~ a disco** Kreissäge *f;* **~ a nastro** Bandsäge *f*

S

segatura [sega'tu:ra] *f* ① *(azione)* [Ab-, Zer]sägen *nt* ② *(residuo)* Sägemehl *nt,* Sägespäne *mpl*
seggio ['sɛddʒo] <-ggi> *m* PARL Sitz *m;* ~ **elettorale** *(luogo)* Wahllokal *nt,* Wahlsprengel *m* A
seggiola ['sɛddʒola] *f* Stuhl *m*
seggiolino [seddʒo'li:no] *m (per bambini)* Kinderstuhl *m,* Hochstuhl *m; (sedia pieghevole)* Klappstuhl *m;* AERO Pilotensitz *m*
seggiolone [seddʒo'lo:ne] *m* Hochstuhl *m*
seggiovia [seddʒo'vi:a] *f* Sessellift *m*
segheria [sege'ri:a] <-ie> *f* Sägewerk *nt,* Sägerei *f*
seghettato, -a [seget'ta:to] *agg* gezahnt, gezackt; **coltello** ~ Sägemesser *nt*
seghetto [se'getto] *m* kleine Säge
segmento [seg'mento] *m* Abschnitt *m,* Segment *nt*
segnachiavi [seɲɲa'kia:vi] <-> *m* Schlüsselkennschild *nt*
segnalamento [seɲɲala'mento] *m* Signale *ntpl,* Zeichen *ntpl*
segnalare [seɲɲa'la:re] **I.** *vt* anzeigen; *(annunciare)* melden; *(fig)* aufmerksam machen auf +*akk* **II.** *vr* **-rsi per qc** sich durch etw auszeichnen
segnalatore, -trice [seɲɲala'to:re] **I.** *m, f* Melder(in) *m(f)* **II.** *m, f* Meldegerät *nt,* Signalgeber *m*
segnalazione [seɲɲalat'tsio:ne] *f* ① OPT, FERR, MOT, AERO Zeichen *ntpl,* Signalsystem *nt* ② *(trasmissione)* Meldung *f* ③ *(fig)* Hinweis *m*
segnale [seɲ'ɲa:le] *m* Signal *nt,* Zeichen *nt;* ~ **audio/video** TV Ton-/Bildsignal *nt*
segnaletica [seɲɲa'lɛ:tika] <-che> *f* Zeichen *ntpl,* Signalsystem *nt;* ~ **stradale** Verkehrszeichen *ntpl*
S
segnalibro [seɲɲa'li:bro] *m* Lesezeichen *nt*
segnaposto [seɲɲa'posto] *m* Tischkarte *f*
segnaprezzo [seɲɲa'prɛttso] <- *o* -i> *m* Preisschild *nt*
segnare [seɲ'ɲa:re] **I.** *vt* ① *(notare)* anmerken; *(errori)* anstreichen; *(prendere nota)* aufschreiben ② *(contrassegnare)* kennzeichnen, bezeichnen ③ COM *(prezzo)* auszeichnen ④ SPORT *(gol, punto)* erzielen ⑤ *(indicare)* anzeigen, zeigen auf +*akk; (orologio, termometro)* anzeigen; *(fig)* bedeuten; ~ **qu a dito** *(fig)* mit Fingern auf jdn zeigen; ~ **il tempo** den Takt schlagen ⑥ *(scalfire)* kratzen, zeichnen **II.** *vr* **-rsi** sich bekreuzigen
segnasub [seɲɲa'sub] **I.** *m* <-> Tauchersuchboje *f* **II.** *agg inv* Tauchersuch-; **galleggiante** ~ Tauchersuchboje *f*
segnatempo [seɲɲa'tɛmpo] <-> *m* Zeitnehmer *m*
segnato, -a [seɲ'ɲa:to] *agg* ① *(volto)* gezeichnet; *(deforme)* entstellt ② *(fig)* vorgezeichnet
segnatura [seɲɲa'tu:ra] *f* ① *(il segnare)* Kennzeichnung *f,* Bezeichnung *f* ② *(di libro, typ)* Signatur *f* ③ SPORT Punktzahl *f*
segno ['seɲɲo] *m* ① *(indizio, accenno)* Zeichen *nt;* **-i caratteristici** besondere Kennzeichen; ~ **della croce** Kreuzzeichen *nt;* **-i dello zodiaco** Sternzeichen *ntpl;* **essere nato sotto il** ~ **del cancro** im Zeichen des Krebses geboren sein; **fare** ~ **di sì/no** eine zustimmende/ablehnende Geste machen; **fare** ~ **con la mano** ein Handzeichen geben; **fare** ~ **con la testa** ein Zeichen mit dem Kopf machen; **in** ~ **di** zum Zeichen *gen* ② *(fig)* MED Symptom *nt* ③ *(traccia)* Spur *f;* **lasciare il** ~ Spuren hinterlassen ④ *(bersaglio)* Ziel[scheibe *f*] *nt;* **tiro a** ~ Scheibenschießen *nt;* **andare a** ~ *(a. fig)* treffen; **colpire nel** ~ *(a. fig)* ins Schwarze treffen ⑤ *(di libro)* Lesezeichen *nt*
sego ['se:go] <-ghi> *m* Talg *m*
segregare [segre'ga:re] **I.** *vt* absondern **II.** *vr* **-rsi** sich absondern
segregazione [segregat'tsio:ne] *f* Absonderung *f*
segreta [se'gre:ta] *f* ① *(di armatura)* Kopfschutz *m* [unter dem Helm] ② *(cella)* Verlies *nt*
segretaria *f v.* **segretario**
segretariato [segreta'ria:to] *m* Sekretariat *nt*
segretario, -a [segre'ta:rio] <-i, -ie> *m, f* Sekretär(in) *m(f);* **Segretario di Stato** Staatssekretär(in) *m(f)*
segreteria [segrete'ri:a] <-ie> *f* ① Sekretariat *nt,* Kanzlei *f* ② TEL ~ **telefonica** [automatischer] Anrufbeantworter, AB *m fam;* **lasciare un messaggio sulla** ~ **telefonica** eine Nachricht auf dem Anrufbeantworter [*o* dem AB] hinterlassen
segretezza [segre'tettsa] *f* Heimlichkeit *f,* Vertraulichkeit *f*
segreto [se'gre:to] *m* ① *(gener)* Geheimnis *nt;* ~ **bancario** Bankgeheimnis *nt;* ~ **confessionale** Beichtgeheimnis *nt;* ~ **di stato** Staatsgeheimnis *nt;* **fare qc in** ~ etw heimlich machen; **custodire un** ~ ein Geheimnis hüten; **svelare un** ~ ein Geheimnis lüften ② TEC Geheimverschluss *m*
segreto, -a *agg* geheim, Geheim-, heimlich
seguace [se'gua:tʃe] *mf* Anhänger(in) *m(f)*
seguente [se'guɛnte] *agg* folgend

segugio [se'gu:dʒo] <-gi> *m* Spürhund *m*

seguire [se'gui:re] **I.** *vt avere* ① *(andare dietro)* ~ **qu/qc** jdm/etw folgen; *(per trovare)* jdn/etw verfolgen ② *(venire dopo)* folgen auf +*akk*, kommen nach ③ *(fig)* verfolgen; *(prescrizioni, consiglio)* befolgen; ~ **la moda** der Mode folgen; ~ **il consiglio di qu** jds Rat befolgen ④ *(corso)* verfolgen, teilnehmen an +*dat; (studi)* nachgehen **II.** *vi essere* ① *(venir dopo)* folgen, kommen nach ② *(continuare)* folgen, fortgesetzt werden; **segue a pag. 33** Fortsetzung auf S. 33 ③ *(derivare)* entstehen, folgen

seguitare [segui'ta:re] **I.** *vt avere* fortsetzen, weitermachen [mit] **II.** *vi essere o avere* fortfahren; **seguita a nevicare** es schneit weiter

seguito ['se:guito] *m* ① *(scorta)* Gefolge *nt* ② *(discepoli)* Nachwuchs *m,* Anhängerschaft *f* ③ *(consenso)* Zustimmung *f,* Erfolg *m* ④ *(continuazione)* Fortsetzung *f;* **dare ~ a qc** etw fortsetzen ⑤ *(fig)* Nachspiel *nt,* Folgen *f pl;* **in ~ a** [*o* **di**] infolge +*gen*; **in ~** in der Folgezeit, demnächst; **di ~** ohne Unterbrechung; **e così di ~** und so weiter

sei[1] ['sɛ:i] **I.** *num* sechs **II.** *m* <-> ① *(numero)* Sechs *f* ② *(nelle date)* Sechste(r) *m* ③ *(voto scolastico)* ≈ ausreichend, vier **III.** *f pl* sechs Uhr; *v. a.* **cinque**

sei[2] *2. pers sing pr di* **essere**[1]

seicentesco, -a [seitʃen'tesko] <-schi, -sche> *agg v.* **secentesco**

seicento [sei'tʃɛnto] **I.** *num* sechshundert **II.** *m* <-> Sechshundert *f;* **il Seicento** das siebzehnte Jahrhundert; *(nell'arte italiana)* das Seicento

seigiorni [sei'dʒorni] <-> *f* Sechstagerennen *nt*

seimila [sei'mi:la] **I.** *num* sechstausend **II.** *m* <-> Sechstausend *f*

selce ['seltʃe] *f* Kiesel[stein] *m; (per pavimentazione)* Pflasterstein *m*

selciare [sel'tʃa:re] *vt* pflastern

selciato [sel'tʃa:to] *m* Pflaster *nt,* Straßenpflaster[ung *f*] *nt*

selciato, -a *agg* gepflastert

selenio [se'lɛ:nio] *m* Selen *nt*

selenita [sele'ni:ta] <-i *m*, -e *f*> *mf* Mondbewohner(in) *m(f)*

selenite [sele'ni:te] *f* Gipsspat *m*

selenitico, -a [sele'ni:tiko] <-ci, -che> *agg* Mond-

selenologia [selenolo'dʒi:a] <-ie> *f* Selenologie *f*

selenologico, -a [seleno'lɔ:dʒiko] <-ci, -che> *agg* selenologisch

selenologo, -a [sele'nɔ:logo] <-gi, -ghe> *m, f* Selenologe *m*/Selenologin *f*

selettività [selettivi'ta] <-> *f* wählerische Art

selettivo, -a [selet'ti:vo] *agg* ① *(criteri, metodo)* selektiv, auswählend ② *(persona)* wählerisch, heikel A

selettore [selet'to:re] *m* RADIO, TV [Sender]wähler *m;* TEL [Leitungs]wähler *m*

selezionamento [selettsiona'mento] *m* Auswahl *f,* Auswahlverfahren *nt*

selezionare [selettsio'na:re] *vt* auswählen; *(cernire)* sortieren; *(computer)* markieren

selezionatore, -trice [selettsiona'to:re] **I.** *agg* Auswahl-, Selektions- **II.** *m, f* Auswähler(in) *m(f),* Sortierer(in) *m(f)*

selezionatrice *f* Lochkartensortierer *m*

selezione [selet'tsio:ne] *f* ① *(scelta)* [Aus]wahl *f* ② BIOL Selektion *f,* Auslese *f* ③ TEL Wählen *nt* ④ INFORM Sortierung *f*

self-area [sɛlf'ɛəriə] <-> *m* Tankstelle *f* mit automatischer Kraftstoffabgabe

self-control [sɛlfkən'troul *o* 'sɛlf'cɔn'trɔl] *m sing* Selbstbeherrschung *f*

selfie ['sɛlfi] <-> *m* Selfie *nt*

self-made man ['sɛlfmeid'mæn] <- *o* self-made men> *m* Selfmademan *m*

self-service ['sɛlf'sə:vis] <-> *m* *(ristorante)* Selbstbedienungsrestaurant *nt; (negozio)* Selbstbedienungsladen *m*

sella ['sɛlla] *f* Sattel *m*

sellaio [sel'la:io] <-ai> *m* Sattler *m*

sellare [sel'la:re] *vt* satteln

sellino [sel'li:no] *m* Sattel *m;* ~ **posteriore** Rücksitz *m,* Soziussitz *m*

seltz [sɛlts] <-> *m* Selterswasser *nt*

selva ['selva] *f* ① BOT Wald *m;* **la Selva nera** der Schwarzwald ② *(fig)* Menge *f,* Haufen *m; (di cose)* Dickicht *nt*

selvaggia *f v.* **selvaggio**

selvaggina [selvad'dʒi:na] *f* Wild *nt,* Wildbret *nt*

selvaggio, -a [sel'vaddʒo] <-ggi, -gge> **I.** *agg* wild **II.** *m, f* Wilde(r) *f(m)*

selvatichezza [selvati'kettsa] *f* Rohheit *f*

selvatico [sel'va:tiko] *m* ① *(odore)* Wildgeruch *m; (sapore)* Wildgeschmack *m* ② *(luogo)* Wildnis *f*

selvatico, -a <-ci, -che> *agg* ① BOT, ZOO wild ② *(fig, pej)* grob, ungesellig

selvicoltore [selvikol'to:re] *m* Forstwirt(in) *m(f)*

selvicoltura [selvikol'tu:ra] *f* Forstwirtschaft *f,* Waldbau *m*

selz [sɛlts] *v.* **seltz**

semaforo [se'ma:foro] *m* Ampel *f;* FERR Signal *nt;* ~ **marittimo** Signalstation *f;* ~ **verde** *(fig)* grünes Licht

S

semantica [se'mantika] <-che> *f* Semantik *f*
semantico, **-a** [se'mantiko] <-ci, -che> *agg* semantisch
sembiante [sem'biante] *m* *(obs)* Aussehen *nt;* *(volto)* Antlitz *nt geh*
sembianza [sem'biantsa] *f* ❶ *(somiglianza)* Ähnlichkeit *f,* Ebenbild *nt* ❷ *pl (lineamenti)* Züge *mpl*
sembrare [sem'bra:re] *vi essere* ❶ *(parere)* scheinen; **sembra che ...** *+conj* es scheint, dass ...; **sembra contento** er scheint zufrieden [zu sein]; **sembra non ricordarsi dell'accaduto** er/sie scheint sich an den Vorfall nicht zu erinnern ❷ *(ritenere)* erscheinen, glauben; **ti sembra di aver ragione?** glaubst du, dass du Recht hast?; **come ti sembra?** was hältst du davon? ❸ *(avere l'aspetto)* aussehen, ausschauen A
seme ['se:me] *m* ❶ BOT Same[n] *m,* Keim *m;* GASTR Kern *m* ❷ *(fig)* Same *m,* Saat *f,* Keim *m* ❸ *(delle carte)* Farbe *f*
semente [se'mɛnte] *f* Saat *f,* Saatgut *nt*
semenza [se'mɛntsa] *f* ❶ BOT Saat *f,* Saatgut *nt* ❷ *(fig poet)* Geschlecht *nt* ❸ *(chiodo)* Tä[c]ks *m,* Tacks *m* A
semestrale [semes'tra:le] *agg* halbjährlich; *(corso)* Semester-
semestre [se'mɛstre] *m* Halbjahr *nt;* *(all'università)* Semester *nt*
semi- [semi] *(in parole composte)* Halb-, halb-
semianalfabeta [semianalfa'bɛ:ta] <-i *m,* -e *f*> **I.** *agg* halb analphabetisch **II.** *mf* halbe(r) Analphabet(in) *m(f)*
semianalfabetismo [semianalfabe'tizmo] *m* weit gehender Analphabetismus
semiangli(ci)smo [semiaŋ'glizmo (semiaŋgli'tʃizmo)] *m* Anglizismus *m* mit italienischem Präfix
semiaperto, **-a** [semia'pɛrto] *agg* halb offen
semiasse [semi'asse] *m* ❶ MAT Halbachse *f* ❷ MOT Antriebswelle *f*
semibarriera [semibar'riɛ:ra] *f* Bahnübergang *m* mit Halbschranke
semibiscroma [semibis'krɔ:ma] *f* Vierundsechzigstelnote *f*
semibreve [semi'brɛ:ve] *f* ganze Note, Ganztaktnote *f*
semicerchio [semi'tʃerkio] *m* Halbkreis *m;* **disporsi a ~** sich im Halbkreis aufstellen
semichiuso, **-a** [semi'kiu:so] *agg* halb geschlossen
semicircolare [semitʃirko'la:re] *agg* halb kreisförmig
semicirconferenza [semitʃirkonfe'rɛntsa] *f* halbe Kreislinie

S

semicolto, **-a** [semi'kɔlto] **I.** *agg* halb gebildet **II.** *m, f* Halbgebildete(r) *f(m)*
semiconduttore [semikondu'to:re] *m* PHYS Halbleiter *m*
semicoperto, **-a** [semiko'pɛrto] *agg* halb bedeckt
semicroma [semi'krɔ:ma] *f* Sechzehntelnote *f*
semidetenuto, **-a** [semidete'nu:to] **I.** *agg* Freigang im gelockerten Strafvollzug habend **II.** *m, f* Freigänger(in) *m(f)*
semidetenzione [semideten'tsio:ne] *f* JUR gelockerter Strafvollzug mit Freigang
semidio, **-dea** [semi'di:o *o* semid'di:o] *m, f* Halbgott *m/*-göttin *f*
semieretto, **-a** [semie'rɛtto] *agg* halb aufrecht
semifinale [semifi'na:le] *f* Semifinale *nt,* Halbfinale *nt*
semifrancese [semifran'tʃe:se] *agg* aus französischem Wortstamm und italienischem Präfix zusammengesetzt
semifrancesismo [semifrantʃe'zizmo] *m* französischer Wortstamm mit italienischem Präfix
semifreddo [semi'freddo] *m* Halbgefrorene(s) *nt*
semigrasso, **-a** [semi'grasso] *agg* halb fett
semiinglese [semiiŋ'gle:se] *agg* aus Anglizismen und italienischen Präfixen zusammengesetzt
semilibero, **-a** [semi'li:bero] *m, f* JUR Freigänger(in) *m(f)*
semilibertà [semiliber'ta] <-> *f* JUR offener Strafvollzug
semiliquido, **-a** [semi'li:kuido] *agg* dickflüssig, zähflüssig
semilunio [semi'lu:nio] <-i> *m* Halbmond *m*
semiminima [semi'mi:nima] *f* Viertelnote *f*
semimpermeabilità [semiimpermeabili'ta] <-> *f* Semipermeabilität *f,* Halbdurchlässigkeit *f*
semina ['se:mina] *f* AGR ❶ *(operazione)* Aussaat *f* ❷ *(periodo)* Saatzeit *f*
seminale [semi'na:le] *agg* Samen-, Keim-
seminare [semi'na:re] *vt* ❶ AGR [aus]säen ❷ *(fig: odio)* säen ❸ SPORT abschütteln, abhängen
seminario [semi'na:rio] <-i> *m* Seminar *nt;* REL Priesterseminar *nt*
seminato [semi'na:to] *m* AGR Saatfeld *nt*
seminato, **-a** *agg (fig)* **~ di** übersät mit
seminatore, **-trice** [semina'to:re] *m, f* AGR Säer(in) *m(f),* Sämann *m*
seminatrice [semina'tri:tʃe] *f* Sämaschine *f*
seminazione [seminat'tsio:ne] *f* Saat *f*

seminfermità [seminfermi'ta] *f* halb kranker Zustand; ~ **mentale** verminderte Zurechnungsfähigkeit

seminterrato [seminter'ra:to] *m* Kellergeschoss *nt,* Souterrain *m*

seminterrato, -a *agg* Keller-, Souterrain-

seminudo, -a [semi'nu:do] *agg* halb nackt

semiologia [semiolo'dʒi:a] <-gie> *f* Semiologie *f*

semioscurità [semioskuri'ta] <-> *f* Halbdunkel *nt*

semioscuro, -a [semios'ku:ro] *agg* halb dunkel, dämmrig

semiotica [se'miɔ:tika] <-che> *f* Semiotik *f*

semipieno, -a [semi'piɛ:no] *agg* halb voll

semipresidenzialismo [semipresidentsia'lizmo] *m* Präsidenzialismus *m* nach französischem Vorbild

semiprò [semi'pro] <-> *mf v.* **semiprofessionista**

semiprofessionista [semiprofessio'nista] <-i *m,* -e *f*> **I.** *mf* SPORT Halbprofi *m* **II.** *agg* SPORT Halbprofi-, semiprofessionell; **giocatore** ~ Halbprofi *m*

semiraffinato, -a [semiraffi'na:to] *agg* halb raffiniert; **zucchero** ~ halb raffinierter Zucker

semirigido [semi'ri:dʒido] *m (tessuto)* Steifleinen *nt*

semirigido, -a *agg* TEC halb starr; **lenti a contatto -e** halb weiche Kontaktlinsen *f pl*

semirimorchio [semiri'mɔrkio] *m* TEC Auflieger *m*

semisecco, -a [semi'se:ko] <-cchi, -cche> *agg (vino)* halbtrocken

semisfera [semis'fɛ:ra] *f* Halbkugel *f,* Hemisphäre *f*

semisferico, -a [semis'fɛ:riko] <-ci, -che> *agg* halb kugelförmig

semisolido, -a [semi'sɔ:lido] *agg* halbfest, gallertartig

semita [se'mi:ta] <-i *m,* -e *f*> **I.** *mf* Semit(in) *m(f)* **II.** *agg* semitisch

semitappa [semi'tappa] *f* halbe Etappe *f*

semitico, -a [se'mi:tiko] <-ci, -che> *agg* semitisch

semitono [semi'tɔ:no] *m* Halbton *m*

semitrasparente [semitraspa'rɛnte] *agg* durchscheinend, lichtdurchlässig

semitrasparenza [semitraspa'rɛntsa] *f* Lichtdurchlässigkeit *f*

semiufficiale [semiuffi'tʃa:le] *agg* halbamtlich

semivegetariano, -a [semivedʒeta'ria:no] *m, f (fam)* Flexitarier(in) *m(f)*

semivuoto, -a [semi'vuɔ:to] *agg* halb voll; **un bicchiere** ~ ein halb volles Glas

semmai [sem'ma:i] *cong* wenn je, falls je

semola ['se:mola] *f* ① *(farina)* Grieß *m* ② *(crusca)* Kleie *f*

semolato, -a [semo'la:to] *agg* fein[gekörnt]

semolino [semo'li:no] *m* ① *(farina)* Grieß[mehl *nt*] *m* ② *(minestra)* Grießsuppe *f*

semovente [semo'vɛnte] **I.** *agg* selbsttätig; **cannone** ~ mobile Kanone **II.** *m* mobile Artillerie

sempiterno, -a [sempi'tɛrno] *agg (poet)* ewiglich

semplice ['semplitʃe] *agg* ① *(gener)* einfach ② *(fig a.)* schlicht, simpel; *(pej: ingenuo)* einfältig

semplicemente [semplitʃe'mente] *avv* ① *(soltanto)* [einfach] nur, bloß ② *(in modo semplice)* einfach, schlicht

semplicione, -a [sempli'tʃo:ne] *(fam)* **I.** *agg* einfach, anspruchslos **II.** *m, f* einfacher Mensch

sempliciotto, -a [sempli'tʃɔtto] *(fam)* **I.** *agg* einfältig **II.** *m, f* Einfaltspinsel *m*

semplicismo [sempli'tʃizmo] *m* Oberflächlichkeit *f*

semplicistico, -a [sempli'tʃistiko] <-ci, -che> *agg* oberflächlich

semplicità [semplitʃi'ta] <-> *f* ① *(gener)* Einfachheit *f* ② *(fig)* Einfachheit *f,* Schlichtheit *f,* Klarheit *f; (pej: ingenuità)* Einfältigkeit *f*

semplificare [semplifi'ka:re] **I.** *vt* ① *(gener)* vereinfachen ② MAT kürzen **II.** *vr* **-rsi** sich vereinfachen

semplificativo, -a [semplifika'ti:vo] *agg* vereinfachend, simplifizierend

semplificazione [semplifikat'tsio:ne] *f* Vereinfachung *f*

sempre ['sɛmpre] *avv* ① *(in ogni tempo)* immer, stets ② *(continuamente)* ständig, die ganze Zeit; **da** ~ seit jeher, seit eh und je; **una volta per** ~ ein für allemal ③ *(ancora, tuttavia)* immer noch ④ *(con comparativo)* immer ⑤ *(ma)* aber nur, immer [nur]; ~ **che** +*conj* falls [nur], wenn [nur]

sempreverde [sempre'verde] **I.** *agg* immergrün **II.** *m o f* Immergrün *nt*

sempronio, -a [sem'prɔ:nio] <-i, -ie> *m, f (fam)* irgendwer, Herr/Frau Soundso; **Tizio, Caio e Sempronio** Hinz und Kunz *fam*

senape[1] ['sɛ:nape] *f* Senf *m*

senape[2] *agg inv* senffarben

senato [se'na:to] *m* Senat *m*

senatore, -trice [sena'to:re] *m, f* Senator(in) *m(f)*

senatoriale [senato'ria:le] *agg* Senats-, Senatoren-

senatrice *f v.* **senatore**

S

senescente [seneʃˈʃɛnte] *agg (geh)* alternd

senescenza [seneʃˈʃɛntsa] *f (geh)* Altern *nt*

senese[1] *m sing (dialetto)* sienesischer Dialekt

senese[2] [seˈneːse] **I.** *agg* sienesisch; **la scuola ~ di pittura** die sienesische Kunstschule **II.** *mf (abitante)* Einwohner(in) *m(f)* von Siena

Senese *m sing* Provinz *f* Siena

senicoltura [senikolˈtuːra] *f* Altenpflege *f*

senile [seˈniːle] *agg* Greisen-, Alters-

senilità [seniliˈta] <-> *f* [Greisen]alter *nt*

senior[1] [ˈsɛːnior] *agg inv* ① *(più vecchio)* senior; **il signor Giorgi ~** Herr Giorgi senior ② SPORT Senioren-

senior[2] <seniores> *mf* Senior(in) *m(f)*

Senna [ˈsɛnna] *f* Seine *f*

senno [ˈsenno] *m* Verstand *m;* **uscire di ~, perdere il ~** den Verstand verlieren

sennò [senˈnɔ] *avv (fam)* sonst

sennonché [sennoŋˈke] *cong* aber, jedoch

seno [ˈseːno] *m* ① *(petto)* Brust *f,* Busen *m* ② *(ventre)* Leib *m,* Schoß *m* ③ *(fig)* Innere(s) *nt; (cuore)* Herz *nt; (anima)* Seele *f* ④ GEOG Meerbusen *m* ⑤ MAT Sinus *m*

senonché [senoŋˈke] *v.* **sennonché**

sensale [senˈsaːle] *mf* Vermittler(in) *m(f)*

sensatezza [sensaˈtettsa] *f* Vernunft *f,* Vernünftigkeit *f*

sensato, -a [senˈsaːto] *agg* vernünftig

sensazionale [sensattsioˈnaːle] *agg* sensationell, aufsehenerregend

sensazionalista [sensattionaˈlista] <-i *m,* -e *f*> **I.** *mf* Sensationshungrige(r) *f(m),* Sensationslüsterne(r) *f(m)* **II.** *agg* Sensations-; **comportamento ~** Sensationshascherei *f*

sensazione [sensatˈtsioːne] *f* ① *(tattile, visiva)* Gefühl *nt,* Empfindung *f* ② *(impressione)* Eindruck *m,* Gefühl *nt* ③ *(viva impressione)* Sensation *f,* Aufsehen *nt;* **fare ~** Aufsehen erregen

sensibile [senˈsiːbile] *agg* ① *(fenomeni)* [sinnlich] wahrnehmbar ② *(persona)* sensibel, feinfühlig ③ *(a uno stimolo)* **essere ~ a qc** gegen etw empfindlich sein; *(fig)* für etw empfänglich sein ④ *(notevole)* spürbar, merklich ⑤ TEC empfindlich; FOTO [licht]empfindlich

sensibilità [sensibiliˈta] <-> *f* ① *(capacità di percepire)* Empfindungsvermögen *nt,* Gefühl *nt* ② *(emotiva)* Sensibilität *f,* Feingefühl *nt* ③ TEC, MED Empfindlichkeit *f;* FOTO [Licht-]empfindlichkeit *f*

sensibilizzare [sensibilidˈdzaːre] *vt* empfindlich machen; *(a. fig)* sensibilisieren

sensitiva *f v.* **sensitivo**

sensitività [sensitiviˈta] <-> *f* Empfindung *f,* Empfindungsvermögen *nt*

sensitivo, -a [sensiˈtiːvo] **I.** *agg* ① *(facoltà)* sinnlich, Sinnen-; *(organo)* Sinnes- ② *(sensibile, emotivo)* empfindlich, empfindsam **II.** *m, f* Medium *nt*

senso [ˈsɛnso] *m* ① *(facoltà)* Sinn *m* ② *pl (coscienza)* Bewusstsein *nt; (sensualità)* Sinne *mpl* ③ *(stato, sensazione)* Gefühl *nt;* **buon ~, ~ comune** gesunder Menschenverstand; **~ pratico** Sinn *m* fürs Praktische; **~ della misura** Gefühl *nt* für das rechte Maß; **fare ~** anekeln, ekelhaft sein ④ *(significato)* Sinn *m;* **a ~** sinngemäß ⑤ *(direzione)* Richtung *f;* **~ vietato** verbotene Fahrtrichtung; **~ unico** Einbahnstraße *f;* **in ~ opposto** in Gegenrichtung, in entgegengesetzter Richtung; **in ~ orario/antiorario** im/gegen den Uhrzeigersinn; **nel ~ della lunghezza/larghezza** der Länge/Breite nach

sensore [senˈsoːre] *m* Sensor *m;* **~ elettronico** elektronischer Sensor; **~ solare** Solarsensor *m;* **~ pioggia** Regensensor *m*

sensoriale [sensoˈriaːle] *agg* Sinnes-, Empfindungs-

sensorio, -a [senˈsɔːrio] <-i, -ie> *agg* sensorisch, Sinnes-

sensorizzare [sensoridˈdzaːre] *vt* mit Sensoren versehen

sensuale [sensuˈaːle] *agg* sinnlich; *(dei sensi)* Sinnes-, Sinnen-

sensualità [sensualiˈta] <-> *f* Sinnlichkeit *f*

sentenza [senˈtɛntsa] *f* ① JUR Urteil[sspruch *m*] *nt;* **~ di assoluzione** Freispruch *m;* **~ di condanna** Verurteilung *f* ② *(massima)* [Aus]spruch *m;* **sputar -e** Sprüche klopfen *fam*

sentenziare [sentenˈtsiaːre] *vt* ① JUR verhängen ② *(fig)* ein Urteil abgeben über +*akk*

sentenzioso, -a [sentenˈtsioːso] *agg* ① *(libro, stile)* sentenzenhaft ② *(persona)* schulmeisterlich

sentiero [senˈtiɛːro] *m* Pfad *m,* Weg *m;* **~ didattico** Lehrpfad *m*

sentimentale [sentimenˈtaːle] *agg* sentimental

sentimentalismo [sentimentaˈlizmo] *m (pej)* Sentimentalität *f,* Gefühlsseligkeit *f*

sentimentalità [sentimentaliˈta] <-> *f* Sentimentalität *f*

sentimento [sentiˈmento] *m* ① *(il sentire)* Gefühl *nt* ② *pl (modo di pensare)* Gesinnung *f*

sentinella [sentiˈnɛlla] *f* Wache *f;* **fare la ~** [auf] Wache stehen, Wache schieben *fam*

sentire [sen'tiːre] **I.** *vt* ① *(con le orecchie)* hören; *(ascoltare)* sich *dat* anhören; ~ **qu** jdm zuhören; **farsi** ~ sich *dat* Gehör verschaffen; **stare a** ~ zuhören ② *(con il naso)* riechen ③ *(col gusto)* schmecken; *(assaggiare)* probieren, kosten ④ *(col tatto)* spüren, fühlen ⑤ *(provare)* fühlen, empfinden; *(fame, sete)* haben; **sento caldo** mir ist [es] warm; **sento freddo** mir ist [es] kalt, ich friere ⑥ *(venire a sapere)* erfahren, hören ⑦ *(accorgersi)* merken, spüren **II.** *vi* ① ~ **di qc** *(avere odore)* nach etw riechen; *(avere sapore)* nach etw schmecken ② *(udire)* hören [können] **III.** *vr* **-rsi** sich fühlen; *(essere disposto)* sich imstande [*o* im Stande] fühlen; **mi sento bene** ich fühle mich wohl; **mi sento male** mir ist schlecht; **-rsi svenire** sich einer Ohnmacht nahe fühlen; **non me la sento** *(fam)* ich habe keine Lust dazu

sentito, **-a** [sen'tiːto] *agg* ① *(sincero)* herzlich, aufrichtig ② *(loc)* **per** ~ **dire** vom Hörensagen

sentore [sen'toːre] *m* Ahnung *f;* **avere** ~ **di qc** von etw Wind bekommen *fam*

senza ['sɛntsa] **I.** *prep* ohne +*akk*, -los; ~ **di me/te/lui** ohne mich/dich/ihn; ~ **casa** obdachlos; ~ **dubbio** zweifellos; ~ **paragone** unvergleichlich, ohnegleichen; **senz'altro** ohne Weiteres, auf jeden Fall; **fare** ~ **qc/qu** ohne etw/jdn auskommen; **rimanere** ~ **qc** etw nicht mehr haben **II.** *cong* ohne zu +*inf;* ~ **dire niente** ohne etw zu sagen; ~ **che** +*conj* ohne dass

senzadio [sentsa'diːo] <-> *mf* Gottlose(r) *f(m)*

senzapatria [sentsa'paːtria] <-> *mf* Staatenlose(r) *f(m),* Heimatlose(r) *f(m)*

senzatetto [sentsa'tetto] <-> *mf* Obdachlose(r) *f(m),* Sandler(in) *m(f)* A

separare [sepa'raːre] **I.** *vt* trennen; *(tenere distinto)* unterscheiden **II.** *vr* **-rsi** sich trennen

separatamente [separata'mente] *avv* getrennt; *(uno alla volta)* einzeln

separatismo [separa'tizmo] *m* Separatismus *m*

separatista [separa'tista] <-i *m,* -e *f*> **I.** *mf* Separatist(in) *m(f)* **II.** *agg* separatistisch

separatistico, **-a** [separa'tistiko] <-ci, -che> *agg* separatistisch

separato, **-a** [sepa'raːto] *agg* getrennt

separatore, **-trice** [separa'toːre] *agg* trennend, Trenn-

separatorio, **-a** [separa'tɔːrio] <-i, -ie> *agg* Trenn-; **pannello/muro** ~ Trennwand *f*

separazione [separat'tsioːne] *f* Trennung *f;* *(distacco)* Abschied *m,* Auseinandergehen *nt;* ~ **dei beni** Gütertrennung *f*

séparé [sepa're] *m* [Chambre] Séparée *nt*

sepolcrale [sepol'kraːle] *agg* Grab-; *(fig: silenzio, voce)* Grabes-

sepolcro [se'polkro] *m* Grab *nt,* Grabmal *nt*

sepolto, **-a** [se'polto] **I.** *pp di* **seppellire** **II.** *agg* ① *(seppellito)* begraben, beerdigt ② *(fig)* versunken **III.** *m, f* Begrabene(r) *f(m)*

sepoltura [sepol'tuːra] *f* ① *(sepolcro)* Begräbnisstätte *f* ② *(cerimonia)* Begräbnis *nt,* Beerdigung *f*

seppellimento [seppelli'mento] *m* Begräbnis *nt,* Beerdigung *f*

seppellire [seppel'liːre] <seppellisco, seppellii, seppellito *o* sepolto> **I.** *vt* ① *(morti)* begraben, beerdigen ② *(oggetti)* vergraben ③ *(ricoprire)* verschütten, begraben ④ *(fig)* begraben **II.** *vr* **-rsi** sich vergraben

seppi ['sɛppi] *1. pers sing pass rem di* **sapere**[1]

seppia[1] ['seppia] <-ie> *f* Tintenfisch *m,* Sepia *f*

seppia[2] *agg inv* sepiabraun

seppure, **se pure** [sep'puːre] *cong* +*conj* auch [*o* selbst] wenn

sequela [se'kuɛːla] *f* Folge *f,* [lange] Reihe *f*

sequenza [se'kuɛntsa] *f* ① *(serie)* [Ab-, Reihen]folge *f,* Reihe *f* ② FILM Sequenz *f,* Reihe *f*

sequenzialità [sekuentsiali'ta] <-> *f* Sequenz *f,* Folge *f*

sequenziare [sekuen'tsiaːre] *vt* eine Sequenzanalyse der DNA durchführen bei, die Aminosäuresequenz der DNA bestimmen von

sequestrare [sekues'traːre] *vt* ① JUR beschlagnahmen ② *(illegalmente)* entführen

sequestratore, **-trice** [sekuestra'toːre] *m, f* Entführer(in) *m(f),* Geiselnehmer(in) *m(f)*

sequestro [se'kuɛstro] *m* ① JUR Beschlagnahme *f;* **mettere sotto** ~ beschlagnahmen, in Beschlag nehmen; **tenere sotto** ~ unter [*o* in] Beschlag halten ② *(illegale)* Entführung *f;* ~ **di persona** Freiheitsberaubung *f*

sera ['seːra] *f* Abend *m;* ~ **della vita** Lebensabend *m;* **buona** ~**!** guten Abend!; **di** ~ abends; **domani/ieri** ~ morgen/gestern Abend; **la** ~ **prima** am Abend vorher; **si fa** ~ es wird Abend

seraficità [serafitʃi'ta] <-> *f* Engelhaftigkeit *f,* Seraphienhaftigkeit *f*

serafico, **-a** [se'raːfiko] <-ci, -che> *agg* ① *(fig fam)* seelenruhig, friedvoll ② REL seraphisch, engelhaft

serafino [sera'fi:no] *m* Seraph[im] *m*

serale [se'ra:le] *agg* abendlich, Abend-; **scuola ~** Abendschule *f;* **turno ~** Spätschicht *f*

serata [se'ra:ta] *f* Abend *m; (festa)* Abendveranstaltung *f*

serbare [ser'ba:re] **I.** *vt* ① *(conservare)* [auf]bewahren, [auf]sparen ② *(fig: parola)* halten; *(segreto)* bewahren **II.** *vr* **-rsi** sich erhalten, bleiben

serbatoio [serba'to:io] <-oi> *m* Tank *m*

Serbia ['sɛrbia] *f* Serbien *nt*

serbo ['sɛrbo] *m* **in ~** in Verwahrung, in Aufbewahrung

serbo, -a I. *agg* serbisch **II.** *m, f (abitante)* Serbe *m*/Serbin *f*

serbocroato [serbokro'a:to] *m* Serbokroatisch(e) *nt*

serbocroato, -a *agg* serbokroatisch

serenata [sere'na:ta] *f* Serenade *f; (canto)* Ständchen *nt*

serendipità [serendipi'ta] <-> *f* Zufallsentdeckungen *fpl*

Serenissima [sere'nissima] *f* **la ~** die Republik Venedig

serenissimo, -a [sere'nissimo] *agg (geh obs)* durchlauchtigste(r, s); **Altezza Serenissima** Durchlaucht *f*

serenità [sereni'ta] <-> *f* ① *(di persona)* Heiterkeit *f,* Ruhe *f* ② *(di giudizio)* Unparteilichkeit *f*

sereno [se're:no] *m* heiterer Himmel

sereno, -a *agg* ① METEO heiter, wolkenlos ② *(persona)* heiter, ruhig; *(vita)* unbeschwert

sergente [ser'dʒɛnte] *m* Sergeant *m,* Unteroffizier *m*

serial ['sɛrial] <-> *m* Fernsehserie *f*

serializzare [serialid'dza:re] *vt* als Sammelbestellung aufgeben

seriamente [seria'mente] *avv* ernsthaft, ernstlich

sericoltura [serikol'tu:ra] *f* Seidenraupenzucht *f*

serie ['sɛ:rie] <-> *f* ① *(gener)* Reihe *f,* Serie *f;* **modello di ~** Serienmodell *nt;* **modello fuori ~** Sondermodell *nt;* **produzione in ~** Serienproduktion *f* ② *(raccolta)* Serie *f,* Satz *m* ③ SPORT Klasse *f,* Liga *f;* **squadra di ~ A/B** Mannschaft *f* der 1./2. Liga

serietà [serie'ta] <-> *f* Ernst[haftigkeit *f*] *m; (gravità)* Ernst *m*

serigrafia [serigra'fi:a] *f* Siebdruck *m*

serio ['sɛ:rio] *m* Ernst *m;* **sul ~** im Ernst, ernsthaft; **fare sul ~** *(fam)* keinen Spaß machen, es ernst meinen; **prendere qc/qu sul ~** etw/jdn ernst nehmen

serio, -a <-i, -ie> *agg* ernsthaft; *(grave)* ernst

sermone [ser'mo:ne] *m* ① REL Predigt *f* ② *(fig, pej)* Sermon *m,* langweiliges Geschwätz

serpaio [ser'pa:io] <-ai> *m* ① *(luogo)* Schlangengrund *m* ② *(cercatore)* Schlangenfänger *m*

serpe ['sɛrpe] *f* Schlange *f*

serpeggiante [serped'dʒante] *agg* gewunden

serpeggiare [serped'dʒa:re] *vi* ① *(strada, fiume)* sich schlängeln, sich winden ② *(fig)* sich einschleichen

serpente [ser'pɛnte] *m* ① *(fig, pej)* Schlange *f;* **~ a sonagli** Klapperschlange *f;* **~ dagli occhiali** Brillenschlange *f* ② *(pelle)* Schlangenleder *nt*

serpentina [serpen'ti:na] *f (linea)* Schlangenlinie *f; (di strada)* Serpentine *f*

serpentino, -a [serpen'ti:no] **I.** *agg* Schlangen-, schlangenförmig, schlangenartig; **lingua -a** *(fig)* gespaltene Zunge **II.** *m, f* ① MIN Serpentin *m* ② CHEM [Heiz]schlange *f*

serra ['sɛrra] *f* ① BOT, AGR Treibhaus *nt,* Gewächshaus *nt;* **effetto ~** Treibhauseffekt *m* ② GEOG Sierra *f*

serradadi [serra'da:di] <-> *m* Schraubenschlüssel *m*

serrafila [serra'fi:la] **I.** *mf* Hintermann *m* **II.** *f* Schlussschiff *nt*

serrafilo [serra'fi:lo] *m* [Verbindungs-]klemme *f*

serraglio [ser'raʎʎo] <-gli> *m* ① ZOO Menagerie *f,* Tierschau *f* ② *(harem)* Serail *m,* Harem *m*

serramanico [serra'ma:niko] *m* **coltello a ~** Klappmesser *nt*

serrame [ser'ra:me] *m* Verschluss *m,* Riegel *m*

serramento [serra'mento] <-i *m o* -a *f*> *mf* Fenster *ntpl* und Türen *fpl*

serranda [ser'randa] *f* Rollladen *m*

serrare [ser'ra:re] *vt* ① *(porta, baule)* [ab-, ver]schließen; *(vele)* streichen ② *(occhi)* schließen, zukneifen; *(pugni)* ballen; *(labbra)* zusammenpressen

serra serra ['sɛrra 'sɛrra] <-> *m* Gedränge *nt*

serrata [ser'ra:ta] *f* Aussperrung *f*

serrate [ser'ra:te] *m* SPORT **~ finale** Endspurt *m*

serrato, -a [ser'ra:to] *agg* ① *(maglia)* dicht; *(schiera)* dicht gedrängt ② *(fig)* kurz, knapp

serratura [serra'tu:ra] *f* Schloss *nt;* **~ di sicurezza** Sicherheitsschloss *nt;* **~ a scatto** Schnappschloss *nt*

serva ['sɛrva] *f* ❶ *(donna di servizio)* Bedienstete *f*, Dienstmädchen *nt* ❷ *(fig, pej)* Magd *f*, Dienerin *f*; *(fam pej: pettegola)* Waschweib *nt*

server ['sɜːvə *o* 'server] <- *o* servers> *m* INFORM Server *m*

servibile [ser'viːbile] *agg* ❶ *(cibi)* servierbar ❷ *(utilizzabile)* brauchbar, benutzbar

service ['sɜːvis] <- *o* services> *m* ❶ SPORT *(nel tennis)* Aufschlag *m*; *(nel ping-pong)* Angabe *f* ❷ *(struttura privata)* Serviceanbieter *m*

servigio [ser'viːdʒo] <-gi> *m* *(geh)* Dienst *m*, Wohltat *f*

servile [ser'viːle] *agg* ❶ *(condizione, mestiere)* Sklaven-, Knechts- ❷ *(fig, pej)* knechtisch, unterwürfig, servil

servilismo [servi'lizmo] *m* Unterwürfigkeit *f*

servilità [servili'ta] <-> *f* Unterwürfigkeit *f*, Servilität *f*

servire [ser'viːre] **I.** *vt avere* ❶ *(come domestico)* dienen bei, im Dienst sein bei; ~ **qu** *(re, dio)* jdm dienen; *(clienti)* jdn bedienen ❷ MIL ~ **la patria** dem Vaterland dienen ❸ *(cibi)* servieren, auftragen ❹ SPORT ~ **qu** jdm den Ball zuspielen **II.** *vi essere o avere* ❶ *(essere utile)* nützen, dienen; *(aver bisogno)* brauchen; **mi serve una sedia** *(fam)* ich brauche einen Stuhl ❷ MIL dienen ❸ SPORT angeben; *(tennis)* aufschlagen ❹ *(a tavola)* servieren; COM bedienen **III.** *vr* **-rsi** ❶ *(usare)* **-rsi di qc** etw benutzen, sich einer Sache *gen* bedienen ❷ *(a tavola)* sich bedienen ❸ *(essere cliente)* einkaufen, Kunde sein ❹ *(pej)* **-rsi di qu** jdn ausnützen

servito [ser'viːto] *m* TOSC Geschirr *nt*, Service *nt*

servitore [servi'toːre] *m* ❶ *(domestico)* Diener(in) *m(f)*, Bedienstete(r) *f(m)* ❷ *(fig)* Diener(in) *m(f)*

servitù [servi'tu] <-> *f* ❶ *(schiavitù)* Knechtschaft *f*, Sklaverei *f* ❷ *(personale di servizio)* [Dienst]personal *nt* ❸ *(fig)* Zwang *m*, Druck *m*

servizievole [servit'tsieːvole] *agg* dienstbar, diensteifrig

servizio [ser'vittsio] <-i> *m* ❶ *(lavoro,* ADM, MIL Dienst *m*; **donna di ~** Hausangestellte *f*, Bedienstete *f*; **porta di ~** Lieferanteneingang *m*; **stazione di ~** Tankstelle *f*; **~ militare** Wehrdienst *m*; **~ speciale** Sonderbericht[erstattung *f*] *m*; **essere in ~** im Dienst sein; **~ pubblico** öffentlicher Dienst; **fuori ~** *(di oggetti)* außer Betrieb; *(di persone)* außer Dienst ❷ *(giornalismo,* RADIO, TV Bericht *m*, Reportage *f*; **~ televisivo** Fernsehbericht *m* ❸ *(da tavola)* Service *nt*, Geschirr *nt* ❹ SPORT Angabe *f*; *(tennis)* Aufschlag *m* ❺ COM Dienstleistung *f*; *(assistenza clienti)* Service *m*; *(in negozio)* Bedienung *f*; **area di ~** Raststätte *f* ❻ *pl* Bad[ezimmer] *nt*

servo ['sɛrvo] *m* Knecht *m*, Diener *m*

servoassistenza [servoassis'tɛntsa] *f* MOT Servounterstützung *f*

servoassistere [servoassis'teːre] *vt* mit Servo-Systemen betätigen

servoassistito, **-a** [servoassis'tiːto] *agg* servobetätigt

servocomando [servoko'mando] *m* Servosteuerung *f*, Servobedienung *f*

servocontrollo [servokon'trɔllo] *m* Servosteuerung *f*, Folgeregelung *f*

servofreno [servo'freːno *o* servo'frɛːno] *m* Servobremse *f*

servoscala [sɛrvo'skaːla] <-> *m* Treppenlift *m*

servosistema [servosis'tɛːma] *m* TEC Servosystem *nt*, Folgeregelsystem *nt*

servosterzo [servos'tɛrtso] *m* Servolenkung *f*

sesamo ['sɛːzamo] *m* Sesam *m*; **apriti ~!** Sesam öffne dich!

sessagenario, **-a** [sessadʒe'naːrio] <-i, -ie> *(geh)* **I.** *agg* sechzigjährig **II.** *m, f* Sechzigjährige(r) *f(m)*

sessanta [ses'santa] **I.** *num* sechzig **II.** *m* <-> Sechzig *f*; *v. a.* **cinquanta**

sessantenario [sessante'naːrio] <-i> *m* sechzigster Jahrestag, Sechzigjahrfeier *f*

sessantenne [sessan'tɛnne] **I.** *agg* sechzigjährig **II.** *mf* Sechzigjährige(r) *f(m)*

sessantennio [sessan'tɛnnio] <-i> *m* Zeitraum *m* von sechzig Jahren

sessantesimo [sessan'tɛːzimo] *m* *(frazione)* Sechzigstel *nt*

sessantesimo, **-a** **I.** *agg* sechzigste(r, s) **II.** *m, f* Sechzigste(r, s) *f(m, nt)*; *v. a.* **quinto**

sessantina [sessan'tiːna] *f* **una ~ [di …]** [etwa] sechzig […]; **essere sulla ~** an [*o* um] die sechzig sein

sessantottesco, **-a** [sessantot'tesko] <-schi, -sche> *agg* 68-er; **movimento ~** 68-er Bewegung

sessantottino, **-a** [sessantot'tiːno] **I.** *m, f* Mitglied *nt* der 68-er Generation **II.** *agg* an die 68-er erinnernd

sessantottismo [sessantot'tizmo] *m* Zeitgeist *m* der 68-er Jahre

sessantottista [sessantot'tista] <-i *m*, -e *f*> **I.** *agg v.* **sessantottesco** **II.** *mf v.* **sessantottino**

sessione [ses'sioːne] *f* Sitzung *f*; INFORM Sitzung *f*

sessismo [ses'sizmo] *m* Sexismus *m*

sessista [ses'sista] <-i *m,* -e *f>* **I.** *agg* sexistisch **II.** *mf* Sexist(in) *m(f)*
sesso ['sɛsso] *m* ① BIOL Geschlecht *nt* ② *(sessualità)* Sex *m;* ~ **sicuro** Safer Sex *m*
sessodipendente [sessodipen'dɛnte] **I.** *agg* sexuell hörig **II.** *mf* sexuell Hörige(r) *f(m)*
sessoturista [sɛssotu'rista] <-i *m,* -e *f>* *mf* Sextourist(in) *m(f)*
sessuale [sessu'a:le] *agg* Geschlechts-, Sexual-
sessualità [sessuali'ta] <-> *f* Sexualität *f*
sessuato, -a [sessu'a:to] *agg* mit Geschlechtsorganen versehen
sessuofobia [sessuofo'bi:a] *f* PSIC Geschlechtsangst *f*
sessuofobico, -a [sessuo'fɔ:biko] <-ci, -che> *agg* PSIC sexualfeindlich
sessuofobo, -a [sessu'ɔ:fobo] **I.** *m, f* an Geschlechtsangst Leidende(r) *f(m)* **II.** *agg* sexualfeindlich
sessuologia [sessuolo'dʒi:a] <-gie> *f* Sexualforschung *f,* Sexualkunde *f*
sessuologo, -a [sessu'ɔ:logo] <-gi, -ghe> *m, f* Sexologe *m/*Sexologin *f,* Sexualforscher(in) *m(f)*
sessuomane [sesu'ɔ:mane] **I.** *agg* sexbesessen **II.** *mf* Sexbesessene(r) *f(m)*
sessuomania [sessuoma'ni:a] *f* Sexbesessenheit *f*
sesta[1] ['sɛsta] *f* ① MUS Sext[e] *f* ② REL Sext *f*
sesta[2] *f v.* **sesto**
sestante [ses'tante] *m* Sextant *m*
sestetto [ses'tetto] *m* Sextett *nt*
sestiere [ses'tiɛ:re] *m (a Venezia)* Stadtbezirk *m,* Stadtteil *m*
sestina [ses'ti:na] *f* ① *(poet)* Sestine *f* ② MUS Sextole *f*
sesto ['sɛsto] *m* ① ARCH [Bogen]wölbung *f;* **arco a tutto** ~ Rundbogen *m;* **arco a ~ acuto** Spitzbogen *m* ② *(ordine)* Ordnung *f* ③ *(frazione)* Sechstel *nt*
sesto, -a ['sɛsto] **I.** *agg* sechste(r, s) **II.** *m, f* Sechste(r, s) *f(m, nt); v. a.* **quinto**
set [sɛt] <-> *m* ① SPORT Satz *m,* Set *nt* ② FILM Filmbühne *f,* Drehort *m;* **essere sul** ~ drehen, bei den Dreharbeiten sein ③ *(serie)* Set *nt,* Satz *m*
seta ['se:ta] *f* Seide *f;* ~ **cruda/lavata** Roh-/Waschseide *f;* **morbido come la** ~ seidenweich
setacciare [setat'tʃa:re] *vt* [durch]sieben; *(fig)* [aus]sieben
setaccio [se'tattʃo] <-cci> *m* Sieb *nt*
setaceo, -a [se'ta:tʃeo] *agg* seidenartig
sete ['se:te] *f* ① *(bisogno di bere)* Durst *m;* **avere** ~ Durst haben; **mi viene** ~ ich bekomme Durst ② *(fig)* Durst *m,* Gier *f;* ~ **di vendetta** Rachedurst *m*
seteria [sete'ri:a] <-ie> *f* ① *(setificio)* Seidenfabrik *f; (negozio)* Seidengeschäft *nt* ② *pl (tessuti)* Seidenwaren *f pl*
setificio [seti'fi:tʃo] <-ci> *m* Seidenfabrik *f*
setola ['se:tola] *f* Borste *f*
setoloso, -a [seto'lo:so] *agg* borstig
set point ['setpɔint] <- *o* set points> *m* SPORT Satzball *m*
setta ['sɛtta] *f* Sekte *f*
settaggio [set'taddʒo] <-gi> *m* INFORM Einstellungen *pl,* Konfiguration *f*
settanta [set'tanta] **I.** *num* siebzig **II.** *m* <-> Siebzig *f; v. a.* **cinquanta**
settantenne [settan'tɛnne] **I.** *agg* siebzigjährig **II.** *mf* Siebzigjährige(r) *f(m)*
settantennio [settan'tɛnnio] <-i> *m* Zeitraum *m* von siebzig Jahren
settantesimo [settan'tɛ:zimo] *m* Siebzigstel *nt*
settantesimo, -a **I.** *agg* siebzigste(r, s) **II.** *m, f* Siebzigste(r, s) *f(m, nt); v. a.* **quinto**
settantina [settan'ti:na] *f* **una ~ [di ...]** [etwa] siebzig [...]; **essere sulla** ~ an [*o* um] die siebzig sein
settare [set'ta:re] *vt* INFORM setzen
settario, -a [set'ta:rio] <-i, -ie> **I.** *agg* sektiererisch **II.** *m, f* Sektierer(in) *m(f)*
sette ['sɛtte] **I.** *num* sieben **II.** *m* <-> ① *(numero)* Sieben *f* ② *(nelle date)* Siebte(r) *m* ③ *(voto scolastico)* ≈ befriedigend, drei ④ *(fam)* Triangel *m,* Winkelriss *m* **III.** *f pl* sieben Uhr; *v. a.* **cinque**
settebello [sette'bɛllo] *m* ① *(nel gioco)* Karosieben *f* ② FERR Expresszug *m* Mailand-Rom
settecentesco, -a [settetʃen'tesko] <-schi, -sche> *agg* das achtzehnte Jahrhundert betreffend
settecentista [settetʃen'tista] <-i *m,* -e *f>* *mf* Künstler(in) *m(f)* des Settecento/des achtzehnten Jahrhunderts
settecento [sette'tʃɛnto] **I.** *num* siebenhundert **II.** *m* <-> Siebenhundert *f;* **il Settecento** das achtzehnte Jahrhundert; *(nell'arte italiana)* das Settecento
sette e mezzo ['sɛtte e 'mɛddzo] <-> *m (gioco a carte) italienisches Kartenspiel*
settembre [set'tɛmbre] *m* September *m; v. a.* **aprile**
settemila [sette'mi:la] **I.** *num* siebentausend **II.** *m* <-> Siebentausend *f*
Settemonti [sette'monti] *mpl* Siebengebirge *nt*
settennale [setten'na:le] *agg* ① *(che dura sette anni)* siebenjährig ② *(che ricorre ogni sette anni)* siebenjährlich, Siebenjahr[es]-

settenne [set'tɛnne] **I.** *agg* siebenjährig **II.** *mf* Siebenjährige(r) *f(m)*
settennio [set'tɛnnio] <-i> *m* Zeitraum *m* von sieben Jahren, sieben Jahre *nt pl*
settentrionale [settentrio'na:le] **I.** *agg* nördlich, Nord- **II.** *mf* ① *(del Nord)* Nordländer(in) *m(f)* ② *(dell'Italia del Nord)* Norditaliener(in) *m(f)*
settentrionalismo [settentriona'lizmo] *m* norditalienischer Ausdruck
settentrione [setten'trio:ne] *m* Norden *m; (dell'Italia a)* Norditalien *nt,* Oberitalien *nt*
sette ottavi ['sɛtte ot'ta:vi] <-> *m (completo femminile)* wadenlanger Mantel
setticemia [settitʃe'mi:a] <-ie> *f* Blutvergiftung *f*
settico, -a ['sɛttiko] <-ci, -che> *agg* septisch
settima[1] ['sɛttima] *f* Septime *f*
settima[2] *f v.* **settimo**
settimana [setti'ma:na] *f* Woche *f; (salario)* Wochenlohn *m;* ~ **corta** Fünftagewoche *f;* ~ **santa** Karwoche *f;* **fine** ~ Wochenende *nt*
settimanale [settima'na:le] **I.** *agg* wöchentlich, Wochen- **II.** *m* Wochenzeitung *f,* -blatt *nt*
settimanalizzazione [settimanaliddzat'tsio:ne] *f Beigabe von illustrierten Sonderbeilagen in Tageszeitungen*
settimino, -a [setti'mi:no] *m, f* Siebenmonatskind *nt*
settimo ['sɛttimo] *m* Siebtel *nt*
settimo, -a I. *agg* siebte(r, s) **II.** *m, f* Siebte(r, s) *f(m, nt); v. a.* **quinto**
setting ['settiŋ] <-> *m a.* TEAT, FILM, PSIC Setting *nt*
setto ['sɛtto] *m* Scheidewand *f;* ~ **nasale** Nasenscheidewand *f*
settore [set'to:re] *m* ① MAT Abschnitt *m,* Sektor *m* ② *(zona, a. fig)* Sektor *m,* Bereich *m* ③ MED, JUR, SCIENT Prosektor *m*
settoriale [setto'ria:le] *agg* ① COM Bereichs-, Sektoren- ② *(fig)* Sonder-, abgesondert
settorialismo [settoria'lizmo] *m* Partikularismus *m*
settrice [set'tri:tʃe] *f* Kreisbogen *m*
settuagenario, -a [settuadʒe'na:rio] <-i, -ie> **I.** *agg* siebzigjährig **II.** *m, f* Siebzigjährige(r) *f(m)*
settuplo ['sɛttuplo] *m* Siebenfache(s) *nt*
settuplo, -a *agg* siebenfach
severità [severi'ta] <-> *f* Strenge *f; (fig: di situazione)* Ernst *m; (serietà)* Ernsthaftigkeit *f*
severo, -a [se'vɛ:ro] *agg* streng; *(fig)* ernst, ernsthaft
sevizia [se'vittsia] <-ie> *f* Folter *f,* Misshandlung *f*
seviziare [sevit'tsia:re] *vt* misshandeln; *(violentare)* vergewaltigen
seviziatore, -trice [sevittsia'to:re] *m, f* Quäler(in) *m(f),* Peiniger(in) *m(f)*
sevo ['se:vo] *m* Talg *m*
sex shop [seks 'ʃɔp] <- *o* sex shops> *m* Sexshop *m*
sex symbol [seks 'simbəl] <- *o* sex symbols> *m* Sexidol *nt*
sexy ['seksi] *agg inv* sexy
sezionale [settsio'na:le] *agg* Sektions-, Abteilungs-
sezionamento [settsiona'mento] *m* Aufteilung *f,* Zergliederung *f; (di cadavere)* Sezierung *f,* Sektion *f*
sezionare [settsio'na:re] *vt* ① *(dividere)* aufteilen, [zer]gliedern ② MED sezieren
sezionatura [settsiona'tu:ra] *f* Aufteilung *f* in Sektoren bzw. Bereiche, Segmentierung *f*
sezione [set'tsio:ne] *f* ① *(parte)* Abteilung *f,* Sektion *f* ② JUR Kammer *f* ③ MAT Schnitt *m* ④ ADM Bezirk *m* ⑤ MED Sezierung *f,* Sektion *f* ⑥ *(di libro)* Abschnitt *m* ⑦ *(nel disegno tecnico)* Querschnitt *m*
sfaccendare [sfattʃen'da:re] *vi (fam)* schaffen, hantieren
sfaccendato, -a [sfattʃen'da:to] *(fam)* **I.** *agg* müßig, untätig **II.** *m, f* Faulenzer(in) *m(f),* Nichtstuer(in) *m(f)*
sfaccettare [sfattʃet'ta:re] *vt* facettieren
sfaccettatura [sfattʃetta'tu:ra] *f* Facettierung *f*
sfacchinare [sfakki'na:re] *vi* sich abmühen, schuften *fam*
sfacchinata [sfakki'na:ta] *f* Mühsal *f,* Schinderei *f*
sfacciata *f v.* **sfacciato**
sfacciataggine [sfattʃa'ta:ddʒine] *f* Unverschämtheit *f,* Frechheit *f*
sfacciato, -a [sfat'tʃa:to] **I.** *agg* unverschämt, frech; *(colore)* grell, schreiend **II.** *m, f* unverschämte Person
sfaccio ['sfattʃo] *1. pers sing pr di* **sfare**
sfacelo [sfa'tʃɛ:lo] *m* Verfall *m,* Zusammenbruch *m*
sfagiolare [sfadʒo'la:re] *vi essere (fam)* passen
sfaldare [sfal'da:re] **I.** *vt* in Schichten teilen [*o* spalten] **II.** *vr* **-rsi** ① MIN sich in Schichten teilen [*o* spalten] ② *(fig)* zerfallen, sich spalten
sfaldarsi [sfal'darsi] *vr* zerfallen
sfaldatura [sfalda'tu:ra] *f* Schichtung *f*
sfalsare [sfal'sa:re] *vt* verschieben, versetzen
sfalsatura [sfalsa'tu:ra] *f (dei piani)* [Hö-

hen]diskrepanz *f,* Versatz *m; (dei tempi)* Abweichung *f*

sfamare [sfa'ma:re] **I.** *vt* ernähren, sättigen **II.** *vr* **-rsi** seinen Hunger stillen

sfare ['sfa:re] <sfaccio *o* sfò, sfeci, sfatto> **I.** *vt* zerstören, auseinandernehmen **II.** *vr* **-rsi** zergehen, sich auflösen

sfarfallamento [sfarfalla'mento] *m* ① FILM, TV, EL Flimmern *nt* ② *(fig)* Unstetigkeit *f,* Flatterhaftigkeit *f* ③ ZOO Entpuppung *f* ④ TEC, MOT Flattern *nt*

sfarfallare [sfarfal'la:re] *vi* ① FILM, TV, EL flimmern ② *(fig)* unstet sein

sfarfallio [sfarfal'li:o] <-ii> *m* ① FILM, TV, EL Flimmern *nt* ② *(sfarfallare continuo)* Umherflattern *nt*

sfarfallone, -a [sfarfal'lo:ne] *(fam)* **I.** *agg* flatterhaft, oberflächlich **II.** *m, f* flatterhafter Mensch, oberflächliche Person **III.** *m, f (fam)* Bock *m,* [böser] Schnitzer *m*

sfarinare [sfari'na:re] **I.** *vt* mahlen, zu Mehl machen **II.** *vr* **-rsi** zu Mehl werden; *(fig)* zu Staub zerfallen

sfarzo ['sfartso] *m* Prunk *m,* Pomp *m*

sfarzosità [sfartsosi'ta] <-> *f* Prunk *m*

sfarzoso, -a [sfar'tso:so] *agg* prunkvoll, pompös

sfasamento [sfaza'mento] *m* ① *(fig fam)* Verwirrung *f* ② EL Phasenverschiebung *f*

sfasare [sfa'za:re] *vt* ① *(fig fam)* verwirren, durcheinanderbringen ② EL außer Phase bringen

sfasatura [sfaza'tu:ra] *f* Phasenverschiebung *f*

sfasciacarrozze [sfaʃʃakar'rɔttse] <-> *m* Autoverwerter *m*

sfasciamento [sfaʃʃa'mento] *m* Zertrümmerung *f*

sfasciare [sfaʃ'ʃa:re] **I.** *vt* ① *(ferita)* den Verband abnehmen von ② *(bambino)* aus den Windeln wickeln ③ *(distruggere)* zertrümmern, zerstören **II.** *vr* **-rsi** ① *(rompersi)* zerbrechen; *(nave)* zerschellen ② *(fig fam: persona)* auseinandergehen

S

sfasciatura [sfaʃʃa'tu:ra] *f* Verbandabnahme *f,* -entfernung *f*

sfascio ['sfaʃʃo] *m* Zerstörung *f,* Verfall *m;* **essere allo ~** vor dem Zusammenbruch stehen

sfatare [sfa'ta:re] *vt* entzaubern, zerstören

sfaticato, -a [sfati'ka:to] *(pej)* **I.** *agg* faul, arbeitsscheu **II.** *m, f (fam)* Faulpelz *m*

sfatto, -a ['sfatto] *agg* ① *(letto)* ungemacht ② *(frutta)* verfault ③ *(fig)* heruntergekommen; *(corpo)* verwelkt

sfavillare [sfavil'la:re] *vi* funkeln, glitzern; *(fig a.)* strahlen

sfavillio [sfavil'li:o] <-ii> *m* Funkeln *nt,* Glitzern *nt*

sfavore [sfa'vo:re] *m* **a ~ di** zu jds Ungunsten; **a vostro ~** zu euren Ungunsten

sfavorevole [sfavo're:vole] *agg* ungünstig

sfavorire [sfavo'ri:re] <sfavorisco> *vt* benachteiligen

sfebbrare [sfeb'bra:re] *vi essere* fieberfrei werden

sfegatarsi [sfega'tarsi] *vr (fam)* sich *dat* ein Bein ausreißen

sfegatato, -a [sfega'ta:to] **I.** *agg* fanatisch **II.** *m, f (fam)* Fanatiker(in) *m(f)*

sfera ['sfɛ:ra] *f* ① *(gener,* MAT Kugel *f;* **penna a ~** Kugelschreiber *m;* **cuscinetto a -e** Kugellager *nt* ② *(fig)* Bereich *m,* Sphäre *f*

sfericità [sferitʃi'ta] <-> *f* Kugelförmigkeit *f,* Kugelform *f*

sferico, -a ['sfɛ:riko] <-ci, -che> *agg* kugelförmig, Kugel-

sferragliamento [sferraʎʎa'mento] *m* Klappern *nt*

sferragliare [sferraʎ'ʎa:re] *vi* klappern

sferrare [sfer'ra:re] *vt* ① *(fig: colpo)* versetzen ② ZOO *(cavallo)* die Hufeisen abnehmen

sferruzzare [sferrut'tsa:re] *vi* stricken

sferza ['sfɛrtsa] *f* ① *(frusta)* Peitsche *f,* Gerte *f* ② *(fig)* Schlag *m,* Hieb *m*

sferzare [sfer'tsa:re] *vt* ① *(battere)* peitschen, schlagen ② *(fig)* geißeln

sferzata [sfer'tsa:ta] *f* ① *(colpo)* Peitschenhieb *m* ② *(fig)* scharfe Kritik

sfiammare [sfiam'ma:re] *vt* zum Abklingen bringen

sfiancare [sfiaŋ'ka:re] **I.** *vt* ① *(rompere)* seitlich aufreißen ② *(fig)* zermürben, aufreiben ③ *(abito)* taillieren **II.** *vr* **-rsi** ① *(rompersi)* seitlich aufbrechen ② *(fig)* sich zermürben, sich aufreiben

sfiatamento [sfiata'mento] *m* Ausströmen *nt*

sfiatare [sfia'ta:re] **I.** *vi* ausströmen **II.** *vr* **-rsi** ① MUS den Klang verlieren ② *(fam)* außer Atem kommen

sfiatatoio [sfiata'to:io] <-oi> *m* Entlüftung[sventil *nt*] *f*

sfiato ['sfia:to] *m* Entlüftung[sventil *nt*] *f*

sfibbiare [sfib'bia:re] *vt* aufschnallen, losschnallen

sfibramento [sfibra'mento] *m* Aufreiben *nt,* Zerrüttung *f*

sfibrare [sfi'bra:re] *vt* aufreiben, zerrütten

sfida ['sfi:da] *f* Herausforderung *f; (fig)* Provokation *f;* **~ salvezza** [*o* **play off**] Relegationsspiel *nt*

sfidante [sfi'dante] **I.** *agg* herausfordernd **II.** *mf* Herausforderer *m*/Herausforderin *f*

sfidanzarsi [sfidan'tsarsi] *vr (fam)* sich trennen, auseinandergehen

sfidanzato, -a [sfidan'tsa:to] *agg* getrennt, auseinandergegangen
sfidare [sfi'da:re] *vt (provocare)* herausfordern; *(fig a.)* provozieren; *(pericolo)* heraufbeschwören; **sfido io!** *(fam)* ganz meine Meinung!; **sfido, come no?** *(fam)* das will ich [wohl] meinen!
sfiducia [sfi'du:tʃa] *f* Misstrauen *nt;* **voto di ~** Misstrauensvotum *nt*
sfiduciare [sfidu'tʃa:re] <sfiducio, sfiduci> **I.** *vt* entmutigen **II.** *vr* **-rsi** den Mut verlieren, verzagen
sfigato, -a [sfi'ga:to] *(vulg)* **I.** *agg* ① *(sfortunato)* kein Glück habend ② *(squallido)* trostlos **II.** *m, f* ① *(sfortunato)* Unglücksrabe *m* ② *(squallido)* Langweiler *m*
sfigurare [sfigu'ra:re] **I.** *vt* ① *(deturpare)* entstellen, verunstalten ② *(fig)* verzerren, entstellen **II.** *vi* eine schlechte Figur machen, sich blamieren
sfilacciare [sfilat'tʃa:re] *vt, vr* **-rsi** ausfransen
sfilare [sfi'la:re] **I.** *vt avere* ① *(ago)* ausfädeln; *(anello)* abziehen; *(arrosto)* vom Spieß nehmen ② *(tela)* ausfransen ③ *(indumenti)* abstreifen, ausziehen **II.** *vi essere o avere* defilieren; *(a. fig)* vorbeiziehen **III.** *vr* **-rsi** *(calze)* eine Laufmasche bekommen; *(maglia)* laufen; *(collana)* reißen
sfilata [sfi'la:ta] *f (di persone)* Defilee *nt,* Vorbeimarsch *m;* **~ di moda** Mode[n]schau *f*
sfilatino [sfila'ti:no] *m* DIAL Stangenbrot *nt*
sfilato [sfi'la:to] *m* Lochstickerei *f*
sfilettare [sfilet'ta:re] *vt* entgräten, filetieren; **~ gli sgombri** Makrelen entgräten
sfilza ['sfiltsa] *f* Reihe *f*
sfinare [sfi'na:re] *vt (fam)* verjüngen; **~ i fianchi** an den Hüften abspecken
sfinge ['sfindʒe] *f* Sphinx *f*
sfinimento [sfini'mento] *m* Erschöpfung *f*
sfinire [sfi'ni:re] <sfinisco> **I.** *vt* erschöpfen **II.** *vr* **-rsi** die Kräfte verlieren
sfinitezza [sfini'tettsa] *f* Erschöpfung *f*
sfiorare [sfio'ra:re] *vt* ① *(toccare)* streifen ② *(fig: tema)* streifen; *(successo)* fast erreichen
sfiorire [sfio'ri:re] <sfiorisco> *vi essere* [ver]welken, verblühen
sfioro ['sfio:ro] *m* Überlaufen *nt*
sfitinzia [sfitin'tsi:a] <-ie> *f (sl)* Schnecke *f,* Torte *f*
sfittare [sfit'ta:re] **I.** *vt* unvermietet lassen **II.** *vr* **-rsi** unvermietet sein
sfittire [sfit'ti:re] <sfittisco, sfittisci> *vt* lichten
sfitto, -a ['sfitto] *agg* unvermietet, frei
sfizio ['sfittsio] <-i> *m* DIAL Lust *f,* Laune *f*
sfizioso, -a [sfit'tsio:so] *agg* ① *(appetitoso)* lecker ② *(stravagante)* ausgefallen
sfò ['sfɔ] *1. pers sing pr di* **sfare**
sfocare [sfo'ka:re] *vt* unscharf aufnehmen
sfocato, -a [sfo'ka:to] *agg* unscharf
sfociare [sfo'tʃa:re] *vi essere* ① *(fiume)* **~ in** münden in +*akk* ② *(fig: andare a finire)* **~ in qc** in etw *akk* münden, mit etw enden
sfocio ['sfo:tʃo] <-ci> *m* ① *(di conduttura)* Mündung *f* ② *(fig)* Ausweg *m,* Ausgang *m;* **senza ~** *(fig)* ausweglos
sfoderabile [sfode'ra:bile] *agg (di divano, cuscino)* abziehbar
sfoderare [sfode'ra:re] *vt* ① *(spada)* [heraus]ziehen, aus der Scheide ziehen ② *(fig)* hervorholen ③ *(giacca, poltrona)* das Futter heraustrennen
sfoderato, -a [sfode'ra:to] *agg* ungefüttert
sfogare [sfo'ga:re] **I.** *vt avere* abreagieren, herauslassen **II.** *vr* **-rsi** sich abreagieren; *(pej)* explodieren; **-rsi con qu** jdm sein Herz ausschütten; **-rsi su** [*o* **contro**] **qu** seine Wut an jdm auslassen
sfoggiare [sfod'dʒa:re] **I.** *vt* zur Schau stellen, prunken mit; *(pej)* angeben mit **II.** *vi* Prunk treiben
sfoggio ['sfɔddʒo] <-ggi> *m* Prunk *m,* Aufwand *m; (ostentazione)* Zurschaustellung *f*
sfoglia ['sfɔʎʎa] *f* Blatt *nt,* Folie *f;* **pasta ~** Blätterteig *m*
sfogliare [sfoʎ'ʎa:re] *vt* ① *(libro)* durchblättern ② *(fiore)* entblättern
sfogliata [sfoʎ'ʎa:ta] *f* ① GASTR Blätterteiggebäck *nt* ② *(lettura sommaria)* Durchblättern *nt;* **dare una ~ al giornale** die Zeitung durchblättern
sfogliatella [sfoʎʎa'tɛlla] *f süditalienisches Blätterteiggebäck*
sfogo ['sfo:go] <-ghi> *m* ① *(fuoriuscita)* Auslass *m; (di liquidi)* Abfluss *m; (di gas)* Abzug *m* ② *(apertura)* Ausgang *m,* Öffnung *f* ③ *(fam)* MED Ausschlag *m* ④ *(fig)* Ausbruch *m;* **dare ~ ai propri sentimenti** seinen Gefühlen freien Lauf lassen
sfolgorare [sfolgo'ra:re] *vi* strahlen, leuchten
sfolgorio [sfolgo'ri:o] <-ii> *m* Strahlen *nt,* Leuchten *nt*
sfollagente [sfolla'dʒɛnte] <-> *m* Schlagstock *m*
sfollamento [sfolla'mento] *m* ① *(di paese, scuola)* Räumung *f; (per ragioni di sicurezza)* Evakuierung *f* ② *(di personale)* [Personal]abbau *m*
sfollare [sfol'la:re] *vt avere* räumen; *(per ragioni di sicurezza)* evakuieren

sfoltimento [sfolti'mento] *m* Ausdünnung *f,* Lichten *nt*
sfoltire [sfol'ti:re] <sfoltisco> **I.** *vt* lichten, ausdünnen **II.** *vr* **-rsi** dünner werden
sfondamento [sfonda'mento] *m* [Durch]-bruch *m*
sfondare [sfon'da:re] **I.** *vt* ① *(porta, cassa)* einschlagen, aufbrechen ② MIL durchbrechen **II.** *vi* sich durchsetzen **III.** *vr* **-rsi** verschleißen, kaputtgehen *fam*
sfondato [sfon'da:to] *m* Hintergrundgemälde *nt*
sfondato, -a *agg* kaputt; *(botte)* mit durchbrochenem Boden; *(scarpe)* abgelaufen; **ricco ~** *(fam)* steinreich
sfondo ['sfondo] *m* Hintergrund *m*
sfondone [sfon'do:ne] *m* grober Fehler *m*
sforbiciare [sforbi'tʃa:re] *vt* zerschnipseln
sforbiciata [sforbi'tʃa:ta] *f* Scherenschnitt *m*
sforbiciatura [sforbitʃa'tu:ra] *f* Scherenschnitt *m*
sformare [sfor'ma:re] **I.** *vt* ① *(scarpe)* aus der Form bringen, verformen ② GASTR aus der Form nehmen **II.** *vr* **-rsi** die Form verlieren
sformato [sfor'ma:to] *m* Auflauf *m*
sfornare [sfor'na:re] *vt* ① GASTR aus dem Ofen nehmen ② *(fig)* herausbringen
sfornata [sfor'na:ta] *f* ① GASTR **una ~ di panini** ein Ofenvoll *m* Brötchen ② *(grande quantità)* Ladung *f*
sfornire [sfor'ni:re] <sfornisco, sfornisci> *vt* wegnehmen (**qu di qc** jdm etw)
sfornito, -a [sfor'ni:to] *agg* ohne, nicht ausgerüstet mit
sfortuna [sfor'tu:na] *f* Unglück *nt,* Pech *nt*
sfortunato, -a [sfortu'na:to] *agg* unglücklich; **essere ~ al gioco** Pech im Spiel haben
sforzare [sfor'tsa:re] **I.** *vt* ① *(porta, cassetto, serratura)* [gewaltsam] aufbrechen ② TEC überbeanspruchen, überstrapazieren ③ *(cavalli, vista)* überanstrengen ④ *(persona)* zwingen, nötigen **II.** *vr* **-rsi** sich anstrengen
sforzato, -a [sfor'tsa:to] *agg* gezwungen, gekünstelt; *(interpretazione)* an den Haaren herbeigezogen
sforzo ['sfɔrtso] *m* Anstrengung *f,* Mühe *f;* TEC Beanspruchung *f;* **senza ~** ohne Mühe, mühelos; **fare uno ~** sich anstrengen; **non fare -i!** *(fam)* streng' dich nicht an!; **bello ~!** *(iron)* tolle Leistung!
sfottere ['sfottere] *vt (fam)* auf den Arm nehmen, vergackeiern
sfotticchiare [sfottik'kia:re] *vt (fam)* necken
sfracellare [sfratʃel'la:re] **I.** *vt* zerschmettern, zertrümmern **II.** *vr* **-rsi** zerschellen
sfracello [sfra'tʃɛllo] *m (fam: distruzione)* Zerschellen *nt,* Unglück *nt*
sfrangiare [sfran'dʒa:re] *vt* ausfransen
sfrangiatura [sfrandʒa'tu:ra] *f* Fransenrand *m,* Fransen *f pl*
sfratarsi [sfra'tarsi] *vr* aus dem Orden austreten
sfrattare [sfrat'ta:re] **I.** *vt* **~ qu** jdm kündigen **II.** *vi* ausziehen, wegziehen
sfratto ['sfratto] *m* Kündigung *f;* **ordine di ~** Räumungsbefehl *m*
sfrecciare [sfret'tʃa:re] *vi essere* schnellen, sausen
sfregamento [sfrega'mento] *m* ① *(movimento)* Reiben *nt* ② MED Massage *f*
sfregare [sfre'ga:re] *vt* reiben; *(pavimento)* schrubben; *(muro)* streifen
sfregiare [sfre'dʒa:re] *vt (dipinto)* mit Schnitten [*o* Kratzern] beschädigen; *(avversario)* im Gesicht verletzen
sfregio ['sfre:dʒo] <-gi> *m* ① *(di persona)* Schmiss *m,* Narbe *f* ② *(di cosa)* Schramme *f,* Kratzer *m* ③ *(fig)* Schmach *f,* [tiefe] Beleidigung *f*
sfrenare [sfre'na:re] **I.** *vt* freien Lauf lassen **II.** *vr* **-rsi** sich gehen lassen, sich austoben
sfrenatezza [sfrena'tettsa] *f* Hemmungslosigkeit *f*
sfrenato, -a [sfre'na:to] *agg* hemmungslos, zügellos; *(corsa)* ungebremst
sfrigolare [sfrigo'la:re] *vi* brutzeln
sfritto, -a ['sfritto] *agg* schon einmal benutzt, gebraucht
sfrondare [sfron'da:re] *vt* ① *(albero)* entlauben, entblättern ② *(fig)* raffen, straffen
sfrondatura [sfronda'tu:ra] *f* Entlaubung *f*
sfrontatezza [sfronta'tettsa] *f* Unverschämtheit *f*
sfrontato, -a [sfron'ta:to] *agg* unverschämt, frech
sfruttamento [sfrutta'mento] *m* Ausnutzung *f;* AGR, MIN Ausbeutung *f*
sfruttare [sfrut'ta:re] *vt* ① *(fig: utilizzare)* ausnutzen; *(operai)* ausbeuten; *(abusare)* missbrauchen ② AGR, MIN ausbeuten; *(spazio)* ausnutzen
sfruttatore, -trice [sfrutta'to:re] **I.** *m, f* Ausbeuter(in) *m(f)* **II.** *agg* ausbeuterisch
sfuggente [sfud'dʒɛnte] *agg* fliehend
sfuggevole [sfud'dʒe:vole] *agg* flüchtig
sfuggire [sfud'dʒi:re] *vi essere* ① *(eludere)* entkommen, entwischen; *(alla morte, a un pericolo)* entrinnen ② *(cadere)* fallen ③ *(essere dimenticato)* entfallen ④ *(passare inosservato)* entgehen ⑤ *(essere detto)* herausrutschen *fam*

sfuggita [sfud'dʒiːta] *f* **di ~** flüchtig

sfumare [sfu'maːre] **I.** *vt avere* abtönen, schattieren; *(capelli)* tönen **II.** *vi essere* ① *(dissolversi)* verrauchen, sich auflösen ② *(fig)* zunichtewerden, sich in nichts auflösen ③ *(di colore)* sich abtönen

sfumato [sfu'maːto] *m* Schattierung *f*

sfumato, -a *agg* schattiert, abgetönt

sfumatura [sfuma'tuːra] *f* ① *(gradazione)* Abtönung *f; (tonalità)* Nuance *f,* Farbton *m* ② *(nell'arte)* Schattierung *f* ③ *(di capelli)* Tönung *f* ④ *(fig)* Schatten *m,* Hauch *m*

sfuocare [sfuo'kaːre] *v.* **sfocare**

sfuocatura [sfuoka'tuːra] *f* Unschärfe *f*

sfuriata [sfu'riaːta] *f (fam)* Wutausbruch *m*

sfusato, -a [sfu'saːto] *agg (fam)* unter Jetlag leidend

sfuso, -a ['sfuːzo] *agg* ① *(burro)* zerlassen, flüssig ② COM lose, unverpackt

sg. *abbr di* **seguente** f. *(folgend)*

sga(s)sare [zga(s)'saːre] **I.** *vt (togliere gas)* entgasen, Gas entweichen lassen **II.** *vr* **-rsi** *(fam)* sich verausgaben

sgabellarsela [zgabel'larsela] *vr (fam)* sich drücken

sgabello [zga'bɛllo] *m* Schemel *m,* Hocker *m,* Stockerl *nt* A

sgabuzzino [zgabud'dziːno] *m* Besenkammer *f,* Abstellraum *m*

sgambato, -a [zgam'baːto] *agg* mit hohem Beinausschnitt

sgambettare [zgambet'taːre] **I.** *vi* [mit den Beinen] strampeln **II.** *vt* **~ qu** jdm ein Bein stellen

sgambetto [zgam'betto] *m* Beinstellen *nt;* **fare lo ~ a qu** *(a. fig)* jdm ein Bein stellen

sganasciare [zganaʃ'ʃaːre] **I.** *vt* die Kinnlade ausrenken (**qu** jdm) **II.** *vr* **-rsi** sich die Kinnlade ausrenken; **-rsi dalle risate** *(fam)* sich krumm- [*o* kaputt] lachen

sganasciarsi [zganaʃ'ʃarsi] *vr* **~ dalle risa** *(fam)* sich krummlachen

sganascione [zganaʃ'ʃoːne], **sganassone** [zganas'soːne] *m* DIAL *(fam)* Ohrfeige *f*

sganciare [zgan'tʃaːre] **I.** *vt* ① *(veicoli)* abhängen, abkuppeln ② *(bombe)* abwerfen; *(siluri)* abfeuern ③ *(fig fam)* herausrücken **II.** *vr* **-rsi** ① *(staccarsi)* losgehen, sich [vom Haken] lösen ② MIL sich zurückziehen, sich absetzen ③ *(fig fam)* sich freimachen, sich absetzen

sgancio ['zgantʃo] <-i> *m (di missile)* Abwurf *m*

sgangherare [zgaŋge'raːre] **I.** *vt* ① *(porta)* aus den Angeln heben ② *(tavolo, baule)* aus den Fugen brechen **II.** *vr* **-rsi** *(fam)* kaputtgehen

sgarbataggine [zgarba'taddʒine], **sgarbatezza** [zgarba'tettsa] *f* Unhöflichkeit *f,* Unfreundlichkeit *f*

sgarbato, -a [zgar'baːto] *agg* unhöflich, grob

sgarberia [zgarbe'riːa] <-ie> *f* Unhöflichkeit *f*

sgarbo ['zgarbo] *m* Unhöflichkeit *f,* Grobheit *f*

sgargiante [zgar'dʒante] *agg* schreiend

sgarrare [zgar'raːre] *vi* ungenau sein, Fehler machen

sgarro ['zgarro] *m* Ungenauigkeit *f,* Nachlässigkeit *f*

sgassare [zgas'saːre] *vt v.* **sga(s)sare**

sgattaiolare [zgattaio'laːre] *vi essere* davonschleichen

sgelare [zdʒe'laːre] **I.** *vt avere* ① *(scongelare)* auftauen ② *(fig)* auflockern **II.** *vr* **-rsi** ① *(scongelarsi)* auftauen, tauen ② *(fig)* sich auflockern

sgelo ['zdʒɛːlo] *m* Auftauen *nt*

sghembo, -a ['zgembo] *agg (storto)* krumm, schief; *(obliquo)* schräg

sgherro ['zgɛrro] *m* ① *(pej)* Scherge *m,* Büttel *m* ② HIST Scherge *m,* Häscher *m*

sghettizzazione [zgettiddzat'tsioːne] *f* Ausbruch *m* [aus gesellschaftlicher Ausgrenzung]

sghiacciamento [zgiattʃa'mento] *m* Enteisung *f;* **sistema di ~** AERO Enteiser *m,* Entfroster *m*

sghiacciare [zgiat'tʃaːre] *v.* **sgelare**

sghignazzare [zgiɲɲat'tsaːre] *vi (fam)* höhnisch lachen

sghignazzata [zgiɲɲat'tsaːta] *f (fam)* höhnisches Gelächter

sghimbescio, -a [zgim'bɛʃʃo] <-sci, -sce> *agg* **a** [*o* **di**] **~** schräg, schief

sghiribizzo [zgiri'biddzo] *m (fam)* Laune *f,* verrückte Idee

sgobbare [zgob'baːre] *vi (fam)* schuften; **~ sui libri** büffeln, pauken

sgobbata [zgob'baːta] *f (fam)* Schufterei *f*

sgobbone, -a [zgob'boːne] *m, f (fam)* Büffler(in) *m(f)*

sgocciolare [zgottʃo'laːre] **I.** *vi essere o avere* ① *(liquidi)* tropfen, tröpfeln ② *(recipienti)* [ab]tropfen **II.** *vt avere* ① *(liquidi)* tropfen lassen ② *(recipienti)* abtropfen lassen; *(vuotare)* bis auf den letzten Tropfen [leeren]

sgocciolatoio [zgottʃola'toːio] <-oi> *m* ① *(scolapiatti)* Abtropfgestell *nt* ② *(recipiente)* Abtropfschale *f*

sgocciolo ['zgottʃolo] *m* **essere agli -i** zu Ende gehen

sgolarsi [zgo'larsi] *vr* sich heiser schreien

sgomb(e)rare [zgom'braːre (zgombe'raː-

S

re)] *vt* räumen; *(tavolo)* abräumen; *(paese, città)* evakuieren; *(fig)* befreien

sgomb(e)ro ['zgombro ('zgombero)] *m* Räumung *f;* *(trasloco)* Umzug *m;* **mezzo di ~** Räumfahrzeug *nt;* **squadra di ~** Räumkommando *nt*

sgombraneve [zgombra'ne:ve] <-> *m* Schneeräumer *m,* Schneepflug *m*

sgombrare *v.* **sgomberare**

sgombro ['zgombro] *m* ZOO Makrele *f*

sgombro, -a *agg* frei, leer

sgomentare [zgomen'ta:re] **I.** *vt* bestürzen, erschüttern **II.** *vr* **-rsi di qc** über etw *akk* bestürzt sein

sgomento [zgo'mento] *m* Bestürzung *f,* Erschütterung *f*

sgomento, -a *agg* bestürzt, erschüttert

sgominare [zgomi'na:re] *vt* zersprengen, in die Flucht schlagen

sgomitolare [zgomito'la:re] **I.** *vt* abwickeln **II.** *vr* **-rsi** sich abwickeln

sgommare [zgom'ma:re] *vi* mit quietschenden Reifen anfahren

sgommata [zgom'ma:ta] *f* Start *m* mit quietschenden Reifen; **fare una ~** mit quietschenden Reifen anfahren

sgommato, -a [zgom'ma:to] *agg* ① *(busta)* ungummiert ② *(automobile)* ohne Reifen, reifenlos

sgonfiamento [zgonfia'mento] *m* ① TEC [Luft]entleerung *f* ② MED Abschwellen *nt*

sgonfiare [zgon'fia:re] **I.** *vt* ① *(pneumatico, pallone)* die Luft ablassen aus ② MED abschwellen lassen ③ *(fig)* dämpfen **II.** *vr* **-rsi** ① *(ruota, pallone)* die Luft verlieren ② MED abschwellen

sgonfiato, -a [zgon'fia:to] *agg* ① *(pallone, ruota)* ohne Luft ② MED abgeschwollen

sgonfio, -a ['zgonfio] <-i, -ie> *agg* ① *(pallone, ruota)* ohne Luft, leer ② MED abgeschwollen

S

sgorbio ['zgɔrbio] <-i> *m* ① *(parola)* Gekritzel *nt;* *(disegno)* Geschmiere *nt* ② *(macchia)* [Tinten]klecks *m* ③ *(fig, pej)* Vogelscheuche *f*

sgorgare [zgor'ga:re] *vi essere* sprudeln, quellen

sgozzamento [zgottsa'mento] *m* Schlachten *nt*

sgozzare [zgot'tsa:re] *vt* schlachten

sgradevole [zgra'de:vole] *agg* unangenehm

sgradito, -a [zgra'di:to] *agg* unwillkommen, unerwünscht

sgraffignare [zgraffiɲ'ɲa:re] *vt (fam)* klauen, zocken

sgraffio ['zgraffio] *m (fam)* Kratzer *m*

sgrammaticare [zgrammati'ka:re] *vi* grammatische Fehler *mpl* machen

sgrammaticato, -a [zgrammati'ka:to] *agg* voller grammatischer Fehler

sgrammaticatura [zgrammatika'tu:ra] *f* grammatischer Fehler *m*

sgranamento [zgrana'mento] *m* ① *(disinnesto)* Auskuppeln *nt;* **~ della marcia** Auskuppeln *nt* ② *(frantumazione)* Zerfall *m* ③ *(obs: togliere i semi)* Enthülsen *nt*

sgranare [zgra'na:re] *vt* ① *(piselli, fave)* enthülsen, aushülsen ② *(fig: occhi)* aufreißen; *(rosario)* herunterbeten

sgranchire [zgraŋ'ki:re] <sgranchisco> *vt* lockern; **-rsi le gambe** sich *dat* die Beine vertreten

sgranocchiare [zgranok'kia:re] *vt (fam)* knabbern

sgrassaggio [zgras'saddʒo] <-ggi> *m* Entfetten *nt*

sgrassare [zgras'sa:re] *vt (brodo)* entfetten; *(vestito)* Fettflecken entfernen von [*o* aus]

sgrassatore [zgrassa'to:re] *m (detersivo)* fettlösendes Reinigungsmittel

sgrassatura [sgrassa'tu:ra] *f* Entfettung *f,* Entfetten *nt*

sgravare [zgra'va:re] **I.** *vt* entlasten **II.** *vr* **-rsi** sich entlasten **III.** *vi (fam)* ein Kind bekommen

sgravio ['zgra:vio] <-i> *m* Entlastung *f,* Erleichterung *f;* **~ fiscale** Steuererleichterung *f*

sgraziato, -a [zgrat'tsia:to] *agg* ungraziös, ohne Grazie; *(corpo)* plump; *(senza garbo)* unfreundlich

sgretolamento [zgretola'mento] *m* Abbröckeln *nt*

sgretolare [zgreto'la:re] *vt* **-rsi** abbröckeln, zerbröckeln

sgridare [zgri'da:re] *vt* ausschimpfen

sgridata [zgri'da:ta] *f* Schelte *f*

sgrondare [zgron'da:re] **I.** *vt* abtropfen lassen **II.** *vi* abtropfen

sgrossare [zgros'sa:re] **I.** *vt* ① *(marmo)* zuhauen, grob behauen [*o* bearbeiten] ② LIT entwerfen ③ *(fig)* anlernen **II.** *vr* **-rsi** sich verfeinern

sgrossatura [zgrossa'tu:ra] *f* erste [*o* grobe] Bearbeitung; LIT Entwurf *m*

sguaiata *f v.* **sguaiato**

sguaiataggine [zguaia'taddʒine] *f* Unmanierlichkeit *f,* Ungehörigkeit *f*

sguaiato, -a [zgua'ia:to] *agg* unmanierlich, ordinär

sguainare [zguai'na:re] *vt* ziehen, aus der Scheide ziehen

sgualcire [zgual'tʃi:re] <sgualcisco> *vt* zerknautschen

sgualdrina [zgual'dri:na] *f* Dirne *f*

sguardo ['zguardo] *m* Blick *m;* **alzare/abbassare lo ~** den Blick heben/senken; **dare uno ~ a qc** einen Blick auf [*o* in] etw *akk* werfen, sich etw *dat* anschauen; **non degnare qu/qc di uno ~** jdn/etw keines Blickes würdigen; **fissare lo ~ su qc/qu** seinen Blick auf jdn/etw richten

sguarnito, -a [zguar'ni:to] *agg* schmucklos, unverziert

sguattero, -a ['zguattero] *m, f* Küchenjunge *m,* -mädchen *nt*

sguazzare [zguat'tsa:re] *vi* ① *(nell'acqua)* planschen, plätschern ② *(fig: nella ricchezza)* schwimmen; *(nel fango)* wühlen ③ *(fam)* sich wohl fühlen

sguinzagliare [zguintsaʎ'ʎa:re] *vt* ① *(cani)* von der Leine [los]lassen ② *(fig)* hetzen

sgusciare [zguʃ'ʃa:re] **I.** *vt avere (uova)* schälen; *(fagioli)* enthülsen **II.** *vi essere* ① *(sfuggire)* entgleiten, entschlüpfen ② *(fig)* entwischen, entkommen

shakeraggio [ʃeke'raddʒo] <-ggi> *m* ① *(shaker)* Shaken *nt* ② *(fig)* Mix *m,* Mischung *f* (**di** aus)

shampoo [ʃæm'pu: *o* 'ʃampo] <-> *m* Shampoo *nt,* Schampon *nt*

share ['ʃɛə] <-> *m* ① TV Einschaltquote *f* ② FIN Börsenaktie *f*

shareware <-> *m* INFORM Shareware *f*

shirt [ʃə:t] <- *o* shirts> *f* Hemd *nt,* Shirt *nt*

shoccare [ʃok'ka:re] *v.* **scioccare**

shoccato, -a [ʃok'ka:to] *agg v.* **scioccato**

shoccato (shockato), -a [ʃok'ka:to] *agg v.* **scioccato**

shock [ʃɔk] <-> *m* Schock *m*

shockato, -a *agg v.* **scioccato**

shopper ['ʃɔpə] <-> *m* Tragetasche *f*

shopping ['ʃɔpiŋ] <-> *m* Shopping *nt,* Einkaufen *nt;* **andare a fare ~** einkaufen gehen

shopping center ['ʃɔpiŋ 'sentə] <-> *m* Shoppingcenter *nt*

short [ʃɔ:t] <-> *m* [Werbe]spot *m*

shorts [ʃɔ:ts] *mpl* Shorts *pl*

show [ʃou] <-> *m* Show *f*

show business ['ʃou biznis] <-> *m* Showbusiness *nt*

showgirl ['ʃougə:l] <- *o* showgirls> *f* Showgirl *nt*

showman ['ʃoumən] <-> *m* Showmaster *m*

showroom ['ʃouru:m] <- *o* showrooms> *m* Ausstellung *f;* **~ internazionale** internationale Ausstellung

shuttle [ʃʌtl] <- *o* shuttles> *m* Shuttle *m;* **space ~** Spaceshuttle *m*

si[1] [si] *pron pers 3. pers m e f sing e pl* ① *(riflessivo, complemento oggetto)* sich; **~ veste con eleganza** er/sie kleidet sich elegant ② *(riflessivo, complemento di termine)* sich; **~ lava i cappelli** er/sie wäscht sich *dat* die Haare ③ *(intensivo)* sich; **guardarsi un film** sich *dat* einen Film ansehen ④ *(reciproco)* sich [gegenseitig], einander; **~ sono separati** sie haben sich getrennt; **vogliono conoscersi meglio** sie wollen einander besser kennenlernen ⑤ *(impersonale)* man; **cercasi segretaria** Sekretärin gesucht; **~ apre alle …** um … wird geöffnet; **non ~ sa mai** man kann nie wissen; **~ sa!** das ist bekannt! ⑥ *(passivante)* **non ~ accettano assegni** es werden keine Schecks angenommen

si[2] <-> *m* MUS h *nt,* H *nt*

sì [si] **I.** *avv* ja; *(davvero)* doch, wohl; *(poet)* so, derart; **rispondere di ~** mit Ja antworten, ja sagen; **credo di ~** ich glaube, ja; **e ~ che** und doch; **un giorno ~ ed uno no** jeden zweiten Tag, alle zwei Tage; **~ e no** ja und nein, mehr oder weniger **II.** *m* <-> ① *(risposta)* Ja *nt* ② *(voto)* Ja[stimme *f*] *nt*

sia[1] ['si:a] *cong +conj* **~ … o** ob … oder; **~ … che** sowohl, als auch; **~ che gli piaccia, ~ che non gli piaccia** ob es ihm gefällt oder nicht

sia[2] *1., 2. e 3. pers sing conj pr di* **essere**[1]

SIAE *f abbr di* **Società Italiana Autori ed Editori** *Verband italienischer Autoren und Verleger*

siamese [sia'me:se] **I.** *agg* siamesisch; **gatto ~** Siamkatze *f;* **fratelli -i** siamesische Zwillinge *mpl* **II.** *mf* ① *(abitante)* Siamese *m/*Siamesin *f* ② ZOO Siamkatze *f*

Siberia [si'bɛ:ria] *f* Sibirien *nt*

siberiano, -a [sibe'ria:no] **I.** *agg* sibirisch **II.** *m, f* Sibirier(in) *m(f)*

sibilante [sibi'lante] **I.** *agg* Zisch- **II.** *f* Zischlaut *m,* Sibilant *m*

sibilare [sibi'la:re] *vi* zischen

sibilla [si'billa] *f* ① *(nella mitologia)* Sibylle *f* ② *(fig, scherz)* Wahrsagerin *f*

sibillino, -a [sibil'li:no] *agg* sibyllinisch; *(fig)* geheimnisvoll

sibilo ['si:bilo] *m* Zischen *nt,* Pfeifen *nt*

sicario, -a [si'ka:rio] <-i, -ie> *m, f* gedungene(r) Mörder(in) *m(f)*

sicché [sik'ke] *cong* ① *(così che, perciò)* sodass ② *(ebbene)* also

siccità [sittʃi'ta] <-> *f* Trockenheit *f,* Dürre *f*

siccome [sik'ko:me] **I.** *cong* da, weil **II.** *avv (poet)* wie, so … wie

Sicilia [si'tʃi:lia] *f* Sizilien *nt*

siciliano [sitʃi'lia:no] *m sing (dialetto)* Sizilianisch(e) *nt,* sizilianischer Dialekt

siciliano, -a I. *agg* sizilianisch; **scuola -a** LIT die Sizilianische Dichterschule; **cassata**

S

alla -a sizilianische Cassata **II.** *m, f* Sizilianer(in) *m(f)*

sicomoro [siko'mɔ:ro] *m* Maulbeerfeigenbaum *m,* Sykomore *f*

sicumera [siku'mɛ:ra] *f* Dünkel *m*

sicura [si'ku:ra] *f* Sicherung *f;* **mettere la ~ a qc** etw sichern; **togliere la ~ a qc** etw entsichern

sicurezza [siku'rettsa] *f* Sicherheit *f; (certezza)* Gewissheit *f,* Bestimmtheit *f;* **Pubblica Sicurezza** unbewaffnete Sicherheitspolizei; **~ stradale** Verkehrssicherheit *f;* **di ~** Sicherheits-; **cintura di ~** Sicherheitsgurt *m;* **uscita di ~** Notausgang *m*

sicuro [si'ku:ro] **I.** *m* ① *(luogo)* Sicherheit *f;* **mettere al ~** in Sicherheit bringen; *(fig)* sicherstellen ② *(certo)* Gewissheit *f,* Sicherheit *f;* **andare sul ~** auf Nummer sicher [*o* sicher] gehen **II.** *avv* sicher, gewiss; **di ~** sicher[lich], mit Sicherheit

sicuro, -a *agg* ① *(luogo, posto)* sicher ② *(mano, passo)* sicher, fest ③ *(certo)* sicher, gewiss; **essere ~ di sé** selbstsicher sein ④ *(persona)* zuverlässig, vertrauenswürdig

SID *m abbr di* **Servizio Informazioni Difesa** *abbr di* **SISMI**

side ['said] <- *o* sides> *m* Seite *f;* **~ A, B** Seite A, B

siderale [side'ra:le] *agg,* **sidereo, -a** [si'dɛ:reo] *agg* ① ASTR Stern[en]- ② *(fig)* unermesslich; **freddo ~** Eiseskälte *f*

siderurgia [siderur'dʒi:a] <-gie> *f* Stahlindustrie *f*

siderurgico [side'rurdʒiko] <-ci> *m* Stahlarbeiter(in) *m(f)*

siderurgico, -a <-ci, -che> *agg* Stahl-

sidro ['si:dro] *m* Apfelwein *m*

Siena *f* Siena *nt (Stadt in der Toskana)*

siepe ['siɛ:pe] *f* ① BOT Hecke *f* ② *(fig)* Barriere *f,* Wall *m*

siero ['siɛ:ro] *m* ① *(del latte)* Molke *f* ② MED Serum *nt*

sieroconversione [sierokonver'sio:ne] *f* virale Metamorphose

sieronegatività [sieronegativi'ta] <-> *f* MED *(AIDS)* HIV-negativer Befund

sieronegativo, -a [sieronega'ti:vo] **I.** *agg* MED *(AIDS)* HIV-negativ **II.** *m, f* nicht HIV-infizierte Person

sieropositività [sieropositivi'ta] <-> *f* MED *(AIDS)* HIV-Infektion *f*

sieropositivo, -a [sieroposi'ti:vo] **I.** *agg* MED *(AIDS)* HIV-positiv **II.** *m, f* HIV-Infizierte(r) *f(m)*

sieroproteina [sieroprote'i:na] *f* Serumprotein *nt*

S

siesta ['siɛsta] *f* Mittagsruhe *f,* Siesta *f; (sonno)* Mittagsschläfchen *nt*

siete ['siɛ:te] *2. pers pl pr di* **essere**[1]

SIFAR *m abbr di* **Servizio Informazioni Forze Armate** *1949-1966; abbr di* **SISMI**

siffatto, -a [sif'fatto] *agg (obs)* derartig

sifilide [si'fi:lide] *f* Syphilis *f*

sifilitico, -a [sifi'li:tiko] <-ci, -che> **I.** *agg* syphilitisch **II.** *m, f* Syphiliskranke(r) *f(m)*

sifone [si'fo:ne] *m* Siphon *m*

Sig. *abbr di* **signore** Herr

sigaraio, -a [siga'ra:io] <-ai, -aie> *m, f* ① *(operaio)* in der Tabakindustrie Beschäftigte(r) *f(m)* ② *(venditore)* Tabakhändler(in) *m(f)*

sigaretta [siga'retta] *f* Zigarette *f;* **~ con filtro** Filterzigarette *f;* **~ senza filtro** Zigarette *f* ohne Filter; **farsi una ~** sich eine Zigarette drehen

sigaro ['si:garo] *m* Zigarre *f*

Sigg. *abbr di* **signori** [Damen und] Herren, Herr und Frau

sigillante [sidʒil'lante] *m* Dichtungsmasse *f*

sigillare [sidʒil'la:re] *vt* versiegeln

sigillatura [sidʒilla'tu:ra] *f* Versiegelung *f;* **~ delle cavità** Hohlraumversiegelung *f*

sigillo [si'dʒillo] *m* Siegel *nt*

sigla ['si:gla] *f* Abkürzung *f,* Sigel *nt,* Sigle *f;* MUS, TV, RADIO Erkennungszeichen *nt;* **~ musicale** Erkennungsmelodie *f*

siglare [si'gla:re] *vt* unterzeichnen

siglario [si'gla:rio] <-i> *m* Abkürzungsverzeichnis *nt*

siglatura [sigla'tu:ra] *f* Unterzeichnung *f,* Paraphierung *f*

Sig.na *abbr di* **signorina** Frl.

significante [siɲɲifi'kante] *agg* bedeutend; *(occhiata)* bedeutungsvoll

significare [siɲɲifi'ka:re] *vt* bedeuten

significativo, -a [siɲɲifika'ti:vo] *agg* bedeutungsvoll, viel sagend

significato [siɲɲifi'ka:to] *m* Bedeutung *f*

signora [siɲ'ɲo:ra] *f* ① *(gener)* Frau *f,* Dame *f geh; (appellativo)* Frau *f;* **fare la ~** die große Dame spielen; **gentile ~ Ferrucci** sehr geehrte Frau Ferrucci; **signori e -e** meine Damen und Herren; **buongiorno, ~!** guten Tag, Frau X! ② *(moglie)* Frau *f,* Gattin *f geh* ③ *(padrona di casa)* Hausherrin *f*

signore [siɲ'ɲo:re] *m* ① *(gener)* Herr *m;* **il signor dottore/avvocato** der Herr Doktor/Rechtsanwalt; **il signor Ferrucci** Herr Ferrucci; **i -i Ferrucci** Herr und Frau Ferrucci; **egregio signor Ferrucci** *(nelle lettere)* sehr geehrter Herr Ferrucci; **-i e signore** meine Damen und Herren; **buon-**

giorno, signor Bottin! guten Tag, Herr Bottin! ② *(padrone di casa)* Hausherr *m*
signoreggiare [siɲɲored'dʒaːre] **I.** *vt* *(poet)* beherrschen **II.** *vi* herrschen (**su** über +*akk*)
signoria [siɲɲo'riːa] <-ie> *f* ① HIST Signoria *f,* [Stadt]herrschaft *f* ② *(poet)* Durchlaucht *f,* Hochwohlgeboren *mf*
signorile [siɲɲo'riːle] *agg* herrschaftlich, vornehm
signorilità [siɲɲorili'ta] <-> *f* Vornehmheit *f*
signorina [siɲɲo'riːna] *f* ① *(donna nubile, appellativo)* Fräulein *nt* ② *(donna giovane)* junge Frau, junges Mädchen; **la ~ Fioretti** Fräulein Fioretti; **buongiorno, ~!** guten Tag, Fräulein X!; **~!** Fräulein!
signorino [siɲɲo'riːno] *m* junger Herr
signornò [siɲɲor'nɔ] *avv* nein [, mein Herr]
signorone, -a [siɲɲo'roːne] *m, f* *(fam)* reicher Herr/reiche Dame
signorotto [siɲɲo'rɔtto] *m* Gutsherr *m*
signorsì [siɲɲor'si] *avv* jawohl [, mein Herr]
Sig.ra *abbr di* **signora** Fr.
silenziare [silen'tsiaːre] *vt* [schall]dämpfen
silenziatore [silentsia'toːre] *m* Schalldämpfer *m*
silenzio [si'lɛntsio] <-i> *m* ① *(mancanza di suoni)* Ruhe *f,* Stille *f;* *(tacere)* Schweigen *nt;* **fare ~** still sein; **passare qc sotto ~** etw stillschweigend übergehen, etw tot schweigen; **la parola è d'argento, il ~ è d'oro** *(prov)* Reden ist Silber, Schweigen ist Gold ② *(fig)* Ruhe *f* ③ *(mancanza di notizie)* Schweigen *nt;* **~ stampa** Pressesperre *f*
silenzioso, -a [silen'tsioːso] *agg* ① *(persona)* still, ruhig ② *(senza ruomore)* ruhig, leise ③ *(che non fa rumore)* leise
silfide ['silfide] *f* Sylphe *f,* Sylphide *f*
silfo ['silfo] *m* Sylph *m*
silhouette [si'lwɛt] <-> *f* Silhouette *f*
silicato [sili'kaːto] *m* ① MIN Kieselgestein *nt* ② CHEM Silikat *nt*
silice ['siːlitʃe] *f* Kiesel *m*
silicico, -a [si'liːtʃiko] <-ci, -che> *agg* Kiesel-
silicio [si'liːtʃo] *m* Silizium *nt*
siliconato, -a [siliko'naːto] *agg* Silikon-, mit Silikon behandelt; **seno ~** Silikonbusen *m*
silicone [sili'koːne] *m* Silikon *nt*
siliconico, -a [sili'kɔːniko] <-ci, -che> *agg* Silikon-, silikonisch; **gomma -a** Silikon *nt*
silicosi [sili'kɔːzi] <-> *f* Silikose *f*
sillaba ['sillaba] *f* Silbe *f;* **parola di tre -e** dreisilbiges Wort
sillabare [silla'baːre] *vt* *(dividire in sillabe)* in Silben teilen; *(fare lo spelling)* buchstabieren
sillabario [silla'baːrio] <-i> *m* Fibel *f*
sillabico, -a [sil'laːbiko] <-ci, -che> *agg* silbisch, Silben-; MUS syllabisch; **metodo ~** Ganzheitsmethode *f*
silo ['siːlo] <-i *o* silos> *m* Silo *m o nt*
silo- [silo] *v.* **xilo-**
siluramento [silura'mento] *m* *(a. fig)* Torpedierung *f*
silurante [silu'rante] **I.** *agg* Torpedo- **II.** *f* Torpedoboot *nt*
silurare [silu'raːre] *vt* ① MIL torpedieren ② *(fig)* ausbooten, absägen *fam*
silurata [silu'raːta] *f* Torpedoangriff *m,* Torpedierung *f;* **fare una ~ a qu** *(fig)* jdn absägen, jdn ausbooten
siluro [si'luːro] *m* Torpedo *m*
silver plate ['silvə pleit] <-> *m* Silberauflage *f,* Versilberung *f;* **servizio/vassoio in ~** versilbertes Service/Tablett
silvestre [sil'vɛstre] *agg* Wald-
silvicolo, -a [sil'viːkolo] *agg* Wald-, Forst-
silvicoltore [silvikol'toːre] *v.* **selvicoltore**
simbiosi [simbi'ɔːzi] <-> *f* Symbiose *f*
simbiotico, -a [simbi'ɔːtiko] <-ci, -che> *agg* symbiotisch
simboleggiare [simboled'dʒaːre] *vt* symbolisieren
simbolica [sim'bɔːlika] <-che> *f* Symbolik *f*
simbolicità [simbolitʃi'ta] <-> *f* Symbolkraft *f,* Symbolwert *m*
simbolico, -a [sim'bɔːliko] <-ci, -che> *agg* symbolisch
simbolismo [simbo'lizmo] *m* ① *(arte)* Symbolismus *m* ② *(complesso di simboli)* Symbolik *f*
simbolista [simbo'lista] <-i *m,* -e *f*> **I.** *mf* Symbolist(in) *m(f)* **II.** *agg* symbolistisch
simbolizzare [simbolid'dzaːre] *vt* symbolisieren, versinnbildlichen
simbolo ['simbolo] *m* ① *(figura)* Symbol *nt,* Sinnbild *nt* ② SCIENT Symbol *nt,* Zeichen *nt*
simbologia [sombolo'dʒiːa] <-ie> *f* Symbolik *f*
similare [simi'laːre] *agg* gleichartig, ähnlich
simile ['siːmile] **I.** *agg* ① *(analogo)* ähnlich; **essere ~ a qu/qc** jdm/etw ähnlich sein ② *(tale)* solch, so[lch] ein **II.** *mf* Nächste(r) *f(m),* Mitmensch *m;* **e -i** und dergleichen
similitudine [simili'tuːdine] *f* *(paragone)* Gleichnis *nt,* Vergleich *m*
similoro [simi'lɔːro] *m* Talmi *nt,* Scheingold *nt*

S

similpelle [simil'pɛlle] *f* Kunstleder *nt,* Skai® *nt*
simmetria [simme'tri:a] <-ie> *f* Symmetrie *f*
simmetrico, **-a** [sim'mɛ:triko] <-ci, -che> *agg* symmetrisch
simmetrizzare [simmetrid'dza:re] *vt* symmetrisch machen
simonia [simo'ni:a] <-ie> *f* Simonie *f,* Ämterkauf *m*
simpatia [simpa'ti:a] <-ie> *f* Sympathie *f;* **avere ~ per qu/qc** jdn/etw sympathisch finden; **prendere qu in ~** jdn lieb gewinnen
simpatico, **-a** [sim'pa:tiko] <-ci, -che> **I.** *agg* sympathisch **II.** *m, f* sympathischer Mensch
simpaticone, **-a** [simpati'ko:ne] *m, f* *(fam)* netter Kerl
simpatizzante [simpatid'dzante] **I.** *agg* sympathisierend **II.** *mf* Sympathisant(in) *m(f)*
simpatizzare [sim'dza:re] *vi* ① *(entrare in simpatia)* ~ **con qu** sich mit jdm verstehen ② *(di ideologia)* ~ **per qc** mit etw sympathisieren
simplex ['simpleks] <-> *m* Einzelanschluss *m*
simposio [sim'pɔ:zio] <-i> *m* Symposium *nt*
simulacro [simu'la:kro] *m* ① *(statua)* Standbild *nt,* Statue *f,* Bildnis *nt* ② *(fig)* Trugbild *nt,* Scheinbild *nt*
simulare [simu'la:re] *vt* vortäuschen, vorheucheln; *(malattia,* TEC simulieren
simulatore [simula'to:re] *m* TEC Simulator *m*
simulazione [simulat'tsio:ne] *f* Täuschung *f,* Heuchelei *f*
simultaneità [simultanei'ta] <-> *f* Gleichzeitigkeit *f*
simultaneo, **-a** [simul'ta:neo] *agg* gleichzeitig, simultan; **traduzione -a** Simultanübersetzung *f*
sinagoga [sina'gɔ:ga] <-ghe> *f* Synagoge *f*
sinapsi [si'napsi] <-> *f* Synapse *f*
sinceramente [sintʃera'me:nte] *avv* ehrlich; ~ **non so cosa pensare** ehrlich gesagt, ich weiß nicht, was ich davon halten soll
sincerarsi [sintʃe'rarsi] *vr* sich vergewissern
sincerità [sintʃeri'ta] <-> *f* Aufrichtigkeit *f,* Ehrlichkeit *f;* **con tutta ~** in aller Offenheit
sincero, **-a** [sin'tʃɛ:ro] *agg* aufrichtig, ehrlich
sinché [siŋ'ke] *cong* [solange] bis
sincopare [siŋko'pa:re] *vt* synkopieren
sincopato, **-a** [siŋko'pa:to] *agg* synkopenreich
sincope ['siŋkope] *f* Synkope *f*
sincronia [siŋkro'ni:a] <-ie> *f* Gleichzeitigkeit *f*
sincronicità [siŋkronitʃi'ta] <-> *f* Synchronizität *f,* Gleichzeitigkeit *f*
sincronico, **-a** [siŋ'krɔ:niko] <-ci, -che> *agg* gleichzeitig, synchron
sincronismo [siŋkro'nizmo] *m* ① *(contemporaneità)* Gleichzeitigkeit *f,* Synchronismus *m* ② PHYS Synchronismus *m,* Gleichlauf *m* ③ FILM, TV Synchronismus *m*
sincronizzare [siŋkronid'dza:re] *vt* synchronisieren
sincronizzatore [siŋkroniddza'to:re] *m* ① TEC, EL Synchronisierer *m* ② MOT Synchronring *m*
sincronizzazione [siŋkroniddzat'tsio:ne] *f* Synchronisierung *f,* Synchronisation *f*
sincrono, **-a** ['siŋkrono] *agg* synchron
sindaca *f v.* **sindaco**
sindacabile [sinda'ka:bile] *agg* überprüfbar, kontrollierbar
sindacale [sinda'ka:le] *agg* ① *(del sindacato)* Gewerkschafts-, gewerkschaftlich ② *(del sindaco)* Bürgermeister-
sindacalismo [sindaka'lizmo] *m* Gewerkschaftsbewegung *f*
sindacalista [sindaka'lista] <-i *m,* -e *f*> *mf* Gewerkschafter(in) *m(f)*
sindacalistico, **-a** [sindaka'listiko] <-ci, -che> *agg* gewerkschaftlich
sindacalizzare [sindakalid'dza:re] *vt* gewerkschaftlich organisieren
sindacalizzazione [sindakaliddzat'tsio:ne] *f* gewerkschaftliche Organisation
sindacare [sinda'ka:re] *vt* ① ADM überprüfen, kontrollieren ② *(fig)* bekritteln, bemängeln
sindacato [sinda'ka:to] *m* ① POL Verband *m; (di lavoratori)* Gewerkschaft *f;* ~ **dei datori di lavoro** Arbeitgeberverband *m* ② COM Kartell *nt*
sindaco ['sindako] <-ci> *m* ① ADM Bürgermeister(in) *m(f)* ② COM Syndikus *m*
sindone ['sindone] *f* Leichentuch *nt*
sindrome ['sindrome] *f* Syndrom *nt;* ~ **da astinenza** Entzugserscheinungen *f pl;* ~ **di Down** Down-Syndrom *nt;* ~ **da immunodeficienza acquisita** Immunschwächekrankheit *f,* AIDS *nt;* ~ **da iperattività** Zappelphilippsyndrom *nt*
sinedrio [si'nɛ:drio] <-i> *m* ① HIST *(presso i greci)* Synedrion *nt; (presso gli ebrei)* Hoher Rat *m* ② *(fig, scherz)* Versammlung *f*
sinergia [siner'dʒ:a] *f* Synergie *f*
sinfonia [sinfo'ni:a] <-ie> *f* ① MUS Sym-

phonie *f*, Sinfonie *f* ② *(fig, scherz)* Leier *f*, Lied *nt*

sinfonico, **-a** [sin'fɔːniko] <-ci, -che> *agg* symphonisch, sinfonisch

singhiozzare [siŋgiot'tsaːre] *vi* ① *(piangere)* schluchzen ② *(avere il singhiozzo)* [den] Schluckauf haben

singhiozzo [siŋ'giottso] *m* ① MED Schluckauf *m* ② *(pianto)* Schluchzer *m;* **a ~** stotternd, ruckweise

single [siŋgl] <-> *mf* Single *m*

singola *f v.* **singolo**

singolare [siŋgo'laːre] **I.** *agg (straordinario)* einzigartig, einmalig; *(insolito)* selten, ungewöhnlich **II.** *m* ① LING Singular *m*, Einzahl *f* ② SPORT Einzel *nt*

singolarità [siŋlari'ta] <-> *f* Einzigartigkeit *f*, Einmaligkeit *f*

singolo ['siŋgolo] *m* ① SPORT *(tennis)* Einzel *nt; (canottaggio)* Einer *m* ② TEL Einzelanschluss *m*

singolo, **-a I.** *agg* einzeln, Einzel- **II.** *m, f* Einzelne(r) *f(m)*

singulto [siŋ'gulto] *v.* **singhiozzo**

sinistra [si'nistra] *f* ① POL Linke *f;* **partito di ~** Linkspartei *f* ② *(mano)* Linke *f*, linke Hand ③ *(parte)* Linke *f*, linke Seite; **girare** [*o* **voltare**] **a ~** links abbiegen; **tenere la ~** links fahren; **alla mia ~** zu meiner Linken, links von mir

sinistrare [sinis'traːre] *vt* schädigen, treffen, schlagen

sinistrato, **-a** [sinis'traːto] **I.** *agg* getroffen, geschädigt; **zona -a** Katastrophengebiet *nt* **II.** *m, f* Geschädigte(r) *f(m)*, Opfer *nt*

sinistrese [sinis'treːse] *m* politischer Jargon der Linken

sinistro [si'nistro] *m* ① *(infortunio)* Schaden *m*, Unglück *nt*, Unfall *m*, Havarie *f* A ② *(piede)* linker Fuß; *(mano, pugno)* Linke *f;* **colpire di ~** mit links schlagen; *(col piede)* mit links schießen

sinistro, **-a** *agg* ① *(che è a sinistra)* linke(r, s) ② *(fig)* unheilvoll, düster

sinistroide [sinis'trɔːide] **I.** *agg* linksgerichtet **II.** *mf* Linke(r) *f(m)*

sinistrorso, **-a** [sinis'trɔrso] *agg* ① *(scrittura)* linksläufig ② PHYS, CHEM linksdrehend

sino ['siːno] *prep* **~ a** bis [zu [*o* nach]]

sinodico, **-a** [si'nɔːdiko] <-ci, -che> *agg* synodisch

sinodo ['siːnodo] *m* Synode *f*

sinologa *f v.* **sinologo**

sinologia [sinolo'dʒiːa] <-gie> *f* Sinologie *f*

sinologo, **-a** [si'nɔːlogo] <-gi *o* -ghi, -ghe> *m, f* Sinologe *m*/Sinologin *f*

sinonimia [sinoni'miːa] <-ie> *f* Synonymie *f*

sinonimo [si'nɔːnimo] *m* Synonym *nt;* **dizionario dei -i** Synonymwörterbuch *nt*

sinora [si'noːra] *v.* **finora**

sinossi [si'nɔssi] <-> *f* Synopse *f*

sinottico, **-a** [si'nɔttiko] *agg* Übersichts-

sinovia [si'nɔːvia] <-ie> *f* Gelenkflüssigkeit *f*

sintagma [sin'tagma] <-i> *m* Syntagma *nt*

sintantoché [sintanto'ke] *v.* **finché**

sintassi [sin'tassi] <-> *f* Syntax *f*

sintattico, **-a** [sin'tattiko] <-ci, -che> *agg* syntaktisch

sintesi ['sintezi] <-> *f* ① PHILOS, BIOL, CHEM, MED Synthese *f* ② *(riassunto)* Zusammenfassung *f;* **in ~** zusammenfassend, kurz

sinteticamente [sintetika'mente] *avv* ① *(in sintesi)* zusammenfassend, kurz ② CHEM synthetisch

sinteticità [sintetitʃi'ta] <-> *f* ① *(l'essere sintetico)* Knappheit *f*, Kürze *f* ② *(l'essere artificiale)* Künstlichkeit *f*

sintetico, **-a** [sin'tɛːtiko] <-ci, -che> *agg* ① *(schematico)* knapp, schematisch ② *(artificiale)* synthetisch, künstlich

sintetizzare [sintetid'dzaːre] *vt* ① *(riassumere)* zusammenfassen ② CHEM synthetisieren

sintetizzatore [sintetiddza'toːre] *m* MUS Synthesizer *m*

sintetizzazione [sintetiddzat'tsioːne] *f* ① *(riduzione all'essenziale)* Zusammenfassung *f* ② *(mus)* synthetische Klangerzeugung *f*

sintoamplificatore [sintoamplifika'toːre] *m* MUS Receiver *m*, Tuner-Amplifier *m*

sintogramma [sinto'gramma] <-i> *m* RADIO [Szintillations]feldstärkeanzeiger *m*

sintomaticità [sintomatitʃi'ta] <-> *f* Symptomatik *f*

sintomatico, **-a** [sinto'maːtiko] <-ci, -che> *agg* ① *(fortemente significativo)* symptomatisch ② MED **comportamento ~** symptomatisches Verhalten; **terapia -a** symptomatische Therapie

sintomatologia [sintomatolo'dʒiːa] <-ie> *f* MED Symptomatologie *f*

sintomo ['sintomo] *m* Symptom *nt*, Anzeichen *nt*

sintonia [sinto'niːa] <-ie> *f* ① *(perfetto accordo)* Syntonie *f*, Einklang *m*, Harmonie *f;* **essere in ~ con** in [perfektem] Einklang stehen mit ② PHYS Synchronismus *m*

sintonizzare [sintonid'dzaːre] *vt* ① RADIO einstellen, abstimmen ② *(fig)* in Einklang bringen

sintonizzatore [sintoniddza'toːre] *m* Empfangsgerät *nt*, Receiver *m*

sintonizzazione [sintoniddzat'tsioːne] *f* Einstellung *f*, Abstimmung *f*

S

sinuosità [sinuosi'ta] <-> *f* Gewundenheit *f*

sinuoso, -a [sinu'o:so] *agg* gewunden

sinusite [sinu'zi:te] *f* Nebenhöhlenentzündung *f*

sinusoidale [sinuzoi'da:le] *agg* sinusförmig

sinusoide [sinu'zɔ:ide] **I.** *agg* sinusförmig, Sinus- **II.** *f* Sinuskurve *f*

sionismo [sio'nizmo] *m* Zionismus *m*

sionista [sio'nista] <-i *m*, -e *f*> *mf* Zionist(in) *m(f)*

sionistico, -a [sio'nistiko] <-ci, -che> *agg* zionistisch

sior [sior] *m* DIAL Herr *m*

SIP [sip] *f acro di* **Società Italiana per l'Esercizio Telefonico** *italienische Telefongesellschaft*

sipario [si'pa:rio] <-i> *m* Vorhang *m*

Siracusa [sira'ku:za] *f* Syrakus *nt (Stadt in Sizilien)*

siracusano, -a [siraku'sa:no] **I.** *agg* aus Syrakus stammend, syrakusisch **II.** *m, f (abitante)* Bewohner(in) *m(f)* von Syrakus, Syrakuser(in) *m(f)*

Siracusano *m sing* Umgebung *f* von Syrakus

sirena [si'rɛ:na] *f* Sirene *f*

Siria ['si:ria] *f* Syrien *nt*

siriano, -a [si'ria:no] **I.** *agg* syrisch **II.** *m, f* Syrer(in) *m(f)*

siringa [si'riŋga] <-ghe> *f* ① MED Spritze *f;* ~ **monouso** Einwegspritze *f* ② GASTR Spritztülle *f* ③ MUS Pan- *f,* Hirtenflöte *f*

siringare [siriŋ'ga:re] *vt* kathetern

sirte ['sirte] *f* Syrte *f*

sisal ['si:zal] <-> *f* Sisal[hanf] *m*

sisma ['sizma] <-i> *m* Erdbeben *nt*

SISMI ['sizmi] *m acro di* **Servizio per l'Informazione e la Sicurezza Militare** *militärischer Abschirmdienst Italiens*

sismicità [sizmitʃi'ta] <-> *f* Seismizität *f*

sismico, -a ['sizmiko] <-ci, -che> *agg* seismisch; **zona -a** Erdbebengebiet *nt*

sismo ['sizmo] *m* Erdbeben *nt*

sismografia [sizmogra'fi:a] *f* Seismografie *f*

sismografico, -a [sizmo'gra:fiko] <-ci, -che> *agg* seismografisch; **registrazione -a** Seismogramm *nt*

sismografo [siz'mɔ:grafo] *m* Seismograf *m,* Erdbebenmesser *m*

sismogramma [sizmo'gramma] <-i> *m* Seismogramm *nt*

sismologa *f v.* **sismologo**

sismologia [sizmolo'dʒi:a] <-gie> *f* Seismologie *f,* Erdbebenkunde *f*

sismologo, -a [siz'mɔ:logo] <-gi, -ghe> *m, f* Seismologe *m*/Seismologin *f*

sissignore [sissiɲ'ɲo:re] *int* jawohl [, mein Herr]

sistema [sis'tɛ:ma] <-i> *m* ① *(insieme di elementi strutturali)* System *nt;* ~ **antibloccaggio** AUTO Antiblockiersystem *nt,* ABS *nt;* ~ **antisbandamento** AUTO Elektronisches Stabilitätsprogramm, ESP *nt;* ~ **immunitario** Immunsystem *nt;* ~ **nervoso** Nervensystem *nt;* ~ **solare** Sonnensystem *nt;* **Sistema monetario europeo** Europäisches Währungssystem; **Sistema europeo delle Banche centrali** Europäisches System der Zentralbanken ② INFORM System *nt;* ~ **operativo** Betriebssystem *nt;* ~ **di** [*o* **per**] **l'elaborazione dei dati** Datenverarbeitungssystem *nt;* ~ **di navigazione satellitare** Satellitennavigationssystem *nt;* ~ **tutor** *(in autostrada)* Abschnittskontrolle *f* ③ *(fig)* Art und Weise *f; (modo di comportarsi)* Benehmen *nt,* Verhalten *nt;* ~ **di vita** Lebensweise *f*

sistemare [siste'ma:re] **I.** *vt* ① *(mettere a posto)* ordnen, in Ordnung bringen ② *(faccenda)* erledigen, regeln; *(lite)* beilegen ③ *(procurare un lavoro, alloggio)* unterbringen ④ *(fam)* zurechtweisen **II.** *vr* **-rsi** ① *(ordinare, mettere in assetto)* in Ordnung kommen ② *(trovare lavoro, alloggio)* unterkommen ③ *(sposarsi)* unter die Haube kommen *fam*

sistematica [siste'ma:tika] <-che> *f* Systematik *f*

sistematicamente [sistematika'mente] *avv* ① *(secondo un piano organico)* systematisch ② *(regolarmente)* regelmäßig ③ *(assiduamente)* ständig, regelmäßig

sistematicità [sistematitʃi'ta] <-> *f* Regelmäßigkeit *f*

sistematico, -a [siste'ma:tiko] <-ci, -che> **I.** *agg* ① *(classificazione, ordine)* systematisch ② *(fig: opposizione)* prinzipiell, grundsätzlich **II.** *m, f* Systematiker(in) *m(f)*

sistematizzare [sistematid'dza:re] *vt* systematisch [an]ordnen, systematisieren

sistematizzatore, -trice [sistematiddza'to:re] *m, f* Systematisierer(in) *m(f)*

sistemazione [sistemat'tsio:ne] *f* ① *(di cose)* [An]ordnung *f; (posto)* Platz *m* ② *(impiego)* Stelle *f,* Anstellung *f* ③ *(di lite)* Beilegung *f; (di faccenda)* Erledigung *f* ④ COM [guter] Absatz *m* ⑤ *(alloggio)* Unterbringung *f,* Unterkunft *f*

sistemica [sis'tɛ:mika] *f v.* **sistemistica**

sistemista [siste'mista] <-i *m*, -e *f*> *mf* ① *(giocatore)* Systemspieler(in) *m(f)* ② INFORM Systemanalytiker(in) *m(f)*

sistemistica [siste'mistika] *f* Systemik *f,* Systemlehre *f*

sistola ['sistola] *f* [Spritz]schlauch *m*

sistole ['sistole] *f* Systole *f*
sitcom ['sitkɔm] <-> *f* TV Sitcom *f*
sitibondo, -a [siti'bondo] *agg (poet)* durstig; ~ **di vendetta** rachedurstig
sito ['sito] *m* ① *(poet: luogo)* Stätte *f*, Ort *m* ② INET Site *f*; ~ **Internet** [*o* **Web**] Website *f*, Internetadresse *f*
situare [situ'a:re] *vt* setzen, stellen
situato, -a [situ'a:to] *agg* gelegen
situazione [situat'tsio:ne] *f* Lage *f*, Situation *f*; ~ **di emergenza** Ausnahmesituation *f*
size ['saiz] <-> *f* Größe *f*
skateboard ['skeitbɔ:d *o* 'skeitbɔrd] <-> *m* Skateboard *nt*, Rollbrett *nt*
skater ['skeitə] <-> *mf* Skater(in) *m(f)*, Skateboardfahrer(in) *m(f)*, Inlineskater(in) *m(f)*
skating ['skeitiŋ *o* 'skeiting] <-> *m* ① SPORT *(su ghiaccio)* Eislaufen *nt*; *(a rotelle)* Rollschuhlaufen *nt* ② TEC Skating *nt*
skibob ['ski:bɔb] <-> *m* Skibob *m*, Lenkschlitten *m*
skidoo ['skidu:] <-> *m (moto da neve)* Skidoo *m*, Schneemobil *nt*, Motorschlitten *m*
skipass [ski'pas] <-> *m* Skipass *m*
ski roll ['ski: roul] <-> *m* Rollski *m*, Asphaltski *m*
ski stopper ['ski: 'stɔpə] <-> *m* Skibremse *f*
skunk [skʌŋk] <-> *m* Skunk *m*
skybed ['skaibed] <-> *m* AERO Liegesitz *m*
skysurfing [skai'səfiŋ] *m sing* SPORT Skysurfing *nt*
s.l. *abbr di* **senza luogo** s.l.
slabbrare [zlab'bra:re] **I.** *vt* ausleiern **II.** *vr* **-rsi** die Form verlieren, ausleiern
slabbratura [zlabbra'tu:ra] *f* Randbeschädigung *f*
slacciare [zlat'tʃa:re] **I.** *vt* lösen, aufmachen; *(sbottonare)* aufknöpfen **II.** *vr* **-rsi** sich lösen, aufgehen
slalom ['zla:lom] <-> *m* Slalom *m*; ~ **gigante** Riesenslalom *m*
slalomista [zlalo'mista] <-i *m*, -e *f*> *mf* Slalomläufer(in) *m(f)*
slanciarsi [zlan'tʃarsi] *vr* ~ **contro** [*o* **su**] **qu** sich auf jdn werfen
slanciato, -a [zlan'tʃa:to] *agg* schlank
slancio ['zlantʃo] <-ci> *m* ① *(balzo)* Schwung *m*; *(rincorsa)* Anlauf *m*; **prendere lo ~** Anlauf nehmen ② *(fig)* Schwung *m*, Elan *m*; **in uno ~ di entusiasmo** in einem Anflug von Begeisterung
slapstick ['slæpstik] <-> *m* THEAT Slapstick *m*
slargare [zlar'ga:re] **I.** *vt* weiter machen, erweitern **II.** *vr* **-rsi** weiter werden, sich erweitern
slargo ['zlargo] <-ghi> *m* Verbreiterung *f*
slash ['zlæʃ] <-> *m* INFORM Slash *m*
slattamento [zlatta'mento] *m* Abstillen *nt*
slattare [zlat'ta:re] *vt* abstillen
slava *f v.* **slavo**
slavato, -a [zla'va:to] *agg* ausgewaschen, verwaschen
slavina [zla'vi:na] *f* Lawine *f*
slavismo [zla'vizmo] *m* ① LING Slawismus *m* ② POL Panslawismus *m*
slavistica [zla'vistika] <-che> *f* Slawistik *f*
slavo, -a ['zla:vo] **I.** *agg* slawisch **II.** *m, f* Slawe *m*/Slawin *f*
slavofilia [zlavofi'li:a] *f* Slawophilie *f*
slavofobia [zlavofo'bi:a] *f* Slawophobie *f*
slavofono, -a [zla'vɔ:fono] **I.** *m, f* slawisch sprechende Person **II.** *agg* slawisch sprechend
sleale [zle'a:le] *agg* unehrlich
slealtà [zleal'ta] <-> *f* Unlauterkeit *f*, Unehrlichkeit *f*
sled dog ['sled dɔg] <-> *m* Schlittenhunderennen *nt*
sleeping car ['sli:piŋ ka: *o* 'zliping 'car] <-> *m* Schlafwagen *m*
slegare [zle'ga:re] **I.** *vt* lösen; *(cane)* losbinden **II.** *vr* **-rsi** aufgehen, sich lösen
slegato, -a [zle'ga:to] *agg* ① *(pacco)* aufgebunden, lose; *(libro)* ungebunden ② *(fig)* zusammenhang[s]los
Slesia ['zlɛ:zia] *f* Schlesien *nt*
Slesvig-Holstein ['zlezvig 'hɔlʃtain] *m* Schleswig-Holstein *nt*
slineamento [zlinea'mento] *m* FERR Verwerfung *f*
slip [zlip] <-> *m* Slip *m*
slitta ['zlitta] *f* Schlitten *m*
slittamento [zlitta'mento] *m* ① *(di ruote)* Rutschen *nt* ② *(fig)* Abkommen *nt* ③ COM, FIN Abfallen *nt*, Nachgeben *nt*
slittare [zlit'ta:re] *vi essere o avere* ① *(ruote)* rutschen, durchdrehen ② *(persone, animali)* rutschen, gleiten ③ COM, FIN abfallen, nachgeben ④ *(fig)* abweichen, abkommen
slittino [zlit'ti:no] *m* Rodelschlitten *m*
s.l.m. *abbr di* **sul livello del mare** ü.d.M. *(über dem Meeresspiegel)*
s.l.n.d. *abbr di* **senza luogo né data** s. l. n. d.
slogan ['zlɔ:gan] <-> *m* Slogan *m*
sloganismo [zloga'nizmo] *m* Reduzierung *f* auf Schlagwörter, Plakativismus *m*
sloganistica [zloga'nistika] <-che> *f* Produktion *f* von Slogans
slogare [zlo'ga:re] *vt* ausrenken, verrenken
slogatura [zloga'tu:ra] *f* Verrenkung *f*
sloggiare [zlod'dʒa:re] **I.** *vt* vertreiben; *(di*

casa) ausquartieren, weisen aus **II.** *vi* ① *(abbandonare)* ausziehen, wegziehen ② *(fam)* abhauen

slot [slɔt *o* 'zlot] <-> *m* AERO, INFORM Slot *m*

slot-machine ['slɔt məʃi:n *o* 'zlɔt ma'ʃin] <-> *f* Spielautomat *m*

Slovacchia [zlovak'kia] *f* Slowakei *f*

slovacco, -a [zlo'vakko] <-cchi, -cche> **I.** *agg* slowakisch **II.** *m, f* Slowake *m*/Slowakin *f*

Slovenia [zlo'vɛ:nia] *f* Slowenien *nt*

sloveno, -a [zlo'vɛ:no] **I.** *agg* slowenisch **II.** *m, f* Slowene *m*/Slowenin *f*

slow [slou *o* zlo] <-> *m* Slowfox *m*

slow-food ['zloufu:d] *m* Slow food *nt*

slugflazione [zlugflat'tsio:ne] *f* FIN Slugflation *f*

slumare [zlu'ma:re] *vt (sl: osservare)* beobachten

slumberette [slʌmbe'rɛt] <-> *f* AERO Liegesitz *m*

slurp [zlurp] *int (fam: rumore di chi mangia)* schmatz!; *(rumore di chi beve)* gluck!

slurpata [zlur'pa:ta] *f (fam: assaggio)* Kostprobe *f,* Ablecken *nt*

smaccato, -a [zmak'ka:to] *agg* übermäßig, übertrieben; *(dolce)* widerlich süß

smacchiare [zmak'kia:re] *vt* die Flecken entfernen aus

smacchiatore, -trice [zmakkia'to:re] *m, f* Fleckentferner *m*

smacco ['zmakko] <-cchi> *m* Schlappe *f fam,* Niederlage *f*

smack [zmak] *int (fam)* schmatz!

smagliante [zmaʎ'ʎante] *agg* glänzend, strahlend

smagliare [zmaʎ'ʎa:re] **I.** *vt (calze)* Laufmaschen machen in *+akk; (maglia)* aufziehen **II.** *vr* **-rsi** ① *(calze)* Laufmaschen bekommen; *(maglia)* ein Loch bekommen ② *(pelle)* Dehnungsstreifen bekommen

smagliatura [zmaʎʎa'tu:ra] *f* ① *(di calze)* Laufmasche *f* ② MED Dehnungsstreifen *m; (di gravidanza)* Schwangerschaftsstreifen *m*

smagnetizzare [zmaɲɲetid'dza:re] *vt* entmagnetisieren

smagnetizzazione [zmaɲɲetiddzat'tsio:ne] *f* Entmagnetisierung *f*

smagrire [zma'gri:re] <smagrisco> **I.** *vt avere* mager machen, abmagern lassen **II.** *vr* **-rsi** abnehmen

smaliziare [zmalit'tsia:re] **I.** *vt* gewitzt[er] machen **II.** *vr* **-rsi** gewitzt[er] werden

smaliziato, -a [zmalit'tsia:to] *agg* gerissen, verschlagen

smalizzire *v.* **smaliziare**

smaltare [zmal'ta:re] *vt* emaillieren; *(ceramica)* glasieren; *(unghie)* lackieren

smaltimento [zmalti'mento] *m* Entsorgung *f,* Beseitigung *f*

smaltire [zmal'ti:re] <smaltisco> *vt* ① *(cibo)* verdauen, verwerten ② *(indigestione)* überwinden; *(rabbia)* verrauchen lassen; *(sbornia)* ausschlafen ③ COM *(merce)* ausverkaufen ④ *(acque)* ableiten; *(rifiuti)* beseitigen ⑤ *(lavoro)* erledigen

smalto ['zmalto] *m* ① *(per decorare)* Email *nt; (per ceramica)* Glasur *f* ② *(per unghie)* Nagellack *m* ③ *(dei denti)* Zahnschmelz *m*

smammare [zmam'ma:re] *vi (fam)* abhauen

smanceria [zmantʃe'ri:a] <-ie> *f (pej)* Getue *nt fam*

smanettare [zmanet'ta:re] *vi* MOT *(sl)* voll aufdrehen, Gas geben; **~ al computer** ein Computer-Freak sein

smania ['zma:nia] *f* ① *(agitazione)* Aufregung *f,* Unruhe *f* ② *(fig)* Sucht *f,* Wahn *m*

smaniare [zma'nia:re] *vi* ① *(agitarsi)* sich aufregen, rasen ② *(fig: desiderare fortemente)* **~ di fare qc** darauf brennen, etw zu tun

smanicato, -a [zmani'ka:to] *agg* ärmellos

smanierato, -a [zmanie'ra:to] *agg* unhöflich, unmanierlich

smanioso, -a [zma'nio:so] *agg* ① *(agitato)* außer sich *dat* ② *(desideroso)* **essere ~ di qc** sich nach etw sehnen; **essere ~ di fare qc** darauf brennen, etw zu tun

smantellamento [zmantella'mento] *m (mura)* Abriss *m,* Abbruch *m; (fabbrica)* Abbau *m;* **~ sociale** *(fig)* Abbau der Sozialleistungen

smantellare [zmantel'la:re] *vt* ① *(mura)* abreißen; *(fabbrica)* demontieren ② NAUT abwracken ③ *(fig)* demolieren

smargiassa *f v.* **smargiasso**

smargiassata [zmardʒas'sa:ta] *f* Prahlerei *f*

smargiasso, -a [zmar'dʒasso] *m, f* Prahler(in) *m(f),* Angeber(in) *m(f)*

smarmittato, -a [zmarmit'ta:to] *agg (senza marmitta)* ohne Katalysator

smarrimento [zmarri'mento] *m* ① *(di oggetto)* Verlust *m* ② *(fig)* Verwirrung *f*

smarrire [zmar'ri:re] <smarrisco> **I.** *vt* verlegen, verlieren **II.** *vr* **-rsi** ① *(perdersi)* sich verlaufen ② *(fig)* in Verwirrung geraten; *(d'animo)* verzagen

smarronare [zmarro'na:re] *vi (fam)* danebenhauen

smarronata [zmarro'na:ta] *f (fam)* Schnitzer *m*

smartphone ['sma:tfon] <-> *m* Smartphone *nt*
smart set ['sma:t set] <-> *m* Highsociety *f,* elegante Welt
smascellarsi [zmaʃʃel'larsi] *vr* ~ **dalle risa** *(fam)* sich kaputtlachen
smascheramento [zmaskera'mento] *m* Demaskierung *f,* Enthüllung *f*
smascherare [zmaske'ra:re] **I.** *vt* ❶ *(fig)* aufdecken, enthüllen ❷ *(togliere la maschera)* demaskieren **II.** *vr* **-rsi** ❶ *(fig)* die Maske fallen lassen ❷ *(togliersi la maschera)* die Maske ablegen
smascheratore, **-trice** [zmaskera'to:re] **I.** *agg* entlarvend, enthüllend **II.** *m, f (fig)* Entlarver(in) *m(f),* Aufdecker(in) *m(f)*
smash [smæʃ *o* zmɛʃ] <-> *m* Schmetterball *m*
smaterializzare [zmaterialid'dza:re] **I.** *vt* entmaterialisieren **II.** *vr* **-rsi** sich entmaterialisieren
smazzare [zmat'tsa:re] *vt* ❶ *(distribuire le carte da gioco)* geben, austeilen ❷ *(fig: gestire)* regeln, beherrschen, lenken
smazzata [zmat'tsa:ta] *f* Runde *f*
SME *m abbr di* **Sistema Monetario Europeo** EWS *nt (Europäisches Währungssystem)*
smembramento [zmembra'mento] *m* ❶ *(divisione)* Aufteilung *f,* Zerteilung *f* ❷ *(fig)* Zerstückelung *f*
smembrare [zmem'bra:re] *vt* zerstückeln
smemorata *f v.* **smemorato**
smemoratezza [zmemora'tettsa] *f* Vergesslichkeit *f*
smemorato, **-a** [zmemo'ra:to] **I.** *agg* vergesslich **II.** *m, f* vergesslicher Mensch
smentire [zmen'ti:re] <smentisco> **I.** *vt* ❶ *(notizia, fatti)* dementieren ❷ JUR widerrufen ❸ *(buon nome, fama)* handeln gegen **II.** *vr* **-rsi** sich *dat* widersprechen; **non si smentisce mai** er/sie bleibt sich *dat* selbst treu
smentita [zmen'ti:ta] *f* Gegendarstellung *f,* Dementi *nt;* JUR Widerruf *m*
smeraldino, **-a** [zmeral'di:no] *agg (poet)* smaragdgrün
smeraldo[1] [zme'raldo] *m* Smaragd *m*
smeraldo[2] *agg inv* smaragdgrün
smerciare [zmer'tʃa:re] *vt* verkaufen, absetzen
smercio ['zmɛrtʃo] <-ci> *m* Verkauf *m,* Absatz *m*
smerdare [zmer'da:re] **I.** *vt (vulg)* verscheißen **II.** *vr* **-rsi** *(vulg)* sich verscheißen
smerigliare [zmeriʎ'ʎa:re] *vt* [ab]schmirgeln
smerigliato, **-a** [zmeriʎ'ʎa:to] *agg* ❶ *(carta)* Schmirgel- ❷ *(vetro)* geschmirgelt
smeriglio [zme'riʎʎo] <-gli> *m* Schmirgel *m*
smerlare [zmer'la:re] *vt* festonieren
smerlo ['zmɛrlo] *m* Feston *nt*
smettere ['zmettere] <irr> **I.** *vt* ❶ *(vestito)* ablegen ❷ *(lavoro, studi)* aufgeben; *(interrompere)* abbrechen; **smettila!** *(fam)* hör auf damit! **II.** *vi* aufhören; ~ **di fare qc** mit etw aufhören, aufhören etw zu tun
smezzare [zmed'dza:re] *vt* ❶ *(dividere a metà)* halbieren ❷ *(consumare fino a metà)* halb aufbrauchen
smidollato, **-a** [zmidol'la:to] **I.** *agg* ❶ *(osso, canna)* marklos ❷ *(fig, pej)* schlaff, schlapp **II.** *m, f* Schlappschwanz *m fam*
smielato, **-a** [zmie'la:to] *agg* leer, entleert, ohne Honig
smielatore [zmiela'to:re] *m* Honigschleuder *f*
smilitarizzare [zmilitarid'dza:re] *vt* entmilitarisieren
smilitarizzazione [zmilitariddzat'tsio:ne] *f* Entmilitarisierung *f*
smilzo, **-a** ['zmiltso] *agg* ❶ *(persona)* schmächtig ❷ *(trama, tema)* mager, dürftig
sminare [zmi'na:re] *vt* entminen
sminuire [zminu'i:re] <sminuisco> *vt* verringern, mindern; *(persona)* gering schätzen
sminuzzamento [zminuttsa'mento] *m* Zerbröckeln *nt*
sminuzzare [zminut'tsa:re] **I.** *vt* zerbröckeln; *(a. fig)* zerstückeln **II.** *vr* **-rsi** zerbröckeln
sminuzzatore [zminuddza'to:re] *m* Universalmixer *m*
smiscelamento [zmiʃʃela'mento] *m* Aufspaltung *f* [in einzelne Komponenten]
smiscelare [zmiʃʃe'la:re] *vt* [in einzelne Komponenten] aufspalten
smisi ['zmizi] *1. pers sing pass rem di* **smettere**
smistare [zmis'ta:re] *vt* ❶ *(corrispondenza, merci)* sortieren ❷ MIL einteilen ❸ FERR verschieben, rangieren ❹ SPORT übergeben, abgeben
smisurato, **-a** [zmizu'ra:to] *agg* maßlos, grenzenlos
smithiano, **-a** [zmiti'a:no] *agg (di A. Smith)* auf A. Smith zurückgehend
smitizzare [zmitid'dza:re] *vt* nüchtern betrachten
smitizzazione [zmitiddzat'tsio:ne] *f* nüchterne Betrachtung, Entmythisierung *f*
smobilitare [zmobili'ta:re] *vt* demobilisieren; *(truppe)* abziehen

smobilitazione [zmobilitat'tsio:ne] *f* Demobilisierung *f; (truppe)* Abzug *m*

smobilizzare [zmobilid'dza:re] *vt* FIN flüssig machen

smobilizzo [zmobi'liddzo] *m* Mobilisierung *f*

smoccolare [zmokko'la:re] **I.** *vi (fam)* fluchen **II.** *vt* den Docht stutzen

smoccolatoio [zmokkola'to:io] <-oi> *m* Dochtschere *f*

smodato, -a [zmo'da:to] *agg* maßlos, unmäßig

smoderatezza [zmodera'tettsa] *f* Maßlosigkeit *f,* Unmäßigkeit *f*

smoderato, -a [zmode'ra:to] *agg* maßlos, unmäßig; **essere ~ nel mangiare/bere** unmäßig essen/trinken

smog [zmɔg] <-> *m* Smog *m;* **cappa di ~** Dunstglocke *f;* **allarme ~** Smogalarm *m*

smoking ['zmɔ:kiŋg] <-> *m* Smoking *m*

smonetare [zmone'ta:re] *vt (fin)* aus dem Verkehr ziehen, demonetisieren

smonetizzare [zmonetid'dza:re] *vt* aus dem Verkehr ziehen, demonetisieren

smontabile [zmon'ta:bile] *agg* demontierbar, zerlegbar

smontabilità [zmontabili'ta] <-> *f* Zerlegbarkeit *f,* Demontierbarkeit *f*

smontaggio [zmon'taddʒo] <-ggi> *m* Demontage *f,* Zerlegung *f*

smontare [zmon'ta:re] **I.** *vt avere* ❶ *(scomporre)* zerlegen, auseinandernehmen; TEC demontieren ❷ *(fig)* entmutigen, demoralisieren **II.** *vi essere o avere* ❶ *(scendere)* hinabsteigen; *(da treno)* aussteigen; *(da cavallo)* absteigen ❷ *(di turno, lavoro)* Feierabend machen ❸ GASTR wieder flüssig werden **III.** *vr* **-rsi** den Mut verlieren

smorfia ['zmɔrfia] <-ie> *f* ❶ *(contrazione)* Grimasse *f,* Fratze *f;* **fare le -ie** Fratzen schneiden ❷ *(fig)* Naserümpfen *nt; (atteggiamento lezioso)* Getue *nt fam,* Theater *nt*

smorfioso, -a [zmor'fio:so] **I.** *agg* zimperlich **II.** *m, f* Zimperliese *f*

smorto, -a ['zmɔrto] *agg* blass; *(fig)* farblos

smorzamento [zmortsa'mento] *m* Abschwächung *f,* Dämpfung *f*

smorzare [zmor'tsa:re] *vt* ❶ *(rumori, colori)* dämpfen ❷ DIAL *(luce)* dämpfen; *(fuoco)* löschen ❸ *(fig)* stillen

smorzata [zmor'tsa:ta] *f* Stoppball *m*

smorzatore [zmortsa'to:re] *m* Dämpfer *m*

smossi *1. pers sing pass rem di* **smuovere**

smosso *pp di* **smuovere**

smottamento [zmotta'mento] *m* Erdrutsch *m*

smottare [zmot'ta:re] *vi essere* abrutschen

SMS ['ɛsseɛmme'ɛsse] <-> *m abbr di* **Short Message System** TEL *(sistema per invio di brevi messaggi)* SMS *nt; (messaggio)* SMS *f;* **~ con immagini** Bild-SMS *f*

smunto, -a ['zmunto] *agg* abgezehrt

smuovere ['zmuɔ:vere] <irr> **I.** *vt* ❶ *(spostare)* verrücken, wegrücken ❷ *(fig)* abbringen; *(dall'inerzia)* aufrütteln; *(commuovere)* rühren **II.** *vr* **-rsi** ❶ *(spostarsi)* sich wegbewegen, sich rühren ❷ *(fig)* sich rühren, sich in Bewegung setzen

smussare [zmus'sa:re] **I.** *vt* ❶ *(spigolo, stipite)* abstumpfen, abrunden ❷ *(fig)* mildern **II.** *vr* **-rsi** abstumpfen

snack [snæk *o* znɛk] <-> *m* Snack *m,* Zwischenmahlzeit *f*

snaturare [znatu'ra:re] *vt* entarten lassen, entstellen

snaturato, -a [znatu'ra:to] **I.** *agg* entartet, unmenschlich; *(madre, padre)* Raben- **II.** *m, f* Unmensch *m*

snazionalizzare [znattsionalid'dza:re] *vt* ❶ COM reprivatisieren ❷ POL entnationalisieren

snazionalizzazione [znattsionaliddzad'dsio:ne] *f* ❶ COM Reprivatisierung *f* ❷ POL Entnationalisierung *f*

sneaker ['sni:kə] <-> *f* Basketballschuh *m*

snebbiamento [znebbia'mento] *m* ❶ *(diradamento di un banco di nebbia)* Lichten *nt* einer Nebelbank ❷ *(fig: chiarimento)* Klärung *f;* **~ della mente** Ernüchterung *f*

snebbiare [zneb'bia:re] *vt* ❶ METEO vom Nebel befreien ❷ *(fig)* aufklären, erhellen

snellezza [znel'lettsa] *f* ❶ *(di persona)* Schlankheit *f* ❷ *(fig)* Eleganz *f*

snellire [znel'li:re] <snellisco> **I.** *vt* ❶ *(rendere snello)* schlank[er] machen ❷ *(fig)* beschleunigen, vereinfachen **II.** *vr* **-rsi** schlank[er] werden

snello, -a ['znɛllo] *agg* ❶ *(persona, figura)* schlank ❷ *(fig)* leicht, behände; *(stile)* flüssig

snervante [zner'vante] *agg* entnervend

snervare [zner'va:re] **I.** *vt* entnerven **II.** *vr* **-rsi** entnervt sein

snidare [zni'da:re] *vt* ❶ *(lepre, volpe)* aus dem Bau [*o* Nest] treiben, aufstöbern ❷ *(fig)* ausheben

sniffare [znif'fa:re] *vt (sl)* sniffen; *(cocaina)* koksen

sniffata [znif'fa:ta] *f* Sniff *m;* **fare una ~** sniffen

snob [znɔb] **I.** *agg inv* versnobt **II.** *mf* <-> Snob *m*

snobbare [znob'ba:re] *vt* verachten, herabblicken auf +*akk*

snobismo [zno'bizmo] *m* Snobismus *m*

snocciolamento [znottʃola'mento] *m* Entkernung *f,* Entsteinung *f*

S

snocciolaolive [znottʃolao'li:ve] <-> *m* Olivenentkerner *m*
snocciolare [znottʃo'la:re] *vt* ❶ *(ciliege, albicocche)* entkernen ❷ *(fig)* reihenweise von sich geben; *(orazioni)* herunterleiern
snocciolatore [znottʃola'to:re] *m* Entkerner *m*, Entsteiner *m*
snodabile [zno'da:bile] *agg* gelenkig; TEC Gelenk-
snodare [zno'da:re] **I.** *vt* ❶ *(fune, corda)* lösen, entknoten, aufknoten; *(giunture)* lockern; *(fig: lingua)* lösen ❷ *(rendere mobile)* gelenkig machen ❸ TEC mit Gelenken versehen **II.** *vr* **-rsi** ❶ *(fiume, strada)* sich schlängeln ❷ *(articolarsi)* sich krümmen
snodo ['znɔ:do] *m* TEC Gelenk *nt*
snowbo(a)rdista [snoubor'dista] <-i *m*, -e *f*> *mf* Snowboarder(in) *m(f)*
snowboard ['snou bɔ:d] <-> *m* Snowboard *nt*
snudare [znu'da:re] *vt* ❶ *(spada)* [aus der Scheide] ziehen ❷ *(poet)* entblößen
so [sɔ] *1. pers sing pr di* **sapere**[1]
SO *abbr di* **sudovest** SW
soap opera [soup 'ɔpərə] <-> *f* Soap[opera] *f*, Seifenoper *f*
soave[1] [so'a:ve] *agg* lieblich, süß
soave[2] <-> *m* Soave *m (trockener Weißwein aus Venetien)*
soavità [soavi'ta] <-> *f* Lieblichkeit *f*, Süße *f*
sobbalzare [sobbal'tsa:re] *vi* ❶ *(veicoli)* stoßen, rucken ❷ *(persone)* aufspringen, auffahren
sobbalzo [sob'baltso] *m* Stoß *m*, Ruck *m*
sobbarcare [sobbar'ka:re] **I.** *vt* belasten (**qu a qc** jdn mit etw), aufbürden (**qu a qc** jdm etw) **II.** *vr* **-rsi** sich aufbürden (**a qc** etw), sich belasten (**a** mit)
sobbarcarsi [sobbar'karsi] *vr* ~ **a qc** sich *dat* etw aufbürden
sobborgo [sob'borgo] <-ghi> *m* Vorort *m*, Vorstadt *f*
sobillare [sobil'la:re] *vt* aufstacheln, aufhussen A
sobillatore, **-trice** [sobila'to:re] *m, f* Aufwiegler(in) *m(f)*, Unruhestifter(in) *m(f)*
sobrietà [sobrie'ta] <-> *f* Maß *nt*, Mäßigkeit *f*; *(a. fig)* Nüchternheit *f*
sobrio, **-a** ['sɔ:brio] <-i, -ie> *agg* ❶ *(persona)* maßvoll, genügsam ❷ *(fig)* einfach, schlicht ❸ *(lucido)* nüchtern
soc. *abbr di* **società** Ges.
socchiudere [sok'kiu:dere] <irr> *vt (porta, finestra)* anlehnen; *(occhi)* blinzeln
soccombere [sok'kombere] <soccombo, soccombei *o* soccombetti, soccombuto> *vi essere* unterliegen, erliegen
soccorrere [sok'korrere] <irr> *vt* ~ **qu** jdm Hilfe leisten
soccorritore, **-trice** [sokkorri'to:re] *m, f* Helfer(in) *m(f)*, Rettungskraft *f*
soccorso [sok'korso] *m* Hilfe *f*; **-i** Hilfsmittel *nt pl*; MIL Hilfstruppen *f pl*; **il pronto ~** die erste Hilfe; **~ marittimo** Seenotrettungsdienst *m*; **~ stradale** Pannendienst *m*; **cassetta di pronto ~** Verband[s]kasten *m*; **chiamata di ~** Notruf *m*; **colonnina di ~** [Not]rufsäule *f*; **piano di ~** Rettungsplan *m*; **correre in ~ di qu** jdm zu Hilfe eilen; **omissione di ~** JUR unterlassene Hilfeleistung
socia *f v.* **socio**
social card ['souʃəl 'ca:d] <-> *f* ≈ Sozialkarte *f (vom Staat an Bedürftige ausgehändigte Kreditkarte)*
socialdemocratico, **-a** [sotʃaldemo'kra:tiko] <-ci, -che> **I.** *agg* sozialdemokratisch **II.** *m, f* Sozialdemokrat(in) *m(f)*
socialdemocrazia [sotʃaldemokrat'tsi:a] *f* Sozialdemokratie *f*
sociale [so'tʃa:le] *agg* ❶ *(di società)* gesellschaftlich, Gesellschafts-; **vita ~** Gesellschaftsleben *nt*; **ragione ~** Firmenname *m* ❷ *(che vive in società)* gesellig
socialismo [sotʃa'lizmo] *m* Sozialismus *m*
socialista [sotʃa'lista] <-i *m*, -e *f*> **I.** *mf* Sozialist(in) *m(f)* **II.** *agg* sozialistisch
socialità [sotʃali'ta] <-> *f* ❶ *(tendenza)* Geselligkeit *f*, Gemeinschaftssinn *m* ❷ *(convivenza)* gesellschaftliches Zusammenleben
socializzare [sotʃalid'dza:re] **I.** *vt* COM vergesellschaften, sozialisieren **II.** *vi* Kontakte knüpfen; **non riesce a ~ con i colleghi** er schafft es nicht mit seinen Kollegen in Kontakt zu kommen
socializzazione [sotʃaliddzat'tsio:ne] *f* Sozialisierung *f*; COM Vergesellschaftung *f*
società [sotʃe'ta] <-> *f* ❶ SOC, COM Gesellschaft *f*; **~ affiliata** Tochtergesellschaft *f*; **~ in compartecipazione** Gemeinschaftsunternehmen *nt*; **~ dei consumi** Konsumgesellschaft *f*; **~ industriale** Industriegesellschaft *f*; **alta ~** High Society *f*; **~ per azioni** [*o* **anonima**] Aktiengesellschaft *f*; **~ a responsabilità limitata** Gesellschaft *f* mit beschränkter Haftung; **~ in accomandita semplice** Kommanditgesellschaft *f*; **~ finanziaria** Holding *f*; **~ distributrice di film** Filmverleih *m*; **~ [di fornitura] di lavoro temporaneo** Zeitarbeitfirma *f*; **giochi di ~** Gesellschaftsspiele *nt pl*; **in ~** gemeinsam ❷ *(associazione)* Verein *m*; **~ sportiva** Sportverein *m*
socievole [so'tʃe:vole] *agg* gesellig
socio, **-a** ['sɔ:tʃo] <-ci, -cie> *m, f* ❶ *(mem-*

S

bro) Mitglied *nt* ② COM Gesellschafter(in) *m(f)*, Teilhaber(in) *m(f)*

socioanalisi [sotʃoa'na:lizi] <-> *f* Sozialanalyse *f*, Gesellschaftsanalyse *f*

sociobiologia [sotʃobiolo'dʒi:a] *f* Soziobiologie *f*

socioculturale [sotʃokultu'ra:le] *agg* soziokulturell

sociodramma [sotʃo'dramma] *m* Rollenspiel *nt*

socioeconomico, -a [sotʃoeko'nɔ:miko] <-ci, -che> *agg* sozioökonomisch

sociogenesi [sotʃo'dʒɛ:nezi] *f* Soziogenese *f*

sociogenetico, -a [sotʃodʒe'nɛ:tiko] *agg* soziogenetisch

sociogeografia [sotʃodʒeogra'fi:a] *f* Sozialgeografie *f*

sociogramma [sotʃo'gramma] <-i> *m* Soziogramm *nt*

socioinformatica [sotʃoinfor'ma:tika] *f* Sozialinformatik *f*

sociolinguistica [sotʃoliŋ'guistik] *f* Soziolinguistik *f*

sociolinguistico, -a [sotʃoliŋ'guistiko] <-ci, -che> *agg* soziolinguistisch

sociologa *f v.* **sociologo**

sociologia [sotʃolo'dʒi:a] <-gie> *f* Soziologie *f*

sociologico, -a [sotʃo'lɔ:dʒiko] <-ci, -che> *agg* soziologisch

sociologo, -a [so'tʃɔ:logo] <-gi, -ghe> *m, f* Soziologe *m*/Soziologin *f*

sociopatia [sotʃopa'ti:a] *f* Soziopathie *f*

sociopolitico, -a [sotʃopo'li:tiko] <-ci, -che> *agg* sozialpolitisch, gesellschaftspolitisch

sociosanitario, -a [sotʃosani'ta:rio] *agg* das Gesundheitswesen betreffend; **struttura -a** Einrichtung *f* des Gesundheitswesens

soda ['sɔ:da] *f* ① CHEM Soda *nt o f*; **bicarbonato di ~** Natron *nt* ② *(acqua)* Soda[wasser] *nt*

sodalizio [soda'littsio] <-i> *m (poet)* Gesellschaft *f*, Vereinigung *f*

soddisfaccio [soddis'fattʃo] *1. pers sing pr di* **soddisfare**

soddisfacente [soddisfa'tʃɛnte] *agg* befriedigend

soddisfare [soddis'fa:re] <irr> **I.** *vt* zufrieden stellen; *(bisogni)* befriedigen; *(curiosità)* stillen; *(clienti, pubblico)* zufrieden stellen **II.** *vi* **~ a qc** einer Sache *dat* genügen

soddisfatto, -a [soddis'fatto] *agg (contento)* zufrieden

soddisfazione [soddisfat'tsio:ne] *f* ① *(piacere)* Befriedigung *f*; *(contentezza)* Zufriedenheit *f*; **le piccole -i della vita quotidiana** die kleinen Freuden *fpl* des [täglichen] Lebens; **con mia grande ~** zu meiner großen Freude; **non c'è ~** es macht keinen Spaß ② *(compensazione)* Genugtuung *f* ③ *(riparazione)* Wiedergutmachung *f*

soddisfeci *1. pers sing pass rem di* **soddisfare**

soddisfo [soddis'fɔ] *1. pers sing pr di* **soddisfare**

sodio ['sɔ:dio] *m* Natrium *nt*

sodo ['sɔ:do] **I.** *avv* ① *(con forza)* hart, fest ② *(alacremente)* tüchtig, fest ③ *(profondamente)* **dormire ~** tief schlafen **II.** *m* **venire al ~** *(fam)* zur Sache kommen

sodo, -a *agg* ① *(carni)* fest, hart ② *(muscoli)* stark, kräftig ③ *(uova)* hart [gekocht] ④ *(fig)* fest, solide; *(argomento)* stark; **prenderle -e** *(fam)* feste Prügel bekommen

sodomia [sodo'mi:a] <-ie> *f* Sodomie *f*

sofà [so'fa] <-> *m* Sofa *nt*

sofferente [soffe'rɛnte] *agg* leidend; MED krank

sofferenza [soffe'rɛntsa] *f* Leiden *nt*, Qual *f*

soffermare [soffer'ma:re] **I.** *vt* anhalten, aufhalten; **~ lo sguardo su qc** den Blick auf etw *dat* ruhen lassen **II.** *vr* **-rsi** ① *(sostare)* stehen bleiben, sich aufhalten ② *(fig)* **-rsi su qc** sich bei [*o* mit] etw aufhalten

soffersi [sof'fɛrsi] *1. pers sing pass rem di* **soffrire**

sofferto, -a [sof'fɛrto] **I.** *pp di* **soffrire** **II.** *agg* empfindungsreich

soffiare [sof'fia:re] **I.** *vi* ① *(aria, fumo)* blasen ② METEO wehen, blasen ③ *(sbuffare)* schnaufen, schnauben **II.** *vt* ① *(aria, fumo)* blasen, pusten *fam*; *(vetro)* blasen; **-rsi il naso** sich die Nase schnäuzen ② *(fig fam)* wegschnappen; *(pedina)* schlagen ③ *(fam: segreto)* zuflüstern; *(fare la spia)* singen

soffiata [sof'fia:ta] *f (fam)* Tipp *m*

soffice ['sɔffitʃe] *agg* weich; *(tessuto)* flauschig

soffietto [sof'fietto] *m* ① *(mantice)* [kleiner] Blasebalg *m* ② TEC Faltwulst *m*; **porta a ~** Falttür *f*

soffio ['soffio] <-i> *m* ① *(il soffiare)* Blasen *nt* ② *(d'aria, vento)* Hauch *m*, Zug *m*; **spegnere una candela con un ~** eine Kerze ausblasen; **in un ~** im Nu, augenblicklich; **c'è mancato un ~** *(fig)* es fehlte nicht viel ③ *(rumore,* MED*)* Geräusch *nt*

soffione [sof'fio:ne] *m* ① GEOL Soffione *f* ② BOT Pusteblume *f fam*

soffitta [sof'fitta] *f* Dachboden *m*, Speicher *m*

soffitto [sof'fitto] *m* [Zimmer]decke *f*
soffocamento [soffoka'mento] *m* Erstickung *f,* Ersticken *nt*
soffocante [soffo'kante] *agg* ❶ *(aria)* stickig ❷ *(fig)* bedrückend
soffocare [soffo'ka:re] **I.** *vt avere* ❶ *(a. fig)* ersticken; ~ **qu con un cuscino** jdn mit einem Kissen ersticken ❷ *(fig)* unterdrücken; ~ **la libertà di qu** jds Freiheit unterdrücken; ~ **i propri sentimenti** seine Gefühle unterdrücken **II.** *vi essere* ersticken; **un caldo che soffoca** eine drückende Hitze; **mi sento** ~ ich habe das Gefühl zu ersticken
soffocazione [soffokat'tsio:ne] *f* ❶ *(a. fig)* Erstickung *f* ❷ *(fig)* Unterdrückung *f*
soffriggere [sof'friddʒere] <irr> *vt* anbraten, anrösten
soffrire [sof'fri:re] <soffro, soffrii *o* soffersi, sofferto> **I.** *vt* ❶ *(patire)* leiden, erleiden; MED leiden an +*dat;* ~ **il caldo/freddo** unter Hitze/Kälte leiden; ~ **la fame** Hunger leiden ❷ *(sopportare)* [er]leiden, ertragen; *(persone)* ausstehen, leiden **II.** *vi* ❶ MED ~ **di** leiden an +*dat;* ~ **di mal di testa** häufig Kopfschmerzen haben ❷ *(patire)* leiden
soffritto[1] [sof'fritto] *pp di* **soffriggere**
soffritto[2] *m Gemisch aus Zwiebeln, Kräutern und manchmal auch Speck, gehackt und angebraten*
soffuso, -a [sof'fu:zo] *agg (luce)* gedämpft
sofistica *f v.* **sofistico**
sofisticare [sofisti'ka:re] **I.** *vt* [ver]fälschen; *(vino)* verschneiden, panschen **II.** *vi* nörgeln
sofisticatezza [sofistikat'tettsa] *f* Pedanterie *f,* Spitzfindigkeit *f,* Affektiertheit *f*
sofisticato, -a [sofisti'ka:to] *agg* ❶ *(merce)* gefälscht; *(vino)* gepanscht, verschnitten ❷ *(persona)* anspruchsvoll ❸ *(linguaggio)* gekünstelt, hochgestochen ❹ *(impianto)* Hochleistungs-, hochentwickelt
sofisticatore, -trice [sofistika'to:re] *m, f* Fälscher(in) *m(f); (di vino)* Panscher(in) *m(f)*
sofisticazione [sofistikat'tsio:ne] *f* [Ver]fälschung *f; (di vino)* Panschen *nt,* Verschneiden *nt*
sofistico, -a [so'fistiko] <-ci, -che> **I.** *agg* ❶ *(pej)* pedantisch ❷ PHILOS sophistisch **II.** *m, f (pej)* Pedant(in) *m(f)*
soft [sɔft] *agg inv (atmosfera)* behaglich; *(luce)* gedämpft; *(musica)* leise
soft-core ['sɔftkɔ:] *agg inv* Softcore-
soft drink ['sɔft driŋk] <-> *m* Softdrink *m*
software ['sɔftwɛə] <-> *m* INFORM Software *f;* ~ [**a scopo**] **didattico** Lernprogramm *nt*
softwarista [sɔftwe'rista] <-i *m,* -e *f*> *mf* Softwarespezialist(in) *m(f)*
soggettista [soddʒet'tista] <-i *m* -e *f*> *mf* Drehbuchautor(in) *m(f)*
soggettiva [soddʒet'ti:va] *f* FILM Subjektive *f;* **ripresa in** ~ Subjektiveinstellung *f,* Subjektive *f*
soggettività [soddʒettivi'ta] <-> *f* Subjektivität *f*
soggettivo, -a [soddʒet'ti:vo] *agg* ❶ *(opinione, impressione)* subjektiv ❷ LING Subjekt[s]-
soggetto [sod'dʒɛtto] *m* ❶ *(tema)* Thema *nt,* Gegenstand *m;* MUS Thema *nt* ❷ LING, PHILOS Subjekt *nt* ❸ MED Person *f,* Patient *m* ❹ DIR Person *f;* ~ **portatore di interesse** ECON interessierte Partei *f* ❺ *(fam: persona, tipo)* Typ *m,* Subjekt *nt*
soggetto, -a *agg* ❶ POL unterworfen ❷ *(esposto)* **essere** ~ **a qc** einer Sache *dat* ausgesetzt sein; ~ **a imposta** steuerpflichtig ❸ MED **essere** ~ **a qc** für etw anfällig sein
soggezione [soddʒet'tsio:ne] *f* ❶ *(timidezza)* Scheu *f,* Befangenheit *f* ❷ *(dipendenza)* Abhängigkeit *f,* Unterworfensein *nt*
sogghignare [soggiɲ'ɲa:re] *vi* grinsen
sogghigno [sog'giɲɲo] *m* Grinsen *nt*
soggiacere [soddʒa'tʃe:re] <irr> *vi essere o avere* ~ **a qc** einer Sache *dat* unterliegen
soggiogare [soddʒo'ga:re] *vt* unterjochen, unterwerfen
soggiornare [soddʒor'na:re] *vi* sich aufhalten, verweilen
soggiorno [sod'dʒorno] *m* ❶ *(permanenza)* Aufenthalt *m; (luogo)* Aufenthaltsort *m;* **località di** ~ Ferienort *m;* **permesso di** ~ Aufenthaltserlaubnis *f* ❷ *(stanza)* Wohnzimmer *nt*
soggiungere [sod'dʒundʒere] <irr> *vt* hinzufügen
soglia ['sɔʎʎa] <-glie> *f* Schwelle *f*
soglio *1. pers sing pr di* **solere**
sogliola ['sɔʎʎola] *f* Seezunge *f*
sognante [soɲ'ɲante] *agg* träumerisch, verträumt
sognare [soɲ'ɲa:re] **I.** *vt* ❶ *(vedere in sogno)* träumen; **ho sognato il nonno** ich habe von Großvater geträumt ❷ *(fig: desiderare)* träumen von, erträumen **II.** *vr* **-rsi** ❶ *(vedere in sogno)* träumen ❷ *(fig)* träumen, sich *dat* einbilden; **te lo sogni che venga!** *(fam)* davon träumst du nur, dass er/sie kommt!
sognatore, -trice [soɲɲa'to:re] *m, f* Träumer(in) *m(f)*
sogno ['soɲɲo] *m (a. fig)* Traum *m;* **fare un** ~ träumen, einen Traum haben; ~ **ad**

S

occhi aperti Tagtraum *m;* **nemmeno** [*o* **neppure**] [*o* **neanche**] **per** ~ *(fam)* auch nicht [*o* nicht einmal] im Traum

soia ['sɔːia] <soie> *f* Sojabohne *f*

soirée [swa're] <-> *f* Soiree *f,* Galaabend *m*

sol [sɔl] <-> *m* MUS g *nt,* G *nt*

sola *f v.* **solo**

solaio [so'laːio] <-ai> *m* Dachboden *m*

solare [so'laːre] *agg* ① *(gener)* Sonnen-; **crema** ~ Sonnencreme *f;* **eclissi** ~ Sonnenfinsternis *f;* **filtro** ~ Sonnenschutzfilter *m;* **olio** ~ Sonnenöl *nt;* **sistema** ~ Sonnensystem *nt* ② EL Sonnen-, Solar-; **orologio** ~ Sonnenuhr *f* ③ *(fig)* strahlend; *(evidente)* sonnenklar

solario [so'laːrio] <-i> *m* Solarium *nt*

solarismo [sola'rizmo] *m Bewegung zur Förderung der Sonnenenergie*

solarium [so'laːrium] <-> *m* Solarium *nt*

solcare [sol'kaːre] *vt* ① *(fig)* durchpflügen, durchziehen ② AGR durchpflügen, durchfurchen

solco ['solko] <-chi> *m* ① AGR Furche *f* ② *(incavatura)* Spur *f;* *(di disco)* Rille *f* ③ *(grinza)* Runzel *f,* Furche *f,* Falte *f* ④ NAUT Kielwasser *nt*

soldatessa [solda'tessa] *f v.* **soldato**

soldatino [solda'tiːno] *m* Spielsoldat *m;* ~ **di piombo** Zinnsoldat *m*

soldato, -essa [sol'daːto] *m, f* Soldat(in) *m(f);* **andare** [**a fare il**] ~ Soldat werden; **fare il** ~ Soldat sein

soldo ['sɔldo] *m* ① *pl* Geld *nt;* **fare -i a palate** Geld scheffeln ② *(fig)* Pfennig *m,* Heller *m;* **non valere un** ~ [**bucato**] keinen Pfennig wert sein; **da pochi** [*o* **quattro**] **-i** *(fig fam)* nichts wert; **è roba da pochi -i** das Zeug ist nichts wert ③ MIL Sold *m*

sole ['soːle] *m* Sonne *f;* **c'è il** ~ die Sonne scheint; **colpo di** ~ Sonnenstich *m;* **occhiali da** ~ Sonnenbrille *f;* **prendere il** ~ sich sonnen; **sdraiarsi al** ~ sich in die Sonne legen; **stare al** ~ in der Sonne liegen; **in pieno** ~ in der prallen Sonne; **chiaro come il** ~ sonnenklar; **dove entra il** ~ **non entra il dottore** *(prov)* die Sonne hält gesund

soleggiare [soled'dʒaːre] *vt* in die Sonne legen, der Sonne aussetzen

soleggiato, -a [soled'dʒaːto] *agg* sonnig, sonnenbeschienen

solei [so'leːi] *1. pers sing pass rem di* **solere**

solenne [so'lɛnne] *agg* ① *(gener)* feierlich, festlich ② *(fam: persona)* Erz-; *(schiaffo)* saftig, gehörig

solennità [solenni'ta] <-> *f* ① *(qualità)* Feierlichkeit *f,* Festlichkeit *f* ② *(ricorrenza)* Feiertag *m,* Festtag *m*

solennizzare [solennid'dzaːre] *vt* feiern, begehen

solere [so'leːre] <soglio, solei, solito> *vi essere* ~ **fare qc** pflegen etw zu tun; **suole fare una passeggiata ogni sera** er/sie pflegt jeden Abend einen Spaziergang zu machen

solerte [so'lɛrte] *agg* eifrig, fleißig

solerzia [so'lɛrtsia] <-ie> *f* Eifer *m,* Fleiß *m*

soletta [so'letta] *f* Einlegesohle *f*

Soletta [so'letta] **I.** *m (cantone)* Solothurn *nt* **II.** *f (città)* Solothurn *nt*

solfa ['sɔlfa] *f (fam)* Leier *f;* **è sempre la solita ~!** es ist immer das alte Lied!; **che ~!** wie langweilig!

solfara [sol'faːra] *f* Schwefelgrube *f*

solfatara [solfa'taːra] *f* Solfatara *f*

solfato [sol'faːto] *m* Sulfat *nt*

solfeggio [sol'feddʒo] <-i> *m* MUS Solfeggio *nt*

solfidrico, -a [sol'fiːdriko] <-ci, -che> *agg* **acido** ~ Schwefelwasserstoff *m*

solfito [sol'fiːto] *m* Sulfit *nt*

solforare [solfo'raːre] *vt* ① AGR schwefeln ② CHEM schwefeln, sulfurieren

solforico, -a [sol'fɔːriko] <-ci, -che> *agg* Schwefel-, schwefelhaltig, schwefelsauer; **acido** ~ Schwefelsäure *f*

solforoso, -a [solfo'roːso] *agg* schwef[e]lig, Schwefel-

solfuro [sol'fuːro] *m* Sulfat *nt*

solidale [soli'daːle] *agg* solidarisch

solidarietà [solidarie'ta] <-> *f* Solidarität *f*

solidarizzare [solidarid'dzaːre] *vi* sich solidarisieren

solidificare [solidifi'kaːre] **I.** *vt* fest machen **II.** *vr* **-rsi** fest werden, erstarren

solidificazione [solidifikat'tsioːne] *f* Festwerden *nt,* Erstarren *nt*

solidità [solidi'ta] <-> *f* ① *(di costruzione)* Festigkeit *f* ② FIN Solidität *f* ③ *(di persona)* Zuverlässigkeit *f;* *(di argomento)* Fundiertheit *f;* *(di ragionamento)* Stichhaltigkeit *f*

solido ['sɔːlido] *m* ① PHYS Feststoff *m,* fester Stoff ② MAT Festkörper *m*

solido, -a *agg* ① PHYS fest ② *(costruzione)* solide, stabil ③ MAT dreidimensional ④ *(fig)* solide, stark; *(argomento)* handfest; *(persona, ditta)* zuverlässig

soliloquio [soli'lɔːkuio] <-qui> *m* Selbstgespräch *nt*

solista [so'lista] <-i *m,* -e *f*> **I.** *mf* Solist(in) *m(f)* **II.** *agg* Solo-, Einzel-

solitario [soli'taːrio] <-i> *m* ① *(gioco)* Pati-

S

ence *f;* **fare un** ~ eine Patience legen ② *(brillante)* Solitär *m*

solitario, **-a** <-i, -ie> *agg* ① *(luogo, via)* einsam ② *(persona)* einzeln, Einzel- ③ *(animale)* nicht im Rudel lebend; **verme** ~ Bandwurm *m*

solito ['sɔ:lito] *m* Gewöhnliche(s) *nt,* Übliche(s) *nt; (consuetudine)* Gewohnheit *f;* **di** ~ gewöhnlich, normalerweise; **come al** ~ wie gewohnt, wie immer

solito, **-a** I. *pp di* **solere** II. *agg* gewohnt, üblich; **essere** ~ [**di**] **fare qc** gewohnt sein etw zu tun; **siamo alle -e** *(fam)* schon wieder das Gleiche

solitudine [soli'tu:dine] *f* Einsamkeit *f*

sollazzare [sollat'tsa:re] I. *vt* amüsieren II. *vr* **-rsi** sich amüsieren

sollazzo [sol'lattso] *m* Amüsement *nt,* Vergnügen *nt*

sollecitare [solletʃi'ta:re] *vt* ① *(cose)* drängen auf *+akk; (persone)* drängen, urgieren A ② *(promozioni)* ersuchen um, bitten um; *(posto)* sich bewerben um ③ *(stimolare)* anregen; *(fantasia, cavallo)* anspornen ④ *(passo)* beschleunigen ⑤ TEC belasten, beanspruchen

sollecitazione [solletʃitat'tsio:ne] *f* ① *(il sollecitare)* Mahnung *f,* Drängen *nt* ② *(stimolazione)* Anregung *f,* Ansporn *m* ③ PHYS, TEC Belastung *f,* Beanspruchung *f*

sollecito [sol'le:tʃito] *m* ADM Aufforderung *f,* Mahnung *f*

sollecito, **-a** *agg* ① *(risposta)* prompt, schnell ② *(persona)* eifrig, flott *fam*

sollecitudine [solletʃi'tu:dine] *f* ① *(impegno)* Eifer *m* ② *(rapidità)* Eile *f,* Promptheit *f*

solleone [solle'o:ne] *m* ① *(gran caldo)* Sommerhitze *f* ② *(periodo)* Hundstage *mpl*

solleticare [solleti'ka:re] *vt* ① *(vellicare)* kitzeln ② *(fig)* kitzeln, reizen; *(appetito)* anregen

solletico [sol'le:tiko] <-chi> *m* ① *(sensazione)* Kitzeln *nt,* Kitzel *m;* **fare il** ~ **a qu** jdn kitzeln; **soffrire il** ~ kitzlig sein ② *(fig)* Kitzel *m,* Reizung *f*

sollevamento [solleva'mento] *m* [An]hebung *f,* [An]heben *nt; (da terra)* Aufheben *nt;* **impianto di** ~ Hebevorrichtung *f;* ~ **pesi** Gewichtheben *nt*

sollevare [solleva:re] I. *vt* ① *(peso)* [an]heben; *(da terra)* aufheben ② *(testa)* [er]heben; *(occhi)* erheben ③ *(fig)* heben; *(moralmente)* aufrichten ④ *(fig: far insorgere)* aufwiegeln ⑤ *(fig: questione, protesta)* erheben II. *vr* **-rsi** ① *(levarsi)* sich erheben, sich aufrichten ② *(fig: ribellarsi)* sich erheben, sich empören ③ *(fig: riprendersi)* sich erholen

sollevato, **-a** [solle'va:to] *agg (fig)* erholt, erleichtert

sollevatore, **-trice** [solleva'to:re] I. *m, f* Heber(in) *m(f);* ~ **di pesi** Gewichtheber(in) *m(f)* II. *agg* Hebe-; **ponte** ~ Hebebühne *f*

sollevazione [sollevat'tsio:ne] *f* Aufstand *m; (fig)* Protest *m*

sollievo [sol'liɛ:vo] *m* Erleichterung *f; (conforto)* Trost *m*

sollucchero [sol'lukkero] *m* **andare in** ~ sich riesig freuen, vor Wonne vergehen

solo ['so:lo] I. *avv (solamente)* nur, allein; **non** ~ **…, ma anche …** nicht nur …, sondern auch … II. *cong (ma)* nur, bloß; ~ **che** *+conj* nur dass, wenn nur

solo, **-a** I. *agg* ① *(senza compagnia)* allein; **uno che s'è fatto da** ~ ein Selfmademan *m;* **parlare da** ~ mit sich *dat* selbst sprechen; **vivere** [**da**] ~ allein leben, allein stehend sein; **meglio -i che male accompagnati** *(prov)* besser allein als in schlechter Gesellschaft; **sentirsi -i** sich einsam fühlen ② *(unico)* einzig ③ *(semplice)* bloß, alleinig II. *m, f* Einzige(r) *f(m)*

solstizio [sols'tittsio] <-i> *m* Sonnenwende *f*

soltanto [sol'tanto] *avv (solo)* nur, bloß; **non** ~ **…, ma …** nicht nur …, sondern auch …

solubile [so'lu:bile] *agg* ① *(caffè,* CHEM*)* löslich ② *(fig: problema, questione)* lösbar

solubilità [solubili'ta] <-> *f* ① CHEM Löslichkeit *f* ② *(fig)* Lösbarkeit *f*

soluzione [solut'tsio:ne] *f* ① *(di problema, conflitto,* MAT, CHEM Lösung *f* ② COM Zahlung *f*

solvente [sol'vɛnte] I. *agg* ① CHEM lösend, Lösungs- ② FIN zahlungsfähig, solvent II. *m* Lösungsmittel *nt*

solvenza [sol'vɛntsa] *f* Zahlungsfähigkeit *f,* Solvenz *f*

solvibile [sol'vi:bile] *agg* ① *(persona)* zahlungsfähig ② *(debito)* zahlbar

solvibilità [solvibili'ta] <-> *f (di persona)* Zahlungsfähigkeit *f; (di debito)* Zahlbarkeit *f*

soma ['sɔ:ma] *f (carico)* Last *f;* **bestia** [*o* **animale**] **da** ~ Lasttier *nt*

somaro, **-a** [so'ma:ro] *m, f* ① ZOO Lasttier *nt,* Esel(in) *m(f)* ② *(fam pej)* Esel *m*

somatico, **-a** [so'ma:tiko] <-ci, -che> *agg* somatisch, Körper-

somatopsichico, **-a** [somato'psi:kiko] <-ci, -che> *agg* psychosomatisch

somigliante [somiʎ'ʎante] *agg* ähnlich, ähnelnd

somiglianza [somiʎ'ʎantsa] *f* Ähnlichkeit *f*

somigliare [somiʎ'ʎa:re] **I.** *vi* gleichen, ähneln; ~ **a qu** jdm gleichen **II.** *vr* **-rsi** sich *dat* ähnlich sehen, sich *dat* gleichen

somma ['somma] *f* ① MAT Summe *f;* **fare la ~** zusammenzählen; **tirare le -e** *(fig)* das Fazit ziehen, die Bilanz ziehen ② FIN Summe *f,* Betrag *m* ③ *(quantità complessiva)* Summe *f,* Gesamtheit *f* ④ *(fig: conclusione)* Zusammenfassung *f,* Resümee *nt*

sommare [som'ma:re] *vt* ① MAT zusammenzählen, addieren ② *(aggiungere)* hinzurechnen, hinzuzählen; **tutto sommato** alles in allem

sommario [som'ma:rio] <-i> *m* ① *(riassunto)* Zusammenfassung *f,* Inhaltsangabe *f* ② *(compendio)* Abriss *m*

sommario, -a <-i, -ie> *agg* ① *(resoconto, racconto)* summarisch, zusammengefasst ② JUR *(procedimento, processo)* Schnell- ③ *(superficiale)* oberflächlich

sommergere [som'mɛrdʒere] <irr> **I.** *vt* ① *(acque)* überschwemmen, überfluten ② *(fig)* überschwemmen, überhäufen ③ *(far affondare)* versenken **II.** *vr* **-rsi** untergehen

sommergibile [sommer'dʒi:bile] **I.** *m* Unterseeboot *nt* **II.** *agg* tauchfähig

sommersi [som'mɛrsi] *1. pers sing pass rem di* **sommergere**

sommerso, -a [som'mɛrso] **I.** *pp di* **sommergere II.** *agg* **economia -a** Schattenwirtschaft *f*

sommesso, -a [som'messo] *agg* leise, verhalten

somministrare [somminis'tra:re] *vt* ① *(medicine)* verabreichen ② *(sacramenti)* erteilen, spenden ③ *(aiuti, viveri)* gewähren

S

somministrazione [somministrat'tsio:ne] *f* ① *(di medicine)* Verabreichung *f* ② *(di sacramenti)* Erteilung *f,* Spenden *nt* ③ *(di aiuti, viveri)* Gewährung *f*

sommità [sommi'ta] <-> *f (a. fig)* Gipfel *m,* Spitze *f*

sommo ['sommo] *m (poet)* Gipfel *m,* Spitze *f*

sommo, -a I. *superlativo di* **alto, -a II.** *superlativo di* **grande III.** *agg* ① *(più alto)* höchste(r, s); *(più grande)* größte(r, s) ② *(molto alto)* sehr hoch; *(molto grande)* sehr groß ③ *(fig: massimo)* äußerste(r, s), höchste(r, s)

sommossa [som'mɔssa] *f* Aufstand *m,* Aufruhr *m*

sommozzatore [sommottsa'to:re] *m* Froschmann *m*

sonagliera [sonaʎ'ʎɛ:ra] *f* Schellenhalsband *nt*

sonaglio [so'naʎʎo] <-gli> *m* Schelle *f;* **serpente a -gli** Klapperschlange *f*

sonare [so'na:re] **I.** *vt avere* ① MUS spielen ② *(orologio, campana)* schlagen; *(campanello)* läuten ③ *(fam)* verhauen ④ *(fig fam: imbrogliare)* hereinlegen; ~ **il clacson** hupen; **sonarla a qu** *(fam)* jdm den Marsch blasen; **sembrare tutto sonato** *(fam)* ganz verrückt scheinen; **sono le sette sonate** es ist geschlagene sieben [Uhr]; **ha trent'anni sonati** er/sie hat die dreißig längst überschritten **II.** *vi essere o avere* ① *(campana)* läuten; *(telefono, sveglia)* klingeln; **sta sonando il campanello** es klingelt ② MUS spielen, musizieren ③ *(parole, frasi)* klingen ④ *(orologio)* schlagen, läuten

sonata [so'na:ta] *f* ① MUS Sonate *f* ② *(fam)* Schwindel *m,* Betrug *m* ③ *(il suonare)* Geklingel *nt,* Geläut(e) *nt; (VAKAT)* Spielen *nt*

sonatore, -trice [sona'to:re] *m, f* Spieler(in) *m(f);* **e buonanotte -i!** Ende der Vorstellung!

sonda ['sonda] *f* Sonde *f;* ~ **spaziale** Raumsonde *f*

sondaggio [son'daddʒo] <-ggi> *m* ① *(indagine)* Umfrage *f;* ~ **d'opinione** Meinungsumfrage *f* ② *(con sonda)* Sondierung *f* ③ *(esplorazione)* Erforschung *f,* Sondierung *f*

sondare [son'da:re] *vt (a. fig)* MED sondieren

sondriese [son'drie:se] **I.** *agg* aus Sondrio stammend **II.** *mf (abitante)* Bewohner(in) *m(f)* Sondrios

Sondrio *f* Sondrio *nt (Stadt in der Lombardei)*

soneria [sone'ri:a] <-ie> *f* Klingelton *m*

sonetto [so'netto] *m* Sonett *nt*

song [sɔng] <-> *f* Song *m,* Lied *nt*

sonnacchioso, -a [sonnak'kio:so] *agg (fam)* schläfrig; *(occhi)* verschlafen

sonnambula *f v.* **sonnambulo**

sonnambulismo [sonnambu'lizmo] *m* Schlafwandeln *nt*

sonnambulo, -a [son'nambulo] *m, f* Schlafwandler(in) *m(f);* **essere ~** schlafwandeln

sonnecchiare [sonnek'kia:re] *vi (fam)* schlummern

sonnellino [sonnel'li:no] *m* Schläfchen *nt,* Nickerchen *nt fam;* **fare** [*o* **farsi**] **un ~** ein Schläfchen machen

sonnifero [son'ni:fero] *m* Schlafmittel *nt*

sonno ['sonno] *m* Schlaf *m;* **mancanza di ~** Schlafentzug *m;* **avere ~** müde sein;

prendere ~ einschlafen; **cascare dal** ~ vor Müdigkeit umfallen; **morire di** ~ todmüde sein

sonnolento, -a [sonno'lɛnto] *agg* verschlafen; *(persona)* schläfrig

sonnolenza [sonno'lɛntsa] *f* Schläfrigkeit *f*

sono ['so:no] *1. pers sing pr di* **essere**[1]

sonografo [so'nɔ:grafo] *m* Sonograf *m*

sonogramma [sono'gramma] <-i> *m* Sonogramm *nt*

sonorità [sonori'ta] <-> *f* ① PHYS Klangfülle *f* ② *(fig)* Wohlklang *m geh* ③ LING Stimmhaftigkeit *f*

sonorizzare [sonorid'dza:re] *vt* FILM vertonen

sonorizzazione [sonoriddzat'tsio:ne] *f* FILM Vertonung *f*

sonoro [so'nɔ:ro] *m* Tonfilm *m*

sonoro, -a *agg* ① PHYS Schall-, schallend; **onde -e** Schallwellen *f pl* ② *(voce)* klangvoll, wohlklingend ③ *(fig)* schallend, dröhnend ④ LING stimmhaft ⑤ FILM Ton-; **colonna -a** Soundtrack *m;* **cinema** ~ Tonfilm *m*

sontuosità [sontuosi'ta] <-> *f* Prunk *m,* Pracht *f*

sontuoso, -a [sontu'o:so] *agg* prunkvoll, prächtig

sopire [so'pi:re] <sopisco> *vt* beruhigen, besänftigen

sopore [so'po:re] *m* Schlummer *m,* Halbschlaf *m*

soporifero, -a [sopo'ri:fero] *agg* einschläfernd

soppalco [sop'palko] <-chi> *m* Dachboden *m*

sopperire [soppe'ri:re] <sopperisco> *vi* ~ **a qc** etw bewältigen, mit etw zurechtkommen; ~ **alle spese** die Kosten bestreiten

soppesare [soppe'sa:re] *vt* ① *(fig)* abwägen ② *(oggetto)* wägen, das Gewicht abschätzen

soppiantare [soppian'ta:re] *vt* verdrängen

soppiatto [sop'piatto] *agg* **di** ~ heimlich, versteckt

sopportare [soppor'ta:re] *vt* ① *(resistere)* aushalten, ertragen ② *(subire)* auf sich nehmen, erleiden; *(tollerare)* dulden, ertragen ③ *(persona)* leiden [können] ④ *(peso)* tragen, aushalten ⑤ *(spesa)* tragen

sopportazione [sopportat'tsio:ne] *f* Duldung *f,* Ertragen *nt; (pazienza)* Geduld *f*

soppressata [soppres'sa:ta] *f* Schweinskopfsülze *f*

soppressi [sop'prɛssi] *1. pers sing pass rem di* **sopprimere**

soppressione [soppres'sio:ne] *f* ① *(abolizione)* Abschaffung *f,* Aufhebung *f* ② *(uccisione)* Beseitigung *f*

sopprimere [sop'pri:mere] <irr> *vt* ① *(legge)* abschaffen, aufheben ② *(persona)* beseitigen

sopr(a)edificare [sopr(a)edifi'ka:re] *vt* aufstocken

sopr(a)elevamento [sopr(a)eleva'mento] *m* Aufstockung *f,* Erhöhung *f,* Überhöhung *f*

sopr(a)elevare [sopr(a)ele'va:re] *vt (strada)* überhöhen; *(edificio)* aufstocken

sopr(a)elevata [sopr(a)ele'va:ta] *f (strada)* Hochstraße *f; (ferrovia)* Hochbahn *f*

sopr(a)elevato, -a [sopr(a)ele'va:to] *agg* aufgestockt, erhöht; **strada -a** Hochstraße *f;* **ferrovia -a** Hochbahn *f*

sopr(a)elevazione [sopraelevat'tsio:ne] *f* ① *(di edificio)* Aufstockung *f* ② FERR Überhöhung *f* ③ *(di argini)* Erhöhung *f,* Überhöhung *f*

sopr(a)esposto, -a [sopr(a)es'pɔsto] *agg* oben erklärt

sopra ['so:pra] **I.** *prep* ① *(con contatto: stato)* auf *+dat; (moto)* auf *+akk* ② *(senza contatto: stato)* über *+dat; (moto)* über *+akk* ③ *(oltre)* über *+dat,* oberhalb *+gen;* ~ **ogni cosa** über alles ④ *(dopo)* über *+dat,* nach *+dat* ⑤ *(addosso)* auf *+akk* ⑥ *(intorno a, più di)* über *+akk* **II.** *avv* oben; *(oltre)* über, darüber; **berci** ~ darauf trinken; **dormirci** ~ darüber schlafen; **passarci** ~ darüber hinwegkommen; **al di** ~ **di** oberhalb von; **vedi** ~ siehe oben; **di cui** ~ ADM oben genannt; **come [detto]** ~ wie oben [gesagt] **III.** *agg inv* obere(r, s) **IV.** *m* <-> Oberteil *m o nt*

sopra- [sopra] *(in parole composte)* Über-, über-

sopra(l)luogo [sopra(l)'luɔ:go] <-ghi> *m* Lokaltermin *m,* Ortstermin *m*

sopra(m)modo [sopra(m)'mɔ:do] *avv* überaus, äußerst

sopra(m)mondo [sopra(m)'mondo] *m* Jenseits *nt*

sopra(n)nazionale [sopra(n)nattsio'na:le] *agg* übernational, überstaatlich

sopra(n)notato, -a [sopra(n)no'ta:to] *agg* oben genannt, oben erwähnt

sopra(v)valutare [sopra(v)valu'ta:re] *vt* überbewerten

sopra(v)valutazione [sopra(v)valutat'tsio:ne] *f* Überbewertung *f*

soprabito [so'pra:bito] *m* Überzieher *m*

sopraccalza [soprak'kaltsa] *f* Überstrumpf *m,* Überziehstrumpf *m,* [dicker] Wollstrumpf *m*

sopraccarta [soprak'karta] *f* ① *(carta che*

S

ricopre un'altra) Deckblatt *nt* ② *(indirizzo)* Anschrift *f,* Adresse *f*
sopraccennato, -a [soprattʃen'na:to] *agg* oben genannt
sopracciglio [soprat'tʃiʎʎo] <*pl:* -glia *f*> *m* [Augen]braue *f*
sopraccitato, -a [soprattʃi'ta:to] *agg* oben genannt
sopraccoperta[1] [soprakko'pɛrta] *f* ① *(di letto)* Überdecke *f,* Tagesdecke *f* ② *(di libro)* Schutzumschlag *m* ③ NAUT Deck *nt*
sopraccoperta[2] *avv* auf [*o* an] Deck
sopraddetto, -a [soprad'detto] *agg* oben gesagt, oben genannt
sopraedificazione [sopraedifikat'tsio:ne] *f* Aufstockung *f*
sopraelencato, -a [sopraelen'ka:to] *agg* oben aufgeführt, oben angeführt
sopraffare [sopraf'fa:re] <irr> *vt (persone)* überwältigen; *(deboli)* unterdrücken
sopraffattore, -trice [sopraffat'to:re] **I.** *m, f* Unterdrücker(in) *m(f),* Überwältiger(in) *m(f)* **II.** *agg* überwältigend, unterdrückend
sopraffazione [sopraffat'tsio:ne] *f* Überwältigung *f,* Unterdrückung *f*
sopraffeci *1. pers sing pass rem di* **sopraffare**
sopraffinestra [sopraffi'nɛstra] *f* Oberlicht *nt,* Kippfenster *nt*
sopraffino, -a [sopraf'fi:no] *agg* ① GASTR *(piselli)* extrafein ② *(cosa, pranzo)* exzellent, raffiniert ③ *(fig)* ausgezeichnet, bärig A ④ *(iron: furfante)* raffiniert
sopraffò [sopraf'fɔ] *1. pers sing pr di* **sopraffare**
sopraffondo [sopraf'fondo] *m* Passepartout *nt*
sopraggitto [soprad'dʒitto] *m* Übernaht *f*
sopraggiungere [soprad'dʒundʒere] <irr> *vi essere* ① *(arrivare)* überraschend auftauchen ② *(accadere)* überraschend passieren
sopraggiunta [soprad'dʒunta] *f* **per ~** noch dazu, obendrein
sopraindicato, -a [sopraindi'ka:to] *agg* oben angeführt
soprainsieme [soprain'siɛ:me] *m* MAT Grundmenge *f*
sopram(m)enzionato, -a [sopram(m)entsio'na:to] *agg* oben erwähnt, oben genannt
soprammanica [sopram'ma:nika] <-che> *f* Ärmelschoner *m,* Ärmelschützer *m*
soprammattone [soprammat'to:ne] *m* gemauerte Innenwand
soprammobile [sopram'mɔ:bile] *m* Nippesfigur *f,* Nippsachen *f pl*

S

sopran(n)azionalità [sopranattsionali'ta] *f* Überstaatlichkeit *f,* Supranationalität *f*
soprana [so'pra:na] *f* [langes] Überkleid *nt,* Überwurf *m*
soprannarrato, -a [soprannar'ra:to] *agg* [weiter] oben erzählt
soprannaturale [soprannatu'ra:le] **I.** *agg* übernatürlich, übersinnlich **II.** *m* Übernatürliche(s) *nt*
soprannaturalismo [soprannatura'lizmo] *m* Supranaturalismus *m,* Supernaturalismus *m,* Lehre *f* vom Übersinnlichen [*o* Überirdischen]
soprannaturalità [soprannaturali'ta] *f* Übersinnlichkeit *f,* Übernatürlichkeit *f*
soprannome [sopran'no:me] *m* Spitzname *m,* Beiname *m*
soprannominare [soprannomi'na:re] *vt* **~ qu** jdm einen Spitznamen geben
soprannominato, -a [soprannomi'na:t] *agg* genannt, mit dem Beinamen
soprannumerario, -a [soprannume'ra:rio] *agg* überzählig, überschüssig
soprannumero [sopran'nu:mero] *m* **in ~** überzählig, überschüssig
soprano[1] [so'pra:no] *agg inv* Sopran-
soprano[2] *m* Sopran *m,* Sopranist(in) *m(f);* **~ leggero** Koloratursopran *m;* **~ drammatico/lirico** dramatischer/lyrischer Sopran; **mezzo ~** Mezzosopran *m*
soprap(p)rofitto [soprap(p)ro'fitto] *m* FIN Gewinnzuschlag *m,* Mehrgewinn *m*
soprapassaggio [soprapas'saddʒo] *m* Überführung *f;* **~ pedonale** Fußgängerüberführung *f*
soprappensiero, sopra pensiero [soprappen'siɛ:ro] *avv* in Gedanken, gedankenverloren
soprappiù [soprap'piu] <-> *m* ① *(ciò che è in più)* Extra *nt* ② *(aggiunta)* Dreingabe *f,* Zugabe *f;* **di** [*o* **per**] **~** obendrein, noch dazu; **in** [*o* **per**] **~** überzählig, überschüssig
sopraporta [soprap'porta] *f* Oberlicht *nt,* Sopraporte *f*
sopraprezzo [soprap'prɛttso] *m* Aufpreis *m,* Aufschlag *m*
soprassalto [sopras'salto] *m* Auffahren *nt,* plötzlicher Satz; **di ~** plötzlich, mit einem plötzlichen Satz
soprassata [sopras'sa:ta] *v.* **soppressata**
soprassedere [soprasse'de:re] <irr> *vi* **~ a qc** etw aufschieben
soprassicurazione [soprassikurat'tsio:ne] *f* Überversicherung *f*
soprattassa [soprat'tassa] *f* Steuerzuschlag *m*
soprattassare [soprattas'sa:re] *vt* mit einem Steuerzuschlag belegen

soprattutto [soprat'tutto] *avv* vor allem, vor allen Dingen
sopravvenire [sopravve'ni:re] <irr> *vi essere* ① *(sopraggiungere)* auftauchen, plötzlich erscheinen ② *(accadere)* plötzlich passieren
sopravvento [soprav'vɛnto] *m* Übermacht *f,* Übergewicht *nt; (fig)* Oberhand *f*
sopravvissi *1. pers sing pass rem di* **sopravvivere**
sopravvissuto, -a [sopravvis'su:to] **I.** *pp di* **sopravvivere II.** *agg* überlebend **III.** *m, f* Überlebende(r) *f(m)*
sopravvivenza [sopravvi'vɛntsa] *f* Überleben *nt;* **istinto di ~** Selbsterhaltungstrieb *m*
sopravvivere [soprav'vi:vere] <irr> *vi essere* ① *(a persone, a disgrazia)* **~ a qu/qc** jdn/etw überleben ② *(fig)* **~ in qc** in etw *dat* weiterleben
soprintendente [soprinten'dɛnte] *mf* Oberaufseher(in) *m(f); (statale)* Oberintendant(in) *m(f);* **~ alle Belle Arti** Landeskonservator(in) *m(f)*
soprintendenza [soprinten'dɛntsa] *f* Oberaufsicht *f; (statale)* Oberintendantur *f*
soprintendere [soprin'tɛndere] <irr> *vi* **~ a qc** bei etw [*o* über etw *akk*] die Oberaufsicht führen
sopruso [so'pru:zo] *m* Übergriff *m,* Gewaltakt *m*
soqquadro [sok'kua:dro] *m* **mettere a ~** durcheinanderbringen
sor [sor] *m (fam: signor)* Herr *m*
sora ['so:ra] *f (fam: signora)* Frau *f*
sorbettiera [sorbet'tiɛ:ra] *f* Sorbettiere *f*
sorbetto [sor'betto] *m* Sorbet[t] *m o nt*
sorbire [sor'bi:re] <sorbisco> *vt* ① *(bibita)* schlürfen ② *(fig)* aushalten, ertragen
sorcio ['sortʃo] <-ci> *m (fam)* Maus *f*
sorda *f v.* **sordo**
sordidezza [sordi'dettsa] *f (pej)* ① *(sporcizia)* Schmutzigkeit *f,* Schmierigkeit *f* ② *(fig: avarizia)* Knauserigkeit *f,* Geiz *m*
sordido, -a ['sɔrdido *o* 'sordido] *agg (pej)* ① *(sporco)* schmutzig, dreckig ② *(fig: avaro)* knaus[e]rig, geizig
sordina [sor'di:na] *f* Dämpfer *m; (strumento)* Sordine *f;* **in ~** gedämpft, leise; *(fig)* heimlich
sordità [sordi'ta] <-> *f* ① MED *(totale)* Taubheit *f; (parziale)* Schwerhörigkeit *f* ② *(fig)* Taubheit *f,* Desinteresse *nt*
sordo, -a ['sordo] **I.** *agg* ① MED *(totalmente)* taub; *(parzialmente)* schwerhörig; **essere ~ da un orecchio** auf einem Ohr taub sein; **~ come una campana** stocktaub ② *(fig: privo di interesse)* taub, gleichgültig ③ LING stimmlos **II.** *m, f* Taube(r) *f(m);* **fare il ~** sich taub stellen; **parlare** [*o* **cantare**] **ai -i** *(fig)* tauben Ohren predigen; **non c'è peggior ~ di chi non vuol sentire** *(prov)* tauben Ohren ist nicht gut predigen
sordocieco, -a [sordo'tʃɛko] <-chi, -che> **I.** *agg* taubblind **II.** *m, f* Taubblinde(r) *f(m)*
sordomuta *f v.* **sordomuto**
sordomutismo [sordomu'tizmo] *m* Taubstummheit *f*
sordomuto, -a [sordo'mu:to] **I.** *agg* taubstumm **II.** *m, f* Taubstumme(r) *f(m)*
sorella [so'rɛlla] *f* Schwester *f*
sorellastra [sorel'lastra] *f* Halbschwester *f,* Stiefschwester *f*
sorgente [sor'dʒɛnte] *f (a. fig)* Quelle *f*
sorgere ['sordʒere] <sorgo, sorsi, sorto> *vi essere* ① *(sole)* aufgehen ② *(monte, castello)* sich erheben, emporragen ③ *(sollevarsi, a. fig)* sich erheben ④ *(acque)* entspringen ⑤ *(fig: manifestarsi)* aufkommen, auftreten
sorgivo, -a [sor'dʒi:vo] *agg* Quell[en]-
soriano [so'ria:no] *m* Tigerkatze *f*
soriano, -a *agg* getigert, Tiger-
sormontare [sormon'ta:re] *vt* ① *(difficoltà)* überwinden ② *(acqua)* übersteigen
sornione, -a [sor'nio:ne] *agg* scheinheilig, gleichgültig
sorpassare [sorpas'sa:re] *vt* ① MOT überholen; *(velocità)* überschreiten ② *(in altezza)* überragen ③ *(fig: oltrepassare)* überschreiten ④ *(fig: sopravanzare)* übertreffen
sorpassato, -a [sorpas'sa:to] *agg (a. fig)* überholt, überkommen
sorpasso [sor'passo] *m* Überholen *nt,* Überholvorgang *m;* **fare un ~** überholen; **divieto di ~** Überholverbot *nt;* **corsia di ~** Überholspur *f*
sorprendente [sorpren'dɛnte] *agg* überraschend
sorprendere [sor'prɛndere] <irr> **I.** *vt* ① *(cogliere)* überraschen, ertappen ② *(fig)* überraschen, erstaunen **II.** *vr* **-rsi di qc** sich über etw *akk* wundern; **non mi sorprendo più di nulla** mich wundert nichts mehr
sorpresa [sor'pre:sa] *f* Überraschung *f; (meraviglia)* Verwunderung *f; (stupore)* Erstaunen *nt;* **di ~** überraschend; **con mia grande ~** zu meinem großen Erstaunen; **fare una ~ a qu** jdn überraschen
sorreggere [sor'rɛddʒere] <irr> *vt* ① *(persona)* stützen ② *(fig)* aufrecht [er]halten, stützen ③ *(costruzione)* [ab]stützen
Sorrento [sor'rɛnto] *f* Sorrent *nt (Stadt in Kampanien)*
sorressi *1. pers sing pass rem di* **sorreggere**

sorretto *pp di* **sorreggere**
sorridente [sorri'dɛnte] *agg* lächelnd; **è sempre ~** er/sie ist immer guter Laune
sorridere [sor'ri:dere] <irr> *vi* 1 *(gener)* lächeln; **~ a qu** jdm zulächeln 2 *(fig)* zulächeln, hold sein
sorriso [sor'ri:so] *m* Lächeln *nt*
sorsata [sor'sa:ta] *f* Schluck *m*
sorseggiare [sorsed'dʒa:re] *vt* schlürfen, in kleinen Schlucken trinken
sorsi ['sorsi] *1. pers sing pass rem di* **sorgere**
sorso ['sorso] *m* Schluck *m*
sort [sɔ:t] <-> *m* INFORM Sortierprogramm *nt,* Sortierfunktion *f*
sorta ['sɔrta] *f* Sorte *f,* Art *f;* **d'ogni ~** aller Art, alle möglichen …
sorte ['sɔrte] *f* Schicksal *nt,* Los *nt;* **tirare/estrarre a ~** losen/ein Los ziehen
sorteggiare [sorted'dʒa:re] *vt* auslosen; *(premi)* verlosen
sorteggio [sor'teddʒo] <-ggi> *m* Auslosung *f;* *(di premi)* Verlosung *f*
sortilegio [sorti'lɛ:dʒo] <-gi> *m* Zauber *m,* Zauberei *f*
sortire [sor'ti:re] <sortisco> *vt* erzielen, bewirken
sortita [sor'ti:ta] *f* 1 MIL Ausfall *m* 2 *(fig)* Bemerkung *f,* Bonmot *nt*
sorto ['sorto] *pp di* **sorgere**
sorvegliante [sorveʎ'ʎante] *mf* Aufseher(in) *m(f),* Wächter(in) *m(f)*
sorveglianza [sorveʎ'ʎantsa] *f* Aufsicht *f,* Bewachung *f,* Überwachung *f*
sorvegliare [sorveʎ'ʎa:re] *vt* bewachen, überwachen, beaufsichtigen; *(vigilare)* aufpassen auf +*akk*
sorvolare [sorvo'la:re] **I.** *vt* 1 AERO überfliegen, hinwegfliegen über +*akk* 2 *(fig)* übergehen **II.** *vi* **~ su qc** *(fig)* über etw *akk* hinweggehen
S.O.S. ['ɛsseo'ɛsse] <-> *m* SOS *nt;* **lanciare un ~** *(a. fig)* einen Hilferuf aussenden
sosia ['sɔ:zia] <-> *mf* Doppelgänger(in) *m(f)*
sospendere [sos'pɛndere] <irr> *vt* 1 *(appendere)* aufhängen 2 *(fig: cessare)* aufheben, einstellen; *(interrompere)* unterbrechen 3 *(funzionario)* suspendieren; *(alunno)* [von der Schule] verweisen; **~ da una carica** eines Amt[e]s entheben
sospensione [sospen'sio:ne] *f* 1 *(il sospendere)* Aufhängen *nt* 2 CHEM Suspension *f* 3 MOT Federung *f,* Radaufhängung *f* 4 *(fig)* Einstellung *f,* Aufhebung *f;* *(interruzione)* Unterbrechung *f* 5 *(da ufficio, dalle lezioni)* Suspendierung *f* 6 LING **puntini di ~** Auslassungspunkte *mpl*
sospesi [sos'pe:si] *1. pers sing pass rem di* **sospendere**
sospeso, -a [sos'pe:so] **I.** *pp di* **sospendere** **II.** *agg* 1 *(sollevato)* hängend, schwebend 2 *(interrotto)* unterbrochen, eingestellt; **col fiato ~** mit angehaltenem Atem 3 *(fig: incerto, indeciso)* ungewiss, unbestimmt; **tenere qu in ~** jdn im Ungewissen lassen 4 *(fig: ansioso)* besorgt
sospetta *f v.* **sospetto**
sospettare [sospet'ta:re] **I.** *vt* 1 *(ritenere responsabile)* verdächtigen 2 *(immaginare)* vermuten, argwöhnen **II.** *vi* 1 *(diffidare)* **~ di qu** jdn verdächtigen 2 *(avere sospetti)* annehmen, vermuten
sospetto [sos'pɛtto] *m* 1 *(dubbio)* Verdacht *m,* Argwohn *m;* **destare ~** Verdacht erregen; **~ iniziale** Anfangsverdacht *m* 2 *(cosa sospetta)* Verdächtige(s) *nt*
sospetto, -a *agg* verdächtig
sospettoso, -a [sospet'to:so] *agg* argwöhnisch, misstrauisch
sospingere [sos'pindʒere] <irr> *vt* 1 *(spingere)* treiben 2 *(fig)* [an]treiben
sospinto, -a [sos'pinto] *agg* **a ogni piè ~** auf Schritt und Tritt
sospirare [sospi'ra:re] **I.** *vi* seufzen **II.** *vt* 1 *(desiderare)* ersehnen, herbeisehnen 2 *(aspettare)* ungeduldig erwarten, herbeisehnen
sospiro [sos'pi:ro] *m* Seufzer *m;* **fare** [*o* **tirare**] **un ~** seufzen; **Ponte dei Sospiri** Seufzerbrücke *f (in Venedig)*
sosta ['sɔsta] *f* 1 *(fermata)* Halt *m,* Anhalten *nt;* **~ limitata** beschränkte Parkdauer; **divieto di ~** Halten verboten; **parcheggiare in ~ vietata** im Halteverbot parken 2 *(riposo)* Pause *f;* **fare una ~ a Perugia** in Perugia Station machen
sostantivare [sostanti'va:re] *vt* substantivieren
sostantivo [sostan'ti:vo] *m* Substantiv *nt,* Hauptwort *nt*
sostanza [sos'tantsa] *f* 1 *(materia)* Substanz *f,* Stoff *m;* **~ medicinale** Arzneimittel *nt,* Heilmittel *nt;* **~ nociva** Schadstoff *m* 2 *pl (patrimonio)* Vermögen *nt,* Besitz *m* 3 *(parte essenziale)* Wesentliche(s) *nt;* **in ~** im Wesentlichen 4 *(di cibo)* Gehalt *m,* Nährwert *m*
sostanziale [sostan'tsia:le] *agg* wesentlich, substanziell
sostanziosità [sostantsiosi'ta] <-> *f* Nährwert *m*
sostanzioso, -a [sostan'tsio:so] *agg* 1 *(cibo)* nahrhaft, gehaltvoll 2 *(fig)* gehaltvoll, inhaltsreich
sostare [sos'ta:re] *vi* 1 *(fermarsi)* halten,

S

anhalten ② *(fare una pausa)* pausieren, eine Pause machen

sostegno [sosˈteɲɲo] *m* ① *(supporto)* Stütze *f* ② *(fig)* Unterstützung *f*; *(persona)* Stütze *f*

sostenere [sosteˈneːre] <irr> **I.** *vt* ① *(reggere)* stützen, halten ② *(sopportare)* ertragen, aushalten ③ *(fig: persona, candidatura, legge)* unterstützen; *(tesi, idea)* vertreten; *(conversazione)* bestreiten; *(esame)* ablegen ④ *(affermare)* behaupten ⑤ FIN *(spese)* tragen **II.** *vr* **-rsi** ① *(reggersi)* sich stützen, sich aufstützen; *(tenersi ritto)* sich aufrecht halten ② *(fig)* sich stärken, sich bei Kräften halten

sostenibile [sosteˈniːbile] *agg* ① *(tesi)* vertretbar, haltbar; *(spesa)* vertretbar ② ECOL nachhaltig; **energia ~** grüne Energie

sostenibilità [sosteniːbiliˈta] *f* ECOL Nachhaltigkeit *f*

sostenitore, -trice [sosteniˈtoːre] **I.** *agg* fördernd **II.** *m, f* Vertreter(in) *m(f)*, Verfechter(in) *m(f)*

sostentamento [sostentaˈmento] *m* Unterhalt *m*

sostentare [sostenˈtaːre] **I.** *vt* unterhalten, ernähren **II.** *vr* **-rsi** sich erhalten

sostenuta *f v.* **sostenuto**

sostenutezza [sostenuˈtettsa] *f* Zurückhaltung *f*

sostenuto, -a [sosteˈnuːto] **I.** *agg* ① *(contegno, atteggiamento)* zurückhaltend, kühl; **fare il ~ con qu** jdm gegenüber abweisend sein ② COM *(prezzi)* stabil, fest **II.** *m, f* zurückhaltender Mensch

sostituire [sostituˈiːre] <sostituisco> **I.** *vt* ① *(cambiare)* austauschen, auswechseln ② *(rimpiazzare)* ersetzen ③ *(prendere il posto)* vertreten **II.** *vr* **-rsi a qu** an jds Stelle treten; **-rsi a qc** etw ersetzen

sostituta *f v.* **sostituto**

sostitutivo, -a [sostituˈtiːvo] *agg* Ersatz-, Ergänzungs-

sostituto, -a [sostiˈtuːto] *m, f* Stellvertreter(in) *m(f)*; **~ procuratore** JUR Staatsanwalt *m*

sostituzione [sostitutˈtsioːne] *f* Auswechs[e]lung *f*, Ersatz *m*; **in ~ di** *(cosa)* zum Ersatz für; *(persona)* an jds Stelle; **~ fiduciaria** EU Bargeldumstellung *f*

sostrato [sosˈtraːto] *m* ① GEOL, LING Substrat *nt* ② *(fig)* Nährboden *m*

sott'olio, sottolio [sotˈtɔːlio] **I.** *avv* in Öl **II.** *agg inv* in Öl [eingelegt]

sottabito [sotˈtaːbito] *m* Unterkleid *nt*

sottaceti [sottaˈtʃeːti] *mpl* Mixedpickles *pl*

sottaceto, sott'aceto [sottaˈtʃeːto] <inv> *agg o avv* in Essig; **cetriolini ~** saure Gurken *fpl*

sottana [sotˈtaːna] *f* ① *(sottogonna)* Unterrock *m*; *(gonna)* Rock *m* ② REL Soutane *f* ③ *(fig)* Rockzipfel *m*, Schürze *f*; **stare sempre attaccato alla ~ della mamma** ständig am Rockzipfel der Mutter hängen

sottecchi [sotˈtekki] *avv* **di ~** verstohlen

sotterfugio [sotterˈfuːdʒo] <-gi> *m* Ausflucht *f*, Vorwand *m*; **di ~** heimlich

sotterramento [sotterraˈmento] *m* Vergraben *nt*

sotterranea [sotterˈraːnea] *f* Untergrundbahn *f*, U-Bahn *f*

sotterraneo [sotterˈraːneo] *m* Kellergeschoss *nt*, Untergeschoss *nt*

sotterraneo, -a *agg* unterirdisch; **ferrovia -a** Untergrundbahn

sotterrare [sotterˈraːre] *vt* ① *(tesoro, semente)* vergraben ② *(morto)* begraben, beerdigen

sottigliezza [sottiʎˈʎettsa] *f* ① *(di spessore)* Dünne *f*, Dünnheit *f* ② *(fig)* Feinheit *f*, Subtilität *f*; *(acutezza)* Schärfe *f* ③ *pl (pedanteria)* Spitzfindigkeiten *fpl*, Haarspaltereien *fpl*

sottile [sotˈtiːle] **I.** *agg* ① *(filo, strato, aria)* dünn ② *(figura, gambe)* schlank, dünn ③ *(fig: sofistico)* subtil; *(fino, leggero)* fein, dünn; *(mente)* feinsinnig; *(mente, vista)* scharf; *(disputa, argomentazione)* spitzfindig **II.** *m* **non andare per il ~** nicht zimperlich sein

sottiletta [sottiˈletta] *f* Scheiblette® *f*

sottilizzare [sottilidˈdzaːre] *vi* Haarspalterei betreiben, spitzfindig sein

sottinsù, sott'in su [sottinˈsu] *avv* **di ~** von unten nach oben, von unten herauf

sottintendere [sottinˈtɛndere] <irr> *vt* ① *(capire)* mit darunter verstehen; *(dare per scontato)* stillschweigend annehmen; **è sottinteso** das versteht sich von selbst; **lasciare ~** durchblicken lassen ② *(comportare)* mit sich *dat* bringen, gleichzeitig bedeuten

sottinteso [sottinˈteːso] *m* Hintergedanke *m*

sottinteso, -a *agg* ① LING [unausgedrückt] miteingeschlossen, elliptisch ② *(riferimento)* miteinbegriffen; *(fig)* zwischen den Zeilen

sotto [ˈsotto] **I.** *prep* ① *(stato)* unter +*dat*; **essere nato ~ il segno del cancro** im [*o* unter dem] Zeichen des Krebses geboren sein; **~ questo aspetto** unter diesem Aspekt; **~ la pioggia** im Regen; **~ il monte** am Fuße des Berges ② *(moto)* unter +*akk* ③ *(dietro: stato)* hinter +*dat*; *(moto)* hinter +*akk* ④ *(in cambio di)* gegen +*akk*, für +*akk* ⑤ *(verso)* gegen +*akk*, um +*akk* ⑥ *(condizione)* unter +*dat*, in +*dat*; **caffè**

~ vuoto vakuumverpackter Kaffee; **essere ~ esami** im Examen stehen; **stare ~ a qu** jdm unterstehen; **tenere ~ qu** jdn unterdrücken; **sott'aceto/olio** in Essig/Öl; **~ giuramento** unter Eid ⑦ *(più in basso di)* unterhalb *+gen* **II.** *avv* ① *(stato)* unten; **le stanze di ~** die unteren Zimmer *nt pl;* **qui c'è ~ qc** *(fig)* da steckt etwas dahinter ② *(moto)* nach unten, hinunter; **farsi ~** *(fig)* sich heranmachen, sich anschleichen; **mettere ~** überfahren; **mettersi ~** *(fig fam)* sich daranmachen ③ *(addosso)* darunter, unterhalb ④ *(più giù, oltre)* weiter unten; **vedi ~** siehe unten; **~ ~** unterschwellig, insgeheim; *(fig)* eigentlich **III.** *agg inv* untere(r, s), weiter unten **IV.** *m* <-> Unterteil *nt o m*

sotto- [sotto] *(in parole composte)* Unter-, unter-

sottoalimentare [sottoalimen'taːre] *vt* unzureichend ernähren, unterversorgen

sottoalimentazione [sottoalimentat'tsioːne] *f* Unterernährung *f*

sottoassicurazione [sottoassikurat'tsioːne] *f* Unterversicherung *f*

sottobanco [sotto'baŋko] *avv* unter der Hand

sottobicchiere [sottobik'kiɛːre] *m* Untersetzer *m*

sottobosco [sotto'bɔsko] <-schi> *m* ① BOT Unterholz *nt* ② *(fig)* Unterwelt *f,* Halbwelt *f*

sottobottiglia [sottobot'tiʎʎa] <-glie *o* -> *m* Flaschenuntersetzer *m*

sottobraccio [sotto'brattʃo] *avv* Arm in Arm, untergehakt

sottocchio [sot'tɔkkio] *avv* im Auge

sottoccupato, -a [sottokku'paːto] **I.** *agg* unterbeschäftigt **II.** *m, f* Unterbeschäftigte(r) *f(m)*

sottoccupazione [sottokkupat'tsioːne] *f* Unterbeschäftigung *f*

sottochiave [sotto'kiaːve] *avv* unter Verschluss

sottocipria [sotto'tʃiːpria] <-> *m o f* Make-up-Unterlage *f,* Grundierungscreme *f*

sottocoperta[1] [sottoko'pɛrta] *f* Unterdeck *nt*

sottocoperta[2] *avv* unter Deck

sottocosto [sotto'kɔsto] **I.** *avv* unter Preis **II.** *agg inv* unter Preis [angeboten]

sottocultura [sottokul'tuːra] *f* Subkultur *f*

sottocutaneo, -a [sottoku'taːneo] *agg* subkutan

sottocute [sotto'kuːte] *f* Unterhaut *f,* Subkutis *f*

sottodimensionato, -a [sottodimentsio'naːto] *agg* unterdimensioniert, zu klein, unterbesetzt; **ufficio ~** unterbesetztes Büro

sottoelencato, -a [sottoelen'kaːto] *agg* nachstehend [*o* unten] aufgeführt

sottoesporre [sottoes'porre] <irr> *vt* unterbelichten

sottofinale [sottofi'naːle] *m* THEAT Vorschlussszene *f*

sottofinestra [sottofi'nɛstra] <-> *m* Fensternische *f,* Bereich *m* unter dem Fenster

sottofondo [sotto'fondo] *m* ① MUS, FILM, TV Hintergrund *m,* Background *m* ② *(strato inferiore)* Untergrund *m*

sottogamba [sotto'gamba] *avv* **prendere qc ~** etw auf die leichte Schulter nehmen

sottogonna [sotto'gonna] *f* Unterrock *m*

sottogoverno [sottogo'vɛrno] *m* Vetternwirtschaft *f*

sottogruppo [sotto'gruppo] *m* Untergruppe *f*

sottolineare [sottoline'aːre] *vt* unterstreichen; *(fig a.)* hervorheben

sottolineatura [sottolinea'tuːra] *f* Unterstreichung *f*

sottomano [sotto'maːno] *avv* ① *(a portata di mano)* zur Hand, griffbereit ② *(fig)* unter der Hand, heimlich

sottomarca [sotto'marka] *f* Billigmarke *f*

sottomarino [sottoma'riːno] *m* Unterseeboot *nt,* U-Boot *nt*

sottomarino, -a *agg* unterseeisch, Untersee-

sottomesso, -a [sotto'messo] *agg* ① *(persona)* unterwürfig, gefügig ② *(popolo)* unterworfen, unterjocht

sottomettere [sotto'mettere] <irr> **I.** *vt* unterwerfen, unterjochen **II.** *vr* **-rsi** sich unterwerfen

sottomissione [sottomis'sioːne] *f* Unterwerfung *f*

sottomultiplo [sotto'multiplo] *m* MAT Teiler *m*

sottomultiplo, -a *agg* teilbar

sottopassaggio [sottopas'saddʒo] <-ggi> *m* Unterführung *f*

sottopelle [sotto'pɛlle] **I.** *agg inv* Unterhaut-, subkutan **II.** *avv* heimlich, innerlich; **emozione ~** tief empfundenes Gefühl

sottopentola [sotto'pentola] <-> *m* Topfuntersetzer *m*

sottopiatto [sotto'piatto] *m* Platzteller *m*

sottoporre [sotto'porre] <irr> **I.** *vt* ① *(presentare)* unterbreiten, vorlegen ② *(costringere)* unterziehen, unterwerfen ③ MED *(ad un'operazione)* unterziehen **II.** *vr* **-rsi** sich unterziehen, sich unterwerfen

sottoposto, -a [sotto'pɔsto] **I.** *pp di* **sottoporre II.** *agg* untergeben **III.** *m, f* Untergebene(r) *f(m)*

sottopotenziato, **-a** [sottopoten'tsiaːto] *agg* unterentwickelt
sottopotere [sottopo'teːre] *m* Ämterpatronage *f*, Günstlingswirtschaft *f*, Klientelismus *m*
sottoprodotto [sottopro'dotto] *m* Nebenprodukt *nt*
sottoprogramma [sottopro'gramma] *m* INFORM Unterprogramm *nt*
sottoproletariato [sottoproleta'riaːto] *m* Subproletariat *nt*
sottordine [sot'tordine] *m* Unterordnung *f*; **in ~** untergeordnet, abhängig; *(a. fig)* zweitrangig
sottoscala [sottos'kaːla] <-> *m* [Abstell]raum *m* unter der Treppe
sottoscritto, **-a** [sottos'kritto] **I.** *agg* unterzeichnet, unterschrieben **II.** *m, f* ADM Unterzeichnete(r) *f(m)*
sottoscrittore, **-trice** [sottoskrit'toːre] *m, f* Unterzeichner(in) *m(f)*
sottoscrivere [sottos'kriːvere] <irr> *vt* unterschreiben, unterzeichnen; *(azioni)* zeichnen
sottoscrizione [sottoskrit'tsioːne] *f* ① ADM Unterzeichnung *f*; *(di azioni)* Zeichnung *f* ② *(raccolta di adesioni)* Unterschriftensammlung *f*, -liste *f*
sottosegretario, **-a** [sottosegre'taːrio] *m, f* Untersekretär(in) *m(f)*
sottosistema [sottosis'tɛːma] *m* INFORM Subsystem *nt*
sottosopra [sotto'soːpra] *avv* durcheinander, drunter und drüber *fam*
sottospecie [sottos'pɛːtʃe] *f* ① BOT, ZOO Unterart *f* ② *(fig, pej)* Art *f*, Sorte *f*
sottostare [sottos'taːre] <irr> *vi essere* ① *(essere dipendente)* unterstehen, unterliegen ② *(affrontare)* sich unterziehen
sottosterzante [sottoster'tsante] *agg* untersteuernd
sottosterzare [sottoster'tsaːre] *vi* untersteuern
sottosterzata [sottoster'tsaːta] *f* Untersteuern *nt*, Untersteuerung *f*
sottostetti *1. pers sing pass rem di* **sottostare**
sottostima [sottos'tiːma] *f* zu niedrige Bewertung
sottostimare [sottosti'maːre] *vt* zu niedrig bewerten
sottostimato, **-a** [sottosti'maːto] *agg* unterschätzt
sottostò [sottos'tɔ] *1. pers sing pr di* **sottostare**
sottosuolo [sotto'suɔːlo] *m* ① AGR Untergrund *m*, Unterboden *m* ② ARCH Untergeschoss *nt*, Kellergeschoss *nt*, Souterrain *nt*
sottosviluppato, **-a** [sottozvilup'paːto] *agg* unterentwickelt; **paese ~** Entwicklungsland *nt*
sottosviluppo [sottozvi'luppo] *m* Unterentwicklung *f*
sottotenente [sottote'nɛnte] *m* Unterleutnant *m*
sottoterra [sotto'tɛrra] *avv (stato)* unterirdisch, unter der Erde; *(moto)* unter die Erde
sottotesto [sotto'tɛsto] *m* Subtext *m*
sottotetto [sotto'tetto] *m* Dachboden *m*, Dachgeschoss *nt*
sottotitolare [sottotito'laːre] *vt* untertiteln
sottotitolato, **-a** [sottotito'laːto] *agg* untertitelt, mit Untertiteln; **film ~ per non udenti** Film mit Untertiteln für Gehörlose
sottotitolazione [sottotitolat'tsioːne] *f* Untertitelung *f*
sottotitolo [sotto'tiːtolo] *m* Untertitel *m*
sottotono [sotto'tɔːno] **I.** *avv* ① *(con tono di voce basso)* leise ② *(fig: al di sotto della normale forma)* unterdurchschnittlich ③ *(fig: in modo dimesso)* bescheiden, schlicht, einfach; **vestirsi ~** sich schlicht kleiden **II.** *agg* bescheiden, einfach
sottoutilizzare [sottoutilid'dzaːre] *vt* nicht auslasten, unterfordern
sottovalutare [sottovalu'taːre] *vt* unterbewerten, unterschätzen
sottovaso [sotto'vaːzo] *m* Übertopf *m*; *(piatto)* Auffangschale *f*
sottovento [sotto'vɛnto] *avv* im Wind
sottoveste [sotto'vɛste] *f* Unterkleid *nt*, -rock *m*
sottovoce [sotto'voːtʃe] *avv* leise, halb laut
sottovuoto [sotto'vuɔːto] *agg inv* Vakuum-, vakuum-; **caffè ~ spinto** vakuumverpackter Kaffee
sottraendo [sottra'ɛndo] *m* Subtrahend *m*
sottrarre [sot'trarre] <irr> **I.** *vt* ① MAT subtrahieren, abziehen ② *(denari)* unterschlagen; *(documento)* entziehen ③ *(allontanare)* entziehen **II.** *vr* **-rsi a qu/qc** sich jdm/etw entziehen
sottrazione [sottrat'tsioːne] *f* ① MAT Subtraktion *f*, Abziehen *nt* ② *(di denari)* Unterschlagung *f*; *(di documento)* Entziehung *f*
sottufficiale [sottuffi'tʃaːle] *m* Unteroffizier *m*
sound ['saund] <-> *m* Sound *m*, Klang *m*
soundtrack ['sauntræk] <-> *f* FILM Soundtrack *m*, Tonspur *f*
souvenir [suv'niːr] <-> *m* Souvenir *nt*, Reisemitbringsel *nt*
sovente [so'vɛnte] *avv (poet)* oftmals
soverchiare [sover'kiaːre] *vt (poet)* überwältigen, unterdrücken

soverchieria [soverkie'riːa] <-ie> *f* Übergriff *m,* Gewaltakt *m*
soviet [so'viɛt] <-> *m* Sowjet *m*
sovietico, -a [so'viɛːtiko] <-ci, -che> **I.** *agg* sowjetisch, Sowjet-; **l'Unione Sovietica** die Sowjetunion **II.** *m, f* Sowjetbürger(in) *m(f),* -russe *m,* -russin *f*
sovra- [sovra] *v.* **sopra-**
sovrabbondante [sovrabbon'dante] *agg* übermäßig
sovrabbondanza [sovrabbon'dantsa] *f* Übermaß *nt,* Überfluss *m*
sovrabbondare [sovrabbon'daːre] *vi* überreichlich vorhanden sein
sovraccaricare [sovrakkari'kaːre] *vt* **~ qc [di qc]** etw [mit etw] überladen; **~ qu di qc** *(fig)* jdn mit etw überlasten
sovraccarico [sovrak'kaːriko] <-chi> *m* ❶ *(carico eccessivo)* Überlast *f* ❷ *(fig)* Überlastung *f*
sovraccarico, -a <-chi, -che> *agg* ❶ *(autobus, treno)* überladen ❷ *(fig)* überlastet
sovracritico, -a [sovra'kriːtiko] <-ci, -che> *agg* im kritischen [*o* roten] Bereich
sovradimensionato, -a [sovradimensio'naːto] *agg* überdimensioniert; **un ufficio ~** ein überbesetztes Büro
sovraesporre [sovraes'porre] <irr> *vt* FOTO überbelichten
sovraffaticarsi [sovraffati'karsi] *vr* sich überanstrengen, übermüden
sovraffollato, -a [sovraffol'laːto] *agg* überfüllt
sovralimentazione [sovralimentat'tsioːne] *f* Aufladung *f*
sovrana *f v.* **sovrano**
sovranità [sovrani'ta] <-> *f* ❶ JUR Souveränität *f* ❷ *(fig)* Überlegenheit *f*
sovrano, -a [so'vraːno] **I.** *m, f* Souverän(in) *m(f),* Herrscher(in) *m(f)* **II.** *agg* ❶ POL souverän ❷ *(di sovrano)* Herrscher-, herrschaftlich ❸ *(fig)* größte(r, s), höchste(r, s)
sovraoccupazione [sovraokkupat'sione] *f* Überbeschäftigung *f*
sovrap(p)rofitto [sovrap(p)ro'fitto] *m* FIN Gewinnzuschlag *m*
sovrappongo *1. pers sing pr di* **sovrapporre**
sovrappopolamento [sovrappopola'mento] *m* Überbevölkerung *f,* Übervölkerung *f*
sovrappopolare [sovrappopo'laːre] *vt* überbevölkern
sovrappopolato, -a [sovrappopo'laːto] *agg* überbevölkert
sovrapporre [sovrap'porre] <irr> **I.** *vt* übereinanderstapeln/übereinanderlegen/übereinandersetzen **II.** *vr* **-rsi** einander überlagern, übereinanderliegen
sovrapposizione [sovrappozit'tsioːne] *f* ❶ *(di due cose)* Übereinanderlagerung *f* ❷ *(fig)* Überordnung *f*
sovrapprezzo [sovrap'prɛttso] *m* Aufpreis *m*
sovrapproduzione [sovrapprodut'tsioːne] *f* Überproduktion *f*
sovrastampato, -a [sovrastam'paːto] *agg (francobolli)* überdruckt, mit Aufdruck
sovrastare [sovras'taːre] *vt avere* ❶ *(dominare)* beherrschen ❷ *(fig)* bedrohen
sovrasterzante [sovraster'tsante] *agg* übersteuernd
sovrasterzare [sovraster'tsaːre] *vt* übersteuern
sovrasterzata [sovraster'tsaːta] *f* Übersteuern *nt,* Übersteuerung *f*
sovrastruttura [sovrastrut'tuːra] *f* ARCH Überbau *m,* Aufbau *m*
sovrautilizzare [sovrautilid'dzaːre] *vt* ❶ *(impianto)* überlasten, überbeanspruchen ❷ *(dipendente)* überfordern
sovrautilizzo [sovrauti'liddzo] *m* ❶ *(di un impianto)* Überlastung *f,* Überbeanspruchung *f* ❷ *(di un dipendente)* Überforderung *f*
sovresporre [sovres'porre] *v.* **sovraesporre**
sovrimposizione [sovrimposit'tsioːne] *f* FIN Zusatzbesteuerung *f*
sovrumano, -a [sovru'maːno] *agg* übermenschlich
sovvenzionare [sovventsio'naːre] *vt* subventionieren
sovvenzione [sovven'tsioːne] *f* Subvention *f*
sovversivo, -a [sovver'siːvo] **I.** *agg* subversiv, umstürzlerisch **II.** *m, f* Subversive(r) *f(m),* subversives Element
sovvertimento [sovverti'mento] *m* Umsturz *m*
sovvertire [sovver'tiːre] *vt (ordinamenti, leggi)* umstürzen, zerrütten
sovvertitore, -trice [sovverti'toːre] *m, f* Umstürzler(in) *m(f)*
sozzeria [sottse'riːa] <-ie> *f* DIAL *(fam)* Schweinerei *f,* Sauerei *f*
sozzo, -a ['sottso] *agg (fam)* dreckig, schmierig
sozzume [sot'tsuːme] *m (fam)* Dreck *m*
S.p.A. *abbr di* **Società per Azioni** AG *f*
spaccalegna [spakka'leɲɲa] <-> *mf* Holzfäller(in) *m(f)*
spaccapietre [spakka'piɛːtre] <-> *mf* Steinhauer(in) *m(f)*
spaccare [spak'kaːre] **I.** *vt (rompere)* spalten, entzweischlagen; *(far saltare)* spren-

gen; ~ **la legna** Holz hacken; ~ **la faccia a qu** *(fam)* jdm die Fresse polieren; **un orologio che spacca il minuto** eine Uhr, die auf die Minute genau geht; ~ **un capello in quattro** Haarspalterei betreiben; **o la va o la spacca** *(fam)* alles oder nichts **II.** *vr* **-rsi** zerbrechen

spaccata [spak'ka:ta] *f* SPORT Spagat *nt o m*

spaccato [spak'ka:to] *m* [Quer]schnitt *m,* Aufriss *m*

spaccato, -a *agg* ① *(oggetto)* zerbrochen; *(labbro)* gespalten ② *(fig)* genau; *(manifesto)* ausgesprochen, ausgemacht; **è il ritratto ~ di suo nonno** er ist seinem Großvater [wie] aus dem Gesicht geschnitten

spaccatura [spakka'tu:ra] *f* ① *(fenditura)* Riss *m,* Spalt *m,* Sprung *m* ② *(fig)* Spaltung *f*

spacchettare [spakket'ta:re] *vt* auspacken

spacciare [spat'tʃa:re] **I.** *vt* ① *(valuta falsa)* in Umlauf bringen, verbreiten ② COM vertreiben ③ *(dare per)* ~ **per** ausgeben als ④ *(fam: dichiarare inguaribile)* abschreiben; **essere spacciato** geliefert sein ⑤ *(sl)* dealen **II.** *vr* **-rsi per qu** sich für jdn ausgeben

spacciatore, -trice [spattʃa'to:re] *m, f (di moneta falsa)* Verbreiter(in) *m(f),* Vertreiber(in) *m(f); (di droga)* Dealer(in) *m(f) sl,* Händler(in) *m(f);* **rete di -i** Rauschgiftring *m*

spaccio ['spattʃo] <-cci> *m* ① COM Verbreitung *f,* Vertrieb *m,* Verkauf *m* ② *(negozio)* Laden *m,* Geschäft *nt*

spacco ['spakko] <-cchi> *m* ① *(rottura)* Sprung *m,* Riss *m* ② *(di indumento)* Schlitz *m*

spaccona *f v.* **spaccone**

spacconaggine [spakkonad'dʒi:ne] *f* Eitelkeit *f,* Prahlsucht *f*

spacconata [spakko'na:ta] *f (fam)* Angeberei *f,* Prahlerei *f*

spaccone, -a [spak'ko:ne] *m, f (fam)* Angeber(in) *m(f),* Prahler(in) *m(f)*

spada ['spa:da] *f* ① *(gener)* Schwert *nt;* **pesce ~** Schwertfisch *m;* **a ~ tratta** mit gezücktem Schwert ② SPORT Degen *m* ③ *pl (di carte da gioco) italienische Spielkartenfarbe*

spadaccino [spadat'tʃi:no] *m* Haudegen *m*

spadino [spa'di:no] *m* Kurzschwert *nt*

spadista [spa'dista] <-i *m,* -e *f*> *mf* Degenfechter(in) *m(f)*

spadone [spa'do:ne] *m* großes Schwert *nt*

spadroneggiare [spadroned'dʒa:re] *vi (pej)* sich als Herr aufspielen

spaesante [spae'sante] *agg (avvenimento, esperienza)* [sehr] verstörend, sehr verwirrend

spaesato, -a [spae'za:to] *agg* fremd, unbehaglich

spaghettata [spaget'ta:ta] *f (fam)* Spaghettiessen *nt*

spaghetteria [spagette'ri:a] *f* Nudelrestaurant *nt,* Spaghettirestaurant *nt*

spaghetti [spa'getti] *mpl* GASTR Spaghetti *pl;* ~ **aglio e olio** Spaghetti *pl* mit Knoblauch und Olivenöl; ~ **alla chittarra** *Spag(h)etti in eckiger Form*

spaghettini [spaget'ti:ni] *mpl* Spaghettini *pl (dünne Spaghetti)*

spaginare [spadʒi'na:re] *vt* neu umbrechen

spagliare [spaʎ'ʎa:re] **I.** *vt* das Stroh entfernen von [*o* aus] **II.** *vr* **-rsi** das Stroh verlieren

Spagna ['spaɲɲa] *f* Spanien *nt*

spagnola [spaɲ'ɲɔ:la] *f* spanische Grippe

spagnolesco, -a [spaɲɲo'lesko] <-schi, -sche> *agg* ① *(di Spagna)* typisch spanisch ② *(fig, pej)* theatralisch, pathetisch

spagnoletta [spaɲɲo'letta] *f* Garnröllchen *nt*

spagnolismo [spaɲɲo'lizmo] *m* ① LING Hispanismus *m* ② *(fig)* Prunksucht *f*

spagnolo, -a [spaɲ'ɲɔ:lo] **I.** *agg* spanisch **II.** *m, f* Spanier(in) *m(f)*

spago ['spa:go] <-ghi> *m* ① *(per legare)* Schnur *f,* Spagat *m* A ② *(fig)* Leine *f;* **dare ~ a qu** jdm freie Hand lassen ③ *(fam: paura)* Bammel *m*

spaiare [spa'ia:re] *vt* trennen, entzweien

spaiato, -a [spa'ia:to] *agg* getrennt, unpaarig

spalancare [spalaŋ'ka:re] **I.** *vt* ① *(porta, finestra)* aufreißen, aufsperren ② *(fig: occhi, bocca)* aufreißen; *(braccia)* ausbreiten; *(gambe)* spreizen **II.** *vr* **-rsi** weit aufgehen

spalare [spa'la:re] *vt* schippen, schaufeln

spalla ['spalla] *f* ① ANAT Schulter *f;* **alzare le -e, stringersi nelle -e** *(a. fig)* die Achseln zucken; **avere le -e larghe** breite Schultern haben; *(fig)* einen breiten Buckel haben; **avere la famiglia sulle -e** *(fig)* die Familie am Hals haben *fam;* **avere 80 anni sulle -e** *(fig)* 80 Jahre auf dem Buckel haben *fam;* **volgere le -e a qu** *(a. fig)* jdm den Rücken kehren; **vivere alle -e di qu** auf jds Kosten leben; **ridere alle -e di qu** jdn heimlich auslachen; **con le -e al muro** *(fig)* mit dem Rücken zur Wand ② ARCH Widerlager *nt* ③ TYP Schulterhöhe *f* ④ THEAT Partner(in) *m(f),* Stichwortgeber(in) *m(f)*

spallata [spal'la:ta] *f* ① *(urto)* Schulterstoß *m* ② *(alzata di spalle)* Schulterzucken *nt,* Achselzucken *nt*

spalleggiare [spalled'dʒa:re] **I.** *vt* ① *(so-*

S

stenere) unterstützen ② MIL schultern **II.** *vr* **-rsi** sich [gegenseitig] [unter]stützen

spalletta [spal'letta] *f* ① *(di ponte)* [Brücken]geländer *nt* ② *(di fiume)* Damm *m*

spalliera [spal'liɛːra] *f* ① *(di sedia, poltrona)* Rückenlehne *f* ② *(di letto)* Kopfteil *nt; (VAKAT)* Fußteil *nt*

spallina [spal'liːna] *f* ① *(di indumento)* Träger *m; (imbottita)* Schulterpolster *nt* ② MIL Epaulette *f*

spallucce [spal'luttʃe] *fpl* **fare ~** *(fam)* mit den Schultern zucken

spalmare [spal'maːre] *vt (burro)* streichen; *(pane)* bestreichen

spalti ['spalti] *mpl (di stadio)* Ränge *mpl*

spalto ['spalto] *m* ① *pl (di stadio)* Ränge *mpl* ② *(di castello, fortezza)* Wall *m,* Mauer *f*

spam [spam] <-> *m* INET Spam *f o nt*

spampanare [spampa'naːre] **I.** *vt* entlauben, entblättern **II.** *vr* **-rsi** die Blätter verlieren

spanciare [span'tʃaːre] **I.** *vi (nel tuffarsi)* einen Bauchklatscher machen *fam* **II.** *vr* **-rsi dalle risate** *(fam)* sich den Bauch halten vor Lachen

spanciata [span'tʃaːta] *f* ① *(colpo)* Bauchklatscher *m fam,* Bauchschlag *m* ② *(fam)* Fresserei *f;* **farsi una ~** sich *dat* den Bauch vollschlagen

spandere ['spandere] <spando, spandei *o* spansi *o* spandetti, spanto> **I.** *vt* ① *(liquidi)* verschütten; *(fig: lacrime)* vergießen ② *(distendere)* verteilen, ausbreiten ③ *(fig: notizia)* verbreiten ④ *(fam: sperperare)* verprassen, verschwenden; **spendere e ~** das Geld mit vollen Händen ausgeben **II.** *vr* **-rsi** sich ausbreiten

spandighiaia [spandi'giaːia] *f* Splittstreuer *m,* Kiesstreuer *m*

spanna ['spanna] *f (fig)* Handbreit *f;* **essere alto una ~** *(scherz)* ein Dreikäsehoch sein

spansi ['spansi] *1. pers sing pass rem di* **spandere**

spanto ['spanto] *pp di* **spandere**

spaparacchiarsi [spaparak'kiarsi] *vr* DIAL *(fam)* sich ausstrecken, sich rekeln

spaparanzato, -a [spaparan'tsaːto] *agg* DIAL *(fam)* ausgestreckt, sich rekelnd

spappolare [spappo'laːre] **I.** *vt* zerquetschen, zu Brei machen **II.** *vr* **-rsi** zerquetscht werden

sparafiocchi [spara'fiɔkki] *agg inv* [Kunst]-schnee erzeugend; **cannone ~** Schneekanone *f*

sparagnino, -a [sparaɲ'ɲiːno] **I.** *agg (fam)* knaus[e]rig **II.** *m, f (fam)* Geizkragen *m*

sparare [spa'raːre] **I.** *vt* ① MIL schießen; *(colpo)* abfeuern, abgeben ② *(fig: fandonie)* auftischen, vom Stapel lassen *fam;* **spararle [grosse]** *(fam)* [faustdicke] Lügen auftischen **II.** *vi* ① MIL schießen, feuern ② TV blenden, reflektieren **III.** *vr* **-rsi** sich erschießen; **-rsi un colpo alla testa** sich *dat* eine Kugel durch den Kopf jagen

sparato [spa'raːto] *m* [gestärkte] Hemdbrust *f*

sparato, -a *agg (a gran velocità)* blitzschnell, wie geschossen; **partire tutto ~** abzischen *fam*

sparatore, -trice [spara'toːre] *m, f* Schütze *m/*Schützin *f*

sparatoria [spara'tɔːria] <-ie> *f* Schusswechsel *m*

sparatrice *f v.* **sparatore**

sparecchiare [sparek'kiaːre] *vt (tavola)* abdecken, abräumen

spareggio [spa'reddʒo] <-ggi> *m* SPORT Entscheidungsspiel *nt,* -kampf *m*

spargere ['spardʒere] <spargo, sparsi, sparso> **I.** *vt* ① *(semi, fiori)* [aus-, ver]streuen ② *(luce, calore)* ausstrahlen ③ *(liquidi)* verschütten; *(lacrime, sangue)* vergießen ④ *(notizia)* verbreiten **II.** *vr* **-rsi** ① *(persone, animali)* sich zerstreuen, sich verstreuen ② *(notizie, dicerie)* sich verbreiten

spargifiamma [spardʒi'fiamma] <-> *m (per fornelli a gas)* Herdgitter *nt,* Flammenverteiler *m*

spargimento [spardʒi'mento] *m* ① *(di liquidi)* Verschütten *nt; (di lacrime, sangue)* Vergießen *nt* ② *(di notizia)* Verbreitung *f*

spargitalco [spardʒi'talko] <-> *m* Puderstreuer *m,* Talkumstreuer *m*

sparire [spa'riːre] <sparisco> *vi essere* verschwinden

sparizione [sparit'tsioːne] *f* Verschwinden *nt*

sparlare [spar'laːre] *vi* ① *(pej)* **~ di qu** von jdm schlecht sprechen ② *(farneticare)* dumm daherreden

sparo ['spaːro] *m* ① *(colpo)* Schuss *m* ② *(rumore)* Knall *m*

sparpagliamento [sparpaʎʎa'mento] *m* Verstreuung *f,* Zerstreuung *f*

sparpagliare [sparpaʎ'ʎaːre] **I.** *vt* zerstreuen, verstreuen **II.** *vr* **-rsi** sich zerstreuen, verstreuen

sparsi ['sparsi] *1. pers sing pass rem di* **spargere**

sparso, -a ['sparso] **I.** *pp di* **spargere** **II.** *agg* zerstreut, verstreut; *(sciolto)* lose; *(cosparso)* bestreut, übersät; **in ordine ~** MIL verstreut

spartano, -a [spar'taːno] *agg (a. fig)* spartanisch

spartiacque [sparti'akkue] <-> *m* Wasserscheide *f*
spartineve [sparti'ne:ve] <-> *m* Räumfahrzeug *nt,* Schneepflug *m*
spartire [spar'ti:re] <spartisco> *vt* [auf-, ver]teilen; **non avere niente da ~ con qu** *(fig)* mit jdm nichts gemein haben
spartito [spar'ti:to] *m* Partitur *f; (riduzione per piano)* Klavierauszug *m*
spartitraffico [sparti'traffiko] **I.** *m* <-> Leitplanke *f* **II.** *agg inv* **banchina ~** Verkehrsinsel *f;* **linea ~** Mittellinie *f*
spartivalanghe [spartiva'laŋge] <-> *m* Lawinenverbauung *f*
spartizione [spartit'tsio:ne] *f* [Auf-, Ver]teilung *f*
sparuto, -a [spa'ru:to] *agg* ① *(viso, aspetto)* eingefallen, schmächtig ② *(fig)* mager, winzig, spärlich
sparviere, sparviero [spar'viɛ:re, spar'viɛ:ro] *m* Sperber *m*
spasimante [spazi'mante] *mf (scherz)* Verehrer(in) *m(f)*
spasimare [spazi'ma:re] *vi (a. fig)* schmachten
spasimo ['spa:zimo] *m* ① MED Krampf *m* ② *(fig)* Qual *f*
spasmo ['spazmo] *m* Krampf *m*
spasmodico, -a [spaz'mɔ:diko] <-ci, -che> *agg* ① MED krampfhaft ② *(fig)* qualvoll, quälend
spassarsi [spas'sarsi] *vr (fam)* sich amüsieren, sich vergnügen; **spassarsela con qu** mit jdm flirten
spassionato, -a [spassio'na:to] *agg* unvoreingenommen
spasso ['spasso] *m* ① *(divertimento)* Vergnügen *nt,* Spaß *m* ② *(persona)* Spaßvogel *m,* Witzbold *m* ③ *(passeggiata)* Spaziergang *m;* **andare a ~** spazieren gehen; **mandare a ~** *(fig)* auf die Straße setzen
spassoso, -a [spas'so:so] *agg* spaßig, lustig, amüsant
spastico, -a ['spastiko] <-ci, -che> **I.** *agg* spastisch **II.** *m, f* Spastiker(in) *m(f),* spastisch Gelähmte(r) *f(m)*
spato ['spa:to] *m* Spat *m*
spatola ['spa:tola] *f* ① *(arnese)* Spachtel *m o f;* MED Spatel *m o f* ② ZOO Löffelreiher *m*
spauracchio [spau'rakkio] <-cchi> *m (a. fig fam)* Vogelscheuche *f; (timore)* Schreckbild *nt*
spaurire [spau'ri:re] <spaurisco> **I.** *vt* erschrecken, ängstigen **II.** *vr* **-rsi** [sich] erschrecken, sich ängstigen
spavalderia [spavalde'ri:a] <-ie> *f* Dreistigkeit *f,* Frechheit *f*
spavaldo, -a [spa'valdo] *agg* dreist, frech
spaventapasseri [spaventa'passeri] <-> *m (a. fig fam)* Vogelscheuche *f*
spaventare [spaven'ta:re] **I.** *vt* erschrecken **II.** *vr* **-rsi** [sich] erschrecken
spavento [spa'vɛnto] *m* ① *(paura)* Schrecken *m,* Schreck *m* ② *(fig fam)* Scheusal *nt,* Schreckgespenst *nt;* **fare ~ a qu** jdn erschrecken
spaventoso, -a [spaven'to:so] *agg* schrecklich, furchtbar, entsetzlich
spaziale [spat'tsia:le] *agg* ① *(dello spazio)* Raum-, räumlich ② *(cosmico)* Raum-; **armi -i** Weltraumwaffen *fpl;* **navicella ~** Raumschiff *nt*
spaziare [spat'tsia:re] **I.** *vi* ① *(vista, uccelli)* umherschweifen, -streifen ② *(fig)* [umher]schweifen, die Gedanken schweifen lassen **II.** *vt* TYP sperren, gesperrt drucken
spazientirsi [spattsien'tirsi] <mi spazientisco> *vr* die Geduld verlieren
spazio ['spattsio] <-i> *m* ① *(gener,* SCIENT, PHILOS, MAT Raum *m* ② *(cosmo)* [Welt]raum *m,* [Welt]all *nt* ③ *(posto)* Raum *m,* Platz *m;* **~ pubblicità** Werbefläche *f* ④ *(distanza)* Zwischenraum *m,* Abstand *m* ⑤ *(di tempo)* [Zeit]spanne *f,* Zeitraum *m*
spaziosità [spattsiosi'ta] <-> *f* Geräumigkeit *f*
spazioso, -a [spa'tsio:so] *agg* geräumig
spazzacamino [spattsaka'mi:no] *m* Schornsteinfeger *m,* Kaminfeger *m,* Rauchfangkehrer *m* A
spazzaneve [spattsa'ne:ve] <-> *m* Schneepflug *m*
spazzare [spat'tsa:re] *vt* ① *(strada, stanza)* kehren, fegen ② *(fam: pranzo)* verdrücken, verputzen
spazzatrice [spattsa'tri:tʃe] *f* Kehrmaschine *f*
spazzatura [spattsa'tu:ra] *f* Müll *m,* Abfall *m,* Kehricht *m o nt*
spazzino [spat'tsi:no] *m* Straßenkehrer *m*
spazzola ['spattsola] *f* ① *(arnese)* Bürste *f;* **avere i capelli a ~** einen Bürstenschnitt haben ② MOT Wischerblatt *nt*
spazzolare [spattso'la:re] *vt* [ab]bürsten, ausbürsten
spazzolata [spattso'la:ta] *f* kurzes Bürsten; **darsi una ~ ai capelli** sich schnell die Haare [durch]bürsten
spazzolino [spattso'li:no] *m* [kleine] Bürste *f;* **~ da denti [elettrico]** [elektrische] Zahnbürste; **~ per unghie** Nagelbürste *f*
spazzolone [spattso'lo:ne] *m* Schrubber *m*
speaker ['spi:kə *o* 'spi:ker] <-> *m* TV, RADIO Sprecher(in) *m(f),* Ansager(in) *m(f)*
specchiarsi [spek'kiarsi] *vr* ① *(guardarsi*

S

allo specchio) sich im Spiegel betrachten ❷ *(riflettersi)* sich spiegeln

specchiera [spek'kiɛːra] *f* [großer] Wandspiegel *m; (tavolino)* Spiegeltisch *m,* Spiegelkommode *f*

specchietto [spek'kietto] *m* ❶ *(piccolo specchio)* kleiner Spiegel, Handspiegel *m* ❷ AUTO ~ **retrovisore** Rückspiegel *m* ❸ *(prospetto riassuntivo)* Übersicht *f*

specchio ['spɛkkio] <-cchi> *m* ❶ *(gener)* Spiegel *m;* **guardarsi allo** ~ sich im Spiegel betrachten ❷ *(fig)* Spiegel *m,* Spiegelbild *nt* ❸ *(prospetto)* Übersicht *f;* SPORT Tabelle *f*

special ['spɛːtʃal] <-> *m* Special *nt,* Sondersendung *f*

speciale [spe'tʃaːle] *agg* besondere(r, s), speziell; **treno** ~ Sonderzug *m;* **inviato** ~ Sonderbeauftragte(r) *m;* **questo formaggio è davvero** ~ dieser Käse ist wirklich etwas Besonderes

specialista [spetʃa'lista] <-i *m,* -e *f*> *mf* ❶ MED Facharzt *m/*-ärztin *f,* Spezialist(in) *m(f)* ❷ *(persona specializzata)* Fachmann *m/*-frau *f,* Spezialist(in) *m(f)*

specialistico, -a [spetʃa'listiko] <-ci, -che> *agg* ❶ MED Facharzt-, fachärztlich ❷ *(di specialista)* fachmännisch

specialità [spetʃali'ta] <-> *f* ❶ *(cibo, prodotto)* Spezialität *f* ❷ *(settore di competenza)* Spezialgebiet *nt,* Fachgebiet *nt*

specializzando, -a [spetʃalid'dzando] *m, f* Student(in) *m(f),* der [die] sich auf ein Teilgebiet spezialisiert

specializzare [spetʃalid'dzaːre] **I.** *vt* spezialisieren **II.** *vr* **-rsi in qc** sich auf etw *akk* spezialisieren

specializzato, -a [spetʃalid'dzaːto] *agg* spezialisiert, Fach-

specializzazione [spetʃaliddzat'tsioːne] *f* Spezialisierung *f,* Fachrichtung *f*

S

specialmente [spetʃal'mente] *avv* besonders, speziell

specie ['spɛːtʃe] **I.** *f* <-> ❶ BIOL Art *f,* Spezies *f* ❷ *(sorta, tipo)* Art *f,* Sorte *f;* **una ~ di** eine Art [von]; **d'ogni** ~ aller Art **II.** *avv* besonders, insbesondere, speziell

specifica [spe'tʃiːfika] <-che> *f* Spezifikation *f,* Aufstellung *f*

specificare [spetʃifi'kaːre] *vt* spezifizieren, genauer darstellen

specificazione [spetʃifikat'tsioːne] *f* Spezifikation *f,* Aufstellung *f;* **complemento di** ~ Zugehörigkeitsangabe *f*

specifico, -a [spe'tʃiːfiko] <-ci, -che> *agg* ❶ *(particolare)* besondere(r, s), speziell ❷ PHYS, MED spezifisch

speck ['spɛk] <-> *m* [geräucherter] Schinkenspeck *m*

speculare[1] [speku'laːre] *vi* ❶ FIN, COM spekulieren ❷ *(fig: sfruttare)* ~ **su qc** etw ausnutzen

speculare[2] *agg (di specchio)* Spiegel-

speculativo, -a [spekula'tiːvo] *agg* spekulativ

speculatore, -trice [spekula'toːre] *m, f* Spekulant(in) *m(f)*

speculazione [spekulat'tsioːne] *f* Spekulation *f*

spedalità [spedali'ta] <-> *f* Krankenhauswesen *nt*

spedire [spe'diːre] <spedisco> *vt* schicken, senden

spedito, -a [spe'diːto] *agg* schnell, rasch

speditore, -trice [spedi'toːre] *m, f* [Ver]sender(in) *m(f)*

spedizione [spedit'tsioːne] *f* ❶ *(di pacco, merce)* [Ver]sendung *f;* **spese di** ~ Versandkosten *pl* ❷ *(operazione)* Versand *m,* [Ver]sendung *f* ❸ SCIENT Expedition *f* ❹ MIL Feldzug *m*

spedizioniere [spedittsio'niɛːre] *m* Spediteur *m*

speedway ['spiːdwei] <-> *m* Speedway *m*

spegnere ['spɛɲɲere *o* 'speɲɲere] <spengo, spensi, spento> **I.** *vt* ❶ *(fuoco)* löschen; *(sigaretta)* ausmachen; *(fiamma)* ausblasen; *(luce)* ausmachen, ausschalten; *(radio, motore, apparecchio)* abschalten, ausschalten ❷ *(fig)* schwächen, dämpfen; *(sete)* löschen **II.** *vr* **-rsi** ❶ *(fuoco)* verlöschen, ausgehen; *(sigaretta, luce)* ausgehen; *(motore, apparecchio)* ausgehen, stehen bleiben ❷ *(fig)* erlöschen ❸ *(fig: morire)* entschlafen *geh*

spegnifiamma [speɲɲi'fiamma] <-> *m* MIL Mündungsfeuerdämpfer *m*

spelacchiare [spelak'kiaːre] **I.** *vt* [aus]rupfen **II.** *vr* **-rsi** Haare verlieren, haaren

spelacchiato, -a [spelak'kiaːto] *agg* ❶ *(pelliccia, animale)* gerupft ❷ *(persona)* glatzköpfig, kahl

spelare [spe'laːre] *vt, vr* **-rsi** *v.* **spelacchiare**

speleologa *f v.* **speleologo**

speleologia [speleolo'dʒiːa] <-gie> *f* Höhlenforschung *f,* Speläologie *f*

speleologo, -a [spele'ɔːlogo] <-gi, -ghe> *m, f* Höhlenforscher(in) *m(f)*

speleozoologia [speleodzoolo'dʒiːa] <-gie> *f* Speläozoologie *f*

speleozoologico, -a [speleodzoo'lɔːdʒiko] <-ci, -che> *agg* speläozoologisch

speleozoologo, -a [speleodzoɔːlogo] <-gi, -ghe> *m, f* Speläozoologe *m/*-zoologin *f*

spellare [spel'laːre] **I.** *vt* ❶ ~ **un animale** einem Tier das Fell abziehen ❷ *(fam)* ~ **qu**

jdm das Fell über die Ohren ziehen **II.** *vr* **-rsi** ① *(di pelle, serpenti)* sich häuten ② MED sich aufschürfen; **-rsi le ginocchia** sich *dat* die Knie aufschürfen

spellatura [spella'tu:ra] *f* ① *(di coniglio)* [Fell]abziehen *nt; (di serpenti)* Häutung *f* ② MED [Haut]abschürfung *f,* Schürfwunde *f*

spelonca [spe'loŋka] <-che> *f* ① *(grotta)* Höhle *f* ② *(fig, pej)* Spelunke *f,* Höhle *f*

spelta ['spɛlta] *f* Spelt *m,* Spelz *m*

spendaccione, **-a** [spendat'tʃo:ne] *m, f* *(pej)* Verschwender(in) *m(f)*

spendere ['spɛndere] <spendo, spesi, speso> *vt* ① *(soldi)* ausgeben; **~ molto in vestiti** viel Geld für Kleider ausgeben; **~ e spandere** *(fam)* das Geld mit vollen Händen ausgeben ② *(fig: impiegare)* aufwenden, einsetzen, verwenden; *(sacrificare)* opfern

spendereccio, **-a** [spende'rettʃo] <-cci, -cce> *agg* ① *(persona)* freigebig, großzügig, spendabel ② *(vita)* kostspielig, aufwendig

spendibilità [spendibili'ta] *f* Nutzbarkeit *f*

spengere ['spɛndʒere *o* 'spendʒere] *v.* **spegnere**

spengo ['spɛŋgo *o* 'speŋgo] *1. pers sing pr di* **spegnere**

spennacchiare [spennak'kia:re], **spennare** [spen'na:re] **I.** *vt* ① *(animale)* rupfen; **~ una gallina** einem Huhn die Federn ausrupfen ② *(fig fam)* ausnehmen, abzocken; **~ qu al gioco** jdm im Spiel ausnehmen **II.** *vr* **-rsi** Federn verlieren

spennellare [spennel'la:re] *vt* bepinseln; MED einpinseln

spennellata [spennel'la:ta] *f* Bepinseln *nt,* Einpinseln *nt*

spennellatura [spennella'tu:ra] *f* Einpinseln *nt*

spensi ['spɛnsi *o* 'spensi] *1. pers sing pass rem di* **spegnere**

spensieratezza [spensiera'tettsa] *f* Sorglosigkeit *f,* Unbekümmertheit *f*

spensierato, **-a** [spensie'ra:to] *agg* unbekümmert, unbesorgt

spento, **-a** ['spɛnto *o* 'spento] **I.** *pp di* **spegnere** **II.** *agg* ① *(fuoco)* erloschen, verlöscht; *(sigaretta)* abgebrannt ② *(fig)* matt, gedämpft

spenzolare [spendzo'la:re] **I.** *vt* hängen lassen **II.** *vr* **-rsi** sich baumeln lassen

sperabile [spe'ra:bile] *agg* zu [er]hoffen

speranza [spe'rantsa] *f* Hoffnung *f;* **un filo** [*o* **un barlume**] **di ~** ein Funken *m* Hoffnung, ein Hoffnungsschimmer *m;* **avere riposto tutte le -e in qu** alle seine Hoffnungen auf jdn gesetzt haben; **senza ~** hoffnungslos

speranzoso, **-a** [speran'tso:so] *agg* hoffnungsvoll

sperare [spe'ra:re] **I.** *vt* erhoffen, hoffen auf +*akk;* **~ di** +*inf* hoffen zu +*inf;* **~ in** hoffen auf +*akk;* **~ che** +*conj* hoffen, dass; **spero di sì/no** ich hoffe ja/nein; **speriamo** [**bene**]**!** hoffen wir es! **II.** *vi* **~ in qu/qc** auf jdn/etw hoffen

sperdersi ['spɛrdersi] <mi sperdo, mi spersi, sperso> *vr* sich verirren

sperduto, **-a** [sper'du:to] *agg* abgelegen; *(persona)* verloren, verlassen

sperequato, **-a** [spere'kua:to] *agg* ungleich

sperequazione [sperekuat'tsio:ne] *f* Ungleichheit *f*

spergiura *f v.* **spergiuro**

spergiurare [sperdʒu'ra:re] *vi* einen Meineid leisten; **giurare e ~** *(fam)* hoch und heilig schwören

spergiuro [sper'dʒu:ro] *m* Meineid *m*

spergiuro, **-a** **I.** *agg* meineidig; *(che manca ai giuramenti fatti)* eidbrüchig **II.** *m, f* Meineidige(r) *f(m); (che manca ai giuramenti fatti)* Eidbrüchige(r) *f(m)*

spericolato, **-a** [speriko'la:to] *agg* leichtsinnig, waghalsig

sperimentabilità [sperimentabili'ta] <-> *f* Experimentierbarkeit *f,* Experimentierfähigkeit *f*

sperimentale [sperimen'ta:le] *agg* experimentell, Experimental-; **centro ~** Versuchszentrum *nt*

sperimentalista [sperimenta'lista] <-i *m,* -e *f*> **I.** *mf* Vertreter(in) *m(f)* der experimentellen Richtung [in Wissenschaft, Kunst und Literatur] **II.** *agg* experimentell

sperimentalistico, **-a** [sperimenta'listiko] <-ci, -che> *agg* experimentell

sperimentare [sperimen'ta:re] *vt* ① *(gener)* versuchen, ausprobieren ② TEC testen ③ *(fig)* auf die Probe stellen, testen *fam*

sperimentatore, **-trice** [sperimenta'to:re] *m, f* Experimentator(in) *m(f),* Experimentierer(in) *m(f)*

sperimentazione [sperimentat'tsio:ne] *f* Experimentieren *nt,* Erprobung *f*

sperma ['spɛrma] <-i> *m* Sperma *nt*

spermatico, **-a** [sper'ma:tiko] <-ci, -che> *agg* Sperma-

spermatozoo [spermatod'dzɔ:o] <-oi> *m* Spermatozoon *nt*

spermicida[1] [spermi'tʃi:da] <-i *m,* -e *f*> *agg* spermizid

spermicida[2] <-i> *m* Spermizid *nt*

spernacchiare [spernak'kia:re] **I.** *vi* herumulken **II.** *vt* verulken, vergackeiern

S

speronare [spero'na:re] *vt* rammen
speronato, -a [spero'na:to] *agg* ❶ ZOO mit Sporen versehen ❷ ARCH verstrebt
sperone [spe'ro:ne] *m* Sporn *m*
sperperare [sperpe'ra:re] *vt* verschwenden
sperpero ['spɛrpero] *m* Verschwendung *f*
spersonalizzare [spersonalid'dza:re] *vt* ❶ *(appartamento, stanza)* unpersönlich gestalten ❷ *(questione, discussione)* entpersonalisieren
sperticato, -a [sperti'ka:to] *agg* übertrieben
spesa ['spe:sa] *f* ❶ *(somma)* Ausgabe *f pl,* Kosten *pl;* **non badare a -e** keine Kosten scheuen; **imparare qc a proprie -e** *(fig)* etw am eigenen Leib erfahren; **a -e di qu** auf jds Kosten ❷ *(compera)* [Ein]kauf *m; (fam: del cibo quotidiano)* Einkäufe *m pl;* **borsa della ~** Einkaufstasche *f;* **fare la ~** einkaufen ❸ *pl* COM Kosten *pl,* Spesen *pl;* **-e d'esercizio** [*o* **di gestione**] Betriebskosten *pl;* **meno/più le -e** minus/plus Spesen
spesare [spe'sa:re] *vt* ~ **qu** jdm den Unterhalt zahlen
spesato, -a [spe'sa:to] *agg* auf Kosten (**da** von)
spesi ['spe:si] *1. pers sing pass rem di* **spendere**
speso ['spe:so] *pp di* **spendere**
spesso ['spesso] *avv* oft, häufig
spesso, -a *agg* ❶ *(grosso)* dick ❷ *(fitto)* dicht ❸ *(frequente)* häufig; **-e volte** oft[mals]
spessore [spes'so:re] *m* Dicke *f,* Stärke *f*
Spett. *abbr di* **spettabile** verehrte(r, s), geschätzte(r, s); **~ Ditta ...** Sehr geehrte Damen und Herren, ...; [**alle**] **~ Ditta ...** An Firma ...
spettabile [spet'ta:bile] *agg (nelle lettere)* sehr geehrte(r)
spettacolare [spettako'la:re] *agg* spektakulär, aufsehenerregend
spettacolarizzare [spettakolarid'dza:re] *vt* ~ **qc** aus etw ein Medienspektakel machen
spettacolo [spet'ta:kolo] *m* ❶ THEAT Schauspiel *nt; (rappresentazione,* FILM Vorstellung *f* ❷ *(vista)* Anblick *m,* Schauspiel *nt*
spettacoloso, -a [spettako'lo:so] *agg* spektakulär, aufsehenerregend; *(fig)* großartig
spettanza [spet'tantsa] *f* ❶ *(competenza)* Kompetenz *f,* Zuständigkeit *f* ❷ *(somma)* Gebühr *f*
spettare [spet'ta:re] *vi essere* ❶ *(essere pertinente)* zukommen, zufallen ❷ *(competere di diritto)* zustehen; **non spetta a me giudicare** es steht mir nicht zu, zu urteilen
spettatore, -trice [spetta'to:re] *m, f* ❶ THEAT, FILM Zuschauer(in) *m(f)* ❷ *(chi è presente)* Zeuge *m*/Zeugin *f,* Augenzeuge/-zeugin
spettegolare [spettego'la:re] *vi (pej)* klatschen, tratschen
spettinare [spetti'na:re] **I.** *vt* zerzausen **II.** *vr* **-rsi** sich zerzausen
spettrale [spet'tra:le] *agg* ❶ PHYS Spektral- ❷ *(fig)* gespenstisch
spettro ['spɛttro] *m* ❶ *(fantasma)* Gespenst *nt* ❷ *(fig: persona)* [Schreck]gespenst *nt* ❸ PHYS, ASTR Spektrum *nt*
spezie ['spɛttsie] *f pl* Gewürze *nt pl*
spezzare [spet'tsa:re] **I.** *vt* ❶ *(rompere)* brechen, zerbrechen ❷ *(fig)* brechen, [unter]teilen; *(periodo)* [unter]gliedern **II.** *vr* **-rsi** brechen, zerbrechen; **la corda troppo tesa si spezza** *(prov)* man soll den Bogen nicht überspannen
spezzatino [spettsa'ti:no] *m* Frikassee *nt*
spezzato [spet'tsa:to] *m* Kombination *f*
spezzato, -a *agg* ❶ *(braccio, gamba)* gebrochen ❷ *(fig)* unterteilt, untergliedert; *(interrotto)* unterbrochen
spezzettamento [spettsetta'mento] *m* Zersplitterung *f*
spezzettare [spettset'ta:re] *vt* in kleine Stücke teilen; *(eredità)* zersplittern; *(pane)* zerbröckeln; **~ il discorso** abgehackt reden
spezzino, -a [spet'tsi:no] **I.** *agg* aus La Spezia stammend **II.** *m, f (abitante)* Bewohner(in) *m(f)* von La Spezia
Spezzino *m sing* Provinz *f* La Spezia
spezzone [spet'tso:ne] *m* ❶ FILM [unbelichteter] Filmstreifen *m* ❷ MIL kleine zylindrische Bombe
spia ['spi:a] <-ie> *f* ❶ *(persona)* Spion(in) *m(f); (confidente della polizia)* Spitzel *m;* **fare la ~** spionieren ❷ TEC Kontrollleuchte *f,* -lampe *f,* Warnlampe *f* ❸ *(fessura di porta)* [Tür]spion *m,* Guckloch *nt* ❹ THEAT Vorhangguckloch *nt*
spiaccicare [spiattʃi'ka:re] *(fam)* **I.** *vt* zerquetschen **II.** *vr* **-rsi** zerquetscht werden
spiacente [spia'tʃɛnte] *agg* betrübt, traurig; **sono ~** es tut mir leid
spiacere [spia'tʃe:re] <irr> *vi essere* leidtun; **mi spiace dover rifiutare** es tut mir leid, ablehnen zu müssen
spiacevole [spia'tʃe:vole] *agg* unerfreulich, unangenehm
spiaggia ['spiaddʒa] <-gge> *f* Strand *m;* **andare in ~** zum [*o* an den] Strand gehen

spianamento [spiana'mento] *m* [Ein]ebnung *f*

spianare [spia'na:re] *vt* ① *(terreno, strada)* eben machen, [ein]ebnen ② *(fucile)* anlegen ③ *(pasta)* ausrollen ④ *(abito)* [glatt]bügeln ⑤ *(demolire)* abreißen

spianata [spia'na:ta] *f* Ebene *f*

spiano ['spia:no] *m* **a tutto ~** mit voller Kraft

spiantare [spian'ta:re] **I.** *vt* ① *(albero, palo)* ausreißen ② *(fig)* ruinieren, zugrunde [*o* zu Grunde] richten **II.** *vr* **-rsi** sich ruinieren, sich zugrunde [*o* zu Grunde] richten

spiantato, **-a** [spian'ta:to] *(pej)* **I.** *agg* ohne einen Pfennig, nichts besitzend **II.** *m, f* Habenichts *m*

spiare [spi'a:re] *vt* ① MIL ausspionieren, ausspähen; *(persona)* bespitzeln ② *(fatti, segreti)* ausspionieren; *(ascoltare di nascosto)* belauschen

spiata [spi'a:ta] *f* Anzeige *f*

spiattellare [spiattel'la:re] *vt (fam)* petzen, ausplaudern

spiazzo ['spiattso] *m* offener Platz

spiccare [spik'ka:re] **I.** *vt* ① JUR *(mandato di cattura)* erlassen; *(fattura, assegno)* ausstellen ② *(salto, balzo)* machen; **~ un salto** [*o* **balzo**] aufspringen; **~ il volo** auffliegen **II.** *vi* hervorstechen

spiccato, **-a** [spik'ka:to] *agg* deutlich, klar; *(notevole)* ausgeprägt, merklich

spicchio ['spikkio] <-cchi> *m (di agrumi)* Spalte *f,* Stück *nt; (di aglio)* Zehe *f*

spicci *mpl (fam)* Kleingeld *nt*

spicciare [spit'tʃa:re] **I.** *vt* ① *(faccenda)* schnell erledigen ② *(cliente, avventore)* abfertigen **II.** *vr* **-rsi** *(fam)* sich sputen, schnell machen

spicciativo, **-a** [spittʃa'ti:vo] *agg* ① *(persona)* kurz angebunden ② *(metodi)* schnell, rasch; *(lavoro)* rasch erledigt

spiccicare [spittʃi'ka:re] **I.** *vt* ablösen; **non ~ parola** kein Wort hervorbringen, keinen Ton von sich geben **II.** *vr* **-rsi** *(fam)* sich trennen

spiccicato, **-a** [spittʃi'ka:to] *agg* DIAL *(fam)* genau gleich, ganz [und gar]; **è la madre -a** sie ist ganz die Mutter

spiccio, **-a** ['spittʃo] <-cci, -cce> *agg* schnell, rasch; **andare per le -cce** es kurz machen, direkt zur Sache kommen

spicciolare [spittʃo'la:re] *vt* [in Kleingeld] wechseln, klein machen *fam*

spicciolato, **-a** [spittʃo'la:to] *agg* **alla -a** einzeln

spiccioli ['spittʃoli] *mpl* Kleingeld *nt*

spicciolo, **-a** ['spittʃolo] *agg* COM Klein-, klein; **moneta -a** Kleingeld *nt*

spicco ['spikko] <-cchi> *m* **fare ~** auffallen, sich abheben

spider ['spaider] <-> *m o f* Cabrio *nt*

spidocchiare [spidok'kia:re] **I.** *vt* [ent]lausen **II.** *vr* **-rsi** sich [ent]lausen

spiedino [spie'di:no] *m* Spießchen *nt*

spiedo ['spiɛ:do] *m* ① GASTR Spieß *m;* **arrosto allo ~** Spießbraten *m* ② MIL Speer *m,* Spieß *m*

spiegamento [spiega'mento] *m* Aufmarsch *m,* Aufgebot *nt;* **~ di forze** Truppenaufgebot *nt*

spiegare [spie'ga:re] **I.** *vt* ① *(far capire)* erklären, erläutern ② *(tovaglia)* ausbreiten; *(carta geografica)* auseinanderfalten; *(vele)* setzen; *(ali)* ausbreiten; **~ il volo** mit ausgebreiteten Flügeln fliegen ③ MIL *(truppe)* aufstellen ④ *(fig: voce)* entfalten **II.** *vr* **-rsi** ① *(chiarirsi)* sich klar ausdrücken; **mi sono spiegato?** habe ich mich klar ausgedrückt? ② *(aprirsi)* sich ausbreiten

spiegazione [spiegat'tsio:ne] *f* Erklärung *f,* Erläuterung *f; (giustificazione)* Rechtfertigung *f; (chiarimento)* Aufklärung *f;* **avere una ~ con qu** eine Aussprache mit jdm haben

spiegazzare [spiegat'tsa:re] *vt* zerknittern, zerknüllen

spietato, **-a** [spie'ta:to] *agg* erbarmungslos

spietratura [spietra'tu:ra] *f* AGR *das Entfernen von Steinen von landwirtschaftlichem Boden*

spifferare [spiffe'ra:re] *vt (fam)* ausplaudern

spiffero ['spiffero] *m (fam)* Zug[luft *f*] *m*

spiga ['spi:ga] <-ghe> *f* Ähre *f*

spigato, **-a** [spi'ga:to] *agg* Fischgrat-, Fischgräten-

spighetta [spi'getta] *f* ① *(nastrino)* Schrägband *nt* ② BOT kleine Ähre *f*

spigliatezza [spiʎʎa'tettsa] *f* Unbefangenheit *f*

spigliato, **-a** [spiʎ'ʎa:to] *agg* unbefangen

spignattare [spiɲɲa'ta:re] *vi (fam)* am Herd stehen

spigo ['spi:go] <-ghi> *m* Lavendel *m*

spigola ['spi:gola] *f* Seebarsch *m*

spigolare [spigo'la:re] *vt* ① AGR stoppeln, einsammeln ② *(fig)* sammeln, zusammentragen

spigolatore, **-trice** [spigola'to:re] *m, f* ① AGR Ährenleser(in) *m(f)* ② *(fig)* Sammler(in) *m(f)*

spigolatura [spigola'tu:ra] *f* ① AGR Ährenlese *f* ② *pl (fig)* Nachlese *f,* Anekdoten *fpl*

spigolo ['spi:golo] *m* ① *(angolo)* Kante *f* ② *pl (fig)* Schroffheit *f,* Ecken und Kanten *fpl*

spigoloso, -a [spigo'lo:so] *agg* ① *(pieno di spigoli)* kantig, eckig ② *(fig)* schroff, kantig
spilla ['spilla] *f* Brosche *f,* [Anstecknadel *f;* ~ **di sicurezza** Sicherheitsnadel *f;* ~ **da cravatta** Krawattennadel *f*
spillare [spil'la:re] **I.** *vt avere* ① *(botte)* anstecken, anzapfen ② *(fig)* ~ **soldi a qu** jdm Geld abknöpfen ③ *(loc)* ~ **le carte** die Karten langsam aufdecken **II.** *vi essere o avere* tropfen, tröpfeln
spillo ['spillo] *m* ① *(gener)* [Steck]nadel *f;* **a** ~ nadelförmig, Nadel-; **tacchi a** ~ Pfennigabsätze *mpl* ② *(spilla)* [Ansteck]nadel *f* ③ *(per botti)* Zapflochbohrer *m; (foro)* Zapfloch *nt*
spillone [spil'lo:ne] *m* Hutnadel *f*
spilluzzicare [spilluttsi'ka:re] *vt (fam)* knabbern
spilorceria [spilortʃe'ri:a] <-ie> *f* Knaus[e]rigkeit *f,* Geiz *m*
spilorcio, -a [spi'lortʃo] <-ci, -ce> **I.** *agg* knaus[e]rig, geizig **II.** *m, f* Geizkragen *m fam,* Geizhals *m fam*
spilungone, -a [spiluŋ'go:ne] *m, f (fam)* Bohnenstange *f,* lange Latte
spina ['spi:na] *f* ① BOT Dorn *m,* Stachel *m* ② ZOO Stachel *m; (di pesce)* Gräte *f* ③ ANAT ~ **dorsale** Rückgrat *nt,* Wirbelsäule *f* ④ EL Stecker *m;* ~ **multipla** Mehrfachstecker *m* ⑤ TEC *(della botte)* Zapfloch *nt;* **birra alla** ~ Fassbier *nt,* Bier *nt* vom Fass ⑥ *(fig)* **stare** [*o* **essere**] **sulle -e** [wie] auf [glühenden] Kohlen sitzen; **staccare la** ~ abschalten
spinacio [spi'na:tʃo] <-ci> *m* BOT Spinat *m;* **-ci** GASTR Spinat *m*
spinale [spi'na:le] *agg* Rückgrat-, Rücken-
spinato, -a [spi'na:to] *agg* ① *(con spine)* dornig, stach[e]lig, Stachel-; **filo** ~ Stacheldraht *m* ② *(stoffa)* mit Fischgratmuster, Fischgrat-
spinellato, -a [spinel'la:to] *(sl)* **I.** *m, f* Haschraucher(in) *m(f)* **II.** *agg* bekifft
spinello [spi'nɛllo] *m (sl)* Trompete *f,* Tüte *f,* Joint *m;* **fumare -i** kiffen
spinetta [spi'netta] *f* Spinett *nt*
spingere ['spindʒere] <spingo, spinsi, spinto> **I.** *vt* ① *(spostare)* schieben; *(con forza)* stoßen ② *(premere)* drücken ③ *(fig: indurre)* ~ **qu a qc** jdn zu etw treiben; *(pej)* jdn zu etw verleiten ④ *(fare ressa)* schubsen, drängeln **II.** *vr* **-rsi** ① *(inoltrarsi)* vordringen ② *(fig)* sich vordrängen
spingistoffa [spindʒi'stɔffa] *agg inv* Stoffschiebe-,; **macchina** ~ Transporteur *m*
spino ['spi:no] *m* Dornbusch *m,* Dornenpflanze *f; (prugno selvatico)* Schlehdorn *m*
spino, -a *agg* ① BOT Stachel-, Dorn-; **uva -a** Stachelbeere *f* ② ZOO Stachel-, stach[e]lig; **porco** ~ Stachelschwein *nt*
spinoso, -a [spi'no:so] *agg* ① BOT dornig, stach[e]lig ② *(fig)* dornig, dornenreich
spinotto [spi'nɔtto] *m* Bolzen *m*
spinsi ['spinsi] *1. pers sing pass rem di* **spingere**
spinta ['spinta] *f* ① *(urto)* Stoß *m* ② *(fig)* Anstoß *m,* Antrieb *m; (appoggio)* Beziehungen *fpl,* Begünstigung *f* ③ PHYS Schub *m,* Antrieb *m* ④ SPORT Anschub *m*
spintarella [spinta'rɛlla] *f (fig fam: raccomandazione)* Empfehlung *f;* **dare una** ~ **a qu** jdn empfehlen
spinterogeno [spinte'rɔ:dʒeno] *m* Zündverteiler *m*
spinto, -a ['spinto] **I.** *pp di* **spingere** **II.** *agg* gewagt, anstößig
spintonamento [spintona'mento] *m* Geschubse *nt,* Gedränge *nt*
spintone [spin'to:ne] *m* [heftiger] Stoß *m;* SPORT Rempler *m*
spintore [spin'to:re] *m* NAUT Schubschlepper *m*
spiona *f v.* **spione**
spionaggio [spio'naddʒo] <-ggi> *m* Spionage *f;* ~ **telefonico** Abhören *nt,* Lauschangriff *m*
spioncino [spion'tʃi:no] *m* [Tür]spion *m,* Guckloch *nt*
spione, -a [spi'o:ne] *m, f (pej)* Schnüffler(in) *m(f),* Denunziant(in) *m(f)*
spionistico, -a [spio'nistiko] <-ci, -che> *agg* Spionage-
spiovente [spio'vɛnte] **I.** *agg* ① *(rami, chiome)* herabhängend, [her]abfallend ② SPORT *(tiro)* hoch **II.** *m* ① *(del tetto)* [schräge] Dachfläche *f* ② SPORT hoher Schuss
spiovere ['spiɔ:vere] <irr> *vi essere o avere* aufhören zu regnen
spira ['spi:ra] *f* ① *(di serpente, spirale)* Windung *f* ② EL Schleife *f*
spiraglio [spi'raʎʎo] <-gli> *m* ① *(di porta, finestra)* Spalt *m,* Ritz *m* ② *(luce)* Lichtstrahl *m* ③ *(fig)* Schimmer *m,* Anzeichen *nt*
spirale [spi'ra:le] *f* Spirale *f*
spirare [spi'ra:re] **I.** *vi avere* ① *(vento)* wehen, blasen ② *essere (morire)* verscheiden, seinen Geist aufgeben **II.** *vt avere* ausstrahlen, verbreiten
spiritato, -a [spiri'ta:to] **I.** *agg* aufgeregt, aufgewühlt; *(invasato)* besessen **II.** *m, f* Besessene(r) *f(m)*
spiritico, -a [spi'ri:tiko] <-ci, -che> *agg* spiritistisch
spiritismo [spiri'tizmo] *m* Spiritismus *m*

spiritista [spiri'tista] <-i *m*, -e *f*> *mf* Spiritist(in) *m(f)*

spiritistico, -a [spiri'tistiko] <-ci, -che> *agg* spiritistisch

spirito ['spi:rito] *m* ① REL **lo Spirito Santo** der Heilige Geist ② *(senso dell'umorismo)* Humor *m;* **~ di patate** *(fam)* schlechter Witz; **una battuta di ~** ein Bonmot *nt;* **fare dello ~** humorvoll sein ③ *(fantasma)* Geist *m;* **nel castello ci sono gli -i** im Schloss spukt es ④ *(qualità)* **~ di carità/giustizia** Wohltätigkeits-/Gerechtigkeitssinn *m;* **~ di osservazione** Beobachtungsgabe *f* ⑤ *(sostanza alcolica)* Spiritus *m;* **fornellino a ~** Spirituskocher *m;* **ciliegie sotto ~** *(fam)* beschwipste Kirschen *fpl* ⑥ *(anima)* Seele *f;* **~ affine** Seelenverwandte(r) *f(m)*

spiritosa *f v.* **spiritoso**

spiritosaggine [spirito'saddʒine] *f* Witzelei *f*

spiritoso, -a [spiri'to:so] **I.** *agg* geistreich, witzig **II.** *m, f* Witzbold *m*

spirituale [spiritu'a:le] *agg* ① *(dello spirito)* geistig, Geistes- ② *(persona)* vergeistigt

spiritualità [spirituali'ta] <-> *f* ① *(sensibilità)* geistige Tiefe ② REL Geistlichkeit *f,* Religiosität *f* ③ *(natura spirituale)* Vergeistigung *f,* Innerlichkeit *f*

spiritualizzare [spiritualid'dza:re] **I.** *vt* ① *(amore)* vergeistigen ② *(persona)* idealisieren **II.** *vr* **-rsi** sich vergeistigen

spiritualizzazione [spiritualiddzat'tsio:ne] *f* Vergeistigung *f*

spizzico ['spittsiko] <-chi> *m* **a ~** [*o* **-chi**] nach und nach, peu à peu

splatter ['splætə] <-> *m* Horrorstreifen *m,* Horror-Comic *m*

splendere ['splɛndere] *vi* ① *(sole)* strahlen; *(stelle)* funkeln ② *(fig)* strahlen, glänzen

splendido, -a ['splɛndido] **I.** *agg* ① *(sole)* strahlend, glänzend; *(stelle)* funkelnd ② *(festa)* prächtig, glänzend ③ *(persona)* wunderbar; *(fig)* bewundernswert **II.** *int* toll, prima, bärig A

splendore [splen'do:re] *m* ① *(di sole)* Strahlen *nt,* Glanz *m;* *(di stelle)* Funkeln *nt* ② *(di persona)* Glanz *m,* Pracht *f* ③ *(di festa)* Glanz *m,* Pracht *f,* Herrlichkeit *f* ④ *(ricchezza)* Kostbarkeit *f*

splitting ['splitiŋ] <-> *m* FIN Splitting *nt*

spocchia ['spɔkkia] <-cchie> *f* Hochmut *m,* Dünkel *m*

spodestare [spodes'ta:re] *vt* entmachten, absetzen; *(re)* entthronen

spoetizzare [spoetid'dza:re] *vt* ernüchtern, enttäuschen

spoglia ['spɔʎʎa] <-glie> *f* ① *(vestito)* Gewand *nt* ② ZOO Balg *m*

spogliare [spoʎ'ʎa:re] **I.** *vt* ① *(svestire)* ausziehen, entkleiden ② *(fig)* berauben, entkleiden ③ *(posta)* sortieren **II.** *vr* **-rsi** ① *(svestirsi)* sich ausziehen ② *(fig: privarsi)* **-rsi di qc** etw weggeben; **-rsi dei pregiudizi** Vorurteile ablegen

spogliarellista [spoʎʎarel'lista] <-i *m*, -e *f*> *mf* Stripteasetänzer(in) *m(f)*

spogliarello [spoʎʎa'rɛllo] *m* Striptease *m;* **fare lo ~** strippen

spogliatoio [spoʎʎa'to:io] <-oi> *m* Umkleideraum *m,* Umkleidekabine *f*

spoglio ['spɔʎʎo] *m* Auswertung *f,* Sichtung *f,* Durchsicht *f*

spoglio, -a <-gli, -glie> *agg* ① *(albero, terreno)* kahl, nackt ② *(fig)* **~ di** -los, -frei, ohne; **~ di pregiudizi** vorurteilsfrei, vorurteilslos

spoiler ['spɔilə] <-> *m* Spoiler *m*

spola ['spɔ:la] *f* Spule *f;* **fare la ~** *(fig)* pendeln, hin- und herlaufen

spoletta [spo'letta] *f* ① *(rocchetto)* kleine Spule ② *(di bomba)* Zünder *m*

spolmonarsi [spolmo'narsi] *vr* sich heiser reden [*o* singen] [*o* schreien]

spolpare [spol'pa:re] *vt* ① *(osso)* vom Fleisch lösen ② *(fig)* ausnehmen, aussaugen

spolverare [spolve'ra:re] **I.** *vt* ① *(mobile, vestito)* abstauben ② GASTR bestreuen, bestäuben ③ *(fig fam: mangiare tutto)* verputzen, verschlingen **II.** *vi* Staub wischen, abstauben

spolverata [spolve'ra:ta] *f* ① *(pulizia sommaria)* Abstauben *nt,* [kurzes] Staubwischen *nt* ② GASTR Bestreuen *nt,* Bestäuben *nt*

spolveratura [spolvera'tu:ra] *f* ① *(operazione)* Staubwischen *nt* ② *(fig)* oberflächliche Kenntnis *f*

spolverino [spolve'ri:no] *m* Staubmantel *m*

spolverizzare [spolverid'dza:re] *vt* ① GASTR bestreuen, bestäuben ② *(ridurre in polvere)* zerstäuben

spompare [spom'pa:re] **I.** *vt* *(fig fam)* auslaugen **II.** *vr* **-rsi** sich auslaugen

spompato, -a [spom'pa:to] *agg* ausgepumpt, ausgepowert

sponda ['sponda] *f* ① *(di fiume)* Ufer *nt* ② *(di letto)* [Bett]kante *f,* Rand *m* ③ *(di biliardo)* Bande *f*

sponsali [spon'sa:li] *mpl* *(poet)* Hochzeit *f*

sponsor ['spɔnsor] <-> *m* Sponsor *m*

sponsorizzare [sponsorid'dza:re] *vt* sponsern

sponsorizzazione [sponsoriddzat'tsio:ne] *f* Sponsoring *nt*

spontaneità [spontanei'ta] <-> *f* Spontaneität *f*
spontaneo, **-a** [spon'ta:neo] *agg* ① *(persona)* spontan; *(stile)* natürlich ② *(adesione, offerta)* spontan, freiwillig ③ *(vegetazione)* wild
spopolamento [spopola'mento] *m* Entvölkerung *f;* ~ **delle campagne** Landflucht *f*
spopolare [spopo'la:re] **I.** *vt* entvölkern **II.** *vi (fam)* Furore machen **III.** *vr* **-rsi** sich entvölkern, sich leeren
spora ['spɔ:ra] *f* Spore *f*
sporadicità [sporaditʃi'ta] <-> *f* Seltenheit *f*
sporadico, **-a** [spo'ra:diko] <-ci, -che> *agg* sporadisch, gelegentlich
sporcaccione, **-a** [sporkat'tʃo:ne] *(pej)* **I.** *agg (fig)* schmierig, dreckig **II.** *m, f (fig)* Schmierfink *m,* Schmutzfink *m,* Schwein *nt*
sporcare [spor'ka:re] **I.** *vt* ① *(vestito, tovaglia)* beschmutzen, schmutzig machen ② *(fig)* besudeln, beflecken **II.** *vr* **-rsi** ① *(insudiciarsi)* sich beschmutzen ② *(fig)* sich *dat* die Hände schmutzig machen
sporcizia [spor'tʃittsia] <-ie> *f* ① *(mancanza di pulizia)* Schmutzigkeit *f* ② *(fig)* Schweinerei *f*
sporco ['spɔrko] *m* Schmutz *m,* Dreck *m*
sporco, **-a** <-chi, -che> *agg* ① *(viso, mani)* schmutzig, dreckig; **avere la coscienza -a** ein schlechtes Gewissen haben; **avere la fedina penale -a** vorbestraft sein ② MED *(lingua)* belegt
sporgenza [spor'dʒɛntsa] *f* Vorsprung *m*
sporgere ['spɔrdʒere] <irr> **I.** *vt avere* vorstrecken; *(dalla finestra)* hinausstrecken; ~ **querela** Klage erheben **II.** *vi essere* hinausragen, hervorragen **III.** *vr* **-rsi** *(in fuori)* sich hinauslehnen; *(in avanti)* sich vorbeugen; **è pericoloso -rsi dal finestrino!** nicht hinauslehnen!
sport [spɔrt] <-> *m* Sport *m; (fig a.)* Spaß *m;* ~ **a squadre** Mannschaftssport *m;* ~ **di combattimento** Kampfsport *m;* ~ **estremi** Extremsportarten *f pl;* **fare dello** ~ Sport treiben; **per** ~ zum Spaß
sporta ['spɔrta] *f* ① *(borsa)* [große] Tasche *f,* Tragetasche *f;* ~ **della spesa** Einkaufstasche *f* ② *(quantità)* Tasche[voll] *f*
sportellista [sportel'lista] <-i *m,* -e *f*> *mf* Schalterbeamte(r) *m*/-beamtin *f*
sportello [spor'tɛllo] *m* ① *(di treno, macchina, armadio)* Tür *f* ② *(di ufficio, banca)* Schalter *m;* ~ **automatico** FIN Geldautomat *m*
sportivo, **-a** [spor'ti:vo] **I.** *agg* ① *(spettacolo, campo)* Sport- ② *(persona, vestito)* sportlich **II.** *m, f* Sportler(in) *m(f)*
sposa ['spɔ:za] *f* Braut *f; (moglie)* junge [Ehe]frau *f;* **promessa** ~ Verlobte *f;* **abito** [*o* **vestito**] **da** ~ Brautkleid *nt;* **dare in** ~ zur Frau geben
sposalizio [spoza'littsio] <-i> *m* Hochzeit *f*
sposare [spo'za:re] **I.** *vt* ① *(prendere per moglie o marito)* heiraten ② *(unire in matrimonio)* trauen, vermählen ③ *(dare in moglie o marito)* verheiraten ④ *(fig)* sich jdm mit Leib und Seele widmen, sich jdm/etw verschreiben **II.** *vr* **-rsi con qu** jdn heiraten; **-rsi in chiesa/in comune** sich kirchlich/standesamtlich trauen lassen
sposo ['spɔ:zo] *m* Bräutigam *m; (marito)* junger [Ehe]mann *m;* **-i** Brautleute *pl*
spossante [spos'sante] *agg* erschöpfend, entkräftend, ermüdend
spossare [spos'sa:re] *vt* erschöpfen, entkräften
spossatezza [spossa'tettsa] *f* Erschöpfung *f,* Entkräftung *f*
spossato, **-a** [spos'sa:to] *agg* erschöpft, entkräftet, zerschlagen
spossessare [sposses'sa:re] *vt* berauben
spostamento [sposta'mento] *m* Verschiebung *f; (d'aria)* Bewegung *f*
spostare [spos'ta:re] **I.** *vt* ① *(mobile)* verschieben, verrücken ② *(data)* verschieben **II.** *vr* **-rsi** [weg]rücken; *(di città)* wegziehen; *(cosa)* sich [weg]bewegen
spostato, **-a** [spos'ta:to] **I.** *agg* verhaltensgestört **II.** *m, f* Verhaltensgestörte(r) *f(m)*
spot [spɔt] <-> *m* ① TV, RADIO Spot *m;* ~ **pubblicitario** Werbespot *m* ② *(riflettore)* Spot *m,* Spotlight *nt*
S.P.Q.R. *abbr di* **Senatus Populusque Romanus** *Abkürzung zur Bezeichnung der Stadt Rom bzw. des Römischen Reichs*
spranga ['spraŋga] <-ghe> *f* Stange *f; (lucchetto)* Riegel *m*
sprangare [spraŋ'ga:re] *vt* verriegeln
spray ['spra:i] **I.** *m* <-> Spray *nt o m* **II.** *agg inv* Spray-, Sprüh-; **bombola** ~ Sprühdose *f;* **lacca** ~ Sprühlack *m*
sprazzo ['sprattso] *m* ① *(spruzzo)* Spritzer *m; (di luce, sole)* Strahl *m* ② *(fig)* Blitz *m,* Funke *m*
sprecare [spre'ka:re] **I.** *vt* verschwenden, vergeuden **II.** *vr* **-rsi** ① DIAL *(iron)* sich überanstrengen, sich übernehmen ② *(perdersi)* **-rsi in qc** für etw seine Kräfte vergeuden
sprecato [spre'ka:to] *agg* vergeudet, verschwendet; **fatica -a** *(fig)* verlorene Liebesmüh; **è tempo** ~ das ist die reinste Zeitver-

schwendung; **essere ~ per qc** zu schade für etw sein

spreco ['sprɛːko] <-chi> *m* Verschwendung *f,* Vergeudung *f;* **a ~** umsonst

sprecone, -a [spre'koːne] *(fam)* **I.** *agg* verschwenderisch **II.** *m, f* Verschwender(in) *m(f)*

spregevole [spre'dʒeːvole] *agg* ① *(persona, cosa)* verachtenswert ② *(gesto)* verächtlich

spregiativo [spredʒa'tiːvo] *m* LING Pejorativ[um] *nt,* Pejorativform *f*

spregiativo, -a *agg* verächtlich, abwertend; LING pejorativ

spregio ['sprɛːdʒo] <-gi> *m* Verachtung *f*

spregiudicatezza [spredʒudika'tettsa] *f* Skrupellosigkeit *f*

spregiudicato, -a [spredʒudi'kaːto] *agg* skrupellos

spremere ['sprɛːmere] *vt* ① *(limone, arancia)* auspressen ② *(fig)* ausquetschen *fam;* **-rsi le meningi** sich *dat* den Kopf zerbrechen

spremiaglio [spremi'aʎʎo] <-> *m* Knoblauchpresse *f*

spremiagrumi [spremia'gruːmi] <-> *m,* **spremilimoni** [spremili'moːni] <-> *m* Zitruspresse *f*

spremitura [spremi'tuːra] *f* [Aus]pressen *nt*

spremuta [spre'muːta] *f* [frisch gepresster] Fruchtsaft *m*

spretarsi [spre'tarsi] *vr* aus dem Priesterstand austreten

sprezzante [spret'tsante] *agg* verächtlich, geringschätzig; *(atteggiamento)* hochmütig

sprezzo ['sprɛttso] *m* ① *(disprezzo)* Verachtung *f* ② *(noncuranza)* Missachtung *f,* Nichtbeachtung *f*

sprigionare [spridʒo'naːre] **I.** *vt* ausströmen, hervorbringen **II.** *vr* **-rsi** ausströmen, hervorkommen

sprimacciare [sprimat'tʃaːre] *vt* aufschütteln, glatt schütteln

sprinkler ['spriŋklə] <-> *m* TEC Sprinkler *m,* Sprinkleranlage *f*

sprint [sprint] <-> *m* ① SPORT Sprint *m,* Spurt *m;* **~ finale** *(a. fig)* Endspurt *m* ② *(fig)* Schwung *m*

spritz [sprits] <-> *m Aperitif aus Aperol, Prosecco und Soda*

sprizzare [sprit'tsaːre] **I.** *vt avere* ① *(fig)* sprühen, ausstrahlen; **~ gioia da tutti i pori** außer sich *dat* sein vor Freude; **~ salute da tutti i pori** vor Gesundheit strotzen; **~ rabbia da tutti i pori** vor Wut schäumen ② *(sangue)* ausspritzen **II.** *vi essere* ① *(liquido)* [aus]spritzen ② *(fig: gioia)* sprühen

sprizzo ['sprittso] *m* Spritzer *m*

sprofondamento [sprofonda'mento] *m* ① *(di terreno)* Nachgeben *nt,* [Ab]sinken *nt;* *(di casa)* Einsturz *m* ② *(l'affondare)* Versinken *nt,* Einsinken *nt*

sprofondare [sprofon'daːre] **I.** *vi essere* ① *(pavimento, terreno)* nachgeben, absinken; *(casa, tetto)* einstürzen ② *(affondare)* versinken, einsinken ③ *(fig)* versinken **II.** *vr* **-rsi** ① *(lasciarsi andare)* sich fallen lassen ② *(fig)* sich vertiefen, sich versenken

sproloquio [spro'lɔːkuio] <-qui> *m* Salbaderei *f*

spronare [spro'naːre] *vt* ① *(cavallo)* die Sporen geben ② *(fig)* anspornen

sprone ['sproːne] *m* ① ZOO Sporn *m* ② *(fig)* Ansporn *m*

sproporzionato, -a [sproportsio'naːto] *agg* ① *(braccia, persona)* unproportioniert ② *(prezzo, reazione)* unangemessen

sproporzione [spropor'tsioːne] *f* Unverhältnismäßigkeit *f,* Unangemessenheit *f*

spropositato, -a [spropozi'taːto] *agg* riesig; *(eccessivo)* übertrieben

sproposito [spro'pɔːzito] *m* ① *(errore)* grober Fehler ② *(sciocchezza)* Dummheit *f,* Fehler *m*

sprovvedutezza [sprovvedu'tettsa] *f* Ahnungslosigkeit *f*

sprovveduto, -a [sprovve'duːto] *agg* ① *(sfornito)* **~ di** nicht versehen mit, ohne ② *(pej)* unbegabt

sprovvisto, -a [sprov'visto] *agg* **~ di** nicht versehen mit, ohne, -los; **alla -a** überraschend, unversehens; **prendere alla -a** überrumpeln, überraschen

spruzzabiancheria [spruttsabiaŋke'riːa] <-> *m* Wäschesprenger *m*

spruzzare [sprut'tsaːre] *vt* [be]spritzen, [be]sprühen

spruzzata [sprut'tsaːta] *f* ① GASTR Spritzer *m,* Schuss *m* ② *(pioggia leggera)* Sprühregen *m* ③ *(lo spruzzare)* Spritzer *m,* Spritzen *nt*

spruzzatore [spruttsa'toːre] *m* Zerstäuber *m;* MOT [Kraftstoff]düse *f*

spruzzo ['spruttso] *m* ① *(d'acqua, fango)* Spritzer *m* ② METEO Schauer *m* ③ TEC Spritzen *nt* ④ GASTR Spritzer *m,* Schuss *m*

spudoratezza [spudora'tettsa] *f* Unverschämtheit *f,* Schamlosigkeit *f*

spudorato, -a [spudo'raːto] *agg* unverschämt, schamlos

spugna ['spuɲɲa] *f* ① *(gener)* Schwamm *m;* **gettare la ~** *(fig)* SPORT das Handtuch werfen; **bere come una ~** saufen wie ein Loch *fam* ② *(tessuto)* Frottee *nt o m*

S

spugnetta [spuɲ'ɲetta] *f* Schwämmchen *nt*
spugnoso, -a [spuɲ'ɲoːso] *agg* schwammartig, porös
spulciare [spul'tʃaːre] **I.** *vt* ❶ *(cane, gatto)* flöhen, entflohen ❷ *(fig)* durchforsten **II.** *vr* **-rsi** sich flöhen
spuma ['spuːma] *f* ❶ *(schiuma)* Schaum *m* ❷ *(bibita)* Limonade *f*
spumante [spu'mante] **I.** *agg* Schaum- **II.** *m* Schaumwein *m*, Sekt *m*
spumantizzazione [spumantiddzat'tsioːne] *f* Sektgärung *f*
spumare [spu'maːre] *vi* schäumen; *(vino)* moussieren
spumeggiante [spumed'dʒante] *agg* ❶ *(birra)* schäumend; *(vino)* moussierend ❷ *(fig)* sprühend, brillant
spumeggiare [spumed'dʒaːre] *vi* schäumen; *(vino)* moussieren
spumone [spu'moːne] *m* Schaumgefrorene(s) *nt*
spumoso, -a [spu'moːso] *agg* ❶ *(birra)* schäumend; *(vino)* moussierend ❷ *(fig)* GASTR schaumig, locker
spuntare [spun'taːre] **I.** *vt avere* ❶ *(penna, lapis)* die Spitze abbrechen von; *(smussare)* stumpf machen, abstumpfen ❷ *(capelli, baffi)* stutzen ❸ *(fig)* meistern, überwinden; **spuntarla** *(fam)* es schaffen, sich durchsetzen ❹ *(depennare)* abhaken, durchchecken **II.** *vi essere* ❶ *(venir fuori)* hervorkommen, zutage [*o* zu Tage] kommen; *(fiori)* sprießen; *(sole)* aufgehen; *(giorno)* anbrechen ❷ *(apparire)* auftreten, erscheinen; **da dove spunti?** wo kommst du denn her? **III.** *vr* **-rsi** ❶ *(penna, lapis)* abbrechen, die Spitze verlieren; *(smussarsi)* stumpf werden ❷ *(fig: rabbia)* verrauchen
spuntinare [spunti'naːre] *vt* FOTO [ein Negativ] retuschieren
spuntino [spun'tiːno] *m* Imbiss *m*, Jause *f* A
spunto ['spunto] *m* ❶ *(occasione)* Anstoß *m*, Anregung *f* ❷ THEAT Stichwort *nt*
spuntone [spun'toːne] *m* ❶ *(sporgenza di roccia)* Felsnase *f*, Felsvorsprung *m* ❷ *(punta)* Spitze *f*
spunzone [spun'tsoːne] *m* ❶ *(colpo col gomito)* Stoß *m* mit dem Ellbogen; *(con la mano)* Faustschlag *m* ❷ *(grossa spina)* großer Stachel *m*
spurgare [spur'gaːre] *vt* ❶ *(fogna, canale)* reinigen, ausspülen ❷ MED aushusten, auswerfen
spurgo ['spurgo] <-ghi> *m* ❶ *(operazione)* Säuberung *f*, Ausspülung *f* ❷ *(materiale)* Auswurf *m*, Schleim *m*

S

spurio, -a ['spuːrio] <-i, -ie> *agg* ❶ *(figlio)* unehelich ❷ LIT unecht, nicht authentisch ❸ ANAT falsch
sputacchiare [sputak'kiaːre] **I.** *vi* spucken **II.** *vt* bespucken
sputacchiera [sputak'kiɛːra] *f* Spucknapf *m*
sputacchio [spu'takkio] <-cchi> *m* Schleim *m*
sputare [spu'taːre] **I.** *vt* spucken, speien; *(vulcano)* ausstoßen, auswerfen; **~ sangue** *(fig)* sich abmühen, sich völlig verausgaben; **~ sentenze** *(fig)* Sprüche klopfen *fam;* **~ veleno** *(fig)* Gift und Galle spucken; **sputa l'osso!** *(fam fig)* rück aus! **II.** *vi* spucken, speien; **~ su qc** *(fam fig)* auf etw *akk* pfeifen
sputasentenze [sputasen'tɛntse] <-> *mf* Sprücheklopfer(in) *m(f) fam,* Klugscheißer(in) *m(f) fam*
sputo ['spuːto] *m* Spucke *f*, Speichel *m;* *(escreto)* Schleim *m*, Auswurf *m*
sputtanare [sputta'naːre] *(vulg)* **I.** *vt* durchhecheln, in die Pfanne hauen *fam* **II.** *vr* **-rsi** unten durch sein *fam*
spy thriller ['spai 'θrilə] <-> *m* Agententhriller *m*, Spionagethriller *m*
squadra ['skuaːdra] *f* ❶ *(da disegno)* Winkel *m*, [Winkel]dreieck *nt* ❷ *(complesso di persone)* Gruppe *f;* SPORT Mannschaft *f*, Team *nt;* **essere fuori ~** *(a. fig)* aus dem Lot sein ❸ MIL Trupp *m*, Kommando *nt* ❹ ADM Kommando *nt*, Polizeieinheit *f;* *(turno)* Schicht *f;* **~ mobile** Überfallkommando *nt* ❺ NAUT, AERO Geschwader *nt*
squadrare [skua'draːre] *vt* ❶ *(foglio da disegno)* viereckig zuschneiden ❷ *(fig)* mustern, beäugen
squadriglia [skua'driʎʎa] <-glie> *f* Geschwader *nt*
squadrone [skua'droːne] *m* Schwadron *f*
squagliare [skuaʎ'ʎaːre] **I.** *vt* schmelzen, auflösen **II.** *vr* **-rsi** schmelzen; **squagliarsela** *(fig fam)* sich davonmachen
squalifica [skua'liːfika] <-che> *f* Disqualifizierung *f*
squalificare [skualifi'kaːre] **I.** *vt* disqualifizieren **II.** *vr* **-rsi** sich disqualifizieren
squallido, -a ['skuallido] *agg* trist, trostlos; *(luogo)* öde
squallore [skual'loːre] *m* Trostlosigkeit *f;* *(di luogo)* Öde *f;* *(miseria)* Elend *nt*
squalo ['skuaːlo] *m* Hai[fisch] *m*
squama ['skuaːma] *f* Schuppe *f*
squamare [skua'maːre] **I.** *vt* [ab]schuppen **II.** *vr* **-rsi** sich [ab]schuppen
squamoso, -a [skua'moːso] *agg* schuppig
squarciagola [skuartʃa'goːla] *avv* **a ~** aus vollem Halse, aus voller Kehle

squarciare [skuar'tʃa:re] **I.** *vt* zerreißen, zerfetzen; **il sole squarcia le nuvole** die Sonne durchbricht die Wolken **II.** *vr* **-rsi** aufbrechen, aufgehen

squarcio ['skuartʃo] <-ci> *m (lacerazione)* Riss *m; (ferita)* klaffende Wunde

squartare [skuar'ta:re] *vt* zerlegen, zerteilen; *(in quarti)* vierteilen

squartatore, -trice [skuarta'to:re] *m, f* Schlachter(in) *m(f)*

squash [skwɔʃ] <-> *m* Squash *nt*

squassare [skuas'sa:re] *vt* rütteln, schütteln

squattrinato, -a [skuattri'na:to] *(fam)* **I.** *agg* abgebrannt, pleite **II.** *m, f* Habenichts *m*

squilibrare [skuili'bra:re] *vt* aus dem Gleichgewicht bringen

squilibrato, -a [skuili'bra:to] **I.** *agg* ① *(alimentazione)* unausgewogen ② MED verstört, geistesgestört **II.** *m, f* verstörte Person

squilibrio [skui'li:brio] <-i> *m* ① MED Verwirrung *f;* ~ **mentale/psichico** geistige/seelische Verwirrung ② COM Unausgeglichenheit *f*

squilla ['skuilla] *f* Klingel *f,* Schelle *f; (delle vacche)* [Kuh]glocke *f*

squillante [skuil'lante] *agg* ① *(voce)* schrill ② *(colore)* schreiend, grell

squillare [skuil'la:re] *vi essere o avere (trombe)* schmettern; *(telefono, campanello)* klingeln

squillo[1] ['skuillo] *m (di tromba)* Schmettern *nt; (di telefono, campanello)* Klingeln *nt*

squillo[2] *agg inv* **ragazza** ~ Callgirl *nt*

squinci ['skuintʃi] *avv (fam)* affektiert, geziert; **parlare in quinci e** ~ geziert sprechen

squindi ['skuindi] *avv (fam)* affektiert, geziert, gestelzt; **senza tanti squinci e** ~ ohne Umschweife

squinternato, -a [skuinter'na:to] **I.** *agg* ① *(persona)* verrückt ② *(libro)* zerfleddert, zerrissen **II.** *m, f* Verrückte(r) *f(m)*

squisitamente [skuizita'mente] *avv* ① *(prettamente)* ausgesprochen, typisch ② *(prelibatamente)* köstlich, vorzüglich ③ *(fig: in modo squisito)* wunderbar

squisitezza [skuizi'tettsa] *f* Erlesenheit *f; (di cibo)* Köstlichkeit *f*

squisito, -a [skui'zi:to] *agg* exquisit, erlesen; *(cibo)* köstlich

squittire [skuit'ti:re] <squittisco> *vi* pfeifen, quieken

sradicare [zradi'ka:re] *vt* ① *(albero)* entwurzeln ② *(fig: vizio)* ausmerzen

sragionare [zradʒo'na:re] *vi* unlogisch denken; *(parlando)* dummes Zeug reden

sregolatezza [zregola'tettsa] *f* ① *(di vita, costumi)* Regellosigkeit *f* ② *(comportamento)* Unmäßigkeit *f,* Ausschweifung *f*

sregolato, -a [zrego'la:to] *agg* ① *(senza regola)* regellos, ungeregelt ② *(smodato)* maßlos ③ *(dissoluto)* ausschweifend, liederlich

S.r.l. *abbr di* **Società a responsabilità limitata** GmbH *f*

srotolare [zroto'la:re] *vt* entrollen, ausrollen

ss. *abbr di* **seguenti** ff.

S.S. *abbr di* **Strada Statale** ≈ B *(Bundesstraße)*

stabbio ['stabbio] <-i> *m* Stall *m*

stabile ['sta:bile] **I.** *agg* ① METEO beständig, gleich bleibend ② THEAT ständig; *(compagnia)* fest engagiert ③ COM *(beni)* unbeweglich; *(prezzi)* stabil ④ *(fig)* fest, stabil; *(impiego)* fest; *(resistente)* widerstandsfähig **II.** *m* ① ARCH Gebäude *nt* ② THEAT ständiges Theater ③ *pl* COM Immobilien *f pl*

stabilimento [stabili'mento] *m* ① *(edificio)* Gebäude *nt,* Bau *m;* ~ **ospedaliero** Krankenanstalt *f* ② *(per industria)* Fabrikgebäude *nt; (impianto)* Anlage *f,* Werk *nt*

stabilire [stabi'li:re] <stabilisco> **I.** *vt* ① *(decretare)* festsetzen, festlegen ② *(decidere)* beschließen, entscheiden ③ *(dimora)* aufschlagen, nehmen **II.** *vr* **-rsi** sich niederlassen

stabilità [stabili'ta] <-> *f* ① *(di edificio)* Festigkeit *f;* FIN Stabilität *f* ② *(resistenza)* Widerstandsfähigkeit *f*

stabilito, -a [stabi'li:to] *agg* festgesetzt; ~ **dalla legge** gesetzlich vorgeschrieben; **entro il termine** ~ termingerecht

stabilizzare [stabilid'dza:re] **I.** *vt* stabilisieren, festigen **II.** *vr* **-rsi** sich stabilisieren, sich festigen; *(tempo)* beständig werden

stabilizzatore [stabiliddza'to:re] *m* Stabilisator *m*

stabilizzatore, -trice *agg* stabilisierend, Stabilisierungs-

stabilizzazione [stabiliddzat'tsio:ne] *f* Stabilisierung *f;* **la** ~ **dei cambi** *(Unione monetaria europea)* die Stabilisierung der Wechselkurse

staccare [stak'ka:re] **I.** *vt* ① *(francobollo, etichetta)* [ab-, los]lösen ② *(tirar giù)* abnehmen, abziehen ③ *(cavalli, buoi)* ausspannen ④ FERR *(vagone)* abhängen ⑤ *(assegno, ricevuta)* ausstellen ⑥ SPORT abhängen ⑦ *(parole, sillabe)* einzeln aussprechen, skandieren **II.** *vi* ① *(risaltare)* ~ **su qc** sich von etw abheben ② *(fam: cessare il lavoro)* Feierabend machen **III.** *vr* **-rsi** ① *(da muro, parete)* sich trennen, sich lösen ② *(bottone)* abspringen, abgehen ③ *(fig)* sich trennen, sich lösen

staccato [stak'ka:to] *m* MUS Staccato *nt*

staccato, **-a** *agg* lose, getrennt

staccionata [stattʃo'na:ta] *f* Lattenzaun *m*, Bretterzaun *m*

stacco ['stakko] <-cchi> *m* ① *(intervallo)* Unterbrechung *f*, Zäsur *f* ② SPORT Sprung *m*, Absprung *m* ③ *(fig)* Kontrast *m*, Bruch *m*

stadera [sta'dɛ:ra] *f* Laufgewichtswaage *f*; ~ **a ponte** Brückenwaage *f*

stadio ['sta:dio] <-i> *m* ① SPORT Stadion *nt* ② *(fig)* Stadium *nt*, Phase *f* ③ TEC, EL Stufe *f*

staff ['staff] <-> *m* Stab *m*; TV, FILM [Film]team *nt*

staffa ['staffa] *f* ① *(di sella,* ANAT Steigbügel *m*; **perdere le -e** *(fig)* aus der Fassung geraten; **tenere il piede in due -e** *(fig)* zwei Eisen im Feuer haben ② TEC Spanneisen *nt* ③ ARCH Klammer *f*, Bügel *m*

staffetta [staf'fetta] *f* ① SPORT Staffel *f*, Staffellauf *m* ② *(persona)* Kurier *m*, Bote *m*

stafilococco [staffilo'kɔkko] <-cchi> *m* Staphylokokkus *m*

stage [sta:ʒ] <-> *m* Studienaufenthalt *m*, Ausbildungsaufenthalt *m*

stagflazione [stagflat'tsio:ne] *f* Stagflation *f*

stagionale [stadʒo'na:le] **I.** *agg* jahreszeitlich, saisonal **II.** *mf* Saisonarbeiter(in) *m(f)*

stagionalizzato, **-a** [stadʒonalid'dza:to] *agg* saisonbedingt, saisonabhängig, saisonal

stagionare [stadʒo'na:re] **I.** *vt* [ab]lagern **II.** *vr* **-rsi** lagern, reifen

stagionato, **-a** [stadʒo'na:to] *agg* ① GASTR reif, gereift ② *(legname)* abgelagert ③ *(fig, scherz)* reifer, in reiferen Jahren

stagione [sta'dʒo:ne] *f* Jahreszeit *f*; *(periodo)* Zeit *f*, Periode *f*; THEAT Spielzeit *f*; *(turistica, lirica, concertistica)* Saison *f*; **alta/bassa** ~ Hoch-/Vor- [*o* Nach] saison *f*; **mezza** ~ Übergangszeit *f*; **le quattro -i** die vier Jahreszeiten *fpl*; ~ **degli amori** ZOO Brunftzeit *f*; ~ **delle piogge** Regenzeit *f*; **saldi di fine** ~ Schlussverkauf *m*

stagliarsi [staʎ'ʎarsi] *vr* sich abheben, sich abzeichnen

stagnaio, **-a** [staɲ'ɲa:io] <-ai, -aie> *m, f* Zinnhandwerker(in) *m(f)*

stagnante [staɲ'ɲante] *agg* ① *(acqua, aria)* stehend ② COM stagnierend

stagnare [staɲ'ɲa:re] *vi* ① *(acqua)* stehen ② *(sangue)* zum Stillstand kommen ③ COM stagnieren

stagnatura [staɲɲa'tu:ra] *f* Verzinnung *f*

stagnazione [staɲɲat'tsio:ne] *f* Stagnation *f*

stagnino [staɲ'ɲi:no] DIAL *v.* **stagnaio**

stagno ['staɲɲo] *m* ① CHEM Zinn *nt* ② *(d'acqua)* Teich *m*, Weiher *m*

stagno, **-a** *agg* [wasser]dicht; **compartimenti -i** *(a. fig)* abgegrenzte Bereiche *mpl*

stagnola [staɲ'ɲɔ:la] *f* Stanniol[papier] *nt*

staio[1] ['sta:io] <*pl*: -aia *f*> *m (unità di misura)* Scheffel *m*

staio[2] <-ai> *m (recipiente)* Scheffel *m*

stalagmite [stalag'mi:te] *f* Stalagmit *m*

stalattite [stalat'ti:te] *f* Stalaktit *m*

stalinismo [stali'nizmo] *m* Stalinismus *m*

stalinista [stali'nista] <-i *m*, -e *f*> *mf* Stalinist(in) *m(f)*

stalker ['stɔlkə] <-> *mf* Stalker(in) *m(f)*

stalking ['stɔlkiŋ] *m sing* Stalking *nt*

stalla ['stalla] *f* Stall *m*; *(fig)* Schweinestall *m fam*

stalliere [stal'liɛ:re] *m* Stallknecht *m*, Pferdeknecht *m*

stallo ['stallo] *m* ① *(seggio)* Sitz *m*, Stuhl *m* ② *(negli scacchi)* Patt *nt*

stallone [stal'lo:ne] *m* Zuchthengst *m*

stamane [sta'ma:ne] *avv*, **stamani** [sta'ma:ni] *avv*, **stamattina** [stamat'ti:na] *avv* heute Morgen

stambecco [stam'bekko] <-cchi> *m* Steinbock *m*

stamberga [stam'bɛrga] <-ghe> *f* elende Hütte

stambugio [stam'bu:dʒo] <-gi> *m* dunkles Loch *nt*

stame ['sta:me] *m* ① *(di lana)* Wollgarn *nt* ② *(filo)* Faden *m* ③ BOT Staubblatt *nt*

stampa[1] ['stampa] *f* ① TYP Druck *m*; *(tecnica)* Buchdruck *m*; **errore di** ~ Druckfehler *m*; **essere fuori** ~ vergriffen sein ② *(giornalismo)* Presse *f*; **libertà di** ~ Pressefreiheit *f* ③ *(riproduzione)* Druck *m*; *(incisione)* Stich *m* ④ FOTO Abzug *m*

stampa[2] *agg inv* Presse-; **comunicato** ~ Presseerklärung *f*; **conferenza** ~ Pressekonferenz *f*

stampaggio [stam'paddʒo] <-ggi> *m* Pressen *nt*, Stanzen *nt*

stampante [stam'pante] *f* INFORM Drucker *m*; ~ **ad aghi** Nadeldrucker *m*; ~ **a getto d'inchiostro** Tintenstrahldrucker *m*; ~ **laser** Laserdrucker *m*

stampare [stam'pa:re] **I.** *vt* ① *(libro, giornale)* drucken; *(file da computer)* ausdrucken ② *(tessuto)* bedrucken ③ FOTO abziehen ④ *(monete)* prägen ⑤ *(fig)* aufdrücken, drücken ⑥ TEC pressen, formpressen **II.** *vr* **-rsi** sich einprägen

stampatello [stampa'tɛllo] *m* Druckbuchstabe *m*; **scrivere in** ~ in Druckschrift schreiben

stampato [stam'pa:to] *m* ① *(opuscolo)*

Broschüre *f,* Heft *nt;* **-i** Briefdrucksache *f* ② *(modulo)* Formular *nt*

stampato, **-a** *agg* ① *(foglio)* gedruckt ② *(tessuto)* bedruckt ③ *(fig)* eingeprägt

stampatore, **-trice** [stampa'toːre] *m, f* Drucker(in) *m(f)*

stampatrice [stampa'triːtʃe] *f* FILM Filmkopiermaschine *f*

stampella [stam'pɛlla] *f* ① *(gruccia)* Krücke *f* ② *(per abiti)* [Kleider]bügel *m*

stamperia [stampe'riːa] <-ie> *f* Druckerwerkstatt *f*

stampiglia [stam'piʎʎa] <-glie> *f* Stempel *m*

stampigliare [stampiʎ'ʎaːre] *vt* [ab]stempeln

stampigliatura [stampiʎʎa'tuːra] *f* [Ab-]stempeln *nt*

stampo ['stampo] *m* ① GASTR *(per torte, budini)* Form *f* ② TEC Gussform *f* ③ *(fig)* Schlag *m,* Art *f*

stanare [sta'naːre] *vt (a. fig)* aufstöbern

stanca ['staŋka] <-che> *f* Hochwasser *nt,* höchster Pegelstand

stancare [staŋ'kaːre] **I.** *vt* ① *(rendere stanco)* ermüden, müde machen ② MIL, SPORT *(avversario)* schwächen, zermürben ③ *(infastidire)* stören; *(cose, discorso)* ermüden **II.** *vr* **-rsi** ① *(affaticarsi)* ermüden, müde werden ② *(stufarsi)* **-rsi di qc** etw leid werden, etw satthaben; **-rsi di qu** jdn satthaben

stanchezza [staŋ'kettsa] *f* Müdigkeit *f*

stanco, **-a** ['staŋko] <-chi, -che> *agg* ① *(affaticato)* müde, ermüdet; **~ morto** *(fam)* todmüde, hundemüde ② *(stufo)* **essere ~ di lavorare** das Arbeiten leid sein [*o* satthaben]; **essere ~ di vivere** lebensmüde sein ③ COM *(mercato)* gesättigt, übersättigt ④ AGR erschöpft, ausgelaugt

stand [stænd *o* stend] <-> *m* ① *(di fiera)* Stand *m* ② SPORT [Zuschauer]tribüne *f* ③ *(per tiro a volo)* Schießstand *m*

STANDA® ['standa] *f italienische Kaufhauskette*

stand-alone [stændə'loun] <-> *m* INFORM Stand-alone-Gerät *nt*

standard ['stændəd *o* 'standard] **I.** *m* <-> Standard *m;* **~ di vita** Lebensstandard *m* **II.** *agg inv* Standard-

standardizzabile [standardid'dzaːbile] *agg* standardisierbar

standardizzare [standardid'dzaːre] *vt* ① COM standardisieren ② *(fig)* vereinheitlichen

standardizzazione [standardiddzat'tsioːne] *f* Standardisierung *f*

standby ['stændbai *o* 'stendbai] <-> *m* ① AERO, FIN Stand-by *nt* ② TEC, INFORM **modalità ~** Stand-by-Betrieb *m,* Stand-by-Modus *m;* **in ~** im Stand-by-Betrieb [*o* -Modus]

standing ['stændiŋ *o* 'stendiŋ] *m* FIN Bonität *f,* Ruf *m*

standista [stan'dista] <-i *m,* -e *f*> *mf* ① *(organizzatore)* Aussteller(in) *m(f)* ② *(impiegato)* Standbetreuer(in) *m(f)*

stanga ['staŋga] <-ghe> *f* ① *(legno)* Latte *f* ② *(di stalla)* Trenngitter *nt* ③ *(di carro)* Deichsel *f* ④ *(fig fam: persona alta)* lange Latte

stangare [staŋ'gaːre] *vt* ① *(fig fam: alunno)* maßregeln; *(popolazione)* auspressen ② *(colpire)* mit einer Latte schlagen

stangata [staŋ'gaːta] *f* *(fig)* [schwerer] Schlag *m*

stanghetta [staŋ'getta] *f* ① *(degli occhiali)* Bügel *m* ② MUS Taktstrich *m*

stanotte [sta'nɔtte] *avv* heute Nacht

stante ['stante] **I.** *agg* stehend; **a sé ~** selbst[st]ändig, separat; **seduta ~** auf der Stelle, sofort **II.** *prep* wegen *+dat o gen,* aufgrund [*o* auf Grund] *+gen*

stantio, **-a** [stan'tiːo] <-ii, -ie> *agg* ① *(pane)* alt; *(burro)* ranzig ② *(fig)* überholt

stantuffo [stan'tuffo] *m* Kolben *m*

stanza ['stantsa] *f* Zimmer *nt,* Raum *m;* **~ da letto** Schlafzimmer *nt;* **~ da pranzo** Esszimmer *nt*

stanzialità [stantsiali'ta] <-> *f* Ortstreue *f,* Ortsgebundenheit *f,* Standorttreue *f*

stanziamento [stantsia'mento] *m* *(somma)* Summe *f*

stanziare [stan'tsiaːre] **I.** *vt* bereitstellen **II.** *vr* **-rsi** sich niederlassen, sich festsetzen

stanzino [stan'tsiːno] *m* Kammer *f,* Abstellraum *m*

stappare [stap'paːre] *vt* entkorken

star [staː] <-> *f* Star *m*

stare ['staːre] <sto, stetti, stato> *vi essere* ① *(essere)* sein; *(in un luogo)* sich befinden, sich aufhalten; *(in piedi)* stehen; *(restare)* bleiben; **~ fermo** still stehen; **~ seduto** sitzen; **~ in piedi** stehen; **le cose stanno così** die Dinge stehen so; **sta tranquillo** bleib ruhig; **~ a cuore** am Herzen liegen; **~ a dieta** auf Diät gesetzt sein, Diät halten ② *(abitare)* wohnen; **~ dai genitori** bei den Eltern wohnen ③ *(di salute)* gehen; **come stai?** wie geht es dir?; **sto bene/male/così così** mir geht es gut/schlecht/so lala ④ *(toccare)* **sta a me fare qc** es liegt an mir, etw zu tun; **sta a te decidere** es liegt an dir, zu entscheiden ⑤ MAT **~ a** sich verhalten zu ⑥ *(attenersi)* **~ a qc** sich an etw *akk* halten ⑦ *(colore, indumento)* stehen; **questi pantaloni ti stanno bene/male** diese Hose steht dir gut/schlecht ⑧ *(resistere)* es aushalten; ~ **allo scherzo** [einen] Spaß verstehen [können]; **non può ~ senza fumare** er/sie kann auf das Rauchen nicht verzichten; **non posso ~ senza di te** ich kann ohne dich nicht leben ⑨ *(entrarci)* hineinpassen, hineingehen; **starci** passen, Platz haben ⑩ *(con gerundio)* **sto leggendo** ich lese gerade; **stavo guardando la TV** ich war dabei, fernzusehen ⑪ *(con infinitivo)* **stiamo a vedere cosa succede** warten wir erst einmal ab was geschieht; ~ **a sentire** zuhören; *(obbedire)* gehorchen; ~ **per fare qc** im Begriff sein etw zu tun ⑫ *(loc)* **lasciar ~** [sein] lassen; **ti sta bene!** *(fam)* das geschieht dir recht!; **starci** *(fig fam: essere d'accordo)* einverstanden sein, mitmachen

starlet ['sta:lit] <-> *f* Starlet *nt*

starna ['starna] *f* Rebhuhn *nt*

starnazzare [starnat'tsa:re] *vi* ① ZOO mit den Flügeln Staub aufwirbeln ② *(fig, scherz)* lärmen, Krach machen

starnutare [starnu'ta:re], **starnutire** [starnu'ti:re] <starnutisco> *vi* niesen

starnuto [star'nu:to] *m* Niesen *nt;* **fare uno ~** niesen

starring ['sta:riŋ] *agg inv* **un film ~ Johnny Depp** ein Film mit Johnny Depp in der Hauptrolle

star system ['sta:r sistəm] <-> *m* FILM Starmacher *mpl,* Starpropagierer *mpl*

starter ['starter] <-> *m* ① MOT Anlasser *m* ② SPORT Starter *m*

stasamento [stasa'mento *o* staza'mento] *m* Reinigung *f,* Entleerung *f,* Öffnung *f*

stasare [sta'sa:re *o* sta'za:re] *vt* reinigen, frei machen

stasatore [stasa'to:re *o* staza'to:re] *m* Rohrreiniger *m*

S

stasatura [stasa'tu:ra *o* staza'tu:ra] *f* Reinigung *f,* Entleerung *f,* Öffnung *f*

stasera [sta'se:ra] *avv* heute Abend

stasi ['sta:zi] <-> *f* ① MED Stauung *f,* Stase *f* ② FIN Stillstand *m,* Stockung *f*

statale [sta'ta:le] **I.** *agg* staatlich, Staats-; **impiegato ~** [Staats]beamte(r) *m* **II.** *mf* [Staats]beamte(r) *m/*-beamtin *f* **III.** *f* ① *(strada)* Staatsstraße *f* ② *pl* staatliche Schulen *fpl*

statali *fpl* staatliche Schulen *fpl*

statalismo [stata'lizmo] *m* Etatismus *m*

statalista [stata'lista] <-i *m,* -e *f*> *mf* Etatist(in) *m(f),* Befürworter(in) *m(f)* des Etatismus

statalizzare [statalid'dza:re] *vt* verstaatlichen

statalizzazione [stataliddzat'tsio:ne] *f* Verstaatlichung *f*

statica ['sta:tika] <-che> *f* Statik *f*

staticità [statitʃi'ta] <-> *f* ① ARCH statischer Charakter ② *(fig)* Unbeweglichkeit *f,* Starrheit *f*

statico, -a ['sta:tiko] <-ci, -che> *agg* statisch; *(fig a.)* unbeweglich, starr

statino [sta'ti:no] *m* Schein *m,* Belegschein *m*

station wagon ['steiʃn 'wægən *o* 'steʃon 'vɛgon] <-> *f* MOT Kombi[wagen] *m,* Station Wagon *m*

statista [sta'tista] <-i *m,* -e *f*> *mf* Politiker(in) *m(f),* Staatsmann *m*

statistica [sta'tistika] <-che> *f* Statistik *f;* **-che degli infortuni** Unfallstatistik *f*

statistico, -a [sta'tistiko] <-ci, -che> **I.** *agg* statistisch **II.** *m, f* Statistiker(in) *m(f)*

stativo [sta'ti:vo] *m* Stativ *nt*

stato¹ ['sta:to] *pp di* **essere¹**, **stare**

stato² *m* ① POL Staat *m;* **affare di ~** *(fig)* Staatsaffäre *f;* **esami di ~** Staatsexamen *nt;* **capo dello ~** Staatschef *m;* **gli Stati Uniti d'America** die Vereinigten Staaten von Amerika; **gli Stati del Benelux** die Beneluxstaaten ② ADM *(ceto)* Stand *m;* *(fig)* Status *m,* [gesellschaftliche] Stellung *f;* ~ **civile** [*o* **di famiglia**] Familienstand *m,* Personenstand *m;* ~ **coniugale** [*o* **maritale**] Ehestand *m;* ~ **giuridico** Rechtsstand *m;* ~ **patrimoniale** Vermögensstand *m;* **essere in ~ d'accusa/arresto** JUR unter Anklage/Arrest stehen ③ PHYS, CHEM, MED Zustand *m* ④ *(condizione, a. fig)* Zustand *m,* Lage *f;* ~ **d'animo** Gemütslage *f;* ~ **d'assedio** Belagerungszustand *m;* ~ **d'emergenza** Ausnahmezustand *m* ⑤ MIL ~ **maggiore** Stab *m* ⑥ LING Zustand *m;* **verbi di ~** Zustandsverben *ntpl;* **complemento di ~ in luogo** Ortsangabe *f*

statoreattore [statoreat'to:re] *m* AERO Staustrahltriebwerk *nt*

statua ['sta:tua] *f* Statue *f,* Standbild *nt;* **immobile come una ~** wie ein Ölgötze *fam*

statuario, -a [statu'a:rio] <-i, -ie> *agg* statuarisch; *(fig)* erhaben, vollkommen

statunitense [statuni'tɛnse] **I.** *agg* nordamerikanisch **II.** *mf* Nordamerikaner(in) *m(f),* US-Bürger(in) *m(f)*

statura [sta'tu:ra] *f* ① *(altezza)* Größe *f,* Statur *f* ② *(fig)* Format *nt*

status ['sta:tus] <-> *m* Status *m*

status symbol ['steitəs 'simbl *o* 'status 'simbol] <-> *m* Statussymbol *nt*

statutario, -a [statu'ta:rio] <-i, -ie> *agg*

① JUR satzungsmäßig ② POL verfassungsmäßig, statutarisch

statuto [sta'tu:to] *m* ① JUR, COM Statut *nt,* Satzung *f;* ~ **societario** Gesellschaftsvertrag *m* ② POL, HIST Statut *nt,* Verfassung *f*

stavolta [sta'vɔlta] *avv (fam)* diesmal, dieses Mal

stazionamento [stattsiona'mento] *m* Parken *nt;* **freno di** ~ Handbremse *f,* Feststellbremse *f*

stazionare [stattsio'na:re] *vi* ① MOT parken ② *(sostare)* sich aufhalten, stehen bleiben

stazionario, **-a** [stattsio'na:rio] <-i, -ie> *agg* unverändert, gleich bleibend

stazione [stat'tsio:ne] *f* ① FERR Bahnhof *m* ② MOT Tankstelle *f* ③ RADIO Station *f* ④ ADM Dienststelle *f;* *(di polizia)* Wache *f* ⑤ MIL Wache *f* ⑥ *(fermata)* Haltestelle *f,* Station *f*

stazza ['stattsa] *f* Tonnage *f*

stazzare [stat'tsa:re] *vt* ① *(misurare)* vermessen ② *(avere una stazza)* eine Tonnage haben von

stazzo ['stattso] *m (fam)* Tollpatsch *m*

st. civ. *abbr di* **stato civile** Zivilstand, Personenstand

stearico, **-a** [ste'a:riko] <-ci, -che> *agg* Stearin-

stearina [stea'ri:na] *f* Stearin *nt*

stecca ['stekka] <-cche> *f* ① *(di ombrello, ventaglio)* Stab *m,* Stange *f* ② MED Schiene *f* ③ *(di sigarette)* Stange *f* ④ MUS falscher Ton

steccare [stek'ka:re] **I.** *vt* ① MED schienen ② GASTR spicken ③ *(giardino)* einzäunen, umzäunen **II.** *vi* ① MUS falschspielen ② *(al biliardo)* schlecht stoßen

steccato [stek'ka:to] *m* [Latten]zaun *m*

stecchetto [stek'ketto] *m* **a** ~ knapp; **tenere qu a** ~ jdn kurz halten

stecchino [stek'ki:no] *m* Zahnstocher *m*

stecchire [stek'ki:re] <stecchisco> *vt (sl)* kaltmachen, umlegen

stecchito, **-a** [stek'ki:to] *agg* ① *(rami, pianta)* verdörrt ② *(fig)* bass erstaunt, verblüfft; **morto** ~ auf der Stelle tot

stecco ['stekko] <-cchi> *m* ① *(ramoscello)* dürrer Zweig; **essere** [**magro come**] **uno** ~ *(fam)* ein Strich in der Landschaft sein ② *(pezzetto di legno)* Stäbchen *nt,* Stöckchen *nt*

stele ['stɛ:le] <- *o rar:* -i> *f* Stele *f;* ~ **funeraria** Grabstele *f*

stella ['stella] *f* ① *(fig)* ASTR Stern *m;* ~ **cadente** Sternschnuppe *f;* *(meteora)* Meteor *m;* ~ **filante** *(di carta)* Luftschlange *f;* **essere nato sotto una buona/cattiva** ~ unter einem guten/schlechten Stern geboren sein; **portare qu alle -e** *(fig)* jdn anhimmeln; **vedere le -e** *(fig)* Sterne sehen; **i prezzi sono saliti alle -e** die Preise sind astronomisch gestiegen; **dalle -e alle stalle** *(fig)* aus der Höhe in die Tiefe, vom Ruhm zum Ruin ② FILM Star *m;* ~ **del cinema** Filmstar *m* ③ BOT ~ **alpina** Edelweiß *nt;* ~ **di Natale** Weihnachtsstern *m* ④ ZOO ~ **di mare** Seestern *m*

stellare [stel'la:re] *agg* Stern[en]-, Stellar-

stellato, **-a** [stel'la:to] *agg* ASTR Stern[en]-; *(cielo)* sternenbedeckt

stelletta [stel'letta] *f* ① *pl* MIL Sterne *mpl* ② *(asterisco)* Sternchen *nt*

stellina [stel'li:na] *f* ① *(piccola stella)* Sternchen *nt* ② GASTR Sternchen[nudel *f*] *nt*

stellite [stel'li:te] *f* MIN Stellit *nt*

stelo ['stɛ:lo] *m* Stiel *m,* Stängel *m;* **lampada a** ~ Stehlampe *f*

stemma ['stɛmma] <-i> *m* Wappen *nt,* Wappenbild *nt*

stemperare [stempe'ra:re] *vt* verdünnen, in Wasser lösen

stempiarsi [stem'piarsi] *vr* Geheimratsecken bekommen *fam*

stendardo [sten'dardo] *m* Standarte *f,* Banner *nt*

stendere ['stɛndere] <irr> **I.** *vt* ① *(braccia, gambe, mano)* ausstrecken ② *(biancheria)* aufhängen ③ *(pasta)* ausrollen ④ *(burro)* [ver]streichen; *(colori)* auftragen ⑤ *(persona)* hinlegen; *(con pugno, pallottola)* niederstrecken ⑥ ADM niederschreiben, verfassen; *(verbale)* führen ⑦ *(tappeto, tovaglia)* ausbreiten **II.** *vr* **-rsi** ① *(allungarsi)* sich [aus]strecken ② *(fig: estendersi)* sich erstrecken

stendibiancheria [stendibiaŋke'ri:a] <-> *m* Wäscheständer *m*

stenditoio [stendi'to:io] <-oi> *m* ① *(locale)* Trockenraum *m* ② *(attrezzo)* Wäscheständer *m*

stenodattilografa *f v.* **stenodattilografo**

stenodattilografia [stenodattilogra'fi:a] *f* Stenotypieren *nt*

stenodattilografico, **-a** [stenodattilo'gra:fik] <-ci, -che> *agg* stenotypistisch; **test** ~ Test *m* im Stenotypieren

stenodattilografo, **-a** [stenodatti'lɔ:grafo] *m, f* Stenotypist(in) *m(f)*

stenografa *f v.* **stenografo**

stenografare [stenogra'fa:re] *vt* stenografieren

stenografia [stenogra'fi:a] *f* Stenografie *f,* Kurzschrift *f*

stenografico, **-a** [steno'gra:fiko] <-ci, -che> *agg* stenografisch

stenografo, **-a** [ste'nɔ:grafo] *m, f* Stenograf(in) *m(f)*

stenogramma [steno'gramma] <-i> *m*, **stenoscritto** [stenos'kritto] *m* Stenogramm *nt*

stentare [sten'ta:re] **I.** *vi* ① *(faticare)* Mühe haben, sich abmühen; ~ **a leggere/scrivere/parlare** mit Mühe lesen/schreiben/sprechen [können] ② *(vivere male)* sich mühsam durchschlagen, entbehrungsreich leben **II.** *vt* mühsam verdienen

stentato, -a [sten'ta:to] *agg* ① *(lavoro)* mühsam; *(vita)* mühselig ② *(discorso, tema)* mühsam, gequält ③ *(pianta)* kümmerlich

stenterello [stente'rɛllo] *m* ① *(maschera)* Stenterello *m* ② *(fig fam)* hagerer [*o* dürrer] Mensch

stento ['stɛnto] *m* ① *(fatica)* Mühe *f*, Anstrengung *f* ② *pl (disagio)* Entbehrungen *fpl*, Elend *nt*

stentoreo, -a [sten'tɔ:reo] *agg (poet)* klangvoll, voll[tönend]

steppa ['steppa] *f* ① GEOG Steppe *f* ② *(fig, pej sl)* Unterwelt *f*, Milieu *nt*

stepposo, -a [step'po:so] *agg* Steppen-

sterco ['stɛrko] <-chi> *m* Kot *m*, Mist *m*

stereo ['stɛ:reo] **I.** *m* <-> *(fam)* Stereogerät *m; (impianto)* Stereoanlage *f* **II.** *agg inv* Stereo-

stereofonia <-ie> [stereofo'ni:a] *f* Stereofonie *f*

stereofonico, -a [stereo'fɔ:niko] <-ci, -che> *agg* Stereo-, stereofon

stereolitografia [stereolitogra'fi:a] *f* Stereolitografie *f*

stereolitografo, -a [stereoli'tɔ:grafo] *m, f* Stereolitograf(in) *m(f)*

stereotipato, -a [stereoti'pa:to] *agg* ① *(fig)* stereotyp ② TYP stereotypisch, Stereotyp-

stereotipia [stereoti'pi:a] *f* TYP Stereotypie *f*

sterile ['stɛ:rile] *agg* ① *(infecondo)* steril; BOT, AGR unfruchtbar ② MED steril

sterilità [sterili'ta] <-> *f* ① BOT, AGR Unfruchtbarkeit *f* ② MED Sterilität *f*

sterilizzare [sterilid'dza:re] *vt* sterilisieren

sterilizzazione [steriliddzat'tsio:ne] *f* Sterilisierung *f*, Sterilisation *f*

sterlina [ster'li:na] *f* Pfund *nt* [Sterling]

sterminare [stermi'na:re] *vt* vernichten; *(popolazioni)* ausrotten

sterminato, -a [stermi'na:to] *agg* endlos, unendlich

sterminatore, -trice [stermina'to:re] **I.** *agg* vernichtend, Vernichtungs-; **angelo** ~ Würgeengel *m* **II.** *m, f* Vernichter(in) *m(f)*

sterminio [ster'mi:nio] <-i> *m* ① *(distruzione)* Vernichtung *f*, Ausrottung *f*; **campi di** ~ Vernichtungslager *ntpl* ② *(fig fam)* Unzahl *f*, Unmenge *f*

sterno ['stɛrno] *m* Brustbein *nt*

sternutire [sternu'ti:re] *v.* **starnutare**

sterpaglia [ster'paʎʎa] *f* Gestrüpp *nt*

sterpo ['stɛrpo *o* 'sterpo] *m* [ausgedörrter] Dornbusch *m*

sterrare [ster'ra:re] *vt* ausheben

sterratore [sterra'to:re] *m* Erdarbeiter *m*

sterzare [ster'tsa:re] *vt* lenken, steuern

sterzata [ster'tsa:ta] *f* Lenken *nt*, Lenkmanöver *nt*

sterzo ['stɛrtso] *m* Lenkung *f*

stesi *1. pers sing pass rem di* **stendere**

steso *pp di* **stendere**

stessi ['stessi] *1. e 2. pers sing conj imp di* **stare**

stesso ['stesso] **I.** *avv* **lo** ~ trotzdem, sowieso **II.** *m* dasselbe; **fa** [*o* **è**] **lo** ~ es ist [ganz] gleich

stesso, -a I. *agg* ① *(medesimo)* **lo ~/la -a** derselbe/dieselbe/dasselbe; *(uguale)* der/die/das Gleiche ② *(in persona)* selbst, selber; **lo farò io** ~ ich werde es selber machen ③ *(proprio)* eben, gerade, genau; **ci vado oggi** ~ ich gehe noch heute hin; **in quel momento** ~ genau in diesem Moment ④ *(anche)* sogar, selbst **II.** *pron dim* **lo ~/la -a** derselbe/dieselbe/dasselbe; *(uguale)* der/die/das Gleiche

steste ['steste] *2. pers pl pass rem di* **stare**

stesti ['stesti] *2. pers sing pass rem di* **stare**

stesura [ste'su:ra] *f* ① ADM Niederschrift *f*; *(di contratto)* Aufsetzen *nt* ② LIT Fassung *f*

stetoscopio [stetos'kɔ:pio] <-i> *m* Stethoskop *nt*

stetti ['stetti] *1. pers sing pass rem di* **stare**

steward ['stju:əd *o* 'stjuard] <-> *m* Steward *m*

stia *1., 2. e 3. pers sing conj pr di* **stare**

stick [stick] <-> *m* Stift *m*; **rossetto in** ~ Lippenstift *m*

sticker ['stikə] <-> *m* Aufkleber *m*, Pickerl *nt* A

stigma ['stigma] <-i> *m* Stigma *nt*

stigmate ['stigmate] *fpl* REL Wundmale *ntpl* [Christi]

stigmatizzare [stigmatid'dza:re] *vt* brandmarken

stilare [sti'la:re] *vt* aufsetzen, abfassen

stile ['sti:le] *m* Stil *m*; ~ **libero** Freistil *m*; ~ **di vita** Lifestyle *m*; **con** ~ stilvoll; **in grande** ~ in großem Stil; **avere dello** ~ Stil haben; *(avere il senso della moda)* modebewusst sein

stilè [sti'lɛ] *agg inv* gestylt

stiletto [sti'letto] *m* Stilett *nt*

stilista [sti'lista] <-i *m*, -e *f*> *mf (designer)* Designer(in) *m(f)*, Stylist(in) *m(f)*
stilistica [sti'listika] <-che> *f* Stilistik *f*
stilistico, -a [sti'listiko] <-ci, -che> *agg* stilistisch
stilizzare [stilid'dza:re] *vt* stilisieren
stilizzazione [stiliddzat'tsio:ne] *f* Stilisierung *f*
stillare [stil'la:re] **I.** *vi essere* tropfen, tröpfeln **II.** *vt avere* absondern, abgeben
stilliberista [stillibe'rista] <-i *m*, -e *f*> *mf* Freistilschwimmer(in) *m(f)*
stillicidio [stilli'tʃi:dio] <-i> *m* ständige Wiederholung
stilo ['sti:lo] *m* ❶ *(pugnale)* Stilett *nt*, Dolch *m* ❷ *(della stadera)* [Waage]balken *m* ❸ BOT Griffel *m* ❹ HIST *(per scrivere, cancellare)* Griffel *m* ❺ ZOO Stachel *m*
stilografica [stilo'gra:fika] <-che> *f* Füllfederhalter *m*, Füller *m*, Füllfeder *f* A, CH, SÜDD
stilografico, -a [stilo'gra:fiko] <-ci, -che> *agg* Füllfeder-, Füller-
stiloso, -a [sti'loso, sti'lozo] *agg (fam: calze, telefonino)* stylisch, stylish
stima ['sti:ma] *f* ❶ *(apprezzamento)* Achtung *f*, Wertschätzung *f*; **avere ~ di qu** vor jdm Achtung haben ❷ COM Schätzung *f*, Abschätzung *f*; **fare la ~ di qc** etw schätzen
stimabile [sti'ma:bile] *agg* ❶ *(persona)* achtbar ❷ COM schätzbar, abschätzbar
stimare [sti'ma:re] *vt* ❶ COM schätzen, abschätzen ❷ *(persona)* schätzen, achten ❸ *(giudicare)* halten für, einschätzen [als]
stimatore, -trice [stima'to:re] *m, f* Schätzer(in) *m(f)*
stimmate ['stimmate] *v.* **stigmate**
stimolante [stimo'lante] **I.** *agg* anregend, stimulierend **II.** *m* Stimulans *nt*
stimolare [stimo'la:re] *vt* stimulieren; *(incitare)* anspornen; *(appetito)* anregen
stimolazione [stimolat'tsio:ne] *f* Stimulierung *f*, Anregung *f*
stimolo ['sti:molo] *m* ❶ *(impulso)* Anreiz *m*, Ansporn *m* ❷ *(di passioni)* Stachel *m*
stinco ['stiŋko] <-chi> *m* Schienbein *nt*, Haxe *f*
stingere ['stindʒere] <irr> **I.** *vt* entfärben **II.** *vr* **-rsi** verblassen
stipare [sti'pa:re] **I.** *vt* drängen, zusammendrängen **II.** *vr* **-rsi** sich [zusammen]drängen
stipendiare [stipen'dia:re] *vt* **~ qu** jdm ein Gehalt bezahlen
stipendiato, -a [stipen'dia:to] **I.** *agg* entlohnt, besoldet **II.** *m, f* Lohnempfänger, Gehaltsempfänger(in) *m(f)*
stipendio [sti'pɛndio] <-i> *m* Lohn *m*, Gehalt *nt*; **~ netto/lordo** Netto-/Bruttogehalt *nt*; **aumento di ~** Gehaltserhöhung *f*
stipite ['sti:pite] *m* [Tür]pfosten *m*
stipula ['sti:pula] *f* [Vertrags]abschluss *m*
stipulare [stipu'la:re] *vt* vereinbaren; *(contratto)* abschließen
stipulazione [stipulat'tsio:ne] *f* Vereinbarung *f*; *(di contratto)* Abschluss *m*
stiracalzoni [stirakal'tso:ni] <-> *m* Hosenbügler *m*
stiracchiare [stirak'kia:re] *(fam)* **I.** *vt* ❶ *(fig)* knausern mit, sparen an +*dat*; **~ la vita** ein kärgliches Leben fristen ❷ LIT verzerren, verdrehen, entstellen **II.** *vi* feilschen (**su** um), handeln (**su** um)
stiracchiarsi [stirak'kiarsi] *vr (fam)* sich recken, sich dehnen
stiraggio [sti'ra:ddʒo] <-ggi> *m* Ziehen *nt*, Strecken *nt*
stiramento [stira'mento] *m* Zerrung *f*
stirapantaloni [stirapanta'lo:ni] <-> *m* Hosenpresse *f*
stirare [sti'ra:re] **I.** *vt* ❶ *(distendere)* strecken, dehnen ❷ *(col ferro caldo)* bügeln **II.** *vr* **-rsi** *(fam)* sich recken, sich ausstrecken
stiratore, -trice [stira'to:re] *m, f* Bügler(in) *m(f)*
stiratrice [stira'tri:tʃe] *f* TEC Bügelmaschine *f*
stiratura [stira'tu:ra] *f* Bügeln *nt*
stireria [stire'ri:a] <-ie> *f* Bügelanstalt *f*
Stiria ['sti:ria] *f* Steiermark *f*
stiro ['sti:ro] *m* Bügeln *nt*; **asse da ~** Bügelbrett *nt*; **ferro da ~** Bügeleisen *nt*; **tavolo da ~** Bügeltisch *m*
stirpe ['stirpe] *f* ❶ *(complesso d'individui)* Stamm *m* ❷ *(di famiglia)* Geschlecht *nt*, Haus *nt*
stitica *f v.* **stitico**
stitichezza [stiti'kettsa] *f* Verstopfung *f*, Darmträgheit *f*
stitico, -a ['sti:tiko] <-ci, -che> **I.** *agg* zu Verstopfung neigend **II.** *m, f* an Verstopfung Leidende(r) *f(m)*
stiva ['sti:va] *f* Laderaum *m*
stivale [sti'va:le] *m* Stiefel *m*
stivaletto [stiva'letto] *m* Stiefelette *f*, Halbstiefel *m*
stivalone [stiva'lo:ne] *m* Schaftstiefel *m*
stivare [sti'va:re] *vt* [ver]stauen
stizza ['stittsa] *f* Ärger *m*
stizzire [stit'tsi:re] <stizzisco> **I.** *vt* ärgern **II.** *vr* **-rsi** sich ärgern
stizzoso, -a [stit'tso:so] *agg* ❶ *(persona)* reizbar ❷ *(cosa)* ärgerlich
sto [stɔ] *1. pers sing pr di* **stare**
stoccafisso [stokka'fisso] *m* Stockfisch *m*

stoccaggio [stok'kaddʒo] <-ggi> *m* Lagerung *f*
Stoccarda [stok'karda] *f* Stuttgart *nt*
stoccata [stok'ka:ta] *f* ❶ SPORT *(scherma)* Hieb *m; (calcio)* Torschuss *m* ❷ *(fig: allusione)* Anspielung *f,* Seitenhieb *m,* Stich *m* ❸ *(fam)* **dare una ~ a qu** jdm Geld abknöpfen
stocchista [stok'kista] <-i *m,* -e *f*> *mf* Verkäufer(in) *m(f)* [*o* Aufkäufer(in) *m(f)*] von Lagerbeständen
Stoccolma [stok'kolma] *f* Stockholm *nt*
stock [stɔk] <-> *m* Warenbestand *m,* Lager *nt*
stockbroker [stɔk'broukə] <-> *mf* FIN Stockbroker *m,* Börsenmakler(in) *m(f),* Wertpapiermakler(in) *m(f)*
stock-car ['stɔkka:] <-> *m* Stock-Car *m*
stockista *mf v.* **stocchista**
stoffa ['stɔffa] *f* ❶ *(tessuto)* Stoff *m,* Gewebe *nt* ❷ *(fig fam)* Zeug *nt,* Talent *nt;* **avere della ~** *(fam)* Talent haben ❸ *(sl)* Stoff *m*
stoica *f v.* **stoico**
stoicismo [stoi'tʃizmo] *m* PHILOS Stoizismus *m*
stoico, -a ['stɔ:iko] <-ci, -che> *m, f* PHILOS Stoiker(in) *m(f)*
stoino [sto'i:no] *m* Fußmatte *f*
stola ['stɔ:la] *f* Stola *f*
stolido, -a ['stɔ:lido] **I.** *agg* dumm, blöd[e] **II.** *m, f* Dummkopf *m,* Blödian *m*
stolta *f v.* **stolto**
stoltezza [stol'tettsa] *f* Dummheit *f,* Blödheit *f*
stolto, -a ['stolto] **I.** *agg* dumm, blöd[e] **II.** *m, f* Dummkopf *m,* Blödian *m*
stomacare [stoma'ka:re] **I.** *vt* **~ qu** jdm den Magen umdrehen **II.** *vr* **-rsi di qc** sich vor etw *dat* ekeln
stomachevole [stoma'ke:vole] *agg* ekelhaft, widerlich
stomaco ['stɔ:mako] <-chi *o* -ci> *m* Magen *m;* **dare di ~** sich übergeben, [sich] erbrechen; **rivoltare lo ~ a qu** jdm den Magen umdrehen; **riempirsi lo ~** *(fam)* sich *dat* den Bauch vollschlagen; **ha qc sullo ~** etw liegt ihm/ihr schwer im Magen
stonare [sto'na:re] **I.** *vt* MUS falschspielen [*o* singen] **II.** *vi (fig)* **~ con qc** zu etw nicht passen; *(colori)* sich mit etw beißen
stonato, -a [sto'na:to] *agg* MUS *(strumento)* verstimmt; *(persona)* falschspielend [*o* singend]
stonatura [stona'tu:ra] *f* MUS Falschspiel *nt,* Verspielen *nt; (il cantare)* Falschsingen *nt*
stop [stɔp] <-> *m* ❶ *(segnaletica)* Stoppschild *nt* ❷ MOT Bremslicht *nt* ❸ TEL Stopp *nt*
stoppa ['stoppa] *f* Werg *nt;* **capelli di ~** strohige Haare *ntpl*
stoppare [stop'pa:re] *vt* ❶ *(arrestare)* anhalten; SPORT stoppen ❷ *(otturare)* stopfen, verstopfen
stoppata [stop'pa:ta] *f* Stoppen *nt*
stoppia ['stoppia] <-ie> *f* Stoppel *f*
stoppino [stop'pi:no] *m (di candela)* Docht *m; (miccia)* Zündschnur *f*
stopposo, -a [stop'po:so] *agg* strohig
storage ['stɔ:ridʒ] <-> *m* INFORM Speicherung *f,* Speichern *nt*
storcere ['stɔrtʃere] <irr> **I.** *vt* ❶ *(chiave, chiodo)* verbiegen, krümmen ❷ *(bocca)* verziehen; *(naso)* rümpfen; *(piede, gamba, braccio)* verrenken ❸ *(fig: senso, significato)* entstellen **II.** *vr* **-rsi** sich krümmen
stordimento [stordi'mento] *m* Verwirrung *f*
stordire [stor'di:re] <stordisco> **I.** *vt* betäuben **II.** *vr* **-rsi** sich ablenken
stordito, -a [stor'di:to] *agg* ❶ *(tramortito)* betäubt, benommen ❷ *(fig)* durcheinander, verwirrt
store planner ['stɔ: 'plænə] <-> *mf* Ladenplaner(in) *m(f),* Ladenbauer(in) *m(f)*
storia ['stɔ:ria] <-ie> *f* Geschichte *f;* **~ naturale** Naturkunde *f;* **~ antica/medievale/moderna** Alte/Mittlere/Neue Geschichte; **passare alla ~** in die Geschichte eingehen; **è sempre la solita ~** *(fam)* es ist immer dasselbe; **sono tutte -ie!** *(fam)* das sind alles Märchen!; **quante -ie!** *(fam)* so ein Unsinn!, so ein Theater!; **non fare tante -ie!** *(fam)* mach' [dir] doch nicht so viel Umstände!; **non fare -ie!** *(fam)* mach' keine Geschichten!
storica *f v.* **storico**
storicizzare [storitʃid'dza:re] *vt* historisieren
storico, -a ['stɔ:riko] <-ci, -che> **I.** *agg* ❶ HIST historisch, geschichtlich; **centro ~** Altstadt *f* ❷ *(memorabile)* denkwürdig, historisch **II.** *m, f* Historiker(in) *m(f)*
storiella [sto'riɛlla] *f (fam)* kleine Geschichte, Histörchen *nt scherz*
storiografa *f v.* **storiografo**
storiografia [storiogra'fi:a] *f* Geschichtsschreibung *f*
storiografo, -a [sto'riɔ:grafo] *m, f* Geschichtsschreiber(in) *m(f)*
storione [sto'rio:ne] *m* Stör *m*
stormire [stor'mi:re] <stormisco> *vi* rascheln, rauschen
stormo ['stormo] *m* ZOO Schwarm *m,* Schar *f*
stornare [stor'na:re] *vt* ❶ COM stornieren ❷ *(pericolo)* abwenden, ablenken ❸ *(fig)*

S

~ **qu da qc** *(distrarre)* jdn von etw ablenken; *(dissuadere)* jdn von etw abbringen

storno ['storno] *m* ❶ ZOO Star *m* ❷ COM Storno *m o nt,* Umbuchung *f*

storpia *f v.* **storpio**

storpiare [stor'pia:re] **I.** *vt* verkrüppeln; *(persona)* zum Krüppel machen; ~ **le parole** radebrechen **II.** *vr* **-rsi** zum Krüppel werden

storpiatura [storpia'tu:ra] *f* ❶ *(fig)* Radebrechen *nt* ❷ MED Verkrüpp[e]lung *f*

storpio, -a ['stɔrpio] <-i, -ie> **I.** *agg* verkrüppelt **II.** *m, f* Krüppel *m*

storsi *1. pers sing pass rem di* **storcere**

storta ['stɔrta] *f* ❶ *(gener)* Krümmung *f,* Biegung *f* ❷ *(fam: distorsione)* Verstauchung *f*

storto, -a ['stɔrto] **I.** *pp di* **storcere** **II.** *agg* ❶ *(gambe)* krumm ❷ *(righe)* schief, schräg ❸ *(fig)* verdreht, absurd

stortura [stor'tu:ra] *f (fig)* Krummheit *f,* Schiefheit *f*

stoviglie [sto'viʎʎe] *f pl* Geschirr *nt;* **lavare le** ~ [das Geschirr] spülen

strabene [stra'bɛ:ne] *avv* ausgezeichnet, sehr gut

strabenedire [strabene'di:re] <strabenedisco, strabenedissi *o* strabenedii, strabenedetto> *vt (fam)* vieltausendmal segnen; **che Dio ti strabenedica!** möge Gott dich vieltausendmal segnen

strabere [stra'be:re] <strabevo, strabevvi, strabevuto> *vi* exzessiv trinken

strabico, -a ['stra:biko] <-ci, -che> **I.** *agg* schielend; **essere** ~ schielen **II.** *m, f* Schielende(r) *f(m)*

strabiliante [strabi'liante] *agg* verblüffend, erstaunlich; **una prova** ~ eine erstaunliche Leistung

strabiliare [strabi'lia:re] *vt* verblüffen

strabiliato, -a [strabi'lia:to] *agg* verblüfft, erstaunt; **rimanere** ~ höchst erstaunt sein

strabismo [stra'bizmo] *m* Schielen *nt,* Strabismus *m*

straboccare [strabok'ka:re] *vi essere o avere* überlaufen, überfließen, überströmen

strabocchevole [strabokke'vo:le] *agg* riesig, übermäßig

strabuzzare [strabud'dza:re] *vt* verdrehen

stracarico, -a [stra'ka:riko] <-ci, -che> *agg (fam)* überfüllt, überladen

stracchino [strak'ki:no] *m* Stracchino *m (Weichkäse aus der Lombardei)*

stracciare [strat'tʃa:re] **I.** *vt* ❶ *(lettera, vestito)* zerreißen, zerfetzen ❷ *(fam)* SPORT schlagen **II.** *vr* **-rsi** [zer]reißen, zerfetzen

stracciatella [strattʃa'tɛlla] *f* ❶ *(brodo)* Fleischbrühe mit Eiereinlauf ❷ *(gelato)* Vanilleeis mit Schokoladestückchen

straccio ['strattʃo] <-cci> *m* ❶ *(cencio)* Lappen *m,* Lumpen *m;* ~ **per i pavimenti** Aufnehmer *m,* Aufwischlappen *m;* **sentirsi uno** ~ *(fig)* sich ganz kaputt fühlen ❷ *pl (fam pej)* Klamotten *f pl;* **non avere uno** ~ **di vestito** *(fam)* nichts zum Anziehen haben

straccio, -a <-cci, -cce> *agg* Lumpen-, Alt-; **carta -a** Altpapier *nt*

straccione, -a [strat'tʃo:ne] *m, f* zerlumpter Mensch

straccivendolo, -a [strattʃi'vendolo] *m, f* Lumpensammler(in) *m(f),* -händler(in) *m(f)*

stracco, -a ['strakko] <-cchi, -cche> *agg* DIAL *(fam)* kaputt, erledigt

stracittadino, -a [stratʃitta'di:no] *agg* hyperurban

stracollarsi [strakol'larsi] *vr* sich verstauchen, sich verrenken

stracollatura [strakolla'tu:ra] *f* Verstauchung *f,* Verrenkung *f*

stracontento, -a [strakon'tɛnto] *agg* überaus zufrieden, heilfroh

stracotto [stra'kɔtto] *m* Schmorbraten *m*

stracotto, -a *agg* [zu] lange gekocht, verkocht

stracuocere [stra'kuɔ:tʃere] <irr> *vt* [zu] lange kochen, verkochen lassen

strada ['stra:da] *f* ❶ Straße *f; (cammino)* Weg *m;* ~ **ferrata** Schienenweg *m,* Schienenstrecke *f;* ~ **traversa** Querstraße; ~ **a senso unico** Einbahnstraße; ~ **senza uscita** Sackgasse *f;* **codice della** ~ Straßenverkehrsordnung *f;* **vittima della** ~ Verkehrsopfer *nt;* **donna di** ~ *(pej)* Hure *f,* Straßenmädchen *nt;* ~ **facendo** unterwegs; **non c'è molta** ~ es ist nicht weit; **il paese è a molti chilometri di** ~ der Ort liegt viele Kilometer von hier entfernt; **tagliare la** ~ **a qu** jdm den Weg abschneiden; **mettere** [*o* **buttare**] **qu in mezzo alla** [*o* **sulla**] ~ jdn auf die Straße setzen ❷ *(fig)* Weg *m;* **andare per la propria** ~ seine eigenen Wege gehen; **farsi** ~ Karriere machen, sich vorwärtskämpfen; **farsi** ~ **lavorando** sich hocharbeiten; **essere su una cattiva** ~ auf eine schlechte Bahn geraten sein; **essere fuori** ~ *(fam)* auf dem falschen Dampfer sein; **tutte le -e portano a Roma** *(prov)* alle Wege führen nach Rom

stradale [stra'da:le] **I.** *agg* Straßen-, Verkehrs-; **carta** ~ Straßenkarte *f;* **incidente** ~ Verkehrsunfall *m;* **lavori -i** Straßenarbeiten *f pl* **II.** *f* Verkehrspolizei *f*

stradario [stra'da:rio] <-i> *m* Straßenverzeichnis *nt*

stradino [stra'di:no] *m* Straßenarbeiter *m*

S

stradivario [stradi'vaːrio] <-i> *m* Stradivari[geige] *f*

stradone [stra'doːne] *m* Allee *f*

strafaccio [stra'fattʃo] *1. pers sing pr di* **strafare**

strafalcione [strafal'tʃoːne] *m (errore)* großer Fehler *m,* Schnitzer *m fam*

strafare [stra'faːre] <irr> *vt* übertreiben

strafatto, -a [stra'fatto] *agg* ① *(frutta)* überreif ② *(sl: drogato)* high, breit

strafeci *1. pers sing pass rem di* **strafare**

strafò [stra'fɔ] *1. pers sing pr di* **strafare**

straforo [stra'foːro] *m* **di ~** *(di nascosto)* heimlich; *(di sfuggita)* flüchtig

strafottei [strafot'teːi] *1. pers sing pass rem di* **strafottere**

strafottente [strafot'tɛnte] *agg* unverschämt, unverfroren

strafottenza [strafot'tɛntsa] *f* Unverschämtheit *f,* Unverfrorenheit *f*

strafottere [stra'fottere] <irr> *(vulg)* **I.** *vt* bescheißen **II.** *vi* **a ~** haufenweise **III.** *vr* **strafottersene** sich einen Dreck darum scheren

strage ['straːdʒe] *f* ① *(uccisione)* Massaker *nt,* Blutbad *nt* ② *(fig fam)* Haufen *m*

stragonfio, -a [stra'gonfio] <-i, -ie> *agg* aufgebläht

stragrande [stra'grande] *agg (fam)* riesengroß; **la ~ maggioranza** die überwältigende Mehrheit

stralciare [stral'tʃaːre] *vt (eliminare)* entfernen; *(passo)* herausnehmen, streichen

stralcio ['straltʃo] <-ci> *m* ① *(eliminazione)* Entfernung *f,* Streichung *f* ② COM Liquidation *f* ③ *(brano scelto)* Auszug *m,* Abschnitt *m*

stralunare [stralu'naːre] *vt* verdrehen

stralunato, -a [stralu'naːto] *agg* ① *(occhi)* verdreht ② *(persona)* aufgelöst

stramaledetto, -a [stramale'dɛtto] *agg* verdammt, verwünscht

stramaledire [stramale'diːre] <irr> *vt* in Grund und Boden verfluchen

stramaturo, -a [strama'tuːro] *agg* überreif, vollreif

stramazzare [stramat'tsaːre] *vi essere* hinfallen, hinschlagen

stramazzone [stramat'tsoːne] *m* schwerer Sturz; **dare uno ~** schwer stürzen

stramberia [strambe'riːa] <-ie> *f* Sonderbarkeit *f,* Merkwürdigkeit *f*

strambo, -a ['strambo] *agg* sonderbar, komisch

strame ['straːme] *m* Streu *f*

strameritare [strameri'taːre] *vt* sich redlich verdienen; **te lo sei strameritato!** das hast du dir mehr als verdient!

strampalatezza [strampalat'tettsa] *f* Sonderbarkeit *f,* Skurrilität *f,* Merkwürdigkeit *f;* **dire delle -e** sonderbares Zeug daherreden

strampalato, -a [strampa'laːto] *agg* verrückt

strampaleria [strampale'riːa] <-ie> *f* Verrücktheit *f*

stranezza [stra'nettsa] *f* Seltsamkeit *f*

strangolamento [straŋgola'mento] *m* Erdrosseln *nt,* Erwürgen *nt*

strangolapreti [straŋgola'prɛːti] *mpl* GASTR *kleine Gnocchi aus Mehl*

strangolare [straŋgo'laːre] *vt* erdrosseln, erwürgen

strangolatore, -trice [straŋgola'toːre] *m, f* Würger(in) *m(f)*

straniamento [strania'mento] *m* LING, PSIC Entfremdung *f,* Verfremdung *f;* **tecnica dello ~** Verfremdungstechnik *f*

straniare [stra'niaːre] **I.** *vt* entfremden **II.** *vr* **-rsi** sich entfremden, fremd werden (**da qu** jdm)

straniero, -a [stra'niɛːro] **I.** *agg* fremd, ausländisch; **lingua -a** Fremdsprache *f* **II.** *m, f* Ausländer(in) *m(f),* Fremde(r) *f(m);* **università per -i** Ausländeruniversität *f*

stranito, -a [stra'niːto] *agg* verworren, durcheinander

strano, -a ['straːno] *agg* seltsam, merkwürdig

straordinario [straordi'naːrio] <-ri> *m* Überstunden *fpl;* **fare gli -i** Überstunden machen

straordinario, -a <-ri, -rie> *agg* außerordentlich, außertourlich A; **treno ~** Sonderzug *m;* **lavoro ~** Überstunden *fpl*

strapaesano, -a [strapae'saːno] **I.** *agg* die Heimatliteratur betreffend **II.** *m, f* Verfasser(in) *m(f)* von Heimatliteratur

strapagare [strapa'gaːre] *vt* über[be]zahlen

straparlare [strapar'laːre] *vi* irrereden

strapazzamento [strapattsa'mento] *m* Rücksichtslosigkeit *f*

strapazzare [strapat'tsaːre] **I.** *vt* ① *(persone)* misshandeln ② *(cose)* strapazieren **II.** *vr* **-rsi** sich strapazieren, sich abrackern

strapazzata [strapat'tsaːta] *f* ① *(faticata)* Strapaze *f* ② *(sgridata)* [schwerer] Verweis *m,* Anpfiff *m fam*

strapazzato, -a [strapat'tsaːto] *agg* **uova -e** Rühreier *ntpl*

strapazzo [stra'pattso] *m* Strapaze *f;* **da ~** *(pej: cosa)* minderwertig, Wegwerf-; *(autore)* schlecht, nicht ernstzunehmen

strapazzone, -a [strapat'tsoːne] **I.** *agg* rücksichtslos **II.** *m, f* rücksichtslose Person

strapazzoso, -a [strapat'tsoːso] *agg* strapaziös

straperdere [stra'pɛrdere] <straperdo, strapersi, straperso> *vi* sehr viel [Geld] verlieren

strapieno, **-a** [stra'piɛːno] *agg (fam)* überfüllt, rappelvoll

strapiombante [strapiom'bante] *agg* [über]hängend

strapiombare [strapiom'baːre] *vi* überhängen, überragen

strapiombo [stra'piombo] *m* Überhang *m;* **a ~** überhängend, überragend

strapotente [strapo'tɛnte] *agg* sehr mächtig, übermächtig

strapotenza [strapo'tɛntsa] *f* [sehr] große Macht; **la ~ americana** die amerikanische Übermacht

strapotere [strapo'teːre] *m* zu große Macht, Übermacht *f*

strappabile [strap'paːbile] *agg* zerreißbar

strappacuore [strappa'kuɔːre] *agg inv* herzzerreißend

strappalacrime [strappa'laːkrime] *agg inv* rührselig, auf die Tränendrüsen drückend

strappare [strap'paːre] **I.** *vt* ① *(ramo, fiore)* abreißen, ausreißen; *(pagina)* herausreißen; *(carta)* zerreißen ② MED *(dente)* ziehen ③ *(fig: cuore)* zerreißen; *(promessa)* abringen; *(confessione)* entreißen **II.** *vr* **-rsi** [zer]reißen, kaputtgehen *fam*

strappata [strap'paːta] *f* ① *(strappo)* Reißen *nt,* Ruck *m* ② *(fam: passaggio)* Mitfahrgelegenheit *f;* **dare una ~ a qu** jdn mitnehmen

strappatrice [strappa'triːtʃe] *f* TEC Reißwolf *m,* Reißmaschine *f*

strappatura [strappa'tuːra] *f* TEC Reißen *nt,* Riss *m*

strappo ['strappo] *m* ① MED *(lacerazione)* Riss *m* ② *(fig: infrazione)* Verstoß *m; (eccezione)* Ausnahme *f;* **fare uno ~ alla regola** eine Ausnahme machen ③ *(fam: passaggio)* Mitfahrgelegenheit *f;* **dare uno ~ a qu** jdn mitnehmen

strapuntino [strapun'tiːno] *m* Klappsitz *m*

straricco, **-a** [stra'rikko] <-cchi, -cche> *agg (fam)* steinreich

straripare [strari'paːre] *vi essere o avere* über das [*o* die] Ufer treten

Strasburgo [straz'burgo] *f* Straßburg *nt*

strascicare [straʃʃi'kaːre] **I.** *vt* ① *(gambe, piedi)* nachziehen ② *(vestito, coperta)* [nach]schleifen ③ *(malattia, lavoro)* verschleppen **II.** *vi* auf dem Boden schleifen **III.** *vr* **-rsi** sich vorwärtsschleppen, sich hinziehen

strascicato, **-a** [straʃʃi'kaːto] *agg (modo di parlare) langsam und undeutlich*

strascichio [straʃʃi'kiːo] <-ii> *m* Schleifen *nt*

strascico ['straʃʃiko] <-chi> *m* ① *(di abito)* Schleppe *f* ② *(seguito)* Folge *f,* Nachwirkung *f*

strascicone, **-a** [straʃʃi'koːne] *m, f* Schleifer(in) *m(f)*

strasciconi [straʃʃi'koːni] *avv* schleppend, schlurfend; **camminare a ~** einen schleppenden Gang haben

strascinamento [straʃʃina'mento] *m* Schleppen *nt,* Nachziehen *nt*

strascinare [straʃʃi'naːre] *vt* [nach]schleppen

strascinio [straʃʃi'niːo] <-ii> *m* Schleifen *nt,* Schleppen *nt*

strass [stras] <-> *m* Strass *m*

stratagemma [strata'dʒɛmma] <-i> *m* List *f,* Trick *m*

strategia [strate'dʒiːa] <-gie> *f* Strategie *f*

strategico, **-a** [stra'tɛːdʒiko] <-ci, -che> *agg* strategisch

stratificare [stratifi'kaːre] **I.** *vt* schichten, in Schichten anordnen; GEOL stratifizieren **II.** *vr* **-rsi** sich schichten

stratificazione [stratifikat'tsioːne] *f* Schichtung *f;* GEOL Stratifikation *f*

stratiforme [strati'forme] *agg* schichtförmig, in Schichten

strato ['straːto] *m* ① *(gener, fig)* GEOL, BIOL Schicht *f;* **a -i** in Schichten, schichtweise ② METEO Schichtwolke *f,* Stratus[wolke *f*] *m*

stratocrazia [stratokra'tsiːa] *f* Militärherrschaft *f,* Militärdiktatur *f*

stratofortezza [stratofor'tettsa] *f* MIL Stratosphärenfighter *m*

stratoliner [strætə'lainə] <-> *m* AERO Stratosphärenjet *m*

stratosfera [stratos'fɛːra] *f* Stratosphäre *f*

stratosferico, **-a** [stratos'fɛːriko] <-ci, -che> *agg* ① METEO stratosphärisch, Stratosphären- ② *(fig)* astronomisch

strattonare [stratto'naːre] *vt* einen Stoß versetzen (**qu** jdm); SPORT fest halten, behindern

strattonata [stratto'naːta] *f* Stoß *m;* **dare una ~** einen Stoß versetzen

strattone [strat'toːne] *m* Ruck *m*

stravaccarsi [stravak'karsi] *vr (fam)* sich hinlümmeln, sich hinfläzen

stravaccato, **-a** [stravak'kaːto] *agg* hingelümmelt, hingeflegelt

stravagante [strava'gante] **I.** *agg* extravagant, exzentrisch **II.** *mf* Exzentriker(in) *m(f)*

stravaganza [strava'gantsa] *f* Extravaganz *f*

stravecchio, **-a** [stra'vɛkkio] <-cchi, -cchie> *agg* uralt; GASTR gut abgelagert; *(vino)* alt

S

stravedere [strave'de:re] <irr> *vi* **~ per qu** jdn blind lieben
stravincere [stra'vintʃere] <irr> *vt* restlos besiegen
stravisto *pp di* **stravedere**
straviziare [stravit'tsia:re] *vt* furchtbar verwöhnen
stravizio [stra'vittsio] *m* Laster *nt,* Ausschweifung *f*
stravolgere [stra'vɔldʒere] <irr> *vt* ① *(fig: persone)* [stark] verwirren, [völlig] durcheinanderbringen; *(fatti)* verdrehen ② *(volto)* verzerren, entstellen
stravolgimento [stravoldʒi'mento] *m* Verdrehung *f;* **uno ~ della situazione** eine Umkehrung der Situation
stravolto, -a [stra'vɔlto] *agg* verdreht, umgekehrt
straziante [strat'tsiante] *agg* entsetzlich, schrecklich; *(grida)* herzzerreißend
straziare [strat'tsia:re] *vt* ① *(maltrattare)* quälen, misshandeln ② *(fig: affliggere)* peinigen, quälen
strazio ['strattsio] <-i> *m* Qual *f,* Pein *f;* **che ~!** *(fam)* wie nervend!
streaking ['stri:kiŋ] <-> *m* Streaking *nt,* Flitzen *nt*
streaming [stri:miŋ] <-> *m* INET Livestream *m,* Streaming *nt;* **guardare un video in ~** sich *dat* ein Video per Livestream [*o* Streaming] ansehen
strega ['stre:ga] <-ghe> *f* Hexe *f;* **caccia alle -ghe** Hexenjagd *f*
stregare [stre'ga:re] *vt (a. fig)* verhexen
stregone [stre'go:ne] *m* ① *(mago)* Magier *m,* Hexenmeister *m* ② *(presso i popoli primitivi)* Medizinmann *m*
stregoneria [stregone'ri:a] <-ie> *f* Hexerei *f,* Magie *f*
stregua ['stre:gua] *f* **alla ~ di** gleich wie, nach dem gleichen Maßstab wie
stremare [stre'ma:re] *vt* [völlig] erschöpfen
stremo ['strɛ:mo] *m* Ende *nt,* Äußerste(s) *nt;* **essere allo ~ delle [proprie] forze** am Rand seiner Kraft sein
strenna ['strɛnna] *f* Geschenk *nt*
strenuo, -a ['strɛ:nuo] *agg* ① *(difesa)* tapfer ② *(lavoratore)* unermüdlich, wacker
strepitare [strepi'ta:re] *vi* ① *(parlare forte)* schreien, brüllen ② *(produrre rumori)* Krach machen
strepitio [strepi'ti:o] <-ii> *m,* **strepito** ['strɛ:pito] *m* Lärm *m,* Krach *m*
strepitoso, -a [strepi'to:so] *agg* ① *(rumoroso)* lärmend, dröhnend; *(applausi)* tosend ② *(fig: successo)* glänzend, großartig
stress [stres] <-> *m* Stress *m;* **essere sotto ~** im Stress sein
stressante [stres'sante] *agg* stressig
stressare [stres'sa:re] *vt* stressen
stressato, -a [stres'sa:to] *agg* gestresst
stretch [stretʃ] *agg inv* Stretch-; **pantaloni ~** Stretchhosen *f pl*
stretching ['stretʃiŋ] <-> *m* SPORT Stretching *nt,* Dehnen *nt*
stretta ['stretta] *f* ① *(pressione)* Druck *m;* **~ di mano** Händedruck *m* ② *(fig: turbamento)* Beklemmung *f* ③ *(situazione difficile)* Klemme *f;* **essere alle -e** in der Klemme sitzen; **mettere qu alle -e** jdn in die Enge treiben
strettezza [stret'tettsa] *f* ① *(dimensione scarsa)* Enge *f* ② *pl (povertà)* Armut *f*
stretto ['stretto] *m* Meerenge *f*
stretto, -a I. *pp di* **stringere II.** *agg* ① *(tavolo, strada)* schmal ② *(vestito)* eng, knapp ③ *(serrato)* eng, fest ④ *(parenti)* nah[e]; *(amico)* eng ⑤ *(osservanza, disciplina)* streng, strikt
strettoia [stret'to:ia] <-oie> *f* ① *(di strada)* Engstelle *f* ② *(fig)* Klemme *f*
striare [stri'a:re] *vt* streifen
striato, -a [stri'a:to] *agg* gestreift
striatura [stria'tu:ra] *f* Streifung *f*
stricnina [strik'ni:na] *f* Strychnin *nt*
stridente [stri'dɛnte] *agg* beißend, schreiend; *(contrasto)* krass; *(colori)* grell
stridere ['stri:dere] <strido, stridei *o* stridetti, *rar:* striduto> *vi* ① ZOO kreischen; *(cicale)* zirpen ② *(persona)* kreischen ③ *(porta, freni)* quietschen; *(fiamma)* knistern; *(oggetto caldo nell'acqua)* zischen; *(vento)* heulen ④ *(fig: essere in contrasto)* **~ con qc** sich mit etw nicht vertragen; **quei colori stridono fra loro** die Farben beißen sich
stridio [stri'di:o] <-ii> *m* Kreischen *nt,* Quietschen *nt*
strido ['stri:do] <-a *f* o -i *m*> *m* [spitzer] Schrei *m,* Kreischen *nt*
stridore [stri'do:re] *m* Quietschen *nt,* Kreischen *nt*
stridulo, -a ['stri:dulo] *agg* schrill, kreischend; *(cicale)* zirpend
striglia ['striʎʎa] <-glie> *f* Striegel *m*
strigliare [striʎ'ʎa:re] *vt* striegeln
strigliata [striʎ'ʎa:ta] *f* ① *(fig)* Schelte *f,* [harte] Kritik *f* ② *(passata di striglia)* Striegeln *nt*
strillare [stril'la:re] **I.** *vi* schreien, brüllen **II.** *vt* ① *(parlare forte)* schreien, brüllen ② *(fam)* ausschimpfen
strillata [stril'la:ta] *f* Geschrei *nt*
strillo ['strillo] *m* Schrei *m*
strillone, -a [stril'lo:ne] *m, f* Zeitungsverkäufer(in) *m(f)*
striminzito, -a [strimin'tsi:to] *agg* ① *(ve-*

stito) knapp [geschnitten] ② *(persona)* dürr, mager

strimpellare [strimpel'la:re] *vt (fam)* klimpern auf +*dat*

strinata [stri'na:ta] *f* Absengung *f,* Versengung *f*

stringa ['striŋga] <-ghe> *f* ① *(delle scarpe)* Schnürsenkel *m* ② INFORM String *m,* Zeichenfolge *f*

stringare [striŋ'ga:re] *vt* kurz fassen, knapp halten

stringato, **-a** [striŋ'ga:to] *agg* kurz, knapp

stringere ['strindʒere] <stringo, strinsi, stretto> **I.** *vt* ① *(serrare)* [zu]drücken, schließen; *(tenere stretto)* fest halten, fest an sich drücken; **~ la mano a qu** jdm die Hand drücken; **~ qu fra le braccia** jdn in die Arme schließen ② *(tenaglie, due cose)* zusammendrücken; *(vite)* anziehen ③ *(denti)* zusammenbeißen; *(labbra)* zusammenkneifen, zusammenpressen; *(pugni)* ballen ④ *(alleanza, amicizia)* schließen ⑤ MOT *(curva)* [an]schneiden ⑥ *(vestito)* enger machen ⑦ *(fig: riassumere)* straffen, kurz fassen; **stringi stringi** letzten Endes, schließlich **II.** *vr* **-rsi** ① *(avvicinarsi)* sich [zusammen]drängen ② *(fig)* sich zusammenziehen; **-rsi nelle spalle** die Schultern zucken

stripper ['strippə] <-> *mf* Stripper(in) *m(f)*

stripping ['strippiŋ] <-> *m* FIN Stripping *nt*

striptease [strip'ti:z] <-> *m* Striptease *m o nt*

striscia ['striʃʃa] <-sce> *f* ① *(di stoffa, carta etc)* Streifen *m;* **a -sce** gestreift ② *pl* **-sce** [**pedonali**] Zebrastreifen *m*

strisciante [striʃ'ʃante] *agg* ① ZOO kriechend, Kriech- ② *(fig, pej)* kriecherisch ③ *(inflazione)* schleichend

strisciare [striʃ'ʃa:re] **I.** *vi* ① ZOO kriechen; *(serpente)* sich schlängeln ② *(passare rasente)* streifen, schleifen **II.** *vt* ① *(piedi)* schleifen [lassen] ② *(sfiorare)* streifen **III.** *vr* **-rsi** ① *(sfregarsi)* **-rsi a** [*o* **contro**] **qc** sich an etw *dat* reiben ② *(fig)* **-rsi a qu** jdn umschmeicheln

strisciata [striʃ'ʃa:ta] *f* ① *(lo strisciare)* Streifen *nt,* Schleifen *nt;* ZOO Kriechen *nt* ② *(segno)* Streifen *m,* Schleifspur *f*

striscio ['striʃʃo] <-sci> *m* ① MED Abstrich *m* ② *(loc)* **colpire di ~** streifen

striscione [striʃ'ʃo:ne] *m* Spruchband *nt,* Reklameband *nt*

stritolamento [stritola'mento] *m* Zermalmung *f*

stritolare [strito'la:re] *vt* ① *(sassi)* zermalmen ② *(fig)* zunichtemachen

strizza¹ ['strittsa] *f (fam: paura)* Schiss *m*

strizza² <-> *m (scherz: psicanalista)* Seelenklempner(in) *m(f)*

strizzacervelli [strittsatʃer'vɛlli] <-> *mf (scherz: psicanalista)* Seelenklempner(in) *m(f)*

strizzare [strit'tsa:re] *vt (panni)* auswringen; *(limone)* [aus]pressen; **~ l'occhio a qu** jdm zuzwinkern

strofa ['strɔ:fa] <-> *f* Strophe *f*

strofinaccio [strofi'nattʃo] <-cci> *m* Wischtuch *nt,* Putztuch *nt*

strofinare [strofi'na:re] **I.** *vt (tavolo, argenteria)* abreiben, polieren; *(pavimento)* scheuern; **-rsi gli occhi/le mani** sich die Augen/Hände reiben **II.** *vr* **-rsi** [vorbei]streifen, entlangstreichen

strombazzare [strombat'tsa:re] **I.** *vt* ausposaunen, herausschreien **II.** *vi* [mehrmals] hupen

stroncare [stroŋ'ka:re] *vt* ① *(ramo)* abreißen, abbrechen ② *(fig: interrompere)* unterbinden, unterdrücken ③ *(fig: criticando)* verreißen

stroncatura [stroŋka'tu:ra] *f* Verriss *m*

stronza *f v.* **stronzo**

stronzata [stron'tsa:ta] *f (vulg)* Scheiß *m fig,* Mist *m fig fam*

stronzio ['strontsio] *m* Strontium *nt*

stronzo ['strontso] *m (escremento)* Scheiße *f*

stronzo, **-a** *m, f (vulg)* Arschloch *nt*

stropicciare [stropit'tʃa:re] *vt* ① *(mano, braccio)* reiben ② *(vestito)* zerknautschen, zerknittern

strozzamento [strottsa'mento] *m* ① MED Einklemmen *nt* ② *(uccisione)* Erwürgen *nt,* Erdrosseln *nt*

strozzare [strot'tsa:re] **I.** *vt* ① *(uccidere)* erwürgen, erdrosseln ② *(tubo, condotto)* abklemmen, einklemmen **II.** *vr* **-rsi** keine Luft mehr bekommen; *(morire)* erwürgt werden

strozzascotte [strottsas'kɔtte] <-> *m* NAUT Schotklammer *f*

strozzato, **-a** [strot'tsa:to] *agg* ① MED eingeklemmt ② *(grido)* unterdrückt

strozzatura [strottsa'tu:ra] *f* ① *(di tubo)* Abklemmen *nt,* Einklemmen *nt* ② *(di valle)* Verengung *f,* Engpass *m*

strozzina *f v.* **strozzino**

strozzinaggio [strottsi'naddʒo] <-ggi> *m* Wucher *m*

strozzino, **-a** [strot'tsi:no] *m, f* Wucherer *m*/Wucherin *f,* Halsabschneider(in) *m(f)*

struccante [struk'kante] *m* Abschminkcreme *f,* Abschminklotion *f*

struccare [struk'ka:re] **I.** *vt* abschminken **II.** *vr* **-rsi** sich abschminken

strudel ['stru:del] <-> *m* GASTR Strudel *m*

struggere ['struddʒere] <struggo, strussi, strutto> **I.** *vt (fig)* verzehren, auszehren **II.** *vr* **-rsi di** [*o* **per**] **qc** *(fig)* vor etw *dat* vergehen; **-rsi d'amore per qu** sich in Liebe zu jdm verzehren

struggimento [struddʒi'mento] *m* Verzehren *nt,* Vergehen *nt*

strumentale [strumen'ta:le] *agg* instrumental, Instrumental-

strumentalizzare [strumentalid'dza:re] *vt* zum Mittel machen

strumentare [strumen'ta:re] *vt* instrumentieren

strumentazione [strumentat'tsio:ne] *f* ① MUS Instrumentierung *f* ② TEC Instrumentenausrüstung *f*

strumentista [strumen'tista] <-i *m,* -e *f*> *mf* Instrumentalist(in) *m(f)*

strumento [stru'mento] *m* ① MUS Instrument *nt;* **-i a corda** Saiteninstrumente *ntpl;* **-i a fiato** Blasinstrumente *ntpl;* **-i a percussione** Schlaginstrumente *ntpl* ② TEC Instrument *nt,* Gerät *nt; (arnese)* Werkzeug *nt;* **-i di precisione** Präzisionsinstrumente *ntpl* ③ *(fig: mezzo)* Mittel *nt,* Werkzeug *nt* ④ JUR Urkunde *f*

strusciare [struʃ'ʃa:re] **I.** *vt* reiben **II.** *vr* **-rsi** sich reiben

strussi ['strussi] *1. pers sing pass rem di* **struggere**

strutto[1] ['strutto] *pp di* **struggere**

strutto[2] *m* [Schweine]schmalz *nt*

struttura [strut'tu:ra] *f* ① *(gener)* Struktur *f,* Aufbau *m* ② ARCH **~ portante** Traggerüst *nt* ③ *gener al pl* Einrichtung *f;* **-e private** soziale Einrichtungen; **-e pubbliche** öffentliche Einrichtungen

strutturale [struttu'ra:le] *agg* strukturell, Struktur-

strutturare [struttu'ra:re] *vt* strukturieren

struzzo ['struttso] *m* Strauß *m;* **fare la politica dello ~** [eine] Vogel-Strauß-Politik betreiben

stuccare [stuk'ka:re] *vt* kitten, spachteln

stucchevole [stuk'ke:vole] *agg* ① *(cibo)* füllend, stopfend ② *(fig: nauseante)* widerlich; *(noioso)* langweilig

stucco ['stukko] <-cchi> *m* ① *(malta)* Kitt *m* ② *(ornamento)* Stuck *m;* **rimanere di ~** *(fig)* verblüfft dastehen, wie vom Donner gerührt sein

studente, -essa [stu'dɛnte, studen'tessa] *m, f* Lernende(r) *f(m); (di scuola)* Schüler(in) *m(f); (~ universitario)* Student(in) *m(f)*

studentesco, -a [studen'tesko] <-schi, -sche> *agg* studentisch, Studenten-

studentessa *f v.* **studente**

studiacchiare [studiak'kia:re] *vt (fam)* herumstudieren

studiare [stu'dia:re] **I.** *vt* ① *(per imparare qc)* lernen; *(all'università)* studieren; **~ al liceo/all'università** aufs Gymnasium gehen/[an der Universität] studieren ② *(esaminare)* studieren; *(indagare)* untersuchen; *(osservare)* beobachten ③ *(fam)* austüfteln ④ *(parole, mosse)* einstudieren **II.** *vr* **-rsi** sich beobachten

studio ['stu:dio] <-i> *m* ① *(lo studiare)* Lernen *nt;* **borsa di ~** Stipendium *nt;* **provveditorato agli -i** Schulamt *nt;* **provveditore agli -i** Schulrat *m* ② *gener al pl (all'università)* Studium *nt* ③ *(saggio)* Studie *f* ④ *(progetto)* Plan *m,* Planung *f,* Projekt *nt* ⑤ *(stanza)* Arbeitszimmer *nt; (di professionista)* Praxis *f,* Büro *nt; (di artista)* Atelier *nt;* **~ legale** Anwaltspraxis *f,* -kanzlei *f* ⑥ FILM, TV, RADIO Studio *nt*

studios ['stju:dious] *mpl* FILM Studios *ntpl,* Filmstudios *ntpl*

studioso, -a [stu'dio:so] **I.** *agg* fleißig **II.** *m, f* Wissenschaftler(in) *m(f),* Forscher(in) *m(f)*

stufa ['stu:fa] *f* Ofen *m*

stufare [stu'fa:re] **I.** *vt* ① GASTR schmoren ② *(fig fam)* langweilen, anöden **II.** *vr* **-rsi di qu/qc** *(fam)* jdn/etw leid werden

stufato [stu'fa:to] *m* Schmorbraten *m*

stufo, -a ['stu:fo] *agg (fam)* **essere ~ di qu/qc** jdn/etw satthaben

Stuka ['ʃtu:ka] <-> *m* MIL Stuka *m,* Sturzkampfflugzeug *nt*

stunt car ['stʌnt ka:] <-> *m* FILM Stuntauto *nt*

stuntman ['stʌntmən] <-> *m* Stuntman *m*

stuoia ['stuɔ:ia] <-oie> *f* Matte *f,* Geflecht *nt*

stuolo ['stuɔ:lo] *m* Schar *f,* Menge *f*

stupefacente [stupefa'tʃɛnte] **I.** *agg* ① *(sorprendente)* erstaunlich, verblüffend ② MED Drogen-, Rausch-; **abuso di sostanze -i** Drogenmissbrauch *m* **II.** *m* Rauschgift *nt,* Rauschmittel *nt*

stupefare [stupe'fa:re] <irr> *vt* erstaunen, verblüffen

stupendo, -a [stu'pɛndo] *agg* fantastisch, wunderbar

stupida *f v.* **stupido**

stupidaggine [stupi'daddʒine] *f* Dummheit *f*

stupidità [stupidi'ta] <-> *f* Dummheit *f*

stupido, -a ['stu:pido] **I.** *agg* dumm, blöd[e] **II.** *m, f* Dummkopf *m*

stupire [stu'pi:re] <stupisco> **I.** *vt avere* [ver]wundern, erstaunen **II.** *vr* **-rsi** sich wundern, staunen

stupore [stu'po:re] *m* Staunen *nt*

stupratore [stupra'to:re] *m* Vergewaltiger *m*
stupro ['stu:pro] *m* Vergewaltigung *f*
sturare [stu'ra:re] **I.** *vt* ① *(bottiglia)* entkorken ② *(lavandino)* frei machen, die Verstopfung beseitigen in +*dat* **II.** *vr* **-rsi** freiwerden
stuzzicadenti [stuttsika'dɛnti] <-> *m* Zahnstocher *m*
stuzzicare [stuttsi'ka:re] *vt* ① *(molestare)* reizen, ärgern ② *(stimolare)* reizen; *(appetito)* anregen
styling ['stailiŋ] <-> *m* Styling *nt*
stylist ['stailist] <-> *mf* Stylist(in) *m(f)*
su [su] <sul, sullo, sull', sulla, sui, sugli, sulle> **I.** *prep* ① *(con contatto: stato)* auf +*dat; (moto)* auf +*akk;* **sul lago/mare** am See/Meer; **Parigi è sulla Senna** Paris liegt an der Seine ② *(senza contatto: stato)* über +*dat; (moto)* über +*akk;* **commettere errori ~ errori** *(fig)* Fehler über Fehler machen; **giurare ~ qc/qu** *(fig)* auf etw/jdn schwören ③ *(di mezzi di trasporto: stato)* in +*dat; (moto)* in +*akk* ④ *(contro, verso)* auf +*akk* ⑤ *(complemento d'argomento)* über +*akk* ⑥ *(complemento di modo)* auf +*akk,* nach +*dat;* **~ misura** nach Maß, Maß-; **~ ordinazione** auf Bestellung; **sull'esempio di** nach dem Beispiel von ⑦ *(circa)* um +*akk,* etwa, ungefähr; *(di tempo)* gegen +*akk;* **sul momento ho reagito male** in dem Moment habe ich falsch reagiert; **un uomo sulla sessantina** ein Mann um die sechzig ⑧ *(di, fra)* von +*dat,* unter +*dat;* **sette volte ~ dieci** sieben von zehn Mal **II.** *avv (in alto)* oben; *(verso l'alto)* nach oben, hinauf, aufwärts; **andare ~ e giù** auf und ab gehen; **non andare né ~ né giù** *(a. fig)* schwer im Magen liegen; **~ per giù** mehr oder weniger, ungefähr; **pensarci ~** *(fam)* darüber nachdenken; **metter ~ casa** einen eigenen Hausstand gründen; **dai cento euro in ~** von hundert Euro [an] aufwärts; **~ le mani!** Hände hoch!; **~ con la vita!** Kopf hoch! **III.** *int* los, auf; **~ ragazzi, muoviamoci!** auf Jungs, lasst uns gehen!; **~ ~** auf, auf!
suadente [sua'dɛnte] *agg* verlockend, schmeichelnd
sub [sub] <-> *mf* Taucher(in) *m(f);* **fare il ~** tauchen
sub- [sub] *(in parole composte)* Sub-, sub-
subacqueo, -a [sub'akkueo] **I.** *agg* Unterwasser-, Tauch- **II.** *m, f* Taucher(in) *m(f)*
subaereo [suba'ɛ:reo] *agg* überirdisch
subaffittare [subaffit'ta:re] *vt* untervermieten
subaffitto [subaf'fitto] *m* Untermiete *f*
subaffittuario, -a [subaffittu'a:rio] <-ri, -rie> *m, f* Untermieter(in) *m(f)*
subagenzia [subadʒen'tsi:a] *f* ① COM Zweigniederlassung *f,* Filiale *f,* Unteragentur *f,* Untervertretung *f* ② JUR Untervertretungsvertrag *m,* Geschäftsbesorgungsvertrag *m*
subalpino, -a [subal'pi:no] *agg* subalpin
subalterno, -a [subal'tɛrno] **I.** *agg* subaltern, untergeordnet **II.** *m, f (dipendente)* Untergeordnete(r) *f(m),* Subalterne(r) *f(m)*
subappaltante [subappal'tante] **I.** *agg* [Aufträge] weitervergebend [*o* weitervermittelnd] **II.** *mf* [Aufträge] weitervergebende Person [*o* Firma]
subappaltatore, -trice [subappalta'to:re] *m, f* Subunternehmer(in) *m(f)*
subappalto [subap'palto] *m* Unterpacht *f,* Untervergabe *f,* Weitervergabe *f*
subatlantico, -a [suba'tlantiko] <-ci, -che> *agg* GEOG subatlantisch
subatomico, -a [suba'tɔ:miko] <-ci, -che> *agg* Elementar-
subbuglio [sub'buʎʎo] <-gli> *m* Aufruhr *m,* Aufregung *f*
subconscio [sub'konʃo] *m* Unterbewusstsein *nt*
subconscio, -a <-sci, -sce *o* -scie> *agg* unterbewusst
subcontraente [subkontra'ɛnte] JUR **I.** *mf* Nebenvertragsnehmer(in) *m(f),* Nebenvertragsunterzeichner(in) *m(f)* **II.** *agg* Nebenvertrags-, einen Nebenvertrag betreffend
subcontratto [subkon'tratto] *m* Nebenvertrag *m,* Untervertrag *m*
subcosciente [subkoʃ'ʃɛnte] *m* Unterbewusstsein *nt*
subdolo, -a ['subdolo] *agg* heimtückisch, hinterlistig
subentrare [suben'tra:re] *vi essere* ① *(succedere)* folgen, nachfolgen ② *(sostituire)* **~ a qu** jdn vertreten
subire [su'bi:re] <subisco> *vt* ① *(ingiuria, danni)* erleiden; *(conseguenza)* tragen ② *(sottoporsi a)* **~ un'operazione** sich einer Operation unterziehen
subissare [subis'sa:re] *vt* **~ qu di qc** *(fig)* jdn mit etw überhäufen
subitaneo, -a [subi'ta:neo] *agg* plötzlich, jäh
subito ['su:bito] *avv* ① *(immediatamente)* sofort, unmittelbar ② *(in un attimo)* sofort, gleich
sublimare [subli'ma:re] **I.** *vt* sublimieren **II.** *vi* sublimieren
sublimazione [sublimat'tsio:ne] *f* Sublimation *f,* Sublimierung *f*
sublime [sub'li:me] **I.** *agg* sublim, erhaben **II.** *m* Erhabene(s) *nt,* Sublime(s) *nt*

sublocazione [sublokat'tsio:ne] *f* Untervermietung *f,* Untermiete *f*
subnormale [subnor'ma:le] **I.** *agg* zurückgeblieben **II.** *mf* Zurückgebliebene(r) *f(m)*
subnormalità [subnormali'ta] <-> *f* Unterentwicklung *f,* Zurückgebliebenheit *f*
subodorare [subodo'ra:re] *vt* wittern, ahnen
suborbitale [suborbi'ta:le] *agg* suborbital
subordinare [subordi'na:re] *vt* **~ qc a qc** etw einer Sache *dat* unterordnen; *(far dipendere da)* etw von etw abhängig machen
subordinata [subordi'na:ta] *f* Nebensatz *m*
subordinato, -a [subordi'na:to] **I.** *agg* ❶ *(secondario)* untergeordnet; **~ a** abhängig von ❷ LING **proposizione -a** Nebensatz *m* **II.** *m, f* Abhängige(r) *f(m),* Untergeordnete(r) *f(m)*
subordinazione [subordinat'tsio:ne] *f* Abhängigkeit *f,* Unterordnung *f*
subplot ['sʌbplɔt] <-> *m* Nebenhandlung *f*
subroutine ['sʌbru'tin] <-> *f* INFORM Subroutine *f,* Unterprogramm *nt*
subsistema [subsis'tɛ:ma] <-i> *m* Subsystem *nt*
substrato [sub'stra:to] *(rar) v.* **sostrato**
subtotale [subto'ta:le] **I.** *m* COM Teilsumme *f,* Zwischensumme *f* **II.** *agg* MED subtotal; **intervento ~** subtotaler Eingriff
subtropicale [subtropi'ka:le] *agg* subtropisch
suburbano, -a [subur'ba:no] *agg* Vorstadt-, Vorort-
succedaneo [suttʃe'da:neo] *m* Ersatz *m*
succedaneo, -a *agg* Ersatz-
succedere [sut'tʃɛ:dere] <succedo, successi *o* succedetti, successo> **I.** *vi essere* ❶ *(prendere il posto di)* **~ a qu** jdm [nach]folgen, auf jdn folgen ❷ *(venir dopo)* **~ a qc** auf etw *akk* folgen ❸ *(avvenire)* geschehen, passieren; **cosa ti succede?** was ist mit dir los?; **sono cose che succedono** so etwas passiert [eben] **II.** *vr* **-rsi** [aufeinander]folgen
succeditrice *f v.* **successore**
successi [sut'tʃɛssi] *1. pers sing pass rem di* **succedere**
successione [suttʃes'sio:ne] *f* ❶ JUR [Nach]folge *f;* **diritti di ~** Nachfolgerechte *nt pl* ❷ *(serie)* Folge *f,* Abfolge *f;* **~ al trono** Thronfolge *f*
successivo, -a [suttʃes'si:vo] *agg* [nach]folgend, Folge-
successo[1] [stu'tʃɛsso] *pp di* **succedere**
successo[2] *m* Erfolg *m; (accoglienza favorevole)* Anklang *m;* **un film di ~** ein erfolgreicher Film
successore, succeditrice [suttʃes'so:re, suttʃedi'tri:tʃe] *m, f* Nachfolger(in) *m(f)*
succhiare [suk'kia:re] *vt (latte)* saugen; *(caramella, dito)* lutschen; **-rsi il dito** [am] Daumen lutschen
succhiello [suk'kiɛllo] *m* Nagelbohrer *m*
succhieruola [sukkieru'ɔ:la] *f* Saugkorb *m*
succhio ['sukkio] <-cchi> *m* Lutschen *nt,* Saugen *nt*
succhiotto [suk'kiɔtto] *m* ❶ *(per bambini)* Schnuller *m* ❷ *(fam: traccia di bacio)* Knutschfleck *m*
succinto, -a [sut'tʃinto] *agg* ❶ *(vestito)* knapp; *(scollato)* weit ausgeschnitten ❷ *(persona)* leicht bekleidet ❸ *(resoconto)* kurz, bündig
succo ['sukko] <-cchi> *m* ❶ *(di frutta)* Saft *m* ❷ ANAT Saft *m,* Sekret *nt,* Flüssigkeit *f* ❸ *(fig)* Kern *m,* Gehalt *m*
succoso, -a [suk'ko:so] *agg* ❶ *(frutta)* saftig ❷ *(fig)* gehaltvoll
succube ['sukkube] **I.** *agg* **essere ~ di qu** jdm unterworfen sein **II.** *mf* Hörige(r) *f(m)*
succulento, -a [sukku'lɛnto] *agg* köstlich
succursale [sukkur'sa:le] *f* Filiale *f,* Zweigstelle *f*
sud [sud] <-> *m* Süden *m;* **Mare del Sud** Südsee *f;* **Polo Sud** Südpol *m;* **a ~ di** südlich von
Sudafrica [su'da:frika] *m* Südafrika *nt*
sudare [su'da:re] **I.** *vi* schwitzen **II.** *vt* ❶ *(trasudare)* [aus]schwitzen; **~ sangue** *(fig)* Blut schwitzen ❷ *(fig: pane)* im Schweiße seines Angesichts verdienen
sudario [su'da:rio] <-i> *m* ❶ REL Schweißtuch *nt* ❷ HIST *(per morti)* Leichentuch *nt*
sudata [su'da:ta] *f* ❶ *(il sudare)* Schwitzen *nt* ❷ *(fatica)* Anstrengung *f,* Mühe *f*
sudaticcio, -a [suda'tittʃo] <-cci, -cce> *agg* schweißnass, verschwitzt
sudato, -a [su'da:to] *agg* ❶ *(gener)* verschwitzt, nassgeschwitzt; **~ fradicio** schweißtriefend ❷ *(fig)* im Schweiße seines Angesichts verdient
suddetto, -a [sud'detto] *agg* oben erwähnt [*o* genannt], besagt
suddita *f v.* **suddito**
sudditanza [suddi'tantsa] *f* Untertänigkeit *f,* Abhängigkeit *f*
suddito, -a ['suddito] *m, f* Untertan(in) *m(f)*
suddividere [suddi'vi:dere] <irr> *vt* unterteilen
suddivisione [suddivi'zio:ne] *f* Unterteilung *f*
sudest [su'dɛst] *m* Südosten *m*

sudiceria [suditʃe'riːa] <-ie> *f* Dreckigkeit *f,* Schmutzigkeit *f; (fig)* Schweinerei *f*

sudicio ['suːditʃo] *m* Dreck *m*

sudicio, -a <-ci, -ce *o* -cie> *agg* ① *(mani, vestito, luogo)* schmutzig, dreckig ② *(fig, pej)* schmutzig, unanständig

sudicione, -a [sudi'tʃoːne] *m, f* Schmutzfink *m,* Dreckspatz *m fam*

sudiciume [sudi'tʃuːme] *m (a. fig)* Schweinerei *f*

sudista [su'dista] <-i *m,* -e *f*> *mf* HIST Südstaatler(in) *m(f),* Konföderalist(in) *m(f)*

sudoccidentale [sudottʃiden'taːle] *agg* südwestlich, Südwest-; **l'Europa ~** Südwesteuropa *nt*

sudorazione [sudorat'tsioːne] *f* Schwitzen *nt*

sudore [su'doːre] *m* Schweiß *m;* **essere in un bagno di ~** in Schweiß gebadet sein; **guadagnarsi il pane col ~ della fronte** sich sein Brot im Schweiße seines Angesichts verdienen

sudorientale [sudorien'taːle] *agg* südöstlich, Südost-; **la Germania ~** Südostdeutschland *nt*

sudovest [su'dɔːvest] *m* Südwesten *m*

suesposto, -a [sues'posto] *agg (form)* oben angeführt, oben dargelegt

Suevia [su'ɛːvia] *f* Schwaben *nt*

sufficiente [suffi'tʃɛnte] **I.** *agg* ① *(che basta)* genügend, ausreichend ② *(fig, pej)* süffisant, überheblich **II.** *m* Notwendige(s) *nt,* Auskommen *nt*

sufficientemente [suffitʃente'mente] *avv* genug, genügend

sufficienza [suffi'tʃɛntsa] *f* ① *(l'essere sufficiente)* Hinlänglichkeit *f,* Genüge *f;* **a ~** zur Genüge ② *(votazione)* Ausreichend *nt;* **prendere la ~** ein Ausreichend bekommen ③ *(fig, pej)* Süffisanz *f,* Überheblichkeit *f*

suffisso [suf'fisso] *m* Suffix *nt*

suffragetta [suffra'dʒetta] *f (scherz)* Emanze *f*

suffragio [suf'fraːdʒo] <-gi> *m* ① JUR Wahlrecht *nt,* Stimmrecht *nt* ② REL Fürbitte *f*

suffragista [suffra'dʒista] <-i *m,* -e *f*> *mf* Frauenrechtler(in) *m(f)*

suffumigio [suffu'miːdʒo] <-gi> *m* Inhalation *f*

suggellare [suddʒel'laːre] *vt (fig)* besiegeln

suggerimento [suddʒeri'mento] *m* Rat[schlag] *m,* Empfehlung *f*

suggerire [suddʒe'riːre] <suggerisco> *vt* ① *(risposta)* einflüstern, suggerieren ② THEAT soufflieren ③ *(a scuola)* vorsagen ④ *(consigliare)* raten, empfehlen

suggeritore, -trice [suddʒeri'toːre] *m, f* Souffleur *m*/Souffleuse *f*

suggestionare [suddʒestio'naːre] **I.** *vt* beeinflussen **II.** *vr* **-rsi** sich beeinflussen lassen

suggestione [suddʒes'tioːne] *f* ① PSIC Suggestion *f* ② *(fig)* [tiefer] Eindruck *m,* Faszination *f*

suggestivo, -a [suddʒes'tiːvo] *agg* ① *(fig)* beeindruckend, faszinierend ② *(domanda)* Suggestiv-

sughero ['suːgero] *m* ① BOT Korkeiche *f* ② *(oggetto, materiale)* Kork *m* ③ *(tappo)* Korken *m*

sugli ['suʎʎi] *prep* = **su + gli** *v.* **su**

sugna ['suɲɲa] *f* Schweinefett *nt*

sugo ['suːgo] <-ghi> *m* ① *(succo)* Saft *m* ② *(salsa)* Sauce *f,* Soße *f;* **~ di pomodoro** Tomatensoße *f* ③ *(fig)* Gehalt *m,* Substanz *f*

sugosità [sugosi'ta] <-> *f* Saftigkeit *f*

sugoso, -a [su'goːso] *agg* saftig

sui ['suːi] *prep* = **su + i** *v.* **su**

suicida [sui'tʃiːda] <-i *m,* -e *f*> **I.** *mf* Selbstmörder(in) *m(f)* **II.** *agg* selbstmörderisch, Selbstmörder-

suicidarsi [suitʃi'darsi] *vr* Selbstmord begehen, sich *dat* das Leben nehmen

suicidio [sui'tʃiːdio] <-i> *m* Selbstmord *m*

suinicoltura [suinikol'tuːra] *f* ZOO Schweinezucht *f*

suino [su'iːno] *m* Schwein *nt*

suino, -a *agg* Schweine-; **influenza -a** Schweinegrippe *f*

suite [sɥit] <-> *f* Suite *f*

sul [sul] *prep* = **su + il** *v.* **su**

sulfamidico, -a [sulfa'miːdiko] <-ci, -che> **I.** *agg* Sulfonamid- **II.** *m, f* Sulfonamid *nt*

sulfureo, -a [sul'fuːreo] *agg* Schwefel-, schwef[e]lig

sull' [sul], **sulla** ['sulla], **sulle** ['sulle], **sullo** ['sullo] *prep* = **su + l', la, le, lo** *v.* **su**

sultana *f v.* **sultano**

sultanina [sulta'niːna] *f* Sultanine *f*

sultano, -a [sul'taːno] *m, f* Sultan(in) *m(f)*

sumerologia [sumerolo'dʒiːa] *f* Sumerologie *f*

sumerologo, -a [sume'rɔːlogo] <-gi, -ghe> *m, f* Sumerologe *m*/Sumerologin *f*

SUNIA [su'niːa] *m acro di* **Sindacato Unitario Nazionale Inquilini e Assegnatari** *italienischer Mieterbund*

sunto ['sunto] *m* Abriss *m,* Zusammenfassung *f*

suo ['suːo] <suoi> *m* **il ~** das Seine [*o* Ihre]; **il Suo** *(forma di cortesia)* das Ihre

suo, -a <suoi, sue> **I.** *agg* ① *(di lui)* sein; *(di lei)* ihr; **la -a voce** seine [*o* ihre] Stimme; **~ padre/zio** sein [*o* ihr] Vater/Onkel;

un ~ amico ein Freund von ihm [*o* ihr]; **sono parole sue** das sind seine [*o* ihre] Worte; **ne ha fatta una delle sue** er/sie hat schon wieder etwas angestellt; **essere dalla -a** auf seiner/ihrer Seite stehen; **dire la -a** seine eigene Meinung sagen; **stare sulle sue** verschlossen sein ② *(forma di cortesia: Suo)* Ihr; **in seguito alla Sua pregiata del …** in Beantwortung Ihres freundlichen Schreibens vom … **II.** *pron pos* **il ~/la -a** *(di lui)* seiner/seine/sein[e]s; *(di lei)* ihrer/ihre/ihr[e]s; *(forma di cortesia: Suo)* Ihre(r, s); **i suoi** seine [*o* ihre] Eltern; **i Suoi** *(forma di cortesia)* Ihre Eltern

suocero, -a ['suɔːtʃero] *m, f* Schwiegervater *m*/-mutter *f;* **-i** Schwiegereltern *pl*

suoi ['suɔːi] *v.* **suo**

suola ['suɔːla] *f* Sohle *f*

suolare [suo'laːre] *v.* **solare**

suolificio [suoli'fiːtʃio] <-ci> *m* Schuhsohlenfabrik *f*

suolo ['suɔːlo] *m* Grund *m,* Boden *m,* Erde *f*

suonare [suo'naːre] **I.** *vt avere* ① MUS spielen ② *(orologio, campana)* schlagen; *(campanello)* läuten; **~ il clacson** hupen ③ *(fam: picchiare)* verhauen **II.** *vi essere o avere* ① *(campana)* läuten; *(telefono, sveglia)* klingeln; **sta sonando il campanello** es klingelt ② MUS spielen, musizieren ③ *(parole, frasi)* klingen ④ *(orologio)* schlagen, läuten

suonato, -a *agg (fam)* **essere ~** einen Knall haben

suonatore, -trice [sona'toːre] *m, f* Spieler(in) *m(f);* **e buonanotte -i!** Ende der Vorstellung!

suoneria [sone'riːa] <-ie> *f* Klingelton *m*

suono ['suɔːno] *m* ① *(gener)* Ton *m,* Klang *m* ② PHYS Schall *m* ③ LING Laut *m*

suora ['suɔːra] *f* Schwester *f,* Nonne *f*

super ['suːper] **I.** *agg inv* toll, ausgezeichnet, bärig A; **benzina ~** Superbenzin *nt* **II.** *mf* <-> *(il/la migliore)* der/die Beste

superabile [supe'raːbile] *agg* überwindbar, besiegbar

superabilità [superabili'ta] <-> *f* Überwindbarkeit *f,* Besiegbarkeit *f*

superaccessoriato, -a [superattʃesso'riaːto] *agg* mit allen Extras; **auto -a** Auto *nt* mit allen Extras

superaffollato, -a [superaffol'laːto] *agg* überfüllt

superalcolico [superal'kɔːliko] <-ci> *m* Spirituose *f,* hochprozentiges Getränk

superalcolico, -a <-ci, -che> *agg* hochprozentig; **bevanda -a** hochprozentiges Getränk

superalimentazione [superalimentat'tsioːne] *f* Überernährung *f*

superallenamento [superallena'mento] *m* Übertraining *nt,* übertriebenes Training

superamento [supera'mento] *m* Überwindung *f,* Überwinden *nt*

superare [supe'raːre] *vt* ① *(per dimensioni, qualità, quantità)* übertreffen; *(di numero)* übersteigen; **~ qu in qc** jdn an etw *dat* übertreffen ② MOT *(sorpassare)* überholen ③ *(fig: età, velocità)* überschreiten; *(prova, esame)* bestehen; *(malattia, pericolo)* überstehen; *(difficoltà, ostacolo, crisi)* überwinden

superato, -a [supe'raːto] *agg* überholt

superattico [super'attiko] <-ci> *m* Penthouse *nt,* elegante Dachwohnung

superattivo, -a [superat'tiːvo] *agg* sehr aktiv

superbia [su'pɛrbia] <-ie> *f* Hochmut *m,* Überheblichkeit *f*

superbo, -a [su'pɛrbo] *agg* ① *(pej)* hochmütig, überheblich ② *(orgoglioso)* **essere ~ di qu/qc** auf jdn/etw stolz sein ③ *(fig: grandioso)* großartig

superbollo [super'bollo] *m* Sondersteuer *f* für Dieselfahrzeuge

Super Bowl ['sjuːpə boul] <-> *m* SPORT Super Bowl *m*

superburocrate [superbu'rɔːkrate] *mf* Spitzenbeamte(r) *m*/-beamtin *f,* Spitzenbürokrat(in) *m(f)*

supercalcolatore [superkalkola'toːre] *m* INFORM Hochleistungsrechner *m*

supercarburante [superkarbu'rante] *m* Superbenzin *nt,* Super *nt*

supercarcere [super'kartʃere] *m (sl)* Hochsicherheitstrakt *m*

supercemento [supertʃe'mento] *m* schnellbindender Zement

supercentrifuga [supertʃen'triːfuga] *f* Ultrazentrifuge *f*

superclasse [super'klasse] *f* ZOO übergeordnete Klasse

superclorazione [superklorat'tsioːne] *f* Überchlorung *f,* Hochchlorung *f*

supercolosso [superko'lɔsso] *m* FILM Kolossalfilm *m*

supercomputer [superkom'pjuter] *m* Hochleistungsrechner *m*

superconduttività [superkonduttivi'ta] *f* Supraleitfähigkeit *f*

superconduttivo, -a [superkondut'tiːvo] *agg* supraleitfähig, Supraleiter-

superconduttore [superkondut'toːre] *m* Supraleiter *m*

superconduzione [superkondut'tsioːne] *f* Supraleitung *f*

superdecorato, -a [superdeko'raːto]

S

I. *agg* hoch dekoriert **II.** *m, f* hoch dekorierte Person
superdonna [super'dɔnna] *f (iron)* Superfrau *f*
superdotato, -a [superdo'ta:to] *agg* reich dotiert
Superenalotto [superena'lɔtto] <-> *m (concorso a premi) besondere Form einer staatlichen Lotterie*
superfamiglia [superfa'miʎʎa] *f* BIOL Großfamilie *f*
superficiale [superfi'tʃa:le] **I.** *agg* oberflächlich; *(strato)* Oberflächen- **II.** *mf* oberflächlicher Mensch
superficialità [superfitʃali'ta] <-> *f* Oberflächlichkeit *f*
superficie [super'fi:tʃe] <-ci> *f* Oberfläche *f;* MAT Fläche *f; (di acqua)* Spiegel *m;* **alla ~** an der Oberfläche; **in ~** *(fig)* oberflächlich
superficie-aria [super'fi:tʃe 'a:ria] *agg inv* MIL Boden-Luft-; **missile ~** Boden-Luft-Rakete *f*
superficie-superficie [super'fi:tʃe super'fi:tʃe] *agg inv* MIL Boden-Boden-; **missile ~** Boden-Boden-Rakete *f*
superfinitura [superfini'tu:ra] *f* Feinschliff *m,* Feinbearbeitung *f,* Feinschlichten *nt,* Superfinish *nt*
superfluidità [superfluidi'ta] <-> *f* Suprafluidität *f,* Superfluidität *f*
superfluido, -a [super'flu:ido] *agg* suprafüssig, superflüssig
superfluità [superflui'ta] <-> *f* Überflüssigkeit *f,* Überflüssiges *nt;* **fare a meno delle ~** ohne Überflüssiges auskommen
superfluo [su'pɛrfluo] *m* Überfluss *m*
superfluo, -a *agg* überflüssig
supergalassia [superga'lassia] *f* ASTR Milchstraßensystem *nt,* System *nt* von Galaxien
super-io [supe'ri:o] <-> *m* Über-Ich *nt*
superiora [supe'rio:ra] *f* Oberin *f;* **madre ~** [Schwester] Oberin *f*
superiore [supe'rio:re] **I.** *comparativo di* **alto, -a** **II.** *agg* ① *(di posizione,* ANAT obere(r, s), Ober- ② *(maggiore)* höher, größer; **~ alla media** überdurchschnittlich ③ *(più alto,* BOT, ZOO höher; **scuola media ~** höhere Schule ④ *(migliore)* besser **III.** *m* ① *(capo)* Vorgesetzte(r) *m* ② REL Superior *m*
superiorità [superiori'ta] <-> *f* Überlegenheit *f*
superlativo [superla'ti:vo] *m* LING Superlativ *m*
superlativo, -a *agg* ① *(gener)* höchste(r, s) ② *(fig)* großartig ③ LING **grado ~** Superlativ *m*
superlavoro [superla'vo:ro] *m* übermäßige Arbeit
superlega [super'le:ga] *f* Superlegierung *f,* Höchstleistungslegierung *f*
superleggero [superled'dʒɛ:ro] *m* SPORT Superleichtgewicht *nt*
superleggero, -a *agg* superleicht, Superleichtgewichts-; **categoria -a** Superleichtgewicht *nt*
supermarket ['sju:pəma:kit] <-> *m* Supermarkt *m*
supermassimo [super'massimo] *m* SPORT Superschwergewicht *nt*
supermassimo, -a *agg* superschwer, Superschwergewichts-; **pesi -i** Superschwergewicht *nt*
supermercato [supermer'ka:to] *m* Supermarkt *m*
superminimo [super'minimo] *m* Zuschlag *m* zum Mindestlohn
supermulta [super'multa] *f* hohes Bußgeld
supernazionale [supernattsio'na:le] *agg* übernational, überstaatlich, supranational; **potere ~** überstaatliche Macht
supernazionalità [supernattsionali'ta] *f* Überstaatlichkeit *f,* Supranationalität *f*
supernova [super'no:va] *f* ASTR Supernova *f*
superordine [super'ordine] *m* ZOO Unterklasse *f*
superottista [superot'tista] <-i *m,* -e *f*> *mf* FILM Super-8-Filmemacher(in) *m(f)*
superperito [superpe'ri:to] *m* Hauptgutachter(in) *m(f)*
superperizia [superpe'rittsi] *f* Hauptgutachten *nt*
superpiuma [super'piu:ma] *agg inv* SPORT Superfedergewichts-; **pesi ~** Superfedergewicht *nt*
superplasticità [superplastitʃi'ta] <-> *f* Superplastizität *f*
superpotenza [superpo'tɛntsa] *f* Supermacht *f*
superpotere [superpo'te:re] *m* übermenschliche Kraft [*o* Fähigkeit]
superprefetto [superpre'fɛtto] *m* Superpräfekt *m*
superprocura [superpro'ku:ra] *f nationale Anti-Mafia-Behörde*
superprocuratore [superprokura'to:re] *m Leiter der nationalen Anti-Mafia-Behörde*
superprofitto [superpro'fitto] *m* Mehrgewinn *m,* Übergewinn *m*
supersfida [super'sfi:da] *f* Spitzenduell *nt*
supersonico, -a [super'sɔ:niko] <-ci, -che> *agg* Überschall-
superstar ['sju:pəsta:] **I.** *mf* <-> Superstar *m* **II.** *agg inv* Superstar-, Star-

S

superstite [su'pɛrstite] **I.** *agg* ❶ *(persona)* überlebend ❷ *(cosa)* übrig [geblieben], restlich **II.** *mf* Überlebende(r) *f(m)*
superstizione [superstit'tsio:ne] *f* Aberglaube *m*
superstiziosità [superstittsiosi'ta] <-> *f* Abergläubigkeit *f*, Aberglaube *m*
superstizioso, -a [superstit'tsio:so] **I.** *agg* abergläubisch **II.** *m, f* abergläubischer Mensch
superstrada [super'stra:da] *f* Schnellstraße *f*
supertassa [super'tassa] *f* Mehrgebühr *f*, Zusatzsteuer *f*
superteste [super'tɛste] *mf*, **supertestimone** [supertesti'mɔ:ne] *mf* Hauptzeuge *m*/-zeugin *f*
superumano, -a [superu'ma:no] *agg* übermenschlich
superuomo [supe'ruɔ:mo] <-uomini> *m* ❶ *(iron)* Supermann *m* ❷ PHILOS Übermensch *m*
supervalutare [supervalu'ta:re] *vt* zu hoch schätzen, überschätzen
supervalutazione [supervalutat'tsio:ne] *f* Überschätzung *f*; ~ **dell'usato** zu hohe Schätzung von Gebrauchtwagen
supervisionare [supervisio'na:re] *vt* beaufsichtigen, die Oberaufsicht führen
supervisione [supervi'zio:ne] *f* Oberaufsicht *f*; FILM [künstlerische] Leitung *f*
supervisore, -a [supervi'zo:re] *m, f* künstlerische(r) Leiter(in) *m(f)*
supino, -a [su'pi:no] *agg* auf dem Rücken, rücklings
suppellettile [suppel'lɛttile] *f* ❶ *(arredamento)* Einrichtungsgegenstand *m*; **-i di casa** Hausrat *m* ❷ *(in archeologia)* Gegenstand *m*, Gerät *nt*
suppergiù [supper'dʒu] *avv (fam)* mehr oder weniger, ungefähr
suppl. *abbr di* **supplemento** Suppl. *(Ergänzungsband)*
supplementare [supplemen'ta:re] *agg* zusätzlich; *(numero, rivista)* Supplement-, Ergänzungs-; MAT Supplement-; **tempi -i** SPORT Verlängerung *f*
supplemento [supple'mento] *m* ❶ *(a libro, vocabolario)* Supplement *nt*, Ergänzungsband *m*; *(giornale)* Beilage *f* ❷ FERR Zuschlag *m*; ~ **rapido** Schnellzugzuschlag *m*
supplente [sup'plɛnte] **I.** *agg* [stell]vertretend **II.** *mf* [Stell]vertreter(in) *m(f)*
supplenza [sup'plɛntsa] *f* Vertretung *f*
suppletivo, -a [supple'ti:vo] *agg* zusätzlich, ergänzend; LING suppletiv
supplì [sup'pli] <-> *m* Reiskrokette *f*
supplica ['supplika] <-che> *f* ❶ *(invocazione)* Flehen *nt*, Bitten *nt* ❷ ADM Bittschrift *f*
supplicante [suppli'kante] **I.** *agg* flehend **II.** *mf* Bittsteller(in) *m(f)*
supplicare [suppli'ka:re] *vt* anflehen
supplichevole [suppli'ke:vole] *agg* flehend, flehentlich
supplire [sup'pli:re] <supplisco> **I.** *vt* vertreten **II.** *vi* ~ [**con qc**] **a qc** etw [mit [*o* durch] etw] ausgleichen
supplizio [sup'plittsio] <-i> *m* ❶ *(fig)* Qual *f*, Tortur *f* ❷ *(pena)* Hinrichtung *f*
supporre [sup'porre] <irr> *vt* vermuten, annehmen
supporto [sup'pɔrto] *m* ❶ *(di strumento, dipinto)* Gestell *nt*, Träger *m*; *(per sostenersi)* Halter *m*; TEC Lager *nt* ❷ *(fig)* Stütze *f* ❸ INFORM Datenträger *m*
supposi *1. pers sing pass rem di* **supporre**
supposizione [suppozit'tsio:ne] *f* Annahme *f*, Vermutung *f*
supposta [sup'posta] *f* Zäpfchen *nt*, Suppositorium *nt*
supposto *pp di* **supporre**
suppurare [suppu'ra:re] *vi* eitern
supremazia [supremat'tsi:a] <-ie> *f* Oberherrschaft *f*, Vorherrschaft *f*
supremo, -a [su'prɛ:mo] *agg superlativo di* **alto, -a** oberste(r, s), höchste(r, s); *(fig a.)* größte(r, s)
surfactante [surfak'tante], **surfattante** [surfat'tante] CHEM **I.** *agg* oberflächenaktiv, spannungsaktiv **II.** *m* Tensid *nt*, oberflächenaktive Substanz
surf boat, surfboat ['sə:f bout] <-> *m* NAUT Brandungsboot *nt*
surfing ['sə:fiŋ *o* 'sərfing] <-> *m* Surfen *nt*, Surfing *nt*; **tavola da** ~ Surfbrett *nt*; **praticare il** ~ surfen
surfista [sur'fista] <-i *m*, -e *f*> *mf* Surfer(in) *m(f)*
surgelamento [surdʒela'mento] *m* Tiefkühlung *f*, Tiefgefrieren *nt*
surgelare [surdʒe'la:re] *vt* einfrieren, tiefkühlen
surgelato [surdʒe'la:to] *m* Tiefgefrorene(s) *nt*, Tiefkühlkost *f*; **banco dei -i** Tiefkühltheke *f*
surgelato, -a *agg* tiefgekühlt, tiefgefroren; **pesce** ~ tiefgefrorener Fisch
surgelazione [surdʒelat'tsio:ne] *f* Tiefkühlung *f*, Tiefgefrieren *nt*
surplus [syr'ply] <-> *m* Überschuss *m*, Überangebot *nt*
surreale [surre'a:le] *agg* surreal
surrealismo [surrea'lizmo] *m* Surrealismus *m*
surrealista [surrea'lista] <-i *m*, -e *f*> *mf* Surrealist(in) *m(f)*

surrealistico, -a [surrea'listiko] <-ci, -che> *agg* surrealistisch

surrenale [surre'na:le] *agg* Nebennieren-; **ghiandola ~** Nebenniere *f*

surriscaldare [surriskal'da:re] **I.** *vt* überhitzen **II.** *vr* **-rsi** sich überhitzen

surrogato [surro'ga:to] *m* Ersatz *m,* Surrogat *nt*

survival [sə'vaivəl] <-> *m* Überlebenstraining *nt,* Survivaltraining *nt*

survivalismo [surviva'lizmo] *m* Überlebenstraining *nt*

survivalista [surviva'lista] <-i *m,* -e *f*> *mf* Teilnehmer(in) *m(f)* eines Überlebenstrainings

survivalistico, -a [surviva'listiko] <-ci, -che> *agg* survival-

suscettibile [suʃʃet'ti:bile] *agg* ① *(capace)* **~ di** zugänglich für, fähig zu ② *(sensibile)* empfindlich, reizbar

suscettibilità [suʃʃettibili'ta] <-> *f* Reizbarkeit *f,* Empfindlichkeit *f*

suscitare [suʃʃi'ta:re] *vt* auslösen, hervorrufen; **~ la pietà** Mitleid hervorrufen

sushi ['su:ʃi] <-> *m* GASTR Sushi *nt*

susina [su'si:na *o* su'zi:na] *f* Pflaume *f,* Zwetsch[g]e *f*

susino [su'si:no *o* su'zi:no] *m* Pflaumenbaum *m*

suspense [sə'spens] *m o f* Spannung *f*

susseguire [susse'gui:re] <irr> **I.** *vt* **~ qu/qc** jdm/etw [nach]folgen, auf jdn/etw folgen **II.** *vr* **-rsi** aufeinanderfolgen

sussidiario [sussi'dia:rio] <-i> *m* Lehr- und Arbeitsbuch *nt* [für die Grundschule]

sussidiario, -a <-i, -ie> *agg* Hilfs-

sussidio [sus'si:dio] <-i> *m* ① *(in denaro)* Unterstützung *f,* [Bei]hilfe *f;* **~ di disoccupazione** Arbeitslosenunterstützung *f;* **ufficio -i disoccupazione** ≈ Jobcenter *nt* ② *(aiuto)* Hilfsmittel *nt*

sussiego [sus'siɛ:go] <-ghi> *m* Würde *f,* Haltung *f*

sussistei [sussis'te:i] *1. pers sing pass rem di* **sussistere**

sussistenza [susis'tɛntsa] *f* [Lebens]unterhalt *m,* Auskommen *nt*

sussistere [sus'sistere] <sussisto, sussistei *o* sussistetti, sussistito> *vi essere* bestehen, vorliegen

sussultare [sussul'ta:re] *vi* ① *(persona)* auffahren, zusammenfahren ② *(cosa)* vibrieren, erbeben

sussulto [sus'sulto] *m* Auffahren *nt*

sussurrare [sussur'ra:re] **I.** *vt* flüstern, zuflüstern; *(dicerie)* hinter vorgehaltener Hand sagen **II.** *vi* **~ contro qu** über jdn munkeln

sussurrato, -a [sussur'ra:to] *agg* geflüstert, geraunt; **parole -e** geflüsterte Worte *ntpl*

sussurro [sus'surro] *m* Flüstern *nt*

sutura [su'tu:ra] *f* Naht *f*

suvvia [suv'vi:a] *int (fam)* komm, Kopf hoch

svagare [zva'ga:re] **I.** *vt* ablenken **II.** *vr* **-rsi** sich ablenken, sich zerstreuen

svago ['zva:go] *m* Ablenkung *f,* Zerstreuung *f*

svaligiare [zvali'dʒa:re] *vt* ausrauben

svaligiatore, -trice [zvalidʒa'to:re] *m, f* Räuber(in) *m(f),* Dieb(in) *m(f)*

svalutare [zvalu'ta:re] **I.** *vt* abwerten, entwerten **II.** *vr* **-rsi** an Wert verlieren

svalutazione [zvalutat'tsio:ne] *f* Abwertung *f,* Entwertung *f*

svampito, -a [zvam'pi:to] *agg (fam: futile)* flatterhaft; *(astratto)* geistesabwesend

svanire [zva'ni:re] <svanisco> *vi essere* verschwinden; *(progetto)* sich in Luft auflösen

svanito, -a [zva'ni:to] *agg* ① *(scomparso)* verschwunden ② *(aroma, gradazione alcolica)* verflogen ③ *(fig, pej)* verblödet; *(per vecchiaia)* verkalkt

svantaggiato, -a [zvantad'dʒa:to] *agg* benachteiligt; **essere ~ rispetto a qu** jdm gegenüber benachteiligt sein

svantaggio [zvan'taddʒo] <-ggi> *m* ① *(condizione)* Nachteil *m;* **essere in ~ rispetto a qu** jdm gegenüber im Nachteil sein ② SPORT Rückstand *m*

svantaggioso, -a [zvantad'dʒo:so] *agg* nachteilig, ungünstig

svaporare [zvapo'ra:re] *vi essere* verfliegen

svariato, -a [zva'ria:to] *agg* verschieden

svarione [zva'rio:ne] *m (fam)* [dicker] Fehler *m,* Bock *m*

svasare [zva'za:re] *vt* ① BOT umtopfen ② *(gonna)* ausstellen, nach unten weiter machen; **vestito svasato** Hängerkleid *nt*

svastica ['zvastika] <-che> *f* Hakenkreuz *nt*

svecchiamento [zvekkia'mento] *m* Modernisierung *f*

svecchiare [zvek'kia:re] *vt* modernisieren; *(guardaroba)* aufpolieren

svecciatore [zvettʃa'to:re] *m* AGR Sortierzylinder *m,* Zylindertrieur *m*

svedese [zve'de:se] **I.** *agg* schwedisch **II.** *mf* Schwede *m*/Schwedin *f* **III.** *m (fiammifero)* Streichholz *nt*

sveglia[1] ['zveʎʎa] *f* ① *(lo svegliare)* Wecken *nt* ② *(segnale)* Weckruf *m,* Wecksignal *nt;* **~ telefonica** Telefonweckdienst *m* ③ *(orologio)* Wecker *m*

S

sveglia[2] *int (fam)* aufstehen; **~, che è tardi!** aufstehen, es ist schon spät!

svegliare [zveʎ'ʎa:re] **I.** *vt* ❶ *(dal sonno)* wecken ❷ *(fig: animare)* aufmuntern, aufrütteln; *(suscitare)* [er]wecken, wachrufen **II.** *vr* **-rsi** ❶ *(dal sonno, a. fig)* aufwachen, wach werden ❷ *(fig: manifestarsi)* **-rsi a qu** in jdm erwachen

sveglio, -a ['zveʎʎo] <-gli, -glie> *agg* ❶ *(non addormentato)* wach ❷ *(fig)* aufgeweckt

svelare [zve'la:re] *vt* enthüllen, offenlegen; *(segreto)* lüften

svellere ['zvɛllere] <svello *o* svelgo, svelsi, svelto> *vt (poet)* ❶ *(pianta)* ausreißen ❷ *(fig: vizio, ricordo etc)* ausmerzen

sveltezza [zvel'tettsa] *f* ❶ *(rapidità)* Schnelligkeit *f,* Flinkheit *f* ❷ *(fig)* Aufgewecktheit *f* ❸ *(di linee, forma)* Straffheit *f,* Schlankheit *f*

sveltina [zvel'ti:na] *f (vulg)* Quickie *m*

sveltire [zvel'ti:re] <sveltisco> **I.** *vt* beschleunigen **II.** *vr* **-rsi** flotter werden

svelto ['zvɛlto] *avv* schnell, rasch

svelto, -a *agg* ❶ *(rapido)* schnell, flink ❷ *(fig)* aufgeweckt, rege ❸ *(forma, figura)* schlank, straff

svenare [zve'na:re] **I.** *vt* **~ qu** jdm die Adern aufschneiden **II.** *vr* **-rsi** sich *dat* die Adern aufschneiden

svendere ['zvendere] *vt* ausverkaufen

svendita ['zvendita] *f* Ausverkauf *m;* **-e di fine stagione** Schlussverkauf *m*

svenevole [zve'ne:vole] *agg* süßlich, affektiert

svenimento [zveni'mento] *m* Ohnmacht *f*

svenire [zve'ni:re] <irr> *vi essere* in Ohnmacht fallen

sventagliare [zventaʎ'ʎa:re] **I.** *vt* wedeln [mit], schwingen **II.** *vr* **-rsi** sich *dat* [Luft] zufächeln

sventare [zven'ta:re] *vt* vereiteln

sventata *f v.* **sventato**

sventatezza [zventa'tettsa] *f* ❶ *(distrazione)* Kopflosigkeit *f,* Zerstreutheit *f* ❷ *(imprudenza)* Leichtsinn *m*

sventato, -a [zven'ta:to] **I.** *agg* kopflos, leichtsinnig **II.** *m, f (fam pej)* kopflose Person

sventola ['zvɛntola] *f* ❶ *(fam: schiaffone)* Ohrfeige *f* ❷ *(loc)* **orecchie a ~** abstehende Ohren *nt pl,* Segelohren *nt pl scherz*

sventolare [zvento'la:re] **I.** *vt* schwingen, schwenken **II.** *vi* flattern, wehen **III.** *vr* **-rsi** sich *dat* Luft zufächeln

sventolio [zvento'li:o] <-ii> *m* Wehen *nt,* Flattern *nt*

sventramento [zventra'mento] *m* ❶ *(di pollo)* Ausnehmen *nt* ❷ *(fig)* Abriss *m,* Niederreißen *nt*

sventrare [zven'tra:re] *vt* ❶ *(pollo, pesce)* ausnehmen ❷ *(uccidere)* **~ qu** jdm den Bauch aufschlitzen ❸ *(fig)* niederreißen, abreißen

sventura [zven'tu:ra] *f* Unglück *nt;* **compagno di ~** Leidensgefährte *m*

sventurato, -a [zventu'ra:to] **I.** *agg* unglücklich **II.** *m, f* Unglückliche(r) *f(m)*

svenuto *pp di* **svenire**

sverginare [zverdʒi'na:re] *vt* entjungfern

svergognare [zvergoɲ'ɲa:re] *vt* bloßstellen, blamieren

svergognato, -a [zvergoɲ'ɲa:to] **I.** *agg* schamlos **II.** *m, f* Schamlose(r) *f(m),* schamlose Person

svernare [zver'na:re] *vi* überwintern

svestire [zves'ti:re] **I.** *vt* ausziehen **II.** *vr* **-rsi** sich ausziehen

svettare [zvet'ta:re] *vi* emporragen, aufragen

Svevia ['zvɛ:via] *f* Schwaben *nt*

svevo, -a ['zvɛ:vo] **I.** *agg* ❶ HIST [hohen]staufisch ❷ *(della Svevia)* schwäbisch **II.** *m, f* ❶ HIST [Hohen]staufer(in) *m(f)* ❷ *(della Svevia)* Schwabe *m/*Schwäbin *f*

Svezia ['zvɛttsia] *f* Schweden *nt*

svezzamento [zvettsa'mento] *m* Entwöhnung *f*

svezzare [zvet'tsa:re] *vt* entwöhnen; *(bambino)* abstillen; **-rsi qc** sich *dat* etw abgewöhnen

sviare [zvi'a:re] **I.** *vt* ❶ *(fig: traviare)* verführen, ablenken ❷ *(colpo, tiro)* ablenken, ableiten; **~ il discorso** dem Gespräch eine andere Richtung geben **II.** *vr* **-rsi** ❶ *(fig)* vom rechten Weg abkommen ❷ *(allontanarsi)* [vom Weg] abkommen

svicolare [zviko'la:re] *vi essere o avere* um die Ecke biegen

svignarsela [zviɲ'ɲarsela] *vi essere (fam)* abhauen, sich aus dem Staub machen

svigorire [zvigo'ri:re] <svigorisco> **I.** *vt* entkräften, schwächen **II.** *vr* **-rsi** die Kräfte verlieren, schwach werden

svilimento [zvili'mento] *m* Erniedrigung *f,* Herabsetzung *f*

svilire [zvi'li:re] <svilisco> *vt (fig)* erniedrigen, herabsetzen

sviluppare [zvilup'pa:re] **I.** *vt* ❶ *(far crescere)* entwickeln, aufbauen ❷ PHYS erzeugen ❸ FOTO entwickeln ❹ MAT abwickeln ❺ *(fig: concetto)* entwickeln **II.** *vr* **-rsi** sich entwickeln

sviluppo [zvi'luppo] *m* Entwicklung *f;* MAT Abwicklung *f;* **centro di ~** Entwicklungszentrum *nt;* **fondi per lo ~** Fördergelder *pl;* **paese in via di ~** Entwicklungsland *nt;* ~ **sostenibile** nachhaltige Entwicklung

svincolare [zviŋko'la:re] **I.** *vt* ① *(liberare)* befreien ② COM auslösen **II.** *vr* **-rsi** sich befreien, sich [los]lösen

svincolo ['zviŋkolo] *m* ① COM Freigabe *f,* Auslösung *f* ② MOT *(entrata)* [Autobahn]auffahrt *f; (uscita)* [Autobahn]ausfahrt *f*

sviolinare [zvioli'na:re] *vt (fam)* ~ **qu** jdm schöntun, sich bei jdm einschmeicheln

sviolinata [zvioli'na:ta] *f (fam)* Schmeichelei *f,* Lobhudelei *f*

svisare [zvi'za:re] *vt* entstellen

sviscerare [zviʃʃe'ra:re] **I.** *vt* eingehend behandeln **II.** *vr* **-rsi per qu** für jdn schwärmen

sviscerato, -a [zviʃʃe'ra:to] *agg* heftig, leidenschaftlich; *(lodi)* übertrieben

svista ['zvista] *f* Versehen *nt*

svitacoperchi [zvitako'pɛrki] <-> *m* Deckelöffner *m*

svitare [zvi'ta:re] *vt* losschrauben, abschrauben; *(vite)* lösen

svitato, -a [zvi'ta:to] *(fam)* **I.** *agg* überdreht, verrückt **II.** *m, f* überdrehte Person *f*

Svitto ['zvitto] **I.** *m (cantone)* Schwyz *nt* **II.** *f (città)* Schwyz *nt*

Svizzera ['zvittsera] *f* [**la**] ~ die Schweiz

svizzero, -a ['zvittsero] **I.** *agg* schweizerisch, Schweizer **II.** *m, f* Schweizer(in) *m(f)*

svogliatezza [zvoʎʎa'tettsa] *f* Lustlosigkeit *f*

svogliato, -a [zvoʎ'ʎa:to] *agg* lustlos, träge

svolazzare [zvolat'tsa:re] *vi* ① *(uccelli)* herumflattern, herumfliegen; *(insetti)* herumschwirren ② *(fig)* umherschweifen ③ *(al vento)* flattern

svolazzo [zvo'lattso] *m (a. fig)* Schnörkel *m*

svolgere ['zvɔldʒere] <irr> **I.** *vt* ① *(gomitolo)* abwickeln; *(pacco, regalo)* auswickeln, auspacken ② *(fig: idea, tema)* ausbreiten, entfalten; *(programma, piano)* abwickeln; *(lavoro)* verrichten; ~ **un'attività/una professione** einer Tätigkeit/einem Beruf nachgehen **II.** *vr* **-rsi** ① *(accadere)* sich ereignen, sich zutragen ② THEAT, LIT spielen, sich abspielen

svolgimento [zvoldʒi'mento] *m* ① *(di tema, tesi)* Ausarbeitung *f,* Behandlung *f,* Darstellung *f* ② *(fig)* Abwicklung *f,* Entfaltung *f,* Entwicklung *f*

svolsi *1. pers sing pass rem di* **svolgere**

svolta ['zvɔlta] *f* ① *(azione)* Abbiegen *nt;* **divieto di ~ a destra/sinistra** Rechts-/Linksabbiegen verboten ② *(curva)* Kurve *f* ③ *(fig)* Wende *f*

svoltare [zvol'ta:re] **I.** *vi* abbiegen **II.** *vt* auspacken

svolto *pp di* **svolgere**

svuotamento [zvuota'mento] *m* Entleerung *f*

svuotare [zvuo'ta:re] *vt* ① *(vuotare)* leeren, ausheben A ② *(fig: privare di)* ~ **qc di senso** [*o* **significato**] etw seines Sinnes entleeren

swatch® [swɔtʃ] <-> *m* Swatch® *f*

switch [switʃ] *m* INFORM Schalter *m*

switchare [swit'tʃa:re] *vi* ECON, INFORM [hin und her] switchen; ~ **tra due fondi/due monitor** zwischen zwei Fonds/zwei Bildschirmen [hin und her] switchen

synfuel ['sinfjuəl] <-> *m* synthetischer Treibstoff, Synfuel *nt*

syngas ['singæs] <-> *m* Synthesegas *nt*

synth ['sinθ] <-> *m* MUS Synthi[e] *m*

system administrator ['sistim əd'ministreitə] <-> *mf* Systemadministrator(in) *m(f)*

system analyst ['sistim 'ænilist] <-> *mf* INFORM Systemanalytiker(in) *m(f)*

system engineer ['sistim endʒi'niə] <-> *mf* INFORM Systemingenieur(in) *m(f)*

S

Tt

t *abbr di* **tonnellata** t
T, t [ti] <-> *f* T *nt*, t *nt*; **ferro a T** T-Eisen *nt*; **t come Torino** T wie Theodor
tab. *abbr di* **tabella** Tab.
tabaccaio, -a [tabak'ka:io] <-ccai, -ccaie> *m, f* Tabakwarenverkäufer(in) *m(f)*, Trafikant(in) *m(f)* A
tabaccheria [tabakke'ri:a] <-ie> *f* Tabakladen *m*, Tabaktrafik *f* A, Trafik *f* A
tabacchiera [tabak'kiɛ:ra] *f* Schnupftabak[s]dose *f*
tabacco[1] [ta'bakko] <-cchi> *m* Tabak *m*; ~ **da fiuto** [*o* **da naso**] Schnupftabak *m*
tabacco[2] *agg inv* tabak[braun], tabakfarben
tabagismo [taba'dʒizmo] *m* Nikotinvergiftung *f*
tabagista [taba'dʒizta] <-i *m*, -e *f*> *mf* an Nikotinvergiftung Erkrankte(r) *f(m)*
tabe ['ta:be] *f* Schwindsucht *f*; ~ **dorsale** Rückenmark[s]tuberkulose *f*
tabella [ta'bɛlla] *f* ❶ *(tavoletta)* [Merk]täfelchen *nt* ❷ *(prospetto)* Tabelle *f*, Aufstellung *f*; *(di fasi lavorative)* Dienstplan *m*; ~ **di marcia** [*o* **oraria**] Zeitplan *m*; ~ **dei prezzi** Preisliste *f*
tabellone [tabel'lo:ne] *m* Anschlagtafel *f*; *(prospetto)* Schautafel *f*; *(di orari, punteggi)* Zielbrett *nt*
tabernacolo [taber'na:kolo] *m* Tabernakel *nt o m*
Tablet ['tæblət] <- *o* -s> *m* INFORM Tablet *nt*
tablet PC ['tæblət 'pitʃi:] <-s> *m* INFORM Tablet-PC *m*
tabloide [ta'blɔ:ide] *m* Tablette *f*
tabù [ta'bu] **I.** *agg inv* tabu **II.** *m* <-> Tabu *nt*; **parola** ~ Tabuwort *nt*
tabulato [tabu'lato] *m* Ausdruck *m*
tabulatore [tabula'to:re] *m* Tabulator *m*
TAC *f o m acro di* **Tomografia Assiale Computerizzata** CT *f (Computertomografie)*
tacca ['takka] <-cche> *f* ❶ *(incisione)* Kerbe *f* ❷ *(di lama)* Scharte *f* ❸ *(statura)* Statur *f*, Größe *f* ❹ *(fig: difetto)* Makel *m*, Fehler *m*
taccagna *f v.* **taccagno**
taccagneria [takkaɲɲe'ri:a] <-ie> *f* Knauserei *f*
taccagno, -a [tak'kaɲɲo] **I.** *agg* geizig, knauserig *fam* **II.** *m, f* Geizhals *m fam*
tacchettio [takket'ti:o] <-ii> *m (di tacchi)* Geklapper *nt*
tacchetto [tak'ketto] *m* dünner Absatz; SPORT Stollen *m*
tacchina [tak'ki:na] *f* Truthenne *f*, Pute *f*
tacchino, -a [tak'ki:no] *m, f* Truthahn *m*/-henne *f*, Pute(r) *f(m)*, Indian *m* A; **petto di** ~ Putenbrust *f*
taccia ['tattʃa] <-cce> *f* ❶ *(cattiva fama)* schlechter Ruf, Verruf *m* ❷ *(accusa)* Anklage *f*, Beschuldigung *f*
tacciare [tat'tʃa:re] *vt* beschuldigen, bezichtigen; ~ **qu di tradimento** jdn des Verrats beschuldigen
taccio ['tattʃo] *1. pers sing pr di* **tacere**
tacco ['takko] <-cchi> *m* [Schuh]absatz *m*; ~ **alto/basso** hoher/flacher Absatz; **battere i -cchi** strammstehen
taccuino [takku'i:no] *m (per appunti)* Notizbuch *nt*; *(per abbozzi)* Skizzenbuch *nt*
tacere [ta'tʃe:re] <taccio, tacqui, taciuto> **I.** *vt* verschweigen, nicht sagen **II.** *vi* schweigen; ~ **di qc** über etw *akk* schweigen; ~ **su qc** zu etw schweigen; **mettere a ~ qc** etw vertuschen; **chi tace acconsente** *(prov)* wer schweigt, stimmt zu
tachicardia [takikar'di:a] <-ie> *f* Herzjagen *nt*, Tachykardie *f*
tachimetro [ta'ki:metro] *m* Tachometer *m o nt*; ~ **analogico** Analogtachometer *m o nt*
tacitare [tatʃi'ta:re] *vt* befriedigen, zufrieden stellen; FIN abfinden
tacito, -a ['ta:tʃito] *agg* ❶ *(silenzioso)* leise, still; *(persone)* schweigsam, schweigend ❷ *(sottinteso)* stillschweigend
taciturno, -a [tatʃi'turno] *agg* schweigsam, wortkarg
taciuto [ta'tʃu:to] *pp di* **tacere**
tacqui ['takkui] *1. pers sing pass rem di* **tacere**
tafanario [tafa'na:rio] <-i> *m (scherz)* Allerwerteste(r) *m*
tafano [ta'fa:no] *m* Bremse *f*
tafferuglio [taffe'ruʎʎo] <-gli> *m* Krawall *m*, Tumult *m*
taffettà [taffet'ta] <-> *m* Taft *m*
taggare [tag'ga:re] *vt* INFORM taggen
taglia ['taʎʎa] <-glie> *f* ❶ *(corporatura)* Gestalt *f* ❷ *(di abito)* Größe *f*; ~ **unica** Einheitsgröße *f* ❸ *(ricompensa)* Kopfgeld *nt*; *(riscatto)* Lösegeld *nt* ❹ *(tributo esoso)* Schutzgebühr *f*
tagliabile [taʎ'ʎa:bile] *agg* ❶ *(che può essere tagliato)* schneidbar ❷ *(sottoponibile a taglia)* steuerpflichtig, abgabenpflichtig
tagliabordi [taʎʎa'bordi] <-> *m* Rasenrandstecher *m*

T

tagliaborse [taʎʎa'borse] <-> *mf* Taschendieb(in) *m(f)*
tagliaboschi [taʎʎa'bɔski] <-> *m* Holzfäller *m,* Holzhacker *m* A, SÜDD
tagliacalli [taʎʎa'kalli] <-> *m* Pediküremesser *nt,* Hornhautmesser *nt*
tagliacarte [taʎʎa'karte] <-> *m* Brieföffner *m*
tagliacedole [taʎʎa'tʃɛːdole] <-> *m* Couponabschneider *m*
tagliacque [taʎ'ʎakkue] <-> *m* Eisbrecher *m*
tagliacuce [taʎʎa'kutʃe] <-> *f* Säumer *m*
tagliaferro [taʎʎa'fɛrro] <-> *m* Stahlmeißel *m*
tagliafieno [taʎʎa'fiɛːno] <-> *m* AGR Häckselmesser *nt*
tagliafuoco [taʎʎa'fuɔːko] **I.** *agg inv* Feuer-, Brand-; **porta ~** Brandmauer *f* **II.** *m* <-> Feuerschutz *m,* Feuerschutzschneise *f*
tagliafuori [taʎʎa'fuɔːri] <-> *m* SPORT Schneiden-zum-Korb *nt*
taglialegna [taʎʎa'leɲɲa] <-> *m* Holzhacker *m,* Holzfäller *m*
tagliamare [taʎʎa'maːre] <-> *m* Vordersteven *m,* Bug *m*
tagliando [taʎ'ʎando] *m* Abschnitt *m,* Coupon *m*
tagliapasta [taʎʎa'pasta] <-> *m* Teigrädchen *nt*
tagliapatate [taʎʎapa'taːte] <-> *m* Pommes-frites-Schneider *m*
tagliapietre [taʎʎa'piɛːtre] <-> *mf* Steinmetz(in) *m(f)*
tagliapoggio [taʎʎa'pɔddʒo] <-> *m* AGR Häufelpflug *m*
tagliare [taʎ'ʎaːre] **I.** *vt* ❶ *(gener)* [ab]schneiden; *(legno)* hacken; *(albero)* fällen, schlägern A; *(stoffa)* zuschneiden; *(erba)* mähen ❷ MED *(ascesso)* aufschneiden; *(braccio, gamba)* abnehmen, amputieren ❸ *(in parti)* aufschneiden, zerschneiden, durchschneiden; **~ in due** halbieren; **~ in quattro** vierteln ❹ *(vino)* verschneiden ❺ *(carte)* abheben ❻ *(film, scena)* kürzen ❼ *(spese)* kürzen ❽ *(strada)* abschneiden ❾ *(computer)* ausschneiden ❿ *(loc)* **~ la corda** *(fig)* Reißaus nehmen, sich aus dem Staub machen *fam;* **~ i ponti** *(fig)* alle Brücken [hinter sich *dat*] abbrechen; **~ la testa al toro** *(fig)* [nach langer Überlegung] einen Entschluss fassen; **~ il traguardo** SPORT durchs Ziel gehen **II.** *vi* schneiden; **tagliar corto** es kurz machen
tagliasfoglia [taʎʎa'sfɔʎʎa] <-> *m* Teigrädchen *nt*
tagliasigari [taʎʎa'siːgari] <-> *m* Zigarrenabschneider *m*
tagliastracci [taʎʎa'strattʃi] <-> *m* Hadernschneid[e]maschine *f*
tagliatartufi [taʎʎatar'tuːfi] <-> *m* Trüffelhobel *m*
tagliatelle [taʎʎa'tɛlle] *fpl* Bandnudeln *fpl*
tagliato, -a [taʎ'ʎaːto] *agg* ❶ *(gener)* geschnitten; *(modello)* zugeschnitten ❷ *(fig)* **essere ~ per qc** für etw geeignet sein; **essere ~ per le lingue** sprachlich begabt sein
tagliatore, -trice [taʎʎa'toːre] *m, f* Zuschneider(in) *m(f)*
tagliatura [taʎʎa'tuːra] *f* ❶ *(atto)* [Ab-, Ver-, Zu]schneiden *nt* ❷ *(punto)* Schnittstelle *f*
tagliaunghie [taʎʎa'uŋgie] <-> *m* Nagelknipser *m*
tagliauova [taʎʎa'uɔːva] <-> *m* Eierschneider *m*
tagliavento [taʎʎa'vɛnto] <-> *m* ❶ NAUT Besansegel *nt* ❷ MIL Kappe *f*
tagliazolle [taʎʎa'dzɔlle *o* taʎʎa'tsɔlle] <-> *m* Schollenbrecher *m*
taglieggiare [taʎʎed'dʒaːre] *vt* **~ qu** jdm Kontributionen auferlegen
tagliente [taʎ'ʎɛnte] **I.** *agg* ❶ *(affilato)* scharf ❷ *(fig: mordace)* bissig, beißend; *(lingua)* spitz; *(critica)* scharf **II.** *m* Schneide *f*
tagliere [taʎ'ʎɛːre] *m* Hackbrett *nt*
taglierina [taʎʎe'riːna] *f* Schneidemaschine *f*
taglierini [taʎʎe'riːni] *mpl* Suppennudeln *fpl*
taglio ['taʎʎo] <-gli> *m* ❶ *(gener)* Schnitt *m; (di alberi)* Fällen *nt; (di legna)* Hacken *nt; (di stoffa)* Zuschnitt *m;* **~ cesareo** Kaiserschnitt *m;* **arma a doppio ~** *(fig)* zweischneidiges Schwert; **colpire la palla di ~** den Ball [an]schneiden; **diamoci un ~!** *(fig)* lasst uns ein Ende damit machen!, Schluss damit! ❷ *(della lama)* Schneide *f* ❸ MED Amputation *f* ❹ *(di vini)* Verschnitt *m* ❺ *(fig: di spese, film, scena)* Kürzung *f*
tagliola [taʎ'ʎɔːla] *f* Fangeisen *nt*
tagliolini [taʎʎo'liːni] *mpl v.* **taglierini**
tagliuzzare [taʎʎut'tsaːre] *vt* zerschneiden, zerschnippeln *fam*
tailleur [ta'jœːr] <-> *m* Kostüm *nt;* **~ pantalone** Hosenanzug *m*
takeaway ['teikəwei] <-> *m* ❶ *(negozio)* Takeaway *nt* ❷ *(servizio)* **la pizzeria ha il ~** in der Pizzeria gibt es auch Pizzas zum Mitnehmen
tal [tal] *v.* **tale**
talaltro, -a [ta'laltro] *pron indef* ein anderer/eine andere/ein anderes

T

talamo ['ta:lamo] *m* ① *(poet: camera)* Brautgemach *nt geh;* *(letto)* Hochzeitsbett *nt;* **condurre al ~** *(poet)* zum Traualtar führen; **macchiare il ~** *(poet)* Ehebruch begehen ② BOT Blütenboden *m* ③ ANAT Thalamus *m*

talare [ta'la:re] **I.** *agg* **veste ~** Talar *m* **II.** *f* Talar *m*

talari [ta'la:ri] *mpl* Flügelschuhe *mpl*

talché [tal'ke] *cong (poet)* so [*o* dermaßen] …, dass

talco ['talko] <-chi> *m* Talkum *nt;* **~ borato** Talkumpuder *m*

tale ['ta:le] <*davanti a consonante spesso* tal> **I.** *agg* ① *(di questa specie)* solch, ein(e) derartige(r, s) ② *(così grande)* so groß ③ *(questo)* diese(r, s); **la tal persona** diese Person; **a tal punto** an diesem Punkt; **in tal caso** in diesem Fall ④ *(indefinito)* gewisse(r, s); **un ~ signore** ein gewisser Herr **II.** *pron dim* ① *(persona già menzionata)* derjenige/diejenige/dasjenige; **quel ~** der Betreffende, jener ② *(indefinito)* einer/eine, jemand; **un ~ vuol parlarti** jemand möchte dich sprechen ③ *pl* einige, manche ④ **~** [**e**] **quale** genauso wie

talea [ta'lɛ:a] *f* Steckling *m*

talento [ta'lɛnto] *m* Begabung *f,* Talent *nt;* **un giovane di ~** ein begabter Junge; **avere del ~** Talent haben

talismano [taliz'ma:no] *m* Talisman *m*

talkman ['tɔlkmæn] <-> *mf* TV, RADIO Talkmaster *m,* Moderator(in) *m(f)* einer Talkshow

talk show ['tɔlk ʃou] <-> *m* TV Talkshow *f*

tallero ['tallero] *m* Taler *m*

tallonare [tallo'na:re] *vt* **~ qu** jdm auf den Fersen sein; **~ il pallone** den Ball mit der Ferse zurückstoßen

talloncino [tallon'tʃi:no] *m* Abschnitt *m,* Quittung[sschein *m*] *f*

tallone [tal'lo:ne] *m* Ferse *f;* **~ d'Achille** Achillesferse *f*

talmente [tal'mente] *avv* so, dermaßen

talora [ta'lo:ra] *avv* manchmal, bisweilen

talpa ['talpa] *f* ① ZOO Maulwurf *m* ② *(fig)* Schwachkopf *m*

taluno, -a [ta'lu:no] *pl* **I.** *agg* einige, manche **II.** *pron indef* manche(r, s), eine(r, s); **~ …, talaltro …** einer …, ein anderer …

talvolta [tal'vɔlta] *avv* manchmal, bisweilen

tamarindo [tama'rindo] *m* ① BOT Tamarinde *f* ② *(bibita)* Tamarindengetränk *nt*

tamburato [tambu'ra:to] *m* Furnier *nt*

tamburato, -a *agg* furniert

tambureggiamento [tambureddʒa'mento] *m* ① MUS, SPORT Trommeln *nt* ② MIL Trommelfeuer *nt*

tambureggiare [tambured'dʒa:re] *vi* ① MUS trommeln ② MIL *(artiglieria)* [ein] Trommelfeuer veranstalten

tamburellare [tamburel'la:re] *vi* das Tamburin schlagen; **~ con le dita** mit den Fingern trommeln

tamburello [tambu'rɛllo] *m* ① MUS Tamburin *nt* ② *(gioco)* Trommelballspiel *nt*

tamburino [tambu'ri:no] *m* ① MUS Trommler *m* ② *(sl: sui giornali)* Veranstaltungskalender *m,* Veranstaltungsübersicht *f*

tamburo [tam'bu:ro] *m* ① *(strumento)* Trommel *f* ② *(sonatore)* Trommler *m* ③ ARCH Tambour *m* ④ AUTO **~ del freno** Bremstrommel *f*

Tamigi [ta'mi:dʒi] *m* Themse *f*

tamponamento [tampona'mento] *m* ① *(di veicoli)* Auffahrunfall *m;* **~ a catena** Massenkarambolage *f* ② MED *(di ferita)* Tamponade *f*

tamponare [tampo'na:re] *vt* ① MOT auffahren auf +*akk* ② MED tamponieren

tamponatore [tampona'to:re] *m* Verursacher(in) *m(f)* eines Auffahrunfalls

tampone [tam'po:ne] *m* ① *(per timbri)* Stempelkissen *nt* ② *(di carta assorbente)* Löscher *m,* Löschrolle *f* ③ MED Tampon *m*

tam-tam, tamtam [tam'tam] <-> *m* Tamtam *nt*

tana ['ta:na] *f* ① *(di animali)* Höhle *f,* Bau *m* ② *(fig: nascondiglio)* Schlupfwinkel *m* ③ *(fig, pej: stamberga)* Loch *nt*

tandem ['tandem] <-> *m* Tandem *nt;* **lavorare in ~** *(fig)* im Gespann zusammenarbeiten

tanfo ['tanfo] *m* Modergeruch *m*

tangente [tan'dʒɛnte] **I.** *agg* tangierend; MAT tangential, Tangens- **II.** *f* ① MAT Tangente *f* ② *(quota)* Anteil *m* ③ *(fig, pej)* Schmiergeld *nt*

tangentocrazia [tandʒentokra'tsi:a] *f* Schmiergeldrepublik *f*

tangentopoli [tandʒen'tɔ:poli] <-> *f* Schmiergeldzahlungen *fpl;* **lo scandalo di ~** der Schmiergeldskandal

tangenza [tan'dʒɛntsa] *f* ① MAT Tangentialpunkt *m* ② AERO Scheitelpunkt *m*

tangenziale [tandʒen'tsia:le] **I.** *agg* tangential-, Tangens- **II.** *f (strada)* Umgehungsstraße *f*

tanghero ['taŋgero] *m* Tölpel *m,* Rüpel *m*

tangibile [tan'dʒi:bile] *agg* fühlbar; *(fig)* greifbar

tango ['taŋgo] <-ghi> *m* Tango *m*

tanica ['ta:nika] <-che> *f* Kanister *m*

tannico ['tanniko] <-ci, -che> *agg* tanninhaltig; **acido ~** Gerbsäure *f*

tannino [tan'ni:no] *m* Gerbsäure *f,* Tannin *nt*
tantino [tan'ti:no] *avv* **un ~** ein bisschen, etwas
tanto ['tanto] *avv* ❶ *(molto)* sehr; *(con verbo)* viel; **ti ringrazio ~** ich danke dir vielmals ❷ *(assai)* so [sehr]; **~ e poi ~** sehr viel; **né ~ né quanto** nicht im Geringsten, ganz und gar nicht ❸ *(così)* so [viel]; **fu ~ sciocco da crederlo** er war so dumm es zu glauben ❹ *(altrettanto)* so viel; **~ … quanto …** so viel … wie … ❺ *(temporale)* **da ~** seit Langem; **di ~ in ~** von Zeit zu Zeit; **ogni ~** ab und zu; **una volta ~** [für] das eine Mal ❻ *(loc)* **~ meno** umso weniger; **~ meglio** umso besser; **~ per cambiare** zur Abwechslung; **~ per far qc** nur um etw zu tun; **~ è lo stesso** es kommt auf dasselbe heraus; **~ vale che tu rimanga** es ist besser, wenn du bleibst
tanto, **-a** **I.** *agg* ❶ *(così molto)* so viel, so sehr; *(fig)* so groß, so weit; **~ … che …** *+ind,* **~ … da …** *+inf* [so]viel …, dass …; *(in senso astratto)* so [groß] …, dass … ❷ *(in numero così grande)* so viel; **-e volte** so oft ❸ *(molto)* viel; **-i saluti** viele Grüße; **-e grazie** vielen Dank ❹ *(in funzione correlativa)* [genau]so viel, [genau]so sehr; **~ … quanto …** genauso viel … wie, so … wie … ❺ *(loc)* **con ~ d'occhi** *(fig)* mit [so] großen Augen **II.** *pron indef* ❶ *(così molto)* so viel; **quel ~ che basta** so viel, dass es reicht ❷ *(molto)* viel ❸ *pl (molte persone)* viele
tape monitor ['teip 'mɔnitə] <-> *m* Kontrollaufnahmetaste *f*
tap-in ['tæpin] <-> *m* SPORT Korbleger *m*
tapino, **-a** [ta'pi:no] **I.** *agg* elend, armselig **II.** *m, f* Arme(r) *f(m),* Elende(r) *f(m)*
tapiro [ta'pi:ro] *m* Tapir *m*
tapis roulant [ta'pi ru'lã] <-> *m* Laufband *nt*
tappa ['tappa] *f* ❶ *(sosta)* Rast *f,* Station *f* ❷ *(percorso)* Etappe *f,* Station *f;* SPORT Etappe *f;* **a -e** etappenweise; **bruciare le -e** *(fig)* sich gewaltig ins Zeug legen
tappabuchi [tappa'bu:ki] <-> *m* Lückenbüßer *m*
tappare [tap'pa:re] *vt* zustopfen, verstopfen; *(bottiglie)* verkorken; *(finestre)* abdichten; **~ la bocca a qu** *(fig)* jdm den Mund stopfen *fam;* **~ un buco** *(fig)* ein Loch stopfen *fam;* **-rsi il naso** sich *dat* die Nase zuhalten; **-rsi le orecchie** *(fig)* die Ohren verschließen
tapparella [tappa'rɛlla] *f* Rollladen *m*
tapparellista [tapparel'lista] <-i *m,* -e *f*> *mf* Rollladenhersteller(in) *m(f)*
tappetino [tappe'ti:no] *m* INFORM Mousepad *nt*
tappeto [tap'pe:to] *m* ❶ *(per pavimenti)* Teppich *m;* **~ erboso** Rasen[teppich] *m;* **~ persiano** Perser[teppich] *m;* **a ~** *(fig)* flächendeckend ❷ *(per tavoli)* [Tisch]decke *f;* **~ verde** Spieltisch *m* ❸ SPORT Matte *f; (per pugilato)* Bretter *nt pl*
tappezzare [tappet'tsa:re] *vt* ❶ *(pareti)* tapezieren; *(con tappeti)* verkleiden; *(con legno)* täfeln ❷ *(mobili)* beziehen
tappezzeria [tappettse'ri:a] <-ie> *f* ❶ *(per pareti)* Tapeten *f pl* ❷ *(in legno)* Täfelung *f* ❸ *(di mobili, auto)* Polsterung *f* ❹ *(tecnica)* Tapezierkunst *f*
tappezziere, **-a** [tappet'tsiɛ:re] *m, f* Polsterer *m/*Polsterin *f*
tappo ['tappo] *m* ❶ *(turacciolo)* Pfropfen *m,* Stöpsel *m; (di sughero)* Korken *m;* **~ a corona** Kronkorken *m;* **~ a vite** Schraubverschluss *m* ❷ *(scherz: persona piccola)* Stöpsel *m fam* ❸ *(capsula)* **~ dosatore** Dosierkapsel *f*
TAR [tar] *m acro di* **Tribunale Amministrativo Regionale** *italienisches regionales Verwaltungsgericht;* **fare ricorso al ~** das regionale Verwaltungsgericht anrufen
tara ['ta:ra] *f* ❶ *(peso)* Tara *f,* Verpackungsgewicht *nt* ❷ *(malattia)* Gebrechen *nt* ❸ *(difetto)* Fehler *m;* **~ ereditaria** erbliche Belastung
tarantella [taran'tɛlla] *f* Tarantella *f*
tarantino, **-a** [taran'ti:no] **I.** *agg* tarentinisch **II.** *m, f (abitante)* Tarentiner(in) *m(f),* Tarenter(in) *m(f)*
Tarantino *m sing* Umgebung *f* von Tarent
Taranto [ta'ranto] *f* Tarent *nt (Stadt in Apulien)*
tarantola [ta'rantola] *f* Tarantel *f*
tarare [ta'ra:re] *vt* ❶ *(detrarre la tara)* die Tara abziehen von ❷ *(strumento)* eichen
tarato, **-a** [ta'ra:to] *agg* ❶ *(per malattia)* gebrechlich ❷ *(moralmente)* gebrochen ❸ *(strumento)* geeicht
taratura [tara'tu:ra] *f* Eichung *f*
tarchiato, **-a** [tar'kia:to] *agg* untersetzt
tardare [tar'da:re] **I.** *vi* ❶ *(arrivare in ritardo)* sich verspäten ❷ *(indugiare)* **~ a rispondere** mit der Antwort zögern; **~ a venire** mit Verspätung kommen ❸ *(nel pagamento)* säumig sein **II.** *vt* verzögern
tardi ['tardi] *avv* ❶ *(a ora avanzata)* spät; **più ~** später; **a più ~!** bis später!; **sul ~** gegen Abend; **ieri sera ho fatto ~** gestern Abend ist es spät geworden ❷ *(in ritardo)* verspätet, zu spät; **far ~** sich verspäten; **chi ~ arriva male alloggia** *(prov)* wer nicht

T

kommt zur rechten Zeit, der muss nehmen, was übrig bleibt

tardigrado, -a [tar'di:grado] **I.** *agg* träge **II.** *m, f* Faulpelz *m*

tardivo, -a [tar'di:vo] *agg* ① *(pianta)* Spät-, spätreif ② *(scusa, rimedio)* verspätet, zu spät ③ *(fig: persona)* [geistig] zurückgeblieben

tardo, -a ['tardo] *agg* ① *(nel tempo)* spät ② *(lento)* langsam; *(pej)* träge

tardona [tar'do:na] *f (scherz)* Möchtegern-Teenager *m fam*

targa ['targa] <-ghe> *f* Schild *nt,* Plakette *f;* MOT Nummernschild *nt*

targare [tar'ga:re] *vt* mit einem Nummernschild versehen, ein Nummernschild anbringen an *+dat;* **la vettura targata AT 405 FR** das Fahrzeug mit dem Kennzeichen AT 405 FR

target ['ta:git *o* 'target] <-> *m* COM Zielgruppe *f*

targhetta [tar'getta] *f* Typenschild *nt*

tariffa [ta'riffa] *f* Tarif *m;* **~ ordinaria** Normalpreis *m;* **~ ridotta** Billigtarif *f;* **~ telefonica** Telefongebühr *f*

tariffario [tarif'fa:rio] <-i> *m* Gebührenverzeichnis *nt,* Preisliste *f*

tariffario, -a <-i, -ie> *agg* Tarif-, tariflich

tarlare [tar'la:re] **I.** *vt (legno)* wurmstichig machen; *(tessuti)* zerfressen **II.** *vi* **-rsi** *(legno)* wurmstichig werden; *(tessuti)* von Motten zerfressen werden

tarlatura [tarla'tu:ra] *f* ① *(del legno)* Wurmfraß *m; (dei tessuti)* Mottenfraß *m* ② *(polvere di legno)* Holzmehl *nt,* Wurmmehl *nt*

tarlo ['tarlo] *m* ① ZOO Holzwurm *m* ② *(fig)* Nagen *nt,* Stich *m*

tarma ['tarma] *f* Motte *f*

tarmare [tar'ma:re] **I.** *vt* zerfressen **II.** *vr* **-rsi** von Motten zerfressen werden

taroccare [tarok'ka:re] *vi* ① *(fam)* zanken ② *(sl: falsificare)* fälschen

tarpare [tar'pa:re] *vt* ① *(ali)* stutzen ② *(fig)* beschneiden

T

tarsia [tar'si:a] <-ie> *f* Intarsienarbeit *f,* Einlegearbeit *f*

tartagliamento [tartaʎʎa'mento] *m* Stottern *nt*

tartagliare [tartaʎ'ʎa:re] **I.** *vt* stammeln **II.** *vi* stottern

tartaglione, -a [tartaʎ'ʎo:ne] *m, f* Stotterer *m*/Stotterin *f*

tartara *f v.* **tartaro**

tartarico [tar'ta:riko] <-ci, -che> *agg* Weinstein-; **acido ~** Wein[stein]säure *f*

tartaro ['tartaro] *m* Kalkstein *m; (delle botti)* Weinstein *m; (dei denti)* Zahnstein *m*

tartaro, -a I. *agg* tatarisch; **salsa -a** Sauce Tartare *f* **II.** *m, f* Tatar(in) *m(f)*

tartaruga [tarta'ru:ga] <-ghe> *f* ① ZOO Schildkröte *f;* **camminare come una ~** im Schneckentempo gehen ② *(materiale)* Schildpatt *nt*

tartassare [tartas'sa:re] *vt* schikanieren, piesacken *fam; (strumento)* malträtieren; *(all'esame)* schikanieren

tartina [tar'ti:na] *f* Butterbrot *nt,* belegte Schnitte

tartufo [tar'tu:fo] *m* Trüffel *f*

tasca ['taska] <-sche> *f* ① *(nei vestiti)* Tasche *f;* **conoscere qc come le proprie -sche** etw wie seine Westentasche kennen; **fare i conti in ~ a qu** in jds Tasche wirtschaften; **starsene con le mani in ~** *(fig)* die Hände in den Schoß legen; **ne ho piene le -sche** *(fam)* ich habe die Nase voll [davon]; **non me ne viene nulla in ~** für mich fällt davon nichts ab ② ANAT Beutel *m,* Sack *m*

tascabile [task'ka:bile] **I.** *agg* Taschen-; **computer ~** Taschencomputer *m* **II.** *m* Taschenbuch *nt*

tascapane [taskka'pa:ne] <-> *m* Wandertasche *f;* MIL Brotbeutel *m*

taschino [task'ki:no] *m* [Westen]tasche *f*

tassa ['tassa] *f* Abgabe *f; (tariffa)* Gebühr *f; (imposta)* Steuer *f;* **~ di circolazione** Kraftfahrzeugsteuer *f;* **~ sul consumo** Verbrauchssteuer *f;* **~ di soggiorno** Kurtaxe *f;* **-e scolastiche** Schulgeld *nt;* **esente da -e** steuerfrei, gebührenfrei; **soggetto a -e** steuerpflichtig, gebührenpflichtig

tassabile [tas'sa:bile] *agg* steuerpflichtig, steuerbar

tassametro [tas'sa:metro] *m* Taxameter *m o nt,* Fahrpreisanzeiger *m;* **~ di parcheggio** Parkuhr *f*

tassare [tas'sa:re] *vt* ① *(redditi)* besteuern ② *(lettere)* mit einer Nachgebühr belegen

tassativo, -a [tassa'ti:vo] *agg* bindend, endgültig

tassazione [tassat'tsio:ne] *f* Besteuerung *f*

tassellatrice [tassella'tri:tʃe] *f* Dübelbohrmaschine *f*

tassello [tas'sɛllo] *m* ① *(blocchetto)* Einsatzstück *nt* ② *(fig)* Mosaikstein *m*

tassì [tas'si] <-> *m* Taxi *nt;* **~ aereo** Lufttaxi *nt*

tassista [tas'sista] <-i *m,* -e *f*> *mf* Taxifahrer(in) *m(f)*

tasso ['tasso] *m* ① COM, FIN Satz *m,* Rate *f;* **~ di mortalità/natalità** Sterblichkeits-/Geburtenrate *f;* **~ d'interesse/di sconto** Zins-/Diskontsatz *m;* **~ d'inflazione** Inflationsrate *f;* **-i di conversione** Umrechnungskurse *mpl* ② ZOO Dachs *m* ③ BOT Eibe *f*, Taxus *m*

tastare [tas'ta:re] *vt* [ab-, be]tasten, [be]fühlen; ~ **il polso** den Puls fühlen; *(fig)* auf den Zahn fühlen; ~ **il terreno** *(fig)* die Lage peilen

tastavino [tasta'vi:no] <-> *m* Probierschale *f* für Wein

tastiera [tas'tiɛ:ra] *f* ① TEC, INFORM Tastatur *f*; **telefono a** ~ Tastentelefon *nt* ② MUS *(di pianoforte)* Tastatur *f*; *(di chitarra)* Griffbrett *nt*

tastierino *m* ~ **numerico** *(computer)* Ziffernblock *m*

tastierino numerico *m (parte della tastiera di un computer)* Ziffernblock *m*

tasto ['tasto] *m* ① *(il tastare)* Tasten *nt* ② TEC Taste *f* ③ MUS *(di pianoforte)* Taste *f*; *(di chitarra)* Griffbrett *nt* ④ *(prelievo)* Probeentnahme *f*

tastoni [tas'to:ni] *avv* tastend, tappend; **procedere a** ~ *(fig)* im Dunkeln tappen

tattica ['tattika] <-che> *f* Taktik *f*

tattico, -a ['tattiko] <-ci, -che> *agg* taktisch

tattile [tat'ti:le] *agg* Tast-; **schermo** ~ Touchscreen *m*, berührungsempfindlicher Bildschirm

tatto ['tatto] *m* ① *(senso)* Tastsinn *m* ② *(fig)* Takt *m*, Fingerspitzengefühl *nt*; **mancanza di** ~ Taktlosigkeit *f*

tatuaggio [tatu'addʒo] <-ggi> *m* Tätowierung *f*

tatuare [tatu'a:re] *vt* tätowieren

taumaturgo, -a [tauma'turgo] <-ghi *o* -gi, -ghe> *m, f* Wundertäter(in) *m(f)*

Tauno ['ta:uno] *m* Taunus *m*

Tauri ['ta:uri] *mpl* Tauern *pl*

taurino, -a [tau'ri:no] *agg* Stier-; **forza -a** Bärenkraft *f*

tauromachia [tauroma'ki:a] <-chie> *f* Stierkampf *m*

tautologia [tautolo'dʒi:a] <-gie> *f* Tautologie *f*

TAV [tea'vu:] *abbr di* **treno ad alta velocità** Hochgeschwindigkeitszug *m*

taverna [ta'vɛrna] *f* Taverne *f*, Schenke *f*

taverniere, -a [taver'niɛ:re] *m, f* ① *(oste)* [Schank]wirt(in) *m(f)* ② *(frequentatore)* Zecher(in) *m(f)*, Zechbruder *m fam*

tavola ['ta:vola] *f* ① *(mobile)* Tisch *m*; ~ **allungabile** Ausziehtisch *m*; ~ **calda** Imbissstube *f*; ~ **fredda** kalte Küche; **mettere a** ~ auftischen; **mettere le carte in** ~ *(fig)* die Karten auf den Tisch legen; **portare in** ~ auftragen; **il pranzo è in** ~ das Mittagessen steht auf dem Tisch ② *(asse)* Brett *nt*; *(lastra)* Tafel *f*; *(piastra)* Platte *f*; ~ **da surf** [*o* **a vela**] Surfbrett *nt* ③ *(pittura)* Bild *nt*, Gemälde *nt*; *(illustrazione)* [Bild]tafel *f* ④ *(tabella)* Tabelle *f*, Übersicht *f*; ~ **numerica** Zahlentabelle *f*

tavolaccio [tavo'lattʃo] <-cci> *m* Pritsche *f*

tavolata [tavo'la:ta] *f* Tafelrunde *f*, Tischgesellschaft *f*

tavolato [tavo'la:to] *m* ① *(assito)* Holzboden *m*; *(parete)* Bretterwand *f* ② GEOG Tafelberg *m*, Hochebene *f*

tavoletta [tavo'letta] *f* ① *(gener)* Täfelchen *nt*; *(assicella)* Brettchen *nt*; **una** ~ **di cioccolata** eine Tafel Schokolade ② *(dipinto)* Bildchen *nt* ③ *(fam)* **andare a** ~ das Gaspedal durchtreten

tavoliere [tavo'liɛ:re] *m (da gioco)* Spieltisch *m*; *(del biliardo)* Billardtisch *m*

tavolino [tavo'li:no] *m* Tischchen *nt*; **lavoro di** ~ *(fig)* Schreibtischarbeit *f*; **a** ~ *(fig)* am grünen Tisch, vom grünen Tisch aus

tavolo ['ta:volo] *m* Tisch *m*; ~ **da disegno** Reißbrett *nt*; ~ **da stiro** Bügelbrett *nt*; ~ **delle trattative** Verhandlungstisch *m*; ~ **portacomputer** Computertisch *m*

tavolozza [tavo'lɔttsa] *f* Palette *f*

taxi ['taksi] <-> *m* Taxi *nt*

tazza ['tattsa] *f* Tasse *f*, Schale *f* A, SÜDD, Häferl *nt* A *fam*; **una** ~ **da caffè** eine Kaffeetasse; **una** ~ **di caffè** eine Tasse Kaffee

tbc, TBC *m abbr di* **tubercolosi** MED Tbc

TCI *m abbr di* **Touring Club Italiano** *italienischer Touring Club*

te [te] *pron pers 2. pers sing* ① *(oggetto)* dich; *(con preposizione)* dich, dir, deiner ② *(soggetto in forme comparative ed esclamative)* du ③ *(complemento di termine davanti a lo, la, li, le, ne)* dir; *(complemento oggetto davanti a lo, la, li, le, ne)* dich

tè [tɛ] <-> *m* Tee *m*; **bustina di** ~ Teebeutel *m*; **biscotti da** ~ Teegebäck *nt*

te' [tɛ] *int* DIAL da, nimm

tea ['tɛ:a] *agg* **rosa** ~ Teerose *f*

team [ti:m] <-> *m* Team *nt*

team leader [ti:m 'li:də] <-> *mf* Teamchef(in) *m(f)*

team manager [ti:m 'mænidʒə] <-> *mf* SPORT Mannschaftsführer(in) *m(f)*

team teaching [ti:m 'ti:tʃiŋ] <-> *m* Teamteaching *nt*

teatino, -a [tea'ti:no] **I.** *agg* ① *(di Chieti)* chietisch, chietinisch ② *(dell'ordine dei monaci)* Theatiner-; **padre** ~ Theatinermönch *m* **II.** *m, f (abitante)* Chietiner(in) *m(f)*

teatrale [tea'tra:le] *agg* ① *(di, da teatro)* Theater- ② *(fig)* theatralisch

teatralità [teatrali'ta] <-> *f* Theatralik *f*

T

teatralizzare [teatralid'dza:re] *vt* theatralisieren
teatro [te'a:tro] *m* Theater *nt; (fig)* Schauplatz *m;* ~ **all'aperto** Freilufttheater *nt;* ~ **di posa** Filmstudio *nt;* ~ **di prosa** Schauspielhaus *nt;* ~ **lirico** Opernhaus *nt*
teatro-tenda [te'a:tro 'tɛnda] *m* Zelttheater *nt*
teca ['tɛ:ka] <-che> *f* Reliquiar *nt*
tecnica ['tɛknika] <-che> *f* Technik *f;* ~ **delle comunicazioni** Kommunikationstechnik *f*
tecnicistico, **-a** [tekni'tʃistiko] <-ci, -che> *agg* technizistisch
tecnico ['tɛkniko] <-ci> *m* Techniker(in) *m(f);* ~ **del suono** Tontechniker *m*
tecnico, **-a** <-ci, -che> *agg* technisch; **linguaggio** ~ Fachsprache *f;* **termine** ~ Fachausdruck *m;* [**assistente**] **tecnico sanitario** medizinisch-technischer Assistent
tecnocrate [tek'nɔ:krate] *mf* Technokrat(in) *m(f),* Techniker(in) *m(f)*
tecnocratico, **-a** [tekno'kra:tiko] <-ci, -che> *agg* technokratisch
tecnocrazia [teknokra'tsi:a] <-ie> *f* Technokratie *f*
tecnofibra [tekno'fi:bra] *f* Synthetikfaser *f*
tecnohouse [teknɔ'haus] *f* MUS Techno *nt*
tecnologia [teknolo'dʒi:a] <-gie> *f* Technologie *f;* **alta** ~ High Tech *nt;* **-gie dolci** sanfte Technologien
tecnologico, **-a** [tekno'lɔ:dʒiko] *agg* technologisch
tecnologizzare [teknolodʒid'dza:re] *vt* technologisieren
teco ['te:ko] *pron (poet)* mit dir
tedescheggiare [tedesked'dʒa:re] *vi* deutschtümeln
tedeschizzare [tedeskid'dza:re] *vt* eindeutschen
tedesco [te'desko] *m sing* Deutsch(e) *nt;* **come si dice in ~?** was heißt das auf Deutsch?; **parla ~?** sprechen Sie Deutsch?
tedesco, **-a** <-schi, -sche> **I.** *agg* deutsch; **la Repubblica Federale Tedesca** die Bundesrepublik Deutschland **II.** *m, f* Deutsche(r) *f(m);* **è** ~ er ist Deutscher
tediare [te'dia:re] *vt (annoiare)* langweilen; *(seccare)* belästigen
tedio ['tɛ:dio] <-i> *m* ① *(noia)* Langeweile *f* ② *(fastidio)* Lästigkeit *f*
tedioso, **-a** [te'dio:so] *agg* ① *(noioso)* langweilig ② *(fastidioso)* lästig
teenager [ti:n'eidʒə] <-> *mf* Teenager *m*
tegame [te'ga:me] *m* [Brat]pfanne *f*
teglia ['teʎʎa] <-glie> *f* Auflaufform *f*
tegola ['te:gola] *f* [Dach]ziegel *m;* ~ **in testa** *(fig)* Schlag *m* ins Gesicht
tegumento [tegu'mento] *m* Hülle *f*

T

teiera [te'iɛ:ra] *f* Teekanne *f*
teina [te'i:na] *f* Thein *nt*
teismo [te'izmo] *m* Theismus *m*
tela ['te:la] *f* ① *(tessuto)* Leinwand *f;* ~ **di canapa** Hanfleinen *nt;* ~ **di cotone** Baumwolleinen *nt,* Kattun *m;* ~ **di lino** Leinen *nt;* ~ **di ragno** Spinnengewebe *nt* ② *(dipinto)* [Leinwand]gemälde *nt* ③ *(fig: trama)* Intrige *f;* **ordire una** ~ Ränke schmieden *geh,* Intrigen spinnen
telaio [te'la:io] <-ai> *m* ① *(per tessitura)* Webstuhl *m* ② *(fig)* Gerüst *nt,* Gestell *nt; (di finestra)* Rahmen *m; (di auto)* Fahrgestell *nt*
telaista [tela'ista] <-i *m,* -e *f*> *mf* MOT Arbeiter(in) *m(f)* bei der Herstellung von Fahrgestellen
telaistico, **-a** [tela'istiko] <-ci, -che> *agg* Fahrgestell-
tele ['tɛ:le] <-> **I.** *f (fam)* Fernsehen *nt* **II.** *m* Tele[objektiv] *nt*
teleabbonato, **-a** [teleabbo'na:to] *m, f* Fernsehteilnehmer(in) *m(f)*
teleallarme [teleal'larme] *m* Fernalarm *m*
telearma [tele'arma] *f* Fernlenkwaffe *f*
teleasta [tele'asta] *f* TV Teleshopping *nt*
teleaudioconferenza [teleaudiokonfe'rɛntsa] *f* Audiokonferenz *f,* Videokonferenz *f*
teleaudiovisivo [teleaudiovi'zi:vo] *m* Teleaudiovision *f*
teleaudiovisivo, **-a** *agg* teleaudiovisuell
telebanking [tele'bɛnking] <-> *m* TEL Telebanking *nt*
teleborsa [tele'borsa] *f* Telebörse *f*
telecamera [tele'ka:mera] *f* Fernsehkamera *f*
telecinecamera [teletʃine'ka:mera] *f* Telefilmkamera *f*
Telecom [telekom] *f* Telekom *f;* ~ **Italia** *italienische Telefongesellschaft*
telecomandare [telekoman'da:re] *vt* fernsteuern
telecomando [teleko'mando] *m* Fernsteuerung *f,* Fernbedienung *f*
Telecom Italia [telekom i'ta:lia] *f italienische Telefongesellschaft*
telecomporre [telekom'porre] <irr> *vt* TYP fernsetzen
telecomunicare [telekomuni'ka:re] *vt* telekommunizieren
telecomunicazione [telekomunikat'tsio:ne] *f* Fernmeldetechnik *f,* Fernmeldewesen *nt*
teleconferenza [telekonfe'rɛntsa] *f* Telekonferenz *f*
telecontrollare [telekontrol'la:re] *vt* fernsteuern, fernbetätigen

telecontrollo [telekon'trɔllo] *m* Fernsteuerung *f,* Fernlenkung *f,* Fernbedienung *f*
telecopia [tele'kɔ:pia] *f* Telekopie *f,* Fernkopie *f*
telecopiare [teleko'pia:re] *vt* telekopieren, fernkopieren
telecopiatrice [telekopia'tri:tʃe] *f* Telefaxgerät *nt,* Fernkopierer *m*
telecopiatura [telekopia'tu:ra] *f* Telefaxsystem *nt,* Telekopieren *nt*
telecrazia [telekra'tsi:a] *f* TV Telekratie *f*
telecronaca [tele'krɔ:naka] *f* Fernsehreportage *f,* Fernsehbericht *m*
telecronista [telekro'nista] *mf* Fernsehreporter(in) *m(f)*
telediffusione [telediffu'zio:ne] *f* Fernsehübertragung *f*
teledistribuzione [teledistribut'tsio:ne] *f* Kabelrundfunk *m,* Kabelfernsehen *nt*
teleelaborazione [teleelaborat'tsio:ne] *f* Datenfernübertragung *f,* Teleprocessing *nt*
telefax ['te:lefaks] <-> *m* Telefax *nt*
teleferica [tele'fɛ:rika] <-che> *f* Schwebebahn *f*
telefilm [tele'film] *m* Fernsehfilm *m*
telefonare [telefo'na:re] **I.** *vt* [telefonisch] durchgeben **II.** *vi* ~ **a qu** mit jdm telefonieren, jdn anrufen
telefonata [telefo'na:ta] *f* [Telefon]anruf *m,* Telefongespräch *nt;* ~ **interurbana** Ferngespräch *nt;* ~ **urbana** Ortsgespräch *nt;* ~ **in teleselezione** Selbstwählferngespräch *nt;* **fare una ~ a qu** jdn anrufen
telefonia [telefo'ni:a] *f* Telefonieren *nt;* ~ **fissa** Telefonieren im Festnetz; ~ **via Internet** Telefonieren übers Internet; ~ **mobile** Mobilfunk *m*
telefonico, -a [tele'fɔ:niko] <-ci, -che> *agg* telefonisch, Telefon-; **scheda -a** Telefon[magnet]karte *f,* Chipkarte *f;* **cabina ~** Telefonzelle *f;* **elenco ~** Telefonbuch *nt*
telefonino [telefo'ni:no] *m* Handy *nt*
telefonista [telefo'nista] <-i *m,* -e *f*> *mf* Telefonist(in) *m(f); (operaio)* Fernmeldetechniker(in) *m(f)*
telefono [te'lɛ:fono] *m* Telefon *nt,* Fernsprecher *m;* ~ **amico** Telefonseelsorge *f;* ~ **azzurro** Sorgentelefon *nt* [des Kinderschutzbundes]; ~ **cellulare** Mobiltelefon; ~ **senza filo** schnurloses Telefon; ~ **fisso** Festnetztelefon; ~ **a tastiera** Tastentelefon; ~ **a scheda magnetica** Kartentelefon; **bolletta del ~** Telefonrechnung *f;* **dare un colpo di ~ a qu** *(fam)* jdn kurz anrufen; **chiamare dal ~ fisso** vom [*o* aus dem] Festnetz anrufen
telefoto [tele'fɔ:to] *f* ❶ *(sistema)* Bildfunk *m* ❷ *(fotografia)* Funkbild *nt*
telegenico, -a [tele'dʒɛ:niko] <-ci, -che> *agg* telegen
telegiornale [teledʒor'na:le] *m* Tagesschau *f,* Fernsehnachrichten *fpl*
telegrafare [telegra'fa:re] *vt, vi* telegrafieren
telegrafia [telegra'fi:a] *f* Telegrafie *f*
telegrafico, -a [tele'gra:fiko] <-ci, -che> *agg* telegrafisch; **stile ~** Telegrammstil *m*
telegrafo [te'lɛ:grafo] *m* ❶ *(apparecchio)* Telegraf *m;* ~ **morse** Morsegerät *nt* ❷ *(ufficio)* Telegrafenamt *nt*
telegramma [tele'gramma] <-i> *m* Telegramm *nt*
teleguida [tele'gui:da] *f* Fernsteuerung *f,* Fernlenkung *f*
teleguidare [telegui'da:re] *vt* fernsteuern, fernlenken
teleinformatica [teleinfor'ma:tika] *f* Teleinformatik *f*
telelavorare [telelavo'ra:re] *vi* INFORM Telearbeit ausüben
telelavoratore, -trice [telelavora'to:re] *m, f* INFORM Telearbeiter(in) *m(f)*
telelavoro [telela'vo:ro] *m* INFORM Telearbeit *f,* Bildschirmarbeit *f*
telelibera [tele'li:bera] *f* privater Fernsehsender
telematica [tele'ma:tika] <-che> *f* Telematik *f*
telematico, -a [tele'ma:tiko] <-ci, -che> *agg* telematisch; **giornale ~** INFORM elektronische Zeitung
telematizzazione [telematiddzat'tsio:ne] *f* Umstellen *nt* auf telematischen Betrieb
telemedicina [telemedi'tʃi:na] *f* Telemedizin *f,* Fernmedizin *f*
telemessaggio [telemes'saddʒo] <-ggi> *m* Fernsehansprache *f*
telemetro [te'lɛ:metro] *m* Entfernungsmesser *m*
telenews [tɛli'nju:z] *fpl* Fernsehnachrichten *fpl*
telenovela [teleno'vɛla] *f* Seifenoper *f,* Telenovela *f*
teleobiettivo [teleobiet'ti:vo] *m* Teleobjektiv *nt*
teleoperativo, -a [teleopera'ti:vo] *agg* teleoperativ
teleordering [te'leɔrdering] <-> *m* INFORM Online-Handel *m*
telepass® [tele'pas] *m elektronisches Zahlungssystem, bei dem Autobahngebühren direkt vom Konto abgebucht werden*
telepatia [telepa'ti:a] <-ie> *f* Telepathie *f*
telepatico, -a [tele'pa:tiko] <-ci, -che> *agg* telepathisch
telepilotaggio [telepilo'taddʒo] *m* Flugzeugfernsteuerung *f*

T

telepilotare [telepilo'taːre] *vt* fernsteuern, fernlenken
teleprocessing [tɛli'prousesiŋ] <-> *m* Datenfernverarbeitung *f*
teleprogramma [telepro'gramma] *m* Fernsehprogramm *nt*
telepromozione [telepromot'tsioːne] *f* PUBL Telefonmarketing *nt,* Telefonwerbung *f*
telequiz [tele'kuits] *m* Fernsehquiz *nt*
teleradiotrasmettere [teleradiotraz'mettere] <irr> *vt* [gleichzeitig] durch Funk und Fernsehen übertragen
teleregolare [telerego'laːre] *vt* fernbedienen, fernsteuern
teleria [tele'riːa] <-ie> *f* ① *(assortimento)* Weißwaren *f pl,* Leinenwaren *f pl* ② *pl (negozio)* Weißwarengeschäft *nt*
teleripetitore [teleripeti'toːre] *m* Fernverstärker *m*
teleriscaldamento [teleriskalda'mento] *m* Fernheizung *f*
teleromanzo [telero'mandzo] *m* Romanverfilmung *f*
teleschermo [teles'kermo *o* teles'kɛrmo] *m* Bildschirm *m*
telescopico, -a [teles'kɔːpiko] <-ci, -che> *agg* teleskopisch, Teleskop-
telescopio [teles'kɔːpio] <-i> *m* Fernrohr *nt,* Teleskop *nt*
telescrivente [teleskri'vɛnte] **I.** *agg* fernschriftlich **II.** *f* Fernschreiber *m*
teleselezione [teleselet'tsioːne] *f* Selbstwählferndienst *m,* Durchwählverbindung *f*
telespettatore, -trice [telespetta'toːre] *m, f* Fernsehzuschauer(in) *m(f),* Fernsehzuseher(in) *m(f)* A
teletex [tele'tɛks] <-> *m* Fernschreiben *nt,* Teletex *nt*
teletext [tele'tɛkst] <-> *m* Videotext *m,* Bildschirmzeitung *f*
teletrasmettere [teletraz'mettere] <irr> *vt* im Fernsehen übertragen
teletrasmissione [teletrazmis'sioːne] *f* Fernsehübertragung *f*
teletrasmittente [teletrazmit'tɛnte] *f* Fernsehsender *m*
teleutente [teleu'tɛnte] *mf* Fernsehteilnehmer(in) *m(f)*
televendita [tele'vendita] *f* Fernsehverkauf *m*
televenditore, -trice [televendi'toːre] *m, f* Verkäufer(in) *m(f),* der [die] über das Fernsehen verkauft
televideo [tele'viːdeo] <-> *m* Videotext *m,* Bildschirmzeitung *f*
televisione [televi'zioːne] *f* ① *(sistema)* Fernsehen *nt;* ~ **via cavo** Kabelfernsehen; **alla** ~ im Fernsehen; **guardare la** ~ fernsehen ② *(fam: televisore)* Fernseher *m,* Fernsehen *nt fam;* ~ **a colori** Farbfernsehen
televisivo, -a [televi'ziːvo] *agg* Fernseh-
televisore [televi'zoːre] *m* Fernsehgerät *nt,* Fernseher *m fam;* ~ **al plasma** Plasmafernseher *m*
telex ['tɛːleks] <-> *m* Telex *nt,* Fernschreiben *nt*
telferaggio [telfe'raddʒo] <-ggi> *m* Seilschwebebahn *f*
tellurico, -a [tel'luːriko] <-ci, -che> *agg* tellurisch
telo ['teːlo] *m* [Stoff]bahn *f;* ~ **da tenda** Zeltbahn *f*
telone [te'loːne] *m* ① *(copertone)* Plane *f;* ~ **di salvataggio** Sprungtuch *nt* ② *(schermo)* Leinwand *f* ③ *(sipario)* Vorhang *m*
tema ['tɛːma] <-i> *m* ① *(argomento)* Thema *nt;* **andare fuori** ~ das Thema verfehlen ② *(componimento scolastico)* Aufsatz *m* ③ LING Stamm *m*
tematica [te'maːtika] <-che> *f* Thematik *f*
tematico, -a [te'maːtiko] <-ci, -che> *agg* ① LING Stamm- ② MUS thematisch
temeraria *f v.* **temerario**
temerarietà [temerarie'ta] <-> *f* Tollkühnheit *f,* Verwegenheit *f*
temerario, -a [teme'raːrio] <-i, -ie> **I.** *agg* tollkühn **II.** *m, f* Verwegene(r) *f(m)*
temere [te'meːre] **I.** *vt* ① *(avere timore)* fürchten, Angst haben vor +*dat;* *(fig a.)* befürchten ② *(fig: freddo)* scheuen, nicht vertragen können **II.** *vi* ① *(essere preoccupato)* ~ **per qu/qc** sich um jdn/etw sorgen; **non ~!** keine Angst! ② *(nutrire dubbi)* ~ **di qu/qc** an jdm/etw zweifeln
temerità [temeri'ta] <-> *f* Tollkühnheit *f*
temibile [te'miːbile] *agg* zu fürchten
tempario [tem'pario] *m* Arbeitszeitliste *m*
temperalapis [tempera'laːpis], **temperamatite** [temperama'tiːte] <-> *m* Bleistiftspitzer *m*
temperamento [tempera'mento] *m (indole)* Temperament *nt*
temperante [tempe'rante] *agg* mäßig, enthaltsam
temperanza [tempe'rantsa] *f* Mäßigkeit *f,* Enthaltsamkeit *f*
temperare [tempe'raːre] *vt* ① *(mitigare)* mäßigen, mildern; *(passione)* zügeln ② *(metallo)* härten; *(matita)* spitzen
temperato, -a [tempe'raːto] *agg* gemäßigt, maßvoll
temperatura [tempera'tuːra] *f* Temperatur *f;* ~ **in aumento** steigende Temperatur; ~ **in diminuzione** fallende Temperatur; ~ **di ebollizione** Siedepunkt *m;* **sbalzo di** ~ Temperaturschwankung *f*

temperie [tem'pɛːrie] *f* ① METEO Witterung *f* ② *(fig)* Atmosphäre *f*
temperino [tempe'riːno] *m* ① *(per matite)* Spitzer *m* ② *(coltello)* Taschenmesser *nt*
tempesta [tem'pɛsta] *f* Unwetter *nt*, Sturm *m;* **c'è aria di ~** *(fig)* hier ist dicke Luft *fam*
tempestare [tempes'taːre] **I.** *vt* bearbeiten, traktieren **II.** *vi (impersonale)* stürmen
tempestato, -a [tempes'taːto] *agg* übersät, dicht besetzt
tempestina [tempes'tiːna] *f* GASTR *kleine Suppennudeln*
tempestività [tempestivi'ta] <-> *f* Rechtzeitigkeit *f*
tempestivo, -a [tempes'tiːvo] *agg* prompt
tempestoso, -a [tempes'toːso] *agg (a. fig)* stürmisch; *(cielo)* sturmbewegt; *(vita)* bewegt
tempia ['tɛmpia] <-ie> *f* Schläfe *f*
tempio ['tɛmpio] <-i *o* templi> *m* Tempel *m*
tempismo [tem'pizmo] *m* Timing *nt*
templi ['tɛmpli] *pl di* **tempio**
tempo ['tɛmpo] *m* ① *(gener)* Zeit *f;* **~ legale** Sommerzeit *f;* **~ libero** Freizeit *f;* **~ reale** Echtzeit *f;* **ammazzare il ~** die Zeit totschlagen; **dar ~ al ~** sich *dat* Zeit lassen; **fare il buono e il cattivo ~** *(fig)* den Ton angeben; **ai miei -i** zu meiner Zeit; **a ~ pieno** Vollzeit-; **in ~** rechtzeitig; **in un primo ~** anfangs; **per ~** zeitig, früh; **un ~** früher, einst; **~ fa** vor einiger Zeit; **con i -i che corrono** heutzutage; **quanto ~?** wie lange?; **il ~ è denaro** [*o* **moneta**] *(prov)* Zeit ist Geld; **chi ha ~ non aspetti ~** *(prov)* was du heute kannst besorgen, das verschiebe nicht auf morgen ② METEO Wetter *nt;* **previsioni del ~** Wettervorhersage *f;* **~ da cani** [*o* **da lupi**] Hundewetter *nt fam* ③ *(epoca)* Zeit *f;* **al ~** [*o* **ai -i**] **di Carlo Magno** zur Zeit Karls des Großen ④ LING Tempus *nt*, Zeit[form] *f* ⑤ MUS Tempo *nt;* **andare a ~** im Takt bleiben; **andare fuori ~** aus dem Takt kommen; **a ~ di valzer** im Walzertakt ⑥ *(di motore)* Takt *m* ⑦ SPORT Halbzeit *f*, Spielhälfte *f;* **-i supplementari** SPORT Spielverlängerung *f* ⑧ *(di spettacolo)* Teil *m*
temporale [tempo'raːle] **I.** *agg* ① *(gener)* zeitlich; REL, POL weltlich; **il potere ~** der Kirchenstaat ② LING Temporal- ③ ANAT Schläfen- **II.** *m* METEO Gewitter *nt*
temporalesco, -a [tempora'lesko] <-schi, -sche> *agg* Gewitter-, gewittrig
temporalistico, -a [tempora'listiko] <-ci, -che> *agg* das weltliche Machtbestreben der katholischen Kirche betreffend
temporaneo, -a [tempo'raːneo] *agg* vorübergehend, zeitweilig
temporeggiare [tempored'dʒaːre] *vi* zögern, abwarten
temporizzatore [temporiddza'toːre] *m* Zeitgeber *m*
tempra ['tɛmpra] *f* ① *(gener,* TEC Härten *nt*, Härtung *f; (durezza)* Härte *f; (di lama)* Schärfe *f* ② *(fig)* Schlag *m*, Art *f*
temprare [tem'praːre] *vt* ① TEC härten; **acciaio temprato** Edelstahl *m* ② *(fig)* abhärten, stählen *geh*
TEN *abbr di* **treno Trans Euro Notte** TEN
tenace [te'naːtʃe] *agg* ① *(sodo)* zäh; *(duro)* fest ② *(fig)* hartnäckig, zäh
tenacia [te'naːtʃa] <-cie> *f* Zähigkeit *f*
tenacità [tenatʃi'ta] <-> *f* ① *(solidità)* Festigkeit *f; (di lana)* Reißfestigkeit *f* ② *(fig)* Zähigkeit *f*
tenaglia [te'naʎʎa] *f* ① TEC Zange *f;* **un paio di -e** eine Zange ② *(fam)* ZOO Scheren *fpl*
tenda ['tɛnda] *f* ① *(telo)* Vorhang *m; (di negozio)* Markise *f* ② *(da campeggio)* Zelt *nt* ③ **~ a ossigeno** Sauerstoffzelt *nt*
tendenza [ten'dɛntsa] *f* Neigung *f*, Tendenz *f*
tendenziale [tenden'tsiaːle] *agg* tendenziell
tendenziosità [tendentsiosi'ta] <-> *f* Parteilichkeit *f*
tendenzioso, -a [tenden'tsioːso] *agg* tendenziös
tendere ['tɛndere] <tendo, tesi, teso> **I.** *vt* ① *(tirare)* spannen; *(distendere)* aufspannen; *(muscoli)* anspannen; *(reti)* auslegen; **~ un tranello** *(fig)* eine Falle stellen ② *(mano)* reichen, hinstrecken; *(braccio)* [aus]strecken; **~ l'orecchio** die Ohren spitzen **II.** *vi* ① *(aspirare)* **~ a qc** nach etw streben ② *(fig)* **~ a qc** zu etw neigen; *(colori)* in etw *akk* übergehen, in Richtung … gehen
tendina [ten'diːna] *f (per finestre)* Gardine *f*, Vorhang *m*
tendine ['tɛndine] *m* Sehne *f*
tendinite [tendi'niːte] *f* Sehnenentzündung *f*
tendiscarpe [tendis'karpe] <-> *m* Schuhspanner *m*
tenditore [tendi'toːre] *m* Spannvorrichtung *f*
tendone [ten'doːne] *m* Plane *f; (di circo)* Zirkuszelt *nt*
tendopoli [ten'dɔːpoli] <-> *f* Zeltstadt *f*
tenebre ['tɛːnebre] *fpl* Finsternis *f; (fig a.)* Nacht *f*, Dunkel *nt;* **vivere nelle ~ del Medioevo** *(fig)* im tiefsten Mittelalter leben

tenebroso, **-a** [tene'bro:so] *agg* finster, dunkel

tenente [te'nɛnte] *m* Oberleutnant *m*

tenere [te'ne:re] <tengo, tenni, tenuto> **I.** *vt* ① *(avere in mano)* halten; *(non lasciar fuggire)* behalten ② *(mantenere)* einhalten; **~ la finestra aperta** das Fenster offen lassen; **~ il posto per qu** für jdn den Platz freihalten; **~ la lingua a freno** die Zunge im Zaume halten; **~ al fresco** *(cibi)* kühl aufbewahren; *(fig fam: in galera)* hinter schwedischen Gardinen halten; **-rsi amico qu** jds Freundschaft bewahren; **~ qc da conto** etw aufbewahren ③ *(contenere)* enthalten ④ *(discorso)* halten; *(conferenza)* [ab]halten ⑤ *(fig: contegno)* haben, an sich *dat* haben ⑥ *(fig: occupare)* einnehmen; *(dominare)* beherrschen ⑦ *(loc)* **~ conto di qc** etw berücksichtigen; **~ compagnia** Gesellschaft leisten; **~ duro** *(fam)* hart bleiben; **~ d'occhio qu** jdn im Auge behalten; **~ la destra/sinistra** sich rechts/links halten; **l'auto tiene bene la strada** das Auto hat eine gute Straßenlage **II.** *vi* halten; **~ a qc** auf etw *akk* Wert legen; **~ per un partito** zu einer Partei halten; **tengo a …** *+inf* es liegt mir daran zu … *+inf* **III.** *vr* **-rsi** ① *(reggersi, considerarsi)* sich halten; **-rsi in piedi** sich auf den Beinen halten ② *(trattenersi)* sich enthalten; **-rsi dal ridere** sich *dat* das Lachen verbeißen

tenerezza [tene'rettsa] *f* ① *(l'essere tenero)* Zartheit *f,* Weichheit *f* ② *(fig)* Zärtlichkeit *f*

tenero ['tɛ:nero] *m* ① *(parte tenera)* Zarte(s) *nt,* Weiche(s) *nt* ② *(fig)* zärtliches Gefühl, Zuneigung *f*

tenero, **-a** *agg* zart, weich; *(fig)* zärtlich; *(età)* zart

tengo ['tɛŋgo] *1. pers sing pr di* **tenere**

tenia ['tɛ:nia] <-ie> *f* Bandwurm *m*

tenni ['tenni] *1. pers sing pass rem di* **tenere**

tennis ['tɛnnis] <-> *m* Tennis *nt;* **~ da tavolo** Tischtennis *nt*

tennista [ten'nista] <-i *m,* -e *f*> *mf* Tennisspieler(in) *m(f)*

tennistico, **-a** [ten'nistiko] <-ci, -che> *agg* Tennis-

tenor ['tɛnor] <-> *m* MUS Tenor *m*

tenore [te'no:re] **I.** *agg* Tenor-; **sax ~** Tenorsaxofon *nt* **II.** *m* ① MUS Tenor *m* ② *(quantità)* Gehalt *m* ③ *(modo)* Haltung *f; (espressione)* Ausdrucksweise *f; (tono)* Tenor *m; (contenuto)* Wortlaut *m;* **~ di vita** Lebensstandard *m*

tenoron ['tɛ:noron] <-> *m* MUS Tenorfagott *nt*

tensione [ten'sio:ne] *f* ① EL Spannung *f;* **alta/bassa ~** Hoch-/Niederspannung *f* ② *(fig)* Erregung *f,* [An]spannung *f*

tentabile [ten'ta:bile] *agg* zu versuchen; *(fig)* den Versuch wert; **tentare il ~** nichts unversucht lassen

tentacolo [ten'ta:kolo] *m* ① ZOO Fühler *m; (di polipo)* Fangarm *m* ② *pl (fig)* Fänge *mpl*

tentare [ten'ta:re] *vt* ① *(provare)* versuchen; *(sperimentare)* [aus]probieren ② *(fig: indurre)* in Versuchung führen; *(mettere alla prova)* auf die Probe stellen

tentativo [tenta'ti:vo] *m* Versuch *m*

tentatore, **-trice** [tenta'to:re] **I.** *agg* verführerisch **II.** *m, f* Verführer(in) *m(f)*

tentazione [tentat'tsio:ne] *f* Versuchung *f;* **indurre in ~** in Versuchung führen

tentenna [ten'tenna] <-> *mf (scherz)* Zauderer *m/* Zauderin *f*

tentennamento [tentenna'mento] *m (a. fig)* Schwanken *nt*

tentennare [tenten'na:re] **I.** *vt (capo)* schütteln **II.** *vi* ① *(vacillare)* wackeln, schwanken ② *(fig)* schwanken, zögern

tentennio [tenten'ni:o] <-ii> *m* Wackeln *nt; (fig)* Schwanken *nt*

tentone [ten'to:ne], **tentoni** [ten'to:ni] *avv* tastend[erweise]; *(fig a.)* blindlings; **camminare** [**a**] **~** sich vorwärtstasten

tenue ['tɛ:nue] *agg* ① *(sottile)* dünn, fein ② *(fig: speranza)* schwach; *(voce)* dünn; *(colore)* zart, matt; *(luce)* schwach, matt

tenuità [tenui'ta] <-> *f* Feinheit *f,* Zartheit *f*

tenuta [te'nu:ta] *f* ① *(il tenere)* Halten *nt;* TEC Führung *f;* **~ di strada** MOT Straßenlage *f* ② *(di recipiente)* Undurchlässigkeit *f;* **a ~ d'acqua** wasserdicht; **a ~ stagna** vollkommen undurchlässig, dicht ③ *(capacità)* Fassungsvermögen *nt* ④ *(possedimento agricolo)* Landgut *nt* ⑤ *(abito)* [Dienst]anzug *m; (uniforme)* Uniform *f;* SPORT Trikot *nt,* Dress *m;* **~ di fatica** Schutzanzug *m* ⑥ SPORT *(resistenza)* Ausdauer *f; (nel pugilato)* Klammern *nt*

tenutario, **-a** [tenu'ta:rio] <-i, -ie> *m, f* ① *(di casino)* Bordellbesitzer(in) *m(f)* ② *(di bisca)* Spielhöllenbesitzer(in) *m(f)*

tenuto, **-a** [te'nu:to] **I.** *pp di* **tenere** **II.** *agg* **essere ~ a fare qc** verpflichtet sein, etw zu tun

teocrazia [teokrat'tsi:a] <-ie> *f* Theokratie *f*

teodolite [teodo'li:te] *m* Theodolit *m*

teologa *f v.* **teologo**

teologale [teolo'ga:le] *agg* Theologie-, theologisch

teologia [teolo'dʒiːa] <-gie> *f* Theologie *f*
teologico, **-a** [teo'lɔːdʒiko] <-ci, -che> *agg* theologisch
teologo, **-a** [te'ɔːlogo] <-ghi, -ghe> *m, f* Theologe *m*/Theologin *f*
teorema [teo'rɛːma] <-i> *m* Lehrsatz *m*, Theorem *nt*
teoretico, **-a** [teo'rɛːtiko] <-ci, -che> *agg* theoretisch
teoria [teo'riːa] <-ie> *f (ipotesi)* Theorie *f; (dottrina)* Lehre *f;* **in** ~ theoretisch
teorico, **-a** [te'ɔːriko] <-ci, -che> **I.** *agg* theoretisch **II.** *m, f* Theoretiker(in) *m(f)*
teorizzare [teorid'dzaːre] *vi* theoretisieren
teosofia [teozo'fiːa] <-ie> *f* Theosophie *f*
tepore [te'poːre] *m* milde Wärme, Lauheit *f*
teppa ['teppa] *f* Unterwelt *f*
teppaglia [tep'paʎʎa] <-glie> *f (pej)* Verbrecherpack *nt*
teppismo [tep'pizmo] *m* Verbrechertum *nt*
teppista [tep'pista] <-i *m*, -e *f*> *mf* Gangster *m*
teramano, **-a** [tera'maːno] **I.** *agg* teramanisch **II.** *m, f (abitante)* Teramaner(in) *m(f)*
Teramano *m sing* Umgebung *f* von Teramo
Teramo *f* Teramo *nt (Stadt in den Abruzzen)*
terapeuta [tera'pɛːuta] <-i *m*, -e *f*> *mf* Therapeut(in) *m(f)*
terapeutica [tera'pɛːutika] <-che> *f* Therapeutik *f*
terapeutico, **-a** [tera'pɛːutiko] <-ci, -che> *agg* therapeutisch
terapia [tera'piːa] <-ie> *f* Therapie *f;* ~ **del dolore** Schmerztherapie *f;* ~ **d'urto** Stoßtherapie *f*
terapista [tera'pista] <-i *m*, -e *f*> *mf* Heilkundige(r) *f(m)*
tergere ['tɛrdʒere] <tergo, tersi, terso> *vt (poet)* [ab]trocknen, abwischen
tergicristallo [terdʒikris'tallo] *m* MOT Scheibenwischer *m*
tergilavalunotto [terdʒilavalu'nɔtto] *m* MOT Heckscheibenwischanlage *f*
tergilunotto [terdʒilu'nɔtto] *m* MOT Heckscheibenwischer *m*
tergiversare [terdʒiver'saːre] *vi* Ausflüchte machen
tergo ['tɛrgo] <-ghi> *m (di foglio, moneta)* Rückseite *f;* **a** ~ hinten; *(nei rinvii)* auf der Rückseite; **vedi a** ~ siehe Rückseite
termale [ter'maːle] *agg* Thermal-; **stazione** ~ Kurort *m*
termalista [terma'lista] <-i *m*, -e *f*> *agg* Thermal-
terme ['tɛrme] *fpl* Thermalbad *nt;* HIST Thermen *fpl*
termico, **-a** ['tɛrmiko] <-ci, -che> *agg* thermisch, Wärme-; **energia -a** Wärme[energie] *f;* **variazioni -che** Temperaturschwankungen *fpl*
terminal ['təːminəl *o* 'tɛrminal] <-> *m* [Air]terminal *m o nt*
terminale [termi'naːle] **I.** *agg* End-, Grenz-; **pietra** ~ Grenzstein *m;* **stazione** ~ Endstation *f* **II.** *m* ❶ *(estremità)* Ende *nt;* TEC Anschluss[stück *nt*] *m* ❷ INFORM Terminal *nt* ❸ AERO Terminal *m o nt*
terminare [termi'naːre] **I.** *vt avere* beenden, abschließen; *(lavoro)* fertigstellen **II.** *vi essere* zu Ende gehen, aufhören
terminazione [terminat'tsioːne] *f* ❶ *(conclusione)* Abschluss *m* ❷ *(punto terminale)* Endpunkt *m* ❸ LING Endung *f*
termine ['tɛrmine] *m* ❶ *(limite)* Grenze *f* ❷ *(confine)* Grenzlinie *f*, Grenzstein *m* ❸ *(di tempo)* Termin *m*, Frist *f;* **a breve** ~ kurzfristig ❹ *(fine)* Ende *nt*, Schluss *m;* **aver** ~ enden; **condurre a** ~ zu Ende führen; **volgere al** ~ dem Ende zugehen ❺ *(vocabolo)* Terminus *m*, [Fach]ausdruck *m*, Begriff *m;* ~ **tecnico** Fachausdruck *m* ❻ MAT Glied *nt*, Term *m;* **ridurre ai minimi -i** auf ein Minimum reduzieren
terminologia [terminolo'dʒiːa] <-gie> *f* Terminologie *f*
termitaio [termi'taːio] <-ai> *m* Termitenhügel *m*
termite ['tɛrmite] *f* Termite *f*
termoaderente [termoade'rɛnte] *agg* heißhaftfähig
termoadesivo, **-a** [termoade'ziːvo] *agg* heißklebfähig
termoconvertitore [termokonverti'toːre] *m* Wärmekonverter *m*
termodistruttore [termodistrut'toːre] *m* Müllverbrennungsanlage *f*
termoelastico, **-a** [termoe'lastiko] <-ci, -che> *agg* wärmeelastisch
termoelettrico, **-a** [termoe'lɛttriko] *agg* thermoelektrisch; **centrale -a** Wärmekraftwerk *nt*
termoelettronico, **-a** [termoelet'trɔːniko] *agg* thermoelektronisch; **tubo** ~ Elektronenröhre *f*
termofisica [termo'fiːzika] *f* PHYS Thermophysik *f*
termoforo [ter'mɔːforo] *m* Heizkissen *nt*
termoisolante [termoizo'lante] **I.** *agg* wärmeisolierend **II.** *m* Wärmeisolator *m*
termometro [ter'mɔːmetro] *m* Thermometer *nt*
termonucleare [termonukle'aːre] *agg* thermonuklear
termoreattore [termoreat'toːre] *m* Wärmereaktor *m*

T

termoresistente [termorezi'stɛnte] *agg* hitzebeständig
termos ['tɛrmos] <-> *m* Thermosflasche® *f*
termosaldatura [termosalda'tu:ra] *f* Warmschweißung *f*
termosifone [termosi'fo:ne] *m* ❶ *(radiatore)* Heizkörper *m*, Radiator *m* ❷ *(impianto)* Zentralheizung *f*
termostabile [termo'sta:bile] *agg* thermostabil, wärmebeständig
termostabilizzare [termostabilid'dza:re] *vt* CHEM, TEC thermostabilisieren, wärmestabilisieren
termostabilizzato, **-a** [termostabilid'dza:to] *agg* wärmestabil
termostabilizzazione [termostabiliddzat'sio:ne] *f* CHEM, TEC Wärmestabilisierung *f*
termostatico, **-a** [termos'ta:tiko] <-ci, -che> *agg* thermostatisch
termostato [ter'mɔ:stato] *m* Thermostat *m*
termotecnico, **-a** [termo'tɛkniko] <-ci, -che> *agg* wärmetechnisch
termovalorizzatore [termovaloriddzat'to:re] *f* Müllverbrennungsanlage *f (mit Energiegewinnung)*
termovalorizzazione [termovaloriddzat'tsio:ne] *f* thermische Abfallbehandlung
termoventilazione [termoventilat'tsio:ne] *f* Warmluftheizung *f*
terms of trade ['tə:ms ɔf 'treid] *mpl* Terms of Trade *pl*, Austauschverhältnis *nt* im Außenhandel
terna ['tɛrna] *f* Dreierreihe *f*, Dreieranzahl *f*
ternano, **-a** [ter'nano] **I.** *agg* ternanisch **II.** *m, f (abitante)* Ternaner(in) *m(f)*
Ternano *m sing* Umgebung *f* von Terni
ternario, **-a** [ter'na:rio] <-i, -ie> *agg* ❶ *(di tre elementi)* dreifach, Drei[er]- ❷ *(verso)* dreisilbig ❸ CHEM ternär
T
Terni ['tɛrni] *f* Terni *nt (Stadt in Umbrien)*
terno ['tɛrno] *m* Terne *f*; **fare** ~ eine Dreierkombination haben; ~ **al lotto** Hauptgewinn *m* im Lotto; *(fig)* Glückstreffer *m*
terotecnologia [teroteknolo'dʒi:a] *f* Terotechnologie *f*
terotecnologico, **-a** [terotekno'lɔ:dʒiko] <-ci, -che> *agg* terotechnologisch
terotecnologo, **-a** [terotek'nɔ:logo] <-gi, -ghe> *m, f* Terotechnologe *m*/-technologin *f*
terra ['tɛrra] *f* ❶ *(pianeta)* Erde *f*; **gli abitanti della** ~ die Erdenbürger *mpl* ❷ *(suolo)* Erde *f*, [Erd]boden *m*; **-e emerse** Land *nt* der Kontinente und der Inseln; **andare per** ~ zu Boden gehen, fallen; **avere una gomma a** ~ einen Platten haben *fam*; **essere a** ~ *(fig)* am Boden zerstört sein; **mettere qu a** ~ *(fig)* jdn zugrunde [*o* zu Grunde] richten; **sentirsi mancare la ~ sotto i piedi** den Boden unter den Füßen verlieren; **raso** ~ haarscharf über dem Boden ❸ *(campagna)* Land *nt*; *(tenuta)* Ländereien *fpl*, Landbesitz *m*; ~ **di nessuno** Niemandsland *nt* ❹ EL Erde *f*, Erdung *f*; **mettere a** ~ erden
terra-aria ['tɛrra 'a:ria] *agg inv* Luft-Boden-
terracotta [terra'kɔtta] <terrecotte> *f* ❶ *(materiale)* Ton[erde *f*] *m* ❷ *(manufatto)* Terrakotta *f*
terracqueo [ter'rakkueo] *v.* **terraqueo**
terraferma [terra'ferma] <-> *f* Festland *nt*
terraglia [ter'raʎʎa] <-glie> *f* Steingut *nt*
terrapieno [terra'piɛ:no] *m* Erdwall *m*, -damm *m*
terraqueo, **-a** [ter'ra:kueo] *agg* **globo** ~ Erdkugel *f*
terrazza [ter'rattsa] *f* Terrasse *f*
terrazzino [terrat'tsi:no] *m* Balkon *m*
terrazzo [ter'rattso] *m* ❶ *(terrazza)* Terrasse *f* ❷ *(balcone)* Balkon *m*
terrecotte *pl di* **terracotta**
terremotato, **-a** [terremo'ta:to] **I.** *agg* erdbebengeschädigt **II.** *m, f* Erdbebenopfer *nt*
terremoto [terre'mɔ:to] *m* ❶ *(vibrazione della terra)* Erdbeben *nt* ❷ *(fig)* Umsturz *m* ❸ *(fig, scherz: persona)* Quecksilber *nt*, Wildfang *m*
terreno [ter're:no] *m* ❶ *(gener)* Land *nt*, Gelände *nt* ❷ AGR Boden *m*, Land *nt* ❸ *(fondo)* Grundstück *nt*; ~ **fabbricabile** Bauland *nt*, Baugrundstück *nt* ❹ *(suolo)* Boden *m*, Erde *f*; **guadagnare/perdere** ~ *(fig)* [an] Boden gewinnen/verlieren; **sentirsi mancare il ~ sotto i piedi** den Boden unter den Füßen verlieren ❺ SPORT [Spiel]feld *nt* ❻ MIL Gelände *nt* ❼ *(piano)* Erdgeschoss *nt* ❽ *(fig)* Gebiet *nt*, Terrain *nt*
terreno, **-a** *agg* irdisch, weltlich; **pian** ~ Erdgeschoss *nt*
terreo, **-a** ['tɛrreo] *agg* erdfarben
terrestre [ter'rɛstre] **I.** *agg* ❶ *(relativo alla terra)* Erd-; *(guerra, animale)* Land- ❷ *(fig)* REL irdisch, weltlich **II.** *mf* Erd[en]bewohner(in) *m(f)*
terribile [ter'ri:bile] *agg* schrecklich, entsetzlich
terriccio [ter'rittʃo] <-cci> *m* Gartenerde *f*
terriero, **-a** [ter'riɛ:ro] *agg* Land-, Grund-
terrificante [terrifi'kante] *agg* schreckenerregend
terrificare [terrifi'ka:re] *vt* erschrecken
terrina [ter'ri:na] *f* Schüssel *f*, Terrine *f*
territoriale [territo'ria:le] *agg* territorial,

Gebiets-; **acque -i** Hoheitsgewässer *ntpl;* **confini -i** Landesgrenzen *fpl*

territorio [terri'tɔːrio] <-i> *m* Gebiet *nt,* Territorium *nt;* **~ nazionale** [*o* **dello Stato**] Hoheitsgebiet *nt*

terrò [ter'rɔ] *1. pers sing futuro di* **tenere**

terrone, -a [ter'roːne] *m, f (pej) Schimpfwort der Norditaliener für die Süditaliener*

terrore [ter'roːre] *m* Angst *f,* Schrecken *m;* **incutere ~ a qu** jdm [einen] Schrecken einjagen

terrorismo [terro'rizmo] *m* Terrorismus *m;* **mondo del ~** Terrorszene *f;* **protezione contro il ~** Terrorschutz *m;* **~ di destra** [*o* **nero**] Rechtsterrorismus *m;* **~ di sinistra** [*o* **rosso**] Linksterrorismus *m*

terrorista [terro'rista] <-i *m,* -e *f*> *mf* Terrorist(in) *m(f)*

terroristico, -a [terro'ristiko] <-ci, -che> *agg (persone, attentati)* terroristisch; *(regime)* Terror-

terrorizzare [terrorid'dzaːre] *vt* terrorisieren; *(spaventare)* in Schrecken versetzen, einschüchtern

terroso, -a [ter'roːso] *agg* erdig, Erd-

tersi ['tɛrsi] *1. pers sing pass rem di* **tergere**

terso, -a ['tɛrso] **I.** *pp di* **tergere** **II.** *agg* rein, klar

terza ['tɛrtsa] *f* ❶ *(classe)* dritte Klasse ❷ MOT dritter Gang ❸ MUS Terz *f* ❹ MAT dritte Potenz

terzetto [ter'tsetto] *m* ❶ MUS Terzett *nt* ❷ *(di persone)* Trio *nt*

terziario [ter'tsiaːrio] *m* ❶ GEOL Tertiär *nt* ❷ COM Dienstleistungsbereich *m*

terziario, -a <-i, -ie> **I.** *agg* tertiär **II.** *m, f* Terziar(in) *m(f)*

terziarizzazione [tertsiariddzat'tsioːne] *f* Tertiarisierung *f,* Ausweitung *f* des Dienstleistungssektors

terzina [ter'tsiːna] *f* ❶ LIT Terzine *f* ❷ MUS Triole *f*

terzino [ter'tsiːno] *m* Verteidiger *m*

terzo ['tɛrtso] *m* ❶ *(frazione)* Drittel *nt* ❷ *pl (fig: altri)* Dritte *pl;* **per conto -i** auf fremde Rechnung

terzo, -a **I.** *agg* dritte(r, s); **il ~ mondo** die Dritte Welt; **il ~ sesso** das dritte Geschlecht; **-a età** drittes Lebensalter, letzter Lebensabschnitt; **-a pagina** *(di giornale)* Feuilletonseite *f;* **di terz'ordine** drittklassig **II.** *m, f (terza persona)* Dritte(r, s) *f(m, nt); v. a.* **quinto**

terzogenito, -a [tertso'dʒɛːnito] **I.** *agg* drittgeboren **II.** *m, f* Drittgeborene(r) *f(m)*

terzomondismo [tertsomon'dizmo] *m* ❶ *(complesso dei problemi del terzo mondo)* Dritte-Welt-Problematik *f* ❷ *(linea politica favorevole allo sviluppo dei paesi del terzo mondo)* eine die Dritte-Welt-Länder unterstützende Politik

terzultimo, -a [ter'tsultimo] **I.** *agg* drittletzte(r, s) **II.** *m, f* Drittletzte(r) *f(m)*

tesa ['teːsa] *f* Krempe *f*

teschio ['tɛskio] <-schi> *m* Schädel *m; (dei cadaveri)* Totenkopf *m*

tesi[1] ['tɛːzi] <-> *f* ❶ *(proposizione)* These *f,* Lehrsatz *m;* **sostenere/confutare una ~** eine These verfechten/widerlegen ❷ *(di laurea)* Magisterarbeit *f,* Diplomarbeit *f; (di dottorato)* Doktorarbeit *f*

tesi[2] ['teːsi] *1. pers sing pass rem di* **tendere**

tesina [te'ziːna] *f* Seminararbeit *f,* Referat *nt*

teso, -a ['teːso] **I.** *pp di* **tendere** **II.** *agg* ❶ *(corda, muscoli)* gespannt ❷ *(fig)* [an]gespannt

tesoriere, -a [tezo'riɛːre] *m, f* ❶ *(custode)* Schatzmeister(in) *m(f)* ❷ *(di un ente)* Kassenverwalter(in) *m(f),* Kassierer(in) *m(f)*

tesoro [te'zɔːro] *m* ❶ *(a. fig)* Schatz *m;* **fare ~ di qc** *(fig)* sich *dat* etw zunutze [*o* zu Nutze] machen ❷ *(di una banca)* Tresor *m*

tessera ['tɛssera] *f* ❶ *(documento)* Ausweis *m,* Mitgliedskarte *f; (d'identità)* [Personal]ausweis *m; (di partito)* Parteibuch *nt;* **~ d'abbonamento** Dauerkarte *f;* **~ magnetica** Magnetkarte *f* ❷ *(del mosaico)* Mosaikstein *m; (del domino)* Dominostein *m*

tesserare [tesse'raːre] *vt* **~ qu** jdm Mitgliedskarten ausstellen; *(per razionamento)* jdm Bezugsscheine ausstellen

tesserato, -a [tesse'raːto] *m, f* eingetragenes Mitglied

tessere ['tɛssere] *vt* ❶ *(nel telaio)* weben; *(stuoia)* knüpfen, flechten ❷ *(fig: inganni)* spinnen

tesserino [tesse'riːno] *m* Ausweis *m,* [Mitglieds]karte *f;* **~ magnetico** Magnetkarte *f;* **~ sanitario** Versichertenkarte *f,* Versicherungskarte *f;* **~ universitario** Studentenausweis *m*

tessile ['tɛssile] **I.** *agg* Textil-, textil **II.** *mf* Textilarbeiter(in) *m(f)* **III.** *mpl* Textilien *pl*

tessitore, -trice [tessi'toːre] *m, f* Weber(in) *m(f)*

tessitura [tessi'tuːra] *f (di stoffa)* Weben *nt; (di stuoia)* Knüpfen *nt,* Flechten *nt*

tessuto [tes'suːto] *m* ❶ *(stoffa)* Gewebe *nt,* Stoff *m* ❷ *(fig)* Netz *nt* ❸ BIOL, ANAT Gewebe *nt* ❹ *pl* Textilien *pl*

test [tɛst] <-> *m* Test *m;* **~ dell' Aids** Aidstest *m;* **~ di gravidanza** Schwangerschaftstest *m*

testa ['tɛsta] *f* ① *(a. fig)* ANAT Kopf *m;* ~ **calda** Hitzkopf *m;* ~ **dura** Dickkopf *m;* ~ **di cavolo** [*o* **di rapa**] *(fam)* Schafskopf *m;* **colpo di** ~ Kurzschlusshandlung *f;* **mal di** ~ Kopfschmerzen *mpl;* **andar fuori di** ~ *(fam)* durchdrehen; **fuori di** ~ *(fam)* abgedreht; **avere la** ~ **tra le nuvole** in den Wolken schweben; **dare alla** ~ zu Kopf steigen; **fare a** ~ **e croce** Kopf oder Zahl entscheiden lassen; **fare di** ~ **propria** seinen Kopf durchsetzen; **mettersi in** ~ **qc** sich *dat* etw in den Kopf setzen; **perdere la** ~ **per qu/qc** wegen jdm/etw den Kopf verlieren; **scommettere la** ~ um seinen Kopf wetten; **a** ~ pro Kopf; **non sapere dove battere la** ~ weder aus noch ein wissen ② BOT *(di piante)* Zwiebel *f; (di fungo)* Kopf *m; (d'aglio)* Knolle *f* ③ *(fig: ingegno)* Kopf *m,* Geist *m*

testabile [tes'ta:bile] *agg* worüber testamentarisch verfügt werden kann; **quota** ~ *Anteil im Testament, über den frei verfügt werden kann*

testacoda [testa'kɔ:da] <-> *m* Drehung *f* um die eigene Achse; **fare un** ~ sich um die eigene Achse drehen

testamentario, -a [testamen'ta:rio] <-i, -ie> *agg* Testaments-, testamentarisch

testamento [testa'mento] *m* Testament *nt; (fig: spirituale)* Vermächtnis *nt*

testarda *f v.* **testardo**

testardaggine [testar'daddʒine] *f* Dickköpfigkeit *f*

testardo, -a [tes'tardo] **I.** *agg* dickköpfig **II.** *m, f* Dickkopf *m*

testare [tes'ta:re] *vi* testen; JUR testieren

testata [tes'ta:ta] *f* ① *(colpo)* Kopfstoß *m* ② *(di letto)* Kopfteil *m,* Kopfende *nt* ③ *(di motore)* [Zylinder]kopf *m* ④ *(di giornale)* [Zeitungs]kopf *m*

testatore, -trice [testa'to:re] *m, f* Erblasser(in) *m(f)*

teste ['tɛste] *mf* Zeuge *m*/Zeugin *f*

testé [tes'te] *avv (poet)* soeben

testicolare [testiko'la:re] *agg* Hoden-

testicolo [tes'ti:kolo] *m* Hoden *m*

testiera [tes'tiɛ:ra] *f* ① *(di cavallo)* Zaumzeug *nt* ② *(di letto)* Kopfende *nt; (di poltrona)* Kopflehne *f*

testimone [testi'mɔ:ne] *mf* ① *(persona)* Zeuge *m*/Zeugin *f;* ~ **di nozze** Trauzeuge/-zeugin; ~ **oculare** Augenzeuge/-zeugin; **Testimone di Geova** REL Zeuge *m* Jehovas ② *(fig: prova)* Beweis *m,* Zeugnis *nt* ③ SPORT Staffelstab *m*

testimoniale [testimo'nia:le] **I.** *agg* Zeugen- **II.** *m* Zeugen *mpl*

testimonianza [testimo'niantsa] *f* ① JUR Zeugenaussage *f* ② *(prova)* Beweis *m,* Zeugnis *nt;* **rendere** ~ **di qc** Zeugnis von etw ablegen

testimoniare [testimo'nia:re] **I.** *vt* bezeugen; ~ **il falso** falsch aussagen **II.** *vi* ~ **di qc** von etw zeugen

testimonio [testi'mɔ:nio] <-i> *m v.* **testimone**

testina [tes'ti:na] *f* Köpfchen *nt;* TEC, GASTR Kopf *m;* ~ **di registrazione** Tonkopf *m*

testista [tes'tista] <-i *m,* -e *f*> *mf* Tester(in) *m(f)*

testo ['tɛsto] *m* ① *(scritto)* Text *m;* **comprensione del** ~ Textverständnis *nt* ② *(libro)* Werk *nt,* Buch *nt;* **libri di** ~ Lehrbücher *ntpl*

testolina [testo'li:na] *f* Luftikus *m*

testone [tes'to:ne] *m* ① ANAT großer Kopf *m* ② *(fig fam: persona testarda)* Dickkopf *m; (persona stupida)* Schafskopf *m* ③ *(sl: un milione di lire) 500 Euro*

testuale [testu'a:le] *agg* ① *(del testo)* Text-; **tipologia** ~ Lehre *f* von den Textsorten ② *(fig)* wörtlich; **disse queste -i parole** er sagte wortwörtlich Folgendes

testuggine [tes'tuddʒine] *f* Schildkröte *f*

tetano ['tɛ:tano] *m* Wundstarrkrampf *m,* Tetanus *m*

tetraedro [tetra'ɛ:dro] *m* Tetraeder *nt*

tetraggine [te'traddʒine] *f* ① Düsternis *f,* Düsterkeit *f* ② *(fig)* Trübsinnigkeit *f*

tetragono, -a [te'tra:gono] *agg* ① MAT viereckig ② *(fig)* standhaft, fest, unbeugsam

tetrapak® [tetra'pak] <-> *m* Tetra Pak® *nt*

tetro, -a ['tɛ:tro] *agg* düster, finster

tetta ['tetta] *f (fam)* Busen *m*

tettarella [tetta'rɛlla] *f* Sauger *m; (per calmare)* Schnuller *m*

tetto ['tetto] *m* ① ARCH Dach *nt* ② *(di vettura)* Verdeck *nt,* Dach *nt;* ~ **scorrevole** Schiebedach *nt* ③ GEOL Felsvorsprung *m* ④ *(fig: casa)* Haus *nt,* Heim *nt;* ~ **domestico** häuslicher Herd; **senza** ~ obdachlos

tettoia [tet'to:ia] <-oie> *f* Überdachung *f; (pensilina)* Schutzdach *nt; (su porte)* Vordach *nt*

tettonica [tet'tɔ:nika] <-che> *f* Tektonik *f*

tettonico, -a [tet'tɔ:niko] <-ci, -che> *agg* tektonisch

teutonico, -a [teu'tɔ:niko] <-ci, -che> *agg* teutonisch

Tevere ['te:vere] *m* Tiber *m*

TG <-> *m abbr di* **Telegiornale** Fernsehnachrichten *fpl;* **il** ~ **della sera** die Abendnachrichten

the [tɛ] *m* Tee *m*

thermos ['tɛrmos] <-> *m* Thermosflasche® *f*

thrilling ['θriliŋ *o* 'trillin(g)] **I.** *agg inv* nervenkitzelnd **II.** *m* <-> Thriller *m*
ti [ti] **I.** *pron pers 2. pers sing* ❶ *(complemento di termine)* dir ❷ *(complemento oggetto)* dich **II.** *pron rifl 2. pers sing* dich
ti(g)gi [ti(d)'dʒi] <-> *m* *(telegiornale)* Fernsehnachrichten *fpl,* Tagesschau *f;* **il ~ delle otto** die Acht-Uhr-Nachrichten *fpl;* **~ regionale** regionale Fernsehnachrichten *fpl*
tiara ['tia:ra] *f* Tiara *f*
tibia ['ti:bia] <-ie> *f* Schienbein *nt*
tic [tik] <-> *m* Tick *m*
ticchettare [tikket'ta:re] *vi* ticken; *(macchina da scrivere)* klappern
ticchettio [tikket'ti:o] <-ii> *m* Ticken *nt;* *(della macchina da scrivere)* Klappern *nt*
ticchio ['tikkio] <-cchi> *m* ❶ *(capriccio)* Anwandlung *f,* Laune *f* ❷ *(macchiolina)* Fleck *m*
Ticino [ti'tʃi:no] *m* *(cantone)* Tessin *nt;* *(fiume)* Tessin *m*
ticket ['tikit *o* 'tiket] <-> *m* ❶ *(scontrino di abbonamento)* Bon *m,* Gutschein *m;* SPORT Wettschein *m* ❷ MED Selbstbeteiligung *f* [an den Krankheitskosten]
tiene ['tiɛ:ne], **tieni** ['tiɛ:ni] *3. e 2. pers sing pr di* **tenere**
tiepido, -a ['tiɛ:pido] *agg* ❶ *(poco caldo)* lau[warm], mild ❷ *(fig)* kühl
tifare [ti'fa:re] *vi (fam)* **~ per qu** für jdn schwärmen, von jdm Fan sein
tifo ['ti:fo] *m* ❶ MED Typhus *m* ❷ *(fig)* Sportbegeisterung *f;* **fare il ~ per qu** begeisterter Anhänger von jdm sein
tifoide [ti'fɔ:ide] *agg* typhusartig, Typhus-
tifone [ti'fo:ne] *m* Taifun *m*
tifoso, -a [ti'fo:so] **I.** *agg* ❶ MED typhusartig, Typhus- ❷ *(fig)* sportbegeistert; *(pej)* fanatisch **II.** *m, f* ❶ MED Typhuskranke(r) *f(m)* ❷ *(fig)* Sportbegeisterte(r) *f(m),* Fan *m;* **~ di calcio** Fußballfan *m,* -anhänger *m*
tight ['tait] <-> *m* Cut[away] *m*
tiglio ['tiʎʎo] <-gli> *m* Linde *f*
tiglioso, -a [tiʎ'ʎo:so] *agg* fas[e]rig, zäh
tigna ['tiɲɲa] *f* ❶ MED Grind *m* ❷ *(fig)* Ärgernis *nt*
tignola [tiɲ'ɲɔ:la] *f* Motte *f*
tignosa [tiɲ'ɲo:sa] *f* Knollenblätterpilz *m*
tignoso, -a [tiɲ'ɲo:so] *agg* ❶ MED grindig ❷ *(fig fam)* knaus[e]rig, knickerig
tigrato, -a [ti'gra:to] *agg* getigert
tigratura [tigra'tu:ra] *f* Tigermuster *nt*
tigre ['ti:gre] *f* Tiger *m*
tigrotto [ti'grɔtto] *m* Tigerjunge(s) *nt*
tilde ['tilde] <-> *m o f* Tilde *f*
tilt [tilt] <-> *m* **andare in ~** *(macchina, orologio)* kaputt gehen, nicht mehr funktionieren; *(telefono)* außer Betrieb sein; *(traffico)* zusammenbrechen; *(persona)* ausrasten; *(per stanchezza)* schlappmachen; **essere in ~** einen Blackout haben
TIM *f abbr di* **Telecom Italia Mobile** *für den Mobilfunk zuständige Sektion der Telecom Italia*
timballo [tim'ballo] *m* Pastete *f,* Auflauf *m;* **~ di riso** Reistimbale *f*
timbrare [tim'bra:re] *vt* [ab]stempeln; **~ il cartellino** stechen
timbratura [timbra'tu:ra] *f* [Ab]stempeln *nt*
timbrico, -a ['timbriko] <-ci, -che> *agg* Klang-, klanglich
timbrificio [timbri'fi:tʃo] <-ci> *m* Stempelfabrik *f*
timbro ['timbro] *m* ❶ *(marchio)* Stempel *m* ❷ *(di suono)* Klangfarbe *f,* Timbre *nt*
time lock ['taim lɔk] <-> *m* Zeitschloss *nt*
time out ['taim aut] <-> *m* SPORT Auszeit *f,* Spielunterbrechung *f*
timer ['taimə *o* 'taimer] <-> *m* Schaltuhr *f*
time-sharing ['taim 'ʃɛəriŋ] <-> *m* Timesharing *nt*
timidezza [timi'dettsa] *f* Schüchternheit *f*
timido, -a ['ti:mido] *agg* schüchtern
timing ['taimiŋ] <-> *m* Timing *nt*
timo ['ti:mo] *m* Thymian *m*
timone [ti'mo:ne] *m* ❶ NAUT, AERO Ruder *nt,* Steuer *nt* ❷ *(di carro)* Deichsel *f*
timoniere, -a [timo'niɛ:re] *m, f* Steuermann *m,* Rudergänger(in) *m(f)*
timorato, -a [timo'ra:to] *agg* gewissenhaft; **~ di Dio** gottesfürchtig
timore [ti'mo:re] *m* ❶ *(paura)* Furcht *f,* Angst *f* ❷ *(preoccupazione)* Befürchtung *f* ❸ *(soggezione)* Ehrfurcht *f,* Respekt *m;* **~ di Dio** Gottesfurcht *f*
timoroso, -a [timo'ro:so] *agg* furchtsam, ängstlich
timpanista [timpa'nista] <-i *m,* -e *f*> *mf* Paukenschläger(in) *m(f)*
timpano ['timpano] *m* ❶ MUS Pauke *f* ❷ ANAT Paukenhöhle *f,* Tympanum *nt;* **esser duro di -i** *(fam)* schwerhörig sein; **rompere i -i a qu** *(fam)* jdm das Trommelfell platzen lassen ❸ ARCH Tympanon *nt*
tinca ['tiŋka] <-che> *f* Schleie *f*
tinello [ti'nɛllo] *m* Essraum *m*
tingere ['tindʒere] <tingo, tinsi, tinto> **I.** *vt* färben **II.** *vr* **-rsi** ❶ *(colorarsi)* sich färben ❷ *(con cosmetici)* sich schminken ❸ *(fig: sentimenti)* **-rsi di qc** sich mit etw mischen
tinnire [tin'ni:re] <tinnisco, tinnisci> *vi (poet)* klingen
tino ['ti:no] *m* Bottich *m*

T

tinozza [ti'nɔttsa] *f* Kübel *m; (per il bucato)* Zuber *m; (da bagno)* Wanne *f*

tinsi ['tinsi] *1. pers sing pass rem di* **tingere**

tinta ['tinta] *f* Farbe *f;* **in ~ unita** einfarbig; **dare una mano di ~ a qc** etw überstreichen; **vedere tutto a -e fosche** *(fig)* alles in den schwärzesten Farben sehen

tintarella [tinta'rɛlla] *f* Sonnenbräune *f;* **prendere la ~** sich sonnen

tinteggiare [tinted'dʒaːre] *vt* anstreichen

tinteggiatura [tinteddʒa'tuːra] *f* Anstrich *m*

tintinnare [tintin'naːre] *vi* klingeln

tintinnio [tintin'niːo] <-ii> *m* Geklingel *nt*

tinto ['tinto] *pp di* **tingere**

tintore, -a [tin'toːre] *m, f* Färber(in) *m(f)*

tintoria [tinto'riːa] <-ie> *f* Färberei *f; (per pulitura abiti)* Reinigung *f*

tintura [tin'tuːra] *f* ① *(azione)* Färben *nt* ② *(risultato)* Färbung *f* ③ *(prodotto)* Färbemittel *nt;* CHEM Tinktur *f*

tipicità [tipitʃi'ta] <-> *f* Eigentümlichkeit *f*

tipico, -a ['tiːpiko] <-ci, -che> *agg* typisch, charakteristisch

tipizzare [tipid'dzaːre] *vt* typisieren

tipo ['tiːpo] *m* ① *(carattere)* Typ *m,* Typus *m; (qualità)* Art *f,* Sorte *f;* **sul tipo di** ähnlich *+dat;* **merce di tutti i -i** Waren *f pl* aller Art ② *(persona)* Typ *m fam,* Type *f fam;* **un ~ ti vuole parlare** da ist ein Typ, der dich sprechen möchte *fam*

tipocomposizione [tipokompozit'tsioːne] *f* TYP Schriftsatz *m,* Satz *m*

tipografa *f v.* **tipografo**

tipografia [tipogra'fiːa] *f* ① *(arte)* Buchdruck *m,* Typografie *f* ② *(procedimento)* Buchdruck *m* ③ *(laboratorio)* [Buch]druckerei *f*

tipografico, -a [tipo'graːfiko] <-ci, -che> *agg* Druck-, typografisch

tipografo, -a [ti'pɔːgrafo] *m, f* Buchdrucker(in) *m(f)*

tipologia [tipolo'dʒiːa] <-gie> *f* Typologie *f*

TIR [tir] <-> *m* LKW *m,* Brummi *m fam*

tiraggio [ti'raddʒo] <-ggi> *m* Luftzufuhr *f*

tiralinee [tira'liːnee] <-> *m* Reißfeder *f*

tiramisù [tirami'su] <-> *m* Tiramisu *nt (aus Mascarpone und in Kaffee getränkten Biskuits hergestellte Süßspeise)*

tiranna *f v.* **tiranno**

tiranneggiare [tiranned'dʒaːre] **I.** *vt* tyrannisieren **II.** *vi* Gewaltherrschaft ausüben

tirannia [tiran'niːa] <-ie> *f* ① POL Tyrannei *f,* Gewaltherrschaft *f* ② *(fig)* Druck *m,* Zwang *m*

tirannicida [tiranni'tʃiːda] <-i *m,* -e *f*> *mf* Tyrannenmörder(in) *m(f)*

tirannicidio [tiranni'tʃiːdio] <-i> *m* Tyrannenmord *m*

tirannico, -a [ti'ranniko] <-ci, -che> *agg* tyrannisch, Tyrannen-

tirannide [ti'rannide] *f* Tyrannei *f*

tiranno, -a [ti'ranno] *m, f* Tyrann(in) *m(f)*

tirante [ti'rante] *m* NAUT Läufer *m;* **~ d'acqua** Tiefgang *m*

tiranteria [tirante'riːa] <-ie> *f* MOT Gestänge *nt*

tirapiedi [tira'piɛːdi] <-> *m* ① HIST Henkersknecht *m* ② *(fig fam)* Handlanger *m,* Helfershelfer *m*

tirapugni [tira'puɲɲi] <-> *m* Schlagring *m*

tirare [ti'raːre] **I.** *vt* ① *(carro)* ziehen; *(cassetto)* herausziehen, aufziehen; *(tenda)* zuziehen; **~ qu per i capelli** jdn an den Haaren ziehen; **~ su** hochziehen; **~ su le maniche** die Ärmel hochkrempeln; **~ su i figli** *(fam)* die Kinder aufziehen; **-rsi su** *(fig)* sich aufrichten; **-rsi indietro** *(fig)* sich zurückziehen; **una parola tira l'altra** ein Wort gibt das andere ② *(fune)* spannen; **~ qc per le lunghe** etw in die Länge ziehen ③ *(dente, linea)* ziehen ④ *(lanciare)* werfen ⑤ *(sparare)* schießen; *(colpo)* abfeuern ⑥ SPORT *(ciclismo)* schleppen ⑦ *(calci)* versetzen ⑧ TYP drucken; *(bozze)* abziehen ⑨ *(loc)* **~ il fiato** atmen, aufatmen; **~ a lucido** auf Glanz bringen; **~ le somme** summieren; *(fig)* das Fazit ziehen **II.** *vi* ① *(gener)* ziehen; **~ a sorte** auslosen ② *(vento)* wehen, blasen ③ *(abito)* spannen, eng sitzen ④ *(camino)* ziehen ⑤ *(sparare)* schießen ⑥ *(loc)* **~ sul prezzo** [um den Preis] handeln, feilschen; **~ avanti** *(fam)* sich durchschlagen; **~ dritto** [seinen Weg] weitergehen

tirata [ti'raːta] *f* ① *(il tirare)* Ziehen *nt; (a. fig)* Zug *m;* **dare una ~ d'orecchi a qu** jdm die Ohren lang ziehen ② *(di pipa)* Zug *m* ③ *(fig: discorso)* Tirade *f*

tiratardi [tira'tardi] <-> *mf (fam)* Faulenzer(in) *m(f),* Faulpelz *m;* **sei un ~!** *(fam)* du Faulpelz!

tirato, -a [ti'raːto] *agg* ① *(corda, filo)* gespannt ② *(fig: avaro)* geizig ③ *(fig: sorriso)* gezwungen; *(volto)* abgespannt

tiratore, -trice [tira'toːre] *m, f* ① *(lanciatore)* Werfer(in) *m(f)* ② *(con armi da fuoco)* Schütze *m*/Schützin *f;* **~ scelto** Scharfschütze *m* ③ SPORT Torschütze *m*/-schützin *f*

tiratura [tira'tuːra] *f* ① TYP Abzug *m* ② *(numero di copie)* Auflage *f*

tirchia *f v.* **tirchio**

tirchieria [tirkie'riːa] <-ie> *f (fam)* Knauserei *f*

tirchio, -a ['tirkio] <-chi, -chie> *(fam)*

I. *agg* knaus[e]rig II. *m, f* Geizhals *m,* Pfennigfuchser *m*
tiremmolla [tirem'mɔlla] *m* Hin und Her *nt;* **fare a ~** schwanken, sich nicht entscheiden können
tiretto [ti'retto] *m* Schubfach *nt*
tiritera [tiri'tɛːra] *f (fam)* ❶ *(filastrocca)* Litanei *f* ❷ *(discorso)* Geschwätz *nt*
tiro ['tiːro] *m* ❶ *(il tirare)* Ziehen *nt; (lo sparare)* Schießen *nt; (il lanciare)* Werfen *nt;* **~ alla fune** Tauziehen *nt;* **~ con l'arco** Bogenschießen *nt;* **~ al piattello** Tontaubenschießen *nt* ❷ *(sparo)* Schuss *m; (lancio)* Wurf *m;* **essere a un ~ di schioppo** *(fig)* einen Steinwurf entfernt sein ❸ *(fig)* Versuch *m* ❹ *(attacco di cavalli)* Gespann *nt* ❺ *(azione cattiva)* Streich *m;* **fare** [*o* **giocare**] **un brutto ~ a qu** jdm einen bösen Streich spielen
tirocinante [tirotʃi'nante] I. *agg* Lehrlings-; *(del tirocinio)* Lehr- II. *mf* Lehrling *m*
tirocinio [tiro'tʃiːnio] <-i> *m (formazione professionale)* Lehre *f,* Lehrzeit *f; (stage)* Praktikum *nt*
tiroide [ti'rɔːide] *f* Schilddrüse *f*
tirolese [tiro'leːse] I. *agg* tirolisch, Tiroler-; **canto alla ~** Jodeln *nt* II. *mf* Tiroler(in) *m(f)*
Tirolo [ti'rɔːlo] *m* Tirol *nt*
tisana [ti'zaːna] *f* Aufguss *m,* Tee *m*
tisi ['tiːzi] <-> *f* Tuberkulose *f*
tisico, -a ['tiːziko] <-ci, -che> I. *agg* schwindsüchtig II. *m, f* Schwindsüchtige(r) *f(m)*
titanico, -a [ti'taːniko] <-ci, -che> *agg* gigantisch
titanio [ti'taːnio] *m* CHEM Titan *nt*
titano [ti'taːno] *m* Titan *m*
titillamento [titilla'mento] *m* Kitzeln *nt*
titillare [titil'laːre] *vt* kitzeln
titolare [tito'laːre] *agg* ❶ *(gener)* berechtigt ❷ REL Titular-
titolarità [titolari'ta] <-> *f* Inhaberschaft *f*
titolato, -a [tito'laːto] I. *agg* ❶ *(nobile)* ad[e]lig ❷ CHEM titriert II. *m, f* Ad[e]lige(r) *f(m)*
titolazione [titolat'tsioːne] *f* ❶ *(di lega, fibra tessile)* Titration *f* ❷ *(di opere, articoli)* Betitelung *f*
titolo ['tiːtolo] *m* ❶ *(nome)* Titel *m; (intestazione)* Überschrift *f;* **-i di prima pagina** Schlagzeilen *fpl* ❷ JUR *(nei testi)* Absatz *m* ❸ COM, FIN Wertpapier *nt;* **~ azionario** Aktie *f;* **a ~ di prestito** leihweise; **a ~ gratuito** kostenlos; **portafoglio -i** Wertpapierbestand *m* ❹ *(appellativo)* Name *m,* Bezeichnung *f,* Titel *m; (epiteto offensivo)* Schimpfwort *nt;* **a ~ personale** im eigenen Namen ❺ *(grado)* Grad *m,* Titel *m* ❻ *(merito)* Verdienst *nt*
titubante [titu'bante] *agg* unschlüssig, unentschlossen
titubanza [titu'bantsa] *f* Unschlüssigkeit *f*
titubare [titu'baːre] *vi* zögern
tizia *f v.* **tizio**
tiziano [tit'tsiaːno] *agg* <inv> tizianrot
tizio, -a ['tittsio] <-zi, -zie> *m, f* [irgend]jemand, irgendwer; **un ~ qualunque** irgendjemand; **Tizio, Caio e Sempronio** Hinz und Kunz *fam*
tizzone [tit'tsoːne] *m* brennendes Holzstück
to' [tɔ] *int (meraviglia)* nanu, sieh [einer] an; **~! eccoti i soldi!** *(fam)* da! hier hast du das Geld!
toast ['toust *o* 'tɔst] <-> *m* Toast *m*
toboga [to'bɔːga] <-> *m* ❶ *(slitta)* Toboggan *m* ❷ *(scivolo)* Rutschbahn *f*
toccabile [tok'kaːbile] *agg* berührbar; *(fig)* greifbar
toccante [tok'kante] *agg* rührend, ergreifend
toccare [tok'kaːre] I. *vt avere* ❶ *(sentire con la mano)* berühren, anfassen; **~ con mano** *(fig)* mit Händen greifen ❷ *(fig)* berühren; *(cibo)* anrühren ❸ *(tasto)* drücken ❹ *(giungere)* erreichen; **~ terra** landen; **~ la sessantina** an die sechzig sein ❺ *(argomento)* streifen ❻ NAUT *(porto)* anlaufen ❼ *(commuovere)* rühren, ergreifen ❽ *(riguardare)* betreffen, angehen; **la cosa mi tocca da vicino** das geht mich direkt an II. *vi essere* ❶ *(accadere)* zustoßen, widerfahren ❷ *(essere obbligato)* obliegen *geh;* **mi tocca ...** *+inf* ich muss ... *+inf* ❸ *(spettare)* zustehen; **tocca a me/te** ich bin/du bist an der Reihe; **a chi tocca tocca** wer dran ist, ist dran
toccasana [tokka'saːna] <-> *m (a. fig)* Allheilmittel *nt*
toccata [tok'kaːta] *f* ❶ *(il toccare)* Berührung *f* ❷ MUS Tokkata *f*
toccatina [tokka'tiːna] *f* leise Berührung
toccato, -a [tok'kaːto] *agg* ❶ SPORT getroffen ❷ *(fig: andato a segno)* getroffen ❸ *(fam)* **è un po' ~** er tickt nicht ganz richtig
tocco ['tokko] <-cchi> *m* ❶ *(pressione)* Berührung *f,* leichter Druck ❷ *(fig: di artista)* [Künstler]hand *f; (di pittore)* Pinselführung *f;* MUS Anschlag *m* ❸ *(di campane)* Läuten *nt,* Glockenschlag *m; (di orologi)* Schlagen *nt,* Schlag *m*
tocco, -a ['tokko] <-cchi, -cche> *agg (fam)* plemplem; **è ~ nel cervello** er hat einen Dachschaden
toeletta [toe'lɛtta] *f (operazione)* Toilette *f*

T

toga ['tɔːga] <-ghe> *f* ① HIST Toga *f* ② JUR Talar *m,* Robe *f*

togato, -a [to'gaːto] *agg* ① HIST mit der Toga bekleidet; JUR mit dem Talar bekleidet ② *(fig)* feierlich

togliere ['tɔʎʎere] <tolgo, tolsi, tolto> **I.** *vt* ① *(rimuovere)* abnehmen, wegnehmen; *(dente)* ziehen; *(vestito)* ausziehen; *(cappello)* abnehmen; **~ di mezzo qu** jdn aus dem Weg schaffen; **-rsi la vita** sich das Leben nehmen; **ciò non toglie che …** *+conj* das schließt nicht aus, dass … ② *(fig: non concedere più)* [weg]nehmen; *(parola)* entziehen ③ *(fig: divieto, seduta)* aufheben ④ *(fig: liberare)* befreien **II.** *vr* **-rsi** weggehen, sich entfernen

toiletries ['tɔilitriz] *fpl* Toilettenartikel *mpl;* **linea di ~** Kosmetiklinie *f*

toilette [twa'lɛt] <-> *f v.* **toletta**

tolda ['tɔlda] *f* Deck *nt*

toletta [to'letta] *f* ① *(abito, acconciatura, stanza, operazione)* Toilette *f* ② *(mobile)* Toilettentisch *m,* Frisierkommode *f*

tolgo ['tɔlgo] *1. pers sing pr di* **togliere**

tollerabile [tolle'raːbile] *agg* erträglich

tollerabilità [tollerabili'ta] <-> *f* Erträglichkeit *f;* MED Verträglichkeit *f*

tollerante [tolle'rante] *agg* tolerant

tolleranza [tolle'rantsa] *f* ① *(indulgenza)* Toleranz *f; (comprensione)* Nachsicht *f,* Verständnis *nt* ② *(sopportazione)* Aushalten *nt,* Verträglichkeit *f;* **casa di ~** Bordell *nt* ③ *(dilazione)* Toleranz *f,* zulässige Verzögerung; *(scarto)* Toleranz *f,* zulässige Abweichung

tollerare [tolle'raːre] *vt* ① *(poter subire)* vertragen ② *(sopportare)* ertragen, dulden ③ *(ammettere)* tolerieren, dulden

tolsi ['tɔlsi] *1. pers sing pass rem di* **togliere**

tolto[1] ['tɔlto] *pp di* **togliere**

tolto[2] *avv* abgesehen von *+dat,* ausgenommen *+akk*

tomaia [to'maːia] <-aie> *f* Oberleder *nt*

tomba ['tomba] *f* Grab *nt;* **silenzio di ~** Grabesstille *f;* **essere una ~** *(fig)* schweigen wie ein Grab; **essere con un piede nella ~** *(fig)* mit einem Fuß im Grabe stehen

tombale [tom'baːle] *agg* Grab[es]-

tombarolo [tomba'rɔːlo] *m (sl)* Grabräuber *m*

tombino [tom'biːno] *m* Kanalschacht *m*

tombola ['tombola] *f* Zahlenlotto *nt*

tombolare [tombo'laːre] *vi essere (fam)* purzeln

tombolo ['tombolo] *m* ① *(lavorazione)* Klöppelkissen *nt* ② *(fam: persona grassoccia)* Tonne *f*

tomo ['tɔːmo] *m* ① *(volume)* Band *m* ② *(fig fam: persona bizzarra)* Nummer *f,* Marke *f*

tomografia [tomogra'fiːa] *f* Tomografie *f,* Tomografie; **~ assiale computerizzata** Computertomografie; **~ a risonanza magnetica** Kernspintomografie

tomografo [to'mɔgrafo] *m* Tomograf *m,* Tomograf

TomTom® ['tɔmtɔm] <-> *m (sistema)* Navigationssystem *nt; (apparecchio)* Navigationsgerät *nt,* Navi *nt fam*

tonaca ['tɔːnaka] <-che> *f (di frati)* Kutte *f; (di preti)* Talar *m; (di monache)* Ordenskleid *nt,* Schwesterntracht *f*

tonale [to'naːle] *agg* ① MUS tonal ② *(in pittura)* Ton-

tonalità [tonali'ta] <-> *f* ① MUS Tonalität *f* ② *(di colore)* [Farb]ton *m*

tonare [to'naːre] **I.** *vi avere* ① METEO donnern ② *(fig)* wettern **II.** *vi essere o avere (impersonale)* donnern

tondeggiante [tonded'dʒante] *agg* rundlich

tondino [ton'diːno] *m* runder Gegenstand; *(di ferro)* Rundeisen *nt; (negli ippodromi)* Führring *m*

tondo ['tondo] *m* Scheibe *f,* Kreis *m;* **girare in ~** [sich] im Kreise drehen

tondo, -a *agg* rund, Rund-; **dire chiaro e ~** rundheraus sagen

toner [tɔːner] <-> *m* Toner *m*

tonfete ['tonfete] *int* plumps

tonfo ['tonfo] *m* dumpfer Schlag, Plumps *m fam;* **fare un ~** plumpsen *fam*

tonica ['tɔːnika] <-che> *f* Grundton *m,* Tonika *f*

tonico ['tɔːniko] <-ci> *m* Stärkungsmittel *nt; (per la pelle)* Gesichtswasser *nt*

tonico, -a <-ci, -che> *agg* kräftigend, anregend; LING betont; **acqua -a** Tonic[wasser] *nt*

tonificare [tonifi'kaːre] *vt* ① *(irrobustire)* kräftigen, stärken ② *(rinvigorire)* beleben, anregen

tonnato, -a [ton'naːto] *agg* **vitello ~** *Kalbfleisch in T(h)unfischsoße;* **salsa -a** T[h]unfischsoße *f*

tonnellaggio [tonnel'laddʒo] <-ggi> *m* Tonnage *f*

tonnellata [tonnel'laːta] *f* Tonne *f;* **~ di stazza lorda** Bruttoregistertonne *f*

tonno ['tonno] *m* T[h]unfisch *m*

tono ['tɔːno] *m* ① *(gener,* MUS, PHYS Ton *m* ② *(modo)* Art *f,* Weise *f;* **darsi un ~** *(fig)* Haltung annehmen ③ MED Tonus *m* ④ *(di colore)* [Farb]ton *m* ⑤ *(fig: modello)* Vorbild *nt* ⑥ *(loc)* **rispondere a ~** die passende Antwort geben

tonsilla [ton'silla] *f* ANAT Mandel *f*
tonsillectomia [tonsillekto'mi:a] <-ie> *f* Mandeloperation *f*
tonsillite [tonsil'li:te] *f* Mandelentzündung *f*
tonsura [ton'su:ra] *f* Tonsur *f*
tonto, -a ['tonto] *agg* einfältig, blöde
top [tɔp] <-> *m* ① *(indumento)* Top *nt* ② *(vertice)* Spitze *f*
topaia [to'pa:ia] <-aie> *f* Mäusenest *nt*
topazio [to'pattsio] <-i> *m* Topas *m*
topic ['tɔpik] <-> *m* LING *(tema)* Topik *nt*
topica ['tɔ:pika] <-che> *f* ① *(fam: gaffe)* Fauxpas *m,* Schnitzer *m;* **fare una ~** ins Fettnäpfchen treten ② *(in retorica)* Topik *f*
topicida [topi'tʃi:da] <-i> *m* Mäusegift *nt*
topicida <-i *m,* -e *f*> *agg* mäusevernichtend
topless ['tɔplis] <-> *m* Oben-ohne-Badeanzug *m*
top model [tɔp 'mɔdl] <-> *f* Topmodel *nt*
topo ['tɔ:po] *m* Maus *f;* **~ di biblioteca** *(fig)* Bücherwurm *m;* **fare la fine del ~** *(fig)* in die Falle gehen
topografia [topogra'fi:a] *f* Topografie *f*
topografico, -a [topo'gra:fiko] <-ci, -che> *agg* topografisch
topolino [topo'li:no] *m* Mäuschen *nt;* **Topolino** Mickymaus *f*
toponimo [to'pɔ:nimo] *m* Ortsname *m*
toporagno [topo'raɲɲo] *m* Spitzmaus *f*
toppa ['tɔppa] *f* ① *(serratura)* Schloss *nt* ② *(rappezzo)* Flicken *m,* Aufnäher *m*
torace [to'ra:tʃe] *m* Brustkorb *m*
toracico, -a [to'ra:tʃiko] <-ci, -che> *agg* Brust-
torba ['torba] *f* Torf *m*
torbidezza [torbi'dettsa] *f* Trübung *f*
torbidi *mpl* Unruhen *fpl,* Wirren *pl*
torbido, -a ['torbido] *agg* trübe; *(fig)* finster, dunkel
torbiera [tor'biɛ:ra] *f* Torfmoor *nt*
torcere ['tɔrtʃere] <torco, torsi, torto> **I.** *vt* ① *(avvolgere)* [ver]drehen; *(piegare)* [um]drehen, krümmen; *(ferro)* biegen ② *(biancheria)* auswringen ③ *(bocca)* verziehen; *(collo)* umdrehen **II.** *vr* **-rsi** sich winden, sich krümmen
torchiare [tor'kia:re] *vt* ① *(spremere)* pressen ② *(fig)* auspressen
torchio ['tɔrkio] <-chi> *m* Presse *f;* **tenere qu sotto il ~** *(fig)* jdn durch die Mangel drehen *fam*
torcia ['tɔrtʃa] <-ce> *f* Fackel *f,* Taschenlampe *f*
torcicollo [tortʃi'kɔllo] *m* steifer Hals; **avere il ~** einen steifen Hals haben
tordo ['tordo] *m* Drossel *f*
torello [to'rɛllo] *m* Jungstier *m*
torero [to'rɛ:ro] *m* Stierkämpfer *m,* Torero *m*
torinese[1] [tori'ne:se] **I.** *agg* turiner, turinisch **II.** *mf (abitante)* Turiner(in) *m(f)*
torinese[2] *m sing (dialetto)* Turiner Dialekt *m*
Torinese *m sing* Umgebung *f* von Turin
torinista [tori'nista] <-i *m,* -e *f*> **I.** *mf* Fan *m* von Juventus Turin **II.** *agg* SPORT Juventus-Turin-begeistert
Torino [to'ri:no] *f* Turin *nt (Hauptstadt Piemonts)*
torlo ['torlo] *v.* **tuorlo**
torma ['torma] *f* Schar *f*
tormalina [torma'li:na] *f* Turmalin *m*
tormenta [tor'menta] *f* Schneesturm *m*
tormentare [tormen'ta:re] **I.** *vt (dolore, rimorso)* quälen; *(fastidio)* plagen, belästigen **II.** *vr* **-rsi** sich quälen, sich plagen
tormento [tor'mento] *m* Qual *f,* Schmerz *m; (fig)* Plage *f,* Belästigung *f*
tormentone [tormen'to:ne] <-i> *m* ① *(canzone)* Ohrwurm *m* ② *(ciò que è molesto)* Quälerei *f* ③ *(pubblicità)* Werbeslogan *m*
tormentoso, -a [tormen'to:so] *agg* quälend
tornaconto [torna'konto] *m (vantaggio)* Vorteil *m; (utile)* Gewinn *m*
tornado [tor'na:do] <-> *m* Wirbelsturm *m,* Tornado *m*
tornante [tor'nante] *m* Kehre *f,* Haarnadelkurve *f*
tornare [tor'na:re] **I.** *vi essere* ① *(ritornare)* zurückkommen, zurückkehren; **~ sull'argomento** auf das Argument zurückkommen ② *(venire di nuovo)* noch einmal kommen, wiederkommen; *(andare di nuovo)* noch einmal gehen, wieder gehen; **~ alla mente** wieder in den Sinn kommen; **~ di moda** wieder in Mode kommen; **~ a fare qc** etw noch einmal tun; **~ in sé** wieder zu sich kommen ③ *(ridiventare)* wieder werden ④ *(essere esatto, giusto)* stimmen, richtig sein; **il conto torna** die Rechnung geht auf ⑤ *(essere)* sein; **torna utile** das ist ganz nützlich **II.** *vt avere* zurückgeben, zurückbringen
tornasole [torna'so:le] <-> *m* Lackmus *nt o m*
tornata [tor'na:ta] *f* Sitzung *f,* Tagung *f*
torneare [torne'a:re] *vi* an einem Turnier teilnehmen
tornella [tor'nɛlla] *f,* **tornello** [tor'nɛllo] *m* Drehkreuz *nt*
torneo [tor'nɛ:o] *m* Turnier *nt*
tornio ['tornio] <-i> *m* Drehbank *f*
tornire [tor'ni:re] <tornisco> *vt* ① TEC drechseln, drehen ② *(fig)* [aus]feilen

T

tornitore, **-trice** [torni'to:re] *m, f* Drechsler(in) *m(f)*, Dreher(in) *m(f)*

torno ['torno] *m* **levarsi di ~** von hier verschwinden

toro ['tɔ:ro] *m* ① ZOO Stier *m;* **prendere il ~ per le corna** *(fig)* den Stier bei den Hörnern packen ② ASTR **Toro** Stier *m;* **sono Toro, sono un** [*o* **del**] **Toro** ich bin [ein] Stier

torpedine [tor'pɛ:dine] *f* ① ZOO Zitterrochen *m* ② MIL Seemine *f*

torpediniera [torpedi'niɛ:ra] *f* Torpedoboot *nt*

torpedone [torpe'do:ne] *m* Reiseomnibus *m*

torpidezza [torpi'dettsa] *f* Unlust *f*

torpido, **-a** ['tɔrpido] *agg* schlaff, benommen; *(pigro)* träge

torpore [tor'po:re] *m* Schlaffheit *f*, Benommenheit *f; (fig)* Trägheit *f*

torrazzo [tor'rattso] *m* [großer] Glockenturm *m*

torre ['tɔrre] *f* Turm *m;* **~ di controllo** Kontrollturm *m;* **~ di lancio** Startrampe *f*

torrefare [torre'fa:re] <irr> *vt* rösten, brennen

torrefazione [torrefat'tsio:ne] *f* ① *(azione)* Rösten *nt*, Brennen *nt* ② *(locale)* Rösterei *f*

torreggiare [torred'dʒa:re] *vi* emporragen

torrente [tor'rɛnte] *m* Wildbach *m; (a. fig)* Sturzbach *m;* **a -i** in Strömen; **letto del ~** Bachbett *nt*

torrenziale [torren'tsia:le] *agg* strömend; **pioggia ~** Wolkenbruch *m*

torrido, **-a** ['tɔrrido] *agg* glühend; *(clima)* heiß

torrione [tor'rio:ne] *m* Wachtturm *m*

torrone [tor'ro:ne] *m Nugat mit Mandeln, Honig und kandierten Früchten*

torsi ['tɔrsi] *1. pers sing pass rem di* **torcere**

torsione [tor'sio:ne] *f* Verdrehung *f*, Torsion *f; (in ginnastica)* Drehung *f; (di filati)* Zwirnen *nt*

torso ['torso] *m* ① *(nell'arte)* Torso *m* ② ANAT Rumpf *m* ③ BOT *(di cavolo)* Strunk *m; (di frutti)* Kerngehäuse *nt; (di granoturco)* [Mais]kolben *m*

torsolo ['torsolo] *m (di mela)* Kerngehäuse *nt; (di cavolo)* Strunk *m*

torta ['tɔrta] *f* Torte *f*, Kuchen *m*

tortelli [tor'telli] *mpl* **~ cremaschi** *mit Kürbis, Amaretti und Parmesan gefüllte Nudeln*

tortellinatrice [tortellina'tri:tʃe] *f Maschine zur Herstellung von Tortellini*

tortellini [tortel'li:ni] *mpl* Tortellini *pl (ringförmige, mit Fleisch gefüllte Nudeln)*

tortelloni [tortel'lo:ni] *mpl* Tortelloni *pl (größere, mit Ricotta und Gemüse gefüllte Nudeln)*

tortiera [tor'tiɛ:ra] *f* Tortenform *f*, Kuchenform *f*

tortiglione [tortiʎ'ʎo:ne] *m* ① *(forma)* Spiralform *f* ② *pl kurze spiralförmige Suppennudeln;* **baffi a ~** gezwirbelter Schnurrbart

torto[1] ['tɔrto] *pp di* **torcere**

torto[2] *m* Unrecht *nt;* **avere ~** Unrecht haben; **non avere tutti i -i** nicht ganz Unrecht haben; **dar ~ a qu** jdm Unrecht geben; **far ~ a qu** jdm ein Unrecht antun; *(fig)* jds nicht würdig sein; **a ~** zu Unrecht

tortora ['tortora] *f* Turteltaube *f;* **grigio ~** taubengrau *nt*

tortuosità [tortuosi'ta] <-> *f* Gewundenheit *f*, Krümmung *f; (fig)* krummer Weg *fam*

tortuoso, **-a** [tortu'o:so] *agg* gewunden; *(fig)* verschlungen

tortura [tor'tu:ra] *f (a. fig)* Folter *f; (molestia)* Plage *f; (fig)* Qual *f*, Tortur *f*

torturare [tortu'ra:re] **I.** *vt* foltern; *(fig)* quälen, martern; **-rsi il cervello** sich *dat* das Gehirn zermartern **II.** *vr* **-rsi** sich quälen

torvo, **-a** ['torvo] *agg* finster, scheel

tosacani [toza'ka:ni] <-> *mf* Hundescherer *m; (scherz: barbiere non bravo)* Bartscherer *m*

tosaerba [toza'ɛrba] <-> *m o f* Rasenmäher *m*, Rasenmähmaschine *f*

tosamento [toza'mento] *m* Scheren *nt*, Schneiden *nt*

tosare [to'za:re] *vt* ① *(pecore)* scheren ② *(scherz: capelli)* scheren ③ *(siepi)* stutzen, schneiden

tosasiepi [toza'siɛ:pi] <-> *m* Heckenschere *f*

tosatore, **-trice** [toza'to:re] *m, f* Scherer(in) *m(f)*

tosatura [tosa'tu:ra] *f* ① *(operazione)* Scheren *nt* ② *(lana)* Schurwolle *f*, Scherwolle *f*

Toscana [tos'ka:na] *f* Toskana *f*

toscano, **-a** [tos'ka:no] **I.** *agg* toskanisch **II.** *m, f (abitante)* Toskaner(in) *m(f)*

tosone [to'zo:ne] *m* Vlies *nt*

tosse ['tosse] *f* Husten *m;* **~ canina** [*o* **asinina**] Keuchhusten *m*

tossicchiare [tossik'kia:re] *vi* hüsteln

tossicità [tossitʃi'ta] <-> *f* Giftigkeit *f*

tossico ['tɔssiko] <-ci> *m* Gift *nt*

tossico, **-a** <-ci, -che> **I.** *agg* giftig, toxisch **II.** *m, f (sl)* Junkie *m*

tossicodipendente [tossikodipen'dɛnte] *mf* Drogenabhängige(r) *f(m)*

tossicodipendenza [tossikodipen'dɛntsa] *f* Drogenabhängigkeit *f*
tossicologa *f v.* **tossicologo**
tossicologia [tossikolo'dʒi:a] <-gie> *f* Toxikologie *f*
tossicologo, -a [tossi'kɔ:logo] <-gi, -ghe> *m, f* Toxikologe *m*/Toxikologin *f*
tossicomane [tossi'kɔ:mane] **I.** *agg* drogensüchtig, rauschgiftsüchtig **II.** *mf* Drogensüchtige(r) *f(m)*, Rauschgiftsüchtige(r) *f(m)*
tossicomania [tossikoma'ni:a] *f* Drogensucht *f*, Rauschgiftsucht *f*
tossina [tos'si:na] *f* Giftstoff *m*, Toxin *nt*
tossire [tos'si:re] <tossisco> *vi* husten
tostacaffè [tostakaf'fɛ] <-> *m* Kaffeeröstmaschine *f*
tostapane [tosta'pa:ne] <-> *m* Toaster *m*
tostare [tos'ta:re] *vt* rösten; *(pane a)* toasten
tostatura [tosta'tu:ra] *f* Rösten *nt; (del pane a)* Toasten *nt*
tosto, -a ['tɔsto] *agg* hart; **faccia -a** Frechheit *f*, Unverschämtheit *f*
tot [tɔt] *(fam)* **I.** *agg inv* soundso viel **II.** *m* <-> [bestimmte] [An]zahl *f; (somma)* [bestimmte] Summe *f*
totale [to'ta:le] **I.** *agg* Gesamt-, total **II.** *m* Gesamtsumme *f*, -betrag *m*
totalità [totali'ta] <-> *f* Gesamtheit *f*, Vollständigkeit *f*
totalitario, -a [totali'ta:rio] <-i, -ie> *agg* ❶ *(della totalità)* allgemein, ganzheitlich ❷ POL totalitär
totalitarismo [totalita'rizmo] *m* Totalitarismus *m*
totalitarista [totalita'rista] <-i *m*, -e *f*> **I.** *mf* Anhänger(in) *m(f)* des Totalitarismus **II.** *agg* totalitaristisch, totalitär
totalizzare [totalid'dza:re] *vt* insgesamt erzielen
totalizzatore [totaliddza'to:re] *m* Totalisator *m*
totano ['tɔ:tano] *m* Tintenfisch *m*
totem ['tɔ:tɛm] *m* Totem *nt*
totip [to'tip] *m acro di* **totalizzatore ippico** *italienisches Pferdelotto*
totocalcio [toto'kaltʃo] *m acro di* **totalizzatore calcistico** *italienisches Fußballtoto*
touch screen <-> *m* INFORM Touch Screen *m*
toupet [tu'pɛ] <-> *m* Toupet *nt*
tour de force ['tur də 'fɔrs] <-> *m* Gewaltaktion *f*, Tour de force *f*
tour leader [tuə 'li:də] <-> *mf* Reisebegleiter(in) *m(f)*
tournée [tur'ne] <-> *f* Tournee *f*
tour operator ['tuə ɔpe'reitə] <-> *mf* Reiseveranstalter(in) *m(f)*
tovaglia [to'vaʎʎa] <-glie> *f* Tischtuch *nt*, Tischdecke *f*
tovagliato [tovaʎ'ʎa:to] *m* Tischwäsche *f*
tovagliolo [tovaʎ'ʎɔ:lo] *m* Serviette *f*; ~ **di carta** Papierserviette *f*
tozzo ['tɔttso] *m (di pane)* Stück *nt* [trockenes] Brot; **dar via qc per un ~ di pane** *(fam)* etw für ein Butterbrot verkaufen
tozzo, -a *agg* untersetzt, stämmig; *(cosa)* plump; *(edificio)* kompakt
tr. *abbr di* **tratta** Tratte *f (gezogener Wechsel)*
tra [tra] *prep* ❶ *(fra)* zwischen +*dat; (in mezzo a due persone o cose, stato)* zwischen +*dat; (moto)* zwischen +*akk; (in mezzo a più persone o cose, a. fig)* unter +*dat; (moto)* unter +*akk;* ~ **di noi** unter uns; ~ **sé e sé** in seinem Inneren ❷ *(attraverso luogo)* nach +*dat* ❸ *(partitivo)* von +*dat*, unter +*dat;* ~ **l'altro** unter anderem ❹ *(approssimativo)* alles in allem; ~ **vitto e alloggio ho speso quasi tutto** für Kost und Wohnung habe ich fast alles ausgegeben ❺ *(di tempo)* in +*dat*, innerhalb +*gen;* ~ **breve** in Kürze
traballamento [traballa'mento] *m* Schwanken *nt*
traballare [trabal'la:re] *vi* schwanken, taumeln; *(a. fig)* wackeln
trabeazione [trabeat'tsio:ne] *f* Gebälk *nt*
trabiccolo [tra'bikkolo] *m (scherz: auto scassata)* Schrottlaube *f fam*
traboccare [trabok'ka:re] *vi* ❶ *essere (liquido)* überlaufen, überfließen ❷ *avere (recipiente)* überlaufen
trabocchetto [trabok'ketto] *m* ❶ *(congegno)* Falltür *f* ❷ *(fig)* Falle *f*; **domanda ~** Fangfrage *f*; **tendere un ~ a qu** jdm eine Falle stellen
trabocco [tra'bokko] <-cchi> *m* Überlaufen *nt*, Überfließen *nt;* ~ **di sangue** Blutsturz *m*
tracagnotto, -a [trakaɲ'ɲɔtto] *agg* untersetzt
tracannare [trakan'na:re] *vt* hinunterstürzen, hinuntergießen
traccia ['trattʃa] <-cce> *f* ❶ *(impronta)* Spur *f; (segno)* Zeichen *nt; (di selvaggina)* Fährte *f*; **essere sulle -cce di qu** jdm auf der Spur sein; **non lasciar ~ di sé** spurlos verschwinden; **far perdere le proprie -cce** seine Spuren verwischen ❷ *(fig: ricordo)* Spur *f* ❸ *(scia)* Kielwasser *nt* ❹ *(abbozzo)* Entwurf *m*, Skizze *f*
tracciamento [trattʃa'mento] *m* Abstecken *nt; (di strade, ferrovie)* Trassieren *nt; (in meccanica)* Anreißen *nt; (di pista per sci)* Spuren *nt*

T

tracciante [trat'tʃante] *agg* **proiettile ~** Leuchtspurgeschoss *nt*

tracciare [trat'tʃa:re] *vt* ① *(disegnare)* zeichnen, entwerfen ② *(strade, ferrovie)* trassieren ③ *(fig: descrivere)* umreißen

tracciato [trat'tʃa:to] *m* ① *(disegno)* Grafik *f* ② *(di strada)* Trasse *f* ③ INFORM **~ dell'archivio** Verzeichnisstruktur *f*

tracciatore [trattʃa'to:re] *m* INFORM *(di grafici)* Plotter *m*

trachea [tra'kɛ:a] <-chee> *f* Luftröhre *f*

tracheotomia [trakeoto'mi:a] <-ie> *f* Luftröhrenschnitt *m*

trackball ['trækbɔl] <-> *f* INFORM Trackball *m*

trackpad ['trakpɛd] <-> *m* INFORM Trackpad *nt*

tracolla [tra'kɔlla] *f* Schultergurt *m*, -riemen *m;* **a ~** umgehängt

tracollare [trakol'la:re] *vi essere* [um]kippen; *(bilancia)* sinken

tracollo [tra'kɔllo] *m* ① *(fig)* Zusammenbruch *m* ② *(di ditta)* Pleite *f*

tracotante [trako'tante] *agg* anmaßend, überheblich

tracotanza [trako'tantsa] *f* Anmaßung *f*, Überheblichkeit *f*

trad. *abbr di* **traduzione** Übers.

trader ['treidə] *m* FIN *(operatore finanziario)* Händler *m*

tradimento [tradi'mento] *m* Verrat *m; (di un coniuge)* Untreue *f;* **alto ~** Hochverrat *m;* **a ~** hinterrücks

trading ['treidiŋ] <-> *m* FIN Trading *nt*

tradire [tra'di:re] <tradisco> **I.** *vt* ① *(venir meno alla fede)* verraten ② *(coniuge)* betrügen ③ *(fig: mancare, ingannare)* **se la memoria non mi tradisce** wenn mich mein Gedächtnis nicht täuscht ④ *(speranze)* enttäuschen **II.** *vr* **-rsi** sich verraten

traditore, -trice [tradi'to:re] **I.** *m, f* Verräter(in) *m(f)* **II.** *agg* verräterisch

tradizionale [tradittsio'na:le] *agg* traditionell, herkömmlich; *(costumi)* überliefert

tradizionalismo [tradittsiona'lizmo] *m* Traditionalismus *m*

tradizionalista [tradittsiona'lista] <-i *m*, -e *f*> *mf* Traditionalist(in) *m(f)*

tradizione [tradit'tsio:ne] *f* ① *(gener)* Überlieferung *f*, Tradition *f* ② *(consuetudine)* Brauch *m*

tradotta [tra'dotta] *f* Militärzug *m*

tradotto [tra'dotto] *pp di* **tradurre**

traducibile [tradu'tʃi:bile] *agg* übersetzbar; *(fig: azione)* umsetzbar; *(sentimento)* ausdrückbar; **essere difficilmente ~ in parole** schwer in Worte zu fassen sein

tradurre [tra'durre] <traduco, tradussi, tradotto> *vt* ① *(testi)* übersetzen, übertragen; **~ dall'italiano in tedesco** aus dem Italienischen ins Deutsche übersetzen ② *(detenuti)* überführen ③ *(fig: azioni)* umsetzen; *(sentimenti)* ausdrücken; **~ in parole povere** in einfache Worte kleiden

traduttivo, -a [tradut'ti:vo] *agg* übersetzerisch; **metodo ~** übersetzerische Methode

traduttologia [traduttolo'dʒi:a] *f* Übersetzungswissenschaft *f*

traduttore, -trice [tradut'to:re] *m, f* Übersetzer(in) *m(f)*, Dolmetscher(in) *m(f);* **~ elettronico** Sprachcomputer *m*

traduzione [tradut'tsio:ne] *f* ① *(di scritto, discorso)* Übersetzung *f;* **~ simultanea** Simultanübersetzung *f* ② *(di detenuti)* Überführung *f*

traente [tra'ɛnte] *m* Aussteller *m*, Trassant *m*

trafelato, -a [trafe'la:to] *agg* atemlos, außer Atem

trafficante [traffi'kante] *mf* ① COM Händler(in) *m(f)* ② *(pej)* Schieber(in) *m(f)*

trafficare [traffi'ka:re] **I.** *vi* ① COM **~ in qc** mit etw handeln ② *(pej)* schieben **II.** *vt (pej)* verschachern, schieben mit

traffichino, -a [traffi'ki:no] *m, f (fam)* Geschäftemacher(in) *m(f)*

traffico ['traffiko] <-ci> *m* ① COM Handel *m;* **~ di stupefacenti** Drogenhandel *m* ② *(delle strade)* Verkehr *m;* **~ aereo** Luftverkehr *m;* **~ stradale** Straßenverkehr *m;* **~ di transito** Transitverkehr *m*

trafficone, -a [traffi'ko:ne] *m, f* Geschäftemacher(in) *m(f)*

trafiggere [tra'fiddʒere] <trafiggo, trafissi, trafitto> *vt* durchbohren

trafila [tra'fi:la] *f* Reihe *f* von Hürden

trafilare [trafi'la:re] *vt* ziehen

trafiletto [trafi'letto] *m* Kurzartikel *m*

trafissi [tra'fissi] *1. pers sing pass rem di* **trafiggere**

trafitta [tra'fitta] *f* Stichwunde *f*

trafitto [tra'fitto] *pp di* **trafiggere**

traforare [trafo'ra:re] *vt* ein Loch machen in *+akk*, durchbohren, durchstechen; *(terreno)* aufgraben; *(con intaglio)* einschneiden

traforo [tra'fo:ro] *m* ① *(atto, effetto)* [Durch]bohrung *f; (intaglio)* Einschnitt *m*, Durchstich *m;* **seghetta** [*o* **sega**] **da ~** Laubsäge *f* ② *(galleria)* Tunnel *m*

trafugamento [trafuga'mento] *m* Entwendung *f*

trafugare [trafu'ga:re] *vt* entwenden

tragedia [tra'dʒɛ:dia] <-ie> *f* ① THEAT Tragödie *f*, Trauerspiel *nt* ② *(fig: scenata)* Theater *nt fam*

traggo ['traggo] *1. pers sing pr di* **trarre**

traghettare [traget'taːre] *vt* ① *(cose, persone)* übersetzen ② *(fiume)* überqueren
traghettatore [tragetta'toːre] *m* Fährmann *m*
traghetto [tra'getto] *m* *(imbarcazione)* Fähre *f,* Fährschiff *nt;* ~ **spaziale** Raumfähre *f*
tragica *f v.* **tragico**
tragicità [tradʒitʃi'ta] <-> *f* Tragik *f*
tragico ['traːdʒiko] *m* Tragik *f,* Tragische(s) *nt*
tragico, -a <-ci, -che> *agg* tragisch; THEAT Tragödien-
tragicomico, -a [tradʒi'kɔːmiko] <-ci, -che> *agg* tragikomisch
tragicommedia [tradʒikom'mɛːdia] *f* Tragikomödie *f*
tragitto [tra'dʒitto] *m* [Weg]strecke *f,* Fahrt *f*
traguardare [traguar'daːre] *vt* anvisieren; *(di sottecchi)* verstohlen anschauen
traguardo [tra'guardo] *m* ① *(a. fig)* Ziel *nt;* **tagliare il** ~ durchs Ziel gehen ② *(di arma)* Visier *nt*
traiettoria [traiet'tɔːria] <-ie> *f* Flugbahn *f*
trailer ['treilə] <-> *m* FILM Trailer *m,* Vorschau *f*
trainare [trai'naːre] *vt* schleppen, ziehen
training ['treiniŋ] <-> *m* *(allenamento)* Training *nt;* ~ **autogeno** autogenes Training; ~ **on the job** Einarbeitung *f*
traino ['traːino] *m* ① *(il trainare)* Schleppen *nt,* Ziehen *nt* ② *(carico)* Ladung *f,* Fuhre *f* ③ *(carro)* Schlitten *m,* Fuhre *f*
trait d'union ['trɛ dy'njɔ̃] <-> *m* TYP Bindestrich *m*
tralasciabile [tralaʃ'ʃaːbile] *agg* auslassbar; **particolare** ~ unbedeutendes Detail, nicht erwähnenswerte Einzelheit
tralasciare [tralaʃ'ʃaːre] *vt* versäumen, unterlassen
tralcio ['traltʃo] <-ci> *m* Trieb *m,* Schössling *m*
tralicciatura [tralittʃa'tuːra] *f* Gitterwerk *nt*
traliccio [tra'littʃo] <-cci> *m* *(struttura)* Gerüst *nt,* Gitter *nt*
tralice [tra'liːtʃe] *avv* **in** [*o* **di**] ~ schräg, schief
tralignamento [traliɲɲa'mento] *m* Entartung *f*
tralignare [traliɲ'ɲaːre] *vi* entarten, degenerieren
tralucere [tra'luːtʃere] <traluco *mancano i tempi composti*> *vi* [hin]durchscheinen
tram [tram] <-> *m* Straßenbahn *f,* Tram *f*
trama ['traːma] *f* ① *(di tessuto)* Schussfaden *m* ② *(di un'opera)* Handlung *f* ③ *(pej: macchinazione)* Intrige *f*
tramandare [traman'daːre] *vt* überliefern
tramare [tra'maːre] *vt* anzetteln, im Schilde führen
trambusto [tram'busto] *m* Getümmel *nt,* Durcheinander *nt*
tramestare [trames'taːre] *vi* das Unterste zuoberst kehren
tramestio [trames'tiːo] <-ii> *m* Durcheinander *nt*
tramezzabile [tramed'dzaːbile] *agg* durch eine Zwischenwand teilbar
tramezzare [tramed'dzaːre] *vt* ① *(interporre)* dazwischenlegen, einschieben; *(fig a.)* einlegen ② *(con tramezzo)* durch eine Zwischenwand trennen
tramezzatura [trameddza'tuːra] *f* Teilung *f* durch eine oder mehrere Zwischenwände
tramezzino [tramed'dziːno] *m* Sandwich *m o nt*
tramezzo [tra'mɛddzo] *m* Zwischenwand *f*
tramite[1] ['traːmite] *m* Vermittler(in) *m(f);* *(via)* Verbindung *f*
tramite[2] *prep* durch +*akk,* mittels +*gen*
tramoggia [tra'mɔddʒa] <-gge> *f* Trichter *m*
tramontana [tramon'taːna] *f* Nordwind *m;* **a** ~ nach Norden; **perdere la** ~ *(fig, scherz)* den Kopf verlieren
tramontare [tramon'taːre] *vi essere* ① ASTR untergehen ② *(fig)* schwinden, vergehen
tramonto [tra'monto] *m* ① ASTR [Sonnen]untergang *m* ② *(fig)* Abend *m geh*
tramortimento [tramorti'mento] *m* Besinnungslosigkeit *f*
tramortire [tramor'tiːre] <tramortisco> **I.** *vi essere* die Besinnung verlieren, ohnmächtig werden **II.** *vt avere* betäuben, bewusstlos machen
trampolino [trampo'liːno] *m* *(per tuffi)* Sprungbrett *nt;* *(per sci)* Sprungschanze *f*
trampolo ['trampolo] *m* Stelze *f*
tramutare [tramu'taːre] **I.** *vt* verwandeln, verändern **II.** *vr* **-rsi** sich verwandeln
tramvai [tram'vaːi] <-> *m v.* **tram**
trancia ['trantʃa] <-ce> *f* ① *(tranciatrice)* Schneidemaschine *f* ② *(fetta)* Scheibe *f,* Schnitte *f*
tranciare [tran'tʃaːre] *vt* GASTR tranchieren; TEC schneiden
tranciatrice [trantʃa'triːtʃe] *f* Schneidemaschine *f*
tranello [tra'nɛllo] *m* Falle *f;* **domanda a** ~ Fangfrage *f*

T

trangugiare [traŋgu'dʒaːre] *vt* verschlingen, verschlucken
tranne ['tranne] *prep* außer +*dat,* abgesehen von +*dat*
tranquillante [traŋkuil'lante] *m* Beruhigungsmittel *nt*
tranquillare [traŋkuil'laːre] *vt (poet)* besänftigen
tranquillità [traŋkuilli'ta] <-> *f* Ruhe *f,* Stille *f*
tranquillizzare [traŋkuillid'dzaːre] *vt* beruhigen
tranquillo, **-a** [traŋ'kuillo] *agg* ① *(calmo)* ruhig, still ② *(sicuro)* ruhig, unbesorgt; **stia ~!** seien Sie unbesorgt!
trans- [trans] *v.* **tras-**
transalpino, **-a** [transal'piːno] *agg* transalpin[isch], jenseits der Alpen *(von Rom aus gesehen)*
transamazzonico, **-a** [transamad'dzɔːniko] *agg* transamazonisch
transare [tran'saːre] *vt* JUR [durch Vergleich] beilegen; **~ una lite** einen Streit beilegen
transatlantico [transat'lantiko] <-ci> *m* Überseedampfer *m*
transatlantico, **-a** <-ci, -che> *agg* transatlantisch, Übersee-
transatto [tran'satto] *pp di* **transigere**
transazione [transat'tsioːne] *f* ① JUR Vergleich *m* ② COM Transaktion *f*
transbrasiliano, **-a** [transbrazi'liaːno] *agg* transbrasilianisch
transcodifica [transko'diːfika] <-che> *f* INFORM Codeumsetzung *f,* Umcodierung *f*
transcodificare [transkodifi'kaːre] *vt* INFORM transcodieren, umcodieren
transcodificatore [transkodifika'toːre] *m* Codeumsetzer *m,* Codekonvertierer *m*
transcodificazione [transkodifikat'tsioːne] *f* INFORM Codeumsetzung *f,* Umcodierung *f*
transcontainer ['trænzkən'teinə] <-> *m* Transcontainer *m,* Großcontainer *m*
transcontinentale [transkontinen'taːle] *agg* transkontinental
transculturazione [transkulturat'tsioːne] *f Übergangsprozess von einer Kultur zu einer anderen*
transdermico, **-a** [trans'dɛrmiko] <-ci, -che> *agg* transdermal; **terapia -a** transdermale Therapie
transelevatore [transeleva'toːre] *m* Transelevator *m*
transenna [tran'sɛnna] *f* Sperre *f,* Schranke *f*
transennare [tranzen'naːre] *vt* absperren
transessuale [transessu'aːle] **I.** *agg* transsexuell **II.** *mf* Transsexuelle(r) *f(m)*
transessualismo [transsessua'lizmo] *m* Transsexualismus *m*
transessualità [transsessuali'ta] *f* Transsexualität *f*
transetto [tran'sɛtto] *m* Querschiff *nt*
transeunte [transe'unte] *agg (poet)* vergänglich
transgenetico [transdʒe'nɛtiko] <-ci, -che> *agg* genetisch verändert
transgenico [trans'dʒɛniko] <-ci, -che> *agg* genetisch verändert; **cibo ~** Genfood *nt*
transiberiano, **-a** [transibe'riaːno] *agg* transsibirisch
transigere [tran'siːdʒere] <transigo, transigei *o* transigetti, transatto> **I.** *vt* [durch Vergleich] beilegen **II.** *vi* nachgeben; JUR sich vergleichen
transistor(e) [tran'sistor, (transis'toːre)] <-> *m* Transistor *m*
transitabile [transi'taːbile] *agg (a piedi)* begehbar; *(passo)* passierbar; *(strada)* befahrbar
transitare [transi'taːre] *vt essere (con veicolo)* befahren; *(a piedi)* begehen; *(passo)* passieren; *(attraversare)* durchqueren
transitario [transi'taːrio] <-i> *m* Transithändler *m*
transitivo, **-a** [transi'tiːvo] *agg* transitiv
transito ['transito] *m* Durchfahrt *f,* Durchgang *m,* Passage *f;* **divieto di ~** Durchfahrt[s]verbot *nt;* **stazione di ~** Durchgangsbahnhof *m;* **in ~** auf der Durchfahrt
transitorio, **-a** [transi'tɔːrio] <-i, -ie> *agg* vorübergehend, Übergangs-
transizione [transit'tsioːne] *f* Übergang *m;* **la fase di ~ dalla Lira all'Euro** die Übergangsphase von der Lira zum Euro
translunare [translu'naːre] *agg* translunar, translunarisch
transnazionalismo [transnattsiona'lizmo] *m* Transnationalismus *m*
transoceanico, **-a** [transotʃe'aːniko] <-ci, -che> *agg* transozeanisch, Übersee-
transpadano, **-a** [transpa'daːno] *agg* jenseits des Po liegend *(von Rom aus gesehen)*
transporter [træns'pɔːtə] <-> *m* Transporter *m*
transrazziale [transrat'tsiaːle] *agg* rassenübergreifend
tran tran, **trantran** [tran 'tran] <-> *m* Trott *m;* **il solito ~ quotidiano** der übliche Alltagstrott
tranvai [tran'vaːi] <-> *m v.* **tram**
tranvia [tran'viːa] *f* Straßenbahn *f*
tranviario, **-a** [tran'viaːrio] *agg* Straßenbahn-

tranviere, -a [tran'viɛːre] *m, f* Straßenbahner(in) *m(f)*
trapanare [trapa'naːre] *vt* [durch]bohren
trapanazione [trapanat'tsioːne] *f* Aufbohrung *f*, Trepanation *f*
trapanese [trapa'neːse] **I.** *agg* trapanesisch **II.** *mf (abitante)* Trapaneser(in) *m(f)*
Trapanese *m sing* Umgebung *f* von Trapani
Trapani *f* Trapani *nt (Stadt in Sizilien)*
trapano ['traːpano] *m* ① TEC Bohrer *m* ② MED Trepan *m*
trapassare [trapas'saːre] **I.** *vt* durchdringen, durchbohren; *(a. fig)* überschreiten **II.** *vi essere (attraversare)* [hin]durchgehen; *(fig)* durchdringen
trapassato [trapas'saːto] *m* LING **~ prossimo** Vorvergangenheit *f*; **~ remoto** Plusquamperfekt *nt*
trapasso [tra'passo] *m* Übertragung *f*, Übergang *m*
trapelare [trape'laːre] *vi essere* durchsickern
trapelo [tra'peːlo] *m* Vorspannpferd *nt*, Zugtier *nt*
trapezio [tra'pɛttsio] <-i> *m* Trapez *nt*
trapezista [trapet'tsista] <-i *m*, -e *f*> *mf* Trapezkünstler(in) *m(f)*
trapezoidale [trapettsoi'daːle] *agg* trapezförmig, Trapez-; **cinghia ~** Keilriemen *m*
trapiantare [trapian'taːre] **I.** *vt* ① AGR, BOT umpflanzen, verpflanzen ② MED transplantieren **II.** *vr* **-rsi** übersiedeln
trapianto [tra'pianto] *m* ① AGR, BOT Umpflanzung *f*, Verpflanzung *f* ② MED Transplantation *f*; **~ renale/cardiaco** Nieren-/Herztransplantation *f*
trapiantologico, -a [trapianto'lɔːdʒiko] *agg* transplantationsmedizinisch
trappa ['trappa] *f* Trappistenkloster *nt*
trappista [trap'pista] <-i> *m* Trappist *m*
trappola ['trappola] *f* ① *(a. fig)* Falle *f*; **~ per topi** Mausefalle *f*; **cadere nella ~** *(fig)* in die Falle gehen; **tendere una ~ a qu** *(fig)* jdm eine Falle stellen ② *(fam: arnese mal funzionante)* Klapperkiste *f*
trappolone, -a [trappo'loːne] *m, f* Schwindler(in) *m(f)*
trapunta [tra'punta] *f* Steppdecke *f*
trapuntare [trapun'taːre] *vt* ① *(impuntire)* steppen ② *(ricamare)* sticken
trapunto, -a [tra'punto] **I.** *agg* ① *(ricamato)* bestickt; *(impuntito)* gesteppt ② *(fig)* übersät (**di** mit) **II.** *m, f* Sticknaht *f*, Steppnaht *f*
trarre ['trarre] <**traggo, trassi, tratto**> **I.** *vt* ① *(ricavare)* [heraus]ziehen; *(cambiale)* ziehen, ausstellen ② *(portare)* bringen; *(condurre)* führen; *(sospiro)* ausstoßen; **~ in inganno** täuschen; **~ in salvo** in Sicherheit bringen, retten ③ *(derivare)* entnehmen; **~ origine da** ausgehen von **II.** *vr* **-rsi** sich befreien
tras- [tras] *v.* **trans-**
trasalimento [trasali'mento] *m* Zusammenfahren *nt*, Erschrecken *nt*
trasalire [trasa'liːre] <trasalisco> *vi essere o avere* zusammenfahren
trasandato, -a [trazan'daːto] *agg* ungepflegt, nachlässig
trasbordare [trazbor'daːre] **I.** *vt* ① *(merci)* umladen ② *(persone)* umsteigen lassen; NAUT auf ein anderes Schiff bringen **II.** *vi* umsteigen; NAUT das Schiff wechseln
trasbordo [traz'bordo] *m* ① *(di merci)* Umladung *f* ② *(di persone)* Umsteigen *nt*; NAUT Schiffwechsel *m*
trascendentale [traʃʃeden'taːle] *agg* transzendental; *(fig)* außergewöhnlich
trascendente [traʃʃen'dɛnte] *agg* transzendent
trascendenza [traʃʃen'dɛntsa] *f* Transzendenz *f*
trascendere [traʃ'ʃendere] <irr> **I.** *vt* übersteigen **II.** *vi* über das normale Maß hinausgehen
trascinare [traʃʃi'naːre] **I.** *vt* [mit]schleifen, [mit]schleppen; *(fig)* mitreißen **II.** *vr* **-rsi** ① *(persone)* sich schleppen ② *(faccende)* sich hinziehen
trascorrere [tras'korrere] <irr> **I.** *vt avere* verbringen **II.** *vi essere* vergehen
trascorso [tras'korso] *m* Fehler *m*
trascrivere [tras'kriːvere] <irr> *vt* umschreiben; *(copiare)* abschreiben; *(su registro)* eintragen; LING, MUS transkribieren
trascrizione [traskrit'tsioːne] *f* Umschreibung *f*; *(copiatura)* Abschrift *f*; *(su registro)* Eintragung *f*; LING, MUS Transkription *f*; **~ fonetica** phonetische Umschrift
trascurabile [trasku'raːbile] *agg* unbedeutend, unerheblich
trascurare [trasku'raːre] **I.** *vt* ① *(non curare)* vernachlässigen ② *(tralasciare)* versäumen, unterlassen ③ *(omettere)* übersehen, vergessen **II.** *vr* **-rsi** sich vernachlässigen
trascuratezza [traskura'tettsa] *f* Nachlässigkeit *f*
trasduttore [trasdut'toːre] *m* TEC [Mess]wandler *m*, Übertrager *m*; **~ acustico** Schallwandler *m*
trasecolare [traseko'laːre] *vi essere o avere* verblüfft sein
trasferibile [trasfe'riːbile] *agg* übertragbar
trasferimento [trasferi'mento] *m* ① *(di persone)* Versetzung *f*, Versetzen *nt*; *(di cose)* Verlegen *nt* ② *(trasloco)* Verlegung *f*,

Umzug *m; (trasporto)* Überführung *f* ③ FIN Transfer *m* ④ JUR *(di diritto)* Übertragung *f*

trasferire [trasfeˈriːre] <trasferisco> **I.** *vt* ① *(persone)* versetzen; *(cose)* verlegen ② JUR *(diritto)* übertragen ③ *(valuta)* transferieren ④ INFORM übertragen **II.** *vr* **-rsi** umziehen, übersiedeln

trasferta [trasˈfɛrta] *f* ① ADM Dienstreise *f* ② SPORT Auswärtsspiel *nt;* **giocare in ~** auswärts spielen

trasfigurare [trasfiguˈraːre] *vt* ① *(cambiare)* verändern, verwandeln ② *(fig)* verdrehen

trasfigurazione [trasfiguratˈtsioːne] *f* Veränderung *f*

trasfondere [trasˈfondere] <trasfondo, trasfusi, trasfuso> *vt* ① *(sangue)* übertragen ② *(fig: paura)* einflößen

trasformabile [trasforˈmaːbile] *agg* verwandelbar; **autovettura ~** Cabriolet *nt*

trasformare [trasforˈmaːre] **I.** *vt* verwandeln, verändern; *(prodotto)* [weiter]verarbeiten; EL umspannen **II.** *vr* **-rsi** sich verwandeln

trasformatore [trasformaˈtoːre] *m* Transformator *m*

trasformazione [trasformatˈtsioːne] *f* Verwandlung *f,* Umwandlung *f;* EL Umspannung *f;* PHYS, SCIENT Transformation *f*

trasformista [trasforˈmista] <-i *m,* -e *f*> *mf* ① *(attore)* Verwandlungskünstler(in) *m(f)* ② POL Transformist(in) *m(f)*

trasfusione [trasfuˈzioːne] *f* Blutübertragung *f,* Transfusion *f*

trasgredire [trazgreˈdiːre] <trasgredisco> **I.** *vt* übertreten **II.** *vi* zuwiderhandeln

trasgreditrice *f v.* **trasgressore**

trasgressione [trazgresˈsioːne] *f* Übertretung *f,* Zuwiderhandlung *f*

trasgressore, -greditrice [trazgresˈsoːre, trazgrediˈtriːtʃe] *m, f* Rechtsbrecher(in) *m(f)*

traslato [trazˈlaːto] *m* bildlicher Ausdruck

traslato, -a *agg* bildlich, übertragen

traslazione [trazlatˈtsioːne] *f* ① JUR Übertragung *f* ② PHYS, GEOL Translation *f*

traslocare [trazloˈkaːre] **I.** *vt* versetzen; *(sede)* verlegen; *(mobilia)* befördern **II.** *vi* umziehen

trasloco [trazˈlɔːko] <-chi> *m* Umzug *m,* Übersiedlung *f*

traslucido, -a [trazˈluːtʃido] *agg* durchscheinend, durchsichtig

trasmesso *pp di* **trasmettere**

trasmettere [trazˈmettere] <irr> **I.** *vt* ① *(diritto, malattia)* übertragen; *(di eredità)* vererben ② *(notizia)* übermitteln; *(ordine)* weitergeben; *(lettera)* senden, schicken ③ RADIO, TV senden, übertragen ④ INFORM übertragen **II.** *vr* **-rsi** ① *(di eredità)* sich vererben ② MED sich übertragen

trasmettitore [trazmettiˈtoːre] *m* Sender *m,* Sendestation *f*

trasmigrare [trazmiˈgraːre] *vi essere o avere* auswandern

trasmigrazione [trazmigratˈtsioːne] *f* Auswanderung *f*

trasmisi *1. pers sing pass rem di* **trasmettere**

trasmissibile [trazmisˈsiːbile] *agg* übertragbar; *(di eredità)* vererblich

trasmissione [trazmisˈsioːne] *f* ① *(gener)* Übertragung *f;* **~ in diretta** TV, RADIO Livesendung *f* ② TEC Kraftübertragung *f,* Übersetzung *f* ③ INFORM **~ dati** Datenübertragung *f*

trasmittente [trazmitˈtɛnte] *f* ① *(stazione)* Sendestation *f,* Sender *m* ② *(apparecchio)* Sendegerät *nt*

trasmodare [trazmoˈdaːre] *vi* übertreiben

trasognare [trasoɲˈɲaːre] *vi* mit offenen Augen träumen

trasognatezza [trasoɲɲaˈtettsa] *f* Verträumtheit *f;* **essere in uno stato di ~** traumverloren sein

trasognato, -a [trasoɲˈɲaːto] *agg* verträumt, traumverloren

traspaio [trasˈpaːio] *1. pers sing pr di* **trasparire**

trasparente [traspaˈrɛnte] *agg* ① durchsichtig, transparent ② *(fig)* leicht zu durchschauen; **un'allusione ~** eine leicht zu durchschauende Anspielung

trasparenza [traspaˈrɛntsa] *f* Durchsichtigkeit *f,* Transparenz *f*

trasparire [traspaˈriːre] <traspaio *o* trasparisco, trasparii *o* trasparsi, trasparso *o* trasparito> *vi essere* durchscheinen; *(fig)* ersichtlich werden; **lasciar ~** durchblicken lassen

traspirare [traspiˈraːre] *vi essere* schwitzen, transpirieren; *(fig)* durchsickern

traspirazione [traspiratˈtsioːne] *f* Schwitzen *nt,* Transpiration *f*

trasporre [trasˈporre] <irr> *vt* umstellen, umsetzen; MUS transponieren

trasportabile [trasporˈtaːbile] *agg* transportabel; *(persone)* transportfähig

trasportare [trasporˈtaːre] *vt* ① *(portare da un luogo a un altro)* [fort]tragen, fortschaffen; *(feriti, malati)* wegbringen; *(morti)* überführen; *(viaggiatori)* befördern; *(merci)* transportieren; *(per nave)* verschiffen ② COM übertragen ③ MUS transponieren ④ *(fig: emozione)* versetzen; **lasciarsi ~** *(fig)* sich mitreißen lassen; *(pej)* sich überwältigen lassen

trasportatore [trasportaˈtoːre] *m*

① *(azienda)* Transportunternehmen *nt;* *(operaio)* Transportunternehmer(in) *m(f)* ② TEC Förderwerk *nt;* ~ **a nastro** Förderband *nt*

trasporto [tras'pɔrto] *m* ① *(con veicolo)* Beförderung *f,* Transport *m;* **mezzi di ~** Transportmittel *ntpl;* **rete di ~** Transportnetz *nt;* ~ **passeggeri** Personenbeförderung *f;* **-i pubblici** öffentliches Verkehrswesen ② *(fig: impeto)* Inbrunst *f*

trasposi *1. pers sing pass rem di* **trasporre**

trasposizione [traspozit'tsio:ne] *f* Umstellung *f,* Umsetzung *f*

trasposto *pp di* **trasporre**

trassato, -a [tras'sa:to] **I.** *agg* trassiert **II.** *m, f* Trassat *m*

trassi ['trassi] *1. pers sing pass rem di* **trarre**

trastullare [trastul'la:re] **I.** *vt* unterhalten **II.** *vr* **-rsi** ① *(divertirsi)* sich *dat* die Zeit vertreiben, sich unterhalten ② *(perdere tempo)* [herum]trödeln

trastullo [tras'tullo] *m* Zeitvertreib *m;* *(fig: della sorte)* Spielball *m*

trasudare [trasu'da:re] **I.** *vi essere* schwitzen **II.** *vt avere* ausschwitzen; MED absondern

trasversale [trazver'sa:le] **I.** *agg* quer, Quer-; *(in geometria)* transversal; **via ~** Querstraße *f* **II.** *f* Transversale *f*

trasversalismo [trazversa'lizmo] *m* POL *Neigung zur Bildung parteiübergreifender Gruppierungen*

trasvolare [trazvo'la:re] **I.** *vt avere* überfliegen **II.** *vi essere o avere* ~ **su** hinweggehen über *+akk;* ~ **da un argomento all'altro** von einem Argument zum anderen springen

trasvolata [trazvo'la:ta] *f* Überflug *m,* Überfliegen *nt*

tratta ['tratta] *f* ① COM *(cambiale)* Tratte *f,* [gezogener] Wechsel ② *(di persone)* [Menschen]handel *m*

trattabile [trat'ta:bile] *agg* *(malattia)* behandelbar; *(retribuzione)* verhandelbar; *(fig: persona)* umgänglich; **due mila euro -i** Verhandlungsbasis zweitausend Euro

trattamento [tratta'mento] *m* ① *(gener,* MED Behandlung *f* ② *(retribuzione)* Vergütung *f,* Salär *nt* A; ~ **di fine rapporto** JUR Abfindung *f* ③ *(servizio)* Bedienung *f,* Bewirtung *f* ④ INFORM Verarbeitung *f,* Bearbeitung *f;* ~ **automatico delle informazioni** automatische Informationsverarbeitung

trattare [trat'ta:re] **I.** *vt* ① *(gener,* MED behandeln ② *(affari, accordi)* verhandeln über *+akk* ③ *(materiali)* bearbeiten ④ *(clientela)* bedienen, bewirten ⑤ COM *(articoli)* führen **II.** *vi* ① *(avere per argomento)* ~ **di qc** von etw handeln ② *(avere a che fare)* ~ **con qu** mit jdm zu tun haben **III.** *vr* **-rsi di qc** sich um etw handeln, um etw gehen; **di che cosa si tratta?** worum handelt es sich?

trattario [trat'ta:rio] <-i> *m* Bezogene(r) *m,* Trassat *m*

trattativa [tratta'ti:va] *f* Verhandlung *f;* **essere in -e** in Verhandlung[en] stehen; **-e per la pace/sul disarmo** Friedens-/Abrüstungsverhandlungen *fpl;* **avviare/rompere le -e** die Verhandlungen aufnehmen/abbrechen

trattato [trat'ta:to] *m* ① *(opera)* Abhandlung *f,* Traktat *m o nt* ② POL *(accordo)* Abkommen *nt,* [Staats]vertrag *m;* ~ **comunitario** EU-Vertrag *m;* **Trattato di Maastricht** Vertrag von Maastricht

trattato, -a [trat'ta:to] *agg* [künstlich] behandelt; **frutta non trattata** unbehandeltes Obst

trattazione [trattat'tsio:ne] *f* ① *(di un argomento)* Behandlung *f* ② *(scritto)* Abhandlung *f*

tratteggiare [tratted'dʒa:re] *vt* stricheln, schraffieren; *(a. fig)* skizzieren

tratteggio [trat'teddʒo] <-ggi> *m* Schraffierung *f*

trattenere [tratte'ne:re] <irr> **I.** *vt* ① *(persone)* zurückhalten, aufhalten; **non ti voglio ~** ich will dich nicht aufhalten ② *(cose)* zurückbehalten; *(un importo)* einbehalten, abziehen ③ *(riso, pianto)* unterdrücken; *(fiato)* anhalten **II.** *vr* **-rsi** ① *(astenersi)* sich zurückhalten, sich beherrschen ② *(soffermarsi)* sich aufhalten, bleiben

trattenimento [tratteni'mento] *m* Gesellschaftsabend *m,* unterhaltende Veranstaltung

trattenuta [tratte'nu:ta] *f* Einbehalt *m,* Abzug *m*

trattino [trat'ti:no] *m* kleiner Strich; *(nel disegno)* Schraffierstrich *m;* TYP Gedankenstrich *m*

tratto ['tratto] **I.** *pp di* **trarre** **II.** *m* ① *(linea)* Strich *m* ② *(parte)* Stück *nt,* Teil *m o nt* ③ *(di tempo)* Spanne *f;* **rimase un ~ a pensare** er/sie dachte einen Moment nach; **a -i** von Zeit zu Zeit; **tutto ad un ~** auf einmal ④ *(distanza)* Strecke *f* ⑤ *pl (lineamenti)* [Gesichts]züge *mpl;* *(caratteristiche)* Merkmale *ntpl,* Wesenszüge *mpl*

trattore [trat'to:re] *m* Traktor *m*

trattoria [tratto'ri:a] <-ie> *f* Gastwirtschaft *f*

trattorista [tratto'rista] <-i *m,* -e *f*> *mf* Traktorfahrer(in) *m(f)*

T

trattoristico, -a [tratto'ristiko] <-ci, -che> *agg* traktoristisch, Traktoristen-
trattrice *f v.* **trattore**
tratturo [trat'tu:ro] *m* Trift *f*
trauma ['tra:uma] <-i> *m* Trauma *nt*
traumatico, -a [trau'ma:tiko] <-ci, -che> *agg* traumatisch
traumatizzare [traumatid'dza:re] *vt* ein Trauma verursachen bei, traumatisieren; *(fig)* erschüttern
travagliare [travaʎ'ʎa:re] *vt* quälen, plagen
travaglio [tra'vaʎʎo] <-gli> *m (angoscia)* Sorge *f; (dolore)* Qual *f;* MED Beschwerden *fpl,* Schmerzen *mpl;* ~ [**di parto**] [Geburts]wehen *fpl*
travasare [trava'za:re] *vt* umfüllen, umtopfen
travaso [tra'va:zo] *m* Umfüllen *nt;* MED Erguss *m*
travatura [trava'tu:ra] *f* Gebälk *nt*
trave ['tra:ve] *f* Balken *m; (struttura portante)* Träger *m*
travedere [trave'de:re] <travedo, travidi, travisto *o* traveduto> *vi* sich irren; ~ **per l'odio** blind sein vor Hass
traveggole [tra'veggole] *fpl* **avere le** ~ *(fam)* sich täuschen, sich vertun
traversa [tra'vɛrsa] *f* TEC, ARCH Querträger *m,* Traverse *f; (di binari)* Schwelle *f; (via)* Querstraße *f*
traversare [traver'sa:re] *vt (strada)* überqueren; *(fiume, paese)* durchqueren
traversata [traver'sa:ta] *f* Überquerung *f; (di fiume, paese)* Durchquerung *f;* NAUT Überfahrt *f;* AERO Überflug *m,* Überfliegen *nt; (a nuoto)* Durchschwimmen *nt*
traversia [traver'si:a] <-ie> *f (vento)* [Seiten]wind *m*
traversie [traver'si:e] *fpl (fig)* Widrigkeiten *fpl*
traversina [traver'si:na] *f* [Eisenbahn]schwelle *f*
traverso [tra'vɛrso] *m* Querseite *f;* **di** ~ quer; *(obliquamente)* schief; **la bevanda gli è andata di** [*o* **a**] [*o* **per**] ~ er hat sich an dem Getränk verschluckt; **guardare di** ~ **qu** jdn schief ansehen; **mettersi di** ~ sich querstellen
traverso, -a *agg* quer, Quer-; **vie -e** *(fig)* Schleichwege *mpl*
traversone [traver'so:ne] *m* ① *(trave)* [großer] Querträger *m* ② SPORT *(nella scherma)* Seitenhieb *m; (nel calcio)* Flanke *f*
travertino [traver'ti:no] *m* Travertin *m*
travestimento [travesti'mento] *m* Verkleidung *f; (fig)* Verwandlung *f*
travestire [traves'ti:re] **I.** *vt* ~ **da** verkleiden als; *(fig)* verwandeln in +*akk* **II.** *vr* **-rsi da** sich verkleiden als; *(fig)* sich verwandeln in +*akk*
travestito [traves'ti:to] *m* Transvestit *m*
travet [tra'vɛt] <-> *m* DIAL kleiner Angestellte(r) *m*
traviamento [travia'mento] *m* Irreleitung *f*
traviare [travi'a:re] **I.** *vt* vom rechten Weg abbringen, verführen **II.** *vr* **-rsi** auf Abwege geraten
travisamento [traviza'mento] *m* Verdrehung *f,* Entstellung *f*
travisare [travi'za:re] *vt* verdrehen, entstellen
travolgente [travol'dʒɛnte] *agg* unwiderstehlich, mitreißend
travolgere [tra'vɔldʒere] <irr> *vt* ① *(trascinare via)* fortreißen; *(con veicolo)* überfahren ② *(fig)* mitreißen, hinreißen
trazione [trat'tsio:ne] *f* ① *(gener)* Zug *m,* Ziehen *nt* ② TEC Antrieb *m;* ~ **anteriore** Vorderradantrieb *m;* ~ **posteriore** Hinterradantrieb *m;* ~ **integrale** Allradantrieb *m* ③ MED Traktion *f*
tre [tre] **I.** *num* drei; **chi fa da sé, fa per** ~ *(prov)* selbst ist der Mann **II.** *m* <-> ① *(numero)* Drei *f* ② *(nelle date)* Dritte(r) *m* ③ *(voto scolastico)* ≈ mangelhaft, ungenügend **III.** *fpl* drei Uhr; *v. a.* **cinque**
trealberi [tre'alberi] <-> *m* Dreimaster *m*
treatment ['tri:tmənt] <-> *m* FILM Treatment *nt*
trebbia ['trebbia] <-ie> *f* ① *(trebbiatrice)* Dreschmaschine *f* ② *(trebbiatura)* Dreschen *nt*
trebbiare [treb'bia:re] *vt* dreschen
trebbiatore, -trice [trebbia'to:re] *m, f* Drescher(in) *m(f)*
trebbiatrice [trebbia'tritʃe] *f* Dreschmaschine *f*
trebbiatura [trebbia'tu:ra] *f* ① *(operazione)* Dreschen *nt* ② *(periodo)* Dreschzeit *f*
trebisonda [trebi'zonda] *f* **perdere la** ~ den Kopf verlieren
treccia ['trettʃa] <-cce> *f* Zopf *m*
trecentesco, -a [tretʃen'tesko] <-schi, -sche> *agg* das vierzehnte Jahrhundert betreffend
trecentista [tretʃen'tista] <-i *m,* -e *f*> *mf* Künstler(in) *m(f)* des Trecento/des vierzehnten Jahrhunderts
trecento [tre'tʃɛnto] **I.** *num* dreihundert **II.** *m* Dreihundert *f;* **il Trecento** das vierzehnte Jahrhundert; *(nell'arte italiana)* das Trecento
tredicenne [tredi'tʃɛnne] **I.** *agg* dreizehnjährig **II.** *mf* Dreizehnjährige(r) *f(m)*
tredicesima [tredi'tʃɛ:zima] *f (retribuzione)* dreizehntes Monatsgehalt

T

tredicesimo [tredi'tʃɛːzimo] *m (frazione)* Dreizehntel *nt*

tredicesimo, -a **I.** *agg* dreizehnte(r, s) **II.** *m, f* Dreizehnte(r, s) *f(m, nt); v. a.* **quinto**

tredici ['treːditʃi] **I.** *num* dreizehn **II.** *m* <-> ① *(numero)* Dreizehn *f;* **fare un ~ al totocalcio** einen Hauptgewinn im Fußballtoto erzielen ② *(nelle date)* Dreizehnte(r) *m* **III.** *f pl* dreizehn Uhr; *v. a.* **cinque**

3 D [tre 'diː] *agg abbr di* **a tre dimensioni** 3-D-; **film ~** 3-D-Film *m,* Film in 3-D; **stampante ~** 3-D-Drucker *m*

trefolo ['treːfolo] *m* Litze *f*

tregenda [tre'dʒɛnda] *f* Hexensabbat *m;* **una notte da ~** *(fig)* eine Nacht, in der die Hölle los ist

tregua ['treːgua] *f* ① MIL Waffenstillstand *m* ② *(fig)* [Atem]pause *f*

trekker ['trɛkə] <-> *mf (escursionista)* Teilnehmer(in) *m(f)* an einem Trekking

trekking ['trɛkiŋ] <-> *m* Trekking *nt;* **fare ~** trekken

tremare [tre'maːre] *vi* beben; *(fiamma)* flackern; *(persona, voce)* zittern; **~ di freddo/per la rabbia** vor Kälte/Wut zittern; **~ per qu** *(fig)* um jdn bangen

tremarella [trema'rɛlla] *f (fam)* Tatterich *m; (paura)* Bammel *m;* **avere la ~** zittern

tremebondo, -a [treme'bondo] *agg (poet)* bebend

tremendo, -a [tre'mɛndo] *agg* furchtbar, entsetzlich

trementina [tremen'tiːna] *f* Terpentin *nt*

tremila [tre'miːla] **I.** *num* dreitausend **II.** *m* <-> Dreitausend *f*

tremito ['trɛːmito] *m* Zittern *nt;* **~ di febbre** Fieberkrampf *m*

tremolare [tremo'laːre] *vi* zittern, beben; *(luce, aria)* flimmern; *(fiamma)* flackern

tremolio [tremo'liːo] <-ii> *m* Zittern *nt*

tremolo ['trɛːmolo] *m* Tremolo *nt*

tremore [tre'moːre] *m* ① MED Muskelzittern *nt,* Tremor *m* ② *(fig)* Erregung *f; (paura)* Angst *f*

tremulo, -a ['trɛːmulo] *agg* zitternd, bebend

trend [trend] **I.** *m* <-> Trend *m* **II.** *agg inv* Trend-; **parola ~** Modewort *nt*

trend-setter [trɛnd'sɛtter] <-> *mf* Trendsetter *m*

trenette [tre'nette] *f pl dünne, flache Nudelsorte*

treno ['trɛːno] *m* Zug *m;* **~ ad alta velocità** Hochgeschwindigkeitszug *m;* **~ diretto** Eilzug *m;* **~ espresso** Express *m;* **~ interregionale** Interregio *m;* **~ locale** Nahverkehrszug *m;* **~ rapido** Schnellzug *m;* **~ regionale** Regionalzug *m;* **~ merci** Güterzug *m;* **~ viaggiatori** Personenzug *m;* **prendere il ~** den Zug nehmen; **perdere il ~** den Zug verpassen; **il ~ per Venezia** der Zug nach Venedig

trenta ['trenta] **I.** *num* dreißig **II.** *m* <-> ① *(numero)* Dreißig *f* ② *(nelle date)* Dreißigste(r) *m; v. a.* **cinquanta**

trentennale [trenten'naːle] **I.** *agg* ① *(che dura 30 anni)* dreißig Jahre dauernd ② *(che ricorre ogni 30 anni)* alle dreißig Jahre **II.** *m* dreißigster Jahrestag

trentenne [tren'tɛnne] **I.** *agg* dreißigjährig **II.** *mf* Dreißigjährige(r) *f(m)*

trentennio [tren'tɛnnio] <-i> *m* Zeitraum *m* von dreißig Jahren

trentesimo [tren'tɛːzimo] *m* Dreißigstel *nt*

trentesimo, -a **I.** *agg* dreißigste(r, s) **II.** *m, f* Dreißigste(r, s) *f(m, nt); v. a.* **quinto**

trentina [tren'tiːna] *f* **una ~ [di …]** [etwa] dreißig […]; **essere sulla ~** an [*o* um] die dreißig sein

trentino [tren'tiːno] *m sing* Tridentinisch(e) *nt*

trentino, -a **I.** *agg* ① *(di Trento)* tridentinisch ② *(della regione)* zur Region Trentino-Südtirol gehörend **II.** *m, f* ① *(di Trento)* Tridentiner(in) *m(f)* ② *(della regione)* Bewohner(in) *m(f)* der Region Trentino-Südtirol

Trentino *m sing* ① *(territorio intorno a Trento)* Umgebung *f* von Trient ② *(regione)* Trentino *nt,* Südtirol *nt;* **~-Alto Adige** Trentino-Südtirol *nt*

Trento ['trɛnto] *f* Trient *nt (Hauptstadt von Trentino-Südtirol)*

trepidante [trepi'dante] *agg* sorgenvoll

trepidare [trepi'daːre] *vi* **~ per qu** sich um jdn sorgen

trepidazione [trepidat'tsioːne] *f* Sorge *f*

trepido, -a ['trɛːpido] *agg (poet)* bebend, angstvoll

treppiede [trep'piɛːde], **treppiedi** [trep'piɛːdi] <-> *m* Dreifuß *m;* FOTO Stativ *nt*

trequarti [tre'kuarti] <-> *m (abito)* dreiviertellanger Mantel; *(giacca)* dreiviertellange Jacke

tresca ['treska] <-sche> *f* Verhältnis *nt,* Techtelmechtel *nt*

trescare [tres'kaːre] *vi* ① *(in amore)* ein Techtelmechtel haben ② *(in intrighi)* Ränke schmieden

trescone [tres'koːne] *m alter Bauerntanz*

trespolo ['trespolo] *m* ① *(gener)* Gestell *nt* ② *(fig, scherz)* Klapperkasten *m*

tressette [tres'sɛtte] <-> *m italienisches Kartenspiel*

T

trevigiano, **-a** [trevi'dʒiaːno] **I.** *agg* trevisanisch; **radicchio ~** Trevisaner Radicchio **II.** *m, f (abitante)* Trevisaner(in) *m(f)*

Trevigiano *m sing* Umgebung *f* von Treviso

Treviri ['trɛːviri] *f* Trier *nt*

trevisana [trevi'saːna] *f* Trevisaner Radicchio

Treviso *f* Treviso *nt (Stadt in Venetien)*

triade ['triːade] *f* Dreiheit *f*, Triade *f*; MUS Dreiklang *m*

trial ['traiəl] <-> *m* SPORT Trial *nt*

trialista [tria'lista] <-i *m*, -e *f*> *mf* SPORT Teilnehmer(in) *m(f)* an einem Trial

triangolare [triaŋgo'laːre] *agg* dreieckig, Dreieck-

triangolazione [triaŋgolat'tsioːne] *f* ❶ TEC, FIN Triangulation *f* ❷ SPORT *Passspiel zwischen drei Spielern*

triangolo [tri'aŋgolo] *m* ❶ *(gener,* MAT Dreieck *nt;* **~ d'emergenza** Warndreieck *nt;* **~ industriale** Industrie-Dreieck *nt (zwischen Mailand, Turin und Genua)* ❷ *(fig)* Dreiecksverhältnis *nt*

triatleta [tria'tlɛːta] <-i *m*, -e *f*> *mf* Triathlet(in) *m(f)*, Dreikämpfer(in) *m(f)*

tribale [tri'baːle] *agg* Stammes-, Stamm-

tribolare [tribo'laːre] **I.** *vt* quälen **II.** *vi* leiden

tribolato, **-a** [tribo'laːto] *agg* leidvoll, gequält

tribolazione [tribolat'tsioːne] *f* Leid *nt*, Qual *f*

tribordo [tri'bordo] *m* Steuerbord *nt*

tribù [tri'bu] <-> *f* [Volks]stamm *m; (scherz: famiglia numerosa)* Sippe *f*

tribuna [tri'buːna] *f* [Redner]tribüne *f; (negli stadi)* [Zuschauer]tribüne *f*

tribunale [tribu'naːle] *m* Gericht *nt;* **~ arbitrale** Schiedsgericht *nt;* **~ internazionale/supremo** internationaler/oberster Gerichtshof; **presentarsi in ~** vor Gericht erscheinen

T

tribuno [tri'buːno] *m* Tribun *m*

tributare [tribu'taːre] *vt* zollen

tributaria [tribu'taːria] <-ie> *f* Steuerfahndung *f*

tributario, **-a** [tribu'taːrio] <-i, -ie> *agg* ❶ *(di tributo)* Steuer-, steuerlich; **riforma -a** Steuerreform *f* ❷ *(fiume)* zufließend, Neben-

tributaristico, **-a** [tributa'ristiko] <-ci, -che> *agg* steuerrechtlich

tributo [tri'buːto] *m* ❶ FIN Steuer *f*, Abgabe *f* ❷ *(fig)* Tribut *m*

tricheco [tri'kɛːko] <-chi> *m* Walross *nt*

trichina [tri'kiːna] *f* Trichine *f*

triciclo [tri'tʃiːklo] *m* Dreirad *nt*

tricipite [tri'tʃiːpite] *agg* dreiköpfig

tricologia [trikolo'dʒiːa] <-ie> *f* MED Lehre *f* vom Haar, Trichologie *f*

tricologico, **-a** [triko'lɔːdʒiko] <-ci, -che> *agg* Haar-

tricologo, **-a** [tri'kɔːlogo] <-gi, -ghe> *m, f* Haarspezialist(in) *m(f)*, Trichologe *m*/Trichologin *f*

tricolore [triko'loːre] **I.** *agg* dreifarbig **II.** *m* Trikolore *f*

tricorno [tri'korno] *m* Dreispitz *m*

tricromia [trikro'miːa] <-ie> *f* Dreifarbendruck *m*

tric trac [trik 'trak] <-> *m* Tricktrack *nt*, Backgammon *nt*

tridente [tri'dɛnte] *m* Dreizack *m*

tridimensionale [tridimensio'naːle] *agg* dreidimensional

trielina [trie'liːna] *f* Trichloräthylen *nt*

triennale [trien'naːle] **I.** *agg* ❶ *(che dura tre anni)* dreijährig ❷ *(che ricorre ogni tre anni)* dreijährlich, Dreijahr[es]- **II.** *f* Triennale *f*

triennio [tri'ɛnnio] <-i> *m* Zeitraum *m* von drei Jahren

Trieste [tri'ɛste] *f* Triest *nt (Hauptstadt Friauls)*

triestino [tries'tiːno] *m sing (dialetto)* Triester Dialekt *m*

triestino, **-a** **I.** *agg* Triester **II.** *m, f (abitante)* Triester(in) *m(f)*

Triestino *m sing* Umgebung *f* von Triest

trifase [tri'faːze] *agg* dreiphasig

trifoglio [tri'fɔʎʎo] *m* Klee *m*

trifolato, **-a** [trifo'laːto] *agg in feine Scheiben geschnitten, mit Öl, Knoblauch und Petersilie*

trifora ['triːfora] *f* dreibogiges Fenster

trigemino [tri'dʒɛːmino] *m* ANAT Drillingsnerv *m*, Trigeminus *m*

trigemino, **-a** *agg* Drillings-

triglia ['triʎʎa] <-glie> *f* Meerbarbe *f*

trigonometria [trigonome'triːa] <-ie> *f* Trigonometrie *f*

trilaterale [trilate'raːle] *agg* dreiseitig

trilingue [tri'liŋgue] <-> *agg* dreisprachig

trilione [tri'lioːne] *m (mille miliardi)* Billion *f*

trillare [tril'laːre] *vi* trillern

trillo ['trillo] *m* Triller *m; (del campanello)* Klingeln *nt*

trilobato, **-a** [trilo'baːto] *agg* ❶ *(foglia)* dreilappig ❷ *(arco)* Dreipass-

trilocale [trilo'kaːle] **I.** *m* Dreizimmerwohnung *f;* **affittasi ~** Dreizimmerwohnung zu vermieten **II.** *agg* Dreizimmer-

trilogia [trilo'dʒiːa] <-gie> *f* Trilogie *f*

trim. *abbr di* **trimestre**, **trimestrale** Trimester[-]

trimestrale [trimes'traːle] *agg* ❶ *(che dura*

tre mesi) vierteljährig ② *(ogni tre mesi)* vierteljährlich, Vierteljahr[es]-

trimestralista [trimestra'lista] <-i *m*, -e *f*> *mf* Teilnehmer(in) *m(f)* an einem Trimester

trimestre [tri'mɛstre] *m* Vierteljahr *nt*, Trimester *nt*

trimotore [trimo'to:re] **I.** *agg* dreimotorig **II.** *m* dreimotoriges Flugzeug

trina ['tri:na] *f* Spitze *f*

trincare [triŋ'ka:re] *vt (fam)* bechern

trincea [trin'tʃɛ:a] <-cee> *f* ① MIL Schützengraben *m* ② *(per strade)* Einschnitt *m*

trincerare [trintʃe'ra:re] **I.** *vt* verschanzen **II.** *vr* **-rsi** sich verschanzen; **-rsi nel silenzio** *(fig)* sich in Schweigen hüllen

trincetto [trin'tʃetto] *m* Schustermesser *nt*

trinchetto [triŋ'ketto] *m* Fockmast *m*

trinciaforaggi [trintʃafo'raddʒi] <-> *m* AGR Feldhäcksler *m*

trinciante [trin'tʃante] *m* Tranchiermesser *nt*

trinciapaglia [trintʃa'paʎʎa] <-> *m* AGR Strohhäcksler *m*

trinciapolli [trintʃa'polli] <-> *m*, **trinciapollo** [trintʃa'pollo] *m* Geflügelschere *f*

trinciare [trin'tʃa:re] *vt* zerkleinern, zerlegen; GASTR tranchieren

trinciato [trin'tʃa:to] *m* Schnitttabak *m*

trinciato, -a *agg* zerkleinert, zerlegt

trinciatoio [trintʃa'to:io] <-oi> *m* AGR Häckselmaschine *f*

trinciatore [trintʃa'to:re] *m* ① *(addetto alla trinciatura del tabacco)* Arbeiter(in) *m(f)* bei der Herstellung von Schnitttabak ② *(poet: scalco)* Truchsess *m*

trinciatrice [trintʃa'tri:tʃe] *f* Schneidemaschine *f*

trinciatuberi [trintʃa'tu:beri] <-> *m* AGR Knollenschneidemaschine *f*

trinciatura [trintʃa'tu:ra] *f* ① *(operazione)* Zerkleinerung *f*, Zerlegung *f* ② *(frammenti)* Schnittgut *nt*

trinità [trini'ta] <-> *f* ① *(gener)* Dreiheit *f* ② REL Dreieinigkeit *f*

trino ['tri:no] *agg* dreifaltig; **Dio uno e ~** dreieiniger Gott

trio ['tri:o] <-ii> *m* Trio *nt*

trionfale [trion'fa:le] *agg* triumphal, Triumph-

trionfante [trion'fante] *agg* triumphierend

trionfare [trion'fa:re] *vi* triumphieren; *(fig a.)* siegen

trionfatore [trionfa'to:re] *m* Triumphator *m*

trionfo [tri'onfo] *m* Triumph *m*

trip [trip] <-> *m* [Rauschgift]trip *m*

tripartire [tripar'ti:re] <tripartisco> *vt* dreiteilen

tripartitico, -a [tripar'ti:tiko] <-ci, -che> *agg* Dreiparteien-

tripartito [tripar'ti:to] *m* Dreiparteienregierung *f*

tripartito, -a *agg* dreiteilig, Dreier-; **governo ~** Dreiparteienregierung *f*

tripartizione [tripartit'tsio:ne] *f* Dreiteilung *f*

tripletta [tri'pletta] *f* ① *(fucile)* Drilling *m* ② *(in gioco, gara)* Dreierserie *f*

triplicare [tripli'ka:re] *vt* verdreifachen

triplice ['tri:plitʃe] *agg* dreifach

triplo ['tri:plo] *m* Dreifache(s) *nt*

triplo, -a *agg* dreimal so viel, dreifach

tripode ['tri:pode] *m* Dreifuß *m*

trippa ['trippa] *f* ① GASTR Kutteln *fpl*, Kuttel *f* A, SÜDD ② *(fam scherz: pancia)* Ranzen *m*

tripudiare [tripu'dia:re] *vi* jubeln

tripudio [tri'pu:dio] <-i> *m* Jubel *m*

triregno [tri'reɲɲo] *m* Tiara *f*

trisavolo, -a [tri'za:volo] *m, f* Ururgroßvater *m*/Ururgroßmutter *f*

trisillabo, -a [tri'sillabo] **I.** *agg* dreisilbig **II.** *m, f* dreisilbiges Wort *nt*; LIT *(verso)* Dreisilb[l]er *m*

triste ['triste] *agg* traurig; *(fatto)* betrüblich

tristezza [tris'tettsa] *f* Traurigkeit *f*

tristo, -a ['tristo] *agg* ① *(cattivo)* böse, schlecht ② *(misero)* dürftig, kläglich, kümmerlich

tritabile [tri'ta:bile] *agg* zerkleinerbar, zerstoßbar

tritacarne [trita'karne] <-> *m* Fleischwolf *m*

tritadocumenti [tritadoku'menti] <-> *m* Aktenvernichter *m*, Reißwolf *m*

tritaimballaggi [tritaimbal'laddʒi] <-> *m* Verpackungszerkleinerer *m*

tritaossa [trita'ɔssa] <-> *m* Knochensäge *f*

tritapanelli [tritapa'nɛlli] <-> *m* AGR Ölkuchenpresse *f*

tritaprezzemolo [tritapret'tse:molo] <-> *m* Petersilienhacker *m*

tritare [tri'ta:re] *vt* zerkleinern; *(pestare)* zerstoßen; *(carne)* hacken

tritarifiuti [tritari'fiu:ti] <-> *m* Müllzerkleinerer *m*

tritato [tri'ta:to] *m* Hackfleisch *nt*, Gehackte(s) *nt*, Hack *nt*, Faschierte *nt* A

tritatura [trita'tu:ra] *f* Zerkleinerung *f*

tritatutto [trita'tutto] <-> *m* Universalmixer *m*

trito, -a ['tri:to] *agg (tritato)* zerkleinert; *(pestato)* zerstoßen; *(carne)* gehackt, Hack-; **~ e ritrito** *(fig)* abgedroschen

tritolo [tri'tɔ:lo] *m* CHEM Trinitrotoluol *nt*, Trotyl *nt*

tritone [tri'to:ne] *m* Schwanzlurch *m*

trittico ['trittiko] <-ci> *m* ① ARCH Triptychon *nt* ② LIT Trilogie *f*

trittongo [trit'tɔŋgo] <-ghi> *m* Dreilaut *m,* Triphthong *m*

tritume [tri'tu:me] *m* Krümel *mpl,* Gebrösel *nt*

triturare [tritu'ra:re] *vt* zerkleinern, zermahlen

triumvirato, triunvirato [triunvi'ra:to] *m* Triumvirat *nt*

triumviro, triunviro [tri'unviro] *m* Triumvir *m*

trivalente [triva'lɛnte] *agg* dreiwertig, trivalent

trivella [tri'vɛlla] *f* [großer] Bohrer *m*

trivellare [trivel'la:re] *vt* [auf]bohren

trivellazione [trivellat'tsio:ne] *f* Bohrung *f;* **torre di ~** Bohrturm *m*

triviale [tri'via:le] *agg* vulgär, unflätig

trivialità [triviali'ta] <-> *f* Vulgarität *f*

trivio ['tri:vio] <-i> *m* ① Kreuzung *f* dreier Straßen ② HIST Trivium *nt;* **da ~** *(fig)* ordinär; *(gesti)* zweideutig

trofeo [tro'fɛ:o] *m* Trophäe *f; (monumento)* Siegessäule *f;* SPORT Siegespreis *m*

troglodita [troglo'di:ta] <-i *m,* -e *f*> *mf* Höhlenmensch *m*

trogolo ['trɔ:golo] *m* Trog *m*

troia ['trɔ:ia] <-ie> *f* ① ZOO Sau *f* ② *(vulg fig: puttana)* Hure *f,* Nutte *f*

troll [trɔll] <-> *m* INET Troll *m*

trollare [trol'la:re] *vi* INET trollen

tromba ['tromba] *f* ① MUS Trompete *f;* **a ~** trompetenförmig, trichterförmig ② *(in acustica)* [Schall]trichter *m* ③ *(di auto)* Hupe *f* ④ METEO **~ marina/d'aria** Wasser-/Windhose *f* ⑤ *(passaggio)* **~ delle scale** Treppenhaus *nt,* Stiegenhaus *nt* A, SÜDD

trombare [trom'ba:re] *vt* ① *(bocciare)* durchfallen lassen ② *(vulg)* ficken

trombettiere [trombet'tiɛ:re] *m* MIL Trompeter *m*

trombettista [trombet'tista] <-i *m,* -e *f*> *mf* Trompeter(in) *m(f)*

trombone [trom'bo:ne] *m* ① MUS Posaune *f* ② *(fig, pej)* Angeber(in) *m(f),* Aufschneider(in) *m(f)*

trombonista [trombo'nista] <-i *m,* -e *f*> *mf* Posaunist(in) *m(f)*

trombosi [trom'bɔ:zi] <-> *f* Thrombose *f*

troncamento [troŋka'mento] *m* Abschneiden *nt,* Abschlagen *nt; (di discorso)* Abbrechen *nt*

troncare [tron'ka:re] *vt* ① *(tagliare)* abschneiden, abschlagen ② *(fig: interrompere)* abbrechen

tronchesina [troŋke'zi:na] *f* Nagelknipser *m*

tronco ['troŋko] <-chi> *m* ① BOT Stamm *m* ② ARCH Schaft *m* ③ ANAT Rumpf *m* ④ *(tratta)* Abschnitt *m,* Strecke *f* ⑤ MAT Stumpf *m*

tronco, -a <-chi, -che> *agg* ① *(tagliato)* abgeschnitten; *(albero)* auf einen Stumpf verkürzt; **sentirsi le gambe -che** *(fig)* sich [wie] zerschlagen fühlen ② *(fig)* abgebrochen; **licenziamento in ~** fristlose Entlassung; **in ~** abgebrochen ③ LING endbetont

troncone [tron'ko:ne] *m* Stumpf *m*

troneggiare [troned'dʒa:re] *vi* thronen

tronfio, -a ['tronfio] <-i, -ie> *agg* aufgeblasen, überheblich; *(parole)* geschwollen

trono ['trɔ:no] *m* Thron *m;* **successione al ~** Thronfolge *f*

tropical ['trɔpikəl] <-> *m (bevanda ai frutti tropicali)* Saft *m* aus tropischen Früchten

tropicale [tropi'ka:le] *agg* tropisch, Tropen-

tropico ['trɔ:piko] <-ci> *m* ① ASTR Wendekreis *m* ② *pl* GEOG Tropen *pl*

troppo ['trɔppo] **I.** *m* Zuviel *nt,* Überflüssige(s) *nt;* **il ~ stroppia** *(prov)* allzu viel ist ungesund **II.** *avv* zu viel, zu sehr; **ho mangiato ~** ich habe zu viel gegessen; **non ~** nicht sehr, nicht besonders; **di ~** zu viel; *(pej)* überflüssig

troppo, -a I. *agg* zu viel; **fa ~ freddo** es ist zu kalt **II.** *pron indef* zu viel/zu viele *pl;* **siete -i** ihr seid zu viele; **questo è ~** *(fig)* das geht zu weit

troppopieno [troppo'piɛ:no] <-> *m* ① *(di serbatoi, vasche)* Überlauf *m* ② FIN Überfülle *f*

trota ['trɔ:ta] *f* Forelle *f*

trottare [trot'ta:re] *vi* traben; **far ~ qu** jdn auf Trab bringen

trottatore [trotta'to:re] *m* Traber *m*

trotterellare [trotterel'la:re] *vi (cavalli)* im leichten Trab laufen; *(persone)* trippeln

trotto ['trɔtto] *m* Trab *m;* **far andare di ~ qu** *(fig)* jdn auf Trab bringen

trottola ['trɔttola] *f* Kreisel *m*

trottolino, -a [trotto'li:no] *m, f (scherz)* Wirbelwind *m*

troupe [trup] <-> *f (di artisti)* Schauspielertruppe *f;* **~ televisiva** Fernsehteam *nt*

trovadore [trova'do:re] *v.* **trovatore**

trovadorico, -a [trova'dɔ:riko] <-ci, -che> *agg* Troubadour[en]-

trovare [tro'va:re] **I.** *vt* finden, wiederfinden; *(vedere, riconoscere)* vorfinden; *(sorprendere)* erwischen, ertappen; **~ qu simpatico** jdn sympathisch finden; **~ qc da ridire** etw auszusetzen haben; **andare a ~ qu** jdn besuchen **II.** *vr* **-rsi** ① *(essere)* sich befinden ② *(sentirsi)* sich fühlen; **-rsi bene con qu** mit jdm gut auskommen; **-rsi d'accordo** einig sein ③ *(presentarsi)* sich einfinden ④ *(incontrarsi)* sich treffen

trovarobe [trova'rɔ:be] <-> *mf* Requisiteur(in) *m(f)*
trovata [tro'va:ta] *f* Geistesblitz *m,* Einfall *m;* ~ **pubblicitaria** Werbegag *m*
trovatello, **-a** [trova'tɛllo] *m, f* Findelkind *nt*
trovatore [trova'to:re] *m* Troubadour *m*
truccare [truk'ka:re] **I.** *vt* ① *(travestire)* verkleiden ② *(con cosmetici)* schminken ③ *(fig)* [ver]fälschen; *(carte)* zinken; *(partita)* manipulieren; *(motore)* frisieren **II.** *vr* **-rsi** ① *(travestirsi)* sich verkleiden, sich maskieren ② *(con cosmetici)* sich schminken
truccatore, **-trice** [trukka'to:re] *m, f* Maskenbildner(in) *m(f)*
truccatura [trukka'tu:ra] *f* Maskierung *f;* *(con cosmetici)* Schminken *nt;* *(di attore)* Maske *f*
trucco ['trukko] <-cchi> *m* ① *(maquillage)* Make-up *nt,* Schminke *f* ② *(fig)* Schwindel *m;* *(artificio)* Trick *m* ③ FILM Trickaufnahme *f*
truce ['tru:tʃe] *agg* finster, drohend
trucidare [trutʃi'da:re] *vt* abschlachten
truciolo ['tru:tʃolo] *m* Span *m*
truculento, **-a** [truku'lɛnto] *agg* blutrünstig
truffa ['truffa] *f* Betrug *m*
truffaldino, **-a** [truffal'di:no] **I.** *agg* betrügerisch **II.** *m, f* Schwindler(in) *m(f),* Betrüger(in) *m(f)*
truffare [truf'fa:re] *vt* betrügen, prellen
truffatore, **-trice** [truffa'to:re] *m, f* Betrüger(in) *m(f)*
truppa ['truppa] *f* Truppe *f;* **-e d'occupazione** Besatzungstruppen *fpl*
trust [trʌst] <-> *m* Trust *m;* ~ **dei cervelli** Brain-Trust *m*
T-shirt, **tee-shirt** ['ti:ʃə:t] <-> *f* T-Shirt *nt*
tu [tu] *pron pers 2. pers sing* du; **dare del ~ a qu** jdn duzen, jdn mit Du anreden; **parlare a ~ per ~** ganz im Vertrauen sprechen; **trovarsi a ~ per ~** sich *dat* plötzlich Auge in Auge gegenüberstehen
tu(p)pè [tu'pɛ (tup'pɛ)] <-> *m v.* **toupet**
tuba ['tu:ba] *f* ① MUS Tuba *f* ② *(cappello)* Zylinder *m* ③ ANAT Tube *f;* ~ **uditiva** Gehörgang *m;* ~ **uterina** Eileiter *m*
tubare [tu'ba:re] *vi* gurren; *(fig)* turteln
tubatura [tuba'tu:ra] *f,* **tubazione** [tubat'tsio:ne] *f* [Rohr]leitungen *fpl,* Leitungsnetz *nt*
tubercolare [tuberko'la:re] *agg* tuberkular, Tuberkel-
tubercolo [tu'bɛrkolo] *m* Tuberkel *m*
tubercolosa *f v.* **tubercoloso**
tubercolosario [tuberkolo'sa:rio] <-i> *m* Lungensanatorium *nt*
tubercolosi [tuberko'lo:zi] <-> *f* Tuberkulose *f*
tubercoloso, **-a** [tuberko'lo:so] **I.** *agg* tuberkulös **II.** *m, f* Tuberkulosekranke(r) *f(m)*
tubero ['tu:bero] *m* Knolle *f*
tubetto [tu'betto] *m* ① *(del dentifricio)* Tube *f* ② *(di aspirina)* Röhrchen *nt*
Tubinga [tu'biŋga] *f* Tübingen *nt*
tubista [tu'bista] <-i *m,* -e *f*> *mf* Rohrleger(in) *m(f),* Installateur(in) *m(f)*
tubo ['tu:bo] *m* Rohr *nt,* Röhre *f;* EL, ANAT Röhre *f;* TEC Rohr *nt;* *(~ flessibile)* Schlauch *m;* ~ **dell'olio** Ölleitung *f;* ~ **di scappamento** Auspuffrohr *nt;* ~ **digerente** Verdauungstrakt *m*
tubolare [tubo'la:re] **I.** *agg* röhrenförmig, Röhren- **II.** *m* Schlauchreifen *m*
tuffare [tuf'fa:re] **I.** *vt* eintauchen, tauchen **II.** *vr* **-rsi** ① *(immergersi)* [unter]tauchen ② *(fig: lanciarsi)* sich stürzen; *(dedicarsi)* sich vertiefen, sich versenken
tuffista [tuf'fista] <-i *m,* -e *f*> *mf* Kunstspringer(in) *m(f)*
tuffo ['tuffo] *m* ① *(il tuffare)* [Ein]tauchen *nt* ② *(salto)* Kopfsprung *m,* Sprung *m* [ins Wasser]; *(nel calcio)* Hechtsprung *m* ③ *(fig: emozione)* Herzklopfen *nt*
tufo ['tu:fo] *m* Tuff[stein] *m*
tugurio [tu'gu:rio] <-i> *m* [elende] Hütte *f*
tulipano [tuli'pa:no] *m* Tulpe *f*
tulle ['tulle] *m* Tüll *m*
tumefare [tume'fa:re] <tumefaccio, tumefeci, tumefatto> **I.** *vt* anschwellen lassen **II.** *vr* **-rsi** [an]schwellen
tumefazione [tumefat'tsio:ne] *f* Schwellung *f*
tumido, **-a** ['tu:mido] *agg* geschwollen; *(labbra)* fleischig
tumorale [tumo'ra:le] *agg* Tumor-
tumore [tu'mo:re] *m* Geschwulst *f,* Tumor *m*
tumulare [tumu'la:re] *vt* beisetzen
tumulazione [tumulat'tsio:ne] *f* Beisetzung *f*
tumulo ['tu:mulo] *m* ① GEOG Erdhügel *m* ② *(in archeologia)* Tumulus *m,* Hügelgrab *nt*
tumulto [tu'multo] *m* Tumult *m,* Unruhe *f;* *(fig a.)* Aufruhr *m*
tumultuare [tumultu'a:re] *vi* lärmen, einen Aufruhr erregen
tumultuoso, **-a** [tumultu'o:so] *agg* stürmisch, ungestüm; *(folla)* erregt
tunica ['tu:nika] <-che> *f* Tunika *f*
tunnel ['tunnel] <-> *m* Tunnel *m*
tuo ['tu:o] <tuoi> *m* **il ~** das Deine
tuo, **-a** <tuoi, tue> **I.** *agg* dein; **la -a voce/anima** deine Stimme/Seele; ~ **padre/zio**

dein Vater/Onkel; **un ~ amico** ein Freund von dir **II.** *pron pos* **il ~/la -a** deiner/deine/dein[e]s; **i tuoi** deine Eltern; **ti tieni sempre sulle -e** du bleibst auch immer bei deiner Haltung

tuonare [tuo'na:re] **I.** *vi avere* ① METEO donnern ② *(fig)* wettern **II.** *vi essere o avere (impersonale)* donnern

tuono ['tuɔ:no] *m (a. fig)* Donner *m*

tuorlo ['tuɔrlo] *m* [Ei]dotter *m o nt,* Eigelb *nt*

tuppertù, tu per tu [tuper'tu] *avv* von Angesicht zu Angesicht; **essere a ~ con qu** mit jdm auf Du und Du stehen

turabottiglie [turabot'tiʎʎe] <-> *m* Verkorkmaschine *f*

turacciolo [tu'rattʃolo] *m* Pfropfen *m; (di sughero)* Korken *m*

turapori [tura'pɔ:ri] <-> *m* Porenfüller *m*

turare [tu'ra:re] *vt* verstopfen, zustopfen; *(bottiglia)* zustöpseln; *(con sughero)* zukorken, verkorken; *(falla)* abdichten; *(naso, orecchi)* zuhalten

turba ['turba] *f* ① *(di persone)* Menge *f; (pej a.)* Meute *f fam* ② MED Störung *f*

turbamento [turba'mento] *m* ① *(rivolgimento)* Störung *f* ② *(ansia)* Unruhe *f,* Verwirrung *f*

turbante [tur'bante] *m* Turban *m*

turbare [tur'ba:re] **I.** *vt* ① *(disturbare)* stören ② *(l'acqua)* trüben; *(piani)* durchkreuzen ③ *(fig: sconvolgere)* bewegen, beunruhigen **II.** *vr* **-rsi** sich beunruhigen, in Erregung geraten

turbativa [turba'ti:va] *f* JUR Störung *f*

turbatore, -trice [turba'to:re] *m, f* Störenfried *m,* Störer(in) *m(f)*

turbina [tur'bi:na] *f* Turbine *f*

turbinare [turbi'na:re] *vi (a. fig)* wirbeln

turbine ['turbine] *m* Wirbelwind *m; (a. fig)* Wirbel *m*

turbinoso, -a [turbi'no:so] *agg* ① *(vorticoso)* Wirbel-, wirb[e]lig ② *(fig)* aufwühlend

turbo ['turbo] **I.** *m* <-> Turbo *m,* Turbomotor *m* **II.** *agg inv* Turbo-; **motore ~** Turbomotor *m,* turbinengetriebener Motor

turbocisterna [turbotʃis'tɛrna] *f* Turbinentanker *m,* Turbinentankschiff *nt*

turbocompresso, -a [turbokom'prɛsso] *agg* Turbo-; **motore ~** Turbomotor *m,* turbinengetriebener Motor

turbocompressore [turbokompres'so:re] *m* Turbokompressor *m,* Turbolader *m*

turbodiesel [turbo'di:zəl] **I.** *m* <-> Turbodiesel *m* **II.** *agg inv* Turbodiesel-; **una macchina ~** ein Auto mit Turbodieselmotor

turboelica [turbo'ɛ:lika] **I.** *f* <-che> Turbo-Prop-Triebwerk *nt* **II.** *m* <-> Turbo-Prop-Flugzeug *nt*

turbogas [turbo'gas] <-> *m* Turbogas *nt*

turbogetto [turbo'dʒɛtto] *m* ① *(motore)* Strahltriebwerk *nt* ② *(aereo)* Düsenflugzeug *nt,* Jet *m fam*

turboirroratrice [turboirrora'tri:tʃe] *f* AGR Turbospritzgerät *nt*

turbolento, -a [turbo'lɛnto] *agg* turbulent; *(a. fig)* stürmisch

turbolenza [turbo'lɛntsa] *f* ① METEO, CHEM Turbulenz *f* ② *(fig)* Unruhe *f,* Aufruhr *m*

turbomotore [turbomo'to:re] *m* Turbomotor *m,* Turbinenmotor *m*

turbonave [turbo'na:ve] *f* Turbinenschiff *nt*

turboperforatrice [turboperfora'tri:tʃe] *f* Turbobohrmaschine *f*

turbopompa [turbo'pompa] *f* Turbinenpumpe *f,* Kreiselpumpe *f*

turborazzo [turbo'raddzo] *m* Turbinenrakete *f*

turboreattore [turboreat'to:re] *m v.* **turbogetto**

turbosonda [turbo'sonda] *f* Turbinensonde *f*

turbotrapano [turbo'tra:pano] *m* Turbobohrmaschine *f*

turbotreno [turbo'trɛ:no] *m* Turbozug *m*

turca *f v.* **turco**

turchese [tur'ke:se] **I.** *f* MIN Türkis *m* **II.** *m (colore)* Türkis *nt*

Turchia [tur'ki:a] *f* **[la] ~** die Türkei

turchinetto [turki'netto] *m* Waschblau *nt*

turchino, -a [tur'ki:no] *agg* tiefblau

turco ['turko] *m sing* Türkisch(e) *nt;* **parlare ~** *(fig)* Chinesisch reden

turco, -a <-chi, -che> **I.** *agg* türkisch, Türken-; **sedere alla -a** im Schneidersitz sitzen **II.** *m, f* Türke *m*/Türkin *f;* **bestemmiare come un ~** wie ein Landsknecht fluchen; **fumare come un ~** rauchen wie ein Schlot

turgido, -a ['turdʒido] *agg* prall; *(seno)* drall; MED [an]geschwollen

Turgovia [tur'gɔ:via] *f* Thurgau *m*

Turingia [tu'rindʒa] *f* Thüringen *nt*

turismatica [turiz'ma:tika] <-che> *f* Tourismusinformationstechnologie *f*

turismatico, -a [turiz'ma:tiko] <-ci, -che> *agg* tourismus-informationstechnologisch

turismo [tu'rizmo] *m* Tourismus *m,* Fremdenverkehr *m;* **~ di massa** Massentourismus *m*

turista [tu'rista] <-i *m,* -e *f*> *mf* Tourist(in) *m(f)*

turisticizzare [turistitʃid'dza:re] *vt* touristisch erschließen

turisticizzazione [turistitʃiddzat'tsio:ne] *f* touristische Erschließung
turistico, -a [tu'ristiko] <-ci, -che> *agg* touristisch, Touristen-; *(assegno, ufficio, agenzia, movimento)* Reise-
turlupinare [turlupi'na:re] *vt* hintergehen
turlupinatore, -trice [turlupina'to:re] *m, f* Schwindler(in) *m(f)*
turlupinatura [turlupina'tu:ra] *f* Schwindel *m*
turnare [tur'na:re] *vi* in Schichten arbeiten
turnazione [turnat'tsio:ne] *f* Schichtwechsel *m*
turnista [tur'nista] <-i *m*, -e *f*> *mf* Schichtarbeiter(in) *m(f)*
turno ['turno] *m* Reihenfolge *f*, Turnus *m; (di lavoro)* Schicht *f;* **~ di notte** Nachtschicht *f;* **medico di ~** Bereitschaftsarzt *m*, diensthabender Arzt; **aspettare il proprio ~** warten, bis man an der Reihe ist; **essere di ~** Dienst haben; **fare a ~** sich abwechseln; **a ~** abwechselnd; *(lavorare)* schichtweise
turnover ['tə:nouvə] <-> *m* ① *(di personale)* Personalwechsel *m* ② COM Umsatz *m*
turpe ['turpe] *agg* unanständig, schamlos
turpiloquio [turpi'lɔkuio] <-qui> *m* obszöne Ausdrucksweise
turpitudine [turpi'tu:dine] *f* Unanständigkeit *f*, Schamlosigkeit *f*
turrito, -a [tur'ri:to] *agg* mit Türmen versehen, turmreich
TUT *m abbr di* **Tariffa Urbana a Tempo** *Zeiteinheit für Ortsgespräche*
tuta ['tu:ta] *f* Arbeitsanzug *m*, Overall *m;* **~ mimetica** Tarnanzug *m;* **~ spaziale** Raumanzug *m;* **-e bianche** *(fig)* Globalisierungsgegner *mpl*
tutela [tu'tɛ:la] *f* ① *(difesa)* Schutz *m; (a. fig)* Wahrung *f;* **~ del consumatore** Verbraucherschutz *m;* **~ dell'ambiente** Umweltschutz *m* ② JUR Vormundschaft *f*
tutelare[1] [tute'la:re] *agg* ① *(che protegge, difende)* schützend, Schutz- ② JUR vormundschaftlich, Vormundschafts-
tutelare[2] **I.** *vt* schützen; *(a. fig)* wahren; **~ i propri interessi** seine Interessen vertreten **II.** *vr* **-rsi** sich schützen
tutor ['tju:tə] <-> *m* Tutor *m*
tutore, -trice [tu'to:re] *m, f* ① *(protettore, difensore)* Schützer(in) *m(f)* ② JUR Vormund *m*
tutorio, -a [tu'tɔ:rio] <-i, -ie> *agg* Vormundschafts-, Aufsichts-
tutrice *f v.* **tutore**
tuttavia [tutta'vi:a] *cong* dennoch, jedoch
tutto ['tutto] *m* Ganze(s) *nt;* **rischiare** [*o* **tentare**] [**il**] **~ per** [**il**] **~** alles aufs Spiel setzen
tutto, -a I. *agg* ganz, all; **~ il denaro** das ganze Geld, all das Geld; **-e le donne** alle Frauen; **-a la mia famiglia** meine ganze Familie; **-a la notte** die ganze Nacht; **-e le sere** jeden Abend; **-i e due** [alle] beide; **a -a velocità** mit voller Geschwindigkeit; **tutt'altro** ganz im Gegenteil, überhaupt nicht **II.** *pron indef* alles/alle; **-i risero** alle lachten, alles lachte **III.** *avv* ganz, ganz und gar; **era -a nuda** sie war ganz nackt; **del ~** völlig, gänzlich; **in ~** insgesamt, in allem; **tutt'al più** höchstens; *(nel peggiore dei casi)* schlimmstenfalls
tuttofare [tutto'fa:re] **I.** *agg inv* Allround-, für alles; **donna ~** Haushaltshilfe *f;* **una segretaria ~** ein Mädchen *nt* für alles *fam* **II.** *mf* <-> *(domestica)* Haushaltshilfe *f*, Mädchen *nt* für alles *fam*
tuttologia [tuttolo'dʒi:a] <-ie> *f (scherz: onniscienza)* Allwissenheit *f*
tuttologo, -a [tut'tɔ:logo] <-gi, -ghe> *m, f (scherz: chi crede di saper tutto)* Alleswisser *m*
tuttoponte [tutto'ponte] *agg inv* NAUT **nave ~** Flugzeugträger *m*
tuttora [tut'to:ra] *avv* noch [immer]
tuttotondo, tutto tondo [tutto'tondo] <-> *m* Vollplastik *f*
tutù [tu'tu] <-> *m* Balletröckchen *nt*
TV [tiv'vu] <-> *f abbr di* **televisione** TV *nt;* **~ spazzatura** TV-Schrott *m*
tweed [twi:d] <-> *m* Tweed *m;* **giacca in ~** Tweedjackett *nt*
twin-set ['twin'sɛt] <-> *m* Twinset *nt*
twittare [twit'ta:re] *vi, vt* INET twittern
tycoon [tai'ku:n] <-> *m* Magnat *m;* **un ~ del petrolio** ein Ölmagnat
tzigano [tsi'ga:no] *(pej) v.* **zigano**

Uu

U, **u** [u] <-> *f* U *nt*, u *nt*; **u come Udine** U wie Ulrich; **ferro a U** U-Eisen *nt*; **inversione a U** 180-Grad-Wende *f*

ubbia [ub'biːa] <-ie> *f* ① *(poet: preconcetto)* Vorurteil *nt* ② *(fisima)* Spleen *m*, fixe Idee *f* ③ *(sospetto infondato)* unbegründeter Verdacht *m*

ubbidiente [ubbi'diɛnte] *agg* ① *(chi ubbidisce)* gehorsam, folgsam ② *(docile)* gefügig

ubbidienza [ubbi'diɛntsa] *f* ① *(l'essere ubbidiente)* Gehorsam *m*; *(di bambini, animali)* Folgsamkeit *f* ② *(sottomissione)* Ergebenheit *f*, Untertänigkeit *f*

ubbidire [ubbi'diːre] <ubbidisco> *vi* ① *(ai genitori, al padrone)* folgsam sein, gehorsam sein; **~ a qu** jdm gehorchen ② *(a un ordine)* **~ a qc** etw befolgen

ubertoso, **-a** [uber'toːso] *agg (poet)* fruchtbar, ertragreich

ubicato, **-a** [ubi'kaːto] *agg* gelegen

ubicatore, **-trice** [ubika'toːre] *m, f* Standortprojektant(in) *m(f)*

ubicazione [ubikat'tsioːne] *f* ① *(posizione topografica)* Lage *f* ② *(luogo)* Standort *m*

ubiquità [ubikui'ta] <-> *f* Allgegenwart *f*

ubriaca *f v.* **ubriaco**

ubriacare [ubria'kaːre] **I.** *vt* ① *(inebriare)* betrunken machen ② *(fig: stordire)* betäuben, benommen machen **II.** *vr* **-rsi** sich betrinken

ubriacatura [ubriaka'tuːra] *f (sbornia, a. fig)* Rausch *m*

ubriachezza [ubria'kettsa] *f* ① *(stato di alterazione)* [Be]trunkenheit *f* ② *(vizio)* Trunksucht *f*

ubriaco, **-a** [ubri'aːko] <-chi, -che> **I.** *agg* ① *(ebbro)* betrunken; **~ fradicio** *(fam)* stockbetrunken, sternhagelvoll ② *(fig: esaltato)* trunken, berauscht ③ *(fig: stordito)* betäubt, benommen; **~ di stanchezza** zum Umfallen müde **II.** *m, f* Betrunkene(r) *f(m)*

ubriacone, **-a** [ubria'koːne] *m, f* Säufer(in) *m(f)*, Trunkenbold *m*

uccellagione [uttʃella'dʒoːne] *f* ① *(caccia)* Vogelfang *m* ② *(uccellame)* [beim Vogelfang gemachte] Beute *f*

uccellame [uttʃel'laːme] *m* erbeutete Vögel *mpl*

uccellare [uttʃel'laːre] *vi* auf Vogelfang gehen

uccellatore, **-trice** [uttʃella'toːre] *m, f* Vogelfänger(in) *m(f)*, -steller(in) *m(f)*

uccelliera [uttʃel'liɛːra] *f* Vogelhaus *nt*, Voliere *f*

uccello [ut'tʃɛllo] *m* ① ZOO Vogel *m*; **essere uccel di bosco** *(fig)* vogelfrei sein; **fare l'~ del malaugurio** *(fig)* den Teufel an die Wand malen ② *(vulg: pene)* Schwanz *m*

uccidere [ut'tʃiːdere] <uccido, uccisi, ucciso> **I.** *vt* ① *(ammazzare)* töten, umbringen; *(affrettare la morte)* ins Grab bringen; *(debilitare)* [fast] umbringen *fam* ② *(fig: eliminare)* ausrotten, vernichten **II.** *vr* **-rsi** ① *(suicidarsi)* sich umbringen, Selbstmord begehen ② *(vicendevolmente)* sich umbringen ③ *(perdere la vita)* ums Leben kommen, umkommen

ucciditrice [uttʃidi'triːtʃe] *f* Mörderin *f*, Totschlägerin *f*

uccisi [ut'tʃiːzi] *1. pers sing pass rem di* **uccidere**

uccisione [uttʃi'zioːne] *f* Tötung *f*

ucciso [ut'tʃiːzo] *pp di* **uccidere**

uccisore [uttʃi'zoːre] *m* Mörder *m*, Totschläger *m*

UDI ['uːdi] *m acro di* **Unione Donne Italiane** *italienische Frauenbewegung*

udibile [u'diːbile] *agg* hörbar, vernehmbar

udibilità [udibili'ta] <-> *f* Hörbarkeit *f*, Vernehmbarkeit *f*; **distanza di ~** Hörweite *f*; **soglia di ~** Hörschwelle *f*

udienza [u'diɛntsa] *f* ① *(ascolto)* Gehör *nt*; **dare ~** Gehör schenken ② *(colloquio)* Audienz *f*, Empfang *m*; **chiedere un'~** um eine Audienz bitten; **concedere un'~** eine Audienz gewähren ③ JUR [Gerichts]verhandlung *f*

Udine *f* Udine *nt (Stadt in Friaul)*

udinese [udi'neːse] **I.** *agg* Udineser **II.** *mf (abitante)* Udineser(in) *m(f)*

Udinese *m sing* Umgebung *f* von Udine

udire [u'diːre] <odo, udii, udito> *vt* ① *(sentire, comprendere)* hören, vernehmen ② *(esaudire)* erhören

udito [u'diːto] *m* Gehör *nt*, Gehörsinn *m*

uditofono [udi'tɔːfono] *m* Hörgerät *nt*, Hörapparat *m*

uditore, **-trice** [udi'toːre] *m, f* Zuhörer(in) *m(f)*, Hörer(in) *m(f)*; *(all'università)* [Gast]hörer(in) *m(f)*; JUR Referendar(in) *m(f)*; **~ giudiziario** Gerichtsreferendar *m*; **~ di Rota** Richter *m* an der Rota, Auditor *m*

uditorio [udi'tɔːrio] <-i> *m* [Zu]hörerschaft *f*

uditrice *f v.* **uditore**

UDR *m abbr di* **Unione Democratica per**

la Repubblica *demokratische Partei Italiens*

UE *f abbr di* **Unione Europea** EU *f*

UEM *f abbr di* **Unione economica e monetaria europea** EWWU *f (Europäische Wirtschafts- und Währungsunion)*

ufficiale [uffi'tʃa:le] **I.** *agg* offiziell; ADM amtlich **II.** *m* ① ADM Beamte(r) *m/*Beamtin *f,* Amtsperson *f;* ~ **di stato civile** Standesbeamte(r)/-beamtin; ~ **giudiziario** Gerichtsbeamte(r)/-beamtin; **pubblico** ~ Amtsperson *f* ② MIL Offizier *m*

ufficialità [uffitʃali'ta] <-> *f* ① ADM Amtlichkeit *f,* offizieller Charakter ② MIL Offizierskorps *nt*

ufficializzare [uffitʃalid'dza:re] *vt* öffentlich machen, offiziell bekannt geben

ufficio [uf'fi:tʃo] <-ci> *m* ① *(posto di lavoro)* Büro *nt; (settore)* Abteilung *f;* ~ **contabilità** Buchführung[sstelle] *f;* ~ **informazioni** Informationsbüro *nt;* ~ **personale** Personalabteilung *f;* ~ **vendite** Verkaufsabteilung *f;* ~ **viaggi** Reisebüro *nt* ② ADM *(organo)* Amt *nt;* ~ **postale** Postamt *nt;* ~ **di collocamento** Arbeitsamt *nt;* **provvedimento d'**~ amtliche Maßnahme ③ JUR *(funzioni, doveri)* [Amts]pflicht *f*

ufficioso, -a [uffi'tʃo:so] *agg* halbamtlich, inoffiziell

ufo ['u:fo] *avv* **a** ~ umsonst; *(pej)* auf Kosten anderer; **vivere a** ~ zulasten [*o* zu Lasten] anderer leben

U.F.O. ['u:fo] <-> *m* Ufo *nt,* UFO *nt*

ufologia [ufolo'dʒi:a] <-ie> *f* Ufologie *f*

ufologico, -a [ufo'lɔ:dʒiko] <-ci, -che> *agg* ufologisch

ufologo, -a [u'fɔ:logo] <-gi, -ghe> *m, f* Ufologe *m/*Ufologin *f*

ugello [u'dʒɛllo] *m* Düse *f*

uggia ['uddʒa] <ugge> *f (noia)* Langeweile *f; (molestia)* Lästigkeit *f*

uggiolare [uddʒo'la:re] *vi* winseln, jaulen

uggioso, -a [ud'dʒo:so] *agg* langweilig

ugola ['u:gola] *f* ① ANAT [Gaumen]zäpfchen *nt* ② *(fig)* Kehle *f;* **avere un'**~ **d'oro** Gold in der Kehle haben

uguaglianza [uguaʎ'ʎantsa] *f* ① *(identità, l'essere uguale)* Gleichheit *f; (di diritti)* Gleichstellung *f;* MAT Äquivalenz *f* ② *(uniformità)* Gleichförmigkeit *f,* Gleichmäßigkeit *f*

uguagliare [uguaʎ'ʎa:re] **I.** *vt* ① *(rendere uguale)* gleichmachen, angleichen; *(fig)* gleichstellen ② *(rendere uniforme, regolare)* gleichförmig machen; *(siepe)* in gleicher Höhe abschneiden ③ *(fig: essere pari)* ~ **qu in qc** jdm an etw *dat* gleichkommen ④ SPORT erreichen, erzielen **II.** *vr* **-rsi** sich *dat* gleich sein

uguale[1] [u'gua:le] **I.** *agg* ① *(identico)* gleich; **di** ~ **colore** gleichfarbig ② *(che rimane uguale)* gleich bleibend, gleichmäßig; **essere sempre** ~ **a se stesso** sich *dat* selbst treu bleiben ③ MAT gleich[wertig], äquivalent ④ *(uniforme)* gleichförmig **II.** *mf* Gleichgestellte(r) *f(m),* Ebenbürtige(r) *f(m)*

uguale[2] *avv (fam)* gleich; *(indifferente)* gleich, egal; **che tu vada o rimanga per me è** ~ es ist mir egal, ob du gehst oder bleibst

ugualizzante [ugualid'dzante] *m* Unifärbemittel *nt*

ugualizzare [ugualid'dzare] *vt* gleichmäßig einfärben

ugualmente [ugual'mente] *avv* ① *(parimenti)* gleich, gleichermaßen ② *(tuttavia)* dennoch

uh [u] *int* ① *(dolore)* au ② *(fastidio)* uff ③ *(meraviglia)* uh, oh

uhi ['u:i] *int* ① *(dolore)* au[a] ② *(rammarico)* oh

uhm [m] *int* hm

UIL [uil] *f acro di* **Unione Italiana del Lavoro** *italienischer Gewerkschaftsbund*

ulcera ['ultʃera] *f* Geschwür *nt fam,* Magengeschwür *nt*

ulcerare [ultʃe'ra:re] **I.** *vt* ein Geschwür erzeugen in +*dat* **II.** *vr* **-rsi** geschwürig werden, ulzerieren

ulcerativo, -a [ultʃera'ti:vo] *agg* geschwürbildend, Geschwür-

ulcerazione [ultʃerat'tsio:ne] *f* Geschwürbildung *f*

ulceroso, -a [ultʃe'ro:so] **I.** *agg* geschwürig, ulzerös **II.** *m, f* an einem Geschwür Erkrankte(r) *f(m)*

uliva [u'li:va] *f v.* **oliva**[1]

ulivista [uli'vista] <-i *m,* -e *f*> *mf* POL Anhänger(in) *m(f)* des Parteienbündnisses Ulivo

ulivo [u'li:vo] *m v.* **olivo**

Ulivo [u'li:vo] *m* POL *Mitte-Links-Parteienbündnis*

ullalà [ulla'la:], **ullallà** [ullal'la:] *int* wow, ui[uiui]

Ulma ['ulma] *f* Ulm *nt*

ulna ['ulna] *f* Elle *f*

ulteriore [ulte'rio:re] *agg* weitere(r, s), zusätzlich

ultima ['ultima] *f (fam: novità)* Neueste *nt;* **vuoi sapere l'~?** weißt du schon das Neueste?; **ti racconto l'**~ ich erzähle dir das Neueste

ultimabile [ulti'ma:bile] *agg* beendbar

ultimare [ulti'ma:re] *vt* beenden, abschließen

ultimativo, -a [ultima'ti:vo] *agg* ultimativ

ultimatum [ulti'ma:tum] <-> *m* Ultimatum *nt*

ultimazione [ultimat'tsio:ne] *f* Beendigung *f,* Abschluss *m*

ultimissima [ulti'missima] *f* ① *(giornale)* neueste Ausgabe ② *pl (notizie)* letzte Nachrichten *f pl*

ultimo, -a ['ultimo] **I.** *agg* ① *(finale)* letzte(r, s); *(recente)* neueste(r, s); *(molto lontano)* fernste(r, s); *(origini)* erste(r, s); **l'~ grido della moda** der letzte [Mode]schrei; **all'~ momento** im letzten Moment ② *(fig: di minima importanza)* geringste(r, s), letzte(r, s); **lo studio è la sua -a preoccupazione** das Studium ist seine geringste Sorge ③ *(decisivo)* letzte(r, s), entscheidend; **dire l'-a parola** das letzte Wort haben ④ *(massimo)* höchste(r, s) **II.** *m, f* ① *(della serie)* Letzte(r, s) *f(m, nt);* **l'~ del mese** der Letzte des Monats; **all'~** zuletzt, am Ende; **da ~** als letztes, zu guter Letzt; **fino all'~** bis zuletzt; **in ~** am Ende, zu guter Letzt; **rimanere in ~** *(fam)* hinten sein, Letzte(r, s) sein; **per ~** zuletzt, als Letzte(r, s); **gli -i saranno i primi** die Letzten werden die Ersten sein ② *(il peggiore)* Schlechteste(r, s) *f(m, nt)*

ultimogenito, -a [ultimo'dʒɛ:nito] **I.** *agg* letztgeboren, jüngste(r, s) **II.** *m, f* Letztgeborene(r) *f(m),* Jüngste(r) *f(m)*

ultra[1] ['ultra] <- *o* -s> *mf* ① POL Ultra *mf* ② SPORT Ultrafan *m*

ultra[2] *agg inv* ultra-, Ultra-

ultrabook ['ultra'buk] <-> *m* INFORM Ultrabook *nt*

ultracentenario, -a [ultratʃente'na:rio] *agg* mehr als hundertjährig

ultracentrifuga [ultratʃen'tri:fuga] *f* Ultrazentrifuge *f*

ultracentrifugare [ultratʃentrifu'ga:re] *vt* ultrazentrifugieren

ultracentrifugazione [ultratʃentrifugat'tsio:ne] *f* Ultrazentrifugierung *f*

ultracompatto, -a [ultrakom'patto] *agg* ultradicht

ultracorto, -a [ultra'korto] *agg* RADIO, PHYS Ultrakurz-; **onde -e** Ultrakurzwelle *f*

ultradestra [ultra'dɛstra] *f* POL außerparlamentarische Rechte

ultrafiltrante [ultrafil'trante] *agg* CHEM ultrafiltrierend

ultraleggero [ultraled'dʒɛ:ro] *m (deltaplano a motore)* Flugdrachen *m* mit Motorantrieb

ultraleggero, -a *agg (estremamente leggero)* ultraleicht

ultramicrofotografia [ultramikrofotogra'fi:a] *f* Ultramikrofotografie *f*

ultramicroscopia [ultramikrosko'pi:a] *f* PHYS Ultramikroskopie *f*

ultramicroscopico, -a [ultramikros'kɔ:piko] <-ci, -che> *agg* ultramikroskopisch

ultramicroscopio [ultramikros'kɔ:pio] *m* Ultramikroskop *nt*

ultramoderno, -a [ultramo'dɛrno] *agg* hypermodern, supermodern

ultramondano, -a [ultramon'da:no] *agg* jenseitig, ultramundan

ultramontano, -a [ultramon'ta:no] **I.** *agg (oltremontano)* jenseits der Berge **II.** *m, f (seguace dell'ultramontanismo)* Ultramontane(r) *f(m)*

ultraortodosso, -a [ultraorto'dɔsso] **I.** *agg* ultra-orthodox **II.** *m, f* Ultraorthodoxe(r) *f(m)*

ultrapastorizzazione [ultrapastoreddzat'tsio:ne] *f* Ultrapasteurisierung *f*

ultrapiatto, -a [ultra'piatto] *agg* ultraflach; **schermo ~** ultraflacher Bildschirm

ultrapotente [ultrapo'tɛnte] *agg* TEC leistungsstark

ultrarapido, -a [ultra'ra:pido] *agg* sehr schnell; FILM, FOTO hochempfindlich

ultraridotto, -a [ultrari'dotto] *agg* stark verkleinert; **formato ~** stark verkleinertes Format

ultrasensibile [ultrasen'si:bile] *agg* hochempfindlich; **termometro ~** hochempfindliches Thermometer

ultrasinistra [ultrasi'nistra] *f* POL außerparlamentarische Linke

ultrasonico, -a [ultra'sɔ:niko] <-ci, -che> *agg* ① PHYS Ultraschall- ② *(supersonico)* Überschall-

ultrasonografia [ultrasonogra'fi:a] <-ie> *f* MED Ultraschalldiagnostik *f*

ultrasonoro, -a [ultraso'nɔ:ro] *agg* Ultraschall-; **onde -e** Ultraschallwellen *f pl*

ultrasottile [ultrasot'ti:le] *agg* ultradünn; **assorbente ~** ultradünne Monatsbinde

ultrastrutturale [ultrastruttu'ra:le] *agg* die ultramikroskopischen Strukturen betreffend

ultrastrutturistica [ultrastruttu'ristika] <-che> *f* Lehre *f* von den ultramikroskopischen Strukturen

ultrasuono [ultra'suɔ:no] *m* Ultraschall *m*

ultraterreno, -a [ultrater're:no] *agg* überirdisch

ultrattività [ultrattivi'ta] <-> *f* Nachwirkung *f* [eines alten Gesetzes]

ultravioletto, -a [ultravio'letto] *agg* ultraviolett

ululare [ulu'la:re] *vi* heulen

ululato, ululo [ulu'la:to, 'u:lulo] *m* Geheul *nt; (a. fig)* Heulen *nt*

umanamente [umana'mente] *avv*

U

① *(dell'uomo)* menschlich; **è ~ impossibile** das ist menschenunmöglich ② *(fig: con umanità)* menschenwürdig, human

umanesimo [uma'ne:zimo] *m* Humanismus *m*

umanista [uma'nista] <-i *m*, -e *f*> *mf* Humanist(in) *m(f)*

umanistico, -a [uma'nistiko] <-ci, -che> *agg* ① HIST humanistisch ② SCIENT geisteswissenschaftlich

umanità [umani'ta] <-> *f* ① *(natura umana)* menschliche Natur, Menschsein *nt* ② *(sentimento)* Menschlichkeit *f*, Humanität *f* ③ *(genere umano)* Menschheit *f*, Menschengeschlecht *nt poet*

umanitario, -a [umani'ta:rio] <-i, -ie> *agg* menschenfreundlich, humanitär; **aiuti -i** Hilfsgüter *ntpl*

umanizzare [umanid'dza:re] *vt* ① *(rendere più umano)* humanisieren, menschlicher machen ② *(rendere più civile)* zivilisieren

umanizzazione [umaniddzat'tsio:ne] *f* Vermenschlichung *f*, Humanisierung *f*

umano [u'ma:no] *m* Menschliche(s) *nt*, Humane(s) *nt*

umano, -a *agg* ① *(dell'uomo)* menschlich, Menschen- ② *(fig)* human, menschlich

umanoide [uma'noide] *agg* humanoid

umazione [umat'tsio:ne] *f (poet)* Bestattung *f*, Beisetzung *f*

Umbria ['umbria] *f* Umbrien *nt*

umbro ['umbro] *m sing (dialetto)* Umbrisch(e) *nt*

umbro, -a I. *agg* umbrisch; **scuola -a** umbrische Malerschule **II.** *m, f* Umbrer(in) *m(f)*; **gli Umbri** *alte Bevölkerung Mittelitaliens*

UME *f abbr di* **Unione Monetaria Europea** EWU *f (Europäische Währungsunion)*

umettare [umet'ta:re] *vt* befeuchten

umidiccio, -a [umi'dittʃo] <-cci, -cce> *agg* [ein wenig] feucht, eher feucht als trocken

umidificare [umidifi'ka:re] *vt* feucht machen; *(aria)* befeuchten, mit Feuchtigkeit anreichern

umidificatore [umidifika'to:re] *m* [Luft]befeuchter *m*

umidità [umidi'ta] <-> *f* Feuchtigkeit *f*; *(bagnato)* Nässe *f*

umido ['u:mido] *m* ① *(umidità)* Feuchtigkeit *f* ② GASTR Geschmorte(s) *nt*; **cuocere in ~** schmoren; **coniglio in ~** geschmortes Kaninchen

umido, -a *agg* feucht; *(bagnato)* nass

umificazione [umifikat'tsio:ne] *f* Humusbildung *f*

umile ['u:mile] *agg* ① *(mite)* sanftmütig; *(modesto)* bescheiden ② *(sottomesso)* ehrerbietig, demütig ③ *(di modesto grado sociale)* niedrig, ärmlich ④ *(dimesso)* bescheiden, einfach

umiliare [umi'lia:re] **I.** *vt* ① *(avvilire)* demütigen, erniedrigen ② *(reprimere)* dämpfen, unterdrücken **II.** *vr* **-rsi** ① *(avvilirsi)* sich demütigen, sich erniedrigen ② *(fare atto di sottomissione)* sich auf die Knie werfen; *(fig)* sich beugen

umiliatore, -trice [umilia'to:re] **I.** *agg* demütigend, erniedrigend **II.** *m, f* Demütiger(in) *m(f)*

umiliazione [umiliat'tsio:ne] *f* Demütigung *f*, Erniedrigung *f*

umiltà [umil'ta] <-> *f* ① *(modestia)* Demut *f*, Bescheidenheit *f* ② *(deferenza)* Ergebenheit *f* ③ *(modesta condizione sociale)* Ärmlichkeit *f*

umore [u'mo:re] *m* ① BIOL Körperflüssigkeit *f*; BOT [Pflanzen]saft *m* ② *(indole)* Charakter *m*, Art *f* ③ *(disposizione d'animo)* Laune *f*, [Gemüts]stimmung *f*; **essere di buon ~** guter Laune sein; **essere di ~ nero** schlechter Laune sein

umoresca [umo'reska] <-sche> *f* Humoreske *f*

umorismo [umo'rizmo] *m* Humor *m*; **non avere il senso dell'~** keinen [Sinn für] Humor haben

umorista [umo'rista] <-i *m*, -e *f*> **I.** *agg* humoristisch **II.** *mf* Humorist(in) *m(f)*

umoristico, -a [umo'ristiko] <-ci, -che> *agg* spaßig, humoristisch

umorosità [umorosi'ta] <-> *f* Feuchte *f*

un, una [un, 'u:na] *art indet m, f* ein/eine/ein

un' [un] *art indet f davanti a vocale* ein/eine/ein; *v. a.* **un, una**

una[1] ['u:na] *art indet v.* **un, uno**

una[2] *f* ① *(di tempo)* eins, ein Uhr; **è l'~** es ist eins ② *(in frasi enclitiche)* etwas; **ve ne racconto ~** ich kann euch was erzählen; **non me ne va bene ~** mir gelingt auch gar nichts

unanime [u'na:nime] *agg* einstimmig, einhellig

unanimismo [unani'mizmo] *m* LIT Unanimismus *m*

unanimistico, -a [unani'mistiko] <-ci, -che> *agg* einstimmig, einhellig, einmütig

unanimità [unanimi'ta] <-> *f* Einmütigkeit *f*, Einstimmigkeit *f*; **all'~** einstimmig

una tantum ['u:na 'tantum] **I.** *agg inv* einmalig **II.** *f* <-> einmalige Sonderzahlung; *(imposta)* einmalige Sondersteuer

uncinare [untʃi'na:re] *vt* mit einem Haken fassen

uncinato, -a [untʃi'na:to] *agg* hakenförmig; *(con uncini)* mit Haken versehen; **croce -a** Hakenkreuz *nt*

uncinetto [untʃi'netto] *m* Häkelnadel *f*

uncino [un'tʃiːno] *m* Haken *m*

undecimo, -a [un'dɛːtʃimo] *agg (poet)* elfte(r, s)

underground ['ʌndə'graund *o* ander'graund] **I.** *agg inv* Underground- **II.** *m* <-> Underground *m*

understatement ['ʌndə'steitmənt *o* ander'steitment] <-> *m* [bewusste] Untertreibung *f*, Understatement *nt*

underwear ['ʌndə'wɛə] <-> *m* Unterwäsche *f*

undicenne [undi'tʃɛnne] **I.** *agg* elfjährig **II.** *mf* Elfjährige(r) *f(m)*

undicesimo [undi'tʃɛːzimo] *m (frazione)* Elftel *nt*

undicesimo, -a I. *agg* elfte(r, s) **II.** *m, f* Elfte(r, s) *f(m, nt); v. a.* **quinto**

undici ['unditʃi] **I.** *num* elf **II.** *m* <-> ① *(numero)* Elf *f* ② *(nelle date)* Elfte(r) *m* ③ SPORT Elf *f*, [Fußball]mannschaft *f* **III.** *fpl* elf Uhr; *v. a.* **cinque**

UNESCO [u'nɛsko] *m* UNESCO *f*

ungere ['undʒere] <ungo, unsi, unto> **I.** *vt* ① *(con grasso)* einfetten; TEC schmieren, ölen; *(con creme)* eincremen, einreiben; *(con pomate)* einsalben ② *(sporcare)* fettig machen ③ REL salben ④ *(fig fam)* ~ **qu** *(corrompere)* jdn schmieren; *(adulare)* jdm schmeicheln **II.** *vr* **-rsi** ① *(mettersi dell'unto)* sich einfetten, sich einölen ② *(sporcarsi d'unto)* sich fettig machen, sich mit Fett beschmieren

ungherese [uŋge'reːse] **I.** *agg* ungarisch **II.** *mf* Ungar(in) *m(f)*

Ungheria [uŋge'riːa] *f* Ungarn *nt*

unghia ['uŋgia] <-ghie> *f* ① ANAT Nagel *m* ② ZOO *(di uccello, gatto)* Kralle *f*, Klaue *f*; *(di cavallo)* Huf *m*; **metter** [*o* **tirar**] **fuori le -ghie** *(fig)* die Krallen zeigen ③ *(di attrezzi)* abgeschrägte Spitze, Kerbe *f* ④ *(fig: minima grandezza, distanza)* Fingerbreit *m*

unghiata [uŋ'giaːta] *f* Kratzer *m*, Kratzwunde *f*

unghiolo [uŋ'giɔːlo] *m* Kralle *f*

ungueale [uŋgue'aːle] *agg* Nagel-

unguento [uŋ'guɛnto] *m* Creme *f*; MED Salbe *f*

unica ['uːnika] *f* **l'unica** die einzige Lösung

unicamerale [unikame'raːle] *agg* Einkammer-

unicameralismo [unikamera'lizmo] *m* POL Einkammersystem *nt*

UNICEF ['uːnitʃef] *m* UNICEF *f*

unicellulare [unitʃellu'laːre] **I.** *agg* einzellig **II.** *m* Einzeller *m*

unicità [unitʃi'ta] <-> *f* Einmaligkeit *f*

unico, -a ['uːniko] <-ci, -che> **I.** *agg* ① *(il solo esistente)* einzig; *(che avviene una volta sola)* einmalig; **figlio ~** Einzelkind *nt*; **numero ~** *(di giornale, rivista)* Sondernummer *f* ② *(ineguagliabile)* einzigartig, einmalig; **~ nel suo genere** einzigartig **II.** *m, f* Einzige(r, s) *f(m, nt)*

unicum ['uːnikum] <unica> *m* Unikat *nt*, Unikum *nt*

unidimensionale [unidimensio'naːle] *agg* eindimensional

unidirezionale [unidirettsio'naːle] *agg* EL, TEL [nur] in einer Richtung verlaufend; **corrente [elettrica] ~** Gleichstrom *m*

unidirezionalità [unidirettsionali'ta] <-> *f* einseitige Gerichtetheit

unidose [uni'dɔːze] *agg inv* Ein-Dosis-; **confezione ~** Ein-Dosis-Verpackung *f*

unifamiliare [unifami'liaːre] *agg* Einfamilien-

unificare [unifi'kaːre] *vt* ① *(ridurre a unità)* [ver]einigen ② *(ridurre a tipo unico)* vereinheitlichen; *(standardizzare)* normieren, normen

unificatore, -trice [unifika'toːre] **I.** *agg* [ver]einigend **II.** *m, f* Einiger(in) *m(f)*

unificazione [unifikat'tsioːne] *f* ① *(atto dell'unificare)* [Ver]einigung *f* ② *(standardizzazione)* Vereinheitlichung *f*, Normierung *f*

uniformare [unifor'maːre] **I.** *vt* ① *(unificare)* gleichmachen, gleichförmig gestalten ② *(adeguare)* ~ **qc a qc** etw an etw *akk* anpassen **II.** *vr* **-rsi a qc** sich an etw *akk* anpassen, sich nach etw richten

uniforme [uni'forme] **I.** *agg* ① *(uguale)* gleichförmig, gleichmäßig; *(piano)* eben ② *(fig: monotono)* einförmig, eintönig **II.** *f* Uniform *f*

uniformità [uniformi'ta] <-> *f* ① *(l'essere uniforme)* Gleichförmigkeit *f*, Gleichmäßigkeit *f* ② *(accordo)* Einstimmigkeit *f*, Übereinstimmung *f*

unigenito [uni'dʒɛːnito] *agg inv (Cristo)* eingeboren

unigenitoriale [unidʒenitori'aːle] *agg* ① *(di un solo genitore)* **affidamento ~** alleiniges Sorgerecht ② *(con un solo genitore)* **famiglia ~** Einelternfamilie *f*

unilaterale [unilate'raːle] *agg* ① JUR, POL einseitig, unilateral ② *(fig, pej)* einseitig, parteiisch

unimandatario, -a [unimanda'taːrio] <-i, -ie> **I.** *m, f* Alleinvertreter(in) *m(f)* **II.** *agg* Alleinvertreter-

uninominale [uninomi'naːle] *agg* Einmann-; **votazioni con sistema ~** Wahlen *fpl* nach dem Mehrheitswahlsystem

U

unione [u'nioːne] *f* ❶ *(connessione)* Verbindung *f,* Vereinigung *f* ❷ *(fig: concordia)* Eintracht *f,* Einigkeit *f;* **l'~ fa la forza** *(prov)* Einigkeit macht stark ❸ POL Bund *m,* Vereinigung *f;* **Unione delle Repubbliche Socialiste Sovietiche** Union *f* der Sozialistischen Sowjetrepubliken; **Unione europea** Europäische Union; **Unione monetaria** Währungsunion *f;* **Unione economica e monetaria europea** Europäische Wirtschafts- und Währungsunion

unipolare [unipo'laːre] *agg* einpolig

unire [u'niːre] <unisco> **I.** *vt* ❶ *(congiungere, collegare)* verbinden, zusammenfügen ❷ *(accostare)* zusammenstellen, zusammenlegen ❸ *(allegare)* beilegen, beifügen ❹ *(persone)* verein[ig]en, verbinden **II.** *vr* **-rsi** ❶ *(legarsi)* sich verbinden; **-rsi in matrimonio** eine Ehe eingehen ❷ *(associarsi)* sich zusammenschließen, sich verbünden ❸ *(accompagnarsi)* **-rsi a qu** sich jdm anschließen

unisessualità [unisessuali'ta] <-> *f* BIOL Eingeschlechtlichkeit *f*

unisex ['uːniseks *o* uni'sɛks] *agg inv* Unisex-, nicht geschlechtsspezifisch

unisono [u'niːsono] *agg* ❶ MUS unison[o] ❷ *(fig)* übereinstimmend ❸ *(loc)* **all'~** MUS unisono, im Einklang; *(fig)* übereinstimmend, im Einklang

unità [uni'ta] <-> *f* ❶ *(gener)* Einheit *f;* **~ monetaria** Währungseinheit *f;* **grande ~** MIL Truppenverband *m* ❷ *(di misura)* Maßeinheit *f,* Maß *nt;* **~ di misura di peso/tempo** Gewichts-/Zeiteinheit *f* ❸ INFORM Laufwerk *nt;* **~ centrale** Zentraleinheit *f* ❹ *(concordia)* Übereinstimmung *f*

unitaria *f v.* **unitario**

unitarietà [unitarie'ta] <-> *f* Einheitlichkeit *f*

unitario, -a [uni'taːrio] <-i, -ie> **I.** *agg* einheitlich, Einheits-; **prezzo ~** Einheitspreis *m; (per singolo pezzo)* Stückpreis *m* **II.** *m, f* ❶ POL Unionist(in) *m(f)* ❷ REL Unitarier(in) *m(f)*

unitarismo [unita'rizmo] *m* Unitarismus *m*

unitizzazione [unitiddzat'tsioːne] *f* Vereinheitlichung *f*

unito, -a [u'niːto] *agg* ❶ *(congiunto, collegato)* zusammengefügt, verbunden; **una famiglia molto -a** eine Familie mit großem Zusammenhalt ❷ *(a. fig)* verein[ig]t; *(allegato)* beigefügt, beigelegt; POL geeint, vereint *fig;* **Stati Uniti d'America** Vereinigte Staaten *mpl* von Amerika ❸ *(concorde)* einig, einträchtig ❹ *(uniforme)* einheitlich, gleichförmig; **in tinta -a** einfarbig

universale [univer'saːle] **I.** *agg* ❶ *(dell'universo)* Welt-; **diluvio ~** Sintflut *f;* **storia ~** Weltgeschichte *f* ❷ *(totale)* Universal-, gesamte(r, s); **erede ~** Universalerbe *m* ❸ *(generale)* allgemein; **concetto ~** allgemeingültiger Begriff; **suffragio ~** allgemeines Wahlrecht ❹ TEC Universal-, universell **II.** *m* ❶ *(generale)* Allgemeine(s) *nt* ❷ *pl* Allgemeinbegriffe *mpl*

universalismo [universa'lizmo] *m* Universalismus *m*

universalità [universali'ta] <-> *f* Gesamtheit *f,* Allgemeinheit *f*

università [universi'ta] <-> *f* Universität *f,* Hochschule *f;* **~ popolare** Volkshochschule *f*

universitario, -a [universi'taːrio] <-i, -ie> *agg* Universitäts-, Hochschul-

universo [uni'vɛrso] *m* ❶ ASTR Universum *nt,* Weltall *nt* ❷ *(fig)* Welt *f*

univocità [univotʃi'ta] <-> *f* Eindeutigkeit *f*

univoco, -a [u'niːvoko] <-ci, -che> *agg* eindeutig

uno ['uːno] **I.** *num* eins **II.** *m* <-> ❶ *(numero)* Eins *f* ❷ *(voto scolastico)* ≈ mangelhaft, ungenügend; *v. a.* **cinque**

uno, una I. *art indet m davanti a s impura, gn, pn, ps, x, z; f davanti a consonante* ein/eine/ein **II.** *pron indef* einer/eine/ein[e]s; *(persona)* jemand; *(impersonale)* einer, man; *(con negazione)* keiner/keine/kein[e]s; **a ~ a ~** einzeln; **~ e mezzo** eineinhalb, anderthalb; **non ~** keiner; **~ solo** einer allein, ein Einziger; **~ per volta** jeweils einer, einer nach dem anderen; **si aiutano l'un l'altro** sie helfen einander

unsi ['unsi] *1. pers sing pass rem di* **ungere**

unticcio, -a [un'tittʃo] <-cci, -cce> **I.** *agg* ein wenig fettig, schmierig **II.** *m, f* fettige [*o* schmierige] Substanz *f*

unto ['unto] *m* Fett *nt*

unto, -a I. *pp di* **ungere II.** *agg* fettig, schmierig

untume [un'tuːme] *m* Fett *nt,* fettiger Schmutz *m*

untuosità [untuosi'ta] <-> *f* ❶ *(qualità)* Fettigkeit *f; (materia)* Fett *nt* ❷ *(fig, pej)* Schmierigkeit *f,* Schleimigkeit *f*

untuoso, -a [untu'oːso] *agg* ❶ *(unto)* fettig, schmierig ❷ *(fig, pej)* schmierig, schleimig

unzione [un'tsioːne] *f* ❶ *(con unguenti, pomate)* Einreiben *nt,* Eincremen *nt* ❷ REL Salbung *f,* Ölung *f* ❸ *(fig, pej)* Scheinheiligkeit *f*

unzippare [ʌndzip'pa:re] *vt* INFORM entzippen

uomo ['uɔ:mo] <uomini> *m* ① *(essere umano)* Mensch *m* ② *(di sesso maschile)* Mann *m;* ~ **d'affari** Geschäftsmann *m;* ~ **di mondo** Weltmann *m;* ~ **d'onore** Ehrenmann *m;* **l'~ della strada** der Mann auf [*o* von] der Straße; **abito da ~** Herrenanzug *m;* **per soli uomini** nur für Herren

uopo ['uɔ:po] *m (poet)* Bedarf *m,* Notwendigkeit *f;* **essere d'~** zweckdienlich sein; *(necessario)* notwendig sein; **all'~** bei Bedarf, wenn nötig

uosa ['uɔ:za] *f* Gamasche *f*

uovo ['uɔ:vo] <*pl*: -a *f*> *m* Ei *nt;* **bianco d'~** Eiweiß *nt;* **rosso d'~** Eigelb *nt;* **pasta all'~** Eiernudeln *fpl;* ~ **à la coque** weich gekochtes Ei; ~ **all'occhio di bue** Spiegelei *nt;* ~ **al tegame** Setzei *nt;* ~ **sodo** hart gekochtes Ei; **-a affogate** verlorene Eier *ntpl;* **-a strapazzate** Rührei *nt;* ~ **da tè** Teeei *nt;* **testa d'~** *(fig: intellettuale)* Eierkopf *m;* **essere pieno come un ~** voll bis zum Rand sein; **è meglio l'~ oggi che la gallina domani** *(prov)* besser ein Spatz in der Hand als eine Taube auf dem Dach

update ['ʌpdeit] <-> *m* INFORM *(versione aggiornata)* Update *nt;* **fare un ~** ein Update machen, updaten

uperizzare [uperid'dza:re] *vt* uperisieren

uperizzatore [uperiddza'to:re] *agg* Uperisations-

uperizzazione [uperiddzat'tsio:ne] *f* Uperisation *f,* Ultrapasteurisation *f*

upgradabile [upgra'da:bile] *agg* INFORM ausbaufähig, erweiterbar

upgradare [upgra'da:re] *vt* INFORM ausbauen, erweitern

upgrade ['ʌpgreid] *m* INFORM Programmerweiterung *f*

UPIM® ['upim] <-> *f acro di* **Unico Prezzo Italiano di Milano** *italienische Kaufhauskette*

upload ['ʌploud] <-> *m* INET Upload *m*

uploadare [ʌplou'da:re] *vt* INET hochladen, uploaden

uppercut ['ʌpəkʌt] <-> *m* Aufwärtshaken *m,* Uppercut *m*

up-to-date ['ʌp tə 'deit] *agg inv* up to date

upupa ['u:pupa] *f* Wiedehopf *m*

upwelling ['ʌpweliŋ] <-> *m* Hervorquellen *nt*

uragano [ura'ga:no] *m* ① *(ciclone)* Hurrikan *m; (tempesta)* [Wirbel]sturm *m* ② *(fig)* Sturm *m*

Urali [u'ra:li] *mpl* Ural *m*

urango [u'raŋgo] <-ghi> *m* Orang-Utan *m*

uranifero, -a [ura'ni:fero] *agg* uranhaltig

uraninite [urani'ni:te] *f* Uranpecherz *nt,* Pechblende *f*

uranio [u'ra:nio] *m* Uran *nt*

urbanesimo [urba'ne:zimo] *m* Verstädterung *f*

urbanista [urba'nista] <-i *m,* -e *f*> *mf* Städteplaner(in) *m(f),* Städtebauer(in) *m(f)*

urbanistica [urba'nistika] <-che> *f* Städtebau *m,* Städteplanung *f*

urbanistico, -a [urba'nistiko] <-ci, -che> *agg* städtebaulich, Städtebau-

urbanità [urbani'ta] <-> *f* Kultiviertheit *f; (cortesia)* Höflichkeit *f*

urbanizzare [urbanid'dza:re] *vt* städtebaulich erschließen, urbanisieren

urbanizzazione [urbaniddzat'tsio:ne] *f* Verstädterung *f,* Urbanisierung *f*

urbano, -a [ur'ba:no] *agg* ① *(della città)* städtisch, Stadt-; **nettezza -a** [städtische] Müllabfuhr und Straßenreinigung; **rete -a** städtisches Telefonnetz; **vigile ~** [Stadt]polizist *m* ② *(fig)* kultiviert, gebildet; *(cortese)* höflich

urbe ['urbe] *f (poet)* Stadt *f;* **l'Urbe** die Ewige Stadt

urea [u'rɛ:a *o* 'u:rea] *f* Harnstoff *m*

uremia [ure'mi:a] <-ie> *f* Harnvergiftung *f,* Urämie *f*

uretere [ure'tɛ:re] *m* Harnleiter *m*

uretra [u'rɛ:tra] *f* Harnröhre *f*

urgente [ur'dʒɛnte] *agg* dringend, dringlich; *(lettera, pacco)* Eil-

urgenza [ur'dʒɛntsa] *f* Dringlichkeit *f,* dringende Notwendigkeit; *(rapidità)* Eile *f;* **ricoverare qu d'~** jdn als Notfall einliefern; **in caso d'~** im Notfall; **non c'è ~** es ist nicht dringend, es hat keine Eile

urgere ['urdʒere] <urgo *mancano il pass rem, il pp ed i tempi composti*> **I.** *vt* drängen, bedrängen **II.** *vi* dringend [nötig] sein, drängen; **urgono riforme** Reformen sind dringend nötig

Uri ['u:ri] *m* Uri *nt*

urico, -a ['u:riko] <-ci, -che> *agg* Harn-; **acido ~** Harnsäure *f*

urina [u'ri:na] *f v.* **orina**

urinare [uri'na:re] *v.* **orinare**

urlare [ur'la:re] **I.** *vi* ① *(lupi)* heulen; *(cani)* jaulen; *(leoni)* brüllen ② *(sirena, vento)* heulen ③ *(uomo)* schreien, brüllen; *(di dolore)* aufschreien **II.** *vt* ① *(dire a voce alta)* [heraus]schreien, brüllen ② *(cantare a voce alta)* lauthals singen

urlato, -a *agg* schreiend, heulend, brüllend; **giornalismo ~** Sensationsjournalismus *m*

urlatore, -trice [urla'to:re] **I.** *agg* Brüll- **II.** *m, f* Schreier(in) *m(f),* Schreihals *m*

urlio [ur'liːo] <-ii> *m* Geschrei *nt,* Gebrüll *nt*

urlo[1] ['urlo] <*pl:* -a *f*> *m* ① *(grido umano)* Schrei *m,* Geschrei *nt* ② *(fig: di vento, sirene)* Heulen *nt; (fragore)* Toben *nt,* Getöse *nt*

urlo[2] *m (di animale)* Schrei *m; (di lupi)* Heulen *nt; (di cani)* Jaulen *nt; (di leone)* Brüllen *nt*

urna ['urna] *f* Urne *f;* **~ cineraria** [Aschen]urne *f;* **~ elettorale** Wahlurne *f;* **responso delle -e** Wahlergebnis *nt;* **andare alle -e** wählen [gehen]

uro ['uːro] *m* Ur *m,* Auerochse *m*

urogallo [uro'gallo] *m* Auerhahn *m*

urogenitale [urodʒeni'taːle] *agg* urogenital

urologa *f v.* **urologo**

urologia [urolo'dʒiːa] <-gie> *f* Urologie *f*

urologo, -a [u'rɔːlogo] <-gi, -ghe> *m, f* Urologe *m*/Urologin *f*

uropigio [uro'piːdʒo] <-gi> *m* Fettdrüse *f*

urrà [ur'ra] **I.** *int* hurra; **hip hip hip ~!** hipp, hipp, hurra! **II.** *m* Hurra *nt,* Hurraruf *m*

URSS [urs] *f abbr di* **Unione delle Repubbliche Socialiste Sovietiche** HIST UdSSR *f*

urtante [ur'tante] *agg* anstößig

urtare [ur'taːre] **I.** *vt* ① *(investire)* [an]stoßen; *(veicoli)* anfahren, streifen ② *(fig)* ärgern, reizen; **il chiasso mi urta i nervi** der Lärm geht mir auf die Nerven **II.** *vi* ① *(sbattere contro)* **~ contro qc** gegen etw prallen; **~ in qc** auf etw *akk* stoßen ② *(fig: incappare)* **~ contro** [*o* **in**] **qc** auf etw *akk* stoßen **III.** *vr* **-rsi** ① *(scontrarsi)* aufeinanderstoßen; *(veicoli)* zusammenstoßen ② *(fig: irritarsi)* sich ärgern, sich aufregen

urtica [ur'tiːka] *v.* **ortica**

urto ['urto] *m* ① *(colpo, spinta)* Stoß *m,* Schlag *m;* **resistente agli -i** stoßfest ② *(scontro, collisione)* Zusammenstoß *m,* Aufprall *m* ③ MIL *(scontro, cozzo)* Zusammenstoß *m,* Gefecht *nt* ④ *(fig)* Gegensatz *m,* Widerspruch *m,* Aufeinanderprallen *nt*

u.s. *abbr di* **ultimo scorso** vergangenen Monats

U.S.A. ['uːza] *mpl* USA *mpl*

usabile [u'zaːbile] *agg* benutzbar, verwendbar

usa e getta ['uza e 'dʒetta] *agg inv* Einweg-, Einmal-; **lenti a contatto ~** Wegwerflinsen *fpl;* **siringhe ~** Einwegspritzen *fpl*

usanza [u'zantsa] *f* ① *(consuetudine)* Brauch *m,* Sitte *f* ② *(maniera, costume)* Brauch *m,* Art *f; (abitudine)* Gewohnheit *f; (moda)* Mode *f*

usare [u'zaːre] **I.** *vt avere* ① *(adoperare)* verwenden, gebrauchen; *(vestiti)* tragen; **~ un diritto** von einem Recht Gebrauch machen ② *(agire con)* üben, walten lassen; **~ attenzione** achtgeben [*o* Acht geben]; **~ l'inganno** listig handeln ③ *(esercitare)* ausüben, anwenden **II.** *vi* ① *avere (usufruire)* **~ di qc** von etw Gebrauch machen ② *avere (avere l'abitudine)* **~ fare qc** etw zu tun pflegen *geh* ③ *avere (essere di moda)* in Mode sein, modern sein ④ *essere (impersonale)* Brauch sein, üblich sein; **in questo paese usa così** in diesem Land ist das so Brauch

usato [u'zaːto] *m* ① *(modo solito, consueto)* Gewohnte(s) *nt* ② *(non più nuovo)* Gebrauchte(s) *nt;* **mercato dell'~** Gebrauchtwarenmarkt *m;* **negozio dell'~** Secondhandladen *m*

usato, -a *agg* ① *(non nuovo)* gebraucht, benutzt; COM aus zweiter Hand; *(vestiti)* getragen; **automobili -e** Gebrauchtwagen *mpl* ② *(solito)* gewohnt

uscente [uʃ'ʃɛnte] *agg* auslaufend, zu Ende gehend; ADM *(persona)* aus dem Amt scheidend

usciere, -a [uʃ'ʃɛːre] *m, f* Amtsdiener(in) *m(f),* Amtsgehilfe *m,* -gehilfin *f*

uscii [uʃ'ʃiːi] *1. pers sing pass rem di* **uscire**

uscio ['uʃʃo] <usci> *m* Tür *f,* Tor *nt*

uscire [uʃ'ʃiːre] <esco, uscii, uscito> *vi essere* ① *(andare fuori)* hinausgehen; *(venire fuori)* herauskommen; *(con veicolo)* hinausfahren, herausfahren; *(dal letto)* aufstehen; *(dal veicolo)* aussteigen; **~ per la** [*o* **o dalla**] **porta centrale** durch den Haupteingang hinausgehen ② *(lasciare un luogo)* ausgehen; *(con veicolo)* ausfahren; NAUT auslaufen ③ *(oggetti, sostanze)* heraustreten, herauskommen; *(liquidi)* auslaufen; *(gas)* ausströmen ④ *(essere pubblicato)* erscheinen, herauskommen ⑤ *(fig: esclamare, sbottare)* **~ a dire qc** mit etw herausplatzen; **uscirsene con una simpatica battuta** eine nette, witzige Bemerkung machen ⑥ *(essere sorteggiato)* gezogen werden, drankommen *fam* ⑦ *(fig: cessare di essere in una condizione, situazione)* herauskommen, entkommen; *(dal carcere, dall'ospedale)* entlassen werden; *(da un partito)* austreten; **~ indenne dall'incidente** bei einem Unfall heil davonkommen ⑧ LING **~ in** enden auf +*dat,* auslauten in +*akk* ⑨ *(fig: avere origine)* [ab]stammen ⑩ INFORM beenden; [**comando**] **esci** *(computer)* Beenden *nt* ⑪ *(loc)* **~ di mano** entgleiten; **~ di mente** entfallen; **~ di strada**

U

vom Wege abkommen; ~ **dagli occhi** *(fig)* zu den Ohren herauskommen; ~ **dai gangheri** *(fig)* die Fassung verlieren; ~ **di bocca** entschlüpfen

uscita [uʃˈʃiːta] *f* ① *(movimento)* Hinausgehen *nt; (avvicinamento)* Herauskommen *nt; (di veicoli)* Herausfahren *nt,* Hinausfahren *nt; (da veicolo)* Aussteigen *nt;* NAUT Auslaufen *nt;* THEAT Abgang *m* ② *(di liquidi)* Auslaufen *nt; (di gas)* Ausströmen *nt* ③ *(apertura)* Ausgang *m; (fig: via di scampo)* Ausweg *m;* **strada senza ~** Sackgasse *f;* **~ di sicurezza** Notausgang *m;* **senza via d'~** *(fig)* aussichtslos ④ *(di pubblicazioni)* Erscheinen *nt* ⑤ LING *(terminazione)* Endung *f,* Auslaut *m* ⑥ *(battuta, sbotto)* witzige Bemerkung ⑦ FIN *(spesa, passivo)* Ausgabe *f* ⑧ COM *(esportazione)* Ausfuhr *f* ⑨ *(periodo di libertà)* Ausgang *m* ⑩ INFORM Ausgabe *f*

uscito [uʃˈʃiːto] *pp di* **uscire**

usignolo [uziɲˈɲɔːlo] *m* Nachtigall *f*

usitato, -a [uziˈtaːto] *agg (poet)* üblich, gebräuchlich

uso [ˈuːzo] *m* ① *(l'adoperare)* Gebrauch *m,* Benutzung *f; (della lingua)* Gebrauch *m;* **lingua d'~** Alltagssprache *f;* **istruzioni per l'~** Gebrauchsanweisung *f;* **fuori ~** außer Gebrauch ② *(destinazione)* Gebrauch *m,* Verwendung[szweck *m*] *f;* **ad ~ di qu** zu jds Gebrauch ③ *(impiego)* Anwendung *f,* Benutzung *f; (fig)* Nutzung *f;* **foto ~ tessera** Foto *nt* im Passformat; **per ~ esterno** MED zur äußeren Anwendung; **per più -i** Mehrzweck-; **con ~ di cucina** mit Küchenbenutzung ④ JUR Nießbrauch *m,* Nutznießung *f* ⑤ *(esercizio)* [ständiger] Gebrauch, Praxis *f,* Übung *f* ⑥ *(consuetudine, usanza)* Gepflogenheit *f,* Sitte *f,* Brauch *m;* **-i e costumi** Sitten *fpl* und Gebräuche *mpl* ⑦ *(moda)* Mode *f*

ussaro [ˈussaro], **ussero** [ˈussero] *m* Husar *m*

USSL *f abbr di* **Unità Socio-Sanitaria Locale** *örtliches Gesundheitsamt*

usta [ˈusta] *f* Witterung *f,* Spur *f*

ustionare [ustioˈnaːre] **I.** *vt* verbrennen **II.** *vr* **-rsi** sich verbrennen

ustione [usˈtioːne] *f* Verbrennung *f*

ustorio, -a [usˈtɔːrio] <-i, -ie> *agg* Brenn-

usuale [uzuˈaːle] *agg* ① *(consueto)* üblich, gebräuchlich ② *(ordinario, scadente)* gewöhnlich, alltäglich

usufruire [uzufruˈiːre] <usufruisco> *vi* ① JUR nutznießen, nießnutzen ② *(giovarsi di)* **~ di qc** sich *dat* etw zunutze [*o* zu Nutze] machen

usufrutto [uzuˈfrutto] *m* Nutznießung *f,* Nießbrauch *m*

usufruttuario, -a [uzufruttuˈaːrio] <-i, -ie> **I.** *agg* nutznießend **II.** *m, f* Nutznießer(in) *m(f),* Nießbraucher(in) *m(f)*

usura [uˈzuːra] *f* ① *(strozzinaggio)* Wucher *m;* **a ~** zu Wucherzinsen ② TEC Abnutzung *f,* Verschleiß *m*

usurabilità [uzurabiliˈta] <-> *f* Abnutzungsgrad *m,* Verschleißgrad *m*

usuraio, -a [uzuˈraːio] <-ai, -aie> *m, f* ① *(strozzino)* Wucherer *m*/Wucherin *f* ② *(avido e avaro)* Geizhals *m*

usurare [uzuˈraːre] **I.** *vt* abnutzen, verschleißen **II.** *vi* abgenutzt werden

usurario, -a [uzuˈraːrio] <-i, -ie> *agg* Wucher-

usurpare [uzurˈpaːre] *vt (prendere)* an sich reißen; *(titolo)* sich *dat* unrechtmäßig zulegen

usurpatore, -trice [uzurpaˈtoːre] **I.** *agg* usurpatorisch **II.** *m, f* Usurpator(in) *m(f)*

usurpazione [uzurpatˈtsioːne] *f* widerrechtliche Aneignung, Usurpation *f*

utensile [utenˈsiːle] **I.** *agg* Werkzeug- **II.** *m* Werkzeug *nt;* **-i da cucina** Küchengeräte *ntpl*

utensileria [utensileˈriːa] <-ie> *f* ① *(complesso di utensili)* Geräte *ntpl,* Werkzeug *nt* ② *(reparto di officina)* Werkzeugschlosserei *f*

utente [uˈtɛnte] *mf* Benutzer(in) *m(f),* Verbraucher(in) *m(f); (di vocabolario)* Benutzer(in) *m(f);* **~ del telefono/della TV/della strada** Fernsprech-/Fernseh-/Verkehrsteilnehmer(in) *m(f);* **~ finale** Endverbraucher *m*

utenza [uˈtɛntsa] *f* ① *(fruizione)* Benutzung *f; (del gas)* Abnahme *f;* RADIO, TV, TEL Teilnahme *f* ② *(utenti)* Benutzerkreis *m,* Verbraucher *mpl;* RADIO, TV, TEL Teilnehmer *mpl;* INFORM Anwender *mpl*

uterino, -a [uteˈriːno] *agg* Gebärmutter-, Uterus-; **fratelli -i** [Halb]geschwister *pl* mütterlicherseits

utero [ˈuːtero] *m* Gebärmutter *f,* Uterus *m*

utile [ˈuːtile] **I.** *agg* ① *(che serve al bisogno)* nützlich; **rendersi ~** sich nützlich machen ② *(utilizzabile)* [be-]nutzbar, brauchbar; *(stanza)* bewohnbar ③ TEC Nutz- ④ *(vantaggioso)* nützlich, vorteilhaft ⑤ *(in formule di cortesia)* behilflich; **se posso essere ~ in qc …** wenn ich irgendwie behilflich sein kann … **II.** *m* ① *(ciò che serve)* Nützliche(s) *nt;* **unire l'~ al dilettevole** das Nützliche mit dem Angenehmen verbinden ② *(vantaggio)* Vorteil *m* ③ FIN Profit *m,* Ertrag *m;* **~ lordo/netto** Brutto-/Nettogewinn *m;* **partecipazione agli -i dell'azienda** betriebliche Gewinnbeteiligung

utilità [utili'ta] <-> *f* ① *(funzionalità)* Nützlichkeit *f,* Brauchbarkeit *f* ② *(vantaggio)* Vorteil *m,* Nutzen *m*
utilitaria [utili'taːria] *f* Kleinwagen *m*
utilitario, -a [utili'taːrio] <-i, -ie> **I.** *agg* Nützlichkeits-, Gebrauchs- **II.** *m, f* Utilitarist(in) *m(f)*
utilitarismo [utilita'rizmo] *m* Utilitarismus *m*
utilitarista [utilita'rista] <-i *m,* -e *f*> *mf* eigennütziger Mensch
utilitaristico, -a [utilita'ristiko] <-ci, -che> *agg (pej)* eigennützig
utilizzabile [utilid'dzaːbile] *agg* benutzbar, brauchbar
utilizzare [utilid'dzaːre] *vt* verwenden, benutzen; *(sfruttare)* verwerten, nutzen
utilizzazione [utiliddzat'tsioːne] *f* Verwendung *f,* Gebrauch *m; (sfruttamento)* Verwertung *f,* Nutzung *f*
utilizzo [uti'liddzo] *m* Inanspruchnahme *f,* Nutzung *f*
utopia [uto'piːa] <-ie> *f* Utopie *f*
utopico, -a [u'tɔːpiko] <-ci, -che> *agg* utopisch
utopista [uto'pista] <-i *m,* -e *f*> *mf* Utopist(in) *m(f)*
utopisticamente [utopistika'mente] *avv* utopistisch
uva ['uːva] *f* [Wein]trauben *f pl;* ~ **bianca/nera** weiße/blaue Trauben *f pl;* ~ **passa** Rosinen *f pl;* ~ **spina** Stachelbeere *f;* ~ **da tavola** Tafeltrauben *f pl;* **festa dell'**~ Winzerfest *nt*
uvaceo, -a [u'vaːtʃeo] *agg* traubenartig, traubenförmig, Trauben-
uvaggio [u'vaddʒo] <-ggi> *m* Verschnitt *m* verschiedener Rebsorten
uvetta [u'vetta] *f* Rosine *f*
uvina [u'viːna] *f* ① *dim di* **uva** kleine Trauben *f pl,* Träubchen *f pl* ② BOT *(fitolacca)* Kermesbeere *f,* Scharlachbeere *f*
uvulare [uvu'laːre] *agg* ① MED [Gaumen]zäpfchen- ② LING uvular
uxoricida [uksori'tʃiːda] <-i *m,* -e *f*> **I.** *agg* gattenmörderisch **II.** *mf* Gattenmörder(in) *m(f)*
uxoricidio [uksori'tʃiːdio] <-i> *m* Gattenmord *m*
uzzolo ['uddzolo] *m* TOSC Lust *f*

V v

V, v [vu] <-> *f* V *nt,* v *nt;* **v come Venezia** V wie Viktor; **v doppia** W *nt,* w *nt;* **scollo a V** V-Ausschnitt *m;* **fatto a V** v-förmig
V. ① *abbr di* **verso** Vers ② *abbr di* **Via** Str. ③ *abbr di* **vedi** s.
V *abbr di* **volt** V
V.(d.)F. *abbr di* **Vigili del Fuoco** Feuerwehr
va [va] *3. pers sing pr di* **andare**[1]
vacante [va'kante] *agg* frei
vacanza [va'kantsa] *f* ① *(ferie)* Ferien *pl,* Urlaub *m;* **-e estive** Sommerferien *pl;* **-e natalizie** Weihnachtsferien *pl;* **-e pasquali** Osterferien *pl;* **un mese di** ~ ein Monat Urlaub; **andare in** ~ in Urlaub fahren; **essere in** ~ Urlaub haben; **far** ~ Urlaub machen; **prendersi una** ~ Urlaub nehmen; **domani è** ~ morgen ist [schul]frei ② *(di sede, carica)* Vakanz *f*
vacanziere, -a [vakan'tsiɛːre] *m, f* Urlauber(in) *m(f);* **la folla dei -i** die Menge von Urlaubern
vacanziero, -a [vakan'tsieːro] *agg* Urlaubs-
vacca ['vakka] <-cche> *f* ① ZOO Kuh *f* ② *(pej vulg)* Nutte *f,* Hure *f*
vaccaio [vak'kaːio] <-ccai>, **vaccaro** [vak'kaːro] *m* Kuhhirt[e] *m*
vacchetta [vak'ketta] *f* Rindsleder *nt*
vaccina [vat'tʃiːna] *f* ① ZOO Kuh *f* ② *(carne)* Rindfleisch *nt* ③ *(sterco)* Kuhmist *m*
vaccinare [vattʃi'naːre] *vt* impfen; **essere vaccinato contro qc** *(fig)* gegen etw geimpft sein
vaccinazione [vattʃinat'tsioːne] *f* Impfung *f;* ~ **obbligatoria/preventiva** Pflicht-/Schutzimpfung *f;* ~ **antitetanica** Tetanusschutzimpfung *f;* ~ **di richiamo** Wiederholungsimpfung *f;* **farsi la** ~ sich impfen lassen
vaccinico, -a [vat'tʃiːniko] <-ci, -che> *agg* Impf-
vaccino [vat'tʃiːno] *m* Impfstoff *m*
vaccinoprofilassi [vattʃinoprofi'lassi] *f* Schutzimpfung *f*
vacillamento [vatʃilla'mento] *m* Schwanken *nt*
vacillare [vatʃil'laːre] *vi (persona)* schwanken; *(fiamma)* flackern
vacuità [vakui'ta] <-> *f* Leere *f*
vacuo, -a ['vaːkuo] *agg (fig)* leer; *(persona)* hohl

vacuometro [vakuˈɔːmetro] *m* Vakuummeter *nt*
vada [ˈvaːda] *v.* **andare**
vademecum [vadeˈmɛːkum] <-> *m* Leitfaden *m*
vado [ˈvaːdo] *1. pers sing pr di* **andare**¹
va e vieni [ˈva e vˈviɛːni] <-> *m* Kommen und Gehen *nt*
vaffa [ˈvaffa] *int,* **vaffanculo** [vaffanˈkuːlo] *int (vulg)* leck mich am Arsch
vagabonda *f v.* **vagabondo**
vagabondaggine [vagabonˈdaddʒine] *f* Vagabundenleben *nt*
vagabondaggio [vagabonˈdaddʒo] <-ggi> *m* ① *(di vagabondo)* Landstreicherei *f* ② *(il girovagare)* Herumziehen *nt*
vagabondare [vagabonˈdaːre] *vi* ① *(fare il vagabondo)* vagabundieren ② *(girovagare)* umherziehen, streifen ③ *(fig)* umherschweifen
vagabondo, -a [vagaˈbondo] **I.** *agg* umherziehend, Vagabunden-; *(nuvola)* ziehend **II.** *m, f* ① *(persona senza fissa dimora)* Vagabund(in) *m(f)* ② *(pej)* Landstreicher(in) *m(f),* Herumtreiber(in) *m(f)*
vagare [vaˈgaːre] *vi* umherziehen, streifen; *(senza meta)* umherirren; **andar vagando per il mondo** in der Welt herumziehen; **~ con la mente/fantasia** den Gedanken/der Fantasie freien Lauf lassen
vagheggiare [vagedˈdʒaːre] *vt* herbeisehnen, herbeiwünschen; **~ la gloria** sich *dat* Ruhm erträumen
vaghezza [vaˈgettsa] *f* Ungenauigkeit *f,* Verschwommenheit *f;* **accennare qc con ~** etw vage andeuten
vagina [vaˈdʒiːna] *f* Scheide *f,* Vagina *f*
vaginale [vadʒiˈnaːle] *agg* Scheiden-, Vaginal-
vagire [vaˈdʒiːre] <vagisco> *vi* wimmern
vagito [vaˈdʒiːto] *m* ① *(lamento)* Wimmern *nt* ② *pl (fig)* Anfang *m*
vaglia [ˈvaʎʎa] <-> *m* Anweisung *f;* **~ bancario/postale** Bank-/Postanweisung *f*
vagliare [vaʎˈʎaːre] *vt* ① *(proposta)* abwägen, prüfen ② *(grano, sabbia, ghiaia)* sieben
vagliatura [vaʎʎaˈtuːra] *f* ① *(operazione)* Sichten *nt,* Prüfen *nt* ② *(materiale residuo)* Abfall *m; (di grano)* Spreu *f*
vaglio [ˈvaʎʎo] <-gli> *m* ① *(fig)* Abwägung *f,* Prüfung *f* ② TEC Sieb *nt*
vago, -a <-ghi, -ghe> *agg* vag[e], schwach, dunkel; **nervo ~** Vagus *m*
vagolare [vagoˈlaːre] *vi* streifen (**per** durch), umherziehen
vagoncino [vagonˈtʃiːno] *m* ① *(carrello)* kleiner Wagen, Lore *f* ② *(di teleferica)* Kippkasten *m*
vagone [vaˈgoːne] *m* Wagen *m,* Waggon *m;* **~ letto** Schlafwagen *m;* **~ ristorante** Speisewagen *m*
vai [ˈvaːi] *2. pers sing pr di* **andare**¹
vainiglia [vaiˈniʎʎa] *v.* **vaniglia**
vaiolo [vaˈiɔːlo] *m* Pocken *pl*
vaioloso, -a [vaioˈloːso] **I.** *agg* Pocken- **II.** *m, f* Pockenkranke(r) *f(m)*
val. *abbr di* **valuta** Währung
valanga [vaˈlaŋga] <-ghe> *f* ① *(di neve)* Lawine *f* ② *(fig)* Berg *m,* Haufen *m fam;* **a ~** wuchtig, massig
valangata [valaŋˈgaːta] *f (fam)* Riesenmenge *f fam,* Unmenge *f;* **~ di turisti** Riesenmenge von Touristen; **~ di lettere** Unmenge von Briefen; **~ di parole** Wortschwall *m*
valchiria [valˈkiːria] <-ie> *f* Walküre *f*
Val d'Aosta [valdaˈɔsta] *f* Aostatal *nt*
valdese [valˈdeːse] **I.** *mf* Waldenser(in) *m(f)* **II.** *agg* waldensisch
valdostano, -a [valdosˈtaːno] **I.** *agg* Aostatal-, aus dem Aostatal; **fonduta alla -a** *Käsefondue nach Art des Aostatals* **II.** *m, f (abitante)* Bewohner(in) *m(f)* des Aostatals
valente [vaˈlɛnte] *agg* tüchtig, patent
valentinite [valentiˈniːte] *f* MIN Valentinit *m*
valentuomo [valenˈtuɔːmo] *m* tüchtiger Mann *m*
valenza [vaˈlɛntsa] *f* Valenz *f*
valere [vaˈleːre] <valgo, valsi, valso> **I.** *vi, vt essere o avere* ① *(avere autorità)* gelten; **farsi ~** sich Geltung verschaffen ② *(essere capace)* können, fähig sein; **come pianista vale poco** als Pianist taugt er/als Pianistin taugt sie nicht viel; **gli farò vedere io quello che valgo!** ich werde ihm [schon] zeigen, was ich kann! ③ *(avere efficacia)* nützen; **le mie preghiere non sono valse [a niente]** meine Bitten haben nichts genützt ④ *(essere valido)* gültig sein, gelten; **per quanto vale il biglietto?** wie lange gilt die Karte? ⑤ *(avere valore)* wert sein; **~ la pena** sich lohnen; **non ~ un fico [secco]** [*o* **un accidente**] [*o* **una cicca**] *(fam)* keinen Pfifferling wert sein ⑥ *(essere uguale)* gleich sein; **vale a dire** das heißt, beziehungsweise; **tanto vale che non ...** *+conj,* **tanto vale non ...** *+inf* dann braucht man gar nicht erst [zu] ... *+inf;* **uno vale l'altro** es ist eins wie das andere, das bleibt sich gleich ⑦ COM kosten; FIN wert sein, stehen auf *+dat;* **quanto vale questa collana?** wie viel ist diese Halskette wert? **II.** *vt avere (procurare)* einbringen, eintragen **III.** *vr* **-rsi di qc** sich *dat* etw zunutze [*o* zu Nutze] machen; **-rsi di qu** sich jds bedienen

valeriana [vale'ria:na] *f* Baldrian *m*
valevole [va'le:vole] *agg* gültig
valgo ['valgo] *1. pers sing pr di* **valere**
valicabile [vali'ka:bile] *agg* passierbar
valicare [vali'ka:re] *vt* übersteigen, passieren
valico ['va:liko] <-chi> *m* [Berg]pass *m*; **~ di frontiera** Grenzübergang *m*
validare [vali'da:re] *vt* **~ qc** die Wirksamkeit einer Sache *gen* nachweisen
validatrice [valida'tri:tʃe] *f* Gültigkeitserklärung *f*
validità [validi'ta] <-> *f* ❶ ADM Gültigkeit *f*; *(efficacia)* Wirksamkeit *f*; JUR Rechtskraft *f* ❷ *(di argomento)* Stichhaltigkeit *f*; *(di ragione)* Triftigkeit *f*
valido, -a ['va:lido] *agg* ❶ *(uomo)* tüchtig; *(forte)* kräftig ❷ *(efficace)* wirksam; *(ragione)* triftig; JUR rechtskräftig ❸ *(opera, scrittore)* groß, bedeutend
valigeria [validʒe'ri:a] <-ie> *f* ❶ *(assortimento)* Lederwaren *fpl* ❷ *(negozio)* Lederwarengeschäft *nt* ❸ *(fabbrica)* Lederwarenfabrik *f*
valigia [va'li:dʒa] <-gie *o* -ge> *f* Koffer *m*; **fare/disfare le -gie** [die Koffer] packen/auspacken; **fare le -gie** *(fig)* sich davonmachen
vallata [val'la:ta] *f* Tal[ebene *f*] *nt*
valle ['valle] *f* Tal *nt*; **a ~** flussabwärts, stromabwärts; *(in basso, giù)* [weiter] abwärts; **scendere a ~** ins Tal hinabsteigen
Valle d'Aosta [valeda'ɔsta] *f v.* **Val d'Aosta**
Vallese [val'le:se] *m* Wallis *nt*
valletta [val'letta] *f* Assistentin *f (bei Fernsehsendungen)*
valletto [val'letto] *m* ❶ HIST Page *m*, Knappe *m* ❷ TV Assistent *m*
valligiano, -a [valli'dʒa:no] *m, f* Talbewohner(in) *m(f)*
vallivo, -a [val'li:vo] *agg* Flusstal-; *(fauna, pesca)* Brackwasser-
vallo ['vallo] *m* Wall *m*
vallone [val'lo:ne] **I.** *m (valle)* Schlucht *f* **II.** *mf* GEOG Wallone *m*/Wallonin *f* **III.** *agg* GEOG wallonisch
valore [va'lo:re] *m* ❶ *(fig)* COM, FIN, MAT, PHYS, MUS Wert *m*; **~ nominale** Nominalwert, Nennwert; **~ di scambio** Tauschwert; *(di denaro)* Kurswert; **~ d'acquisto** Kaufwert ❷ *(validità)* Gültigkeit *f* ❸ *pl (oggetti preziosi)* Wertsachen *fpl*, Wertgegenstände *mpl*; FIN Wertpapiere *ntpl*; **-i bollati** Wertmarken *fpl*; **Borsa -i** Wertpapierbörse *f*; **carte -i** Wertpapiere *ntpl* ❹ *(capacità)* Fähigkeit *f*, Tüchtigkeit *f*; *(persona)* Kapazität *f*; **un uomo/medico di ~** ein tüchtiger Mann/Arzt ❺ *(coraggio)* Mut *m*, Tapferkeit *f* ❻ *(fig)* Wert *m*, Bedeutung *f*
valorizzare [valorid'dza:re] *vt* ❶ *(stanza)* verschönern ❷ *(persona)* aufwerten ❸ *(immobile)* im Wert steigern; *(zona)* erschließen
valorizzazione [valoriddzat'tsio:ne] *f* ❶ *(di stanza)* Verschönerung *f* ❷ *(di persona)* Aufwertung *f* ❸ *(di immobile)* Wertsteigerung *f*; *(di zona)* Erschließung *f*
valoroso, -a [valo'ro:so] *agg* ❶ *(coraggioso)* tapfer, mutig ❷ *(abile)* tüchtig, fähig
valpolicella [valpoli'tʃɛlla] <-> *m* Valpolicella *m (trockener Rotwein aus Venetien)*
valsi ['valsi] *1. pers sing pass rem di* **valere**
valso ['valso] *pp di* **valere**
valuta [va'lu:ta] *f* Währung *f*; **~ estera** ausländische Währung; **~ nazionale** Landeswährung *f*; **~ in contanti** Bargeld *nt*
valutare [valu'ta:re] *vt* ❶ COM schätzen ❷ *(fig)* abwägen; JUR würdigen; **~ troppo/poco qu** jdn zu hoch/zu gering schätzen
valutario, -a [valu'ta:rio] <-i, -ie> *agg* Währungs-
valutativo, -a [valuta'ti:vo] *agg* Schätz-
valutazione [valutat'tsio:ne] *f* ❶ COM Schätzung *f* ❷ *(fig)* Bewertung *f* ❸ FIN Rating *nt*; **agenzia di ~** Ratingagentur *f*
valva ['valva] *f* ❶ ZOO Muschelschale *f* ❷ BOT Klappe *f*, Schließhäutchen *nt*
valvola ['valvola] *f* ❶ TEC Ventil *nt*; **~ di sicurezza** Sicherheitsventil *nt*; **~ a farfalla** Drosselklappe *f* ❷ EL Sicherung *f*; *(di televisione)* Röhre *f* ❸ ANAT Klappe *f*
valzer ['valtser] <-> *m* Walzer *m*
vamp [vamp] <-> *f* Vamp *m*
vampa ['vampa] *f (del sole)* Glut *f*; *(del fuoco)* Flamme *f*
vampata [vam'pa:ta] *f* ❶ *(di calore)* Hitze[welle] *f* ❷ *(fiamma)* Stichflamme *f* ❸ *(fig)* Glut *f*
vampireggiare [vampired'dʒa:re] *vi (scherz)* den Vamp spielen
vampiro [vam'pi:ro] *m* ❶ ZOO *(spettro)* Vampir *m* ❷ *(fig, pej)* Blutsauger *m*
van [væn *o* van] <-> *m* Lieferwagen *m*
vanadio [va'na:dio] *m* Vanadium *nt*, Vanadin *nt*
vanagloria [vana'glɔ:ria] *f* Geltungssucht *f*
vanagloriarsi [vanaglo'riarsi] *vr* sich rühmen, prahlen
vanaglorioso, -a [vanaglo'rio:so] *agg* geltungssüchtig
vandalico, -a [van'da:liko] <-ci, -che> *agg* ❶ HIST vandalisch ❷ *(fig)* zerstörungswütig
vandalismo [vanda'lizmo] *m* Zerstörungswut *f*, Vandalismus *m*

vandalo ['vandalo] *m* Vandale *m*
vaneggiamento [vaneddʒa'mento] *m* Fantasieren *nt*
vaneggiare [vaned'dʒa:re] *vi* fantasieren
vanesio, -a [va'nɛ:zio] <-i, -ie> *agg* aufgeblasen, eitel
vanga ['vaŋga] <-ghe> *f* Spaten *m*
vangare [vaŋ'ga:re] *vt* umgraben, umstechen
vangata [vaŋ'ga:ta] *f* ① *(operazione)* Umgraben *nt,* Umstechen *nt* ② *(colpo)* Spatenstich *m*
vangatore, -trice [vaŋga'to:re] *m, f* Feldarbeiter(in) *m(f)*
vangatrice [vaŋga'tri:tʃe] *f* Umstechmaschine *f*
vangatura [vaŋga'tu:ra] *f* Umstechen *nt,* Umgraben *nt*
Vangelo [van'dʒɛ:lo] *m (a. fig: vangelo)* Evangelium *nt*
vanificare [vanifi'ka:re] *vt* vereiteln
vaniglia [va'niʎʎa] <-glie> *f* Vanille *f*
vanigliato, -a [vaniʎ'ʎa:to] *agg* Vanille-
vaniglino [vaniʎ'ʎi:no] *agg* Vanillin-
vanillina [vanil'li:na] *f* Vanillin *nt*
vaniloquio [vani'lɔkuio] <-qui> *m (pej)* Blabla *nt fam,* leeres Gerede
vanità [vani'ta] <-> *f* ① *(di persona)* Eitelkeit *f,* Selbstgefälligkeit *f* ② *(di sforzo, fatica)* Erfolglosigkeit *f* ③ *(di cosa)* Vergänglichkeit *f;* **avere la ~ di ...** *+inf* die Stirn haben zu ... *+inf*
vanitoso, -a [vani'to:so] *agg* eitel, selbstgefällig
vanno ['vanno] *3. pers pl pr di* **andare**[1]
vano ['va:no] *m* ① *(stanza)* Raum *m,* Zimmer *nt* ② *(di porta, finestra)* Öffnung *f* ③ *(scomparto)* Fach *nt;* **~ portaoggetti** Ablagefach *nt;* **~ isotermico** Isolierfach *nt*
vano, -a *agg* ① *(privo di contenuti)* leer; *(persona)* hohl; *(speranza)* eitel *geh,* trügerisch ② *(tentativo)* erfolglos, ergebnislos; *(inutile)* unnütz
vantaggio [van'taddʒo] <-ggi> *m* ① *(utilità, privilegio)* Vorteil *m;* **a mio/tuo/suo ~** zu meinem/deinem/seinem [*o* ihrem] Vorteil ② SPORT Vorsprung *m; (nel tennis)* Vorteil *m;* **avere un notevole ~ su qu** jdm gegenüber einen beachtlichen Vorteil haben ③ *(profitto)* Nutzen *m,* Gewinn *m*
vantaggioso, -a [vantad'dʒo:so] *agg (condizione, offerta)* vorteilhaft, günstig; *(posizione)* stark
vantare [van'ta:re] **I.** *vt* ① *(persona, meriti)* loben, rühmen ② *(diritto)* beanspruchen **II.** *vr* **-rsi di qc** sich einer Sache *gen* rühmen
vanteria [vante'ri:a] <-ie> *f* Angeberei *f,* Prahlerei *f*
vanto ['vanto] *m* ① *(il vantare)* Prahlen *nt,* Angeben *nt* ② *(motivo d'orgoglio)* Vorzug *m*
vanvera ['vanvera] *avv* **a ~** aufs Geratewohl; *(pej)* unüberlegt
vapore [va'po:re] *m* ① *(gener,* CHEM, PHYS Dampf *m;* **~ acqueo** Wasserdampf *m;* **cuocere al ~** dünsten; **macchina per la pulizia a ~** Dampfreiniger *m,* Dampfsauger *m* ② NAUT Dampfer *m*
vaporetto [vapo'retto] *m* kleines Motorschiff
vaporiera [vapo'riɛ:ra] *f* Dampflokomotive *f*
vaporizzare [vaporid'dza:re] **I.** *vt* ① *(liquido)* verdampfen; *(acqua)* verdunsten; *(nebulizzare)* zerstäuben ② *(stoffa)* eindampfen; *(nella cosmesi)* vaporisieren **II.** *vi essere* verdampfen
vaporizzatore [vaporiddza'to:re] *m* Verdampfer *m; (umidificatore)* Verdunster *m; (nebulizzatore)* Zerstäuber *m*
vaporizzazione [vaporiddzat'tsio:ne] *f* Verdampfung *f,* Verdunstung *f*
vaporosità [vaporosi'ta] <-> *f* Luftigkeit *f,* Duftigkeit *f*
vaporoso, -a [vapo'ro:so] *agg* ① *(velo, abito, capelli)* luftig, duftig; *(tinta)* duftig ② *(fig)* verschwommen, unklar
varare [va'ra:re] *vt* ① JUR *(legge)* verabschieden ② NAUT vom Stapel lassen
varcare [var'ka:re] *vt* überschreiten
varco ['varko] <-chi> *m* Durchgang *m,* Weg *m;* **aspettare qu al ~** jdm auflauern
varec(c)hina [vare'ki:na (varek'ki:na)] *f* Bleichmittel *nt*
Varese *f* Varese *nt (Stadt in der Lombardei)*
varesino, -a [vare'si:no] **I.** *agg* varesisch **II.** *m, f (abitante)* Vareser(in) *m(f)*
variabile [va'ria:bile] **I.** *agg* ① *(tempo)* veränderlich, unbeständig ② *(prezzi)* schwankend ③ *(umore)* wechselnd, wechselhaft **II.** *f* MAT Variable *f*
variabilità [variabili'ta] <-> *f* ① *(di tempo)* Veränderlichkeit *f,* Unbeständigkeit *f* ② COM Schwankung *f* ③ *(di umore)* Wechselhaftigkeit *f*
variante [va'riante] **I.** *f* Variante *f* **II.** *agg* abweichend
variare [va'ria:re] **I.** *vt avere* [ab-, ver]ändern; *(cambiare)* wechseln, variieren **II.** *vi essere* sich [ver]ändern; *(tempo)* wechseln, variieren; COM schwanken
variato, -a [va'ria:to] *agg* abwechslungsreich
variatore [varia'to:re] *m* Regler *m;* **~ di velocità** stufenloses Getriebe
variazione [variat'tsio:ne] *f* ① *(modifica-*

zione) [Ver-, Ab]änderung *f; (di colori, toni)* Wechsel *m; (di temperatura,* COM Schwankung *f;* ~ **d'itinerario** Kursänderung *f* ② MUS Variation *f*

varice [va'riːtʃe] *f* Krampfader *f*

varicella [vari'tʃɛlla] *f* Windpocken, Wasserpocken *pl*

varicoso, -a [vari'koːso] *agg* krampfad[e]rig, Krampfader-; **vena -a** Krampfader *f*

variegato, -a [varie'gaːto] *agg* gefleckt, marmoriert; *(foglie, fiori)* geflammt, panaschiert

variegatura [variega'tuːra] *f* Geflecktheit *f,* Marmorierung *f*

varietà [varie'ta] <-> **I.** *f* ① *(diversità, pluralità)* Vielfalt *f* ② *(differenza)* Verschiedenartigkeit *f* ③ *(tipo)* Sorte *f,* Art *f;* **tutte le ~ di ...** alle Arten von ... ④ ZOO, BOT Art *f,* Varietät *f* **II.** *m* THEAT Varieté *nt*

variété [varje'te] <-> *m* Varieté *nt*

varifocale [varifo'kaːle] *agg* OPT mit regelbarer Fokaldistanz; **obiettivo ~** *(zoom)* Zoomobjektiv *nt*

vario, -a ['vaːrio] <-i, -ie> **I.** *agg* ① *(non uniforme)* verschieden, unterschiedlich; *(non monotono)* abwechslungsreich; *(molteplice)* verschiedenartig; **-ie ed eventuali** ADM Verschiedene(s) *nt,* Sonstige(s) *nt* ② METEO unbeständig, wechselhaft ③ *pl (parecchi)* einige, mehrere; **negozio di generi -i** Gemischtwarenhandlung *f* ④ *(umore)* wechselhaft **II.** *pron indef pl (molti)* einige

variometro [va'riɔːmetro] *m* Variometer *nt*

variopinto, -a [vario'pinto] *agg* bunt

varo ['vaːro] *m* ① NAUT Stapellauf *m* ② JUR *(di legge)* Verabschiedung *f*

varrò [var'rɔ] *1. pers sing futuro di* **valere**

Varsavia [var'saːvia] *f* Warschau *nt*

vasaio, -a [va'zaːio] <-ai, -aie> *m, f* Töpfer(in) *m(f)*

vasale [va'zaːle] *agg* Gefäß-

vasca ['vaska] <-sche> *f* ① *(gener)* Wanne *f,* Becken *nt;* ~ **da bagno** Badewanne *f;* ~ **per i pesci** Fischbecken *nt* ② SPORT Bahn *f*

vascello [vaʃ'ʃɛllo] *m* [Linien]schiff *nt*

vascolare [vasko'laːre] *agg* BIOL, ANAT Gefäß-

vascolarizzato, -a [vaskolarid'dzaːto] *agg* mit Blutgefäßen versehen; **tessuto ~** Gefäßgewebe *nt*

vasectomia [vazekto'miːa] <-ie> *f* MED Vasektomie *f,* Vasorektion *f*

vasectomizzare [vazektomid'dzaːre] *vt* MED einer Vasektomie unterziehen

vasectomizzato [vazektomid'dzaːto] MED **I.** *m* Patient *m,* der sich einer Vasektomie unterzogen hat **II.** *agg* Vasektomie-

vaselina [vaze'liːna] *f* Vaseline *f,* Vaselin *nt*

vasellame [vazel'laːme] *m* Geschirr *nt*

vasellina [vazel'liːna] *f v.* **vaselina**

vasistas [vasis'taːs] <-> *m* Klappfenster *nt,* Oberlicht *nt*

vaso ['vaːzo] *m* ① *(gener)* Gefäß *nt,* Topf *m; (di marmellata)* Glas *nt; (decorativo)* Vase *f;* ~ **da fiori** Blumentopf *m;* ~ **da notte** Nachttopf *m* ② PHYS, TEC Röhre *f* ③ *(fam: del gabinetto)* Klobecken *nt,* -schüssel *f* ④ ANAT Gefäß *nt*

vasocostrittore, -trice [vazokostrit'toːre] *agg* MED gefäßverengend

vasodilatatore, -trice [vazodilata'toːre] *agg* MED gefäßerweiternd

vassallaggio [vassal'laddʒo] <-ggi> *m* ① HIST Vasallentum *nt* ② *(fig)* Abhängigkeit *f,* Hörigkeit *f*

vassallo, -a [vas'sallo] **I.** *agg* vasallisch, Vasallen- **II.** *m, f* ① HIST Vasall *m,* Lehnsmann *m* ② *(fig, pej)* Handlanger *m*

vassoio [vas'soːio] <-oi> *m* Tablett *nt*

vastità [vasti'ta] <-> *f* ① *(ampiezza)* Weite *f* ② *(fig)* Weitläufigkeit *f,* Breite *f*

vasto, -a ['vasto] *agg* ① *(ampio)* weit; **di -e proporzioni** umfangreich, von großem Ausmaß ② *(fig)* umfassend, umfangreich; *(pubblico)* breit; *(orizzonte)* weit; **un uomo di -a cultura** ein Mensch mit umfassender Bildung; **di -a portata** weitreichend, von großer Tragweite; **su -a scala** in großem Rahmen

vate ['vaːte] *m (poet)* Dichter *m*

vaticano, -a [vati'kaːno] **I.** *agg* vatikanisch, Vatikan- **II.** *m, f* **Vaticano** Vatikan *m;* **la Città del Vaticano** die Vatikanstadt

vaticinare [vatitʃi'naːre] *vt (poet)* wahrsagen, weissagen

vaticinio [vati'tʃiːnio] <-i> *m (poet)* Wahrsagung *f*

vattelapesca [vattela'peska] *int (fam)* weiß der Kuckuck

Vaud [vo] *m* Waadt *nt*

ve [ve] *pron pers davanti a lo, la, li, le, ne v.* **vi**

V.E. *abbr di* **Vostra Eccellenza** Eure Exzellenz

VE *abbr di* **Vostra Eccellenza** Eure Exzellenz

ve' [ve] *int* ① *(bada)* ja ② *(per rafforzare)* gelt DIAL, nicht [wahr] ③ *(vedi)* ei, schau; **~, che bello!** ei, wie schön!

vecchia *f v.* **vecchio**

vecchiaia [vek'kiaːia] <-aie> *f* ① *(periodo)* Alter *nt* ② *(persone anziane)* Alter *nt,* Alte[n] *pl*

V

vecchiardo, **-a** [vek'kiardo] *m, f (pej)* Alte(r) *f(m)*
vecchietto, **-a** [vek'kietto] *m, f* Alterchen *nt,* altes Mütterchen
vecchiezza [vek'kiettsa] *f* Alter *nt*
vecchio ['vɛkkio] *m* Alte(s) *nt*
vecchio, **-a** <-cchi, -cchie> **I.** *agg* ① *(gener)* alt; **la città -a** die Altstadt; **una -a abitudine/storia** eine alte Gewohnheit/Geschichte; **è più -a di lui di tre anni** sie ist drei Jahre älter als er ② *(usato)* alt, gebraucht; **commercio di libri -cchi** [Bücher]antiquariat *nt;* **commercio di ferri -cchi** Alteisenhandel *m* ③ *(fig)* alt; *(esperto)* erfahren; *(di vecchia data)* langjährig; **essere -cchi amici** alte Freunde sein; **essere ~ del mestiere** berufserfahren sein **II.** *m, f* Alte(r) *f(m),* alter Mann, alte Frau; **ricovero per -cchi** Altenheim *nt;* **~ mio!** *(scherz)* mein Alter!
vecchiume [vek'kiu:me] *m (pej)* altes Zeug, alter Kram
veccia ['vettʃa] <-cce> *f* Futterwicke *f*
vece ['ve:tʃe] *f* ADM *(poet)* Stelle *f,* Statt *f;* **fare le -i di qu** jdn vertreten; **in ~ mia/tua, in mia/tua ~** an meiner/deiner Stelle; **in ~ sua, in sua ~** an seiner/ihrer Stelle; **il padre o chi ne fa le -i** ADM der Erziehungsberechtigte
vedente [ve'dɛnte] *mf* Sehende(r) *f(m)*
vedere[1] [ve'de:re] <vedo, vidi, visto *o* veduto> **I.** *vt* ① *(gener)* sehen, schauen A, SÜDD; *(guardare)* ansehen, anschauen A, CH, SÜDD; *(museo)* besichtigen; **~ qc coi propri occhi** etw mit eigenen Augen sehen; **~ nero** *(fig)* schwarzsehen; **far ~** sehen lassen, zeigen; **farsi ~** sich sehen lassen; **voglio vederci chiaro in questa faccenda** ich will in dieser Sache klarsehen; **non vedo come sia possibile** ich weiß nicht, wie das möglich sein soll; **vedi sopra** [*o* **sotto**] siehe oben [*o* unten]; **vedi retro** bitte wenden; **questo è ancora da ~** *(fam)* das wird sich noch zeigen, das muss sich erst raustellen; **perché, vedi, io le voglio bene** *(fam)* ich hab' sie gern, verstehst du?; **a mio modo di ~** meines Erachtens, [so] wie ich das sehe; **vuoi ~ che se ne è andato** *(fam)* er wird wohl schon gegangen sein; **vieni a ~!** sieh mal!, guck mal!; **vediamo un po'** *(fam)* mal sehen; **vedi tu** *(fam)* mach du mal; **vedremo!** *(fam)* wir werden [ja] sehen!; **te la** [*o* **lo**] **faccio ~ io** *(fam)* ich werd's dir zeigen!, du kannst was erleben!; **cose mai viste** Unglaubliches ② *(fig)* aushalten können; **stare a ~** abwarten; **non vederci più dalla fame/dalla sete** es vor Hunger/Durst nicht mehr aushalten können; **non poter ~ qu** jdn nicht leiden können; **non vedo l'ora** [*o* **il momento**] **di ...** *+inf* ich kann es nicht erwarten zu ... *+inf* ③ *(esaminare)* durchsehen, prüfen; **farsi ~ dal medico** sich vom Arzt untersuchen lassen ④ *(tentare)* versuchen **II.** *vr* **-rsi** ① *(vedere se stessi, trovarsi)* sich sehen; **-rsi perduto** keinen Ausweg [mehr] sehen ② *(incontrarsi)* sich sehen, sich treffen; **chi s'è visto, s'è visto** *(fam)* und damit Schluss
vedere[2] *m* Sehen *nt,* Betrachtung *f*
vedetta [ve'detta] *f* ① MIL *(luogo)* Wachtturm *m,* Ausguck *m; (sentinella)* Posten *m,* Wache *f;* **essere/stare di ~** Wache/Ausschau halten ② NAUT kleines Kriegsschiff
vedette [və'dɛt] <-> *f* Star *m*
vedova ['ve:dova] **I.** *f* Witwe *f* **II.** *agg* verwitwet
vedovanza [vedo'vantsa] *f* Witwenschaft *f*
vedovile [vedo'vi:le] *agg* Witwen-
vedovo, **-a** ['ve:dovo] **I.** *m, f* Witwer *m/* Witwe *f* **II.** *agg* verwitwet; **Angelina Sacchi -a Bencini** Angelina Sacchi, verwitwete Bencini
veduta [ve'du:ta] *f* ① *(panorama)* Aussicht *f,* Ansicht *f;* **~ aerea** Luftansicht *f* ② *(fig)* Sicht *f,* Ansicht *f* ③ ARCH Ansicht *f,* Darstellung *f*
veduto [ve'du:to] *pp di* **vedere**
veemente [vee'mɛnte] *agg* ungestüm
veemenza [vee'mɛntsa] *f* Heftigkeit *f,* Wucht *f;* **con ~** ungestüm, heftig
vegan ['vɛgan] <-> *mf (vegetariano)* Veganer(in) *m(f)*
vegetale [vedʒe'ta:le] **I.** *agg* ① BOT pflanzlich, Pflanzen- ② GASTR vegetarisch, Pflanzen-; **alimentazione ~** vegetarische Ernährung; **olio ~** Pflanzenöl *nt* **II.** *m* Pflanze *f,* Gewächs *nt*
vegetaliano, **-a** [vedʒeta'lia:no] **I.** *m, f* Veganer(in) *m(f)* **II.** *agg* vegan; **cucina -a** vegane Küche
vegetalismo [vedʒeta'lizmo] *m* Veganismus *m*
vegetare [vedʒe'ta:re] *vi* ① BOT wachsen ② *(fig)* [dahin]vegetieren
vegetarianismo [vedʒetaria'nizmo] *m* Vegetarismus *m*
vegetariano, **-a** [vedʒeta'ria:no] **I.** *agg* vegetarisch **II.** *m, f* Vegetarier(in) *m(f)*
vegetarismo *m v.* **vegetarianismo**
vegetativo, **-a** [vedʒeta'ti:vo] *agg* vegetativ; **sistema nervoso ~** vegetatives Nervensystem
vegetazione [vedʒetat'tsio:ne] *f* Vegetation *f*
vegeto, **-a** ['vɛ:dʒeto] *agg* ① *(persona)* kräftig, rüstig ② BOT üppig

veggente [ved'dʒɛnte] *mf* [Hell]seher(in) *m(f)*, Wahrsager(in) *m(f)*
veggie burger ['vedʒi'bəːgə] <-> *m* Gemüseburger *m*
veglia ['veʎʎa] <-glie> *f (stato di chi è desto)* Wachen *nt; (sorveglianza)* Wache *f*
vegliardo, -a [veʎ'ʎardo] *m, f* in Ehren ergrauter Mensch *geh*
vegliare [veʎ'ʎaːre] **I.** *vt (malato, morto)* wachen bei **II.** *vi* wach sein; *(stare vigile)* wachen
veglione [veʎ'ʎoːne] *m* großer [Masken]ball *m;* ~ **di fine d'anno** Silvesterball *m;* ~ **di carnevale** großer Faschingsball
veicolare [veiko'laːre] *agg* MOT Fahrzeug-
veicolo [ve'iːkolo] *m* ① TEC Fahrzeug *nt;* ~ **elettrico** Elektrofahrzeug *nt;* ~ **ferroviario/stradale** Schienen-/Straßenfahrzeug *nt* ② MED Überträger *m* ③ *(fig: mezzo)* Vehikel *nt,* Mittel *nt*
vela ['veːla] *f* ① NAUT Segel *nt;* ~ **maestra** Großsegel *nt,* Breitfock *f;* **barca a** ~ Segelboot *nt;* **andare a** ~ segeln; **andare a gonfie -e** mit vollen Segeln fahren; *(fig)* sehr gut vorankommen; **spiegare le -e** in See stechen; *(fig)* die Zelte abbrechen; **ammainare le -e** die Segel streichen; *(fig)* es gut sein lassen ② SPORT Segeln *nt,* Segelsport *m*
velaccino [velat'tʃiːno] *m* Vorbramsegel *nt*
velaccio [ve'lattʃo] <-cci> *m* Großbramsegel *nt*
velame [ve'laːme] *m* Segelwerk *nt*
velare [ve'laːre] **I.** *vt* ① *(capo, viso)* verhüllen, verdecken; *(luce)* dämpfen, abdecken ② *(lacrime)* trüben ③ *(colore, suono)* dämpfen ④ *(fig: offuscare)* trüben; *(nascondere)* verbergen, verschleiern **II.** *vr* **-rsi** ① *(con velo)* sich verschleiern ② *(offuscarsi)* sich trüben
velario [ve'laːrio] <-i> *m* Vorhang *m*
velato, -a [ve'laːto] *agg* ① *(donna)* verschleiert ② *(luce, suono)* gedämpft; *(sguardo)* verschleiert ③ *(molto trasparente)* hauchdünn ④ *(fig: nascosto)* indirekt, versteckt
velatura [vela'tuːra] *f* NAUT Segelwerk *nt*
veleggiare [veled'dʒaːre] *vi* ① NAUT segeln ② AERO segelfliegen
veleggiatore [veleddʒa'toːre] *m* ① NAUT Segelschiff *nt* ② AERO Segelflugzeug *nt*
velenifero, -a [vele'niːfero] *agg* Gift-
veleno [ve'leːno] *m* Gift *nt;* **amaro come il** ~ gallenbitter; **avere il** ~ **in corpo** von Hass erfüllt sein; **sputar** ~ Gift und Galle spucken
velenosità [velenosi'ta] <-> *f* Giftigkeit *f*
velenoso, -a [vele'noːso] *agg (a. fig)* giftig; **avere una lingua -a** eine spitze Zunge haben
veletta [ve'letta] *f* Hutschleier *m*
velico, -a ['vɛːliko] <-ci, -che> *agg* Segel-; **sport** ~ Segelsport *m*
veliero [ve'liɛːro] *m* Segler *m,* Segelschiff *nt*
velina [ve'liːna] **I.** *f* ① *(foglio)* Durchschlagpapier *nt* ② *(copia)* Durchschlag *m* ③ TV junge Assistentin *(bei Fernsehsendungen)* **II.** *agg* Durchschlag-
velinare [veli'naːre] *vt* ① *(diffondere una notizia)* bekannt geben ② TYP mit Seidenpapier beziehen
velinatore [velina'toːre] *m* Verteiler *m;* TYP Durchschlagprobe *f*
velinista *m v.* **velinatore**
velismo [ve'lizmo] *m* Segeln *nt,* Segelsport *m*
velista [ve'lista] <-i *m,* -e *f*> *mf* Segler(in) *m(f),* Segelsportler(in) *m(f)*
velivolo [ve'liːvolo] *m* Flugzeug *nt*
velleità [vellei'ta] <-> *f* Bestrebung *f,* Wunschvorstellung *f*
velleitario, -a [vellei'taːrio] <-i, -ie> *agg* unrealistisch, hochfliegend
velleitarismo [velleita'rizmo] *m* Anmaßung *f,* Selbstüberschätzung *f*
vello ['vɛllo] *m* Pelz *m*
vellutare [vellu'taːre] *vt* samtig machen
vellutato, -a [vellu'taːto] *agg* ① *(petalo, pesca)* samtig, samten; **avere la pelle -a** eine Haut wie Samt haben ② *(fig: colore, voce)* samtig, weich
vellutino [vellu'tiːno] *m* ① *(stoffa)* leichter Samt ② *(nastrino)* Samtband *nt*
velluto [vel'luːto] *m* Samt *m;* ~ **a coste** Kordsamt *m*
velo ['veːlo] *m* ① *(gener)* Schleier *m;* ~ **da sposa** [*o* **nuziale**] Brautschleier *m* ② *(fig)* Schleier *m; (strato)* Schicht *f,* Überzug *m;* **zucchero a** ~ Puderzucker *m,* Staubzucker *m* A ③ *(fig: apparenza)* Deckmantel *m,* Schleier *m;* **nei suoi occhi c'era un** ~ **di tristezza** in seinen [*o* ihren] Augen war ein Hauch von Traurigkeit ④ BOT Häutchen *nt,* Haut *f* ⑤ ANAT Häutchen *nt* ⑥ SPORT Täuschung[smanöver *nt*] *f*
veloce [ve'loːtʃe] *agg* schnell
velocimetria [velotʃime'triːa] <-ie> *f* Velozimetrie *f,* Geschwindigkeitsmessung *f*
velocipede [velo'tʃiːpede] *m* ① SPORT Hochrad *nt* ② *(scherz: bicicletta)* Drahtesel *m fam*
velocipedistico, -a [velotʃipe'distiko] <-ci, -che> *agg* Radsport-
velocista [velo'tʃista] <-i *m,* -e *f*> *mf* Sprinter(in) *m(f)*
velocità [velotʃi'ta] <-> *f* Geschwindigkeit *f,* Schnelligkeit *f;* ~ **massima** Höchstgeschwindigkeit *f;* ~ **ridotta** verringerte

Geschwindigkeit; ~ **della luce** Lichtgeschwindigkeit *f;* ~ **del suono** Schallgeschwindigkeit *f;* **cambio di** ~ Gangschaltung *f;* **eccesso di** ~ Geschwindigkeitsüberschreitung *f;* **aumentare/diminuire la** ~ die Geschwindigkeit erhöhen/drosseln; **a tutta** ~ mit voller Geschwindigkeit; **treno ad alta** ~ Hochgeschwindigkeitszug *m*

velodromo [ve'lɔːdromo] *m* Radrennbahn *f,* Radrennhalle *f*

velours [və'lur] <-> *m* Velours *m*

vena ['veːna] *f* ① ANAT Vene *f,* Ader *f;* ~ **cava** Hohlvene *f;* ~ **porta** Pfortader *f;* **tagliarsi le -e** sich *dat* die Pulsadern aufschneiden ② GEOG, MIN Ader *f* ③ *(di legno, marmo)* Maserung *f,* Ader *f* ④ *(fig)* Stimmung *f,* Laune *f;* *(poetica, musicale)* Ader *f;* **la sua ~ poetica** seine dichterische Ader; **essere in ~ di fare qc** zu etw aufgelegt sein, in der Stimmung sein etw zu tun; **oggi sono in** ~ heute bin ich in Stimmung

venale [ve'naːle] *agg* ① COM *(merce)* verkäuflich; *(prezzo, valore)* Verkaufs- ② *(fig, pej)* käuflich; *(persona)* bestechlich

venalità [venali'ta] <-> *f* Bestechlichkeit *f*

venare [ve'naːre] *vt* masern, ädern

venato, -a [ve'naːto] *agg* ① *(legno)* gemasert; *(marmo)* geädert ② *(fig)* ~ **di** durchzogen von

venatorio, -a [vena'tɔːrio] <-i, -ie> *agg* Jagd-; **stagione -a** Jagdzeit *f*

venatura [vena'tuːra] *f* ① *(di marmo, foglio)* Äderung *f;* *(di legno)* Maserung *f* ② *(fig)* Anklang *m,* Hauch *m*

vendemmia [ven'demmia] <-ie> *f* Weinlese *f,* -ernte *f;* **fare la** ~ Weinlese halten, Wein ernten

vendemmiabile [vendem'miaːbile] *agg* erntereif

vendemmiare [vendem'miaːre] **I.** *vi* Weinlese halten, Wein ernten **II.** *vt* lesen, ernten

vendemmiatore, -trice [vendemmia'toːre] *m, f* Winzer(in) *m(f),* Weinhauer(in) *m(f)* A

vendemmiatrice [vendemmia'triːtʃe] *f* AGR Weinlesemaschine *f*

vendere ['vendere] **I.** *vt (a. fig)* verkaufen; ~ **all'asta** versteigern; ~ **cara la propria pelle** [*o* **vita**] *(fig)* seine Haut teuer verkaufen; **saper ~ la propria merce** *(fig)* sich gut verkaufen können; **averne da** ~ davon in Hülle und Fülle haben; **articoli che si vendono bene** gutgehende Artikel *mpl;* **te la vendo come l'ho comprata** ich habe es auch nur [als Gerücht] gehört; ~ **sottobanco** schwarz verkaufen; ~ **a prezzo di costo** zum Selbstkostenpreis verkaufen **II.** *vr* **-rsi** *(pej)* sich verkaufen; *(donna)* sich prostituieren

vendetta [ven'detta] *f* Rache *f;* **fare ~ di ...** Rache üben für ...; **gridare** ~ zum Himmel schreien

vendeuse [vã'døːz] <-> *f* Verkäuferin *f*

vendibile [ven'diːbile] *agg* verkäuflich, absetzbar

vendicare [vendi'kaːre] **I.** *vt* rächen **II.** *vr* **-rsi di qc** sich für etw rächen; **-rsi su qu** sich an jdm rächen

vendicativo, -a [vendika'tiːvo] *agg* rachsüchtig

vendicatore, -trice [vendika'toːre] *m, f* Rächer(in) *m(f)*

vendifumo [vendi'fuːmo] <-> *mf (fam pej)* Hochstapler(in) *m(f)*

vendita ['vendita] *f* ① COM Verkauf *m;* *(smercio)* Absatz *m;* ~ **di fine stagione** Schlussverkauf *m;* ~ **fallimentare** Liquidationsverkauf *m;* **punto di** ~ Verkaufsstelle *f;* **reparto -e** Verkaufsabteilung *f;* **addetto alle -e** Sachbearbeiter *m* im Verkauf; **essere in** ~ im Handel sein, erhältlich sein; ~ **all'ingrosso/al minuto** Groß-/Einzelhandel *m* ② *(bottega)* Geschäft *nt,* Laden *m*

venditore, -trice [vendi'toːre] *m, f* Verkäufer(in) *m(f);* ~ **ambulante** Straßenverkäufer *m*

venduto, -a [ven'duːto] *agg* ① COM verkauft ② *(fig, pej: persona)* bestochen, gekauft

veneficio [vene'fiːtʃo] <-ci> *m* Giftmord *m*

venefico, -a [ve'nɛːfiko] <-ci, -che> *agg* ① *(sostanza, aria)* giftig ② *(fig)* böswillig

venerabile [vene'raːbile] *agg* ehrwürdig, verehrungswürdig

venerabilità [venerabili'ta] <-> *f* Ehrwürdigkeit *f,* Verehrungswürdigkeit *f*

venerando, -a [vene'rando] *agg* ehrwürdig; **arrivare alla -a età di 90 anni** das ehrwürdige Alter von 90 Jahren erreichen

venerare [vene'raːre] *vt* verehren

venerazione [venerat'tsioːne] *f* Verehrung *f;* **degno di** ~ verehrungswürdig

venerdì [vener'di] <-> *m* Freitag *m;* **Venerdì Santo** Karfreitag *m;* **gli manca qualche** ~ *(scherz)* bei ihm ist eine Schraube locker *fam; v. a.* **domenica**

venere ['vɛːnere] *f (dea,* ASTR Venus *f;* **piaceri di** ~ Liebesfreuden *fpl geh;* **pare una** ~ sie ist schön wie die Venus

venereo, -a [ve'nɛːreo] *agg* geschlechtlich, venerisch; **malattie -e** Geschlechtskrankheiten *fpl*

veneto ['vɛːneto] *m sing (dialetto)* Venetisch(e) *nt*

veneto, -a I. *agg* ① *(relativo alla regione*

Veneto) venetisch; **dialetto ~** venetischer Dialekt ② *(relativo a Venezia)* venezianisch; **la Repubblica -a** die Venetianische Republik **II.** *m, f* Veneter(in) *m(f)*

Veneto *m* Venetien *nt*

Venezia [ve'nɛttsia] *f* ① *(città)* Venedig *nt (Hauptstadt Venetiens)* ② *(regione)* **~-Giulia** Julisch-Venetien *nt*

Venezia Giulia [ve'nɛttsia 'dʒuːlia] *f* Julisch Venetien *nt*

veneziana [venet'tsiaːna] *f (tenda)* Jalousie *f*

veneziano [venet'tsiaːno] *m sing (dialetto)* Venezianisch(e) *nt*

veneziano, -a I. *agg* venezianisch; **fegato alla -a** Leber *f* auf venezianische Art **II.** *m, f (abitante)* Venezianer(in) *m(f)*

vengo ['vɛŋgo] *1. pers sing pr di* **venire**

venia ['vɛːnia] <-ie> *f (poet)* Vergebung *f;* **chiedere ~** *(scherz)* kniefällig um Gnade bitten

veniale [ve'niaːle] *agg* verzeihlich; **peccato ~** lässliche Sünde

venire [ve'niːre] <vengo, venni, venuto> **I.** *vi essere* ① *(gener)* kommen; **andare e ~** kommen und gehen; **~ a trovare qu** jdn besuchen [kommen]; **~ incontro a qu** jdm entgegenkommen; **~ avanti** vortreten, näher treten; *(entrare)* eintreten; **~ dentro** hereinkommen; **~ dietro** hinterherkommen; **~ dopo** nachkommen; **~ fuori** *(sbucare)* herauskommen, hervorkommen; **~ giù** herunterkommen; **~ su** *(montare)* heraufkommen; *(fam: crescere)* wachsen, gedeihen; **~ via** *(fam: staccarsi)* abgehen; *(scomparire)* wegkommen, verschwinden; **far ~** *(mandare a chiamare)* kommen lassen, holen; *(causare)* verursachen ② *(giungere)* [an]kommen; **~ a costare** kommen auf +*akk,* kosten; **~ a sapere** erfahren; **~ a conoscenza di qc** von etw Kenntnis bekommen; **~ alla luce** [*o* **al mondo**] *(bambino)* auf die Welt kommen; *(fig)* ans [Tages]licht kommen; **~ al sodo** [*o* **dunque**] zur Sache kommen; **~ a noia** langweilig werden; **~ in possesso di qc** in den Besitz einer Sache *gen* kommen ③ *(sopraggiungere, manifestarsi)* **viene fuori con certe idee!** der/die hat vielleicht Einfälle!; **non mi viene** *(fam)* mir fällt's nicht ein, ich komme nicht drauf; **mi è venuta un'idea** mir ist eine Idee gekommen; **mi viene da vomitare** ich muss mich übergeben; **mi viene in mente qc** mir fällt etw ein; **mi sta venendo il raffreddore** ich bekomme einen Schnupfen; **a ~** künftig, kommende(r, s), nächste(r, s); **ora viene il bello** nun [*o* jetzt] kommt das Schönste ④ MAT herauskommen ⑤ *(numeri estratti)* kommen, fallen ⑥ *(provenire)* **~ da** kommen aus; **viene da Firenze** *(è di Firenze)* er/sie ist aus Florenz; *(arriva da Firenze)* er/sie kommt aus Florenz [an] ⑦ *(riuscire)* [heraus]kommen, ausfallen; **viene bene in fotografia** er/sie ist fotogen; **com'è venuto il lavoro?** wie ist die Arbeit geworden?; **come viene, viene** wie's kommt, so kommt's ⑧ *(costare)* **quanto viene?** was macht das?; **viene 50 euro** es kostet 50 Euro **II.** *vr* **venirsene** *(camminare)* daherkommen, herankommen; *(fam)* herauskommen

venoso, -a [ve'noːso] *agg* venös, Venen-; **pressione -a** Blutdruck *m*

ventaglio [ven'taʎʎo] <-gli> *m* Fächer *m;* **a ~** fächerartig

ventata [ven'taːta] *f* ① METEO Windstoß *m* ② *(fig)* Welle *f*

ventennale [venten'naːle] **I.** *agg* ① *(che dura 20 anni)* zwanzigjährig ② *(che ricorre ogni 20 anni)* Zwanzigjahr- **II.** *m* zwanzigster Jahrestag

ventenne [ven'tɛnne] **I.** *agg* zwanzigjährig **II.** *mf* Zwanzigjährige(r) *f(m)*

ventennio [ven'tɛnnio] <-i> *m* Zeitraum *m* von zwanzig Jahren

ventesimo [ven'tɛːzimo] *m* Zwanzigstel *nt*

ventesimo, -a *agg* zwanzigste(r, s); *v. a.* **quinto**

venti ['venti] **I.** *num* zwanzig **II.** *m* <-> ① *(numero)* Zwanzig *f* ② *(nelle date)* Zwanzigste(r) *m* **III.** *f pl* zwanzig Uhr; *v. a.* **cinquanta**

ventilare [venti'laːre] *vt* ① *(stanza, casa)* lüften ② AGR worfeln ③ *(fig: idea, progetto)* vorschlagen, zur Diskussion stellen

ventilato, -a [venti'laːto] *agg* luftig

ventilatore [ventila'toːre] *m* Ventilator *m*

ventilazione [ventilat'tsioːne] *f* ① *(il ventilare)* Ventilation *f,* Lüftung *f* ② *(movimento dell'aria)* Ventilation *f,* Luftbewegung *f*

ventilconvettore [ventilkonvet'toːre] *m* Ventilkonvektor *m*

ventina [ven'tiːna] *f* **una ~** [**di ...**] [etwa] zwanzig [...]; **essere sulla ~** an [*o* um] die zwanzig sein

ventino [ven'tiːno] *m alte Münze im Wert von zwanzig Centesimi*

ventiquattr'ore, ventiquattrore [ventikuat'troːre] *f* ① *(valigia)* kleiner Reisekoffer ② SPORT Vierundzwanzigstundenrennen *nt* ③ *pl (periodo)* vierundzwanzig Stunden *f pl;* **~ su ventiquattro** rund um die Uhr

ventitré [venti'tre] **I.** *num* dreiundzwanzig **II.** *m* <-> ① *(numero)* Dreiundzwanzig *f*

V

2 *(nelle date)* Dreiundzwanzigste(r) *m* **III.** *f pl* dreiundzwanzig Uhr; *v. a.* **cinque**
vento ['vɛnto] *m* Wind *m;* **giacca a ~** Windjacke *f,* Anorak *m;* **mulino a ~** Windmühle *f;* **parlare al ~** *(fig)* in den Wind reden; **spargere qc ai quattro -i** *(fig)* etw in alle Winde verstreuen; **tira ~** es zieht
ventola ['vɛntola] *f* 1 *(per il fuoco)* [Feuer]wedel *m* 2 *(del ventilatore)* Flügelrad *nt*
ventosa [ven'to:sa] *f* 1 MED Schröpfkopf *m* 2 ZOO Saugnapf *m*
ventosità [ventosi'ta] <-> *f* 1 *(di luogo)* Windigkeit *f* 2 *(flatulenza)* Blähung *f*
ventoso, -a [ven'to:so] *agg* windig
ventotto [ven'tɔtto] **I.** *num* achtundzwanzig **II.** *m* <-> 1 *(numero)* Achtundzwanzig *f* 2 *(nelle date)* Achtundzwanzigste(r) *m; v. a.* **cinque**
ventrale [ven'tra:le] *agg* Bauch-
ventre ['vɛntre] *m* 1 ANAT Bauch *m,* Unterleib *m* 2 *(fig)* Leib *m,* Innere(s) *nt*
ventresca [ven'treska] <-sche> *f* *(di tonno)* Bauchfleisch *nt* vom Thunfisch; TOSC durchwachsener Schweinebauch *m*
ventricolare [ventiko'la:re] *agg* Herzkammer-, ventrikulär
ventricolo [ven'tri:kolo] *m* Kammer *f,* Ventrikel *m;* **~ cardiaco** Herzkammer *f*
ventriera [ven'triɛ:ra] *f* Bauchbinde *f*
ventriglio [ven'triʎʎo] <-gli> *m* Muskelmagen *m*
ventriloqua *f v.* **ventriloquo**
ventriloquio [ventri'lɔ:kuio] <-qui> *m* Bauchreden *nt*
ventriloquo, -a [ven'tri:lokuo] *m, f* Bauchredner(in) *m(f)*
ventunenne [ventu'nɛnne] **I.** *agg* einundzwanzigjährig **II.** *mf* Einundzwanzigjährige(r) *f(m)*
ventunesimo, -a [ventu'nɛ:zimo] **I.** *agg* einundzwanzigste(r, s) **II.** *m, f* Einundzwanzigste(r, s) *f(m, nt); v. a.* **quinto**
ventuno [ven'tu:no] **I.** *num* einundzwanzig **II.** *m* <-> 1 *(numero)* Einundzwanzig *f* 2 *(nelle date)* Einundzwanzigste(r) *m* **III.** *f pl* einundzwanzig Uhr; *v. a.* **cinque**
ventura [ven'tu:ra] *f* *(sorte)* Schicksal *nt,* Los *nt;* *(buona fortuna)* Glück *nt;* **alla ~** aufs Geratewohl, auf gut Glück; **compagnie di ~** Landsknechtscharen *f pl*
venture capital ['ventʃə 'kæpitəl] <-> *m* FIN Risikokapital *nt,* Spekulationskapital *nt,* Venture Kapital *nt*
venturo, -a [ven'tu:ro] *agg* nächste(r, s), kommende(r, s); **ci vediamo la settimana -a** wir sehen uns nächste Woche

V

venusiano, -a [venu'zia:no] **I.** *agg* Venus- **II.** *m, f* Venusbewohner(in) *m(f)*
venustà [venus'ta] <-> *f* *(poet)* Liebreiz *m,* Anmut *f*
venusto, -a [ve'nusto] *agg* *(poet)* 1 *(donna)* liebreizend, anmutig 2 *(stile)* erhaben
venuta [ve'nu:ta] *f* *(arrivo)* Kommen *nt,* Ankunft *f*
venuto, -a [ve'nu:to] **I.** *pp di* **venire** **II.** *agg* [an]gekommen **III.** *m, f* Angekommene(r) *f(m),* Ankömmling *m;* **nuovo ~** Neuankömmling *m;* **il primo ~** der Erste, der erste Beste; **non essere il primo ~** *(fig)* nicht irgendwer sein
vera ['ve:ra] *f* *(fede)* Ehering *m,* Trauring *m*
verace [ve'ra:tʃe] *agg* *(poet)* wahrhaftig; *(persona)* wahrhaft
veramente [vera'mente] *avv* wirklich, tatsächlich; **io, ~, non ci andrei** ich würde allerdings nicht hingehen
veranda [ve'randa] *f* Veranda *f*
verandato, -a [veran'da:to] *agg* *(balcone)* verglast, geschlossen
verbale [ver'ba:le] **I.** *agg* 1 *(orale)* mündlich, verbal; *(esame)* mündlich 2 LING verbal, Verbal- **II.** *m* ADM Protokoll *nt,* Niederschrift *f;* **mettere qc a ~** etw protokollieren
verbalismo [verba'lizmo] *m* leere Worte *nt pl,* Schwafelei *f*
verbalizzare [verbalid'dza:re] *vt* ADM protokollieren, niederschreiben
verbalizzazione [verbaliddzat'tsio:ne] *f* ADM Protokollierung *f,* Niederschrift *f*
verbena [ver'bɛ:na] *f* Eisenkraut *nt,* Verbene *f*
verbo ['vɛrbo] *m* Verb *nt,* Zeitwort *nt;* **il ~ divino** das Wort Gottes
verbosità [verbosi'ta] <-> *f* Redseligkeit *f;* *(di oratore, discorso)* Weitschweifigkeit *f,* Langatmigkeit *f*
verboso, -a [ver'bo:so] *agg* redselig; *(oratore, discorso)* weitschweifig, langatmig
vercellese [vertʃel'le:se] **I.** *agg* aus Vercelli **II.** *mf* *(abitante)* Einwohner(in) *m(f)* aus Vercelli
Vercellese *m sing* Umgebung *f* von Vercelli
Vercelli *f* Vercelli *nt* *(Stadt in Piemont)*
verdastro, -a [ver'dastro] *agg* *(pej)* schmutzig grün, grünlich
verdazzurro, -a [verdad'dzurro] *agg* blaugrün
verde ['verde] **I.** *agg* grün; *(fig a.)* jung, unreif; **~ chiaro** hellgrün; **~ scuro** dunkelgrün; **~ oliva** olivgrün; **~ pisello** erbsengrün; **numero ~** 0130-Nummer *f;* **zona ~** Grünanlage *f;* **l'età ~, gli anni -i** die jungen Jahre *nt pl* **II.** *m* 1 *(colore)* Grün *nt;*

essere [*o* **ridursi**] **al** ~ *(fam fig)* blank sein; **passare col** ~ bei Grün über die Ampel gehen ② *(zona, parte verde)* Grün *nt,* Grüne(s) *nt;* **una zona ricca di** ~ eine Gegend mit viel Grün; **non c'è un filo di** ~ es gibt kein bisschen Natur **III.** *mf* POL Grüne(r) *f(m);* **il partito dei -i** die grüne Partei

verdeggiante [verded'dʒante] *agg* grün[end]

verdeggiare [verded'dʒa:re] *vi* grünen

verdemare [verde'ma:re] *agg inv* meergrün

verderame [verde'ra:me] <-> *m* Grünspan *m*

verdetto [ver'detto] *m* ① JUR Urteilsspruch *m;* ~ **di assoluzione** Freispruch *m;* ~ **di condanna** Verurteilung *f* ② *(di gara, concorso)* Entscheidung *f* ③ *(fig)* Urteil *nt*

verdicchio [ver'dikkio] <-cchi> *m* Verdicchio *m (trockener Weißwein aus den Marken)*

verdiccio, -a [ver'dittʃo] <-cci, -cce> *agg* grünlich, grüngelb

verdognolo, -a [ver'doɲɲolo] *agg* grünlich

verdolino, -a [verdo'li:no] *agg* zartgrün

verdone [ver'do:ne] **I.** *agg* knallgrün, giftgrün **II.** *m* ① *(colore)* Knallgrün *nt,* Giftgrün *nt* ② ZOO Blauhai *m*

verdura [ver'du:ra] *f* Gemüse *nt*

verecondia [vere'kondia] <-ie> *f (poet)* Schamhaftigkeit *f*

verecondo, -a [vere'kondo] *agg (poet)* schamhaft

verga ['verga] <-ghe> *f* ① *(d'oro)* Barren *m* ② *(bacchetta)* Gerte *f,* Rute *f; (del rabdomante)* Wünschelrute *f* ③ *(rotaia)* Schiene *f,* Gleis *nt* ④ *(fam: pene)* Pimmel *m,* Schwanz *m vulg*

vergare [ver'ga:re] *vt* ① *(tessuto)* rippen; *(carta)* lin[i]ieren ② *(lettera)* [mit der Hand] schreiben

vergatina [verga'ti:na] *f* feines Durchschlagpapier *nt*

vergatino [verga'ti:no] *m* feingerippter Stoff *m*

vergato, -a [ver'ga:to] *agg* gerippt; *(carta)* lin[i]iert

vergatura [verga'tu:ra] *f* Rippung *f; (di carta)* Lin[i]ierung *f*

verginale [verdʒi'na:le] *agg (a. fig)* jungfräulich

vergine ['verdʒine] **I.** *f* ① *(donna, fanciulla)* Jungfrau *f* ② REL **Vergine** Jungfrau *f* [Maria] ③ ASTR **Vergine** Jungfrau *f;* **sono della** [*o* **una**] **Vergine** ich bin Jungfrau **II.** *agg* unberührt, jungfräulich; *(fig a.)* rein, pur; **foresta** ~ Urwald *m;* **pura lana** ~ reine Schurwolle; **olio ~ d'oliva** natives [*o* kalt gepresstes] Olivenöl

vergineo [ver'dʒi:neo] *agg v.* **virgineo**

verginità [verdʒini'ta] <-> *f* ① *(di ragazza)* Jungfräulichkeit *f* ② *(fig)* Unberührtheit *f,* Keuschheit *f*

vergogna [ver'goɲɲa] *f* ① *(pudore)* Scham *f;* **avere ~ di qu/qc** sich vor jdm/etw schämen; **senza** ~ schamlos ② *(disonore)* Schande *f;* **essere la ~ della famiglia** der Schandfleck der Familie sein; **che ~!** welche Schande!, so eine Schande! ③ *(timidezza)* Hemmungen *f pl* ④ *pl (fam)* Schamteile *nt pl*

vergognarsi [vergoɲ'ɲarsi] *vr* sich schämen, sich genieren; ~ **come un ladro** sich in Grund und Boden schämen; **vergognati!** *(fam)* schäm dich!

vergognoso, -a [vergoɲ'ɲo:so] *agg* ① *(persona)* schamhaft, verschämt; *(timido)* schüchtern ② *(pej: azione)* schändlich

veridicità [veriditʃi'ta] <-> *f* Wahrheitstreue *f,* Wahrheitsliebe *f*

veridico, -a [ve'ri:diko] <-ci, -che> *agg* wahrheitsgetreu, glaubwürdig

verifica [ve'ri:fika] <-che> *f* Nachprüfung *f,* Überprüfung *f,* Kontrolle *f;* ~ **contabile** Rechnungsprüfung; ~ **dei passaporti** Passkontrolle

verificabile [verifi'ka:bile] *agg* nachprüfbar, überprüfbar, feststellbar

verificabilità [verifikabili'ta] <-> *f* Nachprüfbarkeit *f,* Überprüfbarkeit *f,* Feststellbarkeit *f*

verificare [verifi'ka:re] **I.** *vt* nachprüfen, überprüfen, kontrollieren **II.** *vr* **-rsi** ① *(accadere)* sich ereignen, vorfallen ② *(avverarsi)* eintreten

verificatore, -trice [verifika'to:re] *m, f* Prüfer(in) *m(f),* Kontrolleur(in) *m(f)*

verificatrice [verifika'tri:tʃe] *f* Lochkartenprüfer *m,* Lochkartenleser *m*

verificazione [verifikat'tsio:ne] *f* Überprüfung *f*

verismo [ve'rizmo] *m* ① LIT Verismus *m* ② *(fig: realismo)* Realismus *m*

verista [ve'rista] <-i *m,* -e *f*> **I.** *mf* Verist(in) *m(f)* **II.** *agg* veristisch

veristico, -a [ve'ristiko] <-ci, -che> *agg* ① LIT veristisch ② *(scena, atteggiamento)* wahrheitsgetreu

verità [veri'ta] <-> *f* ① *(gener)* Wahrheit *f;* **la pura e semplice** ~ die reine Wahrheit; **giuro di dire la ~, tutta la ~, nient'altro che la** ~ JUR ich schwöre die Wahrheit zu sagen, nichts hinzuzufügen und nichts zu verschweigen; **in** ~ in Wahrheit ② REL Offenbarung *f*

veritiero, -a [veri'tiɛ:ro] *agg* ① *(persona)*

V

aufrichtig ② *(notizia)* wahrheitsgetreu, richtig

verme ['vɛrme] *m* ① ZOO, MED Wurm *m;* **~ solitario** Bandwurm *m;* **essere nudo come un ~** splitternackt sein ② *(fig)* Würmchen *nt,* Wurm *m*

vermicelli [vermi'tʃɛlli] *mpl* Vermicelli *pl* *(etwas dünnere Spaghetti)*

vermicolare [vermiko'la:re] *agg* ① *(forma)* wurmförmig, wurmartig ② ANAT Wurm-; **appendice ~** Wurmfortsatz *m*

vermiforme [vermi'forme] *agg* wurmförmig, wurmartig

vermifugo [ver'mi:fugo] <-ghi> *m* Wurmmittel *nt*

vermifugo, -a <-ghi, -ghe> *agg* wurmtötend

vermiglio [ver'miʎʎo] <-gli> *m* leuchtendes Rot

vermiglio, -a <-gli, -glie> *agg* leuchtendrot

verminoso, -a [vermi'no:so] *agg* voller Würmer, wurmstichig

vermouth, vermut ['vɛrmut] <-> *m* Wermut *m*

vernaccia [ver'nattʃa] <-cce> *f* Vernaccia *m (bernsteinfarbener Wein aus verschiedenen Regionen Italiens)*

vernacolo, -a [ver'na:kolo] **I.** *agg* mundartlich **II.** *m, f* Mundart *f;* **parlare in ~** Mundart sprechen

vernice [ver'ni:tʃe] *f* ① *(smalto, tinta)* Lack *m;* **dare una mano di ~ a qc** etw lackieren; **~ fresca!** frisch gestrichen! ② *(pelle)* Lackleder *nt;* **scarpe di ~ marrone** braune Lackschuhe *mpl*

verniciare [verni'tʃa:re] *vt* lackieren, streichen; **~ a smalto** emaillieren; **~ a spruzzo** [lack]spritzen

verniciatore [vernitʃa'to:re] *m* TEC Spritzpistole *f*

verniciatore, -trice *m, f* Lackierer(in) *m(f)*

verniciatura [vernitʃa'tu:ra] *f* ① *(operazione)* Lackieren *nt,* [An]streichen *nt* ② *(strato)* Lackierung *f,* Lack *m*

vernissage [vɛrni'sa:ʒ] <-> *m* Vernissage *f*

vero ['ve:ro] *m* ① *(verità)* Wahrheit *f,* Wahre(s) *nt;* **a dire il ~** um die Wahrheit zu sagen, offen gestanden ② *(in arte)* Natur *f;* **disegnare/dipingere dal ~** nach der Natur zeichnen/malen

vero, -a *agg* ① *(gener)* wahr; *(giusto, esatto)* richtig; **tant'è ~ che ...** so [sehr], dass ...; **niente di più ~!** das kann man wohl sagen!, ganz richtig!; **se è ~?** ob das stimmt?; **non è ~?** ist es nicht so?, stimmt's nicht?; **fosse ~!** wenn's nur wahr wäre!, schön wär's!; **tu non c'eri, ~?** du warst nicht da, richtig?; **lo sai, non è ~?** du weißt es, nicht wahr? ② *(genuino)* echt ③ *(persona)* aufrichtig; *(affetto)* tief; **lo ama di ~ amore** sie liebt ihn wirklich ④ *(effettivo, reale)* wirklich, eigentlich; **è incredibile, ma ~** es ist nicht zu glauben, aber wahr; **com'è ~ [che c'è] Dio** so wahr mir Gott helfe; **~ e proprio** regelrecht, ausgesprochen

Verona *f* Verona *nt (Stadt in Venetien);* **l'arena di ~** die Arena von Verona

veronese [vero'ne:se] **I.** *agg* veronesisch **II.** *mf (abitante)* Veroneser(in) *m(f);* **il Veronese** *(pittore del '500)* der Veronese

Veronese *m sing* Umgebung *f* von Verona

veronica [ve'rɔ:nika] <-che> *f* ① REL Schweißtuch *nt* der Veronika ② *(nelle corride)* Veronica *f*

verosimiglianza [verosimiʎ'ʎantsa] *f* Wahrscheinlichkeit *f*

verosimile [vero'si:mile] *agg* wahrscheinlich

verricello [veri'tʃɛllo] *m* Winde *f*

verro ['vɛrro] *m* Eber *m*

verrò [ver'rɔ] *1. pers sing futuro di* **venire**

verruca [ver'ru:ka] <-che> *f* Warze *f*

verrucoso, -a [verru'ko:so] *agg* warzig

vers. *abbr di* **versamento** Einz.

versaccio [ver'sattʃo] <-cci> *m (pej)* Fratze *f;* **fare i -cci** Fratzen schneiden

versamento [versa'mento] *m* ① COM Einzahlung *f* ② FIN Einlage *f* ③ MED Erguss *m*

versante [ver'sante] *m* Hang *m*

versare [ver'sa:re] **I.** *vt* ① *(liquido)* [ein]gießen; **~ da bere** einschenken ② *(rovesciare)* verschütten, vergießen ③ *(sangue, lacrime)* vergießen ④ *(somma)* einzahlen, erlegen A; COM *(caparra)* erbringen; *(anticipo)* leisten **II.** *vi* ① *(perdere)* lecken, leck sein ② *(trovarsi)* sich befinden, sein **III.** *vr* **-rsi** ① *(spargersi)* sich zerstreuen ② *(fiume)* fließen, münden

versatile [ver'sa:tile] *agg* vielseitig, flexibel

versatilità [versatili'ta] <-> *f* Vielseitigkeit *f,* Flexibilität *f*

versato, -a [ver'sa:to] *agg* versiert, begabt

verseggiare [versed'dʒa:re] *vt, vi* dichten

verseggiatore, -trice [verseddʒa'to:re] *m, f (pej)* mittelmäßige(r) Dichter(in) *m(f),* Gelegenheitsdichter(in) *m(f)*

versetto [ver'setto] *m* REL Vers *m*

versificare [versifi'ka:re] *vt, vi* dichten

versificatore, -trice [versifika'to:re] *m, f* Dichter(in) *m(f)*

versificazione [versifikat'tsio:ne] *f* Verskunst *f*

versione [ver'sio:ne] *f* ① *(traduzione)* Übersetzung *f* ② *(narrazione)* Darstellung *f,* Version *f* ③ FILM, LIT Version *f,* Fassung *f;* TEC Ausführung *f*

V

verso[1] ['vɛrso] *prep* ① *(direzione)* in Richtung *gen,* in Richtung auf +*akk,* nach +*dat;* **andavo ~ la stazione** ich ging in Richtung Bahnhof; **veniva ~ di noi** er/sie kam auf uns zu ② *(tempo)* gegen +*akk;* **~ sera** gegen Abend ③ *(dalle parti di)* an +*dat,* bei +*dat;* **abita ~ la periferia** er/sie wohnt am Stadtrand ④ *(di età)* auf +*akk* [... zu]; **si avvia ~ la settantina** er/sie geht auf die siebzig zu ⑤ *(nei confronti di)* zu +*dat,* auf +*akk,* gegen +*akk,* mit +*dat;* **si sente attratto ~ di lei** er fühlt sich zu ihr hingezogen; **il suo comportamento ~ di me** sein [*o* ihr] Verhalten mir gegenüber ⑥ COM gegen +*akk*

verso[2] *m* ① LIT Vers *m;* **comporre -i** [Verse] dichten ② ZOO Schrei *m,* Ruf *m* ③ *(di persona)* Ruf *m* ④ *(di pelo, stoffa)* Strich *m,* Richtung *f* ⑤ *(movenza caratteristica)* Eigenart *f* ⑥ *(metodo)* Möglichkeit *f,* Weg *m* ⑦ *(parte, direzione)* Richtung *f;* **prendere qu per il suo ~** jdn zu nehmen wissen; **prendere qu per il ~ sbagliato** jdn nicht zu nehmen wissen; **bisogna prendere le cose per il loro ~** man muss die Dinge nehmen, wie sie sind; **per un ~ o per un altro** irgendwie, auf die eine oder die andere Art ⑧ *(di foglio, medaglia, moneta)* Rückseite *f*

vertebra ['vɛrtebra] *f* Wirbel *m*

vertebrale [verte'bra:le] *agg* Wirbel-; **colonna ~** Wirbelsäule *f*

vertebrati [verte'bra:ti] *mpl* Wirbeltiere *ntpl*

vertebrato [verte'bra:to] *m* Wirbeltier *nt*

vertebrato, -a *agg* Wirbel-

vertenza [ver'tɛntsa] *f* Streit *m,* Streitfall *m;* **~ sindacale** Tarifkonflikt *m*

vertenziale [verten'tsia:le] *agg* einen Rechtsstreit betreffend

vertenzialità [vertentsiali'ta] <-> *f* Rechtsstreitigkeiten *fpl*

vertere ['vɛrtere] *vi mancano il pp e le forme composte* laufen, im Gange sein; **~ su** betreffen; **~ intorno a** sich handeln um

verticale [verti'ka:le] **I.** *agg* senkrecht, Vertikal-; **trust/cartello ~** Vertikalkonzern *m*/-kartell *nt;* **pianoforte ~** Giraffenklavier *nt* **II.** *f* ① MAT Vertikale *f,* Senkrechte *f* ② SPORT Handstand *m; (con la testa poggiata al suolo)* Kopfstand *m*

verticalità [vertikali'ta] <-> *f* senkrechte Stellung [*o* Lage *f*]

vertice ['vɛrtitʃe] *m (gener, fig)* Spitze *f,* Höhepunkt *m; (di montagna)* Spitze *f;* POL Gipfel *m;* MAT Scheitel[punkt] *m; (di piramide)* Spitze *f;* **~ aziendale** Topmanagement *nt;* **conferenza/incontro al ~** Gipfelkonferenz *f*/-treffen *nt*

verticismo [verti'tʃizmo] *m* Machtkonzentration *f* an der Spitze

verticista [verti'tʃista] <-i *m,* -e *f*> **I.** *mf* Anhänger(in) *m(f)* eines machtkonzentrierten Führungsstils **II.** *agg* führungsbetont

verticistico, -a [verti'tʃistiko] <-ci, -che> *agg* Führungs-, Spitzen-

vertigine [ver'ti:dʒine] *f* Schwindel[gefühl *nt*] *m;* **ho le -i** mir ist schwindlig

vertiginoso, -a [vertidʒi'no:so] *agg* ① *(che causa vertigine, fig)* Schwindel erregend, schwindelnd ② MED Schwindel-

verve [vɛrv] <-> *f* Schwung *m,* Elan *m*

verza ['verdza] *f* Wirsing *m*

verzotto [ver'dzɔtto] **I.** *agg* Wirsing-; **cavolo ~** Wirsing[kohl] *m* **II.** *m* Wirsing[kohl] *m*

verzura [ver'dzu:ra] *f (poet)* Grün *nt,* Natur *f*

vescica [veʃ'ʃi:ka] <-che> *f* ANAT Blase *f*

vescicante [veʃʃi'kante], **vescicatorio** [veʃʃika'tɔ:rio] <-i, -ie> **I.** *agg* blasenziehend **II.** *m* blasenziehendes Mittel *nt,* Vesikans *nt*

vescovado [vesko'va:do] *m* ① *(ufficio)* Bischofswürde *f,* Episkopat *nt* ② *(edificio)* Bischofssitz *m,* bischöfliche Residenz

vescovile [vesko'vi:le] *agg* bischöflich, Bischofs-

vescovo ['veskovo] *m* Bischof *m*

vespa ['vɛspa] *f* ZOO Wespe *f;* **vitino di ~** *(fig)* Wespentaille *f*

Vespa® ['vɛspa] *f* Vespa® *f,* Motorroller *m*

vespaio [ves'pa:io] <-ai> *m (fig)* ZOO Wespennest *nt;* **suscitare un ~** *(fig)* in ein Wespennest stechen

vespasiano [vespa'zia:no] *m* öffentliche Bedürfnisanstalt *f,* Pissoir *nt*

vespertino, -a [vesper'ti:no] *agg (poet)* abendlich, Abend-; **stella -a** Abendstern *m*

vespro ['vɛspro] *m* ① REL Abendandacht *f,* Vesper *f* ② *(poet)* Abend[stunde *f*] *m*

vessare [ves'sa:re] *vt* schinden, schikanieren

vessatore, -trice [vessa'to:re] *m, f* Unterdrücker(in) *m(f),* Schinder(in) *m(f)*

vessatorio, -a [vessa'tɔ:rio] <-i, -ie> *agg* Unterdrückungs-

vessatrice *f v.* **vessatore**

vessazione [vessat'tsio:ne] *f* Unterdrückung *f; (atto)* Schikane *f;* **-i burocratiche** Behördenschikane *f*

vessel ['vesəl] <-> *m* Gefäß *nt,* Behälter *m;* NAUT Wasserflugzeug *nt,* Luftschiff *nt;* REL biblisches Gefäß

vessillifero, -a [vessil'li:fero] *m, f* ① *(fig)* Träger(in) *m(f)* ② HIST Fahnenträger *m*

V

vessillo [ves'sillo] *m (a. fig)* Fahne *f,* Banner *m*
vestaglia [ves'taʎʎa] <-glie> *f* Hausrock *m*
vestaglietta [vestaʎ'ʎetta] *f* Sommerkleid *nt,* leichtes Hauskleid
vestale [ves'taːle] *f* Vestalin *f*
veste ['vɛste] *f* ❶ *(gener)* Kleidung *f; (da donna)* Kleid *nt; (abito solenne, ampio)* Gewand *nt;* **~ da camera** *(da donna)* Morgenrock *m; (da uomo)* Hausrock *m;* **in ~ di** als, in der Eigenschaft von ❷ TYP Aufmachung *f* eines Buches
Vestfalia [vest'faːlia] *f* Westfalen *nt*
vestiario [ves'tiaːrio] <-i> *m* ❶ *(gener)* Kleidung *f,* Garderobe *f;* **un capo di ~** Kleidungsstück *nt* ❷ THEAT Kostüm *nt*
vestiarista [vestia'rista] <-i *m,* -e *f*> *mf* Kostümbildner(in) *m(f)*
vestibolo [ves'tiːbolo] *m* Vorhalle *f,* Vestibül *nt*
vestigio [ves'tiːdʒo] <*pl:* -gi *m,* -gia *f*> *m* ❶ *(fig)* Überrest *m* ❷ *(traccia)* [Fuß]spur *f,* -abdruck *m*
vestire[1] [ves'tiːre] **I.** *vt* ❶ *(persone)* anziehen ❷ *(abito: portare indosso)* anhaben, tragen; *(mettersi indosso)* anziehen; *(livrea, saio)* anlegen ❸ *(ricoprire)* **~ qc di qc** etw mit etw überziehen **II.** *vi* sich kleiden; **~ di nero** sich in Schwarz kleiden; **~ a lutto** Trauer[kleidung] tragen; **~ alla moda** sich modisch kleiden **III.** *vr* **-rsi** ❶ *(mettersi le vesti)* sich anziehen ❷ *(indossare)* sich kleiden; **come ti vesti oggi?** was ziehst du heute an?; **-rsi di bianco/seta** Weiß/Seide tragen
vestire[2] *m* Kleidung *f*
vestito [ves'tiːto] *m* Kleidung *f,* Bekleidung *f;* **~ da donna** Damenkleid *nt;* **~ da uomo** Herrenanzug *m;* **cambiare ~** sich umziehen
vestizione [vestit'tsioːne] *f* ❶ REL Einkleidung *f* ❷ HIST Bekleidung *f*
Vesuvio [ve'zuːvio] *m* Vesuv *m*
veterano [vete'raːno] *m* MIL Veteran *m*
veterano, -a I. *agg* [alt]bewährt **II.** *m, f* ❶ *(fig)* [Alt]meister(in) *m(f)* ❷ SPORT Veteran(in) *m(f)*
veterinaria [veteri'naːria] <-ie> *f* Tiermedizin *f,* Veterinärmedizin *f*
veterinario, -a [veteri'naːrio] <-i, -ie> **I.** *agg* tierärztlich; **clinica -a** Tierklinik *f;* **medico ~** Tierarzt *m/*-ärztin *f* **II.** *m, f* Tierarzt *m/*-ärztin *f,* Veterinär(in) *m(f)*
veterocattolicesimo [veterokattoli'tʃeːzimo] *m* starres Festhalten an den Dogmen des Katholizismus
veterocomunismo [veterokomu'nizmo] *m* starres Festhalten an den Dogmen des Kommunismus
veterocomunista [veterokomu'nista] *mf* dogmatische(r) Vertreter(in) *m(f)* des Kommunismus
veteroleninismo [veteroleni'nizmo] *m* starres Festhalten an den Dogmen des Leninismus
veto ['vɛːto] <-> *m* Veto *nt,* Einspruch *m;* **porre** [*o* **opporre**] **il ~** Widerspruch einlegen
vetraio, -a [ve'traːio] <-ai, -aie> *m, f* Glasarbeiter(in) *m(f); (per finestre)* Glaser(in) *m(f); (artigiano)* Glasbläser *m*
vetrario, -a [ve'traːrio] <-i, -ie> *agg* Glas-
vetrata [ve'traːta] *f* ❶ *(ampia finestra)* Glasfenster *nt; (porta)* Glastür *f* ❷ *(di chiesa)* Kirchenfenster *nt*
vetrato, -a [ve'traːto] *agg* Glas-, gläsern; **carta -a** Glaspapier *nt*
vetreria [vetre'riːa] <-ie> *f* ❶ *(fabbrica)* Glasfabrik *f,* -hütte *f* ❷ *(oggetti)* Glas[waren *fpl*] *nt*
vetrificare [vetrifi'kaːre] **I.** *vt avere* verglasen **II.** *vr* **-rsi** zu Glas werden
vetrificazione [vetrifikat'tsioːne] *f* Verglasung *f*
vetrina [ve'triːna] *f* ❶ *(di negozio)* Schaufenster *nt,* Auslage *f* A, SÜDD; **mettersi in ~** *(fig)* sich zur Schau stellen ❷ *(mobile)* Vitrine *f,* Glasschrank *m*
vetrinare [vetri'naːre] *vt* glasieren
vetrinatura [vetrina'tuːra] *f* Glasieren *nt,* Glasur *f*
vetrinista [vetri'nista] <-i *m,* -e *f*> *mf* Schaufensterdekorateur(in) *m(f)*
vetrinistica [vetri'nistika] <-che> *f* Schaufensterdekoration *f*
vetrino [ve'triːno] *m* Objektträger *m,* -glas *nt*
vetriolo [vetri'ɔːlo] *m* Sulfat *nt,* Vitriol *nt*
vetro ['veːtro] *m* Glas *nt; (di finestra)* [Fenster]scheibe *f;* **~ infrangibile** bruchfestes Glas; **essere di ~** *(fig)* empfindlich sein; **fibra di ~** Glasfaser *f;* **lastra di ~** Glasscheibe *f,* Glasplatte *f*
vetrocamera [vetro'kaːmera] *f* Doppelverglasung *f*
vetroceramica [vetrotʃe'raːmika] <-che> *f* Glaskeramik *f*
vetroresina [vetro'rɛːzina] *f* Fiberglas *nt*
vetroso, -a [ve'troːso] *agg* glasartig, Glas-
vetta ['vetta] *f (a. fig)* Gipfel *m;* **in ~** auf dem Gipfel
vettore [vet'toːre] *m* ❶ *(razzo ~)* Trägerrakete *f* ❷ PHYS, MAT Vektor *m* ❸ JUR Frachtführer *m*
vettore, -trice *agg* ❶ PHYS, MAT Vektor- ❷ *(razzo)* Träger-

vettoriale [vetto'ria:le] *agg* Vektor[en]-, vektoriell
vettovagliamento [vettovaʎʎa'mento] *m* Lebensmittelversorgung *f,* Verpflegung *f*
vettovagliare [vettovaʎ'ʎa:re] *vt* verpflegen
vettovaglie [vetto'vaʎʎe] *f pl* Proviant *m*
vettura [vet'tu:ra] *f* ① MOT Wagen *m,* Fahrzeug *nt;* ~ **compatta** Kompaktwagen *m* ② FERR [Eisenbahn]wagen *m,* Waggon *m;* ~ **ristorante** Speisewagen *m;* ~ **tranviaria** Straßenbahnwagen *m*
vetturale [vettu'ra:le] *mf* Kutscher(in) *m(f),* Fuhrmann *m*
vetturino [vettu'ri:no] *m* Kutscher *m*
vetustà [vetus'ta] <-> *f (poet)* hohes Alter, Greisenalter *nt*
vetusto, -a [ve'tusto] *agg (poet)* [sehr] alt
vezzeggiamento [vettseddʒa'mento] *m* Verhätschelung *f*
vezzeggiare [vettsed'dʒa:re] *vt* verhätscheln
vezzeggiativo [vettseddʒa'ti:vo] *m* Kosewort *nt,* Kosename *m;* LING Koseform *f*
vezzeggiativo, -a *agg* zärtlich; *(parola)* Kose-
vezzo ['vettso] *m* ① *(modo abituale)* Angewohnheit *f* ② *pl (leggiadria)* Reize *mpl* ③ *pl (smancerie)* Getue *nt fam*
vezzosità [vettsosi'ta] <-> *f* Liebreiz *m,* Anmut *f*
vezzoso, -a [vet'tso:so] *agg* ① *(grazioso)* reizend, anmutig ② *(lezioso)* geziert, affektiert
VF *abbr di* **Vigili del Fuoco** Feuerwehr
vi [vi] **I.** *pron pers* ① *2. pers pl* euch ② *(complemento di termine, forma di cortesia: Vi)* Ihnen; *(complemento oggetto)* Sie **II.** *pron rifl* ① *2. pers pl* euch ② *(forma di cortesia: Vi)* sich **III.** *pron dim* daran **IV.** *avv* ① *(qui)* hier; *(moto)* her ② *(lì)* dort; *(moto)* hin ③ *(per questo luogo)* hier vorbei
via[1] ['vi:a] <vie> *f* ① *(gener)* Weg *m; (strada)* Straße *f,* Gasse *f* A; ~ **comunale/provinciale/nazionale** Gemeinde-/Provinz-/Nationalstraße *f;* ~ **lattea** ASTR Milchstraße *f;* **dare ~ libera a qu** jdm den Weg freimachen; *(fig)* jdm freie Hand lassen; ~ **in salita** Aufstieg *m;* **sulla ~ di casa** auf dem Nachhauseweg; **abitare in ~ Trento** in der Via Trento wohnen ② ANAT Weg *m;* **-e urinarie/respiratorie** Harn-/Atemwege *mpl;* **per ~ orale/rettale** oral/rektal ③ JUR Weg *m;* **adire le -e legali** den Rechtsweg beschreiten ④ *(fig: maniera)* Weg *m,* Möglichkeit *f; (mezzo)* Mittel *nt; (procedimento)* Vorgehen *nt;* ~ **d'uscita** Ausweg *m;* **-e di comunicazione** Kommunikationsmittel *ntpl;* **-e di trasporto** Transportmittel *ntpl;* **in ~ eccezionale** ausnahmsweise; **in ~ confidenziale** vertraulich; **in ~ privata** privat; **per ~ aerea** auf dem Luftweg; *(lettere)* per Luftpost; **per ~ diplomatica** auf diplomatischem Weg[e]; **per vie traverse** auf Umwegen; **per ~ di** wegen, durch; **essere in ~ di guarigione** auf dem Wege der Besserung sein; **non vedo altra ~** ich sehe keine andere Möglichkeit
via[2] **I.** *avv* weg, weg-; **andare ~** weggehen; **buttare ~** wegwerfen; **correre ~** weglaufen; **mandare ~** wegschicken; **venir ~** *(macchia)* weggehen, herausgehen; *(bottone)* abgehen; **essere ~** *(fam)* weg sein; **e così ~, e ~ dicendo** und so weiter; **~ ~ che …** [wie so] nach und nach …; **va'~!** *(fam)* geh weg!, hau ab! **II.** *int* ① SPORT los; **pronti? Attenti, ~!** auf die Plätze, fertig, los! ② *(incoraggiamento)* komm, los; **~, facciamolo!** auf [geht's], packen wir's an! ③ *(per cacciare)* weg; **~ di lì!** weg da! **III.** *prep* über *+akk,* via *+akk,* per *+akk* **IV.** *m* Startzeichen *nt*
viabile [vi'a:bile] *agg* befahrbar
viabilista [viabi'lista] <-i, -e> *agg* Straßen-, Verkehrs-
viabilistico, -a [viabi'listiko] <-ci, -che> *agg* Straßen-, Verkehrs-
viabilità [viabili'ta] <-> *f* ① *(transito)* Befahrbarkeit *f* ② *(rete stradale)* Straßennetz *nt*
Viacard® [via'kard] <-> *f Magnetkarte zum Bezahlen der Autobahngebühren*
Via Crucis ['vi:a 'kru:tʃis] <Vie Crucis> *f* ① REL Kreuzweg *m* ② *(fig)* Leidensweg *m*
viadotto [via'dotto] *m* Viadukt *m,* Überführung *f*
viaggiare [viad'dʒa:re] **I.** *vi* reisen; *(mezzo, linea)* fahren; ~ **in automobile/aeroplano/treno** mit dem Auto/Flugzeug/Zug reisen; **uno che ha viaggiato molto** ein weit gereister Mann; **viaggia per conto della ditta …** er/sie reist für die Firma …; **il treno viaggia con tre ore di ritardo** der Zug hat drei Stunden Verspätung **II.** *vt* bereisen; **ho viaggiato mezzo mondo** ich habe die halbe Welt bereist
viaggiatore, -trice [viaddʒa'to:re] **I.** *agg* Reise-; **commesso ~** Reisender *m;* **piccione ~** Brieftaube *f* **II.** *m, f* Fahrgast *m,* Reisende(r) *f(m)*
viaggio [vi'addʒo] <-ggi> *m* ① *(gener)* Reise *f,* Fahrt *f;* ~ **aereo** Flugreise *f;* ~ **all-inclusive** All-inclusive-Urlaub *m;* ~ **di nozze** Hochzeitsreise *f;* ~ **di piacere** Vergnügungsreise *f;* ~ **interplaneta-**

rio [*o* **spaziale**] Raumfahrt *f;* ~ **tutto incluso** All-inclusive-Reise *f;* **essere in** ~ auf Reisen sein, unterwegs sein; **mettersi in** ~ sich auf den Weg machen; **buon** ~**!** gute Reise! ② *(fam)* Gang *m; (con veicolo)* Fahrt *f;* ~ **di andata e ritorno** Hin- und Rückfahrt *f* ③ *(sl: dei drogati)* Trip *m*

viagra® ['viagra] <-> *m* MED Viagra®

viale [vi'a:le] *m* Allee *f,* Parkweg *m*

viandante [vian'dante] *mf (poet)* Wanderer *m/*Wanderin *f*

viario, -a [vi'a:rio] <-i, -ie> *agg* Straßen-; **rete -a** Straßennetz *nt*

viatico [vi'a:tiko] <-ci> *m* Sterbesakramente *nt pl*

viavai [via'va:i] <-> *m* Kommen und Gehen *nt,* Hin und Her *nt*

vibrafono [vi'bra:fono] *m* Vibrafon *nt*

vibrante [vi'bra:nte] *agg* kräftig

vibrare [vi'bra:re] **I.** *vt* ① *(colpo, coltellata)* versetzen ② *(poet: freccia)* abschießen **II.** *vi* ① PHYS schwingen, vibrieren ② *(fig)* zittern, [er]beben

vibratile [vi'bra:tile] *agg* flimmernd, Flimmer-; **ciglia -i** Flimmerhaare *nt pl*

vibrato [vi'bra:to] *m* MUS Vibrato *nt*

vibratore [vibra'to:re] *m* Vibrator *m*

vibratore, -trice *agg* Schwing-; **cuscinetto** ~ Massagekissen *nt*

vibratorio, -a [vibra'tɔ:rio] <-i, -ie> *agg* Schwing-, Vibrations-

vibratura [vibra'tu:ra] *f* Rütteln *nt,* Einrüttlung *f*

vibrazionale [vibrattsio'na:le] *agg* PHYS Schwingungs-

vibrazione [vibrat'tsio:ne] *f* PHYS Vibration *f,* Schwingung *f*

vibrocoltivatore [vibrokoltiva'to:re] *m* AGR Egge *f* mit vibrierenden Tellern

vibrocostipatore [vibrokostipa'to:re] *m* Rüttelverdichter *m,* Rüttelstampfer *m,* Vibrationsstampfer *m*

vibrofinitrice [vibrofini'tri:tʃe] *f* Rüttel[bohlen]fertiger *m,* Vibrationsfertiger *m*

vibroformatrice [vibroforma'tri:tʃe] *f* Rüttelformmaschine *f*

V

vibromassaggiatore [vibromassaddʒa'to:re] *m* Vibrationsgerät *nt,* Massagestab *m*

vibromassaggio [vibromas'saddʒo] *m* Vibrationsmassage *f,* Vibromassage *f*

vibrometria [vibrome'tri:a] <-ie> *f* PHYS Schwingungsmessung *m*

vibrometro [vibro'mɛ:tro] *m* PHYS Schwingungsmessgerät *nt*

vibroscopia [vibrosko'pi:a] <-ie> *f* PHYS Vibrografie *f*

vibroscopio [vibro'skɔ:pi] <-i> *m* PHYS Erschütterungsschreiber *m,* Vibrograf *m*

vibroterapia [vibrotera'pi:a] *f* Vibrationsmassagetherapie *f*

vicariato [vika'ria:to] *m* Vikariat *nt*

vicario [vi'ka:rio] <-i> *m* Vikar *m*

vice ['vi:tʃe] <-> *mf* Stellvertreter(in) *m(f),* Vize *m fam*

vice- [vitʃe] *(in parole composte)* Vize-, stellvertretend

vicenda [vi'tʃɛnda] *f* ① *(caso)* Ereignis *nt,* [Wechsel]fall *m;* **a** ~ abwechselnd, gegenseitig ② *(successione)* Folge *f*

vicendevole [vitʃen'de:vole] *agg* gegenseitig

vicentino, -a [vitʃen'ti:no] **I.** *agg* aus Vicenza; **villa -a** KUNST vizentinische Villa **II.** *m, f (abitante)* Einwohner(in) *m(f)* von Vicenza

Vicentino *m sing* Umgebung *f* von Vicenza

Vicenza [vi'tʃɛntsa] *f* Vicenza *f (Stadt in Venetien)*

vicesegreteria [vitʃesegrete'ri:a] *f* Amt *nt* des Staatssekretärs, Amtsperiode *f* des Staatssekretärs

viceversa [vitʃe'vɛrsa] **I.** *avv* umgekehrt **II.** *cong (fam: e invece)* aber [dann]

vichinga [vi'kiŋga] *f (scherz)* Walküre *f*

vichingo, -a [vi'kiŋgo] <-ghi, -ghe> **I.** *agg* wikingisch, Wikinger- **II.** *m, f* HIST Wikinger(in) *m(f)*

vicina *f v.* **vicino**

vicinanza [vitʃi'nantsa] *f* ① *(gener, fig)* Nähe *f* ② *pl (dintorni)* Nähe *f,* Umgebung *f*

vicinato [vitʃi'na:to] *m* ① *(persone)* Nachbarschaft *f* ② *(rapporti)* nachbarschaftliche Beziehungen *f pl*

vicino [vi'tʃi:no] *avv* ① *(a poca distanza)* nah[e], in der Nähe; ~ **a** neben +*dat,* bei +*dat,* an +*dat,* in der Nähe von +*dat;* **stare** ~ ~ ganz nah[e] sein; **essere** ~ **alla morte** dem Tod nahe sein; **vieni più** ~ komm näher; **ci sei andato** ~ *(fig)* du warst nah[e] daran ② *(da poca distanza)* aus der Nähe; *(fig)* näher, genauer; **conoscere qu da** ~ jdn näher kennen; **esaminare qc da** ~ etw näher prüfen; **guardare qc da** ~ etw aus der Nähe betrachten

vicino, -a I. *agg* ① *(gener)* nahe [liegend], nächste(r, s); *(popolo, persone)* benachbart, Nachbar-; **un parente** ~ ein naher Verwandter; **la stazione di rifornimento più -a** die nächste Tankstelle ② *(di tempo)* nah[e], bevorstehend; **gli esami sono -i** die Prüfungen stehen bevor; **la fine è ormai -a** das Ende ist abzusehen; **è** ~ **ai sessant'anni** er geht auf die sechzig zu; **essere** ~ **a fare qc** nah[e] daran sein, etw zu tun ③ *(fig)* nahe, nahestehend; *(somigliante)* ähnlich; **un colore più** ~ **al rosso**

che al giallo eine Farbe, die eher rot als gelb ist; **sentirsi ~ a qu** *(fig)* sich jdm nahe fühlen **II.** *m, f* Nachbar(in) *m(f)*; **~ di tavola** Tischnachbar *m*
vicissitudini [vitʃissi'tu:dini] *fpl* Wechselfälle *mpl*
vico ['vi:ko] <-chi> *m* DIAL *(vicolo)* Gasse *f*
vicolo ['vi:kolo] *m (strada)* Gasse *f*; **~ cieco** *(a. fig)* Sackgasse *f*
videata [vide'a:ta] *f* Bildschirmansicht *f*, Bildschirminhalt *m*; **~ di dettaglio** Detailbild *nt*
video ['vi:deo] **I.** *m* <-> Video *nt* **II.** *agg inv* Video-, video-; **segnale ~** Video-Signal *nt*
video- [video] *(in parole composte)* Video-
videoamatore, **-trice** [videoama'to:re] *m, f* Amateurfilmer(in) *m(f)*, Hobbyfilmer(in) *m(f)*
videoamatoriale [videoamato'ria:le] *agg* FILM Amateur-; **ripresa ~** Amateurfilm *m*
videobar [video'ba:r] *m öffentliches Lokal mit Videovorführung*
videoblog [video'blɔg] <-> *m* INET Videoblog *m o nt*
videocamera [video'ka:mera] *f* Videokamera *f*
videocassetta [videokas'setta] *f* Videokassette *f*
videocitofono [videotʃi'tɔ:fono] *m* Videosprechanlage *f*
videoclip [video'klip] <-> *m* Videoclip *m*
videocomunicato [videokomuni'ka:to] *m* INET, TV Videobotschaft *f*
videoconferenza [videokonfe'rɛntsa] *f* Videokonferenz *f*
videocontrollo [videokon'trɔllo] *m* Fernsehüberwachung *f*
videodipendente [videodipen'dɛnte] **I.** *agg* fernsehabhängig, fernsehsüchtig **II.** *mf* Fernsehabhängige(r) *f(m)*
videodipendenza [videodipen'dɛntsa] *f* Fernsehabhängigkeit *f*
videodisco [video'disko] *m* Bildplatte *f*
videofonino [videofo'ni:no] *m* Videohandy *nt*
videofono [video'fɔ:no] *m* Bildtelefon *nt*
videogame ['video 'geim] <- *o* videogames> *m* Videospiel *nt*
videogioco [video'dʒɔ:ko] *m* Videospiel *nt*, Telespiel *nt*
videogiornale [videodʒor'na:le] <-> *m* INET Videonews *pl*
videografia [videogra'fi:a] *f* Videografie *f*; **~ cinematografica** Videografie *f* des Kinos
videografico, **-a** [video'gra:fiko] <-ci, -che> *agg* videografisch
videoimpaginatore [videoimpadʒina'to:re] *m* Videoterminal *nt* für Seitenadressierung
videoimpaginazione [videoimpadʒinat'tsio:ne] *f* Bildschirm-Seitenwechsel *m*
videoinformazione [videoinformat'tsio:ne] *f* Bildschirmtextsystem *nt*
videolento [video'lɛnto] *m* Zeitlupe *f*
videoleso, **-a** [video'le:zo] MED **I.** *agg* sehgeschädigt **II.** *m, f* Sehgeschädigte(r) *f(m)*
videolettore [videolet'to:re] *m* Videokassettenrekorder *m*, Videoplattengerät *nt*
videolibro [video'li:bro] *m* Textaufzeichnung *f* auf Videoplatte
videomagnetico, **-a** [videomaɲ'ɲɛ:tiko] <-ci, -che> *agg* Magnetbandaufzeichnungs-, Video-
videomaker ['video'meikə] <- *o* -s> *mf* Produzent(in) *m(f)* von Videoclips und Werbespots
videomessaggio [videomes'saddʒo] *m* Videobotschaft *f*
videomusica [video'mu:zika] *f* Videomusik *f*
videonastro [video'nastro] *m* Videokassette *f*, Videotape *nt*
videopirateria [videopirate'ria] *f* Video-Piraterie *f*
videopolitica [videopo'litika] *f* TV fernsehunterstützte Politik
videoproiettore [videoproiet'to:re] *m* Fernsehprojektor *m*; INFORM Beamer *m*
videoproiezione [videoproiet'tsio:ne] *f* Abspielen *nt* von Videokassetten
videoregistrare [videoredʒis'tra:re] *vt* auf Video aufnehmen
videoregistratore [videoredʒistra'to:re] *m* Videorecorder *m*
videoregistrazione [videoredʒistrat'tsio:ne] *f* Videoaufzeichnung *f*, Bildaufzeichnung *f*
videoriparatore, **-trice** [videoripara'to:re] *m, f* Fernsehtechniker(in) *m(f)*
videoripresa [videori'pre:sa] *f* Videofilm *m*, Video *nt*
videoriproduttore, **-trice** [videoriprodut'to:re] *m, f* Bildplattenspieler *m*
videoriproduzione [videoriprodut'tsio:ne] *f* Videoaufzeichnung *f*
videorock ['vidiou'rɔk] *m sing auf Großleinwand übertragenes Rockkonzert*
videoscrittura [videoskrit'tu:ra] *f* INFORM Textverarbeitung *f*; **sistema di ~** Textverarbeitungssystem *nt*
videosegnale [videoseɲ'ɲa:le] *m* Videosignal[gemisch] *nt*
videosistema [videosis'tɛ:ma] *m* ❶ *(registrazione)* Videosystem *nt* ❷ INFORM Bildschirmsystem *nt*; **~ di scrittura** Bildschirmtextsystem *nt*

V

videotabellone [videotabel'lo:ne] *m* [elektronische] Anzeigetafel *f;* ~ **pubblicitario** elektronische Reklametafel

videotape ['vidiouteip *o* 'videoteip] <- *o* videotapes> *m* ① *(nastro magnetico)* Videotape *nt* ② *(videoregistrazione)* Videoaufzeichnung *f*

videoteca [video'tɛ:ka] <-che> *f* Videothek *f*

Videotel® [video'tɛl] <-> *m* Bildschirmtext *m*

videotelefonia [videotelefo'ni:a] *f* Bildfernsprechen *nt,* Videotelefonie *f*

videotelefonico, -a [videotele'fɔ:niko] *agg* Bildtelefon-, Bildfernsprech-; **sistema** ~ Bildfernsprechsystem *nt*

videotelefono [videote'lɛ:fono] *m* TEL Bildtelefon *nt*

videoterminale [videotermi'na:le] *m* [Daten]sichtgerät *nt*

Videotex® [video'tɛks] <-> *m* Bildschirmtext *m; (VAKAT)* Videotext *m*

videotext [video'tekst] <-> *m* Videotext *m*

videotrasmettere [videotraz'mettere] <irr> *vt* [in Bildern] übertragen

videotrasmissione [videotrazmis'sio:ne] *f* TV Bildübertragung *f*

vidi ['vi:di] *1. pers sing pass rem di* **vedere[1]**

vidimare [vidi'ma:re] *vt* ADM mit einem Sichtvermerk versehen

vidimazione [vidimat'tsio:ne] *f* ADM Sichtvermerk *m*

viene ['viɛ:ne], **vieni** ['viɛ:ni] *3. e 2. pers sing pr di* **venire**

Vienna ['viɛnna] *f* Wien *nt*

viepiù [vie'piu] *avv (poet: sempre più)* immer [*o* noch] mehr, mehr und mehr

vietare [vie'ta:re] *vt* verbieten; ~ **a qu di fare qc** jdm verbieten etw zu tun; **nulla vieta che io parta** meiner Abreise steht nichts im Wege; [**è**] **vietato fumare** Rauchen verboten; [**è**] **vietato sporgersi dai finestrini** Hinauslehnen verboten; **vietato l'ingresso** Eintritt verboten; **sosta vietata** Parken verboten

Vietnam [viet'nam] *m* **il** ~ Vietnam *nt*

vietnamita [vietna'mi:ta] <-i *m,* -e *f*> **I.** *agg* vietnamesisch **II.** *mf* Vietnamese *m/* Vietnamesin *f*

vieto, -a ['viɛ:to] *agg (pej)* abgedroschen; **-i luoghi comuni** abgedroschene Redensarten

vig. *abbr di* **vigente** glt. *(geltend)*

vigente [vi'dʒɛnte] *agg* JUR geltend; **in base alle -i leggi** nach den geltenden Gesetzen

vigenza [vi'dʒɛntsa] *f* Gültigkeit *f*

vigere ['vi:dʒere] *vi usato solo nelle terze persone sing e pl* gelten, in Kraft sein

vigilante [vidʒi'lante] *agg* wachsam

vigilantes [vidʒi'lantes] *mpl* ADM Privatbewacher *mpl*

vigilanza [vidʒi'lantsa] *f* Überwachung *f;* ~ **speciale** Sonderüberwachung *f*

vigilare [vidʒi'la:re] **I.** *vt* überwachen **II.** *vi* wachen; ~ **sull'ordine pubblico** über die öffentliche Ordnung wachen

vigilato, -a [vidʒi'la:to] **I.** *agg* JUR beaufsichtigt; **libertà -a** Polizeiaufsicht *f* **II.** *m, f* JUR unter Polizeiaufsicht Stehende(r) *f(m)*

vigilatore, -trice [vidʒila'to:re] *m, f* Aufseher(in) *m(f);* **-trice scolastica** Schulaufseherin *f*

vigile ['vi:dʒile] **I.** *agg* wachsam, wachend **II.** *mf* Verkehrspolizist *m,* Schutzmann *m,* Wachmann *m* A; ~ **urbano** [Stadt]polizist *m;* **-i del fuoco** Feuerwehr *f*

vigilessa [vidʒi'lessa] *f* Politesse *f*

vigilia [vi'dʒi:lia] <-ie> *f* ① *(giorno prima)* Vortag *m,* Vorabend *m;* ~ **di Natale** Heiligabend *m* ② *(digiuno)* **giorno di** ~ Fastentag *m;* **fare** ~ fasten

vigliacca *f v.* **vigliacco**

vigliaccata [viʎʎak'ka:ta] *f (fam pej)* Gemeinheit *f*

vigliaccheria [viʎʎakke'ri:a] <-ie> *f (pej)* Feigheit *f; (cattiveria)* Gemeinheit *f*

vigliacco, -a [viʎ'ʎakko] <-cchi, -cche> **I.** *agg (pej)* feige; *(cattivo)* gemein, niederträchtig **II.** *m, f (pej)* Feigling *m; (cattivo)* Schuft *m*

vigna ['viɲɲa] *f* Weinberg *m,* Weingarten *m*

vignaiolo, -a [viɲɲa'iɔ:lo] *m, f* Weinbauer *m,* Winzer(in) *m(f)*

vigneto [viɲ'ɲe:to] *m* Weinberg *m*

vignetta [viɲ'ɲetta] *f* Karikatur *f,* Witzzeichnung *f*

vignettista [viɲɲet'tista] <-i *m,* -e *f*> *mf* Karikaturist(in) *m(f),* Witzzeichner(in) *m(f)*

vignettistica [viɲɲet'tistika] <-che> *f* Karikaturensammlung *f*

vigogna [vi'goɲɲa] *f* Vigogne *f*

vigore [vi'go:re] *m* Kraft *f;* **riprendere** ~ wieder zu Kräften kommen; **essere nel pieno ~ delle proprie forze** im Vollbesitz seiner Kräfte sein; **entrare/essere in** ~ in Kraft treten/sein

vigoressia [vigores'si:a] <-ie> *f* PSIC Muskelsucht *f*

vigoria [vigo'ri:a] <-ie> *f (obs)* Kraft *f*

vigorosità [vigorosi'ta] <-> *f* Kraft *f,* Stärke *f*

vigoroso, -a [vigo'ro:so] *agg* kräftig, kraftvoll

vile ['vi:le] **I.** *agg* ① *(persona, azione)* gemein, niederträchtig; *(codardo)* feige ② *(fig)* niedrig, nieder **II.** *mf* gemeiner Mensch; *(codardo)* Feigling *m*

vilipendere <vilipendo, vilipesi, vilipeso> *vt* verhöhnen, beschimpfen

vilipendio [vili'pɛndio] <-i> *m* JUR Verunglimpfung *f*

vilipesi [vili'pe:si] *1. pers sing pass rem di* **vilipendere**

vilipeso [vili'pe:so] *pp di* **vilipendere**

villa ['villa] *f* Landhaus *nt*

Villaco [vil'la:ko] *f* Villach *nt*

villaggio [vil'laddʒo] <-ggi> *m* Dorf *nt;* ~ **residenziale** Wohnsiedlung *f;* ~ **turistico** Feriendorf *nt*

villana *f v.* **villano**

villanata [villa'na:ta] *f (fam)* Flegelei *f*

villania [villa'ni:a] <-ie> *f* Flegelei *f,* Frechheit *f*

villano, -a [vil'la:no] *(pej)* **I.** *agg* ungehobelt, rüpelhaft **II.** *m, f* Rüpel *m,* Grobian *m*

villanzone, -a [villan'tso:ne] *m, f (pej)* Flegel *m*

villeggiante [villed'dʒante] *mf* Feriengast *m,* Urlauber(in) *m(f)*

villeggiare [villed'dʒa:re] *vi* Urlaub machen

villeggiatura [villeddʒa'tu:ra] *f* [Sommer]urlaub *m,* -ferien *pl; (luogo)* Sommerfrische *f*

villetta [vil'letta] *f* ① *(diminutivo di villa)* kleine Villa ② *(casa)* Haus *nt* mit Garten; ~ **unifamiliare/bifamiliare** Ein-/Zweifamilienhaus *nt;* ~ **a schiera** Reihenhaus *nt*

villino [vil'li:no] *m* kleine Villa

villo ['villo] *m* ANAT Zotte *f*

villosità [villosi'ta] <-> *f* Behaartheit *f*

villoso, -a [vil'lo:so] *agg* ① *(peloso)* behaart, haarig ② ANAT, BOT zottig

viltà [vil'ta] <-> *f* Gemeinheit *f; (codardia)* Feigheit *f*

viluppo [vi'luppo] *m* ① *(di capelli, cavi)* Wirrwarr *m* ② *(fig)* Wust *m*

vimine ['vi:mine] *m* Weidengerte *f;* **cesto di -i** Weidenkorb *m;* **mobili di -i** Korbmöbel *ntpl*

vinaccia [vi'nattʃa] <-cce> *f* Trester *m*

vinaio, -a [vi'na:io] <-ai, -aie> *m, f* Weinhändler(in) *m(f)*

vinario, -a [vi'na:rio] <-i, -ie> *agg* Wein-

vincere ['vintʃere] <vinco, vinsi, vinto> **I.** *vt* ① *(guerra, gara, elezioni)* gewinnen; *(nemico)* besiegen ② *(fig: difficoltà, ostacolo)* überwinden, meistern; *(passione)* bezwingen; ~ **qu in bellezza** jdn an Schönheit übertreffen; **vincerla** *(fam)* es schaffen, sich durchsetzen **II.** *vi* siegen, gewinnen; SPORT gewinnen; ~ **per tre a uno** drei zu eins gewinnen; **sicuro di** ~ siegessicher **III.** *vr* **-rsi** sich überwinden

vincibile [vin'tʃi:bile] *agg* besiegbar

vincita ['vintʃita] *f* ① *(vittoria)* Sieg *m* ② COM Gewinn *m; (al lotto)* Treffer *m*

vincitore, -trice [vintʃi'to:re] **I.** *agg* siegreich, Sieger- **II.** *m, f* Gewinner(in) *m(f);* MIL, SPORT Sieger(in) *m(f)*

vincolante [viŋko'lante] *agg* bindend, verbindlich

vincolare [viŋko'la:re] *vt* ① *(fig)* binden ② COM, FIN *(somma)* fest anlegen, festlegen ③ *(essere d'impaccio)* einengen

vincolativo, -a [viŋkola'ti:vo] *agg* bindend

vincolato, -a [viŋko'la:to] *agg* COM, FIN fest angelegt, Fest-; **deposito** ~ Festgeld *nt;* **conto** ~ Sperrkonto *nt*

vincolistico, -a [viŋko'listiko] <-ci, -che> *agg* JUR, COM zwangsmäßig, Zwangs-

vincolo ['viŋkolo] *m* ① *(fig)* Band *nt;* ~ **d'amore/di sangue** Liebes-/Blutsbande *ntpl* ② JUR, TEC Bindung *f*

vinello [vi'nɛllo] *m* leichter Wein

vinicolo, -a [vi'ni:kolo] *agg* weinbaulich, Wein-

vinificare [vinifi'ka:re] *vt* zu Wein machen

vinificazione [vinifikat'tsio:ne] *f* Weinherstellung *f*

vinilpelle® [vinil'pɛlle] *f Kunstlederart*

vino ['vi:no] *m* Wein *m;* ~ **bianco** Weißwein *m;* ~ **brûlé** Glühwein *m;* ~ **rosato** Rosé[wein] *m;* ~ **rosso** [*o* **nero**] Rotwein *m;* ~ **nuovo/vecchio** neuer/alter Wein; ~ **secco** trockener Wein; ~ **da pesce/arrosto** Wein *m* zum Fisch/zum Braten

vinoso, -a [vi'no:so] *agg* weinartig, Wein-

vinsanto, vin santo [vin'santo] *m* Vinsanto *m (weißer Süßwein)*

vinsi ['vinsi] *1. pers sing pass rem di* **vincere**

vinto, -a ['vinto] **I.** *pp di* **vincere** **II.** *agg (battaglia)* gewonnen; *(nemico)* besiegt; **darsi per** ~ *(a. fig)* sich geschlagen geben; **averla -a** *(fam)* leichtes Spiel haben; **darla -a a qu** *(fam)* jdm nachgeben

viola¹ [vi'ɔ:la] *f* ① BOT Veilchen *nt;* ~ **del pensiero** Stiefmütterchen *nt* ② MUS Bratsche *f,* Viola *f;* ~ **da gamba** Gambe *f,* Viola *f* da gamba

viola² **I.** *agg inv* violett, veilchenblau **II.** *m* <-> Violett *nt,* Veilchenblau *nt*

violacciocca [violat'tʃɔkka] <-cche> *f* Levkoje *f*

violaceo, -a [vio'la:tʃeo] *agg* violett, veilchenblau

violare [vio'la:re] *vt* ① *(legge)* verletzen, verstoßen gegen; *(promessa, fedeltà)* brechen ② *(territorio)* verletzen; *(chiesa)* ent-

V

weihen; *(tomba)* schänden ③ *(donna)* vergewaltigen

violazione [violat'tsio:ne] *f* ① *(di legge)* Verletzung *f,* Übertretung *f; (di promessa)* Bruch *m,* Nichteinhaltung *f; (di fedeltà)* Bruch *m* ② *(di chiesa)* Entweihung *f; (di tomba)* Schändung *f*

violentare [violen'ta:re] *vt (a. fig)* vergewaltigen

violento, -a [vio'lɛnto] **I.** *agg* ① *(persona)* gewalttätig ② *(fig: tempesta, sommossa)* heftig, schwer; *(passione)* ungestüm ③ *(pej: rapina, morte)* gewaltsam **II.** *m, f* gewalttätiger Mensch

violenza [vio'lɛntsa] *f* ① *(brutalità)* Gewalt *f; (azione)* Gewalttätigkeit *f;* **~ carnale** Notzucht *f;* **far ~ ad una donna** einer Frau Gewalt antun; **ricorrere alla ~** Gewalt anwenden ② *(fig: di tempesta)* Gewalt *f,* Heftigkeit *f; (di passione)* Ungestüm *nt,* Heftigkeit *f*

violetto [vio'letto] *m* Violett *nt*

violetto, -a *agg* violett

violinista [violi'nista] <-i *m,* -e *f*> *mf* Geiger(in) *m(f),* Violinist(in) *m(f)*

violinistico, -a [violi'nistiko] <-ci, -che> *agg* Geigen-, Violin-

violino [vio'li:no] *m* Geige *f,* Violine *f*

violista [vio'lista] <-i *m,* -e *f*> *mf* Bratschenspieler, Violaspieler(in) *m(f)*

violoncellista [violontʃel'lista] <-i *m,* -e *f*> *mf* Cellist(in) *m(f)*

violoncello [violon'tʃɛllo] *m* Cello *nt,* Violoncello *nt*

viottola [vi'ɔttola] *f,* **viottolo** [vi'ɔttolo] *m* Pfad *m,* Weg *m*

vip [vip] **I.** *mf* <-> VIP *m,* Prominente(r) *f(m);* **un ~ della moda** ein Prominenter aus der Welt der Mode **II.** *agg inv* VIP-

V.I.P. [vip] <-> *mf* VIP *f o m,* V.I.P. *f o m*

vipera ['vi:pera] *f* ① ZOO Viper *f,* Otter *f* ② *(fig, pej: persona)* [Gift]schlange *f*

viraggio [vi'raddʒo] <-ggi> *m* Abdrehen *nt*

virago [vi'ra:go] <viragini> *f* Mannweib *nt*

virale [vi'ra:le] *agg* Virus-, viral

virare [vi'ra:re] **I.** *vt* wenden **II.** *vi* abdrehen

virata [vi'ra:ta] *f* Abdrehen *nt*

virgineo, -a [vir'dʒi:neo] *agg (poet)* jungfräulich

virginia [vir'dʒi:nia] **I.** *m* <-> ① *(tabacco)* Virginiatabak *m* ② *(sigaro)* Virginia *f* **II.** *f* <-> *(sigaretta)* Virginia[zigarette] *f* **III.** *agg inv (tabacco)* Virginia-

virgola ['virgola] *f* Komma *nt,* Beistrich *m* A; **punto e ~** Strichpunkt *m*

virgolette [virgo'lette] *fpl* Anführungszeichen *ntpl,* Gänsefüßchen *ntpl fam;* **aprire/chiudere le ~** Anführungszeichen unten/oben

virgulto [vir'gulto] *m* ① BOT Schössling *m* ② *(fig poet)* Spross *m,* Sprössling *m*

virile [vi'ri:le] *agg* ① *(maschile)* männlich, viril ② *(fig: forte, animoso)* mannhaft; *(saggezza, età, forza)* männlich, Mannes-

virilismo [viri'lizmo] *m* Virilismus *m*

virilità [virili'ta] <-> *f* ① BIOL Virilität *f* ② *(fig)* Männlichkeit *f; (coraggio)* Mannhaftigkeit *f*

virilizzare [virilid'dza:re] *vt* **-rsi** vermännlichen

virologa *f v.* **virologo**

virologia [virolo'dʒi:a] <-gie> *f* Virologie *f*

virologo, -a [vi'rɔ:logo] <-gi, -ghe> *m, f* Virologe *m*/Virologin *f*

virtù [vir'tu] <-> *f* ① *(disposizione morale)* Tugend *f* ② *(fig)* Tapferkeit *f,* Mut *m; (potere, qualità)* Kraft *f,* Wirkung *f;* **in ~ di** kraft *+gen*

virtuale [virtu'a:le] *agg* ① *(ipotetico)* potenziell, möglich ② INFORM virtuell; **negozio ~** Online-Shop *m;* **spazio ~** virtueller Raum

virtuosa *f v.* **virtuoso**

virtuosismo [virtuo'sizmo] *m* ① *(di artista)* Virtuosität *f,* Können *nt* ② *(pej)* Beifallheischerei *f*

virtuoso, -a [virtu'o:so] **I.** *agg* tugendhaft **II.** *m, f* ① *(artista)* Meister(in) *m(f);* MUS Virtuose *m*/Virtuosin *f* ② *(chi ha virtù)* tugendhafter Mensch

virulento, -a [viru'lɛnto] *agg* MED virulent, ansteckend; *(velenoso)* giftig

virulenza [viru'lɛntsa] *f* MED Ansteckungsfähigkeit *f,* Virulenz *f; (di veleno)* Giftigkeit *f*

virus ['vi:rus] <-> *m* Virus *m o nt*

visagismo [viza'dʒizmo] *m (obs)* Gesichtskosmetik *f*

visagista [viza'dʒista] <-i *m,* -e *f*> *mf* Visagist(in) *m(f)*

vis à vis [viza'vi] *avv* gegenüber, vis-à-vis

viscerale [viʃʃe'ra:le] *agg* ① ANAT Eingeweide- ② *(fig)* innig, hingebungsvoll; **odio ~** abgrundtiefer Hass

visceralità [viʃʃerali'ta] <-> *f* ① *(delle viscere)* Charakteristik *f* der Eingeweide ② *(fig)* Innigkeit *f,* Leidenschaftlichkeit *f;* **la ~ di un'antipatia** *(fig)* leidenschaftliche Abneigung

viscere[1] ['viʃʃere] *m* ANAT inneres Organ

viscere[2] *fpl* ① ZOO Eingeweide *ntpl* ② *(fig)* Innere(s) *nt*

vischio ['viskio] <-schi> *m* Mistel *f*

vischioso, -a [vis'kio:so] *agg (colloso)* klebrig; *(liquido)* zähflüssig, viskos

viscidità [viʃʃidi'ta] <-> *f* ① *(scivolosità)*

Glitschigkeit *f,* Schlüpfrigkeit *f* ② *(fig, pej: di persona)* schleimige Art

viscido, -a ['viʃʃido] *agg* ① *(lumaca)* glitschig; *(anguilla)* glatt ② *(fondo stradale)* glatt, rutschig ③ *(sostanza)* klebrig ④ *(fig, pej: persona)* schleimig, schmierig

visconte, -essa [vis'konte, viskon'tessa] *m, f* Vicomte *m*/Vicomtesse *f*

viscosa [vis'ko:sa] *f* Viskose *f*

viscosità [viskosi'ta] <-> *f* Zähflüssigkeit *f,* Viskosität *f*

viscoso, -a [vis'ko:so] *agg* zähflüssig, viskos

visibile [vi'zi:bile] *agg (oggetto)* sichtbar; *(spettacolo, mostra)* anschaubar

visibilio [vizi'bi:lio] <-i> *m (fam)* Unmenge *f,* Masse *f;* **andare in ~** *(fig)* ganz begeistert sein, in Entzücken geraten

visibilità [vizibili'ta] <-> *f* Sicht *f*

visiera [vi'ziɛ:ra] *f* ① *(dell'elmo)* Visier *nt* ② *(di berretto)* Schirm *m*

visionare [vizio'na:re] *vt (film)* vorführen

visionario, -a [vizio'na:rio] <-i, -ie> **I.** *agg* ① PSIC Trugbild-, halluzinatorisch ② REL Erscheinungs-, visionär ③ *(fig)* traumtänzerisch **II.** *m, f* ① PSIC Halluzinant(in) *m(f)* ② REL Seher(in) *m(f)* ③ *(fig)* Traumtänzer(in) *m(f),* Fantast *m*

visione [vi'zio:ne] *f* ① *(atto, capacità del vedere)* Sehen *nt* ② *(apparizione)* Vision *f,* Erscheinung *f* ③ FILM Vorführung *f;* **prima ~** FILM Uraufführung *f,* Erstaufführung *f* ④ PSIC Trugbild *nt,* Halluzination *f* ⑤ *(percezione)* Anschauung *f,* Auffassung *f* ⑥ *(esame)* Einsicht *f;* **prendere ~ di qc** in etw *akk* Einsicht nehmen ⑦ *(scena)* Anblick *m*

visir [vi'zir] <-> *m* Wesir *m*

visita ['vi:zita] *f* ① *(gener)* Besuch *m;* **andare in ~ da qu** bei jdm einen Besuch machen; **fare una ~ a qu** jdn besuchen, jdm einen Besuch abstatten; **biglietto da ~** Visitenkarte *f* ② *(di città, museo)* Besichtigung *f* ③ MED Untersuchung *f* ④ MIL *(sl)* Musterung *f* ⑤ COM Prüfung *f,* Revision *f;* **~ doganale** zollamtliche Prüfung *f;* **~ fiscale** Steuerprüfung *f*

visitare [vizi'ta:re] *vt* ① *(gener)* besuchen ② *(città, museo)* besichtigen ③ MED untersuchen

visitatore, -trice [vizita'to:re] *m, f* Besucher(in) *m(f)*

visitazione [vizitat'tsio:ne] *f* Mariä Heimsuchung *f*

visiting professor ['viziting prə'fesə] <- *o* visiting professors> *m* Gastdozent(in) *m(f)*

visivo, -a [vi'zi:vo] *agg* visuell, Blick-; **campo ~** Blickfeld *nt;* **memoria -a** visuelles Erinnerungsvermögen

viso ['vi:zo] *m* Gesicht *nt;* **far buon ~ a cattiva sorte** [*o* **cattivo gioco**] gute Miene zum bösen Spiel machen

visone [vi'zo:ne] *m* Nerz *m*

visore [vi'zo:re] *m* Diabetrachter *m*

vispo, -a ['vispo] *agg* aufgeweckt, lebhaft

vissi ['vissi] *1. pers sing pass rem di* **vivere[1]**

vissuto, -a [vis'su:to] **I.** *pp di* **vivere[1]** **II.** *agg* erfahren, reif

vista ['vista] *f* ① *(facoltà)* Sicht *f,* Augenlicht *nt;* **a ~ d'occhio** soweit das Auge reicht; **a prima ~** auf den ersten Blick; **avere una ~ buona/debole** gute/schlechte Augen haben; **ha la ~ corta** er/sie ist kurzsichtig; **perdere la ~** blind werden, erblinden *geh;* **conoscere qu di ~** jdn vom Sehen kennen; **impedire la ~** die Sicht versperren; **perdere di ~** aus den Augen verlieren; **in ~ di** in Hinblick auf +*akk;* **dal mio punto di ~** *(fig)* aus meiner Sicht; **fin dove si spinge** [*o* **arriva**] **la ~** so weit das Auge reicht; **un personaggio molto in ~** *(fig)* eine Persönlichkeit im Blickfeld der Öffentlichkeit ② *(spettacolo)* [Aus]sicht *f,* [Aus]blick *m;* **una camera con ~ sul mare** ein Zimmer mit Blick aufs Meer ③ COM Sicht *f;* **a ~** bei Sicht; **tratta a ~** Sichtwechsel *m*

vistare [vis'ta:re] *vt* mit einem Sichtvermerk versehen

visto ['visto] *m* ADM Sichtvermerk *m; (permesso)* Visum *nt*

visto, -a **I.** *pp di* **vedere[1]** **II.** *agg* gesehen; **essere ben/mal ~** gern/ungern gesehen sein; **mai ~** einmalig, unglaublich; **-i i risultati** aufgrund [*o* auf Grund] der Ergebnisse; **~ che ...** da ..., aufgrund [*o* auf Grund] dessen, dass ...

Vistola ['vistola] *f* Weichsel *f*

vistoso, -a [vis'to:so] *agg* ① *(sgargiante)* auffällig ② *(fig: ingente)* ansehnlich, beachtlich

visual ['vizjuəl] <- *o* visuals> *m* ① *(messaggio visivo di una pubblicità)* visuelle Werbebotschaft ② *(inserto illustrato)* Bildbeilage *f*

visuale [vizu'a:le] **I.** *agg* Sicht-, visuell; *(angolo)* Gesichts-, Blick- **II.** *f (veduta)* [Aus]sicht *f,* [Aus]blick *m*

visualità [vizuali'ta] <-> *f* Visualität *f,* Ansicht *f*

visualizer [viʒwa'laizə] <- *o* visualizers> *mf* Visualizer *m*

visualizzabile [vizualid'dza:bile] *agg* darstellbar

visualizzare [vizualid'dza:re] *vt* sichtbar

V

machen, visuell darstellen; [**comando**] **visualizza** *(computer)* Ansicht *f*

visualizzatore [vizualiddza'to:re] *m* INFORM Datensichtgerät *nt;* **~ alfanumerico/grafico** Datensichtgerät *nt* mit alphanumerischer/grafischer Anzeige

visualizzazione [vizualiddzat'tsio:ne] *f* ① *(operazione di rendere visibile qc)* Visualisierung *f* ② *(computer)* Ansicht *f,* Vorschau *f*

Visurgi [vi'zurdʒi] *m* Weser *f*

vita ['vi:ta] *f* ① BIOL Leben *nt;* **~ animale** Tierwelt *f;* **~ sensitiva** Sinneswelt *f;* **~ vegetale** Pflanzenwelt *f;* **l'altra ~** das Jenseits; **la ~ di campagna/città** das Land-/Stadtleben; **il costo della ~** die Lebenshaltungskosten; **ragazza** [*o* **donna**] **di ~** Strichmädchen *nt fam;* **ragazzi di ~** Jugendliche *pl* auf der schiefen Bahn; **una questione di ~ o di morte** eine Frage von Leben oder Tod; **avere una doppia ~** ein Doppelleben führen; **essere in ~** am Leben sein; **essere in fin di ~** im Sterben liegen; **fare la bella ~** sich ein schönes Leben machen; **non dare segno di ~** kein Lebenszeichen [mehr] von sich *dat* geben; **guadagnarsi la ~** sich *dat* seinen Lebensunterhalt verdienen; **rendere la ~ difficile a qu** jdm das Leben schwer machen; **togliersi la ~** sich *dat* das Leben nehmen; **a ~** auf Lebenszeit; JUR lebenslänglich; **~ natural durante** zeitlebens; **fra la ~ e la morte** zwischen Leben und Tod; **finché c'è ~, c'è speranza** *(prov)* solange es Leben gibt, gibt es Hoffnung ② LIT Biografie *f,* Lebensgeschichte *f* ③ ANAT Taille *f;* **un vestito stretto in ~** ein engtailliertes Kleid

vitale [vi'ta:le] *agg* lebenswichtig, Lebens-; **linfa ~** *(fig)* Lebenselixier *nt,* Energiequelle *f;* **spazio ~** Lebensraum *m*

vitalità [vitali'ta] <-> *f* ① *(di persona)* Lebenskraft *f,* Vitalität *f* ② *(fig)* MED Lebensfähigkeit *f*

vitalizio [vita'littsio] <-i> *m* Rente *f* auf Lebenszeit

vitalizio, -a <-i, -ie> *agg* lebenslänglich, auf Lebenszeit

vitamina [vita'mi:na] *f* Vitamin *nt*

vitaminico, -a [vita'mi:niko] <-ci, -che> *agg* Vitamin-; **carenza -a** Vitaminmangel *m*

vitaminizzare [vitaminid'dza:re] *vt* mit Vitaminen anreichern, vitaminisieren

vitaminizzato, -a [vitaminid'dza:to] *agg* ① *(alimento)* vitaminisiert, vitaminiert ② *(fig)* kräftig, gut genährt; **un ragazzone ~** ein kräftiger Bursche

vitaminizzazione [vitaminiddzat'tsio:ne] *f* Vitaminierung *f,* Vitaminisierung *f*

vite ['vi:te] *f* ① BOT Weinstock *m,* Weinrebe *f* ② TEC, AERO, SPORT Schraube *f;* **a ~** schraubenförmig; **dare un giro di ~** *(fig)* die Schraube fester anziehen

vitello [vi'tɛllo] *m* ① ZOO Kalb *nt* ② GASTR Kalbfleisch *nt* ③ *(pelle)* Kalbsleder *nt* ④ BIOL Deutoplasma *nt*

vitellone [vitel'lo:ne] *m* ① ZOO Jungochse *m* ② *(fig, pej)* Nichtsnutz *m,* Müßiggänger *m*

viterbese I. *agg* aus Viterbo **II.** *mf (abitante)* Einwohner(in) *m(f)* von Viterbo

Viterbese *m sing* Umgebung *f* von Viterbo

Viterbo *f* Viterbo *nt (Stadt in Latium)*

viticcio [vi'tittʃo] <-cci> *m* ① BOT Ranke[npflanze] *f* ② *(motivo ornamentale)* Rankenornament *nt,* -werk *nt*

viticolo, -a [vi'ti:kolo] *agg* Weinbau-

viticoltore, viticultore, -trice [vitikol'to:re, vitikul'to:re] *m, f* Weinbauer *m,* Winzer(in) *m(f)*

viticoltura, viticultura [vitikol'tu:ra, vitikul'tu:ra] *f* Weinbau *m*

vitigno [vi'tiɲɲo] *m* Weinstock *m,* Weinrebe *f*

vitivinicolo, -a [vitivi'ni:kolo] *agg* den Weinbau und die Weinerzeugung betreffend

vitreo ['vi:treo] *m* Glaskörper *m*

vitreo, -a *agg* ① *(di vetro)* gläsern, Glas-; *(trasparente)* durchsichtig ② *(simile al vetro)* glasartig, glasig; *(fig: occhi, sguardo)* starr, glasig

vittima ['vittima] *f* Opfer *nt;* **le -e del terremoto/dell'incidente** die Erdbeben-/Unfallopfer *nt pl;* **restare ~ di un incidente** einem Unfall zum Opfer fallen; **povera ~!** *(scherz)* ach, du Arme(r)!

vittimismo [vitti'mizmo] *m* Neigung *f* zum Selbstmitleid

vittimistico, -a [vitti'mistiko] <-ci, -che> *agg* sich selbst bemitleidend, zum Selbstmitleid neigend

vittimizzare [vittimid'dza:re] *vt* ① *(umiliare)* erniedrigen, zu Opfern machen ② *(reprimere)* unterdrücken

vittimizzazione [vittimiddzat'tsio:ne] *f* Erniedrigung *f,* Unterdrückung *f*

vitto ['vitto] *m* Kost *f,* Verpflegung *f;* **~ e alloggio** Kost und Logis

vittoria [vit'tɔ:ria] <-ie> *f* Sieg *m;* **riportare la ~ sul nemico** den Sieg über den Feind davontragen

vittorioso, -a [vitto'rio:so] *agg* siegreich, Sieger-

vituperabile [vitupe'ra:bile] *agg* tadelnswert

vituperare [vitupe'ra:re] *vt* beschimpfen, verunglimpfen

vituperio [vitu'pɛːrio] <-i> *m* ① *(ingiuria)* Beschimpfung *f,* schwere Beleidigung ② *(disonore)* Schande *f,* Schandfleck *m*
viuzza [vi'uttsa] *f* Gasse *f,* Gässchen *nt*
viva ['viːva] *int* es lebe, hoch lebe; ~ **gli sposi!** hoch lebe das Brautpaar!; ~ **il re!** es lebe der König!
vivacchiare [vivak'kiaːre] *vi (fam)* recht und schlecht leben; **si vivacchia** man lebt, man schlägt sich durch
vivace [vi'vaːtʃe] *agg (persona, colore, conversazione)* lebhaft, resch A, SÜDD; MUS vivace, lebhaft
vivacità [vivatʃi'ta] <-> *f* Lebhaftigkeit *f,* Lebendigkeit *f;* **con** ~ lebhaft
vivacizzare [vivatʃid'dzaːre] *vt* beleben
vivaio [vi'vaːio] <-ai> *m* ① AGR Baumschule *f,* Gärtnerei *f* ② *(di pesci)* Fischteich *m* ③ *(fig)* Pflegestätte *f*
vivaismo [viva'izmo] *m* ① *(allevamento di piante)* industrieller Gartenbau ② *(allevamento di pesci)* Fischzucht *f*
vivanda [vi'vanda] *f* Speise *f*
viva voce ['viːva 'voːtʃe] <-> *m* Freisprechanlage *f;* **parlare/essere in** ~ über eine Freisprechanlage sprechen
vivente [vi'vɛnte] **I.** *agg* lebend, Lebe-; **gli esseri -i** die Lebewesen *ntpl* **II.** *m* Lebende(r) *f(m)*
vivere[1] ['viːvere] <vivo, vissi, vissuto> **I.** *vi essere* ① *(gener)* leben; ~ **all'estero** im Ausland leben; ~ **in campagna/città** auf dem Land/in der Stadt leben; ~ **del proprio lavoro** von seiner Arbeit leben; ~ **fino a tarda età** ein hohes Alter erreichen; **vivi e lascia ~!** leben und leben lassen; **chi vivrà, vedrà** *(prov)* abwarten und Tee trinken *fam* ② *(fig)* [weiter]leben **II.** *vt avere* leben, verleben; *(passare)* erleben; *(sentire)* fühlen
vivere[2] *m* Leben *nt*
viveri ['viːveri] *mpl* Lebensmittel *ntpl*
viveur [vi'vœːr] <-> *m* Lebemann *m*
vivezza [vi'vettsa] *f* Lebendigkeit *f,* Lebhaftigkeit *f*
vivibile [vi'viːbile] *agg* menschenwürdig, menschengerecht; **un ambiente** ~ eine menschenwürdige Umgebung; **una città** ~ eine Stadt, die hohe Lebensqualität bietet
vivibilità [vivibili'ta] <-> *f* Lebensqualität *f*
vivido, -a ['viːvido] *agg (a. fig)* lebhaft; *(colore a)* leuchtend; *(luce)* hell
vivificare [vivifi'kaːre] *vt* ① *(rendere vivo)* beleben ② *(fig)* erfrischen, beleben
vivificazione [vivifikat'tsioːne] *f* Belebung *f*
viviparo, -a [vi'viːparo] *agg* lebendgebärend
vivisezione [viviset'tsioːne] *f* ZOO Vivisektion *f*
vivo ['viːvo] *m* ① *pl (persone)* Lebende[n], Lebendige[n] *pl* ② *(carne viva, a. fig)* rohes Fleisch; **colpire** [*o* **toccare**] **nel** ~ an der empfindlichen Stelle treffen; **entrare nel ~ della questione** zum [eigentlichen] Kern der Frage kommen ③ RADIO, TV **trasmissione dal** ~ Live-Übertragung *f,* Live-Sendung *f;* **dal** ~ live
vivo, -a *agg* ① *(vivente)* lebend, lebendig; *(lingua)* lebend; **o ~ o morto** tot oder lebendig; **più morto che** ~ mehr tot als lebendig; **farsi** ~ sich melden, ein Lebenszeichen geben; **a -a voce** mündlich ② *(fig: vivace)* lebendig, lebhaft; *(sentimenti)* stark, lebhaft; *(compassione)* tief; *(interesse, desiderio)* lebhaft; **cuocere a fuoco** ~ auf großer Flamme kochen ③ *(luce)* grell; *(carne)* roh; *(acqua)* fließend; *(calce)* ungelöscht ④ *(nelle lettere)* **porgiamo i più -i ringraziamenti** wir verbleiben mit dem herzlichsten Dank; **vivissimi auguri** [aller]herzlichste Glückwünsche
viziare [vit'tsiaːre] *vt* ① *(persone)* verwöhnen, verziehen ② JUR ungültig machen
viziato, -a [vit'tsiaːto] *agg* ① *(persona)* verwöhnt, verzogen ② JUR fehlerhaft, ungültig
vizio ['vittsio] <-i> *m* ① *(pej)* Laster *nt,* schlechte Angewohnheit; **il lupo perde il pelo, ma non il** ~ *(prov)* die Katze lässt das Mausen nicht; **l'ozio è il padre dei -zi** *(prov)* Müßiggang ist aller Laster Anfang ② ANAT Fehler *m;* JUR Fehler *m;* TEC Mangel *m;* ~ **cardiaco** Herzklappenfehler *m*
viziosa *f v.* **vizioso**
viziosità [vittsiosi'ta] <-> *f* Fehlerhaftigkeit *f,* Unzulänglichkeit *f*
vizioso, -a [vit'tsioːso] **I.** *agg* ① *(persone, atti)* lasterhaft ② *(errato)* fehlerhaft, Fehl-; **circolo** ~ Teufelskreis *m* **II.** *m, f* lasterhafter Mensch
vizzo, -a ['vittso] *agg* welk
V.le *abbr di* **Viale** Allee *f*
vocabolario [vokabo'laːrio] <-i> *m* ① *(dizionario)* Wörterbuch *nt* ② *(lessico)* Wortschatz *m,* Sprache *f;* ~ **essenziale** Grundwortschatz *m*
vocabolo [vo'kaːbolo] *m* Wort *nt,* Vokabel *f*
vocale [vo'kaːle] **I.** *agg* ① ANAT Stimm-, Sprach-; **corde -i** Stimmbänder *ntpl* ② MUS vokal, Vokal- **II.** *f* LING Vokal *m,* Selbstlaut *m*
vocalico, -a [vo'kaːliko] <-ci, -che> *agg* vokalisch
vocalist ['voukəlist *o* 'vɔkalist] <- *o* vocalists> *mf* Sänger(in) *m(f),* Vokalist *m;* **la** ~

V

di un gruppo rock die Sängerin einer Rockband

vocalizzare [vokalid'dza:re] *vt, vi* vokalisieren

vocalizzazione [vokaliddzat'tsio:ne] *f* Vokalisation *f*

vocativo [voka'ti:vo] *m* Vokativ *m*

vocativo, -a *agg* Vokativ-, Anrede-

vocazionale [vokattsio'na:le] *agg* aus Berufung

vocazione [vokat'tsio:ne] *f* ❶ REL Berufung *f* ❷ *(fig)* Veranlagung *f*, Begabung *f*; **avere una ~ per qc** für etw eine Begabung haben

voce ['vo:tʃe] *f* ❶ *(gener,* MUS Stimme *f*; *(fig)* Klang *m*; **~ di petto/testa** Brust-/Kopfstimme *f*; **ad alta ~** laut; **a bassa ~** leise; **a gran ~** mit lauter Stimme; **a [viva] ~** mündlich; **a quattro -i** vierstimmig; **parlare sotto ~** flüstern, leise sprechen; **avere ~ in capitolo** mitzureden haben; **dare ~ ai propri sentimenti** seinen Gefühlen Ausdruck verleihen; **essere giù di ~** *(fam)* nicht [gut] bei Stimme sein; **fare la ~ grossa** ein Machtwort sprechen ❷ *(forma grammaticale)* Form *f* ❸ LING *(lemma)* Stichwort *nt*; *(parola)* Wort *nt*, Ausdruck *m* ❹ *(su lista, bilancio)* Position *f*, Posten *m* ❺ *(fig)* Gerücht *nt*, Gerede *nt*; **corre ~ che …** es geht das Gerücht, dass …; **-i di corridoio** Hörensagen *nt*

vociare¹ [vo'tʃa:re] *vi (fam)* krakeelen, herumschreien

vociare² <-> *m* Geschrei *nt*

vociferare [votʃife'ra:re] *vt* munkeln

vocio [vo'tʃi:o] <-cii> *m* Geschwätz *nt*

vodka ['vɔdka] <-> *f* Wodka *m*

voga ['vo:ga] <-ghe> *f* ❶ *(moda, usanza)* Mode *f*; **essere in ~** in Mode sein; *(persona)* beliebt sein ❷ NAUT Rudern *nt*

vogare [vo'ga:re] *vi* rudern

vogata [vo'ga:ta] *f* Ruderschlag *m*, Rudern *nt*

vogatore [voga'to:re] *m* Ruderkasten *m*

vogatore, -trice *m, f* Ruderer *m*/Ruderin *f*

voglia ['vɔʎʎa] <-glie> *f* ❶ *(desiderio)* Lust *f*; *(desiderio sessuale)* Begierde *f*, Lust *f*; *(durante la gravidanza)* Heißhunger *m*; **~ di vivere** Lebensfreude *f*; **avere [una gran] ~ di fare qc** [große] Lust haben, etw zu tun; **avere una ~ matta di …** *(fam)* verrückt sein nach …; **fare qc contro ~** etw [nur] widerwillig tun ❷ *(fam: macchia della pelle)* Muttermal *nt*

voglio ['vɔʎʎo] *1. pers sing pr di* **volere¹**

voglioso, -a [voʎ'ʎo:so] *agg* gierig, lüstern; **è sempre ~ di tutto** er will immer alles haben

voi ['vo:i] *pron pers* ❶ *2. pers pl (soggetto)* ihr; *(oggetto)* euch; *(con preposizione)* euch, eurer ❷ *(forma di cortesia: Voi)* Sie; *(oggetto)* Ihnen; *(con preposizione)* Sie/Ihnen/Ihrer

voialtri [vo'ialtri] *pron pers* ihr, ihr eurerseits

volacchiare [volak'kia:re] *vi* ❶ *(svolazzare)* flattern ❷ *(volare a stento)* flattern, kaum fliegen können

volano [vo'la:no] *m* ❶ SPORT Federball *m* ❷ TEC Schwungrad *nt*

volant [vɔ'lã] <-> *m* Rüsche *f*, Volant *m*

volante [vo'lante] **I.** *agg (che vola)* fliegend, Flug-; **un foglio ~** ein loses Blatt **II.** *f (polizia)* Überfallkommando *nt*, mobiles Einsatzkommando **III.** *m* MOT Steuer[rad] *nt*, Lenkrad *nt*; **un asso del ~** ein Meisterfahrer; **sport del ~** Autorennsport *m*

volantinaggio [volanti'naddʒo] <-ggi> *m* Flugblattverteilen *nt*

volantinare [volanti'na:re] **I.** *vi* eine Flugblattaktion durchführen **II.** *vt* [mit Flugblättern] propagieren

volantino [volan'ti:no] *m* ❶ *(manifestino)* Flugblatt *nt*, Flugzettel *m* A ❷ TEC Handrad *nt*

volare [vo'la:re] *vi essere o avere* ❶ *(nell'aria)* fliegen; **il vento gli fece ~ via il cappello** der Wind wehte ihm den Hut davon ❷ *(fig: veicolo)* sausen, flitzen; *(persona)* eilen, rasen; *(tempo)* verfliegen, im Nu vergehen; **volano pugni** es fliegen die Fäuste; **volano schiaffi** es hagelt Ohrfeigen

volata [vo'la:ta] *f* ❶ *(volo)* Flug *m* ❷ *(fam: corsa veloce)* schnelle Fahrt ❸ SPORT [End]spurt *m*

volatile [vo'la:tile] **I.** *agg* ❶ CHEM flüchtig ❷ ZOO fliegend, Flug- **II.** *m* Vogel *m*

volatilità [volatili'ta] <-> *f* Flüchtigkeit *f*

volatilizzare [volatilid'dza:re] **I.** *vt avere* verflüchtigen **II.** *vi essere* sich verflüchtigen **III.** *vr* **-rsi** ❶ CHEM sich verflüchtigen ❷ *(fam)* sich in Luft auflösen

volatilizzazione [volatiliddzat'tsio:ne] *f* Verflüchtigung *f*

vol-au-vent [vɔlo'vã] <-> *m* ≈ [Königin]pastete *f*

volente [vo'lɛnte] *agg* **~ o nolente** wohl oder übel, nolens volens *geh*

volenteroso, -a [volente'ro:so] *agg* [bereit]willig

volentieri [volen'tiɛ:ri] *avv* gern[e]

volere¹ [vo'le:re] <voglio, volli, voluto> **I.** *vt* ❶ *(gener)* wollen; **la lavatrice non vuol funzionare** *(fam)* die Waschmaschine streikt ❷ *(desiderare)* wünschen; *(gra-*

V

dire) mögen; **come/quando vuoi** wie/wann du willst; **vorrei tre metri di stoffa blu** ich möchte drei Meter blauen Stoff; **vorrebbe che tu venissi** er/sie möchte, dass du kommst ③ *(pretendere)* wollen, verlangen; **ma che vuoi da me?** was willst du denn von mir?; **c'è un signore che ti vuole** da ist ein Herr für dich, da ist ein Herr, der dich sprechen will; **questo verbo vuole il congiuntivo** dieses Verb verlangt den Konjunktiv; **ti vogliono al telefono** du wirst am Telefon verlangt; **chi troppo vuole nulla stringe** *(prov)* allzu viel ist ungesund ④ *(chiedere un prezzo)* haben wollen, verlangen; **quanto vuole per** [*o* **di**] **...?** wie viel verlangen Sie für ...? ⑤ *(richiedere)* brauchen, fordern; *(avere bisogno)* brauchen; **ci vuole/ci vogliono ...** es ist/sind ... nötig, man braucht ...; **qui ci vorrebbe un elettricista** hier wäre ein Elektriker nötig; **ci vuole un bel coraggio** *(fam)* es gehört ganz schön Mut dazu; **non ci vuol niente** *(fig)* das ist doch keine Kunst; **ci vuol altro!** dazu bedarf es mehr!; **quanto ci vuole per andare a Monaco?** wie lange braucht man bis [*o* nach] München? ⑥ *(loc)* **~ dire** bedeuten; **~ bene a qu** jdn gernhaben; **~ male a qu** jdn nicht mögen; **ti voglio bene** ich hab dich gern, ich mag dich; **farsi ~ bene** sich lieb Kind machen; **non volermene!** *(fam)* sei mir [deshalb] nicht böse **II.** *vr* **-rsi bene** sich gernhaben, sich lieben

volere² *m* ① *(volontà)* Wille *m,* Wollen *nt* ② *pl* Wünsche *mpl,* Vorstellungen *fpl*

Volga ['vɔlga] *m o f* Wolga *f*

volgare [vol'ga:re] **I.** *agg* ① LING vulgär, Volks-; **latino ~** Vulgärlatein *nt* ② *(pej)* vulgär, ordinär; *(triviale)* gewöhnlich **II.** *mf* vulgärer Mensch; **non fare il ~!** sei nicht so vulgär! **III.** *m* Vulgärsprache *f*

volgarità [volgari'ta] <-> *f* Vulgarität *f*

volgarizzare [volgarid'dza:re] *vt* ① *(rendere accessibile)* popularisieren, allgemeinverständlich darstellen ② LIT in die Vulgärsprache übertragen

volgarmente [volgar'mente] *avv* ① *(pej)* vulgär, gewöhnlich ② *(comunemente)* gewöhnlich

volgata [vol'ga:ta] *f v.* **vulgata**

volgere¹ ['vɔldʒere] <volgo, volsi, volto> **I.** *vt* ① *(dirigere)* wenden, richten; **~ gli occhi al cielo** den Blick zum Himmel richten ② *(voltare)* abkehren, zukehren; **~ le spalle a qu** jdm den Rücken [zu]kehren; **~ il viso verso qu** jdm das Gesicht zuwenden ③ *(fig: mutare)* **~ qc in qc** etw in etw *akk* verwandeln; **~ le cose in burla** die Dinge ins Lächerliche ziehen **II.** *vi* ① *(strada)* **~ a destra/sinistra** nach rechts/links abbiegen ② *(persone)* sich abwenden, sich abkehren ③ *(avvicinarsi)* sich nähern; **~ al termine** sich dem Ende zuneigen ④ *(evolversi)* **il tempo volge al brutto** das Wetter wird schlecht; **~ al peggio/meglio** sich zum Schlechteren/Besseren wenden ⑤ *(colore)* **~ al giallo/verde** ins Gelbliche/Grünliche spielen ⑥ *(mirare)* abzielen; **~ a qc** auf etw abzielen **III.** *vr* **-rsi** sich wenden, sich drehen; **-rsi verso qu** sich jdm zuwenden; **-rsi a destra/sinistra** sich nach rechts/links drehen; **il tempo si volge al brutto** das Wetter wird schlecht

volgere² *m* Verlauf *m,* Lauf *m;* **con il ~ degli anni** im Laufe der Jahre

volgo ['volgo] <-ghi> *m* ① *(popolo)* Volk *nt,* Volksmassen *fpl* ② *(pej)* Pöbel *m,* Masse *f*

voliera [vo'liɛ:ra] *f* Vogelhaus *nt,* Voliere *f*

volli ['vɔlli] *1. pers sing pass rem di* **volere¹**

volo ['vo:lo] *m* Flug *m; (atto)* Fliegen *nt; (caduta)* Fall *m;* **~ spaziale** Raumflug *m;* **~ senza scalo** Direktflug *m,* Nonstopflug *m;* **assistente di ~** Kopilot *m,* Steward *m;* **palla a ~** Volleyball *nt;* **colpire la palla al ~** den Ball aus der Luft nehmen; **al ~** im Nu, sofort, auf die Schnelle; **alzarsi in ~** hochfliegen, auffliegen; AERO abheben; **prendere il ~** wegfliegen; *(fig)* die Flucht ergreifen; **spiccare il ~** *(uccelli)* auffliegen, hochfliegen; **fare un ~** *(fig fam)* hinunterfallen, hinunterfliegen

volontà [volon'ta] <-> *f* Wille *m;* **forza di ~** Willenskraft *f;* **le ultime ~** der Letzte Wille; **scrivere le ultime ~** das Testament aufsetzen; **avere una ~ di ferro** einen eisernen Willen haben; **essere di buona ~** guten Willens sein; **a ~** nach Belieben, nach Wunsch; **contro la propria ~** wider Willen; **privo di ~** willenlos

volontaria *f v.* **volontario**

volontariamente [volontaria'mente] *avv* freiwillig, aus freien Stücken

volontariato [volonta'ria:to] *m* ① *(prestazione di lavoro)* Volontariat *nt* ② MIL freiwilliger Wehrdienst

volontario, -a [volon'ta:rio] <-i, -ie> **I.** *agg* freiwillig; ANAT willkürlich **II.** *m, f* Volontär(in) *m(f);* MIL Freiwillige(r) *f(m)*

volontarismo [volonta'rizmo] *m* Voluntarismus *m*

volpacchiotto [volpak'kiɔtto] *m* *(fig)* schlauer Fuchs

volpe ['volpe] *f* ① ZOO Fuchs *m;* **~ rossa/argentata** Rot-/Silberfuchs ② *(pelliccia)* Fuchs[pelz] *m* ③ *(fig)* Fuchs *m*

volpesco, -a [vol'pesko] <-schi, -sche>

agg ① *(di volpe)* Fuchs- ② *(astuto)* gewieft, ausgefuchst

volpino [vol'pi:no] *m* Spitz *m*

volpino, -a *agg* Fuchs-; **cane ~** Spitz *m*

volpone [vol'po:ne] *m (fig)* Fuchs *m,* Schlitzohr *nt*

volsi ['vɔlsi] *1. pers sing pass rem di* **volgere[1]**

volt [vɔlt] <-> *m* Volt *nt*

volta ['vɔlta] *f* ① *(momento, circostanza)* Mal *nt; (turno)* Reihe *f,* Mal *nt;* **una ~** einmal; *(in un tempo passato)* einmal, einst; **una ~ sola** einmal, ein einziges Mal; **una [buona] ~** *(fam)* endlich [ein]mal; **una ~ tanto** ab und zu, gelegentlich; **una ~ per tutte** ein für allemal; **una ~ o l'altra** irgendwann, früher oder später; **un'altra ~** ein andermal; **ancora una ~** noch einmal; **molte -e** recht oft, öfter; **poche -e** selten; **certe -e, delle -e** manchmal; *(spesso)* oft; **tutte le -e che …** jedes Mal wenn …, sooft …; **tutto in una ~** alles auf einmal, alles zusammen; **ogni cosa a sua ~** alles zu seiner Zeit, eines nach dem anderen; **un po' alla ~** nach und nach; **uno per ~** jeweils einer; **a -e** manchmal, ab und zu; **a mia ~** meinerseits, was mich angeht; **c'era una ~** es war einmal; **che sia la prima e l'ultima ~** [ich hoffe] das ist das erste und das letzte Mal; **tre -e tre fa nove** drei mal drei ist neun; **una ~ per uno non fa male a nessuno** *(prov)* jeder soll einmal an die Reihe kommen ② *(giro)* Drehung *f; (svolta)* Biegung *f;* **dar di ~ il cervello** *(fam)* durchdrehen, überschnappen ③ ARCH Gewölbe *nt;* **~ a crociera** Kreuzgewölbe *nt;* **a ~** gewölbt ④ ASTR Gewölbe *nt,* Firmament *nt* ⑤ ANAT Wölbung *f*

voltafaccia [volta'fattʃa] <-> *m (a. fig)* Kehrtwendung *f*

voltagabbana [voltagab'ba:na] <-> *mf* **è un/una ~** er hängt sein Mäntelchen/sie hängt ihr Mäntelchen nach dem Wind

voltaggio [vol'taddʒo] <-ggi> *m* Spannung *f*

voltaico, -a [vol'ta:iko] <-ci, -che> *agg* voltaisch; **arco ~** Lichtbogen *m;* **elemento ~** Voltaelement *nt;* **pila -a** voltaische Säule

voltametro [vol'ta:metro] *m* Voltameter *nt*

voltare [vol'ta:re] **I.** *vt* ① *(occhi, viso)* wenden, drehen; *(pagina, foglio)* umblättern, wenden; *(frittata)* wenden; **~ pagina** umblättern; *(fig)* ein neues Kapitel anfangen; **~ le spalle a qu** jdm den Rücken [zu]kehren ② *(angolo)* biegen um **II.** *vi* abbiegen **III.** *vr* **-rsi** sich [um]drehen, sich wenden; **-rsi e rivoltarsi nel letto** sich im Bett hin- und herwälzen; **non sapere da quale parte -rsi** *(fig)* nicht mehr ein noch aus wissen

voltastomaco [voltas'tɔ:mako] <-chi> *m* Übelkeit *f;* **ho il ~** mir ist übel; **mi dà il ~** *(fig)* das dreht mir den Magen um

voltavite [volta'vi:te] <- *o* -i> *m (obs)* Schraubendreher *m*

volteggiare [volted'dʒa:re] *vi* ① *(volare)* kreisen ② SPORT voltigieren

volterrianesimo [volterria'ne:zimo] *m* Philosophie *f* Voltaires

voltiano, -a [vol'tia:no] *agg* voltaisch, Volta-; **le scoperte -e** die Entdeckungen *fpl* Voltas; **museo ~** Voltamuseum *nt*

voltmetrico, -a [volt'mɛ:triko] <-ci, -che> *agg* PHYS mit dem Voltmeter, Spannungs-; **misurazione -a** Spannungsmessung *f*

volto ['volto] *m* ① *(poet)* Antlitz *nt* ② *(fig)* Gesicht *nt,* Anblick *m;* **ha rivelato il suo vero ~** er hat sein/sie hat ihr wahres Gesicht gezeigt

volto, -a ['vɔlto] **I.** *pp di* **volgere[1]** **II.** *agg* gewendet, [um]gedreht

voltolare [volto'la:re] **I.** *vt* rollen, wälzen **II.** *vr* **-rsi** sich wälzen

voltura [vol'tu:ra] *f* Ummeldung *f*

volubile [vo'lu:bile] *agg* unbeständig, flatterhaft

volubilità [volubili'ta] <-> *f* Unbeständigkeit *f,* Flatterhaftigkeit *f*

volume [vo'lu:me] *m* ① MAT Rauminhalt *m,* Volumen *nt* ② *(fig)* COM Umfang *m* ③ *(libro)* Band *m,* Buch *nt* ④ RADIO, TV Lautstärke *f;* **abbassare/alzare il ~ di qc** etw leiser/lauter stellen; **a tutto ~** in voller Lautstärke ⑤ *(mole)* Ausmaß *nt,* Umfang *m* ⑥ INFORM Speichereinheit *f*

volumetrico, -a [volu'mɛ:triko] <-ci, -che> *agg* ① MAT Rauminhalts-, volumetrisch ② CHEM Maß-

voluminosità [voluminosi'ta] <-> *f* [beachtlicher] Umfang, Größe *f*

voluminoso, -a [volumi'no:so] *agg (oggetto)* umfangreich, voluminös; *(persone)* groß und dick, voluminös

voluta [vo'lu:ta] *f* ① ARCH Volute *f* ② *(spira)* Windung *f*

voluto, -a [vo'lu:to] **I.** *pp di* **volere[1]** **II.** *agg* ① *(desiderato)* gewollt, beabsichtigt ② *(fig)* gekünstelt, gewollt

voluttà [volut'ta] <-> *f* ① *(sessuale)* Sinnlichkeit *f,* Wollust *f* ② *(godimento)* Genuss *m*

voluttuario, -a [voluttu'a:rio] <-i, -ie> *agg* Luxus-, Genuss-

voluttuosità [voluttuosi'ta] <-> *f* Sinnlichkeit *f*

voluttuoso, -a [voluttu'o:so] *agg* sinnlich

vomere ['vɔːmere] *m* AGR Pflugschar *f*

vomitare [vomi'taːre] **I.** *vt* [er]brechen, [aus]brechen; ~ **ingiurie/bestemmie** Beschimpfungen/Flüche ausstoßen **II.** *vi* [sich] erbrechen, sich übergeben; **mi viene da** ~ ich muss brechen, mir wird übel; **da far** ~ zum Kotzen *vulg*

vomito ['vɔːmito] *m* [Er]brechen *nt;* **far venire il ~ a qu** *(a. fig)* jdm die Galle hochkommen lassen; **mi viene il ~** ich muss brechen, mir wird übel

vongola ['voŋgola] *f* Venusmuschel *f*

vorace [vo'raːtʃe] *agg* gefräßig

voracità [voratʃi'ta] <-> *f* Gefräßigkeit *f*

voragine [vo'raːdʒine] *f* Erdloch *nt,* Schlund *m*

Vorarlberg ['foːr'arlbɛrk] *m* Vorarlberg *nt*

vorrò [vor'rɔ] *1. pers sing futuro di* **volere**[1]

vortice ['vɔrtitʃe] *m* Wirbel *m,* Strudel *m*

vorticoso, -a [vorti'koːso] *agg (fiume, acque)* voller [Wasser]strudel

vostro ['vɔstro] *m* **il ~** das Eure; **il Vostro** *(forma di cortesia)* das Ihre

vostro, -a I. *agg* euer; *(forma di cortesia: Vostro)* Ihr; **la -a speranza** eure Hoffnung; **~ padre/zio** euer Vater/Onkel; **un ~ amico** ein Freund von euch; **ho ricevuto la Vostra del 21 c.m.** ich habe Ihr Schreiben vom 21. d. M. erhalten; **Vostra Eccellenza/Santità** Eure Exzellenz/Heiligkeit **II.** *pron pos* **il ~/la -a** eure(r, s); *(forma di cortesia: Vostro)* Ihre(r, s)

votante [vo'tante] *mf* Wahlberechtigte(r) *f(m),* Wähler(in) *m(f)*

votare [vo'taːre] **I.** *vt* ① JUR beschließen, abstimmen über *+akk* ② REL weihen **II.** *vi* stimmen, wählen; *(mettere ai voti)* abstimmen; **~ per/contro qc/qu** für/gegen etw/jdn stimmen **III.** *vr* **-rsi** REL sich weihen, sich hingeben

votazione [votat'tsioːne] *f* ① JUR Abstimmung *f; (dare il voto)* Stimmabgabe *f; (elezione)* Wahl *f;* **~ per alzata di mano** Abstimmung *f* durch Handaufheben; **~ a scrutinio segreto** geheime Abstimmung; **passare alle -i** zur Abstimmung schreiten ② *(nell'insegnamento)* Benotung *f,* Zensuren *f pl; (voto)* Note *f*

votivo, -a [vo'tiːvo] *agg* Votiv-, Weih-; **iscrizione -a** Votivtafel *f*

voto ['voːto] *m* ① REL Gelübde *nt,* Gelöbnis *nt; (oggetto)* Weihgabe *f;* **fare un ~** ein Gelübde ablegen; **pronunciare i -i** das Ordensgelübde ablegen ② JUR Votum *nt,* Stimme *f;* **diritto di ~** Wahlrecht *nt;* **~ di fiducia** Vertrauensvotum *nt;* **~ di sfiducia** Misstrauensvotum *nt;* **a unanimità di ~** einstimmig; **mettere ai -i** zur Abstimmung bringen ③ *(nell'insegnamento)* Note *f,* Zensur *f;* **media [dei] -i** Notendurchschnitt *m;* **essere promosso a pieni -i** die höchste Punktzahl erreichen, die beste Note bekommen ④ *pl* Wille *m,* Wunsch *m*

voxel ['vɔksəl] <- *o* voxels> *m* INFORM Voxel *nt*

voyeur [vwa'jœːr] <-> *m* Voyeur *m*

voyeurismo [vwaje'rizmo] *m* Voyeurismus *m*

v.r. *abbr di* **vedi retro** b.w. *(bitte wenden)*

v.s. ① *abbr di* **vedi sopra** s.o. *(siehe oben)* ② *abbr di* **vedi sotto** s.u. *(siehe unten)*

vs., Vs. *abbr di* **vostro** ihr(e), Ihr(e)

V.S. *abbr di* **Vostra Santità** Eure Heiligkeit

VT *abbr di* **Vecchio Testamento** A.T.

VU *abbr di* **Vigile Urbano** *(Verkehrs)polizist*

vu cumprà [vukum'pra] <-> *mf (pej)* fliegender Händler, fliegende Händlerin *m, f*

vulcaniano, -a [vulka'niaːno] *agg* Eruptions-; **fase -a** GEOL Eruption[sphase] *f*

vulcanico, -a [vul'kaːniko] <-ci, -che> *agg* ① GEOL vulkanisch, Vulkan-; **eruzione -a** Vulkanausbruch *m* ② *(fig: cervello, persona)* sprühend

vulcanismo [vulka'nizmo] *m* Vulkanismus *m*

vulcanite [vulka'niːte] *f* Vulkanit *m*

vulcanizzare [vulkanid'dzaːre] *vt* vulkanisieren

vulcanizzazione [vulkaniddzat'tsioːne] *f* Vulkanisierung *f,* Vulkanisation *f*

vulcano [vul'kaːno] *m* ① GEOL Vulkan *m;* **essere seduto su un ~** *(fig)* wie auf einem Pulverfass sitzen ② *(fig: persona)* Vulkan *m,* Naturereignis *nt*

vulcanologia [vulkanolo'dʒiːa] <-gie> *f* Vulkanologie *f*

vulgata [vul'gaːta] *f* Vulgata *f*

vulnerabile [vulne'raːbile] *agg* verwundbar, verletzbar; **lato ~** empfindliche Stelle, wunder Punkt

vulnerabilità [vulnerabili'ta] <-> *f* Verletzbarkeit *f,* Verwundbarkeit *f*

vulnus ['vulnus] <vulnera> *m* JUR Rechtsbruch *m*

vulva ['vulva] *f* Schamlippen *f pl,* Vulva *f*

vuoi ['vuɔːi], **vuole** ['vuɔːle] *2. e 3. pers sing pr di* **volere**[1]

vuotare [vuo'taːre] **I.** *vt* [ent-, aus-]leeren, leer machen **II.** *vr* **-rsi** sich leeren

vuoto ['vuɔːto] *m* ① PHYS Vakuum *nt;* **sotto ~ spinto** vakuumverpackt ② *(spazio)* Leere *f,* Hohlraum *m;* **~ d'aria** Luftloch *nt;* **cadere nel ~** ins Leere fallen ③ *(recipiente)* Leergut *nt,* Pfandflasche *f;* **~ a perdere** Wegwerfflasche *f,* Einwegflasche *f;* **restituzione dei -i** Leergutrückgabe *f* ④ *(fig)* Loch *nt,* Leere *f;* **colmare un ~** ein

V

Loch füllen; **parlare a ~** ins Leere hineinreden ➎ **a ~** FIN ungedeckt; TEC, MOT im Leerlauf

vuoto, -a *agg* leer; **a stomaco ~** mit leerem Magen, auf leeren Magen; **arrivare a mani -e** mit leeren Händen [an]kommen; **avere il cervello ~** ein Hohlkopf sein *fam*

Vurtemberga [vurtem'bɛrga] *f* Württemberg *nt*

vv *abbr di* **versi** Verse

Ww

W, w [vu d'doppia] <-> *f* W *nt,* w *nt;* **w come Washington** W wie Wilhelm

W *abbr di* **watt** W

wafer ['va:fer] <-> *m* Waffel *f*

waffle ['waf(ə)l] <-> *m* Waffel *f*

wage ceiling [weidʒ 'si:liŋ] <- *o* -s> *m* tarifliche Obergrenze

wage floor ['weidʒ flɔ:] <- *o* -s> *m* tarifliche Untergrenze

wage freeze ['weidʒ fri:z] <- *o* wage freezes> *m* Nullrunde *f*

wagon-lit [vagɔ̃'li] <-> *m* Schlafwagen *m*

wagon-restaurant [vagɔ̃rɛstɔ'rã] <-> *m* Speisewagen *m*

walkie-cup ['wɔ:kikʌp] <- *o* walkie-cups> *f* Einwegbecher *m* mit Deckel

walkie-talkie ['wɔ:ki'tɔ:ki] <-> *m* Walkie-Talkie *nt*

walking ['wolking] <-> *m* SPORT Gehen *nt*

walkman ['wɔ:kmən] <- *o* walkmen> *m* Walkman *m*

war game ['wɔ: geim] <- *o* war games> *m* ➊ MIL Kriegsspiel *nt,* Planspiel *nt* ➋ *(gioco, videogioco)* Kriegs-Videospiel *nt*

wash-and-wear ['wɔʃən(d)'wɛə] *agg inv* pflegeleicht

water-closet ['wɔ:tə'klɔzit] <-> *m* Wasserklosett *nt*

waterproof ['wɔ:təpru:f] *agg inv* wasserdicht

watt [vat] <-> *m* Watt *nt*

wattora [vat'to:ra] <-> *f* Wattstunde *f*

way of life ['wei ov 'laif] <- *o* ways of life> *f* Way of Life *m*

wc [vut'tʃi *o* vit'tʃi] <-> *m v.* **water closet** WC *nt*

webcast ['webkast] *m sing* INET Webcasting *nt,* Webcast-Technologie *f*

webcasting ['webkastiŋ] <-> *m* INET *(trasmissione)* Webcast *m*

web community [web kom'ju:niti] *f sing* INET Webcommunity *f,* Netzgemeinschaft *f*

webete ['wɛ:bete] *mf* INET Web-Idiot(in) *m(f)*

webmail ['web meil] <-> *f* INET Webmail *f o nt*

website ['websait] <-> *m* INFORM Website *f*

weekend ['wi:kɛnd *o* wi:'kɛnd] <-> *m* Wochenende *nt;* **~ di benessere** Wellnesswochenende, Wohlfühlwochenende

weekendista [wiken'dista] <-i *m,* -e *f*> *mf* Wochenendurlauber(in) *m(f)*

welcome ['welkəm] *int* Willkommen!

welfare state ['wɛlfɛə 'steit] *m sing* Wohlfahrtsstaat *m*

western ['westən *o* 'wɛstern] **I.** *agg inv* Western- **II.** *m* <-> Western *m;* **~ all'italiana** Italo-Western *m*

whatsappare [wɔttsap'pa:re] *(fam)* **I.** *vi* sich über WhatsApp® austauschen, whatsappen *fam* **II.** *vt* über WhatsApp® senden, whatsappen *fam*

whisky ['wiski] <-> *m* Whisky *m*

whisky-à-gogo ['wiski a go'go] <-> *m* Diskothek *f,* Tanzkeller *m*

window dressing ['windou 'dresiŋ] <-> *m* Schaufensterdekoration *f*

windsurf ['windsə:f] <-> *m* Windsurfen *nt,* -surfing *nt; (tavola)* Surfbrett *nt*

windsurfer ['windsə:fə] <- *o* windsurfers> *mf* SPORT Windsurfer(in) *m(f)*

windsurfing ['windsə:fiŋ] <-> *m* SPORT Windsurfen *nt*

windsurfista [windser'fista] <-i *m,* -e *f*> *mf* SPORT Windsurfer(in) *m(f)*

woofer ['wu:fə] *m (altoparlante per i toni bassi)* Bassbox *f*

word processing [wə:d 'prousesiŋ] <-> *m* INFORM Textverarbeitung *f*

word processor [wə:d 'prousesə] <-> *m* INFORM Textverarbeitungsprogramm *nt*

work song ['wə:k sɔŋ] <work songs> *m* MUS Worksong *m*

workstation ['wə:k'steiʃən] <- *o* workstations> *f* INFORM Workstation *f*

World Wide Web <-> *m* INFORM World Wide Web *nt*

wrestling ['rɛsliŋ] *m sing* SPORT Wrestling *nt*

würstel ['vyrstəl] <-> *m* Würstchen *nt,* Würstel *nt* DIAL

WWF [vu'vuɛffe] *m abbr di* **Worldwide Fund for Nature** *(Fondo Mondiale per la Natura)* WWF *m*

WWW [vu:vu'vu] *m abbr di* **World Wide Web** WWW *nt*

Xx

X, x [iks] **I.** *f* <-> X *nt*, x *nt;* **x come xilofono** X wie Xanthippe; **gambe a X** X-Beine *ntpl* **II.** *agg* **il signor x** der Herr X; **l'ora/il giorno x** die Stunde/der Tag X; **raggi x** Röntgenstrahlen *mpl*, X-Strahlen *mpl*

xeno ['ksɛ:no] *m* Xenon *nt*

xenobiotico, -a [kseno'biotiko] <-ci, -che> *agg* MED xenobiotisch; **sostanza -a** Xenobiotikum *nt*

xenodollaro [kseno'dɔllaro] *m* FIN Dollar *m* als Fremdwährung

xenoecologia [ksenoekolo'dʒi:a] *f* ökologische Raumforschung

xenoecologo, -a [ksenoe'kɔ:logo] <-gi, -ghe> *m, f* Weltraumökologe *m*/-ökologin *f*

xenofilia [ksenofi'li:a] <-ie> *f* ① *(esterofilia)* Xenophilie *f* ② ZOO Xenophilie *f*

xenofilo, -a [kse'nɔ:filo] **I.** *agg* ① *(esterofilo)* xenophil ② ZOO xenophil **II.** *m, f* Xenophile(r) *f(m)*

xenofoba *f v.* **xenofobo**

xenofobia [ksenofo'bi:a] *f* Fremdenhass *m*, Ausländerfeindlichkeit *f*

xenofobico, -a [kseno'fɔ:biko] <-ci, -che> *agg* ausländerfeindlich, xenophob

xenofobo, -a [kse'nɔ:fobo] **I.** *agg* fremdenfeindlich, ausländerfeindlich **II.** *m, f* Fremdenhasser(in) *m(f)*, Ausländerfeind(in) *m(f)*

xenotrapianto [ksenotra'pianto] *m* MED Xenotransplantation *f*, Heterotransplantation *f*

xenovaluta [ksenova'lu:ta] *f* FIN Fremdwährung *f*

xerocopia [ksero'kɔ:pia] *f* Xerokopie *f*

xerocopiare [kseroko'pia:re] *vt* xerokopieren

xerocopiatrice [kserokopia'tri:tʃe] *f* Xerokopierer *m*

xerofito, -a [kse'rɔ:fito] **I.** *agg* an trockene Standorte angepasst **II.** *m, f* Xerophyt *m*

xerografia [kserogra'fi:a] *f* Xerografie *f*

xerografico, -a [ksero'gra:fiko] <-ci, -che> *agg* xerografisch

xilofago, -a [ksi'lɔ:fago] <-gi, -ghe> **I.** *agg* holzfressend **II.** *m, f* Holzfresser *m*

xilofonista [ksilofo'nista] <-i *m*, -e *f*> *mf* Xylofonspieler(in) *m(f)*

xilofono [ksi'lɔ:fono] *m* Xylofon *nt*

xilografia [ksilogra'fi:a] *f* ① *(arte)* Holzschneidekunst *f*, Xylografie *f* ② *(copia)* Holzschnitt *m*

xografia [ksogra'fi:a] <-ie> *f* FOTO Xografie *f*

xografico, -a [kso'gra:fiko] <-ci, -che> *agg* FOTO xografisch

x-rated [eks'reitid] *agg inv* indiziert, auf dem Index stehend; **film ~** indizierter Film

X-ray ['ɛksrei] <- *o* X-rays> *m* ① MED Röntgenuntersuchung *f* ② *(raggi X)* Röntgenstrahlen *mpl*, X-Strahlen *mpl*

Yy

Y, y ['ipsilon] <-> *f* Y *nt,* y *nt;* **y come yacht** Y wie Ypsilon

yacht [jɔt] <-> *m* Jacht *f,* Yacht *f*

yachting ['jɔtiŋ] <-> *m* Jachtsport *m; (a vela)* Segelsport *m*

yachtsman ['jɔtsmən] <-> *m* Jachtfahrer *m,* Jachtbesitzer *m*

yak [jæk *o* jak] <-> *m* Jak *m,* Yak *m*

yes-man ['jɛsmən] <- *o* yes-men> *m* Jasager(in) *m(f),* Person, die zu allem Ja und Amen sagt

yeti ['iɛ:ti] *m* Yeti *m*

yoga ['jo:ga] **I.** *m* <-> Yoga *m o nt* **II.** *agg inv* Yoga-

yogurt ['iɔ:gurt] <-> *m v.* **iogurt**

yogurtiera [iogur'tie:ra] *f* Joghurtbereiter *m*

yo-yo ['joujou] <-> *m* Jo-Jo *nt*

ypsilon ['ipsilon] <-> *f o m v.* **ipsilon**

yucca ['iukka] <-cche> *f* Yucca *f,* Palmlilie *f*

yuppie ['jʌpi] **I.** *mf* <- *o* **yuppies**> Yuppie *m* **II.** *agg inv* Yuppie-; **look ~** Yuppie-Look *m*

yuppismo [iu'pizmo] *m* Karrierebewusstsein *nt,* Streben *nt* nach sozialem Aufstieg

yuppista [iu'pista] *agg* Yuppie-, yuppiehaft

Zz

Z, z ['dzɛ:ta] <-> *f* Z *nt,* z *nt;* **z come Zara** Z wie Zacharias; **dall'a alla z** von A bis Z

zabaione [dzaba'io:ne] *m* Zabaione *f (Schaumcreme aus Ei, Zucker und Marsala)*

zacchera ['tsakkera] *f* Schmutzspritzer *m*

zaffata [tsaf'fa:ta] *f* übelriechende Dunstwolke

zafferano [dzaffe'ra:no] *m* ① BOT Safran *m* ② *(colore)* Safran[gelb] *nt*

zaffiro [dzaf'fi:ro] *m* ① MIN Saphir *m* ② *(colore)* Saphirblau *nt*

Zagabria [dza'ga:bria] *f* Zagreb *nt*

zagara ['dza:gara] *f* Blüte *f* der Zitrusgewächse

zaino ['dza:ino] *m* Rucksack *m;* MIL Tornister *m*

zampa ['tsampa] *f* ① ZOO *(gamba)* Bein *nt,* Lauf *m; (piede)* Fuß *m; (di cani, gatti)* Pfote *f; (di fiere)* Pranke *f,* Tatze *f;* **-e di gallina** *(fig: intorno agli occhi)* Krähenfüße *mpl fam; (scrittura illeggibile)* Gekrakel *nt,* Gekritzel *nt* ② *(fig, pej: gamba dell'uomo)* Hachse *f fam; (mano)* Pfote *f fam;* **a quattro -e** auf allen vieren; **giù le -e!** Pfoten weg! ③ GASTR Hachse *f,* Haxe *f* SÜDD ④ *(di mobili)* Fuß *m; (di tavolino, sedia)* Bein *nt*

zampata [tsam'pa:ta] *f* Pfotenhieb *m,* Prankenhieb *m*

zampettare [tsampet'ta:re] *vi (fam)* [herum]trippeln

zampetto [tsam'petto] *m* GASTR Hachse *f,* Haxe *f* SÜDD

zampillare [tsampil'la:re] *vi essere o avere* herausspritzen, herausschießen

zampillio [tsampil'li:o] <-ii> *m* [andauerndes] Herausspritzen *nt*

zampillo [tsam'pillo] *m* Strahl *m*

zampino [tsam'pi:no] *m* kleine Pfote, Pfötchen *nt;* **mettere** [*o* **ficcare** *(fam)*] **lo ~ in qc** seine Hand bei etw im Spiel haben

zampirone [dzampi'ro:ne] *m* Räucherspirale *f,* Insektenvertilgungsspirale *f*

zampogna [tsam'poɲɲa] *f* Sackpfeife *f*

zampone [tsam'po:ne] *m* Pranke *f;* **~ di Modena** *gefüllter Schweinsfuß*

zana ['tsa:na *o* 'dza:na] *f* ① *(cesta)* Spankorb *m* ② *(culla)* [korbförmige] Wiege *f*

zangola ['tsaŋgola *o* 'dzaŋgola] *f (per fare il burro)* Butterfass *nt; (per baccalà, ceci)* Holzgefäß *nt,* Holzfass *nt*

zanna ['tsanna] *f* ① ZOO Stoßzahn *m,* Hauer *m* ② *pl (pej, scherz)* Hauer *mpl*

zanzara [dzan'dza:ra] *f* ZOO [Stech]mücke *f,* Gelse *f* A

zanzaricida [dzandzari'tʃi:da] <-i *m,* -e *f*> *m* Mittel *nt* gegen Mücken, Insektenspray *nt*

zanzariera [dzandza'riɛ:ra] *f* Mückennetz *nt,* Moskitonetz *nt*

zanzarifugo [dazndza'ri:fugo] <-ghi> *m* Mückenabwehrmittel *nt*

zappa ['tsappa] *f* Hacke *f;* **darsi la ~ sui piedi** *(fig)* sich *dat* ins eigene Fleisch

Y

schneiden, sich *dat* ins [eigene] Knie schießen *fam*

zappare [tsap'pa:re] **I.** *vt* AGR hacken **II.** *vi (fare zapping)* zappen

zappata [tsap'pa:ta] *f* Hieb *m* mit der Hacke

zappaterra [tsappa'tɛrra] <-> *mf* ① *(contadino)* Feldarbeiter(in) *m(f)* ② *(fig, pej)* Bauer *m,* Tölpel *m*

zappatore [tsappa'to:re] *m* MIL *(Pionier)* Sappeur *m*

zappatore, -trice *m, f* AGR Feldarbeiter(in) *m(f)*

zappatrice [tsappa'tri:tʃe] *f* AGR Hackmaschine *f*

zappatura [tsappa'tu:ra] *f* [Um]hacken *nt*

zappetta [tsap'petta] *f* ① AGR kleine Hacke, Kombihacke *f* ② TEC *(chiodo)* Zwecke *f*

zapping ['zæpiŋ] <-> *m* Zappen *nt;* **fare lo ~** zappen

zar [tsar] <-> *m,* **zarina** [tsa'ri:na] *f* Zar(in) *m(f)*

zarista [tsa'rista] <-i *m,* -e *f*> **I.** *mf* Zarist(in) *m(f),* Anhänger(in) *m(f)* des Zaren **II.** *agg* zaristisch

zattera ['tsattera *o* 'dzattera] *f* Floß *nt*

zatterone [dzatte'ro:ne *o* tsatte'ro:ne] *m* ① *(grossa zattera)* Schnake *f* ② *(edilizia)* Schwellrost *m* ③ *(calzatura estiva)* Schuh *m* mit Keilabsatz

zavorra [dza'vɔrra] *f* ① NAUT, AERO Ballast *m* ② *(fig, pej: cosa)* unnützes Zeug, Ballast *m; (persona)* Nichtsnutz *m*

zavorrare [dzavor'ra:re] *vt* mit Ballast versehen

zazzera ['tsattsera] *f* ① *(pej, scherz)* [Löwen]mähne *f* ② *(capigliatura)* Langhaarschnitt *m,* schulterlanges Haar

zazzeruto, -a [tsattse'ru:to] *agg (pej, scherz)* langhaarig

zebra ['dzɛ:bra] *f* ① ZOO Zebra *nt* ② *pl (fam)* Zebrastreifen *m*

zebrato, -a [dze'bra:to] *agg* [schwarz und weiß] gestreift

zebratura [dzebra'tu:ra] *f* Zebramuster *nt*

zebù [dze'bu] <-> *m* Zebu *m o nt*

zecca ['tsekka] <-cche> *f* ① *(officina di conio)* Münzstätte *f,* Münze *f;* **nuovo di ~** *(fig)* nagelneu ② ZOO Zecke *f,* Zeck *m* A, SÜDD

zecchino [tsek'ki:no] *m* Zechine *f;* **oro ~** reinstes Gold, Dukatengold *nt*

zefiro ['dzɛ:firo] *m (poet)* Zephir *m*

zelante [dze'lante] *agg* eifrig, dienstbeflissen

zelo ['dzɛ:lo] *m* Eifer *m*

zen [dzɛn] **I.** *m* <-> Zen *nt* **II.** *agg inv* Zen-

zenit ['dzɛ:nit] <-> *m* Zenit *m*

zenzero ['dzendzero] *m* Ingwer *m*

zeppa ['tseppa] *f* Keil *m*

zeppelin ['tsɛpəli:n] <-> *m* Zeppelin *m*

zeppo, -a ['tseppo] *agg (fam)* **~ di** vollgestopft mit; *(fig)* voll von, voller; **essere pieno ~** *(fam)* proppenvoll sein

zerbino [dzer'bi:no] *m* Fußabtreter *m,* Fußmatte *f*

zerbinotto [dzerbi'nɔtto] *m* Geck *m*

zero ['dzɛ:ro] **I.** *m* <-> ① *(gener,* MAT Null *f; (fig)* PHYS Nullpunkt *m;* **essere uno ~** *(fig)* eine Null sein *fam;* **essere ridotto a ~** *(fam)* völlig abgebrannt sein; **sparare a ~** das Magazin leer schießen; *(fig)* blind in die Menge schießen; **sparare a ~ contro** [*o* **a**] **qu** *(fig)* jdn hart angreifen; **~ virgola otto** null Komma acht; **3 gradi sotto ~** 3 Grad unter Null ② *(voto scolastico)* ≈ ungenügend, sechs ③ *(di capelli)* Kahlschnitt *m;* **rapare a ~** kahl scheren **II.** *num* null; **l'ora ~** null Uhr, Mitternacht *f; (fig)* die Stunde null

zeta ['dzɛ:ta] <-> *f v.* **Z, z**

zeugma ['dzɛ:ugma] <-i> *m* Zeugma *nt*

zia ['tsi:a] <zie> *f* Tante *f*

zibaldone [dzibal'do:ne] *m* ① LIT Notizensammlung *f,* Aphorismensammlung *f* ② *(pej)* Sammelsurium *nt,* Mischmasch *m*

zibellino [dzibel'li:no] *m* Zobel *m*

zibetto [dzi'betto] *m* ① ZOO Zibetkatze *f* ② *(sostanza)* Zibet *m*

zibibbo [dzi'bibbo] *m muskatellerartige Weintraubensorte*

zigano, -a [tsi'ga:no] *(pej)* **I.** *m, f* Zigeuner(in) *m(f) pej* **II.** *agg* Zigeuner- *pej*

zigomo ['dzi:goma] *m* Jochbogen *m,* Wangenbein *nt*

zigrinare [dzigri'na:re] *vt* ① *(pelle)* chagrinieren, narben ② *(moneta)* rändeln

zigrinato, -a [dzigri'na:to] *agg* ① *(ruvido)* aufgeraut, gekörnt ② *(tratteggiato)* gerändelt

zigrinatura [dzigrina'tu:ra] *f* ① *(di cuoio)* Narbung *f* ② *(nella coniatura, nella meccanica)* Rändelung *f*

zigzag, zig-zag [dzig'dzag] <-> *m* Zickzack *m,* Zickzacklinie *f*

zigzagante [dzigdza'gante] *agg* im Zickzack [verlaufend]; *(fig)* komplex, schwankend; **analisi ~** komplex verlaufende Analyse

zigzagare [dzigdza'ga:re] *vi* im Zickzack gehen

zimbello [tsim'bɛllo *o* dzim'bɛllo] *m* ① *(fig)* Zielscheibe *f* des Spottes ② ZOO *(uccello)* Lockvogel *m*

zincare [tsiŋ'ka:re *o* dziŋ'ka:re] *vt* verzinken

zincatura [tsiŋka'tu:ra *o* dziŋka'tu:ra] *f*

① *(operazione)* Verzinken *nt* ② *(rivestimento)* Verzinkung *f,* Zinkschicht *f*

zinco ['tsiŋko *o* 'dziŋko] *m* Zink *nt*

zingara *f (pej) v.* **zingaro**

zingaresco, -a [tsiŋga'resko *o* dziŋga'resko] <-schi, -sche> *agg (pej)* Zigeuner- *pej*

zingaro, -a ['tsiŋgaro *o* 'dziŋgaro] *m, f (pej)* Zigeuner(in) *m(f) pej*

zinzino [tsin'tsi:no *o* dzin'dzi:no] *m* Bisschen *nt;* GASTR Prise *f*

zio ['tsi:o] <zii> *m* ① *(uomo)* Onkel *m* ② *pl (zio e zia)* Onkel und Tante

zip [dzip] <-> *m* Reißverschluss *m,* Zippverschluss *m* A

zippare [dzip'pa:re] *vt* INFORM zippen

zippato, -a [dzip'pa:to] *agg* gezippt; **file ~** Zip-Datei *f*

zircone [dzir'ko:ne] *m* Zirkon *m*

zirlare [dzir'la:re *o* tsir'la:re] *vi* singen, pfeifen

zirlo ['dzirlo *o* 'tsirlo] *m* Singen *nt,* Pfeifen *nt*

zit(t)ella [tsi'tɛlla *o* dzi'tɛlla (dzit'tɛlla)] *f* ① *(donna nubile)* ledige Frau ② *(pej)* alte Jungfer

zit(t)ellone [tsi(t)tel'lo:ne *o* dzi(t)tel'lo:ne] *m (scherz)* [eingefleischter] Junggeselle *m*

zite ['tsi:te] *f pl dicke Makkaronisorte*

zitellaggio [tsitel'laddʒo *o* dzitel'laddʒo] <-ggi> *m* Altjungfernstand *m obs*

zitellesco, -a [tsitel'lesko *o* dzitel'lesko] <-schi, -sche> *agg (scherz o pej)* altjüngferlich; **modo ~** altjüngferliche Art

zittire [tsit'ti:re] <zittisco> **I.** *vi* zischen **II.** *vt* auspfeifen, auszischen

zitto, -a ['tsitto] **I.** *agg* still, ruhig; **sta' ~!** *(fam)* sei still!; **~ ~** *(fam)* mucksmäuschenstill **II.** *int* ruhig, Ruhe

zizzania [dzid'dza:nia] <-ie> *f* ① *(fig)* Zwietracht *f,* Unfrieden *m* ② BOT Taumellolch *m*

zoccolare [tsokko'la:re] *vi (fam)* [mit Holzpantinen] klappern

zoccolo ['tsɔkkolo] *m* ① *(calzatura)* [Holz]pantine *f,* Holzschuh *m* ② ZOO Huf *m* ③ ARCH [Wand]sockel *m* ④ *(di colonna, monumento)* Fuß *m* ⑤ GEOG [Kontinental]sockel *m*

zodiacale [dzodia'ka:le] *agg* Tierkreis-

zodiaco [dzo'di:ako] <-ci> *m* Tierkreis *m;* **i segni dello ~** die Tierkreiszeichen *ntpl*

zolfanello [tsolfa'nɛllo] *m* Zündholz *nt,* Streichholz *nt*

zolfatara [tsolfa'ta:ra] *f v.* **solfatara**

zolfo ['tsolfo] *m* Schwefel *m*

zolla ['dzɔlla *o* 'tsɔlla] *f* [Erd]scholle *f*

zolletta [dzol'letta *o* tsol'letta] *f* Würfelchen *nt,* Stückchen *nt;* **zucchero in -e** Würfelzucker *m*

zombie ['zɔmbi] <-> *m* Zombi *m;* **credere negli ~** an Zombies glauben; **sembrare uno ~** *(fig)* ein Zombi sein

zompare [tsom'pa:re] *vi essere* DIAL *(saltare)* hüpfen, springen

zona ['dzɔ:na] *f* ① *(striscia)* Streifen *m,* Gürtel *m* ② *(regione)* Gebiet *nt,* Zone *f;* GEOG Region *f,* Gegend *f;* *(climatica)* Zone *f;* **~ collinare** Hügelland *nt;* **~ desertica** Wüstengegend *f;* **~ di montagna** Bergregion *f;* **~ di libero scambio** Freihandelszone *f;* **~ sismica** Erdbebengebiet *nt* ③ ADM *(rione)* Stadtbezirk *m,* Stadtviertel *nt;* **~ blu** [*o* **disco**] blaue Zone; **~ industriale** Industriegebiet *nt;* **~ pedonale** Fußgängerzone *f;* **~ residenziale** Wohngebiet *nt,* Wohnbezirk *m;* **~ verde** Grünanlagen *f pl;* **~ vietata** Sperrgebiet *nt* ④ SPORT [Spiel]bereich *m* ⑤ TEL *(nastro ricevente)* Papierstreifen *m* ⑥ RADIO Bereich *m;* **~ d'ascolto** Hörbereich *m*

zonista [dzo'nista] <-i *m,* -e *f*> **I.** *agg* SPORT raumdeckend; **tattica ~** Raumdeckung *f* **II.** *mf* SPORT Raumdecker(in) *m(f)*

zonizzare [dzonid'dza:re] *vt* in Zonen aufteilen

zonizzazione [dzoniddzat'tsio:ne] *f* Aufteilung *f* in Zonen

zonzo ['dzondzo] *(fam)* **andare a ~** bummeln gehen

zoo ['dzɔ:o] <-> *m* Zoo *m*

zoocida [dzoo'tʃi:da] <-i *m,* -e *f*> **I.** *agg* Parasiten tötend, parasitentötend; **prodotto ~** Mittel *nt* gegen Parasiten **II.** *m* Mittel *nt* gegen Parasiten

zoofilo, -a [dzo'ɔ:filo] **I.** *agg* tierliebend; **società -a** Tierschutzverein *m* **II.** *m, f* Tierliebhaber(in) *m(f),* Tierfreund(in) *m(f)*

zoologa *f v.* **zoologo**

zoologia [dzoolo'dʒi:a] <-gie> *f* Zoologie *f,* Tierkunde *f*

zoologico, -a [dzoo'lɔ:dʒiko] <-ci, -che> *agg* zoologisch

zoologo, -a [dzo'ɔ:logo] <-gi, -ghe> *m, f* Zoologe *m*/Zoologin *f*

zoom [zu:m] <-> *m* Zoom[objektiv] *nt*

zooparassita [dzooparas'si:ta] *m* Parasit *m*

zootecnia [dzootek'ni:a] <-ie> *f* Viehzucht *f,* Tierzucht *f*

zootecnico, -a [dzoo'tɛkniko] <-ci, -che> **I.** *agg* Vieh-, Viehzucht- **II.** *m, f* Viehzüchter(in) *m(f)*

zoppa *f v.* **zoppo**

zoppicante [tsoppi'kante] *agg* hinkend, lahmend; *(verso, periodo)* holperig

zoppicare [tsoppi'ka:re] *vi* ① *(persona)*

hinken, humpeln; *(animale)* lahmen, hinken ② *(mobile, tavolino)* wackeln ③ *(fig fam: persona)* schwach sein; *(periodo, verso)* holperig sein, hinken; *(ragionamento)* hinken, nicht stimmen

zoppo, -a ['tsɔppo] **I.** *m, f* Hinkende(r) *f(m)*, Lahme(r) *f(m)* **II.** *agg* ① *(persona, piede)* hinkend, lahm; **è ~ dalla gamba destra** er hinkt auf [*o* mit] dem rechten Bein ② *(fig)* nicht stimmig, hinkend

zotica *f v.* **zotico**

zoticaggine [dzoti'kaddʒine] *f*, **zotichezza** [dzoti'kettsa] *f* Grobheit *f*, Plumpheit *f*

zotico, -a ['dzɔːtiko] <-ci, -che> **I.** *agg* grob, plump **II.** *m, f* Grobian *m*, Flegel *m*

zuavo, -a [dzu'aːvo] **I.** *agg* Zuaven-; **pantaloni alla -a** [Knie]bundhosen *fpl*, Knickerbocker *pl* **II.** *m, f* Zuave *m*

zucca ['tsukka] <-cche> *f* ① BOT Kürbis *m*; **~ hokkaido** Hokkaido *m* ② *(fam scherz)* Rübe *f*, Birne *f*; **~ pelata** *(fam)* Glatzkopf *m*

zuccata [tsuk'kaːta] *f (fam)* Stoß *m* mit dem Kopf

zuccherare [tsukke'raːre] *vt* zuckern, süßen

zuccherato, -a [tsukke'raːto] *agg* ① *(caffè, tè)* gezuckert, gesüßt ② *(fig)* süßlich, zuckersüß

zuccheriera [tsukke'riɛːra] *f* Zuckerdose *f*

zuccheriero, -a [tsukke'riɛːro] *agg* Zucker-

zuccherificio [tsukkeri'fiːtʃo] <-ci> *m* Zuckerfabrik *f*

zuccherino [tsukke'riːno] *m* ① *(pezzetto di zucchero)* Zuckerstück *nt*, Zuckerl *nt* A, SÜDD; *(dolcino)* Bonbon *m o nt* ② *(fig)* Trostpflaster *nt*

zuccherino, -a *agg* zuckerhaltig, Zucker-; *(dolce)* [zucker]süß

zucchero ['tsukkero] *m* Zucker *m*; **~ filato** Zuckerwatte *f*; **~ vanigliato** Vanillezucker *m*; **~ di barbabietola** Rübenzucker *m*; **~ di canna** Rohrzucker *m*; **~ in polvere** Puderzucker *m*; **~ in zollette** Würfelzucker *m*; **dolce come lo ~** *(a. fig)* zuckersüß

zuccheroso, -a [tsukke'roːso] *agg* ① *(frutta)* zuckersüß ② *(fig: parole)* süßlich, [honig]süß

zucchina [tsuk'kiːna] *f*, **zucchino** [tsuk'kiːno] *m* Zucchino *m*; **-e** GASTR Zucchini *mpl*

zuccona *f v.* **zuccone**

zucconaggine [tsukko'naddʒine] *f* Begriffsstutzigkeit *f*

zuccone [tsuk'koːne] *m (testa grossa)* dicker Kopf

zuccone, -a *m, f (fam fig)* Hohlkopf *m*; *(testardo)* Dickkopf *m*

zuccotto [tsuk'kɔtto] *m Halbkugel aus Halbgefrorenem, gefüllt mit Sahne, kandierten Früchten und Schokoladenstückchen*

zuffa ['tsuffa] *f* Rauferei *f*

zufolare [tsufo'laːre] **I.** *vi* auf der Hirtenflöte blasen **II.** *vt* pfeifen

zufolo ['tsuːfolo] *m* Hirtenflöte *f*

zumare [dzu'maːre] **I.** *vi* FILM, TV zoomen; **~ su un particolare** ein Detail zoomen **II.** *vt* FILM, TV, FOTO heranzoomen

zumata [dzu'maːta] *f* FILM, TV Zoomen *nt*

Zumba® ['dzumba] *f* Zumba® *nt*

zuppa ['tsuppa] *f* ① GASTR Suppe *f*; **~ di pesce** Fischsuppe *f*; **~ di verdura** Gemüsesuppe *f*; **~ inglese** *Süßspeise aus verschiedenen Cremeschichten und mit Likör getränkten Biskuitböden;* **se non è ~ è pan bagnato** *(prov)* es ist gehupft wie gesprungen ② *(fig)* Mischmasch *m fam*

zuppetta [tsup'peta] *f* Süppchen *nt*; **fare [la] ~ nel caffè** Kekse in Kaffee eintunken

zuppiera [tsup'piɛːra] *f* Suppenschüssel *f*

zuppo, -a ['tsuppo] *agg (fam)* klatschnass

Zurigo [dzu'riːgo] *m (cantone)* Zürich *nt*; *(città)* Zürich *nt*

zuzzerellone, -a [dzuddzerel'loːne] *m, f*, **zuzzurullone, -a** [dzuddzurul'loːne] *m, f (fam)* Kindskopf *m*

Z

Aa

a *Abk. von* **Ar** a

A, **a** [aː] <-, -(s)> *nt* ① *(Buchstabe)* A *f*, a *f*; **A wie Anton** A come Ancona; **das A und O einer Sache** il nocciolo [*o* succo] di una cosa; **von A bis Z** dall'a alla zeta; **von A bis Z erfunden** inventato di sana pianta; **wer A sagt, muss auch B sagen** *(prov)* quando si è in ballo, bisogna ballare ② MUS la *m*

A ① *Abk. von* **Ampere** A ② *Abk. von* **Autobahn** A ③ *Abk. von* **Austria** A

à [aː] *präp +akk* da, per; **zehn Stück à zwei Euro** dieci pezzi da [*o* per] due euro

Aa [a'ʔa] <-> *nt kein Pl. (Kindersprache)* cacca *f*; ~ **machen** fare la cacca

AA ① *Abk. von* **Auswärtiges Amt** *Aff. Est.* ② *Abk. von* **Anonyme Alkoholiker** alcolisti *mpl* anonimi

Aachen ['aːxən] *nt* Aquisgrana *f*

Aal [aːl] <-(e)s, -e> *m* anguilla *f*

aalglatt *adj (fig, pej)* viscido, infido

a.a.O *Abk. von* **am angegebenen Ort** loc. cit.

Aargau ['aːɐ̯gaʊ] *m* Argovia *f*

Aas [aːs] <-es, -e> *nt* ① *(Tierleiche)* carogna *f* ② *(fam pej)* carogna *f*; **es war kein ~ da!** *(fam)* non c'era anima viva!

Aasgeier *m* ① ZOO avvoltoio *m* ② *(fam pej)* avvoltoio *m*

ab [ap] **I.** *präp +dat* ① *(räumlich)* da; COM franco; ~ **Lager** magazzino franco ② *(zeitlich)* [a partire] da, da … in poi; ~ **[dem] ersten April** dal primo aprile; **Jugendliche ~ 16 [Jahren]** ragazzi dai 16 anni in poi; **von jetzt ~** d'ora in poi **II.** *adv* ① *(weg)* ~ **ins Bett!** avanti, a letto!; **gleich hinter der Kreuzung links ~** gira a sinistra subito dopo l'incrocio; **Köln ~ 7.15** partenza da Colonia alle 7.15 ② *(fam: abgetrennt)* staccato ③ *(herunter, hinunter)* giù, abbasso; **Hut ~!** *(fig)* tanto di cappello! ④ *(Wend)* ~ **und zu** [*o* **an**] ogni tanto, di quando in quando

ab|ändern *vt* modificare, cambiare

Abänderung <-, -en> *f* modifica *f*, cambiamento *m*; *(Umarbeitung)* rimaneggiamento *m*; *(von Gesetz)* emendamento *m*

ab|arbeiten **I.** *vt (Schuld)* estinguere, ammortizzare lavorando **II.** *vr:* **sich ~** ammazzarsi di lavoro

Abart <-, -en> *f a.* BIOL varietà *f*, sottospecie *f*

abartig *adj* anormale

Abb. *Abk. von* **Abbildung** ill.

Abbau <-(e)s> *m kein Pl.* ① MIN estrazione *f* ② *(Auseinandernehmen)* smontaggio *m* ③ *(von Preisen, Gehältern, Personal)* riduzione *f*, diminuzione *f* ④ *(von Maßnahme, Einrichtung)* soppressione *f* ⑤ CHEM decomposizione *f*, degradazione *f*

abbaubar *adj* degradabile; **biologisch ~** biodegradabile

ab|bauen **I.** *vt* ① *(Maschine, Zelt, Gerüst, Stand)* smontare ② MIN estrarre, sfruttare ③ *(Bestände, Lohn)* ridurre, diminuire ④ *(Personal)* licenziare ⑤ *(Maßnahme)* sopprimere, abolire ⑥ *(Vorurteile)* eliminare ⑦ BIOL, CHEM decomporre, degradare; **biologisch ~** biodegradare **II.** *vi* venir meno ai propri compiti

Abbauprodukt *nt* CHEM prodotto *m* di decomposizione

ab|beißen <irr> *vt* staccare con un morso; **sich** *dat* **lieber die Zunge ~ als …** *+inf (fam)* tagliarsi la lingua piuttosto che … *+inf*

ab|beizen *vt* togliere con solventi

ab|bekommen <irr> *vt* ① *(erhalten)* ricevere; *(Schlag)* prendere; **etw ~** subire un danno ② *(losbekommen)* riuscire a togliere

ab|berufen <irr> *vt* **jdn [von etw] ~** richiamare qu [da qc]

ab|bestellen <ohne ge-> *vt (Zimmer)* disdire; *(Zeitung)* annullare l'abbonamento a; COM annullare l'ordinazione di; **jdn ~** dire a qu di non venire

ab|bezahlen <ohne ge-> *vt* ① *(ganz)* finire di pagare, estinguere ② *(in Raten)* pagare a rate

ab|biegen <irr> **I.** *vi sein* svoltare, deviare; *(Straße)* diramarsi; **nach rechts/links ~** svoltare a destra/sinistra **II.** *vt haben (biegen)* piegare

Abbiegespur *f* corsia *f* di canalizzazione del traffico *(prima di un incrocio)*

Abbiegung <-, -en> *f* ① *(das Abbiegen)* deviazione *f* ② *(einer Straße)* diramazione *f*, bivio *m*

Abbild <-(e)s, -er> *nt* ① *(Nachbildung)* copia *f* ② *(Ebenbild)* immagine *f*

ab|bilden *vt (Personen)* ritrarre; *(Dinge)* rappresentare

Abbildung <-, -en> *f* illustrazione *f*, rappresentazione *f*; **mit ~en** illustrato

ab|binden <irr> **I.** *vt* ① *(losbinden)* slegare ② MED *(Arm)* legare; *(Arterie)* comprimere ③ GASTR legare **II.** *vi (Beton)* far presa

Abbitte *f* scusa *f*; *(öffentliche)* pubblica ammenda *f*; ~ **leisten** [*o* **tun**] porgere le proprie scuse

A

ab|blasen <irr> *vt* ① *(Staub)* soffiar via ② *(Jagd)* suonare la fine di ③ *(fig fam: absagen)* sospendere, annullare, revocare

ab|blättern *vi sein* sfaldarsi

ab|blenden I. *vt* FOTO diaframmare II. *vi* ① AUTO abbassare i fari abbaglianti ② FILM chiudere in dissolvenza

Abblendlicht <-(e)s> *nt kein Pl.* AUTO [fari *mpl*] anabbaglianti *mpl*

ab|blitzen *vi sein* **jdn ~ lassen** *(fam)* far scappare qu

ab|blocken *vt* bloccare, parare, fermare; *(Angriff)* respingere; *(Vorhaben)* bloccare

ab|brechen <irr> I. *vt haben* ① *(Zweig, Stiel)* rompere, spezzare ② *(Gebäude)* demolire; *(Zelt)* smontare; **das Lager/die Zelte ~** *(a. fig)* MIL levare le tende ③ *(fig: Verhandlungen, Beziehungen)* rompere; *(Tätigkeit)* interrompere; *(Streik)* sospendere; **die Beziehungen zu jdm ~** troncare i rapporti con qu ④ INFORM annullare II. *vi* ① *sein (Ast, Messer, Spitze)* rompersi ② *haben (fig: aufhören)* interrompersi

ab|bremsen *vi, vt* frenare

ab|brennen <irr> I. *vt haben* incendiare, bruciare; *(Haus)* dar fuoco a; *(absengen)* abbruciacchiare; *(Feuerwerk)* accendere II. *vi sein* bruciare; *(Haus)* essere ridotto in cenere; *(Kerze)* consumarsi

ab|bringen <irr> *vt* **jdn [von etw] ~** distogliere qu [da qc]; **jdn von seiner Meinung ~** far cambiare idea a qu; **jdn vom rechten Weg ~** sviare qu dalla retta via

ab|bröckeln *vi sein* scrostarsi

Abbruch <-(e)s, -brüche> *m* ① *Sing. (von Lager, Zelt)* smontaggio *m; (von Gebäude)* demolizione *f* ② *(fig: von Beziehungen, Verhandlungen)* rottura *f; (von Wettkampf)* sospensione *f;* **einer Sache** *dat* **~ tun** recar danno a qc, nuocere a qc

abbruchreif *adj* da demolire, da abbattere

ab|buchen *vt* FIN defalcare, detrarre; **einen Betrag vom Konto ~** addebitare un importo sul conto

Abbuchung <-, -en> *f* FIN detrazione *f*, defalco *m*

Abbuchungsauftrag *m* FIN delega *f* di pagamento, ordine *m* di storno

ab|bürsten *vt* ① *(Mantel)* spazzolare; **den Staub ~** togliere la polvere ② *(fig fam)* rimproverare

ab|büßen *vt* ① *(Strafe)* scontare ② REL espiare

Abc [a(:)be(:)'tse:] <-, -> *nt* alfabeto *m*, abbiccì *m;* **nach dem ~ ordnen** mettere in ordine alfabetico

ab|checken *vt* verificare, controllare

Abc-Schütze, **-Schützin** <-n, -n> *m, f* scolaro *m*/scolara *f* principiante

ABC-Waffen *fpl* armi *fpl* atomiche, biologiche e chimiche

ab|danken *vi (König)* abdicare; *(Minister)* dimettersi

Abdankung <-, -en> *f* ① *(von König)* abdicazione *f; (von Minister)* dimissioni *fpl* ② CH *(Trauerfeier)* funerale *m,* esequie *fpl*

ab|decken *vt* ① *(freilegen)* levare la coperta da, scoprire; *(Tisch)* sparecchiare; *(Haus)* scoperchiare ② *(ab-, ver-, zudecken)* coprire ③ FIN estinguere

Abdeckstift <-es, -e> *m* MODE correttore *m*

Abdeckung <-, -en> *f* copertura *f*

ab|dichten *vt* turare; *(mit Dichtung)* applicare una guarnizione a; *(Tür, Fenster)* turare gli spifferi di; *(wasserdicht machen)* rendere stagno

Abdichtung <-, -en> *f* ① *(Vorgang)* render *m* stagno ② *(~sstelle)* guarnizione *f*

ab|drehen I. *vt haben* ① *(Wasser, Gas)* chiudere; *(Licht, Radio)* spegnere ② *(entfernen)* staccare ③ *(Film)* finire di girare II. *vi haben o sein* NAUT, AERO cambiare rotta, virare

ab|driften *vi sein* deviare; NAUT andare alla deriva; *(abtreiben)* dirottare; **nach rechts ~** deviare a destra; **in den Suff ~** *(fam)* darsi all'alcol

Abdruck[1] <-(e)s, -drücke> *m (Finger~)* impronta *f* digitale; *(Gips~, Wachs~)* copia *f,* calco *m*

Abdruck[2] <-(e)s, -drucke> *m (das Abdrucken)* stampa *f,* pubblicazione *f; (Gedrucktes)* copia *f*

ab|drucken *vt* pubblicare, stampare

ab|drücken I. *vi (schießen)* sparare II. *vt* ① *(Gewehr)* scaricare ② *(nachbilden)* fare un calco di ③ *(Ader)* comprimere III. *vr* **sich [in etw** *dat***] ~** *(sich abzeichnen)* imprimersi [in qc]; **die Spur hatte sich im Erdboden abgedrückt** l'orma si era impressa nel terreno

ab|dunkeln *vt* oscurare

ab|ebben *vi sein* ① *(Flut)* decrescere ② *(fig)* diminuire, placarsi

Abend ['a:bənt] <-s, -e> *m* sera *f; (a. Veranstaltung)* serata *f;* **eines ~s** una sera; **am ~, des ~s** di [*o* la] sera; **jeden ~** ogni sera; **am ~ vorher** la sera prima; **am folgenden ~** la sera dopo; **gestern/morgen ~** ieri/domani sera; **bis heute ~!** a questa sera!, a stasera!; **zu ~ essen** cenare; **es wird ~** si fa sera; **gegen ~** verso sera, all'imbrunire; **guten ~!** buona sera!; **der Heilige ~** la vigilia di Natale; **ein literarischer/musikalischer ~** una serata letteraria/musicale

Abendanzug *m* abito *m* da sera

Abendblatt *nt* giornale *m* della sera
Abendbrot *nt* cena *f*
Abenddämmerung *f* crepuscolo *m*
Abendessen *nt* cena *f*
abendfüllend *adj* che occupa l'intera serata
Abendgesellschaft *f* serata *f; (mit Tanz)* serata *f* danzante
Abendgottesdienst *m* funzione *f* serale
Abendgymnasium *nt* liceo *m* serale
Abendkasse *f* THEAT cassa *f,* botteghino *m*
Abendkleid *nt* abito *m* da sera
Abendkurs *m* corso *m* serale
Abendland *nt* **das ~** l'Occidente *m*
abendländisch ['a:bəntlɛndɪʃ] *adj* occidentale
abendlich *adj* vespertino; **zu ~er Stunde** nelle ore vespertine
Abendmahl <-(e)s> *nt kein Pl.* REL Eucaristia *f,* comunione *f*
Abendrot *nt* crepuscolo *m*
abends ['a:bənts] *adv* di [*o* la] sera
Abendschule *f* scuola *f* serale
Abendsonne *f* sole *m* al tramonto
Abendstern *m* ASTR Venere *f*
Abendstunden *fpl* ore *fpl* serali
Abendverkauf *m* CH orario *m* prolungato dei negozi [una sera alla settimana]
Abendvorstellung *f* THEAT rappresentazione *f* serale; FILM spettacolo *m* serale
Abenteuer ['a:bəntɔɪɐ] <-s, -> *nt* avventura *f*
Abenteuerferien *pl* vacanze *fpl* avventurose
Abenteuergeist *m* spirito *m* d'avventura
abenteuerlich *adj* ① *(gefährlich)* avventuroso ② *(seltsam, bizarr)* strano, bizzarro
Abenteuerlust *f* gusto *m* dell'avventura
abenteuerlustig *adj* avventuroso
Abenteuerroman *m* romanzo *m* d'avventure
Abenteuerspielplatz *m* parco *m* giochi
Abenteurer(in) ['a:bəntɔɪrɐ] <-s, -; -, -nen> *m(f)* avventuriero, -a *m, f*
aber ['a:bɐ] **I.** *konj* ① *(Gegensatz)* ma, invece ② *(Einschränkung)* però, tuttavia ③ *(Verstärkung)* ma; **~ nein/sicher!** ma no/certo!; **nun ist ~ Schluss!** adesso [proprio] basta! **II.** *adv* **~ und ~mals** ripetutamente; **tausend und ~tausend, Tausende und Abertausende** migliaia e migliaia
Aber <-s, - *o fam:* -s> *nt* ma *m;* **nach vielen Wenn und ~** dopo molti se e ma; **da gibt's kein ~!** non c'è ma che tenga!
Aberglaube <-ns> *m kein Pl.* superstizione *f*
abergläubisch ['a:bɐglɔɪbɪʃ] *adj* superstizioso
ab|erkennen <irr> *vt* [**jdm**] **etw ~** non riconoscere qc [a qu]; JUR privare [qu] di qc
Aberkennung <-, -en> *f* disconoscimento *m;* JUR privazione *f*
abermals ['a:bɐma:ls] *adv* di nuovo, un'altra volta
ab|ernten *vt* mietere, raccogliere
abertausend <inv> *adj (geh)* migliaia di
Abertausende *pl (geh)* migliaia *fpl* (**von** di), una moltitudine (**von** di)
aberwitzig *adj* folle, pazzo
Abessinien [abɛ'si:niən] *nt* Abissinia *f,* Etiopia *f*
Abessinier(in) <-s, -; -, -nen> *m(f)* abissino, -a *m, f,* etiope *mf*
abessinisch *adj* abissino
ab|fahren <irr> **I.** *vi sein* ① *(wegfahren)* partire; *(Schiff)* salpare ② *(Skiläufer)* scendere **II.** *vt haben* ① *(Last)* portare via ② *(abtrennen)* troncare ③ *(Strecke)* percorrere ④ *(Reifen)* consumare
Abfahrt <-, -en> *f* ① *(Abreise)* partenza *f* ② *(Ski~)* discesa *f; (Piste)* pista *f* di discesa ③ *(Autobahn~)* uscita *f*
Abfahrt[s]zeit *f* [orario *m* di] partenza *f*
Abfahrtslauf *m* SPORT discesa *f*
Abfahrtsstrecke *f* SPORT pista *f* di discesa
Abfall <-(e)s, -fälle> *m* ① *(Reste)* residuo *m; (Küchen~)* immondizia *f;* **radioaktive Abfälle** scorie *fpl* radioattive ② *Sing. (Glaubens~)* apostasia *f,* rinnegamento *m; (Partei~)* defezione *f,* abbandono *m* ③ *Sing. (Abnahme)* calo *m,* diminuzione *f* ④ *Sing. (Neigung)* pendenza *f,* pendio *m*
Abfallaufbereitung *f* trattamento *m* dei rifiuti
Abfallbehälter <-s, -> *m* pattumiera *f*
Abfallbeseitigung *f* eliminazione *f* dei rifiuti
Abfalleimer *m* secchio *m* della spazzatura, pattumiera *f*
ab|fallen <irr> *vi sein* ① *(herunterfallen)* cadere; **von etw ~** staccarsi da qc ② *(abnehmen)* calare, diminuire; SPORT crollare ③ *(Gelände)* digradare; *(Straße)* scendere ④ *(von Partei)* abbandonare; *(von Glauben)* rinnegare ⑤ *(übrig bleiben)* avanzare ⑥ *(schlechter sein)* **gegen jdn/etw ~** essere inferiore a qu/qc ⑦ AERO perdere quota
abfallend *adj* in declivio, in pendenza
Abfallhaufen *m* mucchio *m* di rifiuti
abfällig *adj (Urteil, Kritik)* sfavorevole; *(Bemerkung)* sprezzante
Abfallprodukt *nt* prodotto *m* di scarto, sottoprodotto *m*
Abfallsortierung <-, -en> *f* smistamento *m* dei rifiuti
Abfallstoffe *mpl* rifiuti *mpl,* residui *mpl*

Abfalltrennung *f* raccolta *f* differenziata
Abfallvermeidung <-, -en> *f* l'evitare *m* di produrre rifiuti
Abfallverwertung *f* riciclaggio *m* dei rifiuti
Abfallwirtschaft *f kein Pl.* rimozione *f* dei rifiuti, riciclaggio *m*
ab|fangen <irr> *vt* ① *(Brief, Agenten)* intercettare; *(Funkspruch)* captare ② *(Stoß)* attutire; *(Schlag)* parare ③ *(unter Kontrolle bringen)* riprendere sotto controllo ④ SPORT *(Ball)* intercettare
Abfangjäger *m* MIL caccia *m* intercettatore
ab|färben *vi* stingere; **auf etw** *akk* ~ lasciare il colore su qc; **auf jdn** ~ *(fig)* influenzare qu
ab|fassen *vt* redigere, stendere
ab|fertigen *vt* ① *(Briefe, Pakete)* spedire ② *(zollamtlich)* ispezionare ③ *(Kunden)* servire ④ *(fam: unfreundlich behandeln)* scaricare
Abfertigung <-, -en> *f* ① *(Versand)* spedizione *f* ② *(zollamtlich)* visita *f* ③ A *(Abfindung)* indennizzo *m,* liquidazione *f*
Abfertigungshalle *f* AERO aerostazione *f,* terminale *m* passeggeri
Abfertigungsschalter *m* AERO accettazione *f*
ab|feuern *vt (Waffe)* scaricare; *(Schuss)* sparare
ab|finden <irr> **I.** *vt* compensare, indennizzare **II.** *vr* **sich mit jdm/etw** ~ rassegnarsi a qu/qc
Abfindung <-, -en> *f* indennizzo *m,* liquidazione *f*
Abfindungssumme *f* somma *f* pagata a titolo di tacitazione
ab|flachen I. *vi sein* ① *(flacher werden)* digradare dolcemente ② *(Unterhaltung)* appiattirsi **II.** *vt haben* spianare, appianare **III.** *vr:* **sich** ~ digradare [dolcemente]
ab|flauen ['apflaʊən] *vi sein* ① *(Wind)* calmarsi ② *(fig: Interesse, Begeisterung)* diminuire; FIN *(Geschäfte)* ristagnare
ab|fließen <irr> *vi sein* scorrere fuori; *(a. Geld)* defluire
Abflug <-(e)s, -flüge> *m* AERO decollo *m*
abflugbereit *adj* AERO pronto per il decollo
Abflughalle *f* AERO sala *f* d'imbarco
Abflugzeit *f* AERO orario *m* di decollo [*o* della partenza]
Abfluss <-es, -flüsse> *m* ① *(Vorgang)* deflusso *m; (Öffnung)* scarico *m,* scolo *m* ② *(fig: von Kapital)* fuga *f*
Abflussrinne *f* canale *m* di scarico
Abflussrohr *nt* tubo *m* di scarico
Abfolge <-, -n> *f* serie *f; (Takt)* ritmo *m*
Abfrage <-, -n> *f* INFORM *(von Daten)* rilevamento *m* [dati]
ab|fragen *vt* **jdn etw** ~ interrogare qu su qc
Abfuhr <-, -en> *f* ① *(Abtransport)* sgombero *m,* rimozione *f* ② *(fig)* repulsione *f;* **jdm eine ~ erteilen** opporre un rifiuto a qu
ab|führen I. *vt* ① *(Gefangene)* condurre via ② *(Gelder, Steuern)* pagare; **etw** [**an jdn**] ~ versare qc [a qu] ③ *(fig)* sviare; **vom Thema** ~ deviare dall'argomento **II.** *vi* MED purgare
Abführmittel *nt* purgante *m,* lassativo *m*
ab|füllen *vt* travasare; *(in Flaschen)* imbottigliare
Abfüllung <-, -en> *f (von Flüssigkeit)* travaso *m; (in Flaschen)* imbottigliamento *m*
Abgabe <-, -n> *f* ① *(Ablieferung)* consegna *f* ② *(Verkauf)* vendita *f* ③ *meist Pl. (Steuern)* tasse *fpl,* imposte *fpl* ④ SPORT passaggio *m* ⑤ *(Ausströmen, Ausstrahlen)* emissione *f,* emanazione *f*
abgabenfrei *adj* esente da tasse [*o* imposte]
abgabenpflichtig *adj* tassabile, imponibile
Abgabetermin *m* termine *m* di consegna, scadenza *f*
Abgang <-(e)s, -gänge> *m* ① *(Abfahrt)* partenza *f* ② *(Absendung)* invio *m* ③ *(fig: von Stellung, Arbeit)* ritiro *m,* abbandono *m* ④ THEAT uscita *f* ⑤ MED espulsione *f; (Fehlgeburt)* aborto *m* ⑥ *(Absatz)* smercio *m* ⑦ COM *(Verlust)* calo *m*
Abgänger(in) <-s, -; -, -nen> *m(f) (form) chi lascia la scuola*
abgängig *adj* A *(vermisst, verschollen)* scomparso, disperso
Abgangszeugnis *nt* certificato *m* finale
Abgas <-es, -e> *nt* gas *m* di scarico
abgasarm *adj* AUTO limitatamente inquinante, a scarico ridotto di gas inquinanti
Abgasgrenzwert *m* limite *m* di tolleranza dei gas di scarico
Abgaskatalysator *m* marmitta *f* catalitica, catalizzatore *m*
Abgassonderuntersuchung *f* analisi *f* dei gas di scarico
abgearbeitet *adj* spossato, esaurito
ab|geben <irr> **I.** *vt* ① *(Brief, Schriftstück)* consegnare ② *(Erklärung)* rilasciare; *(Urteil)* esprimere; *(Stimme)* dare ③ *(Amt)* dimettersi da ④ *(Gepäck)* depositare ⑤ *(darstellen)* rappresentare ⑥ SPORT passare ⑦ *(Schuss)* sparare ⑧ PHYS *(Wärme)* emanare; *(Strahlungsenergie)* dare **II.** *vr* **sich mit jdm/etw** ~ occuparsi di qu/qc; **mit diesen Leuten geben wir uns nicht ab** non vogliamo avere a che fare con questa gente
abgebrannt *adj (fig fam)* al verde

abgebrüht *adj (fig fam)* smaliziato

abgedroschen *adj (fam)* vuoto, banale; **~e Redensart** luogo comune

abgefahren *adj (sl: cool, schräg)* pazzesco, bestiale

abgefedert *adj* AUTO *(stoßgedämpft)* ammortizzato

abgefeimt ['apgəfaɪmt] *adj* furbo, matricolato

abgefuckt ['apgəfakt] *adj (vulg)* sudicio, sozzo, lercio, squallido

abgefüllt *adj (fig fam: betrunken, besoffen)* ubriaco

abgegriffen *adj* logoro; *(fig)* trito e ritrito

abgehackt *adj (Sprechweise)* stentato

abgehangen *PP von* **abhängen**

abgehärmt ['apgəhɛrmt] *adj* macilento, emaciato

abgehärtet *adj* resistente; **gegen Kälte ~** resistente al freddo

ab|gehen <irr> *vi sein* ① *(abfahren, a. Post)* partire; *(Schiff)* salpare; **nach Neapel ~** partire [*o* salpare] per Napoli ② *(aus Amt, Schule)* ritirarsi; *(abbrechen)* abbandonare; **von der Schule ~** ritirarsi dalla scuola ③ *(Knopf)* staccarsi ④ *(Schauspieler)* uscire [di scena] ⑤ *(Ware)* vendersi, smerciarsi; **reißend ~** COM andar a ruba ⑥ *(abzweigen)* diramarsi ⑦ *(Wend)* **er geht mir sehr ab** mi manca molto

abgehoben *PP von* **abheben**

abgekämpft *adj* esausto, spossato, esaurito

abgekartet ['apgəkartət] *adj* **ein ~es Spiel** una cosa concertata; **eine ~e Sache** una cosa combinata

abgeklärt ['apgəklɛːɐt] *adj* posato; *(weise)* saggio

abgelagert *adj (Wein)* invecchiato; *(Holz, Käse)* stagionato

abgelaufen *adj* scaduto

abgelegen *adj* isolato, fuori mano

abgemacht *adj* concordato, convenuto; **~!** d'accordo!, intesi!

abgeneigt *adj* sfavorevole, contrario; **einer Sache** *dat* **~ sein** essere contrario a qc; **jdm ~ sein** avere in antipatia qu

abgenutzt *adj* logoro, consumato

Abgeordnete ['apgəʔɔrdnətə] <ein -r, -n, -n> *mf* delegato, -a *m, f;* POL deputato, -a *m, f*

Abgeordnetenhaus *nt* PARL camera *f* dei deputati

Abgeordnetensitz *m* seggio *m* al parlamento

abgerissen *adj* ① *(Kleidung)* stracciato ② *(fig: zusammenhanglos)* sconnesso

abgerundet *adj* ① *(rund gemacht)* arrotondato ② *(fig: Werk)* compiuto; *(Stil)* armonioso

Abgesandte <ein -r, -n, -n> *mf* inviato, -a *m, f*

abgeschieden ['apgəʃiːdən] *adj (geh: entlegen)* fuori mano, isolato; *(einsam)* solitario

Abgeschiedenheit <-> *f kein Pl.* isolamento *m,* solitudine *f*

abgeschlafft ['apgəʃlaft] *adj (fam)* spompato

abgeschlagen *adj* ① SPORT battuto ② *(Firma, Partei)* sconfitto, vinto ③ DIAL *(erschöpft)* sfinito, spossato ④ *(Geschirr)* crepato, incrinato

abgeschlossen *adj* ① *(zugeschlossen)* chiuso a chiave ② *(getrennt)* separato, indipendente ③ *(fig: vollendet)* terminato, concluso, compiuto

abgeschmackt ['apgəʃmakt] *adj (fade)* insipido; *(geistlos)* insulso; *(albern)* sciocco

abgesehen *adv* **~ von** a prescindere da, eccetto; **davon ~** a parte questo; **von einigen Ausnahmen ~** tranne qualche eccezione; **es auf jdn/etw ~ haben** prendere di mira qu/qc

abgespannt *adj* spossato, esaurito

Abgespanntheit <-> *f kein Pl.* spossatezza *f*

abgestanden ['apgəʃtandən] *adj* guasto; *(Luft)* viziato; *(Bier)* svanito

abgestorben ['apgəʃtɔrbən] *adj* ① *(Glieder)* intorpidito ② *(Pflanze)* inaridito

abgestumpft *adj* ottuso; **gegen etw ~ sein** essere insensibile a qc

abgetakelt ['apgətaːkəlt] *adj (pej fam)* sciupato, consunto, logoro, sfiorito; *(Kleider)* sciupato, logoro; *(Frau)* sfiorita, sciupata

abgetragen *adj* logoro, consunto

ab|gewinnen <irr> *vt* ① *(Geld)* vincere; **jdm etw ~** vincere qc a qu ② *(abringen)* strappare; **jdm ein Lächeln ~** strappare un sorriso a qu ③ *(Achtung, Vertrauen)* guadagnarsi; **einer Sache** *dat* **Geschmack ~** provar gusto in qc

ab|gewöhnen <ohne ge-> *vt* **jdm etw ~** disabituare qu a qc, far perdere a qu l'abitudine [*o* il vizio] di qc; **sich** *dat* **das Rauchen ~** levarsi il vizio di fumare

abgezehrt *adj (Gesicht)* emaciato; *(Körper)* macilento, scarno

abgezockt *(fam)* **I.** *pp von* **abzocken** **II.** *adj (kaltschnäuzig, routiniert)* scaltro

Abglanz <-es> *m kein Pl.* riflesso *m; (a. fig)* ombra *f*

Abgott <-(e)s, -götter> *m* idolo *m*

abgöttisch ['apgœtɪʃ] *adv* **jdn ~ lieben** venerare qu, idolatrare qu

ab|grasen *vt* ① *(abweiden)* brucare l'erba di, pascolare ② *(fig)* sfruttare

A

ab|grenzen *vt* ❶ *(begrenzen)* delimitare ❷ *(fig)* determinare, definire
Abgrenzung <-, -en> *f* ❶ *(Begrenzung)* delimitazione *f* ❷ *(fig)* determinazione *f,* definizione *f*
Abgrund <-(e)s, -gründe> *m* abisso *m,* precipizio *m*
abgrundhässlich *adj (fam)* brutto come la fame
abgründig *adj (geh)* ❶ *(rätselhaft)* misterioso, enigmatico, inspiegabile ❷ *(unermesslich)* smisurato, profondo
abgrundtief *adj* profondo, smisurato
ab|gucken *vt* ❶ *(Trick)* [**jdm**] **etw** ~ apprendere qc [da qu] ❷ *(Schüler: abschreiben)* [**von jdm**] **etw** ~ copiare qc [da qu]
Abguss <-es, -güsse> *m* ❶ *(Gießvorgang, -resultat)* getto *m* ❷ *(Kunst)* calco *m*
ab|hacken *vt* troncare, tagliare
ab|haken *vt* ❶ *(loshaken)* sganciare ❷ *(markieren)* segnare, marcare; *(in einer Liste)* spuntare; *(fig: als erledigt ansehen)* considerare una faccenda sbrigata
ab|halten <irr> *vt* ❶ *(fernhalten)* **jdn** [**von etw**] ~ tenere lontano qu [da qc] ❷ *(hindern)* impedire; **jdn von der Arbeit** ~ distogliere qu dal lavoro; **jdn davon ~, etw zu tun** impedire a qu di fare qc; **lassen Sie sich nicht ~!** non si lasci distrarre! ❸ *(Versammlung)* tenere; *(Unterricht)* fare; *(Gottesdienst)* celebrare ❹ *(Kind)* far fare i bisogni a
ab|handeln *vt* ❶ *(abkaufen)* [**jdm**] **etw** ~ ottenere qc [da qu] trattando [sul prezzo] ❷ *(vom Preis)* **jdm zehn Euro** ~ ottenere una riduzione di dieci euro ❸ *(fig: schriftlich)* trattare
abhanden [ap'handən] *adv* ~ **kommen** andare smarrito [*o* perduto]
Abhandlung <-, -en> *f* trattato *m,* dissertazione *f;* **eine ~ über etw** *akk* **schreiben** scrivere una dissertazione su qc
Abhang <-(e)s, -hänge> *m* pendio *m*
ab|hängen[1] <irr> *vi (durch jdn, etw bestimmt sein)* [**von jdm/etw**] ~ dipendere [da qu/qc]; **es hängt davon ab, ob das Wetter schön ist** dipende se il tempo è bello o meno
ab|hängen[2] <irr> *vi (sl: herumhängen)* passare il tempo
ab|hängen[3] *vt* ❶ *(herunternehmen)* staccare ❷ FERR, MOT sganciare ❸ *(fig)* SPORT distaccare
abhängig *adj* dipendente; **etw ~ machen von** subordinare qc a; **von jdm/etw ~ sein** dipendere da qu/qc
Abhängigkeit <-> *f kein Pl.* dipendenza *f;* **gegenseitige ~** interdipendenza *f*
Abhängigkeitsverhältnis *nt* rapporto *m* di dipendenza
ab|härten *vt* **jdn** [**gegen etw**] ~ rendere resistente qu [a qc]
Abhärtung <-> *f kein Pl.* irrobustimento *m*
ab|hauen <irr> *vi sein (fam: verschwinden)* andarsene, tagliare la corda
ab|heben <irr> **I.** *vt* ❶ *(herunternehmen)* togliere, levare; *(Hörer)* staccare; *(Spielkarten)* alzare; *(Maschen)* diminuire ❷ FIN *(Geld)* prelevare **II.** *vi* AERO decollare **III.** *vr* **sich** [**von jdm/etw**] ~ distinguersi [da qu/qc]
ab|heften *vt* mettere in un classificatore
ab|heilen *vi* guarire, rimarginare; *(Wunde)* cicatrizzare
ab|helfen <irr> *vi* rimediare; **einem Missstand** ~ rimediare a un inconveniente; **dem kann abgeholfen werden** per questo c'è rimedio
ab|hetzen **I.** *vt* stancare, affaticare **II.** *vr:* **sich** ~ affannarsi, affaticarsi
Abhilfe <-> *f kein Pl.* rimedio *m,* riparo *m;* ~ **in etw** *dat* **schaffen** trovar rimedio a qc
ab|hobeln *vt* ❶ *(glätten)* piallare ❷ *(weghobeln)* asportare piallando
ab|holen *vt (Person)* andare a prendere; *(Gegenstand)* ritirare
Abholmarkt *m* [magazzino *m*] cash and carry *m*
Abholung <-, -en> *f* COM ritiro *m;* **zahlbar bei** ~ pagabile al ritiro
ab|holzen *vt* disboscare
Abholzung <-, -en> *f* ❶ *(Bäume)* taglio *m* di un bosco ❷ *(Waldgebiet)* disboscamento *m*
Abhöraffäre *f* scandalo *m* di spionaggio telefonico
Abhöranlage *f* dispositivo *m* di intercettazione telefonica
ab|horchen *vt* ❶ MED auscultare ❷ TEL, RADIO intercettare
ab|hören *vt* ❶ *(aufsagen lassen)* far dire ❷ TEL, RADIO intercettare ❸ *(CD, Aufnahme)* ascoltare ❹ MED auscultare
abhörsicher *adj* non intercettabile
Abi ['abi] <-s, -s> *nt (fam) Abk. von* **Abitur**
Abitur [abi'tu:ɐ̯] <-s, -e> *nt* maturità *f;* *(Prüfung)* esame *m* di maturità
Abiturient(in) [abituri̯'ɛnt] <-en, -en; -, -nen> *m(f)* ❶ *(vor, im Abitur)* maturando, -a *m, f* ❷ *(nach Abitur)* maturato, -a *m, f*
Abiturzeugnis *nt* diploma *m* di maturità
Abk. *Abk. von* **Abkürzung** abbr.
ab|kanzeln *vt (fam)* rimproverare, dare una lavata di capo a
ab|kapseln **I.** *vt* incapsulare **II.** *vr* **sich** [**von jdm/etw**] ~ isolarsi [da qu/qc]

A

ab|kaufen *vt* ① *(von jdm kaufen)* [**jdm**] **etw ~** acquistare qc [da qu] ② *(fam: glauben)* **diese Geschichte kaufe ich dir nicht ab!** questa storia non me la dai a bere!

ab|kehren I. *vt (abwenden)* volgere altrove **II.** *vr* **sich von etw ~** scostarsi da qc

ab|kippen *vt* ① *(fallen lassen)* rovesciare ② *(abladen)* scaricare; *(Müll)* scaricare

ab|klappern *vt (fam)* percorrere; **alle Läden** [**nach jdm/etw**] **~** fare tutti i negozi [in cerca di qu/qc]; **die Gegend** [**nach jdm/etw**] **~** perlustrare la zona [alla ricerca di qu/qc]

ab|klären *vt* chiarire

Abklärung *f* chiarimento *m*

Abklatsch <-(e)s, -e> *m (pej)* imitazione *f*

ab|klemmen *vt* ① TEC stringere, staccare ② MED *(Ader)* suturare

ab|klingen <irr> *vi sein* ① *(Lärm)* smorzarsi ② *(fig: Erregung)* diminuire; *(Fieber)* calare; *(Schmerz)* calmarsi

ab|klopfen *vt* ① *(durch Klopfen entfernen)* battere [per togliere qc] ② MED percuotere

ab|knallen *vt (fam pej)* far fuori

ab|knicken I. *vt haben* spezzare **II.** *vi sein* curvare

ab|knöpfen *vt* ① *(Kleidung)* sbottonare ② *(fig fam: Geld)* [**jdm**] **etw ~** spillare qc [a qu]

ab|knutschen *vt (fam)* sbaciucchiare

ab|kochen *vt (Wasser)* far bollire; *(Fleisch, Kartoffeln)* lessare

ab|kommandieren <ohne ge-> *vt* distaccare

ab|kommen <irr> *vi sein* ① *(abweichen)* deviare; **vom Weg ~** allontanarsi dalla strada; **vom Thema ~** deviare dall'argomento ② *(loskommen)* **von etw ~** liberarsi da qc

Abkommen <-s, -> *nt* accordo *m;* POL convenzione *f,* patto *m;* **ein ~ über etw** *akk* **treffen** stipulare un patto [*o* una convenzione] su qc

abkömmlich ['apkœmlɪç] *adj* disponibile, libero

Abkömmling ['apkœmlɪŋ] <-s, -e> *m* discendente *mf*

ab|koppeln *vt* staccare, sganciare; *(Hunde)* sguinzagliare

ab|kratzen I. *vt haben (entfernen)* togliere grattando **II.** *vi sein (vulg)* tirare le cuoia

ab|kriegen *vt (fam) s.* **abbekommen**

ab|kühlen I. *vt* far raffreddare **II.** *vr:* **sich ~** raffreddarsi; *(Wetter)* rinfrescare; *(Mensch: sich erfrischen)* rinfrescarsi

Abkühlung <-, -en> *f* raffreddamento *m;* METEO abbassamento *m* della temperatura

ab|kupfern *vt (fam: abschreiben)* copiare di nascosto; *(nachahmen)* imitare, contraffare

ab|kürzen *vt* ① *(kürzer machen)* accorciare ② *(Weg)* accorciare ③ *(Wort)* abbreviare

Abkürzung <-, -en> *f* ① *(Verkürzung)* accorciamento *m* ② *(Weg)* scorciatoia *f* ③ *(Wort)* abbreviazione *f*

Abkürzungsverzeichnis *nt* elenco *m* delle abbreviazioni

ab|laden <irr> *vt* scaricare

Ablage <-, -n> *f* ① *(von Akten)* archiviazione *f* ② *(Ort)* deposito *m,* magazzino *m; (Akten~)* archivio *m* ③ CH *(Zweigstelle)* filiale *f*

ab|lagern I. *vi sein (Holz, Käse, Tabak)* stagionare; *(Wein)* invecchiare **II.** *vt haben* depositare **III.** *vr:* **sich ~** depositarsi

Ablagerung <-, -en> *f* ① GEOL sedimentazione *f* ② *(Abgelagertes)* deposito *m* ③ *(Deponieren)* scarico *m* ④ *(Lagerung)* stagionatura *f,* invecchiamento *m*

Ablass <-es, Ablässe> *m* REL indulgenza *f*

ab|lassen <irr> **I.** *vt* ① *(Flüssigkeit)* far defluire; *(Gas)* scaricare ② *(Fass, Teich)* [s]vuotare ③ *(abgeben)* cedere; *(verkaufen)* vendere ④ COM scontare **II.** *vi* **von etw ~** desistere da qc; **von jdm ~** lasciare in pace qu

Ablassventil *nt* TEC valvola *f* di scarico

Ablauf <-(e)s, -läufe> *m* ① *Sing. (das Ablaufen)* deflusso *m* ② *(Ausguss)* scarico *m* ③ *(von Vorgang)* [de]corso *m* ④ *Sing. (von Frist, Vertrag)* scadenza *f,* termine *m;* **nach ~ der Frist** alla scadenza ⑤ *Sing.* SPORT partenza *f*

ab|laufen <irr> **I.** *vi sein* ① *(abfließen)* defluire, scorrere ② *(sich entleeren)* svuotarsi ③ *(Vorgang, a. Tonband)* svolgersi; *(Film)* venir proiettato ④ *(Frist, Vertrag, Visum)* scadere ⑤ SPORT partire **II.** *vt haben* ① *(Schuhe, Sohlen)* consumare ② *(Strecke)* percorrere

Ablaut <-(e)s, -e> *m* GRAM apofonia *f,* alternanza *f* vocalica

Ableben <-s> *nt kein Pl. (geh)* morte *f,* trapasso *m*

ab|lecken *vt* leccare [via]

ab|legen I. *vt* ① *(Gegenstand)* deporre; *(ausziehen: Kleider)* levarsi, togliersi; *(nicht mehr tragen: Kleidung)* smettere ② *(Gewohnheit)* togliersi; *(Fehler)* correggere ③ *(Brief, Akten)* classificare ④ *(Karten im Spiel)* scartare ⑤ *(Probe, Prüfung)* sostenere, fare; *(Geständnis)* fare ⑥ *(Zeugnis, Eid)* prestare; **Rechenschaft über etw** *akk* **~** rendere conto di qc **II.** *vi* levarsi, togliersi

Ableger <-s, -> *m* BOT propaggine *f*

ab|lehnen *vt* rifiutare; *(Einladung, Wahl)*

A

declinare; *(Antrag)* respingere; **jdn ~** respingere qu

ablehnend *adj* contrario, sfavorevole; *(Antwort)* negativo; **sich jdm/etw gegenüber ~ verhalten** mostrarsi sfavorevole a qu/qc

Ablehnung <-, -en> *f* rifiuto *m; (von Antrag)* rigetto *m*

ab|leisten *vt (Wehrdienst)* prestare, compiere

ab|leiten *vt* ❶ *(Wasserlauf, Blitz)* deviare ❷ LING, MAT derivare ❸ *(folgern)* dedurre, trarre

Ableitung <-, -en> *f* ❶ *(Vorgang)* deviazione *f* ❷ *(Folgerung)* deduzione *f* ❸ LING, TEC derivazione *f;* MAT derivata *f*

ab|lenken *vt* ❶ *(zerstreuen)* **jdn** [**von etw**] **~** distrarre qu [da qc] ❷ *(Gedanken, Aufmerksamkeit)* distogliere; *(Verdacht)* allontanare ❸ *(Wasser, Ball)* deviare

Ablenkung <-, -en> *f* ❶ *(Lenkung in andere Richtung)* deviazione *f* ❷ *(Zerstreuung)* distrazione *f,* svago *m*

Ablenkungsmanöver *nt* manovra *f* diversiva

ab|lesen <irr> *vt* ❶ *(Rede)* **etw** [**vom Blatt**] **~** leggere qc [dal foglio] ❷ *(Zähler)* leggere, rilevare ❸ *(erschließen)* dedurre; **jdm etw von den Augen ~** leggere qc negli occhi di qu

ab|leugnen *vt* ❶ *(Schuld)* negare ❷ *(Glauben)* rinnegare

ab|lichten *vt* ❶ *(fotokopieren)* fotocopiare ❷ *(fotografieren)* fotografare

ab|liefern *vt* consegnare

Ablieferung *f* consegna *f*

ablösbar *adj* ❶ *(abtrennbar)* staccabile, separabile ❷ FIN ammortizzabile; *(Rente, Versicherung)* riscattabile; *(Anleihe)* rimborsabile

Ablöse <-, -en> *f* ❶ A, CH SPORT riscatto *m* ❷ A *(Miete)* cauzione *f*

ab|lösen **I.** *vt* ❶ *(entfernen)* **etw** [**von etw**] **~** staccare qc [da qc] ❷ *(bei Arbeit)* dare il cambio a; *(im Amt)* sostituire ❸ FIN ammortizzare; *(Rente, Versicherung)* riscattare **II.** *vr:* **sich ~** *(Farbe)* staccarsi; *(Haut)* squamarsi

Ablösesumme *f* SPORT riscatto *m*

Ablösung <-, -en> *f* ❶ *(das Loslösen)* stacco *m* ❷ *(bei Tätigkeit)* cambio *m;* MIL rilevamento *m; (im Amt)* sostituzione *f* ❸ FIN riscatto *m*

ab|luchsen ['aplʊksən] *vt (fam: Geld)* estorcere; *(Geheimnis)* carpire

Ablution <-, -en> *f* REL, GEOL abluzione *f*

ABM [aːbeːˈʔɛm] <-, -s> *f Abk. von* **Arbeitsbeschaffungsmaßnahme** *piano per l'occupazione*

ab|machen *vt* ❶ *(wegmachen)* togliere, staccare ❷ *(vereinbaren)* concordare; JUR stipulare; **abgemacht!** d'accordo!; **das musst du mit dir selbst ~!** ti devi arrangiare da solo!; **das war nicht abgemacht** questo non è stato convenuto; **das sollen sie unter sich ~!** la devono risolvere tra di loro!

Abmachung <-, -en> *f* accordo *m;* JUR stipulazione *f*

ab|magern *vi sein* dimagrire

Abmagerungskur *f* cura *f* dimagrante

ab|malen *vt* dipingere da un modello, riprodurre

Abmarsch <-(e)s, -märsche> *m* MIL marcia *f,* partenza *f;* **~!** In marcia!

ab|melden **I.** *vt* ❶ *(von der Schule)* ritirare ❷ *(Zeitung, Telefon)* disdire **II.** *vr:* **sich ~** ❶ *(allg)* MIL congedarsi ❷ *(polizeilich)* notificare il cambiamento di residenza

Abmeldung <-, -en> *f* disdetta *f; (einer Zeitung)* disdetta *f* di abbonamento ad un giornale; *(von der Schule)* ritiro *m* dalla scuola; *(beim Einwohnermeldeamt)* cambiamento *m* di residenza

ab|messen <irr> *vt* misurare

Abmessung <-, -en> *f* misura *f,* dimensione *f*

ab|mildern *vt* mitigare, attenuare, raddolcire

ab|montieren <ohne ge-> *vt* smontare

ABM-Stelle *f* ADM *impiego ottenuto grazie al piano per l'occupazione*

ab|mühen *vr* **sich** [**mit jdm/etw**] **~** darsi pena [con qu/qc]

abmurksen *vt (fam)* **jdn ~** far fuori qu, uccidere qu

ab|nabeln **I.** *vt* tagliare il cordone ombelicale a **II.** *vr:* **sich ~** *(fig)* staccarsi

ab|nagen *vt* rosicchiare

Abnäher <-s, -> *m* pince *f*

Abnahme ['apnaːmə] <-, -n> *f* ❶ *(Wegnahme)* asportazione *f,* rimozione *f;* MED amputazione *f* ❷ *(Verringerung)* diminuzione *f,* calo *m* ❸ COM acquisto *m;* **~ finden** trovare smercio ❹ *(Prüfung)* collaudo *m*

ab|nehmen <irr> **I.** *vi* ❶ *(kleiner werden)* diminuire; *(kürzer werden, a. Tage)* accorciarsi; *(schwächer werden)* indebolirsi; *(Mond)* decrescere; **bei ~dem Mond** in fase di luna calante ❷ *(an Gewicht)* dimagrire **II.** *vt* ❶ *(Bild, Hörer)* staccare; *(Wäsche)* levare; *(Hut, Brille, Verband)* togliere ❷ MED amputare, asportare ❸ *(rauben)* rubare; *(durch List)* sottrarre ❹ *(prüfen)* controllare; *(Neubau, Maschine)* collaudare ❺ *(abkaufen)* acquistare ❻ *(Gewicht)* dimagrire ❼ MIL **die Parade ~** passare in rivista le truppe ③ *(Wend)* **jdm ein Versprechen ~** far promettere qc a qu; **jdm eine Besorgung ~** sbrigare una commissione per qu; **jdm eine Sorge ~** togliere una preoccupazione a qu

Abnehmer <-s, -> *m* acquirente *mf,* compratore, -trice *m, f*

Abneigung <-, -en> *f* avversione *f,* antipatia *f;* **eine ~ gegen jdn/etw haben** avere un'avversione per qu/qc

abnorm [ap'nɔrm] *adj (geh)* anormale, abnorme

abnormal ['apnɔrmal] *adj bes.* A, CH anormale

Abnormität [apnɔrmi'tɛ:t] <-, *rar:* -en> *f* anormalità *f; a.* MED anomalia *f*

ab|nutzen, abnützen **I.** *vt* consumare, logorare; **abgenutzt** *(Kleidung)* sciupato **II.** *vr:* **sich ~** consumarsi, logorarsi

Abnutzung <-, -en> *f,* **Abnützung** <-, -en> *f bes.* SÜDD, A logorio *m,* usura *f*

Abo ['abo] <-s, -s> *nt (fam),* **Abonnement** [abɔnə'mã: *o* CH abɔnə'mɛnt] <-s, -s *o* CH -e> *nt* abbonamento *m;* **ein ~ auf etw** *akk* **haben** essere abbonato a qc; **das ~ erneuern** riabbonarsi; **das ~ auf etw** *akk* **kündigen** disdire l'abbonamento a qc

Abonnent(in) [abɔ'nɛnt] <-en, -en; -, -nen> *m(f)* abbonato, -a *m, f*

abonnieren [abɔ'ni:rən] <ohne ge-> **I.** *vt* abbonarsi a, fare un abbonamento a **II.** *vi* **auf etw** *akk* **abonniert sein** essere abbonato a qc

ab|ordnen *vt* delegare; PARL deputare

Abordnung <-, -en> *f* delegazione *f,* deputazione *f*

Abort [a'bɔrt] <-s, -e> *m* ① MED aborto *m* ② *(WC)* gabinetto *m,* ritirata *f*

abortieren *vi* MED abortire, avere un aborto

ab|packen *vt* impacchettare; *(in Behälter)* confezionare

ab|perlen *vi sein* imperlarsi

ab|pfeifen <irr> *vt* SPORT **das Spiel ~** fischiare la fine del gioco

Abpfiff <-(e)s, -e> *m* SPORT fischio *m* finale

abplagen *vr:* **sich ~** affaticarsi

Abprall <-(e)s, -e> *m* rimbalzo *m*

ab|prallen *vi sein* ① *(Ball)* [**von etw** [*o* **an etw** *dat*]] **~** rimbalzare [contro qc] ② *(fig: Vorwürfe)* rimanere senza effetto

ab|putzen *vt* pulire

ab|quälen *vr:* **sich ~** affaticarsi; *(fig)* tormentarsi

ab|rackern *vr:* **sich ~** *(fam)* sfacchinare

ab|rahmen *vt* scremare

ab|raten <irr> *vi* **jdm von etw ~** sconsigliare qc a qu, dissuadere qu da qc

Abraum <-(e)s> *m kein Pl.* ① MIN strato *m* di copertura ② *(Schutt)* detriti *mpl*

ab|räumen *vt* ① *(Sachen)* sgombrare ② *(Tisch)* sparecchiare

Abräumer ['aprɔɪmɐ] <-s, -> *m (fam: großer Erfolg)* successone *m;* **der Film war ein echter ~ auf der Berlinale** il film ha fatto man bassa di premi alla Berlinale

ab|reagieren <ohne ge-> **I.** *vt* sfogare; **seine Wut an jdm ~** scaricare la propria rabbia su qu **II.** *vr* **sich** [**an jdm/etw**] **~** scaricarsi [su qu/qc]

ab|rechnen **I.** *vi* chiudere il conto; **mit jdm ~** fare i conti con qu; **darf ich ~?** posso fare il conto? **II.** *vt (abziehen)* detrarre, dedurre

Abrechnung <-, -en> *f* ① *(Rechnungsabschluss)* liquidazione *f* ② *(Bilanz)* conto *m;* **etw in ~ stellen** mettere in conto qc ③ *(fig: Vergeltung)* resa *f* dei conti ④ *(Abzug)* deduzione *f,* detrazione *f,* defalco *m;* **nach ~ von ...** dedotto ..., defalcato ...

Abrede <-> *f kein Pl.* contestazione *f;* **etw in ~ stellen** contestare qc

ab|regen *vr:* **sich ~** *(fam)* calmarsi, quietarsi

ab|reiben <irr> *vt* ① *(beseitigen)* sfregare ② *(säubern)* pulire strofinando ③ *(trocknen)* frizionare

Abreibung <-, -en> *f* ① MED frizione *f* ② *(fam: Prügel)* bastonate *f pl*

Abreise <-, -n> *f* partenza *f;* **bei meiner ~ nach ...** alla mia partenza per ...

ab|reisen *vi sein* partire [in viaggio]

ab|reißen <irr> **I.** *vi sein* ① *(Knopf, Faden)* staccarsi, strapparsi ② *(Verbindung, Kontakt)* interrompersi **II.** *vt haben* ① *(Plakat, Blatt)* staccare, strappare ② *(Gebäude)* abbattere

Abreißkalender *m* calendario *m* a fogli staccabili

ab|richten *vt* addestrare

ab|riegeln *vt (Tür)* chiudere con chiavistello; *(Straße, Viertel)* sbarrare

ab|ringen <irr> *vt* **sich** *dat* **ein Lächeln ~** sforzarsi di sorridere

Abriss <-es, -e> *m* ① *(Abbruch)* demolizione *f* ② *(Skizze)* schizzo *m,* abbozzo *m* ③ *(kurze Darstellung)* compendio *m*

Abrissparty *f festa di addio prima della demolizione o del restauro di un edificio*

ab|rücken **I.** *vi sein* ① *(wegrücken)* [**von jdm/etw**] **~** scostarsi [da qu/qc]; *(a. fig)* allontanarsi [da qu/qc]; **von einer Meinung ~** cambiare opinione ② MIL ritirarsi **II.** *vt haben* scostare

Abruf <-(e)s, -e> *m* ① *(Abberufung)* richiamo *m* ② COM ordine *m* di consegna; **auf ~ bereit sein** essere a disposizione per consegna dilazionata [su richiesta]; **etw auf**

A

~ **kaufen** acquistare qc a consegna dilazionata

abrufbar *adj* INFORM disponibile in registro, registrato

abrufbereit *adj* a disposizione

ab|rufen <irr> *vt* ① INFORM richiamare ② *(von Konto)* prelevare ③ COM *(Ware)* chiedere la consegna di

ab|runden *vt* ① *(Ecke)* smussare ② *(Summe)* arrotondare ③ *(vervollkommnen)* completare; *(Stil)* perfezionare

abrupt [ap'rʊpt] *adj* improvviso, repentino

ab|rüsten *vi* disarmare

Abrüstung <-> *f kein Pl.* disarmo *m*

Abrüstungsgespräche *ntpl* trattative *fpl* per il disarmo

Abrüstungskonferenz *f* conferenza *f* per il [*o* sul] disarmo

Abrüstungsverhandlungen *fpl* negoziati *mpl* per il disarmo

ab|rutschen *vi sein* scivolare giù [*o* via]

Abruzzen [a'brʊtsən] *pl* Abruzzo *m sing,* Abruzzi *mpl*

Abs. *Abk. von* **Absender** mitt.

ABS [aːbeː'ʔɛs] <-> *nt* AUTO *Abk. von* **Antiblockiersystem** ABS *m*

ab|sacken *vi sein (Boden, Fundament)* abbassarsi; *(Schiff)* affondare; *(Flugzeug)* perdere quota; *(Blutdruck, Schüler)* calare

Absage ['apzaːgə] <-, -n> *f* ① *(Antwort)* risposta *f* negativa ② *(Ablehnung)* rifiuto *m;* **jdm eine ~ erteilen** opporre un rifiuto a qu

ab|sagen I. *vi* **jdm ~** scusarsi di non poter venire presso qu **II.** *vt* disdire

ab|sägen *vt* ① *(Baum, Ast)* segare ② *(fig fam: Beamten, Trainer)* liquidare, silurare

ab|sahnen I. *vt* ① *(Milch)* scremare ② *(fam: Geld)* far man bassa di **II.** *vi (fam)* far man bassa

Absatz <-es, -sätze> *m* ① TYP paragrafo *m;* JUR capoverso *m;* **neuer ~** *(beim Diktat)* a capo ② *(Treppen~)* pianerottolo *m* ③ *(Schuh~)* tacco *m* ④ COM *(Verkauf)* smercio *m,* vendita *f;* **~ finden** trovare collocamento, vendersi; **reißenden ~ finden** andare a ruba

Absatzflaute *f* COM ristagno *m* nelle vendite

Absatzgebiet *nt* COM zona *f* di smercio, mercato *m*

Absatzmarkt *m* COM mercato *m,* sbocco *m*

Absatzschwierigkeiten *fpl* difficoltà *fpl* di smercio

Absatzsteigerung *f* incremento *m* delle vendite

ab|saugen *vt* ① *(Flüssigkeit, Gas)* aspirare ② *(Teppich)* pulire con l'aspirapolvere, passare l'aspirapolvere su

ab|schaffen *vt (aufheben)* abolire, sopprimere; *(Gesetz)* abrogare, annullare; *(Dinge)* rinunciare a, eliminare

Abschaffung <-, -en> *f* abolizione *f,* soppressione *f;* JUR abrogazione *f; (von Dingen)* eliminazione *f*

ab|schälen I. *vt (Apfel)* sbucciare; *(Rinde)* scortecciare **II.** *vr:* **sich ~** *(Haut)* squamarsi

ab|schalten I. *vt* ① EL disinserire ② *(Radio, Motor)* spegnere **II.** *vi (fam)* distrarsi

ab|schätzen *vt* stimare; *(berechnend)* valutare

abschätzig *adv* **von jdm ~ sprechen** parlare con disprezzo di qu

ab|schauen *(fam)* **I.** *vi* [**bei jdm**] **~** copiare [da qu] **II.** *vt* **etw** [**von jdm**] **~** copiare qc [da qu]

Abschaum <-(e)s> *m kein Pl. (pej)* feccia *f*

ab|scheiden <irr> *vt* eliminare, espellere; MED secernere

Abscheu <-(e)s, -> *m* ribrezzo *m; (Abneigung)* ripugnanza *f,* ripulsione *f;* **~ erregen** fare ribrezzo, destare orrore; **~ vor etw** *dat* **haben** detestare [*o* aborrire] qc

ab|scheuern I. *vt* ① *(Schmutz)* togliere sfregando ② *(Fußboden, Tisch)* pulire strofinando ③ *(Kleidung)* consumare, logorare **II.** *vr:* **sich ~** consumarsi, logorarsi

abscheulich [ap'ʃɔɪlɪç] *adj* orribile, ripugnante; *(Verbrechen)* atroce; *(Mensch)* detestabile

ab|schicken *vt* spedire, inviare

Abschiebehaft <-> *f kein Pl. s.* **Abschiebungshaft**

ab|schieben <irr> *vt* ① *(wegschieben)* **etw** [**von etw**] **~** scostare qc [da qc] ② *(fig)* allontanare; **die Schuld auf jdn ~** far ricadere la colpa su qu ③ *(Flüchtlinge, Ausländer)* espellere

Abschiebung <-, -en> *f* espulsione *f*

Abschiebungshaft *f* pena *f* detentiva espulsoria *(che ha lo scopo di allontanare il detenuto dal paese)*

Abschiebungsverfahren *nt* procedura *f* di espulsione

Abschied ['apʃiːt] <-(e)s, -e> *m* ① *(Abreise)* partenza *f* ② *(Trennung)* addio *m,* separazione *f;* **von jdm ~ nehmen** congedarsi da qu ③ MIL congedo *m* ④ *(Ausscheiden aus dem Amt)* licenziamento *m; (freiwillig)* dimissioni *fpl*

Abschiedsbrief *m (fam)* lettera *f* d'addio

Abschiedsfeier *f* festa *f* d'addio

Abschiedskuss *m* bacio *m* d'addio

Abschiedsszene *f* scena *f* d'addio

ab|schießen <irr> *vt* ① *(Schuss)* sparare ② *(Pfeil)* scoccare; *(Geschoss)* tirare; *(Gewehr)* scaricare ③ *(Rakete)* lanciare

4 *(Flugzeug, Vogel)* abbattere 5 *(fig fam)* silurare

ab|schinden <irr> *vr:* **sich ~** *(fam: schwer arbeiten)* sfacchinare

Abschirmdienst <-(e)s, -e> *m* servizio *m* di controspionaggio; **Militärischer ~** controspionaggio militare

ab|schirmen *vt* **jdn** [**von jdm/etw**] **~** schermare qu [da qu/qc]

Abschirmung <-, -en> *f* 1 *(einer Gefahr)* protezione *f* 2 *(des Lichtes)* schermatura *f*

ab|schlachten *vt (Tiere)* macellare; *(fig)* massacrare

Abschlag <-(e)s, -schläge> *m* 1 *(Anzahlung)* acconto *m* 2 *(Preisrückgang)* ribasso *m; (Preisnachlass)* sconto *m* 3 *(Rate)* rata *f;* **auf ~ zahlen** pagare a rate

ab|schlagen <irr> *vt* 1 *(abhauen)* staccare 2 *(fig)* **jdm etw ~** rifiutare qc a qu

abschlägig ['apʃlɛːgɪç] *adj (form)* negativo

Abschlagszahlung *f* 1 *(Ratenzahlung)* pagamento *m* rateale 2 *(Vorauszahlung)* acconto *m*

ab|schleifen <irr> *vt* 1 *(entfernen)* togliere molando 2 *(glätten)* molare, levigare

Abschleppdienst *m* MOT autosoccorso *m*

ab|schleppen *vt* 1 MOT, NAUT rimorchiare 2 *(scherz sl: Menschen)* rimorchiare, trascinare

Abschleppseil *nt* MOT cavo *m* da rimorchio

Abschleppwagen *m* MOT carro *m* attrezzi

ab|schließen <irr> **I.** *vt* 1 *(zuschließen)* chiudere a chiave; **luftdicht ~** chiudere ermeticamente 2 *(fig: beenden)* terminare, finire; *(erledigen)* regolare 3 *(Geschäft, Vertrag, Rede, Brief, Studium)* concludere; *(Versicherung)* stipulare; *(Wette)* fare **II.** *vi* 1 *(enden)* chiudere, finire 2 *(beenden)* **mit jdm/etw ~** farla finita con qu/qc

abschließend **I.** *adj* conclusivo **II.** *adv* per concludere, in conclusione

Abschluss <-es, -schlüsse> *m* 1 *(Ende)* fine *f,* termine *m,* conclusione *f;* **zum ~** a conclusione; **zum ~ bringen** portare a termine 2 *(Geschäfts~, Vertrags~)* conclusione *f* 3 COM *(Bilanz)* chiusura *f*

Abschlussarbeit *f (in Schule)* tesina *f*

Abschlusserklärung *f* POL dichiarazione *f* finale

Abschlussprüfung *f* 1 *(in Schule)* esame *m* finale [*o* di licenza] 2 COM revisione *f* del bilancio di chiusura

Abschlusszeugnis *nt* diploma *m* [di licenza]

ab|schmecken *vt* 1 *(probieren)* assaggiare 2 GASTR *(würzen)* **etw** [**mit etw**] **~** condire qc [con qc]

ab|schmettern *vt (fam)* rifiutare, respingere

ab|schminken **I.** *vt* togliere il trucco **II.** *vr:* **sich ~** togliersi il trucco; **sich** *dat* **etw ~** *(sl)* togliersi qc di testa

ab|schmirgeln *vt (Fußboden)* smerigliare

ab|schnallen **I.** *vt (Schlittschuhe)* slacciare; *(Ski)* togliere **II.** *vi (fam)* restar di stucco

ab|schneiden <irr> **I.** *vt* 1 *(schneiden)* tagliare 2 *(fig: Wort)* troncare; **jdm den Weg ~** sbarrare la strada a qu **II.** *vi* **gut/schlecht ~** avere un buon/cattivo risultato

Abschnitt <-(e)s, -e> *m* 1 *(Teilstück)* [ri]taglio *m* 2 TYP passaggio *m,* capitolo *m* 3 *(Kontroll~)* tagliando *m* di controllo; FIN cedola *f* 4 *(Zeit~)* epoca *f; (Lebens~)* periodo *m* 5 MAT segmento *m* 6 *(Bau~)* tronco *m*

ab|schöpfen *vt* togliere, levare; **das Fett** [**von der Soße**] **~** sgrassare la salsa; **den Rahm** [**von der Milch**] **~** scremare il latte

ab|schotten ['apʃɔtən] *vr* **sich** [**von jdm/etw**] **~** isolarsi [da qu/qc]

ab|schrauben *vt* svitare

ab|schrecken *vt* 1 *(zurückschrecken lassen)* intimorire, intimidire; *(abbringen)* distogliere; *(entmutigen)* scoraggiare; **jdn von etw ~** distogliere qu da qc; **sich durch nichts ~ lassen** non lasciarsi scoraggiare da nulla 2 GASTR raffreddare in acqua

abschreckend *adj* scoraggiante; *(abscheuerregend)* repellente; **ein ~es Beispiel** un esempio intimidatorio

Abschreckung <-, -en> *f* intimidazione *f;* **nukleare/atomare ~** strategia *f* d'intimidazione nucleare/atomica

Abschreckungsmittel <-s, -> *nt* mezzo *m* intimidatorio

ab|schreiben <irr> *vt* 1 *(Text, a. vom Mitschüler)* **etw** [**von jdm**] **~** copiare qc [da qu] 2 *(neu schreiben)* ricopiare 3 COM *(streichen)* dedurre, defalcare, detrarre; *(den Wert herabsetzen von)* deprezzare, ammortare 4 *(fig: nicht mehr rechnen mit)* considerare perduto

Abschreibung <-, -en> *f* COM deduzione *f; (Wertminderung)* deprezzamento *m,* ammortamento *m*

abschreibungsfähig *adj* COM ammortizzabile, estinguibile

Abschrift <-, -en> *f* copia *f*

ab|schuften *vr:* **sich ~** *(fam)* sfacchinare; **sich für jdn ~** sacrificarsi/lavorare duramente per qu

Abschürfung <-, -en> *f* escoriazione *f*

Abschuss <-es, -schüsse> *m* 1 *(Abfeuern)* sparo *m* 2 *(von Rakete, Torpedo)* lan-

A

A

cio *m* ③ MIL *(von Flugzeug)* abbattimento *m*

Abschussbasis *f* MIL base *f* di lancio

abschüssig ['apʃʏsɪç] *adj* erto, ripido

Abschussrampe *f* rampa *f* di lancio

ab|schütteln *vt* ① *(Obst)* far cadere scuotendo ② *(fig)* **jdn ~** *(lästige Person)* sbarazzarsi di qu; **etw ~** *(Sorgen, Ärger)* liberarsi da qc; **die Müdigkeit ~** scuotersi di dosso la stanchezza; **die Gedanken ~** scacciare i pensieri

ab|schwächen I. *vt* attenuare, mitigare; *(Stoß, Geräusch, Farbe)* smorzare **II.** *vr:* **sich ~** attenuarsi, diminuire

ab|schwatzen *vt (fam)* ottenere con le chiacchiere, imbrogliare, abbindolare; *(Geld, Geheimnis)* carpire, estorcere

ab|schweifen *vi sein* divagare; **von einem Thema ~** divagare da un tema

ab|schwellen <irr> *vi sein* ① *(Geschwulst)* decongestionarsi, sgonfiarsi ② *(Lärm)* calare, diminuire

ab|schwören <irr> *vi* rinnegare; **dem Glauben ~** rinnegare [*o* abiurare] il credo; **dem Alkohol ~** rinunciare all'alcol

Abschwung <-(e)s, -schwünge> *m* ① SPORT salto *m* ② WIRTSCH recessione *f*

ab|segnen *vt (fam)* benedire, approvare

absehbar *adj* prevedibile; **in ~er Zeit** in un prossimo futuro

ab|sehen <irr> **I.** *vi (verzichten)* rinunciare a; *(nicht berücksichtigen)* non tenere conto di; **von etw ~** prescindere da qc; **abgesehen von …** salvo …, a prescindere da … **II.** *vt* ① *(lernen)* imparare osservando ② *(voraussehen)* prevedere; **es ist noch kein Ende abzusehen** non si vede ancora la fine ③ *(anmerken)* leggere, intuire; **jdm etw an den Augen ~** leggere qc negli occhi di qu ④ *(Wend)* **es auf jdn/etw abgesehen haben** prendere di mira qu/qc

ab|seilen *vr:* **sich ~** ① SPORT calarsi con la corda ② *(fam: verschwinden)* tagliare la corda, sparire

abseits ['apzaɪts] **I.** *präp +gen* lontano da **II.** *adv* ① in disparte; *(entfernt)* lontano; **~ von etw** lontano da qc ② SPORT **~ sein** essere in fuorigioco

Abseits <-> *nt kein Pl.* SPORT fuorigioco *m*

abseits|stehen <irr> *vi* ① *(sich fernhalten)* starsene in disparte ② SPORT trovarsi in fuorigioco

ab|senden <irr> *vt* inviare, spedire, mandare

Absender <-s, -> *m (Brief)* mittente *m;* COM speditore *m*

ab|senken I. *vt* ① *(Grundwasser)* abbassare, declinare ② *(Weinstock)* propagginare, margottare **II.** *vr:* **sich ~** essere in declivio, digradare, declinare

Absenz [ap'zɛnts] <-, -en> *f* mancanza *f,* assenza *f;* **bei ~** in mancanza di

ab|servieren *vt* ① *(Geschirr, Tisch)* sparecchiare ② *(fam: entlassen)* dare il benservito a; *(umbringen)* far fuori

absetzbar *adj* ① FIN deducibile ② COM facilmente piazzabile [*o* smerciabile]

ab|setzen I. *vt* ① *(Hut, Brille)* metter giù ② *(Koffer)* appoggiare per terra ③ *(Beamte)* dimettere; *(Minister, Monarchen)* deporre ④ *(Therapie, Medikamente)* interrompere ⑤ *(von Tagesordnung, Haushaltsplan)* eliminare; *(von Spielplan)* togliere dal programma; **etw von etw ~** togliere qc da qc ⑥ *(aussteigen lassen)* far scendere ⑦ COM *(verkaufen)* vendere, smerciare ⑧ FIN detrarre, defalcare; **die Kosten von der Steuer ~** detrarre i costi dalle tasse **II.** *vr:* **sich ~** ① *(Staub)* depositarsi ② MIL *(Truppen)* ritirarsi ③ *(fam: sich davonmachen)* svignarsela

Absetzung <-, -en> *f* destituzione *f,* interruzione *f*

ab|sichern I. *vt* **etw [gegen etw] ~** rendere sicuro qc [contro qc] **II.** *vr* **sich [gegen etw] ~** assicurarsi [da qc]; *(vertraglich)* cautelarsi [contro qc]

Absicht <-, -en> *f* intenzione *f; (Ziel)* scopo *m,* fine *m;* **in der ~ zu** *+inf* con l'intenzione di *+inf,* a fine di *+inf;* **mit ~** intenzionalmente, di proposito; **das war nicht meine ~** non l'ho fatto apposta; **in böser ~** malintenzionatamente

absichtlich *adj* intenzionale; *(vorsätzlich)* premeditato; **das hast du ~ getan** l'hai fatto apposta

Absichtserklärung <-, -en> *f* JUR dichiarazione *f* di intenti

ab|sinken <irr> *vi sein* ① *(Schiff)* affondare; *(Wasserspiegel)* abbassarsi ② *(schwächer werden)* diminuire; *(Temperatur)* abbassarsi, scendere

ab|sitzen <irr> **I.** *vt haben (fam: Strafe)* scontare; *(Stunden)* trascorrere **II.** *vi sein* ① *(vom Pferd)* scendere [*o* smontare] da cavallo ② CH *(sich setzen)* sedersi

absolut [apzo'lu:t] **I.** *adj* assoluto **II.** *adv* assolutamente

Absolution [apzolu'tsi̯o:n] <-, -en> *f* REL assoluzione *f;* **jdm die ~ erteilen** assolvere qu

Absolutismus [apzolu'tɪsmʊs] <-> *m kein Pl.* assolutismo *m*

absolutistisch *adj* assolutista

Absolvent(in) [apzɔl'vɛnt] <-en, -en; -, -nen> *m(f) (vor dem Examen)* esaminando, -a *m, f; (nach dem Examen)* diplomato, -a *m, f*

absolvieren [apzɔlˈviːrən] <ohne ge-> *vt (Schule)* finire; *(Studien)* compiere; *(Pensum)* sbrigare; *(Examen)* superare

Absolvierung <-> *f kein Pl.* ❶ *(Schule, Studium)* conclusione *f; (Prüfung)* superamento *m; (Ableisten)* compimento *m* ❷ REL assoluzione *f*

absonderlich [apˈzɔndɐlɪç] *adj* strano

ab|sondern **I.** *vt* ❶ *(isolieren)* **etw** [**von etw**] ~ isolare qc [da qc], separare qc [da qc] ❷ BIOL, MED secernere **II.** *vr* **sich** [**von jdm**] ~ segregarsi [da qu]

Absonderung [ˈapzɔndərʊŋ] <-, -en> *f* ❶ *(von Menschen)* isolamento *m,* segregazione *f* ❷ BIOL, MED secrezione *f*

absorbieren [apzɔrˈbiːrən] <ohne ge-> *vt* assorbire

Absorption [apzɔrpˈtsjoːn] <-> *f kein Pl.* assorbimento *m*

ab|spalten **I.** *vt* ❶ *(trennen)* **etw** [**von etw**] ~ staccare qc [da qc] ❷ *(fig)* separare ❸ CHEM dissociare **II.** *vr* **sich** [**von etw**] ~ [di]staccarsi [da qc]

Abspann <-[e]s, -e> *m* FILM, TV titoli *mpl* di coda

ab|specken [ˈapʃpɛkən] *vi (fam)* dimagrire, calare

ab|speichern *vt* INFORM salvare, memorizzare; **auf etw** *dat* ~ salvare su qc

ab|speisen *vt* saziare; **jdn mit leeren Versprechungen** ~ *(fam)* liquidare qu con promesse vane; **sich mit etw ~ lassen** accontentarsi di qc

abspenstig [ˈapʃpɛnstɪç] *adj* ~ **machen** estraniare, alienare, allontanare

ab|sperren *vt* ❶ A, SÜDD *(Tür, Zimmer)* chiudere a chiave ❷ *(Straße)* sbarrare; *(Verkehr)* bloccare

Absperrhahn *m* TEC rubinetto *m* di chiusura

Absperrung <-, -en> *f* ❶ *(das Absperren)* bloccaggio *m,* chiusura *f; (von Straßen)* blocco *m* ❷ *(Gitter)* barriera *f,* ostacolo *m; (Sperre)* sbarramento *m*

ab|spielen **I.** *vt* ❶ *(CD, Schallplatte, Band)* [far] ascoltare, mettere [su] *fam* ❷ *(vom Blatt)* suonare a vista ❸ SPORT passare **II.** *vr:* **sich** ~ svolgersi

Absprache <-, -n> *f* accordo *m,* intesa *f*

ab|sprechen <irr> **I.** *vt* ❶ *(verabreden)* **etw** [**mit jdm**] ~ accordarsi [con qu] su qc, concordare qc [con qu] ❷ *(aberkennen)* [**jdm**] **etw** ~ disconoscere [*o* contestare] qc [a qu] **II.** *vr* **sich** [**mit jdm**] ~ accordarsi [con qu]

ab|springen <irr> *vi sein* ❶ SPORT saltare ❷ *(mit Fallschirm)* lanciarsi con il paracadute ❸ *(Lack, Knopf)* staccarsi ❹ *(abprallen)* rimbalzare

Absprung <-(e)s, -sprünge> *m* salto *m,* slancio *m; (mit Fallschirm)* lancio *m* con il paracadute

ab|spulen *vt* ❶ *(abwickeln)* svolgere; *(Knäuel)* dipanare ❷ *(fam: vorspielen)* recitare; **das Programm** ~ recitare come da copione ❸ *(fam: dahersagen)* parlare a vanvera

ab|spülen *vt* sciacquare; *(Geschirr)* rigovernare, lavare

ab|stammen *vi sein* [**von jdm**] ~ discendere [da qu]

Abstammung <-> *f kein Pl.* discendenza *f,* origine *f*

Abstammungslehre *f* teoria *f* sull'origine della specie

Abstand <-(e)s, -stände> *m* ❶ *(räumlich, a. fig)* distanza *f;* ~ **halten** mantenere la distanza; **mit** ~ di gran lunga ❷ *(zeitlich)* intervallo *m;* **in regelmäßigen Abständen** a intervalli regolari ❸ *(fig: Unterschied)* differenza *f* ❹ *(fig: innerer ~)* distacco *m;* **von etw ~ nehmen** *(fig)* desistere da qc

ab|statten [ˈapʃtatən] *vt (geh)* **jdm einen Besuch** ~ fare visita a qu

ab|stauben *vt* ❶ *(Möbel)* spolverare ❷ *(fig fam: sich aneignen)* grattare

Abstauber [ˈapʃtaʊbɐ] <-s, -> *m (fig fam)* scroccone *m*

ab|stechen <irr> **I.** *vt* ❶ *(Rasen)* tagliare [via]; *(Torf)* scavare ❷ *(Schlachttier)* scannare **II.** *vi (sich abheben)* [**von jdm**] ~ contrastare [con qu]

Abstecher <-s, -> *m* scappata *f*

ab|stecken *vt* ❶ *(abgrenzen)* delimitare; *(mit Pfählen, Pflöcken)* segnare [con pali, pioli] ❷ *(Kleid)* appuntare

ab|stehen <irr> *vi* sporgere, essere sporgente; **~de Ohren** orecchie a sventola

Absteige <-, -n> *f* ❶ *(fam: Stundenhotel)* albergo *m* a ore ❷ *(pej: schlechtes Hotel)* stamberga *f*

ab|steigen <irr> *vi sein* ❶ *(heruntersteigen)* scendere; **vom Fahrrad/Pferd** ~ scendere dalla bicicletta/da cavallo ❷ *(übernachten)* **in einer Pension** ~ pernottare in una pensione ❸ SPORT retrocedere

Absteiger <-, -> *m* SPORT squadra *f* retrocessa

ab|stellen *vt* ❶ *(hinstellen)* deporre, posare; *(Fahrzeug)* parcheggiare ❷ *(abschalten)* fermare, arrestare; *(Wasser, Gas)* chiudere; *(Radio, Motor)* spegnere ❸ *(fig: unterbinden)* eliminare, sopprimere

Abstellfläche *f* ripiano *m*

Abstellgleis *nt* binario *m* morto

Abstellraum *m* ripostiglio *m*

ab|stempeln *vt* ① *(mit Stempel versehen)* timbrare ② *(fig: bezeichnen)* bollare

ab|sterben <irr> *vi sein* ① *(Pflanzen)* morire, deperire ② MED *(Glieder)* intorpidirsi

Abstieg ['apʃtiːk] <-(e)s, -e> *m* ① *(Abwärtssteigen)* discesa *f* ② *(fig: Niedergang)* decadenza *f,* declino *m* ③ SPORT retrocessione *f*

ab|stillen *vt* svezzare

ab|stimmen I. *vi* **über etw** *akk* ~ votare qc; **über etw** *akk* **~ lassen** mettere qc ai voti **II.** *vt* ① MUS accordare ② RADIO sintonizzare ③ *(aufeinander ~)* armonizzare; *(anpassen)* adattare; **etw auf jdn** [*o* **jdn auf etw** *akk*] ~ armonizzare qc con qu [*o* qu con qc]; **etw mit jdm** ~ concordare qc con qu; **den Teppich auf die Vorhänge** ~ intonare il tappeto alle tende

Abstimmung <-, -en> *f* ① *(bei Wahl)* votazione *f; (geheime ~)* scrutinio *m;* **in öffentlicher/geheimer** ~ a scrutinio pubblico/segreto ② *(fig)* adattamento *m,* armonizzazione *f;* MUS accordatura *f; (von Farben)* intonazione *f*

Abstimmungsergebnis *nt* risultato *m* della votazione

abstinent [apsti'nɛnt] *adj* astinente

Abstinenz [apsti'nɛnts] <-> *f kein Pl.* astinenza *f*

Abstinenzler(in) <-s, -; -, -nen> *m(f) (pej)* astemio, -a *m, f*

ab|stoppen *vi, vt* SPORT cronometrare

Abstoß <-es, -stöße> *m* ① SPORT calcio *m* di rinvio ② *(Stoß)* pedata *f*

ab|stoßen <irr> **I.** *vt* ① *(wegstoßen)* scostare ② *(beschädigen)* rompere, danneggiare ③ *(Fußball)* rinviare ④ COM smerciare ⑤ *(fig: anwidern)* ripugnare, disgustare **II.** *vi* NAUT salpare, allontanarsi dalla riva **III.** *vr:* **sich** ~ respingersi

abstoßend *adj* repellente, ripugnante

abstrahieren [apstra'hiːrən] <ohne ge-> *vi, vt (geh)* [**aus etw**] ~ astrarre [da qc]

ab|strahlen *vt* ① *(ausstrahlen)* irradiare, irraggiare; *(übertragen)* trasmettere ② *(mit Sand)* sabbiare, granare

abstrakt [ap'strakt] *adj* astratto

Abstraktion <-, -en> *f* astrazione *f*

Abstraktionsvermögen <-s> *nt kein Pl.* capacità *f* di astrazione

ab|streifen *vt* ① *(Kleidung)* togliere, sfilare ② *(Gelände)* perlustrare ③ *(fig: Vorurteile)* abbandonare

ab|streiten <irr> *vt* negare

Abstrich <-(e)s, -e> *m* ① *(Abzug)* riduzione *f,* taglio *m;* **erhebliche ~e an etw** *dat* **machen** fare notevoli tagli a qc; **man muss im Leben oft ~e machen** *(fig)* nella vita si devono spesso fare delle rinunce ② MED striscio *m*

abstrus [ap'struːs] *adj* astruso, oscuro

ab|stufen *vt* ① *(Gelände)* terrazzare ② *(Farben)* sfumare ③ *(fig: Gehälter)* classificare

Abstufung <-, -en> *f* ① *(Hang)* terrazzamento *m* ② *(von Farben)* sfumatura *f* ③ *(fig: von Gehältern)* classificazione *f*

ab|stumpfen I. *vi sein (fig)* diventare insensibile **II.** *vt haben* ① *(Schneide)* smussare ② *(fig: gefühllos machen)* rendere insensibile

Absturz <-es, -stürze> *m* ① *(Sturz)* caduta *f* ② INFORM crash *m*

ab|stürzen *vi sein* ① *(stürzen)* precipitare, cadere ② INFORM avere un crash

Absturzursache *f* causa *f* del crollo

ab|stützen *vt* puntellare

ab|suchen *vt (Menschen, Tier)* esaminare; *(Gelände)* perlustrare; **ich habe das ganze Haus nach der Brille abgesucht** ho cercato gli occhiali in tutta la casa

absurd [ap'zʊrt] *adj* assurdo

Absurdität [apzʊrdi'tɛːt] <-, -en> *f* assurdità *f*

Abszess [aps'tsɛs] <-es, -e> *m* MED ascesso *m*

Abszisse [aps'tsɪsə] <-, -n> *f* MAT ascissa *f*

Abt [apt, *Pl:* ɛptə] <-(e)s, Äbte> *m* abate *m*

Abt. *Abk. von* **Abteilung** sez.

ab|tanzen *vi (sl: ausgiebig tanzen)* ballare alla grande

ab|tasten *vt* frugare; MED palpare

Abtauautomatik *f* no frost *m*

ab|tauen I. *vt haben* ① *(Kühlschrank)* sbrinare ② *(Eis)* far sciogliere **II.** *vi sein* ① *(Kühlschrank)* sbrinarsi; *(See)* disgelare, disgelarsi ② *(Eis)* sciogliersi

Äbte *Pl. von* **Abt**

Abtei [ap'taɪ] <-, -en> *f* abbazia *f*

Abteil [ap'taɪl *o* 'aptaɪl] <-(e)s, -e> *nt* scompartimento *m*

ab|teilen *vt* ① *(aufteilen)* [sud]dividere ② *(durch Zwischenwände)* separare

Abteilung [ap'taɪlʊŋ] <-, -en> *f* reparto *m;* ADM dipartimento *m,* divisione *f*

Abteilungsleiter(in) *m(f)* COM caporeparto *mf;* ADM caposezione *mf,* capodivisione *mf*

ab|tippen *vt (fam)* battere a macchina

Äbtissin [ɛp'tɪsɪn] <-, -nen> *f* badessa *f*

ab|törnen *vi (sl)* far passare la voglia a qc *fam*

ab|töten *vt (Bakterien)* uccidere, annientare; *(Nerv)* devitalizzare; *(Gefühl)* reprimere, soffocare

A

ab|tragen <irr> *vt* ① *(Schutt)* spalare; *(Gelände)* spianare ② *(Bauwerk)* demolire ③ *(geh: Speisen)* levare ④ *(geh: Schuld)* estinguere ⑤ *(Kleidung)* logorare
abträglich ['aptrɛːklɪç] *adj (geh: nachteilig)* svantaggioso; *(schädlich)* nocivo; **etw ist jdm/etw ~** qc è svantaggioso [*o* nocivo] per qu/qc
Abtransport <-(e)s, -e> *m* ① *(von Material)* sgombero *m,* rimozione *f* ② *(von Gefangenen, Truppen)* trasporto *m*
ab|transportieren <ohne ge-> *vt* ① *(Material)* sgomberare, rimuovere ② *(Gefangene, Truppen)* trasportare
ab|treiben <irr> **I.** *vt haben* ① NAUT, AERO far deviare ② MED abortire **II.** *vi sein* ① NAUT, AERO andare alla deriva ② MED abortire
Abtreibung <-, -en> *f* aborto *m* [procurato]
Abtreibungsbefürworter(in) *m(f)* abortista *mf*
Abtreibungsgegner(in) *m(f)* antiabortista *mf*
Abtreibungsparagraf *m* articolo *m* di legge sull'aborto
Abtreibungspille *f* pillola *f* abortiva
ab|trennen *vt* ① *(loslösen)* staccare ② *(trennen)* separare ③ *(Angenähtes)* scucire
ab|treten <irr> **I.** *vt haben* ① *(überlassen)* [**jdm**] **etw ~** cedere qc [a qu] ② *(abnutzen)* consumare ③ *(Schuhe)* pulire **II.** *vi sein* ① *(von Amt)* dimettersi ② THEAT uscire di scena
Abtreter <-s, -> *m* zerbino *m,* puliscipiedi *m*
Abtretung <-, -en> *f* cessione *f*
ab|trocknen *vt* asciugare
ab|tropfen *vi sein* sgocciolare
ab|trotzen *vt (Recht, Erlaubnis)* ottenere con la tenacia, estorcere
abtrünnig ['aptrʏnɪç] *adj* infedele, ribelle; REL, POL rinnegato
ab|tun <irr> *vt* ① *(fam: ablegen)* togliersi, levarsi ② *(beiseiteschieben)* sbarazzarsi di, liquidare; **etw mit einer Handbewegung ~** non interessarsi di qc; **damit ist es nicht abgetan** non è detta l'ultima parola
ab|tupfen *vt* detergere
ab|turnen ['aptəːnən] *vt* **jdn ~** *(sl)* disgustare qu
ab|urteilen *vt* JUR processare, giudicare
ab|verlangen *vt* **jdm etw ~** chiedere qc a qu, esigere qc da qu
ab|wägen ['apvɛːgən] <irr> *vt* ponderare, soppesare; **zwei Dinge gegeneinander ~** confrontare due cose fra loro
ab|wählen *vt* ① *(Politiker)* destituire, non rieleggere ② *(Schule: Fach)* scartare, sostituire
ab|wälzen *vt* scaricare, addossare; **die Arbeit auf jdn ~** scaricare il lavoro a qu; **die Schuld auf jdn ~** addossare la colpa a qu
ab|wandeln *vt* variare
ab|wandern *vi sein* emigrare
Abwandlung <-, -en> *f* variazione *f,* mutamento *m*
Abwärme <-> *f kein Pl.* TEC calore *m* perduto
Abwart ['apvart] <-(e)s, -e> *m* CH *(Hausmeister)* portiere *m*
ab|warten *vt, vi* attendere, aspettare; **das bleibt noch abzuwarten** questo resta ancora da vedere
Abwärtin ['apvɛrtɪn] <-, -nen> *f* CH *(Hausmeisterin)* portiera *f*
abwärts ['apvɛrts] *adv (nach unten)* [in] giù, verso il basso
abwärts|fahren <irr> *vi* scendere
abwärts|gehen <irr> *vi* ① *(nach unten gehen)* scendere ② *(schlechten Verlauf nehmen)* **mit ihm geht's abwärts** va di male in peggio
Abwärtstrend *m* trend *m* negativo
Abwasch[1] ['apvaʃ] <-(e)s> *m kein Pl. (Geschirr)* stoviglie *fpl* sporche; *(Handlung)* rigovernatura *f*
Abwasch[2] <-, -en> *f* A *(Spülbecken)* acquaio *m*
abwaschbar *adj* lavabile
ab|waschen <irr> **I.** *vt* ① *(mit Wasser reinigen)* lavare; *(Geschirr)* rigovernare, lavare ② *(Schmutz)* lavare via **II.** *vi (Geschirr ~)* lavare i piatti
Abwaschschüssel *f* bacinella *f* per lavare le stoviglie
Abwaschwasser *nt* [acqua *f* di] rigovernatura *f*
Abwasser <-s, -wässer> *nt* acqua *f* di scarico [*o* di scolo]
Abwasseraufbereitung *f* trattamento *m* delle acque di scarico
Abwasserentsorgung *f* scarico *m* delle acque residue
Abwasserkanal *m* canale *m* di scarico, fognatura *f*
Abwasserreinigung *f* depurazione *f* delle acque di scarico
ab|wechseln **I.** *vi* alternare, variare **II.** *vr:* **sich ~** alternarsi; **sich bei etw ~** *(sich ablösen)* darsi il cambio in qc
abwechselnd **I.** *adj* alternativo **II.** *adv* alternativamente, a turno; **~ reden** alternarsi nel discorso
Abwechslung <-, -en> *f* ① *(Wechsel)* cambiamento *m;* **zur ~** per cambiare un po' ② *(Mannigfaltigkeit)* varietà *f;* **~ in**

etw *akk* **bringen** variare qc, rendere più variato qc; **in diesem Dorf gibt es wenig** ~ in questo paese la vita è monotona

abwechslungsreich *adj* [s]variato, vario

Abwege ['apveːgə] *mpl* **auf ~ geraten** mettersi sulla cattiva strada, sviarsi

abwegig ['apveːgɪç] *adj* errato

Abwehr ['apveːɐ̯] <-> *f kein Pl.* ① *(allg)* MIL, SPORT difesa *f* ② *(Widerstand)* resistenza *f* ③ *(Ablehnung)* rifiuto *m* ④ *(Spionage~)* controspionaggio *m*

ab|wehren *vt* ① *(Schlag, Stoß)* parare; *(Angriff)* respingere ② *(Gefahr)* stornare ③ *(Besucher)* allontanare; *(Fliegen)* scacciare

Abwehrkräfte <-> *f pl* MED sistema *m* immunitario

Abwehrmechanismus *m* meccanismo *m* di difesa

Abwehrspieler(in) *m(f)* SPORT difensore *m*

Abwehrstoff *m* MED anticorpo *m*

ab|weichen <irr> *vi sein* ① *(a. fig)* NAUT, AERO deviare; **vom Kurs** ~ deviare dalla rotta; **vom Thema** ~ *(fig)* allontanarsi dall'argomento ② **voneinander** ~ essere differente l'uno dall'altro

abweichend *adj* divergente, differente, anomalo, irregolare; **~e Meinungen** opinioni divergenti

Abweichung <-, -en> *f* ① *(a. fig)* NAUT, AERO deviazione *f; (vom Thema)* allontanamento *m* ② *(Unregelmäßigkeit)* irregolarità *f*

ab|weisen <irr> *vt* ① *(zurückweisen)* rifiutare; JUR respingere ② *(Gesuch, Forderungen)* rigettare ③ *(Bewerber)* non ammettere; *(Besucher)* non ricevere

abweisend *adj* brusco, poco affabile

abwendbar *adj* evitabile

ab|wenden <irr> **I.** *vt* ① *(Gesicht)* volgere altrove ② *(Blick, Gedanken)* **etw** [**von etw**] ~ distogliere qc [da qc] ③ *(Unheil)* evitare, impedire **II.** *vr* **sich** [**von etw**] ~ allontanarsi [da qc]

ab|werben <irr> *vt sottrarre (specialmente lavoratori a ditte) con proposte allettanti*

ab|werfen <irr> *vt* ① *(Reiter)* disarcionare ② *(Bomben, Flugblätter)* lanciare, gettare; **mit dem Fallschirm** ~ paracadutare ③ *(Spielkarten)* scartare ④ *(Blätter, Nadeln)* perdere ⑤ COM fruttare, rendere

ab|werten *vt* ① FIN svalutare ② *(fig)* deprezzare

abwertend *adj* disprezzabile, spregevole

Abwertung <-, -en> *f* ① FIN svalutazione *f* ② *(fig)* deprezzamento *m*

abwesend ['apveːzənt] *adj* ① *(nicht anwesend)* assente ② *(fig: geistes~)* distratto, assorto nei pensieri

Abwesende <ein -r, -n, -n> *mf* assente *mf*

Abwesenheit <-, *rar:* -en> *f* ① *(körperlich)* assenza *f* ② *(fig: geistig)* distrazione *f*

ab|wickeln *vt* ① *(Wolle, Garn)* dipanare; *(Verband)* sfasciare ② *(fig: durchführen)* effettuare; *(Prozess)* condurre; *(Geschäft)* sbrigare

Abwicklung <-, -en> *f* esecuzione *f,* disbrigo *m*

ab|wiegen <irr> *vt* pesare

ab|wimmeln *vt (fam)* **jdn** ~ tenere alla larga qu, levarsi dai piedi qu; **etw** ~ liberarsi di qc, sbarazzarsi di qc; **sich** ~ **lassen** non insistere

ab|winken *vi* fare cenno di no

ab|wirtschaften I. *vi* andare in rovina, fare bancarotta, fallire; **die Firma hat längst abgewirtschaftet** l'azienda è da tempo fallita; **die Partei hat bei den Wählern abgewirtschaftet** il partito ha perso consensi tra gli elettori **II.** *vt* mandare [*o* lasciar andare] in rovina

ab|wischen *vt* ① *(reinigen)* pulire; **den Staub von etw** ~ spolverare qc ② *(entfernen)* togliere; **etw** [**von etw**] ~ togliere qc [da qc]; **sich** *dat* **die Stirn/die Tränen** ~ asciugarsi la fronte/le lacrime

Abwrackprämie *f (Bonus, Maßnahme)* incentivi *mpl* alla rottamazione

Abwurf <-(e)s, -würfe> *m* ① AERO lancio *m* ② SPORT rinvio *m,* rimando *m*

ab|würgen *vt* **den Motor** ~ bloccare il motore; **ein Gespräch** ~ stroncare una conversazione

ab|zahlen *vt* pagare a rate

ab|zählen *vt* contare; **an den Fingern** ~ contare sulle dita; **das kannst du dir doch an fünf Fingern** ~ *(fam)* ci potresti arrivare anche da solo

Abzahlung <-, -en> *f* ① *(Tilgung)* saldo *m* ② *(Ratenzahlung)* pagamento *m* rateale; **etw auf ~ kaufen** comprare qc a rate

Abzählvers *m* conta *f*

Abzeichen <-s, -> *nt* distintivo *m,* insegna *f*

ab|zeichnen I. *vt* ① *(abmalen)* ritrarre, disegnare; *(kopieren)* copiare; **etw** [**von jdm/etw**] ~ copiare qc [da qu/qc] ② *(signieren)* firmare **II.** *vr:* **sich** ~ ① *(sich abheben)* spiccare ② *(erkennbar werden)* delinearsi

Abziehbild *nt* decalcomania *f*

ab|ziehen <irr> **I.** *vt haben* ① *(wegziehen)* togliere, levare; **das Bett** ~ cambiare la biancheria del letto ② *(ziehend entfernen)* tirare fuori; **den Schlüssel** ~ togliere la chiave dalla serratura; **einen Ring vom Finger** ~ sfilare un anello dal dito ③ *(von der Schale befreien)* sbucciare ④ *(abrech-*

A

nen) detrarre; **20 von 100 ~** sottrarre 20 da 100 ⑤ MIL **die Truppen von einem Ort ~** ritirare le truppe da un luogo ⑥ FOTO, TYP tirare, stampare ⑦ *(Tier)* scuoiare ⑧ *(Messer)* affilare **II.** *vi sein* ① *(Rauch)* uscire, fuoriuscire; *(Gewitter)* allontanarsi ② *(Truppen)* ripiegare ③ *(fam: weggehen)* andarsene

ab|zielen *vi* **auf etw** *akk* **~** mirare a qc

ab|zocken *vt (sl: im Spiel)* imbrogliare, truffare

Abzug <-(e)s, -züge> *m* ① *Sing.* MIL ritiro *m* ② *Sing. (von Rauch, Gas)* uscita *f* ③ COM deduzione *f,* detrazione *f;* **nach ~ der Kosten** detratte le spese ④ *Pl. (Abgaben)* trattenute *fpl;* **die Abzüge vom Lohn** le trattenute sullo stipendio ⑤ FOTO copia *f;* TYP bozza *f* ⑥ *(~svorrichtung)* sfiato *m,* sfiatatoio *m* ⑦ *(Gewehr~)* grilletto *m*

abzüglich ['aptsy:klɪç] *präp +gen* detratto; **~ der Kosten** detratte le spese

abzugsfähig *adj* deducibile, detraibile

Abzugsfähigkeit *f (steuerliche ~)* deducibilità *f* fiscale

Abzugshaube *f* cappa *f*

ab|zweigen I. *vi sein* diramarsi, biforcarsi **II.** *vt haben (fig fam)* mettere da parte [*o* via]

Abzweigung <-, -en> *f* diramazione *f*

Accessoires [aksɛso'a:ɐ] *ntpl* accessori *mpl*

Account [ə'kaʊnt] <-s, -s> *m o nt* INFORM account *m;* **sich** *dat* **ein** [*o* **einen**] **~ einrichten** creare un account

Acetat [atse'ta:t] <-s, -e> *nt* CHEM acetato *m*

Aceton [atse'to:n] <-s> *nt kein Pl.* CHEM acetone *m*

Acetylen [atsety'le:n] <-s> *nt kein Pl.* CHEM acetilene *m*

ach [ax] *interj* ① *(Klage)* ahimè ② *(Erstaunen, Bedauern)* oh, ah; **~, Sie sind das!** ah, è Lei!; **~ nein!** *(Ablehnung)* ah no!; *(Erstaunen)* ma no!, veramente!; **~ so!** ah ecco, [ora] capisco!; **~ was!, ~ wo!** ma no!, macché!

Achat [a'xa:t] <-(e)s, -e> *m* MIN agata *f*

Achillesferse [a'xɪlɛsfɛrzə] <-, -n> *f* tallone *m* d'Achille

Achs[en]bruch *m* rottura *f* dell'asse

Achsbruch *s.* **Achsenbruch**

Achse ['aksə] <-, -n> *f* asse *m;* **sich um die eigene ~ drehen** fare un giro completo; **auf ~ sein** *(fam)* essere in giro

Achsel ['aksəl] <-, -n> *f* ① *(Schulter)* spalla *f;* **die** [*o* **mit den**] **~n zucken** alzare le spalle ② *(~höhle)* ascella *f*

Achselhöhle *f* ANAT ascella *f*

Achselzucken <-s> *nt kein Pl.* alzata *f* di spalle

Achsenmächte ['aksənmɛçtə] *fpl* HIST potenze *fpl* dell'Asse

Achslager *nt* TEC cuscinetto *m* portante

Achslast <-, -en> *f* TEC carico *m* assiale

acht[1] [axt] *num* ① otto; **eine Wohnung mit ~ Zimmern** [*o* **Räumen**] un appartamento di otto vani, stanze; **die ersten/letzten ~** i primi/gli ultimi otto; **die nächsten ~** i prossimi otto; **es steht ~ zu fünf** la partita [*o* il gioco] sta otto a cinque ② *(Angabe der Uhrzeit)* **es ist ~** [**Uhr**] sono le otto; **fünf** [**Minuten**] **vor ~** le otto meno cinque, cinque [minuti] alle otto; **zehn** [**Minuten**] **nach ~** le otto e dieci, dieci [minuti] dopo le otto; **halb ~** le sette e mezzo; **um/gegen ~** alle/verso le otto ③ *(Angabe des Alters)* **sie ist ~** [**Jahre alt**] ha otto anni; **mit ~** [**Jahren**] a otto anni ④ *(Angabe eines Zeitraums)* **vor ~ Tagen** otto giorni fa, una settimana fa; **nach ~ Tagen** dopo otto giorni, dopo una settimana; **in ~ Tagen** fra otto giorni, fra una settimana; **heute in ~ Tagen** oggi a otto; **Montag in ~ Tagen** lunedì a otto; **alle ~ Tage** ogni settimana

acht[2] [axt] **zu ~** in otto

Acht[1] [axt] <-, -en> *f (Zahl)* otto *m*

Acht[2] <-> *f kein Pl.* ① *(Aufmerksamkeit)* attenzione *f,* cura *f;* **auf jdn/etw ~ geben** badare a qu/qc; **gib ~, dass du nicht fällst!** fa attenzione a non cadere!; **außer ~ lassen** non prendere in considerazione; **sich vor jdm/etw in ~ nehmen** stare in guardia da qu/qc ② HIST *(Bann)* bando *m*

achtbändig *adj* di [*o* a] otto volumi

achtbar *adj* rispettabile, degno di rispetto

Achtbarkeit <-> *f kein Pl.* rispettabilità *f*

Achte <ein -r, -n, -n> *mf* ottavo, -a *m, f;* **~r/~ werden** classificarsi ottavo, -a **am ~n** [**des Monats**] l'otto del mese; **heute ist der ~** oggi è l'otto; **Heinrich der ~** Enrico ottavo

achte(r, s) *adj* ① *(Reihenfolge)* ottavo; **im ~n Stock** all'ottavo piano; **jeder ~** ogni ottavo; **jeden ~ Tag** ogni otto giorni, ogni settimana ② *(Datumsangabe)* otto; **am ~n Januar** l'otto gennaio

Achteck *nt* ottagono *m*

achteckig *adj* ottagonale

achteinhalb *num* otto e mezzo

achtel ['axtəl] <inv> *adj* ottavo *m* di; **drei ~ Liter** tre ottavi di litro

Achtel ['axtəl] <-s, -> *nt* ottavo *m,* ottava parte *f*

Achtelfinale *nt* ottavo *m* di finale

Achtelliter *m* ottavo *m* di litro

achteln *vt* ① *(in acht Teile teilen)* dividere

A

in otto ② *(durch Acht teilen)* dividere per otto

Achtelnote *f* MUS croma *f*

achten ['axtən] **I.** *vi* **auf jdn/etw ~** badare a qu/qc; **darauf ~, dass ...** badare che +*conj* **II.** *vt* ① *(schätzen)* stimare ② *(respektieren)* rispettare ③ *(be~)* tener conto di

ächten ['ɛçtən] *vt* ① HIST bandire, proscrivere ② *(fig: ausstoßen)* esiliare, mettere al bando

achtens ['axtəns] *adv* [in] ottavo [luogo]

achter *s.* **achte(r, s)**

Achter <-s, -> *m* SPORT imbarcazione *f* da otto rematori

Achterbahn *f* montagne *fpl* russe, otto *m* volante

Achterdeck <-(e)s, -s> *nt* NAUT cassero *m*, ponte *m* di poppa

achterlei ['axtɐ'laɪ] <inv> *adj (attributiv)* di otto specie [*o* tipi]

Achterlei *f* otto cose *fpl*

achtfach **I.** *adj* ottuplo, ottuplice; **in ~er Ausfertigung** in ottuplice copia **II.** *adv* otto volte tanto

Achtfache <ein -s, -n> *nt kein Pl.* ottuplo *m*; **das ~** otto volte tanto; **um das ~ steigern** ottuplicare

Achtfüß[l]er *m* ottopode *m*

acht|geben <irr> *vi* fare attenzione; **gib acht, dass du nicht fällst!** fa attenzione a non cadere!

achtgeschossig *adj* di [*o* a] otto piani

achthundert ['axt'hʊndɐt] *num* ottocento

achthundertste(r, s) *adj* ottocentesimo, -a

achtjährig ['axtjɛːrɪç] *adj* ① *(acht Jahre alt)* di otto anni ② *(acht Jahre dauernd)* durevole otto anni

Achtjährige <ein -r, -n, -n> *mf* bambino, -a *m, f* di otto anni

achtjährlich *adj* ogni otto anni

Achtkampf *m* gara *f* a otto

achtkantig *adj* ottagonale; **jdn ~ hinauswerfen** [*o* **rausschmeißen**] *(fam)* buttar fuori qu senza tanti complimenti

achtlos **I.** *adj (unaufmerksam)* sbadato; *(gleichgültig)* indifferente **II.** *adv* senza fare attenzione

Achtlosigkeit <-> *f kein Pl. (Unaufmerksamkeit)* sbadataggine *f*; *(Gleichgültigkeit)* indifferenza *f*

achtmal *adv* otto volte; **~ so viel[e]** otto volte tanto; **~ täglich** otto volte al giorno; **ich war schon ~ in Madrid** sono già stato otto volte a Madrid

achtmalig *adj* di otto volte, ripetuto [*o* che avviene] otto volte; **nach ~er Wiederholung konnte er öffnen** all'ottava volta poté aprire

achtmonatig *adj* di otto mesi

Achtpfünder *m tutto ciò che pesa quattro chili; (Neugeborenes)* neonato *m* di quattro chili

achtsam *adj (geh)* ① *(aufmerksam)* attento ② *(sorgfältig)* accurato, preciso

Achtsamkeit <-> *f kein Pl.* attenzione *f*, accuratezza *f*

achtsilbig *adj* di otto sillabe

achtspännig *adj* a otto cavalli

achtstellig *adj* di otto cifre

achtstöckig *adj* di [*o* a] otto piani

Achtstundentag [axt'ʃtʊndəntaːk] *m* giornata *f* [lavorativa] di otto ore

achtstündig *adj* di otto ore

achttägig ['axttɛːgɪç] *adj* di otto giorni

achttausend ['axt'taʊzənt] *num* ottomila

Achttausender <-s, -> *m* ottomila *m*

achtteilig *adj (Ausgabe, Serie, Sendung)* in otto parti; *(Service)* di otto pezzi

Achtuhrzug *m* treno *m* delle otto

Achtundsechziger(in) <-s, -; -, -nen> *m(f)* sessantottino *m (appartenente al movimento di contestazione giovanile del 1968)*

Achtung ['axtʊŋ] <-> *f kein Pl.* ① *(Hochschätzung)* stima *f*; *(Respekt)* rispetto *m*; **vor jdm/etw ~ haben** avere rispetto di qu/qc; **sich** *dat* **~ verschaffen** farsi rispettare; **jdm seine ~ entgegenbringen** dimostrare la propria stima a qu; **alle ~!** bravo!, congratulazioni! ② *(Aufmerksamkeit)* **~!** attenzione!; MIL attenti!; **~, fertig, los!** pronti? Attenti, via!; **~ Stufe!** attenzione al gradino!

Ächtung ['ɛçtʊŋ] <-, -en> *f* bando *m*, proscrizione *f*

achtzehn *num* diciotto; **~ Uhr** le diciotto *fpl*

achtzehnte(r, s) *adj* diciottesimo, -a *(bei Datumsangaben)* diciotto; *s. a.* **achte(r, s)**

achtzig ['axtsɪç] *num* ottanta; **mit ~ [km/h] fahren** andare a ottanta all'ora; **mit ~ [Jahren]** a ottant'anni; **er ist über ~** ha più di ottant'anni; **im Jahre ~ [vor/nach Christi Geburt]** nell'ottanta [prima/dopo Cristo]; **in den ~er Jahren** negli anni ottanta; **etwa ~** una ottantina [di]; **etwa ~ sein** essere sugli ottanta; **auf ~ sein/kommen** *(fam)* essere imbufalito [*o* fuori dai gangheri]/imbufalirsi, andar fuori dai gangheri; *s. a.* **Achtzigerjahre**

Achtziger(in) <-s, -; -, -nen> *m(f)* ottantenne *mf*, ottuagenario, -a *m, f*

Achtzigerjahre *ntpl* anni *mpl* ottanta

achtzigjährig *adj* ottantenne, ottuagenario

Achtzigjährige <ein -r, -n, -n> *mf* ottantenne *mf*

achtzigste(r, s) *adj* ottantesimo, -a *s. a.* **achte(r, s)**

Achtzigstel <-s, -> *nt* ottantesimo *m*

ächzen ['ɛçtsən] *vi* ① *(Mensch)* gemere; **vor Schmerzen** *dat* **~** gemere dal dolore ② *(fig)* scricchiolare

Acker ['akɐ, *Pl:* 'ɛkɐ] <-s, Äcker> *m* campo *m* [coltivato]

Ackerbau *m* agricoltura *f;* **~ treiben** coltivare la terra

Ackerland *nt* terreno *m* arabile

ackern *vi (fam)* sgobbare

Acryl [a'kry:l] <-s> *nt kein Pl.* CHEM acrile *m*

Action ['ækʃən] <-> *f kein Pl.* azione *f*

Actionfilm *m* film *m* d'azione

a. D. [a:'de:] *Abk. von* **außer Dienst** fuori servizio

A. D. *Abk. von* **Anno Domini** AD

ad[e]lig *adj* nobile

Ad[e]lige <ein -r, -n, -n> *mf* nobile *mf*

ad absurdum [at ap'zʊrdʊm] *adv* **etw ~ führen** dimostrare l'assurdità di qc

ADAC [a:de:ʔa:'tse:] <-(s)> *m kein Pl. Abk. von* **Allgemeiner Deutscher Automobil-Club** *ACI*

Adam ['a:dam] *m (männlicher Vorname)* Adamo; **der alte ~** la debolezza umana; **seit ~s Zeiten** dall'eternità; **bei ~ und Eva anfangen** cominciare dagli inizi

Adamsapfel *m* pomo *m* d'Adamo

Adamskostüm *nt (fam scherz)* costume *m* adamitico

Adaptation [adapta'tsjo:n] <-, -en> *f a.* FILM, LIT adattamento *m*

Adapter [a'daptɐ] <-s, -> *m* INFORM adattatore *m*

adaptieren *vt* ① *(anpassen)* adattare, adeguare ② A *(herrichten)* sistemare

Adaption <-, -en> *f s.* **Adaptation**

adäquat [adɛ'kva:t] *adj* adeguato

addieren [a'di:rən] <ohne ge-> *vt* addizionare, sommare

Addition [adi'tsi̯o:n] <-, -en> *f* addizione *f,* somma *f*

ade [a'de:] *interj* addio

Adel ['a:dəl] <-s> *m kein Pl.* nobiltà *f; (Familie)* famiglia *f* nobile; *(Titel)* titolo *m* nobiliare; **von ~ sein** essere di famiglia nobile; **~ verpflichtet** noblesse oblige

adeln *vt* nobilitare

Adelstitel <-s, -> *m* titolo *m* nobiliare

Ader ['a:dɐ] <-, -n> *f* ① *(Blutgefäß)* vena *f* ② *(Veranlagung)* vena *f;* **eine poetische ~ haben** avere una vena poetica ③ *(in Holz, Gestein)* venatura *f;* BOT nervatura *f*

Aderlass ['a:dɐlas] <-es, Aderlässe> *m* MED salasso *m*

ADFC <-> *m Abk. von* **Allgemeiner Deutscher Fahrrad-Club** *associazione generale tedesca dei ciclisti*

Adhäsionsverschluss [athɛ'zjo:nsfɛɐʃlʊs] *m* chiusura *f* con sistema adesivo

ad hoc [at hɔk] ad hoc, appositamente

adieu [a'djø:] *interj* addio; **jdm ~ sagen** dire addio a qu

Adjektiv ['atjɛkti:f] <-s, -e> *nt* aggettivo *m*

adjektivisch [atjɛk'ti:vɪʃ] *adj* aggettivale

Adjutant [atju'tant] <-en, -en> *m* MIL aiutante *m*

Adler ['a:dlɐ] <-s, -> *m* aquila *f*

Adlerauge *nt (fig)* sguardo *m* acuto, occhio *m* di lince

Adlerhorst *m* nido *m* d'aquila

Adlernase *f* naso *m* aquilino

adlig *adj s.* **ad[e]lig**

Administration [atminɪstra'tsi̯o:n] <-, -en> *f* ① *(Verwaltung)* amministrazione *f;* **die Reagan-~** il governo Reagan ② CH *(einer Firma)* gestione *f*

administrativ [atminɪstra'ti:f] *adj* amministrativo, gestionale

Administrator(in) [atminɪs'tra:to:ɐ̯, *Pl:* atminɪs'trato:rən] <-s, -en; -, -nen> *m(f)* INFORM amministratore *m*

Admiral [atmi'ra:l] <-s, -e *o* -räle> *m* ammiraglio *m*

Admiralität [atmirali'tɛ:t] <-, -en> *f* ammiragliato *m*

ADN [a:de:'ʔɛn] *Abk. von* **Allgemeiner Deutscher Nachrichtendienst** *agenzia di stampa della ex RDT*

adoptieren [adɔp'ti:rən] <ohne ge-> *vt* adottare

Adoption [adɔp'tsi̯o:n] <-, -en> *f* adozione *f*

Adoptiv- [adɔp'ti:f] *in Zusammensetzungen* adottivo

Adoptiveltern *pl* genitori *mpl* adottivi

Adoptivkind *nt* figlio, -a *m, f* adottivo, -a, bambino, -a *m, f* adottato, -a

Adr. *Abk. von* **Adresse** ind.

Adrenalin [adrena'li:n] <-s> *nt kein Pl.* MED adrenalina *f*

Adrenalinspiegel *m* MED contenuto *m* di adrenalina

Adrenalinstoß *m* MED scarica *f* di adrenalina

Adressat(in) [adrɛ'sa:t] <-en, -en; -, -nen> *m(f)* destinatario, -a *m, f*

Adressbuch *nt (privat)* agenda *f* degli indirizzi; *(Verzeichnis)* guida *f* generale della città

Adresse [a'drɛsə] <-, -n> *f* ① *(Anschrift)* indirizzo *m;* **an die falsche ~ geraten** *(fam)* rivolgersi alla persona sbagliata ② INFORM *(Nummer einer Speicherzelle)* indirizzo *m*

A

adressieren [adrɛ'siːrən] <ohne ge-> *vt* indirizzare
Adressiermaschine *f* macchina *f* stampaindirizzi
adrett [a'drɛt] *adj* ordinato, carino
Adria ['aːdria] *f* [mare *m*] Adriatico *m*
adriatisch [adri'aːtɪʃ] *adj* adriatico; **Adriatisches Meer** [mare *m*] Adriatico *m*
ADS [aːdeː'ɛs] *nt s.* **Aufmerksamkeitsdefizitsyndrom** ADS *m*
ADSL [aːdeːɛs'ɛl] *Abk. von* **Asymmetric Digital Subscriber Line** ADSL
Adsorption <-, -en> *f* CHEM, PHYS adsorbimento *m*
A-Dur <-> *nt kein Pl.* MUS la *m* maggiore
Advent [at'vɛnt] <-(e)s, -e> *m* Avvento *m*
Adventskalender *m* calendario *m* dell'Avvento
Adventskranz *m* corona *f* dell'Avvento
Adventszeit *f* tempo *m* d'Avvento
Adverb [at'vɛrp] <-s, Adverbien> *nt* avverbio *m*
adverbial [atvɛr'bi̯aːl] *adj* avverbiale
Advokat [atvo'kaːt] <-en, -en> *m bes.* CH avvocato *m*
Advokaturbureau <-s, -s> *nt* CH studio *m* legale
Aerobic [ɛə'rɔbɪk] <-> *nt kein Pl.* aerobica *f*
Aerodynamik [aerody'naːmɪk] *f* PHYS aerodinamica *f*
Aerosol [aero'sɔl] <-s, -e> *nt* MED aerosol *m*
Affäre [a'fɛːrə] <-, -n> *f* ❶ *(Angelegenheit)* faccenda *f*; **sich aus der ~ ziehen** tirarsi d'impiccio ❷ *(Liebschaft)* relazione *f* amorosa
Affe ['afə] <-n, -n> *m* ❶ ZOO scimmia *f* ❷ *(fam pej)* damerino *m*; **du alter ~!** *(fam pej)* vecchia bertuccia!; **du eingebildeter ~!** *(fam pej)* pallone gonfiato!; **einen ~n [sitzen] haben** *(fig sl)* essere sbronzo *fam*
Affekt [a'fɛkt] <-(e)s, -e> *m* eccitazione *f*; **im ~ handeln** JUR compiere un delitto passionale
Affekthandlung <-, -en> *f* JUR, PSYCH azione *f* commessa in stato di eccitazione
affektiert [afɛk'tiːɐt] *adj* affettato
Affenbrotbaum *m* BOT baobab *m*
affengeil *adj (fam)* figo, da sballo, galattico
Affenliebe *f* amore *m* esagerato
Affenschande *f* **das ist eine ~!** *(fam)* è una vergogna!
Affentempo *nt (fam)* **in** [*o* **mit**] **einem ~** a tutta birra
Affenzahn *m (sl) s.* **Affentempo**
affig *adj (fam: eitel)* vanitoso; *(affektiert)* affettato
Äffin ['ɛfɪn] <-, -nen> *f* ZOO scimmia *f*; *s. a.* **Affe**
Affinität [afini'tɛːt] <-, -en> *f* ❶ *(Neigung)* affinità *f*, attrazione *f* ❷ CHEM *(von Atomen)* affinità *f*
Affrikata <-, -ten> *f* LING affricata *f*
Affront [a'frõː] <-s, -s> *m (geh)* affronto *m*, offesa *f* (**gegen** nei confronti di/verso)
Afghane [af'gaːnə] <-n, -n> *m*, **Afghanin** [af'gaːnɪn] <-, -nen> *f* ❶ *(Mensch)* afgano, -a *m, f* ❷ ZOO *(Hund)* levriero *m* afgano
afghanisch *adj* afgano
Afghanistan [af'gaːnɪstaːn] *nt* Afganistan *m*; **in ~** nell'Afganistan
Afrika ['aːfrika] *nt* Africa *f*
Afrikaans [afri'kaːns] <-> *nt kein Pl. (Sprache)* afrikaans *m*
Afrikaner(in) [afri'kaːnɐ] <-s, -; -, -nen> *m(f)* africano, -a *m, f*
afrikanisch *adj* africano
Afroamerikaner(in) ['aːfroʔameri'kaːnɐ] <-s, -; -, -nen> *m(f)* afroamericano, -a *m, f*
afroamerikanisch *adj* afroamericano
Afrolook ['a(ː)froluk] *m* acconciatura *f* afro
After ['aftɐ] <-s, -> *m* ANAT ano *m*
Afterhour ['aːftɐaʊɐ] <-, -s> *f (Party nach dem Ende einer Party)* afterhour *m*
Aftershave [aːftɐ'ʃɛɪf] <-(s), -s> *nt*, **Aftershave-Lotion** <-, -s> *f*, **Aftershave-lotion** <-, -s> *f* after shave *m*, lozione *f* dopobarba
After-Show-Party [aːftɐ'ʃɔʊpaːɐ̯ti] *f (Party nach dem Ende einer Show)* aftershow party *m*
After-Work-Party [aːftɐ'wəːkpaːɐ̯ti] <-, -s> *f* serata *f* after work, after work party *m*
AG [aː'geː] <-, -s> *f* ❶ *Abk. von* **Aktiengesellschaft** S.p.A. ❷ *Abk. von* **Arbeitsgemeinschaft, Arbeitsgruppe** gruppo *m* di lavoro, team *m*
Ägäis [ɛ'gɛːɪs] *f* Egeo *m*
Agave [a'gaːvə] <-, -n> *f* agave *f*
Agenda [a'gɛnda] <-, -den> *f* ❶ *(Terminkalender, Taschenkalender)* agenda *f* ❷ POL *(Tagesordnung)* ordine *m* del giorno; **die ~ 2010** *(Programm der deutschen Bundesregierung)* l'Agenda 2010 *f*
Agent(in) [a'gɛnt] <-en, -en; -, -nen> *m(f)* ❶ POL agente *mf* segreto, -a ❷ COM agente *mf*, rappresentante *mf*
Agentur [agɛn'tuːɐ̯] <-, -en> *f* agenzia *f*
Agenturbericht *m* notizia *f* d'agenzia
AGG [aːgeː'geː] <-> *nt kein Pl. Abk. von* **Allgemeines Gleichbehandlungsgesetz** JUR legge *f* antidiscriminazione

Agglomerat [aglome'ra:t] <-(e)s, -e> *nt* GEOL agglomerato *m*

Agglomeration [aglomera'ts̯i̯o:n] <-, -en> *f* ① *(geh: Anhäufung)* accumulo *m* ② CH *(Ballungsraum)* agglomerato *m*

Aggregat [agre'ga:t] <-(e)s, -e> *nt* aggregato *m*

Aggression [agrɛ'si̯o:n] <-, -en> *f* aggressione *f*

aggressiv [agrɛ'si:f] *adj* aggressivo

Aggressivität [agrɛsivi'tɛ:t] <-, -en> *f* aggressività *f*

Aggressor [a'grɛso:ɐ] <-s, -en> *m* JUR, POL aggressore *m*, assalitore *m*

agieren [a'gi:rən] <ohne ge-> *vi* ① *(handeln)* agire ② THEAT sostenere la parte di

agil [a'gi:l] *adj* agile, svelto; *(geschickt)* abile, capace

Agitation [agita'ts̯i̯o:n] <-, -en> *f* POL agitazione *f*

Agitator(in) [agi'ta:to:ɐ̯] <-s, -en; -, -nen> *m(f)* POL agitatore, -trice *m, f*

agitatorisch [agita'to:rɪʃ] *adj* sovversivo, sedizioso

Agnostiker(in) <-s, -; -, -nen> *m(f)* agnostico, -a *m, f*

Agnostizismus <-> *m kein Pl.* PHILOS agnosticismo *m*

Agonie [ago'ni:] <-, -n> *f* agonia *f*

Agrarfonds [a'gra:ɐfõ:] *m* fondo *m* agricolo

Agrarmarkt *m* mercato *m* agricolo

Agrarminister(in) *m(f)* ministro *m* dell'agricoltura

Agrarpolitik *f* politica *f* agraria

Agrarreform *f* riforma *f* agraria

Agrarstaat *m* paese *m* agricolo

Agrarwirtschaft <-> *f kein Pl.* economia *f* agraria [*o* rurale]

Ägypten [ɛ'gʏptən] *nt* Egitto *m;* **in ~** in Egitto

Ägypter(in) <-s, -; -, -nen> *m(f)* egiziano, -a *m, f*

ägyptisch *adj* egiziano

Ägyptologie <-> *f kein Pl.* egittologia *f*

ah [a:] *interj* ah

Ah *Abk. von* **Amperestunde** Ah

äh [ɛ:] *interj* ① *(Ausruf des Ekels)* puà, puh ② *(bei Sprechpausen)* ehm

aha [a'ha(:)] *interj* ah, ecco!

Aha-Erlebnis *nt* PSYCH illuminazione *f*

ahd. *Abk. von* **althochdeutsch** antico altotedesco

Ahle ['a:lə] <-, -n> *f* TEC lesina *f*

Ahn [a:n] <-s *o* -en, -en> *m* antenato, -a *m, f,* avo, -a *m, f*

ahnden ['a:ndən] *vt* ① *(bestrafen)* punire ② *(rächen)* vendicare

Ahne ['a:nə] <-, -n> *f* antenato, -a *m, f,* avo, -a *m, f*

ähneln ['ɛ:nəln] *vi* **jdm ~** assomigliare a qu

ahnen ['a:nən] *vt* ① *(Vorgefühl haben)* presentire; **etw ~** avere il presentimento di qc; **das konnte ich nicht ~** non potevo prevederlo ② *(vermuten)* immaginare, sospettare; **der Himbeergeschmack war nur zu ~** il sapore di lampone bisognava immaginarselo; **nichts ahnend** non sospettando [di] niente

Ahnen *mpl* antenati *mpl,* avi *mpl*

Ahnenforschung <-> *f kein Pl.* genealogia *f*

Ahnentafel *f* tavola *f* genealogica

ähnlich ['ɛ:nlɪç] *adj* ① *(teilweise übereinstimmend)* simile, analogo; **~ wie …** simile a … ② *(gleichartig)* similare, affine ③ *(ähnelnd)* somigliante; **jdm ~ sehen** assomigliare a qu

Ähnlichkeit <-, -en> *f* [ras]somiglianza *f;* **mit jdm ~ haben** somigliare a qu

ähnlich|sehen <irr> *vi (fam: bezeichnend sein)* **das sieht dir/ihm** [**mal wieder**] **ähnlich!** questa è una delle tue/delle sue!

Ahnung <-, -en> *f* ① *(Vorgefühl)* presentimento *m* ② *(Vorstellung)* idea *f;* [**ich habe**] **keine ~!** non ne ho idea!; **keine** [**blasse**] [*o* **nicht die geringste**] **~ haben** *(fam)* non avere la minima [*o* più pallida] idea; **hast du** [**aber**] **eine ~!** *(fam iron)* se sapessi!

ahnungslos **I.** *adj* ignaro **II.** *adv* senza rendersene conto

Ahnungslosigkeit <-> *f kein Pl.* essere *m* ignaro, inconsapevolezza *f*

ahoi [a'hɔɪ] *interj* NAUT olà

Ahorn ['a:hɔrn] <-s, -e> *m* BOT acero *m*

Ähre ['ɛ:rə] <-, -n> *f* spiga *f*

Aids [ɛɪdz] <-> *nt kein Pl.* MED *Abk. von* **Acquired Immune Deficiency Syndrome** AIDS *f o m*

Aidshilfe *f* ① MED aiuto *m* alla lotta contro l'AIDS ② *(Organisation)* assistenza *f* ai malati di AIDS

aidsinfiziert *adj* MED affetto da AIDS

Aidstest *m* test *m* dell'AIDS

Aidsübertragung *f* trasmissione *f* dell'AIDS

Aidsvirus *nt* virus *m* dell'AIDS

Airbag ['ɛ:ɐbɛk] <-s, -s> *m* MOT airbag *m*

Airbrush ['ɛ:ɐbraʃ] <-s> *nt kein Pl.* aerografo *m*

Airbus ['ɛ:ɐ̯bʊs] *m* airbus *m,* aerobus *m*

Airconditioner ['ɛ:ɐkɔndiʃənɐ] *m* climatizzatore *m*

Akademie [akade'mi:] <-, -n> *f* accademia *f*

A

Akademiker(in) [aka'de:mikɐ] <-s, -; -, -nen> *m(f)* laureato, -a *m, f*
akademisch *adj* accademico
Akazie [a'ka:tsi̯ə] <-, -n> *f* BOT acacia *f*
akklimatisieren [aklimati'zi:rən] <ohne ge-> *vr:* **sich ~** acclimatarsi
Akklimatisierung <-> *f kein Pl.* acclimatazione *f*
Akkord [a'kɔrt] <-(e)s, -e> *m* ❶ MUS accordo *m* ❷ *(~arbeit)* cottimo *m;* **im ~ arbeiten** lavorare a cottimo
Akkordarbeit *f* lavoro *m* a cottimo
Akkordarbeiter(in) *m(f)* cottimista *mf*
Akkordeon [a'kɔrdeɔn] <-s, -s> *nt* fisarmonica *f*
akkreditieren [akredi'ti:rən] <ohne ge-> *vt* accreditare
Akkreditiv <-s, -e> *nt* WIRTSCH lettera *f* di credito
Akku ['aku] <-s, -s> *m,* **Akkumulator** [akumu'la:to:ɐ̯] <-s, -en> *m* ❶ TEC *(Stromspeicher)* accumulatore *m* ❷ INFORM *(Speicherzelle)* accumulatore *m*
akkurat [aku'ra:t] *adj* accurato, preciso
Akkusativ ['akuzati:f] <-s, -e> *m* LING accusativo *m*
Akkusativobjekt *nt* LING complemento *m* oggetto
Akne ['a:knə] <-, -n> *f* MED acne *f*
Akribie [akri'bi:] <-> *f kein Pl.* acribia *f;* **etw mit ~ tun** fare qc con diligente precisione
akribisch [a'kri:bɪʃ] *adj (geh)* minuzioso
Akrobat(in) [akro'ba:t] <-en, -en; -, -nen> *m(f)* acrobata *mf*
Akrobatik [akro'ba:tɪk] <-> *f kein Pl.* acrobatica *f*
Akrobatin *f s.* **Akrobat**
akrobatisch *adj* acrobatico
Akronym [akro'ny:m] <-s, -e> *nt* LING acronimo *m,* sigla *f*
Akt [akt] <-(e)s, -e> *m* ❶ *(Handlung)* atto *m,* azione *f; (Zeremonie)* cerimonia *f* ❷ THEAT atto *m; (im Zirkus)* numero *m* ❸ JUR atto *m* ❹ *(Geschlechts~)* coito *m* ❺ KUNST nudo *m*
Akte ['aktə] <-, -n> *f* atto *m,* documento *m;* **zu den ~n legen** mettere agli atti; *(a. fig)* archiviare; **Einheitliche Europäische ~** EU Atto europeo unitario
Akteneinsicht <-, -en> *f* JUR ispezione *f* dei documenti, visione *f* degli atti
Aktenkoffer *m* ❶ *(Tasche)* borsa *f* portadocumenti ❷ INFORM cartella *f* sincronia file
aktenkundig *adj (Person)* conosciuto dalla polizia; *(Fall)* registrato dalla polizia
Aktennotiz *f* promemoria *m*
Aktenordner *m* classificatore *m*
Aktenschrank *m* armadio *m* per le pratiche, archivio *m*
Aktentasche *f* cartella *f*
Aktenvermerk *m* annotazione *f*
Aktenvernichter <-s, -> *m* distruggi-documenti *m*
Aktenzeichen *nt* numero *m* di protocollo
Aktfoto *nt* fotografia *f* di un nudo
Aktie ['aktsi̯ə] <-, -n> *f* azione *f*
Aktienbanken *fpl* banche *fpl* per azioni
Aktienfonds *m* capitale *m* [*o* fondo *m*] azionario
Aktiengesellschaft *f* società *f* per azioni [*o* anonima]
Aktienindex *m* indice *m* di Borsa [*o* azionario]
Aktienkapital *nt* capitale *m* azionario
Aktienkurs *m* quotazione *f* azionaria
Aktienmarkt *m* mercato *m* azionario
Aktienmehrheit <-, -en> *f* maggioranza *f* azionaria
Aktienoption *f* FIN stock option *f*
Aktienpaket <-(e)s, -e> *nt* pacchetto *m* azionario
Aktienumtausch *m* cambio *m* di azioni
Aktion [ak'tsio:n] <-, -en> *f* ❶ *(Handlung) a.* MIL azione *f;* **in ~ treten** entrare in azione ❷ *(Werbe~)* campagna *f* ❸ *bes.* CH *(Sonderangebot)* offerta *f* speciale
Aktionär(in) [aktsi̯o'nɛ:ɐ̯] <-s, -e; -, -nen> *m(f)* azionista *mf*
Aktionismus <-> *m kein Pl.* attivismo *m*
Aktionspreis *m* prezzo *m* promozionale
Aktionsradius *m* raggio *m* d'azione
aktiv [ak'ti:f *o* 'akti:f] *adj* ❶ *(tätig)* attivo ❷ *(wirksam)* efficace
Aktiv ['akti:f] <-s> *nt kein Pl.* LING attivo *m*
Aktiva [ak'ti:va] *pl* FIN attivo *m*
aktivieren [akti'vi:rən] <ohne ge-> *vt* ❶ *(allg)* CHEM attivare ❷ POL mobilitare ❸ COM portare in attivo
Aktivierung <-, -en> *f* attivazione *f*
Aktivismus <-> *m* attivismo *m*
Aktivist(in) <-en, -en; -, -nen> *m(f)* militante *mf*
Aktivität [aktivi'tɛ:t] <-, -en> *f* attività *f*
Aktmalerei *f* KUNST pittura *f* di nudi
aktualisieren <ohne ge-> *vt (allg)* INFORM aggiornare
Aktualisierung <-, -en> *f* aggiornamento *m*
Aktualität [aktu̯ali'tɛ:t] <-> *f kein Pl.* attualità *f*
Aktuar [aktu̯'a:ɐ̯] <-s, -e> *m* CH *(Schriftführer eines Vereins)* segretario *m* di una società
aktuell [ak'tu̯ɛl] *adj* attuale; *(Buch)* d'attualità

Akupressur [akuprɛ'suːɐ̯] <-, -en> *f* MED agopressione *f*
Akupunktur [akupʊŋk'tuːɐ̯] <-, -en> *f* MED agopuntura *f*
Akustik [a'kʊstɪk] <-> *f kein Pl.* acustica *f*
akustisch *adj* acustico
akut [a'kuːt] *adj* ❶ MED acuto ❷ *(fig: Problem, Frage)* scottante
AKW [aːkaː'veː] <-(s), -s> *nt Abk. von* **Atomkraftwerk** centrale *f* atomica
Akzent [ak'tsɛnt] <-(e)s, -e> *m* accento *m;* **den ~ auf etw** *akk* **legen** mettere l'accento su qc
akzentfrei *adj* senza accento
akzeptabel [aktsɛp'taːbəl] *adj* accettabile
Akzeptanz [aktsɛp'tants] <-> *f kein Pl.* disponibilità *f*
akzeptieren [aktsɛp'tiːrən] <ohne ge-> *vt* accettare
Al CHEM *Abk. von* **Aluminium** Al
Alabaster [ala'bastɐ] <-s, -> *m* alabastro *m*
Alarm [a'larm] <-(e)s, -e> *m* allarme *m;* **blinder** [*o* **falscher**] **~** falso allarme; **~ schlagen** dare l'allarme
Alarmanlage *f* impianto *m* d'allarme
Alarmbereitschaft *f* **in ~ sein** essere in stato d'allarme
alarmieren [alar'miːrən] <ohne ge-> *vt (a. fig)* allarmare, dare l'allarme a
alarmierend *adj* allarmante
Alarmsignal *nt* segnale *m* d'allarme
Alarmzustand *m* stato *m* d'allarme
Alaska [a'laska] *nt* Alaska *f*
Alaun [a'laʊn] <-(e)s, -e> *m* CHEM allume *m*
Albaner(in) [al'baːnɐ] <-s, -; -, -nen> *m(f)* albanese *mf*
Albanien [al'baːniən] *nt* Albania *f*
albanisch *adj* albanese
Albatros ['albatrɔs] <-, -se> *m* albatro *m*
Albdruck ['albdrʊk, *Pl:* 'albdrʏkə] <-(e)s, Albdrücke> *m* incubo *m*
Alben *Pl. von* **Album**
albern ['albɐn] **I.** *adj* sciocco; **~es Zeug** sciocchezze *fpl;* **sich ~ benehmen** fare lo sciocco **II.** *vi* fare sciocchezze
Albernheit <-, -en> *f* sciocchezza *f*
Albino [al'biːno] <-s, -s> *m* albino *m*
Albtraum ['albtraʊm] *m* incubo *m*
Album ['albʊm, *Pl:* 'albən] <-s, Alben> *nt* album *m*
Alchemie [alçe'miː] <-> *f kein Pl.*, **Alchimie** [alçi'miː] <-> *f kein Pl.* alchimia *f*
Alchimist(in) [alçi'mɪst] <-en, -en; -, -nen> *m(f)* alchimista *mf*
Alcomat® ['alkomat] *m* alcoltest *m*
Alcopops ['alkopɔps] *mpl (alkoholhaltige Limonadenmischgetränke)* alcopop *m*
Alemanne [alə'manə] <-n, -n> *m*, **Alemannin** [alə'manɪn] <-, -nen> *f* alemanno, -a *m, f*
alemannisch *adj* alemannico
Alge ['algə] <-, -n> *f* BOT alga *f*
Algebra ['algebra] <-> *f kein Pl.* MAT algebra *f*
algebraisch [alge'braːɪʃ] *adj* algebrico
Algenpest <-> *f kein Pl.* invasione *f* d'alghe
Algerien [al'geːriən] *nt* Algeria *f*
Algerier(in) <-s, -; -, -nen> *m(f)* algerino, -a *m, f*
algerisch *adj* algerino
Algier ['alʒiːɐ] *nt* Algeri *f*
ALGOL <-(s)> *nt kein Pl.* INFORM, MAT *Akr. von* **algorithmic language** linguaggio algoritmico
algorithmisch *adj* MAT algoritmico
Algorithmus [algo'rɪtmʊs] <-, Algorithmen> *m* MAT, INFORM algoritmo *m*
alias ['aːlias] *adv* alias
Alibi ['aːlibi] <-s, -s> *nt* alibi *m*
Alimente [ali'mɛntə] *pl* alimenti *mpl*
alkalisch [al'kaːlɪʃ] *adj* CHEM alcalino
Alkohol ['alkohoːl *o* alko'hoːl] <-s, -e> *m* alcol *m*
alkoholarm *adj* poco alcolico
Alkoholeinfluss *m* **unter ~** sotto l'effetto dell'alcol
alkoholfrei *adj* analcolico
Alkoholgehalt *m* gradazione *f* alcolica, alcolicità *f*
Alkoholgenuss <-es> *m kein Pl.* consumo *m* di bevande alcoliche [*o* di alcol]; **übermäßiger ~ schadet der Gesundheit** il consumo eccessivo di alcol danneggia la salute
alkoholhaltig *adj* alcolico
Alkoholika [alko'hoːlika] *pl* alcolici *mpl*
Alkoholiker(in) [alko'hoːlikɐ] <-s, -; -, -nen> *m(f)* alcolizzato, -a *m, f*
alkoholisch *adj* alcolico; **~e Getränke** bevande *fpl* alcoliche, alcolici *mpl*
alkoholisiert *adj* alcolizzato; **in ~em Zustand** sotto effetto dell'alcol
Alkoholismus <-> *m kein Pl.* alcolismo *m*
Alkoholmissbrauch <-(e)s> *m kein Pl.* abuso *m* di bevande alcoliche
Alkoholspiegel *m* tasso *m* alcolico [nel sangue]
Alkoholsünder(in) <-s, -; -, -nen> *m(f)* *(fam) chi beve eccesivamente prima di mettersi al volante*
Alkoholtest *m* alcoltest *m*
Alkoholverbot *nt* proibizionismo *m*
Alkoholvergiftung *f (akute)* intossicazione *f* da alcol; *(chronische)* etilismo *m*
Alkopops ['alkopɔps] *pl s.* **Alcopops**

all [al] *pron indef* tutto; ~ **die Mühe** con tutta questa fatica; **nach ~ dem Geschehenen** dopo tutto quello che è successo; *s. a.* **alle(r, s)**

All [al] <-s> *nt kein Pl.* universo *m,* cosmo *m*

Allah ['ala] <-s> *m kein Pl.* REL Allah *m*

alle ['alə] **I.** *adv (fam)* finito **II.** *pron indef s.* **alle(r, s)**

alle(r, s) ['alə, -lɐ, -ləs] *pron indef Pl.* tutti, -e *m, f,* entrambi, -e *m, f;* ~ **zwei Wochen** ogni quindici giorni; ~ **beide** entrambi; ~ **fünf/zehn** tutti e cinque/dieci; **das ~s** tutto questo; **~s in Allem** tutto sommato; **in ~r Ruhe** con comodo; **mit ~r Deutlichkeit** con tutta chiarezza; **nicht um ~s in der Welt** per nulla al mondo; **vor ~m** soprattutto; **er ist mein Ein und Alles** è tutto per me; **wer war ~s da?** chi c'era?; **~s Gute!** buona fortuna!; **da hört doch ~s auf!** questo è troppo!, è il colmo!

Allee [a'le:] <-, -n> *f* viale *m* [alberato]

Allegorie [alego'ri:, *Pl:* alego'ri:ən] <-, -n> *f* LIT allegoria *f*

allegorisch *adj* LIT allegorico

allein [a'laɪn] **I.** *adj inv* solo; *(ohne Hilfe, selbst)* da solo; *(einsam)* solitario; ~ **erziehend** solo, single; ~ **stehend** *(Haus)* isolato; **ganz** ~ solo soletto *fam;* **von** ~ da solo; **etw ~ tun** fare qc da solo; **jdn allein ~** lasciare solo qu **II.** *adv (nur)* solo, solamente, unicamente; ~ **der Gedanke** il solo pensiero; **nicht ~ ..., sondern auch ...** non solo ..., ma anche ... **III.** *konj (geh: jedoch)* però, ma

alleine [a'laɪnə] *adj (fam) s.* **allein**

Alleinerbe *m,* **Alleinerbin** *f* erede *mf* universale

alleinerziehend *adj (Vater, Mutter)* solo, single; **er ist** ~ è un padre single

Alleinerziehende <ein -r, -n, -n> *mf* padre *m* solo/madre *f* sola, padre/madre single

Alleingang *m* SPORT prestazione *f* individuale; **im** ~ da solo, senza aiuto

Alleinherrschaft *f* potere *m* assoluto, assolutismo *m*

Alleinherrscher(in) <-s, -; -, -nen> *m(f)* sovrano *m* assoluto

alleinig *adj* solo, unico

allein|lassen <irr> *vt (im Stich lassen)* piantare in asso, lasciare

Alleinsein *nt* solitudine *f*

allein|stehen <irr> *vi (ohne Ehefrau sein)* essere celibe; *(ohne Ehemann sein)* essere nubile; *(ohne Angehörige sein)* essere solo

alleinstehend *adj (ohne Ehefrau)* celibe; *(ohne Ehemann)* nubile; *(ohne Angehörige)* solo

Alleinstehende <ein -r, -n, -n> *mf* single *mf,* persona *f* che vive da sola

Alleinunterhalter(in) *m(f)* showman *m/* showgirl *f; (fig)* istrione, -a *m, f*

Alleinvertretung *f* [rappresentanza *f*] esclusiva *f*

allemal ['alə'ma:l] *adv* ① *(jedesmal)* tutte le volte; **ein für ~** una volta per tutte ② *(fam: gewiss)* senz'altro, certo

allenfalls *adv* ① *(höchstens)* tutt'al più ② *(gegebenenfalls)* semmai, eventualmente

aller *s.* **alle(r, s)**

aller- *(in Zusammensetzungen mit Superlativ zur Verstärkung)* [il, la] più ...

allerbeste(r, s) ['alɐ'bɛstə, -tɐ, -təs] *adj* **der/die ~ ...** il migliore ... di tutti/la migliore ... di tutte

allerdings ['alɐ'dɪŋs] *adv* ① *(einschränkend)* ma, però, tuttavia ② *(bekräftigend)* ma certo, certamente

allererste(r, s) ['alɐ'ʔɛrstə, -tɐ, -təs] **I.** *adj* [il] primo di tutti/[la] prima di tutte, [il] primissimo/[la] primissima **II.** *adv* **zu allererst** per primo

Allergie [alɛr'gi:] <-, -n> *f* MED allergia *f;* **eine ~ gegen etw haben** avere un'allergia a qc

Allergietest *m* esame *m* allergologico

Allergiker(in) [a'lɛrgikɐ] <-s, -; -, -nen> *m(f)* allergico, -a *m, f*

allergisch *adj* ~ **[gegen etw] sein** essere allergico [a qc]

Allergologe [alɛrgo'lo:gə] <-n, -n> *m,* **Allergologin** [alɛrgo'lo:gin] <-, -nen> *f* allergologo, -a *m, f*

allerhand ['alɐ'hant] <inv> *adj (fam)* ① *(viel)* molto, tanto; **das ist ja ~!** questo è un po' troppo! ② *(allerlei)* di tutti i tipi

Allerheiligen ['alɐ'haɪlɪgən] <-> *nt kein Pl.* REL Ognissanti *m*

allerlei ['alɐ'laɪ] <inv> *adj* di ogni genere [*o* specie], diverso; **ich habe ~ gesehen** ho visto molte cose

Allerlei <-s, -s> *nt* miscuglio *m;* **Leipziger ~** GASTR verdura *f* mista

allerletzte(r, s) ['alɐ'lɛtstə, -tɐ, -təs] *adj* ultimo, -a di tutti, ultimissimo, -a

allerliebst ['alɐ'li:pst] *adj* ① *(liebst)* [il/la] più caro, -a carissimo, -a ② *(reizend)* graziosissimo, -a **am ~en** più di ogni altra cosa

allerliebste(r, s) ['alɐ'li:pstə, -tɐ, -təs] *adj* [il/la] più caro, -a carissimo, -a **am ~en** più di ogni altra cosa

allermeiste(r, s) ['alɐ'maɪstə, -tɐ, -təs] *adj* [la] maggior parte di

allerneueste(r, s) ['alɐ'nɔɪəstə, -tɐ, -təs] *adj* ultimo, -a [il/la] più recente; **die ~ Mo-**

de l'ultima moda; **wissen Sie schon das Allerneueste?** la sa l'ultima?

Allerseelen ['alɐ'ze:lən] <-> *nt kein Pl.* REL giorno *m* dei morti

allerseits ['alɐ'zaɪts] *adv* ① *(an alle)* a tutti [quanti] ② *(von allen)* da ogni parte

allerwenigste(r, s) ['alɐ've:nɪçstə, -tɐ, -təs *o* 'alɐ've:nɪkstə, -tɐ, -təs] *adj* minimo, -a [il] meno di tutto; **das wissen die ~n** lo sanno i meno

Allerwerteste ['alɐ've:ɐtəstə] <ein -r, -n, -n> *m (fam scherz)* didietro *m*

alles *s.* **alle(r, s)**

allesamt ['alə'zamt] *pron indef* tutti quanti

Allesfresser ['alləsfrɛsɐ] <-s, -> *m* ZOO onnivoro *m*

Alleskleber <-s, -> *m* attaccatutto *m*

allfällig CH **I.** *adj* eventuale **II.** *adv* eventualmente

Allfälliges CH, A *(letzter Punkt der Tagesordnung, Verschiedenes)* *varie ed eventuali*

allg. *Abk. von* **allgemein** generale, generalmente

Allgäu ['algɔɪ] *nt* GEOG Algovia *f*

allgegenwärtig ['alge:gənvɛrtɪç] *adj* onnipresente, ubiquo

allgemein ['algə'maɪn] **I.** *adj (alle betreffend)* generale, universale; *(gemeinsam)* comune; *(nicht speziell)* generale; **im Allgemeinen** generalmente, in generale **II.** *adv* generalmente, comunemente; *(überall)* dappertutto; **~ üblich/zugänglich/verbreitet** generalmente in uso/accessibile a tutti/comunemente diffuso; **~ verständlich** comprensibile a tutti; [**ganz**] **~ gesprochen** generalmente parlando

allgemeinbildend *adj (Schule, Unterricht)* che dà una formazione generale

Allgemeinbildung *f* cultura *f* generale

Allgemeinheit <-> *f kein Pl.* comunità *f;* **im Interesse der ~** nell'interesse della comunità; **der ~ zugänglich** accessibile al pubblico

Allgemeininteresse *nt* interesse *m* generale

Allgemeinmedizin <-> *f kein Pl.* medicina *f* generale

Allgemeinplatz *m* luogo *m* comune

allgemeinverständlich *s.* **allgemein II.**

Allgemeinwissen <-s> *nt kein Pl.* cultura *f* generale

Allgemeinwohl <-(e)s> *nt kein Pl.* bene *m* comune

Allgemeinzustand *m* stato *m* generale

Allheilmittel [al'haɪlmɪtəl] *nt* toccasana *m*

Allianz [a'li̯ants] <-, -en> *f* alleanza *f*

Alligator [ali'ga:to:ɐ̯] <-s, -en> *m* alligatore *m*

Alliierte [ali'i:ɐtə] <ein -r, -n, -n> *mf* alleato, -a *m, f;* **die ~n** le forze alleate

All-inclusive-Reise [ɔ:lɪn'klu:sɪvraizə] *f (Reise, bei der alle Kosten im Pauschalpreis schon enthalten sind)* viaggio *m* tutto incluso

All-inclusive-Urlaub [ɔ:lɪn'klu:sɪf-] *m* vacanza *f* all-inclusive

Alliteration [alitera'tsjo:n] <-, -en> *f* LIT allitterazione *f*

alljährlich ['al'jɛ:ɐ̯lɪç] **I.** *adj* annuale **II.** *adv* tutti gli anni

Allmacht <-> *f kein Pl.* onnipotenza *f*

allmächtig [al'mɛçtɪç] *adj* onnipotente

allmählich [al'mɛ:lɪç] **I.** *adj* graduale **II.** *adv* a poco a poco

Allradantrieb ['alra:tʔantri:p] *m* AUTO trazione *f* integrale

Allroundkünstler(in) ['ɔ:l'raʊndkʏnstlɐ] *m(f)* artista *mf* polivalente

Allroundtalent *nt* talento *m* versatile

allseitig ['alzaɪtɪç] *adj (allgemein)* generale, universale; *(von allen Seiten)* sotto tutti gli aspetti

allseits *adv* da tutti, universalmente; **er ist ~ beliebt** è amato da tutti

Alltag ['alta:k] <-(e)s> *m kein Pl.* vita *f* di tutti i giorni, vita *f* quotidiana; **der graue ~** il tran tran della vita quotidiana

alltäglich [al'tɛ:klɪç] *adj* ① *(gewöhnlich)* comune, ordinario; **nicht ~** fuori dal comune ② *(jeden Tag)* di ogni giorno, quotidiano

alltags ['alta:ks] *adv* nei giorni di lavoro [*o* feriali]

Alltags- *in Zusammensetzungen* d'ogni giorno

Alltagskultur *f* cultura *f* del quotidiano

Alltagsnormalität *f* normalità *f* quotidiana

Alltagsstress *f* stress *m* quotidiano

Allüren [a'ly:rən] *pl* modo *m* di comportarsi, portamento *m;* **~ haben** avere allure, distinguersi

allwissend ['al'vɪsənt] *adj* onnisciente

allzu ['altsu:] *adv* troppo, eccessivamente; **~ sehr** troppo, eccessivamente; **~ viel** troppo; **~ viel ist ungesund** *(prov)* il troppo stroppia

Allzweck- *in Zusammensetzungen* multiuso, pluriuso

Alm [alm] <-, -en> *f* pascolo *m* montano

Alm[en]rausch <-(e)s> *m kein Pl.* A BOT *(Alpenrose)* rododendro *m,* rosa *f* alpina

Almanach ['almanax] <-s, -e> *m* almanacco *m*

Almosen ['almoːzən] <-s, -> *nt* elemosina *f*

Alpaka [al'paka] <-s, -s> *nt* alpaca *m*

Alpdruck ['alpdrʊk, *Pl:* 'alpdrʏkə] <-(e)s, Alpdrücke> *m* incubo *m*

Alpen ['alpən] *pl* Alpi *fpl*

Alpenglühen <-s, -> *nt* rosseggiare *m* delle vette alpine

alpenländisch *adj* alpino

Alpenpass *m* passo *m* alpino

Alpenrose *f* BOT rododendro *m*

Alpenstraße *f* strada *f* alpina

Alpentransitverkehr <-s, -e> *m* AUTO traffico *m* di transito alpino

Alpenveilchen *nt* BOT ciclamino *m*

Alpenvorland <-(e)s> *nt kein Pl.* altopiano *m* ai piedi del versante settentrionale delle Alpi

Alphabet [alfa'beːt] <-(e)s, -e> *nt* alfabeto *m*

alphabetisch **I.** *adj* alfabetico **II.** *adv* **~ geordnet** in ordine alfabetico

alphanumerisch [alfanu'meːrɪʃ] *adj* INFORM alfanumerico

Alphorn ['alphɔrn] *nt* corno *m* alpino

alpin [al'piːn] *adj* alpino

Alpinismus [alpi'nɪsmʊs] <-> *m kein Pl.* SPORT alpinismo *m*

Alpinist(in) [alpi'nɪst] <-en, -en; -, -nen> *m(f)* SPORT alpinista *mf*

Alptraum ['alptraʊm] *m* incubo *m*

Alraune [al'raʊnə] <-, -n> *f* mandragola *f*

als [als] *konj* ① *(Eigenschaft)* come, da; **~ Kind** da bambino; **~ Geschenk** in regalo; **50 Euro ~ Belohnung erhalten** ricevere 50 euro quale compenso ② *(Vergleich)* di, che; **mein Bruder ist größer ~ ich** mio fratello è più alto di me; **mehr breit ~ lang** più largo che lungo; **ich mag Kirschen lieber ~ Äpfel** preferisco le ciliegie alle mele ③ *(gleichzeitig)* quando; *(vorzeitig)* dopo che, dopo *+inf;* **erst ~ …** non prima di *+inf,* non prima che *+conj;* **eines Tages, ~ …** un giorno che … ④ *(modal)* **~ ob** come se *+conj;* **so tun, ~ ob man …** fingere di … *+inf,* far finta di *+inf;* **zu stolz, ~ dass …** troppo orgoglioso per *+inf;* **umso mehr, ~ …** tanto più che …; **du hast nichts ~ Dummheiten im Kopf** in testa non hai che sciocchezze; **alles andere ~ hübsch** tutt'altro che carino

alsdann [als'dan] *adv* poi

also ['alzo] *konj* ① *(folglich)* quindi, dunque, perciò ② *(als Füllwort)* allora, dunque; **~ gut** va bene; **~, so was!** questa poi!; **na ~!** vedi!

Alsterwasser ['alstɐvasɐ] <-s, -> *nt* GASTR alsterwasser *f (bevanda a base di birra e limonata)*

alt [alt] <älter, älteste> *adj* ① *(nicht jung)* vecchio; *(bejahrt)* anziano; **wie ~ sind Sie?** quanti anni ha?; **20 Jahre ~ werden/sein** compiere/avere vent'anni; **er ist so ~ wie ich** ha la mia età; **mein älterer Bruder** il mio fratello maggiore; **zwei Jahre älter sein als …** avere due anni più di …; **für wie ~ halten Sie mich?** quanti anni mi dà?; **gleich ~ sein** essere coetaneo; **zu ~ sein, um zu** *+inf* non avere più l'età per …; **ein älterer Herr** un signore anziano; **~ werden** invecchiare, diventare vecchio; **~ machen** invecchiare ② *(schon lange bestehend)* di lunga data ③ *(nicht modern)* antico; **die ~en Römer** gli antichi romani ④ *(vorherig)* di prima, precedente, ex ⑤ *(ehemalig)* di una volta; **er ist immer noch der Alte** non è cambiato, è sempre il solito; **alles beim Alten lassen** lasciare tutto immutato, non cambiare nulla; **~ aussehen** *(fam)* fare la figura dello stupido

Alt [alt] <-s, -e> *m* MUS contralto *m*

Altar [al'taːɐ] <-(e)s, Altäre> *m* altare *m*

Altauto *nt* auto *f* usata

altbacken ['altbakən] *adj* raffermo

Altbau <-(e)s, -ten> *m* vecchia costruzione *f*

Altbausanierung *f* restauro *m* delle vecchie costruzioni

Altbauwohnung *f* appartamento *m* sito in un edificio vecchio

altbekannt ['altbə'kant] *adj* risaputo; **das ist doch ~!** ma è arcinoto!

altbewährt ['altbə'vɛːɐt] *adj* provato [*o* sperimentato] da tempo

Altbier *nt* birra *f* scura

Altbundeskanzler(in) *m(f)* POL ex cancelliere *m* federale

Alte <ein -r, -n, -n> *mf* vecchio, -a *m, f*

alteingesessen ['alt'ʔaɪngəzɛsən] *adj* residente da molto tempo

Alteisen *nt* ferri *mpl* vecchi, rottami *mpl* di ferro

Alten[pflege]heim *nt* casa *f* per anziani, ospizio *m* per vecchi, ricovero *m*

Altenpflege <-> *f kein Pl.* assistenza *f* agli anziani

Altentagesstätte <-, -n> *f* ospizio *m* diurno per anziani, ricovero *m*

Alter ['altɐ] <-s, -> *nt* età *f; (hohes ~)* vecchiaia *f;* **im ~ von …** all'età di …; **im besten ~** nel fiore degli anni; **er ist in meinem ~** è della mia età, ha la mia età; **man sieht ihm sein ~ nicht an** porta bene i suoi anni *fam*

altern *vi sein* invecchiare

alternativ [altɛrna'tiːf] *adj* alternativo

Alternativ- *in Zusammensetzungen* alternativo
Alternative[1] [altɛrna'tiːvə] <-, -n> *f* alternativa *f*
Alternative[2] <ein -r, -n, -n> *mf (sl)* praticante *mf* di modelli di vita alternativi
Altersarmut *f* povertà *f* degli anziani
Altersasyl *nt* CH *s.* **Altersheim**
altersbedingt *adj* determinato [*o* condizionato] dall'età
Altersbeschränkung *f* limite *m* di età
Alterserscheinung *f* manifestazione *f* di vecchiaia
Altersgenosse *m*, **Altersgenossin** *f* coetaneo, -a *m, f*
Altersgrenze *f* limite *m* d'età; **flexible ~** età *f* di pensionamento flessibile
Altersheim <-(e)s, -e> *nt* ospizio *m*
Alterskurzsichtigkeit <-, -en> *f* MED miopia *f* da vecchiaia
Altersrente *f* pensione *f* [di] vecchiaia
altersschwach *adj* ① *(Person)* debole, fragile ② *(Gegenstand)* decrepito, logoro
Altersschwäche *f* decrepitezza *f;* **an ~ sterben** morire di vecchiaia
Altersteilzeit *f riduzione del numero di ore di lavoro (e relativa riduzione del salario) in vista del prepensionamento a partire dal 55° anno di età*
Altersunterschied *m* differenza *f* d'età [*o* di anni]
Altersversicherung *f* assicurazione *f* [per la] vecchiaia
Altersversorgung *f* assistenza *f* agli anziani, pensione *f* di vecchiaia
Altersvorsorge *f* previdenza *f* per la vecchiaia; **private ~** previdenza privata per la vecchiaia
Altertum ['altɐtuːm] <-s> *nt kein Pl.* antichità *f*, mondo *m* antico
Altertümer ['altɐtyːmɐ] *ntpl* antichità *fpl*
altertümlich ['altɐtyːmlɪç] *adj* ① *(antik)* antico, vecchio ② *(veraltet)* antiquato
Alterung <-> *f kein Pl.* invecchiamento *m*
Altflöte <-, -n> *f* MUS flauto *m* [dolce] contralto
Altglas <-(e)s> *nt kein Pl.* vetro *m* usato
Altglascontainer *m* contenitore *m* per [la raccolta del] vetro
altgriechisch *adj* greco antico, ellenico
Altgriechisch *nt* LING greco *m* antico
althergebracht *adj* tradizionale
althochdeutsch ['althoːxdɔɪtʃ] *adj* antico alto tedesco
Althochdeutsch *nt* LING antico alto tedesco *m; s. a.* **Deutsch**
Altkleidersammlung *f* raccolta *f* di abiti usati
altklug *adj* saputello
Altlasten *fpl* [deposizione *f* di] rifiuti *mpl* inquinanti
ältlich ['ɛltlɪç] *adj* vecchiotto *fam*
Altmetall *nt* metallo *m* vecchio
altmodisch *adj* fuori moda
Altöl <-(e)s, -e> *nt* oli *mpl* usati [*o* combusti]
Altpapier *nt* carta *f* vecchia [*o* riciclabile]
Altpapiersammlung <-, -en> *f* raccolta *f* della carta straccia
Altphilologe *m*, **Altphilologin** *f* filologo, -a *m, f* di lingue classiche
Altrocker *m* vecchia rockstar *f*
Altruist(in) <-en, -en> *m(f)* altruista *mf*
altruistisch [altru'ɪstɪʃ] *adj (geh)* altruistico
altsprachlich *adj* di [*o* delle] lingue classiche
Altstadt *f* città *f* vecchia, centro *m* storico
Altstadtsanierung *f* risanamento *m* della città vecchia
Altstimme <-, -n> *f* [voce *f* di] contralto *m*
Altstoff <-(e)s, -e> *m* materiale *m* vecchio [*o* usato]
Altwarenhändler(in) *m(f)* rigattiere, -a *m, f*
Altweiberfastnacht *f giovedì grasso*
Altweibersommer [alt'vaɪbɐzɔmɐ] *m* estate *f* di San Martino
Alu ['aːlu] <-(s)> *nt kein Pl.* CHEM, TEC *Abk. von* **Aluminium** alluminio *m*
Alufolie <-, -n> *f* foglio *m* d'alluminio
Aluminium [alu'miːni̯ʊm] <-s> *nt kein Pl.* CHEM alluminio *m*
Aluminiumfolie <-, -n> *f* foglio *m* d'alluminio
Alzheimer ['altshaɪmɐ] <-> *m kein Pl. (fam)* morbo *m* di Alzheimer
Alzheimerkrankheit <-> *f kein Pl.* morbo *m* di Alzheimer
am [am] = **an dem: ~ Abend** di sera; **~ Himmel** in cielo; **~ Lager** in magazzino; **~ Leben** in vita; **~ 1. Januar** il primo gennaio; **~ 11. Mai 2015** l'undici maggio 2015; **das ist ~ besten** è la cosa migliore; *s. a.* **an**
a. M. *Abk. von* **am Main** sul Meno
Amalgam [amal'gaːm] <-s, -e> *nt* CHEM amalgama *f*
Amateur(in) [ama'tøːɐ] <-s, -e; -, -nen> *m(f)* dilettante *mf; (Liebhaber)* amatore, -trice *m, f*
amateurhaft *adj* amatoriale, dilettantesco; **das ist ~ gemacht!** *(fam)* è un pasticcio/fatto con i piedi!
Amateursport *m* sport *m* amatoriale
Amateurverein *m* club *m* amatoriale
Amateurvideo *nt* video *m* amatoriale

A

Amazonas [ama'tso:nas] *m* rio *m* delle Amazzoni
Amazone [ama'tso:nə] <-, -n> *f* amazzone *f*
Ambition [ambi'tsi̯o:n] <-, -en> *f* ambizione *f*
ambitioniert *adj (ehrgeizig)* ambizioso
ambivalent [ambiva'lɛnt] *adj* ambivalente
Ambivalenz [ambiva'lɛnts] <-, -en> *f* PSYCH schizofrenia *f*
Amboss ['ambɔs] <-es, -e> *m* incudine *f*
ambulant [ambu'lant] *adj* ambulante; MED ambulatoriale; **jdn ~ behandeln** curare qu in ambulatorio
Ambulanz [ambu'lants] <-, -en> *f* ① *(Station)* ambulatorio *m* ② *(Krankenwagen)* [auto]ambulanza *f*
Ameise ['a:maɪzə] <-, -n> *f* ZOO formica *f*
Ameisenbär *m* ZOO formichiere *m*
Ameisenhaufen *m* formicaio *m*
Ameisensäure <-> *f kein Pl.* CHEM acido *m* formico
Ameisenstaat *m* società *f* delle formiche
amen ['a:mɛn] *interj* amen, così sia; **zu allem ja und ~ sagen** *(fam)* acconsentire a tutto
Amen <-s, -> *nt* amen *m;* **das ist so sicher wie das ~ in der Kirche** è sicuro come due più due fa quattro
Amerika [a'me:rika] <-s> *nt kein Pl.* America *f;* **die Vereinigten Staaten von ~** gli Stati Uniti d'America
Amerikaner(in) [ameri'ka:nɐ] <-s, -; -, -nen> *m(f)* americano, -a *m, f*
amerikanisch *adj* americano; *(in Bezug auf USA)* statunitense
amerikanisieren *vt* americanizzare
Amerikanismus [amerika'nɪsmʊs, *Pl:* amerika'nɪsmən] <-, Amerikanismen> *m* americanismo *m*
Amethyst [ame'tʏst] <-(e)s, -e> *m* ametista *f*
Ami ['ami] <-s, -s> *m (fam)* americano *m*
Aminosäure [a'mi:nozɔɪrə] <-, -n> *f* CHEM amminoacido *m*
Ammann <-s, Ammänner> *m* CH ① *(Vorsitzender einer Verwaltungsbehörde)* presidente *m* di un'autorità amministrativa ② *(Bürgermeister)* sindaco *m*
Amme ['amə] <-, -n> *f* balia *f*
Ammenmärchen *nt* fandonia *f*
Ammoniak [amo'ni̯ak *o* 'amoni̯ak] *o* A a'mo:ni̯ak] <-s> *nt kein Pl.* CHEM ammoniaca *f*
Amnesie [amne'zi:, *Pl:* amne'zi:ən] <-, -n> *f* MED amnesia *f*
Amnestie [amnɛs'ti:] <-, -n> *f* amnistia *f*
amnestieren [amnɛs'ti:rən] <ohne ge-> *vt* amnistiare
Amöbe [a'mø:bə] <-, -n> *f* ZOO ameba *f*
Amok ['a:mɔk *o* a'mɔk] <-s> *m kein Pl.,* **Amoklaufen** <-s> *nt kein Pl.* furia *f* [*o* ossessione *f*] omicida
Amokläufer(in) *m(f)* folle *mf* omicida
Amokschütze <-n, -n> *m,* **Amokschützin** <-, -nen> *f* persona *f* armata in preda a furore omicida
a-Moll <-> *nt kein Pl.* MUS la *m* minore
amoralisch ['amora:lɪʃ] *adj* amorale
Amortisation [amɔrtiza'tsjo:n] <-, -en> *f* FIN, JUR ammortamento *m,* ammortizzamento *m*
amortisieren [amɔrti'zi:rən] <ohne ge-> **I.** *vt* ammortare, ammortizzare **II.** *vr:* **sich ~** ammortizzarsi
Ampel ['ampəl] <-, -n> *f* ① *(Verkehrs~)* semaforo *m* ② *(Hängelampe)* lampada *f* sospesa ③ *(Blumen~)* vaso *m* da fiori sospeso
Ampelkoalition *f* POL *coalizione tricolore tra socialdemocratici, liberali e i Verdi i cui simboli ripropongono i colori del semaforo*
Ampere [am'pe:ɐ] <-(s), -> *nt* TEC ampère *m*
Amperemeter [ampe:rə'me:tɐ] <-s, -> *nt* TEC amperometro *m*
Amperestunde <-, -n> *f* amperora *m*
Amphetamin [amfeta'mi:n] <-s, -e> *nt* anfetamina *f*
Amphibie [am'fi:biə] <-, -n> *f* ZOO anfibio *m*
Amphibienfahrzeug *nt* [veicolo *m*] anfibio *m*
amphibisch *adj* anfibio
Amphitheater <-s, -> *nt* anfiteatro *m*
Amplitude [ampli'tu:də] <-, -n> *f* MAT, PHYS ampiezza *f*
Ampulle [am'pʊlə] <-, -n> *f* ① MED fiala *f* ② KUNST ampolla *f*
Amputation [amputa'tsi̯o:n] <-, -en> *f* MED amputazione *f*
amputieren [ampu'ti:rən] <ohne ge-> *vt* MED amputare
Amsel ['amzəl] <-, -n> *f* merlo *m*
Amsterdam [amstɐ'dam] *nt* Amsterdam *f*
Amt [amt, *Pl:* 'ɛmtɐ] <-(e)s, Ämter> *nt* ① *(Stellung)* carica *f;* *(a. ~spflicht)* ufficio *m;* **im ~** in carica; **sein ~ niederlegen** dare le dimissioni ② *(Aufgabe)* funzione *f,* mansione *f,* compito *m* ③ *(Behörde)* ufficio *m,* ente *m;* **das Auswärtige ~** il ministero degli [affari] esteri; **von ~s wegen** d'ufficio ④ TEL centralino *m*
Ämterhäufung <-, -en> *f* ADM cumulo *m* di funzioni [*o* cariche]
amtieren [am'ti:rən] <ohne ge-> *vi* essere in carica; **als Bürgermeister ~** adempiere

la funzione di sindaco; *(vorübergehend)* fungere da sindaco

amtierend *adj* in carica

amtlich *adj* ufficiale; **das Fahrzeug mit dem ~en Kennzeichen ES-HM 3676** la vettura con la targa ES-HM 3676

Amtsantritt *m* entrata *f* in carica

Amtsarzt *m*, **Amtsärztin** *f* ufficiale *m* sanitario

Amtsdeutsch <-(s)> *nt kein Pl. (pej)* burocratese *m* tedesco

Amtsenthebung *f* destituzione *f*; *(vorläufig)* sospensione *f*

Amtsentsetzung <-, -en> *f* CH *s.* **Amtsenthebung**

Amtsführung *f* amministrazione *f*, gestione *f*

Amtsgeheimnis *nt* segreto *m* d'ufficio, vincolo *m* professionale

Amtsgericht *nt* tribunale *m* di prima istanza; *(a. Gebäude)* pretura *f*

Amtsgeschäfte *ntpl* funzioni *fpl*, mansioni *fpl*

Amtshandlung *f* atto *m* ufficiale

Amtsmissbrauch <-(e)s> *m kein Pl.* JUR abuso *m* d'ufficio

amtsmüde *adj* POL *non disposto a proseguire il proprio incarico*

Amtsniederlegung *f* dimissioni *fpl*

Amtsrichter(in) *m(f)* giudice *mf* di prima istanza, [donna *f*] pretore *m*

Amtsschimmel *m (scherz)* pignoleria *f* burocratica

Amtssprache *f* lingua *f* ufficiale [*o* burocratica]

Amtsweg *m* **den ~ einhalten** seguire l'iter burocratico; **auf dem ~** per via burocratica

Amtszeit *f* periodo *m* di carica

Amulett [amu'lɛt] <-(e)s, -e> *nt* amuleto *m*, talismano *m*

amüsant [amy'zant] *adj* divertente; *(Gesellschafter, Abend)* piacevole

amüsieren [amy'ziːrən] <ohne ge-> **I.** *vt* divertire **II.** *vr:* **sich ~** ① *(sich vergnügen)* divertirsi; **sich köstlich ~** divertirsi un mondo *fam* ② *(sich lustig machen)* **sich [über jdn/etw] ~** farsi beffe [*o* burlarsi] [di qu/qc]

an [an] **I.** *präp +akk o dat* ① *(räumlich)* a, in, per, su; **am Feuer** vicino al fuoco; **am Tisch sitzen** sedere a tavola; **~ einer Stelle** in un punto; **~ der Straße** sul bordo della strada; **~ die See fahren** andare al mare; **etw ~ die Wand stellen/werfen** mettere/gettare qc contro la parete; **Frankfurt liegt am Main** Francoforte si trova sul Meno ② *(zeitlich)* a, di, in; **am 1. Oktober** il primo ottobre; **am Samstag** sabato; **~ Ostern** a Pasqua; **ein Brief ~ jdn** una lettera per [*o* indirizzata a] qu; **der Gedanke ~ die Kinder** il pensiero dei bambini; **~ Krücken gehen** camminare con le grucce; **~s Telefon gehen** rispondere al telefono; **~ etw** *dat* **leiden/sterben** soffrire/morire di qc; **jdn ~ die Hand nehmen** prendere qu per [la] mano; **sich ~ jdn wenden** rivolgersi a qu; **das Schönste ~ der Sache ist ...** il più bello [della cosa] è ...; **viele Grüße ~ deine Frau** tanti saluti a tua moglie; **~ [und für] sich** in fondo **II.** *adv* ① *(ungefähr)* **~ die 100** circa cento ② *(beginnend)* **von jetzt ~** d'ora in poi; **von morgen ~** a partire da domani; **von Anfang ~** fin dall'inizio ③ *(Fahrplan)* **~ Stuttgart** arrivo a Stoccarda ④ **~ sein** *(fam: Licht, Heizung)* essere acceso; *(Motor, Gerät)* essere acceso [*o* in funzione]

Anabolikum <-s, Anabolika> *nt* MED, CHEM anabolizzante *m*

Anachronismus [anakro'nɪsmʊs, *Pl:* anakro'nɪsmən] <-, Anachronismen> *m (geh)* anacronismo *m*

anachronistisch *adj (geh)* anacronistico

anaerob [anʔae'roːp] *adj* BIOL anaerobico

anal [a'naːl] *adj* MED, PSYCH anale

analog [ana'loːk] *adj* **[zu etw] ~ sein** essere analogo [a qc]

Analogie [analo'giː] <-, -n> *f* analogia *f*; **in ~ zu** in analogia con

Analogkäse *m (euph)* formaggio *m* di imitazione, formaggio analogo [*o* analogico]

Analogrechner *m* INFORM calcolatore *m* analogico

Analogtachometer *m* MOT tachimetro *m* analogico

Analoguhr *f* orologio *m* analogico

Analphabet(in) [anʔalfa'beːt *o* 'anʔalfabeːt] <-en, -en; -, -nen> *m(f)* analfabeta *mf*

Analphabetentum <-s> *nt kein Pl.* analfabetismo *m*

Analphabetin *f s.* **Analphabet**

Analphabetismus <-> *m kein Pl.* analfabetismo *m*

Analyse [ana'lyːzə] <-, -n> *f* analisi *f*

analysieren [analy'ziːrən] <ohne ge-> *vt* analizzare

analytisch [ana'lyːtɪʃ] *adj* analitico

Ananas ['ananas] <-, - *o* -se> *f* ananas *m*

Anarchie [anar'çiː] <-, -n> *f* anarchia *f*

Anarchist(in) [anar'çɪst] <-en, -en; -, -nen> *m(f)* anarchico, -a *m, f*

anarchistisch *adj* anarchico

Anästhesie [anɛste'ziː] <-, -n> *f* MED anestesia *f*

Anästhesist(in) [anɛste'zɪst] <-en, -en; -, -nen> *m(f)* MED anestesista *mf*

Anatolien [ana'toːliən] <-s> *nt* Anatolia *f*

A

Anatom(in) <-en, -en> *m(f)* MED anatomista *mf*
Anatomie [anato'mi:] <-, -n> *f* anatomia *f*
anatomisch [ana'to:mɪʃ] *adj* anatomico
an|baggern ['anbagɐn] *vt (sl)* **jdn ~** rimorchiare qu, abbordare qu
an|bahnen I. *vt* avviare **II.** *vr:* **sich ~** profilarsi
an|bändeln ['anbɛndəln] *vi (fam)* [**mit jdm**] **~** *(kokettieren)* tentare degli approcci [con qu]; *(Streit suchen)* attaccar briga [con qu]
Anbau[1] <-(e)s, -ten> *m (Gebäude)* fabbricato *m* aggiunto; *(Flügel)* ala *f* aggiunta di un edificio
Anbau[2] <-(e)s> *m kein Pl.* AGR coltivazione *f,* coltura *f*
an|bauen *vt* ① ARCH *(hinzubauen)* aggiungere; **einen Seitenflügel an das Hauptgebäude ~** aggiungere un'ala laterale all'edificio principale ② AGR *(Getreide)* coltivare; *(Pflanzen)* piantare
anbaufähig *adj* adatto alla coltivazione
Anbaufläche *f* terreno *m* coltivabile
Anbaugebiet *nt* area *f* [*o* regione *f*] coltivabile
Anbaumöbel *ntpl* mobili *mpl* componibili
anbei [an'baɪ] *adv* ADM *(im Brief)* qui accluso, in allegato
an|beißen <irr> **I.** *vi* ① *(Fisch)* abboccare ② *(fam: Person)* accettare **II.** *vt* dare un morso a; **zum Anbeißen sein** [*o* **aussehen**] essere un bel bocconcino
an|belangen ['anbəlaŋən] <ohne ge-> *vt* concernere; **was mich anbelangt** per quanto mi concerne, quanto a me
an|bellen *vt* **jdn/etw ~** abbaiare a qu/qc
an|beraumen ['anbəraʊmən] <ohne ge-> *vt (form)* fissare, stabilire; *(Sitzung)* convocare
an|beten *vt* adorare
Anbeter(in) <-s, -; -, -nen> *m(f)* ① REL adoratore, -trice *m, f* ② *(Liebhaber)* ammiratore, -trice *m, f,* corteggiatore, -trice *m, f*
Anbetracht ['anbətraxt] *m* **in ~** *+gen* in considerazione di, tenuto conto di; **in ~ dessen, dass ...** visto che ...
Anbetung <-> *f kein Pl.* REL adorazione *f*
an|biedern ['anbi:dɐn] *vr* **sich bei jdm ~** *(pej)* fare il ruffiano con qu
an|bieten <irr> **I.** *vt* ① offrire ② *(vorschlagen)* proporre; **Waren zum Kauf ~** mettere merci in vendita **II.** *vr:* **sich ~** offrirsi
Anbieter <-s, -> *m* COM offerente *mf; (Ausschreibung)* banditore *m,* promotore *m*
an|binden <irr> *vt* legare, attaccare; *(Boot)* ormeggiare; **etw an etw** *akk* **~** legare qc a qc; **kurz angebunden sein** *(fig)* essere brusco e laconico
Anblick <-(e)s, -e> *m* ① *Sing. (Anblicken)* vista *f;* **beim ersten ~** a prima vista ② *(Bild)* spettacolo *m*
an|blicken *vt* guardare
an|braten <irr> *vt* GASTR rosolare
an|brechen <irr> **I.** *vi sein (beginnen)* cominciare; *(Tag)* spuntare; *(a. Nacht)* farsi **II.** *vt haben (Packung)* cominciare [ad usare]; *(Vorräte)* intaccare
an|brennen <irr> **I.** *vi sein (Speisen)* attaccarsi; **angebrannt riechen/schmecken** sapere di bruciaticcio **II.** *vt haben (anzünden)* accendere
an|bringen <irr> *vt* ① *(befestigen)* fissare, attaccare; TEC montare, installare ② *(Verbesserung)* apportare; *(Beschwerde)* presentare; *(Kenntnisse)* dare prova di ③ *(fam: herbeibringen)* portare
Anbruch <-(e)s, -brüche> *m* inizio *m,* principio *m;* **bei ~ der Dunkelheit** verso sera, all'imbrunire; **bei ~ der Nacht** sul fare della notte; **bei ~ des Tages** allo spuntar del giorno
an|brüllen *vt* aggredire verbalmente, vociare contro
ANC <-> *m Abk. von* **Afrikanischer Nationalkongress** ANC *m*
Anchovis [an'ʃo:vɪs] <-, -> *f* acciuga *f*
and[e]rerseits ['and(ə)rɐ'zaɪts] *adv* d'altra parte, d'altronde; **einerseits ..., ~ ...** da una parte ..., dall'altra ...
Andacht ['andaxt] <-, -en> *f* ① *(innere Haltung)* raccoglimento *m,* devozione *f* ② *(Gottesdienst)* funzione *f*
andächtig ['andɛçtɪç] *adj* ① REL devoto, pio ② *(fig: ergriffen)* raccolto; *(feierlich)* solenne
Andalusien [anda'lu:zi̯ən] *nt* Andalusia *f*
Andalusier(in) <-s, -; -, -nen> *m(f)* andaluso, -a *m, f*
andalusisch *adj* andaluso
an|dauern *vi* continuare, perdurare; *(Wetter)* mantenersi; *(hartnäckig)* persistere
andauernd I. *adj* continuo, persistente **II.** *adv* di continuo
Anden ['andən] *pl* Ande *fpl*
an|denken <irr> *vt* introdurre, avviare [una discussione]
Andenken <-s, -> *nt* ① *Sing. (Erinnerung)* ricordo *m,* memoria *f;* **zum ~ an** *+akk* in memoria di ② *(Souvenir)* ricordino *m,* souvenir *m*
andere *s.* **andere(r, s)**
andere(r, s) ['andərə, -rɐ, -rəs] **I.** *adj* ① *(verschieden)* diverso, -a altro, -a **~r Meinung sein** essere di un altro parere; **mit ~n Worten** con altre parole; **von ~r**

Seite da altri; **ein ums ~ Mal** una volta su due ② *(folgend, nachgestellt)* seguente, dopo; **am ~n Tag** il giorno dopo **II.** *pron indef* altro; **alles Andere** tutto il resto; **alles ~ als ...** tutt'altro che ...; **der eine ..., der ~e ...** l'uno ..., l'altro ...; **einer nach dem ~n** uno dopo l'altro; *(abwechselnd)* a vicenda; **unter ~m** tra l'altro; **zum ~n** d'altra parte; **und vieles ~ mehr** e molte altre cose; **das ist etw ganz ~s** è tutta un'altra cosa; **es verging ein Monat nach dem ~n** passarono mesi e mesi

anderenfalls *adv* in caso contrario, altrimenti

anderes *s.* **andere(r, s)**

ändern ['ɛndɐn] **I.** *vt* cambiare; *(wechseln)* mutare; *(ver~)* alterare; *(ab~)* modificare; *(Kleidung)* apportare modifiche a; **seine Meinung ~** cambiare idea [*o* opinione]; **daran ist nichts zu ~** quel che è fatto è fatto, non c'è più nulla da fare; **den Kurs ~** NAUT, AERO cambiare rotta **II.** *vr:* **sich ~** cambiare, mutare

andernfalls *adv s.* **anderenfalls**

anders ['andɐs] *adv* ① *(auf andere Weise)* in altro modo, altrimenti; *(unterschiedlich)* diversamente; **~ ausgedrückt** in altre parole; **~ denkend** che la pensa in modo diverso; **es sich** *dat* **~ überlegen** cambiare idea, ricredersi; **ich kann nicht ~, ich muss lachen** non posso fare a meno di ridere ② *(sonst)* altro; **irgendwo/nirgendwo ~** in qualche altro/in nessun altro posto; **jemand ~** qualcun altro; **wer ~ [als er]?** chi altro [se non lui]?

andersartig *adj* diverso, differente

Andersdenkende <ein -r, -n, -n> *mf* REL, POL dissidente *mf*

andersgläubig *adj* di altra confessione

andersherum *adv* dall'altra parte

anderslautend *s.* **anders 1.**

anderswie ['andɐs'viː] *adv* in qualche altro modo

anderswo ['andɐs'voː] *adv* in altro luogo, altrove

anderthalb ['andɐt'halp] *num* uno e mezzo; **~ Jahre** un anno e mezzo

Änderung <-, -en> *f* cambiamento *m*, mutamento *m; (Ab~)* modifica *f;* PARL emendamento *m*

anderweitig ['andɐvaɪtɪç] **I.** *adj* altro, ulteriore **II.** *adv* in altro modo, altrimenti; *(anderswo)* altrove

an|deuten *vt* ① *(zu verstehen geben)* lasciare intendere, far capire ② *(Plan, Idee)* accennare

Andeutung <-, -en> *f* ① *(Hinweis)* [ac]cenno *m; (Anspielung)* allusione *f;* **eine ~ über etw** *akk* un accenno [*o* un'allusione] a qc ② *(Anzeichen)* accenno *m*

andeutungsweise *adv* per accenni, per allusioni; *(indirekt)* indirettamente

andiskutieren *vt* intavolare [una discussione], iniziare [a discutere]

an|docken *vi* agganciare

Andorra [an'dɔra] *nt* Andorra *f*

Andorraner(in) <-s, -; -, -nen> *m(f)* andorrano, -a *m, f*

andorranisch *adj* andorrano

Andrang <-(e)s> *m kein Pl.* ① *(Gedränge)* ressa *f* ② *(Zustrom)* affluenza *f*

an|drehen *vt* ① *(Licht, Radio)* accendere; *(Gas)* aprire ② *(Schraube)* stringere ③ *(Wend)* **jdm etw ~** *(fam)* rifilare qc a qu

andrerseits ['andrɐ'zaɪts] *s.* **and[e]rerseits**

androgyn [andro'gyːn] *adj* BIOL androgino, ermafrodito

an|drohen *vt* **jdm etw ~** minacciare qu di qc

an|eignen *vr* **sich** *dat* **etw ~** appropriarsi di qc, impossessarsi di qc; *(widerrechtlich)* usurpare qc; **sich** *dat* **Kenntnisse ~** acquisire cognizioni; **sich** *dat* **eine Sprache ~** impadronirsi di una lingua

aneinander [anʔaɪ'nandɐ] *adv* ① *(denken, sich gewöhnen)* l'uno all'altro; **~ vorbeireden** parlare di cose diverse ② *(räumlich)* l'uno accanto all'altro

aneinander|grenzen *vi* confinare

aneinander|reihen I. *vt* mettere in fila, allineare **II.** *vr:* **sich ~** allinearsi

aneinander|stoßen <irr> *vi (zusammenstoßen)* scontrarsi; *(aneinandergrenzen)* confinare

Anekdote [anɛk'doːtə] <-, -n> *f* aneddoto *m*

an|ekeln *vt* disgustare, nauseare

Anemone [ane'moːnə] <-, -n> *f* BOT anemone *m*

anerkannt ['anʔɛɐkant] *adj* apprezzato, riconosciuto

an|erkennen <irr> *vt* ① *(allg)* JUR, POL riconoscere; JUR legittimare; FIN accettare ② *(würdigen)* apprezzare

anerkennend *adj* di lode, di approvazione

anerkennenswert *adj* lodevole, apprezzabile

Anerkennung <-, -en> *f* ① *(allg)* JUR, POL riconoscimento *m;* JUR legittimazione *f;* FIN accettazione *f* ② *(Billigung, Zustimmung)* approvazione *f;* **~ finden** essere apprezzato

an|fachen ['anfaxən] *vt (a. fig)* attizzare

an|fahren <irr> **I.** *vt haben* ① *(her~)* trasportare ② *(anstoßen, Fahrzeug)* urtare contro; *(Fußgänger)* investire ③ *(ansteu-*

A

ern) viaggiare verso ❹ *(fig: zurechtweisen)* sgridare **II.** *vi sein (losfahren)* partire; *(Fahrzeug)* mettersi in moto

Anfahrt <-, -en> *f (~szeit, ~sstrecke)* tragitto *m*

Anfall <-(e)s, -fälle> *m* MED attacco *m; (fig)* accesso *m; (epileptischer ~)* crisi *f* epilettica

an|fallen <irr> **I.** *vt haben* aggredire, attentare a **II.** *vi sein* derivare, risultare

anfällig ['anfɛlɪç] *adj* **für Erkältungen ~ sein** prendersi facilmente un raffreddore

Anfälligkeit <-> *f kein Pl.* MED predisposizione *f,* inclinazione *f*

Anfang ['anfaŋ, *Pl:* 'anfɛŋə] <-(e)s, Anfänge> *m* principio *m,* inizio *m;* **am** [*o* **im**] [*o* **zu**] **~** all'inizio, al principio; **~ Mai** ai primi di maggio; **von ~ an** fin dal principio; **von ~ bis Ende** dal principio alla fine; **mit etw den ~ machen** [in]cominciare con qc; **aller ~ ist schwer** *(prov)* tutto sta nel cominciare

an|fangen <irr> **I.** *vi* [in]cominciare; **das fängt ja gut an!** cominciamo bene!; **fang nicht wieder davon an!** *(fam)* cambia disco! **II.** *vt* ❶ *(beginnen)* [in]cominciare, iniziare; **Streit mit jdm ~** attaccare briga con qu; **mit nichts angefangen haben** aver cominciato dal nulla ❷ *(fam: tun)* fare; **mit etw nichts anzufangen wissen** non saper che fare di qc

Anfänger(in) ['anfɛŋɐ] <-s, -; -, -nen> *m(f)* principiante *mf*

Anfängerkurs <-es, -e> *m* corso *m* per principianti

anfänglich ['anfɛŋlɪç] **I.** *adj* iniziale **II.** *adv* dapprima, da principio

anfangs ['anfaŋs] *adv* all'inizio, al principio

Anfangsbuchstabe *m* [lettera *f*] iniziale *f;* **großer/kleiner ~** maiuscola *f*/minuscola *f*

Anfangsgeschwindigkeit *f* velocità *f* iniziale

Anfangsschwierigkeit <-, -en> *f* difficoltà *f* iniziale

Anfangsstadium *nt* fase *f* iniziale, primo stadio *m*

Anfangsverdacht *m* sospetto *m* iniziale

an|fassen I. *vt* ❶ *(berühren)* toccare ❷ *(in Angriff nehmen)* affrontare; **etw falsch ~** fare qc alla rovescia ❸ *(behandeln)* trattare **II.** *vi (mithelfen)* dare una mano

an|fauchen *vt* ❶ *(Katze)* soffiare contro ❷ *(zurechtweisen)* rimproverare; **jdn ~** sgridare/dare una lavata di capo a qu

anfechtbar ['anfɛçtbaːɐ] *adj* contestabile, impugnabile

an|fechten <irr> *vt (Richtigkeit)* contestare; *(Meinung)* confutare; JUR impugnare

Anfechtung <-, -en> *f* ❶ JUR contestazione *f,* impugnazione *f* ❷ *(poet)* tentazione *f*

an|fertigen *vt* fare; *(Waren)* fabbricare; *(Anzug)* confezionare; *(Schriftstück)* stendere

Anfertigung <-, -en> *f* esecuzione *f; (von Waren)* fabbricazione *f; (von Kleidung)* confezione *f; (von Schriftstück)* stesura *f*

an|feuchten *vt* inumidire, umettare

an|feuern *vt* ❶ *(anzünden)* accendere ❷ *(fig: antreiben)* incitare

an|flehen *vt* implorare, supplicare

an|fliegen <irr> **I.** *vi sein* avvicinarsi [volando] **II.** *vt haben* ❶ *(Ort)* volare verso, puntare su ❷ *(landen auf, in)* atterrare su; **Rom wird von der Lufthansa angeflogen** Roma è servita dalla Lufthansa

Anflug <-(e)s, -flüge> *m* ❶ AERO avvicinamento *m,* arrivo *m* ❷ *(fig: Hauch)* ombra *f,* traccia *f;* **ein ~ von etw** una traccia di qc

Anflugschneise *f* AERO corridoio *m* di volo

an|fordern *vt* richiedere, esigere

Anforderung <-, -en> *f* ❶ *(Bestellung)* richiesta *f,* ordinazione *f* ❷ *(Anspruch)* esigenza *f;* **hohe ~en an jdn stellen** pretendere molto da qu

Anfrage <-, -n> *f* domanda *f,* richiesta *f;* PARL interpellanza *f*

an|fragen *vi* **bei jdm nach etw ~** informarsi presso qu di qc

an|freunden *vr:* **sich ~** ❶ *(Freundschaft schließen)* **sich mit jdm ~** diventare amico di qu ❷ *(fig: sich gewöhnen)* **sich mit etw ~** abituarsi a qc

an|fühlen *vr* **sich hart/weich ~** essere duro/morbido al tatto

Anfuhr ['anfuːɐ, *Pl:* 'anfuːrən] <-, -en> *f* trasporto *m* di grandi quantità

an|führen *vt* ❶ *(führen)* guidare, condurre; MIL comandare ❷ *(fig: zitieren)* citare ❸ *(Grund)* addurre; *(Beispiel)* dare ❹ *(fam: täuschen)* burlare, beffare

Anführer(in) <-s, -; -, -nen> *m(f)* capo *m,* guida *f; (pej)* caporione, -a *m, f*

Anführungsstriche *mpl* virgolette *fpl*

Anführungszeichen *ntpl* virgolette *fpl;* **~ oben/unten** aperte/chiuse le virgolette

an|füllen *vt* **etw** [**mit etw**] **~** riempire qc [di qc]

Angabe <-, -n> *f* ❶ *(Hinweis)* indicazione *f; (Auskunft)* informazione *f; (Behauptung)* affermazione *f;* **nähere ~n zu …** dettagli particolari su …; **nach seinen ~n** a detta di lui ❷ SPORT battuta *f* ❸ A *(Anzahlung)* acconto *m* ❹ *Sing. (fam: Prahlerei)* vanteria *f*

an|geben <irr> **I.** *vt* ❶ *(Preis)* indicare; *(Namen)* dare; *(Wert, Einkommen)* dichiarare; *(Gründe)* addurre; *(bestimmen: Tem-*

po, Kurs) fissare, stabilire ❷ *(anzeigen)* denunciare ❸ SPORT *(Ball)* battere **II.** *vi (fam: prahlen)* vantarsi, darsi delle arie

Angeber(in) <-s, -; -, -nen> *m(f) (fam)* spaccone, -a *m, f,* millantatore, -trice *m, f*

Angeberei [ange:bəˈraɪ] <-, -en> *f (fam)* ❶ *(Worte)* vanteria *f,* millanteria *f* ❷ *(Taten)* spacconata *f*

Angeberin *f s.* **Angeber**

angeberisch *adj (fam)* millantatore, fanfarone, smargiasso; *(aufschneiderisch)* da spaccone

angeblich [ˈange:plɪç] **I.** *adj* ❶ *(vorgeblich)* preteso ❷ *(vermeintlich)* presunto **II.** *adv* secondo quel che si dice

angeboren *adj* innato; *(Fehler, Krankheit)* congenito

Angebot <-(e)s, -e> *nt* offerta *f;* **~ und Nachfrage** WIRTSCH la domanda e l'offerta

angebracht [ˈangəbraxt] *adj* opportuno, conveniente

angedacht *adj* ipotizzato

angegossen [ˈangəgɔsən] *adj* **wie ~ sitzen** [*o* **passen**] *(fam)* stare a pennello

angeheitert [ˈangəhaɪtɐt] *adj* brillo, alticcio

an|gehen <irr> **I.** *vt haben* ❶ *(betreffen)* riguardare, concernere; **was mich angeht** quanto a me; **das geht mich nichts an** non è affar mio ❷ *(anpacken: Problem)* affrontare ❸ *(angreifen)* assalire, attaccare **II.** *vi sein* ❶ *(fam: beginnen)* [in]cominciare ❷ *(fam: Feuer, Licht)* accendersi ❸ *(bekämpfen)* **gegen etw ~** lottare contro qc ❹ *(erträglich sein)* essere sopportabile; *(leidlich sein)* essere passabile

angehend *adj* principiante, esordiente

an|gehören <ohne ge-> *vi* **einer Sache** *dat* **~** appartenere a qc, far parte di qc

Angehörige <ein -r, -n, -n> *mf* ❶ *(Verwandte)* parente *mf,* congiunto, -a *m, f* ❷ *(Mitglied)* appartenente *mf,* membro *m*

Angeklagte <ein -r, -n, -n> *mf* accusato, -a *m, f,* imputato, -a *m, f*

Angel [ˈaŋəl] <-, -n> *f* ❶ *(~rute)* canna *f* da pesca; *(Haken)* amo *m* ❷ *(Tür~, Fenster~)* cardine *m;* **etw aus den ~n heben wollen** *(fig)* voler scardinare qc, voler cambiare radicalmente qc

angelegen *adj* **sich** *dat* **etw ~ sein lassen** prendersi a cuore qc

Angelegenheit <-, -en> *f* affare *m,* faccenda *f;* **das ist meine ~** questo è affare mio

angelernt *adj* **~er Arbeiter** operaio qualificato

Angelhaken *m* amo *m*

angeln [ˈaŋəln] *vi, vt* pescare con l'amo; **~ gehen** andare a pesca; **sich** *dat* **einen Mann ~** *(fam)* accalappiare un marito

Angeln <-> *nt kein Pl.* pesca *f* con l'amo

Angelobung <-, -en> *f* A *(Vereidigung)* giuramento *m; (auf ein Amt)* promessa *f* solenne

Angelrute *f* canna *f* da pesca

Angelsachse [ˈaŋəlzaksə] <-n, -n> *m,* **Angelsächsin** <-, -nen> *f* anglosassone *mf*

angelsächsisch *adj* anglosassone

Angelschein *m* licenza *f* di pesca

Angelschnur *f* lenza *f*

angemessen *adj* adeguato, conveniente

angenehm [ˈangəne:m] *adj* gradito, piacevole; *(Mensch)* simpatico; **~e Reise!** buon viaggio!; **sehr ~!** molto lieto!

angenommen [ˈangənɔmən] **I.** *adj* ❶ *(hypothetisch)* supposto, ipotetico ❷ *(Name)* falso; *(Kind)* adottato **II.** *konj* **~, dass ...** supposto che *+conj*

angepasst [ˈangəpast] *adj (Person)* conformistico

angeregt [ˈangəre:kt] *adj* animato, vivace; **sich ~ unterhalten** conversare animatamente

angesehen *adj* stimato, rispettabile

Angesicht <-es, -er *o* A -e> *nt (geh)* volto *m;* **von ~ zu ~** faccia a faccia

angesichts *präp +gen* considerato, in considerazione di

angespannt [ˈangəʃpant] *adj* ❶ *(Lage)* critico, preoccupante ❷ *(Muskeln)* teso, tirato ❸ *(intensiv)* intenso, assiduo

angestammt [ˈangəʃtamt] *adj* ereditario, ricevuto in eredità

Angestellte [ˈangəʃtɛltə] <ein -r, -n, -n> *mf* impiegato, -a *m, f;* **die ~n** il personale; **leitender ~r** dirigente *m*

angestrengt [ˈangəʃtrɛŋt] *adv* intensamente, assiduamente

angetan *adj* **von jdm/etw ~ sein** essere infatuato di qu/qc

angetrunken *adj* brillo, alticcio

angewandt [ˈangəvant] *adj* applicato; **~e Psychologie** psicologia applicata

angewiesen [ˈangəvi:zən] *adj* **auf jdn/etw ~ sein** dipendere da qu/qc

an|gewöhnen <ohne ge-> *vr* **sich** *dat* **~ zu** *+inf* abituarsi a *+inf,* prendere l'abitudine di *+inf*

Angewohnheit <-, -en> *f* abitudine *f*

angewurzelt *adj* **wie ~ stehen bleiben** stare inchiodato, restare di stucco

an|giften *vt (fam)* rivolgere parole velenose a

Angina [aŋˈgi:na] <-, Anginen> *f* MED angina *f*

Angioplastik [angɪoˈplastɪk] *f* MED angioplastica *f*

A

an|gleichen <irr> **I.** *vt (anpassen)* **etw** [**an etw** *akk*] ~ adattare qc [a qc] **II.** *vr:* **sich** ~ adattarsi

Angler(in) ['aŋlɐ] <-s, -; -, -nen> *m(f)* pescatore, -trice *m, f* [con la lenza]

an|gliedern *vt* annettere, aggregare

anglikanisch [aŋgli'kaːnɪʃ] *adj* anglicano

Anglist(in) [aŋ'glɪst] <-en, -en; -, -nen> *m(f)* LING anglista *mf*

Anglistik [aŋ'glɪstɪk] <-> *f kein Pl.* LING anglistica *f*

Anglistin *f s.* **Anglist**

Anglizismus [aŋgli'tsɪsmʊs, *Pl:* aŋgli'tsɪsmən] <-, Anglizismen> *m* LING anglicismo *m*

Angorawolle [aŋ'goːravɔlə] <-, -n> *f* lana *f* d'angora

an|grabschen *vt (pej fam)* **jdn/etw** ~ dare una toccatina a qc/qu

angreifbar *adj* attaccabile, criticabile; **seine Thesen sind alle leicht** ~ le sue affermazioni si possono sempre attaccare facilmente

an|greifen <irr> *vt* ① *(allg, a. fig)* SPORT attaccare, assalire ② *(schwächen)* indebolire; *(ermüden)* affaticare ③ *(Reserven, Vorrat)* intaccare ④ *(Problem)* affrontare ⑤ CHEM corrodere

Angreifer(in) <-s, -; -, -nen> *m(f)* assalitore, -trice *m, f,* aggressore *m,* aggreditrice *f;* SPORT attaccante *mf*

an|grenzen *vi* confinare; *(Zimmer)* essere attiguo; **an etw** *akk* ~ confinare con qc

angrenzend *adj (bes. Grundstück)* contiguo; *(Gebiet)* limitrofo; **an etw** *akk* ~ **sein** essere adiacente a qc

Angriff <-(e)s, -e> *m (allg, a. fig)* SPORT attacco *m;* POL aggressione *f;* MIL assalto *m,* carica *f;* **etw in ~ nehmen** *(fig)* porre mano a qc

Angriffskrieg *m* MIL guerra *f* offensiva

angriffslustig *adj* aggressivo

Angriffsspieler *m* SPORT attaccante *mf; (Volleyball)* schiacciatore, -trice *m, f*

Angriffsziel *nt* obiettivo *m* dell'attacco

Angst [aŋst, *Pl:* 'ɛŋstə] <-, Ängste> *f* paura *f,* timore *m; (Sorge)* ansia *f;* **vor jdm/etw ~ haben** avere paura di qu/qc; **um jdn/etw ~ haben** essere in ansia per qu/qc; **jdm ~ machen** fare [*o* mettere] paura a qu; **keine ~!** non aver paura!

Angsthase *m (fam scherz)* fifone, -a *m, f*

ängstigen ['ɛŋstɪgən] **I.** *vt* spaventare **II.** *vr:* **sich** ~ ① *(Angst haben)* **sich vor jdm/etw** ~ aver paura di qu/qc ② *(sich sorgen)* **sich um jdn/etw** ~ stare in pensiero per qu/qc

ängstlich ['ɛŋstlɪç] *adj* ① *(furchtsam)* timoroso, pauroso ② *(besorgt)* ansioso ③ *(schüchtern)* timido

Ängstlichkeit <-> *f kein Pl.* paura *f,* timore *m*

Angstmacherei [-maxə'raɪ] <-> *f kein Pl. (pej)* allarmismo *f*

Angstschweiß *m* sudore *m* freddo

angstvoll *adj* angoscioso, pauroso

an|gucken *vt (fam)* guardare, osservare

an|gurten *vr:* **sich** ~ mettersi [*o* allacciarsi] la cintura di sicurezza

an|haben <irr> *vt* ① *(Kleidungsstück)* portare addosso, indossare ② *(Schaden zufügen)* **jdm etw/nichts ~ können** poter/non poter danneggiare qu/qc

an|haften *vi* ① *(kleben)* aderire (**an** +*dat* a), essere attaccato (**an** +*dat* a) ② *(fig: eigen sein)* essere inerente (**jdm/etw** a qu/qc)

an|halten <irr> **I.** *vi* ① *(stehen bleiben)* fermarsi, arrestarsi ② *(andauern)* continuare, [per]durare **II.** *vt* ① *(stoppen)* fermare, arrestare; *(Atem)* trattenere; **halt die Luft an!** *(fam)* stai zitto! ② *(ermahnen)* **jdn zu etw** ~ esortare qu a [fare] qc

anhaltend *adj* continuo, incessante, durevole

Anhalter(in) <-s, -; -, -nen> *m(f)* autostoppista *mf;* **per ~ fahren** fare l'autostop

Anhaltspunkt *m* punto *m* di riferimento, indicazione *f*

anhand [an'hant] *präp* +*gen* in base a

Anhang <-(e)s, -hänge> *m* ① *(zu Buch)* appendice *f; (zu Vertrag)* allegato *m* ② *(Familie)* famiglia *f,* parentado *m;* **ohne ~** senza congiunti

an|hängen *vt* ① *(an etw hängen)* **etw** [**an etw** *akk*] ~ appendere qc [a qc] ② AUTO, FERR agganciare; **einen Wagen** [**an den Zug**] ~ agganciare un vagone [al treno] ③ *(hinzufügen)* aggiungere; **an die Tagung fünf Tage Urlaub** ~ far seguire al convegno cinque giorni di vacanza ④ *(fam)* **jdm etw** ~ *(fam: Schuld)* addossare qc a qu; *(Diebstahl, Betrug)* incolpare qu di qc

Anhänger <-s, -> *m* ① *(Schmuck)* pendente *m,* ciondolo *m* ② MOT rimorchio *m*

Anhänger(in) <-s, -; -, -nen> *m(f)* aderente *mf,* sostenitore, -trice *m, f; (von Lehre)* discepolo, -a *m, f*

Anhängerkupplung *f* MOT gancio *m* di traino

Anhängerschaft <-, -en> *f* aderenti *mpl,* seguaci *mpl,* sostenitori *mpl*

anhängig *adj* JUR pendente, in sospeso

anhänglich ['anhɛŋlɪç] *adj* attaccato, affezionato

Anhänglichkeit <-> *f kein Pl.* attaccamento *m,* affetto *m,* fedeltà *f*

A

an|häufen **I.** *vt* ammucchiare, accumulare **II.** *vr:* **sich** ~ accumularsi
Anhäufung <-, -en> *f* accumulo *m,* ammassamento *m*
an|heben <irr> *vt* ① *(hochheben)* sollevare ② *(erhöhen)* rialzare
Anhebung <-, -en> *f (Gehalt, Preis)* aumento *m,* incremento *m; (Mindestalter)* innalzamento *m*
an|heften *vt* ① *(befestigen)* attaccare (**an** *+akk o dat* a), fissare (**an** *+akk o dat* a) ② *(beim Nähen)* appuntare (**an** *+akk o dat* a)
anheim|fallen [an'haɪm-] <irr> *vi (geh)* **einem Verbrechen** ~ esser vittima di un delitto
anheim|stellen *vi (geh)* **jdm etw** ~ rimettere qc a qu; **das stelle ich Ihnen anheim** mi rimetto al Suo giudizio
an|heizen *vt* **die Stimmung** ~ *(fig fam)* riscaldare l'atmosfera
an|heuern *vt* NAUT ingaggiare
Anhieb ['anhiːp] *m kein Pl.* **auf** ~ di primo acchito, subito
an|himmeln ['anhɪməln] *vt (fam)* **jdn** ~ ammirare perdutamente qu, pendere dalle labbra di qu
anhin *adv* CH prossimo; **am 1. Oktober** ~ il prossimo 1. ottobre; **bis** ~ finora
Anhöhe <-, -n> *f* altura *f,* collina *f*
an|hören **I.** *vt* ① *(zuhören)* ascoltare ② *(anmerken)* sentire [dalla voce] **II.** *vr* **sich gut/schlecht** ~ suonare bene/male; **das hört sich [so] an, als ob sie gestritten hätten** si direbbe che abbiano litigato
Anhörung <-, -en> *f* PARL hearing *m*
Anilin [ani'liːn] <-s> *nt kein Pl.* CHEM anilina *f*
animalisch [ani'maːlɪʃ] *adj* animalesco, istintivo
Animateur(in) [anima'tøːɐ] <-s, -e; -, -nen> *m(f)* animatore, -trice *m, f*
Animation [anima'tsjoːn] <-, -en> *f* ① *(Tourismus)* animazione *f* ② FILM cartone *m* animato
Animierdame *f* entraineuse *f*
animieren [ani'miːrən] <ohne ge-> *vt* **jdn [zu etw]** ~ incitare qu [a qc]
Anis [a'niːs *o* A 'aːnɪs] <-es, -e> *m* anice *m*
Anislikör *m* liquore *m* all'anice, anisetta *f*
Ankauf <-(e)s, -käufe> *m* acquisto *m*
an|kaufen *vt* acquistare, comperare
ankehrig ['ankeːrɪç] *adj* CH abile
Anker ['aŋkɐ] <-s, -> *m* NAUT ancora *f;* **den ~ auswerfen/lichten** gettare/levare l'ancora
ankern *vi* ① *(vor Anker gehen)* ancorarsi ② *(vor Anker liegen)* essere ancorato
an|ketten *vt* incatenare
Anklage <-, -n> *f* accusa *f;* ~ **gegen jdn erheben** muovere un'accusa contro qu
Anklagebank <-, -bänke> *f* banco *m* degli accusati
an|klagen *vt* **jdn [wegen etw]** ~ accusare qu [di qc]
Ankläger(in) <-s, -; -, -nen> *m(f)* accusatore, -trice *m, f;* **öffentlicher** ~ Pubblico Ministero *m*
Anklageschrift *f* atto *m* d'accusa
Anklagevertreter(in) *m(f)* rappresentante *mf* dell'accusa
Anklang <-(e)s, -klänge> *m* ① *(Ähnlichkeit)* reminiscenza *f;* **der ~ an etw** *akk* la reminiscenza di qc ② *(Zustimmung, Beifall)* approvazione *f,* consenso *m;* **bei jdm ~ finden** incontrare il favore di qu
an|kleben *vt* **etw [an etw** *akk o dat*] ~ attaccare qc [su qc]; **Ankleben verboten!** vietata l'affissione!
Ankleidekabine *f* spogliatoio *m*
an|kleiden *(geh)* **I.** *vt* vestire **II.** *vr:* **sich** ~ vestirsi
an|klicken *vt* cliccare
an|klopfen *vi* bussare
an|knabbern *vt* rosicchiare
an|knüpfen **I.** *vt (fig)* **Beziehungen zu jdm** ~ stringere rapporti con qu **II.** *vi* **an etw** *akk* ~ *(fig)* riallacciarsi a qc
an|kommen <irr> *vi sein* ① *(eintreffen)* giungere, arrivare ② *(fig: Anklang finden)* incontrare favore; *(Erfolg haben)* avere successo ③ *(fig: sich durchsetzen)* **gegen jdn/etw** ~ tener testa a qu/qc ④ *(abhängen)* **auf etw** *akk* ~ dipendere da qc; **es kommt darauf an** dipende; **es darauf ~ lassen** affidarsi al caso ⑤ *(wichtig sein)* **darauf ~, dass …** essere importante che … *+conj;* **worauf es ankommt, ist, dass …** quello che importa è che … *+conj*
Ankömmling ['ankœmlɪŋ] <-s, -e> *m* nuovo, -a arrivato, -a *m*
an|kreiden *vt* **jdm etw** ~ addebitare qc a qu
an|kreuzen *vt* segnare con una crocetta
an|kündigen **I.** *vt* annunciare, render noto **II.** *vr:* **sich** ~ annunciarsi, manifestarsi
Ankündigung <-, -en> *f* annuncio *m,* avviso *m*
Ankunft ['ankʊnft] <-> *f kein Pl.* arrivo *m;* **bei der** ~ all'arrivo
Ankunftshalle *f* sala *f* di arrivo
an|kurbeln *vt* ① MOT avviare, mettere in moto ② *(fig: Produktion)* incrementare
Ankurbelung <-, -en> *f (fig)* rilancio *m*
Anl. *Abk. von* **Anlage(n)** all.
an|lächeln *vt* **jdn** ~ sorridere a qu
an|lachen *vt* guardare ridendo; **sich** *dat* **jdn** ~ *(fam)* abbordare qu

A

Anlage <-, -n> *f* ① *(Bau)* costruzione *f;* *(Park)* parco *m,* giardini *mpl* ② *(Einrichtung)* impianto *m,* installazione *f* ③ *(Veranlagung)* disposizione *f;* *(Begabung)* attitudine *f,* talento *m;* MED predisposizione *f;* **eine ~ zu etw** un'attitudine a [*o* un talento per] qc ④ FIN investimento *m* ⑤ *(in Schreiben)* allegato *m;* **als ~** qui [*o* in] accluso, in allegato

Anlageberater(in) *m(f)* consulente *mf* per gli investimenti, esperto *m* finanziario

Anlagekapital *nt* capitale *m* d'investimento

Anlagevermögen *nt* FIN capitale *m* d'investimento

Anlass ['anlas, *Pl:* 'anlɛsə] <-es, Anlässe> *m* ① *(Ursache)* causa *f;* *(Grund)* ragione *f;* *(Beweggrund)* motivo *m;* **~ geben zu** dar luogo [*o* origine] a ② *(Gelegenheit)* occasione *f;* **aus ~** *+gen* in occasione di ③ CH manifestazione *f*

an|lassen <irr> *vt* ① TEC, MOT mettere in moto, avviare ② *(Licht, Radio)* lasciare acceso ③ *(fam: Kleidung)* tener addosso

Anlasser <-s, -> *m* MOT starter *m*

anlässlich ['anlɛslɪç] *präp +gen* in occasione di

Anlauf <-(e)s, -läufe> *m* ① SPORT rincorsa *f,* slancio *m;* **~ nehmen** prendere la rincorsa ② *(fig: Versuch)* tentativo *m;* *(Ansatz)* inizio *m*

an|laufen <irr> **I.** *vi sein* ① *(herbeilaufen)* accorrere ② SPORT prendere la rincorsa ③ *(fig: beginnen)* incominciare, iniziare ④ MOT mettersi in moto ⑤ *(beschlagen)* appannarsi; **blau/rot ~** diventare livido/rosso **II.** *vt haben* NAUT fare scalo a, toccare

Anlaufphase <-, -n> *f* TEC fase *f* di avviamento, riscaldamento *m*

Anlaufschwierigkeiten *pl* difficoltà *pl* iniziali

Anlaufstelle *f* ADM ente *m* di assistenza e beneficenza

Anlaut <-(e)s, -e> *m* LING [suono *m*] iniziale *f*

an|läuten *vi* CH **jdm ~** telefonare a qu

an|legen I. *vt* ① *(Lineal, Maßstab)* mettere, applicare; *(Leiter)* appoggiare; *(Spielkarte)* mettere in tavola, aggiungere ② *(geh: anziehen: Schmuck)* mettere; *(Kleidung)* indossare ③ *(Garten, Fabrik)* impiantare; *(Leitung)* installare; *(Weg)* tracciare; *(Kanal)* scavare; *(Sammlung, Kartei)* costituire; *(Akte)* aprire ④ *(investieren)* investire; *(ausgeben)* spendere ⑤ *(Gewehr)* puntare ⑥ *(absehen)* **es darauf ~, zu** *+inf* aver di mira … **II.** *vi* NAUT **[an etw** *dat***] ~** approdare [a qc] **III.** *vr* **sich mit jdm ~** attaccare briga con qu

Anlegeplatz *m* NAUT approdo *m*

Anleger(in) <-s, -; -, -nen> *m(f)* FIN investitore, -trice *m, f*

Anlegerschutz *m* tutela *f* degli investitori

Anlegestelle *f* approdo *m*

an|lehnen I. *vt* ① *(Gegenstand)* **etw [an etw** *akk***] ~** appoggiare qc [a qc] ② *(Tür, Fenster)* accostare, socchiudere **II.** *vr* **sich [an etw** *akk***] ~** appoggiarsi [a qc]; **sich an jdn ~** *(fig)* prendere a modello qu

Anlehnung <-> *f kein Pl.* appoggiarsi *m;* **in ~ an etw** *akk***/jdn** in base a qc/qu, in riferimento a qc/qu

anleiern *vt (fam)* iniziare, avviare

Anleihe <-, -n> *f* ① FIN prestito *m;* *(gewährte)* credito *m* ② *(fig)* plagio *m*

an|leiten *vt* ① *(unterweisen)* istruire ② *(anhalten)* **jdn [zu etw] ~** educare qu [a qc]

Anleitung <-, -en> *f* ① *(Leitung)* guida *f;* **unter ~ von** sotto la guida di ② *(Unterweisung)* istruzione *f*

an|lernen *vt* istruire, addestrare

an|liegen <irr> *vi* ① *(fam: anstehen)* essere in programma ② *(Kleidungsstück)* aderire; **an etw** *dat* **~** aderire a qc; **eng ~** essere attillato

Anliegen <-s, -> *nt (Wunsch)* desiderio *m;* *(Bitte)* preghiera *f,* richiesta *f*

anliegend *adj* ① *(angrenzend)* confinante, attiguo ② *(Kleidungsstück)* aderente ③ *(beigefügt)* accluso, allegato

Anlieger <-s, -> *m* vicino, -a *m, f,* confinante *mf*

an|locken *vt* attirare

an|lügen <irr> *vt* **jdn ~** mentire a qu

Anm. *Abk. von* **Anmerkung** nota *f*

Anmache <-> *f kein Pl.* *(sl: Flirt)* abbordo *m,* avvicinamento *m* [per abbordare]

an|machen *vt* ① *(fam: einschalten)* accendere ② *(Salat)* condire; *(Mörtel, Gips)* impastare ③ *(fam: ansprechen)* abbordare; **mach mich nicht an!** lasciami in pace! ④ *(fam: erregen)* scaldare, invogliare

an|malen *vt* dipingere

an|maßen ['anma:sən] *vr* **sich** *dat* **etw ~** arrogarsi qc, permettersi qc

anmaßend *adj* presuntuoso; *(unverschämt)* arrogante

Anmaßung <-, -en> *f* ① *(widerrechtliche)* usurpazione *f* ② *(Hochmut)* presunzione *f;* *(Unverschämtheit)* arroganza *f,* insolenza *f*

Anmeldeformular *nt* modulo *m* di notifica [*o* di iscrizione]

Anmeldegebühr *f* tassa *f* di registrazione [*o* di iscrizione]

an|melden I. *vt* ① *(ankündigen)* annunciare; **Konkurs ~** dichiarare fallimento ② *(Ra-*

dio, Auto, Patent) far registrare ③ *(bei Schule, Kurs)* iscrivere ④ *(geltend machen)* far valere **II.** *vr:* **sich ~** ① *(sich ankündigen)* annunciarsi ② *(bei Schule, Kurs)* iscriversi ③ ADM notificare; **sich polizeilich ~** notificare la propria residenza

anmeldepflichtig *adj* soggetto a denuncia, da notificare

Anmeldung <-, -en> *f* ① *(Ankündigung)* annuncio *m* ② *(an der Schule, Uni)* iscrizione *f* ③ ADM notifica *f* ④ *(fam: ~szimmer)* ufficio *m* di ricezione

an|merken *vt* ① *(schriftlich)* annotare ② *(mündlich)* osservare ③ *(spüren)* **jdm etw ~** leggere qc in faccia a qu; **sich** *dat* **nichts ~ lassen** non far vedere [*o* capire] nulla

Anmerkung <-, -en> *f* ① *(schriftlich)* annotazione *f*, nota *f* ② *(mündlich)* osservazione *f*

Anmoderation *f* introduzione *f*

Anmut ['anmu:t] <-> *f kein Pl. (geh)* grazia *f*

an|muten *vi, vt (geh)* fare impressione (a), parere (a); **das mutet mich wie im Märchen an** mi sembra una favola

anmutig *adj* grazioso

an|nähen *vt* **etw** [**an etw** *akk o dat*] **~** attaccare [cucendo] qc a qc

an|nähern I. *vt* avvicinare **II.** *vr:* **sich ~** avvicinarsi

annähernd I. *adj* approssimativo **II.** *adv* approssimativamente, press'a poco

Annäherung <-, -en> *f* avvicinamento *m;* **~ an etw** *akk* avvicinamento a qc

Annäherungsversuch *m* tentativo *m* di avvicinamento, approccio *m*

Annahme ['anna:mə] <-, -n> *f* ① *(das Annehmen)* accettazione *f; (Gesetzes~)* approvazione *f; (von Kind, Namen, Lehre)* adozione *f* ② *(Vermutung)* supposizione *f*, ipotesi *f;* **in der ~, dass ...** supponendo che *+conj*

Annahmeschluss *m* chiusura *f* delle accettazioni; *(Wettbewerb)* termine *m* di iscrizione

Annalen [a'na:lən] *pl* annali *mpl;* **in die ~ eingehen** entrare negli annali, passare alla storia

annehmbar *adj* ① *(akzeptabel)* accettabile; *(Preis, Bedingung)* conveniente; *(Erklärung)* plausibile ② *(leidlich)* passabile

an|nehmen <irr> **I.** *vt* ① *(Angebot, Einladung, Entschuldigung, Geschenk, Auftrag)* accettare; *(Gesetzentwurf)* approvare; *(Kind, Namen, Lehre)* adottare; *(Antrag)* accogliere; *(Rat)* seguire; *(Religion)* abbracciare; *(Farbe, Haltung)* prendere; *(Gewohnheit)* contrarre ② *(vermuten)* supporre, presumere **II.** *vr* **sich jds ~** prendersi cura di qu; **sich einer Sache ~** interessarsi di qc

Annehmlichkeit <-, -en> *f* agio *m*, comodità *f*

annektieren [anɛk'ti:rən] <ohne ge-> *vt* annettere

Annektierung <-, -en> *f* annessione *f*

Annexion [anɛ'ksjo:n] <-, -en> *f* annessione *f*

anno *adv,* **Anno** *adv* nell'anno, anno; **es war Winter, ~ 1941, als ...** era d'inverno, nel 1941, quando ...; **~ dazumal** una volta

Annonce [a'nõ:sə] <-, -n> *f* annuncio *m*, inserzione *f*

annoncieren [anõ'si:rən] <ohne ge-> **I.** *vi* mettere un annuncio [sul giornale] **II.** *vt (ankündigen: Veröffentlichung, Heirat)* annunciare, pubblicare

annullieren [anʊ'li:rən] <ohne ge-> *vt* annullare

Annullierung <-, -en> *f* annullamento *m*

Anode [a'no:də] <-, -n> *f* PHYS anodo *m*

an|öden ['anʔø:dən] *vt (fam)* annoiare

anomal ['anoma:l *o* ano'ma:l] *adj* anomalo

Anomalie [anoma'li:] <-, -n> *f* anomalia *f*

anonym [ano'ny:m] *adj* anonimo

Anonymität [anonymi'tɛ:t] <-> *f kein Pl.* anonimato *m*

Anorak ['anorak] <-s, -s> *m* giacca *f* a vento

an|ordnen *vt* ① *(ordnen)* ordinare, disporre ② *(befehlen)* ordinare, disporre

Anordnung <-, -en> *f* ① *(Ordnung)* ordine *m*, disposizione *f* ② *(Befehl)* ordine *m*, disposizione *f;* **auf ~ von ...** per ordine di ...

anorganisch ['anɔrga:nɪʃ] *adj* inorganico

anormal ['anɔrma:l] *adj* anormale, anomalo

an|packen *vt* ① *(anfassen)* afferrare; **kannst du mal mit ~?** *(fam)* puoi dare una mano? ② *(Arbeit, Problem)* affrontare

an|passen I. *vt* **etw** [**einer Sache** *dat*] **~** adattare qc [a qc] **II.** *vr* **sich** [**an jdn/etw**] **~** adattarsi [*o* conformarsi] [a qu/qc]

Anpassung <-, -en> *f* adattamento *m; (a. fig)* adeguamento *m*

anpassungsfähig *adj* adattabile

Anpassungsvermögen *nt* adattabilità *f*

an|peilen *vt* ① RADIO reperire, rilevare ② NAUT puntare verso

an|pfeifen <irr> **I.** *vt* ① SPORT fischiare l'inizio di ② *(fam: zurechtweisen)* sgridare **II.** *vi* SPORT fischiare l'inizio

Anpfiff <-(e)s, -e> *m* ① SPORT fischio *m* d'inizio ② *(fam: Rüge)* rabbuffo *m*, sgridata *f*

A

A

an|pflanzen *vt* piantare
an|pöbeln *vt (fam)* apostrofare volgarmente
an|prangern ['anpraŋɐn] *vt* condannare apertamente
an|preisen <irr> *vt* **jdm etw ~** lodare qu per qc, decantare qc a qu
Anprobe <-, -n> *f* prova *f*
an|probieren <ohne ge-> *vt* provare
an|pumpen *vt (fig fam)* **jdn um 50 Euro ~** farsi prestare 50 euro da qu
an|quatschen *vt (fam)* avvicinarsi ed attaccare discorso a
Anrainer <-s, -> *m* ① *(Grundnachbar)* proprietario *m* di un terreno confinante ② A *(Anlieger)* residente *mf* [in zona], vicino, -a *m, f*
Anrainerstaat <-(e)s, -en> *m* nazione *f* confinante; *(vom Fluss getrennt)* stato *m* limitrofo
an|rechnen *vt* ① *(berechnen)* mettere in conto, conteggiare ② *(gutschreiben)* accreditare ③ *(abziehen)* detrarre ④ *(fig: werten)* ascrivere; **jdm etw hoch ~** stimare molto qu per qc
Anrecht <-(e)s, -e> *nt* diritto *m;* **ein ~ auf etw** *akk* **haben** avere diritto su qc
Anrede <-, -n> *f* titolo *m;* **„Signora" ist die italienische ~ für eine Frau** "Signora" è l'appellativo italiano per una donna
an|reden *vt* rivolgere la parola a, rivolgersi a; **jdn mit „du"/„Sie" ~** dare del "tu"/ "Lei" a qu
an|regen *vt* ① BIOL stimolare; *(Fantasie)* eccitare ② *(veranlassen)* indurre; **jdn zu etw ~** indurre qu a [fare] qc ③ *(vorschlagen)* proporre; *s. a.* **angeregt**
anregend *adj (fig)* MED, BIOL stimolante; *(Buch)* interessante
Anregung <-, -en> *f* ① *Sing.* BIOL stimolazione *f* ② *(Anstoß)* impulso *m,* stimolo *m; (Vorschlag)* proposta *f;* **auf ~ von** su iniziativa di
an|reichern ['anraɪçɐn] *vt* **etw [mit etw] ~** arricchire qc [di qc]
Anreicherung <-, -en> *f a.* CHEM arricchimento *m*
Anreise <-, -n> *f* ① *(Hinfahrt, Fahrt)* viaggio *m* di andata ② *(Ankunft)* arrivo *m*
an|reisen *vi sein* arrivare, giungere; **aus Berlin ~** arrivare da Berlino; **mit dem Zug ~** arrivare con il treno
an|reißen <reißt an, riss an, angerissen> *vt* ① *(Stoff, Papier)* strappare ② *(fam: zu verbrauchen beginnen)* iniziare a consumare ③ *(Problem)* impostare ④ MOT accendere, mettere in moto
Anreiz <-es, -e> *m* impulso *m,* stimolo *m*
an|rempeln ['anrɛmpəln] *vt (fam)* urtare
Anrichte ['anrɪçtə] <-, -n> *f* credenza *f*
an|richten *vt* ① *(Speise)* preparare; *(Platte)* guarnire; *(Salat)* condire ② *(auftragen)* servire ③ *(fig: verursachen)* causare; **da hast du aber etwas Schönes angerichtet!** l'hai combinata bella! *fam*
anrüchig ['anrʏçɪç] *adj* equivoco
Anruf <-(e)s, -e> *m* chiamata *f;* TEL telefonata *f*
Anrufbeantworter <-s, -> *m* segreteria *f* telefonica
an|rufen <irr> *vt* ① *(laut anreden)* chiamare ② TEL **jdn ~** telefonare a qu ③ *(Gott)* invocare; *(um Gnade, Hilfe)* implorare ④ *(Gericht)* appellarsi a
Anrufer(in) <-s, -; -, -nen> *m(f) chi telefona*
an|rühren *vt* ① *(berühren, a. fig)* toccare ② *(Farbe)* mescolare; *(Mörtel, Beton)* impastare; GASTR rimestare
ans [ans] = **an das** *s.* **an**
Ansage ['anza:gə] <-, -n> *f* annuncio *m*
an|sagen *vt* annunciare; **seinen Besuch** [*o* **sich**] **~** annunciare la propria visita; **jdm den Kampf ~** dichiarare guerra a qu
Ansager(in) <-s, -; -, -nen> *m(f)* RADIO, TV annunciatore, -trice *m, f*
an|sammeln I. *vt* accumulare, ammassare **II.** *vr:* **sich ~** ① *(sich anhäufen)* accumularsi ② *(sich versammeln)* adunarsi, raccogliersi, assembrarsi
Ansammlung <-, -en> *f* accumulo *m,* ammasso *m; (von Menschen)* assembramento *m,* folla *f*
ansässig ['anzɛsɪç] *adj* domiciliato, residente
Ansatz <-(e)s, -sätze> *m* ① TEC *(Verlängerungsstück)* prolunga *f,* aggiunta *f* ② GEOL *(Schicht)* deposito *m* ③ *(Anzeichen)* inizio *m,* accenno *m*
Ansatzpunkt *m* punto *m* di partenza
an|schaffen I. *vt* ① *(kaufen)* acquistare ② SÜDD, A *(befehlen)* ordinare **II.** *vi (fam: Prostituierte)* **~** [**gehen**] battere [il marciapiede]
Anschaffung <-, -en> *f* acquisto *m*
Anschaffungskosten *pl* costi *mpl* d'acquisto
an|schalten *vt* accendere
an|schauen *vt bes.* SÜDD, A, CH guardare
an|schaulich *adj* chiaro, evidente; *(lebendig)* vivo
Anschaulichkeit <-> *f kein Pl.* chiarezza *f,* evidenza *f*
Anschauung <-, -en> *f (Überzeugung)* idea *f; (Meinung)* opinione *f; (Auffassung)* concezione *f;* **aus eigener ~** per propria esperienza

Anschauungsmaterial *nt* materiale *m* illustrativo
Anschein <-(e)s> *m kein Pl.* apparenza *f;* **dem ~ nach** a quanto pare; **es hat den ~, als ob …** sembra che *+conj*
anscheinend *adv* evidentemente, a quanto pare
an|schicken *vr:* **sich ~** *(geh)* accingersi; **sich ~ etw zu tun** accingersi a fare qc
an|schieben <irr> *vt* spingere
an|schießen <irr> *vt* ferire d'arma da fuoco
Anschiss <-es, -e> *m (fam)* rimprovero *m,* lavata *f* di capo; **einen ~ bekommen** ricevere una lavata di capo, essere rimproverato
Anschlag <-(e)s, -schläge> *m* ① *(Plakat)* manifesto *m,* affisso *m* ② *(Attentat)* attentato *m* ③ *(bei Schreibmaschine)* battuta *f;* *(bei Klavier)* tocco *m* ④ COM preventivo *m*
an|schlagen <irr> **I.** *vt* ① *(Bekanntmachung)* affiggere ② *(Klavier, Saite)* toccare; *(fig: Ton)* assumere ③ *(Fass)* spillare ④ *(beschädigen)* rompere **II.** *vi* ① *(Hund)* abbaiare ② MED *(wirken)* [**bei jdm**] ~ fare effetto [su qu]
anschleichen <irr> *vr* **sich** [**an jdn/etw**] ~ avvicinarsi di soppiatto [a qu/qc]
an|schließen <irr> **I.** *vt* ① TEC allacciare, collegare ② *(anketten)* incatenare **II.** *vr:* **sich ~** associarsi; **sich einer Partei ~** aderire ad un partito **III.** *vi* **an etw** *akk* ~ far seguito a qc
anschließend *adj* successivo; *(räumlich)* adiacente
Anschluss <-es, -schlüsse> *m* ① *(Wasser, Gas, Telefon)* allacciamento *m;* TEC collegamento *m* ② TEL *(Verbindung)* collegamento *m* ③ FERR coincidenza *f* ④ *(fig)* POL annessione *f;* **~ suchen** cercare di far conoscenza; **im ~ an** *+akk* in seguito a
Anschlussflug *m* [volo *m* di] coincidenza *f*
Anschlusszug *m* [treno *m* di] coincidenza *f*
an|schmiegen ['anʃmiːgən] *vr* **sich** [**an jdn/etw**] ~ stringersi [a qu/qc]; *(Kleid)* aderire [a qu/qc]
anschmiegsam *adj* affettuoso
an|schnallen **I.** *vt* allacciare, affibbiare **II.** *vr:* **sich ~** MOT, AERO allacciarsi la cintura [di sicurezza]
Anschnallpflicht <-> *f kein Pl.* obbligo *m* di allacciarsi le cinture di sicurezza
an|schnauzen *vt (fam)* fare un rimbrotto a, rimbrottare
an|schneiden <irr> *vt* ① *(Brot, Braten)* incominciare a tagliare ② *(Frage)* intavolare; *(Thema)* toccare ③ *(Kurve)* tagliare
Anschnitt <-(e)s, -e> *m* prima fetta *f* [di carne o di pane]
an|schrauben *vt* avvitare
an|schreiben <irr> *vt* ① *(schreiben)* scrivere; **an die Tafel ~** scrivere alla lavagna ② *(auf Kredit)* mettere in conto ③ ADM *(Brief)* **jdn ~** scrivere a qu
an|schreien <irr> *vt* apostrofare, rimproverare gridando
Anschrift <-, -en> *f* indirizzo *m*
an|schuldigen ['anʃʊldɪgən] *vt* accusare (**wegen** di), incolpare (**wegen** di), imputare (**wegen** di); **jdn des Diebstahls** [*o* **wegen eines Diebstahls**] ~ accusare qu di furto
Anschuldigung <-, -en> *f* accusa *f,* imputazione *f*
anschwärzen *vt (fam pej)* calunniare; **jdn** [**bei jdm**] ~ screditare qu [presso qu], diffamare qu [agli occhi di qu]
an|schweigen <schweigt an, schwieg an, angeschwiegen> *vt* non rivolgersi la parola, non parlarsi; **sie schweigen sich schon seit 2 Wochen an** non si rivolgono la parola già da due settimane
an|schwellen <irr> *vi sein* ① MED gonfiarsi ② *(Lärm)* crescere ③ *(Fluss)* ingrossare
an|schwemmen *vt (Holz)* fluitare; *(Erdboden)* depositare
anschwindeln *vt (fam)* abbindolare, ingannare; **jdn ~** imbrogliare qu
an|sehen <irr> *vt* ① *(anblicken)* guardare; *(lange)* contemplare; *(besichtigen)* visitare; **etw nicht mehr mit ~ können** non poter più tollerare qc; **sieh mal** [**einer**] **an!** *(fam)* ma guarda un po'! ② *(halten für)* considerare; *(beurteilen)* giudicare ③ *(anmerken)* **man sieht es ihm an, dass …** gli si legge in faccia che …
Ansehen <-s> *nt kein Pl.* ① *(Achtung)* considerazione *f,* stima *f;* *(Ruf)* reputazione *f,* credito *m* ② *(Anschein)* apparenza *f*
ansehnlich *adj* ① *(gut aussehend)* di bell'aspetto; *(stattlich)* prestante ② *(bedeutend)* considerevole
an|sein *s.* **an II. 4.**
an|setzen **I.** *vt* ① *(an Mund)* accostare [alle labbra]; *(Flöte)* imboccare ② *(anfügen)* **etw** [**an etw** *akk o dat*] ~ aggiungere qc [a qc] ③ *(veranschlagen)* preventivare; *(vorausberechnen)* calcolare; *(festsetzen)* fissare, stabilire ④ *(vorbereiten: Bowle)* preparare ⑤ *(bilden)* **Fett ~** ingrassare; **Rost ~** arrugginire; **Schimmel ~** ammuffire ⑥ *(einsetzen)* **jdn auf etw** *akk* ~ far intervenire qu per qc **II.** *vi* ① *(beginnen)* apprestarsi, accingersi; **zur Landung ~** apprestarsi all'atterraggio ② *(anbrennen)* attaccarsi

Ansicht <-, -en> *f* ① *(Meinung)* opinione *f,* parere *m;* **meiner ~ nach** a mio avviso, secondo me; **der ~ sein, dass ...** essere dell'avviso che *+conj* ② *(Blick, Anblick)* veduta *f* ③ *(Betrachtung, Prüfung)* esame *m;* **zur ~** COM in visione ④ *(Computer)* [comando *m*] visualizza, visualizzazione *f*
Ansichtskarte *f* cartolina *f*
Ansichtssache *f* **das ist ~** qui siamo nel campo dell'opinabile
Ansichtssendung *f* invio *m* per visione
Ansied[e]lung <-, -en> *f* insediamento *m;* *(Stelle)* colonia *f*
an|siedeln ['anziːdəln] *vr:* **sich ~** insediarsi; *(sich niederlassen)* stabilirsi, domiciliarsi
ansonst [an'zɔnst], **ansonsten** [an'zɔnstən] **I.** *adv (fam)* ① *(im Übrigen, sonst)* per il [*o* quanto al] resto ② *(im anderen Falle)* altrimenti **II.** *konj* A, CH *(andernfalls)* altrimenti, in caso contrario; **ich habe ~ nichts zu tun** altrimenti non ho niente da fare; **sei endlich still, ~ hole ich deine Mutter** stai zitto una buona volta, altrimenti chiamo tua madre
an|spannen *vt* ① *(Zugtier)* attaccare ② *(straffer spannen)* tendere ③ *(Muskeln)* tendere
Anspannung <-, -en> *f (Einsatz)* impiego *m;* *(Anstrengung)* sforzo *m*
Anspiel <-(e)s, -e> *nt* SPORT inizio *m* del gioco
an|spielen I. *vi (hinweisen)* **auf etw** *akk* **~** alludere a qc **II.** *vt* SPORT **jdn ~** passare la palla a qu
Anspielung <-, -en> *f* allusione *f;* **eine ~ auf etw** *akk* **machen** fare un'allusione a qc
an|spitzen *vt (Bleistift)* fare la punta a
Ansporn ['anʃpɔrn] <-(e)s> *m kein Pl.* stimolo *m,* incitamento *m*
an|spornen *vt* stimolare, incitare
Ansprache <-, -n> *f* discorso *m,* allocuzione *f*
ansprechbar *adj* abbordabile
an|sprechen <irr> **I.** *vt* ① *(reden mit)* **jdn ~** rivolgere la parola a qu; **jdn auf etw** *akk* **~** interrogare qu su qc ② *(erwähnen)* trattare, affrontare ③ *(gefallen)* piacere; **das spricht mich überhaupt nicht an** a me non piace proprio **II.** *vi (reagieren)* **auf etw** *akk* **~** reagire [*o* rispondere] a qc
ansprechend *adj* piacevole, gradevole; *(Äußeres)* attraente
Ansprechpartner(in) <-s, -; -, -nen> *m(f)* interlocutore, -trice *m, f* competente
an|springen <irr> **I.** *vi sein* ① *(her~)* arrivare saltando ② MOT mettersi in moto **II.** *vt haben* saltare addosso a
Anspruch <-(e)s, -sprüche> *m* ① *(Anrecht)* diritto *m;* **~ auf etw** *akk* **erheben** rivendicare un diritto su qc ② *(Forderung)* pretesa *f,* esigenza *f;* JUR rivendicazione *f;* **jdn in ~ nehmen** ricorrere a qu; **etw in ~ nehmen** servirsi di qc; **sehr in ~ genommen sein** essere molto occupato; **hohe Ansprüche stellen** avere grandi pretese
anspruchslos *adj* senza pretese, modesto
Anspruchslosigkeit <-> *f kein Pl.* modestia *f,* semplicità *f*
anspruchsvoll *adj* esigente, pretenzioso
an|spucken *vt* sputare addosso a
an|spülen *vt (an den Strand spülen)* sciabordare; *(an das Ufer spülen)* portare a riva
an|stacheln ['anʃtaxəln] *vt* spronare, stimolare
Anstalt ['anʃtalt] <-, -en> *f* istituto *m;* *(Internat)* internato *m;* *(Heil~)* sanatorio *m;* *(Irren~)* manicomio *m*
Anstalten *fpl (Vorbereitungen)* preparativi *mpl,* disposizioni *fpl;* **~ machen** [*o* **treffen**] **zu** *+inf* accingersi a *+inf,* prepararsi a *+inf*
Anstand ['anʃtant] <-(e)s> *m kein Pl.* *(gutes Benehmen)* educazione *f,* creanza *f;* *(Schicklichkeit)* decenza *f,* decoro *m*
anständig ['anʃtɛndɪç] **I.** *adj* ① *(schicklich)* decente ② *(ehrbar)* onesto ③ *(fam: zufriedenstellend)* sufficiente, discreto; *(beträchtlich)* considerevole; **sie wird ~ bezahlt** la pagano bene; **eine ~e Tracht Prügel** *(fam)* un bel fracco di legnate **II.** *adv* decentemente, come conviene
Anständigkeit <-> *f kein Pl.* ① *(Schicklichkeit)* decenza *f,* decoro *m* ② *(Ehrlichkeit)* onestà *f,* correttezza *f*
Anstandsbesuch *m* visita *f* di cortesia
anstandshalber *adv* per la forma, per il decoro
anstandslos *adv* senza esitazione, senza far storie *fam*
an|starren *vt* guardare fisso, fissare
anstatt [an'ʃtat] **I.** *präp +gen* invece di, al posto di **II.** *konj* **~ zu** *+inf*, **~ dass ...** invece di *+inf*
an|stechen <irr> *vt* pungere; *(Fass)* spillare
an|stecken I. *vt* ① *(feststecken)* fermare [con spilli]; *(Brosche, Abzeichen)* appuntare; *(Ring)* infilare ② *(anzünden)* accendere; *(in Brand stecken)* appiccare il fuoco a ③ *(a. fig)* MED contagiare **II.** *vr* **sich** [**bei jdm**] **~** contagiarsi [da qu] **III.** *vi (a. fig)* essere contagioso
ansteckend *adj* contagioso
Anstecknadel *f* spillo *m*

Ansteckung <-, -en> *f* contagio *m,* infezione *f*

Ansteckungsgefahr *f* pericolo *m* di contagio

an|stehen <irr> *vi* ① *(Schlange stehen)* fare la coda ② JUR *(festgesetzt sein)* essere stabilito

an|steigen <irr> *vi sein* ① *(Straße, Wasser, Temperatur)* salire ② *(fig: zunehmen)* aumentare, crescere

anstelle [an'ʃtɛlə] *präp +gen* in luogo di, in vece di

an|stellen **I.** *vt* ① *(einschalten: Maschine)* avviare, mettere in moto; *(Radio)* accendere ② *(beschäftigen)* impiegare ③ *(anlehnen)* mettere; **etw an etw** *akk* ~ appoggiare qc a qc ④ *(fam: zustande bringen)* fare; **wie hast du das angestellt?** come hai fatto? ⑤ *(fam: Unsinn)* combinare; **was hast du da wieder angestellt?** che hai combinato di nuovo? **II.** *vr:* **sich** ~ ① *(Schlange stehen)* fare la coda ② *(fam: sich verhalten)* comportarsi; **sich geschickt/ungeschickt** ~ mostrarsi abile/inetto; **stell dich doch nicht so an!** *(fam)* non fare tante storie!

Anstellung <-, -en> *f* impiego *m,* posto *m*

ansteuern *vt* **etw** ~ NAUT fare rotta [*o* dirigersi] verso qc; *(Ziel)* puntare verso qc

Anstich <-(e)s, -e> *m* ① *(von Fass)* spillatura *f* ② *(Bier)* birra *f* fresca

Anstieg ['anʃti:k] <-(e)s, -e> *m* ① *(Aufstieg, Steigung)* salita *f,* ascesa *f* ② *(fig: Erhöhung, Zunahme)* aumento *m*

an|stiften *vt* ① *(anzetteln)* ordire, tramare ② *(verleiten)* spingere; **jdn zu etw** ~ istigare qu a [fare] qc

Anstifter(in) <-s, -; -, -nen> *m(f)* istigatore, -trice *m, f,* sobillatore, -trice *m, f*

Anstiftung <-, -en> *f* istigazione *f,* sobillazione *f*

an|stimmen *vt (Lied)* intonare

Anstoß <-es, -stöße> *m* ① SPORT calcio *m* d'inizio ② *(fig: Antrieb)* impulso *m,* spinta *f* ③ *(Ärgernis)* scandalo *m;* ~ **erregen** dare scandalo; **an etw** *dat* ~ **nehmen** scandalizzarsi di qc

an|stoßen <irr> **I.** *vi* ① *sein (prallen)* **mit etw an etw** *akk* ~ urtare con qc contro qc ② *haben* SPORT dare il calcio d'inizio ③ *haben (mit Gläsern)* [**auf jdn/etw**] ~ brindare [a qu/qc] **II.** *vt* urtare; *(in Bewegung setzen)* mettere in movimento

Anstößer ['anʃtø:sɐ] <-s, -> *m* CH *s.* **Anrainer, Anlieger**

anstößig ['anʃtø:sɪç] *adj* indecente, scandaloso

Anstößigkeit <-, -en> *f* indecenza *f*

an|strahlen *vt* ① *(beleuchten)* illuminare ② *(strahlend anblicken)* guardare con occhi raggianti

anstreben *vt* perseguire, aspirare a

an|streichen <irr> *vt* ① *(mit Farbe)* pitturare, verniciare ② *(kennzeichnen)* segnare

Anstreicher(in) <-s, -; -, -nen> *m(f)* imbianchino, -a *m, f*

an|strengen ['anʃtrɛŋən] **I.** *vt* ① *(ermüden)* affaticare; *(Augen)* stancare ② *(Geist, Verstand)* sforzare ③ JUR *(Verfahren)* intentare **II.** *vr:* **sich** ~ sforzarsi, applicarsi

anstrengend *adj* faticoso

Anstrengung <-, -en> *f* ① *(Bemühung)* sforzo *m,* fatica *f* ② *(Strapaze)* strapazzo *m*

Anstrich <-(e)s, -e> *m* ① *(Farbschicht)* tinta *f; (Überzug)* mano *f* ② *(Anschein)* apparenza *f,* aria *f*

Ansturm <-(e)s, -stürme> *m* ressa *f; (von Kunden)* affluenza *f*

an|stürmen *vi sein* assalire; **gegen etw** ~ scagliarsi contro qc

Ansuchen <-s, -> *nt* richiesta *f*

Antagonist(in) [antago'nɪst] <-en, -en; -, -nen> *m(f)* antagonista *mf*

Antarktis [ant'ʔarktɪs] *f* Antartide *f*

antarktisch *adj* antartico

an|tasten *vt* ① *(Vorräte, Geld)* intaccare ② *(Ehre, Würde)* ferire; *(Rechte)* ledere, violare

Anteil <-(e)s, -e> *m* ① *(Teil)* parte *f,* quota *f* ② COM partecipazione *f* ③ *(Interesse)* interesse *m;* **an etw** *dat* ~ **nehmen** prender parte a qc; *(Mitgefühl haben)* partecipare a qc

anteilig *adj* proporzionale

anteilmäßig *adv* proporzionalmente

Anteilnahme ['antaɪlna:mə] <-> *f kein Pl.* partecipazione *f;* **seine ~ an etw** *dat* **aussprechen** esprimere la propria partecipazione a qc

Anteilschein <-(e)s, -e> *m* COM titolo *m* di partecipazione, effetto *m* di partecipazione

Antenne [an'tɛnə] <-, -n> *f* antenna *f*

Anthologie [antolo'gi:, *Pl:* antolo'gi:ən] <-, -n> *f* antologia *f*

Anthrazit [antra'tsi:t] <-s, -e> *m* antracite *f*

Anthropologe [antropo'lo:gə] <-n, -n> *m* antropologo *m*

Anthropologie [antropolo'gi:] <-> *f kein Pl.* antropologia *f*

Anthropologin [antropo'lo:gɪn] <-, -nen> *f* antropologa *f*

anthropologisch [antropo'lo:gɪʃ] *adj* antropologico

Anthroposophie [antropozo'fi:] <-> *f kein Pl.* antroposofia *f*

Antiagingcreme [anti'eɪdʒɪŋ-] *f (Haut-*

creme gegen die Folgen des Alterns) crema *f* antietà

Antialkoholiker(in) [antiʔalkoˈhoːlikɐ] *m(f)* antialcolista *mf*

antialkoholisch *adj* antialcolico

antiautoritär [ˈantiʔaʊtoritɛːɐ̯] *adj* antiautoritario

Antibabypille [antiˈbeːbipɪlə] *f* pillola *f* anticoncezionale

antibakteriell *adj* igienizzante

Antibiotikum [antibi̯ˈoːtikʊm] <-s, Antibiotika> *nt* antibiotico *m*

Antiblockiersystem <-s, -e> *nt* AUTO sistema *m* [frenante] antibloccaggio

Antidepressivum [antidepr̩ɛˈsiːvʊm] <-s, Antidepressiva> *nt* MED antidepressivo *m*

Antifaltencreme *f* crema *f* antirughe

Antifaschismus [antifaˈʃɪsmʊs *o* ˈantifaʃɪsmʊs] <-> *m kein Pl.* antifascismo *m*

Antifaschist(in) <-en, -en; -, -nen> *m(f)* antifascista *mf*

antifaschistisch *adj* antifascista

Antihistaminikum <-s, -histaminika> *nt* MED antistaminico *m*

antik [anˈtiːk] *adj* antico

Antike <-, -n> *f* antichità *f*

antiklerikal [antikleriˈkaːl *o* ˈantiklerikaːl] *adj* anticlericale

Antiklopfmittel [antiˈklɔpfmɪtəl] <-s, -> *nt* TEC antidetonante *m*

Antikörper [ˈantikœrpɐ] <-s, -> *m* MED anticorpo *m*

Antikriegskundgebung *f* manifestazione *f* contro la guerra

Antillen [anˈtɪlən] *pl* Antille *fpl*

Antilope [antiˈloːpə] <-, -n> *f* antilope *f*

antimilitaristisch *adj* antimilitaristico

Antimon [antiˈmoːn] <-s> *nt kein Pl.* CHEM antimonio *m*

Antioxidans [antiˈʔɔksidans, *Pl:* antiʔɔksiˈdantsi̯ən] <-, Antioxidanzien *o* Antioxidantien> *nt* CHEM antiossidante *m*

Antipathie [antipaˈtiː, *Pl:* antipaˈtiːən] <-, -n> *f* antipatia *f* (**gegen jdn/etw** per qu/qc)

Antipode [antiˈpoːdə] <-n, -n> *m a.* GEOG antipode *m*

antipodisch *adj* antipodico

Antiqua [anˈtiːkva] <-> *f kein Pl.* caratteri *mpl* romani

Antiquar(in) [antiˈkvaːɐ, *Pl:* antiˈkvaːrə] <-s, -e; -, -nen> *m(f)* antiquario, -a *m, f*

Antiquariat [antikvariˈaːt] <-(e)s, -e> *nt* ① *(Handel)* antiquariato *m* ② *(Buchladen)* libreria *f* d'antiquariato

Antiquarin *f s.* **Antiquar**

antiquarisch [antiˈkvaːrɪʃ] *adj* d'occasione, di seconda mano

antiquiert *adj (pej)* antiquato

Antiquität [antikviˈtɛːt] <-, -en> *f* antichità *f,* oggetto *m* antico

Antiquitätenhändler(in) *m(f)* antiquario, -a *m, f*

Antiraucherkampagne *f* campagna *f* antifumo

Antisemit(in) <-en, -en; -, -nen> *m(f)* antisemita *mf*

antisemitisch *adj* antisemitico, antisemita

Antisemitismus [antizemiˈtɪsmʊs] <-> *m kein Pl.* antisemitismo *m*

antiseptisch [antiˈzɛptɪʃ] *adj* antisettico

antistatisch [antiˈʃtaːtɪʃ] *adj* antistatico

Anti-Terror-Kampf <-es, -Kämpfe> *m* lotta *f* al terrorismo

Antitranspirant [antitranspiˈrant] <-s, -e *o* -s> *nt* antitraspirante *m*

Antivirenprogramm *nt* INFORM programma *m* antivirus

antizyklisch [antiˈtsyːklɪʃ] *adj* aciclico, anticiclico

Antlitz [ˈantlɪts] <-es, -e> *nt (poet)* volto *m*

Antrag [ˈantraːk, *Pl:* ˈantrɛːgə] <-(e)s, Anträge> *m* ① *(Gesuch)* domanda *f,* istanza *f* ② *(~sformular)* modulo *m* [di domanda] ③ PARL *(Entwurf)* mozione *f* ④ *(Gesetzes~)* proposta *f* di legge ⑤ *(Heirats~)* proposta *f* [di matrimonio]

Antragsformular *nt* modulo *m* di domanda

Antragsteller(in) [ˈantraːkʃtɛlɐ] <-s, -; -, -nen> *m(f)* richiedente *mf*

antrainiert *adj* ① *(Muskeln, Fitness)* sviluppato ② *(Verhalten)* acquisito

an|treffen <irr> *vt* trovare

an|treiben <irr> **I.** *vt haben* ① *(vorwärtstreiben)* incitare ② *(fig: veranlassen)* indurre; **jdn zu etw ~** indurre qu a [fare] qc; **jdn zur Eile ~** far fretta a qu ③ *(in Bewegung setzen)* mettere in moto, azionare ④ *(anschwemmen)* portare a riva **II.** *vi sein* arrivare galleggiando

an|treten <irr> **I.** *vt haben (Amt)* assumere; *(Strafe)* cominciare a scontare; *(Erbschaft)* adire; **eine Reise ~** mettersi in viaggio **II.** *vi sein* ① MIL mettersi in fila ② *(erscheinen)* presentarsi

Antrieb [anˈtriːp] <-(e)s, -e> *m* ① TEC forza *f* motrice; MOT, NAUT, AERO propulsione *f* ② *(fig)* impulso *m; (Beweggrund)* movente *m;* **aus eigenem ~** di propria iniziativa [*o* volontà]

Antriebskraft *f* TEC forza *f* motrice; *(fig)* forza *f* di volontà

Antriebswelle *f* MOT albero *m* di trasmissione

Antritt <-(e)s> *m kein Pl.* ① *(Beginn: Rei-*

se~) inizio *m* ② *(Amts~, Regierungs~)* assunzione *f*

Antrittsbesuch *m* visita *f* di presentazione

Antrittsrede *f* discorso *m* inaugurale

an|tun <irr> **I.** *vt (zufügen)* **jdm etw ~** fare qc a qu; **sich** *dat* **etw ~** suicidarsi, uccidersi **II.** *vi (bezaubern)* incantare; **es jdm ~** affascinare qu

an|turnen ['antəːnən] *vt (fam)* mandare in estasi, mandare su di giri; **diese Musik turnt mich an** questa musica mi manda su di giri [in estasi]

Antwerpen [ant'vɛrpən] *nt* Anversa *f*

Antwort ['antvɔrt] <-, -en> *f* risposta *f;* **als ~ auf etw** *akk* in risposta a qc; **um ~ wird gebeten** si prega di rispondere

antworten *vi* **auf etw** *akk* **~** rispondere [*o* dare una risposta] a qc

Antwortkarte *f* cartolina *f* [postale] con risposta prepagata

Antwortschein *m* **internationaler ~** ricevuta *f* di ritorno internazionale

Antwortschreiben *nt* lettera *f* di risposta [*o* di riscontro]

an|vertrauen <ohne ge-> **I.** *vt* ① *(übergeben)* **jdm etw ~** affidare qc a qu ② *(im Vertrauen mitteilen)* confidare; **jdm ein Geheimnis ~** confidare un segreto a qu **II.** *vr* **sich jdm ~** confidarsi con qu

an|wachsen <irr> *vi sein* ① *(Pflanze)* mettere radici, attecchire ② *(festwachsen)* attaccarsi ③ *(fig: zunehmen)* aumentare, crescere

Anwalt ['anvalt, *Pl:* 'anvɛltə] <-(e)s, Anwälte> *m,* **Anwältin** ['anvɛltɪn] <-, -nen> *f* ① *(Rechts~)* avvocato, -essa *m, f;* *(Staats~)* procuratore, -trice *m, f* ② *(fig: Fürsprecher)* difensore, difenditrice *m, f*

Anwaltsbüro *nt* studio *m* legale

Anwaltschaft <-, -en> *f* JUR ① *(Vertretung eines Klienten)* difesa *f* ② *(Gesamtheit der Anwälte)* avvocatura *f*

Anwaltskosten *pl* spese *f pl* legali

Anwaltspraxis <-, -praxen> *f* JUR studio *m* legale

Anwandlung <-, -en> *f* accesso *m;* *(Laune)* capriccio *m*

an|wärmen *vt* intiepidire

Anwärter(in) <-s, -; -, -nen> *m(f)* candidato, -a *m, f,* aspirante *mf;* **~ auf etw** *akk* **sein** essere candidato a qc

Anwartschaft <-, -en> *f* candidatura *f;* **die ~ auf etw** *akk* **erwerben** avanzare la candidatura a qc

an|weisen <irr> *vt* ① *(zuweisen)* assegnare ② *(anleiten)* avviare, dirigere; *(belehren)* istruire ③ *(befehlen)* ordinare, comandare ④ FIN **[jdm] etw ~** dare ordine di pagare qc [a qu]

Anweisung <-, -en> *f* ① *(Anordnung)* disposizione *f;* **auf ~ von** su ordine di; **auf ärztliche ~** su [*o* dietro] prescrizione medica ② *(Bank~)* ordine *m* di pagamento, assegno *m* bancario; *(Post~)* vaglia *m* ③ *(Anleitung)* istruzione *f,* guida *f* ④ *(Zuweisung)* assegnazione *f*

anwendbar *adj* applicabile; **auf etw** *akk* **~ sein** essere applicabile a qc

Anwendbarkeit <-, -en> *f* applicabilità *f*

an|wenden <irr> *vt* ① *(verwenden)* utilizzare, adoperare, usare; *(a. Gewalt)* impiegare ② *(Gesetz, Prinzip)* applicare; **ein Gesetz auf etw** *akk* **~** applicare una legge a qc

Anwender(in) <-s, -; -, -nen> *m(f)* applicatore, -trice *m, f*

Anwenderprogramm *nt* INFORM applicazione *f*

Anwendung <-, -en> *f* ① *(Verwendung)* utilizzazione *f,* uso *m,* impiego *m* ② *(von Bestimmung, Gesetz, Grundsätzen)* applicazione *f;* **zur ~ bei** [*o* **in**] **etw** *dat* **kommen** trovare applicazione in qc ③ INFORM applicazione *f*

Anwendungsbereich *m* campo *m* di applicazione

an|werben <irr> *vt (Arbeitskräfte)* ingaggiare, reclutare; *(Mitglieder, Soldaten)* reclutare

Anwerbung <-, -en> *f (von Arbeitskräften)* assunzione *f,* ingaggio *m;* *(von Mitgliedern)* reclutamento *m;* *(von Soldaten)* arruolamento *m,* reclutamento *m*

Anwesen ['anveːzən] <-s, -> *nt* podere *m,* tenuta *f*

anwesend ['anveːzənt] *adj* presente

Anwesende *pl* presenti *mpl;* **[sehr] verehrte ~!** signore e signori!

Anwesenheit <-> *f kein Pl.* presenza *f;* **in ~ von** alla presenza di

Anwesenheitsliste *f* elenco *m* dei presenti

an|widern ['anviːdɐn] *vt* disgustare, ripugnare

Anwohner(in) <-s, -; -, -nen> *m(f)* residente *mf*

Anzahl <-> *f kein Pl.* numero *m,* quantità *f*

an|zahlen *vt (Betrag)* dare un acconto per

Anzahlung <-, -en> *f* acconto *m*

an|zapfen *vt* ① *(Fass)* spillare ② TEL inserirsi abusivamente su

Anzeichen <-s, -> *nt* segno *m,* indizio *m*

Anzeige <-, -n> *f* ① JUR denuncia *f;* **~ gegen jdn erstatten** denunciare qu ② *(Zeitungs~)* inserzione *f,* annuncio *m;* *(Familien~)* partecipazione *f* ③ TEC indicazione *f;* *(Instrument)* indicatore *m* ④ INFORM visualizzazione *f*

an|zeigen *vt* ① JUR denunciare ② *(ankündigen, a. in Zeitung)* annunciare; *(Familienereignis)* partecipare ③ *(Temperatur, Verbrauch, Geschwindigkeit)* indicare ④ INFORM visualizzare
Anzeigenannahme *f* ufficio *m* annunci pubblicitari
Anzeigenblatt *nt* giornale *m* [degli] annunci
Anzeigenkampagne <-, -n> *f* PUBL, WIRTSCH campagna *f* pubblicitaria [per mezzo di annunci]
Anzeigenteil *m* parte *f* pubblicitaria
an|zetteln *vt* ordire
an|ziehen <irr> **I.** *vt* ① *(Kleidung)* mettere; *(bekleiden)* vestire ② *(spannen)* tirare; *(Seile)* tendere; *(Schraube, Bremse)* serrare ③ *(fig)* PHYS attirare **II.** *vr:* **sich ~** vestirsi **III.** *vi* COM, FIN salire
anziehend *adj* attraente, seducente, avvincente
Anziehung <-, -en> *f* attrazione *f*
Anziehungskraft *f* ① PHYS forza *f* d'attrazione ② *(fig)* attrazione *f,* attrattiva *f*
Anzug <-(e)s, -züge> *m* ① *(Kleidung)* vestito *m,* abito *m,* completo *m* ② *Sing.* **im ~ sein** essere in procinto di; **ein Gewitter ist im ~** si sta avvicinando un temporale
anzüglich ['antsy:klɪç] *adj* equivoco, indecente; *(Bemerkung)* allusivo
Anzüglichkeit <-, -en> *f* allusione *f* equivoca [*o* pungente], insinuazione *f*
an|zünden *vt* accendere; *(in Brand stecken)* dar fuoco a, incendiare
an|zweifeln *vt* mettere in dubbio, dubitare di
AOK [a:ʔo:'ka:] <-, -s> *f Abk. von* **Allgemeine Ortskrankenkasse** ASL
Aostatal [a'ɔstata:l] *nt* Val *f* d'Aosta
apart [a'part] *adj* attraente
Apartheid [a'pa:ɐ̯thaɪt] <-> *f kein Pl.* apartheid *f*
Apathie [apa'ti:] <-, -n> *f* apatia *f*
apathisch [a'pa:tɪʃ] *adj* apatico
Apennin [apɛ'ni:n] *m* Appennino *m;* **die ~en** gli Appennini
aper ['a:pɐ] *adj* SÜDD, CH, A *(schneefrei)* senza neve, libero dalla neve
Aperitif [aperi'ti:f] <-s, -s *o* -e> *m* aperitivo *m*
Apfel ['apfəl, *Pl:* 'ɛpfəl] <-s, Äpfel> *m* mela *f;* **in den sauren ~ beißen** dover inghiottire una pillola amara; **der ~ fällt nicht weit vom Stamm** *(prov)* quale il padre, tale il figlio
Apfelbaum *m* melo *m*
Apfelkuchen *m* torta *f* di mele
Apfelmus *nt* mousse *m* di mele
Apfelsaft *m* succo *m* di mele
Apfelsine [apfəl'zi:nə] <-, -n> *f* arancia *f*
Apfelstrudel *m* strudel *m* di mele
Apfeltasche <-, -n> *f* saccottino *m* alle mele
Apfelwein *m* sidro *m*
Aphorismus [afo'rɪsmʊs, *Pl:* afo'rɪsmən] <-, Aphorismen> *m* aforisma *m*
aphrodisierend *adj* afrodisiaco
Apnoe-Tauchen *nt* SPORT *(Tauchen ohne Atemgerät)* apnea *f* subacquea
APO, Apo ['a:po] *f Akr. von* **außerparlamentarische Opposition** opposizione *f* extraparlamentare
apodiktisch *(geh)* **I.** *adj* apodittico **II.** *adv* apoditticamente
Apokalypse [apoka'lʏpsə] <-> *f kein Pl.* apocalisse *f*
Apostel [a'pɔstəl] <-s, -> *m* apostolo *m*
Apostelgeschichte *f* REL Atti *mpl* degli apostoli
Apostroph [apo'stro:f] <-s, -e> *m* LING apostrofo *m*
apostrophieren [apostro'fi:rən] <ohne ge-> *vt* ① GRAM apostrofare ② *(bezeichnen)* qualificare (**als** come)
Apotheke [apo'te:kə] <-, -n> *f* farmacia *f*
apothekenpflichtig *adj* in vendita solo in farmacia
Apotheker(in) <-s, -; -, -nen> *m(f)* farmacista *mf*
App. *Abk. von* **Appartement** appart.
Apparat [apa'ra:t] <-(e)s, -e> *m* ① *(allg)* TEL, FOTO apparecchio *m,* macchina *f;* **am ~!** TEL sono io!; **bleiben Sie am ~!** rimanga in linea! ② *(Ausrüstung) a.* LING, ANAT apparato *m*
Apparatur [apara'tu:ɐ̯] <-, -en> *f* apparecchiatura *f*
Appartement [apartə'mã:] <-s, -s> *nt* appartamento *m,* alloggio *m*
Appell [a'pɛl] <-s, -e> *m* appello *m;* **einen ~ an jdn/etw richten** fare appello a qu/qc
Appellation [apɛla'tsjo:n] <-, -en> *f* CH JUR *(Berufung)* appello *m,* ricorso *m;* **~ einlegen** presentare ricorso; **in die ~ gehen** andare in appello
Appellationsgericht [apɛla'tsjo:nsgərɪçt] <-(e)s, -e> *nt* JUR corte *f* d'appello
appellieren [apɛ'li:rən] <ohne ge-> *vi* *(geh)* **an jdn/etw ~** appellarsi a qu/qc
Appenzell [apən'tsɛl *o* 'apəntsɛl] *nt (Stadt)* Appenzell *f; (Kanton)* Appenzello *m*
Appetit [ape'ti:t] <-(e)s> *m kein Pl.* appetito *m;* **auf etw** *akk* **~ haben** avere appetito di qc; **guten ~!** buon appetito!; **jdm den ~ verderben** far perdere l'appetito a qu
appetitanregend *adj* che stuzzica l'appetito

appetithemmend *adj* MED anoressante
appetitlich *adj* appetitoso
appetitlos *adj* senza appetito
Appetitlosigkeit <-> *f kein Pl.* inappetenza *f*
Appetitzügler <-s, -> *m* anoressizzante *m*
applaudieren [aplaʊ'diːrən] <ohne ge-> *vi* [**jdm**] ~ applaudire [qu]
Applaus [a'plaʊs] <-es> *m kein Pl.* applauso *m*
Après-Ski [aprɛ'ʃiː] <-> *nt kein Pl.* doposcì *m*
Aprikose [apri'koːzə] <-, -n> *f* albicocca *f*
April [a'prɪl] <-(s), -e> *m* aprile *m;* **im** [**Monat**] ~ in [*o* nel mese di] aprile; **heute ist der erste** ~ oggi è il primo aprile; **am dritten** ~ il tre aprile; **Anfang/Mitte/Ende** ~ ai primi di/a metà/alla fine di aprile; **Stuttgart, den 10. ~ 2015** Stoccarda, il 10 aprile 2015; **der ~ hat 30 Tage** aprile ha trenta giorni; **jdn in den ~ schicken** fare un pesce d'aprile a qu
Aprilscherz *m* pesce *m* d'aprile
Aprilwetter *nt* tempo *m* instabile
a priori [aː pri'oːri] *adv (geh)* a priori
apropos [apro'poː] *adv* a proposito di …
Apsis ['apsɪs] <-, Apsiden> *f* ARCH abside *f*
Apulien [a'puːli̯ən] *nt* Puglia *f*
Aquädukt [akvɛ'dʊkt] <-(e)s, -e> *m o nt* acquedotto *m*
Aquamarin [akvama'riːn] <-s, -e> *m* acquamarina *f*
Aquaplaning [akva'plaːnɪŋ] <-s> *nt kein Pl.* acquaplaning *m*
Aquarell [akva'rɛl] <-s, -e> *nt* acquerello *m*
Aquarium [a'kvaːri̯ʊm] <-s, Aquarien> *nt* acquario *m*
Äquator [ɛ'kvaːtoːɐ] <-s> *m kein Pl.* equatore *m*
äquatorial [ɛkvatori'aːl] *adj* equatoriale
Äquatortaufe *f* battesimo *m* dell'equatore
Aquavit [akva'viːt] <-s, -e> *m* acquavite *f*
äquivalent [ɛkviva'lɛnt] *adj* equivalente
Äquivalenz <-, -en> *f* equivalenza *f*
Ar [aːɐ] <-s, -e *o bei Maßangaben:* -> *nt o m* ara *f*
Ära ['ɛːra] <-, *rar:* Ären> *f* era *f*
Araber(in) ['arabɐ] <-s, -; -, -nen> *m(f)* arabo, -a *m, f*
Arabien [a'raːbiən] *nt* Arabia *f*
arabisch *adj* arabo
Ärar <-s, -e> *m* A *(Staatseigentum)* bene *m* dello Stato [*o* demaniale]
Arbeit ['arbaɪt] <-, -en> *f* ① *(a. ~sstelle u ~serzeugnis)* lavoro *m;* **an die ~ gehen** mettersi al lavoro; **bei der ~ sein** star lavorando; **etw in ~ geben** dare qc in lavorazione ② *(Beschäftigung)* impiego *m* ③ *(Mühe)* fatica *f; (Anstrengung)* sforzo *m;* **keine ~ scheuen** non risparmiar fatica ④ *(Werk)* opera *f* ⑤ *(Klassen~)* tema *m,* compito *m; (Prüfungs~)* prova *f* d'esame
arbeiten I. *vi* ① *(tätig sein)* lavorare; **die ~de Bevölkerung** la popolazione attiva ② *(beschäftigt sein)* essere occupato; **bei jdm ~** essere impiegato presso qu ③ *(Maschine)* essere in moto, funzionare; *(Organ)* funzionare ④ *(Holz)* incurvarsi, imbarcarsi; *(Kapital)* fruttare **II.** *vt (herstellen)* fare
Arbeiter(in) <-s, -; -, -nen> *m(f)* ① *(allg)* lavoratore, -trice *m, f* ② *(Fabrik~, Standesangehöriger)* operaio, -a *m, f;* **gelernter/ungelernter ~** operaio qualificato/non qualificato
Arbeiterbewegung *f* movimento *m* operaio
Arbeiterbezirk *m* quartiere *m* operaio
Arbeitergewerkschaft *f* sindacato *m* operaio
Arbeiterin *f s.* **Arbeiter**
Arbeiterpartei *f* partito *m* operaio
Arbeiterschaft <-, -en> *f* lavoratori *mpl; (Belegschaft)* personale *m* dipendente; *(Arbeiterstand)* classe *f* operaia
Arbeiterviertel *nt* quartiere *m* operaio
Arbeitgeber(in) *m(f)* datore, -trice *m, f* di lavoro
Arbeitgeberanteil *m* contributo *m* del datore di lavoro
Arbeitgeberverband *m* sindacato *m* padronale
Arbeitnehmer(in) <-s, -; -, -nen> *m(f)* lavoratore, -trice *m, f*
Arbeitnehmeranteil *m* contributo *m* dei lavoratori
Arbeitnehmerrecht *nt* POL diritto *m* dei lavoratori
arbeitsam *adj* laborioso, operoso
Arbeitsamt *nt* ufficio *m* del lavoro [*o* di collocamento]
Arbeitsaufwand *m* quantità *f* di lavoro; **das erfordert einen hohen ~** richiede molto lavoro
Arbeitsausfall <-(e)s, -fälle> *m* sospensione *f* [temporanea] del lavoro
Arbeitsbedingungen *fpl* condizioni *fpl* di lavoro
Arbeitsbeschaffungsmaßnahme <-, -n> *f* piano *m* per l'occupazione
Arbeitsbiene *f* ape *f* operaia
Arbeitseifer *m* laboriosità *f*
Arbeitseinteilung *f* ripartizione *f* del lavoro
Arbeitserlaubnis *f* permesso *m* di lavoro

A

Arbeitserleichterung <-, -en> *f* agevolazione *f* di lavoro

Arbeitsessen <-s, -> *nt (nachmittags)* colazione *f* di lavoro, pranzo *m* di lavoro; *(abends)* cena *f* di lavoro

arbeitsfähig *adj* atto [*o* abile] al lavoro

Arbeitsfähigkeit *f* idoneità *f* [*o* abilità *f*] al lavoro

Arbeitsfriede[n] *m* pace *f* sociale

Arbeitsgang *m* fase *f* di lavoro

Arbeitsgemeinschaft *f* gruppo *m* di lavoro, team *m; (an Schule, Uni)* gruppo *m* di studio

Arbeitsgericht *nt* tribunale *m* del lavoro

Arbeitsgesetzgebung <-> *f kein Pl.* diritto *m* del lavoro

arbeitsintensiv *adj* impegnativo, laborioso

Arbeitskleidung *f* vestito *m* [*o* tuta *f*] da lavoro

Arbeitsklima *nt* ambiente *m* di lavoro

Arbeitskollege *m*, **Arbeitskollegin** *f* collega *mf* [di lavoro]

Arbeitskraft *f* ① *(von Mensch)* capacità *f* lavorativa; *(von Maschine)* potenza *f* ② *(Arbeiter)* lavoratore, -trice *m, f,* manodopera *f*

Arbeitskreis *m s.* **Arbeitsgemeinschaft**

Arbeitslager *nt* campo *m* di lavoro

Arbeitsleistung *f* capacità *f* di lavoro; *(a. geleistete Arbeit)* rendimento *m*

arbeitslos *adj* senza lavoro, disoccupato

Arbeitslose <ein -r, -n, -n> *mf* disoccupato, -a *m, f*

Arbeitslosengeld *nt* indennità *f* [*o* sussidio *m*] di disoccupazione

Arbeitslosenhilfe *f* assistenza *f* [economica] ai disoccupati

Arbeitslosenquote *f* tasso *m* di disoccupazione

Arbeitslosenunterstützung *f* indennità *f* [*o* sussidio *m*] di disoccupazione

Arbeitslosenversicherung *f* assicurazione *f* contro la disoccupazione

Arbeitslosenziffer *f* numero *m* di disoccupati

Arbeitslosigkeit <-> *f kein Pl.* disoccupazione *f*

Arbeitsmarkt *m* mercato *m* del lavoro

Arbeitsminister(in) *m(f)* ministro *m* del lavoro

Arbeitsniederlegung *f* sospensione *f* del lavoro

Arbeitsoberfläche *f* INFORM desktop *m*

Arbeitsordnung *f* regolamento *m* del lavoro

Arbeitspapier <-s, -e> *nt* ① *(Thesenpapier)* appunti *mpl* di lavoro ② *(Diskussionsgrundlage)* testo *m* base di discussione ③ *Pl: (von Arbeitnehmern)* libretto *m* di lavoro

Arbeitsplatz *m* ① *(räumlich)* posto *m* di lavoro ② *(Stelle)* posto *m,* impiego *m*

Arbeitsrecht *nt* diritto *m* del lavoro

arbeitsscheu *adj* restio a lavorare

Arbeitsschutz <-es> *m kein Pl.* tutela *f* del lavoro

Arbeitsspeicher *m* INFORM RAM *f,* memoria *f* ad accesso casuale

Arbeitssprache <-, -n> *f* lingua *f* di lavoro; **in dieser Konferenz ist die ~ Französisch** in questa conferenza si parla francese

Arbeitssuche <-> *f kein Pl.* ricerca *f* di lavoro

Arbeitstag *m* giornata *f* lavorativa

Arbeitsteilung *f* divisione *f* del lavoro

Arbeitsuche *f s.* **Arbeitssuche**

Arbeitsuchende <ein -r, -n, -n> *mf* persona *f* in cerca di lavoro

arbeitsunfähig *adj* inabile al lavoro

Arbeitsunfähigkeit *f* inabilità *f* al lavoro

Arbeitsunfall *m* infortunio *m* sul lavoro

Arbeitsverhältnis *nt* JUR rapporto *m* di lavoro; **in einem festen ~ stehen** avere un impiego fisso

Arbeitsvertrag *m* contratto *m* di lavoro

Arbeitsweise *f* ① *(von Person)* modo *m* di lavorare ② TEC funzionamento *m*

Arbeitszeit *f* ① orario *m* di lavoro ② *(Arbeitsstunden)* ore *fpl* lavorative

Arbeitszeitverkürzung *f* riduzione *f* dell'orario lavorativo [*o* dell'orario di lavoro]

Arbeitszeugnis *nt* attestato *m* di lavoro, certificato *m* di lavoro

Arbeitszimmer *nt* studio *m*

archaisch [arˈçaːɪʃ] *adj* arcaico

Archaismus [arçaˈɪsmʊs, *Pl:* arçaˈɪsmən] <-, Archaismen> *m* arcaismo *m*

Archäologe [arçɛoˈloːgə] <-n, -n> *m* archeologo *m*

Archäologie [arçɛoloˈgiː] <-> *f kein Pl.* archeologia *f*

Archäologin [arçɛoˈloːgɪn] <-, -nen> *f* archeologa *f*

archäologisch [arçɛoˈloːgɪʃ] *adj* archeologico

Arche [ˈarçə] <-, -n> *f* ~ [**Noah**] arca *f* [di Noè]

Archetyp [arçəˈtyːp] <-s, -en> *m* archetipo *m*

archetypisch *adj* archetipico

Archipel [arçiˈpeːl] <-s, -e> *m* GEOG arcipelago *m*

Architekt(in) [arçiˈtɛkt] <-en, -en; -, -nen> *m(f)* architetto *m*

architektonisch [arçitɛk'to:nɪʃ] *adj* architettonico

Architektur [arçitɛk'tu:ɐ̯] <-, -en> *f* architettura *f*

Archiv [ar'çi:f] <-s, -e> *nt* archivio *m*

Archivar(in) [arçi'va:ɐ] <-s, -e; -, -nen> *m(f)* archivista *mf*

ARD [a:ʔɛr'de:] <-> *f kein Pl. Abk. von* **Arbeitsgemeinschaft der öffentlich-rechtlichen Rundfunkanstalten der Bundesrepublik Deutschland** *radiotelevisione pubblica tedesca*

Areal [are'a:l] <-s, -e> *nt* area *f*

Ären *Pl. von* **Ära**

Arena [a're:na, *Pl:* a're:nən] <-, Arenen> *f* arena *f*

arg [ark] **I.** *adj* <ärger, ärgste> ❶ *(schlimm)* grave; *(böse)* cattivo; **mein ärgster Feind** il mio peggior nemico; **im Argen liegen** trovarsi in cattive condizioni ❷ *(stark)* grande **II.** *adv* <ärger, am ärgsten> molto, gravemente; **es zu ~ treiben** esagerare

Argentinien [argɛn'ti:niən] *nt* Argentina *f*

Argentinier(in) <-s, -; -, -nen> *m(f)* argentino, -a *m, f*

argentinisch *adj* argentino

Ärger ['ɛrgɐ] <-s> *m kein Pl.* ❶ *(Verdruss)* dispiacere *m; (Unwillen)* irritazione *f; (Zorn)* rabbia *f* ❷ *(Unannehmlichkeiten)* noie *f pl,* contrarietà *f pl*

ärgerlich *adj* ❶ *(Mensch)* irritato; **auf** [*o* **über**] **jdn/etw ~ sein** essere arrabbiato con qu/per qc ❷ *(Sache)* spiacevole, increscioso; **wie ~!** che seccatura!

ärgern ['ɛrgɐn] **I.** *vt* irritare, far arrabbiare **II.** *vr:* **sich ~** irritarsi; **sich über jdn/etw ~** arrabbiarsi con qu/per qc

Ärgernis <-ses, -se> *nt* ❶ *(Ärger)* dispiacere *m,* contrarietà *f* ❷ *Sing. (Anstoß)* scandalo *m;* **Erregung öffentlichen ~ses** oltraggio al pudore

Arglist ['arklɪst] <-> *f kein Pl. (geh)* malignità *f,* perfidia *f*

arglistig *adj* maligno, perfido

arglos *adj* ❶ *(harmlos)* privo di malizia ❷ *(vertrauensselig)* ingenuo

Argument [argu'mɛnt] <-(e)s, -e> *nt* argomento *m*

Argumentation [argumɛnta'tsi̯o:n] <-, -en> *f* argomentazione *f*

argumentativ *adj* argomentativo

argumentieren [argumɛn'ti:rən] <ohne ge-> *vi* argomentare, ragionare

Argwohn ['arkvo:n] <-(e)s> *m kein Pl. (geh)* sospetto *m; (Misstrauen)* diffidenza *f*

argwöhnen ['arkvø:nən] *vt* sospettare

argwöhnisch *adj* sospettoso, diffidente

a. Rh. *Abk. von* **am Rhein** sul Reno

Arie ['a:riə] <-, -n> *f* MUS aria *f*

Arier(in) ['a:riɐ] <-s, -; -, -nen> *m(f)* ariano, -a *m, f*

arisch ['a:rɪʃ] *adj* ariano

Aristokrat(in) [arɪsto'kra:t] <-en, -en; -, -nen> *m(f)* aristocratico, -a *m, f*

Aristokratie [arɪstokra'ti:] <-, -n> *f* aristocrazia *f*

Aristokratin *f s.* **Aristokrat**

aristokratisch *adj* aristocratico

Arithmetik [arɪt'me:tɪk] <-> *f kein Pl.* aritmetica *f*

arithmetisch *adj* aritmetico

Arkade [ar'ka:də] <-, -n> *f* ❶ ARCH arcata *f* ❷ *Pl. (Bogengang)* portico *m*

Arktis ['arktɪs] <-> *f kein Pl.* GEOG Artide *f*

arktisch *adj* artico

arm [arm] <ärmer, ärmste> *adj* ❶ *(bedürftig)* povero ❷ *(Boden, Sprache)* **~** [**an etw** *dat*] **sein** essere povero [di qc] ❸ *(fig: bedauernswert)* misero, povero; **ich Ärmster!** povero me!; **~er Teufel!** *(fam)* povero diavolo!, poveraccio!

Arm [arm] <-(e)s, -e> *m* ❶ *(Körperteil)* braccio *m;* **~ in ~** a braccetto; **jdn in die ~e nehmen** abbracciare qu; **jdn auf den ~ nehmen** prendere in braccio qu; *(fig)* prendere in giro qu; **jdn mit offenen ~en aufnehmen** accogliere qu a braccia aperte; **jdm unter die ~e greifen** *(fig)* aiutare qu; **die Beine unter die ~e nehmen** *(fig fam)* darsela a gambe ❷ *(eines Flusses)* ramo *m* ❸ TEC braccio *m*

Armatur [arma'tu:ɐ, *Pl:* arma'tu:rən] <-, -en> *f* ❶ TEC *(Ausrüstung)* armatura *f* ❷ *meist Pl. (sanitär)* rubinetteria *f* ❸ *Pl. (Schaltinstrument)* indicatore *m*

Armaturen [arma'tu:rən] *f pl* ❶ *(sanitär)* rubinetteria *f* ❷ *(Schaltinstrumente)* indicatori *m pl*

Armaturenbrett *nt* MOT cruscotto *m*

Armband <-(e)s, -bänder> *nt* braccialetto *m*

Armbanduhr *f* orologio *m* da polso

Armbinde *f* ❶ *(Abzeichen)* bracciale *m* ❷ MED benda *f* [*o* fascia *f*] al braccio

Armbrust <-, -e *o* -brüste> *f* balestra *f*

Armee [ar'me:] <-, -n> *f* esercito *m,* armata *f*

Ärmel ['ɛrməl] <-s, -> *m* manica *f;* **etw aus dem ~ schütteln** *(fig fam)* fare qc con la più grande facilità

Ärmelaufschlag *m* risvolto *m* della manica

Ärmelkanal *m* [canale *m* della] Manica *f*

Armenien [ar'me:niən] *nt* Armenia *f*

Armenier(in) <-s, -; -, -nen> *m(f)* armeno, -a *m, f*

armenisch *adj* armeno

Armenviertel *nt* quartiere *m* dei poveri

A

Armlehne *f* bracciuolo *m*
Armleuchter *m* ① *(Kerzenleuchter)* candelabro *m* ② *(sl pej: Dummkopf)* cretino, -a *m, f fam*
ärmlich ['ɛrmlɪç] *adj* povero; *(schäbig)* misero; *(dürftig)* scadente
Ärmlichkeit <-> *f kein Pl.* povertà *f,* miseria *f*
Armreif *m* braccialetto *m*
armselig ['armse:lɪç] *adj* ① *s.* **ärmlich** ② *(unbedeutend)* insignificante
Armut ['armu:t] <-> *f kein Pl.* povertà *f,* miseria *f*
Armutsgrenze *f* livello *m* di sussistenza
Armutszeugnis *nt* **sich** *dat* **ein ~ ausstellen** *(fig)* dimostrare la propria incapacità
Aroma [a'ro:ma] <-s, Aromen *o* Aromas> *nt* aroma *m*
Aromastoff *m* sostanza *f* aromatica
Aromatherapie *f* aromaterapia *f*
aromatisch [aro'ma:tɪʃ] *adj* aromatico
Arrak ['arak] <-s, -e *o* -s> *m* GASTR arak *m*
arrangieren I. *vt (Fest, Treffen)* organizzare **II.** *vr:* **sich ~** accordarsi
Arrest [a'rɛst] <-(e)s, -e> *m* ① JUR sequestro *m* ② MIL arresti *mpl*
Arrivierte(r) <-n, -n> *f(m) (beruflich erfolgreiche Person)* arrivato
arrogant [aro'gant] *adj* arrogante
Arroganz <-> *f kein Pl.* arroganza *f*
Arsch [arʃ, *Pl:* 'ɛrʃə] <-(e)s, Ärsche> *m (vulg)* culo *m;* **das geht mir am ~ vorbei** me ne sbatto; **leck' mich am ~!** vaffanculo
Arschkriecher(in) *m(f) (vulg)* leccaculo *mf*
Arschloch *nt (vulg)* buco *m* del culo; **du ~!** *(vulg)* faccia da culo!
Arsen [ar'ze:n] <-s> *nt kein Pl.* arsenico *m*
Arsenal [arze'na:l] <-s, -e> *nt* arsenale *m*
Arsenik [ar'ze:nɪk] <-s> *nt kein Pl.* [triossido *m* di] arsenico *m*
Art [a:ɐt] <-, -en> *f* ① *(Methode)* modo *m,* maniera *f;* **auf diese ~** in questa maniera, così; **Steak nach ~ des Hauses** bistecca — specialità della casa ② *Sing. (Wesen)* natura *f,* carattere *m;* **das ist sonst nicht ihre ~** non è nel suo carattere ③ *(Sorte)* sorta *f;* ZOO, BOT specie *f*
Art. *Abk. von* **Artikel** art.
Artdirector(in) ['a:ɐ̯tdɪrɛktɐ, *Pl:* a:ɐ̯tdɪrɛk'to:rən] <-s, -en; -, -nen>, **Art-Direktor(in)** *m(f)* art director *mf*
Artenreichtum <-s> *m kein Pl.* ricchezza *f* di specie
Artenschutz *m* protezione *f* della specie
Artenvielfalt *f* varietà *f* della specie
Arterie [ar'te:riə] <-, -n> *f* arteria *f*
Arterienverkalkung *f* MED arteriosclerosi *f*
Arteriosklerose <-, -n> *f* MED arteriosclerosi *f*
artfremd *adj* estraneo alla specie
Artgenosse <-n, -n> *m,* **Artgenossin** <-, -nen> *f* individuo *m* congenere
artgerecht *adj* consono [*o* adeguato] alla specie
Arthritis [ar'tri:tɪs] <-, Arthritiden> *f* MED artrite *f*
Arthrose [ar'tro:zə] <-, -n> *f* MED artrosi *f*
artig ['artɪç] *adj* ubbidiente, buono; **sei schön ~!** fa il bravo!
Artikel [ar'ti:kəl *o* ar'tɪkəl] <-s, -> *m* articolo *m*
Artikulation [artikula'tsjo:n] <-, -en> *f* articolazione *f*
artikulieren [artiku'li:rən] <ohne ge-> *vt* articolare
Artillerie [artɪlə'ri:] <-, -n> *f* artiglieria *f*
Artillerist [artɪlə'rɪst] <-en, -en> *m* artigliere *m*
Artischocke [arti'ʃɔkə] <-, -n> *f* carciofo *m*
Artischockenböden *mpl* fondi *mpl* di carciofi
Artist(in) [ar'tɪst] <-en, -en; -, -nen> *m(f)* artista *mf* [di circo o di varietà]
artistisch *adj* artistico
Arznei [a:ɐ̯ts'naɪ *o* arts'naɪ] <-, -en> *f* farmaco *m,* medicina *f,* medicamento *m*
Arzneimittel *nt s.* **Arznei**
Arzneimittelabhängigkeit *f* farmacodipendenza *f*
Arzneimittelforschung <-> *f kein Pl.* ricerca *f* farmaceutica
Arzneimittelgesetz <-es, -e> *nt* JUR norma *f* sul servizio farmaceutico
Arzneimittelmissbrauch *m* abuso *m* di medicinali
Arzneimittelvergiftung *f* intossicazione *f* da medicinali
Arzt [artst, *Pl:* 'ɛ:ɐ̯tstə] <-es, Ärzte> *m* medico *m,* dottore *m;* **praktischer ~** medico generico
Ärztegebühren *fpl* onorario *m* del medico
Ärztekammer *f* Ordine *m* dei medici
Ärztemuster *nt* campione *m* medico
Ärzteschaft <-> *f kein Pl.* corpo *m* dei medici
Arzthelfer(in) <-s, -; -, -nen> *m(f)* assistente *mf* medico, -a
Ärztin ['ɛ:ɐ̯tstɪn *o* 'ɛrtstɪn] <-, -nen> *f* dottoressa *f; s. a.* **Arzt**
Arztkosten *pl* spese *fpl* mediche
ärztlich ['ɛ:ɐ̯tstlɪç *o* 'ɛrtstlɪç] *adj* medico; **in ~er Behandlung sein** essere in cura da un medico
Arztpraxis *f* studio *m* medico
As, as [as] <-, -> *nt* MUS la *m* bemolle

A-Saft *m (fam: Apfelsaft)* succo *m* di mela

Asbest [as'bɛst] <-(e)s, -e> *m* MIN amianto *m*, asbesto *m*

asbesthaltig *adj* contenente amianto

Asche ['aʃə] <-, *rar:* -n> *f* cenere *f*

Aschenbahn *f* SPORT pista *f* di carbonella

Aschenbecher *m* portacenere *m*

Aschenbrödel ['aʃənbrøːdəl] <-s, -> *nt*, **Aschenputtel** ['aʃənpʊtəl] <-s, -> *nt* Cenerentola *f*

Aschermittwoch [aʃɐ'mɪtvɔx] *m* REL [mercoledì *m* delle] Ceneri *fpl*

Aschewolke *f* nube *f* di cenere

aschfahl ['aʃfaːl], **aschgrau** ['aʃgraʊ] *adj* grigio cenere

ASCII-Code ['askikoːt] <-s, -s> *m* INFORM codice *m* ASCII

äsen ['ɛːzən] *vi* mangiare

Aserbaidschan [azɛrbaɪ'dʒaːn] <-s> *nt* Azerbaigian *m*

asexuell ['aseksuɛl] *adj* asessuato

Asi *m (sl: Asozialer)* asociale *mf*

Asiat(in) [a'ziaːt] <-en, -en; -, -nen> *m(f)* asiatico, -a *m, f*

asiatisch *adj* asiatico

Asien ['aːziən] *nt* Asia *f*

Askese [as'keːzə] <-> *f kein Pl.* ascesi *f*

Asket(in) [as'keːt] <-en, -en; -, -nen> *m(f)* asceta *mf*

asketisch *adj* ascetico

Askorbinsäure [askɔr'biːnzɔɪrə] <-> *f kein Pl.* CHEM acido *m* ascorbico

asozial ['azotsiaːl *o* azo'tsiaːl] *adj* asociale

Aspekt [as'pɛkt] <-(e)s, -e> *m* aspetto *m*; **unter diesem ~** sotto questo aspetto

Asphalt [as'falt] <-(e)s, -e> *m* asfalto *m*, bitume *m*

Asphaltdecke *f* manto *m* di asfalto

asphaltieren [asfal'tiːrən] <ohne ge-> *vt* asfaltare

Aspik [as'piːk *o* 'aspɪk] <-s, -e> *m* GASTR aspic *m*

Aspirin® [aspi'riːn] <-s> *nt kein Pl.* aspirina® *f*

aß [aːs] *1. u. 3. Pers. Sing. Imp. von* **essen**

Ass [as] <-es, -e> *nt* asso *m*

Assel ['asəl] <-, -n> *f* ZOO asello *m*

Assessment Center *nt* assessment center *m*

Assessor(in) [a'sɛsoːɐ, *Pl:* asɛ'soːrən] <-s, -en; -, -nen> *m(f)* JUR funzionario *m* di stato

Assimilation [asimila'tsjoːn] <-, -en> *f* assimilazione *f*

assimilieren [asimi'liːrən] <ohne ge-> **I.** *vt* BIOL assimilare **II.** *vr:* **sich ~** assimilarsi (**an** +*akk* a)

Assistent(in) [asɪs'tɛnt] <-en, -en; -, -nen> *m(f)* assistente *mf*

Assistenzarzt *m*, **Assistenzärztin** *f* assistente *mf* medico, -a

assistieren [asɪs'tiːrən] <ohne ge-> *vi* **jdm [bei etw] ~** assistere qu [in qc]

Assoziation [asotsia'tsi̯oːn] <-, -en> *f* associazione *f*

Ast [ast, *Pl:* 'ɛstə] <-(e)s, Äste> *m* ❶ *(eines Baumes, a. fig: einer Arterie, eines Nervs)* ramo *m* ❷ *(im Holz)* nodo *m*

AStA ['asta, *Pl:* 'astən] <-(s), Asten> *Abk. von* **Allgemeiner Studentenausschuss** *comitato generale studentesco*

Aster ['astɐ] <-, -n> *f* astro *m*

Astgabel <-, -n> *f* forcella *f*

Ästhet(in) [ɛs'teːt] <-en, -en; -, -nen> *m(f)* esteta *mf*

Ästhetik [ɛs'teːtɪk] <-, -en> *f* estetica *f*

Ästhetin *f s.* **Ästhet**

ästhetisch *adj* estetico

Asthma ['astma] <-s> *nt kein Pl.* MED asma *f*

Asthmatiker(in) [ast'maːtikɐ] <-s, -; -, -nen> *m(f)* asmatico, -a *m, f*

asthmatisch *adj* asmatico

Astloch *nt* buco *m* di un nocchio [*o* nodo]

astrein *adj (fig fam: prima)* perfetto

Astrologe [astro'loːgə] <-n, -n> *m* astrologo *m*

Astrologie [astrolo'giː] <-> *f kein Pl.* astrologia *f*

Astrologin [astro'loːgɪn] <-, -nen> *f* astrologa *f*

astrologisch [astro'loːgɪʃ] *adj* astrologico

Astronaut(in) [astro'naʊt] <-en, -en; -, -nen> *m(f)* astronauta *mf*

Astronom(in) [astro'noːm] <-en, -en; -, -nen> *m(f)* astronomo, -a *m, f*

Astronomie [astrono'mi] <-> *f kein Pl.* astronomia *f*

Astronomin *f s.* **Astronom**

astronomisch *adj* astronomico

Astrophysik [astrofy'ziːk] <-> *f kein Pl.* astrofisica *f*

Astrophysiker(in) [astro'fyːzikɐ] <-s, -; -, -nen> *m(f)* PHYS astrofisico, -a *m, f*

ASU *f Abk. von* **Abgassonderuntersuchung** controllo *m* dei gas di scarico

Asyl [a'zyːl] <-s, -e> *nt* asilo *m*

Asylant(in) <-en, -en; -, -nen> *m(f)* persona *f* che chiede asilo [politico]

Asylantrag *m* richiesta *f* di asilo politico

Asylbewerber(in) *m(f)* persona *f* che chiede asilo [politico]

Asylbewerberwohnheim *nt* residenza *f* per rifugiati politici

Asylrecht *nt* diritto *m* d'asilo

Asymmetrie [azʏme'triː] *f* asimmetria *f*

asymmetrisch ['azʏmeːtrɪʃ] *adj* asimmetrico

A

asynchron ['azʏnkroːn] *adj* asincrono
Aszendent [astsɛn'dɛnt] <-en, -en> *m* ASTR ascendente *m*
A. T. *Abk. von* **Altes Testament** AT
Atelier [ate'li̯eː *o* atə'li̯eː] <-s, -s> *nt* studio *m,* atelier *m*
Atem ['aːtəm] <-s> *m kein Pl.* fiato *m; (Atmung)* respirazione *f; (Atemzug)* respiro *m;* **außer ~** senza fiato; **den ~ anhalten** trattenere il respiro; **jdn in ~ halten** tenere [in] sospeso qu; **[tief] ~ holen** prendere fiato; **nach ~ ringen** ansimare
atemberaubend *adj* che mozza il fiato
Atembeschwerden *fpl* difficoltà *fpl* di respiro
Atemgeräusch *nt* MED mormorio *m* vescicolare
atemlos *adj* ❶ *(keuchend)* ansante, trafelato ❷ *(schnell)* vertiginoso; **~e Stille** silenzio di morte
Atemnot *f* difficoltà *f* di respiro, affanno *m*
Atempause *f* pausa *f*
Atemschutzgerät <-(e)s, -e> *nt* maschera *f* antismog [*o* antipolvere]
Atemstillstand *m kein Pl.* arresto *m* respiratorio
Atemwege *mpl* vie *fpl* respiratorie
Atemzug *m* respiro *m;* **in einem ~** *(fig)* nello stesso momento
Atheismus [ate'ɪsmʊs] <-> *m kein Pl.* ateismo *m*
Atheist(in) [ate'ɪst] <-en, -en; -, -nen> *m(f)* ateo, -a *m, f*
atheistisch *adj* ateo
Athen [a'teːn] *nt* Atene *f*
Äther ['ɛːtɐ] <-s, -> *m* etere *m*
ätherisch [ɛ'teːrɪʃ] *adj* etereo; **~e Öle** oli essenziali
Äthiopien [ɛti'opiən] *nt* Etiopia *f*
Äthiopier(in) [ɛti'opiɐ] <-s, -; -, -nen> *m(f)* etiope *mf*
äthiopisch *adj* etiopico
Athlet(in) [at'leːt] <-en, -en; -, -nen> *m(f)* atleta *mf*
athletisch *adj* atletico
Atlanten *Pl. von* **Atlas**
Atlantik [at'lantɪk] *m* [oceano *m*] Atlantico *m*
atlantisch *adj* atlantico; **der Atlantische Ozean** l'oceano Atlantico
Atlas ['atlas, *Pl:* at'lantən] <-(ses), Atlanten> *m* atlante *m*
atmen ['aːtmən] *vi* respirare
Atmosphäre [atmo'sfɛːrə] <-, -n> *f* ❶ *(fig)* ASTR, PHYS atmosfera *f* ❷ *(fig: Umwelt)* ambiente *m*
atmosphärisch *adj* atmosferico
Atmung <-> *f kein Pl.* respirazione *f*
atmungsaktiv *adj* traspirabile
Ätna ['ɛːtna] *m* Etna *m*
Atoll [a'tɔl] <-s, -e> *nt* atollo *m*
Atom [a'toːm] <-s, -e> *nt* atomo *m*
Atom- *in Zusammensetzungen* atomico, nucleare
Atomangriff *m* attacco *m* nucleare
atomar [ato'maːɐ] *adj* atomico, nucleare; **~es Wettrüsten** corsa agli armamenti nucleari
Atomausstieg <-s> *m kein Pl.* abbandono *m* dell'energia atomica
Atombombe *f* bomba *f* atomica
Atombunker *m* rifugio *m* antiatomico
Atomenergie *f* energia *f* atomica [*o* nucleare]
Atomexplosion *f* esplosione *f* atomica
Atomforschung *f* ricerca *f* nucleare
Atomforschungszentrum *nt* centro *m* [di] studi nucleari
Atomgegner(in) *m(f)* antinucleare *mf*
Atomgewicht *nt* peso *m* atomico
Atomindustrie *f* WIRTSCH industria *f* nucleare [*o* atomica]
atomisieren [atomi'ziːrən] <ohne ge-> *vt* atomizzare
Atomkern *m* nucleo *m* atomico
Atomkraft <-> *f kein Pl.* energia *f* nucleare [*o* atomica]
Atomkraftbefürworter(in) *m(f)* filonucleare *mf*
Atomkraftwerk *nt* centrale *f* atomica [*o* nucleare]
Atomkrieg *m* guerra *f* atomica
Atommacht *f* potenza *f* atomica
Atommeiler *m* pila *f* atomica
Atommüll *m* scorie *fpl* radioattive, rifiuti *mpl* nucleari
Atommüllendlager *nt* deposito *m* di scorie radioattive
Atommülllagerung *f* stoccaggio *m* di rifiuti radioattivi
Atomphysik <-> *f kein Pl.* fisica *f* nucleare
Atompilz *m* fungo *m* atomico
Atomreaktor *m* reattore *m* nucleare
Atomschmuggel <-s> *m kein Pl.* contrabbando *m* di materiali radioattivi
Atomsperrvertrag <-(e)s> *m kein Pl.* POL trattato *m* di non proliferazione nucleare
Atomsprengkopf *m* testata *f* nucleare
Atomtest *m* test *m* nucleare
Atomteststopp *m* POL blocco *m* dei test nucleari
Atomversuch <-(e)s, -e> *m s.* **Atomtest**
Atomwaffe *f* arma *f* nucleare
atomwaffenfrei *adj* denuclearizzato
Atomwaffensperrvertrag *m kein Pl.* POL trattato *m* di non proliferazione nucleare
Atomzahl *f* numero *m* atomico
Atomzeitalter *nt* era *f* atomica

ätsch [ɛ:tʃ] *interj (fam)* ben ti sta

Attacke [a'takə] <-, -n> *f* ① *(Angriff)* attacco *m,* aggressione *f* ② MED attacco *m,* accesso *m*

Attentat ['atənta:t] <-(e)s, -e> *nt* attentato *m;* **ein ~ auf jdn begehen** fare un attentato contro qu

Attentäter(in) [atəntɛ:tɐ] <-s, -; -, -nen> *m(f)* attentatore, -trice *m, f*

Attest [a'tɛst] <-(e)s, -e> *nt* certificato *m,* attestato *m*

Attraktion [atrak'tsi̯o:n] <-, -en> *f* attrazione *f*

attraktiv [atrak'ti:f] *adj* attraente, seducente

Attraktivität [atraktivi'tɛ:t] <-> *f kein Pl.* attrattiva *f*

Attrappe [a'trapə] <-, -n> *f* imitazione *f*

Attribut [atri'bu:t] <-(e)s, -e> *nt* attributo *m*

attributiv [atribu'ti:f *o* 'atributi:f] *adj* attributivo

atü [a'ty:] *Abk. von* **Atmosphärenüberdruck** superpressione *f* atmosferica

atypisch ['aty:pɪʃ *o* a'ty:pɪʃ] *adj* atipico

ätzen ['ɛtsən] *vt* ① CHEM corrodere ② MED cauterizzare

ätzend *adj* ① CHEM corrosivo ② *(fig sl: abscheulich)* orrendo; **der Typ ist ~!** quel tipo è una lagna!; **echt ~!** che seccatura!

au [aʊ] *interj* ahi

Au <-, en> *f* SÜDD, A *(Aue)* prato *m*

Au[e] ['aʊ(ə)] <-, -en> *f (poet)* prato *m* lungo un fiume

aua ['aʊa] *interj* ai, aia

Aubergine [obɛr'ʒi:nə] <-, -n> *f* melanzana *f*

auch [aʊx] **I.** *konj (unbetont)* anche, pure; **ohne ~ nur zu fragen** senza neppur domandare; **wie dem ~ sei** comunque sia; **wo er ~ sein mag** dovunque sia; **wenn er ~ reich ist** sebbene sia ricco; **so reich du ~ sein magst** per quanto tu sia ricco; **stimmt das ~ wirklich?** è proprio vero?; **und wenn ~!** che importa! **II.** *adv (betont)* persino; **ich ~** anch'io; **ich ~ nicht** neanch'io; **ich kenne ihn ~ nicht** non lo conosco nemmeno io; **nicht nur ..., sondern ~ ...** non solo ..., ma anche ...; **~ das noch!** ci mancava anche questa!; **~ gut!** e va bene!

Audienz [aʊ'di̯ɛnts] <-, -en> *f* udienza *f*

Audioguide ['aʊdi̯ogaɪd] <-s, -s> *m* audioguida *f*

Audiokassette *f* audiocassetta *f*

audiovisuell [aʊdi̯ovi'zu̯ɛl] *adj* audiovisivo

Auditorium [aʊdi'to:riʊm, *Pl:* aʊdi'to:riən] <-s, Auditorien> *nt* ① *(Hörsaal)* auditorio *m* ② *(Zubehörschaft)* uditorio *m*

Aue ['aʊə] <-, -en> *f (poet)* prato *m* lungo un fiume

Auerhahn *m* ZOO gallo *m* cedrone

Auerochse *m* ZOO uro *m*

auf [aʊf] **I.** *präp +akk o dat* ① *(örtlich)* a, in, per, sopra, su; **~ dem Boden** per terra; **~ den Boden fallen** cadere a [*o* per] terra; **~ dem Bahnhof/der Post** alla stazione/posta; **~ dem Land** in campagna; **~ der Straße/dem Zimmer** in strada/in camera; **~ der ganzen Welt** in tutto il mondo ② *(zeitlich)* a, di, per; **~ einmal** d'un tratto, improvvisamente; **~ die Minute [genau]** puntuale al minuto; **es geht ~ vier Uhr [zu]** sono quasi le quattro; **~ einen Sonntag fallen** cadere di domenica ③ *(Art und Weise)* in, di, per; **~ diese Weise** in questo modo; **~ Deutsch/Italienisch** in tedesco/italiano ④ *(sonstiges)* a, di, in, su; **bis ~ ihn** tranne lui; **~ Wiedersehen!** arrivederci!; **~ eine Tasse Kaffee hereinkommen** venire a prendere una tazza di caffè; **~ Anfrage/Befehl** su domanda/per ordine; **~ Besuch/der Flucht/der Reise** in visita/fuga/viaggio; **~ jeden Fall** in ogni caso; **etw ~ dem Klavier spielen** suonare qc al pianoforte; **~ sechs Jungen kommt ein Mädchen** c'è una ragazza ogni sei ragazzi **II.** *adv* ① *(hinauf)* su; **~ und ab** su e giù; **sich ~ und davon machen** *(fam)* tagliare la corda ② *(fam: offen)* aperto ③ *(fam: wach, auf den Beinen)* **~ sein** essere alzato ④ *(vorwärts)* **~!** avanti!, in viaggio! ⑤ *(fam: auf den Kopf)* **Helm ~!** mettetevi l'elmo! **III.** *konj* **~ dass ...** affinché *+conj,* perché *+conj*

auf|arbeiten *vt* ① *(erledigen)* sbrigare ② *(erneuern)* rinnovare

auf|atmen *vi* mandare un sospiro di sollievo

auf|bahren *vt* comporre nella bara

Aufbau <-(e)s, -ten> *m* ① *Sing. (Tätigkeit)* costruzione *f;* TEC montaggio *m* ② *Sing. (fig: Schaffung)* organizzazione *f* ③ *Sing. (Gefüge, Struktur)* struttura *f;* CHEM, BIOL composizione *f* ④ *(aufgebautes Teil)* sovrastruttura *f*

auf|bauen **I.** *vt* ① *(bauen)* costruire; *(errichten)* erigere; TEC montare; *(aufstellen)* disporre ② *(fig: schaffen)* creare, organizzare ③ *(strukturieren, gliedern)* strutturare ④ *(fig)* fondare; **eine Theorie auf etw** *dat* **~** fondare [*o* basare] una teoria su qc **II.** *vi* **auf etw** *dat* **~** fondarsi [*o* basarsi] su qc **III.** *vr:* **sich ~** ① CHEM comporsi ② *(fam: sich aufstellen)* **sich vor jdm/etw ~** piantarsi davanti a qu/qc

A

auf|bäumen *vr:* **sich ~** ① *(Pferd)* impennarsi ② *(fig)* **sich [gegen jdn/etw] ~** ribellarsi [a qu/qc]

auf|bauschen *vt (a. fig)* gonfiare

Aufbaustudium <-s> *nt kein Pl.* UNIV *(auf vorangegangenes Studium)* corso *m* postuniversitario; *(auf eine Ausbildung)* corso *m* di perfezionamento [*o* di formazione professionale]

auf|begehren <ohne ge-> *vi* **[gegen jdn/etw] ~** insorgere [contro qu/qc]

auf|behalten <irr> *vt (fam)* **den Hut ~** tenere il cappello in testa

auf|bereiten <ohne ge-> *vt* ① *(Erze, Kohle)* preparare, trattare; *(a. Trinkwasser)* depurare ② *(Statistiken)* elaborare

Aufbereitung <-, -en> *f* ① *(von Erzen, Kohle)* preparazione *f*, trattamento *m*; *(a. von Trinkwasser)* depurazione *f* ② *(von Statistiken)* elaborazione *f*

Aufbereitungsanlage <-, -n> *f* TEC impianto *m* di trattamento

auf|bessern *vt (Gehalt, Rente)* aumentare

auf|bewahren <ohne ge-> *vt* conservare, custodire; *(lagern)* immagazzinare

Aufbewahrung <-> *f kein Pl.* ① *(das Aufbewahren)* conservazione *f*; *(Verwahrung)* custodia *f* ② *(~sort)* deposito *m*

auf|bieten <irr> *vt (einsetzen)* mobilitare; *(Kraft, Eifer, Einfluss)* impiegare

auf|binden <irr> *vt* ① *(losmachen)* slegare; *(Schleife)* sciogliere ② *(hochbinden)* annodare; **jdm etw** [*o* **einen Bären**] **~** *(fam)* dare ad intendere a qu lucciole per lanterne

auf|blähen *vt* gonfiare

aufblasbar *adj* gonfiabile

auf|blasen <irr> **I.** *vt* gonfiare **II.** *vr:* **sich ~** *(fig fam: sich wichtigtun)* gonfiarsi, pavoneggiarsi

auf|bleiben <irr> *vi sein (fam)* ① *(nicht zu Bett gehen)* rimanere alzato ② *(offen bleiben)* rimanere aperto

auf|blenden *vi* ① MOT accendere gli abbaglianti ② FILM aprire in dissolvenza

auf|blicken *vi* ① *(hochschauen)* levare gli occhi, sollevare lo sguardo ② *(fig)* **zu jdm ~** ammirare qu

auf|blitzen *vi* ① *haben (Licht)* balenare ② *sein (fig: Gedanke, Erinnerung)* balenare

auf|blühen *vi sein* ① *(Blume)* sbocciare ② *(fig: Handel)* fiorire; *(Mensch)* diventar bello

auf|bocken *vt* TEC sollevare con il cric

auf|brauchen *vt* consumare, esaurire

auf|brausen *vi sein (wütend werden)* andare in bestia [*o* in collera]

auf|brechen <irr> **I.** *vi sein* ① *(aufreißen)* screpolarsi; *(Wunde)* aprirsi; *(Knospe)* sbocciare ② *(weggehen)* mettersi in cammino; **zu einer Reise ~** mettersi in viaggio; **nach Prag ~** partire per Praga **II.** *vt haben* forzare, scassinare

auf|brezeln *vr:* **sich ~** *(sl)* mettersi in tiro

auf|bringen <irr> *vt* ① *(Geld)* procurare; *(Mut)* trovare; *(Verständnis)* mostrare ② *(Gerüchte)* mettere in giro, diffondere; *(Mode)* introdurre, lanciare ③ *(in Wut bringen)* irritare ④ *(fam: mit Mühe öffnen)* riuscire ad aprire

Aufbruch <-(e)s> *m kein Pl. (Abreise)* partenza *f*

Aufbruchsstimmung <-> *f kein Pl. (vor dem Aufbrechen) stato d'animo prima della partenza,* nervosismo *m; (vor einer Erneuerung)* agitazione *f*, eccitazione *f*

auf|brühen *vt (Tee, Kaffee)* fare

auf|brummen *vt* **jdm etw ~** *(fam)* appioppare qc a qu

auf|bürden *vt* **jdm etw ~** *(geh)* caricare [*o* addossare] qc a qu

auf|decken **I.** *vt* ① *(Bett)* disfare ② *(Tischtuch)* stendere ③ *(Karten)* scoprire ④ *(enthüllen)* rivelare, svelare **II.** *vi (Tisch decken)* apparecchiare

auf|donnern *vr:* **sich ~** *(fam)* mettersi in ghingheri

auf|drängen **I.** *vt* **jdm etw ~** imporre qc a qu **II.** *vr* **sich [jdm] ~** essere invadente [con qu]; *(a. fig: Gedanke, Erinnerung)* imporsi [a qu]

auf|drehen **I.** *vt* ① *(Wasserhahn, Verschluss)* aprire; *(Schraube)* allentare ② *(Haar)* mettere in piega ③ *(Uhr: aufziehen)* caricare ④ A *(einschalten)* accendere **II.** *vi* ① *(fam: Gas geben)* accelerare, aumentare la velocità ② *(fam: in Stimmung kommen)* andare su di giri

aufdringlich *adj* importuno, invadente

Aufdringlichkeit <-, -en> *f* invadenza *f*

Aufdruck <-(e)s, -e> *m* dicitura *f*; *(Firmen~)* intestazione *f*

auf|drücken *vt* ① *(Stempel, Siegel)* **etw [auf etw** *akk*] **~** imprimere qc [su qc] ② *(öffnen)* aprire premendo

aufeinander [aʊfʔaɪˈnandɐ] *adv* ① *(räumlich)* l'uno sopra l'altro ② *(zeitlich)* l'uno dopo l'altro

aufeinander|folgen *vi* succedersi, susseguirsi

aufeinanderfolgend *adj (Ereignisse)* successivo, susseguente; *(Tage, Wochen)* consecutivo

aufeinander|legen *vt* sovrapporre

aufeinander|prallen *vi* scontrarsi

aufeinander|pressen *vt (Lippen)* stringere

aufeinander|stapeln *vt (Teller, Bücher, Kisten)* impilare

aufeinander|stellen **I.** *vt* mettere l'uno sopra l'altro; **die Kisten ~** mettere le casse l'una sopra l'altra **II.** *vr:* **sich ~** *(Akrobaten)* mettersi l'uno sopra l'altro

aufeinander|stoßen <irr> *vi* ❶ *(sich zufällig begegnen)* imbattersi l'uno nell'altro ❷ *(Truppen, Meinungen, Gegensätze)* scontrarsi

aufeinander|türmen *vt (Bücher, Kisten, Waren)* accatastare

Aufenthalt ['aʊfʔɛnthalt] <-(e)s, -e> *m* ❶ *(Zeit)* soggiorno *m,* permanenza *f* ❷ *(bei Flug, Zugfahrt)* fermata *f;* **wir haben 5 Minuten ~** ci fermiamo 5 minuti ❸ *(Wohnort)* residenza *f*

Aufenthalter <-s, -> *m* CH ❶ *(Schweizer, der nur vorübergehend in einer Gemeinde seinen Wohnsitz hat) cittadino svizzero che risiede per lungo tempo in un comune diverso da quello in cui ha la residenza* ❷ *(Ausländer mit befristeter Aufenthaltsbewilligung) cittadino straniero in possesso di un permesso di soggiorno limitato*

Aufenthaltserlaubnis *f,* **Aufenthaltsgenehmigung** *f* permesso *m* di soggiorno

Aufenthaltsort *m* luogo *m* di soggiorno

Aufenthaltsraum *m* soggiorno *m*

auf|erlegen <ohne ge-> *vt* **jdm etw ~** *(Verpflichtung)* imporre qc a qu; *(Strafe)* infliggere qc a qu

auf|erstehen <irr> *vi sein* REL risorgere, resuscitare

Auferstehung <-, -en> *f* REL resurrezione *f*

auf|essen <irr> *vt* **alles ~** mangiare tutto; **die Suppe ~** mangiare tutta la minestra

auf|fahren <irr> **I.** *vi sein* ❶ *(kollidieren)* urtare; **auf etw** *akk* **~** urtare contro qc; **auf ein Auto ~** tamponare una macchina ❷ *(dicht ~)* tallonare ❸ *(hochschrecken)* sobbalzare; *(aus Schlaf)* svegliarsi di soprassalto **II.** *vt haben* ❶ MIL *(Geschütze)* mettere in postazione ❷ *(fam: Getränke, Speisen)* portare in tavola

Auffahrt <-, -en> *f* ❶ *(Aufstieg)* ascesa *f,* salita *f* ❷ *(~sstraße)* rampa *f* d'accesso; *(Autobahn~)* raccordo *m* [autostradale] ❸ CH *(Himmelfahrt)* Ascensione *f*

Auffahrunfall *m* tamponamento *m*

auf|fallen <irr> *vi sein* ❶ *(ins Auge fallen)* dare nell'occhio ❷ *(hervorstechen)* farsi notare, essere vistoso; **das ist mir noch nicht aufgefallen** non me ne sono ancora accorto

auffallend *adj (auffällig)* vistoso, appariscente; *(beeindruckend)* impressionante; *(sonderbar)* bizzarro

auffällig *adj* ❶ *(Farbe, Kleidung)* vistoso ❷ *(Benehmen)* sorprendente; **sozial ~** con problemi comportamentali

auf|fangen <irr> *vt* ❶ *(Ball)* prendere al volo, afferrare ❷ *(Flüssigkeit)* raccogliere ❸ *(Schlag)* parare; *(Erschütterung)* smorzare, attutire ❹ *(aufschnappen, hören)* percepire

Auffanggesellschaft *f* ÖKON new company *f,* newco *f*

auf|fassen *vt* ❶ *(deuten)* interpretare ❷ *(begreifen)* comprendere, afferrare

Auffassung <-, -en> *f* opinione *f,* parere *m*

Auffassungsgabe *f* [facoltà *f* di] comprensione *f,* intelligenza *f*

auf|finden <irr> *vt* [riuscire a] trovare

aufflackern *vi sein* ❶ *(Feuer)* avvampare ❷ *(Unruhen)* divampare

auf|fliegen <irr> *vi sein* ❶ *(Vogel)* levarsi in volo ❷ *(Tür)* spalancarsi all'improvviso ❸ *(fig fam: scheitern)* sciogliersi, fallire; *(entdeckt werden)* essere scoperto

auf|fordern *vt* ❶ *(bitten)* pregare; **jdn zum Bleiben/Gehen ~** pregare qu di restare/andare ❷ *(ermahnen)* esortare; **jdn ~ etw zu tun** esortare qu a fare qc ❸ *(zum Tanz bitten)* **jdn ~** invitare a ballare qu

Aufforderung <-, -en> *f* ❶ *(Bitte)* preghiera *f,* invito *m; (Ermahnung)* esortazione *f* ❷ *(Befehl)* intimazione *f,* ingiunzione *f*

auf|forsten ['aʊffɔrstən] *vt* rimboscare

Aufforstung <-, -en> *f* rimboschimento *m*

auf|fressen <irr> *vt* **alles ~** mangiare [*o* divorare] tutto

auf|frischen **I.** *vt haben* ❶ *(erneuern)* rinnovare ❷ *(Farben, Erinnerungen)* ravvivare ❸ *(Kenntnisse)* rinfrescare; *(Vorräte)* completare **II.** *vi sein o haben (Wind)* rinfrescare

Auffrischungsimpfung *f* MED richiamo *m*

auf|führen **I.** *vt* ❶ THEAT rappresentare, mettere in scena; MUS eseguire ❷ *(anführen)* citare, addurre; *(Beispiel)* portare; *(nennen)* produrre; *(aufzählen)* enumerare **II.** *vr:* **sich ~** comportarsi

Aufführung <-, -en> *f* THEAT rappresentazione *f;* MUS esecuzione *f*

auf|füllen *vt* ❶ *(Gefäß)* **etw [mit etw] ~** riempire qc [di qc] ❷ *(Flüssigkeit)* rabboccare

Aufgabe <-, -n> *f* ❶ *(Pflicht)* dovere *m; (Auftrag)* incarico *m,* incombenza *f; (Tätigkeit)* funzione *f* ❷ *(Schul~, schriftlich)* compito *m; (mündlich)* lezione *f;* MAT problema *m* ❸ *(Verzicht, Beendigung) a.* SPORT abbandono *m; (Amts~, Besitz~)* rinuncia *f;*

A

(Geschäfts~) cessazione *f*, liquidazione *f* ④ *(Gepäck~, Post~)* consegna *f*
auf|gabeln *vt (fam)* scovare, pescare
Aufgabenbereich *m* sfera *f* di competenza
Aufgabenverteilung <-, -en> *f* divisione *f* dei compiti
Aufgang <-(e)s, -gänge> *m* ① ASTR sorgere *m*, levata *f* ② *(Treppen~)* scala *f* ③ *(Aufstieg)* salita *f*
auf|geben <irr> **I.** *vt* ① *(Postsendung, Telegramm)* spedire; *(Brief)* impostare; *(Inserat)* pubblicare; *(a. Bestellung)* fare; *(Gepäck)* consegnare ② *(Schulaufgabe)* assegnare; *(Rätsel)* proporre ③ *(verzichten auf)* rinunciare a; *(a. Hoffnung)* abbandonare; *(Amt, Stelle)* dimettersi da; *(Geschäft)* chiudere **II.** *vi* rinunciare; SPORT darsi per vinto
Aufgebot <-(e)s, -e> *nt* ① *(Polizei~)* spiegamento *m*; **ein gewaltiges ~ an etw** *dat* un grande spiegamento di qc ② *(zur Eheschließung)* pubblicazioni *fpl* di matrimonio
aufgebracht *adj* adirato; **über etw** *akk* **~ sein** essere adirato per qc
aufgedonnert *adj (pej)* agghindato, acconciato vistosamente
aufgedreht *adj (fam)* **~ sein** essere su di giri
aufgedunsen *adj* gonfio, congestionato
auf|gehen <irr> *vi sein* ① ASTR sorgere, levarsi ② *(Tür, Fenster)* aprirsi ③ *(Vorhang)* alzarsi ④ *(Teig)* lievitare ⑤ BOT *(Samen)* germinare; *(Knospe)* germogliare; *(Blume)* sbocciare ⑥ MED *(Geschwür)* aprirsi ⑦ *(Haar, Knoten)* sciogliersi ⑧ *(Naht)* sdrucirsi, scucirsi ⑨ MAT essere divisibile ⑩ *(Knopf)* sbottonarsi ⑪ *(Wend)* **in der Arbeit ~** essere tutto dedito al lavoro; **in Flammen ~** andare in fiamme
aufgeklärt *adj* ① HIST, PHILOS illuminato ② *(sexualkundlich)* che ha avuto un'educazione sessuale
aufgekratzt *adj (fam)* euforico
Aufgeld <-(e)s, -er> *nt* supplemento *m*, sovrapprezzo *m*
aufgelegt *adj* **gut/schlecht ~ sein** essere di buon/cattivo umore
aufgeregt *adj* eccitato, agitato
Aufgeregtheit <-> *f kein Pl.* eccitazione *f*, agitazione *f*
aufgeschlossen *adj (empfänglich)* ricettivo; *(zugänglich)* accessibile, aperto; **~ für etw sein** essere sensibile a qc
aufgeschmissen *adj (fam)* spacciato
aufgesprungen *adj (Hände, Lippen)* screpolato
aufgeweckt *adj* sveglio
auf|gießen <irr> *vt* **Kaffee/Tee ~** fare un caffè/tè
auf|gliedern *vt* [sud]dividere (**in** +*akk* in); *(in Klassen)* classificare
Aufgliederung <-, -en> *f* [sud]divisione *f*; *(Klassifizierung)* classificazione *f*
auf|greifen <irr> *vt* ① *(festnehmen)* acciuffare, catturare ② *(Thema, Gedanken)* raccogliere; *(wieder aufnehmen)* riprendere
aufgrund [aʊfˈgrʊnt] *präp* +*gen* in base a, a causa di
Aufguss <-es, -güsse> *m* infusione *f*, infuso *m*
auf|haben <irr> *(fam)* **I.** *vt* ① *(geöffnet haben: Fenster, Schirm, Hemd)* avere aperto ② *(aufgesetzt haben: Hut, Mütze)* avere in testa ③ *(aufgetragen bekommen haben)* dover fare, avere da fare; **etw ~** dover fare qc; **über die Ferien haben die Kinder nichts auf** per le vacanze i bambini non hanno compiti per casa **II.** *vi (geöffnet sein: Geschäft)* essere aperto
auf|halsen [ˈaʊfhalzən] *vt (fam)* **jdm etw ~** accollare qc a qu; **sich** *dat* **etw ~** accollarsi qc
auf|halten <irr> **I.** *vt* ① *(anhalten)* fermare, arrestare; *(fig: Entwicklung)* frenare; *(Katastrophe)* impedire ② *(stören)* disturbare ③ *(offen halten)* tenere aperto **II.** *vr:* **sich ~** ① *(sich befinden)* trovarsi, soggiornare ② *(fig: verweilen)* **sich bei etw ~** soffermarsi su qc
auf|hängen *vt* ① *(hängen)* appendere; **das Bild an einem Nagel ~** appendere il quadro a un chiodo; **etw an der Decke ~** sospendere qc al soffitto; **die Wäsche ~** stendere la biancheria ② *(fam: erhängen)* impiccare
Aufhänger <-s, -> *m* ① *(an Kleidung)* laccetto *m* ② *(fig)* appiglio *m*
auf|heben <irr> *vt* ① *(vom Boden)* raccogliere, raccattare; *(hochheben)* alzare ② *(aufbewahren)* conservare, serbare; **bei jdm gut aufgehoben sein** essere in buone mani presso qu ③ *(abbrechen, beenden)* porre fine a; *(Sitzung)* levare, togliere ④ *(abschaffen)* abolire, sopprimere; *(ungültig machen)* revocare; *(Urteil)* annullare; *(Gesetz)* abrogare
Aufheben <-s> *nt kein Pl. (geh)* **viel ~[s] um** [*o* **von**] **etw machen** dare grande importanza a qc
Aufhebung <-, -en> *f* ① *(Beendigung)* porre *m* termine ② *(Abschaffung)* abolizione *f*, soppressione *f* ③ *(Außerkraftsetzen)* revoca *f*; *(von Urteil)* annullamento *m*; *(von Gesetz)* abrogazione *f*

auf|heitern I. *vt* allietare, rasserenare II. *vr:* **sich ~** rasserenarsi

Aufheiterung <-, -en> *f* rasserenamento *m*

auf|hellen I. *vt* ① *(heller machen)* schiarire ② *(klären)* chiarire II. *vr:* **sich ~** ① METEO *(Himmel)* schiarirsi ② *(Gesicht)* illuminarsi

auf|hetzen *vt* **jdn** [**gegen jdn/etw**] ~ istigare qu [contro qu/qc]

aufheulen *vi* *(Sirene)* fischiare; *(Motor)* rombare; **vor Wut/Schmerz ~** urlare dalla rabbia/dal dolore

auf|holen I. *vt* recuperare II. *vi* SPORT riguadagnare terreno

auf|horchen *vi* **jdn ~ lassen** attirare l'attenzione di qu

auf|hören *vi* smettere, finire; **~ etw zu tun** finire di fare qc; **mit etw ~** finire qc; **es hat aufgehört zu regnen** ha smesso di piovere; **da hört doch alles auf!** *(fam)* questo è troppo!; **hör auf damit!** smettila!; **hör auf zu weinen!** smettila di piangere!

aufhussen *vt* A *(aufwiegeln)* sobillare

auf|kaufen *vt* incettare, accaparrare

auf|keimen *vi sein* *(fig)* nascere, sorgere

aufklappbar *adj* apribile; *(nach oben)* alzabile; *(Verdeck)* decappottabile

auf|klappen *vt* *(Messer, Buch)* aprire; *(Verdeck)* decappottare

auf|klaren ['aʊfkla:rən] *vi* METEO schiarirsi, rasserenarsi

auf|klären I. *vt* ① *(Missverständnis)* chiarire; *(Geheimnis, Verbrechen)* fare luce su ② *(erklären)* **jdn** [**über etw** *akk*] ~ informare qu [su qc]; **jdn ~** *(sexuell)* dare un'educazione sessuale a qu; **bist du schon aufgeklärt?** ti ha detto niente la mamma? *scherz* ③ MIL esplorare; MIL, AERO passare in ricognizione II. *vr:* **sich ~** ① *(Irrtum, Geheimnis)* chiarirsi; *(fig: Gesicht)* schiarirsi ② METEO rasserenarsi

Aufklärer <-s, -> *m* MIL ricognitore *m*

Aufklärung <-, -en> *f* ① *(Klärung)* schiarimento *m,* spiegazione *f* ② *(Unterrichtung)* informazione *f* ③ *Sing.* *(sexuelle ~)* educazione *f* sessuale ④ *Sing.* HIST illuminismo *m* ⑤ MIL esplorazione *f,* ricognizione *f*

aufklärungsbedürftig *adj* *(Fall, Sachverhalt)* che necessita spiegazioni

Aufklärungsdrang *m* bisogno *m* di chiarire

Aufklärungsflugzeug *nt* MIL aereo *m* da ricognizione, ricognitore *m*

Aufklärungskampagne *f* campagna *f* informativa

aufklauben *vt* A *(aufsammeln)* raccogliere

auf|kleben *vt* **etw** [**auf etw** *akk*] ~ incollare qc [su qc]

Aufkleber <-s, -> *m* [auto]adesivo *m*

auf|knöpfen *vt* sbottonare

auf|kochen I. *vi sein* cominciare a bollire II. *vt haben* ① *(kurz kochen lassen)* far bollire, portare all'ebollizione ② *(nochmals kochen)* ricuocere

auf|kommen <irr> *vi sein* ① *(Gewitter, Wind)* levarsi ② *(Zweifel)* sorgere; **keinen Zweifel ~ lassen** dileguare ogni dubbio ③ *(Mode werden)* diventar di moda ④ *(haften)* **für etw ~** rispondere di qc ⑤ *(zahlen)* pagare; **für jdn ~ müssen** avere qu a carico

Aufkommen <-s, -> *nt* ① METEO formazione *f,* costituzione *f* ② *(von Schadstoffen)* propagazione *f;* *(von Verkehr)* formazione *f*

auf|kreischen *vi* lanciare un urlo; *(fig: Bremse, Maschine)* stridere [improvvisamente]

auf|krempeln *vt* rimboccare

auf|kreuzen *vi sein* *(fam)* comparire [all'improvviso], spuntare

auf|künden ['aʊfkʏndən] *vt* *(geh: Vertrag)* sciogliere, rescindere; *(Freundschaft)* rompere; *(Gehorsam)* rifiutare ubbidienza, disubbidire

auf|kündigen *vt* *(Vertrag)* sciogliere, rescindere; *(Freundschaft)* rompere; *(Gehorsam)* rifiutare ubbidienza, disubbidire

Aufl. *Abk. von* **Auflage** tiratura *f*

auf|lachen *vi* **laut ~** scoppiare in una risata

auf|laden <irr> *vt* ① *(Last)* caricare ② *(fig: aufbürden)* addossare, accollare ③ *(Batterie)* caricare

Auflage <-, -en> *f* ① *(Buch~)* edizione *f;* *(~nhöhe)* tiratura *f* ② *(Bedingung)* condizione *f* ③ *(amtlich)* ordine *m,* incarico *m*

Auflagenhöhe *f* tiratura *f*

auf|lassen <irr> *vt* ① *(fam: offen lassen)* lasciar aperto ② *(fam: nicht abnehmen)* tenere in testa ③ SÜDD, A *(schließen, stilllegen)* chiudere, mettere a riposo

auf|lauern *vi* **jdm ~** fare la posta a qu

Auflauf <-(e)s, -läufe> *m* ① *(Menschen~)* affollamento *m* ② GASTR sformato *m*

auf|laufen <irr> *vi sein* NAUT **auf etw** *akk o dat* ~ incagliarsi su qc

Auflaufform *f* GASTR stampo *m* [*o* pirofila *f*] per sformati

auf|leben *vi sein* rivivere; **wieder ~** *(fig)* rinascere; *(Gespräch)* rianimarsi; **Erinnerungen wieder ~ lassen** far rivivere i ricordi; **in letzter Zeit ist er richtig aufgelebt** negli ultimi tempi si è proprio ripreso

auf|lecken *vt* leccare

auf|legen *vt* ① *(Tischdecke, Gedeck, Platte)* mettere; *(Telefonhörer)* riattaccare; *(Pflaster)* applicare ② *(Buch)* stampare ③ FIN *(Wertpapiere)* emettere

A

auf|lehnen *vr* **sich [gegen jdn/etw] ~** ribellarsi [contro qu/a qc]

auf|lesen <irr> *vt* raccogliere

auf|leuchten *vi haben o sein* accendersi; *(a. fig)* brillare

auf|listen ['aʊflɪstən] *vt* listare

auf|listen ['aʊflɪstən] *vt* listare

Auflistung <-, -en> *f* elenco *m; (Liste)* lista *f*

auf|lockern *vt* ❶ *(Boden)* smuovere ❷ *(Muskeln)* sciogliere ❸ *(fig: Unterricht, Vortrag)* alleggerire ❹ *(fig: entspannen)* rilassare

auf|lösen I. *vt* ❶ *(a. in Flüssigkeit)* sciogliere ❷ *(Versammlung, Ehe, Parlament, Rätsel)* sciogliere; *(Beziehungen)* troncare; *(Geschäft)* liquidare; *(Vertrag)* rescindere; *(Konto)* chiudere; **sich in Wohlgefallen ~** svanire, andare in fumo ❸ *(zerlegen)* scomporre; PHYS disintegrare ❹ *(Wend)* **in Tränen aufgelöst sein** sciogliersi in lacrime **II.** *vr:* **sich ~** sciogliersi; *(Nebel)* a. CHEM dissolversi

Auflösung <-, -en> *f* ❶ *(von Ehe, Parlament, Versammlung)* scioglimento *m; (von Beziehungen)* rottura *f; (von Geschäft)* liquidazione *f; (von Vertrag)* rescissione *f; (von Konto)* chiusura *f* ❷ MAT, CHEM soluzione *f;* MUS risoluzione *f;* TV *(Bild~)* definizione *f* ❸ *(von Rätsel)* soluzione *f* ❹ *(Computer)* risoluzione *f*

Auflösungszeichen *nt* MUS bequadro *m*

auf|machen I. *vt (fam)* ❶ *(öffnen, eröffnen)* aprire ❷ *(Knoten, Haar)* sciogliere; *(Flasche)* stappare; *(Verschnürtes)* slacciare **II.** *vr:* **sich ~** *(aufbrechen)* avviarsi, mettersi in cammino

Aufmacher <-s, -> *m* PUBL testata *f,* notizia *f* di prima pagina; *(Thema)* tema *m* principale

Aufmachung <-, -en> *f* ❶ *(von Person)* acconciamento *m* ❷ *(Gestaltung)* presentazione *f*

Aufmarsch <-(e)s, -märsche> *m* MIL schieramento *m; (Parade)* sfilata *f,* parata *f*

auf|marschieren <ohne ge-> *vi sein* MIL schierarsi; *(zum Gefecht)* spiegarsi; *(bei Parade)* sfilare; **~ lassen** far comparire

auf|merken *vi* prestare attenzione; *(aufhorchen)* tendere l'orecchio

aufmerksam *adj* ❶ *(konzentriert)* attento; **jdn auf etw** *akk* **~ machen** richiamare l'attenzione di qu su qc, far notare qc a qu ❷ *(zuvorkommend)* premuroso, gentile

Aufmerksamkeit <-, -en> *f* ❶ *Sing. (Aufmerksamsein)* attenzione *f* ❷ *Sing. (Höflichkeit)* cortesia *f,* premura *f* ❸ *(kleines Geschenk)* regalino *m,* pensierino *m*

aufmotzen *vt (fam)* agghindare, infiocchettare

auf|muntern *vt* ❶ *(aufheitern)* rallegrare, sollevare ❷ *(ermutigen)* incoraggiare, esortare

Aufmunterung <-, -en> *f* incoraggiamento *m,* esortazione *f*

aufmüpfig *adj (fam)* disubbidiente, indocile

Aufnäher <-s, -> *m* toppa *f*

Aufnahme <-, -n> *f* ❶ *(Empfang)* accoglienza *f; (in Krankenhaus)* ricovero *m* ❷ *(Zulassung)* ammissione *f; (Eingliederung)* integrazione *f; (in Liste, Programm)* inserimento *m; (Einbeziehung)* inclusione *f* ❸ *(Beginn)* inizio *m; (von Verhandlungen)* apertura *f; (von Beziehungen)* allacciamento *m* ❹ *(~zimmer)* sala *f* d'accettazione ❺ *(von Protokoll)* stesura *f,* redazione *f* ❻ FILM ripresa *f;* FOTO fotografia *f;* **Achtung, ~!** ciac, si gira! ❼ RADIO incisione *f*

aufnahmefähig *adj* ricettivo

Aufnahmegebühr *f* tassa *f* d'iscrizione

Aufnahmelager *nt* centro *m* di accoglienza

Aufnahmeprüfung *f* esame *m* d'ammissione

Aufnahmestudio *nt* studio *m* di registrazione

Aufnahmetechnik *f* tecnica *f* di registrazione

Aufnahmsprüfung *f* A *s.* **Aufnahmeprüfung**

auf|nehmen <irr> *vt* ❶ *(hochnehmen)* alzare, sollevare ❷ *(empfangen)* accogliere; *(unterbringen)* ospitare; *(einreihen)* includere; *(in Schule, Verein)* ammettere; *(Klausel)* inserire; A *(Hilfskraft)* assumere; **jdn wieder ~** riammettere qu ❸ *(aufsaugen)* assorbire; *(Eindrücke)* ricevere ❹ *(beginnen)* iniziare; **wieder ~** *(Arbeit, Gespräch, Thema, Idee)* riprendere; *(Verhandlungen)* avviare; *(Beziehungen)* stabilire, allacciare, riprendere; JUR *(Prozess)* riaprire ❺ FIN *(Darlehen)* contrarre; *(Hypothek, Schulden)* accendere ❻ *(Protokoll)* stendere, redigere ❼ FILM riprendere, girare; FOTO fotografare ❽ RADIO incidere ❾ *(Wend)* **es mit jdm ~ können** poter competere con qu

auf|opfern *vr* **sich [für jdn/etw] ~** sacrificarsi [per qu/qc]

auf|päppeln ['aʊfpɛpəln] *vt (fam)* rinforzare, ricostituire

auf|passen *vi* ❶ *(aufmerksam sein)* stare attento; *(Acht geben)* far attenzione; **auf etw** *akk* **~** fare attenzione a qc; **aufge-**

passt! attenzione! ② *(beaufsichtigen)* **auf jdn ~** badare a qu

Aufpasser(in) <-s, -; -, -nen> *m(f)* sorvegliante *mf*

auf|peitschen *vt* ① *(Meer)* sollevare, agitare ② *(erregen)* eccitare; *(Kaffee)* stimolare

auf|peppen ['aʊfpɛpən] *vt (fam)* ravvivare

auf|peppen ['aʊfpɛpən] *vt (fam)* animare; **eine Fete ~** animare una festa

auf|pflanzen *vt* ① *(Fahne)* piantare ② *(Gewehr)* inastare; **sich vor jdm ~** *(fam)* piantarsi davanti a qu

auf|platzen *vi sein (Naht)* scucirsi; *(Wunde)* aprirsi

auf|plustern ['aʊfpluːstɐn] **I.** *vt (Gefieder)* rizzare [le penne] **II.** *vr:* **sich ~** *(Vogel)* gonfiarsi; *(pej: Mensch)* gonfiarsi, pavoneggiarsi

auf|prägen *vt* imprimere, stampare

Aufprall <-(e)s, -e> *m* ① *(von Ball)* rimbalzo *m* ② *(Stoß)* urto *m*

auf|prallen *vi sein* ① *(Ball)* rimbalzare ② *(dagegenprallen)* [**auf etw** *akk*] **~** urtare [contro qc]

Aufpreis <-es, -e> *m* sovrapprezzo *m;* **gegen ~ von** con un supplemento di

auf|pumpen *vt* gonfiare

auf|putschen *vt* eccitare, aizzare

Aufputschmittel *nt* eccitante *m,* stimolante *m*

Aufputz <-es, -e> *m* A *(Verzierung)* decorazione *f,* ornamento *m*

auf|raffen *vr* **sich** [**zu etw**] **~** farsi coraggio [per qc]

auf|räumen I. *vi* fare ordine; **mit etw ~** far piazza pulita di qc, farla finita con qc **II.** *vt* [ri]mettere in ordine; *(Zimmer a.)* fare, rassettare; *(wegräumen)* mettere via

Aufräumungsarbeiten *fpl* lavori *mpl* di sgombero

aufrecht ['aʊfrɛçt] *adj* ① *(gerade aufgerichtet)* d[i]ritto, eretto ② *(fig: rechtschaffen)* retto, probo

aufrecht|erhalten <irr> *vt (Kontakt)* mantenere; *(Behauptung)* sostenere

Aufrechterhaltung <-> *f kein Pl.* mantenimento *m,* sostenimento *m*

auf|regen I. *vt* eccitare, agitare; *(beunruhigen)* turbare, allarmare; *(ärgern)* irritare **II.** *vr:* **sich ~** agitarsi; **sich über etw** *akk* **~** agitarsi per qc; *(sich empören)* indignarsi per qc; **sich über jdn ~** arrabbiarsi con qu; **ich habe mich über ihn aufgeregt** mi ha fatto venire i nervi

aufregend *adj* eccitante, emozionante

Aufregung <-, -en> *f* ① *(Erregung)* eccitazione *f* ② *(Verwirrung)* confusione *f*

aufreibend *adj* snervante, estenuante

aufreihen I. *vt (Dinge)* mettere in fila **II.** *vr:* **sich ~** *(Personen)* mettersi in fila

auf|reißen <irr> **I.** *vt haben* ① *(zerreißen)* lacerare, strappare ② *(Fenster, Türen, Augen)* spalancare ③ *(Straßenpflaster)* disfare ④ *(sl: anmachen)* **jdn ~** rimorchiare qu **II.** *vi sein (Naht)* scucirsi; *(Wunde)* aprirsi

aufreizend *adj* eccitante, provocante

auf|richten I. *vt* ① *(in die Höhe richten)* sollevare, [ri]alzare ② *(moralisch)* confortare, rinfrancare **II.** *vr:* **sich ~** alzarsi

aufrichtig *adj* sincero

Aufrichtigkeit <-> *f kein Pl.* sincerità *f*

Aufriss <-es, -e> *m* TEC, ARCH prospetto *m*

auf|rollen *vt* ① *(zusammenrollen)* arrotolare ② *(auseinanderrollen)* spiegare, srotolare ③ *(fig: Frage, Problem)* sollevare; *(Prozess)* rifare

auf|rücken *vi sein* ① *(Platz machen)* serrare le file ② *(befördert werden)* essere promosso

Aufruf <-(e)s, -e> *m* ① *(das Aufrufen)* chiamata *f* ② *(Appell)* appello *m,* invito *m;* **einen ~ an die Bevölkerung erlassen** fare appello alla popolazione ③ INFORM apertura *f,* richiamo *m*

auf|rufen <irr> *vt* ① *(durch Namensrufung)* chiamare ② *(öffentlich auffordern)* **jdn ~ etw zu tun** invitare [*o* esortare] qu a fare qc ③ JUR *(Zeugen)* citare a deporre ④ INFORM *(Programm)* aprire, richiamare

Aufruhr ['aʊfruːɐ̯] <-(e)s> *m kein Pl.* ① *(Auflehnung)* rivolta *f* ② *(Erregung)* tumulto *m,* agitazione *f*

auf|rühren *vt* ① *(durch Rühren nach oben bringen)* rimestare, rimescolare ② *(Gefühle, Leidenschaften)* risvegliare; *(alte Geschichten)* rivangare, rimestare ③ *(aufwühlen, aufwiegeln)* sollevare

Aufrührer(in) ['aʊfryːrɐ] <-s, -; -, -nen> *m(f)* rivoltoso, -a *m, f,* ribelle *mf*

aufrührerisch *adj* ① *(Ideen)* sovversivo ② *(Volksmenge)* ribelle

auf|runden *vt* arrotondare; **eine Summe auf hundert ~** arrotondare una somma a cento

auf|rüsten *vi, vt* riarmare

Aufrüstung <-, -en> *f* riarmo *m*

auf|rütteln *vt* **jdn** [**aus etw**] **~** scuotere qu [da qc]

aufs [aʊfs] *(fam)* = **auf das** *s.* **auf**

auf|sagen *vt* recitare

auf|sammeln *vt* raccogliere

aufsässig ['aʊfzɛsɪç] *adj* rivoltoso, sedizioso; *(bes. Kind)* ostinato, caparbio

Aufsatz <-es, -sätze> *m* ① *(Schul~)* componimento *m,* tema *m; (Abhandlung)* saggio *m;* **einen ~ über etw** *akk* **schreiben**

A

scrivere un tema [*o* saggio] su qc ② *(an Möbeln)* alzata *f*

auf|saugen *vt* assorbire

auf|schauen *vi bes.* SÜDD, A, CH *s.* **aufblicken**

auf|schaukeln *vr (fam)* **sich ~** acuirsi

auf|scheuchen *vt* spaventare

auf|scheuern *vt* **sich** *dat* **die Haut ~** pelarsi; **sich** *dat* **das Knie ~** sbucciarsi il ginocchio

auf|schieben <irr> *vt (verschieben)* rimandare, aggiornare

Aufschlag <-(e)s, -schläge> *m* ① *(Aufprall)* urto *m*, colpo *m* ② SPORT battuta *f*, servizio *m* ③ *(Preis~)* aumento *m* ④ *(an Kleidung)* risvolto *m*

auf|schlagen <irr> **I.** *vi* ① *sein (beim Fall)* battere [cadendo]; **auf etw** *akk o dat* **~** urtare contro qc ② *haben (Preise)* aumentare ③ *haben* SPORT battere, servire **II.** *vt haben* ① *(Nuss, Ei)* spaccare; *(a. Eis)* rompere ② *(Buch, Augen)* aprire ③ *(Zelt)* montare; *(Lager)* impiantare ④ *(Ärmel)* rimboccare; *(Kragen)* alzare ⑤ *(verletzen)* ferirsi [sbattendo contro qc]; **sich** *dat* **das Knie ~** scorticarsi il ginocchio

auf|schließen <irr> *vt (öffnen)* aprire [con la chiave]

auf|schlitzen *vt* tagliare, squarciare; **jdm den Bauch ~** sbudellare qu

Aufschluss <-es, -schlüsse> *m* chiarimento *m*; **jdm über etw** *akk* **~ geben** spiegare qc a qu

auf|schlüsseln *vt* suddividere; *(Kosten)* spartire

aufschlussreich *adj* istruttivo, informativo

auf|schnappen *vt (fig fam)* cogliere

auf|schneiden <irr> **I.** *vt* ① *(öffnen)* tagliare; MED incidere ② *(in Scheiben)* affettare **II.** *vi (fam pej: prahlen)* fare lo spaccone

Aufschneider(in) <-s, -; -, -nen> *m(f)* *(fam pej)* spaccone, -a *m, f*

Aufschneiderei <-, -en> *f* vanteria *f*, bluff *m*, millanteria *f*

Aufschnitt <-(e)s> *m kein Pl.* affettato *m*

auf|schnüren *vt (Schuhe, Korsett)* slacciare; *(Paket)* slegare

auf|schrauben *vt* ① *(öffnen)* aprire svitando ② *(befestigen)* avvitare

auf|schrecken[1] <irr> *vi sein* sobbalzare; **aus dem Schlaf ~** svegliarsi di soprassalto

auf|schrecken[2] *vt* far sobbalzare

Aufschrei <-(e)s, -e> *m* grido *m* [improvviso]

auf|schreiben <irr> *vt* scrivere, mettere per iscritto; *(notieren)* prendere nota di; **jdn ~** MOT prendere le generalità di qu

auf|schreien <irr> *vi* gridare, lanciare un urlo

Aufschrift <-, -en> *f* scritta *f*, iscrizione *f*

Aufschub <-(e)s, -schübe> *m* ① *(Verschieben)* rinvio *m*; *(Fristverlängerung)* proroga *f*, dilazione *f* ② *(Verzögerung)* ritardo *m*, indugio *m*

auf|schütten *vt* ① *(schütten)* **etw [auf etw** *akk*] **~** gettare qc [su qc]; *(Flüssigkeit)* versare qc [su qc] ② *(anhäufen)* ammassare; *(Damm)* alzare

auf|schwatzen *vt* **jdm etw ~** indurre qu ad accettare qc; *(verkaufen)* indurre qu a comprare qc

auf|schwingen <irr> *vr:* **sich ~** ① *(Vogel)* alzarsi [*o* levarsi] in volo ② SPORT slanciarsi in alto ③ *(fig: Fantasie)* prendere il volo; **sich zu etw ~** *(fig)* decidersi a fare qc

Aufschwung <-(e)s, -schwünge> *m* ① *(fig)* miglioramento *m*; *(Fortschritt)* progresso *m*; COM ripresa *f*, boom *m*; **das gibt mir wieder neuen ~** ciò mi dà nuovo vigore ② SPORT volata *f*

auf|sehen <irr> *s.* **aufblicken**

Aufsehen <-s> *nt kein Pl.* sensazione *f*; *(bes. Lärm, Entrüstung)* scalpore *m*; **~ erregend** sensazionale

aufsehenerregend *adj* sensazionale

Aufseher(in) <-s, -; -, -nen> *m(f)* sorvegliante *mf*; *(Gefängnis~)* guardiano, -a *m, f*; *(Museums~)* custode *mf*

auf|setzen **I.** *vt* ① *(Brille, Hut)* mettere ② *(auf den Herd stellen)* mettere su ③ *(Miene)* assumere ④ *(abfassen)* scrivere; JUR redigere, stendere **II.** *vi* AERO atterrare

Aufsicht <-> *f kein Pl.* controllo *m*, sorveglianza *f*; *(polizeiliche ~)* vigilanza *f*; **über etw** *akk* **~ führen** soprintendere a qc, avere la sorveglianza su qc; **unter ~** sotto controllo

Aufsichtsbehörde <-, -n> *f* ispettorato *m*

Aufsichtsrat *m* consiglio *m* d'amministrazione

Aufsichtsratsvorsitzende *mf* presidente *mf* del consiglio d'amministrazione

auf|sitzen <irr> *vi sein* ① *(auf Pferd)* montare a cavallo; *(auf Fahrzeug)* montare ② *(fig fam: hereinfallen)* **jdm ~** lasciarsi abbindolare da qu

auf|spalten **I.** *vt* dividere (**in** +*akk* in), scindere (**in** +*akk* in) **II.** *vr:* **sich ~** dividersi (**in** +*akk* in), scindersi (**in** +*akk* in)

Aufspaltung <-, -en> *f* spaccatura *f*; *(Partei, Verein)* scioglimento *m*, scissione *f*; *(Atom, Zelle)* fissione *f*; CHEM scissione *f*

auf|spannen *vt* ① *(spannen)* **etw [auf etw** *akk*] **~** tendere qc [su qc] ② *(Schirm)* aprire

auf|sparen *vt* serbare, riservare

auf|sperren *vt* ① *(fam: aufreißen)* spalancare; **Mund und Nase ~** rimanere a bocca aperta ② A, SÜDD *(aufschließen)* aprire [con la chiave]

auf|spielen *vr:* **sich ~** *(fam)* darsi delle arie; **sich als Held ~** atteggiarsi a eroe

auf|spießen *vt* infilzare; *(durchbohren)* trafiggere; *(mit der Gabel)* inforcare; *(auf Hörner)* incornare

auf|springen <irr> *vi sein* ① *(hochspringen)* balzare in piedi, alzarsi di scatto; *(Ball)* rimbalzare ② *(springen)* **auf etw** *akk* **~** saltare su qc ③ *(sich öffnen: Tür)* aprirsi di scatto; *(Knospen)* sbocciare; *(Haut)* screpolarsi

auf|spritzen *vt* **sich die Lippen ~ lassen** rifarsi le labbra

auf|spüren *vt* rintracciare; *(Wild)* braccare

auf|stacheln *vt* ① *(aufwiegeln)* aizzare ② *(anspornen)* **jdn [zum Widerstand] ~** incitare qu [alla resistenza]

Aufstand <-(e)s, -stände> *m* sommossa *f,* insurrezione *f*

aufständisch ['aʊfʃtɛndɪʃ] *adj* ribelle, sovversivo

Aufständische ['aufʃtɛndɪʃə] <ein -r, -n, -n> *mf* ribelle *mf,* insorto, -a *m, f*

auf|stapeln *vt* accatastare, ammucchiare

auf|stauen I. *vt (Wasser)* accumulare **II.** *vr:* **sich ~** ammassarsi; *(Blut)* ristagnare; *(fig: Wut)* accumularsi

auf|stechen <irr> *vt* ① *(durch Einstich öffnen)* aprire pungendo; MED incidere ② *(fig: Fehler)* notare

auf|stecken *vt* ① *(mit Stecknadeln befestigen)* appuntare; *(Gardinen)* mettere; *(Haar)* raccogliere ② *(fig fam: aufgeben)* rinunciare a ③ *(fig: Miene)* assumere

auf|stehen <irr> *vi* ① *sein (sich erheben, das Bett verlassen)* alzarsi ② *haben (offen sein)* essere aperto

auf|steigen <irr> *vi sein* ① *(auf Pferd)* montare in sella; *(auf Fahrzeug)* salire ② *(Ballon)* alzarsi; *(Flugzeug)* alzarsi in volo, prendere quota; *(Nebel, Rauch)* levarsi, alzarsi ③ *(Gefühl)* nascere; *(Erinnerungen)* affiorare; **in mir stieg der Verdacht auf, dass ...** mi venne il sospetto che *+conj* ④ *(beruflich)* far carriera, avanzare; SPORT passare di categoria; **zum Abteilungsleiter ~** diventare caporeparto ⑤ A *(Schule: versetzt werden)* essere promosso

Aufsteiger <-s, -> *m* ① *(fam: sozialer ~)* arrampicatore, -trice *m, f* sociale ② SPORT squadra *f* promossa

auf|stellen I. *vt* ① *(anordnen, zusammenstellen)* disporre, collocare, mettere; *(Posten)* appostare ② *(Mannschaft)* formare; *(Liste, Rechnung)* compilare; *(Programm)* formulare ③ *(Kandidat)* presentare; **sich als Kandidat ~ lassen** porre la propria candidatura ④ *(aufbauen, errichten)* erigere, costruire; *(Bett)* montare; *(Maschine)* installare; *(Leiter)* alzare; *(Falle)* tendere ⑤ *(Rekord)* stabilire ⑥ *(wieder ~)* rialzare ⑦ *(Partei, Firma, Land)* mobilitare **II.** *vr:* **sich ~** mettersi; MIL schierarsi; **sich im Halbkreis ~** disporsi a mezzo cerchio

Aufstellung <-, -en> *f* ① *(Errichtung)* erezione *f,* innalzamento *m* ② *(Anordnung)* disposizione *f,* collocazione *f; (in Reihen)* schieramento *m;* SPORT formazione *f* ③ *(von Kandidaten)* presentazione *f* ④ *(von Liste, Rechnung)* compilazione *f; (von Programm)* formulazione *f* ⑤ *(Liste)* lista *f*

Aufstieg ['aʊfʃtiːk] <-(e)s, -e> *m* ① *(Weg)* salita *f; (auf Berg)* ascensione *f* ② *(fig: Fortschritt)* ascesa *f; (beruflich) a.* SPORT promozione *f;* **der ~ in die Bundesliga** la promozione in serie A

Aufstiegsmöglichkeit *f* possibilità *f* di avanzamento [*o* di far carriera]

Aufstiegsspiel *nt* SPORT incontro *m* per la promozione

auf|stöbern *vt* scovare

auf|stocken ['aʊfʃtɔkən] *vt* ① ARCH rialzare (**um** di) ② FIN aumentare

auf|stöhnen *vi* gemere, emettere un gemito

auf|stoßen <irr> **I.** *vt haben* ① *(öffnen)* aprire con una spinta ② *(verletzen)* escoriare **II.** *vi* ① *sein (auftreffen)* **auf etw** *akk* **~** battere contro qc ② *haben (rülpsen)* ruttare

Aufstrich <-(e)s, -e> *m quello che si spalma sul pane;* **was möchtest du als ~?** che cosa vuoi sul pane?

auf|stützen I. *vt* **etw [auf etw** *akk o dat***] ~** appoggiare qc [su qc] **II.** *vr* **sich [auf etw** *akk o dat***] ~** appoggiarsi [su qc], mobilitare

auf|stylen *vt (fam)* **etw/jdn ~** *(modisch aufpeppen)* mettere in tiro

auf|suchen *vt* andare a trovare; *(Arzt)* consultare

Auftakt <-(e)s, -e> *m* ① *(fig: Beginn)* inizio *m,* preludio *m;* **der ~ zu etw** l'inizio di qc ② MUS anacrusi *f*

auf|tanken MOT, AERO **I.** *vi* fare il pieno **II.** *vt* rifornire di carburante

auf|tauchen *vi sein* ① *(emportauchen)* emergere, venir a galla; *(U-Boot)* riemergere ② *(sichtbar werden)* apparire; *(unerwartet)* saltare fuori; **wieder ~** ricomparire ③ *(fig: Erinnerungen, Probleme)* affiorare

auf|tauen I. *vt haben* disgelare; *(Tiefkühlkost)* scongelare **II.** *vi sein* sciogliersi; *(fig)* aprirsi

A

auf|teilen *vt* ① *(einteilen)* [sud]dividere, spartire ② *(verteilen)* distribuire
Aufteilung <-, -en> *f* ① *(Verteilung)* divisione *f* ② *(Einteilung)* ripartizione *f*, suddivisione *f*
auf|tischen *vt* ① *(Speisen, Getränke)* mettere in tavola ② *(fig fam: Lügen)* scodellare
Auftrag ['aʊftraːk, *Pl:* 'aʊftrɛːgə] <-(e)s, Aufträge> *m* ① *(Anweisung)* ordine *m*; *(Aufgabe)* incarico *m*; *(a. Verpflichtung)* compito *m*; **im ~ von ...** per incarico di ..., incaricato da ... ② COM *(Bestellung)* ordinazione *f*, commissione *f*; **bei jdm etw in ~ geben** ordinare [*o* commissionare] qc presso qu
auf|tragen <irr> *vt* ① *(geh: Speisen)* portare in tavola, servire ② *(Farbe, Salbe, Schminke)* applicare; **dick ~** *(fam)* caricare le tinte ③ *(beauftragen)* **jdm etw ~** incaricare qu di qc
Auftraggeber(in) <-s, -; -, -nen> *m(f)* COM committente *mf*; JUR mandante *mf*
Auftragnehmer(in) <-s, -; -, -nen> *m(f)* JUR mandatario, -a *m, f*
Auftragsbestätigung *f* COM conferma *f* d'ordine
Auftragseingang <-(e)s, -gänge> *m* WIRTSCH entrata *f* dell'ordine
Auftragslage *f* COM volume *m* degli ordini
Auftragsmord *m* omicidio *m* su commissione
auf|treiben <irr> *vt (fam: finden)* pescare; *(beschaffen)* procacciarsi; *(Geld)* procurarsi
auf|trennen *vt* disfare, scucire
auf|treten <irr> **I.** *vi sein* ① *(erscheinen)* presentarsi; **als Zeuge ~** comparire come testimone ② THEAT *(Bühne betreten)* entrare in scena; **als Hamlet ~** recitare nella parte di Amleto ③ *(sich benehmen)* comportarsi; **sicher ~** avere un atteggiamento sicuro ④ *(fig: Krankheit)* comparire; *(Schwierigkeit, Zweifel)* sorgere ⑤ *(mit Fuß)* poggiare [il piede] a terra, camminare **II.** *vt haben (Tür)* aprire con una pedata
Auftreten <-s> *nt kein Pl.* ① *(Benehmen)* condotta *f*, contegno *m* ② *(Vorkommen)* presenza *f*; *(von Krankheit)* manifestarsi *m*
Auftrieb <-(e)s, -e> *m* ① PHYS spinta *f* aereostatica; AERO forza *f* ascensionale, portanza *f* ② *(fig: Schwung)* impulso *m*, slancio *m*
Auftritt <-(e)s, -e> *m* THEAT *(Erscheinen)* entrata *f* in scena; *(Szene)* scena *f*
auf|trumpfen *vi* imporsi
auf|tun <irr> **I.** *vt (fam: entdecken)* trovare, pescare **II.** *vr:* **sich ~** *(geh: sich öffnen)* aprirsi
auf|türmen **I.** *vt* accatastare **II.** *vr:* **sich ~** accumularsi, accavallarsi
auf|wachen *vi sein* svegliarsi; **aus einem Traum ~** svegliarsi da un sogno
auf|wachsen <irr> *vi sein* crescere
auf|wallen ['aʊfvalən] *vi sein* ribollire
Aufwand ['aʊfvant] <-(e)s> *m kein Pl.* ① *(Kosten)* spesa *f* ② *(Einsatz)* dispendio *m*; **ein großer ~ an Energie** un grande dispendio di energia ③ *(Luxus, Pomp)* lusso *m*, pompa *f*
aufwändig *adj s.* **aufwendig**
Aufwandsentschädigung *f* indennità *f* [per spese]
auf|wärmen **I.** *vt* ① *(warm machen)* riscaldare ② *(fam pej: alte Geschichten)* rivangare **II.** *vr:* **sich ~** riscaldarsi; SPORT riscaldare i muscoli
aufwärts ['aʊfvɛrts] *adv* ① *(nach oben)* verso l'alto, in alto ② *(fig)* in su; **von fünf Personen [an] ~** dalle cinque persone in su
Aufwärtsentwicklung *f* sviluppo *m* positivo
aufwärts|gehen <irr> *vi* ① *(nach oben führen: Straße)* essere in salita ② *(guten Verlauf nehmen)* **mit ihm geht's aufwärts** si sta riprendendo
Aufwärtstrend *m* trend *m* positivo
Aufwasch ['aʊfvaʃ] <-(e)s> *m kein Pl.* stoviglie *fpl* [*o* piatti *mpl*] da lavare; **in einem ~** *(fig)* in una volta
auf|wecken *vt* svegliare
auf|weichen ['aʊfvaɪçən] *vt* ammollare
auf|weisen <irr> *vt* presentare
auf|wenden <irr> *vt* impiegare; *(Geld)* spendere; *(Sorgfalt)* usare
aufwendig *adj (kostspielig)* dispendioso; *(üppig)* rigoglioso
Aufwendung <-, -en> *f* ① *(Aufbietung)* impiego *m* ② *Pl. (Ausgaben)* spese *fpl*
auf|werfen <irr> *vt* ① *(Damm)* rialzare, costruire ② *(Tür, Fenster)* spalancare ③ *(fig: Frage)* sollevare, avanzare
auf|werten *vt* FIN rivalutare
Aufwertung <-, -en> *f* rivalutazione *f*
auf|wickeln *vt* ① *(zusammenrollen)* avvolgere, arrotolare ② *(auf Wickler aufdrehen)* **jdm die Haare ~** mettere i bigodini a qu
auf|wiegeln ['aʊfviːgəln] *vt* sobillare; **jdn zu etw ~** istigare qu a [fare] qc
auf|wiegen <irr> *vt* compensare, controbilanciare
Aufwiegler(in) <-s, -; -, -nen> *m(f)* *(pej)* sobillatore, -trice *m, f*, provocatore, -trice *m, f*
Aufwind <-(e)s, -e> *m* corrente *f* ascensionale

auf|wirbeln *vt haben* sollevare in vortice; [**viel**] **Staub ~** *(fig)* suscitare scalpore

auf|wischen *vt* pulire [con lo strofinaccio]

auf|wühlen *vt* ① *(Erde)* scavare; *(See)* agitare ② *(fig)* scuotere

auf|zählen *vt* enumerare

Aufzahlung <-, -en> *f* A, SÜDD *(Mehrpreis)* sovrapprezzo *m*

Aufzählung <-, -en> *f* enumerazione *f*

auf|zäumen ['aʊftsɔɪmən] *vt* mettere la briglia a

auf|zehren *vt* consumare, esaurire

auf|zeichnen *vt* ① *(aufschreiben)* annotare, segnare; *(Plan, Weg)* disegnare ② RADIO, TV registrare

Aufzeichnung <-, -en> *f* ① *(Notiz)* annotazione *f* ② RADIO, TV registrazione *f; (keine Live-Sendung)* trasmissione *f* differita

aufzeigen *vt (geh: darlegen)* mostrare; *(klarmachen)* dimostrare

auf|ziehen <irr> **I.** *vt haben* ① *(nach oben ziehen)* tirare su, alzare, sollevare ② *(öffnen)* aprire [tirando] ③ *(großziehen)* allevare ④ *(Uhr)* caricare; *(Perlen)* infilare; *(Foto)* montare ⑤ *(fam: veranstalten)* organizzare, allestire ⑥ *(fam: hänseln)* prendere in giro **II.** *vi sein* ① *(Wolken)* alzarsi; *(Gewitter)* avvicinarsi ② MIL montare

Aufzucht <-> *f kein Pl.* ① *(von Tieren)* allevamento *m* ② *(von Pflanzen)* coltura *f*

Aufzug <-(e)s, -züge> *m* ① *(Fahrstuhl)* ascensore *m* ② *(Aufmarsch)* corteo *m* ③ THEAT atto *m* ④ *(pej: Kleidung)* modo *m* di vestire

auf|zwingen <irr> *vt* **jdm etw ~** imporre qc a qu

Augapfel <-s, -äpfel> *m* ANAT bulbo *m* oculare; **etw wie seinen ~ hüten** custodire qc come la pupilla dei propri occhi

Auge ['aʊgə] <-s, -n> *nt* ① ANAT occhio *m;* **blaue/graue ~n haben** avere gli occhi azzurri/grigi; **gute/schlechte ~n haben** avere occhi buoni/deboli; **mit bloßem ~** a occhio nudo; **unter vier ~n** a quattr'occhi; **so weit das ~ reicht** a perdita d'occhio; **ins ~ gehen** *(fam)* andare a finir male; **mit einem blauen ~ davonkommen** *(fam)* cavarsela a buon mercato; **große ~n machen** *(fam)* fare tanto d'occhi, sgranare gli occhi; **jdm schöne ~n machen** *(fam)* fare l'occhio languido a qu; **jdm die ~n öffnen** aprire gli occhi a qu; **ein ~ zudrücken** chiudere un occhio; **jdm etw vor ~n führen** far vedere qc a qu, dimostrare qc a qu; **etw im ~ haben** *(fig)* mirare a qc; **jdn nicht aus den ~n lassen** non perdere qu di vista; **einer Gefahr ins ~ sehen** affrontare un pericolo; **etw mit anderen ~n sehen** vedere qc con tutt'altri occhi; **in die ~n springen** *(fig)* dare nell'occhio, saltare all'occhio; **jdn aus den ~n verlieren** perdere di vista qu ② *(Punkt bei Spielen)* punto *m* ③ BOT gemma *f*

Augenarzt *m*, **Augenärztin** *f* oculista *mf*

Augenaufschlag *m* battito *m* di ciglia

Augenbank <-, -en> *f* banca *f* degli occhi

Augenblick <-es, -e> *m* momento *m,* istante *m,* attimo *m;* **er müsste jeden ~ kommen** dovrebbe arrivare da un momento all'altro

augenblicklich I. *adj* ① *(derzeitig)* attuale ② *(sofortig)* istantaneo, immediato ③ *(plötzlich)* improvviso ④ *(vorübergehend)* momentaneo **II.** *adv* ① *(gegenwärtig)* al [*o* per il] momento ② *(sofort)* subito

Augenbraue *f* sopracciglio *m*

Augenbrauenstift *m* matita *f* per sopracciglia

Augenentzündung <-, -en> *f* infiammazione *f* degli occhi; MED oftalmia *f*

augenfällig ['aʊgənfɛlɪç] *adj* evidente, palese; *(auffällig)* vistoso

Augenfarbe *f* colore *m* degli occhi

Augenflimmern <-s> *nt kein Pl.* MED fibrillazione *f* oculare

Augengläser *ntpl* A *(Brille)* occhiali *mpl*

Augenheilkunde ['aʊgənhaɪlkʊndə] <-> *f kein Pl.* MED oftalmologia *f*

Augenhöhe *f* **in ~** all'altezza degli occhi

Augenhöhle *f* cavità *f* oculare, orbita *f*

Augenklappe *f* benda *f* per gli occhi

Augenklinik *f* clinica *f* oftalmica

Augenlicht *nt (geh)* vista *f*

Augenlid *nt* palpebra *f*

Augenmaß *nt* misura *f* ad occhio; *(fig)* senso *m* delle proporzioni; **ein gutes ~ haben** avere buon occhio; **nach ~** ad occhio

Augenmerk <-(e)s> *nt kein Pl.* **sein ~ auf etw** *akk* **richten** rivolgere l'attenzione a [*o* su] qc

Augenschein <-(e)s> *m kein Pl.* apparenza *f;* **etw in ~ nehmen** esaminare qc attentamente; JUR fare il sopralluogo

augenscheinlich I. *adj* manifesto, ovvio, evidente **II.** *adv* ovviamente

Augentropfen *mpl* collirio *m,* gocce *fpl* per gli occhi

Augenweide <-> *f kein Pl.* delizia *f* degli occhi

Augenwinkel *m* coda *f* dell'occhio; **jdn aus den ~n betrachten** guardare qu con la coda dell'occhio

Augenwischerei [-vɪʃə'raɪ] <-, -en> *f (fam)* bidonata *f*

Augenzeuge *m* testimone *m* oculare

Augenzeugenbericht *m* testimonianza *f* oculare

Augenzeugin *f* testimone *f* oculare

Augenzwinkern <-s> *nt kein Pl.* occhiolino *m*

Augsburg ['aʊksbʊrk] *nt* Augusta *f*

August [aʊ'gʊst] <-(e)s *o* -, -e> *m* agosto *m; s. a.* **April**

Augustfeier *f* CH *festa nazionale svizzera*

Auktion [aʊk'ts̯io:n] <-, -en> *f* asta *f* pubblica, incanto *m*

Auktionator [aʊkts̯io'na:to:ɐ̯] <-s, -en> *m* banditore *m* dell' asta

Auktionshaus *nt* centro *m* aste

Aula ['aʊla, *Pl:* 'aʊlən] <-, Aulen> *f* aula *f* magna

Au-pair-Mädchen *nt*, **Aupairmädchen** [o'pɛ:ɐmɛ:tçən] *nt* ragazza *f* alla pari

Aura ['aʊra] <-> *f kein Pl.* *(geh)* aura *f*

aus [aʊs] **I.** *präp* +*dat* ❶ *(räumlich)* da; ~ **einer Tasse trinken** bere da una tazza; **vom Fenster** ~ dalla finestra ❷ *(zeitlich)* di; ~ **dem 18. Jahrhundert** del settecento ❸ *(Beschaffenheit)* di; ~ **Eisen/Holz** di ferro/legno ❹ *(Abstammung)* da, di; **ich bin ~ Venedig** sono di Venezia; **ich komme ~ Deutschland/Italien** vengo dalla Germania/dall'Italia ❺ *(Ursache)* per; ~ **Angst vor** +*dat* per paura di; ~ **Erfahrung/Überzeugung/Versehen** per esperienza/convinzione/sbaglio; ~ **diesem Grunde** per questo motivo ❻ *(Wend)* ~ **dem Gebrauch** fuori uso; ~ **der Mode** fuori moda; **was ist ~ ihm geworden?** che ne è stato di lui? **II.** *adv* ❶ *(fam: zu Ende)* ~ **sein** essere finito; **zwischen uns ist es** ~ fra noi è finita ❷ *(gelöscht: Feuer, Licht)* ~ **sein** essere spento ❸ *(fam: ~gegangen)* ~ **sein** essere uscito ❹ SPORT ~ **sein** essere fuori [campo] ❺ *(Wend)* **auf etw** *akk* ~ **sein** mirare a qc; **von Haus** ~ originalmente; **von hier** ~ da qui; **von mir** ~ per conto mio, per me

Aus <-> *nt kein Pl.* SPORT fuori campo *m*

aus|arbeiten *vt* elaborare; *(Vertrag)* redigere

Ausarbeitung <-, -en> *f* elaborazione *f; (von Vertrag)* redazione *f*

aus|arten *vi sein* [**in etw** *akk*] ~ degenerare [in qc]

aus|atmen I. *vt* espirare **II.** *vi* spirare

Ausbau <-(e)s> *m kein Pl.* ❶ ARCH *(Erweiterung)* ampliamento *m; (Umbau)* trasformazione *f* ❷ TEC smontaggio *m* ❸ *(fig: Erweiterung)* potenziamento *m; (Entwicklung)* sviluppo *m*

aus|bauen *vt* ❶ ARCH *(erweitern)* ampliare; *(umbauen)* trasformare; **das Dachgeschoss zu einer Wohnung** ~ trasformare la mansarda in un appartamento ❷ TEC smontare ❸ *(fig: erweitern)* potenziare, estendere; *(entwickeln)* sviluppare

ausbaufähig *adj* ampliabile

aus|bedingen <bedingt aus, bedang aus, ausbedungen> *vt* **sich** *dat* **etw** ~ porre qc come condizione; **sich** *dat* **das Recht ~ zu** +*inf* riservarsi il diritto di +*inf*

aus|beißen <beißt aus, biss aus, ausgebissen> *vt* **sich** *dat* **einen Zahn** ~ rompersi un dente mordendo; **daran kannst du dir die Zähne** ~ *(fig fam)* è un vero rompicapo

aus|bessern *vt* riparare, accomodare; *(flicken)* rattoppare; *(stopfen)* rammendare

aus|beulen *vt* ❶ *(Kleidungsstücke)* sformare ❷ TEC spianare

Ausbeute <-, *rar:* -en> *f* rendimento *m;* **die ~ an Kohle** il rendimento in carbone

aus|beuten *vt* sfruttare

Ausbeuter(in) <-s, -; -, -nen> *m(f)* sfruttatore, -trice *m, f*

Ausbeutung <-> *f kein Pl.* sfruttamento *m*

aus|bezahlen <ohne ge-> *vt* ❶ *(Geld)* pagare ❷ *(Menschen)* tacitare

aus|bilden I. *vt (Lehrling) a.* MIL addestrare; *(beruflich)* formare, istruire; **jdn in einem Fach** ~ istruire qu in una materia **II.** *vr:* **sich** ~ formarsi; *(sich entwickeln)* svilupparsi

Ausbilder(in) <-s, -; -, -nen> *m(f)*, **Ausbildner(in)** <-s, -; -, -nen> *m(f)* CH, A MIL istruttore, -trice *m, f*

Ausbildung <-, -en> *f* ❶ *(von Lehrling) a.* MIL addestramento *m; (beruflich)* formazione *f* professionale; *(Schul~)* istruzione *f* ❷ *(Lehrzeit)* tirocinio *m*

Ausbildungsbeihilfe *f* sussidio *m* per la formazione professionale

Ausbildungsplatz *m* posto *m* di apprendistato

Ausbildungsplatzabgabe *f tassa prevista in Germania per le aziende che non assumono un determinato numero di giovani a scopo di formazione*

aus|bitten <bittet aus, bat aus, ausgebeten> *vt* **sich** *dat* **etw** ~ esigere qc; **das bitte ich mir aus** questo lo esigo

aus|blasen <irr> *vt* spegnere [soffiando]; *(Ei)* vuotare [soffiando]

aus|bleiben <irr> *vi sein* ❶ *(nicht eintreten)* non verificarsi, mancare ❷ *(fernbleiben)* non venire; **lange** ~ rimanere fuori a lungo; *(überfällig sein)* ritardare

aus|blenden I. *vt (Musik)* abbassare; *(Ton)* togliere [lentamente il volume]; FILM *(Szene)* chiudere in dissolvenza; **es wird ausgeblendet** la luce si spegne lentamente **II.** *vr:* **sich** ~ TV, RADIO sospendere le trasmissioni, cedere la linea; **der Bayrische Rundfunk blendete sich aus der Sen-**

dung aus la Bayrische Rundfunk sospese le trasmissioni

Ausblick <-(e)s, -e> *m* ① *(Aussicht)* panorama *m;* **der ~ auf etw** *akk* la vista su qc ② *(fig: Vorausschau)* previsione *f*

aus|bohren *vt* trivellare, trapanare; *(herausbohren)* levare con la trivella [*o* il trapano]

aus|bomben *vt* bombardare

aus|booten ['aʊsboːtən] *vt (fam: aus einer Stellung)* silurare; *(aus einer Position)* soppiantare; **einen Arbeitskollegen ~** soppiantare un collega

aus|borgen *vt s.* **borgen**

aus|brechen <irr> **I.** *vi sein* ① *(fliehen)* **aus dem Gefängnis ~** evadere di [*o* dalla] prigione; **aus dem Käfig ~** scappare dalla gabbia ② *(Feuer, Krieg, Krankheit)* scoppiare; *(Vulkan)* erompere; **in Gelächter/Tränen ~** scoppiare a ridere/in lacrime **II.** *vt haben* ① *(Steine)* cavare ② *(Nahrung)* vomitare

Ausbrecher(in) <-s, -; -, -nen> *m(f) (fam)* evaso, -a *m, f*

aus|breiten **I.** *vt (Decke)* stendere; *(Flügel, Waren)* spiegare; *(Arme)* allargare **II.** *vr:* **sich ~** ① *(Geruch, Rauch)* espandersi; *(Feuer)* propagarsi; *(Krankheit, Unsitte, Nachricht)* diffondersi; *(sich erstrecken)* estendersi ② *(über Thema)* **sich über etw** *akk* **~** dilungarsi su qc

Ausbreitung <-> *f kein Pl.* propagazione *f*

aus|brennen <brennt aus, brannte aus, ausgebrannt> **I.** *vi sein* ① *(zu Ende brennen)* finire di bruciare; *(a. Vulkan)* spegnersi ② *(ganz verbrennen)* bruciare completamente, essere distrutto dal fuoco; **das Feuer ~ lassen** lasciare che il fuoco si spenga da sé **II.** *vt haben* ① MED cauterizzare ② *(Sonne)* bruciare

Ausbruch <-es, -brüche> *m* ① *(Flucht)* evasione *f* ② *(fig: Krankheits~)* insorgenza *f,* comparsa *f; (Kriegs~)* scoppio *m; (Gefühls~)* sfogo *m,* impeto *m; (Fieber~, Zornes~)* accesso *m; (Freuden~)* trasporto *m; (Vulkan~)* eruzione *f*

aus|brüten *vt* ① *(Eier)* covare ② *(fig fam)* macchinare, tramare

aus|büchsen *vi (hum fam)* filarsela

aus|bügeln *vt (fam)* stirare [togliendo le pieghe]

aus|bügeln *vt (fam)* stirare [togliendo le pieghe]

Ausbund <-es> *m kein Pl.* **ein ~ an** [*o* **von**] **Bosheit** un abisso di malvagità; **ein ~ an** [*o* **von**] **Tugend** un modello di virtù

aus|bürgern ['aʊsbʏrgɐn] *vt* privare della cittadinanza; *(ausweisen)* espellere

Ausbürgerung <-, -en> *f* privazione *f* della cittadinanza; *(Ausweisung)* espulsione *f*

aus|bürsten *vt* ① *(Anzug, Kleid)* spazzolare ② *(Staub)* togliere con la spazzola

aus|chillen ['aʊsʔtʃɪlən] *vi (sl: sich ausruhen)* riposarsi

Auschwitzlüge ['aʊʃvɪtslyːgə] <-> *f kein Pl. diniego del genocidio nazista*

Ausdauer <-> *f kein Pl.* costanza *f,* tenacia *f*

ausdauernd *adj* perseverante, costante; *(zäh)* tenace

aus|dehnen **I.** *vt* ① *(vergrößern)* estendere; PHYS dilatare; *(verlängern)* allungare; *(zeitlich)* prolungare ② *(fig: einbeziehen)* **etw** [**auf etw** *akk*] **~** estendere qc [su qc] **II.** *vr:* **sich ~** *(sich vergrößern)* estendersi; PHYS dilatarsi; *(sich verlängern)* allungarsi; *(zeitlich)* prolungarsi

Ausdehnung <-, -en> *f* ① *(Vorgang)* distensione *f; (Vergrößerung)* ampliamento *m,* espansione *f;* PHYS dilatazione *f; (zeitlich)* prolungamento *m* ② *(räumliche Erstreckung)* estensione *f*

aus|denken <irr> *vt* **sich** *dat* **etw ~** *(sich vorstellen)* immaginarsi qc; *(erfinden)* escogitare qc, inventare qc

aus|drehen *vt (Licht)* spegnere; *(Gas)* chiudere

Ausdruck[1] <-(e)s, -drücke> *m* ① *(Wort)* parola *f,* termine *m,* voce *f;* **das ist gar kein ~!** *(fam)* non ci sono parole per esprimere questo! ② *(Gesichts~)* espressione *f* ③ *Sing. (Zeichen, Bekundung)* espressione *f;* **zum ~ bringen** esprimere, manifestare

Ausdruck[2] <-(e)s, -e> *m* INFORM *(Computer~)* tabulato *m,* elaborato *m*

aus|drucken *vt* TYP, INFORM stampare

aus|drücken **I.** *vt* ① *(Zitrone, Schwamm, Saft)* spremere ② *(Zigarette)* spegnere [premendo] ③ *(zum Ausdruck bringen)* esprimere, manifestare; **anders ausgedrückt** in altre parole **II.** *vr:* **sich ~** *(sich äußern)* esprimersi

ausdrücklich ['aʊsdrʏklɪç *o* aʊs'drʏklɪç] *adj* espresso, esplicito

Ausdruckskraft *f* espressività *f*

ausdruckslos **I.** *adj* inespressivo **II.** *adv* senza espressione

Ausdrucksvermögen <-s> *nt kein Pl.* capacità *f* espressiva, espressività *f*

ausdrucksvoll **I.** *adj* espressivo **II.** *adv* con espressione

Ausdrucksweise *f* modo *m* di esprimersi [*o* di parlare]; *(Stil)* stile *m,* linguaggio *m*

auseinander [aʊsʔaɪ'nandɐ] **I.** *adj* ① *(räumlich entfernt)* lontani [*o* discosti] l'uno dall'altro ② *(zeitlich entfernt)* **wir**

sind zehn Jahre ~ tra di noi c'è una differenza d'età di dieci anni ③ *(getrennt)* **die beiden sind schon lange** ~ i due si sono lascati da tempo **II.** *adv* ① *(räumlich entfernt)* **sie wohnen weit** ~ abitano distanti l'uno dall'altro ② *(eins aus dem anderen)* **sich** ~ **ergeben** risultare l'uno dall'altro/l'una dall'altra

auseinander|brechen <irr> **I.** *vi (kaputtgehen)* rompersi, spezzarsi, disfarsi **II.** *vt (kaputtmachen)* rompere, spezzare

auseinander|bringen <irr> *vt* ① *(voneinander lösen)* riuscire a separare [*o* staccare] l'uno dall'altro ② *(entzweien)* separare

auseinander|fallen <irr> *vi* disfarsi, cadere in pezzi

auseinander|gehen <irr> *vi* ① *(sich trennen)* separarsi, lasciarsi ② *(sich verzweigen)* dividersi, biforcarsi ③ *(Meinungen)* divergere, differire ④ *(aus den Fugen gehen)* rompersi ⑤ *(fam: dick werden)* ingrassare

auseinander|halten <irr> *vt* distinguere

auseinander|nehmen <irr> *vt* ① disfare, scomporre ② TEC smontare

auseinander|schreiben <irr> *vt* scrivere staccato

auseinander|setzen I. *vt* **jdm etw** ~ spiegare qc a qu **II.** *vr* **sich mit etw** ~ occuparsi di qc; **sich mit jdm** ~ *(in kontroversem Gespräch)* avere una discussione con qu

Auseinandersetzung <-, -en> *f* ① *(Streitgespräch)* discussione *f* ② *(Streit)* contrasto *m,* diverbio *m* ③ *(Kampfhandlung)* conflitto *m*

auserkoren ['aʊsɛɐko:rən] *adj (geh)* eletto, prescelto

auserlesen *adj (geh)* scelto, eletto; *(Speise)* prelibato

auserwählt *adj (geh)* [pre]scelto; REL eletto

ausfahrbar ['aʊsfa:ɐba:ɐ] *adj* TEC estraibile

aus|fahren <irr> **I.** *vi sein (spazieren fahren)* uscire a passeggio **II.** *vt haben* ① *(spazieren fahren)* condurre [*o* portare] a passeggio, portare fuori ② *(Waren)* distribuire ③ AERO *(Fahrgestell)* far uscire

Ausfahrt <-, -en> *f* uscita *f;* ~ **freihalten!** lasciare libera l'uscita!

Ausfall <-es, -fälle> *m* ① *(Verlust)* perdita *f; (Einbuße)* mancanza *f; (Haar~)* caduta *f;* TEC, MOT guasto *m,* avaria *f* ② *(Nichtstattfinden)* sospensione *f* ③ MIL sortita *f*

aus|fallen <irr> *vi sein* ① *(Haare, Zähne)* cadere ② TEC, MOT arrestarsi, fermarsi ③ *(Veranstaltung)* non aver luogo, cadere; *(a. Zug)* essere soppresso; **heute fällt die Schule aus** oggi non c'è scuola ④ *(fehlen)* mancare, essere assente ⑤ *(ein Ergebnis zeigen)* andare, riuscire; **wie ist die Prüfung ausgefallen?** com'è andato l'esame?

ausfallend, **ausfällig** *adj* offensivo, ingiurioso

Ausfallstraße *f* strada *f* d'uscita

aus|feilen *vt (fig)* perfezionare

aus|fertigen *vt* ADM *(Pass, Quittung)* rilasciare; *(Vertrag)* redigere, stendere

Ausfertigung <-, -en> *f* ① *(von Vertrag)* redazione *f,* stesura *f; (von Pass)* rilascio *m* ② *(Exemplar)* esemplare *m; (Abschrift)* copia *f;* **in doppelter** ~ in due copie, in duplice copia

ausfindig *adj* ~ **machen** trovare, scoprire

aus|flippen ['aʊsflɪpən] *vi sein (sl)* ① *(durch Drogen)* essere fuori, sballarsi ② *(durchdrehen)* perdere i nervi; *(vor Freude)* toccare il cielo con un dito

Ausflucht ['aʊsflʊxt, *Pl:* 'aʊsflʏçtə] <-, -flüchte> *f* scusa *f,* pretesto *m*

Ausflug <-(e)s, -flüge> *m* gita *f,* escursione *f*

Ausflügler(in) ['aʊsfly:klɐ] <-s, -; -, -nen> *m(f)* escursionista *mf,* gitante *mf*

Ausfluss <-es, -flüsse> *m* ① *(das Ausfließen)* efflusso *m,* scolo *m* ② *(~stelle, Abfluss)* scarico *m* ③ MED secrezione *f*

aus|forschen *vt* A *(form: ausfindig machen)* trovare, identificare

aus|forschen *vt* ① *(erforschen)* indagare ② *(ausfragen)* interrogare

aus|fragen *vt* **jdn über etw** *akk* ~ cercare di sapere qc da qu

aus|fransen *vi sein* sfilacciare, sfilacciarsi

aus|fressen <irr> *vt (fam: anstellen)* combinare

Ausfuhr <-, -en> *f* esportazione *f*

Ausfuhrartikel *m* articolo *m* di esportazione

ausführbar *adj* ① *(durchführbar)* fattibile, attuabile, realizzabile ② COM esportabile

Ausfuhrbeschränkung *f* limitazione *f* [*o* restrizione *f*] all'esportazione

Ausfuhrbestimmungen *fpl* disposizioni *fpl* per l'esportazione

aus|führen *vt* ① *(spazieren führen)* portare fuori; *(Hund)* portare a passeggio ② COM **etw nach Italien** ~ esportare qc in Italia ③ *(durchführen)* effettuare, attuare; *(Auftrag, Bestellung)* eseguire; *(Plan)* realizzare ④ *(darlegen)* esporre, svolgere; *(erläutern)* spiegare

Ausführen <-s, -> *nt (Computer)* [comando *m*] esegui

Ausfuhrerklärung *f* dichiarazione *f* doganale per l'esportazione

Ausfuhrgenehmigung *f* permesso *m* [*o* licenza *f*] di esportazione

Ausfuhrhafen *m* porto *m* d'esportazione

A

Ausfuhrhandel *m* commercio *m* d'esportazione
Ausfuhrland *nt* paese *m* esportatore
ausführlich ['aʊsfyːɐ̯lɪç *o* aʊs'fyːɐ̯lɪç] **I.** *adj* dettagliato **II.** *adv* dettagliatamente
Ausführlichkeit <-> *f kein Pl.* **in aller ~** molto dettagliatamente
Ausführung <-, -en> *f* ❶ *(Durchführung)* effettuazione *f; (von Auftrag)* esecuzione *f; (von Plänen)* realizzazione *f* ❷ *(Fertigstellung)* compimento *m* ❸ *(Anfertigung)* confezione *f* ❹ *(Typ)* modello *m,* tipo *m* ❺ *(Darlegung)* esposizione *f pl,* argomentazioni *f pl*
Ausführungsbestimmungen *f pl* norme *f pl* [*o* disposizioni *f pl*] esecutive
Ausfuhrverbot *nt* divieto *m* d'esportazione
Ausfuhrzoll *m* dazio *m* d'esportazione
aus|füllen *vt* ❶ *(Loch, Graben, a. fig)* riempire, colmare; **etw mit etw ~** riempire qc di qc; **eine Lücke ~** colmare una lacuna ❷ *(Posten, Stellung)* occupare, ricoprire ❸ *(Formular)* compilare, riempire ❹ *(befriedigen)* soddisfare
Ausgabe <-, -n> *f* ❶ *Sing. (Verteilung)* distribuzione *f; (Aushändigung)* consegna *f; (von Banknoten, Briefmarken)* emissione *f; (Fahrkarten~)* vendita *f* ❷ *Pl. (Geld~)* spese *f pl* ❸ *(von Zeitschrift, Buch, Fernsehsendung)* edizione *f* ❹ INFORM uscita *f,* output *m*
Ausgabegerät <-(e)s, -e> *nt* INFORM unità *f* d'uscita
Ausgang <-(e)s, -gänge> *m* ❶ *(Weg nach draußen)* uscita *f* ❷ *(Ende)* fine *f,* termine *m* ❸ *(Ergebnis)* esito *m,* risultato *m* ❹ *(freier Tag)* giorno *m* libero; **~ haben** avere libera uscita
Ausgangsbasis *f* base *f* di partenza
Ausgangspunkt *m* punto *m* di partenza
Ausgangssperre *f* coprifuoco *m*
Ausgangssprache *f* lingua *f* di partenza [*o* da cui si traduce]
Ausgangsstellung *f* posizione *f* iniziale
aus|geben <irr> **I.** *vt* ❶ *(verteilen)* distribuire; *(aushändigen)* consegnare; **einen ~** *(fam)* pagare da bere, offrire un bicchiere ❷ INFORM *(ausdrucken)* stampare ❸ *(Geld)* spendere **II.** *vr* **sich für** [*o* **als**] **jdn/etw ~** farsi passare per qu/qc
ausgebucht *adj* completo
ausgebufft *adj (fam)* scaltro
Ausgeburt <-, -en> *f (geh pej)* aborto *m,* obbrobrio *m*
ausgedehnt *adj* esteso, vasto, ampio; *(zeitlich)* lungo
ausgedient *adj (Gegenstand)* fuori uso; *(Kleidungsstück)* smesso
ausgefallen *adj* stravagante, strano
ausgefranst *adj* sfilacciato
ausgeglichen *adj* ❶ *(seelisch)* equilibrato ❷ *(Bilanz)* pareggiato
Ausgeglichenheit <-> *f kein Pl.* equilibrio *m; (seelisch)* posatezza *f*
aus|gehen <irr> *vi sein* ❶ *(weggehen)* uscire; *(spazieren gehen)* andare a passeggio ❷ *(Haare)* cadere ❸ *(Feuer)* spegnersi ❹ *(Vorrat)* esaurirsi; *(Geld)* venire a mancare; *(Kräfte)* venir meno; **mir geht die Geduld aus** perdo la pazienza ❺ *(enden)* finire, concludersi; **leer ~** rimanere a mani vuote [*o* a bocca asciutta] ❻ *(seinen Ursprung nehmen)* partire, basarsi; **von etw ~** partire da qc; *(herrühren)* prendere le mosse da qc; **von falschen Voraussetzungen ~** partire da presupposti sbagliati
ausgehungert *adj* affamato
ausgeklügelt *adj* ingegnoso, ben congegnato
ausgekocht *adj (fam pej)* scaltro, furbo
ausgelassen *adj* allegro; *(wild)* scatenato
Ausgelassenheit <-> *f kein Pl.* allegria *f,* sfrenatezza *f*
ausgemacht *adj* ❶ *(abgemacht)* convenuto, pattuito ❷ *(fam: vollkommen)* perfetto
ausgemergelt ['aʊsgəmɛrgəlt] *adj* indebolito; *(Boden)* impoverito
ausgenommen I. *präp +akk* eccetto, tranne; **Anwesende ~** esclusi i presenti **II.** *konj* **~, dass ...** a meno che *+conj*
ausgepowert [aʊsgə'paʊɐt] *adj (fam)* sfinito, esaurito, spossato
ausgeprägt *adj* spiccato, marcato
ausgerechnet ['aʊsgə(')rɛçnət] *adv (fam)* proprio
ausgeruht *adj* [ben] riposato
ausgerüstet *adj* attrezzato (**mit** con), equipaggiato (**mit** con)
ausgeschlossen *adj* escluso
ausgeschnitten *adj (Kleid)* scollato
ausgesprochen I. *adj* spiccato, particolare **II.** *adv* particolarmente
ausgestorben *adj* ❶ *(Tierart)* estinto ❷ *(fig: menschenleer)* deserto
ausgesucht ['aʊsgəzuːxt] *adj (Ware, Gesellschaft)* scelto; *(Worte)* ricercato
ausgetreten *adj (Weg)* battuto; *(Stufe)* consumato; *(Schuhe)* scalcagnato, sformato
ausgewachsen *adj* adulto, sviluppato; **ein ~er Blödsinn** *(fam)* una stupidaggine bell'e buona
ausgewogen *adj* equilibrato, armonioso
Ausgewogenheit <-> *f kein Pl.* equilibrio *m,* armonia *f*
ausgezeichnet ['aʊsgə(')tsaɪçnət] *adj* eccellente, ottimo; *(köstlich)* squisito

A

ausgiebig ['aʊsgi:bɪç] *adj* abbondante, copioso; *(ausgedehnt)* lungo

aus|gießen <irr> *vt* ① *(Flüssigkeit)* versare ② *(Gefäß)* vuotare

Ausgleich <-(e)s, *rar:* -e> *m* ① *(von Gegensätzlichkeiten)* appianamento *m,* accomodamento *m;* **zum ~ für** in compenso di ② JUR aggiustamento *m* ③ *(Steuer~, Lohn~)* conguaglio *m* ④ *(Entschädigung)* risarcimento *m,* indennizzo *m* ⑤ *Sing.* SPORT pareggio *m*

aus|gleichen <irr> **I.** *vt* ① *(Unterschiede)* livellare, appianare; *(Konto)* pareggiare ② *(im Gleichgewicht halten)* equilibrare, bilanciare ③ *(wettmachen)* compensare ④ COM saldare **II.** *vi* ① SPORT pareggiare ② *(vermitteln)* accomodare, comporre **III.** *vr:* **sich ~** equilibrarsi, bilanciarsi

ausgleichend *adj* accomodante

Ausgleichskasse <-, -n> *f* CH ADM cassa *f* mutua

Ausgleichssport *m* sport *m* per tenersi in esercizio

Ausgleichstor *nt,* **Ausgleichstreffer** *m* rete *f* del pareggio

aus|graben <irr> *vt* dissotterrare; *(a. archäologisch)* disseppelire; *(Loch)* scavare; *(fig)* esumare

Ausgrabung <-, -en> *f* ① *(das Ausgraben)* scavo *m* ② *(Fundstätte, Fund)* reperto *m,* resto *m*

ausgrenzen *vt* escludere

Ausguck ['aʊsgʊk] <-(e)s, -e> *m* ① *(Stelle)* posto *m* di osservazione ② NAUT coffa *f*

Ausguss <-es, -e> *m* ① *(Becken)* acquaio *m* ② *(Abfluss)* scarico *m*

aus|haben <irr> *(fam)* **I.** *vt* ① *(Kleidung, Schuhe)* essersi tolto [*o* levato] ② *(Buch)* aver finito **II.** *vi (bes. Schule, Unterricht)* aver finito; **wann habt ihr heute aus?** a che ora uscite?

aus|halten <irr> **I.** *vt* ① *(ertragen)* sopportare; **ich halte es nicht mehr aus** non ne posso più ② *(standhalten)* reggere ③ *(unterhalten)* mantenere **II.** *vi* resistere

aus|handeln *vt* negoziare

aus|händigen ['aʊshɛndɪgən] *vt* **jdm etw ~** consegnare qc a qu

Aushändigung <-> *f kein Pl.* consegna *f* a mano

Aushang <-(e)s, -hänge> *m* avviso *m,* comunicato *m*

aus|hängen **I.** *vt* ① *(Bekanntmachung)* esporre ② *(Tür, Fenster)* scardinare **II.** *vi irr* essere affisso

Aushängeschild *nt* insegna *f;* **als ~ dienen** *(fig)* servire da richiamo

aus|harren ['aʊsharən] *vi* perseverare (**in** +*dat* in); *(an einem Ort)* resistere

aus|heben <irr> *vt* ① *(Graben)* scavare ② *(Tür)* scardinare ③ *(Vögel aus Nest, Verbrecher)* snidare ④ *(Truppen)* arruolare, reclutare ⑤ A *(Briefkasten)* svuotare

Aushebung <-, -en> *f* ① *(Baugrube, Graben)* fossa *f* ② CH MIL *(Musterung, Einberufung zum Militär)* chiamata *f* alle armi; **zur ~ antreten** presentarsi alla chiamata alle armi

aus|heilen *vi sein* guarire [completamente]

aus|helfen <irr> *vi* ① *(helfen)* **jdm ~** aiutare qu; **er hat mir mit zehn Euro ausgeholfen** mi ha prestato dieci euro ② *(einspringen)* supplire; **einem Kollegen ~** sostituire un collega

Aushilfe <-, -en> *f* aiuto *m*

Aushilfskellner *m* aiuto cameriere *m*

Aushilfskraft *f* supplente *mf*

aushilfsweise *adv* per supplire

aus|höhlen *vt* ① *(hohl machen)* scavare, incavare ② *(fig)* minare

aus|holen *vi (mit dem Arm)* sollevare [*o* alzare] il braccio [per colpire]; **weit ~** *(fig)* cominciare da lontano, pigliarla larga

aus|horchen *vt* **jdn** [**über etw** *akk*] **~** cercare di sapere [qc] da qu

aushungern *vt* affamare, far patire la fame

aus|kennen <irr> *vr:* **sich ~** *(an einem Ort)* conoscere bene un posto, essere pratico di un luogo; *(fig: auf einem Gebiet)* intendersi; **sich mit etw** [*o* **in etw** *dat*] [**gut**] **~** essere esperto di qc

aus|klammern *vt* escludere, non prendere in considerazione

Ausklang <-(e)s, -klänge> *m (geh: Ende)* fine *f,* conclusione *f*

ausklappbar *adj* pieghevole, ribaltabile

aus|kleiden *vt (Fläche, Raum)* ricoprire; **etw mit etw ~** ricoprire [*o* rivestire] qc di qc

aus|klingen <irr> *vi sein* ① *(Ton)* smorzarsi, spegnersi ② *(fig: Fest, Tag)* concludersi, finire

aus|klopfen *vt* ① *(Kleider, Teppiche)* battere, spolverare ② *(Pfeife)* pulire, svuotare

aus|kneifen <irr> *vi sein (fam)* tagliare la coda, svignarsela

ausknöpfbar *adj* staccabile

aus|kochen *vt* ① GASTR far bollire ② *(steril machen)* sterilizzare

aus|kommen <irr> *vi sein* **mit jdm ~** andare d'accordo con qu; **mit seinem Geld ~** avere abbastanza soldi; **ohne etw nicht ~ können** non potere fare a meno di qc; **wir kommen mit den Vorräten nicht aus** le provviste non ci bastano

Auskommen <-s> *nt kein Pl.* **sein ~ haben** aver quanto basta per vivere; **sein gutes ~ haben** essere in condizioni agiate

aus|kosten *vt (geh)* godere, assaporare

aus|kratzen *vt* grattare via; MED raschiare; **jdm die Augen ~** *(fam)* cavare gli occhi a qu

aus|kühlen **I.** *vi sein (abkühlen)* gelare; *(Unterkühlung erleiden)* assiderare **II.** *vt* raffreddare, gelare

aus|kundschaften *vt (Gebiet) a.* MIL esplorare; *(Geheimnis)* indagare su

Auskunft ['aʊskʊnft, *Pl:* 'aʊskʏnftə] <-, Auskünfte> *f* ① *(Information)* informazione *f;* **~ über etw** *akk* **erteilen** dare informazioni su qc; **nähere ~ erteilt/erteilen …** per maggiori informazioni rivolgersi a … ② *(~sstelle)* ufficio *m* informazioni; TEL servizio *m* informazioni

Auskunftspflicht *f* obbligo *m* d'informazione

Auskunftsschalter <-s, -> *m* sportello *m* informazioni

aus|lachen *vt* deridere

aus|laden <irr> *vt* ① *(Fracht, Fahrzeug)* scaricare; *(Passagiere)* sbarcare ② *(Gast)* ritirare [*o* disdire] l'invito a

ausladend *adj* ① ARCH aggettante; *(a. Kinn)* sporgente ② *(Handbewegung)* ampio

Auslage <-, -n> *f* ① *(Waren)* merce *f* esposta ② *(Schaufenster)* vetrina *f* ③ *Pl. (Unkosten)* spese *f pl*

auslagern *vt* mettere in salvo, porre al sicuro

Ausland <-(e)s> *nt kein Pl.* estero *m;* **ins/im ~** all'estero

Ausländer(in) ['aʊslɛndɐ] <-s, -; -, -nen> *m(f)* straniero, -a *m, f*

Ausländeramt *nt* Ufficio *m* Immigrati

ausländerfeindlich *adj* xenofobo

Ausländerfeindlichkeit <-> *f kein Pl.* xenofobia *f*

Ausländerin *f s.* **Ausländer**

Ausländerwahlrecht *nt* POL diritto *m* di voto agli stranieri

ausländisch *adj* straniero; *(bes. Waren, Zeitungen)* estero, proveniente dall'estero

Auslandsaufenthalt *m* soggiorno *m* all'estero

Auslandsbeziehungen *f pl* relazioni *f pl* [*o* rapporti *m pl*] con l'estero

Auslandserzeugnis *nt* prodotto *m* estero

Auslandsgespräch *nt* TEL telefonata *f* internazionale

Auslandskorrespondent(in) *m(f)* corrispondente *mf* dall'estero

Auslandskrankenschein *m* modulo *m* di cassa malattia per l'estero

Auslandsverschuldung <-, -en> *f* debito *m* estero; **eine hohe/niedrige ~** un debito estero alto/basso

Auslandsvertretung *f* rappresentanza *f* all'estero

aus|lassen <irr> **I.** *vt* ① SÜDD, A *(freilassen)* liberare ② SÜDD, A *(in Ruhe lassen)* lasciare in pace ③ *(weglassen)* omettere, tralasciare ④ *(Butter, Fett)* sciogliere, struggere ⑤ *(Kleidung)* allargare, allungare ⑥ *(abreagieren)* **etw an jdm ~** sfogare qc su qu ⑦ *(fam: nicht einschalten)* lasciare spento **II.** *vr* **sich über etw** *akk* **~** *(fam)* pronunciarsi su qc, esprimersi su qc

Auslassung <-, -en> *f* ① *(Weggelassenes)* omissione *f,* eliminazione *f* ② *Pl. (pej: Äußerungen)* osservazioni *f pl*

Auslassungspunkte *m pl* LING puntini *m pl* di sospensione

Auslassungszeichen *nt* LING apostrofo *m*

auslasten *vt* ① *(Maschine)* sfruttare [a pieno] ② *(Person)* caricare

Auslauf <-es, -läufe> *m* ① *(Ausfließen)* efflusso *m* ② *(Bewegungsfreiheit)* spazio *m* per muoversi

aus|laufen <irr> *vi sein* ① *(Flüssigkeit)* scolare, fuoriuscire; *(Farben)* spargersi, dilatarsi ② *(Behälter)* svuotarsi ③ NAUT uscire dal porto ④ *(enden)* terminare, finire; *(Vertrag)* scadere; *(Produktion)* esaurirsi

Ausläufer <-s> *m kein Pl.* ① *(von Gebirge)* contrafforte *m* ② METEO diramazione *f*

Auslaut <-(e)s, -e> *m* LING finale *f*

aus|leben *vr:* **sich ~** sfogarsi

aus|leeren *vt (Flüssigkeit)* versare; *(Behälter)* vuotare

aus|legen *vt* ① *(Waren)* esporre; *(Köder)* collocare ② *(auskleiden)* **etw** [**mit etw**] **~** rivestire qc [di qc]; **den Fußboden mit Fliesen ~** piastrellare il pavimento ③ *(Geld)* sborsare, anticipare ④ *(deuten)* interpretare; *(erklären)* spiegare

Ausleger <-s> *m kein Pl.* ① TEC *(von Kran)* braccio *m* ② NAUT *(von Boot)* fuoriscalmo *m*

Auslegung <-, -en> *f* interpretazione *f*

Ausleihe <-, -n> *f* ① *(Tätigkeit)* prestito *m* ② *(Raum)* servizio *m* prestito

aus|leihen <irr> *vt* ① *(verleihen)* [**jdm**] **etw ~** [im]prestare [*o* dare in prestito] qc [a qu] ② *(entleihen)* **etw** [**bei/von jdm**] **~** prendere in prestito qc [da qu]

aus|lernen *vi (Lehrling)* finire il tirocinio; **man lernt nie aus** *(prov)* non si finisce mai di imparare

Auslese <-, -n> *f* ① *(Auswahl)* scelta *f;* BIOL selezione *f* ② *(Wein)* vino *m* scelto

aus|lesen <irr> *vt* ① *(aussondern)* selezionare, assortire; *(auswählen)* scegliere ② *(zu Ende lesen)* finire [di leggere]

aus|leuchten *vt* illuminare

aus|liefern *vt* ① *(Ware)* consegnare

② *(Verbrecher)* consegnare nelle mani della giustizia; *(Asylanten)* estradare; **jdm/etw ausgeliefert sein** essere in balia di qu/qc

Auslieferung <-, -en> *f* ① *(von Waren)* consegna *f,* distribuzione *f* ② JUR estradizione *f*

Auslieferungsantrag <-(e)s, -träge> *m* POL, JUR domanda *f* di estradizione

Auslieferungsverfahren *nt* POL, JUR procedura *f* di estradizione

aus|liegen <irr> *vi* ① *(Waren)* essere esposto ② *(zur Einsichtnahme)* essere a disposizione [da consultare]

aus|loggen ['aʊslɔgən] *vi* INFORM scollegarsi

aus|löschen *vt* ① *(Feuer, Licht)* spegnere; *(Leben, Schulden)* estinguere ② *(Schrift)* cancellare

aus|losen *vt* estrarre [*o* tirare] a sorte, sorteggiare

aus|lösen *vt* ① *(hervorrufen)* suscitare, destare ② *(verursachen)* causare, provocare ③ *(Knochen)* togliere

Auslöser <-s> *m kein Pl.* ① FOTO [dispositivo *m* di] scatto *m* ② *(fig)* causa *f*

Auslosung <-, -en> *f* sorteggio *m,* estrazione *f*

aus|loten ['aʊslo:tən] *vt* ① NAUT *(Fahrwasser)* scandagliare ② TEC *(die Senkrechte bestimmen)* piombinare ③ *(fig)* **die Situation ~** scandagliare la situazione

aus|machen *vt* ① *(fam: Feuer, Licht, Radio)* spegnere ② *(verabreden)* convenire, pattuire; *(vereinbaren)* stabilire, fissare ③ *(sichten)* avvistare, scorgere ④ *(betragen)* ammontare a; *(einen Teil bilden)* formare, costituire; *(a. zum Inhalt haben)* rappresentare ⑤ *(stören)* spiacere; **würde es Ihnen etwas ~, wenn ...?** Le spiacerebbe, se ...? +*conj;* **es macht** [**gar**] **nichts aus, wenn ...** non fa niente se ... ⑥ CH *(wahrnehmen)* riconoscere

aus|malen I. *vt (mit Farbe)* colorare **II.** *vr* **sich** *dat* **etw ~** immaginarsi qc, raffigurarsi qc

Ausmaß <-es, -e> *nt* ① *(von Gegenstand)* misura *f,* dimensione *f; (von Fläche)* area *f,* estensione *f* ② *(fig)* dimensione *f,* proporzione *f;* **in großem ~** in grande misura [*o* stile]

aus|merzen *vt* ① *(Unkraut)* estirpare, sradicare; *(Ungeziefer)* sterminare ② *(Fehler)* eliminare, estirpare

aus|messen <irr> *vt* misurare, prendere le misure di

aus|misten *vt* ① *(Stall)* rimuovere il letame da ② *(fam: Schrank, Zimmer)* mettere ordine in

aus|mustern *vt* ① *(aussortieren)* scartare ② MIL riformare

Ausnahme ['aʊsna:mə] <-, -n> *f* eccezione *f;* **eine ~ machen** fare un'eccezione; **mit ~ von** ad eccezione di, eccetto; **ohne ~** senza eccezione

Ausnahmefall *m* caso *m* eccezionale

Ausnahmeregelung <-, -en> *f* provvedimento *m* eccezionale

Ausnahmesituation *f* situazione *f* di emergenza

Ausnahmezustand *m* stato *m* d'emergenza

ausnahmslos *adj o adv* senza eccezione

ausnahmsweise *adv* in via eccezionale, eccezionalmente

aus|nehmen <irr> **I.** *vt* ① *(Eier, junge Vögel)* snidare ② *(Wild, Fisch)* sventrare; *(Geflügel)* svuotare ③ *(fam: schröpfen)* pelare ④ *(ausschließen)* escludere **II.** *vr* **sich ~ wie** sembrare; **sich gut/schlecht ~** presentarsi bene/sfigurare

ausnüchtern *vi* smaltire una sbornia *fam*

aus|nutzen *vt,* **aus|nützen** *vt* SÜDD, A, CH ① *(Gelegenheit, Situation)* approfittare di ② *(Stellung, Notlage)* trarre vantaggio da

aus|packen I. *vt (Eingepacktes)* aprire; *(Koffer)* disfare **II.** *vi (fig fam: alles sagen)* spifferare tutto, spiattellare tutto; *(seine Meinung sagen)* vuotare il sacco

auspeitschen *vt* frustare, flagellare

aus|pfeifen <irr> *vt* fischiare

aus|plaudern *vt* spifferare

aus|plündern *vt (Person)* depredare, derubare; *(Land, Häuser)* saccheggiare; *(Bank, Geschäft)* svaligiare

aus|posaunen <ohne ge-> *vt (fig fam)* strombazzare, gridare ai quattro venti

aus|pressen *vt (Früchte, Saft)* spremere

aus|probieren <ohne ge-> *vt (versuchen)* provare, tentare; *(erproben)* sperimentare

Auspuff <-(e)s, -e> *m* TEC, MOT scappamento *m*

Auspuffgase *ntpl* MOT gas *m* di scappamento

Auspuffrohr *nt* MOT tubo *m* di scappamento

aus|pumpen *vt (Wasser)* pompare; *(entleeren)* vuotare con la pompa; **jdm den Magen ~** MED fare la lavanda gastrica a qu

aus|quartieren <ohne ge-> *vt* sloggiare

aus|quetschen *vt* ① *(Frucht)* spremere ② *(fig fam: ausfragen)* torchiare

aus|radieren <ohne ge-> *vt* ① *(Geschriebenes, a. fig)* cancellare ② *(fig: völlig zerstören)* radere al suolo

aus|rangieren <ohne ge-> *vt (fam)* eliminare, scartare

aus|rasten *vi sein (fam)* perdere le staffe

aus|rauben *s.* **ausplündern**
aus|räuchern *vt* ① *(Raum)* disinfestare col fumo ② *(Menschen, Tiere)* cacciare col fumo
aus|raufen *vt* **sich** *dat* **die Haare ~** strapparsi i capelli
aus|räumen *vt* ① *(Dinge)* rimuovere; **etw aus einem Schrank ~** togliere qc dall'armadio ② *(Schrank, Zimmer)* vuotare ③ *(fig: Bedenken, Verdacht)* eliminare
aus|rechnen *vt* calcolare; **das kannst du dir leicht ~** *(fig)* te lo puoi ben immaginare
Ausrede <-, -n> *f* ① *(Entschuldigung)* scusa *f;* **faule ~** *(fam)* misera scusa ② *(Vorwand)* pretesto *m*
aus|reden I. *vt* **jdm etw ~** sconsigliare qc a qu, dissuadere qu dal fare qc **II.** *vi* finire di parlare; **lass mich ~!** non interrompermi!
aus|reichen *vi* bastare, essere sufficiente
ausreichend *adj* ① *(genug)* sufficiente ② *(Schulnote) sei*
aus|reifen *vi sein (Früchte, Wein)* maturare [completamente]
Ausreise <-, -n> *f* ① *(Grenzübertritt)* passaggio *m* di confine ② *(Verlassen des Landes)* espatrio *m*
Ausreiseerlaubnis *f,* **Ausreisegenehmigung** *f* permesso *m* d'espatrio
ausreisen *vi sein* espatriare, andare all'estero
Ausreisevisum *nt* visto *m* d'uscita
aus|reißen <irr> **I.** *vt haben (Haare, Unkraut)* strappare; *(mit Wurzeln)* sradicare; *(Zähne)* cavare, estrarre **II.** *vi sein* ① *(sich abtrennen)* staccarsi; *(einreißen)* strapparsi ② *(fam: weglaufen)* scappare
Ausreißer(in) <-s, -; -, -nen> *m(f)* scappato, -a *m, f* di casa
aus|reiten <irr> *vi sein* uscire a cavallo
aus|renken *vt* slogare, lussare; **sich** *dat* **den Arm ~** slogarsi il braccio
aus|richten I. *vt* ① *(in eine Reihe stellen)* allineare ② *(übermitteln)* portare; **kann ich etw ~?** posso riferire qc?; **richten Sie ihm einen Gruß von mir aus** lo saluti da parte mia ③ *(veranstalten)* allestire ④ *(erreichen)* raggiungere; *(zuwege bringen)* concludere, riuscire a fare; **[bei jdm] etw ~** ottenere qc [da qu] **II.** *vr:* **sich ~** *(fig)* MIL allinearsi, schierarsi
Ausrichtung <-, -en> *f* ① *(Orientierung)* orientamento *m* ② INFORM allineamento *m*
Ausritt <-(e)s, -e> *m* passeggiata *f* a cavallo
aus|rollen *vt* srotolare; *(Teig)* spianare
aus|rotten *vt* ① *(Pflanze)* estirpare, sradicare; *(Ungeziefer)* sterminare ② *(fig: vernichten)* sterminare, distruggere
Ausrottung <-> *f kein Pl.* ① *(von Pflanze)* estirpazione *f* ② *(fig: Vernichtung)* sterminio *m,* eliminazione *f*
aus|rücken I. *vt haben* TEC disinserire, disinnestare **II.** *vi sein* ① MIL mettersi in marcia, partire ② *(Feuerwehr, Polizei)* entrare in azione ③ *(fam: weglaufen)* scappare
Ausruf <-(e)s, -e> *m* grido *m,* esclamazione *f*
Ausruf[e]zeichen <-s, -> *nt* A, CH punto *m* esclamativo
aus|rufen <irr> *vt* ① *(bekannt geben)* annunciare ② *(Waren, Zeitungen)* offrire ad alta voce ③ *(proklamieren)* proclamare
Ausrufer <-s> *m kein Pl. (amtlich)* banditore *m; (Verkäufer)* strillone *m*
Ausrufungszeichen *s.* **Ausrufezeichen**
Ausrufzeichen *nt* A, CH punto *m* esclamativo
aus|ruhen I. *vt* riposare **II.** *vr* **sich [von etw] ~** riposarsi [da qc]; *(ausspannen)* rilassarsi [da qc]
aus|rüsten *vt* **jdn [mit etw] ~** equipaggiare qu [con qc]; *(fig)* munire qu [di qc]
Ausrüstung <-, -en> *f* ① *(Vorgang)* equipaggiamento *m* ② NAUT, MIL armamento *m*
aus|rutschen *vi sein* sdrucciolare, scivolare
Ausrutscher <-s, -> *m (fam: Fauxpas)* gaffe *f*
Aussaat <-, -en> *f* ① *(Aussäen)* semina *f* ② *(Saatgut)* semente *f*
aus|säen *vt* seminare
Aussage <-, -n> *f* ① *(Behauptung)* dichiarazione *f,* affermazione *f;* **nach jds ~** a detta di qu ② JUR deposizione *f;* **eine falsche ~ machen** deporre il falso; **die ~ verweigern** rifiutare la deposizione; **~ gegen ~** la parola di uno contro quella di un altro ③ *(fig: von Kunstwerk)* messaggio *m*
Aussagekraft *f* forza *f* espressiva
aussagekräftig *adj* rivelatore, espressivo
aus|sagen I. *vt* ① *(ausdrücken)* dire; *(Meinung)* dichiarare, affermare; **etw über jdn/etw ~** affermare qc su qu/qc ② *(Kunstwerk)* dire **II.** *vi* JUR deporre, testimoniare; **für/gegen jdn ~** deporre per/contro qu
Aussagesatz *m* GRAM proposizione *f* enunciativa
Aussatz <-es> *m kein Pl.* MED lebbra *f*
aussätzig ['aʊszɛtsɪç] *adj* lebbroso
Aussätzige <ein -r, -n, -n> *mf* lebbroso, -a *m, f*
aus|saugen *vt* ① *(Saft, Wunde)* succhiare ② *(fig: ausbeuten)* dissanguare
aus|schaffen *vt* CH *(form: des Landes verweisen)* bandire
aus|schalten *vt* ① *(Licht, Radio)* spegnere; *(Strom)* interrompere; MOT disinserire

② *(fig: ausschließen)* escludere; *(Gegner, Fehlerquelle)* eliminare

Ausschank ['aʊsʃaŋk, *Pl:* 'aʊsʃɛŋkə] <-(e)s, Ausschänke> *m* ① *(Ausschenken)* mescita *f* ② *(Schanktisch)* banco *m* di mescita

Ausschau <-, -en> *f* **nach jdm/etw ~ halten** cercare qu/qc con gli occhi

aus|schauen *vi* ① *(Ausschau halten)* **nach jdm/etw ~** cercare qu/qc con gli occhi ② SÜDD, A *s.* **aussehen**

aus|scheiden <irr> **I.** *vi sein* ① *(aus Verein, Amt)* ritirarsi; *(aus Firma)* lasciare; **aus einer Partei ~** ritirarsi da un partito ② SPORT essere eliminato ③ *(nicht in Betracht kommen)* essere fuori discussione; *(Bewerber)* non essere preso in considerazione **II.** *vt haben* ① BIOL *(Körper)* espellere; *(Drüsen)* secernere ② *(aussondern)* eliminare

Ausscheidung <-, -en> *f* ① *Sing. (Aussondern)* eliminazione *f;* BIOL escrezione *f* ② SPORT *(das Ausscheiden)* eliminazione *f;* *(~skampf)* gara *f* eliminatoria ③ *Pl.* BIOL escrementi *mpl*

Ausscheidungskampf *m* gara *f* eliminatoria

Ausscheidungsspiel *nt* partita *f* eliminatoria

aus|schenken *vt* ① *(im Lokal)* vendere ② *(ausgießen)* versare

aus|scheren *vi sein* uscire dalla colonna

ausschildern *vt* munire di segnali [stradali]

aus|schimpfen *vt* sgridare

aus|schlachten *vt* ① *(Tier)* sventrare ② *(Auto, Maschine)* rottamare ③ *(fig fam: ausnutzen)* sfruttare

aus|schlafen <irr> **I.** *vi, vr:* **sich ~** dormire abbastanza, fare una bella dormita **II.** *vt* **seinen Rausch ~** smaltire la sbornia

Ausschlag <-(e)s, -schläge> *m* ① MED *(Haut~)* eruzione *f* [cutanea] ② *(von Waage)* tracollo *m;* *(von Pendel)* oscillazione *f;* *(von Kompass)* deviazione *f;* **einer Sache** *dat* **den ~ geben** essere decisivo per qc

aus|schlagen <irr> **I.** *vi* ① *haben (Pferd)* tirare calci ② *haben o sein (Waage)* tracollare; *(Zeiger)* deviare; *(Pendel)* oscillare ③ *haben o sein* BOT germogliare, spuntare **II.** *vt haben* ① *(Zahn, Auge)* cavare ② *(auskleiden)* **etw mit Stoff ~** rivestire qc di stoffa, foderare qc ③ *(fig: ablehnen)* respingere, rifiutare

ausschlaggebend *adj* decisivo, determinante

aus|schließen <irr> *vt* ① *(aussperren)* chiudere [*o* lasciar] fuori ② *(nicht teilhaben lassen)* **jdn/etw [aus etw] ~** escludere qu/qc [da qc]; *(ausstoßen)* scacciare qu/qc [da qc] ③ *(ausnehmen)* escludere; *(Irrtum, Missverständnis)* evitare

ausschließlich **I.** *adj* esclusivo **II.** *adv* *(nur)* esclusivamente, soltanto, solamente **III.** *präp +gen* escluso

aus|schlüpfen *vi sein (aus Ei)* sgusciare, uscire dall'uovo

Ausschluss <-es, -schlüsse> *m* esclusione *f;* *(Partei~)* espulsione *f;* **unter ~ der Öffentlichkeit** a porte chiuse

Ausschlusskriterium *f* criterio *m* di esclusione

Ausschlussprinzip *nt* principio *m* di esclusione

aus|schmücken *vt* ① *(dekorieren)* ornare ② *(fig: Erzählung)* infiorare, abbellire

Ausschmückung <-, -en> *f* ① *(das Ausschmücken, Dekoration)* decorazione *f,* addobbo *m,* ornamento *m* ② *(fig: von Erzählung)* abbellimento *m*

aus|schneiden <irr> *vt* ① *(her~)* tagliare fuori; *(durch Her~ herstellen)* ritagliare ② BOT *(Bäume)* potare, sfoltire ③ *(Computer)* tagliare

Ausschnitt <-(e)s, -e> *m* ① *(Teil)* frammento *m,* squarcio *m;* *(Film~)* sequenza *f;* *(Gemälde~)* dettaglio *m;* *(Zeitungs~)* ritaglio *m* ② *(Kleider~)* scollatura *f*

aus|schöpfen *vt* ① *(Wasser)* cavar fuori, attingere ② *(Gefäß)* vuotare ③ *(fig: Thema)* esaurire; *(Möglichkeiten)* sfruttare

aus|schreiben <irr> *vt* ① *(Wort, Zahl)* scrivere in [tutte] lettere; *(Namen)* scrivere per intero ② *(Rechnung, Wechsel)* emettere ③ *(Stelle, Amt)* mettere a concorso; *(Wahlen)* indire; *(Wettbewerb)* bandire

Ausschreibung <-, -en> *f* *(von Wettbewerb)* bando *m;* *(von Stelle)* concorso *m;* *(von Bauvorhaben)* appalto *m*

Ausschreitung ['aʊsʃraɪtʊŋ] <-, -en> *f* atto *m* di violenza; **es kam zu ~en** si giunse a eccessi di violenza

Ausschuss <-es, -schüsse> *m* ① *(Kommission)* commissione *f;* *(Komitee)* comitato *m* ② *(Europäische Union)* **~ der Regionen** Comitato delle regioni ③ *Sing. (minderwertige Ware)* merce *f* di scarto

Ausschussmitglied *nt* membro *m* di una commissione

Ausschussware *f* merce *f* di scarto

aus|schütteln *vt* scuotere, sbattere

aus|schütten *vt* ① *(Flüssigkeit)* versare; *(verschütten)* rovesciare; **jdm sein Herz ~** *(fig)* aprire il cuore a qu, sfogarsi con qu ② *(Gefäß)* vuotare ③ *(Dividende)* distribuire, pagare

Ausschüttung <-, -en> *f* FIN distribuzione *f*

ausschweifend *adj* ① *(Fantasie)* sfrenato ② *(sittenlos)* licenzioso, dissoluto

Ausschweifung <-, -en> *f* ① *(Maßlosigkeit)* sregolatezza *f* ② *(Sittenlosigkeit)* dissolutezza *f*

ausschwenkbar *adj* girevole

aus|sehen <irr> *vi* apparire; *(scheinen)* sembrare; **wie jd/etw ~** avere l'aspetto di [*o* sembrare] qu/qc; **so ~, als ob ...** avere l'aria di ... +*inf;* **wie jd ~** *(ähnlich sein)* [ras]somigliare a qu; **gesund ~** aver l'aspetto sano; **sie sieht gut aus** è una bella donna; **vergnügt ~** aver l'aria allegra; **er sieht jünger aus, als er ist** pare più giovane di quello che è; **es sieht ganz danach aus, als ob ...** pare proprio che +*conj;* **es sieht nach Regen aus** pare che voglia piovere; **es sieht nicht gut für ihn aus** le cose non gli vanno bene; **so siehst du aus!** *(fam iron)* ti piacerebbe!; **wie siehst du denn aus?** *(fam)* come ti sei conciato?

Aussehen <-s> *nt kein Pl.* ① *(äußere Erscheinung)* aspetto *m* ② *(Anschein)* apparenza *f*

außen ['aʊsən] *adv* [di] fuori, all'esterno; **nach ~ [hin]** all'infuori, verso l'esterno; **von ~** dal di fuori, dall'esterno

Außenaufnahme <-, -n> *f* FILM, FOTO esterni *mpl;* **~n machen** girare gli esterni

Außenbezirk *m* quartiere *m* di periferia, sobborgo *m*

Außenbordmotor *m* fuoribordo *m*

Außendarstellung *f* immagine *f* esteriore

aus|senden <irr> *vt* ① *(Boten, Kundschafter)* inviare ② RADIO trasmettere

Außendienst *m* servizio *m* esterno

Außendienstmitarbeiter(in) *m(f)* collaboratore, -trice *m, f* esterno

Aussendung <-, -en> *f* ① *(das Aussenden)* invio *m* ② A *(form: Rundschreiben)* circolare *f*

Außenhafen *m* avamporto *m*

Außenhandel *m* commercio *m* estero

Außenhandelsbilanz *f* FIN, WIRTSCH bilancia *f* commerciale

Außenlift *m* ascensore *m* esterno

Außenminister(in) *m(f)* ministro *m* degli esteri; *(der USA)* segretario *m* di stato; *(von Großbritannien)* segretario *m* degli esteri inglese

Außenministerium *nt* ministero *m* degli esteri

Außenpolitik *f* politica *f* estera

außenpolitisch *adj* di politica estera; **~e Lage** situazione internazionale

Außenquartier *nt* CH *(Außenbezirk)* quartiere *m* periferico

Außenseite *f* lato *m* esterno; *(von Haus, a. fig)* facciata *f*

Außenseiter(in) <-s, -; -, -nen> *m(f)* outsider *m*

Außenspiegel *m* MOT specchietto *m* [*o* retrovisore *m*] esterno

Außenstände *pl* crediti *mpl*

Außenstehende <ein -r, -n, -n> *mf* estraneo, -a *m, f*

Außenstelle *f* succursale *f*, filiale *f*

Außenstürmer(in) *m(f)* SPORT *(Fußball)* ala *f*

Außentemperatur *f* temperatura *f* esterna

Außenwelt *f* mondo *m* esterno

Außenwinkel *m* MAT angolo *m* esterno

Außenwirtschaft <-> *f kein Pl.* commercio *m* estero

außer ['aʊsɐ] **I.** *präp +dat o rar gen* ① *(ausgenommen)* all'infuori di, eccetto, tranne ② *(neben)* oltre; *(zusätzlich zu)* in aggiunta a ③ *(örtlich)* fuori; **~ Haus** fuori casa; **~ Landes** all'estero ④ *(Wend)* **~ sich** *dat* **vor Freude sein** essere fuori di sé dalla gioia; **~ sich** *dat* **vor Zorn sein** essere fuori dai gangheri; **~ Betrieb, ~ Dienst** fuori servizio **II.** *konj* **~ wenn ...** a meno che [non] +*conj;* **~ dass ...** salvo [*o* tranne] che +*conj*

außerberuflich *adj* al di fuori della professione

außerdem ['aʊsɐde:m *o* aʊsɐ'de:m] *adv* oltre a ciò, inoltre, in più

außerdienstlich *adj o adv* fuori servizio

äußere *s.* **äußere(r, s)**

Äußere ['ɔɪsərə] <ein -s, -n> *nt kein Pl.* aspetto *m* esteriore, apparenza *f*

äußere(r, s) *adj* ① *(von, nach draußen)* esteriore ② *(außen befindlich, von außen kommend)* esterno ③ *(auswärtig)* estero

außerehelich *adj (Geschlechtsverkehr)* extraconiugale; *(Kind)* illegittimo, naturale

außereuropäisch *adj* extraeuropeo

außergerichtlich *adj* JUR extragiudiziale

außergewöhnlich ['aʊsɐgə'vø:nlɪç] *adj* insolito, eccezionale, straordinario

außerhalb ['aʊsɐhalp] **I.** *adv (draußen)* fuori; **~ wohnen** abitare fuori città **II.** *präp +gen* [al di] fuori di

außerirdisch *adj* extraterrestre

äußerlich ['ɔɪsɐlɪç] *adj* ① *(außen)* esteriore; **nur ~ anwenden** *(Aufschrift auf Medikamenten)* per uso esterno; **rein ~ betrachtet** considerato solo esteriormente ② *(scheinbar)* apparente ③ *(oberflächlich)* superficiale

Äußerlichkeit <-, -en> *f* esteriorità *f*

äußern ['ɔɪsɐn] **I.** *vt (aussprechen)* esprimere, esternare **II.** *vr:* **sich ~** ① *(sich zeigen)* manifestarsi ② *(seine Meinung sa-*

A

gen) **sich** [**über jdn/etw**] ~ esprimersi [*o* pronunciarsi] [su qu/qc]

außerordentlich ['ausɐ'ʔɔrdəntlɪç] **I.** *adj* straordinario; *(herausragend)* eccezionale **II.** *adv (sehr)* molto, oltremodo

außerorts *adv* A, CH fuori

außerparlamentarisch *adj* extraparlamentare

außerplanmäßig *adj* fuori programma; *(Professor)* fuori organico

äußerst ['ɔɪsɐst] *adv* estremamente, molto

außerstande [aʊsɐ'ʃtandə *o* 'aʊsɐʃtandə] *adv* ~ **sein etw zu tun** non essere in grado di fare qc

äußerste *s.* **äußerste(r, s)**

Äußerste <ein -s, -n> *nt kein Pl.* estremo *m;* **aufs ~ gefasst sein** aspettarsi il peggio; **bis zum ~n gehen** andare fino all'estremo

äußerste(r, s) *adj Superlativ von* **äußere** ① *(weit entfernt)* estremo; **am ~n Ende** all'estremità ② *(größtmöglich)* massimo

außertariflich *adj* ~ **bezahlt werden** essere pagato non conformemente alle tariffe

außertourlich ['aʊsɐtuːɐ̯lɪç] *adj* A, SÜDD *(zusätzlich)* straordinario, supplementare

Äußerung <-, -en> *f* ① *(Ausspruch)* dichiarazione *f,* asserzione *f; (Bemerkung)* osservazione *f,* commento *m* ② *(Zeichen)* espressione *f,* manifestazione *f*

außeruniversitär *adj (Forschung, Weiterbildung)* extrauniversitario

aus|setzen **I.** *vi* ① *(stocken)* arrestarsi, fermarsi; MOT perdere colpi ② *(unterbrechen)* **mit etw ~** cessare [*o* smettere] qc; *(zeitweise)* sospendere qc **II.** *vt* ① *(Kind)* esporre, abbandonare; *(Boot)* calare ② *(preisgeben)* esporre, abbandonare ③ *(Belohnung)* istituire; *(Erbe)* destinare; **auf seinen Kopf sind 5.000 Euro ausgesetzt** sulla sua testa pende una taglia di 5.000 euro ④ JUR *(Strafe)* sospendere; **eine Strafe zur Bewährung ~** sospendere condizionalmente la pena ⑤ *(bemängeln)* **etw an jdm ~** criticare qu per qc

Aussetzen <-s> *nt kein Pl.* interruzione *f,* cessazione *f; a.* JUR sospensione *f*

Aussetzer <-s, -> *m* TECH *(fam)* guasto

Aussetzung <-, -en> *f* ① *(von Kind)* esposizione *f,* abbandono *m; (von Boot)* calare *m* in mare ② *(von Preis)* istituzione *f; (von Summe, Erbe)* assegnazione *f* ③ JUR *(von Urteil)* differimento *m*

Aussicht <-, -en> *f* ① *(Blick)* vista *f,* veduta *f;* **die ~ auf etw** *akk* **haben** avere la vista su qc ② *(Fernsicht)* panorama *m* ③ *(fig: Zukunftsmöglichkeit)* prospettiva *f; (Chance)* probabilità *f; (Hoffnung)* speranza *f;* **etw in ~ haben** avere in vista qc, aspettarsi qc; **gute ~en haben** avere buone probabilità; **~ auf Erfolg haben** avere probabilità di successo; **jdm etw in ~ stellen** fare sperare qc a qu

aussichtslos *adj (hoffnungslos)* senza speranza; *(Lage)* disperato; *(ohne Zukunftsmöglichkeit)* senza prospettive

Aussichtslosigkeit <-> *f kein Pl. (von Lage)* condizione *f* disperata; *(ohne Möglichkeiten)* mancanza *f* di prospettive; *(Vergeblichkeit)* inutilità *f*

Aussichtspunkt *m* belvedere *m*

aussichtsreich *adj* promettente, che promette bene

Aussichtsturm *m* torre *f* panoramica, belvedere *m*

aussiedeln *vt* evacuare

Aussiedler(in) <-s, -; -, -nen> *m(f)* evacuato, -a *m, f*

Aussiedlung <-, -en> *f* evacuazione *f*

aus|söhnen ['aʊszøːnən] **I.** *vr* **sich mit jdm ~** riconciliarsi con qu **II.** *vt* **jdn mit jdm ~** conciliare [*o* pacificare] qu con qu

Aussöhnung <-, -en> *f* riconciliazione *f*

aussondern *vt* scartare, selezionare

aussorgen *vi* **damit habe ich ausgesorgt** così facendo mi sono tutelato

aus|sortieren <ohne ge-> *vt* ① *(ausscheiden)* scartare ② *(auswählen)* selezionare, scegliere

aus|spannen **I.** *vt* ① *(Netz)* [di]stendere ② *(Pferd)* staccare ③ *(fig fam: wegnehmen)* **jdm die Freundin ~** soffiare la ragazza a qu **II.** *vi (ausruhen)* concedersi un po' di riposo; *(sich entspannen)* rilassarsi

aus|sperren **I.** *vt* ① *(ausschließen)* chiudere fuori ② *(Arbeiter)* effettuare la serrata di **II.** *vr:* **sich ~** *(aus der Wohnung)* chiudersi fuori

Aussperrung <-, -en> *f* serrata *f*

aus|spielen **I.** *vt* ① *(Karte)* giocare ② *(Pokal)* mettere in palio ③ SPORT *(besiegen)* superare ④ *(Erfahrung, Wissen)* far valere ⑤ *(aufwiegeln)* **jdn gegen jdn ~** servirsi di qu contro qu **II.** *vi (im Kartenspiel)* avere la mano; **wer spielt aus?** a chi tocca?

aus|spionieren <ohne ge-> *vt* ① *(Pläne, Versteck)* venir a sapere [spiando] ② *(Person)* spiare

Aussprache <-, -n> *f* ① LING pronuncia *f; (Tonfall)* accento *m* ② *(klärendes Gespräch)* spiegazione *f,* discussione *f*

aus|sprechen <irr> **I.** *vt* ① *(zum Ausdruck bringen)* esprimere; *(äußern)* manifestare ② *(lautlich wiedergeben, a. Urteil)* pronunciare; *(artikulieren)* articolare **II.** *vi (zu Ende sprechen)* finire di parlare **III.** *vr:* **sich ~** ① *(seine Meinung sagen)* esprimersi; **sich über etw** *akk* **~** esprimere un giudizio su qc; **sich für/gegen jdn/etw ~** dichiararsi a favore di/contro qu/qc ② *(sein Herz ausschütten)* aprire il cuore, sfogarsi; **sich mit jdm ~** chiarire una divergenza [d'opinioni] con qu, spiegarsi

Ausspruch <-(e)s, -sprüche> *m* ① *(Sinnspruch)* detto *m,* massima *f* ② *(Bemerkung)* osservazione *f*

aus|spucken *vt* ① *(spuckend von sich geben)* sputare ② *(fig fam: Produkte, Geld)* sfornare, buttare fuori

aus|spülen *vt* sciacquare, risciacquare

aus|staffieren <ohne ge-> *vt* ① *(ausstatten)* fornire; **jdn mit etw ~** munire qu di qc ② *(herausputzen)* azzimare

Ausstand <-(e)s, *rar:* -stände> *m* ① *(Streik)* sciopero *m;* **in den ~ treten** scendere in sciopero ② SÜDD, A *(Ausscheiden)* ritiro *m;* **seinen ~ geben** festeggiare il congedo dal posto di lavoro

ausständig *adj* SÜDD, A *(ausstehend)* mancante, arretrato; **der ~e Betrag muss innerhalb einer Woche bezahlt werden** la somma dovuta deve essere pagata entro una settimana

aus|stanzen *vt* TEC punzonare

aus|statten ['aʊsʃtatən] *vt* ① **jdn/etw** [**mit etw**] **~** *(versehen)* fornire qu/qc [di qc]; *(ausrüsten)* attrezzare qu/qc [con qc] ② *(einrichten)* arredare

Ausstattung <-, -en> *f* ① *(Ausrüstung)* equipaggiamento *m; (mit Geräten, Werkzeugen)* dotazione *f* ② *(Einrichtung)* arredamento *m* ③ *(von Buch)* veste *f* tipografica

aus|stechen <irr> *vt* ① *(Graben)* scavare; *(Rasen, Torf, Teig)* tagliare ② *(fig: übertreffen)* superare; *(verdrängen)* soppiantare

Ausstechform *f* GASTR forma *f* per tagliare la pasta

aus|stehen <irr> **I.** *vt (ertragen)* sopportare, soffrire; **jdn nicht ~ können** non poter sopportare [*o* soffrire] qu **II.** *vi (fehlen)* mancare; **diese Rechnung steht noch aus** questa fattura non è ancora pagata

aus|steigen <irr> *vi sein* ① *(aus Fahrzeug)* [**aus dem Bus/Zug**] **~** scendere [dall'autobus/dal treno] ② *(fam)* [**aus etw**] **~** uscire [da qc]

Aussteiger(in) <-s, -; -, -nen> *m(f)* dropout *mf*

aus|stellen *vt* ① *(Waren, Kunstwerke)* esporre ② *(ausschalten)* disinnestare, fermare ③ *(Pass, Zeugnis, Quittung)* rilasciare; *(Rechnung, Scheck)* emettere; *(Rezept)* fare; *(Urkunde)* stendere, redigere

Aussteller(in) <-s, -; -, -nen> *m(f)* ① *(auf Messe, Ausstellung)* espositore, -trice *m, f* ② *(von Scheck, Wechsel)* emittente *mf,* traente *mf; (von Urkunde)* estensore *m*

Ausstellerzahl *f* numero *m* degli espositori

Ausstellung <-, -en> *f* ① *(von Waren, Kunstwerken)* esposizione *f,* mostra *f* ② *(von Schriftstück)* stesura *f; (von Pass)* rilascio *m; (von Scheck, Wechsel)* emissione *f*

Ausstellungsdatum <-s, -daten> *nt* ① *(einer Veranstaltung)* data *f* [d'inizio] dell'esposizione ② *(von Schriftstücken)* data *f* di rilascio ③ *(von Schecks)* data *f* di emissione

Ausstellungshalle *f* sala *f* d'esposizione

Ausstellungsstand *m* stand *m*

Ausstellungsstück *nt* oggetto *m* di esposizione

aus|sterben <irr> *vi sein (Art, Familie)* estinguersi; *(Beruf)* scomparire

Aussteuer <-, -n> *f* corredo *m,* dote *f*

Ausstieg <-(e)s, -e> *m* ① *(das Heraussteigen)* uscita *f* ② *(Ausgang)* uscita *f* ③ *(fam: aus Kernenergie)* ritiro *m; (aus Gesellschaft, Geschäft)* uscita *f*

aus|stopfen *vt (Tiere)* impagliare, imbalsamare; *(Kissen)* imbottire, riempire

Ausstoß <-es, -stöße> *m* ① *(in der Wirtschaft)* produzione *f* (**an** *+dat* di) ② TEC getto *m*

aus|stoßen <irr> *vt* ① *(Rauch, Gas)* emettere; *(Vulkan)* eruttare ② *(Seufzer)* cacciare; *(Fluch)* prorompere; *(Drohung)* proferire; *(Schrei)* emettere ③ *(herstellen)* produrre, mandar fuori ④ *(ausschließen)* espellere

aus|strahlen *vt* ① *(Wärme, Licht)* irradiare ② RADIO, TV trasmettere, mettere in onda ③ *(fig)* emanare, irradiare, diffondere

Ausstrahlung <-, -en> *f* ① RADIO, TV trasmissione *f,* messa *f* in onda, diffusione *f* ② *(fig: eines Menschen)* carisma *m*

aus|strecken I. *vt (Arm, Bein)* [di]stendere, allungare; *(Hand)* stendere; *(Fühler)* tendere, allungare; **etw** [**nach etw**] **~** stendere qc [verso qc] **II.** *vr:* **sich ~** sdraiarsi, [di]stendersi

aus|streichen <irr> *vt (Geschriebenes)* cancellare

aus|streuen *vt* spargere; *(Gerüchte)* diffondere

aus|strömen I. *vi sein* ① *(Wasser)* sgorgare; *(Gas)* fuoriuscire; *(Duft, Dampf)* esalare ② *(fig)* emanare **II.** *vt haben* ① *(Wärme)* emettere, emanare; *(Licht)* diffondere ② *(fig)* emanare

aus|suchen *vt* scegliere

Austausch <-(e)s> *m kein Pl.* scambio *m;* TEC sostituzione *f*

A

austauschbar *adj* intercambiabile
aus|tauschen *vt* ① *(ersetzen)* **etw** [**durch etw**] ~ sostituire qc [con qc] ② *(tauschen)* **etw** [**gegen etw**] ~ scambiare qc [per qc]
Austauschmotor *m* MOT motore *m* di ricambio
Austauschschüler(in) *m(f)* allievo, -a *m, f* di uno scambio
aus|teilen *vt* distribuire
Auster ['aʊstɐ] <-, -n> *f* ostrica *f*
Austernbank *f* banco *m* d'ostriche
Austernpilz <-es, -e> *m* gelone *m*
Austernzucht *f* ostricoltura *f*
aus|toben *vr:* **sich** ~ sfogarsi
aus|tragen <irr> *vt* ① *(Brot, Milch)* portare nelle case; *(Briefe)* recapitare; *(Zeitungen)* distribuire ② SPORT disputare; *(Streit)* decidere ③ *(Wend)* **ein Kind** ~ portare a compimento una gravidanza
Austragung <-, -en> *f* ① *(Verteilung)* distribuzione *f,* recapito *m* ② SPORT realizzazione *f*
Austragungsort *m* luogo *m* di disputa
Australien [aʊsˈtraːli̯ən] *nt* Australia *f*
Australier(in) [aʊsˈtraːli̯ɐ] <-s, -; -, -nen> *m(f)* australiano, -a *m, f*
australisch [aʊsˈtraːlɪʃ] *adj* australiano
aus|treiben <irr> **I.** *vt* ① *(Kühe)* condurre al pascolo ② *(exorzieren)* esorcizzare, scacciare ③ *(fig: abgewöhnen)* togliere il vizio di; **ich werde dir deine Frechheit schon ~!** ti farò passare la tua insolenza! **II.** *vi (Pflanzen)* germogliare
aus|treten <irr> **I.** *vi sein* ① *(aus Gemeinschaft)* **aus etw** ~ uscire [*o* ritirarsi] da qc, lasciare qc; **aus der Kirche** ~ staccarsi dalla chiesa ② *(fam: zur Toilette gehen)* andare in bagno [*o* al gabinetto] ③ *(Blut)* sgorgare; *(Gas)* fuoriuscire **II.** *vt haben* ① *(Feuer, Zigarette)* spegnere con i piedi ② *(Schuhe)* allargare [camminando]; *(Treppe)* consumare [a furia di camminarvi sopra]; *(Pfad)* battere
aus|tricksen ['aʊstrɪksən] *vt (fam)* fregare
aus|trinken <irr> *vi, vt* [finire di] bere
Austritt <-(e)s, -e> *m* ① *(das Ausscheiden)* ritiro *m;* **der ~ aus etw** il ritiro da qc ② *(von Gas)* fuoruscita *f,* fuga *f; (von Blut)* travaso *m*
Austrittserklärung *f* dimissioni *f pl*
aus|trocknen **I.** *vt haben* [dis]seccare, asciugare **II.** *vi sein* asciugarsi, [dis]seccarsi
aus|tüfteln *vt (fam)* escogitare
aus|üben *vt* ① *(Beruf, Kunst, Handwerk)* esercitare ② *(Macht, Einfluss)* esercitare; *(Wirkung)* avere
Ausübung <-> *f kein Pl.* esercizio *m,* pratica *f;* **in ~ seines Dienstes** nell'adempimento del proprio ufficio

aus|ufern *vi sein (Gewässer)* straripare; *(Diskussion)* sviare [il discorso]
ausufern *vi sein (Gewässer)* straripare; *(Diskussion)* sviare [il discorso]
Ausverkauf <-(e)s, -verkäufe> *m* COM liquidazione *f,* svendita *f*
aus|verkaufen <ohne ge-> *vt* liquidare
ausverkauft *adj* esaurito; **vor ~em Hause spielen** THEAT fare il pienone
Auswahl <-, -en> *f* ① *Sing. (Wahl)* scelta *f;* SPORT selezione *f;* **zur ~ stehen** essere a scelta ② *(Warenangebot)* assortimento *m;* **eine große ~ an etw** *dat* **anbieten** offrire un grande assortimento di qc
aus|wählen *vt* scegliere; **etw unter mehreren Sachen** *dat* ~ scegliere qc fra diverse cose
Auswahlmenü *nt* INFORM menu *m*
Auswahlverfahren *nt* processo *m* di selezione
aus|walzen *vt* ① *(walzen)* laminare ② *(fig: weitschweifig erörtern)* diffondersi troppo su, dilungarsi su
Auswanderer(in) <-s, -; -, -nen> *m(f)* emigrante *mf*
aus|wandern *vi sein* [**nach Frankreich**] ~ emigrare [in Francia]
Auswanderung <-, -en> *f* emigrazione *f*
auswärtig ['aʊsvɛrtɪç] *adj* ① *(nicht am, vom Ort)* esterno ② *(an, vom Ausland)* estero ③ *(von auswärts)* da fuori; **das Auswärtige Amt** il ministero degli [affari] esteri
auswärts ['aʊsvɛrts] *adv* ① *(nicht zu Hause)* fuori [casa] ② *(nicht am Ort)* in [un] altro luogo; **von ~** da fuori ③ *(nach außen)* in fuori, verso l'esterno
Auswärtsspiel *nt* SPORT partita *f* [*o* incontro *m*] in trasferta
aus|waschen <irr> *vt* ① *(Kleidung, Wunde)* lavare; *(ausspülen)* sciacquare ② GEOL dilavare; *(Gestein)* erodere ③ *(Farben)* schiarire
Auswechs[e]lung <-, -en> *f* [ri]cambio *m; (Ersatz)* sostituzione *f*
auswechselbar *adj* intercambiabile
aus|wechseln *vt* **etw** [**gegen etw**] ~ cambiare qc [con qc]; *(a. ersetzen)* sostituire qc [con qc]
Auswechselspieler(in) *m(f)* riserva *f*
Ausweg <-(e)s, -e> *m* via *f* d'uscita [*o* di scampo], espediente *m*
ausweglos *adj* senza via d'uscita; *(Lage)* disperato
Ausweglosigkeit <-> *f kein Pl.* mancanza *f* di via d'uscita; **die ~, in der ich mich befinde** il vicolo cieco in cui mi trovo
aus|weichen <irr> *vi sein* **jdm/etw** ~ schivare [*o* evitare] qu/qc; *(einem Hinder-*

nis ~) evitare un ostacolo; **einer Frage ~** eludere una domanda; **nach rechts ~** piegare a destra; **eine ~de Antwort** una risposta evasiva; **auf etw anderes ~** ripiegare su un'altra cosa

Ausweichmanöver *nt* ① MOT manovra *f* di scansamento ② *(fig)* manovra *f* diversiva

Ausweichmöglichkeit *f* ① MOT possibilità *f* di scansamento ② *(Alternative)* alternativa *f*

aus|weinen *vr:* **sich ~** sfogarsi piangendo; **sich** *dat* **die Augen ~** piangere a calde lacrime; **sich bei jdm ~** sfogarsi piangendo con qu

Ausweis ['aʊsvaɪs] <-es, -e> *m* documento *m; (Personal~)* carta *f* d'identità

aus|weisen <irr> **I.** *vt* ① *(hin~)* cacciare; **jdn aus einem Land ~** espellere [*o* esiliare] qu da un paese ② *(identifizieren)* identificare **II.** *vr:* **sich ~** legittimarsi

Ausweiskontrolle *f* controllo *m* passaporti [*o* documenti]

Ausweispapiere *ntpl* documenti *mpl* di legittimazione

Ausweisung <-, -en> *f* espulsione *f*

aus|weiten **I.** *vt* ① *(ausdehnen)* allargare ② *(fig: erweitern)* estendere; *(Produktion)* aumentare **II.** *vr:* **sich ~** ① *(weiter werden)* allargarsi ② *(fig)* svilupparsi; **sich zu etw ~** trasformarsi in qc

Ausweitung <-, -en> *f* espansione *f* (**auf** *+akk* su), dilatazione *f*

auswendig *adj* **~ können/lernen** sapere/imparare a memoria

aus|werfen <irr> *vt* ① *(Angel, Netz)* gettare; *(Anker)* calare ② *(Schleim)* espettorare, sputare; *(Lava)* eruttare ③ *(Prämien)* assegnare ④ *(produzieren)* sfornare, buttare fuori

aus|werten *vt* ① *(Angaben)* analizzare, interpretare ② *(verwerten)* utilizzare; COM sfruttare

Auswertung <-, -en> *f* ① *(Bewertung)* analisi *f*, interpretazione *f* ② *(Verwertung)* utilizzazione *f;* COM sfruttamento *m*

aus|wickeln *vt* svolgere

aus|wirken *vr* **sich** [**auf etw** *akk*] **~** ripercuotersi [su qc]

Auswirkung <-, -en> *f* conseguenza *f*, effetto *m*, ripercussione *f*

aus|wischen *vt* ① *(säubern)* pulire ② *(Schrift, Zeichnung)* cancellare; **jdm eins ~** *(fam)* giocare un brutto tiro a qu

aus|wringen <irr> *vt* strizzare, torcere

Auswuchs <-es, Auswüchse> *m* ① *(Wucherung)* escrescenza *f* ② *Pl. (fig)* aberrazioni *mpl*, eccessi *mpl*

auswuchten *vt* TEC equilibrare

Auswurf <-(e)s, -würfe> *m* ① *Sing. (von Lava)* eruzione *f* ② MED sputo *m*

aus|zahlen **I.** *vt* ① *(Geld)* pagare ② *(Arbeiter)* liquidare **II.** *vr:* **sich ~** valere la pena

aus|zählen *vt* ① *(Stimmen)* fare lo spoglio di ② SPORT *(Boxer)* dichiarare fuori combattimento

Auszahlung <-, -en> *f* pagamento *m*

Auszählung <-, -en> *f* conteggio *m*, computo *m*

aus|zeichnen **I.** *vt* ① *(Waren)* contrassegnare, marcare ② *(ehren)* onorare; **jdn mit einem Preis ~** conferire un premio a qu ③ TYP porre in evidenza **II.** *vr* **sich** [**durch etw**] **~** eccellere [in qc], distinguersi [per qc]

Auszeichnung <-, -en> *f* ① *(von Waren)* contrassegno *m* ② *(Ehrung)* distinzione *f*, onorificenza *f;* MIL decorazione *f;* **die Prüfung mit ~ bestehen** passare gli esami con lode

Auszeit <-, -en> *f* SPORT sospensione *f*, time out *m*

ausziehbar *adj* allungabile

aus|ziehen <irr> **I.** *vt haben* ① CHEM, MED estrarre; *(Haare)* strappare ② *(Tisch)* allungare ③ *(Kleider)* togliersi, levarsi **II.** *vi sein* partire; **aus einer Wohnung ~** lasciare un appartamento **III.** *vr:* **sich ~** spogliarsi, svestirsi

Ausziehtisch *m* tavola *f* allungabile

Auszubildende <ein -r, -n, -n> *mf* tirocinante *mf*, apprendista *mf*

Auszug <-(e)s, -züge> *m* ① CHEM, BOT estratto *m* ② *(Konto~)* estratto *m* ③ *(Buch~)* passo *m;* MUS brano *m* ④ *(Abriss)* sommario *m; (Zusammenfassung)* riassunto *m* ⑤ *(aus Wohnung)* trasloco *m*, sgombero *m* ⑥ *(Ausmarsch)* partenza *f;* REL esodo *m* ⑦ CH *(Altenteil)* pensione *f*, vitalizio *m*

auszugsweise *adv* in forma riassuntiva

aus|zupfen *vt* strappare

autark [aʊ'tark] *adj* autarchico

Autarkie [aʊtar'kiː] <-, -n> *f* autarchia *f*

authentisch [aʊ'tɛntɪʃ] *adj* autentico

Authentizität [aʊtɛntitsi'tɛːt] <-> *f kein Pl.* autenticità *f*

Autismus [aʊ'tɪsmʊs] <-> *m kein Pl.* MED autismo *m*

autistisch *adj* autistico

Auto ['aʊto] <-s, -s> *nt* auto *f*, macchina *f;* **ein ~ fahren** guidare una macchina; **mit dem ~ fahren** andare in macchina

Autoantenne *f* antenna *f* per auto

Autoatlas *m* atlante *m* stradale [per automobilisti]

Autobahn *f* autostrada *f*

A

Autobahnanschluss *m* raccordo *m* autostradale
Autobahnauffahrt *f* raccordo *m* di entrata [autostradale]
Autobahnausfahrt *f* uscita *f* autostradale
Autobahnbrücke *f* ponte *m* sull'autostrada
Autobahndreieck *nt* svincolo *m* autostradale
Autobahngebühr *f* pedaggio *m* [autostradale]
Autobahnkreuz *nt* crocevia *m* autostradale
Autobahnraststätte *f* autogrill® *m,* area *f* di servizio
Autobahnzubringer *m* raccordo *m* autostradale
Autobatterie <-, -n> *f* batteria *f* di avviamento
Autobiografie [aʊtobiogra'fi:] *f* autobiografia *f*
autobiografisch *adj* autobiografico
Autobombe *f (sl)* autobomba *f*
Autobus ['aʊtobʊs] *m (in der Stadt)* autobus *m; (zwischen Städten)* corriera *f,* pullman *m*
Autobusbahnhof *m* terminal *m* per autobus, capolinea *m* degli autobus
Autodidakt(in) [aʊtodi'dakt] <-en, -en; -, -nen> *m(f)* autodidatta *mf*
autodidaktisch *adj* autodidattico
Autofähre *f* ferry-boat *m,* nave *f* traghetto
Autofahrer(in) *m(f)* automobilista *mf,* autista *mf*
Autofahrt *f* viaggio *m* in automobile
Autofokus [aʊto'fo:kʊs] <-, -se> *m* FOTO autofocus *m*
autofrei *adj (Innenstadt)* chiuso al traffico; *(Tag) giornata di divieto di circolazione per autoveicoli*
Autofriedhof *m* cimitero *m* delle automobili
autogen [aʊto'ge:n] *adj* ① TEC autogeno ② MED **~es Training** training autogeno
Autogramm [aʊto'gram] <-s, -e> *nt* autografo *m*
Autogrammjäger(in) *m(f) (fam)* cacciatore, -trice *m, f* d'autografi
Autohändler(in) *m(f)* concessionario *m* di automobili
Autoimmunreaktion *f* reazione *f* autoimmune
Autokarte *f* carta *f* automobilistica
Autokino *nt* drive-in *m,* cineparco *m*
Autokratie [aʊtokra'ti:] <-, -n> *f* autocrazia *f*
autokratisch *adj* autocratico
Autolenker(in) <-s, -; -, -nen> *m(f)* CH *s.* **Autofahrer**
Automarder *m (sl)* ladro *m* d'automobili
Automat [aʊto'ma:t] <-en, -en> *m* apparecchio *m* automatico; *(Waren~)* distributore *m* automatico; *(Spiel~)* slotmachine *f; (Musik~)* juke-box *m*
Automatik [aʊto'ma:tɪk] <-, -en> *f* automatismo *m;* MOT cambio *m* automatico
Automatikgetriebe <-s, -> *nt* AUTO cambio *m* automatico
Automatikgurt *m* MOT cintura *f* di sicurezza automatica
Automation [aʊtoma'tsjo:n] <-> *f kein Pl.* automazione *f*
automatisch [aʊto'ma:tɪʃ] *adj* automatico
automatisieren [aʊtomati'zi:rən] <ohne ge-> *vt* automatizzare
Automatisierung <-, -en> *f* automazione *f*
Automechaniker(in) *m(f) s.* **Autoschlosser**
Automobil [aʊtomo'bi:l] <-s, -e> *nt* automobile *f*
Automobilausstellung *f* salone *m* dell'automobile
Automobilbau *m* costruzione *f* di automobili
Automobilhersteller *m* casa *f* automobilistica
Automobilindustrie *f* industria *f* automobilistica
Automobilist(in) <-s, -en; -, -nen> *m(f)* CH *s.* **Autofahrer**
autonom [aʊto'no:m] *adj* autonomo
Autonome <ein -r, -n, -n> *mf* autonomo, -a *m, f*
Autonomie [aʊtono'mi:] <-> *f kein Pl.* autonomia *f*
Autonummer *f* numero *m* di targa
Autopilot <-en, -en> *m* TEC pilota *m* automatico, autopilota *m*
Autopsie <-, -n> *f* MED autopsia *f*
Autor(in) ['aʊto:ɐ̯] <-s, -en; -, -nen> *m(f)* autore, -trice *m, f*
Autoradio *nt* autoradio *f*
Autoreifen *m* pneumatico *m*
Autoreisezug *m* treno *m* "auto al seguito"
Autorennen *nt* corsa *f* [*o* gara *f*] automobilistica
Autoreparaturwerkstatt *f* autofficina *f*
Autorin *f s.* **Autor**
autorisieren [aʊtori'zi:rən] <ohne ge-> *vt* **jdn zu etw ~** autorizzare qu a [fare] qc
autoritär [aʊtori'tɛ:ɐ̯] *adj* autoritario
Autoritarismus <-> *m* POL autoritarismo
Autorität [aʊtori'tɛ:t] <-, -en> *f* autorità *f*
Autoschalter *m sportello (di una banca) a cui il cliente accede in automobile*
Autoschlange *f* coda *f* di automobili

Autoschlosser(in) *m(f)* meccanico *m* d'automobili
Autoschlüssel *m* chiave *f* della macchina
Autoskooter <-s, -> *m (auf Jahrmärkten)* autoscontro *m*
Autostop[p] *m* autostop *m*
Autostrich *m (sl)* viale *m* delle puttane
Autostunde <-, -n> *f* ora *f* di macchina; **die Stadt liegt eine ~ von hier entfernt** la città è a un'ora di macchina da qui
Autosuggestion [aʊtozʊgɛs'ti̯oːn] *f* autosuggestione *f*
autosuggestiv *adj (Methode, Techniken)* autosuggestivo
Autotelefon *nt* autotelefono *m*
Autounfall *m* incidente *m* automobilistico
Autoverleih *m* noleggio *m* di autovetture
Autovermietung *f* autonoleggio *m*
Autozubehör *nt* accessorio *m* [per automobili]
autsch [aʊtʃ] *interj* ai
avancieren [avã'siːrən] <ohne ge-> *vi sein* [**zu etw**] ~ avanzare [a qc]
Avantgarde [avã'gardə] <-, -n> *f* avanguardia *f*
Avantgardist(in) [avãgar'dɪst] <-en, -en; -, -nen> *m(f)* KUNST, LIT avanguardista *mf*
avantgardistisch [avãgar'dɪstɪʃ] *adj* avanguardista, d'avanguardia
Aversion [avɛr'zi̯oːn] <-, -en> *f* avversione *f;* **eine ~ gegen jdn/etw haben** avere un'avversione per qu/qc
Avocado [avo'kaːdo] <-, -s> *f* avocado *m*
Axiom [aksi'oːm] <-s, -e> *nt* assioma *m*
Axt [akst, *Pl:* 'ɛkstə] <-, Äxte> *f* ascia *f,* scure *f*
AZ, Az. *Abk. von* **Aktenzeichen** sigla, numero di protocollo
Azalee [atsa'leːə] <-, -n> *f,* **Azalie** [a'tsaːli̯ə] <-, -n> *f* azalea *f*
Azetat [atse'taːt] <-s, -e> *nt* CHEM acetato *m*
Azeton [atse'toːn] <-> *nt kein Pl.* CHEM acetone *m*
Azoren [a'tsoːrən] *pl* Azzorre *fpl*
Azteke [ats'teːkə] <-n, -n> *m,* **Aztekin** [ats'teːkɪn] <-, -nen> *f* azteco, -a *m, f*
Azubi [a'tsuːbi *o* 'a(ː)tsubi] <-s, -s> *m (fam) Akr. von* **Auszubildende(r)** apprendista *mf,* tirocinante *mf*
azurblau [a'tsuːɐblaʊ] *adj* azzurro, celeste

B

Bb

B, b [beː] <-, -(s)> *nt* ❶ *(Buchstabe)* B *f,* b *f;* **B wie Berta** B come Bologna ❷ MUS si *m* bemolle
B *Abk. von* **Bundesstraße** S.S., strada statale
Babel ['baːbəl] <-s, -> *nt* Babele *f*
Baby ['beːbi] <-s, -s> *nt* bebè *m,* neonato, -a *m, f*
Babyausstattung *f* corredino *m,* biancheria *f* per neonato
Babyboom <-s, -s> *m* boom *m* delle nascite
Babyfon [beːbi'foːn] <-s, -e> *nt* baby care *m (dispositivo per il monitoraggio del sonno del bambino)*
Babylon ['baːbylɔn] *nt* Babilonia *f*
babylonisch [baby'loːnɪʃ] *adj* babilonese
Babynahrung *f* alimenti *mpl* per lattanti
babysitten ['beːbizɪtən] *vi* curare i bambini; **bei jdm ~** fare da baby-sitter a qu
Babysitter(in) <-s, -; -, -nen> *m(f)* babysitter *mf*
Babyspeck *m (fam)* ciccia *f*
Babystrich *m (fam)* prostituzione *f* minorile
Babywäsche *f* corredino *m,* biancheria *f* per neonato
Babyzelle *f* mezza torcia *f*
Bach [bax, *Pl:* 'bɛçə] <-(e)s, Bäche> *m* ruscello *m,* torrente *m*
Bachelor ['bɛtʃəlɐ] <-[s], -s> *m* bachelor *m,* laurea *f* triennale
Bachelorstudiengang *m* corso *m* di bachelor [*o* corso di laurea triennale]
Bachforelle *f* trota *f* di torrente
Bächlein ['bɛçlaɪn] <-s, -> *nt* ruscelletto *m;* **ein ~ machen** *(Kindersprache)* far la pipì
Bachstelze *f* ZOO cutrettola *f*
Backblech *nt* teglia *f* da forno
Backbord *nt* NAUT, AERO babordo *m*
Backe ['bakə] <-, -n> *f (Wange)* guancia *f; (Gesäß~)* natica *f*
backen ['bakən] <bäckt *o* backt, backte *o obs:* buk, gebacken> *vt (im Ofen)* cuocere [in forno]; *(in der Pfanne)* friggere
Backenbart *m* favoriti *mpl,* fedine *fpl*

Backenhörnchen *nt* ZOO tamia *m* striato

Backenknochen *m* zigomo *m*

Backentasche *f* ANAT borsa *f* mascellare

Backenzahn *m* molare *m*

Bäcker(in) ['bɛkɐ] <-s, -; -, -nen> *m(f)* fornaio, -a *m, f,* panettiere, -a *m, f*

Bäcker[s]frau *f* moglie *f* del fornaio [*o* del panettiere]

Bäckerei [bɛkə'raɪ] <-, -en> *f* ① *(Bäckerladen)* panetteria *f,* panificio *m* ② *meist Pl.* A *(Gebäck)* dolci *mpl,* paste *fpl*

Bäckermeister(in) *m(f)* maestro fornaio *m,* fornaia capo *f*

Backfisch *m* GASTR pesce *m* fritto

Backform *f* stampo *m* per dolci

Background ['bɛkgraʊnt] <-s, -s> *m* background *m*

Backobst *nt* frutta *f* secca

Backofen *m* forno *m*

Backpfeife *f* DIAL schiaffo *m,* ceffone *m*

Backpflaume *f* prugna *f* secca

Backpulver *nt* lievito *m*

Backrohr *nt* A *(Backofen)* forno *m*

Backröhre *f* forno *m*

Backstein *m* mattone *m,* laterizio *m*

Backstube *f* forno *m*

backt [bakt], **bäckt** [bɛkt] *3. Pers. Sing. Präs. von* **backen**

backte ['baktə] *1. u. 3. Pers. Sing. Imp. von* **backen**

Backup [bɛk'ʔap] <-s, -s> *nt* INFORM backup *m*

Backwaren *fpl* pane *m* e pasticceria *f; (süße ~)* dolci *mpl*

Backwerk *nt* pasticceria *f*

Bad [baːt, *Pl:* 'bɛːdɐ] <-(e)s, Bäder> *nt* ① *(das Baden)* bagno *m;* **ein ~ nehmen** fare il bagno ② *(~ewanne)* vasca *f; (~ezimmer)* bagno *m* ③ *(Schwimm~)* piscina *f* ④ *(~eort)* stazione *f* termale; *(See~)* stazione *f* balneare ⑤ CHEM bagno *m*

Badeanstalt *f* stabilimento *m* balneare, piscina *f*

Badeanzug *m* costume *m* da bagno

Badegast *m* ① *(im Kurort)* ospite *mf* di una stazione termale ② *(im Schwimmbad)* bagnante *mf*

Badehose *f* calzoncini *mpl* da bagno

Badekappe *f* cuffia *f* da bagno

Badelatschen *m (fam)* ciabatte [da mare] *pl fam*

Bademantel *m* accappatoio *m*

Bademeister(in) *m(f)* bagnino, -a *m, f*

Bademütze *s.* **Badekappe**

baden ['baːdən] **I.** *vt* fare il bagno a **II.** *vi* farsi il bagno; *(im Freien)* bagnarsi, fare il bagno; **~ gehen** *(fig fam)* andare a monte, naufragare

Baden ['baːdən] <-s> *nt kein Pl.* bagnarsi *m,* bagno *m*

Baden-Württemberg *nt* Baden-Württemberg *m*

Badeofen *m* scaldabagno *m*

Badeort *m* località *f* balneare

Badeschuhe *mpl* scarpe *fpl* da bagno

Badestrand *m* spiaggia *f*

Badetuch *nt* asciugamano *m* da bagno

Badewanne *f* vasca *f* da bagno

Badewasser *nt* acqua *f* del bagno

Badezeug *nt* equipaggiamento *m* da bagno

Badezimmer *nt* bagno *m,* stanza *f* da bagno

Badezusatz *m* bagnoschiuma *m*

Badminton ['bɛtmɪntən] <-> *nt kein Pl.* SPORT badminton *m*

baff [baf] *adj (fam)* **~ sein** rimanere di stucco

Bafög ['baːføːk] <-(s)>, **BAFöG** *nt Akr. von* **Bundesausbildungsförderungsgesetz** *legge federale per il sostegno dell'istruzione scolastica ed universitaria;* **~ bekommen** *(fam) ricevere il presalario*

Bagatelle [baga'tɛlə] <-, -n> *f* bagatella *f,* inezia *f*

bagatellisieren [bagatɛli'ziːrən] <ohne ge-> *vt* minimizzare

Bagatellschaden *m* danno *m* lieve

Bagatellunfall *m* incidente di piccola entità

Bagger ['bagɐ] <-s, -> *m* escavatore *m,* escavatrice *f; (Schwimm~)* draga *f*

baggern *vi* scavare; *(mit Schwimmbagger)* dragare

Baggersee *m* laghetto *m* di cava

Baguette [ba'gɛt] <-s, -s> *nt* baguette *f*

Bahamas [ba'haːmas] *pl* **die ~** le Bahamas

Bahn [baːn] <-, -en> *f* ① *(Weg, a. fig)* via *f,* strada *f; (Fahr~)* carreggiata *f;* SPORT pista *f; (eines einzelnen Wettkämpfers)* corsia *f;* **freie ~ haben** avere via libera ② *(Eisen~)* treno *m,* ferrovia *f; (Verkehrsnetz, Strecke)* linea *f;* **mit der ~ fahren** viaggiare in treno ③ ASTR orbita *f;* PHYS percorso *m; (Elektronen~)* orbita *f; (Flug~)* traiettoria *f* ④ *(Stoff~)* telo *m; (Tapeten~)* lista *f*

Bahnanlagen *fpl* impianti *mpl* ferroviari

Bahnarbeiter(in) *m(f)* operaio, -a *m, f* delle ferrovie

Bahnbeamte <ein -r, -n, -n> *m,* **Bahnbeamtin** *f* impiegato, -a *m, f* delle ferrovie, ferroviere, -a *m, f*

bahnbrechend *adj* rivoluzionario

Bahnbrecher(in) <-s, -; -, -nen> *m(f)* pioniere, -a *m, f,* precursore, -corritrice *m, f,* iniziatore, -trice *m, f*

Bahnbus *m* autobus *m* della ferrovia

Bahndamm *m* argine *m* della ferrovia
bahnen ['baːnən] *vt (Weg, a. fig)* aprire, spianare; **sich** *dat* **einen Weg durch etw** ~ aprirsi un varco attraverso qc
Bahnfahrt *f* viaggio *m* in treno
Bahngleis *nt* binario *m*
Bahnhof *m* stazione *f*
Bahnhofsbuchhandlung *f* libreria *f* della stazione
Bahnhofshalle *f* hall *f* della stazione
Bahnhofsmission *f* organizzazione *f* assistenziale operante nelle stazioni
Bahnhofsvorstand *m* CH, A *(Bahnhofsvorsteher)* capostazione *mf*
Bahnhofsvorsteher(in) *m(f)* capostazione *mf*
Bahnhofswirtschaft *f* ristorante *m* della stazione; *(einfache)* buvette *f*
bahnlagernd *adv* fermo [*o* giacente] in stazione
Bahnlinie *f* linea *f* ferroviaria
Bahnpolizei *f* polizia *f* ferroviaria
Bahnschranke *f* barriera *f* [di passaggio a livello]
Bahnsteig ['baːnʃtaɪk] <-(e)s, -e> *m* marciapiede *m*
Bahnsteigkarte *f* biglietto *m* di ingresso ai binari
Bahnstrecke *f* percorso *m* ferroviario
Bahntransport *m* trasporto *m* per ferrovia
Bahnübergang *m* passaggio *m* a livello
Bahnunterführung *f* sottopassaggio *m*
Bahnverbindung *f* collegamento *m* ferroviario
Bahnwärter(in) *m(f)* cantoniere, -a *m, f,* casellante *mf*
Bahre ['baːrə] <-, -n> *f* barella *f,* lettiga *f; (Toten~)* bara *f*
Bai [baɪ] <-, -en> *f (Bucht)* baia *f,* golfo *m; (kleine)* insenatura *f*
Baiser [bɛ'zeː] <-s, -s> *nt* meringa *f*
Baisse ['bɛːsə] <-, -n> *f* FIN ribasso *m*
Baissespekulant(in) *m(f)* ribassista *mf*
Bajonett [bajo'nɛt] <-(e)s, -e> *nt* baionetta *f*
Bake ['baːkə] <-, -n> *f* NAUT meda *f,* biffa *f;* AERO aerofaro *m; (Verkehrsbake)* pannello *m* distanziometrico
Bakelit® [bakə'liːt *o* bakə'lɪt] <-s> *nt kein Pl.* bachelite *f*
Bakkarat ['bakara(t) *o* baka'ra] <-s> *nt kein Pl. (Kartenspiel)* baccarà *m*
Bakterie [bak'teːri̯ə] <-, -n> *f* batterio *m,* microbo *m*
bakteriell [bakte'ri̯ɛl] *adj* batterico
Bakterienkultur *f* coltura *f* batterica
Bakteriologe [bakteri̯o'loːgə] <-n, -n> *m* batteriologo *m*
Bakteriologie <-> *f kein Pl.* batteriologia *f*
Bakteriologin [bakteri̯o'loːgɪn] <-, -nen> *f* batteriologa *f*
bakteriologisch [bakteri̯o'loːgɪʃ] *adj* batteriologico
Balalaika [bala'laɪka, *Pl:* bala'laɪkas *o* bala'laɪkən] <-, -s *o* Balalaiken> *f* MUS balalaica *f*
Balance [ba'lãːsə] <-, -n> *f* equilibrio *m*
Balanceakt *m (a. fig)* gioco *m* di equilibrio
balancieren [balã'siːrən] <ohne ge-> **I.** *vi sein* stare in equilibrio **II.** *vt haben* bilanciare, equilibrare; *(Ball)* far stare in equilibrio
bald [balt] *adv* ❶ *(in Kürze)* presto; **so ~ wie möglich** il più presto possibile; **~ darauf** poco dopo ❷ *(fam: beinahe)* quasi; **ich wäre ~ hingefallen** ci è mancato poco che cadessi ❸ *(einmal)* **~ …, ~ …** ora …, ora …; **~ da, ~ dort** talvolta qui, talvolta là, un po' dovunque
Baldachin ['baldaxiːn *o* balda'xiːn] <-s, -e> *m* baldacchino *m*
Bälde ['bɛldə] *f* **in ~** fra poco
baldig ['baldɪç] *adj* prossimo
baldigst ['baldɪkst], **baldmöglichst** ['balt'møːklɪçst] *adv* il più presto possibile
Baldrian ['baldriaːn] <-s, -e> *m* valeriana *f*
Baldriantropfen *mpl* gocce *fpl* di valeriana
Balearen [bale'aːrən] *pl* Baleari *fpl*
Balg¹ [balk, *Pl:* 'bɛlgə] <-(e)s, Bälge> *m* ❶ *(Tierhaut)* pelle *f* ❷ *(Blase~, Orgel~)* mantice *m*
Balg² [balk, *Pl:* 'bɛlgɐ] <-(e)s, Bälger> *m o nt (pej fam: Kind)* marmocchio *m,* monello *m*
balgen ['balgən] *vr:* **sich ~** accapigliarsi, azzuffarsi
Balgerei [balgə'raɪ] <-, -en> *f* zuffa *f*
Balkan ['balkaːn] *m* **der ~** i Balcani *mpl;* **auf dem ~** nei Balcani
Balkanhalbinsel *f* penisola *f* balcanica
Balkanländer *ntpl* stati *mpl* balcanici
Balkanstaaten *mpl* stati *mpl* balcanici
Balken ['balkən] <-s, -> *m* trave *f,* traversa *f; (von Waage)* giogo *m* [della bilancia]; SPORT ostacolo *m*
Balkendecke *f* soffitto *m* a travi
Balkendiagramm *nt* INFORM istogramma *m*
Balkon [bal'kɔŋ] <-s, -s *o* -e> *m* ❶ ARCH balcone *m,* terrazzo *m* ❷ THEAT, FILM balconata *f,* galleria *f*
Balkontür *f* porta *f* finestra
Ball [bal, *Pl:* 'bɛlə] <-(e)s, Bälle> *m* ❶ *(zum Spielen)* palla *f; (großer, Fuß~)* pallone *m;* **~ spielen** giocare a palla; **am ~ bleiben** *(fig fam)* persevare, non mollare ❷ *(Tanz)* ballo *m*

B

Ballade [ba'la:də] <-, -n> *f* ballata *f*

Ballast [ba'last *o* 'balast] <-(e)s, *rar:* -e> *m* zavorra *f;* ~ **abwerfen** *(a. fig)* gettare la zavorra

Ballaststoffe *mpl* MED sostanze *fpl* non assimilabili

ballen ['balən] **I.** *vt (Faust)* serrare **II.** *vr:* **sich** ~ ammassarsi, accumularsi; *(Wolken)* addensarsi

Ballen ['balən] <-s, -> *m* ① COM balla *f;* **in** ~ [**ver**]**packen** imballare ② ANAT *(Hand~, Fuß~)* eminenza *f*

Ballerina [balə'ri:na] <-, Ballerinen> *f* ballerina *f,* danzatrice *f*

ballern ['balɐn] *vi (fam: schießen)* sparare, tirare

Ballett [ba'lɛt] <-(e)s, -e> *nt* balletto *m*

Ballettkorps *nt* corpo *m* di ballo

Ballettmeister(in) *m(f)* direttore, -trice *m, f* del corpo di ballo

Ballettmusik *f* musica *f* da balletto

Ballettröckchen [ba'lɛtrœkçən] <-s, -> *nt* tutù *m*

Ballettschuhe *mpl* scarpette *fpl* da ballo

Balletttänzer(in) *m(f)* ballerino, -a *m, f*

Balletttruppe *f s.* **Ballettkorps**

Ballistik [ba'lɪstɪk] <-> *f kein Pl.* balistica *f*

ballistisch [ba'lɪstɪʃ] *adj* balistico

Balljunge *m* raccattapalle *m*

Ballkleid *nt* abito *m* da ballo

Ballon [ba'lɔŋ] <-s, -s *o* -e> *m* ① *(Luftfahrzeug)* pallone *m* aerostatico, aerostato *m* ② *(Luft~)* pallone *m* ③ *(~flasche)* damigiana *f*

Ballsaal *m* sala *f* da ballo

Ballspiel *nt* gioco *m* a palla

Ballung [ba'lʊŋ] <-, -en> *f* agglomerato *m*

Ballungsgebiet *nt* agglomerato *m* urbano

Ballungszentrum *nt* città *f* ad alta concentrazione urbana ed industriale

Ballwechsel *m (bes. Tennis)* cambio *m* delle palle

Balsaholz *nt* BOT balsa *f*

Balsam ['balza:m] <-s, -e> *m (a. fig)* balsamo *m*

Balte ['baltə] <-n, -n> *m* abitante *m* dei paesi baltici

Baltikum ['baltikʊm] <-s> *nt* paesi *mpl* baltici

Baltin ['baltɪn] <-, -nen> *f* abitante *f* dei paesi baltici

baltisch *adj* baltico

Balustrade [balʊs'tra:də] <-, -n> *f* balaustra *f*

Balz [balts] <-, -en> *f* ZOO stagione *f* degli accoppiamenti

balzen ['baltsən] *vi* essere in amore

Balzzeit *f* ZOO stagione *f* degli accoppiamenti

Bambus ['bambʊs] <- *o* -ses, -se> *m* bambù *m*

Bambusrohr *nt* canna *f* di bambù

Bambussprossen *fpl* germogli *mpl* di bambù

Bammel ['baməl] <-s> *m kein Pl. (fam)* fifa *f,* strizza *f*

bamstig *adj* ① A *(holzig)* legnoso ② A *(aufgedunsen)* gonfio

banal [ba'na:l] *adj* banale

banalisieren [banali'si:rən] *vt (geh)* banalizzare

Banalität [banali'tɛ:t] <-, -en> *f* banalità *f*

Banane [ba'na:nə] <-, -n> *f* banana *f*

Bananenpflanzung *f* piantagione *f* di banane

Bananenrepublik *f (pej)* repubblica *f* delle banane

Bananenschale *f* buccia *f* di banana

Bananenstaude *f* banano *m*

Bananenstecker *m* TEC spina *f* a banana

Banause [ba'naʊzə] <-n, -n> *m* persona *f* gretta e limitata, borghesuccio, -a *m, f*

band [bant] *1. u. 3. Pers. Sing. Imp. von* **binden**

Band¹ [bant, *Pl:* 'bɛndɐ] <-(e)s, Bänder> *nt* ① *(aus Stoff)* nastro *m; (Eisen~)* cerchio *m* ② *(Fließ~)* catena *f* di montaggio; **am laufenden** ~ a catena; *(fig fam)* ininterrottamente ③ *(Ton~)* nastro *m* [magnetico]; **auf** ~ **aufnehmen** incidere su nastro [magnetico] ④ RADIO *(Bereich)* banda *f* ⑤ ANAT *(Gelenk~)* legamento *m* articolare, tendine *m*

Band² [bant, *Pl:* 'bandə] <-(e)s, -e> *nt (fig: innere Bindung)* legame *m,* vincolo *m*

Band³ [bant, *Pl:* 'bɛndə] <-(e)s, Bände> *m (Buch~)* volume *m,* tomo *m;* **das spricht Bände** *(fig)* questo dice tutto

Band⁴ [bɛnt] <-, -s> *f (Musikgruppe)* band *f*

Bandage [ban'da:ʒə] <-, -n> *f* bendaggio *m,* fasciatura *f*

bandagieren [banda'ʒi:rən] <ohne ge-> *vt* bendare, fasciare

Bandaufnahme *f* registrazione *f* su nastro

Bandbreite *f* ① RADIO larghezza *f* di banda ② *(fig: von Meinungen)* gamma *f* ③ FIN margine *m* di fluttuazione

Bande ['bandə] <-, -n> *f* ① *(fam: Gruppe, Schar)* banda *f; (Verbrecher~)* banda *f,* masnada *f fam* ② SPORT *(von Stadion)* margine *m; (von Eisbahn)* barriera *f; (beim Billard)* sponda *f,* mattonella *f*

Bandenführer(in) *m(f)* capobanda *mf*

Banderole [bandə'ro:lə] <-, -n> *f* banderuola *f; (Zigarren~)* fascetta *f* fiscale

Bänderriss *m* MED strappo *m* ai legamenti

Bänderzerrung *f* MED distorsione *f* ai legamenti
bändigen ['bɛndɪgən] *vt (zähmen)* domare, addomesticare; *(fig: Menschen)* frenare; *(Leidenschaft)* contenere, dominare
Bandit [ban'di:t] <-en, -en> *m* bandito *m,* brigante *m; (Räuber)* rapinatore *m;* **einarmiger ~** *(Spielautomat)* one-armed bandit *m* [flipper]
Bandmaß *nt* metro *m* a nastro
Bandnudel *f* tagliatella *f,* fettuccina *f*
Bandsäge *f* sega *f* a nastro
Bandscheibe *f* ANAT disco *m* intervertebrale
Bandscheibenschaden *m* MED danno *m* al disco intervertebrale
Bandscheibenvorfall *m* MED ernia *f* del disco [intervertebrale]
Bandwurm *m* verme *m* solitario, tenia *f*
bang[e] ['baŋ(ə)] <banger *o* bänger, bangste *o* bängste> *adj* timoroso; *(besorgt)* ansioso; **in ~er Erwartung** in ansiosa attesa; **davor ist mir nicht ~e** di ciò non ho paura; **mir ist [angst und] ~[e] vor jdm/etw** ho una gran paura di qu/qc
Bange ['baŋə] <-> *f kein Pl. (Angst)* paura *f;* **jdm ~ machen** far paura a qu; **keine ~!** niente paura!
bangen ['baŋən] *vi (geh)* ① *(Angst haben)* **vor jdm/etw ~** aver paura di qu/qc, temere qu/qc; **mir bangt davor** tremo al solo pensiero ② *(sich sorgen)* **um jdn/etw ~** trepidare per qu/qc
Bangigkeit <-> *f kein Pl.* angoscia *f,* paura *f; (Sorge)* apprensione *f*
Banjo ['banjo *o* 'bɛndʒo] <-s, -s> *nt* MUS banjo *m*
-bank *f in Zusammensetzungen* MED banca *f*
Bank[1] [baŋk, *Pl:* 'bɛŋkə] <-, Bänke> *f* ① *(Sitz~)* panchina *f; (Schul~, Kirchen~, im Parlament, Anklage~)* banco *m;* **durch die ~** tutti, nessuno eccettuato; **etw auf die lange ~ schieben** rimandare qc alle calende greche ② *(Werk~)* banco *m* di lavoro; *(Dreh~)* tornio *m* ③ *(Nebel~, Wolken~, Sand~, Austern~)* banco *m*
Bank[2] [baŋk] <-, -en> *f (Geldinstitut)* banca *f; (Spiel~)* casinò *m,* casa *f* da gioco; **eine sichere ~ sein** *(Person, Projekt)* essere una garanzia
Bankangestellte <ein -r, -n, -n> *mf* impiegato, -a *m, f* di banca
Bankanweisung *f* assegno *m* bancario
Bankauszug *m* estratto *m* bancario
Bankautomat *m* bancomat *m*
Bankbeamte *m,* **Bankbeamtin** *f* impiegato, -a *m, f* di banca
Bankdirektor(in) *m(f)* direttore, -trice *m, f* di banca
Bankeinlage *f* deposito *m* in banca
Banker ['bɛŋkɐ] <-s, -> *m* FIN banchiere *m*
Bankett [baŋ'kɛt] <-(e)s, -e> *nt* banchetto *m*
Bankette [baŋ'kɛtə] <-, -n> *f (an der Autobahn)* banchina *f*
Bankfach *nt* ① *(Beruf)* ramo *m* bancario ② *(Schließfach)* cassetta *f* di sicurezza
Bankgeheimnis *nt* segreto *m* bancario
Bankgeschäft *nt* ① *(Bankwesen)* sistema *m* bancario ② *(Vorgang)* operazione *f* bancaria
Bankguthaben *nt* credito *m* bancario
Bankhalter(in) *m(f) (Spiel~)* banchiere, -a *m, f,* chi tiene il banco
Bankier [baŋ'ki̯e:] <-s, -s> *m* banchiere *m,* finanziere *m*
Bankkauffrau *f,* **Bankkaufmann** *m* impiegato, -a *m, f* di banca, bancario, -a *m, f*
Bankkonto *nt* conto *m* bancario
Bankleitzahl *f* coordinate *f pl* bancarie
Banknote *f* banconota *f*
Bankomat [baŋko'ma:t] <-s, -en> *m* bancomat *m,* sportello *m* automatico
Bankraub *m* rapina *f* a una banca
Bankräuber(in) *m(f)* rapinatore, -trice *m, f* di [una] banca
bankrott [baŋ'krɔt] *adj* fallito
Bankrott [bank'rɔt] <-(e)s, -e> *m* bancarotta *f,* fallimento *m;* **~ machen** *(a. fig)* fare fallimento [*o* bancarotta]
Bankrotterklärung *f* ① COM dichiarazione *f* di fallimento ② *(fig)* fallimento *m*
Bankrotteur(in) [baŋkrɔ'tø:ɐ, *Pl:* baŋkrɔ'tø:rə] <-s, -e; -, -nen> *m(f)* bancarottiere, -a *m, f*
bankrott|gehen <irr> *vi (fam)* fare fallimento [*o* bancarotta]
Bankschalter *m* sportello *m* di banca
Bankschließfach *nt* cassetta *f* di sicurezza
Banküberfall *m* rapina *f* a una banca
Banküberweisung *f* bonifico *m* bancario
Bankverbindung *f* coordinate *f pl* bancarie
Bankverkehr *m* operazioni *f pl* bancarie
Bankwesen <-s> *nt kein Pl.* FIN settore *m* bancario
Bann [ban] <-(e)s, -e> *m* ① HIST bando *m,* esilio *m;* REL scomunica *f* ② *(fig geh: Zauber)* incantesimo *m,* fascino *m;* **den ~ brechen** *(fig)* rompere l'incantesimo; **jdn in seinen ~ ziehen** *(fig)* attrarre qu a sé
bannen ['banən] *vt* ① *(Geister, Teufel)* scacciare, esorcizzare; *(fig: Gefahr)* allontanare ② *(geh: fesseln)* immobilizzare, inchiodare; **[wie] gebannt auf etw** *akk* **starren** guardare fisso qc

Banner ['banɐ] <-s, -> *nt* ① *(Fahne)* stendardo *m,* vessillo *m; (a. fig)* bandiera *f* ② INFORM banner *m*

Bannkreis *m* sfera *f* di influenza

Bantamgewicht *nt* SPORT peso *m* gallo

Baptist(in) [bap'tɪst] <-en, -en; -, -nen> *m(f)* REL battista *mf*

bar [ba:ɐ̯] *adj* ① FIN contante, in contanti; **etw [in] ~ bezahlen** pagare qc in contanti; **etw für ~e Münze nehmen** prendere qc per oro colato ② *(geh: rein)* puro; **~er Unsinn** pure sciocchezze

Bar [ba:ɐ̯] <-, -s> *f (Theke)* bar *m,* banco *m; (Nachtlokal)* night[-club] *m*

Bär(in) [bɛ:ɐ] <-en, -en; -, -nen> *m(f)* orso, -a *m, f;* **der Große/Kleine ~** ASTR l'Orsa maggiore/minore; **jdm einen ~en aufbinden** *(fig fam)* darla ad intendere a qu

Barabfindung *f* indennità *f* in contanti

Baracke [ba'rakə] <-, -n> *f* baracca *f*

Barbar(in) [bar'ba:ɐ̯] <-en, -en; -, -nen> *m(f)* barbaro, -a *m, f*

Barbarei [barba'raɪ] <-, -en> *f* barbarie *f*

Barbarin *f s.* **Barbar**

barbarisch *adj* barbaro

bärbeißig ['bɛ:ɐbaɪsɪç] *adj* burbero, scontroso, brontolone; **~er Mensch** orso *m*

Barbestand *m* fondo *m* cassa

Barbiturat [barbitu'ra:t] <-s, -e> *nt* barbiturico *m*

Bardame *f* barmaid *f*

Bärendienst *m* **jdm/etw** *dat* **einen ~ erweisen** rendere un cattivo servizio a qu

Bärenhaut *f* **auf der ~ liegen** *(fam)* fare una vita da poltrone

Bärenhunger *m (fam)* fame *f* da lupo

Bärenkräfte *f pl* forza *f* da leone

Bärennatur *f* **eine ~ haben** avere un fisico di ferro

Barett [ba'rɛt] <-(e)s, -e *o rar:* -s> *nt (Richter, Professor)* berretta *f,* tocco *m*

barfuß ['ba:ɐ̯fu:s] *adj* a piedi nudi

barg [bark] *1. u. 3. Pers. Sing. Imp. von* **bergen**

Bargeld *nt* denaro *m* contante

bargeldlos *adj* con assegno; **~er Zahlungsverkehr** pagamenti *mpl* a mezzo assegno

Bargeldumstellung *f* EU sostituzione *f* fiduciaria

Bargeschäft *nt* operazione *f* in contanti

Barhocker *m* sgabello *m* di bar

bärig ['bɛ:rɪç] *adj* A, *bes.* TIROL *(fam: toll)* fantastico, fenomenale

Bärin *f s.* **Bär**

Barista [ba'rɪsta] <-[s], -s> *m barista che si occupa esclusivamente della preparazione di bevande a base di caffè*

Bariton ['ba:ritɔn] <-s, -e> *m* baritono *m*

Barium ['ba:riʊm] <-s> *nt kein Pl.* CHEM bario *m*

Barkasse [bar'kasə] <-, -n> *f* barcaccia *f*

Barkauf *m* acquisto *m* in contanti

Barke ['barkə] <-, -n> *f* barca *f*

Barkeeper ['ba:ɐ̯ki:pɐ] <-s, -> *m,* **Barmann** *m* barman *m,* barista *m*

barmherzig [barm'hɛrtsɪç] *adj* misericordioso, caritatevole; **~er Gott!** misericordia!, santo Iddio!

Barmherzigkeit <-> *f kein Pl.* misericordia *f*

barock [ba'rɔk] *adj* barocco

Barock <-s> *nt o m kein Pl.* barocco *m*

Barockmusik <-> *f kein Pl.* musica *f* barocca

Barometer [baro'me:tɐ] <-s, -> *nt* barometro *m*

Barometerstand *m* livello *m* [*o* stato *m*] barometrico

Baron(in) [ba'ro:n] <-s, -e; -, -nen> *m(f)* barone, -essa *m, f*

Baronesse [baro'nɛsə] <-, -n> *f,* **Baronin** *f s.* **Baron**

Barren ['barən] <-s, -> *m* ① *(Metall~)* lingotto *m,* barra *f* ② SPORT parallele *f pl*

Barrengold *nt* oro *m* in lingotti

Barriere [ba'ri̯e:rə] <-, -n> *f* barriera *f*

Barrierefreiheit *f kein pl* accessibilità *f*

Barrikade [bari'ka:də] <-, -n> *f* barricata *f;* **auf die ~n gehen** *(fig)* insorgere, protestare

barsch [barʃ] *adj (Mensch, Antwort, Umgangston)* sgarbato; *(Ablehnung, Befehl)* brusco

Barsch [ba:ɐ̯ʃ] <-(e)s, -e> *m* ZOO pesce *m* persico

Barschaft <-, -en> *f* denaro *m* contante [*o* in contanti] [*o* liquido]

Barscheck *m* assegno *m* ordinario

barst [barst] *1. u. 3. Pers. Sing. Imp. von* **bersten**

Bart [ba:ɐ̯t, *Pl:* 'bɛɐ̯tə] <-(e)s, Bärte> *m* ① *(von Mensch, Tier)* barba *f;* **sich** *dat* **einen ~ wachsen lassen** farsi crescere la barba; **in den ~ brummen** *(fam)* borbottare fra i denti; **jdm um den ~ gehen** adulare qu, lusingare qu ② *(Schlüssel~)* ingegno *m*

Bartflechte *f* ① BOT barba *f* di bosco ② MED erpete *m* tonsurante

Barthaar *nt* pelo *m* della barba

bärtig ['bɛ:ɐtɪç] *adj* barbuto

Bartwisch <-s, -e> *m* A *(Handbesen)* scopetta *f*

Bartwuchs *m* crescita *f* della barba

Barzahlung *f* pagamento *m* in contanti

Basalt [ba'zalt] <-(e)s, -e> *m* basalto *m*

Basar [ba'zaːɐ̯] <-s, -e> *m* bazar *m*

Base ['baːzə] <-, -n> *f* ① SÜDD *(Cousine)* cugina *f;* CH *(Tante)* zia *f* ② CHEM, MAT base *f*

Baseball ['beɪsbɔːl] <-s> *m kein Pl.* baseball *m*

Basel ['baːzəl] *nt* Basilea *f*

Basen *Pl. von* **Base, Basis**

basieren [ba'ziːrən] <ohne ge-> *vi* **auf etw** *dat* **~** basarsi su qc

Basilika [ba'ziːlika, *Pl:* ba'ziːlikən] <-, Basiliken> *f* basilica *f*

Basilikum [ba'ziːlikʊm] <-s> *nt kein Pl.* basilico *m*

Basis ['baːzɪs, *Pl:* 'baːzən] <-, Basen> *f* ① ARCH, TEC base *f,* zoccolo *m* ② *(a. fig)* MAT base *f* ③ POL, MIL base *f*

basisch ['baːzɪʃ] *adj* CHEM basico

Basisdemokratie <-, -n> *f* POL democrazia *f* diretta

Basisgruppe *f* POL gruppo *m* di base

Basiswissen *nt* cognizioni *f pl* di base

Baske ['baskə] <-n, -n> *m* basco *m*

Baskenland *nt* paesi *m pl* baschi

Baskenmütze *f* basco *m*

Basketball *m* basket *m,* pallacanestro *f*

Baskin ['baskɪn] <-, -nen> *f* basca *f*

baskisch ['baskɪʃ] *adj* basco

Basrelief ['bareljɛf] <-s, -s> *nt* KUNST bassorilievo *m*

bass [bas] *adv (obs scherz)* **~ erstaunt sein** essere sbalordito

Bass [bas] <Basses, Bässe> *m* MUS ① *(Stimme, Sänger)* basso *m* ② *(Instrument)* contrabbasso *m*

Bassin [ba'sɛ̃ː] <-s, -s> *nt* ① GEOL, GEOG bacino *m* ② *(Schwimmbecken)* piscina *f*

Bassist(in) [ba'sɪst] <-en, -en; -, -nen> *m(f)* MUS ① *(Spieler)* contrabbassista *mf* ② *(Sänger)* basso *m*

Bassschlüssel *m* MUS chiave *f* di basso

Bast [bast] <-(e)s, -e> *m* rafia *f*

basta ['basta] *interj* basta; **und damit ~!** e non una parola di più!

Bastard ['bastart] <-(e)s, -e> *m* bastardo, -a *m, f;* BIOL ibrido *m*

Bastei [bas'taɪ] <-, -en> *f* bastione *m*

Bastelei [bastə'laɪ] <-, -en> *f,* **Basteln** <-s> *nt kein Pl.* lavoretti *m pl* manuali fatti per passatempo

basteln ['bastəln] **I.** *vi* fare lavori manuali per passatempo **II.** *vt* fare

Bastion [bas'ti̯oːn] <-, -en> *f* MIL bastione *m*

Bastler(in) ['bastlɐ] <-s, -; -, -nen> *m(f) chi fa lavoretti manuali per passatempo*

bat [baːt] *1. u. 3. Pers. Sing. Imp. von* **bitten**

BAT [beːʔaː'teː] *Abk. von* **Bundesangestelltentarif** *tariffe fisse del pubblico impiego*

Bataillon [batal'joːn] <-s, -e> *nt* MIL battaglione *m*

Batik ['baːtɪk] <-, -en> *f* batik *m*

batiken *vt* fare batik, tingere con la tecnica batik

Batist [ba'tɪst] <-(e)s, -e> *m* batista *f*

Batterie [batə'riː] <-, -n> *f* TEC batteria *f,* pila *f;* MOT batteria *f* [per accensione]

batteriebetrieben *adj* alimentato a batteria

Batterieempfänger *m,* **Batteriegerät** *nt* ricevitore *m* a pila [*o* batteria]

Batterieladegerät <-(e)s, -e> *nt* alimentatore *m* [per batterie], caricabatteria *m*

Bau[1] [baʊ] <-(e)s> *m kein Pl.* ① *(Tätigkeit)* costruzione *f,* edificazione *f;* **im ~** [**befindlich**] in corso di costruzione ② *(Gefüge, Gliederung)* architettura *f,* struttura *f* ③ *(Körper~)* corporatura *f* ④ *(fam: Baustelle)* cantiere *m;* **auf dem ~ arbeiten** lavorare in cantiere

Bau[2] <-(e)s, -ten> *m (Gebäude)* edificio *m,* costruzione *f*

Bau[3] <-(e)s, -e> *m* ZOO tana *f*

Bauabschnitt *m* lotto *m* dei lavori

Bauamt *nt* genio *m* civile

Bauarbeiten *f pl* lavori *m pl* edili; [**Achtung**] **~!** attenzione, lavori in corso!

Bauarbeiter(in) *m(f)* lavoratore, -trice *m, f* edile, muratore, -trice *m, f*

Bauart *f* ① sistema *m* [*o* tipo *m*] di costruzione ② TEC costruzione *f*

Baubaracke *f* baracca *f* di cantiere

Bauboom *m* WIRTSCH boom *m* edilizio

Bauch [baʊx, *Pl:* 'bɔɪçə] <-(e)s, Bäuche> *m* ① ANAT ventre *m,* pancia *f;* **einen ~ haben** avere la pancia; **einen ~ bekommen** metter su pancia; **sich** *dat* **den ~ vollschlagen** *(fam)* mangiare a quattro palmenti ② *(von Gefäß, Instrument)* pancia *f* ③ *(Schiffs~)* scafo *m*

Bauchbinde *f* ① *(Leibbinde)* panciera *f,* fascia *f* elastica ② *(für Frack)* fascia *f* di seta ③ *(fam: von Zigarre)* fascetta *f*

Bauchentscheidung *f* decisione *f* d'istinto

Bauchfell *nt* ANAT peritoneo *m*

Bauchfellentzündung *f* MED peritonite *f*

bauchfrei *adj inv (~es Top)* top scoperto sulla pancia

Bauchhöhle *f* MED cavità *f* addominale

bauchig ['baʊxɪç] *adj* panciuto, convesso

Bauchladen *m (fam)* cassetta *f* da venditore ambulante

Bauchlandung *f* AERO atterraggio *m* senza carrello; *(im Schwimmbad)* panciata *f fam*

B

B

Bauchmuskeln *mpl* ANAT muscoli *mpl* addominali

Bauchnabel *m* ANAT ombelico *m*

Bauchredner(in) *m(f)* ventriloquo, -a *m, f*

Bauchschmerzen *mpl* dolori *mpl* di stomaco

Bauchspeck *m* GASTR pancetta *f* magra

Bauchspeicheldrüse *f* ANAT pancreas *m*

Bauchtanz *m* danza *f* del ventre

Bauchtänzerin *f* danzatrice *f* del ventre

Bauchweh *nt* mal *m* di pancia

Baud [baʊt *o* boːt] <-(s), -> *nt* INFORM baud *m*

Baudenkmal *nt* **geschütztes ~** monumento *m* protetto

bauen ['baʊən] **I.** *vt* ① *(er~)* costruire; *(errichten)* erigere; *(Nest)* fare ② *(fam: Unfall)* avere **II.** *vi* **auf jdn ~** *(fig: vertrauen)* contare su qu, fare affidamento su qu

Bauer[1] ['baʊɐ] <-n *o rar:* -s, -n> *m* ① *(Landmann)* contadino *m; (Landwirt)* agricoltore *m,* coltivatore *m* diretto ② *(fig, pej)* villano *m* ③ *(Schach)* pedone *m* ④ *(Spielkarte)* fante *m*

Bauer[2] <-s, -> *nt o m (Käfig)* gabbia *f* [per uccelli]

Bäuerin ['bɔɪərɪn] <-, -nen> *f* contadina *f*

bäuerisch *adj s.* **bäurisch**

bäuerlich ['bɔɪɐlɪç] *adj* contadinesco, campagnolo; *(ländlich)* rurale

Bauernbrot *nt* pane *m* casareccio

Bauernfängerei [baʊɐfɛŋə'raɪ] <-> *f kein Pl. (fam)* gabbamento *m*

Bauernfrühstück *nt colazione a base di patate arrostite, uova strapazzate e pancetta*

Bauernhaus *nt,* **Bauernhof** *m* podere *m,* fattoria *f*

Bauernkriege *mpl* HIST guerre *fpl* dei contadini

Bauernmöbel *ntpl* mobili *mpl* rustici

Bauernregel *f* almanacco *m* campestre

Bauernschaft <-, *rar:* -en> *f* popolazione *f* rurale

bauernschlau *adj* scaltro, malizioso

Bauernschläue <-> *f kein Pl.* furbizia *f,* scaltrezza *f*

Bauernverband *m* associazione *f* degli agricoltori

Bauersfrau *f* contadina *f*

Bauersleute *pl* contadini *mpl*

baufällig *adj* cadente, pericolante

Baufälligkeit *f* essere *m* pericolante

Baufirma *f* ditta *f* appaltatrice

Bauführer(in) *m(f)* assistente *mf* edile, capocantiere *m*

Baugelände *nt* terreno *m* fabbricabile

Baugenehmigung *f* licenza *f* edilizia

Baugerüst *nt* impalcatura *f,* armatura *f*

Baugesellschaft *f* società *f* immobiliare

Baugewerbe *nt* edilizia *f*

Baugrube *f* scavo *m* [di fondazione]

Baugrundstück *nt* terreno *m* fabbricabile

Bauhandwerker(in) *m(f)* operaio, -a *m, f* edile

Bauherr(in) *m(f)* committente *mf* della costruzione, appaltatore *m*

Bauholz *nt* legname *m* da costruzione

Bauindustrie <-> *f kein Pl.* settore *m* edile, industria *f* edile

Bauingenieur(in) *m(f)* ingegnere *m* civile

Baujahr *nt* anno *m* di costruzione; *(von Auto)* anno *m* di fabbricazione

Baukasten *m* scatola *f* delle costruzioni

Baukastensystem *nt* sistema *m* modulare; **nach dem ~** secondo il sistema modulare

Bauklotz *m* cubetto *m* del gioco delle costruzioni; **Bauklötze staunen** *(fam)* rimanere di stucco

Baukonzern *m* gruppo *m* edile

Baukosten *pl* spese *fpl* di [*o* costo *m* della] costruzione

Baukostenzuschuss *m* sussidio *m* di costruzione, contributo *m* per le spese di costruzione

Baukunst *f* architettura *f*

Bauland *nt* terreno *m* fabbricabile

Baulärm *m kein Pl.* rumore *m* di un cantiere

Bauleiter(in) *m(f)* direttore, -trice *m, f* dei lavori [di costruzione]

Bauleitung *f* direzione *f* dei lavori

baulich *adj* architettonico, costruttivo

Baulöwe *m (fam)* speculatore *m* edilizio

Baulücke *f* area *f* di ricostruzione

Baum [baʊm, *Pl:* 'bɔɪmə] <-(e)s, Bäume> *m* albero *m;* **ich könnte Bäume ausreißen** mi sento un leone

Baumarkt *m* negozio *m* per il fai da te

Baumaterial *nt* materiale *m* da costruzione

Baumbestand *m* patrimonio *m* forestale

baumbestanden *adj* alberato

Baumeister(in) *m(f)* architetto *m,* costruttore, -trice *m, f* edile

baumeln ['baʊməln] *vi* penzolare, ciondolare

bäumen [bɔɪmən] *vr:* **sich ~** inalberarsi, impennarsi

Baumgrenze *f* limite *m* della vegetazione arborea

Baumgruppe *f* boschetto *m*

Baumkrone *f* chioma *f* dell'albero

baumlang *adj* **ein ~er Kerl** *(fam)* un tipo molto alto, un giovanotto lungo come una pertica

baumlos *adj* senza alberi

Baumnuss *f* CH BOT *(Walnuss)* noce *f*
Baumrinde *f* corteccia *f* d'albero
Baumschule *f* vivaio *m* di piante arboree
Baumstamm *m* tronco *m* [d'albero], fusto *m*
Baumsterben <-s> *nt kein Pl.* moria *f* [di piante]
Baumstumpf *m* ceppo *m*
Baumwolle *f* cotone *m*
baumwollen *adj* di cotone
Baumwollernte *f* raccolta *f* del cotone
Baumwollpflanzung *f* piantagione *f* di cotone
Baumwollspinnerei *f* ① *(Vorgang)* filatura *f* del cotone ② *(Fabrik)* cotonificio *m*
Baumwollstaude *f* pianta *f* del cotone
Baumwollstoff *m* tessuto *m* di cotone
Bauordnung <-, -en> *f* ADM regolamento *m* edilizio
Bauplan *m* progetto *m* di costruzione
Bauplatz *m* terreno *m* fabbricabile; *(nach Beginn der Arbeiten)* cantiere *m* edile
Baupolizei *f* genio *m* civile
Baureihe <-, -n> *f* gamma *f*
bäurisch ['bɔɪrɪʃ] *adj (pej)* rozzo, zotico, villano
Bauruine *f (fam)* costruzione *f* abbandonata
Bausch [baʊʃ] <-(e)s, -e *o* Bäusche> *m (Watte~)* batuffolo *m;* **in ~ und Bogen** in blocco
Bauschäden *mpl* difetti *mpl* [*o* vizi *mpl*] di costruzione
bauschen ['baʊʃən] **I.** *vt* gonfiare **II.** *vr:* **sich ~** gonfiarsi
bauschig *adj* gonfio, a sbuffo
Bauschutt *m* calcinacci *mpl*
Bauspardarlehen ['baʊʃpaːɐdaːɐleːən] <-s, -> *nt* FIN mutuo *m* fondiario
bausparen *vi* risparmiare sulla base di un contratto immobiliare
Bausparer(in) *m(f) chi ha stipulato un contratto di risparmio immobiliare*
Bausparkasse *f* cassa *f* di risparmio per la costruzione edilizia
Bausparvertrag *m* contratto *m* di risparmio immobiliare
Baustein *m* ① ARCH pietra *f* da costruzione ② *(fig)* elemento *m* costitutivo ③ INFORM **elektronischer ~** componente *m* elettronico, chip *m*
Baustelle *f* cantiere *m;* **~!** lavori in corso!; **Betreten der ~ verboten!** vietato l'ingresso ai non addetti ai lavori
Baustil *m* stile *m* architettonico
Baustoff *m* materiale *m* da costruzione
Baustopp *m* blocco *m* dell'edilizia
Bausubstanz *f* struttura *f* muraria
Bauteil <-s, -e> *nt (Teil zum Bauen)* pezzo *m* prefabbricato; *(Teil einer Maschine)* componente *m* per macchine
Bauten *Pl. von* **Bau²**
Bautrupp *m* squadra *f* di operai edili
Bauunternehmer(in) *m(f)* imprenditore, -trice *m, f* edile
Bauverbot *nt* divieto *m* di costruzione
Bauvorhaben *nt* progetto *m* di costruzione
Bauweise *f* sistema *m* costruttivo
Bauwerk *nt* edificio *m,* costruzione *f*
Bauwirtschaft <-> *f kein Pl.* edilizia *f;* **die Krise der ~** la crisi dell'edilizia
Bauxit [baʊ'ksiːt] <-s, -e> *m* bauxite *f*
Bauzaun *m* palizzata *f* di un cantiere edile
bay[e]risch ['baɪ(ə)rɪʃ] *adj* bavarese; **der Bay[e]rische Wald** la Selva Bavarese
Bayer(in) ['baɪɐ] <-n, -n; -, -nen> *m(f)* bavarese *mf*
Bayern ['baɪɐn] *nt* Baviera *f*
Bayreuth [baɪ'rɔɪt] *nt* Bayreuth *f*
bayrisch *s.* **bay[e]risch**
Bazillus [ba'tsɪlʊs] <-, Bazillen> *m* bacillo *m*
Bd. *Abk. von* **Band** vol.
BDA [beːdeː'ʔaː] *Abk. von* **Bund Deutscher Architekten** *associazione degli architetti tedeschi*
Bde. *Abk. von* **Bände** voll.
BDI [beːdeː'ʔiː] *m Abk. von* **Bundesverband der Deutschen Industrie** confederazione dell'industria tedesca
BDÜ [beːde'ʔyː] *m Abk. von* **Bundesverband der Dolmetscher und Übersetzer** *associazione degli interpreti e traduttori tedeschi*
BE *Abk. von* **Broteinheit** *unità di misura idrati di carbonio (nelle diete)*
beabsichtigen [bə'ʔapzɪçtɪgən] <ohne ge-> *vt* avere [l']intenzione; **ich beabsichtige zu verreisen** ho intenzione di partire; **das hatte ich nicht beabsichtigt** non l'ho fatto apposta
beabsichtigt *adj* intenzionale; **die ~e Wirkung** l'effetto voluto
beachten <ohne ge-> *vt* ① *(bemerken)* fare attenzione a, considerare ② *(berücksichtigen)* tener conto di, considerare ③ *(einen Rat befolgen)* seguire, ascoltare; *(Regel, Vorschrift)* osservare, rispettare; **etw nicht ~** ignorare qc, non osservare qc
beachtenswert *adj* notevole, degno di nota
beachtlich *adj* apprezzabile, considerevole
Beachtung <-> *f kein Pl.* ① *(Aufmerksamkeit)* attenzione *f;* **jdm/etw ~ schenken** prestare attenzione a qu/qc ② *(Berücksichtigung)* considerazione *f* ③ *(von Regel, Vorschrift)* osservanza *f*

B

Beamte [bəˈʔamtə] <ein -r, -n, -n> *m* funzionario *m,* impiegato *m* statale
Beamtenapparat *m* apparato *m* amministrativo
Beamtenbeleidigung <-, -en> *f* oltraggio *m* a pubblico ufficiale, vilipendio *m*
Beamtenbestechung *f* corruzione *f* di pubblico ufficiale
Beamtenlaufbahn *f* carriera *f* del pubblico impiego
Beamtentum <-s> *nt kein Pl.* ① *(Vertreter, Stand)* funzionari *mpl* ② *(Eigenschaft)* mentalità *f* dei funzionari; *(Beamtetsein)* carica *f* di funzionario
Beamtenverhältnis *nt* **im ~ sein** essere di ruolo; **ins ~ übernommen werden** diventare di ruolo
beamtet *adj* impiegato
Beamtin [bəˈʔamtɪn] <-, -nen> *f* funzionaria *f,* impiegata *m* statale
beängstigen [bəˈʔɛŋstɪgən] <ohne ge-> *vt (geh)* impaurire, mettere paura a
beängstigend *adj* inquietante, allarmante
beanspruchen [bəˈʔanʃprʊxən] <ohne ge-> *vt* ① *(fordern: Recht)* rivendicare, reclamare; *(Unterstützung)* pretendere; *(Gebiet)* rivendicare ② *(erfordern: Zeit, Geld)* richiedere; *(Platz)* occupare; *(Kraft, Aufmerksamkeit)* esigere ③ *(ausnutzen: Einrichtungen)* sfruttare; *(Gastfreundschaft, Geduld, Hilfe)* approfittare di ④ *(strapazieren: Material, Stoff, Maschine)* usare; *(Menschen)* strapazzare; *(Nerven)* logorare; **sein Beruf beansprucht ihn ganz** la sua professione lo assorbe completamente
Beanspruchung <-, *rar:* -en> *f* ① *(Forderung)* rivendicazione *f* ② *(Ausnutzung)* sfruttamento *m* ③ *(Belastung, Abnutzung)* uso *m; (von Menschen)* sfruttamento *m; (beruflich)* strapazzo *m; (nervlich)* logoramento *m*
beanstanden <ohne ge-> *vt* criticare, biasimare
Beanstandung <-, -en> *f* reclamo *m,* critica *f;* **ohne ~** senza obiezioni
beantragen <ohne ge-> *vt* chiedere; JUR proporre
beantworten [bəˈʔantvɔrtən] <ohne ge-> *vt* rispondere a
Beantwortung <-, -en> *f* risposta *f;* **in ~ Ihres Schreibens vom …** in risposta alla Sua [lettera] del …
bearbeiten <ohne ge-> *vt* ① *(arbeiten an)* lavorare a, trattare; *(ausarbeiten)* elaborare; *(gestalten)* formare; *(redigieren)* redigere; *(überarbeiten)* rielaborare, rimaneggiare, rifare; THEAT, FILM, RADIO, TV adattare; **eine Komposition für Orchester ~** adattare una composizione per orchestra ② TEC lavorare, foggiare ③ AGR coltivare ④ *(sich befassen mit)* occuparsi di; *(Fall)* trattare; *(Akte, Antrag)* evadere, [di]sbrigare; *(Bestellung)* sbrigare ⑤ *(fig fam: zu überreden suchen)* cercare di convincere, lavorarsi
Bearbeiten <-s, -> *nt (Computer)* [comando *m*] modifica
Bearbeiter(in) <-s, -; -, -nen> *m(f)* rielaboratore, -trice *m, f*
Bearbeitung <-, -en> *f* ① *(Arbeit an)* lavorazione *f; (Redigieren)* redazione *f; (Überarbeiten)* revisione *f;* THEAT, FILM, RADIO, TV *(Vorgang)* adattamento *m; (bearbeitete Fassung)* nuova versione *f* ② TEC lavorazione *f* ③ AGR coltivazione *f* ④ *(von Fall, Akte, Antrag, Bestellung)* disbrigo *m,* evasione *f;* **in ~** in preparazione
Bearbeitungsgebühr *f* tassa *f* di cancelleria
Beat [biːt] <-(s)> *m kein Pl.* musica *f* beat
Beatband *f* complesso *m* beat
beatmen <ohne ge-> *vt (künstlich)* praticare la respirazione artificiale a
Beatmung <-, -en> *f* **künstliche ~** respirazione *f* artificiale
beaufsichtigen [bəˈʔaʊfzɪçtɪgən] <ohne ge-> *vt* sorvegliare, controllare, ispezionare
Beaufsichtigung <-, -en> *f* sorveglianza *f,* ispezione *f,* controllo *m*
beauftragen <ohne ge-> *vt* **jdn** [**mit etw**] **~** *(Auftrag erteilen)* incaricare qu [di qc]; *(anweisen)* delegare [qc] a qu
Beauftragte <ein -r, -n, -n> *mf* incaricato, -a *m, f* [d'affari], mandatario, -a *m, f,* delegato, -a *m, f*
Beautysalon [ˈbjuːti-] *m* salone *m* di bellezza, centro *m* estetico
bebauen <ohne ge-> *vt* ① ARCH costruire su ② *(Acker)* coltivare
bebaut *adj* edificato
Bebauung <-, -en> *f* urbanizzazione *f*
Bebauungsplan *m* piano *m* regolatore
beben [ˈbeːbən] *vi* tremare, fremere
Beben [ˈbeːbən] <-s, -> *nt* terremoto *m*
bebend [ˈbeːbənt] *adj* tremante, fremente
bebildern <ohne ge-> *vt* illustrare
Bechamelsauce *f* besciamella *f*
Becher [ˈbɛçɐ] <-s, -> *m* tazza *f; (Glas~, Plastik~)* bicchiere *m; (Joghurt~)* vasetto *m*
bechern [ˈbɛçɐn] *vi (scherz fam)* trincare
becircen [bəˈtsɪrtsən] <ohne ge-> *vt (fam)* ammaliare; *(umgarnen)* irretire
Becken [ˈbɛkən] <-s, -> *nt* ① *(flaches Gefäß)* catino *m* ② *(Bassin, a. Hafen~) a.* GEOG bacino *m* ③ *(Schwimm~)* piscina *f* ④ *(Wasch~)* lavandino *m* ⑤ *(Brunnen~)* vasca *f* ⑥ ANAT bacino *m* ⑦ MUS piatti *mpl*

Beckenknochen *m* ANAT osso *m* pelvico

Becquerel [bɛkə'rɛl] <-s> *nt kein Pl.* PHYS becquerel *m*

bedacht [bə'daxt] *adj* **auf etw** *akk* **~ sein** mirare a qc

Bedacht <-(e)s> *m kein Pl. (geh)* **mit ~** con circospezione, a ragion veduta; *(mit Absicht)* deliberatamente, di proposito

bedächtig [bə'dɛçtɪç] **I.** *adj (besonnen)* riflessivo; *(gesetzt)* posato; *(vorsichtig)* prudente **II.** *adv* con cautela

Bedächtigkeit <-> *f kein Pl.* avvedutezza *f,* circospezione *f,* prudenza *f*

bedanken <ohne ge-> *vr* **sich bei jdm für etw ~** ringraziare qu di [*o* per] qc

bedarf [bə'darf] *1. u. 3. Pers. Sing. Präs. von* **bedürfen**

Bedarf [bə'darf] <-(e)s> *m kein Pl. (Bedürfnis)* fabbisogno *m;* **bei ~** in caso di bisogno, se occorre; **nach ~** a seconda del fabbisogno; **~ haben an** *+dat* avere bisogno di; **den ~ decken** coprire il fabbisogno; **Gegenstände des täglichen/gehobenen ~s** articoli d'uso corrente/di lusso

Bedarfsartikel *m* articolo *m* di prima necessità

Bedarfsfall *m* **im ~** in caso di bisogno

Bedarfsgüter *ntpl* beni *mpl* di consumo

Bedarfshaltestelle *f* fermata *f* facoltativa

bedauerlich [bə'daʊɐlɪç] *adj* spiacevole, deplorevole

bedauerlicherweise [bə'daʊɐlɪçɐ'vaɪzə] *adv* purtroppo

bedauern [bə'daʊɐn] <ohne ge-> *vt* ❶ *(Sache)* dispiacersi per; *(beklagen)* deplorare; [**ich**] **bedauere** spiacente!; **ich bedaure** [**es**]**, dass sie nicht gekommen ist** mi rincresce che non sia venuta ❷ *(Menschen)* compiangere, compatire

Bedauern <-s> *nt kein Pl.* dispiacere *m;* **zu meinem** [**großen**] **~** con mio [grande] dispiacere

bedauernswert *adj (Mensch)* che desta compassione; *(Lage)* spiacevole, pietoso; *(Zustand)* deplorevole, pietoso

bedecken <ohne ge-> *vt* **etw** [**mit etw**] **~** coprire qc [di qc]

bedeckt *adj (Himmel)* coperto

Bedeckung <-, -en> *f* A *(form: finanzielle Deckung)* copertura *f* finanziaria

bedenken <irr, ohne ge-> *vt* ❶ *(erwägen)* pensare a, riflettere su ❷ *(beachten)* tener conto di; **zu ~ geben** far considerare; **wenn man bedenkt, dass …** e dire che …

Bedenken <-s, -> *nt* ❶ *Sing. (Erwägung)* riflessione *f,* considerazione *f* ❷ *meist Pl. (Zweifel)* dubbi *mpl,* scrupoli *mpl;* **ohne ~** senza esitazione; **gegen etw ~ äußern** avanzare delle riserve su qc

bedenkenlos *adv (ohne Weiteres)* senza esitazione; *(skrupellos)* senza scrupoli

bedenkenswert *adj* da riconsiderare

bedenklich *adj (besorgniserregend)* inquietante; *(ernst)* serio, grave

Bedenkzeit *f* tempo *m* per riflettere; **jdm drei Tage ~ geben** dare a qu tre giorni per riflettere

bedeuten <ohne ge-> *vt* ❶ *(besagen)* significare, voler dire; **das hat nichts zu ~** questo non significa niente; **jdm etwas ~** *(wert sein)* significare qc per qu ❷ *(wichtig sein)* **etw ~** essere importante

bedeutend **I.** *adj* ❶ *(wichtig)* importante; *(hervorragend)* eminente, illustre ❷ *(beachtlich, beträchtlich)* notevole, ragguardevole **II.** *adv* considerevolmente, sensibilmente

bedeutsam *adj* significativo, rivelatore

Bedeutung <-, -en> *f* ❶ *(Sinn)* significato *m,* senso *m; (von Wort)* accezione *f* ❷ *Sing. (Wichtigkeit)* importanza *f; (Tragweite)* portata *f;* **~ für etw haben** importare per qc; **von ~ sein** avere importanza; **einer Sache** *dat* **~ beimessen** attribuire importanza a qc

bedeutungslos *adj* insignificante

Bedeutungslosigkeit <-> *f kein Pl.* irrilevanza *f*

Bedeutungsumfang *m* LING estensione *f* del significato, area *f* semantica

bedeutungsvoll *adj* significativo

Bedeutungswandel *m* LING mutamento *m* semantico

bedienen <ohne ge-> **I.** *vt* ❶ *(Menschen, a. bei Tisch)* servire; TEC *(Apparat, Maschine)* manovrare; **ich bin bedient!** *(iron)* sono servito! ❷ *(beim Kartenspiel)* rispondere a **II.** *vr* **sich** [**einer Sache** *gen*] **~** *(geh)* servirsi [di qc]; **~ Sie sich!** prenda pure!

bedienerfreundlich *adj* facile da usare

Bedienstete [bə'di:nstətə] <ein -r, -n, -n> *mf* impiegato, -a *m, f*

Bedienung <-, -en> *f* ❶ *Sing. (Tätigkeit)* servizio *m;* TEC manovra *f,* maneggio *m* ❷ *(Personal)* servitù *f,* personale *m* di servizio; *(Kellnerin)* cameriera *f;* A *(Putzfrau)* donna *f* delle pulizie

Bedienungsanleitung *f* istruzioni *fpl* per l'uso

Bedienungsfehler *m* uso *m* scorretto, manovra *f* errata

Bedienungshebel *m* TEC leva *f* di comando

Bedienungshinweise *mpl* istruzioni *mpl* per l'uso

B

Bedienungsvorschrift *f* istruzioni *fpl* per l'uso

bedingen [bə'dɪŋən] <ohne ge-> *vt* ① *(voraussetzen)* presupporre ② *(verursachen)* causare, determinare; **bedingt durch** dovuto a

bedingt **I.** *adj* ① condizionato; *(beschränkt)* limitato ② A JUR *(mit Bewährung)* condizionale **II.** *adv* con riserva; *(zum Teil)* in parte; ~ **gültig** valido [solo] in parte

Bedingung <-, -en> *f* ① *(Voraussetzung)* condizione *f*; **etw zur ~ machen** porre qc come condizione; **unter der ~, dass …** a condizione di +*inf*, a condizione che +*conj* ② *(Erfordernis)* esigenza *f* ③ *Pl.* *(Verhältnisse)* condizioni *fpl*, circostanze *fpl*; **unter diesen ~en** a queste condizioni

bedingungslos *adj* incondizionato; *(Gehorsam)* assoluto

bedrängen <ohne ge-> *vt* ① *(Gegner)* incalzare ② *(belästigen)* assillare

Bedrängnis <-, -se> *f* *(geh)* situazione *f* penosa; *(Notlage)* difficoltà *fpl*; **in äußerster ~ sein** non avere via di scampo; **in ~ geraten** trovarsi in difficoltà

bedrohen <ohne ge-> *vt* minacciare

bedrohlich *adj* minaccioso

Bedrohung <-, -en> *f* minaccia *f*

bedrucken <ohne ge-> *vt* stampare

bedrücken <ohne ge-> *vt* opprimere

bedrückend *adj* opprimente, soffocante

bedrückt *adj* oppresso, abbattuto

Bedrücktheit <-> *f kein Pl.* oppressione *f*, abbattimento *m*

Beduine [bedu'i:nə] <-n, -n> *m*, **Beduinin** [bedu'i:nɪn] <-, -nen> *f* beduino, -a *m, f*

bedürfen <irr, ohne ge-> *vi* **einer Sache** *gen* ~ aver bisogno di qc; *(erfordern)* richiedere qc; **das bedarf einer Erklärung** questo esige una spiegazione

Bedürfnis <-ses, -se> *nt* bisogno *m*

Bedürfnisanstalt *f* **öffentliche ~** gabinetto *m* pubblico

bedürfnislos *adj* senza particolari bisogni; *(bescheiden)* modesto

Bedürfnislosigkeit <-> *f kein Pl.* sobrietà *f*

bedürftig *adj* *(Mensch)* indigente, bisognoso

Bedürftigkeit <-> *f kein Pl.* indigenza *f*

Beefsteak *nt* bistecca *f*

beehren <ohne ge-> **I.** *vt* *(geh)* onorare **II.** *vr* **sich ~ [etw zu tun]** avere l'onore [di fare qc]

beeidigen [bə'ʔaɪdɪgən] <ohne ge-> *vt* *(form)* far giurare; **gerichtlich beeidigt** giurato

beeilen <ohne ge-> *vr* **sich ~ [etw zu tun]** affrettarsi [a fare qc]

Beeilung <-> *f kein Pl.* *(fam)* **los, ~!** su, dai, in fretta!

beeindrucken <ohne ge-> *vt* impressionare

beeindruckend *adj* impressionante

beeinflussbar *adj* influenzabile

beeinflussen [bə'ʔaɪnflʊsən] <ohne ge-> *vt* influenzare, influire su

Beeinflussung <-, -en> *f* influenza *f*

beeinträchtigen [bə'ʔaɪntrɛçtɪgən] <ohne ge-> *vt* pregiudicare, nuocere a

Beeinträchtigung <-, -en> *f* pregiudizio *m*, danno *m*

beenden <ohne ge-> *vt* ① *(zu Ende bringen)* terminare, finire ② *(vollenden)* compiere, completare, ultimare

Beenden <-s, -> *nt* *(Computer)* [comando *m*] esci

Beendigung <-> *f kein Pl.* *(das Beenden)* finire *m*; *(Fertigstellung)* ultimazione *f*, completamento *m*; *(Ende)* fine *f*

beengen [bə'ɛŋən] <ohne ge-> *vt* *(Kleidung)* stringere; *(Raum)* limitare; *(fig: Menschen)* opprimere; **~de Kleidung** vestiti *mpl* stretti; **beengt leben** vivere in uno spazio ristretto

Beengtheit <-> *f kein Pl.* *(räumlich)* ristrettezza *f*; *(fig)* oppressione *f*

beerben <ohne ge-> *vt* **jdn ~** ereditare da qu, essere l'erede di qu

beerdigen [bə'ʔe:ɐ̯dɪgən] <ohne ge-> *vt* seppellire

Beerdigung <-, -en> *f* seppellimento *m*, sepoltura *f*; *(feierliche Handlung)* funerali *mpl*

Beerdigungsinstitut *nt* [impresa *f* di] pompe *fpl* funebri

Beere ['be:rə] <-, -n> *f* bacca *f*; *(Wein~)* acino *m* [dell'uva]

Beerenauslese *f* *(Wein)* vino *m* pregiato

Beerenfrucht <-, -früchte> *f* bacca *f*

Beet [be:t] <-(e)s, -e> *nt* aiuola *f*; *(Rabatte)* bordura *f* [di aiuola]

Beete ['be:tə] <-, -n> *f* **rote ~** *s.* **Bete**

befähigen [bə'fɛ:ɪgən] <ohne ge-> *vt* **jdn [zu etw] ~** abilitare qu [a qc]

befähigt *adj* **~ [zu etw] sein** essere capace di [fare qc], essere qualificato [per qc]

Befähigung <-, -en> *f* *(Eignung, Begabung)* attitudine *f*, capacità *f*; *(Qualifikation)* qualifica *f*, idoneità *f*

befahl [bə'fa:l] *1. u. 3. Pers. Sing. Imp. von* **befehlen**

befahrbar *adj* *(Straße)* praticabile, carrozzabile

befahren[1] <irr, ohne ge-> *vt* percorrere; NAUT navigare in

befahren[2] *adj (Straße)* battuto, percorso

Befall <-(e)s> *m kein Pl. (durch Parasiten)* infestazione *f*

befallen <irr, ohne ge-> *vt* ① *(Ungeziefer)* infestare ② *(Krankheit)* colpire ③ *(Furcht)* cogliere

befand [bə'fant] *1. u. 3. Pers. Sing. Imp. von* **befinden**

befangen *adj* ① *(schüchtern)* imbarazzato, intimidito ② *(voreingenommen)* prevenuto

Befangenheit <-> *f kein Pl.* ① *(Verlegenheit)* imbarazzo *m*, timidezza *f* ② *(Voreingenommenheit)* prevenzione *f*

befassen <ohne ge-> *vr:* **sich ~** ① *(sich beschäftigen)* **sich mit jdm/etw ~** occuparsi di qu/qc ② *(handeln von)* **sich mit etw ~** trattare di qc

befehden <ohne ge-> *vr* **sich** [*o* **einander**] **~** combattersi

Befehl [bə'fe:l] <-(e)s, -e> *m* ordine *m; (a. Computer)* comando *m;* **auf ~** per ordine; **einen ~ ausführen** eseguire un ordine; **ausdrücklicher** [*o* **strikter**] **~** ordine *f* formale, ingiunzione *f;* **einen ~ erteilen** impartire un ordine

befehlen <befiehlt, befahl, befohlen> **I.** *vt* ordinare; **jdm etw ~** ordinare qc a qu; **jdm ~ etw zu tun** dare [l']ordine a qu di fare qc **II.** *vi* [**über jdn/etw**] **~** avere il comando [di qu/qc]; **wie Sie ~!** come vuole!

befehlerisch *adj* imperioso

befehligen <ohne ge-> *vt* comandare

Befehlsform *f* imperativo *m*

befehlsgemäß *adv* conforme agli ordini

Befehlsgewalt *f* comando *m*

Befehlshaber [bə'fe:lsha:bɐ] <-s, -> *m* comandante *m*

Befehlston *m* tono *m* di comando

Befehlsverweigerung *f* rifiuto *m* di obbedienza

Befehlszeile *f* INFORM riga *f* di comando

befestigen [bə'fɛstɪgən] <ohne ge-> *vt* ① *(festmachen)* **etw** [**an etw** *dat*] **~** fissare qc [a qc] ② MIL fortificare

Befestigung <-, -en> *f* ① *(Festmachen)* fissaggio *m;* TEC serraggio *m* ② MIL fortificazione *f*

Befestigungsanlage *f* fortificazione *f*

befeuchten <ohne ge-> *vt* inumidire, umettare

befeuern <ohne ge-> *vt* ① AERO, NAUT munire di segnali luminosi ② *(fig: anspornen)* stimolare, incitare

Befeuerung <-, -en> *f (Flugplatz~)* luci *fpl* di pista

befiehlt [bə'fi:lt] *3. Pers. Sing. Präs. von* **befehlen**

befiel [bə'fi:l] *1. u. 3. Pers. Sing. Imp. von* **befallen**

befinden <irr, ohne ge-> **I.** *vr:* **sich ~** trovarsi, essere **II.** *vi (entscheiden)* giudicare; **über jdn/etw ~** giudicare qu/qc; **über etw** *akk* **~** decidere qc **III.** *vt (geh: erachten)* giudicare

Befinden <-s> *nt kein Pl.* ① *(Gesundheitszustand)* [stato *m* di] salute *f* ② *(geh: Meinung)* parere *m*

befindlich [bə'fɪntlɪç] *adj* **im Bau ~** in costruzione

beflaggen <ohne ge-> *vt* pavesare

Beflaggung <-, -en> *f* imbandieramento *m*

beflecken <ohne ge-> *vt* ① *(beschmutzen)* **etw** [**mit etw**] **~** macchiare qc [di qc] ② *(fig geh: Ruf, Ehre)* contaminare, insudiciare

befleißigen [bə'flaɪsɪgən] <ohne ge-> *vr:* **sich ~** applicarsi (+*gen* a), prendersi l'impegno (+*gen* di)

befliegen <befliegt, beflog, beflogen> *vt* **eine Flugstrecke ~** servire una linea aerea

beflissen [bə'flɪsən] *adj* zelante, diligente

Beflissenheit <-> *f kein Pl.* zelo *m*, solerzia *f*, assiduità *f*

beflügeln <ohne ge-> *vt (fig geh)* mettere le ali a; *(Schritte)* accelerare

befohlen [bə'fo:lən] *PP von* **befehlen**

befolgen <ohne ge-> *vt (Rat)* seguire; *(Anweisung)* osservare, eseguire

Befolgung <-> *f kein Pl.* osservanza *f;* **die ~ des Gesetzes** l'osservanza della legge

befördern <ohne ge-> *vt* ① *(transportieren)* trasportare; *(Post, Waren, Gepäck)* spedire ② *(im Rang, beruflich)* promuovere; **zum Direktor befördert werden** essere promosso direttore

Beförderung <-, -en> *f* ① *(Transport)* trasporto *m; (von Post, Waren, Gepäck)* spedizione *f* ② *(in Rang, beruflich)* promozione *f*, avanzamento *m;* **die ~ zum Direktor** la promozione a direttore

Beförderungsart *f* modo *m* di trasporto, tipo *m* di spedizione

Beförderungsbedingungen *fpl* condizioni *fpl* di trasporto

Beförderungsmittel *nt* mezzo *m* di trasporto

befrachten <ohne ge-> *vt (Wagen)* caricare; NAUT, AERO noleggiare

befragen <ohne ge-> *vt* ① *(Menschen)* interrogare; *(Zeugen a.)* sentire; *(Wörterbuch)* consultare ② *(um Rat fragen)* consultare

Befrager(in) <-s, -; -, -nen> *m(f)* ① *(Erhebung)* intervistatore, -trice *m, f* ② JUR inquisitore, -trice *m, f; (Verhörender)* interrogante *mf*

Befragung <-, -en> *f* ① *(von Menschen)* interrogazione *f; (von Zeugen a.)* interrogatorio *m* ② *(Umfrage)* sondaggio *m,* inchiesta *f*

befreien <ohne ge-> **I.** *vt* ① *(frei machen)* liberare; *(Sklaven)* affrancare; *(Gefangene)* scarcerare, rilasciare; *(aus Abhängigkeit)* emancipare; *(aus Gefahr, Zwangslage)* salvare; **jdn aus etw ~** salvare qu da qc ② *(erlassen)* dispensare; **jdn von etw ~** dispensare qu da qc; *(freistellen)* esentare qu da qc ③ *(von Schmerzen, Sorgen)* liberare, sollevare; *(von Last)* liberare, sgravare; **ein ~des Lachen** una risata liberatoria **II.** *vr* **sich** [**von jdm/etw**] **~** liberarsi [di qu/qc]

Befreier(in) <-s, -; -, -nen> *m(f)* liberatore, -trice *m, f*

Befreiung <-, -en> *f* ① *(von Menschen, a. fig)* liberazione *f; (von Gefangenen)* scarcerazione *f,* rilascio *m; (aus der Abhängigkeit)* emancipazione *f* ② **die ~ von etw** *(Erlassen)* la dispensa da qc; *(Freistellung)* l'esenzione da qc; MIL l'esonero da qc ③ *(von Schmerzen, Sorgen)* sollievo *m; (von einer Last)* sgravio *m; (Erleichterung)* sollievo *m*

Befreiungskampf *m* lotta *f* di liberazione

Befreiungstheologie <-, -n> *f* teologia *f* della liberazione

befremden [bəˈfrɛmdən] <ohne ge-> *vt* stupire, sconcertare

Befremden <-s> *nt kein Pl.* stupore *m*

befremdend, befremdlich *adj* sorprendente, strano

Befremdung <-> *f kein Pl.* stupore *m,* sorpresa *f*

befreunden [bəˈfrɔɪndən] <ohne ge-> *vr* **sich** [**mit jdm**] **~** fare amicizia [con qu]

befreundet *adj (Familien, Länder)* amico; **ein ~es Land** un paese amico; **ich bin mit ihm ~** sono suo amico

befriedigen [bəˈfriːdɪgən] <ohne ge-> **I.** *vt* soddisfare **II.** *vr* **sich** [**selbst**] **~** masturbarsi

befriedigend *adj* ① *(zufriedenstellend)* soddisfacente ② *(Schulnote) sette*

befriedigt *adj* soddisfatto; **~ lächeln** sorridere soddisfatto

Befriedigung <-> *f kein Pl.* soddisfazione *f*

befristen <ohne ge-> *vt* fissare un termine per

befristet *adj* a scadenza fissa, a termine; **kurz ~** a breve termine

Befristung <-, -en> *f* limitazione *f*

befruchten <ohne ge-> *vt* fecondare

Befruchtung <-, -en> *f* fecondazione *f;* **künstliche ~** fecondazione *f* artificiale

Befugnis [bəˈfuːknɪs] <-, -se> *f (Recht)* diritto *m,* facoltà *f; (Zuständigkeit)* competenza *f;* **seine ~se überschreiten** abusare dei propri poteri

befugt [bəˈfuːkt] *adj* [**zu etw**] **~ sein** essere autorizzato [a fare qc]

befühlen <ohne ge-> *vt* palpare, tastare

befuhr *1. u. 3. Pers. Sing. Imp. von* **befahren**

befummeln <ohne ge-> *vt (fam)* toccare [con le mani]

Befund <-(e)s, -e> *m* MED diagnosi *f,* referto *m;* **ohne ~** risultato negativo

befunden [bəˈfʊndən] *PP von* **befinden**

befürchten <ohne ge-> *vt* temere; **es ist** [*o* **steht**] **zu ~, dass …** c'è da temere che *+conj*

Befürchtung <-, -en> *f* timore *m,* paura *f;* **die ~ haben, dass …** temere che *+conj*

befürworten [bəˈfyːɐvɔrtən] <ohne ge-> *vt (empfehlen)* consigliare, raccomandare; *(gut finden)* approvare, essere favorevole a

Befürworter(in) <-s, -; -, -nen> *m(f)* sostenitore, -trice *m, f,* fautore, -trice *m, f*

Befürwortung <-, -en> *f* appoggio *m; (Empfehlung)* raccomandazione *f*

begab *1. u. 3. Pers. Sing. Imp. von* **begeben**

begabt [bəˈgaːpt] *adj* dotato; **für etw ~ sein** essere dotato per qc

Begabtenförderung *f* sostegno *m* degli allievi dotati

Begabung [bəˈgaːbʊŋ] <-, -en> *f* talento *m*

begaffen <ohne ge-> *vt (pej fam)* fissare insistentemente

begangen [bəˈgaŋən] *PP von* **begehen**

begann [bəˈgan] *1. u. 3. Pers. Sing. Imp. von* **beginnen**

begatten <ohne ge-> *vr:* **sich ~** ZOO accoppiarsi

Begattung <-, -en> *f* accoppiamento *m*

begeben <irr, ohne ge-> *vr:* **sich ~** *(geh)* ① *(gehen, fahren)* recarsi, andare; **sich nach Sizilien/Palermo** recarsi in Sicilia/a Palermo; **sich in Gefahr ~** incorrere in un pericolo; **sich zur Ruhe ~** andare a letto; **sich in ärztliche Behandlung ~** mettersi in trattamento medico ② *(sich ereignen)* accadere

Begebenheit <-, -en> *f* avvenimento *m,* evento *m*

begegnen [bəˈgeːgnən] <ohne ge-> **I.** *vi sein* ① *(treffen)* **jdm/etw ~** incontrare qu/qc ② *(fig: entgegentreten)* prevenire; **einer Sache** *dat* **~** prevenire qc; **einer Gefahr ~** affrontare un pericolo ③ *(widerfahren)* capitare; **so etw ist mir noch nicht begegnet** una cosa così non mi è mai capitata **II.** *vr sein* **sich** [*o* **einander**] ~ incontrarsi

Begegnung <-, -en> *f* incontro *m*

begehbar *adj (Weg)* percorribile [a piedi]

begehen <irr, ohne ge-> *vt* ① *(Weg)* percorrere ② *(Fehler, Verbrechen)* commettere; **Selbstmord** ~ suicidarsi ③ *(geh: feiern)* celebrare; **feierlich** ~ *(Tag)* commemorare

begehren [bəˈgeːrən] <ohne ge-> *vt (geh)* desiderare, bramare

Begehren <-s, *rar:* -> *nt (geh)* desiderio *m*

begehrenswert *adj* desiderabile

begehrlich *adj (geh: heftig wünschend)* bramoso, avido

begehrt *adj* richiesto

begeistern [bəˈgaɪstɐn] <ohne ge-> **I.** *vt* **jdn** [**für etw**] ~ entusiasmare qu [per qc] **II.** *vr* **sich** [**für etw**] ~ entusiasmarsi [per qc]

begeisternd *adj* entusiasmante

begeistert *adj (Mensch)* entusiasta, appassionato; *(Brief, Bericht)* entusiasta

Begeisterung <-> *f kein Pl.* entusiasmo *m;* ~ **für** [*o* **über**] **etw** *akk* **haben** avere entusiasmo per qc; **etw mit ~ tun** fare qc con entusiasmo; **ein Sturm der ~** un entusiasmo frenetico

begeisterungsfähig *adj* capace di entusiasmarsi

begibt *3. Pers. Sing. Präs. von* **begeben**

Begierde [bəˈgiːɐ̯də] <-, -n> *f (Wunsch, sexuell)* desiderio *m,* voglia *f; (Verlangen)* brama *f,* sete *f;* ~ **nach Macht** sete di potere

begierig *adj (Blicke, Mensch)* voglioso, desideroso; *(lüstern)* concupiscente; *(Leser, Zuhörer)* avido, zelante; *(gespannt)* curioso

begießen <irr, ohne ge-> *vt* ① *(mit Flüssigkeit)* annaffiare; *(Braten)* pillottare ② *(fam: feiern)* festeggiare con una bevuta

beging *1. u. 3. Pers. Sing. Imp. von* **begehen**

Beginn [bəˈgɪn] <-(e)s> *m kein Pl.* inizio *m,* principio *m;* **zu** ~ all'inizio

beginnen <beginnt, begann, begonnen> **I.** *vi* cominciare [a], iniziare [a]; **es beginnt zu regnen** comincia a piovere **II.** *vt* cominciare, iniziare

beglaubigen [bəˈglaʊbɪgən] <ohne ge-> *vt* ① *(Dokument)* autenticare; *(Unterschrift)* vidimare ② *(Diplomaten)* **einen Botschafter bei einem benachbarten Land** ~ accreditare un ambasciatore in un paese vicino

Beglaubigung <-, -en> *f* ① *(eines Dokuments)* autenticazione *f; (einer Unterschrift)* vidimazione *f* ② *(von Diplomaten)* accreditamento *m*

Beglaubigungsschreiben *nt (von Diplomaten)* credenziali *fpl*

begleichen <irr, ohne ge-> *vt (geh)* regolare, saldare

Begleichung <-, -en> *f* pagamento *m,* saldo *m*

Begleitbrief *m* lettera *f* d'accompagnamento

begleiten <ohne ge-> *vt (allg)* MUS accompagnare

Begleiter(in) <-s, -; -, -nen> *m(f) (allg)* MUS accompagnatore, -trice *m, f;* **ständiger** ~ *(Freund)* accompagnatore fisso

Begleiterscheinung *f* fenomeno *m* concomitante

Begleitflugzeug *nt* velivolo *m* di scorta

Begleitmusik *f* musica *f* d'accompagnamento

Begleitperson *f* accompagnatore, -trice *m, f*

Begleitschein *m* bolletta *f* di accompagnamento [*o* cauzione *f* doganale]

Begleitschreiben *nt s.* **Begleitbrief**

Begleitumstände *mpl* JUR circostanze *fpl* concomitanti

Begleitung <-, -en> *f* ① *(allg)* MUS accompagnamento *m;* **in** ~ *+gen* in compagnia di, accompagnato da ② *(Gefolge)* compagnia *f,* scorta *f,* seguito *m*

beglücken <ohne ge-> *vt (geh)* rendere felice

beglückend *adj* che rende felice

beglückt *adj* felice

beglückwünschen <ohne ge-> *vt* **jdn** [**zu etw**] ~ felicitarsi con qu [per qc]

begnadet [bəˈgnaːdət] *adj* dotato

begnadigen [bəˈgnaːdɪgən] <ohne ge-> *vt* graziare, amnistiare

Begnadigung <-, -en> *f* grazia *f; (Straferlass)* condono *m*

Begnadigungsgesuch *nt* domanda *f* di grazia

begnügen [bəˈgnyːgən] <ohne ge-> *vr* **sich** [**mit etw**] ~ [ac]contentarsi [di qc]

Begonie [beˈgoːni̯ə] <-, -n> *f* BOT begonia *f*

begonnen [bəˈgɔnən] *PP von* **beginnen**

begoss *1. u. 3. Pers. Sing. Imp. von* **begießen**

begossen [bəˈgɔsən] *PP von* **begießen**

begraben <irr, ohne ge-> *vt* ① *(beerdigen)* seppellire, sotterrare; **dort möchte ich nicht ~ sein** non ci starei neanche da morto *fam* ② *(fig: Hoffnung)* abbandonare, perdere; *(Streit)* dimenticare ③ *(verschütten)* seppellire

B

Begräbnis [bəˈgrɛːpnɪs] <-ses, -se> *nt* sepoltura *f;* *(~feier)* funerale *m*
begradigen [bəˈgraːdɪgən] <ohne ge-> *vt* *(Fluss, Straße)* rettificare
begreifen <irr, ohne ge-> *vt, vi* comprendere, afferrare; **~, dass …** *(einsehen)* realizzare che …; **schwer ~** essere duro di comprendonio; **das ist nicht/kaum zu ~** non è/è appena comprensibile
begreiflich *adj* comprensibile, intelligibile; **jdm etw ~ machen** far capire qc a qu; **das ist ~** questo si capisce
begreiflicherweise [bəˈgraɪflɪçɐˈvaɪzə] *adv* naturalmente, ovviamente
begrenzen <ohne ge-> *vt* ① *(Gebiet)* limitare, tracciare i confini di ② *(einschränken)* limitare
begrenzt *adj* limitato
Begrenzung <-, -en> *f* ① *(Grenzziehung)* demarcazione *f* ② *(Einschränkung)* limitazione *f;* *(Geschwindigkeits~)* limite *m* ③ *(Grenze)* confine *m,* delimitazione *f*
begriff *1. u. 3. Pers. Sing. Imp. von* **begreifen**
Begriff <-(e)s, -e> *m* ① *(Ausdruck)* concetto *m* ② *(Vorstellung)* idea *f,* immagine *f;* **sich** *dat* **einen [falschen] ~ von etw machen** farsi un'idea [sbagliata] di qc; **sich** *dat* **keinen ~ von etw machen** non avere la minima idea di qc; **schwer von ~ sein** *(fam)* essere duro di comprendonio; **ist dir das ein ~?** questo ti dice niente? ③ *(Wend)* **im ~ zu** *+inf* in procinto di *+inf,* sul punto di *+inf*
begriffen I. *PP von* **begreifen II.** *adj* **im Entstehen ~** in fase di sviluppo; **mitten in den Vorbereitungen ~** nel bel mezzo dei preparativi; **in einem Irrtum ~ sein** stare per sbagliare
begriffsstutzig *adj* duro di comprendonio
begrub *1. u. 3. Pers. Sing. Imp. von* **begraben**
begründen <ohne ge-> *vt* ① *(gründen)* fondare, creare; **wohl begründet** *(geh)* ben fondato ② *(den Grund angeben für)* motivare; **damit ~, dass …** *(bes. Anspruch)* giustificare dicendo che …
Begründer(in) <-s, -; -, -nen> *m(f)* fondatore, -trice *m, f,* promotore, -trice *m, f*
begründet *adj* motivato; *(bewiesen)* fondato; *(berechtigt)* giustificato
Begründung <-, -en> *f* ① *(Gründung)* fondazione *f* ② *(Erklärung)* spiegazione *f,* giustificazione *f;* **mit der ~, dass …** adducendo come motivo che …
begrünen <ohne ge-> *vt* creare spazi verdi in
Begrünung <-, -en> *f* rinverdimento *m*
begrüßen <ohne ge-> *vt* ① *(Gast)* salutare ② *(gutheißen)* approvare, accogliere con [molto] favore
begrüßenswert *adj* auspicato
Begrüßung <-, -en> *f* saluto *m*
begünstigen [bəˈgʏnstɪgən] <ohne ge-> *vt* ① *(gut sein für)* favorire, privilegiare ② *(fördern)* promuovere; *(unterstützen)* appoggiare ③ JUR *(Verbrechen)* favoreggiare
Begünstigung <-, -en> *f* ① *(Bevorteilung)* favorire *m,* privilegiare *m* ② JUR favoreggiamento *m*
begutachten <ohne ge-> *vt* fare una perizia di
Begutachtung <-, -en> *f* perizia *f*
begütert [bəˈgyːtɐt] *adj* benestante, abbiente
behaart [bəˈhaːɐ̯t] *adj* peloso; **dicht** [*o* **stark**] **~** villoso
Behaarung <-, -en> *f* peluria *f;* *(Tiere)* pelo *m*
behäbig [bəˈhɛːbɪç] *adj* ① *(beleibt)* corpulento; *(schwerfällig)* lento, flemmatico ② CH *(wohlhabend)* benestante ③ CH *(stattlich)* considerevole, notevole
behaftet [bəˈhaftət] *adj* [**mit etw**] **~ sein** essere affetto [da qc]
behagen [bəˈhaːgən] <ohne ge-> *vi* garbare
Behagen <-s> *nt kein Pl.* gusto *m,* piacere *m*
behaglich [bəˈhaːklɪç] *adj* *(Zuhause)* confortevole, accogliente; *(Wärme)* piacevole, gradito; *(Leben, Möbel)* comodo; **sich ~ fühlen** sentirsi a proprio agio
Behaglichkeit <-> *f kein Pl.* comodità *f;* *(Gemütlichkeit)* atmosfera *f* accogliente, ambiente *m* confortevole
behalf *1. u. 3. Pers. Sing. Imp. von* **behelfen**
behalten <irr, ohne ge-> *vt* ① *(nicht weggeben)* tenere; *(nicht wegwerfen)* conservare; *(Stellung, Namen, Nationalität)* mantenere; **etw für sich ~** *(nicht weitersagen)* tenere qc per sé ② *(Wert, Farbe)* conservare; *(Ruhe)* mantenere; **die Nerven ~** tenere a freno i nervi ③ *(im Gedächtnis)* tenere a mente
Behälter [bəˈhɛltɐ] <-s, -> *m* contenitore *m;* *(für Flüssigkeiten)* recipiente *m;* *(Container)* container *m*
behämmert [bəˈhɛmɐt] *adj* *(fam)* idiota, scemo
behandeln <ohne ge-> *vt* ① *(Menschen, Thema, Material)* trattare; **jdn schlecht ~** maltrattare qu; **jdn von oben herab ~** trattare qu dall'alto in basso ② *(Kranken, Wunde)* curare ③ *(handhaben)* maneggiare

Behandlung <-, -en> *f* ① *(von Mensch, Thema, Material)* trattamento *m* ② MED cura *f* medica, terapia *f* ③ *(Handhabung)* maneggio *m,* uso *m*

Behandlungsfehler *m* cura *f* errata

Behandlungsmethode *f* MED metodo *m* terapeutico

behängen <ohne ge-> *vt (Wand)* tappezzare; *(drapieren)* drappeggiare

beharren [bəˈharən] <ohne ge-> *vi* **auf** [*o* **in**] **etw** *dat* **~** persistere in qc; **auf** [*o* **bei**] **einer Meinung ~** insistere in un'opinione; **er beharrt darauf, dass ...** si ostina a +*inf*

beharrlich *adj (Mensch)* perseverante, costante; *(Fragen, Arbeiten)* insistente, tenace; *(Liebe, Glauben)* tenace, ostinato

Beharrlichkeit <-> *f kein Pl.* perseveranza *f,* costanza *f*

behauen <behaut, behaute, behauen> *vt (Steine)* sgrossare; *(Holz a.)* digrossare

behaupten [bəˈhaʊptən] <ohne ge-> **I.** *vt* ① *(die Behauptung aufstellen)* affermare; **etw steif und fest ~** affermare ostinatamente qc ② *(erfolgreich verteidigen)* mantenere, conservare; *(Markt)* sostenere; *(Recht)* difendere **II.** *vr:* **sich ~** affermarsi; *(Preis, Kurs)* rimanere stabile

Behauptung <-, -en> *f* affermazione *f,* asserzione *f;* **die ~ aufstellen, dass ...** affermare che +*conj*

Behausung [bəˈhaʊzʊŋ] <-, -en> *f* abitazione *f,* dimora *f;* **ärmliche ~** tugurio *m*

beheben <irr, ohne ge-> *vt* ① *(beseitigen)* eliminare; *(Missstand a.)* togliere; *(Schaden)* riparare ② A *(vom Konto)* prelevare

beheimatet [bəˈhaɪmaːtət] *adj* originario; **in einem Ort ~ sein** essere originario di un luogo

beheizbar *adj* **das Wohnzimmer ist nicht ~** in salotto non c'è il riscaldamento

beheizen <ohne ge-> *vt* riscaldare

Behelf [bəˈhɛlf] <-(e)s, -e> *m* espediente *m,* ripiego *m*

behelfen <irr, ohne ge-> *vr:* **sich ~** arrangiarsi; **sich mit einer Decke ~** arrangiarsi con una coperta; **sich ohne etw ~** fare a meno di qc

Behelfs- *in Zusammensetzungen* provvisorio, di fortuna

behelfsmäßig *adj* provvisorio, improvvisato

behelligen [bəˈhɛlɪgən] <ohne ge-> *vt* molestare

beherbergen [bəˈhɛrbɛrgən] <ohne ge-> *vt* alloggiare

beherrschen <ohne ge-> **I.** *vt* ① POL dominare, regnare su ② *(fig: großen Einfluss haben)* esercitare un forte ascendente su ③ *(in der Gewalt haben)* dominare, controllare ④ *(Kunst, Sprache)* padroneggiare, possedere **II.** *vr:* **sich ~** dominarsi, controllarsi

beherrschend *adj* dominante

beherrscht *adj* controllato

Beherrschtheit <-> *f kein Pl.* dominio *m* di sé stesso, autocontrollo *m*

Beherrschung <-> *f kein Pl.* ① *(Selbst~)* autocontrollo *m;* **die ~ verlieren** perdere il controllo di sé stesso ② *(Können, Wissen)* padronanza *f;* **die ~ des Triebes** la padronanza dell'istinto

beherzigen [bəˈhɛrtsɪgən] <ohne ge-> *vt* prendere a cuore; *(Rat)* seguire

beherzt [bəˈhɛrtst] *adj* coraggioso, ardito

Beherztheit <-> *f kein Pl.* coraggio *m,* audacia *f*

behielt *1. u. 3. Pers. Sing. Imp. von* **behalten**

behilflich [bəˈhɪlflɪç] *adj* **jdm** [**bei etw**] **~ sein** aiutare qu [in qc]

behilft *3. Pers. Sing. Präs. von* **behelfen**

behindern <ohne ge-> *vt* ostacolare; *(Sportler)* trattenere; *(Verkehr)* intralciare, bloccare; *(Sicht)* impedire, ostacolare

behindert *adj* **geistig/körperlich ~** minorato mentalmente/fisicamente

Behinderte <ein -r, -n, -n> *mf* handicappato, -a *m, f,* minorato, -a *m, f,* invalido, -a *m, f*

Behindertenausweis *m* tessera *f* di invalidità

behindertengerecht *adj (Bauweise)* a misura di disabile; *(Verkehrsmittel)* accessibile agli handiccapati

Behindertenwerkstatt <-, -stätten> *f* officina *f* di lavoro per handiccapati

Behinderung <-, -en> *f* ① *(Erschwerung)* impedimento *m;* *(von Sportler)* trattenimento *m;* *(von Verkehr)* intralcio *m,* congestionamento *m* ② *(körperliche ~, geistige ~)* handicap *m*

behob *1. u. 3. Pers. Sing. Imp. von* **beheben**

behoben [bəˈhoːbən] *PP von* **beheben**

beholfen [bəˈɔlfən] *PP von* **behelfen**

Behörde [bəˈhøːɐdə] <-, -n> *f* autorità *f,* amministrazione *f;* **die ~n** le forze *f pl* pubbliche

Behördenangabe *f meist Pl.* indicazione *f* delle autorità

Behördenschikane *f* vessazioni *pl* burocratiche

Behördensprecher(in) *m(f)* portavoce *m* dell'autorità

behördlich [bəˈhøːɐtlɪç] *adj* ufficiale, amministrativo; **mit ~er Genehmigung, ~ genehmigt** con il consenso ufficiale

behüten <ohne ge-> *vt* ① *(bewachen)* custodire, sorvegliare ② *(beschützen)* **jdn** [**vor etw** *dat*] ~ proteggere qu [da qc]; **Gott behüte!** Dio ci scampi

behütet *adj* ~ **aufwachsen** crescere nella bambagia

behutsam [bəˈhuːtzaːm] **I.** *adj* cauto, circospetto **II.** *adv* con cautela

Behutsamkeit <-> *f kein Pl.* precauzione *f*, prudenza *f*

bei [baɪ] *präp +dat* ① *(räumlich)* presso, vicino a; ~ **Paris** nei pressi di Parigi; **die Schlacht ~ Marathon** la battaglia di Maratona; **~m Ofen** vicino alla stufa; **~m Bäcker** dal panettiere; **~ Dante** in Dante; **~ jdm** [**in der Wohnung**] presso qu; **etw ~ sich** *dat* **haben** avere qc con sé; **ich dachte ~ mir** pensavo fra me e me ② *(zeitlich)* a, durante; **er ist ~ einem Unfall ums Leben gekommen** è morto in un incidente; **~ meiner Ankunft** al mio arrivo; **~ meinem Besuch** durante la mia visita; **~m Lesen** leggendo; **~m Mittagessen** a pranzo; **~ Tag/Nacht** di giorno/notte ③ *(in Hinblick auf)* in considerazione di, tenendo conto di ④ *(trotz)* malgrado, nonostante, a dispetto di; **~ aller Vorsicht** malgrado tutte le precauzioni; **~m besten Willen** con tutta la buona volontà ⑤ *(mit)* **~ gutem/schlechtem Wetter** col bel/brutto tempo ⑥ *(kausal)* **~ deiner Erkältung** raffreddato come sei

bei|behalten <irr, ohne ge-> *vt* mantenere, conservare

bei|bringen <irr> *vt* ① *(Unterlagen)* fornire, presentare; *(Zeugen)* produrre ② *(zufügen)* [**jdm**] **etw ~** infliggere qc [a qu] ③ *(lehren)* insegnare; **einem Freund etw ~** insegnare qc ad un amico; **sich selber etw ~** imparare qc da solo

Beichte [ˈbaɪçtə] <-, -n> *f* confessione *f*

beichten **I.** *vt* confessare **II.** *vi* confessarsi

Beichtgeheimnis *nt* segreto *m* confessionale

Beichtstuhl *m* confessionale *m*

Beichtvater *m* confessore *m*

beide [ˈbaɪdə] *adj o pron indef* tutti e due, entrambi; **die ~n** i due; **alle ~** tutt'e due; **wir ~** noi due; **meine ~n Brüder** i miei due fratelli; **einer/eins von ~n** o l'uno o l'altro, uno dei due; **keiner von ~n** nessuno dei due, né l'uno né l'altro

beidemal *adv* tutt'e due le volte

beiderlei [ˈbaɪdɐˈlaɪ] <inv> *adj* di entrambe le specie; **~ Geschlechts** di ambo i sessi, dell'uno e dell'altro sesso

beiderseitig [ˈbaɪdɐzaɪtɪç] *adj (von beiden Seiten)* entrambe le parti; *(bes. Vertrag)* bilaterale; *(gegenseitig)* reciproco, vicendevole

beiderseits [ˈbaɪdɐzaɪts] *adv* da ambedue le parti; *(gegenseitig)* reciprocamente

bei|drehen *vi* NAUT virare

beidseitig [ˈbaɪtzaɪtɪç] *adj* entrambi i lati; MED bilaterale; **zur ~en Zufriedenheit** per la felicità di entrambe le parti

beidseits *adv* CH *s.* **beiderseits**

beieinander [baɪʔaɪˈnandɐ] *adv* ① *(zusammen)* insieme ② *(nebeneinander)* l'uno vicino all'altro ③ **gut ~ sein** SÜDD *(körperlich fit sein)* star bene, essere in forma; *(geistig fit sein)* essere arzillo; *(beleibt sein)* essere grassottello

beieinander|bleiben <irr> *vi* rimanere insieme

beieinander|haben <irr> *vt (Unterlagen, Informationen)* avere ricolto; *(Geld, Betrag)* avere da parte

beieinander|sitzen <irr> *vi* stare insieme, passare del tempo insieme

Beifahrer(in) <-s, -; -, -nen> *m(f)* *(im Auto)* passeggero, -a *m, f* [accanto al conducente]; *(in LKW, bei Autorennen, Rallye)* secondo, -a autista *m*; *(auf Motorrad)* compagno, -a *m, f*

Beifahrerairbag *m* AUTO airbag *m* passeggero

Beifahrersitz *m* *(in Auto)* sedile *m* del passeggero anteriore; *(auf Motorrad)* motocarrozzetta *f*, side-car *m*

Beifall <-(e)s> *m kein Pl.* ① *(durch Klatschen)* applauso *m*, applausi *mpl*; *(durch Zurufe)* acclamazione *f*; **~ klatschen** [*o* **spenden**] applaudire ② *(Zustimmung)* approvazione *f*, consenso *m*; **jds ~ finden** avere il consenso di qu

beifallheischend *adj* *(Blick, Verhalten)* che implora plauso [*o* approvazione]

beifällig [ˈbaɪfɛlɪç] *adj* favorevole, di approvazione; **~ nicken** fare un cenno d'approvazione col capo

bei|fügen *vt* aggiungere; *(Unterlagen)* allegare

Beigabe <-, -n> *f* ① *(zum Hauptgericht)* contorno *m* ② COM premio *m*

beige [beːʃ *o* ˈbɛːʒə] *o* ˈbeːʒə] <inv> *adj* beige

bei|geben <irr> **I.** *vi* **klein ~** cedere, darsi per vinto **II.** *vt* aggiungere, allegare

Beigeschmack <-(e)s> *m kein Pl.* retrogusto *m*

Beiheft <-(e)s, -e> *nt* supplemento *m*

Beihilfe <-, -n> *f* ① *(finanzielle Unterstützung)* sussidio *m* ② *Sing.* JUR concorso *m*, complicità *f*; **~ zum Mord** concorso in omicidio

bei|kommen <irr> *vi sein* **einer Sache**

B

dat ~ vincere qc; **den Schwierigkeiten ~** vincere le difficoltà

Beil [baɪl] <-(e)s, -e> *nt* scure *f*

Beilage <-, -n> *f* ① *(zur Zeitung, Zeitschrift)* supplemento *m* ② GASTR contorno *m* ③ A *(Anlage)* allegato *m*

beiläufig [ˈbaɪlɔɪfɪç] **I.** *adj* *(Bemerkung)* detto per inciso, casuale **II.** *adv* incidentalmente, per inciso

bei|legen *vt* ① *(beifügen)* accludere, allegare ② *(zuschreiben, beimessen)* attribuire ③ *(Streit)* comporre; **gütlich** [*o* **friedlich**] ~ risolvere amichevolmente

beileibe [baɪˈlaɪbə] *adv* ~ **nicht!** niente affatto!

Beileid <-(e)s> *nt kein Pl.* condoglianze *f pl;* **jdm sein ~ aussprechen** fare le proprie condoglianze a qu; **mein herzliches ~!** *(a. iron)* [le mie più sincere] condoglianze!

Beileidsbesuch *m* visita *f* di condoglianze; **von ~en bitten wir abzusehen** si prega di astenersi dalle visite di condoglianze

Beileidsbrief *m,* **Beileidsschreiben** *nt* lettera *f* di condoglianze

bei|liegen <irr> *vi* **einer Sache** *dat* ~ essere accluso a qc

beiliegend *adj* allegato

beim [baɪm] = **bei dem** *s.* **bei**

bei|mengen *s.* **beimischen**

bei|messen <irr> *vt* attribuire, ascrivere

bei|mischen *vt* **etw** [**einer Sache** *dat*] ~ mescolare qc [a qc]

Beimischung <-, -en> *f* aggiunta *f,* mescolanza *f*

Bein [baɪn] <-(e)s, -e> *nt* ① *(von Mensch, Tisch, Stuhl)* gamba *f; (von Tier)* zampa *f;* **jdm wieder auf die ~e helfen** aiutare qu ad alzarsi; **jdm ein ~ stellen** *(a. fig)* fare lo sgambetto a qu; **sich** *dat* **die ~e vertreten** sgranchirsi le gambe; **sich** *dat* **die ~e in den Leib stehen** aspettare a lungo in piedi; **die ~e in die Hand nehmen** *(fam)* darsela a gambe; **wieder auf den ~en sein** *(fig)* essersi ristabilito; **etw auf die ~e stellen** *(fig)* mettere in piedi qc; **jdm ~e machen** *(fam)* far filare qu; **mit einem ~ im Grabe stehen** *(fig)* avere [*o* stare con] un piede nella fossa; **auf eigenen ~en stehen** *(fig)* essere indipendente; **mit beiden ~en auf der Erde stehen** *(fig)* stare coi piedi per terra ② *(Knochensubstanz)* osso *m*

beinahe [ˈbaɪnaːə *o* baɪˈnaːə] *adv* quasi; **ich wäre ~ gefallen** è mancato poco che cadessi

Beiname *m* soprannome *m*

Beinbruch *m* frattura *f* della gamba; **das ist doch kein ~!** *(fig fam)* non è poi la fine del mondo!; **Hals- und ~!** *(fam)* in bocca al lupo!

beinern [ˈbaɪnɐn] *adj* osseo

beinhalten [bəˈʔɪnhaltən] <ohne ge-> *vt* contenere, comprendere

beinhart *adj* A, SÜDD ① *(sehr hart)* durissimo ② *(hart, unnachgiebig)* duro, difficile ③ *(Mensch)* insensibile

Beinhaus *nt* ossario *m*

Beinprothese *f* protesi *f* della gamba

Beipackzettel *m* foglio *m* delle istruzioni

bei|pflichten *vi* **jdm ~** essere d'accordo con qu; **einem Vorschlag ~** acconsentire a una proposta

Beirat [ˈbaɪraːt] <-(e)s, Beiräte> *m* comitato *m* consultivo

Beiried <-(e)s, -e> *nt* A GASTR lombata *f* di manzo

beirren [bəˈʔɪrən] <ohne ge-> *vt* mettere in imbarazzo, confondere

beisammen [baɪˈzamən] *adv* ① *(zusammen)* insieme ② **gut ~ sein** SÜDD *(körperlich fit sein)* star bene, essere in forma; *(geistig fit sein)* essere arzillo; *(beleibt sein)* essere grassottello

beisammen|bleiben <irr> *vi* rimanere insieme

beisammen|haben <irr> *vt* *(Unterlagen, Informationen)* aver raccolto; *(Geld, Betrag)* avere da parte; **seinen Verstand** [*o* **seine Sinne**] ~ essere perfettamente in sé; **seine Gedanken nicht ~** essere distratto; [**sie**] **nicht alle ~** *(fam: verrückt sein)* non avere tutte le rotelle a posto [*o* tutti i venerdì]

Beisammensein *nt* riunione *f*

beisammen|sitzen <irr> *vi* stare insieme, passare del tempo insieme

Beischlaf <-(e)s> *m kein Pl.* *(geh)* coito *m*

Beisein *nt* **im ~ von** in presenza di

beiseite [baɪˈzaɪtə] *adv* da parte, in disparte

beiseite|lassen <irr> *vt* *(nicht berücksichtigen)* trascurare, tralasciare, ignorare

beiseite|legen *vt* mettere da parte

beiseite|räumen *vt* mettere da parte

beiseite|schaffen *vt* ① mettere in disparte, far sparire ② *(ermorden)* sopprimere

beiseite|treten <irr> *vi* mettersi in disparte

Beisel <-s, -n> *nt* A, SÜDD *(Kneipe)* locale *m*

bei|setzen *vt* *(geh)* seppellire

Beisetzung <-, -en> *f* *(geh)* sepoltura *f*

Beisitzer(in) <-s, -; -, -nen> *m(f)* ① JUR assessore *m* ② *(in Ausschuss)* membro *m* di una commissione; *(bei Prüfung)* assistente *mf*

Beispiel <-s, -e> *nt* esempio *m;* **zum ~**

per esempio; **mit gutem ~ vorangehen** dare il buon esempio; **sich** *dat* **an jdm ein ~ nehmen** prendere esempio da qu

beispielhaft *adj* esemplare

beispiellos *adj* senza pari, senza precedenti; *(unvergleichlich)* incomparabile, inaudito

beispielsweise *adv* per esempio

beißen ['baɪsən] <beißt, biss, gebissen> **I.** *vi* ① *(mit Zähnen)* mordere; **in etw** *akk* **~** dare un morso a qc; **sich** *dat* **auf die Zunge ~** mordersi la lingua ② *(brennen)* bruciare; **der Rauch beißt in den Augen** il fumo brucia gli occhi **II.** *vt* morsicare; *(kauen)* masticare; **nichts zu ~ haben** *(fig fam)* non avere niente da mettere sotto i denti **III.** *vr:* **sich ~** *(fam: Farben)* stonare, stridere

beißend *adj* ① *(Geruch)* mordente, pungente ② *(fig: Hohn, Spott)* mordace, pungente

Beißzange *f* tenaglie *f pl*

Beistand <-(e)s, -stände> *m* ① *Sing. (geh: Hilfe)* aiuto *m,* assistenza *f;* **jdm ~ leisten** soccorrere qu ② JUR patrocinatore, -trice *m, f; (Rechts~)* consulente *mf* legale

Beistandspakt *m* patto *m* di mutua assistenza

bei|stehen <irr> *vi* **jdm ~** assistere qu

bei|steuern *vt* **etw** [**zu etw**] **~** contribuire [a qc] con qc

bei|stimmen *vi* **jdm ~** acconsentire a qu

Beistrich <-(e)s, -e> *m* A *(Komma)* virgola *f*

Beitrag ['baɪtra:k] <-(e)s, Beiträge> *m* ① *(Anteil)* contributo *m;* **einen ~ zu etw leisten** contribuire a qc ② *(Mitglieds~)* quota *f,* contributo *m* ③ *(Aufsatz, Artikel)* articolo *m*

bei|tragen <irr> *vi, vt* **etw** [**zu etw**] **~** contribuire [a qc] con qc

beitragsfrei *adj* esente [da imposte]

beitragspflichtig *adj* contribuente

Beitragssatz *m* FIN aliquota *f* contributiva

bei|treten <irr> *vi sein* **einer Sache** *dat* **~** aderire a qc

Beitritt <-(e)s, -e> *m* adesione *f,* entrata *f;* **seinen ~ zu etw erklären** comunicare la propria adesione a qc

Beitrittserklärung *f* dichiarazione *f* di adesione

Beitrittsgesuch *nt* domanda *f* di adesione

Beitrittskandidat *m* POL paese *m* candidato all'adesione, Stato *m*

Beiwagen <-s, -> *m* side-car *m*

bei|wohnen *vi (geh)* **einer Sache** *dat* **~** assistere a qc

Beiz [baɪts] <-, -en> *f* A, CH, SÜDD osteria *f*

Beize ['baɪtsə] <-, -n> *f* ① CHEM mordente *m;* TEC *(für Metall)* decapaggio *m; (Holz~)* verniciatura *f; (zum Gerben)* concia *f* ② GASTR salsa *f* marinata

beizeiten [baɪ'tsaɪtən] *adv* ① *(früh)* presto, di buon'ora ② *(rechtzeitig)* a tempo [debito], tempestivamente

beizen ['baɪtsən] *vt* ① CHEM corrodere; TEC *(Metall)* decapare; *(Gerberei)* conciare; *(Holz)* verniciare ② GASTR marinare

bei|ziehen <irr> *vt* SÜDD, A, CH *(hinzuziehen)* convocare

bejahen [bə'ja:ən] <ohne ge-> *vt* rispondere affermativamente a

bejahend *adj* affermativo

bejahrt [bə'ja:ɐ̯t] *adj (geh)* avanzato negli anni, attempato

Bejahung <-, -en> *f* affermazione *f; (Antwort)* risposta *f* affermativa

bejammern <ohne ge-> *vt* compiangere

bejubeln <ohne ge-> *vt* accogliere con giubilo

bekam *1. u. 3. Pers. Sing. Imp. von* **bekommen**

bekämpfen <ohne ge-> *vt* combattere, lottare contro

Bekämpfung <-> *f kein Pl.* lotta *f;* **die ~ gegen etw** la lotta contro qc

bekannt [bə'kant] *adj* ① *(Person)* noto, conosciuto; *(Sache)* notorio, pubblicamente noto; **wohl ~** *(geh)* ben noto; *(vertraut)* familiare; **~ geben** comunicare, annunciare; **~ machen** pubblicare, rendere noto; **jdn mit jdm ~ machen** presentare qu a qu; **mit jdm ~ sein/werden** conoscere qu/fare la conoscenza di qu; **~ werden** *(Person)* farsi un nome; *(Neuigkeit)* essere reso noto; *(Geheimnis)* trapelare; **etw als ~ voraussetzen** dare qc per scontato; **das ist mir nicht ~** non lo so, non mi risulta; **allgemein ~ sein** *(Sache)* essere risaputo ② *(berühmt)* famoso

bekannte *1. u. 3. Pers. Sing. Imp. von* **bekennen**

Bekannte <ein -r, -n, -n> *mf* conoscente *mf*

Bekanntenkreis *m* cerchia *f* di conoscenze, conoscenti *m pl*

bekanntermaßen *adv* notoriamente

Bekanntgabe *f* comunicazione *f,* notificazione *f*

Bekanntheit <-> *f kein Pl.* conoscenza *f; (Berühmtheit)* notorietà *f,* fama *f*

Bekanntheitsgrad <-(e)s, -e> *m* grado *m* di fama [*o* notorietà]; **einen hohen/niedrigen ~ haben** avere un alto/basso grado di fama/notorietà

bekanntlich *adv* com'è noto

Bekanntmachung <-, -en> *f* comunicato *m,* avviso *m,* pubblicazione *f*

Bekanntschaft <-, -en> *f* ① *(Kennen)* conoscenza *f;* **jds ~ machen** fare la conoscenza di qu; **mit etw ~ machen** *(a. iron)* venire a conoscenza di qc di spiacevole ② *(Personenkreis)* conoscenti *mpl*
bekehren <ohne ge-> *vt* **jdn [zu etw] ~** REL convertire qu [a qc]; *(fig)* convincere qu [a fare qc]
Bekehrung <-, -en> *f (a. fig)* conversione *f;* **die ~ zu einer Religion** la conversione a una religione
bekennen <irr, ohne ge-> **I.** *vt (gestehen)* confessare; *(zugeben)* ammettere **II.** *vr* **sich zu etw ~** professare qc; **sich schuldig ~** riconoscersi colpevole
Bekennerbrief *m* lettera *f* di rivendicazione
Bekenntnis [bəˈkɛntnɪs] <-ses, -se> *nt* ① confessione *f* ② *(Schuld~)* ammissione *f* [di una colpa]
beklagen <ohne ge-> **I.** *vt* rammaricarsi di, deplorare **II.** *vr* **sich bei jdm über etw** *akk* **~** lamentarsi con qu di qc
beklagenswert *adj (Mensch)* commiserevole; *(Los, Zustand)* deplorevole
Beklagte [bəˈklaːktə] <ein -r, -n, -n> *mf* JUR imputato, -a *m, f*
beklauen <ohne ge-> *vt (fam)* **jdn ~** derubare qu
bekleben <ohne ge-> *vt* **etw mit Papier ~** incollare della carta su qc
bekleckern <ohne ge-> *vt (fam)* macchiare, sporcare
bekleiden <ohne ge-> *vt* ① *(mit Kleidung)* vestire ② *(geh: ein Amt)* ricoprire, occupare
Bekleidung <-, -en> *f* abbigliamento *m*
Bekleidungsindustrie *f* industria *f* dell'abbigliamento
Bekleidungsstück *nt* capo *m* di vestiario, indumento *m*
beklemmen <ohne ge-> *vt* opprimere, angosciare
beklemmend *adj* opprimente, angosciante
Beklemmung <-, -en> *f* oppressione *f,* angoscia *f*
beklommen [bəˈklɔmən] *adj* oppresso, angosciato
Beklommenheit <-> *f kein Pl. s.* **Beklemmung**
bekloppt [bəˈklɔpt] *adj (sl)* picchiato, toccato
beknackt *adj (fam)* scemo, idiota
beknien <ohne ge-> *vt (fam)* supplicare
bekochen <ohne ge-> *vt (fam)* far da mangiare a
bekommen <irr> **I.** *vt haben* ① *(erhalten)* ricevere; *(durch Bemühung)* ottenere; **was ~ Sie?** che cosa desidera?; **was ~ Sie [dafür]?** quanto Le devo?; **etw zu essen ~** ricevere qc da mangiare; **ich habe es geschenkt ~** l'ho avuto in regalo; **Schläge ~** essere picchiato ② *(finden: Mann, Stellung)* trovare ③ *(erreichen: Zug, Bus)* riuscire a prendere ④ *(Krankheit)* contrarre; **einen Schnupfen ~** prender[si] un raffreddore; **er bekommt Fieber** gli viene la febbre ⑤ *(Wend)* **Zähne ~** mettere i denti; **graue Haare ~** diventar grigio di capelli; **ein Kind ~** essere incinta; **wir werden Regen ~** verrà la pioggia **II.** *vi* ① *sein* **jdm ~** far bene a qu; **das bekommt mir gut** questo mi fa bene; **das bekommt mir nicht** questo non mi giova ② *haben* **~ Sie schon?** è già servito?; **wohl bekomm's!** salute!, buon pro'!
bekömmlich [bəˈkœmlɪç] *adj (Speise)* sano, digeribile; *(Klima)* sano
Bekömmlichkeit <-> *f kein Pl.* digeribilità *f*
beköstigen [bəˈkœstɪgən] <ohne ge-> *vt* dare il vitto a
Beköstigung <-> *f kein Pl.* vitto *m,* mantenimento *m*
bekräftigen <ohne ge-> *vt* confermare
Bekräftigung <-> *f kein Pl.* conferma *f,* convalida *f*
bekreuzigen <ohne ge-> *vr:* **sich ~** farsi il segno della croce
bekriegen <ohne ge-> *vt* fare la guerra a
bekritteln [bəˈkrɪtəln] <ohne ge-> *vt (pej)* criticare, trovare da ridire su
bekritzeln <ohne ge-> *vt* scarabocchiare
bekümmern <ohne ge-> *vt (besorgt machen)* preoccupare, inquietare; *(traurig machen)* rattristare
bekümmert *adj (besorgt)* preoccupato; *(traurig)* triste, afflitto
bekunden [bəˈkʊndən] <ohne ge-> *vt* ① *(geh: zeigen)* manifestare, dimostrare ② *(bezeugen)* dichiarare, deporre
belächeln <ohne ge-> *vt* deridere, ridere di
beladen <irr> *vt* **etw [mit etw] ~** caricare qc [di qc]; **schwer ~ sein** essere sovraccaricato
Belag [bəˈlaːk, *Pl:* bəˈlɛːgə] <-(e)s, Beläge> *m* ① *(Schicht)* strato *m; (Straßen~)* rivestimento *m; (Zahn~, Zungen~)* patina *f* ② GASTR *(auf Brot)* companatico *m; (auf Torte)* farcitura *f,* guarnizione *f* ③ MOT *(Brems~)* guarnizione *f*
Belagerer [bəˈlaːgərɐ] <-s, -> *m* assediante *m*
belagern [bəˈlaːgɐn] <ohne ge-> *vt* MIL assediare
Belagerung <-, -en> *f* MIL assedio *m*

B

Belagerungszustand *m* MIL stato *m* d'assedio
belämmert [bəˈlɛmɐt] *adj (fam)* ① *(verlegen)* impacciato; *(eingeschüchtert)* intimidito ② *(scheußlich)* orribile; *(abstoßend)* ripugnante
Belang [bəˈlaŋ] <-(e)s, -e> *m* ① *Sing. (Bedeutung)* importanza *f;* **von ~** importante; **ohne ~** senza importanza ② *Pl. (Angelegenheiten)* interessi *mpl*
belangen <ohne ge-> *vt* **gerichtlich ~** JUR citare in giudizio
belanglos *adj* senza importanza, irrilevante
Belanglosigkeit <-, -en> *f* banalità *f; (belanglose Sache)* cosa *f* di poca importanza
belassen <irr> *vt* lasciare; **es dabei ~** lasciar perdere
belastbar *adj* ① *(Brücke, Fahrzeug)* che ha una portata di; **eine bis zu zehn Tonnen ~e Brücke** un ponte con una portata massima di dieci tonnellate ② *(Mensch)* resistente; **die Umwelt ist nicht weiter ~** non si possono più aggravare le condizioni dell'ambiente
Belastbarkeit <-> *f kein Pl.* ① *(von Brücke, Fahrzeug)* portata *f* ② *(von Mensch)* capacità *f* lavorativa; *(nervlich)* resistenza *f* nervosa; *(körperlich)* resistenza *f* fisica ③ *(von Umwelt)* limite *m* d'inquinamento
belasten <ohne ge-> **I.** *vt* ① *(mit Gewicht)* **etw** [**mit etw**] **~** caricare qc [di qc] ② *(bedrücken)* opprimere; *(nervlich)* logorare ③ *(Umwelt)* inquinare ④ JUR *(Angeklagten)* accusare, incriminare; **~des Material** prove *fpl* a carico ⑤ FIN *(Konto)* gravare, addebitare; *(mit Hypothek)* ipotecare **II.** *vr:* **sich ~** ① *(Mensch)* caricarsi; *(nervlich)* logorarsi; **damit will ich mich nicht ~** *(nichts zu tun haben)* non voglio averci a che fare; *(nichts wissen)* non ne voglio sapere ② JUR accusarsi, incriminarsi
belastend *adj* **~es Material** JUR prove *fpl* a carico
belastet *adj* **er ist erblich ~** ha una tara ereditaria; **mit einer Hypothek ~** gravato di un'ipoteca, ipotecato
belästigen [bəˈlɛstɪgən] <ohne ge-> *vt* ① *(bedrängen)* importunare, molestare ② *(stören)* disturbare
Belästigung <-, -en> *f* molestia *f,* disturbo *m;* **sexuelle ~** molestie sessuali
Belastung [bəˈlastʊŋ] <-, -en> *f* ① *(von Menschen)* carico *m; (nervlich, körperlich)* logorio *m; (durch Verantwortung)* peso *m* ② *(von Kreislauf, Organ)* carico *m* ③ *(von Umwelt)* inquinamento *m* ④ JUR incriminazione *f* ⑤ FIN *(von Konto)* addebito *m; (mit Hypothek)* onere *m*
Belastungs-EKG <-s, -s> *nt* MED ECG *m* sotto sforzo
Belastungsgrenze *f* limite *m* di carico
Belastungsmaterial *nt* JUR prove *fpl* a carico
Belastungsprobe *f* prova *f* di carico
Belastungszeuge *m,* **Belastungszeugin** *f* JUR testimone *mf* a carico
belaubt [bəˈlaʊpt] *adj* frondoso; **dicht ~** folto
belauern <ohne ge-> *vt* spiare
belaufen <irr> *vr* **sich ~ auf** +*akk* ammontare a
belauschen <ohne ge-> *vt* origliare, ascoltare di nascosto
beleben <ohne ge-> **I.** *vt* animare, stimolare; *(fig)* ravvivare; **wieder ~** *(Person)* rianimare; *(Kunst)* far rinascere **II.** *vr:* **sich ~** *(a. fig)* [ri]animarsi
belebend *adj* vivificante, stimolante
belebt *adj* animato, movimentato
Belebtheit <-> *f kein Pl. (von Straße, Platz)* animazione *f,* movimento *m*
Belebung <-> *f kein Pl.* animazione *f;* COM ripresa *f*
Beleg [bəˈleːk] <-(e)s, -e> *m* ① *(Quittung)* ricevuta *f,* quietanza *f* ② *(Beweis)* prova *f*
belegbar *adj* documentabile
belegen <ohne ge-> *vt* ① *(verkleiden, überziehen)* rivestire; **etw mit etw ~** rivestire qc di qc; **ein Brötchen mit Schinken ~** imbottire un panino di prosciutto ② *(Platz)* riservare, occupare; **einen Kurs ~** iscriversi a un corso ③ *(beweisen)* dimostrare, documentare ④ SPORT **den zweiten Platz ~** piazzarsi secondo
Belegexemplar *nt* [copia *f*] originale *m*
Belegschaft <-, -en> *f* personale *m* [dipendente], maestranze *fpl*
belegt *adj* ① *(Platz)* riservato, occupato; *(Hotel)* [al] completo; TEL occupato ② *(Stimme)* velato; *(Zunge)* patinoso ③ *(Brot)* imbottito
belehren <ohne ge-> *vt* ① *(unterweisen)* istruire ② *(aufklären)* **jdn über etw** *akk* **~** informare qu di qc
Belehrung <-, -en> *f* ① *(Instruktion)* istruzione *f* ② JUR ammonimento *m* ③ *(pej: Zurechtweisung)* rimprovero *m*
beleibt [bəˈlaɪpt] *adj (geh)* corpulento
Beleibtheit <-> *f kein Pl. (geh)* corpulenza *f,* pinguedine *f*
beleidigen [bəˈlaɪdɪgən] <ohne ge-> *vt* offendere, insultare
beleidigend *adj* offensivo
beleidigt *adj* offeso; **gleich** [*o* **leicht**] **~ sein** offendersi per niente
Beleidigung <-, -en> *f* offesa *f,* insulto *m*
beleihen <irr> *vt (Geldgeber)* prestare su;

(Geldnehmer) fare un prestito su, dare in pegno
belesen *adj* erudito, colto
Belesenheit <-> *f kein Pl.* erudizione *f*, cultura *f*
beleuchten <ohne ge-> *vt* ❶ *(mit Licht)* illuminare ❷ *(fig: Thema, Problem)* illustrare
Beleuchter(in) <-s, -; -, -nen> *m(f)* FILM, THEAT tecnico, -a *m, f* delle luci, illuminotecnico, -a *m, f*
Beleuchtung <-, -en> *f* illuminazione *f*
Beleuchtungskörper *m* lampada *f*
Beleuchtungstechnik <-, -en> *f* tecnica *f* di illuminazione, illuminotecnica *f*
Belgien ['bɛlgi̯ən] *nt* Belgio *m;* **in ~** nel Belgio
Belgier(in) ['bɛlgi̯ɐ] <-s, -; -, -nen> *m(f)* belga *mf*
belgisch *adj* belga
Belgrad ['bɛlgraːt] *nt* Belgrado *f*
belichten <ohne ge-> *vt* FOTO esporre [alla luce]
Belichtung <-, -en> *f* FOTO esposizione *f*
Belichtungsmesser *m* FOTO esposimetro *m*
Belichtungszeit *f* FOTO tempo *m* di posa
belieben <ohne ge-> *vi (geh)* degnarsi; **~ etw zu tun** accondiscendere a fare qc; **wie es Ihnen beliebt** come Lei vuole, con Suo comodo
Belieben <-s> *nt kein Pl.* piacimento *m*, gradimento *m;* **nach ~** a piacere, a volontà
beliebig I. *adj* qualsiasi; *(wahlfrei)* facoltativo; **jeder ~e** chiunque sia; **zu jeder ~en Zeit** a qualsiasi ora **II.** *adv* a piacere, a volontà; **~ oft** quante volte si vuole
beliebt *adj (Person)* benvoluto, amato; *(Sache)* richiesto, preferito; **sich bei jdm ~ machen** farsi benvolere da qu
Beliebtheit <-> *f kein Pl.* popolarità *f;* **sich großer ~ erfreuen** godere di una grande popolarità
belief *1. u. 3. Pers. Sing. Imp. von* **belaufen**
beliefern <ohne ge-> *vt* **jdn [mit etw] ~** fornire [qc] a qu
belieh *1. u. 3. Pers. Sing. Imp. von* **beleihen**
beliehen *PP von* **beleihen**
beließ *1. u. 3. Pers. Sing. Imp. von* **belassen**
bellen ['bɛlən] *vi* abbaiare
Belletristik [bɛle'trɪstɪk] <-> *f kein Pl.* LIT bellettristica *f*
belletristisch *adj* LIT di genere narrativo
belohnen <ohne ge-> *vt* **jdn [für etw] ~** ricompensare qu [per qc]
Belohnung <-, -en> *f* ricompensa *f;* **eine ~ aussetzen** offrire una ricompensa; **zur ~ für** in ricompensa per
Belüftung <-, -en> *f* aerazione *f*, ventilazione *f*
Belüftungsanlage *f* impianto *m* di aerazione [*o* ventilazione]
belügen <irr> *vt* mentire a
belustigen [bə'lʊstɪgən] <ohne ge-> **I.** *vt* divertire **II.** *vr* **sich [über jdn/etw] ~** *(geh)* beffarsi [di qu/qc]
belustigt *adj* divertito (**über** +*akk* di)
Belustigung <-, -en> *f* divertimento *m*
bemächtigen [bə'mɛçtɪgən] <ohne ge-> *vr (geh)* **sich einer Sache** *gen* **~** impossessarsi di qc; **sich jds ~** *(fangen)* catturare qu; *(fig: Schlaf, Gedanke)* impadronirsi di qu
bemalen <ohne ge-> *vt* dipingere
Bemalung <-, -en> *f* pittura *f*, dipinto *m;* *(Graffiti)* pittura *f;* *(Kriegs~)* pittura *f* del corpo [in occasione di guerra]
bemängeln [bə'mɛŋəln] <ohne ge-> *vt* **etw [an [*o* bei] jdm] ~** criticare qc [in qu]
bemannt [bə'mant] *adj (Raumschiff)* dotato di equipaggio
bemänteln [bə'mɛntəln] <ohne ge-> *vt* ammantare, mascherare, ascondere
bemerkbar *adj* percettibile; **sich ~ machen** farsi notare
bemerken <ohne ge-> *vt* ❶ *(wahrnehmen)* notare, accorgersi di ❷ *(äußern)* dire; *(erwähnen)* menzionare, segnalare
bemerkenswert *adj* notevole, degno di nota
Bemerkung <-, -en> *f* osservazione *f*
bemessen <irr> *vt* misurare, calcolare; **meine Zeit ist knapp ~** ho i minuti contati
Bemessungsgrundlage *f* COM base *f* imponibile
bemitleiden [bə'mɪtlaɪdən] <ohne ge-> *vt* compatire, compiangere
bemitleidenswert *adj* compassionevole
bemoost [bə'moːst] *adj* coperto di muschio
bemühen [bə'myːən] <ohne ge-> **I.** *vr* **sich [um etw] ~** impegnarsi [per qc]; **sich ~ etw zu tun** sforzarsi di fare qc; **~ Sie sich nicht!** non s'incomodi! **II.** *vt (geh)* incomodare, disturbare
bemüht *adj* **[darum] ~ sein etw zu tun** cercare di fare qc, adoperarsi per qc
Bemühung <-, -en> *f* sforzo *m*, premura *f;* **ärztliche ~en** assistenza *f* medica
bemüßigt [bə'myːsɪçt] *adj* **sich ~ fühlen etw zu tun** *(geh)* sentirsi costretto [*o* obbligato] a fare qc
bemuttern [bə'mʊtɐn] <ohne ge-> *vt* coccolare *fam*

benachbart [bəˈnaxbaːɐ̯t] *adj* vicino [di casa]; *(Land)* confinante; *(Gebiet)* limitrofo

benachrichtigen [bəˈnaːxrɪçtɪgən] <ohne ge-> *vt* **jdn** [**von etw**] ~ informare qu [di qc]

Benachrichtigung <-, -en> *f* informazione *f,* avviso *m;* **ohne vorherige** ~ senza preavviso

benachteiligen [bəˈnaːxtaɪlɪgən] <ohne ge-> *vt* svantaggiare, danneggiare

benachteiligt *adj* svantaggiato, danneggiato

Benachteiligung <-, -en> *f* svantaggio *m,* pregiudizio *m*

benebeln <ohne ge-> *vt (Menschen, Sinne)* annebbiare

benebelt *adj (fam)* brillo

Benediktiner(in) [benedɪkˈtiːnɐ] <-s, -; -, -nen> *m(f)* benedettino, -a *m, f*

Benefizkonzert [beneˈfiːtskɔnˈtsɛrt] *nt* concerto *m* di beneficenza

Benefizspiel *nt* SPORT partita *f* amichevole di beneficenza

Benefizvorstellung *f* spettacolo *m* di beneficenza

benehmen <irr> *vr:* **sich** ~ comportarsi; **sich wie ein Idiot** ~ comportarsi come un idiota; **sich höflich gegen jdn/jdm gegenüber** ~ essere gentile con qu; **sich** ~ **können** sapersi comportare, conoscere le buone maniere

Benehmen <-s> *nt kein Pl.* comportamento *m,* condotta *f; (Manieren)* buone maniere *f pl;* **er hat kein** ~ è maleducato

beneiden [bəˈnaɪdən] <ohne ge-> *vt* invidiare; **jdn um etw** ~ invidiare qu per qc; **er beneidet dich um dein Glück** ti invidia la tua felicità

beneidenswert *adj* invidiabile

Benelux [beneˈlʊks *o* ˈbeːnelʊks] *f Akr. von* **Beneluxstaaten** paesi *mpl* del Benelux, [stati *mpl*] Benelux *m*

Beneluxstaaten *mpl* paesi *mpl* del Benelux

benennen <irr> *vt* ① *(Menschen, Dinge)* denominare, dare un nome a; *(Straße, Platz)* intitolare ② *(vorschlagen)* proporre; **jdn als Zeuge** ~ proporre qu come testimone

Benennung <-, -en> *f* denominazione *f*

benetzen <ohne ge-> *vt (geh)* umettare

Bengel [ˈbɛŋəl] <-s, - *o* -s> *m (fam)* monello *m,* birba *f*

benommen [bəˈnɔmən] *adj* stordito, intontito

Benommenheit <-> *f kein Pl.* stordimento *m,* intontimento *m*

benoten <ohne ge-> *vt* dare un voto a

benötigen [bəˈnøːtɪgən] <ohne ge-> *vt* aver bisogno di, necessitare di

benötigt *adj* necessario, occorrente

Benotung <-, -en> *f (Benoten)* valutazione *f; (Noten)* voto *m*

benutzen, **benützen** <ohne ge-> *vt* ① *(verwenden)* utilizzare, usare; *(Gebrauch machen von)* servirsi di; *(Weg, Fahrzeug)* prendere ② *(ausnutzen)* approfittare di; **die Gelegenheit** ~ approfittare dell'occasione

Benutzer(in) <-s, -; -, -nen> *m(f)* utente *mf*

benutzerfreundlich *adj* facile da usare

Benutzerfreundlichkeit <-> *f kein Pl.* facilità *f* d'uso

Benutzerhandbuch *nt* manuale *m* per l'utente

Benutzerkonto *nt* INFORM account *m*

Benutzername *m* INFORM nome *m* utente

Benutzeroberfläche *f* INFORM scrivania *f,* desktop *m*

Benutzerprofil <-s, -e> *nt* INFORM *(benutzerspezifische Betriebssystemeinstellung)* profilo *m* di utente, user profile *m*

Benutzung <-, -en> *f* utilizzazione *f,* uso *m*

Benutzungsgebühr *f* tassa *f* per l'uso; *(Straßen~)* pedaggio *m*

Benzin [bɛnˈtsiːn] <-s, -e> *nt* benzina *f;* **bleifreies** ~ benzina *f* verde

Benzindirekteinspritzung *f* MOT iniezione *f* diretta della benzina

Benzinfeuerzeug *nt* accendino *m* a benzina

Benzingutschein *m* buono *m* per la benzina

Benzinkanister *m* tanica *f* di riserva

Benzinmotor *m* motore *m* a benzina

Benzinpumpe *f* pompa *f* della benzina

Benzinstand *m* livello *m* della benzina

Benzintank *m* serbatoio *m* della benzina

Benzinuhr *f* indicatore *m* di livello [del carburante]

Benzinverbrauch *m* consumo *m* di benzina

Benzol [bɛnˈtsoːl] <-s, -e> *nt* benzolo *m*

beobachten [bəˈʔoːbaxtən] <ohne ge-> *vt* ① *(betrachten)* osservare; *(genau)* scrutare ② *(überwachen)* sorvegliare ③ *(bemerken)* notare

Beobachter(in) <-s, -; -, -nen> *m(f)* osservatore, -trice *m, f*

Beobachtung <-, -en> *f* osservazione *f; (polizeilich)* sorveglianza *f; (Feststellung)* constatazione *f;* **unter** ~ MED sotto osservazione; **unter** ~ **stehen** essere sorvegliato

Beobachtungsgabe *f* spirito *m* d'osservazione

Beobachtungsstation *f* ① METEO osservatorio *m* meteorologico ② MED reparto *m* d'osservazione

beordern <ohne ge-> *vt* **jdn** [**zu jdm/einem Ort**] ~ comandare a qu di recarsi [da qu/in un luogo]; **jdn nach Rom** ~ comandare qu a Roma; **jdn zu sich** *dat* ~ mandare a chiamare qu

bepacken <ohne ge-> *vt* **jdn/etw** [**mit etw**] ~ caricare qu/qc [di qc]

bepflanzen <ohne ge-> *vt* piantare; **ein Beet mit etw** ~ piantare un'aiuola a qc

Bepflanzung <-, -en> *f* piantagione *f*

bepinseln <ohne ge-> *vt a.* GASTR, MED spennellare; *(fam: vollschreiben)* imbrattare

bequem [bə'kveːm] *adj* ① *(Möbel)* comodo; **machen Sie es sich ~!** si accomodi! ② *(pej: Person)* pigro

bequemen <ohne ge-> *vr* **sich** ~ [**etw zu tun**] degnarsi [di fare qc]

Bequemlichkeit <-, -en> *f* ① *(Komfort)* comodità *f,* comfort *m* ② *Sing. (Trägheit)* pigrizia *f,* indolenza *f*

beraten <irr, ohne ge-> **I.** *vt* ① *(Rat geben)* consigliare; **jdn gut/schlecht** ~ dare buoni/cattivi consigli a qu ② *(besprechen)* discutere, consigliarsi su **II.** *vi, vr* **sich** [**über etw** *akk*] ~ discutere [su qc]

beratend *adj* consultivo; *(Arzt)* consulente

Berater(in) <-s, -; -, -nen> *m(f)* consigliere, -a *m, f*

beratschlagen [bə'raːtʃlaːgən] <ohne ge-> *s.* **beraten**

Beratung <-, -en> *f* discussione *f,* deliberazione *f;* JUR, MED consultazione *f;* **ärztliche** ~ consulto *m* medico

beratungsresistent *adj* insensibile ai consigli

Beratungsstelle *f* ufficio *m* di consulenza; MED consultorio *m*

berauben <ohne ge-> *vt* derubare; **jdn eines Rechtes** ~ *(fig)* privare qu di un diritto

berauschen <ohne ge-> *(geh)* **I.** *vt* ubriacare, inebriare; *(fig)* entusiasmare, appassionare **II.** *vr:* **sich** ~ *(a. fig)* ubriacarsi, inebriarsi; **sich am Wein** ~ ubriacarsi di vino

berauschend *adj (a. fig)* inebriante; **nicht** [**gerade**] ~ *(fam iron)* non proprio sconvolgente

berauscht *adj* ubriaco, ebbro

Berber ['bɛrbɐ] <-s, -> *m (Teppich)* tappeto *m* berbero

Berber(in) <-s, -; -, -nen> *m(f)* ① *(Volk)* berbero, -a *m, f* ② *(fam: Nichtsesshafte)* vagabondo, -a *m, f*

berechenbar [bə'rɛçənbaːɐ̯] *adj (Kosten)* calcolabile; *(Verhalten)* prevedibile

berechnen <ohne ge-> *vt* ① *(Wert, Kosten, Größe, Umfang)* calcolare ② *(anrechnen)* **jdm etw** ~ mettere in conto qc a qu ③ *(vorsehen, kalkulieren)* calcolare

berechnend *adj (pej)* calcolatore

Berechnung <-, -en> *f* ① *(von Wert, Kosten, Umfang)* calcolo *m* ② *(pej: Eigeninteresse)* calcolo *m;* **aus** ~ **handeln** agire per calcolo

Berechnungsgrundlage *f* WIRTSCH base *f* di calcolo

berechtigen [bə'rɛçtɪgən] <ohne ge-> *vt* autorizzare, dare il diritto a

berechtigt *adj* legittimo, giustificato; ~ **sein zu** essere autorizzato a

berechtigterweise [bə'rɛçtɪçtɐ'vaɪzə] *adv* legittimamente

Berechtigung <-, -en> *f* ① *(Befugnis)* autorizzazione *f;* *(Recht)* diritto *m;* **die ~ zu etw erwerben** ottenere l'autorizzazione a qc ② *(Rechtmäßigkeit)* fondatezza *f*

bereden <ohne ge-> **I.** *vt* ① *(besprechen)* parlare di ② *(überreden)* persuadere **II.** *vr* **sich** [**mit jdm über etw** *akk*] ~ conferire [con qu su qc]

beredsam [bə'reːtzaːm] *adj (geh: redegewandt)* eloquente; **du bist ja heute sehr** ~ *(fam iron)* oggi sei proprio un gran parlatore

Beredsamkeit <-> *f kein Pl.* eloquenza *f*

beredt [bə'reːt] *adj (Person)* eloquente

Bereich [bə'raɪç] <-(e)s, -e> *m o rar: nt* ① *(Gebiet)* regione *f,* zona *f;* **im ~ des Möglichen liegen** rientrare nell'ambito delle possibilità ② *(Sachgebiet)* campo *m,* ramo *m* ③ *(Aufgaben~)* ambito *m,* sfera *f*

bereichern [bə'raɪçɐn] <ohne ge-> **I.** *vt* *(vergrößern)* aumentare, accrescere **II.** *vr:* **sich** ~ arricchirsi; **sich um etw** ~ arricchirsi di qc; **sich an jdm** ~ arricchirsi a spese di qu

Bereicherung <-, -en> *f (a. fig)* arricchimento *m*

bereifen <ohne ge-> *vt* MOT munire di pneumatici

Bereifung <-, -en> *f* MOT pneumatici *mpl*

bereinigen <ohne ge-> *vt (Angelegenheit)* sistemare; *(Missverständnis)* chiarire

Bereinigung <-, -en> *f* ① WIRTSCH pulizia *f,* sistemazione *f* ② ADM *(Steuer)* pareggiamento *m*

bereisen <ohne ge-> *vt* **ein Land** ~ viaggiare in un paese

bereit [bə'raɪt] *adj* ① *(fertig)* **zu etw ~ sein** essere pronto a qc ② *(gewillt)* disposto; **sich ~ erklären etw zu tun** dichiararsi disposto a fare qc

bereiten <ohne ge-> *vt* ① *(vor-, zubereiten)* preparare ② *(verursachen)* causare, procurare; **jdm Kummer** ~ affliggere qu;

B

einer Sache *dat* **ein Ende** ~ porre fine a qc

bereit|halten <irr> *vt* tener pronto

bereit|legen *vt* preparare

bereit|liegen <irr> *vi* essere a disposizione

bereit|machen *vt* preparare

bereits [bəˈraɪts] *adv* già

Bereitschaft <-> *f kein Pl.* disposizione *f,* disponibilità *f;* ~ **haben** MIL essere di picchetto; **in** ~ in allarme

Bereitschaftsarzt *m* medico *m* di turno

Bereitschaftsbemühung *f* sforzo *m* di cooperazione

Bereitschaftsdienst *m* MIL servizio *m* di picchetto; **ärztlicher** ~ turno *m* medico

Bereitschaftspolizei *f* polizia *f* di pronto intervento

bereit|stehen <irr> *vi* [**zu etw**] ~ essere pronto [a qc]; **für jdn** ~ *(verfügbar sein)* essere disponibile per qu

bereit|stellen *vt* [**jdm**] **etw** ~ mettere qc a disposizione [di qu]

bereitwillig **I.** *adj* pronto, premuroso **II.** *adv* premurosamente

Bereitwilligkeit <-> *f kein Pl.* premura *f,* prontezza *f*

bereuen [bəˈrɔɪən] <ohne ge-> *vt* pentirsi di

Berg [bɛrk] <-(e)s, -e> *m* ① *(Erhebung)* monte *m;* **in die ~e fahren** andare in montagna; **~e versetzen** [s]muovere le montagne; **goldene ~e versprechen** promettere mari e monti; **mit etw nicht hinter dem ~e halten** non far mistero di qc; **über dem ~ sein** *(fig)* aver superato il peggio, essere a cavallo; **er ist über alle ~e** *(fam)* è già lontano un miglio ② *(Menge)* montagna *f,* massa *f*

bergab [bɛrkˈʔap] *adv* in discesa; ~ **gehen** *(Geschäft)* essere [*o* andare] alla deriva; **es geht mit ihm** ~ *(geschäftlich)* i suoi affari vanno male; *(gesundheitlich)* la sua salute peggiora

Bergamt *nt* ufficio *m* minerario, amministrazione *f* delle miniere

Bergarbeiter *m* minatore *m*

bergauf [bɛrkˈʔaʊf] *adv* in salita; **es geht mit ihm** ~ *(geschäftlich)* i suoi affari vanno bene; *(gesundheitlich)* è in via di guarigione

Bergbahn *f* funicolare *f*

Bergbau *m* industria *f* mineraria

Bergbesteigung *f* ascensione *f*

Bergbewohner(in) *m(f)* montanaro, -a *m, f*

Bergdorf *nt* villaggio *m* di montagna

bergen [ˈbɛrgən] <birgt, barg, geborgen> *vt* ① *(retten)* recuperare, salvare ② *(fig: enthalten)* contenere, racchiudere

Bergfried [bɛrkfriːt, *Pl:* bɛrkfriːdə] <-(e)s, -e> *m* ARCH, HIST battifredo *m,* torre *f* [della rocca], torrione *m*

Bergführer(in) *m(f)* guida *f* alpina

Berggeist *m* spirito *m* [*o* genio *m*] della montagna

Berggipfel *m* cima *f*

Berghütte *f* rifugio *m*

bergig *adj* montagnoso, montuoso

Bergkamm *m* cresta *f* di una montagna

Bergkette *f* catena *f* di montagne

Bergkristall *m* cristallo *m* di rocca

Bergkuppe *f* cima *f* arrotondata

Bergland *nt* paese *m* montagnoso

Bergmann <-(e)s, -leute *o rar:* -männer> *s.* **Bergarbeiter**

Bergmassiv <-s, -e> *nt* massiccio *m* montuoso

Bergpredigt <-> *f kein Pl.* sermone *m* della montagna

Bergrecht *nt* codice *m* minerario

Bergrücken *m* dorso *m* [di montagna]

Bergrutsch *m* frana *f*

Bergschuh *m* scarpone *m* da montagna

Bergstation *f* stazione *f* a monte

Bergsteigen <-s> *nt kein Pl.* alpinismo *m*

Bergsteiger(in) *m(f)* alpinista *mf*

Bergsturz <-es, -stürze *o* -e> *m* GEOL frana *f,* smottamento *m*

Bergtour *f* escursione *f* in montagna

Berg-und-Tal-Bahn [bɛrkʊntˈtaːlbaːn] *f* montagne *f pl* russe, ottovolante *m*

Bergung [ˈbɛrgʊŋ] <-, -en> *f* salvataggio *m,* recupero *m*

Bergungsarbeiten *f pl* opera *f* di recupero, operazioni *f pl* di salvataggio

Bergungsmannschaft *f* squadra *f* di soccorso

Bergwacht [ˈbɛrkvaxt] <-, -en> *f* servizio *m* di soccorso alpino

Bergwand *f* parete *f* [di montagna]

Bergwanderung *f* escursione *f* in montagna

Bergwerk *nt* miniera *f*

Bericht [bəˈrɪçt] <-(e)s, -e> *m* rapporto *m;* *(längerer)* relazione *f;* TV, RADIO cronaca *f;* ~ **über etw** *akk* **erstatten** stendere un rapporto su qc

berichten <ohne ge-> **I.** *vt* riferire; *(erzählen)* raccontare; **jdm** [**über etw** *akk*] ~ informare qu [su qc] **II.** *vi* **von etw** [*o* **über etw** *akk*] ~ raccontare [*o* riferire] qc

Berichterstatter(in) [bəˈrɪçtʔɛɐʃtatɐ] <-s, -; -, -nen> *m(f)* corrispondente *mf;* *(von Zeitung)* inviato, -a *m, f,* reporter *m,* cronista *mf*

Berichterstattung *f* rapporto *m,* relazione *f;* *(in Zeitung)* corrispondenza *f;* RADIO radiocronaca *f*

berichtigen [bəˈrɪçtɪɡən] <ohne ge-> *vt* correggere, rettificare
Berichtigung <-, -en> *f* correzione *f*, rettifica *f*
beriechen <beriecht, beroch, berochen> *vt* annusare
berief *1. u. 3. Pers. Sing. Imp. von* **berufen**
berieseln <ohne ge-> *vt* irrigare; **jdn mit Werbung** *(fig)* inondare qu di pubblicità
Berieselung <-> *f kein Pl.* irrigazione *f*
Berieselungsanlage *f* impianto *m* d'irrigazione
beringen <ohne ge-> *vt* marcare con un anellino
beritten [bəˈrɪtən] *adj* a cavallo
Berlin [bɛrˈliːn] *nt* Berlino *f*
Berliner(in) *m(f)* berlinese *mf*
berlinerisch *adj* berlinese
berlinern <ohne ge-> *vi (fam)* parlare in dialetto berlinese
Bermudadreieck <-(e)s> *nt* triangolo *m* delle Bermuda
Bermudainseln [bɛrˈmuːdaɪnzəln], **Bermudas** [bɛrˈmuːdas] *pl* Bermuda *fpl;* **auf den ~** alle Bermuda
Bermudas [bɛrˈmuːdas] *pl* ① *(Inselgruppe)* Bermuda *fpl;* **auf den ~** alle Bermuda ② *(Kleidung)* bermuda *mpl*
Bermudas [bɛrˈmuːdas], **Bermudashorts** [bɛrˈmuːdaʃɔːts *o* bɛrˈmuːdaʃɔrts] *pl (Kleidung)* bermuda *mpl*
Bern [bɛrn] *nt (Stadt)* Berna *f; (Kanton)* Berna *m*
Bernhardiner [bɛrnharˈdiːnɐ] <-s, -> *m* [cane *m* di] San Bernardo, sanbernardo *m*
Bernstein *m* ambra *f* [gialla]
beroch *1. u. 3. Pers. Sing. Imp. von* **beriechen**
berochen [bəˈrɔxən] *PP von* **beriechen**
Berserker [bɛrˈzɛrkɐ *o* ˈbɛrzɛrkɐ] <-s, -> *m* **wie ein ~ arbeiten/zuschlagen/toben** lavorare/picchiare/sfuriare come un ossesso
bersten [ˈbɛrstən] <birst, barst, geborsten> *vi sein* spaccarsi; *(zerplatzen)* scoppiare; **zum Bersten voll** strapieno, pieno come un uovo; **vor Zorn ~** scoppiare dalla rabbia
berüchtigt [bəˈrʏçtɪçt] *adj* famigerato
berückend *adj* affascinante; **nicht gerade ~** non proprio entusiasmante
berücksichtigen [bəˈrʏkzɪçtɪɡən] <ohne ge-> *vt* considerare, prendere in considerazione; **wenn man berücksichtigt, dass …** se si tiene presente che …
Berücksichtigung <-> *f kein Pl.* considerazione *f;* **unter ~ von** in considerazione di, tenendo conto di; **ohne ~ von** senza riguardo per
Beruf [bəˈruːf] <-(e)s, -e> *m* professione *f*, mestiere *m;* **von ~** di professione
berufen[1] <irr, ohne ge-> **I.** *vt (ernennen)* **jdn zu etw ~** nominare qu qc **II.** *vr* **sich ~ auf** +*akk* richiamarsi a, appellarsi a
berufen[2] *adj* competente; **aus ~em Munde** da fonte autorevole; **sich zu etw ~ fühlen** sentire la vocazione per qc
beruflich *adj* professionale; **er ist ~ viel unterwegs** è molto in giro per lavoro
Berufsarmee <-, -n> *f* MIL esercito *m* professionale
Berufsausbildung *f* formazione *f* professionale
Berufsaussichten *fpl* prospettive *fpl* professionali
berufsbedingt *adj* condizionato dal lavoro, professionale
Berufsberater(in) *m(f)* orientatore, -trice *m, f* professionale
Berufsberatung *f* orientamento *m* professionale
Berufsbezeichnung *f* denominazione *f* della professione
Berufsbild *nt* profilo *m* professionale
Berufsboxer *m* pugile *m* professionista
Berufserfahrung *f* esperienza *f* professionale
Berufsfeuerwehr *f* vigili *mpl* del fuoco [professionisti]
Berufsgeheimnis *nt* segreto *m* professionale
Berufsgruppe *f* categoria *f* professionale
Berufsheer *nt* esercito *m* professionale
Berufskleidung *f* tenuta *f* da lavoro
Berufskrankheit *f* malattia *f* professionale
Berufsleben *nt* vita *f* professionale; **im ~ stehen** esercitare una professione
Berufsoffizier *m* ufficiale *m* di carriera
Berufsrisiko *nt* rischio *m* professionale
Berufsschule *f* scuola *f* d'avviamento professionale
Berufsschüler(in) <-s, -; -, -nen> *m(f)* studente, -essa *m, f* della scuola professionale
Berufsschullehrer(in) <-s, -; -, -nen> *m(f)* professore, -essa *m, f* della scuola professionale
Berufssoldat *m* soldato *m* di carriera
Berufssportler(in) *m(f)* SPORT professionista *mf*
berufstätig *adj* che esercita una professione; **~e Bevölkerung** popolazione attiva; **~ sein** esercitare una professione
Berufstätige <ein -r, -n, -n> *mf* lavoratore, -trice *m, f*
berufsunfähig *adj* inabile al lavoro
Berufsunfähigkeit *f* inabilità *f* al lavoro

B

Berufsverbot *nt* divieto *m* di esercitare una professione
Berufsverkehr *m* traffico *m* [delle ore] di punta
Berufswahl *f* scelta *f* della professione
Berufswechsel *m* cambio *m* di lavoro
Berufszweig *m* ramo *m* professionale
Berufung [bəˈruːfʊŋ] <-, -en> *f* 1 *(innere)* vocazione *f* 2 *(Ernennung)* nomina *f,* designazione *f* 3 JUR appello *m,* ricorso *m;* **~ einlegen, in die ~ gehen** JUR interporre ricorso, ricorrere in appello 4 *(das Sichberufen)* **unter ~ auf** *+akk* in riferimento a
Berufungsfrist <-, -en> *f* JUR termine *m* d'appello
Berufungsgericht *nt* JUR corte *f* d'appello
Berufungsrichter(in) <-s, -; -, -nen> *m(f)* JUR giudice *m* a latere
Berufungsweg *m* **auf dem ~** JUR in appello
beruhen <ohne ge-> *vi* **~ auf** *+dat* fondarsi su, basarsi su; **auf einem Irrtum ~** nascere da un errore; **die Sache auf sich ~ lassen** lasciare la cosa com'è; **das beruht auf Gegenseitigkeit** è reciproco
beruhigen [bəˈruːɪgən] <ohne ge-> **I.** *vt* calmare; *(Gemüter, Zorn, Naturgewalten)* placare; *(weinendes Kind, besorgten Menschen)* tranquillizzare, rassicurare **II.** *vr:* **sich ~** calmarsi, tranquillizzarsi; *(Sturm)* placarsi; *(Lage)* normalizzarsi; **nun beruhige dich doch!** calmati una buona volta!
beruhigend *adj* *(Wissen)* rassicurante; *(Mittel, Wirkung)* calmante, sedativo; *(Worte)* rassicurante
Beruhigung <-> *f kein Pl.* *(von Gemütern, Zorn, Sturm)* placamento *m;* *(von besorgtem Menschen)* conforto *m;* *(von Nerven)* rilassamento *m;* *(von Lärm, Verkehr)* acquietamento *m;* **zu Ihrer ~ kann ich Ihnen sagen ...** per tranquillizzarLa posso dirLe ...
Beruhigungsmittel *nt* tranquillante *m,* sedativo *m*
Beruhigungsspritze <-, -n> *f* MED iniezione *f* sedativa
berühmt [bəˈryːmt] *adj* celebre, famoso; **das ist nicht gerade ~** *(iron)* non è un gran che
berühmt-berüchtigt [bəˈryːmtbəˈrʏçtɪçt] *adj* malfamato
Berühmtheit <-, -en> *f* celebrità *f;* **~ erlangen** diventar celebre
berühren <ohne ge-> *vt* 1 *(anfassen)* toccare; *(streifen)* sfiorare 2 *(kurz erwähnen)* accennare a, menzionare 3 *(bewegen)* commuovere
Berührung <-, -en> *f* toccare *m,* contatto *m;* **mit etw in ~ kommen** entrare in relazione con qc
Berührungsangst *f* PSYCH pselafobia *f*
Berührungspunkt *m* punto *m* di contatto
bes. *Abk. von* **besonders** spec.
besagen <ohne ge-> *vt* *(bedeuten)* voler dire, significare; **das hat nichts zu ~** non vuol dire nulla
besagt *adj* sopramenzionato, suddetto
besammeln <ohne ge-> CH **I.** *vt* *(versammeln)* raggruppare, radunare **II.** *vr:* **sich ~** raggrupparsi, radunarsi
Besammlung <-, -en> *f* CH *(Versammlung, Treffen, Zusammenkommen)* raggruppamento *m,* raduno *m;* **~ der Teilnehmer am Start** il raduno dei partecipanti alla partenza
besänftigen [bəˈzɛnftɪgən] <ohne ge-> *vt* calmare, placare
Besänftigung <-> *f kein Pl.* calmare *m*
Besatz <-es, -sätze> *m* *(Kleidung)* guarnizione *f*
Besatzer(in) <-s, -; -, -nen> *m(f)* *(pej)* occupante *mf,* invasore *m*
Besatzung <-, -en> *f* 1 MIL *(Garnison)* guarnigione *f;* *(Truppen)* truppe *f pl* d'occupazione 2 NAUT, AERO equipaggio *m*
Besatzungsarmee *f,* **Besatzungsheer** *nt* esercito *m* d'occupazione
Besatzungsmacht *f* MIL potenza *f* occupante
Besatzungszone *f* MIL zona *f* d'occupazione
besaufen <irr, ohne ge-> *vr:* **sich ~** *(fam)* ubriacarsi
Besäufnis [bəˈzɔɪfnɪs] <-ses, -se> *nt* *(fam)* gozzoviglia *f*
beschädigen <ohne ge-> *vt* danneggiare, deteriorare
Beschädigung <-, -en> *f* 1 *(Vorgang)* danneggiamento *m* 2 *(Stelle)* danno *m*
beschaffen **I.** *vt* <ohne ge-> procurare **II.** *adj* **gut/schlecht ~** in buone/cattive condizioni; **so ~, dass ...** tale da *+inf,* tale che *+conj*
Beschaffenheit <-> *f kein Pl.* *(Zustand)* stato *m,* qualità *f;* *(Art)* natura *f,* carattere *m;* *(Zusammensetzung)* composizione *f*
Beschaffung <-> *f kein Pl.* acquisto *m*
Beschaffungskriminalität <-> *f kein Pl.* JUR criminalità *f* nel traffico di stupefacenti
beschäftigen [bəˈʃɛftɪgən] <ohne ge-> **I.** *vt* 1 *(einstellen)* impiegare 2 *(mit Aufgabe)* **jdn [mit etw] ~** occupare qu [con qc]; *(fig: geistig)* impegnare qu [con qc] **II.** *vr* **sich [mit jdm/etw] ~** occuparsi [di qu/qc]
beschäftigt *adj* 1 *(befasst)* occupato; **mit**

etw ~ sein essere impegnato in qc; **viel ~** molto occupato ② *(angestellt)* impiegato

Beschäftigung <-, -en> *f* ① *(Tätigkeit)* occupazione *f,* attività *f* ② *(Arbeit)* lavoro *m; (Anstellung)* impiego *m*

Beschäftigungspolitik <-> *f kein Pl.* politica *f* occupazionale

Beschäftigungsprogramm *nt* programma *m* occupazionale

Beschäftigungstherapie *f* MED ergoterapia *f; (fig)* terapia *f* occupazionale

beschämen <ohne ge-> *vt* svergognare, umiliare

beschämend *adj* umiliante

beschämt *adj* vergognoso, umiliato

beschatten <ohne ge-> *vt* pedinare

Beschattung <-, -en> *f* ADM, MIL sorveglianza *f,* pedinamento *m*

beschauen <ohne ge-> *vt* ① *(ansehen)* guardare, contemplare ② *(prüfen)* ispezionare, esaminare, controllare

Beschauer(in) <-s, -; -, -nen> *m(f)* ① *(Betrachter)* spettatore, -trice *m, f* ② *(Prüfer)* ispettore, -trice *m, f*

beschaulich *adj* contemplativo; *(ruhig)* pacifico

Beschaulichkeit <-> *f kein Pl.* tranquillità *f*

Bescheid [bəˈʃaɪt] <-(e)s, -e> *m (Auskunft)* informazione *f; (Mitteilung)* avviso *m; (Antwort)* risposta *f;* **jdm ~ geben** avvisare qu, informare qu; **jdm gehörig** [*o* **tüchtig**] **~ sagen** *(fam)* dire il fatto suo a qu, dirne quattro a qu; **über etw** *akk* **~ wissen** essere informato di qc; **nun wissen Sie ~!** ora lo sa!; **abschlägiger ~** risposta negativa

bescheiden[1] [bəˈʃaɪdən] *adj* modesto; *(anspruchslos)* semplice; *(gering)* piccolo; *(mäßig)* moderato

bescheiden[2] <irr, ohne ge-> **I.** *vt (form: benachrichtigen)* informare; **abschlägig beschieden werden** ricevere un rifiuto **II.** *vr* **sich** [**mit etw**] ~ *(geh)* accontentarsi [di qc]

Bescheidenheit <-> *f kein Pl.* modestia *f,* umiltà *f*

bescheinen <irr> *vt* illuminare; **von der Sonne beschienen** soleggiato

bescheinigen [bəˈʃaɪnɪgən] <ohne ge-> *vt* attestare, certificare; **den Empfang eines Briefes ~** accusare ricevuta di una lettera

Bescheinigung <-, -en> *f* ① *(Vorgang)* attestazione *f* ② *(Schriftstück)* attestato *m,* certificato *m*

bescheißen <irr, ohne ge-> *vt (vulg)* fregare, fottere

beschenken <ohne ge-> *vt* fare un regalo a

bescheren [bəˈʃeːrən] <ohne ge-> *vt* **jdn ~** fare il regalo di Natale a qu; **jdm eine Überraschung ~** fare una [bella] sorpresa a qu

Bescherung <-, -en> *f* distribuzione *f* dei regali di Natale; **das ist ja eine schöne ~!** *(iron fam)* che bel regalo!

bescheuert [bəˈʃɔɪɐt] *adj (sl)* tonto *fam,* sciocco *fam*

beschichten <ohne ge-> *vt* **etw** [**mit etw**] ~ rivestire qc [di qc]

Beschichtung <-, -en> *f* TEC rivestimento *m*

beschießen <irr, ohne ge-> *vt* far fuoco contro, tirare su; *(mit MG)* mitragliare; *(mit schweren Waffen)* cannoneggiare; PHYS *(mit Neutronen)* bombardare

beschildern <ohne ge-> *vt* dotare di segnaletica

Beschilderung <-, -en> *f* AUTO segnaletica *f* [stradale]

beschimpfen <ohne ge-> *vt* insultare

Beschimpfung <-, -en> *f* insulto *m*

Beschiss [bəˈʃɪs] <-es> *m kein Pl. (vulg)* **das ist alles ~** *(Betrug)* questa è una fottitura

beschissen [bəˈʃɪsən] *adj (vulg)* che fa schifo, di merda

Beschlag <-(e)s, -schläge> *m* ① *(Metallstück)* borchia *f,* guarnizione *f* ② *(Hufeisen)* ferratura *f* ③ *(Feuchtigkeit)* appannamento *m* ④ *(Wend)* **etw mit ~ belegen** prendere in possesso qc; **jdn in ~ nehmen** requisire qu

beschlagen[1] <irr, ohne ge-> **I.** *vt haben* ① *(Möbel, Tür)* guarnire ② *(Pferd)* ferrare **II.** *vi sein (Glas)* appannarsi

beschlagen[2] *adj (fam)* versato, ferrato; **in seinem Fach sehr ~ sein** essere esperto in materia; **auf seinem Gebiet ~ sein** essere molto preparato nel proprio campo

Beschlagenheit <-> *f kein Pl.* essere *m* versato [*o* esperto] in qc

Beschlagnahme [bəˈʃlaːknaːmə] <-, -n> *f* JUR confisca *f,* sequestro *m*

beschlagnahmen <ohne ge-> *vt* ① JUR confiscare, sequestrare ② *(fig fam)* tenere occupato

Beschlagnahmung <-, -en> *f* JUR, ADM confisca *f,* sequestro *m*

beschleunigen [bəˈʃlɔɪnɪgən] <ohne ge-> *vt, vi* accelerare; **seine Schritte ~** accelerare il passo

beschleunigt *adj* accelerato; *(Puls)* rapido

Beschleunigung <-, -en> *f* accelerazione *f*

beschließen <irr, ohne ge-> *vt* ① *(been-*

B

B

den) terminare, concludere; *(Reihe)* chiudere ② *(entscheiden)* decidere, deliberare; *(übereinstimmen)* convenire; JUR decretare

Beschluss <-es, -schlüsse> *m (Entscheid)* decisione *f,* conclusione *f;* JUR decisione *f,* decreto *m;* **einen ~ fassen** prendere una decisione

beschlussfähig *adj* atto a deliberare, in numero legale

beschlussunfähig *adj* non atto a deliberare

beschmieren <ohne ge-> *vt* imbrattare

beschmutzen <ohne ge-> *vt* insudiciare, sporcare

beschneiden <irr, ohne ge-> *vt* ① *(zurechtschneiden)* tagliare; *(Baum)* potare, diramare ② REL circoncidere ③ *(fig: schmälern)* restringere, ridurre

Beschneidung <-, -en> *f* ① REL circoncisione *f* ② *(fig: Einschränkung)* restrizione *f,* riduzione *f*

Beschneiungsanlage *f* cannone *m* sparaneve

beschnüffeln <ohne ge-> *vt* annusare, fiutare; *(fig fam: kennenlernen)* imparare a conoscere

beschnuppern <ohne ge-> *s.* **beschnüffeln**

beschönigen [bəˈʃøːnɪgən] <ohne ge-> *vt* mascherare, far apparire migliore

Beschönigung <-, -en> *f* mascheramento *m,* scusa *f*

beschossen [bəˈʃɔsən] *PP von* **beschießen**

beschränken [bəˈʃrɛŋkən] <ohne ge-> **I.** *vt* **etw** [**auf etw** *akk*] **~** limitare qc [a qc] **II.** *vr:* **sich ~** limitarsi; **sich auf das Notwendigste ~** limitarsi allo stretto necessario

beschrankt [bəˈʃraŋkt] *adj* con sbarre

beschränkt *adj* ① *(eingeschränkt)* limitato, ristretto; **~e Haftung** responsabilità limitata; **in ~en Verhältnissen leben** vivere in ristrettezze ② *(Geist)* ottuso

Beschränktheit <-> *f kein Pl. (geringer Umfang)* [ri]strettezza *f,* limitatezza *f; (Knappheit)* scarsità *f,* insufficienza *f; (geistig)* ristrettezza *f* di vedute, mediocrità *f* di spirito

Beschränkung <-, -en> *f* limitazione *f,* restrizione *f*

beschreiben <irr, ohne ge-> *vt* ① *(Papier)* scrivere su ② *(schildern)* descrivere, dipingere

Beschreibung <-, -en> *f* descrizione *f,* illustrazione *f*

beschreiten <irr, ohne ge-> *vt (geh)* **den Rechtsweg ~** adire le vie legali; **neue Wege ~** battere nuove strade

Beschrieb [bəˈʃriːp] <-s, -e> *m* CH descrizione *f*

beschriften [bəˈʃrɪftən] <ohne ge-> *vt* mettere una scritta [*o* iscrizione] su; *(etikettieren)* etichettare

Beschriftung <-, -en> *f* scritta *f,* iscrizione *f,* etichetta *f*

beschuldigen [bəˈʃʊldɪgən] <ohne ge-> *vt* incolpare, accusare; **jdn einer Sache** *gen* **~** incolpare qu di qc, accusare qu di qc

Beschuldigung <-, -en> *f* imputazione *f,* accusa *f;* **eine ~ gegen jdn erheben** muovere un'imputazione contro qu

beschummeln <ohne ge-> *(fam)* **I.** *vt* infinocchiare **II.** *vi* barare

Beschuss <-es, -schüsse> *m* ① MIL fuoco *m,* tiro *m;* **jdn unter ~ nehmen** *(fig)* prendere di mira qu; **unter ~ geraten** *(fig)* capitare sotto tiro ② PHYS bombardamento *m*

beschützen <ohne ge-> *vt* **jdn/etw** [**vor jdm/etw**] **~** proteggere qu/qc [da qu/qc]

Beschützer(in) <-s, -; -, -nen> *m(f)* protettore, -trice *m, f*

beschwatzen <ohne ge-> *vt* ① *(einreden auf)* cercare di convincere; *(überreden)* indurre [**zu** a] ② *(bereden)* chiacchierare, fare pettegolezzi su

Beschwerde [bəˈʃveːɐ̯də] <-, -n> *f* ① *(Klage)* lamentela *f,* reclamo *m;* JUR ricorso *m;* **~ einlegen** inoltrare reclamo ② *Pl. (körperliche)* disturbi *mpl,* malanni *mpl*

beschweren [bəˈʃveːrən] <ohne ge-> **I.** *vt* mettere un peso su **II.** *vr* **sich** [**bei jdm über etw** *akk*] **~** lamentarsi [di qc con qu], reclamare [qc presso qu]

beschwerlich *adj (lästig)* penoso; *(ermüdend)* faticoso, gravoso

beschwichtigen [bəˈʃvɪçtɪgən] <ohne ge-> *vt* calmare, placare

beschwindeln <ohne ge-> *vt (fam: belügen)* dire bugie a; *(betrügen)* truffare

beschwingt [bəˈʃvɪŋt] *adj* allegro, gaio; *(Gang)* leggero

beschwipst [bəˈʃvɪpst] *adj (fam)* brillo, alticcio

beschwören <irr, ohne ge-> *vt* ① JUR giurare ② *(Geister)* esorcizzare; *(Schlangen)* incantare ③ *(anflehen)* supplicare, implorare

besehen <irr, ohne ge-> *vt* guardare, esaminare

beseitigen [bəˈzaɪtɪgən] <ohne ge-> *vt* ① *(wegschaffen)* rimuovere; *(entfernen)* allontanare; *(Flecken)* togliere; *(Fehler)* eliminare; *(Streitigkeiten)* comporre, risolvere; *(Zweifel)* dissipare; *(Schwierigkeiten)* appianare ② *(fam: töten)* liquidare, far fuori

Beseitigung <-> *f kein Pl.* ① *(das Entfernen)* rimozione *f; (Behebung)* eliminazione *f; (von Schwierigkeiten)* appianamento *m* ② *(Tötung)* uccisione *f*

Besen ['be:zən] <-s, -> *m* scopa *f;* **ich fresse einen ~, wenn ...** *(fam)* che mi venga un accidente se ...

Besenschrank *m* portascope *m*

Besenstiel *m* manico *m* di scopa

besessen [bəˈzɛsən] *adj* [**von etw**] **~ sein** essere ossessionato [da qc]; **wie ~** come indemoniato, come un forsennato

Besessene <ein -r, -n, -n> *mf* ossesso, -a *m, f;* **wie ein ~r arbeiten** lavorare come un dannato

Besessenheit <-> *f kein Pl.* ossessione *f*

besetzen <ohne ge-> *vt* ① *(mit Besatz)* **etw** [**mit etw**] **~** guarnire qc [di qc] ② *(Platz) a.* MIL occupare ③ *(Stelle, Amt, Posten)* affidare; *(Rolle)* assegnare; **die Stelle mit einem Spezialisten ~** assegnare il posto a uno specialista

besetzt *adj* occupato; *(Fahrzeug)* completo

Besetztzeichen *nt* TEL segnale *m* di occupato

Besetzung <-, -en> *f* ① *Sing. (von Stelle)* affidare *m; (von Rolle)* assegnazione *f* ② THEAT *(Schauspieler)* interpreti *mpl;* SPORT *(Mannschaft)* formazione *f* ③ MIL occupazione *f*

besichtigen [bəˈzɪçtɪgən] <ohne ge-> *vt* visitare

Besichtigung <-, -en> *f* ① *(von Sehenswürdigkeit)* visita *f* ② *(Prüfung)* esame *m,* controllo *m*

Besichtigungszeiten *fpl* orario *m* di visita

Besied[e]lung <-, -en> *f* colonizzazione *f,* popolamento *m*

besiedeln [bəˈzi:dəln] <ohne ge-> *vt* colonizzare; *(bevölkern)* popolare

besiedelt *adj* **dicht/dünn ~ sein** essere densamente/scarsamente popolato

besiegeln <ohne ge-> *vt* suggellare; **sein Schicksal ist besiegelt** il suo destino è segnato

besiegen <ohne ge-> *vt* vincere, sconfiggere; *(fig)* superare, dominare

besingen <besingt, besang, besungen> *vt* ① *(fig: rühmen)* [de]cantare, celebrare ② *(Schallplatte, CD)* incidere una canzone su; *(Band)* registrare una canzone su

besinnen <irr, ohne ge-> *vr:* **sich ~** ① *(überlegen)* riflettere; **ohne sich** [**lange**] **zu ~** senza pensarci tanto, senza esitare; **sich anders ~** cambiare idea, ricredersi ② *(sich erinnern)* **sich** [**auf etw** *akk*] **~** ricordarsi [di qc]

besinnlich *adj (Mensch)* pensoso, meditativo; *(Abend)* intimo, raccolto

Besinnung <-> *f kein Pl.* ① *(Bewusstsein)* conoscenza *f,* sensi *mpl;* **die ~ verlieren** perdere i sensi; *(fig)* perdere la testa ② *(das Sichbesinnen)* riflettere *m;* **die ~ auf alte Werte** il riflettere su vecchi valori; **jdn zur ~ bringen** ricondurre qu alla ragione

besinnungslos *adj* privo di sensi, svenuto

Besinnungslosigkeit <-> *f kein Pl.* MED deliquio *m,* svenimento *m*

Besitz <-es> *m kein Pl.* possesso *m; (Eigentum)* proprietà *f; (Vermögen)* patrimonio *m; (Güter)* beni *mpl; (Waffen~)* detenzione *f;* **von etw ~ ergreifen** prendere possesso di qc

Besitzanspruch *m* JUR diritto *m* sulla proprietà

besitzanzeigend *adj* **~es Fürwort** pronome possessivo

besitzen <irr, ohne ge-> *vt* possedere, essere in possesso di; *(innehaben, haben)* avere

Besitzer(in) <-s, -; -, -nen> *m(f)* possessore, -ditrice *m, f; (Eigentümer)* proprietario, -a *m, f;* JUR detentore, -trice *m, f; (Inhaber)* portatore, -trice *m, f*

besitzergreifend *adv* possessivo

Besitzergreifung *f* presa *f* di possesso

Besitzerin *f s.* **Besitzer**

besitzlos *adj* nullatenente

Besitztum <-s, -tümer> *nt (Grundbesitz)* proprietà *f* terriera, fondo *m; (Eigentum)* proprietà *f*

Besitzung <-, -en> *f (Landgut)* proprietà *f* terriera, fondo *m; (Kolonie)* colonia *f,* possedimenti *mpl* coloniali; **überseeische ~en** territori *mpl* d'oltremare

besoffen [bəˈzɔfən] *adj (fam)* sbronzo; **total ~** ubriaco fradicio

besohlen [bəˈzo:lən] <ohne ge-> *vt* ris[u]olare

besolden [bəˈzɔldən] <ohne ge-> *vt* stipendiare, retribuire; MIL pagare il soldo a

Besoldung <-, -en> *f* retribuzione *f;* MIL soldo *m*

besondere(r, s) [bəˈzɔndərə, -rɐ, -rəs] *adj* ① *(speziell)* speciale, particolare; **im Besonderen** in particolare; **nichts Besonderes** niente di speciale ② *(gesondert)* separato, -a ③ *(eigentümlich)* singolare ④ *(ungewöhnlich)* eccezionale, straordinario

Besonderheit <-, -en> *f* specialità *f,* particolarità *f; (einzelne)* caratteristica *f,* singolarità *f; (Ungewöhnlichkeit)* eccezionalità *f*

besonders [bəˈzɔndɐs] *adv* ① *(insbesondere)* specialmente, particolarmente; *(hauptsächlich)* soprattutto ② *(außeror-*

B

dentlich) eccezionalmente, straordinariamente; **nicht ~** [**gut**] non tanto bene

besonnen [bəˈzɔnən] *adj* riflessivo; *(vernünftig)* ragionevole; *(vorsichtig)* prudente; *(umsichtig)* avveduto, accorto

Besonnenheit <-> *f kein Pl.* avvedutezza *f*, accortezza *f*

besorgen <ohne ge-> *vt* ① *(beschaffen)* procurare, procacciare; *(einkaufen)* comprare ② *(erledigen)* sbrigare, eseguire, fare; **den Haushalt ~** occuparsi della casa

Besorgnis [bəˈzɔrknɪs] <-, -se> *f* inquietudine *f*, preoccupazione *f*; **~ erregend** inquietante, preoccupante

besorgniserregend *adj* inquietante, preoccupante

besorgt [bəˈzɔrkt] *adj* [**um jdn/etw**] **~ sein** essere preoccupato [per qu/qc]

Besorgtheit <-> *f kein Pl.* inquietudine *f*, apprensione *f*, preoccupazione *f*

Besorgung <-, -en> *f* ① *Sing. (Erledigung)* disbrigo *m* ② *(Einkauf)* acquisto *m*; **~en machen** fare la spesa

bespannen <ohne ge-> *vt* rivestire; *(Tennisschläger, Geige)* incordare; **etw mit Stoff ~** intelare qc

Bespannung <-, -en> *f* ① *Sing. (mit Stoff)* rivestire *m*; *(mit Saiten)* incordatura *f*; *(mit Pferden)* attaccare *m* [i cavalli] ② *(Material)* rivestimento *m*, copertura *f*; *(Saiten)* corde *f pl*; *(Fäden)* fili *m pl*

bespielen <ohne ge-> *vt* ① *(aufnehmen)* **ein Tonband mit etw ~** registrare qc su un nastro ② SPORT *(Platz)* giocare in

bespitzeln <ohne ge-> *vt* spiare

besprechen <irr, ohne ge-> **I.** *vt* ① *(sprechen über)* parlare di; **wie besprochen** come d'accordo ② *(rezensieren)* recensire ③ *(Tonband)* incidere **II.** *vr* **sich** [**mit jdm**] **~** consultarsi [con qu]

Besprechung <-, -en> *f* ① *(Unterredung)* colloquio *m*; *(Konferenz)* conferenza *f* ② *(Rezension)* critica *f*, recensione *f*

Besprechungsexemplar *nt* copia *f* per recensione

Besprechungszimmer *nt* sala *f* conferenze, sala *f* di riunione

bespritzen <ohne ge-> *vt (nass machen)* bagnare; **jdn mit etw ~** bagnare qu con qc; *(schmutzig machen)* imbrattare qu di qc; **jdn mit Farbe/Blut ~** macchiare qu di colore/sangue

besprühen <ohne ge-> *vt (mit Wasser, Farbe)* spruzzare; *(mit Insektenschutzmittel)* irrorare

besser [ˈbɛsɐ] *Komparativ von* **gut I.** *adj* migliore; **~ werden** migliorare, migliorarsi; **dieses Restaurant ist ~ als das andere** questo ristorante è meglio [*o* migliore] di quell'altro; **es ist ~, du kommst sofort** è meglio che tu venga subito **II.** *adv* meglio; **etw ~ können** saper fare meglio qc; **immer ~** sempre meglio, di bene in meglio; **umso ~** tanto meglio; **~ gesagt** per meglio dire; **alles ~ wissen** sapere sempre tutto, saperla lunga; **es geht ihm/ihr ~** sta meglio; **tu das ~ nicht!** è meglio che tu non lo faccia!

Bessere(s) [ˈbɛsərəs] *nt* **~s zu tun haben** aver qc di meglio da fare; **jdn eines ~n belehren** [far] aprire gli occhi a qu; **etwas ~ suchen** cercare qc di meglio; **es gibt nichts ~** non c'è di meglio

besser|gehen <irr> *vi s.* **besser II.**

bessergestellt *adj* agiato, benestante

Bessergestellte(r) <ein -r, -n, -n> *mf* agiato, -a *m, f*, benestante *m*

bessern **I.** *vt (sittlich)* emendare **II.** *vr:* **sich ~** migliorarsi; *(bes. sittlich)* emendarsi, correggersi; *(Gesundheit)* ristabilirsi; *(Wetter)* migliorare

besser|stellen **I.** *vt (Mitarbeiter)* aumentare il salario di; *(Familien)* migliorare la situazione economica di **II.** *vr:* **sich ~** migliorarsi [nel lavoro]

Besserung <-, -en> *f* miglioramento *m*; *(gesundheitlich)* guarigione *f*, ristabilimento *m*; **auf dem Wege der ~ sein** essere in via di guarigione, stare meglio; **gute ~!** pronta guarigione!

Besserverdienende <ein -r, -n, -n> *mf* percettore *mf* di reddito elevato

Besserwisser(in) <-s, -> *m(f)* saccente *mf*

bestach *1. u. 3. Pers. Sing. Imp. von* **bestechen**

bestahl *1. u. 3. Pers. Sing. Imp. von* **bestehlen**

bestand *1. u. 3. Pers. Sing. Imp. von* **bestehen**

Bestand [bəˈʃtant] <-(e)s, Bestände> *m* ① *Sing. (Bestehen)* esistenza *f*; *(Fortdauer)* continuità *f*, durata *f*; **~ haben** aver durata ② *(Vorrat)* giacenza *f*, riserva *f*; *(Kassen~)* fondo *m* cassa; *(Tier~, Forst~)* patrimonio *m*

bestanden [bəˈʃtandən] *adj (Prüfung)* superato

beständig *adj* ① *(dauerhaft)* durevole; TEC resistente; *(Farbe)* indelebile ② *(andauernd)* continuo, persistente ③ *(Wetter)* stabile

Beständigkeit <-> *f kein Pl.* ① *(Dauerhaftigkeit)* durevolezza *f*; TEC resistenza *f* ② *(Dauer)* continuità *f*, persistenza *f* ③ *(von Wetter)* stabilità *f*

Bestandsaufnahme *f* inventario *m*

Bestandteil *m (Element)* elemento *m*; *(Bauteil, Einzelteil)* parte *f*; CHEM componente *m;* **sich in seine ~e auflösen** cadere in pezzi; **etw in seine ~e zerlegen** smontare qc, scomporre qc

bestärken <ohne ge-> *vt* **jdn in etw** *dat* **~** rafforzare qu in qc

bestätigen [bəˈʃtɛːtɪɡən] <ohne ge-> **I.** *vt* ① *(Worte, Verdacht, Urteil)* confermare ② *(bescheinigen)* attestare, certificare ③ *(anerkennen)* riconoscere ④ COM *(Brief)* accusare ricevuta di; *(Auftrag)* confermare **II.** *vr:* **sich ~** risultare vero

Bestätigung <-, -en> *f* ① *(von Verdacht, Urteil)* conferma *f* ② *(Bescheinigung)* attestazione *f;* *(Dokument)* certificato *m* ③ *(Anerkennung)* riconoscimento *m* ④ COM accusare *m* ricevuta; *(von Auftrag)* conferma *f*

bestatten [bəˈʃtatən] <ohne ge-> *vt (geh)* inumare, seppellire

Bestattung <-, -en> *f (geh)* inumazione *f,* sepoltura *f;* *(Feier)* funerale *m,* esequie *f pl*

bestäuben [bəˈʃtɔɪbən] <ohne ge-> *vt* ① BOT impollinare ② *(bestreuen)* **etw [mit etw] ~** cospargere qc [di qc]

Bestäubung <-, *rar:* -en> *f* BOT impollinazione *f*

bestaunen <ohne ge-> *vt* guardare con stupore

beste(r, s) [ˈbɛstə, -tɐ, -təs] *Superlativ von* **gut** **I.** *adj* migliore, ottimo, -a **der/die Beste** il/la migliore; **das Beste** il meglio; **der/die/das erste Beste** il/la primo/-a che capita; **meine ~ Freundin** la mia miglior amica; **etw zum Besten geben** raccontare qc; **sein Bestes tun** [*o* **geben**] fare del proprio meglio; **es wäre das Beste, jetzt zu gehen** la cosa migliore sarebbe andarsene adesso; **ich will nur dein Bestes** voglio solo il tuo bene; **wollen wir das Beste hoffen!** speriamo bene!; **~n Dank!** *(a. iron)* tante grazie! **II.** *adv* **am ~n** meglio; **es ist am ~n, wenn ich gehe, am ~n gehe ich** è meglio che me ne vada; **so ist es am ~n** è la cosa migliore

bestechen <irr, ohne ge-> *vt* ① *(mit Geld)* corrompere; *(Zeugen)* comprare ② *(fig: beeindrucken)* sedurre, affascinare

bestechend *adj (fig)* seducente, affascinante

bestechlich *adj* corruttibile, venale

Bestechlichkeit <-> *f kein Pl.* corruttibilità *f,* venalità *f*

Bestechung <-, -en> *f* corruzione *f;* JUR *(von Zeugen)* subornazione *f*

Bestechungsgeld <-(e)s, -er> *nt* tangente *f,* bustarella *f*

Besteck [bəˈʃtɛk] <-(e)s, -e *o fam:* -s> *nt* ① *(Ess~)* posate *f pl* ② MED ferri *m pl* chirurgici ③ NAUT posizione *f*

Besteckkasten *m* portaposate *m*

bestehen <irr, ohne ge-> **I.** *vi* ① *(existieren)* esistere, essere, esserci; **~ bleiben** continuare a esistere, perdurare ② *(sich zusammensetzen)* **aus etw ~** essere costituito da qc; **der Unterschied besteht darin, dass …** la differenza consiste nel fatto che … ③ *(beharren)* **auf etw** *dat* **~** insistere su qc, ostinarsi in qc **II.** *vt (Prüfung)* passare, superare; *(Kampf, Probe)* sostenere

Bestehen <-s> *nt kein Pl.* ① *(Fort~)* esistenza *f;* **seit ~ der Welt** dalla creazione del mondo ② *(Beharren)* insistenza *f;* **das ~ auf etw** *dat* l'insistenza su qc

bestehend *adj* esistente; *(gegenwärtig)* attuale; *(Gesetz)* vigente, in vigore

bestehlen <irr, ohne ge-> *vt* **jdn [um etw] ~** derubare qu [di qc]

besteigen <irr, ohne ge-> *vt* salire su; *(Berg)* scalare; **ein Pferd ~** montare a cavallo

Besteigung <-, -en> *f (Berg~)* ascensione *f*

bestellen <ohne ge-> *vt* ① *(Essen, Waren)* ordinare; *(reservieren lassen)* prenotare; *(kommen lassen)* far venire; **ich stand da wie bestellt und nicht abgeholt** *(fam)* me ne stavo là imbambolato ② *(Grüße)* trasmettere; **ich soll Ihnen ~, dass …** mi hanno pregato di dirLe che …; **bestell ihm [von mir], dass …** riferiscigli che … ③ *(ernennen)* nominare ④ AGR *(Land)* coltivare, lavorare ⑤ *(Wend)* **es ist schlecht um sie bestellt** le cose vanno male per lei

Besteller(in) <-s, -; -, -nen> *m(f)* committente *mf*

Bestellkarte *f* modulo *m* di ordinazione

Bestellnummer *f* numero *m* di ordinazione

Bestellschein *m* bolletta *f* d'ordinazione

Bestellung <-, -en> *f* ① *(Auftrag)* ordinazione *f,* ordine *m;* *(Sendung)* consegna *f;* **eine ~ aufgeben** fare un'ordinazione ② *(Ernennung)* nomina *f*

bestenfalls *adv* nel migliore dei casi; *(höchstens)* tutt'al più, al massimo

bestens [ˈbɛstəns] *adv* ottimamente

besteuern <ohne ge-> *vt* WIRTSCH tassare

Besteuerung <-, -en> *f* WIRTSCH tassazione *f*

Bestform <-> *f kein Pl.* ottima forma *f*

bestialisch [bɛsˈti̯aːlɪʃ] *adj* bestiale

besticht *3. Pers. Sing. Präs. von* **bestechen**

besticken <ohne ge-> *vt* guarnire di ricami

Bestie [ˈbɛsti̯ə] <-, -n> *f* bestia *f* feroce; *(fig: Mensch)* bruto *m*

B

bestieg *1. u. 3. Pers. Sing. Imp. von* **besteigen**

bestiehlt *3. Pers. Sing. Präs. von* **bestehlen**

bestimmen <ohne ge-> **I.** *vt* ① *(festsetzen)* decidere, fissare; *(Preis, Zahl)* determinare, stabilire ② *(genau festlegen)* precisare; *(Begriff)* definire; *(Pflanze)* classificare ③ *(Landschaft)* caratterizzare; *(Entwicklung, Stil)* influenzare, caratterizzare ④ *(ernennen)* nominare, designare ⑤ *(zudenken)* destinare; *(zuweisen)* assegnare; **das Geld für jdn ~** destinare il denaro a qu **II.** *vi* ① *(verfügen)* **über jdn/etw ~** disporre di qu/qc ② *(entscheiden)* **über etw** *akk* **~** decidere di qc

bestimmend *adj* determinante, decisivo

bestimmt **I.** *adj* ① *(festgelegt)* stabilito; *(a. Zeitpunkt, Preis)* fissato ② LING *(Artikel)* determinativo ③ *(entschieden)* deciso, risoluto; *(a. Ton)* categorico **II.** *adv (sicherlich)* certamente, di certo, senz'altro; **ich werde es ganz ~ tun** lo farò di sicuro

Bestimmtheit <-> *f kein Pl.* ① *(Sicherheit)* certezza *f* ② *(Entschiedenheit)* fermezza *f*

Bestimmung <-, -en> *f* ① *(Vorschrift)* disposizione *f,* norma *f* ② *(Verwendungszweck)* scopo *m,* fine *m* ③ *(Schicksal)* destino *m,* sorte *f* ④ LING complemento *m* ⑤ *Sing.* *(Bestimmen)* stabilire *m; (Festlegen)* fissare *m; (Begriffs~)* definizione *f; (von Pflanzen)* classificazione *f*

Bestimmungsbahnhof *m* stazione *f* di destinazione

Bestimmungsland <-(e)s, -länder> *nt (form)* paese *m* di destinazione

Bestimmungsort *m* [luogo *m* di] destinazione *f*

Bestleistung *f* SPORT prestazione *f* migliore, primato *m*

bestmöglich ['bɛst'mø:klɪç] **I.** *adj* il [la] miglior possibile **II.** *adv* nel migliore dei modi

Best.-Nr. *Abk. von* **Bestellnummer** numero *m* di ordinazione

bestochen [bə'ʃtɔxən] *PP von* **bestechen**

bestohlen [bə'ʃto:lən] *PP von* **bestehlen**

bestrafen <ohne ge-> *vt* punire

Bestrafung <-, -en> *f* punizione *f*

bestrahlen <ohne ge-> *vt* illuminare; MED curare con i raggi

Bestrahlung <-, -en> *f* illuminazione *f;* MED radioterapia *f*

Bestreben <-s> *nt kein Pl.* sforzo *m,* aspirazione *f*

bestrebt *adj* **~ sein etw zu tun** cercare [*o* sforzarsi] di fare qc

Bestrebung <-, -en> *f meist Pl.* tentativo *m,* sforzo *m*

bestreichen <irr, ohne ge-> *vt* spalmare; **mit Butter ~** spalmare di burro, imburrare

bestreiken <ohne ge-> *vt* scioperare

bestreiten <irr, ohne ge-> *vt* ① *(abstreiten)* negare, smentire ② *(finanzieren)* sostenere, provvedere a

bestreuen <ohne ge-> *vt* **etw** [**mit etw**] **~** cospargere qc [di qc]

Bestseller ['bɛstzɛlɐ] <-s, -> *m* bestseller *m*

Bestsellerautor *m* bestsellerista *mf*

bestürmen <ohne ge-> *vt* ① *(angreifen)* assalire ② *(bedrängen)* assediare, tempestare; **jdn mit Fragen ~** tempestare qu di domande

bestürzen [bə'ʃtʏrtsən] <ohne ge-> *vt* costernare, sbigottire

bestürzend *adj* sconcertante, stupefacente

bestürzt [bə'ʃtʏrtst] *adj* costernato, sgomento

Bestürzung <-> *f kein Pl.* costernazione *f,* sgomento *m*

Bestzeit *f* SPORT tempo *m* migliore

Besuch [bə'zu:x] <-(e)s, -e> *m* ① *(das Besuchen)* visita *f; (regelmäßiger)* frequenza *f;* **jdm einen ~ abstatten** fare una visita a qu; **auf** [*o* **zu**] **~** in visita ② *Sing.* *(Gast)* ospite *mf*

besuchen <ohne ge-> *vt* fare visita a, andare a trovare; MED visitare; *(Schule)* frequentare; *(Veranstaltung)* assistere a; **gut besucht** molto frequentato

Besucher(in) <-s, -; -, -nen> *m(f)* visitatore, -trice *m, f; (Gast)* ospite *mf;* THEAT, FILM spettatore, -trice *m, f*

Besucherzahl <-, -en> *f* numero *m* di visitatori

Besuchserlaubnis <-, -se> *f* permesso *m* di visita; **eine ~ bekommen** ottenere un permesso di visita

Besuchszeit *f* orario *m* delle visite

besucht *adj* **gut ~ sein** essere molto frequentato

besudeln [bə'zu:dəln] <ohne ge-> *vt* imbrattare, insudiciare

besungen *PP von* **besingen**

Betablocker ['be:tablɔkɐ] <-s, -> *m* MED betabloccante *m*

betagt [bə'ta:kt] *adj (geh)* attempato, anziano

betasten <ohne ge-> *vt* tastare; MED palpare

betätigen [bə'tɛ:tɪgən] <ohne ge-> **I.** *vt* azionare **II.** *vr:* **sich ~** *(tätig sein)* svolgere un'attività; **sich politisch ~** essere attivo in politica

Betätigung <-, -en> *f* ① *Sing.* TEC comando *m,* azionamento *m* ② *(Beschäftigung)* attività *f,* occupazione *f*

Betätigungsfeld *nt* campo *m* d'attività

betäuben [bə'tɔɪbən] <ohne ge-> *vt* ① *(Schmerz, Gefühl)* attenuare, attutire; MED anestetizzare, narcotizzare; *(Gewissen)* far tacere ② *(durch Lärm)* assordare, stordire

betäubend *adj (Lärm)* assordante; *(fig: Duft)* inebriante

Betäubung <-, -en> *f* ① MED anestesia *f,* narcosi *f;* **örtliche ~** anestesia locale ② *(Benommenheit)* stordimento *m*

Betäubungsmittel *nt* narcotico *m,* anestetico *m*

Bete <-, -n> *f* **Rote ~** barbabietola *f* rossa

beteiligen [bə'taɪlɪgən] <ohne ge-> **I.** *vt* **jdn an etw** *dat* **~** far partecipare qu a qc; **jdn am Gewinn ~** far compartecipare qu agli utili **II.** *vr* **sich** [**an etw** *akk*] **~** partecipare [a qc]; *(mitarbeiten)* collaborare [a qc]

beteiligt *adj* COM interessato; **an einem Unfall ~ sein** essere implicato in un incidente

Beteiligte <ein -r, -n, -n> *mf* partecipante *mf; (Teilhaber)* interessato, -a *m, f; (Vertragspartei)* parte *f* contraente; *(an Verbrechen)* complice *mf*

Beteiligung <-, -en> *f* ① *(das Teilnehmen)* partecipazione *f; (Mitwirkung)* collaborazione *f,* cooperazione *f; (an Verbrechen)* complicità *f;* **die ~ an etw** *dat* la partecipazione a qc ② COM interessenza *f;* **die ~ am Gewinn** l'interessenza agli utili

beten ['be:tən] **I.** *vi* pregare **II.** *vt* dire, recitare

beteuern [bə'tɔɪɐn] <ohne ge-> *vt (Unschuld)* affermare; *(Liebe)* dichiarare

Beteuerung <-, -en> *f (von Unschuld)* affermazione *f; (von Liebe)* dichiarazione *f; (von Aussage)* conferma *f*

Bethlehem ['be:tlehɛm] *nt* Betlemme *f*

betiteln <ohne ge-> *vt (Werk)* intitolare, dare un titolo a; *(Person)* chiamare, dare del … a

Beton [be'tɔŋ *o* bə'tõ:] *o* A *nur* be'to:n] <-s, *Sorten:* -s *o* -e> *m* calcestruzzo *m*

betonen [bə'to:nən] <ohne ge-> *vt* ① *(Akzent setzen)* accentare, porre l'accento su ② *(hervorheben)* accentuare, mettere in rilievo; *(sagen)* insistere su

betonieren [beto'ni:rən] <ohne ge-> *vt* betonare

Betonieren <-s> *nt kein Pl.* betonaggio *m*

Betonklotz *m (pej)* ecomostro *m*

Betonmischer <-s, -> *m* betoniera *f*

Betonmischmaschine *f* betoniera *f,* impastatrice *f* per calcestruzzo

betont [bə'to:nt] *adj* marcato, accentuato

Betonung <-, -en> *f* ① *(von Wort)* accentazione *f; (Akzent)* accento *m* ② *(Hervorhebung, Gewicht)* rilievo *m,* risalto *m; (Beteuerung)* enfasi *f*

betören [bə'tø:rən] <ohne ge-> *vt (geh: bezaubern)* incantare, affascinare; *(verführen)* sedurre

betörend *adj* incantevole, seducente

betr., **Betr.** *Abk. von* **betreffend**, **Betreff** ogg.

Betracht [bə'traxt] <-(e)s> *m kein Pl.* **etw in ~ ziehen** prendere in considerazione qc, tener conto di qc; **etw außer ~ lassen** non tener conto di qc; **in ~ kommen** essere in questione

betrachten <ohne ge-> *vt* ① *(ansehen)* osservare, contemplare; *(genau)* studiare; *(prüfen)* esaminare; **genau betrachtet** guardando bene, considerando i particolari ② *(halten für)* ritenere, considerare; **jdn als einen Freund ~** considerare qu [come] un amico

Betrachter(in) <-s, -; -, -nen> *m(f)* osservatore, -trice *m, f,* spettatore, -trice *m, f*

beträchtlich [bə'trɛçtlɪç] *adj* considerevole, notevole

Betrachtung <-, -en> *f* ① *Sing. (Ansehen)* contemplazione *f,* osservazione *f; (Prüfen)* esame *m;* **bei näherer ~** a un esame più attento ② *(Überlegung)* considerazione *f,* riflessione *f;* **~en anstellen** riflettere

Betrachtungsweise *f* ottica *f,* prospettiva *f*

Betrag [bə'tra:k, *Pl:* bə'trɛ:gə] <-(e)s, Beträge> *m* importo *m,* somma *f;* **~ erhalten** per quietanza

betragen <irr, ohne ge-> **I.** *vi (sich belaufen auf)* essere di, ammontare a **II.** *vr:* **sich ~** *(sich benehmen)* comportarsi

Betragen <-s> *nt kein Pl.* comportamento *m; (Schule)* condotta *f*

betrauen <ohne ge-> *vt* **jdn** [**mit etw**] **~** affidare [qc] a qu, incaricare qu [di qc]

betrauern <ohne ge-> *vt* piangere

Betreff [bə'trɛf] <-(e)s, -e> *m* oggetto *m*

betreffen <irr, ohne ge-> *vt* concernere, riguardare; **was das betrifft** in quanto a ciò; **was mich betrifft** per quanto mi concerne; **das betrifft mich nicht** ciò non mi riguarda

betreffend *adj* in questione; **~ Ihren Brief vom …** in riferimento alla Sua [lettera] del …

betreffs *präp +gen* riguardo a

betreiben <irr, ohne ge-> *vt (Beruf, Gewerbe, Handwerk)* esercitare; *(Geschäft)* condurre; *(Politik)* fare; *(Studien)* proseguire

Betreiben *nt* **auf jds ~** per iniziativa di qu

Betreiber(in) <-s, -; -, -nen> *m(f)* esercente *mf; (Firma, Träger)* gestore *m*
Betreibung <-, -en> *f* CH JUR *(Eintreibung, Zwangsvollstreckung)* riscossione *f,* esazione *f*
betreten **I.** *vt* <irr, ohne ge-> *(Haus, Raum)* entrare [*o* mettere piede] in; *(Rasen)* calpestare; **Betreten verboten!** vietata l'entrata! **II.** *adj (verlegen)* imbarazzato, confuso
betreuen [bəˈtrɔɪən] <ohne ge-> *vt* curare, aver cura di; *(beaufsichtigen)* sorvegliare, controllare; *(leiten)* occuparsi di
Betreuer(in) <-s, -; -, -nen> *m(f) (von Kindern, Gruppen)* accompagnatore, -trice *m, f; (von Alten, Kranken)* assistente *mf; (von Sportlern)* allenatore, -trice *m, f*
Betreuung <-> *f kein Pl.* assistenza *f*
Betrieb [bəˈtriːp] <-(e)s, -e> *m* ① *(Firma)* azienda *f,* impresa *f; (Fabrik)* fabbrica *f; (Handwerks~)* impresa *f;* **landwirtschaftlicher ~** azienda agricola ② *Sing. (Tätigkeit)* attività *f; (von Maschine)* funzionamento *m,* esercizio *m;* **den ~ einstellen** sospendere l'attività; **etw in ~ nehmen** assumere l'esercizio di qc; **in ~ sein** essere in funzione; **außer ~ setzen** mettere fuori esercizio ③ *Sing. (fam: Treiben)* movimento *m; (Verkehr)* traffico *m*
betrieblich *adj* aziendale
betriebsam *adj* attivo
Betriebsamkeit <-> *f kein Pl.* attività *f,* operosità *f*
Betriebsangehörige *mf* dipendente *mf* d'azienda
Betriebsanleitung *f* istruzioni *f pl* per l'uso
Betriebsarzt *m,* **Betriebsärztin** *f* medico *m* aziendale
Betriebsausflug *m* gita *f* aziendale
betriebsbereit *adj* pronto ad entrare in funzione
betriebsblind *adj (pej)* che non vede i difetti nel proprio ambito professionale
betriebseigen *adj* [di proprietà] dell'azienda
Betriebsferien *pl* ferie *f pl* annuali, chiusura *f* annuale
Betriebsführung *f* gestione *f* aziendale
Betriebsgeheimnis *nt* segreto *m* aziendale
betriebsintern *adj o adv* all'interno dell'azienda
Betriebskapital *nt* capitale *m* d'esercizio, patrimonio *m* dell'azienda
Betriebsklima *nt* ambiente *m* di lavoro
Betriebskosten *pl* spese *f pl* d'esercizio
Betriebsleiter(in) *m(f)* direttore, -trice *m, f* dell'azienda
Betriebsleitung *f* gestione *f* aziendale
Betriebsnudel *f (scherz fam)* anima *f* della compagnia
Betriebsprüfung *f* WIRTSCH revisione *f* della contabilità aziendale
Betriebsrat *m (Organ)* consiglio *m* di fabbrica
Betriebsrat *m,* **Betriebsrätin** *f (Mitglied)* consigliere, -a *m, f* di fabbrica
Betriebsratsmitglied *nt* consigliere, -a *m, f* di fabbrica, membro *m* della commissione interna
Betriebsratsvorsitzende *mf* presidente *mf* del consiglio di fabbrica
Betriebsschließung *f* WIRTSCH chiusura *f* dell'azienda
Betriebssicherheit <-> *f kein Pl.* TEC sicurezza *f* [di funzionamento]
Betriebssystem *nt* INFORM sistema *m* operativo
Betriebsunfall *m* infortunio *m* sul lavoro
Betriebsverfassungsgesetz *nt* legge *f* sull'ordinamento aziendale
Betriebsversammlung *f* riunione *f* aziendale
Betriebswirt(in) *m(f)* diplomato, -a *m, f* in economia aziendale
Betriebswirtschaft *f* economia *f* aziendale
betriebswirtschaftlich *adj* di economia aziendale
Betriebswirtschaftslehre *f* economia *f* aziendale
betrinken <irr, ohne ge-> *vr:* **sich ~** ubriacarsi
betritt *3. Pers. Sing. Präs. von* **betreten**
betroffen [bəˈtrɔfən] *adj (Schweigen)* confuso, sbigottito; *(Blick)* turbato; **von etw ~ sein** essere colpito da qc
Betroffene <ein -r, -n, -n> *mf* vittima *f*
Betroffenheit <-> *f kein Pl.* sbigottimento *m,* turbamento *m*
betrüben <ohne ge-> *vt* rattristare, affliggere
betrüblich [bəˈtryːplɪç] *adj* triste
betrübt *adj* triste, afflitto; **tief ~** affranto
Betrug [bəˈtruːk, *Pl:* bəˈtryːgə] <-(e)s, CH Betrüge> *m* inganno *m,* imbroglio *m; (Täuschung)* frode *f; (im Spiel)* barare *m;* JUR dolo *m*
betrügen [bəˈtryːgən] <irr, ohne ge-> *vt* ingannare; *(Ehepartner)* tradire; *(geschäftlich)* truffare; *(im Spiel)* barare; **jdn um etw ~** frodare qc a qu; **sich selbst ~** ingannare sé stesso
Betrüger(in) <-s, -; -, -nen> *m(f) (geschäftlich)* imbroglione, -a *m, f,* impostore, -a *m, f; (im Spiel)* baro, -a *m, f; (Hochstapler)* truffatore, -trice *m, f*

Betrügerei <-, -en> *f* imbroglio *m,* inganno *m*
betrügerisch *adj* fraudolento
betrunken [bəˈtrʊŋkən] *adj* ubriaco; **völlig ~** ubriaco fradicio *fam;* **in ~em Zustand** in stato di ebbrezza
Betrunkene <ein -r, -n, -n> *mf* ubriaco, -a *m, f*
Bett [bɛt] <-(e)s, -en> *nt* ① *(Möbelstück)* letto *m;* **das ~ machen** fare il letto; **im ~ liegen** essere a letto; **zu** [*o* **ins**] **~ gehen** andare a letto, coricarsi; **zu ~ bringen** mettere a letto; **das ~ hüten, ans ~ gefesselt sein** stare a letto [per malattia], essere costretto a letto; **mit jdm ins ~ gehen** *(fig)* andare a letto con qu ② *(Feder~)* piumino *m* ③ *(Fluss~)* letto *m,* alveo *m*
Bettbank <-, -bänke> *f* A *s.* **Bettcouch**
Bettbezug *m* biancheria *f* da letto, lenzuola *f pl*
Bettcouch *f* divano-letto *m*
Bettdecke *f* coperta *f* da letto
Bettel [ˈbɛtəl] <-s> *m kein Pl. (fam: Plunder)* cianfrusaglie *f pl,* ciarpame *m,* robaccia *f;* **den ganzen ~ hinwerfen** *(fam)* piantare baracca e burattini, mandare tutto a quel paese
bettelarm [ˈbɛtəlˈʔarm] *adj* povero in canna
Bettelei [bɛtəˈlaɪ] <-, *rar:* -en> *f* accattonaggio *m*
Bettelmönch *m* frate *m* mendicante
betteln *vi* chiedere l'elemosina; **um etw ~** mendicare qc
Bettelorden *m* ordine *m* dei frati questuanti
Bettelstab *m* **jdn an den ~ bringen** gettare [*o* ridurre] qu sul lastrico
betten *vt (geh)* mettere [a letto]; *(Verletzten)* adagiare; *(Kopf)* appoggiare
Bettfedern *f pl* piume *f pl* da piumino/cuscino
Bettflasche *f* borsa *f* dell'acqua calda
Bettgestell *nt* lettiera *f*
Betthimmel *m* baldacchino *m*
Betthupferl [ˈbɛthʊpfɐl] <-s, -> *nt* DIAL dolcetto *m* della buona notte
bettlägerig [ˈbɛtlɛːgərɪç] *adj* allettato, degente
Bettlägerigkeit <-> *f kein Pl.* stare *m* a letto per malattia
Bettlaken *nt* lenzuolo *m*
Bettlektüre *f* lettura *f* leggera *(prima di addormentarsi)*
Bettler(in) [ˈbɛtlɐ] <-s, -; -, -nen> *m(f)* mendicante *mf*
Bettnässen <-s> *nt kein Pl.* MED enuresi *f* notturna
Bettnässer(in) <-s, -; -, -nen> *m(f)* affetto, -a *m, f* da enuresi
Bettpfanne *f* padella *f* per malati
bettreif *adj (fam)* stanco morto
Bettruhe *f* riposo *m* a letto
Bettschwere <-> *f kein Pl. (fam)* **die nötige ~ haben/bekommen** essersi conciliato/conciliarsi lo stato di sonnolenza
Betttuch *nt* lenzuolo *m*
Bettuch *s.* **Bettlaken**
Bettvorlage *f,* **Bettvorleger** <-s, -> *m* scendiletto *m*
Bettwanze *f* cimice *f* dei letti
Bettwäsche *f* biancheria *f* da letto, lenzuola *f pl*
Bettzeug *nt* lenzuola *f pl* e coperte *f pl*
betucht [bəˈtuːxt] *adj (fam)* agiato, abbiente
betulich [bəˈtuːlɪç] *adj (umständlich)* premuroso
betupfen <ohne ge-> *vt* tamponare leggermente
beugen [ˈbɔɪgən] **I.** *vt* ① *(Arm)* piegare, flettere; *(krümmen)* curvare; **von Kummer gebeugt** piegato dal dolore ② *(Stolz, Recht)* piegare ③ LING *(Hauptwort)* declinare; *(Zeitwort)* coniugare **II.** *vr:* **sich ~** ① *(nach vorne, nach unten)* piegarsi, curvarsi; **sich vor jdm/etw ~** chinarsi davanti a qu/qc; **sich aus dem Fenster ~** sporgersi dalla finestra ② *(sich unterwerfen)* **sich jdm/etw ~** sottomettersi a qu/qc
Beugung <-, -en> *f* ① *(von Arm)* piegamento *m,* flessione *f; (Krümmung)* incurvamento *m* ② LING flessione *f*
Beule [ˈbɔɪlə] <-, -n> *f* ① *(Schwellung)* gonfiore *m,* rigonfiamento *m* ② *(Delle)* ammaccatura *f*
beunruhigen [bəˈʔʊnruːɪgən] <ohne ge-> **I.** *vt* inquietare **II.** *vr* **sich** [**über** [*o* **wegen**] **etw** *akk*] **~** inquietarsi per qc
beunruhigend *adj* inquietante
Beunruhigung <-, -en> *f* inquietudine *f*
beurkunden <ohne ge-> *vt* registrare
beurlauben <ohne ge-> *vt* ① *(Urlaub geben)* mandare in congedo ② *(Beamten)* sospendere [temporaneamente]
beurteilen <ohne ge-> *vt* giudicare; *(abschätzen)* stimare, valutare
Beurteilung <-, -en> *f* giudizio *m,* valutazione *f*
Beuschel <-s, -n> *nt* A *(Lungenhaschee)* macinato *m* di lombo
Beute [ˈbɔɪtə] <-> *f kein Pl.* ① *(Fang)* cattura *f,* preda *f; (von Raubtieren)* preda *f; (Kriegs~, Diebes~)* bottino *m;* **reiche ~** ricca preda; **~ machen** far bottino ② *(geh: Opfer)* vittima *f*
beutegierig *adj* avido di preda

B

Beutel ['bɔɪtəl] <-s, -> *m* ① *(Tasche)* borsa *f,* sacchetto *m; (Geld~)* borsellino *m; (Tee~)* bustina del tè *f* ② ZOO marsupio *m*

Beutelratte *f* ZOO opossum *m* virginiano

Beuteltier <-(e)s, -e> *nt* ZOO marsupiale *m*

bevölkern [bə'fœlkɐn] <ohne ge-> *vt* popolare; **dicht/dünn bevölkert sein** essere densamente/scarsamente popolato

bevölkert *adj* popolato; **dicht** [*o* **stark**] **~ sein** essere densamente popolato; **dünn** [*o* **schwach**] **~ sein** essere scarsamente popolato

Bevölkerung <-, *rar:* -en> *f* popolazione *f;* **eingesessene ~** indigeni *mpl*

Bevölkerungsdichte *f* densità *f* di popolazione

Bevölkerungsentwicklung *f* sviluppo *m* demografico

Bevölkerungsexplosion *f* esplosione *f* demografica

Bevölkerungszahl *f* numero *m* degli abitanti

Bevölkerungszunahme *f* incremento *m* demografico

bevollmächtigen [bə'fɔlmɛçtɪgən] <ohne ge-> *vt* autorizzare; **jdn** [**zu etw**] **~** delegare [qc] a qu

bevollmächtigt *adj* autorizzato (**zu** a)

Bevollmächtigte <ein -r, -n, -n> *mf* mandatario, -a *m, f;* COM procuratore, -trice *m, f*

Bevollmächtigung <-, -en> *f* autorizzazione *f*

bevor [bə'foːɐ̯] *konj* prima che *+conj,* prima di *+inf;* **~ ich nicht weiß, warum …** finché non so perché …

bevormunden [bə'foːɐ̯mʊndən] <ohne ge-> *vt* mettere sotto tutela

Bevormundung <-, -en> *f* tutela *f*

bevorrechtigt [bə'foːɐrɛçtɪçt] *adj* privilegiato

bevor|stehen <irr> *vi* essere imminente; **ihm steht eine Überraschung bevor** lo attende una sorpresa

bevorstehend *adj* imminente, prossimo

bevorzugen [bə'foːɐ̯tsuːgən] <ohne ge-> *vt* preferire, prediligere; *(begünstigen)* favorire

Bevorzugung <-, -en> *f* preferenza *f; (Begünstigung)* favoritismo *m*

bewachen <ohne ge-> *vt* sorvegliare, custodire

bewachsen [bə'vaksən] *adj* [**mit etw**] **~ sein** essere ricoperto [di qc]

Bewachung <-, -en> *f* custodia *f,* sorveglianza *f;* **unter ~** guardato a vista

bewaffnen [bə'vafnən] <ohne ge-> *vt* **jdn** [**mit etw**] **~** armare qu [di qc]

bewaffnet *adj* armato; *(Überfall)* a mano armata

Bewaffnung <-, -en> *f* ① *Sing. (Vorgang)* armamento *m* ② *(Waffen)* armi *f pl*

bewahren [bə'vaːrən] <ohne ge-> *vt* ① *(schützen)* **jdn** [**vor jdm/etw**] **~** proteggere qu [da qu/qc]; [**Gott**] **bewahre!** Dio ce ne guardi!, Dio ci scampi e liberi! ② *(erhalten)* conservare, mantenere; **etw in guter Erinnerung ~** avere un buon ricordo di qc

bewähren [bəvɛːrən] <ohne ge-> *vr:* **sich ~** dare buona prova [*o* buoni risultati]; **sich nicht ~** non resistere alla prova

bewahrheiten [bə'vaːɐ̯haɪtən] <ohne ge-> *vr:* **sich ~** risultare vero, avverarsi

bewährt [bə'vɛːɐt] *adj* ① *(Mittel, Methode)* sperimentato, provato ② *(Mitarbeiter)* esperto

Bewährung <-, -en> *f* prova *f;* JUR [sospensione *f*] condizionale *f*

Bewährungsfrist *f* JUR periodo *m* di prova condizionale della pena

Bewährungshelfer(in) *m(f)* persona *f* che assume la tutela di un condannato durante la sospensione della pena

Bewährungsprobe <-, -n> *f* prova *f;* **jdn auf ~ stellen** mettere qu alla prova

bewaldet [bə'valdət] *adj* boscoso, coperto di boschi

Bewaldung <-, -en> *f* rimboschimento *m*

bewältigen [bə'vɛltɪgən] <ohne ge-> *vt (Arbeit)* venire a capo di, portare a compimento; *(Schwierigkeit)* superare

bewandert [bə'vandɐt] *adj* **in etw** *dat* **~ sein** essere esperto di qc

Bewandtnis [bə'vantnɪs] <-, -se> *f* **damit hat es folgende ~** la cosa sta così

bewarb *1. u. 3. Pers. Sing. Imp. von* **bewerben**

bewarf *1. u. 3. Pers. Sing. Imp. von* **bewerfen**

bewässern [bə'vɛsɐn] <ohne ge-> *vt* irrigare

Bewässerung <-, -en> *f* AGR irrigazione *f*

Bewässerungsanlage *f* AGR impianto *m* d'irrigazione

bewegen[1] [bə'veːgən] <ohne ge-> **I.** *vt* ① *(regen, fort~)* muovere, smuovere ② *(in Gang bringen)* azionare, mettere in moto ③ *(fig: rühren)* commuovere, toccare **II.** *vr:* **sich ~** muoversi; *(sich fort~)* far moto, camminare, spostarsi; *(Preise)* aggirarsi; **sich frei ~ können** avere libertà di movimento; **sich nicht von der Stelle ~** non muoversi, restare sul posto; **in den Verhandlungen bewegt sich nichts** le trattative stagnano

bewegen[2] <bewegt, bewog, bewogen>

vt (veranlassen) indurre; **jdn zu etw ~** spingere qu a [fare] qc

Beweggrund *m* motivo *m,* movente *m*

beweglich [bəˈveːklɪç] *adj* ❶ *(Sache)* mobile, movibile; **~e Habe** JUR beni *mpl* mobili ❷ *(Mensch: gelenkig, flexibel)* flessibile, agile; *(geistig)* vivo, vivace

Beweglichkeit <-> *f kein Pl.* ❶ *(von Gegenstand)* mobilità *f* ❷ *(Gelenkigkeit)* agilità *f,* flessibilità *f; (geistig)* vivacità *f*

bewegt [bəˈveːkt] *adj* ❶ *(Wasser, See)* mosso, agitato; *(Zeit, Vergangenheit, Leben)* movimentato, agitato ❷ *(gerührt)* commosso

Bewegung <-, -en> *f* ❶ *(Regung, Fort~)* *a.* POL movimento *m;* **in ~** in movimento; **etw in ~ setzen** mettere in moto qc; **bei der geringsten ~** al minimo gesto; **keine ~!** fermo! nessun movimento! ❷ *(Ergriffenheit)* emozione *f,* commozione *f*

Bewegungsfreiheit *f* libertà *f* di movimento; *(fig)* libertà *f* di azione

bewegungslos *adj* immobile, immoto

Bewegungsmelder <-s, -> *m* indicatore *m* di movimento

bewegungsunfähig *adj* non deambulante

beweihräuchern [bəˈvaɪrɔɪçɐn] <ohne ge-> *vt (a. fig)* incensare; **sich selbst ~** autoincensarsi

beweinen <ohne ge-> *vt* piangere, lamentare

Beweis [bəˈvaɪs] <-es, -e> *m* prova *f;* MAT, PHILOS dimostrazione *f;* **den ~ erbringen** [*o* **liefern**] addurre [*o* fornire] la prova; **etw unter ~ stellen** dare prova di qc; **als** [*o* **zum**] **~ für** a prova di

Beweisaufnahme *f* JUR assunzione *f* delle prove

beweisbar *adj* provabile, dimostrabile

beweisen <irr, ohne ge-> *vt* provare; *(zeigen)* mostrare, manifestare

Beweisführung *f* JUR argomentazione *f*

Beweiskraft <-> *f kein Pl.* JUR forza *f* probante

beweiskräftig *adj* probativo

Beweislast <-> *f kein Pl.* JUR onere *m* della prova

Beweismaterial *nt* materiale *m* probante

bewenden <ohne ge-> *vt* **es bei etw ~ lassen** [ac]contentarsi di qc

bewerben <irr, ohne ge-> *vr:* **sich ~** far domanda, concorrere; **sich um eine Stelle bewerben** far domanda per un posto di lavoro

Bewerber(in) <-s, -; -, -nen> *m(f)* aspirante *mf; (um eine Stelle)* concorrente *mf*

Bewerbertraining *nt* corso *m* su come candidarsi per un lavoro

Bewerbung <-, -en> *f* aspirazione *f; (um Stelle)* concorso *m; (~sschreiben)* domanda *f* d'impiego

Bewerbungsbogen <-s, -bögen> *m* modulo *m* per domanda di lavoro

Bewerbungsunterlagen *fpl* documenti *mpl* allegati alla domanda di concorso

bewerfen <irr, ohne ge-> *vt* coprire; **jdn mit Steinen ~** gettare sassi contro qu

bewerkstelligen [bəˈvɛrkʃtɛlɪgən] <ohne ge-> *vt* effettuare, realizzare

bewerten <ohne ge-> *vt* valutare, stimare; *(Schule)* dare un voto a; SPORT classificare; **zu hoch/niedrig ~** sopravvalutare/sottovalutare

Bewertung <-, -en> *f* valutazione *f; (Schule)* voto *m;* SPORT graduatoria *f*

Bewertungskriterien *ntpl* WIRTSCH criterio *m* [*o* parametro *m*] di valutazione

Bewertungsmaßstab *m* criterio *m* di valutazione

bewies *1. u. 3. Pers. Sing. Imp. von* **beweisen**

bewiesen *PP von* **beweisen**

bewilligen [bəˈvɪlɪgən] <ohne ge-> *vt (a. Kredit)* accordare, concedere; *(Antrag)* accogliere, accettare; ADM, PARL approvare

Bewilligung <-, -en> *f* concessione *f; (von Antrag)* accettazione *f;* ADM, PARL approvazione *f*

bewirken <ohne ge-> *vt* ❶ *(verursachen)* causare, provocare ❷ *(erreichen)* raggiungere, ottenere

bewirten [bəˈvɪrtən] <ohne ge-> *vt* **jdn** [**mit etw**] **~** offrire [qc] a qu; **jdn fürstlich ~** trattare qu come un principe

bewirtschaften <ohne ge-> *vt* ❶ AGR coltivare ❷ *(Betrieb)* amministrare; *(Gaststätte)* gestire ❸ *(kontrollieren)* regolamentare; *(rationieren)* contingentare, razionare

Bewirtschaftung <-, -en> *f* AGR *(Anbau)* coltivazione *f*

Bewirtung <-> *f kein Pl. (das Bewirten)* servizio *m,* servire *m; (in Hotel, Gaststätte)* consumazione *f; (Essen und Getränke)* mangiare *m* e bere *m*

bewog [bəˈvoːk] *1. u. 3. Pers. Sing. Imp. von* **bewegen²**

bewogen [bəˈvoːgən] *PP von* **bewegen²**

bewohnbar *adj* abitabile

bewohnen <ohne ge-> *vt* abitare in

Bewohner(in) <-s, -; -, -nen> *m(f)* abitante *mf; (von Haus)* inquilino, -a *m, f*

bewölken [bəˈvœlkən] <ohne ge-> *vr:* **sich ~** *(a. fig)* [r]annuvolarsi

bewölkt *adj* nuvoloso, rannuvolato

Bewölkung <-> *f kein Pl.* nuvolosità *f*

beworben *PP von* **bewerben**

beworfen *PP von* **bewerfen**

Bewunderer(in) <-s, -; -, -nen> *m(f)* ammiratore, -trice *m, f*

bewundern <ohne ge-> *vt* ammirare

bewundernswert *adj* ammirevole

Bewunderung <-> *f kein Pl.* ammirazione *f*

bewusst [bəˈvʊst] **I.** *adj* ① *(wissend)* cosciente, consapevole; **jdm etw ~ machen** rendere cosciente qu di qc; **sich** *dat* **etw ~ machen** rendersi consapevole di qc; **sich** *dat* **einer Sache** *gen* **~ sein** aver coscienza di qc; **sich** *dat* **keiner Schuld ~ sein** non sentirsi colpevole; **es wurde mir plötzlich ~, dass ...** improvvisamente mi resi conto che ... ② *(besagt)* in questione; **am ~en Tag** quel certo giorno ③ *(absichtlich)* intenzionale, voluto **II.** *adv* ① *(überlegt)* consapevolmente, coscientemente ② *(absichtlich)* di proposito, apposta

bewusstlos *adj* privo di sensi, svenuto; **~ werden** perdere i sensi, svenire

Bewusstlose <ein -r, -n, -n> *mf* persona *f* svenuta [*o* che ha perso i sensi]

Bewusstlosigkeit <-> *f kein Pl.* svenimento *m*, perdita *f* dei sensi

Bewusstsein <-s, -e> *nt* ① *(Wissen)* consapevolezza *f*, coscienza *f*; **es kam mir zu[m] ~** me ne resi conto ② PSYCH, MED coscienza *f*; **bei vollem ~** in piena coscienza; **das ~ verlieren** perdere la conoscenza, svenire; **wieder zu ~ kommen** riprendere i sensi, tornare in sé

bewusstseinserweiternd *adj* che estende [*o* amplia] i confini della coscienza

Bewusstseinsspaltung *f* sdoppiamento *m* della personalità; MED schizofrenia *f*

Bez. ① *Abk. von* **Bezirk** distretto *m* ② *Abk. von* **Bezeichnung** denominazione *f*

bezahlbar *adj* pagabile

bezahlen <ohne ge-> *vt* pagare; *(Rechnung, Schuld)* regolare, saldare; *(entlohnen)* rimunerare, retribuire; **bar ~** pagare in contanti; **gut bezahlt** ben pagato; **teuer ~** *(a. fig)* pagare caro; **sich bezahlt machen** valere la pena, convenire; **bitte ~!** il conto, per favore!

Bezahlung <-, *rar:* -en> *f* ① *(Bezahlen)* pagamento *m*; *(von Rechnung)* saldo *m*, liquidazione *f*; **gegen ~** dietro pagamento ② *(Lohn)* rimunerazione *f*, retribuzione *f*

bezaubern <ohne ge-> *vt* incantare, affascinare

bezaubernd *adj* affascinante, incantevole

bezeichnen <ohne ge-> *vt* ① *(kennzeichnen)* [contras]segnare; *(mit Zeichen a.)* marcare ② *(benennen)* denominare, designare ③ *(nennen)* definire ④ *(angeben)* indicare, descrivere

bezeichnend *adj* caratteristico, tipico

bezeichnenderweise *adv* significativamente

Bezeichnung <-, -en> *f (Ausdruck)* denominazione *f*, nome *m*

bezeugen [bəˈtsɔɪgən] <ohne ge-> *vt* testimoniare

bezichtigen [bəˈtsɪçtɪgən] <ohne ge-> *vt* **jdn einer Sache** *gen* **~** accusare qu di qc, incriminare qu per qc

beziehbar *adj (Wohnung)* abitabile

beziehen <irr, ohne ge-> **I.** *vt* ① *(überziehen)* ricoprire; **etw [mit etw] ~** ricoprire qc [di qc]; **das Bett frisch ~** cambiare la biancheria del letto ② *(Wohnung, Haus)* andare ad abitare in ③ *(bekommen)* percepire, riscuotere; *(Ware)* acquistare; *(Zeitung)* essere abbonato a ④ *(in Beziehung setzen)* **etw auf jdn/etw ~** riferire qc a qu/qc **II.** *vr:* **sich ~** ① *(Himmel)* coprirsi, rannuvolarsi ② *(sich berufen)* **sich auf etw** *akk* **~** riferirsi a qc; *(betreffen)* concernere qc

Bezieher(in) <-s, -; -, -nen> *m(f) (von Ware)* acquirente *mf*; *(von Zeitung)* abbonato, -a *m, f*

Beziehung <-, -en> *f* ① *meist Pl. (Verbindungen)* relazioni *f pl*; **mit jdm [diplomatische] ~en unterhalten** intrattenere relazioni [diplomatiche] con qu; **freundschaftliche/geschäftliche ~en** rapporti di amicizia/d'affari; **[gute] ~en haben** avere appoggi influenti; **seine ~en spielen lassen** servirsi delle proprie conoscenze ② *(Zusammenhang)* rapporto *m*, relazione *f*; *(Verhältnis)* relazione *f*; *(Liebes~)* relazione *f* [amorosa]; **eine ~ zwischen ... und ...** una relazione tra ... e ...; **in ~ setzen zu** mettere in relazione con; **ich habe keine ~ zur modernen Kunst** l'arte moderna non mi dice niente ③ *(Hinsicht)* riguardo *m*, aspetto *m*; **in dieser ~** a questo proposito; **in gewisser/jeder ~** sotto un certo/ogni aspetto

Beziehungskiste <-, -n> *f (fam)* relazione *f (l'insieme degli aspetti di un rapporto a due)*

beziehungslos *adj* incoerente, senza connessione

Beziehungsproblem *nt meist Pl.* problemi *pl* di coppia

beziehungsweise *konj* ① *(im anderen Fall)* rispettivamente ② *(besser gesagt)* o meglio

beziffern [bəˈtsɪfɐn] <ohne ge-> **I.** *vt (schätzen)* valutare, stimare **II.** *vr* **sich [auf etw** *akk*] **~** ammontare [a qc]

Bezirk [bəˈtsɪrk] <-(e)s, -e> *m* ① *(Gebiet)* zona *f*, regione *f* ② *(Verwaltungs~)* distret-

to *m,* circoscrizione *f; (Stadt~)* quartiere *m,* rione *m*
Bezirksgericht *nt* A, CH *(Amtsgericht)* tribunale *m* distrettuale
Bezirksschule *f* CH scuola *f* media inferiore *(nei cantoni Aargau e Solothurn)*
Bezirksspital *nt* CH ospedale *m* distrettuale
bezog *1. u. 3. Pers. Sing. Imp. von* **beziehen**
bezogen *PP von* **beziehen**
Bezug [bəˈtsuːk] <-(e)s, Bezüge> *m* ❶ *(Überzug)* rivestimento *m; (Hülle)* fodera *f; (Kissen~)* federa *f; (Bett~)* coperta *f* ❷ *Sing. (Kauf)* acquisto *m; (von Zeitung)* abbonamento *m* ❸ *Pl. (Einkommen)* entrate *f pl; (Gehalt)* stipendio *m; (Lohn)* salario *m* ❹ *(Zusammenhang)* rapporto *m;* **auf etw** *akk* **~ nehmen** riferirsi a qc; **in ~ auf** *+akk* riguardo a, in riferimento a, uanto a
Bezüger [bəˈtsyːgɐ] <-s, -> *m* CH ❶ *(Bezieher)* beneficiario *m* ❷ *(Abonnent)* abbonato *m*
bezüglich [bəˈtsyːklɪç] **I.** *adj* **~ auf etw** *akk* concernente qc **II.** *präp +gen* per quanto riguarda, in quanto a
Bezugnahme [bəˈtsuːknaːmə] <-, -n> *f* **unter ~ auf** *+akk* in riferimento a, in relazione a
Bezugsbedingungen *f pl (von Zeitung)* condizioni *f pl* di abbonamento; *(von Waren)* condizioni *f pl* d'acquisto
Bezugsperson *f* persona *f* di riferimento
Bezugspreis *m* prezzo *m* d'acquisto
Bezugspunkt <-(e)s, -e> *m* punto *m* di riferimento
Bezugsschein <-(e)s, -e> *m* buono *m* d'acquisto, tessera *f* annonaria
bezuschussen *vt* sovvenzionare
bezwecken [bəˈtsvɛkən] <ohne ge-> *vt* mirare a, tendere a
bezweifeln <ohne ge-> *vt* dubitare di, mettere in dubbio
bezwingen <irr, ohne ge-> *vt (besiegen)* vincere; *(unterwerfen)* sottomettere; *(Gefühl, Leidenschaft)* dominare, domare
Bezwinger(in) *m(f)* vincitore, -trice *m, f*
BfA [beːʔɛfˈʔaː] *f* ADM *Abk. von* **Bundesversicherungsanstalt für Angestellte** *istituto assicurativo federale per impiegati*
BGB [beːgeːˈbeː] <-(s)> *nt kein Pl. Abk. von* **Bürgerliches Gesetzbuch** *C.C.*
BGH [beːgeːˈhaː] <-(s)> *m kein Pl. Abk. von* **Bundesgerichtshof** *C.C.*
BGS [beːgeːˈʔɛs] <-> *m kein Pl. Abk. von* **Bundesgrenzschutz** polizia *f* federale di frontiera
BH [beˈhaː] <-(s), -(s)> *m Abk. von* **Büstenhalter** *(fam)* reggiseno *m*
Bhf. *Abk. von* **Bahnhof** stazione
bi [biː] *adj (fam)* bisex
Biathlon [ˈbiːatlɔn] <-s, -s> *nt* SPORT biat[h]lon *m*
bibbern [ˈbɪbɐn] *vi (fam)* tremare
Bibel [ˈbiːbəl] <-, -n> *f* **die ~** la Bibbia
bibelfest *adj* ferrato in materia di Bibbia
Bibelspruch *m* detto *m* biblico
Biber [ˈbiːbɐ] <-s, -> *m* ZOO castoro *m; (Pelz)* pelliccia *f* di castoro
Bibliografie [bibliograˈfiː] <-, -n> *f* bibliografia *f*
bibliografisch [biblioˈgraːfɪʃ] *adj* bibliografico
bibliophil [biblioˈfiːl] *adj* bibliofilo, -a *m, f*
Bibliothek [biblioˈteːk] <-, -en> *f* biblioteca *f*
Bibliothekar(in) [biblioteˈkaːɐ̯] <-s, -e; -, -nen> *m(f)* bibliotecario, -a *m, f*
biblisch [ˈbiːblɪʃ] *adj* biblico; **die Biblische Geschichte** la storia sacra
Bidet [biˈdeː] <-s, -s> *nt* bidè *m*
bieder [ˈbiːdɐ] *adj (pej)* conservativo
Biederkeit <-> *f kein Pl.* ❶ *(Rechtschaffenheit)* onestà *f,* probità *f,* bravura *f* ❷ *(pej)* convenzionalità *f,* conservatorismo *m*
Biedermann *m (pej)* borghesuccio *m*
Biedermeier [ˈbiːdɐmaɪɐ] <-s> *nt kein Pl. (Stil)* biedermeier *m*
biegen [ˈbiːgən] <biegt, bog, gebogen> **I.** *vt haben* piegare; *(krümmen)* [in]curvare; TEC centinare **II.** *vi sein* [s]voltare, girare; **um die Ecke ~** girare l'angolo; **auf Biegen oder Brechen** *(fam)* ad ogni costo **III.** *vr:* **sich ~** piegarsi, curvarsi; **sich ~ vor Lachen** *(fam)* sbellicarsi dalle risate
biegsam *adj* flessibile, pieghevole
Biegung <-, -en> *f (Krümmung)* piegamento *m; (Kurve)* curva *f*
Biel [biːl] *nt* GEOG Bienne *f*
Biene [ˈbiːnə] <-, -n> *f* ape *f*
Bienenhaus *nt* alveare *m*
Bienenhonig *m* miele *m* d'api
Bienenkönigin *f* ape *f* regina
Bienenkorb *m* arnia *f;* **hier geht es zu wie in einem ~** qui è come essere in un vespaio
Bienenschwarm *m* sciame *m* d'api
Bienenstich *m* ❶ *(von Biene)* puntura *f* d'ape ❷ GASTR *(Gebäck) pasta lievitata con ripieno di crema e ricoperta da uno strato di mandorle finemente tritate*
Bienenstock *m* alveare *m*
Bienenvolk *nt* sciame *m* d'api
Bienenwabe *f* favo *m* d'api
Bienenwachs *nt* cera *f* d'api
Bienenzucht *f* apicoltura *f*
Bienenzüchter(in) *m(f)* apicoltore, -trice *m, f*

B

Bier [biːɐ̯] <-(e)s, -e *o bei Mengenangabe:* -> *nt* birra *f;* **helles/dunkles ~** birra chiara/scura; **das ist nicht mein ~!** *(fam)* non è affar mio!

Bierbauch *m (fam)* pancione *m*

Bierbrauer(in) *m(f)* birraio, -a *m, f*

Bierbrauerei *f* birrificio *m,* fabbrica *f* di birra

Bierdeckel *m* sottobicchiere *m*

Bierdose *f* lattina *f* di birra

bierernst *adj (fam)* troppo serio

Bierfass *nt* botte *f* di birra

Bierfilz *m* sottobicchiere *m*

Bierflasche *f* bottiglia *f* di birra

Biergarten *m* birreria *f* all'aperto

Bierglas *nt* bicchiere *m* da birra

Bierhefe *f* lievito *m* di birra

Bierkasten *m* cassa *f* di birra

Bierkeller *m (Lager)* cantina *f* per la birra; *(Lokal)* birreria *f*

Bierkrug *m* boccale *m* da birra

Bierwurst *f* GASTR *salsiccia affumicata*

Bierzelt *nt tendone dove si vende e si beve birra*

Biest [biːst] <-(e)s, -er> *nt* ① *(Tier)* bestia[ccia *f*] *f* ② *(pej: Mensch)* carogna *f*

biestig *adj* bestiale

bieten ['biːtən] <bietet, bot, geboten> **I.** *vt* ① *(an~)* [**jdm**] **etw ~** offrire qc [a qu]; *(Gelegenheit)* presentare qc [a qu], offrire qc [a qu]; **diese Stelle hat nichts zu ~** questo posto non ha niente da offrire ② *(geben)* [**jdm**] **etw ~** dare qc [a qu] ③ *(zeigen: Anblick)* presentare, offrire; *(darbieten)* presentare, dare **II.** *vi (bei Versteigerung)* fare un'offerta; **2.000 Euro auf das Bild ~** fare un'offerta di 2.000 euro per il quadro; **wer bietet mehr?** chi offre di più? **III.** *vr:* **sich ~** *(bes. Gelegenheit)* offrirsi, presentarsi; **sich** *dat* **etw ~ lassen** tollerare qc, sopportare qc; **sich** *dat* **alles ~ lassen** incassare tutto; **das lasse ich mir nicht ~** questo non lo accetto

Bigamie [biga'miː] <-, -n> *f* bigamia *f*

Bigamist(in) [biga'mɪst] <-en, -en; -, -nen> *m(f)* bigamo, -a *m, f*

bigamistisch *adj* bigamo

bigott [bi'gɔt] *adj* bigotto

Bigotterie [bigɔtə'riː, *Pl:* bigɔtə'riːən] <-, -n> *f* bigottismo *m*

Bikini [bi'kiːni] <-s, -s> *m* bikini *m,* due pezzi *m*

Bilanz [bi'lants] <-, -en> *f (a. fig)* bilancio *m;* **die ~ aufstellen** fare il bilancio; **die ~ ziehen** *(a. fig)* fare il bilancio

Bilanzkosmetik <-, -en> *f* WIRTSCH aggiustamento *m* del bilancio

Bilanzprüfer(in) <-s, -; -, -nen> *m(f)* WIRTSCH revisore *m* dei conti

bilateral ['bi(ː)lateraːl] *adj* bilaterale

Bild [bɪlt] <-(e)s, -er> *nt* ① *(Gemälde)* quadro *m,* dipinto *m; (Abbildung)* illustrazione *f; (auf Spielkarten)* figura *f; (Spiegel~)* immagine *f;* **ein ~ des Jammers bieten** offrire una scena desolante ② TV immagine *f;* FOTO fotografia *f* ③ THEAT quadro *m* ④ *(Sinn~)* simbolo *m; (Redefigur)* metafora *f* ⑤ *(Vorstellung)* idea *f;* **sich** *dat* **ein ~ von etw machen** farsi un'idea di qc; **du machst dir kein ~ davon** non puoi immaginartelo; **über etw** *akk* **im ~e sein** essere informato su [*o* di] qc

Bildband <-(e)s, -bände> *m* volume *m* illustrato

Bildbearbeitung <-, -en> *f* INFORM elaborazione *f* immagini

Bildbeilage *f* supplemento *m* illustrato

Bildbericht *m* servizio *m* fotografico, fotocronaca *f*

Bilddatei *f* INFORM file *m* immagine

bilden ['bɪldən] **I.** *vt* ① *(formen)* formare; *(modellieren)* modellare ② *(schaffen)* creare; *(zusammenstellen)* costituire, comporre; **eine Regierung ~** costituire [*o* formare] un governo ③ *(Menschen)* educare, istruire; *(Geist, Verstand)* formare ④ *(darstellen, sein)* costituire, essere **II.** *vr:* **sich ~** ① *(entstehen)* formarsi, svilupparsi ② *(Mensch)* farsi una cultura; *(lernen)* istruirsi

bildend *adj* ① *(gestaltend)* formativo; **die ~en Künste** le arti figurative ② *(belehrend, erzieherisch)* istruttivo, educativo

Bilderausstellung *f* mostra *f* fotografica

Bilderbogen *m* foglio *m* illustrato

Bilderbuch *nt* libro *m* illustrato

Bilderbuchkarriere *f* carriera *f* esemplare

Bildergalerie *f* pinacoteca *f*

Bilderrahmen *m* cornice *f*

Bilderrätsel *nt* rebus *m*

Bilderschrift *f* scrittura *f* pittografica, pittografia *f*

Bildersturm *m* HIST iconoclastia *f*

Bildfläche *f* piano *m* [dell'immagine]; FILM schermo *m;* **auf der ~ erscheinen** *(fig fam)* apparire in scena; **von der ~ verschwinden** *(fig fam)* scomparire dalla scena

Bildfolge *f* TV sequenza *f* di immagini

bildhaft *adj* metaforico

Bildhauer(in) <-s, -; -, -nen> *m(f)* scultore, -trice *m, f*

Bildhauerei ['bɪlthaʊəraɪ] <-> *f kein Pl.* scultura *f*

Bildhauerin *f s.* **Bildhauer**

bildhübsch ['bɪlt'hʏpʃ] *adj* bellissimo

Bildlaufleiste <-, -n> *f* INFORM barra *f* di scorrimento

bildlich I. *adj* figurato, metaforico; **~er Ausdruck** metafora *f;* **~e Darstellung** figurazione *f* II. *adv* in senso figurato
Bildmischer(in) <-s, -; -, -nen> *m(f)* tecnico, -a *m, f* del missaggio
Bildnis ['bɪltnɪs] <-ses, -se> *nt (geh)* ritratto *m*
Bildplatte *f* TEC, TV videodisco *m*
Bildplattenspieler *m* TEC, TV riproduttore *m* di videodischi
Bildpunkt <-(e)s, -e> *m (Optik)* pixel *m*
Bildqualität *f* TV qualità *f* dell'immagine
Bildreportage *f* servizio *m* fotografico, fotocronaca *f*
Bildröhre *f* TV tubo *m* catodico
Bildschärfe *f* TV, OPT nitidezza *f* dell'immagine
Bildschirm *m* TV, INFORM schermo *m*
Bildschirmarbeit *f* lavoro *m* al terminale
Bildschirmarbeitsplatz <-es, -plätze> *m* posto *m* di lavoro al terminale
Bildschirmgerät *nt* INFORM visualizzatore *m*
Bildschirmschoner <-s, -> *m* INFORM screen saver *m,* salvaschermo *m*
Bildschirmtext *m* Videotel® *m,* Videotex® *m*
bildschön ['bɪlt'ʃøːn] *adj* bellissimo
Bild-SMS *f* SMS *m* con immagini
Bildstock *m* A, SÜDD nicchia *f* all'aperto
Bildstörung *f* TV interferenza *f*
Bildtelefon *nt* TEL videotelefono *m*
Bildung ['bɪldʊŋ] <-, -en> *f* ❶ *(Schaffung)* creazione *f; (Gründung)* fondazione *f; (Gestaltung)* formazione *f* ❷ *(Erziehung)* educazione *f; (Allgemeinwissen)* cultura *f* generale; *(Wissen)* istruzione *f,* conoscenze *fpl;* **ohne ~** incolto
Bildungsabschluss *m* titolo *m* d'istruzione
Bildungsangebot <-(e)s; -e> *nt* offerta *f* di corsi [di cultura e formazione]
Bildungsbürger(in) <-s, -; -, -nen> *m(f)* persona *f* istruita
Bildungsgut *nt* bagaglio *m* culturale
Bildungshunger *m* sete *f* di cultura
Bildungslücke *f* lacuna *f* culturale
Bildungsniveau <-s, -s> *nt* grado *m* [*o* livello *m*] di istruzione
Bildungspolitik <-> *f kein Pl.* politica *f* scolastica
Bildungsreform *f* POL riforma *f* scolastica
Bildungsroman *m* LIT romanzo *m* di formazione
bildungssprachlich *adj* linguistico-formativo
Bildungsurlaub *m* vacanze *fpl* culturali
Bildungsweg *m* corso *m* di studi; **der zweite ~** la via di formazione per adulti, le scuole superiori serali
Bildungswesen *nt* istruzione *f*
Bildunterschrift *f* didascalia *f*
Bildverarbeitung *f* INFORM eidomatica *f*
Bildwiederholfrequenz <-, -en> *f* INFORM frequenza *f* di refresh
Bildwörterbuch *nt* dizionario *m* illustrato
Bildzuschrift *f* lettera *f* con foto
bilingual ['biːlɪŋgu̯aːl *o* bilɪn'gu̯aːl] *adj* bilingue
Billard ['bɪljart] <-s, -e *o* A -s> *nt* biliardo *m;* **~ spielen** giocare a biliardo
Billardkugel *f* biglia *f*
Billardtisch *m* [tavolo *m* da] biliardo *m*
Billeteur [bɪljɛ'tøːɐ *o* A bijɛ'tøːɐ] <-s, -e> *m* ❶ CH *(Schaffner)* controllore *m* ❷ A *(Platzanweiser)* maschera *f*
Billett [bɪl'jɛt] <-(e)s, -s> *nt* ❶ A *(Glückwunschkarte)* bigliettino *m* d'auguri ❷ CH *(Fahr-, Eintrittskarte)* biglietto *m*
Billiarde [bɪ'li̯ardə] <-, -n> *f* quadrilione *m*
billig ['bɪlɪç] *adj* ❶ *(preiswert)* conveniente, a buon mercato; **~er werden** diminuire di prezzo ❷ *(pej: minderwertig)* scadente; *(Ausrede, Trost)* magro ❸ *(gerecht)* giusto
Billiganbieter *m* discount *m*
billigen ['bɪlɪgən] *vt* approvare
Billigflieger *m (fam),* **Billigfluglinie** *f* compagnia *f* low-cost, compagnia aerea a basso costo
Billigflug *m* volo *m* economico
Billigjob *m lavoro che non supera una retribuzione mensile di 400 euro*
Billiglohnland <-(e)s, -länder> *nt* paese *m* a basso costo di lavoro [*o* a bassa retribuzione lavorativa]
Billigtarif *m* tariffa *f* ridotta
Billigung <-> *f kein Pl.* approvazione *f,* accettazione *f*
Billigwaren *fpl* prodotti *mpl* dozzinali
Billion [bɪ'ljoːn] <-, -en> *f* trillione *m*
Bimetall ['biːmetal] *nt* bimetallo *m*
bimmeln *vi (fam)* suonare, squillare
Bimsstein ['bɪmsʃtaɪn] *m* pietra *f* pomice
bin [bɪn] *1. Pers. Sing. Präs. von* **sein**[1]
binär [bi'nɛːɐ̯] *adj* binario
Binde ['bɪndə] <-, -n> *f* ❶ MED benda *f* ❷ *(Monats~)* assorbente *m* [igienico] ❸ *(Arm~)* fascia *f,* bracciale *m; (Augen~)* benda *f* ❹ *(Wend)* **sich** *dat* **einen hinter die ~ gießen** *(fam)* bere un bicchierino
Bindegewebe *nt* MED tessuto *m* connettivo
Bindegewebsmassage *f* massaggio *m* del tessuto connettivo
Bindeglied *nt (fig)* anello *m* di collegamento
Bindehaut *f* MED congiuntiva *f*

Bindehautentzündung *f* MED congiuntivite *f*

Bindemittel *nt* agglutinante *m*

binden <bindet, band, gebunden> **I.** *vt* ① *(zusammen~)* legare; *(Blumen)* fare un mazzo di; *(Buch)* rilegare ② *(befestigen)* **etw [an etw** *akk***]** ~ attaccare qc [a qc]; **die Krawatte** ~ fare il nodo alla cravatta ③ *(fesseln)* legare, incatenare; **mir sind die Hände gebunden** *(fig)* ho le mani legate ④ GASTR far legare ⑤ CHEM legare ⑥ *(verpflichten)* **jdn an jdn/etw** ~ vincolare qu a qu/qc; **eine ~de Zusage** una promessa vincolante **II.** *vr* **sich an jdn** ~ legarsi a qu

bindend *adj (fig)* impegnativo, vincolante; ~ **sein** far legge [*o* testo]

Bindestrich *m* LING lineetta *f*

Bindewort <-(e)s, -wörter> *nt* LING congiunzione *f*

Bindfaden *m* spago *m;* **es regnet Bindfäden** *(fam)* piove a catinelle

Bindung <-, -en> *f* ① *(Beziehung)* legame *m;* **die ~ an die Heimat** il legame con la patria ② *(Verpflichtung)* impegno *m;* **die ~ an etw** *+akk* l'impegno di qc ③ *(Ski~)* attacchi *mpl* ④ CHEM legame *m*

binnen ['bɪnən] *präp +dat o geh gen* entro, fra, nello spazio di; ~ **Kurzem** fra poco; ~ **48 Stunden** entro 48 ore

Binnenfischerei *f* pesca *f* d'acqua dolce

Binnengewässer *nt* acque *fpl* continentali

Binnenhafen *m* porto *m* interno

Binnenhandel *m* commercio *m* interno

Binnenland <-(e)s, -länder> *nt* interno *m* [di un paese]

Binnenmarkt *m* mercato *m* interno; **der Europäische** ~ il mercato interno europeo

Binnenmeer *nt* mare *m* interno

Binnenschifffahrt *f* navigazione *f* interna

Binnensee *m* lago *m* interno

binokular [binoku'la:ɐ] *adj* binoculare

Binse ['bɪnzə] <-, -n> *f* giunco *m;* **in die ~n gehen** *(fig fam)* andare a monte [*o* rotoli]

Binsenwahrheit *f* verità *f* ovvia [*o* evidente] [*o* lapalissiana]

Binsenweisheit <-, -en> *f* ovvietà *f,* verità *f* lapalissiana

Bio- [bi:o] *in Zusammensetzungen* bio-; *(biologisch gedüngt)* biologico

Biochemie [bioçe'mi:] *f* biochimica *f*

Biochemiker(in) <-s, -; -, -nen> *m(f)* CHEM biochimico, -a *m, f*

biochemisch *adj* CHEM biochimico

biodynamisch [biody'na:mɪʃ] *adj* biodinamico

Bioethik *f* bioetica *f*

Biogas ['bioga:s] <-es, -e> *nt* biogas *m*

biogenetisch [bioge'ne:tɪʃ] *adj* biogenetico

Biograf(in) [bio'gra:f] <-en, -en; -, -nen> *m(f)* biografo, -a *m, f*

Biografie [biografi:] <-, -n> *f* biografia *f*

Biografin <-, -nen> *f s.* **Biograf**

biografisch [bio'gra:fɪʃ] *adj* biografico

Biokost ['biokɔst] <-> *f kein Pl.* alimentazione *f* a base di prodotti biologici

Bioladen *m (sl)* negozio *m* di prodotti naturali

Biolandwirtschaft *f* bioagricoltura *f*

Biologe [bio'lo:gə] <-n, -n> *m* biologo *m*

Biologie [biolo'gi:] <-> *f kein Pl.* biologia *f*

Biologin <-, -nen> *f* biologa *f*

biologisch [bio'lo:gɪʃ] *adj* biologico

Biomasse ['bi:omasə] *f* BIOL biomassa *f*

Biomechanik [biome'ça:nɪk] *f kein Pl.* biomeccanica *f*

Biometrie [biome'tri:] <-> *f kein Pl.* biometria *f*

biometrisch [bio'me:trɪʃ] *adj* biometrico; **~e Daten** dati biometrici

Biomüll ['biomʏl] <-s> *m kein Pl.* rifiuti *mpl* organici

Bionik [bi'o:nik] <-> *f kein Pl.* bionica *f*

Biophysik [biofy'zi:k] *f* biofisica *f*

Biopic ['baɪɔpɪk] <-[s], -s> *nt* TV, CINE biopic *m*

Biopsie [biɔ'psi:, *Pl:* biɔ'psi:ən] <-, -n> *f* MED biopsia *f*

Biorhythmus ['bi:orʏtmʊs] *m* bioritmo *m*

Biosiegel *nt* sigillo *m* biologico

Biosphäre [bio'sfɛ:rə] *f* biosfera *f*

Biosupermarkt *m* supermercato *m* bio [*o* del biologico]

Biotechnik [bio'tɛçnɪk] *f* biotecnica *f*

Biotonne ['biotɔne] *f* bidone *m* per rifiuti organici

Biotop [bio'to:p] <-s, -e> *nt* BIOL biotopo *m*

Biowaffen *fpl* MIL armi biologiche *fpl*

BIP [be:ʔi:'pe:] <-> *nt* WIRTSCH *Abk. von* **Bruttoinlandsprodukt** PIL *m*

birgt [bɪrkt] *3. Pers. Sing. Präs. von* **bergen**

Birke ['bɪrkə] <-, -n> *f* betulla *f*

Birkenwald *m* bosco *m* di betulle

Birkhahn *m* fagiano *m* di montagna

Birkhuhn *nt* fagiano *m* di monte

Birnbaum *m* pero *m*

Birne ['bɪrnə] <-, -n> *f* ① *(Frucht)* pera *f* ② *(Glüh~)* lampadina *f* ③ *(fam: Kopf)* zucca *f*

birnenförmig ['bɪrnənfœrmɪç] *adj* a forma di pera

birst [bɪrst] *2. u 3. Pers. Sing. Präs. von* **bersten**

bis [bɪs] **I.** *präp o adv* ① *(zeitlich, räumlich)* fino a, sino a; **von 5 ~ 6** dalle 5 alle 6; **von früh ~ spät** dalla mattina alla sera; **~ bald!/gleich!** a presto!/dopo!; **~ heute** fino a oggi; **~ [spät] in die Nacht [hinein]** fino a notte inoltrata; **von Anfang ~ Ende** dal principio alla fine; **~ jetzt** finora; **~ jetzt noch nicht** non ancora; **~ dahin** [*o* **dorthin**] fin qui, fin là; **~ ins Kleinste** fin nei minimi particolari; **~ zu** fino a ② *(außer)* **~ auf** tranne, eccetto, salvo ③ *(Zahlenangabe)* da … a …, … o …; **es waren zwanzig ~ dreißig Personen anwesend** erano presenti dalle venti alle trenta persone **II.** *konj* finché, fino al momento in cui, fino a che

Bisam ['biːzam] <-s, -e *o* -s> *m* ① *(Riechstoff)* muschio *m* ② *(Fell)* pelliccia *f* di topo muschiato

Bisamratte *f* topo *m* muschiato

Bischof ['bɪʃɔf, *Pl:* 'bɪʃøːfə] <-s, Bischöfe> *m* vescovo *m*

bischöflich ['bɪʃœflɪç] *adj* vescovile

Bischofsamt *nt* episcopato *m,* vescovado *m*

Bischofskonferenz *f* Conferenza *f* Episcopale

Bischofsmütze *f* REL mitra *f*

Bischofssitz *m* sede *f* vescovile, vescovado *m*

Bischofsstab *m* pastorale *m*

bisexuell [bizɛ'ksu̯ɛl *o* 'biːzɛksu̯ɛl] *adj* bisessuale

bisher [bɪs'heːɐ̯] *adv* finora; **~ noch nicht** non ancora

bisherig *adj* finora; **der ~e Minister** il ministro in carica finora

Biskaya [bɪs'kaːja] *f* **die ~** la Biscaglia; **der Golf von ~** il golfo di Biscaglia

Biskuit [bɪs'kviːt] <-(e)s, -s *o* -e> *nt o m* biscotto *m*

bislang [bɪs'laŋ] *s.* **bisher**

Bismarckhering ['bɪsmarkheːrɪŋ] *m* GASTR aringa *f* alla Bismarck

Bison ['biːzɔn] <-s, -s> *m* bisonte *m*

biss [bɪs] *1. u. 3. Pers. Sing. Imp. von* **beißen**

Biss [bɪs] <-es, -e> *m* ① *(das Zubeißen)* morso *m* ② *(Bisswunde)* morsicatura *f,* morso *m*

bisschen ['bɪsçən] **I.** *adj inv* **ein ~ …** un poco [*o* po'] di …; **das ~ …** quel po' di …; **ein klein[es] ~ …** un pochettino di … *fam;* **ein ganz kleines ~ …** un pochino di …; **kein ~ …** nemmeno un po' di … **II.** *adv* **ein ~** un po'; **kein ~** nemmeno un po'

Bissen ['bɪsən] <-s, -> *m* boccone *m*

bissig *adj* ① *(Hund)* che morde ② *(Bemerkung)* mordace, pungente

Bissigkeit <-, -en> *f (fig: Bemerkung)* causticità *f,* mordacità *f*

Bisswunde *f* morsicatura *f,* morso *m*

bist [bɪst] *2. Pers. Sing. Präs. von* **sein**[1]

Bistum ['bɪstuːm, *Pl:* 'bɪstyːmɐ] <-s, Bistümer> *nt* episcopato *m; (Diözese)* diocesi *f*

bisweilen [bɪs'vaɪlən] *adv* talvolta, a volte

Bit [bɪt] <-(s), -(s)> *nt* INFORM bit *m*

bitte ['bɪtə] *interj* per favore, per piacere; *(als Antwort auf danke)* prego; **~ nehmen Sie Platz** prego, si accomodi; **~ [, bedienen Sie sich]!** prego [, si serva]!; **[wie] ~?** come [ha detto]?; **~ [, Sie wünschen]?** prego [, desidera]?; **~ schön!** prego!; **zahlen ~!** il conto, per favore!; **ja ~!** si, prego!; *(auf Frage, Verlangen)* dica, prego; **na ~!** ecco!

Bitte <-, -n> *f (Wunsch)* preghiera *f; (Aufforderung, Anliegen)* domanda *f,* richiesta *f;* **dringende** [*o* **flehentliche**] **~** supplica *f;* **jdm eine ~ abschlagen** respingere una domanda a qu; **auf jds ~ [hin]** su richiesta di qu; **ich habe eine ~ an Sie** vorrei chiederLe un favore

bitten <bittet, bat, gebeten> *vi, vt* ① *(Wunsch äußern)* **jdn ~, etw zu tun** pregare qu di fare qc ② *(fragen)* **jdn um etw ~** chiedere qc a qu; **jdn dringend** [*o* **inständig**] **um etw ~** implorare qu per avere qc; **jdn um einen Gefallen ~** chiedere un favore a qu; **sich lange ~ lassen** farsi pregare a lungo; **ich lasse ~** fate passare; **ich bitte [Sie] darum** La prego; **ich bitte um Verzeihung** La prego di scusarmi, scusi; **darf ich ~?** *(zum Tanz)* posso invitarLa a questo ballo?; **darf ich [Sie] um das Salz ~?** per favore, mi passa il sale?; **wenn ich ~ darf** per favore

bitter *adj* ① *(Geschmack)* amaro; **~ schmecken** avere un sapore amaro ② *(schmerzlich)* amaro ③ *(Hohn, Spott)* crudele ④ *(verbittert)* amaro, amareggiato ⑤ *(Kälte, Frost)* pungente; *(Not)* duro; *(Leid, Unrecht)* amaro; **es ist ~ kalt** fa un freddo terribile; **etw ~ nötig haben** avere assolutamente bisogno di qc; **bis zum ~en Ende** fino alla fine

bitterböse ['bɪtɐ'bøːzə] *adj* molto adirato

Bittere <ein -r, -n, -n> *m (Likör)* amaro *m*

bitterernst ['bɪtɐ'ʔɛrnst] *adj* molto serio

Bitterkeit <-> *f kein Pl.* ① *(Geschmack)* sapore *m* amaro ② *(von Mensch, Worten)* amarezza *f*

bitterlich *adv* amaramente; **~ weinen** piangere amaramente

bittersüß *adj* dolceamaro

Bittschrift *f* petizione *f*
Bittsteller(in) <-s, -; -, -nen> *m(f)* postulante *mf,* richiedente *mf*
Bitumen [bi'tu:mən, *Pl:* bi'tu:mina] <-s, - *o* Bitumina> *nt* bitume *m*
Biwak ['bi:vak] <-s, -s *o* -e> *nt* bivacco *m*
biwakieren [biva'ki:rən] <ohne ge-> *vi* bivaccare
bizarr [bi'tsar] *adj* bizzarro, stravagante
Bizeps ['bi:tsɛps] <-es, -e> *m* bicipite *m*
BKA [be:ka:'ʔa:] <-> *nt kein Pl. Abk. von* **Bundeskriminalamt** *polizia criminale (federale)*
Blabla [bla'bla:] <-s> *nt kein Pl. (fam)* blablà *m*
Blackout [blɛk'ʔaʊt *o* 'blɛkʔaʊt] <-(s), -s> *nt o m,* **Black-out** <-(s), -s> *nt o m* ① MED *(Gedächtnislücke)* blackout *m,* vuoto *m* di memoria; **ein ~ haben** avere un blackout ② *(Stromausfall)* blackout *m*
blähen ['blɛ:ən] **I.** *vi* MED provocare flatulenza **II.** *vt* gonfiare **III.** *vr:* **sich ~** *(a. fig)* gonfiarsi
Blähung <-, -en> *f* MED flatulenza *f*
blamabel [bla'ma:bəl] *adj* umiliante, vergognoso
Blamage [bla'ma:ʒə] <-, -n> *f* mortificazione *f,* vergogna *f*
blamieren [bla'mi:rən] <ohne ge-> **I.** *vt* far fare una brutta figura a, rendere ridicolo **II.** *vr:* **sich ~** fare una figuraccia
blanchieren [blã'ʃi:rən] <ohne ge-> *vt* GASTR sbollentare
blank [blaŋk] *adj* ① *(glänzend)* lucido; *(glatt)* liscio ② *(bloß, nackt)* nudo; **~ sein** *(fig fam)* essere al verde ③ *(rein: Hohn, Neid)* puro; **~er Unsinn** una scemenza bell'e buona
blanko ['blaŋko] <inv> *adj* in bianco, allo scoperto
Blankoscheck *m* assegno *m* in bianco
Blankovollmacht *f* procura *f* in bianco
Blase ['bla:zə] <-, -n> *f* ① *(Luft~)* bolla *f* ② MED *(Haut~)* vescica *f* ③ ANAT *(Harn~)* vescica *f*
Blasebalg <-(e)s, -bälge> *m* soffietto *m,* mantice *m*
blasen ['bla:zən] <bläst, blies, geblasen> **I.** *vt* ① *(a. Glas)* soffiare ② MUS *(Blasinstrument)* suonare **II.** *vi (Mensch)* **auf** [*o* **in**] **etw** *akk* **~** soffiare su [*o* in] qc; **in etw** *akk* **~** *(Musiker)* suonare qc; **zum Rückzug ~** suonare la ritirata; **es bläst** *(windet)* tira vento
Blasenentzündung *f* MED cistite *f*
Blasenschwäche *f* MED incontinenza *f*
Blasenstein *m* MED calcolo *m* alla vescica
Blasentee *m* MED tisana *f* [per disturbi alla vescica]
Bläser(in) ['blɛ:zɐ] <-s, -; -, -nen> *m(f)* MUS suonatore, -trice *m, f* [di strumento a fiato]
blasiert [bla'zi:ɐ̯t] *adj* altezzoso, borioso
Blasinstrument *nt* strumento *m* a fiato
Blaskapelle *f* orchestra *f* di strumenti a fiato
Blasmusik <-> *f kein Pl.* musica *f* per strumenti a fiato
Blasorchester *nt* orchestra *f* di strumenti a fiato
Blasphemie [blasfe'mi:] <-, -n> *f* bestemmia *f*
blasphemisch [blas'fe:mɪʃ] *adj* blasfemo
Blasrohr *nt* cerbottana *f*
blass [blas] <blasser *o rar:* blässer, blasseste *o rar:* blässeste> *adj* pallido; **~ werden** impallidire; **vor Neid ~ werden** essere verde d'invidia; **keine blasse Ahnung** [*o* **keinen blassen Schimmer**] **von etw haben** *(fam)* non avere la più pallida idea di qc
Blässe ['blɛsə] <-> *f kein Pl.* pallore *m*
Blässhuhn ['blɛshu:n] *nt* ZOO fòlaga *f*
bläst [blɛ:st] *2. u 3. Pers. Sing. Präs. von* **blasen**
Blatt [blat, *Pl:* 'blɛtɐ] <-(e)s, Blätter> *nt* ① BOT foglia *f;* **kein ~ vor den Mund nehmen** *(fig)* non avere peli sulla lingua ② *(Papier)* foglio *m; (Seite)* pagina *f;* **ein unbeschriebenes ~ sein** *(fig)* essere un'incognita; **das steht auf einem anderen ~** è un'altra faccenda, è un altro paio di maniche; **vom ~ singen/spielen** cantare/sonare a prima vista ③ *(Zeitung)* giornale *m* ④ TEC *(Säge~)* lama *f* ⑤ *(Ruder~, Propeller~)* pala *f* ⑥ *(Kartenspiel)* carta *f;* **ein gutes ~ haben** avere una buona combinazione di carte; **das ~ hat sich gewendet** *(fig fam)* la situazione è cambiata
blättern ['blɛtɐn] *vi* sfogliare; **in einem Buch ~** sfogliare un libro
Blätterteig *m* pasta *f* sfoglia
Blattgold *nt* oro *m* in foglie
Blattgrün *nt* BOT clorofilla *f*
Blattlaus *f* ZOO pidocchio *m* delle piante
Blattpflanze *f* BOT pianta *f* da fogliame
Blattsalat *m* GASTR lattuga *f*
Blattspinat <-(e)s> *m kein Pl.* GASTR spinaci *mpl* [in foglie]
Blattwerk *nt* BOT fogliame *m*
blau [blaʊ] *adj* ① *(Farbe)* blu, azzurro; *(himmelblau)* celeste; **~es Auge** occhio livido; **~er Fleck** livido *m;* **sein ~es Wunder erleben** *(fam)* avere una brutta sorpresa; **~er Brief** *(fam)* lettera *f* di licenziamento; **Forelle ~** GASTR trota lessa ② *(fam: betrunken)* sbronzo
Blau <-(s), - *o fam:* -s> *nt* blu *m;* **die Far-**

be ~ il colore blu [*o* azzurro]; **in ~ gekleidet** vestito di blu [*o* di azzurro]; *s. a.* **Blaue**

blauäugig ['blaʊʔɔɪgɪç] *adj* dagli occhi azzurri [*o* blu]; *(fig: naiv)* ingenuo, credulone

Blaubeere *f* mirtillo *m*

blaublütig ['blaʊbly:tɪç] *adj (adlig)* di sangue blu

Blaue <-n> *nt kein Pl.* blu *m,* azzurro *m;* **das ~ vom Himmel versprechen** *(fam)* promettere mari e monti; **ins ~ hinein reden** *(fam)* parlare a vanvera; **eine Fahrt ins ~** *(fam)* una gita senza meta

Bläue ['blɔɪə] <-> *f kein Pl. (geh)* azzurro *m,* [colore *m*] blu *m*

Blaufelchen ['blaʊfɛlçən] <-s, -> *m* ZOO coregone *m*

Blaufuchs *m* ZOO volpe *f* azzurra

blaugrau *adj* grigio-azzurro

blaugrün *adj* verd[e]azzurro

Blauhelm *m (UNO-Soldat)* casco *m* blu

blaukariert *adj* a quadretti blu [*o* azzurri]

Blaukraut <-(e)s> *nt kein Pl.* A, SÜDD *(Rotkohl)* cavolo *m* rosso

bläulich ['blɔɪlɪç] *adj* bluastro, azzurrognolo

Blaulicht *nt* luce *f* lampeggiante

blau|machen *vi (fam: Schule)* marinare la scuola; *(Arbeit)* non andare a lavorare

Blaumann *m (fam: Arbeitsanzug)* tuta *f* blu

Blaumeise *f* ZOO cinciallegra *f*

Blaupause <-, -n> *f* cianotipo *m,* copia *f* cianografica

Blausäure *f* CHEM acido *m* cianidrico

Blaustift *m* matita *f* blu [*o* copiativa]

Blaustrumpf *m (fig, pej)* bas-bleu *f*

Blauwal *m* ZOO balena *f* azzurra

Blazer ['ble:zɐ] <-s, -> *m* blazer *m*

Blech [blɛç] <-(e)s, -e> *nt* ① *(Material)* latta *f; (Weiß~)* lamiera *f* stagnata, latta *f* bianca; *(von Auto)* lamiera *f* ② *(Kuchen~)* piastra *f* ③ *Sing. (fig fam: Quatsch)* sciocchezze *f pl,* stupidaggini *f pl*

Blechblasinstrument *nt* ottoni *m pl*

Blechbüchse *f,* **Blechdose** *f* barattolo *m* di latta

blechen *vt, vi (fam)* sborsare

blechern *adj* ① *(aus Blech)* di latta, di lamiera ② *(Klang, Stimme)* stridulo; *(hohl)* opaco

Blechinstrument *nt s.* **Blechblasinstrument**

Blechkanister *m* bidone *m,* tanica *f*

Blechlawine *f (scherz fam)* fila *f* interminabile [di automezzi]

Blechmusik *f* musica *f* per ottoni; *(pej)* musica *f* stonata

Blechnapf *m* gamella *f*

Blechschaden *m* danni *m pl* alla carrozzeria

Blechschere *f* cesoia *f* per lamiera, forbici *f pl* da lattoniere

Blechtrommel *f* tamburo *m* di latta

blecken ['blɛkən] *vt* **die Zähne ~** digrignare i denti

Blei [blaɪ] <-(e)s, -e> *nt* CHEM piombo *m;* **das liegt wie ~ im Magen** è un mattone sullo stomaco

Bleibe ['blaɪbə] <-, -n> *f* alloggio *m,* dimora *f*

bleiben ['blaɪbən] <bleibt, blieb, geblieben> *vi sein* ① *(nicht weggehen)* restare, rimanere; **~ Sie am Apparat!** resti in linea!; **hängen ~** *(fam: anhaften)* rimanere attacato; *(sich einprägen)* rimanere impresso; *(nicht auszuräumen sein)* gravare; *(verharren, nicht weiterkommen)* fermarsi, arenarsi; *(nicht versetzt werden)* essere bocciato; [**an etw** *dat*] **hängen ~** *(sich verhaken)* impigliarsi [in qc]; **wo bleibt mein Kaffee?** e il mio caffè?; **wo ist mein Hut geblieben?** dov'è andato a finire il mio cappello?; **das bleibt unter uns!** rimane tra di noi! ② *(sich nicht ändern)* restare, rimanere; **gleich ~** rimanere inalterato; **sich** *dat* **gleich ~** rimanere tale e quale; **das bleibt sich gleich** è lo stesso, è uguale; **er bleibt bei seiner Meinung** persiste nella sua opinione; **es bleibt dabei!** siamo intesi!; **es bleibt alles beim Alten** tutto resta come prima; **wenn das Wetter so bleibt** se il tempo si mantiene così; **liegen ~** *(nicht aufstehen)* rimanere disteso; *(im Bett)* restare a letto; *(nicht erledigt werden)* rimanere incompiuto; *(nicht verkauft werden)* rimanere invenduto; *(eine Panne haben)* rimanere per strada, bloccarsi; **offen ~** *(Tür, Fenster)* rimanere aperto; **sitzen ~** rimanere seduto; **stehen ~** *(anhalten)* fermarsi, arrestarsi; **wo sind wir stehen geblieben?** dove siamo rimasti?; **stecken ~** *(nicht weitergehen)* rimanere bloccato; *(nicht herauskommen: Kugel, Messer)* rimaner conficcato; *(eine Panne haben)* rimanere in panna; *(Verhandlungen)* arenarsi, incagliarsi; **im Schlamm stecken ~** impantanarsi nel fango; **im Hals stecken ~** rimanere in gola ③ **etw ~ lassen** *(fam: unterlassen, nicht tun)* lasciare stare qc; **lass das ~!** smettila!; **das bleibt abzuwarten** stiamo a vedere, avanzare; **es bleibt mir nichts weiter zu tun, als …** non resta altro da fare che …

bleibend *adj* durevole, duraturo, permanente; **ein ~er Wert** un valore durevole

bleiben|lassen <irr, ohne ge-> *vt (fam) s.* **bleiben 3.**

bleich [blaɪç] *adj* pallido; ~ **werden** impallidire

bleichen *vt* imbiancare; *(Haare)* ossigenare

Bleichgesicht *nt (scherz)* viso *m* pallido

Bleichmittel *nt* candeggiante *m*

Bleichsucht *f* clorosi *f,* anemia *f*

bleiern *adj (a. fig)* di piombo

bleifrei *adj (Benzin)* senza piombo

Bleigießen <-s> *nt kein Pl. tradizione di Capodanno di fondere il piombo per indovinare il futuro*

bleihaltig ['blaɪhaltɪç] *adj* piombifero

Bleikristall *nt* cristallo *m* al piombo

Bleimantel *m* TEC involucro *m* di piombo

bleischwer ['blaɪ'ʃveːɐ̯] *adj* pesante come il piombo

Bleistift *m* matita *f,* lapis *m*

Bleistiftspitzer *m* temperamatite *m,* temperalapis *m*

Bleivergiftung *f* MED saturnismo *m*

Bleiweiß *nt* CHEM biacca *f* [di piombo]

Blende ['blɛndə] <-, -n> *f* ① *(Lichtschirm)* schermo *m,* paralume *m* ② FOTO diaframma *m*

blenden ['blɛndən] *vt* ① *(blind machen)* accecare; *(vorübergehend durch Licht)* abbagliare ② *(fig: betören)* affascinare; *(täuschen)* abbagliare

blendend *adj* ① *(strahlend)* abbagliante ② *(ausgezeichnet)* formidabile, eccezionale; **du siehst ~ aus** stai magnificamente bene

blendfrei *adj* TEC anabbagliante

Blendung <-, -en> *f* abbagliamento *m,* abbaglio *m*

Blendwerk *nt* apparenza *f* vana, illusione *f,* miraggio *m*

Blesse ['blɛsə] <-, -n> *f (Tiere)* macchia *f* bianca

Blick [blɪk] <-(e)s, -e> *m* ① *(Blicken, Ausdruck)* sguardo *m; (kurzer, rascher)* colpo *m* d'occhio; *(verstohlener, liebevoller)* occhiata *f;* **auf den ersten ~** a prima vista, alla prima occhiata; **einen ~ werfen auf** +*akk* dare un'occhiata a; **jdn keines ~es würdigen** non degnare qu nemmeno di uno sguardo; **seine ~e schweifen lassen** lasciare scorrere l'occhio; **jdm einen vernichtenden ~ zuwerfen** fulminare qu con lo sguardo; **böser ~** malocchio *m* ② *Sing. (Aus~)* vista *f,* veduta *f;* **mit ~ auf** +*akk* con vista su

blicken *vi* **auf jdn** [*o* **nach jdm**] ~ guardare qu; **sich ~ lassen** farsi vedere; **tief ~ lassen** far capire tante cose

Blickfang *m* attrazione *f,* richiamo *m*

Blickfeld *nt* campo *m* visivo

Blickkontakt *m* contatto *m* visivo

Blickpunkt *m (Gesichtspunkt)* punto *m* di vista; **im ~ stehen** *(fig)* essere al centro dell'attenzione

Blickwinkel *m (fig)* angolatura *f*

blieb [bliːp] *1. u. 3. Pers. Sing. Imp. von* **bleiben**

blies [bliːs] *1. u. 3. Pers. Sing. Imp. von* **blasen**

blind [blɪnt] *adj* ① *(nicht sehend)* cieco; **für etw ~ sein** *(fig)* non voler vedere qc; **~er Gehorsam** ubbidienza cieca; **~ werden** perdere la vista; **nicht ~ sein** *(fig)* non essere cieco ② *(glanzlos)* appannato ③ *(Alarm)* falso ④ *(Passagier)* clandestino

Blinddarm *m* ANAT intestino *m* cieco; *(fam: Wurmfortsatz)* appendice *f*

Blinddarmentzündung *f* MED appendicite *f*

Blinddarmoperation <-, -en> *f* MED appendicectomia *f*

Blinddate ['blaɪnt 'deːt] <-, -s> *nt* appuntamento *m* al buio

Blind Date [blaɪnt dɛɪt] <-s, -s> *nt* blind date *m;* **ein ~ haben** avere un'appuntamento con una persona sconosciuta

Blinde <ein -r, -n, -n> *mf* cieco, -a *m, f*

Blindekuh *f* ~ **spielen** giocare a moscacieca

Blindenhund *m* cane *m* [guida] per ciechi

Blindenschrift *f* scrittura *f* Braille

Blindflug *m* AERO volo *m* cieco

Blindgänger <-s, -> *m* MIL proiettile *m* inesploso

blindgeboren *adj attr.* cieco dalla nascita, nato cieco

Blindheit <-> *f kein Pl. (a. fig)* cecità; **mit ~ geschlagen** *(fig)* accecato

blindlings ['blɪntlɪŋs] *adv* alla cieca, ciecamente, a occhi chiusi; *(aufs Geratewohl)* a caso

Blindschleiche ['blɪntʃlaɪçə] <-, -n> *f* ZOO orbettino *m*

blinken ['blɪŋkən] *vi* ① *(funkeln)* luccicare, scintillare ② *(Blinkzeichen geben)* fare segnali ottici; *(Auto)* mettere la freccia, lampeggiare

Blinker <-s, -> *m (Gerät)* segnalatore *m* luminoso; MOT lampeggiatore *m*

Blinklicht *nt* luce *f* intermittente

Blinkzeichen *nt* segnale *m* ottico ad intermittenza

blinzeln ['blɪntsəln] *vi* socchiudere gli occhi; *(schelmisch, verliebt)* ammiccare

Blitz [blɪts] <-es, -e> *m* ① *(Blitzen)* lampeggiare *m; (~strahl)* lampo *m;* **ein ~ aus heiterem Himmel** un fulmine a ciel sereno; **wie der ~** *(fam)* come un fulmine; **wie vom ~ getroffen** folgorato, fulminato ② FOTO flash *m*

Blitzableiter *m (a. fig)* parafulmine *m*

Blitzaktion *f* azione *f* lampo
blitzartig *adj* fulmineo
blitzblank ['blɪts'blaŋk] *adj* pulito, lustro [come uno specchio]
Blitzeis <-es> *nt kein Pl.* vetrone *m,* gelicidio *m,* ghiaccio *m* lampo
blitzen *vi (funkeln)* luccicare; *(Augen)* brillare; **es blitzt** lampeggia
Blitzgerät *nt* FOTO flash *m*
Blitzkrieg *m* guerra *f* lampo
Blitzlicht *nt* flash *m*
Blitzlichtgerät *nt* [lampada *f* al] flash *m*
blitzsauber ['blɪts'zaʊbɐ] *adj (fam)* pulitissimo
Blitzschlag *m* colpo *m* di fulmine
blitzschnell ['blɪts'ʃnɛl] *adj* fulmineo
Blitzwürfel *m* FOTO cuboflash *m*
Block[1] [blɔk, *Pl:* 'blœkə] <-(e)s, Blöcke> *m (Stein~)* blocco *m*
Block[2] <-(e)s, -s *o* Blöcke> *m* ① *(Notiz-, Brief-, Zeichen~)* blocco *m* ② *(Häuser~)* isolato *m* ③ POL blocco *m*
Blockade [blɔ'ka:də] <-, -n> *f* blocco *m*
Blockbildung *f* POL formazione *f* di blocchi
Blockbuchstabe <-n, -n> *m* lettera *f* in stampatello
blocken *vi, vt* bloccare; SPORT respingere
Blockflöte *f* MUS flauto *m* dolce
blockfrei *adj* POL non allineato; **die Blockfreien** i non allineati
Blockfreiheit *f* POL non allineamento *m*
Blockhaus *nt* casa *f* in legno
blockieren [blɔ'ki:rən] <ohne ge-> **I.** *vt* bloccare; *(sperren) a.* FIN sbarrare **II.** *vi (Bremsen, Rad)* bloccare
Blockschrift *f* [scrittura *f* in] stampatello *m*
blöd[e] ['blø:t ('blø:də)] *adj* ① *(dumm)* imbecille, scemo; *(albern)* sciocco ② *(schwachsinnig)* deficiente ③ CH *(schüchtern)* timido ④ *(fam: dumm, ärgerlich)* spiacevole, fastidioso
blödeln *vi* dire sciocchezze
blöderweise ['blø:dɐ'vaɪzə] *adj* stupidamente
Blödheit <-, -en> *f* sciocchezza *f*
Blödmann *m* sciocco, -a *m, f; (Schimpfwort)* scemo, -a *m, f*
Blödsinn *m (fam: Unsinn)* sciocchezza *f,* idiozia *f;* **so ein ~!** che idiozia!
blödsinnig *adj* ① *(schwachsinnig)* imbecille, idiota ② *(dumm)* stupido, sciocco
blöken ['blø:kən] *vi (Schaf)* belare; *(Rind)* muggire
blond [blɔnt] *adj* biondo
blondieren [blɔn'di:rən] <ohne ge-> *vt* ossigenare
Blondine [blɔn'di:nə] <-, -n> *f* bionda *f,* biondina *f*
bloß [blo:s] **I.** *adj* ① *(nackt, unbedeckt)* nudo; **mit ~en Füßen** a piedi nudi, scalzo ② *(rein, nichts als)* puro, solo; **mit ~em Auge** ad occhio nudo; **der ~e Anblick** la semplice vista; **der ~e Gedanke** già solo il pensiero **II.** *adv (fam)* ① *(nur)* solamente, semplicemente; **wo bleibst du ~?** ma dove sei?; **wie machst du das ~?** ma come riesci a fare ciò? ② *(als Verstärkung)* proprio, mai; **~ jetzt nicht!** proprio adesso no!
Blöße ['blø:sə] <-, -n> *f* ① *(geh: Nacktheit)* nudità *f* ② *(fig: Schwäche, Fehler)* punto *m* debole; **sich** *dat* **eine ~ geben** mostrare il proprio lato debole
bloß|legen *vt* mettere a nudo, scoprire; *(fig)* rendere palese, rivelare
bloß|stellen *vt* far fare una brutta figura a, compromettere
blubbern ['blʊbɐn] *vi (fam)* farfugliare
Bluejeans ['blu:dʒi:ns] *pl* blue-jeans *mpl*
Blues [blu:s] <-, -> *m* MUS blues *m*
Bluff [blʊf *o* blaf] *o* blœf] <-s, -s> *m* bluff *m*
bluffen ['blʊfən *o* 'blafən] *o* 'blœfən] *vi* bluffare
blühen ['bly:ən] *vi* ① *(Pflanzen)* fiorire ② *(Geschäft)* prosperare ③ *(fam: widerfahren)* succedere; **wer weiß, was uns noch blüht!** chissà che cosa ci aspetta!
blühend *adj* ① *(Pflanze)* fiorito, in fiore ② *(fig: florierend)* florido, prosperoso; *(Schönheit)* splendente; *(Fantasie)* fervido; **wie das ~e Leben aussehen** avere un aspetto florido; **im ~en Alter** nel fiore degli anni
Blühet ['bly:ət] <-, -> *m* CH fioritura *f*
Blume ['blu:mə] <-, -n> *f* ① BOT fiore *m;* **durch die ~** indirettamente, con allusioni; **danke für die ~n!** *(fig, iron)* grazie [per la critica]! ② *(Bierschaum)* schiuma *f* ③ *(des Weines)* bouquet *m*
Blumenbeet *nt* aiuola *f* di fiori
Blumengeschäft *nt* negozio *m* di fiori, fioraio *m*
Blumenkasten *m* fioriera *f*
Blumenkohl *m* cavolfiore *m*
Blumenkorso ['blu:mənkɔrzo] <-s, -s> *m* sfilata *f* di carri fioriti, festa *f* dei fiori
Blumenladen *m s.* **Blumengeschäft**
Blumenmädchen *nt* fioraia *f*
Blumensprache *f* linguaggio *m* dei fiori
Blumenständer *m* portafiori *m,* giardiniera *f*
Blumenstock *m* pianta *f* in vaso
Blumenstrauß *m* mazzo *m* di fiori; *(großer)* fascio *m* di fiori
Blumentopf *m* vaso *m* da fiori
Blumenvase *f* vaso *m* da fiori; *(kleine)* portafiori *m*

Blumenzwiebel *f* bulbo *m*
blumig ['blu:mɪç] *adj* ① *(Wein)* profumato ② *(Parfüm)* di fiori ③ *(Stil, Sprache)* fiorito, ornato
Blunze[n] <-, -n> *f* A *(Blutwurst)* sanguinaccio *m;* **das ist mir Blunzen** *(fam: das ist mir egal)* non m'importa
Bluse ['blu:zə] <-, -n> *f* camicetta *f,* blusa *f*
Blut [blu:t] <-(e)s> *nt kein Pl.* sangue *m;* **blaues ~ haben** avere il sangue blu, essere di sangue blu; **~ spenden** donare il sangue; **~ vergießen** spargere sangue; **ruhig ~ bewahren** conservare la calma; **bis aufs ~** a sangue, a morte; **jdn bis aufs ~ aussaugen** spogliare qu d'ogni avere; **das liegt mir im ~** ce l'ho nel sangue; **~ geleckt haben** *(fig fam)* provarci gusto; **böses ~ machen** suscitare malcontento; **~ und Wasser schwitzen** *(fig)* sudare sangue, avere una paura matta
Blutalkohol *m* tasso *m* alcolico
Blutandrang *m* congestione *f*
blutarm *adj* MED anemico
Blutarmut *f* MED anemia *f*
Blutbad *nt* bagno *m* di sangue, massacro *m*
Blutbahn *f* ANAT sistema *m* circolatorio, circolo *m* sanguigno
Blutbank <-, -en> *f* MED banca *f* del sangue
Blutbild *nt* MED quadro *m* ematologico; **rotes/weißes ~** globuli *mpl* rossi/bianchi
blutbildend *adj* MED emopoietico
Blutbuche *f* faggio *m* rosso [*o* sanguigno]
Blutdiamant *m meist Pl.* diamante *m* di sangue [*o* di conflitto], diamante insanguinato
Blutdruck <-(e)s> *m kein Pl.* pressione *f* sanguigna, tensione *f* arteriosa; **hoher ~** ipertensione *f;* **niedriger ~** ipotensione *f*
Blutdruckanstieg *m* aumento *m* della pressione sanguigna
Blutdruckmesser <-s, -> *m* MED sfigmomanometro *m*
Blüte ['bly:tə] <-, -n> *f* ① BOT fiore *m* ② *Sing. (das Blühen)* fioritura *f;* **in** [**voller**] **~** in fiore, in piena fioritura ③ *Sing. (fig: Höhepunkt)* periodo *m* aureo ④ *(fam: falscher Geldschein)* banconota *f* falsa
Blutegel ['blu:tʔe:gəl] <-s, -> *m* sanguisuga *f*
bluten *vi* sanguinare; **aus etw ~** perdere sangue da qc; **meine Nase blutet** mi esce sangue dal naso; **mir blutet das Herz** mi sanguina il cuore
Blütenblatt *nt* BOT petalo *m*
Blütenpflanze *f* BOT pianta *f* a fiore
Blütenstaub *m* BOT polline *m*
Blutentnahme *f* MED prelievo *m* di sangue
blütenweiß *adj* bianchissimo
Bluter <-s, -> *m* MED emofiliaco, -a *m, f*
Bluterguss ['blu:tʔɛɐgʊs] *m* MED travaso *m* di sangue, ematoma *m*
Bluterkrankheit *f* MED emofilia *f*
Blütezeit *f* [periodo *m* di] fioritura *f; (fig)* periodo *m* aureo, apogeo *m*
Blutfleck *m* macchia *f* di sangue
Blutgefäß *nt* ANAT vaso *m* sanguigno
Blutgerinnsel *nt* MED coagulo *m,* trombo *m*
Blutgerinnung <-> *f kein Pl.* MED coagulazione *f* del sangue
Blutgruppe *f* MED gruppo *m* sanguigno
Bluthochdruck <-(e)s> *m kein Pl.* MED ipertensione *f*
Bluthund *m* ZOO bracco *m*
blutig *adj* ① *(blutbefleckt)* insanguinato, macchiato di sangue ② *(Kampf)* sanguinoso ③ *(verstärkend)* **~er Anfänger** *(fam)* semplice principiante
blutjung ['blu:t'jʊŋ] *adj* giovanissimo
Blutkonserve *f* MED ① *(Blut)* sangue *m* conservato [per trasfusioni] ② *(~nflasche)* flacone *m* della banca del sangue
Blutkörperchen ['blu:tkœrpɐçən] <-s, -> *nt* MED globulo *m* [del sangue]
Blutkrebs *m* MED leucemia *f*
Blutkreislauf *m* MED circolo *m* sanguigno
Blutlache *f* pozza *f* di sangue
blutleer *adj* esangue, dissanguato
Blutniederdruck <-(e)s> *m kein Pl.* MED ipotensione *f*
Blutorange *f* arancia *f* sanguigna
Blutplasma *nt* MED plasma *m* [sanguigno]
Blutplättchen ['blu:tplɛtçən] <-s, -> *nt pl* MED piastrine *f pl*
Blutprobe *f* MED prelievo *m* del sangue
Blutrache *f* vendetta *f* di sangue
blutreinigend *adj* depurativo del sangue
blutrot ['blu:t'ro:t] *adj* rosso sanguigno
blutrünstig ['blu:trʏnstɪç] *adj* sanguinario
Blutsauger <-s, -> *m (fig)* sfruttatore *m,* sanguisuga *f*
Blutsbruder *m* amico *m* per la pelle *(persona legata da patto di sangue)*
Blutschande *f* incesto *m*
Blutsenkung *f* MED sedimentazione *f* sanguigna
Blutserum *nt* siero *m* sanguigno
Blutspende *f* MED donazione *f* di sangue
Blutspender(in) *m(f)* donatore, -trice *m, f* di sangue
Blutspur *f* traccia *f* di sangue
blutstillend *adj* emostatico
Blutstropfen *m* MED goccia *f* di sangue
blutsverwandt *adj* consanguineo
Blutsverwandte *mf* consanguineo, -a *m, f*
Blutsverwandtschaft *f* consanguineità *f*

Bluttat *f (geh: Mord)* assassinio *m,* omicidio *m*
Bluttransfusion *f* MED trasfusione *f* [di sangue]
blutüberströmt ['blu:tʔy:bɐ(')ʃtrø:mt] *adj* intriso di sangue
Blutübertragung *f* MED trasfusione *f* di sangue
Blutung <-, -en> *f* emorragia *f; (Monats~)* mestruazione *f*
blutunterlaufen *adj* ecchimotico
Blutuntersuchung *f* MED analisi *f* del sangue
Blutvergießen <-s> *nt kein Pl. (geh)* spargimento *m* di sangue
Blutvergiftung *f* MED avvelenamento *m* del sangue, setticemia *f*
Blutverlust <-(e)s> *m kein Pl.* MED perdita *f* di sangue
Blutwurst *f* GASTR sanguinaccio *m*
Blutzucker <-s> *m kein Pl.* MED glicemia *f*
Blutzuckerspiegel *m* MED glicemia *f*
BLZ *Abk. von* **Bankleitzahl** CAB *m*
BMI [be:ʔɛm'ʔi:] <-> *m kein Pl. Abk. von* **Body-Mass-Index** MED BMI *m,* IMC *m*
BMX-Rad [be:ʔɛm'ʔɪksra:t] *nt* [bicicletta *f*] BMX *f*
BND [be:ʔɛn'de:] <-(s)> *m kein Pl. Abk. von* **Bundesnachrichtendienst** *organo federale competente per i servizi segreti*
Bö [bø:] <-, -en> *f* raffica *f* di vento, folata *f*
Boa ['bo:a] <-, -s> *f* boa *m*
Bob [bɔp] <-s, -s> *m* SPORT bob *m*
Boccia <-s, -> *nt o f* [gioco *m* delle] bocce *fpl;* **~ spielen** giocare a bocce
Bock [bɔk, *Pl:* 'bœkə] <-(e)s, Böcke> *m* ① *(Ziegen~)* caprone *m; (Schafs~)* montone *m; (Reh~)* capriolo *m* [maschio]; **einen ~ schießen** *(fig fam)* pigliare un granchio, prendere una cantonata ② *(fam: Mensch)* tipo *m;* **er ist ein sturer ~** è testardo come un mulo ③ *(fam: Lust)* voglia *f;* **keinen ~ haben etw zu tun** *(fam)* non aver [nessuna] voglia di fare qc ④ TEC *(Gestell)* cavalletto *m; (a. Säge~)* supporto *m* ⑤ SPORT *(Turngerät)* cavallina *f* ⑥ *(Kutsch~)* cassetta *f*
Bockbier *nt birra forte bavarese*
bocken *vi* ① *(Esel)* piantarsi; *(Pferd)* impennarsi ② *(fig fam: bockig sein)* fare il mulo
bockig *adj* testardo, cocciuto
Bockleiter *f* scala *f* doppia [*o* a libro]
Bockshorn *nt (fam)* **jdn ins ~ jagen** intimidire qu
Bockspringen <-s> *nt kein Pl.* SPORT salto *m* della cavallina
Bocksprung *m* SPORT salto *m* della cavallina, capriola *f;* **Bocksprünge vollführen** fare capriole
Bockwurst *f* GASTR salsiccia *f* di carne *(riscaldata in acqua bollente)*
Boden ['bo:dən, *Pl:* 'bø:dən] <-s, Böden> *m* ① *(Erd~)* suolo *m; (a. Fläche)* terreno *m;* **auf französischem ~** sul territorio francese; **zu ~ fallen** cadere a terra; [**an**] **~ gewinnen/verlieren** guadagnare/perdere terreno; **festen ~ unter den Füßen haben** *(fig)* avere una posizione solida; **den ~ unter den Füßen verlieren** sentirsi mancare il terreno sotto i piedi ② *(Acker~)* terreno *m* coltivabile ③ *(Grund und ~)* possesso *m* terriero, terreni *mpl* ④ *(Meeres~, von Gefäß)* fondo *m;* **mit doppeltem ~** a doppio fondo ⑤ *(Fuß~)* pavimento *m* ⑥ *(Dach~)* soffitta *f,* granaio *m; (Heu~)* fienile *m* ⑦ *(fig: Grundlage)* base *f;* **sich auf den ~ der Tatsachen stellen** attenersi ai fatti
Bodenbelag *m* pavimento *m*
Bodenbelastung *f* sfruttamento *m* del suolo
Bodenerhebung *f* elevazione *f* del terreno
Bodenerosion *f* ECO erosione *f* del suolo
Bodenertrag *m* reddito *m* fondiario
Bodenfeuchtigkeit *f* umidità *f* del terreno
Bodenfrost <-(e)s> *m kein Pl.* gelo *m*
Bodenhaftung *f* AUTO aderenza *f* al terreno
Bodenkammer *f* mansarda *f*
bodenlos *adj (fig fam: unerhört)* inaudito; **~e Frechheit** grande insolenza
Bodennebel *m* nebbia *f* bassa
Bodenpersonal *nt* AERO personale *m* a terra
Bodenreform *f* riforma *f* agraria
Bodensatz *m* ① CHEM residuo *m,* sedimento *m* ② *(in Fass)* fondiglio *m; (von Wein, Bier)* deposito *m,* feccia *f*
Bodenschätze *mpl* ricchezze *fpl* del sottosuolo, risorse *fpl* minerarie
Bodensee *m* lago *m* di Costanza
bodenständig *adj* autoctono
Bodenstation *f (Radio, Raumfahrt)* stazione *f* di terra
Bodenstreitkräfte *fpl* forze armate *fpl* di terra
Bodenturnen *nt* SPORT ginnastica *f* a terra
Body ['bɔdi] <-s, -s> *m (Kleidungsstück)* body *m*
Bodybuilding ['bɔdibɪldɪŋ] <-s> *nt kein Pl.* culturismo *m,* body building *m*
Bodyguard ['bɔdigɑ:d] <-s, -s> *m* guardia *f* del corpo
Body-Mass-Index ['bɔdimɛsʔɪndɛks] <-[es]> *m kein Pl.* MED Body Mass Index *m,* indice *m* di massa corporea

bog [boːk] *1. u. 3. Pers. Sing. Imp. von* **biegen**

Bogen [ˈboːgən, *Pl:* ˈbøːgən] <-s, - *o* SÜDD, A Bögen> *m* ① *(Kurve)* curva *f; (Biegung)* curvatura *f;* **einen** [**großen**] **~ um jdn machen** girare al largo da qu, evitare qu; **den ~ raushaben/rauskriegen** *(fam)* saperci fare; **jdn in hohem ~ hinauswerfen** *(fam)* buttar fuori qu ② SPORT arco *m;* **den ~ überspannen** *(fig)* tirare troppo la corda, esagerare ③ ARCH, MAT arco *m* ④ MUS archetto *m* ⑤ *(Blatt Papier)* foglio *m*

bogenförmig [ˈboːgənfœrmɪç] *adj* ad arco, a volta

Bogengang *m* ARCH arcata *f,* portico *m*

Bogenlampe *f* lampada *f* ad arco

Bogenschießen <-s> *nt kein Pl.* SPORT tiro *m* con l'arco

Bogenschütze *m,* **Bogenschützin** *f* arciere, -a *m, f;* SPORT tiratore, -trice *m, f* d'arco

Bohle [ˈboːlə] <-, -n> *f* pancone *m,* tavolone *m*

Böhmen [ˈbøːmən] *nt* Boemia *f*

böhmisch *adj* boemo; **das sind ~e Dörfer für mich** *(fam)* questo per me è turco

Bohne [ˈboːnə] <-, -n> *f* ① BOT fagiolo *m;* **grüne ~n** fagiolini *mpl;* **nicht die ~!** *(fig fam)* niente affatto! ② *(Kaffee~)* chicco *m*

Bohnenkaffee *m* caffè *m* in chicchi

Bohnenkraut *nt* BOT santoreggia *f*

Bohnensalat *m* insalata *f* di fagiolini

Bohnenstange *f* bastoncino *m* di sostegno per piante di fagioli; *(fig fam)* spilungone, -a *m, f*

Bohnenstroh *nt* **dumm wie ~** *(fam)* senza sale in zucca

Bohnensuppe *f* minestra *f* di fagioli

Bohnerbesen *m* spazzolone *m* per lucidare i pavimenti

Bohnermaschine *f* lucidatrice *f*

bohnern *vt* lustrare con la cera

Bohnerwachs *nt* cera *f* per pavimenti

bohren [ˈboːrən] **I.** *vi* ① *(a. beim Zahnarzt)* **an** [*o* **in**] **etw** *dat* **~** trapanare qc; *(nach Erdöl)* trivellare qc; **mit dem Finger in der Nase ~** mettersi le dita nel naso ② *(fam fig: drängen)* insistere ③ *(quälen)* **in jdm ~** tormentare qu **II.** *vt* ① *(Material)* perforare, trapanare ② *(Brunnen, Tunnel)* scavare; **ein Loch in die Wand ~** fare un foro nella parete, forare la parete ③ *(hinein~)* far penetrare

bohrend *adj (Schmerz)* acuto, pungente; *(Fragen)* indagatore; *(Blick)* penetrante; *(Reue, Zweifel)* tormentoso, che rode; **~en Hunger haben** avere i morsi della fame

Bohrer <-s, -> *m (Gerät)* trapano *m; (für Ölbohrung)* trivella *f*

Bohrinsel *f* piattaforma *f* per trivellazioni

Bohrloch *nt* foro *m* [di trivellazione]

Bohrmaschine *f* trapano *m* meccanico, perforatrice *f*

Bohrprobe *f* TEC carota *f,* carotaggio *m*

Bohrturm *m* torre *f* di trivellazione

Bohrung <-, -en> *f* ① *(das Bohren)* trapanazione *f,* perforazione *f; (Erdöl~)* trivellazione *f* ② *(Bohrloch)* foro *m* [di trivellazione]

böig [ˈbøːɪç] *adj* a raffiche

Boiler [ˈbɔɪlɐ] <-s, -> *m* scaldaacqua *m,* bollitore *m,* boiler *m*

Boje [ˈboːjə] <-, -n> *f* NAUT boa *f,* gavitello *m*

Bolero <-s, -s> *m* ① *(Tanz)* bolero *m* ② *(Jäckchen)* bolero *m*

Bolivianer(in) [boliˈvi̯aːnɐ] <-s, -; -, -nen> *m(f)* boliviano, -a *m, f*

bolivianisch [boliˈvi̯aːnɪʃ] *adj* boliviano

Bolivien [boˈliːvi̯ən] *nt* Bolivia *f*

Böller [ˈbœlɐ] <-s, -> *m (fam)* fuoco *m* d'artificio

Bollwerk [ˈbɔlvɛrk] *nt* ① NAUT molo *m* ② *(fig: Festung)* baluardo *m*

Bologna-Reform [boˈlɔnja-] <-> *f kein Pl.* **die ~** la riforma di Bologna

Bolschewismus [bɔlʃeˈvɪsmʊs] <-> *m kein Pl.* bolscevismo *m*

Bolschewist(in) [bɔlʃeˈvɪst] <-en, -en; -, -nen> *m(f)* bolscevico, -a *m, f*

bolschewistisch *adj* bolscevico

Bolzen [ˈbɔltsən] <-s, -> *m* TEC bullone *m; (mit Gewinde)* vite *f*

Bombardement [bɔmbardəˈmãː] <-s, -s> *nt* bombardamento *m*

bombardieren [bɔmbarˈdiːrən] <ohne ge-> *vt* ① MIL bombardare ② *(fam: überhäufen)* **jdn/etw** [**mit etw**] **~** bombardare qu/qc [di qu/qc]

Bombardierung <-, -en> *f* bombardamento *m*

bombastisch [bɔmˈbastɪʃ] *adj (pej: Stil)* ampolloso; *(überladen)* sovraccarico

Bombe [ˈbɔmbə] <-, -n> *f* bomba *f;* **~n über etw** *dat* **abwerfen** sganciare bombe su qc; **die ~ zum Platzen bringen** *(fig)* dar fuoco alle polveri; **die ~ ist geplatzt** *(fig)* è scoppiata la bomba

Bombenangriff *m* MIL bombardamento *m,* incursione *f* aerea

Bombenanschlag *m* MIL attentato *m* dinamitardo

Bombenattentat *nt* attentato *m* dinamitardo

Bombenerfolg *m (fam)* successone *m,* successo *m* clamoroso

Bombengeschäft *nt (fam)* **~e machen** fare affari d'oro

Bombenmaterial *nt* materiale *m* dinamitardo

bombensicher ['bɔmbən'zɪçɐ] *adj* ① TEC a prova di bomba ② *(fig fam)* certissimo

Bombenstimmung ['bɔmbən'ʃtimʊŋ] <-> *f kein Pl.* *(fam)* stupenda atmosfera *f*, atmosfera *f* da sballo

Bombenteppich *m* MIL bombardamento *m* a tappeto

Bombenterror *m* attentati *pl* dinamitardi terroristici

Bombentrichter *m* cratere *m* scavato da una bomba

Bomber <-s, -> *m* MIL aereo *m* da bombardamento, bombardiere *m*

bombig *adj (fam)* fantastico

Bon [bɔŋ *o* bõː] <-s, -s> *m* ① *(Gutschein)* buono *m* ② *(Kassenzettel)* scontrino *m*

Bonbon [bɔŋ'bɔŋ *o* bõ'bõː] <-s, -s> *m o nt* caramella *f*

Bonboniere <-, -n> *f*, **Bonbonniere** [bɔŋbɔ'nieːrə *o* bõbɔ'nieːre] <-, -n> *f* bomboniera *f*

Boni *Pl. von* **Bonus**

Bonität [boni'tɛːt] <-, -en> *f* FIN solidità *f* finanziaria, solvibilità *f*

Bonmot [bõ'moː] <-s, -s> *nt (geh)* bon mot *m*, battuta *f* spiritosa, arguzia *f*

Bonn [bɔn] *nt* Bonn *f*

Bonner <inv> *adj (attr)* di Bonn

Bonner(in) <-s, -; -, -nen> *m(f)* abitante *mf* di Bonn

Bonsai ['bɔnzaɪ] <-, -s> *m* bonsai *m*

Bonus ['boːnʊs] <- *o* -ses, - *o* -se *o* Boni> *m* ① COM premio *m* ② *(Versicherungs~)* bonus *m* assicurativo ③ *(für Studienplatz)* condizioni *fpl* preferenziali di accesso al posto di studio

Bonze ['bɔntsə] <-n, -n> *m (pej)* bonzo *m*, alto papavero *m*

Booklet ['buklet] <-s, -s> *nt* opuscolo *m*

Boom [buːm] <-s, -s> *m* boom *m*

boomen ['buːmən] *vi (fam: Geschäft)* essere in rapida crescita, prosperare; *(Literatur, Mode)* avere grande successo

Boot [boːt] <-(e)s, -e> *nt* barca *f*, imbarcazione *f*; ~ **fahren** andare in barca; **wir sitzen alle im gleichen** ~ *(fig)* siamo tutti nella stessa barca

Bootsfahrt *f* gita *f* in barca

Bootsmann <-(e)s, -leute> *m* battelliere *m*; *(Deckoffizier)* ufficiale *m* di coperta

Bor [boːɐ̯] <-s> *nt kein Pl.* CHEM boro *m*

Bord[1] [bɔrt] <-(e)s, -e> *nt* ① *(Bücherbrett)* mensola *f* ② CH *(Rand, Böschung)* scarpata *f*

Bord[2] <-(e)s, *rar:* -e> *m* NAUT *(Schiffsrand)* bordo *m*; **an** ~ a bordo; **an** ~ **gehen** salire a bordo; **über** ~ **gehen** cadere in mare; **von** ~ **gehen** sbarcare, scendere a terra; **etw über** ~ **werfen** gettare in mare qc; *(fig)* rinunciare a qc

Bordcomputer <-s, -> *m* computer *m* di bordo

Bordell [bɔr'dɛl] <-s, -e> *nt* bordello *m*, casa *f* chiusa

Bordfunker(in) *m(f)* radiotelegrafista *mf* di bordo

Bordinstrumente *ntpl* strumenti *mpl* di bordo

Bordkarte *f* AERO carta *f* d'imbarco

Bordmechaniker(in) *m(f)* motorista *mf* di bordo

Bordpersonal *nt* NAUT, AERO equipaggio *m*

Bordstein *m* [pietra *f* del] cordone *m*

Bordwaffen *fpl* armi *fpl* di bordo

Borg [bɔrk] <-(e)s> *m kein Pl.* **auf** ~ a credito

borgen ['bɔrgən] *vt* ① *(verleihen)* **jdm etw** ~ prestare qc a qu ② *(entleihen)* **etw von jdm** ~ farsi prestare qc da qu

Borke ['bɔrkə] <-, -n> *f* NORDD ① *(Baum)* corteccia *f* ② *(Wunde)* crosta *f*

Borkenkäfer *m* ZOO bostrico *m*

borniert [bɔr'niːɐ̯t] *adj (pej)* limitato, ottuso

borromäisch [bɔro'mɛɪʃ] *adj* **die ~en Inseln** le isole borromee

Borsalbe *f* unguento *m* all'acido borico

Börse ['bœrzə] <-, -n> *f* ① FIN borsa *f* ② *(Geldbeutel)* borsellino *m*, portamonete *m*

Börsenbericht *m* FIN bollettino *m* di borsa

Börsengang *m* FIN *(eines Unternehmens)* ingresso *m* in borsa

Börsenkrach *m* FIN crollo *m* di borsa

Börsenkurs *m* FIN corso *m* di borsa

Börsenmakler(in) *m(f)* FIN agente *mf* di borsa

Börsenspekulant(in) *m(f)* FIN borsista *mf*

Börsenzulassung <-, -en> *f* ammissione *f* alla quotazione di borsa

Börsianer(in) [bœr'zi̯aːnɐ] <-s, -; -, -nen> *m(f) (fam)* speculatore, -trice *m, f* di borsa

Borste ['bɔrstə] <-, -n> *f* setola *f*

Borstentier *nt* maiale *m*

borstig *adj* ① *(Tier, Haut)* setoloso, irsuto ② *(fig: Person)* ispido, scontroso

Borte ['bɔrtə] <-, -n> *f* passamano *m*, gallone *m*

Borwasser *nt* acqua *f* borica

bösartig ['bøːsʔaːɐ̯tɪç] *adj* ① *(Mensch, Bemerkung)* cattivo, malvagio ② MED maligno

Bösartigkeit <-, -en> *f* ① *(von Mensch, Bemerkung)* cattiveria *f*, malvagità *f* ② MED carattere *m* maligno

Böschung ['bœʃʊŋ] <-, -en> *f (Straßen~)* scarpata *f*; *(Fluss~)* argine *m*

B

böse ['bø:zə] *adj* ❶ *(Mensch, Bemerkung, Tat)* cattivo, maligno, malvagio; *(unartig)* maleducato; **jdn ~ ansehen** guardare qu di traverso; **es war nicht ~ gemeint** non avevo alcuna cattiva intenzione ❷ *(ärgerlich)* arrabbiato, irritato; **auf jdn** [*o* **mit jdm**] **~ sein** essere arrabbiato con qu, avercela con qu *fam;* **~ werden** arrabbiarsi, montare in collera ❸ *(schlimm)* grave, serio, brutto; *(Krankheit)* pericoloso; **~ Angelegenheit** brutta faccenda; **~ Folgen** conseguenze spiacevoli; **es sieht ~ aus** *(fig)* va male
Böse[1] <ein -r, -n, -n> *mf* cattivo, -a *m, f,* malvagio, -a *m, f*
Böse[2] <ein -s, -n> *nt kein Pl.* male *m;* **jdm etw ~s antun** far del male a qu; **sich** *dat* **bei etw nichts ~s denken** non pensar male di qc; **~s ahnen** avere brutti presentimenti; **~s im Schilde führen** tramare del male
Bösewicht <-(e)s, -er *o* -e> *m* ❶ *(Schuft)* malvagio *m* ❷ *(fam scherz: Schlingel)* briccone *m*
boshaft ['bo:shaft] *adj* cattivo, maligno
Bosheit ['bo:shaɪt] <-, -en> *f* malignità *f;* *(a. Handlung)* malvagità *f,* cattiveria *f*
Bosniake(in) [bɔs'nia:kə] <-s, -; -, -nen> *m(f)* bosniaco, -a *m, f*
Bosnien Herzegowina ['bɔsniən hɛrtse'go:vina] *nt* Bosnia Erzegovina *f*
Bosnier(in) ['bɔsniɐ] <-s, -; -, -nen> *m(f)* bosniaco, -a *m, f*
bosnisch ['bɔsnɪʃ] *adj* bosniaco
Bosporus ['bɔsporʊs] *m* Bosforo *m*
Boss [bɔs] <-es, -e> *m (fam)* capo *m*
böswillig I. *adj* malevolo, malintenzionato; JUR intenzionale; **in ~er Absicht** JUR con intenzioni delittuose **II.** *adv* con malevolenza, in malafede; JUR intenzionalmente
Böswilligkeit <-, -en> *f* malevolenza *f,* malizia *f*
bot [bo:t] *1. u. 3. Pers. Sing. Imp. von* **bieten**
Botanik [bo'ta:nɪk] <-> *f kein Pl.* botanica *f*
Botaniker(in) <-s, -; -, -nen> *m(f)* botanico, -a *m, f*
botanisch *adj* botanico
botanisieren [botani'zi:rən] <ohne ge-> *vi* erborizzare
Bote ['bo:tə] <-n, -n> *m* messaggero *m;* *(~njunge)* fattorino *m;* *(Dienstmann)* facchino *m;* **durch ~n** per corriere
Botengang *m* commissione *f*
Botin ['bo:tɪn] <-, -nen> *f* messaggera *f*
Botox ['bo:tɔks] <-> *nt* botulino *m*
Botoxbehandlung *f (Behandlung mit Botox-Spritzen gegen Falten)* trattamento *m* botulinico
Botschaft ['bo:tʃaft] <-, -en> *f* ❶ *(Nachricht)* messaggio *m* ❷ POL ambasciata *f*
Botschafter(in) <-s, -; -, -nen> *m(f)* ambasciatore, -trice *m, f*
Böttcher ['bœtçɐ] <-s, -> *m* bottaio *m*
Bottich ['bɔtɪç] <-(e)s, -e> *m* tino *m,* tinozza *f,* mastello *m*
Bouillon [bʊl'jɔŋ *o* bʊl'jõ:] <-, -s> *f* brodo *m,* consommé *m*
Bouillonwürfel *m* dado *m* [di estratto] di carne
Boulevard [bulə'va:ɐ̯] <-(s), -s> *m* viale *m*
Boulevard-Magazin *nt* TV rotocalco *m* scandalistico
Boulevardpresse *f* stampa *f* scandalistica
Boulevardzeitung *f* giornale *m* scandalistico
Bourgeoisie [bʊrʒoa'zi:] <-, -n> *f (geh)* borghesia *f*
Boutique [bu'ti:k] <-, -n> *f* boutique *f*
Bovist ['bo:vɪst *o* bo'vɪst] <-s, -e> *m* BOT vescia *f*
Bowle ['bo:lə] <-, -n> *f* punce *m,* punch *m*
Bowling ['bo:lɪŋ *o* 'bɔʊlɪŋ] <-s> *nt kein Pl.* bowling *m*
Box [bɔks] <-, -en> *f* ❶ *(Pferde~, Wagen~)* box *m* ❷ MUS *(Lautsprecher~)* cassa *f* [acustica]
boxen ['bɔksən] **I.** *vi* boxare, fare del pugilato **II.** *vt* dare dei pugni a **III.** *vr:* **sich ~** fare a pugni
Boxen <-s> *nt kein Pl.* SPORT pugilato *m,* boxe *f*
Boxenstopp *m (Formel 1)* sosta *f* ai box
Boxer <-s, -> *m* ❶ *(Faustschlag)* pugno *m* ❷ *(Hund)* boxer *m*
Boxer(in) <-s, -; -, -nen> *m(f) (Sportler)* boxeur *m,* pugile *mf*
Boxershorts *pl,* **Boxer-Shorts** *pl* boxer *mpl*
Boxhandschuh *m* guanto *m* da pugilato, guantone *m*
Boxkampf *m* incontro *m* di pugilato
Boxsport *m* pugilato *m,* boxe *f*
Boygroup ['bɔɪgru:p] <-, -s> *f* boygroup *m*
Boykott [bɔɪ'kɔt] <-(e)s, -s *o* -e> *m* boicottaggio *m*
boykottieren [bɔɪkɔ'ti:rən] <ohne ge-> *vt* boicottare
Bozen ['bo:tsən] *nt* Bolzano *f*
Bq *Abk. von* **Becquerel** PHYS bq
BR [be:'ʔɛr] <-(s)> *m kein Pl. Abk. von* **Bayerischer Rundfunk** *rete radiotelevisiva regionale tedesca con sede a Monaco*
brabbeln ['brabəln] *vt (fam)* borbottare

brach [braːx] *1. u. 3. Pers. Sing. Imp. von* **brechen**
Brachialgewalt [bra'xi̯aːlgəvalt] *f* forza *f* bruta
Brachland <-(e)s> *nt kein Pl.* maggese *m*
brach|legen *vt (Feld, Acker)* tenere a maggese
brach|liegen <irr> *vi* ① *(Feld, Acker)* stare a maggese ② *(fig: Talent)* rimanere improduttivo
brachte ['braxtə] *1. u. 3. Pers. Sing. Imp. von* **bringen**
brackig ['brakɪç] *adj* salmastro
Brackwasser ['brakvasɐ] *nt* acqua *f* salmastra
Brainstorming ['brɛɪnstɔːmɪŋ] <-s> *nt kein Pl.* brain storming *m*
Branche ['brãːʃə] <-, -n> *f* ① COM ramo *m*, branca *f* ② *(Fach)* campo *m*
Branchenkenntnis *f* cognizioni *f pl* del ramo
Branchenverzeichnis *nt* elenco *m* [telefonico] per categorie
Brand [brant, *Pl:* 'brɛndə] <-(e)s, Brände> *m* ① *(Feuer)* fuoco *m; (Feuersbrunst)* incendio *m;* **in ~ geraten** prendere fuoco, infiammarsi; **etw in ~ setzen** [*o* **stecken**] incendiare qc ② *Sing.* MED cancrena *f* ③ *Sing. (fam)* gran sete *f*, arsura *f*
brandaktuell *adj* attualissimo, di scottante attualità
Brandanschlag *m* attentato *m* incendiario
Brandblase *f* MED vescica *f* ustoria
Brandbombe *f* bomba *f* incendiaria
brandeilig ['brant'ʔaɪlɪç] *adj (fam)* bruciante; **es ~ haben** avere una gran fretta
branden ['brandən] *vi (geh: Wellen)* infrangersi; *(tosen)* scrosciare; **gegen etw ~** infrangersi contro qc
Brandenburg ['brandənbʊrk] <-s> *nt* Brandeburgo *f*
Brandenburger *adj* [del] Brandeburgo; **das ~ Tor** la Porta di Brandeburgo
Brandherd *m* focolaio *m* [d'incendio]
brandig *adj* ① AGR, BOT *(Getreide, Bäume)* ingolpato ② MED cancrenoso
Brandlegung <-, -en> *f* A *(Brandstiftung)* incendio *m* colposo [*o* doloso]
Brandmal <-(e)s, -e *o rar:* -mäler> *nt (geh)* segno *m* di bruciatura; *(bei Tier)* marchio *m* a fuoco; *(fig)* marchio *m* d'infamia
brandmarken *vt* bollare
Brandmauer *f* ① *(zwischen zwei Häusern)* muro *m* spartifuoco ② *(Rückwand eines Kamins)* frontone *m*
brandneu ['brant'nɔɪ] *adj (fam)* nuovo di zecca
Brandsalbe *f* pomata *f* per le scottature
Brandsatz *m* bomba *f* incendiaria
Brandschaden *m* danno *m* provocato da incendio
brandschatzen *vt* HIST *(plündern)* mettere a ferro e fuoco, saccheggiare
Brandsohle *f* TEC *(von Schuh)* tramezza *f*
Brandstelle *f* luogo *m* dell'incendio
Brandstifter(in) *m(f)* incendiario, -a *m, f*
Brandstiftung *f* incendio *m* colposo [*o* doloso]
Brandung <-, -en> *f* frangente *m*, risacca *f*
Brandwache *f* ① *(Überwachung der Brandstelle nach den Löscharbeiten)* controllo *m* della zona incendiata ② CH *(Berufsfeuerwehr)* corpo *m* dei vigili del fuoco
Brandwunde *f* piaga *f* da scottatura
Brandy ['brɛndi] <-s, -s> *m* brandy *m*
Brandzeichen *nt* marchio *m* a fuoco
brannte ['brantə] *1. u. 3. Pers. Sing. Imp. von* **brennen**
Branntwein ['brantvaɪn] *m* acquavite *f*
Brasilianer(in) [brazi'li̯aːnɐ] <-s, -; -, -nen> *m(f)* brasiliano, -a *m, f*
brasilianisch [brazi'li̯aːnɪʃ] *adj* brasiliano
Brasilien [bra'ziːli̯ən] *nt* Brasile *m;* **in ~** nel Brasile
Brasse ['brasə] <-, -n> *f* ZOO scardola *f*
brät [brɛːt] *3. Pers. Sing. Präs. von* **braten**
Bratapfel *m* GASTR mela *f* al forno
braten ['braːtən] <brät, briet, gebraten> *vt (Fleisch)* arrostire; *(in der Pfanne)* friggere; *(im Ofen)* far cuocere; *(auf dem Rost)* fare ai ferri
Braten <-s, -> *m (Fleisch)* arrosto *m*
Bratensaft *m* sugo *m* dell'arrosto
Bratensoße *f* salsa *f* per arrosti
Bratenwender <-s, -> *m* girarrosto *m*
Brathähnchen *nt* pollo *m* arrosto
Brathendl *nt* A, SÜDD *(Brathähnchen)* pollo *m* arrosto
Brathering *m* aringa *f* fritta
Brathuhn *nt* pollo *m* arrosto
Bratkartoffeln *f pl* patate *f pl* arrosto [*o* al forno]
Bratpfanne *f* padella *f*
Bratrost *m* griglia *f*, gratella *f*
Bratsche ['braːtʃə] <-, -n> *f* MUS viola *f*
Bratspieß *m* spiedo *m*
Bratwurst *f* salsiccia *f* arrostita; *(roh)* salsiccia *f* da arrostire
Brauch [braʊx, *Pl:* 'brɔɪçə] <-(e)s, Bräuche> *m* uso *m*, usanza *f*
brauchbar *adj* ① *(benutzbar: Gerät, Material)* utilizzabile, usabile; *(Plan)* utilizzabile; *(nützlich: Material, Gegenstand)* utile ② *(tauglich: Schüler, Mitarbeiter)* bravo, abile; *(Idee)* ragionevole
brauchen ['braʊxən] *vt* ① *(nötig haben)* aver bisogno di, occorrere; *(benötigen:*

B

B

Zeit, Platz) aver bisogno di; **ich brauche Geld** mi occorrono soldi; **lange ~, um zu** *+inf* metterci molto per *+inf;* **zwei Stunden ~, um zu** *+inf* impiegare due ore per *+inf* ② *(gebrauchen)* impiegare, usare, adoperare; **kannst du die Sachen ~?** ti possono servire queste cose? ③ *(müssen)* dovere; **Sie ~ es nur zu sagen** deve solo dirlo; **man braucht nur [zu] läuten** basta suonare

Brauchtum <-s, *rar:* -tümer> *nt* usanze *f pl,* usi *m pl* e costumi *m pl*

Braue ['braʊə] <-, -n> *f* sopracciglio *m*

brauen ['braʊən] *vt (Bier)* fabbricare; *(fam: Getränk)* preparare

Brauer(in) <-s, -; -, -nen> *m(f)* birraio, -a *m, f*

Brauerei [braʊə'raɪ] <-, -en> *f* fabbrica *f* di birra, birrificio *m*

Brauerin *f s.* **Brauer**

Brauhaus *nt* fabbrica *f* di birra, birrificio *m*

braun [braʊn] *adj* bruno, marrone; *(Haar)* scuro; *(Augen)* marrone, scuro; *(kastanien~)* castano; *(Pferd)* baio; *(~gebrannt)* abbronzato; **~ werden** abbronzare, abbronzarsi; *s. a.* **blau**

Braunbär *m* orso *m* bruno

Bräune ['brɔɪnə] <-> *f kein Pl.* abbronzatura *f*

bräunen **I.** *vt* ① *(Haut)* abbronzare ② GASTR rosolare **II.** *vr:* **sich ~** *(sich sonnen)* abbronzarsi

braungebrannt *adj* abbronzato

Braunkohle <-> *f kein Pl.* lignite *f*

bräunlich *adj* brunastro

Brause ['braʊzə] <-, -n> *f* ① *(Dusche)* doccia *f* ② *(Getränk)* gassosa *f*

Brausekopf *m (fig obs: Hitzkopf)* testa *f* calda

brausen ['braʊzən] **I.** *vi* ① *haben (Wasser, Beifall)* scrosciare; *(Wind)* muggire; *(Meer)* mugghiare ② *sein (Fahrzeug)* sfrecciare, correre **II.** *vr:* **sich ~** fare la doccia

brausend *adj* fragoroso, scrosciante

Brausepulver *nt* polverina *f* effervescente

Braut [braʊt, *Pl:* 'brɔɪtə] <-, Bräute> *f* fidanzata *f; (am Hochzeitstag)* sposa *f*

Bräutigam ['brɔɪtɪgam] <-s, -e> *m* fidanzato *m; (am Hochzeitstag)* sposo *m*

Brautjungfer *f* damigella *f* d'onore della sposa

Brautkleid *nt* abito *m* da sposa [*o* nuziale]

Brautpaar *nt* [coppia *f* di] sposi *m pl*

Brautschleier *m* velo *m* da sposa [*o* nuziale]

brav [bra:f] *adj* ① *(artig)* bravo, buono ② *(Kleidung)* sobrio, modesto

bravo ['bra:vo] *interj* bravo

Bravoruf *m* bravo *m*

Bravour [bra'vu:ɐ̯] <-> *f kein Pl.* ① *(Tapferkeit)* valore *m* ② *(Brillanz)* bravura *f,* brillantezza *f;* **etw mit ~ bestehen** sostenere qc brillantemente

bravourös [bravu'rø:s] *adj* coraggioso, valoroso

BRD [be:ʔɛr'de:] <-> *f kein Pl. Abk. von* **Bundesrepublik Deutschland** RFT *f*

Breakdance <-(s)> *m kein Pl.* break dance *f*

Brechbohnen *f pl* fagiolini *m pl*

Brechdurchfall *m* MED colerina *f*

Brecheisen *nt* piede *m* di porco

brechen ['brɛçən] <bricht, brach, gebrochen> **I.** *vt haben* ① *(entzwei~)* spezzare, rompere; *(in Stücke ~)* frantumare; **jdm das Herz ~** spezzare il cuore a qu ② *(Steine)* cavare ③ *(Blumen, Obst)* cogliere ④ MED *(Knochen)* fratturare; **sich** *dat* **den Arm/das Bein ~** rompersi il braccio/la gamba ⑤ *(von sich geben)* vomitare ⑥ OPT rifrangere ⑦ *(fig: Frieden, Eid, Gesetz)* violare; *(Vertrag)* rompere; *(Gelübde)* infrangere; *(Versprechen, sein Wort)* non mantenere; *(Widerstand)* vincere; *(Rekord)* battere; **den Streik ~** fare il crumiro **II.** *vi* ① *sein (zer~)* rompersi, spezzarsi; **mir bricht das Herz** mi si spezza il cuore; **zum Brechen** [*o* **~d**] **voll sein** essere pieno come un uovo ② *haben (sich erbrechen)* vomitare, rigettare ③ *haben (fig)* **mit jdm ~** rompere con qu **III.** *vr* **sich an etw** *dat* **~** *(Wellen)* infrangersi contro qc; *(Licht)* rifrangersi contro qc

Brecher <-s, -> *m* frangente *m,* ondata *f*

Brechmittel *nt* MED emetico *m*

Brechreiz *m* conato *m* di vomito, nausea *f*

Brechstange *f* piede *m* di porco

Brechung <-, -en> *f* ① MED frattura *f* ② PHYS rifrazione *f*

Bredouille [bre'dʊljə] <-> *f kein Pl.* impiccio *m,* pasticcio *m;* **in die ~ kommen** finire in un pasticcio; **in der ~ sein** essere in un impiccio

Bregenz ['bre:gɛnts] *nt* Bregenz *f*

Brei [braɪ] <-(e)s, -e> *m (für Kinder)* pappa *f; (Kartoffel~)* purè *m,* purea *f; (bes. von Obst)* passato *m;* **um den [heißen] ~ herumreden** *(fam)* non venire al dunque; **jdn zu ~ schlagen** *(fig fam)* fare polpette di qu, ridurre qu in poltiglia

breiig *adj* denso, pastoso

Breisgau ['braɪsgaʊ] *m* Brisgovia *f*

breit [braɪt] *adj* largo; *(weit, ausgedehnt)* ampio, vasto; *(Publikum)* vasto, grande; *(Angebot, Interessen)* grande; *(Lachen)* sguaiato; **die ~e Masse** la gran[de] massa; **einen ~en Rücken haben** *(fig)* sopportare parecchio; **~er machen** allargare; **~er werden** allargarsi

Breitbandverbindung *f* COMP connessione *f* a banda larga

breitbeinig *adv* a gambe large

Breite <-, -n> *f* 1 *(bei Maßangaben)* larghezza *f; (Weite, Ausdehnung)* ampiezza *f,* vastezza *f; (Breitseite)* fianco *m; (Stoff~)* altezza *f;* **etw in aller ~ erklären** spiegare qc dettagliatamente; **in die ~ gehen** ingrassare 2 GEOG, ASTR latitudine *f;* **nördliche ~** latitudine nord

breiten *vt (aus~)* [di]stendere (**über** *+akk* su)

Breitengrad *m* GEOG grado *m* di latitudine

Breitensport <-(e)s> *m kein Pl.* SPORT sport *m* diffuso

breit|machen *vr:* **sich ~** *(fam)* 1 *(viel Platz beanspruchen)* occupare molto posto 2 *(sich häuslich niederlassen)* installarsi 3 *(sich ausbreiten)* propagarsi

breitrandig *adj* con orlo largo

breit|schlagen <irr> *vt (fam)* **sich ~ lassen** lasciarsi convincere

breitschult[e]rig *adj* dalle spalle larghe

Breitseite *f* 1 NAUT fianco *m* di nave; *(Schuss)* bordata *f* 2 *(von Tisch, Haus)* fianco *m*

breit|treten <irr> *vt (fig)* **etw ~** diffondersi su qc

Breitwand *f* FILM schermo *m* panoramico [*o* gigante]

Breitwandfilm *m* film *m* in cinemascope

Bremen ['bre:mən] *nt* Brema *f*

Bremsbelag *m* MOT pastiglie *f pl* dei freni

Bremse ['brɛmzə] <-, -n> *f* 1 TEC, MOT freno *m;* **auf die ~ treten** premere il freno 2 ZOO *(Insekt)* tafano *m*

bremsen ['brɛmzən] *vi, vt (a. fig)* frenare; **er ist nicht zu ~** *(fam)* non si riesce a fermarlo

Bremsflüssigkeit *f* AUTO liquido *m* per freni

Bremshebel *m* MOT leva *f* del freno

Bremsklotz *m* ceppo *m* del freno

Bremslicht *nt* luce *f* di arresto, stop *m*

Bremspedal *nt* pedale *m* del freno

Bremsspur *f* traccia *f* della frenata

Bremsung <-, -en> *f* frenata *f*

Bremsvorrichtung *f* dispositivo *m* di frenaggio

Bremsweg *m* spazio *m* di frenata

brennbar *adj* combustibile; *(entzündlich)* infiammabile

Brennelement *nt* elemento *m* combustibile

brennen ['brɛnən] <brennt, brannte, gebrannt> **I.** *vi* 1 *(Feuer, Material, Haus)* bruciare, ardere; *(Licht, Ofen)* essere acceso; **es brennt!** al fuoco!; **wo brennt's?** *(fig fam)* cos'è successo?; **das Streichholz brennt nicht** [*o* **will nicht ~**] il fiammifero non si accende; **darauf ~ etw zu tun** ardere dal desiderio di fare qc 2 *(Haut, Wunde, Augen, Kehle, Füße)* bruciare 3 *(heiß sein)* scottare **II.** *vt* bruciare; *(Porzellan, Kalk, Ziegel, Ton)* cuocere; *(Kaffee)* torrefare, tostare; *(Branntwein)* distillare; INFORM masterizzare

brennend *adj* 1 *(Haus)* in fiamme; *(Feuer, Holz)* ardente, che brucia; *(Zigarette, Licht)* acceso 2 *(Wunde, Auge, Fuß, Kehle)* che brucia; *(Schmerz)* cocente 3 *(fig: Durst)* terribile; *(Hass)* che consuma; *(Interesse)* vivo; **jdn ~ interessieren** interessare qu terribilmente

Brenner[1] ['brɛnɐ] <-s> *m kein Pl.* GEOG Brennero *m*

Brenner[2] <-s, -> *m (Gerät)* bruciatore *m; (Gas~)* becco *m* a gas

Brennerei [brɛnə'raɪ] <-, -en> *f (Schnaps~)* distilleria *f*

Brennglas *nt* OPT lente *f* convergente

Brennholz *nt* legna *f* da ardere

Brennmaterial *nt* combustibile *m*

Brennnessel *f* ortica *f*

Brennpunkt *m* 1 OPT, MAT fuoco *m* 2 *(fig: Mittelpunkt)* centro *m;* **im ~ des Interesses stehen** stare al centro dell'interesse

Brennspiritus *m* spirito *m* per combustione

Brennstab *m* PHYS barra *f* combustibile

Brennstoff *m* combustibile *m;* MOT, AERO carburante *m*

Brennstoffzelle *f* cella *f* [*o* pila *f*] a combustibile

Brennweite *f* PHYS, FOTO distanza *f* focale

brenzlig ['brɛntslɪç] *adj (fam: bedenklich)* sospetto, preoccupante

Bresche ['brɛʃə] <-, -n> *f* breccia *f;* **eine ~ schlagen** aprire una breccia; **in die ~ springen** *(fig)* intervenire

Breslau ['brɛslaʊ] *nt* Breslavia *f*

Bretagne [bre'tanjə *o* brə'tanjə] *f* Bretagna *f*

Bretone [bre'to:nə] <-n, -n> *m,* **Bretonin** [bre'to:nɪn] <-, -nen> *f* bretone *mf*

bretonisch [bre'to:nɪʃ] *adj* bretone

Brett [brɛt] <-(e)s, -er> *nt* 1 *(Holz~)* asse *m,* tavola *f; (Regal~)* mensola *f; (Bücher~)* [ri]piano *m;* **Schwarzes ~** bacheca *f;* **ein ~ vor dem Kopf haben** non veder più in là del proprio naso 2 *Pl.* SPORT *(Ski)* sci *mpl; (Boxring)* ring *m* 3 *Pl.* THEAT *(Bühne)* palcoscenico *m,* scena *f* 4 *(Schach~)* scacchiera *f; (Dame~)* damiera *f*

Bretterzaun *m* steccato *m,* staccionata *f*

B

Brettspiel *nt* gioco *m* da tavola
Brevier [breˈviːɐ̯] <-s, -e> *nt* breviario *m*
Brexit <-s> [ˈbrɛksɪt] *m kein pl* POL Brexit *f*
Brezel [ˈbreːtsəl] <-, -n> *f* GASTR brezel *m*
bricht [brɪçt] *3. Pers. Sing. Präs. von* **brechen**
Bridge [brɪtʃ] <-> *nt kein Pl.* bridge *m*
Brief [briːf] <-(e)s, -e> *m* lettera *f;* REL epistola *f;* **blauer ~** lettera di licenziamento; **offener ~** lettera aperta; **jdm ~ und Siegel auf etw** *akk* **geben** dare tutte le assicurazioni a qu su qc
Briefablage <-, -n> *f* raccoglitore *m* per lettere
Briefbeschwerer <-s, -> *m* fermacarte *m*
Briefblock <-(e)s, -s> *m* blocco *m* di carta da lettere
Briefbogen *m* foglio *m* di carta da lettere
Briefbombe *f* lettera *f* esplosiva, bomba *f* carta
Briefdrucksache *f* lettera *f* inviata come stampe
Brieffreund(in) *m(f)* amico, -a *m, f* di penna
Brieffreundschaft *f* amicizia *f* epistolare
Briefgeheimnis <-ses> *nt kein Pl.* segreto *m* epistolare
Briefing [ˈbriːfɪŋ] <-s, -s> *nt* 1 MIL briefing *m* 2 *(Informationsgespräch)* briefing *m*
Briefkarte *f* cartoncino *m* [con busta]
Briefkasten *m (der Post)* cassetta *f* postale, buca *f* delle lettere *fam; (Haus~)* cassetta *f* della posta; **in den ~ stecken** [*o* **werfen**] imbucare; **elektronischer ~** mail box *m*
Briefkastenfirma *f* società *f* di comodo
Briefkopf *m* intestazione *f* della lettera
brieflich *adj* per lettera
Briefmarke *f* francobollo *m*
Briefmarkenalbum *nt* album *m* filatelico
Briefmarkenautomat *m* distributore *m* automatico di francobolli
Briefmarkensammler(in) *m(f)* filatelista *mf*
Briefmarkensammlung *f* collezione *f* di francobolli
Brieföffner *m* tagliacarte *m*
Briefpapier *nt* carta *f* da lettere
Briefporto *nt* affrancatura *f*
Briefschreiber(in) *m(f)* persona *f* che scrive lettere; **ein eifriger ~** un fervido corrispondente
Brieftasche *f* portafoglio *m*
Brieftaube *f* piccione *m* viaggiatore
Briefträger(in) *m(f)* postino, -a *m, f,* portalettere *mf*
Briefumschlag *m* busta *f* [da lettera]
Briefwaage *f* bilancia *f* per corrispondenza
Briefwahl *f* votazione *f* per corrispondenza
Briefwechsel *m* corrispondenza *f* epistolare, carteggio *m;* **mit jdm in ~ stehen** essere in corrispondenza con qu
briet [briːt] *1. u. 3. Pers. Sing. Imp. von* **braten**
Brigade [briˈgaːdə] <-, -n> *f* MIL brigata *f*
Brigadegeneral *m* generale *m* di brigata
Brikett [briˈkɛt] <-s, -s *o rar:* -e> *nt* bricchetta *f,* mattonella *f* di carbone
brillant [brɪlˈjant] *adj* brillante, splendido
Brillant <-en, -en> *m* brillante *m*
Brillantring *m* anello *m* con brillante
Brille [ˈbrɪlə] <-, -n> *f* 1 OPT [paio *m* di] occhiali *mpl;* **alles durch eine rosa/schwarze ~ sehen** vedere tutto rosa, essere ottimista/pessimista 2 *(Klosett~)* sedile *m*
Brillenetui *nt* astuccio *m* per occhiali
Brillengestell *nt* montatura *f* degli occhiali
Brillenglas *nt* lente *f* [da occhiali]
Brillenschlange *f* 1 ZOO serpente *m* dagli occhiali, naia *f* 2 *(fig fam: Brillenträgerin)* donna *f* occhialuta
Brillenträger(in) *m(f)* persona *f* con gli occhiali; **~ sein** portare gli occhiali
bringen [ˈbrɪŋən] <bringt, brachte, gebracht> *vt* 1 *(transportieren, befördern)* [tras]portare; *(herbei~, mit~)* portare; *(holen)* andare a prendere; *(begleiten)* accompagnare; *(im Auto fahren)* portare; **jdm Blumen ~** portare i fiori a qu; **Glück ~** portare fortuna; **wir ~ Nachrichten** abbiamo notizie; **etw zum Stehen ~** fermare qc; **jdn auf eine Idee ~** far venire un'idea a qu; **in Gang ~** mettere in moto, avviare; **in Sicherheit ~** mettere al sicuro; **etw an sich ~** impadronirsi di qc; **etw hinter sich ~** portare a termine qc; **mit sich** *dat* **~** *(zur Folge haben)* avere come conseguenza, comportare 2 *(ein~: Geld, Gewinn)* rendere, fruttare; *(Ärger, Sorgen, Freude, Vorteile)* causare, portare; **das bringt nichts** *(fam)* non serve a niente 3 *(Opfer)* portare, fare 4 *(fam: veröffentlichen)* pubblicare; *(senden)* trasmettere; **was ~ die Zeitungen darüber?** cosa ne dicono i giornali? 5 *(wegnehmen)* **jdn um etw ~** far perdere qc a qu; *(berauben)* derubare qu di qc; **jdn um den Verstand ~** far perdere il senno a qu 6 *(erreichen)* **es dahin** [*o* **so weit**] **~, dass …** arrivare a …, far si che …; **es weit ~, es** [**noch**] **zu etwas ~** far molta strada 7 *(bekommen)* indurre; **jdn zum Lachen/Weinen ~** far ridere/piangere qu; **jdn dazu ~ etw zu tun** indurre qu a fare qc

Bringschuld *f* FIN *debito pagabile al domicilio del creditore*
brisant [bri'zant] *adj* di scottante attualità, esplosivo
Brisanz [bri'zants] <-> *f kein Pl. (a. fig)* esplosività *f*, forza *f* esplosiva
Brise ['bri:zə] <-, -n> *f* brezza *f*
Britannien [bri'tani̯ən] *nt* HIST Britannia *f*
Brite ['brɪtə *o* 'bri:tə] <-n, -n> *m*, **Britin** ['brɪtɪn] <-, -nen> *f* britanno, -a *m, f*
britisch *adj* britannico; **die Britischen Inseln** le isole Britanniche
Brixen ['brɪksən] *nt* Bressanone *f*
bröckelig *adj* friabile
bröckeln ['brœkəln] *vi sein* sbriciolarsi, sgretolarsi
Brocken ['brɔkən] <-s, -> *m (a. fig)* briciolo *m; (Stückchen)* pezzo *m*, frammento *m*; **harter ~** *(fig fam)* osso *m* duro; **ein paar ~ Latein** qualche parola di latino
brockenweise *adv* a pezzettini, a bocconi; *(fig)* in maniera frammentaria
brodeln ['bro:dəln] *vi* ❶ *(Wasser, a. fig)* ribollire ❷ A *(fam: trödeln)* baloccarsi
Brokat [bro'ka:t] <-(e)s, -e> *m* broccato *m*
Broker(in) ['bro:kɐ] <-s, -; -, -nen> *m(f)* FIN broker *m*, mediatore, -trice *m, f*
Brokkoli ['brɔkoli] *pl* broccolo *m*
Brom [bro:m] <-s> *nt kein Pl.* CHEM bromo *m*
Brombeere ['brɔmbe:rə] *f* mora *f*
Brombeerstrauch *m* rovo *m*
bronchial [brɔnçi̯'a:l] *adj* bronchiale
Bronchialkatarrh [brɔnçi̯'a:lkatar] *m* bronchite *f*
Bronchie ['brɔnçi̯ə] <-, -n> *f* ANAT bronco *m*
Bronchitis [brɔn'çi:tɪs] <-, Bronchitiden> *f* MED bronchite *f*
Bronchoskopie [brɔnçosko'pi:, *Pl:* brɔnçosko'pi:ən] <-, -n> *f* MED broncoscopia *f*
Bronze ['brõ:sə] <-, -n> *f* bronzo *m*
Bronzemedaille *f* medaglia *f* di bronzo
bronzen *adj* di bronzo, bronzeo
Bronzezeit *f* età *f* del bronzo
Brosche ['brɔʃə] <-, -n> *f* fermaglio *m*, spilla *f*
broschiert [brɔ'ʃi:ɐt] *adj* in brossura
Broschüre [brɔ'ʃy:rə] <-, -n> *f* opuscolo *m*, depliant *m*
Brösel ['brø:zəl] <-s, -> *m* briciola *f*
Brot [bro:t] <-(e)s, -e> *nt* pane *m*; **ein Laib ~** un pane, una pagnotta; **eine Scheibe ~** una fetta di pane; **sein ~ verdienen** guadagnarsi il pane
Brotbeutel *m* tascapane *m*
Brötchen ['brø:tçən] <-s, -> *nt* panino *m*; **belegtes ~** panino *m* imbottito, sandwich *m*
Brötchengeber(in) <-s, -; -, -nen> *m(f)* *(fam)* padrone, -a *m, f*
Broteinheit *f unità di misura dei carboidrati (nelle diete)*
Brotkorb *m* cestino *m* del pane
Brotkrume *f*, **Brotkrümel** *m* mollica *f*
Brotkruste *f* crosta *f* del pane
brotlos *adj* **~e Kunst** arte che non dà da vivere; **jdn ~ machen** gettare qu sul lastrico
Brotmaschine *f* affettatrice *f* per pane
Brotmesser *nt* coltello *m* per il pane
Brotrinde *s.* **Brotkruste**
Brotröster <-s, -> *m (Gerät)* tostapane *m*
Brotschneidemaschine *f* affettatrice *f* per pane
Brotsuppe *f* GASTR pancotto *m*
Brownie ['braʊni] <-s, -s> *m* brownie *m*
Browser ['braʊzɐ] <-s, -> *m* INFORM browser *m*
BRT *Abk. von* **Bruttoregistertonne** TSL
Bruch [brʊx, *Pl:* 'brʏçə] <-(e)s, Brüche> *m* ❶ *(Brechen, a. fig)* rottura *f*; **zu ~ gehen** rompersi, andare in pezzi; **in die Brüche gehen** *(fig)* fallire, andare in fumo ❷ *(Zerbrochenes)* frantumi *mpl* ❸ *(Bruchstelle)* frattura *f* ❹ *(Falte)* piega *f* ❺ MED *(Knochen~)* frattura *f*; *(Eingeweide~)* ernia *f*; **sich** *dat* **einen ~ heben** farsi venire un'ernia alzando un peso ❻ MAT frazione *f* ❼ *(Spaltung, Zerwürfnis)* scissione *f*
Bruchbude *f (fam)* catapecchia *f*
bruchfest *adj* infrangibile
brüchig ['brʏçɪç] *adj* ❶ *(zerbrechlich)* fragile; *(bröckelig)* friabile, sfaldabile ❷ *(Stimme)* stridulo ❸ *(fig)* fatiscente
Bruchlandung *f* atterraggio *m* di fortuna
Bruchrechnen *nt* MAT calcolo *m* con numeri frazionari
Bruchstrich *m* MAT segno *m* di frazione
Bruchstück *nt* frammento *m*
bruchstückhaft *adv* a frammenti, frammentariamente
Bruchteil *m* frazione *f*
Bruchzahl *f* MAT frazione *f*
Brücke ['brʏkə] <-, -n> *f* ❶ ARCH, SPORT, TEC, MED ponte *m*; NAUT passerella *f*; **eine ~ schlagen** *(a. fig)* gettare un ponte; **alle ~n hinter sich** *dat* **abbrechen** tagliare tutti i ponti col mondo ❷ *(Teppich)* passatoia *f*
Brückenbau <-(e)s, -ten> *m* costruzione *f* di ponti
Brückengeländer *nt* parapetto *m* del ponte
Brückenkopf *m* MIL testa *f* di ponte
Brückenpfeiler *m* pilastro *m* di un ponte
Bruder ['bru:dɐ, *Pl:* 'bry:dɐ] <-s, Brüder> *m* ❶ *(allg, Mitmensch, Freund)* fratello *m*;

B

REL *(Ordensbruder)* frate[llo] *m;* **unter Brüdern** tra amici ② *(fam pej)* soggetto *m,* tipo *m*

Brüderchen ['bry:dɐçən] <-s, -> *nt,* **Brüderlein** ['bry:dɐlaɪn] <-s, -> *nt* fratellino *m*

brüderlich *adj* fraterno

Brüderlichkeit <-> *f kein Pl.* fraternità *f,* fratellanza *f*

Brudermord *m* fratricidio *m*

Brudermörder(in) *m(f)* fratricida *mf*

Bruderschaft <-, -en> *f* confraternita *f,* congregazione *f*

Brüderschaft <-> *f kein Pl.* fraternità *f,* fratellanza *f;* **mit jdm ~ trinken** proporre il “tu” a qu [bevendo un bicchierino]

Brühe ['bry:ə] <-, -n> *f* ① *(Fleisch~)* brodo *m* [ristretto di carne], consommé *m* ② *(pej: Schmutzwasser)* acque *f pl* luride; *(Getränk)* brodaglia *f*

brühen *vt* GASTR sbollentare, immergere nell'acqua bollente

brühwarm ['bry:'varm] *adj (fam)* **etw ~ erzählen** scodellare una notizia calda calda

Brühwürfel *m* dado *m* per [*o* da] brodo

brüllen ['brʏlən] *vi (Rind)* muggire; *(Löwe)* ruggire; *(Mensch)* urlare; *(weinen)* piangere forte

Brummbär *m (fam)* brontolone *m,* orso *m*

brummeln *vi* mormorare, borbottare

brummen ['brʊmən] **I.** *vi* ① *(Bär, Mensch)* brontolare; *(Insekt, Flugzeug)* ronzare; MOT rombare; **mir brummt der Schädel** la testa mi ronza ② *(fam: in Gefängnis)* stare al fresco **II.** *vt* borbottare, mormorare

Brummer <-s, -> *m (fam)* ① *(Fliege)* moscone *m* ② *(LKW)* Tir *m*

brummig *adj* brontolone, che borbotta

Brummschädel *m (fam)* **einen ~ haben** avere la testa stordita

Brunch [brantʃ] <-(e)s, -(e)s *o* -(e)> *m* brunch *m,* colazione *f* della tarda mattinata

brunchen *vi* fare colazione nella tarda mattinata

Bruneck [bru'nɛk] *nt* Brunico *f*

brünett [bry'nɛt] *adj* bruno, moro

Brunft [brʊnft, *Pl:* 'brʏnftə] <-, Brünfte> *f s.* **Brunst**

Brunnen ['brʊnən] <-s, -> *m (Spring~)* fontana *f; (Zieh~)* pozzo *m; (Heilquelle)* [sorgente *f* di] acque *f pl* minerali

Brunst [brʊnst, *Pl:* 'brʏnstə] <-, Brünste> *f* calore *m,* fregola *f*

brünstig ['brʏnstɪç] *adj* ZOO in calore, in fregola

Bruschetta [brʊs'kɛta] <-, -s *o* Bruschette> *f* bruschetta *f,* crostone *m*

brüsk [brʏsk] *adj* brusco, sgarbato

brüskieren [brʏs'ki:rən] <ohne ge-> *vt* trattare male, bistrattare

Brüss[e]ler ['brʏs(ə)lɐ] <inv> *adj attr.* di Bruxelles; **~ Spitzen** pizzi di Bruxelles

Brüssel ['brʏsəl] *nt* Bruxelles *f*

Brust [brʊst, *Pl:* 'brʏstə] <-, Brüste> *f* ① *Sing. (Körperteil)* petto *m; (~korb, ~kasten)* torace *m; (fig: Herz, Seele)* cuore *m,* petto *m;* **jdn an die ~ drücken** stringere qu al petto; **aus voller ~** a squarciagola; **sich in die ~ werfen** *(fig)* andare pettoruto, darsi delle arie ② *(Busen)* seno *m;* **einem Kind die ~ geben** dare il seno a un bambino ③ *Sing.* GASTR petto *m*

Brustbein *nt* ANAT sterno *m*

Brustbeutel *m* borsellino *m* appeso al collo

brüsten ['brʏstən] *vr:* **sich ~** darsi delle arie; **sich mit etw ~** vantarsi di qc

Brustfell *nt* ANAT pleura *f*

Brustfellentzündung *f* MED pleurite *f*

Brustkasten *m* ANAT *(fam)* gabbia *f* toracica, torace *m*

Brustkorb *m* ANAT gabbia *f* toracica, torace *m*

Brustkrebs *m* MED carcinoma *m* mammario, cancro *m* al seno *fam*

Brustmuskel *m* ANAT muscolo *m* pettorale

Brust-OP ['brʊstʔo:'pe:] <-, -s> *f* operazione *f* al seno

Brustoperation <-, -en> *f* MED mastectomia *f*

Brustschwimmen *nt* SPORT [nuoto *m* a] rana *f*

Brusttasche *f (äußere)* taschino *m* [sul petto]; *(innere)* taschino *m* interno

Brustton *m* MUS nota *f* di petto; **im ~ der Überzeugung** con la massima convinzione

Brusttoupet *nt (Haarteil für Männerbrust) toupet da mettere sul petto*

Brustumfang *m* [circonferenza *f* di] petto *m*

Brüstung ['brʏstʊŋ] <-, -en> *f* parapetto *m,* balaustra *f*

Brustvergrößerung *f* aumento *m* del seno

Brustwarze *f* ANAT capezzolo *m*

Brustweite *f* [circonferenza *f* di] petto *m*

Brut [bru:t] <-, -en> *f* ① *(das Brüten)* cova[tura] *f,* incubazione *f* ② *(Eier, Vogeljunge)* covata *f,* nidiata *f; (Fisch~)* avannotti *m pl* ③ *Sing. (fig, pej: Gesindel)* gentaglia *f*

brutal [bru'ta:l] *adj* brutale

Brutalität [brutali'tɛ:t] <-, -en> *f* brutalità *f*

Brutapparat *m* incubatrice *f*

brüten ['bry:tən] **I.** *vi* ① *(Vögel)* covare ② *(Sonne)* bruciare ③ *(nachgrübeln)* **über**

etw *dat* ~ meditare su qc **II.** *vt (Rache, Verrat)* covare, meditare

Brüter <-s, -> *m* PHYS **schneller** ~ reattore *m* autofertilizzante

Bruthitze *f (fam)* calore *m* soffocante

Brutkasten *m* incubatrice *f*

Brutstätte *f* luogo *m* di cova; *(fig)* covo *m*, nido *m*

brutto ['brʊto] *adv* lordo

Bruttoeinkommen *nt* reddito *m* lordo

Bruttogehalt <-(e)s, -hälter> *nt* stipendio *m* lordo

Bruttogewicht *nt* peso *m* lordo

Bruttoinlandsprodukt *nt* WIRTSCH prodotto *m* interno lordo

Bruttopreis *m* prezzo *m* lordo

Bruttoregistertonne *f* tonnellata *f* di stazza lorda

Bruttosozialprodukt *nt* WIRTSCH Prodotto *m* Nazionale Lordo

Brutzeit *f* [periodo *m* di] incubazione *f*

brutzeln ['brʊtsəln] *vi, vt* GASTR friggere, soffriggere

BSE [beːʔɛsˈʔeː] *Abk. von* **Bovine Spongiforme Encephalopathie** (**Rinderwahnsinn**) BSE *f (sindrome della mucca pazza)*

BSP [beːʔɛsˈpeː] <-> *nt* WIRTSCH *Abk. von* **Bruttosozialprodukt** PNL *m*

Btx [beːteːˈʔɪks] *Abk. von* **Bildschirmtext** Videotel® *m*

Bub [buːp] <-en, -en> *m* SÜDD, A, CH ragazzo *m*, ragazzetto *m*

Bubbletea ['bʌblti] <-s, -s> *m* bubble tea *m*

Bubikopf ['buːbikɔpf] *m (Frisur)* caschetto *m*

Buch [buːx, *Pl:* 'byːçɐ] <-(e)s, Bücher> *nt* ① *(Druckwerk)* libro *m*; **das ~ der Bücher** la Bibbia, la Sacra scrittura; **reden wie ein ~** *(fam)* parlare come un libro stampato; **das ist mir ein ~ mit sieben Siegeln** questo per me è arabo; **wie es im ~ steht** come si deve ② *meist Pl.* COM registro *m*, libro *m* contabile; **die Bücher führen** tenere la contabilità; **über etw** *akk* **~ führen** registrare qc; **zu ~e schlagen** avere il proprio peso ③ *(Dreh~)* copione *m*

Buchbesprechung *f* recensione *f* [di un libro]

Buchbinder(in) <-s, -; -, -nen> *m(f)* [ri]legatore, -trice *m, f* di libri

Buchbinderei [buːxbɪndəˈraɪ] <-, -en> *f* ① *(Werkstatt)* legatoria *f* ② *(Gewerbe)* rilegatura *f*

Buchbinderin *f s.* **Buchbinder**

Buchclub *m* club *m* del libro

Buchdruck <-(e)s> *m kein Pl.* stampa *f* di libri

Buchdrucker(in) *m(f)* stampatore, -trice *m, f*, tipografo, -a *m, f*

Buchdruckerei ['buːxdrʊkəˈraɪ] *f* tipografia *f*, stamperia *f*

Buchdruckerin *f s.* **Buchdrucker**

Buche ['buːxə] <-, -n> *f* faggio *m*

Buchecker ['buːxʔɛkɐ] <-, -n> *f* faggiola *f*

buchen ['buːxən] *vt* ① COM *(Betrag auf Konto)* registrare, contabilizzare; **einen Erfolg für sich ~ [können]** *(fig)* registrare un successo personale ② *(Platz, Zimmer, Flug)* prenotare, riservare

Buchenholz *nt* [legno *m* di] faggio *m*

Bücherbrett *nt* mensola *f* per libri

Bücherbus *m* bibliobus *m*

Bücherei [byːçəˈraɪ] <-, -en> *f* biblioteca *f*

Bücherfreund *m* bibliofilo *m*

Büchernarr *m (fam)* topo *m* di biblioteca

Bücherregal *nt* scaffale *m*

Bücherschrank *m* libreria *f*

Bücherstütze *f* reggilibri *m*

Bücherwand *f* biblioteca *f* a muro

Bücherweisheit *f* cultura *f* libresca

Bücherwurm *m (scherz)* topo *m* di biblioteca

Buchfink *m* fringuello *m*

Buchführung *f* COM contabilità *f*; **einfache/doppelte ~** contabilità a partita semplice/doppia

Buchhalter(in) *m(f)* COM contabile *mf*, ragioniere, -a *m, f*

buchhalterisch *adj* COM contabile

Buchhaltung *s.* **Buchführung**

Buchhandel *m* commercio *m* librario

Buchhändler(in) *m(f)* libraio, -a *m, f*

Buchhandlung *f* libreria *f*

Buchhülle *f* copertina *f* per libri

Buchmacher *m (bei Pferderennen)* allibratore *m*

Buchmalerei *f* miniatura *f* [di codici]

Buchmesse *f* fiera *f* del libro

Buchprüfer(in) *m(f)* COM revisore *m* contabile

Buchprüfung *f* COM revisione *f* contabile, verifica *f* dei libri contabili

Buchrücken *m* costola *f*

Buchsbaum ['bʊksbaʊm] *m* BOT bosso *m*

Buchse ['bʊksə] <-, -n> *f* TEC manicotto *m*

Büchse ['bʏksə] <-, -n> *f* ① *(Behälter)* barattolo *m*, vaso *m*; *(Dose)* lattina *f*; *(Sammel~)* bossolo *m* ② *(Jagdgewehr)* fucile *m*, schioppo *m*

Büchsenfleisch *nt* carne *f* in scatola

Büchsenmilch *f* latte *m* condensato

Büchsenöffner *m* apriscatole *m*

Buchstabe ['buːxʃtaːbə] <-ns *o rar:* -n, -n> *m* lettera *f*, carattere *m*; **großer/kleiner ~** lettera maiuscola/minuscola; **nach**

B

dem ~n des Gesetzes secondo la lettera della legge

buchstabengetreu *adj* letterale

buchstabieren [buːxʃtaˈbiːrən] <ohne ge-> *vt* compitare, sillabare

buchstäblich [ˈbuːxʃtɛːplɪç] **I.** *adj* letterale **II.** *adv (fig: geradezu)* letteralmente, alla lettera

Buchstütze *f* reggilibri *m*

Bucht [bʊxt] <-, -en> *f* baia *f; (kleine)* insenatura *f*

Buchtel [ˈbʊxtəl] <-, -n> *f meist Pl.* A *dolce di pasta lievitata farcito di marmellata o altro*

Buchung <-, -en> *f* ① COM *(Eintrag)* registrazione *f* ② *(Reservierung)* prenotazione *f*

Buchweizen *m* grano *m* saraceno

buck[e]lig *adj (Fläche)* gibboso; *(Mensch)* gobbo

Buck[e]lige <ein -r, -n, -n> *mf* gobbo, -a *m, f*

Buckel [ˈbʊkəl] <-s, -> *m* ① *(fam: Rücken)* groppa *f;* **rutsch mir den ~ runter!** *(fam)* non mi rompere le scatole!; **seine siebzig Jahre auf dem ~ haben** *(fam)* avere settant'anni sulla groppa ② MED *(Höcker)* gobba *f,* gibbosità *f;* **einen ~ haben** essere gobbo

buckeln *vi (fam)* ① *(Katze)* inarcare il dorso ② *(pej)* **vor jdm ~** leccare i piedi a qu

bücken [ˈbʏkən] *vr* **sich [nach etw] ~** chinarsi [per raccogliere qc]

bucklig *s.* **buck[e]lig**

Bückling [ˈbʏklɪŋ] <-s, -e> *m* ① GASTR aringa *f* affumicata ② *(scherz: Verbeugung)* inchino *m*

buddeln [ˈbʊdəln] *vi (fam: wühlen)* scavare, frugare

Buddha [ˈbʊda] <-s, -s> *m* Budda *m*

Buddhismus [bʊˈdɪsmʊs] <-> *m kein Pl.* buddismo *m*

Buddhist(in) [bʊˈdɪst] <-en, -en; -, -nen> *m(f)* buddista *mf*

buddhistisch *adj* buddista

Bude [ˈbuːdə] <-, -n> *f* ① *(Verkaufs-, Markt~)* bancarella *f; (Zeitungs~)* chiosco *m* ② *(fam: Zimmer)* stanza *f,* camera *f;* **jdm auf die ~ rücken** *(fam)* piombare in casa di qu

Budget [bʏˈdʒeː *o* byˈdʒeː] <-s, -s> *nt* POL, COM bilancio *m,* budget *m*

Büfett [byˈfeː] <-(e)s, -s *o* -e> *nt* ① *(Anrichte)* credenza *f,* buffet *m;* **kaltes ~** buffet freddo ② *(Schanktisch)* banco *m* ③ CH *(Bahnhofsrestaurant)* ristorante *m* della stazione

Büffel [ˈbʏfəl] <-s, -> *m* bufalo *m*

büffeln *(fam)* **I.** *vi* sgobbare **II.** *vt* sgobbare su, studiare

Buffet [bʏˈfeː] <-s, -s> *nt s.* **Büfett**

Bug[1] [buːk] <-(e)s, Büge> *m (Schulterteil)* spalla *f*

Bug[2] <-(e)s, -e> *m* NAUT prua *f*

Bug[3] [bak] <-s, -s> *m* INFORM bug *m,* baco *m*

Bügel [ˈbyːgəl] <-s, -> *m* ① *(Kleider~)* appendino *m* ② *(von Handtasche)* manico *m* ③ *(Brillen~)* stanghetta *f* ④ *(von Gewehr)* ponticello *m* ⑤ *(am Skilift)* staffa *f* ⑥ *(Steig~)* staffa *f* ⑦ *(Stromabnehmer)* presa *f* ad archetto

Bügel-BH *m* reggiseno *m* a balconcino

Bügelbild *nt* immagine *f* da stampare su una maglietta

Bügelbrett *nt* asse *m* da stiro

Bügeleisen *nt* ferro *m* da stiro

Bügelfalte *f* piega *f* dei calzoni

bügelfrei *adj* che non si stira

Bügelmaschine *f* stiratrice *f*

bügeln [ˈbyːgəln] *vi, vt* stirare; **etw glatt ~** stirare qc [accuratamente]

Buggy [ˈbagi] <-s, -s> *m* passeggino *m* trekking

bugsieren [bʊˈksiːrən] <ohne ge-> *vt (fam: umständlich befördern)* **jdn aus dem Zimmer ~** congedare qu; **jdn in einen Posten ~** sistemare qu in un posto

buh [buː] *interj* bu

buhen [ˈbuːən] *vi (fam)* rumoreggiare in segno di disapprovazione

buhlen [ˈbuːlən] *vi (geh pej)* **um etw ~** cercare di ottenere qc

Buhmann *m (fam)* baubau *m*

Bühne [ˈbyːnə] <-, -n> *f* ① THEAT scena *f;* **auf die ~ bringen** portare in scena; **über die ~ gehen** *(fam)* svolgersi, aver luogo ② *(Theater)* teatro *m* ③ *(Gerüst)* palco *m,* tribuna *f* ④ *(Hebe~)* ponte *m* sollevatore

Bühnenbearbeitung *f* adattamento *m* teatrale, riduzione *f* scenica

Bühnenbild *nt* scenografia *f,* scenario *m*

Bühnenbildner(in) [ˈbyːnənbɪltnɐ] <-s, -; -, -nen> *m(f)* scenografo, -a *m, f*

bühnenreif *adj* pronto per la scena; **dein Auftritt war wirklich ~** *(iron)* la tua comparsa è stata plateale

Buhruf *m* borbottio *m* [*o* rumorio *m*] di disapprovazione

buk [buːk] *(obs) 1. u. 3. Pers. Sing. Imp. von* **backen**

Bukarest [ˈbuːkarɛst] *nt* Bucarest *f*

Bukett [buˈkɛt] <-(e)s, -e *o* -s> *nt* ① *(geh: Blumenstrauß)* bouquet *m* ② *(von Wein)* bouquet *m*

Bulette [buˈlɛtə] <-, -n> *f* OSTD polpetta *f* di carne; **ran an die ~n!** *(fig fam)* forza!

Bulgare [bʊlˈgaːrə] <-n, -n> *m* bulgaro *m*
Bulgarien [bʊlˈgaːri̯ən] *nt* Bulgaria *f*
Bulgarin [bʊlˈgaːrɪn] <-, -nen> *f* bulgara *f*
bulgarisch [bʊlˈgaːrɪʃ] *adj* bulgaro
Bulimie [buliˈmiː] <-> *f kein Pl.* MED bulimia *f*
Bullauge [ˈbʊlʔaʊgə] *nt* NAUT, AERO oblò *m*
Bulldogge [ˈbʊldɔgə] *f* bulldog *m*
Bulldozer [ˈbʊldoːzɐ] <-s, -> *m* TEC bulldozer *m*
Bulle [ˈbʊlə] <-n, -n> *m* ① *(Stier)* toro *m; (männliches Tier)* maschio *m* ② *(fig fam: starker Mann)* toro *m,* omaccione *m* ③ *(fam pej: Polizist)* poliziotto *m,* piedipiatti *m sl*
Bullenhitze [ˈbʊlənˈhɪtsə] *f (fam)* caldo *m* infernale
Bulletin [bʏlˈtɛ̃ː] <-s, -s> *nt* bollettino *m*
bullig *adj (fam)* ① *(gedrungen)* massiccio ② *(Hitze)* soffocante
Bumerang [ˈbuːməraŋ *o* ˈbʊməraŋ] <-s, -e *o* -s> *m (a. fig)* bumerang *m*
Bumerangeffekt <-(e)s, -e> *m* effetto *m* boomerang
Bummel [ˈbʊməl] <-s, -> *m (fam)* passeggiata *f,* giro *m;* **einen ~ machen** fare un giro per i negozi
Bummelant(in) [bʊməˈlant] <-en, -en; -, -nen> *m(f) (Trödler)* gingillone, -a *m, f; (Faulenzer)* fannullone, -a *m, f,* scioperato, -a *m, f*
Bummelei [bʊməˈlaɪ] <-> *f kein Pl. (Getrödel)* gingillarsi *m; (Langsamkeit)* lentezza *f,* flemma *f; (Nachlässigkeit)* trascuratezza *f*
bummelig *adj (langsam)* lento; *(nachlässig)* trascurato
bummeln *vi (fam)* ① *sein (umherschlendern)* bighellonare, gironzolare ② *haben (trödeln)* gingillarsi; *(faulenzen)* oziare
Bummelstreik *m* sciopero *m* a singhiozzo
Bummelzug *m (fam)* treno *m* locale
bums [bʊms] *interj* patatrac
bumsen [ˈbʊmzən] **I.** *vi* ① *sein (fam: prallen)* **gegen etw ~** cozzare contro qc ② *haben (fam)* **als er fiel, bumste es fürchterlich** quando cadde si udì un tonfo terribile; **es hat gebumst** *(Autounfall)* c'è stato un tamponamento ③ *haben (sl: Geschlechtsverkehr haben)* chiavare *vulg* **II.** *vt (sl)* **jdn ~** chiavare qu *vulg*
Bund[1] [bʊnt, *Pl:* ˈbʏndə] <-(e)s, Bünde> *m* ① *(Freundschafts~)* legame *m,* vincolo *m; (Vereinigung, Bündnis)* unione *f,* alleanza *f; (Schutzbündnis)* lega *f; (Staaten~)* confederazione *f; (zu einem bestimmten Zweck)* coalizione *f;* **einen ~ mit jdm schließen** stringere un'alleanza con qu; **mit jdm im ~ sein** essere alleato con qu ② POL *(Bundesstaat)* governo *m* federale ③ *(fam: ~eswehr)* esercito *m* ④ *(an Kleid, Hose)* cintura *f*
Bund[2] [bʊnt] <-(e)s, -e> *nt* ① *(Stroh~, Heu~, Gemüse~)* fascio *m* ② *(Garn~)* matassa *f* ③ *(Holz~)* fastello *m*
Bündchen [ˈbʏntçən] <-s, -> *nt (Arm~)* polsino *m; (Hals~)* collo *m; (unterer Pulloverrand)* bordo *m*
Bündel [ˈbʏndəl] <-s, -> *nt* ① *(Heu~, Stroh~)* fardello *m; (Reisig~)* fascina *f* ② *(Packen)* fagotto *m; (von Banknoten)* rotolo *m; (Akten~)* incartamento *m,* dossier *m;* **sein ~ schnüren** *(fam)* far fagotto, andarsene
bündeln *vt* ① *(Zeitungen)* legare; *(Garben, Stroh)* affastellare; *(Karotten, Radieschen)* fare mazzetti di ② *(Strahlen)* proiettare
Bundes- [ˈbʊndəs] *in Zusammensetzungen* federale
Bundesagentur *f* agenzia *f* federale
Bundesamt *nt* ADM ufficio *m* federale
Bundesangestelltentarif *m retribuzione federale nel pubblico impiego*
Bundesanleihe *f* prestito *m* federale obbligazionario
Bundesausbildungsförderungsgesetz *nt legge federale per il sostegno dell'istruzione scolastica ed universitaria*
Bundesbahn *f* ferrovie *f pl* dello Stato
Bundesbank <-> *f kein Pl.* banca *f* federale
Bundesbehörde *f* ADM autorità *f* federale
Bundesbürger(in) *m(f)* cittadino, -a *m, f* federale
bundesdeutsch *adj* tedesco federale, della Repubblica Federale Tedesca
Bundesebene *f* **auf ~** a livello nazionale
Bundesforschungsinstitut *nt* istituto *m* di ricerca federale
Bundesgebiet <-(e)s> *nt kein Pl.* territorio *m* federale
Bundesgericht *nt* CH JUR *(oberster Gerichtshof der Schweiz)* Corte *f* di Cassazione
Bundesgerichtshof *m* corte *m* di cassazione federale
Bundesgesetzblatt *nt* ADM, JUR gazzetta *f* ufficiale [federale]
Bundesgrenzschutz *m* guardia *f* statale di confine
Bundeshaus <-es> *nt kein Pl.* PARL ① BRD *(Gebäude des Deutschen Bundestags)* palazzo *m* federale, sede *f* del governo centrale ② CH *(Parlaments- und zentrales Verwaltungsgebäude der Schweiz, Sitz des Bundesrates)* palazzo *m* del governo federale svizzero
Bundesheer *nt* A forze *f pl* armate

B

Bundesinnenminister(in) [bʊndəs'ɪnənmɪnɪstɐ] *m(f)* ADM ministro *m* degli interni
Bundeskanzler(in) *m(f)* ❶ BRD, A cancelliere *m*/cancelliera *f* federale ❷ CH cancelliere *m*/cancelliera *f* della Confederazione elvetica
Bundeskanzleramt *nt* cancelleria *f* federale
Bundeskartellamt *nt* ufficio *m* federale dei cartelli
Bundeskriminalamt <-(e)s> *nt kein Pl.* ADM polizia *f* criminale federale
Bundesland *nt* BRD Land *m;* A provincia *f*
Bundesliga *f* BRD SPORT *serie A*
Bundesminister(in) *m(f)* BRD, A ministro *m*
Bundesministerium *nt* ADM ministero *m* federale
Bundesnachrichtendienst *m organo federale addetto ai servizi segreti*
Bundespost *f* **die [Deutsche] ~** *le poste federali*
Bundespräsident(in) *m(f)* BRD, A presidente *m* della Repubblica federale; CH presidente *m* della Confederazione
Bundesrat <-es> *m kein Pl.* POL ❶ BRD, A *(Verfassungsorgan bestehend aus Vertretern der Bundesländer)* Consiglio *m* federale *(formato dai rappresentanti regionali)* ❷ CH *(zentrale Regierung der Schweiz)* Consiglio *m* federale, Sette *mpl* ❸ CH, A *(Mitglied des Bundesrates)* ministro *m* del Consiglio federale, consigliere *m* federale
Bundesregierung *f* governo *m* federale
Bundesrepublik *f* repubblica *f* federale; **die ~ Deutschland** la Repubblica Federale Tedesca
Bundesschatzbrief *m* buono *m* del tesoro
Bundesstaat *m (Gesamtheit)* confederazione *f* [di stati]; *(einzelner)* Stato *m* federale
Bundesstraße *f* strada *f* federale
Bundestag *m* BRD camera *f* bassa [*o* dei deputati], Bundestag *m,* parlamento *m*
Bundestagsfraktion <-, -en> *f* ADM, POL gruppo *m* parlamentare della camera dei deputati [*o* del Bundestag]
Bundestagsmitglied <-(e)s, -er> *nt* ADM membro *m* della camera dei deputati [*o* del Bundestag]
Bundestagspräsident(in) <-en, -en; -, -nen> *m(f)* presidente *m* della camera dei deputati [*o* del Bundestag]
Bundestagswahl *f* elezioni *fpl* per la camera dei deputati [*o* per il Bundestag]
Bundestrainer *m* BRD SPORT commissario *m* della nazionale di calcio tedesca
Bundesverfassungsgericht *nt* BRD corte *f* costituzionale federale
Bundeswahlgesetz *nt* legge *f* elettorale federale
Bundeswehr ['bʊndəsveːɐ̯] <-> *f kein Pl.* BRD forze *fpl* armate federali
bundesweit *adj* a livello nazionale, su tutto il territorio federale
Bundfaltenhose *f* pantaloni *mpl* con le pinces
Bundhose *f* pantaloni *mpl* alla zuava
bündig ['bʏndɪç] **I.** *adj* ❶ *(kurz)* conciso, stringato ❷ *(überzeugend)* convincente, concludente **II.** *adv* concisamente, in poche parole
Bündnis ['bʏntnɪs] <-ses, -se> *nt* alleanza *f*
Bündnispartner *m* POL alleato *m*
Bundweite *f (von Hose)* vita *f*
Bungalow ['bʊŋgalo] <-s, -s> *m* bungalow *m*
Bungee-Springen ['bandʒiʃprɪŋən] <-s> *nt kein Pl.* bungee-jumping *m*
Bunker ['bʊnkɐ] <-s, -> *m* MIL bunker *m,* casamatta *f; (Luftschutz~)* rifugio *m*
Bunsenbrenner ['bʊnzənbrɛnɐ] <-s, -> *m* TEC becco *m* Bunsen
bunt [bʊnt] **I.** *adj* ❶ *(mehrfarbig)* variopinto, multicolore; *(farbig)* colorato, a colori ❷ *(fig: verschiedenartig, gemischt)* [s]variato, mischiato; **~er Abend** serata di varietà; **~es Programm** programma vario ❸ *(verworren)* confuso; **in ~er Reihenfolge** in successione disordinata, in disordine; **das wird mir zu ~!** questo è troppo! **II.** *adv (~ durcheinander)* alla rinfusa; **es zu ~ treiben** eccedere la misura, trascendere
Buntheit <-> *f kein Pl.* varietà *f* di colori, policromia *f; (Buntscheckigkeit)* screziatura *f,* pezzatura *f*
Buntmetall *nt* metallo *m* non ferroso
Buntsandstein *m* GEOL arenaria *f* variegata
Buntspecht *m* picchio *m* rosso
Buntstift *m* matita *f* colorata
Buntwäsche *f* biancheria *f* colorata
Bürde ['bʏrdə] <-, -n> *f (geh)* carico *m; (a. fig)* peso *m*
Bure ['buːrə] <-n, -n> *m* boero *m; s. a.* **Burin**
Bureau [by'roː] <-s, -s> *nt* CH studio *m*
Burenwurst <-, -e> *f* A *(Bockwurst) salsiccia di carne magra riscaldata in acqua bollente*
Burg [bʊrk] <-, -en> *f* rocca[forte] *f,* castello *m*
Bürge ['bʏrgə] <-n, -n> *m* garante *m,* mallevadore *m;* FIN fideiussore *m*
bürgen *vi* **für jdn/etw ~** garantire per

[*o* farsi garante di] qu/qc; **für einen Wechsel ~** avallare una cambiale
Burgenland ['bʊrgənlant] *nt* Burgenland *m*
Bürger(in) ['bʏrgɐ] <-s, -; -, -nen> *m(f)* *(Staats~, Städter)* cittadino, -a *m, f;* HIST, POL *(einer Stadt)* borghese *mf*
Bürgerinitiative *f* POL iniziativa *f* popolare
Bürgerkrieg *m* guerra *f* civile
bürgerlich *adj* JUR civile; HIST, SOC borghese; *(pej)* da piccolo borghese; **Bürgerliches Gesetzbuch** codice civile; **Aberkennung** [*o* **Verlust**] **der ~en Rechte** privazione dei diritti civili
Bürgermeister(in) *m(f)* sindaco *m;* BRD borgomastro *m;* **Regierender ~** *(von Berlin)* borgomastro in carica
bürgernah *adj* vicino alle richieste dei cittadini
Bürgernähe <-> *f kein Pl.* disponibilità *f* verso le esigenze dei cittadini
Bürgerrecht *nt* diritto *m* di cittadinanza
Bürgerrechtler(in) ['bʏrgɐrɛçtlɐ] <-s, -; -, -nen> *m(f)* militante *mf* nel movimento dei diritti dell'uomo
Bürgerrechtsbewegung *f* movimento *m* per la difesa dei diritti civili
Bürgerrechtsgesuch *nt* CH JUR *(Einbürgerungsgesuch)* domanda *f* di cittadinanza, naturalizzazione *f*
Bürgerrechtsgruppe *f* gruppo *m* per i diritti civili
Bürgerschaft <-, *rar:* -en> *f* cittadinanza *f,* cittadini *mpl*
Bürgersteig ['bʏrgɐʃtaɪk] <-(e)s, -e> *m* marciapiede *m*
Bürgertum <-s> *nt kein Pl.* borghesia *f*
Burggraben *m (Schloss)* fossato *m; (Festung)* fossato *m*
Bürgin ['bʏrgɪn] <-, -nen> *f* garante *f,* mallevadrice *f*
Bürgschaft ['bʏrkʃaft] <-, -en> *f* garanzia *f;* FIN fideiussione *f;* **~ leisten für** prestare garanzia per; **gegen ~** dietro cauzione
Burgund [bʊr'gʊnt] <-s> *nt* Borgogna *f*
burgundisch [bʊr'gʊndɪʃ] *adj* borgognone; HIST burgundo
Burin ['bu:rɪn] <-, -nen> *f* boera *f; s. a.* **Bure**
Burka ['bʊrka] <-, -s> *f* burqa *m,* burka *m*
burlesk [bʊr'lɛsk] *adj* burlesco
Büro [by'ro:] <-s, -s> *nt* ufficio *m; (Geschäftsstelle)* agenzia *f*
Büroangestellte *mf* impiegato, -a *m, f* d'ufficio
Büroarbeit *f* lavoro *m* d'ufficio
Büroautomation <-> *f kein Pl.* INFORM automatizzazione *f* del lavoro d'ufficio
Bürobedarf *m* materiale *m* per ufficio
Bürohaus *nt* palazzo *m* per uffici
Büroklammer *f* graffetta *f*
Bürokrat(in) [byro'kra:t] <-en, -en; -, -nen> *m(f)* *(pej)* burocrate *m*
Bürokratenmoloch *m (pej)* macchina *f* burocratica
Bürokratie [byrokra'ti:] <-> *f kein Pl.* burocrazia *f*
Bürokratin <-, -nen> *f s.* **Bürokrat**
bürokratisch [byro'kra:tɪʃ] *adj* burocratico
Büromaschine *f* macchina *f* per ufficio
Bürostunden *fpl* orario *m* d'ufficio
Bürschchen ['bʏrʃçən] <-s, -> *nt* ragazzino *m; (kleiner Schelm)* monello *m;* **freches ~** bricconcello *m* impertinente
Bursche ['bʊrʃə] <-n, -n> *m* ❶ *(Knabe, Junge)* ragazzo *m; (junger Mann)* giovane *m* ❷ *(Lauf~)* fattorino *m,* galoppino *m* ❸ *(fam pej: Kerl)* tipo *m*
Burschenschaft <-, -en> *f (Studentenverbindung)* corporazione *f* studentesca, associazione *f* goliardica
burschikos [bʊrʃi'ko:s] *adj* ❶ *(jungenhaft: Benehmen)* da maschiaccio ❷ *(unbekümmert, lässig)* trascurato, noncurante
Bürste ['bʏrstə] <-, -n> *f* spazzola *f*
bürsten *vt* spazzolare
Bürzel ['bʏrtsəl] <-s, -> *m* ZOO codrione *m; a.* GASTR bocconcino *m* prelibato
Bus [bʊs] <-ses, -se> *m* [auto]bus *m*
Busbahnhof *m* stazione *f* autolinee
Busch [bʊʃ, *Pl:* 'bʏʃə] <-es, Büsche> *m* ❶ *(Strauch)* arbusto *m; (Gebüsch)* cespuglio *m;* **mit etw hinter dem ~ halten** *(fam)* tenere nascosto qc; **sich in die Büsche schlagen** *(fam)* sparire dalla circolazione; **auf den ~ klopfen** *(fig fam)* tastare [*o* sondare] il terreno ❷ *(in den Tropen)* savana *f* ❸ *(Feder~)* ciuffo *m; (Haar~)* ciocca *f*
Buschbohne *f* fagiolo *m* nano
Büschel ['bʏʃəl] <-s, -> *nt (Gras~)* ciuffo *m; (Haar~)* ciuffo *m,* ciocca *f; (Heu~)* fascio *m*
büschelweise *adv* a ciuffi, in fascio
Buschenschenke <-, -n> *f* A *taverna riconoscibile grazie a una frasca fuori esposta*
buschig *adj (Gegend, Augenbrauen)* cespuglioso; *(dicht gewachsen: Haare, Schwanz)* folto
Buschmann <-(e)s, -männer *o* -leute> *m* boscimano *m*
Buschmesser *nt* coltello *m* da boscaglia, machete *m*
Buschwindröschen ['bʊʃvɪntrø:sçən] <-s, -> *nt* anemone *m*
Busen ['bu:zən] <-s, -> *m* seno *m,* petto *m*

B

Busenfreund(in) *m(f)* amico, -a *m, f* del cuore
Busenwunder *nt* maxi tettona *f*
Bushaltestelle *f* fermata *f* d'autobus
Business Class ['bɪznɪs kla:s] <-> *f kein Pl.* AERO business class *f*
Buslinie *f* linea *f* d'autobus
Bussard ['bʊsart] <-s, -e> *m* ZOO poiana *f*
Buße ['bu:sə] <-, -n> *f* ❶ *Sing.* REL penitenza *f;* ~ **tun** far penitenza ❷ JUR *(Geld~)* ammenda *f,* multa *f*
büßen ['by:sən] *vt* ❶ REL *(von einer Schuld frei werden)* espiare ❷ *(bezahlen)* pagare; **das sollst du mir ~!** me la pagherai! ❸ CH JUR *(mit einer Geldstrafe belegen)* multare
Büßer(in) <-s, -; -, -nen> *m(f)* REL penitente *mf*
Busserl <-s, -(n)> *nt* SÜDD, A *(fam)* bacio *m*
Bußgeld *nt* multa *f,* contravvenzione *f*
Bußgeldbescheid *m* notifica *f* di contravvenzione
Bussi ['bʊsi] <-, -> *nt* A *(fam: Küsschen)* bacetto *m*
Buß- und Bettag *m* giorno *m* di penitenza e di preghiera
Büste ['bʏstə] <-, -n> *f* ❶ *(Brust)* petto *m,* seno *m* ❷ *(Kunst)* busto *m*
Büstenhalter *m* reggiseno *m,* reggipetto *m*
Bustier <-s, -s> *nt* bustino *m*
Butangas [bu'ta:nga:s] <-es> *nt kein Pl.* butano *m*
Butt [bʊt] <-(e)s, -e> *m* ZOO rombo *m*
Bütte ['bʏtə] <-, -n> *f* mastello *m,* tinozza *f*
Büttenpapier *nt* carta *f* a mano
Butter ['bʊtɐ] <-> *f kein Pl.* burro *m;* **mit ~ bestreichen** imburrare; **es ist alles in ~** *(fig fam)* tutto è a posto
Butterberg *m (fam)* montagna *f* di burro
Butterblume *f* ranuncolo *m*
Butterbrot *nt* pane *m* imburrato; **für ein ~** *(fig fam)* per un tozzo di pane
Butterbrotpapier *nt* carta *f* oleata
Butterdose *f* burriera *f*
Butterfass *nt* zangola *f*
Butterkeks *m* biscotto *m* al burro
Butterkrem ['bʊtɐkre:m] <-, -s> *f* crema *f* al burro
Buttermilch *f* latte *m* fermentato
buttern **I.** *vt* *(Brot, Gericht)* imburrare; **Geld in etw** *akk* **~** *(fam)* investire soldi in qc **II.** *vi* fare il burro
Butterschmalz *nt* burro *m* fuso [e raffreddato]
butterweich ['bʊtɐ'vaɪç] *adj* molle come il burro
Button [bʌtn] <-s, -s> *m* distintivo *m*
Butzenscheibe ['bʊtsənʃaɪbə] *f* vetro *m* a tondi
b. w. *Abk. von* **bitte wenden** v. r.
BWL [be:ve:'ʔɛl] *Abk. von* **Betriebswirtschaftslehre** economia *f* aziendale
Bypass-Operation *f* MED intervento *m* di bypass
Byte [baɪt] <-s, -s> *nt* INFORM byte *m*
byzantinisch [bytsan'ti:nɪʃ] *adj* bizantino
Byzanz [by'tsants] *nt* Bisanzio *f*
bzgl. *Abk. von* **bezüglich** per quanto riguarda, in quanto a
bzw. *Abk. von* **beziehungsweise** risp.

C c

C, c [tseː] <-, -(s)> *nt* ❶ *(Buchstabe)* C *f,* c *f;* **C wie Cäsar** C come Como ❷ MUS do *m*
C *Abk. von* **Celsius** C
ca. *Abk. von* **circa** c
Ca CHEM *Abk. von* **Kalzium** Ca
Cabaret [kabaˈreː] <-s, -s> *nt s.* **Kabarett**
Cabrio [ˈkaːbrio] <-s, -s> *nt* cabriolet *f*
Cabriolet [kabrioˈleː] <-s, -s> *nt* cabriolet *f*
Cache[speicher] <-s, -> *m* INFORM [memoria *f*] cache *f*
CAD [kat] <-s> *nt Abk. von* **Computer Aided Design** CAD *f*
Cadmium [ˈkatmiʊm] <-s> *nt kein Pl.* CHEM cadmio *m*
Café [kaˈfeː] <-s, -s> *nt* caffè *m,* bar *m*
Café complet [kafekõˈplɛ] <-s, -s> *nt* CH *caffè con latte, panini, burro e marmellata*
Cafeteria [kafetəˈriːa] <-, -s> *f* self-service *m,* tavola *f* calda
cal *Abk. von* **Kalorie** cal
Calcium [ˈkaltsiʊm] <-s> *nt kein Pl.* CHEM *s.* **Kalzium**
Callanetics *pl* circuit training *m*
Callboy [ˈkɔːlbɔɪ] <-s, -s> *m* ragazzo *m* squillo
Callcenter [ˈkoːlsɛntɐ] <-s, -> *nt* call center *m*
Callgirl [ˈkɔːlgəːl] <-s, -s> *nt* ragazza *f* squillo, callgirl *f*
Callgirlring *m* giro *m* di ragazze squillo
Calvinismus [kalviˈnɪsmʊs] <-> *m kein Pl.* REL calvinismo *m*
Calvinist(in) [kalviˈnɪst] <-en, -en; -, -nen> *m(f)* calvinista *mf*
calvinistisch *adj* calvinista, calvinistico
Camcorder [ˈkɛmkɔrdɐ] <-s, -> *m* camcorder *m*
Camembert [ˈkaməmbeːɐ] <-s, -s> *m* camembert *m*
Camion [ˈkami̯õː] <-s, -s> *m* CH camion *m*
Camionneur [ˈkami̯ɔnøːɐ̯] <-s, -e> *m* CH spedizioniere *m*
Camp [kɛmp] <-s, -s> *nt* campo *m,* accampamento *m*
campen [ˈkɛmpən] *vi* campeggiare
Camper(in) <-s, -; -, -nen> *m(f)* campeggiatore, -trice *m, f*
Camping [ˈkɛmpɪŋ] <-s> *nt kein Pl.* camping *m,* campeggio *m*
Campingausrüstung *f* equipaggiamento *m* da camping
Campingbus *m* camper *m*
Campingplatz *m* campeggio *m,* camping *m*
Campus [ˈkampʊs] <-, -> *m* UNIV campus *m*
canceln [kɛnsəln] *vt* annullare
cand. *Abk. von* **candidatus** laureando; **~ med./phil.** laureando in medicina/filosofia
Cannabis [ˈkanabɪs] <-> *m kein Pl.* BOT canapa *f* indiana; *(sl: Haschisch)* hashish *m*
Cape [keːp] <-s, -s> *nt* mantella *f*
Caprihose [ˈkaːprihoːsə] *f* pantaloni *mpl* alla pescatora
Captcha [ˈkɛptʃa] <-s, -s> *m o nt* INFORM captcha *m*
Caquelon <-s, -s> *nt* CH *(feuerfeste Pfanne aus Ton) padella di terracotta resistente al fuoco*
Car [kaːɐ̯] <-s, -s> *m* CH *(Reisebus)* corriera *f,* pullmann *m*
Caravan [ˈkaravan] <-s, -s> *m* roulotte *f*
Cargo-Hose [ˈkargo ˈhoːzə] *f* pantaloni *mpl* con tasconi laterali
Carsharing <-s> *nt kein Pl. progetto che prevede l'uso di un autoveicolo da parte di più persone*
Cartoon [kaɐˈtuːn] <-s, -s> *m* ❶ *(Karikatur)* vignetta *f* umoristica ❷ *(Bildgeschichte)* fumetto *m*
Cartoonist(in) <-en, -en; -, -nen> *m(f)* caricaturista *mf,* vignettista *mf*
Cashflow [ˈkɛʃflɔʊ] <-s> *m kein Pl.* WIRTSCH flusso *m* di cassa, cash flow *m*
Casino [kaˈziːno] <-s, -s> *nt* ❶ *(Spielbank)* casinò *m* ❷ *(Speiseraum)* mensa *f;* *(Offiziers~)* mensa *f* ufficiali
Cäsium [ˈtsɛːziʊm] <-s> *nt kein Pl.* CHEM cesio *m*
casten [ˈkaːstən] *vt* prendere in un cast
Casting [ˈkaːstiŋ] *nt* casting *m*
Castingshow [ˈkaːstɪŋʃoː] *f* casting show *m*
Catering [ˈkeɪtəriŋ] <-(s)> *nt kein Pl.* catering *m*
Cayennepfeffer [kaˈjɛnˈpfɛfɐ] *m* pepe *m* di Caienna
CB-Funker(in) [tseːˈbeːfʊnkɐ] *m(f)* radioamatore, -trice *m, f*
cbm *Abk. von* **Kubikmeter** mc
ccm *Abk. von* **Kubikzentimeter** cc
CD[1] [tseːˈdeː] <-, -s> *f Abk. von* **Compact Disk** CD *m*
CD[2] [tseːˈdeː] <-s, -s> *nt Abk. von* **Corporate Design** corporate design *m*
CD-Brenner *m* masterizzatore *m*

CD-I <-, -s> *f* INFORM *(interaktive CD)* CD *m* interattivo
CD-Player [tseːˈdeːplɛɪɐ] <-s, -> *m* lettore *m* CD
CD-ROM [tseːˈdeːrɔm] <-, -s> *f* INFORM CD-ROM *m*
CD-ROM-Brenner <-s, -> *m* INFORM masterizzatore *m* CD-ROM
CD-ROM-Laufwerk *nt* INFORM lettore *m* CD-ROM
CDU [tseːdeːˈʔuː] <-> *f kein Pl. Abk. von* **Christlich-Demokratische Union** *partito democristiano tedesco*
C-Dur <-> *nt kein Pl.* MUS do *m* maggiore
Celli *Pl. von* **Cello**
Cellist(in) [tʃɛˈlɪst] <-en, -en; -, -nen> *m(f)* violoncellista *mf*
Cello [ˈtʃɛlo, *Pl:* ˈtʃɛli] <-s, -s *o* Celli> *nt* violoncello *m*
Cellophan® [tsɛloˈfaːn] <-s> *nt kein Pl.* cellofan *m*
Celsius [ˈtsɛlzi̯ʊs] *nt* Celsius *m*, grado *m* centigrado; **die Temperatur beträgt 20 Grad ~** la temperatura è di 20 gradi Celsius
Cembalo [ˈtʃɛmbalo, *Pl:* ˈtʃɛmbali] <-s, -s *o* Cembali> *nt* [clavi]cembalo *m*
Cent [sɛnt] <-(s), -(s)> *m (Währungseinheit)* centesimo *m;* **50 ~** 50 centesimi
Ces, ces [tsɛs] <-, -> *nt* MUS do *m* bemolle
Ceylon [ˈtsaɪlɔn] *nt* Ceylon *f*
cf. *Abk. von* **confer** cfr.
CH *Abk. von* **Confoederatio Helvetica** CH
Chalet [ʃaˈleː *o* ʃaˈlɛ] <-s, -s> *nt* CH ❶ *(Almhütte)* baita *f* ❷ *(Landhaus)* chalet *m*
Chamäleon [kaˈmɛːleɔn] <-s, -s> *nt* camaleonte *m*
Champagner [ʃamˈpanjɐ] <-s, -> *m* champagne *m*
Champignon [ˈʃampɪnjɔŋ] <-s, -s> *m* champignon *m; (Wiesen~)* fungo *m* prataiolo
Champion [ˈtʃɛmpi̯ən *o* ʃãˈpi̯õː] <-s, -s> *m* SPORT campione, -essa *m, f*
Chance [ˈʃãːs(ə)] <-, -n> *f* ❶ *(Gelegenheit)* occasione *f* [favorevole], chance *f;* **jdm eine ~ geben** dare una possibilità a qu ❷ *(Aussicht)* prospettiva *f*, possibilità *f;* **gute ~n haben** avere buone probabilità [di riuscita], avere delle chance
Chancengleichheit *f* uguaglianza *f* di prospettive, parità *f* di condizioni
chancenlos *adj (ohne Aussichten)* senza prospettive; *(ohne Möglichkeiten)* senza possibilità
Chanson [ʃãˈsõː] <-s, -s> *nt* canzone *f*
Chaos [ˈkaːɔs] <-> *nt kein Pl.* caos *m*
Chaot(in) [kaˈoːt] <-en, -en; -, -nen> *m(f)* ❶ *(fam: Wirrkopf)* confusionario, -a *m, f*, persona *f* caotica ❷ POL anarchico, -a *m, f*, radicale *mf*
chaotisch [kaˈoːtɪʃ] *adj* caotico
Charakter [kaˈraktɐ, *Pl:* kaˈrakˈteːrə] <-s, -e> *m* carattere *m; (Wesen)* natura *f;* **er ist ein Mann von ~** è un uomo di carattere; **keinen ~ haben** non avere carattere; **die Unterredung hatte vertraulichen ~** fu un colloquio a carattere riservato
Charaktereigenschaft *f* qualità *f* morale
charakterfest *adj* di carattere fermo
charakterisieren [karakteriˈziːrən] <ohne ge-> *vt* caratterizzare
Charakterisierung <-, -en> *f* caratterizzazione *f*
Charakteristik [karakteˈrɪstɪk] <-, -en> *f* descrizione *f* [degli aspetti caratteristici]; *(von Person)* profilo *m*, ritratto *m*
Charakteristikum [karakteˈrɪstɪkʊm] <-s, Charakteristika> *nt (geh)* caratteristica *f*, tratto *m* caratteristico
charakteristisch [karakteˈrɪstɪʃ] *adj* **für jdn/etw ~ sein** essere caratteristico di qu/qc
charakterlich *adj* caratteriale; **er hat einige ~e Schwächen** ha alcune debolezze caratteriali
charakterlos *adj* senza carattere
Charakterlosigkeit <-, -en> *f* mancanza *f* di carattere
Charakterschauspieler(in) *m(f)* caratterista *mf*
Charakterschwäche <-, -n> *f* debolezza *f* di carattere
Charakterstärke <-, -n> *f* forza *f* di carattere
Charakterstudie *f* studio *m* del carattere
Charakterzug *m* tratto *m* del carattere
Chargébrief [ˈʃarʒəbriːf] *m* CH lettera *f* raccomandata
Charisma [ˈçaːrɪsma] <-s, -ta *o* Charismen> *nt* carisma *m*
charismatisch *adj* carismatico
charmant [ʃarˈmant] *adj* affascinante
Charme [ʃarm] <-s> *m kein Pl.* fascino *m*, charme *m;* **seinen ganzen ~ spielen lassen** adoperare tutto il proprio fascino
Charmeur [ʃarˈmøːɐ, *Pl:* ʃarˈmøːrə] <-s, -e> *m* seduttore *m*, uomo *m* affascinante
Charta [ˈkarta] <-, -s> *f* carta *f* costituzionale; **die ~ der Vereinten Nationen** la Carta delle Nazioni Unite
Charterflug [ˈtʃartɐfluːk] *m* volo *m* charter
Charterfluggesellschaft <-, -en> *f* società *f* di voli charter
Charterflugzeug *nt*, **Chartermaschine** *f* charter *m*
chartern [ˈtʃartɐn] *vt* noleggiare, prendere a noleggio

Charts *m o nt pl (Hitliste)* hit-parade *f*

Chassis [ʃa'siː] <-, -> *nt* telaio *m,* chassis *m*

Chat <-s> *m kein Pl.* chat *m*

Chatlag ['tʃætlæg] <-s, -s> *m* INFORM chatlag *m*

Chatroom ['tʃætruːm] <-s, -s> *m* INFORM chat *f*

chatten *vi (fam)* **mit jdm ~** chattare con qc

Chauffeur [ʃɔ'føːɐ̯] <-s, -e> *m* autista *m* [personale]

Chauvi ['ʃoːvi] <-s, -s> *m (fam)* maschilista *m*

Chauvinismus [ʃovi'nɪsmʊs] <-> *m kein Pl. (pej)* ① *(Nationalismus)* sciovinismo *m* ② *(männlicher ~)* fallocrazia *f*

Chauvinist(in) [ʃovi'nɪst] <-en, -en; -, -nen> *m(f) (pej)* ① *(Nationalist)* sciovinista *mf* ② *(männlicher ~)* fallocrate *m*

chauvinistisch *adj (pej)* ① *(nationalistisch)* sciovinistico ② *(frauenfeindlich)* fallocratico

checken ['tʃɛkən] *vt* ① *(überprüfen)* controllare ② *(sl: verstehen)* capire

Checkliste *f* AERO lista *f* di controllo

Chef(in) ['ʃɛf] <-s, -s; -, -nen> *m(f)* padrone, -a *m, f,* principale *mf; (Vorgesetzte)* capo *m*

Chefarzt *m,* **Chefärztin** *f* primario *m*

Chefetage *f* piano *m* della direzione, piano *m* nobile

Chefin *f* ① *s.* **Chef** ② *(fam: Frau des Chefs)* moglie *f* del principale

Chefingenieur(in) <-s, -e; -, -nen> *m(f)* TEC ingegnere *m* capo

Chefkoch *m,* **Chefköchin** *f* capocuoco, -a *m, f,* chef *m*

Chefredakteur(in) *m(f)* caporedattore, -trice *m, f*

Chefsache <-, -n> *f (fam)* **diese Angelegenheit ist ~** è affare del capo

Chefsekretär(in) *m(f)* segretario, -a *m, f* del principale, primo, -a segretario, -a *m, f*

Chefunterhändler(in) <-s, -; -, -nen> *m(f)* agente *mf* [*o* mediatore, -trice *m, f*] capo

Chemie [çe'miː] <-> *f kein Pl.* chimica *f*

Chemiefaser *f* fibra *f* sintetica

Chemiekonzern *m* gruppo *m* chimico

Chemiewaffe <-, -n> *f* arma *f* chimica

Chemikalie [çemi'kaːli̯ə] <-, -n> *f* prodotto *m* chimico

Chemiker(in) ['çeːmikɐ] <-s, -; -, -nen> *m(f)* chimico, -a *m, f*

Cheminée ['ʃmɪne] <-s, -s> *nt* CH camino *m*

chemisch ['çeːmɪʃ] *adj* chimico; **~e Reinigung** pulitura *f* [*o* lavaggio *m*] a secco

chemotherapeutisch [çemotera'pɔɪtɪʃ] *adj* chemioterapico

Chemotherapie *f* MED chemioterapia *f*

chic [ʃɪk] *s.* **schick**

Chicorée [ʃiko're: *o* 'ʃɪkore] <-s> *m o f* cicoria *f*

Chiffon ['ʃɪfõ] <-s, -s *o* A -e> *m* chiffon *m*

Chiffre ['ʃɪfrə] <-, -n> *f* cifra *f; (Anzeige~)* numero *m*

chiffrieren [ʃɪ'friːrən] <ohne ge-> *vt* cifrare, tradurre in cifra

Chiffriermaschine *f* crittografo *m*

Chiffrierschlüssel *m* cifrario *m,* chiave *f*

Chiffrierverfahren *nt* metodo *m* di cifratura

Chile ['tʃiːle *o* 'çiːle] *nt* Cile *m;* **in ~** nel Cile

Chilene [tʃi'leːnə *o* çi'leːnə] <-n, -n> *m,* **Chilenin** [tʃi'leːnɪn *o* çi'leːnɪn] <-, -nen> *f* cileno, -a *m, f*

chilenisch [tʃi'leːnɪʃ *o* çi'leːnɪʃ] *adj* cileno

Chili ['tʃiːli] <-s> *nt kein Pl.* GASTR *(Pfefferschote)* chili *m,* peperoncino *m*

chillig ['tʃɪlɪç] *adj* ① *(fam: erholsam, entspannend)* distensivo, rilassante ② *(fam: entspannt, unaufgeregt)* disteso, rilassato

Chimäre <-, -n> *f a.* BIOL chimera *f*

China ['çiːna] *nt* Cina *f*

Chinakohl <-(e)s> *m kein Pl.* cavolo *m* verza

Chinese [çi'neːzə] <-n, -n> *m,* **Chinesin** [çi'neːzɪn] <-, -nen> *f* cinese *mf*

chinesisch [çi'neːzɪʃ] *adj* cinese

Chinesisch *nt* cinese *m;* **das ist für mich ~!** questo per me è arabo; *s. a.* **Deutsch**

Chinin [çi'niːn] <-s> *nt kein Pl.* chinino *m*

Chip [tʃɪp] <-s, -s> *m* ① *(Spielmarke)* gettone *m* ② *meist Pl. (Kartoffel~s)* patatine *f pl* [fritte] ③ TEC, INFORM chip *m*

Chipkarte <-, -n> *f* INFORM piastrina *f* chip

Chiropraktiker(in) [çiro'praktikɐ] <-s, -; -, -nen> *m(f)* chiropratico, -a *m, f,* chiroterapeuta *mf*

Chirurg(in) [çi'rʊrk] <-en, -en; -, -nen> *m(f)* chirurgo, -a *m, f*

Chirurgie [çirʊr'giː] <-, -n> *f* chirurgia *f*

Chirurgin *f s.* **Chirurg**

chirurgisch *adj* chirurgico

Chlor [kloːɐ̯] <-s> *nt kein Pl.* CHEM cloro *m*

chloren ['kloːrən] *vt* clorare

Chlorgas <-es> *nt kein Pl.* CHEM gas *m* cloridrico

chlorhaltig ['kloːɐhaltɪç] *adj* contenente cloro

Chlorid [klo'riːt, *Pl:* klo'riːdə] <-(e)s, -e> *nt* cloruro *m*

Chloroform [kloro'fɔrm] <-s> *nt kein Pl.* CHEM cloroformio *m*

chloroformieren [klorofɔr'miːrən] <ohne ge-> *vt* cloroformizzare

Chlorophyll [kloro'fʏl] <-s> *nt kein Pl.* BOT clorofilla *f*

Chlorwasserstoff *m* CHEM acido *m* cloridrico

Choke [tʃo:k] <-s, -s> *m* MOT valvola *f* dell'aria, starter *m*

Cholera ['ko:lera] <-> *f kein Pl.* MED colera *m*

Choleraepidemie *f* epidemia *f* di colera

Choleriker(in) [ko'le:rikɐ] <-s, -; -, -nen> *m(f)* collerico, -a *m, f*

cholerisch [ko'le:rɪʃ] *adj* MED collerico; *(fig)* irascibile

Cholesterin [çolɛste'ri:n] <-s> *nt kein Pl.* MED colesterina *f*, colesterolo *m*

Cholesterinspiegel <-s, -> *m* MED tasso *m* di colesterolo

Chor [ko:ɐ̯, *Pl:* 'kø:rə] <-(e)s, Chöre> *m* coro *m*; **im ~** in coro; **im ~ sprechen** far coro

Choral [ko'ra:l, *Pl:* ko'rɛ:lə] <-s, Choräle> *m* corale *m*

Choreograf(in) [koreo'gra:f] <-en, -en; -, -nen> *m(f)* coreografo, -a *m, f*

Choreografie [koreogra'fi:] <-, -n> *f* coreografia *f*

Choreografin *f s.* **Choreograf**

choreografisch *adj* coreografico

Chorleiter(in) *m(f)* direttore, -trice *m, f* di coro

Chorsänger(in) *m(f)* corista *mf*

Chr. *Abk. von* **Christus** C

Christ(in) ['krɪst] <-en, -en; -, -nen> *m(f)* cristiano, -a *m, f*

Christbaum *m* albero *m* di Natale

Christdemokrat(in) *m(f)* democristiano, -a *m, f*

christdemokratisch *adj* democristiano

Christenheit <-> *f kein Pl.* cristianità *f*, cristiani *mpl*

Christentum <-s> *nt kein Pl.* cristianesimo *m*

Christi *gen von* **Christus: vor ~ Geburt** avanti Cristo

Christianisierung [krɪstjani'zi:rʊŋ] <-, -en> *f* cristianizzazione *f*

Christin *f s.* **Christ**

Christkind *nt* Gesù Bambino *m*

Christkindlmarkt *m* A, SÜDD *(Weihnachtsmarkt)* mercatino *m* di Natale

christlich *adj* cristiano, religioso

Christmesse *f*, **Christmette** *f* messa *f* di mezzanotte

Christnacht *f* notte *f* santa [*o* di Natale]

Christrose *f* rosa *f* di Natale

Christstollen *m* dolce *m* di Natale

Christus ['krɪstʊs, 'krɪsti, 'krɪsto, 'krɪstʊm] <*gen* Christi, *dat* - *o geh:* Christo, *akk* - *o geh:* Christum> *m kein Pl.* Cristo *m*; **vor/nach Christi Geburt** avanti/dopo Cristo

Chrom [kro:m] <-s> *nt kein Pl.* CHEM cromo *m*

Chromosom [kromo'zo:m] <-s, -en> *nt* BIOL cromosoma *m*

Chromosomensatz <-es, -sätze> *m* BIOL corredo *m* cromosomico

Chromstahl *m* acciaio *m* cromato

Chronik ['kro:nɪk] <-, -en> *f* cronaca *f*

chronisch *adj* cronico

Chronist(in) [kro'nɪst] <-en, -en; -, -nen> *m(f)* cronista *mf*

Chronologie [kronolo'gi:] <-, -n> *f* cronologia *f*

chronologisch [krono'lo:gɪʃ] *adj* cronologico

Chrysantheme [kryzan'te:mə] <-, -n> *f* crisantemo *m*

Chur [ku:ɐ̯] *nt* GEOG Coira *f*

CI [tse:'ʔi:] <-, -s> *f s.* **Corporate Identity** corporate identity *f*

circa ['tsɪrka] *adv* circa, press'a poco

Cis, cis [tsɪs] <-, -> *nt* MUS do *m* diesis

Citro <-s, -s> *nt* CH *(Zitronenlimonade)* limonata *f* [gassata]

City ['sɪti] <-, -s *o* Cities> *f* city *f*

Citytarif *m* TEL tariffa *f* urbana

cl *Abk. von* **Zentiliter** cl

Cl CHEM *Abk. von* **Chlor** Cl

Clan <-s, -s> *m* clan *m*

clean [kli:n] *adj (sl: nicht mehr drogenabhängig)* disintossicato, ex tossico; **~ werden** disintossicarsi

Clearing <-s, -s> *nt* WIRTSCH clearing *m*

clever ['klɛvɐ] *adj (fam)* furbo

Clinch [klɪntʃ] <-(e)s> *m kein Pl. (fam)* **mit jdm im ~ liegen** essere ai ferri corti con qu

Clip [klɪp] <-s, -s> *m* ❶ *(Schmuck)* clip *f* ❷ *(Video~)* videoclip *m*

CLIP-Funktion ['klɪpfʊŋktsi̯o:n] *f* TEL CLIP *m*

Clique ['klɪkə] <-, -n> *f* cricca *f*, combriccola *f*

CLIR-Funktion ['klɪrfʊŋktsi̯o:n] *f* TEL CLIR *m*

Clou [klu:] <-s, -s> *m (fam)* punto *m* culminante, clou *m*

Cloud [klaʊd] <-, -s> *f* INET cloud *m*

Clown [klaʊn] <-s, -s> *m* clown *m*, pagliaccio *m*

Club [klʊp] <-s, -s> *m* club *m*, circolo *m*

Clutch [klʌtʃ] <-, -[e]s> *f*, **Clutchbag** ['klʌtʃbɛk] <-, -s> *f* pochette *f*

cm *Abk. von* **Zentimeter** cm

c-Moll <-> *nt kein Pl.* MUS do *m* minore

Co *Abk. von* **Kompanie** C.ia

Coach [kɔʊtʃ] <-(s), -s> *m* allenatore, -trice *m, f*
Cockerspaniel ['kɔkɐʃpa:niəl] <-s, -s> *m* cocker *m*
Cockpit ['kɔkpɪt] <-s, -s> *nt* AERO cabina *f* di pilotaggio; MOT abitacolo *m;* NAUT pozzetto *m* di comando
Cocktail ['kɔkteɪl] <-s, -s> *m* cocktail *m*
Cocktailkleid *nt* abito *m* da cocktail
Cocktailparty *f* cocktail[-party] *m*
Cocooning [kə'ku:nɪŋ] <-s> *nt kein Pl.* cocooning *m*
Code ['ko:t] <-s, -s> *m* codice *m*
Codex ['ko:dɛks] <-es, -e> *m* ❶ JUR codice *m* ❷ *(alte Handschriften)* codice *m*
codieren [ko'di:rən] *vt* cifrare
Coffeeshop, Coffee-Shop ['kɔfiʃɔp] <-s, -s> *m* coffee shop *m*
Cognac® ['kɔɲak] <-s, -s> *m* cognac *m*
Coiffeur [ko̯a'fø:ɐ̯] <-s, -e> *m,* **Coiffeuse** [koa'fø:zə] <-, -en> *f* CH parrucchiere, -a *m, f*
Collage [kɔ'la:ʒə] <-, -n> *f* collage *m*
Collagen [kola'ge:n] <-s, -e> *nt* collagene *m*
College <-(s), -s> *nt (Schule) a.* UNIV college *m*
Collier [kɔ'li̯e:] <-s, -s> *nt* collana *f*
Colorfilm ['ko:lo:ɐfɪlm] *s.* **Farbfilm**
Colt® [kɔlt] <-s, -s> *m* revolver *m*
Comeback <-(s), -s> *nt,* **Come-back** [kam'bɛk] <-(s), -s> *nt* rentrée *f;* **ein ~ erleben** ritornare alla ribalta
COMECON, Comecon ['kɔmekɔn] <-> *m o nt kein Pl.* COMECON *m*
Comic ['kɔmɪk] <-s, -s> *m* fumetto *m,* comic *m*
Comicfigur *f* figura *f* dei fumetti
Comicheft *nt* giornaletto *m* a fumetti, fumetto *m*
Coming-out [kamɪŋ'aʊt] <-(s), -s> *nt* coming out *m*
Compact Disc <-, -s> *f,* **Compactdisc** [kɔm'paktdɪsk] <-, -s> *f* compact disc *m*
Compiler [kɔm'paɪlɐ] <-s, -> *m* INFORM compilatore *m*
Computer [kɔm'pju:tɐ] <-s, -> *m* computer *m*
Computeranalyse *f* analisi *f* di computer
Computeranimation *f* computer animation *f*
computeranimiert *adj* **~er Film** film realizzato mediante computer animation
Computerbranche *f* campo *m* informatico
Computerfreak <-s, -s> *m (fam)* mostro *m* [*o* cervellone *m*] del computer
computergesteuert *adj* computerizzato
computergestützt *adj* basato su computer
Computerhersteller *m* produttore *m* di computer
computerisieren *vt* computerizzare
Computerisierung [kɔmpju:tɐi'zi:rung] <-, -en> *f* informatizzazione *f*
Computerkriminalität <-> *f kein Pl.* criminalità *f* informatica
computerlesbar *adj* leggibile elettronicamente
Computerlinguistik <-> *f kein Pl.* linguistica *f* computazionale
Computermesse *f* fiera *f* del computer
Computerschädling *m* virus *m*
Computersimulation *f* simulazione *f* al computer
Computerspezialist(in) *m(f)* informatico *m*
Computerspiel *nt* videogioco *m,* gioco *m* elettronico
Computertisch *m* mobile *m* portacomputer
Computertomografie *f* tomografia *f* assiale computerizzata
computerunterstützt *adj* assistito dal computer
Computervirus *m* virus *m* [informatico]
Conférencier [kõferã'sje:] <-s, -s> *m* presentatore *m,* annunciatore *m*
Confiserie <-, -n> *f* CH ❶ *(Geschäft)* pasticceria *f* ❷ *(Konfekt)* dolci *mpl*
Connections <*nur Pl.*> *f* relazioni *fpl;* **er hat aber gute ~** ha buoni rapporti/conosce persone influenti; **sie hat durch ~ das Examen bestanden** ha passato l'esame perché aveva raccomandazioni
Consulting [kɔn'saltɪŋ] <-s> *nt kein Pl.* WIRTSCH consulting *m*
Container [kɔn'te:nɐ] <-s, -> *m* container *m,* contenitore *m*
Containerbahnhof *m* stazione *f* smistamento container
Containerschiff *nt* nave *f* porta-container
Containerterminal <-s, -s> *m o nt* scalo *m* container, terminal *m* dei container
Containerverkehr <-s> *m kein Pl.* traffico *m* [*o* trasporto *m*] di container
Content ['kɔntənt] <-s, -s> *m* INFORM content *m*
Contergan® [kɔntɛr'ga:n] <-s> *nt kein Pl.* Contergan® *m*
Conterganikind *nt (fam)* bambino *m* focomelico
Controller(in) [kɔn'tro:lɐ] <-s, -> *m(f)* ÖKON, WIRTSCH controller *mf,* responsabile *mf* del controllo di gestione
Cookie ['kʊkɪ] <-s, -s> *nt* INFORM cookie *m*
cool [ku:l] *adj (fam)* ❶ *(nicht nervös)* tranquillo, calmo ❷ *(toll)* figo

C

Copilot(in) ['ko:pilo:t] <-en, -en; -, -nen> *m(f)* copilota *mf*
Coprozessor *m* INFORM coprocessore *m*
Copyright ['kɔpiraɪt] <-s, -s> *nt* copyright *m*
Cord [kɔrt] <-(e)s, -e *o* -s> *m* cord *m*
Cordon bleu [kɔrdõ'blø:] <-, Cordons bleus> *nt* GASTR cordon bleu *m*
Corner ['kɔ:nɐ] <-s, -> *m* A *(Eckball)* calcio *m* d'angolo
Cornflakes ['kɔ:nfleɪks] *pl* fiocchi *mpl* di granturco
Cornichon [kɔrni'ʃõ:] <-s, -s> *nt* cetriolino *m*
Corpus delicti ['kɔrpʊs de'lɪkti, *Pl:* 'kɔrpora de'lɪkti] <-, Corpora delicti> *nt* corpo *m* del delitto
Cortison [kɔrti'zo:n] <-s> *nt kein Pl.* MED cortisone *m*
Couch [kaʊtʃ] <-, -s *o* -en> *f* divano *m*
Countdown <-(s), -s> *m o nt*, **Countdown** ['kaʊnt'daʊn] <-(s), -s> *m o nt* conto *m* alla rovescia, count down *m*
Coup [ku:] <-s, -s> *m* colpo *m;* **einen ~ landen** fare un colpo
Coupé [ku'pe:] <-s, -s> *nt* ① AUTO coupé *f* ② A *(Zugabteil)* scompartimento *m* [di treno]
Coupon [ku'põ:] <-s, -s> *m* ① *(Zettel)* tagliando *m,* buono *m* ② FIN cedola *f* ③ *(Stoffabschnitt)* campione *m*
couragiert [kura'ʒi:ɐt] *adj* coraggioso
Cousin [ku'zɛ̃:] <-s, -s> *m* cugino *m*
Cousine [ku'zi:nə] <-, -n> *f* cugina *f*
Cover ['kavɐ] *nt* copertina *f*
Covergirl ['kavɐgə:l] <-s, -s> *nt* ragazza-copertina *f*
Cowboy ['kaʊbɔɪ] <-s, -s> *m* cowboy *m*
CPU *f Abk. von* **Central Processing Unit** CPU *f (unità centrale di elaborazione)*
Crack [krɛk] <-s, -s> *m* ① *(Sportler)* crack *m,* fuori classe *m* ② *(Rauschgift)* crack *m*
cracken ['krɛkn̩] *vt* ① CHEM *(Schweröle spalten)* piroscindere ② INFORM *(in fremde Computersysteme eindringen)* crackare
Cracker ['krɛkɐ] <-s, -(s)> *m meist Pl.* cracker *m*
Crashkurs ['krɛʃkʊrs] *m* corso *m* superintensivo
Crashtest ['krɛʃtɛst] *m* AUTO crash test *m*
Crema ['kre:ma] <-> *f kein Pl.* crema *f* [del caffè]
Creme [kre:m] <-, -s *o* CH, A -n> *f* crema *f;* **die ~** *(fig: das Beste)* il fior fiore
Crème [kre:m] <-, -s> *f* crema *f;* **~ fraîche** panna da cucina; **die ~ de la ~** *(geh)* la crème, l'élite
Cremedusche *f* docciacrema *m*
cremefarben *adj* color crema
Cremetorte *f* torta *f* alla crema
cremig ['kre:mɪç] *adj* cremoso
Crêpe[1] <-, -s> *f s.* **Krepp**[1]
Crêpe[2] <-s, -> *m (Stoff)* crêpe *m;* **~ de Chine** crêpe de Chine
Crew [kru:] <-, -s> *f* NAUT, AERO equipaggio *m*
Croissant [kroa'sã:] <-s, -s> *nt* croissant *m,* cornetto *m*
Cromargan® [kromar'ga:n] <-s> *nt kein Pl.* acciaio *m* inossidabile
Crosstrainer ['krɔstre:nɐ] <-s, -> *m* ellittica *f,* crosstrainer *m*
Croupier [kru'pje:] <-s, -s> *m* croupier *m*
Crux [krʊks] <-> *f kein Pl.* **das ist die ~ an der Sache** questo è il punto dolente; **es ist eine ~ mit ihm** è una vera croce
C-Schlüssel <-s, -> *m* MUS chiave *f* di do
CSU [tse:ʔɛs'ʔu:] <-> *f kein Pl. Abk. von* **Christlich-Soziale Union** *partito Cristiano-Sociale tedesco*
c. t. [tse:'te:] *Abk. von* **cum tempore** quarto d'ora accademico
CTG *Abk. von* **Computertomografie** TAC *f*
Cunnilingus [kʊni'lɪŋgʊs, *Pl:* kʊni'lɪŋgi] <-, Cunnilingi> *m* cunnilinctus *m*
Cup [kap] <-s, -s> *m* SPORT *(Pokal)* coppa *f*
Curry ['kœri] <-s, -s> *m o nt* curry *m*
Currywurst *f* salsiccia *f* con salsa al curry
Cursor ['kœ:zɐ] <-s, -s> *m* INFORM cursore *m*
Cut[away] ['kœt(əve) *o* 'kat(əve)] <-s, -s> *m* tight *m*
cutten ['katən] *vt* FILM, RADIO, TV tagliare
Cutter(in) ['katɐ] <-s, -; -, -nen> *m(f)* FILM, RADIO, TV montatore, -trice *m, f*
CVJM [tse:faʊjɔt'ʔɛm] <-(s)> *kein Pl. Abk. von* **Christlicher Verein Junger Männer** *Associazione cristiana dei giovani*
Cyber- *in Zusammensetzungen* cyber-
Cybercafé <-s, -> *f* cybercafé *m*
Cyberkriminelle <ein -r, -n, -n> *mf* pirata *m* web
Cybersex *m* cybersesso *m*
Cyberspace ['saɪbɐspeɪs] <-> *m kein Pl.* cyberspazio *m*
Cyberzeitalter *nt* era *f* del cyber

Dd

D, **d** [deː] <-, -(s)> *nt* ① *(Buchstabe)* D *f,* d *f;* **D wie Dora** D come Domodossola ② MUS re *m*

D *Abk. von* **Deutschland** D

d[a]rauf [daˈraʊf *o* ˈdraʊf, *hinweisend:* ˈd(aː)raʊf] *adv (fam)* ① *(örtlich)* su questo, sopra questo, [qua] sopra ② *(zeitlich)* dopo, poi, quindi ③ *(infolgedessen)* perciò, quindi, così ④ *(als Reaktion auf)* come reazione a; **gleich ~** subito dopo; **kurz ~** poco [tempo] dopo; **am Tag ~** il giorno dopo [*o* seguente]; **zwei Jahre ~** due anni dopo; **~ achten** badarci; **es ~ ankommen lassen** rimettersi alla fortuna; **nur ~ aus sein zu** *+inf (fam)* mirare solo a …; **stolz ~ sein** esserne fiero; **sich ~ verlassen** contarci; **es kommt ~ an** dipende; **~ kommt es nicht an** questo non importa; **~ gebe ich nichts** non ci faccio caso; **~ steht die Todesstrafe** è soggetto a pena di morte; **ich freue mich schon ~!** me ne rallegro già!; **wie kommst du ~?** come mai ti viene quest'idea?

d[a]rein [daˈraɪn *o* draɪn, *hinweisend:* ˈd(aː)raɪn] *adv (fam)* là [*o* qua] dentro, dentro, ci, vi

da [daː] **I.** *adv* ① *(räumlich, dort)* lì, là; *(hier)* qui, qua; **~ draußen** là fuori; **~ drüben** di là, da quella parte; **~ hinaus** fuori di lì; **~ oben** lassù; **~ unten** laggiù; **das Buch ~** quel libro lì [*o* là]; **~, wo** laddove; **~ bin ich!** eccomi qua!; **~ ist er** eccolo; **~ ist/sind …** c'è/ci sono …; **~ [hast du] …** qua [prendi] …; **wer ist ~?** chi c'è? ② *(zeitlich, damals)* allora, a quel tempo; *(dann)* allora; **von ~ an** fin da allora, da allora in poi; **~ sagte er plötzlich, dass …** allora improvvisamente disse che …; **~ fing sie doch tatsächlich an zu weinen!** in quel momento cominiciò davvero a piangere! ③ *(fam: in diesem Fall, dieser Lage)* allora, in quel [questo] caso; **was gibt's denn ~ zu lachen?** cosa c'è da ridere in questo caso?; **~ kann man nichts machen** in questo caso non c'è niente da fare; **~ fragst du noch?** e domandi ancora? ④ *(also)* allora, dunque ⑤ *(vorhanden)* presente; **~ sein** *(anwesend sein)* essere presente, esserci; *(vorhanden sein)* essere disponibile, esserci; **es ist niemand ~** non c'è nessuno; **ich bin gleich wieder ~** torno subito; **ist jemand ~ gewesen?** è venuto qualcuno?; **ist noch Kaffee ~?** c'è ancora caffè?; **das ist noch nicht ~ gewesen!** non si è mai vista una cosa simile! ⑥ *(zur Verfügung)* **für jdn ~ sein** essere a disposizione di qu; **er ist immer für mich ~** [quando ho bisogno] lui c'è sempre **II.** *konj* ① *(weil)* poiché, perché, giacché, siccome ② *(geh: als)* allorché; **~ dem so ist …** stando così le cose …

d. Ä. *Abk. von* **der Ältere** il vecchio

DAAD [deːʔaːʔaːˈdeː] <-(s)> *m kein Pl. Abk. von* **Deutscher Akademischer Austauschdienst** *organismo delle università tedesche per lo scambio internazionale di ricercatori e studenti*

da|behalten <irr, ohne ge-> *vt* ① *(Tier, Gegenstand)* tenere ② *(festsetzen, nicht mehr fortlassen)* arrestare, imprigionare

dabei [daˈbaɪ, *hinweisend:* ˈdaːbaɪ] *adv* ① *(räumlich)* accanto, vicino, appresso; **ist die Gebrauchsanweisung ~?** ci sono anche le istruzioni per l'uso? ② *(gleichzeitig)* nello stesso tempo; **er aß und arbeitete ~** mangiava e lavorava contemporaneamente ③ *(bei dieser Sache)* con [*o* in] questo, ci, vi; **was hast du dir ~ gedacht?** ma cosa ti è venuto in mente? [*o* saltato in testa?]; **es ~ bewenden lassen** lasciare stare così; **es bleibt ~, dass …** resta inteso [*o* stabilito] che …; **ich bleibe ~, dass …** insisto nel dire che …; **das Schöne ~ ist, dass …** il bello è che …; **mir ist nicht wohl ~** non mi sento a mio agio [in questa situazione] ④ *(obwohl)* malgrado; **ich bin zu spät gekommen, ~ habe ich mich so beeilt!** sono arrivato troppo tardi malgrado mi fossi affrettato! ⑤ *(Wend)* **~ sein** esserci, essere presente; **bei etw ~ sein** partecipare a qc; **ich bin ~!** ci sto!; **~ sein, etw zu tun** stare per fare qc; **ist die Gebrauchsanweisung ~?** ci sono anche le istruzioni per l'uso?

dabei|bleiben <irr> *vi (eine Sache fortsetzen)* rimanere; **ich bleibe bis zum Ende dabei** rimango [*o* non mollo] fino alla fine

dabei|haben <irr> *vt (Geld, Ausweis)* avere dietro; **jdn ~** essere con qu

da|bleiben <irr> *vi sein* rimanere qui/qua, rimanervi, restarvi

Dach [dax, *Pl:* ˈdɛçɐ] <-(e)s, Dächer> *nt* tetto *m;* **mit jdm unter einem ~ wohnen** *(fam)* vivere sotto lo stesso tetto con qu; **kein ~ über dem Kopf haben** *(fam)* essere senza tetto; **etw unter ~ und Fach bringen** mandare in porto qc; **eins aufs ~ kriegen** *(fig fam)* prendersi una lavata di capo; **jdm aufs ~ steigen** *(fam)* fare una lavata di capo a qu

Dachbalken *m* trave *f* maestra
Dachboden *m* soffitta *f*
Dachdecker(in) <-s, -; -, -nen> *m(f)* copritetto *mf*
Dachfenster *nt* abbaino *m*, lucernario *m*
Dachfirst *m* comignolo *m*
Dachgarten *m* giardino *m* pensile
Dachgepäckträger *m* AUTO portabagagli *m*
Dachgeschoss *nt* soffitta *f*
Dachkammer *f* soffitta *f*, mansarda *f*
Dachkännel ['daxkɛnəl] <-s, -> *m* CH *s.* **Dachrinne**
Dachluke *f* abbaino *m*
Dachorganisation *f* organizzazione *f* suprema
Dachpappe *f* cartone *m* catramato [per tetti]
Dachrinne *f* grondaia *f*
Dachs [daks] <-es, -e> *m* ZOO tasso *m*
Dachschaden *m (fam)* **du hast wohl einen ~!** ma sei matto!
Dachstuhl *m* cavalletto *m* del tetto
dachte ['daxtə] *1. u. 3. Pers. Sing. Imp. von* **denken**
Dachverband *m* organizzazione *f* dirigente [*o* suprema]
Dachwohnung *f* mansarda *f*
Dachziegel *m* tegola *f*
Dackel <-s, -> *m* bassotto *m*
Dadaismus [dada'ɪsmʊs] <-> *m kein Pl.* KUNST dadaismo *m*
dadurch [da'dʊrç, *hinweisend:* 'da:dʊrç] *adv* ① *(räumlich)* per di là, per [*o* attraverso] quel luogo ② *(aus diesem Grund)* per questa ragione, per questo; **~, dass ...** per il fatto che ... ③ *(auf diese Weise)* in tal modo, così; **er rettete sich ~, dass er aus dem Fenster sprang** si salvò saltando dalla finestra
dafür [da'fy:ɐ̯, *hinweisend:* 'da:fy:ɐ̯] *adv* ① *(für das)* per questo; **er kann nichts ~** non è colpa sua; **alles spricht ~, dass ...** tutto sembra indicare che ...; **~ sein** essere favorevole [a qc]; *(bei Abstimmungen)* votare in favore [di qc]; **ich bin ~, dass ...** credo [*o* sono dell'avviso] che *+conj* ② *(zum Ersatz)* in cambio; *(als Gegenleistung)* in compenso ③ *(statt dessen)* ma, invece ④ **~, dass ...** *(wenn man bedenkt, dass ...)* se si tien conto che ...
Dafürhalten <-s> *nt kein Pl.* **nach meinem ~** secondo il mio parere
dafür|können <irr> *vt* averne colpa; **er kann nichts dafür** non è colpa sua; **was kann ich dafür?** che colpa ne ho io?
DAG [de:ʔa:'ge:] <-> *f kein Pl. Abk. von* HIST **Deutsche Angestellten-Gewerkschaft** *sindacato tedesco degli impiegati*
dagegen [da'ge:gən, *hinweisend:* 'da:ge:gən] *adv* ① *(räumlich)* contro ② *(als Ablehnung)* [in] contrario; **~ sein** essere contrario; **etw/nichts ~ haben** avere qc/nulla in contrario; **wenn Sie nichts ~ haben** se non le dispiace, se permette; **~ stimmen** votare contro ③ *(als Gegenmaßnahme)* contro; **nichts ~ tun können** non poter farci niente ④ *(verglichen damit)* in confronto; *(im Gegensatz dazu)* al contrario, invece ⑤ *(als Gegenwert)* in cambio, in compenso
dagegen|halten <irr> *vt* ① *(vergleichen)* contrapporre a ... ② *(einwenden)* replicare
dagegen|setzen *vt* opporre, contrapporre; **da lässt sich nichts ~** non vi si può opporre nulla
da|haben <irr> *vt (fam)* ① *(vorrätig haben)* **etw ~** avere qc, disporre di qc ② *(zu Besuch haben)* **jdn ~** avere qu in visita
daheim [da'haɪm] *adv* A, CH, SÜDD *(zu Hause)* a casa
Daheim <-s> *nt kein Pl.* casa *f*, focolare *m* domestico
daheim|bleiben <irr> *vi sein* A, CH, SÜDD *(zu Hause bleiben)* rimanere in [*o* a] casa
daher [da'he:ɐ̯, *hinweisend:* 'da:he:ɐ̯] *adv* ① *(von dorther)* di lì, da quella parte ② *(Ursache)* da ciò; **~ kommt es, dass ...** è questo il motivo per cui ... ③ *(deshalb)* perciò
daher|reden *vt, vi* parlare a vanvera; **dumm ~** dire una sciocchezza dopo l'altra
dahin [da'hɪn, *hinweisend:* 'da:hɪn] *adv* ① *(räumlich)* lì, là; **gehst du auch ~?** ci vai anche tu? ② *(zeitlich: bis ~, Vergangenheit)* fino a quel tempo; *(a. Futur)* fino allora ③ *(so weit)* a tal punto; **es ~ bringen, dass ...** arrivare al punto che ...; **jdn ~ bringen, dass ...** indurre qu a *+inf;* **~ ist es [also schon] gekommen** si è dunque giunti a questo punto ④ *(vorbei)* passato, finito; *(fam: kaputt)* rotto; *(fam: verdorben)* guasto, rovinato
dahingehend ['da:hɪnge:ənt] *adv* **sich ~ äußern, dass ...** esprimersi in tal senso che ...
dahin|raffen *vt (geh)* annientare
dahin|schleppen [da'hɪnʃlɛpən] *vr:* **sich ~** *(Mensch)* trascinarsi; *(Zeit, Arbeit, Verhandlungen)* trascinarsi
dahin|siechen *vi sein (geh)* spegnersi lentamente
dahin|stellen *vt* **etw dahingestellt sein lassen** lasciare in sospeso qc; **das mag dahingestellt bleiben** questo è ancora da vedere
dahinten [da'hɪntən, *hinweisend:* 'da:hɪntən] *adv* là dietro

dahinter [da'hɪntɐ, *hinweisend:* 'daːhɪntɐ] *adv* ① [lì] dietro, [là] dietro ② *(fig)* sotto

dahinter|klemmen *vr;* **dahinter|knien** *vr:* **sich ~** *(fam)* darsi da fare *fam,* starsi dietro *fam*

dahinter|kommen <irr> *vi (fam: aufdecken, enthüllen)* scoprire [qc]

dahinter|stecken *vi (fam)* **da** [*o* **es**] **steckt etwas dahinter** qui gatta ci cova, qui c'è sotto qualcosa; **es steckt nichts dahinter** non c'è sotto nulla, la cosa è chiara

dahinter|stehen <irr> *vi (fam: Unterstützer sein)* sostenere l'affare/il progetto/…, appoggiare la cosa/il progetto/…; **wir stehen alle voll dahinter** *(hinter dem Projekt)* lo sosteniamo tutti pienamente

Dahlie ['daːliə] <-, -n> *f* dalia *f*

Daily Soap <-, -s> *f* TV soap *f* quotidiana

Daktylo ['daktylo] <-s, -s> *f* CH dattilografa *f*

da|lassen <irr> *vt (fam: hierlassen)* lasciare qui

Dalmatien [dal'maːtsi̯ən] *nt* Dalmazia *f*

Dalmatiner [dalma'tiːnɐ] <-s, -> *m* dalmata *mf; (Hund)* dalmata *m*

damalig ['daːmaːlɪç] *adj* di allora, di quel tempo

damals ['daːmaːls] *adv* allora

Damast [da'mast] <-(e)s, -e> *m* damasco *m*

Dame ['daːmə] <-, -n> *f* ① *(Frau)* signora *f;* **meine ~n und Herren!** signore e signori!; **die ~ des Hauses** la padrona di casa ② *(beim Sport)* donna *f* ③ *(Spielkarte, Schachspiel)* regina *f* ④ *(im ~spiel)* dama *f*

Damebrett *nt* damiere *m,* damiera *f*

Damen[fahr]rad *nt* bicicletta *f* da donna

Damenbegleitung *f* **in ~** in compagnia di una signora

Damenbesuch *m* visita *f* femminile

Damenbinde *f* assorbente *m* igienico

Damendoppel *nt* SPORT doppio *m* femminile

Dameneinzel *nt* SPORT singolo *m* femminile

Damenfriseur *m* parrucchiere *m* per signora

Damenmannschaft *f* squadra *f* femminile

Damenmode *f* moda *f* femminile

Damenoberbekleidung *f* abbigliamento *m* per signora

Damenrad *s.* **Damen[fahr]rad**

Damensitz *m* **im ~ reiten** cavalcare all'amazzone

Damentoilette *f* toilette *f* per signora

Damenwahl *f* **~!** ora scelgano le dame!

Damespiel *nt* [gioco *m* della] dama *f*

Damestein *m* pedina *f* [del gioco della dama]

Damhirsch ['damhɪrʃ] *m* ZOO daino *m*

damit [da'mɪt, *hinweisend:* 'daːmɪt] **I.** *adv* con ciò, con questo; **ich bin ~ einverstanden** sono d'accordo con questo; **ich bin ~ zufrieden** ne sono contento; **das hat nichts ~ zu tun** questo non c'entra; **was soll ich ~?** che cosa me ne faccio?; **was wollen Sie ~ sagen?** come sarebbe a dire?, cosa intende?; **hör auf ~!** piantala!, finiscila! **II.** *konj* affinché *+conj,* perché *+conj,* per *+inf*

dämlich ['dɛːmlɪç] *adj (fam)* sciocco, imbecille

Damm [dam, *Pl:* 'dɛmə] <-(e)s, Dämme> *m* ① *(Deich)* argine *m,* diga *f* ② *(Bahn~, Straßen~)* terrapieno *m;* **nicht auf dem ~ sein** *(fig fam)* non essere in buona salute ③ ANAT perineo *m*

Dammbruch *m* rottura *f* dell'argine

dämmen *vt* ① *(geh: aufstauen)* arginare ② TEC *(Schall)* isolare

dämmerig ['dɛmərɪç] *adj* crepuscolare; *(halbdunkel)* semibuio, in penombra

Dämmerlicht *nt* luce *f* crepuscolare

dämmern ['dɛmɐn] *vi* ① *(abends)* imbrunire; *(morgens)* albeggiare ② *(fam: bewusst werden)* **jetzt dämmert es** [**bei**] **mir** ora incomincio a capire [*o* a ricordarmi]

Dämmerung ['dɛmərʊŋ] <-, -en> *f (Abend~)* crepuscolo *m,* imbrunire *m; (Morgen~)* crepuscolo *m,* alba *f;* **in der ~** *(abends)* sull'imbrunire; *(morgens)* all'alba

Damoklesschwert ['daːmoklɛsʃveːɐt] <-(e)s, -er> *nt* spada *f* di Damocle; **etw schwebt wie ein ~ über jdm** [*o* **über jds Haupt**] qc pende come una spada di Damocle su qu [*o* sul capo di qu]

Dämon ['dɛːmɔn] <-s, -en> *m* demone *m*

dämonisch [dɛ'moːnɪʃ] *adj* demoniaco

Dampf [dampf, *Pl:* 'dɛmpfə] <-(e)s, Dämpfe> *m* vapore *m;* **unter ~** TEC sotto pressione; **~ ablassen** *(fam)* sfogarsi; **~ hinter etw** *dat* **machen** *(fig fam)* sollecitare qc

Dampfbad *nt* bagno *m* a vapore

Dampfbügeleisen *nt* ferro *m* da stiro a vapore

Dampfdruck <-(e)s, -drücke> *m* pressione *f* del vapore

dampfen *vi* esalare vapori, fumare

dämpfen ['dɛmpfən] *vt* ① GASTR cuocere a vapore ② *(bügeln)* stirare con panno umido ③ *(fig: Ton, Licht)* smorzare, mitigare; *(Stimme)* abbassare; *(Stoß)* attutire; **mit gedämpfter Stimme** sottovoce

Dampfer ['dampfɐ] <-s, -> *m* piroscafo *m,*

D

vapore *m;* **auf dem falschen ~ sein** *(fam)* essere fuori strada

Dämpfer ['dɛmpfɐ] <-s, -> *m* MUS sordina *f;* **sein Optimismus bekam einen ~** il suo ottimismo fu smorzato

Dampferlinie *f* linea *f* di navigazione a vapore

dampfig *adj* vaporoso

Dampfkessel *m* caldaia *f* a vapore

Dampfkochtopf *m* pentola *f* a pressione

Dampflokomotive *f* locomotiva *f* a vapore

Dampfmaschine *f* macchina *f* a vapore

Dampfreiniger <-s, -> *m,* **Dampfsauger** <-s, -> *m* pulitore *m* a vapore

Dampfschiff *nt s.* **Dampfer**

Dampfschifffahrt *f* navigazione *f* a vapore

Dampfturbine *f* turbina *f* a vapore

Dämpfung <-, -en> *f* smorzamento *m; (a. fig)* attenuazione *f*

Dampfventil *nt* valvola *f* a vapore

Dampfwalze *f* rullo *m* a vapore

Dampfwolke *f* nuvola *f* di vapore [*o* di fumo]

danach [da'naːx, *hinweisend:* 'daːnaːx] *adv* ❶ *(zeitlich: dann)* poi, quindi; *(später)* dopo ❷ *(dementsprechend)* in conformità a ciò, in modo corrispondente a ciò; **~ aussehen** averne l'aria [*o* l'aspetto]; **sich ~ richten** prenderlo per norma ❸ *(Reihenfolge)* dopo

Däne ['dɛːnə] <-n, -n> *m* danese *m*

daneben [da'neːbən, *hinweisend:* 'daːneːbən] *adv* ❶ *(räumlich)* accanto, lì vicino; **dicht ~** subito accanto ❷ *(zusätzlich)* inoltre, oltre a ciò ❸ *(gleichzeitig)* allo stesso tempo ❹ *(fam: total falsch)* **das ist ja voll ~** è completamente sballato

daneben|benehmen <irr, ohne ge-> *vr:* **sich ~** *(fam)* comportarsi male

daneben|gehen <irr> *vi sein* ❶ *(Schuss)* non cogliere il bersaglio ❷ *(fig fam: fehlschlagen)* fallire, andare a vuoto

daneben|liegen <irr> *vi (fam: sich irren)* sbagliarsi

Dänemark ['dɛːnəmark] *nt* Danimarca *f*

Dänin ['dɛːnɪn] <-, -nen> *f* danese *f*

dänisch *adj* danese

dank [daŋk] *präp +gen o dat* grazie a

Dank <-(e)s> *m kein Pl.* ringraziamento *m; (~barkeit)* gratitudine *f; (Erkenntlichkeit)* riconoscenza *f;* **besten** [*o* **vielen**] [*o* **herzlichen**] **~!** mille grazie!, grazie infinite!; **zum ~ für** come ricompensa per; **Gott sei ~!** grazie a Dio!; **jdm zu ~ verpflichtet sein** dovere gratitudine a qu

dankbar I. *adj* ❶ *(dankerfüllt)* grato; **jdm für etw ~ sein** essere grato [*o* riconoscente] a qu per qc ❷ *(lohnend)* gratificante, che dà soddisfazione; *(Publikum)* eccellente; *(Rolle)* di grande effetto ❸ *(fam: strapazierfähig)* resistente II. *adv* con gratitudine, con riconoscenza

Dankbarkeit <-> *f kein Pl.* gratitudine *f,* riconoscenza *f*

danke *interj* grazie; **~ schön** [*o* **sehr**] [*o* **vielmals!**] grazie!, grazie tanto!; **nein, ~!** no, grazie!

danken I. *vi (sich bedanken)* **jdm** [**für etw**] **~** ringraziare qu [di [*o* per] qc]; **nichts zu ~!** non c'è di che!; **~d ablehnen** rifiutare ringraziando; **Betrag ~d erhalten** COM somma ricevuta per quietanza II. *vt* **jdm etw ~** essere riconoscente a qu per qc

dankenswert *adj* degno di riconoscenza

Dankeschön <-s> *nt kein Pl.* grazie *m*

Danksagung <-, -en> *f* biglietto *m* di ringraziamento

dann [dan] *adv* ❶ *(später, danach)* dopo, poi, quindi; **~ und wann** di quando in quando; **also, ~ bis gleich!** a presto, dunque!; **und** [*o* **was**] **~?** e poi? ❷ *(außerdem)* poi, inoltre ❸ *(in diesem Fall)* allora, in questo [*o* quel] caso; **selbst ~** [**nicht**], **wenn ...** [ne]anche nel caso in cui; **~** [**eben**] **nicht!** allora no!; **wenn nicht er, wer ~?** se non lui, chi allora?

Danzig ['dantsɪç] *nt* Danzica *f*

daran [da'ran, *hinweisend:* 'daːran] *adv* ❶ *(räumlich)* ci, vi, ne; **wenn du ~ vorbeikommst, ...** se ci passi, ... ❷ *(zeitlich)* **im Anschluss ~** in seguito a ciò; **nahe ~ sein, zu** *+inf* essere sul punto di *+inf,* stare per *+inf;* **ich war nahe ~, zu fallen** ci mancava poco che cadessi ❸ *(an dieses, an diesem)* ci, ne; **~ denken/glauben** pensarci/crederci; **~ erkenne ich ihn** lo riconosco da ciò; **ich bin nicht ~ schuld** non ne ho colpa; **es ist etw Wahres ~** c'è qc di vero in questo; **das Beste ~ ist, dass ...** la cosa migliore di ciò è che ...

daran|gehen <irr> *vi sein* mettersi, cominciare; **~ etw zu tun** mettersi a fare qc

daran|machen *vr:* **sich ~** *(fam) s.* **darangehen**

daran|setzen I. *vt (einsetzen)* metterci, mettere in gioco; **alles ~ zu** *+inf* fare ogni sforzo possibile per *+inf* II. *vr:* **sich ~** *s.* **darangehen**

darauf [da'raʊf, *hinweisend:* 'daːraʊf] *adv* ❶ *(räumlich)* su questo, sopra questo, [qua] sopra ❷ *(zeitlich)* dopo, poi, quindi; **gleich ~** subito dopo; **am ~ folgenden Tag** il giorno dopo [*o* seguente] ❸ *(infolgedessen)* perciò, quindi, così ❹ *(auf dieses)* ci, ne; **stolz ~ sein** esserne fiero; **~ achten** badarci, starci attento; **sich ~ verlassen** contarci; **es kommt ~ an** dipende; **~ kommt es nicht an** questo non importa; **ich freue mich schon ~!** non vedo l'ora!; **wie kommst du ~?** come mai ti viene quest'idea?

darauffolgend *adj* **am ~en Tag** il giorno dopo [*o* seguente]

daraufhin [daːraʊf'hɪn, *hinweisend:* 'daːraʊfhɪn] *adv* ❶ *(infolgedessen)* in conseguenza di ciò, in seguito a ciò ❷ *(danach)* dopo, poi, quindi ❸ *(unter diesem Gesichtspunkt)* sotto questo aspetto

daraus [da'raʊs, *hinweisend:* 'daːraʊs] *adv* ❶ *(räumlich)* da ciò, di qui; **kann man ~ trinken?** si può bere da qui? ❷ *(aus Material)* da questo ❸ *(fig)* ne; **~ folgt, dass ...** ne [con]segue che ...; **~ wird nichts** non se ne farà nulla; **ich mache mir nichts ~** non me ne importa nulla

darben ['darbən] *vi (poet)* penare; *(hungern)* stentare

dar|bieten ['daːɐ̯biːtən] <irr> **I.** *vt (geh)* THEAT [rap]presentare; *(Musikstücke)* eseguire; *(Gedichte, Lieder)* recitare **II.** *vr:* **sich ~** *(geh: sichtbar werden)* presentarsi; *(sich anbieten)* offrirsi

Darbietung <-, -en> *f (geh: Veranstaltung)* spettacolo *m;* THEAT rappresentazione *f,* recita *f; (von Musikstücken)* esecuzione *f*

darf [darf] *1. u. 3. Pers. Sing. Präs. von* **dürfen**[1, 2]

darin [da'rɪn, *hinweisend:* 'daːrɪn] *adv* ❶ *(räumlich)* qua [*o* là] dentro, dentro, vi, ci ❷ *(fig)* in questo, in ciò; *(in dieser Hinsicht)* in questo senso; **~ haben Sie Recht/irren Sie sich** in quanto a ciò ha ragione/si sbaglia; **ich stimme mit Ihnen ~ überein, dass ...** sono d'accordo con Lei che ...

dar|legen ['daːɐ̯leːgən] *vt* esporre; *(erklären)* spiegare

Darlehen ['daːɐ̯leːən] <-s, -> *nt* prestito *m,* mutuo *m;* **ein ~ aufnehmen** contrarre un prestito [*o* mutuo]

Darlehensgeber *m* mutuante *m*

Darlehensnehmer <-s, -> *m* mutuatario *m*

Darlehensvertrag *m* contratto *m* di prestito

Darm [darm, *Pl:* 'dɛrmə] <-(e)s, Därme> *m* ❶ ANAT intestino *m* ❷ *(Wursthaut)* budello *m*

Darmflora *f* flora *f* intestinale

Darmgrippe *f* influenza *f* intestinale

Darminfektion *f* infezione *f* intestinale

Darmkrebs *m* cancro *m* intestinale

Darmverschluss *m* MED ileo *m*

dar|reichen ['daːɐ̯raɪçən] *vt (geh)* offrire, presentare

dar|stellen ['daːɐ̯ʃtɛlən] *vt* ❶ *(abbilden)* rappresentare; **dieses Bild stellt ihn als König dar** questo quadro lo ritrae nelle vesti di re ❷ *(wiedergeben)* raffigurare, rappresentare; THEAT interpretare [la parte di] ❸ *(beschreiben)* descrivere; *(veranschaulichen)* illustrare, dimostrare ❹ *(bedeuten)* rappresentare, costituire, essere

D

Darsteller(in) <-s, -; -, -nen> *m(f)* interprete *mf,* attore, -trice *m, f*

darstellerisch *adj* scenico; **eine glänzende ~e Leistung** una splendida interpretazione

Darstellung <-, -en> *f* ❶ *(Schilderung)* descrizione *f; (von Sachverhalt)* esposizione *f* ❷ *(Wiedergabe)* raffigurazione *f;* THEAT rappresentazione *f*

Darstellungsweise *f* modo *m* di rappresentare

darü_ber|fahren <irr> *vi (darüberstreichen)* passarci sopra

darü_ber|liegen <irr> *vi (höher sein, teurer sein)* tenersi più alto, essere superiore

darü_ber|stehen <irr> *vi (darüber erhaben sein)* essere superiore; **da stehe ich doch darüber!** sono superiore a queste cose!

darüber [da'ryːbɐ, *hinweisend:* 'daːryːbɐ] *adv* ❶ *(räumlich)* [al] di sopra, qua [*o* là] sopra; **~ hinaus** *(außerdem)* oltre a ciò, inoltre, in più ❷ *(in dieser Hinsicht, über diese Angelegenheit)* in quanto a ciò, su ciò, ne; **sich ~ freuen** rallegrarsene; **ich bin ~ hinweg** non ci penso più, acqua passata ❸ *(bei Zahlen, Beträgen)* [di] più, oltre

darum [da'rʊm, *hinweisend:* 'daːrʊm] *adv* ❶ *(räumlich)* intorno [a ciò], attorno [a ciò] ❷ *(deshalb)* perciò, per questo; **warum hast du das getan? — Darum!** *(fam)* perché hai fatto questo? — Perché sì! ❸ *(um diese Angelegenheit)* di questo, ne; **ich bitte dich ~** te ne prego; **es geht ~, dass ...** si tratta di *+inf,* il problema è che ...; **es handelt sich nicht ~** non si tratta di questo

darunter [da'rʊntɐ, *hinweisend:* 'daːrʊntɐ] *adv* ❶ *(räumlich)* [di] sotto, qua [*o* lì] sotto, sotto questo ❷ *(weniger)* meno ❸ *(unter einer Anzahl)* fra cui ❹ *(unter dieser Angelegenheit)* **~ leiden** soffrirne; **was verstehen Sie ~?** cosa intende con ciò?

darunter|fallen <irr> *vi sein o haben (zu dieser Kategorie gehören)* stare [*o* essere] sotto

darunter|liegen <irr> *vi sein o haben (geringer ausfallen)* stare [*o* essere] sotto

darunter|setzen *vt (Unterschrift)* mettere

das [das] **I.** *art def nom u akk nt s.* **der, die, das II.** *pron rel s.* **welche(r, s) III.** *pron* *dem* ciò, questo, quello; ~ **bin ich** questo sono io; ~ **ist mein Haus** ecco la mia casa; ~ **war eine Freude!** che gioia!; **auch ~ noch!** ci mancava solo questo!

Dasein <-s> *nt kein Pl.* ① *(Anwesenheit)* presenza *f* ② *(Leben)* vita *f,* esistenza *f*

Daseinsberechtigung *f (von Dingen)* ragione *f* d'essere; *(von Personen)* diritto *m* alla vita

Daseinskampf *m* lotta *f* per l'esistenza

da|sitzen <irr> *vi* star[sene] lì seduto

dasjenige *pron dem s.* **derjenige**

dass [das] *konj* che; *(bei Subjektgleichheit)* di +*inf;* **als ~** perché +*conj,* per +*inf;* **bis ~** finché +*conj;* **so ~** cosicché, in modo che, in modo da +*inf;* **es sei denn, ~** a meno che +*conj;* **er glaubt, ~ er dumm ist** crede di essere stupido; **nicht ~ ich wüsste!** non che io sappia!; **~ du mir ja nicht drangehst!** guai [a te] se lo tocchi!

dasselbe *pron dem s.* **derselbe**

da|stehen <irr> *vi haben o sein* starsene lì; **wie angewachsen** [*o* **angewurzelt**] **~** restare di sasso

DAT [dat] <-s, -s> *nt Abk. von* **Digital Audio Tape** DAT *m*

Date [deɪt] <-s, -s> *nt (Verabredung)* appuntamento *m;* **mit jdm ein ~ haben** avere un appuntamento con qu

Datei [da'taɪ] <-, -en> *f* INFORM file *m,* archivio *m*

Dateimanager *m* INFORM file manager *m*

Dateiname *m* INFORM nome *m* del file

Daten I. *Pl. von* **Datum II.** *pl (Angaben)* dati *mpl*

Datenautobahn *f* INFORM, TEL autostrada *f* informatica [*o* telematica]

Datenbank *f* INFORM banca-dati *f*

Datenerfassung *f* INFORM raccolta *f* dei dati

Datenfernübertragung *f* INFORM, TEL trasmissione *f* dati a distanza

Datenhandschuh *m* INFORM data glove *m*

Datenklau <-s> *m kein Pl.* JUR, INFORM *(fam)* furto *m* di dati

Datenkomprimierung *f* INFORM compressione *f* dati

Datenmissbrauch *m* abuso *m* dati

Datennetz *nt* INFORM rete *f* di dati

Datenschutz *m* privacy *f*

Datenschutzbeauftragte *mf* responsabile *mf* della protezione dati

Datenschutzgesetz *nt* legge *f* sulla privacy

Datenträger <-s, -> *m* INFORM memoria *f* di massa, supporto *m*

Datentransfer *m* INFORM interscambio *m* di dati

Datentypist(in) ['da:təntypɪst] <-en, -en; -, -nen> *m(f)* INFORM persona *f* addetta all'emissione dei dati

Datenübertragung *f* INFORM trasmissione *f* [di] dati

Datenverarbeitung *f* INFORM elaborazione *f* [dei] dati; **elektronische ~** elaborazione elettronica [dei] dati

datieren [da'ti:rən] <ohne ge-> **I.** *vt* datare, mettere [*o* apporre] la data su **II.** *vi* ① *(Datum tragen)* **vom 30. April ~** portare la data del 30 aprile ② *(bestehen)* **unsere Freundschaft datiert seit letztem Sommer** la nostra amicizia data dall'estate scorsa

Dativ ['da:ti:f] <-s, -e> *m* LING [caso *m*] dativo *m*

Dativobjekt *nt* LING complemento *m* di termine

dato ['da:to] *adv* **bis ~** fino a oggi

Dattel ['datəl] <-, -n> *f* dattero *m*

Dattelpalme *f* palma *f* da datteri

Datum ['da:tʊm, *Pl:* 'da:tən] <-s, Daten> *nt* data *f;* **~ des Poststempels** data del timbro postale; **jüngeren** [*o* **neueren**] **~s** di data recente; **unter dem heutigen ~** in data odierna; **welches ~ haben wir heute?** quanti ne abbiamo oggi?

Datum[s]stempel *m* datario *m*

Datumsgrenze <-, -n> *f* linea *f* cambiamento data

Daube ['daʊbə] <-, -n> *f* doga *f*

Dauer ['daʊɐ] <-> *f kein Pl.* durata *f; (Zeitspanne)* periodo *m,* tempo *m;* **für die ~ von** della [*o* per la] durata di; **von ~ sein** essere duraturo; **auf die ~** a lungo andare

Dauerauftrag *m* FIN ordine *m* [*o* incarico *m*] permanente

Dauerbrenner *m* ① *(Ofen)* stufa *f* a fuoco continuo ② *(fig fam: Hit, Erfolg)* successo *m* [duraturo]

dauerhaft *adj* duraturo, durevole; *(beständig)* costante, stabile

Dauerhaftigkeit <-> *f kein Pl.* ① durevolezza *f,* durata *f* ② *(Beständigkeit)* stabilità *f*

Dauerkarte *f* abbonamento *m*

Dauerlauf *m* SPORT corsa *f* di resistenza [*o* di fondo]

Dauerlutscher *m* caramella *f* da succhiare

dauern ['daʊɐn] *vi* durare; **das wird nicht lange ~** non ci vorrà molto; **es dauerte lange, bis er kam** ci volle molto prima che arrivasse; **es dauert mir zu lange** l'attesa per me è troppo lunga; **wie lange dauert es noch?** quanto ci vuole ancora?

dauernd I. *adj* ① *(andauernd)* permanente ② *(ständig)* continuo, costante **II.** *adv* in continuazione

Dauerobst *nt* frutta *f* invernale [*o* che si conserva]
Dauerstellung *f* posto *m* a tempo indeterminato
Dauerwelle *f* permanente *f*
Dauerwirkung *f* effetto *m* duraturo
Dauerzustand *m* stato *m* [*o* condizione *f*] permanente
Daumen ['daʊmən] <-s, -> *m* pollice *m;* **am ~ lutschen** succhiarsi il pollice; **ich drücke dir die ~!** *(fam)* in bocca al lupo!
Daumenregister *nt* TYP indice *m* a rubrica
Daune ['daʊnə] <-, -n> *f* piuma *f*
Daunendecke *f* piumino *m,* piumone *m*
Daunenjacke *f* [giacca *f* di] piumino *m*
davon [da'fɔn, *hinweisend:* 'da:fɔn] *adv* 1 *(Thema, Teil bezeichnend)* di questo, di ciò, ne; **~ wissen** saperne 2 *(räumlich)* di là, di lì 3 *(dadurch)* da questo, da ciò, ne; **was habe ich ~?** che vantaggio ne ho io?; **~ ist er wach geworden** questo l'ha svegliato; **das kommt ~, wenn …** ecco quel che succede, se …
davon|fliegen <irr> *vi sein* volare via
davon|gehen <irr> *vi sein* andarsene, andare via
davon|jagen I. *vi sein (sich entfernen)* allontanarsi rapidamente **II.** *vt (vertreiben)* scacciare
davon|kommen <irr> *vi sein* scamparla, cavarsela; *(sich retten)* salvarsi; **mit heiler Haut/dem Leben ~** salvarsi la pelle/la vita; **noch einmal ~** cavarsela ancora
davon|laufen <irr> *vi sein* scappare, fuggire; **es ist zum Davonlaufen!** *(fam)* è una disperazione!, è insopportabile!
davon|machen *vr:* **sich ~** *(fam)* svignarsela, scappare
davon|stehlen <irr> *vr:* **sich ~** *(geh)* allontanarsi furtivamente
davon|tragen <irr> *vt* 1 *(wegtragen)* portare via 2 *(Verletzungen)* riportare 3 *(geh: Sieg)* riportare
davor [da'fo:ɐ̯, *hinweisend:* 'da:fo:ɐ̯] *adv* 1 *(räumlich)* davanti [a questo], dinanzi [a ciò] 2 *(zeitlich)* prima [di ciò]; **das Jahr ~** l'anno precedente 3 *(vor dieser Sache)* di ciò, ne; **ich habe Angst ~** ne ho paura
davor|legen *vt* **etw ~** mettere qc lì davanti
davor|liegen <irr> *vi (Person)* essere disteso lì davanti
davor|stehen <irr> *vi (Person)* stare lì davanti
davor|stellen *vt* **etw ~** mettere qc lì davanti
DAX *m* FIN *Akr. von* **Deutscher Aktienindex** *indice azionario tedesco*
dazu [da'tsu:, *hinweisend:* 'da:tsu:] *adv* 1 *(zu diesem Zweck)* per questo, a questo scopo; *(dafür)* per questo 2 *(darüber, zu diesem Thema)* su ciò, su questo; **sich ~ äußern** esprimersi al riguardo; **was sagen Sie ~?** cosa ne dice? 3 *(außerdem)* oltre a ciò; **klug und schön ~** non solo intelligente, ma anche bello 4 *(zu dieser Sache)* ci, ne; **~ gehört …** ci vuole …, è necessario *+inf;* **ich habe keine Lust/Zeit ~** non ne ho voglia/il tempo; **~ kommt, dass …** a ciò si aggiunge che …; **im Gegensatz ~** invece, al contrario; **endlich komme ich ~ zu** *+inf* finalmente riesco a *+inf;* **wie kommen Sie ~?** *(wieso haben Sie das?)* come l'ha avuto?; *(was erlauben Sie sich?)* come si permette?
dazugehörig *adj* rispettivo, relativo
dazu|lernen *vt* imparare [ulteriormente/in più]; **man kann immer etw ~** si impara sempre qc di nuovo
dazumal ['da:tsuma:l] *adv* **anno ~** *(scherz)* a quei tempi
dazu|tun <irr> *vt* aggiungere
Dazutun *nt* **ohne mein ~** senza il mio intervento
dazwischen [da'tsvɪʃən, *hinweisend:* 'da:tsvɪʃən] *adv* 1 *(räumlich)* in mezzo; *(a. darunter)* tra questi 2 *(zeitlich)* nel frattempo 3 *(Beziehung)* fra loro
dazwischen|fahren <irr> *vi sein* 1 *(eingreifen)* intervenire 2 *(unterbrechen)* interrompere
dazwischen|funken [da'tsvɪʃən'fʊŋkən] *vi (fam)* immischiarsi, intromettersi
dazwischen|kommen <irr> *vi sein* sopraggiungere, accadere, capitare; **wenn nichts dazwischenkommt** se tutto va bene, salvo imprevisti; **mir ist etw dazwischengekommen** c'è stato un imprevisto
dazwischen|treten <irr> *vi sein (eingreifen)* intervenire
DB [de:'be:] <-> *f kein Pl. Abk. von* **Deutsche Bahn** *ferrovie dello stato tedesco*
DBB [de:be:'be:] <-(s)> *m kein Pl. Abk. von* **Deutscher Beamtenbund** *unione dei funzionari (statali) tedeschi*
DBP 1 *Abk. von* **Deutsches Bundespatent** *brevetto della RFT* 2 *Abk. von* **Deutsche Bundespost** *PT*
DDR [de:de:'ʔɛr] *f* HIST *Abk. von* **Deutsche Demokratische Republik** RDT *f*
D-Dur <-> *nt kein Pl.* MUS re *m* maggiore
Deal ['di:l] <-s, -s> *m (sl)* affare *m*
dealen ['di:lən] *vi (sl)* spacciare droga
Dealer(in) <-s, -; -, -nen> *m(f)* spacciatore, -trice *m, f*
Debakel [de'ba:kəl] <-s, -> *nt (geh)* débâcle *f,* sfacelo *m*
Debatte [de'batə] <-, -n> *f* discussione *f;* POL dibattito *m;* **etw zur ~ stellen** mettere

qc in discussione; **etw steht zur ~** qc è in discussione; **das steht überhaupt nicht zur ~** è ovvio, non se ne discute proprio

debattieren [deba'tiːrən] <ohne ge-> *vi, vt* discutere, dibattere; **über etw** *akk* **~** discutere su qc

Debet ['deːbɛt] <-s, -s> *nt* FIN dare *m,* debito *m*

D

debil [de'biːl] *adj* debole, fragile, debole di mente

Debugger [di'bʌgɐ] <-s, -> *m* INFORM debugger *m*

Debüt [de'byː] <-s, -s> *nt* THEAT debutto *m; (a. fig)* esordio *m;* **sein ~ geben als ...** debuttare come ...

debütieren [deby'tiːrən] <ohne ge-> *vi* THEAT debuttare; *(a. fig)* esordire

dechiffrieren [deʃɪ'friːrən] <ohne ge-> *vt* decifrare

Deck [dɛk] <-(e)s, -s> *nt* NAUT ponte *m,* coperta *f;* **alle Mann an ~!** tutti in coperta!

Deckblatt *nt* ① BOT brattea *f* ② *(von Büchern)* foglio *m* di rettifica

Decke ['dɛkə] <-, -n> *f* ① *(Bett~)* coperta *f; (Tisch~)* tovaglia *f;* **mit jdm unter einer ~ stecken** *(fig fam)* essere in combutta con qu ② *(Zimmer~)* soffitto *m;* **an die ~ gehen** *(fig fam)* andare [*o* montare] su tutte le furie; **mir fällt die ~ auf den Kopf** *(fig fam)* mi sento in gabbia ③ *(Straßen~)* pavimentazione *f* stradale ④ *(Reifen~)* copertone *m*

Deckel ['dɛkəl] <-s, -> *m* ① *(von Gefäßen)* coperchio *m; (zum Aufschrauben)* coperchio *m* a vite ② *(Buch~)* copertina *f* ③ *(fam: Hut)* cappello *m;* **eins auf den ~ kriegen** *(fig fam)* ricevere una lavata di capo, prendersi un cicchetto

Deckelöffner *m* svitacoperchi *m*

decken **I.** *vt* ① *(zudecken)* coprire; *(überziehen)* ricoprire; **etw mit etw ~** rivestire qc di qc; **ein Tuch über etw** *akk* **~** coprire qc con un panno; **den Tisch ~** apparecchiare la tavola ② *(Bedarf, Kosten)* coprire ③ MIL, SPORT coprire, marcare **II.** *vr:* **sich ~** *(übereinstimmen)* coincidere

Deckenbeleuchtung *f* illuminazione *f* dal soffitto

Deckengemälde *nt* pittura *f* sul soffitto

Deckmantel *m (fig)* **unter dem ~ von** sotto il manto di

Deckname *m* pseudonimo *m*

Deckoffizier *m* ufficiale *m* di coperta

Deckung ['dɛkʊŋ] <-, -en> *f* ① *(Schutz)* *a.* MIL riparo *m,* protezione *f;* SPORT *(von Spieler)* difesa *f; (von Raum)* marcatura *f; (Boxen, Fechten)* guardia *f;* **jdm ~ geben** coprire qu; **in ~ gehen** MIL mettersi al coperto [*o* al riparo]; SPORT mettersi in guardia ② *(von Scheck, Nachfrage)* copertura *f;* **zur ~ der Kosten** a copertura delle spese ③ *(Übereinstimmung)* accordo *m;* **etw zur ~ bringen** far concordare [*o* coincidere] qc

deckungsgleich *adj* congruente

Decoder [di'kɔʊdɐ] <-s, -> *m* INFORM, TV decoder *m,* decodificatore *m*

deduktiv [dedʊk'tiːf] *adj* deduttivo

de facto [deː 'fakto] *adv* de facto, di fatto

Defätist(in) [defɛ'tɪst] <-en, -en; -, -nen> *m(f) (geh pej)* disfattista *mf*

defekt [de'fɛkt] *adj* difettoso, guasto

Defekt <-(e)s, -e> *m* ① *(Schaden)* danno *m;* MOT guasto *m* ② *(Mangel)* difetto *m*

defensiv [defɛn'ziːf] *adj* difensivo

Defensive [defɛn'ziːvə] <-, -n> *f* difensiva *f;* **in der ~** sulla difensiva

definieren [defi'niːrən] <ohne ge-> *vt* definire

Definition [defini'tsi̯oːn] <-, -en> *f* definizione *f*

definitiv [defini'tiːf] *adj* definitivo

Defizit ['deːfitsɪt] <-s, -e> *nt* ① WIRTSCH deficit *m,* disavanzo *m* ② *(Mangel)* carenza *f;* **~ an etw** *dat* carenza di qc

Deflation [defla'tsi̯oːn] <-, -en> *f* WIRTSCH deflazione *f*

Defloration [deflora'tsjoːn] <-, -en> *f* deflorazione *f*

deflorieren [deflo'riːrən] <ohne ge-> *vt* deflorare

Deformation <-, -en> *f* deformazione *f,* deformità *f*

deformieren [defɔr'miːrən] <ohne ge-> *vt* deformare

deftig ['dɛftɪç] *adj* ① *(Essen)* sostanzioso, pesante ② *(Spaß)* pesante; *(anzüglich)* spinto

Degen ['deːgən] <-s, -> *m* spada *f*

Degeneration <-, -en> *f a.* BIOL, MED degenerazione *f*

degenerieren [degene'riːrən] <ohne ge-> *vi sein* degenerare

degradieren [degra'diːrən] <ohne ge-> *vt* degradare

Degradierung <-, -en> *f* degradazione *f*

degressiv [degrɛ'siːf] *adj* FIN *(Abschreibung)* regressivo

dehnbar ['deːnbaːɐ̯] *adj* ① *(Material)* estendibile, estensibile; *(elastisch)* elastico; PHYS dilatabile ② *(Begriff)* elastico

Dehnbarkeit <-> *f kein Pl.* estensibilità *f;* PHYS dilatabilità *f; (von Metall)* duttilità *f; (fig)* elasticità *f*

dehnen **I.** *vt* ① *(Material)* tendere; *(Glieder)* stirare ② LING *(Laut)* allungare **II.** *vr:*

sich ~ ① *(Material)* dilatarsi ② *(Mensch)* distendersi ③ *(Strecke, Zeit)* prolungarsi
Deich [daɪç] <-(e)s, -e> *m* diga *f*, argine *m*
Deichsel ['daɪksəl] <-, -n> *f* timone *m*
deichseln *vt (fam)* venire a capo di
dein [daɪn] *pron poss Sing, Nom. m u. nt von* **du** tuo, -a *m, f,* tuoi *mpl,* tue *fpl;* **~ Haus** la tua casa; **~e Eltern** i tuoi genitori; **herzliche Grüße, dein Giorgio** cari saluti dal tuo Giorgio
deine(r, s) *pron poss von* **du** il tuo, la tua, i tuoi *pl,* le tue *pl*
deiner *pron poss gen von* **du** di te; *s. a.* **deine(r, s)**
deinerseits ['daɪnɐ'zaɪts] *adv* da parte tua
deines *s.* **deine(r, s)**
deinesgleichen ['daɪnəs'glaɪçən] <inv> *pron* tuo pari, uno [*o* gente *f*] come te
deinetwegen ['daɪnət'veːgən] *adv* per causa tua, per te; *(negativ)* per colpa tua
deinetwillen ['daɪnət'vɪlən] *adv* **um ~** per te, per amor tuo
deinige(r, s) *(obs geh) s.* **deine(r, s)**
deins *s.* **deine(r, s)**
deinstallieren ['deːinstaliːrən] *vt* INFORM disinstallare
Déjà-vu-Erlebnis [deʒa'vyːɛɐ'leːbnɪs] <-ses, -se> *nt* PSYCH [immagine *f*] déjà vu *m*
Deka [deka] <-s, -> *nt* A *(fam: 10 Gramm)* decagrammo *m;* **geben Sie mir bitte 10 ~ Salami** mi dia un etto di salame
Dekade [de'kaːdə] <-, -n> *f* decade *f*
dekadent [deka'dɛnt] *adj* decadente
Dekadenz [deka'dɛnts] <-> *f kein Pl.* decadenza *f*
Dekagramm [deka'gram] <-s, -> *nt* A *(10 Gramm)* decagrammo *m*
Dekan [de'kaːn] <-s, -e> *m* ① REL decano *m* ② UNIV preside *m* di facoltà
Dekanat [deka'naːt] <-(e)s, -e> *nt* decanato *m*
Deklamation [deklama'tsjoːn] <-, -en> *f* declamazione *f*
deklamieren [dekla'miːrən] <ohne ge-> *vt* declamare
Deklaration [deklara'tsjoːn] <-, -en> *f* dichiarazione *f*
deklarieren [dekla'riːrən] <ohne ge-> *vt* dichiarare
Deklination [deklina'tsi̯oːn] <-, -en> *f* declinazione *f*
deklinieren [dekli'niːrən] <ohne ge-> *vt* LING declinare
Dekolleté [dekɔl'teː] <-s, -s> *nt,* **Dekolletee** <-s, -s> *nt* scollatura *f,* décolleté *m*
Dekorateur(in) [dekora'tøːɐ̯] <-s, -e; -, -nen> *m(f)* decoratore, -trice *m, f; (Schaufenster~)* vetrinista *mf;* THEAT scenografo, -a *m, f*
Dekoration [dekora'tsi̯oːn] <-, -en> *f* decorazione *f; (Schaufenster~)* decorazione *f* di vetrina; THEAT scenario *m*
dekorativ [dekora'tiːf] *adj* decorativo, esornativo
dekorieren [deko'riːrən] <ohne ge-> *vt* decorare
Dekret [de'kreːt] <-(e)s, -e> *nt* decreto *m*
dekretieren [dekre'tiːrən] <ohne ge-> *vt* decretare
Delegation [delega'tsi̯oːn] <-, -en> *f* delegazione *f*
delegieren [dele'giːrən] <ohne ge-> *vt* delegare
Delegierte <ein -r, -n, -n> *mf* delegato, -a *m, f*
Delfin [dɛl'fiːn] <-s, -e> *m* delfino *m*
Delfinschwimmen <-s> *nt kein Pl.* SPORT [stile di nuoto] delfino *m*
delikat [deli'kaːt] *adj* ① *(lecker)* delizioso; *(auserlesen, fein)* squisito, prelibato ② *(heikel)* delicato, scabroso
Delikatesse [delika'tɛsə] <-, -n> *f* ① *(Leckerbissen)* leccornia *f* ② *(geh: Zartgefühl)* delicatezza *f,* tatto *m*
Delikatessengeschäft *nt* negozio *m* di specialità gastronomiche
Delikt [de'lɪkt] <-(e)s, -e> *nt* JUR delitto *m; (Straftat)* reato *m*
Delinquent(in) [delɪŋ'kvɛnt] <-en, -en; -, -nen> *m(f) (geh)* delinquente *mf*
Delirium [de'liːriʊm] <-s, Delirien> *nt* delirio *m*
Delle ['dɛlə] <-, -n> *f* DIAL ammaccatura *f,* schiacciamento *m*
delogieren <ohne ge-> *vt* A *(zum Ausziehen aus der Wohnung zwingen)* sfrattare
Delors-Bericht <-(e)s> *m kein Pl. (Europäische Währungsunion)* Rapporto *m* Delors
Delta[1] ['dɛlta] <-(s), -s> *nt (griechischer Buchstabe)* delta *f*
Delta[2] ['dɛlta, *Pl:* 'dɛltən] <-s, -s *o* Delten> *nt* GEOG delta *m*
dem [deːm] **I.** *art def Sing, dat von* **der, das: wenn ~ so ist** se è così; **wie ~ auch sei** comunque sia **II.** *pron dem Sing, dat von* **der, das III.** *pron rel Sing, dat von* **der, das**
Demagoge [dema'goːgə] <-n, -n> *m* demagogo *m*
Demagogie [demago'giː] <-, -n> *f* demagogia *f*
Demagogin [dema'goːgɪn] <-, -nen> *f* demagoga *f*
demagogisch [dema'goːgɪʃ] *adj* demagogico

Demarkationslinie [demarka'tsjo:nsli:niə] <-, -n> *f* POL, MIL linea *f* di demarcazione

demaskieren [demas'ki:rən] <ohne ge-> *vt* smascherare

Dementi [de'mɛnti] <-s, -s> *nt* smentita *f*

dementieren [demɛn'ti:rən] <ohne ge-> *vt* smentire

dementsprechend ['de:mʔɛnt'ʃprɛçənt] I. *adj* corrispondente, conforme II. *adv* in corrispondenza, come tale

demgegenüber ['de:mge:gən'ʔy:bɐ] *adv* ① *(im Vergleich dazu)* di fronte a questo, rispetto a ciò ② *(andererseits)* d'altra parte

Demission [demɪ'si̯o:n] <-, -en> *f* POL *(Rücktritt)* dimissioni *f pl*

demnach ['de(:)mna:x] *adv* dunque, quindi, per cui; **es ist ~ unmöglich, dass ...** è perciò impossibile che ...

demnächst ['de:m'nɛ:çst] *adv* prossimamente, fra poco

Demo ['de:mo] <-, -s> *f* ① *(fam: Demonstration)* manifestazione *f* ② INFORM *(Vorführung)* dimostrazione *f*

Demografie [demogra'fi:, *Pl:* demogra'fi:ən] <-, -n> *f* demografia *f*

demografisch *adj* demografico

Demokrat(in) [demo'kra:t] <-en, -en; -, -nen> *m(f)* democratico, -a *m, f*

Demokratie [demokra'ti:] <-, -n> *f* democrazia *f*

Demokratin *f s.* **Demokrat**

demokratisch *adj* democratico

demokratisieren [demokrati'zi:rən] <ohne ge-> *vt* democratizzare

Demokratisierung [demokrati'zi:rʊŋ] <-, -en> *f* democratizzazione *f*

demolieren [demo'li:rən] <ohne ge-> *vt* demolire; *(zerstören)* distruggere

Demonstrant(in) [demɔn'strant] <-en, -en; -, -nen> *m(f)* dimostrante *mf*, manifestante *mf*

Demonstration [demɔnstra'tsi̯o:n] <-, -en> *f* ① *(Kundgebung)* dimostrazione *f*, manifestazione *f* ② *(geh: Bekundung)* prova *f*; *(Darstellung)* dimostrazione *f*

Demonstrationsmaterial *nt* materiale *m* illustrativo

Demonstrationsrecht <-(e)s> *nt kein Pl.* diritto *m* di manifestazione

Demonstrationszug *m* corteo *m* di manifestanti [*o* dimostranti]

demonstrativ [demɔnstra'ti:f] *adj* ① *(anschaulich)* dimostrativo ② *(auffallend)* ostentato

Demonstrativpronomen *nt* pronome *m* dimostrativo

demonstrieren [demɔn'stri:rən] <ohne ge-> I. *vi* dimostrare, manifestare II. *vt* ① *(vorführen)* dimostrare ② *(bekunden)* dare prova di, dimostrare

Demontage [demɔn'ta:ʒə] *f* smontaggio *m; (von Industrieanlagen)* smantellamento *m*

demontieren [demɔn'ti:rən] <ohne ge-> *vt* smontare; *(Industrieanlagen)* smantellare

Demoralisation [demoraliza'tsjo:n] <-> *f kein Pl.* corruzione *f*, decadenza *f* morale

demoralisieren [demorali'zi:rən] <ohne ge-> *vt* demoralizzare, scoraggiare

Demoskopie [demosko'pi:] <-, -n> *f* demoscopia *f*

demoskopisch [demo'sko:pɪʃ] *adj* demoscopico

demotivieren *vt (geh)* demotivare

demselben *pron dem Sing, dat von* **derselbe, dasselbe**

Demut ['de:mu:t] <-> *f kein Pl.* umiltà *f*

demütig ['de:my:tɪç] *adj* umile

demütigen I. *vt* umiliare, mortificare II. *vr:* **sich ~** umiliarsi, abbassarsi

demütigend *adj* umiliante

Demütigung <-, -en> *f* umiliazione *f*, mortificazione *f*

demzufolge ['de(:)mtsu'fɔlgə] *adv (folglich)* perciò

den [de:n] I. *art def* ① *Sing, akk von* **der** ② *Pl, dat von* **der**, **die**, **das** II. *pron dem Sing, akk von* **der** III. *pron rel Sing, akk von* **der**

denen [de:nən] I. *pron dem Pl, dat von* **die** II. *pron rel Pl, dat von* **die**

Denglisch ['dɛŋlɪʃ] *nt misto scherzoso di inglese e tedesco*

Den Haag [de:n 'ha:k] *nt* L'Aia *f*

Denkanstoß <-es, -stöße> *m* spunto *m* [di riflessione], ispirazione *f*

denkbar I. *adj (möglich)* possibile; *(vorstellbar)* pensabile, immaginabile II. *adv (sehr)* oltremodo; **auf die ~ einfachste Art** nel modo più semplice possibile

denken ['dɛnkən] <denkt, dachte, gedacht> I. *vi* ① *(überlegen)* pensare; *(logisch ~)* ragionare; **bei sich** *dat* **~** pensare fra sé e sé; **jdm zu ~ geben** dare da [*o* a] pensare a qu; **wo ~ Sie hin!** ma no!, ma che dice! ② *(im Sinn haben)* pensare; **an jdn/etw ~** pensare a qu/qc; **nur an sich ~** badare solo a sé stesso; **gar nicht daran ~ zu** *+inf* non pensare minimamente di *+inf;* **ich darf gar nicht daran ~!** è meglio che non ci pensi! ③ *(meinen)* pensare; *(vermuten)* supporre, presumere; **ich denke schon** penso di sì; **wie denkst du darüber?** cosa ne pensi?; **gut/schlecht von jdm ~** pensare bene/male di qu; **denkste!** *(fam)* stai fresco! ④ *(sich erin-*

nern) pensare; *(nicht vergessen)* ricordare; **mit Freude an etw** *akk* **~** ripensare a [*o* ricordare] qc con gioia; **denke daran!** pensaci! **II.** *vt (sich vorstellen)* pensare; **wer hätte das gedacht?** chi l'avrebbe immaginato [*o* mai pensato]?; **das hast du dir so gedacht!** *(fam)* ti sarebbe piaciuto!; **das kann ich mir ~** me lo immagino; **das kann ich mir nicht ~** mi sembra impossibile; **ich habe mir nichts Böses dabei gedacht** l'ho fatto in buona fede; **das habe ich mir gedacht!** me l'aspettavo! c'era da immaginarselo!

Denken <-s> *nt kein Pl.* pensiero *m; (Nach~)* riflessione *f; (logisches ~)* ragionamento *m; (Denkart)* modo *m* di pensare, mentalità *f*

Denkende <ein -r, -n, -n> *mf* REL, POL **anders ~** dissidente *mf*

Denker(in) <-s, -; -, -nen> *m(f)* pensatore, -trice *m, f*

Denkfehler *m* errore *m* di ragionamento

Denkmal <-s, -mäler *o rar:* -e> *nt* monumento *m;* **jdm ein ~ setzen** innalzare un monumento a qu

Denkmal[s]schutz *m* tutela *f* dei monumenti; **unter ~ stehen** essere monumento nazionale

Denkschrift *f* memoriale *m*

Denksport *m* rompicapo *m*

Denksportaufgabe *f* rompicapo *m*

Denkweise *f* modo *m* di pensare, mentalità *f*

denkwürdig *adj* memorabile

Denkzettel *m* lezione *f;* **jdm einen ~ geben** [*o* **verpassen**] dare una bella lezione a qu

denn [dɛn] **I.** *konj (kausal)* perché, poiché; **es sei ~, dass …** tranne che *+conj,* a meno che *+conj;* **mehr ~ je** più che mai **II.** *adv (in Fragesätzen verstärkend)* mai, poi, ma, allora, *manchmal unübersetzt;* **warum ~ nicht?** e perché no?; **was soll ~ das?** che significa?, che vuol dire?; **wieso ~?** e come mai?; **wo bist du ~?** ma dove sei?

dennoch ['dɛnɔx] *adv* tuttavia, ciò nondimeno, però; *(am Satzende)* lo stesso

Denominierung <-, -en> *f* FIN denominazione *f*

denselben *pron dem* ① *Sing, akk von* **derselbe** ② *Pl, dat von* **dieselben**

dental [dɛn'ta:l] *adj* MED, LING dentale

Denunziant(in) [denʊn'tsi̯ant] <-en, -en; -, -nen> *m(f) (pej)* delatore, -trice *m, f*

Denunziation [denʊntsja'tsjo:n] <-, -en> *f* delazione *f*

denunzieren [denʊn'tsi:rən] <ohne ge-> *vt (pej)* denunciare

Deo ['de:o] <-s, -s> *nt,* **Deodorant** [deodo'rant] <-s, -e *o* -s> *nt* deodorante *m*

Deoroller *m* deodorante *m* a sfera

Deospray *nt* deodorante *m* spray

Deostift *m* stick *m* deodorante

Departement [departə'mã:] <-s, -s> *nt* CH dipartimento *m*

deplatziert [depla'tsi:ɐt] *adj* fuori luogo, sconveniente

Deponie [depo'ni:] <-, -n> *f* discarica *f*

deponieren [depo'ni:rən] <ohne ge-> *vt* depositare

Deportation [depɔrta'tsi̯o:n] <-, -en> *f* deportazione *f*

Depositen [depo'zi:tən] *pl* FIN depositi *mpl*

Depot [de'po:] <-s, -s> *nt* deposito *m*

Depp [dɛp] <-en *o* -s, -en> *m (pej)* stupido, -a *m, f,* cretino, -a *m, f*

Depression [deprɛ'si̯o:n] <-, -en> *f* depressione *f*

depressiv *adj* ① *(Stimmung)* deprimente ② WIRTSCH depressivo

deprimieren [depri'mi:rən] <ohne ge-> *vt* deprimere, abbattere

Deputation [deputa'tsjo:n] <-, -en> *f* deputazione *f,* delegazione *f*

deputieren [depu'ti:rən] <ohne ge-> *vt* deputare, delegare

Deputierte <ein -r, -n, -n> *mf* deputato, -a *m, f,* delegato, -a *m, f*

der [de:ɐ̯] *art def* ① *Sing, gen u dat von* **die** ② *Pl, gen von* **die**

der [de:ɐ̯], **die** [di:], **das** [das] <*Pl:* die> **I.** *art def* il *m,* lo *m,* la *f,* l' *mf; (pl)* i *mpl,* gli *mpl,* le *fpl* **II.** *pron dem s.* **diese(r, s), jene(r, s), derjenige III.** *pron rel s.* **welche(r, s)**

derart ['de:ɐ̯'ʔa:ɐ̯t] *adv* tanto, così, talmente; **~, dass …** di modo che …

derartig *adj* siffatto, tale, simile, del genere

derb [dɛrp] *adj* ① *(fest)* solido, sodo; *(hart)* duro, resistente; *(kräftig)* robusto, vigoroso ② *(fig: grob)* rozzo, grossolano; *(unfreundlich)* crudo, aspro

Derbheit <-, -en> *f* ① *(Grobheit)* grossolanità *f,* rozzezza *f* ② *(fig: Rücksichtslosigkeit)* asprezza *f,* rudezza *f,* crudezza *f* ③ *Pl: (grobe Äußerungen)* parole *fpl* aspre, modi *mpl* rozzi

deren ['de:rən] **I.** *pron dem* ① *Sing, gen von* **die** ② *Pl, gen von* **der, die, das II.** *pron rel* ① *Sing, gen von* **die** ② *Pl, gen von* **der, die, das**

derentwegen ['de:rənt've:gən] *adv* per cui, a causa di cui

derentwillen ['de:rənt'vɪlən] *adv* **um ~** *(sing)* per cui [*o* il/la quale]; *(pl)* per i [*o* le] quali

derer ['de:rɐ] *pron dem Pl, gen von* **die**

dergestalt ['de:ɐ̯gə'ʃtalt] *adv* **~, dass** in tal modo che

dergleichen ['de:ɐ̯'glaɪçən] <inv> **I.** *adj* tale, simile, siffatto, del genere **II.** *pron dem (Derartiges)* qualcosa di simile [*o* del genere]; **nichts ~** nulla di tutto questo; **und ~** [**mehr**] e simili

derjenige ['de:ɐ̯je:nɪgə], **diejenige** ['di:je:nɪgə], **dasjenige** ['dasje:nɪgə] <*Pl:* diejenigen> *pron dem* colui, colei, quello, quella; *(pl)* coloro, quelli, quelle; **~, welcher …** quello [*o* colui] che …

derjenigen *pron dem* ① *Sing, dat u. gen von* **diejenige** ② *Pl, gen von* **diejenigen**

dermaßen ['de:ɐ̯'ma:sən] *adv* tanto; **~, dass** talmente che

Dermatologe <-n, -n> *m* MED dermatologo *m*

Dermatologie [dɛrmatolo'gi:] <-> *f kein Pl.* MED dermatologia *f*

Dermatologin <-, -nen> *f* MED dermatologa *f*

derselbe [de:ɐ̯'zɛlbə], **dieselbe** [di:'zɛlbə], **dasselbe** [das'zɛlbə] <*Pl:* dieselben> *pron dem* il medesimo, la medesima, lo stesso, la stessa; *(pl)* i medesimi, le medesime, gli stessi, le stesse; **noch einmal dasselbe, bitte!** un'altra volta la stessa cosa, per favore!; **das ist ein und dasselbe** è lo stesso

derweil[en] ['de:ɐ̯'vaɪl(ən)] *adv* frattanto

Derwisch ['dɛrvɪʃ] <-(e)s, -e> *m* derviscio *m*

derzeit ['de:ɐ̯'tsaɪt] *adv* al [*o* in questo] momento, attualmente, [per] ora

derzeitig *adj* attuale, del momento

des [dɛs] **I.** *art def Sing, gen von* **der, das** **II.** *pron dem Sing, gen von* **der, das**

Des, des [dɛs] <-, -> *nt* MUS re *m* bemolle

Desaster [de'zastɐ] <-s, -> *nt* disastro *m*

Deserteur(in) [dezɛr'tø:ɐ̯] <-s, -e; -, -nen> *m(f)* disertore, -trice *m, f*

desertieren [dezɛr'ti:rən] <ohne ge-> *vi haben o sein* disertare

desgleichen ['dɛs'glaɪçən] *adv* parimenti, ugualmente

deshalb ['dɛs'halp] *adv* perciò, per questo; **eben ~** proprio per questo; **ich habe das ~ getan, weil …** l'ho fatto perché …

Design [di'zaɪn] <-s, -s> *nt* design *m*

Designer(in) <-s, -; -, -nen> *m(f)* designer *mf*

Designerdroge *f (synthetische Droge)* droga *f* sintetica

Designeretikett *nt* griffe *f*

Designermode *f* moda *f* del design

designiert [dezi'gni:ɐt] *adj* designato

Designmuseum *nt* museo *m* del design

Designvariante *f* variante *f* di design

Desinfektion [dezɪnfɛk'tsi̯o:n] <-, -en> *f* disinfezione *f*

Desinfektionsmittel *nt* disinfettante *m*

desinfizieren [dezɪnfi'tsi:rən] <ohne ge-> *vt* disinfettare

Desinformation ['dɛsʔɪnfɔrmatsjo:n] <-, -en> *f* disinformazione *f*

Desinteresse ['dɛsʔɪntərɛsə] *nt* disinteresse *m;* **~ an etw** *dat* **zeigen** mostrare disinteresse per qc

desinteressiert ['dɛsʔɪntərɛsi:ɐ̯t] *adj* disinteressato, indifferente

Desktop ['dɛsktɔp] <-s, -s> *m* INFORM *(Mikrocomputer, Bildschirmdarstellung)* desktop *m*

Desktop-Publishing, Desktoppublishing ['dɛsktɔp 'pablɪʃɪŋ] <-> *nt kein Pl.* INFORM, TYP desktop publishing *m*

desodorieren [dezodo'ri:rən] <ohne ge-> *vt* deodorare

desolat [dezo'la:t] *adj* desolato

desorientiert ['dɛsʔoriɛnti:ɐ̯t] *adj* disorientato

Desorientierung ['dɛsʔoriɛnti:rʊŋ] <-, -en> *f* disorientamento *m*

Desoxyribonukleinsäure [dɛsʔɔksyribonukle'ʔi:nzɔɪrə] *f* CHEM acido *m* deossiribonucleico

Despot(in) [dɛs'po:t] <-en, -en; -, -nen> *m(f)* despota *mf,* tiranno, -a *m, f*

despotisch *adj* dispotico, tirannico

desselben *pron dem Sing, gen von* **derselbe, dasselbe**

dessen ['dɛsən] **I.** *pron dem Sing, gen von* **der, das** **II.** *pron rel Sing, gen von* **der, das: ich bin mir ~ bewusst** ne sono consapevole, me ne rendo conto

Dessert [dɛ'sɛ:ɐ̯ *o* dɛ'se:ɐ̯] *o* dɛ'sɛrt] <-s, -s> *nt* dolce *m,* dessert *m*

Dessertteller *m* piatto *m* da dolce [*o* da dessert]

Dessin [dɛ'sɛ̃:] <-s, -s> *nt* motivo *m*

Dessous [dɛ'su:s] *nt pl* dessous *m pl*

Destillat [dɛstɪ'la:t] <-(e)s, -e> *nt* CHEM distillato *m*

Destillation [dɛstɪla'tsjo:n] <-, -en> *f* distillazione *f*

destillieren [dɛstɪ'li:rən] <ohne ge-> *vt* CHEM distillare

Destillierkolben *m* alambicco *m,* storta *f*

desto ['dɛsto] *konj* tanto; **~ mehr** tanto più; **je …, ~** [quanto] più …, [tanto] più; **je schneller, ~ besser** quanto più veloce, tanto meglio

destruktiv [destrʊk'ti:f] *adj* distruttivo

deswegen ['dɛs've:gən] *s.* **deshalb**

Detail [de'taɪ *o* de'ta:j] <-s, -s> *nt* dettag-

lio *m*, particolare *m*; **ins ~ gehen** entrare nei dettagli
detailliert [deta'ji:ɐ̯t] **I.** *adj* dettagliato **II.** *adv* dettagliatamente
Detaillist <-s, -en> *m* CH COM *(Einzelhändler)* commerciante *mf* al dettaglio [*o* al minuto]
Detektiv(in) [detɛk'ti:f] <-s, -e; -, -nen> *m(f)* detective *m*, investigatore, -trice *m, f* [privato, -a]
Detektivfilm *m* [film *m*] giallo *m*
Detektivin [detɛk'ti:vɪn] *f s.* **Detektiv**
detektivisch [detɛk'ti:vɪʃ] *adj* investigativo
Detektivroman *m* [romanzo *m*] giallo *m*
Detektor [de'tɛkto:ɐ, *Pl:* detɛk'to:rən] <-s, -en> *m* detector *m*, rivelatore *m*
Detonation [detona'tsi̯o:n] <-, -en> *f* detonazione *f*
detonieren [deto'ni:rən] <ohne ge-> *vi sein* detonare
deuteln ['dɔytəln] *vi* sottilizzare (**an** +*dat* su), cavillare (**an** +*dat* su)
deuten ['dɔɪtən] **I.** *vi* ❶ *(mit Finger, Hand)* **auf etw** *akk* **~** indicare qc ❷ *(fig: hinweisen)* far presagire; **alles deutet darauf [hin], dass ...** tutto fa supporre che ... **II.** *vt* *(auslegen)* interpretare; *(erklären)* spiegare
deutlich ['dɔɪtlɪç] *adj* ❶ *(klar)* chiaro; **sich ~ ausdrücken** parlare chiaramente; **jdm etw ~ machen** far capire qc a qu ❷ *(gut unterscheidbar)* distinto ❸ *(verständlich)* intelligibile ❹ *(spürbar)* sensibile ❺ *(ausgeprägt)* marcato
Deutlichkeit <-, -en> *f* ❶ *(Klarheit)* chiarezza *f* ❷ *(Verständlichkeit)* intelligibilità *f* ❸ *(Offenheit)* franchezza *f*
deutsch [dɔɪtʃ] *adj* tedesco; **~ sprechen** parlare tedesco; **Deutsche Mark** marco tedesco; **~-italienisch** tedesco-italiano; *(in Bezug auf Tirol)* italo-tedesco
Deutsch <-s> *nt kein Pl.* tedesco *m*; **~ lernen** imparare il tedesco; **sprechen Sie ~?** parla tedesco?; **wie heißt das auf ~?** come si dice in tedesco?; **aus dem ~en übersetzt** tradotto dal tedesco
Deutsche <ein -r, -n, -n> *mf* tedesco, -a *m, f*
Deutsche Demokratische Republik ['dɔɪtʃə demo'kra:tiʃə repu'bli:k] <-> *f kein Pl.* POL, HIST Repubblica *f* Democratica Tedesca
Deutscher Aktien-Index ['dɔɪtʃɐ 'aktsjən 'ɪndɛks] <-> *m kein Pl.* FIN indice *m* azionario tedesco
Deutschland *nt* Germania *f*
Deutschlandlied ['dɔɪtʃlantli:t] <-(e)s> *nt kein Pl.* inno *m* nazionale tedesco
deutschsprachig ['dɔɪtʃʃpra:xɪç] *adj* *(Mensch, Land)* di lingua tedesca; *(Literatur)* in lingua tedesca
deutschstämmig ['dɔɪtʃʃtɛmɪç] *adj* di origine tedesca
Deutung <-, -en> *f* interpretazione *f*
Devise [de'vi:zə] <-, -n> *f* massima *f*, motto *m*
Devisen [de'vi:zən] *pl* valuta *f* estera
Devisenbestimmungen *fpl* disposizioni *fpl* valutarie
Devisenhandel *m* FIN cambio *m* valuta
Devisenmarkt *m* FIN mercato *m* delle divise
Devisenschmuggel *m* contrabbando *m* di valuta
devot [de'vo:t] *adj* *(pej: unterwürfig)* sommesso, devoto
Dextrose [dɛks'tro:zə] <-> *f kein Pl.* BIOL, CHEM destrosio *m*
Dezember [de'tsɛmbɐ] <-(s), -> *m* dicembre *m*; *s. a.* **April**
dezent [de'tsɛnt] **I.** *adj* *(zurückhaltend)* discreto; *(Farbe, Parfüm)* delicato, gentile; *(Musik, Beleuchtung)* smorzato **II.** *adv* *(leicht)* leggermente, appena
dezentral [detsɛn'tra:l] *adj* decentralizzato
dezentralisieren [detsɛntrali'zi:rən] <ohne ge-> *vt* decentralizzare
Dezernat [detsɛr'na:t] <-(e)s, -e> *nt* settore *m* [di competenza]
Dezernent(in) [detsɛr'nɛnt] <-en, -en; -, -nen> *m(f)* caposervizio *mf*
Dezibel ['de:tsibɛl *o* detsi'bɛl] <-s, -> *nt* PHYS decibel *m*
dezidiert [detsi'di:ɐ̯t] *adj* A, CH *(bestimmt, entschieden)* deciso, chiaro, determinato; **eine ~e Meinung** una idea chiara; **~e Forderungen** richieste precise; **du musst mir nur ~ sagen, was du willst** mi devi solo dire chiaramente cosa vuoi
Deziliter [detsi'li:tɐ *o* 'de:tsili:tɐ] <-s, -> *m o nt* decilitro *m*
dezimal [detsi'ma:l] *adj* decimale
Dezimalbruch *m* frazione *f* decimale
Dezimalstelle *f* MAT [posto *m*] decimale *m*
Dezimalsystem *nt* MAT sistema *m* decimale
Dezimalzahl [detsi'ma:l'tsa:l] <-, -en> *f* MAT numero *m* decimale
Dezimeter [detsi'me:tɐ *o* 'de:tsime:tɐ] <-s, -> *m o nt* decimetro *m*
dezimieren [detsi'mi:rən] <ohne ge-> *vt* decimare
DFB [de:ʔɛf'be:] <-(s)> *m kein Pl. Abk. von* **Deutscher Fußball-Bund** *federazione tedesca del calcio*
DFÜ [de:ʔɛf'ʔy:] *f* INFORM, TEL *Abk. von* **Datenfernübertragung** trasmissione *f* dati a distanza

DGB [de:ge:'be:] <-(s)> *m kein Pl. Abk. von* **Deutscher Gewerkschaftsbund** *federazione dei sindacati tedeschi*

dgl. *Abk. von* **dergleichen, desgleichen** e sim.

d. Gr. *Abk. von* **der Große** il Grande

d. h. *Abk. von* **das heißt** cioè

d. i. *Abk. von* **das ist** cioè

Dia ['di:a] <-s, -s> *nt* diapo[sitiva] *f*

Diabetes [dia'be:tɛs] <-> *m kein Pl.* diabete *m*

Diabetiker(in) [dia'be:tikɐ] <-s, -; -, -nen> *m(f)* diabetico, -a *m, f*

diabolisch [dia'bo:lɪʃ] *adj* diabolico

Diadem [dia'de:m] <-s, -e> *nt* diadema *m*

Diagnose [dia'gno:zə] <-, -n> *f* diagnosi *f*

Diagnostik [dia'gnɔstɪk] <-> *f kein Pl.* diagnostica *f*

diagnostizieren [diagnɔsti'tsi:rən] <ohne ge-> *vt* diagnosticare

diagonal [diago'na:l] *adj* diagonale; **ein Buch ~ lesen** *(fam)* dare una scorsa ad un libro

Diagonale <-, -n> *f* diagonale *f*

Diagramm [dia'gram] <-s, -e> *nt* diagramma *m*

Diakon [dia'ko:n] <-s *o* -en, -e(n)> *m* diacono *m*

Diakonisse [diako'nɪsə] <-, -n> *f* diaconessa *f*

Dialekt [dia'lɛkt] <-(e)s, -e> *m* dialetto *m*

dialektal [dialɛk'ta:l] *adj* LING dialettale

Dialektik [dia'lɛktɪk] <-> *f kein Pl.* PHILOS dialettica *f*

Dialog [dia'lo:k] <-(e)s, -e> *m* dialogo *m*

Dialogfeld <-(e)s, -er> *nt* INFORM casella *f* di dialogo

Dialogrechner *m* INFORM calcolatore *m* conversazionale

Dialyse [dia'ly:zə] <-, -n> *f* MED dialisi *f*

Diamant [dia'mant] <-en, -en> *m* diamante *m*

diamanten *adj* ① *(aus Diamanten)* di diamante ② *(wie Diamant)* adamantino; **~e Hochzeit** nozze *f pl* di diamante

Diamantring *m* anello *m* di diamanti

Diamantschliff *m* TEC molatura *f* del diamante

diametral [diame'tra:l] *adj* diametrale; **~ entgegengesetzt** diametralmente opposto

Diaphragma [dia'fragma, *Pl:* dia'fragmas *o* dia'fragmən] <-s, -s *o* Diaphragmen> *nt* MED *(Verhütungsmittel)* diaframma *m*

Diapositiv [diapozi'ti:f *o* 'diapoziti:f, *Pl:* diapozi'ti:və *o* 'diapoziti:və] <-s, -e> *nt* FOTO diapositiva *f*

Diaprojektor ['diapro'jɛkto:ɐ̯] *m* FOTO proiettore *m* [per diapositive]

Diaspora [di'aspora] <-> *f kein Pl.* diaspora *f*; **in der ~ leben** vivere sparpagliati

Diät [di'ɛ:t] <-, -en> *f* dieta *f*, regime *m* alimentare; **nach [einer] ~ leben** stare a dieta; **strenge ~ halten** stare a stretto regime; **jdn auf ~ setzen** mettere a dieta qu

Diätassistent(in) *m(f)* dietista *mf*

Diäten *pl* PARL indennità *f* parlamentare giornaliera

Diätetik [diɛ'te:tɪk] <-, -en> *f* MED dietetica *f*

diätetisch [diɛ'te:tɪʃ] *adj* dietetico

Diätkost *f* alimentazione *f* dietetica

Diätkur *f* cura *f* dietetica

Diätmargarine *f* margarina *f* dietetica

Diavortrag *m* conferenza *f* con diapositive

dich [dɪç] **I.** *pron pers acc von* **du** *(betont)* te; *(unbetont)* ti **II.** *pron refl acc von* **sich** ti

dicht [dɪçt] **I.** *adj* ① *(gedrängt)* fitto, folto, serrato ② *(Nebel, Wald, Stoff)* fitto; *(Haar, Laub)* folto; *(Bevölkerung, Verkehr)* denso ③ *(undurchlässig)* ermetico, a tenuta stagna; *(wasser~)* impermeabile; *(luft~)* a tenuta d'aria; **du bist wohl nicht ganz ~!** *(fam)* non hai tutti i venerdì!, non hai tutte le rotelle a posto! **II.** *adv* ① *(nahe)* vicinissimo; **~ an [*o* bei]** vicinissimo a; **~ hinter** proprio dietro; **~ auffahren** avvicinarsi troppo alla macchina che precede; **~ gefolgt von** seguito a ruota da ② *(stark)* molto; **~ besiedelte Region** regione densamente popolata; **~ gedrängt** accalcato

dichtbesiedelt *adj* **~e Region** regione densamente popolata

Dichte <-, *rar:* -n> *f* densità *f*

dichten ['dɪçtən] **I.** *vi* comporre [*o* scrivere] versi **II.** *vt* ① *(Gedichte)* comporre, scrivere ② *(ab~)* stagnare, chiudere [a tenuta]

Dichter(in) <-s, -; -, -nen> *m(f)* poeta, -essa *m, f*

dichterisch *adj* poetico

Dichterlesung *f* lettura *f* poetica

dichtgedrängt *adj* accalcato

dicht|halten <irr> *vi (fam)* tenere il becco chiuso

Dichtkunst *f* poesia *f*

dicht|machen *vi, vt* ① *(fam: schließen)* chiudere ② SPORT *(sl)* serrare

Dichtung <-, -en> *f* ① *kein Pl. (Dichtkunst)* poesia *f* ② *(Kunstwerk)* poema *m* ③ TEC guarnizione *f*

dick [dɪk] *adj* ① *(Mensch, Körperteil)* grasso; *(Buch, Schnur, Baumstamm)* grosso; *(Wand, Brett)* spesso; **~ werden** ingrassare; **eine ~e Brieftasche haben** *(fam)* avere il portafoglio gonfio; **~e Tränen vergießen** piangere a grossi lacrimoni; **er fährt einen ~en BMW** *(fam)* guida una grossa BMW; **mit jdm durch ~ und dünn gehen** dividere con qu gioie e dolori; **ach, du ~es Ei!** *(fam)* accidenti! ② *(geschwollen)* gonfio ③ *(~flüssig)* denso ④ *(dicht: Nebel, Qualm)* fitto, denso ⑤ *(fam: eng)* **~e Freunde** amici per la pelle

dickbauchig *adj (Flasche)* bombato, panciuto

dickbäuchig ['dɪkbɔɪçɪç] *adj (Kind)* panciuto

Dickdarm *m* ANAT intestino *m* crasso

Dicke <-, -n> *f* ① *(von Mensch, Körperteil)* grassezza *f* ② *(Stärke, Durchmesser)* spessore *m* ③ *(Geschwollenheit)* gonfiore *m*

Dickerchen ['dɪkɐçən] <-s, -> *nt (fam: kleiner dicker Mensch, Kind)* cicciottino *m*

dickflüssig *adj* denso, viscoso

Dickhäuter ['dɪkhɔɪtɐ] <-s, -> *m (a. fig)* ZOO pachiderma *m*

Dickicht ['dɪkɪçt] <-s, -e> *nt* bosco *m* fitto, boscaglia *f*

Dickkopf *m (fam: Mensch)* testone *m*, testardo *m;* **einen ~ haben** avere la testa dura

dickköpfig ['dɪkkœpfɪç] *adj (fam)* testardo, cocciuto

dicklich ['dɪklɪç] *adj* grassottello

Dickschädel *(fam) s.* **Dickkopf**

Dickwanst *m (sl pej)* ciccione, -a *m, f*

Didaktik [di'daktɪk] <-> *f kein Pl.* didattica *f*

didaktisch *adj* didattico; *(belehrend, bes. Theater)* didascalico

die [di:] **I.** *art def* ① *Sing., nom u akk f s.* **der, die, das** ② *Pl, nom u. akk von* **der, die, das II.** *pron rel* ① *Sing., nom u akk f s.* **der, die, das** ② *Pl, nom u. akk von* **der, die, das III.** *pron dem* ① *Sing., nom u akk f von* **der, die, das** ② *Pl, nom u. akk von* **der, die, das**; *s. a.* **diese(r, s), jene(r, s)**

Dieb(in) [di:p] <-(e)s, -e; -, -nen> *m(f)* ladro, -a *m, f;* **haltet den ~!** al ladro!

Diebesgut ['di:bəsgu:t] <-(e)s> *nt kein Pl.* bottino *m*, refurtiva *f*

diebisch I. *adj (verschmitzt)* malizioso **II.** *adv* **sich ~ freuen** rallegrarsi sommamente

Diebstahl <-(e)s, -stähle> *m* furto *m*

Diebstahlversicherung *f* assicurazione *f* contro il furto

diejenige *pron dem Sing, nom u. akk f von* **derjenige**

diejenigen *pron dem Pl, nom u. akk von* **derjenige, diejenige, dasjenige**

Diele ['di:lə] <-, -n> *f* ① *(Brett)* asse *f* ② *(Hausflur)* ingresso *m*

dienen ['di:nən] *vi* ① *(benutzt werden)* servire; **als Vorwand ~** servire da pretesto; **als Beispiel ~** servire di esempio ② *(nützlich sein)* **jdm ~** servire a qu; **damit ist mir nicht gedient** ciò non mi giova a nulla; **womit kann ich [Ihnen] ~?** in che cosa posso servirLa? ③ MIL fare il servizio militare

Diener <-s, -> *m (fam: Verbeugung)* inchino *m*, reverenza *f*

Diener(in) <-s, -; -, -nen> *m(f)* domestico, -a *m, f; (fig)* servo, -a *m, f*

Dienerschaft <-, -en> *f* servitù *f*

dienlich *adj* **einer Sache ~ sein** essere utile a qc

Dienst [di:nst] <-(e)s, -e> *m* ① *Sing. (Tätigkeit)* servizio *m;* **öffentlicher ~** servizio pubblico; **den ~ antreten** entrare in servizio; **~ haben** essere di servizio; *(Apotheke, Arzt)* essere di servizio [*o* di turno]; **außer ~** fuori servizio; *(im Ruhestand)* a riposo, in pensione ② *(Amt)* ufficio *m*, carica *f; (Stelle)* posto *m*, impiego *m* ③ MIL servizio *m* [militare]; **Offizier vom ~** ufficiale di servizio [*o* di picchetto] ④ *(Hilfeleistung)* servizio *m*, aiuto *m;* **jdm einen ~ erweisen** rendere un servizio a qu; **seine Beine versagten ihm den ~** non gli ressero le gambe

Dienstag ['di:nsta:k] <-s, -e> *m* martedì *m;* **am ~** martedì; **eines ~s** un martedì; **heute ist ~, der 11. November** oggi è martedì 11 novembre; **den ganzen ~ [über]** durante tutto il martedì; **jeden ~** ogni martedì; **~ in acht Tagen** martedì fra otto giorni; **~ vor 14 Tagen** due settimane fa, martedì; **letzten ~** martedì scorso; **die Nacht von ~ auf Mittwoch** la notte dal martedì al mercoledì

Dienstagabend *m* martedì *m* sera; **am ~** martedì sera

dienstagabends *adv* il martedì sera

Dienstagmittag *m* martedì a mezzogiorno; *s. a.* **Dienstagabend**

dienstagmittags *adv* il martedì a mezzogiorno

Dienstagmorgen *m* martedì mattina; *s. a.* **Dienstagabend**

dienstagmorgens *adv* il martedì mattina

Dienstagnachmittag *m* martedì pomeriggio; *s. a.* **Dienstagabend**

dienstagnachmittags *adv* il martedì pomeriggio

dienstags *adv* di [*o* il] martedì; **~ abends/mittags/morgens** di [*o* il] martedì sera/a mezzogiorno/mattina; **~ nachmittags/vormittags** di [*o* il] martedì pomeriggio/mattina

Dienstagvormittag *m* martedì mattina; *s. a.* **Dienstagabend**

dienstagvormittags *adv* il martedì mattina
Dienstälteste ['di:nstʔɛltəstə] <ein -r, -n, -n> *mf* anziano, -a *m, f* di servizio
Dienstanweisung *f* istruzione *f* di servizio
Dienstausweis *m* pass *m* [di lavoro]
Dienstbote *m*, **Dienstbotin** *f* domestico, -a *m, f*
Diensteifer *m* zelo *m*, premura *f*
diensteifrig *adj* zelante, premuroso
dienstfrei *adj* libero [*o* esente] dal servizio; ~ **haben** non essere in servizio
Dienstgeber <-s, -> *m* A *(Arbeitgeber)* datore *m* di lavoro
Dienstgeheimnis *nt* segreto *m* d'ufficio
Dienstgrad *m* grado *m* [di servizio]
diensthabend *adj* ① *(Arzt)* di turno ② MIL di picchetto
Dienstjahre *ntpl* anni *mpl* di servizio
Dienstleistung *f* ① *(Tätigkeit)* [prestazione *f* di] servizio *m* ② *(~sgewerbe)* servizi *mpl*
Dienstleistungsbetrieb *m* azienda *f* di servizi
Dienstleistungsgewerbe *nt* industria *f* dei servizi, attività *fpl* terziarie
dienstlich **I.** *adj* di servizio, di ufficio, ufficiale **II.** *adv* per ragioni di servizio [*o* di ufficio]
Dienstmädchen *nt* [collaboratrice *f*] domestica *f*
Dienstnehmer <-s, -> *m* A *(Arbeitnehmer)* lavoratore *m*
Dienstreise *f* viaggio *m* [per ragioni] di servizio
Dienststelle *f* ufficio *m*; **die zuständige ~** l'ufficio addetto
Dienststunden *fpl* ore *fpl* d'ufficio
diensttuend *adj* di servizio, di turno
Dienstvorschrift *f* regolamento *m* [*o* ordine *m*] di servizio
Dienstwagen *m* vettura *f* di servizio
Dienstweg *m* via *f* gerarchica
Dienstwohnung *f* abitazione *f* di servizio
Dienstzeit *f* ① *(Amtsdauer)* durata *f* di servizio ② *(Arbeitszeit)* orario *m* di servizio
dies [di:s] <inv> *pron dem* questo; **~ ist/sind ...** ecco ...
diesbezüglich **I.** *adj* relativo [a ciò] **II.** *adv* al riguardo
diese(r, s) ['di:zə, -zɐ, -zəs] *pron dem* questo, -a **dieses Jahr/diesen Monat/diese Woche** quest'anno/questo mese/questa settimana; **am 21. dieses Monats** il 21 del corrente mese; **von diesem und jenem sprechen** parlare del più e del meno
Diesel ['di:zəl] <-s, -> *m* *(fam)* ① *(~motor)* [motore *m*] diesel *m* ② *(Fahrzeug)* diesel *m* ③ *Sing. (~kraftstoff)* diesel *m*
dieselbe *pron dem Sing, nom u. akk f von* **derselbe**
dieselben *pron dem Pl, nom u. akk von* **derselbe, dieselbe, dasselbe**
Dieselkraftstoff <-> *m kein Pl.* carburante *m* per [motore] diesel
Diesellok[omotive] *f* locomotiva *f* [a trazione] diesel
Dieselmotor *m* motore *m* diesel
Dieselöl *nt* gasolio *m*
diesig ['di:zɪç] *adj* nebbioso, fosco, caliginoso
diesjährig *adj* di quest'anno
diesmal *adv* questa volta
diesseitig *adj* di [*o* da] questa parte, di qua
diesseits ['di:szaɪts] **I.** *adv* da questa parte **II.** *präp +gen* al di qua di
Dietrich ['di:trɪç] <-s, -e> *m (Nachschlüssel)* grimaldello *m*
diffamieren [dɪfa'mi:rən] <ohne ge-> *vt* calunniare
Differential [dɪfərɛn'tsi̯a:l] <-s, -e> *nt s.* **Differenzial**
Differentialrechnung *f s.* **Differenzialrechnung**
Differenz [dɪfə'rɛnts] <-, -en> *f* ① *(Unterschied)* differenza *f* ② COM ammanco *m* ③ *meist Pl. (Meinungsverschiedenheit)* contrasto *m*, divergenza *f*
Differenzial [dɪfərɛn'tsi̯a:l] <-s, -e> *nt* MAT, MOT differenziale *m*
Differenzialrechnung *f* MAT calcolo *m* differenziale
differenzieren [dɪfərɛn'tsi:rən] <ohne ge-> *vt* ① MAT differenziare ② *(unterscheiden)* distinguere
differenziert [dɪfərɛn'tsi:ɐ̯t] *adj (geh: fein unterscheidend)* differenziato
Differenzierung <-, -en> *f a.* MAT, BIOL differenziazione *f*
differieren [dɪfə'ri:rən] <ohne ge-> *vi* differire (**von** da), divergere (**von** da)
diffizil [dɪfi'tsi:l] *adj (geh)* difficile, complesso
diffus [dɪ'fu:s] *adj* ① PHYS, CHEM diffuso; **~es Licht** luce diffusa ② *(unklar)* confuso
digital [digi'ta:l] *adj* digitale
Digitalfernsehen *nt* televisione *f* digitale
Digitalfotografie *f* fotografia *f* digitale
digitalisieren *vt* INFORM digitalizzare
Digitalkamera *f* FOTO macchina *f* [fotografica] digitale
Digital Native ['dɪdʒɪtəl 'neɪtɪv] <-s, -s> *m meist Pl.* INFORM nativo *m*/nativa *f* digitale
Digitalrechner [digi'ta:lrɛçnɐ] *m* calcolatore *m* digitale

Digitaluhr *f* orologio *m* digitale
Diktat [dɪk'taːt] <-(e)s, -e> *nt* ❶ *(Nachschrift)* dettato *m; (Diktieren)* dettatura *f;* **ein ~ schreiben** fare un dettato ❷ *(Befehl)* imposizione *f;* POL diktat *m*
Diktator(in) [dɪk'taːtoːɐ̯] <-s, -en; -, -nen> *m(f)* dittatore, -trice *m, f*
diktatorisch [dɪkta'toːrɪʃ] *adj* dittatoriale
Diktatur [dɪkta'tuːɐ̯] <-, -en> *f* dittatura *f*
diktieren [dɪk'tiːrən] <ohne ge-> *vt* dettare
Diktiergerät *nt* dittafono *m*
Dilemma [di'lɛma] <-s, -s *o* -ta> *nt* dilemma *m*
Dilettant(in) [dilɛ'tant] <-en, -en; -, -nen> *m(f)* dilettante *mf*
dilettantisch [dilɛ'tantiʃ] *adj* ❶ *(laienhaft)* dilettantesco ❷ *(pej: stümperhaft)* abborracciato
Dill [dɪl] <-s, -e> *m* BOT aneto *m*
Dimension [dimɛn'zi̯oːn] <-, -en> *f* dimensione *f*
DIN® [diːn] *Abk. von* **Deutsche Industrie-Norm(en)** *norma industriale tedesca;* **ein ~-A4-Blatt** un foglio protocollo
Ding[1] [dɪŋ] <-(e)s, -e> *nt* ❶ *(Sache)* cosa *f; (Gegenstand)* oggetto *m* ❷ *(Angelegenheit)* faccenda *f;* **vor allen ~en** innanzitutto; **guter ~e sein** *(geh)* essere di buon umore; **das geht nicht mit rechten ~en zu** qui c'è sotto qualcosa *fam;* **das ist ein ~ der Unmöglichkeit** è una cosa impossibile; **wie die ~e nun einmal liegen, ...** stando così le cose ...
Ding[2] [dɪŋ] <-s, -er> *nt (fam)* ❶ *(unbestimmtes Etwas)* coso *m;* **ein ~ drehen** *(sl)* fare un bel colpo *fam* ❷ *(Mädchen)* ragazza *f;* **junges ~** ragazzetta *f*
Dingens ['dɪŋəns] <-> *m o f o nt kein Pl. (fam)* DIAL *s.* **Dings**
dingfest *adj* **jdn ~ machen** arrestare qu
Dings [dɪŋs] <-> *nt kein Pl.*, **Dingsbums** [dɪŋsbʊms] <-> *nt kein Pl.*, **Dingsda** <-> *nt kein Pl. (fam: Sache)* coso *m; (Person, a. der/die ~)* tizio *m*
dinieren [di'niːrən] <ohne ge-> *vi (geh)* desinare
Dinkel ['dɪŋkəl] <-s, -> *m* BOT farro *m*, spelta *f*
Dinosaurier [dino'zaʊriɐ] <-s, -> *m* dinosauro *m*
Diode [di'oːdə] <-, -n> *f* EL diodo *m*
Dioptrie [diɔp'triː] <-, -n> *f* OPT diottria *f*
Dioxin [diɔ'ksiːn] <-s> *nt kein Pl.* CHEM diossina *f*
Dioxyd [diɔ'ksiːt, *Pl:* diɔ'ksiːdə] <-s, -e> *nt* CHEM diossido *m*
Diözese [diø'tseːzə] <-, -n> *f* REL, ADM diocesi *f*
Diphtherie [dɪfte'riː] <-, -n> *f* MED difterite *f*
Diphthong [dɪf'tɔŋ] <-s, -e> *m* dittongo *m*
Dipl. *Abk. von* **Diplom** diploma *m* di laurea
Dipl.-Bibl. *Abk. von* **Diplombibliothekar(in)** bibliotecario, -a *m, f* [diplomato, -a]
Dipl.-Ing. *Abk. von* **Diplomingenieur(in)** ingegnere *mf* [laureato, -a]
Dipl.-Kff. *Abk. von* **Diplomkauffrau** laureata *f* in economia e commercio
Dipl.-Kfm. *Abk. von* **Diplomkaufmann** laureato *m* in economia e commercio
Diplom [di'ploːm] <-(e)s, -e> *nt* diploma *m; (von Hochschule)* laurea *f*
Diplom- *in Zusammensetzungen* diplomato
Diplomarbeit *f* tesi *f* di laurea
Diplomat(in) [diplo'maːt] <-en, -en; -, -nen> *m(f)* diplomatico, -a *m, f*
Diplomatenkoffer *m* valigetta *f* diplomatica [*o* executive]
Diplomatenlaufbahn *f* carriera *f* diplomatica
Diplomatie [diploma'tiː] <-> *f kein Pl.* diplomazia *f*
Diplomatin *f s.* **Diplomat**
diplomatisch *adj* diplomatico
Diplombibliothekar(in) *m(f)* bibliotecario, -a *m, f* [diplomato, -a]
Diplomingenieur(in) *m(f)* ingegnere *mf* [diplomato, -a]
Diplomkauffrau *f* laureata *f* in economia e commercio
Diplomkaufmann [di'ploːmkaʊfman, *Pl:* di'ploːmkaʊflɔɪtə] <-(e)s, Diplomkaufleute> *m* laureato *m* in economia e commercio
dir [diːɐ̯] **I.** *pron pers dat von* **du** *(betont)* [a] te; *(unbetont)* ti **II.** *pron refl dat von* **sich** ti
direkt [di'rɛkt] **I.** *adj* ❶ *(ohne Umweg)* diretto ❷ *(unmittelbar)* immediato; **~ gegenüber** proprio di fronte, proprio dirimpetto ❸ *(unverblümt)* nudo e crudo, vero e proprio ❹ LING **~e Rede** discorso diretto **II.** *adv* ❶ *(sofort)* immediatamente ❷ *(unmittelbar)* direttamente ❸ *(geradezu)* veramente, proprio
Direktbank *f* direct banking *m*
Direktbanking [di'rɛktbɛŋkɪŋ] <-s> *nt (über PC oder Telefon abgewickelte Bankgeschäfte)* direct banking *m*
Direktflug *m* volo *m* diretto
Direktion [dirɛk'tsi̯oːn] <-, -en> *f* ❶ *(Leitung)* direzione *f* ❷ *(leitende Personen)* direttore *m* ❸ CH POL, ADM *(kantonales Ministerium)* ministero *m* cantonale

Direktive [dirɛk'tiːvə] <-, -n> *f (Weisung)* direttiva *f*
Direktmarketing *nt* WIRTSCH direct marketing *m*
Direktor(in) [di'rɛktoːɐ̯] <-s, -en; -, -nen> *m(f)* ① *(allg)* ADM, COM direttore, -trice *m, f* ② *(Geschäftsführer)* gerente *mf* ③ *(von staatlicher höherer Schule)* preside *mf*
Direktorat [dirɛkto'raːt] <-(e)s, -e> *nt* ADM ① *(Amt)* direzione *f,* presidenza *f* ② *(Büro)* direzione *f,* presidenza *f*
Direktorium [dirɛk'toːriʊm] <-s, Direktorien> *nt* comitato *m* direttivo
Direktübertragung *f* RADIO trasmissione *f* diretta; TV ripresa *f* diretta
Direktverbindung [di'rɛktfɛɐbɪndʊŋ] <-, -en> *f* FERR, AERO collegamento *m* diretto
Direktzugriff *m* INFORM accesso *m* diretto
Dirigent(in) [diri'gɛnt] <-en, -en; -, -nen> *m(f)* direttore, -trice *m, f* d'orchestra
dirigieren [diri'giːrən] <ohne ge-> *vt* dirigere [l'orchestra]
Dirndl[kleid] ['dɪrndəl(klaɪt)] <-s, -> *nt* costume *m* [*o* vestito *m*] tirolese
Dirne ['dɪrnə] <-, -n> *f* prostituta *f*
Dis, dis [dɪs] <-, -> *nt* MUS re *m* diesis
Disagio [dɪs'ʔaːdʒo, *Pl:* dɪs'ʔaːdʒos *o* dɪs'ʔaːdʒən] <-s, -s *o* Disagien> *nt* FIN *(Kreditabschlag)* disaggio *m*
Disclaimer [dɪs'kleɪmɐ] <-s, -> *m* INET disclaimer *m*
Discman ['diskmɛn] <-s, -s> *m* lettore *m* portatile per CD
Disco ['dɪsko] <-, -s> *f s.* **Disko**
Discountmarkt [dɪs'kaʊnt-] *m* discount *m*
disharmonisch [dɪshar'moːnɪʃ] *adj* MUS disarmonico, dissonante; *(Farben)* discordante
Disken *Pl. von* **Diskus**
Diskette [dɪs'kɛtə] <-, -n> *f* INFORM dischetto *m,* floppy disk *m*
Diskettenlaufwerk *nt* INFORM disk drive *m,* drive *m* per dischetti
Diskjockey ['dɪskdʒɔki] *m* disc-jockey *mf*
Disko ['dɪsko] <-, -s> *f* disco *f*
Diskont [dɪs'kɔnt] <-s, -e> *m* FIN sconto *m*
Diskontsatz *m* FIN tasso *m* di sconto
Diskothek [dɪsko'teːk] <-, -en> *f* discoteca *f*
diskreditieren [dɪskredi'tiːrən] <ohne ge-> *vt* screditare
Diskrepanz [dɪskre'pants] <-, -en> *f* discrepanza *f*
diskret [dɪs'kreːt] *adj* discreto
Diskretion [dɪskre'tsi̯oːn] <-, -en> *f* discrezione *f*
diskriminieren [dɪskrimi'niːrən] <ohne ge-> *vt* discriminare
diskriminierend *adj* discriminante, discriminatorio
Diskriminierung <-, -en> *f* discriminazione *f*
Diskriminierungsverbot *nt* JUR principio *m* di non-discriminazione, divieto *m* di discriminazione
Diskurs [dɪs'kʊrs] <-es, -e> *m (geh)* ① *(Erörterung)* dibattito *m,* discussione *f* ② *(Vortrag)* discorso *m,* relazione *f* ③ LING *(sprachliche Äußerung)* discorso *m*
Diskus ['dɪskʊs, *Pl:* 'dɪskən] <- *o* -ses, -se *o* Disken> *m* SPORT disco *m*
Diskussion [dɪskʊ'si̯oːn] <-, -en> *f* discussione *f,* dibattito *m;* **etw zur ~ stellen** mettere qc in discussione
Diskuswerfen <-s> *nt kein Pl.* SPORT [lancio *m* del] disco *m*
diskutieren [dɪsku'tiːrən] <ohne ge-> *vi, vt* [**mit jdm**] **über etw** *akk* ~ discutere [con qu] su [*o* di] qc
Dispens [dɪs'pɛns] <-es, -e> *m* dispensa *f*
Display [dɪs'pleɪ] <-s, -s> *nt* INFORM display *m*
disponieren [dɪspo'niːrən] <ohne ge-> *vi (geh)* **über etw** *akk* ~ disporre di qc
Disposition [dɪspozi'tsi̯oːn] <-, -en> *f (geh)* ① *(Verfügung, Maßnahme)* disposizione *f* ② *(Gliederung, Plan)* suddivisione *f* ③ MED *(Anlage)* predisposizione *f*
Disput [dɪs'puːt] <-(e)s, -e> *m (geh)* disputa *f*
Disqualifikation [dɪskvalifika'tsi̯oːn] <-, -en> *f* squalifica *f*
disqualifizieren [dɪskvalifi'tsiːrən] <ohne ge-> *vt* squalificare
Disse ['dɪsə] <-, -s> *f (sl: Diskothek)* discoteca *f*
Dissertation [dɪsɛrta'tsi̯oːn] <-, -en> *f* dottorato *m* di ricerca
Dissident(in) [dɪsi'dɛnt] <-en, -en; -, -nen> *m(f)* dissidente *mf*
dissonant [dɪso'nant] *adj* MUS dissonante; **~e Akkorde** accordi dissonanti
Dissonanz [dɪso'nants] <-, -en> *f* dissonanza *f*
Distanz [dɪs'tants] <-, -en> *f* distanza *f;* **~ wahren** mantenere le distanze
distanzieren [dɪstan'tsiːrən] <ohne ge-> *vr* **sich** [**von jdm/etw**] ~ *(fig)* prendere le distanze [da qu/qc]
Distel ['dɪstəl] <-, -n> *f* BOT cardo *m*
Distelfink *m* ZOO cardellino *m*
Distrikt [dɪs'trɪkt] <-(e)s, -e> *m* distretto *m*
Disziplin [dɪstsi'pliːn] <-, -en> *f* ① *Sing. (Ordnung)* disciplina *f* ② *(Fachrichtung, Sportart)* disciplina *f*
disziplinär *<keine Steigerung> adj* A

❶ *(die Dienstordnung betreffend)* regolamentare ❷ *(die Disziplin betreffend)* disciplinare
disziplinarisch [dɪstsipli'na:rɪʃ] *adj* disciplinare
Disziplinarstrafe [dɪstsipli'na:ɐʃtra:fə] *f* sanzione *f* [*o* pena *f*] disciplinare
Disziplinarverfahren *nt* JUR procedimento *m* disciplinare
diszipliniert [dɪstsipli'ni:ɐ̯t] *adj* disciplinato
Diszipliniertheit <-> *f kein Pl.* disciplinatezza *f*
disziplinlos *adj* indisciplinato
Disziplinlosigkeit <-, -en> *f* indisciplinatezza *f*
dito ['di:to] *adv* COM come [*o* vedi] sopra, idem; *(scherz)* anche; **im Sommer fahre ich am liebsten ans Meer! — Dito!** d'estate vado di preferenza al mare! — Anch'io!
Diva ['di:va, *Pl:* 'di:vən] <-, -s *o* Diven> *f* diva *f*
Divergenz [divɛr'gɛns] <-, -en> *f* divergenza *f*
divers [di'vɛrs] *adj* diverso, differente; **es gibt noch Diverses zu erledigen** ci sono ancora diverse cose da sbrigare
Dividend [divi'dɛnt, *Pl:* divi'dɛndən] <-en, -en> *m* MAT dividendo *m*
Dividende [divi'dɛndə] <-, -n> *f* FIN dividendo *m*
dividieren [divi'di:rən] <ohne ge-> *vt* MAT dividere; **eine Zahl durch zwei ~** dividere un numero per due
Division [divi'zi̯o:n] <-, -en> *f* MAT, MIL divisione *f*
Diwan ['di:va:n] <-s, -e> *m* divano *m*
d. J. ❶ *Abk. von* **dieses Jahres** c.a. ❷ *Abk. von* **der Jüngere** il giovane
DJH [de:jɔt'ha:] <-(s)> *f kein Pl. Abk. von* **Deutsches Jugendherbergswerk** *AIG*
Dkfm. A *Abk. von* **Diplomkaufmann** laureato *m* in economia e commercio
DKP [de:ka:'pe:] <-> *f kein Pl. Abk. von* **Deutsche Kommunistische Partei** *partito comunista tedesco*
dl *Abk. von* **Deziliter** dl
DLRG [de:ʔɛlʔɛr'ge:] <-> *f kein Pl. Abk. von* **Deutsche Lebens-Rettungs-Gesellschaft** *società tedesca per il salvataggio a nuoto*
dm *Abk. von* **Dezimeter** dm
DM *Abk. von* **Deutsche Mark** DM
d. M. *Abk. von* **dieses Monats** c.m.
D-Mark ['de:mark] <-> *f kein Pl.* marco *m* tedesco
DNA [de:ʔɛn'ʔa:] <-> *f kein Pl. Abk. von* **deoxyribonucleic acid** BIOCHEM DNA *m*
DNA-Analyse [de:ʔɛn'ʔa:-] *f* BIOCHEM analisi *f* del DNA
DNA-Spur [de:ʔɛn'ʔa:-] *f* traccia *f* del DNA
DNA-Test [de:ʔɛn'ʔa:-] *m* JUR test *m* del DNA
D-Netz ['de:nɛts] <-es, -e> *nt* TEL *(europaweites Mobilfunknetz)* rete *f* cellulare tedesca *(che gestisce i collegamenti europei)*
DNS [de:ʔɛn'ʔɛs] <-> *f kein Pl. Abk. von* **Desoxyribonukleinsäure** D.N.A. *m*
do *Abk. von* **dito** c.s.
doch [dɔx] **I.** *adv* ❶ *(dennoch)* però, ciò nonostante, tuttavia ❷ *(aber)* ma, pure, eppure; **du weißt ~, dass …** ma tu lo sai che … ❸ *(verstärkend)* sì, certo; **das ist ~ die Höhe!** *(fam)* questo sì che è il colmo!; **kommen Sie ~ herein!** entri pure!; **also ~!** è così allora!; **ja ~!** ma sì!; **nicht ~!** ma no!; **tu's ~!** fallo dunque!; **komm ~ bitte!** su, vieni, per favore!; **wenn er ~ käme!** almeno venisse! ❹ *(als Antwort)* [ma] certo; **hast du das nicht gewusst? — Doch!** non lo sapevi? — Certo! **II.** *konj (aber)* ma
Docht [dɔxt] <-(e)s, -e> *m* stoppino *m,* lucignolo *m*
Dock [dɔk] <-s, -s *o rar:* -e> *nt* dock *m,* cantiere *m* navale; *(Trocken~)* bacino *m* di carenaggio
Dockarbeiter *m* operaio *m* di un cantiere navale
Dogge ['dɔgə] <-, -n> *f* ZOO dogo *m; (deutsche)* alano *m* tedesco
Dogma ['dɔgma, *Pl:* 'dɔgmən] <-s, Dogmen> *nt* dogma *m*
dogmatisch [dɔg'ma:tɪʃ] *adj* dogmatico
Dogmatismus [dɔgma'tɪsmʊs] <-s> *m kein Pl.* dogmatismo *m*
Dohle ['do:lə] <-, -n> *f* ZOO taccola *f*
Doktor(in) ['dɔkto:ɐ̯] <-s, -en; -, -nen> *m(f)* dottore, -essa *m, f;* **Frau ~!** dottoressa!; **Herr ~!** dottore!; **~ der Philosophie** dottore *m* in filosofia; **den** [*o* **seinen**] **~ machen** fare il dottorato di ricerca
Doktorand(in) [dɔkto'rant] <-en, -en; -, -nen> *m(f)* dottorando, -a *m, f*
Doktorarbeit *f* dottorato *f* di ricerca
Doktorgrad *m* titolo *m* di dottore
Doktorin *f s.* **Doktor**
Doktortitel *m* titolo *m* di dottore
Doktorvater *m* relatore *m* del dottorato
Doktrin [dɔk'tri:n] <-, -en> *f* dottrina *f,* teoria *f*
Dokument [doku'mɛnt] <-(e)s, -e> *nt* documento *m*
Dokumentarfilm [dokumɛn'ta:ɐ̯fɪlm] *m* documentario *m* [cinematografico]

D

dokumentarisch [dokumɛn'taːrɪʃ] *adj* documentario

Dokumentation [dokumɛnta'tsi̯oːn] <-, -en> *f* documentazione *f*

dokumentenecht *adj (Papier)* uso protocollo; *(Tinte)* indelebile

dokumentieren [dokumɛn'tiːrən] <ohne ge-> *vt* documentare, dimostrare

Dolch [dɔlç] <-(e)s, -e> *m* pugnale *m*

Dolde ['dɔldə] <-, -n> *f* BOT ombrella *f*

Dollar ['dɔlar] <-(s), -s> *m* dollaro *m*

Dollarzeichen ['dɔlaːɐtsaɪçən] <-s, -> *nt* simbolo *m* del dollaro

dolmetschen ['dɔlmɛtʃən] **I.** *vi haben* fare da interprete **II.** *vt* interpretare, tradurre [a voce]

Dolmetscher(in) <-s, -; -, -nen> *m(f)* interprete *mf*

Dolomiten [dolo'miːtən] *pl* **die ~** le Dolomiti *fpl*

Dom [doːm] <-(e)s, -e> *m* duomo *m*

Domain [do'meɪn] <-, -s> *f* INET dominio *m*

Domäne [do'mɛːnə] <-, -n> *f* ❶ *(Staatsgut)* demanio *m* pubblico, beni *mpl* demaniali ❷ *(Spezialgebiet)* dominio *m,* campo *m* [*o* sfera *f*] di competenza

Domherr *m* canonico *m*

Domina ['doːmina, *Pl:* 'doːminɛ] <-, Dominä> *f* ❶ REL [madre] superiora *f,* badessa *f* ❷ *(Prostituierte) prostituta che appaga il masochismo dei clienti*

dominant [domi'nant] *adj* [pre]dominante

Dominante <-, -n> *f* MUS nota *f* dominante

Dominanz [domi'nants] <-, -en> *f (allg)* BIOL dominanza *f*

dominieren <ohne ge-> **I.** *vi (vorherrschen)* predominare **II.** *vt (beherrschen)* dominare

Dominikanische Republik *f* Repubblica *f* Dominicana

Domino ['doːmino] <-s, -s> *nt* domino *m*

Dominostein *m* tessera *f* del domino

Domizil [domi'tsiːl] <-s, -e> *nt (geh)* domicilio *m*

Domkapitel ['doːmkapɪtəl] <-s, -> *nt* REL capitolo *m* del duomo

Dompfaff ['doːmpfaf] <-en *o* -s, -en> *m* ZOO ciuffolotto *m,* monachino *m*

Dompteur [dɔmp'tøːɐ̯] <-s, -e> *m,* **Dompteuse** [dɔmp'tøːzə] <-, -n> *f* domatore, -trice *m, f*

Donau ['doːnaʊ] *f* Danubio *m*

Donner ['dɔnɐ] <-s, -> *m* tuono *m;* **wie vom ~ gerührt** come fulminato

donnern *vi* METEO tuonare; **es donnert** tuona

Donnerschlag *m* [colpo *m* di] tuono *m,* fulmine *m*

Donnerstag <-s, -e> *m* giovedì *m; s. a.* **Dienstag**

Donnerstagabend *m* giovedì *m* sera

donnerstagabends *adv* il giovedì sera

Donnerstagmittag *m* giovedì a mezzogiorno; *s. a.* **Donnerstagabend**

donnerstagmittags *adv* il giovedì a mezzogiorno

Donnerstagmorgen *m* giovedì mattina; *s. a.* **Donnerstagabend**

donnerstagmorgens *adv* il giovedì mattina

Donnerstagnachmittag *m* giovedì pomeriggio; *s. a.* **Donnerstagabend**

donnerstagnachmittags *adv* il giovedì pomeriggio

donnerstags *adv* di [*o* il] giovedì

Donnerstagvormittag *m* giovedì mattina; *s. a.* **Donnerstagabend**

donnerstagvormittags *adv* il giovedì mattina

Donnerwetter *nt* [**zum**] **~!** *(fam)* accipicchia!, corpo di Bacco!

doof [doːf] *adj (fam)* stupido, scemo, ottuso

dopen ['dɔpən *o* 'doːpən] SPORT **I.** *vt* drogare, dopare **II.** *vr:* **sich ~** doparsi

Doping ['dɔpɪŋ *o* 'doːpɪŋ] <-s, -s> *nt* SPORT doping *m,* drogaggio *m*

Dopingfall *m* caso *m* di doping

Dopingkontrolle *f* SPORT controllo *m* antidoping

Dopingmittel *nt* dopante *m*

Doppel ['dɔpəl] <-s, -> *nt* ❶ *(Duplikat)* duplicato *m,* copia *f,* doppio *m* ❷ SPORT *(Tennis)* doppio *m;* **gemischtes ~** doppio misto

Doppeladler *m* aquila *f* a due teste

Doppelagent(in) *m(f)* doppiogiochista *mf,* spia *f*

Doppelbelastung *f* doppio peso *m*

Doppelbeschluss *m* doppia risoluzione *f*

Doppelbett *nt* [letto *m*] matrimoniale *m*

Doppelbier *nt* birra *f* forte

Doppeldecker *m* ❶ AERO biplano *m* ❷ *(fam: Bus)* autobus *m* a due piani

Doppeldeckerbus *m* autobus *m* a due piani

doppeldeutig *adj* a doppio senso, ambiguo

Doppelfehler *m* SPORT doppio fallo *m*

Doppelfenster *nt* doppia finestra *f,* controfinestra *f*

Doppelgänger(in) ['dɔpəlgɛŋɐ] <-s, -; -, -nen> *m(f)* sosia *mf*

Doppelglasfenster *nt* finestra *f* a vetri doppi

Doppelhaus *nt* [casa *f*] bifamiliare *f*

Doppelkinn *nt* doppio mento *m,* pappagorgia *f fam*

Doppelleben *nt* doppia vita *f;* **ein ~ führen** condurre una doppia vita
Doppelmoral <-, *rar:* -en> *f* doppia morale *f*
Doppelmord *m* duplice omicidio *m*
doppeln *vt* A *(besohlen)* risuolare
Doppelname *m* binomio *m*
Doppelpunkt *m* LING due punti *mpl*
Doppelrolle *f* doppione *m,* doppia parte *f*
Doppelsinn *m* doppio senso *m* [*o* significato *m*]; *(Zweideutigkeit)* ambiguità *f*
Doppelstecker *m* spina *f* doppia
doppelt I. *adj* doppio, duplice; **in ~er Ausführung** in duplice copia; **~e Moral** doppia morale; **ein ~es Spiel treiben** fare il doppio gioco **II.** *adv* il doppio, doppiamente; **~ so viel** due volte tanto; **~ so viel bezahlen** pagare il doppio; **~ und dreifach** molto di più; **sie ist ~ so groß wie ihr Bruder** è due volte suo fratello [in altezza]; **der Betrag ist ~ so groß, wie wir ihn erwartet hatten** l'importo è doppio rispetto a quello che ci aspettavamo; **~ sehen** vederci doppio; **~ genäht hält besser** *(prov)* la prudenza non è mai troppa
Doppeltür *f* controporta *f*
Doppelverdiener *mpl (Ehepaar)* coppia *f* con doppio reddito
Doppelwährungsphase *f (Europäische Währungsunion)* periodo *m* della doppia circolazione
Doppelzentner *m* quintale *m*
Doppelzimmer *nt (Zweibettzimmer)* camera *f* doppia [*o* a due letti]; *(mit Doppelbett)* [camera *f*] matrimoniale *f*
Dorf [dɔrf, *Pl:* 'dœrfɐ] <-(e)s, Dörfer> *nt* paese *m,* villaggio *m*
Dorfbewohner(in) *m(f)* paesano, -a *m, f*
Dorfschaft <-, -en> *f* CH *(Dorf als Ganzes, Einheit)* paese *m,* villaggio *m*
Dorfschule *f* scuola *f* di paese
Dorftrottel *m (fam)* scemo *m* del villaggio [*o* del paese]
dorisch ['doːrɪʃ] *adj* ARCH, MUS dorico; **~e Säulen** colonne doriche
Dorn[1] [dɔrn] <-(e)s, -en *o fam:* Dörner> *m* BOT spina *f;* **jdm ein ~ im Auge sein** *(fig)* essere una spina nell'occhio per qu
Dorn[2] [dɔrn] <-(e)s, -e> *m* TEC spina *f; (an Schnalle)* puntale *m*
Dornenkrone *f* corona *f* di spine
dornig *adj* spinoso
Dornröschen [dɔrn'røːsçən] <-s> *nt kein Pl.* LIT bella *f* addormentata nel bosco, Rosaspina *f*
dorren ['dɔrən] *vi (geh)* seccarsi
dörren ['dœrən] **I.** *vt haben* [dis]seccare **II.** *vi sein* [dis]seccarsi
Dörrobst *nt* frutta *f* secca [*o* essiccata]
Dorsch [dɔrʃ] <-(e)s, -e> *m* ZOO merluzzo *m*
dort [dɔrt] *adv* là, lì; **da und ~** qua e là; **von ~** di là, di lì; **~ drüben/hinten** là dietro/là in fondo
dort|bleiben <irr> *vi sein* rimanere qui/qua, rimanervi, restarvi
dorther ['dɔrt'heːɐ̯, *hinweisend:* 'dɔrtheːɐ̯] *adv* di là, di lì; **von ~** da quella parte
dorthin ['dɔrt'hɪn, *hinweisend:* 'dɔrthɪn] *adv* lì, là
dorthinaus ['dɔrthɪ'naʊs, *hinweisend:* 'dɔrthɪnaʊs] *adv* là fuori; **er ist unverschämt bis ~** *(fam)* è smisuratamente sfacciato
dorthinein ['dɔrthɪ'naɪn, *hinweisend:* 'dɔrthɪnaɪn] *adv* là dentro
dortig *adj* di là, del luogo
dort|lassen <irr> *vt (fam: zurücklassen)* lasciare là; *(vergessen)* dimenticare
Dose ['doːzə] <-, -n> *f* ❶ *(Büchse)* scatola *f,* barattolo *m; (Blech~)* latta *f* ❷ TEC *(Steck~)* presa *f* [di corrente]
Dosen *Pl. von* **Dose, Dosis**
dösen ['døːzən] *vi (fam)* sonnecchiare
Dosenmilch *f* latte *m* condensato in scatola
Dosenöffner *m* apriscatole *m*
Dosenpfand *nt kein Pl.* vuoto *m* a rendere per le lattine
Dosensuppe *f* minestra *f* in scatola
dosieren [do'ziːrən] <ohne ge-> *vt* dosare
Dosierkapsel *f* tappo *m* dosatore
Dosierung <-, -en> *f* dosaggio *m*
Dosis ['doːzɪs, *Pl:* 'doːzən] <-, Dosen> *f* dose *f*
Dossier [dɔ'si̯eː] <-s, -s> *nt* dossier *m,* incartamento *m*
Dotcom <-, -s> *f (sl)* dotcom *f*
Dotcom-Unternehmen *nt (sl)* società *f* dotcom
dotieren [do'tiːrən] <ohne ge-> *vt* **etw mit ... Euro ~** ricompensare con una somma di ... euro; **hoch dotiert** rimunerato lautamente; **eine gut dotierte Stellung** un lavoro rimunerativo
Dotter ['dɔtɐ] <-s, -> *m o nt* rosso *m* dell'uovo, tuorlo *m*
Dotterblume *f* BOT calta *f* palustre
doubeln ['duːbəln] **I.** *vi* FILM sostituire [l'attore protagonista] con una controfigura **II.** *vt* FILM fare la controfigura
Double ['duːb(ə)l] <-s, -s> *nt* FILM controfigura *f,* doppio *m*
down [daʊn] *adj (sl)* giù, abbattuto
Download ['daʊnləʊd] <-s, -s> *m* INFORM download *m*
downloadbar *adj* INFORM scaricabile
downloaden ['daʊnləʊdən] *vt* INFORM *(herunterladen)* download, scaricare

D

Dozent(in) [doˈtsɛnt] <-en, -en; -, -nen> *m(f)* docente *mf*

dozieren [doˈtsiːrən] <ohne ge-> *vi* insegnare

dpa [deːpeːˈʔaː] *Abk. von* **Deutsche Presse-Agentur** *agenzia di stampa tedesca*

Dr. *Abk. von* **Doktor** Dott.; **~ jur./med./phil.** dott. in giurisprudenza/medicina/filosofia

Drache [ˈdraxə] <-n, -n> *m (Fabeltier)* drago *m*

Drachen [ˈdraxən] <-s, -> *m* ① *(Papier~)* aquilone *m,* cervo *m* volante; **den ~ steigen lassen** far volare l'aquilone ② *(fam pej: zänkische Frau)* megera *f*

Drachenfliegen <-s> *nt kein Pl.* volo *m* a delta

Dragee [draˈʒeː] <-s, -s> *nt,* **Dragée** <-s, -s> *nt* confetto *m*

Draht [draːt, *Pl:* ˈdrɛːtə] <-(e)s, Drähte> *m* filo *m* metallico; **auf ~ sein** *(fam)* stare all'erta

Drahtbürste *f* spazzola *f* metallica

Drahtesel *m (fam scherz)* bici *f*

Drahtgitter *nt* graticola *f*

drahtig [ˈdraːtɪç] *adj (Figur)* in forma

drahtlos I. *adj* radiotelegrafico, radiotelefonico, senza fili **II.** *adv* via [*o* per] radio; **~ telefonieren** telefonare con il portatile

Drahtseil *nt* fune *f* metallica; **Nerven wie ~e haben** avere i nervi d'acciaio

Drahtseilakt *m* ① *(im Zirkus)* esercizio *m* acrobatico ② *(fig)* impresa *f* azzardata

Drahtseilbahn *f* funivia *f*

Drahtzaun *m* rete *f* metallica [*o* di recinzione]

Drahtzieher(in) <-s, -; -, -nen> *m(f) (Hintermann)* mandante *mf;* **der ~ sein** tirare i fili

drakonisch [draˈkoːnɪʃ] *adj* draconiano; **~e Gesetze** leggi draconiane; **~e Maßnahmen** provvedimenti draconiani

drall [dral] *adj (Mädchen)* robusto, rotondetto; *(Busen, Hinterteil)* sodo

Drall <-(e)s, -e> *m* ① PHYS movimento *m* cinetico ② *(von Feuerwaffen)* rigatura *f* ③ *(fig: Hang)* inclinazione *f* (**zu** per)

Drama [ˈdraːma, *Pl:* ˈdraːmən] <-s, Dramen> *nt* dramma *m*

Dramatiker(in) [draˈmaːtɪkɐ] <-s, -; -, -nen> *m(f)* scrittore, -trice *m, f* drammatico, -a, drammaturgo, -a *m, f*

dramatisch *adj* drammatico

dramatisieren [dramatiˈziːrən] <ohne ge-> *vt* drammatizzare

Dramaturg(in) [dramaˈtʊrk] <-en, -en; -, -nen> *m(f)* THEAT, TV direttore *m* artistico

Dramaturgie [dramatʊrˈgiː] <-, -n> *f* drammaturgia *f*

Dramaturgin [dramatʊrˈgɪn] <-, -nen> *f s.* **Dramaturg**

dran [dran] *adv (fam)* **gut ~ sein** essere in buone condizioni; **schlecht ~ sein** essere a mal partito; **man weiß nicht, wie man mit ihm ~ ist** non si sa cosa attendersi da lui; **wer ist ~?** a chi tocca?; **jetzt bist du [aber] ~!** *(sl)* adesso tocca a te [morire]!, è la tua ora!; **da ist was [Wahres] ~!** c'è qualcosa di vero!; *s. a.* **daran**

dran|bleiben [ˈdranblaɪbən] <irr> *vi sein (fam)* ① *(verfolgen)* **an jdm/etw ~** non lasciarsi sfuggire qu/qc; **ich bleibe an ihm dran** non lo lascio scappare ② *(Telefon)* rimanere in linea

drang [draŋ] *1. u. 3. Pers. Sing. Imp. von* **dringen**

Drang [draŋ] <-(e)s> *m kein Pl.* ① *(innerer Antrieb)* impulso *m;* **der ~ nach etw** la brama di qc ② *(Druck, Bedrängnis)* pressione *f,* spinta *f*

Drängelei [drɛŋəˈlaɪ] <-, -en> *f (fam)* ① *(Schubsen)* pigia pigia *m* ② *(Bettelei)* insistenze *f pl*

drängeln [ˈdrɛŋəln] *vi, vt (fam)* ① *(vor~)* spingere; **nun drängle doch nicht so!** non spingere così! ② *(betteln)* insistere [con]; **er hat so lange gedrängelt, bis ich nachgegeben habe** ha insistito tanto che [alla fine] ha ceduto

drängen [ˈdrɛŋən] **I.** *vi* ① *(schieben, drücken)* spingere ② *(mit Nachdruck fordern)* **auf etw** *akk* **~** insistere su qc ③ *(eilig sein)* urgere; **die Sache drängt** la cosa urge; **die Zeit drängt** il tempo stringe **II.** *vt* ① *(schieben, drücken)* spingere ② *(antreiben)* **jdn ~ etw zu tun** incitare qu a fare qc **III.** *vr:* **sich ~** spingersi; **sich um jdn/etw ~** far ressa attorno a qu/qc; **sich an etw** *dat* **~** far ressa su qc

Drängen <-s> *nt kein Pl. (Bitten)* insistenza *f,* sollecitazione *f,* pressione *f;* **auf jds ~ [hin]** su sollecitazione di qu

drängend [ˈdrɛŋənt] *adj* ① *(Fragen, Probleme)* impellente ② *(Tonfall, Stimme)* insistente

Drangsal [ˈdraŋzaːl] <-, -e> *f (geh)* tormento *m,* tribolazione *f*

drangsalieren [draŋzaˈliːrən] <ohne ge-> *vt (pej)* tormentare, vessare

dränieren [drɛˈniːrən] <ohne ge-> *vt* drenare

dran|kommen <irr> *vi sein (fam)* ① *(an die Reihe kommen)* toccare; **ich komme dran** tocca a me ② *(Schule: aufgerufen werden)* venir interrogato ③ *(abgefragt werden)* toccare, venir trattato; **welches Thema kommt denn dran?** che tema viene trattato? ④ *(erreichen)* raggiungere, riuscire a prendere; **ich komme nicht dran** non ci arrivo

dran|nehmen <irr> *vt (fam: Schüler)* interrogare; *(Patienten)* prendere

dran|setzen ['dranzɛtsən] *vt* impiegare, mettere; **ich werde alles ~, um ...** ce la metterò tutta per ...

drastisch ['drastɪʃ] *adj* ❶ *(wirksam)* drastico ❷ *(derb anschaulich)* crudo

drauf [draʊf] *adv (fam)* **~ und dran sein zu** *+inf* essere sul punto di *+inf; s. a.* **darauf**

Draufgabe ['draʊfga:bə] <-, -n> *f* A aggiunta *f;* **etw als ~ wollen** volere qc in aggiunta

Draufgänger ['draʊfgɛŋɐ] <-s, -> *m* uomo *m* spavaldo [*o* impetuoso]

Draufgängerin ['draʊfgɛŋərɪn] *f* donna *f* impetuosa [*o* irruente]

drauf|gehen <irr> *vi sein* ❶ *(fam: Sache)* esaurirsi, consumarsi; *(Geld)* spendersi; **mein ganzes Geld ist draufgegangen** ci ho speso tutti i miei soldi ❷ *(sl: sterben)* crepare

drauf|kommen ['draʊfkɔmən] <irr> *vt sein (sich einfallen lassen)* farsi venire in mente, farsi venire un'idea; **ich komme nicht drauf!** non ci arrivo!, non lo capisco!; **wie bist du draufgekommen, dass das die Lösung ist?** come sei arrivato alla soluzione giusta?

drauf|legen ['draʊfle:gən] *vt (fam)* ❶ *(Betrag)* aggiungere, mettere; **leg noch 50 Euro drauf** mettici ancora 50 euro ❷ *(hinlegen)* mettere; **etw auf etw** *akk* **~** appoggiare qc su qc; **leg den Brief hier drauf** metti [*o* appoggia] la lettera qui sopra

drauflos [draʊf'lo:s] *adv* impulsivamente

drauflos|reden *vi (fam)* parlare a vanvera

drauflos|schlagen <irr> *vi (fam)* **blind ~** picchiare alla cieca

drauf|machen *vt* **einen ~** *(fam)* fare baldoria

drauf|zahlen *vi (fam)* pagare in più

draus [draʊs] *(fam) s.* **daraus**

draus|bringen ['draʊsbrɪŋən] <irr> *vt* A, CH, SÜDD *(fam: aus dem Konzept bringen)* distrarre, confondere

draus|kommen ['draʊskɔmən] <irr> *vi sein* A, CH, SÜDD *(fam: aus dem Konzept kommen)* perdere il filo

draußen ['draʊsən] *adv* fuori; **da ~** là [*o* lì] fuori; **von ~** da fuori; **weit ~** molto fuori

drechseln ['drɛksəln] *vt* tornire

Drechsler(in) ['drɛkslɐ] <-s, -; -, -nen> *m(f)* tornitore, -trice *m, f*

Drechslerei [drɛkslə'raɪ] <-, -en> *f (Werkstatt)* officina *f* del tornitore

Dreck [drɛk] <-(e)s> *m kein Pl.* ❶ *(fam: Schmutz)* sudiciume *m,* sporcizia *f; (Straßenschmutz)* fango *m,* melma *f;* **jdn wie den letzten ~ behandeln** *(fam)* trattare qu come una pezza da piedi; **~ am Stecken haben** *(fig fam)* averne fatte di cotte e di crude; **jdn durch den ~ ziehen** *(fig)* trascinare qu nel fango ❷ *(sl pej: Schund)* cianfrusaglie *f pl,* ciarpame *m* ❸ *(sl pej)* **das geht dich einen ~ an!** che te ne frega!; **mach doch deinen ~ allein!** sbrigatela da solo!, arrangiati! *fam*

Dreck[s]kerl *m (sl pej)* porco *m*

dreckig *adj (fam)* ❶ *(schmutzig)* sporco, sudicio; *(Straße)* melmoso, fangoso; **sich ~ machen** sporcarsi ❷ *(unanständig)* volgare, triviale; *(gemein)* perfido, maligno ❸ *(schlecht)* **es geht mir ~** sto male

Dreckspatz *m (fam)* sudicione, -a *m, f*

d. Red. *Abk. von* **die Redaktion** N.d.R.

Dreh [dre:] <-(e)s, -s *o* -e> *m (fam: Trick)* trucco *m;* **den [richtigen] ~ heraushaben** aver trovato il verso giusto

Dreharbeiten *f pl* FILM riprese *f pl*

Drehbank <-, -bänke> *f* tornio *m*

drehbar *adj* girevole

Drehbleistift *m* matita *f* automatica

Drehbuch *nt* sceneggiatura *f*

Drehbuchautor(in) *m(f)* sceneggiatore, -trice *m, f*

drehen ['dre:ən] **I.** *vt* ❶ *(um die Achse)* [far] girare; *(Kopf)* volgere; **jdm den Rücken ~** voltare le spalle a qu ❷ *(Zigarette)* farsi ❸ *(Film)* girare **II.** *vi* girare, girarsi; *(Schiff)* virare di bordo **III.** *vr:* **sich ~** ❶ *(rotieren)* girare, girarsi; **sich um etw ~** girare attorno a qc; **sich auf den Bauch ~** girarsi sulla pancia; **mir dreht sich alles [im Kopf]** mi gira la testa, ho il capogiro ❷ *(Gespräch)* trattarsi; **alles drehte sich [nur] um sie** era il perno di tutto, tutto ruotava intorno a lei

Dreher(in) <-s, -; -, -nen> *m(f)* TEC tornitore, -trice *m, f*

Drehkreuz *nt (Wegsperre)* cancello *m* girevole, tornella *f*

Drehmoment ['dre:momɛnt] <-(e)s, -e> *nt* PHYS, MOT momento *m* torcente

Drehorgel *f* MUS organino *m*

Drehscheibe *f* ❶ FERR piattaforma *f* girante ❷ *s.* **Töpferscheibe**

Drehstrom *m* TEC corrente *f* trifase

Drehstuhl *m* sedia *f* girevole

Drehtür *f* porta *f* girevole

Drehung <-, -en> *f (im Kreis)* movimento *m* rotatorio; *(um Achse)* giro *m,* rotazione *f; (um anderen Körper)* rivoluzione *f;* **eine halbe ~ rechts** un mezzo giro a destra

D

D

Drehwurm *m (fam)* **einen** [*o* **den**] **~ haben** avere le vertigini
Drehzahl ['dre:tsa:l] <-, -en> *f* numero *m* di giri
Drehzahlmesser <-s, -> *m* TEC contagiri *m*
drei [draɪ] *num* tre; **für ~ essen** mangiare per tre; **nicht bis ~ zählen können** *(fig)* non saper contare fino a dieci [*o* sulle dita della mano]; *s. a.* **acht**
Drei <-, -en> *f* tre *m; (Schulnote: befriedigend) sette; (Buslinie, etc)* tre *m*
Drei-, **drei-** *s.* **Acht-**, **acht-**
Dreiakter <-s, -> *m* spettacolo *m* in tre atti
Dreibettzimmer *nt* camera *f* a tre letti
3-D-Drucker, **3D-Drucker** [draɪ'de:-] <-s, -> *m* INFORM stampante *f* 3D
dreidimensional ['draɪdimɛnzi̯ona:l] *adj* a tre dimensioni; **~er Film** film tridimensionale
Dreieck *nt* triangolo *m*
dreieckig *adj* triangolare
Dreiecksbeziehung *f* relazione *f* a tre, triangolo *m sl*
Dreiecksverhältnis *nt* **ein ~** il classico triangolo
Dreieinigkeit [draɪ'ʔaɪnɪçkaɪt] *f* Trinità *f*
Dreier ['draɪɐ] <-s, -> *m (Einheit aus drei Dingen)* terno *m;* **einen flotten ~ machen** *(fam)* avere un rapporto sessuale a tre
dreifach *adj* triplo; *s. a.* **achtfach**
Dreifachstecker *m* spina *f* tripolare
Dreifaltigkeit [draɪ'faltɪçkaɪt] *s.* **Dreieinigkeit**
Dreiganggetriebe *nt* MOT cambio *m* a tre marce
dreihundert ['draɪ'hʊndɐt] *num* trecento
dreijährig ['draɪjɛ:rɪç] *adj* ① *(drei Jahre alt)* di tre anni ② *(drei Jahre dauernd)* triennale; *s. a.* **achtjährig**
Dreikampf *m* SPORT triatlon *m*
Dreikäsehoch [draɪ'kɛ:zəho:x] <-s, -(s)> *m (fam scherz)* omino *m,* ragazzino *m*
Dreikönige [draɪ'kø:nigə] *pl* **nach ~** dopo l'epifania
Dreikönigsfest [draɪ'kø:nɪçsfɛst] *nt* epifania *f*
Dreiländereck [draɪ'lɛndɐʔɛk] <-(e)s> *nt kein Pl.* punto *m* d'incontro delle frontiere di tre paesi
Dreiliterauto, **3-Liter-Auto** *nt* auto *f* da tre litri
dreimal ['draɪma:l] *adv* tre volte; **~ darfst du raten** *(fam)* hai tre possibilità [per indovinare]; *s. a.* **achtmal**
Dreimaster ['draɪmastɐ] <-s, -> *m* NAUT trealberi *m*
Dreimeilenzone [draɪ'maɪləntso:nə] *f* zona *f* di limite territoriale delle acque
drein [draɪn] *(fam) s.* **darein**
drein|reden *vi (fam)* metter bocca; **jdm ~** metter bocca nelle faccende di qu
Dreirad *nt* ① *(Kinderfahrrad)* triciclo *m* ② *(Lieferwagen)* furgoncino *m*
Dreisatz *m* MAT regola *f* del tre semplice
Dreispitz <-es, -e> *m* tricorno *m*
Dreisprung *m* SPORT salto *m* triplo
dreißig ['draɪsɪç] *num* trenta; *s. a.* **achtzig**
dreißigjährig ['draɪsɪçjɛ:rɪç] *adj* ① *(dreißig Jahre alt)* di trent'anni, trentenne ② *(dreißig Jahre lang)* trentennale; **der Dreißigjährige Krieg** la guerra dei trent'anni
Dreißigjährige <ein -r, -n, -n> *mf* uomo *m* [donna *f*] sulla trentina, trentenne *mf*
dreißigste(r, s) *adj* trentesimo, -a *(bei Datumsangaben)* trenta; *s. a.* **achte(r, s)**
Dreißigstel <-s, -> *nt* trentesimo *m*
dreist [draɪst] *adj* ① *(kühn)* ardito, audace ② *(frech)* sfacciato, impertinente, impudente
dreistellig *adj* di tre cifre
Dreistigkeit <-, -en> *f* ① *(Kühnheit)* arditezza *f,* audacia *f* ② *(Frechheit)* sfacciataggine *f,* sfrontatezza *f,* impudenza *f*
dreistöckig ['draɪʃtœkɪç] *adj* a [*o* di] tre piani
Dreitagebart *m* barbetta *f* [di tre giorni]
dreitägig ['draɪtɛ:gɪç] *adj* di tre giorni
dreitausend ['draɪ'taʊzənt] *num* tremila
Dreitausender ['draɪ'taʊzəndɐ] <-s, -> *m (Gipfel)* [cima *f* di] 3000 metri *mpl*
dreiteilig *adj (Kleid, Set)* in tre pezzi; *(Roman)* in tre parti
dreiviertellang ['draɪ'fɪrtəllaŋ] *adj (Kleidungsstück)* a tre quarti
Dreiviertelstunde ['draɪvɪrtəl'ʃtʊndə] *f* tre quarti *mpl* d'ora; **in einer ~** fra tre quarti d'ora
Dreivierteltakt *m* misura *f* di tre quarti
Dreizack ['draɪtsak] <-(e)s, -e> *m* tridente *m*
dreizehn *num* tredici; **jetzt schlägt's aber ~!** *(fam)* questo è il colmo!
dreizehnte(r, s) *adj* tredicesimo, -a *(bei Datumsangaben)* tredici; *s. a.* **achte(r, s)**
Dreizehntel *nt* tredicesimo *m*
Dreizimmerwohnung [draɪ'tsɪmɐvo:nʊŋ] *f* appartamento *m* di tre camere
Dresche ['drɛʃə] <-> *f kein Pl. (fam)* botte *fpl*
dreschen ['drɛʃən] <drischt, drosch, gedroschen> *vt* ① AGR trebbiare ② *(fam: prügeln)* bastonare, menare
Drescher <-s, -> *m* trebbiatore *m*
Dreschflegel *m* AGR cor[r]eggiato *m*

Dreschmaschine *f* trebbiatrice *f*
Dresden ['dre:sdən] *nt* Dresda *f*
Dress [drɛs] <-es, -e> *m o* A: *f* SPORT tenuta *f* sportiva
dressieren [drɛ'si:rən] <ohne ge-> *vt* ammaestrare, addestrare; *(Pferde)* scozzonare
Dressman ['drɛsmən] <-s, Dressmen> *m* indossatore *m*
Dressur [drɛ'su:ɐ̯] <-, -en> *f* dressaggio *m,* ammaestramento *m,* addestramento *m*
dribbeln ['drɪbəln] *vi* SPORT dribblare
Drift [drɪft] <-, -en> *f* ① NAUT corrente *f* di deriva ② *(Treiben)* deriva *f*
Drill [drɪl] <-(e)s> *m kein Pl.* addestramento *m*
Drillbohrer *m* trapano *m* a spirale
drillen *vt* ① *(fig)* MIL addestrare ② TEC *(bohren)* trapanare
Drillich ['drɪlɪç] <-s, -e> *m* traliccio *m,* fustagno *m*
Drilling ['drɪlɪŋ] <-s, -e> *m (Kind)* trigemino *m;* **~e** gemelli trigemini
drin [drɪn] *adv (fam)* dentro; **in der Flasche ist noch was ~** c'è ancora qualcosa nella bottiglia; **bis jetzt ist noch alles ~** *(fam)* finora tutto è ancora possibile; **das ist nicht ~** *(fam)* non è possibile; *s. a.* **darin, drinnen**
dringen ['drɪŋən] <dringt, drang, gedrungen> *vi* ① *sein* **in etw** *akk* **~** penetrare in qc; **durch etw ~** penetrare qc, passare attraverso qc; **an die Öffentlichkeit ~** diventare di pubblico dominio; **in jdn ~** *(fig)* far pressione su qu, sollecitare qu ② *haben (verlangen)* **auf etw** *akk* **~** insistere su qc [*o* per avere qc]; **darauf ~, dass ...** insistere affinché +*conj*
dringend *adj* urgente, stringente, impellente; *(Bitte)* pressante; **in ~en Fällen** in casi d'urgenza; **es** [*o* **die Sache**] **ist** [**sehr**] **~** la cosa urge
dringlich *adj* urgente
Dringlichkeit <-, -en> *f* urgenza *f*
Drink [drɪnk] <-s, -s> *m* drink *m*
drinnen ['drɪnən] *adv* dentro; **~ und draußen** dentro e fuori; **ich gehe nach ~** vado dentro
drin|stecken ['drɪnʃtɛkən] *vi (fam)* ① *(beschäftigt sein)* **in etw** *dat* **~** essere [in mezzo] a qc ② *(investiert sein)* essere investito; **in diesem Haus steckt mein ganzes Erspartes drin** in questa casa sono investiti tutti i miei risparmi ③ *(verwickelt sein)* **in etw** *dat* **mit ~** essere coinvolto in qc
drischt [drɪʃt] *3. Pers. Sing. Präs. von* **dreschen**
dritt [drɪt] *adv* **zu ~** in tre
Dritte <ein -r, -n, -n> *mf* terzo, -a *m, f;* **der lachende ~** il terzo che gode; **der ~ im Bunde sein** essere il terzo; **in Gegenwart ~r** in presenza di terzi; **wenn zwei sich streiten, freut sich der ~** *(prov)* fra due litiganti il terzo gode; *s. a.* **Achte**
dritte(r, s) *adj* terzo, -a *(bei Datumsangaben)* tre; **aus ~r Hand** da terzi; *s. a.* **achte(r, s)**
drittel ['drɪtəl] <inv> *adj* terzo; *s. a.* **achtel**
Drittel <-s, -> *nt* terzo *m*
dritteln ['drɪtəln] *vt* dividere in terzi [*o* in tre parti]
drittens ['drɪtəns] *adv* [in] terzo [luogo]
Dritte-Welt-Laden ['drɪtə'vɛltla:dən] *m* negozio *m* di articoli del terzo mondo
Dritte-Welt-Land ['drɪtə'vɛltlant] *nt* paese *m* del terzo mondo
drittklassig ['drɪtklasɪç] *adj (pej)* di terz'ordine
Drittländer ['drɪtlɛndɐ] *ntpl,* **Drittstaaten** *mpl* EU paese *m* terzo
DRK [de:ʔɛr'ka:] <-(s)> *nt kein Pl. Abk. von* **Deutsches Rotes Kreuz** *CRI*
droben ['dro:bən] *adv (geh)* SÜDD, A lassù, in alto
Droge ['dro:gə] <-, -n> *f* droga *f*
drogenabhängig *adj* tossicodipendente
Drogenabhängige <ein -r, -n, -n> *mf* tossicodipendente *mf*
Drogenabhängigkeit *f* tossicodipendenza *f,* tossicomania *f*
Drogenberatungsstelle <-, -n> *f* consultorio *m* per il recupero dei tossicodipendenti
Drogenhandel *m* traffico *m* della droga
Drogenkonsum *m* consumo *m* di droghe [*o* stupefacenti]
Drogenmissbrauch *m* abuso *m* di droga
Drogenopfer *nt* vittima *f* della droga
Drogensucht ['dro:gənzuxt] <-> *f kein Pl.* tossicodipendenza *f,* tossicomania *f*
drogensüchtig ['dro:gənzʏçtɪç] *adj* tossicodipendente
Drogenszene *f* mondo *m* della droga
Drogerie [drogə'ri:] <-, -n> *f* drogheria *f*
Drogist(in) [dro'gɪst] <-en, -en; -, -nen> *m(f)* droghiere, -a *m, f*
Drohbrief *m* lettera *f* minatoria
drohen ['dro:ən] *vi* ① *(einschüchtern)* **jdm ~** minacciare qu ② *(bevorstehen)* minacciare; **ihm droht Gefängnis** lo minaccia la prigione ③ *(zu befürchten sein)* **einzustürzen ~** minacciare di crollare
drohend *adj* minaccioso; **~e Gefahr** pericolo incombente
Drohne ['dro:nə] <-, -n> *f* ZOO fuco *m*
dröhnen ['drø:nən] *vi* rimbombare; *(a. fig)* rintronare; **mir dröhnt der Kopf** mi rintrona la testa

Drohung ['dro:ʊŋ] <-, -en> *f* minaccia *f*
drollig ['drɔlɪç] *adj* buffo
Dromedar ['dro:meda:ɐ̯ *o* drome'da:ɐ̯] <-s, -e> *nt* ZOO dromedario *m*
Drop-down-Menü [drɔp'daʊn-] <-s, -s> *nt* INFORM menù *m* a discesa [*o* a tendina], menù a cascata
D
Drops [drɔps] <-, -> *m o nt* caramella *f* alla frutta
drosch [drɔʃ] *1. u. 3. Pers. Sing. Imp. von* **dreschen**
Droschke ['drɔʃkə] <-, -n> *f* vettura *f* di piazza
Drossel ['drɔsəl] <-, -n> *f* ZOO tordo *m*
drosseln ['drɔsəln] *vt (Tempo)* diminuire; *(Einfuhr)* limitare
Drosselung <-, -en> *f* ① TEC strozzamento *m* ② *(fig)* diminuzione *f*, riduzione *f*
Drosselventil *nt* ① TEC valvola *f* di strozzamento ② MOT valvola *f* a farfalla
drüben ['dry:bən] *adv (auf der anderen Seite)* dall'altra parte, [al] di là; **hier/da ~** di qua, da questa parte/di là, da quella parte
drüber ['dry:bɐ] *(fam) s.* **darüber**
Druck[1] [drʊk, *Pl:* 'drʏkə] <-(e)s, Drücke> *m* ① PHYS pressione *f;* **durch einen ~ auf den Knopf** premendo il bottone ② *Sing. (fig: Zwang)* pressione *f;* **jdn unter ~ setzen** mettere qu sotto pressione; **ich bin unheimlich in ~** *(fam)* sono molto sotto pressione
Druck[2] [drʊk] <-(e)s, -e> *m* ① TYP impressione *f; (Vorgang)* stampa *f;* **etw in ~ geben** dare qc alle stampe ② *(Auflage)* edizione *f* ③ *(Kunst~)* stampa *f*
Druckausgleich *m* TEC compensazione *f* della pressione
Druckbogen *m* foglio *m* di stampa
Druckbuchstabe *m* carattere *m* tipografico
Drückeberger ['drʏkəbɛrgɐ] <-s, -> *m (fam pej)* scansafatiche *m*, vigliacco *m;* MIL imboscato *m*
druckempfindlich ['drʊkɛmpfɪntlɪç] *adj* sensibile alla pressione
drucken ['drʊkən] *vt* TYP stampare, riprodurre; **neu ~** ristampare; **~ lassen** dare alle stampe; **klein gedruckt** a caratteri piccoli
drücken ['drʏkən] **I.** *vt* ① *(pressen)* premere; *(zusammen~)* spremere; **jdm die Hand ~** stringere la mano a qu ② *(fam: umarmen)* stringere, abbracciare ③ *(Kleidung, Schuh)* stringere ④ *(fig: Preise)* ribassare; *(Rekord)* abbassare **II.** *vi* ① *(lasten)* pesare; **auf jdn/etw ~** pesare su qu/qc; **aufs Gemüt ~** rendere malinconico, intristire ② *(Kleidung, Schuh)* stringere ③ *(pressen)* **auf etw** *akk* **~** premere su qc; **auf einen Knopf ~** schiacciare un bottone **III.** *vr:* **sich ~** *(fam)* svignarsela, squagliarsela; **sich vor etw** *dat* **~** scansare qc, sottrarsi a qc
drückend *adj* opprimente; *(Hitze)* soffocante
Drucker <-s, -> *m* INFORM stampante *f*
Drucker(in) <-s, -; -, -nen> *m(f)* stampatore, -trice *m, f*, tipografo, -a *m, f*
Drücker <-s, -> *m (Türklinke)* maniglia *f*, saliscendi *m;* **am ~ sitzen** *(fig fam)* stare nella stanza dei bottoni; **auf den letzten ~** *(fig fam)* all'ultimo momento
Druckerei [drʊkə'raɪ] <-, -en> *f* stamperia *f*, tipografia *f*
Druckerin *f s.* **Drucker**
Druckerlaubnis *f* imprimatur *m*
Druckerschnittstelle *f* INFORM interfaccia *f* stampante
Druckerschwärze *f* inchiostro *m* da stampa
Druckfehler *m* errore *m* di stampa
druckfertig *adj* pronto per la stampa
druckfrisch ['drʊkfrɪʃ] *adj* TYP fresco di stampa
Druckkabine *f* AERO cabina *f* pressurizzata
Druckknopf *m* ① *(an Kleidung)* [bottone *m*] automatico *m* ② TEC pulsante *m*
Drucklegung <-, -en> *f* TYP messa *f* in macchina
Druckluft *f* aria *f* compressa
Druckluftbohrer *m* perforatrice *f* pneumatica
Druckmaschine *f* macchina *f* tipografica [*o* da stampa]
Druckmesser <-s, -> *m* misuratore *m* di pressione, manometro *m*
Druckmittel *nt* mezzo *m* di pressione [*o* coercitivo]
Druckpumpe *f* pompa *f* premente [*o* a pressione]
Druckregler *m* regolatore *m* di pressione
druckreif *s.* **druckfertig**
Drucksache *f* stampa *f;* **„~"** "stampe"
Druckschrift *f* ① TYP *(Schriftart)* carattere *m* tipografico [*o* di stampa]; **in ~** in stampatello ② *(gedrucktes Werk)* stampato *m*
drucksen ['drʊksən] *vi (fam)* tentennare
Drucksorte *f* A *(Formular, Formblatt)* modulo *m*
Druckverband ['drʊkfɛɐbant, *Pl:* 'drʊkfɛɐbɛndə] <-(e)s, Druckverbände> *m* MED laccio *m* emostatico, fasciatura *f* emostatica
Druckwelle *f* PHYS onda *f* impulsiva; *(bei einer Explosion)* onda *f* esplosiva
drum [drʊm] *adv (fam)* **mit allem Drum und Dran** con tutti gli annessi e connessi; **sei's ~!** e sia!; *s. a.* **darum**

drunten ['drʊntən] *adv* SÜDD, A laggiù
drunter ['drʊntɐ] *adv (fam)* **es geht alles ~ und drüber** tutto va a catafascio; *s. a.* **darunter**
Drüse ['dryːzə] <-, -n> *f* ghiandola *f*
Dschungel ['dʒʊŋəl] <-s, -> *m* giungla *f*
Dschunke ['dʒʊŋkə] <-, -n> *f* giunca *f*
DSG [deːʔɛs'geː] <-> *f kein Pl. Abk. von* **Deutsche Schlafwagen- und Speisewagen-Gesellschaft** *compagnia tedesca dei vagoni letto e ristorante*
DSL [deːʔɛs'ʔɛl] <-> *nt kein Pl. Abk. von* **Digital Subscriber Line** INFORM DSL *f*
dt. *Abk. von* **deutsch** tedesco
dto *Abk. von* **dito** c.s.
DTP [deːteː'peː] <-> *nt* INFORM *s.* **Desktop Publishing** desktop-publishing *m*
Dtzd. *Abk. von* **Dutzend** dozz.
du [duː] *pron pers* tu; **wenn ich ~ wäre, …** se fossi in te, …; **jdn mit ~ anreden** dare del tu a qu; **mit jdm per ~ sein** darsi del tu; **~, ich muss dich was fragen** senti, devo chiederti qc; **~ Ärmste/Ekel!** o che poveretta/essere odioso!
d. U. *Abk. von* **der Unterzeichnete** il sottoscritto
dual [du'aːl] *adj* duale, binario; **das Duale System** *(Rücknahme von Verpackungen)* sistema di raccolta differenziata
Dualsystem [du'aːlzʏsteːm] *nt* MAT sistema *m* di numerazione binaria
Dübel ['dyːbəl] <-s, -> *m* tassello *m*
dubios [du'bjoːs] *adj* dubbio, sospetto; **~e Gestalt** persona sospetta
Dublette [du'blɛtə] <-, -n> *f* doppione *m*
Dublin ['dablɪn] *nt* Dublino *f*
ducken ['dʊkən] **I.** *vr:* **sich ~** *(fig)* piegarsi; *(niederkauern)* rannicchiarsi **II.** *vt (pej: demütigen)* umiliare
Duckmäuser ['dʊkmɔɪzɐ] <-s, -> *m (fam: Feigling)* vigliacco, -a *m, f*
Dudelsack ['duːdəlzak] *m* cornamusa *f*, zampogna *f*
Duell [du'ɛl] <-s, -e> *nt* duello *m*
duellieren [duɛ'liːrən] <ohne ge-> *vr:* **sich ~** battersi a duello
Duett [du'ɛt] <-(e)s, -e> *nt* MUS duetto *m*
Duft [dʊft, *Pl:* 'dʏftə] <-(e)s, Düfte> *m* profumo *m*, fragranza *f*
dufte ['dʊftə] *adj* NORDD *(fam)* grandioso, eccezionale
duften *vi* ① *(Duft verbreiten)* odorare ② *(riechen)* **nach etw ~** avere un profumo di qc
duftend *adj* profumato, odoroso, aromatico
duftig *adj* leggero, vaporoso; **ein ~es Sommerkleid** un vestito estivo arioso
Duftöl *nt (Öl für Duftlampen)* olio *m* essenziale
Dukaten [du'kaːtən] <-s, -> *m* HIST ducato *m*
dulden ['dʊldən] *vt* ① *(zulassen)* ammettere, tollerare; **keinen Aufschub ~** non ammettere nessun rinvio ② *(geh: ertragen)* sopportare
duldsam [dʊltzaːm] *adj* paziente; *(nachsichtig)* indulgente; *(tolerant)* tollerante
Duldsamkeit <-> *f kein Pl.* pazienza *f*; *(Nachsicht)* indulgenza *f*, tolleranza *f*

D

dumm [dʊm] <dümmer, dümmste> *adj* ① *(Mensch)* stupido; *(unwissend)* ignorante; *(einfältig)* semplice, sciocco; *(albern)* sciocco; **~es Zeug reden** dire sciocchezze; **ein ~es Gesicht machen** *(fam)* fare una faccia da stupido; **der Dumme sein** essere lo stupido di turno; **jdn für ~ verkaufen** *(fam)* prendere [*o* far passare] qu per sciocco; **das wird mir zu ~!** ne ho abbastanza! ② *(unangenehm)* spiacevole, seccante; **eine ~e Geschichte** una brutta faccenda; **das ist [aber] ~!** peccato!
dummerweise ['dʊmɐvaɪzə] *adv* sfortunatamente
Dummheit <-, -en> *f* ① *Sing. (Mangel an Intelligenz)* stupidità *f*, ignoranza *f* ② *(Handlung)* stupidaggine *f*, sciocchezza *f*
Dummkopf *m (pej)* stupido, -a *m, f*, sciocco, -a *m, f*
Dummy ['dami] <-s, -s> *m* manichino *m*
dumpf [dʊmpf] *adj* ① *(Ton)* cupo, sordo ② *(Geruch)* ammuffito ③ *(Ahnung)* vago ④ *(stumpfsinnig)* ottuso, apatico
Dumpfbacke *f (fam)* rincoglionito, -a *m, f*
Dumpfheit <-> *f kein Pl.* ① *(von Schall)* cupezza *f*; *(von Geruch)* tanfo *m* ② *(fig: von Mensch)* ottusità *f*, apatia *f*, torpore *m*
Dumping ['dampɪŋ] <-s> *nt kein Pl.* COM dumping *m*
Düne ['dyːnə] <-, -n> *f* duna *f*
Dung [dʊŋ] <-(e)s> *m kein Pl.* letame *m*, concime *m* [animale]
Düngemittel *nt s.* **Dünger**
düngen ['dʏŋən] **I.** *vt* concimare **II.** *vi (als Dünger wirken)* dare concime
Dünger <-s, -> *m* concime *m*
dunkel ['dʊŋkəl] *adj* ① *(finster)* buio, oscuro; *(Nacht)* fonda; *(fig: düster)* nero; **es wird ~** si fa buio; **bei etw im Dunkeln tappen** *(fig)* essere all'oscuro di qc ② *(Farbe, Haare, Bier)* scuro ③ *(Vokal)* sorda ④ *(fig: unbestimmt)* vago, indistinto; *(unklar)* oscuro; **sich ~ erinnern** ricordarsi vagamente; **jdn im Dunkeln lassen** lasciare qu all'oscuro ⑤ *(pej: verdächtig)* losco
dunkel- *in Zusammensetzungen* scuro;

dunkelblau/-grün/-rot blu/verde/rosso scuro
Dunkel <-s> *nt kein Pl.* oscurità *f; (a. fig)* tenebre *f pl*
Dünkel ['dʏŋkəl] <-s> *m kein Pl.* presunzione *f*, boria *f*
dunkelblau *adj* blu scuro
dunkelblond *adj* castano
dunkelgrün *adj* verde scuro
dunkelhaarig ['dʊŋkəlha:rɪç] *adj* bruno
dunkelhäutig ['dʊnkəlhɔɪtɪç] *adj* moro, di carnagione scura
Dunkelheit <-, -en> *f* oscurità *f*, buio *m*
Dunkelkammer *f* FOTO camera *f* oscura
Dunkelmann *m (fig, pej)* uomo *m* subdolo
dunkeln *vi* **es dunkelt** *(poet)* si fa buio [*o* notte]
Dunkelrestaurant *nt* ristorante *m* al buio
dunkelrot *adj* rosso scuro
Dunkelziffer *f* dati *mpl* non rilevati dalle statistiche
dünken ['dʏŋkən] *vi, vt* **mich** [*o* **mir**] **dünkt** *(obs poet)* mi sembra, mi pare
dünn [dʏn] *adj* ① *(Haar)* sottile, fine; *(Stoff, Luft)* leggero ② *(schlank)* snello; *(mager)* magro, scarno; **~ werden** dimagrire ③ *(fein)* fino; *(schwach, brüchig)* tenue; *(spärlich)* rado; **~ besiedelt** [*o* **bevölkert**] scarsamente [*o* poco] popolato ④ *(Getränk)* lungo
dünnbesiedelt *adj* scarsamente [*o* poco] popolato
dünnbevölkert *adj* scarsamente [*o* poco] popolato
Dünndarm *m* ANAT intestino *m* tenue
dünnflüssig *adj* fluido
dünn|machen *vr:* **sich ~** *(fig fam)* svignarsela, sgattaiolare
Dunst [dʊnst, *Pl:* 'dʏnstə] <-(e)s, Dünste> *m* ① *Sing. (Nebel)* foschia *f*, nebbia *f* ② *(Dampf)* vapore *m* ③ *(Rauch)* fumo *m* ④ *(Ausdünstung)* esalazione *f*
Dunstabzugshaube *f* cappa *f* di estrazione
dünsten ['dʏnstən] *vt* GASTR cuocere al vapore
Dunstglocke *f* cappa *f* di smog
dunstig ['dʊnstɪç] *adj (neblig)* nebbioso, caliginoso; *(verräuchert)* fumoso, pieno di fumo
Dunstkreis ['dʊnstkraɪs] <-es, -e> *m (geh: jds Umgebung)* sfera *f* [di influenza], ambiente *m*
Duo ['du:o] <-s, -s> *nt* MUS duetto *m*
Duplikat [dupli'ka:t] <-(e)s, -e> *nt* duplicato *m*
Dur [du:ɐ̯] <-> *nt kein Pl.* MUS modo *m* maggiore
durch [dʊrç] **I.** *präp +akk* ① *(räumlich)* attraverso, per; **~ den Fluss schwimmen** attraversare il fiume a nuoto; **~ die Nase sprechen** parlare col naso ② *(zeitlich)* durante ③ *(vermittels)* per mezzo di; *(dank)* grazie a; **~ Zufall** per caso ④ *(infolge)* in seguito a ⑤ MAT diviso per; **16 [geteilt] ~ 4** 16 diviso [per] 4 **II.** *adv* **~ und ~** da parte a parte, completamente; **mit etw ~ sein** aver finito qc; **~ sein** *(Hose)* essere logorato; *(Fleisch)* essere cotto; **es ist zwei Uhr ~** *(fam)* sono già le due passate; **Sie dürfen hier nicht ~** non può passare per di qua
durch|arbeiten **I.** *vt* ① *(Buch)* studiare a fondo ② *(ausarbeiten)* elaborare **II.** *vi (ohne Unterbrechung)* lavorare senza interruzione; **die [ganze] Nacht ~** lavorare tutta la notte **III.** *vr* **sich [durch etw] ~** farsi strada [tra qc]
durch|atmen *vi* respirare profondamente
durchaus ['dʊrçʔaʊs] *adv* ① *(vollständig)* del tutto; **ich bin ~ Ihrer Meinung** sono perfettamente d'accordo con Lei; **~ nicht** non … affatto, per niente ② *(unbedingt)* assolutamente
durch|beißen ['dʊrçbaɪsən] <irr> **I.** *vt (zerbeißen)* spezzare con i denti, mordere **II.** *vr:* **sich ~** *(fam: Widerstände überwinden)* resistere (**durch** a), farcela (**durch**)
durch|blättern ['dʊrçblɛtɐn] *vt,* **durchblättern** [dʊrç'blɛtɐn] <ohne ge-> *vt* sfogliare, scorrere [leggendo]
Durchblick *m (fam: Überblick)* visione *f;* **keinen/den ~ haben** *(fam)* non capirci niente/capirci molto
durch|blicken *vi* ① *(durchsehen)* guardare attraverso ② *(fam: verstehen)* capire; **etw ~ lassen** lasciare intendere qc, far capire qc
durchbluten [dʊrç'blu:tən] <ohne ge-> *vt* irrorare
Durchblutung [dʊrç'blu:tʊŋ] *f* irrorazione *f* sanguigna
Durchblutungsstörung *f* disfunzione *f* vascolare, disemia *f*
durch|bohren[1] ['dʊrçbo:rən] **I.** *vt* forare da parte a parte, perforare **II.** *vr:* **sich ~** penetrare forando
durchbohren[2] [dʊrç'bo:rən] <ohne ge-> *vt (durchdringen)* trafiggere; *(Kugel)* traforare
durchbohrend *adj (Blick)* penetrante
durch|boxen *vr:* **sich ~** *(fam)* farsi avanti a pugni e spintoni
durch|braten <irr> *vt* GASTR arrostire [*o* cuocere] bene; **durchgebraten** ben cotto; **nicht durchgebraten** al sangue
durch|brechen[1] ['dʊrçbrɛçən] <irr> **I.** *vt haben (zerbrechen)* rompere [in due parti],

spezzare in due **II.** *vi sein* ① *(entzweibrechen)* rompersi, spezzarsi ② *(Sonne, Zahn, Keim)* spuntare, apparire ③ *(fig)* svelarsi, mostrarsi

durchbrechen[2] [dʊrçˈbrɛçən] <irr, ohne ge-> *vt* ① *(durchstoßen)* forzare, sfondare ② *(Wand)* aprire un passaggio in ③ *(fig: Prinzip, Konvention)* trasgredire, violare

durch|brennen <irr> *vi sein* ① *(Sicherung, Glühbirne)* fulminarsi ② *(fam: ausreißen)* scappare

durch|bringen <irr> *vt* ① *(durchsetzen)* far passare ② *(Kranke)* salvare ③ *(ernähren)* sostentare, mantenere ④ *(Geld)* sperperare, scialacquare

durchbrochen [dʊrçˈbrɔxən] *adj* traforato, a giorno

Durchbruch *m* ① *(eines Zahns)* spuntare *m* ② MIL sfondamento *m* ③ *(fig: Erfolg)* successo *m;* **zum ~ kommen** farsi strada, affermarsi ④ *(Öffnung)* apertura *f,* breccia *f*

durch|checken [ˈdʊrçtʃɛkən] *vt* ① AERO *(bis zum Zielort abfertigen)* spedire il bagaglio appresso ② *(fam: Patient)* fare un check-up; *(Liste)* controllare

durch|denken [ˈdʊrçdɛŋkən] <irr> *vt,* **durchdenken** [dʊrçˈdɛŋkən] <irr, ohne ge-> *vt* ponderare bene, approfondire; **wohl durchdacht** ben meditato

durch|drängen *vr:* **sich ~** farsi largo [*o* strada]; **sich durch die Menge ~** farsi largo tra la folla

durch|drehen **I.** *vi* ① *(fam: kopflos werden)* impazzire ② *(Räder)* slittare **II.** *vt* *(Fleisch)* tritare

durch|dringen[1] [ˈdʊrçdrɪŋən] <irr> *vi sein* ① *(durch etw dringen)* penetrare, spingersi ② *(fig: Gerücht)* trapelare

durchdringen[2] [dʊrçˈdrɪŋən] <irr, ohne ge-> *vt* ① *(überwinden)* penetrare, trapassare ② *(ganz eindringen in)* infiltrasi in, impregnare; **von etw durchdrungen sein** *(fig)* essere pervaso da qc

durchdringend [ˈdʊrçdrɪŋənt] *adj (Kälte, Geruch)* penetrante; *(Schrei)* acuto, penetrante

Durchdringung [dʊrçˈdrɪŋʊŋ] <-, -en> *f* compenetrazione *f*

durch|drücken *vt* ① *(durchpressen)* far passare spremendo ② *(strecken)* **die Knie ~** stendere le gambe ③ *(fig fam: durchsetzen)* far accettare; *(Plan)* far valere; *(Willen)* imporre

durcheinander [dʊrçʔaɪˈnandɐ] *adv* ① *(ungeordnet)* sottosopra, disordinato ② *(fam: verwirrt)* confuso

Durcheinander <-s> *nt kein Pl.* ① *(Unordnung)* disordine *m* ② *(Verwirrung)* confusione *f*

durcheinander|bringen <irr> *vt* ① *(in Unordnung bringen)* mettere in disordine, scompigliare ② *(verwechseln)* confondere

durcheinander|reden *vi* **alle reden durcheinander** tutti/tutte parlano insieme

durcheinander|werfen <irr> *vt* ① *(umherwerfen)* mettere sottosopra, buttare all'aria ② *(verwechseln)* confondere

durch|fahren[1] [ˈdʊrçfaːrən] <irr> *vi sein* ① *(hin~)* passare attraverso; **bei Rot ~** passare col rosso ② *(nicht anhalten)* passare senza fermarsi; *(nicht umsteigen)* passare senza scendere ③ *(ohne Unterbrechung fahren)* viaggiare senza interruzione

durchfahren[2] [dʊrçˈfaːrən] <irr, ohne ge-> *vt* ① *(fahrend durchqueren)* attraversare ② *(fig: Schreck)* assalire, cogliere; *(Gedanke)* passare per la mente

Durchfahrt *f* ① *(das Durchfahren)* transito *m;* **~ verboten!** transito vietato! ② *(Durchreise)* passaggio *m;* **auf der ~ sein** essere di passaggio ③ *(Torweg)* portone *m*

Durchfall *m* MED diarrea *f*

durch|fallen <irr> *vi sein* ① *(hin~)* cadere ② *(fam: versagen)* non avere successo; *(bei Prüfung)* essere bocciato; *(bei Wahlen)* essere sconfitto; THEAT fare fiasco

durch|feiern [ˈdʊrçfaɪɐn] *vi (fam: ohne Pause feiern)* festeggiare [senza interruzione]; **wir haben die ganze Nacht durchgefeiert** abbiamo festeggiato tutta la notte

durch|finden <irr> *vi, vr:* **sich ~** orientarsi, raccapezzarsi

durch|fließen[1] [ˈdʊrçfliːsən] <irr> *vi sein* scorrere; **durch die Röhren ~** scorrere nei tubi

durchfließen[2] [dʊrçˈfliːsən] <irr, ohne ge-> *vt* ① *(Fluss)* attraversare scorrendo ② PHYS percorrere

durchforschen [dʊrçˈfɔrʃən] <ohne ge-> *vt (untersuchen)* studiare, esaminare; *(Land)* esplorare

durch|fragen *vr:* **sich ~** trovare la strada chiedendo

Durchfuhr [ˈdʊrçfuːɐ, *Pl:* ˈdʊrçfuːrən] <-, -en> *f (Transit)* transito *m*

durchführbar *adj* eseguibile, attuabile, realizzabile

durch|führen **I.** *vt* ① *(durchleiten)* guidare, condurre ② *(ausführen)* eseguire, effettuare ③ *(verwirklichen)* realizzare; *(veranstalten)* organizzare ④ *(vollenden)* compiere, portare a termine **II.** *vi (Straße)* **durch etw ~** passare attraverso qc

Durchführung <-, -en> *f* ① MUS esecuzione *f* ② *(Verwirklichung)* attuazione *f,* realizzazione *f* ③ *(Vollendung)* compimento *m*

durch|füttern ['dʊrçfʏtɐn] *vt (fam)* mantenere

Durchgang <-(e)s, -gänge> *m* ① *(Passage)* passaggio *m;* **~ verboten!, kein ~!** passaggio proibito! ② *(bei Produktion, Versuch)* prova *f;* *(bei Wahl)* tornata *f;* SPORT eliminatoria *f*

durchgängig *adj* generale, corrente; *(konstant)* senza eccezioni

Durchgangslager *nt* campo *m* di transito

Durchgangsstraße *f* strada *f* di transito

Durchgangsverkehr *m* [traffico *m* di] transito *m*

durch|geben <irr> *vt (Meldung, Telegramm)* trasmettere

durch|gehen <irr> **I.** *vi sein* ① *(durch etw gehen)* passare; **durch etw ~** passare per qc; **der Schrank geht nicht durch die Tür [durch]** l'armadio non passa dalla porta ② FERR, AERO **bis Rom ~** andare fino a Roma [senza sosta] ③ *(Pferd)* sfuggir di mano; *(fam: weglaufen)* scappare; **sein Temperament ging mit ihm durch** *(fig)* perse il controllo, non riuscì a dominarsi ④ *(Antrag)* essere approvato; **jdm etw ~ lassen** lasciar passare qc a qu **II.** *vt haben o sein (Buch)* percorrere; *(prüfend ~)* esaminare, controllare

durchgehend *adj (Zug)* diretto; *(Öffnungszeiten)* continuato; **~ geöffnet** ad orario continuato

durch|greifen <irr> *vi* intervenire [energicamente]

durchgreifend *adj* energico, drastico, radicale

durch|halten <irr> **I.** *vi* tener duro, resistere **II.** *vt* resistere a

Durchhalteparole ['dʊrçhaltəparo:lə] <-, -n> *f* ① *(pej)* intimazione *f* a tener duro ② MIL comando *m* a resistere

Durchhaltevermögen ['dʊrçhaltəfɛɐmø:gən] <-s> *nt kein Pl.* resistenza *f*

Durchhaltewillen *m* resistenza *f*

durchhauen [dʊrç'haʊən] <irr> *vt (fam)* spaccare, tagliare [in due]

durch|kämmen[1] ['dʊrçkɛmən] *vt (Haar)* pettinare bene

durchkämmen[2] [dʊrç'kɛmən] <ohne ge-> *vt (Gelände)* rastrellare

durch|knallen *vi (sl: durchdrehen)* andar fuori di testa

durch|kommen <irr> *vi sein* ① *(durch etw gelangen)* [riuscire a] passare; *(Zahn, Sonne)* spuntare ② *(hin~)* passare attraverso ③ *(erfolgreich sein)* spuntarla ④ *(genesen)* scamparla ⑤ *(bei Prüfung)* essere promosso; *(a. Gesetzentwurf)* passare

durch|kreuzen[1] ['dʊrçkrɔɪtsən] *vt (durchstreichen)* cancellare con una croce

durchkreuzen[2] [dʊrç'krɔɪtsən] <ohne ge-> *vt (Pläne)* intralciare, contrastare

durch|lassen <irr> *vt* ① *(hin~)* lasciar passare; *(a. bei Prüfung)* far passare ② *(fig fam: nicht rügen)* lasciar correre

durchlässig ['dʊrçlɛsɪç] *adj* ① *(wasser~)* che lascia passare l'acqua; *(Gefäß)* non stagno ② *(licht~)* trasparente, diafano

Durchlaucht ['dʊrçlaʊxt *o* dʊrç'laʊxt] <-, -en> *f* Altezza *f;* **Euer ~** Vostra/Sua Altezza

durch|laufen[1] ['dʊrçlaʊfən] <irr> **I.** *vi sein* ① *(hin~)* passare correndo; **durch etw ~** passare per qc ② *(Flüssigkeit)* passare, colare **II.** *vt haben (Schuhe)* consumare [a furia di camminare]

durchlaufen[2] [dʊrç'laʊfən] <irr, ohne ge-> *vt* ① *(Strecke)* [per]correre; *(Gebiet)* attraversare ② *(fig: Schauder)* pervadere, assalire ③ *(fig: absolvieren)* compiere

Durchlauferhitzer <-s, -> *m* scaldaacqua *m* istantaneo

durchleben <ohne ge-> *vt* vivere, passare

durch|lesen <irr> *vt* leggere

durchleuchten [dʊrç'lɔɪçtən] <ohne ge-> *vt* ① MED fare una radiografia a ② *(fig: analysieren)* esaminare ③ *(geh: mit Licht erfüllen)* illuminare

Durchleuchtung [dʊrç'lɔɪçtʊŋ] <-, -en> *f* ① MED radioscopia *f,* radiografia *f* ② *(fig)* esame *m*

durchlöchern [dʊrç'lœçɐn] <ohne ge-> *vt* [per]forare, sforacchiare; *(mit Kugeln)* crivellare

durch|machen **I.** *vt (fam)* ① *(durchlaufen)* fare, compiere ② *(erdulden)* soffrire, patire; **viel ~** passarne tante **II.** *vi (fam)* ① *(durcharbeiten)* lavorare ininterrottamente ② *(durchfeiern)* festeggiare tutta la notte

Durchmarsch <-(e)s, -märsche> *m* MIL marcia *f*

durch|marschieren <ohne ge-> *vi sein* passare

Durchmesser <-s, -> *m* MAT diametro *m*

durch|mogeln ['dʊrçmo:gəln] *vr:* **sich ~** *(fam pej)* cavarsela [imbrogliando], destreggiarsi

durchnässt [dʊrç'nɛst] *adj* bagnato fradicio

durch|nehmen <irr> *vt (im Unterricht)* trattare

durch|nummerieren <ohne ge-> *vt* numerare

durch|pausen *vt* ricalcare

durch|probieren <ohne ge-> *vt* tentare uno per uno; *(Speisen)* assaggiare uno per uno

durchqueren [dʊrç'kveːrən] <ohne ge-> *vt* attraversare

durch|rasseln ['dʊrçrasəln] *vi sein (fam: bei einer Prüfung)* essere bocciato [*o* stangato]

durch|rechnen *vt* calcolare [da cima in fondo]

Durchreise <-, -n> *f* passaggio *m;* **auf der ~ sein** essere di passaggio

durch|reisen[1] ['dʊrçraɪzən] *vi sein* passare, essere di passaggio

durchreisen[2] [dʊrç'raɪzən] <ohne ge-> *vt* percorrere, attraversare

Durchreisende *mf* passeggero, -a *m, f* in transito

Durchreisevisum ['dʊrçraɪzəviːzʊm, *Pl:* 'dʊrçraɪzəviːza *o* 'dʊrçraɪzəviːzən] <-s, Durchreisevisa *o* Durchreisevisen> *nt* visto *m* di transito

durch|reißen <irr> **I.** *vi sein* spezzarsi **II.** *vt haben* strappare, stracciare

durch|ringen <irr> *vr:* **sich ~** giungere con fatica; **sich zu einem Entschluss ~** arrivare con sforzo a una decisione

durch|rosten *vi sein* arrugginirsi completamente, corrodere

durch|rühren *vt* rimestare

durchs [dʊrçs] = **durch das**

Durchsage ['dʊrçzaːgə] <-, -n> *f* comunicato *m*

durch|sagen *vt* RADIO trasmettere, comunicare

durch|sägen *vt* segare in due

durchschauen [dʊrç'ʃaʊən] <ohne ge-> *vt (Absichten, Motive)* capire; *(Personen)* capire [*o* indovinare] le intenzioni di

durch|scheinen[1] ['dʊrçʃaɪnən] <irr> *vi* trasparire

durchscheinen[2] [dʊrç'ʃaɪnən] <irr> *vt (Sonne)* illuminare

durchscheinend *adj* ① *(lichtdurchlässig)* traslucido ② *(transparent)* trasparente ③ *(fig)* diafano

durch|scheuern *vt (Kleider)* logorare

durch|schimmern ['dʊrçʃɪmɐn] *vi* ① *(Sonne)* filtrare (**durch** tra), tralucere ② *(Schrift)* trasparire ③ *(Zufriedenheit, Misstrauen)* trasparire, trapelare

durch|schlafen <irr> *vi* dormire senza interruzione

Durchschlag ['dʊrçʃlaːk] <-(e)s, Durchschläge> *m* ① *(Kopie)* copia *f* ② *(Sieb)* setaccio *m*

durch|schlagen[1] ['dʊrçʃlaːgən] <irr> **I.** *vi sein* passare; **durch etw ~** sfondare qc, penetrare in qc **II.** *vt haben* spaccare in due **III.** *vr:* **sich ~** ① *(ein Ziel erreichen)* aprirsi un varco ② *(sich durchbringen)* tirar avanti *fam,* cavarsela *fam*

durchschlagen[2] [dʊrç'ʃlaːgən] <irr, ohne ge-> *vt (Geschoss)* perforare, sfondare

durchschlagend *adj* ① *(wirksam)* efficace ② *(entscheidend)* decisivo, determinante ③ *(überzeugend)* convincente

Durchschlagpapier *nt* cartacarbone *f,* carta *f* calcante [*o* da ricalco]

Durchschlagskraft *f* ① *(von Geschoss)* forza *f* di penetrazione ② *(Wirksamkeit)* efficacia *f*

durch|schleusen *vt* ① *(Schiff)* guidare attraverso la chiusa ② *(fig)* far passare

durch|schlüpfen *vi sein* ① *(sich schlüpfend hindurchbewegen)* sgattaiolare ② *(fig: entkommen)* sfuggire a

durch|schmuggeln *vt* far passare di contrabbando

durch|schneiden[1] ['dʊrçʃnaɪdən] <irr> *vt* tagliare [in due]

durchschneiden[2] [dʊrç'ʃnaɪdən] <irr, ohne ge-> *vt* ① *(durchtrennen)* tagliare ② *(geh: Meer)* solcare

Durchschnitt ['dʊrçʃnɪt] <-(e)s, -e> *m* media *f;* **im ~** in media; **über/unter dem ~** sopra/sotto la media

durchschnittlich ['dʊrçʃnɪtlɪç] **I.** *adj* ① *(dem Durchschnitt entsprechend)* medio ② *(gewöhnlich)* ordinario ③ *(mittelmäßig)* mediocre **II.** *adv* in media

Durchschnittsalter *nt* età *f* media

Durchschnittseinkommen *nt* reddito *m* medio

Durchschnittsgeschwindigkeit *f* velocità *f* media

Durchschnittstemperatur *f* temperatura *f* media

Durchschnittswert *m* valore *m* medio

Durchschrift <-, -en> *f* copia *f* [carbone]

Durchschuss <-es, -schüsse> *m* ① *(von Waffe)* colpo *m* perforante ② TYP *(Zeilenabstand)* interlinea *f*

durchschwimmen [dʊrç'ʃvɪmən] <irr, ohne ge-> *vt* attraversare a nuoto

durch|schwitzen *vt* bagnare di sudore

durch|sehen <irr> **I.** *vi (durch etw sehen)* guardare attraverso **II.** *vt* ① *(flüchtig ~)* scorrere, dare un'occhiata a ② *(prüfen)* verificare, controllare

durch|setzen[1] ['dʊrçzɛtsən] **I.** *vt (Willen)* imporre; *(Gesetz)* far approvare [*o* passare]; **es ~, dass ...** ottenere che *+conj* **II.** *vr:* **sich ~** ① *(Mensch)* imporsi, affermarsi ② *(fig)* farsi strada

durchsetzen[2] [dʊrç'zɛtsən] <ohne ge-> *vt* **etw [mit etw] ~** mescolare qc [con qc]

D

Durchsetzungsvermögen <-s> *nt kein Pl.* capacità *f* di imporsi, autorevolezza *f*

Durchsicht <-> *f kein Pl.* revisione *f; (Prüfung)* esame *m,* verifica *f;* **zur ~** in esame

durchsichtig *adj* ❶ *(transparent)* trasparente; *(Flüssigkeit)* limpido ❷ *(fig: klar)* chiaro; *(offensichtlich)* evidente, manifesto

Durchsichtigkeit <-> *f kein Pl.* ❶ *(Transparenz)* trasparenza *f; (von Flüssigkeit)* limpidezza *f* ❷ *(fig: Klarheit)* chiarezza *f; (Offensichtlichkeit)* evidenza *f*

durch|sickern *vi sein* ❶ *(Flüssigkeit)* filtrare, stillare, trasudare ❷ *(fig: Nachricht, Geheimnis)* trapelare

durch|sprechen <irr> *vt (Plan, Problem)* discutere, trattare

durch|starten ['dʊrçʃtartən] *vi sein* ❶ *(Flugzeug)* riprendere quota [a causa di un atterraggio impossibile] ❷ *(Auto)* dare brevi accelerate [a causa del motore freddo], accelerare [poco prima di fermarsi]

durch|stehen <irr> *vt* sopportare, superare

durch|stellen ['dʊrçʃtɛlən] *vi, vt (verbinden)* collegare, passare; **einen Moment noch, ich stelle Sie durch** un attimo, Glielo/Gliela passo

durchstöbern [dʊrç'ʃtø:bɐn] <ohne ge-> *vt,* **durch|stöbern** ['dʊrçʃtø:bɐn] *vt (fam)* rovistare, frugare [dappertutto]

Durchstoß <-es, -stöße> *m* MIL avanzata *f*

durch|stoßen[1] ['dʊrçʃto:sən] <irr> **I.** *vi sein (zu einem Ziel gelangen)* penetrare, avanzare **II.** *vt haben* **etw [durch etw] ~** far passare con forza qc [attraverso qc]

durchstoßen[2] [dʊrç'ʃto:sən] <irr, ohne ge-> *vt* sfondare, rompere

durch|streichen <irr> *vt* ❶ *(Geschriebenes)* cancellare ❷ *(durch Sieb)* passare

durchstreifen [dʊrç'ʃtraɪfən] <ohne ge-> *vt* percorrere

durch|stylen ['dʊrçstaɪlən] *vt (sl: Wohnung)* arredare [secondo uno stile]; *(Kleidung)* stilizzare

durchsuchen [dʊrç'zu:xən] <ohne ge-> *vt* frugare; *(bes. amtlich)* perquisire; **nach etw ~** perquisire in cerca di qc; MIL perlustrare qc

Durchsuchung [dʊrç'zu:xʊŋ] <-, -en> *f* perquisizione *f*

Durchsuchungsbefehl *m* JUR mandato *m* [*o* ordine *m*] di perquisizione

durchtrainiert ['dʊrçtrɛni:ɐt] *adj* allenato

durch|treten <irr> **I.** *vt haben (Pedal)* schiacciare **II.** *vi sein (durchdringen)* fuoriuscire

durchtrieben [dʊrç'tri:bən] *adj* scaltro, astuto

Durchtriebenheit <-> *f kein Pl.* scaltrezza *f,* astuzia *f*

durchwachen [dʊrç'vaxən] <ohne ge-> *vt* vegliare; **durchwachte Nacht** notte bianca; **die Nacht ~** passare la notte vegliando

durchwachsen [dʊrç'vaksən] *adj* ❶ *(Fleisch)* **~er Speck** *pancetta con strati di carne magra* ❷ *(fam scherz: mittelmäßig)* così così

Durchwahl ['dʊrçva:l] <-> *f kein Pl.* ❶ *(Möglichkeit)* selezione *f* diretta ❷ *(fam: ~nummer)* numero *m* diretto

durchwaten [dʊrç'va:tən] <ohne ge-> *vt* guadare

durchweg ['dʊrçvɛk *o* dʊrç'vɛk] *adv* A *(fam: gänzlich)* del tutto, completamente; *(ausnahmslos)* senza eccezione

durchwühlen [dʊrç'vy:lən] <ohne ge-> *vt,* **durch|wühlen** ['dʊrçvy:lən] *vt* frugare, rovistare

durch|wurschteln ['dʊrçvʊrʃtəln] *vr,* **durch|wursteln** *vr:* **sich ~** *(fam)* cavarsela; **sich irgendwie ~** cavarsela in qualche modo [*o* alla meglio]

durch|wursteln *vr:* **sich ~** *(fam)* cavarsela; **sich irgendwie ~** cavarsela in qualche modo [*o* alla meglio]

durch|zählen *vt* contare [pezzo per pezzo]

durch|zappen *vi (fam)* fare zapping *(fra tutti i canali)*

durchzechen [dʊrç'tsɛçən] <ohne ge-> *vt* passare gozzovigliando

durch|ziehen[1] ['dʊrçtsi:ən] <irr> **I.** *vt haben* ❶ *(durch etw ziehen)* infilare, [far] passare ❷ *(fam: beenden, erledigen)* terminare, fare **II.** *vi sein* passare

durchziehen[2] [dʊrç'tsi:ən] <irr, ohne ge-> *vt (Land)* percorrere; *(linienförmig)* solcare

Durchzug <-(e)s, -züge> *m* ❶ *(das Durchqueren)* passaggio *m; (von Vögeln)* migrazione *f* ❷ *Sing. (Zugluft)* corrente *f* d'aria

dürfen[1] ['dʏrfən] <darf, durfte, dürfen> *Modalverb* potere; *(in verneinten Sätzen)* dovere; *(Erlaubnis haben)* essere permesso; *(berechtigt sein)* essere autorizzato; **darf ich?** posso?, permette?; **darf ich fragen, …?** posso domandare …?; **was darf es sein?** [cosa] desidera?; **wenn ich bitten darf** per favore; **das hättest du nicht tun ~!** non avresti dovuto farlo!; **das darf doch [wohl] nicht wahr sein!** non è possibile!; **darüber darf man sich nicht wundern** non c'è da meravigliarsi; **das dürfte stimmen** dovrebbe essere giusto

dürfen[2] <darf, durfte, gedurft> *vi* potere, avere il permesso; **ich habe nicht gedurft** non mi hanno dato il permesso

dürftig ['dʏrftɪç] *adj* ❶ *(armselig)* misero,

povero ② *(ungenügend)* scarso, insufficiente

dürr [dʏr] *adj* ① *(vertrocknet)* secco ② *(pej: mager)* magro, scarno ③ *(fig: unergiebig)* improduttivo

Dürre ['dʏrə] <-, -n> *f* *(Trockenheit)* secchezza *f;* *(Periode)* siccità *f*

Durst [dʊrst] <-(e)s> *m kein Pl.* sete *f;* ~ [**nach etw**] **haben** avere sete [di qc]; **seinen ~ löschen** [*o* **stillen**] togliere [*o* spegnere] la sete; **einen über den ~ trinken** *(fam)* alzare un po' il gomito

dursten *(geh)* **I.** *vi* avere [*o* soffrire la] sete; **~ müssen** dover patire la sete **II.** *vt s.* **dürsten**

dürsten ['dʏrstən] *vi, vt (a. fig)* avere sete (**nach** di); **nach Rache ~** *(fig)* avere sete di vendetta

durstig *adj* assetato; **~ machen** metter sete a; **~ sein** aver sete

durstlöschend *adj,* **durststillend** *adj* dissetante

Durststrecke *f (fig)* tempi *mpl* di magra

Dusche ['dʊʃə *o* 'du:ʃə] <-, -n> *f* doccia *f;* **eine ~ nehmen** fare [*o* farsi] una doccia; **kalte ~** *(fig)* doccia fredda

duschen I. *vi, vr:* **sich ~** fare [*o* farsi] la doccia **II.** *vt* fare la doccia a

Duschgel *nt* docciaschiuma *m*

Duschhaube *f* cuffia *f* [per fare la doccia]

Duschkabine *f* cabina *f* della doccia

Düse ['dy:zə] <-, -n> *f* ① *(von Rohrleitung)* ugello *m* ② MOT iniettore *m* ③ *(Zerstäubungs~)* spruzzatore *m*

Dusel ['du:zəl] <-s> *m kein Pl.* *(fam: Glück)* fortuna *f*

düsen ['dy:zən] *vi sein (fam)* precipitarsi, andare di tutta fretta

Düsenantrieb *m* AERO propulsione *f* a reazione; **mit ~** a reazione

Düsenflugzeug *nt* aereo *m* a reazione

Düsenjäger *m* MIL caccia *m* a reazione

duss[e]lig ['dʊs(ə)lɪç] *adj (fam)* ① *(einfältig)* rimbambito, ingenuo ② *(dumm)* stupido, scemo ③ DIAL *(benommen)* stordito

Düsseldorf ['dʏsəldɔrf] *nt* Düsseldorf *f*

düster ['dy:stɐ] *adj* ① *(dunkel)* [o]scuro; *(Farben, a. fig)* cupo ② *(fig)* fosco; *(a. schwermütig)* tetro

Dutyfreeshop <-(s), -s> *m* duty-free shop *m*

Duty-free-Shop ['dju:ti'fri:ʃɔp] <-(s), -s> *m* duty-free shop *m*

Dutzend ['dʊtsənt] <-s, -e> *nt* dozzina *f;* **~e** *(viele)* molti; **halbes ~** mezza dozzina; **zu ~en** a dozzine

dutzendfach ['dʊtsəntfax] **I.** *adj* molteplice **II.** *adv* dozzine di volte

dutzendmal *adv (fam: sehr oft)* cento volte

dutzendweise *adv* a dozzine

duzen ['du:tsən] **I.** *vt* dare del tu a **II.** *vr:* **sich ~** darsi del tu

DV [de:'faʊ] <-> *f kein Pl.* INFORM *Abk. von* **Datenverarbeitung** ED

DVD [de:faʊ'de:] *f Abk. von* **Digital Versatile Disc** DVD *m*

DVD-Brenner *m* masterizzatore *m* di DVD

DVD-Laufwerk *nt* INFORM lettore *m* DVD

DVD-Player [de:faʊ'de:pleɪɐ] <-s, -> *m* lettore *m* DVD

Dynamik [dy'na:mɪk] <-> *f kein Pl.* dinamica *f*

dynamisch *adj* dinamico

Dynamit [dyna'mi:t *o* dyna'mɪt] <-s> *nt kein Pl.* dinamite *f*

Dynamo [dy'na:mo *o* 'dy:namo] <-s, -s> *m* dinamo *m*

Dynastie [dynas'ti:] <-, -n> *f* dinastia *f*

dz *Abk. von* **Doppelzentner** q

D-Zug ['de:tsu:k] *m* [treno *m*] espresso *m*

Ee

E

E, e [eː] <-, -(s)> *nt* ❶ *(Buchstabe)* E *f*, e *f*; **E wie Emil** E come Empoli ❷ MUS mi *m*
E ❶ *Abk. von* **Eilzug** *D, Dir.* ❷ *Abk. von* **Europastraße** E
Eau de Cologne <-, Eaux de Cologne> *nt* acqua *f* di Colonia
Ebbe [ˈɛbə] <-, -n> *f* bassa marea *f*; **es ist ~** c'è bassa marea
ebd. *Abk. von* **ebenda** ib., ibid.
eben [ˈeːbən] **I.** *adj* ❶ *(flach)* piano ❷ *(glatt)* liscio; **zu ~er Erde** a pianterreno **II.** *adv* ❶ *(zeitlich: so~)* appena, proprio ora; **ich wollte ~ sagen ...** stavo per dire ... ❷ *(genau)* proprio ❸ *(gerade noch)* appunto, proprio, infatti; **ich konnte den Bus ~ noch erreichen** presi l'autobus proprio per un pelo *fam* ❹ *(nun einmal, einfach)* proprio; [**na**] **~!** appunto!; **ich will ~ nicht** non voglio proprio; **sie ist nicht ~ schüchtern** non è proprio timida ❺ *(kurz)* un momento; **komm mal ~** vieni qua un momento
Ebenbild *nt* immagine *f*, ritratto *m*; **er ist das ~ seines Vaters** è il ritratto di suo padre, è tutto suo padre
ebenbürtig [ˈeːbənbʏrtɪç] *adj* eguale, pari; **sie ist ihm an Ausdauer ~** in quanto a tenacia sono uguali
ebenda [ˈeːbənˈdaː, *hinweisend:* eːbənˈdaː] *adv* ibidem
Ebene [ˈeːbənə] <-, n> *f* ❶ *(flaches Land)* pianura *f* ❷ *(fig: Niveau)* livello *m*; **auf gleicher ~ mit** allo stesso livello di ❸ MAT piano *m*
ebenerdig *adj* ❶ *(im Erdgeschoss)* a pianterreno ❷ *(in Höhe des Erdbodens)* a livello del suolo
ebenfalls *adv* ❶ *(gleichfalls)* altrettanto ❷ *(auch)* anche; *(bei Verneinungen)* neanche, nemmeno
Ebenholz *nt* [legno *m* di] ebano *m*
Ebenmaß *nt* giuste proporzioni *f pl*
ebenmäßig *adj* proporzionato
ebenso [ˈeːbənzoː] *adv* allo stesso modo, ugualmente; **~ gut wie** altrettanto bene come; **~ gut könnte man sagen, dass** tanto varrebbe dire che; **~ lange wie** altrettanto a lungo come; **~ oft wie** così spesso come; **~ sehr/viel wie** altrettanto che; **~ wenig wie** tanto poco quanto; **~ wie** così come; **~ ... wie ...** tanto ... quanto ...
Eber [ˈeːbɐ] <-s, -> *m* cinghiale *m*
Eberesche *f* BOT sorbo *m*
E-Bike [ˈiːbaɪk] <-s, -s> *nt Abk. von* **electric bike** bicicletta *f* elettrica
ebnen [ˈeːbnən] *vt* appianare, livellare; **jdm den Weg ~** *(fig)* spianare la strada a qu
E-Book [ˈiːbʊk] <-s, -s> *nt Abk. von* **electronic book** INFORM e-book *m*
E-Book-Reader [ˈiːbʊkriːdɐ] <-s, -> *m* INFORM e-book reader *m*
EC [eːˈtseː] <-(s), -s> *m* ❶ FERR *Abk. von* **Eurocity** EC *m* ❷ FIN *Abk. von* **electronic cash** *pagamenti affettuati tramite carta bancomat*
Echo [ˈɛço] <-s, -s> *nt* eco *f o m*; **ein lebhaftes ~ finden bei** trovare grande eco presso
Echse [ˈɛksə] <-, -n> *f* ZOO sauro *m*
echt [ɛçt] **I.** *adj* ❶ *(nicht nachgemacht)* vero, autentico; *(unverfälscht)* genuino; *(Haar)* naturale, vero; *(Schmuck)* vero; *(Urkunde)* autentico; *(Farbe)* indelebile ❷ *(fig: Freund, Schmerz, Gefühle)* sincero, schietto ❸ *(typisch)* tipico, vero, autentico; **er ist ein ~er Schwabe** è un vero svevo **II.** *adv (fam)* veramente, realmente; [**meinst du das**] **~?** lo dici sul serio?, lo credi proprio?
Echtheit <-> *f kein Pl.* ❶ *(Unverfälschtheit)* genuinità *f*; *(von Urkunde)* autenticità *f*; *(von Farbe)* resistenza *f* ❷ *(fig: von Freundschaft, Gefühlen)* sincerità *f*, schiettezza *f*
Echtzeit *f* INFORM tempo *m* reale
Eck [ɛk] <-(e)s, -e *o* SÜDD, A -en> *nt* ❶ SÜDD, A *(Ecke)* angolo *m*; **über ~** in senso diagonale ❷ SPORT *(des Tores)* angolo *m*
EC-Karte [eˈtseːkartə] *f* FIN carta *f* bancomat
Eckball *m* SPORT calcio *m* d'angolo, corner *m*
Ecke <-, -n> *f* ❶ *(allg)* ARCH angolo *m*; *(Straßen~)* cantonata *f*; **gleich um die ~** proprio qui all'angolo; **Bismarckstraße ~ Kaiserstraße** angolo Bismarckstraße — Kaiserstraße; **an allen ~n und Enden** dappertutto, ovunque; **jdn um die ~ bringen** *(fig fam)* far fuori qu ❷ *(Spitze)* spigolo *m* ❸ *(Käse~, Kuchen~)* pezzo *m* ❹ SPORT *(Fußball)* calcio *m* d'angolo, corner *m*
eckig *adj* ❶ *(nicht rund)* angolare; *(bes. Körper)* angoloso; **~e Klammern** TYP parentesi quadra ❷ *(fig: Bewegung)* goffo
Ecklohn *m* paga *f* oraria sindacale
Eckstein *m* ❶ ARCH pietra *f* angolare ❷ *(Kartenfarbe)* quadri *m pl*
Eckzahn *m* [dente *m*] canino *m*

Eckzins *m* FIN tasso *m* ufficiale [minimo]
ECOFIN-Rat <-(e)s> *m kein Pl.* EU Consiglio *m* dei Ministri dell'Economia e della Finanza
E-Commerce ['ikɔmə:s] <-> *nt kein Pl.* COM e-commerce *m*
Economyklasse [ɪ'kɔnəmiklasə] *f* AERO classe *f* turistica
Ecstasy ['ɛkstəsi] <-s> *nt kein Pl. (Droge)* ecstasy *f*
Ecu [e'ky:] <-(s), -(s)> *m*, **ECU** <-(s), -(s)> *m* FIN *(Europäische Währungseinheit) Akr. von* **European Currency Unit** ECU *m*
ed. *Abk. von* **edidit** Ed.
Ed. *Abk. von* **Edition** ed.
edel ['e:dəl] *adj* ❶ *(vornehm, adlig)* nobile; *(reinrassig: Pferd)* purosangue ❷ *(hochwertig)* pregiato ❸ *(geh: Gesinnung, Mensch, Tat)* nobile, magnanimo, generoso
Edelgas *nt* gas *m* nobile
Edelkastanie *f* castagno *m*
Edelmann <-es, -leute> *m* nobile *m*, gentiluomo *m*
Edelmetall *nt* metallo *m* prezioso
Edelmut *m (geh)* generosità *f*, nobiltà *f* [d'animo]
edelmütig ['e:dəlmy:tɪç] *adj* generoso, nobile
Edelpilzkäse ['e:dəlpɪltskɛ:zə] <-s, -> *m* formaggio *m* verde, gorgonzola *m*
Edelstahl *m* acciaio *m* temperato
Edelstein *m* pietra *f* preziosa; *(geschliffener ~)* gemma *f*
Edeltanne *f* abete *m* bianco
Edelweiß <-(es), -(e)> *nt* stella *f* alpina
Edikt [e'dɪkt] <-(e)s, -e> *nt* HIST editto *m*
editieren [edi'ti:rən] *vt* INFORM editare
Edition [edi'tsi̯o:n] <-, -en> *f* edizione *f*
Editor ['e:dito:ɐ̯] <-s, -en> *m* INFORM editor *m*
Editor(in) <-s, -en; -, -nen> *m(f)* TYP editore, -trice *m, f*
E-Dur <-> *nt kein Pl.* MUS mi *m* maggiore
Edutainment <-s> *nt kein Pl.* INFORM edutainment *m*, attività *f* educazionale e d'intrattenimento
EDV [e:de:'faʊ] <-> *f kein Pl. Abk. von* **Elektronische Datenverarbeitung** EDP
EDV-Anlage *f* impianto *m* elettronico per l'elaborazione dei dati *m*
EDV-Branche *f* INFORM settore *m* dell'informatica
EDV-System *nt* INFORM sistema *m* informatico
EEG[1] [e:ʔe:'ge:] <-s, -s> *nt* MED *Abk. von* **Elektroenzephalogramm** EEG *m*
EEG[2] [e:ʔe:'ge:] <-s> *nt kein Pl. Abk. von* **Erneuerbare-Energien-Gesetz** *legge tedesca sulle energie rinnovabili*
Efeu ['e:fɔɪ] <-s> *m kein Pl.* edera *f*
Effeff [ɛf'ʔɛf] <-> *nt kein Pl. (fam)* **etw aus dem ~ beherrschen** [*o* **können**] conoscere qc a menadito
Effekt [ɛ'fɛkt] <-(e)s, -e> *m* effetto *m*
Effekten *pl* FIN titoli *mpl*
Effektenbörse *f* FIN mercato *m* [*o* borsa *f*] dei titoli
Effekthascherei [ɛfɛkthaʃə'raɪ] <-, -en> *f (pej)* pura ricerca *f* dell'effetto
effektiv [ɛfɛk'ti:f] **I.** *adj* ❶ *(wirksam)* efficace ❷ *(wirklich, tatsächlich)* effettivo, reale **II.** *adv* veramente
Effektivität [ɛfɛktivi'tɛ:t] <-> *f kein Pl.* effettività *f*
effektvoll [ɛ'fɛktfɔl] *adj* che fa effetto
effizient [ɛfi'tsi̯ɛnt] *adj (geh)* efficiente, efficace
Effizienz [ɛfi'tsjɛnts] <-, -en> *f* efficienza *f*, efficacia *f*; **~ einer Behandlung** efficacia di una cura; **~ einer Behörde** efficienza di un ente pubblico
EFTA *f Akr. von* **European Free Trade Association** (**Europäische Freihandelsassoziation**) EFTA *f*
EG [e:'ge:] <-> *f kein Pl. Abk. von* **Europäische Gemeinschaft** CE *f*
egal [e'ga:l] *adj* ❶ *(gleichartig)* uguale, identico ❷ *(fam: gleichgültig)* non importante, lo stesso; **das ist ~** è lo stesso; **das ist mir ganz ~** non me ne importa nulla
Egge ['ɛgə] <-, -n> *f* AGR erpice *m*
eggen *vt* AGR erpicare
EGKS <-> *f kein Pl. Abk. von* **Europäische Gemeinschaft für Kohle und Stahl** HIST CECA *f*
Ego ['e:go] <-s, -s> *nt* PSYCH ego *m*
Egoismus [ego'ɪsmʊs] <-> *m kein Pl.* egoismo *m*
Egoist(in) [ego'ɪst] <-en, -en; -, -nen> *m(f)* egoista *mf*
egoistisch *adj* egoistico, egoista
egomanisch [ego'ma:nɪʃ] *adj (übertrieben selbstbezogen)* egomaniaco
Egotrip ['e:gotrɪp] <-s, -s> *m (fam)* egocentrismo *m*, eccessiva considerazione *f* per se stessi; **auf dem ~ sein** avere una fase di egocentrismo
Egozentriker(in) [ego'tsɛntrikɐ] <-s, -; -, -nen> *m(f)* egocentrico, -a *m, f*
egozentrisch [ego'tsɛntrɪʃ] *adj* egocentrico
eh [e:] **I.** *konj s.* **ehe** **II.** *adv* ❶ *(schon immer)* **seit ~ und je** da sempre ❷ A, SÜDD *(fam: sowieso)* comunque, in ogni caso **III.** *interj (fam)* ❶ *(staunend)* eh ❷ *(als Anruf)* ehi

E

ehe ['eːə] *konj* prima che *+conj,* prima di *+inf;* ~ **ich es vergesse …** prima che dimentichi …

Ehe ['eːə] <-, -n> *f* matrimonio *m;* **ein Kind aus erster/zweiter ~** un figlio di primo/secondo letto; **wilde ~** concubinato *m;* **eine ~ eingehen** [*o* **schließen**] **mit jdm** contrarre matrimonio con qu; **die ~ brechen** commettere adulterio

eheähnlich *adj* **~e Gemeinschaft** convivenza *f*

Eheberater(in) *m(f)* consulente *mf* matrimoniale

Eheberatung *f* ① *(das Beraten)* consulenza *f* [pre]matrimoniale ② *(~sstelle)* consultorio *m* matrimoniale

Ehebett *nt* letto *m* matrimoniale

Ehebrecher(in) *m(f)* adultero, -a *m, f*

Ehebruch *m* adulterio *m;* ~ **begehen** commettere adulterio

Ehefrau *f* moglie *f*

Ehegatte *m,* **Ehegattin** *f (geh)* consorte *mf*

Ehekrise *f* crisi *f* matrimoniale

Eheleben *nt* vita *f* coniugale

Eheleute *pl* coniugi *mpl*

ehelich *adj* ① *(die Ehe betreffend)* coniugale; JUR *(in Bezug auf den Ehemann)* maritale ② *(Kind)* legittimo

ehelos *adj (Mann)* celibe; *(Frau)* nubile

Ehelosigkeit <-> *f kein Pl. (von Mann) a.* REL celibato *m; (von Frau)* stato *m* di nubile

ehemalig *adj* ex, di una volta; **mein Ehemaliger** *(scherz)* il mio ex

ehemals ['eːəmaːls] *adv* una volta, in passato

Ehemann *m* marito *m*

Ehepaar *nt* [coppia *f* di] coniugi *mpl*

Ehepartner *m* consorte *mf,* sposo, -a *m, f*

eher ['eːɐ] *adv* ① *(früher)* prima, più presto; **je ~, desto besser** quanto prima, tanto meglio; **nicht ~ als** [*o* **bis**] non prima che *+conj* ② *(lieber)* meglio, piuttosto; **ich würde ~ sterben als …** preferirei morire piuttosto che … ③ *(leichter)* più [facilmente] ④ *(vielmehr)* piuttosto

Ehering *m* fede *f* nuziale

ehern ['eːɐn] *adj (obs)* ferreo

Ehescheidung *f* divorzio *m*

Eheschließung *f (geh)* [celebrazione *f* del] matrimonio *m*

ehest ['eːəst] *adv* A *(so bald wie möglich)* il più presto possibile

ehestens ['eːəstəns] *adv (frühestens)* al più presto

Eheverkünd[ig]ung <-, -en> *f* CH *(Aufgebot)* pubblicazioni *fpl* di matrimonio

Ehevermittlung *f* mediazione *f* di matrimoni

Ehevermittlungsinstitut *nt* agenzia *f* matrimoniale

Ehrabschneider(in) *m(f) (obs)* diffamatore, -trice *m, f,* denigratore, -trice *m, f*

ehrbar ['eːɐ̯baːɐ] *adj* ① *(Mensch)* onorato, rispettato; *(ehrenwert)* rispettabile ② *(Benehmen)* onesto, dignitoso

Ehre ['eːrə] <-, -n> *f* onore *m; (Ruhm)* onori *mpl;* **sich** *dat* **die ~ geben** avere l'onore, pregiarsi; **jdn in ~n halten** tenere qu in grande considerazione; **auf ~ und Gewissen** sull'onore ed in piena coscienza; **jdm zu ~n** in onore di qu; **zu ~n von …** in onore di …; **seine Meinung in allen ~n, aber …** sarà come dice lui, ma …; **es ist mir eine ~** è un onore per me; **was verschafft mir die ~?** a che debbo l'onore?; **mit wem habe ich die ~?** con chi ho l'onore di parlare?

ehren *vt* ① *(ver~)* onorare, rendere onore a; **sehr geehrter Herr Schmidt** *(Briefanrede)* egregio signor Schmidt; **sehr geehrte Frau/geehrtes Fräulein Müller** *(Briefanrede)* gentile signora/signorina Müller; **sich geehrt fühlen** sentirsi onorato ② *(achten)* rispettare

Ehrenamt *nt* carica *f* onorifica

ehrenamtlich I. *adj* onorario **II.** *adv* a titolo onorario

Ehrenbürger(in) *m(f)* cittadino, -a *m, f* onorario, -a

Ehrendoktor *m* dottore *m* honoris causa

Ehrengast *m* ospite *mf* d'onore

ehrenhaft I. *adj* onesto **II.** *adv* con onore

ehrenhalber *adv* honoris causa

Ehrenmal <-(e)s, -mäler *o* -e> *nt* monumento *m*

Ehrenmann *m* uomo *m* d'onore, galantuomo *m*

Ehrenmitglied *nt* socio *m* [*o* membro *m*] onorario

Ehrenplatz *m* posto *m* d'onore

Ehrenrechte *ntpl* **die bürgerlichen ~** i diritti civili

Ehrenrettung *f* riabilitazione *f*

Ehrenrunde *f* giro *m* d'onore

Ehrensache *f* questione *f* d'onore; **~!** *(fam)* parola d'onore!

Ehrentag *m* ① *(Gedenktag)* giornata *f* commemorativa ② *(besonderer Tag)* gran giorno *m*

Ehrenurkunde *f* attestato *m* di benemerenza

ehrenvoll *adj* onorato, onorevole

ehrenwert *adj* onorato, rispettabile

Ehrenwort <-(e)s, -e> *nt* parola *f* [d'onore]; **~!** *(fam)* parola [d'onore]!

ehrerbietig ['eːɐ̯ʔɛɐ̯biːtɪç] *adj (geh)* rispettoso

Ehrerbietung <-, -en> *f (geh)* rispetto *m*
Ehrfurcht *f* profondo rispetto *m;* **vor jdm/etw ~ haben** rispettare qu/qc, avere rispetto per qu/qc; **aus ~ vor jdm** per rispetto verso qu
ehrfürchtig ['eːɐ̯fʏrçtɪç] *adj,* **ehrfurchtsvoll** ['eːɐ̯fʊrçtfɔl] *adj* rispettoso, riverente
Ehrgefühl <-(e)s> *nt kein Pl.* [senso *m* dell'] onore *m; (Stolz)* amor *m* proprio
Ehrgeiz *m* ambizione *f*
ehrgeizig *adj* ambizioso
ehrlich **I.** *adj* onesto; *(rechtschaffen)* retto, probo; *(aufrichtig)* sincero; **~ währt am längsten** *(prov)* l'onestà è la miglior moneta **II.** *adv* onestamente, francamente, sinceramente; **es ~ meinen** essere in buona fede; **~ gesagt** [*o* **gestanden**] per essere sincero, a dire il vero; **das ist ~ wahr** *(fam)* è proprio vero
Ehrlichkeit <-> *f kein Pl.* onestà *f; (Aufrichtigkeit)* sincerità *f*
ehrlos *adj* disonesto
Ehrlosigkeit <-> *f kein Pl.* disonestà *f*
Ehrung ['eːrʊŋ] <-, -en> *f* onore *m,* omaggio *m*
Ehrwürden **Euer ~!** reverendo!
ehrwürdig *adj* ① *(Ehrfurcht gebietend)* venerabile, rispettabile; *(Alter)* venerando ② *(Geistlicher)* reverendo
Ei [aɪ] <-(e)s, -er> *nt* ① *(Vogel~, Hühner~)* uovo *m;* **weiches ~** GASTR uovo *m* à la coque; **hartes ~** GASTR uovo *m* sodo; **wie aus dem ~ gepellt sein** *(fam)* essere tutto agghindato, parere un figurino; **jdn wie ein rohes ~ behandeln** trattare qu coi guanti; **sich gleichen wie ein ~ dem anderen** assomigliarsi come due gocce d'acqua ② BIOL ovulo *m* ③ *Pl. (sl: Hoden)* palle *fpl*
Eibe ['aɪbə] <-, -n> *f* tasso *m*
Eichamt *nt* ufficio *m* di [verifica di] pesi e misure
Eiche ['aɪçə] <-, -n> *f* quercia *f*
Eichel ['aɪçəl] <-, -n> *f* ① BOT ghianda *f* ② ANAT glande *m*
Eichelhäher *m* ghiandaia *f*
eichen ['aɪçən] *vt (Messgeräte)* tarare; *(Röhren)* calibrare; *(Gefäße)* stazzare
Eichhörnchen *nt* ZOO scoiattolo *m*
Eid [aɪt] <-(e)s, -e> *m* giuramento *m;* **an ~es statt** JUR in vece [*o* in luogo] del giuramento; **einen ~ ablegen** prestare giuramento; **etw unter ~ aussagen** dichiarare qc sotto giuramento
eidbrüchig *adj* spergiuro; **~ werden** diventare spergiuro
Eidechse ['aɪdɛksə] *f* ZOO lucertola *f*
Eidesformel *f* formula *f* del giuramento
Eidesleistung *f* prestazione *f* di giuramento
eidesstattlich *adj* JUR **~e Erklärung** dichiarazione sostitutiva del giuramento
Eidgenosse ['aɪtgənɔsə] <-n, -n> *m* confederato *m; (Schweizer Bürger)* elvetico *m*
Eidgenossenschaft *f* **Schweizerische ~** Confederazione *f* elvetica
Eidgenossin ['aɪtgənɔsɪn] <-, -nen> *f* confederata *f; (Schweizer Bürgerin)* elvetica *f*
eidgenössisch ['aɪtgənœsɪʃ] *adj* ① *(schweizerisch)* elvetico, svizzero ② *(im Gegensatz zu kantonal)* confederale
eidlich **I.** *adj* giurato, detto sotto giuramento **II.** *adv* sotto giuramento
Eidotter ['aɪdɔtɐ] <-s, -> *nt o m* tuorlo *m* d'uovo
Eierbecher *m* portauovo *m*
Eierbrikett *nt* mattonella *f* di carbone ovale
Eierkocher *m* cuociuova *m*
Eierkohle *f* carbone *m* a forma ovale
Eierkopf *m (fam)* ① *(Intellektueller)* testa *f* d'uovo ② *(eiförmiger Kopf)* pera *f*
Eierkuchen *m* GASTR frittella *f*
Eierlikör *m* liquore *m* all'uovo, vov *m*
Eierlöffel *m* cucchiaino *m* per uova
eiern *vi (fam)* ① *haben (Rad, Schallplatte)* girare oscillando ② *sein (wackelnd gehen)* barcollare
Eierschale *f* guscio *m* d'uovo
Eierschwamm *m,* **Eierschwammerl** *nt* A *(fam: Pfifferling)* finferlo *m,* gallinaccio *m,* galletto *m*
Eierspeis[e] <-, -(e)n> *f* A *(Rührei)* uova *fpl* strapazzate
Eierspeise *f* A *(Rührei)* uova *fpl* strapazzate
Eierstock *m* ANAT ovaia *f*
Eierteigwaren ['aɪɐtaɪkvaːrən] *fpl* GASTR pasta *f* all'uovo
Eieruhr *f* contaminuti *m* per le uova
Eifel ['aɪfəl] *f* GEOG Eifel *f*
Eifer ['aɪfɐ] <-s> *m kein Pl.* zelo *m; (Inbrunst)* fervore *m; (Begeisterung)* entusiasmo *m;* **mit großem ~ bei der Sache sein** fare qc con grande entusiasmo; **im ~ des Gefechts** nel calore della mischia
Eiferer <-s, -> *m* fanatico *m*
eifern ['aɪfɐn] *vi* ① *(geh: streben)* ambire; **nach etw ~** ambire [a] qc ② *(schmähen)* accanirsi; **gegen jdn/etw ~** accanirsi contro qu/qc
Eifersucht *f* gelosia *f*
eifersüchtig *adj* geloso; **auf jdn ~ sein** essere geloso di qu; **jdn ~ machen** far ingelosire qu
Eifersuchtsdrama *nt* dramma *m* di gelosia

E

Eifersuchtsszene *f* scenata *f* di gelosia
Eiffelturm ['aɪfəltʊrm] <-(e)s> *m* torre *f* Eiffel
eiförmig ['aɪfœrmɪç] *adj* ovale, ovoidale
eifrig ['aɪfrɪç] I. *adj* zelante, diligente; *(inbrünstig)* fervido; *(leidenschaftlich)* appassionato; *(unermüdlich)* assiduo, instancabile II. *adv* con zelo
Eigelb <-s, -e> *nt* tuorlo *m* [*o* rosso *m*] d'uovo

E

eigen ['aɪgən] *adj* ❶ *(zu jdm/etw gehörig)* proprio; **etw mit ~en Augen sehen** vedere qc con i propri occhi; **etw sein Eigen nennen** *(geh)* possedere qc; **in ~er Sache** in causa propria ❷ *(gesondert)* a parte, separato; *(selbstständig)* indipendente; **Wohnung mit ~em Eingang** appartamento con entrata separata ❸ *(typisch)* proprio, particolare; **mit der ihr ~en Disziplin ...** con la sua tipica disciplina ... ❹ *(~artig)* singolare, strano
Eigenart *f* ❶ *(Besonderheit)* particolarità *f,* peculiarità *f* ❷ *(Sonderbarkeit)* stranezza *f*
eigenartig *adj (sonderbar)* strano, singolare
Eigenbedarf *m* fabbisogno *m*
Eigenbrötler(in) ['aɪgənbrøːtlɐ] <-s, -; -, -nen> *m(f) (pej)* misantropo, -a *m, f,* persona *f* asociale
Eigendynamik ['aɪgəndynaːmɪk] <-> *f kein Pl.* dinamica *f* propria
Eigenfinanzierung *f* autofinanziamento *m*
Eigengewicht *nt* ❶ *(eigenes Gewicht)* peso *m* proprio ❷ COM *(Nettogewicht)* peso *m* netto; *(Leergewicht)* peso a vuoto ❸ *(von Wagen)* tara *f*
eigenhändig ['aɪgənhɛndɪç] *adj o adv* di proprio pugno, di propria mano; *(Schriftstück)* autografo; *(Testament)* olografo
Eigenheim *nt* casa *f* di proprietà
Eigenheimzulage *f sussidio pubblico per la prima casa*
Eigeninitiative *f* iniziativa *f* propria; **aus ~** di propria iniziativa
Eigenkapital *nt* capitale *m* proprio
Eigenliebe *f* amor *m* proprio
eigenmächtig I. *adj* arbitrario II. *adv* di propria iniziativa, arbitrariamente
Eigenname *m* nome *m* proprio
Eigennutz ['aɪgənnʊts] <-es> *m kein Pl.* interesse *m* [personale], egoismo *m*
eigennützig ['aɪgənnʏtsɪç] I. *adj* interessato, egoistico II. *adv* per interesse, egoisticamente
Eigenproduktion *f* produzione *f* propria
Eigenregie *f* **etw in ~ machen** fare qc in autonomia
eigens *adv* appositamente, espressamente
Eigenschaft <-, -en> *f* qualità *f; (Merkmal)* caratteristica *f;* **in seiner ~ als** in qualità di
Eigenschaftswort <-(e)s, -wörter> *nt* aggettivo *m*
Eigensinn *m* caparbietà *f,* ostinazione *f,* testardaggine *f*
eigensinnig *adj* ostinato, testardo
eigenständig ['aɪgənʃtɛndɪç] *adj* autonomo
eigentlich ['aɪgəntlɪç] I. *adj* ❶ *(wirklich, wahr)* vero, reale, proprio ❷ *(ursprünglich)* originale II. *adv (in Wirklichkeit)* in realtà; *(tatsächlich)* effettivamente; *(im Grunde genommen)* in fondo; **~ wollte ich schon früher kommen, aber ...** veramente volevo venire già prima, ma ...; **was willst du ~?** insomma, cosa vuoi?
Eigentor *nt* SPORT autorete *f,* autogol *m*
Eigentum <-s> *nt kein Pl.* proprietà *f;* **geistiges ~** proprietà intellettuale
Eigentümer(in) ['aɪgəntyːmɐ] <-s, -; -, -nen> *m(f)* proprietario, -a *m, f*
eigentümlich ['aɪgəntyːmlɪç] *adj* ❶ *(seltsam)* strano ❷ *(geh: typisch)* **jdm/etw ~ sein** essere caratteristico di qu/qc
Eigentümlichkeit <-, -en> *f* ❶ *(Charakterzug)* particolarità *f,* caratteristica *f* ❷ *(Merkwürdigkeit)* stranezza *f*
Eigentumswohnung *f* appartamento *m* di proprietà in un condominio
Eigenverantwortung *f* autoresponsabilità *f*
eigenwillig *adj* ❶ *(eigensinnig)* ostinato, caparbio ❷ *(unkonventionell)* eccentrico
eignen ['aɪgnən] *vr* **sich für etw** [*o* **zu etw**] **~** essere adatto a qc; **sie eignet sich nicht für den Posten** non è la persona adatta a quel posto; **sich nicht als Lehrer ~** non essere idoneo all'insegnamento
Eignung <-, -en> *f* idoneità *f; (beruflich)* qualifica *f*
Eignungsprüfung *f,* **Eignungstest** *m* esame *m* di idoneità
Eiklar ['aɪklaːɐ] <-s, -> *nt* A *(Eiweiß)* albume *m; (fam)* bianco *m* dell'uovo
Eilbote *m* fattorino *m* degli espressi; **per ~n!** per espresso!
Eilbrief *m* [lettera *f*] espresso *m*
Eile ['aɪlə] <-> *f kein Pl. (Hast)* fretta *f; (Dringlichkeit)* urgenza *f;* **~ haben** *(Personen)* avere fretta; *(Sachen)* essere urgente; **nur keine ~!** calma!, non c'è fretta!
Eileiter *m* ANAT ovidotto *m,* tuba *f* ovarica
Eileiterschwangerschaft ['aɪlaɪtɐʃvaŋɐʃaft] <-, -en> *f* MED gravidanza *f* tubarica
eilen ['aɪlən] *vi* ❶ *sein (Mensch)* andare in fretta, andare di corsa; **jdm zu Hilfe ~** ac-

correre in aiuto di qu ② *haben (dringlich sein)* premere, essere urgente; **damit eilt es nicht** non c'è fretta [per questo]; **eilt!** *(auf Postsendungen)* urgente

Eilgut *nt* merce *f* a grande velocità

eilig *adj* ① *(schnell)* frettoloso, affrettato; **es ~ haben** avere fretta ② *(dringend)* urgente

Eilmarsch *m* marcia *f* forzata; **im ~** a velocità sostenuta

Eilsendung *f* spedizione *f* per espresso

Eilzug *m* treno *m* diretto

Eimer ['aɪmɐ] <-s, -> *m* secchio *m;* **im ~ sein** *(fig fam)* andare a monte

ein [aɪn] *adv* ① *(auf Geräten)* **~/aus** acceso/spento ② *(hin~, etc)* avanti; **bei jdm ~ und aus gehen** essere di casa da qu; **nicht mehr ~ noch aus wissen** non sapere che fare

ein [aɪn], **eine** ['aɪnə], **ein** [aɪn] **I.** *num* uno, -a *m, f;* **es ist ~ Uhr** è l'una; **~en Kaffee, bitte!** un caffè, per favore!; **~ und derselbe/dieselbe/dasselbe** lo stesso/la stessa/lo stesso, la stessa cosa; **~ für allemal** una volta per sempre; **jds Ein und Alles sein** essere tutto per qu; **in ~em fort** continuamente **II.** *pron indef* **~er/eine/eines** uno/una; **der ~e oder andere ...** l'uno o l'altro ...; **was für ~er/~e/~[e]s?** *(fam)* quale?; **du bist [mir] ~er!** *(fam iron)* sei un bel tipo!; **jdm ~e kleben** *(fam)* mollare una sberla a qu; **darauf soll ~er kommen!** *(fam)* ci si deve proprio arrivare!; **sieh mal ~er an!** *(fam)* guarda qua!; **~s sag' ich dir!** *(fam)* ti dico una cosa! **III.** *art indef* un[o] *m,* una *f,* un' *f;* **~es Tages** un giorno; **das ist [vielleicht] ~ Wetter!** che tempaccio! *fam*

Ein-, ein- *in Zusammensetzungen s.* **Acht-, acht-**

Einakter <-s, -> *m* atto *m* unico

einander [aɪ'nandɐ] *pron* l'un l'altro, reciprocamente; **~ helfen** aiutarsi a vicenda; **zwei ~ widersprechende Tatsachen** due realtà contrastanti

ein|arbeiten <irr> **I.** *vt* ① *(Lehrling, Neuling)* iniziare, introdurre; **jdn in etw** *akk* **~** iniziare qu in qc ② *(einfügen)* **etw in etw** *akk* **~** inserire qc in qc **II.** *vr* **sich in etw** *akk* **~** far pratica in qc

Einarbeitung *f (am Arbeitsplatz)* training *m* on the job

Einarbeitungszeit *f* periodo *m* di rodaggio

einarmig *adj* ① *(Turnübungen)* a un [solo] braccio ② *(Mensch)* monco di un braccio

ein|äschern ['aɪnʔɛʃɐn] *vt (Leichnam)* cremare

Einäscherung <-, -en> *f* ① *(Niederbrennen)* incenerimento *m* ② *(Bestattung)* cremazione *f*

ein|atmen I. *vi* inspirare **II.** *vt* respirare, inspirare

einäugig ['aɪnʔɔɪgɪç] *adj* monocolo, con un occhio solo

Einbahnstraße *f* strada *f* a senso unico

ein|balsamieren ['aɪnbalzamiːrən] <ohne ge-> *vt* imbalsamare

Einband <-(e)s, -bände> *m (Buch~)* copertina *f*

einbändig ['aɪnbɛndɪç] *adj* in un solo volume

Einbau <-(e)s> *m kein Pl.* ① *(Montage)* montaggio *m; (Installation)* installazione *f* ② *(Einfügung)* inserimento *m*

ein|bauen *vt* ① *(hin~)* installare, incorporare; *(montieren)* montare ② *(einfügen)* inserire; **ein Zitat in den Text ~** inserire una citazione nel testo

Einbauküche *f* cucina *f* componibile

Einbaum <-(e)s, -bäume> *m* piroga *f*

Einbaumöbel *ntpl* mobilia *f* a muro

Einbaumotor *m* motore *m* incorporato

Einbauschrank *m* armadio *m* a muro

ein|behalten <irr, ohne ge-> *vt* trattenere

ein|berufen <irr, ohne ge-> *vt* ① *(Versammlung)* convocare ② MIL chiamare alle armi

Einberufung <-, -en> *f* ① *(von Versammlung)* convocazione *f* ② MIL chiamata *f* alle armi

ein|betonieren <ohne ge-> *vt* incassare

ein|betten *vt* ① *(in Kissen)* adagiare [su cuscini] ② TEC collocare

Einbettzimmer *nt* camera *f* ad un letto, singola *f*

ein|biegen <irr> *vi sein* **in eine Seitenstraße ~** voltare in una strada laterale; **rechts ~** girare a destra

ein|bilden *vr* ① *(sich vorstellen)* **sich** *dat* **etw ~** immaginarsi qc; **ein eingebildeter Kranker** un malato immaginario; **was bildest du dir eigentlich ein?** *(fam)* ma cosa credi? ② *(stolz sein)* **sich** *dat* **etwas auf etw** *akk* **~** darsi delle arie per qc

Einbildung <-, -en> *f* ① *(Trugbild)* illusione *f* ② *Sing. (Vorstellung)* immaginazione *f; (falsche Vorstellung)* idea *f,* fissazione *f* ③ *Sing. (Überheblichkeit)* presunzione *f*

Einbildungskraft <-> *f kein Pl.* forza *f* dell'immaginazione, fantasia *f*

ein|binden ['aɪnbɪndən] <irr> *vt* ① *(Buch)* rilegare; **ein Buch in Leder ~** rilegare un libro in pelle ② *(einbeziehen)* collegare (**in** +*akk* con), inserire (**in** +*akk* in)

ein|bläuen ['aɪnblɔɪən] *vt* inculcare

E

ein|blenden *vt* FILM, RADIO, TV intercalare
Einblick <-(e)s, -e> *m* ① *(prüfendes Einsehen)* visione *f;* **~ in etw** *akk* **gewähren** dare visione di qc ② *(Eindruck)* idea *f;* **einen ~ in etw** *akk* **gewinnen** farsi un'idea di qc
ein|brechen <irr> *vi* ① *sein (einstürzen)* crollare; *(durchbrechen)* sprofondare; **er ist auf dem Eis eingebrochen** è sprofondato nel ghiaccio ② *haben o sein (Einbruch verüben)* fare un furto, rubare; **bei uns ist eingebrochen worden** sono entrati i ladri in casa nostra ③ *sein (einfallen)* irrompere, far irruzione ④ *sein (beginnen)* calare
Einbrecher(in) <-s, -; -, -nen> *m(f)* scassinatore, -trice *m, f*
Einbrenn <-, -en> *f* A, SÜDD *(Mehlschwitze)* soffritto *m* di farina
ein|brennen <brennt ein, brannte ein, eingebrannt> **I.** *vt (Zeichen)* imprimere [a fuoco] **II.** *vr:* **sich ~** imprimersi
ein|bringen <irr> *vt* ① *(Ernte)* mettere al riparo ② *(Gewinn)* fruttare, rendere ③ PARL *(Antrag)* presentare; *(Gesetzentwurf)* presentare
ein|brocken *vr* **sich** *dat* **eine schöne Suppe ~** *(fam)* mettersi in un bell'impiccio
Einbruch <-(e)s, -brüche> *m* ① *(in Haus)* scasso *m* ② *(Einsturz)* crollo *m* ③ *(fig: von Nacht)* calare *m;* **bei ~ der Dunkelheit** al calar della notte
Einbruch[s]diebstahl *m* JUR furto *m* con scasso
ein|bürgern **I.** *vt* naturalizzare **II.** *vr:* **sich ~** ① *(Person)* naturalizzarsi ② *(fig)* divenire corrente
Einbuße <-, -n> *f* perdita *f;* **~n an etw** *dat* **erleiden** subire una perdita di qc
ein|büßen *vi, vt* perdere, rimetterci
ein|checken ['aɪntʃɛkən] **I.** *vi* AERO *(Passagiere)* imbarcare **II.** *vt* AERO *(Gepäck)* consegnare
ein|cremen *vt* spalmare la crema su; **sich** *dat* **die Hände ~** spalmarsi le mani di crema
ein|dämmen ['aɪndɛmən] *vt* arginare
ein|decken **I.** *vt (fam: überhäufen)* caricare; **mit Arbeit eingedeckt sein** essere oberato di lavoro **II.** *vr* **sich [mit etw] ~** rifornirsi [di qc], approvvigionarsi [di qc]
Eindecker <-s, -> *m* ① AERO monoplano *m* ② NAUT nave *f* a un solo ponte
eindeutig ['aɪndɔɪtɪç] *adj* ① *(klar)* chiaro; *(offensichtlich)* evidente ② *(nicht mehrdeutig)* univoco
Eindeutigkeit <-> *f kein Pl.* chiarezza *f;* *(Offensichtlichkeit)* evidenza *f*
ein|deutschen ['aɪndɔɪtʃən] *vt* germanizzare
ein|dicken *vt* ① GASTR ispessire ② CHEM concentrare, condensare
eindimensional *adj* unidimensionale
ein|dringen <irr> *vi sein* **in etw** *akk* **~** penetrare in qc, entrare in qc; MIL invadere qc; **auf jdn ~** *(fig)* premere su qu
eindringlich *adj* insistente; *(überzeugend)* convincente
Eindringling <-s, -e> *m* intruso, -a *m, f*
Eindruck <-(e)s, -drücke> *m* impressione *f;* **ich habe den ~, dass …** ho l'impressione che *+conj;* **einen guten ~ auf jdn machen** fare una buona impressione su qu
ein|drücken *vt* ① *(einbeulen)* ammaccare; *(durchbrechen)* sfondare ② *(Fußspuren)* imprimere; **eine Spur in den Boden ~** imprimere un'orma nella terra
eindrücklich *adj* CH, **eindrucksvoll** *adj* impressionante, imponente; *(überzeugend)* convincente
eine *s.* **ein**
ein|ebnen *vt* spianare; *(a. fig)* livellare
eineiig ['aɪnʔaɪɪç] *adj* uniovulare; **~e Zwillinge** gemelli monocoriali
eineinhalb *num* uno e mezzo; **~ Stunden** un'ora e mezza
Einelternfamilie *f* famiglia *f* monogenitoriale
einen ['aɪnən] **I.** *vt (geh)* unire, conciliare **II.** *vr:* **sich ~** *(geh)* unirsi, conciliarsi
ein|engen *vt* ① *(Kleidungsstück)* stringere ② *(fig: begrenzen)* limitare
einer *s.* **ein**
Einer <-s, -> *m* ① MAT unità *f* ② SPORT singolo *m; (Boot)* monoposto *m*
einerlei ['aɪnɐ'laɪ] <inv> *adj* ① *(gleichgültig)* indifferente, uguale; **das ist mir ~** per me fa lo stesso ② *(dasselbe)* lo stesso, la stessa cosa
Einerlei <-s> *nt kein Pl.* monotonia *f,* uniformità *f*
einerseits ['aɪnɐ'zaɪts] *adv* da un lato, da una parte
Ein-Euro-Job, **1-Euro-Job**, **Eineurojob** [aɪn'ʔɔɪrodʒɔp] <-s, -s> *m (pej) opportunità di lavoro per i disoccupati a lungo termine con compenso simbolico di circa un euro l'ora*
einfach ['aɪnfax] **I.** *adj* ① *(nicht doppelt)* semplice; **~e Fahrkarte** biglietto di sola andata ② *(leicht)* facile ③ *(schlicht)* modesto, semplice **II.** *adv* semplicemente; **das ist ~ toll!** *(fam)* è davvero magnifico!; **das darf doch ~ nicht wahr sein!** *(fam)* non può essere vero!
Einfachheit <-> *f kein Pl.* semplicità *f,* facilità *f;* **der ~ halber** per semplificare
ein|fädeln ['aɪnfɛːdəln] **I.** *vt* ① *(Nadel, Fa-*

den) infilare ② *(fig fam)* avviare **II.** *vr:* **sich ~** MOT infilarsi

ein|fahren <irr> **I.** *vt haben* ① *(Ernte)* mettere al coperto ② AERO *(Fahrgestell)* retrarre ③ MOT rodare **II.** *vi sein* ① MIN scendere [nel pozzo] ② FERR entrare [in stazione]

Einfahrt <-, -en> *f* ① *Sing. (Vorgang: von Auto)* ingresso *m; (von Zug)* entrata *f,* arrivo *m* ② *(Tor)* ingresso *m; (Torweg)* portone *m;* **~ freihalten!** passo carrabile!, lasciar libero il passo! ③ *(Autobahn~)* entrata *f*

Einfall <-(e)s, -fälle> *m* ① *(Idee)* idea *f;* **er kommt auf den ~ etw zu tun** gli viene l'idea di fare qc ② *(von Licht)* incidenza *f* ③ MIL invasione *f;* **der ~ der Hunnen in Europa** l'invasione degli Unni in Europa

ein|fallen <irr> *vi sein* ① *(in den Sinn kommen)* venire in mente; **was fällt dir [überhaupt] ein?** cosa ti salta in mente?; **sich** *dat* **etw ~ lassen** farsi venire una buona idea; **sein Name fällt mir nicht mehr ein** non mi ricordo più il suo nome ② *(einstürzen)* crollare, rovinare ③ *(Licht)* cadere ④ MIL invadere; **in ein Land ~** invadere un paese ⑤ *(Wangen, Augen)* infossarsi ⑥ *(mitsingen)* attaccare

einfallslos ['aɪnfalslo:s] *adj* privo di idee; *(langweilig)* noioso, poco originale

Einfallslosigkeit <-> *f kein Pl.* povertà *f* di idee

einfallsreich ['aɪnfalsraɪç] *adj* originale, ingegnoso

Einfallswinkel *m* OPT angolo *m* d'incidenza

Einfalt ['aɪnfalt] <-> *f kein Pl.* ① *(Naivität)* ingenuità *f* ② *(Dummheit)* dabbenaggine *f*

einfältig ['aɪnfɛltɪç] *adj* ① *(naiv)* ingenuo ② *(dumm)* sempliciotto

Einfaltspinsel *m (pej)* semplicione, -a *m, f,* babbeo, -a *m, f*

Einfamilienhaus *nt* casetta *f* unifamiliare

ein|fangen <fängt ein, fing ein, eingefangen> *vt* ① *(fangen)* catturare, prendere ② *(fig: festhalten)* fissare

ein|färben ['aɪnfɛrbən] *vt* tingere

einfarbig *adj* in tinta unita, monocolore

ein|fassen *vt (umgeben)* circondare, cingere; *(Naht, Knopfloch)* bordare, orlare; *(Schmuck)* incastonare; **den Garten mit einer Hecke ~** cingere il giardino con una siepe

Einfassung <-, -en> *f* ① *(Zaun, Hecke)* recinto *m* ② *(Saum)* bordo *m,* orlo *m,* guarnizione *f* ③ *(von Edelstein)* montatura *f*

ein|fetten *vt* ungere; TEC lubrificare

ein|finden <irr> *vr:* **sich ~** presentarsi

ein|flößen *vt* ① *(Flüssigkeit)* somministrare a gocce ② *(fig: Angst)* incutere; *(Vertrauen)* ispirare; *(Bewunderung)* suscitare

Einflugschneise *f* AERO corridoio *m* aereo

Einfluss <-es, -flüsse> *m* influsso *m,* influenza *f; (Wirkung)* azione *f,* effetto *m;* **auf jdn ~ ausüben** [*o* **haben**] esercitare un influsso su qu; **unter dem ~ von jdm stehen** subire l'influsso di qu

Einflussbereich *m* zona *f* [*o* sfera *f*] d'influenza

Einflussnahme ['aɪnflʊsna:mə] <-, -n> *f* influenza *f* (**auf** +*akk* su); **die ~ des Wetters auf die Stimmung** l'influenza del tempo sull'umore

einflussreich *adj* influente, potente

ein|fordern ['aɪnfɔrdən] *vt (geh: Gutachten)* richiedere; *(Gelder)* esigere

einförmig ['aɪnfœrmɪç] *adj* uniforme; *(fig)* monotono

Einförmigkeit <-> *f kein Pl.* uniformità *f; (fig)* monotonia *f*

ein|frieden ['aɪnfri:dən] *vt (geh)* [re]cintare

ein|frieren <irr> **I.** *vi sein* gelare **II.** *vt haben (Lebensmittel)* congelare; *(Löhne)* bloccare

Einfügemarke *f* INFORM punto *m* di inserimento

ein|fügen I. *vt* **etw [in etw** *akk*] **~** inserire qc [in qc]; *(zusätzlich)* aggiungere qc [a qc] **II.** *vr:* **sich ~** *(sich einordnen)* inserirsi; **er kann sich nur schwer in die neue Umgebung ~** ha difficoltà a inserirsi nel nuovo ambiente

ein|fühlen *vr* **sich in jdn ~** mettersi nei panni di qu, mettersi al posto di qu; **sich in etw** *akk* **~** immedesimarsi in qc

einfühlsam ['aɪnfy:lza:m] *adj (Mensch)* comprensivo; *(Worte)* umano

Einfühlungsvermögen *nt* capacità *f* di immedesimazione; *(Verständnis)* comprensione *f*

Einfuhr ['aɪnfu:ɐ] <-, -en> *f* importazione *f*

Einfuhrbestimmungen *fpl* norme *fpl* per l'importazione

ein|führen *vt* ① COM importare ② *(vorstellen: Menschen)* presentare; *(Waren)* lanciare; **jdn bei jdm ~** presentare qu a qu; **jdn in die Gesellschaft ~** introdurre qu in società ③ *(anleiten)* avviare, iniziare; **jdn in ein Amt ~** insediare qu ④ *(hineinstecken)* introdurre, infilare; **etw in etw** *akk* **~** introdurre qc in qc

Einfuhrgenehmigung *f* licenza *f* [*o* permesso *m*] d'importazione

Einfuhrsperre *f* blocco *m* [*o* sospensione *f*] delle importazioni

Einführung <-, -en> *f* ① *(Einleitung)* introduzione *f,* presentazione *f* ② *(Anleitung)* avviamento *m* ③ *(Amts~)* insediamento *m* ④ *(Vorstellung)* introduzione *f,*

E

presentazione *f* ⑤ *(Hineinstecken)* introduzione *f*

Einführungspreis *m* prezzo *m* di lancio

Einfuhrverbot ['aɪnfuːɐfɛɐboːt] <-(e)s, -e> *nt* ADM, JUR embargo *m,* blocco *m* delle importazioni

Einfuhrzoll *m* dazio *m* d'importazione

ein|füllen *vt* versare; **etw in Flaschen/Fässer ~** imbottigliare/imbarilare qc

Eingabe <-, -n> *f* ① *(Antrag)* petizione *f,* domanda *f* ② INFORM *(Daten~)* entrata *f,* immissione *f; (durch Tasten)* digitazione *f*

Eingabeaufforderung *f* INFORM prompt *m* dei comandi

Eingabetaste *f* INFORM tasto *m* invio

Eingang <-(e)s, -gänge> *m* ① *(von Gebäude, Raum)* ingresso *m,* entrata *f* ② *Sing. (Eintreffen von Waren, Post, Geld)* arrivo *m,* ricevimento *m*

eingangs ['aɪngaŋs] **I.** *präp +gen* all'inizio di **II.** *adv* all'inizio, inizialmente

Eingangsbestätigung *f* conferma *f* di ricevuta

ein|geben <irr> *vt* ① *(Arznei)* somministrare ② INFORM *(Daten)* immettere, introdurre ③ *(geh: Gedanken)* ispirare, suggerire, dettare

eingebildet *adj* ① *(unwirklich)* immaginario, irreale ② *(hochmütig)* presuntuoso; *(eitel)* vanitoso

eingeboren *adj* indigeno, originario

Eingeborene <ein -r, -n, -n> *mf* indigeno, -a *m, f*

Eingebung <-, -en> *f (geh)* ispirazione *f,* suggerimento *m*

eingefallen *adj (Augen)* infossato; *(Gesicht)* smunto

eingefleischt ['aɪngəflaɪʃt] *adj* per la pelle; **~er Junggeselle** scapolo impenitente

ein|gehen <irr> **I.** *vi sein* ① *(Post)* arrivare, giungere ② *(Kleidung)* restringersi, ritirarsi ③ *(sterben)* morire; **an etw** *dat* **~** morire di qc ④ *(behandeln)* **auf** [**die**] **Einzelheiten ~** entrare nei particolari; **mit keinem Wort auf etw** *akk* **~** non accennare minimamente qc, non parlare affatto di qc ⑤ *(sich widmen, einfühlen)* **auf jdn ~** dare ascolto a qu; **auf jds Bitten ~** ascoltare le preghiere di qu ⑥ *(zustimmen)* **auf etw** *akk* **~** accettare qc ⑦ *(geh: aufgenommen werden)* **in die Geschichte ~** entrare nella storia ⑧ *(fam: verstehen)* **es will mir einfach nicht ~, dass ...** non mi vuole entrare in testa che ... **II.** *vt sein* concludere; *(Verpflichtung)* contrarre; *(Wette)* fare; *(Risiko)* correre; *(Ehe)* contrarre

eingehend *adj (gründlich)* approfondito, minuzioso; *(sorgfältig)* accurato, attento

Eingemachte ['aɪngəmaxtə] <ein -s, -n> *nt kein Pl.* conserva *f; (Obst)* conserva *f* di frutta; *(in Essig)* sottaceti *mpl*

Eingemeindung <-, -en> *f* incorporazione *f* in un comune

eingenommen *adj* **für/gegen etw ~ sein** essere favorevole a qc/essere prevenuto contro qc; **von sich** *dat* **~ sein** essere presuntuoso

eingerostet *adj* arrugginito

eingeschnappt *adj* **immer gleich ~ sein** *(fam)* prendersela per un nonnulla

eingeschneit *adj* sepolto [*o* bloccato] dalla neve

eingeschränkt ['aɪngəʃrɛnkt] *adj* limitato, ristretto; **~ leben** vivere in ristrettezze

eingeschrieben *adj* ① *(Brief)* raccomandato ② *(Mitglied)* iscritto

eingesessen *adj (einheimisch)* nostrano, del luogo

eingespielt ['aɪngəʃpiːlt] *adj* **aufeinander ~ sein** essere affiatati

eingestandenermaßen ['aɪngəʃtandənɐ'maːsən] *adv* per propria ammissione

Eingeständnis <-ses, -se> *nt* ammissione *f,* confessione *f*

ein|gestehen <irr> *vt* ammettere, confessare, riconoscere

eingetragen *adj (Mitglied)* iscritto; *(Verein)* registrato

Eingeweide ['aɪngəvaɪdə] *ntpl* viscere *fpl*

eingeweiht *adj* iniziato (**in** *+akk* in), addentro (**in** *+akk* a)

Eingeweihte <ein -r, -n, -n> *mf* iniziato, -a *m, f*

ein|gewöhnen <ohne ge-> *vr:* **sich ~** abituarsi (**in** *+dat* a), assuefarsi (**in** *+dat* a)

eingleisig ['aɪnglaɪzɪç] *adj* ad un binario

ein|gliedern **I.** *vt* **jdn/etw in etw** *akk* **~** includere qu/qc in qc; *(einordnen)* inserire qu/qc in qc **II.** *vr* **sich in etw** *akk* **~** inserirsi in qc, inquadrarsi in qc

Eingliederung ['aɪngliːdərʊŋ] <-, -en> *f* ① *(Sozialisierung)* integrazione *f,* inserimento *m* (**in** *+akk* in) ② ADM *(Behörden, besetzte Gebiete)* incorporazione *f* (**in** *+akk* in), integrazione *f* (**in** *+akk* in); **die ~ eines Landes in ein anderes** l'integrazione di un paese in un altro

ein|graben <irr> **I.** *vt (vergraben)* sotterrare **II.** *vr:* **sich ~** ① *(sich vergraben)* interrarsi, nascondersi sotto terra ② *(fig)* incidersi, scolpirsi

ein|gravieren <ohne ge-> *vt* **etw in etw** *akk* **~** incidere qc su [*o* in] qc

ein|greifen <irr> *vi* ① *(einschreiten)* intervenire; **in etw** *akk* **~** intervenire in qc ② TEC ingranare, innestarsi

Eingreiftruppe *f* truppa *f* d'assalto
ein|grenzen ['aɪngrɛntsən] *vt (Problem, Thema)* delimitare, circoscrivere
Eingriff <-(e)s, -e> *m* ① MED intervento *m* ② *(fig: Einmischung)* intromissione *f*
ein|gruppieren <ohne ge-> *vt* classificare
Eingruppierung <-, -en> *f* classificazione *f*
ein|haken I. *vt* agganciare **II.** *vi (fam: in Gespräch)* intervenire **III.** *vr* **sich bei jdm ~** prendere a braccetto qu
Einhalt *m* **jdm/etw ~ gebieten** *(geh)* porre un freno a qu/qc
ein|halten <irr> **I.** *vt (Versprechen)* mantenere; *(Bedingung, Vertrag)* adempi[e]re; *(Frist)* osservare; *(Datum)* rispettare **II.** *vi (geh: innehalten)* interrompere; *(aufhören)* fermarsi; **mit etw ~** cessare di fare qc
Einhaltung <-> *f kein Pl.* ① mantenimento *m* ② *(von Frist)* osservanza *f* ③ *(von Bedingung, Vertrag)* adempimento *m*
ein|hämmern *vt (fig)* **jdm etw ~** ficcare qc in testa a qu
ein|handeln *vr* **sich** *dat* **etw ~** *(fig fam)* fare un bell'acquisto
einhändig ['aɪnhɛndɪç] *adj* con una mano
ein|hängen I. *vt (Hörer)* appendere; *(Tür)* incardinare **II.** *vi (Hörer)* riattaccare **III.** *vr* **sich bei jdm ~** prendere a braccetto qu
ein|heben <irr> *vt* SÜDD, A *(kassieren)* incassare, riscuotere
einheimisch ['aɪnhaɪmɪʃ] *adj* indigeno, nativo; *(von hier)* nostrano
Einheimische <ein -r, -n, -n> *mf* nativo, -a *m, f*
ein|heimsen ['aɪnhaɪmzən] *vt (fam)* raccogliere, mietere
ein|heiraten *vi* **in eine Firma ~** divenire col matrimonio proprietario di un'azienda
Einheit <-, -en> *f* unità *f; (Gesamtheit)* totalità *f*
einheitlich *adj* ① *(eine Einheit bildend)* unito, unitario ② *(unterschiedslos)* uniforme ③ *(genormt)* unificato
Einheitliche Europäische Akte <-> *f kein Pl. (Europäische Union)* Atto *m* europeo unitario
Einheitlichkeit <-> *f kein Pl.* ① *(das Einheitlichsein)* unità *f,* unitarietà *f* ② *(Uniformität)* uniformità *f* ③ *(das Genormtsein)* unificazione *f*
Einheits- *in Zusammensetzungen* unitario, unico; *a.* POL unificato, standardizzato
Einheitspreis *m* prezzo *m* unico
Einheitsschule *f* scuola *f* unica
Einheitswährung *f* FIN, POL moneta *f* unica
ein|heizen *vi* accendere la stufa, riscaldare la/una camera; **jdm [tüchtig] ~** *(fig fam)* svegliare qu
einhellig ['aɪnhɛlɪç] **I.** *adj* unanime, concorde **II.** *adv* all'unanimità, di comune accordo
ein|holen *vt* ① *(erreichen)* raggiungere; *(aufholen)* ricuperare; **die verlorene Zeit ~** riguadagnare il tempo perduto ② *(Fahne, Segel)* ammainare; *(Netze)* tirare ③ *(Auskünfte)* raccogliere; **ärztlichen Rat ~** consultare un medico ④ *(fam: einkaufen)* comprare
Einhorn <-(e)s, -hörner> *nt* liocorno *m*
ein|hüllen *vt* avvolgere
einhundert ['aɪn'hʊndɐt] *num* cento
einig *adj* ① *(einer Meinung)* unanime; **sich** *dat* **über etw** *akk* **~ sein** essere d'accordo su [*o* in] qc; **sich** *dat* **über etw** *akk* **~ werden** accordarsi su qc ② *(geeint)* unito
einige(r, s) ['aɪnɪgə, -gɐ, -gəs] *pron indef* ① *Sing. (etwas)* qualche *inv sing* ② **~s** qualcosa; *(ziemlich viel)* un bel po'; **das wird ~s kosten** costerà parecchio ③ *Pl.* qualche *inv sing,* alcuni, -e *m, f pl; (mehrere)* parecchi, -ie *m, f pl;* **vor ~n Tagen** alcuni giorni fa; **er hat ~ Hundert Bücher** ha centinaia di libri
ein|igeln ['aɪnʔiːgəln] *vr:* **sich ~** ① *(Igel)* appallottolarsi ② *(Mensch)* ritirarsi, chiudersi a riccio ③ *(Truppen)* fortificarsi; **sich ins Haus ~** chiudersi in casa
einigen I. *vt (einig machen)* unificare; *(versöhnen)* conciliare **II.** *vr:* **sich ~** accordarsi; **sich über etw** *akk* **~** accordarsi su qc
einigermaßen *adv* ① *(ungefähr)* in certo qualmodo, circa; **wie geht es dir? — So ~!** come stai? — Si tira avanti! ② *(fam: ziemlich)* abbastanza, piuttosto
Einigkeit <-> *f kein Pl.* unità *f; (Übereinstimmung)* concordia *f*
Einigung <-, -en> *f* ① *(Übereinstimmung)* accordo *m; (Versöhnung)* conciliazione *f;* **zu einer ~ kommen** giungere ad un accordo ② *(Vereinigung)* unificazione *f*
einigungsbedingt ['aɪnɪgʊŋsbədɪŋt] *adj* COM, POL in seguito all' [*o* a causa dell'] unificazione; **~ ist die Arbeitslosenzahl gestiegen** in seguito all'unificazione è aumentata la disoccupazione
Einigungsvertrag <-(e)s> *m kein Pl.* POL trattato *m* di unificazione
ein|impfen *vt (fam)* **jdm etw ~** inculcare qc a qu
ein|jagen *vt* **jdm einen Schrecken ~** incutere timore a qu
einjährig ['aɪnjɛːrɪç] *adj* ① *(ein Jahr alt)* di un anno ② *(ein Jahr dauernd)* annuale, annuo
ein|kalkulieren <ohne ge-> *vt* mettere in conto; *(a. fig)* tener conto di
ein|kassieren <ohne ge-> *vt* ① *(Geld)* in-

E

cassare, riscuotere ② *(fam: wegnehmen)* rubare

Einkauf <-(e)s, -käufe> *m* ① *(Einkaufen)* compera *f,* acquisto *m;* **Einkäufe machen** fare la spesa ② *(Gekauftes)* acquisto *m* ③ *Sing.* COM *(~sabteilung)* reparto *m* acquisti

ein|kaufen **I.** *vi* fare la spesa; **~ gehen** andare a far la spesa **II.** *vt* comprare, acquistare **III.** *vr* **sich in eine Firma ~** diventare socio di una ditta

E

Einkäufer(in) <-s, -; -, -nen> *m(f)* agente *mf* compratore, -trice

Einkaufsbummel *m* **einen ~ machen** fare un giro per i negozi

Einkaufspassage *f* galleria *f* commerciale

Einkaufspreis *m* prezzo *m* di costo

Einkaufstüte *f* sacchetto *m* della spesa

Einkaufswagen *m* carrello *m* da supermercato

Einkaufszentrum *nt* centro *m* commerciale

Einkaufszettel ['aɪnkaʊfstsɛtəl] <-s, -> *m* lista *f* della spesa

Einkehr ['aɪnkeːɐ̯] <-> *f kein Pl.* ① *(in Gasthaus)* sosta *f* ② *(fig geh: innere Sammlung)* raccoglimento *m; (Selbstbesinnung)* riflessione *f;* **~ halten** raccogliersi in sé stesso

ein|kehren *vi sein* ① *(in Gasthaus)* fermarsi per consumare qc ② *(geh: Ruhe, Frieden)* venire

ein|kellern *vt* mettere in cantina

ein|klagen ['aɪnklaːgən] *vt* JUR rivendicare

ein|klammern *vt* mettere fra parentesi

Einklang <-(e)s, *rar:* -klänge> *m (geh)* armonia *f,* accordo *m;* **sich in ~ befinden, in ~ stehen mit** essere in armonia con

ein|kleben *vt* incollare

ein|kleiden *vt* vestire; **sich neu ~** rivestirsi

ein|klemmen *vt* incastrare, rinserrare

ein|kochen **I.** *vt haben (einmachen)* mettere in conserva **II.** *vi sein (Soße)* ispessirsi cuocendo

Einkommen <-s, -> *nt* reddito *m,* entrata *f*

Einkommen[s]steuer *f* imposta *f* sul reddito

Einkommensgruppe *f* categoria *f* di reddito

einkommensschwach *adj* WIRTSCH di basso reddito

einkommensstark *adj* WIRTSCH di alto reddito

Einkommenssteuererklärung *f* dichiarazione *f* dei redditi

Einkommensstopp *m (das Einfrieren der Löhne)* blocco *m* dei salari

einkommensteuerpflichtig ['aɪnkɔmənstɔɪɐpflɪçtɪç] *adj* imponibile, passivo dell'imposta; **~e Zinsen** interessi imponibili; **~e Person** contribuente, soggetto passivo dell'imposta

ein|kreisen *vt* accerchiare

Einkünfte ['aɪnkʏnftə] *pl* entrate *fpl,* redditi *mpl*

ein|laden <irr> *vt* ① *(Gäste)* invitare; **jdn zu einem Fest ~** invitare qu a una festa; **sich selbst ~** autoinvitarsi ② *(Ladung)* caricare; **etw in etw** *akk* **~** caricare qc su qc

einladend *adj* invitante; *(verführerisch)* seducente

Einladung <-, -en> *f* invito *m;* **eine ~ zu einer Feier** un invito a una cerimonia

Einlage <-, -n> *f* ① *(im Schuh)* plantare *m* ② *(Zahn~)* otturazione *f* provvisoria ③ *(Slip~)* proteggi *m* mutandina ④ *(in der Zeitung)* supplemento *m* ⑤ THEAT intermezzo *m* ⑥ FIN *(Spar~)* deposito *m; (Kapital~)* quota *f* di investimento

ein|lagern *vt* immagazzinare, mettere in deposito

ein|langen ['aɪnlaŋən] *vi sein* A *(eintreffen)* arrivare; **er ist gestern in Wien eingelangt** è arrivato ieri a Vienna

Einlass ['aɪnlas] <-es, -lässe> *m (Zutritt)* accesso *m*

ein|lassen <irr> **I.** *vt* ① *(her~)* lasciar entrare, ammettere; *(Wasser)* far scorrere; **sich** *dat* **ein Bad ~** prepararsi un bagno ② *(einfügen)* incastrare, inserire **II.** *vr:* **sich ~** ① *(pej: verkehren)* **sich mit jdm ~** entrare in relazione con qu ② *(eingehen auf)* **sich auf etw** *akk* **~** aderire a qc, assentire a qc; **ich lasse mich auf keine Diskussion mehr ein!** di discussioni non voglio saperne più [niente]!; **sich mit jdm in ein Gespräch ~** impegolarsi in una discussione con qu

Einlauf <-(e)s, -läufe> *m* ① MED clistere *m* ② SPORT arrivo *m*

ein|laufen <irr> **I.** *vi sein* ① *(Zug)* essere in arrivo; NAUT entrare in porto; SPORT entrare in campo ② *(Wasser)* scorrere ③ *(Stoff)* restringersi **II.** *vt haben (Schuhe)* abituarsi a portare **III.** *vr:* **sich ~** SPORT scaldarsi correndo

ein|läuten ['aɪnlɔɪtən] *vt* annunciare [a suon di campana], dare il via; **den Wahlkampf ~** aprire la campagna elettorale

ein|leben *vr* **sich ~ in** *+dat* ambientarsi in, abituarsi a

ein|legen *vt* ① *(hin~)* mettere; *(Film)* introdurre; **den Rückwärtsgang ~** MOT inserire la retromarcia ② *(Obst)* mettere in conserva; *(Gurken)* mettere sotto aceto; *(Heringe)* marinare ③ *(Berufung)* presentare, interporre; *(Pause)* fare; **ein gutes**

Wort für jdn ~ dire una buona parola in favore di qu ④ KUNST *(intarsieren)* intarsiare ⑤ *(Haare)* mettere in piega ⑥ FIN *(Geld)* depositare

Einlegesohle *f* soletta *f*

ein|leiten *vt* ① *(einführen)* introdurre ② *(Verhandlungen, Untersuchung)* avviare; *(Verfahren)* intentare; MED *(Geburt)* iniziare ③ *(beginnen)* cominciare, iniziare

einleitend **I.** *adj* introduttivo, preliminare **II.** *adv* ~ **möchte ich sagen …** per cominciare vorrei dire …

Einleitung <-, -en> *f* ① *(einleitender Teil)* introduzione *f; (von Buch)* prefazione *f* ② *(von Verfahren)* istruzione *f; (von Verhandlungen)* avvio *m*

ein|lenken *vi (nachgeben)* cedere, far marcia indietro

ein|lesen ['aɪnleːzən] <irr> **I.** *vt* INFORM leggere **II.** *vr:* **sich** ~ *(in ein Thema)* leggere [a fondo] (**in** +*akk*), familiarizzarsi (**in** +*akk* con); **sich in die russische Literatur** ~ familiarizzarsi con la letteratura russa

ein|leuchten *vi* essere chiaro; **das will mir nicht** ~ non riesco a capacitarmene; **das leuchtet mir ein** mi convince

einleuchtend *adj* evidente, plausibile

ein|liefern *vt* consegnare; *(ins Krankenhaus)* ricoverare; *(ins Gefängnis)* tradurre

Einlieferung <-, -en> *f* consegna *f; (ins Krankenhaus)* ricovero *m; (ins Gefängnis)* traduzione *f*

ein|loggen ['aɪnlɔgən] *vr* **sich in etw** *akk* ~ INFORM entrare in qc, accedere a qc

ein|lösen *vt* ① *(Scheck)* riscuotere; *(Wechsel)* onorare, pagare; *(Pfand)* riscattare, disimpegnare ② *(geh: Versprechen)* mantenere

Einlösung <-, -en> *f* ① *(von Banknote)* rimborso *m; (von Scheck, Wechsel, Zinsschein)* incasso *m; (Rückkauf)* riscatto *m* ② *(von Versprechen)* adempimento *m*

ein|machen *vt* mettere in conserva; *(in Essig)* mettere sotto aceto

Einmachglas *nt* vaso *m* per conserve

einmal *adv* ① *(ein Mal)* una volta; **noch** ~ ancora una volta; ~ **drei ist drei** tre per uno fa tre; **auf** ~ improvvisamente; ~ **ist keinmal** *(prov)* una volta non fa usanza ② *(früher)* un tempo; **es war** ~ **…** c'era una volta … ③ *(irgendwann)* un giorno ④ *(verstärkend)* **nicht** ~ nemmeno; **das ist nun** ~ **so** non ci si può fare nulla

Einmaleins ['aɪnmaːl'ʔaɪns] <-> *nt kein Pl.* tavola *f* pitagorica

einmalig *adj* ① *(nur einmal vorkommend)* unico; *(nur einmal nötig)* solo ② *(einzigartig)* unico, eccezionale

Einmaligkeit <-> *f kein Pl.* unicità *f,* eccezionalità *f*

Einmalspritze *f* siringa *f* usa e getta

Einmannbetrieb *m* azienda *f* individuale

Einmarsch <-(e)s, -märsche> *m* SPORT, MIL entrata *f*

ein|marschieren <ohne ge-> *vi sein* entrare [marciando]; **in ein Land** ~ invadere un paese

ein|mischen *vr:* **sich** ~ immischiarsi; **sich in etw** *akk* ~ immischiarsi in qc

Einmischung <-, -en> *f* intromissione *f*

einmotorig ['aɪnmotoːrɪç] *adj* AERO monomotore

ein|motten *vt (Kleider)* mettere sotto naftalina [*o* canfora]; *(fig fam)* mettere in soffitta

ein|mummen ['aɪnmʊmən] **I.** *vt (fam)* infagottare **II.** *vr:* **sich** ~ *(fam)* infagottarsi

ein|münden *vi sein* sboccare

Einmündung ['aɪnmʏndʊŋ] <-, -en> *f* sbocco *m*

einmütig ['aɪnmyːtɪç] **I.** *adj* unanime, comune **II.** *adv* all'unanimità, di comune accordo

Einmütigkeit <-> *f kein Pl.* ① *(Einstimmigkeit)* unanimità *f* ② *(Eintracht)* concordia *f,* armonia *f*

Einnahme ['aɪnnaːmə] <-, -n> *f* ① *meist Pl.* COM, FIN entrata *f,* incasso *m* ② *Sing.* MED ingestione *f* ③ *Sing.* MIL *(von Stadt)* conquista *f,* presa *f*

Einnahmequelle *f* fonte *f* di guadagno

ein|nehmen <irr> *vt* ① *(Mahlzeit, Tablette)* ingerire ② *(Geld)* incassare; *(Steuern)* riscuotere ③ *(Raum, Platz)* occupare ④ *(Stellung)* occupare; *(Haltung)* assumere; **jds Stelle** ~ rimpiazzare qu ⑤ *(Wend)* **jdn für sich** ~ accattivarsi le simpatie di qu, conquistare qu; **von sich** *dat* **eingenommen sein** *(pej)* essere presuntuoso

einnehmend *adj (Wesen)* piacevole; *(Äußeres)* attraente

ein|nicken *vi sein (fam)* appisolarsi

ein|nisten *vr:* **sich** ~ annidarsi

Einöde <-, -en> *f* luogo *m* deserto

ein|ölen *vt* oliare, ungere; TEC lubrificare

ein|ordnen **I.** *vt* ordinare, classificare **II.** *vr:* **sich** ~ ① *(sich anpassen)* inserirsi, integrarsi; **sich in eine Gemeinschaft** ~ integrarsi in una comunità ② AUTO mettersi in corsia; **sich rechts/links** ~ mettersi nella corsia di destra/di sinistra

ein|packen **I.** *vt* ① *(Koffer)* mettere; *(in Papier)* impacchettare; *(zum Versand)* imballare; **die Kleider [in den Koffer]** ~ mettere i vestiti [nella valigia] ② *(fam: in warme Kleidung)* avvolgere; **jdn warm** ~ *(fam)* coprire ben bene qu **II.** *vi (fig fam)* far fagotto; **sie kennt sich in der Stadt so gut**

aus, da können wir alle ~ è talmente pratica della città, che noi possiamo andare a nasconderci

ein|parken ['aɪnparkən] *vi, vt* parcheggiare

Einparkhilfe *f* sensore *m* di parcheggio

ein|passen *vt* **etw in etw** *akk* **~** incastrare qc in qc, adattare qc a qc

ein|pendeln ['aɪnpɛndəln] *vr:* **sich ~** stabilizzarsi

E

ein|pennen ['aɪnpɛnən] *vi sein (fam)* addormentarsi

Einpersonenhaushalt *m* ménage *m* di una persona sola

ein|pferchen *vt (Vieh)* stabbiare

ein|pflanzen ['aɪnplantsən] *vt* ① *(Pflanze)* piantare ② MED trapiantare

Einphasenstrom [aɪn'fa:zənʃtro:m] *m* PHYS corrente *f* monofase

einphasig ['aɪnfa:zɪç] *adj* PHYS monofase

ein|planen ['aɪnpla:nən] *vt* mettere in programma, prevedere; **das war nicht eingeplant** questo non era previsto

ein|prägen I. *vt (ins Bewusstsein)* inculcare **II.** *vr:* **sich ~** imprimersi; **sich** *dat* **etw ~** imprimersi qc nella mente

einprägsam *adj* facilmente ricordabile, impressionante

ein|quartieren <ohne ge-> **I.** *vt* sistemare; MIL acquartierare; **jdn bei jdm ~** sistemare qu presso qu **II.** *vr* **sich bei jdm ~** prendere alloggio presso qu

ein|rahmen *vt* incorniciare

ein|rasten *vi sein* TEC ingranarsi

ein|räumen *vt* ① *(Bücher, Wäsche)* mettere a posto; *(Schrank)* mettere in ordine; *(Wohnung)* arredare; **die Bücher in ein Regal ~** disporre i libri in uno scaffale ② *(Recht, Kredit)* concedere; *(Frist)* accordare ③ *(geh: zugeben)* ammettere

ein|rechnen *vt* includere; **nicht eingerechnet …** non compreso …

ein|reden I. *vt* **jdm etw ~** far credere qc a qu; **sich** *dat* **~, dass …** mettersi in testa che …; **das redest du dir nur ein!** questo te lo sei messo in testa tu! **II.** *vi* **auf jdn ~** parlare ininterrottamente a qu

ein|reiben <irr> *vt* sfregare; MED frizionare

Einreibung <-, -en> *f* sfregamento *m;* MED frizione *f*

ein|reichen *vt* presentare

ein|reihen I. *vt* ① *(in eine Reihe stellen)* inserire, mettere in fila ② *(zuordnen)* **jdn unter die Dichter ~** annoverare qu fra i poeti **II.** *vr:* **sich ~** disporsi in fila

einreihig ['aɪnraɪɪç] *adj* monopetto; **ein ~es geknöpftes Jackett** giacca monopetto

Einreise <-, -n> *f* entrata *f*

Einreisebestimmungen ['aɪnraɪzəbəʃtɪmʊŋən] *fpl* provvedimenti *mpl* [*o* disposizioni *fpl*] di entrata

Einreiseerlaubnis *f,* **Einreisegenehmigung** *f* permesso *m* d'entrata

ein|reisen *vi sein* **in die Schweiz/nach Frankreich ~** entrare in Svizzera/in Francia

Einreiseverbot *nt* divieto *m* d'ingresso

Einreisevisum *nt* visto *m* d'entrata

ein|reißen <irr> **I.** *vi sein* ① *(Stoff, Papier)* strapparsi; *(Fingernagel)* rompersi ② *(fig fam: Unsitte)* propagarsi, diffondersi; **das wollen wir gar nicht erst ~ lassen** non vogliamo che diventi un'abitudine **II.** *vt haben* ① *(Häuser)* demolire ② *(Papier)* strappare

ein|renken ['aɪnrɛŋkən] *vt* ① MED rimettere a posto ② *(fig fam)* accomodare, aggiustare

ein|rennen <irr> *vt* sbattere; *(Hindernisse)* sfondare; **jdm das Haus ~** *(fam)* assediare qu [con troppe visite]; **ich habe mir den Kopf an der Tür eingerannt** *(fam)* ho battuto la testa contro la porta

ein|richten I. *vt* ① *(Wohnung)* arredare; *(Geschäft)* mettere su; *(Werkstatt)* impiantare ② *(gründen)* fondare, istituire; *(Konto)* aprire ③ TEC *(justieren)* aggiustare; *(einstellen, vorbereiten)* preparare, allestire ④ *(bearbeiten)* *a.* MUS arrangiare, ridurre; THEAT adattare ⑤ MED ridurre ⑥ *(fig: arrangieren)* fare in modo che +*conj,* fare in modo di +*inf* **II.** *vr:* **sich ~** ① *(sich möblieren)* arredare la casa; **sie ist sehr modern eingerichtet** ha arredato la casa con mobili moderni ② *(sich vorbereiten)* **sich auf etw** *akk* **~** prepararsi a qc

Einrichtung <-, -en> *f* ① *(Wohnungs~)* arredamento *m* ② *Sing. (das Einrichten)* allestimento *m* ③ *(Anlage)* impianto *m* ④ *(Institution)* istituzione *f,* istituto *m* ⑤ *Sing. (Gründung)* istituzione *f,* fondazione *f; (von Konto)* apertura *f*

ein|ritzen *vt* scalfire (**in** +*akk* su); *(einschneiden)* incidere (**in** +*akk* su)

ein|rollen I. *vt haben* arrotolare, avvolgere; *(Haar)* avvolgere con [*o* mettersi i *fam*] bigodini **II.** *vr:* **sich ~** arrotolarsi

ein|rosten *vi sein* arrugginire; *(a. fig)* arrugginirsi

ein|rücken I. *vi sein* MIL ① *(einmarschieren)* entrare, far ingresso; **in eine Stadt ~** entrare in una città ② *(eingezogen werden)* essere chiamato alle armi **II.** *vt haben* ① *(Anzeige)* mettere, inserire ② *(Zeile)* arretrare, far rientrare

eins [aɪns] **I.** *num* uno; **um ~** *(Uhrzeit)* all'una; *s. a.* **ein, acht II.** *adj* <inv> ① *(ein- und dasselbe)* **die beiden Begriffe sind ~**

i due concetti sono identici ② *(fam: gleichgültig)* **es ist mir alles ~** non me ne importa niente

Eins <-, -en> *f* [numero *m*] uno *m; (Schulnote: sehr gut) nove; (Buslinie, etc)* uno *m*

ein|sacken I. *vt haben* ① *(in Säcke füllen)* insaccare ② *(fam: an sich bringen)* intascare **II.** *vi sein (einsinken)* sprofondare

einsam ['aɪnza:m] *adj* ① *(Mensch)* solo; *(verlassen)* abbandonato ② *(abgelegen)* isolato; *(menschenleer)* deserto; **~e Spitze!** *(fam)* che cima!

Einsamkeit <-> *f kein Pl.* solitudine *f*

ein|sammeln *vt* raccogliere

Einsatz <-es, -sätze> *m* ① *(eingesetztes Teil)* aggiunta *f*, inserto *m* ② *(Spiel~)* puntata *f*, posta *f* ③ *Sing. (Verwendung)* impiego *m;* **zum ~ bringen** istituire; **unter ~ des [eigenen] Lebens** a rischio della vita ④ *Sing. (Engagement)* impegno *m* ⑤ MIL azione *f*, operazione *f;* AERO missione *f;* **im ~ sein** essere in azione ⑥ MUS attacco *m*

einsatzbereit *adj* pronto; *(verfügbar)* disponibile; MIL pronto [al combattimento]

Einsatzbereitschaft *f* prontezza *f* all'azione; MIL approntamento *m*

Einsatzkommando ['aɪnzatskɔmando] <-s, -s> *nt* **mobiles ~** la [squadra] mobile

Einsatzwagen ['aɪnzatsva:gən] <-s, -> *m (der Polizei)* vettura *f* [supplementare] di pronto intervento

ein|saugen <irr> *vt* ① *(saugend einziehen)* succhiare ② *(einatmen)* aspirare, inspirare

ein|scannen ['aɪnskɛnən] *vt* INFORM scannare, riprendere con lo scanner

ein|schalten I. *vt* ① *(Licht, Radio)* accendere; *(Motor)* avviare; *(Maschine)* innestare ② *(Pause)* inserire ③ *(hinzuziehen)* far intervenire **II.** *vr:* **sich ~** *(eingreifen)* intervenire; **sich in etw** *akk* **~** intervenire in qc

Einschaltquote *f* RADIO, TV indice *m* di ascolto

Einschaltung <-, -en> *f* ① *(Einschub)* inserimento *m* ② *(von Licht, Radio, TV)* accensione *f; (von Motor)* avviamento *m; (von Strom)* inserzione *f; (von Maschine)* innesto *m* ③ *(fig: Hinzuziehung)* interessamento *m*

ein|schärfen *vt* inculcare

ein|schätzen *vt* stimare; *(bewerten)* valutare

Einschätzung ['aɪnʃɛtsʊŋ] <-, -en> *f* ① *(Meinung)* opinione *f*, parere *m* ② *(Bewertung)* valutazione *f;* **nach meiner ~** secondo me, secondo le mie valutazioni

ein|schenken *vt (Wein)* versare; *(Kaffee)* servire; **die Gläser/Tassen ~** riempire i bicchieri/le tazze

ein|schicken *vt* inviare, spedire; **etw an ein** [*o* **einem**] **Institut ~** inviare qc ad un istituto

ein|schieben <irr> *vt* ① *(hin~)* mettere dentro; **etw in etw** *akk* **~** infilare qc in qc, introdurre qc in qc ② *(einfügen)* **eine Pause ~** fare una pausa; **etw in etw** *akk* **~** inserire qc in qc, intercalare qc a qc

ein|schiffen I. *vt* imbarcare **II.** *vr:* **sich ~** imbarcarsi; **sich in Genua nach Amerika ~** imbarcarsi a Genova per l'America

Einschiffung <-, -en> *f* imbarco *m*

einschl. *Abk. von* **einschließlich** compreso, incluso

ein|schlafen <irr> *vi sein* ① *(Person, Gliedmaßen)* addormentarsi ② *(allmählich aufhören)* raffreddarsi, spegnersi; *(nachlassen)* scemare, diminuire

ein|schläfern ['aɪnʃlɛ:fɐn] *vt* ① *(zum Schlafen bringen, a. fig)* [far] addormentare ② MED anestetizzare, narcotizzare ③ *(Tiere)* uccidere [con un'iniezione mortale]

einschläfernd *adj* ① *(a. fig)* che fa venir sonno, soporifero ② MED narcotico

Einschlag <-(e)s, -schläge> *m* ① *(von Blitz)* caduta *f; (von Geschoss)* impatto *m*, scoppio *m* ② *(Anteil, Zusatz)* impronta *f*, vena *f;* LING inflessione *f*

ein|schlagen <irr> **I.** *vi* ① *(Blitz, Geschoss)* [**in etw** *akk*] **~** colpire [qc] ② *(schlagen)* **auf jdn ~** bastonare qu ③ *(fig: Erfolg haben)* avere successo; **die Nachricht schlug wie eine Bombe ein** la notizia arrivò come un fulmine a ciel sereno **II.** *vt* ① *(Nagel, Pfahl)* piantare; **etw in etw** *akk* **~** [con]ficcare qc in qc, piantare qc in qc ② *(Tür)* sfondare; *(Scheibe)* frantumare; *(Zähne, Schädel)* rompere ③ *(Stoff)* ripiegare ④ *(einwickeln)* avvolgere; *(Ware)* imballare; **etw in etw** *akk* **~** avvolgere qc in qc ⑤ *(fig: Weg, Richtung)* prendere, imboccare; *(Laufbahn)* intraprendere

einschlägig ['aɪnʃlɛgɪç] *adj* relativo, sull'argomento; *(Geschäft)* del ramo

ein|schleichen <irr> *vr:* **sich ~** ① *(heimlich eindringen)* **sich [in ein Haus] ~** introdursi [in una casa] ② *(fig)* insinuarsi; *(Fehler)* sfuggire

ein|schleimen *vr (pej fam)* **sich [bei jdm] ~** accattivarsi le simpatie di qu

ein|schleppen *vt (a. Krankheiten)* importare

ein|schließen <irr> *vt* ① *(einsperren)* rinchiudere [a chiave]; **sich in sein** [*o* **seinem**] **Zimmer ~** rinchiudersi a chiave nella propria stanza ② *(umgeben)* circondare; *(umzäunen)* recingere ③ *(fig: enthalten)* includere, comprendere

einschließlich I. *adv* compreso; **bis Sonntag ~** fino a domenica compresa II. *präp +gen* compreso; **~ Mehrwertsteuer** I.V.A. compresa

ein|schmeicheln *vr* **sich bei jdm ~** accattivarsi le simpatie di qu

einschmeichelnd *adj* insinuante; *(angenehm)* carezzevole

ein|schmelzen ['aɪnʃmɛltsən] <schmilzt ein, schmolz ein, eingeschmolzen> *vt (Metall)* fondere

ein|schmieren *(fam)* I. *vt* ungere; **etw mit Fett ~** ungere qc di grasso II. *vr* **sich [mit Creme] ~** spalmarsi [la crema]

ein|schnappen *vi sein* ① TEC scattare, chiudersi a scatto ② *(fig fam: beleidigt sein)* offendersi

ein|schneiden <irr> I. *vt* **etw in etw** *akk* **~** incidere qc su qc, intagliare qc in qc II. *vi* **[in etw** *akk*] **~** entrare [*o* penetrare] [in qc]

einschneidend *adj* incisivo, decisivo; *(Maßnahme)* radicale, energico

Einschnitt <-(e)s, -e> *m* ① *(Schnitt)* taglio *m,* intaglio *m* ② MED incisione *f* ③ *(fig: Wendepunkt)* svolta *f*

ein|schnüren *vt* ① *(zusammenbinden)* allacciare ② *(einengen)* stringere

ein|schränken ['aɪnʃrɛŋkən] I. *vt* limitare, ridurre; **~d muss ich allerdings sagen …** restrittivamente devo comunque dire … II. *vr:* **sich ~** limitarsi

Einschränkung <-, -en> *f* ① *(Beschränkung)* limitazione *f,* riduzione *f* ② *(Vorbehalt)* riserva *f;* **mit/ohne ~** con/senza riserve

Einschreib[e]brief *m* [lettera *f*] raccomandata *f;* **als ~** per raccomandata

ein|schreiben <irr> I. *vt* ① *(hin~)* scrivere; **etw in etw** *akk* **~** scrivere qc in qc ② *(in Liste)* iscrivere; **jdn in etw** *akk* **~** iscrivere qu in qc II. *vr:* **sich ~** iscriversi; **sich an der Universität ~** iscriversi all'università

Einschreiben <-s, -> *nt* raccomandata *f*

Einschreibung <-, -en> *f* iscrizione *f*

ein|schreiten <irr> *vi sein* intervenire

ein|schüchtern *vt* intimidire

Einschüchterung <-, -en> *f* intimidazione *f*

Einschüchterungsversuch *m* tentativo *m* di intimidazione

ein|schulen *vt* mandare a scuola; **eingeschult werden** venir ammaestrato

Einschulung <-, -en> *f* assegnazione *f* a una scuola

Einschuss <-es, -schüsse> *m (~stelle)* foro *m* d'entrata; *(~wunde)* ferita *f* d'arma da fuoco

einschweißen *vt (in Folie)* incellofanare

ein|sehen <irr> *vt* ① *(hin~)* guardar dentro, dare un'occhiata a; *(Akten)* prendere visione di ② *(fig: begreifen)* comprendere, capire; *(Fehler)* riconoscere

Einsehen <-s> *nt kein Pl.* **ein ~ haben mit** avere comprensione per

ein|seifen *vt* ① *(mit Seife einreiben)* insaponare ② *(fig fam)* abbindolare

einseitig *adj* ① *(allg)* JUR, MED unilaterale ② *(beschränkt)* unilaterale; *(parteiisch)* parziale

Einseitigkeit <-> *f kein Pl.* unilateralità *f,* parzialità *f*

ein|senden <irr> *vt* inviare, spedire

Einsender <-s, -> *m* mittente *m*

Einsendeschluss *m* termine *m* ultimo di consegna

Einser ['aɪnzɐ] <-s, -> *m* SCHULE *(fam)* ottimo *m;* **er hat lauter ~** ha ottimi voti

ein|setzen I. *vt* ① *(hin~)* mettere dentro; *(Pflanze)* piantare; *(Flicken, Zahn)* applicare; *(Fensterscheibe)* montare ② *(Person in Amt)* insediare; *(Erben)* istituire; **wieder ~** reintegrare ③ *(verwenden)* impiegare; *(Pfand)* impegnare II. *vi (beginnen)* iniziare, cominciare; MUS attaccare; **der Regen hat wieder eingesetzt** ha ricominciato a piovere III. *vr* **sich für jdn/etw ~** adoperarsi per qu/qc

Einsetzung <-, -en> *f* ① *(das Einfügen)* inserimento *m; (von Flicken, Zahn)* applicazione *f; (von Fensterscheibe)* montaggio *m* ② *(in Amt)* insediamento *m; (von Erben)* istituzione *f* ③ *(Verwendung)* impiego *m,* uso *m*

Einsicht <-, -en> *f* ① *Sing. (Sicht)* vista *f* ② *Sing. (~nahme)* visione *f,* esame *m;* **jdm ~ in etw** *akk* **gewähren** permettere a qu di prendere visione di qc ③ *(Verständnis)* comprensione *f,* discernimento *m; (Vernunft)* giudizio *m* ④ *(Erkenntnis)* convinzione *f;* **zu der ~ kommen, dass …** convincersi del fatto che …

einsichtig *adj* ① *(vernünftig)* ragionevole; *(verständnisvoll)* comprensivo ② *(verständlich)* ragionevole, comprensibile

Einsichtnahme ['aɪnzɪçtnaːmə] <-, -n> *f (form) s.* **Einsicht 2.**

ein|sickern *vi sein* infiltrarsi (**in** *+akk* in)

Einsiedler(in) <-s, -; -, -nen> *m(f)* eremita *mf*

einsilbig ['aɪnzɪlbɪç] *adj* ① LING monosillabico, monosillabo ② *(fig: wortkarg)* di poche parole

ein|sinken <irr> *vi sein* sprofondare; **im Schlamm/Schnee ~** sprofondare nel fango/nella neve

einspaltig ['aɪnʃpaltɪç] I. *adj* TYP a una colonna; **ein ~er Artikel** un articolo a una colonna **II.** *adv* TYP a una colonna

ein|spannen *vt* ① *(in Rahmen)* tendere; *(in Schreibmaschine)* inserire ② *(Pferd)* attaccare ③ *(fig fam: Menschen)* mettere sotto; **jdn für etw ~** incaricare qu di collaborare a qc

ein|sparen *vt* risparmiare; *(Arbeitsplätze)* abolire

Einsparung <-, -en> *f* economia *f* (**bei** in), risparmio *m* (**bei** in)

ein|speisen *vt* ① TEC alimentare ② INFORM immagazzinare

ein|sperren *vt* ① *(einschließen)* **jdn in die** [*o* **der**] **Wohnung ~** [rin]chiudere in casa qu ② *(fam: ins Gefängnis)* mettere dentro

ein|spielen I. *vt* ① FILM, THEAT *(Geld einbringen)* rendere ② *(Instrument)* provare, accordare ③ INFORM **Daten** [**in etw** *akk*] **~** caricare dati [in qc] **II.** *vr:* **sich ~** ① SPORT *(sich warm spielen)* allenarsi ② MUS, THEAT esercitarsi, provare ③ *(sich aufeinander einstellen)* affiatarsi; **gut aufeinander eingespielt sein** essere molto affiatati ④ *(zur Gewohnheit werden)* stabilirsi; **der normale Tagesablauf wird sich bald wieder ~** si ristabilirà presto il normale ritmo giornaliero

Einsprache <-, -n> *f* CH *s.* **Einspruch**

einsprachig ['aɪnʃpraːxɪç] *adj* *(Wörterbuch)* monolingue

ein|springen <irr> *vi sein* **für jdn ~** sostituire qu

Einspritzdruck *m* MOT pressione *f* di iniezione

Einspritzmotor *m* MOT motore *m* a iniezione

Einspritzzeitpunkt *m* MOT momento *m* dell'iniezione

Einspruch <-(e)s, -sprüche> *m* ① *(Einwand, Widerspruch)* obiezione *f,* opposizione *f* ② JUR ricorso *m,* reclamo *m;* [**ich erhebe**] **~!** protesto!; **~ abgelehnt!**/[**dem ~ wird**] **stattgegeben!** obiezione respinta!/obiezione accolta! ③ PARL veto *m*

einspurig ['aɪnʃpuːrɪç] *adj* a una corsia

einst [aɪnst] *adv* ① *(früher)* in passato, una volta ② *(geh: später einmal)* un giorno, in avvenire

ein|stampfen *vt* *(Bücher)* macerare

Einstand <-(e)s, -stände> *m* ① *bes.* SÜDD, A *(Feier zum Arbeitsbeginn)* festeggiamento *m* per l'entrata in servizio; **seinen ~ geben** festeggiare l'entrata in servizio ② *Sing.* SPORT *(Tennis)* [punteggio *m*] pari *m,* parità *f*

ein|stecken *vt* ① *(hin~)* **etw** [**in etw** *akk*] **~** mettere qc dentro [a qc], introdurre qc [in qc]; **den Stecker in die Steckdose ~** inserire la spina nella presa ② *(in Tasche)* intascare ③ *(fam: Brief)* imbucare, impostare ④ *(fig fam: hinnehmen müssen)* subire; *(Schläge)* incassare; *(Beleidigung, Kritik)* mandar giù, sopportare

ein|stehen <irr> *vi sein o haben* ① *(geradestehen)* **für etw ~** rispondere di qc ② *(sich verbürgen)* **für jdn/etw ~** garantire per qc/qu

ein|steigen <irr> *vi sein* ① *(in Fahrzeug)* salire; **in den Zug/die Straßenbahn ~** salire sul treno/in tram ② *(fam: sich beteiligen)* **in ein Projekt ~** partecipare a un progetto ③ *(anfangen)* **in die Politik ~** entrare in politica

einstellbar *adj* regolabile, registrabile

ein|stellen I. *vt* ① *(hin~)* **etw** [**in etw** *akk*] **~** mettere qc dentro [a qc] ② *(regulieren)* sintonizzare, mettere a punto; RADIO, TV regolare; *(Zündung)* mettere in fase; FOTO mettere a fuoco; *(Fernglas)* puntare ③ *(Arbeiter)* assumere; *(Angestellte)* impiegare ④ *(beenden)* terminare; JUR *(Verfahren)* archiviare; **das Feuer ~** cessare il fuoco ⑤ SPORT *(Rekord)* battere **II.** *vr:* **sich ~** ① *(kommen)* comparire, presentarsi; *(Schmerz)* farsi sentire ② *(sich vorbereiten auf)* **sich auf etw** *akk* **~** prepararsi a qc ③ *(sich richten nach)* **sich auf jdn ~** adattarsi a qu

einstellig *adj* di una [sola] cifra

Einstellung <-, -en> *f* ① TEC regolazione *f* ② *(Anstellung)* impiego *m,* assunzione *f* ③ *(Beendigung)* cessazione *f;* *(von Zahlung, Verfahren)* sospensione *f;* *(von Feuer)* cessazione *f* ④ *(Haltung, Ansicht)* atteggiamento *m;* **jds ~ zu etw** l'atteggiamento di qu verso qc

Einstellungsgespräch ['aɪnʃtɛlʊŋsgəʃprɛːç] <-(e)s, -e> *nt* colloquio *m* per l'assunzione

Einstieg ['aɪnʃtiːk] <-(e)s, -e> *m* ① *(das Einsteigen)* entrata *f* ② *(~sstelle)* accesso *m* ③ *(fig: geistiger Zugang)* **der ~ in etw** *akk* l'approccio con qc

Einstiegsdroge *f* prima droga *f*

ein|stimmen I. *vi* **in ein Lied ~** intonare una canzone **II.** *vt* *(Instrument)* accordare

einstimmig *adj* ① MUS per una sola voce, monodico ② *(ohne Gegenstimme)* all'unisono; *(einmütig)* concorde, unanime; **der Beschluss wurde ~ angenommen** la decisione fu approvata all'unanimità

Einstimmigkeit <-> *f kein Pl.* unanimità *f*

einstöckig ['aɪnʃtœkɪç] *adj* di [*o* a] un [solo] piano

Einstrahlung <-, -en> *f* METEO *(Sonnen~)* irradiazione *f*

ein|streichen <streicht ein, strich ein,

E

E

eingestrichen> *vt* ① *(bestreichen)* spalmare (**mit** di); *(mit Öl)* ungere; *(mit Farbe)* verniciare ② *(fam: Geld)* intascare

ein|streuen *vt* ① *(bestreuen)* **etw mit etw** ~ cospargere qc di qc ② *(Bemerkungen, Zitate)* **etw in etw** *akk* ~ inserire qc in qc

ein|strömen *vi sein* affluire; *(eindringen)* penetrare

ein|studieren <ohne ge-> *vt* THEAT provare, far le prove

ein|stufen *vt* ① *(einordnen, a. fig)* classificare ② *(bewerten)* valutare

Einstufung <-, -en> *f* ① *(Einordnung)* classificazione *f* ② *(Bewertung)* valutazione *f;* **die ~ in eine neue Gehaltsklasse vornehmen** effettuare il passaggio in [*o* ad] una nuova categoria retributiva

einstündig ['aɪnʃtʏndɪç] *adj* di [*o* della durata di] un'ora

ein|stürmen *vi sein* ① *(feindlich, a. fig)* assalire (**auf jdn** qu) ② *(bestürmen)* assediare (**mit etw auf jdn** qu con qc), tempestare (**mit etw auf jdn** qu di qc); **mit Fragen auf jdn** ~ bombardare [*o* tempestare] qu di domande

Einsturz <-es, -stürze> *m* crollo *m*

ein|stürzen *vi sein* crollare; **auf jdn** ~ *(fig: Ereignisse)* abbattersi su qu

Einsturzgefahr *f* pericolo *m* di crollo; **~!** attenzione, edificio pericolante!

einstweilen ['aɪnst'vaɪlən] *adv* ① *(vorläufig)* per ora, per il momento ② *(unterdessen)* intanto

einstweilig ['aɪnst'vaɪlɪç] *adj* ① *(vorläufig)* temporaneo ② *(provisorisch)* provvisorio

eintägig ['aɪntɛːgɪç] *adj* di un giorno, di una giornata

Eintagsfliege *f* ① ZOO mosca *f* effimera ② *(fig)* cosa *f* effimera

ein|tauchen **I.** *vt haben (eintunken)* intingere; *(völlig)* immergere; **einen Keks in den Tee** ~ intingere un biscotto nel tè **II.** *vi sein* immergersi

ein|tauschen *vt* **etw** [**gegen etw**] ~ cambiare qc [con qc]

eintausend ['aɪn'taʊzənt] *num* mille

ein|teilen *vt* ① *(unterteilen)* [sud]dividere; *(in Klassen)* classificare ② *(haushalten mit)* disporre ③ *(für bestimmte Aufgabe)* assegnare

einteilig ['aɪntaɪlɪç] *adj* intero

Einteilung <-, -en> *f* ① *(Unterteilung)* [sud]divisione *f;* *(in Klassen)* classificazione *f* ② *(Organisation)* uso *m* parsimonioso, economia *f;* *(Zeit~)* orario *m* ③ *(Zuweisung)* assegnazione *f*

eintönig ['aɪntøːnɪç] *adj* monotono

Eintönigkeit <-> *f kein Pl.* monotonia *f*

Eintopf *m* GASTR minestrone *m*

Eintracht ['aɪntraxt] <-> *f kein Pl. (Harmonie)* armonia *f,* accordo *m*

einträchtig ['aɪntrɛçtɪç] **I.** *adj* concorde, in armonia **II.** *adv* in concordia, in buon'armonia

Eintrag ['aɪntraːk, *Pl:* 'aɪntrɛːgə] <-(e)s, Einträge> *m* ① *(in Liste)* registrazione *f,* iscrizione *f;* *(in Wörterbuch)* entrata *f* ② ADM *(Vermerk, Notiz)* nota *f*

ein|tragen <irr> **I.** *vt* ① *(einschreiben)* registrare, iscrivere; **jdn in eine Liste ~** iscrivere qu in una lista ② *(einbringen)* rendere, portare; *(Gewinn)* fruttare, rendere **II.** *vr* **sich** [**in etw** *akk*] ~ iscriversi [in qc]

einträglich ['aɪntrɛːklɪç] *adj* fruttuoso, redditizio

Eintragung <-, -en> *f s.* **Eintrag**

ein|treffen <irr> *vi sein* ① *(ankommen)* arrivare ② *(geschehen: Prophezeiung)* avverarsi; *(Katastrophe)* accadere

ein|treiben <irr> *vt* ① *(Geld)* riscuotere ② *(Vieh)* ricondurre alla stalla ③ *(Pfahl)* piantare

ein|treten <irr> **I.** *vi sein* ① *(hineingehen)* entrare; **in ein Zimmer** ~ entrare in una stanza; **treten Sie** [**bitte**] **ein!** si accomodi, prego! ② *(beitreten)* **in eine Partei** ~ aderire a un partito ③ *(geschehen)* verificarsi; *(einsetzen, beginnen)* iniziare, cominciare ④ CH *(näher eingehen)* **auf etw** *akk* ~ affrontare qc ⑤ *(sich einsetzen)* **für jdn/etw** ~ prendere le parti di qu/sostenere qc **II.** *vt haben (zertrümmern)* sfondare [con un calcio]

ein|trichtern *vt (fam)* **jdm etw** ~ inculcare qc a qu

Eintritt <-(e)s, -e> *m* ① *(das Eintreten)* entrata *f;* *(in Partei a.)* ingresso *m* ② *(Beginn)* inizio *m* ③ *(~sgeld)* ingresso *m;* **~ frei** ingresso libero

Eintrittsbedingung *f (Europäische Währungsunion)* condizione *f* di entrata

Eintrittsgeld ['aɪntrɪtsgɛlt, *Pl:* 'aɪntrɪtsgɛldɐ] <-(e)s, -er> *nt* ingresso *m*

Eintrittskarte *f* biglietto *m* d'ingresso

ein|trocknen *vi sein* asciugarsi, prosciugarsi

ein|trudeln ['aɪntruːdəln] *vi sein (fam)* arrivare, comparire

ein|tunken *vt* inzuppare; **etw in etw** *akk* ~ inzuppare [*o* intingere] qc in qc

ein|üben *vt* studiare; THEAT provare

ein|verleiben ['aɪnfɛɐlaɪbən] <ohne ge-> *vt* **sich** *dat* **etw** ~ *(scherz)* mangiarsi qc; *(fig)* imparare qc

Einvernahme <-, -n> *f* A, CH *(Vernehmung vor Gericht)* interrogatorio *m*

Einvernehmen <-s> *nt kein Pl.* concordia *f,* armonia *f;* **im ~ mit** d'accordo con; **in gutem ~** in buoni rapporti; **in beiderseitigem ~** di comune accordo
einverstanden *adj* **mit jdm/etw ~ sein** essere d'accordo con qu/su qc; **~!** d'accordo!, intesi!
Einverständnis <-sses, -sse> *nt* ① *(Billigung)* approvazione *f,* assenso *m* ② *(Übereinstimmung)* consenso *m,* accordo *m*
Einwand ['aɪnvant, *Pl:* 'aɪnvɛndə] <-(e)s, Einwände> *m* obiezione *f;* **einen ~ erheben** sollevare un'obiezione
Einwanderer, **Einwanderin** *m, f* immigrante *mf; (Eingewanderter)* immigrato, -a *m, f*
ein|wandern *vi sein* immigrare
Einwanderung ['aɪnvandərʊŋ] <-, -en> *f* immigrazione *f;* **kontrollierte ~** immigrazione qualificata
Einwanderungspolitik <-> *f kein Pl.* politica *f* sull'immigrazione
einwandfrei *adj* ① *(Ware)* senza difetti; *(Benehmen)* irreprensibile, impeccabile ② *(eindeutig)* lampante, chiaro
einwärts ['aɪnvɛrts] *adv* in dentro
ein|wechseln ['aɪnvɛksəln] *vt* cambiare (**gegen** in)
Einwegflasche *f* vuoto *m* a perdere
Einwegrasierer *m* rasoio *m* usa e getta
ein|weichen *vt* mettere a bagno; *(Wäsche)* mettere a mollo; *(Brot)* inzuppare
ein|weihen *vt* ① *(eröffnen)* inaugurare ② *(vertraut machen)* **jdn in etw** *akk* **~** iniziare qu a qc; *(in Geheimnis)* mettere a parte qu di qc
Einweihung <-, -en> *f* ① *(Eröffnung)* inaugurazione *f* ② *(in Geheimnis)* iniziazione *f*
ein|weisen *vt* ① *(in Krankenhaus)* ricoverare; *(in Anstalt)* internare ② *(in Amt)* insediare ③ *(in Tätigkeit)* addestrare, avviare ④ *(in Parklücke)* dirigere [nella manovra]
Einweisung <-, -en> *f* ① *(in Krankenhaus)* ricovero *m; (in Anstalt)* internamento *m* ② *(in Amt)* insediamento *m* ③ *(in Tätigkeit)* addestramento *m*
ein|wenden <irr> *vt* obiettare; **dagegen ist nichts einzuwenden** non c'è nulla da ridire
Einwendung <-, -en> *f* obiezione *f;* JUR eccezione *f*
ein|werfen <irr> **I.** *vt* ① *(Brief)* imbucare ② *(Fenster)* frantumare ③ *(fig: eine Zwischenbemerkung machen)* osservare **II.** *vi (sport)* rimettere in gioco la palla
ein|wickeln *vt* ① *(einpacken)* incartare; **ein Kind in eine Decke ~** avvolgere un bambino in una coperta ② *(fig fam: betrügen)* abbindolare
ein|willigen *vi* **in etw** *akk* **~** [ac]consentire a qc, accettare qc
Einwilligung <-, -en> *f* consenso *m,* approvazione *f*
ein|wirken *vi* ① *(eine Wirkung ausüben)* **auf etw** *akk* **~** agire su qc ② *(beeinflussen)* **auf jdn/etw ~** influire su qu/qc, influenzare qu/qc
Einwirkung <-, -en> *f* **die ~ auf ...** *+akk* l'azione su ..., l'effetto su ...
Einwohner(in) <-s, -; -, -nen> *m(f)* abitante *mf*
Einwohnermeldeamt *nt* [ufficio *m*] anagrafe *f*
Einwohnerschaft <-> *f kein Pl.* cittadinanza *f,* popolazione *f*
Einwohnerzahl ['aɪnvo:nɐtsa:l] <-, -en> *f* numero *m* di abitanti
Einwurf <-(e)s, -würfe> *m* ① *(Münz~)* fessura *f* ② *(das Einwerfen)* impostazione *f* ③ *(fig: Bemerkung)* osservazione *f* ④ SPORT *(Ball~)* rimessa *f* in gioco
Einzahl <-, *rar:* -en> *f* LING singolare *m*
ein|zahlen *vt* pagare, versare
Einzahlung ['aɪntsa:lʊŋ] <-, -en> *f* pagamento *m,* versamento *m*
Einzahlungsbeleg *m* ricevuta *f* di versamento
Einzahlungsformular *nt* modulo *m* di versamento
Einzahlungsschein *m* FIN ① *(Einzahlungsbeleg)* ricevuta *f* di versamento ② CH *(Zahlkarte, Erlagschein)* modulo *m* di versamento
ein|zäunen ['aɪntsɔɪnən] *vt* recintare
Einzel ['aɪntsəl] <-s, -> *nt* SPORT singolare *m,* singolo *m*
Einzelbett *nt* letto *m* singolo
Einzelfall *m* caso *m* singolo
Einzelgänger(in) ['aɪntsəlgɛŋɐ] <-s, -; -, -nen> *m(f)* solitario, -a *m, f,* outsider *m*
Einzelhaft *f* cella *f* d'isolamento
Einzelhandel *m* commercio *m* al minuto
Einzelhändler(in) *m(f)* venditore *m* [*o* commerciante *mf*] al minuto
Einzelheit <-, -en> *f* particolare *m,* dettaglio *m;* **in allen ~en** in tutti i particolari
Einzelkind *nt* figlio, -a *m, f* unico, -a
Einzeller ['aɪntsɛlɐ] <-s, -> *m* BIOL organismo *m* unicellulare
einzellig *adj* BIOL unicellulare, monocellulare
einzeln **I.** *adj* ① *(alleinig)* solo, unico; **ein ~er Strumpf** una calza sola ② *(allein [stehend])* singolo ③ *(speziell)* particolare ④ *(separat)* separato ⑤ *Pl. (einige, wenige)* alcuni, -e singoli, -e **II.** *adv* singolar-

E

E

mente, ad uno ad uno; *(getrennt)* separatamente; **im Einzelnen** in particolare; **bitte ~ eintreten** per favore, entrare uno alla [*o* per] volta

Einzelne(r) <ein -r, -n, -n> *mf* **der ~** l'individuo; **jeder ~** ognuno, ciascuno

Einzelperson *f* individuo *m*, singolo *m*

Einzelstück *nt* pezzo *m* unico

Einzelteil *nt* pezzo *m* staccato

Einzelzimmer *nt* camera *f* singola

einziehbar *adj* ① *(Fahrgestell)* retrattabile ② *(Geld)* riscuotibile

ein|ziehen <irr> **I.** *vt haben* ① *(Fahne, Segel)* ammainare; *(Kopf, Bauch, Antenne, Fahrgestell)* far rientrare; *(Krallen)* ritirare ② *(Gelder)* riscuotere, incassare ③ *(beschlagnahmen)* confiscare, sequestrare ④ MIL *(Rekruten)* arruolare ⑤ *(einsaugen)* aspirare ⑥ *(Erkundigungen)* raccogliere ⑦ *(Zwischenwand)* inserire **II.** *vi sein* ① *(Einzug halten)* entrare ② *(in Wohnung, Haus)* andare ad abitare ③ *(Creme)* essere assorbito

Einziehung <-, -en> *f* ① MIL coscrizione *f*, richiamo *m* alle armi ② *(von Außenständen)* riscossione *f*, ricupero *m*; *(von Steuern)* esazione *f* ③ *(Beschlagnahmung)* confisca *f*, sequestro *m*

einzig I. *adj* unico, solo; *(~artig)* eccezionale; **das ~e** l'unica cosa; **es war eine ~e Katastrophe** *(fam)* è stata una vera e propria catastrofe **II.** *adv* **~ und allein** unicamente; **das ~ Wahre** *(fam)* la sola cosa vera

einzigartig *adj* unico [nel suo genere], straordinario

Einzigartigkeit ['aɪntsɪçartɪçkaɪt] <-> *f kein Pl.* unicità *f*

Einzug <-(e)s, -züge> *m* ingresso *m*

Einzugsbereich ['aɪntsuːksbəraɪç] <-(e)s, -e> *m* zona *f* d'influenza

ein|zwängen ['aɪntsvɛŋən] *vt* far entrare con forza

Eis [aɪs] <-es> *nt kein Pl.* ① *(gefrorenes Wasser)* ghiaccio *m*; **etw auf ~ legen** *(fig)* accantonare qc; **das ~ brechen** *(fig)* rompere il ghiaccio ② *(Speise~)* gelato *m*; **~ am Stiel** gelato da passeggio

Eisbahn *f* pista *f* di pattinaggio

Eisbär *m* orso *m* bianco

Eisbecher *m* coppa *f* di gelato

Eisbein *nt* GASTR zampetto *m* di porco lesso

Eisberg *m* iceberg *m*

Eisbeutel *m* borsa *f* del ghiaccio

Eisblumen *fpl* stelle *fpl* di ghiaccio [sui vetri delle finestre]

Eisbombe *f* GASTR bomba *f* di gelato

Eisbrecher *m* [nave *f*] rompighiaccio *m*

Eiscreme *f* gelato *m* [alla crema]

Eisdiele *f* gelateria *f*

Eisen ['aɪzən] <-s, -> *nt* ferro *m*; **ein heißes ~ anfassen** *(fig)* toccare una questione scottante; **zwei ~ im Feuer haben** *(fig fam)* mettere molta carne al fuoco; **zum alten ~ gehören** *(fig fam)* essere un rottame; **man muss das ~ schmieden, solange es heiß ist** *(prov)* bisogna battere il ferro finché è caldo

Eisenbahn <-, -en> *f* ferrovia *f*; *(Zug)* treno *m*

Eisenbahnbrücke *f* ponte *m* ferroviario

Eisenbahndirektion *f* direzione *f* delle ferrovie

Eisenbahner <-s, -> *m* ferroviere *m*

Eisenbahnergewerkschaft *f* sindacato *m* dei ferrovieri

Eisenbahnfähre *f* [nave *f*] [*o* traghetto *m*] ferroviario

Eisenbahngesellschaft *f* compagnia *f* ferroviaria

Eisenbahnknotenpunkt *m* nodo *m* ferroviario

Eisenbahnnetz *nt* rete *f* ferroviaria

Eisenbahntunnel *m* galleria *f* ferroviaria

Eisenbahnüberführung *f* sovrapassaggio *m* [*o* viadotto *m*] ferroviario

Eisenbahnunglück *nt* sciagura *f* ferroviaria

Eisenbahnunterführung *f* sottopassaggio *m* ferroviario

Eisenbahnwagen *m* carrozza *f* ferroviaria

Eisenbeschlag *m* rivestimento *m* di ferro

Eisendraht *m* filo *m* di ferro

Eisenerz *nt* minerale *m* di ferro

Eisengitter *nt* inferriata *f*

eisenhaltig *adj* ferruginoso

Eisenhüttenwerk *nt* ferriera *f*, stabilimento *m* siderurgico

Eisenmangel *m* carenza *f* di ferro

Eisenoxyd *nt* ossido *m* ferrico

Eisenstadt ['aɪzənʃtat] *nt* GEOG Eisenstadt *f*

Eisenstange *f* barra *f* di ferro

Eisenwaren *fpl* ferramenta *f*

Eisenwarenhändler *m* negoziante *m* di ferramenta

Eisenwarenhandlung *f* negozio *m* di ferramenta

eisern *adj* ① *(aus Eisen)* di ferro ② *(fig: Wille, Gesundheit)* ferreo, di ferro; **~e Disziplin** disciplina ferrea; **~e Ration** MIL razione di riserva; **Eiserner Vorhang** POL cortina di ferro; **~ bleiben** essere inflessibile

Eisfach *nt* freezer *m*

eisfrei *adj* libero dal ghiaccio

Eisgang *m* ghiacci *mpl* alla deriva

eisgekühlt *adj* ghiacciato

eisglatt *adj* scivoloso
Eisheiligen ['aɪshaɪlɪgən] *mpl* **die** [**drei**] ~ *designazione popolare per indicare tre giorni in maggio (11.-13. al nord, 12.-15. al sud della Germania) con pericolo di un brusco abbassamento della temperatura*
Eishockey *nt* hockey *m* sul ghiaccio
eisig ['aɪzɪç] *adj* gelido
Eiskaffee *m caffè freddo con gelato alla vaniglia e panna montata*
eiskalt *adj* gelido, freddissimo
Eiskasten *m* SÜDD, A *(Kühlschrank)* frigorifero *m*
Eiskristall ['aɪskrɪstal] <-s, -e> *nt* cristallo *m* di ghiaccio
Eiskübel *m* secchiello *m* del ghiaccio
Eiskunstlauf *m* SPORT pattinaggio *m* artistico
eis|laufen <irr> *vi sein* pattinare su ghiaccio
Eislaufen ['aɪslaʊfən] <-s> *nt kein Pl.* pattinaggio *m* su ghiaccio
Eisläufer(in) *m(f)* pattinatore, -trice *m, f* su ghiaccio
Eismeer *nt* mare *m* di ghiaccio
Eispickel *m* piccozza *f* alpina
Eisprung *m* BIOL ovulazione *f*
Eissalon *m* A *(Eisdiele)* gelateria *f*
Eisschnelllauf *m* SPORT pattinaggio *m* di velocità
Eisscholle *f* lastrone *m* di ghiaccio
Eisschrank *m* frigorifero *m*
Eisstadion *nt* stadio *m* del ghiaccio
Eisverkäufer(in) *m(f)* gelataio, -a *m, f*
Eisvogel *m* ZOO martin *m* pescatore
Eiswaffel *f* wafer *m* [*o* biscotto *m*] da gelato
Eiswürfel *m* cubetto *m* di ghiaccio
Eiszapfen *m* ghiacciolo *m*
Eiszeit *f* epoca *f* glaciale
eit[e]rig *adj* purulento
eitel ['aɪtəl] *adj* vanitoso
Eitelkeit <-, *rar:* -en> *f* vanità *f*
Eiter ['aɪtɐ] <-s> *m kein Pl.* pus *m*
eitern *vi* suppurare
Eiweiß <-es, -e> *nt* ① *(vom Hühnerei)* bianco *m* dell'uovo, albume *m* ② CHEM albumina *f* ③ BIOL proteina *f*
eiweißarm *adj* povero di albumine
eiweißhaltig *adj* albuminoso
eiweißreich ['aɪvaɪsraɪç] *adj* proteico, albuminoso
Eizelle *f* ovulo *m*
Ejakulation [ejakula'tsi̯oːn] <-, -en> *f* BIOL, MED eiaculazione *f*
ejakulieren [ejaku'liːrən] <ohne ge-> *vi* eiaculare
EKD [eːkaː'deː] <-> *f kein Pl. Abk. von* **Evangelische Kirche in Deutschland** *chiesa protestante in Germania*
Ekel[1] ['eːkəl] <-s> *m kein Pl.* nausea *f; (Widerwille)* schifo *m*, ripugnanza *f;* **vor etw** *dat* **~ empfinden** provare disgusto per qc; **~ erregen** nauseare; **~ erregend** schifoso, nauseante
Ekel[2] <-s, -> *nt (fam pej)* persona *f* schifosa; **du ~!** che essere odioso!
ekelerregend *adj* schifoso, nauseante
ekelhaft *adj*, **ek[e]lig** *adj* schifoso, nauseante
ekeln I. *vi, vt* **es ekelt mich davor** mi fa schifo **II.** *vr* **ich ekle mich vor Spinnen** i ragni mi fanno schifo
EKG, Ekg [eːkaː'geː] <-(s), -s> *nt Abk. von* **Elektrokardiogramm** ECG
Eklat [e'klaː] <-s, -s> *m* scandalo *m;* **es kam zum ~ als …** lo scandalo scoppiò quando …
eklatant [ekla'tant] *adj* eclatante
Ekstase [ɛk'staːzə] <-, -n> *f* estasi *f*
ekstatisch [ɛk'staːtɪʃ] *adj* estatico
Ekzem [ɛk'tseːm] <-s, -e> *nt* MED eczema *m*
Elan [e'laːn] <-s> *m kein Pl.* slancio *m*
elastisch [e'lastɪʃ] *adj* elastico
Elastizität [elastitsi'tɛːt] <-> *f kein Pl.* elasticità *f*
Elba ['ɛlba] *nt* Elba *f*, l'Isola *f* d'Elba
Elbe ['ɛlbə] *f* Elba *f*
Elch [ɛlç] <-(e)s, -e> *m* alce *m*
Eldorado [ɛldo'raːdo] <-s, -s> *nt (fig)* eldorado *m*
E-Learning ['iːləːnɪŋ] <-s> *nt kein Pl. s.* **electronic learning** e-learning *m*
Elefant [ele'fant] <-en, -en> *m* elefante *m*
elegant [ele'gant] *adj* elegante
Eleganz [ele'gants] <-> *f kein Pl.* eleganza *f*
elektrifizieren [elɛktrifi'tsiːrən] <ohne ge-> *vt* elettrificare
Elektrifizierung <-> *f kein Pl.* elettrificazione *f*
Elektrik [e'lɛktrɪk] <-, -en> *f* impianto *m* elettrico
Elektriker(in) [e'lɛktrikɐ] <-s, -; -, -nen> *m(f)* elettricista *m*, elettrotecnico *m*
elektrisch [e'lɛktrɪʃ] *adj* elettrico
elektrisieren [elɛktri'siːrən] <ohne ge-> *vt* elettrizzare
Elektrizität [elɛktritsi'tɛːt] <-> *f kein Pl.* elettricità *f*
Elektrizitätsgesellschaft *f* società *f* elettrica
Elektrizitätswerk *nt* centrale *f* elettrica
Elektroauto *nt* veicolo *m* elettrico
Elektrochemie [elɛktroçe'miː] *f* elettrochimica *f*

E

Elektrode [elɛk'tro:də] <-, -n> *f* elettrodo *m*

Elektrofahrrad *nt* bicicletta *f* elettrica

Elektrogerät *nt* apparecchio *m* elettrico; *(Haushaltsgerät)* elettrodomestico *m*

Elektrogeschäft *nt* negozio *m* di elettrodomestici

Elektrogroßhandel *m* commercio *m* all'ingrosso di elettrodomestici

Elektroherd *m* cucina *f* elettrica

Elektroindustrie *f* industria *f* elettrica

Elektroingenieur(in) *m(f)* ingegnere *m* elettrotecnico

Elektroinstallateur *m* elettricista *m*

Elektrokardiogramm [elɛktrokardio'gram] *nt* MED elettrocardiogramma *m*

Elektrolyse [elɛktro'ly:zə] <-, -n> *f* PHYS, CHEM elettrolisi *f*

Elektrolyt [elɛktro'ly:t] <-s, -e> *m meist Pl.* CHEM, MED elettrolita *m,* elettrolito *m*

Elektromagnet [elɛktroma'gne:t] *m* elettromagnete *m*

elektromagnetisch *adj* elettromagnetico

Elektrometer [elɛktro'me:tɐ] <-s, -> *nt* elettrometro *m*

Elektromotor *m* motore *m* elettrico, elettromotore *m*

Elektron ['e:lɛktrɔn *o* elɛk'tro:n] <-s, -en> *nt* elettrone *m*

Elektronen- *in Zusammensetzungen* elettronico

Elektronenblitz *m* lampo *m* elettronico, flash *m*

Elektronenmikroskop *nt* microscopio *m* elettronico

Elektronenrechner *m* calcolatore *m* elettronico

Elektronenröhre *f* tubo *m* elettronico

Elektronik [elɛk'tro:nɪk] <-> *f kein Pl.* elettronica *f*

elektronisch *adj* elettronico

Elektrorasierer <-s, -> *m* rasoio *m* elettrico

Elektroschock *m* elettroshock *m,* elettrochoc *m*

Elektrosmog <-s> *m kein Pl.* ECO elettrosmog *m*

Elektrotechnik *f* elettrotecnica *f*

Elektrotechniker(in) *m(f)* elettrotecnico *m*

elektrotechnisch [e'lɛktrotɛçnɪç] *adj* TEC elettrotecnico

Elektrotherapie *f* MED elettroterapia *f*

Element [ele'mɛnt] <-(e)s, -e> *nt* elemento *m*

elementar [elemɛn'ta:ɐ̯] *adj* elementare; *(grundlegend)* fondamentale

elend ['e:lɛnt] *adj* ① *(armselig)* misero, povero ② *(kümmerlich)* miserabile ③ *(fam: kränklich)* malaticcio ④ *(pej: gemein)* infame; **du ~er Betrüger!** *(fam)* misero imbroglione!

Elend <-(e)s> *nt kein Pl.* miseria *f;* **wie das leibhaftige ~ aussehen** *(fam)* sembrare la morte in vacanza; **wie ein Häufchen ~** *(fam)* come uno straccio

Elendsviertel *nt* quartiere *m* povero

elf [ɛlf] *num* undici; *s. a.* **acht**

Elf [ɛlf] <-, -en> **I.** *num (Zahl)* undici *m* **II.** *f (Buslinie, etc)* undici *m;* SPORT undici *m,* squadra *f* di calcio

Elf-, elf- *s.* **Acht-, acht-**

Elfe ['ɛlfə] <-, -n> *f* LIT silfide *f*

Elfenbein ['ɛlfənbaɪn] *nt* avorio *m*

elfenbeinfarben *adj* color avorio

Elfenbeinküste *f* Costa *f* d'Avorio

elfmal ['ɛlfma:l] *adv* undici volte; *s. a.* **achtmal**

Elfmeter [ɛlf'me:tɐ] <-s, -> *m* SPORT calcio *m* di rigore

Elfmeterschießen <-> *nt kein Pl.* SPORT calci *mpl* di rigore

Elfte <ein -r, -n, -n> *mf* undicesimo, -a *m, f; s. a.* **Achte**

elfte(r, s) *adj* undicesimo, -a *(bei Datumsangaben)* undici; *s. a.* **achte(r, s)**

elftel ['ɛlftəl] <inv> *adj* undicesimo; *s. a.* **achtel**

Elftel <-s, -> *nt* undicesimo *m*

elftens *adv* [in] undicesimo [luogo]

eliminieren [elimi'ni:rən] <ohne ge-> *vt* eliminare

elitär [eli'tɛ:ɐ̯] *adj* elitario

Elite [e'li:tə] <-, -n> *f* élite *f,* fior fiore *m*

Eliteuniversität *f* università *f* d'élite

Elixier [elɪ'ksi:ɐ̯] <-s, -e> *nt* elisir *m*

Ell[en]bogen <-s, -> *m* gomito *m*

Ell[en]bogenfreiheit *f (fig)* libertà *f* di movimento

Ellbogen *s.* **Ell[en]bogen**

Elle ['ɛlə] <-, -n> *f* ① ANAT ulna *f* ② *(Maß)* cubito *m*

ellenlang *adj (fam)* lunghissimo

Ellipse [ɛ'lɪpsə] <-, -n> *f* ① MAT ellisse *f* ② LING ellissi *f*

elliptisch [ɛ'lɪptɪʃ] *adj* MAT, LING ellittico

eloquent [elo'kvɛnt] *adj* eloquente

Elsass ['ɛlzas] *nt* Alsazia *f*

Elsässer(in) ['ɛlzɛsɐ] <-s, -; -, -nen> *m(f)* alsaziano, -a *m, f*

elsässisch ['ɛlzɛsɪʃ] *adj* alsaziano

Elsass-Lothringen ['ɛlzas 'lo:trɪŋən] <-s> *nt* Alsazia-Lorena *f*

Elster ['ɛlstɐ] <-, -n> *f* gazza *f*

elterlich ['ɛltɐlɪç] *adj* ① *(von den Eltern kommend)* dei genitori, parentale ② *(den Eltern gehörend)* paterno

Eltern ['ɛltɐn] *pl* genitori *mpl*

Elternabend *m (Schule)* riunione *f* dei genitori
Elternhaus *nt* ① *(Vaterhaus)* casa *f* paterna ② *(fig)* famiglia *f*
Elternliebe *f* amore *m* dei genitori
elternlos *adj* orfano [di padre e di madre]
Elternsprechtag *m (Schule)* giorno *m* per il colloquio con i genitori
Elternteil ['ɛltɐntaɪl] <-(e)s, -e> *nt* genitore *m*
Email [e'maɪ *o* e'maːj] <-s, -s> *nt* smalto *m*
E-Mail ['iːmeɪl] <-, -s> *f* INFORM E-mail *f;* **eine ~ senden/bekommen** spedire/ricevere una E-mail
E-Mail-Adresse *f* indirizzo *m* E-mail
Emaille [e'maljə *o* e'maɪ] *o* e'maːj] <-, -n> *f s.* **Email**
emaillieren [ema'jiːrən *o* emal'jiːrən] <ohne ge-> *vt* smaltare
Emanze [e'mantsə] <-, -n> *f (fam pej)* femminista *f,* suffragetta *f scherz*
Emanzipation [emantsipa'tsi̯oːn] <-, -en> *f* emancipazione *f*
Emanzipationsbewegung *f* movimento *m* d'emancipazione
emanzipatorisch [emantsipa'toːrɪʃ] *adj* emancipatore
emanzipieren [emantsi'piːrən] <ohne ge-> **I.** *vt* emancipare **II.** *vr:* **sich ~** emanciparsi
emanzipiert *adj* emancipato
Embargo [ɛm'bargo] <-s, -s> *nt* embargo *m*
Embolie [ɛmbo'liː] <-, -n> *f* MED embolia *f*
Embryo ['ɛmbryo] <-s, -s *o* Embryonen> *m o* A: *nt* MED, BIOL embrione *m*
embryonal [ɛmbryo'naːl] *adj* MED, BIOL embrionale
Emigrant(in) [emi'grant] <-en, -en; -, -nen> *m(f)* ① *(Auswanderer)* emigrante *mf* ② POL emigrato, -a *m, f*
Emigration [emigra'tsi̯oːn] <-, -en> *f* emigrazione *f*
emigrieren [emi'griːrən] <ohne ge-> *vi sein* emigrare
Eminenz [emi'nɛnts] <-, -en> *f* REL eminenza *f;* **Seine/Eure ~** Sua/Vostra eminenza; **graue ~** eminenza grigia
Emir [e'miːɐ, *Pl:* e'miːrə] <-s, -e> *m* emiro *m*
Emirat [emi'raːt] <-(e)s, -e> *nt* emirato *m;* **Vereinigte Arabische ~e** Emirati arabi uniti
Emission [emɪ'si̯oːn] <-, -en> *f* ① PHYS, FIN emissione *f* ② CH *(Rundfunksendung)* trasmissione *f*
Emissionshandel *m* POL commercio *m* delle emissioni
emittieren [emɪ'tiːrən] <ohne ge-> *vt* PHYS, FIN emettere
Emmentaler ['ɛməntaːlɐ] <-s, -> *m* GASTR emmental *m*
Emoji <-s, -s> [e'moːdʒi] *nt* INFORM emoji *mf*
Emoticon [e'moːtikɔn] <-s, -s> *nt* INFORM faccina *f*
Emotion [emo'tsi̯oːn] <-, -en> *f* emozione *f*
emotional [emotsi̯o'naːl] *adj,* **emotionell** [emotsi̯o'nɛl] *adj* emozionale, emotivo
empfahl [ɛm'pfaːl] *1. u. 3. Pers. Sing. Imp. von* **empfehlen**
empfand [ɛm'pfant] *1. u. 3. Pers. Sing. Imp. von* **empfinden**
Empfang [ɛm'pfaŋ, *Pl:* ɛm'pfɛŋə] <-(e)s, Empfänge> *m* ① TEC, RADIO, TV ricezione *f* ② *(Erhalten)* ricevimento *m;* **etw in ~ nehmen** prendere in consegna qc, ricevere qc; **den ~ einer Sache** *gen* **bestätigen** accusare ricevuta di qc ③ *(Aufnahme)* accoglienza *f* ④ *(Feier)* ricevimento *m* ⑤ *(im Hotel)* reception *f*
empfangen <empfängt, empfing, empfangen> *vt* ① *(Waren) a.* RADIO, TV ricevere ② *(Person)* accogliere
Empfänger [ɛm'pfɛŋɐ] <-s, -> *m* RADIO *(Gerät)* apparecchio *m* ricevente, ricevitore *m*
Empfänger(in) <-s, -; -, -nen> *m(f) (von Postsendung)* destinatario, -a *m, f; (von Ware)* consegnatario, -a *m, f; (von Summe)* ricevitore, -trice *m, f; (von Spende)* beneficiario, -a *m, f;* **~ unbekannt** *(auf Briefen)* sconosciuto all'indirizzo; **~ verzogen** destinatario trasferito
empfänglich [ɛm'pfɛŋlɪç] *adj* **für etw ~ sein** essere sensibile a qc
Empfängnis [ɛm'pfɛŋnɪs] <-, -se> *f* concepimento *m,* concezione *f*
empfängnisverhütend *adj* **~es Mittel** anticoncezionale *m*
Empfängnisverhütung *f* prevenzione *f* del concepimento
Empfängnisverhütungsmittel [ɛm'pfɛŋnɪsfɛɐhʏtʊŋsmɪtəl] <-s, -> *nt* anticoncezionale *m*
Empfangsbescheinigung *f,* **Empfangsbestätigung** *f* COM ricevuta *f,* quietanza *f*
Empfangschef(in) *m(f)* direttore, -trice *m, f,* maître, -tresse *m, f*
Empfangsstation *f* RADIO stazione *f* ricevente
Empfangszimmer *nt* salotto *m* da ricevimento
empfängt [ɛm'pfɛŋt] *3. Pers. Sing. Präs. von* **empfangen**

empfehlen [ɛmˈpfeːlən] <empfiehlt, empfahl, empfohlen> **I.** *vt (raten)* raccomandare, consigliare **II.** *vr:* **sich ~** ① *(geh: sich verabschieden)* prendere congedo, accomiatarsi ② *(ratsam sein)* **es empfiehlt sich zu** +*inf* conviene +*inf*

empfehlenswert *adj* raccomandabile, consigliabile

Empfehlung <-, -en> *f* ① *(Rat)* consiglio *m* ② *(Fürsprache)* raccomandazione *f;* *(Referenz)* referenze *f pl;* **auf ~ von** dietro raccomandazione di ③ *(geh: Gruß)* ossequi *mpl,* saluti *mpl;* **mit den besten ~en** con i migliori saluti

Empfehlungsschreiben *nt* lettera *f* di raccomandazione

empfiehlt [ɛmˈpfiːlt] *3. Pers. Sing. Präs. von* **empfehlen**

empfinden [ɛmˈpfɪndən] <empfindet, empfand, empfunden> *vt* sentire, provare

empfindlich *adj* ① *(Person) a.* FOTO, TEC sensibile; **gegen etw ~ sein** essere sensibile a qc ② *(zart)* delicato ③ *(leicht verletzbar)* suscettibile; *(übelnehmend)* permaloso; *(reizbar)* irritabile; **jdn an seiner ~sten Stelle treffen** pungere qu sul vivo ④ *(spürbar, schmerzlich)* pungente, doloroso

Empfindlichkeit <-> *f kein Pl.* ① *(Feinfühligkeit) a.* MED, TEC, FOTO sensibilità *f* ② *(Reizbarkeit)* suscettibilità *f,* irritabilità *f*

empfindsam *adj* sensibile, delicato d'animo; *(gefühlvoll)* emotivo, sentimentale

Empfindsamkeit <-> *f kein Pl.* sensibilità *f,* emotività *f,* sentimentalità *f*

Empfindung <-, -en> *f* ① *(Wahrnehmung)* sensazione *f* ② *(Gefühl)* sentimento *m*

empfing [ɛmˈpfɪŋ] *1. u. 3. Pers. Sing. Imp. von* **empfangen**

empfohlen [ɛmˈpfoːlən] *PP von* **empfehlen**

empfunden [ɛmˈpfʊndən] *PP von* **empfinden**

empirisch [ɛmˈpiːrɪʃ] *adj (geh)* empirico

empor [ɛmˈpoːɐ̯] *adv (geh)* verso l'alto, all'insù

empor|arbeiten *vr:* **sich ~** *(fig)* farsi una posizione, far carriera

Empore [ɛmˈpoːrə] <-, -n> *f (in Kirche)* cantoria *f,* matroneo *m;* *(in Theater)* galleria *f*

empören [ɛmˈpøːrən] <ohne ge-> **I.** *vt* indignare **II.** *vr:* **sich ~** ① *(sich entrüsten)* **sich über jdn/etw ~** sdegnarsi con qu/indignarsi per qc ② *(sich auflehnen)* **sich gegen etw ~** ribellarsi a qc, rivoltarsi contro qc

empörend *adj* scandaloso

Emporkömmling [ɛmˈpoːɐ̯kœmlɪŋ] <-s, -e> *m* arrivista *mf,* parvenu *m*

empor|ragen [ɛmˈpoːɐ̯raːgən] *vi (geh)* innalzarsi, elevarsi

empor|schwingen <irr> *vr:* **sich ~** lanciarsi in alto; **sich zu etw ~** *(fig)* raggiungere qc

empor|steigen <irr> **I.** *vi sein (Rauch)* salire; *(Zweifel)* sorgere **II.** *vt (Stufen)* salire

empört [ɛmˈpøːɐ̯t] *adj* **über etw ~ sein** essere indignato per qc

Empörung <-, -en> *f* indignazione *f;* **seine ~ über …** +*akk* la sua indignazione per …

emsig [ˈɛmzɪç] *adj* ① *(fleißig)* diligente, laborioso ② *(unermüdlich)* assiduo

Emsigkeit <-> *f kein Pl.* ① *(Fleiß)* diligenza *f* ② *(Unermüdlichkeit)* assiduità *f*

Emu [ˈeːmu] <-s, -s> *m* ZOO emù *m*

Emulgator [emʊlˈgaːtoːɐ, *Pl:* emʊlgaˈtoːrən] <-s, -en> *m* emulgante *m*

emulgieren [emʊlˈgiːrən] *vt* emulsionare

Emulsion [emʊlˈzjoːn] <-, -en> *f* ① CHEM emulsione *f* ② FOTO emulsione *f* sensibile

en bloc [ãˈblɔk] *adv* in blocco

End- [ˈɛnt] *in Zusammensetzungen* terminale, finale, definitivo

Endausscheidung *f* finalissima *f*

Endbahnhof *m* stazione *f* terminale, capolinea *m*

Ende [ˈɛndə] <-s, -n> *nt* ① *(zeitlich)* fine *f;* **am ~** alla fine; *(schließlich)* in fin dei conti; **~ Mai** alla fine di maggio; **er ist ~ dreißig** è alla fine dei trenta; **zu ~ gehen** stare per finire; **zu ~ sein** essere finito, finire; **letzten ~s** alla fin fine; **ein gutes/böses ~ nehmen** finir bene/male; **einer Sache** *dat* **ein ~ bereiten** [*o* **machen**] porre fine a qc; **am ~ [seiner Kräfte] sein** essere sfinito; **bis zum bitteren ~** fino alla fine; **das dicke ~ kommt noch** *(fam)* il peggio deve ancora venire; **das will kein ~ nehmen** non finisce più; **sie kann [wieder einmal] kein ~ finden** non la smette più; **~ gut, alles gut** *(prov)* tutto è bene quel che finisce bene; **… ohne ~** *(fam)* … da non credere; **etw ist langweilig ohne ~** *(fam)* qc è noioso da non credere ② *(Endpunkt)* estremità *f;* **am anderen ~ der Stadt** all'altro capo della città; **am äußersten ~** all'estremo; **am ~ der Welt** *(fam)* in capo al mondo ③ *(Abschluss)* termine *m;* **etw zu ~ bringen** portare qc a termine ④ *(Ausgang)* esito *m*

Endeffekt *m* **im ~** alla fin fine

enden *vi* finire; *(ausgehen)* terminare; *(Frist)* scadere; **nicht ~ wollender Beifall**

un applauso a non finire; **das wird böse ~!** andrà a finir male

Endergebnis *nt* risultato *m* finale

Endgeschwindigkeit *f* velocità *f* finale

endgültig *adj* definitivo

Endhaltestelle *f* capolinea *m,* stazione *f* terminale

Endivie [ɛn'di:viə] <-, -n> *f* indivia *f*

Endkampf *m* SPORT finale *f*

Endlager ['ɛndla:gɐ] *nt* deposito *m*

endlagern ['ɛndla:gɐn] *vt* depositare [definitivamente]

endlich I. *adj* finito **II.** *adv* in fine, alla fine; **na, ~!** *(fam)* finalmente!

endlos *adj* ① *(räumlich)* infinito ② *(zeitlich)* interminabile; **das dauert ja ~ lange** non finisce più

Endlosigkeit <-, -en> *f (räumlich)* immensità *f; (zeitlich)* infinità *f*

Endlospapier <-s> *nt kein Pl.* INFORM modulo *m* continuo

endogen [ɛndo'ge:n] *adj* endogeno

Endoskop [ɛndo'sko:p] <-s, -e> *nt* MED endoscopio *m*

Endoskopie [ɛndosko'pi:, *Pl:* ɛndosko'pi:ən] <-, -n> *f* MED endoscopia *f*

Endphase *f* fase *f* finale

Endprodukt *nt* prodotto *m* finito

Endpunkt *m* punto *m* estremo [*o* d'arrivo]

Endrunde *f* SPORT girone *m* finale, ultima ripresa *f*

Endspiel *nt* SPORT finale *f*

Endspurt *m* SPORT sprint *m* finale; *(Radsport)* volata *f*

Endstadium *nt* fase *f* finale

Endstation *f* stazione *f* terminale, capolinea *m*

Endsumme *f* totale *m*

Endung <-, -en> *f* LING desinenza *f*

Endverbraucher *m* consumatore, -trice *m, f* [finale]

Endzeitstimmung ['ɛndtsaɪtʃtɪmʊŋ] <-, -en> *f* inclinazione *f* apocalittica

Endziel *nt* meta *f* finale

Energie [enɛr'gi:] <-, -n> *f* ① *a.* PHYS energia *f;* **grüne ~** energia verde [*o* sostenibile] ② *(Tatkraft)* vigore *m,* forza *f*

Energieausweis *m* certificato *m* energetico degli edifici, attestato *m* di prestazione energetica

Energiebedarf *m* fabbisogno *m* energetico

energiebewusst *adj* ECO **sich ~ verhalten** fare uso cosciente di energia

energieeffizient *adj* energeticamente efficiente

Energieerzeugung *f* produzione *f* energetica

Energiehaushalt [enɛr'gi:haʊshalt] <-(e)s, -e> *m* equilibrio *m* energetico

Energiepass *m s.* **Energieausweis**

Energiequelle *f* fonte *f* energetica

Energiesparen <-s> *nt kein Pl.* risparmio *m* energetico

energiesparend *adj* che risparmia energia

Energiesparlampe *f* lampadina *f* a basso consumo

Energieträger *m* fonte *f* energetica, vettore *m* energetico

Energieumwandlung *f* trasformazione *f* energetica

Energieverbrauch *m* consumo *m* energetico

Energieverschwendung *f* spreco *m* di energie

Energieversorgung *f* distribuzione *f* energetica, rifornimento *m* energetico

Energiewende *f* svolta *f* energetica

Energiewirtschaft <-> *f kein Pl.* settore *m* energetico

Energiezufuhr *f* immissione *f* di energia

energisch [e'nɛrgɪʃ] *adj* energico; *(entschlossen)* fermo, risoluto

eng [ɛŋ] *adj* ① *(räumlich)* stretto ② *(Kleidung)* stretto; **~ anliegend** attillato, aderente ③ *(eingeschränkt)* limitato, ristretto; **im ~eren Sinne** in senso ristretto; **in die ~ere Wahl kommen** entrare in ballottaggio ④ *(Beziehungen)* intimo, stretto; **im ~sten Familienkreis** nell'intimità della famiglia ⑤ *(Wend)* **das darf man nicht so ~ sehen** *(fam)* non si devono prendere le cose troppo alla lettera

Engadin ['ɛŋgadi:n] *nt* GEOG Engadina *f*

Engagement [ãgaʒə'mã:] <-s, -s> *nt* ① *Sing. (Einsatz, Bindung)* impegno *m* ② THEAT *(Anstellung)* scrittura *f,* ingaggio *m*

engagieren [ãga'ʒi:rən] <ohne ge-> **I.** *vt* THEAT scritturare, ingaggiare; *(anstellen)* assumere **II.** *vr:* **sich ~** *(sich einsetzen)* impegnarsi, adoperarsi

engagiert *adj* impegnato

enganliegend *adj* attillato, aderente

Enge ['ɛŋə] <-, -n> *f* ① *(räumlich)* strettezza *f* ② *(verengte Stelle)* strettoia *f; (Meeres~)* stretto *m;* **jdn in die ~ treiben** *(fig)* mettere qu alle strette ③ *(fig: Beschränktheit)* limitatezza *f,* ristrettezza *f*

Engel ['ɛŋəl] <-s, -> *m* angelo *m*

Engelsburg *f* Castel *m* Sant'Angelo

Engelsgeduld *f* pazienza *f* di un santo

Engerling ['ɛŋɐlɪŋ] <-s, -e> *m* larva *f* di maggiolino

engherzig *adj* gretto, meschino

Engherzigkeit <-, -en> *f* grettezza *f,* meschinità *f; (Geiz)* avarizia *f*

England ['ɛŋlant] *nt* Inghilterra *f*

Engländer <-s, -> *m* ① TEC chiave *f* inglese ② A GASTR *dolce con nocciole e mandorle*

Engländer(in) ['ɛŋlɛndɐ] <-s, -; -, -nen> *m(f)* inglese *mf*

englisch ['ɛŋlɪʃ] **I.** *adj* inglese **II.** *adv* ① inglese, all'inglese ② GASTR al sangue **III.** *in Zusammensetzungen* anglo-

englischsprechend *adj* anglofono

engmaschig *adj* fitto, a maglie fitte

E

Engpass *m* ① GEOG passo *m* stretto; *(verengte Stelle)* strettoia *f* ② *(fig)* difficoltà *f*, impasse *f*

en gros [ã'gro] *adv* COM all'ingrosso

engstirnig *adj (pej: einseitig)* di vedute limitate; *(kleinlich)* gretto, meschino

Engstirnigkeit <-> *f kein Pl.* ① *(Einseitigkeit)* limitatezza *f* di vedute ② *(Kleinlichkeit)* meschinità *f*

Enjambement [ãʒãbə'mã:] <-s, -s> *nt* GRAM enjambement *m*

Enkel(in) ['ɛŋkəl] <-s, -; -, -nen> *m(f)* nipote *mf* [di nonno, -a]

Enkelkind *nt* nipote *mf* [di nonno, -a]

Enklave [ɛn'kla:və] <-, -n> *f* enclave *f*

enorm [e'nɔrm] *adj* enorme

Ensemble [ã'sã:bəl] <-s, -s> *nt* ① THEAT ensemble *m*, complesso *m* ② *(Kleidung)* completo *m*

entarten [ɛnt'ʔartən] <ohne ge-> *vi sein* degenerare

entartet *adj* degenerato, depravato

Entartung <-, -en> *f* degenerazione *f*, depravazione *f*

entbehren [ɛnt'be:rən] <ohne ge-> **I.** *vt* ① *(geh: vermissen)* sentire la mancanza di ② *(verzichten)* fare a meno di, rinunciare a **II.** *vi (geh)* **einer Sache** *gen* ~ essere privo di, mancare di

entbehrlich [ɛnt'be:ɐ̯lɪç] *adj* superfluo, non necessario

Entbehrung <-, -en> *f* ① *(Verzicht)* privazione *f* ② *(Not)* bisogno *m*

entbinden <irr, ohne ge-> *vt* ① *(von Pflicht, Versprechen)* **jdn von etw** ~ liberare qu da qc, sciogliere qu da qc ② MED far partorire

Entbindung <-, -en> *f* MED parto *m*

Entbindungsklinik *f* clinica *f* ostetrica

Entbindungsstation *f* [reparto *m*] maternità *f*

entblößen [ɛnt'blø:sən] <ohne ge-> *vt* scoprire, mettere a nudo

entblößt *adj* ① *(nackt)* nudo, scoperto ② *(fig)* privo, spogliato

entbrennen <irr, ohne ge-> *vi sein (fig geh)* accendersi

entdecken <ohne ge-> *vt* scoprire; **wieder** ~ riscoprire

Entdecker(in) <-s, -; -, -nen> *m(f)* scopritore, -trice *m, f*

Entdeckung <-, -en> *f* scoperta *f*

Entdeckungsreise *f* viaggio *m* di esplorazione

Ente ['ɛntə] <-, -n> *f* ① ZOO anatra *f* ② *(fig: Zeitungs~)* canard *m*, frottola *f* ③ *(fig fam: Citroën 2 CV)* due cavalli *f*

entehren [ɛnt'ʔe:rən] <ohne ge-> *vt* disonorare; *(entwürdigen)* degradare

Entehrung <-, -en> *f* disonore *m*, diffamazione *f*

enteignen [ɛnt'ʔaɪgnən] <ohne ge-> *vt* espropriare

Enteignung <-, -en> *f* espropriazione *f*, esproprio *m*

enteilen <ohne ge-> *vi sein (obs)* [s]fuggire

enteisen [ɛnt'ʔaɪzən] <ohne ge-> *vt* disgelare; *(Kühlschrank)* sbrinare; *(Straße)* sgomberare dal ghiaccio

Entenbraten *m* GASTR anatra *f* arrosto

Entenei *nt* uovo *m* d'anatra

enterben <ohne ge-> *vt* diseredare

Enterich ['ɛntərɪç] <-s, -e> *m* maschio *m* dell'anatra

entern ['ɛntɐn] **I.** *vt haben* arrembare **II.** *vi sein* arrampicarsi [all'arrembaggio]

Entertainer(in) ['ɛntɐte:nɐ *o* 'ɛntɐteɪnɐ] <-s, -; -, -nen> *m(f)* entertainer *mf*, animatore, -trice *m, f*

Enter-Taste ['ɛntɐtastə] *f* INFORM tasto *m* invio

entfachen [ɛnt'faxən] <ohne ge-> *vt (geh)* accendere, attizzare

entfahren <irr, ohne ge-> *vi sein* sfuggire

entfallen <irr, ohne ge-> *vi sein* ① *(geh: entgleiten)* sfuggire di mano ② *(vergessen)* uscire di mente; **mir ist sein Name** ~ mi è sfuggito il suo nome ③ *(Anteil)* **auf jdn/etw** ~ spettare a qc/qu ④ *(wegfallen)* venir meno, venire a mancare

entfalten <ohne ge-> **I.** *vt* ① *(auseinanderfalten)* [di]spiegare ② *(fig: Gedanken)* svolgere, spiegare **II.** *vr:* **sich** ~ ① *(Blume)* schiudersi, sbocciare ② *(fig)* svilupparsi

Entfaltung <-> *f kein Pl. (von Talenten)* fioritura *f; (von Mensch, Schönheit)* sviluppo *m;* **zur ~ kommen** svilupparsi

entfärben <ohne ge-> **I.** *vt* decolorare, scolorire **II.** *vr:* **sich** ~ scolorirsi

entfernen [ɛnt'fɛrnən] <ohne ge-> **I.** *vt (wegnehmen, -tun)* togliere; *(wegräumen)* rimuovere; *(Personen)* allontanare; MED asportare; *(Mandeln)* togliere **II.** *vr:* **sich** ~ ① *(räumlich)* allontanarsi; *(weggehen)* andarsene, partire ② *(fig: abweichen)* [di]scostarsi

entfernt *adj* ① *(fern)* lontano, distante; *(ab-*

gelegen) appartato, discosto; **ich denke nicht im Entferntesten daran!** non ci penso neanche lontanamente! ② *(weitläufig)* lontano; **~e Verwandte** parenti lontani ③ *(Ähnlichkeit)* vago

Entfernung <-, -en> *f* ① *(Abstand)* distanza *f;* **auf eine ~ von** a una distanza di; **aus der ~** da lontano ② *(das Entfernen)* allontanamento *m; (das Beseitigen)* eliminazione *f; (aus Amt)* licenziamento *m*

Entfernungsmesser <-s, -> *m* telemetro *m*

entfesseln <ohne ge-> *vt* scatenare, suscitare

entfiel *1. u. 3. Pers. Sing. Imp. von* **entfallen**

entflammbar [ɛntˈflambaːɐ] *adj* infiammabile

entflammen <ohne ge-> *(geh)* **I.** *vt haben (fig)* infiammare, accendere; *(begeistern)* entusiasmare **II.** *vi sein (fig)* accendersi; *(Streit)* scoppiare

entflechten <irr, ohne ge-> *vt* ① COM decentrare ② *(entwirren)* districare, disfare

entfliegen <irr, ohne ge-> *vi sein* volar via, involarsi; **„Wellensittich entflogen"** "pappagallino volato via"

entfliehen <irr, ohne ge-> *vi sein* [s]fuggire

entfremden <ohne ge-> **I.** *vt* **jdn jdm/etw ~** estraniare qu da qu/qc **II.** *vr* **sich jdm/etw ~** estraniarsi da qu/qc

Entfremdung <-> *f kein Pl.* straniamento *m,* alienazione *f*

entfreunden INFORM *(fam)* **I.** *vr* **sich ~** *(von einem virtuellen Freund)* interrompere l'amicizia **II.** *vt (eine virtuelle Freundschaft beenden)* togliere l'amicizia

entfuhr *1. u. 3. Pers. Sing. Imp. von* **entfahren**

entführen <ohne ge-> *vt* rapire, sequestrare

Entführer(in) <-s, -; -, -nen> *m(f)* rapitore, -trice *m, f*

Entführung <-, -en> *f* rapimento *m*

entgangen *PP von* **entgehen**

entgegen [ɛntˈgeːgən] **I.** *adv* ① *(in Richtung)* incontro, verso; **er ging ihr ~** le andò incontro ② *(zuwider)* contrario a **II.** *präp +dat (im Gegensatz zu)* contrariamente a, in opposizione a

entgegen|bringen <irr> *vt (Interesse)* [di]mostrare; **jdm Vertrauen ~** nutrire fiducia in qu

entgegen|fiebern *vi* **einer Sache** *dat* **~** aspettare con ansia qualcosa; **sie fiebert seiner Ankunft entgegen** non vede l'ora che arrivi

entgegen|gehen <irr> *vi sein (a. fig)* **jdm ~** andare incontro a qu; **seinem Ende ~** avvicinarsi alla fine

entgegengesetzt *adj* contrario, opposto; **~er Meinung sein** essere di parere contrario; **in ~er Richtung** in direzione opposta

entgegen|halten <irr> *vt* ① *(entgegenstrecken)* [s]tendere; **jdm die Hand ~** tendere la mano a qu ② *(einwenden)* obiettare

entgegen|kommen <irr> *vi sein* ① *(sich nähern)* venire incontro ② *(Zugeständnisse machen)* venire incontro ③ *(entsprechen)* convenire; **das kommt mir sehr entgegen** ciò mi conviene

Entgegenkommen <-s> *nt kein Pl.* compiacenza *f,* accondiscendenza *f,* cortesia *f*

entgegenkommend *adj* cortese, amabile

entgegen|nehmen <irr> *vt* ricevere, accettare

entgegen|sehen <irr> *vi* **einer Sache** *dat* **~** attendere qualcosa

entgegen|setzen *vt* **jdm/etw etw ~** opporre qc a qu/qc

entgegen|stehen <irr> *vi* **dem steht nichts entgegen** non c'è nulla in contrario

entgegen|treten <irr> *vi sein* farsi incontro, opporsi

entgegen|wirken *vi* **einer Sache** *dat* **~** contrastare qualcosa

entgegnen [ɛntˈgeːgnən] <ohne ge-> *vt* rispondere, replicare

Entgegnung <-, -en> *f* risposta *f,* replica *f*

entgehen <irr, ohne ge-> *vi sein* ① *(verschont bleiben)* **einer Gefahr/der Strafe** *dat* **~** sfuggire a un pericolo/alla punizione ② *(nicht bemerkt werden)* **jdm ~** sfuggire a qu ③ *(versäumen)* **sich** *dat* **etw ~/nicht ~ lassen** lasciarsi/non lasciarsi sfuggire qc

entgeistert [ɛntˈgaɪstɐt] *adj* allibito, sbigottito

Entgelt [ɛntˈgɛlt] <-(e)s, -e> *nt* ① *(Lohn)* paga *f; (Entlohnung)* retribuzione *f;* **gegen ein [geringes] ~ von** dietro un [modico] compenso di ② *(Entschädigung)* indennità *f,* indennizzo *m* ③ *(Gebühr)* contributo *m*

entgleisen [ɛntˈglaɪzən] <ohne ge-> *vi sein* ① FERR deragliare ② *(fig: in Gesellschaft)* sviarsi, traviarsi; *(taktlos benehmen)* comportarsi male

Entgleisung <-, -en> *f* ① FERR deragliamento *m* ② *(fig)* sbandamento *m,* traviamento *m,* passo *m* falso

entgleiten <irr, ohne ge-> *vi sein (geh)* ① *(aus der Hand fallen)* sfuggire [di mano]; **der Teller ist ihm** [*o* **seinen Händen**] **entglitten** gli è sfuggito il piatto di mano ② *(fig: sich entziehen)* **jdm/etw ~** sottrarsi a qu/qc

entgräten [ɛntˈgrɛːtən] <ohne ge-> *vt* spinare, togliere le spine a

enthaaren [ɛntˈhaːrən] <ohne ge-> *vt* depilare

Enthaarungsmittel *nt* depilatorio *m*

enthalten <irr, ohne ge-> **I.** *vt* contenere **II.** *vr:* **sich ~** astenersi; **sich der Stimme ~** astenersi dal voto; **sich des Lachens nicht ~ können** non potersi trattenere dal ridere

enthaltsam [ɛntˈhaltzaːm] *adj* morigerato, astinente; *(im Essen)* sobrio; *(im Alkoholgenuss)* astemio; *(sexuell)* continente

Enthaltsamkeit <-> *f kein Pl.* morigeratezza *f*, astinenza *f*; *(im Essen)* sobrietà *f*; *(im Alkoholgenuss)* essere *m* astemio; *(sexuell)* continenza *f*

Enthaltung [ɛntˈhaltʊŋ] <-, -en> *f* astensione *f*

enthärten <ohne ge-> *vt* addolcire

enthaupten [ɛntˈhaʊptən] <ohne ge-> *vt* decapitare

Enthauptung <-, -en> *f* decapitazione *f*

entheben <irr, ohne ge-> *vt (geh)* **jdn seines Amtes ~** destituire qu dalla sua carica; **jdn einer Verpflichtung ~** esentare qu da un obbligo

enthemmen <ohne ge-> *vt* disinibire

enthemmend *adj* disinibitorio

enthemmt *adj* disinibito

enthüllen <ohne ge-> *vt* ① *(Denkmal)* scoprire ② *(geh: Geheimnis)* svelare, rivelare

Enthüllung <-, -en> *f* ① *(von Denkmal)* scoprimento *m*, inaugurazione *f* ② *(von Geheimnis)* rivelazione *f*

Enthüllungsjournalismus <-> *m kein Pl.* giornalismo *m* d'assalto

Enthusiasmus [ɛntuziˈasmʊs] <-> *m kein Pl.* entusiasmo *m*

enthusiastisch [ɛntuziˈastɪʃ] *adj* entusiasta

entjungfern <ohne ge-> *vt* deflorare, sverginare

Entjungferung <-, -en> *f* deflorazione *f*

entkalken <ohne ge-> *vt* decalcificare

entkernen <ohne ge-> *vt* togliere i semi a

Entkerner <-s, -> *m* snocciolatore *m*

entkleiden <ohne ge-> *(geh)* **I.** *vt* ① *(ausziehen)* spogliare, svestire ② *(fig: entheben)* destituire **II.** *vr:* **sich ~** spogliarsi, svestirsi

entkoffeiniert [ɛntkɔfeiˈniːɐ̯t] *adj* decaffeinato

entkommen <irr, ohne ge-> *vi sein* [s]fuggire, scappare; **mit knapper Not ~** scamparla bella

entkorken <ohne ge-> *vt* stappare, sturare

entkräften [ɛntˈkrɛftən] <ohne ge-> *vt* ① *(schwächen)* indebolire, estenuare ② *(fig: Argument)* confutare; JUR infirmare

Entkräftung <-, -en> *f* ① *(das Schwächen)* indebolimento *m*, spossamento *m*, estenuazione *f* ② *(fig)* confutazione *f*; JUR invalidamento *m*

entladen <irr, ohne ge-> **I.** *vt* scaricare; NAUT sbarcare **II.** *vr:* **sich ~** scaricarsi; *(Zorn)* esplodere

Entladung <-, -en> *f* scarica *f*

entlang [ɛntˈlaŋ] *adv o präp nachgestellt akk, rar dat; vorgestellt dat, rar gen* lungo; **am Meer ~** lungo il mare; **hier ~** per di qua

entlang|fahren <irr> *vi sein* **an etw** *dat* **~** percorrere qc, costeggiare qc

entlang|gehen <irr> *vi sein* **an etw** *dat* **~** percorrere qc, costeggiare qc

entlarven [ɛntˈlarfən] <ohne ge-> *vt* smascherare

entlassen <irr, ohne ge-> *vt* ① *(kündigen)* licenziare; **jdn fristlos ~** licenziare qu in tronco ② *(aus Krankenhaus)* dimettere; *(aus Gefängnis)* rilasciare, liberare; *(aus Armee)* congedare; *(aus Schule)* licenziare

Entlassung <-, -en> *f* ① *(aus Arbeitsverhältnis)* licenziamento *m* ② *(aus Gefängnis)* rilascio *m*, scarcerazione *f*

Entlassungsgesuch *nt* dimissioni *fpl*

Entlassungszeugnis *nt* licenza *f*

entlasten <ohne ge-> *vt* ① *(von Last befreien)* alleviare, alleggerire ② *(fig)* TEC, ARCH scaricare ③ *(Straße vom Verkehr)* decongestionare, alleggerire ④ *(Angeklagte)* deporre a discarico di

Entlastung <-, -en> *f* ① JUR discarico *m*, discolpa *f* ② *(von Verkehr)* decongestionamento *m*

Entlastungszeuge *m*, **Entlastungszeugin** *f* testimone *mf* a discarico

entlaufen <irr, ohne ge-> *vi sein* fuggire; **„Katze ~"** "è stato smarrito un gatto"

entlausen <ohne ge-> *vt* disinfestare, spidocchiare *fam*

entledigen [ɛntˈleːdɪgən] <ohne ge-> *vr (geh)* **sich einer Aufgabe ~** assolvere un compito; **sich seiner Kleider ~** togliere i vestiti

entleeren <ohne ge-> *vt* [s]vuotare

entlegen [ɛntˈleːgən] *adj* distante, fuori mano, isolato

entlehnen <ohne ge-> *vt* A *(entleihen)* prendere in prestito

entleihen <irr, ohne ge-> *vt* **etw von jdm ~** prendere a prestito qc da qu, farsi prestare qc da qu

Entleihung <-, -en> *f* prestito *m*

entließ *1. u. 3. Pers. Sing. Imp. von* **entlassen**

entlocken <ohne ge-> *vt* **jdm etw ~** strappare qc a qu
entlohnen <ohne ge-> *vt,* **entlöhnen** <ohne ge-> *vt* CH pagare, rimunerare
Entlohnung <-, -en> *f,* **Entlöhnung** <-, -en> *f* CH pagamento *m,* rimunerazione *f*
entlud *1. u. 3. Pers. Sing. Imp. von* **entladen**
entlüften *vt* <ohne ge-> ① *(Raum)* aerare, arieggiare ② PHYS, CHEM disaerare; **die Bremsen ~** spurgare l'aria dai freni
Entlüftung <-, -en> *f* ① *(das Entlüften)* aerazione *f,* ventilazione *f* ② PHYS, CHEM disaerazione *f*
entmachten [ɛnt'maxtən] <ohne ge-> *vt* esautorare
Entmachtung [ɛnt'maxtʊŋ] <-, -en> *f* esautorazione *f*
entmannen <ohne ge-> *vt* evirare, castrare
entmilitarisieren [ɛntmilitari'ziːrən] <ohne ge-> *vt* smilitarizzare
entmündigen [ɛnt'mʏndɪgən] <ohne ge-> *vt* interdire
Entmündigung <-, -en> *f* interdizione *f,* messa *f* sotto tutela
entmutigen [ɛnt'muːtɪgən] <ohne ge-> *vt* scoraggiare, demoralizzare
Entmutigung <-, -en> *f* scoraggiamento *m,* abbattimento *m,* demoralizzazione *f*
Entnahme [ɛnt'naːmə] <-, -n> *f* prelevamento *m; (a. Blut~)* prelievo *m*
entnehmen <irr, ohne ge-> *vt* ① *(herausnehmen)* **einer Sache** *dat* **etw ~** prendere qc da qc; **jdm eine Blutprobe ~** prelevare a qu una fialetta di sangue ② *(folgern)* **einer Sache** *dat* **etw ~** dedurre qc da qc; **ich entnehme deinen Worten, dass …** da quanto mi dici deduco che …
entpuppen [ɛnt'pʊpən] <ohne ge-> *vr* **er/sie/es entpuppte sich als …** si rivelò un/una …
entrahmen <ohne ge-> *vt* GASTR scremare
entrahmt [ɛnt'raːmt] *adj* scremato
enträtseln <ohne ge-> *vt (Rätsel)* risolvere, spiegare; *(Schrift)* decifrare
entrechten [ɛnt'rɛçtən] <ohne ge-> *vt* privare dei diritti
entreißen <irr, ohne ge-> *vt* ① *(aus den Händen reißen)* **jdm etw ~** strappare qc di mano a qu ② *(geh: retten)* **jdn dem Tod ~** strappare qu alla morte
entrichten <ohne ge-> *vt* pagare, versare
entrinnen <irr, ohne ge-> *vi sein (geh)* **einer Sache** *dat* **~** sfuggire a qc
entrollen <ohne ge-> *vt* svolgere; *(a. fig)* spiegare
entrosten <ohne ge-> *vt* togliere la ruggine a
entrückt [ɛnt'rʏkt] *adj (Mensch)* assorto; *(Blick)* assente
entrümpeln [ɛnt'rʏmpəln] <ohne ge-> *vt* sgomberare [dal ciarpame]
entrüsten [ɛnt'rʏstən] <ohne ge-> **I.** *vt* indignare **II.** *vr* **sich über jdn/etw ~** sdegnarsi con qu/indignarsi per qc
entrüstet *adj* indignato, sdegnato
Entrüstung <-, -en> *f* indignazione *f,* sdegno *m*
Entsafter [ɛnt'zaftɐ] <-s, -> *m* centrifuga *f*
entsagen <ohne ge-> *vi (geh: verzichten)* **einer Sache** *dat* **~** rinunciare a qc
entsann *1. u. 3. Pers. Sing. Imp. von* **entsinnen**
entschädigen <ohne ge-> *vt* **jdn für etw ~** risarcire qu di qc; *(gesetzlich)* indennizzare qu di qc
Entschädigung <-, -en> *f (Vorgang)* risarcimento *m,* indennizzo *m; (Schadenersatz)* [risarcimento *m*] danni *mpl; (Summe)* indennità *f;* **als ~ für** a titolo d'indennizzo per
Entschädigungsforderung *f* richiesta *f* di indennizzo
entschärfen <ohne ge-> *vt* ① *(Mine, Bombe)* disinnescare ② *(fig)* appianare
Entscheid [ɛnt'ʃaɪt] <-(e)s, -e> *m* decisione *f*
entscheiden <irr, ohne ge-> **I.** *vt* decidere; JUR giudicare; **es ist noch nichts entschieden** non c'è ancora nulla di definitivo **II.** *vi* **über etw** *akk* **~** decidere di qc, deliberare qc **III.** *vr:* **sich ~** decidersi, risolversi
entscheidend *adj* decisivo, determinante; **der ~e Augenblick** il momento cruciale; **das Entscheidende dabei ist …** l'essenziale è che …
Entscheidung <-, -en> *f* decisione *f; (Entschluss)* deliberazione *f,* risoluzione *f;* JUR *(der Geschworenen)* verdetto *m; (des Gerichts)* sentenza *f;* **eine ~ treffen** prendere una decisione
entscheidungsfreudig *adj* facile alle decisioni
Entscheidungsprozess [ɛnt'ʃaɪdʊŋsprotsɛs] <-es, -e> *m* processo *m* decisionale
Entscheidungsspiel *nt* SPORT partita *f* decisiva, bella *f*
entschieden [ɛnt'ʃiːdən] *adj* ① *(Sache)* deciso ② *(Person: energisch)* energico, fermo; *(entschlossen)* risoluto, determinato ③ *(Ton)* perentorio ④ *(eindeutig)* netto, evidente; **das geht ~ zu weit** le cose stanno andando decisamente troppo in là
Entschiedenheit <-> *f kein Pl.* fermezza *f*
entschlacken <ohne ge-> *vt* MED purgare
entschlafen <entschläft, entschlief, entschlafen> *vi sein (geh: sterben)* spirare

entschließen <irr, ohne ge-> *vr:* **sich ~** decidersi; **sich ~ etw zu tun** decidersi a fare qc; **sich anders ~** cambiare idea

Entschließung <-, -en> *f* decisione *f*

entschlossen [ɛnt'ʃlɔsən] *adj* fermo, energico; **kurz ~** senza esitare; **zu allem ~ sein** essere pronto a tutto

Entschlossenheit <-> *f kein Pl.* risolutezza *f;* *(Festigkeit)* fermezza *f*

entschlüpfen <ohne ge-> *vi sein* ① *(entkommen)* sgattaiolare ② *(fig: Bemerkung)* sfuggire

Entschluss <-es, -schlüsse> *m* decisione *f,* risoluzione *f;* **einen ~ fassen** prendere una decisione

entschlüsseln <ohne ge-> *vt* decifrare

Entschlüsselung <-, -en> *f* deciframento *m,* decifrazione *f;* INFORM decodificazione *f*

Entschlusskraft [ɛnt'ʃlʊskraft] <-> *f kein Pl.* determinazione *f,* risolutezza *f*

entschuldbar *adj* scusabile, perdonabile

entschuldigen [ɛnt'ʃʊldɪgən] <ohne ge-> **I.** *vt* ① *(verzeihen)* scusare, perdonare; **bitte ~ Sie die Störung, aber ...** scusi il disturbo, ma ... ② *(rechtfertigen)* giustificare; **sein Verhalten ist durch nichts zu ~** il suo comportamento non è affatto giustificabile **II.** *vi* scusare; **~ Sie [bitte]!** [mi] scusi! **III.** *vr:* **sich ~** scusarsi; **sich bei jdm wegen etw ~** scusarsi con qu di qc

Entschuldigung <-, -en> *f* ① *(Verzeihung)* scusa *f,* perdono *m;* **jdm um ~ bitten** chiedere scusa a qu; **ich bitte vielmals um ~** scusi tanto ② *(Rechtfertigung)* giustificazione *f;* *(Vorwand)* pretesto *m;* **als ~ für** a giustificazione di; **zu seiner ~ kann man sagen ...** a suo discarico si può dire ... ③ *(~sschreiben)* lettera *f* di scuse

entschwinden <irr, ohne ge-> *vi sein (geh)* ① *(verschwinden)* scomparire, dileguarsi ② *(fig: vergehen)* sfuggire

entseelt [ɛnt'ze:lt] *adj (poet)* esanime

entsenden <irr, ohne ge-> *vt (geh)* inviare; *(Vertreter)* delegare

entsetzen <ohne ge-> **I.** *vt (erschrecken)* far spaventare; *(schockieren)* indignare **II.** *vr:* **sich ~** inorridire, spaventarsi

Entsetzen <-s> *nt kein Pl.* spavento *m,* orrore *m;* **zu meinem größten ~ ...** con mio grande spavento ...

entsetzlich **I.** *adj* ① *(schrecklich)* spaventoso, orribile ② *(fam: unangenehm stark)* terribile **II.** *adv (fam: sehr)* terribilmente

entsetzt [ɛnt'zɛtst] *adj* indignato, sconvolto (**über** +*akk* a riguardo di); **ich bin ~!** sono indignato!

entsichern <ohne ge-> *vt (Schusswaffe)* togliere la sicura a; *(Bombe)* disinnescare

entsinnen <irr, ohne ge-> *vr:* **sich ~** ricordarsi; **wenn ich mich recht entsinne** se ben mi ricordo

entsorgen <ohne ge-> *vt (Müll)* eliminare; *(Fabrik)* smaltire i rifiuti di

Entsorgung <-> *f kein Pl.* eliminazione *f,* smaltimento *m*

entspannen <ohne ge-> **I.** *vt* ① *(Lage)* distendere, appianare ② *(Körper, Muskeln)* rilasciare **II.** *vr:* **sich ~** ① *(Mensch)* rilassarsi; *(sich ausruhen)* riposarsi ② *(Lage)* distendersi ③ *(Muskeln)* rilasciarsi

entspannt *adj* ① allentato; *a.* POL disteso ② MED rilassato

Entspannung <-, -en> *f* ① *(von Mensch)* riposo *m,* relax *m* ② POL distensione *f*

Entspannungspolitik *f* politica *f* di distensione

entspinnen <entspinnt, entspann, entsponnen> *vr:* **sich ~** *(beginnen)* svilupparsi; *(bes. Freundschaft)* nascere

entsprechen <irr, ohne ge-> *vi* ① *(übereinstimmen)* **einer Sache** *dat* **~** corrispondere a qc; **das entspricht nicht den Tatsachen** non corrisponde ai fatti ② *(erfüllen)* **einem Antrag ~** [ac]condiscendere a una richiesta; **einem Wunsch ~** esaudire un desiderio; **den Anforderungen ~** rispondere alle esigenze

entsprechend **I.** *adj (übereinstimmend)* corrispondente; *(angemessen)* adeguato, adatto, conforme; *(gleichwertig)* equivalente **II.** *adv* conformemente, adeguatamente **III.** *präp +dat (in Übereinstimmung mit)* conformemente a; *(in Bezug auf)* in relazione a

Entsprechung <-, -en> *f (Übereinstimmung)* corrispondenza *f;* *(Analogie)* analogia *f;* *(Äquivalent)* equivalente *m*

entspringen <irr, ohne ge-> *vi sein* ① *(Fluss)* **~ aus/in** +*dat* nascere da/in ② *(fig: herrühren)* **einer Sache** *dat* **~** provenire da qc

entstehen <irr, ohne ge-> *vi sein* ① *(allg)* [**aus etw**] **~** nascere [*o* aver origine] [da qc] ② *(sich bilden)* formarsi; **im Entstehen begriffen** in via di formazione ③ *(sich ergeben)* **aus etw ~** risultare da qc, derivare da qc ④ *(verursacht werden: Feuer)* [**durch etw**] **~** svilupparsi [per qc]; *(Schaden, Krieg)* essere causato [da qc]; *(Kosten)* risultare [da qc]

Entstehung <-, -en> *f* ① *(das Entstehen)* nascita *f,* inizio *m* ② *(Ursprung)* origine *f* ③ *(Bildung)* formazione *f*

entsteigen <irr, ohne ge-> *vi sein (geh)* **einem Wagen ~** scendere da un'automobile

entsteinen <ohne ge-> *vt* togliere il nocciolo a, snocciolare

entstellen <ohne ge-> *vt* ① *(verunstalten)* sfigurare, deformare ② *(fig: Tatsachen)* alterare; *(Sinn)* travisare

entstellend *adj* deturpante

Entstellung <-, -en> *f* ① *(von Menschen)* deformazione *f*, deturpazione *f* ② *(fig: von Sachverhalten)* travisamento *m*, alterazione *f*

entstören <ohne ge-> *vt* MOT, TEC schermare; **das Radio ~** eliminare radiodisturbi; **das Telefon/die Leitung ~** sopprimere l'eco

Entstörung <-, -en> *f* RADIO eliminazione *f* di radiodisturbi; TEL soppressione *f* d'eco; MOT, TEC schermatura *f;* MOT schermaggio *m*

entströmen <ohne ge-> *vi sein (geh)* **einer Sache** *dat* **~** *(Flüssigkeit)* sgorgare da qc; *(Gas)* fuoriuscire da qc

enttäuschen <ohne ge-> *vt* deludere; *(desillusionieren)* disilludere

enttäuscht [ɛnt'tɔɪʃt] *adj* deluso

Enttäuschung <-, -en> *f* delusione *f;* *(Desillusion)* disillusione *f;* **jdm eine ~ bereiten** deludere qu

entthronen <ohne ge-> *vt (geh)* detronizzare

entwaffnen [ɛnt'vafnən] <ohne ge-> *vt (a. fig)* disarmare; **ein ~des Lächeln** un sorriso disarmante

entwaffnend [ɛnt'vafnənt] *adj (fig)* accattivante, ammaliatore; **~er Blick** sguardo ammaliatore; **ein ~es Lächeln** un sorriso disarmante

Entwaffnung <-> *f kein Pl.* disarmo *m*

entwarnen <ohne ge-> *vi* dare il segnale di cessato allarme

Entwarnung <-, -en> *f* segnale *m* di cessato allarme

entwässern [ɛnt'vɛsɐn] <ohne ge-> *vt* ① *(Boden, Sumpf)* prosciugare, bonificare; MED drenare ② CHEM disidratare

Entwässerung <-, -en> *f* ① *(von Boden, Sumpf)* prosciugamento *m*, bonifica *f;* MED drenaggio *m* ② CHEM disidratazione *f*

entweder ['ɛntveːdɐ *o* ɛnt'veːdɐ] *konj* **~ ... oder ...** o ... o ...; **~ oder!** *(fam)* o l'uno o l'altro!

entweichen <irr, ohne ge-> *vi sein* ① *(ausströmen)* [**einer Sache** *dat*] **~** fuoriuscire [da qc] ② *(fliehen)* [**aus etw**] **~** sfuggire [da qc], scappare [da qc]

entweihen <ohne ge-> *vt* profanare

Entweihung <-, -en> *f* profanazione *f*

entwenden <ohne ge-> *vt (geh)* sottrarre; *(stehlen)* rubare

entwerfen <irr, ohne ge-> *vt* ① *(gedanklich)* ideare, concepire, progettare ② *(schriftlich: Vertrag)* abbozzare ③ *(zeichnerisch)* schizzare

entwerten <ohne ge-> *vt* ① *(ungültig machen)* annullare ② *(im Wert mindern)* svalorizzare, deprezzare; FIN svalutare

Entwerter <-s, -> *m* obliteratrice *f*

Entwertung <-, -en> *f* ① *(von Fahrschein)* annullamento *m* ② *(fig)* svalorizzazione *f;* FIN svalutazione *f*

entwickeln <ohne ge-> **I.** *vt* ① *(allg)* FOTO, MAT, CHEM sviluppare ② *(erfinden, erarbeiten)* realizzare; *(Plan)* concepire, elaborare ③ *(fig: Fantasie, Energie)* mostrare **II.** *vr:* **sich ~** svilupparsi; BIOL evolversi; **sich aus etw ~** svilupparsi da qc; **sich zu etw ~** diventare qc

Entwickler <-s, -> *m* FOTO rivelatore *m*, sviluppatore *m*

Entwicklung <-, -en> *f* ① *(allg)* FOTO, MAT, CHEM sviluppo *m;* **noch in der ~** in via di sviluppo ② *(Verwirklichung)* realizzazione *f* ③ *(von Plan, Projekt)* concezione *f*, elaborazione *f* ④ BIOL evoluzione *f*

Entwicklungsabteilung *f* reparto *m* di sviluppo

entwicklungsfähig *adj* sviluppabile

Entwicklungsgeschichte *f* [onto]genesi *f*

Entwicklungshelfer(in) *m(f)* cooperatore, -trice *m, f* [*o* tecnico, -a *m*] per i paesi in via di sviluppo

Entwicklungshilfe *f* aiuto *m* ai paesi in via di sviluppo

Entwicklungsland *nt* paese *m* in via di sviluppo

Entwicklungsstadium *nt* stadio *m* di sviluppo

Entwicklungsstufe *f* stadio *m* di sviluppo

Entwicklungszentrum *nt* ING centro *m* di sviluppo

entwirren [ɛnt'vɪrən] <ohne ge-> *vt (geh a. fig)* districare

entwischen [ɛnt'vɪʃən] <ohne ge-> *vi sein (fam)* scappare, sfuggire; **aus dem Gefängnis ~** scappare di prigione; **jdm ~** sfuggire a qu

entwöhnen [ɛnt'vøːnən] <ohne ge-> *vt* ① *(geh: abbringen)* **jdn einer Sache** *dat* **~** disabituare qu a qc ② *(Säugling)* svezzare, slattare

entwürdigend [ɛnt'vʏrdɪgənt] *adj* degradante, umiliante

Entwurf <-(e)s, -würfe> *m* ① *(Konzept)* minuta *f;* *(Projekt)* progetto *m* ② *(Zeichnung)* disegno *m;* *(Skizze)* schizzo *m*

entwurzeln <ohne ge-> *vt* sradicare, estirpare

entzerren <ohne ge-> *vt* ① FOTO raddrizzare le linee convergenti di, restituire

2 RADIO, TEL correggere la distorsione di 3 *(fig: Verkehr)* regolare; *(Bild, Vorstellung)* correggere, rettificare
entziehen <irr, ohne ge-> **I.** *vt* 1 *(wegnehmen)* sottrarre, togliere; *(Führerschein)* ritirare; *(Freundschaft, Hilfe)* rifiutare, negare 2 CHEM estrarre **II.** *vr* **sich einer Sache** *dat* ~ *(geh)* sottrarsi a qc, schivare qc; **das entzieht sich meiner Kenntnis** ciò sfugge alla mia conoscenza
Entziehung <-, -en> *f* 1 *(das Entziehen)* sottrazione *f; (bes. von Alkohol)* divieto *m* di bere alcolici; *(von Medikamenten, Rauschgift)* disassuefazione *f* 2 *(Wegnahme)* privazione *f; (bes. von Führerschein)* ritiro *m* 3 *s.* **Entziehungskur**
Entziehungskur *f* cura *f* di disassuefazione
entziffern [ɛnt'tsɪfɐn] <ohne ge-> *vt* decifrare; **nicht zu** ~ indecifrabile
entzippen [ɛnt'zɪpən] <ohne ge-> *vt* INFORM unzippare
entzücken [ɛnt'tsʏkən] <ohne ge-> *vt* incantare; *(begeistern)* entusiasmare; **entzückt sein über** [*o* **von**] **etw** essere rapito da qc
Entzücken [ɛn'tsʏkən] <-s> *nt kein Pl.* rapimento *m*, estasi *f;* **jdn in** [**helles**] ~ **versetzen** mandare qu in visibilio *fam*
entzückend *adj* incantevole, delizioso
Entzug <-(e)s> *m kein Pl.* 1 *(Führerschein~)* ritiro *m* [della patente] 2 *(Alkohol~)* divieto *m; (Medikamenten~, Rauschgift~)* disassuefazione *f*
Entzugserscheinung *f* sintomo *m* di disassuefazione
entzündbar [ɛnt'tsʏndba:ɐ̯] *adj* infiammabile, infiammatorio
entzünden <ohne ge-> **I.** *vt (geh: Zigarette, Feuer, Streichholz)* accendere, dar fuoco a; *(fig: Leidenschaft)* accendere **II.** *vr:* **sich** ~ 1 *(Feuer fangen)* incendiarsi, prender fuoco; *(fig)* accendersi 2 MED *(Hals, Wunde)* infiammarsi
entzündet *adj* infiammato
entzündlich *adj* 1 *(a. fig)* infiammabile 2 MED infiammatorio
Entzündung <-, -en> *f* MED infiammazione *f*
entzündungshemmend [ɛnt'tsʏndʊŋshɛmənt] *adj* MED antinfiammatorio, antiflogistico; ~ **wirken** calmare il processo infiammatorio
entzwei [ɛnt'tsvaɪ] *adv* 1 *(in Stücke)* a [*o* in] pezzi 2 *(zerbrochen)* rotto 3 *(zerrissen)* strappato, lacerato
entzwei|brechen <irr> **I.** *vt haben* spezzare, rompere **II.** *vi sein* spezzarsi, rompersi
entzweien <ohne ge-> **I.** *vt* separare, dividere **II.** *vr:* **sich** ~ separarsi, dividersi; *(sich zerstreiten)* guastarsi
entzwei|gehen <irr> *vi sein* andare in pezzi, rompersi
Enzian ['ɛntsia:n] <-s, -e> *m* 1 BOT genziana *f* 2 *(Branntwein)* acquavite *f* di genziana
Enzyklopädie [ɛntsyklopɛ'di:] <-, -n> *f* enciclopedia *f*
enzyklopädisch [ɛntsyklo'pɛ:dɪʃ] *adj* enciclopedico
Enzym [ɛn'tsy:m] <-(e)s, -e> *nt* enzima *m*
Epen *Pl. von* **Epos**
Epidemie [epide'mi:] <-, -n> *f* epidemia *f*
epidemisch [epi'de:mɪʃ] *adj* epidemico
Epik ['e:pɪk] <-> *f kein Pl.* LIT prosa *f*, epica *f*
Epilepsie [epilɛ'psi:] <-, -n> *f* epilessia *f*
Epileptiker(in) [epi'lɛptikɐ] <-s, -; -, -nen> *m(f)* epilettico, -a *m, f*
epileptisch *adj* epilettico
Epilog [epi'lo:k] <-s, -e> *m* epilogo *m*
episch ['e:pɪʃ] *adj* epico
Episode [epi'zo:də] <-, -n> *f* episodio *m*
Epizentrum [epi'tsɛntrʊm] *nt* GEOL epicentro *m*
Epoche [e'pɔxə] <-, -n> *f* epoca *f*
epochemachend *adj* che fa epoca, d'importanza storica
Epos ['e:pɔs, *Pl:* 'e:pən] <-, Epen> *nt* LIT poema *m* epico
Equalizer <-s, -> *m* TEC equalizzatore *m*
er [e:ɐ̯] *pron pers 3. Pers. Sing.* 1 *(in Bezug auf Menschen: unbetont) meist nicht übersetzt,* egli; *(betont)* lui; **da ist** ~ eccolo; ~ **ist es** è lui 2 *(in Bezug auf Dinge, unbetont) meist nicht übersetzt,* esso; *(betont)* lui
erachten [ɛɐ̯'ʔaxtən] <ohne ge-> *vt (geh)* ~ **für/als** ritenere; **etw für gut** ~ giudicare conveniente qc
Erachten <-s> *nt kein Pl.* **meines ~s** a mio avviso
erarbeiten <ohne ge-> *vt* **sich** *dat* **etw** ~ fare proprio qc col proprio lavoro
Erbanlage ['ɛrpʔanla:gə] *f* BIOL carattere *m* ereditario
erbarmen [ɛɐ̯'barmən] <ohne ge-> *vr* **sich jds** ~ avere pietà di qu
Erbarmen <-s> *nt kein Pl.* pietà *f*, compassione *f;* **mit jdm** ~ **haben** aver pietà di qu; **zum** ~ da far pietà
erbarmenswert *adj* miserevole, compassionevole, pietoso
erbärmlich [ɛɐ̯'bɛrmlɪç] **I.** *adj* 1 *(erbarmenswert)* miserevole, misero; *(Zustand)* pietoso 2 *(pej: schlecht)* scarso, cattivo, pessimo 3 *(pej: gemein)* meschino **II.** *adv (fam: sehr)* terribilmente

Erbärmlichkeit <-> *f kein Pl.* ① stato *m* pietoso [*o* miserando] ② *(Ärmlichkeit)* miseria *f* ③ *(Gemeinheit)* meschinità *f,* bassezza *f,* viltà *f*

erbarmungslos *adj* spietato, crudele

erbauen <ohne ge-> **I.** *vt* ① *(errichten)* costruire, edificare ② *(geh: erfreuen)* allietare; **von etw nicht/wenig erbaut sein** non essere/essere poco entusiasta di qc **II.** *vr:* **sich ~** *(geh: sich erfreuen)* rallegrarsi

Erbauer <-s, -> *m* costruttore *m*

erbaulich *adj* edificante

Erbauung <-, -en> *f (fig)* edificazione *f*

Erbe[1] ['ɛrbə] <-s> *nt kein Pl.* eredità *f;* **ein ~ antreten** adire un'eredità

Erbe[2] <-n, -n> *m* erede *m;* **jdn als ~n einsetzen** nominare qu proprio erede; *s. a.* **Erbin**

erbeben [ɛɐ'be:bən] <ohne ge-> *vi sein* tremare; *(fig)* fremere

erben ['ɛrbən] *vi, vt* ereditare

erbetteln <ohne ge-> *vt* ottenere [*o* ricevere] mendicando, accattare

erbeuten [ɛɐ'bɔɪtən] <ohne ge-> *vt* far bottino di, predare

Erbfaktor *m* BIOL fattore *m* ereditario

Erbfehler *m* BIOL tara *f* ereditaria

Erbfeind(in) ['ɛrpfaɪnt, *Pl:* 'ɛrpfaɪndə] <-(e)s, -e; -, -nen> *m(f)* ① *(Volk)* nemico *m* secolare ② *(Gegner)* nemico *m* giurato

Erbfolge *f* [ordine *m* di] successione *f*

Erbgut *nt* BIOL patrimonio *m* ereditario

erbieten <irr, ohne ge-> *vr* **sich ~ etw zu tun** *(geh)* offrirsi di fare qc

Erbin ['ɛrbɪn] <-, -nen> *f* erede *f; s. a.* **Erbe**

erbitten <irr, ohne ge-> *vt* **etw von jdm ~** chiedere qc a qu

erbittert *adj* esasperato; *(Kampf)* accanito

Erbitterung <-> *f kein Pl.* esasperazione *f*

Erbkrankheit *f* MED malattia *f* ereditaria

erblassen [ɛɐ'blasən] <ohne ge-> *vi sein* impallidire; **vor Schreck ~** impallidire per lo spavento

Erblasser(in) ['ɛrplasɐ] <-s, -; -, -nen> *m(f)* JUR testatore, -trice *m, f*

erblich ['ɛrplɪç] *adj* ereditario, genetico; BIOL trasmissibile; **~ belastet** affetto da una tara ereditaria

erblicken <ohne ge-> *vt (geh)* scorgere, vedere; *(entdecken)* scoprire

erblinden <ohne ge-> *vi sein* diventare cieco, perdere la vista

Erblindung <-, -en> *f* perdita *f* della vista; *(Blindheit)* cecità *f*

erblühen <ohne ge-> *vi sein* fiorire, schiudersi; *(a. fig)* sbocciare

Erbmasse ['ɛrpmasə] *f* ① JUR asse *m* ereditario ② BIOL genotipo *m*

erbost [ɛɐ'bo:st] *adj (geh)* adirato; **über jdn/etw ~ sein** essere adirato con qu/per qc

erbrechen <irr, ohne ge-> **I.** *vt* ① *(geh: Tür)* forzare; *(Schloss)* scassinare ② *(Mageninhalt)* vomitare **II.** *vi* vomitare; **bis zum Erbrechen** *(fam)* fino alla nausea

Erbrecht <-s, -e> *nt* JUR diritto *m* di successione

erbringen [ɛɐ'brɪŋən] <irr, ohne ge-> *vt* **für etw den Beweis ~** fornire la prova per [*o* di] qc

Erbschaft <-, -en> *f* eredità *f,* successione *f;* **eine ~ machen** avere un'eredità

Erbschaft[s]steuer *f* FIN, JUR imposta *f* di successione

Erbschleicher(in) <-s, -; -, -nen> *m(f) (pej)* [pro]cacciatore, -trice *m, f* di eredità

Erbschleicherei [ɛrpʃlaɪçə'raɪ] <-, -en> *f* caccia *f* alle eredità

Erbschleicherin *f s.* **Erbschleicher**

Erbse ['ɛrpsə] <-, -n> *f* BOT pisello *m*

Erbsensuppe *f* GASTR minestra *f* [*o* zuppa *f*] di piselli

Erbsenzähler(in) *m(f) (pej sl)* pedante *mf*

Erbstück <-s, -e> *nt* oggetto *m* ereditato

Erbsünde *f* REL peccato *m* originale

Erbteil *nt o m* ① JUR parte *f* d'eredità ② *(fig)* eredità *f*

Erdachse ['e:ɐ̯tʔaksə] <-> *f kein Pl.* GEOG asse *m* della terra

Erdanziehung *f* PHYS gravitazione *f* terrestre

Erdapfel *m* A *(Kartoffel)* patata *f*

Erdarbeiten *fpl* lavori *mpl* di scavo [*o* di sterro]

Erdatmosphäre *f* GEOG, PHYS atmosfera *f* terrestre

erdauern <ohne ge-> *vt* CH esaminare a fondo

Erdbahn <-, -en> *f* ASTR orbita *f* terrestre

Erdball *m* globo *m* terrestre

Erdbeben *nt* GEOG terremoto *m*

Erdbebengebiet *nt* zona *f* sismica

erdbebensicher *adj* antisismico

Erdbeere *f* BOT fragola *f*

Erdbeschleunigung *f* PHYS, ASTR accelerazione *f* terrestre

Erdboden *m* suolo *m,* terra *f;* **dem ~ gleichmachen** radere al suolo; **wie vom ~ verschluckt** come inghiottito dalla terra

Erde ['e:ɐ̯də] <-, *rar:* -n> *f* ① *(Welt)* terra *f,* mondo *m* ② *(Erdboden)* terra *f,* suolo *m;* **auf die ~ fallen** cadere per [*o* a] terra; **unter der ~** sottoterra; **jdn unter die ~ bringen** *(fam)* sotterrare qu ③ TEC presa *f* di terra

E

erden *vt* TEC collegare a terra
Erdenbürger <-s, -> *m* abitante *mf* della terra, mortale *mf poet*
erdenken <irr, ohne ge-> *vt* immaginare, escogitare
erdenklich *adj* immaginabile; **alles ~ Gute** tutto il bene possibile; **alles Erdenkliche tun** fare tutto il possibile
Erderwärmung *f* riscaldamento *m* del pianeta
erdfarben ['eːɐ̯tfarbən] *adj* color terra, terroso
Erdgas *nt* CHEM gas *m* naturale
Erdgeschoss *nt* pianterreno *m*
Erdhalbkugel *f* GEOG emisfero *m* terrestre
erdichten <ohne ge-> *vt (geh)* inventare
erdig ['eːɐ̯dɪç] *adj* terroso
Erdinnere <-n> *nt kein Pl.* PHYS, GEOG interno *m* della terra
Erdkarte *f* GEOG carta *f* [geografica] della terra, planisfero *m* terrestre
Erdkugel *f* GEOG sfera *f* [*o* globo *m*] terrestre
Erdkunde *f* GEOG geografia *f*
Erdmagnetismus *m* PHYS magnetismo *m* terrestre
Erdmittelpunkt *m* GEOG centro *m* della terra
Erdnuss *f* arachide *f*, nocciolina *f* americana
Erdnussbutter *f* GASTR burro *m* di arachidi
Erdoberfläche <-> *f kein Pl.* GEOG superficie *f* terrestre
Erdöl <-s> *nt kein Pl.* petrolio *m* [greggio], nafta *f*
Erdölembargo *nt* embargo *m* sul petrolio
Erdölindustrie *f* industria *f* petrolifera
Erdölraffinerie *f* raffineria *f* di petrolio
Erdölvorkommen *nt* giacimento *m* petrolifero
Erdreich <-s> *nt kein Pl.* terra *f*, terreno *m*
erdreisten [ɛɐ'draɪstən] <ohne ge-> *vr* **sich ~ etw zu tun** *(geh)* avere l'ardire di fare qc
Erdrinde <-, -n> *f* GEOG crosta *f* terrestre, litosfera *f*
erdrosseln <ohne ge-> *vt* strangolare, strozzare
erdrücken <ohne ge-> *vt* schiacciare; **~de Beweise** prove schiaccianti
Erdrutsch ['eːɐ̯trʊtʃ] *m* frana *f*, smottamento *m*
erdrutschartig *adj* ① *(wie ein Erdrutsch)* come una frana ② *(Sieg)* schiacciante; *(Verlust)* immenso
Erdrutschsieg *m* POL vittoria *f* indiscussa
Erdscholle *f* zolla *f* [di terra]
Erdstoß *m* scossa *f* tellurica
Erdteil *m* continente *m*
erdulden <ohne ge-> *vt* subire, patire; *(aushalten)* sopportare
Erdumdrehung *f* rotazione *f* della terra
Erdumkreisung *f* volo *m* orbitale
Erdumlaufbahn *f* orbita *f* terrestre
Erdumseg[e]lung *f* circumnavigazione *f* della terra
Erdung ['eːɐ̯dʊŋ] <-, -en> *f* TEC presa *f* di terra
Erdwärme ['eːɐ̯tvɛrmə] <-> *f kein Pl.* geotermia *f*, energia *f* geotermica
E-Reader ['iːriːdɐ] <-s, -> *m* INFORM e-book reader *m*
ereifern [ɛɐ'ʔaɪfɐn] <ohne ge-> *vr:* **sich ~** infervorarsi, accalorarsi
ereignen [ɛɐ'ʔaɪgnən] <ohne ge-> *vr:* **sich ~** avvenire, accadere
Ereignis <-ses, -se> *nt* avvenimento *m*, evento *m;* **ein freudiges ~** un lieto evento
ereignislos [ɛɐ'ʔaɪgnɪsloːs] *adj* senza avvenimenti; **ein ~er Tag** una giornata monotona
ereignisreich *adj* ricco di avvenimenti; *(bewegt)* movimentato
Erektion [erɛk'tsi̯oːn] <-, -en> *f* erezione *f*
Eremit [ere'miːt] <-en, -en> *m* REL eremita *m*
erfahren <irr, ohne ge-> **I.** *vt* ① *(hören)* venire a sapere, apprendere; **von einer Sache** *dat* **~** apprendere qc, [venire a] sapere di qc ② *(geh: erleben)* provare, fare l'esperienza di; *(erleiden)* subire, patire **II.** *adj (bewandert)* esperto, versato; *(geübt)* pratico
Erfahrung <-, -en> *f* esperienza *f; (praktische ~)* pratica *f;* **~ haben** essere pratico; **etw in ~ bringen** venire a sapere qc; **aus [eigener] ~** per esperienza [personale]
Erfahrungsaustausch [ɛɐ'faːrʊŋsaʊstaʊʃ] <-(e)s> *m kein Pl.* scambio *m* di esperienze
erfahrungsgemäß *adv* per esperienza
erfassen <ohne ge-> *vt* ① *(mit Händen)* prendere, afferrare; *(mitreißen)* travolgere; **von einem Lastwagen erfasst werden** essere investito da un camion ② *(Angst)* cogliere, prendere ③ *(verstehen)* capire, comprendere ④ *(registrieren)* registrare, rilevare ⑤ INFORM rilevare ⑥ *(berücksichtigen)* considerare; *(einbeziehen)* includere, comprendere
Erfassung <-> *f kein Pl.* registrazione *f; (a. Daten~)* rilevamento *m*
erfinden <irr, ohne ge-> *vt* inventare; **frei erfunden** inventato di sana pianta
Erfinder(in) <-s, -> *m(f)* inventore, -trice *m, f*

erfinderisch *adj* inventivo; *(findig)* ingegnoso

Erfindung <-, -en> *f* invenzione *f;* **eine ~ machen** inventare qc

Erfindungsgabe *f* inventiva *f*

Erfolg [ɛɐ'fɔlk] <-(e)s, -e> *m* successo *m; (Ergebnis)* esito *m; (Folge, Wirkung)* conseguenza *f,* effetto *m;* **ein voller ~** un successo pieno; **von ~ gekrönt sein** essere coronato dal successo; **mit dem ~, dass …** con il risultato che …; **sie hat ~ bei Männern** ha successo con gli uomini; **viel ~!** buona fortuna!

erfolgen <ohne ge-> *vi sein (geschehen)* avvenire, succedere; *(stattfinden)* aver luogo; *(Zahlung)* essere effettuato, effettuarsi

erfolglos **I.** *adj* infruttuoso; *(nutzlos)* inutile **II.** *adv* senza successo

Erfolglosigkeit <-> *f kein Pl.* insuccesso *m,* inutilità *f*

erfolgreich **I.** *adj (Mensch)* di successo; *(Versuch)* fortunato; *(Unternehmen)* coronato di successo **II.** *adv* con successo

Erfolgsaussichten *fpl* possibilità *fpl* di successo

Erfolgsautor(in) *m(f)* autore, -trice *m, f* di successo

Erfolgsdenken *nt* logica *f* [*o* pensiero *m*] vincente

Erfolgserlebnis *nt* esperienza *f* gratificante

Erfolgskontrolle *f* verifica *f*

Erfolgsmeldung *f* annuncio *m* di un successo

Erfolgsrezept *nt* ricetta *f* per avere successo

erfolgversprechend *adj* promettente, che promette bene

erforderlich [ɛɐ'fɔrdɐlɪç] *adj* occorrente, necessario; **soweit ~** in caso di bisogno, se necessario

erfordern <ohne ge-> *vt* esigere, richiedere

Erfordernis <-ses, -se> *nt* esigenza *f,* necessità *f; (Voraussetzung)* requisito *m*

erforschen <ohne ge-> *vt* ricercare, studiare; *(Land)* esplorare; *(Meinung, Geheimnis)* sondare

Erforschung <-, -en> *f* indagine *f,* ricerca *f; (von Land)* esplorazione *f; (von Meinung)* sondaggio *m*

erfragen <ohne ge-> *vt* informarsi di [*o* su]; **zu ~ bei** per informazioni rivolgersi a

erfreuen <ohne ge-> **I.** *vt* rallegrare, far piacere a; **ich bin darüber sehr erfreut** me ne rallegro molto; **sehr erfreut!** piacere! **II.** *vr* ① *(sich freuen)* **sich an etw** *dat* **~** rallegrarsi di qc ② *(geh: genießen)* **sich guter Gesundheit ~** godere di buona salute

erfreulich *adj* lieto; *(angenehm)* gradito, piacevole; **es ist ~ zu** +*inf* fa piacere +*inf*

erfreulicherweise *adv* fortunatamente

erfrieren <irr, ohne ge-> *vi sein* ① *(Mensch, Tier)* morire assiderato ② *(Körperteil)* congelarsi ③ *(Pflanze)* gelare

Erfrierung [ɛɐ'friːrʊŋ] <-, -en> *f* congelamento *m,* assideramento *m*

erfrischen <ohne ge-> **I.** *vt* rinfrescare; *(beleben)* ristorare, ricreare **II.** *vr:* **sich ~** rinfrescarsi; *(sich erholen)* ristorarsi

erfrischend *adj* rinfrescante; *(fig)* vivificante

Erfrischung <-, -en> *f* ① *(das Erfrischen)* rinfrescata *f* ② *(Speise, Getränk)* rinfresco *m*

Erfrischungsgetränk *nt* bibita *f*

Erfrischungsraum *m* buvette *f,* bar *m*

erfüllen <ohne ge-> **I.** *vt* ① *(aus-, anfüllen)* riempire, colmare; **die Blumen ~ das Zimmer mit Duft** i fiori riempiono di profumo la stanza ② *(Pflicht, Aufgabe)* adempiere; *(Versprechen)* mantenere; *(Wunsch, Bitte)* esaudire; *(Zweck)* raggiungere; *(Bedingung, Voraussetzung)* soddisfare **II.** *vr:* **sich ~** *(Wunsch, Hoffnung)* adempiersi, avverarsi

Erfüllung <-, -en> *f (von Aufgabe, Pflicht)* adempimento *m; (von Wunsch, Hoffnung)* appagamento *m,* realizzazione *f; (von Versprechen)* mantenimento *m;* **in ~ gehen** avverarsi, realizzarsi

ergänzen [ɛɐ'gɛntsən] <ohne ge-> **I.** *vt* completare, integrare **II.** *vr* **sich** [*o* **einander**] **~** completarsi

Ergänzung <-, -en> *f* ① *(Vervollständigung)* completamento *m* ② LING complemento *m* ③ *(Buch)* supplemento *m*

Ergänzungs- *in Zusammensetzungen* complementare, supplementare, integrativo, aggiuntivo

Ergänzungsstudie *f* studio *m* integrativo

ergattern [ɛɐ'gatɐn] <ohne ge-> *vt (fam)* pescare

ergeben[1] <irr, ohne ge-> **I.** *vt* produrre, generare; *(einbringen)* rendere, fruttare; MAT dare come risultato; **die Umfrage hat ~, dass …** il sondaggio ha rivelato che … **II.** *vr:* **sich ~** ① MIL *(kapitulieren)* arrendersi; *(a. fig)* capitolare; **sich in etw** *akk* **~** rassegnarsi a qc ② *(hingeben)* **sich einer Sache** *dat* **~** abbandonarsi a qc, cedere a qc ③ *(folgen)* **sich aus etw ~** risultare da qc, derivare da qc; **daraus ergibt sich, dass …** ne [con]segue che …

ergeben[2] *adj (demütig)* devoto; *(unterwür-*

E

fig) sottomesso, umile; **jdm treu ~ sein** essere fedelmente devoto a qu *poet*

Ergebenheit <-> *f kein Pl.* ① *(Hingabe)* devozione *f,* attaccamento *m* ② *(Gefasstheit)* rassegnazione *f*

Ergebnis [ɛɐ'ge:pnɪs] <-ses, -se> *nt* risultato *m; (Ausgang)* esito *m; (Folge)* conseguenza *f;* **zu keinem ~ führen** non portare ad alcun risultato

ergebnislos *adj* senza risultato, infruttuoso

ergebnisorientiert *adj* finalizzato al risultato

ergehen <irr, ohne ge-> **I.** *vi sein* ① *(geh: geschickt werden)* essere inviato; *(erlassen werden)* essere diramato; *(bekanntgegeben werden)* essere pubblicato ② *(widerfahren)* passarsela *fam;* **etw über sich ~ lassen** sopportare qc [pazientemente]; **mir ist es genauso ergangen** mi è successa la stessa cosa; **wie ist es dir ergangen?** come ti è andata? *fam* **II.** *vr* **sich in etw** *dat* **~** diffondersi in qc, abbandonarsi a qc

ergiebig [ɛɐ'gi:bɪç] *adj* fertile, produttivo; *(ertragreich)* abbondante, copioso; *(Thema)* vasto; *(einträglich)* redditizio; *(bes. Geschäft)* lucroso

ergießen <irr, ohne ge-> *vr* **sich über jdn ~** *(a. fig)* [ri]versarsi su qu; **der Fluss ergießt sich ins Meer** il fiume sfocia nel mare

erglühen <ohne ge-> *vi sein (geh fig)* ardere (**vor** di), accendersi (**vor** di), infiammarsi (**vor** di); **vor Zorn ~** accendersi d'ira

Ergonomie [ɛrgono'mi:] <-> *f kein Pl.* ergonomia *f*

ergonomisch [ɛrgo'no:mɪʃ] *adj* ergonomico

ergrauen [ɛɐ'graʊən] <ohne ge-> *vi sein* incanutire

ergreifen <irr, ohne ge-> *vt* ① *(fassen)* afferrare; *(fig: Wort, Initiative, Maßnahme, Flucht)* prendere; **die Gelegenheit ~** cogliere l'occasione ② *(festnehmen)* arrestare, catturare ③ *(fig: rühren)* toccare, commuovere; *(erschüttern)* scuotere

ergreifend *adj* commovente, toccante

Ergreifung <-, *rar:* -en> *f (Festnahme)* cattura *f*

ergriffen [ɛɐ'grɪfən] *adj (gerührt)* commosso; *(erschüttert)* sconvolto

Ergriffenheit <-> *f kein Pl.* commozione *f,* emozione *f*

ergründen <ohne ge-> *vt* sondare, cercare di penetrare

Erguss [ɛɐ'gʊs, *Pl:* ɛɐ'gʏsə] <-es, Ergüsse> *m* ① MED versamento *m; (Blut~)* travaso *m* ② *(Samen~)* eiaculazione *f* ③ *(fig, pej: Gefühls~)* effusione *f,* sfogo *m; (Wortschwall)* flusso *m,* fiume *m*

erhaben [ɛɐ'ha:bən] *adj* ① *(erhöht)* rialzato, saliente ② *(feierlich)* sublime ③ *(überlegen)* superiore; **über jeden Verdacht ~ sein** essere al di sopra di ogni sospetto

Erhabenheit <-> *f kein Pl.* ① *(Überlegenheit)* superiorità *f* ② *(Feierlichkeit)* sublimità *f*

erhalten <irr, ohne ge-> *vt* ① *(bekommen)* ricevere; *(durch Bemühungen)* ottenere; *(Tadel, Strafe)* ricevere; *(Eindruck)* avere ② *(bewahren)* conservare; *(aufrechterhalten)* mantenere; **gut/schlecht ~ sein** essere in buono/cattivo stato [di conservazione]

erhältlich [ɛɐ'hɛltlɪç] *adj* in vendita

Erhaltung <-> *f kein Pl.* ① *(Bewahrung)* conservazione *f* ② *(Versorgung)* mantenimento *m*

erhängen <ohne ge-> **I.** *vt* impiccare **II.** *vr:* **sich ~** impiccarsi

erhärten <ohne ge-> **I.** *vt* ① *(Material)* indurire, solidificare ② *(fig: Verdacht)* convalidare, rafforzare **II.** *vr:* **sich ~** ① *(hart werden)* indurirsi ② *(fig)* convalidarsi, rafforzare

erheben <irr, ohne ge-> **I.** *vt* ① *(Augen, Arm, Glas)* alzare, levare; **die Stimme ~** alzare la voce ② FIN *(Gebühr, Steuern)* riscuotere; *(Betrag)* esigere ③ SÜDD, A *(behördlich feststellen)* stimare ④ *(Anspruch, Klage)* sporgere **II.** *vr:* **sich ~** ① *(aufstehen)* alzarsi; *(a. emporragen)* levarsi ② *(geh: aufkommen)* nascere, sorgere; *(Wind)* alzarsi ③ *(sich empören)* insorgere, sollevarsi

erhebend *adj* edificante

erheblich [ɛɐ'he:plɪç] *adj* rilevante, considerevole; *(bedeutend)* importante

Erhebung <-, -en> *f* ① *(Boden~)* elevazione *f* ② *(Umfrage)* rilevamento *m,* indagine *f* ③ FIN *(von Abgaben)* riscossione *f* ④ *(Aufstand)* insurrezione *f,* sommossa *f*

erheitern [ɛɐ'haɪtɐn] <ohne ge-> **I.** *vt* rallegrare, rasserenare **II.** *vr:* **sich ~** *(geh)* rasserenarsi

erheiternd *adj* divertente

erhellen <ohne ge-> **I.** *vt* ① *(durch Licht)* illuminare ② *(fig: erläutern)* chiarire **II.** *vr:* **sich ~** ① *(Himmel)* rischiararsi ② *(Gesicht)* illuminarsi

erhitzen [ɛɐ'hɪtsən] <ohne ge-> **I.** *vt* ① *(Speisen)* riscaldare ② *(fig: erregen)* eccitare; **diese Frage erhitzt die Gemüter** questo problema dà luogo a discussioni eccitate **II.** *vr:* **sich ~** ① *(heiß werden)* riscaldarsi ② *(fig: sich erregen)* eccitarsi

erhoffen <ohne ge-> *vt* sperare in, aspettarsi
erhöhen [ɛɐ'hø:ən] <ohne ge-> **I.** *vt* ❶ *(höher machen)* [ri]alzare ❷ *(steigern, vermehren)* aumentare; **der Preis ist um/auf einen Euro erhöht worden** il prezzo è salito di/a un euro ❸ MUS aumentare **II.** *vr:* **sich ~** aumentare, salire
erhöht [ɛɐ'hø:t] *adj (Wert, Blutdruck)* aumentato
Erhöhung <-, -en> *f* ❶ *(das Höherlegen)* elevazione *f;* ARCH rialzamento *m* ❷ *(Vermehrung)* rialzo *m,* aumento *m*
Erhöhungszeichen *nt* MUS diesis *m*
erholen <ohne ge-> *vr:* **sich ~** ❶ *(überwinden)* **sich von etw ~** *(von Krankheit)* ristabilirsi da qc, rimettersi da qc; *(von Schreck, Überraschung)* riaversi da qc ❷ *(sich ausruhen)* riposarsi; *(sich entspannen)* distendersi, rilassarsi ❸ *(fig: Preise, Markt)* riprendersi; *(Kurse)* recuperare, migliorare; *(Börse)* essere in ripresa
erholsam [ɛɐ'ho:lza:m] *adj* riposante
Erholung <-> *f kein Pl.* ❶ *(von Krankheit)* ristabilimento *m* ❷ *(Ruhe)* riposo *m*
Erholungsaufenthalt *m* soggiorno *m* di riposo
erholungsbedürftig *adj* bisognoso di riposo
Erholungsgebiet *nt* luogo *m* di villeggiatura
Erholungsheim *nt* casa *f* di riposo
Erholungsurlaub [ɛɐ'ho:lʊŋsu:ɐlaʊp, *Pl:* ɛɐ'ho:lʊŋsu:ɐlaʊbə] <-(e)s, -e> *m* vacanza *f* rilassante [*o* di riposo]
Erholungswert <-(e)s> *m kein Pl.* ECO effetto *m* rilassante
erhören <ohne ge-> *vt (geh)* esaudire
erigiert [eri'gi:ɐt] *adj* eretto
erinnern [ɛɐ'ʔɪnən] <ohne ge-> **I.** *vt* ricordare; **jdn daran ~ etw zu tun** ricordare a qu di fare qc; **jdn an ein Versprechen ~** ricordare a qu [di] una promessa **II.** *vr* **sich an etw** *akk* **~** ricordarsi [di] qc; **sich nur noch dunkel ~** ricordarsi solo vagamente; **wenn ich mich recht erinnere, heißt er Frank** se ricordo bene, si chiama Franco **III.** *vi* **an etw** *akk* **~** ricordare qc
Erinnerung <-, -en> *f* ❶ *(Gedächtnis)* memoria *f;* **etw in guter/schlechter ~ haben** avere un buon/brutto ricordo di qc ❷ *(Zurückdenken)* ricordo *m;* **die ~ an jdn/etw** il ricordo di qu/qc ❸ *(Andenken)* ricordo *m;* **zur ~ an** +*akk* in memoria di *poet*
Erinnerungskultur *f* cultura *f* del ricordo
erkalten <ohne ge-> *vi sein* raffreddarsi; **ihre Gefühle für ihn sind erkaltet** i suoi sentimenti per lui si sono raffreddati
erkälten [ɛɐ'kɛltən] <ohne ge-> *vr:* **sich ~** raffreddarsi, prendere un raffreddore
erkältet [ɛr'kɛltət] *adj* raffreddato
Erkältung <-, -en> *f* raffreddore *m;* **eine ~ bekommen** raffreddarsi
erkämpfen <ohne ge-> *vt* ottenere combattendo; *(a. fig)* conquistare; *(Sieg)* riportare
erkennbar *adj* riconoscibile; *(wahrnehmbar)* percettibile; *(mit bloßem Auge)* discernibile, distinguibile; **ohne ~en Grund** senza ragione apparente
erkennen <irr, ohne ge-> **I.** *vt* ❶ *(wahrnehmen)* distinguere ❷ *(identifizieren)* riconoscere; **jdn/etw an etw** *dat* **~** riconoscere qu/qc da qc; **sich zu ~ geben** farsi [ri]conoscere; **nicht wieder zu ~ sein** essere irriconoscibile ❸ *(erfassen)* comprendere; **jdm zu ~ geben, dass …** fare capire a qu che … ❹ *(einsehen)* riconoscere **II.** *vi* **~ auf** +*akk* JUR emettere la sentenza di
erkenntlich [ɛɐ'kɛntlɪç] *adj* **sich ~ zeigen** mostrarsi riconoscente
Erkenntnis <-, -se> *f* ❶ *(Erkennen)* conoscenza *f* ❷ *(Einsicht)* riconoscimento *m* ❸ *(Kenntnis)* cognizione *f,* nozione *f*
Erkennungsdienst *m* [polizia *f*] scientifica *f*
erkennungsdienstlich *adj* **~e Erfassung** sistema di riconoscimento
Erkennungsmarke *f* MIL distintivo *m,* contrassegno *m,* marchio *m* di riconoscimento
Erkennungszeichen *nt* [contras]segno *m* di riconoscimento
Erker ['ɛrkɐ] <-s, -> *m* ARCH balconcino *m*
erklärbar [ɛɐ'klɛ:ɐ̯ba:ɐ̯] *adj* spiegabile
erklären <ohne ge-> **I.** *vt* ❶ *(erläutern)* spiegare; *(deuten)* interpretare ❷ *(begründen)* provare, motivare ❸ *(aussagen)* dichiarare; *(verkünden a.)* proclamare; **jdm den Krieg ~** dichiarare guerra a qu; **etw für ungültig ~** dichiarare nullo qc, annullare qc **II.** *vr:* **sich ~** ❶ *(begründen)* spiegarsi ❷ *(sich aussprechen)* dichiararsi; **sich für/gegen etw ~** pronunciarsi a favore di/contro qc; **sich bereit ~ zu …** dichiararsi pronto a …
erklärlich *adj* ❶ *(erklärbar)* spiegabile ❷ *(verständlich)* comprensibile
erklärt *adj* dichiarato, esplicito
Erklärung <-, -en> *f* ❶ *(das Erklären)* spiegazione *f* ❷ *(Erläuterung)* commento *m,* illustrazione *f* ❸ *(Bekanntgabe)* dichiarazione *f;* *(Verkündung a.)* proclamazione *f;* **eine ~ abgeben** fare una dichiarazione
erklimmen [ɛɐ'klɪmən] <erklimmt, er-

E

klomm, erklommen> *vt (geh)* scalare, risalire

erklingen <irr, ohne ge-> *vi sein* [ri]sonare

erklomm [ɛɐ̯ˈklɔm] *1. u. 3. Pers. Sing. Imp. von* **erklimmen**

erklommen [ɛɐ̯ˈklɔmən] *PP von* **erklimmen**

erkranken <ohne ge-> *vi sein* ammalarsi; **an etw** *dat* **~** ammalarsi di qc

Erkrankung <-, -en> *f* malattia *f*

erkunden [ɛɐ̯ˈkʊndən] <ohne ge-> *vt (Gelände)* esplorare; *(Lage)* sondare

erkundigen [ɛɐ̯ˈkʊndɪɡən] <ohne ge-> *vr:* **sich ~** informarsi; **sich nach jdm/etw ~** informarsi su [*o* di] qu/qc

Erkundigung <-, -en> *f* informazione *f* (**über** *+akk* su, sul conto di); **~en einziehen** prendere [*o* assumere] informazioni

Erkundung <-, -en> *f* esplorazione *f*

Erlagschein [ɛɐ̯ˈlaːkʃaɪn] <-(e)s, -e> *m* A *(Zahlkarte)* modulo *m* di versamento

erlahmen <ohne ge-> *vi sein* ① *(Körper)* stancarsi ② *(fig: Eifer, Interesse)* venir meno, cessare, raffreddarsi

erlangen [ɛɐ̯ˈlaŋən] <ohne ge-> *vt (erreichen)* raggiungere; *(durch Bemühungen)* ottenere; *(Ruhm, Bedeutung)* acquisire

Erlass [ɛɐ̯ˈlas] <-es, -e> *m* ① *(Verfügung)* emanazione *f;* POL decreto *m,* ordinanza *f* ② *(Straf~, Schulden~)* condono *m,* remissione *f*

erlassen <irr, ohne ge-> *vt* ① *(verordnen)* emanare ② *(befreien von)* **jdm etw ~** *(Gebühren, Steuer, Zoll)* esonerare qu da qc; *(Strafe, Schuld)* condonare qc a qu, rimettere qc a qu

erlauben [ɛɐ̯ˈlaʊbən] <ohne ge-> **I.** *vt* permettere; **~ Sie** [**bitte**]**!** scusi!; **~ Sie, dass ich rauche/mich vorstelle?** posso fumare/presentarmi?, permette che fumi/mi presenti? **II.** *vr* **sich** *dat* **~** permettersi; **sich** *dat* **~ etw zu tun** permettersi di fare qc; **was erlaubst du dir** [**eigentlich**]**?** come ti permetti?

Erlaubnis <-, *rar:* -se> *f* permesso *m;* [**jdn**] **um ~ bitten etw zu tun** chiedere il permesso [a qu] di fare qc

erläutern [ɛɐ̯ˈlɔɪtɐn] <ohne ge-> *vt* spiegare; *(Text)* interpretare, commentare

Erläuterung <-, -en> *f* spiegazione *f;* *(Kommentar)* commento *m,* interpretazione *f*

Erle [ˈɛrlə] <-, -n> *f* BOT ontano *m*

erleben <ohne ge-> *vt* ① *(durchmachen)* vivere, vedere, sentire; *(erfahren)* fare l'esperienza di, provare; **der kann was ~!** *(fam)* se la vedrà brutta! ② *(kennenlernen, dabei sein)* vedere, conoscere; **so** [**zärtlich**] **habe ich dich noch nie erlebt** così [tenero] non sei mai stato; **er hat schon viel erlebt** ne ha già viste di tutti i colori *fam;* **hat man so was schon erlebt?** *(fam)* si è mai vista una cosa simile? ③ *(noch lebend erreichen)* vivere fino a; **das möchte ich noch ~** non voglio morire senza averlo visto

Erlebnis <-ses, -se> *nt* evento *m;* *(Erfahrung)* esperienza *f;* *(aufregendes ~)* avventura *f*

Erlebnisbad *nt* acquapark *m*

Erlebnispark *m* parco *m* dei divertimenti

Erlebnistourismus *m* turismo *m* d'avventura

erledigen [ɛɐ̯ˈleːdɪɡən] <ohne ge-> **I.** *vt* ① *(Arbeit)* compiere, sbrigare; *(Auftrag)* eseguire; *(Angelegenheit)* regolare, risolvere; **ich muss noch etwas in der Stadt ~** devo ancora sbrigare qualcosa in centro ② *(fam: ermüden)* sfinire, spossare; **ich bin vollkommen erledigt** sono completamente distrutto ③ *(sl: ruinieren)* rovinare ④ *(sl: umbringen)* togliere di mezzo **II.** *vr* **sich** [**von selbst**] **~** risolversi [da solo]

erledigt [ɛɐ̯ˈleːdɪçt] *adj (fam)* sfinito; **ich bin völlig ~** sono completamente sfinito [*o* distrutto]

Erledigung <-, -en> *f* ① *Sing. (Durchführung)* compimento *m,* esecuzione *f* ② *(Besorgung)* disbrigo *m*

erlegen [ɛɐ̯ˈleːɡən] <ohne ge-> *vt* ① *(geh: Wild)* abbattere ② *bes.* A *(Geldbetrag)* pagare

erleichtern [ɛɐ̯ˈlaɪçtɐn] <ohne ge-> *vt* facilitare, agevolare; *(Gewissen)* sgravare; **jdn um etw ~** *(fam scherz)* alleggerire qu di qc; **erleichtert sein** essere sollevato

Erleichterung <-, -en> *f* ① *(das Erleichtern)* facilitazione *f,* agevolazione *f* ② *(Gefühl der ~)* sollievo *m*

erleiden <irr, ohne ge-> *vt* ① *(Schmerzen)* patire, sopportare ② *(fig: Niederlage, Verlust)* subire

erlernen <ohne ge-> *vt (Sprache, Handwerk)* imparare, apprendere

erlesen *adj (Wein, Geschmack)* squisito

erleuchten <ohne ge-> *vt (a. fig)* illuminare

Erleuchtung <-, -en> *f (a. fig)* illuminazione *f;* **eine plötzliche ~ haben** avere un lampo di genio *fam*

erliegen <irr, ohne ge-> *vi sein (einem Irrtum ~)* cadere in errore; **einer Versuchung ~** cedere alla tentazione, cadere in tentazione; **er ist seinen Verletzungen erlegen** è morto per le ferite riportate

erlischt [ɛɐ̯ˈlɪʃt] *3. Pers. Sing. Präs. von* **erlöschen**

Erlös [ɛɐ̯ˈløːs] <-es, -e> *m* ricavato *m*

erlöschen <erlischt, erlosch, erloschen> *vi sein* ① *(Feuer, Gefühle)* spegnersi ② *(Mandat, Visum, Pass)* scadere

erlösen <ohne ge-> *vt* **jdn** [**aus** [*o* **von**] **etw**] ~ liberare qu [da qc]; REL redimere qu [da qc]

Erlöser [ɛɐ̯'løːzɐ] <-s, -> *m* ① *(Retter)* salvatore, -trice *m, f* ② REL Redentore *m,* Salvatore *m*

Erlösung <-, -en> *f (Befreiung)* liberazione *f;* REL redenzione *f*

ermächtigen [ɛɐ̯'mɛçtɪgən] <ohne ge-> *vt* **jdn zu etw ~** autorizzare qu a fare qc; JUR delegare qc a qu

Ermächtigung <-, -en> *f* autorizzazione *f;* JUR delega *f*

ermahnen <ohne ge-> *vt* ① *(anhalten)* esortare, incitare; **jdn zu etw ~** esortare qu a [fare] qc ② *(zurechtweisen)* ammonire

Ermahnung <-, -en> *f* ① *(Aufforderung)* esortazione *f* ② *(Zurechtweisung, Rüge)* ammonimento *m*

Ermangelung *f* **in ~** *(geh)* in mancanza (+*gen* di)

ermäßigen [ɛɐ̯'mɛːsɪgən] <ohne ge-> *vt* ribassare, diminuire, ridurre

Ermäßigung <-, -en> *f* diminuzione *f,* riduzione *f; (Preisnachlass)* sconto *m*

ermatten [ɛɐ̯'matən] <ohne ge-> *(geh)* **I.** *vt haben* stancare, affaticare; *(erschöpfen)* spossare **II.** *vi sein* stancarsi, affaticarsi

ermattet [ɛɐ̯'matət] *adj* affaticato, spossato

ermessen <irr, ohne ge-> *vt (abschätzen)* misurare, valutare; *(erfassen)* comprendere

Ermessen <-s> *nt kein Pl.* **nach jds ~** a giudizio di qu; **nach meinem ~** secondo me

Ermessensfrage *f* questione *f* giudicabile a discrezione

ermitteln [ɛɐ̯'mɪtəln] <ohne ge-> **I.** *vt* ① *(erforschen)* ricercare, indagare ② *(herausfinden)* rintracciare, scoprire ③ *(feststellen)* determinare, rilevare **II.** *vi* JUR **gegen jdn ~** indagare su qu

Ermittlung <-, -en> *f* ① *(Nachforschung)* ricerca *f,* indagine *f* ② *(polizeiliche ~)* rilevamento *m*

Ermittlungsdienst *m* servizio *m* investigativo

Ermittlungsverfahren *nt* JUR istruttoria *f*

ermöglichen [ɛɐ̯'møːklɪçən] <ohne ge-> *vt* rendere possibile; **jdm ~ etw zu tun** permettere a qu di fare qc

ermorden <ohne ge-> *vt* assassinare, uccidere

Ermordung <-, -en> *f* assassinio *m*

ermüden [ɛɐ̯'myːdən] <ohne ge-> **I.** *vt* stancare, affaticare **II.** *vi sein* stancarsi, affaticarsi

ermüdend *adj* faticoso; *(a. fig)* stancante

Ermüdung <-, *rar:* -en> *f* stanchezza *f; (Erschöpfung)* affaticamento *m*

Ermüdungserscheinung *f* sintomo *m* di stanchezza

ermuntern [ɛɐ̯'mʊntɐn] <ohne ge-> *vt* ① *(aufmuntern)* rallegrare ② *(auffordern)* **jdn zu etw ~** esortare qu a qc; *(ermutigen)* incoraggiare qu a qc

ermutigen [ɛɐ̯'muːtɪgən] <ohne ge-> *vt* incoraggiare; **jdn zu etw ~** incoraggiare qu a qc

Ermutigung <-, -en> *f* incoraggiamento *m;* **das dient zur ~** questo serve da incoraggiamento

ernähren <ohne ge-> **I.** *vt* ① *(mit Nahrung)* alimentare ② *(Familie)* mantenere, sostentare **II.** *vr:* **sich ~** nutrirsi; **sich von etw ~** nutrirsi di qc

Ernährer(in) <-s, -; -, -nen> *m(f)* sostegno *m* [della famiglia]

Ernährung <-> *f kein Pl.* ① *(Nahrung)* alimentazione *f;* **falsche ~** malnutrizione *f* ② *(Versorgung)* mantenimento *m,* sostentamento *m*

Ernährungswissenschaft *f* scienza *f* dell'alimentazione

Ernährungswissenschaftler(in) *m(f)* alimentarista *mf*

ernennen <irr, ohne ge-> *vt* nominare; *(bes. Beamte)* designare

Ernennung <-, -en> *f* nomina *f; (bes. von Beamten)* designazione *f*

erneuerbar [ɛɐ̯'nɔɪɐbaːɐ̯] *adj* rinnovabile; **~e Energiequellen** fonti di energia rinnovabili

Erneuerbare-Energien-Gesetz *nt legge tedesca sulle energie rinnovabili*

erneuern [ɛɐ̯'nɔɪɐn] <ohne ge-> *vt* ① *(Vertrag)* rinnovare ② *(auswechseln)* cambiare, sostituire ③ *(wiederherstellen)* riparare, riaggiustare; *(Farbe)* rinfrescare

Erneuerung <-, -en> *f* rinnovo *m,* rinnovamento *m*

erneut [ɛɐ̯'nɔɪt] **I.** *adj* rinnovato, nuovo; *(wiederholt)* ripetuto **II.** *adv* di nuovo

erniedrigen [ɛɐ̯'niːdrɪgən] <ohne ge-> **I.** *vt* ① *(demütigen)* umiliare ② *(Preise)* abbassare ③ MUS abbassare **II.** *vr:* **sich ~** umiliarsi, abbassarsi

Erniedrigung <-, -en> *f* umiliazione *f,* avvilimento *m*

Erniedrigungszeichen *nt* MUS bemolle *m*

ernst [ɛrnst] *adj* ① *(Mensch)* serio; *(Absicht)* fermo; **es ~ meinen** fare sul serio; **jdn/etw ~ nehmen** prendere qu/qc sul

serio ② *(Lage, Krankheit)* grave; **es ist nichts Ernstes** non è niente di grave
Ernst [ɛrnst] <-es> *m kein Pl.* ① *(Ernsthaftigkeit)* serietà *f;* **allen ~es** in tutta serietà; **im ~** sul serio; **das ist mein voller ~** *(fam)* dico proprio sul serio, non scherzo affatto ② *(Wichtigkeit)* gravità *f*
Ernstfall *m* caso *m* di emergenza
ernsthaft *adj* ① *(Miene, Angebot)* serio ② *(Verletzung)* grave

Ernsthaftigkeit <-> *f kein Pl.* serietà *f*
ernstlich *adv* seriamente, sul serio; **~ böse werden** arrabbiarsi sul serio; **~ krank sein** essere gravemente ammalato
Ernte ['ɛrntə] <-, -n> *f* ① *(das Ernten)* raccolta *f* ② *(~ertrag)* raccolto *m; (Getreide~)* mietitura *f,* messe *f; (Wein~)* vendemmia *f*
Erntedankfest *nt* festa *f* di ringraziamento per il raccolto
Erntedanktag *m* festa *f* di ringraziamento per il raccolto
ernten ['ɛrntən] **I.** *vt (a. fig)* raccogliere; *(Getreide)* mietere **II.** *vi* fare la raccolta
Ernteschaden <-s, -schäden> *m* danno *m* al raccolto
ernüchtern [ɛɐ'nʏçtɐn] <ohne ge-> *vt* ① *(Betrunkene)* far passare la sbornia a ② *(fig)* disincantare, disilludere
Ernüchterung <-, -en> *f (fig)* disincantamento *m,* disinganno *m*
Eroberer(in) [ɛɐ'ʔo:bərɐ] <-s, -; -, -nen> *m(f)* conquistatore, -trice *m, f*
erobern [ɛr'ʔo:bɐn] <ohne ge-> *vt (a. fig)* conquistare
Eroberung <-, -en> *f* conquista *f*
eröffnen <ohne ge-> *vt* ① *(Konto, Geschäft)* aprire; *(feierlich)* inaugurare ② *(mitteilen)* **jdm etw ~** rivelare qc a qu
Eröffnung <-, -en> *f* ① *(Öffnung)* apertura *f,* inizio *m; (feierliche ~)* inaugurazione *f* ② *(Mitteilung)* comunicazione *f,* rivelazione *f*
erogen [ero'ge:n] *adj* erogeno
erörtern [ɛɐ'ʔœrtɐn] <ohne ge-> *vt* discutere, dibattere
Erörterung <-, -en> *f* discussione *f,* dibattito *m*
Eros-Center ['e:rɔssɛntɐ] <-s, -> *nt (Bordell)* centro *m* dell'Eros
Erosion [ero'zi̯o:n] <-, -en> *f* erosione *f*
Erotik [e'ro:tɪk] <-> *f kein Pl.* erotismo *m*
erotisch *adj* erotico
Erpel ['ɛrpəl] <-s, -> *m* ZOO *(Enterich)* maschio *m* dell'anatra
erpicht [ɛɐ'pɪçt] *adj* **auf etw** *akk* **~ sein** essere avido di qc
erpressbar *adj* ricattabile
erpressen <ohne ge-> *vt* ① *(Person)* ricattare ② *(Geld)* **etw von jdm ~** estorcere qc a qu; **ein Geständnis von jdm ~** strappare una confessione a qu
Erpresser(in) <-s, -; -, -nen> *m(f)* ricattatore, -trice *m, f*
erpresserisch *adj* ricattatore, ricattatorio
Erpressung <-, -en> *f* ① *(von Personen)* ricatto *m* ② *(von Sachen)* estorsione *f,* concussione *f*
erproben <ohne ge-> *vt* provare; TEC collaudare; **seine Kräfte ~** mettere alla prova le proprie forze
erprobt [ɛɐ'pro:bt] *adj* provato; **das Gerät ist noch nicht ~** l'apparecchio non è ancora stato collaudato; **er ist in solchen Dingen ~** in queste cose ha esperienza
Erprobung <-, -en> *f* prova *f;* TEC collaudo *m*
erquicken [ɛɐ'kvɪkən] <ohne ge-> *vt (geh: erfrischen)* ristorare
erquickend *adj (geh)* ristoratore
erraten [ɛɐ'ra:tən] <irr, ohne ge-> *vt* indovinare
errechnen <ohne ge-> *vt* calcolare
erregbar [ɛɐ're:kba:ɐ̯] *adj* eccitabile, irritabile
Erregbarkeit <-> *f kein Pl.* eccitabilità *f,* irritabilità *f*
erregen [ɛɐ're:gən] <ohne ge-> **I.** *vt* ① *(emotional, sexuell)* eccitare ② *(hervorrufen)* suscitare, provocare; *(Begierde, Neid)* destare; **Aufsehen ~** far scalpore; **Mitleid ~** fare compassione **II.** *vr* **sich über etw** *akk* **~** eccitarsi per qc, irritarsi per qc
Erreger <-s, -> *m* MED agente *m* patogeno
erregt *adj* eccitato, agitato, irritato; *(sexuell)* eccitato, stimolato; *(Diskussion)* vivace, infocato
Erregung <-, -en> *f* eccitazione *f,* agitazione *f*
erreichbar *adj* raggiungibile; *(zugänglich)* accessibile; *(Mensch)* reperibile; **telefonisch ~** raggiungibile per telefono
erreichen <ohne ge-> *vt* ① *(Person)* raggiungere ② *(Zug)* riuscire a prendere; *(Ort, Alter)* arrivare a; *(Ziel)* conseguire, raggiungere ③ *(durchsetzen)* ottenere; **du wirst bei ihr nichts ~** non otterrai niente da lei
erretten <ohne ge-> *vt (geh)* salvare, trarre in salvo
errichten <ohne ge-> *vt* ① *(Gebäude)* costruire, edificare; *(Denkmal)* erigere ② *(fig: gründen)* fondare
Errichtung <-, -en> *f* ① *(von Gebäude)* costruzione *f,* edificazione *f; (von Denkmal)* erezione *f* ② *(fig: Gründung)* fondazione *f*

erringen <irr, ohne ge-> *vt* conseguire; *(Sieg)* riportare

erröten [ɛɐ̯'røːtən] <ohne ge-> *vi sein* arrossire; **vor Scham** ~ arrossire per la [*o* di] vergogna

Errungenschaft [ɛɐ̯'rʊŋənʃaft] <-, -en> *f* conquista *f*

Ersatz [ɛɐ̯'zats] <-es> *m kein Pl.* ① *(Auswechslung)* sostituzione *f;* **als** [*o* **zum**] ~ **für** in sostituzione di ② *(Erstattung)* restituzione *f; (Schaden~)* risarcimento *m,* indennizzo *m*

Ersatzbefriedigung [ɛɐ̯'zatsbəfriːdɪgʊŋ] <-, -en> *f* PSYCH compensazione *f*

Ersatzdienst *m* servizio *m* civile

Ersatzkasse *f* cassa *f* malattia ausiliaria

Ersatzmann *m* sostituto *m,* supplente *m;* SPORT riserva *m*

Ersatzreifen *m* pneumatico *m* di scorta

Ersatzteil <-(e)s, -e> *nt* [pezzo *m* di] ricambio *m*

Ersatzteillager *nt* magazzino *m* ricambi

ersatzweise *adv* ~ **für** in cambio di

ersaufen <irr, ohne ge-> *vi sein (sl: ertrinken)* annegare

ersäufen [ɛɐ̯'zɔɪfən] <ohne ge-> *vt (ertränken)* annegare; **einen Misserfolg im Alkohol** ~ affogare un insuccesso nell'alcool

erschaffen <irr, ohne ge-> *vt (geh)* creare

Erschaffung <-> *f kein Pl. (geh)* creazione *f*

erschallen <erschallt, erschallte *o* erscholl, erschallt *o* erschollen> *vi sein (geh: laut ertönen)* risonare

erschau[d]ern <ohne ge-> *vi sein (geh)* rabbrividire; **vor Entsetzen** ~ rabbrividire di orrore

erscheinen <irr, ohne ge-> *vi sein* ① *(sichtbar werden)* apparire ② *(sich einfinden)* comparire ③ *(Buch)* essere pubblicato, uscire ④ *(sich darstellen, scheinen)* sembrare; **es erscheint mir merkwürdig, dass …** mi sembra strano che …

Erscheinen <-s> *nt kein Pl.* ① *(das Sichtbarwerden)* apparizione *f* ② *(vor Gericht)* comparizione *f; (von Gästen)* presenza *f* ③ *(von Buch)* pubblicazione *f,* uscita *f*

Erscheinung <-, -en> *f* ① *(Geist)* apparizione *f; (Vision)* visione *f* ② *(Tatsache)* fenomeno *m;* **in** ~ **treten** presentarsi, manifestarsi ③ *(Gestalt)* personalità *f;* **äußere** ~ aspetto *m* esteriore

Erscheinungsjahr *nt* anno *m* di pubblicazione

Erscheinungsort [ɛɐ̯'ʃaɪnʊŋsɔrt] <-(e)s, -e> *m* luogo *m* di pubblicazione

erschießen <irr, ohne ge-> *vt* uccidere [con un colpo di arma da fuoco]; *(hinrichten)* fucilare

Erschießung <-, -en> *f* fucilazione *f;* **standrechtliche** ~ MIL esecuzione militare

erschlaffen [ɛɐ̯'ʃlafən] <ohne ge-> *vi sein* divenire floscio, afflosciarsi

Erschlaffung <-> *f kein Pl.* ① *(Schlaffwerden)* afflosciamento *m* ② *(Lockerwerden)* rilassamento *m* ③ *(fig)* diminuzione *f,* indebolimento *m*

erschlagen I. *vt* <irr, ohne ge-> ammazzare, abbattere; **vom Blitz** ~ **werden** essere colpito dal fulmine **II.** *adj (fam)* ① *(erschöpft)* sfinito ② *(fassungslos)* sconcertato

erschleichen <irr, ohne ge-> *vt (pej)* ottenere con l'inganno; *(Erbschaft)* carpire

erschließen <irr, ohne ge-> *vt* ① *(Markt)* aprire; *(Land)* esplorare; *(Reisegebiet)* rendere accessibile; *(Baugelände)* sfruttare; *(Einnahmequelle)* scoprire ② *(folgern)* dedurre

Erschließung <-, -en> *f (von Märkten)* apertura *f; (von Land)* esplorazione *f; (von Baugelände)* sfruttamento *m*

erscholl [ɛɐ̯'ʃɔl], **erschollen** [ɛɐ̯'ʃɔlən] *imp, PP von* **erschallen**

erschöpfen <ohne ge-> **I.** *vt* ① *(aufbrauchen)* esaurire ② *(ermüden)* spossare, esaurire ③ *(Thema)* esaurire **II.** *vr:* **sich** ~ ① *(nachlassen)* diminuire ② *(beschränkt sein)* **sich in etw** *dat* ~ limitarsi a qc

erschöpfend *adj* esauriente, completo; **etw** ~ **behandeln** trattare qc a fondo

erschöpft *adj* ① *(Mensch)* esausto ② *(fig: Geduld)* finito; *(Kräfte, Mittel)* esaurito

Erschöpfung <-, *rar:* -en> *f* esaurimento *m,* spossatezza *f*

erschrecken[1] <ohne ge-> *vt* spaventare, impaurire

erschrecken[2] <erschrickt, erschrak, erschrocken> *vi sein* spaventarsi; **über etw** *akk* ~ spaventarsi per [*o* di] qc; **vor jdm** ~ spaventarsi alla vista di qu

erschrecken[3] <erschreckt *o* erschrickt, erschreckte *o* erschrak, erschreckt *o* erschrocken> *vr* **sich über etw** *akk* ~ *(fam)* spaventarsi per [*o* di] qc

erschreckend *adj* spaventoso, spaventevole

erschrickt [ɛɐ̯'ʃrɪkt] *3. Pers. Sing. Präs. von* **erschrecken**[2, 3]

erschrickt [ɛɐ̯'ʃrɪkt], **erschrocken** [ɛɐ̯'ʃrɔkən] *pr, PP von* **erschrecken**[2]

erschrocken [ɛɐ̯ʃrɔkən] *PP von* **erschrecken**[2, 3]

erschüttern [ɛɐ̯'ʃʏtɐn] <ohne ge-> *vt* ① *(erzittern lassen)* scuotere, far tremare

E

2 *(fig: ergreifen)* sconvolgere, scuotere; **ich bin erschüttert** sono sgomento

erschütternd *adj* sconvolgente

erschüttert [ɛɐ̯'ʃʏtɐt] *adj* commosso

Erschütterung <-, -en> *f* 1 *(Beben)* scossa *f;* PHYS vibrazione *f* 2 *(fig: Ergriffenheit)* choc *m,* sconvolgimento *m*

erschweren [ɛɐ̯'ʃveːrən] <ohne ge-> *vt* aggravare, rendere più difficile; **~de Umstände** JUR circostanze aggravanti

erschwinglich [ɛɐ̯'ʃvɪŋlɪç] *adj* accessibile

ersehen <irr, ohne ge-> *vt* **etw aus etw ~** desumere qc da qc

ersehnen <ohne ge-> *vt (geh)* desiderare ardentemente, attendere con ansia

ersetzen <ohne ge-> *vt* 1 *(auswechseln)* sostituire, cambiare 2 *(als Ersatz dienen)* sostituire 3 *(erstatten: Geld)* rimborsare; *(Verlust, Schaden)* risarcire, riparare; **jdm etw ~** risarcire qu [di] qc

ersichtlich [ɛɐ̯'zɪçtlɪç] *adj* chiaro, evidente; **aus dem Brief ist ~, dass …** dalla lettera risulta che …

ersinnen <irr, ohne ge-> *vt (geh: Plan)* ideare; *(Ausrede)* inventare

erspähen <ohne ge-> *vt (geh)* spiare, scorgere

ersparen <ohne ge-> *vt* 1 *(Geld)* risparmiare 2 *(fig: Arbeit, Mühe)* [far] risparmiare; **mir bleibt auch nichts erspart!** *(fam)* non mi si risparmia niente!

Ersparnis <-, -se> *f* risparmio *m,* economia *f*

ersprießlich [ɛɐ̯'ʃpriːslɪç] *adj (geh obs)* utile, profittevole

erst [eːɐ̯st] *adv* 1 *(zuerst)* prima; *(als Erstes)* in primo luogo 2 *(anfangs)* all'inizio 3 *(nicht früher, nicht mehr als)* non prima di, solo, appena, soltanto; **eben** [*o* **gerade**] **~** appena, or ora, proprio in questo momento; **~ gestern** non più tardi di ieri; **~ als …** non prima che …, solo quando …; **~ wenn …** solo se …; **es ist ~ 2 Uhr** sono appena le due; **ich kann ~ morgen kommen** posso venire solo domani, non posso venire prima di domani 4 *(verstärkend)* **das fange ich gar nicht ~ an** *(fam)* non lo comincio nemmeno; **wenn ich ~ mal weg bin** quando sarò partito; **jetzt ~ recht!** ora più che mai!

erstarren <ohne ge-> *vi sein* 1 *(vor Kälte)* intirizzire 2 *(Flüssiges, Weiches)* solidificarsi, rapprendersi 3 *(vor Schreck)* irrigidirsi, agghiacciare; *(Blut)* gelare; **die Angst ließ ihm das Blut in den Adern ~** la paura gli agghiacciò il sangue

Erstarrung <-> *f kein Pl.* 1 *(das Erstarren)* irrigidimento *m; (vor Kälte)* intirizzimento *m* 2 *(fig: Reglosigkeit)* torpore *m*

erstatten [ɛɐ̯'ʃtatən] <ohne ge-> *vt* 1 *(Kosten)* rimborsare 2 *(form)* **Anzeige ~** fare una denuncia; **Bericht ~ über** *+akk* fare rapporto su

Erstattung <-, -en> *f (von Unkosten)* rimborso *m,* risarcimento *m*

Erstaufführung *f* prima *f*

Erst-August-Feier, **Erstaugustfeier** *f* CH *s.* **Augustfeier**

erstaunen <ohne ge-> **I.** *vt haben* stupire, meravigliare **II.** *vi sein* **über etw** *akk* **~** stupirsi di qc

Erstaunen <-s> *nt kein Pl.* stupore *m,* meraviglia *f;* **zu meinem größten ~** con mia somma sorpresa

erstaunlich *adj* 1 *(staunenswert)* sorprendente 2 *(bewunderungswürdig)* stupendo

Erstausgabe *f (von Buch)* prima edizione *f*

erstbeste(r, s) ['eːɐ̯st'bɛstə, -tɐ, -təs] *adj s.* **erste(r, s)**

Erste <ein -r, -n, -n> *mf* primo, -a *m, f; s. a.* **Achte**

erste(r, s) ['eːɐ̯stə, -tɐ, -təs] *adj* primo, -a **~ Hilfe** pronto soccorso; **der ~ Beste** [*o* **der Erstbeste**] il primo venuto; **das Erste, was …** la prima cosa che …; **als Erstes** per prima cosa, in primo luogo; **fürs Erste** per ora; *s. a.* **achte(r, s)**

erstechen <irr, ohne ge-> *vt* trafiggere, pugnalare

erstehen <irr, ohne ge-> *vt haben* comperare, acquistare

ersteigen <irr, ohne ge-> *vt* scalare

ersteigern <ohne ge-> *vt* acquistare all'asta

Ersteigung <-, *rar:* -en> *f* scalata *f,* ascensione *f*

erstellen <ohne ge-> *vt* 1 *(anfertigen)* fare, eseguire; *(Gutachten)* compilare 2 *(bauen)* costruire

erstens ['eːɐ̯stəns] *adv* per prima cosa, anzitutto

erstgeboren ['eːɐ̯stgəboːrən] *adj* primogenito

ersticken [ɛɐ̯'ʃtɪkən] <ohne ge-> **I.** *vt haben (a. fig)* soffocare, asfissiare **II.** *vi sein* asfissiare; **an etw** *dat* **~** *(a. fig)* soffocare per qc; **in der Arbeit ~** *(fig)* essere sommerso di lavoro

Ersticken <-s> *nt kein Pl.* soffocamento *m,* asfissia *f*

Erstickung <-> *f kein Pl.* soffocamento *m,* asfissia *f*

erstklassig ['eːɐ̯stklasɪç] *adj* di prima classe

Erstkommunikant(in) ['eːɐstkɔmunikant] <-en, -en; -, -nen> *m(f)* REL *individuo che riceve la Prima Comunione*

Erstkommunion <-, -en> *f* REL Prima Comunione *f*
erstmalig I. *adj* che ha luogo la prima volta II. *adv* per la prima volta
erstmals *adv* per la prima volta
erstrangig ['eːɐ̯ʃtraŋɪç] *adj* di primo grado; FIN al primo posto
erstreben <ohne ge-> *vt (geh)* aspirare a, ambire a
erstrebenswert *adj* desiderabile, auspicabile
erstrecken <ohne ge-> *vr* **sich ~ bis** [*o* **bis an** +*akk*] estendersi fino a; **sich ~ über** +*akk* estendersi su [un arco di]; **sich auf etw** *akk* **~** *(fig)* riguardare qc, concernere qc
Erstschlag *m* MIL primo attacco *m* [atomico]
erstürmen <ohne ge-> *vt* prendere d'assalto, espugnare
Erstzulassung *f* MOT immatricolazione *f*
ersuchen <ohne ge-> *vt* **jdn um etw ~** chiedere qc a qu; **jdn ~ etw zu tun** *(bitten)* chiedere a qu di fare qc; *(auffordern)* invitare qu a fare qc
Ersuchen <-s> *nt kein Pl.* domanda *f,* richiesta *f*
ertappen <ohne ge-> *vt* sorprendere, cogliere; **jdn auf frischer Tat ~** cogliere qu in flagrante; **jdn dabei ~, wie ...** sorprendere qu mentre ...
erteilen <ohne ge-> *vt (Auskunft, Wort)* dare; *(Befehl, Unterricht)* impartire; *(Erlaubnis)* dare, concedere
ertönen [ɛɐ̯'tøːnən] <ohne ge-> *vi sein* risonare
Ertrag [ɛɐ̯'traːk, *Pl:* ɛɐ̯'trɛːgə] <-(e)s, Erträge> *m* ① AGR raccolto *m* ② *(Gewinn)* guadagno *m,* utile *m*
ertragen <irr, ohne ge-> *vt* sopportare; **nicht zu ~** insopportabile, intollerabile
ertragfähig *adj* produttivo
Ertragfähigkeit *f* produttività *f*
erträglich [ɛɐ̯'trɛːklɪç] *adj* sopportabile
ertragreich *adj* produttivo, fruttifero
Ertragssteuer [ɛɐ̯'traːksʃtɔɪɐ] <-, -n> *f* FIN imposta *f* sul reddito
ertränken <ohne ge-> I. *vt* annegare; *(a. fig)* affogare II. *vr:* **sich ~** annegarsi
ertrinken <irr, ohne ge-> *vi sein* annegare, affogare
Ertrinken <-s> *nt kein Pl.* annegamento *m*
ertüchtigen [ɛɐ̯'tʏçtɪgən] <ohne ge-> I. *vt* irrobustire, invigorire; SPORT allenare II. *vr* **sich ~** irrobustirsi; SPORT *(trainieren)* allenarsi
Ertüchtigung <-, -en> *f* ① *(Kräftigung)* irrobustimento *m,* invigorimento *m* ② *a.* SPORT allenamento *m*
erübrigen [ɛɐ̯'ʔyːbrɪgən] <ohne ge-> I. *vt (Geld)* risparmiare, economizzare; *(Zeit)* tenere libero II. *vr:* **sich ~** essere superfluo; **es erübrigt sich, näher darauf einzugehen** è superfluo entrare in particolari
eruieren [eru'iːrən] <ohne ge-> *vt* ① *(etw herausfinden, feststellen)* ricercare, stabilire ② A *(jdn ausfindig machen)* rintracciare
Eruption [erup'tsjoːn] <-, -en> *f* eruzione *f*
erwachen <ohne ge-> *vi sein (geh)* **aus etw ~** svegliarsi da qc
Erwachen <-> *nt kein Pl. (a. fig)* risveglio *m;* **beim ~** al risveglio; **das war ein böses ~** la storia finì male
erwachsen <irr, ohne ge-> I. *vi sein (hervorgehen)* **aus etw ~** derivare da qc, risultare da qc II. *adj* cresciuto, adulto
Erwachsene <ein -r, -n, -n> *mf* adulto, -a *m, f*
Erwachsenenbildung *f* formazione *f* per adulti
erwägen [ɛɐ̯'vɛːgən] <erwägt, erwog, erwogen> *vt (überlegen)* ponderare; *(bedenken)* considerare; *(prüfen)* esaminare
Erwägung <-, -en> *f* riflessione *f,* considerazione *f;* **etw in ~ ziehen** prendere in considerazione qc
erwähnen [ɛɐ̯'vɛːnən] <ohne ge-> *vt* menzionare; **oben erwähnt** summenzionato, soprammenzionato
Erwähnung [ɛɐ̯'vɛːnʊŋ] <-, -en> *f* menzione *f*
erwärmen <ohne ge-> I. *vt* riscaldare II. *vr:* **sich ~** ① *(warm werden)* riscaldarsi ② *(sich begeistern)* **sich für etw ~** entusiasmarsi per qc; **sich für jdn ~** interessarsi per qu, trovare simpatico qu
Erwärmung <-, -en> *f* riscaldamento *m;* **die globale ~** il riscaldamento globale
erwarten <ohne ge-> *vt* ① *(warten auf)* aspettare, attendere; **ich kann es kaum ~** +*inf* non vedo l'ora di +*inf* ② *(rechnen mit)* contare su; **das war zu ~** c'era da aspettarselo; **wider Erwarten** contro ogni aspettativa; **es ist zu ~, dass ...** è probabile che ... ③ *(erhoffen)* **sich** *dat* **viel/wenig von jdm/etw ~** aspettarsi molto/poco da qu/qc
Erwartung <-, -en> *f* ① *Sing. (das Warten)* attesa *f* ② *(Hoffnung)* speranza *f,* aspettativa *f;* **die ~en enttäuschen** deludere le speranze
Erwartungshaltung *f* aspettative *fpl*
Erwartungshorizont *m* aspettative *fpl*
erwartungsvoll *adj* che ha molte aspettative, desideroso
erwecken <ohne ge-> *vt* ① *(geh: aufwecken)* svegliare ② *(fig: erregen)* destare,

E

suscitare; *(Vertrauen)* ispirare; *(Mitleid)* fare; **den Eindruck ~, dass ...** dare l'impressione che +*conj*

erwehren <ohne ge-> *vr* ① difendersi (+*gen* da); **sich der Angreifer ~ müssen** dover difendersi dagli assalitori ② *(fig)* trattenere (+*gen* qc); **sich der Tränen nicht ~ können** non poter trattenere le lacrime; **sich des Eindrucks nicht ~ können, dass ...** non riuscire a cancellare l'impressione che +*conj*

erweichen [ɛɐ'vaɪçən] <ohne ge-> *vt (fig)* intenerire, commuovere; **sich nicht ~ lassen** non lasciarsi intenerire, rimanere duro

erweisen [ɛɐ'vaɪzən] <irr, ohne ge-> **I.** *vt* ① *(beweisen)* dimostrare, provare ② *(zuteilwerden lassen: Dankbarkeit)* mostrare, manifestare; *(Dienst, Ehre)* rendere; *(Gefallen)* fare **II.** *vr:* **sich ~** *(sich zeigen)* mostrarsi; *(sich herausstellen)* risultare; **es hat sich erwiesen, dass ...** è risultato che ...; **die Nachricht hat sich als falsch erwiesen** la notizia è risultata falsa

erweiterbar [ɛɐ'vaɪtɐba:ɐ̯] *adj* INFORM espandibile

erweitern [ɛɐ'vaɪtɐn] <ohne ge-> **I.** *vt* ① *(vergrößern)* allargare, slargare, ampliare ② *(fig: ausdehnen)* estendere, ampliare; *(vermehren)* aumentare, accrescere; *(Kenntnisse)* allargare; *(Geschäft)* ingrandire; *(Sammlung)* arricchire **II.** *vr:* **sich ~** allargarsi; *(fig)* estendersi, ampliarsi, ingrandirsi

Erweiterter Rat <-es> *m kein Pl. (Europäische Union)* Consiglio *m* ampliato

Erweiterung <-, -en> *f* allargamento *m,* ampliamento *m;* **die ~ der Europäischen Union** l'ampliamento dell'Unione europea

Erwerb [ɛɐ'vɛrp] <-(e)s, -e> *m* ① *(Kauf)* acquisto *m* ② *(Verdienst)* guadagno *m,* profitto *m* ③ *(Beruf)* lavoro *m,* mestiere *m*

erwerben <irr, ohne ge-> *vt* ① *(kaufen)* acquistare ② *(Recht, Kenntnisse)* acquisire ③ *(verdienen)* guadagnare

Erwerbsbevölkerung [ɛɐ'vɛrpsbəfœlkərʊŋ] <-> *f kein Pl.* POL, COM popolazione *f* attiva

erwerbsfähig [ɛɐ'vɛrpsfɛ:ɪç] *adj* abile [al lavoro]

erwerbslos *adj* disoccupato

erwerbstätig *adj* che esercita una professione; **~e Bevölkerung** popolazione attiva

Erwerbstätigkeit [ɛɐ'vɛrpstɛ:tɪçkaɪt] <-, -en> *f* occupazione *f,* attività *f* retribuita

erwerbsunfähig *adj* inabile al lavoro

Erwerbszweig *m* ramo *m* professionale

Erwerbung <-, -en> *f* ① *(das Erwerben)* acquisizione *f* ② *(Kauf)* acquisto *m*

erwidern [ɛɐ'vɪ:dɐn] <ohne ge-> **I.** *vt* ① *(antworten)* rispondere, replicare; **[etw auf etw** *akk*] **~** rispondere [qc a qc] ② *(Besuch)* ricambiare; *(Liebe)* corrispondere a; *(Beleidigung)* ritorcere **II.** *vi (antworten)* replicare

Erwiderung <-, -en> *f* ① *(Antwort)* risposta *f* ② *(fig)* ricambio *m; (a. von Gruß, Besuch)* restituzione *f*

erwiesenermaßen [ɛɐ'vi:zənɐ'ma:sən] *adv* come [è stato] dimostrato

erwirken <ohne ge-> *vt* ottenere

erwischen <ohne ge-> *vt (fam)* ① *(fassen, ergreifen)* acciuffare ② *(ertappen)* sorprendere; **jdn beim Stehlen ~** sorprendere qu a rubare ③ *(gerade noch erreichen)* [riuscire a] prendere ④ *(in Mitleidenschaft ziehen)* **ihn hat's erwischt** *(er ist verliebt)* s'è preso una cotta; *(er ist krank)* se l'è presa; *(er ist gestorben)* c'è rimasto

erwog [ɛɐ'vo:k] *3. Pers. Sing. Imp. von* **erwägen**

erwogen [ɛɐ'vo:gən] *PP von* **erwägen**

erwünscht [ɛɐ'vʏnʃt] *adj* desiderato, auspicato

erwürgen [ɛɐ'vʏrgən] <ohne ge-> *vt* strozzare, strangolare

Erz [e:ɐ̯ts *o* ɛrts] <-es, -e> *nt* minerale *m* metallico

Erz- ['ɛrts] *in Zusammensetzungen* REL, HIST arci-

Erzader ['ɛɐ̯tsʔa:dɐ] *f* MIN filone *m* metallifero

erzählen <ohne ge-> *vt* raccontare, narrare; **erzähl mir nichts** [*o* **keine Märchen**]**!** *(fam)* non raccontarmi frottole!, ma a chi vuoi darla a bere?; **dem werd' ich was ~!** *(fam)* gliela farò vedere!, sta fresco!, mi sentirà!

erzählend *adj* narrativo; *(Dichtung)* epico

Erzähler(in) <-s, -; -, -nen> *m(f)* narratore, -trice *m, f*

Erzählung <-, -en> *f* ① *(das Erzählen)* narrazione *f,* racconto *m* ② *(Geschichte)* racconto *m*

Erzbischof ['ɛrtsbɪʃɔf] *m* REL arcivescovo *m*

erzbischöflich *adj* REL arcivescovile

Erzbistum *nt* REL arcivescovado *m*

Erzengel *m* REL arcangelo *m*

erzeugen <ohne ge-> *vt* ① *(produzieren)* produrre; A *(Kleider, Schuhe)* fabbricare ② *(fig: hervorrufen)* creare, far nascere; *(verursachen)* causare ③ PHYS, CHEM sviluppare

Erzeuger <-s, -> *m* ① BIOL procreatore *m,* genitore *m* ② AGR, COM produttore *m;* A fabbricante *m*

Erzeugnis <-ses, -se> *nt* prodotto *m*

Erzeugung <-, -en> *f* produzione *f,* fabbricazione *f*

Erzfeind(in) ['ɛrtsfaɪnt] *m(f)* nemico, -a *m, f* giurato, -a
Erzgebirge ['eːɐ̯tsɡəbɪrɡə *o* 'ɛrtsɡəbɪrɡə] <-s> *nt* monti *mpl* metalliferi
Erzherzog(in) *m(f)* arciduca, -duchessa *m, f*
erziehbar *adj* **schwer ~** difficile da educare
erziehen <irr, ohne ge-> *vt* allevare; *(a. geistig)* educare; **gut/schlecht erzogen** educato bene/male
Erzieher(in) <-s, -; -, -nen> *m(f)* educatore, -trice *m, f; (Lehrer)* maestro, -a *m, f; (Hauslehrer)* precettore, -trice *m, f,* istitutore, -trice *m, f*
erzieherisch *adj* educativo, pedagogico
Erziehung <-> *f kein Pl.* educazione *f;* **eine gute ~ genossen haben** aver ricevuto una buona educazione
erziehungsberechtigt *adj* che ha diritto di potestà; **die Eltern sind für die minderjährigen Kinder ~** i genitori esercitano la potestà sui figli minorenni
Erziehungsberechtigte <ein -r, -n, -n> *mf* ADM genitore *m*
Erziehungsgeld *nt* assegno *m* di maternità
Erziehungsheim *nt* istituto *m* di rieducazione minorile
Erziehungsmethode *f* metodo *m* educativo
Erziehungsurlaub *m* congedo *m* parentale
Erziehungswesen *nt* istruzione *f* pubblica
Erziehungswissenschaft *f* pedagogia *f*
Erziehungswissenschaftler(in) *m(f)* pedagogista *mf*
erzielen <ohne ge-> *vt* raggiungere, ottenere; *(Gewinn)* realizzare; *(Erfolg)* ottenere; SPORT *(Tor)* segnare, fare
erzkonservativ ['ɛrtskɔnzɛrva'tiːf] *adj* arciconservatore
erzürnen [ɛɐ̯'tsʏrnən] <ohne ge-> **I.** *vt* fare andare in collera, [far] adirare, mandare in bestia *fam* **II.** *vr* **sich über jdn/etw ~** adirarsi con qu/per qc, andare in collera con qu/per qc
erzwingen <irr, ohne ge-> *vt* ottenere con la forza; **etw von jdm ~** estorcere qc a qu
es [ɛs] *pron pers* ① *nom 3. Pers. Sing. (in Bezug auf Menschen: unbetont, meist nicht übersetzt)* egli *m,* ella *f; (betont)* lui *m,* lei *f; (in Bezug auf Dinge: unbetont, meist nicht übersetzt)* esso, -a *m, f; (betont)* lui *m,* lei *f* ② *akk von* **es** *(unbetont)* lo *m,* la *f,* l' *mf; (betont)* lui *m,* lei *f* ③ *(in unpersönlichen Ausdrücken)* **~ gibt ...** *(sing)* c'è ...; *(pl)* ci sono ...; **~ klopft** bussano; **~ regnet** piove; **~ darf gelacht werden** si può ridere; **~ gefällt mir** mi piace; **~ ist zwei Uhr** sono le due; **ich bereue ~** me ne pento; **ich bin ~ gewöhnt** ci sono abituato; **~ freut mich, dass ...** mi fa piacere che *+conj;* **~ ist nicht wahr, dass ...** non è vero che ...; **du sagst ~!** *(fam)* lo dici tu!; **wer ist da? — Ich bin ~!** chi è? — Sono io!
Es, es [ɛs] <-, -> *nt* MUS mi *m* bemolle
Esche ['ɛʃə] <-, -n> *f* BOT frassino *m; (Holz)* legno *m* di frassino
Esel(in) ['eːzəl] <-s, -; -, -nen> *m(f)* ① ZOO asino, -a *m, f* ② *(fam: Dummkopf)* **ich ~!** asino che non son altro!; [**du/Sie**] **~!** *(fam pej)* pezzo d'asino!
Eselsbrücke *f (fam)* regola *f* di mnemotica *geh (riferimento che serve a ricordarsi più facilmente una cosa o un termine)*
Eselsohr *nt (fam: im Buch)* orecchia *f*
Eskalation [ɛskala'tsi̯oːn] <-, -en> *f* escalation *f*
eskalieren [ɛska'liːrən] <ohne ge-> *vi sein o haben* **zu etw ~** sfociare in qc
Eskimo ['ɛskimo] <-s, -s> *m* eschimese *m*
Eskorte [ɛs'kɔrtə] <-, -n> *f (Schutzwache)* scorta *f*
eskortieren [ɛskɔr'tiːrən] <ohne ge-> *vt* scortare
Esoterik [ezo'teːrɪk] <-> *f kein Pl.* esoterismo *m*
esoterisch [ezo'teːrɪʃ] *adj* esoterico
ESP [eːʔɛs'peː] *nt Abk. von* **Elektronisches Stabilitätsprogramm** AUTO sistema *m* ESP, sistema *m* antislittamento
Espe ['ɛspə] <-, -n> *f* BOT [pioppo *m*] tremulo *m*
Espenlaub *nt* **zittern wie ~** *(fam)* tremare come una foglia
Esperanto [ɛspe'ranto] <-s> *nt kein Pl.* esperanto *m*
Espresso [ɛs'prɛso] <-(s), -> *m (Kaffee)* espresso *m,* caffè *m*
Espressomaschine *f (kannenförmig)* macchinetta *f* per espresso; *(kastenförmiges Profigerät)* macchina *f* del caffè
Essay ['ɛse *o* ɛ'seɪ] <-s, -s> *m o nt* LIT, SCIENT saggio *m*
essbar ['ɛsbaːɐ̯] *adj* mangiabile; *(genießbar, bes. Pilz)* mangereccio, commestibile
Esse ['ɛsə] <-, -n> *f bes.* OSTD *(Schornstein)* ciminiera *f*
essen ['ɛsən] <isst, aß, gegessen> *vi, vt* mangiare; **~ gehen** andare a mangiare [fuori]; **zu Abend/Mittag ~** cenare/pranzare; **in diesem Restaurant kann man sehr gut ~** in questo ristorante si mangia benissimo; **was gibt es heute zu ~?** cosa c'è oggi da mangiare?
Essen <-s, -> *nt* ① *(Einnahme der Mahlzeit)* mangiare *m;* **beim ~** mangi-

E

ando ② *(Nahrung)* cibo *m* ③ *(Mahlzeit)* pasto *m;* **vor/nach dem ~** prima/dopo i pasti ④ *(Gericht)* piatto *m*

Essen[s]marke *f* buono *m* pranzo

Essenszeit *f* ora *f* di mangiare

essentiell *adj s.* **essenziell**

Essenz [ɛˈsɛnts] <-, -en> *f* essenza *f*

essenziell [ɛsɛnˈtsi̯ɛl] *adj* essenziale

Esser(in) <-s, -; -, -nen> *m(f)* mangiatore, -trice *m, f;* **ein starker ~ sein** essere una buona forchetta

Essgeschirr *nt* servizio *m* da tavola; MIL gavetta *f*

Essgewohnheiten *fpl* abitudini *fpl* alimentari

Essig [ˈɛsɪç] <-s, -e> *m* aceto *m*

Essiggurke *f* cetriolino *m* sott'aceto

Essigsäure *f* CHEM acido *m* acetico

Esskastanie *f* GASTR, BOT castagna *f,* marrone *m*

Esskultur *f* gastronomia *f,* arte *f* della buona cucina

Esslöffel *m* cucchiaio *m* da tavola; **ein ~ [voll] …** una cucchiaiata di …

Essstörung [ˈɛsʃtøːrʊŋ] <-, -en> *f* MED disoressia *f*

Esssucht <-> *f kein Pl.* MED bulimia *f*

Esstisch *m* tavola *f,* tavolo *m* da pranzo

Esswaren *fpl* commestibili *mpl,* derrate *fpl* [alimentari]

Esszimmer *nt* sala *f* da pranzo

Establishment [ɪsˈtɛblɪʃmənt] <-s, -s> *nt* establishment *m*

Este [ˈeːstə] <-n, -n> *m* estone *m*

Ester [ˈɛstɐ] <-s, -> *m* CHEM estere *m*

Estin [ˈeːstɪn] <-, -nen> *f* estone *f*

Estland [ˈeːstlant] *nt* Estonia *f*

Estragon [ˈɛstragɔn] <-s> *m kein Pl.* BOT dragoncello *m,* estragone *m*

ESZB <-> *nt kein Pl.* EU *Abk. von* **Europäisches System der Zentralbanken** SEBC *m*

etablieren [etaˈbliːrən] <ohne ge-> **I.** *vt* stabilire **II.** *vr:* **sich ~** stabilirsi

etabliert *adj* solido, stabile; *(gesellschaftlich)* arrivato

Etage [eˈtaːʒə] <-, -n> *f* piano *m*

Etagenbett *nt* letto *m* a castello

Etagenheizung *f* riscaldamento *m* autonomo [per un piano]

Etagenwohnung *f* appartamento *m*

et al. *Abk. von* **et alii** ed altri

Etappe [eˈtapə] <-, -n> *f* ① *(Teilstrecke)* tappa *f* ② MIL *(rückwärtiges Gebiet)* retrovie *fpl*

Etat [eˈtaː] <-s, -s> *m* bilancio *m,* budget *m*

etc *Abk. von* **et cetera** etc, ecc.

etepetete [eːtəpeˈteːtə] <inv> *adj (fam)* lezioso, affettato

Eternit® [etɛrˈniːt *o* etɛrˈnɪt] <-s> *nt o m kein Pl.* eternit® *m*

Ethik [ˈeːtɪk] <-, *rar:* -en> *f* etica *f,* morale *f*

ethisch *adj* etico, morale

ethnisch [ˈɛtnɪʃ] *adj* etnico; **~e Säuberung** pulizia etnica

Ethnografie [ɛtnograˈfiː, *Pl:* ɛtnograˈfiːən] <-, -n> *f* etnografia *f*

Ethnologe [ɛtnoˈloːgə] <-n, -n> *m* etnologo *m*

Ethnologie [ɛtnoloˈgiː] <-, -n> *f* etnologia *f*

Ethnologin [ɛtnoˈloːgɪn] <-, -nen> *f* etnologa *f*

Ethos [ˈeːtɔs] <-> *nt kein Pl.* etica *f;* **berufliches ~** etica professionale

Etikett [etiˈkɛt] <-(e)s, -e(n) *o* -s> *nt (Schildchen)* etichetta *f,* cartellino *m;* COM marchio *m*

Etikette [etiˈkɛtə] <-, -n> *f* etichetta *f*

etikettieren [etikɛˈtiːrən] <ohne ge-> *vt (a. fig)* etichettare

etliche(r, s) [ˈɛtlɪçə, -çɐ, -çəs] *pron indef (sing)* parecchio, -a *(pl)* alcuni, -e parecchi, -ie

Etsch [ɛtʃ] *f* GEOG *(Fluss)* Adige *m*

Etui [ɛtˈviː *o* etyˈiː] <-s, -s> *nt* astuccio *m*

etwa [ˈɛtva] *adv* ① *(ungefähr)* circa, all'incirca; **~ hundert** un centinaio; **vor ~ einer Stunde** un'ora fa circa ② *(zum Beispiel)* per esempio, diciamo ③ *(vielleicht)* forse; *(womöglich)* per caso; **ist das ~ nicht wahr?** non è forse vero? ④ *(ja nicht)* **[denken Sie] nicht ~, dass …** non stia a credere che *+conj*

etwaig [ˈɛtva(ː)ɪç] *adj* eventuale

etwas [ˈɛtvas] **I.** *pron indef* ① *(substantivisch)* qualcosa; **~ Schönes** qualcosa di bello; **so ~** una cosa del genere; **das gewisse Etwas** quel certo non so che; **ohne ~ zu sagen** senza dir niente; **das ist ~ anderes** è un'altra cosa; **sie haben ~ miteinander** *(fam)* c'è qualcosa fra loro ② *(adjektivisch)* un po' di; **ich hätte gern noch ~ Brot** gradirei ancora un po' di pane **II.** *adv* alquanto, un po'

Etymologie [etymoloˈgiː] <-, -n> *f* etimologia *f*

etymologisch [etymoˈloːgɪʃ] *adj* etimologico

EU [eːˈʔuː] <-> *f kein Pl. Abk. von* **Europäische Union** UE *f*

eu(e)re(r, s) [ˈɔɪ(ə)rə, -rɐ, -rəs] *pron poss substantivisch 2. Pers. Pl. von* **ihr** il vostro *m,* la vostra *f,* i vostri *mpl,* le vostre *fpl*

EU-Asylpolitik *f* politica *f* dell'asilo dell'UE
EU-Außengrenze *f* confine *m* esterno dell'UE
EU-Außenminister *m* Ministro *m* degli Esteri dell'UE
EU-Außenministerkonferenz *f* Conferenza *f* dei Ministri degli Esteri dell'UE
EU-Beitritt <-(e)s> *m kein Pl.* accesso *m* nell'Unione europea
EU-Bürger(in) *m(f)* cittadino *m* europeo, eurocittadino *m*
euch [ɔɪç] **I.** *pron pers* ① *2. pers pl akk von* **ihr** *(betont)* voi; *(unbetont)* vi ② *2. pers pl dat von* **ihr** *(betont)* a voi; *(unbetont)* vi **II.** *pron refl* vi; **freut ihr ~?** siete contenti?
euer ['ɔɪɐ] **I.** *pron poss adjektivisch 2. Pers. Pl. von* **ihr** vostro *m,* vostra *f,* vostri *mpl,* vostre *fpl* **II.** *pron pers 2. Pers. Pl. gen von* **ihr** di voi
Eugenik [ɔɪ'ge:nɪk] <-> *f kein Pl.* MED eugenetica *f,* eugenica *f*
EU-Gipfel *m* vertice *m* europeo
EU-Institution <-, -en> *f* istituzione *f* comunitaria
Eukalyptus [ɔɪka'lʏptʊs] <-, Eukalypten> *m* BOT eucalipto *m*
EU-Kommissar(in) *m(f)* eurocommissario *m*
EU-Kommission <-> *f kein Pl.* eurocommissione *f*
Eule ['ɔɪlə] <-, -n> *f* ZOO civetta *f,* gufo *m*
Eulenspiegel *m (fig)* burlone *m*
Eulenspiegelei [ɔɪlənʃpi:gə'laɪ] <-, -en> *f* tiro *m* burlone, beffa *f*
EU-Ministerrat <-(e)s> *m kein Pl.* consiglio *m* [europeo] dei ministri
EU-Mitgliedsland *nt* [Stato] membro *m* dell'Unione europea
EU-Mitgliedsstaat <-(e)s, -en> *m* Stato *m* membro dell'UE
EU-Norm *f* norma *f* comunitaria
Eunuch [ɔɪ'nu:x] <-en, -en> *m* eunuco *m*
EU-Organ *nt* organo *m* comunitario
EU-Osterweiterung *f* ampliamento *m* dell'unione europea verso i paesi dell'Est
Euphemismus [ɔɪfe'mɪsmʊs, *Pl:* ɔɪfe'mɪsmən] <-, Euphemismen> *m* eufemismo *m*
euphemistisch [ɔɪfe'mɪstɪʃ] *adj* eufemistico
Euphorie [ɔɪfo'ri:] <-, -n> *f* euforia *f*
euphorisch [ɔɪ'fo:rɪʃ] *adj* euforico
Euratom [ɔɪra'to:m] *Abk. von* **Europäische Gemeinschaft für Atomenergie** EURATOM
eure(r, s) ['ɔɪrə, -rɐ, -rəs] *pron poss s.* **eu(e)re(r, s)**
eurerseits ['ɔɪrɐ'zaɪts] *adv* da parte vostra
eures *pron poss s.* **eu(e)re(r, s)**
euresgleichen ['ɔɪrəs'glaɪçən] <inv> *pron* vostro pari
euretwegen ['ɔɪrət've:gən] *adv* per causa vostra, per voi; *(negativ)* per colpa vostra
euretwillen ['ɔɪrət'vɪlən] *adv* **um ~** per voi, per amor vostro
Euribor-Kontrakte *pl* FIN, EU contratti *mpl* indicizzati in EURIBOR
eurige(r, s) ['ɔɪrɪgə, -gɐ, -gəs] *pron poss (obs geh) s.* **eu(e)re(r, s)**
Euro ['ɔɪro] <-, -> *m* euro *m;* **die Einführung des ~** l'introduzione *f* dell'euro
Eurobeauftragte <-n, -> *mf (Europäische Währungsunion)* incaricato *m* degli affari concernenti l'Euro
Eurobond ['ɔɪrobɔnt] <-s, -s> *m* FIN eurobond *m*
Eurocent <-s, -s> *nt (Währungseinheit)* centesimo *m*
Eurocheque <-s, -s> *m* eurochèque *m*
Eurocity <-, -s *o* -cities> *m* FERR eurocity *m*
Eurokrise *f* crisi *f* dell'euro
Euroland *nt* paese *m* dell'euro, Euroland *m*
Europa [ɔɪ'ro:pa] *nt* GEOG Europa *f*
Europacup [ɔɪ'ro:pakap] <-s, -s> *m* SPORT coppa *f* Europa
Europäer(in) [ɔɪro'pɛ:ɐ] <-s, -; -, -nen> *m(f)* europeo, -a *m, f*
europäisch *adj* europeo; **die ~e Geschichte** la storia europea; **die Europäische Union** l'Unione europea
europäisieren [ɔɪropɛi'zi:rən] <ohne ge-> *vt* europeizzare
Europameister(in) *m(f)* SPORT campione, -essa *m, f* d'Europa
Europameisterschaft *f* SPORT campionati *mpl* europei
Europaparlament <-(e)s> *nt kein Pl.* EU parlamento *m* europeo
Europapokal *m* SPORT coppa *f* europea; **~ der Pokalsieger** coppa dei campioni
Europapolitik *f* europolitica *f*
Europarat *m* POL Consiglio *m* europeo
Europastadt *f* eurocittà *f*
Europasteuer *f* eurotassa *f*
Europastraße *f* itinerario *m* europeo
Europawahlen *fpl* elezioni *fpl* europee
Europol ['ɔɪropo:l] <-, -en> *f* POL Europol *f*
Euroraum *m kein Pl.* **der ~** l'eurozona *f,* la zona euro
Eurorettungsschirm *m* POL, FIN pacchetto *m* salva-euro
Euroscheck *m s.* **Eurocheque**
Euroscheckkarte <-, -n> *f* carta *f* bancomat eurochèque

Euroskeptiker(in) *m(f)* POL euro-scettico, -a *m, f*
euroskeptisch *adj* euroscettico
Eurovision [ɔɪrovi'zi̯o:n] *f* TV eurovisione *f*
Eurowährungsgebiet <-(e)s, -e> *nt* zona *f* euro
Eurozone <-> *f kein Pl.* zona *f* euro
Euter ['ɔɪtɐ] <-s, -> *nt* mammella *f*
Euthanasie [ɔɪtana'zi:] <-> *f kein Pl.* eutanasia *f*
EU-Verfassung *f* Costituzione *f* dell'UE
EU-Verordnung *f* direttiva *f* comunitaria
EU-Vertrag *m* trattato *m* comunitario
e. V. [e:'faʊ] *Abk. von* **eingetragener Verein** associazione registrata
evakuieren [evaku'i:rən] <ohne ge-> *vt* ① *(Gebiet)* evacuare ② *(Menschen)* sfollare
Evakuierung <-, -en> *f* ① *(von Gebiet)* evacuazione *f* ② *(von Menschen)* sfollamento *m*
evangelisch [evaŋ'ge:lɪʃ] *adj* REL ① *(das Evangelium betreffend)* evangelico ② *(protestantisch)* protestante
Evangelist [evaŋge'lɪst] <-en, -en> *m* REL evangelista *m*
Evangelium [evaŋ'ge:liʊm] <-s, Evangelien> *nt* REL Vangelo *m*
Event [i'vɛnt] <-s, -s> *m o nt (fam)* evento *m*
Eventualität [evɛntuali'tɛ:t] <-, -en> *f* eventualità *f*
eventuell [evɛn'tuɛl] *adj* eventuale
evident [evi'dɛnt] *adj* ① *(geh: einleuchtend, offenkundig)* evidente; **es ist ~, dass er lügt** è evidente che mente ② A *(form)* **~ halten** *(registrieren, auf dem Laufenden halten)* aggiornare; **wir halten Ihre Bewerbung ~** teniamo in considerazione la sua richiesta di lavoro
Evolution [evolu'tsi̯o:n] <-, -en> *f* evoluzione *f*
evtl. *Abk. von* **eventuell** eventualmente
E-Werk ['e:vɛrk] <-s, -e> *nt Abk. von* **Elektrizitätswerk** centrale *f* elettrica
EWG [e:ve:'ge:] *f Abk. von* **Europäische Wirtschaftsgemeinschaft** HIST CEE *f*
EWI <-> *nt kein Pl. Abk. von* **Europäisches Währungsinstitut** IME *m*
ewig ['e:vɪç] *adj* ① *(unendlich)* eterno; **auf ~** in eterno, per sempre ② *(fam: dauernd)* continuo, incessante; **das dauert ja ~!** *(fam)* dura un'eternità!
Ewigkeit <-, *rar:* -en> *f* eternità *f;* **in [alle] ~** in eterno; **das dauert ja eine ~!** *(fam)* dura un'eternità!
EWS [e:ve:'ʔɛs] <-> *nt kein Pl.* EU *Abk. von* **Europäisches Währungssystem** SME *m*
EWU [e:ve:'ʔu:] *f kein Pl.* EU *Abk. von* **Europäische Währungsunion** UEM *f*
EWWU <-> *f kein Pl. Abk. von* **Europäische Wirtschafts- und Währungsunion** UEME *f*
EWWU-Teilnehmerland *nt* Stato *m* partecipante all'UEME
Ex [ɛks] <-, -; -> *mf (fam)* ex *mf*
exakt [ɛ'ksakt] *adj* esatto, preciso
Exaktheit <-> *f kein Pl.* esattezza *f,* precisione *f*
Examen [ɛ'ksa:mən, *Pl:* ɛ'ksa:mina] <-s, - *o rar:* Examina> *nt* esame *m;* **[ein] ~ machen** fare un esame; **durchs ~ fallen** essere bocciato all'esame
Examensangst *f* paura *f* degli esami
Examenskandidat(in) *m(f)* esaminando, -a *m, f*
examinieren [ɛksami'ni:rən] <ohne ge-> *vt* esaminare
exekutieren [ɛkseku'ti:rən] <ohne ge-> *vt* ① *(hinrichten)* giustiziare ② A *(form: pfänden)* pignorare
Exekution [ɛkseku'tsi̯o:n] <-, -en> *f* ① *(Hinrichtung)* esecuzione *f* ② A *(form: Pfändung)* pignoramento *m*
Exekutionskommando *nt* plotone *m* d'esecuzione
Exekutive [ɛkseku'ti:və] <-, -n> *f* ① POL *(vollziehende Gewalt im Staat)* potere *m* esecutivo ② A *(Polizei und Gendarmerie)* forze *f pl* dell'ordine pubblico
Exempel [ɛ'ksɛmpəl] <-s, -> *nt (geh)* esempio *m;* **die Probe aufs ~ machen** fare una prova a campione; **ein ~ statuieren** stabilire un esempio
Exemplar [ɛksɛm'pla:ɐ̯] <-s, -e> *nt* esemplare *m; (Buch)* copia *f*
exemplarisch [ɛksɛm'pla:rɪʃ] *(geh)* **I.** *adj* esemplare **II.** *adv* in modo esemplare
exerzieren [ɛksɛr'tsi:rən] <ohne ge-> *vi* MIL esercitarsi, fare le esercitazioni
Exerzierplatz *m* MIL piazza *f* d'armi
Exhibitionismus [ɛkshibitsi̯o'nɪsmʊs] <-> *m kein Pl.* esibizionismo *m*
Exhibitionist(in) [ɛkshibitsi̯o'nɪst] <-en, -en; -, -nen> *m(f)* esibizionista *mf*
exhumieren [ɛkshu'mi:rən] <ohne ge-> *vt* riesumare
Exil [ɛ'ksi:l] <-s, -e> *nt* POL esilio *m;* **ins ~ gehen** andare in esilio
existent [ɛksɪs'tɛnt] *adj* esistente
Existentialismus [ɛksɪstɛntsi̯a'lɪsmʊs] <-> *m kein Pl. s.* **Existenzialismus**
existentiell [ɛksɪstɛn'tsi̯ɛl] *adj s.* **existenziell**
Existenz [ɛksɪs'tɛnts] <-, -en> *f* ① *Sing. (Dasein, Leben)* esistenza *f* ② *(Lebensunterhalt)* sostentamento *m;* **sich** *dat* **eine ~**

aufbauen costruirsi un'esistenza ③ *(pej: Mensch)* figura *f;* **eine verkrachte ~** un fallito
Existenzangst *f* angoscia *f* esistenziale
Existenzberechtigung *f* ragione *f* d'essere, diritto *m* all'esistenza
Existenzgründer(in) *m(f)* fondatore, -trice d'impresa *m*
Existenzgrundlage *f* base *f* di sostentamento
Existenzgründungsseminar *nt* corso *m* per fondatori d'impresa
Existenzialismus [ɛksɪstɛntsi̯a'lɪsmʊs] <-> *m kein Pl.* PHILOS esistenzialismo *m*
existenziell [ɛksɪstɛn'tsi̯ɛl] *adj* esistenziale
Existenzminimum *nt* minimo *m* per vivere
existieren [ɛksɪs'tiːrən] <ohne ge-> *vi* esistere, esserci
exklusiv [ɛksklu'ziːf] *adj* esclusivo
exklusive [ɛksklu'ziːvə] **I.** *präp +gen* escluso *attributiv;* **~ Porto** escluse le spese postali **II.** *adv* esclusivamente
exkommunizieren [ɛkskɔmuni'tsiːrən] <ohne ge-> *vt* REL scomunicare
Exkremente [ɛkskre'mɛntə] *ntpl (geh)* escrementi *mpl*
Exkurs [ɛks'kʊrs] <-es, -e> *m* excursus *m*
Exlibris [ɛks'liːbriːs] <-, -> *nt* TYP ex libris *m*
Exmatrikulation [ɛksmatrikula'tsi̯oːn] <-, -en> *f* cancellazione *f* dal registro dell'università
exmatrikulieren [ɛksmatriku'liːrən] <ohne ge-> **I.** *vt* cancellare dal registro [universitario] **II.** *vr:* **sich ~** cancellarsi dal registro [universitario]
exogen [ɛkso'geːn] *adj* esogeno
Exot(in) [ɛ'ksoːt] <-en, -en; -, -nen> *m(f)* ① *(Tier)* animale *m* esotico; *(Pflanze)* pianta *f* esotica; *(Mensch)* straniero *m,* persona *f* dall'aspetto esotico ② *(fam: kauziger Typ)* tipo *m* stravagante
exotisch [ɛ'ksoːtɪʃ] *adj* esotico
Expander [ɛks'pandɐ] <-s, -> *m* estensore *m* [a molla]
Expansion [ɛkspan'zi̯oːn] <-, -en> *f* espansione *f*
Expansionspolitik <-> *f kein Pl.* POL politica *f* espansionistica
Expedit <-(e)s, -e> *nt* A *(Versandabteilung einer Firma)* reparto *m* spedizioni
Expedition [ɛkspedi'tsi̯oːn] <-, -en> *f* spedizione *f*
Experiment [ɛksperi'mɛnt] <-(e)s, -e> *nt* SCIENT esperimento *m,* esperienza *f*
experimentell [ɛksperimɛn'tɛl] *adj* sperimentale
experimentieren [ɛksperimɛn'tiːrən] <ohne ge-> *vi* **mit** [*o* **an**] **etw** *dat* ~ sperimentare qc/su qc
Experte [ɛks'pɛrtə] <-n, -n> *m,* **Expertin** [ɛks'pɛrtɪn] <-, -nen> *f* esperto, -a *m, f,* perito *m*
Expertise [ɛkspɛr'tiːzə] <-, -n> *f* COM, JUR, POL perizia *f*
explizit [ɛkspli'tsiːt] *adj* esplicito
explodieren [ɛksplo'diːrən] <ohne ge-> *vi sein* esplodere; *(a. fig)* scoppiare
Explosion [ɛksplo'zi̯oːn] <-, -en> *f* esplosione *f; (a. fig)* scoppio *m*
Explosionsgefahr *f* pericolo *m* d'esplosione
Explosionsserie *f* serie *f* di esplosioni
explosiv [ɛksplo'ziːf] *adj* esplosivo
Exponat [ɛkspo'naːt] <-(e)s, -e> *nt* KUNST pezzo *m* d'esposizione
Exponent [ɛkspo'nɛnt] <-en, -en> *m* MAT esponente *m*
exponieren [ɛkspo'niːrən] <ohne ge-> **I.** *vt* esporre **II.** *vr:* **sich ~** esporsi
Export [ɛks'pɔrt] <-(e)s, -e> *m* COM esportazione *f*
Exportartikel *m* articolo *m* d'esportazione
Exporteur [ɛkspɔr'tøːɐ̯] <-s, -e> *m* COM esportatore *m*
Exportfirma *f* COM ditta *f* esportatrice
Exporthandel *m* commercio *m* con l'estero
exportieren [ɛkspɔr'tiːrən] <ohne ge-> *vt* COM esportare
Exportkaufmann <-(e)s, -leute> *m* esportatore *m,* addetto *m* alle esportazioni [*o* al commercio estero]
Exportschlager *m* principale prodotto *m* d'esportazione
Exportüberschuss *m* COM eccedenza *f* d'esportazione
Express [ɛks'prɛs] <-es, -züge> *m (Zug)* rapido *m;* **per ~** *(Post)* per espresso
Expressionismus [ɛksprɛsi̯o'nɪsmʊs] <-> *m kein Pl.* KUNST, LIT, MUS espressionismo *m*
expressionistisch *adj* KUNST, LIT, MUS espressionista
expressiv [ɛksprɛ'siːf] *adj* espressivo
exquisit [ɛkskvi'ziːt] *adj* squisito, eccellente
Extension *f* INFORM estensione *f*
extensiv [ɛkstɛn'ziːf] *adj* esteso, vasto, allargato; **eine ~e Auslegung des Gesetzes** un'interpretazione allargata della legge
extern [ɛks'tɛrn] *adj* esterno
extra ['ɛkstra] <inv> **I.** *adj (fam: gesondert, separat)* separato, a parte **II.** *adv* ① *(eigens)* proprio; **das hast du ~ gemacht** *(fam)* questo l'hai fatto apposta ② *(gesondert)* speciale, extra ③ *(zusätzlich)* in più, in aggiunta

E

Extra <-s, -s> *nt* extra *m,* optional *m;* **alle ~s inklusive** compresi tutti gli extra
Extraausstattung *f* optional *mpl*
Extrablatt *nt (Zeitung)* edizione *f* straordinaria
Extrafahrt *f* CH *(Sonderfahrt)* corsa *f* straordinaria
extrafein *adj* sopraffino
Extrakt [ɛks'trakt] <-(e)s, -e> *m o nt* estratto *m*
extravagant [ɛkstrava'gant *o* 'ɛkstravagant] *adj* stravagante
Extravaganz [ɛkstrava'gants *o* 'ɛkstravagants] <-, -en> *f* stravaganza *f*
extravertiert [ɛkstravɛr'tiːɐ̯t] *adj* estroverso
Extrawurst *f (fam)* **jdm eine ~ braten** fare un trattamento speciale a qu; **sie will immer eine ~ [gebraten haben]** vuole sempre un trattamento speciale
Extrazug *m* CH FERR *(Sonderzug)* treno *m* speciale
extrem [ɛks'treːm] *adj* estremo; *(radikal)* radicale
Extrem <-s, -e> *nt* estremo *m;* **von einem ~ ins andere fallen** passare da un estremo all'altro
Extremismus [ɛkstre'mɪsmʊs] <-, Extremismen> *m* POL estremismo *m*
Extremist(in) [ɛkstre'mɪst] <-en, -en; -, -nen> *m(f)* estremista *mf*
extremistisch *adj* estremista, estremistico
Extremitäten [ɛkstremi'tɛːtən] *fpl* estremità *fpl*
Extremsport <-(e)s, -sportarten> *m,* **Extremsportart** *f* sport *m* estremo
Extremsportler(in) *m(f)* sportivo, -a estremo *m*
extrovertiert [ɛkstrovɛr'tiːɐ̯t] *adj s.* **extravertiert**
exzellent [ɛkstsɛ'lɛnt] *adj* eccellente
Exzellenz [ɛkstse'lɛnts] <-, -en> *f* eccellenza *f*
exzentrisch [ɛks'tsɛntrɪʃ] *adj* eccentrico
Exzess [ɛks'tsɛs] <-es, -e> *m* eccesso *m;* **etw bis zum ~ treiben** spingere qc all'eccesso
exzessiv [ɛkstsɛ'siːf] *adj* eccessivo
Eyeliner ['aɪlaɪnə] <-s, -> *m* eye-liner *m*
EZB <-> *f kein Pl. Abk. von* **Europäische Zentralbank** BCE *f*
E-Zug ['eːtsuːk] *m* FERR *Abk. von* **Eilzug** dir *m*

Ff

f. *Abk. von* **folgende Seite** seg.
F, f [ɛf] <-, -(s)> *nt* ① *(Buchstabe)* F *f,* f *f;* **F wie Friedrich** F come Firenze ② MUS fa *m;* **F-Dur** fa maggiore; **f-Moll** fa minore
F *Abk. von* **Fahrenheit** F
Fa. *Abk. von* **Firma** ditta
Fabel ['faːbəl] <-, -n> *f* favola *f*
fabelhaft *adj* fantastico, incredibile; *(wunderbar)* magnifico, formidabile
fabeln **I.** *vi* raccontare frottole **II.** *vt (Unsinn)* fantasticare
Fabeltier *nt* animale *m* favoloso
Fabelwesen *nt* animale *m* favoloso; *(Ungeheuer)* mostro *m* immaginario
Fabrik [fa'briːk] <-, -en> *f* ① fabbrica *f* ② *(~gebäude)* stabilimento *m;* **ab ~** COM franco stabilimento
Fabrikant(in) [fabri'kant] *m(f)* fabbricante *mf*
Fabrikarbeiter(in) *m(f)* operaio, -a *m, f* di fabbrica
Fabrikat [fabri'kaːt] <-(e)s, -e> *nt* prodotto *m,* manufatto *m*
Fabrikation [fabrika'tsi̯oːn] <-, -en> *f* fabbricazione *f,* manifattura *f*
Fabrikationsfehler *m* difetto *m* di fabbricazione
Fabrikbesitzer(in) *m(f)* proprietario, -a *m, f* di una fabbrica, industriale *mf*
Fabrikgelände *nt* zona *f* [*o* area *f*] di un'industria
fabrikneu *adj* nuovo di fabbrica
fabrizieren [fabri'tsiːrən] <ohne ge-> *vt (a. fam)* fabbricare
Facebook® <-[s]> ['fɛɪ̯sbʊk] *nt kein pl* INFORM Facebook® *m*
facebooken ['fɛɪ̯sbʊkn̩] *vi* INFORM stare su Facebook®
Facelifting ['feisliftiŋ] <-s, -s> *nt* lifting *m* facciale
Facette [fa'sɛtə] <-, -n> *f* faccetta *f*
Fach [fax] <-(e)s, Fächer> *nt* ① *(in Tasche)* [s]compartimento *m,* scomparto *m; (in Büchergestell)* scaffale *m,* ripiano *m; (Schub~)* cassetto *m; (Post~)* casella *f* ② *(Berufszweig)* mestiere *m; (Zweig)* ramo *m; (Gebiet)* campo *m,* settore *m;*

(Unterrichts~) materia *f;* **vom ~ sein** essere del mestiere
Facharbeiter(in) *m(f)* operaio, -a *m, f* specializzato, -a; *(~schaft)* mano *f* d'opera specializzata
Facharzt *m,* **Fachärztin** *f* MED medico *m* specialista, specialista *mf*
Fachausdruck *m* termine *m* tecnico
Fachbuch *nt* trattato *m* [*o* testo *m*] tecnico, libro *m* specializzato
fächeln ['fɛçəln] *vt* sventolare (**mit etw** qc)
Fächer ['fɛçɐ] <-s, -> *m* ventaglio *m*
Fachfrau *f* specialista *f,* esperta *f*
Fachgebiet *nt* campo *m,* ramo *m,* settore *m; (Wissens-, Sachgebiet)* materia *f*
Fachgeschäft *nt* negozio *m* specializzato
Fachhandel <-s> *m kein Pl.* negozio *m* specializzato, rivendita *f* specializzata
Fachhändler(in) <-s, -; -, -nen> *m(f)* rivenditore *m* specializzato
Fachhochschule *f* istituto *m* parauniversitario [di qualificazione professionale]
Fachidiot(in) <-en, -en; -, -nen> *m(f) (pej) persona considerata limitata di mente perché chiusa nella propria materia;* **er ist ein ~!** è completamente chiuso nella sua materia e non vede altro!
Fachkenntnisse *fpl* cognizioni *fpl* tecniche
Fachkraft *f* specialista *mf*
fachkundig *adj* esperto, competente
Fachleute *Pl. von* **Fachmann**
fachlich *adj* professionale, tecnico; **die ~en Voraussetzungen erfüllen** essere qualificato
Fachliteratur *f* letteratura *f* specializzata
Fachmann <-(e)s, -leute> *m* esperto *m,* specialista *m*
fachmännisch ['faxmɛnɪʃ] *adj* specialistico; *(fachgerecht)* a regola d'arte
Fachoberschule *f* istituto *m* tecnico superiore
Fachpolitiker(in) *m(f)* POL tecnico *m*
Fachpresse *f* stampa *f* specialistica
Fachrichtung *f* ramo *m,* specializzazione *f* [accademica]; **die ~ Physik an der Universität Köln** il corso di laurea in fisica all'università di Colonia
Fachschaft <-, -en> *f* ① *(Berufsgruppe)* categoria *f* professionale ② *(an Universität)* studenti *mpl* d'una disciplina
Fachschule *f* istituto *m* tecnico [*o* professionale]
fachsimpeln ['faxzɪmpəln] *vi (fam)* parlare di questioni tecniche [*o* professionali]
Fachsprache *f* LING linguaggio *m* tecnico, gergo *m pej*
fachübergreifend *adj* interdisciplinare
Fachwerk *nt* traliccio *m*
Fachwerkhaus *nt* casa *f* con intelaiatura a traliccio
Fachwissen <-s> *nt kein Pl. s.* **Fachkenntnisse**
Fachwort <-(e)s, -wörter> *nt* termine *m* tecnico
Fachzeitschrift *f* rivista *f* specializzata, periodico *m* specializzato
Fackel ['fakəl] <-, -n> *f (a. fig)* fiaccola *f,* torcia *f*
fackeln *vi (fam)* **nicht lange ~** non perdere tempo, non aver scrupoli; **los, nicht lange gefackelt!** forza!, coraggio!
Fackelzug *m* fiaccolata *f*
Fadheit <-> *f kein Pl.* ① *(von Essen)* insipidezza *f* ② *(Geistlosigkeit)* insulsaggine *f* ③ *(Langweiligkeit)* noiosità *f*
fadisieren *vr* **sich [zu Tode] ~** A *(fam: sich langweilen)* annoiarsi [a morte]
Fagott [fa'gɔt] <-(e)s, -e> *nt* MUS fagotto *m*
fähig ['fɛːɪç] *adj (imstande, tauglich)* capace, bravo; *(befähigt)* qualificato; **zu etw ~ sein** essere capace di [fare] qc; **er ist zu allem ~!** è capace di tutto!
Fähigkeit <-, -en> *f* ① *(das Imstandesein)* capacità *f,* abilità *f* ② *(Begabung)* dote *f,* talento *m; (geistig)* facoltà *f; (körperlich)* forza *f,* capacità *f*
fahl [faːl] *adj (fast farblos)* sbiadito, smorto; *(Licht)* fioco; *(bleich)* pallido
fahnden ['faːndən] *vi* **nach jdm ~** ricercare qu
Fahndung <-, -en> *f* indagini *fpl;* **die ~ nach einem Täter** le indagini sul colpevole
Fahne ['faːnə] <-, -n> *f* ① *(Flagge)* bandiera *f* ② TYP bozza *f* [in colonna] ③ *(Alkohol~)* **eine ~ haben** *(fam)* puzzare di alcool
Fahnenabzug *m* TYP bozza *f* [in colonna]
Fahneneid *m* MIL giuramento *m* di fedeltà [alla bandiera]
Fahnenflucht *f* MIL diserzione *f*
fahnenflüchtig *adj* disertore
Fahnenstange *f* asta *f* della bandiera
Fahnenträger *m* portabandiera *m*
Fähnrich ['fɛːnrɪç] <-s, -e> *m* ① HIST alfiere *m* ② MIL *(Offiziersanwärter)* allievo *m* ufficiale
Fahrausweis *m* ① *(Fahrkarte)* biglietto *m* ② CH *(Führerschein)* patente *f* [di guida]
Fahrbahn *f* carreggiata *f;* **von der ~ abkommen** andare fuori strada
fahrbar *adj* TEC praticabile, carrozzabile, carreggiabile, navigabile; **ein ~er Untersatz** *(fam)* una macchina
Fahrdamm *m* DIAL *s.* **Fahrbahn**
Fahrdienstleiter *m* FERR capostazione *m*

F

Fähre ['fɛːrə] <-, -n> *f* traghetto *m*

fahren ['faːrən] <fährt, fuhr, gefahren> **I.** *vi sein* ① *(sich fortbewegen)* andare; **rechts ~** tenere la destra; **erster/zweiter Klasse ~** viaggiare in prima/seconda classe; **über Mailand ~** passare per Milano; **durch eine Stadt ~** attraversare una città; **mit dem Auto/der Bahn/dem Schiff ~** andare in macchina/in treno/in nave; **was ist bloß in dich gefahren?** *(fig)* ma che ti piglia? *fam* ② *(ab~)* partire ③ *(reisen)* viaggiare ④ *(berühren)* **sich** *dat* **mit der Hand über die Stirn ~** passarsi la mano sulla fronte ⑤ *(durchzucken)* **der Schreck fuhr ihm in die Glieder** fu paralizzato dallo spavento **II.** *vt* ① *haben (lenken)* guidare ② *haben (befördern)* trasportare; **jdn nach Hause ~** portare qu a casa [in macchina] ③ *haben o sein (zurücklegen)* percorrere ④ SPORT **Ski ~** sciare; **ein Rennen ~** partecipare a una gara [di automobili]

Fahrenheit ['faːrənhaɪt] Fahrenheit

Fahrenheitskala *f* scala Fahrenheit

Fahrer(in) ['faːrɐ] *m(f)* ① *(als Beruf)* autista *mf* ② *(Auto~)* conducente *mf*, automobilista *mf*; *(Motorrad~)* motociclista *mf*; *(Rad~)* ciclista *mf*

Fahrerflucht *f* fuga *f* del conducente [dopo l'incidente]; **~ begehen** fuggire dopo aver causato un incidente

Fahrerin *f s.* **Fahrer**

Fahrersitz *m* posto *m* del guidatore

Fahrgast *m* passeggero *m*

Fahrgeld *nt* prezzo *m* del biglietto

Fahrgelegenheit *f* possibilità *f* [*o* mezzo *m*] di trasporto

Fahrgeschwindigkeit *f* velocità *f* [di marcia]

Fahrgestell *nt* ① MOT telaio *m* ② AERO carrello *m*

fahrig ['faːrɪç] *adj* ① *(unruhig)* inquieto, agitato ② *(zerstreut)* distratto

Fahrkarte *f* biglietto *m*

Fahrkartenautomat *m* distributore *m* automatico di biglietti

Fahrkartenschalter *m* biglietteria *f*

fahrlässig ['faːɐ̯lɛsɪç] *adj* trascurato, negligente; **~e Körperverletzung** lesione colposa; **~e Tötung** omicidio colposo

Fahrlässigkeit <-, -en> *f* ① negligenza *f*, trascuratezza *f* ② JUR colpa *f*

Fahrlehrer(in) *m(f)* istruttore, -trice *m, f* di guida

Fahrleistung *f* MOT prestazione *f* di marcia

Fährmann ['fɛːɐ̯man] *m* barcaiolo *m*, battelliere *m*

Fahrplan *m* orario *m*

fahrplanmäßig *adj* in orario, puntuale

Fahrpraxis <-> *f kein Pl.* pratica *f* di guida

Fahrpreis *m* prezzo *m* del biglietto

Fahrpreisermäßigung *f* riduzione *f* sul prezzo del biglietto

Fahrprüfung *f* esame *m* di guida

Fahrrad *nt* bicicletta *f*, bici *f fam*; **~ fahren** andare in bicicletta

Fahrradfahrer(in) *m(f)* ciclista *mf*

Fahrradkurier <-s, -e> *m* corriere *m* in bicicletta

Fahrradständer *m* posteggio *m* per biciclette

Fahrradweg *m* pista *f* ciclabile; *(in der Stadt)* corsia *f* ciclabile

Fahrrichtung *f* direzione *f* di marcia

Fahrrinne *f* NAUT canale *m* navigabile

Fahrschein *m s.* **Fahrkarte**

Fährschiff *nt* NAUT [nave *f*] traghetto *m*

Fahrschule *f* autoscuola *f*, scuolaguida *f*

Fahrschüler(in) *m(f)* allievo, -a *m, f* di una scuolaguida

Fahrspur *f* corsia *f*

Fahrstreifen *m* A *(Fahrspur)* corsia *f*

Fahrstuhl *m* ascensore *m*

Fahrstuhlführer(in) *m(f)* ascensorista *mf*, lift *m*

Fahrt [faːɐ̯t] <-, -en> *f* ① *(Strecke)* corsa *f*, tragitto *m*; *(Ausflug)* gita *f*, escursione *f*; *(Reise)* viaggio *m*; **auf der ~** in viaggio; **die ~ nach Venedig** il viaggio per Venezia; **~ ins Grüne** gita in campagna; **gute ~!** buon viaggio! ② *(Geschwindigkeit)* velocità *f*; **in voller ~** a tutta velocità; **in ~** *(fam: in guter Stimmung)* in vena; *(in Wut)* in collera

fährt [fɛːɐ̯t] *3. Pers. Sing. Präs. von* **fahren**

Fährte ['fɛːɐ̯tə] <-, -n> *f* traccia *f*, pista *f*; **jdn auf die richtige/falsche ~ bringen** mettere qu sulla pista giusta/sbagliata

Fahrtenbuch *nt (für Kraftfahrer)* libretto *m* di controllo

Fahrtenmesser *nt* coltello *m* da esploratore

Fahrtrichtung *f* direzione *f* di marcia

Fahrtrichtungsanzeiger *m* indicatore *m* di direzione

fahrtüchtig *adj* ① *(Person)* idoneo alla guida di autoveicoli ② *(Fahrzeug)* idoneo alla circolazione

Fahrverbot *nt* sospensione *f* della patente

Fahrwasser *nt* ① NAUT canale *m* ② *(fig)* terreno *m*, direzione *f*, campo *m*; **in jds ~ schwimmen** [*o* **segeln**] *(fam)* essere in balia di qu; **in seinem ~ sein** *(fam)* giocare in casa

Fahrzeit *f* durata *f* del viaggio

Fahrzeug <-(e)s, -e> *nt* MOT veicolo *m*, vettura *f*

Fahrzeugbrief *m* libretto *m* di circolazione

Fahrzeughalter(in) <-s, -; -, -nen> *m(f)* proprietario, -a *m, f* di veicolo

Fahrzeuglenker(in) *m(f)* CH *s.* **Fahrer**

Fahrzeugnummer *f* numero *m* di immatricolazione

Fahrzeugpapiere *ntpl* documenti *mpl* di circolazione

fair [fɛːɐ̯] *adj* onesto; SPORT leale

Fairness ['fɛːɐ̯nɛs] <-> *f kein Pl.* correttezza *f,* fair play *m*

Fäkalien [fɛ'kaːliən] *fpl (form)* feci *fpl,* sostanze *fpl* fecali

Faksimile [fak'ziːmile] <-s, -s> *nt* facsimile *m*

Fakten ['faktən] *Pl. von* **Faktum**

faktisch ['faktɪʃ] *adj* effettivo, reale

Faktor ['faktoːɐ̯] <-s, -en> *m* fattore *m*

Faktum ['faktʊm, *Pl:* 'faktən] <-s, Fakten> *nt* fatto *m*

Fakultät [fakʊl'tɛːt] <-, -en> *f* facoltà *f*

fakultativ [fakʊlta'tiːf] *adj* facoltativo

Falke ['falkə] <-n, -n> *m* falco *m*

Fall [fal] <-(e)s, Fälle> *m* ① *(das Fallen) a.* PHYS, MIL, FIN caduta *f,* discesa *f; (fig)* decadenza *f;* **jdn zu ~ bringen** far cadere qu ② *(Umstand) a.* MED, JUR, LING caso *m; (Angelegenheit)* faccenda *f;* **auf alle Fälle, auf jeden ~** in ogni caso, in tutti i casi; *(unbedingt)* assolutamente; **auf keinen ~** in nessun caso; **für alle Fälle** per ogni eventualità; **für den ~, dass ...** nel caso che [*o* in cui] +*conj;* **gesetzt den ~, dass ...** poniamo il caso che +*conj;* **in diesem ~** in questo caso; **von ~ zu ~** caso per caso

Fallbeil *nt* HIST ghigliottina *f*

Falle ['falə] <-, -n> *f* trappola *f; (a. fig)* trabocchetto *m;* **jdm eine ~ stellen** tendere una trappola a qu; **jdm in die ~ gehen** cadere nella trappola tesa da qu

fallen ['falən] <fällt, fiel, gefallen> *vi sein* ① *(stürzen, Blick, Niederschlag)* cadere; **~ lassen** *(verlassen)* lasciare, abbandonare; *(Sache, Wort)* lasciar cadere; **er ließ kein Wort darüber ~** non aprì bocca; **über etw** *akk* **~** cadere su qc, inciampare in qc; **zu Boden ~** cadere a terra; **in Ohnmacht ~** svenire; **jdm ins Wort ~** interrompere qu; **jdm in den Rücken ~** voltare le spalle a qu; **jdm um den Hals ~** gettarsi al collo di qu; **sie ist nicht auf den Kopf gefallen** *(fam)* non è caduta dalle nuvole; **sie ist nicht auf den Mund gefallen** *(fam)* ha sempre la risposta pronta ② *(sinken)* diminuire ③ *(Licht)* **in etw** *akk* **~** penetrare in qc ④ *(betroffen werden)* **unter Gesetz** *akk* **~** essere contemplato dalla legge; **unter Begriff ~** rientrare nel concetto; **ins Gewicht ~** avere peso, essere importante ⑤ *(Entscheidung)* essere preso ⑥ *(sich ereignen)* **auf einen Sonntag ~** *(Datum)* cadere di domenica; **es fielen zwei Tore** furono segnati due gol; *(Schuss)* partire ⑦ MIL *(sterben)* morire in guerra

Fallen <-s> *nt kein Pl.* ① caduta *f* ② *(Abnahme)* diminuzione *f;* FIN ribasso *m*

fällen ['fɛlən] *vt* ① *(Baum)* abbattere ② *(Urteil)* pronunciare

Fallensteller <-s, -> *m* chi tende trappole

Fallgeschwindigkeit *f* PHYS velocità *f* di caduta

Fallgesetz *nt* PHYS legge *f* sulla caduta libera

Fallgrube *f* trappola *f*

fällig ['fɛlɪç] *adj* ① FIN che scade, scaduto; *(zahlbar)* pagabile; *(Schuld)* esigibile; **~ werden** scadere ② *(erforderlich)* necessario; **das war schon lange ~!** *(fam)* era necessario da tempo!

Fälligkeit <-> *f kein Pl.* FIN scadenza *f; (von Zinsen)* maturazione *f*

Fallobst *nt* frutti *mpl* cascaticci

falls [fals] *konj* se, nel caso che [*o* in cui] +*conj,* qualora +*conj*

Fallschirm *m* paracadute *m;* **etw mit dem ~ abwerfen** lanciare qc col paracadute

Fallschirmabsprung *m* lancio *m* col paracadute

Fallschirmjäger *m* MIL paracadutista *m*

Fallschirmspringen <-s> *nt kein Pl.* paracadutismo *m*

Fallschirmspringer(in) *m(f)* paracadutista *mf*

Fallstrick *m* insidia *f,* trappola *f*

Fallstudie *f* studio *m* di un caso

fällt [fɛlt] *3. Pers. Sing. Präs. von* **fallen**

Fällung <-, -en> *f* ① *(das Fällen)* abbattimento *m* ② JUR *(von Urteil)* emissione *f* ③ CHEM precipitazione *f*

fallweise *adv bes.* A caso per caso, occasionalmente

falsch [falʃ] *adj* ① *(nicht stimmend)* falso; **~ spielen** MUS stonare; **jdn ~ anfassen** *(fig)* prendere qu per il verso sbagliato *fam;* **an den Falschen geraten** rivolgersi alla persona sbagliata; **meine Uhr geht ~** il mio orologio non va bene ② *(verkehrt)* sbagliato; *(irrtümlich)* erroneo; *(unkorrekt)* scorretto; **~ schreiben** sbagliare a scrivere; **etw ~ anfangen** cominciare male qc; **etw ~ machen** sbagliare qc; **etw ~ aussprechen/verstehen** pronunciare/capire male qc ③ *(unecht: Haare, Bart)* posticcio; *(Zähne)* finto; *(künstlich)* artificiale; *(gefälscht)* falsificato, contraffatto; *(Würfel, Karten)* truccato; *(gezinkt)* segnato ④ *(unaufrichtig)* bugiardo, insincero; *(doppelzüngig)*

doppio, ambiguo; *(heuchlerisch)* ipocrita; *(hinterhältig)* subdolo; *(heimtückisch)* perfido
fälschen ['fɛlʃən] *vt* falsificare, contraffare
Fälscher(in) *m(f)* falsario, -a *m, f,* falsificatore, -trice *m, f*
Falschgeld *nt* moneta *f* falsa
Falschheit <-> *f kein Pl.* *(Unaufrichtigkeit)* falsità *f; (Heuchelei)* ipocrisia *f; (Hinterhältigkeit)* perfidia *f*
fälschlich ['fɛlʃlɪç] *adj* falso, erroneo
Falschmeldung <-, -en> *f* notizia *f* falsa, bufala *f sl*
Falschmünzer(in) ['falʃmʏntsɐ] <-s, -; -, -nen> *m(f)* falsificatore, -trice *m, f* di monete
Falschparker ['falʃparkɐ] <-s, -> *m* persona *f* che parcheggia in sosta vietata
Falschspieler(in) *m(f)* baro, -a *m, f*
Fälschung ['fɛlʃʊŋ] <-, -en> *f* ❶ *(Tätigkeit)* falsificazione *f,* contraffazione *f* ❷ *(Ergebnis)* falso *m*
Faltblatt *nt* dépliant *m*
Faltboot *nt* canotto *m* sgonfiabile
Falte ['faltə] <-, -n> *f* ❶ piega *f;* **in ~n legen** pieghettare ❷ *(Haut~)* ruga *f;* **die Stirn in ~ legen** corrugare la fronte
falten ['faltən] *vt* [ri]piegare; **die Hände ~** congiungere le mani
faltenlos *adj* ❶ senza pieghe ❷ *(Gesicht)* senza rughe
faltenreich *adj s.* **faltig**
Faltenrock *m* gonna *f* a pieghe
Faltenwurf *m* drappeggio *m*
Falter ['faltɐ] <-s, -> *m* farfalla *f*
faltig *adj* ❶ *(Stoff)* a pieghe ❷ *(Gesicht)* rugoso
Faltprospekt *m* dépliant *m*
Falz [falts] <-es, -e> *m* ❶ *(Nut)* scanalatura *f* ❷ *(Gleitrille)* guida *f* di scorrimento ❸ TEC graffatura *f* ❹ *(Buchbinderei)* piega *f*
falzen ['faltsən] *vt* ❶ *(nuten)* scanalare ❷ TEC aggraffare ❸ *(Papier)* piegare
familiär [fami'li̯ɛːɐ̯] *adj* familiare
Familie [fa'miːli̯ə] <-, -n> *f* famiglia *f;* *(Verwandtschaft, bes. scherz)* parentado *m fam;* **zur ~ gehören** far parte della famiglia, essere di casa *fam;* **das liegt in der ~** è di famiglia
Familienanschluss *m* **mit ~** possibilità di convivere con la famiglia
Familienanzeige *f* annuncio *m* [di nascita/matrimonio/morte]
Familienehre *f* orgoglio *m* familiare
Familienfeier *f* festa *f* in [*o* di] famiglia
Familienkreis *m* **im ~** in seno alla famiglia; **im engsten ~** nell'intimità
Familienleben *nt* vita *f* di famiglia
Familienmensch *m* persona *f* attaccata alla famiglia
Familienmitglied *nt* membro *m* della famiglia
Familienname *m* cognome *m*
Familienoberhaupt *nt* capofamiglia *mf*
Familienplanung <-> *f kein Pl.* pianificazione *f* familiare
Familienstand *m* stato *m* civile
Familientragödie *f* tragedia *f* familiare
Familienvater *m* padre *m* di famiglia
Familienzusammenführung <-, -en> *f* ricongiungimento *m* dei familiari
famos [fa'moːs] *adj (fam)* formidabile; *(geh iron)* famigerato
Fan [fɛ(ː)n] <-s, -s> *m* fan *mf,* tifoso, -a *m, f*
Fanatiker(in) [fa'naːtɪkɐ] <-s, -; -, -nen> *m(f)* fanatico, -a *m, f*
fanatisch [fa'naːtɪʃ] *adj* fanatico
Fanatismus [fana'tɪsmʊs] <-> *m kein Pl.* fanatismo *m*
Fanclub <-s, -s> *m* fan-club *m*
fand [fant] *1. u. 3. Pers. Sing. Imp. von* **finden**
Fanfare [fan'faːrə] <-, -n> *f* MUS fanfara *f*
Fang [faŋ] <-(e)s, Fänge> *m* ❶ *(Tätigkeit)* cattura *f,* presa *f;* SPORT presa *f* ❷ *(Beute)* preda *f;* *(beim Fischen)* pesca *f;* **einen guten ~ machen** *(fig)* fare un buon acquisto
Fangarm *m* ZOO tentacolo *m*
fangen [faŋən] <fängt, fing, gefangen> **I.** *vt* ❶ prendere, pigliare ❷ *(festnehmen)* catturare, acchiappare **II.** *vr:* **sich ~** *(das Gleichgewicht wieder finden)* riprendere l'equilibrio; *(seelisch)* riprendersi, riaversi
Fangfrage *f* domanda *f* tranello
Fangleine *f* NAUT corda *f* di sicurezza, gomena *f,* cavo *m* d'ormeggio
Fangschaltung *f* TEL dispositivo *m* di intercettazione
fängt [fɛŋt] *3. Pers. Sing. Präs. von* **fangen**
Fanklub <-s, -s> *m s.* **Fanclub**
Fanpost *f* lettere *f pl* dei fan
Fantasie [fanta'ziː] <-, -n> *f* ❶ fantasia *f,* immaginazione *f;* **seine ~ spielen lassen** dare libero sfogo alla sua immaginazione ❷ MUS fantasia *f*
Fantasiegebilde *nt* fantasticheria *f,* chimera *f*
fantasielos *adj* senza fantasia, pedestre
Fantasielosigkeit <-> *f kein Pl.* mancanza *f* di fantasia
fantasieren <ohne ge-> *vi* fantasticare; *(faseln)* parlare a vanvera; MED delirare; **von etw ~** fantasticare su qc
fantasievoll **I.** *adj* pieno di immaginazione, ricco di fantasia **II.** *adv* in modo colorito

Fantast(in) [fan'tast] <-en, -en; -, -nen> *m(f)* *(pej)* fantasticone, -a *m, f,* sognatore, -trice *m, f*
Fantasterei [fantastə'raɪ] <-, -en> *f* *(pej)* fantasticheria *f*
Fantastin *f s.* **Fantast**
fantastisch *adj* ① *(unwirklich)* fantastico, irreale; *(unglaublich)* favoloso ② *(fam: großartig)* fantastico, grandioso
Farb[en]druck <-(e)s, -e> *m* TYP stampa *f* a colori
Farb[en]kasten *m* scatola *f* dei colori
Farbaufnahme *f* fotografia *f* a colori
Farbband <-(e)s, -bänder> *nt* nastro *m*
Farbbild *nt* immagine *f* a colori
Farbbildschirm *m* INFORM, TV schermo *m* a colori
Farbdisplay *nt* display *m* a colori
Farbdruck *m s.* **Farb[en]druck**
Farbe ['farbə] <-, -n> *f* ① colore *m;* *(Gesichts~)* colorito *m* ② *(Färbemittel)* tinta *f* ③ *(Mal~, Anstreich~)* pittura *f,* vernice *f* ④ *(Farbstoff)* colorante *m* ⑤ TYP inchiostro *m* ⑥ *(Spielkarten~)* seme *m;* **~ bekennen** *(fam)* mettere le carte in tavola
farbecht *adj* indelebile
Farbechtheit *f* indelebilità *f,* solidità *f* del colore
färben ['fɛrbən] **I.** *vt* tingere **II.** *vi* *(ab~)* stingere, colorare **III.** *vr:* **sich ~** tingersi, colorarsi; **sich rot ~** tingersi di rosso; **sich gelb ~** ingiallire
farbenblind *adj* daltonico
Farbenblindheit *f* MED daltonismo *m*
farbenfreudig *adj* dai colori vivaci
farbenfroh *adj* dai colori vivaci
Farbenpracht *f* sfarzo *m* di colori
farbenprächtig *adj* dai colori vistosi
Färber(in) ['fɛrbɐ] <-s, -; -, -nen> *m(f)* tintore, -a *m, f*
Färberei [fɛrbə'raɪ] <-, -en> *f* tintoria *f*
Färberin *f s.* **Färber**
Farbfernsehen *nt* televisione *f* a colori
Farbfernseher *m* *(fam),* **Farbfernsehgerät** *nt* televisore *m* a colori
Farbfilm *m* ① pellicola *f* a colori ② FILM film *m* a colori
Farbfoto *nt* foto *f* a colori
Farbfotografie *f* fotografia *f* a colori
farbig *adj* ① *(bunt)* colorato ② *(Hautfarbe)* di colore ③ *(fig: anschaulich)* colorito
färbig *adj* A *s.* **farbig 1.**
Farbige <ein -r, -n, -n> *mf* uomo *m* [*o* donna *f*] di colore
Farbkasten *m s.* **Farbenkasten**
Farbkissen *nt* TYP tampone *m*
Farbkopierer *m* fotocopiatrice *f* a colori
farblich **I.** *adj* cromatico **II.** *adv* coloristicamente, cromaticamente, nei colori; **Rock und Bluse waren ~ nicht aufeinander abgestimmt** i colori della gonna e della camicetta non erano abbinati
farblos *adj* incolore
Farbstift *m* matita *f* colorata, pastello *m*
Farbstoff *m* [sostanza *f*] colorante *m*
Farbtintenstrahldrucker *m* stampante *f* a getto [d'inchiostro] a colori
Farbton *m* tonalità *f* cromatica, tinta *f*
Färbung ['fɛrbʊŋ] <-, -en> *f* ① colorazione *f* ② *(Tönung)* tonalità *f*
Farce [fars, *Pl:* farsən] <-, -n> *f* ① THEAT farsa *f;* **eine ~ als Theaterstück** una farsa come opera teatrale ② GASTR ripieno *m,* farcia *f*
Farm [farm] <-, -en> *f* AGR fattoria *f*
Farmer <-s, -> *m* AGR proprietario *m* di fattoria, fattore *m*
Farn [farn] <-s, -e> *m* felce *f*
Färse ['fɛrzə] <-, -n> *f* ZOO giovenca *f*
fas[e]rig *adj* fibroso, filamentoso
Fasan [fa'za:n] <-(e)s, -e(n)> *m* fagiano *m*
Fasanerie [fazanə'ri:, *Pl:* fazanə'ri:ən] <-, -n> *f* fagianaia *f*
faschieren [fa'ʃi:rən] <ohne ge-> *vt* A tritare; **faschierte Laibchen** *(Frikadellen)* polpette
Faschierte <-n> *nt kein Pl.* A ① GASTR *(Hackfleisch)* carne *f* tritata; *(fam)* macinato *m;* **gemischtes ~s** misto di carne macinata ② GASTR *(Frikadelle)* polpetta *f*
Fasching ['faʃɪŋ] <-s, -e *o* -s> *m* carnevale *m*
Faschingsdienstag *m* martedì *m* grasso
Faschismus [fa'ʃɪsmʊs] <-> *m kein Pl.* fascismo *m*
Faschist(in) <-en, -en; -, -nen> *m(f)* fascista *mf*
faschistisch *adj* fascista
Faselei [fa:zə'laɪ] <-, -en> *f* *(fam pej)* vaniloquio *m*
faseln ['fa:zəln] *(fam)* **I.** *vi* *(pej)* vaneggiare, sragionare **II.** *vt* *(pej)* fantasticare
Faser ['fa:zɐ] <-, -n> *f* fibra *f*
fasern *vi* sfilacciarsi
Fass [fas] <-es, Fässer> *nt* *(großes)* botte *f;* *(kleines)* barile *m;* *(aus Stahlblech)* fusto *m;* *(Butter~)* zangola *f;* **Bier vom ~** birra alla spina; **Wein vom ~** vino sfuso; **ein ~ ohne Boden** *(fig)* una botte senza fondo; **das schlägt dem ~ den Boden aus!** *(fam)* questo è il colmo!
Fassade [fa'sa:də] <-, -n> *f* ARCH *(a. fig, pej)* facciata *f*
fassbar *adj* comprensibile
Fassbier <-(e)s, -e> *nt* birra *f* alla spina
fassen ['fasən] **I.** *vt* ① *(ergreifen)* afferrare, prendere ② *(festnehmen)* arrestare ③ *(aufnehmen)* contenere ④ *(ein~)* in-

F

castonare; *(einrahmen)* incorniciare ❺ *(verstehen)* capire, comprendere; **ich kann es nicht ~** non riesco a capacitarmene; **das ist nicht zu ~!** è incredibile! **II.** *vr:* **sich ~** *(sich beruhigen)* calmarsi; *(sich beherrschen)* dominarsi, autocontrollarsi

Fässer *Pl. von* **Fass**

fasslich *adj* comprensibile, intelligibile

Fassung ['fasʊŋ] <-, -en> *f* ❶ *(Ein~)* montatura *f;* *(von Edelsteinen)* incastonatura *f* ❷ *(Bearbeitung)* stesura *f;* *(Übersetzung)* *a.* FILM versione *f;* **in dieser ~** in questa versione ❸ *(Ruhe)* calma *f,* controllo *m;* **die ~ bewahren** conservare la padronanza di sé; **die ~ verlieren** perdere la pazienza; **jdn aus der ~ bringen** far perdere la calma a qu

F

Fassungskraft *f* capacità *f* di comprendere, intelligenza *f*

fassungslos *adj* sconcertato, esterrefatto

Fassungslosigkeit <-> *f kein Pl.* sconcerto *m,* smarrimento *m,* sbalordimento *m*

Fassungsvermögen *nt* volume *m,* capacità *f*

fast [fast] *adv* quasi, pressoché; **ich wäre ~ gefallen** a momenti cadevo *fam*

fasten ['fastən] *vi* digiunare

Fastenkur *f* cura *f* del digiuno

Fastenzeit *f* periodo *m* di quaresima; *(im Christentum)* quaresima *f*

Fastfood *nt,* **Fast Food** [fa:st fu:t] <-, -(s)> *nt* fast food *m,* pasto *m* rapido

Fastnacht <-> *f kein Pl.* *(Fasching)* carnevale *m*

Fastnachtsdienstag *m* *(Dienstag vor Aschermittwoch)* martedì *m* grasso

Faszination [fastsina'tsi̯o:n] <-, -en> *f* fascino *m*

faszinieren [fastsi'ni:rən] <ohne ge-> *vt* affascinare

faszinierend *adj* affascinante

fatal [fa'ta:l] *adj* fatale

Fatalismus [fata'lɪsmʊs] <-> *m kein Pl.* fatalismo *m*

fatalistisch *adj* fatalistico

Fatum <-s, Fata> *nt* fato *m*

Fatzke ['fatskə] <-n *o* -s, -n *o* -s> *m* *(fam pej)* bellimbusto *m,* vanitoso *m*

fauchen ['faʊxən] *vi* *(Katze, Wind)* soffiare; *(fig fam)* sbuffare

faul [faʊl] *adj* ❶ *(träge)* pigro, poltrone; **auf der ~en Haut liegen** *(fam)* poltrire nell'ozio ❷ *(verdorben)* guasto, marcio ❸ *(fig fam: verdächtig)* sospetto, dubbioso; *(fragwürdig)* dubbio, incerto; **eine ~e Ausrede** *(fam)* una magra scusa; **an der Sache ist was ~** *(fig fam)* c'è qc di sospetto nella faccenda

Fäule ['fɔɪlə] <-> *f kein Pl.* putredine *f,* marciume *m*

faulen ['faʊlən] *vi sein o haben* *(Obst, Holz, Laub)* marcire, imputridire

faulenzen ['faʊlɛntsən] *vi* poltrire *fam,* oziare

Faulenzer(in) <-s, -; -, -nen> *m(f)* poltrone, -a *m, f fam,* fannullone, -a *m, f fam*

Faulenzerei [faʊlɛntsə'raɪ] <-, -en> *f* poltroneria *f*

Faulheit <-> *f kein Pl.* pigrizia *f,* poltroneria *f fam*

faulig *adj* putrido, marcio

Fäulnis ['fɔɪlnɪs] <-> *f kein Pl.* putrefazione *f,* marciume *m*

Faulpelz *m* *(fam)* *s.* **Faulenzer**

Faulschlamm <-(e)s, -schlämme> *m* sapropelite *f,* sapropel *m*

Faultier *nt* ❶ ZOO bradipo *m* ❷ *(fig fam)* *s.* **Faulenzer**

Fauna ['faʊna] *f* fauna *f*

Faust [faʊst] <-, Fäuste> *f* pugno *m;* **auf eigene ~** di propria iniziativa; **das passt wie die ~ aufs Auge** *(fam)* è come un pugno in un occhio

Fäustchen ['fɔɪstçən] <-s, -> *nt* **sich** *dat* **ins ~ lachen** *(fam)* ridersela sotto i baffi

faustdick ['faʊst'dɪk] *adj* **es ~ hinter den Ohren haben** *(fam)* essere un furbo matricolato

Fausthandschuh *m* [guanto *m* a] manopola *f*

Faustpfand *nt* pegno *m* mobile

Faustrecht <-(e)s> *nt kein Pl.* diritto *m* del più forte

Faustregel *f* regola *f* generale

Faustschlag *m* pugno *m*

Fauteuil <-s, -s> *m* A *(Polstersessel mit Armlehnen)* poltrona *f*

Fauxpas [fo'pa] <-, -> *m* gaffe *f,* topica *f;* **einen ~ begehen** fare una gaffe

Favorit(in) [favo'ri:t] <-en, -en; -, -nen> *m(f)* favorito, -a *m, f*

Fax ['faks] <-, -(e)> *nt* TEL fax *m,* telefax *m;* **per ~** per/via fax

faxen *vi, vt* mandare per fax, faxare

Faxgerät *nt* fax *m*

Faxmodem *nt* TEL modem-fax *m*

Fazit ['fa:tsɪt] <-s, -e *o* -s> *nt* ❶ *(Ergebnis)* risultato *m* [finale] ❷ *(Schlussfolgerung)* conclusione *f;* **aus etw das ~ ziehen** tirare le somme di qc

FCKW [ɛftse:ka:'ve:] <-s> *nt Abk. von* **Fluorchlorkohlenwasserstoff** CFC *m*

FCKW-frei *adj* privo di CFC

FDGB [ɛfde:ge:'be:] <-(s)> *m kein Pl. Abk. von* **Freier Deutscher Gewerkschaftsbund** *associazione dei sindacati tedeschi*

FDJ [ɛfde:'jɔt] <-> *f kein Pl. Abk. von* **Freie**

Deutsche Jugend *associazione della gioventù tedesca*

FDP, **F.D.P.** [ɛfdeːˈpeː] <-> *f kein Pl. Abk. von* **Freie Demokratische Partei** *partito liberal-democratico tedesco*

Feber [ˈfeːbɐ] <-s, -> *m* A febbraio *m; s. a.* **April**

Februar [ˈfeːbruaːɐ̯] <-(s), -e> *m* febbraio *m; s. a.* **April**

fechten [ˈfɛçtən] <ficht, focht, gefochten> *vi* tirare di scherma

Fechten <-s> *nt kein Pl. s.* **Fechtsport**

Fechter(in) <-s, -; -, -nen> *m(f)* schermitore, -trice *m, f*

Fechtlehrer(in) *m(f)* insegnante *mf* di scherma

Fechtmeister(in) *m(f)* maestro, -a *m, f* di scherma

Fechtsaal *m* sala *f* di scherma

Fechtsport *m* scherma *f*

Feder [ˈfeːdɐ] <-, -n> *f* ① penna *f* ② ZOO *(Vogel~)* penna *f; (Flaum~)* piuma *f;* **sich mit fremden ~n schmücken** farsi bello con le penne del pavone ③ TEC molla *f*

Federball *m* SPORT ① *(Ball)* volano *m* ② *(Spiel)* [gioco *m* del] volano *m*

Federbett *nt* piumino *m*

Federboa *f* boa *f* di piume di struzzo

Federbusch *m* ① *(Helm)* pennacchio *m* ② *(Gefieder)* ciuffetto *m*

Federfuchser [ˈfeːdɐfʊksɐ] <-s, -> *m (fam)* ① *(pej: Pedant)* imbrattacarte *m*, pennaiolo *m* ② *(pej: schlechter Schriftsteller)* scribacchino *m*

federführend *adj* responsabile, competente; **~ in etw** *dat* **sein** essere responsabile per qc

Federgewicht *nt* SPORT peso *m* piuma

Federhalter *m* portapenne *m*

Federkernmatratze *f* materasso *m* a molle

federleicht [ˈfeːdɐˈlaɪçt] *adj* leggero come una piuma

Federlesen *nt* **mit etw nicht viel ~[s] machen** non fare tante storie con qc

federn I. *vi* ① TEC essere molleggiato, molleggiare ② SPORT molleggiarsi, flettersi **II.** *vt* TEC molleggiare

federnd *adj* elastico; *(a. fig)* molleggiante

Federung <-, -en> *f* ① *(Elastizität)* elasticità *f* ② *(Gefedertsein)* molleggio *m;* AUTO sospensione *f* [elastica], sospensioni *f pl*

Federvieh *nt (fam)* pennuti *m pl*

Federzeichnung *f* disegno *m* a penna

Fee [feː] <-, -n> *f* fata *f*, fatina *f*

Feedback [fiːtˈbɛk] <-s, -s> *nt*, **Feed-back** <-s, -s> *nt* ① TV, RADIO feedback *m*, retroazione *f* ② *(in der Kybernetik)* feedback *m*

Feeling [ˈfiːlɪŋ] <-s> *nt kein Pl.* feeling *m* (**für** per)

Fegefeuer [ˈfeːgəfɔɪɐ] *nt* purgatorio *m*

fegen [ˈfeːgən] **I.** *vt haben* spazzare, scopare **II.** *vi* ① *haben* passare la scopa, scopare ② *sein (fam: rasen)* sfrecciare

Fehde [ˈfeːdə] <-, -n> *f* faida *f*

fehl [feːl] *adv* **~ am Platz sein** essere fuori luogo

Fehlanzeige *f* rapporto *m* negativo

Fehlbesetzung <-, -en> *f* FILM, THEAT assegnazione *f* infelice [*o* sbagliata] di un ruolo

Fehlbetrag *m* COM deficit *m*, disavanzo *m*

Fehldiagnose *f* MED diagnosi *f* errata

Fehleinschätzung *f* valutazione *f* errata

fehlen [ˈfeːlən] *vi* ① *(mangeln)* mancare; **es an nichts ~ lassen** non far mancare nulla; **es hätte nicht viel gefehlt und er hätte verloren** poco ci mancava [*o* mancò] che perdesse; **du fehlst mir sehr** mi manchi molto; **das hat gerade noch gefehlt!** *(fam iron)* ci voleva solo questo!, non ci mancava che questa! ② *(abwesend sein)* essere assente, mancare ③ *(gesundheitlich)* succedere; **mir fehlt nichts** sto bene; **was fehlt dir?** che cosa c'è che non va? ④ *(geh)* **weit gefehlt!** sbagliato in pieno!

Fehler [ˈfeːlɐ] <-s, -> *m* ① *(Irrtum)* errore *m*, sbaglio *m; (grober ~)* strafalcione *m;* **einen ~ machen** fare un errore; **durch ~ wird man klug** *(prov)* sbagliando s'impara ② *(Mangel, Defekt)* difetto *m; (menschliche Schwäche)* vizio *m* ③ *(Schuld)* colpa *f*

Fehleranzeige <-, -n> *f* INFORM *s.* **Fehlermeldung**

fehlerfrei *adj* ① *(ohne Fehler)* corretto, senza errori ② *(einwandfrei)* perfetto, senza difetti

fehlerhaft *adj* ① *(mangelhaft)* difettoso, imperfetto ② *(unrichtig)* scorretto, sbagliato

fehlerlos *adj s.* **fehlerfrei**

Fehlermeldung *f* INFORM segnalazione *f* di errore, comunicazione *f* di un errore

Fehlerquelle *f* fonte *f* di errori

Fehlfarbe *f (beim Kartenspiel)* scarto *m*

Fehlgeburt *f* aborto *m*

fehl|gehen <irr> *vi sein (sich irren)* sbagliarsi, andare errato

Fehlgriff *m* mossa *f* sbagliata, sbaglio *m*

Fehlinformation *f* informazione *f* errata

Fehlinvestition *f* WIRTSCH investimento *m* sbagliato

Fehlkalkulation *f* calcolo *m* sbagliato

Fehlkonstruktion *f* costruzione *f* sbagliata

Fehlplanung <-, -en> *f* pianificazione *f* erronea

F

F

Fehlschlag *m* ❶ *(Misserfolg)* insuccesso *m*, fiasco *m fam* ❷ SPORT *(beim Ballspiel)* colpo *m* mancato, tiro *m* a vuoto
fehl|schlagen <irr> *vi sein (misslingen)* fallire, non riuscire
Fehlschluss *m* conclusione *f* sbagliata [*o* errata]
Fehlstart *m* ❶ SPORT falsa partenza *f* ❷ AERO, TEC mancato avviamento *m*
Fehltritt *m* passo *m* falso
Fehlurteil *nt* giudizio *m* sbagliato
Fehlzündung *f* MOT, TEC accensione *f* difettosa
Feier ['faɪɐ] <-, -n> *f* ❶ *(Festlichkeit)* festa *f;* **zur ~ des Tages** per celebrare il giorno ❷ *(feierliche Handlung)* festeggiamento *m*, cerimonia *f*, celebrazione *f*
Feierabend *m* ❶ *(abendliche Freizeit)* riposo *m* serale ❷ *(Arbeitsschluss)* fine *f* della giornata di lavoro; **~ machen** cessare di lavorare; **am ~** dopo il lavoro; **jetzt ist aber ~!** *(fam)* adesso basta!
Feierlaune *f* voglia *f* di far festa
feierlich *adj* ❶ *(festlich)* festivo ❷ *(würdevoll)* solenne ❸ *(förmlich)* ufficiale, formale
Feierlichkeit <-, -en> *f* ❶ *(Eigenschaft)* solennità *f; (Würde, Ernst)* gravità *f* ❷ *(Handlung)* celebrazione *f*, cerimonia *f* ❸ *Pl:* festività *f pl*
feiern ['faɪɐn] **I.** *vt* ❶ *(Fest)* festeggiare; *(festlich begehen)* celebrare ❷ *(ehren)* festeggiare, acclamare **II.** *vi* far festa
Feiertag *m* ❶ [giorno *m* di] festa *f; (freier Tag)* vacanza *f* ❷ REL festa *f* religiosa ❸ POL festa *f* nazionale ❹ *(Festtag)* giorno *m* festivo; **gesetzlicher ~** festa ufficiale
feig[e] [faɪk ('faɪgə)] *adj* vigliacco; *(hinterhältig)* vile; *(gemein)* infame
Feige ['faɪgə] <-, -n> *f* fico *m*
Feigenbaum *m* fico *m*
Feigenblatt *nt* foglia *f* di fico
Feigheit ['faɪkhaɪt] <-> *f kein Pl.* vigliaccheria *f*, codardia *f; (Hinterhältigkeit)* viltà *f*
Feigling ['faɪklɪŋ] <-s, -e> *m* vigliacco, -a *m, f*, vile *mf*
Feile ['faɪlə] <-, -n> *f* lima *f; (fig)* rifinitura *f*
feilen ['faɪlən] *vt* limare; *(fig)* rifinire; **an etw** *dat* **~** rifinire qc
feilschen ['faɪlʃən] *vi* **um etw ~** mercanteggiare su qc
Feilspäne *mpl* trucioli *mpl* [*o* polvere *f*] [di limatura]
Feilstaub *m* trucioli *mpl* [*o* polvere *f*] [di limatura]
fein [faɪn] *adj* ❶ *(dünn, zart)* sottile; *(von zartem Aussehen)* fine, grazioso, aggraziato; *(einfühlsam, ~sinnig)* sensibile ❷ *(nicht grob)* fino, raffinato ❸ *(Sinn: scharf)* acuto, fine ❹ *(Instrument: genau)* preciso, esatto ❺ *(sorgfältig)* esatto, accurato ❻ *(exquisit)* squisito, ottimo; *(erlesen)* scelto, pregiato ❼ *(vornehm)* distinto; *(gewandt)* fine, elegante ❽ *(anständig)* garbato ❾ *(fam: erfreulich, lobenswert)* splendido, grandioso ❿ *(Wend)* **ein ~er Kerl** *(fam)* un tipo garbato; **~[he]raussein** *(fam)* essersela cavata bene, averla passata liscia; **sich ~ machen** farsi bello
Feinbäckerei <-, -en> *f* pasticceria *f*
Feind(in) [faɪnt] <-(e)s, -e; -, -nen> *m(f)* nemico, -a *m, f; (Gegner)* avversario, -a *m, f*
Feindbild *nt* immagine *f* [*o* concetto *m*] di nemico
feindlich *adj (allg)* MIL nemico; *(gegnerisch)* contrario; *(feindselig)* ostile
Feindschaft <-, -en> *f* inimicizia *f*, ostilità *f*
feindselig *adj* nemico, ostile
Feindseligkeit <-, -en> *f* ostilità *f*
Feineinstellung *f* regolazione *f* precisa; RADIO sintonia *f* fine
feinfühlig ['faɪnfy:lɪç] *adj* sensibile
Feingefühl *nt* delicatezza *f* d'animo, sensibilità *f; (Takt)* tatto *m*
Feingehalt *m* MIN *(Edelmetalle)* titolo *m*
Feingold *nt* oro *m* fino [*o* puro]
Feinheit <-, -en> *f* ❶ *(Zartheit)* finezza *f; (Feinfühligkeit a.)* delicatezza *f* ❷ *(Scharfsinnigkeit)* acutezza *f; (Spitzfindigkeit)* sottigliezza *f* ❸ *(Genauigkeit)* esattezza *f*, precisione *f* ❹ *(Vornehmheit)* distinzione *f* ❺ *(Anständigkeit)* garbatezza *f*
feinkörnig *adj* sabbioso, granuloso
Feinkost <-> *f kein Pl.* GASTR specialità *f pl* gastronomiche
Feinkostgeschäft *nt* negozio *m* di specialità gastronomiche
feinmaschig *adj* a maglia fina [*o* stretta]
Feinmechanik *f* meccanica *f* di precisione
Feinschmecker(in) <-s, -; -, -nen> *m(f)* GASTR buongustaio, -a *m, f*
Feinwäsche <-> *f kein Pl.* biancheria *f* fine, bucato *m* delicato
Feinwaschmittel *nt* detersivo *m* per tessuti delicati
feist [faɪst] *adj (pej)* grasso
feixen ['faɪksən] *vi (fam)* ghignare
Feld [fɛlt] <-(e)s, -er> *nt* ❶ *(Acker)* campo *m; (weites, unbebautes Land a.)* campagna *f;* **auf freiem ~** in aperta campagna ❷ *(auf Spielbrett)* quadratino *m*, casella *f* ❸ *(Fach)* campo *m*, settore *m;* **das ist ein weites ~** questo è un campo vasto ❹ LING, INFORM, PHYS campo *m* ❺ MIL fron-

te *m;* **das ~ behaupten** MIL essere padrone del campo; **das ~ räumen** cedere il campo ❻ *(Computer)* casella *f* ❼ ANAT regione *f*

Feldarbeit *f* lavoro *m* agricolo

Feldbett *nt* MIL branda *f*

Feldflasche *f* borraccia *f*

Feldforschung *f* ricerca *f* sul campo [*o* luogo]

Feldgeistliche *m* MIL cappellano *m* militare

Feldherr *m* MIL generale *m*

Feldküche *f* MIL cucina *f* da campo

Feldlager *nt* MIL accampamento *m* militare

Feldlazarett *nt* MIL ospedale *m* da campo

Feldmarschall *m* MIL [feld]maresciallo *m*

Feldmaus *f* ZOO topo *m* campagnolo [*o* comune]

Feldmesser <-s, -> *m (obs: Vermessungsingenieur)* agrimensore *m*

Feldpost *f* MIL posta *f* militare

Feldsalat *m* lattuga *f,* dolcetta *f*

Feldspat *m* MIN feldspato *m*

Feldstecher <-s, -> *m* OPT binocolo *m,* cannocchiale *m*

Feldwebel <-s, -> *m* MIL maresciallo *m*

Feldweg *m* viottolo *m* di campagna

Feldzug *m* MIL campagna *f* militare

Felge ['fɛlgə] <-, -n> *f* MOT *(Reifen)* cerchione *m*

Fell [fɛl] <-(e)s, -e> *nt (a. ~besatz)* pelo *m; (a. Pelz)* pelliccia *f; (von Pferd)* mantello *m;* **ein dickes ~ haben** *(fig fam)* avere la pellaccia dura; **jdm das ~ über die Ohren ziehen** *(fam)* imbrogliare qu

Fellatio [fɛ'la:tsjo] <-> *f kein Pl.* fellazione *f*

Fels [fɛls] <-en, -en> *m,* **Felsen** <-s, -> *m* roccia *f; (Felswand)* rupe *f; (Felsgestein)* masso *m*

Fels[en]wand *f* parete *f* rocciosa

felsenfest *adj (fig)* irrevocabile; **~ an etw** *dat* **glauben** credere fermamente in qc

Felsgestein *nt* roccia *f*

felsig *adj* roccioso

Felsmassiv <-s, -e> *nt* massiccio *m* roccioso

Felsspalte *f* crepaccio *m*

Felswand *f s.* **Fels[en]wand**

feminin [femi'ni:n] *adj* femminile

Femininum [femi'ni:nʊm *o* 'fe:mininʊm, *Pl:* femi'ni:na *o* 'fe:minina] <-s, Feminina> *nt* GRAM [genere *m*] femminile *m*

Feminismus [femi'nɪsmʊs] <-> *m kein Pl.* femminismo *m*

Feminist(in) [femi'nɪst] <-en, -en; -, -nen> *m(f)* femminista *mf*

feministisch *adj* femminista

Fenchel ['fɛnçəl] <-s> *m kein Pl.* finocchio *m*

Fenster ['fɛnstɐ] <-s, -> *nt* ❶ *(a. Computer)* finestra *f;* **zum ~ hinausschauen** guardare dalla finestra; **aus dem ~ werfen** *(a. fig)* gettare dalla finestra; **weg vom ~ sein** *(fig)* essere lontano dalla ribalta ❷ *(Eisenbahn~, Auto~)* finestrino *m*

Fensterbank <-, -bänke> *f* davanzale *m*

Fensterbriefumschlag *m* busta *f* con finestra

Fensterflügel *m* battente *m* della finestra

Fensterglas *nt* vetro *m* per finestra

Fensterkitt *m* mastice *m* da vetraio

Fensterkurbel *f* MOT alzacristallo *m*

Fensterladen *m* imposta *f,* persiana *f*

Fensterleder *nt* pelle *f* di daino [per vetri]

fensterln ['fɛnstɐln] *vi* SÜDD, A *andare di notte alla finestra di una ragazza*

Fensternische *f* vano *m* della finestra

Fensterplatz *m* posto *m* al finestrino

Fensterputzer(in) <-s, -; -, -nen> *m(f)* pulitore, -trice *m, f* di vetri

Fensterrahmen *m* telaio *m* della finestra

Fensterscheibe *f* vetro *m* della finestra

Ferialarbeit *f* A lavoro *m* estivo

Ferien ['fe:riən] *pl* vacanze *fpl;* JUR ferie *fpl;* MIL congedo *m;* **in die ~ fahren** andare in ferie

Feriendorf *nt* villaggio *m* turistico

Ferienhaus *nt* casa *f* di vacanze

Ferienheim *nt* casa *f* per le vacanze; *(Kinder~)* colonia *f*

Ferienkurs *m* corso *m* estivo

Ferienlager *nt* campo *m* estivo

Ferienort *m* località *f* di villeggiatura

Ferienreise <-, -n> *f* viaggio *m* di vacanza

Ferienwohnung *f* casa *f* di villeggiatura

Ferienzeit *f* periodo *m* di vacanza, vacanze *fpl*

Ferkel ['fɛrkəl] <-s, -> *nt* ❶ ZOO porcellino *m,* maialetto *m* ❷ *(fig fam)* sudicione *m,* porcellone *m*

Ferment [fɛr'mɛnt] <-(e)s, -e> *nt* BIOL fermento *m*

fern [fɛrn] **I.** *adj* ❶ *(räumlich)* lontano; **der Ferne Osten** l'Estremo Oriente ❷ *(zeitlich: weit zurückliegend)* remoto; *(in weiter Zukunft liegend)* in un lontano futuro; **in nicht zu ~er Zeit** fra non molto **II.** *adv* lontano, alla lontana; **~ von …** lontano da …; **von ~ betrachtet** visto da lontano

Fernamt *nt* TEL ufficio *m* telefonico interurbano

Fernbedienung *f* telecomando *m*

Fernbeziehung *f* relazione *f* [*o* rapporto *m*] a distanza

fern|bleiben <irr> *vi sein* essere assente; **der Arbeit** *dat* **~** essere assente dal lavoro; **dem Unterricht ~** non andare a scuola

Fernblick *m* vista *f*

F

F

Ferne <-, -n> *f* lontananza *f;* **aus der ~** da lontano; **in der ~** *(räumlich)* in lontananza
Fernempfang *m* telericezione *f*
ferner I. *adj* più lontano, più distante **II.** *adv (außerdem)* inoltre, in più; *s. a.* **fern**
Fernfahrer(in) *m(f)* camionista *mf*
Fernfahrt *f* viaggio *m* a grande distanza; SPORT gara *f* su grande distanza
Fernflug *m* volo *m* a grande distanza
Ferngas *nt* gas *m* di città
ferngelenkt *adj* teleguidato, telecomandato
Ferngespräch *nt* comunicazione *f* interurbana
ferngesteuert *adj* teleguidato, telecomandato
Fernglas *nt* OPT binocolo *m,* cannocchiale *m*
fern|halten <irr> *vr* **sich von jdm ~** schivare qu; **sich von etw ~** tenersi lontano da qc
Fernheizung *f* TEC riscaldamento *m* centrale a distanza
Fernkopie *f* TEL telecopia *f*
Fernkurs[us] *m* corso *m* per corrispondenza
Fernlaster *m (fam)* autotreno *m*
Fernlastwagen *m* autotreno *m*
Fernlastzug *m* autotreno *m*
Fernleihe <-, -n> *f* prestito *m* interbibliotecario
Fernleitung *f* linea *f* interurbana
Fernleitungsnetz *nt* rete *f* telefonica interurbana
fern|lenken *vt* telecomandare
Fernlenkung *f* teleguida *f,* telecomando *m*
Fernlicht <-(e)s> *nt kein Pl.* AUTO [faro *m*] abbagliante *m*
fern|liegen <irr> *vi* **dieser Gedanke liegt mir fern** lungi da me un simile pensiero
Fernmeldeamt *nt* ufficio *m* telecomunicazioni
Fernmeldegeheimnis <-ses, -se> *nt* JUR segreto *m* postale
Fernmeldetechnik *f* TEL tecnica *f* delle telecomunicazioni
Fernmeldeturm *m* torre *f* radioemittente
Fernmeldewesen *nt* TEL telecomunicazioni *fpl*
fernmündlich *adj* telefonico, per telefono
Fernost ['fɛrn'ʔɔst] *m* GEOG **aus/in/nach ~** dall'/in/in Estremo Oriente
fernöstlich *adj* dell'Estremo Oriente
Fernrohr *nt* ❶ OPT *(Fernglas)* cannocchiale *m* ❷ ASTR *(Teleskop)* telescopio *m*
Fernruf *m* ❶ TEL *(Anruf)* chiamata *f* interurbana ❷ *(form: ~nummer)* numero *m* telefonico
Fernschnellzug *m* FERR [treno *m*] rapido *m*
Fernschreiben *nt* TEL telex *m*
Fernschreiber *m (Apparat)* telescrivente *f*
Fernschreibnetz *nt* rete *f* telex
fernschriftlich *adj* TEL trasmesso per telefax
Fernsehansager(in) *m(f)* annunciatore, -trice *m, f* della televisione
Fernsehansprache *f* annuncio *m* televisivo
Fernsehanstalt *f* ente *m* televisivo
Fernsehantenne *f* antenna *f* televisiva
Fernsehapparat *m* televisore *m*
Fernsehaufnahme *f* ripresa *f* televisiva
Fernsehbericht *m* servizio *m* televisivo
Fernsehdiskussion *f* dibattito *m* televisivo
Fernsehduell *nt* duello *m* televisivo
fern|sehen <irr> *vi* guardare la televisione
Fernsehen <-s> *nt kein Pl.* televisione *f;* **im ~** alla televisione; **im ~ übertragen** teletrasmettere, trasmettere per televisione
Fernseher[1] *m (Gerät)* televisore *m*
Fernseher(in)[2] *m(f)* telespettatore, -trice *m, f*
Fernsehfilm *m* telefilm *m*
Fernsehgebühr *f* canone *m* televisivo
Fernsehgerät *nt s.* **Fernsehapparat**
Fernsehinterview *nt* intervista *f* televisiva
Fernsehkamera *f* telecamera *f*
Fernsehkoch, -köchin *m, f* cuoco, -a televisivo *m*
Fernsehmacher(in) *m(f)* produttore *m* televisivo
Fernsehnachrichten *fpl* telegiornale *m*
Fernsehnetz *nt* rete *f* televisiva
Fernsehpremiere *f* prima *f* TV
Fernsehprogramm *nt* programma *m* televisivo
Fernsehsatellit <-en, -en> *m* satellite *m* televisivo
Fernsehsender *m* stazione *f* televisiva, teletrasmittente *f*
Fernsehsendung *f* trasmissione *f* televisiva
Fernsehserie *f* serial *m*
Fernsehspiel *nt* dramma *m* televisivo
Fernsehstudio *nt* studi *mpl* della televisione
Fernsehtechnik *f* tecnica *f* televisiva
Fernsehtechniker(in) *m(f)* tecnico, -a *m, f* della televisione
Fernsehteilnehmer(in) *m(f)* abbonato, -a *m, f* alla televisione
Fernsehturm *m* torre *f* della televisione
Fernsehübertragung *f* trasmissione *f* televisiva
Fernsehzuschauer(in) *m(f)* telespettatore, -trice *m, f*
Fernsicht *f* vista *f;* *(klare Sicht)* visibilità *f*

Fernsprech- telefonico
Fernsprechamt *nt* centralino *m* [telefonico]
Fernsprechanlage *f* impianto *m* telefonico
Fernsprechapparat *m* telefono *m,* apparecchio *m* telefonico
Fernsprechauskunft *f* informazioni *fpl* telefoniche
Fernsprecher *m* telefono *m,* apparecchio *m* telefonico
Fernsprechgebühr *f* tariffa *f* telefonica
Fernsprechgeheimnis *nt* segreto *m* telefonico
Fernsprechnetz *nt* rete *f* telefonica
Fernsprechteilnehmer(in) *m(f)* abbonato, -a *m, f* al telefono
Fernsprechverkehr *m* servizio *m* telefonico
Fernsprechvermittlung *f* centralino *m* [telefonico]
Fernsprechzelle *f* cabina *f* telefonica
Fernsprechzentrale *f* centrale *f* telefonica
fern|stehen <irr> *vi* **jdm/einer Sache ~** essere estraneo a qu/qc
fern|steuern *vt* telecomandare, comandare a distanza
Fernsteuerung *f* telecomando *m,* comando *m* a distanza
Fernstudium *nt* corsi *mpl* [universitari] per corrispondenza
Fernuniversität *f* università *f* per corrispondenza, corsi *mpl* aperti
Fernverkehr *m* trasporti *mpl* interurbani, traffico *m* interurbano
Fernverkehrsstraße *f* strada *f* di grande comunicazione
Fernwärme *f* riscaldamento *m* a distanza
Fernweh *nt* nostalgia *f*
Fernwirkung *f* effetto *m* a distanza
Ferse ['fɛrzə] <-, -n> *f* ANAT calcagno *m; (Strumpf~, Schuh~)* tallone *m;* **jdm [dicht] auf den ~n sein** stare alle calcagna di qu, tallonare qu
Fersenbein *nt* calcagno *m,* tallone *m*
Fersengeld *nt* **~ geben** *(fam)* darsela a gambe
fertig ['fɛrtɪç] *adj* ① *(beendet)* finito, terminato; *(vollendet)* compiuto; **halb ~** quasi finito; **~ machen** terminare, completare; **mit etw ~ sein** aver finito qc; **mit etw ~ werden** *(beenden)* finire qc; *(fig: darüber hinwegkommen)* superare qc; **mit jdm ~ werden** tenere testa a qu *fam;* **ohne jdn/etw ~ werden** fare a meno di qu/qc; **ich bin gleich ~** finisco subito; **sieh zu, wie du damit ~ wirst** arrangiati *fam;* **damit wären wir ~** ecco fatto *fam;* **du bleibst zu Hause und ~!** *(fam)* resti a casa e basta!; **mit dir bin ich endgültig ~!** *(fam)* con te ho chiuso per sempre!, di te non ne voglio più sapere! ② *(bereit)* pronto; **~ zum Aufbruch** pronto per la partenza; **~ machen** preparare; *(zurechtmachen)* confezionare, approntare; **bist du ~?** sei pronto? ③ *(fam: erledigt)* finito, rovinato ④ *(fam: erschöpft)* sfinito, esausto
Fertigbau <-s, -ten> *m* prefabbricato *m*
Fertigbauweise *f* costruzione *f* ad elementi prefabbricati
fertig|bringen <irr> *vt* ① *(zum Abschluss bringen)* finire ② *(zuwege bringen, über sich bringen)* **sie bringt es doch glatt ~ und …** *(fam)* ci riesce facilmente e …
fertigen ['fɛrtɪgən] *vt* fabbricare, produrre
Fertigfabrikat *nt* prodotto *m* finito
Fertiggericht *nt* precotto *m*
Fertighaus *nt* casa *f* prefabbricata
Fertigkeit <-, -en> *f* ① *(Geschicklichkeit)* abilità *f; (Gewandtheit)* facilità *f,* destrezza *f* ② *(Kenntnis)* conoscenza *f*
fertig|machen *vt (fam)* ① *(erschöpfen)* sfinire, esaurire ② *(zurechtweisen)* sgridare, riprendere ③ *(ruinieren)* rovinare ④ *(umbringen)* uccidere, far fuori *fam;* **dieser Lärm macht mich ~** questo rumore mi uccide
Fertignahrung *f* precotto *m*
Fertigprodukt *nt* prodotto *m* finito
fertig|stellen *vt (zum Abschluss bringen)* ultimare, finire
Fertigstellung *f* ultimazione *f,* completamento *m*
Fertigteil *nt* elemento *m* prefabbricato
Fertigung <-, -en> *f* produzione *f,* fabbricazione *f; (von Kleidern)* confezione *f*
Fertigungskosten *pl* costi *mpl* di produzione
Fes, fes [fɛs] <-, -> *nt* MUS fa *m* bemolle
fesch [fɛʃ] *adj* A *(fam: schick)* elegante; *(hübsch)* bello; *(flott)* in gamba *fam*
Feschak <-s, -s> *m* ① A *(gutaussehender, sehr männlicher Mann)* bellimbusto *m,* damerino *m* ② A *(Stimmungskanone)* animatore *m;* **der ~ der Clique sein** essere l'animatore della compagnia
Fessel ['fɛsəl] <-, -n> *f* ① ANAT caviglia *f; (von Tieren)* pastoia *f* ② *(Kette)* catena *f* ③ *Pl. (Handschellen)* manette *fpl* ④ *(fig: Bindung)* vincolo *m; (Einschränkung)* obblighi *mpl; (Hemmung)* pastoie *fpl;* **jdm ~n anlegen, jdn in ~n legen** incatenare qu, mettere qu in catene
Fesselballon *m* pallone *m* frenato
fesseln ['fɛsəln] *vt* ① mettere in catene, incatenare; *(binden)* legare; *(mit Handschellen)* ammanettare; *(festhalten)* inchiodare; **jdn an Händen und Füßen ~** legare mani

F

e piedi a qu; **durch die Krankheit war er ans Bett gefesselt** la malattia lo costrinse a letto ② *(fig: faszinieren)* avvincere

fesselnd *adj* ① *(spannend)* avvincente ② *(faszinierend)* affascinante

fest [fɛst] *adj* ① *(nicht flüssig)* solido; *(dick)* compatto ② *(nicht weich)* forte; *(hart)* duro, sodo; *(schwer zerreißbar)* robusto; ~ **schlafen** dormire profondamente; **die Tür ~ schließen** chiudere bene la porta ③ *(nicht lose)* compatto, fitto; *(schwer lösbar)* forte; *(stramm)* sodo ④ *(ständig, dauerhaft)* fisso; *(Gewohnheiten)* inveterato, radicato; **~er Freund, ~e Freundin** *(fam)* ragazzo, -a fisso, -a; **~ angestellt** con impiego fisso ⑤ *(fig: energisch)* energico; *(unerschütterlich, bestimmt)* fermo; **etw ~ versprechen** promettere fermamente qc; **~ davon überzeugt sein, dass ...** avere la ferma convinzione che *+conj;* **sich** *dat* **~ vornehmen etw zu tun** avere il fermo proposito di fare qc

Fest [fɛst] <-(e)s, -e> *nt* ① *(Feier)* festa *f* ② *(Feiertag)* **frohes ~!** buone feste!

Festakt *m* cerimonia *f*

festangestellt *adj* con impiego fisso; **sie ist jetzt ~** ora ha un impiego fisso

fest|beißen <irr> *vr* **sich [an jdm/etw] ~** aggrapparsi con i denti [a qc]; *(fig)* non riuscire a liberarsi [di qu/qc]

fest|binden *vt* legare saldamente

Festessen *nt* banchetto *m,* pranzo *m* di gala

fest|fahren <irr> *vr:* **sich ~** *(mit Wagen)* restare bloccato; NAUT arenarsi, incagliarsi

Festgeld <-(e)s, -er> *nt* FIN deposito *m* bancario vincolato

festgesetzt *adj* **zur ~en Zeit** all'ora fissata

festgewurzelt *adj* [profondamente] radicato

fest|halten <irr> **I.** *vt* ① *(nicht loslassen)* tener fermo, reggere ② *(zurückhalten)* trattenere ③ *(fig)* fissare, fermare **II.** *vi* **an jdm/etw ~** attenersi a qu/qc **III.** *vr:* **sich ~** tenersi, reggersi

festigen ['fɛstɪgən] **I.** *vt* ① consolidare; *(stärken)* rafforzare, fortificare ② *(bekräftigen)* convalidare **II.** *vr:* **sich ~** consolidarsi, rafforzarsi

Festiger <-s, -> *m* fissatore *m*

Festigkeit <-> *f kein Pl.* ① solidità *f,* saldezza *f* ② FIN stabilità *f* ③ *(Widerstandsfähigkeit)* resistenza *f* ④ *(fig: Standfestigkeit)* costanza *f,* fermezza *f; (Entschlossenheit)* risolutezza *f*

Festigung <-, -en> *f* consolidamento *m; (fig)* rafforzamento *m;* FIN stabilizzazione *f*

Festival ['fɛstivəl] <-s, -s> *nt o* CH: *m* festival *m*

fest|klammern I. *vt* fissare con le mollette **II.** *vr* **sich [an jdm/etw] ~** aggrapparsi [a qu/qc]

fest|kleben I. *vt* incollare; **etw an etw** *dat* **~** incollare qc a qc **II.** *vi sein (Vorgang)* **an etw** *dat* **~** essere incollato a qc

Festkörper <-s, -> *m* PHYS [corpo] solido *m*

Festland *nt* ① *(nicht Meer)* terraferma *f* ② *(Kontinent)* continente *m*

fest|legen I. *vt* ① *(festsetzen)* fissare, stabilire ② *(bestimmen)* stabilire, definire ③ FIN vincolare, immobilizzare **II.** *vr* **sich [auf etw** *akk*] **~** vincolarsi [a qc]

Festlegung <-, -en> *f* determinazione *f; (Bestimmung)* definizione *f;* FIN immobilizzazione *f,* investimento *m* vincolato

festlich ['fɛstlɪç] **I.** *adj* festivo; *(feierlich)* solenne; *(glanzvoll)* grandioso, splendido **II.** *adv* **etw ~ begehen** festeggiare qc; **etw ~ schmücken** ornare qc a festa

Festlichkeit <-, -en> *f* ① *(Stimmung)* festosità *f,* solennità *f* ② *(Fest)* festa *f; (Feier)* festosità *f*

fest|liegen <irr> *vi* ① *(festgesetzt sein)* essere stabilito; *(Termin)* essere fissato ② FIN *(Kapital)* essere immobilizzato ③ NAUT essere arenato

fest|machen *vt* ① *(befestigen)* fermare, fissare; *(binden)* legare; NAUT attraccare ② *(vereinbaren)* combinare, fissare

Festmahl *nt s.* **Festessen**

Festmeter <-s, -> *m o nt* metro *m* cubo

fest|nageln *vt* fissare con chiodi; *(a. fig)* inchiodare; **jdn auf etw** *akk* **~** inchiodare qu a qc

Festnahme ['fɛstnaːmə] <-, -n> *f* arresto *m,* cattura *f*

fest|nehmen <irr> *vt (verhaften)* prendere, arrestare; *(gefangen nehmen)* catturare

Festnetz *nt* TEL telefonia *f* fissa

Festplatte *f* INFORM disco *m* rigido

Festplatz <-(e)s, -plätze> *m* piazza *f* della festa

Festrede *f* discorso *m* ufficiale

Festredner(in) *m(f)* oratore, -trice *m, f* ufficiale

fest|schnallen I. *vt* allacciare, affibbiare **II.** *vr:* **sich ~** allacciarsi

fest|schrauben *vt* avvitare

fest|setzen I. *vt* ① *(gefangen nehmen)* arrestare, imprigionare ② *(festlegen)* fissare; **den Preis auf 500 Euro ~** fissare il prezzo a 500 euro ③ *(schätzen)* valutare **II.** *vr:* **sich ~** ① *(Staub)* infiltrarsi ② *(fig: Gedanke)* radicarsi, fissarsi

fest|sitzen <irr> *vi* ① *(haften)* essere fisso

② *(nicht mehr weiterkommen)* essere bloccato; NAUT essere incagliato
Festspiele *ntpl* rappresentazione *f*, festival *m*
Festspielhaus *nt* THEAT teatro *m*
fest|stecken **I.** *vt* infilare saldamente; *(befestigen)* fermare, fissare **II.** *vi sein* essere incastrato
fest|stehen <irr> *vi* ① *(fig: bestimmt, festgelegt sein)* essere fissato ② *(unumstößlich sein)* essere certo; **es steht fest, dass …** è certo che …
feststellbar *adj* ① TEC fissabile ② *(fig: erkennbar)* accertabile
fest|stellen *vt* ① TEC bloccare, arrestare ② *(fig: konstatieren)* constatare, rendersi conto di; *(beobachten)* osservare; *(ermitteln)* accertare, verificare
Feststellung *f (Ermittlung)* accertamento *m;* COM, JUR verifica *f; (Konstatierung)* constatazione *f; (Beobachtung)* osservazione *f; (Aussage)* dichiarazione *f*
Festtag *m* giorno *m* festivo; REL festa *f*
festtags *adv* nei giorni festivi
Festung ['fɛstʊŋ] <-, -en> *f* fortezza *f,* forte *m*
festverzinslich *adj* FIN a tasso fisso
Festzug *m* corteo *m*
Fete ['fe:tə] <-, -n> *f (fam)* festa *f*
Feten ['fe:tən *o* 'fɛ:tən] *Pl. von* **Fetus, Fötus**
Fetisch ['fe:tɪʃ] <-(e)s, -e> *m* feticcio *m*
Fetischismus [fetɪ'ʃɪsmʊs] <-> *m kein Pl.* feticismo *m*
Fetischist(in) <-en, -en; -, -nen> *m(f)* feticista *mf*
fett [fɛt] *adj* ① grasso; **~ kochen** cucinare con molti grassi; **~ werden** diventare grasso ② *(Boden)* fertile ③ *(fig: üppig)* ricco, abbondante ④ *(gewinnbringend)* redditizio ⑤ TYP [in] nero, grassetto; **~ gedruckt** [stampato] in grassetto
Fett <-(e)s, -e> *nt* grasso *m;* CHEM lipide *m;* **~ ansetzen** ingrassare; **sein ~ [ab]bekommen** *(fam)* ricevere una punizione meritata
Fettabsaugen <-s> *nt kein Pl.* liposuzione *f*
fettarm *adj* magro; **~e Milch** latte scremato
Fettauge *nt* GASTR occhio *m* [di grasso]
fetten **I.** *vt* ingrassare; *(ein~)* ungere, lubrificare **II.** *vi* ① *(Fett absondern)* secernere grasso ② *(Fett annehmen)* ungere, macchiare di grasso
Fettfleck *m* macchia *f* di grasso
fettgedruckt *adj* [stampato] in grassetto
Fettgehalt *m* contenuto *m* di grassi
fetthaltig *adj* grasso; *(Gewebe)* adiposo
fettig *adj* grasso; *(schmierig)* unto, untuoso
fettleibig *adj* grasso, pingue; MED obeso
Fettleibigkeit <-> *f kein Pl.* pinguedine *f;* MED obesità *f*
fettlöslich *adj* liposolubile
Fettnäpfchen ['fɛtnɛpfçən] <-s, -> *nt* **bei jdm ins ~ treten** *(fig fam)* fare una gaffe con qu
Fettpolster *nt* pannicolo *m* adiposo, cuscinetto *m* di grasso
Fettsäure *f* CHEM acido *m* grasso
Fettschicht *f* strato *m* di grasso
Fettsucht *f* MED obesità *f*
Fetus ['fe:tʊs, *Pl:* 'fe:tʊsə *o* 'fe:tən] <- *o* ses, -se *o* Feten> *m* MED feto *m*
fetzen ['fɛtsən] **I.** *vi (fam)* ① *(abreißen)* strappare, stracciare ② *(Musik)* coinvolgere, prendere **II.** *vr:* **sich ~** *(fam: sich streiten)* rimbeccarsi, bisticciare
Fetzen ['fɛtsən] <-s, -> *m* ① *(abgerissenes Stück)* pezzetto *m* ② *(zerschlissener Stoff)* straccio *m* ③ *(zusammenhangloses Stück)* frammento *m*
fetzig *adj (fam: Musik)* coinvolgente, che prende
feucht [fɔɪçt] *adj* umido; *(angefeuchtet)* inumidito
Feuchtbiotop *nt* ECO biotopo *m* umido
Feuchtgebiet <-(e)s, -e> *nt* zona *f* umida
Feuchtigkeit <-> *f kein Pl.* umidità *f*
Feuchtigkeitscreme *f* crema *f* idratante
feuchtwarm ['fɔɪçt'varm] *adj* caldo umido
feudal [fɔɪ'da:l] *adj* ① feudale ② *(aristokratisch)* aristocratico, nobile ③ *(fig fam: prächtig)* magnifico, splendido
Feudalismus [fɔɪda'lɪsmʊs] <-> *m kein Pl.* feudalesimo *m*
Feuer ['fɔɪɐ] <-s, -> *nt* fuoco *m;* **~ fangen** prendere fuoco; *(fig: sich begeistern)* infiammarsi, entusiasmarsi; **das ~ anzünden** accendere il fuoco; **~ speiend** *(Drache, Vulkan)* che sputa fuoco; **das ~ eröffnen/einstellen** MIL aprire/cessare il fuoco; **jdm ~ geben** dare da accendere a qu; **für jdn durchs ~ gehen** gettarsi nel fuoco per qu; **mit dem ~ spielen** scherzare col fuoco; **~ und Flamme für etw sein** essere entusiasta per qc
Feuer[s]gefahr *f* pericolo *m* d'incendio
Feueralarm *m* allarme *m* [in caso] di incendio
Feueranzünder *m* accendifuoco *m,* accendino *m*
Feuerbefehl *m* MIL ordine *m* di aprire il fuoco
feuerbeständig *adj* resistente al fuoco; SCIENT refrattario
Feuerbestattung *f* cremazione *f*
Feuereifer *m* zelo *m,* fervore *m*

F

Feuereinstellung *f* MIL cessate *m* il fuoco
feuerfest *adj s.* **feuerbeständig**
Feuergefahr *f s.* **Feuersgefahr**
feuergefährlich *adj* infiammabile
Feuergefecht *nt* MIL combattimento *m* a fuoco
Feuerhaken *m* attizzatoio *m*
Feuerland ['fɔɪɐlant] *nt* GEOG Terra *f* del Fuoco
Feuerländer(in) ['fɔɪɐlɛndɐ] <-s, -; -, -nen> *m(f)* fuegino, -a *m, f*
Feuerleiter *f* scala *f* antincendio [*o* di sicurezza]
Feuerlöscher <-s, -> *m* estintore *m*
Feuermelder <-s, -> *m* segnalatore *m* d'incendio
feuern I. *vi* ① *(heizen)* **mit Holz ~** accendere il fuoco [per riscaldarsi] con la legna ② MIL **[auf jdn/etw] ~** sparare [su qu/qc] **II.** *vt* ① *(Ofen)* accendere; *(Zimmer)* riscaldare ② *(fam: entlassen)* buttare fuori, mandar via ③ *(Wend)* **du kriegst gleich eine gefeuert!** *(fam)* ti arriva subito una sberla!
Feuerpause *f* MIL interruzione *f* del fuoco
Feuerprobe *f* prova *f* del fuoco, prova *f* cruciale
feuerrot ['fɔɪɐ'ro:t] *adj* ① *(Farbbezeichnung)* rosso fuoco ② *(errötet)* rosso come il fuoco
Feuersbrunst *f (geh)* incendio *m*
Feuerschlucker(in) *m(f)* mangiafuoco *mf*
feuersicher *adj* a prova di fuoco
feuerspeiend *adj (Drache, Vulkan)* che sputa fuoco
Feuerspritze *f* pompa *f* antincendio
Feuerstein *m* ① *(Zündstein)* pietra *f* focaia ② GEOL selce *f*
Feuertreppe *f* scala *f* di emergenza
Feuerung <-, -en> *f* ① *(das Heizen)* il riscaldare *m* ② *(Brennmaterial)* combustibile *m* ③ *(Anlage)* impianto *m* di combustione
Feuerversicherung *f* assicurazione *f* contro gli incendi
Feuerwache *f* stazione *f* dei pompieri
Feuerwehr ['fɔɪɐve:ɐ̯] <-, -en> *f* corpo *m* dei vigili del fuoco, pompieri *mpl*
Feuerwehrauto *nt* macchina *f* dei pompieri, autopompa *f*
Feuerwehrleiter *f* scala *f* volante [*o* dei pompieri]
Feuerwehrmann <-(e)s, -männer *o* -leute> *m* pompiere *m,* vigile *m* del fuoco
Feuerwehrschlauch *m* manichetta *f* antincendio
Feuerwerk *nt* fuochi *mpl* d'artificio
Feuerwerker(in) <-s, -; -, -nen> *m(f)* pirotecnico, -a *m, f*
Feuerwerkskörper *m* razzo *m* pirotecnico
Feuerzangenbowle *f* GASTR vin *m* brulé
Feuerzeug <-(e)s, -e> *nt* accendino *m*
Feuilleton [fœjə'tõ:] <-s, -s> *nt* ① *(Zeitungsteil)* terza pagina *f* ② *(Zeitungsartikel, TV)* feuilleton *m*
Feuilletonist(in) [fœjəto'nɪst] <-en, -en; -, -nen> *m(f)* redattore, -trice *m, f* della terza pagina
feurig ['fɔɪrɪç] *adj* ① *(brennend)* infuocato, di fuoco ② *(fig: temperamentvoll)* focoso; *(inbrünstig)* ardente; *(leidenschaftlich)* appassionato
Fez [fe:ts] <-es> *m kein Pl. (fam)* sciocchezze *fpl*
ff. *Abk. von* **folgende [Seiten]** segg.
FH [ɛf'ha:] *f Abk. von* **Fachhochschule** istituto *m* parauniversitario
Fiaker ['fjakɐ] <-s, -> *m* ① *(Droschke)* fiacre *m* ② *(Kutscher)* fiaccheraio *m* TOSC
Fiasko ['fi̯asko] <-s, -s> *nt* fiasco *m,* insuccesso *m;* **ein ~ erleben** fare fiasco
Fibel ['fi:bəl] <-, -n> *f (Lesebuch)* abbiccì *m; (Lehrbuch)* manuale *m*
Fiber ['fi:bɐ] <-, -n> *f* MED, BIOL fibra *f*
Fiche [fi:ʃ] <-, -n> *f* ① *(Spielmarke, Jeton)* fiche *f,* gettone *m* da gioco ② CH *(Akte)* atti *mpl,* dossier *m*
ficht [fɪçt] *3. Pers. Sing. Präs. von* **fechten**
Fichte ['fɪçtə] <-, -n> *f* abete *m* rosso
ficken ['fɪkən] *vt, vi (vulg)* ① *(koitieren)* scopare ② *(als Schimpfwort oder Fluch)* fottere
fidel [fi'de:l] *adj (fam)* allegro
Fidschiinseln ['fɪtʃiʔɪnzəln] *fpl* isole *fpl* Fiji [*o* Figi]
fieb[e]rig *adj* febbrile; *(fiebernd)* febbricitante
Fieber ['fi:bɐ] <-s, *rar:* -> *nt* febbre *f;* **[39 Grad] ~ haben** avere la febbre [a 39]
Fieberanfall *m* attacco *m* di febbre
Fieberblasen *fpl* bolle *fpl* di febbre
Fieberfantasie <-, -n> *f* delirio *m*
fieberfrei *adj* senza febbre, sfebbrato
fieberhaft *adj* febbrile
Fieberkurve *f* diagramma *m* della febbre
fiebern *vi* ① avere la febbre ② *(fig)* **nach etw ~** bramare qc
Fieberthermometer *nt* termometro *m*
fiebrig *adj s.* **fieb[e]rig**
Fiedel ['fi:dəl] <-, -n> *f (obs pej, scherz)* violino *m*
fiedeln *vi (obs pej, scherz)* grattare [il violino] *fam*
fiel [fi:l] *1. u. 3. Pers. Sing. Imp. von* **fallen**
fies [fi:s] *adj (fam)* ① *(abstoßend)* schifoso ② *(charakterlich)* pessimo, orrendo; *(lästig)* fastidioso, odioso; **so ein ~er Charakter!** che pessimo carattere!

Fifa, **FIFA** *f Akr. von* **Fédération Internationale de Football Association** FIFA *f*
fifty-fifty ['fɪfti'fɪfti] *adv (fam)* fifty-fifty, a metà; ~ **machen** fare fifty-fifty
fighten ['faɪtən] *vi* SPORT battersi, lottare
Figur [fi'guːɐ̯] <-, -en> *f* figura *f; (in Film, Buch)* personaggio *m;* **eine gute ~ haben** avere un bel fisico; **keine/eine gute ~ machen** fare [una] brutta/bella figura
figürlich [fi'gyːɐ̯lɪç] *adj* ❶ *(Figur)* figurativo ❷ *(übertragen)* figurato
Fiktion [fɪk'tsi̯oːn] <-, -en> *f* finzione *f,* fiction *f*
fiktiv [fɪk'tiːf] *adj* fittivo
Filet [fi'leː] <-s, -s> *nt* filetto *m*
Filetbraten *m* GASTR filetto *m* arrosto
Filetsteak *nt* bistecca *f* di filetto
Filiale [fi'li̯aːlə] <-, -n> *f* filiale *f,* succursale *f*
Filialleiter(in) *m(f)* gerente *mf* di una succursale
Film [fɪlm] <-(e)s, -e> *m* ❶ rullino *m* fotografico, pellicola *f* ❷ film *m,* pellicola *f* cinematografica; *(~wesen)* cinematografia *f,* cinema *m;* **sie ist beim ~** è nel cinema; **einen ~ drehen/vorführen** girare/proiettare un film; **in einen ~ gehen** andare a vedere un film ❸ *(dünne Schicht)* pellicola *f,* strato *m* sottile
Filmarchiv *nt* cineteca *f*
Filmatelier *nt* studio *m* cinematografico
Filmaufnahme *f* ripresa *f* cinematografica
Filmemacher(in) *m(f)* cineasta *mf*
filmen ['fɪlmən] *vt, vi* filmare, girare un film
Filmfestspiele *ntpl* festival *m* cinematografico
Filmindustrie *f* industria *f* cinematografica
filmisch *adj* cinematografico, filmico
Filmkamera *f* cinepresa *f,* macchina *f* da presa
Filmkunst *f* arte *f* cinematografica
Filmmusik *f* colonna *f* sonora [di un film]
Filmproduzent(in) *m(f)* produttore, -trice *m, f* cinematografico, -a
Filmprojektor *m* proiettore *m* cinematografico
Filmregisseur(in) *m(f)* regista *mf* cinematografico, -a
Filmreportage *f* cinereportage *m*
Filmschauspieler(in) *m(f)* attore, -trice *m, f* cinematografico, -a
Filmstar *m* divo, -a *m, f* del cinema
Filmverleih *m* casa *f* di distribuzione cinematografica
Filmvorführung *f* proiezione *f* cinematografica
Filmvorschau *f* provino *m*
Filmzensur *f* censura *f* cinematografica
Filter ['fɪltɐ] <-s, -> *m o nt* filtro *m*
Filtereinsatz *m* cartuccia *f* del filtro
Filterkaffee <-s> *m kein Pl.* caffè *m* preparato con il filtro
filterlos *adj* senza filtro
Filtermundstück *nt* bocchino *m* con filtro
filtern *vt* filtrare, passare al filtro
Filterpapier <-s> *nt kein Pl.* carta *f* da filtro
Filtertüte *f* filtro *m* di carta
Filterzigarette *f* sigaretta *f* con filtro
Filtrat [fɪl'traːt] <-(e)s, -e> *nt* TEC filtrato *m*
Filtration [fɪltra'tsjoːn] <-, -en> *f* TEC filtraggio *m,* filtrazione *f*
Filz [fɪlts] <-es, -e> *m* feltro *m*
filzen ['fɪltsən] **I.** *vi (Wolle)* infeltrirsi **II.** *vt (fam: durchsuchen)* frugare, perquisire
filzig *adj* ❶ *(wie Filz)* infeltrito ❷ *(fam pej: geizig)* spilorcio, taccagno
Filzlaus *f* piattola *f*
Filzpantoffeln *mpl* pantofole *fpl* di feltro
Filzschreiber *m,* **Filzstift** *m* pennarello *m*
Fimmel ['fɪməl] <-s, -> *m (fam pej)* fissazione *f,* pallino *m;* **einen ~ für etw haben** avere il pallino per qc
Finale [fi'naːlə] <-s, - *o* -s> *nt* finale *m*
Finalist(in) [fina'lɪst] <-en, -en; -, -nen> *m(f)* SPORT finalista *mf*
Finanz [fi'nants] <-, -en> *f* finanza *f*
Finanzamt *nt* ufficio *m* tasse [*o* finanziario]
Finanzausgleich <-(e)s, -e> *m* perequazione *f* finanziaria
Finanzbeamte *m,* **Finanzbeamtin** *f* impiegato, -a *m, f* di finanza
Finanzen [fi'nantsən] *pl* finanze *fpl,* possibilità *fpl* economiche
Finanzexperte <-n, -n> *m,* **Finanzexpertin** <-, -nen> *f* esperto, -a *m, f* in [*o* di] finanza
Finanzhoheit <-> *f kein Pl.* JUR sovranità *f* fiscale
finanziell [finan'tsi̯ɛl] *adj* finanziario
finanzierbar *adj* dotato di copertura finanziaria
finanzieren [finan'tsiːrən] <ohne ge-> *vt* finanziare
Finanzierung <-, -en> *f* finanziamento *m*
finanzkräftig *adj* finanziariamente solido
Finanzlage *f* situazione *f* finanziaria
Finanzmarkt *m* mercato *m* finanziario
Finanzminister(in) *m(f)* ministro *m* delle finanze
Finanzministerium *nt* ministero *m* delle finanze
Finanzplanung *f* piano *m* finanziario
Finanzpolitik *f* politica *f* finanziaria
finanzschwach *adj* finanziariamente debole
Finanzspritze *f* appoggio *m* finanziario

Finanzverwaltung *f* amministrazione *f* delle finanze

Finanzwirtschaft *f* economia *f* finanziaria

Findelkind ['fɪndəlkɪnt] *nt* trovatello, -a *m, f*

finden ['fɪndən] <findet, fand, gefunden> **I.** *vt* trovare; **nicht zu ~ sein** essere irreperibile; **das finde ich nicht nett von dir** non lo trovo gentile da parte tua **II.** *vr:* **sich ~** ① *(zum Vorschein kommen)* ritrovarsi; **es fand sich niemand, der …** non si trovò nessuno che *+conj* ② *(in Ordnung kommen)* rientrare nell'ordine; **das wird sich schon ~** la cosa si accomoderà; **es fand sich, dass …** risultò che …

Finder(in) <-s, -; -, -nen> *m(f)* ritrovatore, -trice *m, f*

Finderlohn *m* ricompensa *f*

findig *adj* ingegnoso; *(gewitzt)* furbo

Findigkeit <-> *f kein Pl.* ingegnosità *f; (Gewitztheit)* furberia *f*

Findling ['fɪntlɪŋ] <-s, -e> *m (Findelkind)* trovatello *m*

fing [fɪŋ] *1. u. 3. Pers. Sing. Imp. von* **fangen**

Finger ['fɪŋɐ] <-s, -> *m* dito *m;* **kleiner ~** [dito *m*] mignolo *m;* **die ~ von etw/jdm lassen** *(fam)* lasciare stare qc/qu, non toccare qc/qu; **keinen ~ krumm machen** non muovere un dito *fam;* **sich** *dat* **die ~ verbrennen** scottarsi le dita; *(fig)* rimaner scottato da qc; **sich** *dat* **die ~ nach etw lecken** *(fam)* morire dalla voglia di avere qc; **sich** *dat* **[mit etw] nicht die ~ schmutzig machen** *(fam)* non immischiarsi in qc; **sich** *dat* **etw aus den ~n saugen** *(fam)* inventare qc di sana pianta; **jdm auf die ~ klopfen** redarguire qu; **jdm auf die ~ sehen** tener d'occhio qu; **etw an den ~n abzählen** contare qc sulle dita; **etw mit spitzen ~n anfassen** prendere qc con la punta delle dita; **mit dem ~ auf jdn zeigen** *(fig)* additare qu; **den kann man um den ~ wickeln** *(fig fam)* si può far di lui quello che si vuole; **wenn ich den noch mal in die ~ kriege!** *(fam)* se mi capita a tiro un'altra volta!; **~ weg!** *(fam)* via le mani!

Fingerabdruck *m* impronta *f* digitale

Fingerbreit <-, -> *m* **keinen ~ nachgeben** non mollare di un millimetro

fingerdick *adj* grosso [quanto] un dito

Fingerfarbe *f* colori *mpl* a dita

fingerfertig *adj* dalle dita agili [*o* svelte]

Fingerfertigkeit *f* agilità *f* delle dita, destrezza *f* di mano

Fingerhut *m* ① *(zum Nähen)* ditale *m* ② BOT digitale *f*

Fingerkuppe *f* punta *f* del dito

fingern *vi* **an etw** *dat* **~** gingillarsi con qc *fam*

Fingernagel *m* unghia *f*

Fingerspitze *f* punta *f* del dito

Fingerspitzengefühl *nt* sensibilità *f* raffinata, tatto *m*

Fingerzeig ['fɪŋɐtsaɪk, *Pl:* 'fɪŋɐtsaɪgə] <-(e)s, -e> *m* cenno *m; (Hinweis)* indicazione *f*

fingieren [fɪŋ'gi:rən] <ohne ge-> *vt* fingere, simulare

Fink [fɪŋk] <-en, -en> *m* fringuello *m*

Finne ['fɪnə] <-n, -n> *m,* **Finnin** ['fɪnɪn] <-, -nen> *f* finlandese *mf*

finnisch *adj* finlandese

Finnland ['fɪnlant] *nt* Finlandia *f*

finster ['fɪnstɐ] *adj* ① *(dunkel)* buio, oscuro; **~e Nacht** notte fonda; **im Finstern tappen** *(fig)* brancolare nel buio *fam* ② *(fig: zwielichtig)* ambiguo ③ *(fig: mürrisch)* burbero, scontroso ④ *(fig: unheimlich)* sinistro, losco

Finsternis <-, -se> *f* oscurità *f; (a. fig)* tenebre *fpl*

Finte ['fɪntə] <-, -n> *f* ① *(Vorwand)* pretesto *m; (Täuschung)* finzione *f* ② SPORT finta *f*

Firlefanz ['fɪrləfants] <-es> *m kein Pl. (fam: Krempel)* fanfaluche *fpl,* sciocchezze *fpl; (Tand, Flitter)* fronzoli *mpl*

Firma ['fɪrma] <-, Firmen> *f* COM ① *(Betrieb)* ditta *f,* azienda *f* ② *(Name)* ragione *f* sociale

Firmament [fɪrma'mɛnt] <-(e)s, -e> *nt (poet)* firmamento *m*

firmen ['fɪrmən] *vt* cresimare

Firmen *Pl. von* **Firma**

firmeneigen *adj* appartenente all'impresa

Firmengründung *f* costituzione *f* di una ditta

Firmeninhaber(in) *m(f)* impresario *m*

Firmenleitung *f* dirigenza *f*

Firmenstempel *m* timbro *m* della ditta

Firmenzusammenschluss *m* WIRTSCH fusione *f* di ditte

Firmling ['fɪrmlɪŋ] <-s, -e> *m* cresimando, -a *m, f*

Firmung ['fɪrmʊŋ] <-, -en> *f* cresima *f*

Firn [fɪrn] <-(e)s, -e> *m (Schnee)* firn *m*

Firnis ['fɪrnɪs] <-ses, -se> *m* vernice *f*

firnissen *vt* verniciare

First [fɪrst] <-es, -e> *m* colmo *m,* sommità *f* del tetto

Fis, fis [fɪs] <-, -> *nt* MUS fa *m* diesis

Fisch [fɪʃ] <-(e)s, -e> *m* pesce *m;* **weder ~ noch Fleisch** né carne né pesce; **munter wie ein ~ im Wasser sein** essere contento come una Pasqua *fam;* **stumm wie ein ~** muto come un pesce *fam;* **kleine ~e**

(fam) sciocchezze; **~e** ASTR Pesci *mpl;* **er/sie ist [ein] ~** ASTR è dei Pesci

Fischbein *nt* osso *m* di balena

Fischbesteck *nt* posate *fpl* da pesce

fischen *vi, vt* pescare; **im Trüben ~** pescare nel torbido

Fischer(in) <-s, -; -, -nen> *m(f)* pescatore, -trice *m, f*

Fischerboot *nt* barca *f* da pesca

Fischerdorf *nt* villaggio *m* di pescatori

Fischerei [fɪʃəˈraɪ] <-> *f kein Pl.* pesca *f*

Fischerin *f s.* **Fischer**

Fischfang <-s> *m kein Pl.* pesca *f*

Fischfilet *nt* GASTR filetto *m* di pesce

Fischgeschäft *nt* COM pescheria *f*

Fischgräte *f* lisca *f*

Fischhändler(in) *m(f)* pescivendolo, -a *m, f*

Fischkonserve *f* pesce *m* in scatola

Fischlaich *m* uova *fpl* di pesce

Fischmehl *nt* farina *f* di pesce

Fischnetz *nt* rete *f* da pesca

Fischotter *m* ZOO lontra *f*

fischreich *adj* pescoso

Fischstäbchen <-s, -> *nt* GASTR bastoncini *mpl* di pesce

Fischsterben <-s> *nt kein Pl.* moria *f* di pesci

Fischsuppe *f* GASTR zuppa *f* di pesce

Fischteich *m* vivaio *m* di pesci

Fischvergiftung *f* avvelenamento *m* da pesce

Fischzucht *f* pescicoltura *f*

fiskalisch [fɪsˈkaːlɪʃ] *adj* fiscale

Fiskalpakt [fɪsˈkaːl-] *m* POL, FIN patto *m* di bilancio, fiscal compact *m*

Fiskus [ˈfɪskʊs] <-, *rar:* Fisken *o* -se> *m* fisco *m*

Fisole [fiˈzoːlə] <-, -n> *f meist Pl.* A *(grüne Bohne)* fagiolino *m*

Fistel [ˈfɪstəl] <-, -n> *f* fistola *f*

Fistelstimme *f* MUS [voce *f* di] falsetto *m*

fit [fɪt] *adj* in forma

Fitness [ˈfɪtnɛs] <-> *f kein Pl.* fitness *f,* salute *f* fisica

Fitnesscenter <-s, -> *nt* palestra *f,* centro *m* fitness

Fitnessgerät *nt* attrezzo *m* per il benessere fisico

fix [fɪks] *adj* ① *(fest)* fisso ② *(fam: schnell)* svelto, veloce; *(geschickt)* abile; **~ und fertig** *(fam)* bell'e pronto; *(erschöpft)* sfinito, spossato; **~!** *(fam)* presto!

Fixa *Pl. von* **Fixum**

fixen [ˈfɪksən] *vi (sl)* bucarsi, drogarsi

Fixer(in) <-s, -; -, -nen> *m(f) (sl)* bucato, -a *m, f,* drogato, -a *m, f*

Fixierbad <-(e)s, -bäder> *nt* FOTO bagno *m* fissatore [*o* di fissaggio]

fixieren [fɪˈksiːrən] <ohne ge-> *vt* CH *(a. befestigen)* fissare

Fixierung <-, -en> *f* ① fissazione *f* ② FOTO fissaggio *m*

Fixigkeit <-> *f kein Pl. (fam)* sveltezza *f*

Fixkosten *pl* costi *mpl* fissi, spese *fpl* fisse

Fixum [ˈfɪksʊm] <-s, Fixa> *nt* [stipendio *m*] fisso *m*

Fjord [fjɔrt] <-(e)s, -e> *m* fiordo *m*

FKK [ɛfkaːˈkaː] <-s> *nt kein Pl. Abk. von* **Freikörperkultur** nudismo *m;* **~-Anhänger[in]** nudista *mf*

FKK-Strand <-(e)s, -strände> *m* spiaggia *f* per nudisti

flach [flax] *adj* ① *(eben)* piano; *(a. platt)* piatto; **mit der ~en Hand** con la mano aperta; **~ auf dem/den Boden** [a] bocconi ② *(nicht tief)* basso ③ *(fig: oberflächlich)* superficiale; *(nichts sagend)* scialbo

Flachbettscanner *m* INFORM scanner *m* piano

Flachbildfernseher *m* televisore *m* a schermo piatto

Flachbildschirm *m* schermo *m* piatto

Flachdach *nt* tetto *m* piano

Flachdruck <-(e)s, -e> *m* TYP stampa *f* planografica

Fläche [ˈflɛçə] <-, -n> *f* superficie *f; (Ebene)* pianura *f*

Flächenausdehnung *f* estensione *f* in superficie

flächendeckend *adj* su tutto il territorio, su tutta la superficie

flächengleich *adj* MAT equivalente

Flächeninhalt *m* MAT area *f,* superficie *f*

Flächenmaß *nt* MAT misura *f* di superficie

flach|fallen <irr> *vi sein (fam: nicht stattfinden)* saltare; **der Ausflug ist flachgefallen** la gita è saltata

Flachhang *m* pendio *m* dolce

Flachküste *f* costa *f* piana

Flachland *nt* pianura *f*

flach|legen I. *vt (fam: hinstrecken)* buttare a terra **II.** *vr:* **sich ~** *(fam)* distendersi

Flachmann *m (fam)* mignonnette *f*

Flachs [flaks] <-es> *m kein Pl.* lino *m*

flachsblond *adj* biondo stoppa

flachsig *adj* A *(sehnig)* tiglioso

flackern [ˈflakɐn] *vi (Flamme)* guizzare; *(Licht)* vacillare, tremolare; *(Augen)* lampeggiare

Fladen [ˈflaːdən] <-s, -> *m* ① GASTR focaccia *f* ② *(Kuh~)* sterco *m* di vacca

Fladenbrot *nt* pane *m* turco

Flagge [ˈflagə] <-, -n> *f* bandiera *f;* **die ~ hissen/einholen** issare/ammainare la bandiera

flaggen *vi* mettere le bandiere

F

Flaggensignal <-s, -e> *nt* segnalazione *f* con le bandierine

Flaggschiff <-s, -e> *nt* NAUT nave *f* ammiraglia

flagranti [fla'granti] *adv* **in ~** in flagrante

Flair [flɛːɐ̯] <-s> *nt o m kein Pl.* *(von Menschen)* fascino *m,* attrazione *f;* *(von Sachen)* fascino *m,* atmosfera *f*

Flak [flak] <-, -(s)> *f* MIL ① *(Waffe)* cannone *m* antiaereo ② *(Einheit)* artiglieria *f* contraerea

Flakon [fla'kõː] <-s, -s> *nt o m* flacone *m,* boccetta *f*

flambieren [flam'biːrən] <ohne ge-> *vt* flambare

Flame ['flaːmə] <-n, -n> *m,* **Flämin** ['flɛːmɪn] <-, -nen> *f* fiammingo, -a *m, f*

Flamingo [fla'mɪŋgo] <-s, -s> *m* ZOO fiammingo *m,* fenicottero *m*

flämisch ['flɛːmɪʃ] *adj* fiammingo

Flamme ['flamə] <-, -n> *f* fiamma *f;* **in ~n aufgehen** incendiarsi, andare in fiamme

flammend *adj (brennend)* ardente; *(~rot)* fiammante; *(fig: Rede)* infiammato

Flammenschutz *m* parafiamma *m*

Flammenwerfer <-s, -> *m* lanciafiamme *m*

Flammkuchen *m specie di pizza farcita con panna, cipolle, speck e prezzemolo*

Flandern ['flandɐn] *nt* GEOG Fiandra *f,* Fiandre *fpl*

Flanell [fla'nɛl] <-s, -e> *m* flanella *f*

Flanke ['flaŋkə] <-, -n> *f* ① ANAT fianco *m* ② SPORT *(Turnen)* volteggio *m* di fianco; *(Fußball)* ala *f*

flankieren [flaŋ'kiːrən] <ohne ge-> *vt* fiancheggiare, stare di fianco a

Flansch [flanʃ] <-(e)s, -e> *m* TEC flangia *f*

Flasche ['flaʃə] <-, -n> *f* ① *(Gefäß)* bottiglia *f;* **eine ~ Mineralwasser** una bottiglia di acqua minerale; **zur ~ greifen** darsi al bere; **in ~n** imbottigliato ② *(Saug~)* biberon *m;* **einem Kind die ~ geben** dare il biberon a un bambino ③ *(fam pej)* schiappa *f*

Flaschenbier *nt* birra *f* in bottiglia

Flaschengestell *nt* portabottiglie *m*

Flaschenhals *m* collo *m* della bottiglia

Flaschenkürbis *m* zucca *f* da vino

Flaschenöffner *m* apribottiglie *m*

Flaschenpfand *nt* cauzione *f* per il vuoto

Flaschenpost *f* messaggio *m* in bottiglia

Flaschenzug *m* TEC paranco *m*

Flaschner ['flaʃnɐ] <-s, -> *m* SÜDD, CH *s.* **Klempner**

Flatrate ['flɛtreɪt] <-, -s> *f* flat-rate *f,* flat [rate] *f,* connessione *f* flat

flatterhaft *adj* volubile

Flatterhaftigkeit <-> *f kein Pl.* volubilità *f*

flattern ['flatɐn] *vi* ① *sein (Tier)* svolazzare ② *haben (Fahne)* sventolare ③ *haben (Herz)* palpitare; *(Augenlider)* tremolare; *(Hände)* tremare

flau [flaʊ] *adj* ① *(weich)* fiacco, molle ② *(schwach)* debole, leggero; **mir ist ~** mi sento male ③ *(Stimmung)* languido ④ FIN stagnante, calmo

Flauheit <-> *f kein Pl.* ① *(Kraftlosigkeit)* debolezza *f,* fiacchezza *f;* *(a. fig)* languore *m* ② FIN calma *f*

Flaum [flaʊm] <-(e)s> *m kein Pl.* ① *(~federn)* piume *fpl* ② *(~haare)* peluria *f*

Flaumfeder *f* piuma *f* [minuta]

flaumig *adj* ① *(aus/mit Flaum)* coperto di lanugine ② *(flaumweich)* morbido come una piuma, piumoso

Flausch [flaʊʃ] <-(e)s, -e> *m (weicher Wollstoff)* ratina *f*

flauschig *adj* morbido, soffice

Flausen ['flaʊzən] *fpl (fam)* fandonie *fpl,* frottole *fpl;* *(Unsinn)* idee *fpl* bizzarre

Flaute ['flaʊtə] <-, -n> *f* ① NAUT bonaccia *f,* calma *f* ② FIN ristagno *m*

Flechte ['flɛçtə] <-, -n> *f* ① BOT lichene *m* ② MED erpete *m,* psoriasi *f*

flechten ['flɛçtən] <flicht, flocht, geflochten> *vt* ① *(Zopf)* intrecciare ② *(Flechtwerk)* intessere; *(Stuhl)* impagliare

Flechtwerk <-s, -e> *nt* intreccio *m,* lavoro *m* in vimini

Fleck [flɛk] <-(e)s, -e *o* -en> *m* ① *(Stück)* pezza *f,* toppa *f* ② *(Schmutz~, Farb~)* macchia *f,* chiazza *f;* **blauer ~** livido *m;* **einen ~ entfernen** togliere una macchia ③ *(Ort)* punto *m,* luogo *m;* **nicht vom ~ kommen** non muoversi di un pollice *fam;* **das Herz auf dem rechten ~ haben** essere una persona di cuore, aver buon cuore

Flecken ['flɛkən] <-s, -> *m* ① *(Ortschaft)* borgo *m* ② *(Schmutz-, Farb~)* macchia *f*

fleckenlos *adj* senza macchie

Fleckenwasser *nt* smacchiatore *m*

Fleckfieber *nt* MED febbre *f* petecchiale

fleckig ['flɛkɪç] *adj* picchiettato; *(schmutzig)* macchiato

Flecktyphus *m* MED febbre *f* petecchiale

Fledermaus ['fleːdɐmaʊs] *f* ZOO pipistrello *m*

Fleece *nt kein Pl.* pile *m*

Flegel ['fleːgəl] <-s, -> *m (pej)* villano *m,* tanghero *m*

Flegelei ['fleːgə'laɪ] <-, -en> *f* villania *f,* sgarbo *m*

flegelhaft *adj* zotico, villano

Flegeljahre *ntpl* età *f* ingrata

flehen ['fleːən] *vi* [**zu jdm**] **um etw ~** supplicare qu [per qc]

Flehen <-s> *nt kein Pl.* preghiera *f,* supplica *f*
flehentlich *adv* fervidamente, supplichevolmente
Fleisch [flaɪʃ] <-(e)s> *nt kein Pl.* carne *f; (Frucht~)* polpa *f;* **~ fressend** *(Tiere, Pflanze)* carnivoro; **sich ins eigene ~ schneiden** *(fig)* darsi la zappa sui piedi *fam*
Fleischbeschau *f* ispezione *f* delle carni
Fleischbrühe *f* GASTR brodo *m* di carne
Fleischer(in) <-s, -; -, -nen> *m(f) (Schlachter)* macellaio, -a *m, f; (Metzger)* salumiere, -a *m, f*
Fleischerei [flaɪʃəˈraɪ] <-, -en> *f* macelleria *f,* salumeria *f*
Fleischerin *f s.* **Fleischer**
Fleischextrakt <-s, -e> *m* estratto *m* di carne
fleischfarben *adj* color carne, incarnato
fleischfressend *adj (Tiere, Pflanze)* carnivoro
Fleischhauer(in) <-s, -; -, -nen> *m(f)* A macellaio, -a *m, f*
fleischig *adj* carnoso; BOT polposo
Fleischkäse *m prodotto a base di carne macinata, spezie, rigatina, uova e farina*
Fleischklößchen <-s, -> *nt* GASTR polpetta *f* [di carne]
fleischlich *adj (obs)* ① *(aus Fleisch)* di carne ② *(körperlich, sinnlich)* carnale
fleischlos *adj* ① *(mager)* scarno, magro ② *(Kost)* senza carne; REL di magro; *(vegetarisch)* vegetariano
Fleischtomate <-, -n> *f* GASTR pomodoro *m* da insalata
Fleischvergiftung *f* intossicazione *f* da carne
Fleischvogel *m* CH GASTR involtino *m* di carne
Fleischwaren *fpl* carne *f,* carni *fpl*
Fleischwolf *m* TEC tritacarne *m*
Fleischwunde *f* ferita *f* profonda
Fleischwurst *f* GASTR salsiccia *f*
Fleiß [flaɪs] <-es> *m kein Pl.* diligenza *f; (Eifer)* zelo *m;* **ohne ~ kein Preis** *(prov)* chi non semina non raccoglie, chi non risica non rosica
fleißig *adj* diligente; *(eifrig)* assiduo, zelante
flennen [ˈflɛnən] *vi (fam)* piagnucolare
fletschen [ˈflɛtʃən] *vt (Hund, Löwe)* **die Zähne ~** digrignare i denti
Fleurop® [ˈflɔɪrɔp *o* ˈfløːrɔp] <-> *nt kein Pl.* euroflora® *f;* **jdm Blumen durch ~ schicken** spedire a qu fiori con l'Euroflora
flexibel [flɛˈksiːbəl] *adj* flessibile
Flexibilisierung *f* flessibilizzazione *f*
Flexibilität [flɛksibiliˈtɛːt] <-> *f kein Pl.* flessibilità *f*
Flexion [flɛˈksjoːn] <-, -en> *f* GRAM, MED flessione *f*
Flexitarier(in) <-s, -(nen)> [flɛksiˈtaːri̯ɐ] *m(f)* flexitariano, -a *m, f*
flicht [flɪçt] *3. Pers. Sing. Präs. von* **flechten**
Flickarbeit <-, -en> *f* ① *(Vorgang)* rappezzamento *m* ② *(Ergebnis)* rappezzatura *f* ③ *(fig: Stümperei)* abborracciatura *f*
flicken [ˈflɪkən] *vt* ① *(ausbessern)* raccomodare; *(Schuhe, Kleider)* rattoppare; *(stopfen)* rammendare ② *(fig)* abborracciare
Flicken <-s, -> *m* toppa *f,* pezza *f,* rappezzo *m*
Flickwort <-(e)s, -wörter> *nt s.* **Füllwort**
Flickzeug <-(e)s> *nt kein Pl.* materiale *m* per riparazioni
Flieder [ˈfliːdɐ] <-s, -> *m* BOT lillà *m*
fliederfarben *adj* lillà
Fliege [ˈfliːgə] <-, -n> *f* ① ZOO mosca *f;* **zwei ~n mit einer Klappe schlagen** *(fam)* prendere due piccioni con una fava; **keiner ~ etw zuleide tun [können]** non far male a una mosca ② *(Krawatte)* farfallino *m*
fliegen [ˈfliːgən] <fliegt, flog, geflogen> **I.** *vi sein* ① volare ② *(mit Flugzeug)* andare in aereo ③ *(geworfen werden)* essere scagliato; **in die Luft ~** *(explodieren)* saltare in aria, esplodere ④ *(sich eilen)* gettarsi, correre ⑤ *(fam: hinausgeworfen werden)* venire licenziato ⑥ *(fam: fallen)* cadere; **auf jdn/etw ~** *(fam)* essere attratto da qu/qc **II.** *vt haben* pilotare, guidare; *(Person)* trasportare in aereo
fliegend *adj* ① volante ② *(lose)* sciolto
Fliegenfänger <-s, -> *m* acchiappamosche *m*
Fliegengewicht *nt* SPORT peso *m* mosca
Fliegengitter *nt* retina *f* metallica contro le mosche
Fliegenklatsche <-, -n> *f* acchiappamosche *m*
Fliegenpatsche <-, -n> *f* acchiappamosche *m*
Fliegenpilz *m* BOT ovolo *m* malefico, ovolaccio *m*
Flieger(in) <-s, -; -, -nen> *m(f)* pilota *mf,* aviatore, -trice *m, f;* MIL aviere *m*
Fliegeralarm *m* allarme *m* aereo
Fliegerangriff *m* MIL attacco *m* aereo
Fliegerhorst *m* campo *m* d'aviazione
Fliegerin *f s.* **Flieger**
fliehen [ˈfliːən] <flieht, floh, geflohen> *vi sein* fuggire; **vor jdm/etw ~** fuggire di fronte a qu/qc; **von etw ~** scappare da qc;

aus dem Gefängnis ~ evadere dalla prigione

fliehend *adj (Stirn)* sfuggente

Fliehkraft <-> *f kein Pl.* PHYS forza *f* centrifuga

Fliese ['fli:zə] <-, -n> *f* piastrella *f,* mattonella *f*

Fliesenleger(in) <-s, -; -, -nen> *m(f)* piastrellista *mf*

Fließband <-(e)s, -bänder> *nt* catena *f* di montaggio

F

Fließbandarbeit *f* lavoro *m* alla catena di montaggio

Fließbandfertigung *f* lavorazione *f* a catena

fließen ['fli:sən] <fließt, floss, geflossen> *vi sein* [s]correre; *(münden)* sboccare; **durch Florenz ~** attraversare Firenze; **in die Donau ~** sboccare nel Danubio; **der Schweiß floss mir von der Stirn** il sudore mi grondava dalla fronte

fließend *adj* corrente; *(Wasser)* corrente; *(Grenze)* fluttuante; *(Stil, Ton)* fluido; **Zimmer mit ~em Wasser** camera con acqua corrente; **~ Italienisch sprechen** parlare italiano correntemente

Fließpapier *nt* carta *f* assorbente

flimmern ['flɪmɐn] *vi* ① *(Licht, Luft)* tremolare ② FILM, TV sfarfallare

flink [flɪŋk] *adj* ① *(schnell)* svelto, lesto ② *(geschickt)* abile, agile ③ *(munter, lebhaft)* sveglio, vispo

Flinserl <-s, -n> *nt* A *(Flitter, Ohrgehänge)* lustrino *m*

Flinte ['flɪntə] <-, -n> *f* fucile *m,* schioppo *m fam;* **die ~ ins Korn werfen** *(fam)* tirarsi indietro

Flipchart <-s, -s> *m o nt,* **Flip-Chart** ['flɪptʃa:ɐt] <-s, -s> *m o nt* flipchart *mf*

Flipper ['flɪpɐ] <-s, -> *m (Spiel)* flipper *m*

flippern ['flɪpɐn] *vi* giocare a flipper

flippig ['flɪpɪç] *adj (fam)* stravagante, bizzarro

Flirt [flœrt] <-(e)s, -s> *m* flirt *m*

flirten [flœrtən] *vi* flirtare

Flirtforum *nt* INFORM chat *m* per flirtare

Flittchen ['flɪtçən] <-s, -> *nt (fam pej)* puttanella *f*

Flitter ['flɪtɐ] <-s, -> *m* ① *(Pailletten)* lustrino *m* ② *(pej: Tand)* orpello *m*

Flittergold *nt* orpello *m*

Flitterwochen *fpl* luna *f* di miele

flitzen ['flɪtsən] *vi sein (fam)* sfrecciare

flocht [flɔxt] *1. u. 3. Pers. Sing. Imp. von* **flechten**

Flocke ['flɔkə] <-, -n> *f* fiocco *m*

flockig *adj* fioccoso, a fiocchi

flog [flo:k] *1. u. 3. Pers. Sing. Imp. von* **fliegen**

floh [flo:] *1. u. 3. Pers. Sing. Imp. von* **fliehen**

Floh [flo:] <-(e)s, Flöhe> *m* pulce *f;* **jdm einen ~ ins Ohr setzen** *(fam)* mettere una pulce nell'orecchio a qu *fam*

Flohmarkt *m* mercato *m* delle pulci

Flohzirkus *m* circo *m* delle pulci

Flop [flɔp] <-s, -s> *m* fiasco *m,* flop *m*

Flor[1] [flo:ɐ, *Pl:* 'flo:rə] <-s, -e> *m (Blumen~)* fioritura *f; (Blumen)* fiori *mpl*

Flor[2] [flo:ɐ, *Pl:* 'flo:rə *o* 'flœrə] <-s, -e *o rar:* Flöre> *m* ① *(Stoff)* crespo *m,* velo *m* ② *(Trauer~)* velo *m* [da lutto]

Flora ['flo:ra] <-, Floren> *f* flora *f*

Florentiner [florɛn'ti:nɐ] <-s, -> *m* ① *(Hut)* cappello *m* di paglia di Firenze ② GASTR biscotto *m* alla fiorentina

Florenz [flo'rɛnts] *nt* GEOG Firenze *f*

Florett [flo'rɛt] <-(e)s, -e> *nt* SPORT fioretto *m*

Florettfechten *nt* [scherma *f* col] fioretto *m*

florieren [flo'ri:rən] <ohne ge-> *vi* fiorire, prosperare

Florist(in) [flo'rɪst] <-en, -en; -, -nen> *m(f)* fioraio, -a *m, f,* floricoltore, -trice *m, f,* fiorista *mf*

Floskel ['flɔskəl] <-, -n> *f* frase *f* retorica

floss [flɔs] *1. u. 3. Pers. Sing. Imp. von* **fließen**

Floß [flo:s] <-es, Flöße> *nt* zattera *f*

Flosse ['flɔsə] <-, -n> *f* ① ZOO, SPORT pinna *f* ② AERO [piano *m*] stabilizzatore *m* ③ *(sl: Hand)* zampa *f* ④ *Pl. (sl: Füße)* piedi *mpl*

flößen ['flø:sən] **I.** *vt* fare fluitare **II.** *vi* navigare su zattere

Flößer(in) <-s, -; -, -nen> *m(f)* zatteriere, -a *m, f*

Flöte ['flø:tə] <-, -n> *f* flauto *m*

flöten *vi* ① MUS suonare il flauto ② *(verloren gehen)* **~ gehen** *(fam)* andare a farsi friggere

Flötenbläser(in) *m(f)* MUS flautista *mf*

Flötenspieler(in) *m(f) s.* **Flötenbläser**

Flötenton *m* **jdm die Flötentöne beibringen** *(fam)* fare una paternale a qu, insegnare a qu la buona creanza

Flötist(in) [flø'tɪst] <-en, -en; -, -nen> *m(f) s.* **Flötenbläser**

flott [flɔt] *adj* ① *(schnell)* svelto; **mach mal ein bisschen ~** *(fam)* sbrigati!, spicciati! ② *(schick)* chic, carino ③ *(lebenslustig)* gaio, spensierato ④ NAUT galleggiante

Flotte ['flɔtə] <-, -n> *f* NAUT flotta *f*

Flottenstützpunkt *m* base *f* navale

flott|machen *vt (Schiff)* disincagliare; *(Auto)* rimettere a posto

Flöz [flø:ts] <-es, -e> *nt* MIN strato *m,* filone *m* orizzontale
Fluch [flu:x] <-(e)s, Flüche> *m* ① *(Verwünschung, Unheil)* maledizione *f* ② *(Schimpfwort)* bestemmia *f*
fluchen ['flu:xən] *vi* **auf** [*o* **über**] **jdn/etw ~** bestemmiare [*o* imprecare] contro qu/qc
Flucht [flʊxt] <-, -en> *f* ① *(Fliehen)* fuga *f; (Ausbrechen)* evasione *f;* **~ aus dem Gefängnis** evasione dalla prigione; **die ~ ergreifen** prendere la fuga; **auf der ~ sein** essere in fuga; **jdn in die ~ schlagen** mettere qu in fuga ② ARCH *(Häuser~)* serie *f,* fila *f; (Zimmer~)* fuga *f*
fluchtartig *adv* precipitosamente, in fretta e furia *fam*
flüchten ['flʏçtən] **I.** *vi sein* **vor jdm/etw ~** fuggire davanti a qu/qc **II.** *vr:* **sich ~** *(Schutz suchen)* rifugiarsi, trovare scampo
Fluchthelfer(in) *m(f)* complice *mf* dell'evasione
Fluchthilfe *f* complicità *f* nell'evasione
flüchtig ['flʏçtɪç] *adj* ① *(fliehend)* fuggente, fuggitivo ② *(schnell vergehend)* fugace, fuggevole ③ *(oberflächlich)* superficiale; *(Eindruck)* vago; *(nachlässig)* impreciso; **etw ~ lesen** scorrere qc; **ich kenne sie nur ~** la conosco solo superficialmente ④ CHEM volatile
Flüchtigkeit <-> *f kein Pl.* ① *(Schnelligkeit)* velocità *f* ② *(Vergänglichkeit)* fugacità *f* ③ *(Oberflächlichkeit)* superficialità *f* ④ *(Ungenauigkeit)* imprecisione *f* ⑤ CHEM volatilità *f*
Flüchtigkeitsfehler *m* disattenzione *f,* svista *f*
Flüchtling ['flʏçtlɪŋ] <-s, -e> *m* profugo, -a *m, f,* rifugiato, -a *m, f,* fuoriuscito, -a *m, f*
Flüchtlingslager *nt* campo *m* [di] profughi
Flüchtlingsschiff *nt* nave *f* di profughi
Flüchtlingsstrom *m* ondata *f* di profughi
Fluchtversuch *m* tentativo *m* di fuga
Fluchtweg *m* via *f* di scampo
Flug [flu:k] <-(e)s, Flüge> *m* volo *m;* **die Zeit verging** [**wie**] **im ~**[**e**] il tempo volò via
Flugabwehr *f* MIL, AERO [difesa *f*] contraerea *f*
Flugangst *f* paura *f* di volare
Flugbahn *f* AERO traiettoria *f* di volo; MIL, ASTR traiettoria *f*
Flugbegleiter(in) *m(f)* assistente *mf* di volo
Flugblatt *nt* volantino *m*
Flugboot *nt* idrovolante *m* a scafo
Flugdatenschreiber *m* AERO *s.* **Flugschreiber**
Flugdauer *f* durata *f* del volo
Flügel ['fly:gəl] <-s, -> *m* ① ala *f;* **jdm die ~ stutzen** *(fig)* tarpare le ali a qu; **die ~ hängen lassen** *(fam)* perdersi d'animo; **mit den ~n schlagen** battere le ali ② *(Windmühlen~)* pala *f; (Tür-, Fenster~)* battente *m; (Altar~)* sportello *m* [di trittico] ③ ANAT *(Lungen~)* lobo *m* polmonare; *(Nasen~)* aletta *f* nasale ④ MUS pianoforte *m* a coda
Flügelmutter *f* TEC dado *m* ad alette [*o* a farfalla]
Flügelschlag *m* colpo *m* d'ala, batter *m* d'ali
Flügelschraube *f* TEC vite *f* ad alette
Flügeltür *f* porta *f* a battenti
Fluggast *m* passeggero *m* [d'aereo]
flügge ['flʏgə] *adj* atto a volare; **~ werden** *(fig)* diventare indipendente
Fluggesellschaft *f* compagnia *f* aerea
Flughafen *m* aeroporto *m,* scalo *m* aereo
Flughöhe *f* quota *f,* altezza *f* di volo
Flughörnchen *nt* ZOO petauro *m*
Flugkapitän *m* capitano *m* pilota
Flugkörper *m* velivolo *m*
Fluglehrer(in) *m(f)* pilota *mf* istruttore, -trice, istruttore, -trice *m, f* di volo
Flugleitung *f* controllo *m* di volo
Fluglinie *f* linea *f* aerea, aerolinea *f*
Fluglotse *m* controllore *m* di volo
Flugnetz *nt* rete *f* d'aviazione
Flugobjekt *nt* **unbekanntes ~** ufo *m*
Flugpersonal *nt* personale *m* di bordo
Flugplan *m* orario *m* aereo
Flugplatz *m* ① *(Flugfeld)* campo *m* d'aviazione, aerodromo *m* ② *(Flughafen)* aeroporto *m*
Flugreise *f* viaggio *m* [in] aereo, volo *m*
Flugroute *f* rotta *f* aerea
flugs [flʊks] *adv (obs)* di volata
Flugsand <-s> *m kein Pl.* sabbia *f* trasportata dal vento
Flugschein *m* ① *(von Pilot)* brevetto *m* di pilota ② *(von Passagier)* biglietto *m* aereo
Flugschneise *f* corridoio *m* aereo
Flugschreiber <-s, -> *m* registratore *m* dei dati di volo, scatola *f* nera
Flugschrift *f* opuscolo *m,* pamphlet *m*
Flugschule *f* scuola *f* di volo
Flugsicherheit *f* sicurezza *f* di volo
Flugsicherung *f* controllo *m* del traffico aereo
Flugsimulator *m* simulatore *m* di volo
Flugstrecke *f* tratto *m* di volo
flugtauglich *adj* idoneo a pilotare un aereo
Flugtechnik *f* tecnica *f* di volo
Flugticket *nt* biglietto *m* aereo
Flugverbindung *f* collegamento *m* aereo
Flugverbot *nt* divieto *m* di circolazione aerea

Flugverbotszone *f* zona *f* di divieto di circolazione aerea
Flugverkehr *m* traffico *m* aereo
Flugwaffe *f* CH MIL *(Luftwaffe)* aeronautica *f* militare
Flugwesen *nt* aviazione *f*, aeronautica *f*
Flugzeit *f* durata *f* del volo
Flugzettel *m* A *(Flugblatt)* volantino *m*
Flugzeug ['flu:ktsɔɪk] <-(e)s, -e> *nt* aereo *m*, aeroplano *m*; **ein ~ steuern** pilotare un aereo; **mit dem ~ fliegen** andare [*o* viaggiare] in aereo

F

Flugzeugabsturz *m* caduta *f* di un aereo
Flugzeugbau *m* costruzioni *fpl* aeronautiche
Flugzeugbesatzung *f* equipaggio *m* dell'aereo
Flugzeugentführer(in) *m(f)* dirottatore, -trice *m, f* [di un aereo], pirata *mf* dell'aria
Flugzeugentführung *f* dirottamento *m* [di un aereo]
Flugzeugfabrik *f* fabbrica *f* d'aeroplani
Flugzeugführer(in) *m(f)* pilota *mf*, aviatore, -trice *m, f*
Flugzeughalle *f* aviorimessa *f*, hangar *m*
Flugzeugindustrie *f* industria *f* aeronautica
Flugzeugkonstrukteur(in) *m(f)* costruttore, -trice *m, f* di aeroplani
Flugzeugladung *f* carico *m* dell'aereo
Flugzeugmechaniker(in) *m(f)* meccanico, -a *m, f* di aeroplani
Flugzeugmodell *nt* modello *m* d'aereo, aereomodello *m*
Flugzeugträger *m* portaerei *f*
Flugzeugtyp *m* tipo *m* d'aereo
Flugzeugunglück *nt* sciagura *f* aerea
Fluktuation [flʊktua'tsi̯o:n] <-, -en> *f* fluttuazione *f*
fluktuieren [flʊktu'i:rən] <ohne ge-> *vi (schwanken)* oscillare; *(Zahl, Preise)* fluttuare
Fluktuieren <-s> *nt kein Pl.* fluttuazione *f*
Flunder ['flʊndɐ] <-, -n> *f* ZOO passera *f* di mare, platessa *f*; **platt sein wie eine ~** *(fig)* restare di stucco
Flunkerei [flʊŋkə'raɪ] <-, -en> *f (fam)* frottola *f*
flunkern ['flʊŋkɐn] *vi (fam)* raccontar frottole
Fluor ['flu:oɐ] <-s> *nt kein Pl.* CHEM fluoro *m*
Fluorchlorkohlenwasserstoff <-(e)s, -e> *m* CHEM clorofluorocarburo *m*
Fluoreszenz [fluorɛs'tsɛnts] <-> *f kein Pl.* fluorescenza *f*
fluoreszieren [fluorɛs'tsi:rən] <ohne ge-> *vi* essere fluorescente
fluoreszierend *adj* fluorescente
Flur [flu:ɐ] <-(e)s, -e> *m (Haus~)* ingresso *m*; *(Korridor)* corridoio *m*; *(Treppen~)* pianerottolo *m*
Flurbereinigung <-, -en> *f* ricomposizione *f* fondiaria
Flurschaden *m* danno *m* alle colture
Fluss [flʊs] <-es, Flüsse> *m* ❶ *(Gewässer)* fiume *m* ❷ *(Fließen)* scorrere *m*; **wieder in ~ bringen** attivare, mettere in movimento; **in ~ kommen** mettersi in moto, ricominciare; **im ~ sein** essere in movimento ❸ *(fig)* MED, PHYS flusso *m*
flussabwärts *adv* a valle
Flussarm *m* braccio *m* [*o* ramo *m*] del fiume
flussaufwärts *adv* a monte
Flussbegradigung <-, -en> *f* rettificazione *f* di un fiume
Flussbett *nt* letto *m* del fiume
Flussdiagramm *nt* INFORM diagramma *m* di flusso
Flussfisch *m* pesce *m* di fiume
flüssig ['flʏsɪç] *adj* ❶ *(geschmolzen, bes. Metall)* fuso; **~ machen** liquefare; *(verfügbar machen)* rendere disponibile, mobilitare ❷ *(Stil)* fluido ❸ *(von Geld)* liquido; **ich bin im Moment nicht ~** al momento non ho soldi
Flüssigkeit <-, -en> *f* ❶ *(Stoff)* liquido *m* ❷ *(Zustand)* fluidità *f*
Flüssigkristallbildschirm *m* INFORM schermo *m* a cristalli liquidi
Flüssigseife *f* sapone *m* liquido
Flüssigwaschmittel <-s, -> *nt* detersivo *m* liquido
Flusskrebs *m* gambero *m* di fiume
Flusslauf *m* corso *m* del fiume
Flussmündung *f* foce *f*, sbocco *m*, sfocio *m*, bocca *f* [di un fiume]
Flusspferd *nt* ippopotamo *m*
Flussregulierung *f* regolazione *f* dei fiumi
Flussschifffahrt *f* navigazione *f* fluviale
Flussspat *m* MIN fluorite *f*, spato *m* di fluoro
Flussufer *nt* riva *f* del fiume
flüstern ['flʏstɐn] *vi, vt* bisbigliare, sussurrare; **das kann ich dir ~!** *(fam)* puoi fidarti!; **dem werd' ich was ~!** *(sl)* gliene dirò quattro! *fam*
Flüsterpropaganda *f* propaganda *f* in sordina
Flut [flu:t] <-, -en> *f* ❶ *(Gezeitenstand)* alta marea *f*, marea *f* montante ❷ *Pl. (Wassermassen)* acque *fpl*, flutti *mpl* ❸ *(fig: Menge)* torrente *m*; *(Blumen)* marea *f*; *(von Tränen)* torrente *m*, diluvio *m*; *(von Leuten)* fiumana *f*; **eine ~ von Briefen** una valanga di lettere
fluten I. *vi sein (geh)* scorrere (**in** +*akk* in);

(a. fig) inondare (**in etw** *akk* qc) **II.** *vt haben* NAUT inondare

Flutlicht *nt* luce *f* a largo fascio luminoso

Flutopfer *nt* vittima *f* dell'inondazione

Flutschutz *m* protezione *f* contro le inondazioni

Flutschutzsystem *nt* sistema *m* di protezione contro le inondazioni

Flutwelle *f* onda *f* di alta marea

Flyer <-s, -> *m* volantino *m*

fm *Abk. von* **Festmeter** mc

focht [fɔxt] *1. u. 3. Pers. Sing. Imp. von* **fechten**

Fock [fɔk] <-, -en> *f*, **Focksegel** <-s, -> *nt* NAUT fiocco *m*

Föderalismus [fødera'lɪsmʊs] <-> *m kein Pl.* POL federalismo *m*

föderalistisch *adj* federalistico, federativo

Föderation [fødera'ts̯i̯o:n] <-, -en> *f* POL federazione *f*

Föderationsrat *m* consiglio *m* federativo

föderativ [fødera'ti:f] *adj* ADM federativo

fohlen ['fo:lən] *vi* ZOO *(Tier)* figliare

Fohlen ['fo:lən] <-s, -> *nt* ZOO puledro, -a *m, f; (Stuten~ a.)* cavallina *f*

Föhn [fø:n] <-(e)s, -e> *m* ① METEO föhn *m* ② asciugacapelli *m,* fon *m*

föhnen ['fø:nən] *vt* ① *(trocknen)* asciugare con il fon ② *(frisieren)* mettere in piega [con il fon]

Föhre ['fø:rə] <-, -n> *f* BOT pino *m* silvestre

Fokus ['fo:kʊs] <-, -se> *m* ① *(Brennpunkt)* fuoco *m* ② *(Krankheitsherd)* focolaio *m,* focus *m*

Folge ['fɔlgə] <-, -n> *f* ① *(Ergebnis)* conseguenza *f,* risultato *m; (Wirkung)* effetto *m;* **etw zur ~ haben** avere come conseguenza qc ② *(Reihen~, Ab~)* successione *f,* serie *f;* **in der ~** in seguito, successivamente ③ TV, RADIO *(von Sendung)* puntata *f; (von Zeitschrift)* numero *m*

Folgeerscheinung *f* effetto *m,* conseguenza *f*

folgen ['fɔlgən] *vi* ① *sein (a. fig: geistig)* seguire; **jdm/etw ~** seguire qu/qc; **auf etw** *akk* **~** venire dopo qc; **jdm auf Schritt und Tritt ~** seguire qu passo passo *fam;* **wie folgt** come segue; **Fortsetzung folgt** continua ② *haben (gehorchen)* ubbidire ③ *haben (resultieren)* risultare; **aus etw ~** risultare da qc; **daraus folgt, dass …** ne segue che …

folgend *adj* seguente, successivo; **im Folgenden** in seguito

folgendermaßen *adv,* **folgenderweise** *adv* nel modo seguente

Folgendes *adj* quanto segue, le cose seguenti; **er schreibt ~** ecco ciò che scrive

folgenlos *adj* senza conseguenze

folgenschwer *adj* grave, gravido di conseguenze

folgerichtig *adj* conseguente, logico

Folgerichtigkeit *f* conseguenza *f,* logicità *f*

folgern ['fɔlgɐn] *vt* **etw [aus etw] ~** dedurre [*o* concludere] qc da qc

Folgerung <-, -en> *f* conclusione *f;* **eine ~ aus etw ableiten** dedurre una conclusione da qc

Folgezeit *f* **in der ~** successivamente, in seguito

folglich ['fɔlklɪç] *adv* per conseguenza, perciò; *(also)* quindi

folgsam ['fɔlkza:m] *adj* ubbidiente, docile

Folgsamkeit <-> *f kein Pl.* ubbidienza *f,* docilità *f*

Foliant [fo'li̯ant] <-en, -en> *m* [volume *m*] in-folio *m*

Folie ['fo:li̯ə] <-, -n> *f* [s]foglio *m,* lamina *f*

Folio ['fo:lio, *Pl:* 'fo:lios *o* 'fo:liən] <-s, -s *o* Folien> *nt* TYP foglio *m*

Folklore [fɔlk'lo:rə] <-> *f kein Pl.* folclore *m*

folkloristisch *adj* folcloristico

Folter ['fɔltɐ] <-, -n> *f* ① *(~bank)* cavalletto *m* di tortura ② *(Folterung)* tortura *f; (fig)* supplizio *m,* tormento *m;* **jdn auf die ~ spannen** far stare qu sulle spine *fam*

Folterkammer *f* camera *f* di tortura

foltern *vt* torturare

Folteropfer <-s, -> *nt* vittima *f* di torture; REL martire *m*

Folterung <-, -en> *f* tortura *f*

Fon [fo:n] <-s, -s *o bei Maßangaben:* -> *nt s.* **Phon**

Fond [fõ:] <-s, -s> *m* ① GASTR fondo *m* di cottura ② *(Hintergrund)* sfondo *m* ③ AUTO *(geh)* sedile *m* posteriore; **im ~ sitzen** sedere sul sedile posteriore

Fonds [fõ:(s)] <-, -> *m* FIN fondo *m,* capitale *m*

Fondsmanager(in) *m(f)* FIN manager *mf* dei fondi d'investimento

Fondue [fõ'dy:] <-s, -s> *nt,* <-, -s> *f* GASTR fonduta *f*

Fonologie <-> *f kein Pl. s.* **Phonologie**

Fonotypist(in) <-en, -en; -, -nen> *m(f) s.* **Phonotypist**

Fonotypistin *f s.* **Phonotypistin**

Fontäne [fɔn'tɛ:nə] <-, -n> *f* fontana *f* zampillante

foppen ['fɔpən] *vt* schernire, prendersi gioco di

Fora *Pl. von* **Forum**

forcieren [fɔr'si:rən] <ohne ge-> *vt* forzare

Förderband <-(e)s, -bänder> *nt* nastro *m* trasportatore

Förderer <-s, -> *m*, **Fördergelder** *pl* ADM fondi *pl* per lo sviluppo
Förderin <-, -nen> *f* promotore, -trice *m, f,* fautore, -trice *m, f*
Förderkorb <-s, -körbe> *m* MIN gabbia *f* d'estrazione
Förderkurs *m* corso *m* di perfezionamento
Förderleistung *f* MIN produzione *f* di una miniera
förderlich *adj* propizio, favorevole; *(nützlich)* utile
fordern ['fɔrdɐn] *vt* ① *(verlangen)* [ri]chiedere, domandare; *(Anspruch erheben auf)* rivendicare; **viele Opfer ~** costare molte vittime ② *(er~)* esigere ③ SPORT invitare, sfidare
fördern ['fœrdɐn] *vt* ① *(unterstützen)* promuovere, incrementare ② MIN estrarre
fordernd *adj (Haltung, Beruf)* stimolante
Förderschacht *m* MIN pozzo *m* d'estrazione
Förderturm *m* torre *f* d'estrazione
Forderung <-, -en> *f* ① *(Verlangen)* domanda *f,* richiesta *f; (Anspruch)* pretesa *f;* **eine ~ nach etw** una richiesta di qc; **eine ~ an jdn stellen** fare una richiesta a qu; **eine ~ erheben** far valere una pretesa; **eine ~ erfüllen** soddisfare una domanda ② COM credito *m*
Förderung <-, -en> *f* ① *(Voranbringen)* promozione *f,* incremento *m; (Unterstützung)* sostegno *m,* incoraggiamento *m* ② MIN estrazione *f*
Förderwagen *m* MIN carrello *m* da miniera
Forelle [fo'rɛlə] <-, -n> *f* trota *f*
Foren *Pl. von* **Forum**
Form [fɔrm] <-, -en> *f* ① forma *f;* **die ~en verletzen** offendere la buona forma; **die ~ wahren** salvare le apparenze; **einer Sache** *dat* **~ geben** dare forma a qc; **[feste] ~[en] annehmen** prender corpo; **gefährliche ~en annehmen** prendere una piega pericolosa; **in ~** in forma; **in ~ von ...** in [*o* sotto] forma di ...; **in aller ~** con tutte le regole ② TEC modello *m,* stampo *m*
formal [fɔr'ma:l] *adj* formale
Formaldehyd ['fɔrmʔaldehy:t] <-s, -e> *nt* CHEM formaldeide *f,* aldeide *f* formica
Formalität [fɔrmali'tɛ:t] <-, -en> *f* formalità *f*
Format [fɔr'ma:t] <-(e)s, -e> *nt* ① *(Bild~, Buch~) a.* INFORM formato *m* ② TYP sesto *m* ③ *(fig)* statura *f,* levatura *f;* **ein Mann von ~** un uomo di gran levatura
formatieren *vt* INFORM formattare
formatiert *adj* INFORM formattato
Formatierung <-, -en> *f* INFORM formattazione *f*
Formation [fɔrma'tsi̯o:n] <-, -en> *f* formazione *f*
formbar *adj* plasmabile
Formbarkeit <-> *f kein Pl.* plasmabilità *f*
formbeständig *adj* indeformabile
Formblatt *nt* ADM modulo *m*
Formel ['fɔrməl] <-, -n> *f* formula *f;* **etw auf eine ~ bringen** riassumere qc [in una formula]
formelhaft *adj* stereotipato
formell [fɔr'mɛl] *adj (Sache)* formale; *(Person)* formalista
formen ['fɔrmən] *vt* formare, modellare
Formenlehre *f* ① LING morfologia *f* ② MUS composizione *f*
formenreich *adj* ricco di forme, multiforme
Former(in) <-s, -; -, -nen> *m(f)* formatore, -trice *m, f,* modellatore, -trice *m, f*
Formfehler *m* errore *m* di forma; JUR vizio *m* di forma
formieren [fɔr'mi:rən] <ohne ge-> *vt* formare; MIL schierare
Formierung <-, -en> *f* formazione *f*
förmlich ['fœrmlɪç] **I.** *adj* ① *(in den gehörigen Formen)* formale, fatto con tutte le regole ② *(steif)* formalistico ③ *(feierlich)* solenne ④ *(regelrecht)* vero e proprio **II.** *adv (fast)* addirittura, letteralmente
Förmlichkeit <-, -en> *f* formalità *f;* **ohne ~en** senza cerimonie
formlos *adj* ① *(unförmig)* informe ② *(zwanglos)* non formale, senza cerimonie
Formsache *f* questione *f* di forma, formalità *f*
formschön *adj* di bella forma
Formtief *nt* SPORT cattiva *f* forma
Formular [fɔrmu'la:ɐ̯] <-s, -e> *nt* ADM modulo *m,* formulario *m*
formulieren [fɔrmu'li:rən] <ohne ge-> *vt* formulare; *(ausdrücken)* esprimere
Formulierung <-, -en> *f* formulazione *f*
Formung <-, -en> *f* ① *(das Formen)* formare *m,* formatura *f* ② *(Form)* forma *f*
formvollendet *adj* di forma perfetta
forsch [fɔrʃ] *adj (mutig)* audace; *(resolut)* risoluto; *(energisch)* energico
forschen ['fɔrʃən] *vi* ricercare; **nach etw ~** indagare [*o* fare indagini su] qc
Forscher(in) <-s, -; -, -nen> *m(f)* ricercatore, -trice *m, f,* investigatore, -trice *m, f; (Gelehrter)* studioso, -a *m, f,* scienziato, -a *m, f*
Forschung <-, -en> *f* indagine *f,* ricerca *f*
Forschungsabteilung <-, -en> *f* reparto *m* ricerche
Forschungsanstalt *f* istituto *m* di ricerca
Forschungsauftrag *m* incarico *m* di ricerca

Forschungsbericht *m* relazione *f* di ricerca
Forschungsgebiet *nt* campo *m* della ricerca
Forschungsgelder *pl* fondi *pl* per la ricerca
Forschungsgemeinschaft *f* gruppo *m* di ricerca
Forschungsobjekt *nt* oggetto *m* di ricerca
Forschungsreise *f* viaggio *m* di esplorazione
Forschungssatellit *m* satellite *m* scientifico
Forschungssemester *nt* semestre *m* di ricerca
Forschungsstation *f* stazione *f* di ricerche
Forschungszentrum *nt* centro *m* [di] ricerche
Forst [fɔrst] <-(e)s, -e(n)> *m* foresta *f*
Forstamt *nt* ufficio *m* forestale
Forstarbeiter(in) <-s, -; -, -nen> *m(f)* operatore *m* forestale
Forstaufseher(in) *m(f)* ispettore, -trice *m, f* forestale
Forstbeamte *m*, **Forstbeamtin** *f* guardia *f* forestale
Förster(in) ['fœrstɐ] <-s, -; -, -nen> *m(f)* guardaboschi *mf*
Forstfrevel *m* reato *m* forestale
Forsthaus *nt* casa *f* del guardaboschi
Forstwirt(in) *m(f)* selvicoltore, -trice *m, f*
Forstwirtschaft *f* selvicoltura *f*
fort [fɔrt] *adv* ① *(weg)* via; *(verschwunden)* perduto; **~ [mit dir]!** vattene! ② *(weiter)* **in einem ~** ininterrottamente; **und so ~** e così via
Fort [foːɐ̯] <-s, -s> *nt* MIL forte *m*
Fortbestand ['fɔrtbəʃtant] *m* continuità *f*, continuazione *f*
fort|bestehen <irr> *vi* continuare ad esistere
fort|bewegen <ohne ge-> **I.** *vt* rimuovere, spostare **II.** *vr:* **sich ~** muoversi, avanzare
Fortbewegung <-> *f kein Pl.* avanzamento *m*
Fortbewegungsmittel *nt* mezzo *m* di locomozione
fort|bilden I. *vt* perfezionare **II.** *vr:* **sich ~** perfezionarsi
Fortbildung <-> *f kein Pl.* aggiornamento *m*, perfezionamento *m*
Fortbildungskurs *m* corso *m* di perfezionamento
Fortbildungsseminar *nt* seminario *m* di aggiornamento
fort|bringen <irr> *vt* ① *(wegbringen)* portar via ② *(bewegen)* rimuovere, allontanare
Fortdauer <-> *f kein Pl.* continuità *f*, durata *f*
fort|dauern *vi* continuare, durare
fort|entwickeln <ohne ge-> **I.** *vt (weiterentwickeln)* sviluppare **II.** *vr* **sich ~** svilupparsi (**zu etw** in qc), diventare (**zu etw** qc)
Fortentwicklung *f (Weiterentwicklung)* sviluppo *m*, evoluzione *f*
fort|fahren <irr> **I.** *vi* ① *sein (wegfahren)* partire ② *haben o sein (weitermachen)* **mit etw ~** continuare [*o* proseguire] qc; **~ etw zu tun** continuare a fare qc; **in seiner Rede ~** continuare il discorso **II.** *vt haben* portar via
Fortfall <-s> *m kein Pl.* ① *(Wegfall)* cessazione *f* ② *(form: Abschaffung)* eliminazione *f*
fort|fallen <irr> *vi sein* ① *(wegfallen)* cadere, cessare ② *(form: abgeschafft werden)* essere soppresso
fort|fliegen <irr> *vi sein* volare via
fort|führen I. *vt* ① *(fortsetzen)* continuare, proseguire ② *(wegführen)* condurre via **II.** *vi* continuare
Fortführung <-, -en> *f* continuazione *f*
Fortgang <-s> *m kein Pl.* ① *(Weggang)* partenza *f* ② *(fig: Verlauf)* sviluppo *m*
fort|gehen <irr> *vi sein* ① *(weggehen)* andarsene ② *(andauern)* durare, continuare
fortgeschritten ['fɔrtgəʃrɪtən] *adj (fig)* progredito, avanzato; **Kurs für Fortgeschrittene** corso superiore; **zu ~er Stunde** tardi, a tarda ora
fortgesetzt ['fɔrtgəsɛtst] *adj* continuo, continuato
fort|jagen I. *vt haben* cacciare via; **jdn aus** [*o* **von**] **etw ~** cacciare via qu da qc **II.** *vi sein* correr via
fort|kommen <irr> *vi sein* ① *(wegkommen)* andar via; *(weggebracht werden)* essere portato via; **machen Sie, dass Sie ~!** se ne vada! ② *(vorwärtskommen)* avanzare; *(fig: weiterkommen)* progredire, far carriera ③ *(abhandenkommen)* andare smarrito
Fortkommen *nt* ① *(Weiterkommen)* avanzamento *m*; *(fig: Laufbahn)* carriera *f* ② *(Lebensunterhalt)* sostentamento *m*
fort|lassen <irr> *vt* ① *(weggehen lassen)* lasciare andare [via] ② *(auslassen)* tralasciare, omettere
fort|laufen <irr> *vi sein* ① *(weglaufen)* correr via; *(entlaufen)* scappare ② *(sich fortsetzen)* susseguirsi, succedersi
fortlaufend *adj* continuo
fort|leben *vi (weiterleben)* sopravvivere
fort|pflanzen *vr:* **sich ~** ① BIOL riprodursi ② *(fig)* PHYS propagarsi
Fortpflanzung *f* BIOL riproduzione *f*

F

fortpflanzungsfähig *adj* riproduttivo

Fortpflanzungsfähigkeit *f* capacità *f* riproduttiva

Fortpflanzungsorgan <-(e)s, -e> *nt* organo *m* di riproduzione [*o* riproduttivo]

fort|schaffen *vt* portare via, evacuare

fort|scheren ['fɔrtʃeːrən] *vr:* **sich ~** *(fam)* sparire, filare via; **scher dich fort!** sparisci!, fila via!

fort|schicken *vt (wegschicken)* mandare via

fort|schreiben <irr> *vt (fortlaufend ergänzen)* attualizzare; *(weiterführen)* continuare; COM rettificare il valore, rivalutare

fort|schreiten <irr> *vi sein* avanzare, progredire

fortschreitend *adj* progressivo

Fortschritt <-s, -e> *m* progresso *m,* sviluppo *m;* **~e machen** fare progressi, progredire

fortschrittlich *adj (Mensch)* progressista; *(Sache)* progressivo

Fortschrittlichkeit <-> *f kein Pl.* progressismo *m*

Fortschrittsglaube <-ns> *m kein Pl.* fede *f* nel progresso

fort|setzen *vt* continuare, proseguire

Fortsetzung <-, -en> *f* ❶ *(Vorgang)* continuazione *f* ❷ *(Ergebnis)* puntata *f,* seguito *m;* **in ~en** a puntate; **~ folgt** continua

Fortsetzungsroman *m* romanzo *m* a puntate

fortwährend **I.** *adj* continuo, ininterrotto **II.** *adv* continuamente

fort|werfen <irr> *vt* buttare via

fort|ziehen <irr> **I.** *vi sein (umziehen)* cambiare casa, traslocare, andare via, andarsene **II.** *vt (wegzerren)* tirare via

Forum ['foːrʊm] <-s, Foren *o* Fora> *nt* foro *m*

forwarden ['foːrvo̯dən] *vt* INFORM forwardare

fossil [fɔ'siːl] *adj* fossile

Fossil [fɔ'siːl] <-s, -ien> *nt* GEOL fossile *m*

Föten *Pl. von* **Fötus**

Foto¹ ['foːto] <-s, -s> *nt s.* **Fotografie** foto *f*

Foto² <-s, -s> *m s.* **Fotoapparat** macchina *f* fotografica

Fotoalbum *nt* album *m* di fotografie

Fotoamateur(in) *m(f)* fotoamatore, -trice *m, f*

Fotoapparat *m* macchina *f* fotografica

Fotoatelier *nt* studio *m* fotografico

Foto-CD *f* fotografia *f* digitale

fotogen [foto'geːn] *adj* fotogenico

Fotograf(in) [foto'graːf] <-en, -en; -, -nen> *m(f)* fotografo, -a *m, f*

Fotografie [fotogra'fiː] <-, -n> *f* fotografia *f*

fotografieren [fotogra'fiːrən] <ohne ge-> *vi, vt* fotografare

Fotografin *f s.* **Fotograf**

fotografisch *adj* fotografico

Fotohandy *nt* cellulare *m* [*o* telefonino *m*] con fotocamera [integrata]

Fotojournalist(in) *m(f)* fotoreporter *m*

Fotokopie [fotoko'piː] *f* fotocopia *f*

fotokopieren [fotoko'piːrən] <ohne ge-> *vt* fare una fotocopia di, fotocopiare

Fotokopierer *m* fotocopiatrice *f*

Fotolabor *nt* laboratorio *m* fotografico

Fotomodell *nt* fotomodella *f*

Fotomontage *f* fotomontaggio *m*

Fotoroman *m* fotoromanzo *m*

Fotosynthese [fotozʏn'teːzə] *f* fotosintesi *f*

Fotozelle ['foːtotsɛlə] *f* cellula *f* fotoelettrica

Fötus ['føːtʊs] <- *o* -ses, -se *o* Föten> *m* MED feto *m*

Foul [faʊl] <-s, -s> *nt* SPORT fallo *m,* irregolarità *f*

foulen ['faʊlən] *vi* commettere un fallo

Foyer [fo̯a'jeː] <-s, -s> *nt* foyer *m,* ridotto *m*

FPÖ <-> *f* A POL *Abk. von* **Freiheitliche Partei Österreichs** *partito liberale austriaco (di destra)*

Fr. *Abk. von* **Frau** Sig.ra

Fracht [fraxt] <-, -en> *f* ❶ COM *(Ladung)* carico *m,* merce *f* ❷ *(~gebühr)* porto *m;* NAUT nolo *m*

Frachtbrief *m* COM lettera *f* di carico; NAUT polizza *f* di carico

Frachter <-s, -> *m* NAUT nave *f* da carico

Frächter(in) <-s, -> *m(f)* A *(Spediteur)* spedizioniere *m*

Frachtflugzeug *nt* aereo *m* da trasporto

frachtfrei *adj* COM franco di porto

Frachtgut *nt* COM merce *f;* FERR merce *f* a piccola velocità

Frachtkahn *m* chiatta *f* da carico

Frachtkosten *pl* spese *fpl* di trasporto

Frachtraum *m* volume *m* utile per il carico

Frachtschiff *nt s.* **Frachter**

Frachtstück *nt* collo *m*

Frachtverkehr *m* movimento *m* di merci

Frack [frak] <-(e)s, Fräcke> *m* frac *m*

Fracking ['frɛkɪŋ] <-s> *nt kein Pl.* GEOL fracking *m,* fratturazione *f* idraulica

Frage ['fraːgə] <-, -n> *f* domanda *f; (Problem, Angelegenheit)* problema *m,* questione *f;* **eine ~ stellen** porre una domanda; **eine ~ beantworten** rispondere a una domanda; **die ~ bejahen/verneinen** rispondere affermativamente/negativamente alla domanda; **jdn mit ~en bestürmen** tempestare qu di domande; **in ~ kommen** essere preso in considerazione; **etw in ~ stellen** mettere qc in dubbio; **ohne ~** senza dubbio, certamente; **das ist die ~** questa è la questione; **das kommt** [**überhaupt**] **nicht in ~!** non se ne parla nemmeno *fam,* nemmeno per sogno *fam* [*o* idea *fam*]; **das steht außer ~** su questo non c'è dubbio, è fuori discussione; **es ist nur eine ~ der Zeit, ob …** è solo [una] questione di tempo se …; *s. a.* **infrage**

Fragebogen *m* questionario *m*

Fragebogenaktion *f* inchiesta *f* con questionari

fragen ['fra:gən] **I.** *vi, vt* ① *(Fragen stellen)* **jdn** [**nach etw**] **~** domandare [*o* chiedere] [qc] a qu; **jdn nach dem Weg ~** domandare la strada a qu; **darf ich Sie etw ~?** posso farLe una domanda?; **da fragst du mich zu viel!** *(fam)* mi chiedi troppo!; **da fragst du noch?** e domandi ancora? ② *(be~)* interrogare **II.** *vr:* **sich ~** domandarsi, chiedersi; **da fragt man sich doch wirklich, ob/wie/woher/wo …** ci si domanda [*o* chiede] veramente se/come/da dove/dove …; **es fragt sich, ob …** si tratta di vedere se …

Fragepronomen <-s, - *o* -pronomina> *nt* pronome *m* interrogativo

Fragerei [fra:gə'raɪ] <-, -en> *f (pej)* mania *f* di far domande, domande *fpl* continue

Fragesatz *m* [proposizione *f*] interrogativa *f*

Fragesteller(in) <-s, -; -, -nen> *m(f)* interrogatore, -trice *m, f,* interrogante *mf,* intervistatore, -trice *m, f*

Fragestellung *f* ① *(Formulierung)* formulazione *f* della domanda ② *(Frage)* problematica *f*

Fragezeichen *nt* punto *m* interrogativo

fragil [fra'gi:l] *adj (geh)* fragile, delicato

fraglich ['fra:klɪç] *adj* ① *(in Frage kommend)* in questione ② *(ungewiss)* dubbio, incerto; *(zweifelhaft)* discutibile, problematico

fraglos *adv* indubbiamente, senza dubbi

Fragment [fra'gmɛnt] <-(e)s, -e> *nt* frammento *m*

fragmentarisch [fragmɛn'ta:rɪʃ] *adj* frammentario

fragwürdig *adj* dubbio, problematico

Fraktion [frak'tsi̯o:n] <-, -en> *f* POL frazione *f,* gruppo *m* parlamentare

Fraktionsführer(in) *m(f)* capo *m* di un gruppo parlamentare

Fraktionskollege, -kollegin *m, f* compagno *m* di un gruppo parlamentare

Fraktionsvorsitzende <ein -r, -n, -n> *mf* presidente, -essa *m, f* di un gruppo parlamentare

Fraktionszwang <-(e)s> *m kein Pl. obbligo di voto in concordanza con il proprio gruppo parlamentare;* **unter ~ abstimmen** votare vincolati al proprio gruppo parlamentare

Fraktur[1] [frak'tu:ɐ, *Pl:* frak'tu:rən] <-, -en> *f* MED frattura *f*

Fraktur[2] <-> *f kein Pl.* TYP caratteri *mpl* gotici; **mit jdm ~ reden** parlare chiaro con/a qu

Frame <-s, -s> *m* INFORM frame *m*

Franchising ['frɛntʃaɪzɪŋ] <-s> *nt kein Pl.* COM franchising *m*

frank [fraŋk] *adv* **~ und frei** chiaro e tondo *fam,* francamente

Franke ['fraŋkə] <-n, -n> *m* francone *m;* HIST franco *m*

Franken[1] *nt* Franconia *f*

Franken[2] <-s, -> *m (schweizerische Währungseinheit)* franco *m* svizzero

Frankfurt ['fraŋkfʊrt] *nt* Francoforte *f;* **~ am Main** Francoforte sul Meno; **~ an der Oder** Francoforte sull'Oder

frankieren [fraŋ'ki:rən] <ohne ge-> *vt* affrancare

Frankierung <-> *f kein Pl.* [af]francatura *f*

Fränkin ['frɛŋkɪn] <-, -nen> *f* francone *f;* HIST franca *f*

fränkisch *adj* della Franconia; HIST franco

franko ['fraŋko] *adv* COM franco [di porto]

frankofon [fraŋko'fo:n] *adj* francofono

frankokanadisch ['fraŋkokanadɪʃ] *adj* francocanadese

frankophil [fraŋko'fi:l] *adj* francofilo

Frankreich ['fraŋkraɪç] *nt* Francia *f*

Franse ['franzə] <-, -n> *f* frangia *f*

Fransenpony *m* frangetta *f* sfilata

Fransenschnitt *m* taglio *m* sfilato

fransig *adj* ① *(mit Fransen)* frangiato ② *(ausgefranst)* sfilacciato

Franzose [fran'tso:zə] <-n, -n> *m,* **Französin** [fran'tsø:zɪn] <-, -nen> *f* francese *mf*

französisch [fran'tsø:zɪʃ] *adj* francese

französischsprechend *adj* francofono

fräsen ['frɛ:zən] *vt* TEC *(Holz, Metall)* fresare

Fräsmaschine *f* TEC fresatrice *f*

fraß [fra:s] *1. u. 3. Pers. Sing. Imp. von* **fressen**

Fraß [fra:s] <-es, -e> *m (fam pej: schlechtes Essen)* roba *f* cattiva, porcheria *f*

Fratze ['fratsə] <-, -n> *f* ① *(hässliches Gesicht)* grinta *f* ② *(Grimasse)* smorfia *f;* **~n schneiden** fare smorfie ③ *(fam pej)* volto *m*

frau [fraʊ] *pron indef* si; **~ weiß ja, wie**

F

das läuft le donne sì che sanno come funzionano queste cose; **da braucht ~ nichts mehr dazu zu sagen** [come donna] non occorre più dire niente a proposito

Frau [fraʊ] <-, -en> *f* ❶ donna *f* ❷ *(Ehe~)* moglie *f;* **meine/Ihre ~** mia/Sua moglie; **jdn zur ~ nehmen** prendere qu in moglie ❸ *(Anrede)* signora *f;* **~ X** signora X; **gnädige ~** *bes.* A gentile signora

Frauchen ['fraʊçən] <-s, -> *nt (fam)* moglie *f; (von Hund)* padrona *f*

F

Frauenarzt *m,* **Frauenärztin** *f* ginecologo, -a *m, f*

Frauenbewegung *f* movimento *m* di liberazione della donna

frauenfeindlich *adj* misogino

Frauenfrage *f* questione *f* femminile

Frauenhaus *nt* casa *f* per le donne maltrattate

Frauenheld *m* dongiovanni *m*

Frauenklinik *f* clinica *f* ginecologica

Frauenquote *f* quota *f* riservata alle donne

Frauenrechtler(in) <-s, -; -, -nen> *m(f)* femminista *mf*

Frauentaxi *nt* taxi *m* per donne

Frauenwahlrecht *nt* diritto *m* di voto della donna

Frauenzeitschrift *f* rivista *f* femminile

Frauenzimmer *nt* ❶ *(meist pej)* donnetta *f* ❷ *(fam)* donna *f*

Fräulein ['frɔɪlaɪn] <-s, -s> *nt* signorina *f;* **~ X** la signorina X; *(Anrede)* signorina X; **~, bitte zahlen!** *(Restaurant)* signorina, il conto per favore!

fraulich *adj* femminile, da donna

frdl. *Abk. von* **freundlich** gent.

Freak [fri:k] <-s, -s> *m (fam)* freak *m*

frech [frɛç] *adj* impertinente, sfacciato

Frechdachs *m (fam)* sfacciato *m,* facciatosta *f*

Frechheit <-, -en> *f* sfacciataggine *f,* insolenza *f;* **die ~ besitzen zu** *+inf* avere la sfacciataggine di *+inf;* **so eine ~!** che sfacciataggine!

Freeware <-, -> *f* INFORM freeware *m*

Fregatte [fre'gatə] <-, -n> *f* NAUT, MIL fregata *f*

Fregattenkapitän *m* NAUT, MIL capitano *m* di fregata

frei [fraɪ] *adj* ❶ libero; *(in Freiheit)* in libertà; *(unabhängig)* indipendente; *(Gebiet)* inoccupato; **~ von etw sein** essere libero da qc; **~e Marktwirtschaft** libera economia di mercato; **~er Mitarbeiter** libero collaboratore; **~er Tag** giornata libera; **ein ~es Leben führen** fare [*o* condurre] una vita indipendente; [**die**] **~e Wahl haben** avere libera scelta; **jdm ~e Hand lassen** lasciare mano libera a qu, dare carta bianca a qu ❷ *(befreit)* esente, privo; **~ von Sorgen sein** essere privo di preoccupazioni; **sich von etw ~ machen** liberarsi da qc; **jdn auf ~en Fuß setzen** mettere qu in libertà ❸ *(offen, unbedeckt)* aperto; **~ lassen** *(nicht beschreiben)* lasciare in bianco; **~ stehen** *(Fußball)* essere smarcato; **auf ~er Strecke** in aperta campagna; **unter ~em Himmel** all'aperto ❹ *(verfügbar)* disponibile; *(Arbeitsplatz)* vacante; **haben Sie noch ein Zimmer ~?** ha ancora una camera libera?; **Verzeihung, ist der Stuhl noch ~?** mi scusi, è ancora libera questa sedia? ❺ *(kostenlos)* gratuito; **wir liefern ~ Haus** consegniamo franco domicilio ❻ *(Ansichten, Kunst)* liberale; *(Benehmen)* disinvolto; **sie hat sehr ~e Ansichten** ha idee molto libere ❼ *(~mütig, offen)* franco, aperto; **ich bin so ~!** mi prendo la libertà! ❽ PHYS, CHEM slegato, libero; **~ werden** *(Energie)* liberarsi

Freibad *nt* piscina *f* scoperta

Freiberufler(in) <-s, -; -, -nen> *m(f)* libero professionista *m*

freiberuflich *adj o adv* **~ tätig sein** esercitare una libera professione, fare il libero professionista

Freibetrag *m* reddito *m* non imponibile

Freibier *nt* birra *f* gratis

freibleibend **I.** *adj* COM non impegnativo; **ein ~es Angebot** un'offerta non impegnativa **II.** *adv* senza impegno

Freibrief *m (fig)* **kein ~ für etw sein** non essere una buona ragione per fare qc; **jdm einen ~ für etw geben/ausstellen** dare carta bianca a qu per qc

Freiburg ['fraɪbʊrk] *nt* Friburgo *f*

Freidenker(in) <-s, -; -, -nen> *m(f)* libero pensatore *m*/libera pensatrice *f*

Freie <ein -s, -n> *nt kein Pl. (Natur)* aperto *m;* **im ~en** all'aperto; **im ~n schlafen** dormire all'addiaccio

Freier ['fraɪɐ] <-s, -> *m (sl: von Prostituierter)* cliente *m*

Freiexemplar *nt* copia *f* gratuita

Freifahrt *f* viaggio *m* gratuito

frei|geben <irr> **I.** *vt* ❶ *(Gefangene)* [ri]mettere in libertà, rilasciare; *(fig: Ehepartner)* lasciare libero, sciogliere da un legame ❷ *(Eigentum)* liberare, sbloccare ❸ *(Film)* lasciar passare, approvare ❹ SPORT *(Fußball)* far proseguire ❺ *(Straße)* **für den Verkehr freigeben** aprire al traffico **II.** *vi* **jdm freigeben** lasciare libero qu

freigebig *adj* liberale, generoso; **sehr ~** munifico

Freigebigkeit <-, -en> *f* liberalità *f,* generosità *f;* **große ~** munificenza *f*

Freigeist *m* libero pensatore *m*

Freigelassene <ein -r, -n, -n> *mf* HIST liberto, -a *m, f*
Freigepäck *nt (bei Flugreise)* bagaglio *m* in franchigia
Freigrenze *f* FIN limite *m* imponibile
frei|haben <irr> *vi (fam)* esser libero, non lavorare
Freihafen *m* porto *m* franco
frei|halten <irr> **I.** *vt* ① *(Einfahrt)* lasciare libero; *(Stuhl, Platz)* tenere libero, riservare ② *(jds Zeche bezahlen)* pagare per **II.** *vr* **sich [von etw] ~** *(Verpflichtung)* tenersi libero [da qc]; *(Vorurteil)* essere libero [da qc]
Freihandel <-s> *m kein Pl.* WIRTSCH libero scambio *m*
Freihandelszone *f* WIRTSCH zona *f* di libero scambio
freihändig ['fraɪhɛndɪç] *adj* senza mani, a mano libera
Freiheit ['fraɪhaɪt] <-, -en> *f* libertà *f;* **jdm die ~ schenken** concedere la libertà a qu; **jdm volle ~ lassen** lasciare a qu completa libertà; **jdn in ~ setzen** mettere qu in libertà; **sich** *dat* **die ~ nehmen etw zu tun** prendersi la libertà di fare qc; **~, Gleichheit, Brüderlichkeit** libertà, uguaglianza, fratellanza
freiheitlich *adj* liberale
Freiheitsberaubung <-, -en> *f* JUR privazione *f* della libertà personale
Freiheitsdrang *m* desiderio *m* ardente di libertà
Freiheitskampf *m* lotta *f* d'indipendenza
Freiheitskrieg *m* HIST guerra *f* d'indipendenza
Freiheitsstatue <-> *f kein Pl.* **die [amerikanische] ~** la statua della libertà [americana]
Freiheitsstrafe *f* JUR pena *f* detentiva
Freikarte *f* biglietto *m* gratuito
frei|kaufen *vt* riscattare
Freikörperkultur *f* nudismo *m*
Freilandgemüse *nt* ECO, AGR verdura *f* coltivata naturalmente
frei|lassen <irr> *vt* **jdn [aus etw] ~** [ri]mettere in libertà [*o* rilasciare] qu [da qc]
Freilassung <-, -en> *f* liberazione *f,* rilascio *m*
Freilauf *m* TEC, MOT ruota *f* libera
frei|legen *vt* mettere allo scoperto; *(bei Ausgrabungen)* esumare
Freileitung *f (Strom)* linea *f* aerea
freilich ['fraɪlɪç] *adv* ① *(allerdings)* a dire il vero, è vero che; *(einschränkend)* però ② *bes.* SÜDD *(selbstverständlich)* certo, naturalmente
Freilichtbühne *f,* **Freilichttheater** *nt* teatro *m* all'aperto
Freilos *nt* biglietto *m* di lotteria gratuito
frei|machen I. *vt* ① *(frankieren)* affrancare ② *(fam: nicht arbeiten)* prendere vacanze; **ich habe eine Woche freigemacht** *(fam)* ho preso una settimana di vacanze **II.** *vi (fam)* fare vacanza **III.** *vr:* **sich ~** *(freie Zeit finden)* rendersi libero; *(ausziehen)* svestirsi, spogliarsi
Freimaurer *m* [fram]massone *m*
Freimaurerei [fraɪmaʊrə'raɪ] *f* massoneria *f*
freimaurerisch *adj* massonico
Freimut *m* franchezza *f,* schiettezza *f*
freimütig ['fraɪmy:tɪç] *adj* franco, aperto
Freimütigkeit <-, -en> *f* franchezza *f,* schiettezza *f*
frei|nehmen <irr> *vt* **[sich** *dat***] [einen Tag] ~** prendersi [un giorno] libero
Freiraum <-(e)s> *m kein Pl.* PSYCH spazio *m* [libero], libertà *f* d'azione
freischaffend *adj* libero, che crea liberamente
Freischärler(in) ['fraɪʃɛ:ɐlɐ] <-s, -; -, -nen> *m(f)* HIST, POL franco tiratore *m/* franca tiratrice *f*
frei|setzen *vt (Energie)* liberare
Freisetzung <-, -en> *f* liberazione *f*
Freisprechanlage *f* viva voce *m*
frei|sprechen *vt* JUR **jdn [von etw] ~** assolvere qu [da qc], dichiarare qu non colpevole [di qc]
Freispruch *m* assoluzione *f;* **auf ~ erkennen/plädieren** JUR assolvere/patrocinare l'assoluzione
Freistaat *m (obs)* repubblica *f;* **~ Bayern** repubblica di Baviera
frei|stehen *vi (leerstehen)* essere vuoto; **es steht Ihnen frei zu** *+inf* [Lei] è libero di *+inf*
frei|stellen *vt* ① *(überlassen)* **jdm etw ~** rimettere qc a qu; **jdm ~ etw zu tun** lasciare a qu la scelta di fare qc ② *(befreien)* **jdn [von etw] ~** esonerare qu [da qc]
Freistoß *m* SPORT *(Fußball)* [calcio *m* di] punizione *f*
Freitag ['fraɪta:k] <-s, -e> *m* venerdì *m; s. a.* **Dienstag**
Freitagabend *m* venerdì sera; **am ~** venerdì sera; **an diesem ~** questo venerdì sera; **jeden ~** ogni venerdì sera
freitagabends *adv* il venerdì sera
Freitagmittag *m* venerdì a mezzogiorno; *s. a.* **Freitagabend**
freitagmittags *adv* il venerdì a mezzogiorno
Freitagmorgen *m* venerdì mattina; *s. a.* **Freitagabend**
freitagmorgens *adv* il venerdì mattina
Freitagnachmittag *m* venerdì pomeriggio; *s. a.* **Freitagabend**

freitagnachmittags *adv* il venerdì pomeriggio
freitags *adv* di [*o* il] venerdì
Freitagvormittag *m* venerdì mattina; *s. a.* **Freitagabend**
freitagvormittags *adv* il venerdì mattina
Freitod *m* suicidio *m*
Freitreppe *f* ARCH scalinata *f*
Freiübung *f* SPORT esercizio *m* a corpo libero
Freiumschlag *m* busta *f* affrancata
Freiwild *nt* ~ [**für jdn**] **sein** *(fig)* essere una preda facile [per qu]
freiwillig *adj* volontario, spontaneo; *(Veranstaltung)* facoltativo
Freiwillige <ein -r, -n, -n> *mf* volontario, -a *m, f*
Freiwilligkeit *f* libera volontà *f*
Freizeichen *nt* TEL segnale *m* di libero
Freizeit <-> *f kein Pl.* tempo *m* libero, ore *fpl* libere
Freizeitbekleidung *f s.* **Freizeitkleidung**
Freizeitgesellschaft <-> *f kein Pl.* SOC società *f* del tempo libero
Freizeitgestaltung *f* impiego *m* del tempo libero
Freizeitindustrie *f* industria *f* per il tempo libero
Freizeitkleidung *f* abbigliamento *m* sportivo [*o* per il tempo libero]
Freizeitlook *m* look *m* sportivo [*o* per il tempo libero]
Freizeitpark *m* parco *m* divertimenti
freizügig ['fraɪtsyːgɪç] *adj* ❶ *(großzügig)* elastico, generoso ❷ *(moralisch)* non rigido, libero
Freizügigkeit <-, -en> *f* ❶ *(Großzügigkeit)* larghezza *f*, generosità *f*, liberalità *f* ❷ *(moralisch)* larghezza *f* ❸ FIN libera circolazione *f*
fremd [frɛmt] *adj* ❶ *(ausländisch)* straniero; **ein ~es Land** un paese straniero ❷ *(~artig)* strano, singolare ❸ *(unbekannt)* estraneo, sconosciuto; **sich ~ fühlen** sentirsi estraneo; **sich** *dat* **~ werden** diventare estranei [l'uno all'altro] ❹ *(anderen gehörend)* altrui, d'altri; **~es Eigentum** proprietà di terzi [*o* altrui]
fremdartig *adj (ungewöhnlich)* strano; *(fremd)* estraneo
Fremdartigkeit *f* stranezza *f*, estraneità *f*
Fremde[1] ['frɛmdə] <-> *f kein Pl. (nicht Heimat)* estero *m*
Fremde[2] <ein -r, -n, -n> *mf* straniero, -a *m, f*
fremdenfeindlich *adj* xenofobo
Fremdenfeindlichkeit <-> *f kein Pl.* xenofobia *f*
Fremdenführer(in) <-s, -; -, -nen> *m(f)* guida *f* turistica, cicerone *m*
Fremdenhass <-es, -> *m* xenofobia *f*
Fremdenlegion *f* MIL legione *f* straniera
Fremdenverkehr *m* turismo *m*
Fremdenverkehrsverein *m* ente *m* pro loco
Fremdenverkehrszentrum *nt* centro *m* turistico
Fremdenzimmer *nt* camera *f* per gli ospiti, camera *f* da affittare
fremd|gehen *vi sein (fam)* fare una scappatella, tradire il coniuge
Fremdkapital <-s> *nt kein Pl.* FIN capitale *m* in prestito [*o* di terzi]
Fremdkörper *m* MED, BIOL corpo *m* estraneo
fremdländisch *adj* straniero, forestiero
Fremdling ['frɛmtlɪŋ] <-s, -e> *m* straniero, -a *m, f*, forestiero, -a *m, f*
Fremdsprache *f* lingua *f* straniera
Fremdsprachenkorrespondent(in) *m(f)* corrispondente *mf* in lingue straniere
fremdsprachig *adj* di lingua straniera; *(Literatur)* in lingua straniera
fremdsprachlich *adj* di lingua straniera
Fremdwährung *f* FIN valuta *f* estera
Fremdwort <-(e)s, -wörter> *nt* parola *f* straniera
Frequenz [fre'kvɛnts] <-, -en> *f* frequenza *f*
Fresko ['frɛsko] <-s, Fresken> *nt* KUNST affresco *m*
Freskomalerei *f* KUNST affresco *m*
Fressalien [frɛ'saːliən] *pl (fam scherz)* viveri *mpl*, cibarie *fpl*
Fressattacke *f (fam)* attacco *m* di fame
Fresse ['frɛsə] <-, -n> *f (vulg: Mund, Gesicht)* bocca *f*, muso *m sl;* **eine große ~ haben** darsi delle arie *fam;* **jdm die ~ polieren** rompere il muso a qu *sl;* **halt die ~!** chiudi il becco! *fam*
fressen ['frɛsən] <frisst, fraß, gefressen> *vi, vt* ❶ *(Tier, a. vulg: Menschen)* mangiare; **jdn zum Fressen gernhaben** *(fam)* essere innamorato pazzo di qu; **an jdm einen Narren gefressen haben** *(fam)* aver preso una cotta per qu; **er frisst wie ein Scheunendrescher** *(fam pej)* mangia a quattro palmenti, mangia come un bue ❷ *(fig: Neid, Rost)* corrodere; **Löcher in etw** *akk* **~** fare buchi in qc
Fressen <-s> *nt kein Pl.* pasto *m*, cibo *m;* **das war ein gefundenes ~ für mich** *(fig)* è stata per me una vera manna
Fressnapf *m* scodella *f*
Fresssucht <-> *f kein Pl.* bulimia *f*
Frettchen ['frɛtçən] <-s, -> *nt* ZOO furetto *m*

Freude ['frɔɪdə] <-, -n> *f* gioia *f; (Vergnügen)* piacere *m; (Fröhlichkeit)* letizia *f;* **die ~ über das Geschenk** la gioia per il regalo; **die kleinen ~n des Alltags** le piccole gioie della vita quotidiana; **~ an etw** *dat* **haben** trovar diletto in qc; **jdm ~ machen** far piacere a qu; **jdm die ~ verderben** rovinare il piacere a qu; **mit ~n** con piacere; **außer sich** *dat* **vor ~** fuori di sé dalla gioia
Freudenhaus *nt* bordello *m,* casa *f* chiusa
Freudenmädchen *nt (geh)* prostituta *f,* ragazza *f* di vita
Freudenschrei *m* grido *m* di gioia
Freudentränen *f pl* lacrime *f pl* di gioia
freudestrahlend *adj* raggiante di gioia
freudig ['frɔɪdɪç] *adj* ① *(froh)* gioioso; *(fröhlich)* allegro ② *(beglückend)* lieto; **ein ~es Ereignis** un lieto evento; **eine ~e Nachricht/Überraschung** una bella notizia/sorpresa
freudlos ['frɔɪtloːs] *adj* infelice, triste, grigio
Freudlosigkeit <-> *f kein Pl.* tristezza *f,* infelicità *f*
freuen ['frɔɪən] **I.** *vr:* **sich ~** essere contento, rallegrarsi; **sich auf etw** *akk* **~** gioire di qc *(che sta per succedere o che succederà);* **sich über etw** *akk* **~** essere contento di qc *(che è successo);* **ich freue mich auf dich** sono contento [*o* non vedo l'ora] di rivederti; **sich seines Lebens ~** godersi la vita; **er freut sich wie ein Kind** gioisce come un bambino; **ich freue mich für dich, dass …** sono contento per te che +*conj;* **da hast du dich zu früh gefreut!** ti sei rallegrato troppo presto! **II.** *vt* **das freut mich** questo mi fa piacere; **es freut mich zu hören, dass …** mi fa piacere sentire che …; **es hat mich gefreut, Sie kennenzulernen** è stato un piacere conoscerLa
Freund(in) [frɔɪnt] <-(e)s, -e; -, -nen> *m(f)* ① *(Kamerad)* amico, -a *m, f;* **ein guter ~ von mir** un mio buon amico; **~e gewinnen** trovare amici; **unter ~en** fra amici; **dicke ~e sein** essere amici molto stretti ② *(Anhänger)* amante *mf;* **kein ~ von etw sein** non amare qc ③ *(fester ~)* ragazzo, -a *m, f*
Freundeskreis ['frɔɪndəskraɪs] *m* giro *m* di amici, cerchia *f* di amici; **wir feiern nur im engsten ~** festeggiamo solo con gli amici più stretti; **einen großen ~ haben** avere una grossa cerchia di amici
freundlich ['frɔɪntlɪç] *adj* ① *(liebenswürdig, nett)* gentile, cortese; *(herzlich)* cordiale; **mit ~en Grüßen** *(Briefschluss)* cordiali saluti; **das ist sehr ~ von Ihnen** è molto gentile da parte Sua; **seien Sie so ~ und** +*inf* abbia la cortesia di +*inf* ② *(Wohnung)* accogliente ③ *(Gegend)* ridente ④ *(Wetter)* sereno ⑤ COM *(Tendenz)* al rialzo
freundlicherweise *adv* gentilmente, cortesemente
Freundlichkeit <-, -en> *f* ① *(Verhalten)* cortesia *f,* gentilezza *f* ② *(Handlung)* favore *m,* piacere *m*
Freundschaft <-, -en> *f* amicizia *f;* **mit jdm ~ schließen** stringere amicizia con qu
freundschaftlich *adj* amichevole, da amico; **~e Beziehungen, ~es Verhältnis** rapporti d'amicizia; **jdm ~ gesinnt sein** essere ben disposto verso qu
Freundschaftsspiel *nt* SPORT partita *f* amichevole
Freundschaftsvertrag *m* POL patto *m* d'amicizia
Frevel ['freːfəl] <-s, -> *m (geh)* misfatto *m* (**gegen** contro); REL sacrilegio *m* (**gegen** contro), empietà *f* (**gegen** contro); *(Verbrechen)* delitto *m* (**an** +*dat* contro)
frevelhaft *adj (geh)* sacrilego, empio
freveln *vi (geh)* violare (**gegen etw** qc); REL commettere un sacrilegio (**an** contro)
Frevler(in) ['freːflɐ] <-s, -; -, -nen> *m(f) (geh)* malfattore, -trice *m, f;* REL sacrilego, -a *m, f,* empio, -a *m, f*
Friaul [fri'aʊl] *nt* GEOG Friuli *m*
Friede ['friːdə] <-ns, -n> *m (geh obs)* pace *f;* **~ sei mit euch!** REL la pace sia con voi
Frieden <-s, -> *m* pace *f;* **~ schließen** concludere [*o* fare] la pace; **~ stiften zwischen …** mettere pace tra …; **in ~ leben** vivere in pace; **um des lieben ~s willen** *(fam)* per amor di pace; **lass mich in ~!** *(fam)* lasciami in pace!; **ruhe in ~** REL riposa in pace
Friedensbewegung *f* movimento *m* pacifista
Friedensbruch *m* violazione *f* della pace
Friedensforschung *f* ricerca *f* per la pace
Friedensinitiative <-, -n> *f* ① *(Handlung)* iniziativa *f* per la pace ② *(Friedensbewegung)* movimento *m* per la pace
Friedenskonferenz *f* conferenza *f* per la pace
Friedensnobelpreis *m* premio *m* Nobel per la pace
Friedenspfeife *f* calumet *m* della pace
Friedensrichter(in) *m(f)* JUR ① giudice *m* conciliatore, -trice ② CH *(Laienrichter)* giudice *m* di pace
Friedensschluss *m* conclusione *f* di un trattato di pace

F

F

Friedensstifter(in) *m(f)* pacificatore, -trice *m, f*
Friedensverhandlung *f* trattativa *f* di pace
Friedensvertrag *m* POL trattato *m* di pace
Friedenszeit *f* **in ~en** in tempi di pace
friedfertig ['fri:tfɛrtɪç] *adj* pacifico, tranquillo
Friedfertigkeit <-> *f kein Pl.* natura *f* pacifica, pacificità *f*
Friedhof ['fri:tho:f] <-s, Friedhöfe> *m* cimitero *m,* camposanto *m*
friedlich *adj* ① *(friedfertig)* pacifico ② *(ruhig)* calmo, tranquillo; **~e Beilegung des Streits** composizione amichevole della lite
friedliebend ['fri:tli:bənt] *adj* pacifico, amante della pace
frieren ['fri:rən] <friert, fror, gefroren> *vi* ① *sein (ge~)* gelarsi, congelarsi; **es friert** gela ② *haben (Mensch, Tier)* gelare, aver freddo; **ich friere/mich friert/es friert mich** ho freddo, sono gelato
Fries [fri:s] <-es, -e> *m* ① ARCH fregio *m* ② *(Gewebe)* rascia *f*
Friese ['fri:zə] <-n, -n> *m,* **Friesin** ['fri:zɪn] <-, -nen> *f* frisone *mf*
friesisch *adj* frisone
Friesland ['fri:slant] *nt* GEOG Frisia *f*
frigid[e] [fri'gi:t (fri'gi:də)] *adj* frigido
Frikadelle [frika'dɛlə] <-, -n> *f* GASTR polpetta *f,* hamburger *m*
Frikassee [frika'se:] <-s, -s> *nt* GASTR fricassea *f*
frisch [frɪʃ] *adj* ① *(Nahrungsmittel, Wind)* fresco; **~e Luft** aria fresca; **~ gebacken** *(Brot)* appena sfornato ② *(munter)* vivace, vispo ③ *(fam: unverbraucht, neu)* nuovo; **~ gewagt ist halb gewonnen** *(prov)* chi ben comincia è a metà dell'opera ④ *(sauber)* pulito; **~e Wäsche anziehen** indossare biancheria pulita; **das Bett ~ beziehen** cambiare le lenzuola
Frische ['frɪʃə] <-> *f kein Pl.* ① *(a. Kühle)* freschezza *f* ② *(Munterkeit)* vivacità *f,* vigore *m*
Frischfleisch <-s> *nt kein Pl.* carne *f* fresca
frischgebacken *adj (scherz: Ehemann, Ehepaar)* novello; *(Ärztin, Anwalt)* novellino
Frischgemüse *nt* verdura *f* fresca [*o* senza conservanti]
Frischhaltefolie *f* cellofan *m*
Frischkäse *m* formaggio *m* fresco
Frischling ['frɪʃlɪŋ] <-s, -e> *m* ZOO cinghialetto *m*
Frischluftfanatiker(in) *m(f)* fanatico, -a degli sport all'aria aperta *m*
Frischmilch <-> *f kein Pl.* latte *m* fresco
Frischzelle <-, -n> *f* MED cellula *f* fresca, cellula *f* di recente prelievo
Frischzellenkur *f* cura *f* con cellule fresche
Friseur [fri'zø:ɐ̯] <-s, -e> *m,* **Friseurin** [fri'zø:rɪn] <-, -nen> *f bes.* A, **Friseuse** [fri'zø:zə] <-, -n> *f (für Frauen)* parrucchiere, -a *m, f; (für Männer)* barbiere *m*
frisieren [fri'zi:rən] <ohne ge-> *vt* ① *(kämmen)* pettinare, acconciare ② *(fam: Auto, Bilanzen)* truccare
Frisiermantel <-s, -mäntel> *m* mantellina *f* da toilette
Frisiersalon *m* salone *m* da parrucchiere
frisiert *adj (Zahlen)* manipolato
frisst *2. u. 3. Pers. Sing. Präs. von* **fressen**
Frist [frɪst] <-, -en> *f* ① termine *m,* scadenza *f;* **eine ~ einhalten** osservare un termine; **nach Ablauf der ~** dopo la scadenza ② *(Zeitraum)* tempo *m* determinato; **einen Monat ~ haben** avere un mese di tempo; **innerhalb kürzester ~** al più presto ③ COM, FIN *(Aufschub)* proroga *f,* dilazione *f;* JUR rinvio *m*
fristen ['frɪstən] *vt* **ein trauriges Dasein ~** vivacchiare *fam*
Fristenregelung *f* JUR termine *m* legale per l'interruzione della gravidanza
fristgerecht *adj* entro il termine prescritto
fristlos *adj o adv* senza [pre]avviso; **~ entlassen** licenziare senza preavviso
Frisur [fri'zu:ɐ̯] <-, -en> *f* pettinatura *f,* acconciatura *f*
Fritteuse [fri'tø:zə] <-, -n> *f* friggitrice *f*
frittieren *vt* friggere
frivol [fri'vo:l] *adj* ① *(leichtfertig)* frivolo ② *(schlüpfrig)* indecente, sconveniente
Frl. *Abk. von* **Fräulein** Sig.na
froh [fro:] *adj* ① *(heiter)* allegro; *(erfreut)* contento, felice; **ich bin ~ [darüber], dass ...** sono contento che +*conj;* **~e Ostern/Weihnachten!** buona Pasqua!/buon Natale! ② *(erfreulich)* piacevole; **seines Lebens nicht mehr ~ werden** non avere più voglia di vivere
fröhlich ['frø:lɪç] *adj* allegro, lieto
Fröhlichkeit <-> *f kein Pl.* allegria *f,* allegrezza *f*
frohlocken [fro:'lɔkən] <ohne ge-> *vi (geh)* gioire, esultare
Frohsinn <-s> *m kein Pl.* gaiezza *f*
fromm [frɔm] <-er *o* frömmer, -ste *o* frömmste> *adj* ① REL pio, devoto ② *(fig: gehorsam)* docile, mansueto
Frömmelei [frœmə'laɪ] <-, -en> *f (pej)* bigotteria *f*
frömmeln ['frœməln] *vi (pej)* affettare devozione, fare il bigotto

Frömmigkeit ['frœmɪçkaɪt] <-> *f kein Pl.* devozione *f*, religiosità *f*
Frömmler(in) ['frœmlɐ] <-s, -; -, -nen> *m(f) (pej)* bigotto, -a *m, f*
Fronarbeit *f* ❶ HIST *(Fron)* corvé *f* ❷ CH *(freiwillige, unbezahlte Arbeit)* volontariato *m*
frönen ['frøːnən] *vi* **einer Sache** *dat* ~ essere schiavo di qc
Fronleichnam [froːn'laɪçnaːm] *m* REL Corpus Domini *m*
Front [frɔnt] <-, -en> *f* ❶ ARCH facciata *f* ❷ MIL, POL, METEO fronte *m*; **in ~ liegen** SPORT essere in testa ❸ *Pl. (Haltung)* posizione *f*; **die ~en wechseln** *(a. fig)* fare un voltafaccia; **klare ~en schaffen** mettere in chiaro le cose
frontal [frɔn'taːl] *adj* frontale
Frontalzusammenstoß *m* MOT scontro *m* frontale
Frontantrieb *m* MOT trazione *f* anteriore
fror [froːɐ̯] *1. u. 3. Pers. Sing. Imp. von* **frieren**
Frosch [frɔʃ] <-(e)s, Frösche> *m* ZOO rana *f*
Froschlaich *m* uova *f pl* di rana
Froschmann *m* uomo *m* rana, sommozzatore *m*
Froschperspektive *f* prospettiva *f* dal basso in alto
Froschschenkel *m* GASTR coscia *f* di rana
Frost [frɔst] <-(e)s, Fröste> *m* gelo *m*; MED *(Schüttel~)* brividi *m pl*; **eisiger ~** gelo intenso, gran freddo
Frostbeule *f* gelone *m*
frösteln ['frœstəln] *vi* aver freddo; **mich fröstelt** rabbrividisco dal freddo, ho [i] brividi di freddo
frostempfindlich *adj* sensibile al gelo
frostfrei *adj* senza gelo
frostig *adj* glaciale, freddo
Frostschaden *m* danno *m* causato dal gelo
Frostschutzmittel *nt* antigelo *m*
Frottee [frɔ'teː] <-(s), -s> *nt o m* spugna *f*
Frottenhandtuch <-(e)s, -tücher> *nt (fam) s.* **Frottier[hand]tuch**
Frottier[hand]tuch <-(e)s, -tücher> *nt* asciugamano *m* di spugna
frottieren [frɔ'tiːrən] <ohne ge-> *vt* sfregare, frizionare
frotzeln ['frɔtsəln] *vi (fam)* [**über jdn/etw**] ~ stuzzicare [qu/per qc], sfottere [qu/per qc]
Frucht [frʊxt] <-, Früchte> *f (a. fig)* frutto *m*; **Früchte tragen** *(a. fig)* fruttare
fruchtbar *adj* fertile, fecondo
Fruchtbarkeit <-> *f kein Pl.* fertilità *f*, fecondità *f*
Fruchtblase *f* ANAT sacco *m* delle acque [*o* amniotico]
fruchten ['frʊxtən] *vi* fruttare, giovare; **nichts ~** non servire a nulla
Fruchtfleisch *nt* polpa *f* del frutto
fruchtig *adj* aromatico, che sa di frutta fresca
fruchtlos *adj* infruttuoso, inutile
Fruchtlosigkeit <-> *f kein Pl.* inefficacia *f*
Fruchtpresse *f* spremifrutta *m*
Fruchtsaft *m* succo *m* di frutta
Fruchtwasser <-s> *nt kein Pl.* MED liquido *m* amniotico
Fruchtwasseruntersuchung *f* amniocentesi *f*
Fruchtwechsel *m* AGR avvicendamento *m* [*o* rotazione *f*] delle colture
früh [fryː] **I.** *adj* ❶ *(nicht spät)* presto, primo; **~e Kindheit** prima infanzia; **am ~en Morgen** di prima mattina, al mattino presto ❷ *(vorzeitig)* precoce, prematuro ❸ *(Gemüse, Obst)* primaticcio; *(Kartoffeln)* novello **II.** *adv* presto, di buon'ora; **gestern/morgen ~** ieri/domani mattina; **heute ~** stamattina; **von ~ bis spät** dalla mattina alla sera; **zu ~** troppo presto, in anticipo
Früh <-> *f kein Pl.* **in der ~** A, CH, SÜDD *(am Morgen)* di/la mattina presto
Frühaufsteher(in) <-s, -; -, -nen> *m(f)* persona *f* mattiniera; [**ein**] **~ sein** essere mattiniero
Frühbucherrabatt *m* sconto *m* prenotazione anticipata
Frühe ['fryːə] <-> *f kein Pl.* **in der ~** il mattino, di mattina; **in aller ~** di buon mattino, all'alba
früher ['fryːɐ̯] *Komparativ von* **früh** **I.** *adj* ❶ *(eher)* prima; **in ~en Zeiten** in tempi passati ❷ *(ehemalig)* ex, di prima; **der ~e Besitzer des Schlosses** l'ex proprietario del castello **II.** *adv* ❶ *(eher)* prima; **~ kann ich heute nicht kommen** oggi non posso venir prima; **~ oder später** prima o poi ❷ *(damals)* prima, una volta, un tempo; **es ist alles noch genau wie ~** è rimasto tutto esattamente come prima; **~ habe ich jeden Tag Tennis gespielt** una volta giocavo a tennis tutti i giorni
Früherkennung <-, -en> *f* MED riconoscimento *m* precoce
früheste(r, s) *adj Superlativ von* **früh** primo, -a
frühestens ['fryːəstəns] *adv* al più presto
Frühgeburt *f* MED ❶ *(Vorgang)* parto *m* prematuro ❷ *(Kind)* [neonato *m*] prematuro *m*
Frühgemüse *nt* AGR primizie *f pl*
Frühgeschichte <-> *f kein Pl.* ❶ HIST pro-

F

tostoria *f (secondo periodo della preistoria comprendente l'età del bronzo e quella del ferro)* ② *(einer Bewegung)* inizi *mpl*

Frühjahr *nt* primavera *f*

Frühjahrsmüdigkeit *f* stanchezza *f* primaverile

Frühkartoffel *f* AGR patata *f* novella

Frühling ['fry:lɪŋ] <-s, -e> *m* primavera *f*

Frühlingsanfang *m* inizio *m* della primavera

Frühlingsrolle *f* GASTR involtino *m* primavera

Frühlingssuppe *f* GASTR minestra *f* di verdura

frühmorgens [fry:'mɔrgəns] *adv* di buon mattino, di buon'ora

Frühobst *nt* AGR frutta *f* primaticcia

Frühpensionierung *f* prepensionamento *m*

frühreif *adj* primaticcio; *(a. fig)* precoce

Frührentner(in) *m(f)* prepensionato, -a *m, f*

Frühschicht *f* ① *(Arbeit)* primo turno *m* ② *(Mannschaft)* squadra *f* del primo turno

Frühschoppen *m bicchierino bevuto la mattina in compagnia*

Frühsport *m* ginnastica *f* mattutina

Frühstart *m* SPORT falsa partenza *f*

Frühstück <-s, -e> *nt* colazione *f*

frühstücken *vi* far colazione

Frühstücksbuffet *nt* buffé *m* [*o* buffet *m*] di colazione

Frühstücksfernsehen <-s> *nt kein Pl.* programma *m* televisivo del mattino

Frühwerk <-(e)s, -e> *nt* opera *f* giovanile

frühzeitig **I.** *adj* ① *(rechtzeitig)* tempestivo ② *(vorzeitig)* primaticcio **II.** *adv* ① *(rechtzeitig)* per tempo, presto ② *(vorzeitig)* precocemente, prematuramente

Frust [frʊst] <-(e)s> *m kein Pl. (fam)* frustrazione *f*

Frustration <-, -en> *f* frustrazione *f*

frustrieren [frʊs'tri:rən] <ohne ge-> *vt (fam)* frustrare

frustrierend *adj* frustrante

frz. *Abk. von* **französisch** francese

F-Schlüssel ['ɛfʃlʏsəl] <-s, -> *m* MUS chiave *f* di fa

FTP-Protokoll <-s, -e> *nt* INFORM *(Standardprotokoll zur Übertragung von Dateien)* protocollo *m* del ftp

Fuchs [fʊks] <-es, Füchse> *m* ZOO ① *(Tier, Pelz)* volpe *f;* **alter ~** *(fig)* volpone *m fam;* **wo sich ~ und Hase gute Nacht sagen** *(scherz)* in capo al mondo ② *(Pferd)* sauro *m*

Fuchsbau <-(e)s, -e> *m* tana *f* della volpe

fuchsen ['fʊksən] *vt (fam)* ① *(großen Ärger bereiten)* far arrabbiare, irritare, indispettire; **die Sache hat mich sehr gefuchst** la cosa mi ha molto irritato ② A *(nicht gelingen)* non riuscire, creare problemi; **es fuchst mich heute wieder** *(es will mir nichts gelingen)* oggi non mi riesce nulla

Füchsin ['fʏksɪn] <-, -nen> *f* ZOO *(Tier, Pelz)* volpe *f* femmina; *s. a.* **Fuchs**

Fuchsjagd *f* caccia *f* alla volpe

Fuchspelz *m* pelliccia *f* di volpe

fuchsrot *adj* rossigno, rossiccio

Fuchsschwanz *m* ① BOT, ZOO coda *f* di volpe ② TEC *(Säge)* saracco *m*

fuchsteufelswild ['fʊks'tɔɪfəls'vɪlt] *adj (fam)* furioso, furibondo

Fuchtel ['fʊxtəl] <-, -n> *f* **unter jds ~ stehen** *(fam)* stare sotto la dura disciplina di qu

fuchteln *vi (fam)* **mit den Armen ~** agitare le braccia, gesticolare

Fug [fu:k] *m* **mit ~ und Recht** a buon diritto

Fuge ['fu:gə] <-, -n> *f* ① TEC, ARCH, LING commettitura *f;* **aus den ~n gehen** sconnettersi, scompaginarsi ② MUS fuga *f*

fügen ['fy:gən] **I.** *vt (anbringen)* aggiungere, disporre; TEC *(verbinden)* commettere, congiungere **II.** *vr:* **sich ~** ① *(sich ein~)* **sich in etw** *akk* **~** adattarsi a qc; **es fügte sich, dass …** *(geh)* successe che … ② *(sich unterordnen)* sottomettersi

fügsam *adj* docile

Fügsamkeit <-> *f kein Pl.* docilità *f,* arrendevolezza *f*

Fügung <-, -en> *f (des Schicksals)* disposizione *f,* volere *m*

fühlbar *adj* sensibile

fühlen ['fy:lən] **I.** *vt* ① *(tasten)* palpare, tastare ② *(empfinden)* sentire, provare **II.** *vr:* **sich ~** sentirsi; **sich für etw verantwortlich ~** sentirsi responsabile di qc; **sich nicht wohl ~** non sentirsi bene; **wie fühlst du dich?** come stai?, come ti senti?

Fühler <-s, -> *m* antenna *f;* **die ~ ausstrecken** *(fig fam)* tastare il terreno

Fühlung <-, -en> *f* contatto *m;* **mit jdm in ~ bleiben** restare in contatto con qu

fuhr [fu:ɐ̯] *1. u. 3. Pers. Sing. Imp. von* **fahren**

Fuhre ['fu:rə] <-, -n> *f* ① *(Ladung)* carrata *f,* carico *m* ② *(Fahrt)* trasporto *m*

führen ['fy:rən] **I.** *vt* ① *(geleiten)* guidare, portare; **was führt Sie zu mir?** in che cosa posso esserLe utile?; **etw zu Ende ~** terminare qc ② *(leiten)* condurre; *(Betrieb, Geschäft)* dirigere; MIL comandare; **den Haushalt ~** attendere al governo della casa ③ *(form: Auto)* guidare; *(Flugzeug)* pilotare; *(Kran)* manovrare ④ *(transportieren)* avere con sé; *(Fluss: Geröll,*

Eis) trascinare ❺ COM *(Artikel)* avere, tenere ❻ *(als Titel haben)* **den Doktortitel ~** avere il titolo di dottore ❼ *(Gespräch)* sostenere; **einen Prozess ~** fare un processo; **Verhandlungen ~** negoziare **II.** *vi* ❶ SPORT *(an erster Stelle stehen)* essere in testa, condurre; **unsere Mannschaft führt mit drei Toren** la nostra squadra conduce con tre go[a]l ❷ *(verlaufen, hin~)* portare; **das führt zu nichts** questo non porta a nessun risultato; **das führt zu weit** questo porta troppo lontano; **wohin soll das** [**noch**] **~?** dove si va a finire?

führend *adj* ❶ *(Persönlichkeit)* di primo piano, eminente ❷ *(Geschäft)* [il] più rinomato; *(Hotel)* [il] migliore

Führer(in) ['fy:rɐ] <-s, -; -, -nen> *m(f)* ❶ guida *f;* POL capo *m;* MIL conduttore *m,* capitano *m; (Geschäfts~)* direttore, -trice *m, f;* **der ~** HIST il Führer ❷ *(form: von Auto)* autista *mf; (von öffentlichen Verkehrsmitteln)* conducente *mf; (von Lokomotive)* macchinista *m; (von Flugzeug, Schiff)* pilota *mf* ❸ *(Reise~, Fremden~, a. Buch)* guida *f*

Führerausweis *m* CH *s.* **Führerschein**

Führerflucht *f* CH *s.* **Fahrerflucht**

Führerhaus *nt* MOT, TEC cabina *f* di guida

Führerin *f s.* **Führer**

führerlos *adj* ❶ *(Fahrzeug)* senza conducente ❷ *(Volk)* senza guida

Führerschein *m* patente *f* [di guida]; **seinen ~ machen** prendere la patente

Führerscheinentzug *m* JUR ritiro *m* della patente

Führerstand *m* cabina *f* del macchinista

Fuhrmann <-(e)s, -leute *o rar:* -männer> *m* carrettiere *m*

Fuhrpark *m* parco *m* rotabile

Führung ['fy:rʊŋ] <-, -en> *f* ❶ *(das Führen)* tenuta *f; (Handhaben)* maneggio *m,* uso *m* ❷ *(Leitung) a.* POL guida *f,* direzione *f;* POL leadership *f; (Verwaltung)* amministrazione *f;* **die ~ übernehmen** assumere la direzione; SPORT passare in testa ❸ *(Besichtigung)* visita *f* guidata ❹ *(von Fahrzeugen)* guida *f* ❺ *(Benehmen)* condotta *f,* comportamento *m;* **wegen guter ~ vorzeitig entlassen werden** beneficiare di una remissione della pena per buona condotta

Führungselite *f* POL classe *f* dirigente

Führungskraft *f* dirigente *mf,* quadri *mpl*

führungslos *adj* senza guida

Führungsschiene *f* TEC rotaia *f* di guida

Führungsspitze *f* ❶ *(Unternehmen)* vertice *m* direttivo, direzione *f* ❷ *(Partei)* vertice *m,* segretario *m* [di partito]

Führungsstab *m* ❶ MIL stato *m* maggiore ❷ COM [consiglio *m*] direttivo *m*

Führungswechsel <-s, -> *m* [ri]cambio *m* del vertice

Führungszeugnis *nt* certificato *m* di buona condotta

Fuhrunternehmen *nt* COM impresa *f* di trasporti

Fuhrunternehmer(in) *m(f)* titolare *mf* d'impresa di trasporti

Fülle ['fʏlə] <-, -n> *f* ❶ *(Menge)* quantità *f; (Überfluss)* abbondanza *f,* profusione *f;* **eine ~ von Eindrücken** un mucchio di impressioni ❷ *(Körper~)* corpulenza *f*

füllen ['fʏlən] *vt* ❶ *(Gefäß)* riempire; **in einen Sack ~** insaccare ❷ *(Flüssigkeit)* versare; **den Wein in Flaschen ~** imbottigliare il vino ❸ GASTR farcire ❹ *(Zahn)* otturare, piombare

Füller ['fʏlɐ] <-s, -> *m* [penna *f*] stilografica *f*

Füllfeder *f* A, CH, SÜDD *(Füllfederhalter)* penna *f* stilografica

Füllfederhalter <-s, -> *m* penna *f* stilografica

Füllhorn <-s, -hörner> *nt* corno *m* dell'abbondanza, cornucopia *f*

füllig *adj* pienotto, grassoccio

Füllmaterial *nt* materiale *m* di riempimento

Füllsel ['fʏlzəl] <-s, -> *nt* ❶ riempitivo *m* ❷ GASTR ripieno *m*

Füllung <-, -en> *f* ❶ *(das Füllen)* riempimento *m,* riempitura *f; (mit Luft, Gas)* gonfiatura *f* ❷ *(Füllmaterial)* riempitivo *m;* GASTR ripieno *m; (von Zahn)* otturazione *f,* [im]piombatura *f* ❸ ARCH controsoffitto *m; (Tür~)* pannello *m*

Füllwort <-(e)s, -wörter> *nt* GRAM, LIT particella *f* espletiva, riempitivo *m; (in Gedichten)* zeppa *f*

fulminant [fʊlmi'nant] *adj* strepitoso, grandioso, fulminante; **ein ~er Erfolg** un successo strepitoso; **eine ~e Persönlichkeit** una personalità grandiosa

fummeln ['fʊməln] *vi (fam)* lavoricchiare, abborracciare

Fund [fʊnt] <-(e)s, -e> *m* ❶ *(Finden)* ritrovamento *m; (archäologischer ~)* scoperta *f* ❷ *(~stück)* oggetto *m* ritrovato; *(archäologischer ~)* reperto *m*

Fundament [fʊnda'mɛnt] <-(e)s, -e> *nt* ❶ ARCH fondamenta *fpl* ❷ *(fig)* base *f,* fondamento *m;* **das ~ zu etw legen** *(a. fig)* gettare le basi di qc

fundamental [fʊndamɛn'ta:l] *adj* fondamentale

Fundamentalismus [fʊndamɛnta'lɪsmʊs] <-s> *m kein Pl.* fondamentalismo *m*

F

F

Fundamentalist(in) <-en, -en; -, -nen> *m(f)* fondamentalista *mf*
fundamentalistisch *adj* fondamentalista
Fundamt *nt* A *s.* **Fundbüro**
Fundbüro *nt* ufficio *m* [degli] oggetti smarriti
Fundgrube *f* miniera *f*, fonte *f* inesauribile
fundieren [fʊn'di:rən] <ohne ge-> *vt* consolidare, fondare
fündig ['fʏndɪç] *adj* ricco, produttivo; ~ **werden** MIN scoprire un giacimento; *(fig)* trovare qc
Fundort *m* luogo *m* del ritrovamento
Fundsache *f* oggetto *m* ritrovato
Fundus ['fʊndʊs] <-, -> *m* ❶ *(Bestand)* fondo *m* ❷ THEAT materiale *m* scenico
fünf [fʏnf] *num* cinque; ~**[e] gerade sein lassen** *(fam)* non guardar troppo per il sottile; **nicht bis ~ zählen können** non saper contare fino a cinque; *s. a.* **acht**
Fünf-, fünf- *s.* **Acht-, acht-**
Fünf <-, -en> *f* cinque *m; (Schulnote: ungenügend) cinque; s. a.* **Acht**[1]
Fünfeck *nt* pentagono *m*
fünfeckig *adj* pentagonale
Fünfer ['fʏnfɐ] <-s, -> *m (fam)* moneta *f* da cinque
fünffach *adj* quintuplo; *s. a.* **achtfach**
fünfhundert *num* cinquecento; *s. a.* **achthundert**
Fünfjahresplan [fʏnf'ja:rəspla:n, *Pl:* fʏnf'ja:rəsplɛ:nə] <-(e)s, Fünfjahrespläne> *m* piano *m* quinquennale
fünfjährig *adj (fünf Jahre alt)* di cinque anni; *(fünf Jahre dauernd)* quinquennale; *s. a.* **achtjährig**
Fünfkampf *m* SPORT pentathlon *m*
Fünfling ['fʏnflɪŋ] <-s, -e> *m* figlio, -a *m, f* da parto di cinque gemelli; ~**e** cinque gemelli
fünfmal *adv* cinque volte; *s. a.* **achtmal**
Fünfmarkstück [fʏnf'markʃtʏk] <-s, -e> *nt* moneta *f* da cinque marchi
Fünfprozenthürde *f* POL sbarramento *m* del cinque per cento
Fünftagewoche *f* settimana *f* di cinque giorni lavorativi, settimana *f* corta
fünftausend *num* cinquemila; *s. a.* **achttausend**
Fünfte <ein -r, -n, -n> *mf* quinto, -a *m, f; s. a.* **Achte**
fünfte(r, s) *adj* quinto, -a *(bei Datumsangaben)* cinque; **das ~ Rad am Wagen sein** essere l'ultima [*o* la quinta] ruota del carro *fam; s. a.* **achte(r, s)**
fünftel *adj inv* quinto; *s. a.* **achtel**
Fünftel <-s, -> *nt* quinto *m; s. a.* **Achtel**
fünftens ['fʏnftəns] *adv* [in] quinto [luogo]; *s. a.* **achtens**
Fünftürer *m* MOT cinque porte *f*
Fünfunddreißigstundenwoche *f* trentacinque ore *f pl* settimanali, settimana *f* lavorativa di trentacinque ore
fünfzehn *num* quindici
fünfzehnte(r, s) *adj* quindicesimo, -a *(bei Datumsangaben)* quindici; *s. a.* **achte(r, s)**
Fünfzehntel <-s, -> *nt* quindicesimo *m*
fünfzig ['fʏnftsɪç] *num* cinquanta; *s. a.* **achtzig**
Fünfziger(in) ['fʏnftsɪgɐ] <-s, -; -, -nen> *m(f)* cinquantenne *mf*
fünfzigjährig *adj (fünfzig Jahre alt)* di cinquanta anni; *(fünfzig Jahre dauernd)* cinquantennale, cinquantenario; *s. a.* **achtzigjährig**
Fünfzigmarkschein [fʏnftsɪç'markʃaɪn] <-s, -e> *m* biglietto *m* da cinquanta marchi
fünfzigste(r, s) *adj* cinquantesimo, -a *s. a.* **achte(r, s)**
fungieren [fʊŋ'gi:rən] <ohne ge-> *vi* **als etw ~** fare le funzioni di qc
Funk [fʊŋk] <-s> *m kein Pl.* radio *f*
Funkamateur(in) *m(f)* radioamatore, -trice *m, f*
Funkausstellung *f* esposizione *f* di radiotecnica
Funke ['fʊŋkə] <-ns, -n> *m* scintilla *f;* ~**n sprühen** fare scintille; **keinen ~n Verstand haben** non avere un barlume d'ingegno
funkeln ['fʊŋkəln] *vi* luccicare, brillare
funkelnagelneu *adj (fam)* nuovo di zecca
funken ['fʊŋkən] *vi, vt* radiotrasmettere, trasmettere per radio; **na, hat es endlich bei dir gefunkt?** *(fam)* hai capito finalmente?; **zwischen den beiden hat es gefunkt** *(fam)* fra i due è scoppiata la scintilla
Funken <-s, -> *m s.* **Funke**
Funker(in) <-s, -; -, -nen> *m(f)* radiotelegrafista *mf*
Funkgerät *nt (Sendegerät)* apparecchio *m* radiotrasmittente; *(Empfangsgerät)* apparecchio *m* radioricevente
funkgesteuert *adj* radiocomandato
Funkhaus *nt* stazione *f* radio; *(Gebäude)* studi *m pl* radio
Funkkolleg *nt* corso *m* radiofonico
Funknetz *nt* rete *f* radio
Funksignal *nt* segnale *m* radio
Funksprechgerät *nt* apparecchio *m* radiotrasmittente
Funkspruch *m* radiomessaggio *m*
Funkstation *f* stazione *f* radio, emittente *f*
Funkstille *f* silenzio *m* radio, interruzione *f* delle trasmissioni radio; **zwischen den beiden herrscht ~** *(fig)* fra di loro non si scambia più una singola parola

Funkstreife *f* pattuglia *f* radioequipaggiata
Funkstreifenwagen *m* auto *f* della polizia radiocomandata
Funktaxi *nt* radiotassì *m*
Funktechnik *f* radiotecnica *f*
Funktelefon *nt* radiotelefono *m,* telefono *m* portatile
Funktion [fʊŋk'tsi̯oːn] <-, -en> *f* funzione *f;* **in ~ treten** entrare in funzione; **etw außer ~ setzen** mettere fuori uso qc
funktional [fʊŋktsi̯o'naːl] *adj* funzionale
Funktionär(in) [fʊŋtsi̯o'nɛːɐ̯] <-s, -e; -, -nen> *m(f)* funzionario, -a *m, f*
funktionell *adj* funzionale
funktionieren [fʊŋtsi̯o'niːrən] <ohne ge-> *vi* funzionare; **gut ~** TEC essere a punto
funktionsfähig *adj* efficiente; **~ halten** mantenere in efficienza
Funktionstaste *f* INFORM tasto *m* funzione
Funktionsweise *f* modalità *f* di funzionamento
Funkturm <-(e)s, -türme> *m* torre *f* della radio
Funkverbindung *f* collegamento *m* radio; **in ~ stehen** essere in contatto radio
Funkverkehr *m* radiocomunicazioni *f pl*
Funkwagen *m* autoradio *f,* radiomobile *f*
für [fyːɐ̯] *präp +akk* ① *(zugunsten von)* per, a favore di; **~ jdn bezahlen** pagare al posto di qu; **~ jdn eintreten** prendere le parti di qu, prendere partito per qu; **sich ~ jdn/etw einsetzen** impegnarsi per qu/qc; **~ mich genügt es** per me basta ② *(in Bezug auf)* per, quanto a; **an und ~ sich** di per sé ③ *(im Verhältnis zu)* per; **er ist zu groß ~ sein Alter** è troppo alto per la sua età; **~ einen Ausländer spricht er gut Deutsch** per essere straniero parla bene tedesco ④ *(gegen, bes. von Medikamenten)* per, contro ⑤ *(anstelle von)* al posto di, invece di; **~ jdn einspringen** supplire qu; **ich habe ihm ein Buch ~ das Bild gegeben** gli ho dato un libro in cambio del quadro ⑥ *(als)* per; **ich ~ meine Person …** quanto a me … ⑦ *(Aufeinanderfolge)* **Schritt ~ Schritt** passo dopo passo; **Tag ~ Tag** giorno per giorno ⑧ *(mit Fragepronomen)* **was ~ …?** che/quale …?; **was ~ ein Glück!** che fortuna!
Für *nt* **das ~ und Wider** il pro e il contro
Furche ['fʊrçə] <-, -n> *f* ① *(Acker~)* solco *m; (Wagenspur a.)* scanalatura *f* ② *(Gesichts~)* ruga *f*
furchen *vt* ① *(Boden, Wasser)* solcare ② *(Stirn)* corrugare
Furcht [fʊrçt] <-> *f kein Pl.* *(Angst)* paura *f; (Ängstlichkeit)* timore *m; (Befürchtung)* apprensione *f,* ansia *f;* **jdm ~ einflößen** far paura a qu, incutere timore a qu; **~ erregend** spaventoso, terrificante; **aus ~ vor** *+dat* per paura di
furchtbar *adj* ① *(schrecklich)* terribile, spaventoso ② *(fam: sehr)* enorme, tremendo; **das ist ~ einfach** *(fam)* è la cosa più semplice del mondo; **das ist ~ nett von Ihnen** *(fam)* è veramente molto gentile da parte Sua
fürchten ['fʏrçtən] **I.** *vt* temere, aver paura di **II.** *vi* *(sich Sorgen machen)* **um jdn/etw ~** essere in apprensione per qu/qc; **um jds Leben ~** temere per la vita di qu **III.** *vr* **sich [vor jdm/etw] ~** aver paura [di qu/qc]
fürchterlich ['fʏrçtɐlɪç] *adj s.* **furchtbar**
furchterregend *adj* spaventoso, terrificante
furchtlos *adj* impavido, intrepido
Furchtlosigkeit <-> *f kein Pl.* coraggio *m,* assenza *f* di paura
furchtsam *adj* pauroso, timoroso
Furchtsamkeit <-> *f kein Pl.* timidezza *f*
füreinander [fyːɐ̯ʔaɪ'nandɐ] *adv* l'uno per l'altro
Furie ['fuːriə] <-, -n> *f* furia *f*
Furnier [fʊr'niːɐ̯] <-s, -e> *nt* TEC [foglio *m* per] impiallacciature *f*
furnieren [fʊr'niːrən] <ohne ge-> *vt* TEC impiallacciare
Furore [fu'roːrə] <-> *f kein Pl.* **~ machen** far furore *fam*
Fürsorge ['fyːɐ̯zɔrgə] <-> *f kein Pl.* ① *(Betreuung)* cure *f pl,* sollecitudine *f* ② *(Sozialhilfe)* assistenza *f; (Sozialamt)* previdenza *f* sociale, ufficio *m* di assistenza sociale; **von der ~ leben** vivere della previdenza sociale
Fürsorgeamt *nt* CH *(Sozialamt)* ufficio *m* d'assistenza sociale
fürsorglich *adj* premuroso
Fürsprache <-, -n> *f* intercessione *f;* **~ für jdn bei jdm einlegen** intercedere per qu presso qu
Fürsprech <-s, -e> *m* CH avvocato *m*
Fürsprecher(in) *m(f)* ① *(jd der jds Interessen vertritt)* intercessore, -ceditrice *m, f* ② CH *(Rechtsanwalt)* avvocato, -essa *m, f*
Fürst(in) ['fʏrst] <-en, -en; -, -nen> *m(f)* principe, -essa *m, f*
Fürstenhaus *nt* famiglia *f* [*o* dinastia *f*] principesca
Fürstentum <-s, Fürstentümer> *nt* principato *m*
Fürstin *f s.* **Fürst**
fürstlich **I.** *adj* principesco **II.** *adv* da principe
Furt [fʊrt] <-, -en> *f* guado *m*

Furunkel [fu'rʊŋkəl] <-s, -> *m o nt* MED foruncolo *m*
Fürwort <-(e)s, -wörter> *nt* LING pronome *m*
Furz [fʊrts] <-es, Fürze> *m (vulg)* peto *m,* scor[r]eggia *f*
furzen *vi (vulg)* fare un peto *vulg,* scor[r]eggiare *vulg*
Fusel ['fu:zəl] <-s, -> *m (fam)* ❶ acquavite *f* di qualità scadente ❷ A vino *m* di qualità scadente
Fusion <-, -en> *f* fusione *f*
fusionieren [fuzi̯o'ni:rən] <ohne ge-> **I.** *vt* fondere **II.** *vi* fondere
Fusionsreaktor *m* PHYS reattore *m* [nucleare] a fusione
Fuß [fu:s] <-es, Füße> *m* piede *m; (Tiere)* zampa *f;* **zu ~ gehen** andare a piedi; **gut/schlecht zu ~ sein** essere un buon/cattivo camminatore; **bei ~!** al passo!; **am ~e des Berges** ai piedi della montagna; **[festen] ~ fassen** prender piede; **kalte Füße bekommen** *(fig fam)* tirarsi indietro [da un'impresa]; **sich** *dat* **die Füße vertreten** sgranchirsi le gambe *fam;* **auf dem ~e folgen** stare alla calcagna; **auf großem ~[e] leben** fare una vita da gran signore; **auf eigenen Füßen stehen** essere indipendente; **jdn auf freien ~ setzen** mettere qu in libertà; **mit jdm auf gutem ~ stehen** essere in buoni rapporti con qu; **jdn/etw mit Füßen treten** *(fig)* trattare male qu/qc; **alle Männer lagen ihr zu Füßen** aveva tutti gli uomini ai suoi piedi; **du bist wohl heute mit dem linken ~ zuerst aufgestanden?** *(fam)* oggi ti sei alzato col piede sbagliato!
Fußabdruck <-(e)s, -drücke> *m* orma *f,* impronta *f* del piede
Fußangel *f* tagliola *f*
Fußbad *nt* pediluvio *m,* bagno *m* ai piedi
Fußball *m* SPORT ❶ *(Spiel)* [gioco *m* del] calcio *m* ❷ *(Ball)* pallone *m*
Fußballer(in) <-s, -; -, -nen> *m(f) (fam)* calciatore, -trice *m, f*
Fußballfan *m* tifoso *m* di calcio
Fußballmannschaft *f* squadra *f* di calcio
Fußballplatz *m* campo *m* di calcio
Fußballspiel *nt* partita *f* di calcio
Fußballspieler(in) *m(f)* calciatore, -trice *m, f*
Fußballstadion *nt* stadio *m*
Fußballverein *m* SPORT società *f* calcistica
Fußballweltmeisterschaft *f* campionato *m* mondiale di calcio
Fußbank <-, -bänke> *f* poggiapiedi *m*
Fußboden *m* pavimento *m*
Fußbodenbelag *m* rivestimento *m* del pavimento
Fußbodenheizung *f* riscaldamento *m* a terra
Fußbreit <-, -> *m* larghezza *f* di un passo; **keinen ~ weichen** non cedere di un passo
Fußbremse *f* AUTO freno *m* a pedale
Fussel ['fʊsəl] <*f*-, -n *o m* -s, -(n)> *f o m (fam)* filuzzo *m,* peluzzo *m*
fusselig *adj* sfilacciato; **sich** *dat* **den Mund ~ reden** *(fam)* sprecare il fiato
fusseln *vi* sfilacciarsi, fare fili, fare lanugine
fußen ['fu:sən] *vi* **auf etw** *akk* **~** basarsi su qc
Fußende <-s, -n> *nt (von Bett)* piedi *mpl* del letto
Fußgänger(in) ['fu:sgɛŋɐ] <-s, -; -, -nen> *m(f)* pedone, -a *m, f*
Fußgängerbrücke *f* ponte *m* pedonale
Fußgängerstreifen *m* CH strisce *fpl* pedonali
Fußgängerübergang *m* strisce *fpl* pedonali
Fußgängerüberweg <-(e)s, -e> *m* strisce *fpl* pedonali
Fußgängerzone *f* zona *f* pedonale
Fußgelenk *nt* articolazione *f* del piede
Fußkettchen *nt* cavigliera *f*
Fußmatte *f* stoino *m,* zerbino *m*
Fußnote *f* nota *f* in calce
Fußpflege *f* pedicure *m*
Fußpfleger(in) *m(f)* pedicurista *mf*
Fußpilz *m kein Pl.* MED micosi *f* del piede
Fußreflexzonenmassage *f* riflessologia *f* plantare
Fußschaltung *f* MOT comando *m* del cambio a pedale
Fußsohle *f* pianta *f* del piede
Fußspitze *f* punta *f* del piede
Fußspur *f* orma *f* [del piede]
Fußtapfen ['fu:stapfən] <-s, -> *m* orma *f* del piede; **in jds ~** *akk* **treten** *(fig)* seguire le orme di qu
Fußtritt *m* calcio *m,* pedata *f; (fig)* schiaffo *m* morale
Fußvolk <-(e)s> *nt kein Pl.* ❶ MIL fanteria *f,* infanteria *f* ❷ *(pej: breite Masse)* massa *f,* marmaglia *f*
Fußweg *m* ❶ *(Weg)* strada *f* pedonale ❷ *(Entfernung)* cammino *m;* **bis zu uns sind es nur 5 Minuten ~** fino a casa nostra sono solo 5 minuti a piedi
futsch [fʊtʃ] *adj (fam)* perduto, sparito
Futter[1] ['fʊtɐ] <-s> *nt kein Pl. (Fressen)* foraggio *m,* pastura *f; (für kleinere Haustiere)* becchime *m,* mangime *m*
Futter[2] <-s, -> *nt (von Kleidungsstücken)* fodera *f;* TEC rivestimento *m*
Futteral <-s, -e> *nt* astuccio *m; (Brillen~)* custodia *f*

futtern ['fʊtɐn] *vi (fam)* rimpinzarsi
füttern ['fʏtɐn] *vt* ① *(Säugling, Kranke)* imboccare ② *(Tier)* dare da mangiare a ③ INFORM *(Daten)* immettere ④ *(Kleidungsstück)* foderare
Futternapf *m* scodella *f*
Futterneid *m* ① *(Tiere)* invidia *f* del cibo altrui ② *(fam)* gelosia *f*, invidia *f*
Futterpflanze *f* pianta *f* foraggiera
Fütterung ['fʏtərʊŋ] <-, -en> *f* dare *m* da mangiare
Futterzusatz *m* AGR additivo *m*
Futur [fu'tuːɐ̯] <-s, -e> *nt* LING futuro *m*
Futurismus [futu'rɪsmʊs] <-> *m kein Pl.* LIT, KUNST futurismo *m*
futuristisch *adj* futurista

Gg

g *Abk. von* **Gramm** g
G, g [geː] <-, -(s)> *nt* ① *(Buchstabe)* G *f*, g *f*; **G wie Gustav** G come Genova ② MUS sol *m*; **G-Dur** sol maggiore; **g-Moll** sol minore
G7-Gipfeltreffen [geː'ziːbən-] *nt* vertice *m* G7
G8-Staaten [geː'axt-] *pl* stati *pl* del G8
gab [gaːp] *1. u. 3. Pers. Sing. Imp. von* **geben**
Gabe ['gaːbə] <-, -n> *f* ① *(Geschenk)* dono *m*; *(Opfer~)* offerta *f*; *(milde ~)* carità *f*, piccola offerta *f* ② *(Talent)* dote *f*, dono *m*
Gabel ['gaːbəl] <-, -n> *f* ① *(Ess~)* forchetta *f* ② TEC *(von Telefon, Ast~, Rad~)* forcella *f* ③ AGR *(Heu~, Mist~)* forcone *m* ④ *(Straßen~)* biforcazione *f*
Gabelfrühstück *nt* GASTR *obs) tarda colazione*
gabeln ['gaːbəln] *vr:* **sich ~** biforcarsi
Gabelstapler *m* TEC [carrello *m*] elevatore *m* a forca
Gabelung <-, -en> *f* biforcazione *f*, ramificazione *f*
gackern ['gakɐn] *vi* ① *(Henne)* schiamazzare ② *(fam fig: schwatzen)* chiacchierare, cicalare
gaffen ['gafən] *vi (pej)* guardare a bocca aperta
Gaffer(in) <-s, -; -, -nen> *m(f) (pej)* curioso, -a *m, f*
Gag [gɛk] <-s, -s> *m* gag *m*
Gage ['gaːʒə] <-, -n> *f* FILM, THEAT cachet *m*, compenso *m*
gähnen ['gɛːnən] *vi* sbadigliare
Gala ['ga(ː)la] <-> *f kein Pl.* **in ~** in gran gala, in ghingheri *fam*
galaktisch [ga'laktɪʃ] *adj* galattico
galant [ga'lant] *adj* galante, cavalleresco
Galavorstellung <-, -en> *f* serata *f* di gala
Galaxie [gala'ksiː] <-, -n> *f* galassia *f*
Galeere [ga'leːrə] <-, -n> *f* galera *f*
Galeerensklave *m* galeotto *m*
Galerie [galə'riː] <-, -n> *f* ① ARCH, KUNST, THEAT galleria *f* ② *bes.* A, CH *(Tunnel)* galleria *f*, tunnel *m*
Galerist(in) [galə'rɪst] <-en, -en; -, -nen> *m(f)* gallerista *mf*
Galgen ['galgən] <-s, -> *m* ① *(zur Hinrichtung)* patibolo *m* ② *(für Mikrofon)* giraffa *f*
Galgenfrist *f* ultima dilazione *f*, breve periodo *m* di respiro
Galgenhumor *m* umorismo *m* nero
Galionsfigur [ga'li̯oːnsfiguːɐ̯] *f* NAUT polena *f*
Gallapfel *m* BOT galla *f*
Galle ['galə] <-, -n> *f* ① *(Organ)* cistifellea *f*; *(Flüssigkeit)* bile *f*, fiele *m* ② *(fig: Bosheit)* rabbia *f*, collera *f*
gallenbitter ['galən'bɪtɐ] *adj* amaro come il fiele
Gallenblase *f* cistifellea *f*
Gallenkolik *f* colica *f* biliare
Gallenleiden *nt* MED affezione *f* biliare
Gallenstein *m* calcolo *m* biliare
Gallert ['galɐt *o* ga'lɛrt] <-(e)s, -e> *nt* gelatina *f*, glutine *m*
gallertartig *adj* gelatinoso
Gallerte <-, -n> *f* gelatina *f*, glutine *m*
Galopp [ga'lɔp] <-s, -s *o* -e> *m* galoppo *m*; **im ~** al galoppo
galoppieren [galɔ'piːrən] <ohne ge-> *vi sein* galoppare, andare al galoppo
galt [galt] *1. u. 3. Pers. Sing. Imp. von* **gelten**
Galvanisation [galvaniza'tsi̯oːn] <-> *f kein Pl.* galvanizzazione *f*
galvanisch [gal'vaːnɪʃ] *adj* galvanico
galvanisieren [galvani'ziːrən] <ohne ge-> *vt* galvanizzare
Gamasche [ga'maʃə] <-, -n> *f* ghetta *f*; *(hohe)* gambale *m*
Gameboy® ['gɛimbɔi] <-(s), -s> *m* gameboy® *m*, giochetto *m* elettronico

G

Game-Show *f* TV quiz *m* televisivo; **eine ~ leiten** condurre un quiz televisivo
Gamma ['gama] <-(s), -s> *nt* gamma *mf*
Gammastrahlen *mpl* PHYS, MED raggi *mpl* gamma
Gammastrahlung *f kein Pl.* PHYS emissione *f* [di] raggi gamma
gammelig ['gam(e)lɪç] *adj (fam: Esswaren)* avariato; *(Äußeres)* trasandato
gammeln ['gaməln] *vi* ① *(Esswaren)* marcire ② *(fam pej)* fare il capellone
Gammler(in) <-s, -; -, -nen> *m(f) (fam pej)* capellone, -a *m, f*
Gämsbock <-s, -böcke> *m* camoscio *m*
Gämse ['gɛmzə] <-, -n> *f* ZOO camozza *f*
gang [gaŋ] *adj* **~ und gäbe** corrente, in uso
Gang [gaŋ] <-(e)s, Gänge> *m* ① *(~art)* andatura *f*, modo *m* di camminare ② *(Besorgung)* commissione *f* ③ *(fig: Verlauf)* moto *m*, corso *m*; *(von Geschäften)* andamento *m*; **seinen ~ gehen** seguire il proprio corso; **in ~ bringen** avviare, mettere in moto; **in vollem ~[e]** in pieno corso ④ MOT marcia *f*; TEC *(von Maschine)* funzionamento *m*; **in den ersten/zweiten ~ schalten** MOT innestare la prima/seconda ⑤ *(Flur)* corridoio *m*; *(offener Durch~)* passaggio *m*; *(zwischen Sitzreihen)* corsia *f*; *(in Kirche)* navata *f* ⑥ BOT, ANAT canale *m*, condotto *m* ⑦ MIN vena *f*, filone *m* ⑧ SPORT ripresa *f*; *(Fechten)* assalto *m* ⑨ GASTR piatto *m*, portata *f*
Gangart *f* passo *m*, andatura *f*
gangbar *adj* praticabile, adottabile
gängeln ['gɛŋəln] *vt (fam pej)* tenere al guinzaglio
gängig ['gɛŋɪç] *adj* ① *(gebräuchlich)* in uso, comune ② *(Ware)* richiesto
Gangschaltung *f* MOT cambio *m* di marcia
Gangster ['gɛŋstɐ] <-s, -> *m* gangster *m*, malvivente *m*
Gangway ['gæŋweɪ] <-, -s> *f* AERO, NAUT passerella *f*
Ganove [ga'no:və] <-n, -n> *m (fam)* malfattore *m*, furfante *m*
Gans [gans] <-, Gänse> *f* oca *f*; **dumme ~!** *(Schimpfwort)* imbecille, ebete
Gänseblümchen ['gɛnzəbly:mçən] <-s, -> *nt* BOT margheritina *f*, pratolina *f*
Gänsefüßchen *ntpl (fam)* virgolette *fpl*
Gänsehaut *f* pelle *f* d'oca
Gänseklein <-s> *nt kein Pl.* GASTR rigaglie *fpl* d'oca
Gänseleberpastete *f* GASTR pasticcio *m* di fegato d'oca
Gänsemarsch *m* **im ~ gehen** camminare in fila indiana
Gänserich ['gɛnzərɪç] <-s, -e> *m* maschio *m* dell'oca
Gänseschmalz *nt* grasso *m* d'oca
ganz [gants] **I.** *adj* ① *(gesamt)* tutto, intero; *(vollständig)* completo; **die ~e Belegschaft** tutti i dipendenti; **mein ~es Geld** tutti i miei soldi; **ein ~er Kuchen** un dolce intero; **eine ~e Menge** un bel po' *fam;* **die ~e Zeit** *(andauernd)* continuamente; **im Ganzen genommen** tutto sommato, in fondo ② *(fam: unbeschädigt)* intero, intatto; **etw wieder ~ machen** *(fam)* aggiustare qc, mettere qc a posto **II.** *adv* ① *(völlig)* completamente, del tutto; **~ allein** tutto solo, solo soletto *fam;* **~ gewiss** certamente, sicuramente; **~ und gar** del tutto, assolutamente; **~ und gar nicht** per niente, nient'affatto; **ich bin ~ Ihrer Meinung** la penso esattamente come Lei; **~ genau!** esattamente!; **~ richtig!** esatto!, giusto! ② *(vollständig)* completamente, del tutto; **~ vorn/hinten** molto avanti/indietro; **nicht ~** non completamente, non del tutto; **~ wie Sie meinen** come crede ③ *(ziemlich)* abbastanza; **das Wetter war ~ schön** il tempo era abbastanza bello ④ *(sehr)* molto; **~ wenig** pochissimo; **~ viel** moltissimo
Ganze <ein -s, -n> *nt kein Pl.* intero *m*, tutto *m*; **nichts ~s und nichts Halbes** né carne né pesce; **aufs ~ gehen** *(fam)* tentare il tutto per tutto; **es geht ums ~** è in gioco tutto; **das ~ ist sehr unerfreulich** il tutto è proprio poco piacevole
Gänze ['gɛntsə] <-> *f kein Pl.* **zur ~** completamente, del tutto
Ganzheit <-, -en> *f (Einheit)* tutto *m*, totalità *f*; *(Vollständigkeit)* completezza *f*, interezza *f*
ganzheitlich *adj* complessivo
ganzjährig *adv* tutto l'anno
gänzlich ['gɛntslɪç] *adv* completamente, del tutto
ganzseitig *adj* a tutta pagina
ganztägig ['gantstɛ:gɪç] *adj o adv* full time
Ganztagsschule *f* scuola *f* a tempo pieno
gar [ga:ɐ̯] **I.** *adj* ① *(Speise)* cotto, pronto ② SÜDD, A *(fam: Geld)* esaurito, finito **II.** *adv (so~)* addirittura, persino; *(vor Negationen)* non … affatto; *(etwa)* magari, forse; *(nicht etwa: vor Negationen)* mica; **~ keiner** nessuno; **~ kein** non … affatto; **~ nicht** per niente, nient'affatto; **[rein] ~ nichts** proprio nulla, niente di niente *fam*
Garage [ga'ra:ʒə] <-, -n> *f* [auto]rimessa *f*, garage *m*
Garant [ga'rant] <-en, -en> *m* garante *mf*
Garantie [garan'ti:] <-, -n> *f* garanzia *f*;

die ~ für etw übernehmen assumersi la garanzia per qc

garantieren [garan'tiːrən] <ohne ge-> *vi, vt* garantire

Garantieschein *m* certificato *m* di garanzia

Garaus ['gaːɐʔaʊs] *m* **jdm den ~ machen** *(scherz)* far fuori qu

Garbe ['garbə] <-, -n> *f* ① BOT *(Getreide~)* covone *m* ② TEC *(Geschoss~)* raffica *f*

Garçonnière [garsɔ'niɛːrə] <-, -n> *f* A *(Einzimmerwohnung)* monolocale *m*

Gardasee ['gardazeː] *m* lago *m* di Garda

Garde ['gardə] <-, -n> *f* guardia *f*

Garderobe [gardə'roːbə] <-, -n> *f* guardaroba *f*

Garderobenfrau *f* guardarobiera *f*

Garderobenmarke *f* marchetta *f* guardaroba

Garderobenständer *m* attaccapanni *m*

Gardine [gar'diːnə] <-, -n> *f* tenda *f*, cortina *f*; **hinter schwedischen ~n sitzen** *(fam scherz)* stare al fresco

Gardinenpredigt *f (fam)* ramanzina *f*

Gardinenstange *f* asta *f* delle tende

Gardist [gar'dɪst] <-en, -en> *m* MIL soldato *m* della guardia

garen ['gaːrən] *vt* GASTR finire di cuocere a fuoco lento

gären ['gɛːrən] <gärt, gärte *o* gor, gegärt *o* gegoren> *vi haben o sein* fermentare, essere in fermentazione

Garn [garn] <-(e)s, -e> *nt* filato *m*, filo *m*

Garnele [gar'neːlə] <-, -n> *f* gamberetto *m*

garnieren [gar'niːrən] <ohne ge-> *vt* **etw** [**mit etw**] ~ guarnire qc [con qc]

Garnison [garni'zoːn] <-, -en> *f* MIL *(Standort)* guarnigione *f*; *(Besatzung)* presidio *m*

Garnitur [garni'tuːɐ̯] <-, -en> *f (zusammengehörige Teile)* insieme *m*, completo *m*; *(von Bettwäsche)* parure *f*; *(von Knöpfen)* serie *f*; **die erste ~** *(fig)* la prima scelta

Garnknäuel <-s, -> *m o nt* gomitolo *m* di filo

Garnrolle *f* rocchetto *m* di filato

garstig ['garstɪç] *adj* ① *(hässlich)* brutto; *(abstoßend)* schifoso ② *(böse)* cattivo

Garten ['gartən] <-s, Gärten> *m* giardino *m*; *(Nutz~)* orto *m*; *(Obst~)* frutteto *m*; **zoologischer ~** giardino zoologico, zoo; **botanischer ~** ortobotanico

Gartenarbeit *f* lavoro *m* di giardinaggio

Gartenbau *m* giardinaggio *m*; *(von Nutzgärten)* orticoltura *f*

Gartenfest *nt* festa *f* in giardino, garden-party *m*

Gartengerät *nt* attrezzo *m* da giardino

Gartenhaus *nt* padiglione *m* nel giardino

Gartenlaube *f* pergola *f*, pergolato *m*; *(Haus)* capanno *m*

Gartenmesser *nt* roncola *f*

Gartenmöbel *ntpl* mobili *mpl* da giardino

Gartenschau *f* rassegna *f* di giardinaggio

Gartenschere *f* cesoie *fpl* per potare, forbici *fpl* da giardiniere

Gartenschlauch *m* sistola *f* [per innaffiare]

Gartensitzplatz *m* CH *(Terrasse)* terrazza *f* sul giardino

Gartenzaun *m* recinto *m* del giardino

Gartenzwerg *m* nanetto *m* [per ornamento di giardini]

Gärtner(in) ['gɛrtnɐ] <-s, -; -, -nen> *m(f)* giardiniere, -a *m, f*

Gärtnerei [gɛrtnə'raɪ] <-, -en> *f* ① *(Unternehmen)* azienda *f* di floricoltura ② *(Gartenbau)* giardinaggio *m*

Gärtnerin *f s.* **Gärtner**

Gärung ['gɛːrʊŋ] <-, -en> *f* fermentazione *f*

Garzeit *f* tempo *m* di cottura

Gas [gaːs] <-es, -e> *nt* gas *m*; **~ geben** MOT accelerare; **~ wegnehmen** MOT decelerare

Gasanzünder *m* accendigas *m*

Gasbeleuchtung *f* illuminazione *f* a gas

Gasbrenner *m* becco *m* a gas

Gasfeuerzeug *nt* accendino *m* a gas

Gasflasche *f* bombola *f* del gas

gasförmig *adj* gassoso

Gashahn *m* rubinetto *m* del gas

Gashebel *m* pedale *m* [*o* leva *f*] del gas, chiavetta *f*

Gasheizung *f* riscaldamento *m* a gas

Gasherd *m* fornello *m* a gas

Gaskammer *f* camera *f* a gas

Gaskocher *m* fornello *m* a gas

Gaslampe *f* lampada *f* a gas

Gasleitung *f* conduttura *f* del gas

Gaslieferung *f* distribuzione *f* di gas

Gasmann *m* letturista *m* [del gas]

Gasmaske *f* maschera *f* antigas

Gasofen *m* stufa *f* a gas

Gasometer [gazo'meːtɐ] *m* gasometro *m*

Gaspedal *nt* MOT pedale *m* dell'acceleratore

Gaspistole *f* pistola *f* a gas

Gasrohr *nt* tubo *m* del gas

Gasse ['gasə] <-, -n> *f* viuzza *f*, vicolo *m*; **etw über die ~ verkaufen** A vendere qc da portar via

Gast [gast] <-es, Gäste> *m* ospite *mf*, invitato, -a *m, f*; *(Tisch~)* convitato, -a *m, f*; *(Fremder)* forestiero, -a *m, f*; *(Besucher)* frequentatore, -trice *m, f*; *(in Gaststätte, Hotel)* cliente *mf*; *(in Pension)* pensionan-

G

te *mf;* **jdn zu ~ bitten** invitare qu; **bei jdm zu ~ sein, jds ~ sein** essere ospite di qu

Gastarbeiter(in) *m(f)* lavoratore, -trice *m, f* straniero, -a

Gästebett *nt* letto *m* degli ospiti

Gästebuch *nt* libro *m* degli ospiti

Gästezimmer *nt* camera *f* degli ospiti

gastfreundlich *adj* ospitale

Gastfreundschaft *f* ospitalità *f*

Gastgeber(in) *m(f)* ospite *mf,* ospitante *mf*

Gasthaus *nt,* **Gasthof** *m* locanda *f,* albergo *m*

Gasthörer(in) *m(f)* uditore, -trice *m, f*

gastieren [gas'tiːrən] <ohne ge-> *vi* fare una rappresentazione in una città forestiera; **ein Zirkus gastiert in der Stadt** la città ospita un circo (per un certo numero di rappresentazioni)

Gastland *nt* paese *m* ospitante

gastlich *adj* ospitale

Gastprofessor(in) *m(f)* professore, -essa *m, f* ospite

Gastritis [gas'triːtɪs] <-, Gastritiden> *f* MED gastrite *f*

Gastronomie [gastrono'miː] <-> *f kein Pl.* gastronomia *f*

gastronomisch *adj* gastronomico

Gastspiel *nt* THEAT rappresentazione *f* [di una compagnia ospite]; SPORT partita *f* in trasferta

Gaststätte *f* ristorante *m,* trattoria *f*

Gaststube *f* sala *f* [da pranzo]

Gastwirt(in) *m(f)* oste *mf; (Schankwirt)* albergatore, -trice *m, f; (Speisewirt)* gestore, -trice *m, f* di una trattoria

Gastwirtschaft *f s.* **Gaststätte**

Gasuhr *f* contatore *m* del gas

Gasvergiftung *f* avvelenamento *m* da gas

Gasversorgung *f kein Pl.* erogazione *f* del gas

Gaswerk *nt* officina *f* del gas

Gatsch <-es, -> *m* A *(Schlamm)* fango *m,* melma *f*

GATT [gat] <-> *nt* POL, WIRTSCH *Abk. von* **General Agreement on Tariffs and Trade** (**Allgemeines Zoll- und Handelsabkommen**) GATT *m*

Gatte ['gatə] <-n, -n> *m (geh, form)* coniuge *m*

Gatter ['gatɐ] <-s, -> *nt* recinto *m,* steccato *m*

Gattin ['gatɪn] <-, -nen> *f (geh, form)* coniuge *f*

Gattung ['gatʊŋ] <-, -en> *f* genere *m;* BIOL specie *f*

GAU [gaʊ] <-s> *m kein Pl. Abk. von* **größter anzunehmender Unfall** *supposta massima gravità di incidente*

Gaudi ['gaʊdi] <-> *f kein Pl. (fam)* spasso *m,* divertimento *m*

Gaul [gaʊl] <-(e)s, Gäule> *m (pej)* ronzino *m*

Gaumen ['gaʊmən] <-s, -> *m* ANAT palato *m*

Gauner(in) ['gaʊnɐ] <-s, -; -, -nen> *m(f)* ① *(Betrüger)* imbroglione, -a *m, f,* truffatore, -trice *m, f* ② *(fam: durchtriebener Mensch)* furfante *mf*

Gaunerei [gaʊnə'raɪ] <-, -en> *f* imbroglio *m*

Gaunerin *f s.* **Gauner**

Gazastreifen ['gaːzaʃtraɪfən] <-s> *m* striscia *f* di Gaza

Gaze ['gaːzə] <-, -n> *f* garza *f*

Gazelle [ga'tsɛlə] <-, -n> *f* gazzella *f*

GB *Abk. von* **Gigabyte** GB

geb. *Abk. von* **geboren** n.

Gebäck [gə'bɛk] <-(e)s, -e> *nt* biscotti *mpl,* paste *fpl,* dolci *mpl*

gebacken [gə'bakən] *PP von* **backen**

Gebälk [gə'bɛlk] <-(e)s, *rar:* -e> *nt* impalcatura *f;* ARCH travatura *f*

geballt [gə'balt] *adj (Faust)* serrato, chiuso; *(fig: Energie, Ladung)* concentrato

gebannt [gə'bant] *adj* incantato

gebar [gə'baːɐ̯] *1. u. 3. Pers. Sing. Imp. von* **gebären**

Gebärde [gə'bɛːɐ̯də] <-, -n> *f* gesto *m*

gebärden <ohne ge-> *vr:* **sich ~** atteggiarsi

Gebärdensprache *f* linguaggio *m* gestuale

gebären [gə'bɛːrən] <gebärt *o* gebiert, gebar, geboren> *vt* partorire; **geboren werden** nascere, essere nato

Gebärmutter *f* ANAT utero *m*

Gebärmutterkrebs <-es, -e> *m* MED cancro *m* all'utero, tumore *m* uterino

gebauchpinselt [gə'baʊxpɪnzəlt] *adj (scherz)* **sich ~ fühlen** *(geschmeichelt)* sentirsi lusingato

Gebäude [gə'bɔɪdə] <-s, -> *nt* ① *(Bau)* edificio *m,* fabbricato *m* ② *(fig: Aufbau)* sistema *m*

Gebäudekomplex *m* caseggiato *m*

gebaut *adj* **gut ~** *(Mensch)* ben fatto

Gebeine [gə'baɪnə] *ntpl (geh)* ossa *fpl; (eines Toten)* resti *mpl*

Gebell [gə'bɛl] <-(e)s> *nt kein Pl.* abbaio *m*

geben ['geːbən] <gibt, gab, gegeben> **I.** *vt* ① dare; *(reichen)* porgere; **jdm etw ~** dare qc a qu; *(schenken)* regalare qc a qu; **jdm jdn ~** *(beim Telefonieren)* passare qu a qu; **viel/nicht viel auf etw** *akk* **~** tenere molto/non molto a qc; **etw von sich** *dat* **~** *(Laut)* proferire; *(Meinung)* esprimere; *(Lebenszeichen)* dare; **zu denken ~** dare da pensare; **zu verstehen ~** far capire; **ich gäbe viel darum zu** *+inf* darei molto per …; **~ Sie mir bitte ein Pfund Äpfel** mi dia mezzo chilo di mele, per favore; **~ Sie mir bitte Frau Schwarz** mi passi la signora Schwarz, per favore ② *(gewähren)* dare; *(Rabatt)* fare ③ *(ergeben)* dare come risultato, produrre ④ *(veranstalten)* dare; TV dare, trasmettere ⑤ *(unterrichten)* insegnare; *(Unterricht)* dare ⑥ *(unpersönlich)* **es gibt jemanden, der …** c'è qualcuno che …; **es wird Regen ~** pioverà; **es wird Ärger ~** ci saranno noie; **was gibt's [Neues]?** che c'è [di nuovo]?; **was gibt's im Kino?** che cosa danno al cinema?; **das gibt's [doch] nicht** non è possibile; **gleich gibt's was!** *(fam)* presto ci saranno guai **II.** *vi (Karten ~)* distribuire, dare; SPORT *(Aufschlag haben)* servire, battere; **wer gibt?** chi distribuisce? **III.** *vr:* **sich ~** ① *(nachlassen: Kälte, Eifer, Wut)* diminuire; *(Schmerzen)* calmarsi, placarsi; *(aufhören: Probleme)* smettere; **das wird sich schon ~** la cosa si risolverà ② *(sich benehmen)* comportarsi; **sich gelassen/heiter ~** mostrarsi tranquillo/sereno; **sich geschlagen ~** darsi per vinto; **sich zu erkennen ~** farsi riconoscere

Geber(in) <-s, -; -, -nen> *m(f)* donatore, -trice *m, f; (bes. in Zusammensetzungen)* datore, -trice *m, f*

Geberkonferenz *f* conferenza *f* dei paesi contribuenti

Geberland *nt* paese *m* contribuente

Geberlaune *f* **in ~ sein** essere in vena di dare

Gebet [gəˈbeːt] <-(e)s, -e> *nt* REL preghiera *f*

Gebetbuch *nt* libro *m* delle preghiere

gebeten [gəˈbeːtən] *PP von* **bitten**

gebiert [gəˈbiːɐ̯t] *3. Pers. Sing. Präs. von* **gebären**

Gebiet [gəˈbiːt] <-(e)s, -e> *nt* ① *(Region)* regione *f*, zona *f;* ADM, POL territorio *m* ② *(fig: Fach~)* campo *m*, materia *f; (Bereich)* sfera *f;* **auf dem ~ der Technik** in campo tecnico

gebieten [gəˈbiːtən] <gebietet, gebot, geboten> *vt (geh: verlangen)* richiedere

Gebieter(in) <-s, -; -, -nen> *m(f)* dominatore, -trice *m, f;* HIST *(Regent)* sovrano, -a *m, f*, signore, -a *m, f*

gebieterisch *adj (geh)* imperioso

Gebietsanspruch *m* rivendicazione *f* territoriale

Gebietskrankenkasse *f* A Azienda *f* Sanitaria Locale

Gebilde [gəˈbɪldə] <-s, -> *nt (Gegenstand)* cosa *f*, oggetto *m; (Form)* forma *f; (Schöpfung)* creazione *f; (Konstruktion)* costruzione *f; (Einrichtung)* arredamento *m; (der Fantasie)* frutto *m*

gebildet *adj* colto, istruito

Gebinde [gəˈbɪndə] <-s, -> *nt (Blumen~)* mazzo *m; (Kranz)* ghirlanda *f*

Gebirge [gəˈbɪrgə] <-s, -> *nt* montagna *f;* **im/ins ~** in montagna

gebirgig *adj* montuoso

Gebirgsjäger *m* MIL alpino *m*, cacciatore *m* delle Alpi

Gebirgsmassiv *nt* massiccio *m*

Gebirgszug *m* catena *f* di monti

Gebiss [gəˈbɪs] <-es, -e> *nt (natürliches)* dentatura *f*, denti *mpl; (künstliches)* dentiera *f; (am Pferdezaum)* morso *m*

gebissen [gəˈbɪsən] *PP von* **beißen**

Gebläse [gəˈblɛːzə] <-s, -> *nt* MOT ventilatore *m*

geblasen [gəˈblaːzən] *PP von* **blasen**

geblieben [gəˈbliːbən] *PP von* **bleiben**

geblümt [gəˈblyːmt] *adj* a fiori, fiorito

Geblüt [gəˈblyːt] <-(e)s> *nt kein Pl. (geh)* indole *f*

gebogen [gəˈboːgən] **I.** *PP von* **biegen** **II.** *adj* piegato, curvo

geboren [gəˈboːrən] **I.** *PP von* **gebären** **II.** *adj* nato; **~er Deutscher** tedesco di nascita; **Frau X, ~e Y** la signora X, nata Y; **zu etw ~ sein** essere nato per qc; **sie ist die ~e Lehrerin** è nata per fare l'insegnante; **wann/wo sind Sie ~?** quando/dov'è nato?

geborgen [gəˈbɔrgən] **I.** *PP von* **bergen** **II.** *adj* al sicuro; **~ vor jdm/etw sein** essere al sicuro da qu/qc; **sich [bei jdm] ~ fühlen** sentirsi sicuro [da qu]

Geborgenheit <-> *f kein Pl.* sicurezza *f*, intimità *f*

geborsten [gəˈbɔrstən] *PP von* **bersten**

Gebot [gəˈboːt] <-(e)s, -e> *nt* ① *(Befehl)* comando *m*, ordine *m* ② REL comandamento *m; (gesetzlich)* precetto *m;* **die Zehn ~e** REL i dieci comandamenti ③ *(bei Auktion)* offerta *f*

geboten [gəˈboːtən] **I.** *PP von* **bieten**, **gebieten** **II.** *adj (dringend)* urgente; *(angezeigt)* indicato

Gebr. *Abk. von* **Gebrüder** F.lli

gebracht [gəˈbraxt] *PP von* **bringen**

gebrannt [gəˈbrant] **I.** *PP von* **brennen** **II.** *adj* **~e Mandeln** mandorle tostate; **ein ~es Kind scheut das Feuer** *(prov)* can scottato all'acqua calda ha paura della fredda

gebraten [gəˈbraːtən] *PP von* **braten**

Gebrauch [gəˈbraʊx] *m* ① *Sing. (Anwendung)* uso *m*, impiego *m;* **außer ~** fuori uso; **in ~** in uso; **vor ~ schütteln** agitare

G

prima dell'uso; **von etw ~ machen** usare qc ② *(Brauch)* usanza *f,* costume *m;* **Sitten und Gebräuche** usi e costumi

gebrauchen <ohne ge-> *vt* utilizzare, usare; **noch gut zu ~ sein** essere ancora utilizzabile; **zu nichts zu ~ sein** non essere buono a nulla; **nicht mehr zu ~** inservibile; **das könnte ich gut ~** mi farebbe comodo *fam*

gebräuchlich [gəˈbrɔɪçlɪç] *adj (üblich)* usato, in uso; *(Ausdruck)* corrente; *(gewöhnlich)* comune, usuale; **~ sein** essere in uso; **nicht mehr ~** fuori uso

Gebrauchsanweisung *f* istruzione *f* per l'uso

Gebrauchsartikel *m* articolo *m* di prima necessità

gebrauchsfertig *adj* pronto per l'uso

Gebrauchsgegenstand *m* oggetto *m* d'uso comune

gebraucht [gəˈbraʊxt] *adj* usato; *(Kleider)* smesso; **etw ~ kaufen** comprare qc di seconda mano

Gebrauchtwagen *m* automobile *f* usata

Gebrechen [gəˈbrɛçən] <-s, -> *nt* malanno *m,* infermità *f*

gebrechlich *adj (schwächlich)* malaticcio, debole; *(altersschwach)* decrepito

Gebrechlichkeit <-> *f kein Pl.* debolezza *f,* infermità *f; (Altersschwäche)* decrepitezza *f*

gebrochen [gəˈbrɔxən] I. *PP von* **brechen** II. *adj* ① *(Mensch)* affranto, abbattuto; *(Stimme)* rotto, spezzato ② *(fehlerhaft)* stentato; **~ Deutsch sprechen** parlare tedesco stentatamente ③ *(Farbe)* spento

Gebrüder [gəˈbryːdɐ] *pl* fratelli *mpl*

Gebrüll [gəˈbrʏl] <-(e)s> *nt kein Pl. (von Rind)* muggito *m; (von Menschen)* grida *fpl,* urli *mpl; (von wildem Tier)* ruggito *m*

Gebühr [gəˈbyːɐ̯] <-, -en> *f meist Pl. (Abgabe)* tassa *f; (Telefon~)* tariffa *f; (Fernseh~, Rundfunk~)* canone *m; (Straßenbenutzungs~)* pedaggio *m; (Beitrag)* contributo *m,* quota *f; (Vermittlungs~)* provvigione *f; (Honorar)* onorario *m,* competenze *fpl;* **~ bezahlt Empfänger** tassa a carico del destinatario

gebühren [gəˈbyːrən] <ohne ge-> *vi (geh)* **jdm ~** spettare a qu, essere dovuto a qu

gebührend *adj* ① *(verdient)* dovuto, meritato ② *(gehörig)* conveniente

Gebühreneinheit *f* TEL scatto *m*

Gebührenerhöhung *f* aumento *m* delle tasse [*o* delle imposte]

Gebührenerlass *m* esenzione *f* dalle tasse, franchigia *f*

gebührenfrei *adj* esente da tasse; *(Postsendung)* franco di porto

Gebührenordnung *f* tariffario *m*

gebührenpflichtig *adj* soggetto a tassa, tassabile; *(Straße)* a pagamento

Gebührenzähler *m* contatore *m* telefonico, contascatti *m*

gebunden [gəˈbʊndən] I. *PP von* **binden** II. *adj* ① *(verpflichtet)* vincolato; **an jdn/etw ~ sein** essere vincolato a qu/qc; **zeitlich/vertraglich ~ sein** essere vincolato dal tempo/da un contratto ② COM *(Kapital)* vincolato; *(Preise)* controllato ③ *(Buch)* rilegato; *(Töne)* legato

Geburt [gəˈbuːɐ̯t] <-, -en> *f* ① *(das Geboren werden)* nascita *f;* **von ~ an** dalla nascita ② *(Entbindung)* parto *m;* **das war eine schwere ~** *(a. fig)* è stato un parto difficile ③ *(Abstammung, Ursprung)* origine *f;* **Deutscher von ~** tedesco di nascita

Geburtenknick *m* crollo *m* delle nascite

Geburtenkontrolle *f* controllo *m* delle nascite

Geburtenrate *f* tasso *m* di natalità

Geburtenregelung *f* controllo *m* delle nascite

Geburtenrückgang *m* diminuzione *f* delle nascite

geburtenschwach *adj* con basso tasso di natalità

geburtenstark *adj* con alto tasso di natalità

Geburtenüberschuss *m* eccedenza *f* delle nascite sui decessi

Geburtenziffer *f* natalità *f*

Geburtenzuwachs *m* aumento *m* delle nascite

gebürtig [gəˈbʏrtɪç] *adj* **~er Römer** romano di nascita; **aus Rom ~** nativo di Roma, nato a Roma

Geburtsanzeige *f (Karte)* partecipazione *f; (in Zeitung)* annuncio *m* di nascita

Geburtsdatum *nt* data *f* di nascita

Geburtsfehler *m* difetto *m* congenito

Geburtshaus *nt* casa *f* natale

Geburtshelfer(in) *m(f)* ostetrico, -a *m, f*

Geburtshilfe *f* ostetricia *f*

Geburtsjahr *nt* anno *m* di nascita

Geburtsort *m* luogo *m* di nascita

Geburtstag *m* ① *(Tag der Geburt)* data *f* di nascita ② *(Fest)* compleanno *m;* **jdm zum ~ gratulieren** fare a qu gli auguri per il compleanno; **herzlichen Glückwunsch zum ~!** tanti auguri di buon compleanno!

Geburtstagsgeschenk *nt* regalo *m* di compleanno

Geburtstagskarte *f* biglietto *m* d'auguri per il compleanno

Geburtstagskind *nt* festeggiato, -a *m, f* *(persona che compie gli anni)*
Geburtsurkunde *f* atto *m* di nascita
Gebüsch [gəˈbʏʃ] <-(e)s, -e> *nt* cespuglio *m*
Geck [gɛk] <-en, -en> *m (pej)* bellimbusto *m*, gagà *m fam*
gedacht I. *PP von* **denken** II. *adj* immaginario, fittizio
Gedächtnis [gəˈdɛçtnɪs] <-ses, -se> *nt* ① *(Erinnerungsvermögen)* memoria *f;* **ein schlechtes ~ haben** avere una cattiva memoria; **sich** *dat* **etw ins ~ zurückrufen** richiamarsi qc alla memoria; **aus dem ~** a memoria ② *(Andenken)* ricordo *m;* **zum ~ an jdn/etw** in ricordo di qu/qc
Gedächtnislücke *f* amnesia *f*
Gedächtnisschwund *m* amnesia *f* totale
Gedächtnisstütze *f* promemoria *m*
Gedächtnisverlust *m* perdita *f* della memoria
gedämpft *adj* ① GASTR stufato ② *(Licht, Stimme)* smorzato
Gedanke [gəˈdaŋkə] <-ns, -n> *m* ① *(Überlegung)* pensiero *m;* *(Absicht)* intenzione *f;* **der bloße ~, schon der ~** solo a pensarci; **sich** *dat* **über jdn/etw ~n machen** preoccuparsi per qu/qc; **jdn auf andere ~n bringen** distrarre qu; **auf den ~n kommen zu** *+inf* avere l'idea di *+inf;* **jdn auf den ~n bringen, dass …** indurre qu a pensare che …, fare pensare a qu che … ② *(Einfall, Vorstellung)* idea *f* ③ *(Begriff)* concetto *m*
Gedankenaustausch *m* scambio *m* di idee
Gedankenblitz *m* lampo *m* di genio
Gedankengang *m* ragionamento *m*
Gedankengut *nt* pensiero *m*
gedankenlos *adj* *(zerstreut)* distratto; *(unüberlegt)* sconsiderato; *(mechanisch)* meccanico
Gedankenlosigkeit <-, -en> *f* spensieratezza *f*, distrazione *f*, sbadataggine *f;* **aus ~** per distrazione
Gedankenstrich *m* LING trattino *m*
Gedankenübertragung *f* telepatia *f*
gedankenverloren *adj* assente, immerso nei propri pensieri
gedankenvoll *adj* pensieroso, assorto in pensieri
Gedankenwelt *f* pensiero *m*, mondo *m* spirituale
gedanklich *adj* mentale, intellettuale
Gedärm [gəˈdɛrm] <-(e)s, -e> *nt* intestino *m*, visceri *mpl*
Gedeck [gəˈdɛk] <-(e)s, -e> *nt* coperto *m*
Gedeih [gəˈdaɪ] *m* **auf ~ und Verderb** nella buona e nella cattiva sorte
gedeihen [gəˈdaɪən] <gedeiht, gedieh, gediehen> *vi sein* crescere [bene], prosperare; *(sich gut entwickeln)* prosperare; *(Pflanze)* attecchire; *(gut vorangehen)* progredire, andare avanti bene
Gedeihen <-s> *nt kein Pl.* *(von Firma, Wirtschaft)* prosperare *m;* *(von Pflanze, Kind)* crescita *f;* *(von Plänen)* progredire *m;* *(Gelingen)* riuscita *f*
gedenken <gedenkt, gedachte, gedacht> *vi* ① *(feiern)* **jds ~** commemorare qu ② *(beabsichtigen)* **etw zu tun ~** avere l'intenzione di fare qc
Gedenken <-s> *nt kein Pl.* memoria *f;* **zum ~ an jdn** in memoria di qu
Gedenkfeier *f* commemorazione *f*
Gedenkminute *f* minuto *m* di silenzio
Gedenkstätte *f* monumento *m* commemorativo
Gedenktafel *f* lastra *f* commemorativa
Gedicht [gəˈdɪçt] <-(e)s, -e> *nt* poesia *f*
Gedichtsammlung *f* raccolta *f* di poesie
gediegen [gəˈdiːgən] *adj* ① *(rein: Metall)* puro ② *(zuverlässig)* saldo, fermo ③ *(qualitativ gut)* di buona qualità; *(sorgfältig)* accurato; *(solid)* solido
gedieh [gəˈdiː] *1. u. 3. Pers. Sing. Imp. von* **gedeihen**
gediehen [gəˈdiːən] *PP von* **gedeihen**
Gedränge [gəˈdrɛŋə] <-s, -> *nt* *(Menschenmenge)* ressa *f fam*, folla *f;* *(Drängelei)* pigia pigia *m fam;* **ins ~ kommen** *(fig)* essere messo alle strette
gedrängt [gəˈdrɛŋt] *adj* ① *(beengt)* serrato, fitto; **~ voll von etw** pieno zeppo di qc *fam* ② *(knapp: Stil, Übersicht)* conciso, succinto
gedroschen [gəˈdrɔʃən] *PP von* **dreschen**
gedrückt [gəˈdrʏkt] *adj* *(Mensch)* depresso, abbattuto
Gedrücktheit <-> *f kein Pl.* avvilimento *m*
gedrungen [gəˈdrʊŋən] I. *PP von* **dringen** II. *adj* tarchiato
Gedrungenheit <-> *f kein Pl.* corporatura *f* tarchiata
Geduld [gəˈdʊlt] <-> *f kein Pl.* pazienza *f;* *(Nachsicht)* indulgenza *f;* *(Ausdauer)* perseveranza *f;* **~ haben** *(warten)* pazientare; **mit jdm ~ haben** aver pazienza con qu
gedulden <ohne ge-> *vr:* **sich ~** pazientare, aver pazienza
geduldig *adj* paziente; *(nachsichtig)* indulgente; **mit jdm ~ sein** essere paziente con qu
Geduldsfaden *m* **mir reißt der ~** *(fam)* mi scappa la pazienza
Geduldsprobe *f* **jdn auf eine [harte] ~ stellen** mettere a [dura] prova la pazienza di qu
Geduldsspiel *nt* gioco *m* di pazienza

G

gedurft [gə'dʊrft] *PP von* **dürfen**[2]
geehrt [gə'ʔeːɐ̯t] *adj* stimato, onorato; *(geachtet)* riverito; **sehr ~er Herr M.** egregio signor M.; **sehr ~e Damen und Herren** gentili signori e signore
geeignet [gə'ʔaɪgnət] *adj* ① *(Mensch)* adatto; **für eine Arbeit ~ sein** essere idoneo ad un lavoro; **er ist zum Lehrer nicht ~** non è adatto a fare l'insegnante ② *(zweckmäßig)* opportuno, appropriato
Gefahr [gə'faːɐ̯] <-, -en> *f* pericolo *m,* rischio *m; (Bedrohung)* minaccia *f;* **es besteht keine ~ für jdn** non c'è pericolo per nessuno; **~ laufen zu …** correre il rischio di … *+inf;* **in ~ bringen** mettere a repentaglio; **auf die ~ hin** a rischio di; **auf die ~ hin, dass …** a costo di *+inf;* **auf eigene ~** a proprio rischio e pericolo; **außer ~** fuori pericolo; **bei ~** in caso di pericolo

G

gefährden [gə'fɛːɐ̯dən] <ohne ge-> *vt* mettere in pericolo; *(Ruf, Stellung)* compromettere; *(aufs Spiel setzen)* mettere a repentaglio
gefährdet *adj* in pericolo, minacciato
Gefährdung <-, -en> *f* pericolo *m*
gefahren [gə'faːrən] *PP von* **fahren**
Gefahrengebiet *nt* zona *f* di pericolo
Gefahrenherd *m* focolaio *m* di pericoli
Gefahrenquelle *f* fonte *f* di pericoli
Gefahrenzulage *f* indennità *f* rischi
gefährlich [gə'fɛːɐ̯lɪç] *adj* pericoloso; *(riskant)* rischioso; *(gewagt)* azzardato; *(ernst)* serio, grave
Gefährlichkeit <-> *f kein Pl.* pericolosità *f,* rischio *m; (von Krankheit)* gravità *f*
gefahrlos *adj* senza pericolo, senza rischio; *(sicher)* sicuro; *(harmlos)* innocuo
Gefährt [gə'fɛːɐt] <-(e)s, -e> *nt* veicolo *m*
Gefährte [gə'fɛːɐ̯tə] <-n, -n> *m,* **Gefährtin** <-, -nen> *f (geh)* compagno, -a *m, f*
gefahrvoll *adj* rischioso
Gefälle [gə'fɛlə] <-s, -> *nt (Neigung)* pendenza *f; (von Straße)* discesa *f;* PHYS gradiente *m; (Höhenunterschied)* dislivello *m; (Unterschied)* differenza *f*
gefallen[1] [gə'falən] <gefällt, gefiel, gefallen> *vi* **jdm [gut] ~** piacere a qu; **sich** *dat* **~ in** compiacersi di; **sich** *dat* **alles ~ lassen** sopportare ogni cosa; **das gefällt mir [gut]** mi piace; **das gefällt mir gar nicht** non mi piace affatto; *(passt mir nicht)* la cosa non mi va; *(ist verdächtig)* la faccenda puzza *fam*
gefallen[2] **I.** *PP von* **fallen II.** *adj (Soldat, Engel)* caduto; *(Mädchen)* caduto, traviato
Gefallen[1] <-s, -> *m (Freundschaftsdienst)* piacere *m,* favore *m;* **jdm einen ~ tun** fare un piacere a qu
Gefallen[2] <-s> *nt kein Pl. (Freude)* piacere *m,* diletto *m;* **an etw** *dat* **~ finden** trovar piacere in qc
Gefallene <ein -r, -n, -n> *m* caduto *m*
gefällig [gə'fɛlɪç] *adj* ① *(angenehm)* piacevole, gradevole; *(einnehmend)* attraente ② *(hilfsbereit)* cortese, gentile; *(zuvorkommend)* premuroso
Gefälligkeit <-, -en> *f* ① *(Freundschaftsdienst)* piacere *m,* favore *m;* **jdm eine ~ erweisen** fare un piacere a qu; **jdn um eine ~ bitten** chiedere un piacere a qu ② *Sing. (Hilfsbereitschaft)* cortesia *f;* **aus ~** per far piacere
gefälligst *adv (fam iron)* per piacere, gentilmente
gefangen [gə'faŋən] **I.** *PP von* **fangen II.** *adj* preso; *(Tiere)* catturato; *(inhaftiert)* imprigionato, detenuto; *(fig)* abbindolato; **~ halten** tenere prigioniero; *(fig: Aufmerksamkeit in Anspruch nehmen)* avvincere; **~ nehmen** prendere; MIL catturare; *(verhaften)* arrestare; *(fig: fesseln)* avvincere
Gefangene <ein -r, -n, -n> *mf* prigioniero, -a *m, f; (Inhaftierter)* detenuto, -a *m, f*
Gefangenenaustausch *m* scambio *m* di prigionieri
Gefangenenlager *nt* campo *m* di prigionieri
Gefangenentransport *m* trasporto *m* di prigionieri
Gefangennahme <-, -n> *f* cattura *f*
Gefangenschaft <-, *rar:* -en> *f* prigionia *f; (Haft)* detenzione *f; (von Tieren)* cattività *f;* **aus der ~ entlassen** rilasciare dalla prigionia; **in ~ geraten** cadere prigioniero
Gefängnis [gə'fɛŋnɪs] <-ses, -se> *nt (Ort)* prigione *f; (a. Strafe)* carcere *m;* **ins ~ kommen** finire in prigione; **im ~ sein** essere in prigione; **jdn zu einem Jahr ~ verurteilen** condannare qu ad un anno di reclusione
Gefängnishof *m* cortile *m* [della prigione]
Gefängnisstrafe *f* pena *f* detentiva; **jdn zu einer ~ von zwei Jahren verurteilen** condannare qu a due anni di reclusione
Gefängniswärter(in) *m(f)* agente *mf* di custodia
Gefängniszelle *f* cella *f*
Gefasel [gə'faːzəl] <-s> *nt kein Pl. (pej)* discorsi *mpl* insulsi
Gefäß [gə'fɛːs] <-es, -e> *nt* ① *(Behälter)* recipiente *m,* vaso *m* ② ANAT vaso *m* ③ BOT canale *m*
gefasst [gə'fast] *adj (ruhig)* calmo, tranquillo; **auf alles ~ sein** essere rassegnato al peggio; **sich auf etw** *akk* **~ machen** aspettarsi qc
Gefasstheit <-> *f kein Pl.* impassibilità *f*
Gefecht [gə'fɛçt] <-(e)s, -e> *nt (Kampf)*

combattimento *m; (Zusammenstoß)* scontro *m;* **jdn außer ~ setzen** *(a. fig)* mettere qu fuori combattimento
Gefechtskopf *m (Rakete)* testata *f* esplosiva
gefeit [gə'faɪt] *adj* **gegen etw ~ sein** essere immune da qc
Gefieder [gə'fiːdɐ] <-s, -> *nt* piumaggio *m,* penne *fpl*
gefiedert *adj* pennuto, piumato
gefinkelt [gə'fɪŋkəlt] *adj* A *(durchtrieben)* dritto, furbo
Geflecht [gə'flɛçt] <-(e)s, -e> *nt (a. fig)* intreccio *m; (aus Zweigen)* graticcio *m*
gefleckt [gə'flɛkt] *adj* macchiato; *(bes. Tiere)* pezzato
geflissentlich [gə'flɪsəntlɪç] *adv* intenzionalmente
geflochten [gə'flɔxtən] *PP von* **flechten**
geflogen [gə'floːgən] *PP von* **fliegen**
geflohen [gə'floːən] *PP von* **fliehen**
geflossen [gə'flɔsən] *PP von* **fließen**
Geflügel [gə'flyːgəl] <-s> *nt kein Pl.* pollame *m*
Geflügelschere *f* trinciapollo *m*
geflügelt *adj* alato; **~e Worte** parole alate
Geflügelzucht *f* pollicoltura *f*
Geflüster [gə'flʏstɐ] <-s> *nt kein Pl.* bisbiglio *m,* mormorio *m*
gefochten [gə'fɔxtən] *PP von* **fechten**
Gefolge [gə'fɔlgə] <-s, *rar:* -> *nt* seguito *m*
Gefolgschaft <-, -en> *f* seguito *m; (Anhänger)* seguaci *mpl; (Schüler, Jünger)* discepoli *mpl*
Gefrage <-s> *nt kein Pl. (pej)* continue domande *fpl,* interrogatorio *m*
gefragt [gə'fraːkt] *adj (begehrt)* richiesto
gefräßig [gə'frɛːsɪç] *adj* ingordo, vorace
Gefräßigkeit <-> *f kein Pl.* ingordigia *f,* voracità *f*
Gefreite [gə'fraɪtə] <ein -r, -n, -n> *m* MIL appuntato *m*
gefressen [gə'frɛsən] *PP von* **fressen**
Gefrieranlage <-, -n> *f* impianto *m* di congelamento
gefrieren [gə'friːrən] <gefriert, gefror, gefroren> *vi sein* [con]gelare, ghiacciare
Gefrierfach *nt* freezer *m,* congelatore *m*
Gefrierfleisch *nt* carne *f* congelata
gefriergetrocknet *adj* liofilizzato
Gefrierpunkt *m* punto *m* di congelamento; **auf dem ~** al punto di congelamento
Gefrierschrank *m,* **Gefriertruhe** *f* congelatore *m*
gefroren [gə'froːrən] **I.** *PP von* **frieren** **II.** *adj* [con]gelato; **hart ~** ghiacciato
Gefüge [gə'fyːgə] <-s, -> *nt* struttura *f; (fig)* compagine *f*
gefügig *adj* docile, accomodante; **jdn ~ machen** rendere docile qu
Gefügigkeit <-> *f kein Pl. (Willfährigkeit)* duttilità *f; (Gehorsam)* ubbidienza *f*
Gefühl [gə'fyːl] <-(e)s, -e> *nt* ❶ *(körperlich)* sensazione *f* ❷ *(seelisch)* sentimento *m,* emozione *f;* **seine ~e beherrschen** dominare i propri sentimenti; **jds ~e erwidern** ricambiare i sentimenti di qu; **das ist das höchste der ~e** *(fam)* è il massimo [che si possa raggiungere] ❸ *(Ahnung)* sensazione *f;* **etw im ~ haben** avere il presentimento di qc, sentire qc; **ich habe das ~, dass er uns nicht mag** ho l'impressione che non gli piacciamo ❹ *(Gespür)* senso *m; (Takt)* tatto *m;* **das ~ für warm und kalt** il senso del caldo e del freddo
gefühllos *adj* ❶ *(Gliedmaßen)* intorpidito, insensibile ❷ *(hartherzig)* insensibile, senza cuore; *(grausam)* crudele
Gefühllosigkeit <-, -en> *f* ❶ *(von Gliedmaßen)* insensibilità *f* ❷ *(Hartherzigkeit)* insensibilità *f,* durezza *f* di cuore; *(Grausamkeit)* crudeltà *f*
gefühlsarm *adj* povero di sentimenti
Gefühlsausbruch *m* sfogo *m* di sentimenti
gefühlsbetont *adj (Mensch)* sentimentale; *(Rede)* carico di emozioni
Gefühlsduselei [gəfyːlsduːzə'laɪ] <-, -en> *f (fam pej)* sentimentalismo *m*
gefühlskalt *adj* insensibile; *(frigide)* freddo
Gefühlskälte <-> *f kein Pl.* insensibilità *f; (Frigidität)* freddezza *f*
Gefühlsleben *nt* vita *f* sentimentale
gefühlsmäßig **I.** *adj (Reaktion)* emotivo **II.** *adv* sul piano dei sentimenti; **etw rein ~ erfassen** cogliere qc intuitivamente
Gefühlsmensch *m* persona *f* che si lascia guidare dai sentimenti
Gefühlssache *f* questione *f* di sensibilità [*o* di intuito]
gefühlvoll **I.** *adj* pieno di sentimenti; *(empfindsam)* sensibile; *(zärtlich)* affettuoso **II.** *adv* con sentimento
gefüllt *adj* ❶ *(voll)* pieno, riempito ❷ *(Blume)* doppio ❸ GASTR farcito, ripieno
gefunden [gə'fʊndən] *PP von* **finden**
gefüttert *adj (Kleidungsstück)* **mit etw ~** foderato di qc
gegangen [gə'gaŋən] *PP von* **gehen**
gegeben [gə'geːbən] **I.** *PP von* **geben** **II.** *adj (bestimmt)* determinato; **unter ~en Umständen** in determinate circostanze; **zu ~er Zeit** a tempo debito
gegebenenfalls *adv* eventualmente, in caso
Gegebenheit <-, -en> *f* circostanza *f,* caratteristiche *fpl*
gegen ['geːgən] *präp +akk* ❶ *(feindlich,*

G

entgegen) contro; *(im Gegensatz zu)* contrariamente a; **~ etw sein** essere contrario a [*o* contro] qc; **ich habe etwas ~ ihn** ho qualcosa contro di lui; **ich habe nichts ~ ihn** non ho niente contro di lui ❷ *(im Austausch)* dietro, contro; *(als Entgelt für)* per, in cambio di; **~ Quittung** dietro ricevuta ❸ *(auf etw/jdn zu)* verso, in direzione di qc/qu ❹ *(zeitlich)* verso; **~ 4 Uhr** verso le 4 ❺ *(etwa)* all'incirca, circa ❻ *(im Vergleich zu)* in confronto a ❼ *(~ eine Krankheit)* per, contro; **das ist** [**gut**] **~ Kopfweh** questo fa bene per il mal di testa

G

Gegenangriff *m* MIL contrattacco *m*
Gegenanzeige *f* MED controindicazione *f*
Gegenargument *nt* obiezione *f,* contro *m*
Gegenbesuch <-s, -e> *m* [**bei**] **jdm einen ~ machen** contraccambiare una visita a qu
Gegenbeweis *m* controprova *f;* **den ~ liefern** provare il contrario
gegenchecken *vt (fam)* controllare
Gegend ['ge:gənt] <-, -en> *f* ❶ *(Landschaft)* paesaggio *m* ❷ *(Gebiet)* regione *f,* contrada *f,* paese *m; (Körper~)* regione *f* ❸ *(Wohn~)* quartiere *m* ❹ *(nähere Umgebung)* vicinanze *fpl,* paraggi *mpl;* **in der ~ sein** essere nei paraggi
Gegendarstellung *f* smentita *f; (gegensätzlicher Sachverhalt)* tesi *f* contraria
Gegendienst <-(e)s, -e> *m* **jdm einen ~ erweisen** contraccambiare qc a qu
Gegendruck <-(e)s> *m kein Pl.* TEC reazione *f; (fig)* resistenza *f*
gegeneinander [ge:gənʔaɪ'nandɐ] *adv* ❶ *(feindlich)* l'uno contro l'altro, l'un l'altro ❷ *(zueinander)* l'uno verso l'altro, l'un l'altro ❸ *(im Austausch)* l'uno per l'altro
gegeneinander|halten <irr> *vt* paragonare, confrontare
gegeneinander|prallen *vi (Menschen, Autos)* scontrarsi
gegeneinander|stoßen <irr> *vi (zusammenprallen: Menschen, Autos)* scontrarsi
Gegenfahrbahn *f* corsia *f* contromano
Gegenfrage *f* controdomanda *f*
Gegengewicht *nt* contrappeso *m;* **das ~ zu etw sein** fare da contrappeso a qc
Gegengift *nt* antidoto *m,* contravveleno *m*
Gegenkandidat(in) *m(f)* candidato, -a *m, f* avversario, -a
gegenläufig *adj (Entwicklung)* in controtendenza; TEC in contromarcia
Gegenleistung *f* contropartita *f,* contraccambio *m;* **als ~ für** in compenso di
Gegenlicht *nt bes.* FOTO controluce *f*
Gegenlichtaufnahme *f* FOTO fotografia *f* in controluce
Gegenliebe *f kein Pl.* amore *m* ricambiato; *(Anklang)* simpatia *f;* **er fand keine ~** il suo amore non venne ricambiato
Gegenmaßnahme *f* contromisura *f; (vorbeugend)* misura *f* preventiva; *(Vergeltung)* rappresaglia *f*
Gegenmehr <-s> *nt kein Pl.* CH POL *(Gegenstimmen)* voto *m* contrario
Gegenmittel *nt* MED rimedio *m; (fig)* antidoto *m*
Gegenoffensive *f (a. fig)* controffensiva *f*
Gegenpartei *f* POL partito *m* avversario; JUR controparte *f;* SPORT squadra *f* avversaria, avversari *mpl*
Gegenprobe *f a.* MAT controprova *f*
Gegenrede *f* ❶ *(Einwand)* obiezione *f* ❷ *(geh: Antwort)* replica *f,* risposta *f*
Gegenreformation *f* HIST controriforma *f*
Gegenrichtung *f* direzione *f* opposta
Gegensatz *m (Unterschied)* contrasto *m; (Widerspruch)* contraddizione *f;* **im ~ zu etw stehen** contrastare qc; **im ~ zu** in contrasto con, a differenza di
gegensätzlich ['ge:gənzɛtslɪç] *adj (entgegengesetzt)* contrario, opposto; *(widersprüchlich)* contradditorio, contrastante
Gegensätzlichkeit <-> *f kein Pl.* contrasto *m,* opposizione *f*
Gegenschlag *m* contrattacco *m*
Gegenseite *f* ❶ *(räumlich)* parte *f* opposta, lato *m* opposto ❷ POL opposizione *f* ❸ JUR controparte *f*
gegenseitig ['ge:gənzaɪtɪç] *adj* reciproco, mutuo; **sich ~ helfen** aiutarsi a vicenda; **in ~em Einvernehmen** di comune accordo
Gegenseitigkeit <-> *f kein Pl.* reciprocità *f;* **auf ~ beruhen** essere reciproco
Gegenspieler(in) *m(f)* SPORT avversario, -a *m, f; (fig)* antagonista *mf*
Gegensprechanlage *f* citofono *m*
Gegenstand *m* ❶ *(Ding)* oggetto *m,* cosa *f* ❷ *(fig: Grund)* oggetto *m* ❸ *(Thema)* soggetto *m,* materia *f*
gegenständlich ['ge:gənʃtɛntlɪç] *adj* concreto
gegenstandslos *adj* ❶ *(ungültig)* nullo; *(unbegründet)* infondato ❷ KUNST astratto
Gegenstimme *f* voto *m* contrario
Gegenströmung *f* controcorrente *f*
Gegenstück *nt* ❶ *(Pendant)* pendant *m,* oggetto *m* di riscontro ❷ *(Gegensatz)* opposto *m;* **das ~ zu etw** l'opposto di qc
Gegenteil *nt* contrario *m,* opposto *m;* **das ~ von etw** il contrario di qc; **im ~** al contrario, anzi
gegenteilig *adj* contrario, opposto
gegenüber [ge:gən'ʔy:bɐ] **I.** *adv* **~** [**von jdm/etw**] di fronte [a qu/qc]; **das Haus ~** la casa di fronte **II.** *präp +dat* ❶ *(örtlich)* di

fronte a, dirimpetto a ② *(im Vergleich mit)* in confronto a, paragonato a ③ *(in Bezug auf)* nei confronti di, relativamente a; *(angesichts)* in vista di; **mir ~** *(im Umgang mit mir)* con me, nei miei confronti

Gegenüber <-s, -> *nt (Mensch)* persona *f* di fronte

gegenüberliegend *adj* di fronte, di faccia

gegenüber|stehen <irr> *vr:* **sich ~** star di fronte; **jdm feindlich/freundlich ~** essere ostile a/ben disposto verso qu

gegenüber|stellen *vt* ① *(räumlich)* **etw einer Sache** *dat* **~** mettere qc di fronte a qc ② JUR confrontare, mettere a confronto; **jdn einem Zeugen ~** confrontare qu con un testimone ③ *(vergleichen)* confrontare; **einer Sache** *dat* **etw ~** confrontare qc con qc

Gegenüberstellung *f* confronto *m*

gegenüber|treten <irr> *vi sein* **jdm ~** comparire a qu; **einer Sache** *dat* **~** affrontare qc

Gegenverkehr <-s> *m kein Pl.* traffico *m* in senso opposto

Gegenwart ['ge:gənvart] <-> *f kein Pl.* ① *(Anwesenheit)* presenza *f;* **in ~ von** in presenza di; **in meiner ~** in mia presenza ② *(jetzige Zeit)* presente *m* ③ LING presente *m*

gegenwärtig ['ge:gənvɛrtɪç] **I.** *adj* ① *(anwesend)* presente ② *(jetzig)* presente, attuale ③ *(aus dieser Zeit)* contemporaneo ④ *(vorherrschend)* prevalente ⑤ *(heutig)* odierno **II.** *adv* ① *(momentan)* al momento, attualmente ② *(heutzutage)* oggigiorno; **etw ~ haben** *(sich erinnern)* aver presente qc

Gegenwert *m* controvalore *m*

Gegenwind *m* vento *m* contrario

gegen|zeichnen *vt* controfirmare

Gegenzug *m* ① *(im Spiel)* contromossa *f;* *(fig)* contromanovra *f* ② FERR treno *m* che si incrocia

gegessen *PP von* **essen**

geglichen *PP von* **gleichen**

geglitten *PP von* **gleiten**

geglommen *PP von* **glimmen**

Gegner(in) ['ge:gnɐ] <-s, -> *m(f)* avversario, -a *m, f,* antagonista *mf; (Feind)* nemico, -a *m, f;* SPORT avversario, -a *m, f; (von Meinung)* oppositore, -trice *m, f; (Rivale)* rivale *mf,* antagonista *mf*

gegnerisch *adj* avversario; *(feindlich)* ostile, nemico

Gegnerschaft <-, -en> *f* opposizione *f,* antagonismo *m; (Feindseligkeit)* ostilità *f,* avversione *f*

gegolten *PP von* **gelten**

gegoren *PP von* **gären**

gegossen *PP von* **gießen**

gegr. *Abk. von* **gegründet** fondato

gegraben [gə'gra:bən] *PP von* **graben**

gegriffen [gə'grɪfən] *PP von* **greifen**

Gehabe [gə'ha:bə] <-s> *nt kein Pl. (pej)* smancerie *f pl*

Gehackte [gə'haktə] <ein -s, -n> *nt kein Pl.* carne *f* tritata

Gehalt[1] [gə'halt] <-(e)s, -e> *m* ① *(Anteil)* contenuto *m; (Alkohol~)* percentuale *f;* **der ~ an etw** il contenuto di qc ② *(geistig)* contenuto *m; (innerer Wert)* valore *m* intrinseco

Gehalt[2] [gə'halt] <-(e)s, Gehälter> *nt* stipendio *m*

gehalten [gə'haltən] *PP von* **halten**

gehaltlos *adj (Nahrung)* senza valore nutritivo; *(fig: inhaltslos)* senza contenuto, vuoto; *(oberflächlich)* superficiale

Gehaltsabrechnung *f* busta *f* paga

Gehaltsanspruch *m* diritto *m* allo stipendio

Gehaltsempfänger(in) *m(f)* stipendiato, -a *m, f*

Gehaltserhöhung *f* aumento *m* dello stipendio

Gehaltskonto *nt* conto *m* corrente dove viene accreditato lo stipendio

Gehaltsmodell *nt* modello *m* salariale

Gehaltsstufe *f* categoria *f* di stipendio

Gehaltsverhandlungen *f pl* trattative *f pl* salariali

Gehaltszulage *f* supplemento *m* di stipendio

gehaltvoll *adj (Nahrung)* nutritivo, sostanzioso; *(fig)* di valore

gehangen [gə'haŋən] *PP von* **hängen**[2]

geharnischt [gə'harnɪʃt] *adj* pepato

gehässig [gə'hɛsɪç] *adj* maligno, pieno di odio

Gehässigkeit <-, -en> *f* malignità *f*

gehauen *PP von* **hauen**

gehäuft **I.** *adj (Löffel)* colmo **II.** *adv* **~ auftreten** succedere frequentemente

Gehäuse [gə'hɔɪzə] <-s, -> *nt* ① TEC *(Umhüllung)* involucro *m; (Uhr~)* cassa *f; (von technischen Geräten)* scatola *f,* involucro *m; (von Motor)* basamento *m; (von Radio)* alloggiamento *m; (von Kamera)* custodia *f* ② ZOO *(von Weichtier)* guscio *m* ③ BOT *(Kern~)* torsolo *m*

gehbehindert ['ge:bəhɪndɐt] *adj* invalido, incapace di camminare

Gehege [gə'he:gə] <-s, -> *nt* ① *(Jagdrevier)* riserva *f* di caccia; **jdm ins ~ kommen** *(fig)* intralciare i piani di qu ② *(Tier~, Wild~)* recinto *m*

geheim [gə'haɪm] *adj* segreto; **etw vor jdm ~ halten** tenere segreto qc a qu; *(ver-*

heimlichen) celare qc a qu; **im Geheimen** in segreto; **streng ~!** segreto!; *(auf Dokumenten)* riservato

Geheimagent(in) *m(f)* agente *mf* segreto, -a

Geheimcode *m* codice *m* segreto

Geheimdienst *m* servizio *m* segreto

Geheimdienstbericht *m* rapporto *m* del servizio segreto

Geheimdienstdokument *nt* documento *m* del servizio segreto

Geheimfach *nt* cassetto *m* segreto

Geheimgefängnis *nt* prigione *f* segreta

Geheimhaltung *f* segretezza *f,* occultamento *m*

Geheimnis [gəˈhaɪmnɪs] <-ses, -se> *nt* segreto *m; (nicht Erforschbares)* mistero *m,* arcano *m;* **ein offenes ~** un segreto di Pulcinella; **aus etw ein/kein ~ machen** fare/non fare mistero di qc

Geheimniskrämer [gəˈhaɪmnɪskrɛːmɐ] <-s, -> *m* persona *f* misteriosa; *(wer sich mit Geheimnissen wichtigtut)* persona *f* piena di segreti

Geheimniskrämerei [gəˈhaɪmnɪskrɛːməraɪ] <-, -en> *f* comportamento *m* misterioso

geheimnisvoll *adj* misterioso; **~ tun** fare il misterioso

Geheimnummer *f* TEL numero *m* telefonico segreto; *(Konto, Bankomat)* codice *m* segreto

Geheimorganisation *f* organizzazione *f* segreta

Geheimpolizei *f* polizia *f* segreta

Geheimratsecken *fpl (fam)* stempiature *fpl*

Geheimtipp *m* consiglio *m* da esperto

Geheimwaffe *f* arma *f* segreta

Geheimzahl *f* codice *m* segreto

Geheiß [gəˈhaɪs] <-es> *nt kein Pl.* **auf jds ~** *(geh)* per ordine di qu

gehemmt *adj (Mensch, Benehmen)* inibito

gehen [ˈgeːən] <geht, ging, gegangen> *sein* **I.** *vi* ① andare; *(zu Fuß)* camminare, andare a piedi; *(spazieren ~)* andare a passeggio; **in ein Zimmer ~** entrare in una stanza; **zu jdm ~** *(besuchen)* andare da qu, fare una visita a qu; **essen ~** andare a mangiare [fuori]; **auf Reisen ~** andare in viaggio; **auf die andere Seite ~** passare dall'altra parte; **bei jdm aus und ein ~** frequentare qu; **auf die 50 ~** andare per i 50; **in sich ~** *(sein Gewissen prüfen)* fare l'esame di coscienza; **mit jdm ~** *(begleiten)* accompagnare qu; *(mit einem Mädchen)* andare con qu, frequentare qu; **endlich geht er an die Arbeit** finalmente si mette al lavoro; **wie geht es Ihnen?** come sta?; **es geht mir gut/schlecht** sto bene/male; **es geht** non c'è male, va così così; **es geht** *(a. gesundheitlich)* va bene; *(ich brauche keine Hilfe)* ce la faccio da solo; **es geht mir auch so** succede anche a me; **wenn es nach mir ginge** se dipendesse da me; **das geht zu weit** quest'è troppo; **es geht nichts über …** non c'è di meglio che … ② *(weg~)* andar via, andarsene; *(Zug, Schiff: abfahren)* partire; **ich gehe jetzt** me ne vado; **geh doch** [*o* **schon**]**!** va pure!; **ach, geh** [**doch**]**!** ma va là! ③ *(funktionieren)* funzionare; *(Uhr)* andare; **eine richtig gehende Uhr** un orologio esatto; **wenn das** [**mal**] **gut geht** se funzionerà, speriamo che vada bene ④ *(Ware)* vendersi; *(Geschäft)* andare bene; **gut ~** *(sich gut verkaufen)* vendersi bene, trovare smercio; **gut ~d** *(Geschäft, Firma)* ben avviato; **wie ~ die Geschäfte?** come vanno gli affari? ⑤ *(Teig)* crescere, alzarsi; **~ lassen** far lievitare ⑥ *(Tür: bewegt werden)* muoversi ⑦ *(reichen)* arrivare; **~ bis …** arrivare fino a …; **so weit ~, etw zu tun** arrivare al punto di fare qc ⑧ *(hinein~, passen)* entrare ⑨ *(andauern)* durare ⑩ *(möglich sein)* essere possibile; **es geht nicht anders** non si può fare diversamente; **wenn es** [**gar**] **nicht anders geht** se proprio è indispensabile, se proprio non se ne può fare a meno; **das geht nicht** non si può fare così; **so geht es nicht** così non va; **so gut es geht** il meglio possibile; **geht es so/morgen?** va bene così/domani? ⑪ *(betreffen)* **worum geht's?** di che cosa si tratta?; **es geht um** *(es handelt sich darum)* si tratta di; *(steht auf dem Spiel)* è in gioco; **es geht um Leben und Tod** è questione di vita o di morte; **darum geht es** [**hier**] **nicht** non si tratta di questo ⑫ *(urteilen)* giudicare; **nach etw ~** giudicare per [*o* in base a]; **nach dem, was er sagt, kann man nicht ~** non ci si può regolare in base a quello che dice ⑬ *(Wend)* **~ lassen** *(in Ruhe lassen)* lasciare in pace; **sich ~ lassen** *(im Benehmen)* perdere il controllo di sé stesso; *(in der Kleidung)* lasciarsi andare, essere trasandato **II.** *vt (Strecke)* percorrere

gehen|lassen **I.** *vt s.* **gehen I. 5., 13. II.** *vr:* **sich ~** *s.* **gehen I. 13.**

Geher(in) [ˈgeːɐ] <-s, -; -, -nen> *m(f)* SPORT marciatore, -trice *m, f*

geheuer [gəˈhɔɪɐ] *adj* **nicht ~ sein** *(verdächtig)* essere sospetto; *(beängstigend)* essere sinistro; *(unbehaglich)* essere spiacevole; **das ist mir nicht ~** ciò mi insospettisce, ciò non mi piace

Gehhilfe *f* ausilio *m* per la deambulazione

Gehilfe [gəˈhɪlfə] <-n, -n> *m* ① aiuto *m,*

assistente *m* ② *(nach Lehre)* garzone *m* ③ *(Laden~)* commesso *m* ④ JUR *(Komplize)* complice *m*

Gehilfenschaft <-, -en> *f* CH JUR *(Beihilfe)* complicità *f*

Gehilfin [gəˈhɪlfɪn] <-, -nen> *f* ① assistente *f* ② *(Laden~)* commessa *f* ③ JUR *(Komplize)* complice *f*

Gehirn [gəˈhɪrn] <-(e)s, -e> *nt* ANAT cervello *m*

Gehirnerschütterung *f* MED commozione *f* cerebrale

Gehirnhaut *f* ANAT meninge *f*

Gehirnhautentzündung *f* MED meningite *f*

Gehirnschlag *m* MED apoplessia *f* cerebrale

Gehirnwäsche *f* lavaggio *m* del cervello

Gehirnzelle <-, -n> *f* ANAT cellula *f* cerebrale

gehoben [gəˈhoːbən] **I.** *PP von* **heben** **II.** *adj* ① *(Stil)* elevato, sostenuto ② *(anspruchsvoll)* sofisticato ③ *(Stellung)* elevato; **der ~e Dienst** l'impiego di responsabilità ④ *(Stimmung)* allegro, brioso

Gehöft [gəˈhøːft] <-(e)s, -e> *nt* fattoria *f*, podere *m*

geholfen *PP von* **helfen**

Gehölz [gəˈhœlts] <-es, -e> *nt* boschetto *m*

Gehör [gəˈhøːɐ̯] <-(e)s> *nt kein Pl.* ① *(~sinn)* udito *m; (Tonempfindung)* orecchio *m;* **ein gutes ~ haben** aver l'udito fine; **nach ~** MUS a orecchio ② *(Beachtung)* ascolto *m;* **bei jdm ~ finden** trovare ascolto presso qu; **sich** *dat* **~ verschaffen** farsi ascoltare

gehorchen *vi* [**jdm**] **~** ubbidire [a qu]; **jdm nicht ~** disubbidire a qu

gehören <ohne ge-> **I.** *vi* ① *(als Eigentum)* appartenere; **jdm ~** appartenere a qu; **das gehört mir** questo è mio ② *(als Teil)* far[e] parte; **zu etw ~** far[e] parte di qc; **diese Frage gehört nicht hierher** questo non c'entra; **er gehört zu den besten Dichtern** è tra i migliori poeti ③ *(an bestimmten Platz)* andare messo, dover stare; **der Schrank gehört nicht hierher** non è questo il posto dell'armadio; **du gehörst ins Bett** dovresti essere a letto ④ *(erforderlich sein)* occorrere; **dazu gehört nicht viel** non ci vuole molto **II.** *vr:* **sich ~** convenire, addirsi; **das gehört sich nicht** non si fa; **wie es sich gehört** *(sich schickt)* come si addice; *(ordentlich)* come si deve

Gehörfehler <-s, -> *m* MED difetto *m* dell'udito

Gehörgang *m* ANAT meato *m* uditivo

gehörig **I.** *adj* ① *(gehörend)* **zu etw ~** appartenente a qc ② *(gebührend)* dovuto, spettante ③ *(erforderlich)* necessario, richiesto ④ *(fam: gründlich)* bello, grande; *(bes. Strafe, Prügel)* forte **II.** *adv* ① *(gebührend)* a dovere ② *(gründlich)* per bene; **jdm ~ die Meinung sagen** dire a qu quello che si merita

Gehörlose <ein -r, -n, -n> *mf* non udente *mf*

gehorsam [gəˈhoːɐ̯zaːm] *adj* ubbidiente

Gehorsam <-s> *m kein Pl.* ubbidienza *f*

Gehsteig [ˈgeːʃtaɪk] <-(e)s, -e> *m*, **Gehweg** *m* marciapiede *m*

Geier [ˈgaɪɐ] <-s, -> *m* ZOO avvoltoio *m*

geifern [ˈgaɪfɐn] *vi (sabbern)* sbavare; *(Schaum vor dem Mund haben)* avere la bava alla bocca; *(fig, pej: giftig reden)* inveire (**gegen** contro)

Geige [ˈgaɪgə] <-, -n> *f* MUS violino *m;* **auf der ~ spielen** suonare il violino; **die erste ~ spielen** *(a. fig)* essere il numero uno, fare il bello ed il cattivo tempo *fam*

geigen *vi* suonare il violino

Geigenbauer(in) <-s, -; -, -nen> *m(f)* MUS liutaio, -a *m, f,* violinaio, -a *m, f*

Geigenbogen *m* archetto *m* del violino

Geiger(in) <-s, -; -, -nen> *m(f)* violinista *mf*

Geigerzähler [ˈgaɪgɐtsɛːlɐ] <-s, -> *m* PHYS contatore *m* [di] Geiger

geil [gaɪl] *adj (lüstern)* lussurioso, libidinoso; **er ist ~ nach Erfolg** è avido di successo; **das ist echt ~!** *(sl)* è veramente fico!

Geilheit <-, -en> *f* libidine *f*

Geisel [ˈgaɪzəl] <-, -n> *f* ostaggio *m*

Geiselhaft <-> *f kein Pl.* condizione *f* di ostaggio, prigionia *f*

Geiselnahme <-, -n> *f* cattura *f* di un ostaggio

Geiselnehmer(in) <-s, -; -, -nen> *m(f)* chi tiene in ostaggio qu, sequestratore, -trice *m, f*

Geiß [gaɪs] <-, -en> *f* SÜDD, A, CH *(Ziege)* capra *f*

Geißblatt *nt* BOT caprifoglio *m,* madreselva *f*

Geißbock *m* SÜDD, A, CH caprone *m,* becco *m*

Geißel [ˈgaɪsəl] <-, -n> *f (a. fig)* BIOL flagello *m*

geißeln **I.** *vt* frustare; REL flagellare **II.** *vr:* **sich ~** flagellarsi

Geißeltierchen <-s, -> *nt* ZOO flagellato *m*

Geist [gaɪst] <-(e)s, -er> *m* ① *Sing. (Denken)* spirito *m,* ingegno *m* ② *Sing. (Intellekt)* spirito *m* ③ *(Denker)* spirito *m* ④ *Sing. (Seele)* anima *f,* spirito *m;* **der Heilige ~** lo Spirito Santo; **seinen ~ aufgeben** *(sterben)* rendere l'anima a Dio; *(nicht mehr funktionieren)* smettere di

G

funzionare ❺ *(Gespenst)* spirito *m,* fantasma *m,* spettro *m;* **von allen guten ~ern verlassen sein** *(fam)* aver perso la testa ❻ *Sing. (Vorstellung)* pensiero *m,* spirito *m;* **etw im ~[e] vor sich** *dat* **sehen** vedere qc davanti a sé col pensiero ❼ *(Gesinnung)* spirito *m,* intenzione *f;* **in jds ~e handeln** operare secondo le intenzioni di qu

Geisterbahn *f* galleria *f* degli orrori

Geisterfahrer(in) *m(f)* automobilista *mf* che viaggia contromano, kamikaze *m*

geisterhaft *adj* da fantasma, spettrale

geistern *vi sein* aggirarsi come un fantasma; **durch die Wohnung/Straßen ~** aggirarsi per l'appartamento/le strade come un fantasma; **der Gedanke geistert durch die Köpfe [der Leute]** il pensiero occupa la gente

G

Geisterstadt *f* città *f* fantasma

Geisterstunde *f* ora *f* degli spiriti, mezzanotte *f*

geistesabwesend *adj* assente, distratto

Geistesabwesenheit *f* distrazione *f*

Geistesarbeiter(in) *m(f) (geh)* intellettuale *mf*

Geistesblitz *m* lampo *m* di genio

Geistesgegenwart *f* presenza *f* di spirito

geistesgegenwärtig *adv* con prontezza di spirito

geistesgestört *adj* alienato [di mente]

Geistesgestörte <ein -r, -n, -n> *mf* alienato, -a *m, f* mentale

Geistesgröße *f* ❶ *Sing. (Genialität)* genialità *f* ❷ *(Mensch)* genio *m*

Geisteshaltung *f* attitudine *f* mentale, mentalità *f*

geisteskrank *adj* malato di mente

Geisteskranke *mf* malato, -a *m, f* di mente

Geisteskrankheit *f* malattia *f* mentale

Geistesstörung *f* turba *f* mentale

geistesverwandt *adj* spiritualmente affine; **sich mit jdm ~ fühlen** sentirsi spiritualmente affine a qu

Geisteswissenschaften *pl* scienze umane *fpl*

Geisteswissenschaftler(in) *m(f)* umanista *mf,* studioso, -a *m, f* di scienze umane

geisteswissenschaftlich *adj* di scienze umane

Geisteszustand *m* stato *m* mentale

geistig ['gaɪstɪç] *adj* ❶ *(gedanklich)* intellettuale; *(verstandesmäßig)* mentale ❷ *(innerlich)* spirituale, interiore ❸ *(unkörperlich)* immateriale

geistlich ['gaɪstlɪç] *adj* spirituale; MUS sacro; *(kirchlich)* ecclesiastico; *(klerikal)* clericale

Geistliche <ein -r, -n, -n> *m* ecclesiastico *m; (Priester)* prete *m,* sacerdote *m; (Pastor)* pastore *m*

geistlos *adj (einfallslos)* privo d'ingegno; *(dumm)* stupido, sciocco; *(fade)* insulso, insipido; *(langweilig)* noioso

Geistlosigkeit <-, -en> *f* ❶ *Sing. (Einfallslosigkeit)* futilità *f; (Dummheit)* sciocchezza *f; (Fadheit)* scipitaggine *f; (Langweiligkeit)* monotonia *f* ❷ *(Äußerung)* insulsaggine *f*

geistreich *adj* spiritoso; *(einfallsreich)* ingegnoso, geniale

geisttötend *adj* noioso, monotono

geistvoll *adj (Mensch)* spiritoso; *(Unterhaltung)* brillante; *(Äußerung)* arguto; *(Buch)* profondo

Geiz [gaɪts] <-es, -e> *m* avarizia *f*

geizen *vi* essere avaro; **mit jedem Pfennig ~** lesinare su ogni centesimo

Geizhals *m (pej)* avaro *m,* spilorcio *m fam*

geizig *adj* avaro

Geizkragen *m (fam pej)* spilorcio *m*

Gejammer [gə'jamɐ] <-s> *nt kein Pl. (fam pej)* lagna *f*

Gejohle [gə'jo:lə] <-s> *nt kein Pl. (pej)* urlio *m*

gekannt *PP von* **kennen**

Gekicher [gə'kɪçɐ] <-s> *nt kein Pl.* risatine *fpl*

Gekläff[e] [gə'klɛf(ə)] <-(e)s> *nt kein Pl. (pej)* abbaio *m*

Geklimper [gə'klɪmpɐ] <-s> *nt kein Pl. (pej: Münzen)* tintinnio *m; (fam: Klavierspielen)* strimpellio *m; (auf Gitarre)* strimpellamento *m*

geklont [gə'klo:nt] *adj* clonato

geklungen *PP von* **klingen**

Geknatter [gə'knatɐ] <-s> *nt kein Pl. (von Gewehren)* crepitio *m; (von Motorrad, Motor)* scoppiettio *m*

geknickt [gə'knɪkt] *adj (fam)* abbacchiato, avvilito

gekniffen *PP von* **kneifen**

gekonnt [gə'kɔnt] **I.** *PP von* **können**[2] **II.** *adj* ben fatto, azzeccato; **etw ~ machen** fare qc magistralmente

Gekritzel [gə'krɪtsəl] <-s> *nt kein Pl.* scarabocchi *mpl*

gekrochen *PP von* **kriechen**

Gekröse [gə'krø:zə] <-s, -> *nt* ❶ ANAT mesentere *m* ❷ GASTR *(Kutteln)* trippa *f; (Eingeweide)* animella *f; (von Geflügel)* rigaglie *fpl*

gekünstelt [gə'kʏnstəlt] *adj (unnatürlich)* affettato; *(Sprache)* ricercato

Gel [ge:l] <-s, -e> *nt* gel *m*

Gelächter [gə'lɛçtɐ] <-s, -> *nt* risata *f,* risa *fpl*

gelackmeiert [gəˈlakmaɪɐt] *adj (fam)* fregato
geladen **I.** *PP von* **laden** **II.** *adj (fam: zornig)* tirato, teso; **eine ~e Atmosphäre** un'atmosfera tesa
Gelage [gəˈlaːgə] <-s, -> *nt* banchetto *m; (bes. Zech~)* gozzoviglia *f*
gelähmt [gəˈlɛːmt] *adj* paralizzato; *(Mensch)* paralitico
Gelähmte <ein -r, -n, -n> *mf* paralitico, -a *m, f*
Gelände [gəˈlɛndə] <-s, -> *nt (Grundstück)* terreno *m,* area *f; (Fabrik~)* zona *f* di un'industria/una ditta; *(Ausstellungs~)* recinto *m,* area *f* delimitata; **ebenes ~** terreno pianeggiante; **hügeliges ~** terreno collinoso; **mitten im ~** in un posto impensato
Geländeabschnitt *m* settore *m* di terreno
geländegängig *adj* adatto per tutti i terreni
Geländelauf *m* SPORT corsa *f* campestre
Geländer [gəˈlɛndɐ] <-s, -> *nt (Treppen~)* ringhiera *f; (Brüstung)* balaustra *f,* parapetto *m*
Geländewagen *m* fuoristrada *m*
gelang [gəˈlaŋ] *1. u. 3. Pers. Sing. Imp. von* **gelingen**
gelangen [gəˈlaŋən] <ohne ge-> *vi sein* ① *(ein Ziel erreichen)* arrivare; **zu** [*o* **nach**] **etw ~** arrivare a qc; **in den Besitz einer Sache** *gen* **~** entrare in possesso di qc ② CH *(sich wenden)* **an jdn/etw ~** appellarsi a qu/qc
gelangweilt *adj* annoiato; **jdm ~ zuhören** ascoltare qu [in modo] annoiato
gelassen [gəˈlasən] **I.** *PP von* **lassen**[1] **II.** *adj (ruhig)* calmo, tranquillo; *(gleichmütig)* imperturbabile; *(gefasst)* composto; **~ bleiben** mantenere la calma **III.** *adv* con calma, tranquillamente
Gelassenheit <-> *f kein Pl.* calma *f*
Gelatine [ʒelaˈtiːnə] <-> *f kein Pl.* GASTR gelatina *f*
gelaufen [gəˈlaʊfən] *PP von* **laufen**
geläufig [gəˈlɔɪfɪç] *adj* corrente; **jdm ~ sein** essere familiare a qu
gelaunt [gəˈlaʊnt] *adj* disposto; **gut/schlecht ~** di buon/cattivo umore; **übel ~** di malumore
Geläut [gəˈlɔɪt] <-(e)s, -e> *nt,* **Geläute** <-s, -> *nt (Glocken~)* scampanio *m; (Schellen~)* scampanellio *m; (Läutwerk)* soneria *f*
gelb [gɛlp] *adj* giallo; **~ werden** diventar giallo, ingiallire; *s. a.* **blau**
Gelb <-(s), - *o fam:* -s> *nt* giallo *m;* **die Ampel springt auf ~** il semaforo diventa giallo; *s. a.* **Blau**
gelbbraun *adj* bruno giallastro, lionato; *(Tier)* sauro
Gelbe <ein -s, -n> *nt kein Pl. (Eigelb)* tuorlo *m;* **das ist nicht gerade das ~ vom Ei** *(fig)* non è proprio il non plus ultra
Gelbfieber *nt* MED febbre *f* gialla
gelblich *adj* giallognolo
Gelbsucht *f kein Pl.* MED ittero *m*
Geld [gɛlt] <-(e)s, -er> *nt* ① denaro *m,* soldi *mpl; (Klein~)* spiccioli *mpl,* moneta *f;* **bares ~** denaro in contanti; **~ verdienen** guadagnare soldi; **das ~ zum Fenster hinauswerfen** gettare i soldi dalla finestra; **ins ~ gehen** diventar caro; **um ~ spielen** giocare a soldi; **zu ~ machen** vendere ② *(Vermögen)* capitale *m,* fondi *mpl;* **öffentliche ~er** fondi pubblici
Geldangelegenheiten *fpl* questioni *mpl* di denaro, finanze *fpl*
Geldanlage *f* investimento *m*
Geldautomat *m* bancomat *m*
Geldbeutel *m* borsellino *m;* **tief in den ~ greifen** tirar fuori molto denaro
Geldbörse *f* A *s.* **Geldbeutel**
Geldbuße *f* JUR multa *f,* contravvenzione *f*
Geldeinwurf *m* fessura *f* per la moneta
Geldentwertung *f* FIN svalutazione *f* monetaria
Geldgeber(in) *m(f)* finanziatore, -trice *m, f*
Geldgeschäft *nt* operazione *f* finanziaria
Geldgier *f* avidità *f* [*o* sete *f*] di denaro
geldgierig *adj* avido di denaro
Geldinstitut *nt* istituto *m* finanziario
Geldkurs *m* corso *m* del denaro
geldlich *adj* finanziario
Geldmacherei <-, -en> *f (pej fam)* truffa *f*
Geldmangel <-s> *m kein Pl.* mancanza *f* di denaro
Geldmittel *ntpl* mezzi *mpl* finanziari
Geldquelle *f* risorsa *f* finanziaria; *(Verdienstquelle)* fonte *f* di guadagno
Geldrolle *f* rotolino *m* di monete
Geldschein *m* banconota *f*
Geldschrank *m* cassaforte *f*
Geldsorgen *fpl* preoccupazioni *fpl* finanziarie
Geldspende *f* offerta *f* in denaro
Geldstrafe *f* JUR multa *f,* contravvenzione *f;* **jdn mit einer ~ belegen** multare qu
Geldstück *nt* moneta *f*
Geldtasche *f* A *s.* **Geldbeutel**
Geldumlauf *m* circolazione *f* monetaria
Geldverlegenheit *f* difficoltà *fpl* finanziarie
Geldverschwendung *f* spreco *m* di denaro
Geldwäsche *f kein Pl.* riciclaggio *m* del denaro sporco

Geldwechsel *m* cambio *m* [monetario]; *(Stelle)* ufficio *m* di cambio
Geldwechsler <-s, -> *m* distributore *m* automatico per cambio di monete
Geldwert *m* valore *m* in denaro; *(Kaufkraft)* potere *m* d'acquisto, valore *m* monetario
Gelee [ʒeˈleː] <-s, -s> *nt o m* GASTR gelatina *f*
gelegen [gəˈleːgən] **I.** *PP von* **liegen II.** *adj* ① *(örtlich)* situato, posto; **das Zimmer ist nach Süden ~** la camera è situata a sud ② *(passend)* comodo, opportuno; **das kommt mir sehr ~** questo mi torna molto comodo; **mir ist daran ~, dass ...** mi importa che *+conj*
Gelegenheit <-, -en> *f* occasione *f,* possibilità *f;* **eine gute ~** una buona occasione; **~ haben zu** aver l'occasione di; **bei ~** all'occasione, al momento opportuno; **bei dieser ~** in quest'occasione; **es bietet sich eine ~** si presenta un'occasione
Gelegenheitsarbeit *f* lavoro *m* occasionale
Gelegenheitsarbeiter(in) *m(f)* avventizio, -a *m, f*
Gelegenheitskauf *m* acquisto *m* d'occasione, occasione *f*
gelegentlich [gəˈleːgəntlɪç] **I.** *adj* occasionale; *(zeitweilig)* temporario **II.** *adv (bei Gelegenheit)* all'occasione; *(manchmal)* ogni tanto
gelehrig [gəˈleːrɪç] *adj* docile, studioso
Gelehrigkeit <-> *f kein Pl.* docilità *f; (Lernwilligkeit)* buona disponibilità *f* all'apprendimento
Gelehrsamkeit <-> *f kein Pl. (geh)* erudizione *f,* sapienza *f,* scienza *f*
gelehrt [gəˈleːɐ̯t] *adj* dotto, erudito
Gelehrte <ein -r, -n, -n> *mf* erudito, -a *m, f; (Wissenschaftler)* studioso, -a *m, f,* scienziato, -a *m, f*
Geleise [gəˈlaɪzə] <-s, -> *nt s.* **Gleis**
Geleit [gəˈlaɪt] <-(e)s, -e> *nt* ① *(Begleitung)* accompagnamento *m; (zum Schutz)* scorta *f;* NAUT, MIL convoglio *m;* **jdm das ~ geben** scortare qu; **jdm freies** [*o* **sicheres**] **~ geben** dare a qu un salvacondotto; *(bei Geiselnahme)* dare via libera a qu ② HIST *(Gefolge)* seguito *m,* corteo *m*
Geleitschutz *m* scorta *f;* NAUT scorta *f* navale; **jdm ~ geben** scortare qu; *bes.* NAUT convogliare qu
Geleitwort <-(e)s, -e> *nt* prefazione *f*
Gelenk [gəˈlɛŋk] <-(e)s, -e> *nt* ① ANAT giuntura *f,* articolazione *f* ② TEC giunto *m,* snodo *m*
Gelenkbus *m* autobus *m* articolato
Gelenkentzündung *f* MED artrite *f*
Gelenkflüssigkeit <-, -en> *f* MED sinovia *f*
gelenkig *adj (beweglich)* agile, sciolto
Gelenkigkeit <-> *f kein Pl.* agilità *f,* scioltezza *f*
Gelenkkapsel <-, -n> *f* MED capsula *f* articolare
Gelenkrheumatismus *m* MED reumatismo *m* articolare
gelernt *adj* **~er Arbeiter** operaio qualificato
gelesen [gəˈleːzən] *PP von* **lesen**
geliebt [gəˈliːpt] *adj* amato, caro
Geliebte <ein -r, -n, -n> *mf* amante *mf*
geliefert [gəˈliːfɐt] *adj (fam)* **~ sein** essere spacciato
geliehen *PP von* **leihen**
gelieren [ʒeˈliːrən *o* ʒəˈliːrən] <ohne ge-> *vi* gelificare, gelificarsi
gelind[e] [gəˈlɪnt] *adj (sanft)* mite; *(bes. Strafe)* dolce; *(mäßig)* moderato, leggero; **~ gesagt** a dir poco
gelingen [gəˈlɪŋən] <gelingt, gelang, gelungen> *vi sein (Unternehmen)* riuscire
Gelingen <-s> *nt kein Pl.* riuscita *f,* esito *m* positivo
gelitten [gəˈlɪtən] *PP von* **leiden**
gellen [ˈgɛlən] *vi* risuonare
gellend *adj* squillante, acuto
geloben <ohne ge-> *vt* promettere [solennemente], giurare
Gelöbnis [gəˈløːpnɪs] <-ses, -se> *nt* promessa *f* [solenne], voto *m*
gelogen *PP von* **lügen**
Gelse [ˈgɛlzə] <-, -n> *f* A zanzara *f*
gelten [ˈgɛltən] <gilt, galt, gegolten> **I.** *vi (gültig sein)* essere valido; *(Gesetz, Regel)* essere in vigore, vigere; **~ als** *(angesehen werden als)* passare per; **jdm ~** *(betreffen)* riguardare qu; **einer Sache** *dat* **~** *(gewidmet sein)* essere dedicato a qc; **für jdn/etw ~** *(zutreffen)* valere per qu/qc; **jdn/etw ~ lassen** riconoscere qu/qc; **die Wette gilt** la scommessa vale; **das gilt nicht!** *(ist unerlaubt)* non vale!, non è corretto!; **das gilt mir** questo tocca a me; **dasselbe gilt für ...** lo stesso vale per ... **II.** *vt* ① *(wert sein)* valere, aver valore ② *(nötig sein)* essere necessario; **es gilt, Ruhe zu bewahren** è necessario mantenere la calma
geltend *adj (gültig)* valido; *(Gesetz)* vigente; *(Preise)* corrente; *(herrschend)* dominante, generale; **~ machen** far valere; *(durchsetzen)* affermare; **sich ~ machen** *(bemerkbar werden)* manifestarsi
Geltung <-> *f kein Pl.* ① *(Gültigkeit)* validità *f;* **~ haben** *(gültig sein)* essere valido ② *(Ansehen)* considerazione *f* ③ *(Bedeu-*

tung) evidenza *f,* risalto *m;* **sich** *dat* **~ verschaffen** farsi valere; **zur ~ bringen** mettere in risalto; **zur ~ kommen** farsi valere; *(hervorstechen)* risaltare

Geltungsbedürfnis *nt* desiderio *m* di mettersi in luce

Geltungsbereich *m* ① sfera *f* d'azione ② JUR *(von Gesetz)* giurisdizione *f*

Gelübde [gəˈlʏpdə] <-s, -> *nt* voto *m;* **ein ~ ablegen** fare un voto

gelungen [gəˈlʊŋən] **I.** *PP von* **gelingen II.** *adj* ① *(geglückt)* riuscito [bene] ② *(zum Lachen)* buffo, comico

GEMA [ˈgeːma] <-> *f kein Pl. Abk. von* **Gesellschaft für musikalische Aufführungs- und mechanische Vervielfältigungsrechte** *società per i diritti di riproduzione meccanica e di esecuzione delle opere musicali,* SIAE *f*

Gemach [gəˈmaːx, *Pl:* gəˈmɛçɐ] <-(e)s, Gemächer> *nt (geh)* stanza *f;* **sich in seine Gemächer zurückziehen** ritirarsi nelle proprie stanze

gemächlich [gəˈmɛːçlɪç] **I.** *adj (langsam)* lento, placido; *(gemütlich)* comodo, confortevole **II.** *adv (langsam)* pian piano, adagio

gemacht *adj* **für etw ~ sein** *(geschaffen)* essere fatto per qc; **ein ~er Mann sein** *(erfolgreich)* essere un uomo arrivato; **sich ins ~e Bett legen** *(fig)* costituire la propria fortuna sul lavoro degli altri; [**ist**] **~!** *(einverstanden)* d'accordo!

Gemahl(in) [gəˈmaːl] <-(e)s, -e; -, -nen> *m(f) (geh)* consorte *mf*

gemahlen [gəˈmaːlən] *PP von* **mahlen**

Gemälde [gəˈmɛːldə] <-s, -> *nt* quadro *m,* dipinto *m*

Gemäldegalerie *f* pinacoteca *f*

Gemäldesammlung *f* collezione *f* di quadri

gemasert *adj* marezzato, venato; *(Holz)* marezzato

gemäß [gəˈmɛːs] **I.** *präp +dat* ① *(entsprechend)* secondo, in conformità a; **Ihrem Wunsch ~** secondo il Suo/Vostro desiderio ② JUR ai sensi di, a norma di; **~ den bestehenden Bestimmungen** in conformità alle vigenti disposizioni **II.** *adj (würdig)* degno; **einer Sache** *dat* **~ sein** essere degno di qc

gemäßigt *adj* moderato; *(Klima)* temperato

Gemäuer [gəˈmɔɪɐ] <-s, -> *nt* mura *fpl,* ruderi *mpl*

Gemecker <-(e)s> *nt kein Pl.* ① *(fam pej: von Mensch)* brontolio *m* ② *(von Ziege)* belio *m*

gemein [gəˈmaɪn] *adj* ① *(böse)* cattivo, perfido; *(niederträchtig)* meschino; **~er Kerl** villano; **sei nicht ~!** non essere villano! ② *(ordinär)* volgare; *(unanständig)* sporco, indecente ③ ZOO, BOT *(verbreitet)* comune, corrente ④ *(allgemein)* comune, generale; *(öffentlich)* pubblico ⑤ *(einfach)* semplice; *(niedrigen Standes)* basso, popolare ⑥ *(gemeinsam)* comune; **das ~e Volk** la gente comune; **etw mit jdm ~ haben** avere qc in comune con qu

Gemeinde [gəˈmaɪndə] <-, -n> *f* ① *(Kommune)* comune *m;* *(bes. Dorf)* municipio *m* ② *(Einwohner)* abitanti *mpl* di un comune ③ REL comunità *f;* *(beim Gottesdienst)* fedeli *mpl;* *(Pfarr~)* parrocchia *f*

Gemeindeammann <-(e)s, -ammänner> *m* CH ① ADM, POL *(Gemeindevorsteher, Bürgermeister)* presidente *m,* sindaco *m* ② *(Betreibungs- und Vollstreckungsbeamter)* ufficiale *m* giudiziario

Gemeindehaus *nt* ① *(Rathaus)* palazzo *m* comunale, municipio *m* ② REL parrocchia *f*

Gemeindepräsident(in) *m(f)* CH *s.* **Gemeindeammann**

Gemeinderat *m* ① *(Körperschaft)* consiglio *m* comunale ② *(Person)* consigliere *m* comunale

Gemeindeschwester *f* diaconessa *f*

Gemeindesteuer *f* imposta *f* comunale

Gemeindeversammlung *f* CH ADM assemblea *f* comunale

Gemeindeverwaltung *f* amministrazione *f* comunale

Gemeindewahl *f* elezioni *fpl* comunali

Gemeindewohnung *f* A *(Sozialwohnung)* casa *f* popolare

Gemeindezentrum *nt* ① *(der Kirche)* centro *m* parrocchiale ② *(der Kommune)* centro *m* comunale

gemeingefährlich *adj* che costituisce un pericolo pubblico

Gemeingut <-(e)s> *nt kein Pl.* bene *m* pubblico

Gemeinheit <-, -en> *f* ① *Sing.* *(Gesinnung)* perfidia *f,* malvagità *f;* *(Niedertracht)* meschinità *f* ② *(gemeine Handlung)* cattiveria *f,* malvagità *f*

gemeinhin *adv* generalmente, di solito

Gemeinkosten *pl* WIRTSCH spese *fpl* generali

gemeinnützig [gəˈmaɪnnʏtsɪç] *adj* di pubblica utilità

Gemeinplatz *m* luogo *m* comune, banalità *f*

gemeinsam I. *adj* comune; **der Gemeinsame Markt** COM il mercato comune; **mit jdm ~e Sache machen** far causa comune con qu **II.** *adv (mehrere betreffend)* in comune; *(zusammen)* insieme, assieme

Gemeinsame Außen- und Sicherheitspolitik <-> *f kein Pl. (Europäische Union)* politica *f* comune degli affari esteri e della sicurezza; **die ~ ist eine der drei Säulen der EU** la politica comune degli affari esteri e della sicurezza è uno dei tre pilastri dell'UE

Gemeinsamkeit <-, -en> *f* ❶ *Sing. (Übereinstimmung)* sintonia *f* ❷ *(gemeinsame Eigenschaft)* comunanza *f*

Gemeinschaft <-, -en> *f* ❶ *Sing. (Zusammensein)* comunità *f; (Verbundenheit)* unione *f;* **in ~ mit** in unione con, in cooperazione con ❷ *(Personengruppe)* comunità *f,* associazione *f,* società *f; (religiöse ~)* comunità *f* ❸ *(Staatenbündnis)* comunità *f,* associazione *f;* **die Europäische ~** la Comunità europea

G

gemeinschaftlich *adj* comune, collettivo

Gemeinschaftsantenne *f* TEC, TV, RADIO antenna *f* collettiva

Gemeinschaftsgefühl *nt,* **Gemeinschaftsgeist** *m* spirito *m* comunitario

Gemeinschaftskunde *f* educazione *f* civica

Gemeinschaftspraxis *f* MED studio *m* comunitario

Gemeinschaftsproduktion *f* coproduzione *f*

Gemeinschaftsraum *m* sala *f* di ricreazione

gemeinverständlich *adj* facilmente comprensibile, popolare

Gemeinwesen *nt* comunità *f,* collettività *f*

Gemeinwohl *nt kein Pl.* bene *m* comune

Gemenge [gəˈmɛŋə] <-s, -> *nt* ❶ *(Gemisch)* miscuglio *m,* misto *m* ❷ *(fig: Durcheinander)* confusione *f* ❸ *(Hand~)* mischia *f,* zuffa *f*

gemessen I. *PP von* **messen II.** *adj* misurato, compassato

Gemetzel [gəˈmɛtsəl] <-s, -> *nt* massacro *m,* strage *f*

gemieden *PP von* **meiden**

Gemisch [gəˈmɪʃ] <-(e)s, -e> *nt* MOT miscela *f; (a. fig)* miscuglio *m*

gemischt [gəˈmɪʃt] *adj* mescolato, mischiato; **ein ~er Salat** un'insalata mista

Gemme [ˈgɛmə] <-, -n> *f* ❶ *(Edelstein)* gemma *f,* cammeo *m* ❷ BIOL gemma *f*

gemocht *PP von* **mögen**[1]

gemolken *PP von* **melken**

gemoppelt [gəˈmɔpəlt] *(fam)* **das ist doppelt ~** è trito e ritrito

Gemunkel [gəˈmʊŋkəl] <-s> *nt kein Pl. (fam)* dicerie *f pl,* vociferazione *f*

Gemurmel [gəˈmʊrməl] <-s> *nt kein Pl.* borbottio *m*

Gemüse [gəˈmyːzə] <-s, -> *nt* verdura *f,* ortaggi *mpl;* **junges ~** *(fig fam)* i giovani; **~ anbauen** coltivare ortaggi

Gemüsegarten *m* orto *m*

Gemüsegärtner(in) *m(f)* orticoltore, -trice *m, f*

Gemüsehändler(in) *m(f)* erbivendolo, -a *m, f*

Gemüsesaft <-(e)s, -säfte> *m* succo *m* di verdura

Gemüsesuppe *f* minestrone *m*

gemusst *PP von* **müssen**[2]

gemustert [gəˈmʊstɐt] *adj* a disegni

Gemüt [gəˈmyːt] <-(e)s, -er> *nt (Psyche)* animo *m; (Gefühl)* sentimento *m; (Seele)* anima *f; (Veranlagung)* indole *f,* natura *f;* **die ~er** gli animi; **sich** *dat* **etw zu ~e führen** *(essen, trinken)* mangiare/bere qc con gusto; *(Buch)* concedersi qc; *(beherzigen)* prendersi qc a cuore; **sie hat zu viel ~** è tutta sentimento

gemütlich *adj (behaglich)* accogliente; *(bequem)* comodo, confortevole; *(in aller Ruhe)* calmo, tranquillo; *(angenehm)* piacevole; *(familiär)* intimo, caldo; *(Mensch)* affabile, alla buona; **es sich** *dat* **~ machen** mettersi a proprio agio; **machen Sie es sich** *dat* **~!** faccia come se fosse a casa Sua!

Gemütlichkeit <-> *f kein Pl. (Behaglichkeit)* comodità *f; (Traulichkeit)* aria *f* di casa; *(Ruhe)* tranquillità *f; (Familiarität)* familiarità *f; (von Menschen)* cordialità *f*

Gemütsart *f* indole *f,* carattere *m,* temperamento *m*

Gemütsbewegung *f* emozione *f; (Rührung)* commozione *f*

gemütskrank *adj* MED, PSYCH nevrotico; *(schwermütig)* malinconico

Gemütskrankheit *f* psicosi *f* emotiva

Gemütsmensch *m* persona *f* di cuore, pasta *f* d'uomo *fam*

Gemütsruhe *f* **in aller ~** con tutta calma

Gemütsverfassung *f,* **Gemütszustand** *m* stato *m* d'animo

Gen [geːn] <-s, -e> *nt* BIOL gene *m*

genannt *PP von* **nennen**

genas [gəˈnaːs] *Imp. von* **genesen**

genau [gəˈnaʊ] **I.** *adj* ❶ *(exakt)* esatto; *(a. bestimmt)* preciso; **~ genommen** a rigore ❷ *(sorgfältig)* accurato; **peinlich ~** pignolo, pedante ❸ *(ausführlich)* dettagliato ❹ *(streng)* severo, rigoroso **II.** *adv* ❶ *(exakt)* esattamente, precisamente; *(pünktlich)* in punto; **~ gehen** *(Uhr)* andare bene, essere preciso; **~ um drei Uhr** alle tre precise ❷ *(gerade)* proprio, esattamente; **~!** *(stimmt)* esatto!; **das ist ~ dasselbe** è proprio la stessa cosa; **jdn ~ kennen** conoscere bene qu; **es mit etw ~ nehmen** prendere qc alla lettera; **es mit etw nicht**

so ~ nehmen prendere qc sottogamba *fam*

genaugenommen *adv* a rigore

Genauigkeit <-> *f kein Pl.* ① *(Exaktheit)* precisione *f*, esattezza *f* ② *(Sorgfalt)* accuratezza *f* ③ *(Strenge)* rigore *m* ④ *(peinliche ~)* meticolosità *f* ⑤ *(in der Wiedergabe)* fedeltà *f*

genauso [gəˈnaʊzoː] *adv* altrettanto

Genbank <-, -bänke> *f* banca *f* genetica

Gendarm [ʒanˈdarm] <-en, -en> *m* A, CH gendarme *m*, carabiniere *m*

Gendarmerie [ʒandarməˈriː] <-, -n> *f* A, CH gendarmeria *f*, corpo *m* dei carabinieri

Gendatei *f* archivio *m* genetico

Gender <-s> [ˈdʒɛndɐ] *nt kein pl* SOC gender *m*

genehm [gəˈneːm] *adj (geh)* ① *(willkommen, angenehm)* gradito, [ben] accetto ② *(passend)* comodo; **wenn es Ihnen ~ ist** se Le fà comodo

genehmigen [gəˈneːmɪgən] <ohne ge-> *vt* autorizzare; *(Antrag)* approvare; *(erlauben)* permettere; *(zugestehen)* riconoscere; **sich** *dat* **etw ~** concedersi qc

Genehmigung <-, -en> *f (Erlaubnis)* permesso *m; (Antrag)* approvazione *f*, autorizzazione *f; (behördliche Zulassung)* ammissione *f; (Lizenz)* licenza *f;* **jdm eine ~ zu etw erteilen** dare il permesso a qu di fare qc

genehmigungspflichtig *adj* soggetto ad autorizzazione

geneigt [gəˈnaɪkt] *adj* ① *(abfallend)* inclinato; *(abschüssig)* in pendenza; *(gebeugt)* chino, chinato; *(gesenkt)* abbassato ② *(fig: wohlgesonnen)* ben disposto; **zu etw ~ sein** essere incline a qc

Geneigtheit <-> *f kein Pl.* ① *(Schiefe)* inclinazione *f; (Abschüssigkeit)* pendenza *f* ② *(Wohlwollen)* benevolenza *f; (Willigkeit)* buona disposizione *f*

General [genəˈraːl] <-s, -e *o* Generäle> *m* MIL generale *m*

Generaldirektor(in) *m(f)* direttore, -trice *m, f* generale

Generalintendant(in) *m(f)* THEAT sovrintendente *mf*

Generalkonsul(in) *m(f)* console *mf* generale

Generalkonsulat *nt* consolato *m* generale

Generalprobe *f* prova *f* generale

generalrevidieren *vt* CH *s.* **generalüberholen**

Generalsekretär(in) *m(f)* segretario, -a *m, f* generale

Generalstaatsanwalt *m*, **Generalstaatsanwältin** *f* procuratore, -trice *m, f* generale

Generalstab *m* stato *m* maggiore

Generalstreik *m* sciopero *m* generale

generalüberholen *vt* fare una revisione generale a

Generalüberholung *f* revisione *f* generale

Generalversammlung *f* assemblea *f* generale

Generation [genəraˈtsi̯oːn] <-, -en> *f* generazione *f*

Generationenkonflikt <-(e)s, -e> *m* conflitto *m* generazionale

Generationenvertrag *m* accordo *m* tra generazioni

Generationskonflikt *m* conflitto *m* generazionale

Generationswechsel <-s, -> *m* BIOL metagenesi *f*, ricambio *m* generazionale

Generator [genəˈraːtoːɐ̯] <-s, -en> *m* TEC generatore *m*

generell [genəˈrɛl] *adj* generale, generico

genesen [gəˈneːzən] <genest, genas, genesen> *vi sein (geh)* guarire

Genesis [ˈgeːnezɪs *o* ˈgɛnezɪs, *Pl:* geˈneːzən *o* gɛˈneːzən] <-, Genesen> *f a.* REL genesi *f*

Genesung [gəˈneːzʊŋ] <-, *rar:* -en> *f (geh)* guarigione *f*

Genetik [geˈneːtɪk] <-> *f kein Pl.* SCIENT, BIOL genetica *f*

Genetiker(in) [geˈneːtikɐ] <-s, -; -, -nen> *m(f)* genetista *mf*

genetisch [geˈneːtɪʃ] *adj* genetico; **~ verändert** transgenico, transgenetico

Genf [gɛnf] *nt* GEOG Ginevra *f*

Genfer <inv> *adj a. attr.* di Ginevra, ginevrino; **der ~ See** il Lago Lemano [*o* di Ginevra]; **~ Konvention** la convenzione di Ginevra

Genfood [ˈgeːnfuːd] <-s> *nt kein Pl.* cibo *m* transgenico

Genforscher(in) *m(f)* genetista *mf*, studioso, -a *m, f* di genetica

Genforschung *f kein Pl.* genetica *f*

genial [geˈni̯aːl] *adj* geniale, ingegnoso; *(Sache)* ingegnoso

Genialität [geni̯aliˈtɛːt] <-> *f kein Pl.* genialità *f*, genio *m*

Genick [gəˈnɪk] <-(e)s, -e> *nt* nuca *f; (fig fam)* collo *m;* **sich** *dat* **das ~ brechen** rompersi l'osso del collo

Genickstarre <-> *f kein Pl. (steifer Hals)* rigidità *f* della nuca

Genie [ʒeˈniː] <-s, -s> *nt* genio *m*

Genien *Pl. von* **Genius**

genieren [ʒeˈniːrən] <ohne ge-> *vr:* **sich ~** sentirsi imbarazzato; *(sich schämen)* vergognarsi

genießbar *adj (Speise)* mangiabile, mangereccio; *(Getränk)* bevibile

genießen [gə'niːsən] <genießt, genoss, genossen> *vt (Speise)* gustare; *(fig)* godere
Genießer(in) <-s, -; -, -nen> *m(f)* gaudente *mf; (Feinschmecker)* buongustaio, -a *m, f*
genießerisch *adj* godereccio *fam,* voluttuoso
genital [geni'taːl] *adj* genitale
Genitalbereich *m* zona *f* genitale
Genitalien [geni'taːliən] *pl* [organi *mpl*] genitali *mpl*
Genitiv ['geːnitiːf] <-s, -e> *m* GRAM genitivo *m*
Genius ['geːniʊs, *Pl:* 'geːniən] <-, Genien> *m* genio *m*
Genmais *m* mais *m* geneticamente modificato
Genmanipulation *f* BIOL biomanipolazione *f*
genmanipuliert *adj* BIOL biomanipolato
genommen *PP von* **nehmen**
genormt [gə'nɔrmt] *adj* standardizzato
genoss [gə'nɔs] *1. u. 3. Pers. Sing. Imp. von* **genießen**
Genosse [gə'nɔsə] <-n, -n> *m* compagno *m*
genossen [gə'nɔsən] *PP von* **genießen**
Genossenschaft <-, -en> *f* cooperativa *f*
genossenschaftlich *adj* cooperativistico
Genossin [gə'nɔsɪn] <-, -nen> *f* compagna *f*
genötigt *adj* **sich ~ sehen etw zu tun** vedersi costretto a fare qc
Genre ['ʒãːrə] <-s, -s> *nt* genere *m*
Gent [gɛnt] *nt* GEOG Gand *f*
Gentechnik *f kein Pl.* BIOL ingegneria *f* genetica
Gentechniker(in) <-s, -; -, -nen> *m(f)* BIOL studioso, -a *m, f* di ingegneria genetica
gentechnisch BIOL **I.** *adj* di ingegneria genetica **II.** *adv* **~ verändert** biomanipolato
Gentechnologie <-> *f kein Pl.* BIOL ingegneria *f* genetica
Genua ['geːnua] *nt* GEOG Genova *f*
genug [gə'nuːk] *adv* abbastanza, a sufficienza; **~ haben von** averne abbastanza di … *fam;* **lass es ~ sein!** finiscila! *fam;* **~ davon!** basta!
Genüge [gə'nyːgə] *f* **zur ~** abbastanza, a sufficienza
genügen [gə'nyːgən] <ohne ge-> *vi* bastare, essere sufficiente; **den Anforderungen ~** [cor]rispondere alle esigenze
genügend *adj* sufficiente
genügsam *adj* di poche pretese, modesto, sobrio
Genügsamkeit <-> *f kein Pl.* sobrietà *f,* modestia *f*
Genugtuung [gə'nuːktuːʊŋ] <-, -en> *f* soddisfazione *f*
Genus ['gɛnʊs] <-, Genera> *nt* LING genere *m*
Genuss [gə'nʊs] <-es, Genüsse> *m* ① *Sing. (Konsum)* consumo *m* ② *(Vergnügen)* piacere *m,* godimento *m* ③ *Sing. (Nutznießung)* beneficio *m;* JUR *(von Rechten)* godimento *m;* **in den ~ einer Sache** *gen* **kommen** beneficiare di qc
genüsslich *adj* con voluttà
Genussmittel *nt* genere *m* voluttuario
genussvoll *adj* piacevole, voluttuoso
Geograf(in) [geo'graːf] <-en, -en; -, -nen> *m(f)* geografo, -a *m, f*
Geografie [geogra'fiː] <-> *f kein Pl.* geografia *f*
Geografin *f s.* **Geograf**
geografisch *adj* geografico
Geologe [geo'loːgə] <-n, -n> *m* geologo *m*
Geologie [geolo'giː] <-> *f kein Pl.* geologia *f*
Geologin [geo'loːgɪn] <-, -nen> *f* geologa *f*
geologisch [geo'loːgɪʃ] *adj* geologico
Geometrie [geome'triː] <-> *f kein Pl.* geometria *f*
geometrisch [geo'meːtrɪʃ] *adj* geometrico
Geophysik *f kein Pl.* geofisica *f*
Geopolitik *f kein Pl.* geopolitica *f*
geordnet *adj (Leben)* ordinato; *(Zustände, Verhältnisse)* stabile
geothermisch [geo'tɛrmɪʃ] *adj* geotermico
geozentrisch [geo'tsɛntrɪʃ] *adj* ASTR geocentrico
Gepäck [gə'pɛk] <-(e)s> *nt kein Pl.* bagaglio *m;* MIL equipaggiamento *m;* **sein ~ aufgeben** consegnare il proprio bagaglio
Gepäck[aufbewahrungs]schein *m* scontrino *m* del deposito bagagli
Gepäckabfertigung *f* spedizione *f* bagagli
Gepäckannahme *f* accettazione *f* bagagli
Gepäckaufbewahrung *f* deposito *m* bagagli
Gepäckaufgabe *f* consegna *f* bagagli
Gepäckausgabe *f* consegna *f* bagagli
Gepäcknetz *nt* rete *f* portabagagli
Gepäckschein *m s.* **Gepäckaufbewahrungsschein**
Gepäckschließfach *nt* deposito *m* bagagli a cassette
Gepäckstück *nt* collo *m*
Gepäckträger *m* ① *(Person)* facchino *m,* portabagagli *m; (Hotelpage)* ragazzo *m* d'albergo ② *(an Fahrzeugen)* portabagagli *m*
Gepäckwagen *m* bagagliaio *m*

Gepard ['ge:part] <-s, -e> *m* ZOO ghepardo *m*
gepfeffert [gə'pfɛfɐt] *adj (fam)* ① *(Preise)* salato ② *(grob)* grossolano ③ *(schwierig)* difficile
gepfiffen [gə'pfɪfən] *PP von* **pfeifen**
gepflegt [gə'pfle:kt] *adj* ① curato; **~ essen/tanzen gehen** *(fam)* andare a mangiare/ballare in un bel locale ② *(kultiviert)* raffinato, sofisticato; *(Ausdrucksweise)* scelto, accurato
Gepflegtheit <-> *f kein Pl.* ① *(Ordentlichkeit)* cura *f* ② *(Kultiviertheit)* raffinatezza *f*
Gepflogenheit [gə'pflo:gənhaɪt] <-, -en> *f (Gewohnheit)* abitudine *f; (Sitte)* uso *m,* costume *m*
gepiercт *adj* [bucato] con il piercing
Geplänkel [gə'plɛŋkəl] <-s, -> *nt* ① MIL scaramuccia *f* ② *(fig: Wortgefecht)* schermaglia *f*
Geplapper [gə'plapɐ] <-s> *nt kein Pl. (fam pej)* chiacchierio *m,* cicaleccio *m*
Geplärr[e] [gə'plɛr(ə)] <-(e)s> *nt kein Pl. (fam pej: von Kind)* piagnisteo *m; (von Radio)* gracidio *m*
Geplätscher [gə'plɛtʃɐ] <-s> *nt kein Pl.* mormorio *m,* gorgoglio *m*
Geplauder [gə'plaʊdɐ] <-s> *nt kein Pl.* chiacchierata *f*
Gepolter [gə'pɔltɐ] <-s> *nt kein Pl.* strepito *m*
Gepräge [gə'prɛ:gə] <-s, -> *nt* ① *(auf Münzen)* conio *m* ② *(fig: Eigenart)* impronta *f,* carattere *m*
gepriesen [gə'pri:zən] *PP von* **preisen**
gequält [gə'kvɛ:lt] *adj* sforzato; **~ lächeln/zuhören** sforzarsi di sorridere/di ascoltare
gequollen [gə'kvɔlən] *PP von* **quellen**
gerade [gə'ra:də] **I.** *adj* ① *(geradlinig)* diritto; **~ biegen** *(Draht)* [rad]drizzare ② *(aufrecht)* eretto; **~ stehen** stare diritto ③ *(fig: unmittelbar)* diretto ④ *(Charakter)* leale, onesto ⑤ *(Zahl)* pari **II.** *adv* ① *(soeben)* appena; *(jetzt)* adesso, in questo momento; **ich bin ~ gekommen** sono appena arrivato; **ich will ~ gehen** sto per andarmene; **das fällt mir ~ ein** a proposito, mi viene in mente ② *(genau, ausgerechnet)* proprio; **nicht ~ schön/gut** non proprio bello/buono; **das ist es ja ~!** proprio di questo si tratta! ③ *(knapp)* appena; **~ zur rechten Zeit** giusto in tempo; **das fehlte ~ noch!** ci mancava anche questo! *fam*
Gerade [gə'ra:də] <-n, -n> *f* ① *(gerade Linie)* linea *f* retta ② SPORT rettilineo *m; (Boxhieb)* diretto *m*
geradeaus *adv* d[i]ritto
gerade|biegen <irr> *vt (fam: klären, in Ordnung bringen)* aggiustare, mettere a posto
geradeheraus *adv* francamente, chiaro e tondo *fam*
gerädert [gə'rɛ:dɐt] *adj (fam)* **wie ~** stanco morto
geradeso *adv* proprio così
gerade|stehen <irr> *vi (Verantwortung übernehmen)* **für etw ~** rispondere di qc
geradewegs *adv* direttamente, chiaramente
geradezu *adv* ① *(beinahe)* quasi ② *(tatsächlich)* veramente, proprio ③ *(ohne Umschweife)* direttamente, chiaramente
Geradheit <-> *f kein Pl. (a. fig)* dirittura *f; (Rechtschaffenheit)* rettitudine *f*
geradlinig [gə'ra:tli:nɪç] *adj* ① MAT rettilineo ② *(Nachkommen)* in linea diretta ③ *(Charakter)* conseguente, retto
Geradlinigkeit <-> *f kein Pl. (a. fig)* linearità *f; (Charakter)* rettitudine *f*
gerammelt [gə'raməlt] *adv* **~ voll** *(fam)* pieno zeppo
Gerangel [gə'raŋəl] <-s> *nt kein Pl. (fam: Balgerei)* zuffa *f; (Kampf)* lotta *f*
Geranie [ge'ra:niə] <-, -n> *f* BOT geranio *m*
gerannt [gə'rant] *PP von* **rennen**
Gerät [gə'rɛ:t] <-(e)s, -e> *nt (Werkzeug)* attrezzo *m,* strumento *m; (bes. für Feinmechanik)* utensile *m,* arnese *m; (Vorrichtung)* congegno *m; (Apparat)* apparecchio *m; (Ausrüstung)* equipaggiamento *m*
geraten[1] [gə'ra:tən] *PP von* **raten, geraten[2]**
geraten[2] <gerät, geriet, geraten> *vi sein* ① *(gelangen)* capitare; **in einen Sturm ~** essere sorpreso da una tempesta; **an jdn ~** imbattersi in qu, incontrare qu; **an den Falschen ~** cascar male *fam,* sbagliare indirizzo *fam;* **außer sich** *dat* **~** essere fuori di sé; **in Gefahr ~** trovarsi in pericolo; **in Schulden ~** indebitarsi; **in Wut ~** infuriarsi ② *(gelingen)* riuscire; *(gedeihen)* prosperare, crescere; **gut/schlecht ~** *(Sache)* riuscire bene/male; *(Kind)* crescer bene/male; **nach jdm ~** assomigliare a qu
Geräteturnen <-s> *nt kein Pl.* attrezzistica *f*
Geratewohl [gəra:tə'vo:l] *nt* **aufs ~** a casaccio *fam*
geraum [gə'raʊm] *adj a. attr.* **~e Zeit** lungo tempo; **seit ~er Zeit** da molto tempo
geräumig [gə'rɔɪmɪç] *adj* spazioso, vasto
Geräusch [gə'rɔɪʃ] <-(e)s, -e> *nt* rumore *m*

G

geräuscharm *adj* tranquillo, silenzioso
geräuschempfindlich *adj* sensibile al rumore
Geräuschkulisse *f* rumori *mpl* di sottofondo
geräuschlos *adj* silenzioso
Geräuschpegel <-s, -> *m* intensità *f* del suono
geräuschvoll *adj* rumoroso, fragoroso
gerben ['gɛrbən] *vt* conciare
Gerber <-s, -> *m* conciatore *m*
Gerberei <-, -en> *f* conceria *f*
Gerbsäure *f* acido *m* tannico
gerecht [gə'rɛçt] *adj* ❶ *(rechtgemäß)* giusto; *(rechtschaffen)* onesto, probo ❷ *(verdient)* meritato; **einer Sache** *dat* **~ werden** *(bewältigen)* essere all'altezza di qc
gerechtfertigt *adj* giustificato
Gerechtigkeit <-> *f kein Pl.* giustizia *f*; *(Rechtschaffenheit)* onestà *f*; **ausgleichende ~** giustizia distributiva
Gerechtigkeitssinn *m kein Pl.* senso *m* della giustizia
Gerede [gə're:də] <-s> *nt kein Pl.* *(pej: Geschwätz)* chiacchiere *fpl; (Klatsch)* pettegolezzi *mpl;* **jdn ins ~ bringen** diffondere delle voci sul conto di qu; **ins ~ kommen** dar luogo a pettegolezzi
geregelt *adj (Arbeits-, Mahlzeit)* regolare; *(Leben)* regolato
gereichen <ohne ge-> *vi (geh)* **jdm zur Ehre/zum Nachteil ~** tornare a onore/a danno di qu
gereizt [gə'raɪtst] *adj* irritato, arrabbiato
Gereiztheit <-> *f kein Pl.* irritazione *f*, rabbia *f*
Geriatrie [geria'tri:] <-> *f kein Pl.* geriatria *f*
Gericht [gə'rɪçt] <-(e)s, -e> *nt* ❶ *(Speise)* piatto *m* ❷ JUR *(Behörde)* tribunale *m; (~sstand)* foro *m; (~shof)* corte *f*, tribunale *m; (Gebäude)* tribunale *m*, palazzo *m* di giustizia; *(die Richter)* giudici *mpl*, corte *f*; **das höchste ~** la corte suprema; **zuständiges ~** foro competente; **jdn vor ~ bringen** citare qu in giudizio
gerichtlich *adj* ❶ *(rechtlich)* legale, giudiziario; **jdn ~ verfolgen** procedere per via legale contro qu ❷ *(des Gerichts)* del tribunale, della corte
Gerichtsakten *fpl* atti *mpl* giudiziari
Gerichtsarzt *m* medico, -a *m, f* legale
Gerichtsärztin *f* medico, -a *m, f* legale
Gerichtsbarkeit <-, -en> *f* giurisdizione *f*, competenza *f* giudiziaria
Gerichtsbeschluss *m* decreto *m* giudiziario
Gerichtsdiener *m* usciere *m* del tribunale
Gerichtsentscheid *m* decisione *f* giudiziaria
Gerichtshof *m* corte *f* di giustizia; **Oberster ~** Suprema Corte di Giustizia; **der Europäische ~** la Corte di giustizia dell'Unione europea
Gerichtskosten *pl* spese *fpl* giudiziarie
Gerichtsmedizin *f* medicina *f* legale
Gerichtsmediziner(in) <-s, -; -, -nen> *m(f)* JUR medico *m* legale
Gerichtssaal *m* sala *f* delle udienze
Gerichtsschreiber *m* CH JUR *(Protokollführer)* cancelliere *m*
Gerichtsstand *m* foro *m*
Gerichtstermin *m* data *f* d'udienza
Gerichtsverfahren *nt* procedimento *m* legale; **ein ~ gegen jdn einleiten** intentare un procedimento legale contro qu
Gerichtsverhandlung *f* dibattimento *m*, udienza *f*
Gerichtsvollzieher *m* ufficiale *m* giudiziario
gerieben *PP von* **reiben**
gering [gə'rɪŋ] *adj* ❶ *(klein)* piccolo; *(knapp)* scarso; *(beschränkt)* limitato; *(wenig)* poco; *(kurz)* breve, poco; *(schwach)* debole; *(niedrig)* basso; **~ schätzen** *(Menschen)* avere poca stima; *(Leistung)* deprezzare; *(Menschenleben)* svilire ❷ *(unbedeutend)* insignificante, futile; **kein Geringerer als …** nientemeno che …; **nicht im Geringsten** per niente, non … minimamente ❸ *(minderwertig)* scadente, cattivo
geringfügig [gə'rɪŋfy:gɪç] **I.** *adj (unbedeutend)* insignificante; *(klein)* esiguo, scarso; *(leicht)* leggero **II.** *adv* poco
Geringfügigkeit <-, -en> *f* ❶ *Sing.* *(Bedeutungslosigkeit)* futilità *f*; *(Kleinheit)* esiguità *f* ❷ *(Lappalie)* bazzecola *f fam*, piccolezza *f*
geringschätzig **I.** *adj* sprezzante **II.** *adv* con disprezzo
Geringschätzung *f (mangelnde Achtung)* mancanza *f* di stima; *(Verachtung)* disprezzo *m*, spregio *m*
gerinnen [gə'rɪnən] <gerinnt, gerann, geronnen> *vi sein* coagulare, coagularsi; *(Milch)* cagliare
Gerinnsel [gə'rɪnzəl] <-s, -> *nt* coagulo *m*, grumo *m*
Gerinnung <-, *rar:* -en> *f* coagulazione *f*
Gerippe [gə'rɪpə] <-s, -> *nt* ❶ *(Skelett)* scheletro *m; (die Knochen)* ossatura *f* ❷ *(von Schiff, Flugzeug)* ossatura *f*; *(von Blatt)* nervatura *f*, costola *f*; *(von Schirm)* stecca *f*; *(von Gebäude)* impalcatura *f* ❸ *(fig: Grundplan)* schema *m*, canovaccio *m*

gerissen I. *PP von* **reißen** II. *adj (schlau)* scaltro, furbo

Gerissenheit <-> *f kein Pl.* scaltrezza *f*

geritten *PP von* **reiten**

Germ [gɛrm] <-> *m kein Pl.* SÜDD, A *(Hefe)* lievito *m*

Germane [gɛrˈmaːnə] <-n, -n> *m,* **Germanin** [gɛrˈmaːnɪn] <-, -nen> *f* HIST, LING germano, -a *m, f*

germanisch *adj* germanico

Germanist(in) [gɛrmaˈnɪst] <-en, -en; -, -nen> *m(f)* germanista *mf*

Germanistik [gɛrmaˈnɪstɪk] <-> *f kein Pl.* germanistica *f*

Germanistin *f s.* **Germanist**

germanistisch *adj* germanistico

gern [gɛrn] <lieber, am liebsten> *adv* volentieri, con piacere; **herzlich ~** ben volentieri, di tutto cuore; **ich reise ~** mi piace viaggiare; **ich mag das ~** mi piace; **ich tue das ~** lo faccio volentieri; **ich glaube es ~** lo credo bene; **ich hätte ~ …** vorrei …; **aber ~!** ma certo!, volentieri!; **~ geschehen!** non c'è di che!

Gernegroß [ˈgɛrnəgroːs] <-, -e> *m (fam scherz)* presuntuoso *m,* pallone *m* gonfiato

gern|haben <irr> *vt* **jdn ~** voler bene a qu; **er hat es sehr gern** gli piace molto; **du kannst mich [mal] ~!** *(fam)* me ne infischio di te! *fam*

gerochen *PP von* **riechen**

Geröll [gəˈrœl] <-(e)s, -e> *nt* detriti *mpl*

geronnen [gəˈrɔnən] *PP von* **rinnen**

Gerontologie [gerɔntoloˈgiː] <-> *f kein Pl.* gerontologia *f*

Gerste [ˈgɛrstə] <-, *Sorten:* -n> *f* orzo *m*

Gerstenkorn *nt* ① *(von Ähre)* chicco *m* d'orzo ② MED orzaiolo *m*

Gerte [ˈgɛrtə] <-, -n> *f (Stock)* verga *f; (Peitsche)* frusta *f; (Reit~)* frustino *m,* scudiscio *m*

Geruch [gəˈrʊx] <-(e)s, Gerüche> *m* ① *(Sinneseindruck)* odore *m* ② *(~ssinn)* odorato *m,* olfatto *m*

geruchlos *adj* inodore, senza odore; *(duftlos)* senza profumo

Geruchsnerv *m* ANAT nervo *m* dell'olfatto

Geruchssinn *m* [senso *m* dell']olfatto *m,* odorato *m*

Gerücht [gəˈrʏçt] <-(e)s, -e> *nt* voce *f;* **ein ~ verbreiten** spargere una voce; **es geht das ~, dass …** corre voce che …

Gerüchteküche <-, -n> *f* covo *m* di pettegolezzi

gerufen [gəˈruːfən] *PP von* **rufen**

geruhen <ohne ge-> *vi (geh)* compiacersi (**zu** di), degnarsi (**zu** di)

geruhsam [gəˈruːzaːm] *adj* tranquillo

Gerümpel [gəˈrʏmpəl] <-s> *nt kein Pl. (pej)* ciarpame *m*

Gerundium [geˈrʊndiʊm, *Pl:* geˈrʊndiən] <-s, Gerundien> *nt* GRAM gerundio *m*

gerungen *PP von* **ringen**

Gerüst [gəˈrʏst] <-(e)s, -e> *nt* ① *(Bau~)* impalcatura *f,* armatura *f* ② *(Aufbau, a. fig: Grundplan)* struttura *f*

gesalzen *adj (fig fam: Preis)* salato; *(Witz)* piccante *fam,* spinto

gesamt [gəˈzamt] *adj* ① *(ganz)* tutto ② *(völlig)* totale, globale ③ *(vollständig)* completo

Gesamt- *in Zusammensetzungen* complessivo, totale

Gesamtansicht *f (von Stadt)* panorama *m; (fig)* vista *f* d'insieme

Gesamtarbeitsvertrag *m* CH *(Kollektivvertrag)* contratto *m* collettivo di lavoro

Gesamtausgabe *f* TYP edizione *f* completa

Gesamtbetrag *m* [importo *m*] totale *m*

gesamtdeutsch *adj* pangermanico

Gesamteindruck *m* impressione *f* generale

Gesamtergebnis *nt* risultato *m* globale; **im ~** nel complesso

gesamthaft *adj* totale

Gesamtheit <-> *f kein Pl.* totalità *f,* totale *m; (von Menschen)* collettività *f;* **in seiner ~** nel suo complesso

Gesamthochschule *f università unificata*

Gesamtkosten *pl* spesa *f* complessiva

Gesamtpreis *m* prezzo *m* totale

Gesamtschaden *m* danno *m* complessivo

Gesamtschule *f scuola media unificata*

Gesamtsieger(in) <-s, -; -, -nen> *m(f)* SPORT vincitore, -trice *m, f* globale

Gesamtstrafe *f* JUR pena *f* complessiva

Gesamtsumme *f* [somma *f*] totale *m*

Gesamtübersicht *f* vista *f* d'insieme, prospettiva *f* generale

Gesamtvermögen *nt* patrimonio *m* complessivo

Gesamtwerk *nt* opera *f* omnia

Gesamtwert *m* valore *m* complessivo

gesandt *PP von* **senden**

Gesandte <ein -r, -n, -n> *mf,* **Gesandtin** <-, -nen> *f* inviato, -a *m, f,* delegato, -a *m, f; (Botschafter)* ambasciatore, -trice *m, f;* **päpstlicher Gesandter** nunzio pontificio

Gesandtschaft <-, -en> *f (Gebäude)* ambasciata *f; (diplomatische Vertretung)* ambasceria *f,* legazione *f geh*

Gesang [gəˈzaŋ] *m* MUS canto *m*

Gesangbuch *nt (Liederbuch)* libro *m* dei canti; REL innario *m*

Gesanglehrer(in) *m(f)* maestro, -a *m, f* di canto

Gesangverein *m* società *f* corale

G

Gesäß [gəˈzɛːs] <-es, -e> *nt* sedere *m,* posteriore *m*
Gesäßtasche *f* tasca *f* posteriore
geschaffen *PP von* **schaffen**[1]
Geschäft [gəˈʃɛft] <-(e)s, -e> *nt* ① *(Handel, Gewinn)* affare *m;* **ein ~ abschließen** concludere un affare; **mit jdm ins ~ kommen** entrare in rapporti d'affari con qu; **mit jdm ein [gutes]/schlechtes ~ machen** fare un buon/cattivo affare con qu; **wie geht das ~?** come vanno gli affari? ② *(Firma)* ditta *f,* impresa *f; (Laden)* negozio *m; (Büro)* ufficio *m; (fam: Arbeit)* lavoro *m* ③ *(Beruf)* mestiere *m,* professione *f* ④ *(Aufgabe)* dovere *m,* mansione *f* ⑤ *(fam: Notdurft)* bisogno *m*
Geschäftemacher(in) <-s, -; -, -nen> *m(f) (pej)* affarista *mf; (Wucherer)* strozzino, -a *m, f*
geschäftig *adj (tätig)* attivo, operoso; *(schnell)* svelto; *(beflissen)* premuroso
Geschäftigkeit <-> *f kein Pl. (Emsigkeit)* attività *f,* operosità *f; (übertrieben)* affaccendamento *m*
geschäftlich *adj* d'affari; *(beruflich)* professionale; **~ verreisen** partire per affari; **~ verhindert** impedito per ragioni d'affari
Geschäftsabschluss *m* ① conclusione *f* di un affare ② *(von Geschäftsjahr)* resoconto *m* annuale
Geschäftsanteil *m* quota *f* sociale
Geschäftsaufgabe *f* cessazione *f* di commercio
Geschäftsbedingungen *fpl* condizioni *fpl* contrattuali
Geschäftsbereich *m* POL sfera *f* di competenza, portafoglio *m*
Geschäftsbericht *m* resoconto *m*
Geschäftsbeziehungen *fpl* relazioni *fpl* commerciali
Geschäftsbrief *m* lettera *f* commerciale
geschäftsfähig *adj* JUR capace
Geschäftsfrau *f (Inhaberin)* negoziante *f; (Geschäfte betreibend)* donna *f* d'affari
Geschäftsfreund *m* amico *m* d'affari
geschäftsführend *adj (leitend)* gerente; *(amtierend)* in carica
Geschäftsführer(in) *m(f)* gerente *mf; (von Fabrik)* direttore, -trice *m, f; (von Gesellschaft)* amministratore, -trice *m, f,* delegato, -a *m, f*
Geschäftsführung *f* ① *Sing. (Vorgang)* gestione *f* degli affari ② *(Direktoren)* dirigenti *mpl*
Geschäftsgang *m* ① *(Gang der Geschäfte)* andamento *m* degli affari ② *(Dienstweg)* iter *m* burocratico ③ *(Besorgung)* commissione *f*
Geschäftsgebaren [gəˈʃɛftsgəbaːrən] <-s> *nt kein Pl.* conduzione *f* degli affari
Geschäftshaus *nt* ① *(Firma)* ditta *f* [*o* azienda *f*] commerciale ② *(Bürogebäude)* palazzo *m* per uffici
Geschäftsinhaber(in) *m(f) (von Laden)* titolare *mf* di un negozio; *(von Firma)* titolare *mf* di una ditta
Geschäftsinteresse *nt* interesse *m* commerciale
Geschäftsjahr *nt* esercizio *m,* anno *m* d'esercizio
Geschäftsleben *nt kein Pl.* mondo *m* degli affari
Geschäftsleitung *f s.* **Geschäftsführung**
Geschäftsleute *pl* uomini *mpl* d'affari
Geschäftsliste *f* CH ADM, POL *(Tagesordnung)* ordine *m* del giorno
Geschäftsmann *m* uomo *m* d'affari
geschäftsmäßig *adj* secondo la prassi commerciale; *(fig: sachlich)* distaccato
Geschäftsmethoden *fpl* pratiche *fpl* d'affari
Geschäftsordnung *f* regolamento *m* interno
Geschäftspartner(in) *m(f)* socio, -a *m, f* [d'affari], business partner *m*
Geschäftsreise *f* viaggio *m* d'affari
geschäftsschädigend *adj* dannoso [per gli affari]
Geschäftsschluss *m* chiusura *f* [di negozi e uffici]; **nach ~** dopo l'ora di chiusura
Geschäftsstelle *f* ufficio *m*
Geschäftsstraße *f* strada *f* commerciale
Geschäftsstunden *fpl* ore *fpl* d'ufficio
Geschäftsträger *m* incaricato *m* d'affari
geschäftstüchtig *adj* abile negli affari
Geschäftsverbindung *f* relazione *f* d'affari
Geschäftsverkehr *m* relazioni *fpl* d'affari
Geschäftsviertel *nt* quartiere *m* commerciale
Geschäftszeit *f (von Büro)* ore *fpl* d'ufficio; *(von Laden)* orario *m* d'apertura
Geschäftszweig *m* branca *f* d'affari; *(Wirtschaftszweig)* settore *m* economico
geschah [gəˈʃaː] *1. u. 3. Pers. Sing. Imp. von* **geschehen**
geschätzt *adj (geachtet)* stimato; *(Brief)* pregiato
geschehen [gəˈʃeːən] <geschieht, geschah, geschehen> *vi sein* ① *(passieren)* succedere, accadere; *(zufällig)* capitare; **ich wusste gar nicht, wie mir geschah** non capivo cosa mi stava succedendo; **es war um ihn ~** *(verloren)* era perduto, per lui era finita; *(verliebt)* aveva preso una cotta; **als ob nichts ~ wäre** come se non fosse successo nulla; **das geschieht dir**

[**ganz**] **recht** [**so**]**!** ti sta bene! *fam,* ben ti sta! *fam* ② *(getan werden)* esser fatto; **es muss etwas ~** bisogna fare qualcosa; [**das ist**] **gern ~!** non c'è di che!
Geschehen <-s> *nt kein Pl.* accaduto *m,* avvenimento *m*
Geschehnis <-ses, -se> *nt (geh)* avvenimento *m,* fatto *m,* vicenda *f*
gescheit [gəˈʃaɪt] *adj (klug)* intelligente; *(fam: vernünftig)* ragionevole, assennato
Geschenk [gəˈʃɛŋk] <-(e)s, -e> *nt* dono *m,* regalo *m;* **jdm etw zum ~ machen** regalare qc a qu
Geschenkartikel *m* articolo *m* da regalo
Geschenkgutschein *m* buono *m* regalo
Geschenkpapier *nt* carta *f* da regali
Geschichte [gəˈʃɪçtə] <-, -n> *f* storia *f;* **Alte/Mittlere/Neuere/Neueste ~** storia antica/medievale/moderna/contemporanea; **Biblische ~** Sacra Scrittura; **mach keine ~n!** *(fam)* non fare storie!
geschichtlich *adj* storico
Geschichtsbewusstsein <-s> *nt kein Pl.* coscienza *f* storica
Geschichtsschreiber *m* storiografo *m*
Geschichtsschreibung <-> *f kein Pl.* storiografia *f*
Geschick <-(e)s> *nt kein Pl. (Begabung)* talento *m*
Geschicklichkeit <-> *f kein Pl.* destrezza *f; (a. fig)* abilità *f*
geschickt *adj (gewandt)* abile; *(tüchtig)* bravo; **in etw** *dat* **~ sein** essere bravo in qc
geschieden [gəˈʃiːdən] *PP von* **scheiden**
Geschiedene <ein -r, -n, -n> *mf* divorziato, -a *m, f*
geschieht *3. Pers. Sing. Präs. von* **geschehen**
geschienen *PP von* **scheinen**
Geschirr [gəˈʃɪr] <-(e)s, -e> *nt* ① *(Küchen~)* stoviglie *fpl,* piatti *mpl; (Tafel~)* vasellame *m,* servizio *m* [da tavola] ② *(Pferde~)* finimenti *mpl*
Geschirrschrank *m* credenza *f*
Geschirrspüler *m (fam),* **Geschirrspülmaschine** *f* lavastoviglie *f,* lavapiatti *f*
Geschirrspülmittel *nt* detersivo *m* per i piatti
Geschirrtuch *nt* strofinaccio *m*
Geschirrwaschmaschine *f* CH *s.* **Geschirrspülmaschine**
geschissen [gəˈʃɪsən] *PP von* **scheißen**
geschlafen [gəˈʃlaːfən] *PP von* **schlafen**
geschlagen [gəˈʃlaːgən] *PP von* **schlagen**
Geschlecht [gəˈʃlɛçt] <-(e)s, -er> *nt* ① BIOL sesso *m; (~sorgan)* organo *m* sessuale, sesso *m;* **das schwache/starke ~** il sesso debole/forte; **beiderlei ~s** di entrambi i sessi ② *(Gattung) a.* LING genere *m* ③ *(Generation)* generazione *f* ④ *(Familie)* stirpe *f,* famiglia *f*
geschlechtlich *adj* sessuale
geschlechtlos *adj* asessuato
Geschlechtsakt *m* atto *m* sessuale, coito *m*
geschlechtskrank *adj* affetto da malattia venerea
Geschlechtskrankheit *f* malattia *f* venerea
Geschlechtsorgan *nt* organo *m* genitale
Geschlechtsreife *f* maturità *f* sessuale
Geschlechtsteil <-(e)s, -e> *nt* organo *m* genitale
Geschlechtstrieb *m* istinto *m* sessuale
Geschlechtsumwandlung <-, -en> *f* cambiamento *m* di sesso
Geschlechtsverkehr *m* rapporti *mpl* sessuali, coito *m*
Geschlechtswort <-(e)s, -wörter> *nt* GRAM articolo *m*
geschlichen *PP von* **schleichen**
geschliffen I. *PP von* **schleifen**[1] **II.** *adj (Manieren)* raffinato, distinto; *(Stil)* forbito
geschlossen [gəˈʃlɔsən] **I.** *PP von* **schließen II.** *adj* ① *(zu)* chiuso ② *(Front, Reihe)* compatto; **~e Gesellschaft** riunione privata ③ *(ohne Ausnahme)* compatto; *(einstimmig)* all'unanimità; **~ für etw sein/stimmen** essere/votare all'unanimità per qc; **~ hinter jdm stehen** sostenere solidariamente qu
Geschlossenheit <-> *f kein Pl.* ① *(von Form)* compiutezza *f* ② *(Einheit)* compattezza *f,* unità *f*
geschlungen *PP von* **schlingen**
Geschmack [gəˈʃmak] <-(e)s, Geschmäcke> *m* gusto *m;* **~ nach etw** gusto di qc; **~ haben** aver gusto; **an etw** *dat* **~ finden** trovare gusto in qc; **mit Himbeer-/Vanille~** al sapore di lampone/vaniglia; **über ~ lässt sich** [**nicht**] **streiten** *(prov)* tutti i gusti sono gusti
Geschmack[s]sache *f* **das ist ~** è questione di gusti
geschmacklos *adj* ① *(Speise)* insapore, privo di gusto; *(fade)* insipido ② *(Kleidung)* di cattivo gusto; *(Bemerkung)* senza tatto; *(Witz)* che non sa di niente
Geschmacklosigkeit <-, -en> *f* ① *Sing. (von Speise, Bemerkung)* mancanza *f* di gusto; *(Fadheit)* insipidezza *f; (Taktlosigkeit)* mancanza *f* di tatto ② *(Gegenstand)* cosa *f* di cattivo gusto; *(Bemerkung)* osservazione *f* di cattivo gusto; *(Handlung)* azione *f* di cattivo gusto
Geschmacksnerv <-s, -en> *m* ANAT nervo *m* gustativo

Geschmackssinn *m kein Pl.* [buon] gusto *m*
Geschmacksverirrung <-, -en> *f* pervertimento *m* del gusto
geschmackvoll *adj* di buon gusto
Geschmeide [gə'ʃmaɪdə] <-s, -> *nt (poet, geh)* monile *m*
geschmeidig [gə'ʃmaɪdɪç] *adj* ① *(glatt und weich)* liscio e morbido ② *(elastisch)* elastico; *(Haar)* soffice; *(Körper)* agile; *(Metall, Wachs)* duttile, malleabile; *(Teig)* morbido ③ *(fig: anpassungsfähig)* flessibile, duttile
Geschmeidigkeit <-> *f kein Pl.* ① *(Glätte)* morbidezza *f* ② *(Elastizität)* elasticità *f; (von Haar)* esser *m* soffice; *(von Körper)* agilità *f; (von Metall, Wachs)* duttilità *f,* malleabilità *f; (von Teig)* morbidezza *f* ③ *(fig: Anpassungsfähigkeit)* flessibilità *f,* duttilità *f*
Geschmier[e] [gə'ʃmiːɐ (gə'ʃmiːrə)] <-(e)s> *nt kein Pl. (fam: Schmutz)* sudiciume *m; (Handschrift)* scarabocchio *m; (Geschriebenes)* scarabocchi *mpl; (schlechtes Bild)* imbratto *m*
geschmissen *PP von* **schmeißen**
geschmolzen *PP von* **schmelzen**
Geschmus[e] [gə'ʃmuːs (gə'ʃmuːzə)] <-es> *nt kein Pl. (fam)* sbaciucchiamento *m*
Geschnatter [gə'ʃnatɐ] <-s> *nt kein Pl. (fam: von Gänsen)* schiamazzo *m; (von Menschen)* cicaleccio *m*
geschniegelt [gə'ʃniːgəlt] *adj (Mensch, Äußeres)* azzimato; **~ und gebügelt** [*o* **gestriegelt**] in ghingheri
geschnitten *PP von* **schneiden**
geschoben *PP von* **schieben**
gescholten *PP von* **schelten**
geschönt *adj (Statistik)* manipolato
Geschöpf [gə'ʃœpf] <-(e)s, -e> *nt* creatura *f*
geschoren *PP von* **scheren**[1]
Geschoss [gə'ʃɔs] <-es, -e> *nt* ① *(Wurf~, Rakete)* proiettile *m; (Gewehr~)* pallottola *f* ② *(Stockwerk)* piano *m*
geschossen *PP von* **schießen**
Geschrei <-s> *nt kein Pl.* grida *fpl,* urli *mpl;* **um etw viel ~ machen** fare molto rumore per qc
geschrie[e]n *PP von* **schreien**
geschrieben *PP von* **schreiben**
geschritten *PP von* **schreiten**
geschunden *PP von* **schinden**
Geschütz [gə'ʃʏts] <-es, -e> *nt* MIL pezzo *m* d'artiglieria, cannone *m;* **schwere ~e auffahren** *(a. fig)* usare la maniera forte
Geschützfeuer *nt* MIL fuoco *m* d'artiglieria
geschützt *adj* protetto
Geschwader [gə'ʃvaːdɐ] <-s, -> *nt* NAUT squadra *f;* AERO squadriglia *f,* stormo *m*
Geschwafel [gə'ʃvaːfəl] <-s> *nt kein Pl. (fam pej)* ciance *f pl*
Geschwätz [gə'ʃvɛts] <-es> *nt kein Pl. (fam)* ① *(pej: dummes Gerede)* chiacchiere *f pl* ② *(pej: Klatsch)* pettegolezzi *mpl*
geschwätzig *adj* chiacchierone, pettegolo
Geschwätzigkeit <-> *f kein Pl.* far *m* chiacchiere [*o* pettegolezzi]
geschweige [gə'ʃvaɪgə] *konj* **~ denn** tanto meno, meno che mai
geschwiegen *PP von* **schweigen**
geschwind [gə'ʃvɪnt] *adj* SÜDD *(obs: schnell)* veloce, rapido; *(flink)* svelto
Geschwindigkeit [gə'ʃvɪndɪçkaɪt] <-, -en> *f* velocità *f; (Schnelligkeit)* rapidità *f;* **mit einer ~ von …** ad una velocità di …
Geschwindigkeitsbegrenzung *f,* **Geschwindigkeitsbeschränkung** *f* limite *m* di velocità
Geschwindigkeitsüberschreitung *f* eccesso *m* di velocità
Geschwister [gə'ʃvɪstɐ] *pl* fratelli *mpl* e sorelle *f pl*
Geschwisterpaar *nt* [coppia *f* di] fratello e sorella
geschwollen **I.** *PP von* **schwellen** **II.** *adj* ① MED gonfio, gonfiato ② *(Stil)* gonfio, ampolloso
geschwommen *PP von* **schwimmen**
geschworen *PP von* **schwören**
Geschworene <ein -r, -n, -n> *mf* JUR giurato, -a *m, f*
Geschworenengericht *nt* JUR corte *f* d'assise
Geschwulst [gə'ʃvʊlst] <-, Geschwülste> *f* MED gonfiore *m,* tumefazione *f; (Tumor)* tumore *m*
geschwunden *PP von* **schwinden**
geschwungen *PP von* **schwingen**
Geschwür [gə'ʃvyːɐ̯] <-(e)s, -e> *nt* MED ulcera *f,* ascesso *m; (fig)* piaga *f*
Geselchte [gə'zɛlçtə] <-n> *nt kein Pl.* A, SÜDD GASTR *(geräuchertes Schweinefleisch)* carne *f* di maiale affumicata
Geselle [gə'zɛlə] <-n, -n> *m* ① *(Handwerks~)* garzone *m,* lavorante *m* [artigiano] ② *(Kerl)* tipo *m;* **lustiger ~** buontempone *m fam*
gesellen [gə'zɛlən] <ohne ge-> *vr* **sich zu jdm ~** accompagnarsi a qu
Gesellenprüfung *f* esame *m* di abilitazione
gesellig *adj (Mensch, Tier)* socievole; *(unterhaltsam)* lieto, gaio
Geselligkeit <-> *f kein Pl.* ① *(Verkehr mit anderen Menschen)* vita *f* di società

② *(geselliges Beisammensein)* trattenimento *m*

Gesellin [gəˈzɛlɪn] <-, -nen> *f* ① *(Handwerks~)* lavorante *f* [artigiana] ② *(Tussi)* persona *f*

Gesellschaft [gəˈzɛlʃaft] <-, -en> *f* ① SOC società *f* ② COM *(Vereinigung)* società *f,* associazione *f* ③ *(Umgang)* compagnia *f;* **jdm ~ leisten** fare compagnia a qu; **in guter/schlechter ~** in buona/cattiva compagnia ④ *(Fest)* trattenimento *m; (Abend~)* ricevimento *m* serale; *(Gäste)* invitati *mpl*

Gesellschafter(in) <-s, -; -, -nen> *m(f)* ① *(Unterhalter)* compagno, -a *m, f; (Gesellschaftsdame)* dama *f* di compagnia ② COM *(Partner)* socio, -a *m, f;* **stiller ~** COM associato

gesellschaftlich *adj* sociale, mondano

Gesellschaftsanzug <-s, -anzüge> *m* abito *m* da sera; *(Smoking)* smoking *m*

gesellschaftsfähig *adj* presentabile, accettabile

Gesellschaftskritik <-> *f kein Pl.* critica *f* sociale

Gesellschaftsreise *f* viaggio *m* in comitiva

Gesellschaftsschicht *f* strato *m* sociale

Gesellschaftsspiel *nt* gioco *m* di società

gesessen [gəˈzɛsən] *PP von* **sitzen**

Gesetz [gəˈzɛts] <-es, -e> *nt* legge *f*

Gesetzblatt <-(e)s, -blätter> *nt* ADM gazzetta *f* ufficiale

Gesetzbuch *nt* codice *m*

Gesetzentwurf *m* progetto *m* di legge

Gesetzeskraft *f* **~ erlangen/haben** entrare/essere in vigore

Gesetzeslücke <-, -n> *f* lacuna *f* legislativa

gesetzestreu *adj* JUR obbediente [*o* ossequiente] alla legge

Gesetzesvorlage *f* progetto *m* di legge

gesetzgebend *adj* legislativo

Gesetzgeber *m* legislatore *m*

Gesetzgebung <-> *f kein Pl.* legislazione *f*

gesetzlich *adj* legale, di legge; *(gesetzmäßig)* conforme alla legge; *(rechtmäßig)* legittimo, legale; **~er Feiertag** festa ufficiale; **~er Vertreter** rappresentante legale, mandatario

gesetzlos *adj* senza legge

Gesetzlosigkeit <-, -en> *f* essere *m* senza legge, anarchia *f*

gesetzmäßig *adj* ① JUR conforme alla legge, legale; *(rechtmäßig)* legittimo ② SCIENT regolare

Gesetzmäßigkeit <-> *f kein Pl.* ① JUR legalità *f; (Rechtmäßigkeit)* legittimità *f* ② SCIENT regolarità *f*

gesetzt [gəˈzɛtst] **I.** *adj (ruhig)* posato, calmo; *(ernst)* serio **II.** *konj* **~ den Fall, dass …** poniamo il caso che *+conj*

Gesetztheit <-> *f kein Pl.* posatezza *f,* compostezza *f,* serietà *f*

gesetzwidrig *adj* illegale, innaturale

Gesetzwidrigkeit *f* illegalità *f,* innaturalità *f*

ges. gesch. *Abk. von* **gesetzlich geschützt** brevettato

gesichert [gəˈzɪçɐt] *adj* sicuro

Gesicht [gəˈzɪçt] <-(e)s, -er> *nt* ① *(vordere Kopfseite)* faccia *f,* viso *m;* **das ~ verlieren** *(fig)* perdere la faccia; **das ~ wahren** [*o* **retten**] *(fig)* salvare la faccia; **jdm etw ins ~ sagen** dire qc in faccia a qu; **jdm ins ~ sehen** guardare in faccia qu; **zu ~ bekommen** riuscire a vedere; **~er schneiden** fare smorfie; **jdm wie aus dem ~ geschnitten sein** essere il ritratto di qu ② *(Miene)* viso *m,* volto *m;* **ein langes ~ machen** fare un viso lungo, fare la faccia appesa *fam* ③ *(fig: Aussehen)* aspetto *m,* volto *m* ④ *(Mensch)* faccia *f,* viso *m*

Gesichtsausdruck *m* espressione *f* del volto

Gesichtserkennung *f* riconoscimento *m* del viso

Gesichtsfarbe *f* colorito *m*

Gesichtsfeld *nt* OPT campo *m* visivo

Gesichtskreis *m (a. fig)* orizzonte *m*

Gesichtspunkt *m* punto *m* di vista, aspetto *m;* **unter diesem ~** sotto questo punto di vista

Gesichtswasser *nt* tonico *m* [per il viso]

Gesichtswinkel *m* angolo *m* visuale; OPT angolo *m* visivo; *(fig)* punto *m* di vista, angolo *m* visuale

Gesichtszüge *mpl* lineamenti *mpl* [del viso]

Gesims [gəˈzɪms] <-es, -e> *nt* ARCH cornicione *m*

Gesinde [gəˈzɪndə] <-s, -> *nt (obs)* servitù *f*

Gesindel [gəˈzɪndəl] <-s> *nt kein Pl. (pej)* gentaglia *f,* canaglia *f*

gesinnt [gəˈzɪnt] *adj* disposto, intenzionato; **wohl/übel ~** ben/mal intenzionato; **jdm feindlich ~ sein** essere ostile a qu

Gesinnung [gəˈzɪnʊŋ] <-, -en> *f (Denkweise)* modo *m* di pensare, idee *fpl,* opinione *f; (Grundeinstellung)* principi *mpl;* **politische ~** idee politiche

Gesinnungsgenosse *m,* **Gesinnungsgenossin** *f* compagno, -a *m, f* ideologico, -a

gesinnungslos *adj* senza principi, senza carattere

Gesinnungswechsel *m* cambiamento *m* d'opinione, voltafaccia *m*

G

gesittet *adj* [ben] educato; *(zivilisiert)* civile

Gesöff [gəˈzœf] <-(e)s, -e> *nt (fam pej)* intruglio *m*

gesoffen *PP von* **saufen**

gesogen *PP von* **saugen**

gesondert *adj* separato

gesonnen I. *PP von* **sinnen II.** *adj* **~ sein etw zu tun** essere intenzionato a fare qc

gesotten *PP von* **sieden**

gespalten *adj* ① *(Lippen, Rachen)* spaccato; *(Huf)* fesso; *(Zunge, a. fig)* biforcuto ② *(Bewusstsein)* diviso; *(Verhältnis)* contrastato

Gespann [gəˈʃpan] <-(e)s, -e> *nt* ① *(Zugtiere, Gefährt)* tiro *m; (Wagen mit Zugtieren)* carrozza *f* ② *(fig: Paar)* coppia *f*

gespannt [gəˈʃpant] *adj* ① *(an~, a. fig)* teso; *(Feder)* sotto carico ② *(fig: neugierig)* curioso; **ich bin ~ auf deinen Freund** sono curioso di vedere il tuo amico ③ *(aufmerksam)* attento

Gespanntheit <-> *f kein Pl.* ① *(Angespanntsein, a. fig)* tensione *f* ② *(Ungeduld)* impazienza *f* ③ *(Aufmerksamkeit)* attenzione *f* intensa

Gespenst [gəˈʃpɛnst] <-(e)s, -er> *nt* spettro *m,* fantasma *m; (von Toten)* spirito *m; (fig)* spettro *m*

gespenstisch *adj* spettrale, tetro, sinistro

gespie[e]n *PP von* **speien**

gesponnen *PP von* **spinnen**

Gespött [gəˈʃpœt] <-(e)s> *nt kein Pl.* beffa *f,* burla *f;* **sich zum ~ der Leute machen** diventare lo zimbello della gente

Gespräch [gəˈʃprɛːç] <-(e)s, -e> *nt* conversazione *f; (Unterredung) a.* POL colloquio *m; (Zwie~)* dialogo *m;* TEL conversazione *f,* comunicazione *f; (Sprechen)* discorso *m;* **das ~ auf etw** *akk* **bringen** far cadere il discorso su qc; **mit jdm ein ~ führen** avere un colloquio con qu

gesprächig *adj* loquace, comunicativo

Gesprächigkeit <-> *f kein Pl.* loquacità *f*

gesprächsbereit *adj* disposto al dialogo

Gesprächspartner(in) *m(f)* interlocutore, -trice *m, f*

Gesprächsstoff *m,* **Gesprächsthema** *nt* argomento *m* [della conversazione]

gespreizt *adj* ① *(Beine)* allargato ② *(fig)* affettato; *(Stil)* ampolloso

gesprenkelt [gəˈʃprɛŋkəlt] *adj* macchiettato; *(bes. Tier)* pezzato

Gespritzte [gəˈʃprɪtstə] <ein -r, -n, -n> *m* A, SÜDD GASTR *(Wein mit Sodawasser) vino allungato con soda;* **ein rot/weiß ~r** un rosso/bianco vino allungato con soda

gesprochen *PP von* **sprechen**

gesprossen *PP von* **sprießen**

gesprungen *PP von* **springen**

Gespür [gəˈʃpyːɐ̯] <-s> *nt kein Pl.* fiuto *m*

gest. *Abk. von* **gestorben** m.

Gestagen [gɛstaˈgeːn] <-s, -e> *nt* BIOL gestagene *m*

Gestalt [gəˈʃtalt] <-, -en> *f* forma *f;* LIT figura *f; (äußere Erscheinung)* aspetto *m; (Körperbau)* corporatura *f; (Wuchs)* statura *f; (Persönlichkeit)* personaggio *m;* [**feste**] **~ annehmen** prendere forma; *(Plan)* prendere forma; **in ~ von** in forma di, sotto l'aspetto di; *(Person)* in veste di

gestalten <ohne ge-> **I.** *vt* dare forma a; *(Bildhauerei)* modellare; *(entwerfen)* progettare; *(Programm)* preparare; *(Schaufenster)* allestire; *(einrichten)* disporre; *(Freizeit)* organizzare; *(schöpferisch ~)* creare **II.** *vr:* **sich ~** prendere forma, svilupparsi

Gestaltpsychologie *f* PSYCH gestaltismo *m*

Gestaltung <-, -en> *f (Formgebung)* forma *f; (in Bildhauerei)* modello *m; (Entwurf)* progetto *m; (von Programm)* preparazione *f; (von Schaufenster)* allestimento *m; (Einrichtung)* disposizione *f; (Freizeit)* organizzazione *f; (schöpferische ~)* creazione *f*

Gestammel [gəˈʃtaməl] <-s> *nt kein Pl. (pej)* balbettio *m*

gestanden *PP von* **stehen**, **gestehen**

geständig *adj* JUR **~ sein** essere reo confesso

Geständnis [gəˈʃtɛntnɪs] <-ses, -se> *nt* JUR confessione *f;* **ein ~ ablegen** fare una confessione

Gestank [gəˈʃtaŋk] <-(e)s> *m kein Pl.* puzzo *m,* cattivo odore *m*

Gestapo [geˈstaːpo] <-> *f kein Pl.* HIST *Abk. von* **Geheime Staatspolizei** GESTAPO *f*

gestatten [gəˈʃtatən] <ohne ge-> *vt* [**jdm**] **etw ~** permettere qc [a qu]; *(gewähren)* accordare qc [a qu]; **wenn Sie** [**mir**] **~ ...** se mi permette ...; **~** [**Sie**]**?** permette? è permesso?

Geste [ˈgɛstə] <-, -n> *f (a. fig)* gesto *m*

Gesteck [gəˈʃtɛk] <-(e)s, -e> *nt* composizione *f* floreale

gestehen <gesteht, gestand, gestanden> *vt (bekennen)* confessare; *(zugeben)* ammettere; *(Gefühle)* dichiarare; **offen gestanden** francamente

Gestein [gəˈʃtaɪn] <-(e)s, -e> *nt* roccia *f; (Steinmenge)* pietrame *m*

Gestell [gəˈʃtɛl] <-(e)s, -e> *nt (Stütze)* supporto *m; (Regal)* scaffale *m; (Bock)* cavalletto *m; (Bett~)* lettiera *f;* MOT telaio *m;* AERO carrello *m* [d'atterraggio]; *(Brillen~)* montatura *f*

gestellt [gəˈʃtɛlt] *adj* ① *(gekünstelt, insze-*

niert) innaturale, artificiale ❷ *(situiert)* **gut/schlecht ~ sein** stare bene/male [finanziariamente]

gestern ['gɛstɐn] *adv* ieri; **~ früh/Abend** ieri mattina/sera; **~ vor acht Tagen** nove giorni fa; **nicht von ~ sein** *(fig fam)* non essere nato ieri *fam*

gestiefelt [gəˈʃti:fəlt] *adj (Mensch)* stivalato, con gli stivali; **der Gestiefelte Kater** il gatto con gli stivali; **~ und gespornt** *(fam scherz)* bello e pronto

gestiegen *PP von* **steigen**

Gestik ['ge:stɪk *o* 'gɛstɪk] <-> *f kein Pl.* gesti *mpl,* gesticolazione *f*

Gestikulation [gɛstikulaˈtsjo:n] <-, -en> *f* gesticolazione *f*

gestikulieren [gɛstikuˈli:rən] <ohne ge-> *vi* gesticolare

Gestirn [gəˈʃtɪrn] *nt* ASTR *(Himmelskörper)* astro *m; (Stern)* stella *f*

gestoben [gəˈʃto:bən] *PP von* **stieben**

gestochen *PP von* **stechen**

gestohlen *PP von* **stehlen**

gestorben *PP von* **sterben**

gestört [gəˈʃtø:ɐ̯t] *adj* RADIO disturbato; *(belastet)* turbato; *(geistig ~)* squilibrato; **ein ~es Verhältnis zu jdm/etw haben** avere un rapporto difficile con qu/qc

Gestotter [gəˈʃtɔtɐ] <-s> *nt kein Pl. (fam)* balbettio *m*

Gesträuch [gəˈʃtrɔɪç] <-(e)s, -e> *nt* cespugli *mpl*

gestreift [gəˈʃtraɪft] *adj* a strisce, rigato

gestresst [gəˈʃtrɛst] *adj* stressato

gestrichelt *adj* **~e Linie** linea tratteggiata

gestrichen [gəˈʃtrɪçən] **I.** *PP von* **streichen** **II.** *adj (Löffel)* raso; **~ voll** *(Maß)* pieno raso

gestrig ['gɛstrɪç] *adj* di ieri, fuori moda

gestritten *PP von* **streiten**

Gestrüpp [gəˈʃtrʏp] <-(e)s, -e> *nt* sterpaglia *f*

gestunken *PP von* **stinken**

Gestüt [gəˈʃty:t] <-(e)s, -e> *nt* scuderia *f*

gestylt *adj* stylé, elegante

Gesuch [gəˈzu:x] <-(e)s, -e> *nt* domanda *f;* JUR istanza *f; (Bittschrift)* petizione *f*

gesucht [gəˈzu:xt] *adj* ricercato

gesund [gəˈzʊnt] *adj* sano; *(Luft, Klima)* sano, salubre; *(heilsam: Erfahrung, Lehre)* salutare; **der ~e Menschenverstand** il buon senso comune; **~ aussehen** avere un aspetto sano; **[wieder] ~ werden** guarire; **ein ~es Urteil haben** avere giudizio; **~ und munter** sano e vegeto

gesunden [gəˈzʊndən] <ohne ge-> *vi sein (geh)* guarire; *(sich erholen)* rimettersi, riprendersi

Gesundheit <-> *f kein Pl.* salute *f; (Zuträglichkeit)* salubrità *f; (fig: von Wirtschaft)* prosperità *f;* **auf jds ~ trinken** bere alla salute di qu; **bei bester ~ sein** essere in buona salute; **~!** salute!

gesundheitlich *adj (die Gesundheit betreffend)* della salute, igienico; *(der Gesundheit dienend)* salutare; **aus ~en Gründen** per ragioni di salute; **wie geht es Ihnen ~?** come sta di salute?

Gesundheitsamt *nt* ufficio *m* d'igiene

gesundheitsbewusst *adj* attento alla salute

Gesundheitsbewusstsein <-s> *nt kein Pl.* MED attenzione *f* per la salute

gesundheitsschädlich *adj* nocivo alla salute

Gesundheitswesen *nt kein Pl.* sanità *f*

Gesundheitszustand *m* stato *m* di salute

gesund|schlafen *vr:* **sich ~** rigenerarsi dormendo

gesund|schrumpfen *bes.* COM **I.** *vt haben* risanare **II.** *vi sein* risanarsi

Gesundung <-> *f kein Pl. (geh)* guarigione *f; (von Wirtschaft)* risanamento *m*

gesungen *PP von* **singen**

gesunken *PP von* **sinken**

getan *PP von* **tun**

Getier [gəˈti:ɐ] <-(e)s> *nt kein Pl.* animali *mpl,* bestie *fpl*

Getöse [gəˈtø:zə] <-s> *nt kein Pl.* frastuono *m,* fracasso *m; (von Wellen)* fragore *m*

getragen [gəˈtra:gən] **I.** *PP von* **tragen** **II.** *adj* ❶ *(Musik)* sostenuto ❷ *(Kleidung)* usato

Getrampel [gəˈtrampəl] <-s> *nt kein Pl. (fam)* scalpiccio *m*

Getränk [gəˈtrɛŋk] <-(e)s, -e> *nt* bevanda *f,* bibita *f*

Getränkeautomat *m* distributore *m* automatico di bevande

Getränkesteuer *f* tassa *f* sugli alcolici

getrauen <ohne ge-> *vr* **sich ~ [etw zu tun]** avere il coraggio [di fare qc], osare [fare qc]

Getreide [gəˈtraɪdə] <-s, -> *nt* cereali *mpl,* granaglie *fpl; (Korn)* grano *m*

Getreideanbau *m* AGR cerealicoltura *f*

Getreideart *f* specie *f* di cereale, cereali *mpl*

Getreidemühle *f* mulino *m* per cereali

getrennt [gəˈtrɛnt] **I.** *adj* separato **II.** *adv* separatamente; *(bezahlen)* alla romana; *(berechnen)* a parte

getreten [gəˈtre:tən] *PP von* **treten**

getreu [gəˈtrɔɪ] *adj* ❶ *(treu)* fedele, devoto ❷ *(genau entsprechend)* fedele, conforme

Getriebe [gəˈtri:bə] <-s, -> *nt* TEC meccanismo *m; (Räder~)* rotismo *m; (Triebwerk)*

trasmissione *f;* *(Wechsel~)* cambio *m* [di velocità]; MOT cambio *m* di velocità

getrieben *PP von* **treiben**

getroffen *PP von* **treffen**

getrogen *PP von* **trügen**

getrost [gəˈtroːst] **I.** *adj (zuversichtlich)* fiducioso **II.** *adv (ohne Bedenken)* tranquillamente

getrübt [gəˈtryːpt] *adj* torbido, tetro

getrunken *PP von* **trinken**

Getto [ˈgɛto] <-s, -s> *nt* ghetto *m*

Getue [gəˈtuːə] <-s> *nt kein Pl. (fam pej: Wichtigtuerei)* arie *f pl; (Geziertheit)* smancerie *f pl;* **vornehmes ~** arie aristocratiche

Getümmel [gəˈtʏməl] <-s, *rar:* -> *nt* trambusto *m,* tafferuglio *m; (Tumult)* tumulto *m,* baraonda *f*

getüpfelt [gəˈtʏpfəlt] *adj* macchiettato, picchiettato; *(Stoff)* a pois

geübt [gəˈʔyːpt] *adj* pratico, esperto

Gewächs [gəˈvɛks] <-es, -e> *nt* pianta *f,* vegetale *m*

gewachsen [gəˈvaksən] *adj* **jdm/etw ~ sein** essere all'altezza di qu/qc

Gewächshaus *nt (für Pflanzen)* serra *f*

gewagt [gəˈvaːkt] *adj* ① *(kühn)* audace, arrischiato; *(gefährlich)* rischioso ② *(unanständig)* spinto

gewählt [gəˈvɛːlt] *adj* scelto, ricercato; *(elegant)* raffinato

Gewähr [gəˈvɛːɐ̯] <-> *f kein Pl.* garanzia *f,* assicurazione *f;* **für etw ~ leisten** garantire per qc, rispondere di qc; **ohne ~** senza garanzia; *s. a.* **gewährleisten**

gewähren [gəˈvɛːrən] <ohne ge-> *vt* ① *(bewilligen)* accordare, concedere ② *(geben)* **jdm etw ~** procurare qc a qu ③ *(Bitte)* esaudire, accogliere

gewährleisten <ohne ge-> *vt* garantire

Gewährleistung *f* garanzia *f*

Gewahrsam [gəˈvaːɐ̯zaːm] <-s, -e> *m* ① *(Obhut)* custodia *f* ② *(Haft)* arresto *m;* **in ~ nehmen** *(Sache)* prendere in custodia; *(Person)* arrestare

Gewährsmann <-(e)s, -männer *o* -leute> *m* fonte *f* sicura, informatore *m* sicuro

Gewährung <-, -en> *f (Bewilligung)* concessione *f; (Erlaubnis)* permesso *m; (von Bitte)* esaudire *m*

Gewalt [gəˈvalt] <-, -en> *f* ① *Sing. (Zwang)* costrizione *f; (~tätigkeit)* violenza *f;* **jdm ~ antun** usare violenza a qu; *(vergewaltigen)* violentare qu; **~ anwenden** impiegare la forza; **mit ~** con la forza ② *(Macht)* potere *m; (Autorität)* autorità *f; (Kontrolle)* controllo *m;* **~ über jdn/etw haben** avere autorità su qu/qc; **gesetzgebende/richterliche/vollziehende ~** potere legislativo/giudiziario/esecutivo; **jdn in seine ~ bringen** impadronirsi di qu ③ *(Heftigkeit)* forza *f,* violenza *f;* **elterliche ~** patria potestà; **höhere ~** forza maggiore; **in jds ~ sein** essere in potere di qu; **sich in der ~ haben** dominarsi, controllarsi; **mit aller ~** con tutta forza; *(fig)* a tutti i costi; **mit nackter** [*o* **roher**] **~** con forza bruta

Gewaltausbruch *m* scoppio *m* di violenza

gewaltbereit *adj* pronto alla violenza, violento

Gewaltbereitschaft <-> *f kein Pl.* disposizione *f* alla violenza

Gewaltenteilung *f* divisione *f* dei poteri

gewaltfrei **I.** *adj* non violento **II.** *adv* senza violenza

Gewaltherrschaft *f* tirannia *f,* dispotismo *m*

gewaltig **I.** *adj* ① *(riesig)* enorme, gigantesco ② *(heftig)* violento; *(a. stark)* forte ③ *(mächtig)* potente ④ *(eindrucksvoll)* impressionante ⑤ *(großartig)* grandioso ⑥ *(groß)* grande, forte **II.** *adv (fam: sehr)* fortemente, molto; **da irren Sie sich ~** qui si sbaglia di grosso *fam*

gewaltlos *adj* non violento

Gewaltlosigkeit <-> *f kein Pl.* non violenza *f*

Gewaltprävention *f* prevenzione *f* della violenza

gewaltsam *adj* violento; **~ öffnen** forzare

Gewaltstreich *m* atto *m* di violenza; MIL colpo *m* di mano

Gewalttat *f* atto *m* di violenza

Gewalttäter(in) *m(f)* violento, -a *m, f,* delinquente *mf,* criminale *mf*

gewalttätig *adj* violento, brutale

Gewalttätigkeit *f* violenza *f*

Gewaltverbrechen *nt* crimine *m* di violenza

Gewaltverzicht *m* rinuncia *f* all'uso della forza

Gewand [gəˈvant, *Pl:* gəˈvɛndɐ] <-(e)s, Gewänder> *nt (geh)* veste *f,* abbigliamento *m; (Talar)* talare *m; (fig)* veste *f*

gewandt [gəˈvant] **I.** *PP von* **wenden**[2] **II.** *adj (geschickt)* abile; *(Stil)* elegante, raffinato; [**in etw** *dat*] **~ sein** essere abile [in qc]

Gewandtheit <-> *f kein Pl. (Geschicktheit)* abilità *f; (Flinkheit)* agilità *f; (von Stil)* eleganza *f,* raffinatezza *f*

gewann *1. u. 3. Pers. Sing. Imp. von* **gewinnen**

gewaschen *PP von* **waschen**

Gewässer [gəˈvɛsɐ] <-s, -> *nt* acqua *f;* NAUT acque *f pl*

Gewässerreinhaltung *kein Pl. f,* **Gewässerschutz** *kein Pl. m* salvaguardia *f* delle acque
Gewebe [gəˈveːbə] <-s, -> *nt* tessuto *m*
Gewehr [gəˈveːɐ̯] <-(e)s, -e> *nt* fucile *m*
Gewehrkolben *m* calcio *m* del fucile
Gewehrkugel *f* pallottola *f*
Geweih [gəˈvaɪ] <-(e)s, -e> *nt* corna *fpl*
Gewerbe [gəˈvɛrbə] <-s, -> *nt* lavoro *m,* attività *f; (Beruf)* professione *f; (Handwerk)* mestiere *m; (kleiner Betrieb)* commercio *m;* **ein ~ betreiben** esercitare un mestiere
Gewerbeaufsicht *f,* **Gewerbeaufsichtsamt** *nt* ispettorato *m* del lavoro
Gewerbebetrieb *m* azienda *f* industriale [*o* commerciale]
Gewerbegebiet *nt* zona *f* industriale
Gewerbeordnung *f* codice *m* delle attività lucrative indipendenti
Gewerbeschein *m* licenza *f* d'esercizio
Gewerbeschule *f* scuola *f* industriale
Gewerbesteuer *f* FIN imposta *f* su industrie e commerci
Gewerbetreibende <ein -r, -n, -n> *mf* **selb[st]ständiger ~r** chi esercita una professione indipendente
gewerblich [gəˈvɛrplɪç] *adj* commerciale; *(industriell)* industriale; *(beruflich)* professionale; **Räume ~ nutzen** utilizzare locali ad uso industriale o commerciale
gewerbsmäßig *adj* professionale, di professione, di mestiere
Gewerkschaft [gəˈvɛrkʃaft] <-, -en> *f* sindacato *m*
Gewerkschaft[l]er(in) <-s, -; -, -nen> *m(f)* sindacalista *mf*
gewerkschaftlich *adj* sindacale; **~ organisiert** organizzato sindacalmente
Gewerkschaftsbewegung *f* movimento *m* sindacale
Gewerkschaftsbund *m* confederazione *f* sindacale
Gewerkschaftsführer(in) *m(f)* dirigente *mf* sindacale
Gewerkschaftsfunktionär(in) *m(f)* funzionario, -a *m, f* sindacale
Gewerkschaftsmitglied *nt* iscritto, -a *m, f* al sindacato
gewesen [gəˈveːzən] *PP von* **sein**[1]
gewichen *PP von* **weichen**
Gewicht [gəˈvɪçt] <-(e)s, -e> *nt* peso *m; (fig: Wichtigkeit)* importanza *f;* **ins ~ fallen** essere importante, aver peso; **nach ~** a peso; **auf etw** *akk* **~ legen** dare importanza a qc
Gewichtheben <-s> *nt kein Pl.* SPORT sollevamento *m* pesi
Gewichtheber *m* SPORT pesista *m*
gewichtig *adj* ① *(schwer)* pesante ② *(fig: einflussreich)* influente; *(bedeutungsvoll)* importante
Gewichtsangabe <-, -n> *f* indicazione *f* del peso
Gewichtsverlust *m* perdita *f* di peso
Gewichtszunahme *f* aumento *m* di peso
Gewichtung <-, -en> *f* ponderazione *f*
gewieft [gəˈviːft] *adj (fam: schlau)* furbo, scaltro
Gewieher [gəˈviːɐ] <-s> *nt kein Pl.* nitriti *mpl*
gewiesen *PP von* **weisen**
gewillt *adj* **~ zu etw sein** essere intenzionato a [fare] qc
Gewimmel <-s> *nt kein Pl.* brulichio *m,* formicolio *m*
Gewinde [gəˈvɪndə] <-s, -> *nt* TEC filetto *m*
Gewinn [gəˈvɪn] <-(e)s, -e> *m* ① *(Vorteil)* vantaggio *m; (Nutzen)* profitto *m;* **mit ~ verkaufen** vendere con profitto ② *(Verdienst)* guadagno *m; (Ertrag)* utile *m; (im Spiel, durch Spekulation)* vincita *f; (in der Lotterie)* premio *m;* **~ und Verlust** COM perdite e profitti; **~ bringen** dare un utile, rendere; **~ bringend** redditizio, lucrativo; *s. a.* **gewinnbringend**
Gewinnanteil *m* partecipazione *f* agli utili, dividendo *m*
Gewinnausschüttung *f* distribuzione *f* degli utili
Gewinnbeteiligung *f* partecipazione *f* agli utili
gewinnbringend *adj* redditizio, lucrativo
Gewinnchance <-, -n> *f* possibilità *f* di vincita
gewinnen [gəˈvɪnən] <gewinnt, gewann, gewonnen> **I.** *vt* ① *(Spiel)* vincere ② *(erlangen: Preis)* vincere; *(Sympathie)* ottenere; *(jds Herz)* conquistare; **Zeit ~** guadagnar tempo; **jdn für etw ~** ottenere l'adesione di qu a qc; **sich für etw ~ lassen** acconsentire a qc ③ *(verdienen)* guadagnare ④ *(erzeugen: Strom)* ricavare; *(Erz)* estrarre; *(durch Verarbeitung)* ricavare **II.** *vi* ① *(siegen)* vincere; **bei** [*o* **in**] **etw** *dat* **~** vincere in qc ② *(profitieren)* approfittare; *(besser werden)* migliorare
gewinnend *adj* attraente, simpatico
Gewinner(in) <-s, -; -, -nen> *m(f)* vincitore, -trice *m, f*
Gewinnspanne *f* COM margine *m* d'utile
Gewinnstreben <-s> *nt kein Pl.* tendenza *f* al profitto, aspirazione *f* al guadagno
gewinnträchtig *adj* fruttuoso, redditizio
Gewinnung <-, -en> *f* MIN, CHEM estrazione *f*
Gewinnzahl *f* numero *m* vincente

G

Gewinsel <-s> *nt kein Pl.* *(pej)* uggiolio *m;* *(fig)* piagnucolio *m*
Gewirr [gəˈvɪr] <-(e)s> *nt kein Pl.* *(von Fäden)* garbuglio *m;* *(von Straßen)* labirinto *m;* *(von Stimmen)* brusio *m;* *(von Paragrafen)* guazzabuglio *m;* *(fig: Durcheinander)* confusione *f,* groviglio *m*
gewiss [gəˈvɪs] **I.** *adj* ① *(sicher)* sicuro ② *(bestimmt)* certo; **das gewisse Etwas** quel certo non so che; **ein gewisser N.** un certo N. **II.** *adv* *(sicher)* certamente, di sicuro; *(zweifellos)* indubbiamente, senza dubbio; **ganz ~** non c'è dubbio; **~ nicht** certamente no; **~!** ma certo!
Gewissen [gəˈvɪsən] <-s, -> *nt* coscienza *f* [morale]; **ein gutes/schlechtes ~ haben** avere la coscienza pulita/sporca; **etw/jdn auf dem ~ haben** avere qc/qu sulla coscienza; **jdm ins ~ reden** appellarsi alla coscienza di qu
gewissenhaft *adj* coscienzioso, scrupoloso; *(peinlich genau)* meticoloso
Gewissenhaftigkeit <-> *f kein Pl.* ① coscienziosità *f,* scrupolosità *f* ② *(Genauigkeit)* meticolosità *f*
gewissenlos *adj* senza coscienza, privo di scrupoli
Gewissenlosigkeit <-> *f kein Pl.* mancanza *f* di coscienza
Gewissensbisse *mpl* rimorsi *mpl*
Gewissensentscheidung <-, -en> *f,* **Gewissensfrage** *f* questione *f* di coscienza
Gewissensfreiheit *f* libertà *f* di coscienza
Gewissenskonflikt *m* conflitto *m* di coscienza
gewissermaßen *adv* in certo qual modo, per così dire
Gewissheit <-, -en> *f* certezza *f,* sicurezza *f;* *(innere ~)* convinzione *f;* **~ erlangen** acquisire certezze; **sich** *dat* **~ über etw** *akk* **verschaffen** accertarsi di qc
gewitt[e]rig *adj* temporalesco
Gewitter [gəˈvɪtɐ] <-s, -> *nt* temporale *m*
gewittern <ohne ge-> *vi* esserci un temporale
Gewitterwolke *f* nuvola *f* temporalesca
gewittrig *adj s.* **gewitt[e]rig**
gewitzt [gəˈvɪtst] *adj* smaliziato, scaltrito
gewoben *PP von* **weben**
gewogen *PP von* **wiegen**[1]
gewöhnen <ohne ge-> **I.** *vt* **jdn** [**an etw** *akk*] **~** abituare qu [a qc] **II.** *vr* **sich an jdn/etw ~** abituarsi a qu/qc
Gewohnheit [gəˈvoːnhaɪt] <-, -en> *f* abitudine *f;* **die ~ haben etw zu tun** avere l'abitudine di fare qc; **aus ~** per abitudine
gewohnheitsmäßig **I.** *adj* abituale **II.** *adv* per abitudine
Gewohnheitsmensch *m* abitudinario, -a *m, f,* consuetudinario, -a *m, f*
Gewohnheitsrecht *nt* JUR diritto *m* consuetudinario
Gewohnheitstier *nt* *(iron)* abitudinario *m;* **der Mensch ist ein ~** gli uomini sono creature abitudinarie
Gewohnheitstrinker(in) *m(f)* bevitore, -trice *m, f* abituale
Gewohnheitsverbrecher(in) *m(f)* delinquente *mf* abituale
gewöhnlich [gəˈvøːnlɪç] **I.** *adj* ① *(gewohnt)* abituale, consueto; *(üblich)* solito ② *(alltäglich)* ordinario ③ *(mittelmäßig)* comune ④ *(pej: unfein, gemein)* grossolano, volgare **II.** *adv* *(normalerweise)* di solito, di consueto; **wie ~** come il solito
gewohnt [gəˈvoːnt] *adj* abituale, consueto; **etw ~ sein** essere abituato a qc
Gewöhnung [gəˈvøːnʊŋ] <-> *f kein Pl.* assuefazione *f;* **die ~ an etw** *akk* l'assuefazione a qc
gewöhnungsbedürftig *adj* insolito, singolare
Gewölbe [gəˈvœlbə] <-s, -> *nt* ARCH volta *f;* *(Raum)* ambiente *m* a volta
gewölbt [gəˈvœlpt] *adj* ARCH a volta; *(Nase)* aquilino; *(Stirn)* prominente; *(Himmel)* a volta; *(Brust)* prosperoso, rigonfio
gewollt *PP von* **wollen**[1]
gewonnen *PP von* **gewinnen**
geworben *PP von* **werben**
geworden *PP von* **werden**
geworfen *PP von* **werfen**
gewrungen *PP von* **wringen**
Gewühl [gəˈvyːl] <-(e)s> *nt kein Pl.* *(Durcheinander)* confusione *f,* trambusto *m;* *(Gedränge)* ressa *f,* calca *f;* SPORT mischia *f*
gewunden [gəˈvʊndən] **I.** *PP von* **winden**[1] **II.** *adj* ① *(gedreht)* contorto ② *(Weg)* tortuoso; *(Fluss)* sinuoso ③ *(Ausdrucksweise)* contorto
gewunken [gəˈvʊŋkən] *PP von* **winken**
Gewürz [gəˈvʏrts] <-es, -e> *nt* ① *(Substanz)* spezie *fpl,* droghe *fpl* ② *(Kräutersorte)* erbe *fpl* aromatiche ③ *(Würze)* condimento *m*
Gewürzgurke *f* GASTR cetriolo *m* sott'aceto
Gewürznelke *f* chiodo *m* di garofano
gewürzt *adj* condito, aromatizzato; **stark ~** piccante
gewusst [gəˈvʊst] *PP von* **wissen**
Geysir [ˈgaɪziːɐ, *Pl:* ˈgaɪziːrə] <-s, -e> *m* geyser *m*
gez. *Abk. von* **gezeichnet** f.to
gezackt [gəˈtsakt] *adj* dentellato
gezahnt [gəˈtsaːnt] *adj* TEC, BOT dentato, dentellato

Gezänk [gəˈtsɛŋk] <-(e)s> *nt kein Pl.* litigi *mpl,* dispute *f pl*
gezeichnet [gəˈtsaɪçnət] *adj* ❶ *(fig)* segnato; **vom Schicksal ~** segnato dal destino ❷ *(unterschrieben)* sottoscritto
Gezeiten [gəˈtsaɪtən] *pl* maree *f pl*
Gezeitenkraftwerk *nt* centrale *f* mareomotrice
Gezeitenwechsel *m* alternanza *f* delle maree
Gezeter [gəˈtseːtɐ] <-s> *nt kein Pl. (pej)* grida *f pl,* strilli *m pl*
gezielt [gəˈtsiːlt] *adj (Frage)* specifico; *(Hilfe)* ben diretto; *(Beleidigung)* voluto, intenzionale; **~ fragen** domandare allusivamente
geziemen [gəˈtsiːmən] <ohne ge-> *(geh)* **I.** *vi* **jdm ~** convenire a qu, addirsi a qu **II.** *vr* **sich ~** convenirsi; **wie es sich geziemt** come si conviene
geziemend *adj* dovuto
geziert *adj* affettato, lezioso
gezogen [gəˈtsoːgən] *PP von* **ziehen**
Gezwitscher [gəˈtsvɪtʃɐ] <-s> *nt kein Pl.* cinguettio *m*
gezwungen I. *PP von* **zwingen II.** *adj* forzato
gezwungenermaßen *adv* forzatamente, per costrizione
ggf[s]. *Abk. von* **gegebenenfalls** eventualmente, nel caso
Ghetto [ˈgɛto] <-s, -s> *nt* ghetto *m*
Ghostwriter(in) [ˈgɔʊstraɪtɐ] <-s, -; -, -nen> *m(f)* ghost-writer *m*
Gibraltar [giˈbraltaːɐ] *nt* GEOG Gibilterra *f*
gibt [giːpt] *3. Pers. Sing. Präs. von* **geben**
Gicht [gɪçt] <-> *f kein Pl.* MED gotta *f*
Giebel [ˈgiːbəl] <-s, -> *m* ARCH timpano *m,* frontone *m*
Gier [giːɐ̯] <-> *f kein Pl. (Begierde)* avidità *f,* brama *f; (Fress~)* voracità *f;* **~ nach etw** avidità di qc
gieren [ˈgiːrən] *vi* **nach etw ~** bramare qc, essere avido di qc
gierig *adj* avido; *(fress~)* vorace; **nach etw ~ sein** essere avido di qc; **~ essen/trinken** mangiare/bere avidamente
Gießbach <-(e)s, -bäche> *m* torrente *m*
gießen [ˈgiːsən] <gießt, goss, gegossen> **I.** *vt* ❶ *(schütten)* versare, rovesciare; *(verschütten)* versare ❷ *(Blumen)* annaffiare ❸ *(Metall)* fondere, colare; *(Bildwerk)* gettare **II.** *vi* piovere dirottamente; **es gießt in Strömen** piove a dirotto
Gießer(in) <-s, -; -, -nen> *m(f)* fonditore, -trice *m, f*
Gießerei [giːsəˈraɪ] <-, -en> *f* ❶ *Sing. (Vorgang)* fusione *f* ❷ *(Betrieb)* fonderia *f*
Gießerin *f s.* **Gießer**
Gießform <-, -en> *f* forma *f* da fonderia
Gießkanne *f* annaffiatoio *m*
Gießkannenprinzip <-s> *nt kein Pl.* **etw nach dem ~ austeilen** *(fam)* distribuire qc a pioggia *(dare a tutti indipendentemente dai bisogni effettivi dei singoli)*
Gift [gɪft] <-(e)s, -e> *nt (a. fig)* veleno *m;* **~ sein für …** *(fig)* essere veleno per …; **~ und Galle speien** *(fam)* sputare veleno; **darauf kannst Du ~ nehmen** *(fam)* puoi giurarci
giften *vi (fam)* inveire (**gegen** contro)
Giftgas *nt* gas *m* tossico
giftgrün *adj* verde bandiera [*o* brillante]
giftig *adj (a. fig)* velenoso, tossico; ZOO velenifero; BOT, MIN venefico; **~er Blick** sguardo velenoso
Giftigkeit <-> *f kein Pl. (einer Substanz)* velenosità *f,* tossicità *f; (fam: einer Person)* velenosità *f*
Giftmord *m* veneficio *m*
Giftmüll *m* ECO rifiuti *m pl* tossici
Giftmüllexport *m* ECO esportazione *f* di rifiuti tossici
Giftpflanze *f* pianta *f* velenosa
Giftpilz *m* fungo *m* velenoso
Giftschlange *f* serpente *m* velenoso
Giftstoff *m* ECO sostanza *f* velenosa; MED tossina *f*
Giftzahn *m* ZOO dente *m* velenifero
Gigabyte <-s, -s> *nt* INFORM gigabyte *m*
Gigant(in) [giˈgant] <-en, -en; -, -nen> *m(f)* gigante, -essa *m, f*
gigantisch *adj* gigantesco, colossale
Gilde [ˈgɪldə] <-, -n> *f* corporazione *f*
gilt [gɪlt] *3. Pers. Sing. Präs. von* **gelten**
Gimpel [ˈgɪmpəl] <-s, -> *m* ZOO borgognone *m,* ciuffolotto *m*
ging [gɪŋ] *1. u. 3. Pers. Sing. Imp. von* **gehen**
Ginster [ˈgɪnstɐ] <-s, -> *m* BOT ginestra *f*
Gipfel [ˈgɪpfəl] <-s, -> *m* ❶ *(von Berg)* cima *f,* vetta *f* ❷ *(fig: Höhepunkt)* apice *m,* apogeo *m;* **das ist [doch] der ~!** questo è proprio il colmo! *fam*
Gipfelkonferenz *f* POL conferenza *f* al vertice
gipfeln *vi (fig)* **in etw** *dat* **~** culminare in qc
Gipfelpunkt *m (a. fig)* punto *m* culminante
Gipfelteilnehmer(in) *m(f)* partecipante *m* al vertice
Gipfeltreffen *nt* incontro *m* al vertice
Gips [gɪps] <-es, -e> *m* gesso *m*
Gipsabdruck *m,* **Gipsabguss** *m* calco *m* in gesso
Gipsbein *nt (fam)* gamba *f* ingessata
gipsen *vt* MED ingessare

G

Gipser(in) <-s, -; -, -nen> *m(f)* KUNST, ARCH stuccatore, -trice *m, f*
Gipsfigur *f* figurina *f* di gesso
Gipsverband *m* ingessatura *f*
Giraffe [gi'rafə] <-, -n> *f* ZOO giraffa *f*
girieren [ʒi'ri:rən] <ohne ge-> *vt* FIN girare
Girlande [gɪr'landə] <-, -n> *f* ghirlanda *f*
Girlgroup ['gə:lgru:p] <-, -s> *f* girlgroup *m*
Girlie ['gə:li] <-s, -s> *nt* girlie *f*
Giro ['ʒi:ro] <-s, -s> *nt* FIN giro *m*, girata *f*
Girokonto *nt* giroconto *m*, conto *m* corrente
Giroscheck <-s, -s> *m* assegno *m* circolare
Giroverkehr *m* bancogiro *m*
Girozentrale *f* ufficio *m* di compensazione [*o* trasferimento]
girren ['gɪrən] *vi* tubare
Gischt [gɪʃt] <-, *rar:* -en *f o* -(e)s, *rar:* -e *m*> *f o m (Wellenschaum)* schiuma *f; (spritzendes Wasser)* spruzzi *mpl*
Gitarre [gi'tarə] <-, -n> *f* MUS chitarra *f*
Gitter ['gɪtɐ] <-s, -> *nt (Absperrung)* inferriata *f; (an Straßen)* grata *f; (von Zaun)* cancellata *f; (für Pflanzen)* graticcio *m; (an Radio)* griglia *f; (Draht~)* reticolato *m; (Schutz~)* griglia *f* [di protezione]; *(Kamin~)* parafuoco *m;* **hinter ~n** *(fam)* dietro le sbarre
Gitterfenster *nt* inferriata *f*
gitterförmig ['gɪtɐfœrmɪç] *adj* graticolato, reticolato
Gitterwerk *nt* graticolato *m*, graticcio *m*
Gitterzaun *m* graticciata *f*
Glace ['gla:s] <-, -n> *f* CH gelato *m*
Glacéhandschuhe [gla'se:hantʃu:] <-(e)s, -e> *mpl* guanti *mpl* glacé [*o* di pelle lucida]; **jdn mit ~n anfassen** trattare qu coi guanti
Gladiole [gla'djo:lə] <-, -n> *f* BOT gladiolo *m*
Glamour [gla'mu:ɐ] <-s> *m o nt kein Pl.* glamour *m*, fascino *m*
Glanz [glants] <-es> *m kein Pl.* ① *(blendender, a. fig)* splendore *m; (von Fläche, Haaren, Seide)* lucentezza *f; (Schimmer)* luccichio *m*, scintillio *m* ② *(Pracht)* splendore *m*, fulgore *m; (Pomp)* magnificenza *f*, pompa *f*
glänzen ['glɛntsən] *vi* ① *(Glanz haben)* brillare; *(leuchten)* luccicare, scintillare; *(strahlen)* splendere ② *(fig: in einem Fach)* eccellere, brillare; **durch Wissen ~** brillare per il proprio sapere
glänzend *adj* ① *(Glanz habend)* brillante; *(schimmernd)* luccicante, scintillante; *(leuchtend)* splendente; *(Metall, Papier, Leder)* lucido ② *(fig)* splendido, brillante; **eine ~e Idee** un'idea formidabile; **mir geht es ~** sto magnificamente bene
Glanzleistung *f* prestazione *f* splendida, capolavoro *m*
glanzlos *adj* senza splendore; *(matt)* opaco; *(Augen)* spento; *(fig)* smorto
Glanznummer *f* clou *m*, attrazione *f* principale
Glanzpapier *nt* carta *f* lucida [*o* satinata]
glanzvoll *adj* splendido, brillante
Glanzzeit *f* periodo *m* aureo, apogeo *m*
Glarus ['gla:rʊs] *nt* GEOG ① *(Stadt)* Glarona *f* ② *(Kanton)* Glarona *m*
Glas [gla:s] <-es, Gläser, *Maßangaben:* -> *nt* ① *(Material)* vetro *m* ② *(Trink~)* bicchiere *m; (~behälter)* recipiente *m; (Marmeladen~)* vasetto *m;* **zu tief ins ~ gucken** *(fam scherz)* alzare il gomito ③ OPT *(Brillen~)* lente *f; (Fern~, Opern~)* binocolo *m*
Glasauge *nt* occhio *m* di vetro
Glasbläser *m* soffiatore *m* del vetro
Glasbläserei [gla:sblɛ:zə'raɪ] <-, -en> *f* ① *Sing. (Handwerk)* soffiatura *f* del vetro ② *(Betrieb)* vetreria *f*
Glascontainer *m (für Altglas)* cassonetto *m* del vetro
Glaser ['gla:zɐ] <-s, -> *m* vetraio *m;* **ist dein Vater ~?** *(fam scherz)* non sei mica trasparente!
Glaserei [gla:zə'raɪ] <-, -en> *f* vetreria *f*
gläsern ['glɛ:zɐn] *adj* di vetro; *(fig: Blick)* vitreo
Glasfabrik <-, -en> *f* vetreria *f*
Glasfaser *f* fibra *f* di vetro
Glasfaserkabel *nt* TEC cavo *m* in fibra di vetro
Glasglocke *f* campana *f* di vetro; *(Lampenschirm)* globo *m*
Glashaus *nt* serra *f*
glasieren [gla'zi:rən] <ohne ge-> *vt* ① TEC smaltare, invetriare ② GASTR glassare
glasig ['gla:zɪç] *adj* vitreo
Glaskasten *m* vetrina *f*
glasklar *adj (Wasser)* limpido; *(fig: offensichtlich)* palese
Glasmalerei *f* ① *(Kunst)* pittura *f* su vetro, vetrocromia *f* ② *(Gegenstand)* vetro *m* dipinto
Glasnost ['glasnɔst] <-> *f kein Pl.* POL glasnost *f*
Glasperle *f* perla *f* di vetro
Glasplatte *f* lastra *f* di vetro
Glasröhre *f* tubo *m* di vetro
Glasscheibe *f* lastra *f* di vetro
Glasscherbe *f* coccio *m* di vetro
Glasschrank *m* vetrina *f*
Glassplitter *m* scheggia *f* di vetro
Glastür *f* [porta *f*] vetrata *f*

Glasur [gla'zuːɐ̯] <-, -en> *f* ① TEC smaltatura *f,* smalto *m; (von Porzellan)* vetrina *f* ② GASTR glassa[tura] *f*

Glaswaren *f pl* vetrerie *f pl,* vetrame *m*

Glaswolle *f* lana *f* di vetro

glatt [glat] **I.** *adj* ① *(eben)* piano, piatto; *(nicht rau)* liscio; *(~rasiert)* ben rasato; **~ streichen** *(Stoff, Haare)* lisciare ② *(rutschig)* scivoloso ③ *(komplikationslos)* perfetto; *(nicht kompliziert)* semplice ④ *(eindeutig)* bell' e buono, categorico; **das kostet ~e hundert Euro** *(fam)* costa cento euro tondi **II.** *adv* ① *(völlig)* completamente, del tutto ② *(rundheraus)* apertamente

glatt|bügeln *vt s.* **bügeln**

Glätte ['glɛtə] <-, -n> *f* ① *(Ebenheit)* esser *m* piano; *(nicht rau)* esser *m* liscio; *(Faltenlosigkeit)* mancanza *f* di rughe ② *(Rutschigkeit)* scivolosità *f*

Glatteis *nt kein Pl.* vetrato *m;* **jdn aufs ~ führen** *(fig)* tendere un'insidia a qu, raggirare qu

Glätteisen *nt* CH ferro *m* da stiro

Glatteisgefahr *f* pericolo *m* di strada ghiacciata

glätten ['glɛtən] **I.** *vt (glatt machen)* lisciare, levigare; *(Kleidung)* stirare; *(Falten, Stirn)* spianare; *(Haare)* lisciare **II.** *vr:* **sich ~** *(Stirn, Gesicht)* spianarsi; *(Meer, Wellen)* calmarsi; **wenn sich die Wogen geglättet haben** *(fig)* quando si saranno calmate le acque

glatt|gehen <irr> *vi (fam)* andare liscio

glatt|streichen <irr> *vt s.* **glatt 1.**

glattweg ['glatvɛk] *adv (fam)* senza esitare, bellamente, semplicemente

Glatze ['glatsə] <-, -n> *f* testa *f* calva, calvizie *f,* pelata *f scherz;* **eine ~ haben** essere calvo

Glatzkopf *m (fam: Mensch)* [uomo *m*] calvo *m*

glatzköpfig *adj* calvo, pelato *scherz*

Glaube ['glaʊbə] <-ns, *rar:* -n> *m* ① *(Vertrauen) a.* REL credenza *f;* **der ~ an jdn/etw** *akk* la fede in qu/qc; **jdm/etw ~n schenken** prestar fede a qu/qc; **in gutem ~n** in buona fede; **im ~n, dass …** credendo che … ② *(Überzeugung)* convinzione *f; (Meinung)* opinione *f* ③ *(Zuversicht)* fiducia *f;* **der ~ an jdn/etw** *akk* la fiducia in qu/qc

glauben ['glaʊbən] **I.** *vt* ① *(für wahr halten)* credere a; **das ist nicht zu ~** è incredibile; **ob du es glaubst oder nicht** che tu ci creda o no ② *(vermuten, annehmen)* pensare, credere **II.** *vi* ① *(allg)* REL credere; **an jdn/etw ~** credere in [*o* a] qu/qc; **dran ~ müssen** *(fig fam: sterben)* andarci di mezzo *fam;* **ich glaube dir aufs Wort** ti credo sulla parola; **ich glaube nicht daran** non ci credo ② *(Glauben schenken)* **jdm** [*o* **an jdn**] **~** prestar fede a qu ③ *(vertrauen auf)* aver fiducia in

Glauben <-s, *rar:* -> *m s.* **Glaube**

Glaubensbekenntnis *nt* ① REL professione *f* di fede ② *(fig: Überzeugung, Weltanschauung)* credo *m*

Glaubensfreiheit *f* libertà *f* religiosa

Glaubensgemeinschaft *f* comunità *f* dei credenti

glaubhaft *adj* credibile, attendibile; **etw ~ machen** rendere qc credibile

Glaubhaftigkeit *f kein Pl.* credibilità *f,* attendibilità *f*

gläubig ['glɔɪbɪç] *adj* REL credente; *(fromm)* pio

Gläubige <ein -r, -n, -n> *mf* REL fedele *mf,* credente *mf*

Gläubiger(in) <-s, -; -, -nen> *m(f)* COM creditore, -trice *m, f*

glaublich *adj* **es ist kaum ~** è quasi da non credersi

glaubwürdig *adj* credibile, attendibile

Glaubwürdigkeit <-> *f kein Pl.* credibilità *f,* attendibilità *f*

gleich [glaɪç] **I.** *adj* ① *(gleichartig)* affine; *(ähnlich)* simile; *(identisch)* identico, stesso; **in ~er Weise** allo stesso modo, ugualmente; **zur ~en Zeit** nello stesso tempo ② MAT *(gleichwertig)* uguale; **zweimal fünf ~ zehn** due per cinque uguale dieci ③ *(fam: gleichgültig)* **jdm/etw ~ sein** essere uguale a qu/qc; **es ist mir ~** *(fam)* per me fa lo stesso **II.** *adv* ① *(ebenso)* altrettanto, ugualmente; **~ breit/groß** della stessa larghezza/grandezza; **~ hoch sein** essere della stessa altezza; **~ viel** *(dieselbe Menge)* altrettanto ② *(sofort)* subito, immediatamente; *(bald)* presto, fra poco; **~ darauf** subito dopo; **~ heute** oggi stesso; **~ bei/an …** proprio a …; **ich komme ~** arrivo subito; **das dachte ich mir ~** c'era da immaginarselo, lo sospettavo; **habe ich das nicht ~ gesagt!** l'avevo detto subito io!; **~!** un momento!; **bis ~!** a presto!

gleichaltrig ['glaɪçaltrɪç] *adj* coetaneo, della stessa età

gleichartig *adj* simile, affine

gleichbedeutend *adj* [**mit etw**] **~ sein** essere equivalente [a qc]

gleichberechtigt *adj* di uguali diritti

Gleichberechtigung *f* equiparazione *f* dei diritti

gleichbleibend *adj* invariabile, immutato, costante

Gleiche(s) *nt* **das ~ tun** fare la medesima cosa; **das läuft aufs ~ hinaus** fa lo stesso;

G

~s mit ~m vergelten rendere pan per focaccia

gleichen ['glaɪçən] <gleicht, glich, geglichen> *vi (ähneln)* assomigliare, essere somigliante

gleichentags *adv* CH nello stesso giorno

gleichermaßen *adv* ugualmente, allo stesso modo

gleichfalls *adv* parimenti, altrettanto; **danke, ~!** grazie, altrettanto!

gleichförmig *adj* uniforme, regolare; *(eintönig)* monotono

Gleichförmigkeit <-> *f kein Pl.* uniformità *f; (Eintönigkeit)* monotonia *f*

G

gleichgeschlechtlich *adj* dello stesso sesso

gleichgesinnt *adj* che ha affinità di vedute e interessi

gleichgestellt *adj* equiparato; *(gesellschaftlich)* pari; **jdm ~ sein** essere pari a qu

Gleichgewicht *nt kein Pl.* equilibrio *m;* **das ~ verlieren** perdere l'equilibrio; **aus dem ~ bringen** squilibrare; **ins ~ bringen** equilibrare

Gleichgewichtsorgan <-(e)s, -e> *nt* ANAT organo *m* dell'equilibrio

Gleichgewichtssinn *m* senso *m* dell'equilibrio

Gleichgewichtsstörung *f* MED alterazione *f* dell'equilibrio

gleichgültig *adj* ① *(ohne Anteilnahme)* [**gegenüber etw**] **~ sein** essere indifferente [a qc] ② *(unwichtig)* insignificante; **das ist mir ~** per me è indifferente, non m'importa ③ *(uninteressiert)* disinteressato

Gleichgültigkeit *f* ① indifferenza *f;* **~ gegenüber etw** indifferenza nei confronti di qc ② *(Desinteresse)* disinteressamento *m*

Gleichheit <-, -en> *f* uguaglianza *f; (Gleichberechtigung)* parità *f; (Gleichartigkeit)* affinità *f*

Gleichheitszeichen *nt* MAT segno *m* d'uguaglianza

gleich|kommen <irr> *vi sein* **jdm an etw ~** uguagliare qu in qc; **einer Sache** *dat* **~** equivalere a qc

gleichlautend *adj* ① *(klanglich)* identico ② *(im Wortlaut)* identico, conforme

gleich|machen *vt* render uguale, livellare; **dem Erdboden ~** radere al suolo

Gleichmacherei [glaɪçmaxə'raɪ] <-, *pej:* -en> *f* egualitarismo *m*

Gleichmaß <-es> *nt kein Pl.* ① *(Ebenmaß)* proporzione *f,* armonia *f* ② *(Gleichförmigkeit, a. pej)* uniformità *f*

gleichmäßig *adj* ① *(zu gleichen Teilen)* uguale, uniforme ② *(regelmäßig)* regolare, stabile ③ *(ausgeglichen)* equilibrato ④ *(ebenmäßig)* simmetrico

Gleichmäßigkeit *f* ① *(gleiche Verteilung)* uniformità *f* ② *(Regelmäßigkeit)* regolarità *f* ③ *(Ausgeglichenheit)* equilibrio *m* ④ *(Ebenmaß)* simmetria *f*

Gleichmut <-(e)s> *m kein Pl.* impassibilità *f,* imperturbabilità *f,* calma *f*

gleichmütig ['glaɪçmy:tɪç] *adj* impassibile, imperturbabile, almo

gleichnamig ['glaɪçna:mɪç] *adj* omonimo; **ein Film nach dem ~en Roman von ...** un film dal romanzo omonimo di ...

Gleichnis <-ses, -se> *nt* ① REL allegoria *f,* parabola *f* ② *(Vergleich)* paragone *m*

gleichrangig ['glaɪçraŋɪç] *adj (Stellung)* di ugual grado; *(Künstler)* di ugual valore; *(Straßen)* di uguale importanza; *(Probleme)* identico

Gleichrichter <-s, -> *m* TEC raddrizzatore *m* di corrente; RADIO rettificatore *m*

gleichsam *adv* per così dire, in certo qual modo

gleich|schalten I. *vt (pej)* allineare, livellare **II.** *vr* **sich ~** adeguarsi, adattarsi

Gleichschaltung <-, -en> *f* ① *(pej: Angliederung)* allineamento *m,* livellamento *m* ② *(Anpassung)* adattamento *m*

gleichschenk[e]lig *adj* MAT isoscele

Gleichschritt *m* passo *m* cadenzato; **im ~** MIL al passo

gleichseitig *adj* MAT equilatero

gleich|setzen *vt* paragonare; **jdn/etw mit jdm/etw ~** paragonare qu/qc a qu/qc; *(als gleichwertig einstufen)* mettere qu/qc sullo stesso livello di qu/qc

Gleichsetzung <-, -en> *f* ① *(im Vergleich)* paragone *m* ② *(gleichwertiger Dinge)* equivalenza *f*

Gleichspannung <-, -en> *f* EL tensione *f* uniforme

Gleichstand *m kein Pl.* SPORT parità *f,* pareggio *m*

gleich|stellen *vt* equiparare

Gleichstellung *f* equiparazione *f*

Gleichstrom *m* TEC corrente *f* continua

gleich|tun <irr> *vt* **es jdm ~** *(nachahmen)* imitare qu [in qc]; *(in Leistung)* competere con qu

Gleichung <-, -en> *f* MAT equazione *f*

gleichviel [glaɪç'fi:l] *adv* comunque; **~, ob ...** poco importa che +*conj*

gleichwertig *adj* di ugual valore; CHEM equivalente

gleichwie *konj* [sic]come

gleichwink[e]lig *adj* MAT equiangolo

gleichwohl [glaɪç'vo:l *o* 'glaɪçvo:l] *adv (geh)* tuttavia, nondimeno

gleichzeitig *adj* contemporaneo, simultaneo
Gleichzeitigkeit <-> *f kein Pl.* simultaneità *f,* sincronismo *m*
Gleis [glaɪs] <-es, -e> *nt* binario *m;* **aus dem ~ kommen** *(fig)* uscire dalla carreggiata *fam;* **jdn aus dem ~ bringen** *(fig)* traviare qu; **etw wieder ins [rechte] ~ bringen** *(fig)* rimettere qc in carreggiata
gleißen ['glaɪsən] *vi (geh)* splendere, luccicare; **~des Licht** luce sfavillante
gleiten ['glaɪtən] <gleitet, glitt, geglitten> *vi sein* ① *(schweben)* planare; *(sich fortbewegen)* scivolare; **über etw** *akk* **~** passare su qc; **seine Hand über etw** *akk* **~ lassen** passare la propria mano su qc ② *(rutschen)* slittare, scivolare; *(Auto)* slittare; **ins Wasser/zu Boden ~** scivolare in acqua/a terra ③ *(Arbeit)* **~de Arbeitszeit** orario flessibile di lavoro
Gleitflug <-(e)s, -flüge> *m* volo *m* planato [*o* librato]; **im ~ niedergehen** scendere a volo planato
Gleitmittel *nt* lubrificante *m*
Gleitschiene *f* FERR [rotaia *f* di] guida *f*
Gleitschirmflieger(in) *m(f)* SPORT chi pratica il parapendio
Gleitschutz *m* MOT dispositivo *m* antisdrucciolevole
Gleitzeit *f kein Pl.* orario *m* flessibile [di lavoro]
Gletscher ['glɛtʃɐ] <-s, -> *m* ghiacciaio *m*
Gletscherbrand *m* MED eritema *m* solare
Gletscherspalte *f* crepaccio *m*
glich [glɪç] *1. u. 3. Pers. Sing. Imp. von* **gleichen**
Glied [gli:t] <-(e)s, -er> *nt* ① ANAT membro *m,* arto *m; (Finger~, Zehen~)* falange *f; (Penis)* membro *m;* **an allen ~ern zittern** tremare in tutte le membra ② *(Ketten~)* maglia *f,* anello *m* ③ *(Teil)* parte *f,* sezione *f,* segmento *m;* MAT *(von Gleichung)* termine *m;* BIOL *(von Bandwurm)* segmento *m*
Gliederfüßer <-s, -> *m* ZOO artropoda *m*
gliedern ['gli:dɐn] **I.** *vt (ordnen)* ordinare; **etw in etw** *akk* **~** ordinare qc in qc; *(einteilen, unter~)* [sud]dividere qc in qc **II.** *vr* **sich [in etw** *akk*] **~** *(zerfallen in)* [sud]dividersi in qc; *(bestehen aus)* articolarsi in qc
Gliederung <-, -en> *f* ① *Sing. (Einteilung)* divisione *f; (Unterteilung)* suddivisione *f* ② *(Aufbau)* struttura *f*
Gliedmaßen ['gli:tma:sən] *pl* membra *f pl,* arti *m pl*
glimmen ['glɪmən] <glimmt, glomm, geglommen> *vi* ardere senza fiamma; *(unter Asche)* covare
Glimmer <-s, -> *m* MIN mica *f*
Glimmstängel <-s, -> *m (fam)* cicca *f*
glimpflich ['glɪmpflɪç] *adv* **~ davonkommen** cavarsela a buon mercato *fam;* **das ist noch ~ ausgegangen** è finita bene
glitschig ['glɪtʃɪç] *adj* sdrucciolevole, scivoloso
glitt [glɪt] *1. u. 3. Pers. Sing. Imp. von* **gleiten**
glitzern [glɪtsɐn] *vi* scintillare, luccicare
global [glo'ba:l] *adj* globale
globalisieren *vt* globalizzare
Globalisierung <-, -en> *f* POL globalizzazione *f*
Globalisierungsgegner(in) *m(f)* antiglobal *mf*
global player <-, -s> *m* FIN global player *m*
Globus ['glo:bʊs] <- *o* -ses, Globen *o* Globusse> *m* globo *m,* mappamondo *m*
Glocke ['glɔkə] <-, -n> *f* ① *(Kirchturm~)* campana *f;* **etw an die große ~ hängen** strombazzare qc ai quattro venti *fam* ② *(Klingel)* campanello *m* ③ *(Käse~)* campana *f; (fig: Dunst~)* campana *f,* calotta *f*
Glockenblume *f* BOT campanula *f,* campanella *f*
Glockengeläut[e] *nt* scampanio *m;* **unter ~** al suon delle campane
Glockengießer *m* fonditore *m* di campane
Glockenschlag *m* [rin]tocco *m* della campana
Glockenspiel *nt* carillon *m*
Glockenstuhl *m* ceppo *m* [*o* mozzo *m*] della campana
Glockenturm *m* campanile *m,* torre *f* campanaria
glomm *1. u. 3. Pers. Sing. Imp. von* **glimmen**
Glorie ['glo:riə] <-, -n> *f* ① *(geh: Ruhm, Glanz)* gloria *f* ② *(geh: Heiligenschein)* aureola *f*
glorifizieren [glorifi'tsi:rən] <ohne ge-> *vt* glorificare, magnificare
glorreich ['glo:ɐ̯raɪç] *adj* glorioso
Glossar [glɔ'sa:ɐ̯] <-s, -e> *nt* glossario *m*
Glosse ['glɔsə] <-, -n> *f* ① *(Kommentar)* commento *m; (spöttische Bemerkung)* osservazione *f* ironica ② LIT *(Erläuterung)* glossa *f*
glossieren [glɔ'si:rən] <ohne ge-> *vt* ① *(kommentieren)* commentare; *(spöttisch)* ironizzare su [*o* di] ② LIT *(mit Erläuterungen versehen)* glossare
Glotze <-, -n> *f (fam)* televisione *f,* tele *f*
glotzen ['glɔtsən] *vi (starr)* guardare con gli occhi fissi; *(dumm)* guardare con gli occhi spalancati, sgranare gli occhi
Glück [glʏk] <-(e)s, *rar:* -e> *nt* fortuna *f; (Erfolg)* successo *m; (Glücklichsein)* felicità *f;* **~ bringen** portare fortuna; **sie hat ~**

gehabt! è stata fortunata!, ha avuto fortuna!; **sein ~ machen** far fortuna; **sein ~ suchen** cercar fortuna; **jdm zu etw ~ wünschen** fare a qu gli auguri per qc; **auf gut ~** a caso, a tutto rischio; **zum ~** per fortuna; **viel ~!** buona fortuna!; **jeder ist seines ~es Schmied** ognuno è artefice della propria fortuna

Glucke ['glʊkə] <-, -n> *f* chioccia *f*

glücken ['glʏkən] *vi sein* riuscire

gluckern ['glʊkɐn] *vi* gorgogliare

glücklich *adj* ❶ *(vom Glück gesegnet, erfolgreich)* fortunato; *(erfreulich)* buono, piacevole; **sich ~ schätzen** ritenersi fortunato ❷ *(froh)* felice; **jdn ~ machen** rendere felice qu

G

glücklicherweise *adv* fortunatamente, per fortuna

glücklos *adj* sfortunato, senza fortuna

Glücksbringer <-s, -> *m* portafortuna *m*

glückselig [glʏk'zeːlɪç] *adj* felice, beato

Glückseligkeit <-, -en> *f* felicità *f*, beatitudine *f*

Glücksfall *m* caso *m* fortunato, colpo *m* di fortuna

Glücksgefühl *nt* senso *m* di felicità

Glücksgriff *m* colpo *m* di fortuna

Glückspilz *m (fam)* fortunato, -a *m, f*, figlio, -a *m, f* della fortuna

Glückssache *f* **das ist** [**reine**] **~** è solo questione di fortuna

Glücksspiel *nt* gioco *m* d'azzardo

Glücksspieler(in) <-s, -; -, -nen> *m(f)* giocatore, -trice *m, f* d'azzardo

Glückstag *m* giornata *f* fortunata

glückstrahlend *adj* raggiante [di gioia]

Glückwunsch *m* augurio *m*, felicitazione *f*; **herzlichen ~!** tanti auguri!, auguri affettuosi!

Glückwunschkarte *f* biglietto *m* d'auguri

Glückwunschtelegramm *nt* telegramma *m* d'auguri

Glucose [glu'koːzə] <-> *f kein Pl.* CHEM glucosio *m*

Glühbirne *f* lampadina *f* a incandescenza

glühen ['glyːən] *vi* ❶ *(Metall)* essere incandescente; *(Kohle)* essere ardente; *(Feuer, Zigarette)* ardere ❷ *(fig: vor Fieber)* bruciare; *(Gesicht)* essere in fiamme

glühend *adj* ❶ *(Metall)* incandescente; *(Kohle)* ardente; *(Zigarette)* accesa; **rot ~** arroventato, rovente ❷ *(Gesicht, Augen)* sfavillante ❸ *(heiß)* scottante ❹ *(fig)* ardente; **~e Hitze** calura

Glühfaden <-s, -fäden> *m* TEC filamento *m* incandescente

Glühlampe <-, -n> *f* lampadina *f* [a incandescenza]

Glühwein *m* vin *m* brûlé

Glühwürmchen <-s, -> *nt (fam)* lucciola *f*

Glut [gluːt] <-, -en> *f (Feuer)* brace *f*; *(von Zigarette)* cenere *f* ardente; *(Hitze)* calura *f*, gran caldo *m*

Gluten [glu'teːn] <-s> *nt kein Pl.* glutine *m*

glutenfrei *adj o adv* senza glutine

Gluthitze *f* calura *f*

Glykol [gly'koːl] <-s, -e> *nt* CHEM glicol[e] *m*

Glyzerin [glytse'riːn] <-s> *nt kein Pl.* CHEM glicerina *f*

GmbH [geː'ɛmbeː'haː] <-, -s> *f Abk. von* **Gesellschaft mit beschränkter Haftung** S.r.l.

Gnade ['gnaːdə] <-, -n> *f* ❶ JUR, REL grazia *f*; **jdn um ~ bitten** chiedere grazia a qu ❷ *(Gunst)* favore *m* ❸ *(Erbarmen)* misericordia *f*; *(Milde, Nachsicht)* clemenza *f*; **~ vor Recht ergehen lassen** usare clemenza

Gnadenbrot *nt* **jdm das ~ geben** mantenere qu per carità; **das ~ essen** vivere della carità di qu

Gnadenfrist *f* rinvio *m* [concesso per grazia]

Gnadengesuch *nt* domanda *f* di grazia

gnadenlos *adj* spietato

Gnadenstoß *m (a. fig)* colpo *m* di grazia

gnädig ['gnɛːdɪç] *adj* ❶ *(gütig)* benigno; *(barmherzig)* misericordioso ❷ *(wohlwollend)* benevolo; *(mild, nachsichtig)* indulgente, clemente; *(günstig gesinnt)* bendisposto ❸ *(herablassend)* condiscendente ❹ *(Anrede)* **~e Frau** gentile signora; **~er Herr** gentile signore

Gneis [gnaɪs] <-es, -e> *m* MIN gneis *m*

Gnom [gnoːm] <-en, -en> *m* gnomo *m*

Gobelin [gobə'lɛ̃ː] <-s, -s> *m* KUNST arazzo *m*, gobelin *m*

Goder <-s, -> *m* A *(Doppelkinn)* doppio mento *m*

Gold [gɔlt] <-(e)s> *nt kein Pl.* MIN oro *m*; **nicht mit ~ aufzuwiegen sein, ~ wert sein** valere tant'oro quanto pesa

Goldbarren *m* lingotto *m* d'oro

Goldbestand *m* FIN riserva *f* aurea

Golddeckung *f* FIN copertura *f* aurea

golden ['gɔldən] *adj* ❶ *(aus Gold, a. fig)* d'oro; **die ~e Mitte** il giusto mezzo ❷ *(goldfarbig, vergoldet)* dorato

Golden Goal ['goldn gɔl] <- -s, - -s> *nt* SPORT golden goal *m*

goldfarben *adj* dorato

Goldfasan <-s, -e> *m* ZOO fagiano *m* dorato; *(fam: besonderer Liebling)* amante *m* particolare

Goldfisch *m* pesce *m* rosso

Goldgehalt *m* titolo *m* dell'oro, fino *m*

goldgelb *adj* giallo oro; GASTR dorato

goldgierig *adj* assetato d'oro
Goldgräber(in) <-s, -; -, -nen> *m(f)* cercatore, -trice *m, f* d'oro
Goldgrube *f (a. fig)* miniera *f* d'oro
Goldhamster *m* mesocriceto *m*
goldig *adj (fam: niedlich)* carino
Goldlack <-s, -e> *m* BOT violacciocca *f* gialla
Goldmedaille *f* SPORT medaglia *f* d'oro; *(olympische ~)* oro *m* olimpico
Goldmünze *f* moneta *f* d'oro
Goldplombe *f* MED impiombatura *f* d'oro
Goldregen *m* BOT avornello *m,* maggiociondolo *m*
Goldreserve <-, -n> *f* FIN riserva *f* aurea
goldrichtig *adj (fam)* giusto, adeguato
Goldschmied(in) *m(f)* orafo, -a *m, f*
Goldschnitt *m* taglio *m* dorato
Goldstaub *m* oro *m* in polvere
Goldstück *nt* ❶ *(Goldmünze)* moneta *f* d'oro ❷ *(fig)* tesoro *m*
Goldwaage *f* bilancina *f* dell'orafo; **jedes Wort auf die ~ legen** soppesare ogni parola; *(überempfindlich sein)* essere ipersensibile
Goldwährung *f* COM valuta *f* aurea
Goldwaren *fpl* ori *mpl,* gioielli *mpl*
Golf[1] [gɔlf] <-(e)s, -e> *m* GEOG golfo *m*
Golf[2] <-s> *nt kein Pl.* SPORT golf *m*
Golfer(in) *m(f) s.* **Golfspieler**
Golfkrieg <-(e)s, -e> *m* guerra *f* del Golfo
Golfplatz *m* campo *m* da golf
Golfschläger *m* mazza *f* da golf
Golfspieler(in) *m(f)* giocatore, -trice *m, f* di golf, golfista *mf*
Golfstaat *m* stato *m* del Golfo
Golfstrom *m* corrente *f* del Golfo
Gondel ['gɔndəl] <-, -n> *f* gondola *f*
Gong [gɔŋ] <-s, -s> *m* gong *m*
gönnen ['gœnən] *vt* **jdm etw ~** concedere qc a qu; **jdm etw nicht ~** invidiare qc a qu; **ich gönne es dir** te lo auguro di cuore; **sich** *dat* **~** *(sich leisten)* concedersi, permettersi
Gönner(in) <-s, -; -, -nen> *m(f) (Wohltäter)* benefattore, -trice *m, f; (Beschützer)* protettore, -trice *m, f; (von Künstler)* mecenate *mf*
gönnerhaft **I.** *adj* condiscendente **II.** *adv* con condiscendenza
Gönnerin *f s.* **Gönner**
Gönnermiene *f* aria *f* condiscendente [*o* di condiscendenza]
Gonorrhö[e] [gonɔ'rø:, *Pl:* gonɔ'rø:ən] <-, -en> *f* MED genorrea *f,* blenorragia *f*
gor [go:ɐ̯] *1. u. 3. Pers. Sing. Imp. von* **gären**
Gör [gø:ɐ̯] <-(e)s, -en> *nt,* **Göre** ['gø:rə] <-, -n> *f (kleines Kind)* marmocchio *m; (freches Mädchen)* saputella *f*
Gorilla [go'rɪla] <-s, -s> *m* gorilla *m*
goschert *adj* A *(vorlaut)* impertinente, saccente
goss [gɔs] *1. u. 3. Pers. Sing. Imp. von* **gießen**
Gosse ['gɔsə] <-, -n> *f* ❶ *(Straßenrinne)* cunetta *f* ❷ *(fig: Verkommenheit)* fango *m;* **in der ~ enden** finire nel fango
Gote ['go:tə] <-n, -n> *m* padrino *m; s. a.* **Gotin**
Goten ['go:tən] *mpl* HIST Goti *mpl*
Gotik ['go:tɪk] <-> *f kein Pl.* [stile *m*] gotico *m*
Gotin ['go:tɪn] <-, -nen> *f* madrina *f; s. a.* **Gote**
gotisch *adj* gotico
Gott [gɔt] <-es *o rar:* -s, Götter> *m (christlich)* Dio *m; (heidnisch)* dio *m,* divinità *f;* **~ sei Dank!** grazie a Dio!; **leider ~es** purtroppo, disgraziatamente; **mit ~es Hilfe** grazie a Dio; **um ~es willen** per l'amor di Dio; **großer ~!, mein ~!** Dio mio!; **grüß ~!** SÜDD, A buon giorno!; **behüt' dich ~!** SÜDD, A *(Abschiedsgruß)* ciao; **~ bewahre!** Dio non voglia!; **der liebe ~** il buon Dio; **über ~ und die Welt reden** *(fam)* parlare di tutto e di più; **wie ~ in Frankreich leben** vivere come un papa *fam;* **ein Bild für [die] Götter** *(fam)* uno spettacolo unico
Götterbild ['gœtɐbɪlt, *Pl:* 'gœtɐbɪldɐ] <-(e)s, -er> *nt* idolo *m*
Götterspeise *f* GASTR budino *m* di gelatina
Gottesanbeterin <-, -nen> *f* ZOO mantide *f* religiosa
Gottesdienst *m* REL messa *f*
Gottesfurcht *f* timor *m* di Dio
gottesfürchtig *adj* timorato di Dio, devoto
Gotteshaus *nt* casa *f* di Dio, chiesa *f*
Gotteskrieger(in) <-s, -> *m(f)* guerriero, -a di Dio *m*
Gotteslästerung *f* blasfemia *f*
Gottesmutter *f* Madonna *f,* madre *f* di Dio
Gottesurteil *nt* giudizio *m* di Dio
Gottheit <-, -en> *f* ❶ *(göttliche Natur)* divinità *f* ❷ REL *(Gott)* Dio *m; (heidnische ~)* dio *m*
Göttin ['gœtɪn] <-, -nen> *f* dea *f,* divinità *f*
Göttingen ['gœtɪŋən] *nt* GEOG Gottinga *f*
göttlich ['gœtlɪç] *adj* divino
gottlob [gɔt'lo:p] *adv (glücklicherweise)* per fortuna
gottlos *adj (Gott leugnend)* senza Dio, ateo; *(Gott nicht achtend)* empio; *(ruchlos)* scellerato
Gottlosigkeit <-, -en> *f (Gottesleugnung)*

irreligiosità *f,* ateismo *m; (Ruchlosigkeit)* scelleratezza *f,* empietà *f*
gottverlassen *adj (fam: abgelegen)* desolato
Gottvertrauen *nt* fiducia *f* in Dio
Götze ['gœtsə] <-n, -n> *m* idolo *m*
Götzendienst *m* idolatria *f*
Gourmet [gʊr'meː] <-s, -s> *m* gourmet *m*
Gouverneur(in) [guvɛr'nøːɐ *o* guvɐ'nøːɐ, *Pl:* guvɛr'nøːrə *o* guvɐ'nøːrə] <-s, -e; -, -nen> *m(f)* governatore, -trice *m, f*
GPS-System [geːpeː'ʔɛs-] *nt* sistema *m* GPS
Grab [graːp] <-(e)s, Gräber> *nt* tomba *f; (~denkmal)* sepolcro *m;* **jdn zu ~e tragen** seppellire qu; **sich** *dat* **sein** [**eigenes**] **~ schaufeln** *(fig)* scavarsi la fossa con le proprie mani; **sich im ~e umdrehen** rivoltarsi nella tomba; **mit einem Bein** [*o* **Fuß**] **im ~e stehen** *(fam)* avere un piede nella fossa; **ein Geheimnis mit ins ~ nehmen** portare un segreto con sé nella tomba; **schweigen wie ein ~** essere [muto come] una tomba *fam*
graben ['graːbən] <gräbt, grub, gegraben> **I.** *vt, vi* scavare, vangare; **nach etw ~** *(nach Kohle, Erz)* scavare alla ricerca di qc; *(nach archäologischen Funden)* scavare **II.** *vr* **sich in etw** *akk* **~** *(Tier)* scavarsi un buco in qc; *(Fingernägel)* affondare in qc; **sich jdm ins Gedächtnis ~** *(geh)* imprimersi a qu nella memoria
Graben ['graːbən] <-s, Gräben> *m* ① *(Wasser~, Festungs~)* fossato *m,* fosso *m* ② MIL trincea *f* ③ GEOL fossa *f*
Grabesstille *f* silenzio *m* di tomba
Grabesstimme *f* voce *f* cupa
Grabgewölbe *nt* cripta *f*
Grabhügel *m* tumulo *m*
Grabmal <-(e)s, Grabmäler> *nt* monumento *m* sepolcrale
Grabplatte *f* pietra *f* sepolcrale; *(Gedenktafel)* lapide *f* commemorativa
Grabrede *f* orazione *f* funebre
Grabstein *m* pietra *f* tombale
gräbt [grɛːpt] *3. Pers. Sing. Präs. von* **graben**
Grabung <-, -en> *f* scavo *m*
Grad [graːt] <-(e)s, -e, *Maßeinheit:* -> *m* grado *m;* **akademischer ~** titolo *m* accademico; **bis zu einem gewissen ~** fino a un certo punto; **im höchsten ~e** al massimo grado; **bei drei ~ Celsius/Wärme/Kälte** a tre gradi Celsius/sopra zero/sotto zero
Gradeinteilung *f* graduazione *f*
Gradmesser *m* indice *m,* scala *f*
graduell [gradu'ɛl] *adj* graduale
Graf [graːf] <-en, -en> *m* conte *m*
Graffiti [gra'fiːti] <-(s)> *m o nt pl* graffito *m*
Graffiti-Maler *m* graffittaro, -a *m, f*
Grafik[1] ['graːfɪk] <-> *f kein Pl.* KUNST grafica *f*
Grafik[2] <-, -en> *f* ① *(Kunstwerk)* opera *f* grafica, grafica *f* ② *(Schaubild)* grafico *m*
Grafiker(in) ['graːfikɐ] <-s, -; -, -nen> *m(f) (Zeichner)* grafico, -a *m, f,* disegnatore, -trice *m, f* grafico, -a
Grafikkarte *f* INFORM scheda *f* grafica
Gräfin ['grɛːfɪn] <-, -nen> *f* contessa *f*
grafisch *adj* grafico
Grafit [gra'fiːt] <-(e)s, -e> *m* MIN grafite *f,* piombaggine *f*
Grafologe [grafo'loːgə] <-n, -n> *m* grafologo *m; s. a.* **Grafologin**
Grafologie [grafolo'giː] <-> *f kein Pl.* grafologia *f*
Grafologin [grafo'loːgɪn] <-, -nen> *f* grafologa *f; s. a.* **Grafologe**
Grafschaft <-, -en> *f* contea *f*
gram [graːm] *adj* **jdm ~ sein** *(geh obs)* provare un sentimento di avversione nei confronti di qu [per un'offesa subita]
Gram [graːm] <-(e)s> *m kein Pl. (geh obs)* pena *f,* afflizione *f*
grämen ['grɛːmən] *vr* **sich** [**über jdn/etw**] **~** affliggersi [per qu/qc]
grämlich *adj (mürrisch)* stizzoso; *(verdrießlich)* infastidito; *(Gedanken)* triste
Gramm [gram] <-s, -e, *bei Maßangaben:* -> *nt* grammo *m*
Grammatik [gra'matɪk] <-, -en> *f* grammatica *f*
grammatikalisch, grammatisch *adj* LING grammaticale; **~ richtig** grammaticalmente corretto
Grammel ['graməl] <-, -n> *f meist Pl.* A, SÜDD GASTR *(Griebe)* cicciolo *m* [di pancetta]
Granat [gra'naːt] <-(e)s, -e> *m* MIN granato *m*
Granatapfel *m* melagrana *f*
Granate [gra'naːtə] <-, -n> *f* MIL granata *f; (Hand~)* bomba *f* a mano
Granatsplitter *m* scheggia *f* di granata
Granatwerfer <-s, -> *m* lanciagranate *m*
grandios [gran'di̯oːs] *adj* grandioso
Granit [gra'niːt] <-s, -e> *m* MIN granito *m*
Granne ['granə] <-, -n> *f* ① BOT arista *f* ② ZOO pelo *m* ispido
grantig ['grantɪç] *adj* A *(verärgert)* irritato, arrabbiato
Grapefruit ['greːpfruːt] <-, -s> *f* BOT pompelmo *m*
Gras [graːs] <-es, Gräser> *nt* erba *f;* **ins ~ beißen** *(sl)* morire; **das ~ wachsen hören** *(scherz)* fare il sapientone; **über etw** *akk* **~ wachsen lassen** *(fig)* mettere una

pietra sopra qc *fam;* **darüber ist längst ~ gewachsen** *(fam)* è acqua passata

grasen ['gra:zən] *vi* pascolare

grasgrün *adj* verde erba, acerbo

Grashalm *m* filo *m* d'erba

Grashüpfer <-s, -> *m (fam)* cavalletta *f*

Grasland *nt* prateria *f*

Grasmücke *f* ZOO capinera *f*

grassieren [gra'si:rən] <ohne ge-> *vi* imperversare

grässlich ['grɛslɪç] *adj* ❶ *(abscheulich)* atroce, orrendo ❷ *(fam: sehr schlecht)* terribile, spaventoso

Grat [gra:t] <-(e)s, -e> *m* ❶ *(Berg~)* cresta *f* ❷ *(Dach~)* linea *f* di colmo

Gräte ['grɛ:tə] <-, -n> *f* lisca *f,* spina *f* di pesce

Gratifikation [gratifika'tsjo:n] <-, -en> *f* gratifica *f*

gratinieren [grati'ni:rən] <ohne ge-> *vt* GASTR gratinare

gratis ['gra:tɪs] *adv* gratuitamente, gratis

Gratisanzeiger <-s, -> *m* CH inserto *m* degli annunci [economici]

Grätsche ['grɛ:tʃə] <-, -n> *f* SPORT divaricata *f*

Gratulant(in) [gratu'lant] <-en, -en; -, -nen> *m(f)* chi si congratula

Gratulation [gratula'tsi̯o:n] <-, -en> *f* congratulazioni *f pl,* felicitazioni *f pl*

gratulieren [gratu'li:rən] <ohne ge-> *vi* **jdm zu etw ~** congratularsi con qu per qc; **jdm zum Geburtstag ~** fare a qu gli auguri di buon compleanno

Gratwanderung <-, -en> *f* escursione *f* in cresta; **sich auf einer ~ befinden** *(fig)* trovarsi in una situazione molto ambigua

grau [graʊ] *adj* grigio; *(fig: trostlos)* triste, tetro; **in ~er Vorzeit** nei tempi più remoti; *s. a.* **blau**

Grau <-(s), - *fam:* -s> *nt (graue Farbe)* grigio *m; (Trostlosigkeit)* grigiore *m; s. a.* **Blau**

Graubrot *nt* pane *m* bigio

Graubünden [graʊ'bʏndən] *nt* GEOG Grigioni *m pl*

Gräuel ['grɔɪəl] <-s, -> *m* ❶ *(Abscheu)* orrore *m;* **der ~ vor etw** *dat* l'orrore di qc ❷ *meist Pl. (Gewalttat)* orrori *m pl,* atrocità *f pl;* **er/das ist mir ein ~** lui/ciò mi ripugna

Gräuelmärchen *nt* storia *f* raccapricciante

Gräueltat *f* atrocità *f*

grauen ['graʊən] *vi* **mir graut davor, zu** *+inf* provo orrore all'idea di *+inf*

Grauen <-s, -> *nt* orrore *m;* **~ erregend** orribile, spaventoso; *(übertreibend: schrecklich)* terribile

grauenerregend *adj* orribile, spaventoso; *(übertreibend: schrecklich)* terribile

grauenhaft *adj,* **grauenvoll** *adj* orribile, spaventoso; *(übertreibend: schrecklich)* terribile

grauhaarig *adj* dai capelli grigi

gräulich ['grɔɪlɪç] *adj* ❶ grigiastro ❷ *(grässlich)* orribile, atroce; *(ekelhaft)* raccapricciante; *(furchtbar)* terribile

graumeliert *adj (Haar)* brizzolato

Graupe ['graʊpə] <-, -n> *f* GASTR orzo *m* mondato

Graupeln ['graʊpəln] *f pl* METEO gragnola *f*

grausam ['graʊza:m] *adj* ❶ *(gefühllos)* crudele, spietato ❷ *(schrecklich, furchtbar)* terribile, atroce

Grausamkeit <-, -en> *f* crudeltà *f*

grausen ['graʊzən] **I.** *vi* **mir graust** [*o* **es graust mir**] **vor etw** *dat* ho orrore di qc **II.** *vr* **sich vor etw** *dat* **~** spaventarsi di qc, avere paura di qc

Grausen <-s> *nt kein Pl.* orrore *m,* terrore *m*

grausig *adj* ❶ *(grauenvoll, entsetzlich)* orribile, atroce, raccapricciante ❷ *(furchtbar)* terribile

Grauzone *f* zona *f* d'ombra

Graveur(in) [gra'vø:ɐ, *Pl:* gra'vø:rə] <-s, -e; -, -nen> *m(f)* incisore, -a *m, f*

gravieren [gra'vi:rən] <ohne ge-> *vt* incidere

gravierend *adj* gravoso; *(Fehler)* grave

Gravitation [gravita'tsi̯o:n] <-> *f kein Pl.* PHYS, ASTR gravitazione *f*

Gravitationskraft <-, -kräfte> *f* PHYS forza *f* di gravitazione

gravitätisch [gravi'tɛ:tɪʃ] *adj* grave, solenne, impettito

Gravur [gra'vu:ɐ̯] <-, -en> *f* incisione *f*

Graz [gra:ts] *nt* GEOG Graz *f*

Grazie ['gra:tsi̯ə] <-, -n> *f* ❶ *Sing. (Anmut)* grazia *f,* leggiadria *f* ❷ *(Mythologie)* Grazia *f*

grazil [gra'tsi:l] *adj* gracile

graziös [gra'tsi̯ø:s] *adj* grazioso, leggiadro

Green Card ['gri:n ka:d] <-, -s> *f* green card *f*

Greif [graɪf] <-(e)s *o* -en, -e *o* -en> *m* ZOO grifone *m*

greifbar *adj* ❶ *(zur Hand)* a portata di mano ❷ *(fig: konkret, real)* concreto, tangibile

greifen ['graɪfən] <greift, griff, gegriffen> **I.** *vt* prendere, pigliare; *(packen)* afferrare; **das ist zu hoch gegriffen** è esagerato **II.** *vi* ❶ *(die Hand ausstrecken)* stendere la mano; **nach etw ~** [stendere la mano per] prendere qc; **zu etw ~** *(fig)* ricorrere a qc; **zum Greifen nahe** *(fig)* vicinissimo ❷ *(einrasten)* fare presa ❸ *(fig: wirksam werden)* essere efficace, convincere; **um sich ~** *(fig)* propagarsi, estendersi

Greifer <-s, -> *m* TEC benna *f* mordente [*o* prensile]
Greifvogel *m* accipitride *m*
greis [graɪs] *adj (geh)* vecchio
Greis(in) [graɪs] <-es, -e; -, -nen> *m(f)* vecchio, -a *m, f,* vegliardo, -a *m, f poet*
Greisenalter *nt* età *f* senile *poet,* vecchiaia *f*
greisenhaft *adj* senile; *(~ wirkend)* da [*o* come un] vecchio
Greisin *f s.* **Greis**
Greißler(in) <-s, -> *m(f)* A *(Krämer)* negoziante *mf* di generi alimentari, bottegaio, -a *m, f*
grell [grɛl] *adj* ① *(Farbe)* vivo, stridente ② *(Licht)* abbagliante, accecante ③ *(Ton)* stridulo, penetrante; *(fig: scharf)* netto
Gremium ['greːmiʊm] <-s, Gremien> *nt* organo *m,* commissione *f*
Grenzbewohner(in) <-s, -; -, -nen> *m(f)* abitante *mf* di confine [*o* frontiera]
Grenzbezirk *m* distretto *m* di frontiera
Grenze ['grɛntsə] <-, -n> *f* confine *m; (Landes~)* frontiera *f; (fig)* limite *m;* **keine ~n kennen** *(fig)* non conoscere limiti; **einer Sache** *dat* **~n setzen** porre dei limiti a qc; **sich in ~n halten** stare nei limiti; **an der ~** alla frontiera; *(fig)* al limite
grenzen *vi* **~ an** *+akk* confinare con, essere vicino a; *(fig)* rasentare; **an etw** *akk* **~** avvicinarsi a qc
grenzenlos *adj (Land)* sconfinato; *(fig)* smisurato
Grenzfall *m* caso *m* limite
Grenzgänger(in) <-s, -; -, -nen> *m(f)* frontaliere *m*
Grenzkonflikt <-(e)s, -e> *m* POL conflitto *m* di frontiera
Grenzkontrolle *f* controllo *m* di frontiera
Grenzland *nt* paese *m* confinante; *(Grenzgebiet)* regione *f* di frontiera
Grenzlinie *f* [linea *f* di] confine *m*
Grenzschutz *m* ① *(Vorgang)* protezione *f* del confine ② *(Truppen)* guardie *f pl* confinarie
Grenzstadt <-, -städte> *f* città *f* di confine
Grenzstein *m* [pietra *f* di] confine *m*
Grenzstreit *m,* **Grenzstreitigkeit** *f* controversia *f* per i confini
Grenzübergang *m (Ort)* valico *m*
grenzüberschreitend *adj (Handel, Verkehr)* che [oltre]passa i confini
Grenzübertritt *m* passaggio *m* del confine
Grenzverkehr *m* traffico *m* di frontiera
Grenzwert *m* ECO valore *m* limite; MAT limite *m*
Grenzzwischenfall *m* incidente *m* di frontiera
Griebe ['griːbə] <-, -n> *f* GASTR *(Speck)* cicciolo *m*
Grieche ['griːçə] <-n, -n> *m* greco *m*
Griechenland *nt* Grecia *f*
Griechin ['griːçɪn] <-, -nen> *f* greca *f*
griechisch *adj* greco, ellenico
Griesgram ['griːsgraːm] <-(e)s, -e> *m (pej)* burbero *m,* grugnone *m fam*
griesgrämig ['griːsgrɛːmɪç] *adj* burbero, tetro
Grieß [griːs] <-es, -e> *m* ① GASTR semolino *m* ② MED renella *f*
Grießbrei *m* GASTR pappa *f* di semolino
griff [grɪf] *1. u. 3. Pers. Sing. Imp. von* **greifen**
Griff [grɪf] <-(e)s, -e> *m* ① *(Stiel, Messer~)* manico *m; (Knauf)* pomo *m; (Klinke)* maniglia *f; (Degen~)* elsa *f; (von Lenkstange, Pistolen~)* impugnatura *f* ② *Sing. (das Greifen)* prendere *m,* afferrare *m;* **jdn/etw im ~ haben** avere qu/qc sotto controllo; *(geistig)* conoscere bene qu/qc; **jdn/etw in den ~ bekommen** avere in mano qu/qc ③ *(Hand~)* presa *f;* SPORT mossa *f,* appiglio *m* ④ MUS *(Fingerstellung)* diteggiatura *f; (fam: Akkord)* tocco *m*
griffbereit *adj* a portata di mano
Griffel ['grɪfəl] <-s, -> *m* BOT stilo *m*
griffig *adj* ① *(handlich)* maneggevole ② *(Reifen)* antisdrucciolevole; *(Fahrbahn)* che ha buona presa ③ *(fig: Ausdruck)* di facile uso ④ A *(grobkörnig)* grosso; **~es Mehl** farina grossa
Grill [grɪl] <-s, -s> *m* griglia *f;* **vom ~** ai ferri, alla griglia
Grille ['grɪlə] <-, -n> *f* ZOO grillo *m*
grillen ['grɪlən] **I.** *vt* cuocere sulla griglia, fare ai ferri **II.** *vi* far da mangiare sulla griglia
Grimasse [gri'masə] <-, -n> *f* smorfia *f;* **~n schneiden** fare le boccacce
grimmig *adj* ① *(Mensch)* rabbioso, stizzoso; *(Gesicht)* truce ② *(fig: Kälte)* atroce
Grind [grɪnt, *Pl:* grɪndə] <-(e)s, -e> *m* ① MED *(fam)* escara *f* ② BOT scabbia *f*
grinsen ['grɪnzən] *vi* [sog]ghignare; *(mit breitem Mund)* sghignazzare
Grinsen <-s> *nt kein Pl.* ghigno *m*
grippal [grɪ'paːl] *adj* influenzale
Grippe ['grɪpə] <-, -n> *f* MED influenza *f*
Grippeschutzimpfung *f* vaccinazione *f* antinfluenza
Grippevirus *m o nt* MED virus *m* dell'influenza
Grippewelle *f* ondata *f* di influenza
Grips [grɪps] <-es, -e> *m (fam)* **~ haben** avere sale in zucca
grob [groːp] <gröber, gröbste> *adj* ① *(nicht fein: Leinen, Papier)* grosso, gros-

solano; *(Sand, Zucker)* grosso ② *(Arbeit)* pesante, faticoso ③ *(schlimm: Verstoß)* grave; *(Fehler)* grossolano, madornale; **~e Beleidigung** offesa spudorata; **~e Fahrlässigkeit** JUR colpa grave ④ *(brutal: Behandlung, Mensch)* brutale, rozzo; *(unhöflich)* sgarbato; **gegen jdn ~ werden** *(brutal)* diventare brutale con qu; *(ausfällig)* inveire contro qu ⑤ *(ungefähr)* approssimativo; **in ~en Zügen** a larghi tratti

grobgemahlen *adj* macinato grossolanamente

Grobheit <-, -en> *f* ① *Sing. (Rohheit)* grossolanità *f*, rozzezza *f* ② *(Unhöflichkeit)* villania *f*, sgarbatezza *f*; *(grobe Äußerung)* sgarbo *m*; **jdm ~en an den Kopf werfen** dire delle sgarbataggini a qu

Grobian ['gro:bia:n] <-(e)s, -e> *m (pej)* villano *m*, villanzone *m fam*

grobkörnig *adj* di grana grossa, grosso

grobmaschig *adj* a maglie grosse

Gröden ['grø:dən] *nt* GEOG Gardena *f*

Grog [grɔk] <-s, -s> *m* grog *m*

groggy ['grɔgi] *adj (fam)* sfatto

grölen ['grø:lən] *vi (fam: schreien)* gridare, vociare; *(singen)* cantare a squarciagola

Groll [grɔl] <-(e)s> *m kein Pl.* rancore *m*; *(Verbitterung)* risentimento *m*; *(Feindseligkeit)* astio *m*; **~ gegen jdn/etw** rancore nei confronti di qu/qc

grollen *vi (geh)* ① *(Groll haben)* avere [*o* portare] rancore (**jdm** verso, a qu) ② *(donnern)* rimbombare, brontolare

Grönland ['grø:nlant] *nt* GEOG Groenlandia *f*

Grönländer(in) ['grø:nlɛndɐ] <-s, -; -, -nen> *m(f)* groenlandese *mf*

grönländisch *adj* groenlandese

groovig ['gru:vɪç] *adj (fam) con un bel groove*

Gros [gro:] <-, -> *nt* massa *f*; MIL, SPORT grosso *m*

Groschen ['grɔʃən] <-s, -> *m* ① A *(Münze)* groschen *m* ② *(fam: 10 Pfennig)* monetina *f*; *(fig: Geld)* quattrini *mpl*, soldi *mpl*; **der ~ ist gefallen** *(fig)* ci è arrivato

Groschenroman <-s, -e> *m (pej)* romanzo *m* da quattro soldi

groß [gro:s] <größer, größte> *adj* ① grande; *(~ u dick)* grosso; **~ angelegt** in grande stile, alla grande; **eine größere Summe** una somma piuttosto grossa; **jdn ~ anschauen** guardare qu con tanto d'occhi *fam*; **~e Stücke auf jdn halten** avere molta stima di qu, avere un'alta opinione di qu; **im Großen und Ganzen** nell'insieme, in generale; **was soll man da ~ machen?** *(fam)* non c'è molto da fare ② *(ausgedehnt)* vasto, ampio ③ *(geräumig)* spazioso ④ *(lang, zeitlich)* lungo ⑤ *(hoch)* alto; *(hochgewachsen)* di alta statura; **gleich ~ sein** essere della stessa grandezza; **~ werden** diventare più grande, crescere ⑥ *(erwachsen)* cresciuto, adulto ⑦ *(wichtig, bedeutend)* importante; *(berühmt)* famoso; **~ schreiben** dare importanza a; **Karl der Große** Carlomagno ⑧ *(älter)* maggiore; **~ und klein** grandi e piccoli

Großaktionär(in) <-s, -e; -, -nen> *m(f)* grande azionista *mf*

großartig *adj* grandioso, imponente; *(herrlich)* magnifico; *(ausgezeichnet)* eccellente

Großaufnahme *f* FOTO, FILM primo piano *m*

Großbetrieb *m* grande azienda *f*

Großbildschirmfernseher *m* televisore *m* a maxischermo

Großbrand <-(e)s, -brände> *m* grande incendio *m*

Großbritannien [gro:sbri'tanɪ̯ən] *nt* Gran Bretagna *f*

Großbuchstabe *m* [lettera *f*] maiuscola *f*

großbürgerlich ['gro:s'bʏrgɐlɪç] *adj* alto borghese

Großbürgertum *nt kein Pl.* alta borghesia *f*

Größe ['grø:sə] <-, -n> *f* ① *(a. fig)* MAT, PHYS, ASTR grandezza *f*; **unbekannte ~** MAT incognita *f* ② *(Ausdehnung)* estensione *f*; *(Weite)* ampiezza *f*; *(Fassungsvermögen)* capienza *f* ③ *(Länge)* lunghezza *f* ④ *(Höhe)* altezza *f*; *(Körper~)* statura *f* ⑤ *(Kleidungs~)* taglia *f*; *(Schuh~)* misura *f*, numero *m* ⑥ *(Stärke)* forza *f*, intensità *f* ⑦ *(Erhabenheit)* sublimità *f*, magnificenza *f* ⑧ *(berühmte Person)* celebrità *f*

Großeinkauf *m* acquisto *m* all'ingrosso

Großeinsatz <-(e)s, -sätze> *m* impiego *m* imponente [*o* massiccio]

Großeltern *pl* nonni *mpl*

Größenordnung *f* ordine *m* di grandezza

großenteils ['gro:sən'taɪls] *adv* in gran parte

Größenwahn *m (pej)* mania *f* di grandezza, megalomania *f*

größenwahnsinnig *adj* megalomane

Großereignis *nt* evento *m* di grande portata

Großfahndung <-, -en> *f* battuta *f*, caccia *f*; **die Polizei leitete eine ~ ein** la polizia ha organizzato una battuta

Großfamilie *f* grande famiglia *f*

Großformat <-s, -e> *nt* formato *m* grande

großformatig *adj* di grande formato

Großglockner [gro:s'glɔknɐ *o* 'gro:sglɔknɐ] *m* GEOG Großglockner *m*, Gran Campanaro *m*

G

Großgrundbesitzer(in) *m(f)* latifondista *mf*
Großhandel *m* commercio *m* all'ingrosso
Großhändler(in) *m(f)* commerciante *mf* all'ingrosso, grossista *mf*
Großhandlung *f* negozio *m* all'ingrosso
großherzig *adj* magnanimo, generoso
Großherzigkeit *f kein Pl.* magnanimità *f*, generosità *f*
Großherzog(in) *m(f)* granduca, -duchessa *m, f*
Großherzogtum *nt* granducato *m*
Großhirn *nt* ANAT cervello *m*
Grossist(in) [grɔ'sɪst] <-en, -en; -, -nen> *m(f) s.* **Großhändler**
Großkapitalist <-s, -en> *m* grande capitalista *m*
Großkind *nt* CH *(Enkelkind)* nipote *mf*
großkotzig ['gro:skɔtsɪç] *adj (fam pej)* da spaccone, da sbruffone
Großkundgebung <-, -en> *f* grande manifestazione *f*
Großmacht *f* grande potenza *f*
Großmama ['gro:smama:] <-, -s> *f (fam)* nonna *f*
Großmarkt *m* mercato *m* all'ingrosso
Großmaul *nt (fam pej)* spaccone *m*, fanfarone *m*
Großmut *f kein Pl.* magnanimità *f*, generosità *f*
großmütig *adj* magnanimo, generoso
Großmutter *f* nonna *f*
Großneffe *m* pronipote *m*
Großnichte *f* pronipote *f*
Großonkel *m* prozio *m*
Großpapa ['gro:spapa:] <-s, -s> *m (fam)* nonno *m*
Großrat *m* CH POL membro *m* di un parlamento cantonale
Großraum *m* **im ~ Stuttgart** nella zona che gravita attorno a Stoccarda
Großraumabteil *nt* FERR carrozza *f* a scompartimento unico
Großraumbüro *nt* open space *m*
Großraumflugzeug *nt* aereo *m* tipo jumbo [*o* cargo]
großräumig ['gro:srɔɪmɪç] *adj (geräumig)* ampio; *(großflächig)* spazioso
Großraumwagen *m* FERR vagone *m* senza scompartimenti
Großrechner *m* INFORM supercalcolatore *m*
Großreinemachen [gro:s'raɪnəmaxən] <-s> *nt kein Pl. (fam)* grande pulizia *f*
groß|schreiben *vt (mit großem Anfangsbuchstaben schreiben)* scrivere maiuscolo
Großschreibung <-, -en> *f* grafia *f* con iniziale maiuscola
großspurig *adj* tronfio
Großstadt *f* grande città *f*, metropoli *f*
Großstädter(in) *m(f)* abitante *mf* di una grande città
großstädtisch *adj* di [una] grande città, metropolitano
Großtante *f* prozia *f*
Großteil *m* gran parte *f*
größtenteils ['grø:stən'taɪls] *adv* in massima parte
Großtuerei [gro:stu:ə'raɪ] <-, -en> *f (pej)* spacconata *f*; *(Angeberei)* millantata *f*
groß|tun <irr> **I.** *vi (pej)* millantare **II.** *vr* **sich** [**mit etw**] **~** *(pej)* darsi delle arie [per qc]
Großunternehmer(in) *m(f)* grande imprenditore, -trice *m, f*
Großvater *m* nonno *m*
Großveranstaltung *f* grande spettacolo *m*
Großverdiener(in) <-s, -; -, -nen> *m(f)* persona *f* che guadagna molto [*o* a reddito elevato]
Großwetterlage <-, -n> *f* METEO condizioni *mpl* generali del tempo
Großwild *nt* selvaggina *f* grossa
groß|ziehen <irr> *vt (aufziehen)* allevare, tirar su *fam*
großzügig ['gro:stsy:gɪç] *adj* ❶ *(freigebig)* generoso ❷ *(in den Ansichten)* di larghe vedute ❸ *(in der Form)* in grande stile, grandioso
Großzügigkeit <-> *f kein Pl.* ❶ *(Freigebigkeit)* generosità *f* ❷ *(von Gesinnung)* larghezza *f* di vedute ❸ *(von Form, Gestaltung)* grandiosità *f*
grotesk [gro'tɛsk] *adj* grottesco
Grotte ['grɔtə] <-, -n> *f* grotta *f*
Groupie ['gru:pi] <-s, -s> *nt (sl)* groupie *mf*
grub [gru:p] *1. u. 3. Pers. Sing. Imp. von* **graben**
Grübchen ['gry:pçən] <-s, -> *nt* fossetta *f*
Grube ['gru:bə] <-, -n> *f* fossa *f*; MIN miniera *f*; *(offene ~)* cava *f*; **wer andern eine ~ gräbt, fällt selbst hinein** *(prov)* l'inganno va a casa dell'ingannatore
Grübelei [gry:bə'laɪ] <-, -en> *f* fantasticare *m*, almanacchio *m*
grübeln ['gry:bəln] *vi* **über etw** *akk* **~** fantasticare su qc
Grubengas *nt* MIN grisou *m*
Grubenlampe *f* lampada *f* del minatore
Grubenunglück *nt* sciagura *f* mineraria
Grübler(in) <-s, -; -, -nen> *m(f)* fantasticone, -a *m, f*
grüblerisch ['gry:blərɪʃ] *adj* di chi si lambicca il cervello
grüezi ['gry:ɛtsi] *interj* CH ciao, salve
Gruft [grʊft] <-, Grüfte> *f* tomba *f*, sepolcro *m*; *(Krypta)* cripta *f*

Grum[me]t ['grʊm(ə)t] <-(e)s> *nt kein Pl.* AGR [fieno *m*] grumereccio *m*
grummeln ['grʊməln] *vi* ① *(Mensch)* borbottare ② *(Donner)* tuonare
grün [gryːn] *adj* ① *(Farbe)* verde; **~es Licht** *(von Ampel)* il verde; *(fig: Zustimmung)* il permesso; **~e Welle** *(von Ampeln)* onda verde; **jdn ~ und blau schlagen** *(fam)* bastonare qu di santa ragione; **sich ~ und blau ärgern** *(fam)* diventar verde di bile; **auf keinen ~en Zweig kommen** non avere fortuna ② POL verde, ecologista ③ *(unreif: Obst)* verde, acerbo ④ *(pej: unerfahren)* inesperto; **~er Junge** sbarbatello *m fam; s. a.* **blau**
Grün <-(s), - *fam:* -s> *nt* [colore *m*] verde *m;* **die Ampel steht auf ~** il semaforo è verde; *s. a.* **Blau**
grün-alternativ ['gryːnaltɐna'tiːf] *adj* POL verde-alternativo
Grün-Alternative Liste <-, -n> *f* POL *lista verde alternativa*
Grünanlagen *fpl* spazi *mpl* verdi
Grünbuch *nt kein Pl.* EU Libro *m* Verde
Grund [grʊnt] <-(e)s, Gründe> *m* ① *Sing. (tiefste Stelle, Boden)* fondo *m;* **einer Sache** *dat* **auf den ~ gehen** andare fino in fondo a qc ② *Sing. (Erdboden)* suolo *m,* terreno *m;* **auf eigenem ~ und Boden** sul proprio [fondo] ③ *Sing. (~lage)* fondamento *m,* base *f;* **von ~ auf** interamente, radicalmente ④ *(fig: Ursache)* causa *f; (Beweg~, Anlass)* motivo *m,* ragione *f; (Beweis~)* argomento *m,* prova *f;* **~ haben zu** *+inf* aver motivo di *+inf;* **auf ~ von** in base a, a causa di; **aus diesem ~[e]** per questa ragione, perciò; **das ist kein ~ zum Lachen** c'è poco da ridere; *s. a.* **aufgrund**
Grundausbildung *f* istruzione *f* fondamentale; MIL addestramento *m* delle reclute, CAR *m*
Grundausstattung *f* attrezzatura *f* elementare
Grundbedeutung *f* ① *(wesentlichste Bedeutung)* significato *m* fondamentale ② LING significato *m* originario [*o* primitivo]
Grundbedingung *f* condizione *f* principale
Grundbegriff *m* ① *(elementarer Begriff)* concetto *m* fondamentale ② *meist Pl. (Basiswissen)* principi *mpl* basilari
Grundbesitz *m* proprietà *f* terriera
Grundbesitzer(in) *m(f)* proprietario, -a *m, f* terriero, -a, fondiario, -a *m, f*
Grundbestandteil *m* elemento *m* fondamentale
Grundbuch *nt* catasto *m,* registro *m* fondiario
Grundbuchamt <-(e)s, -ämter> *nt* ADM ufficio *m* catastale [*o* del catasto]
gründen ['grʏndən] **I.** *vt* ① *(Institution)* fondare; *(stiften)* istituire; *(ins Leben rufen)* creare ② *(fig: stützen)* basare; **etw auf etw** *akk* **~** basare qc su qc **II.** *vr* **sich auf etw** *akk* **~** basarsi su qc
Gründer(in) <-s, -; -, -nen> *m(f)* fondatore, -trice *m, f*
Grunderwerbssteuer <-, -n> *f* ADM imposta *f* sugli acquisti immobili
grundfalsch ['grʊnt'falʃ] *adj* assolutamente falso
Grundfarbe *f* ① PHYS colore *m* fondamentale ② KUNST, TEC *(Malerei, Stoffdruck)* fondo *m*
Grundfeste ['grʊntfɛstə] <-, -n> *f* **in seinen Grundfesten erschüttern** scuotere nelle fondamenta
Grundfläche *f* MAT base *f*
Grundform *f* ① *(Hauptform)* forma *f* base ② *(ursprüngliche Form)* forma *f* primitiva ③ LING infinito *m*
Grundgebühr *f* tassa *f* fissa
Grundgedanke *m* concetto *m* fondamentale
Grundgesetz *nt* ① *(Grundprinzip)* legge *f* fondamentale ② JUR *(Verfassung)* costituzione *f*
Grundhaltung *f* atteggiamento *m* di base
grundieren [grʊn'diːrən] <ohne ge-> *vt* KUNST dare il colore di fondo a qc
Grundierung <-, -en> *f* KUNST prima mano *f;* TEC mano *f* di fondo
Grundkapital <-s> *nt kein Pl.* FIN capitale *m* sociale
Grundlage *f* ① *(Basis)* fondamento *m,* base *f* ② *(Voraussetzung)* presupposto *m;* **die ~n für etw schaffen** porre le basi per qc
grundlegend *adj* basilare; *(wichtig)* fondamentale, di importanza fondamentale
gründlich ['grʏntlɪç] **I.** *adj (tiefgehend)* profondo; *(exakt)* esatto, preciso; *(sorgfältig)* accurato; *(gewissenhaft)* coscienzioso **II.** *adv* a fondo; **er hat sich ~ blamiert** *(fam)* ha fatto una figuraccia
Gründlichkeit <-> *f kein Pl. (Tiefe)* profondità *f; (Genauigkeit)* esattezza *f,* precisione *f; (Gewissenhaftigkeit)* coscienziosità *f*
Grundlinie *f* MAT base *f;* SPORT linea *f* di fondo
Grundlohn *m* salario *m* base
grundlos *adj* ① *(Tiefe)* senza fondo ② *(fig: unbegründet)* infondato
Grundmauer *f* fondamenta *fpl*
Grundnahrungsmittel *nt* alimento *m* di base
Gründonnerstag *m* REL giovedì *m* santo

G

G

Grundrechenart *f* **die vier ~en** le quattro operazioni fondamentali
Grundrecht *nt* diritto *m* fondamentale
Grundregel *f* regola *f* fondamentale, principio *m*
Grundriss *m* ❶ MAT proiezione *f* orizzontale ❷ ARCH pianta *f* ❸ *(Schema)* compendio *m*
Grundsatz *m* principio *m*; **sich** *dat* **etw zum ~ machen** farsene un principio
Grundsatzerklärung *f* dichiarazione *f* di principi
grundsätzlich ['grʊntzɛtslɪç] **I.** *adj* ❶ *(aus Prinzip)* di principio, di massima ❷ *(wesentlich)* fondamentale **II.** *adv (aus Prinzip)* per principio, per massima
Grundschuld *f* JUR, FIN debito *m* fondiario
Grundschule *f* ≈ scuola *f* elementare
Grundschullehrer(in) *m(f)* maestro, -a *m, f* della Grundschule
Grundstein *m* prima pietra *f*; **den ~ zu etw legen** *(a. fig)* porre la prima pietra per qc
Grundsteinlegung <-, -en> *f* posa *f* della prima pietra
Grundsteuer *f* FIN imposta *f* fondiaria
Grundstock *m* fondo *m*, base *f*
Grundstoff *m* ❶ CHEM *(Element)* elemento *m* ❷ TEC *(Rohstoff)* materia *f* prima
Grundstoffindustrie *f* industria *f* di base
Grundstück *nt* fondo *m*, terreno *m*
Grundstücksmakler(in) *m(f)* agente *mf* immobiliare
Grundstudium *nt kein Pl.* UNIV *i primi semestri all'università*
Grundton *m* ❶ MUS nota *f* fondamentale, tonica *f* ❷ *(Malerei)* colore *m* di fondo ❸ *(fig: von Rede)* nota *f* generale
Grundübel *nt* vizio *m* fondamentale
Gründung ['grʏndʊŋ] <-, -en> *f* fondazione *f*; *(Schaffung)* creazione *f*; *(Stiftung)* istituzione *f*; **die ~ einer Familie** il fondare una famiglia
grundverschieden *adj* totalmente diverso
Grundwasser *nt kein Pl.* acqua *f* freatica
Grundwasserspiegel *m* livello *m* freatico
Grundwehrdienst *m* MIL servizio *m* militare di base
Grundwortschatz *m kein Pl.* vocabolario *m* di base
Grundzahl *f* MAT base *f*; *(Kardinalzahl)* numero *m* cardinale
Grundzug *m (Charakteristik)* tratto *m* fondamentale, caratteristica *f*
Grüne[1] <-n> *nt kein Pl.* ❶ *(Farbe)* verde *m* ❷ *(von Gemüse)* verde *m*; *(Gemüse u Salat)* verdura *f*; *(Grünfutter)* foraggio *m* fresco ❸ *(Natur)* verde *m*, natura *f*; **im ~n** nel verde; **ins ~ fahren** andare in campagna
Grüne[2] <ein -r, -n, -n> *mf* POL appartenente *mf* al movimento dei verdi; **die ~n** i verdi
grünen *vi (geh)* verdeggiare, inverdire
Grünfläche *f* zona *f* verde
Grünfutter *nt* AGR foraggio *m* fresco
Grunge [grantʃ] <-> *m kein Pl.* grunge *m*
Grüngürtel *m* cintura *f* di verde
Grünkohl *m* BOT cavolo *m* riccio
grünlich *adj* verdastro
Grünpflanze *f* pianta *f* verde
Grünschnabel *m (pej)* sbarbatello *m fam*, pivello *m fam*
Grünspan *m* verderame *m*
Grünstreifen *m* spartitraffico *m* [verde]
grunzen ['grʊntsən] *vi* grugnire
Grünzeug *nt* A *(Suppengrün)* misto *m* di verdure e erbe per minestre
Gruppe ['grʊpə] <-, -n> *f* ❶ gruppo *m*; *(von Arbeitern, Sportlern)* squadra *f* ❷ *(Klasse)* classe *f*, categoria *f*
Gruppenarbeit *f kein Pl.* lavoro *m* di gruppo
Gruppenaufnahme *f*, **Gruppenbild** *nt* FOTO fotografia *f* di gruppo
Gruppenbildung *f* formazione *f* di gruppi, raggruppamento *m*
Gruppendynamik *f* PSYCH dinamica *f* di gruppo
gruppendynamisch *adj* PSYCH dinamico nel gruppo
Gruppenfoto *nt* foto *f* di gruppo
Gruppenreise *f* viaggio *m* in comitiva
Gruppensex *m* sesso *m* di gruppo
Gruppentherapie *f* PSYCH terapia *f* di gruppo
gruppenweise *adv* a gruppi
gruppieren [grʊ'piːrən] <ohne ge-> **I.** *vt* disporre in gruppi, raggruppare; *(klassifizieren)* classificare **II.** *vr:* **sich ~** raggrupparsi
Gruppierung <-, -en> *f* disposizione *f* in gruppi, raggruppamento *m*
gruselig ['gruːzəlɪç] *adj* raccapricciante
gruseln ['gruːzəln] **I.** *vi, vt* rabbrividire; **mir gruselt es vor etw** *dat* rabbrividisco per qc **II.** *vr* **sich** [**vor etw** *dat*] **~** rabbrividire [per qc]
Gruß [gruːs] <-es, Grüße> *m* saluto *m*; **richten Sie ihm meine herzlichsten Grüße aus!** gli porti i miei più cordiali saluti!; **viele Grüße an …** +*akk* molti saluti a …; **mit freundlichen Grüßen** *(Briefschluss)* distinti [*o* cordiali] saluti
grüßen ['gryːsən] *vt* salutare; **jdn ~ lassen** mandare i saluti a qu; **~ Sie ihn von mir!** gli porti i miei saluti!; **grüß Gott!** SÜDD, A buon giorno; **grüß dich!** *(fam)* ti saluto!
Grütze ['grʏtsə] <-, -n> *f* tritello *m*; **rote ~**

GASTR *dessert gelatinoso preparato con frutta rossa*

GSM-Handy *nt* cellulare *m* GSM

gucken ['gʊkən] *vi (fam)* guardare; **nach etw ~** dare un'occhiata a qc

Guckloch *nt* spioncino *m*

Guerilla [ge'rɪlja] <-, -s> *f* bande *fpl* di guerriglieri

Guerillakämpfer(in) *m(f)* guerrigliero, -a *m, f*

Guerillakrieg *m* guerriglia *f*

Gugelhopf ['gu:gəlhɔpf] <-s, -e> *m* CH *(Napfkuchen) tipo di ciambella*

Gugelhupf ['gu:gəlhʊpf] <-(e)s, -e> *m* A, SÜDD, CH GASTR *(Napfkuchen)* focaccia *f*

Güggeli ['gʏgəli] <-s, -> *nt* CH pollo *m* allo spiedo

Guillotine [gɪljo'ti:nə] <-, -n> *f* ghigliottina *f*

guillotinieren [gɪljoti'ni:rən *o* gijo-ti'ni:rən] <ohne ge-> *vt* ghigliottinare

Guinea [gi'ne:a] *nt* GEOG Guinea *f*

Gulasch ['gʊlaʃ] <-(e)s, -e *o* -s> *nt o m* GASTR gulasch *m,* spezzatino *m*

Gulaschkanone *f (fam scherz)* cucina *f* da campo

Gulaschsuppe *f* A minestra *f* di gulasch

Gulden ['gʊldən] <-s, -> *m* fiorino *m*

Gully ['gʊli] <-s, -s> *m o nt* tombino *m*

gültig ['gʏltɪç] *adj* JUR valido; *(Fahrschein)* valevole; *(Geld)* che ha corso; *(gesetzlich)* in vigore, vigente; **für ~ erklären** dichiarare valido, convalidare; **ab … ~ sein** essere valido a decorrere dal …

Gültigkeit <-> *f kein Pl.* validità *f;* JUR forza *f* legale, validità *f*

Gummi ['gʊmi] <-s, -(s)> *nt o m* gomma *f*

Gummiball *m* palla *f* di gomma

Gummiband *nt* [nastro *m*] elastico *m*

Gummibaum *m* ① *(Kautschukbaum)* albero *m* di caucciù ② *(Zimmerpflanze)* ficus *m*

gummieren [gʊ'mi:rən] <ohne ge-> *vt* gommare

Gummihandschuh *m* guanto *m* di gomma

Gummiknüppel *m* manganello *m* [di gomma]

Gummiparagraf <-en, -en> *m* paragrafo *m* elastico [*o* flessibile]

Gummireifen *m* pneumatico *m,* gomma *f*

Gummiring *m* anello *m* di gomma

Gummischuhe *mpl* scarpe *fpl* di gomma

Gummisohle *f* suola *f* di gomma

Gummistiefel *mpl* stivali *mpl* di gomma

Gummistrumpf *m* calza *f* elastica

Gummizug *m* elastico *m*

Gunst [gʊnst] <-> *f kein Pl.* favore *m; (Wohlwollen)* benevolenza *f; (von Schicksal)* favore *m;* **in jds ~ stehen** essere nelle grazie di qu; **zu jds ~en** a favore di qu

günstig ['gʏnstɪç] *adj* ① *(geeignet, gut)* favorevole; *(bes. Moment)* propizio ② *(vorteilhaft)* vantaggioso; *(bes. Preis)* conveniente

günstigstenfalls *adv* nella migliore delle ipotesi

Günstling ['gʏnstlɪŋ] <-s, -e> *m* favorito *m*

Günstlingswirtschaft *f (pej)* protezionismo *m*

Gurgel ['gʊrgəl] <-, -n> *f* gola *f;* **jdm an die ~ springen** *(fig)* mettere il coltello alla gola di qu

gurgeln *vi* ① *(die Gurgel spülen)* fare i gargarismi ② *(gluckern)* gorgogliare

Gurke ['gʊrkə] <-, -n> *f* BOT cetriolo *m; (kleine ~)* cetriolino *m;* **saure ~n** cetriolini sott'aceto

Gurkensalat *m* GASTR insalata *f* di cetrioli

gurren ['gʊrən] *vi (Taube)* tubare

Gurt [gʊrt] <-(e)s, -e> *m* cintura *f,* cinghia *f*

Gürtel ['gʏrtəl] <-s, -> *m* ① *(an Kleidung)* cintura *f,* cinghia *f;* **den ~ enger schnallen** *(fam fig)* stringere la cinghia ② GEOG zona *f; (Absperrung)* cordone *m*

Gürtellinie *f* cintola *f;* **ein Schlag unter die ~** *(a. fig)* un colpo basso

Gürtelreifen *m* MOT [pneumatico *m*] cinturato *m*

Gürtelrose *f* MED erpete *m* zoster

Gürtelschnalle *f* fibbia *f* della cintura

Gürteltier *nt* ZOO armadillo *m*

Gurtmuffel <-s, -> *m (fam) persona che non si allaccia le cinture di sicurezza*

Gurtpflicht <-> *f kein Pl.* obbligo *m* di allacciarsi le cinture di sicurezza

Gurtstraffer *m* AUTO pretensionatore *m*

Guru ['gu:ru] <-s, -s> *m* REL guru *m*

GUS *f* POL *Abk. von* **Gemeinschaft Unabhängiger Staaten** unione *f* degli stati indipendenti

Guss [gʊs] <-es, Güsse> *m* ① *(Gießen)* colata *f; (Erzeugnis)* pezzo *m* fuso; **aus einem ~** di un solo pezzo; *(fig)* tutto d'un pezzo ② *(Wasserstrahl)* getto *m; (Regen~)* acquazzone *m,* rovescio *m*

Gusseisen *nt* ghisa *f*

gusseisern *adj* di ghisa

Gussform *f* forma *f* da fonderia

Gussstahl *m* acciaio *m* fuso

gut [gu:t] **I.** *adj* <besser, beste> ① buono; **~es Wetter** bel tempo; **ein ~es Gewissen** la coscienza pulita; **~ aussehend** di bell'aspetto, bello; **wieder ~ werden** ridiventar buono; **es ist ~, dass …** meno male che …, per fortuna che …; **lassen wir es ~ sein!** lasciamo perdere! ② *(rechtschaffen, anständig)* probo, virtuoso; **seien Sie**

G

so ~ und ... abbia la cortesia di *+inf* ③ *(richtig)* corretto, giusto; **mehr als ~ ist** più del ragionevole ④ *(nützlich)* utile; **wozu ist das ~?** a che serve? ⑤ *(förderlich)* giovevole; **~ für etw sein** fare bene a qc ⑥ *(vorteilhaft)* vantaggioso ⑦ *(~ erhalten)* in buono stato ⑧ FIN *(Scheck)* valido ⑨ *(reichlich)* abbondante ⑩ *(Schulnote)* *otto;* **sehr ~** *(Schulnote) nove* **II.** *adv* <besser, am besten> bene; **~ riechen** avere un buon odore; **~ bezahlt** ben pagato; **~ gelaunt** di buon umore; **eine ~ gehende Firma** una ditta ben avviata; **es ~ haben** star bene; **mit jdm ~ stehen** essere in buoni rapporti con qu; **~ daran tun, zu** *+inf* fare bene a *+inf;* **~ und gern** per lo meno; **so ~ wie** quasi, pressoché; **so ~ wie möglich** nel miglior modo possibile; **es geht mir ~** sto bene; **Sie haben ~ reden** ha un bel dire; **~ [so]!** bene così!; *(es genügt!)* basta così!; **[es ist ja] schon ~!** va bene!; *s. a.* **Gute**[1, 2]

Gut <-(e)s, Güter> *nt* ① *(Besitz)* proprietà *f; (a. geistig)* bene *m* ② *(Land~)* proprietà *f* terriera; *(Pacht~)* podere *m* in affitto ③ *Pl. (Waren)* merci *f pl*

Gutachten ['gu:tʔaxtən] *nt* perizia *f;* **ein ~ einholen** far fare una perizia

Gutachter(in) <-s, -; -, -nen> *m(f)* perito, -a *m, f,* esperto, -a *m, f*

gutartig *adj* ① *(Tier)* mansueto; *(Mensch)* buono ② MED benigno

Gutartigkeit <-> *f kein Pl.* ① *(von Tier)* mansuetudine *f,* docilità *f; (von Mensch, Wesen)* bontà *f* ② MED carattere *m* benigno, benignità *f*

gutaussehend *adj* di bell'aspetto, bello

gutbezahlt *adj* ben pagato

gutbürgerlich *adj* casereccio, nostrano, genuino

Gutdünken ['gu:tdʏŋkən] <-s> *nt kein Pl.* **nach ~** a discrezione

Gute[1] <ein -r, -n, -n> *mf (guter Mensch)* buono, -a *m, f;* **mein ~r, meine ~** mio caro, mia cara

Gute[2] <ein -s, -n> *nt kein Pl. (gute Seite)* lato *m* buono; *(gute Taten)* bene *m,* buone azioni *f pl; (gute Eigenschaft)* buono *m;* **alles ~!** *(für Zukunft)* buona fortuna!; *(Glückwunsch)* auguri!; **es hat alles sein ~s** non tutto il male vien per nuocere *prov*

Güte ['gy:tə] <-> *f kein Pl.* ① *(Gefälligkeit)* bontà *f;* **in aller ~** con le buone *fam,* in tutta amicizia; **[ach] du meine ~!** Dio mio! ② *(von Ware)* qualità *f*

Gutenachtgeschichte *f* fiaba *f* della buona notte

Gutenachtkuss [gʊtə'naxtkʊs] *m* bacio *m* della buona notte

Güterabfertigung ['gy:tɐapfɛrtɪgʊŋ] *f* COM ① *(Vorgang)* spedizione *f* merci ② *(Stelle)* servizio *m* [spedizione] merci

Güterbahnhof *m* scalo *m* merci

Güterfernverkehr *m* trasporto *m* di merci a grande distanza

Gütergemeinschaft *f* JUR comunione *f* dei beni

Güternahverkehr *m* trasporto *m* di merci a breve distanza

Gütertrennung *f* JUR [regime *m* della] separazione *f* dei beni

Güterverkehr *m kein Pl.* traffico *m* merci

Güterwagen *m* FERR carro *m* [*o* vagone *m*] merci

Güterzug *m* FERR treno *m* merci

Gütesiegel <-s, -> *nt,* **Gütezeichen** *nt* marchio *m* di qualità

gut|gehen <irr> *vi* ① **jdm geht es gut** qu sta bene; **es geht mir gut** sto bene ② *(gut verlaufen)* andare bene

gutgehend *adj (Geschäft, Firma)* ben avviato

gutgelaunt *adj* di buon umore

gutgemeint *adj* detto [*o* fatto] con buone intenzioni

gutgläubig *adj* in buona fede; *(leichtgläubig)* ingenuo, credulo

gut|haben <irr> *vt* avere un credito di

Guthaben ['gu:tha:bən] <-s, -> *nt* FIN averi *m pl; (Spareinlage)* deposito *m*

gut|heißen <irr> *vt* approvare

gutherzig *adj* cordiale, di buon cuore

gütig ['gy:tɪç] *adj* buono, benevolo; *(freundlich)* gentile; *(nachsichtig)* indulgente

gütlich ['gy:tlɪç] *adj* amichevole

gut|machen *vt (Fehler, Schaden)* riparare; **das kann ich gar nicht wieder ~** non potrò mai ripagare; **das ist nicht wieder gutzumachen** è irreparabile

gutmütig ['gu:tmy:tɪç] *adj* bonario, buono

Gutmütigkeit <-, *rar:* -en> *f* bonarietà *f,* bontà *f*

Gutsbesitzer(in) *m(f)* proprietario, -a *m, f* terriero, -a

Gutschein *m* buono *m*

gut|schreiben <irr> *vt* **jdm etw ~** accreditare qc a qu

Gutschrift *f* accredito *m*

Gutsherr(in) *m(f) s.* **Gutsbesitzer**

Gutshof *m* podere *m*

gutsituiert *adj* abbiente, agiato

Gutsverwalter(in) *m(f)* amministratore, -trice *m, f* di una tenuta

gut|tun <irr> *vi* far bene, giovare

gutwillig *adj o adv* di buona volontà, di buona voglia

Gymnasiast(in) [gʏmnazi'ast] <-en, -en;

-, -nen> *m(f)* studente, -essa *m, f* del Gymnasium

Gymnasium [gʏmˈnaːziʊm] <-s, Gymnasien> *nt scuola superiore che comprende gli anni dalla fine della scuola elementare fino alla maturità classica, linguistica o scientifica;* **mathematisch-naturwissenschaftliches ~** *scuola che comprende la scuola media e il liceo scientifico;* **neusprachliches ~** *scuola che comprende la scuola media e il liceo linguistico;* **altsprachliches ~** *(die ersten Jahre)* ginnasio *m; (die letzten drei Jahre)* liceo classico

Gymnastik [gʏmˈnastɪk] <-> *f kein Pl.* ginnastica *f*

gymnastisch *adj* ginnico

Gynäkologe [gynɛkoˈloːgə] <-n, -n> *m* ginecologo *m*

Gynäkologie [gynɛkoloˈgiː] <-> *f kein Pl.* ginecologia *f*

Gynäkologin [gynɛkoˈloːgɪn] <-, -nen> *f* ginecologa *f*

gynäkologisch [gynɛkoˈloːgɪʃ] *adj* ginecologico

Hh

H

H, h [haː] <-, -(s)> *nt* ❶ *(Buchstabe)* H *f*, h *f;* **H wie Heinrich** H come hotel ❷ MUS si *m;* **H-Dur** si maggiore; **h-Moll** si minore

ha *Abk. von* **Hektar** ha

ha *interj* ah, oh

Haar [haːɐ̯] <-(e)s, -e> *nt (Kopf~)* capello *m; (Bart~, Körper~, Tier~, Pflanzen~)* pelo *m;* **blondes/dunkles/glattes/lockiges ~** capelli biondi/scuri/lisci/ricci; **graue ~e bekommen** incanutirsi; **sich** *dat* **keine grauen ~e wachsen lassen** non prendersela troppo per qc; **sich** *dat* **die ~e schneiden lassen** farsi tagliare i capelli; **aufs ~** esattamente; **sich aufs ~ gleichen** assomigliarsi come due gocce d'acqua; **um ein ~** per un pelo, a momenti; **immer ein ~ in der Suppe finden** trovare sempre qc da ridire; **jdm kein ~ krümmen** non torcere un capello a qu; **an jdm kein gutes ~ lassen** tagliare i panni addosso a qu; **da stehen einem die ~e zu Berge** gli si rizzano i capelli; **das ist an den ~en herbeigezogen** questo è tirato per i capelli; **~e auf den Zähnen haben** sapersi difendere

Haaransatz *m* attaccatura *f* dei capelli

Haarausfall *m* caduta *f* dei capelli

Haarbreit *nt (fig)* **um ein ~** per un pelo; **nicht um ein ~ weichen** non cedere neanche di un passo

Haarbürste *f* spazzola *f* per capelli

haaren [ˈhaːrən] *vi, vr:* **sich ~** perdere il pelo

Haarentfernungsmittel *nt* crema *f* depilatoria

Haaresbreite *f (fig)* **um ~** per un pelo

Haarfarbe *f* colore *m* dei capelli

Haarfestiger *m* fissatore *m*

haargenau *adv* esattamente

haarig [ˈhaːrɪç] *adj* ❶ *(behaart)* peloso ❷ *(fam: schwierig)* difficile; *(heikel)* scabroso; *(schlimm)* brutto

Haarklammer <-, -n> *f* fermaglio *m* per capelli

haarklein *adv (fam)* per filo e per segno

Haarknoten *m* chignon *m*, crocchia *f*

Haarlack *m* lacca *f* per capelli

Haarnadel *f* forcina *f*

Haarnadelkurve *f* tornante *m*

Haarnetz *nt* retina *f* per capelli

haarscharf I. *adj* esattissimo **II.** *adv* ❶ *(genau)* con la massima precisione ❷ *(dicht)* a un pelo

Haarschleife *f* fiocco *m*

Haarschnitt *m* taglio *m*

Haarspalterei <-, -en> *f (pej)* cavillosità *f;* **~ treiben** cavillare

Haarspange *f* molletta *f* per capelli

Haarspray *nt o m* lacca *f* per capelli

haarsträubend *adj* che fa rizzare i capelli, raccapricciante

Haartrockner *m* asciugacapelli *m*, fon *m*

Haarverlängerung *f* extention *f*

Haarwaschmittel *nt* shampoo *m*

Haarwasser *nt* lozione *f* per capelli

Haarwuchs *m* ❶ *(Vorgang)* crescita *f* dei capelli/dei peli ❷ *(Zustand: beim Menschen)* capigliatura *f; (bei Tieren)* pelo *m*

Haarwuchsmittel *nt* prodotto *m* per la crescita dei capelli

Haarwurzel *f* radice *f* dei capelli

Hab [haːp] *nt* **mein [ganzes] ~ und Gut** tutti i miei averi

Habe [ˈhaːbə] <-> *f kein Pl. (geh)* averi *mpl*, beni *mpl; (Besitz)* possesso *m;*

(persönliche) effetti *mpl* [*o* beni *mpl*] personali

haben ['ha:bən] <hat, hatte, gehabt> **I.** *vt* avere; *(besitzen)* possedere; *(erhalten)* ricevere; **lieber ~** preferire; **Zeit ~** avere tempo; **nichts dagegen ~** non aver nulla in contrario; **etw ~ wollen** desiderare qc; *(fordern)* richiedere qc, esigere qc; **gegen jdn etw ~** essere contro qu, avercela con qu *fam;* **mit jdm etw ~** *(fam)* intendersela con qu, filare con qu; **es mit jdm zu tun ~** aver a che fare con qu; **jdn zum Freund ~** aver qu per amico; **noch zu ~ sein** essere ancora libero; **bei sich** *dat* **~** avere con sé; **etw für sich ~** avere i propri lati positivi; **es im Hals ~** avere mal di gola; **wir ~ den 10. Juni** è il 10 giugno; **ich hätte gern …** vorrei …; **beinahe hätte ich …** ci è mancato poco che *+conj;* **das hat nichts zu sagen** non ha alcuna importanza; **ich habe zu tun** ho da fare; **dafür bin ich immer zu ~** ci sto sempre *fam;* **er hat hier nichts zu suchen** lui qui non c'entra niente; **was habe ich [denn] davon?** che vantaggio ne ho?, cosa ci guadagno?; **was hast du?** che hai?; **den Wievielten ~ wir heute?** quanti ne abbiamo oggi?; **welche Größe/Nummer ~ Sie?** che taglia/numero porta?; **ich hab's!** ci sono!, ho capito!; **da ~ wir's!** ci siamo!, lo sapevo! **II.** *vi* ① *(müssen)* dovere; **er hat zu arbeiten** deve lavorare ② *(Hilfsverb)* avere ③ *bes.* CH *(es gibt)* c'è; **es hat viele Leute** c'è molta gente **III.** *vr:* **sich ~** *(fam)* ① *(sich anstellen)* fare lo smorfioso ② *(Aufhebens machen)* essere esagerato ③ *(erledigt sein)* **und damit hat sich's** non c'è altro da dire *fam*

Haben <-s> *nt kein Pl.* avere *m*

Habenichts ['ha:bənɪçts] <- *o* -es, -e> *m* *(pej)* poveraccio *m,* spiantato *m*

Habenseite <-, -n> *f* FIN avere *m,* attivo *m*

Habenzinsen *mpl* FIN interessi *mpl* attivi

Haberer <-s, -> *m* ① A *(Verehrer)* ammiratore *m* ② A *(Kumpel)* amico *m,* compagno *m*

Habgier *f kein Pl.* avidità *f,* cupidigia *f*

habgierig *adj* avido, cupido

habhaft *adj* **jds/einer Sache ~ werden** *(geh)* acchiappare qu/impadronirsi di qc

Habicht ['ha:bɪçt] <-s, -e> *m* ZOO astore *m*

Habilitation [habilita'tsjo:n] <-, -en> *f* UNIV abilitazione *f*

habilitieren *vr:* **sich ~** UNIV abilitarsi, conseguire la libera docenza

Habitat [habi'ta:t] <-s, -e> *nt* BIOL habitat *m*

Habsburger(in) ['ha:psbʊrgɐ] <-s, -; -, -nen> *m(f)* HIST Asburgo *m*

Habseligkeiten *fpl* quisquilie *fpl,* carabattole *fpl*

Habsucht *f s.* **Habgier**

habsüchtig *adj s.* **habgierig**

hach [hax] *interj* oh

Hackbraten *m* GASTR polpettone *m*

Hacke ['hakə] <-, -n> *f* ① *(Pickel)* zappa *f* ② *(fam: Ferse)* calcagno *m,* tallone *m* ③ *(fam: Absatz)* tacco *m*

hacken ['hakən] **I.** *vt* ① *(Boden)* zappare ② *(Holz)* spaccare, tagliare ③ *(Zwiebeln)* tritare **II.** *vi (mit Schnabel)* beccare

Hacker(in) ['hakɐ] <-s, -; -, -nen> *m(f)* INFORM hacker *mf,* pirata *m* informatico

Hackfleisch *nt* GASTR carne *f* tritata [*o* macinata]

Hackordnung <-, -en> *f* ZOO gerarchia *f,* ordine *m;* *(fig)* gerarchia *f*

Häcksel ['hɛksəl] <-s> *nt o m kein Pl.* AGR paglia *f* tritata

Hader[1] <-s, -n> *m* SÜDD, A rimasuglio *m* di stoffa

Hader[2] <-s, -> *m* OSTD straccio *m*

hadern ['ha:dɐn] *vi (geh)* **mit jdm ~** accusare qu, prendersela con qu; **mit seinem Schicksal ~** lamentarsi della propria sorte

Hafen ['ha:fən] <-s, Häfen> *m* ① *(Schiff)* porto *m;* **einen ~ anlaufen** toccare un porto; **aus einem ~ auslaufen** uscire da un porto; **in den ~ einlaufen** entrare in porto ② SÜDD, CH, A *(Gefäß)* recipiente *m,* vaso *m* ③ NORDD *(hohes Glasgefäß)* vaso *m* di vetro

Hafenanlagen *fpl* opere *fpl* portuali

Hafenarbeiter(in) *m(f)* lavoratore, -trice *m, f* del porto, portuale *mf*

Hafenbecken *nt* bacino *m* del porto, darsena *f*

Hafenbehörde *f* autorità *f* portuale

Hafeneinfahrt *f* imboccatura *f,* entrata *f* del porto

Hafenpolizei *f* polizia *f* portuale

Hafenrundfahrt *f* giro *m* turistico del porto

Hafenstadt *f* città *f* portuale, porto *m*

Hafer ['ha:fɐ] <-s> *m kein Pl.* BOT, AGR avena *f*

Haferflocken *fpl* GASTR fiocchi *mpl* d'avena

Häferl <-s, -n> *nt* A *(Tasse)* tazza *f*

Haferschleim <-(e)s, -e> *m* GASTR pappa *f* di avena

Hafner(in) <-s, -> *m(f)* A, CH, SÜDD *(Ofensetzer)* fumista *mf*

Haft [haft] <-> *f kein Pl.* ① *(Gefängnis~)* detenzione *f,* reclusione *f* ② *(Verhaftung)* arresto *m;* **jdn aus der ~ entlassen** rilasciare qu, rimettere in libertà qu; **jdn in ~ nehmen** arrestare qu

Haftanstalt *f* penitenziario *m,* prigione *f*
haftbar *adj* responsabile; **jdn für etw ~ machen** JUR rendere qu responsabile di qc
Haftbefehl *m* JUR mandato *m* di cattura
Hafteinrichtung *f* istituto *m* di detenzione
haften ['haftən] *vi* ① *(festsitzen)* aderire; **an** [*o* **auf**] **etw** *dat* **~** aderire a qc; **an etw** *dat* **~ bleiben** rimanere attaccato a qc ② JUR *(bürgen)* **für jdn ~** garantire per qu ③ JUR *(verantwortlich sein)* rispondere; **Eltern ~ für ihre Kinder** i genitori rispondono dei loro figli
Haftentlassung *f* scarcerazione *f*
haftfähig *adj* ① JUR idoneo al regime penitenziario ② *(leicht haftend)* aderente
Häftling ['hɛftlɪŋ] <-s, -e> *m* detenuto, -a *m, f*
Haftpflicht *f* JUR responsabilità *f* civile
haftpflichtig *adj* responsabile
Haftpflichtversicherung *f* assicurazione *f* della responsabilità civile [verso terzi]
Haftschale *f* lente *f* a contatto
Haftstrafe *f* JUR pena *f* detentiva
Haftung <-s> *f kein Pl.* ① JUR *(Verantwortlichkeit)* responsabilità *f;* **für etw die ~ übernehmen** assumere la responsabilità di qc ② JUR *(Bürgschaft)* garanzia *f* ③ *(Kontakt)* aderenza *f*
Hafturlaub <-(e)s, -e> *m* JUR permesso *m* [di uscita]
Hagebutte ['haːgəbʊtə] <-, -n> *f* BOT frutto *m* di rosa canina, sincarpio *m*
Hagel ['haːgəl] <-s, *rar:* -> *m* METEO grandine *f*
Hagelkorn *nt* ① *(Hagel)* chicco *m* di grandine ② MED calazio *m*
hageln ['haːgəln] *vi, vt* METEO grandinare; **es hagelte Vorwürfe** piovvero rimproveri
Hagelschaden <-s, -schäden> *m* METEO danno *m* causato dalla grandine
Hagelschauer *m* rovescio *m* di grandine, grandinata *f*
Hagelschlag *m* grandinata *f*
hager ['haːgɐ] *adj* magro, scarno
haha [ha'ha(ː)] *interj* ah ah
Häher ['hɛːɐ] <-s, -> *m* ZOO ghiandaia *f*
Hahn [haːn] <-(e)s, Hähne> *m* ① ZOO gallo *m;* **~ im Korb sein** *(fam)* fare il gallo nel pollaio; **danach kräht kein ~** *(fam)* non se ne cura nessuno ② TEC rubinetto *m;* *(Gewehr~)* grilletto *m,* cane *m*
Hähnchen ['hɛːnçən] <-s, -> *nt* galletto *m*
Hahnenfuß *m* BOT ranuncolo *m*
Hahnenschrei *m* **beim ersten ~ aufstehen** alzarsi al canto del gallo
Hahnentritt *m* ① *(im Ei)* germe *m* dell'uovo ② *(Muster)* pied-de-poule *m*
Hai[fisch] ['haɪ(fɪʃ)] *m* ZOO pescecane *m,* squalo *m*
Hain [haɪn] <-(e)s, -e> *m (poet)* boschetto *m*
Hairstylist(in) ['hɛːɐstaɪlɪst] <-en, -en> *m(f)* hair stylist *mf*
häkeln ['hɛːkəln] *vt (Handarbeit)* lavorare all'uncinetto
Häkelnadel *f* uncinetto *m*
haken ['haːkən] **I.** *vt (einhängen)* agganciare **II.** *vi (klemmen)* rimanere impigliato; *(Tür)* rimanere bloccato; **da hakt es** *(fam)* la faccenda si imbroglia [*o* complica]
Haken ['haːkən] <-s, -> *m* ① TEC, SPORT gancio *m;* **einen ~ schlagen** fare uno scarto ② *(Kleider~)* attaccapanni *m* ③ *(Angel~)* amo *m* ④ *(fam fig)* intoppo *m;* **die Sache hat einen ~** *(fam)* c'è un intoppo
Hakenkreuz *nt* croce *f* uncinata, svastica *f*
Hakennase *f* naso *m* adunco
halb [halp] **I.** *adj* mezzo, metà [di]; **eine ~e Note** una mezza nota; **auf ~em Wege** a metà strada; **um ~ drei** alle due e mezza; **zum ~en Preis** a metà prezzo; **das ist nichts Halbes und nichts Ganzes** non è né carne né pesce **II.** *adv* mezzo, [a] metà; **~ öffnen** *(Tür)* socchiudere; **ich habe mich ~ totgelacht** *(fam)* sono quasi morto dal ridere; **das ist ~ so schlimm** non è poi così grave
halbamtlich *adj* ufficioso, semiufficiale
Halbbildung *f (pej)* pseudocultura *f*
halbbitter *adj* semiamaro
Halbbruder *m* fratellastro *m;* *(väterlicherseits)* fratello *m* consanguineo; *(mütterlicherseits)* fratello *m* uterino
Halbdunkel *nt* penombra *f,* chiaroscuro *m*
Halbe ['halbə] <-n, -> *f* GASTR *(fam: Bier)* birra *f* grande [da mezzo litro]
Halbedelstein *m* MIN pietra *f* dura
halber ['halbɐ] *präp +gen (geh)* per; **der Ordnung ~** per ragioni di/per ordine; **der Ehre ~** per l'onore; **vorsichts~** per precauzione [*o* prudenza]
Halbfabrikat <-(e)s, -e> *nt* COM prodotto *m* semilavorato [*o* semifinito]
halbfertig *adj* quasi finito
Halbfinale *nt* SPORT semifinale *f*
Halbgeschwister *pl* fratellastri *mpl*
Halbgott *m* semidio *m*
Halbheit <-, -en> *f* imperfezione *f,* insufficienza *f;* *(halbe Maßnahmen)* mezze misure *fpl*
halbherzig *adj* tiepido, poco entusiasta
halbieren [hal'biːrən] <ohne ge-> *vt* dividere in due, fare a metà
Halbierung <-, -en> *f* dimezzamento *m,* bipartizione *f;* MAT bisezione *f*
Halbinsel *f* GEOG penisola *f*
Halbjahr *nt* semestre *m*
halbjährig *adj (ein halbes Jahr dauernd)*

[della durata] di sei mesi; *(ein halbes Jahr alt)* di sei mesi [d'età]; **ein ~er Kurs** un corso semestrale
halbjährlich I. *adj* semestrale **II.** *adv* ogni sei mesi
Halbkanton <-s, -e> *m* CH semicantone *m*
Halbkreis *m* semicerchio *m*
Halbkugel *f* semisfera *f*, mezza sfera *f*; GEOG emisfero *m*
halblaut *adj o adv* a mezza voce
Halbleinenband <-(e)s, -bände> *m* volume *m* in mezza tela
Halbleiter *m* TEC semiconduttore *m*
Halblinks [halp'lɪŋks] <-, -> *m* SPORT mezz'ala *f* sinistra, interno *m* sinistro
halbmast *adv* **auf ~** a mezz'asta; **~ flaggen** mettere la bandiera a mezz'asta

H

Halbmesser *m* MAT raggio *m*
Halbmond *m* mezzaluna *f*
halbnackt *adj s.* **nackt 1.**
halboffen *adj s.* **offen 1.**
Halbpension *f* GASTR mezza pensione *f*
Halbrechts [halp'rɛçts] <-, -> *m* SPORT mezz'ala *f* destra, interno *m* destro
halbrund *adj* semicircolare
Halbschatten *m* penombra *f*
Halbschlaf *m kein Pl.* dormiveglia *m*
Halbschuh *m* scarpa *f* bassa
Halbschwergewicht *nt* SPORT peso *m* medio-massimo
Halbschwester *f* sorellastra *f*; *(väterlicherseits)* sorella *f* consanguinea; *(mütterlicherseits)* sorella *f* uterina
Halbstarke <ein -r, -n, -n> *mf (pej)* teppista *mf*; **die ~n** la gioventù bruciata
halbstündlich ['halpʃtʏntlɪç] *adj* di mezz'ora
Halbtagsarbeit *f* lavoro *m* a mezza giornata
Halbtagsbeschäftigung *f* lavoro *m* [*o* impiego *m*] a mezza giornata
Halbtagskraft *f* lavoratore, -trice *m, f* part-time
Halbtagsstelle *f* lavoro *m* a mezza giornata
halbvoll *adj s.* **voll I. 1.**
Halbwahrheit <-, -en> *f* mezza verità *f*
Halbwaise *f* orfano, -a *m, f* di padre [*o* di madre]
halbwegs *adv* press'a poco, abbastanza
Halbwelt *f* demi-monde *m*
Halbwert[s]zeit *f* PHYS tempo *m* di dimezzamento, periodo *m* radioattivo
Halbzeit *f* SPORT *(Spielzeit)* tempo *m*; **erste ~** primo tempo; **zweite ~** ripresa *f*
Halde ['haldə] <-, -n> *f* ① GEOL ghiaione *m* ② MIN discarica *f*
half [half] *1. u. 3. Pers. Sing. Imp. von* **helfen**
Hälfte ['hɛlftə] <-, -n> *f* metà *f*; **meine bessere ~** *(scherz: Ehepartner)* la mia dolce metà; **bis zur ~** fino alla metà; **zur ~** a metà
Hall [hal] <-(e)s, -e> *m* eco *m o f*
Halle ['halə] <-, -n> *f* ① *(Hotel~)* hall *f*; THEAT foyer *m* ② *(Bahnhofs~)* atrio *m*; AERO aviorimessa *f*, hangar *m*; ARCH galleria *f*; *(Fabrik~, Lager~)* capannone *m*; *(Sport~)* palestra *f*
hallen ['halən] *vi* risonare, riecheggiare
Hallenbad *nt* piscina *f* coperta
Hallensport *m* sport *m* da palestra
Hallenturnen *nt* ginnastica *f* da palestra
hallo [ha'loː *o* 'halo] *interj* ① *(Zuruf)* ohé, ehi ② *(am Telefon)* pronto ③ *(Begrüßung)* ciao
Hallo [ha'loː] <-s, -s> *nt* ① *(Freude)* giubilo *m* ② DIAL *(Aufsehen)* scalpore *m*; **es gab ein großes ~** ci fu un grande scalpore
Halluzination [halutsina'tsi̯oːn] <-, -en> *f* PSYCH allucinazione *f*
halluzinogen [halutsino'geːn] *adj* allucinogeno
Halm [halm] <-(e)s, -e> *m* gambo *m*, stelo *m*
Halogen [halo'geːn] <-s, -e> *nt* CHEM alogeno *m*
Halogenleuchte *f* lampada *f* alogena
Halogenscheinwerfer [halo'geːnʃaɪnvɛrfɐ] <-s, -> *m* proiettore *m* alogeno
Hals [hals] <-es, Hälse> *m* ① *(Flaschen~)* collo *m* ② ANAT collo *m*; *(Kehle)* gola *f*; **sich** *dat* **den ~ brechen** rompersi l'osso del collo; *(fig)* rovinarsi; **sich jdm an den ~ werfen** gettarsi al collo di qu; **sich** *dat* **etw/jdn vom ~ schaffen** levarsi di dosso qc/liberarsi di qu; **~ über Kopf** a precipizio, a rotta di collo *fam*, a rompicollo *fam*; **aus vollem ~[e]** a squarciagola, a piena gola; **etw in den falschen ~ bekommen** *(fam)* prendere qc per il verso sbagliato; **das hängt mir zum ~ heraus** *(fig fam)* ne ho fin sopra i capelli; **bleib mir damit vom ~!** *(fam)* stammi alla larga con queste cose! ③ MUS *(Geigen~)* manico *m*; *(Noten~)* collo *m*
Halsabschneider *m (fam pej)* strozzino *m*
Halsband *nt* ① *(für Hunde)* collare *m* ② *(Schmuck)* collana *f*
halsbrecherisch ['halsbrɛçərɪʃ] **I.** *adj* pericoloso; *(tollkühn)* spericolato **II.** *adv* a rotta di collo, in maniera spericolata
Halsentzündung *f* MED infiammazione *f* della gola
Halskette *f* collana *f*
Hals-Nasen-Ohren-Arzt *m*, **Hals-Nasen-Ohren-Ärztin** *f* otorinolaringoiatra *mf*

Halsschlagader *f* ANAT carotide *f*
Halsschmerzen *mpl* MED mal *m* di gola
halsstarrig *adj* ostinato, testardo
Halsstarrigkeit <-> *f kein Pl.* ostinazione *f*, testardaggine *f*
Halstuch *nt* fazzoletto *m* [da collo], foulard *m; (Schal)* sciarpa *f*
Halswirbel *m* ANAT vertebra *f* cervicale
halt [halt] **I.** *interj* ① *(stehen bleiben)* fermo; **~! Wer da?** MIL chi va là?, alto là! ② *(genug)* basta, stop ③ *(Moment mal)* un momento, aspetta **II.** *adv* A, CH, SÜDD ① *(Ausdruck der Resignation: eben)* appunto ② *(Verstärkung: eben)* proprio; **es wurde ihm ~ keine faire Chance gegeben** non gli fu proprio data alcuna possibilità; **ein Auto ist ~ doch praktischer als die öffentlichen Verkehrsmittel** un'auto è molto più pratica dei mezzi pubblici
Halt [halt] <-(e)s, -e *o* -s> *m* ① *(Stillstand)* arresto *m* ② *(Anhalten)* fermata *f;* **~ machen** fermarsi; **ohne ~** senza sosta, senza fermarsi; *s. a.* **haltmachen** ③ *(Griff: für Hände)* appiglio *m* [per le mani]; *(Stand: für Füße)* appoggio *m* [per i piedi] ④ *(Stütze)* sostegno *m; (a. fig: Rück~)* appoggio *m;* **den ~ verlieren** *(fig)* perdere il controllo ⑤ *(fig: Bestand)* durevolezza *f,* stabilità *f*
hält [hɛlt] *3. Pers. Sing. Präs. von* **halten**
haltbar *adj* ① *(Lebensmittel)* non deperibile, che si mantiene; *(Farben)* indelebile ② *(beständig)* durevole, duraturo ③ *(widerstandsfähig)* resistente ④ *(fig: Argument)* valido, sostenibile ⑤ MIL sostenibile
Haltbarkeit <-> *f kein Pl.* ① *(von Farben)* indelebilità *f; (von Lebensmitteln)* durata *f,* conservabilità *f* ② *(Beständigkeit)* durata *f* ③ *(Widerstandsfähigkeit)* resistenza *f* ④ *(fig: von Argument)* validità *f,* sostenibilità *f*
Haltbarkeitsdatum *nt* data *f* di scadenza
Haltegriff <-(e)s, -e> *m* maniglia *f,* appiglio *m*
halten ['haltən] <hält, hielt, gehalten> **I.** *vt* ① *(aufrecht ~, fest~, ab~)* tenere; **halt den Mund!** chiudi la bocca!, taci! ② *(stützen)* sostenere, sorreggere ③ *(an~)* fermare ④ *(zurück~)* trattenere ⑤ *(Rekord)* detenere ⑥ *(Versprechen)* mantenere ⑦ *(besitzen)* avere ⑧ *(begehen)* celebrare ⑨ *(meinen)* ritenere, credere; *(betrachten)* considerare; **jdn für etw/jdn ~** considerare qu qc/qu; *(irrtümlich)* prendere qu per qc/qu; **nichts von etw ~** tenere in poco conto qc; **was halten Sie davon?** che ne pensa?; **wofür halten Sie mich denn eigentlich?** per chi mi prende? **II.** *vi* ① *(an~, stehen bleiben)* fermarsi; *(mit Auto)* sostare ② *(fest~, zusammen~)* tenere; *(nicht zusammenbrechen)* reggere; **die Tür offen ~** *(nicht schließen)* lasciare aperta la porta; *(aus Höflichkeit)* tenere aperta la porta ③ *(dauern)* durare ④ *(widerstandsfähig sein)* essere resistente ⑤ *(Wert legen)* tenere; **auf etw** *akk* **~** tenere a qc; **an sich ~** controllarsi, dominarsi; **zu jdm ~** stare dalla parte di qu **III.** *vr:* **sich ~** ① *(sich aufrecht ~)* sorreggersi; **sich gerade ~** stare d[i]ritto ② *(dauern)* conservarsi; *(bleiben)* mantenersi ③ *(sich fest~)* **sich an etw** *dat* **~** tenersi [fisso] a qc ④ *(sich stützen)* reggersi ⑤ *(sich richten)* **sich an die Tatsachen ~** attenersi ai fatti
Halter(in) <-s, -; -, -nen> *m(f)* ① *(Fahrzeug~)* proprietario, -a *m, f* [di autoveicolo] ② *(Tier~)* allevatore, -trice *m, f* [di animali]
Halterung <-, -en> *f* supporto *m,* sostegno *m*
Haltestelle *f* fermata *f*
Halteverbot *nt* divieto *m* di sosta; *(Stelle)* zona *f* di sosta vietata
Halteverbotsschild *nt* cartello *m* di divieto di sosta
haltlos *adj* ① *(Mensch)* instabile, incostante ② *(Behauptung: unbegründet)* infondato, inconsistente; *(unhaltbar)* insostenibile
Haltlosigkeit <-> *f kein Pl.* ① *(von Mensch)* debolezza *f,* volubilità *f,* incostanza *f* ② *(von Behauptung)* infondatezza *f,* inconsistenza *f; (von Theorie)* insostenibilità *f*
halt|machen *vi (anhalten)* fermarsi
Haltung <-, -en> *f* ① *(Körper~)* portamento *m; (Stellung)* posizione *f* ② *(Einstellung)* atteggiamento *m;* **eine ~ zu etw einnehmen** assumere un atteggiamento di fronte a qc ③ *(Benehmen)* comportamento *m,* condotta *f* ④ *Sing. (Fassung)* contegno *m,* controllo *m;* **die ~ bewahren** mantenere il controllo di sé stesso
Haltungsschaden *m* difetto *m* di portamento
Halunke [ha'lʊŋkə] <-n, -n> *m (fig)* mascalzone *m,* farabutto *m*
Hamburg ['hambʊrk] *nt* GEOG Amburgo *f*
Hamburger ['hambʊrgɐ] <-s, -> *m* GASTR hamburger *m*
Hamburger(in) <-s, -; -, -nen> *m(f)* amburghese *mf*
hämisch ['hɛːmɪʃ] *adj* ① *(schadenfroh)* maligno ② *(hinterhältig)* perfido, infido
Hammel ['haməl] <-s, -> *m* ① ZOO montone *m* ② *(fig, pej: Dummkopf)* babbeo *m,* scemo *m*
Hammelherde *f (a. pej)* branco *m* di pecore

Hammelkeule *f* GASTR cosciotto *m* di montone

Hammelkotelett *nt* GASTR costoletta *f* di montone

Hammelrücken *m* GASTR spalletta *f* di montone

Hammelsprung *m* PARL votazione *f* per divisione

Hammer ['hamɐ] <-s, Hämmer> *m* martello *m; (Schmiede~)* maglio *m;* **~ und Sichel** POL falce e martello; **unter den ~ kommen** essere messo all'asta; **das ist ja ein ~!** *(sl: positiv)* che bella sorpresa!, è magnifico!; *(negativ)* che vergogna!

hämmern ['hɛmɐn] **I.** *vt* martellare, lavorare col martello **II.** *vi* martellare; *(bes. Herz, Puls)* battere

H

Hammerwerfen <-s> *nt kein Pl.* SPORT lancio *m* del martello

Hammondorgel ['hæmən̩dɔrgəl] *f* MUS organo *m* Hammond

Hämoglobin [hɛmoglo'biːn] <-s> *nt kein Pl.* emoglobina *f*

Hämorrhoiden *fpl,* **Hämorriden** [hɛmɔro'iːdən] *fpl* emorroidi *fpl*

Hampelmann ['hampəlman] *m* marionetta *f; (a. fig)* burattino *m*

Hamster ['hamstɐ] <-s, -> *m* ZOO criceto *m,* hamster *m*

Hamsterkauf <-(e)s, -käufe> *m* incetta *f*

hamstern **I.** *vt* incettare, accaparrare **II.** *vi* accaparrarsi

Hand [hant] <-, Hände> *f* mano *f;* **hohle/flache ~** cavo/palmo della mano; **meine rechte ~** *(fig)* il mio braccio destro; **die öffentliche ~** la pubblica amministrazione; **jdm die ~ geben** dare la mano a qu; **seine ~ im Spiel haben** avere le mani in pasta; **freie ~ haben etw zu tun** *(fig)* avere mano libera di fare qc; **mit** [*o* **bei**] **etw eine glückliche ~ haben** avere fiuto per qc; **letzte ~ an etw** *akk* **legen** dare l'ultima mano a qc; **seine ~ für etw ins Feuer legen** mettere la mano sul fuoco per qc; **die Hände ringen** torcersi le mani; **die Hände über dem Kopf zusammenschlagen** mettersi le mani nei capelli; **die Hände in den Schoß legen** *(fig)* stare con le mani in mano; **kalte Hände haben** avere le mani fredde; **alle Hände voll zu tun haben** essere molto affaccendato; **sich** *dat* **die Hände schmutzig machen** sporcarsi le mani; **jdn an der ~ nehmen** prendere qu per mano; **jdm zur ~ gehen** dare una mano a qu; **jdm aus der ~ fressen** *(fig)* essere succube di qu; **etw aus der ~ geben** dar via qc; **jdn in der ~ haben** tenere in pugno qu; **um jds ~ anhalten** chiedere la mano di qu; **von der ~ in den Mund leben** vivere alla giornata; **von langer ~ vorbereiten** preparare da tempo; **etw zur ~ haben** avere qc a portata di mano; **etw zur ~ nehmen** prendere qc in mano; **jdn auf Händen tragen** *(fig)* portare qu in palmo di mano; **in guten Händen sein** essere in buone mani; **mit Händen und Füßen reden** *(fam)* parlare gesticolando; **sich mit Händen und Füßen gegen etw wehren** difendersi coi denti e con le unghie; **mit leeren Händen** a mani vuote; **an ~ von** in base a, sulla scorta di; **aus erster/zweiter ~** di prima/seconda mano; **in der ~** nella [*o* in] mano; **mit beiden Händen** con tutt'e due le mani; **mit vollen Händen** a piene mani; **von ~ zu ~** di mano in mano; **zu Händen von ...** all'attenzione di ...; **mir sind die Hände gebunden** ho le mani legate; **man kann die ~ nicht vor den Augen sehen** non si vede più in là del proprio naso; **das hat weder ~ noch Fuß** non ha né capo né coda; **das liegt auf der ~** è evidente, è chiaro come la luce del sole; **er hat es in der ~ zu** *+inf* è sua facoltà *+inf;* **die Arbeit geht ihm leicht von der ~** il lavoro gli riesce facilmente; **das ist nicht von der ~ zu weisen** non è da disprezzare; **eine ~ voll Kirschen** una manciata di ciliege; **unter der ~** sottomano; **~ aufs Herz!** parola d'onore!, siamo sinceri!; **~ drauf!** promesso!; **Hände hoch!** mani in alto!; **Hände weg!** giù le mani!; **eine grüne ~ haben** avere il pollice verde; **eine ~ wäscht die andere** *(prov)* una mano lava l'altra

Handarbeit *f* ❶ *(Tätigkeit)* lavoro *m* manuale ❷ *(Produkt)* lavoro *m* [fatto] a mano, manufatto *m* ❸ *(Schulfach)* attività *fpl* manuali e pratiche

Handball *m* pallamano *f*

Handbesen <-s, -> *m* scopetta *f*

Handbewegung *f* movimento *m* della mano, gesto *m*

Handbibliothek *f* biblioteca *f* di consultazione

Handbreit <-, -> *f* larghezza *f* di un palmo

Handbremse *f* AUTO freno *m* a mano; **die ~ ziehen** tirare il freno a mano

Handbuch *nt* manuale *m,* prontuario *m*

Händedruck ['hɛndədrʊk] <-[e]s, -drücke> *m* stretta *f* di mano; **goldener ~** *(fig)* gratifica *f* di fine rapporto

Handel ['handəl] <-s> *m kein Pl.* ❶ *(Gewerbe)* commercio *m;* **mit jdm ~ treiben** commerciare con qu, esercitare il commercio con qu; **nicht im ~** [**befindlich**] non in commercio ❷ *(einzelner Vorgang)* affare *m,* transazione *f*

Händel ['hɛndəl] *pl (geh)* lite *f;* **mit jdm ~ suchen** attaccare lite con qu
handeln ['handəln] *vi* ❶ *(agieren)* agire, operare ❷ *(Handel treiben)* [**mit etw**] ~ commerciare in qc ❸ *(feilschen)* **um etw ~** [con]trattare su qc ❹ LIT, FILM, THEAT *(Buch, Film)* avere per argomento; **von etw ~** trattare di qc; **es handelt sich um ...** si tratta di ...
Handeln <-s> *nt kein Pl.* ❶ *(Verhalten)* comportamento *m* ❷ *(Handeltreiben)* commerciare *m* ❸ *(Feilschen)* contrattazione *f,* mercanteggiamento *m*
Handelsabkommen *nt* accordo *m* commerciale
Handelsakademie *f* A *(höhere Handelsschule mit Matura)* istituto *m* tecnico commerciale
Handelsartikel *m* articolo *m* [commerciale], merce *f*
Handelsbank *f* banca *f* di commercio
Handelsbeziehungen *fpl* relazioni *fpl* commerciali
Handelsbilanz *f* bilancio *m* commerciale
handelseinig *adj* **mit jdm ~ sein/werden** essere d'accordo/accordarsi con qu
Handelsembargo <-s, -> *nt* embargo *m*
Handelsflagge *f* bandiera *f* della marina mercantile
Handelsflotte *f* flotta *f* mercantile
Handelsfreiheit *f* libertà *f* di commercio, libero commercio *m*
Handelsgesellschaft *f* società *f* commerciale; **offene ~** società a nome collettivo
Handelsgesetz *nt* legge *f* commerciale
Handelsgesetzbuch *nt* codice *m* di diritto commerciale
Handelshafen *m* porto *m* mercantile
Handelskammer *f* camera *f* di commercio
Handelsmarine *f* marina *f* mercantile
Handelsmission *f* missione *f* commerciale
Handelsrecht *nt* diritto *m* commerciale
Handelsregister *nt* registro *m* di commercio
Handelsschiff *nt* nave *f* mercantile
Handelsschule *f* scuola *f* commerciale
Handelsspanne <-, -n> *f* utile *m* commerciale lordo
handelsüblich *adj* che si trovano in commercio, standard
Handelsvertrag *m* trattato *m* commerciale
Handelsvertreter(in) *m(f)* rappresentante *mf* di commercio
Handelsvertretung *f* rappresentanza *f* commerciale
Handelsware *f* articolo *m* di commercio, merce *f*
Handelszentrum *nt* centro *m* commerciale
Handelszweig *m* ramo *m* del commercio
Handeltreibende <ein -r, -n, -n> *mf* commerciante *mf*
händeringend ['ɛndərɪŋənd] **I.** *adj* disperato **II.** *adv (flehentlich)* implorando; *(verzweifelt)* disperatamente
Handfeger ['hantfe:gɐ] <-s, -> *m* scopetta *f*
Handfertigkeit *f* abilità *f* manuale
handfest *adj (Lüge)* grosso, solenne; *(Skandal)* grosso, grande; *(Schlägerei)* grande; *(Argument, Beweis)* valido, convincente
Handfeuerwaffe *f* MIL arma *f* da fuoco portatile
Handfläche *f* palma *f* della mano
handgearbeitet *adj* lavorato a mano
Handgelenk *nt* ANAT [articolazione *f* del] polso *m;* **etw aus dem ~ schütteln** *(fam)* fare qc facilmente
handgemacht *adj* fatto a mano
handgemalt *adj* dipinto a mano
Handgemenge *nt* rissa *f,* zuffa *f*
Handgepäck *nt* bagaglio *m* a mano
handgeschrieben *adj* scritto a mano
handgestrickt *adj* lavorato [*o* fatto] a mano
Handgranate *f* bomba *f* a mano
handgreiflich *adj* ❶ *(offensichtlich)* evidente, manifesto ❷ *(Streit)* violento; **~ werden** venire alle mani, passare alle vie di fatto
Handgriff *m* ❶ *(zum Festhalten, Tragen)* maniglia *f,* manico *m* ❷ *(Bewegung)* movimento *m* [della mano]; **mit ein paar ~en** *(fig)* in quattro e quattr'otto *fam* ❸ *(kleine Verrichtung)* lavoretto *m*
Handhabe <-, -n> *f* pretesto *m,* motivo *m;* **eine ~ gegen etw haben** avere un pretesto per qc
handhaben ['hantha:bən] *vt* ❶ *(behandeln)* maneggiare, impiegare ❷ *(bedienen)* far funzionare, azionare ❸ *(gebrauchen)* adoperare, usare ❹ *(anwenden)* applicare; *(Recht)* amministrare
Handhabung <-, -en> *f* ❶ *(Behandlung)* maneggio *m,* impiego *m* ❷ *(Bedienung)* funzionamento *m* ❸ *(Gebrauch)* uso *m* ❹ *(Anwendung)* applicazione *f;* *(von Recht)* amministrazione *f*
Handheld <-s, -s> *m* INFORM *(kleiner Laptop)* handheld *m*
Handicap, Handikap ['hɛndikɛp] <-s, -s> *nt* handicap *m*
handicapiert *adj* CH *(benachteiligt)* svantaggiato, danneggiato
händisch ['hɛndɪʃ] *adj* A *(fam: manuell)* con le mani, manuale
Handkarren <-s, -> *m* carretto *m* a mano
Handkoffer *m* valigetta *f*
Handkuss *m* baciamano *m*

Handlanger ['hantlaŋɐ] <-s, -> *m* ① *(Arbeiter)* manovale *m* ② *(pej)* tirapiedi *m*
Händler(in) ['hɛndlɐ] <-s, -; -, -nen> *m(f)* commerciante *mf,* negoziante *mf*
handlich ['hantlɪç] *adj* maneggevole, comodo
Handlichkeit <-> *f kein Pl.* maneggevolezza *f,* comodità *f*
Handlinie <-, -n> *f* linea *f* della mano; **die ~n deuten** leggere la mano
Handlung ['handlʊŋ] <-, -en> *f* ① *(Tat)* azione *f;* **strafbare ~** JUR reato ② THEAT, FILM trama *f,* storia *f; (verwickelte ~)* intreccio *m*
Handlungsbevollmächtigte *mf* JUR mandatario, -a *m, f,* procuratore, -trice *m, f*
handlungsfähig *adj* capace d'agire
Handlungsfähigkeit *f* capacità *f* d'agire
Handlungsfreiheit *f* libertà *f* d'azione
handlungsunfähig *adj* incapace d'agire
Handlungsweise *f* modo *m* d'agire
Handorgel *f* CH ① *(Drehorgel)* organetto *m* ② *(Ziehharmonika)* fisarmonica *f*
Handout [hɛnt'ʔaʊt] <-s, -s> *nt,* **Hand-out** <-s, -s> *nt* handout *m*
Handrücken *m* dorso *m* della mano
Handsatz *m* TYP composizione *f* [tipografica] a mano
Handscanner *m* INFORM scanner *m* a mano
Handschellen *fpl* manette *fpl*
Handschlag *m* stretta *f* di mano; **keinen ~ tun** *(fam)* non alzare un dito *fam;* **etw durch ~ bekräftigen** confermare qc con una stretta di mano
Handschrift *f* ① *(Schrift)* scrittura *f,* calligrafia *f* ② *(fig: Charakteristik)* mano *f,* stile *m* ③ *(handgeschriebener Text)* manoscritto *m*
handschriftlich **I.** *adj* scritto a mano, manoscritto **II.** *adv* per iscritto
Handschuh *m* guanto *m*
Handschuhfach *nt (im Auto)* cassetto *m* portaoggetti
Handspiegel *m* specchietto *m* [a mano]
Handstand *m* SPORT verticale *f* [sulle mani]
Handstaubsauger *m* aspirapolvere *m* manuale
Handstreich *m* **etw im** [*o* **in einem**] [*o* **durch einen**] **~ erobern** conquistare qc con un colpo di mano
Handtasche *f* borsetta *f*
Handteller *m* palma *f* della mano
Handtuch *nt* asciugamano *m;* **das ~ werfen** *(fig)* gettare la spugna
Handtuchhalter *m* portasciugamani *m*
Handumdrehen *nt kein Pl.* **im ~** in un batter d'occhio, in quattro e quattr'otto *fam*
Handwagen *m* carretto *m* a mano
Handwäsche *f kein Pl.* *(Waschen)* bucato *m* a mano; *(Wäsche)* biancheria *f* da lavare a mano
Handwerk <-s> *nt kein Pl.* ① *(Tätigkeit)* artigianato *m* ② *(Beruf)* mestiere *m;* **ein ~ erlernen** imparare un mestiere ③ *(fig)* **jdm das ~ legen** mettere fine ai maneggi di qu; **jdm ins ~ pfuschen** immischiarsi nei fatti altrui
Handwerker(in) <-s, -; -, -nen> *m(f)* ① *(Kunst~)* artigiano, -a *m, f* ② *(Arbeiter)* operaio, -a *m, f*
handwerklich *adj* artigianale
Handwerksbetrieb *m* azienda *f* artigiana
Handwerkskammer *f* camera *f* dell'artigianato
Handwerksmeister *m* maestro *m,* mastro *m*
Handwerkszeug *nt* arnesi *mpl* dell'artigiano
Handwurzel *f* ANAT carpo *m*
Handy <-s, -s> *nt* telefonino *m,* [telefono] cellulare *m*
Handybenutzer(in) *m(f)* cellularista *mf*
Handylogo *nt* logo *m* per cellulare
Handzeichen *nt* gesto *m* della mano; **durch ~** per alzata di mano
Handzeichnung *f* disegno *m* a mano libera
Handzettel *m* volantino *m*
hanebüchen ['ha:nəby:çən] *adj (geh obs)* inaudito, incredibile, scandaloso
Hanf [hanf] <-(e)s> *m kein Pl.* BOT canapa *f*
Hänfling ['hɛnflɪŋ] <-s, -e> *m* ZOO fanello *m*
Hang [haŋ] <-(e)s, Hänge> *m* ① *(Ab~)* pendio *m,* declivio *m* ② *Sing. (fig: Neigung, Tendenz)* inclinazione *f,* tendenza *f;* **einen ~ zu etw haben** avere un'inclinazione a qc ③ *Sing. (fig: Vorliebe)* predilezione *f;* **einen ~ für etw haben** avere predilezione per qc
Hangar ['haŋga:ɐ *o* haŋ'ga:ɐ] <-s, -s> *m* AERO hangar *m,* aviorimessa *f*
Hängebrücke *f* ponte *m* sospeso
Hängegleiter <-s, -> *m* SPORT aliante *m*
Hängelampe *f* lampadario *m* [da soffitto]
hangeln ['haŋəln] *vi, vr:* **sich ~** arrampicarsi
Hängematte *f* amaca *f*
hängen[1] ['hɛŋən] *vt* ① *(auf~)* appendere ② *(befestigen)* attaccare, fissare; *(an Haken)* agganciare; **etw an den Nagel ~** *(fig)* gettare qc alle ortiche ③ *(henken)* impiccare
hängen[2] <hängt, hing, gehangen> *vi* ① *(herab~)* pendere ② *(befestigt sein)* essere appeso; **an der Decke/über dem Tisch ~** essere appeso al soffitto/sopra al tavolo ③ *(haften)* essere attaccato; **sehr an**

etw *dat* ~ tenere molto a qc ④ *(schief sein)* **nach rechts/links** ~ pendere a destra/sinistra

hängen|bleiben <irr> *vi s.* **bleiben 1.**

hängend *adj* pendente, sospeso

hängen|lassen <irr> *vt, vr s.* **lassen² 4.**

Hängerkleid *nt* vestito *m* svasato

Hängeschrank <-s, -schränke> *m* [mobiletto *m*] pensile *m*

hängig *adj* ① CH JUR *(anhängig)* pendente ② CH *(unerledigt)* irrisolto, non sbrigato

Hannover [ha'no:fɐ] *nt* GEOG Hannover *f*

Hansa ['hanza] <-> *f kein Pl. s.* **Hanse**

Hansdampf [hans'dampf *o* 'hansdampf] <-(e)s, -e> *m (fam)* ~ **in allen Gassen** impiccione *m*

Hanse ['hanzə] <-> *f kein Pl.* HIST Ansa *f*

Hänselei [hɛnzə'laɪ] <-, -en> *f* presa *f* in giro, canzonatura *f*

hänseln ['hɛnzəln] *vt* prendere in giro, canzonare

Hansestadt *f* città *f* anseatica

Hanswurst ['hansvʊrst] *m* ① THEAT arlecchino *m* ② *(fig)* buffone *m,* pagliaccio *m*

Hantel ['hantəl] <-, -n> *f* manubrio *m*

hantieren [han'ti:rən] <ohne ge-> *vi (handhaben)* **mit etw** ~ maneggiare qc

hapern ['ha:pɐn] *vi* **mit** [*o* **an**] **etw** *dat* ~ mancare qc

häppchenweise ['hɛpçənvaɪzə] *adv (fam)* a piccoli bocconi

Happen ['hapən] <-s, -> *m (fam)* boccone *m; (bes. leckerer ~)* bocconcino *m*

Happening ['hɛpənɪŋ] <-s, -s> *nt* happening *m*

happig ['hapɪç] *adj (fam)* **das ist ganz schön** ~ è un po' troppo

Happyend ['hɛpi'ʔɛnt] <-(s), -s> *nt* lieto fine *m,* happy end *m*

Happy End <-(s), -s> *nt* lieto fine *m,* happy end *m*

Happy Hour [hɛpi'(ʔ)aʊɐ] <-, -s> *f* happy hour *f*

Harasse <-, -en> *f* CH *(Lattenkiste, Kiste für Getränke)* cassetta *f*

Hardcore-Porno ['ha:ɐdko:ɐ 'pɔrno] *m* hardcore *m*

Hardliner ['hɑ:dlaɪnɐ] <-s, -> *m* integralista *mf*

Hardware ['hɑ:tvɛ:ɐ̯] <-, -s> *f* INFORM hardware *m*

Harem ['ha:rɛm] <-s, -s> *m* harem *m*

Harfe ['harfə] <-, -n> *f* arpa *f*

Harke ['harkə] <-, -n> *f* rastrello *m*

harken *vt* rastrellare

Harlekin ['harleki:n] <-s, -e> *m* arlecchino *m*

härmen ['hɛrmən] *vr* **sich** ~ *(geh)* affliggersi (**um** per), affannarsi (**um** per)

harmlos ['harmlo:s] *adj* ① *(arglos, unschuldig)* innocente; *(friedlich)* tranquillo, pacifico ② *(ungefährlich)* innocuo

Harmlosigkeit <-> *f kein Pl.* ① *(Arglosigkeit, Unschuld)* innocenza *f; (Friedlichkeit)* tranquillità *f* ② *(Ungefährlichkeit)* innocuità *f*

Harmonie [harmo'ni:] <-, -n> *f* armonia *f*

harmonieren [harmo'ni:rən] <ohne ge-> *vi* armonizzare, accordarsi; MUS essere armonizzato

harmoniesüchtig *adj* bisognoso di serenità

Harmonika [har'mo:nika] <-, -s *o* Harmoniken> *f* MUS armonica *f; (Mund~)* armonica *f* a bocca; *(Zieh~)* fisarmonica *f*

harmonisch [har'mo:nɪʃ] *adj* ① MUS, MAT, PHYS armonico ② *(fig)* armonioso

Harmonisierung <-, -en> *f* armonizzazione *f;* ~ **des Zollwesens** armonizzazione del sistema doganale

Harmonium [har'mo:niʊm] <-s, -s *o* Harmonien> *nt* MUS armonium *m,* armonio *m*

Harn [harn] <-(e)s, -e> *m* MED urina *f,* orina *f*

Harnblase *f* ANAT vescica *f*

Harndrang *m* stimolo *m* della minzione

harnen *vi (geh)* orinare

Harnisch ['harnɪʃ] <-(e)s, -e> *m* armatura *f; (Brust~)* corazza *f;* **jdn in ~ bringen** far uscire dai gangheri qu *fam;* **in ~ geraten** uscire dai gangheri *fam,* andare in bestia *fam*

Harnleiter *m* ANAT uretere *m*

Harnröhre *f* uretra *f*

Harnsäure *f* acido *m* urico

harntreibend *adj* diuretico

Harpune [har'pu:nə] <-, -n> *f* arpione *m,* fiocina *f*

harpunieren [harpu'ni:rən] <ohne ge-> *vt* arpionare, colpire con la fiocina

harren ['harən] *vi (geh)* aspettare (**jds/einer Sache** qu/qc), attendere [con ansia] (**jds/einer Sache** qu/qc)

harsch [harʃ] *adj* ① *(Mensch)* brusco, duro ② *(Schnee)* gelato, ghiacciato

Harsch <-es> *m kein Pl.* neve *f* ghiacciata

hart [hart] **I.** *adj* <härter, härteste> ① duro; **~e Droge** droga pesante; **eine ~e Währung** una valuta dura; ~ **machen** indurire, rendere duro *a. fig;* ~ **werden** indurirsi, diventare duro *a. fig* ② *(fest)* solido; *(bes. Eier)* sodo; *(Brot)* raffermo; *(Wasser)* calcareo ③ *(widerstandsfähig)* resistente; **sie ist ~ im Nehmen** è una buona incassatrice ④ *(streng)* severo, rigido ⑤ *(~herzig)* duro, insensibile ⑥ *(schwer, mühsam)* difficile, duro; *(anstrengend)* faticoso; *(Kampf)* accanito; **~es Los** sorte crudele **II.** *adv* <härter, am härtesten>

H

~ arbeiten lavorare sodo; **jdn ~ anfassen** trattare qu duramente; **jdm ~ zusetzen** mettere alle strette qu; **~ an** rasente a, vicino a; **es geht ~ auf ~** si combatte accanitamente

Härte ['hɛrtə] <-, -n> *f* ① PHYS durezza *f;* *(von Stahl)* tempra *f* ② *(Widerstandsfähigkeit)* resistenza *f* ③ *(Strenge)* rigore *m,* severità *f* ④ *(Gefühllosigkeit)* insensibilità *f;* *(Grausamkeit)* crudeltà *f* ⑤ *(Heftigkeit)* violenza *f*

Härtefall *m* caso *m* di rigore

Härtegrad *m* PHYS grado *m* di durezza; *(von Stahl)* grado *m* di tempra

härten ['hɛrtən] **I.** *vt* indurire; *(Stahl)* temperare **II.** *vr:* **sich ~** indurirsi, diventare duro

H

Härtetest *m* test *m* di resistenza

Hartfaserplatte <-, -n> *f* lastra *f* di truciolato

hartgefroren *adj (Boden)* ghiacciato

hartgekocht *adj (Ei)* sodo

Hartgeld *nt* moneta *f* metallica

Hartgummi *m o nt* ebanite *f,* gomma *f* vulcanizzata

hartherzig *adj* duro d'animo, spietato

Hartherzigkeit <-, *rar:* -en> *f* durezza *f* d'animo, insensibilità *f*

Hartholz *nt* legno *m* duro

Hartkäse <-s, -> *m* formaggio *m* a pasta dura

hartnäckig ['hartnɛkɪç] *adj* ① *(eigensinnig)* testardo, caparbio ② *(Krankheit)* ostinato ③ *(verbissen)* accanito ④ *(ausdauernd)* resistente, tenace

Hartnäckigkeit <-> *f kein Pl.* ① *(Eigensinn)* testardaggine *f,* ostinazione *f,* caparbietà *f* ② *(von Krankheit)* persistenza *f* ③ *(Verbissenheit)* accanimento *m* ④ *(Ausdauer)* resistenza *f,* tenacia *f*

Härtung <-, -en> *f* PHYS indurimento *m;* *(von Stahl)* tempra *f;* CHEM idrogenazione *f*

Hartwurst <-, -würste> *f* salame *m*

Hartz IV [haːɐ̯ts'fiːɐ̯] hartz IV *f,* Hartz IV *f* *(legge per la riforma del mercato del lavoro tedesco che regola i sussidi sociali e di disoccupazione; termine colloquiale per indicare i sussidi stessi)*

Harz[1] [haːɐ̯ts] <-es, -e> *nt (Baum~)* resina *f*

Harz[2] *m* Selva *f* Ercinia

harzig *adj* resinoso

Hasch [haʃ] <-s> *nt kein Pl. (fam)* hascisc *m*

Haschee [ha'ʃeː] <-s, -s> *nt* GASTR *piatto di carne macinata in salsa piccante*

haschen ['haʃən] *vi (fam)* fumare l'hascisc, drogarsi

Häschen ['hɛːsçən] <-s, -> *nt* ① ZOO leprotto *m* ② *(Kosename)* tesoro *m*

haschieren [ha'ʃiːrən] <ohne ge-> *vt* GASTR tritare, macinare

Haschisch ['haʃɪʃ] <-(s)> *nt o m kein Pl.* hascisc *m*

Hase ['haːzə] <-n, -n> *m* ZOO lepre *f;* **alter ~** *(fig)* vecchia volpe; **falscher ~** GASTR polpettone; **wissen, wie der ~ läuft** *(fam)* prevedere come andranno le cose; **da liegt der ~ im Pfeffer!** *(fam)* qui casca l'asino!

Hasel <-, -n> *f,* **Haselbusch** ['haːzəlbʊʃ, *Pl:* 'haːzəlbʏʃə] <-, Haselbüsche> *m* BOT nocciolo *m*

Haselnuss *f* BOT nocciola *f*

Hasenbraten <-s, -> *m* GASTR arrosto *m* di lepre, lepre *f* arrosto

Hasenfuß *m* ① ZOO zampa *f* di lepre ② *(fam pej)* vigliacco *m,* coniglio *m*

Hasenpfeffer *m* GASTR lepre *f* in salmì

Hasenscharte *f* MED labbro *m* leporino

Hashtag <-s, -s> ['hæʃtæg] *nt* INFORM hashtag *m*

Häsin ['hɛːzɪn] <-, -nen> *f* lepre *f* femmina

Hass [has] <-es> *m kein Pl.* ① odio *m;* **~ gegen jdn empfinden** provare odio contro qu ② *(fam: Zorn)* collera *f;* **einen ~ auf jdn haben** *(fam)* essere in collera con qu

hassen ['hasən] *vt* odiare; *(verabscheuen)* detestare

hasserfüllt *adj* pieno d'odio

Hasskriminalität *f kein pl* crimini *mpl* d'odio

hässlich ['hɛslɪç] *adj* ① *(a. fig)* brutto; *(abstoßend)* orribile, ripugnante ② *(gemein)* cattivo

Hässlichkeit <-, -en> *f* ① *(a. fig)* bruttezza *f* ② *(von Gesinnung)* cattiveria *f*

Hassliebe *f* amore-odio *m*

Hasspropaganda *f (pej)* propaganda *f* dell'odio

Hast [hast] <-> *f kein Pl.* ① *(Eile)* fretta *f,* furia *f* ② *(Überstürzung)* precipitazione *f*

hasten ['hastən] *vi sein (geh)* precipitarsi, correre, andare in fretta

hastig I. *adj* ① *(eilig)* affrettato; *(a. flüchtig)* frettoloso ② *(überstürzt)* precipitoso **II.** *adv* ① *(eilig)* in fretta ② *(überstürzt)* precipitosamente

hat [hat] *3. Pers. Sing. Präs. von* **haben**

hätscheln ['hɛːtʃəln] *vt* ① *(liebkosen)* [ac]carezzare, coccolare ② *(verwöhnen)* viziare

hatschi [ha'tʃi(ː)] *interj* ecci[ù], atciù, etciù

hatte ['hatə] *1. u. 3. Pers. Sing. Imp. von* **haben**

Haube ['haʊbə] <-, -n> *f* ① cuffia *f;* **jdn**

unter die ~ bringen *(Mann)* maritare qu; *(Mädchen)* dar marito a qu ② *(bei Vögeln)* ciuffo *m* ③ *(Motor~)* cofano *m*

Hauch [haʊx] <-(e)s, *rar:* -e> *m* ① *(Atem)* fiato *m,* alito *m* ② *(Luft~)* aria *f,* soffio *m* di vento ③ *(Duft)* profumo *m* ④ *(Anflug, Andeutung)* ombra *f,* parvenza *f*

hauchdünn [ˈhaʊxˈdʏn] *adj* sottilissimo, leggerissimo

hauchen [ˈhaʊxən] **I.** *vi* ① *(mit Atem)* respirare ② *(Wind)* alitare **II.** *vt* sussurare a fior di labbra

hauchzart [ˈhaʊxˈtsaːɐt] *adj* leggerissimo, sottilissimo, molto delicato

Haudegen <-s, -> *m* spadaccino *m* provetto

Haue [ˈhaʊə] <-, -n> *f* ① SÜDD, A *(Hacke)* zappa *f* ② *Sing. (fam: Schläge)* botte *f pl;* **~ bekommen** prenderle

hauen [ˈhaʊən] <haut, haute *o* hieb, gehaut *o* gehauen> **I.** *vt* ① *(schlagen)* battere, colpire; *(Holz)* spaccare; *(Loch)* scavare; *(Nagel)* piantare, conficcare ② *(prügeln)* bastonare; *(mit Peitsche)* frustare **II.** *vr:* **sich ~** *(sich schlagen)* picchiarsi; **um sich ~** menar colpi a destra e a manca

Hauer <-s, -> *m* ① ZOO zanna *f pl* ② MIN minatore *m*

häufeln [ˈhɔɪfəln] *vt* ammonticchiare

Haufen [ˈhaʊfən] <-s, -> *m* ① *(Anhäufung)* mucchio *m; (Stapel)* pila *f; (bes. Holz~)* catasta *f;* **etw über den ~ werfen** *(fam)* mandare a monte qc, buttare all'aria qc; **jdn über den ~ fahren** *(fam)* stendere a terra qu ② *(fig fam: Menge)* montagna *f,* sacco *m;* **einen ~ ausgeben** *(fam)* spendere un sacco [di soldi] ③ *(Schar)* massa *f*

häufen [ˈhɔɪfən] **I.** *vt* ammucchiare, accumulare; **ein gehäufter Esslöffel Mehl** un cucchiaio colmo di farina **II.** *vr:* **sich ~** accumularsi, ammucchiarsi

haufenweise *adv (fam)* a mucchi, a palate

Haufenwolke <-, -n> *f* METEO cumulo *m*

häufig [ˈhɔɪfɪç] **I.** *adj* ① *(oft)* frequente ② *(wiederholt)* ripetuto ③ *(weitverbreitet)* diffuso **II.** *adv* spesso, frequentemente

Häufigkeit <-, -en> *f* frequenza *f*

Häufung <-, -en> *f* ① *(Ansammlung)* ammucchiamento *m,* accumulamento *m* ② *(fig: Anhäufung)* cumulo *m*

Haupt [haʊpt] <-(e)s, Häupter> *nt* ① *(Kopf)* capo *m;* **erhobenen ~es** a testa alta; **gesenkten ~es** a capo chino ② *(fig)* capo *m,* testa *f*

Haupt- *in Zusammensetzungen* ① *(hauptsächlich)* principale, centrale ② *(wesentlich)* fondamentale, essenziale

Hauptaltar *m* REL altar[e] *m* maggiore

Hauptamt *nt* posta *f* centrale

hauptamtlich *adj* a tempo pieno

Hauptanschluss *m* TEL linea *f* diretta, collegamento *m* diretto

Hauptaufgabe *f* compito *m* principale

Hauptaugenmerk *nt* **sein ~ auf etw** *akk* **richten** rivolgere la propria attenzione specialmente su qc

Hauptausgang *m* uscita *f* principale

Hauptbahnhof *m* stazione *f* centrale

Hauptbedingung *f* condizione *f* essenziale [*o* principale]

Hauptberuf *m* professione *f* principale

hauptberuflich *adv* come professione principale

Hauptbestandteil *m* elemento *m* [*o* componente *f*] [*o* parte *f*] essenziale

Hauptbuch *nt* libro *m* mastro

Hauptdarsteller(in) *m(f)* THEAT, FILM protagonista *mf,* interprete *mf* principale

Haupteingang *m* entrata *f* principale

Hauptfach *nt* materia *f* principale

Hauptfigur *f* personaggio *m* principale

Hauptgericht *nt* GASTR piatto *m* principale

Hauptgeschäftsstelle [haʊptgəˈʃɛftsʃtɛlə] *f* sede *f* centrale

Hauptgeschäftszeit *f* ore *f pl* di punta

Hauptgewinn *m* primo premio *m*

Hauptleitung *f* TEC conduttura *f* principale; TEL linea *f* principale

Häuptling [ˈhɔɪptlɪŋ] <-s, -e> *m* capo *m* [di una tribù]

Hauptmahlzeit *f* pasto *m* principale

Hauptmann *m* ① MIL capitano *m* ② *(von Räuberbande)* capobanda *m*

Hauptmerkmal *nt* caratteristica *f* principale [*o* fondamentale]

Hauptnahrungsmittel <-s, -> *nt* alimento *m* di base

Hauptnenner *m* MAT denominatore *m* comune

Hauptperson *f* ① FILM, THEAT, LIT protagonista *mf* ② *(fig)* personaggio *m* principale

Hauptpost *f* posta *f* centrale

Hauptproblem *nt* problema *m* fondamentale [*o* principale]

Hauptquartier *nt* MIL quartiere *m* generale

Hauptrolle *f* FILM, THEAT ruolo *m* principale; *(fig)* parte *f* principale; **die ~ spielen** fare la parte principale; *(von größter Wichtigkeit sein)* essere di somma importanza

Hauptsache *f* cosa *f* principale, essenziale *m;* **zur ~ kommen** venire al nocciolo della questione; **in der ~** *(im wesentlichen)* in sostanza; *(im Allgemeinen)* in generale; **das ist die ~** questa è la cosa più importante; **die ~ dabei ist, zu** +*inf* tutto sta nel +*inf*

hauptsächlich [ˈhaʊptzɛçlɪç] *adj* ① *(wich-*

tig) principale, fondamentale ❷ *(wesentlich)* essenziale, sostanziale
Hauptsaison *f* alta stagione *f*
Hauptsatz *m* LING proposizione *f* principale
Hauptschalter *m* TEC interruttore *m* generale
Hauptschlagader *f* ANAT aorta *f*
Hauptschlüssel *m* passe-partout *m*
Hauptschulabgänger(in) *m(f)* chi lascia la Hauptschule; *s. a.* **Hauptschüler**
Hauptschuld *f* colpa *f* maggiore
Hauptschuldige *mf* maggior colpevole *mf;* JUR reo, -a *m, f* principale
Hauptschule *f scuola professionale che comprende cinque anni dopo la scuola elementare*

H

Hauptschüler(in) *m(f)* scolaro, -a *m, f* della Hauptschule
Hauptseminar *nt* seminario *m* principale *(corso universitario obbligatorio nella seconda metà del corso di studi)*
Hauptsicherung *f* TEC fusibile *f* principale
Hauptspeicher <-s, -> *m* INFORM memoria *f* principale
Hauptspeise *f* A *(Hauptgericht)* piatto *m* principale
Hauptstadt *f* capitale *f*
Hauptstraße *f* ❶ *(Geschäftsstraße)* corso *m* ❷ *(Durchgangsstraße)* strada *f* principale ❸ CH strada *f* con diritto di precedenza
Haupttreffer *m* primo premio *m*
Hauptursache *f* causa *f* principale
Hauptverhandlung *f* JUR dibattimento *m*
Hauptverkehrsstraße *f* strada *f* principale
Hauptverkehrszeit *f* ore *fpl* di punta
Hauptversammlung *f* assemblea *f* generale
Hauptverwaltung *f* amministrazione *f* generale
Hauptwäsche *f* lavaggio *m* principale
Hauptwaschgang *m* fase *f* principale di lavaggio
Hauptwaschmittel *nt* detersivo *m* per il lavaggio principale
Hauptwohnsitz *m* domicilio *m* principale
Hauptwort *nt* LING sostantivo *m*
Haus [haʊs] <-es, Häuser> *nt* ❶ *(Wohn~)* casa *f; (Gebäude)* edificio *m;* **nach ~e** a casa; **die Dame/der Herr des ~es** la padrona/il padrone di casa; **ein Freund des ~es** un amico di famiglia; **jdm das ~ verbieten** proibire a qu di frequentare la propria casa; **außer ~ essen** mangiare fuori [di] casa; **jdm ins ~ stehen** *(fig)* prospettarsi a qu; **jdn nach ~e bringen** accompagnare a casa qu; **sich [ganz] wie zu ~e fühlen** sentirsi come a casa propria; **in etw** *dat* **zu ~e sein** *(fig)* essere versato in qc; **aus gutem ~[e]** di buona famiglia; **frei ~** COM franco domicilio; **von ~ aus** *(von der Familie her)* di casa, di famiglia; *(seinem Wesen nach)* per natura; *(ursprünglich)* originariamente; **von ~ zu ~** di casa in casa; **zu ~e** a casa; **fühlen Sie sich wie zu ~e!** faccia come a casa Sua ❷ PARL *(Kammer)* camera *f* ❸ *(Schnecken~)* guscio *m* ❹ ASTR casa *f* ❺ *(fam scherz: Person)* tipo *m;* **hallo, [du] altes ~!** *(fam)* ciao, vecchio mio/vecchia mia!
Hausangestellte *mf* domestico, -a *m, f*
Hausapotheke *f* farmacia *f* [domestica]
Hausarbeit *f* ❶ *(im Haushalt)* lavori *mpl* di casa, faccende *fpl* domestiche ❷ *(für Schule)* compito *m* [a casa]
Hausarrest *m* arresto *m* domiciliare
Hausarzt *m,* **Hausärztin** *f* medico *m* di famiglia
Hausaufgabe *f* compito *m* [per casa]
hausbacken *adj (pej)* terra terra *fam,* mediocre
Hausbar *f* bar *m; (Möbelstück)* mobile *m* bar
Hausbesetzer *m* chi occupa un edificio abusivamente
Hausbesetzerszene *f* movimento *m* degli occupanti abusivi
Hausbesetzung *f* occupazione *f* abusiva di edifici
Hausbesitzer(in) *m(f)* proprietario, -a *m, f* di una casa, padrone, -a *m, f* di casa
Hausbesorger(in) *m(f)* A *(Hausmeister)* portiere *m,* custode *mf*
Hausbesuch <-(e)s, -e> *m* visita *f* a domicilio
Hausbewohner(in) *m(f)* inquilino, -a *m, f*
Hausboot *nt* casa *f* battello
Häuschen [ˈhɔɪsçən] <-s> *nt* ❶ *(kleines Haus)* casetta *f;* **ganz aus dem ~ sein** *(fig fam)* essere fuori dei gangheri ❷ *(fam: Toilette)* posticino *m*
Hausdame <-, -n> *f* governante *f,* dama *f* di compagnia
Hausdiener(in) *m(f)* domestico, -a *m, f*
Hausdurchsuchung *f* A *s.* **Haussuchung**
Hauseinfahrt *f* ingresso *m* carraio
hausen [ˈhaʊzən] *vi (pej)* ❶ *(wohnen)* alloggiare, abitare ❷ *(fig: wüten)* **in etw** *dat* **~** devastare qc ❸ CH *(Geld)* risparmiare
Häuserblock *m* caseggiato *m*
Häusermeer *nt* mare *m* di case
Häuserreihe *f* fila *f* di case
Hausflur *m* corridoio *m; (Vorraum)* ingresso *m*
Hausfrau *f* ❶ *(einen Haushalt führende Frau)* casalinga *f,* donna *f* di casa ❷ SÜDD, A affittacamere *f*

Hausfreund *m* ❶ *(vertrauter Freund)* amico *m* di famiglia ❷ *(scherz: Liebhaber)* amante *m*
Hausfriedensbruch *m* JUR violazione *f* di domicilio
Hausgebrauch *m* **für den ~** per uso domestico, per la casa
Hausgehilfin *f s.* **Haushaltshilfe**
hausgemacht ['haʊsgəmaxt] *adj* fatto in casa, casereccio
Haushalt ['haʊshalt] <-(e)s, -e> *m* ❶ *(Hausgemeinschaft)* casa *f,* ménage *m;* **jdm den ~ führen** accudire alla casa di qu ❷ *(~sführung)* [governo *m* della] casa *f* ❸ COM *(Etat)* bilancio *m*
Haushalt[s]artikel *m* articolo *m* per la casa
Haushalt[s]geld *nt* denaro *m* per le spese di casa
Haushalt[s]gerät *nt* utensile *m* domestico
hausǀhalten <irr> *vi* [**mit etw**] ~ far economia [di qc]
Haushälterin ['haʊshɛltərɪn] *f* governante *f*
haushälterisch **I.** *adj* economo **II.** *adv* in modo economico
Haushaltsdebatte *f* POL discussione *f* del bilancio pubblico
Haushaltsdefizit *nt* POL disavanzi *mpl* pubblici
Haushaltshilfe *f* colf *f,* collaboratrice *f* domestica
Haushaltsjahr *nt* FIN, ADM anno *m* [*o* esercizio *m*] finanziario
Haushaltsplan *m* FIN, ADM bilancio *m* preventivo
Haushaltung <-, -en> *f* ❶ *(Haushalt)* casa *f* ❷ *(Hauswirtschaft)* economia *f* domestica ❸ *(Wirtschaftsführung)* gestione *f* economica
Hausherr(in) *m(f)* *(Hausbesitzer)* padrone, -a *m, f* di casa
haushoch ['haʊs'hoːx] *adj* altissimo, enorme; *(Sieg)* netto; *(überragend)* nettamente superiore; **~ gewinnen** vincere brillantemente; **~ verlieren** perdere in modo clamoroso
hausieren [haʊ'ziːrən] <ohne ge-> *vi* *(~ gehen)* [**mit etw**] ~ vendere [qc] di casa in casa
Hausierer(in) <-s, -; -, -nen> *m(f)* venditore, -trice *m, f* ambulante
Hauskleid <-(e)s, -er> *nt* vestito *m* da casa
Hauslehrer(in) *m(f)* precettore, -trice *m, f,* insegnante *mf* privato, -a
häuslich ['hɔɪslɪç] *adj* ❶ *(das Zuhause betreffend)* domestico, di casa, della casa; *(die Familie betreffend)* familiare ❷ *(Familienleben liebend)* che ama stare in casa, casalingo; **sich ~ einrichten** installarsi comodamente [a casa di qu]
Häuslichkeit <-> *f kein Pl.* ❶ *(Liebe zum Zuhause)* amore *m* per la casa ❷ *(Familienleben)* vita *f* familiare
Hausmädchen *nt* cameriera *f,* domestica *f*
Hausmann *m* casalingo *m*
Hausmannskost *f* cucina *f* casalinga
Hausmeister(in) *m(f)* ❶ portinaio, -a *m, f,* portiere, -a *m, f* ❷ CH *(Eigentümer)* padrone, -a *m, f* di casa
Hausmittel *nt* rimedio *m* casalingo
Hausmüll *m kein Pl.* rifiuti *mpl* domestici
Hausnummer *f* numero *m* civico
Hausordnung *f* regolamento *m* della casa; *(für Betriebe)* regolamento *m* interno
Hauspartei *f* A *(Hausbewohner)* inquilino, -a *m, f*
Hausputz *m* pulizia *f* della casa
Hausratversicherung *f* assicurazione *f* sulle suppellettili domestiche
Hausschlüssel *m* chiave *f* di casa
Hausschuh *m* pantofola *f,* ciabatta *f*
Hausse ['hoːsə *o* hoːs] *o* oːs] <-, -n> *f* FIN rialzo *m;* **auf ~ spekulieren** giocare al rialzo
Haussegen <-s, -> *m* **bei uns hängt der ~ schief** *(fam scherz)* c'è un'aria pesante in casa nostra
Hausstand *m* *(geh)* casa *f,* famiglia *f;* **einen ~ gründen** mettere su casa
Haussuchung <-, -en> *f* JUR perquisizione *f* [di casa]
Haustelefon *nt* telefono *m* interno
Haustier *nt* animale *m* domestico
Haustür *f* porta *f* di casa
Haustyrann *m* *(fam pej)* tiranno *m* della famiglia
Hausverwalter(in) *m(f)* amministratore, -trice *m, f* della casa
Hauswirt(in) *m(f)* padrone, -a *m, f* di casa
Hauszelt *nt* tenda *f* a casetta
Hauszins *m* SÜDD, CH *(Miete)* affitto *m*
Haut [haʊt] <-, Häute> *f* ❶ *(Tier~, Menschen~)* pelle *f,* cute *f;* MED *(dünne ~)* membrana *f;* BOT *(von Frucht)* buccia *f;* **aus der ~ fahren** *(fam)* uscire dai gangheri, andare in bestia; **mit heiler ~ davonkommen** *(fam: unverletzt)* salvare la pelle, uscirne illeso; *(ungestraft)* passarla liscia; **mit ~ und Haaren** *(fam)* completamente, tutto quanto; **nass bis auf die ~** bagnato fino all'osso; **sie ist bloß noch ~ und Knochen** *(fam)* è ridotta pelle ed ossa; **niemand kann aus seiner ~** [**heraus**] *(fam)* non si può essere diversi da quello che si è; **mir ist nicht wohl in meiner ~** *(fam)* non sono tran-

H

quillo; **ich möchte nicht in seiner ~ stecken** non vorrei essere nei suoi panni; **dieser Film geht unter die ~** questo film tocca da vicino ② *(Schicht)* pellicola *f*

Hautabschürfung *f* escoriazione *f*

Hautalterung *f* invecchiamento *m* della pelle

Hautarzt *m*, **Hautärztin** *f* dermatologo, -a *m, f*

Hautatmung *f* respirazione *f* cutanea

Hautausschlag *m* MED eruzione *f* cutanea, esantema *m*

Häutchen ['hɔɪtçən] <-s, -> *nt* ① *(Überzug)* pellicina *f* ② *(auf Flüssigkeit)* velo *m*, pellicola *f* ③ ANAT membrana *f*; *(Nagel~)* pellicina *f*, pipita *f* ④ BOT buccia *f*

Hautcreme *f* crema *f* per la pelle

häuten ['hɔɪtən] **I.** *vt* spellare, scorticare **II.** *vr:* **sich ~** spellarsi, cambiare pelle; *(Schlange)* gettare la spoglia

hauteng *adj* attillato, aderente

Hautevolee [(h)oːtvo'leː] <-> *f kein Pl.* alta società *f*

Hautfarbe *f* colore *m* della pelle, carnagione *f*

hautfreundlich *adj* delicato per la pelle

Hautkrankheit *f* MED malattia *f* della pelle, dermatosi *f*

Hautkrebs <-es> *m kein Pl.* cancro *m* della pelle, carcinoma *m*

hautnah *adj* SPORT *(Deckung)* a uomo; *(fig)* vivo, immediato; **etw ~ miterleben** vivere qc da vicino

Hautpflege *f* cura *f* della pelle

Hautpilz *m* MED micosi *f* cutanea

hautschonend *adj* che non irrita la pelle

Häutung <-, -en> *f* spellatura *f*; ZOO muta *f*; *(bes. von Schlangen)* cambio *m* della spoglia

Havarie [hava'riː] <-, -n> *f* ① NAUT, AERO avaria *f* ② A MOT avaria *f* al motore, guasto *m* meccanico

Hbf. *Abk. von* **Hauptbahnhof** Stazione C.

h. c. [haː'tseː] *Abk. von* **honoris causa** honoris causa

HDTV [haːdeːteː'faʊ] <-[s]> *nt kein Pl. Abk. von* **High Definition Television** HDTV *m*

H-Dur ['haː'duːɐ̯] <-> *nt kein Pl.* si *m* maggiore

he [heː] *interj* eh, ehi

Hearing ['hiːrɪŋ] <-s, -s> *nt* POL hearing *m*

Hebamme ['heːbamə] <-, -n> *f* levatrice *f*, ostetrica *f*

Hebebühne *f* TEC ponte *m* sollevatore, banco *m* elevatore

Hebel ['heːbəl] <-s, -> *m* PHYS leva *f*; **alle ~ in Bewegung setzen** *(fig fam)* muovere cielo e terra; **am längeren ~ sitzen** essere in [posizione di] vantaggio

Hebelarm *m* TEC, PHYS braccio *m* della leva

Hebelwirkung *f* azione *f* della leva

heben ['heːbən] <hebt, hob, gehoben> **I.** *vt* ① *(hoch~)* [sol]levare; *(Wrack)* recuperare; *(Schatz)* scavare; **einen ~** *(fam)* bere un bicchierino ② *(Stimme, Augen, Hände)* alzare ③ *(fig: vermehren)* aumentare, elevare; *(verbessern)* migliorare; *(Stimmung)* accrescere **II.** *vr:* **sich ~** ① *(steigen)* salire; *(sich aufrichten)* alzarsi; *(sich emporheben)* sollevarsi ② *(zunehmen)* accrescere, aumentare

Heber <-s, -> *m* ① *(Saug~)* sifone *m* ② MOT cric *m* ③ CHEM pipetta *f* ④ *(Gewicht~)* sollevatore *m* di pesi

Hebewerk <-s, -e> *nt* TEC impianto *m* di sollevamento

Hebräer(in) [he'brɛːɐ̯] <-s, -; -, -nen> *m(f)* ebreo, -a *m, f*

hebräisch [he'brɛːɪʃ] *adj* ebreo

Hebräisch *nt* ebraico *m*, lingua *f* ebraica; *s. a.* **Deutsch**

Hebung ['heːbʊŋ] <-, -en> *f* ① *(Er~)* sollevamento *m*, innalzamento *m*; *(von Schiff)* recupero *m*; *(von Schatz)* scavo *m* ② GEOL elevazione *f* ③ *(fig: Steigern)* incremento *m*, crescita *f* ④ LIT arsi *f*

hecheln ['hɛçəln] *vi (Hunde)* ansimare

Hecht [hɛçt] <-(e)s, -e> *m* ZOO luccio *m*

Hechtsprung *m* SPORT tuffo *m*

Heck [hɛk] <-(e)s, -e *o* -s> *nt* ① NAUT poppa *f*; AERO coda *f*; MOT parte *f* posteriore ② NORDD AGR *(Weide)* pascolo *m*

Heckantrieb *m* MOT trazione *f* posteriore

Hecke ['hɛkə] <-, -n> *f (Büsche)* siepe *f*

Heckenrose *f* BOT rosa *f* selvatica

Heckenschere *f* cesoie *fpl* [per siepi]

Heckenschütze *m* franco tiratore *m*

Heckfenster *nt* MOT finestrino *m* posteriore

Heckklappe *f* MOT portellone *m* posteriore

Heckmotor *m* MOT motore *m* posteriore

Heckscheibe *f* MOT lunotto *m*

Heckscheibenheizung *f* MOT lunotto *m* termico

Heckscheibenwischer *m* MOT tergilunotto *m*

heda ['heːda] *interj* ehi

Heer [heːɐ̯] <-(e)s, -e> *nt* esercito *m*

Heeresleitung *f* comando *m* dell'esercito

Heerführer *m* generale *m* d'armata; HIST condottiero *m*

Heerscharen *fpl* esercito *m*, legioni *fpl*; **die himmlischen ~** le legioni celesti

Hefe ['heːfə] <-, -n> *f* GASTR lievito *m*, fermento *m*

Hefeteig *m* pasta *f* lievitata

Heft [hɛft] <-(e)s, -e> *nt (Schreib~)* qua-

derno *m; (Notiz~)* taccuino *m; (Büchlein)* libretto *m; (Broschüre)* fascicolo *m*
heften ['hɛftən] *vt* ① *(befestigen)* attaccare, fissare; *(mit Klammern)* agganciare; *(mit Stecknadeln)* appuntare ② *(beim Nähen)* imbastire ③ *(beim Buchbinden)* rilegare ④ *(in einen Ordner ab~)* mettere in un classificatore ⑤ *(fig)* **sich an jds Fersen ~** stare alle calcagna di qu; **den Blick auf etw** *akk* **~** fissare lo sguardo su qc
Hefter <-s, -> *m* raccoglitore *m*, cartella *f* [per incartamenti]
Heftfaden <-s, -fäden> *m* filo *m* per imbastire
Heftgerät <-(e)s, -e> *nt s.* **Heftmaschine**
heftig ['hɛftɪç] *adj* ① *(stark)* forte; *(wuchtig)* violento, veemente; *(Schmerz)* acuto, atroce; *(Kälte)* intenso; *(Worte)* aspro; *(Regen, Weinen)* dirotto ② *(stürmisch)* impetuoso, appassionato; **~ werden** adirarsi, infiammarsi
Heftigkeit <-, -en> *f* ① *(Wucht)* violenza *f*, veemenza *f* ② *(heftiges Wesen)* impetuosità *f* ③ *(Schärfe)* asprezza *f*
Heftmaschine <-, -n> *f* cucitrice *f*
Heftpflaster *nt* cerotto *m*
Heftzwecke *f* puntina *f* da disegno
Hege ['he:gə] <-> *f kein Pl. (Pflege, Schutz)* cura *f*, protezione *f*
Hegemonie [hegemo'ni:] <-, -n> *f* egemonia *f*
hegen ['he:gən] *vt* ① *(Wild)* conservare; *(Pflanzen)* curare; **jdn ~ und pflegen** avere gran cura di qu ② *(fig: Gefühle)* nutrire, avere; *(Groll)* nutrire, serbare
Hehl [he:l] <-s> *nt o m kein Pl.* **kein[en] ~ aus etw machen** non nascondere qc, non fare mistero di qc
Hehler(in) <-s, -; -, -nen> *m(f)* ricettatore, -trice *m, f*
Hehlerei <-, -en> *f* ricettazione *f*
Hehlerin *f s.* **Hehler**
hehr [he:ɐ̯] *adj (geh, poet)* augusto, sublime, venerabile
Heia ['haɪa] <-, *rar:* -(s)> *f (Kindersprache)* nanna *f*; *(Bett)* lettino *m*; **in die ~ gehen** andare a nanna; **~ machen** fare la nanna
Heide[1] ['haɪdə] <-, -n> *f (~land)* brughiera *f*
Heide[2] <-n, -n> *m* REL pagano *m*
Heidekraut *nt kein Pl.* erica *f*
Heidelbeere ['haɪdəlbe:rə] *f* mirtillo *m* nero
Heidelberg ['haɪdəlbɛrk] *nt* Heidelberg *f*
Heidenangst *f (fam)* paura *f* matta, fifa *f*
Heidenarbeit ['haɪdən'ʔarbaɪt] *f* **das ist eine ~** *(fam)* è un lavoro faticoso
Heidengeld *nt* **ein ~ kosten** *(fam)* costare un sacco di soldi
Heidenlärm *m (fam)* fracasso *m* infernale, rumore *m* spaventoso
Heidenspaß *m (fam)* piacere *m* folle
Heidentum <-s> *nt kein Pl.* paganesimo *m*
Heidin ['haɪdɪn] <-, -nen> *f* REL pagana *f*
heidnisch *adj* pagano
heikel ['haɪkəl] <heikler, heikelste> *adj* ① *(schwierig)* difficile, problematico ② A, SÜDD *(wählerisch beim Essen)* schizzinoso ③ A, SÜDD *(schwer zufriedenzustellen)* difficile da accontentare
heil [haɪl] *adj* ① *(unversehrt)* illeso; *(~ und gesund)* sano e salvo; *(geheilt)* guarito; **sie hat den Unfall ~ überstanden** è uscita illesa dall'incidente ② *(ganz)* intero, intatto; **die ~e Welt** un mondo ideale
Heil <-(e)s> *nt kein Pl.* ① *(Rettung)* salvezza *f* ② *(Wohlergehen)* benessere *m*, prosperità *f*; *(a. Glück)* fortuna *f* ③ REL *(Gnade)* grazia *f*
Heiland ['haɪlant] <-(e)s, -e> *m* REL Salvatore *m*, Redentore *m*
Heilanstalt *f* ① *(Sanatorium)* sanatorio *m*, casa *f* di cura ② *(Nerven~)* manicomio *m*
heilbar *adj* guaribile, curabile
Heilbarkeit <-> *f kein Pl.* possibilità *f* di guarire
Heilbutt ['haɪlbʊt] <-(e)s, -e> *m* ZOO ippoglosso *m*, halibut *m*
heilen ['haɪlən] **I.** *vt haben* guarire; **von einer Krankheit ~** guarire da una malattia **II.** *vi sein* guarire
Heilerde <-, -n> *f* argilla *f* curativa
heilfroh ['haɪl'fro:] *adj (fam)* contento come una pasqua, contentissimo
Heilgymnastik *f* cinesiterapia *f*
heilig ['haɪlɪç] *adj* ① santo; *(vor männlichen Eigennamen)* San; *(geweiht)* sacro; **~er Antonius** Sant'Antonio; **Heilige Jungfrau Maria** Santa Maria Vergine; **der Heilige Vater** il Santo Padre ② *(fig: unverletzlich)* inviolabile, sacrosanto ③ *(fig: ernst)* solenne; *(Pflicht)* sacrosanto; *(Ernst, Eifer, Zorn)* grande ④ *(fig fam: groß)* grande, incredibile
Heiligabend *m* vigilia *f* di Natale
Heilige <ein -r, -n, -n> *mf* santo, -a *m, f*
heiligen ['haɪlɪgən] *vt* ① santificare ② *(weihen)* consacrare ③ *(fig: rechtfertigen)* giustificare; **der Zweck heiligt die Mittel** il fine giustifica i mezzi
Heiligenschein *m* aureola *f*, nimbo *m*
Heiligkeit <-> *f kein Pl.* ① REL santità *f* ② *(Unverletzlichkeit)* inviolabilità *f*; **Seine ~** Sua Santità
heilig|sprechen <irr> *vt* REL canonizzare
Heiligsprechung <-, -en> *f* REL canonizzazione *f*
Heiligtum <-s, Heiligtümer> *nt* ① *(Stät-*

H

te) luogo *m* sacro, santuario *m* ② *(Gegenstand)* cosa *f* sacra; *(Reliquie)* reliquia *f*

Heilkraft *f* virtù *f* terapeutica, potere *m* curativo

Heilkraut *nt* erba *f* medica

Heilkunde *f* medicina *f*, scienza *f* medica

heillos *adj* terribile, inaudito

Heilmittel *nt* rimedio *m*, farmaco *m*

Heilpflanze *f* pianta *f* medicinale

Heilpraktiker(in) *m(f)* medico *m* naturalista

Heilquelle *f* sorgente *f* d'acqua minerale

heilsam *adj* salutare, utile

Heilsarmee <-, -n> *f* esercito *m* della salvezza

Heilschlaf <-s> *m kein Pl.* MED sonno *m* ristoratore; *(Schlafkur)* cura *f* del sonno

Heilung <-, -en> *f* ① *Sing. (Heilen)* cura *f* ② *(Gesundwerden)* guarigione *f*; *(von Wunde)* cicatrizzazione *f*

heim ['haɪm] *adv* ① *(nach Hause)* a casa ② *(ins Heimatland)* in patria

Heim <-(e)s, -e> *nt* ① *(Zuhause)* casa *f* ② *(öffentliche Einrichtung)* casa *f*; *(Waisen~)* orfanotrofio *m*; *(Alten~)* ospizio *m*; *(Erziehungs~)* istituto *m* [di educazione]; *(Internat)* collegio *m*; *(Schulland~)* colonia *f*

Heimarbeit *f* lavoro *m* a domicilio

Heimarbeiter(in) *m(f)* lavoratore, -trice *m, f* a domicilio

Heimat ['haɪma:t] <-, *rar:* -en> *f* ① *(~land)* patria *f* ② *(~ort)* paese *m* natale; **geistige ~** patria spirituale

heimatberechtigt *adj* CH ADM *(das Bürgerrecht besitzend)* che possiede la cittadinanza [in un comune]

Heimatdichter(in) *m(f)* poeta, -essa *m, f* patriottico, -a

Heimatfilm *m film a sfondo regionale e patriottico*

Heimatkunde <-, -n> *f* SCHULE *studio della storia, geografia ed arte locale*

Heimatland *nt* patria *f*, terra *f* natale

heimatlich *adj* ① *(zur Heimat gehörend)* natale, natio ② *(an die Heimat erinnernd)* familiare, che ricorda il proprio paese

heimatlos *adj* senza patria, apolide

Heimatlose <ein -r, -n, -n> *m* senza patria *mf*; *(Staatenlose)* apolide *mf*

Heimatort *m* luogo *m* d'origine, patria *f*

Heimatrecht *nt* JUR diritto *m* di residenza

Heimatschein *m* CH ADM *(Schriftstück)* certificato *m* di cittadinanza

Heimatstadt *f* città *f* natale

Heimatvertriebene ['haɪma:tfɛɐtri:bənə] <ein -r, -n, -n> *mf* profugo, -a *m, f*

Heimchen ['haɪmçən] <-s, -> *nt* ZOO grillo *m* del focolare; **~ am Herd** *(fam pej) donna di casa senza altri interessi*

heim|fahren <irr> *vi sein* andare a casa

Heimfahrt *f* viaggio *m* verso casa; *(Rückfahrt)* viaggio *m* di ritorno

heim|gehen <irr> *vi sein* SÜDD rincasare, andare a casa

Heimindustrie *f* industria *f* domestica

heimisch *adj* ① *(ein~)* indigeno, locale ② *(vertraut)* abituale; **sich ~ fühlen** sentirsi come a casa propria

Heimkehr ['haɪmke:ɐ̯] *f kein Pl.* ① *(nach Hause)* ritorno *m* a casa ② *(in die Heimat)* ritorno *m* in patria

heim|kehren *vi sein* ① *(nach Hause)* tornare a casa, rincasare ② *(in die Heimat)* tornare in patria, rimpatriare

Heimkehrer(in) <-s, -; -, -nen> *m(f)* ① *(aus Krieg, Exil)* reduce *mf* ② *(aus Emigration)* rimpatriato, -a *m, f*, rimpatriante *mf*

Heimkind *nt* bambino *m* affidato ad un istituto, convittore, -trice *m, f*

Heimkino *nt* ① *(Filmvortrag)* proiezioni *f pl* in casa ② *(fam scherz: Fernsehen)* tele *f*

heim|kommen <irr> *vi sein* SÜDD rincasare, venire a casa

Heimleiter(in) *m(f)* direttore, -trice *m, f* di un istituto

heim|leuchten *vi* **jdm ~** *(fam)* rispondere per le rime a qu

heimlich ['haɪmlɪç] *adj* ① *(geheim)* segreto ② *(verborgen)* nascosto; *(Gedanken)* recondito ③ *(verstohlen)* furtivo

Heimlichkeit <-, -en> *f* ① *Sing.* segretezza *f* ② *(Geheimnis)* segreto *m* ③ *(Verborgenheit)* clandestinità *f* ④ *(Stille)* quiete *f*, solitudine *f*

Heimlichtuerei <-, *rar:* -en> *f* fare *m* misterioso

heimlich|tun <irr> *vi* fare il misterioso

Heimreise *f* viaggio *m* di ritorno, rientro *m*

heim|schicken *vt* ① *(nach Hause)* mandare a casa ② *(in Heimat)* rimpatriare

Heimsieg <-(e)s, -e> *m* SPORT vittoria *f* in casa

Heimspiel *nt* SPORT incontro *m* in casa

heim|suchen *vt* *(Katastrophen)* colpire; *(Krankheiten)* affliggere

Heimtrainer *m s.* **Hometrainer**

heimtückisch *adj* subdolo, falso; *(Krankheit)* maligno

Heimvorteil <-s, -e> *m* SPORT vantaggio *m* del fattore campo

heimwärts ['haɪmvɛrts] *adv* verso casa

Heimweg *m* ritorno *m* a casa; **auf dem ~** ritornando a casa; **sich auf den ~ machen** mettersi sulla via del ritorno

Heimweh *nt kein Pl.* nostalgia *f;* ~ **nach etw haben** avere nostalgia di qc

Heimwerker(in) <-s, -; -, -nen> *m(f)* lavoratore, -trice *m, f* fai da te

heim|zahlen *vt* **jdm etw** ~ far pagare caro qc a qu *fam*

Heinzelmännchen ['haɪntsəlmɛnçən] *nt* gnomo *m,* nano *m*

Heirat ['haɪraːt] <-, -en> *f* matrimonio *m*

heiraten ['haɪraːtən] **I.** *vt* sposare **II.** *vi* sposarsi; *(Frau a.)* maritarsi; *(Mann a.)* ammogliarsi

Heiratsantrag <-s, -anträge> *m* proposta *f* di matrimonio

Heiratsanzeige *f* ① *(Mitteilung)* partecipazione *f* di matrimonio ② *(in Zeitung)* annuncio *m* matrimoniale

heiratsfähig *adj* in età da prendere moglie/marito; **~es Alter** età di sposarsi

Heiratsschwindler(in) *m(f)* corteggiatore, -trice *m, f* a scopo di lucro

Heiratsurkunde *f* atto *m* di matrimonio

Heiratsvermittler(in) *m(f)* sensale *mf* di matrimonio

heischen ['haɪʃən] *vt* esigere, richiedere

heiser ['haɪzɐ] *adj* rauco, fioco

Heiserkeit <-, *rar:* -en> *f* raucedine *f*

heiß [haɪs] *adj* ① *(Temperatur)* [molto] caldo, caldissimo; *(Flüssigkeiten)* bollente; GEOG torrido; *(Sonne)* cocente; **~er Draht** linea calda; ~ **machen** *(erwärmen, erhitzen)* [ri]scaldare; ~ **werden** [ri]scaldarsi; **es ist** ~ fa un gran caldo; **mir ist** ~ ho molto caldo ② *(fig: innig)* fervido; *(a. leidenschaftlich)* ardente; ~ **geliebt** amatissimo, diletto; **~e Musik** musica eccitante ③ *(fig: Thema)* scottante; *(fig: Auseinandersetzung)* acceso; *(Kampf)* accanito; **~e Spur** traccia importante ④ *(sexuell erregend/erregt)* libidinoso

heißblütig ['haɪsblyːtɪç] *adj* focoso, impetuoso

heißen ['haɪsən] <heißt, hieß, geheißen> *vi* ① *(Namen haben)* chiamarsi; **wie ~ Sie?** come si chiama? ② *(Bedeutung haben)* significare, voler dire; **das heißt** *(mit anderen Worten)* cioè, vale a dire; *(einschränkend)* o meglio, s'intende; **das soll nicht ~, dass …** non significa che …; **es heißt, dass …** si dice che *+conj,* corre voce che *+conj;* **was soll das ~?** che significa questo?, che discorso è questo?; **wie heißt das auf Italienisch?** come si dice questo in italiano?; **wie heißt es noch [so schön] bei Dante?** com'è che dice Dante?

heißgeliebt *adj* amatissimo, diletto

Heißhunger *m* fame *f* da lupi; **einen ~ auf etw** *akk* **haben** avere una voglia matta di [mangiare] qc

Heißluft *f* aria *f* calda

Heißluftherd <-(e)s, -e> *m* TEC forno *m* ad aria calda

heiß|machen *vt* *(fam)* ① *(begierig machen)* incuriosire ② *(sexuell erregen)* arrapare

Heißmangel *f* mangano *m* a caldo

Heißwasserspeicher *m* scaldacqua *m*

heiter ['haɪtɐ] *adj* *(Mensch, Wetter)* sereno, contento; *(bes. Abend, Gesellschaft)* gaio; *(bes. Musik)* allegro; **aus ~em Himmel** a ciel sereno; **das kann ja ~ werden!** *(fam)* ne vedremo delle belle!

Heiterkeit <-> *f kein Pl.* ① *(Fröhlichkeit)* allegria *f,* gaiezza *f* ② *(Gelächter)* ilarità *f*

Heizanlage *f* impianto *m* di riscaldamento

heizbar *adj* riscaldabile

Heizdecke *f* termocoperta *f*

heizen ['haɪtsən] *vi, vt* [ri]scaldare; **mit etw ~** riscaldare con qc; **wir ~ mit Erdöl** abbiamo il riscaldamento a petrolio

Heizer <-s, -> *m* fochista *m*

Heizkessel *m* TEC caldaia *f* per riscaldamento

Heizkissen *nt* termoforo *m*

Heizkörper *m* radiatore *m,* calorifero *m*

Heizkosten *pl* costi *mpl* di riscaldamento

Heizlüfter *m* termoventilatore *m*

Heizmaterial *nt* combustibile *m*

Heizöl *nt* olio *m* combustibile

Heizpilz *m* fungo *m* riscaldante [*o* scaldapatio], stufa *f* a fungo

Heizsonne *f* radiatore *m* parabolico

Heizung <-, -en> *f* ① *Sing.* *(Heizen)* riscaldamento *m* ② *(Anlage)* impianto *m* di riscaldamento ③ *(Heizkörper)* radiatore *m*

Hektar ['hɛktaːɐ̯] <-s, -e, *bei Maßangaben:* -> *nt o m* ettaro *m*

Hektik ['hɛktɪk] <-> *f kein Pl.* attività *f* febbrile, tran tran *m;* **bloß keine ~!** non è mica morto nessuno!, calma!

hektisch ['hɛktɪʃ] *adj* febbrile, nervoso

hektografieren [hɛktogra'fiːrən] <ohne ge-> *vt* ciclostilare

Hektoliter [hɛkto'liːtɐ] <-s, -> *nt o m* ettolitro *m*

helau [he'laʊ] *interj* evviva, urrà

Held(in) ['hɛlt] <-en, -en; -, -nen> *m(f)* ① eroe *m,* eroina *f* ② THEAT, LIT, FILM protagonista *mf*

Heldengedicht *nt* LIT canzone *f* epica

heldenhaft ['hɛldənhaft] *adj* eroico

Heldensage *f* LIT leggenda *f* epica, saga *f*

Heldentat *f* atto *m* eroico, impresa *f* eroica

Heldentum <-s> *nt kein Pl.* eroismo *m*

Heldin *f s.* **Held**

helfen ['hɛlfən] <hilft, half, geholfen> *vi* ① *(Hilfe leisten)* **jdm ~** aiutare qu, soccorrere qu; *(beistehen)* assistere qu; *(behilf-*

lich sein) dare una mano a qu; **sich** *dat* **zu ~ wissen** sapersi arrangiare, sapersi trarre d'impiccio; **ich kann mir nicht ~,** [**aber**] **ich muss es sagen** non posso fare a meno di dirlo; **ich weiß mir nicht mehr zu ~** non so che pesci pigliare ② *(nützen)* **jdm ~** essere buono con qu, essere utile a qu; **das hilft nichts** non serve a nulla; **es hilft nichts, du musst …** non c'è niente da fare, devi … ③ *(fördern)* promuovere, favorire ④ *(heilsam sein)* **gegen etw ~** fare bene per qc, essere un buon rimedio contro qc

Helfer(in) <-s, -; -, -nen> *m(f)* ① *(Gehilfe)* assistente *mf,* aiuto *m* ② *(Retter)* soccorritore, -trice *m, f*

H

Helfershelfer *m (pej)* complice *m*

Helium ['he:liʊm] <-s> *nt kein Pl.* CHEM elio *m*

hell [hɛl] *adj* ① *(Licht, Farbe, Stimme, Feuer, Bier)* chiaro; *(Haar)* chiaro, biondo; *(Hautfarbe)* chiaro; **am ~en Tag** in pieno giorno; **ein Helles, bitte!** una birra chiara per favore! ② *(voller Licht)* luminoso, pieno di luce; *(beleuchtet)* illuminato ③ *(Töne)* limpido, sonoro ④ *(groß)* grande, forte; *(Verzweiflung, Freude)* grandissimo; **seine ~e Freude an etw** *dat* **haben** provare una gran gioia per qc; **in ~en Scharen** in massa ⑤ *(klug)* intelligente

hell- *(in Zusammensetzungen vor Farbbezeichnungen)* chiaro

hellauf *adv* estremamente, molto; **~ begeistert** molto entusiasta

hellblau *adj* azzurro chiaro, celeste

hellblond *adj* biondo chiaro

Helldunkel *nt* KUNST chiaroscuro *m*

Helle ['hɛlə] <-> *f kein Pl.* ① *(Helligkeit)* chiarezza *f* ② *(helles Licht)* luminosità *f,* chiarore *m*

hellhäutig ['hɛlhɔɪtɪç] *adj* di carnagione chiara

hellhörig *adj* ① *(Mensch)* di udito fine; **~ werden** tendere le orecchie ② *(Wohnung)* che non assorbe i suoni

Helligkeit <-, -en> *f* ① chiarezza *f* ② *(Lichtfülle)* luminosità *f* ③ *(Lichtstärke)* intensità *f* luminosa

helllicht ['hɛl'lɪçt] *adj* **am ~en Tage** a giorno fatto, in pieno giorno

Hellraumprojektor <-s, -en> *m* CH *(Overheadprojektor)* lavagna *f* luminosa

hellsehen *vi* avere il dono della chiaroveggenza, prevedere il futuro

Hellseher(in) <-s, -; -, -nen> *m(f)* chiaroveggente *mf*

Hellseherei <-> *f kein Pl. (pej)* chiaroveggenza *f*

hellwach *adj* sveglio

Helm [hɛlm] <-(e)s, -e> *m* ① MIL elmo *m,* elmetto *m* ② *(Schutz~, Sturz~)* casco *m*

Helmbusch *m* pennacchio *m*

Helmpflicht <-> *f kein Pl.* obbligo *m* di portare il casco

Helsinki ['hɛlzɪŋki] *nt* GEOG Helsinki *f*

Hemd [hɛmt] <-(e)s, -en> *nt* ① *(Ober~)* camicia *f* ② *(Unter~)* maglia *f; (für Männer)* canottiera *f; (für Frauen)* camiciola *f*

Hemdbluse *f* camicetta *f*

hemdsärm[e]lig *adj* ① in maniche di camicia ② *(fam fig)* sbracato, sguaiato

Hemisphäre [hemi'sfɛ:rə] *f* emisfero *m*

hemmen ['hɛmən] *vt* ① *(anhalten)* frenare, bloccare ② *(fig: hindern)* ostacolare, intralciare ③ PSYCH inibire

Hemmnis <-ses, -se> *nt* ostacolo *m,* impedimento *m*

Hemmschuh <-s, -e> *m* ① TEC, FERR calzatoia *f,* scarpa *f* d'arresto ② *(fig: Hemmnis)* intralcio *m,* ostacolo *m,* palla *f* al piede

Hemmschwelle *f* PSYCH soglia *f* di inibizione

Hemmung <-, -en> *f* ① *(Verlangsamung)* rallentamento *m* ② *(Verhinderung)* ostacolamento *m,* impedimento *m* ③ *(Bedenken)* scrupolo *m;* **~en/keine ~en haben** avere/non avere scrupoli ④ PSYCH inibizione *f; (Schüchternheit)* timidezza *f*

hemmungslos *adj* ① *(zügellos)* sfrenato ② *(leidenschaftlich)* appassionato ③ *(ohne Bedenken)* senza scrupoli; **~ weinen** piangere senza ritegno

Hemmungslosigkeit <-> *f kein Pl.* ① *(Zügellosigkeit)* sfrenatezza *f* ② *(Benehmen)* mancanza *f* di ritegno

Hendl ['hɛnd(ə)l] <-s, -n> *nt* A, SÜDD ① GASTR *(Brathuhn)* pollo *m* arrosto ② *(junges Huhn)* galletto *m*

Hengst [hɛŋst] <-es, -e> *m* stallone *m*

Henkel ['hɛŋkəl] <-s, -> *m* manico *m*

henken ['hɛŋkən] *vt* impiccare

Henker <-s, -> *m* carnefice *m,* boia *m*

Henkersmahlzeit *f* ① *(Essen)* ultimo pasto *m* del condannato a morte ② *(fig)* pranzo *m* d'addio

Henna ['hɛna] <-> *nt o f kein Pl.* BOT henné *f,* henna *f*

Henne ['hɛnə] <-, -n> *f* gallina *f*

Hepatitis [hepa'ti:tɪs] <-, Hepatitiden> *f* MED epatite *f*

her [he:ɐ̯] *adv* ① *(örtlich)* qui, qua; **hin und ~** qua e là; *(auf und ab)* su e giù; **von … ~** da; *(zeitlich)* da, fin da; **Geld ~!** *(fam)* fuori i soldi!; **komm ~!** vieni qui [*o* qua]!; **~ damit!** *(fam)* dà [*o* date] qua! ② *(kausal)* per, a causa di; **das ist schon lange ~** è già [da] un pezzo *fam,* è già passato molto tempo; **es ist ein Jahr ~,**

dass … ~ è [passato] un anno che …; **wie lange ist es ~, dass …?** quanto tempo è che …?

herab [hɛ'rap] *adv* giù, in basso

herab|blicken *vi (a. fig)* **auf jdn/etw ~** guardare qu/qc dall'alto in basso

herab|fallen <irr> *vi sein* cadere giù

herab|lassen <irr> **I.** *vt (Vorhang, Seil)* calare, abbassare **II.** *vr:* **sich ~** ① *(an Seil)* calarsi giù ② *(fig)* **sich ~ etw zu tun** degnarsi di fare qc

herablassend *adj* presuntuoso, borioso

Herablassung <-> *f kein Pl.* presunzione *f*, arroganza *f*

herab|sehen <irr> *vi s.* **herabblicken**

herab|setzen *vt* ① *(Gegenstand)* mettere giù ② *(fig: Preis, Strafe)* diminuire, ridurre ③ *(fig: schmälern)* sminuire

Herabsetzung <-> *f kein Pl.* ① *(fig: Senkung)* riduzione *f*, diminuzione *f*, ribasso *m* ② *(fig: Herabwürdigung)* discredito *m*

herab|würdigen *vt* svalutare, svilire

Heraldik [he'raldɪk] <-> *f kein Pl. (Wappenkunde)* araldica *f*

heran [hɛ'ran] *adv* ① *(örtlich)* vicino, avanti ② *(zeitlich)* vicino

heran|bilden I. *vt* formare (**zu** per), educare (**zu** per) **II.** *vr* **sich ~** formarsi (**zu** per)

heran|fahren <irr> *vi sein* **an etw** *akk* **~** avvicinarsi [con un veicolo] a qc

heran|kommen <irr> *vi sein* ① *(fig)* **an jdn/etw ~** avvicinarsi a qu/qc; **die Dinge an sich ~ lassen** prendere tempo, temporeggiare; **man kann nicht an ihn ~** è inavvicinabile ② *(fig: sich vergleichen können)* **an jdn ~** raggiungere qu ③ *(fig: bekommen)* **an etw** *akk* **~** ottenere qc

heran|machen *vr:* **sich ~** ① *(sich nähern)* **sich an jdn/etw ~** avvicinarsi a qu/qc ② *(beginnen)* **sich an etw** *akk* **~** cominciare [a fare] qc, mettere mano a qc

heran|reichen *vi* ① *(mit Hand)* **an etw** *akk* **~** arrivare a[d afferrare] qc ② *(fig: gleichkommen)* **an jdn ~** uguagliare qu

heran|reifen *vi sein* ① *(geh: Früchte)* maturare ② *(Menschen, Pläne)* maturare, farsi; **der Jugendliche ist zu einem Mann herangereift** il ragazzo si è fatto un uomo; **die Pläne ~ lassen** maturare un piano

heran|schaffen *vt* avvicinare, portare vicino

heran|tasten *vr* **sich an etw** *akk* **~** avvicinarsi a qc a tastoni

heran|tragen <irr> *vt (herbeitragen)* apportare, portare (**zu** verso, presso); **etw an jdn ~** *(fig)* sottoporre qc a qu

heran|treten <irr> *vi sein* ① *(näher kommen)* avvicinarsi (**an** +*akk* a) ② *(sich wenden)* rivolgersi (**an** +*akk* a, **mit** con)

heran|wachsen <irr> *vi sein* crescere, diventare grande

Heranwachsende <ein -r, -n, -n> *mf* adolescente *mf*

heran|wagen *vr* **sich an etw** *akk* **~** azzardarsi a fare qc, tentare qc

heran|ziehen <irr> **I.** *vt haben* ① *(näher holen)* avvicinare tirando ② *(großziehen)* allevare ③ *(ausbilden)* formare, educare ④ *(einsetzen)* impiegare; *(Sachverständigen)* consultare, chiamare ⑤ *(geltend machen)* far valere, citare **II.** *vi sein* avvicinarsi

herauf [hɛ'raʊf] *adv* su [per], sopra; **komm ~!** vieni su!; **den Berg ~** su per la montagna

herauf|beschwören <irr> *vt* ① *(wachrufen)* evocare ② *(verursachen)* provocare, causare

herauf|kommen <irr> *vi sein* salire, venire su

herauf|laden <irr> *vt* INET caricare

herauf|ziehen <irr> **I.** *vt haben* tirare su **II.** *vi sein* avvicinarsi

heraus [hɛ'raʊs] *adv* fuori; **aus … ~** fuori da …; **von innen ~** dal di dentro; **das ist noch nicht ~** non è ancora sicuro; **~ damit!** fuori!, dà [*o* date] qua!; **~ mit der Sprache!** *(fam)* sputa l'osso!

heraus|bekommen <irr> *vt* ① *(Fleck)* togliere, levare ② *(fig: herausfinden)* venire a sapere; *(Geheimnis)* riuscire a scoprire; *(Rätsel)* riuscire a risolvere; *(entziffern)* riuscire a decifrare; *(Rechenaufgabe)* trovare ③ *(Wechselgeld)* ricevere di resto; **ich bekomme zwei Euro heraus** mi spettano due euro di resto

heraus|bilden *vr* **sich [aus etw] ~** formarsi [da qc]

heraus|bringen <irr> *vt* ① *(nach draußen bringen)* portare fuori ② *(fam: Fleck)* riuscire a togliere ③ *(Ware)* lanciare [sul mercato]; *(Buch)* pubblicare; THEAT mettere in scena ④ *(fam: in Erfahrung bringen)* venire a sapere, riuscire a scoprire; **aus jdm kein Wort ~** non cavare una parola di bocca a qu *fam;* **kein Wort ~** non proferire parola

heraus|fahren <irr> *vi sein* uscire, venire fuori

heraus|finden <irr> *vt* ① *(finden)* ritrovare, rintracciare ② *(entdecken)* scoprire, trovare

heraus|fischen *vt (fam)* pescar fuori

Herausforderer(in) <-s, -; -, -nen> *m(f)* *(allg)* SPORT sfidante *mf*

heraus|fordern *vt* ① SPORT sfidare; **jdn zu**

H

etw ~ sfidare qu a qc ② *(Schicksal)* provocare

herausfordernd *adj (Benehmen)* provocatorio; *(bes. Blicke)* provocante

Herausforderung *f* ① SPORT sfida *f*; **die ~ annehmen** accettare la sfida ② *(fig)* provocazione *f*

Herausgabe *f kein Pl.* ① *(Übergabe)* consegna *f* ② *(eines Buches)* pubblicazione *f* ③ *(von Aktien)* emissione *f* ④ JUR restituzione *f*

heraus|geben <irr> *vt* ① *(herausreichen)* passare fuori, porgere ② *(zurückgeben)* restituire ③ *(Garderobe, Gefangene)* consegnare ④ *(Wechselgeld)* dare di resto; **jdm 3 Euro ~** dare a qu 3 euro di resto ⑤ *(veröffentlichen)* pubblicare ⑥ *(Aktien)* emettere; *(Vorschriften)* emanare

Herausgeber(in) <-s, -; -, -nen> *m(f)* ① *(von Buch)* curatore, -trice *m, f*; *(Verleger)* editore, -trice *m, f* ② *(von Zeitung)* direttore, -trice *m, f*

heraus|gehen <irr> *vi sein* ① *(nach draußen gehen)* uscire ② *(sich herausziehen lassen)* venir fuori ③ *(Fleck)* andare via; **aus sich** *dat* **~** aprirsi, sbottonarsi *fam*

Herausgeld <-(e)s> *nt kein Pl.* CH *(Wechselgeld)* moneta *f*, spiccioli *mpl*

heraus|greifen <irr> *vt* prendere, scegliere

heraus|gucken *vi (fam)* ① *(aus Fenster)* guardare fuori [dalla finestra] ② *(sichtbar sein)* spuntare fuori

heraus|halten <irr> **I.** *vt* ① *(nach draußen halten)* tener fuori ② *(fam: fernhalten)* tener lontano **II.** *vr* **sich aus etw ~** tenersi fuori da qc

heraus|hängen *vt* appendere fuori

heraus|holen *vt* ① *(nach draußen holen)* **etw [aus dem Schrank] ~** tirare fuori qc [dall'armadio]; **das Letzte aus sich** *dat* **~** dare il massimo di sé stesso ② *(befreien)* **jdn [aus dem Gefängnis] ~** far uscire qu [dalla prigione] ③ *(fig fam: verdienen)* **aus jdm Geld ~** ricavare da qu del denaro ④ *(fig: durch Fragen)* **aus jdm etw ~** far dire qc a qu; *(Geheimnis)* strappare qc a qu

heraus|kommen <irr> *vi sein* ① *(nach draußen kommen)* venire fuori, uscire; **aus einem Loch ~** uscire da un buco; **aus dem Staunen nicht ~** non potersi riavere dallo stupore ② *(sich ergeben)* risultare; **bei den Verhandlungen ist kein greifbares Ergebnis herausgekommen** le trattative non hanno portato ad alcun risultato concreto; **das kommt auf dasselbe heraus** il risultato è sempre quello, è la stessa cosa; **dabei kommt nichts heraus** non se ne ricava nulla ③ *(Wahrheit)* venire a galla; **ganz groß ~** avere un gran successo; **mit der Sprache ~** parlare ④ *(Buch)* venire pubblicato

heraus|kriegen *vt (fam) s.* **herausbekommen**

herausnehmbar *adj* estraibile

heraus|nehmen <irr> **I.** *vt* ① *(aus dem Inneren holen)* estrarre; **etw [aus dem Schrank/aus der Tasche] ~** tirare fuori qc [dall'armadio/dalla borsa] ② *(entfernen)* togliere; *(operativ)* asportare; **jdm den Blinddarm/die Mandeln ~** togliere l'appendice/le tonsille a qu **II.** *vr* **sich** *dat* **[jdm gegenüber] etw ~** prendersi delle libertà [nei confronti di qu]

heraus|putzen **I.** *vt (schmücken)* abbellire, agghindare **II.** *vr:* **sich ~** agghindarsi, farsi bello

heraus|ragen *vi* ① ergersi; **aus etw ~** ergersi su qc ② *(fig)* distinguersi; **aus einer Gruppe durch etw ~** distinguersi in un gruppo per qc

heraus|reden *vr:* **sich ~** scusarsi; **sich mit etw ~** addurre qc come scusa

heraus|reißen <irr> *vt* ① strappare; **jdn aus einer Arbeit ~** strappare qu da un lavoro ② *(fig fam: retten)* salvare

heraus|rücken **I.** *vt haben* ① *(Stuhl)* mettere fuori ② *(fig fam: Geld)* sborsare, mettere mano al borsellino **II.** *vi sein* ① *(räumlich)* spostare ② *(fig fam)* **mit etw ~** tirare fuori qc, dare qc; **mit der Sprache ~** *(fam)* parlare

heraus|rutschen *vi sein* scivolar fuori; *(Wort)* scappare; **das ist mir nur so herausgerutscht** *(fam)* mi è semplicemente scappata

heraus|schauen *vi (fam) s.* **herausgucken**

heraus|schlagen <irr> **I.** *vt haben* ① far uscire battendo ② *(fig fam: gewinnen)* ricavare, guadagnare **II.** *vi sein (Flamme)* uscir fuori, divampare

heraußen [hɛˈraʊsən] *adv* SÜDD, A *(hier draußen)* qui fuori

heraus|springen *vi* ① *(nach draußen springen)* saltar fuori; **aus dem Fenster ~** saltar fuori dalla finestra ② *(sich aus etw lösen)* saltar via

heraus|spritzen *vi sein* schizzare [fuori]

heraus|stellen **I.** *vt* ① *(nach draußen stellen)* mettere fuori ② *(fig: hervorheben)* mettere in luce **II.** *vr:* **sich ~** risultare, rivelarsi; **sich als richtig ~** rivelarsi esatto; **es hat sich herausgestellt, dass …** è risultato che …

heraus|streichen <irr> *vt* ① *(wegstreichen)* cancellare ② *(fig: hervorheben)* vantare, elogiare

heraus|suchen *vt* cercare, scegliere
heraus|wirtschaften *vt* ricavare (**aus** da)
heraus|ziehen <irr> *vt* **jdn/etw aus etw ~** tirare fuori qu/qc da qc
herb [hɛrp] *adj* ❶ acerbo; *(Wein)* aspro ❷ *(fig: Worte, Gesicht, Schönheit)* duro; *(Enttäuschung)* amaro; *(Verlust)* doloroso
Herbarium [hɛr'ba:riʊm, *Pl:* hɛr'ba:riən] <-s, Herbarien> *nt* BOT erbario *m*
herbei [hɛɐ'baɪ] *adv* qui, qua
herbei|eilen *vi sein* accorrere
herbei|führen *vt (bewirken)* causare, provocare
herbei|rufen <irr> *vt* chiamare, far venire
herbei|sehnen *vt,* **herbei|wünschen** *vt* desiderare ardentemente, bramare
herbei|zwingen *vt* ottenere con la forza
Herberge ['hɛrbɛrgə] <-, -n> *f* alloggio *m,* locanda *f*
Herbergsmutter *f* responsabile *mf* di un ostello della gioventù
Herbergsvater *m* responsabile *mf* di un ostello della gioventù
her|bringen <irr> *vt* portare, arrecare
Herbst [hɛrpst] <-(e)s, -e> *m* autunno *m*
herbstlich *adj* d'autunno, autunnale
Herbstzeitlose <-n, -n> *f* BOT colchico *m*
Herculaneum [hɛrku'la:neʊm] *nt* GEOG, HIST Ercolano *m*
Herd [he:ɐ̯t] <-(e)s, -e> *m* ❶ *(Küchen~)* forno *m,* fornello *m* ❷ *(Feuerstelle)* focolare *m* ❸ *(fig: Krisen~, Seuchen~)* focolaio *m*
Herde ['he:ɐ̯də] <-, -n> *f* gregge *m*
Herdentier *nt* ❶ *(Tier)* animale *m* da branco ❷ *(pej: Person)* animale *m* da branco
Herdentrieb *m* istinto *m* gregario
Herdplatte *f* piastra *f* del fornello elettrico
herein [hɛ'raɪn] *adv* dentro; **~!** avanti; **hier ~, bitte!** per di qua!
herein|brechen <irr> *vi sein (Nacht)* calare; *(Unglück)* colpire; **über jdm ~** colpire qu
herein|fallen <irr> *vi sein* ❶ *(nach innen fallen)* cadere dentro; *(Licht)* penetrare ❷ *(fig fam: betrogen werden)* cascarci, farsi imbrogliare
herein|holen *vt* portare dentro; *(Person)* far entrare
herein|kommen <irr> *vi sein* entrare
herein|lassen <irr> *vt* lasciare [*o* fare] entrare
herein|legen *vt* ❶ *(nach innen legen)* mettere dentro ❷ *(fig fam: betrügen)* imbrogliare
herein|platzen *vi sein (fam)* giungere inaspettatamente; **in einen Raum ~** piombare in una stanza
her|fallen <irr> *vi sein* **über jdn ~** gettarsi contro/su qu; *(fig: mit Fragen)* tempestare qu; *(mit Kritik)* assillare; **über etw** *akk* **~** gettarsi contro qc; *(über Essen)* gettarsi su qc, buttarsi su qc
Hergang ['he:ɐ̯gaŋ] *m* ❶ *(Verlauf)* svolgimento *m* ❷ *(Einzelheiten)* particolari *mpl*
her|geben <irr> **I.** *vt* ❶ *(geben)* dare ❷ *(weggeben)* dare via **II.** *vr* **sich zu etw ~** prestarsi per qc
hergebracht ['he:ɐ̯gəbraxt] *adj* tradizionale
her|gehen <irr> *vi sein* **hinter/vor/neben jdm ~** andare dietro/davanti/accanto a qu *fam;* **bei der Diskussion ging es hoch her** la discussione si fece accesa
her|halten <irr> **I.** *vt* porgere **II.** *vi* dover scontare; **er muss für die anderen ~** deve pagare per gli altri
her|holen *vt* andare a prendere
her|hören *vi* ascoltare [con attenzione]
Hering ['he:rɪŋ] <-s, -e> *m* ❶ ZOO aringa *f* ❷ *(Zeltpflock)* picchetto *m*
Heringssalat *m* GASTR insalata *f* d'aringhe
herinnen [hɛ'rɪnən] *adv* A, SÜDD *(hier drinnen)* qui dentro
Herisau ['he:rizaʊ] *nt* GEOG Herisau *f*
her|kommen <irr> *vi sein* ❶ *(hierhin kommen)* venire qui; *(sich nähern)* avvicinarsi ❷ *(herrühren)* derivare; *(herstammen)* provenire; **von etw ~** derivare da qc
herkömmlich ['he:ɐ̯kœmlɪç] *adj* tradizionale
Herkunft ['he:ɐ̯kʊnft] <-, *rar:* Herkünfte> *f* ❶ *(Abstammung)* nascita *f,* discendenza *f; (soziale ~)* estrazione *f* ❷ *(Ursprung)* origine *f,* provenienza *f*
Herkunftsland <-(e)s, -länder> *nt* paese *m* d'origine
her|leiten I. *vt (fig: ableiten)* derivare; **ein Wort aus dem Griechischen ~** dedurre un termine dal greco **II.** *vr* **sich** [**von etw**] **~** trarre origine [da qc]
her|machen *vr:* **sich ~** ❶ *(herfallen)* **sich über jdn ~** gettarsi addosso a qu, scagliarsi su qu ❷ *(in Angriff nehmen)* **sich über etw** *akk* **~** accingersi a fare qc ❸ *(gierig essen)* **sich über eine Torte ~** buttarsi su una torta
Hermelin [hɛrmə'li:n] <-s, -e> *nt* ZOO ermellino *m*
hermetisch [hɛr'me:tɪʃ] *adj* ermetico
hernach [hɛɐ'na:x] *adv* DIAL *(obs)* dopo, poi, più tardi
her|nehmen <irr> *vt* prendere
Heroin [hero'i:n] <-s> *nt kein Pl.* eroina *f*
heroisch [he'ro:ɪʃ] *adj* eroico
Herold ['he:rɔlt, *Pl:* 'he:rɔldə] <-(e)s, -e> *m* ❶ HIST araldo *m* ❷ *(fig)* messaggero *m*

H

Herpes ['hɛrpɛs] <-> *m kein Pl.* MED herpes *m*

Herr [hɛr] <-n *o rar:* -en, -en> *m* ❶ HIST signore *m; (vor Eigennamen)* signor *m;* [**Gott**] **der ~** Signore *m,* Dio *m;* **meine Damen und ~en!** Signore e Signori!; **sehr geehrte ~en!** *(in Brief)* egregi signori; **~ Doktor** [signor] dottore; **~ Müller** il signor Müller; *(als Anrede)* signor Müller ❷ *(beim Tanz)* cavaliere *m* ❸ *(Gebieter, Eigentümer, Arbeitgeber)* padrone *m; (Vorgesetzter)* superiore *m; (Herrscher)* sovrano *m;* **der ~ des Hauses** il padron[e] di casa; **~ der Lage sein** essere padrone della situazione; **sein eigener ~ sein** non dipendere da nessuno; **einer Sache** *gen* **~ werden** riuscire a dominare qc

H

Herrchen ['hɛrçən] <-s, -> *nt (von Hund)* padrone *m*

Herrenartikel *mpl* articoli *mpl* da uomo

Herrenausstatter <-s, -> *m (Geschäft)* negozio *m* di articoli da uomo

Herrenbegleitung *f* **in ~** in compagnia maschile

Herrenbekanntschaft *f* conoscenza *f* maschile

Herrenbekleidung *f* abbigliamento *m* maschile

Herrenbesuch *m* visita *f* maschile

Herrendoppel *nt* SPORT doppio *m* maschile

Herreneinzel *nt* SPORT singolo *m* maschile

herrenlos *adj* abbandonato, non reclamato; *(Tier)* randagio

Herrenmode *f* moda *f* maschile

Herrenpilz *m* A *(Steinpilz)* [fungo *m*] porcino *m*

Herrentoilette *f* gabinetto *m* per uomini

Herrenwitz *m* barzelletta *f* spinta

Herrgott *m kein Pl.* ❶ *(fam)* Signore *m,* Dio *m;* **~ noch mal!** *(fam)* accidenti!, maledizione! ❷ SÜDD, A crocifisso *m*

Herrgottsfrühe *f* **in aller ~** di buon mattino

her|richten *vt* ❶ *(vorbereiten)* preparare ❷ *(instand setzen)* sistemare, accomodare

Herrin ['hɛrɪn] <-, -nen> *f* ❶ *(Gebieterin)* signora *f,* padrona *f* ❷ *(Haus~)* padrona *f* [di casa]

herrisch *adj* imperioso, dispotico

herrlich *adj (großartig)* magnifico, splendido; *(wunderbar)* meraviglioso; *(ausgezeichnet)* eccellente

Herrschaft <-, -en> *f Sing.* ❶ *(Beherrschung)* dominio *m; (Befehlsgewalt)* potere *m,* autorità *f; (Herrschergewalt)* sovranità *f;* **~ über jdn/etw ausüben** avere il dominio su qu/qc; **eine totalitäre ~** un regime totalitario; **die absolute ~** i pieni poteri; **zur ~ gelangen** raggiungere il potere ❷ *(fig: Kontrolle)* controllo *m;* **die ~ über sich** *akk* **verlieren** perdere il controllo di sé; **die ~ über ein Fahrzeug verlieren** perdere il controllo di un veicolo

herrschaftlich *adj* padronale; *(vornehm)* signorile

herrschen ['hɛrʃən] *vi* ❶ *(Herr sein)* **über jdn/etw ~** comandare [*o* regnare] su qu/qc ❷ *(fig)* esserci; *(Not)* infuriare; *(Angst, Ruhe)* regnare; *(Meinung)* predominare

herrschend *adj* ❶ regnante; *(Klasse)* dominante ❷ *(fig: vor~)* predominante; *(gegenwärtig)* vigente

Herrscher(in) <-s, -; -, -nen> *m(f)* ❶ *(Gebieter)* dominatore, -trice *m, f* ❷ *(Landesherr)* sovrano, -a *m, f* ❸ *(regierender Fürst)* principe, -essa *m, f* [regnante]

Herrscherhaus *nt* dinastia *f*

Herrscherin *f s.* **Herrscher**

Herrschsucht *f kein Pl.* avidità *f* di dominio

herrschsüchtig *adj* avido di potere

her|rühren *vi* **von etw ~** provenire da qc

her|stammen *vi* provenire (**aus** da), discendere, avere origine (**aus** da); **wo stammst du her?** di dove sei?

her|stellen *vt* ❶ *(an einen Platz)* mettere qua ❷ *(produzieren)* produrre, fabbricare; *(bauen)* costruire ❸ *(schaffen)* creare; *(Verbindung, Kontakt, Beziehung)* stabilire

Hersteller(in) <-s, -; -, -nen> *m(f)* fabbricante *mf,* produttore, -trice *m, f*

Herstellung <-> *f kein Pl.* fabbricazione *f,* produzione *f*

Herstellungskosten *pl* costi *mpl* di produzione

Herstellungsland *nt* paese *m* produttore

Hertz [hɛrts] <-, -> *nt* PHYS hertz *m*

herüben *adv* A, SÜDD *(hier auf dieser Seite)* qui da questa parte

herüber [hɛ'ry:bɐ] *adv* di qua, da questa parte

herum [hɛ'rʊm] *adv* intorno, attorno; **um ... ~** *(räumlich)* intorno a ...; *(zeitlich)* verso; *(bei Zahlenangaben)* circa; **um Weihnachten ~** verso Natale; **im Kreise ~** in cerchio

herum|ärgern *vr:* **sich ~** *(fam)* arrabbiarsi, pigliarsela; **sich mit jdm/etw ~** arrabbiarsi con qu/qc; *(sich anstrengen)* affaticarsi con qu/qc

herum|drehen **I.** *vt* girare; **den Schlüssel zweimal ~** dare due giri di chiave **II.** *vr* **sich** [**zu jdm/etw**] **~** girarsi [verso qu/qc]

herumdrucksen *vi* tergiversare

herum|fahren <irr> *vi sein* ❶ *(umherfahren)* **um jdn/etw ~** girare attorno a qu/qc ❷ *(ohne Ziel)* girare, andare in giro; **in der Stadt ~** girare per la città ❸ *(sich herumdrehen)* girarsi di scatto

herum|fuchteln *vi (fam)* **mit den Händen ~** gesticolare
herum|führen I. *vt (Person)* portare in giro **II.** *vi* **um etw ~** *(umschließen)* cingere qc; **jdn an der Nase ~** ingannare qu
herum|gehen <irr> *vi sein* ① *(umkreisen)* **um jdn/etw ~** girare attorno a qu/qc; **das geht mir im Kopf herum** ci penso e ripenso ② *(ziellos)* gironzolare ③ *(Zeit)* passare ④ *(gereicht werden)* **etw ~ lassen** far circolare qc
herum|hängen *vi (fam)* essere appeso male, essere buttato lì; **in der Gegend ~** andarsene in giro
herum|irren *vi sein* girare, girovagare
herum|kommen <irr> *vi sein (fam)* ① *(um Ecke)* voltare; **mit dem Wagen um die Ecke ~** girare l'angolo con la macchina ② *(herumgehen können)* poter girare ③ *(reisen)* girare, andare in giro; **viel ~** viaggiare molto ④ *(vermeiden können)* **um Steuererhöhungen ~** poter evitare l'aumento delle tasse
herum|kriegen *vt (fam)* riuscire a convincere
herum|laufen <irr> *vi sein (fam)* ① *(ziellos)* correre in giro; **so kannst du doch nicht ~!** non puoi andare in giro così! ② **um etw ~** circondare qc
herum|liegen <irr> *vi (fam)* ① **um etw ~** giacere attorno a qc ② *(unordentlich)* essere sparso [dappertutto]
herum|lungern [hɛˈrʊmlʊŋɐn] *vi (fam)* bighellonare, andare a zonzo
herum|meckern *vi (fam)* brontolare (**an** +*dat* con), trovare da ridire (**an** +*dat* su)
herum|nörgeln *vi* brontolare (**an** +*dat* con), trovare da ridire (**an** +*dat* su)
herum|posen [hɛˈrʊmpoːsen] *vi* fare lo sborone
herum|reichen *vt* far circolare, porgere in giro
herum|reiten <irr> *vi sein* ① *(umherreiten)* girare a cavallo ② *(Wend)* **um etw ~** girare intorno a qc; **auf etw** *dat* **~** *(fig fam)* non smettere di parlare di qc, insistere su qc; **auf jdm ~** *(fig fam)* accanirsi contro qu
herum|schlagen <irr> *vr:* **sich ~** *(fam: raufen)* azzuffarsi; **sich mit jdm/etw ~** *(fig)* essere alle prese con qu/qc
herum|schnüffeln *vi (fam)* **in etw** *dat* **~** ficcare il naso in qc
herum|sitzen <irr> *vi (fam)* ① *(um etw herum)* sedere (**um** intorno a) ② *(fig: nichts tun)* starsene [seduto] senza far niente
herum|spielen *vi* **mit etw ~** giocherellare, trastullarsi
herum|sprechen <irr> *vr:* **sich ~** diffondersi, spargersi
herum|stehen <irr> *vi* ① **um etw ~** stare attorno a qc ② *(lässig)* starsene senza far niente ③ *(Sachen)* essere fuori posto
herum|stöbern *vi (fam)* frugare (**in** +*dat* in), rovistare (**in** +*dat* in)
herum|stoßen *vt* sbattere [*o* buttare] di qua e di là; **er wurde in seiner Jugend viel herumgestoßen** quando era giovane è stato sbattuto di qua e di là
herum|treiben <irr> *vr:* **sich ~** *(fam pej)* bighellonare, andare a zonzo
Herumtreiber(in) <-s, -; -, -nen> *m(f) (fam)* vagabondo, -a *m, f,* bighellone, -a *m, f,* perdigiorno *mf*
herum|werfen <irr> **I.** *vt* ① *(achtlos)* gettare qua e là, sparpagliare ② *(Steuer)* dare un giro a **II.** *vr:* **sich ~** rivoltarsi, rigirarsi
herum|wühlen *vi s.* **herumstöbern**
herum|ziehen <irr> *vi sein* ① *(umherziehen)* girare, girovagare ② **um etw ~** fare il giro intorno a qc
herunten [hɛˈrʊntən] *adv* A, SÜDD *(hier unten)* quaggiù
herunter [hɛˈrʊntɐ] *adv* giù; **von … ~** giù da …; **von oben ~** dall'alto in basso; **ich kann nicht ~** non posso scendere
herunter|fallen <irr> *vi sein* cadere [giù]; *(Haare)* scendere
herunter|gehen <irr> *vi sein* ① *(räumlich)* scendere, andare giù ② *(Fieber)* diminuire
heruntergekommen *adj (fam)* decaduto, rovinato
herunter|handeln *vt (fam)* tirare sul prezzo; **den Preis um 5 Euro ~** tirare 5 euro sul prezzo
herunter|hauen <hieb *o* heruntergehaut> *vt (fam)* **jdm eine ~** mollare un ceffone a qu
herunter|klappen *vt* abbassare
herunter|kommen *vi sein* ① venire giù, scendere ② *(fam: gesundheitlich)* deperire; *(sittlich)* decadere, cadere in basso
herunterladbar *adj* scaricabile
herunter|laden *vt* scaricare, download
herunter|leiern *vt (fam)* recitare meccanicamente
herunter|machen *vt (fam)* ① *(zurechtweisen)* sgridare, rimproverare ② *(herabsetzen)* stroncare, denigrare
herunter|nehmen <irr> *vt* prendere giù
herunter|reißen <irr> *vt* strappare [giù]
herunter|schlucken *vt* ① *(Bissen, Pille)* inghiottire ② *(fig fam: Vorwürfe, Kritik)* ingoiare, mandar giù
herunter|spielen *vt* minimizzare
herunter|springen <irr> *vi sein* **von**

etw ~ saltare giù da qc; *(aus großer Höhe)* buttarsi giù da qc

herunter|werfen <irr> *vt* buttar giù

herunter|wirtschaften *vt (fam)* mandare in rovina

hervor [hɛɐ̯'foːɐ̯] *adv* [in] fuori

hervor|bringen <irr> *vt* ① *(erzeugen)* produrre; *(a. fig)* dare; *(schaffen)* creare ② *(Ton, Wort)* dire, proferire ③ *(bewirken)* causare

hervor|gehen <irr> *vi sein* ① *(sich ergeben)* risultare; **aus etw** ~ risultare da qc ② *(überstehen)* uscire; **aus dem Wettkampf als Sieger** ~ uscire vincitore dalla lotta

hervor|gucken *vi (fam)* guardar fuori, spuntare

hervor|heben <irr> *vt* ① *(räumlich)* dare rilievo a, far spiccare ② *(fig: betonen)* accentuare, sottolineare

hervor|holen *vt* **etw** [**aus etw**] ~ tirare fuori qc [da qc]

hervor|ragen *vi* ① sporgere fuori; **aus etw** ~ emergere da qc ② *(fig)* emergere, distinguersi

hervorragend *adj* ① *(räumlich)* sporgente, prominente ② *(fig)* straordinario, eccezionale; *(Wissenschaftler)* eminente; *(Wein)* eccellente

hervor|rufen <irr> *vt (verursachen)* suscitare; *(Bewunderung)* causare; MED provocare

hervor|stechen *vi* sporgere, venire in fuori

hervorstechend *adj* spiccato, pronunciato

hervor|treten <irr> *vi sein* ① *(räumlich)* uscire, sporgere ② *(sich abheben)* staccarsi; *(a. fig)* spiccare; ~ **lassen** dare risalto a ③ *(erscheinen)* apparire; *(sich hervortun)* manifestarsi

hervor|tun *vr* **sich** [**mit etw**] ~ distinguersi [per qc]; *(bewusst)* mettersi in mostra [per qc]

hervor|wagen *vr:* **sich** ~ azzardarsi a uscire

Herz [hɛrts] <-ens, -en> *nt* ① ANAT cuore *m; (Seele)* animo *m;* **das ~ auf der Zunge haben** avere il cuore sulle labbra; **ein ~ und eine Seele sein** essere un cuore e un'anima sola; **jds ~ höherschlagen lassen** far battere il cuore a qu; **ein gutes ~ haben** avere un buon cuore; **sich** *dat* **ein ~ fassen** farsi animo; **alle ~en gewinnen** guadagnarsi l'affetto di tutti; **jdm ans ~ gewachsen sein** essere molto affezionato a qu; **jdm ans ~ legen etw zu tun** raccomandare vivamente a qu di fare qc; **etw auf dem ~en haben** avere un peso sul cuore; **jdn in sein ~ geschlossen haben** nutrire un grande affetto per qu; **es nicht übers ~ bringen zu** *+inf* non avere il coraggio di *+inf;* **von ~en lieben** amare di vero cuore; **sich** *dat* **etw zu ~en nehmen** prendersi a cuore qc; **leichten/schweren ~ens** a cuor leggero/a malincuore; **von ~en gern** molto volentieri; **von ganzem ~en** di tutto cuore; **mir klopft das ~** mi batte il cuore; **das ~ schlug ihm bis zum Hals** aveva il cuore in gola ② *Sing. (Mut)* coraggio *m* ③ *(Kern)* centro *m;* **im ~en Deutschlands** nel cuore della Germania ④ *Sing. (beim Kartenspiel)* cuori *mpl*

Herzanfall *m* MED attacco *m* cardiaco

Herzbeschwerden *fpl* MED disturbi *mpl* cardiaci

Herzchen ['hɛrtsçən] <-s, -> *nt* ① *(Kosewort)* tesoruccio *m* ② *(fam pej)* pupa *f*

herzen *vt (obs)* abbracciare, accarezzare

Herzensbrecher <-s, -> *m* rubacuori *m*

herzensgut *adj* di buon cuore, profondamente buono

Herzenslust *f* **nach** ~ a piacere

Herzenswunsch *m* desiderio *m* profondo

herzerfrischend *adj* gradevole

herzergreifend *adj* commovente, toccante

herzerweichend *adj* commovente, struggente

Herzfehler *m* MED vizio *m* cardiaco, insufficienza *f* cardiaca

Herzflattern <-s> *nt kein Pl.* flutter *m* cardiaco

herzförmig *adj* cuoriforme

herzhaft *adj* ① *(kräftig)* forte ② *(gehörig)* bello, buono; ~ **lachen** ridere di cuore

her|ziehen <irr> **I.** *vi sein (herankommen)* avvicinarsi; **über jdn** ~ *(fam fig)* tagliare i panni addosso a qu **II.** *vt haben (heranziehen)* tirare; **jdn/etw hinter sich** *dat* ~ tirarsi dietro qu/qc

herzig ['hɛrtsɪç] *adj* grazioso, carino

Herzinfarkt *m* MED infarto *m* cardiaco

Herzkammer *f* ANAT ventricolo *m* [del cuore]

Herzklappe *f* ANAT valvola *f* cardiaca

Herzklappenfehler *m* MED vizio *m* valvolare

Herzklopfen *nt kein Pl.* batticuore *m,* palpitazioni *fpl*

Herzkönig *m (Karten)* re *m* di cuori

herzkrank *adj* cardiopatico

Herzkrankheit *f* malattia *f* del cuore

Herz-Kreislauf-Erkrankung *f* MED patologia *f* del sistema cardiocircolatorio

Herzleiden *nt* cardiopatia *f*

herzlich **I.** *adj* ① *(in Gruß- u Wunschformeln)* cordiale ② *(aufrichtig)* sincero ③ *(Mensch)* affettuoso ④ *(Bitte)* fervido;

(Empfang) affettuoso **II.** *adv* cordialmente, di cuore; ~ **gern** ben volentieri, di cuore

Herzlichkeit <-, -en> *f* cordialità *f*

herzlos *adj* senza cuore, insensibile; *(grausam)* spietato, crudele

Herz-Lungen-Maschine *f* MED, TEC macchina *f* cuore-polmoni

Herzmittel *nt* MED cardiotonico *m*

Herzmuskel *m* ANAT miocardio *m*

Herzog(in) ['hɛrtsoːk] <-(e)s, Herzöge; -, -nen> *m(f)* duca *m,* duchessa *f*

Herzogtum <-(e)s, -tümer> *nt* ducato *m*

Herzschlag *m* ① *(einzelner Schlag)* battito *m* del cuore ② *(Herztätigkeit)* pulsazioni *fpl* [cardiache] ③ *(Herzstillstand)* colpo *m* apoplettico, sincope *f* cardiaca

Herzschrittmacher *m* MED pace-maker *m*

Herzschwäche <-, -n> *f* MED insufficienza *f* cardiaca

Herzspezialist(in) *m(f)* MED cardiologo, -a *m, f*

Herzstillstand *m* MED arresto *m* cardiaco

Herzstück *nt (geh: Kernstück)* parte *f* centrale, cuore *m*

Herztätigkeit *f* attività *f* cardiaca

Herzton *m* tono *m* cardiaco

Herztransplantation *f* trapianto *m* cardiaco

Herzversagen *nt kein Pl.* colpo *m* apoplettico

Herzzentrum *nt* centro *m* di malattie cardiache

herzzerreißend *adj* straziante

Hesse ['hɛsə] <-n, -n> *m* assiano *m*

Hessen ['hɛsən] *nt* Assia *f*

Hessin ['hɛsɪn] <-, -nen> *f* assiana *f*

hessisch *adj* assiano

heterogen [hetero'geːn] *adj* eterogeneo

Heterogenität [heterogeni'tɛːt] <-> *f kein Pl.* eterogeneità *f*

Heterosexualität [heterozɛksualɪ'tɛt *o* heterosɛksualɪ'tɛt] *f* eterosessualità *f*

heterosexuell [heterozɛksu'ɛl] *adj* eterosessuale

Hetze ['hɛtsə] <-, -n> *f* ① *(Eile)* fretta *f,* furia *f* ② *(Hetzkampagne)* campagna *f* diffamatoria

hetzen ['hɛtsən] **I.** *vt haben* ① *(jagen)* dare la caccia a; *(Menschen)* inseguire, perseguitare; **jdn/einen Hund auf jdn ~** aizzare qu/un cane contro qu ② *(fig: zur Eile antreiben)* fare fretta, sollecitare **II.** *vi* ① *sein (eilen)* correre ② *haben (sich beeilen)* affrettarsi ③ *haben (pej: lästern)* sobillare; **gegen jdn/etw ~** sobillare contro qu/qc

Hetzerei <-, -en> *f* ① *(pej: Hetzreden)* discorso *m* sovversivo ② *(fam: Eile)* furia *f,* foga *f;* **diese ständige ~ macht mich noch ganz krank** tutta questa furia mi distrugge

Hetzjagd *f* ① *(beim Jagen)* caccia *f* ② *(fig: Hetze)* fretta *f,* furia *f*

Hetzkampagne *f* campagna *f* diffamatoria (**gegen** contro)

Heu [hɔɪ] <-(e)s> *nt kein Pl.* fieno *m*

Heuchelei [hɔɪçə'laɪ] <-, -en> *f (pej)* ipocrisia *f; (Scheinheiligkeit)* fariseismo *m; (Verstellung)* [dis]simulazione *f*

heucheln ['hɔɪçəln] **I.** *vt* simulare, fingere **II.** *vi* fare l'ipocrita

Heuchler(in) ['hɔɪçlɐ] <-s, -; -, -nen> *m(f)* ipocrita *mf; (Scheinheilige)* fariseo, -a *m, f,* [dis]simulatore, -trice *m, f*

heuchlerisch *adj* ipocrita; *(scheinheilig)* farisaico

heuer ['hɔɪɐ] *adv* SÜDD, A, CH quest'anno

Heuernte <-, -n> *f* fienagione *f*

Heugabel *f* forcone *m* da fieno

Heuhaufen *m* mucchio *m* di fieno

heulen ['hɔɪlən] *vi* ① *(Sirenen)* cantare; *(Wölfe)* ululare ② *(fam: weinen)* piangere, strillare

heurig ['hɔɪrɪç] *adj* A, CH, SÜDD *(diesjährig)* di quest'anno

Heurige ['hɔɪrɪgə] <ein -r, -n, -n> *m bes.* A vino *m* nuovo

Heuschnupfen *m* raffreddore *m* da fieno

Heuschober *m* SÜDD, A fienile *m*

Heuschrecke ['hɔɪʃrɛkə] *f* ① *(Insekt)* cavalletta *f; (Wanderheuschrecke)* locusta *f* ② *(fam pej: skrupelloser Investor)* locusta *f,* cavalletta *f*

Heustadel ['hɔɪʃtaːdəl] <-s, -> *m* SÜDD, A fienile *m*

heute ['hɔɪtə] *adv* oggi; **~ Abend/Nacht** stasera/stanotte; **~ Morgen** stamattina; **~ [Nach]Mittag** questo pomeriggio; **~ Vormittag** stamattina; **~ in acht Tagen/** [*o* **in einer Woche**] oggi a otto; **~ in vierzehn Tagen** fra quindici giorni; **ab ~** a partire da oggi; **von ~ an** da oggi in poi; **bis ~** fino ad oggi; **von ~ auf morgen** dall'oggi al domani

heutig ['hɔɪtɪç] *adj* di oggi; *(gegenwärtig)* odierno; *(modern)* moderno

heutzutage ['hɔɪttsutaːgə] *adv* oggigiorno, di questi tempi

Heuwagen <-s, -> *m* carro *m* da fieno

Heuwender <-s, -> *m* voltafieno *m*

hexagonal [hɛksago'naːl] *adj* MAT *(sechseckig)* esagonale

Hexe ['hɛksə] <-, -n> *f* strega *f*

hexen ['hɛksən] *vi* fare stregonerie; **ich kann doch nicht ~** *(fam)* non posso mica fare miracoli

Hexenkessel <-s, -> *m* tregenda *f,* inferno *m*

Hexenschuss *m (fam)* colpo *m* della strega, lombaggine *f*

Hexenverbrennung *f* HIST rogo *m* delle streghe

Hexenwahn *m* delirio *m* per credenza nelle streghe

Hexerei <-, *rar:* -en> *f* stregoneria *f*, magia *f*

hg. *Abk. von* **herausgegeben von** ed.

Hg. *Abk. von* **Herausgeber(in)** Ed.

HGB [ha:ge:'be:] <-(s), -s> *nt* JUR *Abk. von* **Handelsgesetzbuch** Codice di Diritto Commerciale

hieb [hi:p] *1. u. 3. Pers. Sing. Imp. von* **hauen**

Hieb [hi:p] <-(e)s, -e> *m* ① *(Schlag)* colpo *m* ② *(Wunde)* taglio *m* ③ *Pl. (Prügel)* botte *f pl* ④ *(fig: bissige Bemerkung)* frecciata *f*

hieb- und stichfest *adj* incontestabile, inconfutabile

hielt [hi:lt] *1. u. 3. Pers. Sing. Imp. von* **halten**

hier [hi:ɐ̯] *adv* ① *(an diesem Ort)* qui, qua, in questo posto; *(auf Erden)* in questo mondo; **dieser ~** questo qui; **der Brief ~** questa lettera qui; **~ und da** qua e là; **von ~** da qui; **~ ist/sind …** ecco …; **~ bin ich** eccomi qua; **ich bin nicht von ~** non sono di qui; **~ bleiben** restare qui ② *(in diesem Augenblick)* a questo punto; *(bei diesen Worten)* a queste parole; **von ~ an** da qui in poi

hieran ['hi:'ran] *adv* ① *(räumlich)* qui, a ciò, vi ② *(fig: daran)* da ciò, ci, ne; **~ erkennt man einen Maikäfer** da ciò si riconosce un maggiolino

Hierarchie [hierar'çi:] <-, -n> *f* gerarchia *f*

hierarchisch [hie'rarçɪʃ] *adj* gerarchico

hierauf ['hi:'raʊf] *adv* ① *(räumlich)* qui, su di ciò ② *(zeitlich)* dopo di ciò, poi; *(infolgedessen)* quindi

hieraus ['hi:'raʊs] *adv* da qui, ne

hier|behalten <irr, ohne ge-> *vt* tenere qui/qua

hierbei ['hi:ɐ̯'baɪ] *adv* ① *(räumlich)* qui accanto ② *(bei dieser Gelegenheit)* in quest'occasione ③ *(zeitlich)* durante ciò ④ *(in diesem Zusammenhang)* a questo proposito

hier|bleiben <irr> *vi sein* rimanere [*o* stare] qui/qua

hierdurch ['hi:ɐ̯'dʊrç] *adv* ① *(örtlich)* per di qua ② *(fig)* da ciò, con ciò, così

hierfür ['hi:ɐ̯'fy:ɐ̯] *adv* per ciò, per questo; *(als Gegenleistung)* in cambio di ciò

hierher ['hi:ɐ̯'he:ɐ̯] *adv* qua, qui; **bis ~** *(örtlich)* fin qui; *(zeitlich)* finora, fino ad ora; **das gehört nicht ~** questo non c'entra; **~!** [vieni] qua!, a me!

hierhin ['hi:ɐ̯'hɪn] *adv* qui; **bis ~** fin qui

hier|lassen <irr> *vt* lasciare [qui]

hiermit ['hi:ɐ̯'mɪt] *adv* con questo, con ciò; *(im Brief)* con la presente

Hieroglyphe [hiero'gly:fə] <-, -n> *f* geroglifico *m*

hierüber ['hi:'ry:bɐ] *adv* ① *(örtlich)* sopra questo ② *(fig)* di ciò

hierunter ['hi:'rʊntɐ] *adv* ① *(örtlich)* qui sotto ② *(fig)* tra questi, con questo; **~ versteht man** con questo si intende

hiervon ['hi:ɐ̯'fɔn] *adv* di ciò, ne

hierzu ['hi:ɐ̯'tsu:] *adv* ① *(zu diesem)* a ciò, a questo; **~ kommt noch, dass …** a ciò si aggiunge che … ② *(zu diesem Zweck)* a questo scopo ③ *(zu diesem Punkt)* a questo proposito

hierzulande ['hi:ɐ̯tsu'landə] *adv* [qui] da noi, in questo paese

hiesig ['hi:zɪç] *adj* ① locale, di qui ② *(einheimisch)* indigeno, nativo

hieß [hi:s] *1. u. 3. Pers. Sing. Imp. von* **heißen**

Hi-Fi ['haɪfi] hi-fi

Hi-Fi-Anlage *f* impianto *m* hi-fi

high [haɪ] <inv> *adj (sl)* flippato, high

Highlight ['haɪlaɪt] <-(s), -s> *nt* momento *m* clou

Hightech ['haɪ'tɛk] <-(s)> *nt o f kein Pl.* high-tech *f*

High Tech <-(s)> *nt o f kein Pl.* high-tech *f*

hihi [hi'hi:] *interj* ah, ah

Hilfe ['hɪlfə] <-, -n> *f* aiuto *m; (Unterstützung)* appoggio *m; (Beistand) a.* MED assistenza *f;* **erste ~** pronto soccorso; **jdn um ~ bitten** chiedere aiuto a qu; **um ~ rufen** invocare aiuto; **jdn zu ~ rufen** chiamare in aiuto qu; **jdm zu ~ kommen** venire in aiuto di qu; **mit ~ von** con l'aiuto di, per mezzo di; [**zu**] **~!** aiuto!; *s. a.* **mithilfe**

Hilfeleistung *f* prestazione *f* d'aiuto [*o* soccorso]; *bes.* MED assistenza *f;* **unterlassene ~** JUR omissione di soccorso

Hilfemenü *nt* INFORM menu *m* di assistenza

Hilferuf *m* ① *(Schrei)* grido *m* di aiuto ② *(fig: Bitte um Hilfe)* chiamata *f* di soccorso

hilflos *adj* ① *(allein)* privo d'aiuto, impotente ② *(ratlos)* perplesso

Hilflosigkeit <-> *f kein Pl.* impotenza *f*, perplessità *f*

hilfreich *adj* caritatevole; **eine ~e Hand** una mano caritatevole

Hilfsaktion *f* [oper]azione *f* di soccorso

Hilfsarbeiter(in) <-s, -; -, -nen> *m(f)* manovale *mf*, bracciante *mf*, operaio, -a *m, f* ausiliario, -a

hilfsbedürftig *adj* bisognoso d'aiuto, indigente
hilfsbereit *adj* pronto ad aiutare, servizievole
Hilfsbereitschaft *f* prontezza *f* nel soccorrere, essere *m* servizievole
Hilfsdienst *m* ① *(Zusatzdienst)* servizio *m* ausiliario ② *(für Notfälle)* servizio *m* d'emergenza
Hilfsgüter *ntpl* aiuti *mpl* umanitari
Hilfskraft *f* aiuto *m*, assistente *mf*
Hilfsmittel *nt* aiuto *m*, ausilio *m*
Hilfsmotor *m (am Auto)* motore *m* ausiliario; *(am Fahrrad)* motorino *m* ausiliario
Hilfsprojekt *nt* piano *m* di aiuti
Hilfsquellen *fpl* LIT, AGR risorse *fpl*
Hilfsverb *nt* LING [verbo *m*] ausiliare *m*
Hilfswerk *nt* ente *m* assistenziale
hilft [hɪlft] *3. Pers. Sing. Präs. von* **helfen**
Himbeere ['hɪmbe:rə] *f* lampone *m*
Himbeergeist *m* distillato *m* di lampone
Himbeersirup *m* sciroppo *m* di lamponi
Himbeerstrauch *m* BOT lampone *m*
Himmel ['hɪməl] <-s, *rar:* -> *m* ① cielo *m;* **am ~** in cielo; **im ~** in paradiso; **[das] weiß der ~!** *(fam)* lo sa il cielo; **du lieber ~!** santo cielo!; **um ~s willen!** per l'amor del cielo!; **aus heiterem ~** *(fam)* inaspettatamente; **im siebten ~ sein** essere al settimo cielo; **~ und Hölle in Bewegung setzen** smuovere cielo e terra *fam;* **das schreit zum ~** grida vendetta ② *(Thron~, Altar~)* baldacchino *m*
himmelangst ['hɪməl'ʔaŋst] *adj* **mir ist ~** ho una paura del diavolo *fam*
Himmelbett *nt* letto *m* a baldacchino
himmelblau *adj* celeste; *s. a.* **blau**
Himmelfahrt *f* ① REL **Christi ~** Ascensione *f;* **Mariä ~** Assunzione *f* ② *(Feiertag)* Ascensione *f*
himmelhoch ['hɪməl'ho:x] *adj* altissimo; **~ jauchzend, zu Tode betrübt sein** alternare momenti di esaltazione a fasi depressive
Himmelreich *nt* REL regno *m* dei cieli
himmelschreiend *adj* che grida vendetta davanti a Dio, inaudito
Himmelskörper *m* ASTR corpo *m* celeste; *(Gestirn)* stella *f*
Himmelsrichtung *f* punto *m* cardinale
himmelweit ['hɪməl'vaɪt] *adj* **das ist ein ~er Unterschied** *(fam)* fa una grandissima differenza
himmlisch ['hɪmlɪʃ] *adj* ① *(göttlich)* celeste, del cielo ② *(fig: wunderbar)* celestiale
hin [hɪn] **I.** *adv* ① *(örtlich)* là, verso quel luogo; **wo gehst du ~?** dove vai?; **~ und her** qua e là, su e giù; **das Hin und Her** il viavai, l'andirivieni; **~ und zurück** *(Fahrkarte)* andata e ritorno; **nach langem Hin und Her** *(fam)* dopo un lungo tiremmolla ② *(zeitlich)* per; **~ und her überlegen** riflettere a lungo, ponderare; **~ und wieder** di quando in quando, di tanto in tanto ③ *(daraufhin)* **auf … ~** in relazione a; **auf die Gefahr ~, dass …** a rischio di *+inf* **II.** *adj (fam)* ① *(verflossen)* finito, passato; **sein guter Ruf ist hin** la sua buona reputazione è rovinata ② *(kaputt)* rotto
hinab [hɪ'nap] *adv s.* **hinunter**
hin|arbeiten *vi* **auf etw** *akk* **~** mirare a qc, sforzarsi di raggiungere qc
hinauf [hɪ'naʊf] *adv* in su, in alto; **da ~** su per di qua
hinauf|fahren <irr> **I.** *vi sein* andare su, salire; *(einen Fluss)* risalire **II.** *vt haben* portare su
hinauf|gehen <irr> *vi sein* andare su
hinauf|setzen *vt (Preise)* alzare, aumentare
hinauf|steigen <irr> *vi sein* ① salire ② *(fig)* **zu jdm/etw ~** ascendere a qu/qc
hinauf|treiben <irr> *vt* far alzare
hinaus [hɪ'naʊs] *adv* fuori; **da ~** fuori [per] di qua; **darüber ~** oltre, più in là; *(fig)* oltre a ciò; **über … ~** *(räumlich)* al di là di …; *(zeitlich, mehr als)* oltre; **zum Fenster/zur Tür ~** fuori dalla finestra/porta; **das Zimmer geht nach vorn/hinten ~** la camera dà sul davanti/retro; **wo geht es ~?** dov'è l'uscita?; **~ mit Ihnen!** esca!, fuori!, se ne vada!
hinaus|begleiten <ohne ge-> *vt* accompagnare fuori
hinaus|drängen **I.** *vi* venir fuori (**aus** da) **II.** *vt* espellere (**aus** da)
hinaus|ekeln *vt (fam)* **jdn ~** far scappare qu [dallo schifo]
hinaus|fliegen <irr> *vi sein* ① *(Vogel)* volar via; **aus dem Käfig ~** volar via dalla gabbia ② *(fam: Person)* volar via, scappar via; **aus dem Restaurant/der Schule ~** venir buttato fuori dal ristorante/dalla scuola
hinaus|gehen <irr> *vi sein* ① *(nach draußen gehen)* andare fuori, uscire ② *(Zimmer, Fenster)* dare; **auf den** [*o* **nach dem**] **Hof ~** dare sul cortile ③ *(fig: überschreiten)* **über etw** *akk* **~** superare qc
hinaus|laufen <irr> *vi sein (nach draußen laufen)* correre fuori, uscire di corsa; **auf etw** *akk* **~** *(fig)* andare a finire in qc, portare a qc
hinaus|lehnen *vr:* **sich ~** sporgersi
hinaus|schicken *vt* mandare fuori
hinaus|schieben <irr> *vt* ① *(Termin)* rimandare ② *(Person, Gegenstand)* spingere [*o* buttare] fuori

H

hinaus|schießen <irr> *vi* ① *haben (nach draußen schießen)* sparare fuori ② *sein (hinausrennen)* uscire sparato *fam;* **über das Ziel ~** *(fig)* oltrepassare il segno
hinaus|werfen <irr> *vt* ① *(Sache)* gettare fuori ② buttare fuori; *(entlassen)* licenziare; *(kündigen)* sfrattare, sbatter fuori *fam*
hinaus|wollen <irr> *vi (nach draußen wollen)* voler uscire; **aus etw ~** voler uscire da qc; **hoch ~** mirare in alto; **auf etw** *akk* **~** *(fig)* mirare a qc, tendere a qc; **worauf wollen Sie hinaus?** dove vuole andare a parare?
hinaus|zögern **I.** *vt* rinviare **II.** *vr:* **sich ~** protrarsi, andare per le lunghe
hin|biegen <irr> *vt (fam)* piegare, sistemare; **das biegen wir schon hin** vedrai che si sistema

H

Hinblick <-s> *m kein Pl.* **im ~ auf** *+akk* riguardo a, in considerazione di; **im ~ darauf, dass …** in considerazione del fatto che …
hin|bringen <irr> *vt (Sache)* portare lì; *(Person)* accompagnare [là]
hinderlich ['hɪndɐlɪç] *adj* che è d'impedimento; **jdm ~ sein** essere d'ostacolo a qu
hindern ['hɪndɐn] *vt* ① *(abhalten)* **jdn** [**daran**] **~ etw zu tun** impedire a qu di fare qc ② *(hemmen)* **jdn bei etw ~** ostacolare qu in qc
Hindernis ['hɪndɐnɪs] <-ses, -se> *nt* ① *(allg)* SPORT ostacolo *m;* **ein ~ aus dem Weg räumen** *(fig)* eliminare un ostacolo; **jdm ~se in den Weg legen** *(fig)* frappore ostacoli a qu ② *(Behinderung) a.* JUR impedimento *m*
Hindernislauf *m* corsa *f* a ostacoli
Hindernisrennen *nt* corsa *f* a ostacoli
Hinderungsgrund *m* [motivo *m* d']impedimento *m*
hin|deuten *vi* ① *(hinzeigen)* **auf jdn/etw ~** mostrare qu/qc col dito, additare qu/qc ② *(fig: andeuten)* **auf etw** *akk* **~** alludere a qc; *(hinweisen)* indicare qc
Hindi ['hɪndi] <-> *nt kein Pl.* LING hindi *m*
Hindu ['hɪndu] <-(s), -(s)> *m* indù *m*
Hinduismus [hɪndu'ɪsmʊs] <-> *m kein Pl.* induismo *m*
hinduistisch *adj* induistico, dell'induismo
hindurch [hɪn'dʊrç] *adv* ① *(örtlich)* attraverso; **mitten ~** attraverso il mezzo ② *(zeitlich)* per, durante
hinein [hɪ'naɪn] *adv* dentro; **mitten in etw** *akk* **~** in mezzo a qc, nel bel mezzo di qc; **bis tief in die Nacht ~** fino a notte avanzata
hinein|gehen <irr> *vi sein* ① *(in etw ~)* andare dentro, entrare; *(nach innen gehen)* penetrare ② *(hineinpassen)* starci
hinein|knien *vr* **sich in etw** *akk* **~** *(fig fam)* sprofondarsi in qc
hinein|kommen <irr> *vi sein* ① entrare; *(hineingelangen)* poter entrare ② *(fig: sich hineinfinden)* impratichirsi (**in** *+akk* di) ③ *(hineingeraten)* cacciarsi (**in** *+akk* in)
hinein|legen *vt* ① *(nach innen legen)* mettere dentro ② *(fig: Gefühl, Ehrgeiz)* metterci
hinein|passen *vi* ① *(Platz haben)* **in etw** *akk* **~** trovar posto in qc ② *(fig)* **in eine Umgebung ~** essere adatto per un ambiente
hinein|schlittern *vi (fam)* ① *(in Graben)* scivolare [dentro] (**in** *+akk* in) ② *(fam: in Situation)* finire (**in** *+akk* in)
hinein|stecken *vt* ① *(hineinlegen, -setzen, -stellen)* mettere dentro; *(Stecker, Nadel)* infilare ② *(investieren)* investire, impiegare
hinein|steigern *vr* **sich in etw** *akk* **~** lasciarsi trasportare a qc
hinein|versetzen <ohne ge-> *vr* **sich in jdn** [*o* **jds Lage**] **~** mettersi nei panni di qu *fam*
hinein|wachsen <irr> *vi sein* maturare, crescere (**in** *+akk* in), familiarizzarsi (**in** *+akk* con)
hinein|ziehen <irr> **I.** *vi sein* tirar dentro (**in** *+akk* in) **II.** *vt* ① *(Dinge)* trascinare ② *(in Verbrechen)* coinvolgere (**in** *+akk* in)
hin|fahren <irr> **I.** *vi sein* andare là, andarci; *(wegfahren)* andare via **II.** *vt haben* condurre, portare là
Hinfahrt <-, -en> *f* [viaggio *m* di] andata *f;* **Hin- und Rückfahrt** andata e ritorno
hin|fallen <irr> *vi sein* cadere [per terra]; **der Länge nach ~** cadere lungo disteso
hinfällig *adj* ① *(altersschwach)* decrepito, cadente; *(kränklich)* malaticcio *fam,* debole ② *(ungültig)* non valido, nullo
Hinfälligkeit <-, -en> *f* ① *(Altersschwäche)* decrepitezza *f; (Kränkeln)* gracilità *f,* infermità *f* ② *(Ungültigkeit)* caducità *f,* nullità *f*
Hinflug *m* volo *m* di andata
hing [hɪŋ] *1. u. 3. Pers. Sing. Imp. von* **hängen**[2]
Hingabe <-> *f kein Pl. (Begeisterung)* fervore *m; (Leidenschaft)* passione *f; (Eifer)* zelo *m*
hin|geben <irr> **I.** *vt* sacrificare **II.** *vr* **sich einer Sache** *dat* **~** dedicarsi a qc; **sich jdm ~** darsi a qu
hingebungsvoll *adj (opferbereit)* pieno di abnegazione
hingegen [hɪn'ge:gən] *adv* invece, al contrario
hin|gehen <irr> *vi sein* ① *(räumlich)* andare là, andarci ② *(Zeit)* passare

hingerissen ['hɪngərɪsən] *adj* entusiasta, incantato

hin|halten <irr> *vt* ① *(entgegenstrecken)* tendere, porgere; **seinen Kopf für etw ~** tenere la testa alta di fronte a qc ② *(fig: warten lassen)* tenere a bada

Hinhaltetaktik *f* tattica *f* di rinvio

hin|hauen <irr> *(fam)* **I.** *vt (Arbeit)* buttar giù **II.** *vi* ① *(klappen)* riuscire ② *(gut gehen)* andare bene **III.** *vr:* **sich ~** *(fam: zum Schlafen)* coricarsi

hin|hören *vi* ascoltare, tendere l'orecchio

hinken ['hɪŋkən] *vi haben* essere zoppo, zoppicare; **auf dem rechten/linken Fuß ~** zoppicare dal piede destro/sinistro

hin|knien *vi sein o vr:* **sich ~** inginocchiarsi, mettersi in ginocchio

hinlänglich *adj* bastante, sufficiente

hin|legen **I.** *vt* [de]porre, posare **II.** *vr:* **sich ~** sdraiarsi; *(zu Bett gehen)* coricarsi

hin|nehmen <irr> *vt (Tatsache)* accettare, prendere; *(erdulden)* sopportare; *(Beleidigung)* incassare, ingoiare

hinreichend ['hɪnraɪçənt] *adj* bastante, sufficiente

Hinreise *f* [viaggio *m* d'] andata *f*

hin|reißen <irr> *vt* **sich zu etw ~ lassen** lasciarsi trasportare a fare qc

hinreißend *adj* affascinante, meraviglioso

hin|richten *vt* giustiziare

Hinrichtung <-, -en> *f* esecuzione *f* capitale

Hinschied ['hɪnʃiːt] <-(e)s, -e> *m* CH *(Tod)* morte *f,* decesso *m*

hin|schmeißen <irr> *vt (fam)* buttare là; *(Arbeit)* mandare a quel paese *fam*

hin|sehen <irr> *vi* **zu jdm/etw ~** guardare verso qu/qc; **bei näherem Hinsehen** guardando più da vicino

hin|setzen **I.** *vr:* **sich ~** sedersi **II.** *vt* mettere là

Hinsicht <-, *rar:* -en> *f* **in ~ auf** *+akk* riguardo a; **in dieser ~** sotto questo aspetto; **in gewisser ~** sotto certi aspetti; **in jeder ~** sotto tutti gli aspetti

hinsichtlich *präp +gen* riguardo a, per quanto concerne

hin|sitzen <irr> *vi sein* SÜDD, CH sedersi

Hinspiel <-(e)s, -e> *nt* SPORT partita *f* di andata

hin|stellen **I.** *vt* ① mettere, collocare ② *(fig: darstellen)* presentare; **jdn als Dummkopf ~** far passare qu da stupido **II.** *vr:* **sich ~** mettersi; **sich vor jdn ~** mettersi davanti a qu; **sich als Künstler ~** *(fig)* farsi passare per artista

hin|stürzen *vi sein* ① *(hinfallen)* cadere ② *(hineilen)* precipitarsi [là] (**zu** a)

hinten ['hɪntən] *adv* ① [di] dietro ② *(im Hintergrund)* sullo sfondo ③ *(hinter anderen)* indietro ④ *(am Ende)* in coda, alla fine ⑤ *(weit entfernt)* lontano ⑥ *(auf der Rückseite)* di dietro ⑦ *(fam)* **das stimmt ~ und vorne nicht** non è affatto vero; **das Geld reicht ~ und vorn[e] nicht** i soldi non bastano assolutamente

hintenherum *adv* per di dietro; **etw ~ erfahren** venire a sapere qc per vie traverse

hintennach [hɪntən'naːx] *adv* SÜDD, CH *s.* **hinterdrein**

hintenrum *adv (fam) s.* **hintenherum**

hintenüber [hɪntən'ʔyːbɐ] *adv* [all']indietro

hinter ['hɪntɐ] *präp +akk o dat (örtlich)* dietro; *(in der Reihenfolge)* dopo; **einer ~ dem andern** uno dopo l'altro; **~ die Wahrheit kommen** scoprire la verità; **~ sich** *dat* dietro di sé; **~ sich** *dat* **lassen** *(überholen)* sorpassare; *(übertreffen)* superare; **etw ~ sich bringen** compiere qc

Hinterachse *f* MOT assale *m* posteriore

Hinterausgang *m* uscita *f* posteriore

Hinterbacke *f (fam)* natica *f,* chiappa *f*

Hinterbein *nt (Tiere)* gamba *f* posteriore; **sich auf die ~e stellen** *(fig)* impuntarsi, puntare i piedi

Hinterbliebene [hɪntɐ'bliːbənə] <ein -r, -n, -n> *mf* superstite *mf*

hinterbringen[1] [hɪntɐ'brɪŋən] <irr, ohne ge-> *vt* **jdm etw ~** riferire [*o* riportare] qc a qu

hinter|bringen[2] <irr> *vt* ① OSTD, SÜDD, A *(fam)* portare indietro ② OSTD finire, inghiottire, mandar giù

hinterdrein [hɪntɐ'draɪn] *adv* ① *(räumlich)* [di] dietro, dopo ② *(Zeit)* dopo, poi, in seguito

hintere(r, s) *adj* posteriore, ultimo, -a

hintereinander [hɪntɐʔaɪ'nandɐ] *adv* ① *(örtlich)* uno dietro l'altro, in fila ② *(zeitlich)* uno dopo l'altro; *(Reihenfolge)* successivamente; **zwei Jahre ~** due anni di fila

hinterfragen [hɪntɐ'fraːgən] <ohne ge-> *vt* indagare

Hintergedanke <-ns, -n> *m* pensiero *m* segreto, secondo fine *m*

hintergehen [hɪntɐ'geːən] <irr> *vt haben (täuschen)* ingannare, raggirare

hinter|gehen[2] <irr> *vi sein* OSTD, SÜDD, A *(fam)* andare indietro

Hintergrund *m (a. Computer)* sfondo *m;* THEAT retroscena *m;* **im ~ bleiben** *(fig)* restare nell'ombra; **in den ~ treten** *(fig)* passare in secondo piano

hintergründig ['hɪntɐgrʏndɪç] *adj* recondito, nascosto

Hinterhalt *m* imboscata *f,* agguato *m;* **jdn**

in einen ~ locken attirare qu in un'imboscata

hinterhältig ['hɪntɐhɛltɪç] *adj* subdolo, perfido

hinterher [hɪtɐ'heːɐ̯] *adv* ① *(räumlich)* [di] dietro ② *(zeitlich)* dopo, poi

hinterher|hinken [hɪntɐ'heːɐhɪŋkən] *vi sein* ① *(hinkend verfolgen)* seguire zoppicando, seguire a fatica; **die Gesetzgebung hinkt der sozialen Entwicklung hinterher** la legislazione segue a fatica lo sviluppo sociale ② *(zu langsam folgen)* arrancare

hinterher|laufen <irr> *vi sein* **jdm ~** correr dietro a qu

Hinterhof *m* cortile *m* interno

Hinterkopf *m* occipite *m*

Hinterland *nt* entroterra *m,* hinterland *m*

hinterlassen [hɪntɐ'lasən] <irr> *vt* lasciare

Hinterlassenschaft *f* eredità *f*

hinterlegen [hɪntɐ'leːgən] <ohne ge-> *vt* depositare

Hinterlist *f kein Pl.* perfidia *f,* malignità *f*

hinterlistig *adj* perfido, subdolo

hinterm ['hɪntɐm] = **hinter dem** *(fam)* dietro

Hintermann *m* ① *(räumlich)* chi sta dietro ② *meist Pl. (fig: Drahtzieher)* mandanti *mpl*

hintern ['hɪntɐn] = **hinter den** *(fam)* dietro

Hintern ['hɪntɐn] <-s, -> *m (fam)* didietro *m*

Hinterrad *nt* ruota *f* posteriore

Hinterradantrieb *m* MOT trazione *f* posteriore

Hinterreihe *f* ultima fila *f*

hinterrücks ['hɪntɐrʏks] *adv* ① [per] di dietro, alle spalle ② *(fig, pej: heimtückisch)* a tradimento, proditoriamente

hinters ['hɪntɐs] = **hinter das** *(fam)* dietro

Hinterschinken <-s, -> *m* GASTR prosciutto *m* di coscia

hintersinnen <ohne ge-> *vr:* **sich ~** CH *(grübeln, sich viele Gedanken machen)* lambiccarsi [il cervello], scervellarsi; **wegen ihrer schweren Krankheit hat sie sich fast hintersinnt** per colpa della sua grave malattia si è abbattuta [*o* avvilita]

hinterste(r, s) *adj Superlativ von* **hintere(r, s)** ultimo, -a

Hinterteil *nt (fam: Gesäß)* sedere *m,* posteriore *m*

Hintertreffen *nt (fam)* **ins ~ geraten** avere la peggio

hintertreiben [hɪntɐ'traɪbən] <irr, ohne ge-> *vt* mandare a monte, render vano, frustrare

Hintertupfing[en] ['hɪntɐ'tʊpfɪŋ(ən)] <-s> *nt kein Pl. (fam iron)* paesetto *m* sperduto

Hintertür *f* ① *(bei einem Haus)* porta *f* posteriore ② *(fig)* scappatoia *f;* **sich** *dat* **eine ~ offenlassen** lasciarsi aperta una porta

Hinterwäldler ['hɪntɐvɛltlɐ] <-s, -> *m (fig fam)* uomo *m* rozzo [*o* ignorante], zoticone *m*

hinterziehen [hɪntɐ'tsiːən] <irr> *vt (Geld)* sottrarre; *(Steuern, Zoll)* frodare, evadere

Hinterzimmer *nt* stanza *f* sul retro

hin|treten <irr> *vi sein* **zu etw ~** mettere i piedi in qc; **vor jdn ~** comparire davanti a qu

hin|tun <irr> *vt (fam)* mettere

hinüber [hɪ'nyːbɐ] *adv* di là, dall'altra parte; **da ~** per di qua; **über etw** *akk* **~** al di sopra di qc, dall'altra parte di qc

hinüber|retten I. *vt* salvare; *(in spätere Zeit)* conservare (**in** +*akk* in) **II.** *vr:* **sich ~** *(über Brücke, Grenze)* salvarsi (**über** +*akk* oltre), rifugiarsi

hinunter [hɪ'nʊntɐ] *adv* giù, abbasso; **den Berg ~** giù per la montagna

hinunter|fahren <irr> *vi sein* scendere [con un veicolo]

hinunter|fallen <irr> *vi sein* cadere giù

hinunter|gehen <irr> *vi sein* scendere

hinunter|schlucken *vt* mandare giù, inghiottire; *(a. Ärger)* ingoiare

hinunter|spülen *vt (fam: hinunterschlucken)* ingoiare; *(Ärger)* inghiottire, mandar giù; **etw den Ausguss ~** far scolare qc nel lavello

hinunter|stürzen I. *vi sein* ① *(hinunterfallen)* cadere [*o* precipitare] giù ② *(hinunterlaufen)* scendere a precipizio **II.** *vt haben* buttar giù **III.** *vr* **sich ~** buttarsi giù

hinunter|werfen <irr> *vt* gettare giù

hinunter|würgen *vt (Essen)* ingoiare

hinweg [hɪn'vɛk] *adv* **~ mit euch!** *(obs)* fuori dai piedi!, via di qui!

Hinweg ['hɪnveːk] *m* andata *f*

hinweg|gehen <irr> *vi sein* **über etw** *akk* **~** *(fig)* ignorare qc, passare sopra a qc

hinweg|hören *vi* **über etw** *akk* **~** ignorare qc

hinweg|kommen <irr> *vi sein* **über etw ~** *(fig)* superare qc, non pensare più a qc

hinweg|sehen <irr> *vi* ① **über etw** *akk* **~** guardare al di sopra di qc ② *(fig: ignorieren)* passare sopra; **darüber will ich noch ~, aber …** per questa volta passi, però …

hinweg|setzen *vr* **sich über etw** *akk* **~** non tener conto di qc

hinweg|täuschen *vt* ingannare (**über** +*akk*); **sein Lächeln konnte nicht über**

seine Enttäuschung ~ il suo sorriso non poté ingannare la delusione

Hinweis ['hɪnvaɪs] *m* ① *(Rat)* indicazione *f*, informazione *f* ② *(Verweis)* rimando *m;* **der ~ auf Seite** *akk* **...** il rimando a pagina ... ③ *(Anspielung)* allusione *f*, accenno *m;* **unter ~ auf etw** *akk* accennando a qc, facendo riferimento a qc

hin|weisen <irr> **I.** *vt* **jdn auf etw** *akk* **~** far notare qc a qu, richiamare l'attenzione di qu su qc **II.** *vi* **auf etw** *akk* **~** indicare qc, segnalare qc; **darauf ~, dass ...** far notare che ...

hin|werfen <irr> *vt* ① *(zu Boden werfen)* buttare per terra ② *(fig: Zeichnung)* abbozzare, schizzare ③ *(fam: Stellung)* abbandonare

hin|ziehen <irr> *vr:* **sich ~** *(zeitlich)* protrarsi, andare per le lunghe; **sich zu jdm hingezogen fühlen** sentirsi attratto da qu; **sich zu etw hingezogen fühlen** avere inclinazione per qc

hinzu [hɪn'tsuː] *adv* ① *(örtlich)* vi ② *(außerdem)* inoltre ③ *(obendrein)* per di più

hinzu|fügen *vt* **etw [zu etw] ~** aggiungere qc [a qc]

hinzu|kommen <irr> *vi sein (Personen)* sopraggiungere; *(Dinge, Tatsachen)* aggiungersi; **hinzu kommt noch, dass ...** va ancora aggiunto che ...

hinzu|ziehen <irr> *vt* consultare, ricorrere a

Hiobsbotschaft ['hiːɔpsboːtʃaft] *f* annuncio *m* funesto, notizia *f* infausta

Hip-Hop ['hiphɔp] <-s> *m kein Pl.* hiphop *m*

Hippie ['hɪpi] <-s, -s> *m* hippy *m*

Hirn [hɪrn] <-(e)s, -e> *nt* ① *(Gehirn)* cervello *m* ② *(Verstand)* intelligenza *f*

Hirngespinst ['hɪrngəʃpɪnst] *nt (pej)* fantasticheria *f*, fantasia *f*, idea *f* cervellotica

Hirnhaut *f* ANAT meninge *f*

Hirnhautentzündung *f* MED meningite *f*

hirnrissig ['hɪrnrɪsɪç], **hirnverbrannt** ['hɪrnfɛɐbrant] *adj (fam)* pazzo, folle

Hirntod *m* MED morte *f* cerebrale

Hirsch [hɪrʃ] <-(e)s, -e> *m* ZOO cervo *m*

Hirschkäfer *m* ZOO cervo *m* volante

Hirschkalb *nt* ZOO cerbiatto *m*

Hirschkeule *f* GASTR coscia *f* di cervo

Hirschkuh *f* ZOO cerva *f*

Hirse ['hɪrzə] <-, *rar:* -n> *f* BOT, AGR miglio *m*

Hirte ['hɪrtə] <-n, -n> *m* pastore *m*

Hirtenbrief *m* REL lettera *f* pastorale

Hirtin ['hɪrtɪn] <-, -nen> *f* pastora *f*

hissen ['hɪsən] *vt (Fahne)* issare; *(Segel)* alzare

Historie [hɪs'toːriə] <-, -n> *f (obs geh)* storia *f*

Historiker(in) [hɪs'toːrɪkɐ] <-s, -; -, -nen> *m(f)* storico, -a *m, f*

historisch [hɪs'toːrɪʃ] *adj* storico

Hit [hɪt] <-s, -s> *m* hit *m*

Hitliste *f* classifica *f* delle canzoni di successo

Hitparade *f* hitparade *f*

hitverdächtig *adj* in odore di successo

Hitze ['hɪtsə] <-> *f kein Pl.* ① *(heiß)* gran caldo *m*, gran calura *f;* METEO caldo *m;* **den Kuchen bei mittlerer ~ backen** cuocere il dolce in forno a temperatura media ② *(fig: Leidenschaft)* ardore *m; (Eifer)* fervore *m;* **in der ~ des Gefechts** nel fervore della mischia; *(fig)* nella foga della discussione

hitzebeständig *adj* resistente al calore, refrattario

Hitzebläschen ['hɪtsəblɛːsçən] <-s, -> *nt* MED sudamina *f*

hitzeempfindlich *adj* sensibile al calore

hitzefrei *adj* **~ haben** avere vacanza per il gran caldo

Hitzewelle *f* ondata *f* di caldo

hitzig ['hɪtsɪç] *adj* ① *(leicht erregbar)* irritabile, irascibile; *(heftig)* violento ② *(Debatte)* acceso

Hitzkopf *m (fig)* testa *f* calda

Hitzschlag *m* MED colpo *m* di calore

HIV [haːʔiː'faʊ] <-(s)> *nt kein Pl.* MED *Abk. von* **Human Immune [Deficiency] Virus** HIV *m;* **~ positiv/negativ** sieropositivo/sieronegativo

HIV-Test <-(e)s, -s> *m* MED test *m* dell'AIDS

Hiwi ['hiːvi] <-(s), -s> *m (sl: an Universität)* assistente *m* universitario

hl *Abk. von* **Hektoliter** hl

hl. *Abk. von* **heilig** S.

hm *interj* ehm

H-Milch ['haːmɪlç] *f* latte *m* pastorizzato a lunga conservazione

h-Moll ['haː'mɔl] <-> *nt kein Pl.* MUS si *m* minore

HNO-Arzt [haːʔɛn'ʔoːartst] *m*, **HNO-Ärztin** *f* otorinolaringoiatra *mf*

hob [hoːp] *1. u. 3. Pers. Sing. Imp. von* **heben**

Hobby ['hɔbi] <-s, -s> *nt* hobby *m*, svago *m* preferito

Hobbyraum *m* locale *m* per hobby

Hobel ['hoːbəl] <-s, -> *m* pialla *f*

Hobelbank *f* banco *m* da falegname

hobeln ['hoːbəln] *vt* piallare

hoch [hoːx] **I.** *adj* <höher, höchste> ① *(räumlich)* alto; **im hohen Norden** all'estremo nord; **das ist mir zu ~** *(fam)*

H

questo è troppo difficile per me ② *(fig: Ton)* acuto ③ *(Zahl, Preis)* elevato; *(Alter)* avanzato; **in hohem Maße** in alto grado, grandemente; **mit hoher Wahrscheinlichkeit** con grande probabilità ④ *(Strafe)* duro; *(Geldstrafe)* forte ⑤ *(erhaben)* sublime; *(Ehre)* grande ⑥ *(hervorragend)* eminente ⑦ *(oben stehen)* **hoher Feiertag** festa solenne; **das Hohe Gericht** l'Alta corte; **hoher Offizier** ufficiale superiore; **ein hohes Tier** *(fam)* un pezzo grosso **II.** *adv* <höher, am höchsten> molto, ben; **~ erfreut sein** essere molto lieto; **~ und heilig versprechen** promettere solennemente; **jdm etw ~ anrechnen** fare un gran merito a qu di qc; **6 ~ 4** MAT sei elevato alla quarta potenza; **~ oben** su in alto; **~ am Himmel** alto nel cielo; **wenn es ~ kommt** *(fam)* tutt'al più, al massimo; **wie ~ schätzen Sie ...?** quanto vale secondo Lei ...?; **er lebe ~!** viva!; **Hände ~!** mani in alto!

Hoch <-s, -s> *nt* ① METEO zona *f* di alta pressione, anticiclone *m* ② *(Ruf)* evviva *m;* **ein dreifaches ~ für ...!** un triplo evviva per ...!

Hochachtung <-> *f kein Pl.* stima *f,* rispetto *m*

hochachtungsvoll *adv (Brief)* distinti saluti

Hochaltar *m* altar[e] *m* maggiore

Hochamt *nt* REL messa *f* grande [*o* solenne]

hochangesehen ['hoːx'angəzeːən] *adj* molto apprezzato [*o* stimato]

hochanständig ['hoːx'anʃtɛndɪç] *adj* *(Handlung)* molto corretto

hoch|arbeiten *vr:* **sich ~** farsi strada [lavorando]

Hochbahn *f* ferrovia *f* sopraelevata

Hochbau *m* ① *(Bau)* costruzione *f* soprassuolo ② *(Studium)* ingegneria *f* civile

hochbegabt *adj* particolarmente dotato, superdotato

hochberühmt *adj a. attr.* famosissimo, celeberrimo

hochbetagt *adj* molto vecchio

Hochbetrieb *m (fam)* massima attività *f*

Hochblüte <-> *f kein Pl. (fig)* fioritura *f;* **seine ~ haben** fiorire

Hochburg *f* roccaforte *f,* baluardo *m*

hochdeutsch *adj* ① *(nicht umgangssprachlich)* tedesco puro, tedesco scritto ② *(ober- und mitteldeutsch)* alto tedesco

Hochdruck *m kein Pl.* ① PHYS, METEO alta pressione *f; (fig)* pressione *f* ② TYP stampa *f* in rilievo, tipografia *f*

Hochdruckgebiet <-(e)s, -e> *nt* METEO zona *f* d'alta pressione

Hochdruckreiniger <-s, -> *m* idropulitrice *f*

Hochebene *f* GEOG altopiano *m*

hocherfreut *adj a. attr.* felicissimo

hochexplosiv *adj* molto esplosivo

hoch|fahren <irr> *vi sein* ① *(nach oben fahren)* andare su, salire ② *(aufbrausen)* saltar[e] su; **aus dem Schlaf ~** svegliarsi di soprassalto

hochfahrend *adj* superbo, arrogante, presuntuoso

Hochfinanz <-> *f kein Pl.* alta finanza *f*

hochfliegend *adj (fig)* ambizioso

Hochform *f* ottima forma *f*

Hochformat *nt* formato *m* verticale

Hochfrequenz *f* PHYS alta frequenza *f*

Hochgebirge *nt* GEOG alta montagna *f*

Hochgefühl *nt* euforia *f*

hoch|gehen <irr> *vi sein* ① *(nach oben gehen)* salire; *(Vorhang)* alzarsi, levarsi; *(Mine)* esplodere ② *(fam: zornig werden)* montare su tutte le furie

Hochgenuss *m* godimento *m* massimo, voluttà *f*

hochgeschlossen *adj (Bluse)* accollato

Hochgeschwindigkeitszug *m* treno *m* ad alta velocità

hochgespannt *adj (Erwartung)* eccessivo

hochgestellt *adj* ① *(Ziffer, Zahl)* in apice ② *(Persönlichkeit)* altolocato

hochgestochen *adj (fam pej: Rede)* forbito; *(Buch)* pretenzioso

hochgewachsen *adj* alto, grande

Hochglanz *m kein Pl.* lucentezza *f,* splendore *m;* **etw auf ~ bringen** lucidare qc a specchio *fam*

Hochglanzpapier *nt* carta *f* patinata per stampa

hochgradig *adj* forte, intenso

hochhackig ['hoːxhakɪç] *adj* a tacchi alti

hoch|halten <irr> *vt* ① tenere in alto ② *(fig: achten)* tenere alto, onorare

Hochhaus *nt* grattacielo *m*

hoch|heben <irr> *vt* alzare, sollevare

hochindustrialisiert *adj* altamente industrializzato

hoch|jubeln *vt (fam)* gioire di cuore, esultare

hochkant ['hoːxkant] *adv (Bücher)* per [*o* a] coltello, di costa; **jdn ~ hinauswerfen** sbattere fuori qu

hochkarätig ['hoːxkarɛːtɪç] *adj* ① *(von hohem Karat)* di molti carati, di pregio ② *(Person)* di qualità; **~er Wissenschaftler** uno studioso di qualità

Hochkonjunktur *f* FIN congiuntura *f* favorevole

hochkonzentriert ['hoːxkɔntsɛn'triːɐt] *adj* ad alta concentrazione, molto concentrato

Hochkultur *f* civiltà *f* evoluta

hoch|laden <irr> *vt* INFORM uploadare

Hochland *nt* GEOG altopiano *m*
hoch|leben *vi* **er/sie lebe hoch!** viva!, evviva!; **jdn ~ lassen** festeggiare qu
Hochleistung *f* alto rendimento *m,* alta resa *f*
Hochlohnland <-(e)s, -länder> *nt* WIRTSCH paese *m* ad alto costo di lavoro [*o* ad alta retribuzione lavorativa]
hochmodern *adj* modernissimo
Hochmoor *nt* GEOG palude *f* alta [*o* sovracquatica]
Hochmut *m kein Pl.* superbia *f,* arroganza *f*
hochmütig ['ho:xmy:tɪç] *adj* superbo, arrogante
hochnäsig ['ho:xnɛ:zɪç] *adj (fam pej: eingebildet)* con la puzza sotto il naso, presuntuoso; *(arrogant)* arrogante
Hochnebel *m* METEO nebbia *f* alta
Hochofen *m* TEC altoforno *m*
Hochparterre *nt* pianoterra *m* rialzato
hochprozentig *adj* ad alta percentuale; *(Alkohol)* ad alta gradazione alcolica
hochqualifiziert *adj* altamente qualificato
hochrangig *adj* di alto rango
hoch|rechnen I. *vt* prevedere [sulla base di proiezioni parziali] **II.** *vi* fare delle previsioni
Hochrechnung *f* previsione *f* [in base a proiezioni parziali]
Hochrelief <-s, -s> *nt* KUNST altorilievo *m*
Hochruf *m* evviva *m*
hoch|rüsten I. *vi* MIL aumentare gli armamenti **II.** *vt (technisch verbessern)* migliorare l'attrezzatura
Hochsaison *f* alta stagione *f*
hoch|schätzen *vt (geh)* stimare molto
hoch|schaukeln I. *vt* gonfiare, montare **II.** *vr:* **sich ~** eccitarsi, montarsi [la testa]
Hochschule *f* istituto *m* superiore, università *f*
Hochschüler(in) *m(f)* studente, -essa *m, f* universitario, -a
Hochschullehrer(in) *m(f)* professore, -essa *m, f* universitario, -a
Hochschulreife *f* maturità *f,* licenza *f* liceale
Hochschulstudium *nt* studi *mpl* universitari
Hochschulzulassung *f* ammissione *f* all'università
hochschwanger *adj* negli ultimi mesi di gravidanza
Hochsee *f kein Pl.* alto mare *m*
Hochseefischerei *f* pesca *f* d'alto mare
hochsensibel ['ho:xzɛn'zi:bəl] *adj* molto sensibile
Hochsitz *m (Jagd)* palchetto *m,* posta *f* alta
Hochsommer *m* piena estate *f*
Hochspannung *f* ❶ TEC alta tensione *f* ❷ *(fig)* alta tensione *f*
Hochspannungsleitung *f* linea *f* ad alta tensione
Hochspannungsmast *m* traliccio *m* per linea ad alta tensione
hoch|spielen *vt (fig)* gonfiare, enfatizzare
Hochsprache *f* lingua *f* scritta
Hochsprung *m* SPORT salto *m* in alto
höchst [hø:kst *o* hø:çst] *adv* molto, assai
Höchst- *in Zusammensetzungen* massimo
Höchstalter *nt* età *f* massima
Hochstapler(in) ['ho:xʃta:plɐ] <-s, -; -, -nen> *m(f)* cavaliere *m* d'industria, filibustiere, -a *m, f,* imbroglione, -a *m, f*
Höchstbetrag *m* importo *m* massimo; **bis zum ~ von** fino all'ammontare di
höchste(r, s) ['hø:kstə *o* 'hø:çstə, -tɐ, -təs] *adj* ❶ *Superlativ von* **hoch** [il, la] più alto, -a ❷ *Superlativ von* **hoch** *(fig: äußerste)* estremo, -a massimo, -a **es ist ~ Zeit** è proprio ora
höchstens ['hø:kstəns *o* 'hø:çstəns] *adv* al massimo, tutt'al più
Höchstfall *m* **im ~** al massimo
Höchstform <-> *f kein Pl.* SPORT piena forma *f;* **in ~** in piena forma
Höchstgebot *nt* offerta *f* massima, ultima offerta *f*
Höchstgeschwindigkeit *f* velocità *f* massima
Höchstgrenze *f* limite *m* massimo
hoch|stilisieren <ohne ge-> *vt* elevare (**zu** a)
Hochstimmung *f kein Pl.* bella atmosfera *f*
Höchstleistung *f* ❶ TEC rendimento *m* massimo, produzione *f* massima ❷ SPORT record *m,* primato *m*
Höchstmaß *nt* **ein ~ an Verantwortung** una grandissima responsabilità
höchstpersönlich *adv* in [*o* di] persona
Höchstpreis *m* prezzo *m* massimo
Höchststrafe *f* pena *f* massima
höchstwahrscheinlich *adv* con tutta probabilità
höchstzulässig *adj* **~es Gesamtgewicht** carico massimo ammesso
Hochtechnologie *f* TEC alta tecnologia *f*
Hochtouren *pl* **auf ~ laufen/arbeiten** girare a pieno regime; *(fig)* lavorare a pieno ritmo
hochtrabend *adj (pej)* enfatico, ampolloso
hochverehrt *adj* molto stimato
Hochverrat *m* JUR alto tradimento *m*
hochverschuldet *adj s.* **verschuldet**
Hochwald *m* fustaia *f*
Hochwasser *nt* ❶ *(bei Flut)* alta marea *f* ❷ *(von Fluss)* piena *f* ❸ *(Überschwemmung)* inondazione *f*

H

hochwertig *adj* di gran valore, prezioso
Hochwild *nt* selvaggina *f* grossa
Hochzeit ['hɔxtsaɪt] <-, -en> *f* nozze *fpl*, matrimonio *m;* **silberne/goldene/diamantene ~** nozze d'argento/d'oro/di diamante
Hochzeitsfeier *f* cerimonia *f* nuziale
Hochzeitsgast *m* invitato *m* alle nozze
Hochzeitsgeschenk *nt* regalo *m* di nozze
Hochzeitsnacht *f* prima notte *f* di matrimonio
Hochzeitsreise *f* viaggio *m* di nozze
Hochzeitstag *m* ① *(Tag der Eheschließung)* giorno *m* delle nozze ② *(Jahrestag)* anniversario *m* delle nozze
Hocke ['hɔkə] <-, -n> *f* ① posizione *f* raccolta ② SPORT salto *m* a gambe unite
hocken ['hɔkən] *vi* ① *(in Hocke sitzen)* essere accoccolato ② *(fam: sitzen)* stare [seduto]
Hocker ['hɔkɐ] <-s, -> *m* sgabello *m*
Höcker ['hœkɐ] <-s, -> *m* ① *(Buckel)* gobba *f* ② MED gibbosità *f*
Hockey ['hɔki] <-s> *nt kein Pl.* SPORT hockey *m*
Hockeyschläger *m* mazza *f* da hockey
Hode ['ho:də] <-, -n> *f*, **Hoden** <-s, -> *m* testicolo *m*
Hodensack *m* scroto *m*
Hof [ho:f] <-(e)s, Höfe> *m* ① *(Innen~)* cortile *m* ② *(Bauern~)* fattoria *f* ③ *(Gerichts~, Fürsten~)* corte *f;* **bei ~e** in reggia ④ ASTR alone *m*
hoffen ['hɔfən] *vt, vi* sperare; **auf etw** *akk* **~** sperare in qc; **ich hoffe es** lo spero; **ich hoffe nicht** spero di no; **~ wir das Beste!** speriamo [in] bene!
hoffentlich ['hɔfəntlɪç] *adv* speriamo [che] *+conj;* **du bist mir doch ~ nicht böse** spero che tu non sia arrabbiato con me
Hoffnung ['hɔfnʊŋ] <-, -en> *f* speranza *f;* *(Erwartung)* attesa *f;* *(Aussicht)* probabilità *f;* **~ auf etw** *akk* **haben** avere speranza in qc; **die ~ aufgeben** perdere ogni speranza; **sich** *dat* **~en machen** farsi illusioni; **seine ~ auf etw/jdn setzen** riporre le proprie speranze in qc/qu; **in der ~ zu …** nella speranza di *+inf;* **in der ~, dass …** sperando che *+conj*
hoffnungslos *adj* senza speranza; *(aussichtslos)* disperato
Hoffnungslosigkeit <-> *f kein Pl.* ① *(ohne Hoffnung)* condizione *f* disperata, disperazione *f* ② *(ohne Aussicht)* inutilità *f*
Hoffnungsschimmer *m* barlume *m* di speranza
hoffnungsvoll *adj* pieno di speranza; *(zuversichtlich)* fiducioso; *(vielversprechend)* promettente
Hofhund <-(e)s, -e> *m* cane *m* da guardia
hofieren [ho'fi:rən] <ohne ge-> *vt* corteggiare
höfisch ['hø:fɪʃ] *adj* ① *(Leben, Sitten)* di corte, cortigiano ② *(Dichtung)* cortese
höflich ['hø:flɪç] *adj* cortese, gentile
Höflichkeit <-, -en> *f* cortesia *f*, gentilezza *f*
Höflichkeitsbesuch *m* visita *f* di cortesia
Höflichkeitsfloskel *f* [vuota] formula *f* di cortesia
Höfling ['hø:flɪŋ] <-s, -e> *m* cortigiano *m*
Hofmarschall <-s, -schälle> *m* maresciallo *m* di corte
Hofnarr *m* buffone *m* di corte
Hofrat <-(e)s, -räte> *m* A *(Ehrentitel)* consigliere *m* di corte
Hoftor *nt* portone *m* del cortile
Höhe ['hø:ə] <-, -n> *f* ① MAT, MUS altezza *f;* AERO quota *f;* **nicht auf der ~ sein** *(fig fam)* non essere in forma; **auf der ~ von** all'altezza di; **auf gleicher ~** alla stessa altezza; *(Stadt, Ort)* alla stessa latitudine; **das ist [doch] die ~!** *(fam)* è il colmo! ② *(An~)* altura *f*, elevazione *f;* *(Gipfel~)* vetta *f* ③ *(von Betrag)* ammontare *m;* *(von Steuer, Satz)* tasso *m;* **bis zur ~ von 1000 Euro** fino a[ll'ammontare di] 1000 euro
hohe(r, s) ['ho:ə, -ɐ, -əs] *adj s.* **hoch**
Hoheit ['ho:haɪt] <-, -en> *f* ① *Sing.* *(Erhabenheit)* maestà *f*, sublimità *f* ② *(Anrede)* Sua Altezza; **Königliche ~** Altezza reale
Hoheitsgebiet *nt* territorio *m* nazionale
Hoheitsgewässer *ntpl* acque *fpl* territoriali
hoheitsvoll *adj* maestoso, regale
Hoheitszeichen *nt* emblema *m* di sovranità
Höhenangst *f* acrofobia *f*
Höhenflug <-(e)s, -flüge> *m* AERO volo *m* ad alta quota; **geistiger ~** alta prestazione intellettuale
Höhenmesser *m* altimetro *m*
Höhensonne *f* TEC lampada *f* al quarzo
Höhenunterschied *m* dislivello *m*
Höhenzug *m* GEOG catena *f* di montagne
Höhepunkt *m* ① punto *m* culminante; *(Gipfel)* cima *f*, culmine *m* ② *(fig)* apice *m*, vertice *m;* MED acme *f fam*, colmo *m fam;* **den ~ erreichen** raggiungere l'apice
höher ['hø:ɐ] *adj Komparativ von* **hoch** più alto; **~ als …** più alto di …; *(Stellung)* più elevato di …; *(fig)* superiore a …; **~e Gewalt** forza maggiore
hohl [ho:l] *adj* ① *(leer)* cavo ② *(Augen)* infossato; *(Wangen)* incavato ③ *(Klang)* cupo ④ *(fig)* vuoto, vacuo; *(nichts sagend)* insulso
Höhle ['hø:lə] <-, -n> *f* ① *(Fels~)* caver-

na *f*, grotta *f* ② *(Hohlraum)* *a.* MED cavità *f;* *(Augen~)* orbita *f* ③ *(Tier~)* tana *f;* **in die ~ des Löwen gehen** *(scherz)* andare nella tana del lupo
Höhlenbewohner(in) *m(f)* cavernicolo, -a *m, f*
Höhlenforscher(in) *m(f)* speleologo, -a *m, f*
Höhlenforschung *f* speleologia *f*
Höhlenkunde *f* speleologia *f*
Höhlenmalerei *f* pittura *f* parietale
Hohlheit <-, *rar:* -en> *f* vacuità *f*
Hohlkopf *m* *(pej)* testa *f* vuota *fam,* zucca *f fam*
Hohlkörper *m* corpo *m* cavo
Hohlkreuz *nt* MED lordosi *f* lombosacrale
Hohlkugel *f* sfera *f* cava
Hohlmaß *nt* misura *f* di capacità
Hohlraum *m* cavità *f*
Hohlsaum *m* orlo *m* a giorno
Hohlspiegel *m* specchio *m* concavo
Höhlung <-, -en> *f* cavità *f*
Hohlweg *m* strada *f* incassata
Hohlziegel *m* mattone *m* forato
Hohn [hoːn] <-(e)s> *m kein Pl.* scherno *m;* *(Spott)* derisione *f;* *(feiner ~)* ironia *f;* *(bitterer ~)* sarcasmo *m*
höhnen ['høːnən] **I.** *vi* farsi beffe (**über** +*akk* di) **II.** *vt* *(geh)* schernire
Hohngelächter <-s, -> *nt* risata *f* di scherno
höhnisch ['høːnɪʃ] *adj* derisorio, sarcastico
Hokkaido [hɔ'kaido] <-s, -s> *m* BOT, GASTR zucca *f* hokkaido
Hokuspokus [hoːkʊs'poːkʊs] <-> *m kein Pl.* ① *(Zauberformel)* abracadabra *f* ② *(pej: fauler Zauber)* raggiro *m* ③ *(pej: Getue)* sciocchezze *f pl*
hold [hɔlt] *adj* *(poet)* ① *(Glück)* favorevole, propizio; **das Glück ist mir ~** la fortuna mi arride ② *(Mensch)* grazioso, leggiadro
holen ['hoːlən] *vt* andare [*o* venire] a prendere; **Atem ~** prender fiato; **etw ~ lassen** mandare a prendere qc; **jdn aus dem Bett ~** tirare qu giù dal letto; **sich** *dat* **einen Schnupfen ~** *(fam)* pigliarsi un raffreddore; **sich** *dat* **bei jdm Rat ~** chiedere consiglio a qu; **da ist nichts zu ~** non se ne ricava nulla
Holland ['hɔlant] *nt* Olanda *f*
Holländer(in) ['hɔlɛndɐ] <-s, -, -nen> *m(f)* olandese *mf*
holländisch *adj* olandese
Hölle ['hœlə] <-, *rar:* -n> *f* inferno *m;* **in die ~ kommen** andare all'inferno; **jdm das Leben zur ~ machen** *(fam)* rendere la vita insopportabile a qu; **jdm die ~ heiß machen** *(fam)* non dar tregua a qu; **das ist die ~ auf Erden** è un inferno
Höllenlärm *m* baccano *m* infernale
Höllenqual ['hœlən'kvaːl] *f* pene *f pl* dell'inferno
Höllenstein *m* MED pietra *f* infernale
Holler ['hɔlɐ] <-s, -> *m* SÜDD, A *(Holunder)* sambuco *m*
höllisch *adj* ① *(die Hölle betreffend)* infernale, d'inferno ② *(fam: riesig)* enorme; **~ aufpassen** *(fam)* stare attentissimo; **das tut ~ weh** *(fam)* fa un male cane
Hollywoodschaukel ['hɔlɪwʊdʃaʊkəl] *f* divano *m* a dondolo
Holm [hɔlm] <-(e)s, -e> *m* ① *(von Leiter)* staggio *m* ② SPORT *(von Barren)* sbarra *f* ③ AERO, MOT longherone *m*
Holocaust ['hoːlokaʊst] <-(s), -s> *m* olocausto *m*
Holocaustmahnmal *nt* **das ~** il Memoriale dell'Olocausto
holp[e]rig ['hɔlp(ə)rɪç] *adj* ① *(Weg)* accidentato, ineguale ② *(fig: Stil)* scabro; *(Vers)* zoppicante
holpern ['hɔlpɐn] *vi* ① *sein (sich holpernd fortbewegen)* camminare inciampando; *(Wagen)* traballare ② *haben (stolpern, wackeln)* inciampare, vacillare ③ *haben (beim Lesen)* leggere stentatamente
holprig *adj s.* **holp[e]rig**
Holschuld ['hoːlʃʊlt] *f* JUR debito *m* chiedibile
Holunder [ho'lʊndɐ] <-s, -> *m,* **Holunderbaum** *m* BOT sambuco *m*
Holz [hɔlts, *Pl:* 'hœltsɐ] <-es, Hölzer> *nt* ① *(Material, Stück)* legno *m;* *(Brenn~)* legna *f;* *(Nutz~)* legname *m;* **~ fällen** tagliare la legna ② *(Wald)* bosco *m*
Holzbearbeitung *f* lavorazione *f* del legno
Holzbein *nt* gamba *f* di legno
Holzblasinstrument *nt* MUS strumento *m* a fiato di legno
Holzbock *m* ① TEC cavalletto *m* di legno ② ZOO zecca *f*
Holzbohrer *m* ① TEC trivella *f* ② ZOO scolito *m* bostrico
hölzern ['hœltsɐn] *adj* ① *(aus Holz)* di legno ② *(fig: Haltung)* rigido; *(schwerfällig)* pesante
Holzfäller ['hɔltsfɛlɐ] *m* boscaiolo *m*
Holzfaser *f* fibra *f* legnosa
Holzfaserplatte *f* pannello *m* di masonite
holzfrei *adj* *(Papier)* che non contiene cellulosa
Holzhacker <-s, -> *m* *bes.* A spaccalegna *m,* taglialegna *m*
Holzhammer *m* mazzuolo *m*
Holzhandel *m* commercio *m* del legname
Holzhändler(in) *m(f)* commerciante *mf* di legnami
Holzhaufen *m* catasta *f* di legna

Holzhaus *nt* casa *f* di legno
holzig ['hɔltsɪç] *adj* legnoso
Holzklotz *m* ceppo *m*
Holzkohle *f* carbone *m* di legna
Holzlager *nt* deposito *m* di legname
Holzscheit *nt* [pezzo *m* di] legno *m*
Holzschnitt *m* KUNST silografia *f*
Holzschnitzer(in) *m(f)* KUNST intagliatore, -trice *m, f* nel legno
Holzschnitzerei *f* KUNST intaglio *m* [*o* scultura *f*] nel legno
Holzschuh *m* zoccolo *m*
Holzschutzmittel *nt* CHEM prodotto *m* per la protezione del legno
Holzsplitter *m* scheggia *f* di legno
Holzstich *m* KUNST silografia *f*
Holzstoß *m* catasta *f* di legna
holzverarbeitend *adj* **~e Industrie** industria della lavorazione del legno
Holzweg *m* **auf dem ~ sein** *(fam)* sbagliarsi di grosso
Holzwolle *f* lana *f* di legno
Holzwurm *m* tarlo *m*
Homebanking <-s> *nt kein Pl.* home banking *m*
Homecomputer <-s, -> *m* INFORM personal computer *m*
Homeoffice, **Home-Office** ['hoʊmʔɔfɪs, *Pl:* 'hoʊmʔɔfɪsɪs] <-, -s> *nt* home office *m;* **zwei Tage pro Woche im ~ arbeiten** lavorare in home office due giorni la settimana
Homepage <-, -s> *f* INFORM Home Page *f,* pagina *f* Internet
Hometrainer <-s, -> *m* SPORT cyclette *f*
Homo-Ehe *f* matrimonio *m* gay
homogen [homo'ge:n] *adj* omogeneo
homogenisieren [homogeni'zi:rən] <ohne ge-> *vt* omogeneizzare
Homogenität [homogeni'tɛ:t] <-> *f kein Pl.* omogeneità *f*
homonym [homo'ny:m] *adj* omonimo
Homonym <-(e)s, -e> *nt* omonimo *m*
Homöopath(in) [homøo'pa:t] <-en, -en; -, -nen> *m(f)* omeopata *mf*
Homöopathie [homøopa'ti:] <-> *f kein Pl.* omeopatia *f*
Homöopathin *f s.* **Homöopath**
homöopathisch [homøo'pa:tɪʃ] *adj* omeopatico
Homosexualität [homozɛksualɪ'tɛt] *f* omosessualità *f*
homosexuell *adj* omosessuale
Hongkong ['hɔŋkɔŋ] *nt* GEOG Hong Kong *m*
Honig ['ho:nɪç] <-s, *rar:* -e> *m* miele *m;* **jdm ~ ums Maul schmieren** *(fam)* essere latte e miele con qu; **mit ~ gesüßt** mielato; **türkischer ~** torrone *m*
Honigkuchen *m* GASTR panpepato *m*
Honigkuchenpferd *nt* **grinsen wie ein ~** *(fam scherz)* sghignazzare come uno sciocco
Honigmelone *f* melone *m*
honigsüß ['ho:nɪç'zy:s] *adj* ❶ dolce come il miele, mielato ❷ *(fig, pej)* mellifluo
Honigwabe *f* favo *m*
Honorar [hono'ra:ɐ̯] <-s, -e> *nt* onorario *m*
Honoratioren [honora'tsjo:rən] *pl* notabili *mpl*
honorieren [hono'ri:rən] <ohne ge-> *vt* ❶ *(Anwalt, Arzt)* pagare un onorario a, retribuire; COM *(Wechsel)* onorare ❷ *(fig: würdigen)* onorare
Hoodie <-s, -s> ['hʊdi] *m o nt* felpa *f* con cappuccio
Hopfen ['hɔpfən] <-s, -> *m* BOT luppolo *m;* **bei ihm ist ~ und Malz verloren** *(fam)* con lui è fatica sprecata
Hopfenstange *f* ❶ AGR pertica *f* dei luppoli ❷ *(fam scherz: langer Mensch)* spilungone, -a *m, f*
hopp [hɔp] *interj* op, opplà
hoppeln ['hɔpəln] *vi sein* saltellare
hoppla ['hɔpla] *interj (fam)* opplà
hops [hɔps] *interj* opplà
hopsen ['hɔpsən] *vi sein (fam)* saltellare
hops|gehen <irr> *vi sein (fam: verloren gehen)* andar perduto; *(sterben)* morire
hörbar ['hø:ɐ̯ba:ɐ̯] *adj* udibile, percettibile
horchen ['hɔrçən] *vi* **auf jdn/etw ~** ascoltare qu/qc; *(heimlich)* stare in ascolto di qu/qc; **an der Tür ~** origliare
Horchposten *m* MIL posto *m* d'ascolto [*o* d'intercettazione]
Horde ['hɔrdə] <-, -n> *f* ❶ *(pej: wilde Menge)* orda *f* ❷ *(Obstlattengestell)* graticcio *m*
hören ['hø:rən] **I.** *vt* ❶ *(allg)* udire, sentire ❷ *(hin~, zu~)* ascoltare; **eine Vorlesung ~** assistere a una lezione universitaria ❸ *(erfahren)* apprendere, sentire [parlare di]; **ich will nichts mehr von Fußball ~** non ne voglio più sapere di calcio **II.** *vi* ❶ *(allg)* udire, sentire; **gut ~** sentire bene, avere un udito fine; **schlecht ~** essere sordo; [**na**] **~ Sie mal!** che cosa Le salta in mente! ❷ *(hin~, zu~)* **auf jdn/etw ~** ascoltare qu/qc; **hör mal!** senti un po'! ❸ *(gehorchen)* ubbidire; **auf die Eltern** *akk* **~** ubbidire ai genitori; **sie hört auf den Namen Maria** risponde al nome di Maria; **wer nicht ~ will, muss fühlen** *(prov)* chi non vuole essere consigliato, non può essere aiutato ❹ *(erfahren)* sentir parlare di, venire a sapere; [**nichts**] **von**

sich *dat* **~ lassen** [non] dare notizie di sé, [non] farsi vivo *fam*

Hörensagen *nt* **vom ~** per sentito dire

Hörer <-s, -> *m (Telefon~)* ricevitore *m;* **den ~ abnehmen/auflegen** staccare/riattaccare il ricevitore

Hörer(in) <-s, -; -, -nen> *m(f)* ① RADIO ascoltatore, -trice *m, f* ② *(Universitäts~)* uditore, -trice *m, f*

Hörerschaft <-, *rar:* -en> *f* uditorio *m*

Hörfehler *m* difetto *m* dell'udito

Hörfolge *f* serie *f* [*o* ciclo *m*] di trasmissioni [radiofoniche]

Hörfunk <-(e)s> *m kein Pl.* radio *f*

Hörgerät *nt* apparecchio *m* acustico

hörig *adj* **jdm ~ sein** dipendere [sessualmente] da qu

Hörigkeit <-, *rar:* -en> *f* ① *(sexuell)* dipendenza *f* sessuale ② HIST servitù *f,* asservimento *m*

Horizont [hori'tsɔnt] <-(e)s, -e> *m* orizzonte *m;* **am ~** all'orizzonte; **einen engen ~ haben** avere un orizzonte limitato; **das geht über meinen ~** [ciò] va oltre le mie conoscenze

horizontal [horitsɔn'taːl] *adj* orizzontale

Horizontale <-, -n> *f* [linea *f*] orizzontale *f*

Hormon [hɔr'moːn] <-s, -e> *nt* ormone *m*

hormonal [hɔrmo'naːl] *adj,* **hormonell** [hɔrmo'nɛl] *adj* ormonale

Hormonhaushalt *m* equilibrio *m* ormonale

Hörmuschel *f* padiglione *m* del ricevitore

Horn [hɔrn] <-(e)s, Hörner> *nt* corno *m;* **jdm Hörner aufsetzen** *(fam)* mettere le corna a qu; **sich** *dat* **die Hörner abstoßen** *(fig fam)* rompersi le corna; **ins gleiche ~ stoßen** *(fig fam)* avere grande affinità d'idee

Hornbrille *f* occhiali *mpl* con la montatura in tartaruga

Hörnchen ['hœrnçən] <-s, -> *nt (Gebäck)* cornetto *m*

Hörnerv <-s, -en> *m* ANAT nervo *m* acustico

Hornhaut *f* ① *(Schwiele)* callosità *f,* durone *m* ② ANAT *(am Auge)* cornea *f*

Hornisse [hɔr'nɪsə] <-, -n> *f* ZOO calabrone *m*

Hornist(in) [hɔr'nɪst] <-en, -en; -, -nen> *m(f)* MUS suonatore, -trice *m, f* di corno

Hornochse <-n, -n> *m (fam)* imbecille *m,* cretino *m*

Hörorgan <-s, -e> *nt* organo *m* dell'udito

Horoskop [horo'skoːp] <-s, -e> *nt* oroscopo *m;* **jdm das ~ stellen** fare l'oroscopo a qu

Hörrohr <-s, -e> *nt* ① *(für Schwerhörige)* cornetto *m* acustico ② *(für Arzt)* stetoscopio *m*

Horror ['hɔroːɐ̯] <-s> *m kein Pl.* orrore *m;* **vor jdm/etw ~ haben** provare orrore per qu/qc

Horrorfilm *m* film *m* dell'orrore

Horrortrip *m (sl)* ① *(von Rauschgift)* viaggio *m* allucinante ② *(fig)* esperienza *f* allucinante

Hörsaal *m* uditorio *m*

Hörspiel *nt* radiodramma *m*

Horst [hɔrst] <-(e)s, -e> *m* ① BOT ciuffo *m* ② *(Adler~)* nido *m* [di uccello rapace] ③ *(Flieger~)* base *f* aerea

Hörsturz *m* MED ipoacusia *f* improvvisa

Hort [hɔrt] <-(e)s, -e> *m (Kinder~)* doposcuola *m*

horten ['hɔrtən] *vt* tesaurizzare, accumulare

Hortensie [hɔr'tɛnzi̯ə] <-, -n> *f* BOT ortensia *f*

Hörweite *f kein Pl.* portata *f* d'orecchio; **außer/in ~** che non si può più/che si può ancora sentire

Höschen ['høːsçən] <-s, -> *nt* mutandina *f,* slip *m*

Hose ['hoːzə] <-, -n> *f* pantaloni *mpl,* calzoni *mpl; (kurze ~, Knie~)* calzoncini *mpl,* pantaloni *mpl* corti; *(Unter~)* mutande *fpl;* **die ~n anhaben** *(fig fam)* portare i calzoni, comandare; **sich** *dat* [**vor Angst**] **in die ~n machen** *(fig fam)* farsela addosso [per la paura]; **das Baby hat in die ~ gemacht** il bambino se l'è fatta addosso; **die Prüfung ist in die ~n gegangen** *(sl)* l'esame è andato a farsi benedire

Hosenanzug *m* tailleur *m* pantalone

Hosenbein *nt* gamba *f* dei calzoni

Hosenboden *m* fondo *m* dei calzoni; **jdm den ~ versohlen** *(fam)* sculacciare qu

Hosenbund <-(e)s, -bünde> *m* cintura *f* dei calzoni

Hosenklammer *f* molletta *f* fermapantaloni

Hosenrock *m* gonna-pantalone *f*

Hosenschlitz *m* patta *f* dei calzoni

Hosentasche *f* tasca *f* dei calzoni

Hosenträger *mpl* bretelle *fpl*

Hospital [hɔspi'taːl] <-s, -e *o* Hospitäler> *nt* ospedale *m*

Hospiz [hɔs'piːts] <-es, -e> *nt* ospizio *m*

Host ['həʊst] <-(s), -s> *m* INFORM host *m*

hosten ['həʊstən] *vt* INFORM ospitare

Hostess [hɔs'tɛs] <-, -en> *f* hostess *f*

Hostie ['hɔsti̯ə] <-, -n> *f* REL ostia *f,* particola *f*

Hotdog <-s, -s> *m o nt,* **Hot Dog** ['hɔt 'dɔ(ː)k] <-s, -s> *m o nt* hot dog *m*

Hotel [ho'tɛl] <-s, -s> *nt* albergo *m*, hotel *m*

Hotelbesitzer(in) *m(f)* proprietario, -a *m, f* d'albergo, albergatore, -trice *m, f*

Hotelboy [ho'tɛlbɔɪ] <-s, -s> *m* ragazzo *m* d'albergo

Hotelfachschule *f* scuola *f* alberghiera

Hotelgast *m* ospite *mf* dell'hotel

Hotelier [hotə'li̯eː] <-s, -s> *m* albergatore, -trice *m, f*

Hotelzimmer *nt* camera *f* d'albergo

Hotline ['hɔtlaɪn] <-, -s> *f* hot line *f*

Hotpants ['hɔt 'pɛnts] *pl* hot pants *mpl*

hott [hɔt] *interj* arri

Hr. *Abk. von* **Herr** Sig.

HR [haː'ʔɛr] <-(s)> *m kein Pl. Abk. von* **Hessischer Rundfunk** *rete radiotelevisiva regionale tedesca (dell'Assia) con sede a Francoforte*

hrsg. *Abk. von* **herausgegeben** ed.

Hrsg. *Abk. von* **Herausgeber(in)** Ed.

HTML-Code *m* INFORM codice *m* HTML

hü [hyː] *interj* uh; **einmal ~ und einmal hott sagen** *(fam)* cambiare continuamente idea

Hubraum ['huːpraʊm] *m* MOT cilindrata *f*

hübsch [hʏpʃ] **I.** *adj* bello; *(niedlich)* carino; *(reizend)* grazioso; **eine [ganz] ~e Summe** *(fam iron)* una bella somma; **sich ~ machen** farsi bello; **das ist ja eine ~e Geschichte!** *(fam iron)* questa sì che è una bella storia! **II.** *adv (fam: ziemlich)* abbastanza

Hubschrauber ['huːpʃraʊbɐ] *m* elicottero *m*

huch [hʊx] *interj* iih!, oh!

huckepack ['hʊkəpak] *adv* **jdn ~ tragen** portare qu a cavalluccio *fam*

hudeln ['huːdəln] *vi* SÜDD, A *(fam)* raffazzonare

Huf [huːf] <-(e)s, -e> *m* zoccolo *m*, unghia *f*

Hufeisen *nt* ferro *m* di cavallo

hufeisenförmig *adj* a ferro di cavallo

Hüferl <-s, -n> *nt* A *(Hüfte)* taglio *m* di quarto superiore

Hufschmied *m* maniscalco *m*

Hüfte ['hʏftə] <-, -n> *f* ANAT anca *f*; **mit den ~n wackeln** ancheggiare; **bis an die ~** fino ai fianchi

Hüftgelenk *nt* ANAT articolazione *f* dell'anca

Hüfthalter *m* guaina *f*, reggicalze *m*

Hüftsteak *nt* GASTR bistecca *f* di culaccio, taglio *m* di quarto posteriore

Hügel ['hyːgəl] <-s, -> *m* colle *m*; *(kleiner)* collina *f*

hügelig *adj* collinoso

Huhn [huːn] <-(e)s, Hühner> *nt* ① *(a. Gericht)* pollo *m*; **mit den Hühnern aufstehen** *(fam)* alzarsi con i polli; **da lachen ja die Hühner!** *(fam)* fa ridere i polli!; **du verrücktes/dummes ~!** *(fam)* [sei] pazzo/[sei un] imbecille! ② *(Gattung)* pollame *m* ③ *(Henne)* gallina *f*

Hühnchen ['hyːnçən] <-s, -> *nt* pollastro *m*, pollastrella *f*; **mit jdm [noch] ein ~ zu rupfen haben** *(fam)* avere dei conti in sospeso con qu

Hühnerauge *nt* MED callo *m*

Hühnerbouillon *f*, **Hühnerbrühe** *f* GASTR brodo *m* di pollo

Hühnerei *nt* uovo *m* di gallina

Hühnerfarm *f* stabilimento *m* avicolo

Hühnerhof *m* bassa *f* corte

Hühnerleiter *f* scaletta *f* del pollaio

Hühnerstall *m* pollaio *m*

Hühnerstange *f* posatoio *m*

Hühnersuppe ['hyːnɐzʊpə] <-, -n> *f* GASTR brodo *m* di pollo

Hühnerzucht *f* pollicoltura *f*, allevamento *m* di polli

Huld [hʊlt] <-s> *f kein Pl. (obs geh)* grazia *f*; *(Geneigtheit, Wohlwollen)* benevolenza *f*; *(Gunst)* favore *m*

huldigen ['hʊldɪgən] *vi (obs geh)* ① *(Menschen)* rendere omaggio (**jdm** a qu) ② *(Dingen)* essere dedito (**etw** *dat* a qc)

Huldigung <-, -en> *f (obs geh)* omaggio *m*

Hülle ['hʏlə] <-, -n> *f* involucro *m*; *(Schallplatten-, CD-~)* copertina *f*, custodia *f*; **die letzten ~n fallen lassen** spogliarsi; **in ~ und Fülle** in gran quantità, a bizzeffe

hüllen ['hʏlən] *vt* avvolgere, coprire; **jdn/sich in eine Decke ~** avvolgere qu/avvolgersi in una coperta; **ein Tuch um etw ~** avvolgere qc con un fazzoletto; **sich in Schweigen [über etw** *akk*] **~** chiudersi nel silenzio [riguardo a qc]

hüllenlos *adj* nudo

Hülse ['hʏlzə] <-, -n> *f* ① BOT baccello *m*; *(Schale)* buccia *f* ② *(Geschoss~)* bossolo *m*

Hülsenfrucht *f* ① *(Pflanze)* leguminosa *f* ② *(Frucht)* legume *m*

human [hu'maːn] *adj* umano

Humangenetik <-> *f kein Pl.* genetica *f* umana

Humanismus [huma'nɪsmʊs] <-> *m kein Pl.* umanesimo *m*

Humanist(in) [huma'nɪst] <-en, -en; -, -nen> *m(f)* umanista *mf*

humanistisch *adj* umanista; HIST umanistico

humanitär [humani'tɛːɐ̯] *adj* umanitario

Humanität [humani'tɛːt] <-> *f kein Pl.* umanità *f*

Humanmedizin <-> *f kein Pl.* medicina *f* [umana]

humanoid [humaːnoˈiːt] *adj* umanoide

Humbug [ˈhʊmbuːk] <-s> *m kein Pl.* ① *(fam pej: Unsinn)* sciocchezza *f,* assurdità *f* ② *(Schwindel)* imbroglio *m,* truffa *f*

Hummel [ˈhʊməl] <-, -n> *f* ZOO bombo *m*

Hummer [ˈhʊmɐ] <-s, -> *m* ZOO gambero *m* di mare

Humor [huˈmoːɐ̯] <-s, *rar:* -e> *m* umorismo *m; (Sinn für ~)* senso *m* dell'umorismo, humour *m*

humoristisch [humoˈrɪstɪʃ] *adj* umoristico

humorlos *adj* privo di umorismo

humorvoll *adj* ricco di umorismo; *(witzig)* spiritoso

humpeln [ˈhʊmpəln] *vi* ① *haben (hinken)* zoppicare ② *sein (sich humpelnd fortbewegen)* camminare zoppicando

Humpen [ˈhʊmpən] <-s, -> *m* boccale *m,* bicchierone *m*

Humus [ˈhuːmʊs] <-s> *m kein Pl.* BIOL humus *m*

Hund [hʊnt] <-(e)s, -e> *m* ZOO cane *m;* **auf den ~ kommen** *(fam)* cadere in miseria; **vor die ~e gehen** *(fam)* andare in rovina; **bekannt sein wie ein bunter ~** *(fam)* essere conosciuto dappertutto; **wie ~ und Katze leben** *(fam)* vivere come cane e gatto; **er ist ein ganz armer ~** *(fam)* è proprio un povero diavolo; **da liegt der ~ begraben** *(fam)* qui sta il busillis; **damit lockt man keinen ~ hinterm Ofen hervor** *(fam)* con ciò non si cava un ragno dal buco; **das ist ein dicker ~!** *(fam)* è un'indecenza; **Vorsicht, bissiger ~!** attenti al cane!; **du gemeiner ~!** *(sl)* vigliacco!, cane!; **~e, die bellen, beißen nicht** *(prov)* can che abbaia non morde

hundeelend *adj* **mir ist ~** *(fam)* mi sento da cani

Hundefutter *nt* cibo *m* per cani

Hundehotel *nt* albergo *m* per cani

Hundehütte *f* ① cuccia *f* ② *(fig, pej)* stamberga *f,* canile *m*

Hundekälte [ˈhʊndəˈkɛltə] *f (fam)* freddo *m* cane

Hundekuchen *m* biscotto *m* per cani

Hundeleben *nt (fam)* vita *f* da cani

Hundeleine *f* guinzaglio *m*

hundemüde *adj (fam)* stanco morto, stracco

Hunderasse *f* razza *f* canina

hundert *num o adj* cento; **ungefähr ~** un centinaio; *s. a.* **acht, achtzig**

Hundert-, hundert- *s.* **Acht-, acht-, Achtzig-, achtzig-**

Hundert[1] [ˈhʊndɐt] <-s, -e> *nt* ① *(Maßeinheit)* cento *m* ② centinaio *m;* **einige/mehrere ~** alcune/parecchie centinaia; **zu ~en** a centinaia

Hundert[2] <-, -en> *f (Zahl)* cento *m*

Hunderter <-s, -> *m* ① MAT centinaio *m* ② *(fam: Geldschein)* biglietto *m* da cento

hundertfach *adj* centuplo; *s. a.* **achtfach**

Hundertjahrfeier [hʊndɐtˈjaːɐ̯faɪɐ] *f* centenario *m*

hundertjährig [ˈhʊndɐtjɛːrɪç] *adj (hundert Jahre alt)* centenne, centenario; *(hundert Jahre dauernd)* centennale; **der Hundertjährige Krieg** la guerra dei cent'anni; *s. a.* **achtjährig**

Hundertjährige <ein -r, -n, -n> *mf* centenario, -a *m, f*

hundertmal [ˈhʊndɐtmaːl] *adv* cento volte; *s. a.* **achtmal**

Hundertmeterlauf *m* SPORT [corsa dei] cento metri *mpl*

hundertprozentig *adj o adv* al [*o* del] cento per cento

Hundertsatz <-es, -sätze> *m* percentuale *f*

hundertste(r, s) [ˈhʊndɐstə, -tɐ, -təs] *adj* centesimo, -a **vom Hundertsten ins Tausendste kommen** saltare di palo in frasca *fam; s. a.* **achte(r, s)**

hundertstel [ˈhʊndɐtstəl] <inv> *adj* centesimo; *s. a.* **achtel**

Hundertstel [ˈhʊndɐtstəl] <-s, -> *nt* centesimo *m,* centesima parte *f; s. a.* **Achtel**

Hundertstelsekunde *f* SPORT centesimo *m* di secondo

hunderttausend *num* centomila; **Hunderttausende** centinaia di migliaia

hunderttausendstel [ˈhʊndɐtˈtaʊzənstəl] <inv> *adj* millesimo; *s. a.* **achtel**

Hundesteuer *f* tassa *f* sui cani

Hundewetter <-s> *nt kein Pl. (fam)* tempo *m* da cani

Hundezwinger *m* canile *m*

Hündin [ˈhʏndɪn] <-, -nen> *f* ZOO cagna *f; s. a.* **Hund**

hündisch [ˈhʏndɪʃ] *adj (fig, pej)* servile; **~e Ergebenheit** devozione servile

hundsgemein [ˈhʏndsgəmaɪn] *adj (fam)* infame, perfido, bestiale; **es tut ~ weh** fa un male bestiale; **er kann ~ sein/werden** può essere/diventare perfido

Hundstage *mpl* giorni *mpl* canicolari, canicola *f*

Hüne [ˈhyːnə] <-n, -n> *m* gigante *m*

Hünengrab *nt* dolmen *m,* tomba *f* megalitica

Hunger [ˈhʊŋɐ] <-s> *m kein Pl.* fame *f; (fig: Verlangen)* sete *f;* **~ nach Gerechtigkeit/Liebe** fame di giustizia/di amore; **~/keinen ~ haben** avere/non avere fame;

~ **auf etw** *akk* **haben** avere voglia di [mangiare] qc; ~ **leiden** patire la fame; **seinen ~ stillen** saziarsi, sfamarsi; **vor ~ sterben** morir di fame; **ich bekomme ~** mi viene fame

Hungerkünstler(in) *m(f)* digiunatore, -trice *m, f*

Hungerkur *f* cura *f* del digiuno

Hungerlohn *m (pej)* paga *f* da fame

hungern ['hʊŋɐn] *vi* ① *(Hunger leiden)* aver fame, patire la fame ② *(fasten)* digiunare; *(bei Abmagerungskur)* far dieta

Hungersnot *f* carestia *f*

Hungerstreik *m* sciopero *m* della fame; **in den ~ treten** fare lo sciopero della fame

Hungertuch *nt (fam scherz)* **am ~ nagen** tirare la cinghia

H

hungrig ['hʊŋrɪç] *adj* affamato; ~ **nach etw sein** avere fame di qc

Hunsrück ['hʊnsrʏk] *m* GEOG Hunsrück *m*

Hupe ['hu:pə] <-, -n> *f* clacson *m*

hupen ['hu:pən] *vi* sonare il clacson

hüpfen ['hʏpfən] *vi sein* SÜDD, A saltellare

Hürde ['hʏrdə] <-, -n> *f* ① SPORT ostacolo *m* ② *(Einzäunung)* graticolato *m* ③ *(fig: Hindernis)* ostacolo *m;* **eine ~ nehmen** superare un ostacolo; *(fig)* superare una difficoltà

Hürdenlauf *m* SPORT corsa *f* a ostacoli

Hürdenläufer(in) *m(f)* SPORT ostacolista *mf*

Hure ['hu:rə] <-, -n> *f (pej)* prostituta *f,* puttana *f vulg*

Hurensohn *m (vulg)* figlio *m* di puttana

hurra [hʊ'ra: *o* 'hʊra] *interj* urrà; ~ **rufen** gridare evviva

Hurrikan ['hʊrika(:)n] <-s, -e> *m* uragano *m*

husch [hʊʃ] *interj* su!, via!; **und ~!** e via!; ~ **ins Bett!** su, via, a letto!

huschen ['hʊʃən] *vi sein* ① guizzare ② *(fig)* **über etw** *akk* ~ scivolare su qc

hüsteln ['hy:stəln] *vi* tossicchiare

husten ['hu:stən] *vi* tossire, avere la tosse

Husten <-s, *rar:* -> *m* tosse *f*

Hustenanfall *m* colpo *m* di tosse

Hustenbonbon <-s, -s> *nt* caramella *f* per la tosse

Hustenreiz *m* stimolo *m* della tosse

Hustensaft *m* sciroppo *m* per la tosse

Hut[1] [hu:t] <-(e)s, Hüte> *m* cappello *m;* **den ~ aufsetzen/abnehmen** mettersi/togliersi il cappello; ~ **ab!** tanto di cappello!; **unter einen ~ bringen** *(fig)* mettere d'accordo; **da geht einem [ja] der ~ hoch** *(fam)* c'è da arrabbiarsi sul serio; **das ist ein alter ~** *(fig fam)* è una vecchia storia; **dein Geld kannst du dir an den ~ stecken!** *(fam)* i tuoi soldi, puoi tenerteli!

Hut[2] [hu:t] <-> *f kein Pl. (geh)* **auf der ~ sein** stare in guardia

hüten ['hy:tən] **I.** *vt* ① sorvegliare, guardare, custodire ② *(Vieh)* pascolare ③ *(fig: Geheimnis)* custodire; *(Zunge)* tenere a freno; **das Bett ~ [müssen]** [dover] stare a letto [per malattia]; **das Haus ~** stare in casa, non uscire di casa **II.** *vr:* **sich ~** guardarsi

Hüter(in) <-s, -; -, -nen> *m(f)* ① guardiano, -a *m, f,* custode *mf* ② *(Hirt)* pastore, -a *m, f* ③ *(fig)* salvaguardia *f;* **die ~ des Gesetzes** *(scherz: Polizisten)* la salvaguardia della legge

Hutgeschäft *nt* cappelleria *f*

Hutkrempe *f* tesa *f* del cappello

Hutmacher(in) *m(f)* cappellaio, -a *m, f,* modista *f*

Hutschnur *f* **das geht mir über die ~** *(fam)* questo è [un po'] troppo

Hütte ['hʏtə] <-, -n> *f* ① *(kleines Haus)* capanna *f; (elende)* baracca *f; (im Gebirge)* baita *f,* rifugio *m; (Hunde~)* canile *m* ② NAUT cassero *m* ③ TEC, MIN *(~nwerk)* stabilimento *m* metallurgico

Hüttenarbeiter *m* operaio *m* metallurgico

Hüttenkäse *m* GASTR specie *f* di ricotta, cottage cheese *m*

Hüttenkunde *f* metallurgia *f*

H-Vollmilch ['ha:fɔlmɪlç] *f kein Pl.* latte *m* intero a lunga conservazione

Hyäne ['hyɛ:nə] <-, -n> *f* ZOO iena *f*

Hyazinthe [hya'tsɪntə] <-, -n> *f* BOT giacinto *m*

Hybridantrieb *m* motore *m* ibrido

Hybridauto [hy'brit-] *nt* auto *f* [*o* machina *f*] ibrida, ibrida *f*

Hybridfahrzeug *nt* veicolo *m* ibrido

Hydrant [hy'drant] <-en, -en> *m* idrante *m,* bocca *f* d'acqua

Hydraulik [hy'draʊlɪk] <-> *f kein Pl.* TEC idraulica *f*

hydraulisch *adj* idraulico

hydrieren [hy'dri:rən] <ohne ge-> *vt* idrogenare

Hydrodynamik [hydrody'na:mɪk] *f* PHYS idrodinamica *f*

Hydrokultur *f* AGR idrocultura *f*

Hydrotherapie *f* MED idroterapia *f*

Hygiene [hy'gi̯e:nə] <-> *f kein Pl.* igiene *f*

Hygienepapier <-s, -e> *nt* carta *f* igienica

hygienisch *adj* igienico

Hymen ['hy:mən] <-s, -> *m o nt* ANAT imene *m*

Hymne ['hʏmnə] <-, -n> *f* inno *m*

Hyperbel [hy'pɛrbəl] <-, -n> *f* MAT, LING iperbole *f*

Hyperlink <-s, -s> *m* INFORM link *m*

hypernervös *adj* ipernervoso, nevrotico

Hypertext *m* INFORM ipertesto *m*

Hypnose [hʏp'no:zə] <-, -n> *f* ipnosi *f;* **unter ~ stehen** essere in stato d'ipnosi
hypnotisch [hʏp'no:tɪʃ] *adj* ipnotico
Hypnotiseur(in) [hʏpnoti'zø:ɐ, *Pl:* hʏpno-ti'zø:rə] <-s, -e; -, -nen> *m(f)* ipnotizzatore, -trice *m, f*
hypnotisieren [hʏpnoti'zi:rən] <ohne ge-> *vt* ipnotizzare
Hypochonder [hypo'xɔndɐ] <-s, -> *m* MED ipocondriaco *m*
Hypochondrie [hypoxɔn'dri:] <-> *f kein Pl.* MED ipocondria *f*
hypochondrisch [hypoxɔn'drɪʃ] *adj* ipocondriaco; **~e Züge** caratteristiche ipocondriache
Hypophyse [hypo'fy:zə] <-, -n> *f* ANAT ipofisi *f*
Hypotenuse [hypote'nu:zə] <-, -n> *f* MAT ipotenusa *f*
Hypothek [hypo'te:k] <-, -en> *f* FIN, JUR ipoteca *f;* **erste/zweite ~** ipoteca di primo/secondo rango; **eine ~ auf etw** *akk* **aufnehmen** accendere un'ipoteca su qc; **mit einer ~ belasten** gravare di un'ipoteca
Hypothekenbank *f* banca *f* di credito ipotecario
Hypothekenbrief *m* titolo *m* ipotecario
hypothekenfrei *adj* libero da ipoteche
Hypothekenschuld *f* debito *m* ipotecario
Hypothese [hypo'te:zə] <-, -n> *f* ipotesi *f;* **eine ~ aufstellen** fare un'ipotesi
hypothetisch [hypo'te:tɪʃ] *adj* ipotetico
Hysterie [hʏste'ri:] <-, -n> *f* MED isteria *f,* isterismo *m*
hysterisch [hʏs'te:rɪʃ] *adj* isterico
Hz *Abk. von* **Hertz** Hz

Ii

i [i:] *interj* oh!, eh!; **~ wo!** ma va! *fam*
I, i [i:] <-, -(s)> *nt* I *f,* i *f;* **I wie Ida** I come Imola
I *Abk. von* **Italien** I
i. A. *Abk. von* **im Auftrag** per incarico di
ib., ibid, ibid. *Abk. von* **ibidem** ib., ibid
iberisch [i'be:rɪʃ] *adj* iberico; **die Iberische Halbinsel** la penisola iberica
ibidem *(ebenda, ebendort)* ibidem
IBM kompatibel *adj* INFORM compatibile con IBM
IC [i:'tse:] <-(s), -(s)> *m Abk. von* **Intercity** IC *m*
ICE [i:tse:'ʔe:] <-(s), -s> *m Abk. von* **Intercity-Express** *treno ad alta velocità*
ich [ɪç] *pron pers (1. Pers. Sing.)* io; **~ für meine Person** quanto a me, per me; **~ selbst** io stesso; **hier bin ~!** eccomi!; **~ Ärmster!** povero me!; **~ Idiot!** che stupido sono! *fam*
Ich <-(s), -(s)> *nt* **das ~** l'io *m;* **mein zweites ~** il mio alter ego
Ich-AG *f* ditta *f* individuale *(finanziamento pubblico concesso ai disoccupati per la creazione di una società individuale)*
ichbezogen ['ɪçbəzo:gən] *adj* egocentrico
Icon <-s, -s> *nt* INFORM icona *f* [di applicazione]
IC-Zuschlag [i:'tse:'tsu:ʃla:k, *Pl:* i:'tse:'tsu:-ʃlɛ:gə] <-(e)s, IC-Zuschläge> *m* supplemento *m* speciale [*o* rapido]
ideal [ide'a:l] *adj* ideale
Ideal <-s, -e> *nt* ideale *m*
Idealfall *m* caso *m* ideale
Idealgewicht *nt* peso *m* forma
idealisieren [ideali'zi:rən] <ohne ge-> *vt* idealizzare
Idealismus [idea'lɪsmʊs] <-> *m kein Pl.* idealismo *m*
Idealist(in) [idea'lɪst] <-en, -en; -, -nen> *m(f)* idealista *mf*
idealistisch *adj* idealistico, idealista
Idee [i'de:] <-, -n> *f* idea *f;* **geniale ~** idea brillante; **voller ~n stecken** essere pieno di idee; **das ist eine fixe ~ von ihm** è una sua idea fissa; **wie kommst du denn auf die ~?** come ti è venuta quest'idea?; **das bringt mich auf eine ~!** mi fa venire un'idea!; **eine ~ [Salz]** un'idea [di sale]
ideell [ide'ɛl] *adj* ideale
ideenreich [i'de:ənraɪç] *adj* ricco d'idee
Identifikation [idɛntifika'tsi̯o:n] <-, -en> *f* PSYCH identificazione *f*
identifizieren [idɛntifi'tsi:rən] <ohne ge-> *vt* identificare
Identifizierung <-, -en> *f* identificazione *f*
identisch [i'dɛntɪʃ] *adj* **[mit jdm/etw] ~ sein** essere identico a qu/qc
Identität [idɛnti'tɛ:t] <-> *f kein Pl.* identità *f*
Identitätskarte *f* CH *(Personalausweis)* carta *f* d'identità
Identitätskrise *f* crisi *f* d'identità

Identitätsverlust *m* PSYCH perdita *f* della propria identità

Ideologe [ideo'lo:gə] <-n, -n> *m* ideologo *m*

Ideologie [ideolo'gi:] <-, -n> *f* ideologia *f*

Ideologiekritik *f* critica *f* ideologica

ideologiekritisch *adj* critico ideologico

Ideologin [ideo'lo:gɪn] <-, -nen> *f* ideologa *f*

ideologisch [ideo'lo:gɪʃ] *adj* ideologico

Idiom [i'djo:m] <-s, -e> *nt* LING ❶ *(Jargon)* dialetto *m,* idioma *m* ❷ *(Wendung)* espressione *f* idiomatica

idiomatisch [idi̯o'ma:tɪʃ] *adj* LING idiomatico

Idiot(in) [i'di̯o:t] <-en, -en; -, -nen> *m(f)* idiota *mf; (fam)* stupido, -a *m, f*

Idiotenhügel *m (fam scherz)* pendio *m* per sciatori principianti

idiotensicher *adj (fam scherz)* di semplicissimo impiego

Idiotie [idi̯o'ti:] <-, -n> *f* MED *(fam pej)* idiozia *f*

Idiotin *f s.* **Idiot**

idiotisch *adj* idiota; *(fam)* stupido

Idol [i'do:l] <-s, -e> *nt* idolo *m*

Idyll [i'dʏl] <-s, -e> *nt* idillio *m*

Idylle [i'dʏlə] <-, -n> *f* LIT idillio *m*

idyllisch *adj* idilliaco

i. e. *Abk. von* **id est** ie

IG *f Abk. von* **Industriegewerkschaft** sindacato industriale

Igel ['i:gəl] <-s, -> *m* ZOO riccio *m*

igitt [i'gɪt] *interj* oh, che schifo

Iglu ['i:glu] <-s, -s> *m o nt* iglù *m*

Ignorant(in) [ɪgno'rant] <-en, -en; -, -nen> *m(f)* ignorante *mf*

Ignoranz [ɪgno'rants] <-> *f kein Pl.* ignoranza *f*

ignorieren [ɪgno'ri:rən] <ohne ge-> *vt* ❶ *(nicht wissen wollen)* ignorare ❷ *(nicht beachten)* trascurare

IHK [i:ha:'ka:] <-> *f kein Pl. Abk. von* **Industrie- und Handelskammer** camera dell'industria e del commercio

ihm [i:m] *pron pers dat von* **er, es** *(betont)* a lui; *(unbetont)* gli

ihn [i:n] *pron pers akk von* **er** *(betont)* lui; *(unbetont)* lo, l'

ihnen ['i:nən] *pron pers Pl, dat von* **sie** *(betont)* a loro; *(unbetont)* loro, gli

Ihnen *pron pers* ❶ *Sing, dat von* **Sie** *(betont)* a Lei; *(unbetont)* Le ❷ *Pl, dat von* **Sie** *(betont)* a voi; *(unbetont)* Vi

ihr [i:ɐ̯] **I.** *pron pers* ❶ *(2. Pers. Pl.)* voi ❷ *Sing, dat von* **sie** *(betont)* a lei; *(unbetont)* le **II.** *pron poss a. attr.* ❶ *Sing. von* **sie** suo, -a *m, f,* suoi *mpl,* sue *fpl* ❷ *Pl. von* **sie** loro

Ihr *pron poss a. attr.* ❶ *Sing. von* **Sie** Suo, -a *m, f,* Suoi *mpl,* Sue *fpl* ❷ *Pl. von* **Sie** Loro, Vostro

ihre(r, s) ['i:rə, -rɐ, -rəs] *pron poss substantivisch* ❶ *Sing, von* **sie** il suo *m,* la sua *f,* i suoi *pl,* le sue *pl* ❷ *Pl, von* **sie** il loro *m,* la loro *f,* i loro *pl,* le loro *pl*

Ihre(r, s) *pron poss substantivisch* ❶ *Sing. von* **Sie** il Suo *m,* la Sua *f,* i Suoi *pl,* le Sue *pl* ❷ *Pl. von* **Sie** il Loro [*o* Vostro], la Loro [*o* Vostra], i Loro [*o* Vostri] *pl,* le Loro [*o* Vostre] *pl*

ihrer *pron pers* ❶ *Sing. gen von* **sie** di lei ❷ *Pl. gen von* **sie** di essi *m,* di esse *f; s. a.* **ihre(r, s)**

Ihrer *pron pers* ❶ *Sing. gen von* **Sie** di Lei ❷ *Pl. gen von* **Sie** di Loro, di Voi; *s. a.* **Ihre(r, s)**

ihrerseits ['i:rɐzaɪts] *adv* ❶ *Sing.* da parte sua ❷ *Pl.* da parte loro

Ihrerseits *adv* da parte Sua

ihres, Ihres *pron poss s.* **ihre(r, s), Ihre(r, s)**

ihresgleichen ['i:rəs'glaɪçən] <inv> *pron* ❶ *Sing.* suo pari, gente come lei ❷ *Pl.* loro pari, gente come loro

Ihresgleichen <inv> *pron* pari Suo, gente come Lei

ihretwegen ['i:rət've:gən] *adv* ❶ *Sing.* per causa sua, per lei; *(negativ)* per colpa sua ❷ *Pl.* per [causa] loro; *(negativ)* per colpa loro

Ihretwegen *adv* per causa Sua, per Lei; *(negativ)* per colpa Sua

ihretwillen ['i:rət'vɪlən] *adv* ❶ *Sing.* **um ~** per lei, per amor suo ❷ *Pl.* **um ~** per loro, per amor loro

Ihretwillen *adv* **um ~** per Lei, per amor Loro

ihrige(r, s), Ihrige(r, s) *pron poss (obs geh) s.* **ihre(r, s), Ihre(r, s)**

i. J. *Abk. von* **im Jahre** nell'anno

Ikone [i'ko:nə] <-, -n> *f* icona *f*

illegal ['ɪlega:l] *adj* illegale

Illegalität <-, -en> *f* illegalità *f*

illegitim ['ɪlegiti:m] *adj* illegittimo, illegale

illoyal ['ɪlɔɪa:l] *adj* sleale, scorretto

Illoyalität ['ɪlɔɪalɪtɛ:t *o* ɪlɔɪalɪ'tɛ:t] <-> *f kein Pl.* slealtà *f*

Illumination [ɪlumina'tsjo:n] <-, -en> *f* illuminazione *f*

illuminieren [ɪlumi'ni:rən] <ohne ge-> *vt* illuminare

Illusion [ɪlu'zi̯o:n] <-, -en> *f* OPT illusione *f;* **sich** *dat* **~en machen über jdn/etw** farsi illusioni su qu/qc

illusionär [ɪluzi̯o'nɛ:ɐ̯] *adj* illusorio, irreale

illusorisch [ɪlu'zo:rɪʃ] *adj* illusorio

Illustration [ɪlʊstra'tsi̯o:n] <-, -en> *f* illustrazione *f*
illustrieren [ɪlʊs'tri:rən] <ohne ge-> *vt* illustrare
illustriert *adj* illustrato
Illustrierte <-n, -n> *f* rivista *f* illustrata
Iltis ['ɪltɪs] <-ses, -se> *m* ZOO puzzola *f*
im [ɪm] = **in dem** *s.* **in**
Image ['ɪmɪtʃ] <-(s), -s> *nt* immagine *f*
Imagepflege *f* cura *f* della propria immagine
Imageverlust *m* perdita *f* della propria immagine
imaginär [imagi'nɛ:ɐ̯] *adj* immaginario
Imbiss ['ɪmbɪs] <-es, -e> *m* ❶ *(kleine Mahlzeit)* spuntino *m* ❷ *(Lokal)* chiosco *m* per spuntini
Imbissstand *m* chiosco *m*
Imbissstube *f* tavola *f* calda
Imitat [imi'ta:t] <-(e)s, -e> *nt* imitazione *f*
Imitation [imita'tsi̯o:n] <-, -en> *f* imitazione *f*
Imitator(in) [imi'ta:to:ɐ̯] <-s, -en; -, -nen> *m(f)* imitatore, -trice *m, f*
imitieren [imi'ti:rən] <ohne ge-> *vt* imitare
Imker(in) ['ɪmkɐ] <-s, -; -, -nen> *m(f)* AGR apicoltore, -trice *m, f*
Immatrikulation [ɪmatrikula'tsi̯o:n] <-, -en> *f* ❶ *(an einer Hochschule)* immatricolazione *f* ❷ CH *(Kraftfahrzeug)* immatricolazione *f*
immatrikulieren [ɪmatriku'li:rən] <ohne ge-> *vt* ❶ *(Hochschule)* immatricolare, iscrivere ❷ CH *(Kraftzeug)* immatricolare, iscrivere
Imme ['ɪmə] <-, -n> *f (obs poet)* ape *f*
immens [ɪ'mɛns] *adj* immenso, enorme
immer ['ɪmɐ] *adv* sempre; **wann auch ~** in qualsiasi momento +*conj;* **was auch ~** qualunque cosa +*conj;* **wer auch ~** chiunque +*conj;* **wie auch ~** in qualunque modo +*conj;* **wo auch ~** dovunque +*conj;* **für ~** per sempre; **noch ~, ~ noch** ancora [sempre]; **schon ~** da sempre; **~ mehr** sempre più; **~, wenn …** ogni volta che …, tutte le volte che …; **~ wieder** sempre
immergrün *adj* BOT sempreverde
Immergrün <-s, -e> *nt* BOT pervinca *f*
immerhin *adv (jedenfalls)* comunque; *(wenigstens)* almeno; **das ist ~ etwas** è già qualcosa; **er hat sich ~ entschuldigt** almeno si è scusato
immerwährend ['ɪmɐ'vɛ:rənt] *adj (geh)* sempre, continuamente
immerzu *adv* sempre, continuamente
Immigrant(in) [ɪmi'grant] <-en, -en; -, -nen> *m(f)* immigrante *mf,* immigrato, -a *m, f*
Immigration [ɪmigra'tsi̯o:n] <-, -en> *f* immigrazione *f*
immigrieren [ɪmi'gri:rən] <ohne ge-> *vi sein* immigrare
Immobilien [ɪmo'bi:liən] *fpl* immobili *mpl*, beni *mpl* immobili
Immobilienfonds <-, -> *m* FIN immobilizzazioni *fpl,* fondo *m* [immobiliare]
Immobilienhändler(in) *m(f)* immobiliarista *mf*
Immobilienmakler(in) *m(f)* agente *mf* immobiliare
Immobilienmarkt *m* mercato *m* immobiliare [*o* degli immobili]
immun [ɪ'mu:n] *adj* **~ [gegen etw] sein** essere immune [da qc]
Immunabwehr <-> *f kein Pl.* immunoreazione *f*
immunisieren [ɪmuni'zi:rən] <ohne ge-> *vt* immunizzare
Immunisierung [ɪmuni'zi:rʊŋ] <-, -en> *f* MED immunizzazione *f* (**gegen** contro)
Immunität [ɪmuni'tɛ:t] <-> *f kein Pl.* immunità *f*
Immunschwäche *f* MED immunodeficienza *f*
Immunsystem <-s, -e> *nt* MED sistema *m* immunitario
Imperativ ['ɪmperati:f] <-s, -e> *m* LING imperativo *m*
Imperfekt ['ɪmpɛrfɛkt] <-s, -e> *nt* LING imperfetto *m*
Imperialismus [ɪmperia'lɪsmʊs] <-, *rar:* Imperialismen> *m* imperialismo *m*
imperialistisch *adj* imperialistico, imperialista
Imperium [ɪm'pe:riʊm] <-s, Imperien> *nt* impero *m*
impertinent [ɪmpɛrti'nɛnt] *adj (geh: dreist)* impertinente
Impertinenz [ɪmpɛrti'nɛnts] <-, -en> *f (geh)* impertinenza *f,* insolenza *f*
impfen ['ɪmpfən] *vt* vaccinare; **jdn/sich [gegen etw] ~** fare il vaccino a qu/farsi il vaccino [contro qc]
Impfling ['ɪmpflɪŋ] <-s, -e> *m* chi deve essere vaccinato
Impfpass ['ɪmpfpas] *m* MED certificato *m* di vaccinazione
Impfpflicht *f* vaccinazione *f* obbligatoria
Impfpistole *f* pistola *f* per vaccinazione
Impfschein *m* certificato *m* di vaccinazione
Impfstoff *m* vaccino *m*
Impfung <-, -en> *f* vaccinazione *f*
Implantat [ɪmplan'ta:t] <-(e)s, -e> *nt* MED organo *m* per trapianto
Implantation [ɪmplanta'tsjo:n] <-, -en> *f* MED impianto *m,* trapianto *m*

implementieren [ɪmplemɛn'tiːrən] *vt* INFORM implementare

implizit [ɪmpli'tsiːt] *adj* implicito

imponieren [ɪmpo'niːrən] <ohne ge-> *vi* **jdm ~** impressionare [*o* fare effetto su] qu

imponierend *adj* imponente

Import [ɪm'pɔrt] <-(e)s, -e> *m* COM importazione *f*

Importeur(in) [ɪmpɔr'tøːɐ̯] <-s, -e; -, -nen> *m(f)* importatore, -trice *m, f*

importieren [ɪmpɔr'tiːrən] <ohne ge-> *vt* importare

Importstopp *m* COM blocco *m* delle importazioni

Importzoll <-(e)s, -zölle> *m* COM dazio *m* d'importazione

imposant [ɪmpo'zant] *adj* imponente

impotent ['ɪmpotɛnt] *adj* MED impotente

Impotenz ['ɪmpotɛnts] <-> *f kein Pl.* MED impotenza *f*

imprägnieren [ɪmprɛ'gniːrən] <ohne ge-> *vt* ① *(durchtränken)* **etw [mit etw] ~** impregnare qc [di qc] ② *(wasserdicht machen)* impermeabilizzare; **Kleidung/Schuhe mit etw ~** impermeabilizzare i vestiti/le scarpe con qc

Impressionismus [ɪmprɛsi̯o'nɪsmʊs] <-> *m kein Pl.* KUNST, LIT, MUS impressionismo *m*

Impressionist(in) [ɪmprɛsjo'nɪst] <-en, -en; -, -nen> *m(f)* KUNST impressionista *mf*

impressionistisch [ɪmprɛsi̯o'nɪstɪʃ] *adj* impressionista

Impressum [ɪm'prɛsʊm] <-s, Impressen> *nt* TYP colofone *m*, colophon *m*

Improvisation [ɪmproviza'tsi̯oːn] <-, -en> *f* improvvisazione *f*

improvisieren [ɪmprovi'ziːrən] <ohne ge-> *vi, vt* improvvisare

Impuls [ɪm'pʊls] <-es, -e> *m* PHYS impulso *m*

impulsiv [ɪmpʊl'ziːf] *adj* impulsivo

imstande [ɪm'ʃtandə] *adj* **~ sein etw zu tun** *(fähig)* essere capace di fare qc; *(in der Lage)* essere in grado di fare qc

in [ɪn] **I.** *adj (fam)* **~ sein** essere in **II.** *präp +akk o dat* in, a; **ins Kino/Museum/Theater gehen** andare al cinema/al museo/a teatro; **im Garten** in giardino; **im Regen** sotto la pioggia; **im ersten Stock** al primo piano; **~ der Hand/Tasse/Kiste** in mano/nella tazza/nella cassa; **~ dem [*o* im] Zimmer/Haus/Gebiet/Land** in camera/in casa/nella regione/nel paese; **~ der Stadt** in città; **~ Rom** a Roma; **~ Deutschland** in Germania; **im Anfang** all'inizio, al principio; **im Alter von …** all'età di …; **~ der Nacht** nella notte; **~ der nächsten Woche** la settimana prossima; **im Mai** in [*o* a] maggio; **im Frühling** in [*o* a] primavera; **im Sommer/Herbst/Winter** d' [*o* in] estate/autunno/inverno; **~ diesem Jahr** quest'anno; **~ zehn Jahren** *(nach Ablauf von)* tra dieci anni; *(während)* in dieci anni; **im Jahre 1970** nel 1970; **~ Eile** in fretta; **dieses Rätsel hat es ~ sich** *(dat)* questo enigma è difficile; **der Schnaps hat es ~ sich!** *(fam)* l'acquavite è forte!

inaktiv ['ɪnʔaktiːf] *adj* inattivo

inakzeptabel [ɪnʔtsɛp'taːbəl] *adj* inaccettabile

Inanspruchnahme [ɪn'ʔanʃprʊxnaːmə] <-, -n> *f (form)* ① *(Nutzung)* utilizzazione *f*; *(von Hilfsquellen)* fruizione *f*; **~ eines Kredits** utilizzo di un credito ② *(von Menschen)* ricorso *m*; **~ von Unterstützung** ricorso a un aiuto

Inbegriff ['ɪnbəgrɪf] *m* incarnazione *f*

inbegriffen *adj* compreso, incluso

Inbetriebnahme *f* messa *f* in servizio

Inbrunst ['ɪnbrʊnst] <-> *f kein Pl.* fervore *m*, ardore *m*

inbrünstig ['ɪnbrʏnstɪç] *adj (geh)* fervido, ardente

Inbusschlüssel® ['ɪnbʊsʃlʏsəl] <-s, -> *m* TEC *chiave per vite ad esagono incassato*

indem [ɪn'deːm] *konj* ① *(während)* mentre ② *(dadurch, dass)* **er bleibt in Form, ~ er ständig trainiert** si mantiene in forma allenandosi continuamente

Inder(in) ['ɪndɐ] <-s, -; -, -nen> *m(f)* indiano, -a *m, f*, indù *mf*

indes[sen] [ɪn'dɛs(ən)] *adv* ① *(zeitlich)* intanto, nel frattempo ② *(einräumend)* tuttavia, nondimeno

Index ['ɪndɛks] <-(es), -e *o* Indizes *o* Indices> *m* ① MAT, COM indice *m* ② REL elenco *m*

Indian <-s, -e> *m* A *(Truthahn)* tacchino *m*

Indianer(in) [ɪndi'aːnɐ] <-s, -; -, -nen> *m(f)* indiano, -a *m, f*

Indianerstamm *m* tribù *f* indiana

indianisch *adj* indiano

Indien ['ɪndiən] *nt* India *f*, Indie *f pl*

indifferent ['ɪndɪfərɛnt *o* ɪndɪfə'rɛnt] *adj* ① PHYS indifferente; CHEM neutro, inerte ② *(geh: teilnahmslos, gleichgültig)* indifferente, inerte

indigniert [ɪndi'gniːɐt] *adj (geh)* indignato

Indikation [ɪndika'tsjoːn] <-, -en> *f* MED, JUR indicazione *f*; **medizinische ~** indicazione clinica; **soziale ~** indicazione sociale per l'interruzione di gravidanza

Indikativ ['ɪndikatiːf] <-s, -e> *m* LING indicativo *m*

Indikator [ɪndi'kaːtoːɐ̯] <-s, -en> *m* indicatore *m*; **als ~ für etw gelten** valere come indicatore per qc

indirekt ['ɪndirɛkt] *adj* indiretto
indisch ['ɪndɪʃ] *adj* indiano, indù
indiskret ['ɪndɪskreːt] *adj* indiscreto
Indiskretion [ɪndɪskre'tsi̯oːn] <-, -en> *f* indiscrezione *f*
indiskutabel ['ɪndɪskutaːbəl *o* ɪndɪsku'taːbəl] *adj* indiscutibile, fuori discussione; **deine Idee ist ~** la tua idea è fuori discussione [*o* inammissibile]
Individualismus [ɪndividua'lɪsmʊs] <-> *m kein Pl.* individualismo *m*
Individualist(in) [ɪndividua'lɪst] <-en, -en; -, -nen> *m(f)* individualista *mf*
Individualität [ɪndividuali'tɛːt] <-, -en> *f* individualità *f*
Individualverkehr [ɪndividu'alfɛɐkeːɐ̯] <-s> *m kein Pl.* ADM traffico *m* di mezzi privati
individuell [ɪndivi'duɛl] *adj* individuale
Individuum [ɪndi'viːduʊm] <-s, Individuen> *nt* individuo *m*
Indiz [ɪn'diːts] <-es, -ien> *nt* indizio *m;* **~ für etw sein** essere indizio di qc
Indizes *Pl. von* **Index**
Indizien [ɪn'diːtsiən] *Pl. von* **Indiz**
Indizienbeweis *m* prova *f* indiziaria
Indochina [ɪndo'çiːna] *nt* Indocina *f*
indogermanisch *adj* indogermanico
Indonesien [ɪndo'neːziən] *nt* Indonesia *f*
Indonesier(in) <-s, -; -, -nen> *m(f)* indonesiano, -a *m, f*
indonesisch *adj* indonesiano
indossieren [ɪndɔ'siːrən] <ohne ge-> *vt* FIN girare
Induktion [ɪndʊk'tsjoːn] <-, -en> *f* PHILOS, TEC, BIOL induzione *f*
Induktionsherd *m* fornello *m* a induzione
induktiv [ɪnduk'tiːf] *adj* TEC, PHILOS induttivo; **~e Methode** metodo induttivo
industrialisieren [ɪndʊstriali'ziːrən] <ohne ge-> *vt* industrializzare
Industrialisierung <-, -en> *f* industrializzazione *f*
Industrie [ɪndʊs'triː] <-, -n> *f* industria *f;* **chemische ~** industria chimica; **eisen-/holzverarbeitende ~** industria siderurgica/della lavorazione del legno; **verarbeitende ~** industria di trasformazione
Industrieabwässer *ntpl* acque *fpl* di scarico industriali
Industriebetrieb *m* azienda *f* industriale
Industrieerzeugnis *nt* prodotto *m* industriale, manufatto *m*
Industriegebiet *nt* zona *f* industriale
Industriegelände *nt* terreno *m* [*o* zona *f*] industriale
Industriegesellschaft <-, -en> *f* società *f* industriale
Industriegewerkschaft *f* sindacato *m* industriale
Industrieland *nt* paese *m* industriale
industriell [ɪndʊstri'ɛl] *adj* industriale
Industriemüll *m kein Pl.* rifiuti *mpl* industriali
Industriestaat *m* stato *m* industriale
Industriestadt *f* città *f* industriale
Industriestandort *m* area *f* industriale
Industrie- und Handelskammer *f* camera *f* dell'industria e del commercio
Industriezweig *m* branca *f* dell'industria
ineffektiv *adj* inefficace
ineffizient *adj* inefficiente
Ineffizienz ['ɪnɛfitsiɛnts *o* ɪnɛfi'tsiɛnts] <-, -en> *f* COM inefficienza *f*
ineinander [ɪnʔaɪ'nandɐ] *adv* l'uno nell'altro, l'un l'altro, reciprocamente; **sie waren ~ verliebt** erano innamorati l'uno dell'altra; **~ übergehen** *(Farben)* confondersi
ineinander|greifen <irr> *vi (Zahnräder)* ingranare; *(fig: Faktoren)* intrecciarsi
infam [ɪn'faːm] *adj* infame, svergognato
Infamie [ɪnfa'miː, *Pl:* ɪnfa'miːən] <-, -n> *f* infamia *f*
Infanterie ['ɪnfant(ə)riː] <-, -n> *f* MIL fanteria *f*
Infanterist [ɪnfantə'rɪst] <-en, -en> *m* MIL fante *m,* soldato *m* di fanteria
infantil [ɪnfan'tiːl] *adj* infantile
Infarkt [ɪn'farkt] <-(e)s, -e> *m* MED infarto *m*
Infektion [ɪnfɛk'tsi̯oːn] <-, -en> *f* MED infezione *f*
Infektionsgefahr <-, -en> *f* MED pericolo *m* d'infezione
Infektionsherd *m* focolaio *m* d'infezione
Infektionskrankheit *f* malattia *f* infettiva
infektiös [ɪnfek'tsjøːs] *adj* MED infettivo, contagioso; **~e Krankheit** malattia infettiva
Inferno [ɪn'fɛrno] <-s> *nt kein Pl.* inferno *m*
infiltrieren [ɪnfɪl'triːrən] <ohne ge-> *vt (eindringen)* infiltrare (**in** +*akk* in); *(einflößen)* instillare
Infinitiv ['ɪnfɪnitiːf] <-s, -e> *m* LING infinito *m*
infizieren [ɪnfi'tsiːrən] <ohne ge-> *vt* infettare
in flagranti [ɪn fla'granti] *adv* in flagrante
Inflation [ɪnfla'tsi̯oːn] <-, -en> *f* FIN, COM inflazione *f*
inflationär [ɪnflatsjo'nɛːɐ] *adj* FIN inflazionisitico
Inflationsrate *f* tasso *m* d'inflazione
Inflationsspirale *f* spirale *f* inflazionistica
Info ['ɪnfo] <-s, -s> *nt (fam)* foglietto *m* informativo

infolge [ɪn'fɔlgə] *präp +gen* in seguito a, a causa di

infolgedessen [ɪnfɔlgə'dɛsən] *adv* perciò, per questa ragione

Informatik [ɪnfɔr'ma:tɪk] <-> *f kein Pl.* informatica *f*

Informatiker(in) <-s, -; -, -nen> *m(f)* informatico *m*, studioso, -a *m, f* di informatica

Information [ɪnfɔrma'tsi̯o:n] <-, -en> *f* informazione *f*; *(Nachricht)* notizia *f*; **~en einholen** raccogliere informazioni

Informationsaustausch <-(e)s> *m kein Pl.* scambio *m* di informazioni

Informationsgesellschaft <-, -en> *f* società *f* dell'informazione

Informationsmaterial <-s, -ien> *nt* materiale *m* informativo

Informationstechnologie *f* tecnologia *f* dell'informazione

informativ [ɪnfɔrma'ti:f] *adj* informativo

informell ['ɪnfɔrmɛl] *adj* ① *(ohne Formalitäten)* informale ② *(informatorisch)* informativo

informieren [ɪnfɔr'mi:rən] <ohne ge-> **I.** *vt* **jdn** [**über etw** *akk*] **~** informare qu [di qc]; **über etw** *akk* **informiert sein** essere a conoscenza di qc **II.** *vr* **sich** [**über etw** *akk*] **~** informarsi [su qc]

Infotainment <-s, -s> *nt* TV infotainment *m (spettacolo che unisce informazione e intrattenimento)*

infrage *adv* **~ kommen** essere preso in considerazione; **etw ~ stellen** mettere qc in dubbio

infrarot ['ɪnfraro:t] *adj* PHYS infrarosso

Infrarotbestrahlung *f* MED applicazione *f* di raggi infrarossi

Infrarotlicht *nt kein Pl.* luce *f* infrarossa

Infrastruktur ['ɪnfraʃtrʊktu:ɐ̯] *f* infrastruttura *f*

Infusion [ɪnfu'zi̯o:n] <-, -en> *f* MED fleboclisi *f*

Ing. *Abk. von* **Ingenieur(in)** ing.

Ingenieur(in) [ɪnʒe'ni̯ø:ɐ̯] <-s, -e; -, -nen> *m(f)* ingegnere *m*; **leitender ~** ingegnere [in] capo

Ingenieurbüro *nt* ufficio *m* d'ingegneria

Ingenieurin *f s.* **Ingenieur**

Ingrediens [ɪn'gre:djɛns, *Pl:* ɪngre'djɛntsiən] <-, Ingredienzien> *nt* ingrediente *m*

Ingredienz [ɪngre'di̯ɛnts] <-, -en> *f meist Pl.* ingrediente *m*

Ingrimm ['ɪngrɪm] *m (geh)* rancore *m*, risentimento *m*

Ingwer ['ɪŋvɐ] <-s, -> *m* BOT zenzero *m*

Inh. *Abk. von* **Inhaber(in)** titolare

Inhaber(in) ['ɪnha:bɐ] <-s, -; -, -nen> *m(f)* ① proprietario, -a *m, f*; *(Besitzer)* possessore *m*, posseditrice *f*; *(von Geschäft a.)* principale *mf*; *(von Gaststätte)* proprietario, -a *m, f* ② *(von Amt, Ausweis)* titolare *mf*; *(von Aktie)* detentore, -trice *m, f*; FIN portatore, -trice *m, f*

Inhaberaktie <-, -n> *f* FIN azione *f* al portatore

inhaftieren [ɪnhaf'ti:rən] <ohne ge-> *vt* arrestare, imprigionare

Inhalation [ɪnhala'tsjo:n] <-, -en> *f* MED inalazione *f*

inhalieren [ɪnha'li:rən] <ohne ge-> **I.** *vt* inalare **II.** *vi* fare inalazioni

Inhalt ['ɪnhalt] <-(e)s, -e> *m* ① contenuto *m*; **zum ~ haben** avere per soggetto ② MAT *(Raum~)* volume *m*; *(Flächen~)* area *f* ③ *(~sverzeichnis)* indice *m*

inhalt[s]los *adj* vuoto, superficiale

inhalt[s]reich *adj* sostanziale; *(bedeutsam)* significativo

inhaltlich **I.** *adj* contenutistico **II.** *adv* per quanto riguarda il contenuto, di contenuto

Inhaltsangabe *f* sommario *m*, riassunto *m*

Inhaltserklärung *f* COM *(bei einer Postsendung)* la dichiarazione del contenuto [di un pacchetto]

Inhaltsübersicht *f*, **Inhaltsverzeichnis** *nt* indice *m*

inhuman ['ɪnhuma:n *o* ɪnhu'ma:n] *adj (geh)* disumano

Initiale [initsi̯'a:lə] <-, -n> *f* iniziale *f*

Initialzündung [ini'tsja:ltsʏndʊŋ] <-, -en> *f* TEC carica *f* d'innesco

Initiative [initsi̯a'ti:və] <-, -n> *f* ① *(erster Schritt)* iniziativa *f*; **die ~ ergreifen** prendere l'iniziativa; **aus eigener ~** di propria iniziativa ② *(Entschlusskraft)* intraprendenza *f*, spirito *m* d'iniziativa ③ PARL iniziativa *f* popolare ④ CH JUR *(Volksbegehren)* proposta *f* di legge di iniziativa popolare

Initiator(in) [ini'tsi̯a:to:ɐ̯] <-s, -en; -, -nen> *m(f)* iniziatore, -trice *m, f*, promotore, -trice *m, f*

Injektion [ɪnjɛk'tsi̯o:n] <-, -en> *f* MED iniezione *f*, puntura *f*

injizieren [ɪnji'tsi:rən] <ohne ge-> *vt* iniettare

Inka ['ɪŋka] <-s, -s> *mf* HIST inca *mf*

Inkasso [ɪn'kaso] <-s, -s *o* Inkassi> *nt* FIN incasso *m*

inkl. *Abk. von* **inklusive** incl.

inklusive [ɪnklu'zi:və] *präp +gen* incluso, compreso

inkognito [ɪn'kɔgnito] *adv* in incognito

Inkognito <-s, -s> *nt* incognito *m*

inkohärent ['ɪnkohɛrɛnt *o* ɪnkohɛ'rɛnt] *adj* incoerente

Inkohärenz ['ɪnkohɛrɛnts *o* ɪnkohɛ'rɛnts] <-, -en> *f* incoerenza *f*

inkompatibel ['ɪnkɔmpatiːbəl] *adj* INFORM, JUR incompatibile
Inkompatibilität [ɪnkɔmpatibili'tɛːt] <-, -en> *f* INFORM, JUR incompatibilità *f*
inkompetent ['ɪnkɔmpetɛnt] *adj* incompetente
Inkompetenz ['ɪnkɔmpetɛnts] <-, -en> *f* incompetenza *f*
inkonsequent *adj* inconseguente
Inkonsequenz *f* inconseguenza *f*
inkonsistent ['ɪnkɔnzɪstɛnt *o* ɪnkɔnzɪs'tɛnt] *adj a.* PHILOS inconsistente
Inkonsistenz ['ɪnkɔnzɪstɛnts *o* ɪnkɔnzɪs'tɛnts] <-, -en> *f* PHILOS inconsistenza *f*
inkorrekt ['ɪnkɔrɛkt] *adj* erroneo, scorretto
Inkraftsetzung [ɪn'kraftzɛtsʊŋ] <-, -en> *f* messa *f* in vigore [*o* in atto]
Inkrafttreten [ɪn'krafttreːtən] <-s> *nt kein Pl.* JUR, ADM entrata *f* in vigore
Inkubation [ɪnkuba'tsjoːn] <-, -en> *f* MED, ZOO incubazione *f*
Inkubationszeit *f* MED periodo *m* d'incubazione
Inland ['ɪnlant] *nt kein Pl.* interno *m* [del paese]; **im In- und Ausland** nel paese stesso e all'estero
Inlandflug *m* volo *m* nazionale
inländisch ['ɪnlɛndɪʃ] *adj* interno; *(Erzeugnis)* nazionale, del paese
Inlandsgespräch *nt* TEL telefonata *f* nazionale
Inlandsmarkt *m* mercato *m* interno
Inlandsporto *nt* affrancatura *f* per l'interno
Inlett ['ɪnlɛt] <-(e)s, -e *o* -s> *nt* federa *f* [per piumini]
inliegend *adj (form)* allegato, accluso
Inliner ['inlaɪnɐ] *mpl*, **Inlineskates** ['inlaɪnskəɪts] *ntpl* pattini *mpl* in linea
Inlineskating *nt* inline skating *m*, pattinaggio *m* su rollerblade
inmitten [ɪn'mɪtən] *präp +gen* in mezzo a
Inn [ɪn] *m* GEOG Inn *m*
inne|haben ['ɪnəhaːbən] <irr> *vt* avere; *(Titel)* detenere; *(Amt, Stellung a.)* occupare
inne|halten <irr> *vi* arrestarsi; **~ mit …** cessare di *+inf*
innen ['ɪnən] *adv* all'interno, dentro; **nach/von ~** verso/dall'interno
Innenansicht *f* interno *m*
Innenantenne *f* RADIO, TV antenna *f* interna
Innenarchitekt(in) *m(f)* architetto, -a *m, f* d'interni, arredatore, -trice *m, f* d'interni
Innenausschuss *m* commissione *f* interna
Innenausstattung *f* arredamento *m* interno
Innendienst *m* servizio *m* interno
Inneneinrichtung *f* arredamento *m* [interno]
Innenhof *m* cortile *m* interno
Innenleben *nt* vita *f* interiore
Innenminister(in) *m(f)* ministro, -a *m, f* degli interni
Innenministerium *nt* ministero *m* degli interni
Innenpolitik *f* politica *f* interna
innenpolitisch *adj* di politica interna
Innenraum *m* interno *m*, spazio *m* interno
Innenraumdesign <-s, -s> *nt* design *m* degli interni
Innenseite *f* faccia *f* interna, lato *m* interno
Innenspiegel *m* MOT specchietto *m* retrovisore
Innenstadt *f* centro *m* [della città]
Innentemperatur *f* temperatura *f* interna
Innenwand *f* parete *f* divisoria
innerbetrieblich **I.** *adj* interaziendale **II.** *adv* all'interno dell'azienda
innerdeutsch ['ɪnɐdɔɪtʃ] *adj* HIST *(Angelegenheit, Handel)* interno tedesco; **die ~e Grenze** il confine interno tedesco
Innere ['ɪnərə] <ein -s, -n> *nt kein Pl.* ① *(räumlich)* interno *m*, centro *m*; **im ~n von** all'interno di ② *(fig)* viscere *f pl*, cuore *m*; **in meinem ~n** nel mio intimo
innere(r, s) ['ɪnərə, -rɐ, -rəs] *adj* ① *(räumlich) a.* ADM, MED interno, -a **~ Angelegenheit** affare interno ② *(körperlich)* interno, -a ③ *(geistig, seelisch)* intimo, -a
Innereien [ɪnə'raɪən] *f pl* interiora *f pl*
innerhalb ['ɪnɐhalp] **I.** *präp +gen* ① *(örtlich)* all'interno di, in ② *(zeitlich)* nello spazio di, in **II.** *adv* all'interno, dentro
innerlich *adj* ① *(körperlich)* interiore, interno; **~ anzuwenden** per uso interno ② *(seelisch)* intimo
Innerlichkeit <-> *f kein Pl.* interiorità *f*, profondità *f* di sentimenti
innerparteilich *adj o adv* all'interno del [*o* in seno al] partito
innerste *adj s.* **innerste(r, s)**
Innerste <ein -s, -n> *nt kein Pl.* **das ~** il centro, il nucleo; **tief im ~n** nel più profondo, nell'intimo; **bis ins ~ getroffen** colpito nel più profondo
innerste(r, s) ['ɪnɐstə, -tɐ, -təs] *adj Superlativ von* **innere** ① *(räumlich)* [il, la] più profondo, -a ② *(fig)* intimo, -a [il, la] più profondo, -a [il, la] più segreto, -a **im ~n Herzen** nel più profondo dell'animo; **das ist meine ~ Überzeugung** [questa] è la mia intima convinzione
inne|wohnen ['ɪnəvoːnən] *vi (geh)* essere insito (*+dat* in)
innig ['ɪnɪç] *adj* ① *(herzlich)* cordiale

② *(stark)* fervido, ardente ③ *(zärtlich)* tenero ④ *(vertraut)* intimo
Innigkeit <-> *f kein Pl.* ① *(Herzlichkeit)* cordialità *f* ② *(Intensität)* fervore *m,* ardore *m* ③ *(Zärtlichkeit)* tenerezza *f* ④ *(Vertrautheit)* intimità *f*
Innovation [ɪnova'tsi̯oːn] <-, -en> *f* innovazione *f*
innovativ [ɪnova'tiːf] *adj (Denken)* innovativo
Innsbruck ['ɪnsbrʊk] *nt* GEOG Innsbruck *f*
Innung ['ɪnʊŋ] <-, -en> *f* corporazione *f* artigianale
inoffiziell ['ɪnʔɔfitsi̯ɛl] *adj* non ufficiale
ins [ɪns] = **in das** *s.* **in**
Insasse ['ɪnzasə] <-n, -n> *m,* **Insassin** ['ɪnzasɪn] <-, -nen> *f* ① *(von Fahrzeug)* occupante *mf* ② *(von Anstalt)* pensionante *mf,* ospite *mf*
insbesondere [ɪnsbə'zɔndərə] *adv* soprattutto, specialmente, particolarmente
Inschrift ['ɪnʃrɪft] *f* iscrizione *f*
Insekt [ɪn'zɛkt] <-(e)s, -en> *nt* insetto *m*
Insektenfresser <-s, -> *m* insettivoro *m*
Insektenkunde *f* entomologia *f*
Insektenpulver *nt* polvere *f* insetticida
Insektenstich *m* puntura *f* d'insetto
Insektenvernichtungsmittel *nt,* **Insektizid** [ɪnzɛkti'tsiːt] <-s, -e> *nt* insetticida *m*
Insel ['ɪnzəl] <-, -n> *f* isola *f*
Inselgruppe *f* arcipelago *m*
Inserat [ɪnze'raːt] <-(e)s, -e> *nt* inserzione *f,* annuncio *m;* **ein ~ aufgeben** fare un'inserzione
Inserent(in) [ɪnze'rɛnt] <-en, -en; -, -nen> *m(f)* inserzionista *mf*
inserieren [ɪnze'riːrən] <ohne ge-> *vi* fare un'inserzione
insgeheim [ɪnsgə'haɪm] *adv* in segreto, di nascosto
insgesamt [ɪnsgə'zamt] *adv (im ganzen)* in tutto, in totale
Insider ['ɪnsaɪdɐ] <-s, -> *m* iniziato, -a *m, f*
inskribieren <ohne ge-> **I.** *vi* A *(sich an einer Universität einschreiben)* immatricolarsi, iscriversi all'università **II.** *vt* A *(ein Studienfach belegen)* iscriversi
Inskription [ɪnskrɪp'tsi̯oːn] <-, -en> *f* A *(Anmeldung an einer Universität)* immatricolazione *f,* iscrizione *f* all'università
insofern [ɪnzo'fɛrn] **I.** *adv* fino a questo punto, a tale riguardo; **~, als ...** nella misura in cui ..., in quanto ... **II.** *konj* per quanto, nella misura in cui
insolvent ['ɪnzɔlvɛnt *o* ɪnzɔl'vɛnt] *adj* FIN insolvente
Insolvenz ['ɪnzɔlvɛnts *o* ɪnzɔl'vɛnts] <-, -en> *f* FIN insolvenza *f*
insoweit [ɪnzo'vaɪt] *s.* **insofern**
Inspekteur(in) [ɪnspɛk'tøːɐ, *Pl:* ɪnspɛk'tøːrə] <-s, -e; -, -nen> *m(f)* ispettore, -trice *m, f,* controllore *mf*
Inspektion [ɪnspɛk'tsi̯oːn] <-, -en> *f* ispezione *f; (Prüfung)* controllo *m;* **sein Auto zur ~ bringen** portare la [propria] macchina a fare la revisione
Inspektor(in) [ɪn'spɛktoːɐ̯] <-s, -en; -, -nen> *m(f)* gerente *mf,* amministratore, -trice *m, f*
Inspiration [ɪnspira'tsi̯oːn] <-, -en> *f* ispirazione *f*
inspirieren [ɪnspi'riːrən] <ohne ge-> *vt* ispirare
instabil ['ɪnʃtabiːl] *adj* instabile
Instabilität ['ɪnʃtabilitɛːt *o* ɪnʃtabilili'tɛːt] <-, -en> *f* instabilità *f*
Instagram® <-[s]> ['ɪnstəgrɛm] *nt kein pl* INFORM Instagram® *m*
Installateur(in) [ɪnstala'tøːɐ̯] <-s, -e; -, -nen> *m(f)* ① installatore, -trice *m, f* ② A *(Klempner)* idraulico *m*
Installation [ɪnstala'tsi̯oːn] <-, -en> *f* installazione *f*
Installationsdiskette *f* INFORM dischetto *m* di installazione
installieren [ɪnsta'liːrən] <ohne ge-> *vt* installare; TEC equipaggiare
instand [ɪn'ʃtant] *adj* a posto, in ordine; **etw ~ halten** tenere qc in buono stato, provvedere alla manutenzione di qc; **etw ~ setzen** ripristinare qc, riparare qc
Instandhaltung <-, -en> *f* manutenzione *f*
inständig ['ɪnʃtɛndɪç] **I.** *adj* pressante, insistente **II.** *adv* **jdn ~ um etw bitten** pregare insistentemente qu per qc; **~ hoffen** sperare intensamente
Instandsetzung [ɪn'ʃtantzɛtsʊŋ] <-, -en> *f* riparazione *f,* raccomodatura *f*
Instanz [ɪn'stants] <-, -en> *f* ① JUR istanza *f;* **in erster/letzter ~** in prima/ultima istanza ② ADM autorità *f*
Instanzenweg *m* ADM, JUR, PARL **den ~ einhalten** seguire la via gerarchica; **auf dem ~** per via gerarchica
Instinkt [ɪn'stɪŋkt] <-(e)s, -e> *m* istinto *m*
instinktiv [ɪnstɪŋk'tiːf] *adj* istintivo
Institut [ɪnsti'tuːt] <-(e)s, -e> *nt (a. Lehr~)* istituto *m,* istituzione *f; (Anstalt)* ente *m*
Institution [ɪnstitu'tsi̯oːn] <-, -en> *f* istituzione *f*
institutionell [ɪnstitutsjo'nɛl] *adj* istituzionale

instruieren [ɪnstru'iːrən] <ohne ge-> *vt* istruire, dare le istruzioni a

Instruktion [ɪnstrʊk'tsi̯oːn] <-, -en> *f* istruzione *f*

Instrument [ɪnstru'mɛnt] <-(e)s, -e> *nt* strumento *m; (Werkzeug a.)* attrezzo *m*

instrumental [ɪnstrumɛnt'taːl] *adj* strumentale

Instrumentalbegleitung *f* accompagnamento *m* strumentale

Instrumentalmusik *f kein Pl.* musica *f* strumentale

Instrumentalstück *nt* pezzo *m* strumentale

Insulaner(in) [ɪnzu'laːnɐ] <-s, -; -, -nen> *m(f)* isolano, -a *m, f*

Insulin [ɪnzu'liːn] <-s> *nt kein Pl.* MED insulina *f*

Insulinspritze *f* MED iniezione *f* d'insulina

inszenieren [ɪnstse'niːrən] <ohne ge-> *vt* ❶ THEAT, FILM mettere in scena ❷ *(fig)* montare, inscenare

Inszenierung <-, -en> *f* ❶ THEAT, FILM allestimento *m*, messa *f* in scena ❷ *(fig)* montatura *f*, messa *f* in scena

intakt [ɪn'takt] *adj* intatto

Intarsienmalerei [ɪn'tarziənmaːləraɪ] <-, -en> *f* KUNST pittura *f* ad intarsio

integer [ɪn'teːgɐ] *adj (geh)* integro

Integral [ɪnte'graːl] <-s, -e> *nt* MAT integrale *m*

Integralrechnung *f* MAT calcolo *m* integrale

Integration [ɪntegra'tsi̯oːn] <-, -en> *f* integrazione *f*

Integrationsweg *m* **neue ~e beschreiten** adottare nuove misure di integrazione

integrativ [ɪntegra'tiːf] *adj* integrativo

integrieren [ɪnte'griːrən] <ohne ge-> *vt* integrare

Integrität [ɪntegri'tɛːt] <-> *f kein Pl.* integrità *f;* **territoriale ~** integrità territoriale

Intellekt [ɪntɛ'lɛkt] <-(e)s> *m kein Pl.* intelletto *m*

intellektuell [ɪntɛlɛk'tuɛl] *adj* intellettuale

Intellektuelle <ein -r, -n, -n> *mf* intellettuale *mf*

intelligent [ɪntɛli'gɛnt] *adj* intelligente

Intelligenz [ɪntɛli'gɛnts] <-, -en> *f* intelligenza *f;* **künstliche ~** intelligenza artificiale

Intelligenzquotient *m* quoziente *m* d'intelligenza

Intelligenztest *m* test *m* d'intelligenza

Intendant(in) [ɪntɛn'dant] <-en, -en; -, -nen> *m(f)* THEAT, MIL intendente *mf;* RADIO, TV direttore, -trice *m, f* generale

Intendanz [ɪntɛn'dants] <-, -en> *f* THEAT intendenza *f;* RADIO, TV direzione *f* generale

Intensität [ɪntɛnzi'tɛːt] <-> *f kein Pl.* intensità *f*

intensiv [ɪntɛn'ziːf] *adj* intenso; AGR, TEC intensivo

intensivieren [ɪntɛnzi'viːrən] <ohne ge-> *vt* intensificare

Intensivkurs *m* corso *m* intensivo

Intensivmedizin *f kein Pl.* MED medicina *f* intensiva

Intensivstation *f* MED reparto *m* cure intensive

interaktiv [ɪntɐʔak'tiːf] *adj* INFORM interattivo

Intercity [ɪntɐ'sɪti] <-s, -s> *m* FERR intercity *m*, rapido *m*

Intercity-Express <-es, -e> *m* FERR *treno ad alta velocità*

interdisziplinär [ɪntɐdɪstsipli'nɛːɐ] *adj* interdisciplinare; **~e Forschung** ricerca interdisciplinare

interessant [ɪntərɛ'sant] *adj* interessante

interessanterweise [ɪnt(ə)rɛ'santɐ'vaɪzə] *adv* curiosamente

Interesse [ɪntə'rɛsə] <-s, -n> *nt* interesse *m;* **an etw** *dat* [*o* **für etw**] **~ haben** avere interesse per qc; **das ~ an etw** *dat* **verlieren** disinteressarsi di qc; **jds ~n vertreten** difendere gli interessi di qu; **in jds ~ liegen** essere nell'interesse di qu; **von allgemeinem ~** d'interesse generale

interesselos *adj* indifferente, senza interesse

Interesselosigkeit <-> *f kein Pl.* disinteresse *m*, perdita *f* di interesse

Interessengemeinschaft *f* comunione *f* d'interessi

Interessenkonflikt *m* conflitto *m* d'interessi

Interessent(in) [ɪnt(ə)rɛ'sɛnt] <-en, -en; -, -nen> *m(f)* interessato, -a *m, f*

Interessenvertretung *f kein Pl.* rappresentanza *f* degli interessi

interessieren [ɪnt(ə)rɛ'siːrən] <ohne ge-> *vt* interessare; **sich für jdn/etw ~** interessarsi di qu/qc

interessiert [ɪnt(ə)rɛ'siːɐ̯t] **I.** *adj* interessato; **kulturell ~ sein** avere interessi culturali; **an etw/jdm ~ sein** essere interessato a qc/qu, avere interesse per qc/qu; **sich ~ zeigen** mostrarsi interessato; **ich bin nicht daran ~, dass** non mi interessa che +*conj* **II.** *adv* con interesse

Interface ['ɪntɐfɛis] <-, -s> *nt* INFORM interfaccia *f*

Interferenz ['ɪntɐfe'rɛnts] <-, -en> *f* PHYS, TEC interferenza *f*

Interjektion [ɪntɐjɛk'tsjoːn] <-, -en> *f* LING interiezione *f*

interkantonal *adj* CH che interessa vari cantoni
Interkontinentalrakete *f* MIL missile *m* intercontinentale
interkulturell [ɪntɐkʊltuˈrɛl] *adj* interculturale
interlinear *adj* LING, LIT interlineare
Interlinearglosse *f* LING, LIT *(bes Handschriften)* glossa *f* interlineare
Intermezzo [ɪntɐˈmɛtso] <-s, -s *o* Intermezzi> *nt* THEAT, MUS intermezzo *m; (fig a.)* intermezzo *m* comico
intern [ɪnˈtɛrn] *adj* interno
Internat [ɪntɐˈnaːt] <-(e)s, -e> *nt* internato *m,* collegio *m,* convitto *m*
international [ɪntɐnatsi̯oˈnaːl] *adj* internazionale
Internet [ˈɪntɐnɛt] <-s> *nt kein Pl.* Internet, m; **im ~ surfen** navigare su Internet
Internetadresse *f* sito *m* [Internet]
Internetaktivist(in) *m(f)* attivista *mf* digitale
Internetanschluss *m* collegamento *m* a Internet
Internetanwender(in) *m(f)* internettista *mf*
Internetauktion *f* asta *f* on line
Internetbrowser <-s, -> *m* Internet browser *m*
Internetcafé *nt* Internet café *m,* cybercafé *m*
Internethandel *m* commercio *m* elettronico
Internetnutzer(in) *m(f)* internettista *mf*
Internetportal *nt* portale *m* Internet
Internetprovider <-s, -> *m* Internet provider *m*
Internettelefonie <-> *f kein Pl.* telefonia *f* via Internet
Internetzugang *m* accesso *m* a Internet
internieren [ɪntɐˈniːrən] <ohne ge-> *vt* internare
Internierte <ein -r, -n, -n> *mf* internato, -a *m, f*
Internierung <-, -en> *f* internamento *m*
Internierungslager *nt* campo *m* d'internamento
Internist(in) [ɪntɐˈnɪst] <-en, -en; -, -nen> *m(f)* MED internista *mf*
Interpol [ˈɪntɐpoːl] <-> *f kein Pl.* INTERPOL *m*
interpolieren [ɪntɐpoˈliːrən] <ohne ge-> *vt* MAT, SCIENT interpolare
Interpret(in) [ɪntɐˈpreːt] <-en, -en; -, -nen> *m(f)* MUS interprete *mf*
Interpretation [ɪntɐpretaˈtsi̯oːn] <-, -en> *f* interpretazione *f*
interpretieren [ɪntɐpreˈtiːrən] <ohne ge-> *vt* interpretare
Interpretin *f s.* **Interpret**
Interpunktion [ɪntɐpʊŋkˈtsi̯oːn] *f* LING interpunzione *f*
Interpunktionszeichen *nt* segno *m* d'interpunzione
Interrailkarte [ˈɪntɐreɪlkartə] *f* FERR [biglietto] interrail *m*
Interregio [ɪntɐˈreːgio] <-s, -s> *m* FERR [treno] interregionale *m,* diretto *m*
Intervall [ɪntɐˈval] <-s, -e> *nt* intervallo *m*
intervenieren [ɪntɐveˈniːrən] <ohne ge-> *vi* intervenire
Intervention [ɪntɐvɛnˈtsjoːn] <-, -en> *f bes.* POL intervento *m*
Interview [ˈɪntɐvju *o* ɪntɐˈvjuː] <-s, -s> *nt* intervista *f*
interviewen [ɪntɐˈvjuːən] <ohne ge-> *vt* intervistare
Interviewer(in) [ɪntɐˈvjuːɐ̯] <-s, -; -, -nen> *m(f)* intervistatore, -trice *m, f*
intim [ɪnˈtiːm] *adj* intimo; *(vertraut)* familiare; **~e Beziehungen mit jdm haben** avere rapporti sessuali con qu
Intimfeind(in) <-(e)s, -e; -, -nen> *m(f)* *(geh)* nemico *m* giurato
Intimität [ɪntimiˈtɛːt] <-, -en> *f* intimità *f*
Intimsphäre <-, -n> *f* intimo *m*
intolerant [ˈɪntolerant] *adj* intollerante
Intoleranz [ˈɪntolerants] <-, -en> *f* intolleranza *f*
Intonation [ɪntonaˈtsi̯oːn] <-, -en> *f* MUS, LING intonazione *f*
in toto *adv* in toto
Intranet [ˈɪntranɛt] <-s, -s> *nt* INFORM intranet *f*
intransitiv [ˈɪntranzitiːf] *adj* LING intransitivo
Intrauterinpessar [ɪntraʔuteˈriːnpɛsaːɐ] *nt* MED diaframma *m*
intravenös [ɪntraveˈnøːs] **I.** *adj* MED *(Injektion)* endovenoso **II.** *adv* MED *(ernähren)* per via endovenosa
intrigant [ɪntriˈgant] *adj* intrigante
Intrigant(in) <-en, -en; -, -nen> *m(f)* intrigante *mf*
Intrige [ɪnˈtriːgə] <-, -n> *f* intrigo *m,* cabala *f;* **~n spinnen** tessere intrighi
intrigieren [ɪntriˈgiːrən] <ohne ge-> *vi* intrigare, brigare *fam*
introvertiert [ɪntrovɛrˈtiːɐ̯t] *adj* PSYCH introverso
Intuition [ɪntuiˈtsi̯oːn] <-, -en> *f* intuito *m; (Eingebung)* intuizione *f*
intuitiv [ɪntuiˈtiːf] *adj* intuitivo
intus *adj* **etw ~ haben** *(fam)* essersi scolato qc
Invalide [ɪnvaˈliːdə] <-n, -n> *m,* **Invalidin** [ɪnvaˈliːdɪn] <-, -nen> *m, f* invalido, -a *m, f;* MIL mutilato, -a *m, f*

Invalidenrente <-, -n> *f* pensione *f* di invalidità
Invalidität [ɪnvalidi'tɛːt] <-> *f kein Pl.* invalidità *f*
Invasion [ɪnva'zi̯oːn] <-, -en> *f* invasione *f*
Inventar [ɪnvɛn'taːɐ̯] <-s, -e> *nt* inventario *m;* **das ~ aufnehmen** fare l'inventario; **lebendes/totes ~** scorte vive/morte
Inventur [ɪnvɛn'tuːɐ̯] <-, -en> *f* COM inventario *m;* **~ machen** fare l'inventario
investieren [ɪnvɛs'tiːrən] <ohne ge-> *vt* investire
Investition [ɪvɛsti'tsi̯oːn] <-, -en> *f* investimento *m*
Investitionsanreiz <-es, -e> *m* FIN incentivo *m* all'investimento
Investitionsgüter *ntpl* COM, FIN beni *mpl* d'investimento
Investmentbanking [ɪn'vɛstmɛnt 'bɛŋkiŋ] <-(s)> *nt kein Pl.* investment bank *f*
inwendig ['ɪnvɛndɪç] **I.** *adj* interno **II.** *adv* dentro, all'interno
inwiefern [ɪnvi'fɛrn], **inwieweit** [ɪnvi'vaɪt] *adv* quanto, in che senso
Inzest [ɪn'tsɛst] <-(e)s, -e> *m* incesto *m*
Inzucht ['ɪntsʊxt] <-, -en> *f* ❶ *(bei Tieren)* riproduzione *f* fra consanguinei ❷ *(bei Menschen)* unione *f* consanguinea
inzwischen [ɪn'tsvɪʃən] *adv* intanto, nel frattempo
IOK [iːʔoː'kaː] <-(s)> *nt kein Pl. Abk. von* **Internationales Olympisches Komitee** CIO *m*
Ion [ioːn] <-s, -en> *nt* PHYS, CHEM ione *m*
I-Punkt ['iːpʊŋkt] *m*, **i-Punkt** *m* puntino *m* sulla i; **bis auf den ~** con la massima precisione
IQ [iː'kuː] <-(s), -s> *m Abk. von* **Intelligenzquotient** QI
Ir CHEM *Abk. von* **Iridium** IR
IR [iː'ɛr] <-(s), -(s)> *m Abk. von* **Interregio[-Zug]** IR *m*
i. R. *Abk. von* **im Ruhestand** a riposo
Irak [i'raːk] *m* GEOG **[der] ~** l'Iraq *m;* **im ~** nell'Iraq
Iraker(in) <-s, -; -, -nen> *m(f)* iracheno, -a *m, f*
irakisch *adj* iracheno
Irakkrieg *m* guerra *f* in Iraq
Iran [i'raːn] *m* GEOG **[der] ~** l'Iran *m;* **im ~** nell'Iran
Iraner(in) <-s, -; -, -nen> *m(f)* iraniano, -a *m, f*, iranico, -a *m, f*
iranisch *adj* iraniano, iranico
irden ['ɪrdən] *adj* di terra, terracotta
irdisch ['ɪrdɪʃ] *adj* terrestre; *(nicht himmlisch)* terreno, di questo mondo
Ire ['iːrə] <-n, -n> *m* irlandese *m*
irgend ['ɪrgənt] *adv* **wenn ~ möglich** se mai è possibile
irgendein *pron indef (adjektivisch)* uno, -a *m, f* qualunque, uno, -a *m, f* qualsiasi
irgendeine(r, s) ['ɪrgənt'ʔaɪnə, -nɐ, -nəs] *pron indef* qualcuno, -a *m, f*, uno, -a *m, f*
irgendetwas *pron indef* qualunque cosa
irgendjemand *pron indef* qualcuno, uno qualunque
irgendwann *adv* una volta o l'altra, prima o poi
irgendwas *pron indef (fam)* ❶ *(etwas)* qualcosa, qualche; **fällt dir noch ~ ein?** ti viene in mente qualcos'altro? ❷ *(Beliebiges)* qualcosa; **falls du ~ brauchst …** se hai bisogno di qualcosa …
irgendwelche *pron indef* ❶ *(manche)* qualche *mfsing*, qualcuno, -a *m, fsing;* **~ Leute meinten …** qualcuno diceva/intendeva … ❷ *(beliebige)* qualche; **solltest du ~ Probleme haben …** se dovessi avere qualche problema …
irgendwer *pron indef* ❶ *(jemand)* qualcuno, -a *m, fsing* ❷ *(eine beliebige Person)* uno, -a *m, f* qualunque; **er ist schließlich nicht ~** in fondo non è uno qualunque
irgendwie *adv* in qualche modo, in un modo o nell'altro
irgendwo *adv* in qualche posto, da qualche parte
irgendwoher *adv* da qualche parte
irgendwohin *adv* in qualche posto, da qualche parte
Iriden *Pl. von* **Iris**[1]
Iridium [i'riːdiʊm] <-s> *nt kein Pl.* CHEM iridio *m*
Irin ['iːrɪn] <-, -nen> *f* irlandese *f*
Iris[1] ['iːrɪs *o* 'irideːs] <-, - *o* Iriden *o* Irides> *f* ANAT, OPT iride *f*
Iris[2] ['iːrɪs] <-, -> *f* BOT iris *f*
irisch ['iːrɪʃ] *adj* irlandese
Irisscanner *m* iris scan *m*
IRK [iːʔɛr'kaː] <-(s)> *nt kein Pl. Abk. von* **Internationales Rotes Kreuz** CRI
Irland ['ɪrlant] *nt* GEOG Irlanda *f*
Ironie [iro'niː] <-, -n> *f* ironia *f*
ironisch [i'roːnɪʃ] *adj* ironico
irr[e] ['ɪr(ə)] *adj* ❶ *(verrückt)* folle, pazzo, alienato ❷ *(sl: ausgefallen, toll)* straordinario, pazzesco; **ein ~er Typ** *(sl)* un tipo stravagante [*o* originale]; **an jdm ~ werden** perdere la fiducia in qu
irrational ['ɪratsi̯onaːl] *adj* irrazionale
irre ['ɪrə] *adj* ❶ *(verrückt)* folle, pazzo ❷ *(sl: ausgefallen, toll)* straordinario, pazzesco; **ein ~r Typ** *(sl)* un tipo stravagante
Irre[1] <-> *f kein Pl.* **in die ~ führen** fuorviare; *(fig: täuschen)* sviare, ingannare

Irre[2] <ein -r, -n, -n> *mf* pazzo, -a *m, f,* demente *mf*
irreal ['ɪrea:l] *adj* irreale
Irrealität [ɪreali'tɛ:t] <-> *f kein Pl.* irrealtà *f*
irre|führen ['ɪrəfy:rən] *vt (fig)* trarre in inganno, ingannare
irreführend *adj* che trae in inganno
Irreführung *f* sviamento *m*
irrelevant ['ɪrelevant] *adj* irrilevante, trascurabile
irren ['ɪrən] **I.** *vi* ① *sein (umher~)* errare; *(fig: Gedanken)* vagare ② *haben (sich täuschen)* errare, sbagliare; **~ ist menschlich** *(prov)* errare è umano **II.** *vr* **sich [in jdm/etw] ~** sbagliarsi [sul conto di qu/qc]; **sich gewaltig ~** *(fam)* prendere un granchio enorme; **wenn ich mich nicht irre** se non erro, se non mi sbaglio
Irrenanstalt *f* manicomio *m*
Irrenarzt *m* psichiatra *mf*
Irrenärztin *f* psichiatra *mf*
Irrenhaus *nt* manicomio *m*
irreparabel ['ɪrepara:bəl] *adj* irreparabile
irreversibel ['ɪrevɛrzi:bəl *o* ɪrevɛr'zi:bəl] *adj* irreversibile
Irrfahrt ['ɪrfa:ɐ̯t] *f* peregrinazione *f,* odissea *f*
Irrgarten *m* labirinto *m,* dedalo *m*
Irrglaube *m kein Pl.* ① credenza *f* falsa ② REL eresia *f*
irrig ['ɪrɪç] *adj (geh)* erroneo, falso
irrigerweise ['ɪrɪgɐ'vaɪzə] *adv (geh)* erroneamente
Irritation [ɪrita'tsjo:n] <-, -en> *f (geh)* irritazione *f*
irritieren [ɪri'ti:rən] <ohne ge-> *vt (verwirren)* confondere
Irrlicht *nt* fuoco *m* fatuo
Irrsinn *m* follia *f,* demenza *f*
irrsinnig *adj* ① *(geistesgestört)* folle, demente ② *(fam: sehr, außerordentlich)* straordinario
Irrtum <-s, Irrtümer> *m (falsche Meinung)* errore *m; (Missverständnis)* malinteso *m,* equivoco *m; (Versehen)* svista *f,* sbaglio *m;* **sich im ~ befinden, im ~ sein** essere in errore; **es ist ein ~ zu glauben, dass ...** è un errore credere che ...; **das ist ein ~** vi è un malinteso; **das war ein ~ von mir** mi sono sbagliato; **~!** *(fam)* è uno sbaglio!
irrtümlich ['ɪrty:mlɪç] *adj* erroneo
ISBN [i:ʔɛsbe:'ʔɛn] *f Abk. von* **Internationale Standardbuchnummer** ISBN *m*
Ischia *f* GEOG Ischia *f*
Ischias ['ɪʃias] <-> *m kein Pl.* MED sciatica *f*
ISDN [i:ʔɛsde:'ʔɛn] TEL *Abk. von* **Integrated Services Digital Network** ISDN
ISDN-Anschluss *m* TEL allacciamento *m* ISDN
Islam [ɪs'la:m] <-s> *m kein Pl.* REL islam[ismo] *m*
Islamfeindlichkeit <-> *f kein Pl.* islamofobia *f*
islamisch *adj* islamico
Islamisierung [ɪslami'zi:rʊŋ] <-, -en> *f* REL islamizzazione *f*
Islamist(in) <-en, -en> *m(f)* islamista *mf*
Islamistenhochburg *f* roccaforte *f* islamica
islamistisch *adj* islamistico
Islamophobie [ɪslamofo'bi:] <-> *f kein Pl.* islamofobia *f*
Island ['i:slant] *nt* Islanda *f*
Isländer(in) ['i:slɛndɐ] <-s, -; -, -nen> *m(f)* islandese *mf*
isländisch *adj* islandese
ISO ['i:zo] *f* COM *Abk. von* **International Organization for Standardization** ISO *f*
Isolation [izola'tsi̯o:n] <-, -en> *f* isolamento *m*
Isolationshaft *f* segregazione *f*
Isolator [izo'la:to:ɐ, *Pl:* izola'to:rən] <-s, -en> *m* isolante *m*
Isolierband *nt* nastro *m* isolante
isolieren [izo'li:rən] <ohne ge-> *vt* isolare
Isoliermasse *f,* **Isoliermaterial** *nt* [materiale *m*] isolante *m*
Isolierstation *f* MED reparto *m* di isolamento
Isolierung <-, -en> *f* isolamento *m*
Israel ['ɪsrae:l] *nt* Israele *m*
Israeli [isra'e:li] <-(s), -(s)> *mf,* **Israelin** [isra'e:lɪn] <-, -nen> *f* israeliano, -a *m, f*
israelisch [isra'e:lɪʃ] *adj* israeliano
Israelit(in) [israe'li:t] <-en, -en; -, -nen> *m(f)* REL israelita *mf*
israelitisch *adj* israelitico, ebraico
isst [ɪst] *2. u. 3. Pers. Sing. Präs. von* **essen**
ist [ɪst] *3. Pers. Sing. Präs. von* **sein**[1]
Istanbul ['ɪstambu:l] *nt* Istanbul *f*
Ist-Bestand <-(e)s, -Bestände> *m* COM, FIN stato *m* effettivo, scorte *f pl* di magazzino
Italien [i'ta:liən] *nt* Italia *f*
Italiener(in) [ita'li̯e:nɐ] <-s, -; -, -nen> *m(f)* italiano, -a *m, f*
italienisch *adj* italiano
Italienisch <-s> *nt kein Pl.,* **Italienische** <-n> *nt kein Pl.* italiano *m;* **die Schwierigkeiten des ~n** le difficoltà dell'italiano; **[kein] ~ sprechen/verstehen** [non] parlare/capire l'italiano
IT-Branche [aɪ'ti:ʔbrã:ʃə] *f* settore *m* dell'IT
i. Tr. *Abk. von* **in der Trockenmasse** a secco; **Fett ~** grassi in [*o* grasso] s. s

I-Tüpfelchen ['iːtʏpfəlçən] <-s, -> *nt*, **i-Tüpfelchen** <-s, -> *nt* ❶ puntino *m* sulla i ❷ *(fig)* cacio *m* sui maccheroni *fam*, minimo particolare *m*

i. V. [iː'faʊ] *Abk. von* **in Vertretung** in rappresentanza

J j

J, j [jɔt] <-, -(s)> *nt* J *f*, j *f*; **J wie Julius** i lunga

J *Abk. von* **Joule** J

ja [jaː] *adv* ❶ *(zustimmend)* sì; **~ sagen** dire di sì; **zu etw ~ sagen** acconsentire a qc, dare il proprio consenso a qc; **zu allem ~ und amen sagen** *(fam)* acconsentire a tutto; **mit ~ antworten** rispondere affermativamente; **ich glaube ~** penso di sì; **aber ~!** *fam*, **~ doch!** ma sì! *fam* ❷ *(fragend)* ah sì; *(fam)* eh, vero ❸ *(nachdrücklich)* ma; **ich habe es ~ gesagt** ma l'ho detto; **sage ~ nicht, dass …** stai attento a non dire che …; **da bist du ~!** eccoti qua!; **das ist ~ furchtbar!** ma è terribile! ❹ *(sogar)* anzi, perfino

Jacht [jaxt] <-, -en> *f* yacht *m*

Jacke ['jakə] <-, -n> *f (Herren~)* giacca *f* [da uomo]; *(Damen~)* giacca *f* da donna

Jackett [ʒa'kɛt] <-(e)s, -s *o rar:* -e> *nt* giacca *f*, giacchetta *f*

Jackpot ['dʒɛkpɔt] *m (im Lotto)* jackpot *m*

Jade ['jaːdə] <*m* -(s) *o f* -> *mf kein Pl.* MIN giada *f*

Jagd [jaːkt] <-, -en> *f* caccia *f*; *(Verfolgung)* inseguimento *m*; **auf die ~ gehen** andare a caccia; **auf etw** *akk* **~ machen** dare la caccia a qc

Jagdaufseher *m* guardiacaccia *m*

Jagdbeute *f* cacciagione *f*

Jagdbomber *m* MIL cacciabombardiere *m*

Jagdgewehr *nt* fucile *m* da caccia

Jagdhund *m* cane *m* da caccia

Jagdhütte *f* capanna *f* di caccia

Jagdpächter <-s, -> *m* locatario *m* di una riserva di caccia

Jagdrevier *nt* riserva *f* di caccia

Jagdschein *m* licenza *f* di caccia

Jagdtasche *f* carniere *m*

Jagdzeit *f* stagione *f* venatoria [*o* della caccia]

jagen ['jaːgən] **I.** *vt haben* ❶ *(Wild)* cacciare ❷ *(fig: verfolgen)* inseguire, dare la caccia a; **jdn zum Teufel ~** mandare al diavolo qu; **damit kannst du mich ~!** *(fam)* mi fa schifo! **II.** *vi* ❶ *haben (auf die Jagd gehen)* cacciare, andare a caccia ❷ *sein (dahin~)* correre, andare di corsa; **nach etw ~** correr dietro a qc

Jäger(in) ['jɛːgɐ] <-s, -; -, -nen> *m(f)* ❶ *(Jagd)* cacciatore, -trice *m, f* ❷ MIL, AERO pilota *mf* da caccia

Jägerei [jɛːgə'raɪ] <-> *f kein Pl.* caccia *f*, esercizio *m* della caccia

Jägerin *f s.* **Jäger**

Jägerlatein *nt (scherz)* fanfaronata *f* [da cacciatore]

Jägerschnitzel <-s, -> *nt* GASTR scaloppina *f* ai funghi

Jaguar ['jaːguaːɐ̯] <-s, -e> *m* ZOO giaguaro *m*

jäh [jɛː] *adj* ❶ *(steil)* ripido, erto ❷ *(plötzlich)* improvviso, repentino ❸ *(überstürzt)* precipitato

Jahr [jaːɐ̯] <-(e)s, -e> *nt (Zeiteinheit)* anno *m*; *(Verlauf)* annata *f*; **jedes ~** ogni anno, annualmente; **letztes ~** l'anno scorso; **nächstes ~** l'anno prossimo; **ein halbes ~** sei mesi; **das laufende ~** l'anno in corso; **das neue ~** l'anno nuovo; **alle zwei ~e** ogni due anni; **die dreißiger ~e** gli anni trenta; **die besten ~e [des Lebens]** gli anni più belli [della vita]; **jdm ein glückliches neues ~ wünschen** augurare a qu buon anno; **in die ~e kommen** cominciare a invecchiare; **viele ~e lang** per anni; **~ für ~** anno per anno; **das ganze ~ [hindurch]** [per] tutto l'anno; **in einem ~** *(ab jetzt)* fra un anno; *(im Verlauf eines ~es)* in un anno, nel corso di un anno; **im ~e 2015** nel[l'anno] 2015; **einmal im ~** una volta all'anno; **von ~ zu ~** di anno in anno; **im Alter von 3 ~en** a 3 anni; **vor einem ~** un anno fa; **vor ~en** anni fa

jahraus [jaːɐ̯'ʔaʊs] *adv* **~, jahrein** anno per anno

Jahrbuch *nt* annuario *m*, almanacco *m*

jahrelang ['jaːrəlaŋ] **I.** *adj* di anni, che dura da anni **II.** *adv* per anni

jähren ['jɛːrən] *vr:* **sich ~** ricorrere; **der Tag jährt sich bald, an dem …** presto è l'anniversario del giorno in cui …

Jahresabschluss <-es, -schlüsse> *m* FIN bilancio *m* d'esercizio [*o* di fine anno]

J

Jahresabschlussprämie <-, -n> *f* premio *m* di fine anno
Jahresanfang *m* inizio *m* dell'anno
Jahresbeitrag *m* quota *f* annua
Jahresdurchschnitt *m* media *f* annua
Jahreseinkommen *nt* reddito *m* annuo
Jahresende *nt* fine *f* dell'anno
Jahresring *m* BOT anello *m* annuale
Jahrestag *m* anniversario *m*
Jahresurlaub *m* vacanze *fpl* annuali; MIL licenza *f* ordinaria
Jahreswechsel *m* capodanno *m*
Jahreswende *f* capodanno *m*
Jahreszahl *f* data *f*
Jahreszeit *f* stagione *f*
jahreszeitlich *adj* stagionale
Jahrgang *m* ❶ *(von Geburt)* generazione *f* ❷ *(in Schule)* classe *f* ❸ *(von Wein, Zeitschrift)* annata *f*
Jahrhundert [jaːɐ̯'hʊndɐt] <-s, -e> *nt* secolo *m*
jahrhundertealt *adj (Möbel, Buch)* [pluri]secolare
jahrhundertelang *adv* per secoli
Jahrhundertwende *f* passaggio *m* da un secolo all'altro
-jährig [jɛːrɪç] *adj in Zusammensetzungen* di … anni
jährlich ['jɛːɐ̯lɪç] *adj* annuale, annuo
Jahrmarkt *m* fiera *f*
Jahrmarktsbude *f* baraccone *m* da fiera
Jahrtausend [jaːɐ̯'taʊzənt] <-s, -e> *nt* millennio *m*
Jahrtausendwende *f* passaggio *m* da un millennio all'altro
Jahrzehnt [jaːɐ̯'tseːnt] <-(e)s, -e> *nt* decennio *m*
jahrzehntelang *adv* per decenni
Jähzorn ['jɛːtsɔrn] <-s> *m kein Pl.* ❶ *(Eigenschaft)* temperamento *m* collerico, irascibilità *f* ❷ *(Ausbruch)* accesso *m* di collera
jähzornig *adj* irascibile, collerico
Jalousie [ʒalu'ziː] <-, -n> *f* imposta *f,* persiana *f*
Jammer ['jamɐ] <-s> *m kein Pl.* ❶ *(Elend)* miseria *f,* indigenza *f;* **es ist ein ~, dass …** è un peccato che +*conj* ❷ *(Klagen)* lamenti *mpl*
jämmerlich ['jɛmɐlɪç] *adj (elend)* misero; *(erbärmlich)* miserabile, pietoso; *(mitleiderregend)* compassionevole
jammern ['jamɐn] *vi* lamentarsi; **über etw** *akk* **~** lamentarsi di qc; *(klagen)* lagnarsi di qc; **um etw ~** lamentarsi per qc; **nach jdm/etw ~** reclamare qu/qc con tono lamentoso
jammerschade ['jamɐ'ʃaːdə] *adj (fam)* **das ist ~!** è un gran peccato!

J

Janker <-s, -> *m* A *(Trachtenjackett)* giacca *f* folcloristica
Jänner ['jɛnɐ] <-s, -> *m* A, SÜDD *(Januar)* gennaio *m; s. a.* **April**
Januar ['januaːɐ̯] <-(s), -e> *m* gennaio *m; s. a.* **April**
Japan ['jaːpan] *nt* Giappone *m*
Japaner(in) [ja'paːnɐ] <-s, -; -, -nen> *m(f)* giapponese *mf*
japanisch *adj* giapponese
japsen ['japsən] *vi (fam)* [**nach Luft**] **~** ansimare
Jargon [ʒar'gõː] <-s, -s> *m* gergo *m*
Jasmin [jas'miːn] <-s, -e> *m* BOT gelsomino *m*
Jastimme ['jaːʃtɪmə] *f* voto *m* favorevole
jäten ['jɛːtən] *vt* sarchiare, diserbare
Jauche ['jaʊxə] <-, -n> *f* AGR liquame *m,* colaticcio *m*
Jauchegrube *f* fossa *f* del liquame
jauchzen ['jaʊxtsən] *vi* levare grida di gioia, esultare
Jauchzer <-s, -> *m* grido *m* di giubilo
jaulen ['jaʊlən] *vi (Hunde)* guaire, mugolare
Jause ['jaʊzə] <-, -n> *f* A, SÜDD *(Vesper)* merenda *f,* spuntino *m*
jausnen *vi* A *(vespern)* fare la merenda
jawohl [ja'voːl] *adv* sì certo, sissignore
Jawort ['jaːvɔrt] *nt* **das ~ geben** dare il proprio assenso a qc; *(bei Trauung)* pronunciare il sì
Jazz [dʒæz] <-> *m kein Pl.* MUS jazz *m*
Jazzkapelle *f* jazzband *m,* orchestra *f* di jazz
je [jeː] **I.** *adv* ❶ *(~mals)* mai; **seit eh und ~** da sempre; **es ist schlimmer denn ~** è peggio che mai; **wer hätte das ~ gedacht!** chi l'avrebbe mai immaginato! ❷ *(~weils)* ogni, alla volta; *(bei Personen)* ciascuno; **ich gebe euch ~ 2 Euro** vi do 2 euro ciascuno **II.** *konj* **~ …, desto …** quanto … tanto …; **~ eher, desto lieber** quanto prima tanto meglio; **~ mehr, desto besser** più ce n'è meglio è; **~ nach …** secondo …; **~ nachdem** a seconda delle circostanze; **~ nachdem, ob …** a seconda se … **III.** *präp +akk (pro)* per, a **IV.** *interj* **ach** [*o* **oh**] **~!** ahimè!, oh Dio!, mamma mia!
Jeans [dʒiːnz] *pl* jeans *mpl*
jede(r, s) ['jeːdə, -dɐ, -dəs] *pron indef* ❶ *(adjektivisch)* ogni ❷ *(substantivisch)* ognuno, -a *m, f,* tutti *mpl,* tutte *fpl;* **~r beliebige** uno qualsiasi; **~r einzelne** ogni singolo; **~ zweite/dritte/vierte …** ogni … due/tre/quattro …; **~r von uns** ognuno di noi; **ohne ~n Grund/Sinn** senza alcun motivo/senso; **~m das Seine** a ciascuno il suo; **er kann ~n Augenblick he-**

reinkommen può entrare da un momento all'altro

jedenfalls ['je:dən'fals] *adv* in ogni caso, a ogni modo

jedermann *pron indef* ognuno, tutti

jederzeit ['je:dɐ'tsaɪt] *adv* in qualsiasi momento, sempre

jedes *pron indef s.* **jede(r, s)**

jedesmal ['je:dəs'ma:l] *adv* ogni volta; **~, wenn …** ogni volta che …

jedoch [je'dɔx] **I.** *adv* però, tuttavia **II.** *konj* ma, però

jegliche(r, s) ['je:klɪçə, -çɐ, -çəs] *pron indef* ogni, tutto

jeher ['je:(')he:ɐ̯] *adv* **von ~** da sempre, da molto tempo

jemals ['je:ma:ls] *adv* mai; **hat man ~ so etwas gesehen?** si è mai visto qualcosa di simile?

jemand ['je:mant] *pron indef* qualcuno, -a *m, f; (verneinend)* nessuno, -a *m, f;* **~ anders** qualcun altro; **es ist ~ da** c'è qualcuno

jene(r, s) ['je:nə, -nɐ, -nəs] *pron dem (geh)* ① *(adjektivisch)* quel[lo] *m,* quella *f,* quei *mpl,* quegli *mpl,* quelle *fpl;* **an ~m Tage** quel giorno ② *(substantivisch)* quello *m,* quella *f,* quelli *mpl,* quelle *fpl;* **dies und ~s** questo e quello

jenseitig ['je:nzaɪtɪç *o* 'jɛnzaɪtɪç] *adj* ulteriore, altro, che è di là

jenseits ['je:nzaɪts] **I.** *adv* di là, dall'altra parte **II.** *präp +gen* al di là di, di là da

Jenseits <-> *nt kein Pl.* REL l'al di là *m,* l'altro mondo *m*

Jerusalem [je'ru:zalɛm] *nt* Gerusalemme *f*

Jesuit [jezu'i:t] <-en, -en> *m* REL gesuita *m*

Jesuitenorden *m* ordine *m* dei gesuiti, compagnia *f* di Gesù

Jesus ['je:zʊs] <Jesu> *m* REL Gesù *m;* **~ Christus** Gesù Cristo

Jet [dʒɛt] <-s, -s> *m* jet *m,* aviogetto *m*

Jetlag ['dʒɛtlɛg] <-s, -s> *m* jetlag *m*

Jet-set ['dʒɛtsɛt] <-s, *rar:* -s> *m,* **Jetset** <-s, *rar:* -s> *m* jet-set *m*

jetten ['dʒɛtən] *vi (fam)* volare su un jet

jetzig ['jɛtsɪç] *adj* di adesso, attuale

jetzt [jɛtst] *adv* adesso, ora; *(dann)* allora; **bis ~** finora; **erst ~** solo ora, soltanto adesso; **gerade ~** proprio ora; **von ~ an** d'ora in poi, d'ora innanzi; **~ oder nie!** adesso o mai più!

jeweilig ['je:'vaɪlɪç] *adj* rispettivo, vigente; *(betreffend)* in questione

jeweils ['je:'vaɪls] *adv (jedesmal)* ogni volta; **für jede Gruppe gilt ~ …** per ogni gruppo vale sempre …; **es können ~ 8 Personen teilnehmen** possono prendervi parte 8 persone per volta

Jg. *Abk. von* **Jahrgang** annata

Jh. *Abk. von* **Jahrhundert** sec.

jiddisch ['jɪdɪʃ] *adj* yiddish

Jingle ['dʒɪŋgəl] <-(s), -(s)> *m* jingle *m*

Job [dʒɔp] <-s, -s> *m (fam)* lavoro *m*

Jobaussicht *f (fam)* prospettiva *f* di lavoro

jobben ['dʒɔbən] *vi (fam)* lavorare [occasionalmente]

Jobber(in) ['dʒɔbɐ] <-s, -; -, -nen> *m(f)* ① *(fam)* lavoratore, -trice *m, f* occasionale ② FIN *(Börsenspekulant)* speculatore, -trice *m, f* in borsa

Jobbörse *f (im Internet) sito dedicato alle offerte di lavoro*

Jobhopper [dʒɔp'hɔpə] *m chi cambia spesso lavoro puntando ad un'ascesa sociale*

Jobsharing <-(s)> *nt kein Pl.* jobsharing *m,* lavoro *m* part time a turno

Job-Sharing ['dʒɔpʃɛ:rɪŋ] <-(s)> *nt kein Pl.* jobsharing *m,* lavoro *m* part time a turno

Jobsuche ['dʒɔpzu:xə] <-> *f kein Pl. (fam)* ricerca *f* di lavoro

Jobvermittler(in) *m(f)* consulente *mf* per la ricerca del personale, agente *mf* di collocamento

Jobvermittlung <-, -en> *f* ufficio *m* [*o* agenzia *f*] di collocamento

Joch [jɔx] <-(e)s, -e> *nt* ① *(Zugtiere, a. fig)* giogo *m* ② ARCH pila *f* ad arco ③ *(Pass)* passo *m,* valico *m*

Jockey ['dʒɔke *o* 'dʒɔki] <-s, -s> *m* fantino *m,* jockey *m*

Jod [jo:t] <-(e)s> *nt kein Pl.* CHEM iodio *m*

jodeln ['jo:dəln] *vi* fare lo jodel

jodhaltig ['jo:thaltɪç] *adj* iodato; **~es Salz** sale iodato

Jodler ['jo:dlɐ] <-s, -> *m (Ruf, Lied)* jodel *m*

Jodler(in) ['jo:dlɐ] <-s, -; -, -nen> *m(f)* cantante *mf* di jodel

Jodtinktur <-, -en> *f* tintura *f* di iodio

joggen ['dʒɔgən] *vi sein* fare jogging

Jogger(in) ['dʒɔgɐ] <-s, -; -, -nen> *m(f)* jogger *mf,* chi fa jogging

Jogging ['dʒɔgɪŋ] <-(s)> *nt kein Pl.* jogging *m*

Jogginganzug *m* tuta *f* da jogging

Joghurt ['jo:gʊrt] <-(s), -(s)> *m o nt* yogurt *m,* iogurt *m*

Joghurtbereiter <-s, -> *m* yogurtiera *f*

Jogi ['jo:gi] <-(s), -s> *m (Yoga)* yogin *m*

Jogurt <-(s), -(s)> *m o nt s.* **Joghurt**

Johannisbeere [jo'hanɪsbe:rə] <-, -n> *f* BOT ribes *m;* **schwarze/rote ~** ribes nero/rosso

johlen ['jo:lən] *vi* urlare, gridare

Joint [dʒɔɪnt] <-s, -s> *m (sl)* spinello *m*

Jointventure <-(s), -s> *nt* joint venture *f*

Joint Venture <-(s), -s> *nt* COM joint venture *f*

Jongleur [ʒõ'gløːɐ̯] <-s, -e> *m* giocoliere *m*

jonglieren [ʒõ'gliːrən] <ohne ge-> *vi* fare giochi di destrezza

Joppe ['jɔpə] <-, -n> *f* giacca *f*, casacca *f*

Jordan ['jɔrdan] *m* GEOG *(Fluss)* Giordano *m*

Jordanien [jɔr'daːniən] *nt* GEOG Giordania *f*

Jordanier(in) <-s, -; -, -nen> *m(f)* giordano, -a *m, f*

Joule [dʒuːl *o* dʒaʊl] <-(s), -> *nt* PHYS joule *m*

Journal [ʒʊr'naːl] <-s, -e> *nt* ① COM giornale *m* di contabilità ② *(Zeitschrift)* giornale *m*

Journaldienst *m* A *(Bereitschaftsdienst)* servizio *m* di turno

Journalismus [ʒʊrna'lɪsmʊs] <-> *m kein Pl.* giornalismo *m*

Journalist(in) [ʒʊrna'lɪst] <-en, -en; -, -nen> *m(f)* giornalista *mf*

journalistisch [ʒʊrna'lɪstɪʃ] *adj* giornalistico

jovial [jo'vjaːl] *adj* gioviale

Joystick <-s, -s> *m* INFORM joystick *m*

jr. *Abk. von* **junior** jr

Jubel ['juːbəl] <-s> *m kein Pl.* giubilo *m*, esultanza *f*; *(~schreie)* grida *f pl* di giubilo; **~, Trubel, Heiterkeit** *(fam)* confusione ed allegria

Jubeljahr <-(e)s, -e> *nt* **alle ~e [einmal]** *(fam)* [una volta] ogni morte di papa

jubeln ['juːbəln] *vi* giubilare, esultare

Jubilar(in) [jubi'laːɐ̯] <-s, -e; -, -nen> *m(f)* festeggiato, -a *m, f*, chi festeggia un anniversario

Jubiläum [jubi'lɛːʊm] <-s, Jubiläen> *nt* giubileo *m*; **fünfzigjähriges ~** cinquantenario

juchzen ['jʊxtsən] *vi (fam)* gioire, esultare

jucken ['jʊkən] **I.** *vi, vt (Körperstelle)* prudere; **es juckt mich** mi prude **II.** *vr:* **sich ~** *(fam)* grattarsi

Juckreiz *m* prurito *m*

Jude ['juːdə] <-n, -n> *m* ebreo *m*

Judenstern *m* HIST stella *f* di David

Judentum <-s> *nt kein Pl.* ebraismo *m*

Judenverfolgung *f* persecuzione *f* degli ebrei

Jüdin ['jyːdɪn] <-, -nen> *f* ebrea *f*

jüdisch ['jyːdɪʃ] *adj* ebreo, giudaico

Judo ['juːdo] <-(s)> *nt kein Pl.* SPORT judo *m*

Jugend ['juːgənt] <-> *f kein Pl.* ① *(Jungsein)* gioventù *f*, giovinezza *f*; **die ~ von heute** la gioventù d'oggi; **von [früher] ~ an** dalla [prima] giovinezza ② *(Kindheit)* infanzia *f*; *(~alter)* adolescenza *f*

Jugendamt *nt* ufficio *m* di assistenza dei minorenni, servizio *m* sociale per minorenni

Jugendarbeitslosigkeit *f* disoccupazione *f* giovanile

Jugendbuch *nt* libro *m* per ragazzi

Jugenddrama *nt* dramma *m* giovanile

jugendfrei ['juːgəntfraɪ] *adj* FILM adatto ai minori

Jugendfreund(in) *m(f)* amico, -a *m, f* di gioventù

jugendgefährdend *adj* **~e Schriften** JUR scritti pericolosi per la gioventù

Jugendherberge *f* ostello *m* della gioventù

Jugendkriminalität *f* delinquenza *f* minorile

jugendlich *adj* ① *(jung wirkend)* giovanile; **~ aussehen** avere un aspetto giovanile ② *(jung)* giovane, adolescente

Jugendliche <ein -r, -n, -n> *mf* minorenne *mf*; **~ unter 16 Jahren haben keinen Zutritt** vietata l'entrata ai minori di sedici anni

Jugendlichkeit <-> *f kein Pl.* gioventù *f*, giovinezza *f*; *(Aussehen)* aspetto *m* giovanile

Jugendliebe *f* ① *(Gefühl)* amore *m* giovanile ② *(Person)* amore *m* di gioventù

Jugendrichter(in) <-s, -; -, -nen> *m(f)* JUR giudice *m* del tribunale minorile

Jugendschutz *m* protezione *f* della gioventù

Jugendstil *m* KUNST, ARCH [stile] liberty *m*

Jugendsünde <-, -n> *f* errore *m* di gioventù, ragazzata *f*

Jugendtreffpunkt *m* meeting-point *m*

Jugendwahn *m* ossessione *f* della giovinezza, ricerca *f* frenetica della giovinezza

Jugendzeit *f* gioventù *f*, adolescenza *f*

Jugendzentrum *nt* centro *m* per la gioventù

Jugoslawe [jugo'slaːvə] <-n, -n> *m* iugoslavo *m*

Jugoslawien [jugo'slaːviən] *nt* Iugoslavia *f*

Jugoslawin [jugo'slaːvɪn] <-, -nen> *f* iugoslava *f*

jugoslawisch *adj* iugoslavo

Juli ['juːli] <-(s), -s> *m* luglio *m*; *s. a.* **April**

Jumpsuit <-s, -s> ['dʒampsjuːt] *m* jumpsuit *f*

jun. *Abk. von* **junior** jr

jung [jʊŋ] <jünger, jüngste> *adj* ① giovane; **Jung und Alt** giovani e vecchi; **von ~**

auf fin da giovane ② *(fig)* nuovo; **~er Wein** vino novello

Junge[1] <-n, -n *o fam:* Jungs> *m bes.* NORDD ragazzo *m,* giovane *m;* **kleiner ~** ragazzino, marmocchio; **~, ~!** *(fam)* ahi ahi ahi!

Junge[2] <ein -s, -n, -n> *nt* ① *(Tier)* cucciolo *m;* **~ werfen** figliare ② *bes.* SÜDD, A piccolo *m*

jungenhaft ['jʊŋənhaft] *adj* da ragazzo, mascolino

jünger ['jʏŋɐ] *adj Komparativ von* **jung** più giovane; *(bei Geschwistern)* minore; **er ist fünf Jahre ~ als ich** ha cinque anni meno di me; **er sieht ~ aus, als er ist** non dimostra la sua età, sembra più giovane

Jünger <-s, -> *m* REL discepolo *m*

Jungfer ['jʊŋfɐ] <-, -n> *f (obs: junges Mädchen)* ragazza *f,* vergine *f;* **alte ~** *(fam)* vecchia zitella

Jungfernfahrt *f* viaggio *m* inaugurale

Jungfernhäutchen *nt* ANAT imene *m*

Jungfrau <-, -en> *f* ① vergine *f* ② ASTR Vergine *f;* **er/sie ist ~** è della Vergine

jungfräulich ['juŋfrɔɪlɪç] *adj* vergine, verginale

Jungfräulichkeit ['jʊŋfrɔɪlɪçkaɪt] <-> *f kein Pl. (geh)* verginità *f,* purezza *f*

Junggeselle <-n, -n> *m* scapolo *m,* celibe *m;* **eingefleischter ~** *(fam)* scapolo impenitente

Junggesellin <-, -nen> *f* nubile *f*

Jüngling ['jʏŋlɪŋ] <-s, -e> *m (obs poet)* adolescente *m,* efebo *m,* giovincello *m scherz*

jüngst [jʏŋst] *adv (geh)* ultimamente, recentemente

jüngste(r, s) ['jʏŋstə, -tɐ, -təs] *adj Superlativ von* **jung** [il, la] più giovane; *(letzter)* ultimo, -a **der/die Jüngste** *(Bruder o Schwester)* il/la più piccolo/-a; **das Jüngste Gericht, der Jüngste Tag** il giudizio universale

Jungtier <-(e)s, -e> *nt* animale *m* giovane

jungverheiratet ['jʊŋfɛɐ'haɪraːtət] *adj* sposato giovane

Jungwähler(in) <-s, -; -, -nen> *m(f)* POL elettore *m* giovane

Juni ['juːni] <-(s), -s> *m* giugno *m; s. a.* **April**

junior ['juːni̯oːɐ̯] *adj (nachgestellt)* junior *m,* figlio *m*

Junior(in) ['juːni̯oːɐ̯] <-s, -en; -, -nen> *m(f)* ① *(fam)* figlio, -a *m, f* ② SPORT junior *mf*

Juniorchef(in) *m(f)* figlio, -a *m, f* del principale

Junkfood ['dʒankfuːt] <-s> *nt kein Pl.* junk food *m (cibo di scarso valore nutritivo)*

Junkie ['dʒaŋki] <-s, -s> *m (fam)* junkie *m,* eroinomane *mf*

Jupe [ʒyːp] <*f* -, -s *o m* -s, -s> *f o m* CH gonna *f*

Jura[1] ['juːra] *ohne Artikel (Recht)* **~ studieren** studiare legge

Jura[2] *m* ① *(Gebirge)* Giura *m* ② *(schweizerischer Kanton)* Giura *m* ③ GEOL giurassico *m*

Jurisdiktion [juːrɪsdɪk'tsjoːn] <-, -en> *f (geh)* giurisdizione *f*

Jurisprudenz [juːrɪspru'dɛnts] <-> *f kein Pl.* giurisprudenza *f*

Jurist(in) [ju'rɪst] <-en, -en; -, -nen> *m(f)* giurista *mf,* legista *mf; (Rechtsgelehrter)* giureconsulto *m; (Student)* studente, -essa *m, f* in legge

Juristendeutsch *nt (pej)* gergo *m* giuridico

juristisch [ju'rɪstɪʃ] *adj* giuridico; **~e Fakultät** facoltà di legge; **~e Person** persona giuridica

Jury [ʒy'riː *o* 'ʒyːriː] <-, -s> *f* giurì *m,* giuria *f*

Jus[1] <-> *nt kein Pl. (ohne Artikel)* diritto *m;* **~ studieren** A studiare legge

Jus[2] <-, -> *m* CH succo *m* di frutta [*o* di verdura]

Juso ['juːzo] <-s, -s> *m* POL *s.* **Jungsozialist**

just [jʊst] *adv (obs scherz)* proprio, precisamente, per l'appunto

justieren [jʊs'tiːrən] <ohne ge-> *vt* ① TEC aggiustare, regolare ② TYP giustificare

Justiz [jʊs'tiːts] <-> *f kein Pl.* giustizia *f*

Justizbeamte *m,* **Justizbeamtin** *f* funzionario, -a *m, f* dell'ordine giudiziario

Justizbehörde *f* autorità *f* giudiziaria, magistratura *f*

Justizgebäude *nt* palazzo *m* di giustizia

Justizirrtum *m* errore *m* giudiziario

Justizminister(in) *m(f)* ministro *m* della giustizia

Justizministerium *nt* ministero *m* della giustizia

Justizmord *m* assassinio *m* giudiziario

Justizpalast *m* palazzo *m* di giustizia

Justizvollzugsanstalt *f (form)* carcere *m,* prigione *f*

Jute ['juːtə] <-> *f kein Pl.* iuta *f*

Juwel [ju'veːl] <*m* -s, -en *o fig:* -s, -e *nt*> *m o nt* gioiello *m*

Juwelenhandel *m* commercio *m* di gioielli

Juwelier [juve'liːɐ̯] <-s, -e> *m* gioielliere *m*

Juweliergeschäft *nt,* **Juwelierladen** *m* gioielleria *f*

Jux [jʊks] <-es, -e> *m (fam)* scherzo *m,* celia *f;* **aus ~** per scherzo

Kk

K, k [kaː] <-, -(s)> *nt* K *f*, k *f*; **K wie Kaufmann** kappa
Kabarett [kaba'rɛt *o* kaba'reː] <-s, -s *o* -e> *nt* cabaret *m*
Kabarettist(in) [kabarɛ'tɪst] <-en, -en; -, -nen> *m(f)* artista *mf* da cabaret
Kabel ['kaːbəl] <-s, -> *nt* cavo *m*, filo *m*
Kabelanschluss <-es, -schlüsse> *m* collegamento *m* televisivo via cavo
Kabelfernsehen *nt* televisione *f* via cavo
Kabeljau ['kaːbəljaʊ] <-s, -e *o* -s> *m* ZOO merluzzo *m*
Kabelleger <-s, -> *m* NAUT nave *f* posacavi
Kabelrolle *f* rotolo *m* di cavo
Kabine [ka'biːnə] <-, -n> *f* cabina *f*
Kabinenkoffer *m* baule *m* a scomparti
Kabinenroller *m* MOT scooter *m* cabinato
Kabinett [kabi'nɛt] <-s, -e> *nt* ① gabinetto *m* ② POL governo *m*, consiglio *m* dei ministri
Kabinettsbeschluss *m* decisione *f* del governo
Kabinettschef *m* capo *m* del governo
Kabinettskrise *f* crisi *f* ministeriale [*o* di governo]
Kabinettssitzung *f* seduta *f* dei ministri
Kabinettsumbildung *f* rimpasto *m* ministeriale
Kachel ['kaxəl] <-, -n> *f* ① *(für Ofen)* piastrella *f* ② SÜDD *(Topf)* vaso *m* di ceramica
kacheln *vt* piastrellare
Kachelofen *m* stufa *f* di ceramica
Kadaver [ka'daːvɐ] <-s, -> *m* ① *(Tier)* carogna *f* ② *(pej: Mensch)* cadavere *m*
Kader ['kaːdɐ] <-s, -> *m* ① MIL, POL quadri *mpl* ② SPORT gruppo *m*
Kadi ['kaːdi] <-s, -s> *m* ① *(islamischer Richter)* cadì *m* ② *(fam: Gericht)* tribunale *m*; **jdn vor den ~ zerren** [*o* **schleppen**] portare qu in tribunale
Kadmium ['katmiʊm] <-s> *nt kein Pl.* CHEM cadmio *m*
Käfer ['kɛːfɐ] <-s, -> *m* ① ZOO coleottero *m* ② *(Auto)* maggiolino *m*
Kaff [kaf] <-s, -s *o* -e> *nt (fam pej: Ort)* buco *m*
Kaffee ['kafe *o* ka'feː] <-s, -s, *bei Mengenangaben:* -> *m* caffè *m*; **schwarzer/koffeinfreier ~** caffè nero/decaffeinato; **~ mit Milch** caffellatte; **das ist kalter ~!** *(fam)* è vecchia!
Kaffeebar *f locale che serve in primo luogo i caffè considerati tipicamente italiani*
Kaffeebohne *f* chicco *m* di caffè
Kaffee-Ersatz *m*, **Kaffeeersatz** *m* surrogato *m* di caffè
Kaffeefilter *m* filtro *m* per il caffè
Kaffeehaus [ka'feːhaʊs] *nt bes.* A caffè *m*
Kaffeekanne *f* caffettiera *f*
Kaffeekapsel *f* capsula *f* [di] caffè
Kaffeeklatsch *m (fam)* incontro *m* [di signore] per il caffè
Kaffeekränzchen ['kafekrɛntsçən] <-s, -> *nt (fam) s.* **Kaffeeklatsch**
Kaffeelöffel *m* cucchiaino *m* da caffè
Kaffeemaschine *f* macchina *f* del caffè
Kaffeemühle *f* macinino *m* per il caffè, macinacaffè *m*
Kaffeepad [-pɛt] *nt* cialda *f* per il caffè
Kaffeepause <-, -n> *f* pausa *f* caffè
Kaffeesatz *m* fondo *m* del caffè
Kaffeeservice *nt* servizio *m* da caffè
Kaffeetasse *f* tazza *f* da caffè
Kaffeewärmer <-s, -> *m* copriteiera *f*, copricaffettiera *f*
Käfig ['kɛːfɪç] <-s, -e> *m* gabbia *f*
kahl [kaːl] *adj* ① *(haarlos)* pelato, calvo; **~ geschoren** raso a zero; *(Schafe)* tosato; **~ werden** *(Kopf)* stempiarsi ② *(unbewachsen, schmucklos)* brullo, spoglio; *(Wand)* nudo ③ *(ohne Laub)* spoglio; **~ fressen** divorare il fogliame
Kahlheit <-> *f kein Pl.* ① *(Kahlköpfigkeit)* calvizie *f* ② *(Kahlsein)* nudità *f*
Kahlkopf *m* testa *f* pelata
kahlköpfig ['kaːlkœpfɪç] *adj* calvo
Kahlschlag *m* ① *(Schlagen von Bäumen)* disboscamento *m* totale ② *(Fläche)* area *f* disboscata
Kahn [kaːn] <-(e)s, Kähne> *m* barca *f*; *(Schlepp~)* chiatta *f*
Kahnfahrt *f* gita *f* in barca
Kai [kaɪ] <-s, -e *o* -s> *m* NAUT banchina *f*, molo *m*
Kaimauer *f* [muro *m* della] banchina *f*
Kairo ['kaɪro] *nt* Il Cairo *m*
Kaiser(in) ['kaɪzɐ] <-s, -; -, -nen> *m(f)* imperatore, -trice *m, f*
Kaiseradler *m* aquila *f* imperiale
Kaiserhaus *nt* casa *f* imperiale
Kaiserin *f s.* **Kaiser**
Kaiserkrone *f* ① *(Krone)* corona *f* imperiale ② BOT fritillaria *f*
kaiserlich *adj* imperiale
Kaiserreich *nt* impero *m*
Kaiserschmarren *m* A, SÜDD GASTR *frittata dolce sminuzzata*
Kaiserschnitt *m* MED taglio *m* cesareo
Kaisertum <-s, -tümer> *nt* impero *m*

Kajüte [ka'jy:tə] <-, -n> *f* NAUT cabina *f*, camerino *m*
Kakadu ['kakadu] <-s, -s> *m* cacatua *m*
Kakao [ka'kaʊ] <-s> *m kein Pl.* ❶ *(Pflanze, Pulver)* cacao *m* ❷ *(Getränk)* cioccolata *f* [calda]; **jdn durch den ~ ziehen** *(fig fam)* prendere in giro qu
Kakaobaum *m* BOT cacao *m*
Kakaobohne *f* seme *m* di cacao
Kakaobutter *f kein Pl.* GASTR burro *m* di cacao
Kakerlak ['ka:kɐlak] <-s *o* -en, -en> *m* ZOO scarafaggio *m*
Kaktee [kak'te:ə] <-, -n> *f*, **Kaktus** ['kaktʊs] <- *o* A -ses, Kakteen> *m* BOT cactus *m*
Kalabrien [ka'la:briən] *nt* GEOG Calabria *f*
Kalauer ['ka:laʊɐ] <-s, -> *m* freddura *f*; *(Wortspiel)* gioco *m* di parole
Kalb [kalp] <-(e)s, Kälber> *nt* ZOO vitello *m*
Kalb[s]leder *nt* [pelle *f* di] vitello *m*
kalben ['kalbən] *vi (Tier)* figliare
Kalbfleisch *nt kein Pl.* GASTR carne *f* di vitello
Kalbsbraten *m* GASTR arrosto *m* di vitello
Kalbskotelett *nt* GASTR braciola *f* di vitello
Kalbsschnitzel *nt* GASTR scaloppina *f* di vitello
Kaldaunen [kal'daʊnən] *fpl* GASTR trippa *f*
Kaleidoskop [kalaɪdo'sko:p] <-s, -e> *nt (a. fig)* OPT caleidoscopio *m*
Kalender [ka'lɛndɐ] <-s, -> *m* calendario *m*
Kalenderfunktion *f* funzione *m* di calendario
Kalenderjahr *nt* anno *m* civile
Kali ['ka:li] <-s, -s> *nt* ❶ CHEM potassio *m*; *(~lauge)* potassa *f* caustica ❷ MIN sale *m* potassico
Kaliber [ka'li:bɐ] <-s, -> *nt (a. fig)* TEC calibro *m*
Kalif [ka'li:f] <-en, -en> *m* REL califfo *m*
Kalifornien [kali'fɔrniən] *nt* GEOG California *f*
Kalium ['ka:liʊm] <-s> *nt kein Pl.* CHEM potassio *m*
Kalk [kalk] <-(e)s, -e> *m* ❶ *(Baustoff)* calce *f*; **ungelöschter/gelöschter ~** calce viva/spenta ❷ *(~stein)* calcare *m* ❸ ANAT calcio *m*
Kalkablagerung *f* deposito *m* calcareo
Kalkbildung *f* calcificazione *f*
Kalkbrennerei *f* fornace *f* di calce
kalken *vt* imbiancare
kalkhaltig *adj* calcareo
Kalkmangel *m* ❶ MED mancanza *f* di calcio ❷ *(von Boden)* mancanza *f* di carbonato di calcio
Kalkstein *m* pietra *f* calcarea
Kalkül [kal'ky:l] <-s, -e> *m o nt a.* MAT calcolo *m*; **etw [mit] ins ~ ziehen** prendere in considerazione qc fin dall'inizio
Kalkulation [kalkula'tsi̯o:n] <-, -en> *f* ❶ *(a. fig)* calcolo *m* ❷ COM, FIN *(Kostenvoranschlag)* preventivo *m*
kalkulierbar [kalku'li:ɐba:ɐ] *adj* calcolabile
kalkulieren [kalku'li:rən] <ohne ge-> *vt* calcolare; *(a. fig: abschätzen)* valutare
Kalorie [kalo'ri:] <-, -n> *f* caloria *f*
kalorienarm *adj* ipocalorico
Kalorienbedarf *m* fabbisogno *m* calorico
Kaloriengehalt *m* potere *m* calorico
kalorienreich *adj* ipercalorico
kalt [kalt] <kälter, kälteste> *adj* ❶ freddo; *(eisig~)* freddissimo, ghiacciato; **~ werden** *(Wetter)* fare freddo; *(Speise)* raffreddarsi; **es ist ~** fa freddo; **mir ist ~** ho freddo; **es lief mir ~ über den Rücken, es überlief mich ~** mi vennero i brividi; **~ stellen** *(Getränk, Speise)* mettere in fresco ❷ *(fig)* freddo; *(unempfindlich, gefühllos)* insensibile; *(gleichgültig)* indifferente; *(unfreundlich)* duro, secco
Kaltblüter ['kaltbly:tɐ] <-s, -> *m* ZOO animale *m* eterotermo [*o* a sangue freddo]
kaltblütig ['kaltbly:tɪç] *adj o adv* a sangue freddo, di sangue freddo
Kaltblütigkeit [kaltbly:tɪçkaɪt] <-> *f kein Pl.* sangue *m* freddo, freddezza *f*
Kälte ['kɛltə] <-> *f kein Pl.* ❶ freddo *m*; **vor ~ zittern** tremare dal freddo; **bei dieser ~** con questo freddo; **13 Grad ~** 13 gradi sotto zero ❷ *(fig: Gefühls~)* freddezza *f*; *(Gleichgültigkeit)* indifferenza *f*
kältebeständig *adj* resistente al freddo
Kälteeinbruch *m* METEO ondata *f* di freddo
kälteempfindlich *adj* sensibile al freddo
Kältegrad *m* grado *m* sotto zero
Kälteschutzmittel *nt* anticongelante *m*; *(für Autos)* antigelo *m*
Kaltfront ['kaltfrɔnt] <-, -en> *f* METEO fronte *m* freddo
kaltgepresst ['kaltgəprɛst] *adj (Öl)* spremuto a freddo
kalt|lassen <irr> *vt (fam)* **das lässt mich kalt** ciò non mi fa né caldo né freddo
Kaltluft *f* METEO aria *f* fredda
Kaltluftfront *f* METEO fronte *m* di aria fredda
kalt|machen *vt (sl: töten)* freddare, far fuori
Kaltmiete ['kaltmi:tə] *f* canone *m* d'affitto
Kaltschale *f* GASTR *zuppa dolce servita fredda*
kaltschnäuzig ['kaltʃnɔɪtsɪç] *adj (fam)* freddo, insensibile
Kaltschnäuzigkeit ['kaltʃnɔɪtsɪçkaɪt] <->

K

f kein Pl. *(fam)* ① *(Gleichgültigkeit)* indifferenza *f* ② *(Frechheit)* impertinenza *f*
Kaltstart <-(e)s, -s> *m* INFORM cold boot *m*
Kaltstartautomatik *f* MOT starter *m*
kalt|stellen *vt* *(fam: ausmanövrieren)* liquidare; POL mettere su un binario morto
Kalzium ['kaltsiʊm] <-s> *nt kein Pl.* CHEM calcio *m*
kam [ka:m] *1. u. 3. Pers. Sing. Imp. von* **kommen**
Kambodscha [kam'bɔdʒa] *nt* GEOG Cambogia *f*
Kamel [ka'me:l] <-(e)s, -e> *nt* ① ZOO *(Tier)* cammello *m* ② *(fam pej)* imbecille *m*
Kamelhaar *nt* pelo *m* di cammello
Kamelie [ka'me:li̯ə] <-, -n> *f* BOT camelia *f*
Kameltreiber *m* cammelliere *m*
Kamera ['kamərа] <-, -s> *f* ① FILM cinepresa *f;* TV telecamera *f* ② FOTO macchina *f* fotografica
Kamerad(in) [kamə'ra:t] <-en, -en; -, -nen> *m(f)* ① compagno, -a *m, f,* camerata *m* ② MIL commilitone *m*
Kameradschaft <-> *f kein Pl.* cameratismo *m*
kameradschaftlich *adj* cameratesco
Kameradschaftsgeist *m* spirito *m* cameratesco
Kameramann *m* FILM, TV cameraman *m,* operatore *m* cinematografico
kamerascheu ['kamərаʃɔɪ] *adj* che sfugge l'obiettivo, che non si fa riprendere
Kamikaze [kami'ka:tsə] <-, -> *m* kamikaze *m*
Kamille [ka'mɪlə] <-, -n> *f* BOT camomilla *f*
Kamillentee *m* [infuso *m* di] camomilla *f*
Kamin [ka'mi:n] <-s, -e> *m* camino *m,* caminetto *m*
Kaminaufsatz *m* mensola *f* del camino
Kaminfeger, **Kaminkehrer** *m* *(fam)* spazzacamino *m*
Kamm [kam] <-(e)s, Kämme> *m* ① *(Haar~)* pettine *m;* **alles über einen ~ scheren** fare di ogni erba un fascio *fam* ② *(Hahnen~, Wellen~, Gebirgs~)* cresta *f*
kämmen ['kɛmən] **I.** *vt* pettinare **II.** *vr:* **sich ~** pettinarsi
Kammer ['kamɐ] <-, -n> *f* ① *(Zimmer)* camera *f* ② MED, BIOL cavità *f* ③ PARL camera *f;* **die erste/zweite ~ des Parlaments** la Camera del Consiglio/la Camera dei Deputati
Kammerdiener *m* cameriere *m* segreto
Kammerjäger(in) *m(f)* disinfestatore *m*
Kammermusik *f* musica *f* da camera
Kammerorchester ['kamɐɔrkɛstɐ] <-s, -> *nt* orchestra *f* da camera
Kammerton *m* intonazione *f,* diapason *m*
Kampagne [kam'panjə] <-, -n> *f* campagna *f*
Kampanien [kam'panjən] *nt* GEOG Campania *f*
Kampf [kampf] <-(e)s, Kämpfe> *m* ① *(allg)* lotta *f;* **~ ums Dasein** lotta per l'esistenza; **~ auf Leben und Tod** lotta all'ultimo sangue; **jdm den ~ ansagen** dichiarare guerra a qu ② MIL *(~handlung)* combattimento *m;* *(Schlacht)* battaglia *f* ③ *(Auseinandersetzung)* disputa *f;* *(Streit)* controversia *f;* *(Schlägerei)* rissa *f* ④ *(Wett~)* gara *f,* competizione *f*
Kampfabstimmung ['kampfapʃtɪmʊŋ] <-, -en> *f* POL elezione *f* a maggioranza
Kampfansage *f* sfida *f*
Kampfbahn *f* arena *f,* stadio *m*
kampfbereit *adj* pronto a combattere
Kampfeinsatz ['kampfaɪnzats, *Pl:* 'kampfaɪnzɛtsə] <-es, Kampfeinsätze> *m* MIL operazione *f* militare, azione *f* militare
kämpfen ['kɛmpfən] *vi* ① *(allg, a. fig)* lottare; **für** [*o* **um**] **etw ~** lottare per qc; **mit den Tränen ~** cercare di trattenere le lacrime; **mit Schwierigkeiten zu ~ haben** essere alle prese con delle difficoltà ② MIL **gegen jdn/etw ~** combattere contro qu/qc ③ *(im Wettkampf)* **mit jdm ~** gareggiare con qu
Kampfer ['kampfɐ] <-s> *m kein Pl.* CHEM canfora *f*
Kämpfer(in) <-s, -; -, -nen> *m(f)* MIL combattente *mf;* *(a. fig)* SPORT lottatore, -trice *m, f*
kämpferisch *adj* combattivo, battagliero
kampffähig *adj* in grado di combattere
Kampfflugzeug *nt* MIL aereo *m* da combattimento
Kampfführung *f* condotta *f* di combattimento
Kampfgefährte *m* compagno *m* di lotta
Kampfgefährtin *f* compagna *f* di lotta
Kampfgeist *m* spirito *m* combattivo
Kampfgewühl *nt* mischia *f*
Kampfgruppe *f* squadra *f* da combattimento
Kampfhandlung *f* operazione *f* militare
Kampfkraft *f* forza *f* combattiva
kampflos *adj* *(widerstandslos)* senza opporre resistenza
kampflustig *adj* battagliero, combattivo
Kampfpause *f* tregua *f*
Kampfplatz *m* campo *m* di battaglia
Kampfrichter(in) *m(f)* SPORT arbitro, -a *m, f*

Kampfsport *m kein Pl.* sport *m* di combattimento
kampfunfähig *adj* ① MIL incapace di combattere ② SPORT fuori combattimento
Kampfverband *m* squadra *f* da combattimento
Kampfwille *m* volontà *f* di combattere
kampieren [kam'piːrən] <ohne ge-> *vi* accamparsi
Kanada ['kanada] *nt* Canada *m*
Kanadier(in) [ka'naːdiɐ] <-s, -; -, -nen> *m(f)* canadese *mf*
kanadisch *adj* canadese
Kanal [ka'naːl] <-s, Kanäle> *m* ① *(Wasserlauf)* canale *m* ② *(Abwasser~)* canale *m* di scolo ③ ANAT, BIOL canale *m,* dotto *m* ④ GEOG canale *m;* **Ärmel~** Canale della Manica
Kanalinseln *f pl* isole *f pl* della Manica
Kanalisation [kanaliza'ts̯i̯oːn] <-, -en> *f* canalizzazione *f* di scarico, fognatura *f*
kanalisieren [kanali'ziːrən] <ohne ge-> *vt* canalizzare
Kanalnetz <-(e)s, -e> *nt (Abwasser~)* rete *f* di fognatura
Kanarienvogel [ka'naːriənfoːgəl] *m* ZOO canarino *m*
Kanarische Inseln *f pl* GEOG Canarie *f pl*
Kandare [kan'daːrə] <-, -n> *f (Zaumzeug)* morso *m;* **jdn an die ~ nehmen** mettere il morso a qu
Kandidat(in) [kandi'daːt] <-en, -en; -, -nen> *m(f)* candidato, -a *m, f;* **jdn als ~en [für etw] aufstellen** presentare qu come candidato [a qc]
Kandidatur [kandida'tuːɐ̯] <-, -en> *f* candidatura *f;* **seine ~ anmelden/zurückziehen** proporre/ritirare la propria candidatura
kandidieren [kandi'diːrən] <ohne ge-> *vi* **[für etw]** ~ presentare la propria candidatura [a qc]
kandieren [kan'diːrən] <ohne ge-> *vt* GASTR candire; **kandierte Früchte** frutta candita, frutti canditi
Kandis[zucker] ['kandɪs(tsʊkɐ)] *m* zucchero *m* candito
Känguru <-s, -s> *nt* ZOO canguro *m*
Kaninchen [ka'niːnçən] <-s, -> *nt* ZOO coniglio *m*
Kaninchenstall *m* conigliera *f*
Kanister [ka'nɪstɐ] <-s, -> *m* bidone *m*
kann [kan] *3. Pers. Sing. Präs. von* **können[1], können[2]**
Kännchen ['kɛnçən] <-s, -> *nt* bricchetto *m*
Kanne ['kanə] <-, -n> *f (Kaffee~, Tee~)* bricco *m; (große ~)* bidone *m;* **volle ~** *(sl)* a tutto gas
Kannibale [kani'baːlə] <-n, -n> *m,* **Kannibalin** [kani'baːlɪn] <-, -nen> *f* cannibale *mf*
Kannibalismus [kaniba'lɪsmʊs] <-> *m kein Pl.* cannibalismo *m*
kannte ['kantə] *1. u. 3. Pers. Sing. Imp. von* **kennen**
Kanon ['kaːnɔn] <-s, -s> *m* MUS canone *m*
Kanonade [kano'naːdə] <-, -n> *f* MIL cannoneggiamento *m; (fig)* pioggia *f,* grandine *f*
Kanone [ka'noːnə] <-, -n> *f* ① *(a. fig)* MIL cannone *m,* pezzo *m* d'artiglieria ② *(fig fam)* SPORT asso *m,* campione *m* ③ *(sl: Revolver)* pistola *f,* revolver *m;* **das ist unter aller ~** *(fam)* è una sfacciataggine
Kanonenboot *nt* cannoniera *f*
Kanonenfutter *nt (fig, pej)* carne *f* da cannone [*o* da macello]
Kanonenkugel *f* palla *f* di cannone, proiettile *m* di cannone
Kanonenschuss *m* colpo *m* di cannone
Kanonier [kano'niːɐ, *Pl:* kano'niːrə] <-s, -e> *m* MIL artigliere *m*
Kantate [kan'taːtə] <-, -n> *f* MUS cantata *f*
Kante ['kantə] <-, -n> *f* ① *(Ecke)* spigolo *m* ② *(Rand)* bordo *m; (Saum)* orlo *m;* **Geld auf die hohe ~ legen** *(fam)* mettere soldi da parte, risparmiare soldi
kanten ['kantən] **I.** *vt* ① *(auf die Kante stellen)* mettere di costa [*o* di coltello] ② *(Stein, Holz)* squadrare; **nicht ~!** non capovolgere! **II.** *vi (beim Skilaufen)* spigolare gli sci
Kantholz *nt* legname *m* squadrato, travetti *m pl*
kantig *adj* angoloso; *(bes. Gesicht)* spigoloso
Kantine [kan'tiːnə] <-, -n> *f (Werks~)* mensa *f; (Kasernen~, Internats~)* refettorio *m*
Kanton [kan'toːn] <-s, -e> *m* CH cantone *m*
kantonal [kanto'naːl] *adj* cantonale
Kantonsschule *f* CH *(Gymnasium)* scuola *f* media superiore [amministrata dal cantone]
Kanu ['kaːnu] <-s, -s> *nt* canoa *f*
Kanüle [ka'nyːlə] <-, -n> *f* MED ① *(an Spritze)* ago *m* [della siringa] ② *(Röhrchen)* cannula *f*
Kanusport <-s> *m kein Pl.* canottaggio *m*
Kanzel ['kantsəl] <-, -n> *f* ① REL pulpito *m* ② AERO cabina *f* [di pilotaggio]
kanzerogen [kantsero'geːn] *adj* MED cancerogeno
Kanzlei [kants'laɪ] <-, -en> *f* ① *(von Rechtsanwalt)* ufficio *m,* studio *m* ② *(von Behörde)* cancelleria *f,* segreteria *f*
Kanzler(in) ['kantslɐ] <-s, -; -, -nen> *m(f)*

K

① POL cancelliere, -a *m, f* ② *(von Universität)* economo, -a *m, f*
Kanzleramt *nt* ufficio *m* di cancelliere
Kap [kap] <-s, -s> *nt* GEOG capo *m*
Kap. *Abk. von* **Kapitel** cap.
Kapaun [ka'paʊn] <-s, -e> *m* ZOO cappone *m*
Kapazität [kapatsi'tɛːt] <-, -en> *f* ① *(Fassungsvermögen)* capacità *f* ② *(Experte)* esperto *m*, autorità *f*
Kapelle [ka'pɛlə] <-, -n> *f* ① REL cappella *f* ② MUS banda *f*, orchestrina *f*
Kapellmeister *m* ① *(Orchesterdirigent)* direttore *m* d'orchestra ② *(Leiter einer Kapelle)* capobanda *m*
Kaper ['kaːpɐ] <-, -n> *f* GASTR cappero *m*
kapern ['kaːpɐn] *vt* ① HIST *(erbeuten)* catturare ② *(fam: sich bemächtigen)* **etw ~** impadronirsi di qc
kapieren [ka'piːrən] <ohne ge-> *vt (fam)* capire, afferrare; **kapiert?** capito?
Kapillargefäß [kapɪ'laːɐgəfɛːs] <-es, -e> *nt* ANAT [vaso *m*] capillare *m*

K

Kapital [kapi'taːl] <-s, -e *o* -ien> *nt* ① *(Geldsumme)* capitale *m*; **~ aus etw schlagen** *(fig)* trarre profitto da qc ② *(Geldmittel)* capitali *mpl*, fondi *mpl*
Kapitalabwanderung <-, -en> *f* FIN fuga *f* di capitali
Kapitalanlage *f* investimento *m* [di capitale]
Kapitalaufwand *m* FIN impiego *m* di capitale
Kapitalertrag *m* reddito *m* di capitale
Kapitalertragssteuer *f* FIN imposta *f* sul reddito da capitale
Kapitalflucht *f* fuga *f* di capitali
Kapitalgesellschaft *f* società *f* di capitali
Kapitalismus [kapita'lɪsmʊs] <-> *m kein Pl.* capitalismo *m*
Kapitalist [kapita'lɪst] <-en, -en> *m* capitalista *m*
kapitalistisch *adj* capitalista, capitalistico
kapitalkräftig *adj* finanziariamente solido
Kapitalmangel *m* mancanza *f* [*o* penuria *f*] di capitali
Kapitalmarkt *m* mercato *m* finanziario [*o* dei capitali]
Kapitalverbrechen *nt* delitto *m* capitale
Kapitän [kapi'tɛːn] <-s, -e> *m* ① NAUT, SPORT capitano *m* ② AERO comandante *m*
Kapitel [ka'pɪtəl] <-s, -> *nt* ① *(Abschnitt)* capitolo *m* ② *(fig: Angelegenheit)* questione *f*, faccenda *f*; **das ist ein ~ für sich** questa è una questione a parte; **das ist ein anderes ~** è un'altra faccenda
Kapitell [kapi'tɛl] <-s, -e> *nt* ARCH capitello *m*
Kapitelüberschrift <-, -en> *f* titolo *m* del capitolo
Kapitulation [kapitula'tsi̯oːn] <-, -en> *f* resa *f*; **die ~ vor jdm** la resa davanti a qu
kapitulieren [kapitu'liːrən] <ohne ge-> *vi* capitolare; *(a. fig)* arrendersi
Kaplan [ka'plaːn] <-s, Kapläne> *m* REL cappellano *m*
Kaposi-Sarkom <-s, -e> *nt* MED sarcoma *m* di Kaposi
Kappe ['kapə] <-, -n> *f* ① *(Kopfbedeckung)* berretto *m*, berretta *f*; **etw auf seine ~ nehmen** *(fig)* assumersi la responsabilità di qc ② *(am Schuh)* punta *f* ③ *(Deckel)* coperchio *m*
kappen ['kapən] *vt* NAUT *(Tau)* troncare, mozzare
Kappes ['kapəs] <-> *m kein Pl.* DIAL ① *(fam: Blödsinn)* scemenze *fpl* ② *(Weißkohl)* cavolo *m* cappuccio
Kapriole [kapri'oːlə] <-, -n> *f* ① *(Luftsprung)* capriola *f* ② *(fig)* pazzia *f*
kapriziös [kapri'tsi̯øːs] *adj* capriccioso
Kapsel ['kapsəl] <-, -n> *f* ① BOT, ANAT capsula *f* ② *(Tablette)* cachet *m* ③ *(Behälter)* scatoletta *f*
Kapstadt ['kapʃtat] *nt* GEOG Città *f* del Capo
kaputt [ka'pʊt] *adj* ① *(fam: zerbrochen)* rotto, scassato; *(beschädigt)* rovinato; *(defekt)* guasto; **ein ~er Typ** *(sl)* un emarginato, un outsider ② *(fig: erschöpft)* sfinito, stanco morto *fam;* **~ machen** rompere, scassare
kaputt|gehen <irr> *vi sein (fam)* ① *(entzweigehen)* rompersi, scassarsi; *(verderben)* rovinarsi, guastarsi ② *(Pflanzen: eingehen)* morire ③ *(fig: zugrunde gehen)* rovinarsi, andare in rovina
kaputt|lachen *vr:* **sich ~** *(fam)* sbellicarsi dalle risa
kaputt|machen **I.** *vt* ① *(zerbrechen)* rompere, scassare *fam* ② *(ruinieren, a wirtschaftlich)* rovinare **II.** *vr:* **sich ~** rovinarsi
Kapuze [ka'puːtsə] <-, -n> *f* cappuccio *m*
Kapuzenshirt *nt* maglietta *f* con cappuccio
Kapuziner [kapu'tsiːnɐ] <-s, -> *m* REL [frate *m*] cappuccino *m*
Kapuzinerkresse *f* BOT cappuccina *f*
Karabiner [kara'biːnɐ] <-s, -> *m* ① *(Gewehr)* carabina *f* ② A moschettone *m*
Karabinerhaken *m* moschettone *m*
Karaffe [ka'rafə] <-, -n> *f* caraffa *f*
Karambolage [karambo'laːʒə] <-, -n> *f* collisione *f*, scontro *m*
karambolieren [karambo'liːrən] <ohne ge-> *vi sein* ① *(Billard)* carambolare ② *(rar: zusammenstoßen)* scontrarsi (**mit** con)

Karamell [kara'mɛl] <-s> *m o* CH*: nt kein Pl.* caramello *m,* caramel *m*
Karaoke [kara'oːkə] <-(s), -(s)> *nt* karaoke *m*
Karat [ka'raːt] <-(e)s, -e> *nt* carato *m*
Karate [ka'raːtə] <-(s)> *nt kein Pl.* SPORT karatè *m*
-karätig [karɛːtɪç] *adj* di … carati
Karawane [kara'vaːnə] <-, -n> *f* carovana *f*
Karawanserei [karavanzə'raɪ] <-, -en> *f* caravanserraglio *m*
Karbid [kar'biːt, *Pl:* kar'biːdə] <-(e)s, -e> *nt* CHEM carburo *m*
Karbidlampe *f* lampada *f* a carburo
Karbonat [karbo'naːt] <-(e)s, -e> *nt* CHEM carbonato *m*
Kardantunnel [kar'daːntʊnəl] <-s, -> *m* MOT tunnel *m* dell'albero cardanico
Kardanwelle *f* MOT albero *m* cardanico
Kardinal [kardi'naːl] <-s, Kardinäle> *m* REL cardinale *m*
Kardinal- [kardi'naːl] *in Zusammensetzungen* fondamentale, sostanziale
Kardinalfrage *f (geh)* questione *f* fondamentale
Kardinalzahl *f* numero *m* cardinale
Kardiogramm [kardio'gram] <-s, -e> *nt* MED cardiogramma *m*
Kardiologe [kardio'loːgə] <-n, -n> *m,* **Kardiologin** [kardio'loːgɪn] <-, -nen> *f* MED cardiologo, -a *m, f*
Karenz[zeit] [ka'rɛnts(tsaɪt)] <-, -en> *f* periodo *m* di aspettativa
Karfiol [kar'fi̯oːl] <-s> *m kein Pl.* A *(Blumenkohl)* cavolfiore *m*
Karfreitag [kaːɐ̯'fraɪtaːk] <-s, -e> *m* venerdì *m* santo
karg [kark] <-er *o rar:* kärger, -ste *o rar:* kärgste> *adj* ① *(gering)* scarso, magro; *(bes. Worte)* parco; **mit etw ~ sein** essere parco di qc ② *(armselig)* misero, povero ③ *(unfruchtbar)* povero ④ *(geizig)* [**mit etw**] **~ sein** essere avaro [di qc]
kargen ['kargən] *vi (geh)* lesinare (**mit etw** qc)
kärglich ['kɛrklɪç] *adj (dürftig)* magro; *(Mahl)* frugale; *(a. armselig)* misero, povero
Karibik [ka'riːbɪk] *f* Caraibi *mpl*
karibisch [ka'riːbɪʃ] *adj* caribico
kariert [ka'riːɐ̯t] *adj (Papier)* a quadretti; *(Stoff)* a quadri; **klein ~** *(Stoff)* a quadrettini
Karies ['kaːriɛs] <-> *f kein Pl.* MED carie *f*
Karikatur [karika'tuːɐ̯] <-, -en> *f* caricatura *f; (in Zeitungen)* vignetta *f*
Karikaturist(in) [karikatu'rɪst] <-en, -en; -, -nen> *m(f)* caricaturista *mf*
karikieren [kari'kiːrən] <ohne ge-> *vt* fare la caricatura di
karitativ [karita'tiːf] *adj* caritativo
Karneval ['karnəval] <-s, -e *o* -s> *m* carnevale *m*
Karnickel [kar'nɪkəl] <-s, -> *nt* DIAL coniglio *m*
Karniese <-, -n> *f* A *(Gardinenleiste)* bastone *m* per tenda
Kärnten ['kɛrntən] *nt* Carinzia *f*
Karo ['kaːro] <-s, -s> *nt* ① *(Quadrat)* quadrato *m* ② *(Raute)* losanga *f,* rombo *m* ③ *(in ~muster)* quadro *m* ④ *Sing. (beim Kartenspiel)* quadri *mpl*
Karoas ['kaːroʔas *o* kaːro'ʔas] *nt* asso *m* di quadri
Karolinger ['kaːrolɪŋɐ] <-s, -> *m* HIST carolingio *m*
Karosse [ka'rɔsə] <-, -n> *f* carrozza *f*
Karosserie [karɔsə'riː] <-, -n> *f* MOT carrozzeria *f*
Karosserietyp *m* tipo *m* di carrozzeria
Karotin [karo'tiːn] <-s, -e> *nt* CHEM carotene *m*
Karotte [ka'rɔtə] <-, -n> *f* BOT carota *f,* carota *f* rossa
Karpaten [kar'paːtən] *pl* GEOG Carpazi *mpl*
Karpfen ['karpfən] <-s, -> *m* ZOO carpa *f*
Karpfenteich *m* vivaio *m* di carpe
Karre ['karə] <-, -n> *f s.* **Karren**
Karree [ka'reː] <-s, -s> *nt* ① *(Viereck)* quadrato *m* ② *(Häuserblock)* caseggiato *m,* isolato *m;* **ums ~ gehen** fare il giro dell'isolato ③ A GASTR *(Rippenstück)* costata *f*
Karren ['karən] <-s, -> *m* ① carretto *m,* carrello *m;* **den ~ aus dem Dreck ziehen** *(fig fam)* sbrogliare la matassa ② *(Schub~)* carriola *f*
Karriere [ka'ri̯eːrə] <-, -n> *f (Laufbahn)* carriera *f;* **~ machen** fare carriera
karrieregeil *adj (pej fam)* carrierista
Karriereknick [ka'rjɛːrəknɪk] <-(e)s, -e> *m* insuccesso *m* nel lavoro, battuta *f* d'arresto nel lavoro
Karsamstag [kaːɐ̯'zamstaːk] *m* sabato *m* santo
Karst [karst] <-(e)s, -e> *m* GEOL regione *f* carsica
Karte ['kartə] <-, -n> *f* ① carta *f* ② *(Land~)* carta *f* [geografica] ③ *(Spiel~)* carta *f* [da gioco]; **ein Spiel ~n** un mazzo di carte; **~n spielen** giocare a carte; **jdm die ~n legen** fare le carte a qu; **alles auf eine ~ setzen** *(fig)* puntare tutto su una carta; **sich** *dat* **nicht in die ~en sehen lassen** *(a. fig)* non scoprire le proprie carte; **mit verdeckten**

~n spielen *(a. fig)* non svelare il proprio gioco ❹ *(Fahr~, Eintritts~)* biglietto *m; (Visiten~)* biglietto *m* da visita; *(Kartei~)* scheda *f* ❺ *(Speise~)* menù *m,* carta *f; (Wein~)* lista *f* dei vini; **nach der ~ essen** mangiare alla carta ❻ *(Ansichts~, Post~)* cartolina *f* [illustrata] ❼ SPORT cartellino *m;* **die gelbe/rote ~** SPORT il cartellino giallo/rosso ❽ INFORM scheda *f*

Kartei [kar'taɪ] <-, -en> *f* schedario *m*

Karteikarte *f* scheda *f,* cartellino *m*

Karteikasten *m* schedario *m*

Karteileiche *f (scherz)* annotazione *f* burocratica scaduta

Kartell [kar'tɛl] <-s, -e> *nt* COM cartello *m*

Kartellrecht *nt* COM norma *f* giuridica di cartello

Kartenhaus *nt* ❶ NAUT sala *f* nautica ❷ *(aus Spielkarten, a. fig)* castello *m* di carte; **wie ein ~ zusammenfallen** crollare come un castello di carte

Kartenkunststück *nt* gioco *m* di prestigio con le carte

Kartenleger(in) *m(f)* cartomante *mf*

Kartenlesegerät *nt* INFORM lettore *m* di carte magnetiche

Kartenspiel *nt* ❶ *(Spiel)* partita *f* a carte ❷ *(Spielkarten)* mazzo *m* di carte

Kartenspieler(in) *m(f)* giocatore, -trice *m, f* di carte

Kartenständer *m* sostegno *m* per carte geografiche

Kartentelefon *nt* telefono *m* a scheda magnetica

Kartenvorverkauf *m* THEAT prevendita *f* [biglietti]

Kartoffel [kar'tɔfəl] <-, -n> *f* BOT patata *f*

Kartoffelbrei *m* GASTR purè *m* di patate

Kartoffelchip <-s, -s> *m* patatina *f* [fritta], chip *f*

Kartoffelernte *f* raccolta *f* delle patate

Kartoffelkäfer *m* ZOO dorifora *f* della patata

Kartoffelkloß *m* GASTR gnocco *m* di patate

Kartoffelpuffer *m* GASTR frittella *f* di patate

Kartoffelpüree *nt* GASTR *s.* **Kartoffelbrei**

Kartoffelsalat *m* GASTR insalata *f* di patate

Kartoffelschale *f* buccia *f* di patata

Kartoffelstärke [kar'tɔfəlʃtɛrkə] <-, -n> *f* BIOL fecola *f* di patate

Kartograf(in) [karto'gra:f] <-en, -en; -, -nen> *m(f)* cartografo, -a *m, f*

Karton [kar'tɔŋ *o* kar'to:n] <-s, -s *o* -e> *m* ❶ *(Pappe)* cartone *m; (leichter ~)* cartoncino *m* ❷ *(Schachtel)* scatola *f* di cartone

kartonieren [karto'ni:rən] <ohne ge-> *vt* *(Buch)* rilegare in cartone; *(ein kartoniertes Buch)* un libro incartonato

Karussell [karʊ'sɛl] <-s, -s *o* -e> *nt* giostra *f,* carosello *m*

Karwendelgebirge [kar'vɛndəlgəbɪrgə] *nt* GEOG **das ~** le [montagne] Karwendel *f pl*

Karwoche ['ka:ɐ̯vɔxə] <-, -n> *f* settimana *f* santa

Karzinom [kartsi'no:m] <-s, -e> *nt* MED carcinoma *m*

Kaschmir[1] ['kaʃmi:ɐ̯] <-s, -e> *m (Wolle, Gewebe)* cachemire *m*

Kaschmir[2] ['kaʃmi:ɐ̯] *nt* Kashmir *m*

Käse ['kɛ:zə] <-s, -> *m* ❶ *(Nahrungsmittel)* formaggio *m,* cacio *m;* **weißer ~** formaggio molle ❷ *(fig fam: Unsinn)* sciocchezze *f pl,* cretinate *f pl;* **das ist doch alles ~!** sono tutte cretinate!

Käseblatt *nt (fam pej)* giornaluccio *m*

Käsebrot *nt* GASTR panino *m* al [*o* col] formaggio

Käseglocke *f* campana *f* per formaggio

Käsekuchen *m* GASTR torta *f* di ricotta

Käseplatte ['kɛ:zəplatə] <-, -n> *f* piatto *m* di formaggi misti

Käserei [kɛ:zə'raɪ] <-, -en> *f* caseificio *m*

Kaserne [ka'zɛrnə] <-, -n> *f* MIL caserma *f*

Kasernenhof *m* cortile *m* della caserma

kasernieren [kazɛr'ni:rən] <ohne ge-> *vt* accasermare

käsig ['kɛ:zɪç] *adj (käseartig)* caseiforme, caseoso; *(Hautfarbe)* pallido

Kasino [ka'zi:no] <-s, -s> *nt s.* **Casino**

Kaskoversicherung ['kaskofɛɐzɪçərʊŋ] <-, -en> *f* kasko *f,* assicurazione *f* contro tutti i rischi

Kasper[le] ['kaspɐ(lə)] <-s, -> *nt o m* ❶ *(Hauptfigur im ~theater)* Arlecchino ❷ *(fam)* pagliaccio *m,* buffone *m*

Kasper[le]theater *nt* teatrino *m* dei burattini

Kassa ['kasa] <-, Kassen> *f* A, SÜDD *(Kasse)* cassa *f*

Kasse ['kasə] <-, -n> *f* ❶ *(allg, a. fig)* cassa *f;* **~ machen** COM fare i conti di cassa; [**gut**] **bei ~ sein** *(fam)* stare bene a quattrini; **knapp bei ~ sein** *(fam)* essere a corto di quattrini; **jdn zur ~ bitten** chiedere il pagamento a qu ❷ *(Zahlstelle)* ufficio *m* cassa ❸ *(für Eintritts-, Fahrkarten)* biglietteria *f;* THEAT, FILM botteghino *m* ❹ *(Bank)* banca *f* ❺ *(Kranken~)* mutua *f,* cassa *f* malati

Kassenabschluss *m* chiusura *f* di cassa

Kassenarzt *m,* **Kassenärztin** *f* MED medico *m* della mutua, dottoressa *f* della mutua

Kassenbestand *m* giacenza *f* di cassa

Kassenbon *m* scontrino *m*

Kassenbuch *nt* libro *m* [*o* registro *m*] di cassa

K

Kassenfüller *m* ① *(Buch)* successo *m* di vendita; FILM film *m* di cassetta ② *(Künstler)* artista *mf* che riempie il botteghino
Kassenmagnet *m* campione *m* d'incasso, successo *m* di cassa
Kassenpatient(in) *m(f)* MED [paziente *mf*] mutuato, -a *m, f*
Kassenschlager <-s, -> *m* ① *(fam: Film)* successo *m* di cassetta ② COM film *m* di cassetta, campione *m* di incassi
Kassenstunden *fpl* orario *m* d'ufficio
Kassensturz *m* ~ **machen** verificare la cassa
Kassette [ka'sɛtə] <-, -n> *f* ① cassetta *f; (Musik~)* musicassetta *f* ② FOTO *(Filmbehälter)* caricatore *m* ③ ARCH cassettone *m*
Kassettenrecorder <-s, -> *m* registratore *m* a cassette
Kassier(in) [ka'siːɐ̯] <-s, -e; -, -nen> *m(f)* A, CH, SÜDD *(Kassierer)* cassiere, -a *m, f*
kassieren [ka'siːrən] <ohne ge-> **I.** *vt* ① *(ein~: Geld)* incassare; *(Scheck)* cassare, annullare; **bei jdm etw ~** incassare qc da qu ② *(fig fam: wegnehmen)* sottrarre; *(beschlagnahmen)* sequestrare ③ JUR *(Gerichtsurteil)* cassare **II.** *vi* ① *(abrechnen)* fare i conti ② *(sl: verdienen)* far soldi *fam*
Kassierer(in) <-s, -; -, -nen> *m(f)* cassiere, -a *m, f*
Kastagnetten [kastan'ji̯ɛtən] *fpl* MUS nacchere *fpl*, castagnette *fpl*
Kastanie [kas'taːni̯ə] <-, -n> *f* BOT ① *(Baum: Edel~)* castagno *m; (Ross~)* ippocastano *m*, castagno *m* d'India ② *(Frucht)* castagna *f;* **für jdn die ~n aus dem Feuer holen** *(fig)* cavare le castagne dal fuoco per qu *fam*
Kastanienbaum *m s.* **Kastanie**
kastanienbraun *adj* castano
Kästchen ['kɛstçən] <-s, -> *nt* ① *(kleine Kiste)* cassettina *f; (Schmuck~)* scrigno *m* ② *(Viereck)* quadretto *m*
Kaste ['kastə] <-, -n> *f* casta *f*
kasteien [kas'taɪən] <ohne ge-> *vr:* **sich ~** mortificarsi
Kastell [kas'tɛl] <-s, -e> *nt (Burg)* castello *m; (Befestigung)* fortificazione *f*
Kasten ['kastən] <-s, Kästen> *m* ① *(Kiste)* cassa *f; (großer ~, Truhe)* cassone *m; (Schachtel)* scatola *f;* **etw auf dem ~ haben** *(fam)* avere una gran testa ② SPORT *(Turngerät)* plinto *m* ③ A, CH *(Schrank)* armadio *m* ④ *(fam: hässliches Gebäude)* catapecchia *f; (altes Fahrzeug)* trabiccolo *m*, macinino *m; (altes Schiff)* rottame *m fam*, carcassa *f*
Kastration [kastra'tsjoːn] <-, -en> *f* castrazione *f*, evirazione *f*
kastrieren [kas'triːrən] <ohne ge-> *vt* castrare
Kat [kat] <-s, -s> *m* CHEM, MOT *Abk. von* **Katalysator** catalizzatore *m*
Katakomben [kata'kɔmbən] *fpl* catacomba *f*
Katalog [kata'loːk] <-(e)s, -e> *m* catalogo *m*
katalogisieren [katalogi'ziːrən] <ohne ge-> *vt* catalogare
Katalognummer <-, -n> *f* numero *m* di catalogo
Katalysator [kataly'zaːtoːɐ̯] <-s, -en> *m (a. fig)* CHEM, MOT catalizzatore *m*
Katamaran [katama'raːn] <-s, -e> *m* NAUT catamarano *m*
Katapult [kata'pʊlt] <-(e)s, -e> *nt o m a.* AERO, HIST catapulta *f*
katapultieren [katapʊl'tiːrən] <ohne ge-> *vt* AERO catapultare
Katarrh [ka'tar] <-s, -e> *m* MED catarro *m*
Kataster [ka'tastɐ] <-s, -> *m o nt* catasto *m*, registro *m* fondiario
Katasteramt *nt* ufficio *m* del catasto
katastrophal [katastro'faːl] *adj* catastrofico
Katastrophe [katas'troːfə] <-, -n> *f* catastrofe *f*, disastro *m*
Katastrophengebiet *nt* zona *f* sinistrata
Katastrophenhilfe *f* aiuto *m* in caso di catastrofe
Katastrophenschutz *m* ① *(Organisation)* protezione *f* civile ② *(Maßnahme)* misure *fpl* anticatastrofe
Katechismus [katɛ'çɪsmʊs] <-, Katechismen> *m* REL catechismo *m*
Kategorie [katego'riː] <-, -n> *f* categoria *f*
kategorisch [kate'goːrɪʃ] *adj* categorico
Kater ['kaːtɐ] <-s, -> *m* ① ZOO gatto *m* ② *(fig fam: nach Alkoholkonsum)* malessere *m*, mal *m* di testa dopo una sbornia
Katerfrühstück *nt (fam)* colazione *f* per smaltire la sbornia
kath. *Abk. von* **katholisch** cattolico
Katheder [ka'teːdɐ] <-s, -> *nt o m* cattedra *f*
Kathedrale [kate'draːlə] <-, -n> *f* cattedrale *f*
Katheter [ka'teːtɐ] <-s, -> *m* MED catetere *m*
Kathode [ka'toːdə] <-, -n> *f* PHYS catodo *m*
Katholik(in) [kato'liːk] <-en, -en; -, -nen> *m(f)* REL cattolico, -a *m, f*
katholisch [ka'toːlɪʃ] *adj* REL cattolico
Katholizismus [katoli'tsɪsmʊs] <-> *m kein Pl.* REL cattolicesimo *m*
katzbuckeln ['katsbʊkəln] *vi (pej)* fare i salamelecchi (**vor jdm** a qu)
Katze ['katsə] <-, -n> *f* gatto *m; (nur weib-*

lich) gatta *f;* **die ~ im Sack kaufen** comprare a occhi chiusi; **die ~ aus dem Sack lassen** spiattellare il segreto *fam;* **wie die ~ um den heißen Brei herumgehen** *(prov)* menare il can per l'aia; **das ist für die Katz** *(fam)* è fatica sprecata; **die ~ lässt das Mausen nicht** *(prov)* il lupo perde il pelo ma non il vizio

Katzelmacher <-s, -> *m* A *(pej: abwertende Bezeichnung für Italiener) termine spregiativo con cui vengono designati gli italiani dagli austriaci*

katzenartig *adj* felino

Katzenauge *nt* ❶ occhio *m* di gatto ❷ *(fam: Rückstrahler)* catarinfrangente *m* ❸ MIN occhio *m* di gatto

Katzenjammer *m (fam)* ❶ *(nach Alkoholgenuss)* postumi *mpl* di una sbornia ❷ *(depressive Stimmung)* abbattimento *m*

Katzenmusik *f (pej)* strimpellata *f fam*

Katzensprung *m (fam)* **das ist nur ein ~ [von hier]** è a due passi [da qui]

Katzenstreu ['katsənʃtrɔɪ] <-> *f kein Pl.* lettiera *f* [per gatti]

K

Katzenwäsche *f (fam)* pulizia *f* superficiale; **~ machen** *(fam scherz)* lavarsi come i gatti

Kauderwelsch ['kaʊdɐvɛlʃ] <-(s)> *nt kein Pl. (pej)* linguaggio *m* incomprensibile e scorretto

kauderwelschen *vi* ❶ *(fehlerhaft)* parlare in modo scorretto ❷ *(unverständlich)* parlare in modo incomprensibile [*o* in gergo]

kauen ['kaʊən] *vi, vt* masticare; **an den Nägeln ~** rosicchiarsi le unghie

kauern ['kaʊɐn] **I.** *vi* stare accovacciato **II.** *vr:* **sich ~** accovacciarsi, rannicchiarsi

Kauf [kaʊf] <-(e)s, Käufe> *m* acquisto *m,* comp[e]ra *f;* **etw in ~ nehmen** rassegnarsi ad accettare qc

kaufen ['kaʊfən] *vt* **etw [von jdm] ~** comp[e]rare qc [da qu]; **sich** *dat* **jdn ~** *(vornehmen)* fare i conti con qu

Kaufentscheidung *f* decisione *f* d'acquisto

Käufer(in) ['kɔɪfɐ] <-s, -; -, -nen> *m(f)* compratore, -trice *m, f,* acquirente *mf;* *(Kunde)* cliente *mf*

Kauffrau <-, -en> *f* commerciante *f*

Kaufhaus *nt* grande magazzino *m*

Kaufkraft *f* potere *m* d'acquisto

kaufkräftig *adj* COM solvibile, solvente

Kaufleute ['kaʊflɔɪtə] *pl s.* **Kaufmann**

käuflich ['kɔɪflɪç] *adj* ❶ *(zum Verkauf angeboten)* da vendersi, in vendita; **~ erwerben** comp[e]rare, acquistare ❷ *(fig: Liebe)* venale; *(a. bestechlich)* corruttibile

Kaufmann <-(e)s, -leute> *m* ❶ *(a. Geschäftsmann)* commerciante *m* ❷ *(Krämer)* bottegaio *m* ❸ *(Einzelhandels~)* negoziante *m*

kaufmännisch ['kaʊfmɛnɪʃ] *adj* commerciale, di commercio

Kaufpreis <-es, -e> *m* prezzo *m* d'acquisto

Kaufrausch *m* brama *f* d'acquisti

Kaufsumme *f* importo *m* d'acquisto

Kaufvertrag *m* contratto *m* di compravendita

Kaufzwang *m* obbligo *m* d'acquisto; **kein ~** ingresso libero

Kaugummi <-s, -s> *m o nt* gomma *f* da masticare

Kaulquappe ['kaʊlkvapə] <-, -n> *f* ZOO girino *m*

kaum [kaʊm] *adv* ❶ *(fast nicht)* appena; *(noch nicht einmal)* non appena; **ich kann es ~ glauben** stento a crederlo, mi pare impossibile; **ich kann es ~ erwarten** non [ne] vedo l'ora; **das dauert ~ zwei Stunden** dura appena due ore; **~ war er zu Hause, da rief er mich an** non appena arrivò a casa, mi telefonò ❷ *(nur mit Mühe)* a malapena ❸ *(wahrscheinlich nicht)* probabilmente non …; **wohl ~** sarà difficile; **ich glaube ~** non credo

Kaumuskel <-s, -n> *m* ANAT massetere *m,* muscolo *m* masticatorio

kausal [kaʊ'za:l] *adj* causale

Kausalsatz *m* LING frase *f* causale

Kautabak *m* tabacco *m* da masticare

Kaution [kaʊ'tsi̯o:n] <-, -en> *f (bes. ~ssumme)* cauzione *f,* garanzia *f;* **gegen ~** contro cauzione

Kautschuk ['kaʊtʃʊk] <-s, -e> *m* caucciù *m,* gomma *f* elastica

Kauz [kaʊts] <-es, Käuze> *m* ZOO civetta *f;* **komischer ~** *(fam)* tipo strano

Kavalier [kava'li:ɐ̯] <-s, -e> *m* cavaliere *m*

Kavaliersdelikt *nt* peccatuccio *m*

Kaviar ['ka:via:ɐ̯] <-s, -e> *m* GASTR caviale *m*

KB *Abk. von* **Kilobyte** KB

kcal *Abk. von* **Kilokalorie** kcal, Cal

Kebab [ke'ba(:)p] <-(s), -s> *m* GASTR kebab *m*

keck [kɛk] *adj* ❶ *(frech)* baldanzoso, spavaldo ❷ *(unbefangen)* spigliato; *(munter)* vispo ❸ *(respektlos)* sfacciato

Keckheit <-, -en> *f* ❶ *(keckes Auftreten)* spavalderia *f,* baldanza *f* ❷ *(Unbefangenheit)* spigliatezza *f* ❸ *(Kühnheit)* audacia *f* ❹ *(Frechheit)* sfacciataggine *f*

Kefir ['ke:fɪr] <-s> *m kein Pl.* kefir *m*

Kegel ['ke:gəl] <-s, -> *m* ❶ MAT cono *m* ❷ *(Spiel~)* birillo *m* ❸ GEOG *(Berg~)* conoide *m* ❹ TYP corpo *m* tipografico

Kegelbahn *f* pista *f* dei birilli, bowling *m*

Kegelbruder *m (fam)* appassionato *m* di birilli; *(eines gleichen Kegelclubs)* compagno *m* di club

kegelförmig *adj* conico

kegeln ['ke:gəln] *vi* giocare ai birilli

Kegelschnitt *m* MAT sezione *f* conica

Kegler(in) ['ke:glɐ] <-s, -; -, -nen> *m(f)* giocatore, -trice *m, f* di birilli

Kehle ['ke:lə] <-, -n> *f* ANAT gola *f;* **sich** *dat* **die ~ aus dem Hals schreien** *(fam)* gridare a squarciagola; **jdm an die ~ springen** prendere qu per la gola; **aus voller ~** a squarciagola *fam;* **mir war die ~ wie zugeschnürt** avevo un nodo alla gola

kehlig ['ke:lɪç] *adj* LING gutturale; **~e Stimme** voce gutturale

Kehlkopf <-(e)s, -köpfe> *m* ANAT laringe *f*

Kehllaut *m* suono *m* gutturale

Kehre ['ke:rə] <-, -n> *f* tornante *m,* svolta *f*

kehren ['ke:rən] **I.** *vi, vt* ① *bes.* SÜDD, A *(fegen)* scopare ② *(wenden)* voltare, girare; **das Oberste zuunterst ~** mettere tutto sottosopra; **in sich gekehrt** chiuso in sé stesso **II.** *vr:* **sich ~** ① *(sich wenden)* voltarsi, girarsi ② *(sich kümmern)* **sich an jdn/etw ~** curarsi di qu/qc

Kehricht ['ke:rɪçt] <-s> *m o nt kein Pl.* CH *(Müll)* spazzatura *f,* rifiuti *mpl*

Kehrmaschine *f* [macchina *f*] spazzatrice *f*

Kehrreim *m* ritornello *m*

Kehrseite *f* ① *(Rückseite)* retro *m,* rovescio *m;* **die ~ der Medaille** il rovescio della medaglia ② *(fam scherz: Rücken)* spalle *fpl; (Gesäß)* didietro *m*

kehrt|machen ['ke:ɐ̯tmaxən] *vi* fare dietro-front

Kehrtwendung *f* ① MIL dietro-front *m* ② *(fig)* voltafaccia *m*

keifen ['kaɪfən] *vi (pej)* strillare, gridare

Keil [kaɪl] <-(e)s, -e> *m* ① TEC cuneo *m,* chiavetta *f* ② TEC, MOT *(Bremsklotz)* ceppo *m* del freno

keilen ['kaɪlən] *vr:* **sich ~** *(fam)* picchiarsi, darsele

Keiler ['kaɪlɐ] <-s, -> *m* ZOO cinghiale *m*

Keilerei [kaɪlə'raɪ] <-, -en> *f (fam)* zuffa *f,* rissa *f*

keilförmig ['kaɪlfœrmɪç] *adj* cuneiforme

Keilriemen *m* TEC, MOT cinghia *f* trapezoidale

Keilschrift *f* HIST scrittura *f* cuneiforme

Keim [kaɪm] <-(e)s, -e> *m* BOT, MED germe *m;* **etw im ~ ersticken** soffocare qc sul nascere

Keimdrüse *f* ANAT ghiandola *f* germinale

keimen *vi* ① *(Pflanzen)* germogliare, germinare ② *(fig: Verdacht)* sorgere

keimfrei *adj (Milch)* sterilizzato; *(aseptisch)* asettico

Keimling <-s, -e> *m* BOT germoglio *m*

keimtötend *adj* antisettico, germicida

Keimung <-, -en> *f* germinazione *f*

Keimzelle *f* cellula *f* germinale

kein [kaɪn], **keine** ['kaɪnə] *pron indef* ① non … [un, una], nessuno, -a *m, f,* alcuno, -a *m, f;* **~ Mensch** *(fam)* nessuno, non anima viva; **~ anderer als …** nessun altro all'infuori di …; **~ einziges Mal** neanche una volta; **~ … mehr** non più … ② *(nicht einmal)* nemmeno; **~e 20 Leute** neanche 20 persone

keine(r, s) ['kaɪnə, -nɐ, -nəs] *pron indef* nessuno, -a *m, f;* **~r von beiden** nessuno dei due

keinerlei <inv> *adj* non … alcuno, non … di sorta

keinesfalls *adv* in nessun caso

keineswegs *adv* in nessun modo, non … affatto

keinmal ['kaɪnma:l] *adv* mai, neanche una volta

keins *pron indef s.* **keine(r, s)**

Keks [ke:ks] <-es, -e> *m o nt* biscotto *m,* biscottino *m*

Kelch [kɛlç] <-(e)s, -e> *m* calice *m;* **den ~ bis zur Neige leeren** *(fig)* bere il calice sino alla feccia

Kelle ['kɛlə] <-, -n> *f* ① *(Schöpf~)* mestolo *m,* ramaiolo *m* ② *(Maurer~)* cazzuola *f* ③ *(Signalstab)* paletta *f*

Keller ['kɛlɐ] <-s, -> *m* ① cantina *f* ② *(~geschoss)* scantinato *m*

Kellerassel *f* ZOO onisco *m* delle cantine

Kellerei [kɛlə'raɪ] <-, -en> *f* cantina *f; (Sekt~)* bottiglieria *f* [per spumante]

Kellergeschoss *nt* scantinato *m*

Kellermeister *m* cantiniere *m*

Kellner(in) ['kɛlnɐ] <-s, -; -, -nen> *m(f)* cameriere, -a *m, f*

kellnern ['kɛlnɐn] *vi (fam)* servire

Kelte ['kɛltə] <-n, -n> *m* celta *m*

Kelter ['kɛltɐ] <-, -n> *f* AGR torchio *m*

keltern ['kɛltɐn] *vt* pigiare

Keltin ['kɛltɪn] <-, -nen> *f* celta *f*

keltisch ['kɛltɪʃ] *adj* celtico

Kelvin ['kɛlvɪn] <-s, -> *nt* PHYS kelvin *m*

Kennbuchstabe <-ns, -n> *m* lettera *f* di riferimento

kennen ['kɛnən] <kennt, kannte, gekannt> *vt* ① conoscere; *(wissen a.)* sapere; **~ lernen** conoscere, fare la conoscenza di; **sich vor Wut nicht mehr ~** essere fuori di sé dalla rabbia; **so kenne ich ihn gar nicht!** così non lo conosco proprio! ② *(fig: Grenzen, Mitleid)* avere; **keine Rücksicht ~** non avere riguardo

K

kẹnnen|lernen *vt* conoscere, fare la conoscenza di; **es freut mich, Sie kennenzulernen** lieto di fare la Sua conoscenza; **du wirst mich noch ~!** *(fam)* ancora non mi conosci!

Kenner(in) <-s, -; -, -nen> *m(f)* conoscitore, -trice *m, f,* intenditore, -trice *m, f; (a. Fachmann)* esperto, -a *m, f*

Kennerblick *m* **mit ~** con occhio esperto

Kennerin *f s.* **Kenner**

Kennnummer <-, -n> *f* numero *m* di riferimento

kenntlich ['kɛntlɪç] *adj* [**an etw** *dat*] **~ sein** essere riconoscibile [da qc]; **~ machen** *(kennzeichnen)* contrassegnare; *(erkennbar machen)* far riconoscere

Kenntnis ['kɛntnɪs] <-, -se> *f* ① conoscenza *f;* **von etw ~ erhalten** venir a conoscenza di qc, avere notizia di qc; **etw zur ~ nehmen** prendere atto di qc; **ohne ~ von ...** senza conoscenza di ... ② *Pl. (Fach~)* cognizioni *fpl,* nozioni *fpl*

Kenntnisnahme ['kɛntnɪsna:mə] <-, -n> *f (form)* **zur ~** per conoscenza; **zu Ihrer ~** per Vostra informazione

Kennwort *nt* parola *f* di riconoscimento; MIL parola *f* d'ordine

Kennzahl ['kɛntsa:l] *f s.* **Kennziffer**

Kennzeichen *nt* ① *(Merkmal)* segno *m* [particolare]; **~ für etw sein** essere segno di qc; **besondere ~** *(Passvermerk)* segni particolari ② *(Unterscheidungszeichen)* contrassegno *m* ③ *(Abzeichen)* distintivo *m* ④ MOT *(amtliches ~)* targa *f*

kennzeichnen *vt* ① contrassegnare ② *(markieren)* segnare ③ *(charakterisieren)* caratterizzare; *(a. beschreiben)* descrivere ④ *(auszeichnen)* distinguere ⑤ *(bezeichnen)* definire

kennzeichnend *adj* **~ für etw sein** essere caratteristico di qc

Kennziffer *f* ① numero *m* di riferimento ② MAT indice *m; (von Logarithmus)* caratteristica *f*

kentern ['kɛntɐn] *vi sein* NAUT ribaltarsi, capovolgersi

Keramik [ke'ra:mɪk] <-, -en> *f* ① ceramica *f* ② *(Erzeugnisse)* ceramiche *fpl* ③ KUNST arte *f* della ceramica

keramisch *adj* ceramico; *(aus Ton)* di [*o* in] ceramica

Kerbe ['kɛrbə] <-, -n> *f* tacca *f,* intaccatura *f;* TEC intaglio *m;* **in die gleiche ~ schlagen** *(fig)* mirare allo stesso scopo

Kerbel ['kɛrbəl] <-s> *m kein Pl.* cerfoglio *m*

kerben *vt bes.* TEC intagliare, intaccare

Kerbholz *nt* **etw auf dem ~ haben** avere un conto da saldare

Kerker ['kɛrkɐ] <-s, -> *m* carcere *m*

Kerl [kɛrl] <-(e)s, -e *o* -s> *m (fam: Mann)* uomo *m; (a. pej)* tipo *m; (pej)* individuo *m;* **anständiger ~** tipo onesto; **armer ~** poveraccio; **feiner ~** tipo in gamba *fam;* **ganzer ~** uomo tutto d'un pezzo; **gemeiner ~** vigliacco

Kern [kɛrn] <-(e)s, -e> *m* ① nocciolo *m; (von Birnen, Äpfeln)* seme *m; (von Trauben)* acino *m,* chicco *m; (Nuss~)* gheriglio *m; (von Holz)* anima *f* ② MED, PHYS *(Zell~, Atom~)* nucleo *m* ③ *(~punkt)* centro *m,* cuore *m;* **zum ~ der Sache vordringen** venire al dunque della questione ④ *(fig: Wesen)* sostanza *f,* essenza *f;* **er hat einen guten ~** il suo fondo è buono ⑤ *(fig: wichtigster Teil)* anima *f,* nerbo *m;* **der harte ~** [**der Gruppe**] l'anima [del gruppo]

Kernenergie *f* energia *f* nucleare

Kernexplosion *f* esplosione *f* nucleare

Kernforschung *f* ricerca *f* nucleare

Kernfusion ['kɛrnfuzjo:n] <-, -en> *f* PHYS fusione *f* nucleare

Kerngehäuse *nt* torsolo *m*

kerngesund *adj* sano come un pesce *fam,* sanissimo

kernig *adj* ① *(Frucht)* granuloso ② *(kräftig)* vigoroso, forte, robusto ③ *(markig, bes. Ausspruch)* incisivo

Kernkraft *f* energia *f* atomica

Kernkraftgegner(in) *m(f)* antinucleare *mf*

Kernkraftwerk *nt* centrale *f* nucleare

kernlos *adj* privo di semi, senza nocciolo

Kernobst *nt* frutta *f* con semi

Kernphysik *f* fisica *f* nucleare

Kernreaktion *f* reazione *f* nucleare

Kernreaktor *m* reattore *m* nucleare

Kernspaltung *f* fissione *f* nucleare

Kernstück *nt* parte *f* essenziale, anima *f*

Kerntechnologie *f* PHYS tecnologia *f* nucleare

Kernteilung *f* BIOL mitosi *f*

Kernumwandlung *f* trasformazione *f* nucleare

Kernverschmelzung *f* fusione *f* atomica

Kernwaffen *fpl* armi *fpl* nucleari

kernwaffenfrei *adj* denuclearizzato; **~e Zone** zona denuclearizzata

Kerosin [kero'zi:n] <-s> *nt kein Pl.* cherosene *m*

Kerze ['kɛrtsə] <-, -n> *f (allg, a Zünd~)* candela *f; (Altar~)* cero *m;* **eine ~ machen** SPORT fare la candela

kerzengerade *adj* diritto come una candela *fam*

Kerzenhalter *m* candeliere *m,* portacandele *m*

Kerzenleuchter *m* candeliere *m*

Kerzenlicht *nt* lume *m* di candela; **bei ~** al lume di candela
Kerzenständer *m* candeliere *m*
kess [kɛs] *adj* ❶ *(Mädchen)* spigliata; **~e Biene** *(fam)* ragazza giovane, carina e spensierata ❷ *(schick)* chic, carino ❸ *(frech)* impertinente
Kessel ['kɛsəl] <-s, -> *m* ❶ *(Wasser~, Heiz~)* caldaia *f; (großer ~)* calderone *m,* paiolo *m; (kleiner ~, Tee~)* bollitore *m* ❷ GEOG *(Tal~)* conca *f* ❸ MIL sacca *f*
Kesselschmied *m* calderaio *m*
Kesselstein *m* incrostazione *f* della caldaia; **den ~ entfernen** disincrostare (**aus etw** qc)
Kesseltreiben *nt* ❶ *(Jagd)* battuta *f* [di caccia] in cerchio ❷ *(fig)* caccia *f* spietata
Ketchup ['kɛtʃap] <-(s), -s> *m o nt* ketchup *m*
Kette ['kɛtə] <-, -n> *f* ❶ *(Menschen~, Laden~, Hotel~)* catena *f;* **eine ~ bilden** *(Personen)* formare una catena; **in ~n legen** incatenare, mettere in ceppi ❷ *(Schmuck~)* catenina *f; (Hals~)* collana *f* ❸ *(von Raupenfahrzeugen)* cingolo *m* ❹ *(Absperrungs~)* cordone *m* ❺ *(fig: Reihe)* serie *f,* fila *f;* **eine ~ von Ereignissen** una serie di avvenimenti
ketten *vt* **jdn** [**an etw** *akk*] **~** incatenare qu [a qc]; **sich an jdn/etw ~** *(fig)* legarsi a qu/qc
Kettenfahrzeug *nt* [veicolo *m*] cingolato *m*
Kettenhund *m* cane *m* da guardia legato alla catena
Kettenraucher(in) *m(f)* fumatore, -trice *m, f* accanito, -a
Kettenreaktion *f* reazione *f* a catena
Ketzer(in) ['kɛtsɐ] <-s, -; -, -nen> *m(f)* REL eretico, -a *m, f*
Ketzerei [kɛtsə'raɪ] <-, -en> *f* REL eresia *f*
Ketzerin *f s.* **Ketzer**
ketzerisch *adj* REL eretico
keuchen ['kɔɪçən] *vi* ansimare, parlare affannosamente
Keuchhusten *m* MED pertosse *f,* tosse *f* canina
Keule ['kɔɪlə] <-, -n> *f* ❶ *(Waffe, Sportgerät)* clava *f* ❷ GASTR coscia *f,* cosciotto *m*
keusch [kɔɪʃ] *adj* casto; *(schamhaft)* pudico
Keuschheit <-> *f kein Pl.* castità *f; (Schamhaftigkeit)* pudicizia *f*
Keyboard ['ki:bɔ:t] <-s, -s> *nt* keyboard *m,* tastiera *f* elettrica
Kfm. *Abk. von* **Kaufmann** commerciante
Kfz [ka:ʔɛf'tsɛt] <-(s), -(s)> *nt Abk. von* **Kraftfahrzeug** autoveicolo
kg *Abk. von* **Kilogramm** kg
KG [ka:'ge:] <-, -s> *f Abk. von* **Kommanditgesellschaft** S.acc.
kgl. *Abk. von* **königlich** R.
Khaki ['ka:ki] <-(s)> *nt kein Pl. (Farbe)* color *m* cachi
khakifarben *adj* [color] cachi
kHz *Abk. von* **Kilohertz** kHz
Kibbuz [kɪ'bu:ts] <-, -e *o* Kibbuzim> *m* kibbutz *m*
Kichererbse ['kɪçɐɛrpsə] *f* BOT cece *m*
kichern ['kɪçɐn] *vi* ridacchiare, ridere sotto i baffi *fam*
Kick ['kɪk] <-(s), -s> *m (fam)* picco *m,* sballo *m*
Kickboard ['kɪkbɔ:d] <-s, -s> *nt* monopattino *m*
kicken ['kɪkən] **I.** *vi (fam: Fußball spielen)* giocare [a calcio] **II.** *vt (fam: Ball)* calciare
Kicker(in) ['kɪkɐ] <-s, -(s); -, -nen> *m(f) (fam)* calciatore, -trice *m, f*
Kid [kɪt] <-, -s> *nt* ❶ *(Glacéleder)* pelle *f* liscia ❷ *(sl: Kind, Jugendlicher)* ragazzino, -a *m, f*
kidnappen ['kɪtnɛpən] *vt* sequestrare, rapire
Kidnapper(in) ['kɪtnɛpɐ] <-s, -; -, -nen> *m(f)* sequestratore, -trice *m, f,* rapitore, -trice *m, f*
Kidnapping ['kɪtnɛpɪŋ] <-s, -s> *nt* sequestro *m,* rapimento *m*
Kiebitz ['ki:bɪts] <-es, -e> *m* ❶ ZOO pavoncella *f* ❷ *(fam: beim Kartenspiel)* osservatore *m* importuno
Kiefer[1] ['ki:fɐ] <-s, -> *m* ANAT mascella *f*
Kiefer[2] <-, -n> *f* BOT pino *m*
Kiefernwald *m* pineta *f,* foresta *f* di pini
kieken ['ki:kən] *vi* NORDD *(gucken)* guardare; *(hervor~)* spuntare fuori; **kiek mal!** guarda [un po']!
Kiel [ki:l] <-(e)s, -e> *m* ❶ NAUT *(Schiffs~)* chiglia *f,* carena *f* ❷ *(Feder~)* cannello *m* della penna
Kielraum <-(e)s, -räume> *m* NAUT *(Schiff)* sentina *f*
Kielwasser *nt* scia *f;* **in jds ~ schwimmen** *(fig)* seguire le orme di qu
Kieme ['ki:mə] <-, -n> *f meist Pl.* branchia *f*
Kies [ki:s] <-es, -e> *m* ❶ ghiaia *f; (grober ~)* pietrisco *m* ❷ *Sing. (sl: Geld)* grana *f*
Kiesel ['ki:zəl] <-s, -> *m* ciottolo *m*
Kieselerde *f* terra *f* silicea, silice *f*
Kieselstein <-(e)s, -e> *m* ciottolo *m*
Kiesgrube <-, -n> *f* cava *f* di ghiaia
kiffen ['kɪfən] *vi (sl: einen Joint rauchen)* farsi uno spinello; *(wiederholt Joints rauchen)* fumare spinelli
Kiffer(in) ['kɪfɐ] <-s, -; -, -nen> *m(f) (fam)* spinellato, -a *m, f,* cannato, -a *m, f*

K

kikeriki [kikəri'kiː] *interj* chicchirichì

killekille ['kɪlə'kɪlə] *interj (Kindersprache)* ~ **machen** fare il solletico

killen ['kɪlən] *vi, vt (sl)* ammazzare

Killer <-s, -> *m (sl)* killer *m,* sicario *m*

Kilo ['kiːlo] <-s, -s *o bei Maßangaben:* -> *nt* chilo *m*

Kilobyte <-s, -s> *nt* INFORM kilobyte *m*

Kilogramm *nt* chilogrammo *m*

Kilohertz <-, -> *nt* PHYS chilohertz *m,* chilociclo *m*

Kilojoule *nt* PHYS chilo *m* joule

Kilokalorie *f* chilocaloria *f*

Kilometer [kilo'meːtɐ] <-s, -> *m* chilometro *m;* **fünf ~ fahren** fare cinque chilometri; **mit hundert ~n in der Stunde fahren** andare a cento [chilometri] all'ora

Kilometerfresser <-s, -> *m (fam scherz o pej)* divoratore *m* di chilometri

Kilometergeld *nt* indennità *f* per chilometro

kilometerlang [kiːlo'meːtɐ'laŋ] *adj* chilometrico, lungo chilometri

Kilometerstein *m* pietra *f* miliare

Kilometerzähler *m* contachilometri *m*

Kilowatt [kilo'vat] <-s, -> *nt* chilowatt *m*

Kilowattstunde *f* chilowattora *f*

Kind [kɪnt] <-(e)s, -er> *nt* ① *(a. Klein~)* bambino *m; (a. Koseform)* bimbo *m;* **sich bei jdm lieb ~ machen** *(fam)* entrare nelle grazie di qu; **von ~ auf** fin dall'infanzia, [fin] da piccolo; **das weiß jedes ~** lo sanno tutti; **so, ~er, jetzt ...!** *(fam)* allora, ragazzi, adesso ...!; **das ~ mit dem Bade ausschütten** *(prov)* buttare via il buono con il cattivo ② *(Sohn, Tochter)* figlio, -a *m, f;* **ein ~ erwarten** aspettare un bambino; **an ~es statt annehmen** adottare; **mit ~ und Kegel** *(fam scherz)* con tutta la famiglia

Kind[s]taufe *f* battesimo *m*

Kindbett <-es> *nt kein Pl. (obs)* puerperio *m;* **im ~ liegen** essere di parto

Kinderarbeit ['kɪndɐarbaɪt] *f kein Pl.* lavoro *m* infantile

kinderarm *adj* **~es Land** paese a crescita zero, paese con un basso tasso di natalità

Kinderarzt *m,* **Kinderärztin** *f* pediatra *mf*

Kinderbeihilfe *f* A ADM *(Kindergeld)* assegno *m* familiare [per i figli]

Kinderbuch *nt* libro *m* per ragazzi

Kinderdorf *nt* villaggio *m* del fanciullo

Kinderei [kɪndə'raɪ] <-, -en> *f* ① *(Kinderstreich)* bambinata *f* ② *(albernes Benehmen)* comportamento *m* sciocco

kinderfeindlich *adj* ostile ai bambini

kinderfreundlich *adj* affabile con i bambini

Kindergarten *m* scuola *f* materna, giardino *m* d'infanzia, asilo *m*

Kindergärtner(in) *m(f)* maestro, -a *m, f* di scuola materna, maestra *f* giardiniera

Kindergeld *nt* assegno *m* familiare

Kinderheim *nt* ① *(für Waisenkinder)* orfanotrofio *m* ② *(Erholungsheim)* colonia *f*

Kinderhort *m* doposcuola *m*

Kinderklinik *f* clinica *f* pediatrica

Kinderkrankheit *f* malattia *f* infantile

Kinderkrippe *f* [asilo *m*] nido *m*

Kinderlähmung *f* MED paralisi *f* infantile

kinderleicht *adj* facilissimo; **das ist ~** è un gioco da ragazzi

kinderlieb *adj* **~ sein** essere amante dei bambini

kinderlos *adj* senza figli

Kindermädchen *nt* bambinaia *f*

Kinderpornografie *f kein Pl.* pornografia *f* infantile

kinderreich *adj* **~e Familie** famiglia numerosa

Kinderschänderring *m* rete *f* di pedofili

Kinderschuhe *mpl* **noch in den ~n stecken** essere agli inizi, essere in fasce

Kindersegen ['kɪndɐzeːgən] <-s> *m kein Pl. (a. iron)* prole *f,* figliolanza *f;* **der ~ blieb bei ihnen aus** non hanno avuto figli [*o* prole]

Kindersitz *m* seggiolino *m* [per bambini]

Kinderspiel *nt* gioco *m* per bambini; **das ist ein ~** è un giochetto *fam*

Kinderspielplatz *m* parco *m* giochi [per bambini]

Kindersprache *f* linguaggio *m* dei bambini

Kindersterblichkeit *f* mortalità *f* infantile

Kinderstube *f kein Pl. (fig)* **eine gute/schlechte ~ haben** essere ben/mal educato

Kinderwagen *m* carrozzina *f*

Kinderzimmer *nt* stanza *f* dei bambini

Kindesalter *nt* infanzia *f*

Kindesbeine *ntpl* **von ~n an** fin dall'infanzia, fin da piccolo

Kindesmisshandlung *f* violenza *f* sui bambini, maltrattamento *m* di bambini

Kindheit <-> *f kein Pl. (bis 12 Jahre)* infanzia *f; (Kleinkindalter)* prima infanzia *f; (von 2 bis 12)* seconda infanzia *f; (von 6 bis 13)* fanciullezza *f*

Kindheitserinnerung *f* ricordo *m* d'infanzia

kindisch *adj (pej)* infantile, puerile; **sich ~ benehmen** comportarsi in modo puerile; **sei nicht ~!** non fare il bambino!

kindlich *adj* ① infantile; *(Gesicht)* di bambino ② *(fig: naiv)* ingenuo

Kindskopf *m* bambino, -a *m, f pej*

Kindstod *m* **plötzlicher ~** improvvisa morte in culla
kinetisch [ki'ne:tɪʃ] *adj* PHYS, KUNST cinetico
Kinn [kɪn] <-(e)s, -e> *nt* ANAT mento *m*
Kinnbart *m* pizzo *m*
Kinnhaken *m (Boxen)* montante *m* al mento, gancio *m*
Kinnlade *f (Unterkiefer)* mandibola *f; (Kiefer)* mascella *f*
Kino ['ki:no] <-s, -s> *nt* ❶ *(Raum)* cinema *m* ❷ *(Vorstellung)* film *m*
Kinobesucher(in) *m(f)* spettatore, -trice *m, f;* **ein häufiger ~ sein** essere un frequentatore assiduo del cinema
Kinofilm *m* film *m* cinematografico
Kinogänger(in) ['ki:nogɛŋɐ] <-s, -; -, -nen> *m(f)* spettatore, -trice *m, f;* **ein häufiger ~ sein** essere un frequentatore assiduo del cinema
Kinovorstellung *f* spettacolo *m* cinematografico
Kiosk ['ki:ɔsk] <-(e)s, -e> *m* ❶ *(Verkaufsbude)* chiosco *m* ❷ *(Zeitungsstand)* edicola *f*
Kipfer[l] ['kɪpfɐ(l)] <-s, -n> *nt* A, SÜDD GASTR chifel *m,* cornetto *m*
Kippe ['kɪpə] <-, -n> *f* ❶ *(fam: Zigarettenstummel)* mozzicone *m,* cicca *f* ❷ SPORT capovolta *f* alla sbarra; **auf der ~ stehen** essere in bilico, stare per cadere; *(fig: unsicher sein)* essere incerto ❸ *(Ablagerungsstelle, Müll~)* scarico *m*
kippen ['kɪpən] **I.** *vt haben* ❶ *(um~)* rovesciare, ribaltare ❷ *(schütten)* versare; **einen ~** *(fam)* bere un bicchierino **II.** *vi sein (um~)* rovesciarsi, ribaltarsi; *(fallen)* cadere
Kippschalter <-s, -> *m* TEC interruttore *m* a levetta [*o* basculante]
Kippwagen *m* carro *m* ribaltabile
Kirche ['kɪrçə] <-, -n> *f* ❶ *(Gebäude, Einrichtung)* chiesa *f;* **in die ~ gehen** andare in chiesa ❷ *(Gottesdienst)* funzione *f; (Messe)* messa *f*
Kirchenälteste ['kɪrçənɛltəstə] <ein -r, -n, -n> *m* decano *m* della chiesa
Kirchenbuch *nt* registro *m* parrocchiale
Kirchenchor *m* coro *m* parrocchiale
Kirchendiener *m* sacrestano *m*
kirchenfeindlich *adj* anticlericale
Kirchenfenster *nt* vetrata *f*
Kirchenfest *nt* festa *f* religiosa
Kirchenfürst *m* principe *m* della Chiesa
Kirchengemeinde *f* parrocchia *f*
Kirchengeschichte *f* storia *f* della chiesa
Kirchenjahr *nt* anno *m* ecclesiastico
Kirchenlicht *nt* **er ist kein [großes] ~** *(fam scherz)* non è un gran luminare [*o* una cima]
Kirchenlied *nt* canto *m* liturgico
Kirchenmaus *f* **arm wie eine ~** *(fam scherz)* povero in canna
Kirchenmusik *f kein Pl.* musica *f* sacra
Kirchenoberhaupt *nt* Capo *m* della Chiesa
Kirchenrecht *nt* diritto *m* canonico
Kirchenstaat *m* HIST stato *m* pontificio; *(Vatikanstaat)* stato *m* vaticano
Kirchensteuer *f* imposta *f* per la Chiesa
Kirchenvater *m* padre *m* della Chiesa
Kirchhof <-(e)s, -höfe> *m (obs)* camposanto *m,* cimitero *m*
kirchlich *adj* ❶ *(die Kirche betreffend)* ecclesiastico, della chiesa; *(a. religiös)* religioso; **sich ~ trauen lassen** sposarsi in chiesa ❷ *(geistlich)* sacro
Kirchturm *m* campanile *m*
Kirchturmpolitik ['kɪrçtʊrmpoliti:k] <-> *f kein Pl. (pej)* politica *f* campanilistica
Kirchweih ['kɪrçvaɪ] <-, -en> *f* sagra *f*
Kirmes ['kɪrməs] <-, -sen> *f* DIAL sagra *f*
kirre ['kɪrə] *adj (fam)* docile, mansueto; **jdn ~ machen** ammansire qu
Kirschbaum *m* ciliegio *m*
Kirschblüte *f* ❶ fiore *m* di ciliegio ❷ *(Blütezeit)* fioritura *f* dei ciliegi
Kirsche ['kɪrʃə] <-, -n> *f* ciliegia *f;* **mit ihm ist nicht gut ~n essen** è meglio non aver a che fare con lui
Kirschkern *m* nocciolo *m* di ciliegia
Kirschwasser *nt* kirsch *m,* acquavite *f* di ciliegie
Kissen ['kɪsən] <-s, -> *nt* cuscino *m; (bes. Kopf~)* guanciale *m*
Kissenbezug *m* federa *f*
Kiste ['kɪstə] <-, -n> *f* ❶ *(Truhe)* cassa *f; (Bier~)* cassetta *f; (Zigarren~)* scatola *f* ❷ *(fam: Auto)* trabiccolo *m,* macinino *m; (Schiff)* rottame *m,* carcassa *f; (Flugzeug)* carcassa *f* ❸ *(fam: Bett)* letto *m; (Sarg)* bara *f* ❹ *(fam: Fernseher)* tivù *f*
Kitesurfen ['kaitsœ:fən] <-s> *nt kein Pl.* SPORT kitesurf *m*
Kitsch [kɪtʃ] <-(e)s> *m kein Pl.* opera *f* di cattivo gusto, kitsch *m*
kitschig *adj* di poco gusto, pacchiano; *(rührselig)* sentimentale
Kitt [kɪt] <-(e)s, -e> *m (Glaser~)* mastice *m,* stucco *m*
Kittchen ['kɪtçən] <-s, -> *nt (fam)* gattabuia *f,* galera *f*
Kittel ['kɪtəl] <-s, -> *m* ❶ *(Arbeits~)* camice *m* ❷ *(weite Bluse)* camiciotto *m; (langes Hemd)* casacca *f* ❸ SÜDD giacchetta *f*
Kittelschürze *f* camice *m* senza maniche
kitten ['kɪtən] *vt* ❶ stuccare, applicare il mastice a ❷ *(kleben)* incollare ❸ *(fig: Ehe)* accomodare

Kitz [kɪts] <-es, -e> *nt*, **Kitze** [kɪtsə] <-, -n> *f* ZOO ① *(Reh~)* caprioletto *m* ② *(Ziegen~)* capretto *m*

kitz[e]lig *adj* ① *(Mensch)* che soffre il solletico; *(Stelle)* sensibile al solletico ② *(fig: empfindlich)* suscettibile, permaloso ③ *(fam: heikel)* scabroso, delicato

Kitzel ['kɪtsəl] <-s, *rar:* -> *m* ① solletico *m* ② *(fig: Gelüst)* voglia *f*

kitzeln ['kɪtsəln] **I.** *vt* fare il solletico a; *(a. fig)* solleticare; **es kitzelt mich, etw zu machen** ho voglia di fare qc **II.** *vi (jucken)* dare prurito; **hör auf, das kitzelt!** smettila, fa il solletico!

Kitzler ['kɪtslɐ] <-s, -> *m* ANAT clitoride *mf*

kitzlig *adj s.* **kitz[e]lig**

Kiwi ['ki:vi] <-, -s> *f* BOT kiwi *m*

kJ *Abk. von* **Kilojoule** kilojoule

KKW [ka:ka:'ve:] <-(s), -s> *nt Abk. von* **Kernkraftwerk** centrale nucleare

klaffen ['klafən] *vi* spalancarsi

kläffen ['klɛfən] *vi (Hunde)* abbaiare, latrare

klaffend *adj (Wunde)* aperto; *(Abgrund)* spalancato

Klage ['kla:gə] <-, -n> *f* ① *(Weh~)* lamento *m* ② *(Beschwerde)* lagnanza *f*, lamento *m*; **über jdn/etw ~ vorbringen** lamentarsi di qu/qc; **das ist kein Grund zur ~** non è un motivo per lamentarsi ③ JUR querela *f*; *(Verfahren)* causa *f*, azione *f*; **gegen jdn ~ [wegen etw] erheben** sporgere querela contro qu [per qc]

Klagegeschrei *nt*, **Klagelaut** *m* lamento *m*

Klagelied *nt* ① *(Gedicht)* elegia *f* ② *(fig)* lamentela *f*

Klagemauer ['kla:gəmaʊɐ] <-, -n> *f* muro *m* del pianto

klagen ['kla:gən] **I.** *vi* ① *(sich beschweren, jammern)* lamentarsi; **über etw** *akk* **~** lamentarsi di qc; **über Kopfschmerzen ~** accusare mal di testa ② *(trauern)* **um jdn/etw ~** piangere qu/qc ③ JUR **gegen jdn auf etw** *akk* **~** sporgere querela contro qu per qc; **auf Schadenersatz ~** chiedere il risarcimento dei danni **II.** *vt* **jdm sein Leid ~** sfogare il proprio dolore con qu

Klagenfurt ['kla:gənfʊrt] *nt* GEOG Klagenfurt *f*

Kläger(in) ['klɛ:gɐ] <-s, -; -, -nen> *m(f)* querelante *mf;* JUR attore, -trice *m, f*

Klageschrift *f* JUR citazione *f*

kläglich ['klɛ:klɪç] *adj* ① *(beklagenswert)* pietoso ② *(jämmerlich)* misero, miserabile; **der Versuch ist ~ misslungen** il tentativo è fallito miseramente

klamm [klam] *adj* ① *(kalt und feucht)* umido e freddo ② *(starr vor Kälte)* irrigidito [per il freddo]; **~ sein** *(sl: Geld)* essere al verde

Klamm [klam] <-, -en> *f (Schlucht)* gola *f*

Klammer ['klamɐ] <-, -n> *f* ① *(Wäsche~, Haar~)* molletta *f*; *(Büro~)* fermaglio *m*; *(Heft~, Wund~, Zahn~)* graffetta *f*; *(Hosen~)* molletta *f*, fermapantaloni *m*; *(Bau~)* grappa *f* ② TYP parentesi *f*; *(geschweifte ~)* graffa *f*; **runde/eckige ~** parentesi tonda/quadra; **~ auf/zu** *(beim Diktieren)* aperta/chiusa parentesi; **in ~n setzen** mettere fra parentesi

Klammeraffe *m* INFORM *(@-Symbol in einer Mail-Adresse)* chiocciola *f*

klammern ['klamɐn] **I.** *vt* ① *(befestigen)* fissare [con graffe] ② MED chiudere con graffette **II.** *vr* **sich [an jdn/etw] ~** aggrapparsi [a qu/qc]

klammheimlich ['klam'haɪmlɪç] *(fam)* **I.** *adj* furtivo **II.** *adv* di soppiatto

Klamotten [kla'mɔtə] *f pl* ① *(fam: Kleidung)* indumento *m*, vestito *m* ② *(pej: Kram)* cianfrusaglie *f pl*

klang [klaŋ] *1. u. 3. Pers. Sing. Imp. von* **klingen**

Klang [klaŋ] <-(e)s, Klänge> *m* ① *(Ton)* suono *m*; **dumpfer/heller/tiefer ~** suono cupo/limpido/profondo ② *(bes. von Stimme)* timbro *m*, tono *m* ③ *(Klingen)* tintinnio *m*

Klangfarbe *f* timbro *m*, tonalità *f*

Klangfülle *f* sonorità *f*

klanglich ['klaŋlɪç] *adj* sonoro; **~e Unterschiede** differenze sonore

klanglos ['klaŋlo:s] *adj (Stimme)* afono; **sang- und ~ verschwinden** *(fam)* andarsene alla chetichella

Klangregler *m* regolatore *m* di suono [*o* di tonalità]

klangvoll *adj* ① *(Klang)* sonoro ② *(fig: berühmt)* altisonante

klapp[e]rig ['klap(ə)rɪç] *adj* ① *(Fahrzeug)* scassato *fam* ② *(Mensch, Tier)* decrepito ③ *(wenig solide)* fragile

Klappbett <-s, -en> *nt* letto *m* ribaltabile

Klappe ['klapə] <-, -n> *f* ① *(Deckel)* coperchio *m* [ribaltabile] ② MUS chiavetta *f* ③ TEC *(Drossel)* [valvola *f* a] farfalla *f* ④ *(Hosen~)* patta *f*; *(Taschen~)* pattina *f*; *(Schulter~)* controspallina *f* ⑤ *(Augen~)* benda *f* per gli occhi ⑥ ANAT *(Herz~)* valvola *f* ⑦ FILM ciac *m* ⑧ *(fam: Bett)* letto *m* ⑨ *(fam: Mund)* becco *m*; **eine große ~ haben** *(fam)* fare lo sbruffone *fam*; **halt die ~!** *(fam)* chiudi il becco! ⑩ A *(Telefonnebenstelle)* interno *m*

klappen ['klapən] **I.** *vt (nach oben/unten/vorn/hinten ~)* ribaltare **II.** *vi (fam: gelin-*

gen) andare bene; **es hat geklappt** *(fam)* è andata bene, ha funzionato

Klapper ['klapɐ] <-, -n> *f* ① sonaglio *m* ② *(Knarre)* raganella *f*

klapperdürr ['klapɐ'dʏr] *adj (pej)* magro come uno scheletro

Klappergestell *nt* ① *(pej: Mensch)* spaventapasseri *m fam* ② *(fam pej, scherz: Auto)* catenaccio *m*

Klapperkasten *m*, **Klapperkiste** *f (fam pej: Klavier)* vecchio pianoforte *m; (Auto)* trabiccolo *m; (Schreibmaschine, Radio, Fernseher)* catorcio *m*

klappern ['klapɐn] *vi* strepitare; *(Tür, Fenster)* sbattere; *(Geschirr)* acciottolare; **mit den Zähnen ~** battere i denti

Klapperschlange <-, -n> *f* ① ZOO serpente *m* a sonagli ② *(fam)* vipera *f*

Klapperstorch *m (scherz)* cicogna *f*

Klappfahrrad *nt* bicicletta *f* pieghevole

klapprig *adj s.* **klapp[e]rig**

Klappsitz *m* sedile *m* ribaltabile, strapuntino *m*

Klappstuhl *m* sedia *f* pieghevole; *(kleiner)* seggiolino *m* pieghevole

Klapptisch *m* tavolo *m* pieghevole

Klappverdeck *nt* MOT capote *f* ribaltabile, mantice *m*

Klaps [klaps] <-es, -e> *m (fam)* pacca *f;* **einen ~ haben** non avere il cervello a posto, essere un po' tocco

Klapsmühle *f (fam pej)* manicomio *m*

klar [klaːɐ̯] *adj* ① *(deutlich)* chiaro; **ein ~er Fall von …** *(fam)* un chiaro caso di …; **jdm wird etw ~** qc si chiarisce a qu; **sich** *dat* **über etw** *akk* **~ werden** rendersi conto di qc; **~ und deutlich** chiaro e tondo *fam;* **das ist doch ~!** *(fam)* ma è chiaro!; **das ist so ~ wie sonst was!** *(fam)* è chiaro che più chiaro non si può!; **na ~!** *(fam)* certo!, chiaro! ② *(Wetter, Himmel)* sereno; *(Farben)* schietto; *(durchsichtig)* limpido, trasparente ③ *(bei vollem Bewusstsein)* lucido ④ *(bereit)* pronto; **~ zum Gefecht/Start** pronto al combattimento/alla partenza

Kläranlage ['klɛːɐ̯anlaːgə] *f* ECO impianto *m* di depurazione

Klärbecken *nt* ECO bacino *m* di depurazione

klären ['klɛːrən] **I.** *vt* ① *(reinigen)* chiarificare; *(bes. Luft)* purificare; *(bes. Wasser)* depurare ② *(Frage)* chiarire, mettere in chiaro **II.** *vr:* **sich ~** chiarirsi

klar|gehen <irr> *vi sein (fam)* andare bene; **ist mit der Prüfung alles klargegangen?** è andato tutto bene all'esame?

Klarheit <-> *f kein Pl.* ① *(Deutlichkeit)* chiarezza *f* ② *(Reinheit, Schärfe)* limpidezza *f* ③ *(von Verstand)* lucidità *f*

Klarinette [klari'nɛtə] <-, -n> *f* MUS clarinetto *m*

klar|kommen <irr> *vi sein (fam)* **mit etw ~** venire a capo di qc

klar|machen I. *vt* ① NAUT approntare ② *(erklären)* spiegare, esporre; **jdm etw ~** far capire qc a qu **II.** *vi* NAUT essere pronto

Klärschlamm *m* ECO deposito *m* di filtrazione

Klarsichtfolie *f* foglio *m* trasparente

Klarsichthülle *f* involucro *m* trasparente

klar|stellen *vt* chiarire, mettere in chiaro

Klartext *m* **im ~** in parole semplici, in altre parole

Klärung <-, -en> *f* ① *(Reinigung)* chiarificazione *f; (von Luft)* purificazione *f; (von Abwasser)* depurazione *f* ② *(von Frage)* chiarimento *m*

klar|werden <irr> *vi, vr s.* **klar 1.**

klasse *adj inv (fam: großartig, sehr gut)* della Madonna

Klasse ['klasə] <-, -n> *f* ① classe *f;* **eine ~ wiederholen** *(Schule)* ripetere una classe; **erster/zweiter ~ fahren** FERR viaggiare in prima/seconda classe; **in ~n einteilen** classificare ② *(Kategorie)* a. SPORT categoria *f; (Rang)* ordine *m* ③ *(Qualität)* qualità *f* ④ **das ist [große] ~!** *(fam)* è grandioso!, è formidabile!

Klassenarbeit *f* compito *m* in classe

Klassenbuch *nt (Schule)* registro *m* di classe

Klassenkamerad(in) *m(f)* compagno, -a *m, f* di classe

Klassenkampf *m* lotta *f* di classe

Klassenlehrer(in) *m(f)* docente *mf* di una classe

klassenlos *adj* senza classi

Klassenlotterie ['klasənlɔtəriː, *Pl:* 'klasənlɔtəriːən] <-, -n> *f* lotteria *f* nazionale

Klassentreffen *nt* incontro *m* di classe

Klassenziel <-(e)s, -e> *nt (Schule)* obiettivo *m* della classe; SPORT *(sl)* obiettivo *m* salvezza; **das ~ erreichen** essere promosso

Klassenzimmer *nt* aula *f,* classe *f*

klassifizieren [klasifi'tsiːrən] <ohne ge-> *vt* classificare

Klassik ['klasɪk] <-> *f kein Pl.* ① HIST *(klassisches Altertum)* periodo *m* classico, epoca *f* classica ② KUNST *(Kunstperiode)* classicismo *m* ③ *(klassische Ausführung)* classicità *f* ④ MUS musica *f* classica

Klassiker(in) <-s, -; -, -nen> *m(f)* classico, -a *m, f*

klassisch *adj* classico

K

Klassizismus [klasiˈtsɪsmʊs] <-> *m kein Pl.* ARCH classicismo *m*

klassizistisch *adj* ARCH classicistico

Klatsch [klatʃ] <-(e)s, -e> *m* ① *(klatschendes Geräusch)* tonfo *m* ② *(fam pej: Tratsch)* pettegolezzi *mpl* ③ *(Plauderei)* chiacchiere *fpl*

Klatschbase *f (pej)* pettegola *f*

klatschen [ˈklatʃən] **I.** *vi* ① *haben (mit den Händen)* battere le mani; *(applaudieren)* battere le mani, applaudire ② *sein (aufschlagen)* battere; *(Regen)* scrosciare ③ *haben (pej fam: tratschen)* **über jdn/etw ~** spettegolare di qu/qc **II.** *vt* **jdm Beifall ~** applaudire qu; **den Takt ~** battere il tempo [con le mani]

Klatschmaul *nt (fam) s.* **Klatschbase**

Klatschmohn *m* BOT papavero *m* selvatico

klatschnass [ˈklatʃˈnas] *adj* bagnato fradicio; *(Mensch)* bagnato come un pulcino *fam*

Klatschspalte *f* cronaca *f* mondana [*o* rosa]

K

Klatschsucht *f* mania *f* di pettegolare, maldicenza *f*

Klaue [ˈklaʊə] <-, -n> *f* ① *(Krallen)* artiglio *m,* grinfia *f; (bei Paarhufern)* zoccolo *m,* unghione *m;* **in jds ~n geraten/sein** cadere/essere nelle grinfie di qu ② *(fam pej: Hand)* mano *f; (Handschrift)* scrittura *f* illeggibile ③ TEC attacco *m*

klauen [ˈklaʊən] *vt (fam)* sgraffignare

Klause [ˈklaʊzə] <-, -n> *f* ① *(Mönchszelle)* cella *f; (Einsiedelei)* eremitaggio *m,* clausura *f* ② *(Schlucht)* gola *f*

Klausel [ˈklaʊzəl] <-, -n> *f* clausola *f*

Klausur [klaʊˈzuːɐ̯] <-, -en> *f* ① *(Klausurarbeit)* esame *m* ② *(im Kloster)* clausura *f*

Klavier [klaˈviːɐ̯] <-s, -e> *nt* MUS pianoforte *m,* piano *m fam;* **~ spielen** suonare il pianoforte

Klavierhocker *m* sgabello *m* del pianoforte

Klavierlehrer(in) *m(f)* maestro, -a *m, f* di pianoforte

Klavierspiel *nt* suonare *m* il pianoforte, tecnica *f* del pianoforte

Klavierspieler(in) *m(f)* pianista *mf*

Klavierstimmer <-s, -> *m* accordatore *m* di pianoforti

Kleb[e]streifen *m* nastro *m* adesivo

Klebeband [ˈkleːbəbant] *nt* nastro *m* adesivo

kleben [ˈkleːbən] **I.** *vi* ① *(haften)* aderire ② *(klebefähig sein)* essere appiccicoso ③ *(an~)* appiccicarsi, attaccarsi; **nicht ~** non rimanere attaccato **II.** *vt* incollare, attaccare; *(Anschlagzettel)* affiggere; **jdm eine ~** *(fam)* mollare uno schiaffo a qu

Kleber [ˈkleːbɐ] <-s, -> *m* ① *(Klebstoff)* adesivo *m,* colla *f* ② CH *(Aufkleber)* etichetta *f* autoadesiva, [auto]adesivo *m*

klebrig [ˈkleːbrɪç] *adj* colloso, appiccicoso

Klebstoff *m* adesivo *m,* colla *f*

Klebstreifen *m s.* **Kleb[e]streifen**

kleckern [ˈklɛkən] *vi* ① *(fam: Flecken machen)* sporcare, macchiare; *(sich be~)* sbrodolarsi; **kleckere nicht so!** non ti sporcare in questo modo! ② *sein (fallen)* colare, cadere; **der Wein ist auf die Decke gekleckert** il vino è colato sulla tovaglia

Klecks [klɛks] <-es, -e> *m* ① *(Fleck)* macchia *f; (Farb~)* schizzo *f* di colore ② *(fam: kleine Menge)* cucchiaiata *f*

klecksen *vi* fare macchie; **der Füller kleckst** la penna perde

Klee [kleː] <-s> *m kein Pl.* BOT trifoglio *m*

Kleeblatt *nt* [foglia *f* di] trifoglio *m;* **vierblättriges ~** quadrifoglio

Kleid [klaɪt] <-(e)s, -er> *nt* ① *(Damen~)* vestito *m; (a. Ordens~)* abito *m* ② *Pl. (Kleidungsstücke)* vestiti *mpl;* **~er machen Leute** *(prov)* vesti un bastone e ti parrà un signore

kleiden [ˈklaɪdən] **I.** *vt* ① vestire; **in Worte ~** esprimere a parole ② *(gut stehen)* donare a **II.** *vr:* **sich ~** vestirsi, vestire

Kleiderablage <-, -n> *f* guardaroba *m*

Kleiderbügel *m* appendino *m,* gruccia *f* appendiabiti

Kleiderbürste *f* spazzola *f* per vestiti

Kleiderhaken *m* gancio *m* dell'attaccapanni

Kleiderkasten *m* A, CH *s.* **Kleiderschrank**

Kleiderschrank *m* armadio *m* [per vestiti]

Kleiderständer *m* attaccapanni *m*

kleidsam *adj* che dona

Kleidung <-, -en> *f* vestiti *mpl,* abbigliamento *m*

Kleidungsstück *nt* capo *m* di abbigliamento

Kleie [ˈklaɪə] <-, -n> *f* BOT crusca *f*

klein [klaɪn] *adj* ① piccolo; *(Buchstabe)* minuscolo; **~ anfangen** cominciare con poco; **~ beigeben** cedere la testa; **aus ~en Verhältnissen** di origine modesta; **von ~ auf** fin da piccolo; **ein ~ wenig** un pochino; **~, aber fein** piccolo, ma buono; **~, aber oho** *(fam)* piccolo, ma in gamba ② *(kurz)* breve; *(~gewachsen)* basso ③ *(eng)* stretto ④ *(jünger)* minore ⑤ *(fig: unbedeutend)* insignificante; *(bescheiden)* modesto; *(beschränkt)* limitato

Kleinaktionär *m* WIRTSCH piccolo azionista *m*

Kleinanleger *m* WIRTSCH piccolo investitore *m*

Kleinanzeige *f* [breve] annuncio *m*
Kleinasien *nt* Asia *f* Minore
Kleinbildkamera *f* FOTO microcamera *f*
Kleinbuchstabe *m* [lettera *f*] minuscola *f*
Kleinbürger(in) *m(f)* *(a. pej)* piccolo/piccola borghese *mf*
kleinbürgerlich *adj* piccoloborghese
Kleinbürgertum *nt* piccola borghesia *f*
kleingedruckt *adj (Text)* a caratteri piccoli
Kleingedruckte(s) *nt* postilla *f* stampata a caratteri piccoli
Kleingeld *nt* moneta *f* spicciola, spiccioli *mpl*
kleingläubig *adj* ① *(pej)* di poca fede ② *(ängstlich)* pusillanime
Kleinhandel *m* commercio *m* al minuto [*o* al dettaglio]
Kleinheit <-> *f kein Pl.* piccolezza *f,* minutezza *f*
Kleinhirn *nt* ANAT cervelletto *m*
Kleinholz *nt kein Pl.* legna *f* minuta; **~ aus etw machen** *(fig fam)* distruggere qc; **~ aus jdm machen** *(fig fam)* picchiare qu violentemente
Kleinigkeit ['klaɪnɪçkaɪt] <-, -en> *f* ① *(unbedeutende Sache)* piccolezza *f,* sciocchezza *f;* **sich über jede ~ aufregen** irritarsi per un nonnulla; **das ist keine ~** *(wichtig)* è una cosa importante; *(nicht einfach)* non è una sciocchezza ② *(Bagatelle)* inezia *f,* bagattella *f,* bazzecola *f fam* ③ *(ein bisschen)* un poco, un po'; **eine ~ essen** mangiare un boccone
Kleinigkeitskrämer ['klaɪnɪçkaɪtskrɛːmɐ] <-s, -> *m (pej)* pedante *m,* pignolo *m*
kleinkariert *adj* ① *(Stoff)* a quadrettini ② *(engherzig)* meschino, gretto
Kleinkind *nt* bambino *m,* bimbo *m*
Kleinkram *m* cianfrusaglie *f pl*
Kleinkrieg *m* guerriglia *f*
klein|kriegen *vt (fam)* ① *(zerkleinern)* riuscire a sminuzzare ② *(unterkriegen)* sottomettere ③ *(kaputtmachen)* sottomettere, mettere sotto i piedi
Kleinkunst ['klaɪnkʊnst] *f kein Pl.* THEAT cabaret *m,* spettacolo *m* cabarettistico
kleinlaut *adj* mogio mogio *fam*
kleinlich *adj* ① *(engherzig)* gretto, meschino; *(knauserig)* avaro ② *(engstirnig)* limitato ③ *(pedantisch)* pedante, meticoloso
Kleinlichkeit <-, -en> *f* ① *(Engherzigkeit)* meschinità *f,* grettezza *f; (Geiz)* avarizia *f* ② *(Engstirnigkeit)* limitatezza *f* ③ *(Pedanterie)* pedanteria *f,* meticolosità *f*
kleinmütig ['klaɪnmyːtɪç] *adj* pusillanime, pavido
Kleinod ['klaɪnoːt] <-(e)s, -e *o* -ien> *nt* gioiello *m*
klein|schneiden <irr> *vt s.* **schneiden I. 1.**
klein|schreiben <irr> *vt (mit kleinem Anfangsbuchstaben schreiben)* scrivere minuscolo
Kleinstaat *m* piccolo stato *m*
Kleinstadt *f* cittadina *f*
Kleinstwagen *m* AUTO citycar *f*
Kleinvieh <-s> *nt kein Pl.* AGR bestiame *m* minuto; **~ macht auch Mist** *(prov)* meglio poco che niente
Kleinwagen *m* AUTO utilitaria *f*
kleinwüchsig ['klaɪnvyːksɪç] *adj* basso di statura, nano
Kleister ['klaɪstɐ] <-s, -> *m* colla *f* [d'amido]
kleistern *vt* incollare
Klemme ['klɛmə] <-, -n> *f* ① *(bes. Haar~)* molletta *f;* TEC morsetto *m;* MED graffetta *f* ② *(fig)* guaio *m,* impiccio *m;* **in die ~ geraten** cacciarsi nei guai; **in der ~ sitzen** *(fam)* essere nei guai
klemmen I. *vt* ① *(Draht)* serrare ② *(Bücher)* stringere; *(Monokel)* applicare; **etw unter den Arm ~** portare qc sotto il braccio ③ *(quetschen)* incastrare **II.** *vi* incepparsi, bloccarsi; **die Schublade klemmt** il cassetto si blocca **III.** *vr:* **sich ~** schiacciarsi, incepparsi; **sich hinter etw** *akk* **~** *(fam)* arrabattarsi dietro a qc
Klempner ['klɛmpnɐ] <-s, -> *m* stagnaio *m*
Klempnerei <-, -en> *f* officina *f* dello stagnaio
Klepper ['klɛpɐ] <-s, -> *m (pej)* ronzino *m*
Kleptomane [klɛpto'maːnə] <-n, -n> *m,* **Kleptomanin** [klɛpto'maːnɪn] <-, -nen> *f* cleptomane *mf*
klerikal [kleri'kaːl] *adj* clericale
Kleriker ['kleːrikɐ] <-s, -> *m* REL chierico *m*
Klerus ['kleːrʊs] <-> *m kein Pl.* clero *m*
Klett[en]verschluss *m* chiusura *f* a strappo
Klette ['klɛtə] <-, -n> *f* ① BOT lappola *f* ② *(fam pej: lästiger Mensch)* piattola *f*
Klettereisen <-s, -> *nt* rampone *m*
klettern ['klɛtɐn] *vi sein* ① arrampicarsi; **auf einen Baum ~** arrampicarsi su un albero; **auf einen Berg klettern** scalare una montagna ② *(steigen, a. fig)* salire
Kletterpflanze *f* BOT [pianta *f*] rampicante *m*
Kletterstange *f* SPORT pertica *f*
Klettverschluss *m s.* **Klett[en]verschluss**
klicken ['klɪkən] *vi* ① INFORM cliccare; [**mit der Maus**] **auf etw** *akk* **~** cliccare [con il mouse] su qc; **doppelt ~** fare doppio clic ② *(„klick" machen)* fare clic, scattare

K

Klickzahl *f* INFORM numero *m* di clic
Klient(in) [kli'ɛnt] <-en, -en; -, -nen> *m(f)* cliente *mf*
Kliff [klɪf] <-(e)s, -e> *nt* NORDD falesia *f*
Klima ['kliːma] <-s, -s *o* -te> *nt* METEO clima *m*
Klimaanlage *f* impianto *m* di aria condizionata, climatizzazione *f*
Klimaforscher(in) *m(f)* climatologo, -a *m, f*
Klimakatastrophe *f* catastrofe *f* climatica
Klimakterium [klimak'teːriʊm] <-s> *nt kein Pl.* MED climaterio *m,* età *f* critica
Klimaschutzkonferenz *f* conferenza *f* sul clima
klimatisch [kli'maːtɪʃ] *adj* climatico
klimatisieren [klimati'ziːrən] <ohne ge-> *vt* dotare di condizionamento d'aria, climatizzare; **ein klimatisiertes Hotel** un albergo climatizzato
Klimatologe [klimato'loːgə] <-n, -n>, **Klimatologin** [klimato'loːgɪn] <-, -nen> *f* climatologo, -a *m, f*
Klimaveränderung *f* variazione *f* climatica
Klimawandel *m* cambiamento *m* climatico
Klimawechsel *m* cambiamento *m* climatico
Klimbim [klɪm'bɪm] <-s> *m kein Pl. (fam)* ❶ *(unnützer Kram)* cianfrusaglie *f pl* ❷ *(Unsinn)* scemenze *f pl* ❸ *(Klamauk)* baccano *m,* baldoria *f*
Klimmzug ['klɪmtsuːk] *m* SPORT sollevamento *m* sulle braccia [alla sbarra]
klimpern ['klɪmpɐn] *vi* ❶ *(Geld)* tintinnare ❷ *(pej)* **auf etw** *dat* ~ strimpellare [su] qc
Klinge ['klɪŋə] <-, -n> *f* lama *f;* **eine scharfe ~ führen** avere una lingua tagliente
Klingel ['klɪŋəl] <-, -n> *f* campanello *m*
klingeln *vi* suonare; **es klingelt** suona [il campanello]; **das Telefon klingelt** squilla il telefono
Klingelton *m (eines Handys)* suoneria *f*
Klingelzeichen <-s, -> *nt* suono *m* di campanello, squillo *m*
klingen ['klɪŋən] <klingt, klang, geklungen> *vi* ❶ *(Töne hervorbringen)* mandare un suono, sonare ❷ *(sich anhören)* avere un suono; **es klingt ja, als ob du …** sentendoti si ha l'impressione che *+conj;* **das klingt wie ein Vorwurf** ha l'aria di un rimprovero
Klinik ['kliːnɪk] <-, -en> *f* clinica *f*
klinisch *adj* clinico
Klinke ['klɪŋkə] <-, -n> *f* maniglia *f*
Klinker ['klɪŋkɐ] <-s, -> *m (Bau)* clinker *m*
klipp [klɪp] *adv* **~ und klar** chiaro e tondo *fam*
Klippe ['klɪpə] <-, -n> *f* ❶ scoglio *m,* scogliera *f* ❷ *(fig)* ostacolo *m*
klirren ['klɪrən] *vi (Glas)* tintinnare; *(Metall)* stridere, cigolare; *(Waffen)* stridere; **~de Kälte** freddo intenso
Klischee [kli'ʃeː] <-s, -s> *nt* ❶ *(sl)* TYP cliché *m* ❷ *(geh pej)* cliché *m,* stereotipo *m;* **in ~s reden** parlare per luoghi comuni, dire frasi fatte
klischeehaft *adj* stereotipato
Klitoris ['kliːtorɪs] <-, - *o* klitorides> *f* ANAT clitoride *mf*
klitschnass ['klɪtʃ'nas] *adj s.* **klatschnass**
klitzeklein ['klɪtsə'klaɪn] *adj* minuscolo
Klo [kloː] <-s, -s> *nt (fam)* gabinetto *m;* **aufs ~ gehen** andare al gabinetto
Kloake [klo'aːkə] <-, -n> *f* ECO cloaca *f*
klobig ['kloːbɪç] *adj (Möbel)* massiccio; *(Mensch)* tozzo
Klobrille ['kloːbrɪlə] <-, -n> *f (fam)* cerchio *m* del water
Klon [kloːn] <-s, -e> *m* BIOL, INFORM clone *m*
klonen [kloːnən] *vt* BIOL clonare
Klonierung [klo'niːrʊŋ] <-, -en> *f* BIOL clonazione *f*
Klopapier *nt kein Pl. (fam)* carta *f* igienica
klopfen ['klɔpfən] **I.** *vi* ❶ [**an die Tür**] ~ bussare [alla porta]; **ans Fenster/an** [*o* **gegen**] **die Wand ~** picchiare alla finestra/battere contro il muro; **es klopft** bussano [alla porta] ❷ *(pulsieren)* **das Herz klopft** il cuore batte ❸ MOT battere in testa **II.** *vt* ❶ *(Steine)* spaccare ❷ *(Teppich, Fleisch)* battere; **den Takt ~** battere il tempo
klopffest *adj* MOT antidetonante
Klöppel ['klœpəl] <-s, -> *m* ❶ *(Glocken~)* battaglio *m,* batacchio *m* ❷ *(Spitzen~)* fuso *m*
klöppeln *vi, vt* lavorare al tombolo
Klöppelspitze *f* pizzo *m* a tombolo
kloppen ['klɔpən] *vr:* **sich ~** NORDD picchiarsi (**mit**), battersi (**mit** con)
Klops [klɔps] <-es, -e> *m* OSTD *(Kloß)* polpetta *f* [di carne]
Klosett [klo'zɛt] <-s, -e *o* -s> *nt* gabinetto *m*
Klosettbecken *nt* tazza *f* [del gabinetto]
Klosettbürste *f* scopettino *m* per il gabinetto
Klosettpapier *nt* carta *f* igienica
Kloß [kloːs] <-es, Klöße> *m* ❶ GASTR *(Mehl~)* gnocco *m; (Fisch~, Fleisch~)* polpetta *f;* **einen ~ im Hals haben** *(fam)* avere un nodo alla gola ❷ *(fam pej: dicker Mensch)* grassone *m*
Kloster ['kloːstɐ] <-s, Klöster> *nt* convento *m,* monastero *m*
Klosterkirche *f* chiesa *f* del convento

Klosterschule *f* scuola *f* conventuale

Klotz [klɔts] <-es, Klötze> *m* ① *(Holz~)* ciocco *m,* ceppo *m; (Beton~)* blocco *m;* **jdm ein ~ am Bein sein** *(fam)* essere una palla al piede per qu ② *(fam pej: grober Mensch)* zoticone, -a *m, f*

klotzen ['klɔtsən] *vi* ① *(arbeiten)* sgobbare ② *(protzen)* fare sfoggio; **groß ~** fare le cose in grande

klotzig *adj* ① massiccio, tozzo ② *(sl: riesig)* molto

Klub [klʊp] <-s, -s> *m* circolo *m,* club *m*

Klubobfrau *f,* **Klubobmann** *m* A *(Fraktionsvorsitzende(r))* presidente, -essa *m, f* di un gruppo parlamentare

Klubsessel *m* poltrona *f* in pelle

Kluft[1] [klʊft] <-, Klüfte> *f* ① *(Felsspalte)* crepaccio *m; (Schlucht)* gola *f* ② *(fig)* spaccatura *f*

Kluft[2] [klʊft] <-, -en> *f (fam)* ① *(Arbeits~)* tuta *f* da lavoro ② *(Uniform)* divisa *f*

klug [klu:k] <klüger, klügste> *adj* intelligente; *(scharfsinnig)* sagace; *(aufgeweckt)* sveglio; *(vernünftig)* sensato; *(weise)* saggio; *(schlau)* astuto; *(erfinderisch)* ingegnoso; **daraus werde ich nicht ~** non ci capisco niente *fam;* **das war sehr ~ von dir** hai fatto bene; **der Klügere gibt nach** *(prov)* chi ha più senno cede

Klugheit <-, -en> *f* intelligenza *f; (Scharfsinn)* sagacia *f; (Verständigkeit)* giudizio *m; (Weisheit)* saggezza *f; (Schlauheit)* astuzia *f; (Einfallsreichtum)* ingegnosità *f*

Klugscheißer(in) *m(f) (fam pej)* sapientone, -a *m, f,* sputasentenze *mf*

Klumpen ['klʊmpən] <-s, -> *m* ① *(Erd~)* zolla *f* ② *(Blut~)* grumo *m* [di sangue]; **~ bilden** raggrumarsi ③ *(Gold~)* massello *m*

Klumpfuß <-es, -füße> *m* MED piede *m* varo

klumpig *adj* ① *(in Klumpen)* grumoso ② *(unförmig)* informe, deforme

Klüngelwirtschaft *f* nepotismo *m*

km *Abk. von* **Kilometer** km

km/h *Abk. von* **Kilometer pro Stunde** km/h

Knabbereien *pl* snack *pl*

knabbern ['knabɐn] *vi, vt* sgranocchiare; **an etw** *dat* **zu ~ haben** *(fam)* aver da penare per qc; **nichts mehr zum ~ haben** *(fam)* non avere più niente da mettere sotto i denti

Knabe ['kna:bə] <-n, -n> *m (geh)* ragazzo *m;* **na, alter ~!** *(fam)* allora, vecchio mio!

Knäckebrot ['knɛkəbro:t] <-(e)s, -e> *nt* cracker *m* [di segale]

knacken ['knakən] **I.** *vi* ① *(geräuschvoll ~)* scricchiolare; *(Holz)* crepitare; *(Zähne)* digrignare ② *(brechen)* spezzarsi ③ *(fam: schlafen)* dormire **II.** *vt* ① *(Nüsse)* schiacciare ② *(fam: Geldschrank)* scassinare; *(Auto)* forzare ③ *(fig fam: Rätsel, Code)* sciogliere, risolvere

Knacker <-s, -> *m* ① *(fam pej)* vecchio *m;* **alter ~** vecchio bacucco ② *s.* **Knackwurst**

knackig ['knakɪç] *adj* ① *(Salat)* fresco, croccante ② *(knusprig)* croccante ③ *(a. fig)* sexy, attraente; **ein ~er Typ** un tipo sexy

Knackpunkt <-(e)s, -e> *m (fam)* momento *m* cruciale, punto *m* critico

knacks [knaks] *interj* crac

Knacks [knaks] <-es, -e> *m (fam)* incrinatura *f;* **er hat einen seelischen ~** ha un disturbo psichico; **diese Ehe hatte schon vorher einen ~** questo matrimonio era già incrinato prima

Knackwurst *f* salsicciotto *m,* würstel *m*

Knall [knal] <-(e)s, -e> *m* scoppio *m; (bes. von Geschoss)* colpo *m; (von Peitsche)* schiocco *m; (von Explosion)* detonazione *f;* **einen ~ haben** *(fam)* essere tocco; **~ und Fall** *(fam)* su due piedi

Knalleffekt *m (fam)* ① *(Überraschung)* colpo *m* di scena ② *(Pointe)* effetto *m* finale

knallen **I.** *vi* ① scoppiare; *(Peitsche)* schioccare; *(Tür)* sbattere; *(Explosion)* detonare; *(Sektkorken)* schizzare ② *(fam: Sonne)* picchiare ③ *(prallen)* andare a sbattere **II.** *vt* tirare, sbattere; **jdm eine ~** *(fam)* mollare un ceffone a qu

Knallerbse *f* castagnola *f*

Knallfrosch *m (fam) s.* **Knallkörper**

knallhart *adj (fam)* ① durissimo ② *(fig: rücksichtslos)* brutale, spietato

knallig *adj (fam: Farben)* acceso, vivace

Knallkopf *m (fam pej)* imbecille *m*

Knallkörper *m* petardo *m*

knallrot *adj* rosso sgargiante

knapp [knap] **I.** *adj* ① *(nicht ausreichend)* scarso; *(dürftig)* misero; **~ werden** *(Ware)* cominciare a scarseggiare ② *(gerade noch ausreichend: Sieg, Mehrheit)* di stretta misura; *(beschränkt)* limitato; *(vor Zahlen)* poco meno di ③ *(nicht ganz, kaum)* scarso; **eine ~e Stunde** un'ora scarsa ④ *(Stil)* conciso ⑤ *(eng)* stretto **II.** *adv* ① *(nicht reichlich)* scarsamente; **~ bei Kasse sein** *(fam)* essere a corto di denaro ② *(mit Mühe, gerade noch)* appena ③ *(nicht ganz)* meno di ④ *(kurz und bündig)* concisamente, in modo conciso ⑤ *(sehr nahe)* **er ist ~ an mir vorbeigefahren** mi è passato vicinissimo

Knappe ['knapə] <-n, -n> *m* ① HIST *(Edel-*

K

knabe) paggio *m;* *(Schild~)* scudiero *m* ② MIN minatore *m*

Knappheit <-> *f kein Pl.* ① *(Mangel)* ~ [**an Gütern**] scarsità *f* [di beni] ② *(Dürftigkeit)* ristrettezza *f* ③ *(Enge)* strettezza *f* ④ *(von Stil)* stringatezza *f,* concisione *f*

Knappschaft <-, -en> *f* MIN maestranze *f pl* d'una miniera

Knarre ['knarə] <-, -n> *f* ① *(Spielzeug)* raganella *f* ② *(sl: Gewehr)* fucile *m*

knarren ['knarən] *vi* scricchiolare

Knast [knast] <-(e)s, -e *o* Knäste> *m (sl)* galera *f fam,* gattabuia *f fam*

knattern ['knatɐn] *vi* scoppiettare, crepitare

Knäuel ['knɔɪəl] <-s, -> *m o nt (Garn~)* gomitolo *m*

Knauf [knaʊf] <-(e)s, Knäufe> *m (Tür~)* pomello *m;* *(Degen~)* pomo *m*

knaus[e]rig ['knaʊz(ə)rɪç] *adj (fam pej)* spilorcio, taccagno

Knauser ['knaʊzɐ] <-s, -> *m (fam pej)* spilorcio *m,* taccagno *m*

K

knausern ['knaʊzɐn] *vi (fam pej)* [**mit etw**] ~ fare lo spilorcio [con qc]

knautschen ['knaʊtʃən] **I.** *vt (bes. Kleid)* sgualcire, spiegazzare **II.** *vi* sgualcirsi

Knautschlack *m,* **Knautschleder** *nt* cuoio *m* verniciato

Knautschzone *f* MOT zona *f* di assorbimento

Knebel ['kne:bəl] <-s, -> *m* bavaglio *m*

knebeln *vt* imbavagliare

Knecht [knɛçt] <-(e)s, -e> *m* ① *(Bauern~)* bracciante *m* agricolo ② HIST servo *m*

knechten *vt (geh obs)* sottomettere, asservire; *(unterjochen)* soggiogare

knechtisch *adj* servile

Knechtschaft <-, *rar:* -en> *f* servitù *f,* schiavitù *f*

kneifen ['knaɪfən] <kneift, kniff, gekniffen> **I.** *vi* ① *(Kleidungsstücke)* stringere, essere [troppo] stretto ② *(fam pej: sich drücken)* **vor jdm** ~ sottrarsi a qu; **vor etw** *dat* ~ evitare qc **II.** *vt (zwicken)* pizzicare; *(a. zusammenpressen)* stringere

Kneipe ['knaɪpə] <-, -n> *f (fam)* osteria *f,* bettola *f*

Kneippkur ['knaɪpku:ɐ, *Pl:* 'knaɪpku:rən] <-, -en> *f* MED cura *f* idroterapica di Kneipp

Knete ['kne:tə] <-> *f kein Pl. (fam)* ① *(Knetmasse)* plastilina *f* ② *(Geld)* quattrini *mpl*

kneten ['kne:tən] *vt* impastare

Knetgummi *nt o m* plastilina *f*

Knetmasse *f* plastilina *f*

Knick [knɪk] <-(e)s, -e> *m* ① *(Falte, bes. in Papier)* piega *f;* *(in Metall)* gomito *m* ② *(Biegung)* svolta *f*

knicken **I.** *vt haben* ① *(falten)* piegare; **„Bitte nicht ~!"** "[Per favore] non piegare"; **das kannst du ~!** *(fam)* te lo puoi scordare! ② *(brechen)* spezzare **II.** *vi sein (brechen, kaputtgehen)* spezzarsi

Knicks [knɪks] <-es, -e> *m* inchino *m,* riverenza *f*

knicksen *vi* fare un inchino

Knie [kni:] <-s, -> *nt* ① ANAT ginocchio *m;* **auf den ~n** in ginocchio; **weiche ~ haben** avere le ginocchia che fanno giacomo giacomo *fam;* **in die ~ gehen** *(umfallen)* cadere in ginocchio; *(sich einer Übermacht beugen)* cedere, darsi per vinto; **jdn in die ~ zwingen** mettere qu in ginocchio, mettere qu sotto i piedi; **jdn übers ~ legen** sculacciare qu; **etw übers ~ brechen** *(fig)* precipitare qc; **sich** *dat* **ins** [**eigene**] **~ schießen** *(fam)* darsi la zappa sui piedi ② *(Fluss~)* ansa *f*

Kniebeuge <-, -n> *f* piegamento *m* delle ginocchia

Kniebundhose *f* pantaloni *mpl* alla zuava

kniefrei *adj* **~er Rock** gonna sopra il ginocchio

Kniegelenk *nt* ANAT articolazione *f* del ginocchio

Kniekehle *f* ANAT cavità *f* del ginocchio, poplite *m*

knien [kni:n *o* 'kni:ən] **I.** *vi* stare in ginocchio **II.** *vr:* **sich ~** inginocchiarsi, mettersi in ginocchio

Kniescheibe *f* ANAT rotula *f,* patella *f*

Knieschützer *m* SPORT ginocchiera *f*

Kniestrumpf *m* calzettone *m*

Kniestück *nt* curva *f,* gomito *m*

Kniewärmer <-s, -> *m* ginocchiera *f* di lana

kniff [knɪf] *1. u. 3. Pers. Sing. Imp. von* **kneifen**

Kniff [knɪf] <-(e)s, -e> *m* ① *(Kneifen)* pizzico *m,* pizzicotto *m* ② *(Falte)* piega *f,* piegatura *f* ③ *(fig: Kunstgriff)* artificio *m;* *(Trick)* trucco *m*

kniff[e]lig *adj (fam)* ① *(schwierig)* difficoltoso ② *(heikel)* spinoso

Knilch [knɪlç] <-s, -e> *m (fam)* scocciatore *m*

knipsen ['knɪpsən] **I.** *vt (fam)* ① *(Schalter)* far scattare ② FOTO **jdn ~** scattare una fotografia a qu ③ *(lochen, entwerten)* forare, obliterare **II.** *vi* FOTO *(fam)* fare fotografie

Knirps [knɪrps] <-es, -e> *m* ① *(kleiner Junge)* bambino *m* piccolo, bambinetto *m;* *(kleiner Mann)* omino *m;* *(pej: unbedeutender ~)* omiciattolo *m* ② *(Regenschirm®)* ombrello *m* pieghevole

knirschen ['knɪrʃən] *vi* scricchiolare, stridere; **mit den Zähnen ~** digrignare i denti
knistern ['knɪstɐn] *vi* *(Feuer)* crepitare; *(Papier)* scricchiolare; *(Haar, Stoff)* frusciare
knitterfrei *adj* ingualcibile
knittern ['knɪtɐn] *vi* sgualcirsi, spiegazzarsi
Knobelbecher ['kno:bəlbɛçɐ] <-s, -> *m* ① *(beim Würfeln)* bussolotto *m* per i dadi ② MIL *(sl: Stiefel)* stivaletto *m*
knobeln ['kno:bəln] *vi* ① *(würfeln)* giocare ai dadi ② *(losen)* tirare a sorte ③ *(fig: nachdenken)* riflettere; **an etw** *dat* **~** rimuginare su qc
Knoblauch ['kno:plaʊx] *m* BOT aglio *m*
Knoblauchpresse *f* spremiaglio *m*
Knöchel ['knœçəl] <-s, -> *m* ANAT *(Fuß~)* caviglia *f,* malleolo *m;* *(Finger~)* nocca *f*
Knochen ['knɔxən] <-s, -> *m* osso *m;* **nass bis auf die ~ sein** *(fam)* essere bagnato fino nelle ossa; **mir tun alle ~ weh** *(fam)* mi fanno male tutte le ossa; **das ist mir in die ~ gefahren** *(fam)* mi è entrato nelle ossa
Knochenarbeit *f,* <*kein Pl.*> *(fam)* sfacchinata *f*
Knochenbau *m* ossatura *f*
Knochenbruch *m* MED frattura *f* ossea
Knochenfisch ['knɔxənfɪʃ] <-(e)s, -e> *m* ZOO attinopterigio *m,* teleosteo *m*
Knochengerüst *nt* ANAT scheletro *m,* ossatura *f*
Knochenjob *m* lavoro *m* di manovalanza
Knochenmark *nt* ANAT midollo *m* osseo
Knochenmarktransplantation *f* MED trapianto *m* del midollo osseo
knochentrocken ['knɔxən'trɔkən] *adj* *(fam)* completamente asciutto [*o* secco]
knöchern ['knœçɐn] *adj* osseo, d'osso
knochig ['knɔxɪç] *adj* scarno
Knödel ['knø:dəl] <-s, -> *m* GASTR *bes.* SÜDD, A gnocco *m*
Knolle ['knɔlə] <-, -n> *f* ① BOT bulbo *m,* tubero *m* ② *(fam scherz: dicke Nase)* nasone *m*
Knollenblätterpilz *m* BOT amanita *f,* tignosa *f*
Knollengemüse *nt* ortaggio *m* tuberoso
Knopf [knɔpf] <-(e)s, Knöpfe> *m* ① *(Kleidung)* bottone *m;* **einen ~ annähen** cucire un bottone; **mir ist ein ~ abgegangen** mi è saltato un bottone ② *(Gerät)* tasto *m,* pulsante *m;* **auf den ~ drücken** premere il bottone, schiacciare il pulsante ③ SÜDD, A, CH *(Knoten)* nodo *m*
Knopfdruck ['knɔpfdrʊk] <-(e)s> *m kein Pl.* pressione *f* di un pulsante; [**wie**] **auf ~** di primo acchito, al primo colpo; **ein ~ genügt** basta premere il pulsante

knöpfen ['knœpfən] *vt* abbottonare
Knopfloch *nt* occhiello *m,* asola *f*
knorp[e]lig *adj* cartilaginoso
Knorpel ['knɔrpəl] <-s, -> *m* ANAT cartilagine *f*
Knorren ['knɔrən] <-s, -> *m* ① *(Ast~)* nocchio *m* ② *(Baumstumpf)* ceppo *m* ③ *(Auswuchs)* protuberanza *f*
knorrig ['knɔrɪç] *adj* nodoso, nocchiuto
Knospe ['knɔspə] <-, -n> *f* *(Blatt~)* gemma *f;* *(Blüten~)* boccio *m,* bocciuolo *m;* **~n treiben** germogliare
knospen *vi* germogliare
knoten ['kno:tən] *vt* fare un nodo a; *(zusammen~)* annodare
Knoten ['kno:tən] <-s, -> *m* ① nodo *m* ② *(Haar~)* crocchia *f* ③ MED nodulo *m* ④ BOT nodello *m* ⑤ NAUT *(Geschwindigkeit)* nodo *m*
Knotenpunkt *m* ① nodo *m,* punto *m* di congiunzione ② MOT nodo *m* stradale; FERR nodo *m* ferroviario
knotig *adj* a nodi, nodoso
Know-how [noʊ'haʊ] <-(s)> *nt kein Pl.* know-how *m,* bagaglio *m fig;* **technisches ~** conoscenze tecniche
knuddeln ['knʊdəln] *vt* DIAL coccolare
knüll[e] ['knʏl(ə)] *adj* *(fam: betrunken)* sbronzo
knüllen ['knʏlən] **I.** *vt* spiegazzare **II.** *vi* *(knittern)* sgualcirsi, spiegazzarsi
Knüller ['knʏlɐ] <-s, -> *m* *(fam)* sensazione *f,* successo *m*
knüpfen ['knʏpfən] *vt* ① *(Schuhbänder, a. fig: Freundschaft)* stringere ② *(Knoten)* annodare ③ *(Netz)* intrecciare ④ *(Teppich)* tessere ⑤ *(fig: Bedingungen)* collegare, far dipendere; **etw an eine Bedingung ~** far dipendere qc da una condizione
Knüppel ['knʏpəl] <-s, -> *m* ① *(Stock)* bastone *m,* randello *m;* *(Polizei~)* manganello *m;* **jdm** [**einen**] **~ zwischen die Beine werfen** *(fam fig)* mettere a qu i bastoni fra le ruote ② *(Rundholz)* tondello *m* ③ AERO *(Steuer~)* barra *f* di comando; MOT *(Schalt~)* leva *f* del cambio
knüppeldick *adj* *(fam)* **dann kam es ~** *(sehr schlimm)* poi venne il peggio
Knüppelschaltung *f* MOT cambio *m* a cloche
knurren ['knʊrən] *vi* ① *(Tier)* ringhiare ② *(Magen, Mensch)* brontolare
knurrig *adj* brontolone
knusperig ['knʊsp(ə)rɪç] *adj* croccante
knuspern ['knʊspɐn] *(fam)* **I.** *vt* *(Nüsse)* sgranocchiare **II.** *vi* rosicchiare (**an etw** *dat* qc)
knusprig *adj s.* **knusperig**
Knute ['knu:tə] <-, -n> *f* knut *m,* staffi-

le *m;* **unter jds ~** *dat* **stehen** *(fam)* stare sotto il giogo di qu
knutschen [ˈknuːtʃən] *vt (fam)* sbaciucchiare
Knutschfleck *m (fam)* succhiotto *m sl*
k.o. [kaːˈʔoː] *adj Abk. von* **knock-out** k.o.; **~ gehen** finire k.o.; **jdn ~ schlagen** mettere qu k.o.
Koalabär [koˈaːlabɛːɐ̯] *m* ZOO koala *m*
koalieren [koaˈliːrən] <ohne ge-> *vi,* **koalisieren** <ohne ge-> *vi* POL coalizzarsi
Koalition [koaliˈtsi̯oːn] <-, -en> *f* POL coalizione *f*
Koalitionspartner *m* POL partner *m* di coalizione
Koalitionsregierung *f* POL governo *m* di coalizione
Koalitionsvereinbarung <-, -en> *f,* **Koalitionsvertrag** *m* POL accordo *m* di coalizione
Kobalt [ˈkoːbalt] <-s> *nt kein Pl.* CHEM, MIN cobalto *m*
Koblenz [ˈkoːblɛnts] *nt* GEOG Coblenza *f*
Kobold [ˈkoːbɔlt] <-(e)s, -e> *m* coboldo *m,* folletto *m*
Kobra [ˈkoːbra] <-, -s> *f* cobra *m* [dagli occhiali]
Koch [kɔx] <-(e)s, Köche> *m* cuoco *m*
kochbeständig [ˈkɔxbəʃtɛndɪç] *adj* resistente all'ebollizione
Kochbuch *nt* libro *m* di cucina, ricettario *m*
kochen [ˈkɔxən] **I.** *vi* ① *(Flüssigkeit)* bollire; *(Speise)* cuocere; **vor Wut ~** bollire di rabbia *fam* ② *(Speisen zubereiten)* cucinare, far da mangiare *fam;* **gut ~** [**können**] [saper] cucinare bene **II.** *vt* ① *(Flüssigkeit, Wäsche)* far bollire; *(Speise)* cuocere, far cuocere; **auf kleiner Flamme ~ lassen** far cuocere a fuoco lento; **hart gekocht** sodo; **weich gekocht** *(Ei)* à la coque; *(Nudeln)* cotto; *(Gemüse, Fleisch)* lessato ② *(zubereiten)* cucinare, preparare; *(Kaffee/Tee)* fare
Kochen <-s> *nt kein Pl.* ① *(Speise)* cottura *f; (Sieden)* bollitura *f* ② *(Tätigkeit)* cucinare *m,* cucina *f*
kochend *adj* ① *(a. fig)* bollente; *(schäumend)* ribollente ② *(sehr heiß)* molto caldo, che scotta
Kocher <-s, -> *m* fornello *m*
Köcher [ˈkœçɐ] <-s, -> *m* faretra *f*
kochfest *adj* resistente all'ebbolizione
Kochgeschirr *nt* ① stoviglie *fpl* ② MIL gavetta *f*
Köchin [ˈkœçɪn] <-, -nen> *f* cuoca *f*
Kochkunst *f* arte *f* culinaria
Kochlöffel *m* mestolo *m*
Kochnische *f* cucinino *m,* angolo *m* cottura
Kochplatte *f* piastra *f* [del fornello]
Kochrezept *nt* ricetta *f* [di cucina]
Kochsalz *nt* sale *m* da cucina
Kochsendung *f,* **Kochshow** *f* programma *m* di cucina, cooking show *m*
Kochtopf *m* pentola *f,* casseruola *f*
Kochwäsche *f kein Pl.* biancheria *f* lavabile ad alta temperatura
Kode [ˈkoːt] <-s, -s> *m* codice *m*
Köder [ˈkøːdɐ] <-s, -> *m* esca *f*
ködern *vt* adescare; *(a. fig)* allettare
Kodex [ˈkoːdɛks] <-(es), -e *o* Kodizes> *m* ① HIST codice *m,* manoscritto *m* ② *(Regelung)* codice *m*
kodieren [koˈdiːrən] *vt* cifrare
Koedukation [koedukaˈtsjoːn] <-> *f kein Pl.* coeducazione *f*
Koeffizient [koʔɛfiˈtsjɛnt] <-en, -en> *m* MAT coefficiente *m*
Koexistenz [ˈkoːʔɛksɪstɛnts] <-> *f kein Pl.* coesistenza *f*
Koffein [kɔfeˈiːn] <-s> *nt kein Pl.* caffeina *f*
koffeinfrei *adj* senza caffeina
koffeinhaltig *adj* che contiene caffeina
Koffer [ˈkɔfɐ] <-s, -> *m (Hand~)* valigia *f; (Schrank~)* baule *m;* **seine ~ packen** fare le valigie; *(a. fig)* andarsene
Kofferradio *nt* radio *f* portatile
Kofferraum *m* MOT portabagagli *m*
kognitiv [kɔgniˈtiːf] *adj* PSYCH cognitivo
kohärent [kohɛˈrɛnt] *adj* coerente
Kohärenz [kohɛˈrɛnts] <-en> *f* coerenza *f*
Kohäsion [kohɛˈzjoːn] <-en> *f* coesione *f*
Kohl [koːl] <-(e)s, -e> *m* ① BOT cavolo *m; (~gericht)* cavoli *mpl;* **das macht den ~ auch nicht fett** *(fam)* questo non cambia nulla ② *(fam: Geschwätz, Unsinn)* sciocchezze *fpl*
kohl[raben]schwarz *adj* nero come il carbone
Kohldampf *m (fam)* fame *f;* **~ schieben** patire la fame
Kohle [ˈkoːlə] <-, -n> *f* ① *(Brennstoff)* carbone *m;* [**wie**] **auf** [**glühenden**] **~n sitzen** stare sui carboni ardenti *fam* ② *(Zeichen~)* carboncino *m* ③ *(sl: Geld)* grana *f*
Kohle- *in Zusammensetzungen s.* **Kohlen-**
Kohle[n]hydrat *nt* CHEM idrato *m* di carbonio
Kohleabbau <-s> *m kein Pl.* estrazione *f* del carbone
kohlehaltig [ˈkoːləhaltɪç] *adj* carbonioso
kohlen I. *vi (ver~)* carbonizzarsi **II.** *vi (fam: schwindeln)* dire bugie
Kohlenabbau <-s> *m kein Pl.* estrazione *f* del carbone
Kohlenbecken *nt* ① GEOL bacino *m* carbonifero ② TEC braciere *m*
Kohlenbergbau *m* industria *f* carbonifera

Kohlenbergwerk *nt* miniera *f* di carbone
Kohlendioxid *nt* CHEM anidride *f* carbonica
Kohlenhalde *f* deposito *m* di carbone
Kohlenhändler *m* carbonaio *m,* negoziante *m* di carbone
Kohlenhandlung *f* negozio *m* [*o* deposito *m*] di carboni
Kohlenherd *m* fornello *m* [*o* forno *m*] a carbone
Kohlenkasten *m* cassa *f* del carbone
Kohlenkeller *m* carbonaia *f*
Kohlenmonoxid *nt* CHEM ossido *m* di carbone
Kohlenofen *m* stufa *f* a carbone
Kohlenpott *m* *(fam scherz)* bacino *m* carbonifero della Ruhr
Kohlensäure *f* CHEM acido *m* carbonico
Kohlenschaufel *f* pala *f* da carbone
Kohlenstaub *m* polvere *f* di carbone
Kohlenstoff *m* CHEM carbonio *m*
Kohlenvorkommen *nt* giacimento *m* di carbone
Kohlenwagen *m* ① MIN vagoncino *m* per carbone ② FERR carro-scorta *m,* tender *m*
Kohlenwasserstoff *m* CHEM idrocarburo *m*
Kohlepapier *nt* carta *f* carbone
Köhler ['køːlɐ] <-s, -> *m* carbonaio *m*
Kohlezeichnung *f* disegno *m* a carboncino
Kohlkopf *m* BOT testa *f* di cavolo
Kohlrabi [koːl'raːbi] <-(s), -(s)> *m* BOT rapa *f*
Kohlrübe <-, -n> *f* BOT navone *m,* rapa *f* da foraggio
kohlschwarz *adj s.* **kohl[raben]schwarz**
Kohlsprossen *fpl* A *(Rosenkohl)* cavoletti *mpl* di Bruxelles
Kohlweißling <-s, -e> *m* ZOO cavolaia *f*
Koitus ['koːitʊs] <-, -> *m* coito *m*
Koje ['koːjə] <-, -n> *f* ① NAUT cuccetta *f* ② *(sl: Bett)* fodero *m*
Kokain [koka'iːn] <-s> *nt kein Pl.* cocaina *f*
Kokerei [koːkə'raɪ] <-, -en> *f* MIN *(Betrieb)* cokeria *f*
kokett [ko'kɛt] *adj* civettuolo
Koketterie [kokɛtə'riː] <-> *f kein Pl.* civetteria *f*
kokettieren [kokɛ'tiːrən] <ohne ge-> *vi* civettare; *(flirten)* flirtare
Kokolores [koko'loːrɛs] <-> *m kein Pl.* *(fam)* ① *(Unsinn)* scemenze *fpl,* stupidaggini *fpl* ② *(Aufheben)* arie *fpl*
Kokon [ko'kõː] <-s, -s> *m* bozzolo *m*
Kokosfaser ['koːkɔsfaːzɐ] *f* fibra *f* di cocco
Kokosfett *nt* grasso *m* di cocco
Kokosflocken *fpl* fondente *m* di cocco
Kokosmakrone *f* GASTR amaretto *m* al cocco
Kokosmilch *f* latte *m* di cocco
Kokosnuss *f* BOT noce *f* di cocco
Kokospalme *f* BOT [palma *f* del] cocco *m*
Kokotte [ko'kɔtə] <-, -n> *f (obs geh)* cocotte *f*
Koks [koːks] <-es, -e> *m* ① *(Brennstoff)* coke *m* ② *(fam: Unsinn)* schiocchezze *fpl* ③ *(sl: Kokain)* coca *f*
koksen *vi (fam)* sniffare cocaina
Kolben ['kɔlbən] <-s, -> *m* ① *(Keule)* mazza *f,* clava *f* ② *(Gewehr~)* calcio *m* [del fucile] ③ CHEM *(Destillier~)* alambicco *m* ④ TEC bulbo *m,* ampolla *f;* TEC *(Motor~)* stantuffo *m,* pistone *m* ⑤ BOT spadice *m;* *(Rispe, Maiskolben)* pannocchia *f* ⑥ *(fam: Nase)* proboscide *f*
Kolbenfresser <-s, -> *m* MOT *(sl)* grippaggio *m* del pistone
Kolbenhub ['kɔlbənhuːp, *Pl:* 'kɔlbənhyːbə] <-(e)s, Kolbenhübe> *m* TEC corsa *f* dello stantuffo [*o* del pistone]
Kolbenmotor *m* TEC motore *m* a pistoni
Kolbenring *m* TEC segmento *m,* fascia *f* elastica, anello *m* elastico
Kolchose [kɔl'çoːzə] <-, -n> *f* kolchoz *m,* fattoria *f* collettiva
Kolibakterien [kolibakteːriə] *fpl* colibacilli *mpl*
Kolibri ['koːlibri] <-s, -s> *m* ZOO colibrì *m*
Kolik ['koːlɪk] <-, -en> *f* MED colica *f*
Kollaborateur(in) [kɔlabora'tøːɐ̯] <-s, -e; -, -nen> *m(f)* collaborazionista *mf*
Kollaboration [kɔlabora'tsi̯oːn] <-> *f kein Pl.* POL collaborazionismo *m*
Kollaps ['kɔlaps] <-es, -e> *m* MED, ASTR collasso *m*
Kolleg [kɔ'leːk] <-s, -s *o rar:* -ien> *nt* corso *m* [accademico]
Kollege [kɔ'leːgə] <-n, -n> *m* collega *m*
kollegial [kɔle'gi̯aːl] *adj* collegiale
Kollegialität [kɔlegi̯ali'tɛːt] <-> *f kein Pl.* collegialità *f*
Kollegien *Pl. von* **Kolleg, Kollegium**
Kollegin [kɔ'leːgɪn] <-, -nen> *f* collega *f*
Kollegium [kɔ'leːgiʊm] <-s, Kollegien> *nt* ① *(Gruppe)* collegio *m* ② *(Lehrkörper)* corpo *m* insegnante ③ *(Ausschuss)* comitato *m,* commissione *f*
Kollekte [kɔ'lɛktə] <-, -n> *f* REL colletta *f*
Kollektion [kɔlɛk'tsi̯oːn] <-, -en> *f* collezione *f*
kollektiv [kɔlɛk'tiːf] *adj* collettivo
Kollektiv [kɔlɛk'tiːf] <-s, -e *o* -s> *nt* ① POL collettivo *m* ② *(Gemeinschaft)* comunità *f;* *(Produktionsgemeinschaft)* gruppo *m* di produzione
Kollektivismus [kɔlɛkti'vɪsmʊs] <-> *m kein Pl.* collettivismo *m*
Kollektivschuld [kɔlɛk'tiːfʃʊlt] <-> *f kein*

K

Pl. responsabilità *f* collettiva, colpa *f* collettiva

Kollektivvertrag *m* A *(Tarifvertrag)* contratto *m* collettivo di lavoro

Koller ['kɔlɐ] <-s, -> *m* *(fam)* accesso *m* d'ira, rabbia *f;* **einen ~ kriegen** andare in bestia

kollidieren [kɔli'diːrən] <ohne ge-> *vi haben o sein* *(geh)* ① *(Fahrzeuge)* [**mit etw**] **~** scontrarsi [con qc] ② *(fig)* **mit jdm/etw ~** scontrarsi con qu/qc

Kollision [kɔli'zi̯oːn] <-, -en> *f* scontro *m;* *(von Schiffen, a. fig)* collisione *f*

Kolloquium [kɔ'loːkviʊm] <-s, Kolloquien> *nt* *(wissenschaftliches Gespräch)* dissertazione *f;* *(Prüfung an der Hochschule)* colloquio *m*

Köln [kœln] *nt* Colonia *f*

Kölner(in) <-s, -; -, -nen> *m(f)* abitante *mf* di Colonia

kölnisch *adj* di Colonia

Kölnischwasser *nt* acqua *f* di Colonia, colonia *f*

K

kolonial [kolo'ni̯aːl] *adj* coloniale

Kolonialherrschaft *f* dominio *m* coloniale

Kolonialismus [koloni̯a'lɪsmʊs] <-> *m kein Pl.* colonialismo *m*

Kolonialkrieg *m* HIST guerra *f* coloniale

Kolonialmacht *f* potenza *f* coloniale

Kolonie [kolo'niː] <-, -n> *f* colonia *f*

Kolonisation [kolonizaˈtsi̯oːn] <-, -en> *f* colonizzazione *f*

kolonisieren [koloni'ziːrən] <ohne ge-> *vt* colonizzare

Kolonist(in) [kolo'nɪst] <-en, -en; -, -nen> *m(f)* colonizzatore, -trice *m, f*

Kolonnade [kolɔ'naːdə] <-, -n> *f* ARCH colonnato *m*

Kolonne [ko'lɔnə] <-, -n> *f* ① MIL, MAT, TYP colonna *f* ② *(Auto~)* [auto]colonna *f*

Koloratur [kolora'tuːɐ, *Pl:* kolora'tuːrən] <-, -en> *f* MUS coloratura *f,* passaggio *m* di agilità; **der Sopran hat die ~en gut gesungen** il soprano ha eseguito bene i passaggi di agilità

Koloratursopran [kolora'tuːɐzopraːn] <-s, -e> *m* soprano *m* di coloratura [*o* di agilità]

kolorieren [kolo'riːrən] <ohne ge-> *vt* colorare

Kolorit [kolo'riːt] <-(e)s, -e> *nt* ① KUNST, MED, MUS colorito *m,* colore *m* ② *(Lokal~)* atmosfera *f,* carattere *m*

Koloss [ko'lɔs] <-es, -e> *m* colosso *m*

kolossal [kolɔ'saːl] **I.** *adj* colossale, enorme **II.** *adv* moltissimo

Kölsch [kœlʃ] <-(s)> *nt kein Pl.* *(Bier)* *birra di frumento prodotta a Colonia;* *(Dialekt)* dialetto *m* di Colonia

Kolumbianer(in) [ko'lʊmbiaːnɐ] <-s, -; -, -nen> *m(f)* colombiano, -a *m, f*

kolumbianisch *adj* colombiano

Kolumbien [ko'lʊmbiən] *nt* Columbia *f*

Kolumne [ko'lʊmnə] <-, -n> *f* ① TYP colonna *f* ② *(in Zeitung)* rubrica *f*

Kolumnist(in) [kolʊm'nɪst] <-en, -en; -, -nen> *m(f)* *(in Zeitung)* colonnista *mf,* editorialista *mf*

Koma ['koːma] <-s, -s *o* -ta> *nt* MED coma *m;* **im ~ liegen** essere in coma

Komasaufen <-s> *nt kein Pl.* *(sl),* **Komatrinken** <-s> *nt kein Pl.* *(fam)* binge drinking *m*

Kombi ['kɔmbi] <-s, -s> *m* *(fam)* familiare *f,* station wagon *f*

Kombination [kɔmbina'tsi̯oːn] <-, -en> *f* ① combinazione *f* ② *(Vermutung)* supposizione *f* ③ SPORT gioco *m* combinato, combinata *f* ④ MAT combinazione *f* matematica ⑤ *(Arbeitsanzug)* tuta *f;* *(Herren~)* spezzato *m*

Kombinationsgabe *f* facoltà *f* di combinazione

kombinieren [kɔmbi'niːrən] <ohne ge-> **I.** *vt* combinare **II.** *vi* *(folgern)* dedurre

Kombiwagen *m* vettura *f* familiare

Kombüse [kɔm'byːzə] <-, -n> *f* NAUT cambusa *f*

Komet [ko'meːt] <-en, -en> *m* ASTR cometa *f*

kometenhaft [ko'meːtənhaft] *adj* *(Aufstieg)* rapidissimo

Kometenschweif [ko'meːtənʃvaɪf] <-(e)s, -e> *m* ASTR chioma *f,* coda *f* della cometa

Komfort [kɔm'foːɐ̯] <-s> *m kein Pl.* comfort *m,* comodità *f*

komfortabel [kɔmfɔr'taːbəl] *adj* comodo, confortevole

Komfortwohnung <-, -en> *f* appartamento *m* con tutti i comfort

Komik ['koːmɪk] <-> *f kein Pl.* comicità *f;* **unfreiwillige ~** comicità involontaria

Komiker(in) ['koːmikɐ] <-s, -; -, -nen> *m(f)* ① attore, -trice *m, f* comico, -a ② *(fig, pej)* buffone, -a *m, f*

komisch *adj* ① comico; *(bes. Aussehen)* buffo ② *(seltsam)* strano ③ *(lächerlich)* ridicolo

komischerweise ['koːmɪʃɐ'vaɪzə] *adv* stranamente

Komitee [komi'teː] <-s, -s> *nt* comitato *m*

Komma ['kɔma] <-s, -s *o* -ta> *nt* ① LING virgola *f* ② MUS comma *f*

Kommandant(in) [kɔman'dant] <-en, -en; -, -nen> *m(f)* MIL comandante *mf*

Kommandantur [kɔmandan'tuːɐ, *Pl:* kɔmandan'tuːrən] <-, -en> *f* MIL comando *m*

Kommandeur [kɔman'døːɐ, *Pl:* kɔman'døːrə] <-s, -e> *m* MIL comandante *m*
kommandieren [kɔman'diːrən] <ohne ge-> **I.** *vt* [**jdm**] **etw** ~ comandare qc [a qu]; **jdn** ~ *(fam)* comandare qu a bacchetta **II.** *vi (Kommandeur sein)* comandare
Kommanditgesellschaft [kɔman'diːtgəzɛlʃaft] *f* COM società *f* in accomandita
Kommando [kɔ'mando] <-s, -s> *nt* comando *m;* **das ~ übernehmen/führen/niederlegen** assumere/tenere/deporre il comando; **auf ~** a comando
Kommandobrücke *f* NAUT ponte *m* di comando
kommen ['kɔmən] <kommt, kam, gekommen> *vi sein* ① venire; *(an~)* arrivare; *(wieder~)* ritornare; **gegangen/gefahren/geflogen/gelaufen ~** arrivare a piedi/in macchina/in aereo/di corsa; **gelegen ~** venir a proposito; **zu früh/zu spät ~** venire troppo presto/tardi; **jdn ~ lassen** chiamare qu; **etw ~ lassen** ordinare qc; **auf jdn nichts ~ lassen** non permettere che si parli male di qu; **ans Licht ~** venire alla luce; **durch Mailand ~** passare per Milano; **hinter etw** *akk* **~** *(fam)* scoprire qc; **ins Gerede ~** dare adito a pettegolezzi, far nascere chiacchiere; **ums Leben ~** perdere la vita; **zu nichts ~** non combinare nulla; [**wieder**] **zu sich ~** tornare in sé; **auf etw** *akk* **zu sprechen ~** venire a parlare di qc; **mir kommen gleich die Tränen** *(fam iron)* mi viene già da piangere; **ich komme** [**einfach**] **nicht auf seinen Namen** *(fam)* non mi viene in mente il suo nome; **da kommt nicht viel bei raus** *(fam)* non se ne ricava nulla; **daher kommt es, dass …** ecco perché …; **ich komme nicht dazu, zu** *+inf* non trovo il tempo di *+inf;* **wenn Sie mir so ~ …** se mi parla così …; **wie kommst du darauf?** come ti è venuta quest'idea?; **wie kommt es, dass …?** come mai …?, com'è che …?; **wie komme ich zu …?** come faccio [ad arrivare] a …?; **komm, komm!** andiamoci piano!; **komm** [**her**]**!** vieni qui!; **da kommt er!** eccolo che arriva!; **kommen Sie mir nicht damit!** *(fam)* non cominci con questa storia!, non voglio sentire queste cose!; **darauf wäre ich nie gekommen!** non ci sarei mai arrivato! *fam* ② *(hin~, gelangen)* giungere; *(hingehören: Gegenstände)* andare [messo]; *(erreichen können)* raggiungere, arrivare; **nach Venedig ~** giungere a Venezia; **es kommt noch so weit, dass …** si arriverà [fino] al punto che …; **kommst du an die Lampe da oben?** *(fam)* arrivi fino al lampadario là in cima? ③ *(herbei~)* avvicinarsi; *(her~)* provenire ④ *(besuchen ~)* **zu jdm ~** venire a trovare qu ⑤ *(stammen)* venire, provenire; *(herrühren)* derivare, essere dovuto; **ich komme aus Bamberg** vengo da Bamberga; **das kommt von …** ciò deriva da …; **das kommt davon!** *(fam)* ecco cosa succede! *fam* ⑥ *(sich zutragen)* succedere, accadere; **das habe ich ~ sehen** *(fam)* l'ho sempre detto; **das Beste kommt** [**erst**] **noch** *(fam)* il meglio deve ancora venire; **das musste ja so ~!** non poteva essere altrimenti ⑦ *(an der Reihe sein)* toccare; **als Nächstes komme ich** [**dran**] *(fam)* il prossimo sono io, poi tocca a me ⑧ *(sl: einen Orgasmus haben)* arrivare *sl* ⑨ *(fam: kosten)* venire; **das kommt auf 5 Euro** questo viene 5 euro; **das wird dich teuer zu stehen ~!** *(fam)* la pagherai cara!
Kommen <-s> *nt kein Pl.* venuta *f;* **ein ständiges ~ und Gehen** un continuo viavai
kommend *adj* ① *(nächste)* prossimo; **die ~e Woche** la settimana prossima ② *(zukünftig)* a venire, futuro
Kommentar [kɔmɛn'taːɐ̯] <-s, -e> *m* commento *m;* **einen ~ zu etw abgeben** fare un commento a qc; **kein ~!** no comment!
kommentarlos *adj* senza commento
Kommentarzeile *f* INFORM riga *f* di commento
Kommentator(in) [kɔmɛn'taːtoːɐ, *Pl:* kɔmɛnta'toːrən] <-s, -en; -, -nen> *m(f)* commentatore, -trice *m, f*
kommentieren [kɔmɛn'tiːrən] <ohne ge-> *vt* commentare; *(Bemerkungen machen zu)* far commenti su
kommerziell [kɔmɛr'tsi̯ɛl] *adj* commerciale
Kommilitone [kɔmili'toːnə] <-n, -n> *m,* **Kommilitonin** [kɔmili'toːnɪn] <-, -nen> *f* compagno, -a *m, f* [di studi]
Kommiss [kɔ'mɪs] <-es> *m kein Pl.* BRD MIL *(sl)* naia *f;* **beim ~ sein** fare il militare
Kommissar(in) [kɔmɪ'saːɐ̯] <-s, -e; -, -nen> *m(f)* commissario, -a *m, f;* **Europäischer ~** Commissario europeo
Kommissär(in) [kɔmɪ'sɛːɐ̯] <-s, -e; -, -nen> *m(f)* A, CH, SÜDD ADM *(Kommissar)* commissario *m*
Kommissariat [kɔmɪsari'aːt] <-(e)s, -e> *nt* commissariato *m*
Kommissarin *f s.* **Kommissar**
kommissarisch [kɔmɪ'saːrɪʃ] **I.** *adj* commissariale, provvisorio **II.** *adv* per incarico
Kommission [kɔmɪ'si̯oːn] <-, -en> *f* commissione *f;* **die Europäische ~** la Commissione europea
Kommissionär [kɔmɪsjo'nɛːɐ, *Pl:* kɔmɪs-

K

jo'nɛːrə] <-s, -e> *m* COM, FIN commissionario *m*
Kommissionsbasis [kɔmɪ'sjoːnsbaːzɪs] <-> *f* COM **auf ~** secondo contratto estimatorio [di deposito]
Kommode [kɔ'moːdə] <-, -n> *f* comò *m,* cassettone *m*
kommunal [kɔmu'naːl] *adj* comunale, municipale
Kommunalpolitik *f* politica *f* comunale
Kommunalwahl *f* elezioni *f pl* comunali
Kommune [kɔ'muːnə] <-, -n> *f* ❶ *(Gemeinde)* comune *m* ❷ *(Wohngemeinschaft)* comune *f*
Kommunikation [kɔmunika'tsi̯oːn] <-, -en> *f* comunicazione *f*
Kommunikationsmittel *nt* mezzo *m* di comunicazione
Kommunion [kɔmu'ni̯oːn] <-, -en> *f* REL *(Abendmahl)* eucarestia *f;* *(~feier a.)* comunione *f;* **die erste ~** la prima comunione
Kommuniqué [kɔmyni'keː] <-s, -s> *nt* POL, ADM comunicato *m*
Kommunismus [kɔmu'nɪsmʊs] <-> *m* *kein Pl.* comunismo *m*
Kommunist(in) [kɔmu'nɪst] <-en, -en; -, -nen> *m(f)* comunista *mf*
kommunistisch *adj* comunista
Komödiant(in) [komø'di̯ant] <-en, -en; -, -nen> *m(f)* *(Schauspieler)* attore, -trice *m, f*
Komödie [ko'møːdi̯ə] <-, -n> *f* commedia *f*
Kompagnon [kɔmpan'jõː *o* 'kɔmpanjõ] *o* 'kɔmpanjɔŋ] <-s, -s> *m* socio *m*
kompakt [kɔm'pakt] *adj* ❶ *(Material)* compatto ❷ *(fam: Person, Statur)* tozzo
Kompanie [kɔmpa'niː] <-, -n> *f* MIL, FIN compagnia *f*
Kompaniechef *m* comandante *m* di compagnia
Kompanieführer *m* MIL comandante *m* di compagnia
Komparativ ['kɔmparatiːf] <-s, -e> *m* LING comparativo *m*
Komparse [kɔm'parzə] <-n, -n> *m,* **Komparsin** [kɔm'parzɪn] <-, -nen> *f* FILM, THEAT comparsa *mf*
Kompass ['kɔmpas] <-es, -e> *m* bussola *f*
Kompassnadel *f* ago *m* della bussola
kompatibel [kɔmpa'tiːbəl] *adj* INFORM [**mit etw**] **~ sein** essere compatibile [con qc]
Kompatibilität [kɔmpatibili'tɛːt] <-, -en> *f* compatibilità *f*
Kompensation [kɔmpɛnza'tsi̯oːn] <-, -en> *f* ❶ PSYCH, PHYS, MED *(Ausgleich)* compensazione *f* ❷ COM *(Entschädigung)* compenso *m*
kompensieren [kɔmpɛn'ziːrən] <ohne ge-> *vt* compensare
kompetent [kɔmpe'tɛnt] *adj* competente
Kompetenz [kɔmpe'tɛnts] <-, -en> *f* competenza *f;* JUR giurisdizione *f*
Kompetenzstreitigkeit *f* conflitto *m* di competenze [*o* di giurisdizione]
komplett [kɔm'plɛt] *adj* ❶ *(vollständig)* completo ❷ *(vollzählig)* al completo ❸ *(völlig, absolut)* perfetto, completo
komplex [kɔm'plɛks] *adj* complesso
Komplex [kɔm'plɛks] <-es, -e> *m* ❶ *(Ganzes)* complesso *m* ❷ PSYCH complesso *m;* **er steckt voller ~e** è pieno di complessi
Komplexität [kɔmplɛksi'tɛːt] <-> *f* *kein Pl.* complessità *f;* **die ~ eines Problems** la complessità di un problema
Komplikation [kɔmplika'tsi̯oːn] <-, -en> *f* complicazione *f*
Kompliment [kɔmpli'mɛnt] <-(e)s, -e> *nt* complimento *m;* **jdm für etw ~e machen** fare i complimenti a qu per qc; **mein ~!** complimenti!
Komplize [kɔm'pliːtsə] <-n, -n> *m* complice *m*
komplizieren [kɔmpli'tsiːrən] <ohne ge-> **I.** *vt* complicare **II.** *vr:* **sich ~** complicarsi
kompliziert *adj* complicato
Kompliziertheit <-> *f* *kein Pl.* complicatezza *f*
Komplizin [kɔm'pliːtsɪn] <-, -nen> *f* complice *f*
Komplott [kɔm'plɔt] <-(e)s, -e> *nt* complotto *m,* congiura *f;* **ein ~ gegen jdn schmieden** tramare una congiura contro qu
Komponente [kɔmpo'nɛntə] <-, -n> *f* componente *f*
komponieren [kɔmpo'niːrən] <ohne ge-> *vi, vt* MUS, KUNST comporre
Komponist(in) [kɔmpo'nɪst] <-en, -en; -, -nen> *m(f)* MUS compositore, -trice *m, f*
Komposition [kɔmpozi'tsi̯oːn] <-, -en> *f* MUS, KUNST composizione *f*
Kompost [kɔm'pɔst] <-(e)s, -e> *m* ECO composta *f,* terricciato *m*
Komposthaufen *m* mucchio *m* di rifiuti organici
Kompostierung [kɔm'pɔstiːrʊŋ] <-, -en> *f* ❶ *(Verarbeitung zu Kompost)* compostaggio *m,* produzione *f* di compost ❷ *(Düngung)* concimazione *f* con compost
Kompott [kɔm'pɔt] <-(e)s, -e> *nt* GASTR frutta *f* cotta, conserva *f* di frutta
Kompresse [kɔm'prɛsə] <-, -n> *f* MED *(Umschlag)* impacco *m;* *(Mullstück)* compressa *f*
Kompressor [kɔm'prɛsoːɐ̯] <-s, -en> *m* TEC compressore *m*

K

Kompressormotor *m* motore *m* sovralimentato

komprimieren [kɔmpri'miːrən] <ohne ge-> *vt* TEC, PHYS, INFORM comprimere

Kompromiss [kɔmpro'mɪs] <-es, -e> *m* compromesso *m;* **einen ~ schließen** venire ad un compromesso

kompromissbereit *adj* condiscendente, disposto al compromesso

Kompromissbereitschaft *f* atteggiamento *m* conciliante

kompromisslos *adj* irremovibile, che non ammette compromessi

Kompromissvorschlag *m* proposta *f* di compromesso

kompromittieren [kɔmpromɪ'tiːrən] <ohne ge-> **I.** *vt* compromettere **II.** *vr:* **sich ~** compromettersi

Kondensator [kɔndɛn'zaːtoːɐ̯] <-s, -en> *m* TEC condensatore *m*

kondensieren [kɔndɛn'ziːrən] <ohne ge-> *vi, vt* PHYS, TEC condensare

Kondensmilch [kɔn'dɛnsmɪlç] *f* latte *m* condensato

Kondensstreifen *m* AERO scia *f* di condensazione

Kondenswasser *nt* condensa *f,* acqua *f* di condensazione

Kondition [kɔndi'tsi̯oːn] <-, -en> *f* ① *(Bedingung)* condizione *f* ② *Sing. (sport)* forma *f*

Konditionalsatz [kɔnditsi̯o'naːlzats] *m* LING proposizione *f* condizionale

Konditionsschwäche *f* SPORT cattiva forma *f*

Konditionstraining [kɔndi'tsi̯oːnstrɛːnɪŋ] *nt* SPORT allenamento *m* [per mantenersi in forma]

Konditor(in) [kɔn'diːtoːɐ̯] <-s, -en; -, -nen> *m(f)* pasticciere, -a *m, f*

Konditorei [kɔndito'raɪ] <-, -en> *f* pasticceria *f*

Konditorwaren *fpl* pasticceria *f,* dolci *mpl*

Kondom [kɔn'doːm] <-s, -e *o* -s> *nt o m* preservativo *m*

Kondukteur [kɔndʊk'tøːɐ̯] <-s, -e> *m* CH FERR controllore *m*

Konfekt [kɔn'fɛkt] <-(e)s, -e> *nt* ① *(Pralinen)* cioccolatini *mpl,* dolci *mpl* ② SÜDD, A, CH *(Teegebäck)* pasticcini *mpl* da tè

Konfektion [kɔnfɛk'tsi̯oːn] <-, -en> *f* ① *(Herstellung)* confezione *f* di abiti in serie ② *(Kleidung)* confezioni *fpl,* abiti *mpl* confezionati

Konfektionsgröße *f* taglia *f*

Konfektionskleidung *f* abbigliamento *m* confezionato in serie

Konferenz [kɔnfe'rɛnts] <-, -en> *f* conferenza *f,* congresso *m; (Besprechung)* consiglio *m; (Lehrer~)* consiglio *m* di classe

Konferenzraum *m* sala *f* delle conferenze

Konferenzschaltung *f* TEL, TV circuito *m* della conferenza

Konferenzzentrum *nt* centro *m* conferenze

konferieren [kɔnfe'riːrən] <ohne ge-> *vi* ① *(beraten)* conferire; **über etw** *akk* **~** conferire su qc; *(Konferenz abhalten)* tenere una conferenza su qc ② *(als Conférencier sprechen)* presentare, parlare

Konfession [kɔnfɛ'si̯oːn] <-, -en> *f* REL confessione *f*

konfessionell [kɔnfɛsjo'nɛl] *adj* confessionale, religioso

konfessionslos *adj* senza confessione

Konfetti [kɔn'fɛti] *ntpl* coriandoli *mpl*

Konfiguration [kɔnfigura'tsioːn] *f* configurazione *f*

konfigurieren [kɔnfigu'riːrən] *vt* configurare

Konfirmand(in) [kɔnfɪr'mant] <-en, -en; -, -nen> *m(f)* REL cresimando, -a *m, f*

Konfirmation [kɔnfɪrma'tsi̯oːn] <-, -en> *f* REL cresima *f,* confermazione *f*

konfirmieren [kɔnfɪr'miːrən] <ohne ge-> *vt* REL cresimare, confermare

Konfiserie [kõfizə'riː] <-, -n> *f* CH pasticceria *f*

konfiszieren [kɔnfɪs'tsiːrən] <ohne ge-> *vt* JUR confiscare, sequestrare

Konfitüre [kɔnfi'tyːrə] <-, -n> *f* marmellata *f,* confettura *f*

Konflikt [kɔn'flɪkt] <-(e)s, -e> *m* conflitto *m;* **in ~ mit jdm/etw geraten** entrare in conflitto con qu/qc

konform [kɔn'fɔrm] *adj* ① conforme, in conformità; **mit etw ~ sein** essere conforme a qc; **~ gehen mit** essere d'accordo con ② MAT isogono

Konformismus [kɔnfɔr'mɪsmʊs] <-> *m kein Pl. (geh)* conformismo *m*

Konformist(in) [kɔnfɔr'mɪst] <-en, -en; -, -nen> *m(f) (geh)* conformista *mf*

konformistisch *adj (geh)* conformistico

Konfrontation [kɔnfrɔnta'tsi̯oːn] <-, -en> *f* confronto *m*

konfrontieren [kɔnfrɔn'tiːrən] <ohne ge-> *vt* **jdn/etw mit etw ~** mettere qu/qc di fronte a qc

konfus [kɔn'fuːs] *adj* confuso; *(Person)* sconcertato; **jdn ~ machen** confondere qu

Konfusion [kɔnfu'zi̯oːn] <-en> *f* confusione *f,* caos *m*

Konglomerat [kɔnglome'raːt] <-(e)s, -e> *nt* GEOL conglomerato *m* (**aus** di)

Kongo ['kɔŋgo] *m (Land, Fluss)* Congo *m*

Kongolese ['kɔŋgoleːzə] <-n, -n> *m,*

K

Kongolesin ['kɔŋgoleːzɪn] <-, -nen> *f* congolese *mf*
kongolesisch *adj* congolese
Kongress [kɔn'grɛs] <-es, -e> *m* congresso *m*
kongruent [kɔngru'ɛnt] *adj* ① MAT congruente ② *(fig: übereinstimmend)* concorde
Kongruenz [kɔŋgru'ɛnts *o* kɔngru'ɛnts] <-> *f kein Pl.* ① MAT congruenza *f* ② LING congruenza *f*
K.-o.-Niederlage *f* SPORT sconfitta *f* k.o.
König(in) ['køːnɪç] <-(e)s, -e; -, -nen> *m(f)* re *m*, regina *f*; **die Heiligen Drei ~e** i re Magi
königlich ['køːnɪklɪç] **I.** *adj* ① *(auf König bezogen)* reale, regio ② *(a. hoheitsvoll)* maestoso; *(Benehmen)* da re **II.** *adv (fig fam: außerordentlich)* moltissimo
Königreich *nt* regno *m*
Königsmord ['køːnɪçsmɔrt *o* 'køːnɪksmɔrt] *m* regicidio *m*
Königtum <-s, -tümer> *nt* monarchia *f*, dignità *f* regia

K

konisch ['koːnɪʃ] *adj* conico
Konjugation [kɔnjuga'tsi̯oːn] <-, -en> *f* LING coniugazione *f*
konjugieren [kɔnju'giːrən] <ohne ge-> *vt* LING coniugare
Konjunktion [kɔnjʊŋk'tsi̯oːn] <-, -en> *f* LING congiunzione *f*
Konjunktiv ['kɔnjʊŋktiːf] <-s, -e> *m* LING congiuntivo *m*
Konjunktur [kɔnjʊŋk'tuːɐ̯] <-, -en> *f* congiuntura *f*; **rückläufige/stabile/steigende ~** COM, FIN congiuntura negativa/stabile/positiva
konjunkturell [kɔnjʊŋktu'rɛl] *adj* WIRTSCH congiunturale
Konjunkturlage *f kein Pl.* WIRTSCH situazione *f* congiunturale
Konjunkturschwäche *f* crisi *f* congiunturale
konkav [kɔn'kaːf] *adj* concavo
Konkavlinse *f* lente *f* concava
Konkordat [kɔnkɔr'daːt] <-s, -e> *nt* ① JUR, REL *(Vertrag zwischen einem Staat und dem Vatikan)* concordato *m* ② CH ADM, JUR *(Vertrag zwischen Kantonen)* concordato *m*; **ein ~ abschließen** stringere un concordato
konkret [kɔn'kreːt] *adj* concreto, reale
Konkubine [kɔŋku'biːnə] <-, -n> *f* concubina *f*
Konkurrent(in) [kɔnkʊ'rɛnt] <-en, -en; -, -nen> *m(f)* *(allg)* SPORT concorrente *mf*; COM rivale *mf*
Konkurrenz [kɔnkʊ'rɛnts] <-, -en> *f* ① concorrenza *f*; **jdm ~ machen** fare concorrenza a qu ② *(Wettbewerb)* concorso *m*; SPORT competizione *f*, gara *f*; **außer ~** fuori concorso ③ *(Konkurrenten)* concorrenti *mpl*
konkurrenzfähig *adj* competitivo, concorrenziale
Konkurrenzkampf *m* concorrenza *f*
konkurrenzlos *adj* senza concorrenza, che non ha concorrenti; *(Preis, Waren)* che non teme la concorrenza
Konkurrenzunternehmen *nt* impresa *f* concorrente
konkurrieren [kɔnkʊ'riːrən] <ohne ge-> *vi* ① COM concorrere; **um eine Stelle ~** concorrere per un posto; **mit jdm/etw ~** entrare in concorrenza con qu/qc ② SPORT competere; *(sich messen)* misurarsi; **miteinander ~** farsi concorrenza
Konkurs [kɔn'kʊrs] <-es, -e> *m* fallimento *m*, bancarotta *f*; **~ anmelden** dichiarare fallimento; **in ~ gehen** fallire, fare fallimento
Konkursmasse *f* massa *f* fallimentare
Konkursverfahren *nt* procedimento *m* fallimentare
Konkursverwalter *m* curatore *m* del fallimento
können[1] ['kœnən] <kann, konnte, können> *Modalverb* ① *(imstande sein, vermögen)* potere; *(in der Lage sein)* essere in grado di; **so gut ich [es] kann** come meglio posso; **ich kann es nicht mehr hören** *(fam)* non posso più sentirlo; **das hätte ich Ihnen gleich sagen ~** gliel'avrei potuto dire subito; **Sie ~ es mir glauben** può credermi; **er kann sich noch so anstrengen ...** per quanto si sforzi ...; **kannst du nicht aufpassen?** non puoi fare attenzione?, sta attento!; **das kann man wohl sagen!** *(fam)* si può proprio dire!, ha/hai ragione!; **du kannst mich mal!** *(sl)* vaffa[nculo]!; **ich kann es Ihnen nicht sagen** non glielo so dire ② *(dürfen)* essere autorizzato a, avere il permesso di; *(erlaubt sein)* essere permesso che *+conj* ③ *(die Möglichkeit haben)* avere la possibilità di; *(möglich sein)* essere possibile che *+conj;* **kann sein** *(fam)* può darsi; **das kann schon stimmen** può essere giusto; **man könnte meinen, dass ...** si direbbe che *+conj*
können[2] <kann, konnte, gekonnt> **I.** *vt* *(beherrschen)* sapere; *(fähig sein)* essere capace di; **er kann kein Italienisch** non sa l'italiano; **was kannst du alles?** che cosa sai fare?; **er hat es [nicht] gekonnt** [non] l'ha saputo **II.** *vi* potere; **nicht anders ~ als ...** non poter fare a meno di *+inf;* **ich kann nicht anders** non posso

far altrimenti; **ich kann nicht mehr** *(nicht mehr aushalten)* non ne posso più *fam,* non ce la faccio più *fam; (nicht weitermachen)* non posso continuare; *(fam: nichts mehr essen)* non posso mandar giù più niente *fam;* **ich kann nichts dafür** *(fam)* non è colpa mia, non posso farci niente

Können <-s> *nt kein Pl.* ① *(Fähigkeit)* capacità *f,* bravura *f* ② *(Kunstfertigkeit)* arte *f*

Könner(in) <-s, -; -, -nen> *m(f)* esperto, -a *m, f,* competente *mf,* genio *m fam*

konnte ['kɔntə] *1. u. 3. Pers. Sing. Imp. von* **können**[1], **können**[2]

Konsekutivdolmetschen [kɔnzeku'ti:f-dɔlmɛtʃən] <-s> *nt kein Pl.* interpretariato *m* consecutivo

Konsekutivsatz [kɔnzeku'ti:fzats] <-es, Konsekutivsätze> *m* LING proposizione *f* consecutiva

Konsens [kɔn'zɛns] <-es> *m kein Pl.* consenso *m*

konsequent [kɔnze'kvɛnt] *adj* coerente, conseguente; **~ durchgreifen** intervenire energicamente

Konsequenz [kɔnze'kvɛnts] <-, -en> *f* ① *(Folgerichtigkeit)* logicità *f,* coerenza *f* ② *(Unbeirrbarkeit)* costanza *f,* perseveranza *f* ③ *(Folge)* conseguenza *f;* **die ~en ziehen** tirare le conseguenze, agire di conseguenza ④ *(Schlussfolgerung)* conclusione *f*

konservativ [kɔnzɛrva'ti:f] *adj* ① *(am Hergebrachten festhaltend)* tradizionalista ② POL conservatore

Konserve [kɔn'zɛrvə] <-, -n> *f* conserva *f*

Konservenbüchse *f,* **Konservendose** *f* scatola *f* di conserva

konservieren [kɔnzɛr'vi:rən] <ohne ge-> *vt* conservare; *(Lebensmittel)* mettere in conserva

Konservierung <-, -en> *f* conservazione *f*

Konservierungsmittel *nt* mezzo *m* di conservazione

Konservierungsstoff *m* conservante *m*

Konsole [kɔn'zo:lə] <-, -n> *f* ① ARCH modiglione *m* ② *(Wandbrett)* consolle *f,* mensola *f*

Konsolidation [kɔnzolida'tsjo:n] <-, -en> *f a.* GEOL, JUR consolidamento *m,* compattamento *m*

konsolidieren [kɔnzoli'di:rən] <ohne ge-> *vt* consolidare

Konsolidierung <-, -en> *f* WIRTSCH, MED consolidamento *m*

Konsonant [kɔnzo'nant] <-en, -en> *m* LING consonante *f*

Konsortium [kɔn'zɔrtsiʊm] <-s, Konsortien> *nt* WIRTSCH consorzio *m*

konspirativ [kɔnspira'ti:f] *adj* cospirativo

konstant [kɔn'stant] *adj* costante

Konstante <-, -n> *f* MAT, PHYS costante *f*

Konstantin ['kɔnstanti:n] *m* Costantino *m*

Konstanz ['kɔnstants] *nt* GEOG Costanza *f*

konstatieren [kɔnsta'ti:rən] <ohne ge-> *vt* co[n]statare, accertare

Konstellation [kɔnstɛla'tsi̯o:n] <-, -en> *f* costellazione *f*

Konstitution [kɔnstitu'tsi̯o:n] <-, -en> *f* MED, POL, CHEM costituzione *f*

konstitutionell [kɔnstitutsi̯o'nɛl] *adj* costituzionale

konstruieren [kɔnstru'i:rən] <ohne ge-> *vt* ① costruire ② *(entwerfen)* ideare, progettare

Konstrukteur(in) [kɔnstrʊk'tø:ɐ̯] <-s, -e; -, -nen> *m(f)* [ingegnere *mf*] costruttore, -trice *m, f*

Konstruktion [kɔnstrʊk'tsi̯o:n] <-, -en> *f* ① *(das Konstruieren)* costruzione *f* ② *(Entwurf)* progetto *m*

Konstruktionsfehler *m* difetto *m* di costruzione

konstruktiv [kɔnstrʊk'ti:f] *adj* costruttivo

Konstruktivität [kɔnstrʊktivi'tɛ:t] <-> *f kein Pl.* costruttività *f*

Konsul(in) ['kɔnzʊl] <-s, -n; -, -nen> *m(f)* POL, HIST console *mf*

Konsulat [kɔnzu'la:t] <-(e)s, -e> *nt* consolato *m*

Konsulin *f s.* **Konsul**

konsultieren [kɔnzʊl'ti:rən] <ohne ge-> *vt* consultare

Konsum [kɔn'zu:m] <-s> *m kein Pl.* ① *(Verbrauch)* consumo *m* ② *(~genossenschaft)* cooperativa *f* di consumo

Konsumation [kɔnzuma'tsi̯o:n] <-, -en> *f* A, CH consumazione *f*

Konsument(in) [kɔnzu'mɛnt] <-en, -en; -, -nen> *m(f)* consumatore, -trice *m, f*

Konsumgesellschaft *f (a. pej)* società *f* dei consumi

Konsumgüter *ntpl* beni *mpl* di consumo

konsumieren [kɔnzu'mi:rən] <ohne ge-> *vt* consumare

konsumorientiert *adj* orientato al consumo

Konsumverhalten *nt kein Pl.* atteggiamento *m* dei consumatori, consumi *mpl*

Kontakt [kɔn'takt] <-(e)s, -e> *m* TEC contatto *m;* **mit jdm ~ aufnehmen, mit jdm in ~ treten** prendere contatto con qu; **mit jdm ~ haben, mit jdm in ~ stehen** essere in contatto con qu; **keinen ~ mehr zu jdm haben** non essere più in contatto con qu

Kontaktanzeige *f* annuncio *m* personale

kontaktarm poco socievole o insocievole

Kontaktarmut *f* ① *(Wesen)* povertà *f* di comunicativa ② *(Mangel an Kontakt)* mancanza *f* di contatti
kontaktfreudig *adj* socievole
Kontaktlinsen *fpl* OPT lenti *fpl* a contatto
Kontaktparty *f party dove si va per trovare un partner*
Kontaktperson *f* intermediario, -a *m, f;* MED persona *f* sospetta di contagio
Konten *Pl. von* **Konto**
kontern ['kɔntɐn] **I.** *vt* SPORT giocare di rimessa; **den Angriff ~** passare al contrattacco **II.** *vi (zurückweisen)* controbattere, ribattere
Konterrevolution *f* controrivoluzione *f*
Kontext ['kɔntɛkst] <-(e)s, -e> *m* contesto *m*
Kontextmenü *nt* INFORM menu *m* di scelta rapida
Kontinent [kɔnti'nɛnt] <-(e)s, -e> *m* GEOG continente *m*
kontinental [kɔntinɛn'ta:l] *adj* continentale
Kontingent [kɔntɪŋ'gɛnt] <-(e)s, -e> *nt* contingente *m,* quota *f*
kontinuierlich [kɔntinu'i:ɐ̯lɪç] *adj* continuo, continuativo
Kontinuität [kɔntinui'tɛ:t] <-> *f kein Pl.* continuità *f*
Konto ['kɔnto] <-s, Konten> *nt* FIN conto *m;* **ein ~ eröffnen/auflösen/überziehen/sperren** aprire/estinguere/mandare allo scoperto/bloccare un conto
Kontoauszug *m* estratto *m* conto
Kontoführung <-, -en> *f* tenuta *f* del conto corrente
Kontoinhaber(in) *m(f)* intestatario, -a *m, f* del conto
Kontonummer *f* numero *m* del conto
Kontor [kɔn'to:ɐ, *Pl:* kɔn'to:rə] <-s, -e> *nt* COM *(Handelsniederlassung)* filiale *f,* agenzia *f*
Kontorist(in) [kɔnto'rɪst] <-en, -en; -, -nen> *m(f)* impiegato, -a *m, f* di commercio
Kontostand *m* FIN situazione *f* del conto
Kontrahent(in) [kɔntra'hɛnt] <-en, -en; -, -nen> *m(f)* ① COM contraente *mf* ② *(Gegner)* avversario, -a *m, f*
Kontraindikation ['kɔntraʔɪndikatsjo:n *o* kɔntraʔɪndika'tsjo:n] <-, -en> *f* MED controindicazione *f*
Kontrakt [kɔn'trakt] <-(e)s, -e> *m* contratto *m;* **mit jdm einen ~ abschließen** stipulare un contratto con qu
kontraproduktiv ['kɔntraprodʊkti:f] *adj* controproducente
konträr [kɔn'trɛ:ɐ̯] *adj* contrario; *(bes. Ziele)* opposto
Kontrast [kɔn'trast] <-(e)s, -e> *m* contrasto *m*
Kontrastblende *f* striscia *f* fluorescente
kontrastieren [kɔntras'ti:rən] <ohne ge-> *vi (geh)* contrastare (**mit** con); *(sich abheben)* staccarsi (**mit** da)
Kontrastprogramm *nt* TV programma *m* alternativo
Kontrastregler *m* TV regolatore *m* del contrasto
kontrastreich *adj* pieno di contrasti
Kontrollabschnitt *m* tagliando *m* di controllo
Kontrolle [kɔn'trɔlə] <-, -n> *f* ① *(Beherrschung)* controllo *m;* **die ~ über etw** *akk* **verlieren** perdere il controllo di qc; **jdn/etw unter ~ haben** tenere qu/qc sotto controllo ② *(Prüfung)* verifica *f; (Pass~, Polizei~, Zoll~)* controllo *m*
Kontrolleur(in) [kɔntrɔ'lø:ɐ̯] <-s, -e; -, -nen> *m(f)* controllore *m*
Kontrollgang *m* giro *m* d'ispezione
Kontrollgremium *nt* organo *m* di controllo
kontrollierbar [kɔntrɔ'li:ɐba:ɐ] *adj* verificabile, controllabile
kontrollieren [kɔntrɔ'li:rən] <ohne ge-> *vt* ① controllare ② *(überwachen)* sorvegliare ③ *(prüfen)* verificare, esaminare; *(überprüfen)* ispezionare
Kontrolllampe *f* TEC, MOT spia *f* luminosa
Kontrollmaßnahme <-, -n> *f* misura *f* di controllo
Kontrollorgan *nt a.* ADM organo *m* di controllo
Kontrollturm *m* torre *f* di controllo
kontrovers [kɔntro'vɛrs] *adj* ① *(entgegengesetzt)* controverso ② *(bestreitbar)* contestabile ③ *(umstritten)* discutibile
Kontroverse [kɔntro'vɛrzə] <-, -n> *f* controversia *f*
Kontur [kɔn'tu:ɐ̯] <-, -en> *f* profilo *m,* sagoma *f,* contorno *m*
Konvention [kɔnvɛn'tsi̯o:n] <-, -en> *f (Abkommen, Norm)* convenzione *f*
Konventionalstrafe [kɔnvɛntsi̯o'na:lʃtra:fə] <-, -en> *f* JUR [multa *f*] penale *f*
konventionell [kɔnvɛntsi̯o'nɛl] *adj* convenzionale
konvergent [kɔnvɛr'gɛnt] *adj a.* MAT convergente
Konvergenz [kɔnvɛr'gɛnts] <-, -en> *f (a. Europäische Währungsunion)* convergenza *f*
Konvergenzkriterien *fpl* criteri *mpl* di convergenza
Konvergenzphase *f* fase *f* di convergenza
Konvergenzpolitik *f* politica *f* di convergenza

K

Konvergenzprogramm *nt* programma *m* di convergenza

Konversation [kɔnvɛrza'tsi̯oːn] <-, -en> *f* conversazione *f*

Konversationslexikon *nt* enciclopedia *f,* dizionario *m* enciclopedico

Konversionskurse *fpl* FIN tassi *mpl* di conversione

konvertibel [kɔnvɛr'tiːbəl], **konvertierbar** [kɔnvɛr'tiːɐ̯baːɐ̯] *adj* WIRTSCH convertibile

konvertieren [kɔnvɛr'tiːrən] <ohne ge-> **I.** *vt haben* FIN, INFORM convertire **II.** *vi haben o sein* REL [**zum Christentum**] ~ convertirsi [al Cristianesimo]

Konvertit(in) [kɔvɛr'tiːt] <-en, -en; -, -nen> *m(f)* REL convertito, -a *m, f*

konvex [kɔn'vɛks] *adj* OPT convesso

Konvexlinse <-, -n> *f* lente *f* convessa

Konzentrat [kɔntsɛn'traːt] <-(e)s, -e> *nt* concentrato *m*

Konzentration [kɔntsɛntra'tsi̯oːn] <-, -en> *f* concentrazione *f*

Konzentrationsfähigkeit *f* capacità *f* di concentrazione

Konzentrationslager *nt* campo *m* di concentramento

Konzentrationsmangel *m* mancanza *f* di concentrazione

Konzentrationsschwäche *f* concentrazione *f* insufficiente

konzentrieren [kɔntsɛn'triːrən] <ohne ge-> **I.** *vt* concentrare **II.** *vr* **sich** [**auf etw** *akk*] ~ concentrarsi [su qc]

konzentriert [kɔntsɛn'triːɐ̯t] *adj* concentrato

konzentrisch [kɔn'tsɛntrɪʃ] *adj* MAT concentrico

Konzept [kɔn'tsɛpt] <-(e)s, -e> *nt* ❶ *(von Rede)* abbozzo *m,* traccia *f; (Entwurf)* progetto *m; (Rohentwurf)* minuta *f,* brutta copia *f;* **jdn aus dem ~ bringen** far perdere il filo a qu ❷ *(Begriff, Vorstellung)* concetto *m,* idea *f;* **das passt mir nicht ins ~** non mi va *fam,* non sono d'accordo

konzeptionslos *adj* privo di un'idea chiara, senza idee chiare

Konzern [kɔn'tsɛrn] <-(e)s, -e> *m* COM gruppo *m* industriale

Konzert [kɔn'tsɛrt] <-(e)s, -e> *nt* concerto *m*

Konzertflügel *m* pianoforte *m* a coda

konzertieren [kɔntsɛr'tiːrən] <ohne ge-> *vi (geh)* dare un concerto

Konzertmeister <-s, -> *m* primo violino *m*

Konzertsaal *m* sala *f* dei concerti

Konzession [kɔntsɛ'si̯oːn] <-, -en> *f* ❶ *(Zugeständnis)* concessione *f* ❷ *(form: Gewerbeerlaubnis)* licenza *f,* permesso *m*

konzessionsbereit *adj* disposto [*o* disponibile] a fare concessioni

Konzessivsatz [kɔntsɛ'siːfzats] *m* LING proposizione *f* concessiva

Konzil [kɔn'tsiːl] <-s, -e *o* -ien> *nt* REL concilio *m*

konziliant [kɔntsi'ljant] *adj* ❶ *(aussöhnend)* conciliante; **er gab sich äußerst ~** si mostrò estremamente conciliante ❷ *(nachgiebig)* accondiscendente, indulgente, condiscendente; **sie war ausnahmsweise sehr ~ gestimmt** era insolitamente accondiscendente

Konzipient <-en, -en> *m* A JUR *(Anwalt zur Ausbildung in einer Kanzlei)* giurista che sta facendo un periodo di formazione in uno studio legale

Kooperation [koʔopera'tsi̯oːn] <-, -en> *f* cooperazione *f*

kooperativ [koʔopera'tiːf] *adj* collaborativo

kooperieren *vi (fam)* collaborare

Koordination [koʔɔrdina'tsi̯oːn] <-, -en> *f* coordinazione *f*

Koordinator(in) [koʔɔrdi'naːtoːɐ, *Pl:* koʔɔrdina'toːrən] <-s, -en; -, -nen> *m(f)* coordinatore, -trice *m, f*

koordinieren [koʔɔrdi'niːrən] <ohne ge-> *vt* coordinare

Koordinierung <-> *f kein Pl.* **die ~ der Wirtschaftspolitiken der EU-Staaten** il coordinamento delle politiche economiche dei Stati membri dell'UE

Kopenhagen [koːpən'haːgən] *nt* GEOG Copenaghen *f*

Kopf [kɔpf] <-(e)s, Köpfe> *m* ❶ testa *f; (a. fig: Anführer)* capo *m; (fig: Verstand)* mente *f,* testa *f;* **den ~ hängen lassen** *(fig)* avvilirsi, perdersi d'animo; **den ~ verlieren** perdere la testa; **~ und Kragen riskieren** *(fam)* rischiare la pelle; **jdm den ~ verdrehen** far perdere la testa a qu; **jdm den ~ waschen** *(fig fam)* fare una lavata di capo a qu; **jdn einen ~ kürzer machen** *(fam)* tagliare la testa a qu; **einen ~ größer sein als jd** superare qu di una testa; **ein kluger ~ sein** essere un tipo capace; **einen klaren ~ behalten** conservare la calma, non perdere la testa; **einen schweren ~ haben** sentirsi la testa pesante; **einen roten ~ kriegen** arrossire; *(vor Zorn)* diventare rosso dalla rabbia; **nicht wissen, wo einem der ~ steht** non sapere dove sbattere la testa; **vor etw** *dat* **~ stehen** *(fig: durcheinander sein)* essere sottosopra per qc; **auf dem ~ stehen** *(umgekehrt sein)* essere sottosopra *fam;* **auf den ~**

K

stellen *(umkehren)* capovolgere; *(in Unordnung bringen)* mettere a soqquadro; **jdm etw auf den ~ zusagen** dire qc in faccia a qu *fam;* **jdm etw an den ~ werfen** *(fig fam)* rinfacciare qc a qu; **im ~ behalten** tenere a mente; **im ~ haben** *(fam)* avere in mente; **im ~ rechnen** calcolare a mente; **nicht richtig im ~ sein** *(fam)* essere un po' tocco; **jdn vor den ~ stoßen** *(fig)* offendere qu; **wie vor den ~ geschlagen sein** *(fam)* rimanere di stucco; **sich** *dat* **etw durch den ~ gehen lassen** [ri]pensare a qc; **sich** *dat* **etw in den ~ setzen** mettersi in mente qc; **mit dem ~ durch die Wand wollen** *(fam)* voler imporsi ad ogni costo; **sich** *dat* **etw aus dem ~ schlagen** *(fam)* levarsi qc dalla testa; **~ an ~** stretti stretti *fam,* testa a testa; **aus dem ~** *(auswendig)* a memoria; **pro ~** a testa, pro capite; **von ~ bis Fuß** da capo a piedi; **das hat ihn den ~ gekostet** gli è costata la vita; **die Arbeit wächst ihm über den ~** è carico di lavoro fin sopra i capelli *fam;* **~ hoch!** animo!, coraggio! ② *(Spitze, Ende)* punta *f,* estremità *f; (Brief~)* intestazione *f; (Nadel~, Nagel~)* capocchia *f; (von Münze)* testa *f; (Zeitungs~)* testata *f*

Kopf-an-Kopf-Rennen <-s, -> *nt* corsa *f* testa a testa

Kopfbahnhof *m* FERR stazione *f* di testa

Kopfball *m* SPORT tiro *m* di testa

Kopfbedeckung *f* copricapo *m*

Köpfchen ['kœpfçən] <-s, -> *nt* *(fam scherz)* **Köpfchen, Köpfchen!** ci vuole un po' di cervello!

köpfen ['kœpfən] *vt* ① *(enthaupten)* decapitare ② SPORT *(Ball)* tirare di testa

Kopfende *nt* *(von Bett)* testata *f; (von Tisch)* capotavola *m*

Kopfgeld *nt* taglia *f*

Kopfgeldjäger *m* cacciatore *m* di taglie

Kopfhaar *nt* capelli *mpl,* capigliatura *f*

Kopfhaut *f* cuoio *m* capelluto

Kopfhörer *m* cuffia *f*

Kopfkino *nt* film *m* mentale

Kopfkissen *nt* guanciale *m,* cuscino *m*

Kopflänge *f* spanna *f;* **jdn um ~ überragen** essere più alto di qu di una spanna

kopflastig *adj* AERO appruato; *(Tennisschläger)* squilibrato; *(fig)* intellettualizzato

kopflos *adj* sbadato, sventato

Kopfnicken *nt kein Pl.* l'annuire *m,* cenno *m* del capo

Kopfrechnen *nt* calcolo *m* mentale

Kopfsalat *m* BOT lattuga *f*

kopfscheu *adj (Tiere)* ombroso; **jdn ~ machen** *(fig)* intimidire [*o* confondere] qu

Kopfschmerz *m* mal *m* di testa

Kopfschmerztablette *f* cachet *m,* pasticca *f* per il mal di testa

Kopfschütteln *nt kein Pl.* **das ~** lo scuotere il capo

Kopfsprung *m* tuffo *m* di testa; **einen ~ machen** *(a. fig)* tuffarsi a capofitto

Kopfstand *m* SPORT verticale *f* [in appoggio] sul capo

kopf|stehen <irr> *vi* ① *(Kopfstand machen)* fare la verticale sulla testa ② *(fam: in heller Aufregung sein: Person)* essere sottosopra; *(Firma, Viertel)* essere in subbuglio

Kopfsteinpflaster *nt* acciottolato *m*

Kopfstimme *f* MUS voce *f* di testa; *(männliche ~)* falsetto *m*

Kopfstütze *f* MOT poggiatesta *m*

Kopftuch *nt* fazzoletto *m* [da testa], foulard *m*

Kopftuchstreit *m* controversia *f* sul velo islamico

kopfüber *adv* a capofitto

Kopfverletzung *f* ferita *f* alla testa, lesione *f* cranica

Kopfweh *nt kein Pl. (fam) s.* **Kopfschmerz**

Kopfzerbrechen *nt kein Pl.* rompicapo *m;* **das bereitet mir ~** ciò mi dà dei grattacapi

Kopie [ko'pi:] <-, -n> *f* ① *(Abschrift)* copia *f* ② *(Nachahmung)* imitazione *f*

kopieren [ko'pi:rən] <ohne ge-> *vt* ① *(Kopie machen)* copiare ② *(abschreiben)* trascrivere ③ *(Fotokopie machen)* fotocopiare ④ FOTO stampare ⑤ *(imitieren)* imitare

Kopierer <-s, -> *m (fam)* fotocopiatrice *f*

Kopiergerät [ko'pi:ɐ̯gərɛ:t] *nt* fotocopiatrice *f*

Kopierpapier <-s> *nt kein Pl.* carta *f* carbone [*o* copiativa]; *(Fotopapier)* carta *f* sensibile

Kopilot(in) ['ko:pilo:t] *m(f)* AERO copilota *mf*

Kopp[e]lung <-, -en> *f* ① *(Verbindung) a.* TEC accoppiamento *m* ② *(von Fahrzeugen)* agganciamento *m* ③ TEC collegamento *m* ④ *(fig)* abbinamento *m*

Koppel <-, -n> *f (Weide)* pascolo *m*

koppeln ['kɔpəln] *vt* ① accoppiare; *(a. fig: verbinden)* abbinare; **etw mit etw ~** abbinare qc a qc ② *(Hunde)* legare al guinzaglio; *(Ochsen)* aggiogare ③ *(anhängen)* attaccare; *(Fahrzeuge)* agganciare

Koproduktion ['ko:prodʊktsi̯o:n] <-, -en> *f* coproduzione *f*

Koproduzent(in) <-en, -en; -, -nen> *m(f)* coproduttore, -trice *m, f*

Koralle [ko'ralə] <-, -n> *f* ZOO corallo *m*

Koralleninsel *f* atollo *m,* isola *f* corallina

Korallenriff *nt* scogliera *f* corallina

Koran [ko'ra:n] <-s, -e> *m* REL Corano *m*

Korb [kɔrp] <-(e)s, Körbe> *m* (1) *(Behälter)* cesto *m; (a. Brot~, Wäsche~)* cesta *f; (bes. Henkel~)* paniere *m,* canestro *m; (Trag~)* gerla *f* (2) *(~voll)* cesto *m,* canestro *m* (3) *(~geflecht)* cesto *m* di vimini (4) SPORT *(Gerät, ~wurf)* canestro *m* (5) *(fam: Ablehnung)* rifiuto *m;* **einen ~ bekommen** *(Heiratsantrag, Tanz)* ricevere un rifiuto; **jdm einen ~ geben** dire di no a qu

Korbball *m* SPORT pallacanestro *f*

Körbchen ['kœrpçən] <-s, -> *nt* (1) *(kleiner Korb)* cestello *m,* cestino *m; (Hunde~)* cuccia *f;* **ab ins ~** a cuccia (2) *(von BH)* coppa *f*

Körbchengröße *f* misura *f* delle coppette

Korbflasche *f* fiasco *m; (große ~)* damigiana *f*

Korbflechter(in) <-s, -; -, -nen> *m(f)* cestaio, -a *m, f,* canestraio, -a *m, f*

Korbflechterei [kɔrpflɛçtə'raɪ] <-, -en> *f* (1) *Sing. (Herstellung)* fabbricazione *f* di ceste (2) *(Betrieb)* cesteria *f*

Korbmacher(in) <-s, -; -, -nen> *m(f)* cestaio, -a *m, f,* canestraio, -a *m, f*

Korbmacherei [kɔrpmaxə'raɪ] <-, -en> *f* (1) *Sing. (Herstellung)* fabbricazione *f* di ceste (2) *(Betrieb)* cesteria *f*

Korbmöbel *ntpl* mobili *mpl* di vimini

Korbwährung <-, -en> *f* valuta *f* paniere

Korbwaren *fpl* oggetti *mpl* di vimini

Kordel ['kɔrdəl] <-, -n> *f* cordoncino *m,* cordicella *f*

Koriander [kori'andɐ] <-s> *m kein Pl.* coriandolo *m*

Korinthe [ko'rɪntə] <-, -n> *f* uvetta *f,* uva *f* passa

Kork [kɔrk] <-(e)s, -e> *m* sughero *m*

Korkeiche *f* BOT quercia *f* da sughero

Korken ['kɔrkən] <-s, -> *m* turacciolo *m,* tappo *m* di sughero

Korkenzieher <-s, -> *m* cavatappi *m*

Korn[1] [kɔrn] <-(e)s, Körner> *nt* (1) chicco *m; (Weizen~)* chicco *m* di grano; *(Samen~)* seme *m,* grano *m; (Pfeffer~)* grano *m* di pepe; *(Salz~)* grano *m* di sale; *(Sand~)* granello *m* di sabbia; *(Staub~)* granello *m* di polvere (2) *(Getreide)* grano *m,* cereali *mpl,* granaglie *fpl* (3) *(an Gewehr)* mirino *m;* **jdn aufs ~ nehmen** tener d'occhio qu

Korn[2] [kɔrn] <-(e)s, -> *m (Kornbranntwein)* acquavite *f* [di cereali]

Kornblume *f* BOT fiordaliso *m*

körnen ['kœrnən] *vt* ridurre in granelli

Kornfeld *nt* campo *m* di grano

körnig ['kœrnɪç] *adj* granuloso

Kornkammer *f* granaio *m*

Kornsilo *nt,* **Kornspeicher** *m* silo *m* di cereali

Korona [ko'ro:na, *Pl:* ko'ro:nən] <-, Koronen> *f* (1) *(Strahlenkranz)* corona *f* solare (2) *(Schar)* banda *f* (3) TEC corona *f*

Körper ['kœrpɐ] <-s, -> *m* (1) *(Gestalt)* corpo *m,* organismo *m* (2) *(Kugel, Kegel, Zylinder)* solido *m* (3) *(Dichte)* densità *f,* consistenza *f*

Körperbau *m* corpo *m,* corporatura *f*

körperbehindert *adj* minorato fisico, handicappato; *(invalide)* invalido

Körperbehinderte *mf* minorato, -a *m, f* fisico, -a, handicappato, -a *m, f; (Invalide)* invalido, -a *m, f*

körperbetont *adj* attillato

körpereigen *adj* BIOL corporeo

Körpergewicht *nt kein Pl.* peso *m* corporeo

Körpergröße *f* statura *f,* grandezza *f* di un corpo

Körperhaltung *f* posizione *f* [del corpo]

Körperkraft *f* forza *f* fisica

körperlich *adj* (1) *(leiblich)* corporeo, corporale; *(a. geschlechtlich)* fisico (2) *(stofflich)* materiale (3) *(Arbeit)* manuale

Körperpflege *f kein Pl.* cura *f* del corpo

Körperpuder *m* talco *m*

Körperschaft <-, -en> *f* JUR corporazione *f,* organo *m;* **gesetzgebende ~** corpo legislativo; **~ des öffentlichen Rechts** ente pubblico

Körperschaft[s]steuer *f* FIN imposta *f* sul reddito delle società

Körpersprache *f kein Pl.* linguaggio *m* del corpo

Körperteil *m* parte *f* del corpo

Körperverletzung *f kein Pl.* JUR lesione *f* corporale; **fahrlässige/schwere ~** lesione colposa/grave

Korps [ko:ɐ̯] <-, -> *nt* MIL corpo *m*

korpulent [kɔrpu'lɛnt] *adj* corpulento, obeso

Korpulenz [kɔrpu'lɛnts] <-> *f kein Pl.* corpulenza *f,* obesità *f*

korrekt [kɔ'rɛkt] *adj* (1) *(richtig)* giusto (2) *(Normen entsprechend)* corretto

Korrektheit <-> *f kein Pl.* (1) *(Richtigkeit)* esattezza *f* (2) *(von Benehmen)* correttezza *f*

Korrektor(in) [kɔ'rɛkto:ɐ̯] <-s, -en; -, -nen> *m(f)* correttore, -trice *m, f* di bozze

Korrektur [kɔrɛk'tu:ɐ̯] <-, -en> *f* correzione *f;* **~ lesen** correggere le bozze

Korrekturband <-(e)s, -bänder> *nt* nastro *m* correttore

Korrekturfahne *f* TYP bozza *f* [di stampa]

Korrekturzeichen *nt* [segno *m* di] correzione *f*

Korrespondent(in) [kɔrɛspɔn'dɛnt] <-en, -en; -, -nen> *m(f)* corrispondente *mf*

Korrespondenz [kɔrɛspɔn'dɛnts] <-, -en> *f* corrispondenza *f*

korrespondieren [kɔrɛspɔn'diːrən] <ohne ge-> *vi* ① *(in Briefwechsel stehen)* corrispondere; **mit jdm ~** essere in corrispondenza con qu ② *(übereinstimmen)* **mit etw ~** corrispondere a qc

Korridor ['kɔridoːɐ̯] <-s, -e> *m* corridoio *m*

korrigieren [kɔri'giːrən] <ohne ge-> *vt* *(Text)* correggere; *(berichtigen)* modificare, rettificare; *(Ansichten)* rivedere

Korrosion [kɔro'zi̯oːn] <-, -en> *f* corrosione *f*

korrupt [kɔ'rʊpt] *adj* corrotto

Korruption [kɔrʊp'tsi̯oːn] <-, -en> *f* corruzione *f*

Korruptionsvorwurf *m* accusa *f* di corruzione

Korse ['kɔrzə] <-n, -n> *m* corso *m*

Korsett [kɔr'zɛt] <-(e)s, -e *o* -s> *nt* busto *m,* corsetto *m*

Korsika ['kɔrzika] *nt* Corsica *f*

K

Korsin ['kɔrzɪn] <-, -nen> *f* corsa *f*

korsisch *adj* corso

Korvette [kɔr'vɛtə] <-, -n> *f* NAUT, MIL corvetta *f*

Koryphäe [kory'fɛːə] <-, -n> *f* corifeo *m,* luminare *m,* autorità *f*

koscher ['koːʃɐ] *adj* REL kasher; **nicht ~** *(fam: bedenklich)* losco, sospetto

kosen ['koːzən] **I.** *vt* accarrezzare **II.** *vi* scambiarsi carezze

Kosename *m* nome *m* vezzeggiativo

Kosewort *nt* vezzeggiativo *m*

Kosinus ['koːzinʊs] <-, - *o* -se> *m* MAT coseno *m*

Kosmetik [kɔs'meːtɪk] <-> *f kein Pl.* cosmesi *f,* cosmetica *f*

Kosmetika [kɔs'meːtɪka] *ntpl* cosmetici *mpl,* prodotti *mpl* di bellezza

Kosmetiker(in) [kɔs'meːtikɐ] <-s, -; -, -nen> *m(f)* estetista *mf*

kosmetisch *adj* cosmetico

kosmisch ['kɔsmɪʃ] *adj* ASTR cosmico

Kosmonaut(in) [kɔsmo'naʊt] <-en, -en; -, -nen> *m(f)* cosmonauta *mf*

Kosmopolit(in) [kɔsmopo'liːt] <-en, -en; -, -nen> *m(f)* cosmopolita *mf*

Kosmos ['kɔsmɔs] <-> *m kein Pl.* ASTR cosmo *m*

Kost [kɔst] <-> *f kein Pl.* ① *(Nahrung)* cibo *m,* cucina *f;* **schwere ~** cucina grassa; *(fig)* cosa difficile da capire ② *(Verpflegung)* vitto *m;* **~ und Logis** vitto e alloggio

kostbar *adj* prezioso; *(teuer)* caro

Kostbarkeit <-, -en> *f* ① *(Gegenstand)* cosa *f* preziosa ② *Sing.* *(Wert)* pregio *m,* valore *m*

kosten ['kɔstən] *vi, vt* ① *(Preis haben, a. fig: erfordern)* costare; **es hat mich einige Überwindung gekostet** mi è costato un po'; **was kostet das?** quanto costa questo?; **koste es, was es wolle!** costi quel che costi! ② *(Speisen)* assaggiare, provare; **willst du mal ~?** vuoi assaggiare?

Kosten ['kɔstən] *pl (Un~)* costo *m,* spesa *f;* *(Auslagen)* spese *fpl;* **~ mit sich** *dat* **bringen** comportare delle spese; **auf seine ~ bei etw kommen** *(fig)* essere soddisfatto di qc; **für die ~ aufkommen** assumersi le spese; **auf ~ von** a spese di; *(fig)* a scapito di; **auf eigene ~** a proprie spese; **das geht auf meine ~** questo lo pago io

Kostenaufwand <-(e)s> *m kein Pl.* costo *m,* spesa *f,* spese *fpl;* **mit einem ~ von …** con una spesa di …

Kostenbeteiligung *f* partecipazione *f* alle spese

kostendeckend *adj* che copre le spese; **~ wirtschaften** amministrare i beni coprendo le spese

Kostenersparnis *f* risparmio *m* di costi

Kostenexplosion <-, -en> *f* COM esplosione *f* dei costi, aumento *m* improvviso dei costi

kostenfrei *adj* JUR esente da spese

kostengünstig *adj* economico, conveniente, a basso costo

kostenlos *adj* gratuito

kostenneutral *adj* senza spese aggiuntive

kostenpflichtig I. *adj* ADM, JUR soggetto a spese, con obbligo di pagamento delle spese **II.** *adv* a carico di qu

Kostenrechnung *f* WIRTSCH conto *m* delle spese

Kostenvoranschlag *m* COM preventivo *m*

köstlich ['kœstlɪç] **I.** *adj* ① *(Genuss)* delizioso; *(Speise)* squisito, eccellente ② *(herrlich)* splendido ③ *(amüsant)* divertente **II.** *adv* **sich ~ amüsieren** divertirsi un mondo *fam*

Kostprobe *f (a. fig)* assaggio *m;* *(von Wein)* degustazione *f*

kostspielig *adj* caro, costoso

Kostüm [kɔs'tyːm] <-s, -e> *nt* ① *(Damen~)* tailleur *m* ② *(Verkleidung)* costume *m;* *(Karnevals~)* costume *m* da carnevale

Kostümball *m,* **Kostümfest** *nt* ballo *m* in maschera

kostümieren [kɔsty'miːrən] <ohne ge-> *vr:* **sich ~** mettersi in costume; **sich als etw ~** travestirsi da qc; *(sich maskieren)* mascherarsi da qc

Kostümprobe <-, -n> *f* THEAT prova *f* in costume

Kostverächter [kɔstfɛɐ?ɛçtɐ] <-s, -> *m*

kein ~ sein *(scherz: gern essen)* non disprezzare la buona tavola; *(genießerisch sein)* non disprezzare i piaceri della vita

Kot [koːt] <-(e)s, -e> *m (Exkremente)* feci *f pl*, escrementi *mpl; (Tier~)* sterco *m*

Kotelett [kotə'lɛt *o* kɔt'lɛt] <-s, -s *o* -e> *nt* GASTR costoletta *f*, cotoletta *f*

Koteletten *pl* basette *fpl*

Köter ['køːtɐ] <-s, -> *m (pej)* botolo *m*, cagnaccio *m*

Kotflügel *m* MOT parafango *m*

kotzen ['kɔtsən] *vi (vulg)* vomitare; **es ist zum Kotzen** fa vomitare

Kotzen <-s, -> *m* SÜDD, A *(Decke)* coperta *f*

KP [kaː'peː] <-, -s> *f Abk. von* **Kommunistische Partei** PC *m*

KPdSU [kaːpeːdeːʔɛs'ʔuː] <-> *f kein Pl. Abk. von* **Kommunistische Partei der Sowjetunion** P.C.U.S. *m*

Krabbe ['krabə] <-, -n> *f* ZOO *(Krebs)* granchio *m; (Garnele)* gambero *m*

krabbeln ['krabəln] *vi* ① *sein (Tiere)* strisciare ② *(Kind)* camminare carponi

Krach [krax] <-(e)s, Kräche> *m* ① *Sing. (Lärm)* chiasso *m*, baccano *m fam;* **~ machen** *(fam)* fare chiasso; **~ schlagen** *(fam)* protestare ② *(fam: Streit)* lite *f* ③ FIN *(Krise)* crollo *m*

krachen *vi* ① *haben (Donner)* tuonare; *(Schuss)* scoppiare; *(Holz)* scricchiolare; *(Tür)* sbattere; **auf dieser Kreuzung kracht es dauernd** *(fam)* a questo incrocio succedono sempre incidenti; **gleich kracht's** *(fam)* adesso succede qc, ci sono guai in vista ② *sein (fam: platzen)* scoppiare; *(brechen: Eis)* spaccarsi ③ *sein (fam: aufprallen)* **gegen etw ~** schiantarsi contro qc

Kracher <-s, -> *m* petardo *m*

krächzen ['krɛçtsən] *vi* gracchiare, gracidare

kraft [kraft] *präp +gen (geh, form)* in virtù di, in forza di

Kraft [kraft] <-, Kräfte> *f* ① forza *f;* **Kräfte sammeln** raccogliere le proprie forze; **neue Kräfte schöpfen** riacquistare nuove forze; **seine Kräfte mit jdm messen** misurare le proprie forze con qu; **bei Kräften sein** essere in forze; **am Ende seiner Kräfte sein** essere allo stremo delle proprie forze; **wieder zu Kräften kommen** rimettersi in forze; **aus eigener ~** con le proprie forze, da solo; **mit aller ~** con tutte le forze; **mit letzter ~** con le ultime forze; **nach Kräften** facendo tutto il possibile; **das geht über meine Kräfte** questo supera le mie forze; **volle ~ voraus!** NAUT avanti a tutta forza! ② *(Wirksamkeit)* efficacia *f; (Gültigkeit)* vigore *m;* **in ~ sein/treten** JUR essere/entrare in vigore; **außer ~ setzen** annullare, dichiarare invalido; *(Gesetz)* abolire, abrogare; *(zeitweilig)* sospendere ③ *(Fähigkeit)* capacità *f* ④ *(Hilfs~, Arbeits~)* elemento *m*, operaio *m; (Lehr~)* insegnante *mf*

Kraftaufwand *m* impiego *m* di forze

Kraftausdruck *m* parolaccia *f; (Fluch)* bestemmia *f*

Kraftbrühe *f* GASTR consommé *m*

Kräfteverfall *m* deperimento *m* delle forze, cachessia *f*

Kraftfahrer(in) *m(f)* conducente *mf*

Kraftfahrzeug *nt* autoveicolo *m*

Kraftfahrzeugbrief *m* libretto *m* di circolazione

Kraftfahrzeugpapiere *ntpl* documenti *mpl* dell'autoveicolo

Kraftfahrzeugschein *m* carta *f* di circolazione

Kraftfahrzeugsteuer *f* tassa *f* di circolazione

Kraftfahrzeugversicherung *f* assicurazione *f* automobilistica

Kraftfeld *nt* PHYS campo *m* di forze

Kraftfutter *nt* AGR foraggio *m* concentrato

kräftig ['krɛftɪç] **I.** *adj* ① *(stabil)* robusto, forte; *(stark)* forte; *(groß)* grande; **eine ~e Tracht Prügel** *(fam)* una bella dose di legnate; **einen ~en Schluck nehmen** *(fam)* bere un bel sorso ② *(Farben)* violento ③ *(Nahrung)* sostanzioso **II.** *adv (sehr)* molto; **~ regnen** piovere forte; **~ schütteln** agitare bene

kräftigen ['krɛftɪgən] *vt* rinforzare, rinvigorire

Kräftigung <-, -en> *f* rafforzamento *m*, irrobustimento *m*, rinvigorimento *m;* **zur ~ der Muskulatur** per il rafforzamento dei muscoli

kraftlos *adj* senza forza; *(schwach)* debole

Kraftprobe *f* prova *f* di forza

Kraftrad *nt* motociclo *m*

Kraftreserve *f* riserva *f* d'energia

Kraftstoff *m* MOT carburante *m*

Kraftstoffgemisch *nt* miscela *f* di carburante

Kraftstrom *m* corrente *f* industriale, forza *f*

kraftstrotzend *adj* pieno di forze [*o* d'energia], muscoloso

Krafttraining *nt* SPORT bodybuilding *m*

Kraftübertragung *f* trasmissione *f* d'energia

kraftvoll *adj* pieno di forza, forte

Kraftwagen *m* automobile *f*, autoveicolo *m*

Kraftwerk *nt* centrale *f* elettrica

Kragen ['kraːgən] <-s, - *o* SÜDD, A, CH Krä-

K

gen> *m (Hemd~)* colletto *m,* collo *m; (Kleider~, Mantel~)* bavero *m;* **jdn beim ~ packen** prendere qu per il collo; **da platzt einem ja der ~** *(fam)* questo mi fa andare in bestia

Kragenknopf *m* bottone *m* del colletto

Kragenweite *f* misura *f* del collo

Krähe ['krɛːə] <-, -n> *f* ZOO cornacchia *f*

krähen ['krɛːən] *vi (Hahn)* cantare; *(fig: Mensch)* gracidare

Krähenfüße *mpl (fam)* ① *(Runzeln)* zampe *fpl* di gallina ② *(unleserliche Schrift)* scarabocchi *mpl*

krakeelen [kra'keːlən] <ohne ge-> *vi* BRD ① *(pej: lärmen)* schiamazzare *fam* ② *(pej: streiten)* litigare

Kralle ['kralə] <-, -n> *f* artiglio *m; (von Katzen)* unghia *f;* **die ~n zeigen** mostrare i denti

krallen I. *vt* ① *(packen)* aggranfiare; *(bes. Katze)* adunghiare; **die Finger in etw** *akk* **~** affondare le dita in qc ② *(sl: klauen)* sgraffignare *fam* **II.** *vr* **sich** [**an etw** *akk*] **~** *(a. fig)* aggrapparsi [a qc]

K

Kram [kraːm] <-(e)s> *m kein Pl. (fam)* ① *(pej: Zeug)* cianfrusaglie *fpl,* roba *f; (Plunder, Schund)* ciarpame *m* ② *(pej: Angelegenheit)* faccenda *f,* storia *f;* **den ganzen ~ hinschmeißen** mandare tutto all'aria; **das passt mir nicht in den ~** non mi va a genio

kramen I. *vi* frugare; **in etw** *dat* **~** rovistare in qc; **nach etw ~** frugare per trovare qc **II.** *vt* **etw aus etw ~** tirare fuori qc da qc

Krämer(in) ['krɛːmɐ] <-s, -; -, -nen> *m(f)* ① DIAL *(Ladenbesitzer)* bottegaio, -a *m, f* ② *(pej: Kleingeist)* bottegaio *m*

Krämerseele ['krɛːmɐzeːlə] *f* persona *f* meschina

Kramladen <-s, -läden> *m (fam: für Lebensmittel)* pizzicagnolo *m; (für Kurzwaren)* merceria *f*

Krampf [krampf] <-(e)s, Krämpfe> *m* ① MED crampo *m,* convulsioni *fpl* ② *(fam pej: gequältes Tun)* forzatura *f; (Unsinn)* sciocchezze *fpl*

Krampfader *f* MED vena *f* varicosa, varice *f*

krampfen I. *vr:* **sich ~** ① MED contrarsi [per convulsioni] ② *(sich festhalten)* **sich an etw** *akk* **~** aggrapparsi a qc; **sich um etw ~** *(Finger)* stringersi a qc **II.** *vt (Finger)* **etw um etw** [*o* **in etw** *akk*] **~** affondare qc in qc **III.** *vi* ① *(Krämpfe haben)* avere i crampi ② CH *(hart arbeiten)* lavorare sodo, sgobbare

krampfhaft *adj* ① MED spasmodico, convulsivo ② *(fam: unnatürlich)* forzato; *(angestrengt)* sforzato; **~e Anstrengungen machen** fare [degli] sforzi disperati

krampflösend *adj* MED antispastico, spasmolitico

Kran [kraːn] <-(e)s, -e *o* Kräne> *m* TEC gru *f*

Kranführer *m* gruista *m*

Kranich ['kraːnɪç] <-s, -e> *m* ZOO gru *f*

krank [kraŋk] <kränker, kränk(e)ste> *adj* ammalato; *(bes. Organe)* malato; *(dauernd)* infermo; **an etw** *dat* **~ sein** essere malato di qc; **schwer ~** gravemente ammalato; **~ machen** far ammalare; **~ werden** ammalarsi; **sich ~ stellen** fingersi malato; **deine Fragen machen mich noch ~** *(fam)* le tue domande mi danno sui nervi

Kranke <ein -r, -n, -n> *mf* [am]malato, -a *m, f,* infermo, -a *m, f; (Patient)* paziente *mf*

kränkeln ['krɛŋkəln] *vi* essere malaticcio

kranken ['kraŋkən] *vi* ① *(obs)* essere malato (**an** +*dat* di), soffrire (**an** +*dat* di) ② *(fig)* risentire (**an** +*dat* di); **das krankt daran, dass …** [ciò] risente del fatto che …

kränken ['krɛŋkən] *vt* offendere

Krankenbesuch *m* visita *f* [a un malato]

Krankenbett *nt* letto *m* [dell'ammalato]

Krankengeld *nt* indennità *f* di malattia

Krankengeschichte *f* anamnesi *f,* cartella *f* clinica

Krankengymnast(in) <-en, -en; -, -nen> *m(f)* fisioterapista *mf*

Krankengymnastik *f* fisioterapia *f*

Krankengymnastin *f s.* **Krankengymnast**

Krankenhaus *nt* ospedale *m; (Klinik)* clinica *f;* **jdn ins ~ einweisen** far ricoverare qu in ospedale

Krankenhausarzt, -ärztin *m, f* medico *m* ospedaliero

krankenhausreif *adj* **jdn ~ schlagen** mandare qu all'ospedale [per le botte]

Krankenkasse *f* mutua *f,* azienda *f* sanitaria

Krankenkost *f* dieta *f* per ammalati

Krankenpflege *f* assistenza *f* al malato

Krankenpfleger(in) *m(f)* infermiere, -a *m, f*

Krankenschein *m* modulo *m* per la mutua, foglio *m* di malattia

Krankenschwester *f* infermiera *f*

Krankentransport <-(e)s, -e> *m* trasporto *m* feriti

Krankenversicherung *f* assicurazione *f* contro le malattie

Krankenwagen *m* ambulanza *f*

Krankenzimmer *nt* camera *f* dell'ammalato

krank|feiern *vi (fam)* darsi malato

krankhaft *adj* patologico; *(a. fig)* morboso;

seine Eifersucht ist geradezu ~ la sua è una gelosia morbosa

Krankheit <-, -en> *f* malattia *f; (Erkrankung)* affezione *f; (Schmerz, Leiden)* male *m;* **eine ~ bekommen, sich** *dat* **eine ~ zuziehen** prendere una malattia

Krankheitsbild *nt* quadro *m* clinico

Krankheitserreger *m* agente *m* patogeno

Krankheitserscheinung *f* sintomo *m* di una malattia

Krankheitsherd *m* focolaio *m* d'infezione [*o* di malattia]

Krankheitskeim *m* germe *m* patogeno

Krankheitsverlauf *m* decorso *m* della malattia

krank|lachen *vr:* **sich ~** *(fam)* morire dal ridere

kränklich ['krɛŋklɪç] *adj* malaticcio

krank|melden *vr:* **sich ~** mettersi in malattia; MIL marcare visita

Krankmeldung *f* il mettersi *m* in malattia, certificato *m* medico

krank|schreiben *vt* **jdn ~** rilasciare un certificato di malattia a qu; **krankgeschrieben sein** essere in malattia

Kränkung ['krɛŋkʊŋ] <-, -en> *f* offesa *f*

Kranz [krants] <-es, Kränze> *m* ① corona *f,* ghirlanda *f* ② GASTR ciambella *f*

kränzen ['krɛntsən] *vt* incoronare

Krapfen ['krapfən] <-s, -> *m* GASTR ① *(salzige) frittella salata tipo calzone* ② A, SÜDD, CH *(Mehlspeise)* bombolone *m,* krapfen *m*

krass *adj* ① *(extrem)* estremo; *(Egoist)* grande ② *(auffallend)* sorprendente; *(Widerspruch)* stridente; *(Unterschied)* grande ③ *(unerhört)* incredibile, inaudito; *(Lüge)* spudorato

Krater ['kra:tɐ] <-s, -> *m* GEOL cratere *m*

Krätze ['krɛtsə] <-> *f kein Pl.* MED scabbia *f,* rogna *f*

kratzen ['kratsən] **I.** *vt* ① grattare; *(mit Nägeln, Krallen)* graffiare ② *(ab~)* raschiare, raspare ③ *(einritzen)* incidere ④ *(fam: stören)* irritare, disturbare; **das kratzt mich überhaupt nicht** *(fam)* non mi disturba affatto **II.** *vi* ① *(Geräusch)* scricchiolare ② *(Pullover)* dare prurito **III.** *vr:* **sich ~** grattarsi

Kratzer <-s, -> *m (a. Kratzspur)* graffiatura *f; (a. Kratzwunde)* graffio *m*

kraulen ['kraʊlən] **I.** *vt haben (streicheln)* accarezzare, lisciare **II.** *vt, vi haben o sein* SPORT *(schwimmen)* nuotare a stile libero

kraus [kraʊs] *adj* ① *(Haar)* riccio, crespo; *(Stirn)* rugoso; *(Stoff)* sgualcito ② *(fig: Gedanken)* confuso; **die Nase/Stirn ~ ziehen** arricciare il naso/corrugare la fronte

kräuseln ['krɔɪzəln] **I.** *vt (Haare)* arricciare; *(Stoff, Wasser)* increspare; *(Stirn)* corrugare **II.** *vr:* **sich ~** incresparsi

Krauskopf <-(e)s, -köpfe> *m* testa *f* ricciuta

Kraut [kraʊt] <-(e)s, Kräuter> *nt* BOT ① *(Pflanze)* erba *f; (Heil~)* erba *f* medicinale; *(Würz~)* erba *f* aromatica; **mit Kräutern** GASTR alle erbe; **dagegen ist kein ~ gewachsen** non c'è rimedio, non si può far nulla ② *(von Rüben)* foglie *f pl* ③ *Sing. (Kohl)* cavolo *m* [cappuccio]; *(Rot~, Weiß~)* cavolo *m* rosso/bianco; *(Sauer~)* crauti *mpl;* **wie ~ und Rüben** *(fam)* sottosopra, alla rinfusa ④ *(Un~)* malerba *f* ⑤ *(pej fam: Tabak)* tabacco *m* scadente

Kräuterbuch *nt* erbario *m*

Kräuterbutter *f* GASTR burro *m* aromatizzato

Kräuterlikör *m* liquore *m* alle erbe

Kräutermischung *f* misto *m* di erbe aromatiche

Kräutertee *m* infuso *m* d'erbe; *(bes. Beruhigungs~)* tisana *f*

Krautsalat *m insalata di cavoli crudi tagliati a strisce*

K

Krawall [kra'val] <-s, -e> *m* ① *(Aufruhr)* tumulto *m,* disordine *m* ② *(fam pej: Lärm)* chiasso *m,* baccano *m*

Krawatte [kra'vatə] <-, -n> *f* cravatta *f*

Krawattennadel *f* spillo *m* da cravatte

kraxeln ['kraksəln] *vi* A, SÜDD *(klettern)* **auf einen Baum ~** arrampicarsi su un albero; **auf einen Berg ~** scalare una montagna

Kreation [krea'tsi̯o:n] <-, -en> *f* creazione *f*

kreativ [krea'ti:f] *adj* creativo

Kreativdirektor(in) *m(f)* direttore *m* creativo

Kreativität [kreativi'tɛ:t] <-> *f kein Pl.* creatività *f*

Kreatur [krea'tu:ɐ̯] <-, -en> *f* creatura *f*

Krebs [kre:ps] <-es, -e> *m* ① ZOO gambero *m; (Taschen~)* granchio *m* ② MED, BOT cancro *m* ③ ASTR Cancro *m;* **er/sie ist [ein] ~** è [del] Cancro

krebserregend *adj* cancerogeno; **~e Stoffe** agenti *mpl* cancerogeni

Krebserreger *m* cancerogeno *m*

Krebsforschung *f* cancerologia *f*

Krebsfrüherkennung *f kein Pl.* diagnosi *f* precoce del cancro

Krebsgang *m* **den ~ gehen** *(fig)* fare come i gamberi

Krebsgeschwür *nt* ulcerazione *f* cancerosa

krebskrank *adj* malato di cancro

krebsrot *adj* rosso come un gambero

Krebssuppe *f* GASTR zuppa *f* di gamberetti

Krebsverdacht *m* sospetto *m* di cancro

Krebsvorbeugung <-, -en> *f* MED prevenzione *f* del cancro
Krebsvorsorge *f* prevenzione *f* del cancro
Krebsvorsorgeuntersuchung *f* visita *f* di controllo preventiva del cancro
Krebszelle *f* MED cellula *f* cancerosa
Kredit [kre'di:t] <-(e)s, -e> *m* ① FIN *(a. Glaubwürdigkeit)* credito *m;* ~ **haben** avere credito; *(fig)* godere di molto credito; **einen ~ aufnehmen** aprire un credito; **etw auf ~ kaufen** comprare qc a credito ② *(fig: Ansehen)* reputazione *f*
Kreditbank <-, -en> *f* istituto *m* di credito
Kreditbrief *m* lettera *f* di credito
kreditfähig *adj* solvibile
Kreditfähigkeit *f* solvibilità *f*
Kreditgeber *m* creditore *m*
kreditieren [kredi'ti:rən] <ohne ge-> **I.** *vi* far credito **II.** *vt* [**jdm**] **etw** ~ accreditare qc [a qu]
Kreditinstitut *nt* FIN istituto *m* di credito
Kreditkarte *f* carta *f* di credito
Kreditnehmer <-s, -> *m* beneficiario *m* di un credito
kreditwürdig *adj* solvibile
Kreide ['kraɪdə] <-, -n> *f* ① MIN *(weicher Kalkstein)* creta *f* ② *(Schreib~)* gesso *m;* **ein Stück ~** un gessetto ③ *Sing.* GEOL *(~zeitalter)* cretaceo *m;* **bei jdm** [**tief**] **in der ~ stehen** *(fam)* essere indebitato [fino al collo] con qu
kreidebleich *adj* bianco come un cencio
Kreidefelsen *m* roccia *f* cretacea
kreideweiß ['kraɪdə'vaɪs] *adj s.* **kreidebleich**
Kreidezeichnung *f* KUNST disegno *m* a gessetto
Kreidezeit *f s.* **Kreide 3.**
Kreis [kraɪs] <-es, -e> *m* ① circolo *m; (a. fig)* MAT cerchio *m; (~linie)* circonferenza *f;* [**weite**] **~e ziehen** *(fig)* estendersi; **sich im ~ drehen** girare, rotare; **im ~** in cerchio ② TEC circuito *m* ③ *(Lebens~, Bereich)* ambito *m; (Wirkungs~)* ambito *m,* sfera *f;* **in gut unterrichteten ~en** in ambienti ben informati ④ *(fig: Personen~)* cerchia *f;* **im ~e von** in seno a ⑤ *(Verwaltungsbezirk)* distretto *m*
Kreisbahn *f* ASTR orbita *f* [circolare]
Kreisbogen *m* arco *m* di cerchio
kreischen ['kraɪʃən] *vi* strillare; *(Vögel, Bremsen)* stridere
kreischend *adj (Stimme)* stridulo; *(Bremsen)* stridente
Kreisel ['kraɪzəl] <-s, -> *m* trottola *f*
kreisen ['kraɪzən] *vi haben o sein* ① **um etw ~** girare intorno a qc; **das Gespräch kreiste um ...** la conversazione si incentrava su ... ② *(Vögel, Flugzeug)* volteggiare ③ *(Blut, Geld)* circolare; **in der Runde ~** *(Becher)* fare il giro
Kreisfläche *f* ① superficie *f* circolare ② MAT superficie *f* del cerchio
kreisförmig ['kraɪsfœrmɪç] **I.** *adj* circolare **II.** *adv* in cerchio, in circolo
Kreislauf *m* ① MED, FIN *(Blut~, Geld~)* circolazione *f* ② ASTR rivoluzione *f* ③ *(Natur~)* ciclo *m* ④ TEC circuito *m*
Kreislaufstörung *f* MED disturbo *m* circolatorio
kreisrund ['kraɪs'rʊnt] *adj* rotondo, tondo, circolare
Kreissäge *f* sega *f* circolare
kreißen ['kraɪsən] *vi (obs: Wehen haben)* avere le doglie
Kreißsaal ['kraɪsza:l] *m* MED sala *f* parto
Kreisstadt *f* capoluogo *m* distrettuale
Kreisumfang *m* MAT circonferenza *f*
Kreisverkehr *m* circolazione *f* rotatoria
Krematorium [krema'to:riʊm] <-s, Krematorien> *nt* [forno *m*] crematorio *m*
Kreml ['kre:məl] <-(s), -> *m* POL Cremlino *m*
Krempe ['krɛmpə] <-, -n> *f* tesa *f,* falda *f*
Krempel ['krɛmpəl] <-s> *m kein Pl. (fam pej)* roba *f,* cianfrusaglie *f pl;* **dieser alte ~** queste vecchie cianfrusaglie; **den ganzen ~ hinwerfen** *(fig)* buttare tutto all'aria
Kren [kre:n] <-(e)s> *m kein Pl.* SÜDD, A *(Meerrettich)* rafano *m,* crèn *m*
krepieren [kre'pi:rən] <ohne ge-> *vi sein* ① *(Tiere, vulg: Menschen)* crepare ② *(Granate)* scoppiare
Krepp[1] [krɛp] <-, -s> *f* GASTR crêpe *f*
Krepp[2] <-s, -s *o* -e> *m (Gewebe)* crespo *m*
Kresse ['krɛsə] <-, -n> *f* BOT crescione *m*
kreuz [krɔɪts] *adv* ~ **und quer** a destra e sinistra, in tutti i sensi
Kreuz [krɔɪts] <-es, -e> *nt* ① REL croce *f; (~zeichen a.)* segno *m* della croce; **ein ~ schlagen** farsi il segno della croce; **etw über ~ legen** mettere in croce qc; **zu ~e vor jdm kriechen** umiliarsi davanti a qu ② MUS diesis *m* ③ *Sing. (beim Kartenspiel)* fiori *m pl* ④ *(fig: Leid)* tormento *m,* afflizione *f;* **es ist ein ~** *(fam)* è un calvario; **es ist ein ~ mit ihm** *(fam)* è una croce con lui ⑤ *(Rücken)* schiena *f,* reni *m pl;* **jdn aufs ~ legen** *(sl)* gabbare qu
Kreuzbube *m (Karten)* fante *m* di fiori
kreuzen I. *vt haben* ① *(Arme, Beine, Wege, Blicke)* incrociare ② BOT, ZOO incrociare ③ *(überschreiten)* attraversare **II.** *vi haben o sein* NAUT incrociare; *(beim Segeln)* bordeggiare **III.** *vr:* **sich ~** *(Straßen)* tagliarsi; *(Wege, Blicke)* incrociarsi
Kreuzer <-s, -> *m* NAUT incrociatore *m*
Kreuzfahrt *f* NAUT crociera *f*

Kreuzfahrtschiff *nt* NAUT nave *f* da crociera

Kreuzfeuer *nt* MIL fuoco *m* incrociato; **im ~ der Kritik stehen** essere al centro della critica

kreuzfidel ['krɔɪtsfi'deːl] *adj (fam)* allegro come una pasqua

Kreuzgang *m* ARCH chiostro *m*

Kreuzgewölbe *nt* ARCH volta *f* a crociera

kreuzigen ['krɔɪtsɪgən] *vt* crocifiggere

Kreuzigung <-, -en> *f* crocifissione *f*

Kreuzotter <-, -n> *f* ZOO vipera *f* comune

Kreuzritter *m* HIST [cavaliere] crociato *m*

Kreuzschmerz *m (fam)* dolore *m* di schiena

Kreuzspinne *f* ZOO ragno *m* crociato

Kreuzung <-, -en> *f (allg)* BOT, ZOO incrocio *m*

kreuzungsfrei *adj* senza [*o* privo di] incroci

Kreuzverhör *nt* JUR interrogatorio *m* in contradditorio; **jdn ins ~ nehmen** interrogare qu in contradditorio

Kreuzweg *m* ① *(Wegkreuzung)* incrocio *m*, crocicchio *m* ② REL via *f* crucis

kreuzweise *adv* in croce; **du kannst mich ~!** *(sl)* ma impiccati!, vaffanculo! *vulg*

Kreuzworträtsel *nt* cruciverba *m*

Kreuzzeichen *nt s.* **Kreuz 1.**

Kreuzzug *m* HIST crociata *f*

kribb[e]lig ['krɪb(ə)lɪç] *adj* ① *(kribbelnd)* solleticante ② *(fam: nervös, unruhig)* nervoso, irrequieto; *(gereizt)* irritato

kribbeln ['krɪbəln] *vi* ① *haben (jucken)* prudere; *(prickeln)* essere frizzante ② *sein (wimmeln)* formicolare

kribblig *adj s.* **kribb[e]lig**

kriechen ['kriːçən] <kriecht, kroch, gekrochen> *vi sein* ① strisciare ② *(Fahrzeuge)* procedere lentamente

Kriecher <-s, -> *m (fig, pej)* leccapiedi *m*

Kriechspur <-, -en> *f* corsia *f* lenta

Kriechtempo *nt kein Pl. (pej)* **im ~** a passo di lumaca

Kriechtier *nt* rettile *m*

Krieg [kriːk] <-(e)s, -e> *m* guerra *f*; **den ~ erklären** dichiarare la guerra; **gegen jdn ~ führen** fare la guerra contro qu; **~ führend** belligerante; **im ~** in guerra

kriegen ['kriːgən] *vt (fam: bekommen, erhalten)* ricevere, ottenere; *(Krankheit)* prendersi, buscarsi *fam;* **ein Kind ~** *(erwarten)* aspettare un bambino; **sie hat ein Kind gekriegt** ha avuto un bambino; **nicht genug ~ [können]** non averne mai abbastanza; **ich kriege Hunger/Durst** mi viene fame/sete

Krieger(in) ['kriːgɐ] <-s, -; -, -nen> *m(f)* guerriero *m*

Kriegerdenkmal *nt* monumento *m* ai caduti

kriegerisch ['kriːgərɪʃ] *adj (Ereignisse)* guerresco, bellico; *(Haltung)* bellicoso; *(Aussehen)* marziale

Kriegerwitwe <-, -n> *f* vedova *f* di guerra

kriegführend *adj* belligerante

Kriegführung *f* condotta *f* di guerra, strategia *f*

Kriegsausbruch *m kein Pl.* **bei ~** allo scoppio della guerra

Kriegsbeil *nt* **das ~ begraben** *(scherz)* sotterrare l'ascia di guerra

Kriegsbereitschaft *f* **in ~** sul piede di guerra

Kriegsberichterstatter *m* corrispondente *m* di guerra

Kriegsbeschädigte <ein -r, -n, -n> *mf* invalido, -a *m, f* di guerra

Kriegsdienstverweigerer <-s, -> *m* obiettore *m* di coscienza

Kriegserklärung *f* dichiarazione *f* di guerra

Kriegsfall *m* **im ~** in caso di guerra

Kriegsfilm *m* film *m* di guerra

Kriegsfuß *m* **mit jdm auf ~ stehen** *(scherz)* essere sul piede di guerra con qu; **mit etw auf ~ stehen** *(scherz)* non conoscere bene qc

Kriegsgefahr *f* pericolo *m* di guerra

Kriegsgefangene *mf* prigioniero, -a *m, f* di guerra

Kriegsgefangenschaft *f* prigionia *f* [di guerra]

Kriegsgericht *nt* tribunale *m* di guerra, corte *f* marziale

Kriegshandlung *f* operazione *f* bellica

Kriegslist *f* stratagemma *m*, astuzia *f* di guerra

Kriegsmarine *f* marina *f* militare

Kriegsmaterial *nt* materiale *m* bellico

Kriegsopfer *nt* vittima *f* di guerra

Kriegspfad *m* **auf dem ~ sein** essere sul sentiero di guerra

Kriegsrecht *nt* diritto *m* di guerra

Kriegsschauplatz *m* teatro *m* della guerra

Kriegsschiff *nt* nave *f* da guerra

Kriegsspielzeug *nt* giocattolo *m* per giochi di guerra

Kriegsverbrechen *nt* crimine *m* di guerra

Kriegsverbrecher *m* criminale *m* di guerra

Kriegsversehrte *mf s.* **Kriegsbeschädigte**

Kriegsveteran(in) <-en, -en; -, -nen> *m(f)* MIL veterano *m* [di guerra]

K

Kriegszustand *m* stato *m* di guerra; **sich im ~ befinden** essere in guerra

Krim [krɪm] *f* GEOG Crimea *f*

Krimi ['kri:mi] <-s, -s> *m* FILM, LIT *(fam)* giallo *m*

Kriminalbeamte *m*, **Kriminalbeamtin** *f* funzionario, -a *m, f* della polizia giudiziaria

Kriminalfall *m* caso *m* criminale

Kriminalfilm *m* [film *m*] giallo *m*

Kriminalisierung [kriminali'zi:rʊŋ] <-> *f* criminalizzazione *f*

Kriminalistik [krimina'lɪstɪk] <-> *f kein Pl.* criminologia *f*

kriminalistisch *adj* criminalistico

Kriminalität [kriminali'tɛ:t] <-> *f kein Pl.* criminalità *f*, delinquenza *f*

Kriminalpolizei *f kein Pl.* polizia *f* criminale

Kriminalroman *m* romanzo *m* poliziesco, giallo *m*

kriminell [krimi'nɛl] *adj* criminale

Kriminelle <ein -r, -n, -n> *mf* criminale *mf*

Kriminologie [kriminolo'gi:] <-> *f kein Pl.* criminologia *f*

Krimskrams ['krɪmskrams] <-(es)> *m kein Pl. (fam)* cianfrusaglie *fpl*, ciarpame *m*

kringeln *vr:* **sich ~** arrotolarsi, arricciarsi; **sich vor Lachen ~** *(fam)* spanciarsi/sbellicarsi dalle risate, ridere a crepapelle

Kripo ['kri:po] <-, -s> *f Abk. von* **Kriminalpolizei** polizia *f* criminale

Krippe ['krɪpə] <-, -n> *f* ① *(Weihnachts~)* presepio *m* ② *(Futter~)* mangiatoia *f*, greppia *f* ③ *(Kinder~)* asilo *m* nido

Krippenplatz *m* posto *m* al micronido

Krise ['kri:zə] <-, -n> *f* crisi *f*

kriseln ['kri:zəln] *vi* **es kriselt** c'è [in vista] una crisi

krisenanfällig *adj* WIRTSCH soggetto a crisi, che risente delle crisi

krisenfest *adj* stabile

Krisengebiet *nt* focolaio *m* di crisi

krisengeschüttelt *adj* **~es Gebiet** regione scossa da conflitti

Krisengipfel *m* POL vertice *m* [in seguito a una crisi]

Krisenherd *m* focolaio *m*

Krisenmanagement *nt* WIRTSCH, POL gestione *f* della crisi

Krisenstab *m* comitato *m* d'emergenza

Kristall[1] [krɪs'tal] <-s, -e> *m (Körper)* cristallo *m*

Kristall[2] <-s> *nt kein Pl. (Glas)* cristallo *m*

kristallen *adj* di cristallo, cristallino

Kristallglas *nt* ① *(Material)* cristallo *m* ② *(Gefäß)* bicchiere *m* di cristallo

kristallin[isch] [krɪsta'li:n(ɪʃ)] *adj* MIN cristallino

kristallisieren [krɪstali'zi:rən] <ohne ge-> **I.** *vi, vt* cristallizzare **II.** *vr:* **sich ~** cristallizzarsi

kristallklar *adj* cristallino

Kristallnacht *f* HIST notte *f* dei cristalli *(inizio della persecuzione nazista degli ebrei residenti in Germania)*

Kristallzucker *m* zucchero *m* cristallino

Kriterium [kri'te:riʊm] <-s, Kriterien> *nt* ① criterio *m* ② SPORT criterium *m*

Kritik [kri'ti:k] <-, -en> *f* critica *f*; **an jdm/etw ~ üben** volgere una critica a qu/qc; **eine gute/schlechte ~ haben** avere una buona/cattiva critica

Kritiker(in) ['kri:tikɐ] <-s, -; -, -nen> *m(f)* critico, -a *m, f*, recensore *m*

kritiklos *adj* acritico

kritisch ['kri:tɪʃ] *adj* critico

kritisieren [kriti'zi:rən] <ohne ge-> *vt* criticare

kritteln ['krɪtəln] *vi (pej)* trovare da ridire (**an** +*dat* su)

Kritzelei [krɪtsə'laɪ] <-, -en> *f (fam pej)* scarabocchi *mpl*, sgorbi *mpl*

kritzeln ['krɪtsəln] *vi, vt* scarabocchiare

Kroate [kro'a:tə] <-n, -n> *m* croato *m*

Kroatien [kro'a:tsiən] *nt* Croazia *f*

Kroatin [kro'a:tin] <-, -nen> *f* croata *f*

kroatisch [kro'a:tiʃ] *adj* croato

kroch [krɔx] *1. u. 3. Pers. Sing. Imp. von* **kriechen**

Krokant [kro'kant] <-s> *m kein Pl.* GASTR croccante *m*

Krokette [kro'kɛtə] <-, -n> *f* GASTR crocchetta *f* [di patate]

Krokodil [kroko'di:l] <-s, -e> *nt* ZOO coccodrillo *m*

Krokodilstränen *fpl (fam)* lacrime *fpl* di coccodrillo

Krokus ['kro:kʊs] <-, -(se)> *m* BOT croco *m*

Krone ['kro:nə] <-, -n> *f* ① corona *f*; FIN, TEC *(a. Zahn~)* corona *f*; *(Baum~)* chioma *f*; **einen in der ~ haben** *(fam)* essere sbronzo; **da fällt dir kein Zacken** [*o* **da brichst du dir keinen Zacken**] **aus der ~** *(fam)* non ci rimetti niente ② *(fig: Höhepunkt)* colmo *m*, massimo *m*, coronamento *m*; **das setzt doch allem die ~ auf!** *(fam)* questo è il colmo!

krönen ['krø:nən] *vt* ① *(a. fig)* incoronare; **von Erfolg gekrönt sein** essere coronato dal successo ② *(abschließen)* coronare; **der ~de Abschluss** la fine in gloria

Kronleuchter <-s, -> *m* lampadario *m* a corona

Kronprinz *m* principe *m* ereditario

Kronprinzessin *f* principessa *f* ereditaria

Krönung ['krøːnʊŋ] <-, -en> *f* ① *(das Krönen)* incoronazione *f* ② *(fig: Höhepunkt)* coronamento *m*

Kronzeuge *m*, **Kronzeugin** *f* teste *mf* principale

Kropf [krɔpf] <-(e)s, Kröpfe> *m* gozzo *m;* **überflüssig sein wie ein ~** *(fam scherz)* essere solo zavorra

kross [krɔs] *adv* croccante; **~ gebraten** fritto in modo croccante

Krösus ['krøːzʊs] <- *o* -ses, -se> *m* *(scherz)* creso *m,* nababbo *m*

Kröte ['krøːtə] <-, -n> *f* ① ZOO rospo *m* ② *(fam scherz: kleines Kind)* rospetto *m* ③ *Pl. (sl: Geld)* quattrini *mpl fam*

Krs. *Abk. von* **Kreis** distretto

Krücke ['krʏkə] <-, -n> *f* ① *(zum Gehen)* gruccia *f,* stampella *f;* **an ~n gehen** camminare con le grucce ② *(Griff)* manico *m* ③ *(sl pej: Versager)* inetto, -a *m, f fam,* fallito, -a *m, f fam*

Krug ['kruːk] <-(e)s, Krüge> *m* brocca *f;* **der ~ geht so lange zum Brunnen, bis er bricht** *(prov)* tanto va la gatta al lardo che ci lascia lo zampino

krüm[e]lig *adj* friabile

Krume ['kruːmə] <-, -n> *f* ① *(Brot~)* briciola *f* [di pane] ② AGR *(Acker~)* strato *m* superiore del terreno

Krümel ['kryːməl] <-s, -> *m* briciola *f*

krümeln *vi* sbriciolarsi

krümlig *adj s.* **krüm**[e]**lig**

krumm [krʊm] *adj* ① *(schief)* storto; *(verkrümmt)* contorto; *(bogenförmig)* curvo; **~e Nase** naso adunco; **~e Beine** gambe storte ② *(fig sl: unrechtmäßig)* disonesto; **~e Geschäfte** affari loschi; **~e Dinger drehen** far qc di proibito; **auf die ~e Tour** in modo poco pulito, per vie traverse

krummbeinig *adj* dalle gambe storte

krümmen ['krʏmən] **I.** *vt (biegen)* [in]curvare, piegare; **ihm wurde kein Haar gekrümmt** non gli è stato torto un capello **II.** *vr:* **sich ~** ① *(sich beugen)* [in]curvarsi, piegarsi; *(Straße, Fluss)* [in]curvare, piegare ② *(sich winden)* [con]torcersi; **sich vor Lachen/Schmerzen ~** piegarsi in due dal ridere/dai dolori

krumm|lachen *vr:* **sich ~** *(fam)* spanciarsi dalle risate

krumm|nehmen <irr> *vt (fam)* **jdm etw ~** prendere a male qc a qu

Krümmung ['krʏmʊŋ] <-, -en> *f* ① incurvamento *m* ② *(Biegung) a.* ANAT, MAT curvatura *f;* *(Straßen~, Fluss~)* curva *f*

krüpp[e]lig *adj* ① *(verkrüppelt)* storpio ② *(missgestaltet)* deforme

Kruppe ['krʊpə] <-, -n> *f* groppa *f*

Krüppel ['krʏpəl] <-s, -> *m* storpio *m;* **jdn zum ~ machen** storpiare qu

krüppelhaft *adj* storpio, storpiato

Kruste ['krʊstə] <-, -n> *f* crosta *f*

Krustenbildung *f (Vorgang)* incrostamento *m;* *(Resultat)* incrostazione *f*

Krustentier *nt* ZOO crostaceo *m*

Kruzifix [krutsiˈfɪks] <-es, -e> *nt* REL crocifisso *m;* **~ [noch mal]!** *(fam)* accidenti!

Krypta ['krʏpta] <-, Krypten> *f* ARCH cripta *f*

KSZE [kaːʔɛstsɛtˈʔeː] <-> *f kein Pl.* HIST *Abk. von* **Konferenz über Sicherheit und Zusammenarbeit in Europa** CSCE *f*

Kuba ['kuːba] *nt* Cuba *f*

Kubaner(in) [kuˈbaːnɐ] <-s, -; -, -nen> *m(f)* cubano, -a *m, f*

kubanisch *adj* cubano

Kübel ['kyːbəl] <-s, -> *m* mastello *m,* tinozza *f;* *(Eimer)* secchio *m*

Kubikmeter [kuˈbiːkmeːtɐ] *m o nt* metro *m* cubo

Kubikwurzel *f* MAT radice *f* cubica

Kubikzahl *f* MAT potenza *f* cubica

Kubikzentimeter *m o nt* centimetro *m* cubo

kubisch ['kuːbɪʃ] *adj* cubico

Kubismus [kuˈbɪsmʊs] <-> *m kein Pl.* KUNST cubismo *m*

kubistisch *adj* KUNST cubista

Küche ['kʏçə] <-, -n> *f* cucina *f;* **gutbürgerliche ~** cucina casalinga; **in Teufels ~ kommen** mettersi nei guai

Kuchen ['kuːxən] <-s, -> *m* ① *(Gebäck)* dolce *m,* torta *f;* **ein Stück ~** un pezzo di torta ② *meist Pl. (Kleingebäck)* paste *fpl*

Kuchenblech *nt* piastra *f* del forno

Küchenchef *m* GASTR chef *m,* capocuoco *m*

Kuchenform *f* forma *f* per torte

Kuchengabel *f* forchetta *f* da dessert

Küchenherd *m* fornello *m* [da cucina]

Küchenmaschine *f* robot *m* da cucina

Küchenmesser *nt* coltello *m* da cucina

Küchenpapier *nt* carta *f* assorbente

Küchenpersonal *nt* personale *m* di cucina

Küchenschabe *f* ZOO scarafaggio *m,* blatta *f*

Küchenschrank *m* credenza *f,* buffet *m*

Kuchenteig *m* pasta *f* per torte

Kücken ['kʏkən] <-s, -> *nt* A pulcino *m*

kuckuck ['kʊkʊk] *interj* cucù

Kuckuck ['kʊkʊk] <-s, -e> *m* ZOO cuculo *m;* **das weiß der ~!** *(fam)* lo sa il diavolo!; **zum ~ [noch mal]!** *(fam)* al diavolo!

Kuckucksuhr *f* [orologio *m* a] cucù *m*

Kufe ['kuːfə] <-, -n> *f* ① *(Schlitten~, Flugzeug~)* pattino *m* ② *(Schlittschuh~)* lama *f*

Küfer ['kyːfɐ] <-s, -> *m* SÜDD, CH bottaio *m*

Kugel ['ku:gəl] <-, -n> *f* ① *(runder Körper)* palla *f;* MAT sfera *f;* *(Erd~)* globo *m* ② *(Gewehr~)* pallottola *f;* *(Kanonen~)* palla *f;* **sich** *dat* **eine ~ durch den Kopf jagen** *(fam)* bruciarsi il cervello ③ SPORT *(Kegel~)* boccia *f;* *(Billard~)* biglia *f;* *(Stoß~)* peso *m;* **eine ruhige ~ schieben** *(fam)* prendersela comoda

Kugelblitz *m* METEO fulmine *m* globulare

Kugelfang *m* parapalle *m*

kugelförmig *adj* sferico

Kugelkopfschreibmaschine *f* macchina *f* da scrivere a testina rotante

Kugellager *nt* MOT cuscinetto *m* a sfere

kugeln ['ku:gəln] **I.** *vi sein* rotolare **II.** *vr:* **sich ~** rotolarsi; **sich ~ vor Lachen** ridere a crepapelle

kugelrund ['ku:gəl'rʊnt] *adj* sferico, tondo

Kugelschreiber *m* penna *f* a sfera, biro® *f fam*

kugelsicher *adj* a prova di proiettile

Kugelstoßen <-s> *nt kein Pl.* SPORT lancio *m* del peso

Kuh [ku:] <-, Kühe> *f* ① ZOO *(weibliches Rind)* vacca *f,* mucca *f* ② *(weibliches Tier)* femmina *f* ③ *(fig, pej: Person)* stupida *f fam,* cretina *f fam;* **blöde ~** *(Schimpfwort)* brutta vacca

Kuhfladen *m* meta *f* di vacca

Kuhhandel *m (fam pej)* mercanteggiamento *m,* mercimonio *m*

Kuhhaut *f* **das geht auf keine ~** *(fig fam)* questo è troppo

Kuhhirte *m* vaccaio *m*

kühl [ky:l] *adj* ① *(Wetter, Raum)* fresco; **~ aufbewahren** tenere al fresco ② *(erfrischend)* rinfrescante ③ *(fig: Empfang, Blick)* freddo

Kühlanlage *f* impianto *m* frigorifero

Kühlbox *f* borsa *f* termica

Kühle ['ky:lə] <-> *f kein Pl.* ① fresco *m,* frescura *f* ② *(fig)* freddezza *f*

kühlen ['ky:lən] **I.** *vt* ① *(~ lassen)* raffreddare; *(kalt stellen)* mettere in ghiaccio ② *(erfrischen)* rinfrescare ③ PHYS, TEC refrigerare **II.** *vi* diventar freddo

kühlend *adj* refrigerante

Kühler <-s, -> *m* TEC refrigeratore *m;* MOT, AERO radiatore *m*

Kühlerhaube *f* MOT cofano *m* [del motore]

Kühlflüssigkeit *f* TEC fluido *m* refrigerante

Kühlhaus *nt* magazzino *m* frigorifero

Kühlraum *m* cella *f* frigorifera

Kühlschrank *m* frigorifero *m,* frigo *m fam*

Kühltasche *f* borsa *f* termica

Kühltruhe *f* congelatore *m*

Kühlturm *m* TEC torre *f* di raffreddamento

Kühlung <-> *f kein Pl.* ① *(Vorgang)* raffreddamento *m* ② *(Luft)* frescura *f* ③ *(Vorrichtung)* dispositivo *m* di raffreddamento

Kühlwagen *m* FERR vagone *m* frigorifero; MOT camion *m* frigorifero

Kühlwasser *nt* acqua *f* di raffreddamento

Kuhmilch *f kein Pl.* latte *m* di mucca

kühn [ky:n] *adj* ① audace; *(riskant)* rischioso; **das übertrifft meine ~sten Erwartungen** questo supera le mie più audaci aspettative ② *(fig: Behauptung)* avventato

Kühnheit <-, -en> *f* ① audacia *f,* temerarietà *f* ② *(fig: von Gedanke, Theorie)* arditezza *f*

Kuhstall *m* stalla *f* delle mucche

k. u. k. ['ka:ʔʊnt'ka:] *Abk. von* **kaiserlich und königlich** HIST imperialregio

Küken ['ky:kən] <-s, -> *nt* pulcino *m*

Ku-Klux-Klan [kuklʊks'kla:n] <-s> *m kein Pl.* POL mafia *f* cinese

Kukuruz ['kʊkurʊts] <-(es)> *m kein Pl.* A *(Mais, obs)* mais *m,* gran[o]turco *m*

kulant [ku'lant] *adj* accomodante

Kuli ['ku:li] <-s, -s> *m* ① *(Lastenträger)* coolie *m;* *(fig)* facchino *m* ② *(fam: Kugelschreiber)* biro® *f fam*

kulinarisch [kuli'na:rɪʃ] *adj* culinario

Kulisse [ku'lɪsə] <-, -n> *f* ① THEAT quinta *f;* **einen Blick hinter die ~n werfen** *(fig)* gettare uno sguardo dietro le quinte ② *(fig: Rahmen, Hintergrund)* fondo *m*

Kulleraugen ['kʊlɐaʊgən] *ntpl (scherz)* occhioni *mpl*

kullern ['kʊlɐn] *vi (fam)* rotolare

Kult [kʊlt] <-(e)s, -e> *m* culto *m;* **einen ~ mit etw treiben** avere un culto per qc

Kultfilm *m* FILM cult movie *m*

kultig *adj* particolare, caratteristico

kultisch *adj* del culto, liturgico

kultivieren [kʊlti'vi:rən] <ohne ge-> *vt* ① AGR coltivare ② *(urbar machen)* dissodare ③ *(fig: pflegen)* coltivare

kultiviert [kʊlti'vi:ɐt] *adj (fig: vornehm, gebildet)* colto, istruito; *(Geschmack, Sprache)* raffinato

Kultserie *f* serie *f* cult

Kultstätte *f* luogo *m* sacro

Kultur [kʊl'tu:ɐ̯] <-, -en> *f* ① AGR, BIOL coltura *f* ② *(geistige, künstlerische ~)* cultura *f;* *(Lebensform)* civiltà *f*

Kulturaustausch *m* scambi *mpl* culturali

Kulturbanause *m (scherz, pej)* zotico *m*

Kulturbeutel *m* beauty case *m*

Kulturdenkmal *nt* monumento *m* [storico]

kulturell [kʊltu'rɛl] *adj* culturale

Kulturfilm <-s, -e> *m* documentario *m*

Kulturgeschichte *f* storia *f* della civiltà

Kulturgut *nt* bene *m* culturale

Kulturhauptstadt *f* **~ Europas** Capitale *f* Europea della Cultura

Kulturhoheit *f* sovranità *f* culturale
Kulturlandschaft *f* paesaggio *m* antropizzato
kulturlos *adj* privo di [*o* senza] cultura
Kulturpolitik *f kein Pl.* politica *f* culturale
Kulturrevolution *f* rivoluzione *f* culturale
Kulturschock *m* choc *m* culturale
Kulturstufe *f* grado *m* di civiltà
Kulturvolk *nt* popolo *m* civile
Kulturzentrum *nt* centro *m* culturale
Kultusminister(in) ['kʊltʊsmɪnɪstɐ] *m(f)* BRD ministro *m* della pubblica istruzione
Kultusministerium *nt* BRD ministero *m* della pubblica istruzione
Kümmel ['kʏməl] <-s, -> *m* ① BOT cumino *m* ② *(Branntwein)* Kümmel *m*
Kummer ['kʊmɐ] <-s> *m kein Pl.* dispiacere *m,* pena *f,* afflizione *f;* **jdm ~ bereiten** dare dei dispiaceri a qu; **hast du ~?** hai preoccupazioni?
kümmerlich ['kʏmɐlɪç] *adj* ① *(elend)* misero; *(erbärmlich)* pietoso; *(ärmlich, dürftig)* povero, scarso ② *(schwächlich)* deboluccio
kümmern ['kʏmɐn] **I.** *vr:* **sich ~** ① *(sich annehmen)* **sich um jdn ~** prendersi cura di qu ② *(sich befassen)* **sich um jdn/etw ~** preoccuparsi di qu/qc; **~ Sie sich bitte darum, dass ...** per favore, si preoccupi che +*conj;* **~ Sie sich [doch] um Ihre eigenen Angelegenheiten!** badi ai fatti suoi *fam;* **~ Sie sich nicht um ...** non pensi a ..., non si impicci di ... *fam* **II.** *vt* **jdn etw ~** interessare qc a qu; **was kümmert mich das?** che me ne importa?
kummervoll *adj* afflitto
Kumpan(in) [kʊm'paːn] <-s, -e; -, -nen> *m(f)* *(fam)* ① *(Kamerad)* compagno, -a *m, f* ② *(pej: Mittäter)* complice *mf*
Kumpel ['kʊmpəl] <-s, -(s)> *m* ① MIN minatore *m* ② *(fam)* compagno *m* [di lavoro] ③ *(fam)* amico *m* [di sesso maschile]; **er ist ein guter ~** *(fam)* è un buon amico
kündbar ['kʏntbaːɐ̯] *adj* ① *(Vertrag)* denunciabile ② *(Geld)* rimborsabile, revocabile ③ *(Arbeitnehmer)* licenziabile
Kunde ['kʊndə] <-n, -n> *m* cliente *m,* avventore *m*
künden ['kʏndən] **I.** *vi* *(geh)* dare notizia (**von** di) **II.** *vt* ① *(geh)* annunciare ② CH licenziare
Kundendienst *m* servizio *m* di assistenza ai clienti
Kundenfeedback *nt* feedback *m* dei clienti
Kundenkarte *f* carta *f* fedeltà
Kundennummer *f* codice *m* clienti
kundenorientiert *adj* orientato al cliente, centrato sulle aspettative del cliente
Kundenstamm *m* WIRTSCH clientela *f*
kund|geben <irr> *vt* *(geh)* ① *(mitteilen)* annunciare, comunicare ② *(äußern)* manifestare, rivelare
Kundgebung <-, -en> *f* POL manifestazione *f,* dimostrazione *f*
kundig *adj* *(geh)* ① *(unterrichtet)* informato (+*gen* di) ② *(erfahren)* esperto (+*gen* di, in), versato (+*gen* in)
kündigen ['kʏndɪgən] **I.** *vt* *(Freundschaft)* disdire, rifiutare; *(Vertrag)* denunciare; *(Darlehen)* chiedere la restituzione di; *(Hypothek)* denunciare il rimborso di **II.** *vi* ① *(Arbeitgeber)* licenziare; *(Arbeitnehmer)* licenziarsi; **jdm [fristlos] ~** licenziare qu [senza preavviso] ② *(Mieter, Vermieter)* **jdm ~** dare la disdetta a qu
Kündigung <-, -en> *f* ① *(von Vertrag)* disdetta *f,* rescissione *f* ② *(von Darlehen, Hypothek)* riscatto *m* ③ *(von Arbeitgeber)* licenziamento *m;* *(von Arbeitnehmer)* dimissioni *f pl;* **mit monatlicher ~** licenziamento con preavviso di un mese
Kündigungsfrist *f* ① *(Zeitpunkt)* termine *m* di disdetta ② *(Zeitraum)* preavviso *m*
Kündigungsgrund *m* motivo *m* del licenziamento
Kündigungsschutz <-es> *m kein Pl.* ① *(des Arbeitnehmers)* tutela *f* contro licenziamenti ingiustificati ② *(des Mieters)* tutela *f* contro lo sfratto ingiustificato
Kundin ['kʊndɪn] <-, -nen> *f* cliente *f,* avventrice *f*
Kundmachung *f* A, CH *(amtliche Verlautbarung)* comunicazione *f* ufficiale
Kundschaft <-> *f kein Pl.* COM clientela *f,* clienti *mpl*
kundschaften *vi* andare in ricognizione
Kundschafter(in) <-s, -; -, -nen> *m(f)* *(Gesandter)* esploratore, -trice *m, f,* perlustratore, -trice *m, f;* *(Spion)* spia *f,* agente *m* segreto
kund|tun <irr> *vt s.* **kundgeben**
künftig ['kʏnftɪç] **I.** *adj* futuro **II.** *adv* in avvenire; *(von jetzt an)* d'ora innanzi
Kunst [kʊnst] <-, Künste> *f* ① arte *f;* **die bildenden Künste** le arti figurative; **die schönen Künste** le belle arti ② *(Geschicklichkeit)* abilità *f,* destrezza *f;* **das ist keine ~!** non è difficile ③ *(~griff)* artificio *m*
Kunstakademie *f* accademia *f* di belle arti
Kunstausstellung *f* mostra *f* d'arte
Kunstdünger *m* concime *m* chimico
Kunstfaser *f* fibra *f* sintetica
Kunstfehler *m* errore *m* medico
kunstfertig *adj* *(geh)* abile, destro
Kunstfertigkeit *f* abilità *f,* destrezza *f*
Kunstgegenstand *m* oggetto *m* d'arte

kunstgerecht **I.** *adj* fatto a regola d'arte **II.** *adv* a regola d'arte
Kunstgeschichte *f* storia *f* dell'arte
Kunstgewerbe *nt* arte *f* applicata
kunstgewerblich *adj* dell' arte applicata
Kunstgriff *m* artificio *m,* stratagemma *m*
Kunsthandel *m kein Pl.* commercio *m* di oggetti d'arte
Kunsthändler(in) *m(f)* commerciante *mf* d'oggetti d'arte
Kunsthandlung *f* negozio *m* [*o* bottega *f*] d'arte
Kunsthandwerk *nt* ❶ arte *f* applicata, arti *f pl* decorative ❷ *(Handwerk)* artigianato *m,* artigianato *m* artistico
Kunstkenner(in) *m(f)* intenditore, -trice *m, f* d'arte
Kunstkritiker(in) *m(f)* critico, -a *m, f* d'arte
Kunstleder *nt* similpelle *f*
Künstler(in) ['kʏnstlɐ] <-s, -; -, -nen> *m(f)* artista *mf*
künstlerisch *adj* artistico
Künstlername *m* nome *m* d'arte
Künstlerpech <-(e)s> *nt kein Pl. (fam)* sfortuna *f,* piccolo incidente *m*
künstlich ['kʏnstlɪç] *adj* ❶ *(nicht natürlich)* artificiale; **jdn ~ ernähren** nutrire qu artificialmente ❷ CHEM sintetico ❸ *(gekünstelt)* artificioso; *(geheuchelt)* affettato
Kunstliebhaber(in) *m(f)* amante *mf* dell'arte
kunstlos *adj* semplice, disadorno
Kunstmaler(in) *m(f)* pittore, -trice *m, f*
Kunstpause <-, -n> *f* ❶ THEAT pausa *f* a effetto ❷ *(fam iron)* inciampo *m*
Kunstreiter(in) *m(f)* cavallerizzo, -a *m, f* acrobata
Kunstsammlung *f* collezione *f* [di oggetti] d'arte
Kunstseide *f* seta *f* artificiale
Kunstspringen *nt kein Pl.* SPORT salto *m* dal trampolino, tuffo *m*
Kunststoff *m* materia *f* sintetica, plastica *f*
kunststoffbeschichtet *adj* plastificato
kunst|stopfen *vt* rammendare in modo invisibile
Kunststück *nt* gioco *m* di prestigio; **~e vorführen** fare giochi di destrezza; **das ist kein ~!** *(fam)* non ci vuol tanto!
Kunstturnen *nt kein Pl.* ginnastica *f* artistica
Kunstverständnis *nt kein Pl.* sensibilità *f* artistica, senso *m* dell'arte
kunstvoll *adj* artistico, fatto con arte
Kunstwerk *nt* opera *f* d'arte
Kunstwert *m* valore *m* artistico
kunterbunt ['kʊntɐbʊnt] *adj* ❶ *(bunt)* colorato, variopinto ❷ *(fig: abwechslungsreich)* vario; *(ungeordnet)* disordinato, confuso
Kunz [kʊnts] *m kein Pl. (fam)* **Hinz und ~** Tizio e Caio
Kupfer ['kʊpfɐ] <-s, -> *nt* MIN rame *m*
Kupferdraht *m* filo *m* di rame
Kupfergeschirr *nt* pentola *f* di rame
kupfern *adj* di rame
Kupferschmied *m* ramaio *m*
Kupferstich *m* KUNST incisione *f* su rame
Kupfervitriol ['kʊpfɐvitrio:l] <-s, -e> *nt* CHEM solfato *m* di rame
Kupon [ku'põ:] <-s, -s> *m (abtrennbarer Zettel, Zinsabschnitt)* cedola *f,* coupon *m; (Talon)* cedola *f,* tagliando *m*
Kuppe ['kʊpə] <-, -n> *f* ❶ *(Berg~)* cima *f* arrotondata ❷ *(Finger~)* punta *f* del dito
Kuppel ['kʊpəl] <-, -n> *f* ARCH cupola *f*
Kuppelei [kʊpə'laɪ] <-, -en> *f* JUR lenocinio *m*
kuppeln ['kʊpəln] **I.** *vt* ❶ *(fig)* TEC accoppiare, appaiare ❷ FERR agganciare **II.** *vi* ❶ MOT innestare la frizione ❷ *(als Kuppler)* fare da mezzano
Kuppelshow *f* TV *show televisivo che ha lo scopo di far trovare l'anima gemella ad un single*
Kuppler(in) <-s, -; -, -nen> *m(f)* mezzano, -a *m, f,* lenone, -a *m, f*
Kupplung ['kʊplʊŋ] <-, -en> *f* ❶ *(Ver~) a.* TEC accoppiamento *m;* FERR agganciamento *m* ❷ TEC *(Vorrichtung)* giunto *m;* MOT frizione *f;* **die ~ treten** pigiare la frizione
Kur [ku:ɐ̯] <-, -en> *f* cura *f,* trattamento *m*
Kür [ky:ɐ̯] <-, -en> *f* SPORT esercizio *m* libero
Kuratorium [kura'to:riʊm] <-s, Kuratorien> *nt* ADM consiglio *m* di sorveglianza
Kurbel ['kʊrbəl] <-, -n> *f* manovella *f*
Kurbelantrieb *m* comando *m* a manovella
kurbeln **I.** *vi* girare la manovella **II.** *vt* tirare girando una manovella
Kurbelstange *f* biella *f*
Kurbelwelle *f* TEC albero *m* a gomiti
Kürbis ['kʏrbɪs] <-ses, -se> *m* BOT zucca *f*
Kurde ['kʊrdə] <-n, -n> *m,* **Kurdin** ['kʊrdɪn] <-, -nen> *f* curdo, -a *m, f*
kurdisch *adj* curdo
Kurdistan ['kʊrdɪsta:n] <-s> *nt* Curdistan *m*
küren ['ky:rən] *vt (geh)* eleggere (**zu**)
Kurfürst ['ku:ɐ̯fʏrst] *m* HIST principe *m* elettore
Kurfürstentum *nt* HIST elettorato *m*
Kurgast *m* ospite *m* di un luogo di cura
Kurhaus *nt* stabilimento *m* di cura
Kurie ['ku:riə] <-, -n> *f* REL curia *f*
Kurier [ku'ri:ɐ̯] <-s, -e> *m* corriere *m*

kurieren [ku'riːrən] <ohne ge-> *vt (heilen)* guarire, curare

kurios [kuri'oːs] *adj* curioso, strano, bizzarro

Kuriosität [kuriozi'tɛːt] <-, -en> *f* ① *(Eigenart)* curiosità *f*, stranezza *f* ② *(Gegenstand)* oggetto *m* raro, rarità *f*

Kurort *m* luogo *m* di cura, stazione *f* climatica

Kurpfuscher(in) ['kuːɐ̯pfʊʃɐ] *m(f) (fam pej)* medicastro, -a *m, f,* ciarlatano, -a *m, f*

Kurpfuscherei <-> *f kein Pl.* ciarlataneria *f*

Kurpfuscherin *f s.* **Kurpfuscher**

Kurs [kʊrs] <-es, -e> *m* ① NAUT, AERO rotta *f;* **~ nehmen auf** +*akk* NAUT far rotta su; **einen neuen ~ einschlagen** *(a. fig)* cambiare rotta ② *(fig)* POL corso *m;* **harter ~** POL linea *f* dura; **vom ~ abkommen** andare fuori corso ③ FIN *(Aktien~)* quotazione *f; (Wechsel~)* cambio *m;* **hoch im ~ bei etw stehen** *(Aktien)* essere molto quotato presso qc; **zum ~ von** FIN al cambio di ④ *(Lehrgang)* corso *m;* **ein Kurs für** [*o* **in**] **Englisch** *dat* un corso d'inglese

Kursbericht *m* FIN *(Aktien)* bollettino *m* della borsa; *(Wechselkurse)* listino *m* dei cambi

Kursbuch *nt* FERR orario *m* ferroviario

Kurschatten <-s, -> *m (fam scherz)* amante *mf* durante un soggiorno termale [*o* di cura]

Kürschner(in) ['kʏrʃnɐ] <-s, -; -, -nen> *m(f)* pellicciaio, -a *m, f*

Kurse *Pl. von* **Kurs, Kursus**

kursieren [kʊr'ziːrən] <ohne ge-> *vi* circolare

kursiv [kʊr'ziːf] *adj* TYP corsivo

Kursnotierung *f* FIN quotazione *f* di borsa

Kursrückgang <-(e)s, -gänge> *m* FIN flessione *f* dei corsi [*o* delle quotazioni]

Kursschwankung *f* FIN oscillazione *f* dei corsi

Kursteilnehmer(in) *m(f)* partecipante *mf* a un corso

Kursus ['kʊrzʊs, *Pl:* 'kʊrzə] <-, Kurse> *m* corso *m*

Kursverlust *m* FIN perdita *f* sul cambio

Kurswagen *m* FERR carrozza *f* diretta

Kurszettel *m* FIN listino *m* di borsa

Kurtaxe <-, -n> *f* tassa *f* di soggiorno

Kurve ['kʊrvə] <-, -n> *f* MAT curva *f; (Straßen~)* svolta *f;* **eine ~ nehmen** prendere una curva; **aus der ~ geschleudert werden** sbandare in curva; **die ~ kratzen** *(fam)* svignarsela; **nicht die ~ kriegen** *(fam)* non farcela

kurven *vi sein* curvare

Kurvenlineal <-s, -e> *nt* MAT curvilineo *m*

kurvenreich *adj* sinuoso, pieno di curve

kurvig *adj* ① *(bogenförmig)* curvo, arcuato ② *(kurvenreich)* pieno di tornanti

kurz [kʊrts] **I.** *adj* <kürzer, kürzeste> ① *(räumlich)* corto; **~e Ärmel** maniche corte; **kürzer machen** [r]accorciare; **den Kürzeren ziehen** *(fam)* avere la peggio ② *(zeitlich)* breve; **binnen Kurzem** entro breve tempo, in poco tempo; [**bis**] **vor Kurzem** [fino a] poco [tempo] fa; **~ danach** poco dopo; **über ~ oder lang** presto o tardi, prima o poi **II.** *adv* <kürzer, am kürzesten> in breve, brevemente; **sich ~ fassen** essere breve; **etw ~ und klein schlagen** fracassare qc, fare a pezzi qc; **bei etw zu ~ kommen** scapitarci in qc *fam;* **~ angebunden** di poche parole; **~ gesagt, ~ und gut** per farla breve *fam,* in poche parole, insomma; **~ und bündig** brevemente, in modo conciso; **um es ~ zu machen** per farla breve *fam;* **mach's ~!** falla breve! *fam,* taglia corto! *fam*

Kurzarbeit *f* lavoro *m* a orario ridotto

kurzärm[e]lig [kʊrtsɛrm(ə)lɪç] *adj* a maniche corte

kurzatmig *adj* che ha il fiato corto, asmatico

Kurzbesuch *m* breve visita *f*

Kürze ['kʏrtsə] <-, -n> *f* ① *Sing. (räumlich)* cortezza *f; (a. zeitlich)* brevità *f;* **in ~** tra poco ② *Sing. (des Ausdrucks)* concisione *f*, stringatezza *f;* **in aller ~** brevemente, succintamente

Kürzel ['kʏrtsəl] <-s, -> *nt* ① *(Stenografie)* stenogramma *m,* segno *m* stenografico ② *(Abkürzung)* sigla *f*, abbreviazione *f*

kürzen *vt* ① *(kürzer machen)* [r]accorciare ② *(ab~)* abbreviare ③ *(verringern: Gehälter, Ausgaben)* diminuire; *(Kredit)* tagliare ④ MAT ridurre

kurzerhand ['kʊrtsɐ'hant] *adv* senza esitare

kürzer|treten <irr> *vi sein (sich schonen)* aver cura di sé

kurz|fassen *vr:* **sich ~** essere breve

Kurzfassung *f* edizione *f* ridotta

Kurzfilm *m* cortometraggio *m*

kurzfristig I. *adj* ① *(kurze Zeit dauernd)* a breve termine ② *(ohne Vorbereitung)* dell'ultimo momento ③ *(in kurzer Zeit)* sollecito **II.** *adv* ① *(ohne Vorbereitung)* all'ultimo momento ② *(in kurzer Zeit)* in breve tempo

Kurzgeschichte *f* storia *f* breve, racconto *m*

kurz|halten <irr> *vt (fam)* **jdn ~** tenere a corto qu

kurzlebig *adj* ① *(kurze Zeit lebend)* dalla vita breve ② *(fig)* di breve durata, effimero, di breve respiro; *(Güter)* deperibile

K

kürzlich *adv* recentemente, poco tempo fa
Kurznachrichten *fpl* brevi notizie *fpl*
kurz|schließen <irr> **I.** *vt* cortocircuitare **II.** *vr* **sich** [**mit jdm**] ~ *(fam)* mettersi d'accordo [con qu]
Kurzschluss *m* EL corto circuito *m*
Kurzschlusshandlung *f* azione *f* avventata
Kurzschrift *f* stenografia *f*
kurzsichtig *adj* miope
Kurzsichtigkeit <-> *f kein Pl.* miopia *f*
kurz|treten <irr> *vi sein o haben* contenersi
kurzum ['kʊrts'ʔʊm] *adv* in breve, insomma
Kürzung <-, -en> *f* ① *(Kürzen)* [r]accorciamento *m* ② *(Ab~)* abbreviazione *f* ③ *(Verringerung)* diminuzione *f* ④ MAT riduzione *f*
Kurzurlaub *m* vacanza *f* breve
Kurzwaren *fpl* mercerie *fpl*
kurzweilig *adj* divertente
Kurzwelle *f* ① PHYS onda *f* corta ② RADIO onde *fpl* corte
Kurzzeitgedächtnis *nt* memoria *f* corta
kurzzeitig I. *adj* breve **II.** *adv* temporaneamente, per poco tempo
kusch [kʊʃ] *interj* ① *(Hund)* a cuccia!, giù! ② A *(vulg: an Personen gerichtete Aufforderung, still zu sein)* a cuccia!, zitto!
kuschelig ['kʊʃəlɪç] *adj* ① *(kuschelweich)* soffice, morbido ② *(behaglich)* accogliente
kuscheln ['kʊʃəln] *vr:* **sich** ~ stringersi, farsi le coccole; **sich an jdn** ~ stringersi a qu; **sich in etw** *akk* ~ raggomitolarsi in qc
Kuscheltier *nt* [animale *m* di] peluche *m*
kuschen ['kʊʃən] *vi* ① *(sich fügen)* sottomettersi ② *(Hund)* accucciarsi, fare la cuccia
Kusine [ku'ziːnə] <-, -n> *f* cugina *f*
Kuss [kʊs] <-es, Küsse> *m*, **kussecht** *adj* indelebile
küssen ['kʏsən] **I.** *vt* baciare **II.** *vr:* **sich** ~ baciarsi
Küste ['kʏstə] <-, -n> *f* costa *f*; **an der** ~ sulla costa
Küstengebiet *nt* territorio *m* costiero, litorale *m*
Küstengewässer *ntpl* acque *fpl* territoriali
Küstenschifffahrt *f* navigazione *f* costiera, cabotaggio *m*
Küstenstreifen *m* fascia *f* costiera, litorale *m*
Küster ['kʏstɐ] <-s, -> *m* sagrestano *m*
Kustos ['kʊstɔs, *Pl:* kʊs'toːdən] <-, Kustoden> *m* conservatore *m* di museo
Kutsche ['kʊtʃə] <-, -n> *f* carrozza *f*
Kutscher <-s, -> *m* cocchiere *m*, vetturino *m*
kutschieren [kʊ'tʃiːrən] **I.** *vi (fam)* andare in carrozza; **durch die Gegend** ~ andare in giro [*o* a zonzo], gironzolare **II.** *vt (fam)* scarrozzare; **jdn nach Hause/durch die Gegend** ~ portare a casa/in giro [*o* a spasso] qu
Kutte ['kʊtə] <-, -n> *f* saio *m*
Kutteln ['kʊtəln] *fpl* SÜDD, A, CH trippa *f*
Kutter ['kʊtɐ] <-s, -> *m* cutter *m*
Kuvert [ku'veːɐ̯] <-(e)s, -e *o* -s> *nt* A *(Briefumschlag)* busta *f* [da lettera]
kV EL *Abk. von* **Kilovolt** kV
KV *Abk. von* **Köchelverzeichnis** registro *m* Köchel
kW *Abk. von* **Kilowatt** kW
KW *Abk. von* **Kurzwelle** OC
kWh PHYS, EL *Abk. von* **Kilowattstunde** kWh
Kybernetik [kybɛr'neːtɪk] <-> *f kein Pl.* cibernetica *f*
kyrillisch [ky'rɪlɪʃ] *adj* cirillico
KZ [kaː'tsɛt] <-(s), -s> *nt Abk. von* **Konzentrationslager** campo *m* di concentramento
KZ-Gedenkstätte <-, -n> *f* monumento *m* ai prigionieri dei lager nazisti

L

l *Abk. von* **Liter** l
L, l [ɛl] <-, -(s)> *nt* L *f,* l *f;* **L wie Ludwig** L come Livorno
Label ['leɪbəl] <-s, -> *nt* ① COM *(Etikett, Preisschild)* etichetta *f,* label *f* ② *(Schallplattenfirma)* casa *f* discografica ③ INFORM *(Markierung)* label *f,* identificatore *m*
laben ['la:bən] **I.** *vt (geh)* ristorare **II.** *vr:* **sich ~** ① *(geh: mit Genuss verzehren)* gustare (**an etw** *dat* qc), godersi (**an etw** *dat* qc) ② *(fig)* ricrearsi (**an** +*dat* con)
labern ['la:bɐn] *vi (fam pej)* cianciare, farneticare; **über etw** *akk* **~** parlare di qc
labil [la'bi:l] *adj* labile
Labilität [labili'tɛ:t] <-> *f kein Pl.* labilità *f,* instabilità *f*
Labor [la'bo:ɐ̯] <-s, -s *o* -e> *nt* laboratorio *m*
Laborant(in) [labo'rant] <-en, -en; -, -nen> *m(f)* assistente *mf* di laboratorio
Laboratorium [labora'to:riʊm] <-s, Laboratorien> *nt* laboratorio *m*
Labsal ['la:pza:l] <-(e)s *o* A, SÜDD -, -e *o* A, SÜDD -e> *nt o f (geh)* ristoro *m,* conforto *m*
Labyrinth [laby'rɪnt] <-(e)s, -e> *nt* labirinto *m*
Lache ['la:xə] <-, -n> *f* ① pozza *f; (Wasser~)* pozzanghera *f* ② *(fam)* risata *f*
lächeln ['lɛçəln] *vi* sorridere
Lächeln <-s> *nt kein Pl.* sorriso *m*
lachen ['laxən] *vi* [**über etw** *akk*] **~** ridere [di qc]; **herzlich ~** ridere di cuore; **aus vollem Hals ~** ridere di cuore; **jdm ins Gesicht ~** ridere in faccia a qu; **sich** *dat* **ins Fäustchen ~** ridere sotto i baffi; **nichts zu ~ haben** aver poco da ridere; **da gibt's nichts zu ~** c'è poco da ridere; **Sie haben gut ~!** ha un bel ridere; **das wäre ja gelacht, wenn ...!** sarebbe davvero da ridere se ...; **wer zuletzt lacht, lacht am besten** *(prov)* ride bene chi ride ultimo
Lachen <-s> *nt kein Pl.* riso *m; (Gelächter)* risata *f;* **sich** *dat* **das ~ nicht verbeißen können** non potersi trattenere dal ridere; **sich vor ~ nicht halten können** non poterne più dal ridere; **sich biegen vor ~** *(fam)* ridere a crepapelle, piegarsi in due dal ridere; **dir wird das ~ [schon] noch vergehen** ti passerà la voglia di ridere
Lacher <-s, -> *m* colui che ride; **die ~ auf seiner Seite haben** aver conquistato con una battuta le persone che ascoltano
Lacherfolg *m* **ein ~ sein** essere un successo di risate
lächerlich ['lɛçɐlɪç] *adj* ridicolo; **sich ~ machen** rendersi ridicolo; **jdn ~ machen** rendere ridicolo qu, ridicolizzare qu; **etw ~ machen** volgere qc al ridicolo; **das habe ich zu einem geradezu ~en Preis bekommen** l'ho comprato per un prezzo irrisorio
Lächerlichkeit[1] <-, -en> *f (pej: Geringfügigkeit)* stupidaggine *f,* sciocchezza *f,* quisquilia *f,* inezia *f,* bazzecola *f*
Lächerlichkeit[2] <-> *f kein Pl. (das Lächerlichsein)* ridicolaggine *f;* **etw/jdn der ~ preisgeben** far fare una figura ridicola a qc/qu, mettere in ridicolo qc/qu
Lachgas *nt* gas *m* esilarante
lachhaft *adj (pej)* ridicolo
Lachkrampf *m* riso *m* convulso
Lachs [laks] <-es, -e> *m* salmone *m*
lachsfarben *adj* color salmone
Lachsforelle *f* trota *f* salmonata
Lachsschinken *m* arista *f* di maiale affumicata
Lack [lak] <-(e)s, -e> *m (~farbe)* lacca *f,* vernice *f; (Auto~)* vernice *f; (Nagel~)* smalto *m; (Siegel~)* ceralacca *f*
Lackaffe *m (fam pej)* bellimbusto *m*
lackieren [la'ki:rən] <ohne ge-> *vt (Lack auftragen)* laccare; *(Auto, Möbel)* verniciare; *(Fingernägel)* mettere lo smalto su
Lackierung <-, -en> *f (das Lackieren, Lack)* verniciatura *f,* smaltatura *f,* laccatura *f*
Lackleder *nt* cuoio *m* verniciato, vernice *f*
Lackmus ['lakmʊs] <-> *m o nt kein Pl.* CHEM tornasole *m*
Lackmuspapier *nt* carta *f* al tornasole
Lackschuh *m* scarpa *f* di vernice
Lade ['la:də] <-, -n> *f* DIAL *(Schub~)* cassetto *m*
Ladegerät *nt* PHYS caricatrice *f;* MOT caricabatteria *m*
Ladegewicht *nt* portata *f;* **zulässiges ~** carico *m* ammesso
Ladehemmung *f* inceppamento *m*
Ladekran *m* gru *f* da carico
laden ['la:dən] <lädt, lud, geladen> *vt* ① *(fig)* PHYS, MIL caricare; **Holz auf einen Wagen ~** caricare legname su un carro; [**schwere**] **Schuld auf sich ~** addossarsi una [grave] colpa; **geladen sein** *(fig fam)* essere furibondo ② INFORM *(Datei öffnen)* aprire [un file] ③ JUR *(vor~)* citare; **jdn vor Gericht ~** citare qu in giudizio
Laden ['la:dən] <-s, Läden> *m* ① *(Kauf~)* negozio *m,* bottega *f;* **einen ~ aufmachen** aprire un negozio; **den ~ schmeißen**

(fam) far girare le cose; **den ganzen ~ hinwerfen** *(fam)* piantar baracca e burattini ❷ *(Fenster~)* imposta *f;* *(Rollladen)* avvolgibile *m*

Ladendieb(in) *m(f)* taccheggiatore, -trice *m, f*

Ladendiebstahl *m* taccheggio *m*

Ladenhüter *m (fig, pej)* fondo *m* di bottega, rimanenza *f*

Ladenkette *f* catena *f* di negozi

Ladenpreis *m* prezzo *m* [di vendita] al minuto

Ladenschild *nt* insegna *f* del negozio

Ladenschluss *m* chiusura *f* dei negozi

Ladenschlussgesetz *nt* legge *f* sull'orario di chiusura dei negozi

Ladenschlusszeit <-, -n> *f* orario *m* di chiusura [dei negozi]

Ladentisch *m* banco *m* di vendita

Laderampe *f* rampa *f* di carico

lädieren [lɛˈdiːrən] <ohne ge-> *vt* danneggiare, ledere

lädt [lɛːt] *3. Pers. Sing. Präs. von* **laden**

Ladung <-, -en> *f* ❶ *(Fracht)* carico *m* ❷ *(Munition) a.* EL carica *f* ❸ JUR *(Vor~)* citazione *f*

Ladyshave [ˈleɪdɪʃeɪv] <-s, -s> *m* depilatore *m* elettrico

lag [laːk] *1. u. 3. Pers. Sing. Imp. von* **liegen**

Lage [ˈlaːgə] <-, -n> *f* ❶ *(Position, Ton~) a.* GEOG posizione *f;* **eine sonnige/verkehrsgünstige ~** una posizione soleggiata/favorevole per quanto riguarda i mezzi di trasporto ❷ *(Situation, Umstände)* situazione *f,* condizione *f;* **die ~ erkunden** tastare il terreno; **in der ~ sein etw zu tun** essere in grado di fare qc; **in einer schwierigen ~ sein** essere in una situazione precaria; **sich in jds ~ versetzen** mettersi nei panni di qu ❸ *(Schicht)* strato *m;* *(~ Papier)* quinterno *m* ❹ *(fam: Runde)* giro *m* ❺ MUS *(Stimm~)* registro *m*

Lagebericht *m* rapporto *m* sulla situazione

Lagebesprechung *f* discussione *f* della situazione

Lageplan *m* planimetria *f*

Lager [ˈlaːgɐ] <-s, -> *nt* ❶ *(Unterkunft)* campo *m;* **sein ~ aufschlagen** piantare il campo; **das ~ abbrechen** levare il campo ❷ *(Vorrats~)* deposito *m,* magazzino *m;* *(gelagerter Vorrat)* stock *m;* **etw auf ~ haben** avere qc in magazzino; *(fig fam: Witz)* avere in serbo qc; **ab ~** franco magazzino ❸ *(fig: Partei, Seite)* campo *m,* schieramento *m,* partito *m* ❹ TEC cuscinetto *m*

Lagerbestand *m* stock *m,* scorta *f* disponibile

lagerfähig *adj* conservabile, non deperibile

Lagerfeuer *nt* fuoco *m* da campo, bivacco *m*

Lagergebühr *f* diritto *m* di magazzinaggio

Lagerhalle *f* capannone *m*

Lagerhaltung *f* stoccaggio *m,* magazzinaggio *m*

Lagerhaus *nt* magazzino *m,* deposito *m*

Lagerist(in) [laːgəˈrɪst] <-en, -en; -, -nen> *m(f)* magazziniere, -a *m, f*

lagern **I.** *vi* ❶ *(kampieren) a.* MIL essere accampato ❷ *(Vorrat, Waren)* essere depositato; *(Wein)* stagionare **II.** *vt* ❶ *(legen)* posare, adagiare; **dieser Fall ist ähnlich gelagert** questo caso presenta analogie ❷ *(aufbewahren)* immagazzinare

Lagerplatz *m* ❶ *(Zelt~)* campo *m* ❷ *(Waren~)* deposito *m*

Lagerraum *m* magazzino *m*

Lagerung <-, -en> *f* ❶ *(Lagern)* immagazzinamento *m* ❷ *(Gelagertsein)* magazzinaggio *m*

Lagerverwalter(in) *m(f)* capo *m* magazziniere

Lagerzeit *f* periodo *m* di magazzinaggio

Lagune [laˈguːnə] <-, -n> *f* laguna *f*

lahm [laːm] *adj* ❶ *(gelähmt)* paralitico; *(a. fig)* paralizzato; *(hinkend)* zoppo ❷ *(fam: kraftlos)* debole, fiacco ❸ *(fam fig)* magro, insufficiente; **eine ~e Entschuldigung** una misera scusa

lahmarschig *adj (sl pej)* indolente

Lahme <ein -r, -n, -n> *mf* paralitico, -a *m, f;* *(Hinkende)* zoppo, -a *m, f*

lahmen *vi* essere zoppo; *(hinken)* zoppicare

lähmen [ˈlɛːmən] *vt* paralizzare

lahm|legen *vt (Verkehr, Wirtschaft)* paralizzare; *(Computersystem)* mandare in tilt

Lähmung <-, -en> *f* paralisi *f;* **halbseitige ~** emiplegia

Laib [laɪp] <-(e)s, -e> *m* ❶ *(Brot~)* pagnotta *f* ❷ *(Käse~)* forma *f*

Laich [laɪç] <-(e)s, -e> *m* uova *fpl* di pesci e anfibi

laichen *vi* deporre le uova

Laichplatz *m* luogo *m* dove pesci e anfibi depongono uova

Laie [ˈlaɪə] <-n, -n> *m* ❶ *(Nichtfachmann)* profano, -a *m, f* ❷ REL laico *m*

laienhaft *adj o adv* da profano, da incompetente

Lakai [laˈkaɪ] <-en, -en> *m* lacchè *m*

Lake [ˈlaːkə] <-, -n> *f* salamoia *f*

Laken [ˈlaːkən] <-s, -> *nt* lenzuolo *m*

lakonisch [laˈkoːnɪʃ] *adj* laconico

Lakritze [laˈkrɪtsə] <-, -n> *f* liquirizia *f*

Laktose [lakˈtoːzə] <-> *f kein Pl.* lattosio *m*

laktosefrei *adj o adv* senza lattosio

lallen [ˈlalən] *vi, vt* balbettare, ciangottare

Lama[1] ['la:ma] <-s, -s> *nt* ① ZOO lama *m* ② *Sing.* *(Textil)* vigogna *f*
Lama[2] <-(s), -s> *m* REL lama *m*
Lamelle [la'mɛlə] <-, -n> *f* ① BOT lamella *f* ② TEC aletta *f*
Lametta [la'mɛta] <-s> *nt kein Pl.* *(Christbaumschmuck)* fili *mpl* d'argento
Laminat [lami'na:t] <-(e)s, -e> *nt* TEC laminato *m* plastico
Laminat-Fußboden *m* pavimento *m* in laminato
Lamm [lam] <-(e)s, Lämmer> *nt* agnello *m;* GASTR abbacchio *m*
lammen *vi* agnellare
Lammfell *nt* pelliccia *f* d'agnello, agnellino *m*
lammfromm *adj* docile come un agnello
Lammkotelett *nt* GASTR costoletta *f* di agnello
Lampe ['lampə] <-, -n> *f* lampada *f*
Lampenfieber *nt* febbre *f* della ribalta
Lampenschirm *m* paralume *m,* abat-jour *m*
Lampion [lam'pi̯õ *o* lam'pi̯ɔŋ] *o* 'lampi̯ɔŋ] <-s, -s> *m* lampioncino *m* [alla veneziana]
LAN [la:n] <-[s], -[s]> *nt Abk. von* **Local Area Network** INFORM rete *f* locale, [rete] LAN
lancieren [lã'si:rən] <ohne ge-> *vt* ① *(fig)* COM, POL lanciare ② MIL silurare
Land [lant] <-(e)s, Länder> *nt* ① *(Fest~)* terra *f;* **das Gelobte ~** la terra promessa; **wieder ~ sehen** *(fig)* tornare a sperare; **an ~ gehen** toccare terra, approdare; **sich** *dat* **etw/jdn an ~ ziehen** *(fam fig)* conquistare qc/qu ② *(Staat)* paese *m;* **~ und Leute** il paese e i suoi abitanti; **jdn des ~es verweisen** esiliare qu ③ *(Bundesland)* regione *f,* Land *m* ④ *(dörfliche Gegend)* campagna *f;* **aufs ~ ziehen** andare/andare a stare in campagna ⑤ *(Acker~)* terreno *m*
Landadel *m* nobiltà *f* terriera
Landarbeiter(in) *m(f)* lavoratore, -trice *m, f* agricolo, -a
landauf [lant'aʊf] *adv* **~, landab** *(geh)* ovunque, dappertutto, in ogni angolo del paese
Landbesitz *m* proprietà *f* terriera
Landbevölkerung *f* popolazione *f* rurale
Landeanflug *m* manovra *f* d'atterraggio
Landebahn *f* pista *f* di atterraggio
Landeerlaubnis *f* autorizzazione *m* all'atterraggio
Landegenehmigung *f* autorizzazione *f* all'atterraggio
landeinwärts *adv* verso l'interno del paese
landen ['landən] **I.** *vi sein* ① NAUT toccare terra, approdare ② AERO atterrare; *(auf Flugzeugträger)* appontare; *(auf Mond)* allunare; **damit kannst du bei mir nicht ~!** *(fam)* con me non attacca! ③ *(fam: ankommen)* arrivare, giungere; *(unvorhergesehen ankommen)* capitare, andare a finire; **nach seinem Sturz landete er auf dem Bauch** *(fam)* dopo la sua caduta cadde bocconi; **du landest noch einmal im Gefängnis, wenn du so weitermachst!** *(fam)* finirai in galera se continui a comportarti così! **II.** *vt haben* ① *(an Land bringen)* sbarcare ② *(fam: Schlag)* assestare, mettere a segno; *(Sieg, Erfolg)* conseguire, riportare
Landenge *f* istmo *m*
Landeplatz *m* ① NAUT approdo *m* ② AERO terreno *m* d'atterraggio
Ländereien [lɛndə'raɪən] *pl* proprietà *f* terriera, terre *fpl*
Länderkampf *m* incontro *m* internazionale
Länderkunde *f* geografia *f*
Länderspiel *nt* incontro *m* internazionale
Ländervergleich *m* confronto *m* tra paesi
Landeschleife <-, -n> *f* virata *f* prima della manovra d'atterraggio
Landesebene *f* **auf ~** a livello nazionale
Landesfarben *fpl* ① *(von Staat)* colori *mpl* nazionali ② *(von Bundesland)* colori *mpl* regionali [*o* del Land]
Landesgrenze *f* ① *(von Staat)* confine *m* nazionale, frontiera *f* ② *(von Bundesland)* confine *m* regionale
Landeshauptfrau *f,* **Landeshauptmann** *m* A POL presidente, -essa *m, f* della regione
Landeshauptstadt *f* *(von Staat)* capitale *f;* *(von Region)* capoluogo *m*
Landesignal *nt* segnale *m* d'atterraggio
Landesinnere *nt* interno *m* del paese
Landeskunde *f* corografia *f*
Landesrat *m,* **Landesrätin** *f* A POL membro *m* della giunta regionale
Landesregierung *f* ① *(von Staat)* governo *m* nazionale ② *(von Bundesland)* governo *m* regionale
Landessprache *f* lingua *f* nazionale
Landesteg *m* pontile *m* d'approdo
Landestrauer *f* lutto *m* nazionale
landesüblich *adj* conforme agli usi del paese
Landesverrat *m* alto tradimento *m*
Landesverteidigung <-> *f kein Pl.* difesa *f* dello Stato [*o* nazionale]
Landeswährung *f* moneta *f* nazionale
Landflucht *f* esodo *m* dalla campagna
Landfriedensbruch *m* JUR violazione *f* dell'ordine pubblico

L

Landgemeinde *f* comune *m* rurale
Landgewinnung <-> *f kein Pl. ampliamento della terra antistante il mare tramite opere di bonifica e spostamento delle dighe*
Landgut *nt* proprietà *f* terriera, podere *m* [rurale]
Landhaus *nt* casa *f* di campagna, villa *f*
Landingpage, **Landing-Page** ['lɛndɪŋpeɪtʃ] <-, -s> *f* INET landing page *f*
Landkarte *f* carta *f* geografica
Landkommune *f* comune *f* rurale
Landkreis *m* distretto *m* rurale
landläufig *adj* corrente, usuale
Landleben *nt* vita *f* di campagna
ländlich ['lɛntlɪç] *adj* rurale, campagnolo
Landluft *f* aria *f* di campagna
Landmaschinen *fpl* macchine *fpl* agricole
Landplage *f* piaga *f*, calamità *f*
Landrat *m* presidente *m* di distretto rurale
Landratsamt *nt* ufficio *m* distrettuale
Landratte *f (fam scherz)* terraiolo *m*, uomo *m* di terraferma
Landregen *m* pioggia *f* continua
Landschaft <-, -en> *f* paesaggio *m*; *(Landstrich)* regione *f*, paese *m*

L

landschaftlich *adj* paesistico; *(regional)* regionale
Landschaftsgärtner(in) *m(f)* architetto *mf* paesaggista
Landschaftsgestaltung *f* architettura *f* del paesaggio
Landschaftspflege *f kein Pl.* salvaguardia *f* del paesaggio
Landschaftsschutz *m* tutela *f* del paesaggio naturale
Landschaftsschutzgebiet *nt* zona *f* protetta
Landschulheim *nt* collegio *m* di campagna
Landsknecht *m* HIST lanzichenecco *m*; *(Söldner)* mercenario *m*
Landsmann <-(e)s, Landsleute> *m*, **Landsmännin** <-, -nen> *f* compatriota *mf*, connazionale *mf*, compaesano, -a *m, f*
Landstraße *f* strada *f* maestra
Landstreicher(in) <-s, -; -, -nen> *m(f)* vagabondo, -a *m, f*, girovago, -a *m, f*
Landstreicherei ['lantʃtraɪçə'raɪ] <-, *rar:* -en> *f* vagabondaggio *m*
Landstrich *m* regione *f*, zona *f*
Landtag *m* ❶ *(Institution)* dieta *f* regionale ❷ *(~sgebäude)* sede *f* della dieta
Landtagswahlen *fpl* elezioni *fpl* parlamentari a livello regionale dei Laender, elezioni *fpl* del parlamento di un Land
Landung <-, -en> *f* ❶ AERO atterraggio *m*; *(Mond~)* allunaggio *m* ❷ NAUT approdo *m*
Landungsbrücke *f* pontile *m* d'approdo
Landvermessung *f* agrimensura *f*
Landweg *m* **auf dem ~** via terra
Landwein *m* vino *m* locale
Landwirt(in) *m(f)* agricoltore, -trice *m, f*, coltivatore, -trice *m, f*
Landwirtschaft *f* agricoltura *f*, economia *f* rurale
landwirtschaftlich *adj* agricolo, agrario
Landwirtschaftsausstellung *f* fiera *f* agricola
Landwirtschaftsminister(in) *m(f)* ministro *m* dell'agricoltura
Landwirtschaftsministerium *nt* ministero *m* dell'agricoltura
Landzunge *f* lingua *f* di terra
lang [laŋ] **I.** *adj* <länger, längste> ❶ lungo; **~er Samstag** *(Ladenöffnungszeit)* sabato ad orario prolungato; **vor ~er Zeit** tanto tempo fa; **gleich/verschieden ~** *(räumlich)* della stessa/di diversa lunghezza; *(zeitlich)* della stessa/di diversa durata ❷ *(hochgewachsen)* alto **II.** *adv* **~ ersehnt/erwartet** lungamente desiderato/atteso; **den ganzen Tag ~** per tutta la giornata; **zehn Jahre ~** per dieci anni
langanhaltend *adj* di lunga durata
langärm[e]lig *adj* a maniche lunghe
langatmig *adj* prolisso
langbeinig *adj* dalle gambe lunghe
lange ['laŋə] <länger, am längsten> *adv* *(~ Zeit)* [a] lungo, lungamente, per molto tempo; **~ dauern** durare a lungo; **~ brauchen, um etw zu tun** impiegare molto [tempo] per fare qc; **es nicht mehr ~ machen** *(fam)* non averne per molto; **schon ~** da molto tempo; **so ~ wie** [per tanto tempo] quanto; **es ist schon ~ her** è già da un pezzo; **es ist noch ~ nicht gesagt, dass ...** non è detto che +*conj;* **warten Sie schon ~?** è molto che aspetta?; **da kannst du ~ warten!** *(fam)* aspetta e spera!
Länge ['lɛŋə] <-, -n> *f* ❶ SPORT lunghezza *f*; **der ~ nach** per il lungo, in lunghezza; **von zehn Meter ~** lungo dieci metri; **der ~ nach hinfallen** cadere lungo disteso ❷ GEOG, ASTR, MAT longitudine *f* ❸ *(Dauer)* durata *f*; **sich in die ~ ziehen** andare per le lunghe ❹ *(lange Silbe)* [sillaba] *f* lunga, lunga *f* ❺ *(fig: langweilige Stelle)* lungaggine *f*
langen I. *vi* ❶ *(fam: ausreichen)* bastare; **mir langt's!, jetzt langt's** [**mir**] **aber!** *(fam)* ne ho abbastanza!, ora basta!; **das langt** basta così ❷ *(greifen)* prendere; **nach etw ~** allungare la mano verso qc ❸ *(sich erstrecken)* allungarsi **II.** *vt* ❶ *(reichen)* porgere; **jdm eine ~** *(fam)* mollare

un ceffone a qu ② *(nehmen, holen)* prendere

Längengrad *m* grado *m* di longitudine

Längenmaß *nt* misura *f* di lunghezza

länger ['lɛŋɐ] I. *adj Komparativ von* **lang I.** ① *(von größerer Ausdehnung)* più lungo; **etw ~ machen** allungare qc; **~ werden** allungarsi ② *(ziemlich lang)* prolungato II. *adv Komparativ von* **lange** ① *(von größerer Dauer)* più [a lungo]; **einen Tag ~** un giorno in più; **je ~, desto besser** più dura meglio è ② *(ziemlich lang)* per lungo tempo

Langeweile <-> *f kein Pl.* noia *f;* **~ haben** annoiarsi; **aus ~** per la noia

Langfinger *m (fam)* ladro *m,* ladruncolo *m*

langfristig *adj o adv* a lunga scadenza, a lungo termine

langgestreckt *adj* lungo, allungato

langhaarig *adj (Mensch)* con i capelli lunghi; *(Tier)* a pelo lungo

langjährig *adj* di [molti] anni; *(Freund)* vecchio

Langlauf *m* sci *m* di fondo

Langläufer(in) *m(f)* fondista *mf*

Langlaufloipe *f* pista *f* [per sci] di fondo

Langlaufski *m* sci *m* di fondo

langlebig *adj* ① *(lange lebend)* longevo ② *(lange Zeit dauernd)* duraturo, durevole

Langlebigkeit <-> *f kein Pl.* ① *(langes Leben)* longevità *f* ② *(Dauerhaftigkeit)* durevolezza *f*

länglich ['lɛŋlɪç] *adj* allungato, oblungo

Langmut <-> *f kein Pl. (geh)* longanimità *f*

langmütig ['laŋmyːtɪç] *adj (geh)* longanime

längs [lɛŋs] I. *präp +gen o dat* lungo II. *adv* per [il] lungo

Längsachse *f* asse *m* longitudinale

langsam I. *adj* lento II. *adv* ① *(nicht schnell)* lentamente, a poco a poco; **~er fahren/gehen** rallentare [il passo]; **~, aber sicher** *(fam)* lento, ma sicuro; **immer schön ~!** *(fam)* adagio!, con calma! ② *(allmählich, endlich)* piano piano; **~ wird es Zeit, dass …** *(fam)* è quasi ora che *+conj*

Langsamkeit <-> *f kein Pl.* lentezza *f*

Langschläfer(in) *m(f)* dormiglione, -a *m, f*

Langspielplatte *f* long-playing *m*

Längsschnitt *m* taglio *m* longitudinale

längst [lɛŋst] *adv* da molto tempo; **schon ~** già da molto tempo; **noch ~ nicht** non … assolutamente

längstens ['lɛŋstəns] *adv* ① *(höchstens)* al massimo ② *(spätestens)* al più tardi

Langstreckenflug *m* volo *m* a lungo raggio

Langstreckenlauf *m* corsa *f* di fondo

Langstreckenläufer(in) *m(f)* fondista *mf*

Languste [laŋ'gʊstə] <-, -n> *f* aragosta *f*

langweilen I. *vt* annoiare II. *vr:* **sich ~** annoiarsi; **sich tödlich ~** annoiarsi a morte

langweilig *adj* noioso; *(eintönig)* monotono

Langwelle *f* onda *f* lunga

langwierig ['laŋviːrɪç] *adj* lungo e complicato

Langzeitarbeitslosigkeit *f kein Pl.* disoccupazione *f* persistente

Langzeitgedächtnis *nt kein Pl.* PSYCH memoria *f* lunga

Langzeitstudie *f* programmazione *f* a lungo termine; *(Forschungen)* ricerche *fpl* a lungo termine; WIRTSCH *(Feldstudie)* ricerca *f* sul campo

Langzeitwirkung *f* effetto *m* prolungato

Lanolin [lano'liːn] <-s> *nt kein Pl.* lanolina *f*

LAN-Party *f* INFORM LAN party *m*

Lanze ['lantsə] <-, -n> *f* lancia *f;* **für jdn eine ~ brechen** *(fig)* spezzare una lancia in favore di qu

La-Ola-Welle *f* ola *f*

lapidar [lapi'daːɐ̯] *adj* lapidario

Lapislazuli [lapɪs'laːtsuli] <-, -> *m* lapislazzuli *m*

Lappalie [la'paːliə] <-, -n> *f* bagatella *f,* bazzecola *f*

Lappen ['lapən] <-s, -> *m* ① *(Stück Stoff)* cencio *m,* straccio *m;* *(Wisch~)* strofinaccio *m;* *(Wasch~)* manopola *f* [per lavarsi]; **jdm durch die ~ gehen** *(fam)* sfuggire di mano a qu ② ANAT lobo *m* ③ *(sl: Geldschein)* banconota *f* di grosso taglio

läppern ['lɛpɐn] *vr:* **sich ~** accumularsi; **es läppert sich allmählich** si accumula poco a poco

läppisch ['lɛpɪʃ] *adj (pej)* sciocco, ridicolo; *(kindisch)* infantile

Laptop ['lɛptɔp] <-s, -s> *m* laptop *m,* computer *m* portatile

Lärche ['lɛrçə] <-, -n> *f* BOT larice *m*

Lärm [lɛrm] <-(e)s> *m kein Pl.* rumore *m;* *(Krach)* chiasso *m,* baccano *m;* **~ schlagen** dare l'allarme; **viel ~ um nichts** molto rumore per nulla

Lärmbekämpfung *f* lotta *f* contro i rumori

Lärmbelästigung *f* inquinamento *m* fonico

Lärmbelastung *f* inquinamento *m* acustico

lärmempfindlich *adj* sensibile ai rumori

lärmen *vi* far chiasso

lärmend *adj* rumoroso, chiassoso; *(Kinder)* schiamazzante

Lärmpegel *m* decibel *m*

Lärmschutz *m kein Pl.* isolamento *m* acustico; *(an Straßen)* insonorizzante *m*
Lärmschutzmaßnahme *f* provvedimento *m* a favore dell'isolamento acustico
Larve ['larfə] <-, -n> *f* ❶ ZOO larva *f* ❷ *(Maske)* maschera *f*
las [la:s] *1. u. 3. Pers. Sing. Imp. von* **lesen**
lasch [laʃ] *adj (schlaff)* molle; *(a. fig)* fiacco
Lasche ['laʃə] <-, -n> *f* ❶ TEC coprigiunto *m* ❷ *(Schuh~)* linguetta *f*
Laschi ['laʃi:] *m (fam)* mollaccione *m*, pappamolla *m*
Laser ['leɪzɐ] <-s, -> *m* laser *m*
Laserdrucker *m* INFORM stampante *f* laser
Laserstrahl *m* raggio *m* laser
lassen[1] ['lasən] <lässt, ließ, gelassen> *vt* ❶ *(unverändert ~)* **etw ~** *(unter~)* smettere di fare qc; *(verzichten auf)* rinunciare a qc; **etw [einfach] nicht ~ können** non poter fare a meno di qc; **tu, was du nicht ~ kannst** *(fam)* fallo se proprio vuoi ❷ *(zurück~)* abbandonare; **jdn allein ~** lasciare solo qu ❸ *(be~)* lasciare; **jdn in Ruhe ~** lasciare qu in pace; **offen ~** *(geöffnet ~)* lasciare aperto; *(nicht zudecken)* lasciare scoperto; *(frei ~)* lasciare libero; *(fig)* lasciare in sospeso; **lass mich dabei aus dem Spiel** non coinvolgermi
lassen[2] <lässt, ließ, lassen> *Modalverb* ❶ *(zu~, dulden)* lasciare; **etw tun ~** lasciar fare qc; *(gestatten)* permettere di fare qc; **jdn kommen/warten ~** far venire/aspettare qu; **sich** *dat* **etw nicht nehmen ~** non rinunciare a qc; **er lässt nicht mit sich** *dat* **reden/handeln** con lui non si può ragionare/trattare; **ich habe mir sagen ~, dass …** ho saputo che …, mi hanno detto che …; **lass mich nur machen!** *(fam)* lascia fare a me! ❷ *(veran~)* fare; **etw tun ~** far fare qc; **sich** *dat* **die Haare schneiden/wachsen ~** farsi tagliare/crescere i capelli ❸ *(nicht tun)* non fare; *(sein ~)* lasciar stare; **lass das [sein]!** lascia perdere!, smettila! ❹ *(ver~, zurück~)* abbandonare; **hängen ~** *(vergessen)* dimenticare; *(fam: im Stich ~)* piantare in asso; **liegen ~** *(herumliegen ~)* lasciare lì; *(vergessen)* dimenticare; **alles stehen und liegen ~** *(fam)* lasciare tutto com'è ❺ *(über~)* lasciare, dare; **jdn links liegen ~** *(fam)* trascurare qu; **das muss man ihr ~** questo bisogna concederglielo
lässig ['lɛsɪç] *adj* ❶ *(ungezwungen)* disinvolto ❷ *(gleichgültig)* indolente ❸ *(nach~)* negligente, trascurato
Lässigkeit <-> *f kein Pl.* ❶ *(Ungezwungenheit)* disinvoltura *f* ❷ *(Gleichgültigkeit)* indolenza *f*
Lasso ['laso] <-s, -s> *nt o m* lasso *m*

L

lässt [lɛst] *2. u. 3. Pers. Sing. Präs. von* **lassen**[1], **lassen**[2]
Last [last] <-, -en> *f* ❶ *(fig)* EL carico *m*; *(Gewicht, a. fig)* peso *m*; **jdm zur ~ fallen** *(lästig sein)* molestare qu; **zu ~en von** a carico di; *s. a.* **zulasten** ❷ *(undankbare Arbeit)* corvé *f*, sfacchinata *f* ❸ *Pl. (Abgaben)* oneri *mpl*; *(Steuern)* imposte *fpl*
Last[kraft]wagen *m* autocarro *m*, camion *m*
Lastauto <-s, -s> *nt* AUTO camion *m*, autocarro *m*
lasten *vi* **[auf etw** *dat***] ~** gravare [su qc]
Lastenaufzug *m* montacarichi *m*
lastenfrei *adj* esente da oneri [*o* da ipoteche]
Laster[1] ['lastɐ] <-s, -> *m (fam) s.* **Last[kraft]wagen**
Laster[2] <-s, -> *nt* vizio *m*
Lästerei [lɛstə'raɪ] <-, -en> *f* continuo imprecare *m*
Lästerer ['lɛstərɐ] <-s, -> *m* maldicente *m*
lasterhaft *adj* vizioso, depravato
Lasterhaftigkeit <-> *f kein Pl.* viziosità *f*, depravazione *f*
Lasterhöhle *f (fam pej)* sentina *f* di vizi
Lästerin ['lɛstərɪn] <-, -nen> *f* maldicente *f*, malalingua *f*
Lästermaul *nt (fam pej)* malalingua *f*, linguaccia *f*
lästern ['lɛstɐn] **I.** *vi (pej)* **[über jdn/etw] ~** sparlare [di qu/qc] **II.** *vt (Gott)* bestemmiare
lästig ['lɛstɪç] *adj (unangenehm)* fastidioso, noioso; *(unbequem)* scomodo; **jdm ~ fallen** dare fastidio a qu, importunare qu
Lastkahn *m* chiatta *f*
Last-Minute-Angebot [la:st'mɪnitangəbo:t] *nt* offerta *f* last minute
Last-Minute-Flug [la:st'mɪnitflu:k] *m* volo *m* last minute
Lastschrift *f* FIN addebitamento *m*, addebito *m*
Lasttier *nt* bestia *f* da soma
Lastträger *m* portatore *m*
Lastwagen *m s.* **Last[kraft]wagen**
Lastwagenfahrer(in) *m(f)* camionista *mf*
Lastzug *m* autotreno *m*
Lasur [la'zu:ɐ̯] <-, -en> *f* vernice *f* trasparente
lasziv [las'tsi:f] *adj (geh)* lascivo, voluttuoso
Latein [la'taɪn] <-s> *nt kein Pl.* latino *m*; **mit seinem ~ am Ende sein** *(fam)* non saper più andare avanti
Lateinamerika *nt* America *f* latina
Lateinamerikaner(in) [lataɪname-ri'ka:nɐ] <-s, -; -, -nen> *m(f)* latino-americano, -a *m, f*

lateinamerikanisch *adj* sudamericano, latino-americano

lateinisch *adj* latino

latent [la'tɛnt] *adj* latente; **~ vorhanden sein** essere latente

Laterne [la'tɛrnə] <-, -n> *f* lanterna *f;* *(Straßen~)* lampione *m*

Laternenpfahl *m* palo *m* del lampione

Latex ['la:tɛks] <-, Latizes> *nt* la[t]tice *m*

Latium ['la:tsiʊm] *nt* Lazio *m*

Latsche ['latʃə] <-, -n> *f* pino *m* nano

latschen ['la:tʃən] *vi sein (fam)* camminare strascicando i piedi; *(fam)* camminare a piedi

Latschen <-s, -> *m (fam)* ciabatta *f;* **aus den ~ kippen** *(fam)* perdere le staffe

Latte ['latə] <-, -n> *f* ① *(schmales Brett)* assicella *f;* **eine lange ~ von ...** *(fam)* una lunga lista di ... ② SPORT *(Hand-, Fußball)* traversa *f;* *(Leichtathletik)* asticella *f* ③ *(fam: großer Mensch)* stanga *f*

Lattenrost *m* ① incannucciata *f* in legno ② *(Bett)* rete *f* del letto a doghe di legno

Lattenzaun *m* staccionata *f,* steccato *m*

Latz [lats] <-es, Lätze> *m* ① *(Lätzchen)* bavaglino *m* ② *(Brust~)* pettorina *f* ③ *(Hosen~)* patta *f*

Lätzchen ['lɛtsçən] <-s, -> *nt* bavaglino *m*

Latzhose *f* pantaloni *mpl* con pettorina, salopette *f*

lau [laʊ] *adj* tiepido

Laub [laʊp] <-(e)s> *nt kein Pl.* fogliame *m*

Laubbaum *m* latifoglia *f,* albero *m* a foglie caduche

Laube ['laʊbə] <-, -n> *f* ① *(Garten~)* pergola *f,* pergolato *m* ② ARCH *(Bogengang)* portico *m*

Laubfrosch *m* raganella *f*

Laubsäge *f* sega *f* da traforo

Laubwald *m* bosco *m* di latifoglie

Lauch [laʊx] <-(e)s, -e> *m* porro *m*

Lauer ['laʊɐ] <-> *f kein Pl.* agguato *m;* **auf der ~ liegen** stare in agguato

lauern *vi* ① *(im Hinterhalt liegen)* [**auf jdn**] **~** fare la posta [a qu]; **auf etw** *akk* **~** *(bes. Wild)* appostare qc ② *(angespannt warten)* [**auf jdn/etw**] **~** attendere [qu/qc]

Lauf [laʊf] <-(e)s, Läufe> *m* ① *(das Laufen, a Wett~)* corsa *f* ② *(Ver~, a Fluss~)* corso *m;* **seinen ~ nehmen** compiersi, svolgersi; **den Dingen ihren ~ lassen** lasciare andare le cose per il loro verso; **einer Sache** *dat* **freien ~ lassen** dare libero corso a qc; **im ~[e] des Gesprächs** nel corso del colloquio; **im ~[e] der Woche** nel corso della settimana ③ TEC funzionamento *m;* *(Auto)* marcia *f* ④ ASTR orbita *f* ⑤ *(Gewehr~)* canna *f* ⑥ MUS passaggio *m* ⑦ *(Jägersprache)* zampa *f,* gamba *f*

Laufbahn *f* ① *(Karriere)* carriera *f* ② *(Sport)* pista *f*

Laufband *nt* SPORT tapis *m* roulant

Laufbursche *m* garzone *m,* fattorino *m*

laufen ['laʊfən] <läuft, lief, gelaufen> **I.** *vi sein* ① *(rennen)* correre; **gelaufen kommen** venire di corsa ② *(fam: gehen)* camminare, andare a piedi ③ *(in Betrieb sein)* funzionare; *(a. Motor)* marciare; *(Fahrzeug)* andare ④ *(fließen)* scorrere; **ihm läuft die Nase** gli cola il naso *fam* ⑤ *(undicht sein)* perdere ⑥ *(Film)* essere in programma; *(als Vorführung)* venire proiettato ⑦ *(fig: im Gange sein)* essere in corso, svolgersi ⑧ *(ver~)* andare, correre; **die Sache ist gelaufen** *(fam)* la cosa è andata; **ich weiß genau, wie das läuft** *(fam)* so esattamente come vanno le cose; **wie läuft der Laden?** *(fam)* come vanno le cose? ⑨ JUR, FIN decorrere; **ab einem bestimmten Datum ~** decorrere da una data precisa; **auf jds Namen ~** essere a nome di qu, essere intestato a qu **II.** *vt* ① *sein (Strecke, Runden)* fare, percorrere; **Rollschuh/Schlittschuh ~** pattinare; **Ski ~** sciare; **hundert Meter ~** fare i cento metri piani; **Gefahr ~ etw zu tun** correre il pericolo di fare qc ② *haben* **sich** *dat* **Blasen ~** farsi venire le vesciche camminando **III.** *vr* **sich warm ~** riscaldarsi

laufend I. *adj* corrente; **auf dem Laufenden über etw** *akk* **sein** essere al corrente su qc; **jdn auf dem Laufenden halten** tenere qu al corrente; **am ~en Band** senza interruzione **II.** *adv* continuamente, in continuazione

laufen|lassen <irr> *vt (fam)* **jdn ~** rimettere qu in libertà

Läufer ['lɔɪfɐ] <-s, -> *m* ① *(beim Schach)* alfiere *m* ② *(Teppich)* passatoia *f* ③ TEC rotore *m*

Läufer(in) ['lɔɪfɐ] <-s, -; -, -nen> *m(f)* *(Leichtathletik)* corridore, -a *m, f;* *(Fußball)* mediano, -a *m, f*

Lauferei [laʊfə'raɪ] <-, -en> *f (fam)* **~en haben** avere un bel daffare; **jdm** [**unnötige**] **~en bereiten** procurare dei fastidi a qu

Läuferin *f s.* **Läufer**

Lauffeuer *nt* **sich wie ein ~ verbreiten** propagarsi con rapidità fulminea

läufig ['lɔɪfɪç] *adj* in calore

Laufjunge *m s.* **Laufbursche**

Laufkran *m* gru *f* mobile [*o* scorrevole]

Laufkundschaft *f* clientela *f* di passaggio

Laufmasche *f* smagliatura *f*

Laufpass *m* **jdm den ~ geben** *(fam)* mandare a spasso qu

Laufschritt *m* passo *m* di corsa

Laufstall *m* box *m* [per bambini]

Laufsteg *m* passerella *f*

läuft [lɔɪft] *3. Pers. Sing. Präs. von* **laufen**

Laufwerk *nt* INFORM unità *f*

Laufzeit *f* ① SPORT tempo *m* [impiegato] ② FILM durata *f* della programmazione ③ *(Gültigkeitsdauer)* durata *f* di validità

Laufzettel *m* avviso *m*, circolare *f*

Lauge ['laʊgə] <-, -n> *f* ① *(Seifen~)* lisciva *f* ② CHEM soluzione *f* caustica

Laune ['laʊnə] <-, -n> *f* ① *(Stimmung)* umore *m*; **gute/schlechte ~ haben** essere di buon/cattivo umore; **seine schlechte ~ an jdm auslassen** sfogare il proprio malumore su qu; **jdm die ~ verderben** far passare il buon umore a qu ② *(spontaner Einfall)* capriccio *m*

launenhaft *adj* ① *(launisch)* lunatico ② *(unberechenbar)* imprevedibile

Launenhaftigkeit <-> *f kein Pl.* carattere *m* lunatico, capricciosità *f*

launig *adj (obs: witzig)* spiritoso, brioso

launisch *adj s.* **launenhaft**

Laus [laʊs] <-, Läuse> *f* pidocchio *m*; **ist dir eine ~ über die Leber gelaufen?** *(fam)* sei di cattivo umore?

Lausanne [lo'zan] *nt* Losanna *f*

Lausbub[e] *m (obs fam) s.* **Lausebengel**

Lauschangriff *m* JUR, MIL azione *f* di spionaggio con microspie

lauschen ['laʊʃən] *vi* ① *(zuhören)* **jdm/etw ~** ascoltare attentamente qu/qc ② *(heimlich)* origliare

Lauscher <-s, -> *m (Jägersprache)* orecchio *m*

lauschig *adj* intimo, romantico

Lausebengel *m*, **Lausejunge** *m (fam)* monello *m*, briccone *m*

lausen ['laʊzən] *vt (a. entlausen)* spidocchiare

lausig *adj (fam pej: schäbig)* misero; *(armselig)* miserabile; **es ist ~ kalt** fa un freddo cane

laut [laʊt] **I.** *adj* ① *(Stimme)* alto; *(~stark, kräftig)* forte, intenso ② *(geräuschvoll, lärmerfüllt)* rumoroso, chiassoso; **~ werden** *(bekanntwerden)* diventare noto, divulgarsi; **das Radio ~er stellen** alzare il volume della radio **II.** *adv* ① *(vernehmlich)* chiaramente, distintamente ② *(kräftig)* forte; **~ lachen** ridere forte; **~er sprechen** parlare più forte ③ *(mit ~er Stimme)* ad alta voce; **~ denken** parlare da solo; **etw ~ vorlesen** leggere a voce alta qc **III.** *präp +gen o dat* secondo, conformemente a

Laut <-(e)s, -e> *m* suono *m*; *(Geräusch)* rumore *m*; **keinen ~ von sich** *dat* **geben** non aprir bocca

lauten *vi (einen Wortlaut haben)* essere; *(besagen)* dire; **auf jds Namen ~** essere intestato a qu; **der Titel lautet …** il titolo è …; **das Urteil lautet auf …** è una sentenza di …

läuten ['lɔɪtən] *vi* ① *(a. vt, Glocken)* s[u]onare ② *(Telefon, Wecker)* squillare; **es hat geläutet** hanno s[u]onato; **er hat davon [etw] ~ hören** *(fam)* ne ha sentito parlare

lauter ['laʊtɐ] **I.** *adj (geh)* ① *(rein)* puro ② *(aufrichtig, ehrlich)* onesto, retto **II.** *adv (nur)* solo, non … [altro] che; **vor ~ Angst/Freude/Glück** per la gran paura/gioia/fortuna; **das sind ~ Lügen** sono tutte bugie

läutern ['lɔɪtɐn] *vt* CHEM depurare, chiarificare; TEC [r]affinare

Läuterung <-, -en> *f* CHEM depurazione *f*; TEC affinazione *f*

lauthals ['laʊthals] *adv* a squarciagola

Lautlehre *f* fonetica *f*

lautlos I. *adj* silenzioso **II.** *adv* in silenzio

Lautschrift *f* trascrizione *f* fonematica

Lautsprecher *m* altoparlante *m*

Lautsprecherbox *f* cassa *f* acustica

Lautsprecherwagen *m* vettura *f* munita di altoparlante

lautstark I. *adj* alto, forte; *(heftig)* violento **II.** *adv* ad alta voce

Lautstärke *f* livello *m* sonoro, sonorità *f*; RADIO, TV volume *m*

Lautstärkeregler *m* regolatore *m* del volume

lauwarm *adj* tiepido

Lava ['laːva] <-, *rar:* Laven> *f* lava *f*

Lavendel [la'vɛndəl] <-s, -> *m* lavanda *f*

lavieren [la'viːrən] <ohne ge-> *vi* ① NAUT bordeggiare ② *(fig)* barcamenarsi, destreggiarsi

Lawine [la'viːnə] <-, -n> *f* valanga *f*

Lawinengefahr *f* pericolo *m* di valanghe

Lawinenunglück *nt* sciagura *f* causata da valanga

Lawinenverbauung <-, -en> *f* paravalanghe *m*

lax [laks] *adj* molle; *(a. fig)* rilassato

Layout [leɪ'ʔaʊt] <-s, -s> *nt*, **Lay-out** <-s, -s> *nt* lay-out *m*

Lazarett [latsa'rɛt] <-(e)s, -e> *nt* ospedale *m* militare

LCD [ɛltseː'deː] <-s, -s> *nt Abk. von* **liquid crystal display** LCD *m*

leasen ['liːzən] *vt (Wagen, Fernseher)* noleggiare, prendere in leasing

Leasing ['liːzɪŋ] <-s, -s> *nt* leasing *m*

Lebedame *f* donna *f* di mondo

Lebemann *m* uomo *m* di mondo, viveur *m*

leben ['leːbən] *vi, vt* vivere; **bescheiden/enthaltsam/gesund/zurückgezogen ~**

vivere modestamente/castamente/in modo sano/ritirato; **noch/nicht mehr ~** essere ancora/non essere più in vita; **von/für etw ~** vivere di/per qc; **man lebt nur einmal!** si vive una volta sola; **in den Tag hinein ~** vivere alla giornata; **es lebe die Freiheit!** viva la libertà!

Leben <-s, -> *nt* vita *f; (Lebhaftigkeit)* animazione *f,* vivacità *f,* vitalità *f;* **jdm das ~ retten** salvare la vita a qu; **jdm das ~ schwer machen** rendere la vita dura a qu; **einem Kind das ~ schenken** dare la vita a un bambino, mettere al mondo un bambino; **sein ~ fristen** campare alla meglio, tirare avanti; **voller ~ stecken** essere pieno di vita; **~ in die Bude bringen** *(fam)* portar l'allegria in casa; **sich** *dat* **das ~ nehmen** togliersi la vita, suicidarsi; **am ~ bleiben/sein** restare/essere in vita; **etw ins ~ rufen** dare vita a qc; **etw mit dem ~ bezahlen** pagare qc con la vita; **mit dem ~ davonkommen** salvarsi la vita; **ums ~ kommen** perdere la vita; **um sein ~ rennen** correre per salvarsi la pelle; **ein ~ lang** tutta una vita; **auf ~ und Tod** per la vita e la morte; **aus dem ~ gegriffen** tratto dal vivo; **nie im ~** *(fam)* mai e poi mai; **für mein ~ gern würde ich …** pagherei non so che per …

lebend *adj* vivente; **~e Sprachen** lingue vive; **das ist der ~e Beweis** è la prova lampante, è l'esempio vivo

lebendgebärend *adj* ZOO viviparo

Lebendgewicht *nt* peso *m* vivo

lebendig [le'bɛndɪç] *adj* ① *(lebend, a Erinnerung)* vivo; **bei ~em Leib verbrennen** essere bruciato vivo ② *(lebhaft)* vivace

Lebendigkeit <-> *f kein Pl.* ① *(Lebendigsein)* vitalità *f* ② *(Lebhaftigkeit)* vivacità *f*

Lebensabend *m (geh)* vecchiaia *f,* ultimi anni *mpl*

Lebensabschnitt *m* periodo *m* della vita

Lebensalter *nt* età *f*

Lebensart *f* ① *(Lebensweise)* modo *m* di vivere, vita *f* ② *(gutes Benehmen)* modi *mpl,* maniere *fpl* gentili

Lebensaufgabe *f* compito *m* della vita

Lebensbaum *m* ① BOT tuia *f* ② REL albero *m* della vita

Lebensbedingungen *fpl* condizioni *fpl* di vita

Lebensdauer *f* ① *(Länge eines Lebens)* [durata *f* della] vita *f* ② TEC durata *f*

Lebenselixier *nt* elisir *m* di lunga vita

Lebensende *nt* fine *f* della vita; **bis an sein ~** fino alla morte

Lebenserfahrung *f kein Pl.* esperienza *f* [di vita]

lebenserhaltend *adj* vitale

Lebenserwartung *f* vita *f* media

lebensfähig *adj* vitale

Lebensfreude *f* gioia *f* di vivere

lebensfroh *adj* pieno di gioia di vivere

Lebensgefahr *f* pericolo *m* di vita; **in ~ schweben** essere in pericolo di vita; **außer ~ sein** essere fuori pericolo; **Vorsicht, ~!** pericolo di morte!

lebensgefährlich *adj* pericolosissimo, rischioso; *(Verletzung)* mortale; **~ verletzt/krank** ferito/malato mortalmente

Lebensgefährte *m,* **Lebensgefährtin** *f* compagno, -a *m, f*

Lebensgemeinschaft *f* ① *(Ehe)* matrimonio *m* ② *(nicht-ehelich)* convivenza *f*

lebensgroß *adj* di grandezza naturale

Lebenshaltungsindex *m* indice *m* del costo della vita

Lebenshaltungskosten *pl* costo *m* della vita

Lebensjahr *nt* anno *m* di vita; **im zwanzigsten ~** all'età di vent'anni; **mit vollendetem 18. ~** a diciott'anni compiuti

Lebenskünstler(in) *m(f)* artista *mf* nell'arte di vivere; **ein ~ sein** saper vivere

Lebenslage *f* situazione *f* [della vita]

lebenslang *adj* che dura tutta la vita, a vita

lebenslänglich *adj* a vita; *(Rente a.)* vitalizio; **~e Haft** ergastolo; **sie bekam „~"** è stata condannata all'ergastolo

Lebenslauf *m* ① *(Verlauf)* corso *m* della vita ② *(geschriebener)* curriculum *m* vitae

lebenslustig *adj* gaio, allegro

Lebensmittel *ntpl* generi *mpl* alimentari, viveri *mpl*

Lebensmittelallergie *f* allergia *f* alimentare

Lebensmittelgeschäft *nt* negozio *m* di [generi] alimentari

Lebensmittelhändler(in) *m(f)* negoziante *mf* di generi alimentari

Lebensmittelvergiftung *f* MED intossicazione *f* alimentare

Lebensmittelversorgung *f* rifornimento *m* di viveri

Lebensmittelvorrat *m* provviste *fpl* di viveri

lebensmüde *adj* stanco della vita

Lebensmut *m* coraggio *m* [di vivere], forza *f* d'animo

lebensnah *adj* ① *(praktisch)* attuale, pratico ② *(realistisch)* realistico

lebensnotwendig *adj* d'importanza vitale

Lebenspartnerschaft *f* unione *f* civile; **eingetragene ~** convivenza *f* registrata

Lebensqualität *f kein Pl.* qualità *f* [dello stile] di vita

Lebensraum *m* spazio *m* vitale; BIOL biotopo *m*

L

Lebensretter(in) *m(f)* salvatore, -trice *m, f*
Lebensstandard *m* tenore *m* di vita
Lebensstellung *f* posto *m* a vita
Lebensunterhalt *m* sostentamento *m;* **sich** *dat* **seinen ~ verdienen** guadagnarsi da vivere
lebensuntüchtig *adj* disadattato
Lebensverlängerung <-> *f kein Pl.* ① MED *(Hinauszögern des Sterbens)* prolungamento *m* della vita; **~ mit allen Mitteln** accanimento *m* terapeutico ② *(längere Lebensdauer)* allungamento *m* della vita
Lebensversicherung *f* assicurazione *f* sulla vita
Lebenswandel *m* [condotta *f* di] vita *f*
Lebensweg *m* corso *m* della vita; **viel Glück auf deinem weiteren ~!** tanti auguri per il futuro!
Lebensweise *f* modo *m* di vivere, costume *m* di vita
Lebensweisheit *f* saggezza *f* di vita
Lebenswerk *nt* opera *f* di [tutta] una vita
lebenswert *adj* degno di essere vissuto
lebenswichtig *adj* [di importanza] vitale
Lebenswirklichkeit *f* vita *f* reale
Lebenszeichen *nt* segno *m* di vita; **kein ~ von sich** *dat* **geben** non dare segni di vita
Lebenszeit *f* durata *f* di una vita; **auf ~** a vita
Leber ['le:bɐ] <-, -n> *f* fegato *m;* **frisch von der ~ weg** *(fam)* francamente
Leberfleck *m* macchia *f* epatica
Leberkäse *m bes.* SÜDD, A *impasto di carne tritata condito e cucinato*
Leberknödel *m bes.* SÜDD, A gnocchetto *m* di fegato
leberkrank *adj* MED epatico, malato di fegato
Leberpastete *f* pasticcio *m* di fegato
Lebertran *m* olio *m* di fegato di merluzzo
Leberwurst *f* salsiccia *f* di fegato; **die beleidigte ~ spielen** *(fam)* fare l'offeso
Leberzirrhose *f* MED cirrosi *f* epatica
Lebewesen *nt* essere *m* vivente; *(einzelliges ~ a.)* organismo *m*
Lebewohl ['le:bə'vo:l] <-(e)s, -s *o* -e> *nt (geh)* addio *m;* **jdm ~ sagen** dire addio a qu
lebhaft *adj* ① *(Mensch, Unterhaltung)* vivace ② *(Fantasie, Farbe, Erinnerung)* vivo ③ *(Handel, Verkehr)* intenso ④ *(deutlich, klar)* chiaro; **ich kann mir ~ vorstellen, wie …** mi posso ben immaginare come …
Lebhaftigkeit <-> *f kein Pl.* ① *(Munterkeit)* vivacità *f* ② *(Bewegtheit)* animazione *f* ③ *(Deutlichkeit)* vivezza *f*
Lebkuchen ['le:pku:xən] *m* panpepato *m*
leblos *adj* ① *(wie tot)* senza vita, inanimato ② *(fig)* inerte, languido

Lebzeiten *fpl* **zu ~ von** ai tempi di; **zu seinen ~** quand'era vivo
Lech [lɛç] *m* Lech *m*
lechzen ['lɛçtsən] *vi* ① *(verlangen)* desiderare (**nach etw** qc); *(gierig sein)* essere avido (**nach** di) ② *(dürsten)* essere assetato (**nach** di)
Lecithin [letsi'ti:n] <-s, -e> *nt* CHEM lecitina *f*
leck [lɛk] *adj* **~ sein** *(undicht sein)* perdere; *(Schiff)* fare acqua
Leck <-(e)s, -s> *nt* perdita *f;* NAUT fuga *f*
lecken ['lɛkən] **I.** *vt (schlecken)* leccare **II.** *vi* ① *(schlecken)* **an etw** *dat* **~** leccare qc ② *(fig: Flammen)* lambire ③ *(undicht sein)* perdere, colare; *(Schiff)* fare acqua
lecker ['lɛkɐ] *adj (a. fig)* gustoso, appetitoso
Leckerbissen *m,* **Leckerei** <-, -en> *f* ghiottoneria *f,* leccornia *f*
Leckermaul *nt (fam)* ① *(der gern Süßigkeiten isst)* ghiottone, -a *m, f* ② *(Feinschmecker)* buongustaio, -a *m, f*
led. *Abk. von* **ledig** nubile; *(Männer)* celibe
LED [ɛlʔe:'de:] <-, -s> *f Abk. von* **Light Emitting Diode** LED *m*
Leder ['le:dɐ] <-s, -> *nt* ① *(Material)* cuoio *m,* pelle *f* ② SPORT *(fam: Fußball)* pallone *m*
Leder- *in Zusammensetzungen* di pelle
Ledereinband *m* rilegatura *f* in pelle
Lederhandschuh *m* guanto *m* di pelle
Lederhose *f* pantaloni *mpl* di pelle tradizionali
Lederindustrie *f* industria *f* del cuoio
Lederjacke *f* giacca *f* di pelle
ledern *adj* ① *(aus Leder)* di cuoio, di pelle ② *(zäh)* coriaceo, duro
Lederriemen *m* cinghia *f* di cuoio
Ledersohle *f* suola *f* di cuoio
Lederwaren *fpl* pelletterie *fpl,* articoli *mpl* di pelle
Lederwarenhandlung *f* negozio *m* di pelletteria
ledig ['le:dɪç] *adj (unverheiratet)* celibe, scapolo; *(Frau)* nubile; **~e Mutter** ragazza madre
lediglich ['le:dɪklɪç] *adv* soltanto, solamente
Lee [le:] <-> *f o nt kein Pl.* NAUT [lato *m*] sottovento *m*
leer [le:ɐ̯] **I.** *adj* ① *(ohne Inhalt)* vuoto; **~e Worte/Versprechungen** parole vuote/vane promesse; **mit ~en Händen** a mani vuote; **~ ausgehen** andarsene a mani vuote; **der Platz ist wie ~ gefegt** la piazza è deserta [*o* spopolata] ② *(unbeschrieben)* bianco ③ EL *(Batterie)* scarico ④ *(nicht möbliert)* non ammobiliato ⑤ *(unbesetzt)* libero, vacante ⑥ *(fig: nichts sagend, aus-*

druckslos) inespressivo **II.** *adv* TEC al minimo; MOT in folle; *(fig)* a vuoto

Leere ['le:rə] <-> *f kein Pl.* ① *(das Leersein)* vuoto *m;* **gähnende ~** vuoto assoluto ② *(fig)* vacuità *f*

leeren I. *vt* vuotare **II.** *vr:* **sich ~** svuotarsi

leergefegt *adj s.* **leer I. 1.**

Leergewicht *nt* peso *m* a vuoto

Leergut *nt* [recipienti *mpl*] vuoti *mpl*

Leerlauf *m* TEC funzionamento *m* a vuoto; MOT marcia *f* in folle

Leerlaufdrehzahl *f* MOT regime *m* a vuoto

leer|laufen <irr> *vi (Behälter, Tank)* svuotarsi

leerstehend *adj* disabitato, sfitto, vuoto

Leerung <-, -en> *f* svuotamento *m; (von Briefkasten)* levata *f* della posta

Lefze ['lɛftsə] <-, -n> *f* labbro *m*

legal [le'ga:l] *adj* legale

legalisieren [legali'zi:rən] <ohne ge-> *vt* legalizzare

Legalität [legali'tɛ:t] <-> *f kein Pl.* legalità *f*

Legasthenie [legaste'ni:] <-> *f kein Pl.* dislessia *f*

Legastheniker(in) [legas'te:nɪkɐ] <-s, -; -, -nen> *m(f)* dislessico, -a *m, f*

Legat[1] [le'ga:t] <-en, -en> *m* HIST, REL *(päpstlicher Gesandter)* legato *m*

Legat[2] <-(e)s, -e> *nt* JUR *(Erbe)* legato *m*

Legebatterie <-, -n> *f* batteria *f* di polli d'allevamento

legen ['le:gən] **I.** *vt* ① mettere, adagiare; **einen Brand ~** appiccare il fuoco a qc; **die Fliesen/den Teppichboden ~** mettere le piastrelle/la moquette; **auf etw** *akk* **Wert ~** tenere a qc; **die Stirn in Falten ~** corrugare la fronte ② *(nieder~)* posare, deporre ③ *(ausbreiten)* stendere; **eine Decke über das Bett ~** stendere una coperta sul letto ④ *(Eier)* deporre **II.** *vr:* **sich ~** ① *(sich ausstrecken)* distendersi; *(zu Bett)* coricarsi; **sich auf den Bauch/die Seite ~** coricarsi sulla pancia/sul fianco ② *(nachlassen)* calmarsi, placarsi

legendär [legɛn'dɛ:ɐ̯] *adj* leggendario

Legende [le'gɛndə] <-, -n> *f* leggenda *f*

leger [le'ʒe:ɐ̯] *adj* ① disinvolto ② *(Kleidung)* casual

Leggings ['lɛgɪŋs] *pl* fuseaux *mpl*

legieren [le'gi:rən] <ohne ge-> *vt* legare

Legierung <-, -en> *f* lega *f*

Legion [le'gi̯o:n] <-, -en> *f* legione *f*

Legionär [legi̯o'nɛ:ɐ̯] <-s, -e> *m* legionario *m*

Legislative [legɪsla'ti:və] <-, -n> *f* ① *(gesetzgebende Gewalt)* potere *m* legislativo ② *(Versammlung)* assemblea *f* legislativa

Legislaturperiode [legɪsla'tu:ɐ̯peri'o:də] *f* legislatura *f*

legitim [legi'ti:m] *adj* legittimo

Legitimation [legitima'tsi̯o:n] <-, -en> *f* legittimazione *f*

legitimieren [legiti'mi:rən] <ohne ge-> **I.** *vt* legittimare **II.** *vr:* **sich ~** *(sich ausweisen)* dimostrare la propria identità

Legitimität [legitimi'tɛ:t] <-> *f kein Pl.* legittimità *f*

Lehen ['le:ən] <-s, -> *nt* feudo *m*

Lehm [le:m] <-(e)s, -e> *m* argilla *f,* creta *f*

Lehmgrube *f* cava *f* d'argilla

lehmig *adj* argilloso

Lehne ['le:nə] <-, -n> *f* ① *(Stütze)* appoggio *m,* sostegno *m; (Rücken~)* spalliera *f; (Arm~)* bracciolo *m* ② A, CH *(Abhang)* pendio *m*

lehnen I. *vt* **etw an etw** *akk* [*o* **gegen etw**] **~** appoggiare qc a qc **II.** *vi* poggiare; **an etw** *dat* **~** essere appoggiato a qc **III.** *vr* **sich an** [*o* **gegen**] **jdn/etw ~** appoggiarsi a qu/qc; **sich aus dem Fenster ~** *(von Auto)* sporgersi dal finestrino; *(von Haus)* sporgersi dalla finestra

Lehnsessel *m* poltrona *f*

Lehnsherr ['le:nshɛr] *m* HIST feudatario *m,* signore *m* feudale

Lehnsmann <-(e)s, -männer *o* -leute> *m* HIST vassallo *m*

Lehnstuhl *m* poltrona *f*

Lehnwort <-(e)s, -wörter> *nt* prestito *m* linguistico

Lehramt *nt* insegnamento *m*

Lehramtsanwärter(in) *m(f)* candidato, -a *m, f* all'insegnamento

Lehramtsstudium <-s> *nt kein Pl. studio che abilita all'insegnamento nelle scuole medie inferiori e superiori*

Lehranstalt *f* istituto *m* scolastico

Lehrbeauftragte *mf* [insegnante] incaricato, -a *m, f*

Lehrberuf *m* professione *f* d'insegnante, insegnamento *m*

Lehrbrief *m* certificato *m* di apprendistato

Lehrbuch *nt* [libro *m* di] testo *m,* manuale *m*

Lehre ['le:rə] <-, -n> *f* ① *(Unterweisung)* insegnamento *m; (Handwerks~)* apprendistato *m,* tirocinio *m;* **bei jdm in die ~ gehen** andare a fare [il] tirocinio presso qu ② SCIENT scienza *f* ③ *(Theorie, Lehrmeinung)* teoria *f;* REL, PHILOS dottrina *f* ④ *(Erfahrung)* lezione *f; (Warnung)* monito *m; (einer Fabel)* morale *f;* **jdm eine ~ sein** servire di lezione a qu; **aus etw eine ~ ziehen** trarre insegnamento da qc ⑤ TEC calibro *m*

lehren *vt, vi* insegnare; **ich werde dich ~ zu** +*inf* ti insegnerò io a +*inf fam*
Lehrer(in) <-s, -; -, -nen> *m(f)* insegnante *mf;* *(Volksschul~)* maestro, -a *m, f;* *(Gymnasial~, Universitäts~)* professore, -essa *m, f*
Lehrerschaft <-, -en> *f* corpo *m* insegnante, insegnanti *mpl*
Lehrerzimmer *nt* sala *f* dei professori [*o* docenti]
Lehrfilm *m* film *m* didattico
Lehrgang *m* corso *m*
Lehrgangsteilnehmer(in) *m(f)* partecipante *mf* a un corso
Lehrgeld *nt* costo *m* del tirocinio; **~ zahlen** *(fig)* imparare a proprie spese
lehrhaft *adj* didattico, didascalico
Lehrherr *m (obs)* maestro *m,* padrone *m*
Lehrjahr *nt* anno *m* di tirocinio
Lehrkörper *m* ADM corpo *m* insegnante
Lehrkraft *f* ADM insegnante *mf*
Lehrling <-s, -e> *m* apprendista *mf*
Lehrmädchen *nt* apprendista *f*
Lehrmeister(in) <-s, -; -, -nen> *m(f)* maestro, -a *m, f,* mastro, -a *m, f*
Lehrmittel *nt meist Pl.* materiale *m* didattico
Lehrmittelfreiheit *f* gratuità *f* dei libri scolastici
Lehrpfad *m* sentiero *m* didattico
Lehrplan *m* piano *m* di studi
Lehrprobe *f* lezione *f* di prova
lehrreich *adj* istruttivo
Lehrsatz *m* tesi *f;* MAT, PHYS teorema *m;* REL dogma *m*
Lehrstelle *f* posto *m* di apprendistato
Lehrstuhl *m* cattedra *f;* **ein ~ für Linguistik** una cattedra di linguistica
Lehrvertrag *m* contratto *m* di apprendistato
Lehrzeit *f* [periodo *m* di] apprendistato *m*
Leib [laɪp] <-(e)s, -er> *m (geh)* ① *(Körper)* corpo *m;* **etw am eigenen ~[e] erfahren** imparare qc a proprie spese; **am ganzen ~[e] zittern** tremare da capo a piedi; **jdm wie auf den ~ geschrieben sein** adattarsi perfettamente a qu; **sich** *dat* **jdn vom ~e halten** tenere alla larga qu *fam;* **bei lebendigem ~e** vivo; **mit ~ und Seele** anima e corpo; **bleiben Sie mir damit vom ~e!** *(fam)* non mi secchi con questa storia! ② *(Bauch)* ventre *m,* pancia *f*
Leibarzt *m* medico *m* personale
Leibbinde *f* panciera *f,* ventriera *f*
leibeigen ['laɪpʔaɪgən] *adj* appartenente alla servitù della gleba
leiben *vi* **wie er leibt und lebt** in carne ed ossa
Leibeserziehung *f* ADM educazione *f* fisica
Leibeskräfte *fpl* **aus ~n schreien** gridare a più non posso
Leibesübungen *fpl* ADM esercizi *mpl* fisici
Leibesvisitation *f* perquisizione *f* personale
Leibgarde *f* guardia *f* del corpo
Leibgardist *m* soldato *m* della guardia del corpo
Leibgericht *nt* piatto *m* preferito
leibhaftig *adj* in persona, in carne ed ossa
leiblich *adj* ① *(körperlich)* corporale, fisico ② *(blutsverwandt)* consanguineo; **sein ~er Sohn** suo figlio carnale
Leibspeise *f* piatto *m* preferito
Leibwache *f,* **Leibwächter** *m* guardia *f* del corpo
Leibwäsche *f* biancheria *f* intima
Leiche ['laɪçə] <-, -n> *f* cadavere *m,* salma *f poet;* **über ~n gehen** *(fig)* essere senza scrupoli
leichenblass *adj* pallido come un morto
Leichenhalle *f,* **Leichenhaus** *nt* camera *f* mortuaria
Leichenschändung *f* profanazione *f* di cadavere
Leichenschauhaus *nt* obitorio *m*
Leichenstarre <-> *f kein Pl.* rigidità *f* cadaverica
Leichentuch *nt* lenzuolo *m* funebre
Leichenverbrennung *f* cremazione *f*
Leichenwagen *m* carro *m* funebre
Leichenzug *m* corteo *m* funebre
Leichnam ['laɪçnaːm] <-(e)s, -e> *m (geh)* salma *f lett,* cadavere *m*
leicht [laɪçt] **I.** *adj* ① *(nicht schwer, geringfügig)* leggero ② *(nicht schwierig)* facile; **es nicht ~ haben** non avere una vita facile; **~es Spiel haben** aver buon gioco; **etw ~en Herzens tun** far qc a cuor leggero; **nichts ~er als das** nulla di più facile; **jdm etw ~ machen** agevolare qc a qu **II.** *adv* ① *(schnell, mühelos)* facilmente; **~ zugänglich** facilmente accessibile; **sie wird ~ ärgerlich** si arrabbia facilmente; **das ist ~ möglich** è possibilissimo; **das ist ~ gesagt** è facile a dirsi; **das ist ~er gesagt als getan** tra il dire ed il fare c'è di mezzo il mare *prov* ② *(zurückhaltend)* **etw ~ salzen** salare qc leggermente
Leichtathlet(in) *m(f)* atleta *mf* [di atletica leggera]
Leichtathletik *f* atletica *f* leggera
Leichter <-s, -> *m* NAUT alleggio *m*
leicht|fallen <irr> *vi (keine Mühe bereiten)* essere facile; **das fällt mir leicht** mi riesce facile
leichtfertig *adj* ① *(unbekümmert)* spensierato ② *(leichtsinnig)* leggero, sconsiderato

Leichtfertigkeit <-> *f kein Pl.* leggerezza *f;* *(Gedankenlosigkeit)* spensieratezza *f;* *(Unvorsichtigkeit)* sventatezza *f,* sconsideratezza *f*

Leichtgewicht *nt* peso *m* leggero

leichtgläubig *adj* credulone

Leichtgläubigkeit <-> *f kein Pl.* credulità *f*

leichthin ['laɪçt'hɪn] *adv* ① *(ohne lange zu überlegen)* senza riflettere, alla leggera ② *(flüchtig)* di sfuggita

Leichtigkeit <-> *f kein Pl.* ① *(Leichtsein)* leggerezza *f* ② *(Mühelosigkeit)* facilità *f;* **mit ~** facilmente

leichtlebig *adj* spensierato, gaio

leicht|machen *vt s.* **leicht I. 2.**

Leichtmetall *nt* metallo *m* leggero

leicht|nehmen <irr> *vt* **etw ~** prendere qc alla leggera; **nimm's leicht!** non te la prendere!

Leichtsinn *m* ① *(Unvorsichtigkeit)* leggerezza *f;* *(Unbesonnenheit)* avventatezza *f* ② *(Unbekümmertheit)* spensieratezza *f*

leichtsinnig I. *adj* ① *(unvorsichtig)* leggero; *(unbesonnen)* sventato; *(unbedacht)* sconsiderato ② *(sorglos)* spensierato **II.** *adv* *(unvorsichtig)* con leggerezza, alla leggera

leicht|tun <irr> *vr:* **sich ~** *(fam)* non avere difficoltà; **sich mit etw ~** non avere difficoltà con qc

leichtverdaulich *adj s.* **verdaulich**

leichtverderblich *adj s.* **verderblich 1.**

leichtverletzt *adj s.* **verletzen I. 1.**

Leichtverletzte *mf* ferito, -a *m, f* leggero, -a

leichtverständlich *adj s.* **verständlich 1.**

leichtverwundet *adj s.* **verwundet**

Leichtverwundete *mf* ferito, -a *m, f* leggero, -a

leid [laɪt] *adj* **ich bin es ~, zu warten** sono stufo di aspettare *fam*

Leid <-(e)s> *nt kein Pl.* ① *(seelischer Schmerz)* pena *f,* sofferenza *f;* *(Schmerz)* dolore *m;* *(Kummer)* dispiacere *m;* **jdm sein ~ klagen** confidare a qu il proprio dolore ② *(Unrecht)* torto *m,* ingiustizia *f;* **jdm ein ~ [an]tun** fare un torto a qu

leiden ['laɪdən] <leidet, litt, gelitten> **I.** *vi* soffrire; **an einer Krankheit ~** soffrire di una malattia; **unter der Einsamkeit ~** soffrire di solitudine; **an Krebs ~** soffrire di cancro **II.** *vt (ertragen)* patire; **Not ~** essere in miseria; **jdn nicht ~ können** non poter soffrire qu *fam;* **ich mag ihn gut ~** mi è simpatico, mi piace

Leiden <-s, -> *nt* ① sofferenza *f* ② *(Schmerz)* dolore *m* ③ *(Krankheit)* malattia *f;* *(Erkrankung)* affezione *f*

Leidenschaft <-, -en> *f* passione *f*

leidenschaftlich *adj* ① *(begeistert)* appassionato; **etw ~ gern tun** fare qc molto volentieri ② *(emotional)* passionale

leidenschaftslos *adj* razionale, spassionato

Leidenschaftslosigkeit <-> *f kein Pl.* *(Teilnahmslosigkeit)* insensibilità *f,* freddezza *f;* *(Objektivität)* spassionatezza *f;* *(Unempfindlichkeit)* impassibilità *f*

Leidensfähigkeit *f* capacità *f* di sofferenza

Leidensgefährtin <-, -nen> *f* compagno, -a *m, f* di sventura

Leidensgenosse *m,* **Leidensgenossin** *f* compagno, -a *m, f* di sventura

leider ['laɪdɐ] *adv* purtroppo; *(unglücklicherweise)* disgraziatamente, sfortunatamente; **~ muss ich sagen, dass …** mi dispiace [di] dover dire che …; **~!** purtroppo!; **~ ja/nein** purtroppo sì/no; **~ Gottes** sfortunatamente

leidig *adj (ärgerlich)* fastidioso; *(unangenehm)* increscioso

leidlich I. *adj* passabile, discreto **II.** *adv* discretamente, passabilmente; *(einigermaßen)* abbastanza

Leidtragende <ein -r, -n, -n> *mf (Benachteiligte)* vittima *f*

leid|tun <irr> *vi* ① *(bedauerlich sein)* [di]spiacere; **es tut mir leid, dass …** mi [di]spiace che *+conj* ② *(Mitleid erregen)* **er tut mir leid** mi fa pena

leidvoll *adj* doloroso

Leidwesen *nt* **zu meinem ~** con mio rincrescimento

Leier ['laɪɐ] <-, -n> *f* MUS lira *f;* *(Dreh~)* organetto *m;* **das ist immer die alte ~** *(fam)* è sempre la solita storia

Leierkasten *m* organetto *m* [di Barberia]

Leierkastenmann *m* sonatore *m* d'organetto

leiern *vi (fig: monoton sprechen)* parlare in tono monotono

Leiharbeit *f kein Pl.* lavoro *m* temporaneo prestato presso un altro datore di lavoro, lavoro *m* a prestito

Leihbibliothek *f,* **Leihbücherei** *f* biblioteca *f* di prestito

leihen ['laɪən] <leiht, lieh, geliehen> **I.** *vt* **[jdm] etw ~** prestare qc [a qu] **II.** *vr* **sich** *dat* **[von jdm etw] ~** farsi prestare [qc da qu]

Leihfrist *f* scadenza *f* del prestito

Leihgabe *f* prestito *m*

Leihgebühr *f* tariffa *f* di prestito

Leihhaus *nt* monte *m* di pietà

Leihmutter *f* madre *f* in affitto

Leihwagen *m* AUTO macchina *f* a nolo, auto *f* noleggiata

leihweise *adv* in prestito

Leim [laɪm] <-(e)s, -e> *m* ① *(Klebstoff)* colla *f;* **jdm auf den ~ gehen** *(fam)* farsi abbindolare da qu; **aus dem ~ gehen** *(fam: auseinanderfallen)* scollarsi; *(dick werden)* sformarsi ② *(Vogel~)* vischio *m*
leimen *vt* ① *(kleben)* incollare ② *(sl: hereinlegen)* abbindolare *fam*
Leimfarbe *f* colore *m* a colla, tempera *f*
Lein [laɪn] <-(e)s, -e> *m* lino *m*
Leine ['laɪnə] <-, -n> *f (Seil)* funicella *f; (a. Wäsche~)* corda *f; (Hunde~)* guinzaglio *m; (Lauf~)* lunga *f; (Angel~)* lenza *f;* **an der ~ führen** tenere al guinzaglio; **zieh' ~!** *(fam)* vattene! sparisci!
leinen *adj* di lino
Leinen <-s, -> *nt* ① *(Gewebe)* lino *m* ② *(Bucheinband)* tela *f;* **in ~ [gebunden]** rilegato in tela
Leinöl *nt* olio *m* di lino
Leinsamen *m* seme *m* di lino
Leintuch *nt* lenzuolo *m*
Leinwand *f* ① tela *f; (Malerei a.)* lino *m* ② FILM schermo *m*
Leipzig ['laɪptsɪç] *nt* Lipsia *f*
leise ['laɪzə] **I.** *adj* ① *(still)* basso, sommesso; **~r stellen** abbassare; **mit ~r Stimme** a bassa voce ② *(leicht, schwach)* leggero; *(sanft)* delicato; **nicht die ~ste Ahnung haben** non avere la più pallida idea **II.** *adv (mit leiser Stimme)* sottovoce, piano
Leisetreter <-s, -> *m (pej)* sornione, -a *m, f,* ipocrita *mf*
Leiste ['laɪstə] <-, -n> *f* ① *(Rand~)* lista *f,* listello *m* ② *(Stoff~)* orlo *m,* bordo *m* ③ ARCH modanatura *f* ④ ANAT inguine *m*
leisten ['laɪstən] **I.** *vt* ① *(tun, schaffen)* fare; *(hervorbringen)* compiere ② TEC rendere; MOT avere un rendimento ③ *(Zahlung)* effettuare ④ *(Hilfe, Eid)* prestare; **jdm Gesellschaft ~** far compagnia a qu **II.** *vr:* **sich ~** ① *(gönnen)* concedersi ② FIN permettersi [il lusso di] ③ *(sich herausnehmen)* prendersi la libertà di, permettersi
Leisten ['laɪstən] <-s, -> *m* ① *(Schuhform)* forma *f* ② *(Schuhspanner)* tendiscarpe *m;* **alles über einen ~ schlagen** *(fam)* fare di ogni erba un fascio
Leistenbruch *m* MED ernia *f* inguinale
Leistengegend *f* ANAT regione *f* inguinale
Leistung <-, -en> *f* ① prestazione *f;* SPORT exploit *m; (von Arbeiter)* rendimento *m; (von Schüler)* profitto *m; (Geleistetes)* lavoro *m,* opera *f;* **große ~** grande opera; SPORT prodezza *f,* exploit *m;* **soziale ~en** prestazioni sociali; **eine ~ vollbringen** fare un lavoro; SPORT compiere un exploit ② *(von Maschine, Fabrik)* capacità *f* di produzione, efficienza *f* ③ *(Zahlung)* pagamento *m; (Beitrag)* contributo *m*
Leistungsabfall *m* calo *m* di rendimento
leistungsbezogen *adj* a cottimo
Leistungsbilanz *f* WIRTSCH bilancia *f* delle partite correnti
Leistungsdruck *m kein Pl.* **unter ~ sein** essere sotto pressione [di dover rendere]
leistungsfähig *adj (produktiv)* efficiente, produttivo
Leistungsfähigkeit *f* ① *(Produktivität)* capacità *f* produttiva, produttività *f* ② TEC rendimento *m,* efficienza *f*
Leistungsgesellschaft *f* società *f* efficientistica
Leistungskurs *m* seminario *m*
leistungsschwach *adj* poco efficiente, di scarso rendimento
Leistungssport *m* sport *m* di competizione
leistungsstark *adj* efficiente, produttivo; SPORT competitivo; MOT potente
Leitartikel *m* articolo *m* di fondo
Leitartikler(in) <-s, -; -, -nen> *m(f)* editorialista *mf*
Leitbild *nt* esempio *m,* modello *m,* ideale *m*
leiten ['laɪtən] *vt* ① *(führen)* condurre, guidare; **sich von etw ~ lassen** lasciarsi guidare da qc ② *(verantwortlich ~)* dirigere; *(den Vorsitz haben von)* presiedere ③ *(lenken)* dirigere; *(um~)* deviare; *(Gewässer, a. fig)* incanalare ④ EL, PHYS condurre
leitend *adj* ① *(Stellung)* direttivo; **~e[r] Angestellte[r]** dirigente *mf* ② *(fig: Gedanke)* dominante ③ EL, PHYS conduttore
Leiter(in) ['laɪtɐ] <-s, -; -, -nen> *m(f)* guida *f,* capo *m; (Betriebs~, Schul~, Orchester~)* direttore, -trice *m, f; (Geschäfts~)* gerente *mf; (Abteilungs~)* caporeparto *mf*
Leiter[1] ['laɪtɐ] <-, -n> *f* scala *f* [a pioli]
Leiter[2] <-s, -> *m* EL, PHYS conduttore *m*
Leiterwagen *m* carro *m* rastrelliera
Leitfaden *m* ① *(Lehrbuch)* manuale *m* ② *(fig: Leitgedanke)* filo *m* conduttore
leitfähig *adj* conduttore
Leitfähigkeit *f* conduttività *f*
Leitgedanke *m* pensiero *m* dominante
Leithammel *m* ① *(einer Schafherde)* montone *m* guidaiolo ② *(fig: Anführer)* guida *f;* **der ~ sein** *(fig)* guidare la danza
Leitlinie *f* POL, WIRTSCH direttiva *f*
Leitplanke *f* guardrail *m*
Leitsatz *m* principio *m* [direttivo]
Leitspruch *m* motto *m*
Leitstelle *f* ufficio *m* centrale, direzione *f*
Leitung <-, -en> *f* ① *(Führung)* guida *f,* conduzione *f; (von Betrieb, Schule, Orchester)* direzione *f;* **die ~ einer Firma übernehmen** assumere la direzione di

un'impresa; **unter der ~ von** sotto la direzione di ② *(Verwaltung)* gestione *f,* amministrazione *f* ③ *(die Leitenden)* direzione *f; (von Parteien)* direttivo *m* ④ TEC *(Gas~, Wasser~)* tubazione *f* ⑤ EL, TEL linea *f; (Kabel)* cavo *m;* **eine ~ legen** posare una linea; **eine lange ~ haben** *(fig fam)* essere duro di comprendonio; **die ~ ist besetzt/gestört** la linea è occupata/disturbata

Leitungsnetz *nt* ① *(für Wasser)* canalizzazione *f* ② EL rete *f* elettrica ③ TEL rete *f* telefonica

Leitungsrohr *nt* tubazione *f,* conduttura *f*

Leitungswasser *nt* acqua *f* di rubinetto

Leitungswiderstand *m* PHYS, EL resistenza *f* di linea

Leitwerk <-s, -e> *nt* ① AERO impennaggio *m* ② INFORM *(Steuerwerk)* unità *f* di comando

Lektion [lɛk'tsi̯oːn] <-, -en> *f* lezione *f;* **jdm eine ~ erteilen** *(fig)* dare una lezione a qu

Lektor(in) ['lɛktoːɐ̯] <-s, -en; -, -nen> *m(f)* ① *(Universitäts~)* lettore, -trice *m, f* ② *(Verlags~)* consulente *mf* editoriale

Lektorat [lɛkto'raːt] <-(e)s, -e> *nt (Schule) a.* UNIV lettorato *m;* TYP redazione *f*

Lektüre [lɛk'tyːrə] <-, -n> *f* lettura *f*

Lemming ['lɛmɪŋ] <-s, -e> *m* lemming *m;* **wie die ~e** in modo precipitoso e avventato

Lende ['lɛndə] <-, -n> *f* ANAT, GASTR lombo *m*

Lendenbraten *m* arrosto *m* di lombo, lombata *f*

Lendenschurz *m* perizoma *m*

Lendenstück *nt* GASTR lombata *f*

Lendenwirbel *m* vertebra *f* lombare

lenkbar *adj* ① *(steuerbar)* dirigibile, manovrabile ② *(fig: Kind)* docile, ubbidiente

lenken ['lɛŋkən] *vt* ① *(Fahrzeug)* guidare; AERO pilotare; NAUT governare ② *(führen, leiten)* condurre; *(fig: Kind)* guidare ③ *(adm, Wirtschaft)* pianificare ④ *(fig: Gedanken, Blick)* volgere; **seine Schritte ~ nach** volgere i propri passi verso; **auf sich ~** attirare su di sé; **jds Aufmerksamkeit auf etw** *akk* **~** richiamare l'attenzione di qu su qc

Lenker <-s, -> *m (Lenkstange)* manubrio *m; (Lenkrad)* volante *m*

Lenker(in) <-s, -> *m(f) (Fahrer)* conduttore, -trice *m, f*

Lenkrad *nt* volante *m* [di guida]

Lenkradschaltung *f* cambio *m* al volante

Lenkradschloss *nt* bloccasterzo *m*

lenksam *adj* docile

Lenksamkeit <-> *f kein Pl.* docilità *f*

Lenkstange *f* manubrio *m*

Lenkung <-, -en> *f* ① *(von Fahrzeug)* guida *f;* NAUT governo *m* ② *(Führung)* direzione *f,* conduzione *f* ③ MOT *(Vorrichtung)* sterzo *m*

Lenz [lɛnts] <-es, -e> *m (obs poet)* primavera *f*

Leopard [leo'part] <-en, -en> *m* leopardo *m*

Lepra ['leːpra] <-> *f kein Pl.* lebbra *f*

Leprakranke *mf* lebbroso, -a *m, f*

Leprastation *f* lebbrosario *m*

Lerche ['lɛrçə] <-, -n> *f* allodola *f*

lernbegierig *adj* avido di apprendere

lernbehindert *adj* ritardato, che ha problemi di apprendimento

Lerneifer <-s> *m kein Pl.* diligenza *f* nello studio, volontà *f* di studiare

lernen ['lɛrnən] **I.** *vt* imparare; **etw [von jdm] ~** imparare qc [da qu]; **~ etw zu tun** imparare a fare qc; **aus etw ~** imparare da qc; **auswendig ~** imparare a memoria; **lesen/schreiben/rechnen ~** imparare a leggere/a scrivere/a contare; **von ihr kannst du noch etw ~** lei ti può insegnare qc; **das lernst du nie!** non imparerai mai! **II.** *vi* ① *(Kenntnisse erwerben)* studiare ② *(in der Lehre sein)* imparare come apprendista

lernfähig *adj* in grado di apprendere

Lernfähigkeit *f kein Pl.* capacità *f* d'apprendimento

Lernfahrausweis *m* CH MOT foglio *m* rosa

Lernprozess *m* processo *m* d'apprendimento

Lernsoftware *f* INFORM software *m* a scopo didattico

lernwillig *adj* desideroso di imparare

Lernziel *nt* obiettivo *m* didattico

Lesart *f* ① *(Fassung)* versione *f; (andere ~)* variante *f* ② *(Deutung)* interpretazione *f*

lesbar *adj* leggibile

Lesbarkeit <-> *f kein Pl.* leggibilità *f*

Lesbe ['lɛsbə] <-, -n> *f (sl)* lesbica *f*

lesbisch *adj* lesbico

Lese ['leːzə] <-, -n> *f* raccolta *f; (Wein~)* vendemmia *f*

Lesebrille *f* occhiali *mpl* da leggere

Lesebuch *nt* libro *m* di lettura

Leselampe *f* lampada *f* leggilibro

lesen ['leːzən] <liest, las, gelesen> **I.** *vt* ① *(Geschriebenes)* leggere ② *(fig: Gedanke)* indovinare, leggere ③ *(pflücken)* cogliere; *(Trauben)* vendemmiare ④ *(aus~, ver~)* cernere **II.** *vi* ① *(Geschriebenes erfassen)* leggere ② *(an Universität)* **über ein Thema** *akk* **~** tenere un corso su un argomento

L

lesenswert *adj* che vale la pena di essere letto

Leseprobe *f* ① LIT saggio *m* di lettura ② THEAT prova *f* a tavolino

Leser(in) <-s, -; -, -nen> *m(f)* lettore, -trice *m, f*

Leseratte *f* divoratore, -trice *m, f* di libri

Leserbrief *m* lettera *f* al direttore

Leserkreis *m* cerchia *f* dei lettori

leserlich *adj* leggibile

Leserlichkeit <-> *f kein Pl.* leggibilità *f*

Leserschaft <-> *f kein Pl.* lettori *mpl*

Lesesaal *m* sala *f* di lettura

Lesestoff *m* lettura *f*

Lesestück *nt* [brano *m* di] lettura *f*

Lesezeichen *nt* segnalibro *m*

Lesung <-, -en> *f* lettura *f*

Lethargie [letar'gi:] <-> *f kein Pl.* letargo *m*

lethargisch [le'targɪʃ] *adj* letargico

Lette ['lɛtə] <-n, -n> *m* lettone *m*

Letter ['lɛtɐ] <-, -n> *f* lettera *f,* carattere *m* tipografico

Lettin ['lɛtɪn] <-, -nen> *f* lettone *f*

lettisch *adj* lettone

Lettland ['lɛtlant] *nt* Lettonia *f*

Letzt [lɛtst] *f* **zu guter ~** alla fin fine, in fin dei conti

letzte(r, s) ['lɛtstə, -tɐ, -təs] *adj* ① *(örtlich, zeitlich)* ultimo; *(abschließend)* finale; **der Letzte Wille** le ultime volontà; **~ Woche** la settimana scorsa; **zum ~n Mittel greifen** giocare l'ultima carta; **~n Endes** in fin dei conti; **in den ~n Jahren/Tagen** negli ultimi anni/giorni; **das ist mein ~s Angebot** è la mia ultima offerta; **das wäre das Letzte!** sarebbe la fine ② *(neueste)* [il/la] più recente; **der ~ Schrei** l'ultimo grido ③ *(äußerste)* estremo; **bis aufs Letzte** fino in fondo

letztendlich *adv* alla fin fine

letztens *adv* ① *(kürzlich)* recentemente ② *(als letzter Punkt)* infine, in ultimo luogo

letztere(r, s) *adj* quest'ultimo, -a

letztjährig *adj* dell'anno scorso [*o* passato]

letztlich *adv (schließlich)* in fine, alla fine

letztmalig *adj* ultimo, dell'ultima volta

letztwillig *adj* testamentario; **~e Verfügung** disposizione *f* testamentaria

Leuchtbake *f,* **Leuchtboje** *f* boa *f* luminosa

Leuchtbombe *f* bomba *f* illuminante

Leuchtdiode *f* diodo *m* a emissione luminosa

Leuchte ['lɔɪçtə] <-, -n> *f* ① *(Licht)* lume *m; (Lampe)* lampada *f* ② *(fig fam: kluger Mensch)* luminare *m*

leuchten ['lɔɪçtən] *vi* ① *(Licht abgeben)* dar luce ② *(be~)* far luce, illuminare ③ *(glänzen)* splendere; *(a. strahlen)* brillare; *(Augen)* luccicare, essere raggianti

leuchtend *adj* luminoso; *(Farbe)* vivo; *(strahlend)* raggiante; **~es Vorbild** esempio luminoso

Leuchter <-s, -> *m (Kerzen~)* candeliere *m; (Arm~)* candelabro *m; (Wand~)* applique *f; (Kron~)* lampadario *m*

Leuchtfarbe *f* colore *m* luminescente

Leuchtfeuer *nt* faro *m*

Leuchtgas *nt* gas *m* illuminante

Leuchtkäfer *m* lucciola *f*

Leuchtkraft *f* intensità *f* luminosa

Leuchtrakete *f* razzo *m* illuminante

Leuchtreklame *f* insegna *f* luminosa

Leuchtsignal *nt* segnale *m* luminoso

Leuchtstofflampe *f* lampada *f* fluorescente

Leuchtstoffröhre *f* tubo *m* fluorescente

Leuchtturm *m* faro *m*

Leuchtzifferblatt *nt* quadrante *m* luminoso

leugnen ['lɔɪgnən] *vt* negare; *(bestreiten)* contestare; **es kann nicht geleugnet werden, dass …** è innegabile che …

Leukämie [lɔɪkɛ'mi:] <-, -n> *f* MED leucemia *f*

Leukoplast® [lɔɪko'plast] <-(e)s, -e> *nt* leucoplasto® *m*

Leumund ['lɔɪmʊnt] <-(e)s> *m kein Pl.* reputazione *f,* nome *m*

Leute ['lɔɪtə] *pl* gente *f;* **alle ~** tutti; **junge/alte ~** i giovani *mpl*/i vecchi *mpl;* **kleine ~** *(fig)* la gente semplice; **meine ~** *(fam: Familie)* i miei; *(Mannschaft, Arbeiter)* i miei uomini *mpl,* i miei operai *mpl;* **unter die ~ bringen** diffondere, divulgare; **unter/wieder unter [die] ~ gehen** andare/ritornare in società; **ich kenne meine ~** conosco i miei polli *fam;* **es sind ~ bei uns [zu Besuch]** abbiamo gente; **es waren mindestens zehn ~ da** c'erano per lo meno dieci persone; **was werden die ~ dazu sagen?** che dirà la gente?; **liebe ~!** *(fam)* miei cari!

Leutnant ['lɔɪtnant] <-s, -s *o rar:* -e> *m* tenente *m*

leutselig *adj* affabile, alla mano

Leutseligkeit *f* affabilità *f*

Leviten [le'vi:tən] *pl* **jdm die ~ lesen** *(fam)* dare una lavata di capo a qu

Lexika *Pl. von* **Lexikon**

lexikalisch [lɛksi'ka:lɪʃ] *adj* lessicale

Lexikograf(in) [lɛksiko'gra:f] <-en, -en; -, -nen> *m(f)* lessicografo, -a *m, f*

Lexikografie [lɛksikogra'fi:] <-> *f kein Pl.* lessicografia *f*

Lexikografin *f s.* **Lexikograf**

Lexikon ['lɛksikɔn] <-s, -ka *o* -ken> *nt* dizionario *m* enciclopedico
lfd. *Abk. von* **laufend** c.
Liaison [ljɛ'zõː] <-, -s> *f (geh)* ❶ *(Liebesverhältnis)* liaison *f,* legame *m* amoroso, relazione *f* ❷ LING liaison *f*
Libanese [liba'neːzə] <-n, -n> *m,* **Libanesin** [liba'neːzɪn] <-, -nen> *f* libanese *mf*
libanesisch *adj* libanese
Libanon ['liːbanɔn] *m* **der ~** il Libano; **im ~** nel Libano
Libelle [li'bɛlə] <-, -n> *f* ❶ ZOO libellula *f* ❷ TEC *(bei Wasserwaage)* livella *f*
liberal [libe'raːl] *adj* liberale
liberalisieren [liberali'ziːrən] <ohne ge-> *vt* liberalizzare
Liberalisierung <-, -en> *f* liberalizzazione *f*
Liberalismus [libera'lɪsmʊs] <-> *m kein Pl.* liberalismo *m*
Libero ['liːbero] <-s, -s> *m* SPORT [battitore *m*] libero *m*
libidinös *adj* libidinoso
Libido [li'biːdo] <-> *f kein Pl.* PSYCH libido *f*
Libretto [li'brɛto] <-s, Libretti *o* -s> *nt* libretto *m*
Libyen ['liːbyən] *nt* Libia *f*
Libyer(in) <-s, -; -, -nen> *m(f)* libico, -a *m, f*
libysch ['liːbʏʃ] *adj* libico
lic. *Abk. von* **Lizentiat(in)** laureato, -a *m, f;* **wir haben ~ iur. Harald Maier mit dem Vertragsabschluss beauftragt** abbiamo incaricato il dott. in legge Harald Meier della stipulazione del contratto
licht [lɪçt] *adj* ❶ *(hell)* chiaro ❷ *(dünn, spärlich)* rado
Licht [lɪçt] <-(e)s, -er> *nt* luce *f; (Helligkeit, ~schein)* chiarore *m;* **~ machen** accendere la luce; **das ~ ausmachen** spegnere la luce; **das ~ scheuen** fuggire la luce del giorno; **jdm im ~ stehen** fare ombra a qu; **bei ~** alla luce; **das ~ der Welt erblicken** schiudere gli occhi alla luce, nascere; **~ in etw** *akk* **bringen** *(fig)* far luce su qc; **ans ~ kommen** *(fig)* venire alla luce; **etw ins rechte ~ rücken** *(fig)* mettere qc nella giusta luce; **jdn hinters ~ führen** *(fig)* imbrogliare qu, abbindolare qu *fam;* **bei ~ besehen** *(fig)* esaminato più da vicino; **jetzt geht mir ein ~ auf** *(fig)* ora comincio a capire
Lichtanlage *f* impianto *m* d'illuminazione
Lichtbild *nt* ADM *(Passbild)* fototessera *f*
Lichtbildervortrag *m* conferenza *f* con diapositive
Lichtblick *m (fig)* [barlume *m* di] speranza *f*
Lichtbogen *m* arco *m* elettrico [*o* voltaico]
Lichtbrechung <-> *f kein Pl.* rifrazione *f* della luce
Lichtdruck <-(e)s, -e> *m* fototipia *f*
lichtdurchlässig *adj* trasparente
lichtecht *adj* resistente alla luce
Lichteinwirkung *f* azione *f* della luce
lichtempfindlich *adj* sensibile alla luce; FOTO, BIOL fotosensibile
lichten I. *vt* ❶ *(ausdünnen, a. fig)* diradare ❷ *(Anker)* levare II. *vr:* **sich ~** *(Nebel, Wald, Wolken, Haare)* diradarsi; *(Dunkelheit, Angelegenheit)* rischiararsi; *(Bestände)* diminuire
Lichterkette *f* POL fiaccolata *f*
lichterloh ['lɪçtɐ'loː] *adv* **~ brennen** essere in fiamme
Lichtermeer *nt* mare *m* di luci
Lichterschlange *f* catena *f* di luci
Lichtfleck *m* macchia *f* di luce
Lichtgeschwindigkeit *f* velocità *f* della luce
Lichtgriffel *m* INFORM penna *f* luminosa
Lichthof *m* ❶ ARCH cortile *m* a lucernario ❷ FOTO, ASTR alone *m*
Lichthupe *f* lampeggiatore *m*
Lichtjahr *nt* anno *m* luce
Lichtmaschine *f* dinamo *f*
Lichtmast *m* palo *m* della luce
Lichtmess ['lɪçtmɛs] *ohne Artikel* Candelora *f*
Lichtmesser <-s, -> *m* fotometro *m*
Lichtorgel *f* console *f* per luci
Lichtpause *f* copia *m* eliografica
Lichtquelle *f* sorgente *f* luminosa
Lichtsatz *m* fotocomposizione *f*
Lichtschacht *m* lucernario *m*
Lichtschalter *m* interruttore *m* della luce
Lichtschein *m* luce *f,* chiarore *m,* riflesso *m*
lichtscheu *adj (fig)* losco, sinistro; **~es Gesindel** *(fam)* losca canaglia
Lichtschranke *f* barriera *f* fotoelettrica
Lichtschutzfaktor *m* coefficiente *m* di filtrazione
Lichtsignal *nt* segnale *m* luminoso [*o* ottico]
Lichtspielhaus *nt* cinematografo *m obs,* cinema *m*
Lichtspieltheater *nt (obs)* cinematografo *m obs,* cinema *m*
lichtstark *adj* molto luminoso
Lichtstärke *f* ❶ PHYS intensità *f* luminosa ❷ FOTO luminosità *f*
Lichtstrahl *m* raggio *m* di luce
lichtundurchlässig *adj* PHYS impenetrabile alla luce
Lichtung <-, -en> *f* radura *f*
Lichtverhältnisse *ntpl* condizioni *fpl* di luce
Lichtwelle *f* onda *f* luminosa

L

Lid [liːt] <-(e)s, -er> *nt* palpebra *f*

Lidschatten *m* ombretto *m*

lieb [liːp] *adj* ① *(geschätzt, teuer)* caro; **~ gewinnen** affezionarsi a; **~ haben** amare; **wenn dir dein Leben ~ ist** se ti è cara la vita; **mein Lieber!** mio caro!; **~e Birgit/Verwandte/Gäste!** cara Birgit/cari parenti/cari ospiti! ② *(geliebt)* diletto ③ *(angenehm)* piacevole; **den ~en langen Tag** *(fam)* tutto il santo giorno; **es wäre mir ~[er], wenn …** preferirei che *+conj* ④ *(nett)* gentile; *(liebenswürdig)* amabile; **seien Sie so ~ und …** abbiate la cortesia di *+inf* ⑤ *(artig, brav)* bravo, buono; **bist du heute ~ gewesen?** sei stato bravo oggi?

liebäugeln [ˈliːpʔɔɪgəln] *vi* **mit etw ~** vagheggiare qc

Liebchen [ˈliːpçən] <-s, -> *nt* ① *(obs: geliebte Frau)* amata *f* ② *(pej: Geliebte)* bella *f*, amante *f*

Liebe [ˈliːbə] <-, *rar:* -n> *f* ① *(Gefühl)* amore *m*; **~ zu jdm/etw** amore per qu/qc; **~ auf den ersten Blick** amore a prima vista; **aus ~ zu** per amore di; **bei aller ~, aber …** con tutto l'amore, ma …; **~ macht blind** *(prov)* l'amore è cieco ② *(Gefallen)* favore *m* ③ *(fam: geliebter Mensch)* amato, -a *m, f*

Liebelei [liːbəˈlaɪ] <-, -en> *f (pej)* amoretto *m*

lieben *vt* amare; **etw/jdn über alles ~** amare qc/qu sopra ogni cosa; **viel geliebt** molto amato; **etw ~d gern tun** far qc con gran piacere; **was sich liebt, das neckt sich** *(prov)* l'amore non è bello se non è stuzzicarello

Liebende <ein -r, -n, -n> *mf* innamorato, -a *m, f*

liebenswert *adj* amabile, piacevole

liebenswürdig *adj* gentile; **das ist sehr ~ von Ihnen** è molto gentile da parte Sua; **wären Sie so ~ und …?** mi farebbe la cortesia di … *+inf*?

Liebenswürdigkeit <-, -en> *f* gentilezza *f*, cortesia *f*

lieber [ˈliːbɐ] **I.** *adj Komparativ von* **lieb** **II.** *adv Komparativ von* **gern** ① *(eher, vorzugsweise)* piuttosto; **~ haben** preferire; **etw ~ tun** preferire fare qc; **ich würde ~ gehen** preferirei andare ② *(besser, klugerweise)* meglio; **~ nicht** è meglio di no; **nichts ~ als das** *(fam)* niente di meglio

Liebesaffäre *f* avventura *f* amorosa

Liebesbrief *m* lettera *f* d'amore

Liebesdienst *m* favore *m*

Liebeserklärung *f* dichiarazione *f* d'amore; **jdm eine ~ machen** dichiararsi a qu

Liebesfilm *m* film *m* d'amore

Liebesgabe *f (geh obs)* dono *m*, beneficenza *f*

Liebesgeschichte *f* love story *f*, storia *f* d'amore

Liebesknochen *m* DIAL GASTR bignè *m*

Liebeskummer *m* dispiaceri *mpl* amorosi, pene *fpl* d'amore

Liebesleben *nt* vita *f* sessuale

Liebeslied *nt* canzone *f* d'amore

Liebesmüh[e] *f* **verlorene ~** fatica sprecata

Liebespaar *nt* coppia *f* d'innamorati

liebevoll **I.** *adj* amoroso, affettuoso **II.** *adv* ① *(zärtlich)* affettuosamente ② *(sorgfältig)* con cura

Liebhaber(in) <-s, -; -, -nen> *m(f)* ① *(Geliebte)* amante *mf* ② *(Interessent, Kenner)* amatore, -trice *m, f* ③ *(Sammler)* collezionista *mf* ④ THEAT amoroso, -a *m, f*

Liebhaberei <-, -en> *f* passione *f*, hobby *m*

Liebhaberwert *m* valore *m* d'affezione

liebkosen [liːpˈkoːzən] <ohne ge-> *vt* accarezzare

Liebkosung <-, -en> *f* carezza *f*

lieblich *adj (Mensch)* grazioso; *(Duft, Töne)* soave; *(Landschaft)* ridente, ameno

Liebling [ˈliːplɪŋ] <-s, -e> *m* ① *(von Eltern)* prediletto, -a *m, f*; *(von Publikum)* beniamino, -a *m, f*, idolo *m* ② *(Kosewort)* tesoro *m*

Lieblings- *(in Zusammensetzung)* preferito, prediletto

lieblos *adj (ohne Liebe)* senza amore; *(ohne Sorgfalt)* senza cura; *(herzlos)* freddo; *(unfreundlich)* scortese, sgarbato

Lieblosigkeit <-, -en> *f* mancanza *f* d'animo, insensibilità *f*

Liebschaft <-, -en> *f* relazione *f* amorosa

Liebste <ein -r, -n, -n> *mf (obs)* amato, -a *m, f*

liebste(r, s) [ˈliːpstə, -tɐ, -təs] **I.** *adj Superlativ von* **lieb** **II.** *adv Superlativ von* **gern**: **am ~n** più di tutto; **am ~n spiele ich Tennis** giocare a tennis mi piace più di tutto; **am ~n würde ich jetzt schlafen** adesso avrei proprio voglia di dormire

Liebstöckel [ˈliːpʃtœkəl] <-s> *m kein Pl.* BOT, GASTR sedano *m* di monte

Liechtenstein [ˈlɪçtənʃtaɪn] *nt* Liechtenstein *m*

Liechtensteiner(in) <-s, -; -, -nen> *m(f)* abitante *mf* del Liechtenstein

liechtensteinisch *adj* del Liechtenstein

Lied [liːt] <-(e)s, -er> *nt* ① canzone *f*; *(a. Volks~)* canto *m*; **davon kann ich ein ~ singen** *(fam fig)* ne so qualcosa; **es ist immer das alte ~** *(fam fig)* è sempre la solita musica ② MUS lied *m*

Liederabend *m* serata *f* liederistica
Liederbuch *nt* raccolta *f* di canzoni
liederlich ['li:dɐlɪç] *adj (pej: unmoralisch)* dissoluto, sregolato; *(unordentlich)* disordinato; *(Arbeit)* raffazzonato
Liederlichkeit <-> *f kein Pl.* ① *(Sittenlosigkeit)* dissolutezza *f,* sregolatezza *f* ② *(Unordentlichkeit)* disordine *m,* sciatteria *f*
Liedermacher(in) *m(f)* cantautore, -trice *m, f*
lief [li:f] *1. u. 3. Pers. Sing. Imp. von* **laufen**
Lieferant(in) [lifə'rant] <-en, -en; -, -nen> *m(f)* fornitore, -trice *m, f*
lieferbar *adj* disponibile; **jederzeit ~** pronto alla consegna
Lieferbedingungen *fpl* condizioni *fpl* di consegna
Lieferblockade *f* blocco *m* delle forniture
Lieferfirma *f* ditta *f* fornitrice
Lieferfrist *f* termine *m* di consegna
liefern ['li:fɐn] *vt* ① *(zustellen)* fornire, consegnare; **ins Haus ~** consegnare a domicilio ② *(Wasser, Strom)* erogare
Lieferschein *m* bolletta *f* di consegna
Liefertermin *m* termine *m* di consegna
Lieferung <-, -en> *f* ① *(Zustellung)* fornitura *f,* consegna *f;* **~ frei Haus** consegna franco domicilio ② *(von Buch)* fascicolo *m,* dispensa *f*
Lieferwagen *m* furgone *m; (kleiner ~)* furgoncino *m*
Liege ['li:gə] <-, -n> *f* ① *(Couch)* divano *m* ② *(Garten~)* sedia *f* a sdraio
liegen ['li:gən] <liegt, lag, gelegen> *vi* ① *(flach ~)* essere disteso, giacere; **hart/weich ~** stare sul duro/morbido; **die ganze Nacht wach ~** stare sveglio tutta la notte ② *(sich befinden)* trovarsi, essere, sserci; **an erster/letzter Stelle ~** essere al primo/all'ultimo posto; **in Führung ~** essere in testa; **im Rückstand ~** essere arretrato; [**so**] **wie die Dinge ~ ...** [così] come stanno le cose ...; **zehn Jahre ~ zwischen ... und ...** dieci anni separano ... da ...; **über/unter dem Durchschnitt ~** essere superiore/inferiore alla media ③ *(gelegen sein) a.* GEOG essere situato; *(Zimmer)* dare; **zur Straße ~** dare sulla strada; **wo liegt Regensburg?** dove si trova Ratisbona? ④ MIL essere accampato ⑤ NAUT essere ormeggiato ⑥ *(fig: lasten)* **auf jdm ~** pesare su qu ⑦ *(abhängen)* **an jdm/etw ~** dipendere da qu/qc; **das liegt ganz bei dir** [**etw zu tun**] sta a te [fare qc]; **daran soll's nicht ~** *(fam)* non sarà questo a impedirlo; **an wem liegt das?** chi è responsabile per questo?, da chi dipende? ⑧ *(zusagen, gefallen)* **seine Art liegt mir nicht** i suoi modi non mi piacciono; **es liegt mir viel/wenig daran, dass ...** mi preme molto/poco che ...; **es liegt mir** [**viel**] **daran, Ihnen zu sagen ...** ci tengo molto a dirLe ...; **Sprachen liegen ihm** è portato per le lingue
liegend *adj (Kunst: Akt)* sdraiato; **eine im Süden ~e Stadt** una città situata a sud; **~ aufbewahren** mantenere in posizione orizzontale
Liegesitz *m* ① MOT sedile *m* ribaltabile ② FERR cuccetta *f*
Liegestuhl *m* [sedia *f* a] sdraio *f*
Liegestütz ['li:gəʃtʏts] *m* appoggio *m* frontale teso
Liegewagen *m* carrozza *f* con cuccette
Liegewagenplatz <-es, -plätze> *m* posto *m* in cuccetta, cuccetta *f*
Liegewiese *f* prato *m* [per sdraiarsi]
lieh [li:] *1. u. 3. Pers. Sing. Imp. von* **leihen**
ließ [li:s] *1. u. 3. Pers. Sing. Imp. von* **lassen**[1], **lassen**[2]
liest [li:st] *2. u. 3. Pers. Sing. Präs. von* **lesen**
LiF <-> *nt kein Pl.* A POL *Akr. von* **Liberale Forum** *partito liberale austriaco (di sinistra)*
Lifestyle ['laɪfstaɪl] <-s> *m kein Pl.* stile *m* di vita, lifestyle *m*
Lifestylemagazin ['laɪfstaɪl-] *nt* TV magazine *m* di lifestyle
Lift [lɪft] <-(e)s, -e *o* -s> *m* ① *(Aufzug)* ascensore *m,* lift *m* ② *(Ski~)* sciovia *f*
Liftboy ['lɪftbɔɪ] <-s, -s> *m* ascensorista *m,* lift[boy] *m*
liften ['lɪftən] *vt* ① TEC sollevare ② *(Preise)* alzare ③ MED **sich** *dat* **das Gesicht ~ lassen** sottoporsi ad un lifting
Liga ['li:ga] <-, Ligen> *f* ① POL lega *f* ② SPORT serie *f,* lega *f*
light [laɪt] *adj* GASTR light, leggero
Light-Pen ['laɪtpɛn] <-(s), -s> *m* penna *f* luminosa
Ligurien [li'gu:riən] *nt* Liguria *f*
Ligurisches Meer *nt* Mar *m* Ligure
liken ['laɪ̯kn̩] *vt* INFORM dare un like
Likör [li'kø:ɐ̯] <-s, -e> *m* liquore *m*
lila ['li:la] <inv> *adj* lilla; *s. a.* **blau**
Lila <-(s), - *o fam:* -s> *nt* [colore *m*] lilla *m; s. a.* **Blau**
Lilie ['li:liə] <-, -n> *f* giglio *m*
Liliputaner(in) [lilipu'ta:nɐ] <-s, -; -, -nen> *m(f)* lillipuziano, -a *m, f*
Limit ['lɪmɪt] <-s, -s *o* -e> *nt* limite *m;* **jdm ein ~ setzen** porre un limite a qu
limitieren [limi'ti:rən] <ohne ge-> *vt* limitare
Limo ['lɪmo] <-, -(s)> *f (fam)* ① *(Orange)*

aranciata *f* ② *(Zitrone)* limonata *f*, cedrata *f*

Limonade [limo'na:də] <-, -n> *f* gassosa *f*

Limousine [limu'zi:nə] <-, -n> *f* berlina *f*

lin[i]ieren [li'ni:rən (lini'i:rən)] <ohne ge-> *vt* rigare

lin[i]iert *adj* a righe

lind [lɪnt] *adj* ① *(geh: mild)* mite; *(sanft)* soave ② *s.* **lindgrün**

Linde ['lɪndə] <-, -n> *f* tiglio *m*

Lindenbaum *m (poet)* tiglio *m*

lindern ['lɪndɐn] *vt* ① *(mildern: Schmerz, Strafe)* mitigare ② *(erleichtern)* alleviare ③ MED lenire, sedare

Linderung <-> *f kein Pl.* ① *(Milderung)* mitigazione *f* ② *(Erleichterung)* sollievo *m*, alleviamento *m*

lindgrün *adj* verde giallo

Lineal [line'a:l] <-s, -e> *nt* riga *f*

linear [line'a:ɐ̯] *adj* lineare, rettilineo

Linguist(in) [lɪŋgu'ɪst] <-en, -en; -, -nen> *m(f)* linguista *mf*

Linguistik [lɪŋgu'ɪstɪk] <-> *f kein Pl.* linguistica *f*

Linguistin *f s.* **Linguist**

linguistisch *adj* linguistico

Linie ['li:niə] <-, -n> *f* linea *f*; **auf die schlanke ~ achten** badare alla linea; **auf der ganzen ~** su tutta la linea; **in erster/zweiter ~** in primo/secondo luogo

Linienblatt *nt* falsariga *f*

Linienbus <-ses, -se> *m* autobus *m* di linea

Linienflug *m* volo *m* di linea

Linienführung *f* tratteggio *m*

Linienrichter(in) *m(f)* SPORT guardalinee *mf*

linientreu *adj (parteipolitisch)* ortodosso

link [lɪŋk] *adj (sl)* sinistro; **ein [ganz] ~es Ding drehen** farne una [molto] grossa *fam;* **auf die [ganz] ~e Tour** in modo [molto] sinistro

Linke <-n, -n> *f* sinistra *f*; **äußerste ~** POL estrema sinistra; **gemäßigte ~** POL centrosinistra *m;* **europäische ~** eurosinistra *f;* **zur ~n** a sinistra

linke(r, s) ['lɪŋkə, -kɐ, -kəs] *adj* ① sinistro, -a **~ Seite** parte *f* sinistra, lato *m* sinistro; *(untere, hintere Seite)* interno *m; (von Stoff)* rovescio *m;* **~r Hand** a[lla] sinistra ② POL di sinistra

linkisch *adj* maldestro, impacciato

links ['lɪŋks] *adv* ① *(allg)* POL a sinistra; **~ sein** POL essere a sinistra; **sich ~ einordnen** disporsi sulla corsia di sinistra; **sich ~ halten** mantenersi sulla sinistra; **etw mit ~ machen** *(fam)* fare qc ad occhi chiusi; **~ von mir** alla mia sinistra; **nach/von ~** a/da sinistra; **von ~ nach rechts** da sinistra a destra ② *(auf der unteren, hinteren Seite)* alla rovescia; **den Pullover auf ~ anziehen** mettersi il pullover alla rovescia

Linksabbieger <-s, -> *m* chi svolta a sinistra

Linksabbiegerspur *f* preselezione *f* a sinistra

Linksaußen <-, -> *m* SPORT ala *f* sinistra

linksbündig *adj (a. Computer)* allineato a sinistra

Linksdrehung *f* rotazione *f* sinistrosa

linksextrem *adj s.* **linksextremistisch**

Linksextremismus <-> *m kein Pl.* POL estremismo *m* [*o* massimalismo *m*] di sinistra

Linksextremist(in) *m(f)* POL estremista *mf* di sinistra

linksextremistisch *adj* POL di estrema sinistra

Linkshänder(in) ['lɪŋkshɛndɐ] <-s, -; -, -nen> *m(f)* mancino, -a *m, f*

linkshändig *adj* mancino

Linkskurve *f* curva *f* a sinistra

linksradikal *adj* POL radicale di sinistra

linksrheinisch *adj* della/sulla riva sinistra del Reno

Linksruck <-(e)s, -e> *m* POL sterzata *f* a sinistra

Linkssteuerung <-, -en> *f* AUTO guida *f* a sinistra

Linksverkehr *m* circolazione *f* a sinistra

Linoleum [li'no:leʊm] <-s> *nt kein Pl.* linoleum *m*

Linolschnitt [li'no:lʃnɪt] *m* incisione *f* su linoleum

Linse ['lɪnzə] <-, -n> *f* ① BOT, GASTR lenticchia *f* ② OPT lente *f* ③ FOTO *(fam: Objektiv)* obiettivo *m* ④ ANAT cristallino *m*

linsenförmig ['lɪnzənfœrmɪç] *adj* lenticolare

Linz [lɪnts] *nt* Linz *f*

Liparische Inseln [li'pa:rɪʃə 'ɪnzəln] *fpl* Eolie *fpl*, [isole *fpl*] Lipari *fpl*

Lippe ['lɪpə] <-, -n> *f* labbro *m;* **aufgesprungene ~n haben** avere le labbra screpolate; **sich** *dat* **auf die ~n beißen** mordersi le labbra; **kein Wort über die ~n bringen** non [riuscire a] proferire parola; **er hatte das Wort schon auf den ~n, als …** l'aveva già sulla punta della lingua, quando …; **an jds ~n** *dat* **hängen** *(fig)* pendere dalle labbra di qu; **jdm etw von den ~n ablesen** leggere qc sulle labbra di qu

Lippenbekenntnis *nt* professione *f* [di fede] formale

Lippenstift *m* rossetto *m* [per le labbra]

Liquidation [likvida'tsjo:n] <-, -en> *f* liquidazione *f*

liquidieren [likvi'di:rən] <ohne ge-> *vt* liquidare

Liquidität [likvidi:'tɛ:t] <-> *f kein Pl.* liquidità *f*

lispeln ['lɪspəln] **I.** *vi* bisbigliare, avere la lisca **II.** *vt (flüstern)* sussurrare

Lissabon ['lɪsabɔn] *nt* Lisbona *f*

List [lɪst] <-, *rar:* -en> *f* ① *(Schlauheit)* astuzia *f*, furbizia *f*; **zu einer ~ greifen** ricorrere a un'astuzia; **mit ~ und Tücke** *(fam)* a gran fatica ② *(listige Handlung)* stratagemma *m*

Liste ['lɪstə] <-, -n> *f* lista *f*, elenco *m*; *(Wahl~)* lista *f* elettorale; **sich in eine ~ eintragen** iscriversi in un elenco

Listenplatz <-es, -plätze> *m* posizione *f* in lista

Listenpreis *m* prezzo *m* di listino

listig *adj* astuto, furbo

Listigkeit <-> *f kein Pl.* astuzia *f*, furberia *f*

Litanei [lita'naɪ] <-, -en> *f* litania *f*

Litauen ['li:taʊən] *nt* Lituania *f*

Litauer(in) <-s, -; -, -nen> *m(f)* lituano, -a *m, f*

litauisch *adj* lituano

Liter ['li:tɐ] <-s, -> *m o nt* litro *m*

literarisch [lɪtə'ra:rɪʃ] *adj* letterario

Literat [lɪtə'ra:t] <-en, -en> *m* letterato *m*, scrittore *m*

Literatur [lɪtəra'tu:ɐ̯] <-, -en> *f* letteratura *f*; *(einschlägige ~)* bibliografia *f*; **schöne ~** letteratura *f* amena

Literaturangaben *fpl* bibliografia *f*

Literaturgeschichte *f* storia *f* della letteratura

Literaturkritik *f* critica *f* letteraria

Literaturpreis *m* premio *m* letterario

Literaturverfilmung *f* trasposizione *f* filmica di un romanzo

Literaturwissenschaft *f* lettere *fpl*

Literaturwissenschaftler(in) *m(f)* studioso, -a *m, f* di lettere

literaturwissenschaftlich *adj* letterario, relativo agli studi letterari; **~es Studium** studi letterari

Litfaßsäule ['lɪtfaszɔɪlə] *f* colonna *f* delle affissioni

Lithium ['li:tiʊm] <-s> *nt kein Pl.* CHEM litio *m*

Lithografie [litogra'fi:] <-, -n> *f* litografia *f*

litt [lɪt] *1. u. 3. Pers. Sing. Imp. von* **leiden**

Liturgie [litʊr'gi:] <-, -n> *f* liturgia *f*

liturgisch [li'tʊrgɪʃ] *adj* liturgico

Litze ['lɪtsə] <-, -n> *f* cordoncino *m*, passamano *m;* MIL gallone *m;* TEC liccio *m;* EL cavetto *m*

live [laɪf] <inv> *adj o adv* TV, RADIO in diretta

Liveaufzeichnung *f* registrazione *f* in diretta

Livesendung *f* trasmissione *f* in diretta

Livestream [laɪfstri:m] <-s, -s> *m* INET streaming *m*, diretta *f* streaming; **sich** *dat* **ein Video per ~ ansehen** guardare un video in streaming

Liveübertragung *f* trasmissione *f* in diretta

Livree [li'vre:, *Pl:* li'vre:ən] <-, -n> *f* livrea *f*

Lizentiat [litsɛn'tsja:t] <-(e)s, -e> *nt s.* **Lizenziat**

Lizenz [li'tsɛnts] <-, -en> *f* licenza *f*; **eine ~ erteilen/zurückziehen** accordare/revocare una licenza; **in ~** in concessione

Lizenzgeber(in) *m(f)* datore, -trice *m, f* di licenza

Lizenzgebühr *f* tassa *f* di licenza

Lizenziat(in) <-en, -en; -, -nen> *m(f)* CH *(Inhaber eines Lizentiats)* laureato, -a *m, f*; **er ist ~ der Philosophie** è laureato in filosofia

Lizenznehmer(in) *m(f)* licenziatario, -a *m, f*

Lizenzvertrag *m* contratto *m* di licenza

LKW, Lkw [ɛlka:'ve:] <-(s), -(s)> *m Abk. von* **Lastkraftwagen** autocarro *m*

Lkw-Maut [ɛlka've:-] *f* pedaggio *m* autostradale per autocarri [*o* per i veicoli industriali pesanti]

Lob [lo:p] <-(e)s> *nt kein Pl.* lode *f*, elogi *mpl; (~rede)* elogio *m;* **ein ~ verdient haben** essere degno di lode; **zu jds ~** in lode di qu

Lobby ['lɔbi] <-, -s> *f* lobby *m*

loben ['lo:bən] *vt* lodare, elogiare; *(überschwänglich)* vantare, esaltare; *(Gott)* glorificare

lobend *adj* laudativo; **etw ~ erwähnen** citare qc in modo lusinghiero

lobenswert ['lo:bənsve:rt], **löblich** ['lø:plɪç] *adj* lodevole, degno di lode

Loblied *nt* **ein ~ auf jdn singen** tessere le lodi di qu

Lobrede *f* elogio *m*, panegirico *m;* **eine ~ auf etw** *akk* **halten** fare un panegirico su qc

Lobredner(in) <-s, -; -, -nen> *m(f)* panegirista *mf*, encomiatore, -trice *m, f*, elogiatore, -trice *m, f*

Loch [lɔx] <-(e)s, Löcher> *nt* ① buco *m; (Öffnung)* apertura *f;* **Löcher in die Luft gucken** *(fam)* [continuare a] guardare nel vuoto; **aus dem letzten ~ pfeifen** *(fam)* essere allo stremo ② *(Höhle)* tana *f* ③ *(Erd~, Schlag~)* buca *f* ④ *(Riss)* strappo *m; (in Reifen)* foro *m* ⑤ *(beim Billard)* bilia *f* ⑥ *(sl pej: schlechte Wohnung)* buco *m* ⑦ *(sl: Gefängnis)* galera *f*

Locheisen *nt* punzone *m*

lochen *vt* ① bucare, forare ② INFORM perforare

Locher <-s, -> *m* perforatore *m*

Lochkarte *f* scheda *f* perforata

Lochstanze *f* punzonatrice *f*

Lochstickerei *f* lavoro *m* a giorno

Lochstreifen *m* nastro *m* perforato

Lochung <-, -en> *f* perforazione *f*

Lochzange *f* tenaglia *f* perforatrice

Locke ['lɔkə] <-, -n> *f* riccio *m,* ciocca *f;* **~n haben** avere i riccioli

locken ['lɔkən] **I.** *vt* ① *(Tier)* chiamare ② *(fig: reizen, anziehen)* attirare, allettare; **jdm das Geld aus der Tasche ~** *(fam)* spillare soldi a qu ③ *(Haar)* arricciare **II.** *vr:* **sich ~** *(Haar)* arricciarsi

lockend *adj* allettante, invitante

Lockenkopf *m* ① *(Frisur)* testa *f* ricciuta ② *(Mensch)* persona *f* riccia

Lockenstab *m* ferro *m* arricciante [per capelli]

Lockenwickler *m* bigodino *m*

locker ['lɔkɐ] *adj* ① *(Schraube, Knoten, Seil)* lento; *(wackelnd)* traballante; **~ sitzen** TEC avere gioco ② *(Teig, Backware, Boden)* molle, soffice ③ *(nicht gespannt, Muskulatur)* rilassato; *(Beine)* sciolto; **~ werden** *(schlaff)* rilassarsi; *(sich lockern, a. fig)* allentarsi ④ *(fig: Lebenswandel)* sregolato, libertino; *(leichtfertig)* leggero; **das mach' ich doch ~!** *(sl)* lo faccio ad occhi chiusi *fam* ⑤ *(sl: lässig)* comodo

locker|lassen <irr> *vi (fam)* **nicht ~** non mollare, tener duro

locker|machen *vt (fam)* **Geld ~** sborsare

lockern *vt* ① *(locker machen, a. fig)* allentare ② *(Erde)* smuovere ③ *(Muskeln)* rilassare, sciogliere

lockig *adj* ricciuto

Lockmittel *nt* richiamo *m,* esca *f*

Lockruf *m* richiamo *m*

Lockung <-, -en> *f* ① *(Reiz)* allettamento *m,* attrazione *f* ② *(Versuchung)* tentazione *f*

Lockvogel *m* ① *(Tier)* zimbello *m* ② *(fig, pej)* adescatore, -trice *m, f*

Loden ['lo:dən] <-s, -> *m* loden *m*

Lodenmantel *m* [cappotto *m* di] loden *m*

lodern ['lo:dɐn] *vi* fiammeggiare; *(a. fig)* divampare

Löffel ['lœfəl] <-s, -> *m* ① *(Ess~)* *a.* MED cucchiaio *m* ② *(~ voll)* cucchiaiata *f* ③ *(Jägersprache)* orecchio *m* ④ *(fam: Ohr)* orecchio *m;* **den ~ abgeben** *(sl: sterben)* tirare le cuoia

Löffelbagger *m* escavatore *m* a cucchiaia

löffeln *vt, vi* mangiare col cucchiaio

log [lo:k] *1. u. 3. Pers. Sing. Imp. von* **lügen**

Logarithmentafel *f* tavola *f* logaritmica

Logarithmus [loga'rɪtmʊs] <-, Logarithmen> *m* logaritmo *m*

Logbuch <-(e)s, -bücher> *nt* NAUT diario *m* di bordo

Loge ['lo:ʒə] <-, -n> *f* ① THEAT palco *m* ② *(Pförtner~)* portineria *f* ③ *(Freimaurer~)* loggia *f* [massonica]

Logenplatz *m* palco *m*

logieren [lo'ʒi:rən] **I.** *vi* alloggiare **II.** *vt* CH alloggiare, ospitare, albergare, sistemare

Logik ['lo:gɪk] <-> *f kein Pl.* logica *f*

Login [lɔg'ɪn] <-s, -s> *nt* INFORM login *f*

Logis [lo'ʒi:] <-, -> *nt* alloggio *m*

logisch ['lo:gɪʃ] *adj* logico

logischerweise *adv* logicamente, a rigor di logica

Logistik [lo'gɪstɪk] <-> *f kein Pl.* logistica *f*

logistisch *adj* logistico

Logo ['lo:go] <-s, -s> *m o nt* logo *m*

Logoff [lɔg'ɔf] <-s, -s> *nt* INFORM logoff *f*

Logopäde [logo'pɛ:də] <-n, -n> *m,* **Logopädin** [logo'pɛ:dɪn] <-, -nen> *f* logopedista *mf*

Lohn [lo:n] <-(e)s, Löhne> *m* ① *(Arbeitsentgelt)* salario *m;* *(von Arbeiter a.)* paga *f* ② *(fig: Belohnung)* ricompensa *f;* **zum ~ für** *(fig)* in ricompensa per

Lohnabbau *m* riduzione *f* salariale

Lohnabkommen *nt* convenzione *f* salariale

Lohnabrechnung *f* busta *f* paga

Lohnausfall *m* perdita *f* di salario

Lohnausgleich *m* conguaglio *m* salariale

Lohnbuchhaltung *f* ① *(Abteilung)* ufficio *m* paga ② *(Tätigkeit)* contabilità *f* salariale

Lohnbüro *nt* ufficio *m* paga

Lohndumping [-dampɪŋ] <-s> *nt* dumping *m* salariale

Lohnempfänger(in) *m(f)* salariato, -a *m, f*

lohnen **I.** *vt* ① *(be~)* [**jdm**] **etw ~** ricompensare [qu] di qc ② *(wert sein, rechtfertigen)* valere, compensare; **das Ergebnis lohnt die Mühe** il gioco vale la candela *prov,* il risultato compensa la fatica **II.** *vr:* **sich ~** rendere; *(fig)* valere la pena; **es lohnt sich nicht** non ne vale la pena

löhnen ['lø:nən] *vt* ① *(obs: bezahlen)* pagare (**jdn** qu), fare la paga (**jdn** di qu) ② *(fam: viel zahlen)* pagare caro

lohnend *adj* ① *(vorteilhaft)* vantaggioso, proficuo ② *(einträglich)* redditizio

lohnenswert *adj* conveniente, proficuo, vantaggioso, utile

Lohnerhöhung *f* aumento *m* salariale

Lohnforderung *f* rivendicazione *f* salariale

Lohngefälle *nt* disparità *f* salariale
Lohnkampf *m* lotta *f* salariale
Lohnkosten *pl* costi *mpl* del lavoro
Lohnkürzung *f* riduzione *f* della paga
Lohnpolitik *f* politica *f* dei salari
Lohnsteuer *f* imposta *f* sul salario
Lohnsteuerjahresausgleich *m* conguaglio *m* annuale dell'imposta sul salario
Lohnsteuerkarte *f* cedolino *m* [delle ritenute fiscali]
Lohnstopp *m* congelamento *m* [*o* blocco *m*] dei salari
Lohntarif *m* tariffa *f* salariale
Löhnung <-, -en> *f* ❶ *(Zahlung)* pagamento *m* del salario; MIL pagamento *m* del soldo ❷ *(Lohn)* salario *m*, paga *f*; MIL soldo *m*
Lohnvereinbarung *f* accordo *m* salariale
Lohnverhandlungen *fpl* trattative *fpl* [sindacali] sui salari
Loipe ['lɔɪpə] <-, -n> *f* pista *f* [per sci] di fondo
Lok [lɔk] <-, -s> *f Abk. von* **Lokomotive**
lokal [lo'ka:l] *adj* ❶ *(örtlich)* locale ❷ LING di luogo
Lokal <-(e)s, -e> *nt (Gaststätte)* locale *m* pubblico, ristorante *m*; *(Wirtschaft)* osteria *f*
Lokalaugenschein *m* A JUR *(Lokaltermin)* sopralluogo *m*
Lokalblatt *nt* giornale *m* locale
Lokale <ein -s, -n> *nt kein Pl. (in Zeitung)* cronaca *f* locale
lokalisieren [lokali'zi:rən] <ohne ge-> *vt* localizzare
Lokalität [lokali'tɛ:t] <-, -en> *f* località *f*
Lokalnachrichten *fpl* cronaca *f* locale
Lokalpatriotismus *m (pej)* campanilismo *m*
Lokalseite *f*, **Lokalteil** *m (einer Zeitung)* cronaca *f* locale
Lokaltermin *m* JUR sopralluogo *m*
Lokalverbot *nt* divieto *m* di accesso in un locale
Lokomotive [lokomo'ti:və] <-, -n> *f* locomotiva *f*; **elektrische ~** locomotrice *f*, locomotore *m*
Lokomotivführer(in) *m(f)* macchinista *mf*
Lokus ['lo:kʊs] <- *o* -ses, - *o* -se> *m (fam)* posticino *m*, cesso *m*
lol [lɔl] *interj (fam) Abk. von* **laughing out loud** INET lol
Lombardei [lɔmbar'daɪ] *f* Lombardia *f*
London ['lɔndɔn] *nt* Londra *f*
Look [lʊk] <-s, -s> *m* stile *m*, moda *f*
Looping ['lu:pɪŋ] <-s, -s> *m o nt* giro *m* della morte, looping *m*
Lorbeer ['lɔrbe:ɐ̯] <-s, -en> *m* alloro *m*; [**sich**] **auf seinen ~en ausruhen** dormire sugli allori
Lorbeerbaum *m* alloro *m*
Lorbeerkranz *m* corona *f* d'alloro
Lord [lɔrt] <-(s), -s> *m* lord *m*
Lore ['lo:rə] <-, -n> *f* FERR vagoncino *m*
Lorgnette [lɔrn'jɛtə] <-, -n> *f* lorgnette *f*, occhialino *m*
los [lo:s] **I.** *adj* ❶ *(abgegangen, abgelöst)* staccato, strappato; **etw/jdn ~ sein** *(fam)* essersi liberato di qc/qu ❷ *(locker)* allentato ❸ *(Wend)* **~ sein** *(fam: geschehen)* succedere; *(nicht in Ordnung sein)* non essere in ordine, non andare; **was ist** [**denn**] **hier ~?** *(fam)* che cosa succede?; **was ist mit dir ~?** *(fam)* che cosa hai?; **in dieser Stadt ist nach zehn Uhr nichts mehr ~** *(fam)* questa città dopo le dieci; **mit dem ist nicht viel ~** *(fam pej)* non vale molto, non è un gran che **II.** *interj* **~!** avanti!, forza!, via!; **na, ~!** *(fam: zier dich nicht)* su, coraggio!; **auf die Plätze! Fertig? Los!** pronti? partenza! Via!
Los [lo:s] <-es, -e> *nt (Lotterie~)* biglietto *m* della lotteria; **das Große ~ ziehen** vincere il primo premio; *(fig)* vincere un terno al lotto; **das ~ entscheiden lassen** tirare a sorte, sorteggiare
lösbar *adj* ❶ *(löslich)* solubile ❷ *(fig: Probleme)* risolvibile
los|binden <irr> *vt* sciogliere, slegare
los|brechen <irr> **I.** *vi sein* scoppiare, scatenarsi **II.** *vt haben* rompere
Löschblatt *nt* [foglio *m* di] carta *f* assorbente
löschen ['lœʃən] **I.** *vt* ❶ *(Feuer, Durst)* spegnere, estinguere; *(Licht, Kerze)* spegnere ❷ *(Schrift, Namen, Tonband)* cancellare ❸ *(Hypothek, Schuld)* estinguere ❹ *(Firma)* radiare ❺ NAUT scaricare, sbarcare **II.** *vi (Feuerwehr)* spegnere il fuoco
Löschfahrzeug *nt* autopompa *f*
Löschmannschaft *f* squadra *f* antincendi
Löschpapier *nt* carta *f* assorbente
Löschtrupp *m s.* **Löschmannschaft**
Löschung <-, -en> *f* ❶ *(von Feuer, Brand)* spegnimento *m*, estinzione *f* ❷ *(von Hypothek, Schuld)* estinzione *f* ❸ *(von Firma)* radiazione *f* ❹ NAUT scarico *m*, sbarco *m*
lose *adj* ❶ *(locker)* lento, allentato ❷ *(unverpackt)* sciolto; **das Band hing ~ herunter** la fascia pendeva giù sciolta ❸ *(leichtfertig)* leggero, frivolo ❹ *(frech, dreist)* impertinente, sfacciato
Lösegeld *nt* riscatto *m*
losen ['lo:zən] *vi* [**um etw**] **~** tirare a sorte [qc]
lösen ['lø:zən] **I.** *vt* ❶ *(a. losmachen, auf~)* *a.* CHEM sciogliere, slegare ❷ *(abtrennen)* **etw** [**von etw**] **~** staccare qc [da qc] ❸ *(lockern)* allentare ❹ *(Problem, Rätsel, Glei-*

chung) risolvere ⑤ *(Fahrkarte)* comperare **II.** *vr:* **sich ~** ① CHEM sciogliersi ② *(ab-, losgehen)* staccarsi; *(Schuss)* partire ③ *(sich frei machen)* **sich von etw ~** liberarsi da qc ④ *(sich aufklären)* risolversi

Loser <-s, -> *m (fam)* perdente *mf*

los|fahren <irr> *vi sein* ① *(abfahren)* partire ② *(fig: anfahren, -greifen)* [**auf jdn**] **~** aggredire [qu]

los|gehen <irr> *vi sein* ① *(aufbrechen)* mettersi in cammino; *(weggehen)* andarsene; **auf jdn ~** *(zugehen)* dirigersi verso qu; *(in feindlicher Absicht)* gettarsi contro qu ② *(fam: sich lösen)* staccarsi; *(Schuss)* partire ③ *(fam: anfangen)* cominciare; **geht das Gejammere schon wieder los!** *(fam)* ricomincia la lagna!

los|haben <irr> *vt* **etw** [*o* **viel**] **~** *(fam)* saperci fare

los|kaufen *vt* riscattare

los|kommen <irr> *vi sein* ① *(wegkommen)* staccarsi, venir via ② *(freikommen)* **von etw ~** riuscire a staccarsi da qc

los|lachen *vi* **laut ~** scoppiare a ridere

los|lassen <irr> *vt* ① *(nicht mehr festhalten)* lasciare andare, mollare; **das Buch/die Frage/der Gedanke lässt mich nicht mehr los** il libro/la domanda/il pensiero non mi dà più pace; **lass den Ball los!** molla la palla! ② *(freilassen)* rilasciare; **die Hunde auf jdn ~** sguinzagliare i cani contro qu ③ *(fam: verlauten lassen)* raccontare, dire

los|legen *vi (fam)* ① *(anfangen etw zu tun)* **mit etw ~** cominciare a + *inf* ② *(anfangen, etw zu sagen)* cominciare a parlare

löslich *adj* solubile; **schwer ~** difficilmente solubile

los|lösen *vt, vr* **sich** [**von jdm/etw**] **~** staccarsi [da qu qc]; **etw von etw ~** staccare qc da qc

los|machen **I.** *vt* sciogliere, slegare **II.** *vr:* **sich ~** svincolarsi; *(a. fig)* liberarsi **III.** *vi* ① *(fam: sich beeilen)* sbrigarsi ② NAUT salpare

los|müssen <irr, ohne ge-> *vi (fam)* devere andare [via]; **wir müssen heute früh los** *(fam)* dobbiamo andare [via] presto oggi

los|reißen <irr> **I.** *vt* **etw** [**von etw**] **~** *(a. fig)* strappare qc [da qc] **II.** *vr* **sich** [**von jdm/etw**] **~** *(a. fig)* staccarsi [da qu/qc]

los|rennen <irr> *vi sein* ① *(loslaufen)* partire di corsa, correre via ② *(auf jdn zulaufen)* **auf jdn ~** correre verso qu

Löss <-es, -e> *m* loess *m*

los|sagen *vr* **sich von jdm/etw ~** separarsi da qu/qc

los|treten <irr> *vt* **eine Lawine ~** *(fam fig)* scatenare un putiferio

Losung <-, -en> *f* parola *f* d'ordine

Lösung <-, -en> *f* ① *(Los~)* distacco *m* ② *(fig)* CHEM, MAT soluzione *f* ③ *(von Beziehungen)* rottura *f,* scioglimento *m*

Lösungsmittel *nt* CHEM solvente *m*

los|werden <irr> *vt sein* ① *(sich befreien von)* liberarsi di, sbarazzarsi di; **ich werde den Gedanken nicht los** non riesco a togliermi quest'idea dalla testa ② *(fam: verkaufen)* vendere ③ *(fam: verlieren)* perdere

los|ziehen <irr> *vi sein* partire, mettersi in cammino; **gegen jdn ~** *(fam: auf jdn schimpfen)* scagliarsi [*o* inveire] contro qu

Lot [loːt] <-(e)s, -e> *nt* ① *(Senkblei)* filo *m* a piombo, piombino *m;* **etw wieder ins rechte ~ bringen** sistemare qc ② NAUT scandaglio *m* ③ MAT *(Senkrechte)* perpendicolare *f,* verticale *f*

loten *vt* ① TEC mettere a piombo ② NAUT scandagliare

löten [ˈløːtən] *vt* saldare; *(hart ~)* brasare

Lotion [loˈtsi̯oːn] <-, -en> *f* lozione *f*

Lötkolben *m* saldatoio *m*

Lötlampe *f* lampada *f* per saldare

Lotos [ˈloːtɔs] <-, -> *m,* **Lotosblume** *f* loto *m*

lotrecht *adj* a piombo, a picco

Lötrohr *nt* cannello *m* per saldare

Lotse [ˈloːtsə] <-n, -n> *m* ① NAUT pilota *m;* AERO *(Flug~)* radioassistente *m* ② *(fig)* guida *f*

lotsen *vt* ① NAUT pilotare; AERO dirigere; MOT guidare ② *(fig fam)* portare, trascinare

Lotsenboot *nt* pilotina *f*

Lotsendienst *m* servizio *m* di pilotaggio

Lötstelle *f* [punto *m* di] saldatura *f*

lott[e]rig [ˈlɔt(ə)rɪç] *adj (fam)* ① *(schlampig)* trasandato, trascurato ② *(unmoralisch)* dissoluto, sregolato

Lotterie [lɔtəˈriː] <-, -n> *f* lotteria *f*

Lotterielos *nt* biglietto *m* della lotteria

Lotterleben [ˈlɔtɐleːbən] *nt (pej)* vita *f* sregolata

Lotto [ˈlɔto] <-s, -s> *nt* lotto *m*

Lottogewinn *m* vincita *f* al lotto

Lottoschein *m* schedina *f* del lotto

Lottozahlen *fpl* numeri *mpl* del lotto

lottrig *s.* **lott[e]rig**

Love Parade <-, -n> *f festa che raduna a Berlino una volta all'anno tutti i fan della musica tecno*

Löwe [ˈløːvə] <-n, -n> *m* ① ZOO leone *m;* **sich in die Höhle des ~n begeben** *(fig fam)* osare entrare nella tana del lupo ② ASTR Leone *m*

Löwenanteil *m* **sich** *dat* **den ~ nehmen** *(fig fam)* fare la parte del leone

Löwenmaul *nt,* **Löwenmäulchen** [ˈløː-

vənmɔɪlçən] <-s, -> *nt* BOT bocca *f* di leone
Löwenzahn *m* BOT dente *m* di leone
Löwin ['løːvɪn] <-, -nen> *f* leonessa *f*
loyal [lo̯a'jaːl] *adj* leale
Loyalität [lo̯ajali'tɛːt] <-> *f kein Pl.* lealtà *f*
LP [ɛl'peː] <-, -s> *f Abk. von* **Langspielplatte** LP *m*
LSD [ɛlʔɛs'deː] <-(s)> *nt kein Pl.* LSD *f*
lt. *Abk. von* **laut** sec.
Lübeck ['lyːbɛk] *nt* Lubecca *f*
Luchs [lʊks] <-es, -e> *m* lince *f*
Lücke ['lʏkə] <-, -n> *f* ❶ *(leere Stelle, a. fig)* vuoto *m* ❷ *(fig)* lacuna *f; (Mangel)* carenza *f,* difetto *m;* **eine ~ schließen** colmare una lacuna
Lückenbüßer *m* ❶ *(Person)* tappabuchi *m* ❷ *(Sache)* riempitivo *m*
lückenhaft *adj* ❶ *(voller Lücken)* pieno di lacune, lacunoso ❷ *(fig: unvollständig)* incompleto
lückenlos *adj* ❶ *(ohne Lücken)* senza lacune ❷ *(fig: vollständig)* completo
lud [luːt] *1. u. 3. Pers. Sing. Imp. von* **laden**
Luder ['luːdɐ] <-s, -> *nt (fam pej)* carogna *f*
Luft [lʊft] <-, *poet:* Lüfte> *f* ❶ aria *f;* **dicke ~** *(fam)* aria pesante; **die ~ aus etw herauslassen** sgonfiare qc; **für jdn ~ sein** non esistere per qu; **an die [frische] ~ gehen** andare all'aria aperta; **jdn an die ~ setzen** *(fam)* mettere qu alla porta; **in die ~ jagen** *(sprengen)* far saltare; **in der ~ liegen** essere nell'aria; **sich in ~ auflösen** *(fam: Person)* svanire nel nulla; *(Ding)* andare in fumo ❷ *Sing. (Atem)* fiato *m,* respiro *m;* **~ holen** prendere fiato; **tief ~ holen** respirare profondamente; **keine ~ kriegen** soffocare ❸ *(fam: Platz, Spielraum)* spazio *m;* **seinem Ärger ~ machen** sfogare la propria rabbia
Luftangriff *m* attacco *m* aereo, incursione *f* aerea
Luftballon *m* ❶ *(Spielzeug)* palloncino *m* ❷ AERO aerostato *m*
Luftbefeuchter <-s, -> *m* evaporatore *m,* umidificatore *m*
Luftbild *nt* fotografia *f* aerea
Luftblase *f* bolla *f* d'aria
Luftbrücke *f* ponte *m* aereo
luftdicht *adj* ermetico
Luftdruck *m kein Pl.* pressione *f* atmosferica
luftdurchlässig *adj* permeabile all'aria
lüften ['lʏftən] *vt* ❶ *(Zimmer)* aerare; *(Bett, Kleidung)* dare aria a, mettere all'aria ❷ *(Vorhang)* sollevare; *(Hut)* alzare ❸ *(fig: Geheimnis)* svelare
Luftfahrt *f* aviazione *f,* aeronautica *f*
Luftfahrtgesellschaft *f* compagnia *f* di navigazione aerea
Luftfeuchtigkeit *f* umidità *f* atmosferica
Luftfracht *f* ❶ *(Gebühr)* nolo *m* aereo ❷ *(Ware)* merce *f* aerotrasportata
luftgekühlt *adj* TEC raffreddato ad aria, con raffreddamento ad aria
luftgetrocknet *adj* seccato all'aria
Luftgewehr *nt* fucile *m* ad aria compressa
Lufthauch *m (geh)* soffio *m* [*o* alito *m*] d'aria
Lufthoheit *f kein Pl.* sovranità *f* aerea
luftig *adj* ❶ *(Raum)* arioso; *(frisch)* aerato ❷ *(Kleidung)* vaporoso
Luftkampf *m* combattimento *m* aereo; *(zwischen zwei Flugzeugen)* duello *m* aereo
Luftkissen *nt* ❶ *(Kissen)* cuscino *m* pneumatico ❷ *(Luft)* cuscino *m* d'aria
Luftkissenboot *nt* hovercraft *m*
Luftkrieg *m* guerra *f* aerea
Luftkühlung *f* raffreddamento *m* ad aria
Luftkurort *m* stazione *f* climatica
Luftlandetruppen *f pl* truppe *f pl* aviotrasportate
Luftlandung *f* MIL aerosbarco *m*
luftleer *adj* **~er Raum** vuoto *m*
Luftlinie *f* linea *f* d'aria
Luftloch *nt* ❶ TEC foro *m* d'aerazione ❷ *(fam)* vuoto *m* d'aria
Luftmasche *f* primo ferro *m* [*o* punto *m*]
Luftmatratze *f* materasso *m* pneumatico, materassino *m* [gonfiabile]
Luftmine *f* mina *f* aerea
Luftpirat(in) *m(f)* pirata *mf* dell'aria
Luftpost *f* posta *f* aerea; **mit ~** per posta aerea
Luftpostbrief *m* lettera *f* per posta aerea
Luftpostpapier *nt* carta *f* per posta aerea
Luftpumpe *f* pompa *f* pneumatica
Luftraum *m* spazio *m* aereo
Luftreiniger *m* depuratore *m* dell'aria
Luftröhre *f* trachea *f*
Luftschacht *m* pozzo *m* di ventilazione
Luftschicht *f* strato *m* d'aria
Luftschiff *nt* dirigibile *m,* aeronave *f*
Luftschifffahrt *f* navigazione *f* aerea [con dirigibili], aeronautica *f*
Luftschlange *f* stella *f* filante
Luftschloss *nt* castello *m* in aria; **Luftschlösser bauen** fare castelli in aria
Luftschraube *f* elica *f*
Luftschutz *m* protezione *f* antiaerea; **ziviler ~** difesa *f* antiaerea civile
Luftschutzbunker *m,* **Luftschutzkeller** *m,* **Luftschutzraum** *m* rifugio *m* antiaereo
Luftsperrgebiet *nt* zona *f* aerea vietata

Luftspieg[e]lung *f* miraggio *m*
Luftsprung *m* salto *m* di gioia
Luftstreitkräfte *fpl* forze *fpl* aeree
Luftströmung *f* corrente *f* d'aria
Luftstützpunkt *m* base *f* aerea
Lufttaxi *nt* aerotaxi *m*
Lufttemperatur *f* METEO temperatura *f* atmosferica
Lufttransport *m* trasporto *m* aereo
luftundurchlässig *adj* impermeabile all'aria
Lüftung <-, -en> *f* aerazione *f*, ventilazione *f*
Lüftungsschacht *m* condotto *m* dell'aria
Luftveränderung *f* cambiamento *m* d'aria
Luftverkehr *m* traffico *m* aereo
Luftverschmutzung *f* inquinamento *m* atmosferico
Luftwaffe *f* aeronautica *f* militare
Luftweg *m* **auf dem ~** per via aerea
Luftwiderstand *m* resistenza *f* dell'aria
Luftzufuhr *f* adduzione *f* d'aria
Luftzug *m* corrente *f* d'aria
Lüge ['ly:gə] <-, -n> *f* bugia *f*, menzogna *f*; **jdn ~n strafen** smentire qu; **~n haben kurze Beine** *(prov)* le bugie hanno le gambe corte
lügen <lügt, log, gelogen> *vi* mentire, dire una bugia; **~ wie gedruckt** *(fam)* spararle grosse, mentire spudoratamente
Lügendetektor ['ly:gəndeˈtɛktɔr] *m* macchina *f* della verità, lie detector *m*
Lügengeschichte *f* frottola *f*, fandonia *f*, panzana *f*
Lügner(in) ['ly:gnɐ] <-s, -; -, -nen> *m(f)* bugiardo, -a *m, f*, mentitore, -trice *m, f*
lügnerisch *adj* bugiardo, menzognero
Luke ['lu:kə] <-, -n> *f (Dach~)* abbaino *m*; NAUT boccaporto *m*
lukrativ [lukraˈti:f] *adj* lucrativo
lukullisch [luˈkʊlɪʃ] *adj* luculliano
Lümmel ['lʏməl] <-s, -> *m* ① *(pej: Flegel)* villano *m* ② *(fam: Bursche)* tipo *m*
lümmeln *vr:* **sich ~** *(fam pej)* stravaccarsi (**auf etw** *akk* su qc)
Lümmeltüte *f (sl: Kondom)* preservativo *m*
Lump [lʊmp] <-en, -en> *m (pej)* farabutto *m*, mascalzone *m*
lumpen ['lʊmpən] *vt (fam)* **sich nicht ~ lassen** non fare lo spilorcio
Lumpen <-s, -> *m* straccio *m*, cencio *m*
Lumpengesindel *nt*, **Lumpenpack** *nt (pej)* gentaglia *f*, marmaglia *f*
Lumpensammler *m* ① *(Mensch)* cenciaiolo *m* ② *(fig, scherz: Bahn, Bus)* ultima corsa *f*
lumpig *adj* ① *(niederträchtig)* meschino, vile ② *(zerlumpt)* cencioso ③ *(fam: unbedeutend)* misero
Lunch [lantʃ] <-(e)s *o* -, -(e)s *o* -e> *m* lunch *m*, pranzo *m*
lunchen ['lantʃən] *vi, vt* pranzare
Lüneburg ['ly:nəbʊrk] *nt* Luneburgo *f*; **~er Heide** Lande *fpl* di Luneburgo
Lunge ['lʊŋə] <-, -n> *f* polmone *m*, polmoni *mpl*; **sich** *dat* **die ~ aus dem Leib schreien** *(fam)* spolmonarsi
Lungenbraten <-s, -> *m* A GASTR *(Rinderfilet)* filetto *m* di manzo, lombata *f*
Lungenembolie <-, -n> *f* MED embolia *f* polmonare
Lungenentzündung *f* polmonite *f*
Lungenfell *nt* pleura *f*
Lungenfellentzündung *f* pleurite *f*
Lungenflügel *m* lobo *m* polmonare
Lungenhaschee <-s, -s> *nt* macinato *m* di lombo
Lungenheilstätte *f* sanatorio *m* antitubercolare
lungenkrank *adj* tubercolotico, tisico
Lungenkrankheit *f* affezione *f* polmonare
Lungenkrebs *m* cancro *m* ai polmoni
Lungentuberkulose *f* tubercolosi *f* polmonare
Lungenzug *m* tiro *m* [di sigaretta]; **einen ~ machen** fare un tiro
lungern ['lʊŋɐn] *vi (fam)* oziare, perdere tempo, bighellonare, ciondolare
Lunte ['lʊntə] <-, -n> *f* **~ riechen** *(fig fam)* sentire odore di polvere
Lupe ['lu:pə] <-, -n> *f* lente *f*; **etw/jdn unter die ~ nehmen** *(fam)* esaminare qc/qu attentamente
lupenrein *adj* ① *(Diamant)* purissimo ② *(fig)* vero, autentico
Lupine [luˈpi:nə] <-, -n> *f* lupino *m*
Lurch [lʊrç] <-(e)s, -e> *m* anfibio *m*
Lurex® ['lu:rɛks] <-> *nt kein Pl.* lurex® *m*
Lust [lʊst] <-, Lüste> *f* ① *Sing. (Freude)* gioia *f*; *(Vergnügen)* piacere *m*; **mit ~ und Liebe** con piacere, con grande entusiasmo; **nach ~ und Laune** a capriccio ② *Sing. (Verlangen)* voglia *f*, desiderio *m*; **~ auf etw** *akk* **haben** avere voglia di qc; **~/keine ~ haben zu arbeiten** avere/non avere voglia di lavorare; **mir ist die ~ [daran] vergangen** mi è passata la voglia ③ *(Sinnes~)* voluttà *f*
Luster ['lʊstɐ] <-s, -> *m* A *s.* **Lüster**
Lüster <-s, -> *m* ① *(Glanzüberzug)* lustro *m* ② *(Kronleuchter)* lampadario *m*
lüstern ['lʏstɐn] *adj* ① *(begierig)* avido, bramoso; **auf etw** *akk* [*o* **nach etw**] **~ sein** essere bramoso di [fare] qc ② *(geil)* cupido, lascivo
Lüsternheit <-> *f kein Pl.* ① *(Begierde)* de-

siderio *m*, brama *f* ② *(Geilheit)* concupiscenza *f*, lascivia *f*

Lustgewinn <-(e)s, -e> *m* raggiungimento *m* del piacere

lustig *adj* ① *(vergnügt)* allegro, gaio ② *(erheiternd)* divertente, piacevole; **sich über jdn ~ machen** prendere in giro qu; **sich über etw** *akk* **~ machen** ridere di qc; **das kann ja ~ werden!** *(fam iron)* ci sarà da divertirsi!, ne vedremo delle belle!

Lüstling ['lʏstlɪŋ] <-s, -e> *m* libertino *m*

lustlos *adj (Mensch)* svogliato, apatico

Lustmolch *m (fam scherz)* libidinoso *m*

Lustmord *m* omicidio *m* con violenza carnale

Lustmörder(in) *m(f)* omicida *mf* sessuale

Lustobjekt *nt* oggetto *m* di piacere

Lustschloss *nt* castello *m* di campagna

Lustspiel *nt* commedia *f*

lustvoll *adj (geh)* voluttuoso, appagato, soddisfatto, gaio, di gusto, con piacere; **~er Blick** sguardo voluttuoso; **etw ~ machen** fare qc con piacere [*o* di gusto]

lutschen ['lʊtʃən] *vt, vi* **an etw** *dat* **~** succhiare qc

Lutscher <-s, -> *m* lecca-lecca *m*

Luv [lu:f] <-> *f o nt kein Pl.* orza *f*, lato *m* sopravvento

Luxemburg ['lʊksəmbʊrk] *nt* Lussemburgo *m*

Luxemburger(in) <-s, -; -, -nen> *m(f)* lussemburghese *mf*

luxemburgisch *adj* lussemburghese

luxuriös [lʊksuri'ø:s] *adj* lussuoso, di lusso

Luxus ['lʊksʊs] <-> *m kein Pl.* lusso *m*

Luxus- *in Zusammensetzungen* di lusso

Luxusartikel *m* articolo *m* di lusso

Luxusausführung *f* modello *m* di lusso

Luxushotel *nt* albergo *m* di lusso

Luxusliner [-laɪnɐ] <-s, -> *m* crociera *f* di lusso

Luxussteuer *f* imposta *f* sui generi di lusso

Luxuswagen *m* automobile *f* di lusso

Luzern [lu'tsɛrn] *nt* Lucerna *f*

Luzerne [lu'tsɛrnə] <-, -n> *f* BOT [erba *f*] medica *f*

LW *Abk. von* **Langwelle** OL

Lymphdrüse *f* ghiandola *f* linfatica

Lymphe ['lʏmfə] <-, -n> *f* linfa *f*

Lymphknoten *m* linfoghiandola *f*

Lymphsystem *nt* MED sistema *m* linfatico

lynchen ['lʏnçən] *vt* linciare

Lynchjustiz *f* linciaggio *m*

Lyrik ['ly:rɪk] <-> *f kein Pl.* lirica *f*

Lyriker(in) <-s, -; -, -nen> *m(f)* poeta, -essa *m, f* lirico, -a

lyrisch *adj* lirico

Mm

m *Abk. von* **Meter** m

M, m [ɛm] <-, -(s)> *nt* M *f*, m *f*; **M wie Martha** M come Milano

mA *Abk. von* **Milliampere** mA

MA. *Abk. von* **Mittelalter** M.E.

MA *Abk. von* **Mittelalter** M.E.

M. A. *Abk. von* **Magister Artium** *titolo di studio universitario per le materie umanistiche*

Maastrichter Vertrag <-es> *m kein Pl.* EU Trattato *m* di Maastricht

Mach [max] <-(s), -> *nt* PHYS Mach *m*

Machart *f* fattura *f*, confezione *f*

machbar *adj* fattibile

Mache ['maxə] <-> *f kein Pl. (fam)* ① *(Vortäuschung)* apparenza *f*, messa *f* in scena; **das ist alles nur ~** è tutta una commedia ② *(Wend)* **etw in der ~ haben** stare macchinando qc

machen ['maxən] **I.** *vt* ① *(tun)* fare; **etw ~ lassen** far fare qc; **das Bett ~** fare il letto; **jdm den Hof ~** fare la corte a qu; **Licht ~** accendere la luce; **sich** *dat* **das Haar ~** farsi i capelli; **das** [*o* **so etwas**] **macht man nicht** una cosa simile non si fa; **da kann man nichts** [**mehr**] **~** non c'è più niente da fare; **dagegen ist nichts zu ~** non ci si può fare nulla; **was macht dein Mann?** come sta tuo marito?; **was macht deine Arbeit?** come va il tuo lavoro?; **was machst du denn hier?** cosa fai qui?; **den Anfang mit etw ~** cominciare qc; **ein Ende ~ mit** porre fine a; **mach's gut!** *(fam)* ciao, stammi bene!; **wird gemacht!** *(fam)* sarà fatto ② *(herstellen)* produrre, fabbricare ③ *(bewirken, verursachen)* causare; **Mühe ~** costare fatica; **das macht nichts** non fa niente ④ *(in einen Zustand versetzen)* rendere; **du machst mich ganz nervös!** mi rendi nervoso! ⑤ *(veranstalten)* organizzare ⑥ *(fam: ergeben)* fare; *(kosten)* costare; **was macht das?** quant'è? ⑦ *(fam: Notdurft verrichten)* fare **II.** *vr:* **sich ~** ① *(fam: gedeihen)* crescere, svilupparsi

② *(sich in einen Zustand versetzen)* **mach dich nicht schmutzig!** non sporcarti!; **machen Sie es sich** *dat* **bequem!** si metta a Suo agio! ③ *(beginnen)* **sich an etw** *akk* **~** mettersi a fare qc ④ *(passen, aussehen)* stare; **sich gut ~** stare bene ⑤ *(Wend)* **ich mache mir nichts aus Kuchen** i dolci non mi piacciono; **ich mache mir nichts daraus** non me ne importa niente; **ich mache mir viel daraus** non me ne importa niente/; **mach dir nichts draus!** *(fam)* non te la prendere **III.** *vi* **in die Hose ~** *(fam)* farsela addosso; **Arbeiten macht müde** il lavoro stanca; **lass mich nur ~!** *(fam)* lascia fare a me!; **nun mach schon!** *(fam)* sbrigati!, spicciati!

Machenschaften *fpl (pej)* manovre *fpl*, intrighi *mpl*

Macher <-s, -> *m (fam)* uomo *m* energico

Macho ['matʃo] <-s, -s> *m (fam)* macho *m*, maschilista *m*

Macholand *nt* paese *m* maschilista

Machotum *nt* maschilismo *m*

Macht [maxt, *Pl:* 'mɛçtə] <-, Mächte> *f* ① *Sing. (Einfluss, Gewalt)* potere *m;* **an der ~ sein** essere al potere; **die ~ ergreifen** prendere il potere; **in jds ~ liegen** dipendere da qu ② *Sing. (Kraft)* forza *f;* **alles, was in meiner ~ steht** tutto quello che posso ③ *(Heeres~)* forze *fpl* armate, esercito *m*

Machtbereich *m* sfera *f* di competenza

Machtergreifung *f* presa *f* del potere

Machthaber(in) <-s, -; -, -nen> *m(f)* uomo *m* [donna *f*] al potere, potente *mf*

machthungrig *adj* assetato di potere

mächtig ['mɛçtɪç] **I.** *adj* ① *(machtvoll)* potente, possente; **einer Sprache ~ sein** *(geh)* padroneggiare una lingua ② *(sehr groß)* grande, enorme **II.** *adv (fam: sehr)* molto, assai; **sich ~ anstrengen** sforzarsi molto

Machtkampf *m* lotta *f* per il potere

machtlos *adj* impotente; **dagegen ist man ~** non ci si può far nulla

Machtlosigkeit <-> *f kein Pl.* impotenza *f*

Machtmissbrauch <-(e)s> *m kein Pl.* abuso *m* di potere

Machtpolitik *f* politica *f* della forza

Machtprobe *f* prova *f* di forza

Machtstellung *f* posizione *f* di forza

Machtübernahme *f* POL avvento *m* al potere

machtvoll *adj* potente

Machtwechsel <-s, -> *m* POL cambio *m* di potere

Machtwort <-(e)s, -e> *nt* **ein ~ sprechen** dire una parola decisiva, fare la voce grossa *fam*

Machwerk *nt (pej)* abborracciatura *f*

Macke ['makə] <-, -n> *f* ① *(Fehler)* difetto *m; (Beule)* ammaccatura *f* ② *(fam: Tick)* fisima *f*, fissazione *f;* **du hast doch eine ~!** non hai tutte le rotelle a posto!

Macker ['makɐ] <-s, -> *m (sl)* ① *(Typ)* tizio *m*, tipo *m* ② *(Freund)* ragazzo *m*

MAD [ɛmʔaː'deː] <-(s)> *m kein Pl. Abk. von* **Militärischer Abschirmdienst** *Organizzazione tedesca per la protezione delle forze armate da spionaggio e sabotaggi*

Mad[e]l ['maːd(ə)l] <-s, -n> *nt* SÜDD, A ragazza *f*

Mädchen ['mɛːtçən] <-s, -> *nt* ① *(Kind)* bambina *f; (Jugendliche)* ragazza *f;* **leichtes ~** ragazza leggera ② *(Haus~)* domestica *f; (Zimmer~)* cameriera *f;* **~ für alles** ragazza tuttofare

mädchenhaft **I.** *adj* da fanciulla **II.** *adv* come una fanciulla

Mädchenhandel *m* tratta *f* delle bianche

Mädchenname *m* ① *(weiblicher Vorname)* nome *m* di ragazza ② *(von verheirateter Frau)* cognome *m* da ragazza

Made ['maːdə] <-, -n> *f* verme *m; (bes. Obst~)* baco *m;* **wie die ~ im Speck leben** *(fam)* far vita da papi

Mädel ['mɛːdəl] <-s, -(s)> *nt (fam)* ragazza *f*

madig *adj* bacato

madig|machen *vt (fam)* **jdm etw ~** rovinare qc a qu, far passare la voglia a qu

Madonna [ma'dɔna, *Pl:* ma'dɔnən] <-, Madonnen> *f* Madonna *f*

Madrid [ma'drɪt] *nt* Madrid *f*

Mafia ['mafi̯a] <-, -s> *f* mafia *f*

mag [maːk] *1. u. 3. Pers. Sing. Präs. von* **mögen[1], mögen[2]**

Magazin [maga'tsiːn] <-s, -e> *nt* ① *(Lager)* magazzino *m* ② *(von Waffe)* caricatore *m* ③ *(Zeitschrift)* rivista *f* ④ TV, RADIO programma *m* d'attualità ⑤ FOTO caricatore *m*

Magd [maːkt, *Pl:* 'mɛːkdə] <-, Mägde> *f (obs)* serva *f*, domestica *f*

Magen ['maːgən, *Pl:* 'mɛːgən] <-s, Mägen *o* -> *m* stomaco *m;* **auf nüchternen ~** a stomaco vuoto, a digiuno; **sich** *dat* **den ~ verderben** guastarsi lo stomaco; **das liegt mir schwer im ~** *(fig fam)* mi sta sullo stomaco

Magenbeschwerden *fpl* disturbi *mpl* gastrici

Magenbitter <-s, -> *m* amaro *m* [digestivo]

Magen-Darm-Trakt ['maːgən'darmtrakt] <-(e)s, -e> *m* ANAT tratto *m* gastrointestinale [*o* gastroenterico]

Magengeschwür *nt* MED ulcera *f* gastrica
Magengrube *f* epigastrio *m*, bocca *f* dello stomaco *fam*
Magenknurren <-s> *nt kein Pl.* borborismo *m*
Magenleiden <-s, -> *nt* affezione *f* gastrica, gastropatia *f*
Magensäure *f* acido *m* gastrico
Magenschmerzen *mpl* dolori *mpl* di stomaco
Magenverstimmung <-, -en> *f* indigestione *f*
mager ['ma:gɐ] *adj* magro; *(fig a.)* scarso; ~ **werden** dimagrire
Magerkeit <-> *f kein Pl.* magrezza *f*
Magermilch *f* latte *m* magro
Magerquark *m* ricotta *f* magra
Magersucht *f* MED anoressia *f* [nervosa]
magersüchtig *adj* anoressico
Maggikraut ['magi:-] <-s> *nt kein Pl.* BOT, GASTR sedano *m* di monte
Magie [ma'gi:] <-> *f kein Pl.* magia *f*
Magier ['ma:giɐ] <-s, -> *m* mago *m*
magisch *adj* magico
Magister [ma'gɪstɐ] <-s, -> *m*, **Magistra** [ma'gɪstra] <-, -e> *f* A ① *(akademischer Grad, dem Diplom entsprechend)* laurea *f*; **den/seinen ~ machen** laurearsi; **sie ist ~/Magistra der Philosophie** è laureata in filosofia ② A *(Titel und Anrede eines Apothekers)* farmacista *mf*
Magistrat [magɪs'tra:t] <-(e)s, -e> *m* ① HIST magistrato *m*; *(Amt)* magistratura *f* ② *(Stadtverwaltung)* amministrazione *f* comunale, municipalità *f*
Magistratur [magɪstra'tu:ɐ, *Pl:* magɪstra'tu:rən] <-, -en> *f* carica *f* pubblica
Magma ['magma, *Pl:* 'magmən] <-s, Magmen> *nt* GEOL magma *m*
Magnesium [ma'gne:ziʊm] <-s> *nt kein Pl.* CHEM magnesio *m*
Magnet [ma'gne:t] <-(e)s *o* -en, -e *o rar:* -en> *m* magnete *m*
Magnetbahn <-, -en> *f* treno *m* superveloce a trazione magnetomeccanica
Magnetband <-(e)s, -bänder> *nt* nastro *m* magnetico
Magnetfeld *nt* campo *m* magnetico
magnetisch *adj* magnetico
magnetisieren [magneti'zi:rən] <ohne ge-> *vt* magnetizzare
Magnetismus [magne'tɪsmʊs] <-> *m kein Pl.* magnetismo *m*
Magnetnadel *f* ago *m* magnetico
Magnolie [ma'gno:li̯ə] <-, -n> *f* BOT magnolia *f*
Mahagoni [maha'go:ni] <-s> *nt kein Pl.* mogano *m*
Maharadscha [maha'ra:dʒa] <-s, -s> *m* maragià *m*
Mahd [ma:t, *Pl:* 'mɛ:dɐ] <-(e)s, Mähder> *nt* A, CH prato *m*, pascolo *m*
Mähdrescher *m* mietitrebbiatrice *f*
mähen ['mɛ:ən] *vt* mietere, falciare
Mahl [ma:l, *Pl:* ma:lə *o* mɛ:lɐ] <-(e)s, -e *o* Mähler> *nt (geh)* pasto *m*, pranzo *m*; *(Fest~)* banchetto *m*
mahlen ['ma:lən] <mahlt, mahlte, gemahlen> *vt* triturare, tritare; *(Körner)* macinare
Mahlzeit *f* pasto *m*; **~!** buon appetito!
Mähmaschine *f* falciatrice *f*, mietitrice *f*
Mähne ['mɛ:nə] <-, -n> *f* criniera *f*
mahnen ['ma:nən] *vt* ① *(zurechtweisen)* ammonire ② *(erinnern)* **jdn an etw** *akk* **~** rammentare qc a qu ③ *(Schuldner)* sollecitare ④ JUR intimare
Mahngebühr *f* spese *fpl* di intimazione
Mahnmal <-(e)s, -e *o rar:* -mäler> *nt* monumento *m* commemorativo
Mahnung <-, -en> *f* ① *(Er~)* ammonimento *m* ② *(von Schuldner)* sollecitazione *f*; *(Mahnbrief)* sollecito *m* ③ JUR intimazione *f*, diffida *f*
Mahnwache <-, -n> *f* sit-in *m*, manifestazione *f* di protesta
Mai [maɪ] <-(e)s *o* -, -e> *m* maggio *m*; *s. a.* **April**
Maibowle *f* bowle *f* con asperula
Maifeier *f* festa *f* del primo maggio, primo maggio *m*
Maiglöckchen ['maɪglœkçən] <-s, -> *nt* mughetto *m*
Maikäfer *m* maggiolino *m*
Mail ['meɪl] <-, -s> *f* mail *f*
Mailand ['maɪlant] *nt* Milano *f*
Mailbox ['meɪlbɔks] *f* INFORM cassetta *f* postale elettronica
mailen ['meɪlən] *vt* **etw ~** INFORM *(fam)* inviare per mail
Mailinglist ['meiliŋlist] <-, -s> *f* INFORM mailinglist *f*
Mailprogramm *nt* INFORM programma *m* mail
Main [maɪn] *m* Meno *m*
Mainz [maɪnts] *nt* Magonza *f*
Mais [maɪs] <-es, *rar:* -e> *m* mais *m*, gran[o]turco *m*
Maiskeimöl *nt* olio *m* di semi di mais
Maiskolben *m* pannocchia *f*
Maismehl *nt* farina *f* di granoturco
Majestät [majɛs'tɛ:t] <-, -en> *f* maestà *f*
majestätisch *adj* maestoso
Major [ma'jo:ɐ̯] <-s, -e> *m* MIL maggiore *m*
Majoran ['ma:joran *o* majo'ra:n] <-s, -e> *m* maggiorana *f*

Majorität [majori'tɛ:t] <-, -en> *f* maggioranza *f*
Majorz [ma'jɔrts] <-es> *m kein Pl.* CH *(Mehrheitswahlsystem)* [sistema *m*] maggioritario *m;* **es gibt zwei verschiedene Wahlsysteme: ~ und Proporz** ci sono due diversi sistemi di votazione: il maggioritario e il proporzionale
makaber [ma'ka:bɐ] *adj* macabro
Makedonien [make'do:niən] *nt* Macedonia *f*
Makedonier(in) [make'do:niɐ] <-s, -; -, -nen> *m(f)* macedone *mf*
makedonisch *adj* macedone
Makedonisch <-s> *nt kein Pl.* macedone *m*
Makedonische <-n> *nt kein Pl.* macedone *m*
Makel ['ma:kəl] <-s, -> *m (geh)* difetto *m*
makellos *adj* senza difetto; *(fig)* impeccabile
mäkeln ['mɛ:kəln] *vi (pej)* **an etw** *dat* **~** trovare da ridire su qc
Make-up [meɪk'ʔap] <-s, -s> *nt* maquillage *m,* make-up *m*
Makler(in) ['ma:klɐ] <-s, -; -, -nen> *m(f)* *(Wohnungs~)* sensale *mf* di alloggi; *(Börsen~)* agente *mf* di cambio; *(Grundstücks~)* agente *mf* immobiliare
Maklergebühr *f* diritti *mpl* di mediazione
Maklerin *f s.* **Makler**
Makrele [ma'kre:lə] <-, -n> *f* sgombro *m*
Makrokosmos <-> *m kein Pl.* macrocosmo *m*
Makrone [ma'kro:nə] <-, -n> *f* amaretto *m*
Makulatur [makula'tu:ɐ, *Pl:* makula'tu:rən] <-, -en> *f* carta *f* da macero
mal [ma:l] *adv* 1 MAT per; **2 ~ 2 ist 4** 2 per 2 fa 4 2 *(fam: einmal)* **ich muss ~** devo andare in un posticino; **denk** [**dir**] **~!** immagina!; **hör ~ her** [*o* **zu**]**!** ascolta!; **sieh ~!, schau ~!** guarda!; **besuchen Sie mich ~!** venga a trovarmi!; **versuchen Sie es ~!** ci provi un po'!
Mal[1] <-(e)s, -e> *nt* volta *f;* **das erste/zweite/nächste/vorige** [*o.* **letzte**] **~** la prima/la seconda/la prossima/l'ultima volta; **dieses ~** questa volta; **ein für alle ~** una volta per tutte; **ein ums andere ~** una volta su due; **mit einem ~** ad un tratto; **zum ersten/letzten ~** per la prima/l'ultima volta; **von ~ zu ~** di volta in volta; **Dutzend ~** dozzine di volte; **Millionen ~** milioni di volte
Mal[2] <-(e)s, -e *o* Mäler> *nt (Fleck)* chiazza *f; (bes. auf der Haut)* livido *m; (Mutter~)* voglia *f*
Malaria [ma'la:ria] <-> *f kein Pl.* malaria *f*
malen ['ma:lən] *vt* dipingere; *(porträtieren)* fare il ritratto a
Maler(in) <-s, -; -, -nen> *m(f)* 1 *(Kunst~)* pittore, -trice *m, f* 2 *(Anstreicher)* imbianchino, -a *m, f*
Malerei [ma:lə'raɪ] <-, -en> *f* pittura *f*
Malerin *f s.* **Maler**
malerisch *adj* pittoresco
Malheur [ma'løːɐ, *Pl:* ma'lø:rə] <-s, -e *o* -s> *nt (fam)* guaio *m;* **mir ist ein kleines ~ passiert** mi è capitato un piccolo guaio; **das ist doch kein ~!** non è niente di grave!, non è la fine del mondo!
Malkasten *m* cassetta *f* dei colori
Mallorca [ma'lɔrka *o* ma'jɔrka] *nt* Maiorca *f*
mal|nehmen <irr> *vt, vi* **etw mit etw ~** moltiplicare qc per qc
malochen [ma'lo:xən] <ohne ge-> *vi (sl)* lavorare
Malta ['malta] *nt* Malta *f*
Malteser(in) [mal'te:zɐ] <-s, -; -, -nen> *m(f)* maltese *mf*
Malteserkreuz *nt* croce *f* di Malta
Malve ['malvə] <-, -n> *f* malva *f*
Malz [malts] <-es> *nt kein Pl.* malto *m*
Malzbier *nt* birra *f* di malto
Malzbonbon *m o nt* caramella *f* di malto
Malzkaffee *m* caffè *m* di malto
Mama [ma'ma: *o* 'mama] <-, -s> *f (fam)* mamma *f*
Mami ['mami] <-, -s> *f (fam)* mammina *f*
Mammografie [mamogra'fi:, *Pl:* mamogra'fi:ən] <-, -n> *f* mammografia *f*
Mammut ['mamʊt] <-s, -e *o* -s> *nt* mammut *m*
mampfen ['mampfən] *vt, vi (fam)* mangiare a quattro palmenti
man [man] **I.** *pron indef* si; **das tut ~ nicht** questo non si fa; **~ hat mir gesagt, dass ...** mi hanno detto che ...; **~ sagt, dass ...** si dice che ..., dicono che ... **II.** *adv* NORDD *(fam)* **denn ~ los!** su, andiamo!
Management ['mɛnɪdʒmənt] <-s, -s> *nt* management *m*
managen ['mɛnɪdʒən] *vt* 1 *(fam: bewerkstelligen)* organizzare, sistemare 2 *(geschäftlich betreuen)* **jdn ~** essere il manager di qu
Manager(in) <-s, -; -, -nen> *m(f)* manager *mf*
Managerkrankheit *f* surmenage *m*
manche(r, s) ['mançə, -çɐ, -çəs] **I.** *pron indef* qualcuno, -a *m, f,* alcuni, -e *m, fpl,* parecchi, -cchie *m, fpl* **II.** *adj* qualche, alcuni, -e *pl*
mancherlei ['mançɐ'laɪ] <inv> **I.** *adj* diver-

M

so, vario **II.** *pron indef* varie [*o* diverse] cose

manches **I.** *adj s.* **manche(r, s)** **II.** *pron indef* alcune [*o* parecchie] cose

manchmal *adv* talvolta, qualche volta

Mandant(in) [man'dant] <-en, -en; -, -nen> *m(f)* JUR mandante *mf*

Mandarine [manda'ri:nə] <-, -n> *f* mandarino *m*

Mandat [man'da:t] <-(e)s, -e> *nt* mandato *m*

Mandatar(in) <-s, -e; -, -nen> *m(f)* A *(Abgeordneter)* deputato, -a *m, f*

Mandatszeit *f* durata *f* del mandato

Mandel ['mandəl] <-, -n> *f* ① BOT mandorla *f;* **gebrannte ~n** mandorle tostate ② ANAT tonsilla *f*

Mandelbaum *m* BOT mandorlo *m*

Mandelentzündung *f* MED tonsillite *f*

mandelförmig ['mandəlfœrmɪç] *adj* amigdaloide, a forma di mandorla

Mandelkleie *f* polvere *f* di mandorle

Mandoline [mando'li:nə] <-, -n> *f* MUS mandolino *m*

Manege [ma'ne:ʒə] <-, -n> *f* arena *f*

Mangan [maŋ'ga:n] <-s> *nt kein Pl.* CHEM manganese *m*

Mangel[1] ['maŋəl, *Pl:* 'mɛŋəl] <-s, Mängel> *m* ① *Sing. (Fehlen)* mancanza *f,* insufficienza *f;* **aus ~ an Beweisen** per insufficienza di prove; **~ haben an etw** *dat* avere mancanza di qc ② *Sing. (Knappheit)* scarsità *f,* penuria *f;* MED carenza *f* ③ *(Fehler)* difetto *m*

Mangel[2] ['maŋəl] <-, -n> *f (Wäsche~)* mangano *m;* **jdn in die ~ nehmen** *(fig fam)* spremere ben bene qu

mangelernährt *adj* MED malnutrito

Mangelerscheinung *f* MED fenomeno *m* di carenza

mangelhaft *adj (unzureichend)* insufficiente; *(fehlerhaft)* difettoso, manchevole; *(Schulnote) cinque*

Mangelkrankheit *f* malattia *f* da carenza alimentare

mangeln **I.** *vi (geh: fehlen)* mancare, scarseggiare; **an etw** *dat* **~** mancare di qc; **es mangelt ihm an Geld** gli mancano soldi **II.** *vt, vi (Wäsche)* manganare

mangelnd *adj* mancante, insufficiente; **wegen ~er Vorbereitung** a causa della scarsa preparazione

Mängelrüge ['mɛŋəlry:gə] *f* reclamo *m*

mangels *präp +gen (geh)* per mancanza di

Mangelware *f* merce *f* rara

Mango ['maŋgo] <-, -s *o* -nen> *f* mango *m*

Mangold <-(e)s, -e> *m* bietola *f*

Mangrove [maŋ'gro:və] <-, -n> *f* mangrov[i]a *f*

Manie [ma'ni:] <-, -n> *f* mania *f*

Manier [ma'ni:ɐ̯] <-, -en> *f* ① *Sing. (Art)* modo *m,* maniera *f* ② *Pl. (Benehmen)* modi *mpl,* maniere *fpl;* **gute/schlechte ~en** buone/cattive maniere; **keine ~en haben** essere maleducato

manierlich *adj* beneducato, garbato

Manifest [mani'fɛst] <-es, -e> *nt* manifesto *m*

Maniküre [mani'ky:rə] <-, -n> *f* manicure *f*

maniküren <ohne ge-> *vt* fare la manicure a

Manipulation [manipula'tsi̯o:n] <-, -en> *f* manipolazione *f*

manipulierbar [manipu'li:ɐba:ɐ] *adj* manipolabile, maneggevole, maneggiabile; **beliebig/leicht/kaum ~** molto/poco/a mala pena maneggevole [*o* maneggiabile]

manipulieren [manipu'li:rən] <ohne ge-> *vt* manipolare

manisch ['ma:nɪʃ] *adj* PSYCH maniaco, maniacale

manisch-depressiv ['ma:nɪʃdeprɛ'si:f] *adj* PSYCH maniaco-depressivo

Manko ['maŋko] <-s, -s> *nt* ① *(Nachteil)* mancanza *f,* difetto *m* ② WIRTSCH *(Fehlbetrag)* ammanco *m,* deficit *m*

Mann [man, *Pl:* 'mɛnɐ *o* 'lɔɪtə] <-(e)s, Männer *o Teilnehmer von Mannschaft:* Leute> *m* ① *(Erwachsener)* uomo *m;* **ein ~ von Welt** un uomo di mondo; **seinen ~ stehen** sapere il fatto suo; **seine Ware an den ~ bringen** *(fam)* piazzare la propria merce; **bis auf den letzten ~** fino all'ultimo; **~ für ~** a uno a uno; **~ gegen ~** corpo a corpo; **pro ~** a testa; **von ~ zu ~** da uomo a uomo; **mein lieber ~!** *(fam)* caro mio!; **~ über Bord!** NAUT uomo in mare!; **alle ~ an Deck!** NAUT tutti in coperta!; **ein ~, ein Wort!** ogni promessa è debito *prov;* **selbst ist der ~!** chi fa da sé fa per tre *prov* ② *(Ehe~)* marito *m;* **mein geschiedener ~** il mio ex marito

Männchen ['mɛnçən] <-s, -> *nt* ① *(Männlein)* ometto *m;* **~ machen** drizzarsi sulle zampe posteriori ② ZOO maschio *m*

Mannequin ['manəkɛ̃ *o* manə'kɛ̃:] <-s, -s> *nt* mannequin *f,* indossatrice *f*

Männerchor ['mɛnɐko:ɐ] *m* coro *m* maschile

Männersache <-, -n> *f* faccenda *f* da uomini

mannhaft *adj* ① virile ② *(mutig)* intrepido, coraggioso ③ *(entschlossen)* risoluto, deciso

mannigfach ['manɪçfax] *adj,* **mannigfal-**

tig ['manɪçfaltɪç] *adj (geh)* ① *(vielfach)* molteplice ② *(abwechslungsreich)* vario, svariato
Mannigfaltigkeit <-> *f kein Pl.* molteplicità *f,* varietà *f*
männlich ['mɛnlɪç] *adj* ① *(a. fig: mannhaft)* virile ② BIOL, BOT maschio; LING maschile
Männlichkeit <-> *f kein Pl.* virilità *f*
Mannsbild *nt (fam)* uomo *m*
Mannschaft <-, -en> *f* ① SPORT squadra *f* ② AERO, NAUT equipaggio *m*
Mannschaftsführer(in) *m(f)* SPORT capitano, -a *m, f* di squadra
mannshoch *adj* dell'altezza di un uomo
mannstoll *adj (fam)* ninfomane
Mannweib *nt (pej)* virago *f*
Manometer [mano'me:tɐ] <-s, -> *nt* manometro *m;* **~!** *(fam)* accidenti!
Manöver [ma'nø:vɐ] <-s, -> *nt* ① MAR, AERO, MOT manovra *f* ② MIL manovre *f pl* ③ *(fig, pej: Kunstgriff)* stratagemma *m*
manövrieren [manø:'vri:rən] <ohne ge-> *vt, vi* manovrare
manövrierfähig *adj* manovrabile
Manövrierfähigkeit *f* manovrabilità *f*
manövrierunfähig *adj* non manovrabile
Mansarde [man'zardə] <-, -n> *f* mansarda *f*
Mansardenwohnung <-, -en> *f* attico *m* mansardato, mansarda *f*
Manschette [man'ʃɛtə] <-, -n> *f* ① *(an Kleidung)* polsino *m* ② TEC manicotto *m*
Manschettenknopf *m* gemello *m*
Mantel ['mantəl, *Pl:* 'mɛntəl] <-s, Mäntel> *m* ① *(Kleidungsstück)* cappotto *m;* **den ~ nach dem Winde hängen** *(fig)* regolarsi secondo il vento che tira ② TEC rivestimento *m,* involucro *m; (Reifen~)* copertone *m*
Manteltarif[vertrag] *m* contratto *m* collettivo di lavoro
Manteltasche *f* tasca *f* del cappotto
Mantua ['mantua] *nt* Mantova *f*
manuell [manu'ɛl] **I.** *adj* manuale **II.** *adv* a mano
Manuskript [manu'skrɪpt] <-(e)s, -e> *nt* manoscritto *m;* FILM copione *m*
Mappe ['mapə] <-, -n> *f* ① *(Akten~, Schul~, Zeichen~)* cartella *f* ② *(Ordner)* raccoglitore *m*
Marabu ['ma:rabu] <-s, -s> *m* marabù *m*
Maracuja [mara'ku:ja] <-, -s> *f* maracuja *f*
Marathon ['maratɔn] <-s, -s> *m* SPORT maratona *f*
Märchen ['mɛ:ɐ̯çən] <-s, -> *nt* ① LIT fiaba *f,* favola *f* ② *(fig, pej)* storia *f,* frottola *f*
Märchenbuch *nt* libro *m* di fiabe
märchenhaft *adj* ① *(von der Art eines Märchens)* fiabesco ② *(fig: schön, zauberhaft)* favoloso, fantastico
Märchenland *nt* paese *m* di fiaba
Märchenprinz *m* principe *m* azzurro
Marder ['mardɐ] <-s, -> *m* martora *f*
Margarine [marga'ri:nə] <-, -n> *f* margarina *f*
Margerite [margə'ri:tə] <-, -n> *f* margherita *f* [dei campi]
marginal [margi'na:l] *adj* marginale
Marienkäfer [ma'ri:ənkɛ:fɐ] *m* coccinella *f*
Marihuana [marihu'a:na] <-s> *nt kein Pl.* marijuana *f*
Marille [ma'rɪlə] <-, -n> *f* A *(Aprikose)* albicocca *f*
Marinade [mari'na:də] <-, -n> *f* marinata *f*
Marine [ma'ri:nə] <-, -n> *f* marina *f*
marineblau *adj* blu marino
Marineoffizier *m* ufficiale *m* di marina
Marinestützpunkt *m* base *f* navale
marinieren [mari'ni:rən] <ohne ge-> *vt* marinare
Marionette [mari̯o'nɛtə] <-, -n> *f* marionetta *f*
Marionettentheater *nt* teatro *m* delle marionette
Mark[1] [mark] <-(e)s> *nt kein Pl. (fig)* ANAT, BOT midollo *m;* **durch ~ und Bein gehen** penetrare nelle ossa
Mark[2] <-, - *o* -stücke> *f (Währung)* marco *m;* **Deutsche ~** marco tedesco
Mark[3] <-, -en> *f (Grenzgebiet)* marca *f*
markant [mar'kant] *adj (auffallend)* notevole; *(ausgeprägt)* spiccato, marcato
Marke ['markə] <-, -n> *f* ① *(Fabrikat)* marca *f; (Schutz~)* marchio *m* [di fabbrica] ② *(Brief~, Steuer~)* bollo *m* ③ *(Lebensmittel~, Essens~)* bollino *m* ④ *(Erkennungs~)* contrassegno *m;* MIL piastrina *f* di riconoscimento ⑤ *(Spiel~, Automaten~)* gettone *m*
Marken *pl* GEOG Marche *f pl*
Markenartikel *m* articolo *m* di marca
Markenname *m* [nome *m* di una] marca *f*
Markenqualität *f* prodotti *f pl* di qualità
Markenschutz *m* protezione *f* del marchio di fabbrica
Markenware *f* prodotto *m* di marca
markerschütternd *adj* straziante
Marketing ['markətɪŋ] <-s> *nt kein Pl.* WIRTSCH marketing *m*
markieren [mar'ki:rən] <ohne ge-> *vt* ① *(kennzeichnen)* marcare; *(Weg)* [contras]segnare ② *(fam: vortäuschen)* simulare, fingere ③ INFORM evidenziare, selezionare

Markierung <-, -en> *f* ① *(Kennzeichnung)* marcatura *f* ② *(Zeichen)* [contras]segno *m*
markig *adj* energico, vigoroso
Markise [mar'ki:zə] <-, -n> *f* marquise *f*
Markknochen *m* osso *m* ricco di midollo
Markstein *m (fig)* pietra *f* miliare
Markstück *nt* [pezzo *m* da un] marco *m*
Markt [markt, *Pl:* 'mɛrktə] <-(e)s, Märkte> *m* mercato *m;* **auf den ~ bringen/kommen** lanciare/venire sul mercato; **auf dem ~** al [*o* sul] mercato
Marktanalyse *f* WIRTSCH analisi *f* di mercato
Marktanteil *m* WIRTSCH partecipazione *f* al mercato
Marktbericht *m* bollettino *m* del mercato, mercuriale *m*
Marktbude *f* bancarella *f,* chiosco *m*
Marktflecken *m (geh obs)* borgo *m,* borgata *f* [con diritto di mercato]
Marktforschung *f* WIRTSCH ricerche *f pl* di mercato
Marktfrau *f* rivenditrice *f* del mercato
Marktführer *m* WIRTSCH leader *m* nel settore, industria *f* leader [nel settore]
Markthalle *f* mercato *m* coperto
Marktlage *f* WIRTSCH situazione *f* del mercato
Marktlücke *f* WIRTSCH vuoto *m* di mercato
Marktplatz *m* piazza *f* del mercato
Marktpreis *m* WIRTSCH prezzo *m* di mercato
marktschreierisch *adj (pej)* ciarlatanesco
Marktschwankungen *f pl* oscillazioni *f pl* del mercato
Marktsituation *f* situazione *f* del mercato
Markttag *m* giorno *m* di mercato
Marktwert *m* WIRTSCH valore *m* di mercato
Marktwirtschaft *f* WIRTSCH economia *f* di mercato; **freie ~** economia di libero mercato
marktwirtschaftlich *adj* orientato sull'economia di mercato, dell'economia di mercato
Marmelade [marmə'la:də] <-, -n> *f* marmellata *f*
Marmelade[n]brot *nt* fetta *f* di pane con marmellata
Marmor ['marmo:ɐ̯, *Pl.* 'marmo:rə] <-s, -e> *m* marmo *m*
marmorieren [marmo'ri:rən] <ohne ge-> *vt* marmorizzare
marmoriert [marmo'ri:ɐ̯t] *adj* ① GASTR marmorizzato, che presenta delle striature ② KUNST marmorizzato
Marmorierung <-> *f kein Pl.* ① *(Vorgang)* marmorizzazione *f* ② *(Ergebnis)* marmorizzatura *f*
Marmorkuchen *m* torta *f* marmorizzata
marode [ma'ro:də] *adj* ① *(erschöpft)* stremato, sfinito, spossato, a terra ② *(moralisch verdorben)* corrotto, depravato
Marokkaner(in) [marɔ'ka:nɐ] <-s, -; -, -nen> *m(f)* marocchino, -a *m, f*
marokkanisch *adj* marocchino
Marokko [ma'rɔko] *nt* Marocco *m;* **in ~** nel Marocco
Marone [ma'ro:nə] <-, -n> *f (Esskastanie)* marrone *m*
Marotte [ma'rɔtə] <-, -n> *f* capriccio *m*
Mars [mars] <-> *m kein Pl.* Marte *m*
marsch [marʃ] *interj* avanti marsc'
Marsch[1] [marʃ, *Pl:* 'mɛrʃə] <-(e)s, Märsche> *m* MIL, MUS marcia *f;* **sich in ~ setzen** mettersi in marcia, avviarsi
Marsch[2] [marʃ] <-, -en> *f* GEOG terreno *m* alluvionale
Marschall ['marʃal, *Pl:* 'marʃɛlə] <-s, Marschälle> *m* MIL maresciallo *m*
Marschbefehl *m* MIL ordine *m* di marcia
marschbereit *adj* pronto a partire
Marschgepäck *nt* equipaggiamento *m* da marcia
marschieren [mar'ʃi:rən] <ohne ge-> *vi sein* marciare
Marschkolonne *f* colonna *f* di marcia
Marschmusik *f* musica *f* militare
Marschordnung *f* MIL ordine *m* di marcia; **sich in ~ aufstellen** mettersi in colonna
Marschpause *f* tappa *f*
Marschroute *f* itinerario *m*
Marschverpflegung *f* razioni *f pl* di marcia
Marsexpedition *f* spedizione *f* su Marte
Marsmensch *m* marziano, -a *m, f*
Marsrover [-ro:vɐ] <-s, -> *m* RAUM rover *m,* veicolo *m* rover per Marte
Marter ['martɐ] <-, -n> *f (geh)* martirio *m,* tortura *f*
Marterl <-s, -n> *nt* A, SÜDD *(Bildstock)* nicchia *f* all'aperto *(dove sono esposte immagini sacre)*
martern *vt (geh: foltern)* torturare; *(seelisch)* tormentare
Marterpfahl *m* palo *m* della tortura
martialisch [mar'tsja:lɪʃ] *adj* marziale
Martinshorn <-s, -hörner> *nt* sirena *f*
Märtyrer(in) ['mɛrtyrɐ] <-s, -; -, -nen> *m(f)* martire *mf*
Märtyrertum <-s> *nt kein Pl.* l'essere martire
Martyrium [mar'ty:riʊm] <-s, Martyrien> *nt* martirio *m*
Marxismus [mar'ksɪsmʊs] <-> *m kein Pl.* POL marxismo *m*
Marxist(in) [mar'ksɪst] <-en, -en; -, -nen> *m(f)* POL marxista *mf*
marxistisch *adj* POL marxista

M

März [mɛrts] <-(en), -e> *m* marzo *m; s. a.* **April**
Marzipan [martsi'pa:n *o* 'martsipa:n] <-s, -e> *nt o m* marzapane *m*
Masche ['maʃə] <-, -n> *f* ① *(bei Handarbeit)* maglia *f;* **eine ~ fallen lassen** lasciar cadere una maglia ② *(fam: Trick)* trucco *m;* **das ist seine neueste ~** *(fam)* è la sua ultima trovata
Maschendraht *m* rete *f* metallica
Maschine [ma'ʃi:nə] <-, -n> *f* ① *(Schreib~, Näh~, Wasch~)* macchina *f;* **auf** [*o* **mit**] **der ~ schreiben** scrivere a macchina ② *(Flugzeug)* apparecchio *m* ③ *(fam: Motorrad)* moto *f*
maschine[n]geschrieben *adj* scritto a macchina
maschinegeschrieben *adj s.* **maschine[n]geschrieben**
maschinell [maʃi'nɛl] **I.** *adj* meccanico **II.** *adv* meccanicamente, a macchina
Maschinenbau <-(e)s> *m kein Pl.* ① *(das Bauen)* costruzione *f* di macchine ② *(Lehrfach)* [ingegneria *f*] meccanica *f*
Maschinenfabrik *f* fabbrica *f* di macchine
Maschinengewehr *nt* mitragliatrice *f*
maschinenlesbar *adj* leggibile dalla macchina
Maschinenmeister *m* ① *(in Fabrik)* capo *m* macchinista ② THEAT macchinista *m*
Maschinenöl *nt* olio *m* di macchina
Maschinenpistole *f* pistola *f* mitragliatrice
Maschinenraum *m* sala *f* macchine
Maschinensatz *m* TYP composizione *f* a macchina
Maschinenschaden *m bes.* MOT avaria *f* al motore
Maschinenschlosser(in) *m(f)* meccanico *m,* donna *f* meccanico
Maschinenschrift *f* scrittura *f* a macchina; **in ~** dattiloscritto
maschinenschriftlich *adj* dattiloscritto
Maschinerie [maʃinə'ri:] <-, -n> *f* ① *(maschinelle Einrichtung)* macchinario *m* ② THEAT macchinismo *m* ③ *(fig)* meccanismo *m*
Maschinist(in) [maʃi'nɪst] <-en, -en; -, -nen> *m(f)* macchinista *mf*
Maser ['ma:zɐ] <-, -n> *f (im Holz)* marezzo *m,* venatura *f*
masern *vt* variegare
Masern ['ma:zɐn] *pl* MED morbillo *m*
Maserung <-, -en> *f* venatura *f*
Maske ['maskə] <-, -n> *f* maschera *f*
Maskenball *m* ballo *m* in maschera
Maskenbildner(in) ['maskənbɪldnɐ] <-s, -; -, -nen> *m(f)* truccatore, -trice *m, f*
Maskerade [maskə'ra:də] <-, -n> *f* mascherata *f*
maskieren [mas'ki:rən] <ohne ge-> **I.** *vt* mascherare **II.** *vr* **sich** [**als etw**] ~ mascherarsi [da qc]
Maskierung <-, -en> *f* mascheramento *m*
Maskottchen [mas'kɔtçən] <-s, -> *nt* mascotte *f*
maskulin [masku'li:n] *adj* LING maschile
Maskulinum [masku'li:nʊm *o* 'maskuli:nʊm, *Pl:* masku'li:na *o* 'maskuli:na] <-s, Maskulina> *nt* [genere *m*] maschile *m*
Masochismus [mazɔ'xɪsmʊs] <-> *m kein Pl.* masochismo *m*
Masochist(in) [mazɔ'çɪst] <-en, -en; -, -nen> *m(f)* masochista *mf*
masochistisch *adj* masochistico
maß [ma:s] *1. u. 3. Pers. Sing. Imp. von* **messen**
Maß [ma:s] <-es, -e> *nt* misura *f;* **~ nehmen** prender le misure; **etw nach ~ machen lassen** far fare qc su misura; **mit zweierlei ~ messen** *(fig)* avere due pesi e due misure; **ein gewisses ~ an …** una certa quantità di …; **kein ~ kennen** non conoscere misura, eccedere; **etw in** [*o* **mit**] **~en tun** fare qc con moderazione; **~ halten** moderarsi, osservare la misura; **in hohem ~** in alto grado, in larga scala; **in vollem ~e** molto, grandemente; **in dem ~e, dass …** a tal punto che …; **in dem ~e, wie …** a misura che …, man mano che …; **das ~ ist voll!** questo è il colmo! *fam; s. a.* **maßhalten**
Massage [ma'sa:ʒə] <-, -n> *f* massaggio *m*
Massageöl <-(e)s, -e> *nt* olio *m* per massaggi
Massaker [ma'sa:kɐ] <-s, -> *nt* massacro *m*
massakrieren [masa'kri:rən] <ohne ge-> *vt* massacrare
Maßanzug *m* abito *m* su misura
Maßarbeit *f* lavorazione *f* su misura
Masse ['masə] <-, -n> *f* ① PHYS, JUR *(Konkurs~, Erb~)* massa *f* ② *(Menge)* gran quantità *f; (Menschen)* folla *f; (oft pej)* massa *f;* **die breite** [*o* **große**] **~** la massa; **eine** [**ganze**] **~ …** *(fam)* una gran quantità di …
Maßeinheit *f* unità *f* di misura
Massenabsatz *m* smercio *m* in massa
Massenandrang *m* affluenza *f* in massa
Massenarbeitslosigkeit *f* disoccupazione *f* di massa
Massenartikel *m* articolo *m* in serie
Massenbewegung *f* movimento *m* di massa
Massenelend *nt* pauperismo *m*
Massenentlassung *f* licenziamento *m* in massa [*o* in blocco]

M

Massenerzeugung *f,* **Massenfabrikation** *f,* **Massenfertigung** *f* produzione *f* in massa
Massenflucht *f* fuga *f* in massa, esodo *m*
Massengrab *nt* fossa *f* comune
massenhaft *adj o adv* in gran numero, in massa
Massenhysterie <-> *f kein Pl.* isterismo *m* collettivo
Massenkarambolage *f* tamponamento *m* a catena
Massenkundgebung *f* manifestazione *f* [*o* dimostrazione *f*] di massa
Massenmedien *ntpl* mass-media *mpl*
Massenmedium <-s, -medien> *nt* medium *m,* mezzo *m* di comunicazione di massa
Massenmord *m* eccidio *m,* strage *f*
Massenproduktion *f* produzione *f* in massa
Massenpsychologie *f* psicologia *f* delle masse
Massentierhaltung <-, -en> *f* allevamento *m* di bestiame in massa
Massentourismus *m* turismo *m* di massa
Massenvernichtungswaffen *fpl* armi *fpl* di distruzione di massa
massenweise *adv* in massa
Masseur [ma'søːɐ̯] <-s, -e> *m,* **Masseurin** [ma'søːrɪn] <-, -nen> *f* massaggiatore, -trice *m, f*
Masseuse [ma'søːzə] <-, -n> *f (in Eroscenter)* massaggiatore, -trice *m, f*
maßgebend *adj* determinante, decisivo
maßgeblich *adj* ❶ *(ausschlaggebend)* determinante ❷ *(in hohem, besonderem Maße)* particolare; **an diesem Erfolg war sie ~ beteiligt** in questo successo ha avuto una parte determinante
maßgeschneidert *adj* fatto su misura
maß|halten *vi* moderarsi, osservare la misura
massieren [ma'siːrən] <ohne ge-> *vt* ❶ MED massaggiare ❷ MIL concentrare
massig I. *adj (wuchtig)* massiccio **II.** *adv (fam: viel)* in massa, in gran quantità
mäßig ['mɛːsɪç] *adj* ❶ *(gemäßigt)* moderato; *(niedrig, bes. Preis)* modico ❷ *(genügsam)* sobrio ❸ *(mittel~)* mediocre
mäßigen I. *vt* moderare **II.** *vr:* **sich ~** moderarsi
Mäßigkeit <-> *f kein Pl.* ❶ *(Maßhalten)* moderazione *f; (Genügsamkeit)* sobrietà *f* ❷ *(Mittel~)* mediocrità *f*
Mäßigung <-> *f kein Pl.* moderazione *f*
massiv [ma'siːf] *adj* massiccio
Massiv [ma'siːf] <-s, -e> *nt* massiccio *m* [montuoso]
Maßkonfektion *f* confezione *f* su misura
Maßkrug *m* boccale *m* [da un litro]
maßlos I. *adj* smisurato; *(unmäßig)* smodato; *(übermäßig)* eccessivo **II.** *adv (außerordentlich)* molto
Maßlosigkeit <-> *f kein Pl.* smisuratezza *f; (Unmäßigkeit, Übermaß)* eccesso *m*
Maßnahme ['maːsnaːmə] <-, -n> *f* misura *f,* provvedimento *m;* **~n ergreifen** prendere [dei] provvedimenti
Maßregel *f* norma *f*
maßregeln *vt (tadeln)* biasimare; *(strafen)* punire disciplinarmente
Maßstab *m* ❶ *(Karten~)* scala *f;* **im ~ 1 : 100.000** scala 1 : 100.000 ❷ *(fig)* metro *m,* norma *f,* criterio *m;* **Maßstäbe setzen** stabilire [*o* fissare] delle norme; **einen strengen ~ anlegen** giudicare severamente
maßstab[s]gerecht, maßstab[s]getreu I. *adj* conforme alla scala **II.** *adv* in scala
maßvoll *adj* moderato
Mast[1] [mast] <-(e)s, -en *o* -e> *m* ❶ NAUT albero *m* ❷ EL, TEL pilone *m,* traliccio *m*
Mast[2] <-, -en> *f (von Tieren)* ingrasso *m*
Mastdarm *m* ANAT [intestino *m*] retto *m*
mästen ['mɛstən] *vt* ingrassare
Master ['maːstɐ] <-s, -> *m* laurea *f* magistrale
Masterstudiengang *m* corso *m* di laurea magistrale
Mastfutter *nt* mangime *m* da ingrasso
Mastgans *f* oca *f* ingrassata [*o* da ingrasso]
Mastkorb *m* coffa *f*
Masturbation *f* masturbazione *f*
masturbieren [mastʊr'biːrən] *vi* masturbarsi
Match [mɛtʃ] <-(e)s, -s *o* -e> *nt* SPORT partita *f,* match *m*
Matchball ['mɛtʃbal] *m* matchball *m*
Material [materi'aːl] <-s, -ien> *nt* ❶ *(Werk-, Rohstoff)* materiale *m* ❷ *(fig: Unterlagen)* documenti *mpl* ❸ JUR *(Beweis~)* prove *fpl*
Materialfehler *m* difetto *m* di materiale
Materialismus [materia'lɪsmʊs] <-> *m kein Pl.* materialismo *m*
Materialist(in) [materia'lɪst] <-en, -en; -, -nen> *m(f)* materialista *mf*
materialistisch *adj* materialistico, materialista
Materialkosten *pl* costo *m* del materiale
Materialschlacht *f* MIL battaglia *f* con massiccio impiego di armi pesanti
Materie [ma'teːriə] <-, -n> *f* ❶ *Sing.* PHYS, CHEM, PHILOS materia *f* ❷ *(Thema)* soggetto *m,* tema *m*
materiell [materi'ɛl] *adj* ❶ *(stofflich, körperlich)* a. PHILOS materiale ❷ *(oft pej:*

M

materialistisch) materialistico, materialista ③ FIN economico

Mathe ['matə] <-> *f kein Pl. (sl)* mate *f,* matematica *f*

Mathematik [matema'ti:k] <-> *f kein Pl.* matematica *f*

Mathematiker(in) [mate'ma:tikɐ] <-s, -; -, -nen> *m(f)* matematico, -a *m, f*

mathematisch [mate'ma:tɪʃ] *adj* matematico

Matjeshering ['matjəshe:rɪŋ] *m* aringa *f* giovane

Matratze [ma'tratsə] <-, -n> *f* materasso *m*

Matratzenschoner *m* coprimaterasso *m*

Mätresse [mɛ'trɛsə] <-, -n> *f* amante *f*

matriarchalisch [matriar'ça:lɪʃ] *adj* matriarcale

Matriarchat [matriar'ça:t] <-(e)s, -e> *nt* matriarcato *m*

Matrikel [ma'tri:kəl] *f* ① *(Verzeichnis)* matricola *f* ② A *(Personenstandsregister) registro attestante lo stato civile dei cittadini*

Matrikelnummer [ma'tri:kəlnʊmɐ] *f* numero *m* di matricola

Matrix ['ma:trɪks] <-, Matrizes *o* Matrizen> *f* matrice *f*

Matrixdrucker *m* INFORM stampante *f* a matrice di punti

Matrize [ma'tri:tsə] <-, -n> *f* matrice *f*

Matrone [ma'tro:nə] <-, -n> *f* matrona *f*

Matrose [ma'tro:zə] <-n, -n> *m* marinaio *m;* MIL soldato *m* di marina

Matsch [matʃ] <-(e)s> *m kein Pl. (fam)* ① *(weiche Masse)* poltiglia *f* ② *(Schlamm)* fanghiglia *f*

matschig *adj (fam)* ① *(breiig)* poltiglioso ② *(schlammig)* fangoso

matt [mat] *adj* ① *(Blick, Augen, Stimme)* spento; *(Metall, Spiegel)* opaco; *(Glas)* smerigliato ② *(schwach: Stimme, Licht)* fioco; *(schlaff, abgespannt)* stanco, spossato ③ *(Schach)* **jdn ~ setzen** dare scacco matto a qu

Matt [mat] <-s, -s> *nt* scaccomatto *m,* scacco *m* matto

Matte ['matə] <-, -n> *f* ① *(Unterlage)* stuoia *f; (Fuß~)* stuoino *m,* zerbino *m* ② SPORT tappeto *m* ③ CH *(Bergwiese)* prato *m* alpino

Matterhorn ['matɐhɔrn] *nt* [Monte *m*] Cervino *m*

Mattglas *nt* vetro *m* opaco [*o* smerigliato]

mattieren [ma'ti:rən] <ohne ge-> *vt* rendere opaco; *(Glas)* smerigliare

Mattigkeit <-> *f kein Pl. (Müdigkeit, Erschöpfung)* stanchezza *f,* spossatezza *f; (Schwäche)* debolezza *f,* fiacchezza *f*

Mattscheibe *f (fam: Fernseher)* tivù *f;* **~ haben** *(fam)* avere la mente annebbiata

Matura [ma'tu:ra] <-> *f kein Pl.* A, CH *(Abitur)* maturità *f*

Maturand(in) [matu'rant] *m(f)* CH *s.* **Maturant(in)**

Maturant(in) [matu'rant] <-en, -en; -, -nen> *m(f)* A, CH ① *(Abiturient vor, im Abitur)* maturando, -a *m, f* ② *(Abiturient nach Abitur)* diplomato, -a *m, f*

maturieren [matu'ri:rən] <ohne ge-> *vi* A, CH *(die Matura ablegen)* fare l'esame di maturità; **mit gutem Erfolg/Auszeichnung ~** superare l'esame di maturità con successo/con lode; **sie hat in Geschichte/Englisch maturiert** ha portato storia/inglese alla maturità

Maturität [maturi'tɛ:t] <-> *f* CH ① *(Hochschulreife)* maturità *f* ② *(Reifeprüfung, Abitur)* esame *m* di maturità

Mauer ['maʊɐ] <-, -n> *f* muro *m*

Mauerblümchen ['maʊɐbly:mçən] <-s, -> *nt* **~ sein** *(fam)* far da tappezzeria

mauern I. *vt* costruire **II.** *vi* ① *(bauen)* costruire un muro ② SPORT far barriera

Maueröffnung <-> *f kein Pl.* apertura *f* del muro [di Berlino]

Mauersegler *m* ZOO rondone *m*

Mauervorsprung *m* sporto *m*

Mauerwerk *nt* opera *f* in muratura

Maul [maʊl, *Pl:* 'mɔɪlɐ] <-(e)s, Mäuler> *nt* ① *(bei Tieren)* muso *m* ② *(fam pej: Mund)* becco *m;* **jdm das ~ stopfen** chiudere il becco a qu; **ein großes ~ haben** essere uno spaccone; **halt's ~!** chiudi il becco!

Maulbeerbaum *m* gelso *m*

maulen *vi (fam)* brontolare

Maulesel *m* mulo *m*

maulfaul *adj* **~ sein** *(fam pej)* non aprir bocca

Maulheld *m (fam pej)* spaccone *m,* smargiasso *m*

Maulkorb *m* museruola *f*

Maulsperre <-, -n> *f* MED trisma *f;* **die ~ kriegen** *(fam)* rimanere a bocca aperta

Maultaschen *fpl tipo di grandi ravioli con un ripieno di carne macinata, spinaci, prezzemolo, cipolla, serviti spesso in brodo*

Maultier *nt* mulo *m*

Maul- und Klauenseuche *f* afta *f* epizootica

Maulwurf *m* talpa *f*

Maulwurfshügel *m* monticello *m* di terra sollevato dalle talpe

maunzen ['maʊntsən] *vi* ① *(miauen)* miagolare ② DIAL *(winseln)* piagnucolare, frignare

Maurer(in) ['maʊrɐ] <-s, -; -, -nen> *m(f)* muratore *m,* donna *f* muratore
Maurerkelle *f* cazzuola *f*
Maurerpolier *m* capomastro *m*
maurisch ['maʊrɪʃ] *adj* moresco
Maus [maʊs, *Pl:* 'mɔɪzə] <-, Mäuse> *f* ① *(Tier)* topo *m* ② *Pl. (sl: Geld)* grana *f,* quattrini *mpl* ③ INFORM mouse *m*
Mäusebussard ['mɔɪzəbʊsart] *m* poiana *f*
Mausefalle *f* trappola *f* per i topi
Mauseloch *nt* buco *m* dei topi
mausen ['maʊzən] *vt (fam scherz: stibitzen)* sgraffignare
Mauser ['maʊzɐ] <-> *f kein Pl.* muda *f;* **in der ~ sein** essere in muda
mausern *vr:* **sich ~** ① ZOO mutare le penne ② *(fig fam)* diventare, farsi
mausetot ['maʊzə'to:t] *adj (fam)* morto stecchito
Mausklick <-s, -s> *m* INFORM clic *m* del mouse
Mausoleum [maʊzo'le:ʊm] <-s, Mausoleen> *nt* mausoleo *m*
Mauspad <-s, -s> *nt* INFORM tappetino *m* [per il mouse]
Maut ['maʊt] <-, -en> *f,* **Mautgebühr** *f* A, SÜDD pedaggio *m;* A, SÜDD *(Benützungsgebühr für Straßen, Brücken)* pedaggio *m;* **für eine Straße ~ einheben** incassare il pedaggio per una strada; **die ~ für Pkws/Motorräder beträgt ...** il pedaggio per auto/moto ammonta a ...; **die allgemeine ~ auf den österreichischen Autobahnen sorgt für Unmut unter den Autofahrern** il pedaggio su tutte le autostrade austriache indigna gli automobilisti
Mautstelle *f* A casello *m* [autostradale]
Mautstraße *f* A strada *f* a pagamento
Mautsystem *nt* sistema *m* di pagamento pedaggi
Maxima *Pl. von* **Maximum**
maximal [maksi'ma:l] **I.** *adj* massimo **II.** *adv (höchstens)* al massimo
Maximal- *in Zusammensetzungen* massimo
Maxime [ma'ksi:mə] <-, -n> *f* massima *f*
Maximum ['maksimʊm, *Pl:* 'maksima] <-s, Maxima> *nt* massimo *m;* **ein ~ an etw** *dat* **bieten** offrire un massimo di qc
Maxisingle <-, -s> *f* MUS maxisingle *m,* single *m* su LP
Mayonnaise [majo'nɛ:zə] <-, -n> *f* maionese *f*
Mazedonien [matse'do:niən] *nt* Macedonia *f*
Mazedonier(in) [matse'do:niɐ] <-s, -; -, -nen> *m(f)* macedone *mf*
mazedonisch *adj* macedone
Mazedonisch <-s> *nt kein Pl.* macedone *m*
Mazedonische <-n> *nt kein Pl.* macedone *m*
Mäzen [mɛ'tse:n] <-s, -e> *m,* **Mäzenatin** [mɛtse'na:tɪn] <-, -nen> *f,* **Mäzenin** [mɛ'tse:nɪn] <-, -nen> *f* mecenate *mf*
mb *Abk. von* **Millibar** mb
MB *Abk. von* **Megabyte** MB
mbH [ɛmbe:'ha:] *Abk. von* **mit beschränkter Haftung** a.r.l.
MdB *Abk. von* **Mitglied des Bundestags** membro del Bundestag
mdl. *Abk. von* **mündlich** orale
MdL *Abk. von* **Mitglied des Landtags** membro del Landtag
m. E. *Abk. von* **meines Erachtens** a mio parere
Mechanik [me'ça:nɪk] <-, -en> *f* meccanica *f*
Mechaniker(in) <-s, -; -, -nen> *m(f)* meccanico *m,* donna *f* meccanico
mechanisch *adj* meccanico
Mechanisierung <-, -en> *f* meccanizzazione *f*
Mechanismus [meça'nɪsmʊs] <-, Mechanismen> *m* meccanismo *m*
Mechatronik [meça'tro:nɪk] <-> *f kein Pl.* meccatronica *f*
Mechatroniker(in) <-s, -> *m(f)* tecnico *m* meccatronico
Meckerer ['mɛkərɐ] <-s, -> *m (fam pej)* criticone *m,* brontolone *m*
meckern ['mɛkɐn] *vi* ① *(Ziege)* belare ② *(fam pej)* **über etw** *akk* **~** brontolare su qc
Mecklenburg ['mɛklənbʊrk] *nt* Meclemburgo *m*
mecklenburgisch ['mɛklənbʊrgɪʃ] *adj* meclemburghese
Mecklenburg-Vorpommern ['mɛklənbʊrg'fo:ɐ̯pɔmɐn] <-s> *nt* Meclemburgo-Pomerania *m*
Medaille [me'daljə] <-, -n> *f* medaglia *f*
Medaillengewinner(in) <-s, -; -, -nen> *m(f)* vincitore, -trice *m, f* di una medaglia
Medaillon [medal'jõ:] <-s, -s> *nt* medaglione *m*
Mediathek [medi̯a'te:k] <-, -en> *f* mediateca *f*
Medien *Pl. von* **Medium**
Medienhype <-s, -s> ['me:di̯ənhai̯p] *m* circo *m* mediatico
Medienlandschaft <-> *f kein Pl.* panorama *m* dei massmedia
Medienpolitik *f* politica *f* dei mass-media
Medienrummel *m (fam)* scalpore *m* dei mass-media
Medienstar <-s,-s> *m* star *f* mediatica

Medienunternehmen *nt* impresa *f* di telecomunicazioni

Medienunternehmer(in) *m(f)* imprenditore, -trice *m, f* di telecomunicazioni

Medienverbund *m* COM fusione *f; (in Schule)* impiego *m* multimedia

medienwirksam *adj* efficace grazie ai media

Medienzar *m (fam)* magnate *m* dei media

Medikament [medika'mɛnt] <-(e)s, -e> *nt* medicamento *m,* farmaco *m*

Medikamentenabhängigkeit <-> *f kein Pl.,* **Medikamentensucht** <-> *f kein Pl.* farmacodipendenza *f*

medikamentös [medikamɛn'tøːs] *adj* MED medicamentoso

Meditation [medita'tsi̯oːn] <-, -en> *f* meditazione *f*

mediterran [meditɛ'raːn] *adj* mediterraneo

meditieren [medi'tiːrən] <ohne ge-> *vi* **über etw** *akk* ~ meditare su qc

Medium ['meːdiʊm, *Pl:* 'meːdiən] <-s, Medien> *nt* ① PHYS, CHEM mezzo *m* ② *Pl. (Massenmedien)* media *mpl* ③ *(Parapsychologie)* medium *m*

Medizin [medi'tsiːn] <-, -en> *f* ① *Sing. (Heilkunde)* medicina *f* ② *(Medikament)* farmaco *m,* medicina *f,* medicamento *m*

Medizinball *m* palla *f* medica

Mediziner(in) <-s, -; -, -nen> *m(f)* ① *(Arzt)* dottore, -essa *m, f* ② *(Student)* studente, -essa *m, f* di medicina

medizinisch *adj* ① *(ärztlich)* [del] medico ② *(arzneilich)* medicinale

Medizinmann *m* stregone *m*

Meer [meːɐ̯] <-(e)s, -e> *nt* mare *m; (Welt~)* oceano *m;* **Rotes/Schwarzes ~** Mar[e] Rosso/Nero; **am ~ Urlaub machen** far vacanza al mare; **ein ~ von Blumen** *(geh fig)* un mare di fiori

Meerbusen *m* golfo *m*

Meerenge *f* stretto *m* di mare, canale *m*

Meeresarm *m* braccio *m* di mare

Meeresboden *m s.* **Meeresgrund**

Meeresfrüchte *fpl* GASTR frutti *mpl* di mare

Meeresgrund *m* fondo *m* marino

Meereshöhe *f* livello *m* del mare

Meereskunde *f* oceanografia *f*

Meeresküste *f* costa *f* marina, litorale *m*

Meeresspiegel *m* superficie *f* del mare; **Düsseldorf liegt 36 m über dem ~** Düsseldorf è a 36 m sul livello del mare

Meeresströmung <-, -en> *f* corrente *f* marina

Meeresverschmutzung <-, -en> *f* inquinamento *m* del mare [*o* marino]

Meerrettich *m* BOT, GASTR rafano *m*

Meerschaum *m* schiuma *f* di mare

Meerschweinchen ['meːɐ̯ʃvaɪnçən] <-s, -> *nt* ZOO porcellino *m* d'India, cavia *f*

Meerwasser *nt* acqua *f* marina

Meeting ['miːtɪŋ] <-s, -s> *nt* meeting *m,* convegno *m*

Megabyte <-s, -s> *nt* INFORM megabyte *m*

Megafon [mega'foːn] <-s, -e> *nt* megafono *m*

Megahertz ['megahɛrts] *nt* PHYS megaciclo *m* al secondo, megahertz *m*

Megatonne [mega'tɔnə] *f* megaton *m*

Megawatt [maga'vat] *nt* megawatt *m*

Mehl [meːl] <-(e)s, *rar:* -e> *nt* farina *f*

mehlig *adj* farinoso, farinaceo

Mehlschwitze ['meːlʃvɪtsə] <-, -n> *f* soffritto *m* di farina

Mehlspeis[e] <-, -en> *f* A *(Backwaren)* pasticceria *f*

Mehltau *m* oidio *m*

Mehlwurm *m* larva *f* di tenebrione

mehr [meːɐ̯] *adv o pron indef Komparativ von* **viel** *(vor Substantiv)* più; *(nach Substantiv)* in più, di più; *(allein verwendet)* [di] più; **~ … als …** più … che …; **~ als …** più di …; **ein Grund ~** una ragione di più; **~ denn je** più che mai; **~ und ~, immer ~** sempre più; **je ~ …, desto …** [quanto] più …, [tanto] più …; **nicht ~ und nicht weniger** né più né meno; **etwas/viel ~** un po' di più/molto di più; **nie ~** mai più; **noch ~** ancora [di] più; *(allein verwendet)* a maggior ragione; **~ tot als lebendig** più morto che vivo; **es war ~ oder weniger dasselbe** era più o meno la stessa cosa; **es war niemand ~ da** non c'era più nessuno; **es war enttäuschend, um so ~, als …** è stato deludente tanto più che …; **ich bin ~ als beunruhigt** sono più che preoccupato; **was wollen Sie ~?** che altro vuole?; **kein Wort ~!** non una parola in più!, basta!; **war deine Besprechung zufriedenstellend? — Mehr als das!** è stato soddisfacente il tuo colloquio? — Più che soddisfacente!

Mehr <-s> *nt kein Pl.* ① *(Überschuss)* soprappiù *m,* eccedenza *f* ② CH *(Stimmenmehrheit)* maggioranza *f* [di voti]

Mehrarbeit <-> *f kein Pl.* ① *(zusätzliche Arbeit)* lavoro *m* in più [*o* straordinario] ② *(Überstunden)* straordinario *m*

Mehraufwand *m (an Geld)* spesa *f* eccedente

mehrbändig ['meːɐ̯bɛndɪç] *adj* in più volumi

Mehrbelastung *f* sovraccarico *m*

Mehrbetrag *m* importo *m* eccedente, eccedenza *f*

M

mehrdeutig ['meːɐ̯dɔɪtɪç] *adj* ambiguo, equivoco
Mehrdeutigkeit <-> *f kein Pl.* ambiguità *f*
Mehreinnahme *f* maggiore entrata *f*
mehren ['meːrən] *vr:* **sich ~** aumentare, accrescersi
mehrere ['meːrərə] *pron indef* parecchi, -cchie *m, f pl*
Mehrerlös *m*, **Mehrertrag** *m* ricavo *m* [*o* guadagno *m*] in più
mehrfach I. *adj* molteplice; TEC multiplo; *(wiederholt)* ripetuto **II.** *adv* ripetutamente, a più riprese
Mehrfachstecker *m* spina *f* multipla
mehrfarbig *adj* a più colori, multicolore
mehrgleisig *adj* a più binari
Mehrheit <-, -en> *f* maggioranza *f;* **in der ~** maggioritario; **die schweigende ~** la maggioranza silenziosa
mehrheitlich *adj* maggioritario; **der Antrag wurde ~ angenommen** la richiesta venne accolta a maggioranza
Mehrheitsbeschluss *m* deliberazione *f* presa a maggioranza
mehrheitsfähig *adj* che può incontrare il consenso della maggioranza
Mehrheitswahl *f* scrutinio *m* maggioritario
Mehrheitswahlrecht *nt* sistema *m* maggioritario
mehrjährig *adj* di più anni, pluriennale; BOT plurienne
Mehrkampf <-(e)s, -kämpfe> *m* SPORT gara *f* polisportiva
Mehrkosten *pl* spese *f pl* eccedenti, sovraccosto *m*
mehrmalig *adj* ripetuto, reiterato
mehrmals *adv* più volte, ripetutamente
mehrmotorig *adj* plurimotore
Mehrparteiensystem *nt* POL sistema *m* a più partiti
mehrphasig *adj* polifase
mehrpolig *adj* multipolare
Mehrpreis *m* sovrapprezzo *m*
mehrsilbig *adj* polisillabo
mehrsprachig *adj* plurilingue; *(Person)* poliglotta
mehrstellig *adj* di [*o* a] più cifre
mehrstimmig MUS **I.** *adj* polifonico **II.** *adv* a più voci
mehrstöckig ['meːɐ̯ʃtœkɪç] *adj* a più piani
Mehrstufenrakete *f* missile *m* pluristadio
mehrstufig *adj* pluristadio
mehrstündig ['meːɐ̯ʃtʏndɪç] *adj* di parecchie ore
mehrtägig ['meːɐ̯tɛːgɪç] *adj* di parecchi giorni
mehrteilig *adj* costituito da più parti, in più parti
Mehrung <-> *f kein Pl.* accrescimento *m,* aumento *m*
Mehrverbrauch *m* eccesso *m* di consumo
Mehrweg- riutilizzabile
Mehrwegflasche <-, -n> *f* vuoto *m* a rendere
Mehrwert *m* ① *(marxistisch)* plusvalore *m* ② WIRTSCH valore *m* aggiunto
mehrwertig *adj* polivalente
Mehrwertsteuer *f* WIRTSCH imposta *f* sul valore aggiunto
Mehrzahl *f* ① *(Mehrheit)* maggioranza *f,* maggior parte *f* ② LING plurale *m*
Mehrzweck- *in Zusammensetzungen* universale, per vari usi
meiden ['maɪdən] <meidet, mied, gemieden> *vt (geh)* evitare, [s]fuggire
Meile ['maɪlə] <-, -n> *f* miglio *m*
Meilenstein *m* pietra *f* miliare
meilenweit *adj* a miglia di distanza, lontano diverse miglia; **~ von der Lösung des Problems entfernt sein** essere ben lontano dalla soluzione del problema
mein [maɪn] *pron poss s.* **ich** mio, -a *m, f,* miei *mpl,* mie *f pl;* **~e Damen und Herren!** Signore e Signori!
mein[e]s *s.* **meine(r, s)**
meine(r, s) ['maɪnə, -nɐ, -nəs] *pron poss s.* **ich** il mio, la mia, i miei *pl,* le mie *pl;* **ihr Zimmer lag direkt neben ~m** la sua camera era proprio accanto alla mia; **ist das dein Stift oder ~r?** è la tua matita o la mia?
Meineid ['maɪnʔaɪt] *m* spergiuro *m;* **einen ~ schwören** [*o* **leisten**] fare uno spergiuro
meineidig *adj* spergiuro; **~ werden** spergiurare
meinen ['maɪnən] *vt* ① *(denken)* pensare; *(glauben)* credere; **was ~ Sie dazu?** che cosa ne pensa?; **wie ~ Sie das?** cosa intende dire con ciò?; **man sollte ~, dass ...** si direbbe che ...; **wie Sie ~!** come pare a Lei [*o* come le pare]; **das will ich ~!** *(fam)* lo credo bene! ② *(sich beziehen auf)* riferirsi a; **wen ~ Sie?** a chi si riferisce?; **damit sind Sie gemeint** questo è per Lei ③ *(sagen)* dire; **was meinten Sie?** cosa ha detto? ④ *(sagen wollen)* volere dire; **was ~ Sie damit?** cosa intende dire? ⑤ *(beabsichtigen)* **gut gemeint** detto [*o* fatto] con buone intenzioni; **etw ernst ~** dire qc sul serio; **es war nicht böse gemeint** non c'era alcuna cattiva intenzione; **das war nicht so gemeint** non volevo dire questo; **wohl gemeint** fatto con buona intenzione; **wohl gemeinter Rat** consiglio da amico
meiner *pron poss gen von* **ich** di me; *s. a.* **meine(r, s)**

M

meinerseits ['maɪnɐ'zaɪts] *adv* da parte mia, per conto mio; **ganz ~!** il piacere è tutto mio!
meinesgleichen ['maɪnəs'glaɪçən] *pron indef* mio pari, uno *m* come me
meinetwegen ['maɪnət've:gən] *adv* ① *(wegen mir)* per causa mia; *(negativ)* per colpa mia ② *(von mir aus)* per me
meinetwillen ['maɪnət'vɪlən] *adv* **um ~** per me, per amor mio
meinige(r, s) *(obs geh) s.* **meine(r, s)**
meins *s.* **meine(r, s)**
Meinung <-, -en> *f* opinione *f*, parere *m*; **meiner ~ nach** a mio parere; **der ~ sein, dass ...** essere del parere che ...; **seine ~ ändern** cambiare opinione; **einer ~ sein mit** condividere il parere di; **anderer ~ sein** essere di altro avviso; **jdm die ~ sagen** *(fam)* dire il fatto suo a qu
Meinungsäußerung *f* manifestazione *f* della propria opinione
Meinungsaustausch *m* scambio *m* di opinioni
Meinungsbildner(in) *m(f)* opinion maker *mf*
Meinungsforscher(in) <-s, -; -, -nen> *m(f)* ricercatore, -trice *m, f* di un istituto demoscopico, autore, -trice *m, f* di indagini demoscopiche [*o* di sondaggi d'opinione]
Meinungsforschung *f* sondaggio *m* dell'opinione pubblica, indagine *f* demoscopica
Meinungsfreiheit <-> *f kein Pl.* libertà *f* d'opinione
Meinungsumfrage <-, -n> *f* sondaggio *m* d'opinione, indagine *f* demoscopica
Meinungsverschiedenheit *f* ① *(Unterschiedlichkeit)* divergenza *f* d'opinioni ② *(Streit)* controversia *f*, dissidio *m*
Meise ['maɪzə] <-, -n> *f* cinciallegra *f*
Meißel ['maɪsəl] <-s, -> *m* scalpello *m*
meißeln **I.** *vi* lavorare con lo scalpello **II.** *vt* ① *(bearbeiten)* scalpellare ② *(schaffen)* scolpire
meist [maɪst] *s.* **meistens**
meistbietend *adj* che offre di più; **der Meistbietende** il maggior offerente
meiste(r, s) ['maɪstə, -tɐ, -təs] *pron indef Superlativ von* **viel** ① *(adjektivisch)* **die ~n Leute** la maggior parte delle persone; **die ~ Zeit** la maggior parte del tempo; **in den ~n Fällen** nella maggior parte dei casi ② *(meist)* per lo più ③ *(substantivisch)* **der/die/das ~** il/la/il più; **die ~n** i più, la maggior parte
meisten *adv* **am ~** più di tutto
meistens *adv* per lo più, di solito
meister *s.* **meiste(r, s)**
Meister(in) ['maɪstɐ] <-s, -; -, -nen> *m(f)* ① *(Handwerks~)* mastro, -a *m, f* ② *(in Betrieb)* capo, -a *m, f* ③ *(fig: Könner, Künstler)* maestro, -a *m, f*; **es ist noch kein ~ vom Himmel gefallen** *(prov)* maestri non si nasce, nessuno nasce maestro ④ SPORT campione, -essa *m, f*
Meisterbrief *m* diploma *m* di maestro
meisterhaft **I.** *adj* magistrale, perfetto **II.** *adv* da maestro, magistralmente
Meisterhand *f* **von ~** di mano maestra
Meisterin *f (obs: Frau von Meister)* moglie *f* del principale; *s. a.* **Meister**
meistern *vt* venire a capo di; *(Emotion)* dominare; *(Schwierigkeit)* superare
Meisterprüfung *f* esame *m* di maestro
Meisterschaft <-, -en> *f* ① *Sing. (Können)* maestria *f* ② SPORT *(Veranstaltung)* campionato *m*; *(Sieg)* titolo *m* di campione
Meisterstück *nt*, **Meisterwerk** *nt* capolavoro *m*
meistes *s.* **meiste(r, s)**
MEK [ɛmʔe:'ka:] <-> *nt s.* **mobiles Einsatzkommando** unità *f* operativa mobile, reparto *m* operativo mobile
Mekka ['mɛka] *nt* Mecca *f*; *(fig)* mecca *f*
Melancholie [melaŋko'li:] <-, -n> *f* malinconia *f*
melancholisch [melaŋ'ko:lɪʃ] *adj* malinconico
Melange [me'lã:ʒə] <-, -n> *f* A *(1/2 Kaffee, 1/2 Milch)* caffel[l]atte *m*
Melanom [mela'no:m] <-(e)s, -e> *nt* MED melanoma *m*
Melanzani [melan'tsa:ni] *pl* A *(Auberginen)* melanzane *f pl*
Meldeamt *nt (Einwohner~)* anagrafe *f*
Meldefrist *f* termine *m* di denuncia
melden ['mɛldən] **I.** *vt* ① *(ankündigen)* **jdn ~** annunciare qu; **wen darf ich ~?** chi devo annunciare? ② *(einer zuständigen Stelle)* notificare, denunciare ③ *(mitteilen)* **jdm etw ~** comunicare qc a qu; **er hat hier nichts zu ~** *(fam)* non ha voce in capitolo **II.** *vr*: **sich ~** ① *(an~)* **sich bei jdm ~** annunciarsi a qu; **sich zu etw ~** annunciarsi per qc ② *(vorstellen)* **sich für etw ~** presentarsi per qc ③ *(Schule)* alzare la mano ④ *(am Telefon)* rispondere al telefono; **es meldet sich niemand** non risponde nessuno ⑤ *(von sich hören lassen)* farsi vivo; **wenn du etw brauchst, musst du dich ~** se hai bisogno di qualcosa, dillo; **melde dich mal wieder!** fatti vivo! *fam*
Meldepflicht *f* ① *(für Person)* iscrizione *f* obbligatoria ② *(für Dinge)* obbligo *m* di notifica
meldepflichtig *adj* ① *(Person)* soggetto a iscrizione ② *(Dinge)* da dichiarare
Meldung <-, -en> *f* ① *(Mitteilung)* annun-

cio *m,* comunicazione *f* ② TV, RADIO notizia *f;* **letzte ~en** ultime notizie ③ *(Angabe)* notifica *f,* denuncia *f* ④ MIL rapporto *m;* **jdm ~ machen** far rapporto a qu

meliert [me'liːɐ̯t] *adj* screziato; *(Haar)* brizzolato

melken ['mɛlkən] <melkt, melkte *o rar:* molk, gemolken *o rar:* gemelkt> *vt* mungere

Melker(in) <-s, -; -, -nen> *m(f)* mungitore, -trice *m, f*

Melkmaschine *f* mungitrice *f* meccanica

Melodie [melo'diː] <-, -n> *f* melodia *f*

melodiös [melodi'øːs] *adj* melodioso

melodisch [me'loːdɪʃ] *adj* melodico

Melodrama [melo'draːma] *nt* melodramma *m*

melodramatisch [melodra'maːtɪʃ] *adj* melodrammatico

Melone [me'loːnə] <-, -n> *f* ① *(Honig~)* melone *m; (Wasser~)* cocomero *m* ② *(fam scherz: Hut)* bombetta *f*

Membran [mɛm'braːn] <-, -en> *f,* **Membrane** [mɛm'braːnə] <-, -n> *f* ANAT, BIOL, CHEM, PHYS, TEC membrana *f;* TEL diaframma *m*

Memo ['meːmo] <-s, -s> *nt* ① *(Memorandum)* memoriale *m* ② *(Merkzettel) a.* INFORM promemoria *m*

Memoiren [memo'aːrən] *pl* memorie *fpl*

Memorandum [memo'randʊm, *Pl:* memo'randən *o* memo'randa] <-s, Memoranden *o* Memoranda> *nt* memorandum *m*

Menagerie [menaʒə'riː, *Pl:* menaʒə'riːən] <-, -n> *f* serraglio *m*

Menge ['mɛŋə] <-, -n> *f* ① *(bestimmte Anzahl)* quantità *f; (große Anzahl)* moltitudine *f,* gran numero *m;* **eine [ganze] ~ …** *(fam)* [tutt']un mucchio di …; **in kleinen ~n** in piccole quantità; **in großen** [*o fam* **rauen**] **~n** a mucchi, a profusione; **davon gibt es jede ~** *(fam)* ce n'è a non finire; **sie weiß eine ganze ~** *(fam)* sa un sacco di cose ② *(Menschen~)* folla *f,* massa *f*

mengen I. *vt* ① *(ver~)* mescolare ② *(hinzufügen)* **etw in den Teig ~** aggiungere qc nell'impasto **II.** *vr* **sich [unter die Besucher] ~** mescolarsi [fra i visitatori]

Mengenlehre *f* MAT teoria *f* degli insiemi

mengenmäßig *adj* quantitativo

Mengenrabatt *m* WIRTSCH sconto *m* per grandi quantità

Meniskus [me'nɪskʊs] <-, Menisken> *m* ANAT, MED menisco *m*

Menopause [meno'paʊzə] <-, -n> *f* MED menopausa *f*

Mensa ['mɛnza, *Pl:* 'mɛnzas *o* 'mɛnzən] <-, -s *o* Mensen> *f* mensa *f*

Mensch [mɛnʃ] <-en, -en> *m* ① *(Gattung)* uomo *m,* essere *m* umano ② *(Person)* persona *f; (Mann)* uomo *m; (Frau)* donna *f;* **kein ~** nessuno; **er ist auch nur ein ~** anche lui è solo un uomo; **~ Meier!** *(fam)* accidenti!; **~, ist das gut!** *(fam)* caspita, com'è buono!

Menschenaffe *m* ZOO antropoide *m*

Menschenalter *nt* ① *(Generation)* generazione *f* ② *(Lebensspanne)* periodo *m* di vita

Menschenfresser <-s, -> *m* antropofago *m,* cannibale *m*

Menschenfreund *m* filantropo *m*

menschenfreundlich *adj* filantropico, umanitario, umano

Menschengedenken *nt* **seit ~** a memoria d'uomo

Menschenhandel *m* tratta *f*

Menschenkenner(in) *m(f)* conoscitore, -trice *m, f* dell'animo umano

Menschenkenntnis *f* conoscenza *f* degli uomini

Menschenkette <-, -n> *f* catena *f* umana

Menschenleben *nt* vita *f* umana; **~ fordern** [*o* **kosten**] costare vite umane

menschenleer *adj* spopolato, deserto

Menschenmasse *f,* **Menschenmenge** *f* massa *f,* folla *f*

menschenmöglich ['mɛnʃən'møːklɪç] *adj* umanamente possibile; **alles Menschenmögliche tun** fare tutto il possibile

Menschenrechte *ntpl* diritti *mpl* dell'uomo

Menschenrechtserklärung *f* dichiarazione *f* dei diritti dell'uomo

Menschenrechtskommission *f* commissione *f* per i diritti dell'uomo

Menschenrechtsverletzung *f* violazione *f* dei diritti dell'uomo

menschenscheu *adj (ungesellig)* insocievole; *(schüchtern)* timido

Menschenschlag *m* specie *f* [*o* razza *f*] di uomini

Menschenseele *f* **es war keine ~ zu sehen** non c'era anima viva

Menschenskind *nt* **~!** *(fam)* figlio mio!

menschenverachtend *adj* misantropico, che disprezza il genere umano

Menschenverstand *m* **der gesunde ~** il buon senso

Menschenwürde *f* dignità *f* umana

menschenwürdig *adj* degno di un uomo

Menschheit <-> *f kein Pl.* umanità *f*

menschlich *adj* umano

Menschlichkeit <-> *f kein Pl.* umanità *f*

Menschwerdung <-> *f kein Pl.* ① REL incarnazione *f* ② BIOL ominazione *f*

Mensen *Pl. von* **Mensa**

Menstruation [mɛnstrua'tsi̯oːn] <-, -en> *f* mestruazione *f*
mental [mɛn'taːl] *adj* mentale
Mentalität [mɛntali'tɛːt] <-, -en> *f* mentalità *f*
Menthol [mɛn'toːl] <-s> *nt kein Pl.* CHEM mentolo *m*
Mentor(in) ['mɛntoːɐ̯] <-s, -en; -, -nen> *m(f)* mentore, -trice *m, f,* consigliere, -a *m, f*
Menü [me'nyː] <-s, -s> *nt* INFORM, GASTR menu *m*
Menuett [menu'ɛt] <-(e)s, -e *o* -s> *nt* minuetto *m*
Menüleiste <-, -n> *f* INFORM barra *f* dei menu
Meran [me'raːn] *nt* Merano *f*
Merchandising <-s> *nt kein Pl.* WIRTSCH merchandising *m*
Meridian [meri'di̯aːn] <-s, -e> *m* meridiano *m*
merkbar *adj* percettibile, sensibile
Merkblatt *nt* ① *(mit Verordnungen)* foglio *m* d'istruzioni, istruzioni *fpl* ② *(Notizzettel)* foglio *m* d'appunti
merken ['mɛrkən] I. *vt* ① *(be~, an~)* notare ② *(wahrnehmen)* accorgersi di; **jdn etw ~/nicht ~ lassen** far/non far capire qc a qu; **das merkt doch keiner** non se ne accorge nessuno ③ *(spüren)* sentire ④ *(erkennen)* **etw an etw** *dat* **~** riconoscere qc da qc; **ich merke an deinem Gesichtsausdruck, dass du …** riconosco dalla tua espressione, che … II. *vr* **sich** *dat* **etw ~** ricordare qc, tenere a mente qc; **~ Sie sich** *dat* **das!** se lo ricordi!
merklich *adj* ① *(fühlbar)* sensibile ② *(sichtlich)* visibile ③ *(beträchtlich)* notevole
Merkmal <-(e)s, -e> *nt (Kennzeichen)* segno *m* caratteristico, caratteristica *f;* BIOL carattere *m; (Unterscheidungs~)* criterio *m*
merkwürdig *adj* strano, singolare
Merkwürdigkeit <-, -en> *f* ① *Sing. (Art)* stranezza *f,* singolarità *f* ② *(Erscheinung)* cosa *f* singolare [*o* strana]
meschugge [me'ʃʊgə] *adj (fam)* suonato, svitato, toccato
Messapparat *m* apparecchio *m* di misura
messbar *adj* misurabile
Messbecher *m* misurino *m*
Messbuch *nt* messale *m*
Messdiener(in) *m(f)* REL chierichetto *m*
Messe ['mɛsə] <-, -n> *f* ① REL messa *f;* **die ~ lesen** celebrare la messa; **in die** [*o* **zur**] **~ gehen** andare a messa ② *(Ausstellung)* fiera *f;* **auf der ~** alla fiera ③ NAUT *(Speiseraum)* mensa *f*
Messegelände *nt* area *f* della fiera
messen ['mɛsən] <misst, maß, gemessen> I. *vt, vi* misurare II. *vr* **sich mit jdm ~** misurarsi con qu, cimentarsi con qu
Messer ['mɛsɐ] <-s, -> *nt* coltello *m;* TEC lama *f;* **jdm das ~ an die Kehle setzen** *(fam)* stare col coltello alla gola di qu; **ein Kampf bis aufs ~** *(fam)* una lotta all'ultimo sangue; **jdn jdm ans ~ liefern** *(fam)* consegnare qu nelle mani di qu; **auf des ~s Schneide stehen** essere sul filo del rasoio
Messerheld *m (fam pej)* accoltellatore *m*
Messerklinge *f* lama *f* del coltello
Messerrücken *m* costa *f* del coltello
messerscharf *adj* tagliente; *(Verstand)* acuto
Messerspitze *f (in Rezept)* **eine ~ …** un pizzico di …
Messerstecher <-s, -> *m s.* **Messerheld**
Messestand *m* stand *m* di una fiera
Messfehler *m* errore *m* di misurazione
Messgerät *nt* strumento *m* di misura
Messias [mɛ'siːas] <-> *m kein Pl.* REL Messia *m*
Messing ['mɛsɪŋ] <-s> *nt kein Pl.* ottone *m*
Messinstrument *nt* strumento *m* di misurazione
Messlatte *f* mira *f*
Messopfer *nt* sacrificio *m* della messa
Messtechnik <-, -en> *f* ① *Sing. (Messkunde)* tecnica *f* di misurazione ② *(Methode)* tecnica *f* di misurazione
Messtisch *m* tavola *f* pretoriana
Messung <-, -en> *f* ① *(Tätigkeit)* misurazione *f* ② *(Ergebnis)* rilevamento *m*
Messwein *m* vino *m* da messa
Messwert *m* valore *m* misurato
Messzylinder *m* cilindro *m* graduato
MESZ [ɛmʔeːʔɛs'tsɛt] *Abk. von* **mitteleuropäische Sommerzeit** ora *f* legale dell'Europa centrale
Metall [me'tal] <-s, -e> *nt* metallo *m*
Metallarbeiter *m* [operaio *m*] metallurgico *m*
metallic [me'talɪk] <inv> *adj* metallizzato
metallisch *adj* metallico; **~ glänzend** metallino
Metallsäge *f* sega *f* per metalli
Metallurgie [metalʊr'giː] <-> *f kein Pl.* metallurgia *f*
Metallverarbeitung *f* lavorazione *f* del metallo
Metamorphose [metamɔr'foːzə] <-, -n> *f* metamorfosi *f*
Metapher [me'tafɐ] <-, -n> *f* LING metafora *f*
metaphorisch [meta'foːrɪʃ] *adj* LING metaforico
metaphysisch [meta'fyːzɪʃ] *adj* metafisico

M

Metastase [meta'sta:zə] <-, -n> *f* MED metastasi *f*
Meteor [mete'o:ɐ, *Pl:* mete'o:rə] <-s, -e> *m o rar: nt* meteora *f*
Meteorit [meteo'ri:t *o* meteo'rɪt] <-en *o* -s, -en *o* -e> *m* ASTR meteorite *m o f*
Meteorologe [meteoro'lo:gə] <-n, -n> *m* meteorologo *m*
Meteorologie [meteorolo'gi:] <-> *f kein Pl.* meteorologia *f*
Meteorologin [meteoro'lo:gɪn] <-, -nen> *f* meteorologa *f*
meteorologisch [meteoro'lo:gɪʃ] *adj* meteorologico
Meter ['me:tɐ] <-s, -> *m o nt* metro *m;* **am laufenden ~** *(fam)* a metri
meterhoch *adj* alto dei metri, altissimo; **das Unkraut steht ~** le erbacce sono altissime
Metermaß *nt* metro *m*
Methadon [meta'do:n] <-s> *nt kein Pl.* metadone *m*
Methan [me'ta:n] <-s> *nt kein Pl.* metano *m*
Methode [me'to:də] <-, -n> *f* metodo *m*
methodisch *adj* metodico
Methyl [me'ty:l] <-s> *nt kein Pl.* metile *m*
Methylalkohol *m* alcol *m* metilico
Metier [me'ti̯e:] <-s, -s> *nt* mestiere *m*
Metrik ['me:trɪk] <-, -en> *f* metrica *f*
metrisch *adj* metrico
Metro ['me:tro] <-, -s> *f* metrò *m,* metro[politana] *f*
Metropole [metro'po:lə] <-, -n> *f* metropoli *f*
Mett [mɛt] <-(e)s> *nt kein Pl.* carne *f* di maiale macinata
Mette ['mɛtə] <-, -n> *f* ① *(Früh~)* mattutino *m* ② *(Mitternachts~)* messa *f* di mezzanotte
Mettwurst *f* salsicciotto *m* [affumicato]
Metzelei [mɛtsə'laɪ] <-, -en> *f (pej)* carneficina *f,* massacro *m*
Metzger(in) ['mɛtsgɐ] <-s, -; -, -nen> *m(f)* macellaio, -a *m, f*
Metzgerei [mɛtsgə'raɪ] <-, -en> *f* macelleria *f*
Metzgerin *f s.* **Metzger**
Meuchelmord *m (pej)* assassinio *m* proditorio
Meuchelmörder(in) *m(f) (pej)* assassino, -a *m, f,* omicida *mf*
meucheln ['mɔɪçəln] *vt (obs rar)* uccidere proditoriamente
Meute ['mɔɪtə] <-, -n> *f* ① *(bei Jagd)* muta *f* ② *(fig, pej fam: Menschen)* masnada *f,* orda *f*
Meuterei [mɔɪtə'raɪ] <-, -en> *f* ammutinamento *m*
Meuterer ['mɔɪtərɐ] <-s, -> *m* ammutinato *m*
meutern ['mɔɪtɐn] *vi* ① MIL, NAUT ammutinarsi ② *(fam: meckern)* brontolare
Mexikaner(in) [mɛksi'ka:nɐ] <-s, -; -, -nen> *m(f)* messicano, -a *m, f*
mexikanisch *adj* messicano
Mexiko ['mɛksiko] *nt* ① *(Land)* Messico *m* ② *(Stadt)* Città *f* del Messico
MEZ *Abk. von* **mitteleuropäische Zeit** tempo dell'Europa centrale
Mezzanin <-s, -e> *nt* A *(Zwischengeschoss)* mezzanino *m,* [piano *m*] ammezzato *m*
mg *Abk. von* **Milligramm** mg
MG [ɛm'ge:] <-(s), -s> *nt Abk. von* **Maschinengewehr** mitragliatrice *f*
mhd *Abk. von* **mittelhochdeutsch** medio alto tedesco
MHz *Abk. von* **Megahertz** MHz
Mia. *Abk. von* **Milliarde(n)** miliardo, -i
miau [mi'aʊ] *interj* miao
miauen <ohne ge-> *vi* miagolare
mich [mɪç] **I.** *pron pers acc von* **ich** *(betont)* me; *(unbetont)* mi **II.** *pron refl* mi
mick[e]rig ['mɪk(ə)rɪç] *adj (fam pej)* scarso, magro
mied [mi:t] *1. u. 3. Pers. Sing. Imp. von* **meiden**
Mieder ['mi:dɐ] <-s, -> *nt* ① *(Unterwäsche)* busto *m,* corsetto *m* ② *(Oberteil von Trachtenkleid)* corsetto *m*
Miederwaren *fpl* corsetteria *f*
Mief [mi:f] <-(e)s> *m kein Pl. (fam pej)* aria *f* viziata
miefen *vi (fam pej)* [**nach etw**] **~** puzzare [di qc]
Miene ['mi:nə] <-, -n> *f* [espressione *f* del] viso *m,* faccia *f;* **gute ~ zum bösen Spiel machen** far buon viso a cattiva sorte; **keine ~ verziehen** restare impassibile
Mienenspiel *nt* mimica *f* facciale
mies [mi:s] *adj (fam pej)* brutto, cattivo; **~e Stimmung** malumore *m*
Miesepeter ['mi:zəpe:tɐ] <-s, -> *m* disfattista *mf*
mies|machen *vt (fam pej)* **etw/jdn ~** sparlare di qc/qu, criticare qc/qu
Miesmacher(in) *m(f) (fam pej)* disfattista *mf,* criticone, -a *m, f*
Miesmacherei <-> *f kein Pl. (fam pej)* maldicenza *f*
Miesmuschel ['mi:smʊʃəl] *f* mitilo *m,* cozza *f*
Mietauto <-s, -s> *nt* auto *f* a noleggio
Miete ['mi:tə] <-, -n> *f* ① *(Wohnungs~)* locazione *f,* affitto *m;* **zur ~ wohnen** essere in affitto ② AGR silo *m* [sotterraneo]
Mieteinnahmen *fpl* reddito *m* locativo

M

mieten *vt (Wohnung)* affittare, prendere in affitto; *(Auto, Boot)* noleggiare
Mieter(in) <-s, -; -, -nen> *m(f) (von Wohnung)* locatario, -a *m, f,* inquilino, -a *m, f; (von Auto, Boot)* noleggiatore, -trice *m, f*
Mieterhöhung *f* aumento *m* dell'affitto
Mieterin *f s.* **Mieter**
Mieterschutz *m* tutela *f* degli inquilini
Mietertrag *m* rendita *f* degli affitti
mietfrei *adj* esente da fitto
Mietpreis *m* prezzo *m* dell'affitto, fitto *m*
Mietrecht <-(e)s> *nt kein Pl.* JUR diritto *f* di locazione
Mietrückstand *m* affitto *m* arretrato
Mietshaus *nt* casa *f* in affitto
Mietskaserne *f (pej)* casermone *m*
Mietvertrag *m* contratto *m* d'affitto
Mietwagen *m* automobile *f* a noleggio
Mietwohnung *f* appartamento *m* in affitto
Mieze ['mi:tsə] <-, -n> *f* 1 *(fam: Katze)* micio *m* 2 *(sl: Mädchen)* donna *f*
Migräne [mi'grɛ:nə] <-, -n> *f* emicrania *f*
Mikado [mi'ka:do] <-s, -s> *nt* 1 *(Spiel)* sciangai *m* 2 *(Stäbchen)* bastoncino *m* dello sciangai
Mikro ['mikro] <-s, -s> *nt* microfono *m*
Mikrobe [mi'kro:bə] <-, -n> *f* BIOL microbo *m*
Mikrobiologe [mikrobio'lo:gə] <-n, -n> *m* microbiologo *m*
Mikrobiologie <-> *f kein Pl.* microbiologia *f*
Mikrobiologin [mikrobio'lo:gɪn] <-, -nen> *f* microbiologa *f*
mikrobiologisch *adj* microbiologico
Mikrochip ['mi:krotʃɪp] *m* EL microchip *m*
Mikroelektronik *f* microelettronica *f*
Mikrofaser ['mi:krofa:zɐ] *f* microfibra *f*
Mikrofiche ['mi:krofi:ʃ *o* mikro'fi:ʃ] <-s, -s> *nt o m* microfiche *f,* microscheda *f*
Mikrofilm ['mi:krofɪlm] *m* microfilm *m*
Mikrofon [mikro'fo:n] <-s, -e> *nt* microfono *m*
Mikrokosmos ['mi:krokɔsmɔs *o* mikro'kɔsmɔs] <-> *m kein Pl.* BIOL, PHILOS, PHYS microcosmo *m*
Mikrokosmus <-> *m kein Pl.* BIOL, PHILOS, PHYS microcosmo *m*
Mikrometer [mikro'me:tɐ] *nt* micrometro *m*
Mikroorganismus ['mi:kroɔrganɪsmʊs *o* mikroɔrga'nɪsmʊs] *m* BIOL microrganismo *m*
Mikroprozessor ['mikropro'tsɛso:ɐ̯] *m* INFORM microprocessore *m*
Mikroskop [mikro'sko:p] <-s, -e> *nt* microscopio *m*
mikroskopieren [mikrosko'pi:rən] <ohne ge-> *vt, vi* guardare al microscopio
mikroskopisch [mikro'sko:pɪʃ] *adj* microscopico
Mikrowelle ['mi:krovɛlə] <-, -n> *f* 1 *(~nherd)* [forno *m* a] microonde *m* 2 EL microonda *f*
Mikrowellenherd ['mi:kro'vɛlənhe:ɐ̯t] *m* forno *m* a microonde
Milbe ['mɪlbə] <-, -n> *f* ZOO acaro *m*
Milch [mɪlç] <-> *f kein Pl.* latte *m;* BOT lattice *m*
Milchbar *f* milk-bar *m*
Milchbart *m (fam pej)* sbarbatello *m*
Milcherzeugnisse *ntpl* latticini *mpl*
Milchflasche *f* bottiglia *f* del latte; *(für Babys)* poppatoio *m,* biberon *m*
Milchgebiss *nt* denti *mpl* di latte
Milchgeschäft *nt* latteria *f,* cremeria *f*
Milchglas *nt (Glasscheibe)* vetro *m* smerigliato
milchig ['mɪlçɪç] *adj* latteo, lattiginoso
Milchkaffee *m* caffellatte *m*
Milchkännchen *nt* bricco *m* del latte
Milchkanne *f* bidone *m* del latte
Milchkuh *f* mucca *f* lattifera
Milchmädchenrechnung *f (scherz)* illusioni *fpl*
Milchmann *m* lattaio *m*
Milchprodukt <-(e)s, -e> *nt* latticino *m*
Milchpulver *nt* latte *m* in polvere
Milchreis *m* riso *m* al latte
Milchsäure <-> *f kein Pl.* CHEM acido *m* lattico
Milchschokolade *f* cioccolato *m* al latte
Milchspeise *f* cibo *m* a base di latte
Milchstraße *f* ASTR via *f* lattea
Milchstraßensystem *nt* sistema *m* galattico
Milchsuppe *f* pappa *f* di latte
Milchzahn *m* dente *m* di latte
mild[e] [mɪlt ('mɪldə)] *adj* 1 *(sanft)* dolce; *(Klima)* mite; *(Farbe)* tenue; *(Strafe)* lieve 2 *(~tätig)* mite, caritatevole; *(gütig)* benevolo, benigno; *(nachsichtig)* clemente, indulgente; **~e Gabe** elemosina 3 *(Käse)* dolce; *(Tabak, Wein)* leggero
Milde <-> *f kein Pl.* 1 *(Sanftheit)* dolcezza *f; (von Klima a.)* mitezza *f; (von Farben)* tenuità *f; (von Strafe)* lievità *f* 2 *(Güte)* mitezza *f,* benevolenza *f; (Nachsicht)* clemenza *f,* indulgenza *f*
mildern ['mɪldɐn] **I.** *vt (Urteil, Strafe)* attenuare; *(Schmerz)* lenire; **~de Umstände** attenuanti *fpl* **II.** *vr:* **sich ~** *(Wetter)* addolcirsi, mitigarsi
Milderung <-> *f kein Pl. (von Urteil, Strafe)* attenuazione *f; (von Schmerzen)* lenimento *m*
mildtätig *adj (geh)* caritatevole
Mildtätigkeit *f* carità *f*

Milieu [mɪˈli̯øː] <-s, -s> *nt* ambiente *m*
milieugeschädigt *adj* maladattato, disadattato
militant [miliˈtant] *adj* militante
Militär[1] [miliˈtɛːɐ̯] <-s> *nt kein Pl.* ① *(Soldaten)* militari *mpl* ② *(Heer)* forze *fpl* armate ③ *(~dienst)* servizio *m* militare; **beim ~ sein** essere sotto le armi
Militär[2] <-s, -s> *m* militare *m*, ufficiale *m*
Militärärztin *f* medico *m/*dottoressa *f* militare, ufficiale *m* medico
Militärattaché [miliˈtɛːɐʔataʃeː] <-s, -s> *m* addetto *m* militare
Militärbündnis *nt* alleanza *f* militare
Militärdienst *m* servizio *m* militare
Militärdiktatur *f* dittatura *f* militare
Militärgericht *nt* tribunale *m* militare
militärisch *adj* militare
Militarismus [militaˈrɪsmʊs] <-> *m kein Pl. (pej)* militarismo *m*
militaristisch *adj* militaristico
Militärkapelle *f* banda *f* militare
Militärkrankenhaus *nt* ospedale *m* militare
Militärputsch <-(e)s, -e> *m* colpo *m* di stato
Militärregierung *f* governo *m* militare
Miliz [miˈliːts] <-, -en> *f* milizia *f*
Mill. *Abk. von* **Million(en)** milione, -i
Mille [ˈmɪlə] <-, -> *nt (sl)* mille *m*, un migliaio di
Millennium [mɪˈlɛnium] <-s, -ien> *nt* millennio *m*
Milli- [mɪli] *in Zusammensetzungen* milli-
Milliardär(in) [mɪli̯arˈdɛːɐ̯] <-s, -e; -, -nen> *m(f)* miliardario, -a *m, f*
Milliarde [mɪˈli̯ardə] <-, -n> *f* miliardo *m*
milliardstel [mɪˈljartstəl] *adj inv* miliardesimo
Millibar [mɪliˈbaːɐ̯] <-s, -> *nt* METEO millibar *m*
Milligramm [mɪliˈgram *o* ˈmɪligram] *nt* milligrammo *m*
Millimeter [mɪliˈmeːtɐ *o* ˈmɪlimeːtɐ] *m o nt* millimetro *m*
Millimeterpapier *nt* carta *f* millimetrata
Million [mɪˈli̯oːn] <-, -en> *f* milione *m*
Millionär(in) [mɪli̯oˈnɛːɐ̯] <-s, -e; -, -nen> *m(f)* milionario, -a *m, f*
Millionenauftrag *m* ordine *m* di milioni
millionenfach *adj o adv* milioni di volte
Millionengeschäft *nt* affare *m* di milioni
Millionengewinn *m* guadagno *m* di milioni
Millionenschaden *m* danno *m* di milioni
millionenschwer *adj (fam)* straricco
Millionenstadt *f* città *f* con più di un milione di abitanti
millionstel *adj inv* milionesimo
Millionstel [mɪˈljoːnstəl] <-s, -> *nt* milionesimo *m*
Milz [mɪlts] <-, -en> *f* ANAT milza *f*
Milzbrand *m* antrace *m*
mimen [ˈmiːmən] *vt (fam pej: vortäuschen)* simulare, fingere; **den Kranken ~** fingersi malato
Mimik [ˈmiːmɪk] <-> *f kein Pl.* mimica *f*
mimisch *adj* mimico
Mimose [miˈmoːzə] <-, -n> *f* ① BOT mimosa *f* ② *(fig, pej: überempfindlicher Mensch)* persona *f* ipersensibile
mimosenhaft *adj* delicato, delicatino, delicatuccio
min, Min. *Abk. von* **Minute** min.
Minarett [minaˈrɛt] <-s, -e *o* -s> *nt* minareto *m*
minder [ˈmɪndɐ] *adv (geh)* meno; **mehr oder ~** più o meno
minderbemittelt *adj* meno abbiente; **geistig ~** *(sl pej)* deficiente
mindere(r, s) [ˈmɪndərə, -rɐ, -rəs] *adj* minore, inferiore; *(Ware, Qualität)* scadente
Minderheit <-, -en> *f* minoranza *f*; **in der ~ sein** essere in minoranza
Minderheitenfrage *f* problema *f* [*o* questione *f*] delle minoranze
Minderheitenschutz <-es> *m kein Pl.* tutela *f* delle minoranze
Minderheitsregierung <-, -en> *f* governo *m* di minoranza
minderjährig *adj* minorenne
Minderjährige <ein -r, -n, -n> *mf* minorenne *mf*
Minderjährigkeit <-> *f kein Pl.* minorità *f*
mindern *vt (geh)* ① *(verringern)* diminuire; *(abschwächen)* attenuare, mitigare ② *(herabsetzen)* ridurre, abbassare
Minderung <-, -en> *f* ① *(Verringerung)* diminuzione *f*; *(Abschwächung)* attenuazione *f* ② *(Herabsetzung)* riduzione *f*; *(im Wert)* deprezzamento *m*
minderwertig *adj* inferiore; *(Ware, Produkt)* scadente
Minderwertigkeit *f* inferiorità *f*; *(von Ware, Produkt)* qualità *f* scadente
Minderwertigkeitsgefühl *nt* PSYCH senso *m* di inferiorità
Minderwertigkeitskomplex *m* PSYCH complesso *m* di inferiorità
Mindestabstand [ˈmɪndəstapʃtant] *m* distanza *f* minima
Mindestalter *nt* età *f* minima
Mindestanforderung *f* requisito *m* minimo
Mindestbetrag *m* importo *m* minimo
mindeste(r, s) [ˈmɪndəstə, -tɐ, -təs] *adj* minimo, -a [il, la] più piccolo, -a **nicht im ~n** [*o* **Mindesten**] per niente, non … affat-

to; **zum ~n** per lo meno; **das ist doch das ~** è il minimo
Mindesteinkommen *nt* reddito *m* minimo
mindestens *adv* per lo meno, almeno
Mindestgeschwindigkeit <-, -en> *f* velocità *f* minima
Mindestgewicht *nt* peso *m* minimo
Mindestlohn *m* salario *m* minimo
Mindestmaß *nt* minimo *m;* **sich auf das ~ beschränken** limitarsi al minimo
Mindestpreis *m* prezzo *m* minimo
Mindestreservesystem <-s, -e> *nt* FIN sistema *m* di riserva minima
Mindeststrafe *f* minimo *m* della pena
Mine ['mi:nə] <-, -n> *f* ① MIL mina *f;* **~n legen** posare mine ② *(Bleistift~)* mina *f; (Kugelschreiber~)* ricambio *m* ③ MIN giacimento *m* minerario
Minenfeld *nt* campo *m* minato
Minenleger <-s, -> *m* posamine *m*
Minensuchgerät *nt* cercamine *m*
Minenwerfer <-s, -> *m* lanciamine *m*
Mineral [mine'ra:l] <-s, -e *o* -ien> *nt* minerale *m*
Mineralbad *nt* bagno *m* d'acque minerali
mineralisch *adj* minerale
Mineralogie [mineralo'gi:] <-> *f kein Pl.* mineralogia *f*
Mineralöl *nt* olio *m* minerale; *(Erdöl)* petrolio *m*
Mineralölsteuer *f* tassa *f* sugli idrocarburi
Mineralquelle *f* sorgente *f* d'acqua minerale
Mineralsalz <-es, -e> *nt* sale *m* minerale
Mineralstoffe *mpl* minerali *mpl*
Mineralwasser *nt* acqua *f* minerale
Mini- ['mɪni] *in Zusammensetzungen* mini-
Miniatur [minia'tu:ɐ̯] <-, -en> *f* miniatura *f*
Minibar *f* frigobar *m*
Minigolf *nt* minigolf *m*
Minikleid *nt* vestito *m* mini
Minima *Pl. von* **Minimum**
minimal [mini'ma:l] *adj* minimale, minimo
Minimal- *in Zusammensetzungen* minimo, minimale
Minimalforderung <-, -en> *f* richiesta *f* minima
minimieren *vt* INFORM ridurre a icona
Minimum ['mi:nimʊm, *Pl:* 'mi:nima] <-s, Minima> *nt* minimo *m;* **ein ~ an etw** *dat* **haben** avere un minimo di qc
Mini-PC *m* minicomputer *m*
Minipille *f (fam)* minipillola *f*
Minirock *m* minigonna *f*
Minister(in) [mi'nɪstɐ] <-s, -; -, -nen> *m(f)* ministro *m*
Ministeramt *nt* ministero *m,* carica *f* di ministro
Ministerialbeamte, -beamtin *m, f* impiegato *m* del ministero
Ministerialrat [minɪsteri'a:lra:t, *Pl:* minɪsteri'a:lrɛtə] <-(e)s, Ministerialräte> *m,* **Ministerialrätin** [minɪsteri'a:lrɛtɪn] <-, -nen> *f* consigliere *m* ministeriale
ministeriell [minɪsteri'ɛl] *adj* ministeriale
Ministerien *Pl. von* **Ministerium**
Ministerin *f s.* **Minister**
Ministerium [minɪs'te:riʊm] <-s, Ministerien> *nt* ministero *m*
Ministerkonferenz *f* conferenza *f* dei ministri
Ministerpräsident(in) *m(f)* primo ministro *m; (in Italien)* presidente, -essa *m, f* del consiglio
Ministerrat *m* consiglio *m* dei ministri
Ministerratssitzung *f* POL seduta *f* del Consiglio dei Ministri
Ministrant(in) [minɪs'trant] <-en, -en; -, -nen> *m(f)* REL chierichetto, -a *m, f,* chierico *m*
Mini-Tower [mini'taʊɐ] <-s, -> *m* minitorre *f*
Minorität [minori'tɛ:t] <-, -en> *f* minoranza *f*
minus ['mi:nʊs] *adv* ① MAT meno; **bei ~ 10 Grad** a 10 gradi sotto zero ② EL negativo
Minus <-, -> *nt* ① *(Fehlbetrag)* ammanco *m,* deficit *m;* **ein ~ machen** fare un deficit ② EL polo *m* negativo ③ *(fig: Nachteil)* svantaggio *m*
Minuspunkt *m* punto *m* a sfavore
Minuszeichen *nt* [segno *m* di] meno *m*
Minute [mi'nu:tə] <-, -n> *f* minuto *m; (Augenblick)* attimo *m,* istante *m;* **auf die ~ genau sein** spaccare il minuto *fam;* **auf die letzte** [*o* **in letzter**] **~** all'ultimo minuto
minutenlang I. *adj* di alcuni minuti **II.** *adv* per alcuni minuti
Minutenzeiger *m* lancetta *f* dei minuti
minutiös [minu'ts̯i̯ø:s] *adj (geh),* **minuziös** [minu'ts̯i̯ø:s] *adj (geh)* meticoloso, pedante
Minze ['mɪntsə] <-, -n> *f* menta *f*
Mio *Abk. von* **Million(en)** milione, -i
mir [mi:ɐ̯] **I.** *pron pers dat von* **ich** *(betont)* [a] me; *(unbetont)* mi; **von ~ aus** per me, per conto mio; **~ nichts, dir nichts** *(fam)* di punto in bianco, come se niente fosse **II.** *pron refl dat von* **sich** mi
Mirabelle [mira'bɛlə] <-, -n> *f* mirabella *f*
Mischbatterie *f* batteria *f* di miscellazione per acqua fredda e calda
Mischbrot *nt* pane *m* misto
Mischehe <-, -n> *f* matrimonio *m* misto

mischen ['mɪʃən] **I.** *vt* ① *(vermengen)* mescolare; *(Karten a.)* mischiare; *(Gift)* preparare; *(Cocktail)* fare; *(Wein)* tagliare ② FILM, RADIO, TV missare **II.** *vr:* **sich ~** ① *(sich ver~)* mischiarsi, mescolarsi ② *(sich ein~)* **sich in etw** *akk* **~** immischiarsi in qc **III.** *vi (beim Kartenspiel)* mischiare

Mischfutter *nt* foraggio *m* misto

Mischgemüse *nt* verdura *f* mista

Mischgewebe *nt* tessuto *m* misto

Mischling ['mɪʃlɪŋ] <-s, -e> *m* ① *(Mensch)* meticcio, -a *m, f* ② *(Tier)* bastardo, -a *m, f*

Mischmasch ['mɪʃmaʃ] <-(e)s, -e> *m (fam pej)* miscuglio *m*

Mischmaschine *f* mescolatrice *f*, mescolatore *m; (Beton~)* betoniera *f*

Mischpult *nt* tavolo *m* di missaggio

Mischtrommel *f* mescolatrice *f*, mescolatore *m; (Beton~)* betoniera *f*

Mischung <-, -en> *f* ① *Sing. (das Mischen)* mescolamento *m*, mescolatura *f* ② *(Gemisch)* miscuglio *m*, mescolanza *f;* **eine Mischung aus mehreren Sorten** un miscuglio di diversi tipi

Mischwald *m* bosco *m* misto

miserabel [mizə'ra:bəl] *adj* ① *(schlecht)* pessimo; *(Zustand)* pietoso, miserabile ② *(nichtswürdig)* ignobile

Misere [mi'ze:rə] <-, -n> *f* situazione *f* precaria

misogyn [mizo'gy:n] *adj* misogino

Misogynie [mizo'gy'ni:] <-> *f kein Pl.* misoginia *f*

Mispel ['mɪspəl] <-, -n> *f* ① *(Frucht)* nespola *f* ② *(Baum)* nespolo *m*

missachten [mɪs'ʔaxtən] <ohne ge-> *vt* ① *(ignorieren)* trascurare; *(Rotlicht)* non osservare ② *(verachten)* disprezzare

Missachtung *f* ① *(Nichteinhaltung)* mancato rispetto *m; (von Gesetz a.)* inosservanza *f* ② *(Geringschätzung)* disprezzo *m*

Missbehagen *nt* disagio *m*

Missbildung *f* malformazione *f*, deformità *f*

missbilligen [mɪs'bɪlɪgən] <ohne ge-> *vt* disapprovare

missbilligend *adj* di disapprovazione

Missbilligung *f* disapprovazione *f*

Missbrauch *m* abuso *m;* **~ mit etw treiben** fare abuso di qc

missbrauchen [mɪs'braʊxən] <ohne ge-> *vt (Vertrauen)* abusare di; *(Dinge)* fare uso indebito di

missbräuchlich ['mɪsbrɔɪçlɪç] *adj* abusivo

missdeuten [mɪs'dɔɪtən] <ohne ge-> *vt* fraintendere

Missdeutung ['mɪsdɔɪtʊŋ] *f* malinteso *m*, equivoco *m*

missen ['mɪsən] *vt* **etw nicht ~ mögen** [*o* **können**] *(geh)* non voler fare a meno di qc

Misserfolg *m* insuccesso *m*, fallimento *m*

Missernte *f* cattivo raccolto *m*, annata *f* cattiva

Missetat ['mɪsəta:t] *f (geh)* misfatto *m poet; (Streich)* tiro *m* birbone *fam*

Missetäter(in) *m(f) (geh)* malfattore, -trice *m, f lett*

missfallen [mɪs'falən] <irr, ohne ge-> *vi* non piacere, spiacere

Missfallen ['mɪsfalən] <-s> *nt kein Pl.* malcontento *m;* **jds ~ über etw** *akk* **erregen** suscitare la disapprovazione di qu per qc

missgebildet *adj* malformato, deforme

Missgeburt *f* MED aborto *m*

missgelaunt *adj (geh)* di malumore

Missgeschick *nt* sfortuna *f*, disavventura *f*

missgestaltet *adj* deforme

missgestimmt *adj* di malumore

missglücken [mɪs'glʏkən] <ohne ge-> *vi sein* non riuscire, fallire; **es ist mir missglückt** non ci sono riuscito

missgönnen [mɪs'gœnən] <ohne ge-> *vt* **jdm etw ~** invidiare qc a qu

Missgriff *m* passo *m* falso, mossa *f* sbagliata

Missgunst *f* invidia *f*

missgünstig *adj* invidioso, geloso

misshandeln [mɪs'handəln] <ohne ge-> *vt* maltrattare

Misshandlung [mɪs'handlʊŋ] *f* maltrattamento *m*

Mission [mɪ'si̯o:n] <-, -en> *f* missione *f*

Missionar(in) [mɪsi̯o'na:ɐ̯] <-s, -e; -, -nen> *m(f)* missionario, -a *m, f*

missionarisch [mɪsi̯o'na:rɪʃ] *adj* missionario

missionieren [mɪsi̯o'ni:rən] <ohne ge-> **I.** *vt* evangelizzare **II.** *vi* fare il missionario

Missklang *m* ① MUS dissonanza *f*, stonatura *f* ② LING cacofonia *f* ③ *(fig)* disaccordo *m*

Misskredit *m* discredito *m;* **jdn in ~ bringen** screditare qu, gettare il discredito su qu; **in ~ geraten** [*o* **kommen**] cadere in discredito

misslang [mɪs'laŋ] *3. Pers. Sing. Imp. von* **misslingen**

misslich ['mɪslɪç] *adj (geh)* spiacevole, sgradevole

missliebig *adj* malvisto, antipatico; **sich bei jdm ~ machen** rendersi antipatico a qu, farsi malvolere da qu

misslingen [mɪs'lɪŋən] <misslingt, misslang, misslungen> *vi sein* non riuscire, fallire; **der Versuch ist misslungen** il tenta-

M

tivo è fallito; **ihm misslingt alles** non gli riesce niente

Misslingen <-s> *nt kein Pl.* fallimento *m,* insuccesso *m*

misslungen [mɪsˈlʊŋən] *PP von* **misslingen**

Missmanagement [ˈmɪsmɛnɪdʒmənt] <-s, -s> *nt* cattiva gestione *f*

Missmut *m* malumore *m,* malcontento *m*

missmutig *adj* di malumore, di cattivo umore

missraten [mɪsˈraːtən] **I.** *vi sein* <irr, ohne ge-> non riuscire, fallire **II.** *adj (Mensch)* maleducato, screanzato

Missstand *m* male *m;* **soziale Missstände** mali sociali

Missstimmung *f* malumore *m*

misst [mɪst] *2. u. 3. Pers. Sing. Präs. von* **messen**

Misston *m (a. fig)* stonatura *f*

misstrauen [mɪsˈtraʊən] <ohne ge-> *vi* **jdm/etw ~** diffidare di qu/qc

Misstrauen [ˈmɪstraʊən] <-s> *nt kein Pl.* diffidenza *f,* sfiducia *f*

Misstrauensantrag *m* PARL mozione *f* di sfiducia

Misstrauensvotum *nt* PARL voto *m* di sfiducia

misstrauisch *adj* diffidente; *(argwöhnisch)* sospettoso

Missverhältnis *nt* sproporzione *f,* squilibrio *m*

missverständlich *adj* equivoco, ambiguo

Missverständnis *nt* malinteso *m,* equivoco *m*

missverstehen <irr, ohne ge-> *vt* capire male, fraintendere

Misswahl [ˈmɪsvaːl] *f* concorso *m* di bellezza

Misswirtschaft *f* cattiva amministrazione *f,* malgoverno *m*

Mist [mɪst] <-(e)s> *m kein Pl.* ① *(Tier~)* letame *m; (~haufen)* letamaio *m* ② *(fam pej: Schund)* porcheria *f,* robaccia *f* ③ *(fam pej: Unsinn)* sciocchezze *f pl,* stupidaggini *f pl;* **~ reden** dire cretinate; **da hat einer ~ gemacht** [*o* **gebaut**] qualcuno ha fatto un pasticcio ④ *(fam pej: Ärgernis)* **so ein ~!** che pasticcio!, che porcheria!

Mistbeet *nt* letto *m* caldo

Mistel [ˈmɪstəl] <-, -n> *f* BOT vischio *m*

Mistfink <-en *o* -s, -en> *m (fam)* sporcaccione *m,* porco *m*

Mistgabel *f* forcone *m* [da letame]

Misthaufen *m* letamaio *m*

Mistkübel <-s, -> *m* A *(Mülleimer)* pattumiera *f*

Miststück *nt (fam pej)* ① *(Mann)* farabutto *m,* porco *m* ② *(Frau)* farabutta *f,* carogna *f*

Mistvieh *nt (vulg)* ① *(Mann)* farabutto *m,* porco *m* ② *(Frau)* farabutta *f,* carogna *f*

mit [mɪt] **I.** *präp +dat* ① *(in Begleitung von)* [insieme] con, assieme a ② *(mit Hilfe von)* con, per; *(Verkehrsmittel a.)* a, in; **~ dem Auto/Flugzeug/Zug** in automobile/aereo/treno ③ *(versehen mit, Eigenschaft)* con, a, da; *(Alter)* a, all'età di; **eine Pizza ~ Salami** una pizza al salame; **~ blauen Augen** dagli occhi blu; **~ zwanzig Jahren** a venti anni ④ *(Art und Weise)* con, a; **~ lauter/leiser Stimme** a voce alta/bassa **II.** *adv (ebenfalls)* **etw ~ berücksichtigen** tenere conto anche di qc; **~ dabei sein** esserci

Mitangeklagte *mf* JUR coimputato, -a *m, f*

Mitarbeit *f* collaborazione *f,* cooperazione *f;* **unter ~ von …** con la collaborazione di …, hanno collaborato …

mit|arbeiten *vi* **an etw** *dat* **~** collaborare a qc

Mitarbeiter(in) *m(f)* collaboratore, -trice *m, f,* cooperatore, -trice *m, f;* **freier ~** libero collaboratore

mit|bekommen <irr, ohne ge-> *vt* ① *(zum Mitnehmen)* ricevere [da portar via]; *(als Mitgift)* ricevere in dote ② *(fam: bemerken, wahrnehmen)* notare, accorgersi di; *(verstehen)* comprendere

mit|benutzen <ohne ge-> *vt* usare in comune

Mitbenutzung *f* uso *m* in comune

Mitbestimmung *f* cogestione *f*

Mitbestimmungsrecht *nt* diritto *m* di cogestione

Mitbewerber(in) *m(f)* concorrente *mf*

Mitbewohner(in) *m(f)* ① *(von Wohnung)* coabitatore, -trice *m, f* ② *(von Haus)* coinquilino, -a *m, f*

mit|bringen <irr> *vt* ① *(Dinge, Personen)* portare [con sé] ② *(aufweisen)* avere, disporre di

Mitbringsel [ˈmɪtbrɪŋzəl] <-s, -> *nt (fam)* regalino *m; (von Reise)* pensierino *m*

Mitbürger(in) *m(f) (form)* concittadino, -a *m, f*

mit|denken <irr> *vi* seguire il ragionamento, ragionare

mit|dürfen <irr> *vi (fam)* **darf ich mit?** posso venire anch'io?

Miteigentümer(in) *m(f)* JUR comproprietario, -a *m, f*

miteinander [mɪtʔaɪˈnandɐ] *adv* ① *(einer mit dem anderen)* l'uno con l'altro; **~ reden** parlare l'uno con l'altro ② *(gemeinsam)* insieme, assieme; **alle ~** tutti insieme

Miteinander [mɪtʔaɪˈnandɐ] <-s> *nt kein*

Pl. **sie führen ein friedliches ~** vanno d'amore e d'accordo

Miterbe *m*, **Miterbin** *f* coerede *mf*

mit|erleben <ohne ge-> *vt* ① *(erleben)* vivere, vedere ② *(dabei sein)* assistere a, partecipare a

Mitesser *m* MED comedone *m*

mit|fahren <irr> *vi sein* **mit jdm ~** andare [*o* venire] con qu; **jdn ~ lassen** *(im Auto)* dare un passaggio a qu

Mitfahrerzentrale <-, -n> *f agenzia che mette in contatto automobilisti e persone alla ricerca di un passaggio*

Mitfahrgelegenheit *f* passaggio *m*

mit|fühlen **I.** *vt* condividere, partecipare a **II.** *vi* **mit jdm ~** condividere i sentimenti di qu

mitfühlend *adj* compassionevole

mit|führen *vt* ① *(Waren, Papiere)* avere con sé, portare appresso ② *(Fluss)* trasportare [con sé]

mit|geben <irr> *vt* dare

Mitgefangene *mf* compagno, -a *m, f* di prigionia

Mitgefühl *nt (Verständnis)* comprensione *f*; *(Mitleid)* compassione *f*; **~ mit jdm haben** avere comprensione per qu

mit|gehen <irr> *vi sein* ① *(auch gehen)* [**mit jdm**] ~ andare insieme a qu; *(begleiten)* accompagnare qu; **etw ~ lassen** *(fam)* far sparire qc ② *(fig: sich mitreißen lassen)* lasciarsi trasportare

mitgenommen *adj* ① *(Sache)* consunto, logoro ② *(Person)* colpito, provato; **du siehst sehr ~ aus** sei molto sciupato

Mitgift ['mɪtgɪft] <-, -en> *f* dote *f*

Mitglied *nt* membro *m*

Mitgliedsausweis *m* tessera *f* di socio

Mitgliedsbeitrag *m* quota *f* sociale

Mitgliedschaft <-, *rar:* -en> *f* appartenenza *f*

Mitgliedsland <-(e)s, -länder> *nt* stato *m* membro

mit|haben <irr> *vt (fam)* aver[e] dietro, avere con sé; **ich habe kein Geld mit** non ho portato con me i soldi; **ich habe keinen Schirm mit** non ho con me l'ombrello

Mithaftung *f* garanzia *f* solidale

mit|halten <irr> *vi* essere della partita *fam*, starci *fam*

mit|helfen <irr> *vi* [**bei etw**] ~ collaborare [a qc]

mithilfe *präp +gen* con l'aiuto di, per mezzo di

Mithilfe *f* collaborazione *f*, cooperazione *f*

mit|hören **I.** *vt* ascoltare; *(belauschen)* ascoltare di nascosto, origliare **II.** *vi* stare in ascolto; *(lauschen)* origliare

Mitinhaber(in) *m(f)* comproprietario, -a *m, f*, contitolare *mf*

Mitkläger(in) *m(f)* JUR coattore, -trice *m, f*

mit|kommen <irr> *vi sein* ① *(auch kommen)* venire; **mit jdm ~** venire insieme a qu; *(begleiten)* accompagnare qu; **ich kann heute Abend leider nicht ~** purtroppo stasera non posso venire; **kommst du mit?** vieni anche tu? ② *(fig: Schritt halten)* tener dietro; *(geistig)* seguire; **da komme ich nicht mehr mit** *(fig fam)* non riesco a capire

mit|kriegen *(fam) s.* **mitbekommen**

Mitläufer *m (pej)* pedissequo *m*

Mitlaut *m* LING consonante *f*

Mitleid *nt* compassione *f*, pietà *f*; **jds ~ erregen** [*o* **erwecken**] far compassione a qu; **~ erregend** che suscita compassione, pietoso; **mit jdm ~ haben** provare compassione per qu

mitleid[s]los *adj* spietato

Mitleidenschaft *f* **etw in ~ ziehen** danneggiare qc

mitleiderregend *adj* pietoso, che suscita compassione

mitleidig *adj* pietoso, compassionevole

mit|machen **I.** *vt* ① *(Veranstaltung)* partecipare a, prendere parte a; *(Kurs, Mode)* seguire; **das mache ich nicht länger mit!** *(fam)* non ci sto più! ② *(durchmachen, erleiden)* passare, subire; **da machst du vielleicht was mit!** *(fam)* ne sto passando delle belle! **II.** *vi (sich beteiligen)* partecipare; *(fam)* starci; **bei etw ~** partecipare a qc; **ich mache mit** ci sto

Mitmensch *m* prossimo *m*, simile *m*

mitmenschlich *adj* caritatevole

mit|mischen *vi (fam)* partecipare, prendere parte; **er will überall ~** vuole ficcare il naso ovunque; **er hat früher aktiv in der Politik mitgemischt** un tempo partecipava attivamente alla politica

Mitnahmepreis ['mɪtna:məpraɪs] *m* prezzo *m* del ritiratelo da voi *(prezzo offerta per merci da ritirare personalmente)*

mit|nehmen <irr> *vt* ① *(mit sich nehmen)* prendere [*o* portare] con sé; *(fortnehmen)* portare via; **Pizza zum Mitnehmen** pizza da portar via; **kannst du mich bis Köln** [**im Auto**] **~?** mi puoi dare un passaggio fino a Colonia? ② *(fam: stehlen)* rubare, sgraffignare ③ *(fam: lernen)* **etw aus etw ~** apprendere qc da qc ④ *(fig: körperlich, seelisch)* affaticare, esaurire

mitnichten [mɪt'nɪçtən] *adv (geh)* niente affatto

mit|reden *vi* ① *(im Gespräch)* partecipare alla discussione ② *(mitbestimmen)* partecipare alla decisione; **da habe ich auch**

M

noch ein Wort mitzureden *(fam)* anch'io ho ancora qc da dire
Mitreisende *mf* compagno, -a *m, f* di viaggio
mit|reißen <irr> *vt* ❶ *(mit sich fortreißen)* trascinare con sé ❷ *(fig: begeistern)* entusiasmare
mitsamt [mɪt'zamt] *präp +dat* insieme a
mit|schicken *vt* spedire qc insieme a qc; *(beifügen)* allegare
mit|schneiden <irr> *vt* RADIO, TV registrare
mit|schreiben <irr> **I.** *vi* prendere appunti; **schreiben Sie mit: ...** scriva: ... **II.** *vt* ❶ *(Diktat)* scrivere ❷ *(an Arbeit teilnehmen)* partecipare a
Mitschuld *f* correità *f,* complicità *f;* **~ an etw** *dat* **haben** essere complice in qc
mitschuldig *adj* correo, complice; **~ an etw** *dat* **sein** essere complice in qc
Mitschüler(in) *m(f)* compagno, -a *m, f* di scuola
mit|schwingen <irr> *vi* trapelare, trasparire; **in seinen Worten schwingt Stolz mit** l'orgoglio trapela [*o* traspare] dalle sue parole
mit|spielen I. *vi* ❶ *(bei einem Spiel)* **bei etw ~** giocare con qu a qc; **mit jdm ~** SPORT giocare insieme a qu; THEAT recitare insieme a qu; MUS suonare insieme a qu ❷ *(fig: Gründe, Motive)* concorrere, essere in gioco ❸ *(zusetzen, Schaden zufügen)* **jdm/etw ~** danneggiare qu/qc; **jdm übel ~** giocare un brutto tiro a qu **II.** *vt* giocare
Mitsprache *f* parola *f*
Mitspracherecht *nt* diritto *m* di essere interpellato
mit|sprechen <irr> **I.** *vt (Gebet)* dire qc insieme a qu **II.** *vi* ❶ *(im Gespräch)* partecipare alla discussione ❷ *(mitbestimmen)* avere voce in capitolo
Mitstreiter(in) <-s, -; -, -nen> *m(f)* collaboratore, -trice *m, f,* sostenitore, -trice *m, f*
Mittag ['mɪta:k] *m* mezzogiorno *m;* **gestern/heute/morgen ~** ieri/oggi/domani a mezzogiorno; **zu ~ essen** pranzare
Mittagessen *nt* pranzo *m*
mittags *adv* a mezzogiorno; **[um] 12 Uhr ~** a mezzogiorno; **[um] 1 Uhr ~** all'una [di pomeriggio]
Mittagspause *f* pausa *f* di mezzogiorno
Mittagsruhe *f* riposo *m* pomeridiano, siesta *f;* **~ halten** fare la siesta
Mittagsschlaf *m* pisolino *m* pomeridiano
Mittagstisch *m* **~ von 12 bis 14 Uhr** servizio *m* da mezzogiorno alle 14
Mittagszeit *f* mezzogiorno *m; (Mittagspause)* pausa *f* del mezzogiorno; **in der ~** sul mezzogiorno
Mittäter(in) *m(f)* complice *mf*
Mitte ['mɪtə] <-, -n> *f* ❶ *(räumlich)* mezzo *m;* **in der ~** nel mezzo, al centro; **in unserer ~** in mezzo a noi, tra di noi; **ab durch die ~!** *(fam)* via! ❷ *(zeitlich)* metà *f;* **~ Januar** a metà gennaio; **er ist ~ Vierzig** ha quarantacinque anni ❸ POL centro *m*
mit|teilen I. *vt* **[jdm] etw ~** comunicare qc [a qu] **II.** *vr* **sich jdm ~** *(geh)* confidarsi con qu
mitteilsam *adj* comunicativo
Mitteilung *f (Benachrichtigung)* comunicazione *f;* ADM comunicato *m; (Bekanntmachung)* avviso *m; (vertraulich)* confidenza *f*
Mittel ['mɪtəl] <-s, -> *nt* ❶ *(~ zum Zweck)* mezzo *m;* **~ und Wege finden** trovare mezzo e modo; **ihm ist jedes ~ recht** a lui va bene ogni mezzo ❷ *(Hilfs~, Heil~)* rimedio *m* ❸ MAT media *f* ❹ *Pl.* FIN mezzi *mpl* [finanziari], fondi *mpl;* **öffentliche ~** fondi pubblici
Mittelalter *nt* medioevo *m*
mittelalterlich *adj* medievale
Mittelamerika *nt* America *f* centrale
Mittelamerikaner(in) ['mɪtəlameri'ka:nɐ] <-s, -; -, -nen> *m(f)* abitante *mf* dell'America centrale
mittelamerikanisch ['mɪtəlameri'ka:nɪʃ] *adj* centroamericano
mittelbar *adj* mediato, indiretto
Mittelding *nt (fam)* cosa *f* di mezzo
Mitteleuropa *nt* Europa *f* centrale
Mitteleuropäer(in) ['mɪtəlɔɪro'pɛ:ɐ] <-s, -; -, -nen> *m(f)* abitante *mf* dell'Europa centrale
mitteleuropäisch *adj* **~e Zeit** tempo dell'Europa centrale
Mittelfeld *nt* SPORT centro campo *m*
Mittelfinger *m* [dito *m*] medio *m*
mittelfristig I. *adj* a medio termine **II.** *adv* nei tempi brevi
Mittelgebirge *nt* media montagna *f*
Mittelgewicht *nt* SPORT peso *m* medio
mittelgroß *adj (Ding)* di media grandezza; *(Person)* di statura media
mittelhochdeutsch *adj* medio alto tedesco
Mittelklasse <-, -n> *f* ❶ *(Soziologie)* classe *f* media, ceto *m* medio ❷ *(bei Waren)* media qualità *f; (Auto)* media cilindrata *f*
Mittelklassewagen *m* autovettura *f* di media cilindrata
Mittelläufer(in) *m(f)* centromediano, -a *m, f*
Mittellinie *f* linea *f* di metà campo
mittellos *adj* privo di mezzi; ADM nullatenente

Mittellosigkeit <-> *f kein Pl.* mancanza *f* di mezzi; ADM nullatenenza *f*
Mittelmaß *nt* ❶ *(Durchschnitt)* media *f* ❷ *(mittlere Größe)* misura *f* media
mittelmäßig *adj* medio; *(pej a.)* mediocre
Mittelmäßigkeit *f (pej)* mediocrità *f*
Mittelmeer *nt* [Mare *m*] Mediterraneo *m*
Mittelmeerraum <-(e)s> *m kein Pl.* area *f* del Mediterraneo
Mittelohrentzündung *f* otite *f* media
mittelprächtig *adj (fam)* così così
Mittelpunkt *m* punto *m* centrale; *(fig)* MAT centro *m;* **im ~ stehen** essere al centro
mittels *präp +gen (geh)* mediante, per mezzo di
Mittelscheitel *m* riga *f* [*o* scriminatura *f*] in mezzo
Mittelschicht *f* ceto *m* medio
Mittelschiff *nt* ARCH navata *f* centrale
Mittelschule <-, -n> *f* ❶ CH *(höhere Schule, Gymnasium)* scuola *f* media superiore ❷ A *(allgemeinbildende höhere Schule, Gymnasium)* liceo *m;* **die ~ besuchen** frequentare le superiori
Mittelsmann <-(e)s, -männer *o* -leute> *m* intermediario *m,* mediatore *m*
Mittelstand *m* ceto *m* medio
mittelständisch *adj* del ceto medio
Mittelstreckenrakete *f* missile *m* a media gittata
Mittelstreifen *m* spartitraffico *m*
Mittelstürmer(in) *m(f)* SPORT centrattacco *mf*
Mitteltunnel *m* MOT tunnel *m* centrale
Mittelweg *m* via *f* di mezzo
Mittelwelle *f* onde *f pl* medie
Mittelwert *m* valore *m* medio, media *f*
mitten ['mɪtən] *adv* **~ durchbrechen** rompere a metà; **~ durch** attraverso; **~ aus** dal mezzo di; **~ in** in mezzo a, al centro di; **~ in der Nacht** in piena notte; **~ auf der Straße** in mezzo alla strada
mittendrin ['mɪtən'drɪn] *adv* nel mezzo
mittendurch ['mɪtən'dʊrç] *adv* nel mezzo; *(in der Hälfte)* a metà
Mitternacht ['mɪtɐnaxt] *f* mezzanotte *f*
mittlere(r, s) ['mɪtlərə, -rɐ, -rəs] *adj* ❶ *(im Mittelpunkt)* centrale ❷ *(dazwischen befindlich)* intermediario, -a ❸ *(durchschnittlich)* medio, -a **~n Alters** di mezza età; **von ~r Größe** di statura media
mittlerweile ['mɪtlɐ'vailə] *adv* intanto, frattanto
Mittwoch ['mɪtvɔx] <-(e)s, -e> *m* mercoledì *m; s. a.* **Dienstag**
Mittwochabend *m* mercoledì *m* sera
mittwochabends *adv* il mercoledì sera
Mittwochmittag *m* mercoledì a mezzogiorno; *s. a.* **Mittwochabend**
mittwochmittags *adv* il mercoledì a mezzogiorno
Mittwochmorgen *m* mercoledì mattina; *s. a.* **Mittwochabend**
mittwochmorgens *adv* il mercoledì mattina
Mittwochnachmittag *m* mercoledì pomeriggio; *s. a.* **Mittwochabend**
mittwochnachmittags *adv* il mercoledì pomeriggio
mittwochs *adv* di [*o* il] mercoledì
Mittwochvormittag *m* mercoledì mattina; *s. a.* **Mittwochabend**
mittwochvormittags *adv* il mercoledì mattina
mitunter [mɪt'ʔʊntɐ] *adv* talvolta, di quando in quando
mitverantwortlich *adj* corresponsabile
Mitverantwortung <-> *f kein Pl.* corresponsabilità *f*
Mitverfasser(in) *m(f)* coautore, -trice *m, f*
Mitvergangenheit <-> *f kein Pl.* A *(Imperfekt)* imperfetto *m*
Mitverschulden <-s> *nt kein Pl.* concorso *m* di colpa
Mitwelt *f* contemporanei *m pl*
mit|wirken *vi* ❶ *(beteiligt sein)* **bei** [*o* **an**] **etw** *dat* ~ collaborare a qc ❷ FILM, THEAT **in** [*o* **bei**] **etw** *dat* ~ prendere parte a qc; **es wirkten mit: …** hanno collaborato: …
Mitwirkung *f* cooperazione *f,* collaborazione *f;* **unter ~ von** con la partecipazione di
Mitwissen *nt* **ohne mein ~** a mia insaputa
Mitwisser(in) <-s, -; -, -nen> *m(f)* *(in Geheimnis)* iniziato, -a *m, f;* *(Vertrauter)* confidente *mf;* JUR connivente *mf*
mit|wollen <irr> *vi (fam)* **willst du [auch] mit?** vuoi venire anche tu?
mit|zählen I. *vt (mit einrechnen)* includere [nel conto] **II.** *vi (von Bedeutung sein)* contare
Mixbecher *m* shaker *m*
mixen ['mɪksən] *vt* ❶ *(mischen)* mescolare; *(im Mixer)* frullare ❷ FILM, RADIO, TV missare
Mixer <-s, -> *m* ❶ *(Bar~)* barista *m,* barman *m* ❷ *(Gerät)* frullatore *m*
Mixtur [mɪks'tuːɐ̯] <-, -en> *f* mistura *f*
mm *Abk. von* **Millimeter** mm
MMS [ɛmɛm'ɛs] <-, -> *f s.* **Multimedia Messaging Services** MMS *m*
MMS-Handy *nt* cellulare *m* MMS
Mob [mɔp] <-s> *m kein Pl. (pej)* plebaglia *f,* gentaglia *f*
mobben *vt* fare mobbing
Mobbing <-> *nt kein Pl.* mobbing *m*
Mobbingopfer *nt* vittima *f* del mobbing
Möbel ['møːbəl] <-s, -> *nt meist Pl.* mobile *m*

M

Möbelgeschäft *nt* negozio *m* di mobili
Möbelpacker *m* facchino *m*
Möbelpolitur *f* lucido *m* per mobili
Möbelschreiner(in) *m(f)* ebanista *mf*
Möbelstück *nt* mobile *m*
Möbeltischler(in) *m(f)* ebanista *mf*
Möbelwagen *m* furgone *m* per traslochi
mobil [mo'biːl] *adj* ① JUR, MIL, COM mobile; **~ machen** MIL mobilitare; **etw ~ machen** *(fig)* mobilitare qc ② *(fam: munter)* vivace ③ *(fam: flink)* svelto, lesto
Mobilfunk <-s> *m kein Pl. (das Telefonieren)* telefonia *f* mobile; *(Funknetz)* rete *f* radiomobile
Mobilfunkanbieter <-s, -> *m* gestore *m* telefonico
Mobiliar [mobi'li̯aːɐ̯] <-s, -e> *nt* mobilia *f*, mobili *mpl*
mobilisieren [mobili'ziːrən] <ohne ge-> *vt (fig)* MIL mobilitare
Mobilität [mobili'tɛːt] <-> *f kein Pl.* mobilità *f*
mobil|machen *vi* mobilitare
Mobilmachung <-> *f kein Pl.* MIL mobilitazione *f*
Mobiltelefon <-s, -e> *nt* [telefono *m*] cellulare *m*, telefonino *m fam*
möblieren [mø'bliːrən] <ohne ge-> *vt* ammobiliare, arredare
mochte ['mɔxtə] *1. u. 3. Pers. Sing. Imp. von* **mögen**[1], **mögen**[2]
möchte ['mœçtə] *1. u. 3. Pers. Sing. conj von* **mögen**[1], **mögen**[2]
mod[e]rig ['moːd(ə)rɪç] *adj* che sa di marcio [*o* di muffa]
Modalverb <-s, -en> *nt* LING verbo *m* modale
Mode ['moːdə] <-, -n> *f* moda *f*; **[in] ~ sein** essere di moda; **aus der ~ kommen** passare di moda; **mit der ~ gehen** seguire la moda
Mode[n]schau *f* sfilata *f* di moda
modebewusst *adj* **~ sein** avere stile
Modedesigner(in) *m(f)* stilista *mf*
Modegeschäft *nt* negozio *m* di moda
Modeheft *nt*, **Modejournal** *nt* giornale *m* di moda
Model ['mɔdəl] <-s, -s> *nt (Fotomodell)* indossatore, -trice *m, f*
Modell [mo'dɛl] <-s, -e> *nt* ① *(Vorbild, Muster, Entwurf)* modello *m* ② *(eines Malers, Fotografen)* modello, -a *m, f*; **~ stehen** posare ③ *(Foto~)* modella *f*
Modellflugzeug *nt* aeromodello *m*
modellieren [modɛ'liːrən] <ohne ge-> *vt, vi* modellare
Modelliermasse *f* pasta *f* per modellare
Modellkleid *nt* modello *m*
Modellversuch *m* sperimentazione *f* pilota
modeln ['mɔdəln] *vi* lavorare come indossatore [*o* indossatrice]
Modem ['moːdɛm] <-s, -s> *nt o m* INFORM modem *m*
Moder ['moːdɐ] <-s> *m kein Pl.* marciume *m*; *(Schimmel)* muffa *f*
moderat [mode'raːt] *adj* moderato
Moderation [modera'tsi̯oːn] <-, -en> *f* RADIO, TV **die ~ einer Sendung übernehmen** fare da moderatore, -trice
Moderator(in) [mode'raːtoːɐ̯] <-s, -en; -, -nen> *m(f)* RADIO, TV moderatore, -trice *m, f*
Modergeruch *m* odore *m* di muffa, tanfo *m*
modern[1] ['moːdɐn] *vi* marcire, ammuffire
modern[2] [mo'dɛrn] *adj* ① *(zeitgemäß)* moderno ② *(modisch)* alla [*o* di] moda
Moderne [mo'dɛrnə] <-> *f kein Pl.* **die ~** i tempi *mpl* moderni; KUNST l'arte *f* moderna
modernisieren [modɛrni'ziːrən] <ohne ge-> *vt* modernizzare; *(Wohnung, Kleid)* rimodernare
Modernisierung <-> *f kein Pl.* modernizzazione *f*; *(Wohnung, Kleid)* rimodernamento *m*
Modesalon *m* casa *f* di mode
Modeschau *f s.* **Modenschau**
Modeschmuck *m* bigiotteria *f*, bijoux *mpl*
Modeschöpfer(in) *m(f)* creatore, -trice *m, f* di moda
Modetrend *m* trend *m* di moda
Modewort *nt* parola *f* trend
Modezeitschrift *f* giornale *m* di moda
Modezeitung *f* giornale *m* di moda
Modi *Pl. von* **Modus**
modisch *adj o adv* alla moda
Modistin [mo'dɪstɪn] *f* modista *f*
modrig *s.* **mod[e]rig**
Modul [mo'duːl] <-s, -e> *nt* modulo *m*
Modus ['mɔdʊs *o* 'moːdʊs, *Pl:* 'mɔdi *o* 'moːdi] <-, Modi> *m* modo *m*
Mofa ['moːfa] <-s, -s> *nt* ciclomotore *m*
Mofafahrer(in) *m(f)* ciclomotorista *mf*
mogeln ['moːgəln] *vi (fam)* imbrogliare; *(beim Kartenspiel)* barare
Mogelpackung <-, -en> *f* WIRTSCH confezione *f* ingannevole
mögen[1] ['møːgən] <mag, mochte, gemocht> *vt* ① *(gernhaben)* amare; *(Speise)* essere ghiotto di; **lieber ~** preferire ② *(wollen)* volere; **ich mag nicht [mehr]** non ne voglio [più]
mögen[2] <mag, mochte, mögen> *Modalverb* ① *(Wunsch)* volere, avere voglia di; **ich möchte gern …** vorrei …; **man möchte meinen, dass …** si direbbe

che … ❷ *(Vermutung)* potere; **es mag sein, dass …** è possibile che *+conj;* **er mag 10 Jahre alt sein** avrà circa dieci anni; **was mag das bedeuten?** cosa significherà questo?; **wo mag er bloß stecken?** dove si sarà cacciato? *fam*

möglich ['mø:klɪç] *adj* possibile; **alles Mögliche** di tutto; **sein Möglichstes tun** fare tutto il possibile, fare del proprio meglio; **so bald/oft wie ~** il più presto/spesso possibile; **so viel/wenig wie ~** il più/meno possibile; **das ist wohl ~** è possibilissimo; [**das ist ja**] **nicht ~!** *(fam)* non è possibile!

möglicherweise *adv* forse, eventualmente

Möglichkeit <-, -en> *f* ❶ *(mögliches Verhalten, Vorgehen, möglicher Weg)* possibilità *f;* **ich hatte keine andere ~** non avevo altra scelta ❷ *(Gelegenheit)* occasione *f;* **nach ~** nella misura del possibile, per quanto possibile

möglichst *adv* **~ gut/viel/oft** il meglio/il più/il più spesso possibile

Mohair [mo'hɛ:ɐ, *Pl:* mo'hɛ:rə] <-s, -e> *m* mohair *m*

Mohammedaner(in) [mohame'da:nɐ] <-s, -; -, -nen> *m(f)* maomettano, -a *m, f,* musulmano, -a *m, f*

mohammedanisch *adj* musulmano, maomettano

Mohn [mo:n] <-(e)s, -e> *m* ❶ BOT papavero *m; (Klatsch~)* rosolaccio *m* ❷ *(~samen)* semi *mpl* di papavero

Möhre ['mø:rə] <-, -n> *f* carota *f*

Mohrenkopf ['mo:rənkɔpf] *m* GASTR testa *f* di moro, africano *m*

Mohrrübe ['mo:ɐ̯ry:bə] *f s.* **Möhre**

mokant [mo'kant] *adj* beffardo, sarcastico

mokieren [mo'ki:rən] <ohne ge-> *vr* **sich** [**über jdn**] **~** beffarsi [di qu]

Mokka ['mɔka] <-s, -s> *m* moca *m*

Mokkatasse *f* tazzina *f* da caffè

Molch [mɔlç] <-(e)s, -e> *m* ZOO tritone *m*

Moldawien [mɔl'da:viən] *nt* Moldavia *f*

Mole ['mo:lə] <-, -n> *f* molo *m*

Molekül [mole'ky:l] <-s, -e> *nt* CHEM molecola *f*

molekular [moleku'lɑ:ɐ] *adj* CHEM molecolare

Molekulargewicht [moleku'la:ɐgəvɪçt] *nt* peso *m* molecolare

molk [mɔlk] *1. u. 3. Pers. Sing. Imp. von* **melken**

Molke ['mɔlkə] <-> *f kein Pl.* siero *m* di latte

Molkerei [mɔlkə'raɪ] <-, -en> *f* latteria *f,* caseificio *m*

Moll [mɔl] <-> *nt kein Pl.* MUS tonalità *f* minore

mollig ['mɔlɪç] *adj (fam)* ❶ *(warm)* piacevole, piacevolmente caldo; *(Kleidung)* soffice, morbido ❷ *(rundlich)* grassottello

Molotowcocktail ['mo:lotɔfkɔkteɪl] *m* molotov *f*

Molybdän [molʏp'dɛ:n] <-s> *nt kein Pl.* CHEM molibdeno *m*

Moment[1] [mo'mɛnt] <-(e)s, -e> *m (Augenblick)* momento *m,* istante *m,* attimo *m;* **im ~** *(jetzt)* al momento, momentaneamente; *(gerade)* in quest'istante, in questo momento; **im letzten ~** all'ultimo minuto; **er kann jeden ~ kommen** può arrivare da un momento all'altro; **~** [**mal**]**!** un momento!

Moment[2] <-(e)s, -e> *nt (Umstand)* momento *m*

momentan [momɛn'ta:n] **I.** *adj* momentaneo; *(aktuell a.)* attuale **II.** *adv* momentaneamente, per il momento

Momentaufnahme *f* FOTO istantanea *f*

Monaco ['mo:nako *o* mo'nako] *nt* Monaco *f*

Monarch(in) [mo'narç] <-en, -en; -, -nen> *m(f)* monarca *m,* monarchessa *f nur scherz*

Monarchie [monar'çi:] <-, -n> *f* monarchia *f*

Monarchin *f s.* **Monarch**

Monarchist(in) [monar'çɪst] <-en, -en; -, -nen> *m(f)* monarchico, -a *m, f*

monarchistisch *adj* monarchico

Monat ['mo:nat] <-(e)s, -e> *m* mese *m;* **im Laufe des ~s** nel corso del mese; **am 10. dieses ~s** ADM il 10 corrente mese; **im achten ~** [**schwanger**] **sein** essere [incinta] all'ottavo mese

monatelang **I.** *adj* di mesi **II.** *adv* [per] molti mesi, [per] mesi e mesi

monatlich *adj* mensile

Monatsanfang <-(e)s, -fänge> *m* inizio *m* del mese; **am ~** all'inizio del mese

Monatsbinde *f* assorbente *m* igienico

Monatsblutung *f* mestruazioni *fpl*

Monatsgehalt *nt* [stipendio *m*] mensile *m,* mensilità *f*

Monatskarte *f* tessera *f* mensile

Monatsrate *f* rata *f* mensile

Mönch [mœnç] <-(e)s, -e> *m* REL monaco

Mönchskloster *nt* convento *m* di monaci, monastero *m* di frati

Mönchsorden *m* ordine *m* monastico

Mond [mo:nt] <-(e)s, -e> *m* luna *f;* **abnehmender/zunehmender ~** luna calante/crescente; **auf dem ~ landen** allunare; **hinter dem ~ leben** *(fam)* vivere sulla luna; **manchmal könnte ich ihn auf den ~ schießen!** *(fam)* a volte lo manderei a quel paese!

M

mondän [mɔn'dɛːn] *adj* mondano
Mondbahn *f* ASTR orbita *f* lunare
Mondfähre *f* modulo *m* lunare
Mondfinsternis *f* ASTR eclissi *f* lunare
mondhell *adj* illuminato dalla luna; **in einer ~en Nacht** in una notte [al chiaro] di luna
Mondlandefähre *f* navetta *f* spaziale, shuttle *m*
Mondlandschaft *f* paesaggio *m* lunare
Mondlandung *f* allunaggio *m*
Mondlicht *nt* luce *f* lunare
Mondoberfläche *f* superficie *f* lunare
Mondphase *f* fase *f* lunare
Mondschein *m* chiaro *m* di luna
Mondscheintarif *m* TEL tariffa *f* notturna
Mondsichel *f* falce *f* di luna
Mondsonde *f* sonda *f* lunare
mondsüchtig *adj* sonnambulo
Mondumlaufbahn *f* orbita *f* lunare
Mondwechsel *m* cambiamento *m* della luna
Monegasse [mone'gasə] <-n, -n> *m*, **Monegassin** [mone'gasɪn] <-, -nen> *f* monegasco, -a *m, f*
monegassisch *adj* monegasco
monetär [mone'tɛːɐ] *adj* WIRTSCH monetario
Moneten [mo'neːtən] *pl (fam)* quattrini *mpl*
Mongole [mɔŋ'goːlə] <-n, -n> *m* mongolo *m*
Mongolei [mɔŋgo'laɪ] *f* **die ~** [la] Mongolia *f*
Mongolin [mɔŋ'goːlɪn] <-, -nen> *f* mongola *f*
mongolisch [mɔŋ'goːlɪʃ] *adj* mongolico
Mongolismus [mɔŋgo'lɪsmʊs] <-> *m kein Pl.* MED mongolismo *m*
mongoloid [mɔŋgolo'iːt] *adj* MED mongoloide
Monitor ['moːnitoːɐ̯ *o* 'mɔnitoːɐ̯] <-s, -e(n)> *m* ① TV, INFORM monitor *m*, video *m* ② TEC, TV schermo *m*, video *m*
mono ['moːno] *adj* mono
Monogamie [monoga'miː] <-> *f kein Pl.* monogamia *f*
Monografie [monogra'fiː] <-, -n> *f* monografia *f*
Monogramm [mono'gram] <-s, -e> *nt* monogramma *m*
Monokel [mo'nɔkəl] <-s, -> *nt* monocolo *m*
Monokultur ['moːnokʊltuːɐ̯] *f* monocultura *f*
Monolog [mono'loːk] <-s, -e> *m* monologo *m*; **einen ~ halten** fare un monologo
Monopol [mono'poːl] <-s, -e> *nt* monopolio *m*
Monopolstellung *f* posizione *f* di monopolio
monoton [mono'toːn] *adj* monotono
Monotonie [monoto'niː] <-, *rar:* -en> *f* monotonia *f*
Monster ['mɔnstɐ] <-s, -> *nt* mostro *m*
Monstranz [mɔn'strants] <-, -en> *f* ostensorio *m*
monströs [mɔn'strøːs] *adj* mostruoso
Monstrum ['mɔnstrʊm, *Pl:* 'mɔnstrən] <-s, Monstren> *nt* mostro *m*
Monsun [mɔn'zuːn] <-s, -e> *m* METEO monsone *m*
Montag ['moːntaːk] <-s, -e> *m* lunedì *m*; **blauen ~ machen** *(fam)* far festa di lunedì; *s. a.* **Dienstag**
Montagabend *m* lunedì sera
montagabends *adv* il lunedì sera
Montage [mɔn'taːʒə] <-, -n> *f* montaggio *m*
Montagehalle *f* capannone *m* di montaggio
Montagmittag *m* lunedì a mezzogiorno; *s. a.* **Montagabend**
montagmittags *adv* il lunedì a mezzogiorno
Montagmorgen *m* lunedì mattina; *s. a.* **Montagabend**
montagmorgens *adv* il lunedì mattina
Montagnachmittag *m* lunedì pomeriggio; *s. a.* **Montagabend**
montagnachmittags *adv* il lunedì pomeriggio
montags *adv* di [*o* il] lunedì
Montagvormittag *m* lunedì mattina; *s. a.* **Montagabend**
montagvormittags *adv* il lunedì mattina
Montanindustrie [mɔn'taːnɪndʊs'triː] *f* industria *f* mineraria e metallurgica
Monteur(in) [mɔn'tøːɐ̯] <-s, -e; -, -nen> *m(f)* montatore, -trice *m, f*
montieren <ohne ge-> *vt* montare
Montur [mɔn'tuːɐ, *Pl:* mɔn'tuːrən] <-, -en> *f (fam scherz: ausgefallene Kleidung)* abbigliamento *m* stravagante; *(von Motorradfahrer, Sportler)* tuta *f*; *(Arbeitskleidung)* vestito *m* [*o* tuta *f*] da lavoro; *(obs: Uniform)* uniforme *f*
Monument [monu'mɛnt] <-(e)s, -e> *nt* monumento *m*
monumental [monumɛn'taːl] *adj* monumentale
Monumentalfilm *m* colossal *m*
Moor [moːɐ̯] <-(e)s, -e> *nt* palude *f*
Moos [moːs] <-es, -e> *nt* ① BOT muschio *m* ② *Sing. (sl: Geld)* grana *f fam*
moosig *adj* muscoso
Moped ['moːpɛt *o* 'moːpeːt] <-s, -s> *nt* ciclomotore *m*, motorino *m*

Mopp [mɔp] <-s, -s> *m* scopa *f* a frange
Mops [mɔps, *Pl:* 'mœpsə] <-es, Möpse> *m* Mops *m,* carlino *m*
mopsen **I.** *vt (fam: stehlen)* sgraffignare **II.** *vr:* **sich ~** *(fam: sich langweilen)* annoiarsi; *(sich ärgern)* arrabbiarsi
Moral [mo'ra:l] <-, *rar:* -en> *f* ① *(Lehre, Geist)* morale *f* ② *(Sittlichkeit)* moralità *f;* **eine doppelte ~** una doppia morale
Moralapostel *m (pej)* moralista *mf*
moralisch *adj* morale
Moralist(in) [mora'lɪst] <-en, -en; -, -nen> *m(f)* moralista *mf*
Moralpredigt *f (pej)* **jdm eine ~ halten** fare una ramanzina a qu
Moräne [mo'rɛ:nə] <-, -n> *f* morena *f*
Morast [mo'rast, *Pl:* mo'rastə *o* mo'rɛstə] <-(e)s, -e *o* Moräste> *m* ① *(Sumpf)* pantano *m,* palude *f* ② *Sing. (Schlamm)* fango *m*
morbid [mɔr'bi:t] *adj (geh)* ① *(kränklich)* malaticcio, cagionevole ② *(zart)* tenue, delicato ③ *(im Verfall begriffen)* marcio, corrotto
Morchel ['mɔrçəl] <-, -n> *f* BOT morchella *f,* spugnola *f*
Mord [mɔrt] <-(e)s, -e> *m* assassinio *m,* omicidio *m;* **der ~ an jdm** l'omicidio di qu; **einen ~ begehen** commettere un assassinio; **das gibt ~ und Totschlag** *(fam)* succede un putiferio
Mordanschlag *m* attentato *m* alla vita; **der ~ auf jdn** l'attentato a qu
Morddrohung *f* minaccia *f* di morte
morden ['mɔrdən] **I.** *vt* assassinare **II.** *vi* commettere un assassinio
Mörder(in) ['mœrdɐ] <-s, -; -, -nen> *m(f)* assassino, -a *m, f,* omicida *mf*
mörderisch *adj (fam: abscheulich)* feroce, atroce; *(Hitze, Kälte)* terribile; *(Geschwindigkeit)* pazzo
Mordfall <-(e)s, -fälle> *m* caso *m* di omicidio
Mordkommission *f* sezione *f* omicidi
Mordprozess *m* processo *m* per omicidio
Mordshunger ['mɔrts'hʊŋɐ] *m (fam)* fame *f* da lupi
Mordskerl ['mɔrts'kɛrl] *m (fam: tüchtig)* tipo *m* in gamba; *(stark)* pezzo *m* d'uomo
Mordskrach ['mɔrts'krax] *m (fam)* ① *(Lautsein)* baccano *m* ② *(Streit)* alterco *m*
mordsmäßig *adj (fam)* enorme, terribile
Mordsschreck[en] ['mɔrts'ʃrɛk(ən)] *m (fam)* paura *f* infernale
Mordsspaß ['mɔrts'ʃpa:s] *m* **es gab einen ~** *(fam)* ci siamo divertiti un mondo
Mordswut ['mɔrts'vu:t] *f (fam)* rabbia *f* feroce
Mordverdacht *m* **unter ~ stehen** essere sospettato di omicidio
Mordversuch *m* tentato omicidio *m*
Mordwaffe *f* arma *f* del delitto
morgen ['mɔrgən] *adv* domani; **~ ist Sonntag** domani è domenica; **~ früh** domani mattina; **~ Mittag/Abend** domani a mezzogiorno/a sera; **~ in acht Tagen** domani a otto; **ab ~, von ~ an** a partire da domani; **bis ~!** a domani!
Morgen- *in Zusammensetzungen* del mattino
Morgen <-s, -> *m (Tageszeit)* mattino *m; (Vormittag)* mattina *f,* mattinata *f;* **gestern ~** ieri mattina; **eines [schönen] ~s** un [bel] mattino; **am ~** di [*o* la] mattina; **am anderen [*o* nächsten] ~** la mattina seguente; **früh am ~** la mattina presto, di buon mattino; **guten ~!** buon giorno!
Morgenausgabe *f* edizione *f* del mattino
Morgendämmerung *f* crepuscolo *m* mattutino, alba *f*
morgendlich ['mɔrgəntlɪç] *adj* mattutino, del mattino
Morgenessen *nt* CH prima colazione *f*
Morgengrauen *nt* **im [*o* beim] ~** all'alba
Morgenluft *f* aria *f* mattutina
Morgenmantel *m* vestaglia *f*
Morgenmuffel *m (fam)* grugnone *m;* **er ist ein ~** la mattina, appena alzato, parla poco ed è di cattivo umore
Morgenrock *m* vestaglia *f*
Morgenrot *nt,* **Morgenröte** *f (geh)* aurora *f*
morgens *adv* di [*o* la] mattina, il mattino; **von ~ bis abends** dalla mattina alla sera; **um sieben Uhr ~** alle sette del mattino
Morgensonne *f* sole *m* del mattino
Morgenstern *m* stella *f* del mattino
morgig *adj* di domani; **der ~e Tag** [il] domani
Morphinismus [mɔrfi'nɪsmʊs] <-> *m kein Pl.* morfinismo *m,* morfinomania *f*
Morphium ['mɔrfiʊm] <-s> *nt kein Pl.* morfina *f*
Morphologie [mɔrfolo'gi:] <-> *f kein Pl.* LING, BIOL morfologia *f*
morphologisch [mɔrfo'lo:gɪʃ] *adj* morfologico
morsch [mɔrʃ] *adj (Holz)* marcio, fradicio; *(Gestein)* friabile; *(Brücke)* decrepito
Morsealphabet *nt* alfabeto *m* Morse
Morseapparat *m* apparecchio *m* Morse
morsen ['mɔrzən] *vt, vi* telegrafare
Mörser ['mœrzɐ] <-s, -> *m* mortaio *m*
Morsezeichen <-s, -> *nt* segnale *m* dell'alfabeto in codice morse
Mörtel ['mœrtəl] <-s, -> *m* malta *f*
Mörtelkelle *f* cazzuola *f*

Mosaik [moza'i:k] <-s, -en *o* -e> *nt* mosaico *m*

Mosaikfußboden *m* pavimento *m* a mosaico

Moschee [mɔ'ʃe:] <-, -n> *f* moschea *f*

Moschus ['mɔʃʊs] <-> *m kein Pl.* muschio *m*

Möse ['mø:zə] <-, -n> *f (vulg)* fica *f*

Mosel ['mo:zəl] *f* Mosella *f*

Mosel[wein] <-s, -> *m* vino *m* della Mosella

Moskau ['mɔskaʊ] *nt* Mosca *f*

Moskito [mɔs'ki:to] <-s, -s> *m* moschito *m*, zanzara *f*

Moskitonetz *nt* zanzariera *f*

Moslem ['mɔslɛm] <-s, -s> *m* musulmano *m*

moslemisch [mɔs'le:mɪʃ] *adj* moslemico

Moslime [mɔs'li:mə] <-, -n> *f* musulmana *f*

Most [mɔst] <-(e)s, -e> *m* ❶ *(Trauben~)* mosto *m* ❷ *(Apfel~)* sidro *m*

Motel ['mo:təl *o* mo'tɛl] <-s, -s> *nt* motel *m*

Motherboard <-s, -s> *nt* INFORM scheda *f* madre

Motiv [mo'ti:f] <-s, -e> *nt* motivo *m;* JUR movente *m*

Motivation [motiva'tsi̯o:n] <-, -en> *f* motivazione *f*

motivieren [moti'vi:rən] <ohne ge-> *vt* motivare

Motivierung <-, -en> *f* motivazione *f*

Motocross [moto'krɔs] <-, *rar:* -e> *nt* motocross *m*

Motocross-Fahrer(in) *m(f)* crossista *mf*

Motor ['mo:tɔr *o* mo'to:ɐ̯] <-s, -en> *m* motore *m*

Motorantrieb *m* trazione *f* a motore; **mit ~** a motore

Motorboot *nt* motoscafo *m*, barca *f* a motore

Motorenbau <-(e)s> *m kein Pl.* costruzione *f* di motori

Motorengeräusch *nt* rumore *m* [*o* rombo *m*] dei motori [*o* del motore]

Motorfahrzeug *nt* veicolo *m* a motore

Motorfahrzeugsteuer <-, -n> *f* CH ADM, MOT *(Kraftfahrzeugsteuer)* tassa *f* di circolazione

Motorhaube *f* cofano *m* [del motore]

Motorik [mo'to:rɪk] <-> *f kein Pl.* MED motricità *f*

motorisch [mo'to:rɪʃ] *adj* motorio

motorisieren [motori'zi:rən] <ohne ge-> *vt* motorizzare

Motorisierung <-, *rar:* -en> *f* motorizzazione *f*

Motorjacht *f* motoscafo *m* da crociera

Motoröl <-s, -e> *nt* olio *m* motore

Motorpumpe *f* motopompa *f*

Motorrad *nt* motocicletta *f*, moto *f fam*

Motorradfahrer(in) *m(f)* motociclista *mf*

Motorradrennen *nt* corsa *f* motociclistica

Motorradsport *m* motociclismo *m*

Motorraum *m* vano *m* motore

Motorroller *m* [moto]scooter *m*

Motorsäge *f* sega *f* a motore

Motorschaden *m* guasto *m* al motore

Motorsegler *m* motoaliante *m*

Motorsport *m* motorismo *m*

Motortechnik *f* MOT tecnica *f* motoristica

Motorwäsche *f* lavaggio *m* del motore

Motte ['mɔtə] <-, -n> *f* tarma *f*, tignola *f*

Mottenfraß *m* intarmatura *f*

Mottenkiste *f (fig)* **etw aus der ~ [hervor]holen** levar dal dimenticatoio

Mottenkugel *f* pallina *f* antitarmica

Mottenloch *nt* buco *m* fatto dalle tarme

mottenzerfressen *adj* tarmato

Motto ['mɔto] <-s, -s> *nt* motto *m*, massima *f*

motzen ['mɔtsən] *vi (sl)* brontolare

Mountainbike ['maʊntənbaɪk] <-s, -s> *nt* mountain bike *f*, rampichino *m*

Möwe ['mø:və] <-, -n> *f* gabbiano *m*

MP3-Brenner [ɛmpe:'draɪ-] *m* masterizzatore *m* MP3

MP3-Player [ɛmpe:'draɪpleɪɐ] <-s, -> *m* lettore *m* MP3

Mrd. *Abk. von* **Milliarde(n)** miliardo, -i

Ms., **Mskr.** *Abk. von* **Manuskript** ms.

MS [ɛm'ʔɛs] *Abk. von* **Multiple Sklerose** sclerosi *f* multipla

Mt *Abk. von* **Megatonne** MT

MTA [ɛmte:'ʔa:] <-, -s> *f Abk. von* **medizinisch-technische Assistentin** *tecnico di laboratorio analisi*

mtl. *Abk. von* **monatlich** mens.

Mucke <-> *m* musica *f*

Mücke ['mʏkə] <-, -n> *f* moscerino *m*, moschino *m; (Stech~)* zanzara *f*; **aus einer ~ einen Elefanten machen** *(fig)* fare di una mosca un elefante

mucken ['mʊkən] *vi (fam)* fiatare, aprir bocca; **ohne zu ~** senza fiatare

Mucken ['mʊkən] *fpl (fam)* bizze *fpl*, capricci *mpl;* **seine ~ haben** avere la luna storta/di traverso; **der Computer hat seine ~** il computer fa le bizze

Mückenstich *m* puntura *f* di zanzara

Mucks [mʊks] <-es, -e> *m (fam)* **keinen ~ sagen/machen** non batter ciglio/fiatare; **ohne einen ~** senza batter ciglio/fiatare

mucksen ['mʊksən] *vi, vr:* **sich ~** *(fam)* fiatare, aprir bocca

mucksmäuschenstill ['mʊks'mɔɪsçən'ʃtɪl]

adj (fam) ~ **sein** stare zitto zitto, non batter ciglio; **es war** ~ c'era un silenzio di tomba

müde ['my:də] *adj* stanco; ~ **werden** stancarsi, affaticarsi; **einer Sache** *gen* ~ **sein** *(geh)* essere stanco di qc

Müdigkeit <-> *f kein Pl.* stanchezza *f; (Schläfrigkeit)* sonnolenza *f;* **vor ~ umfallen** essere stanco morto *fam,* cadere dal sonno *fam*

Müesli ['my:ɛsli] <-s, -> *nt* CH müsli *m,* muesli *m*

Muff [mʊf] <-(e)s, -e> *m* manicotto *m*

muff[e]lig *adj (fam pej)* scontroso, musone

Muffe ['mʊfə] <-, -n> *f* ① TEC manicotto *m* ② *(fam: Angst)* strizza *f;* **mir geht di ~** ho strizza

Muffel ['mʊfəl] <-s, -> *m (fam pej)* brontolone *m*

Muffensausen <-s> *nt kein Pl. (sl)* ~ **haben/kriegen** avere fifa *fam*

muffig *adj* ~ **riechen** sapere di muffa

mufflig *s.* **muff[e]lig**

Mühe ['my:ə] <-, -n> *f* fatica *f,* pena *f; (Anstrengung)* sforzo *m; (Schwierigkeit)* difficoltà *f;* **der ~ wert sein** valere la pena; **sich** *dat* **~ geben, zu …** darsi la briga di …; **mit ~ und Not** a stento, a mala pena; **das ist verlorene** [*o* **vergebliche**] ~ è fatica sprecata; **wenn es Ihnen keine ~ macht** se non Le incomoda; **geben Sie sich** *dat* **keine ~!** non s'incomodi!, non si disturbi!

mühelos **I.** *adj* facile, senza fatica **II.** *adv* con facilità, facilmente

muhen ['mu:ən] *vi* muggire

mühen *vr:* **sich ~** *(geh)* darsi pena *poet,* affannarsi

mühevoll *adj* ① *(anstrengend)* faticoso ② *(schwierig)* difficile

Mühle ['my:lə] <-, -n> *f* ① *(Korn~)* mulino *m,* macina *f; (Kaffee~, Pfeffer~)* macinino *m* ② *Pl. (fig: der Justiz, Bürokratie)* ingranaggi *mpl* ③ *(fam pej: altes Auto)* macinino *m*

Mühlrad *nt* ruota *f* del mulino

Mühlstein *m* mola *f,* macina *f*

Mühlwerk *nt* meccanismo *m* del mulino

Mühsal ['my:za:l] <-, -e> *f (geh)* pene *fpl poet,* affanni *mpl*

mühsam **I.** *adj* faticoso **II.** *adv* a fatica

mühselig *adj* penoso

Mulatte [mu'latə] <-n, -n> *m,* **Mulattin** [mu'latɪn] <-, -nen> *f* mulatto, -a *m, f*

Mulde ['mʊldə] <-, -n> *f* ① *(Vertiefung)* avvallamento *m* ② DIAL *(Trog)* trogolo *m*

Mull [mʊl] <-(e)s, -e> *m* ① *(Gewebe)* mussola *f;* MED garza *f* ② NORDD *(Torf~)* terriccio *m*

Müll [mʏl] <-(e)s> *m kein Pl.* immondizia *f,* rifiuti *mpl;* **radioaktiver ~** scorie *fpl* radioattive; **~ abladen verboten!** divieto di scarico!

Müllabfuhr *f* nettezza *f* urbana

Müllaufbereitungsanlage *f* impianto *m* di riciclaggio dei rifiuti

Müllberg *m* mucchio *m* di rifiuti

Müllbeutel *m* sacco *m* della spazzatura

Mullbinde *f* fascia *f* di garza

Müllcontainer *m* cassonetto *m*

Mülldeponie *f* deposito *m* delle immondizie

Mülleimer *m* secchio *m* delle immondizie, pattumiera *f*

Müller(in) ['mʏlɐ] <-s, -; -, -nen> *m(f)* mugnaio, -a *m, f*

Müllhalde *f* discarica *f*

Müllkutscher *m,* **Müllmann** *m (fam)* addetto *m* al trasporto delle immondizie

Müllschlucker *m* tromba *f* per le immondizie

Mülltonne *f* bidone *m* delle immondizie

Mülltourismus *m* smaltimento *m* dei rifiuti all'estero

Mülltrennung *f* separazione *f* dei rifiuti

Müllverbrennung <-> *f kein Pl.* incenerimento *m* dei rifiuti

Müllverbrennungsanlage *f* inceneritore *m* di rifiuti

Müllverwertung *f* sfruttamento *m* dei rifiuti

Müllwagen *m* autocarro *m* della nettezza urbana

mulmig ['mʊlmɪç] *adj (fam: Situation)* compromettente; **mir ist ganz ~** [**zumute**] *(fam)* mi sento a disagio

Multi ['mʊlti] <-s, -s> *m (fam)* multinazionale *f*

multikulti *adj* multiculturale

multikulturell [mʊltikʊltu'rɛl] *adj* multiculturale

multilateral [mʊltilate'ra:l] *adj* multilaterale

Multimedia <-, -s> *nt* INFORM multimedialità *f*

multimedial [mʊltime'di̯a:l *o* 'mʊltimedi̯a:l] *adj* INFORM multimediale

Multimillionär(in) *m(f)* multimilionario, -a *m, f*

multinational [mʊltinatsi̯o'na:l *o* 'mʊltinatsi̯ona:l] *adj* WIRTSCH, POL multinazionale

Multiple Sklerose [mʊl'ti:plə skle'ro:zə] <-> *f kein Pl.* MED sclerosi *f* multipla

Multiplexkino ['mʊltiplɛkski:no] *nt* multisala *m*

Multiplikation [mʊltiplika'tsi̯o:n] <-, -en> *f* MAT moltiplicazione *f*

multiplizieren [mʊltipliˈtsiːrən] <ohne ge-> *vt* MAT **etw mit etw ~** moltiplicare qc per qc
Multitalent [ˈmʊltitalɛnt] <-(e)s, -e> *nt* mente *f* eclettica
Mumie [ˈmuːmiə] <-, -n> *f* mummia *f*
mumifizieren [mumifiˈtsiːrən] <ohne ge-> *vt* mummificare
Mumm [mʊm] <-s> *m kein Pl.* *(fam)* ① *(Mut)* fegato *m* ② *(Kraft)* forza *f*
Mummelgreis(in) [ˈmʊməlgraɪs] *m(f)* *(fam pej)* vecchio, -a *m, f* decrepito, -a
Mumps [mʊmps] <-> *m o* DIAL*: f kein Pl.* MED parotite *f,* orecchioni *mpl fam*
München [ˈmʏnçən] *nt* Monaco *f* [di Baviera]
Mund [mʊnt, *Pl:* ˈmʏndɐ] <-(e)s, Münder> *m* bocca *f;* **in aller ~e sein** correre sulla bocca di tutti; **dieses Wort nehme ich nicht mehr in den ~** non dirò più questa parola; **jdm den ~ stopfen** *(fam)* tappare la bocca a qu; **jdm den ~ verbieten** impedire a qu di parlare; **jdm den ~ wässrig machen** *(fam)* far venire l'acquolina in bocca a qu; **nicht auf den ~ gefallen sein** *(fam)* avere sempre la risposta pronta; **jdm das Wort im ~ umdrehen** travisare le parole di qu; **jdm nach dem ~ reden** dire cose che fanno piacere a qu; **du nimmst mir das Wort aus dem ~!** *(fam)* mi togli le parole di bocca!; **den ~ nicht halten können** *(fam)* aver la lingua troppo lunga; **halt den ~!** *(fam)* stai zitto!, chiudi il becco!
Mundart *f* dialetto *m*
Mundartdichter(in) *m(f)* poeta, -tessa *m, f*
mundartlich *adj* dialettale
Munddusche *f* idropulsore *m*
Mündel [ˈmʏndəl] <-s, -> *nt* pupillo *m*
mündelsicher *adj* FIN di tutto riposo; **~e Wertpapiere** valori [*o* titoli] di tutto riposo
munden [ˈmʊndən] *vi* *(geh)* piacere (**jdm** a qu)
münden [ˈmʏndən] *vi haben o sein* ① *(Fluss)* **in etw** *akk* **~** sfociare in qc; *(Straße a.)* sboccare in qc ② *(fig: enden)* **in eine Diskussion** *akk* **~** [andare a] finire in una discussione
mundfaul *adj* *(fam)* taciturno
mundgerecht *adj* pronti per essere mangiati; **jdm etw ~ servieren** *(fig)* scodellare la pappa a qu
Mundgeruch *m* alito *m* cattivo
Mundharmonika *f* armonica *f* a bocca
Mundhöhle *f* cavità *f* orale
Mundhygiene <-> *f kein Pl.* igiene *f* orale
mündig [ˈmʏndɪç] *adj* ① JUR maggiorenne ② *(fig)* emancipato
Mündigkeit <-> *f kein Pl.* ① JUR maggiore età *f* ② *(fig)* emancipazione *f*
mündlich [ˈmʏntlɪç] *adj* orale
Mundpflege *f* igiene *f* della bocca
Mundpropaganda *f* pubblicità *f* verbale
Mundraub *m* furto *m* lieve di generi alimentari per consumo immediato
M-und-S-Reifen [ˈɛm ʊnt ˈɛs ˈraɪfən] *m* pneumatico *m* antineve
Mundstück *nt* bocchino *m*
mundtot *adj* *(fam)* **jdn ~ machen** ridurre qu al silenzio
Mündung <-, -en> *f* ① *(von Fluss)* foce *f;* *(von Straße a.)* sbocco *m* ② *(von Gewehr)* bocca *f*
Mündungsarm *m* braccio *m* del delta
Mundvoll <-, -> *m* boccata *f*
Mundwasser *nt* MED collutorio *m*
Mundwerk *nt* *(fam)* **ein loses ~ haben** avere la lingua lunga
Mundwinkel *m* angolo *m* della bocca
Mund-zu-Mund-Beatmung *f* respirazione *f* bocca a bocca
Munition [muniˈtsi̯oːn] <-, -en> *f* munizione *f*
Munitionsfabrik *f* fabbrica *f* di munizioni
munkeln [ˈmʊŋkəln] *vt, vi* *(fam)* **über jdn** [*o* **von einer Sache**] **~** mormorare di qu/qc; **man munkelt, dass ...** si mormora che ...
Münster [ˈmʏnstɐ] <-s, -> *nt* cattedrale *f*
munter [ˈmʊntɐ] *adj* ① *(lebhaft)* vivace, vivo; *(fröhlich)* allegro, gaio ② *(wach)* sveglio
Munterkeit <-> *f kein Pl.* *(Lebhaftigkeit)* vivacità *f;* *(Fröhlichkeit)* allegria *f*
Muntermacher *m* *(fam)* stimolante *m*
Münzamt *nt s.* **Münzstätte**
Münzautomat *m* gettoniera *f,* distributore *m* di gettoni
Münze [ˈmʏntsə] <-, -n> *f* moneta *f;* **jdm etw mit gleicher ~ heimzahlen** *(fig)* ripagare qu con la stessa moneta; **etw für bare ~ nehmen** *(fig)* prendere qc per oro colato
Münzeinwurf *m* fessura *f* per gettone
münzen *vt* coniare; **das ist auf mich gemünzt** *(fig)* la frecciata è diretta a me
Münzfernsprecher *m* telefono *m* pubblico a gettoni
Münzgeld *nt* spiccioli *mpl*
Münzprägung *f* coniatura *f* di monete
Münzsammler(in) *m(f)* collezionista *mf* di monete
Münzsammlung *f* collezione *f* di monete
Münzstätte *f* zecca *f*
Münztankstelle *f* distributore *m* di benzina a gettoni
mürbe [ˈmʏrbə] *adj* ① *(Fleisch, Obst)* tene-

ro; *(Gebäck)* friabile ❷ *(bröckelig)* friabile; *(brüchig)* fragile ❸ *(Person)* **jdn ~ machen** rendere docile qu, fiaccare qu
Mürbeteig *m* pasta *f* frolla
Murmel ['mʊrməl] <-, -n> *f* bilia *f*
murmeln ['mʊrməln] *vt, vi* mormorare, borbottare
Murmeltier *nt* marmotta *f;* **wie ein ~ schlafen** dormire come una marmotta
murren ['mʊrən] *vi* [**über etw** *akk*] ~ brontolare [per qc]
mürrisch ['mʏrɪʃ] *adj (griesgrämig)* scontroso; *(Gesicht)* imbronciato; *(brummig)* brontolone
Mus [muːs] <-es, -e> *nt* passato *m,* purè *m*
Muschel ['mʊʃəl] <-, -n> *f* ❶ ZOO conchiglia *f; (Mies~)* mitilo *m,* cozza *f* ❷ *(~schale)* guscio *m* ❸ *(Ohr~)* padiglione *m* auricolare ❹ TEL *(Hör~)* ricevitore *m; (Sprech~)* microfono *m*
muschelförmig ['mʊʃəlfœrmɪç] *adj* a forma di conchiglia
Muse ['muːzə] <-, -n> *f* musa *f*
Museum [mu'zeːʊm, *Pl:* mu'zeːən] <-s, Museen> *nt* museo *m*
museumsreif *adj (fam)* da museo
Museumswärter(in) *m(f)* guardiano, -a *m, f* di museo
Musical ['mjuːzikəl] <-s, -s> *nt* musical *m*
Musik [mu'ziːk] <-, *rar:* -en> *f* musica *f;* **~ machen** fare della musica
musikalisch [muzi'kaːlɪʃ] *adj* musicale
Musikalität [muzikali'tɛːt] <-> *f kein Pl.* ❶ *(Empfinden)* sensibilità *f* musicale ❷ *(Begabung)* disposizione *f* per la musica ❸ *(Wirkung)* musicalità *f*
Musikant(in) [muzi'kant] <-en, -en; -, -nen> *m(f)* musicante *mf*
Musikantenknochen *m* epicondilo *m*
Musikantin *f s.* **Musikant**
Musikbegleitung *f* accompagnamento *m* musicale
Musikbox *f* juke-box *m*
Musikdirektor *m* direttore *m* d'orchestra
Musiker(in) ['muːzikɐ] <-s, -; -, -nen> *m(f)* musicista *mf*
Musikfreund(in) *m(f)* amante *mf* della musica
Musikhochschule *f* conservatorio *m* [musicale]
Musikinstrument *nt* strumento *m* musicale
Musikkapelle *f* orchestra *f;* MIL banda *f* musicale
Musikkassette *f* musicassetta *f*
Musiklehrer(in) *m(f)* insegnante *mf* di musica
Musikrichtung *f* corrente *f* musicale
Musikschule <-, -n> *f* scuola *f* di musica
Musiksender *m* TV canale *m* di musica
Musikstück *nt* brano *m* musicale
musisch ['muːzɪʃ] *adj* ❶ *(Fächer, Schule, Veranlagung)* artistico ❷ *(Mensch)* dotato artisticamente
musizieren [muzi'tsiːrən] <ohne ge-> *vi* fare della musica
Muskatnuss <-, -nüsse> *f* noce *f* moscata
Muskel ['mʊskəl] <-s, -n> *m* muscolo *m*
Muskelkater *m* dolori *mpl* muscolari
Muskelkraft <-> *f kein Pl.* forza *f* muscolare
Muskelprotz ['mʊskəlprɔts] <-en *o* -es, -e(n)> *m (fam)* maciste *m*
Muskelschwund *m* atrofia *f* muscolare
Muskelzerrung <-, -en> *f* MED strappo *m* muscolare
muskulös [mʊsku'løːs] *adj* muscoloso
Müsli ['myːsli] <-s, -> *nt* müsli *m,* muesli *m*
Muslim(e) ['mʊslɪm, *Pl:* mʊs'liːmə] <-s, -e *o* -s; -, -n> *m(f)* musulmano, -a *m, f*
muss [mʊs] *1. u. 3. Pers. Sing. Präs. von* **müssen**[1], **müssen**[2]
Muss [mʊs] <-> *nt kein Pl.* necessità *f* [assoluta]
Muße ['muːsə] <-> *f kein Pl. (geh)* tempo *m* libero
Mussehe ['mʊseːə] *f* matrimonio *m* di necessità
müssen[1] ['mʏsən] <muss, musste, müssen> *Modalverb* ❶ *(Notwendigkeit)* dovere; **muss das sein?** bisogna proprio?, è necessario? ❷ *(Zwang)* essere costretto a +*inf; (Verpflichtung)* essere obbligato a +*inf;* **ich muss es tun** devo farlo; **da musste ich lachen** dovetti ridere ❸ *(Vermutung)* dovere; **das müsstest du eigentlich wissen** lo dovresti sapere; **er muss gleich kommen** dovrebbe arrivare subito ❹ *(Wunsch)* **man müsste mehr Zeit haben!** si dovrebbe avere più tempo libero!
müssen[2] <muss, musste, gemusst> *vi* **ich muss in die Stadt** devo andare in città [*o* centro]; **ich muss mal** *(fam)* devo andare al gabinetto
Mußestunden *f pl* tempo *m* libero
müßig ['myːsɪç] *adj (geh)* ❶ *(untätig)* ozioso, inoperoso ❷ *(zwecklos)* inutile, vano
Müßiggang *m* ozio *m;* **~ ist aller Laster Anfang** *(prov)* l'ozio è il padre dei vizi
musste ['mʊstə] *1. u. 3. Pers. Sing. Imp. von* **müssen**[1], **müssen**[2]
Muster ['mʊstɐ] <-s, -> *nt* ❶ *(Vorlage)* modello *m;* **nach dem ~ von** sull'esempio di ❷ *(Vorbild)* esempio *m;* **~ an Fleiß** *dat* **sein** essere esempio di diligenza ❸ *(~ung)*

disegno *m*, motivo *m* ❹ *(Probestück)* campione *m*
Musterbeispiel *nt* esempio *m* tipico
Musterbetrieb *m* azienda *f* modello
Musterbrief *m* lettera *f* tipo
Musterexemplar *nt* esemplare *m*, modello *m*
mustergültig, **musterhaft** *adj* esemplare
Musterknabe *m (pej)* ragazzo *m* modello [mal visto dai compagni]
Musterkollektion *f* collezione *f* di campioni
Mustermesse *f* fiera *f* campionaria
mustern ['mʊstɐn] *vt* ❶ *(betrachten)* squadrare, scrutare ❷ MIL *(Truppen)* passare in rassegna; *(Wehrpflichtigen)* sottoporre alla visita di leva
Musterschüler(in) *m(f)* scolaro, -a *m, f* modello
Musterung <-, -en> *f* ❶ *(Prüfung, Betrachtung)* esame *m* ❷ MIL *(von Wehrpflichtigen)* visita *f* di leva ❸ *(Muster)* motivo *m*, disegno *m*
Mut [muːt] <-(e)s> *m kein Pl.* coraggio *m*; **den ~ verlieren** perdersi d'animo; **jdm ~ machen** far coraggio a qu, incoraggiare qu; **frohen ~es** di buon animo; **nur ~!** su, coraggio!
Mutant [mu'tant] <-en, -en> *m*, **Mutante** [mu'tantə] <-, -n> *f* BIOL mutante *m*
Mutation [muta'tsi̯oːn] <-, -en> *f* mutazione *f*
mutig *adj* coraggioso
mutlos *adj* scoraggiato, abbattuto
Mutlosigkeit <-> *f kein Pl.* scoraggiamento *m*, avvilimento *m*
mutmaßen ['muːtmaːsən] *vt (vermuten)* presumere, congetturare; *(annehmen)* supporre
mutmaßlich *adj* ADM presunto
Mutmaßung <-, -en> *f* presunzione *f*, congettura *f*; *(Annahme)* supposizione *f*
Mutprobe <-, -n> *f* prova *f* di coraggio
Mutter[1] ['mʊtɐ, *Pl:* 'mʏtɐ] <-, Mütter> *f* madre *f*; **werdende und stillende Mütter** donne incinte e allattanti; **keine ~ mehr haben** essere orfano di madre
Mutter[2] ['mʊtɐ] <-, -n> *f* TEC madrevite *f*, dado *m*
Mütterchen ['mʏtɐçən] <-s, -> *nt* **altes ~** nonnina *f*, vecchietta *f*
Mütter-Genesungswerk ['mʏtɐgə'neːzʊŋsvɛrk] *nt opera assistenziale che gestisce delle case di cura per madri bisognose*
Muttergottes [mʊtɐ'gɔtəs] <-> *f kein Pl.* REL Madonna *f*, madre *f* di Dio
Mutterinstinkt <-(e)s, -e> *m* istinto *m* materno
Mutterkomplex <-es, -e> *m* complesso *m* materno
Mutterkuchen *m* ANAT placenta *f*
Mutterleib *m* grembo *m* materno
mütterlich ['mʏtɐlɪç] *adj* materno
mütterlicherseits *adv* per parte di madre
Mutterliebe *f* amore *m* materno
mutterlos *adj* orfano di madre
Muttermal <-s, -e> *nt* neo *m*
Muttermilch *f* latte *m* materno
Muttermord *m* matricidio *m*
Muttermörder(in) *m(f)* matricida *mf*
Muttermund *m* ANAT orifizio *m* dell'utero
Mutterschaft <-> *f kein Pl.* maternità *f*
Mutterschaftsgeld *nt* sussidio *m* di maternità
Mutterschaftsurlaub *m* congedo *m* per maternità
Mutterschiff *nt* NAUT nave *f* appoggio
Mutterschutz *m* protezione *f* della maternità
Mutterschutzgesetz *nt* legge *f* sulla protezione della maternità
mutterseelenallein ['mʊtɐ'zeːlən?a'laɪn] *adj o adv (fam)* solo soletto
Muttersöhnchen ['mʊtɐzøːnçən] <-s, -> *nt (fam pej)* figlio *m* di mamma
Muttersprache *f* lingua *f* madre
Muttersprachler(in) ['mʊtɐʃpraːxlɐ] <-s, -; -, -nen> *m(f)* parlante *mf* madrelingua
Muttertag *m* festa *f* della mamma
Mutterwitz *m* astuzia *f* genuina
Mutti ['mʊti] <-, -s> *f (fam)* mamm[in]a *f*
mutwillig *adj* ❶ *(absichtlich)* intenzionale, volontario ❷ *(böswillig)* malizioso
Mütze ['mʏtsə] <-, -n> *f* berretto *m*, berretta *f*
MW ❶ *Abk. von* **Mittelwelle** OM ❷ *Abk. von* **Megawatt** MW
m. W. *Abk. von* **meines Wissens** per quanto ne so
MwSt *Abk. von* **Mehrwertsteuer** IVA *f*
MWSt *Abk. von* **Mehrwertsteuer** IVA *f*
Myrte ['mʏrtə] <-, -n> *f* mirto *m*
Mysterien *Pl. von* **Mysterium**
mysteriös [mʏsteri'øːs] *adj* misterioso
Mysterium [mʏs'teːriʊm] <-s, Mysterien> *nt* mistero *m*
Mystifizierung [mʏstifi'tsiːrʊŋ] <-, -en> *f* mistificazione *f*
Mystik ['mʏstɪk] <-> *f kein Pl.* mistica *f*
mystisch ['mʏstɪʃ] *adj* mistico
Mythen *Pl. von* **Mythos**, **Mythus**
mythisch ['myːtɪʃ] *adj* mitico
Mythologie [mytolo'giː] <-, -n> *f* mitologia *f*
mythologisch [myto'loːgɪʃ] *adj* mitologico
Mythos ['myːtɔs, *Pl:* 'myːtən] <-, Mythen> *m* mito *m*

Nn

N, **n** [ɛn] <-, -(s)> *nt* N *f*, n *f*; **N wie Nordpol** N come Napoli
N *Abk. von* **Nord[en]** N
na [na] *interj (fam)* ❶ *(fragend, auffordernd, anredend)* allora, su; ~ **und [wenn schon]?** e allora?, e con ciò?, ebbene?; ~**, wird's bald!** forza!, spicciati! ❷ *(beschwichtigend)* suvvia; ~ **also!**, ~ **eben!**, ~ **bitte!** allora!, dunque! ❸ *(zweifelnd)* ma ❹ *(ermahnend)* attenzione; ~ **warte!** aspetta! ❺ *(resigniert, zustimmend)* okay; ~ **gut!**, ~ **schön!** va bene ❻ *(überrascht)* oh, ma; ~**, so was!** ma che sorpresa!, ma guarda un po'!
Na CHEM *Abk. von* **Natrium** Na
Nabe ['na:bə] <-, -n> *f* mozzo *m*
Nabel ['na:bəl] <-s, -> *m* ombelico *m*
Nabelschau <-, -en> *f* narcisismo *m; (Zeigen des Körpers)* ostentazione *f* [*o* esibizione *f* esagerata] del proprio corpo
Nabelschnur *f* cordone *m* ombelicale
nach [na:x] **I.** *präp +dat* ❶ *(räumlich)* verso; *(bei Ortsnamen)* a; *(bei Ländernamen)* in; ~ **oben/unten** in su/giù; ~ **hinten** indietro, all'indietro; ~ **Hause gehen** andare a casa; **der Zug ~ Paris** il treno per Parigi; **von links ~ rechts** da sinistra a destra ❷ *(Reihenfolge)* dopo; **einer ~ dem ander[e]n** uno dopo l'altro, uno alla volta; **[bitte] ~ Ihnen!** dopo di Lei ❸ *(Uhrzeit)* e; **Viertel ~ fünf** le cinque e un quarto ❹ *(zufolge, gemäß)* secondo, in conformità di; ~ **etw riechen/schmecken** sapere di qc; **jdn ~ jdm/etw benennen** dare a qu il nome di qu/qc; ~ **[französischer, etc] Art** alla [francese, etc]; ~ **Geschmack** secondo i gusti; **[je] ~ den Umständen** secondo le circostanze; **meiner Meinung ~** secondo me; **aller Wahrscheinlichkeit ~** con tutta probabilità **II.** *adv* ❶ *(zeitlich)* ~ **wie vor** come prima; ~ **und ~** un po' alla volta, a poco a poco ❷ *(räumlich)* **mir ~!** dietro a me!, seguitemi!
nach|äffen ['na:xʔɛfən] *vt (pej)* contraffare, scimiottare *fam*
nach|ahmen ['na:xʔa:mən] *vt* imitare, copiare; *(in Gestik, Sprache a.)* contraffare
nachahmenswert *adj* esemplare
Nachahmung <-, -en> *f* imitazione *f; (Fälschung)* contraffazione *f*
Nachbar(in) ['naxba:ɐ̯] <-n *o rar:* -s, -n; -, -nen> *m(f)* vicino, -a *m, f*
Nachbarhaus *nt* casa *f* vicina
Nachbarin *f s.* **Nachbar**
Nachbarland *nt* paese *m* confinante
nachbarlich *adj* [del] vicino
Nachbarschaft <-> *f kein Pl.* ❶ *(Verhältnis)* vicinato *m; (Nachbarn)* vicini *mpl* ❷ *(Nähe)* vicinanza *f*
Nachbarstaat <-(e)s, -en> *m* stato *m* limitrofo [*o* confinante]
nach|bereiten <ohne ge-> *vt* rielaborare, rimeditare
nach|bessern *vt* ritoccare, ripassare
nach|bestellen <ohne ge-> *vt* ordinare ancora
Nachbestellung *f* ordinazione *f* supplementare
nach|beten *vt (fam)* ripetere a pappagallo
nach|bilden *vt* riprodurre, fare una copia di
Nachbildung *f* ❶ *Sing. (Vorgang)* imitazione *f* ❷ *(Werk)* copia *f*
nach|bohren *vi (fam)* insistere; **bei jdm ~** insistere su qc con qu, chiedere a qu qc con insistenza
nach|datieren <ohne ge-> *vt* retrodatare
nachdem [na:x'de:m] **I.** *konj* ❶ *(zeitlich)* dopo *+inf*, dopo che ❷ DIAL *(kausal)* poiché, siccome **II.** *adv* **je ~, ob .../wie ...** secondo se .../come ...
nach|denken <irr> *vi* **[über etw** *akk*] ~ riflettere [su qc]
nachdenklich *adj* ❶ *(in Gedanken versunken)* pensieroso, meditabondo ❷ *(generell zum Nachdenken geneigt)* riflessivo
Nachdichtung *f* versione *f* libera
Nachdruck[1] <-(e)s> *m kein Pl. (Betonung)* accento *m*, enfasi *f*; **auf etw** *akk* ~ **legen** porre l'accento su qc; **mit ~** con energia
Nachdruck[2] <-(e)s, -e> *m* TYP riproduzione *f; (Neuauflage)* ristampa *f*
nach|drucken *vt* ristampare
nachdrücklich ['na:xdrʏklɪç] *adj* energico, fermo
nach|dunkeln *vi sein* scurire
Nachdurst *m* sete *f* da sbornia
nach|eifern *vi* **jdm ~** emulare qu
nach|eilen *vi sein* **jdm ~** correre dietro a qu
nacheinander [na:xʔaɪ'nandɐ] *adv* ❶ *(räumlich)* l'uno dopo [*o* dietro] l'altro ❷ *(zeitlich a.)* di seguito
nach|empfinden <irr, ohne ge-> *vt* partecipare a, condividere; **jdm etw ~** avere comprensione per qu in qc
Nachen ['naxən] <-s, -> *m (poet)* navicella *f*, barca *f*
nach|erzählen <ohne ge-> *vt* ripetere con parole proprie
Nacherzählung *f* ripetizione *f* [con parole proprie], riassunto *m*

N

Nachfahr[e] <-en, -en> *m (geh)* discendente *mf*

Nachfeier *f* festeggiamento *m* aggiornato [*o* replicato]

Nachfolge *f* successione *f*

nach|folgen *vi sein* ① *(geh: als Anhänger)* seguire l'esempio (**jdm** di qu) ② *(hinterhergehen)* seguire (**jdm** qu) ③ *(im Amt)* succedere (**jdm** a qu)

nachfolgend *adj* successivo, seguente

Nachfolger(in) <-s, -; -, -nen> *m(f)* successore *m,* succeditrice *f*

nach|forschen *vi* fare ricerche

Nachforschung *f* ricerca *f,* indagine *f;* **~en nach etw anstellen** fare delle ricerche su qc

Nachfrage *f* domanda *f*

nach|fragen **I.** *vi* ① *(sich erkundigen)* [**nach etw**] ~ informarsi su qc ② *(erbitten)* **um etw** ~ chiedere il permesso di [fare] qc ③ *(noch einmal fragen)* ridomandare **II.** *vt* COM richiedere

Nachfrist *f* dilazione *f,* proroga *f*

nach|fühlen *s.* **nachempfinden**

nachfüllbar *adj* ricaricabile

nach|füllen *vt* ① *(Gefäß)* riempire [di nuovo] ② *(Inhalt)* riempire

Nachfüllpackung *f* ricarica *f*

nach|geben <irr> *vi* ① *(fig: Mensch)* cedere ② *(Boden, Wand)* cedere ③ FIN flettersi

Nachgebühr *f* soprattassa *f*

Nachgeburt *f* ① *(Mutterkuchen)* placenta *f* ② *(Vorgang)* secondina *f*

nach|gehen <irr> *vi sein* ① *(folgen)* **jdm** ~ andare dietro a qu; **einer Sache** *dat* ~ *(a. fig)* seguire qc ② *(fig: sich widmen)* **einer Sache** *dat* ~ dedicarsi a qc ③ *(nachforschen)* **einer Sache** *dat* ~ studiare a fondo qc ④ *(Uhr)* ritardare; **meine Armbanduhr geht [zwei Minuten] nach** il mio orologio è indietro [di due minuti]

Nachgeschmack *m* sapore *m* [residuo]; *(meist Wein)* retrogusto *m*

nachgiebig ['na:xgi:bɪç] *adj* ① *(Boden, Wand)* cedevole; *(Material)* elastico, flessibile ② *(Mensch)* arrendevole, accondiscendente

Nachgiebigkeit <-> *f kein Pl.* ① *(von Boden, Wand)* cedevolezza *f;* TEC elasticità *f,* flessiblità *f* ② *(fig)* arrendevolezza *f,* compiacenza *f*

nach|grübeln *vi* **über etw** *akk* ~ rimuginare qc

nach|haken *vi (fam)* insistere su un punto, soffermarsi su un argomento; **bei jdm [mit einer Frage]** ~ insistere da qu [con una domanda]

nachhaltig ['na:xhaltɪç] *adj* persistente, durevole

Nachhaltigkeit <-> *f kein Pl.* persistenza *f,* durata *f*

nach|hängen <irr> *vi* accarezzare; **einem Gedanken/einem Traum** ~ accarezzare un'idea/un sogno

Nachhauseweg [na:x'haʊzəve:k] *m* rientro *m* a casa; **auf dem** ~ rientrando a casa

nach|helfen <irr> *vi* [**jdm**] ~ dare una mano [a qu]; **dem Glück ein bisschen** ~ aiutare un po' la fortuna

nachher [na:x'he:ɐ̯ *o* 'na:xhe:ɐ̯] *adv (danach)* dopo, poi; *(später)* più tardi; **bis ~!** a più tardi!, a dopo!

Nachhilfe *f* ① *(Hilfe)* aiuto *m,* assistenza *f* ② *s.* **Nachhilfestunden**

Nachhilfe[stunde] *f* ripetizione *f*

Nachhilfestunden *f pl* ripetizione *f*

Nachhilfeunterricht *m* ripetizione *f*

Nachhinein ['na:xhɪnaɪn] *adv* **im** ~ in seguito, dopo

Nachholbedarf *m* bisogno *m* di recuperare; **~ an etw** *dat* bisogno di recuperare qc; **einen ~ an Schlaf haben** aver bisogno di recuperare il sonno

nach|holen *vt* recuperare

Nachhut <-, -en> *f* retroguardia *f*

nach|jagen *vi sein* **einer Sache** *dat* ~ correre dietro a qc

nach|kaufen *vt* comprare successivamente, completare

Nachkaufgarantie *f* garanzia *f* di produzione

Nachkomme ['na:xkɔmə] <-n, -n> *m* discendente *mf*

nach|kommen <irr> *vi sein* ① *(später kommen)* venire dopo; **ich komme nach** vi raggiungo dopo ② *(geh)* seguire, conformarsi; **einem Befehl** ~ obbedire a un ordine; **einer Verpflichtung** ~ adempiere a un compito

Nachkommenschaft <-> *f kein Pl.* discendenza *f,* posteri *m pl*

Nachkömmling ['na:xkœmlɪŋ] <-s, -e> *m* ultimo figlio *m* [con grande differenza di età rispetto ai fratelli]

Nachkriegs- *in Zusammensetzungen* del dopoguerra, postbellico

Nachkriegsgeschichte *f* storia *f* del dopoguerra

Nachkriegszeit *f* dopoguerra *m*

Nachkur *f* convalescenza *f*

Nachlass ['na:xlas, *Pl:* 'na:xlasə *o* 'na:xlɛsə] <-es, -e *o* Nachlässe> *m* ① COM riduzione *f,* sconto *m; (Rabatt)* ribasso *m* ② *(Hinterlassenschaft)* eredità *f*

nach|lassen <irr> **I.** *vt* ① *(lockern)* allentare ② *(vom Preis)* ribassare **II.** *vi (Sturm, Lärm, Wind)* placarsi; *(Kälte, Hitze, Interesse, Leistung)* diminuire; *(Schmerz)* calmarsi; *(Liebe, Freundschaft, Eifer)* raffreddarsi, intiepidirsi

nachlässig *adj* ① *(ohne Sorgfalt)* trascurato, negligente ② *(gleichgültig)* incurante

Nachlässigkeit <-, *rar:* -en> *f* ① *(Unordentlichkeit)* trascuratezza *f*, negligenza *f* ② *(Gleichgültigkeit)* noncuranza *f*

Nachlassverwalter(in) *m(f)* amministratore, -trice *m, f* d'eredità

nach|laufen <irr> *vi sein* **jdm/etw ~** correre dietro a qu/qc

Nachlese *f* ① *(Getreide~)* spigolatura *f*; *(Trauben~)* racimolatura *f* ② *(fig)* LIT spigolatura *f*

nach|lesen <irr> *vt (Text)* rileggere; **etw in einem Buch ~** dare una riletta a qc nel libro

nach|liefern *vt* fornire in un secondo tempo [*o* in seguito]

nach|lösen *vi* fare il biglietto in treno

nach|machen *vt (fam)* ① *(nachahmen)* imitare, copiare; *(parodieren)* contraffare; **das soll mir erst mal jemand ~!** *(fam)* vediamo se c'è qualcuno capace di fare come me! ② *(fälschen)* contraffare; *(Geld)* falsificare ③ *(nachträglich machen)* fare dopo

nach|messen <irr> *vt, vi* rimisurare

Nachmieter(in) *m(f)* inquilino, -a *m, f* subentrante

Nachmittag *m* pomeriggio *m*

nachmittags *adv* di pomeriggio

Nachmittagssonne *f* sole *m* del pomeriggio

Nachmittagsvorstellung *f* rappresentazione *f* pomeridiana

Nachnahme ['naːxnaːmə] <-, -n> *f* **gegen ~** contrassegno

Nachnahmegebühr *f* tassa *f* per spedizione contrassegno

Nachname <-ns, -n> *m* cognome *m*

nach|plappern *vt (fam)* ripetere come un pappagallo [*o* pappagallescamente]

Nachporto *nt* soprattassa *f*

nachprüfbar *adj* controllabile, verificabile

nach|prüfen *vt* controllare, verificare; *(noch einmal prüfen)* riesaminare

Nachprüfung *f* ① *(Überprüfung)* controllo *m*, verifica *f* ② *(erneute Prüfung)* riesame *m*; *(in Schule)* esame *m* di riparazione

nach|rechnen **I.** *vt* controllare, verificare **II.** *vi* verificare i conti

Nachrede *f* **üble ~** maldicenza *f*, diffamazione *f*

nach|reden *vt (wiederholen)* ripetere; **jdm [etw] Schlechtes ~** dire male di qu, sparlare di qu

nach|reichen *vt (Unterlagen)* fornire in seguito

Nachricht ['naːxrɪçt] <-, -en> *f* ① *(Meldung, Information)* notizia *f*; *(Mitteilung)* informazione *f*, comunicazione *f*; **ich habe keine ~ von ihm** non ho sue notizie; **wir geben Ihnen ~, sobald die Möbel da sind** non appena arrivano i mobili, glielo facciamo sapere ② *(Computer)* messaggio *m* ③ *Pl.* RADIO giornale *m* radio, notiziario *m*; TV telegiornale *m*

Nachrichtenagentur *f* agenzia *f* d'informazioni

Nachrichtendienst *m* servizio *m* d'informazioni; MIL servizio *m* di ricognizione

Nachrichtensatellit *m* satellite *m* per telecomunicazioni

Nachrichtensender *m* canale *m* di informazione

Nachrichtensendung *f* RADIO giornale *m* radio, notiziario *m*; TV telegiornale *m*

Nachrichtensperre *f* censura *f* sulle informazioni

Nachrichtensprecher(in) *m(f)* annunciatore, -trice *m, f*

Nachrichtentechnik *f* telecomunicazioni *fpl*

Nachrichtenwesen *nt* informazioni *fpl*

Nachruf *m* necrologio *m*; **~ auf jdn** necrologio di qu

nach|rufen <irr> *vt* **jdm etw ~** gridare qc dietro a qu

Nachruhm *m* fama *f* postuma

nach|rüsten **I.** *vi* MIL potenziare gli armamenti **II.** *vt* TEC, INFORM *(zusätzlich ausstatten)* potenziare l'attrezzatura di, attrezzare maggiormente

Nachrüstung *f* MIL riarmo *m*

nach|sagen *vt (wiederholen)* ripetere; **jdm Gutes/Schlechtes ~** dire bene/male di qu

Nachsaison *f* bassa stagione *f*

Nachsatz <-es, -sätze> *m* ① *(Ergänzung)* aggiunta *f*, appendice *f*, postilla *f*; *(Postskriptum)* poscritto *m*, post scriptum *m*; **in einem ~ sagte er, dass …** nell'appendice disse che… ② LING apodosi *f*

nach|schauen *vi s.* **nachsehen**

nach|schenken *vi, vt (geh)* versare ancora

nach|schicken *vt (Post)* rispedire; *(Leute)* mandare dietro

Nachschlag *m* ① MUS note *fpl* finali del trillo ② *(fam: beim Essen)* seconda porzione *f*

nach|schlagen <irr> **I.** *vt haben (in Buch)* cercare **II.** *vi* ① *haben* consultare; **in einem Buch ~** consultare un libro ② *sein* **jdm ~** *(geh: nacharten)* assomigliare a qu

Nachschlagewerk *nt* opera *f* di consultazione

Nachschlüssel *m* chiave *f* falsa, passe-partout *m*

nach|schmeißen <irr> *vt (fam)* tirare dietro; **das ist** [**so gut wie**] **nachgeschmissen** è praticamente regalato
Nachschrift *f* ① *(Aufzeichnungen)* appunti *mpl* ② *(Nachtrag)* poscritto *m*
Nachschub *m* ① *(Versorgung)* rifornimento *m* ② *(Material)* rifornimenti *mpl*
nach|sehen <irr> **I.** *vi* ① *(hinterhersehen)* **jdm/etw ~** seguire con lo sguardo qu/qc ② *(gucken)* andare a vedere, dare un'occhiata; **in einem Buch ~** consultare un libro **II.** *vt* ① *(prüfen)* verificare, controllare ② *(entschuldigen)* **jdm etw ~** perdonare qc a qu
Nachsehen <-s> *nt kein Pl.* **das ~ haben** restare a bocca asciutta *fam*
nach|senden <irr> *s.* **nachschicken**
Nachsicht *f* indulgenza *f,* condiscendenza *f;* **~ mit jdm haben** essere indulgente con qu
nachsichtig *adj* indulgente
Nachsilbe *f* LING suffisso *m*
nach|sinnen <irr> *vi (geh)* [**über etw** *akk*] **~** riflettere [su qc]
nach|sitzen <irr> *vi* rimanere a scuola per castigo
Nachspann ['na:xʃpan] <-(e)s, -e> *m* titoli *mpl* di chiusura
Nachspeise *f* GASTR dessert *m,* dolce *m*
Nachspiel *nt* ① THEAT epilogo *m;* MUS postludio *m* ② *(fig: Folgen)* strascico *m*
nach|spielen **I.** *vt (Melodie)* ripetere, risuonare **II.** *vi* SPORT giocare i minuti di recupero [*o* il recupero]
Nachspielzeit *f* SPORT supplementari *mpl*
nach|spionieren <ohne ge-> *vi* **jdm ~** spiare qu
nach|sprechen <irr> *vt* ripetere
nächst [nɛ:çst] *präp +dat (geh)* ① *(örtlich)* accanto, dopo ② *(außer)* oltre a
nächstbeste(r, s) ['nɛ:çst'bɛstə, -tɐ, -təs] *adj* primo, -a venuto, -a *m, f*
Nächste[1] <ein -r, -n, -n> *m (geh: Mitmensch)* prossimo *m*
Nächste[2] <ein -s, -n> *nt kein Pl.* prima cosa *f*
nächste(r, s) ['nɛ:çstə, -tɐ, -təs] *adj Superlativ von* **nah**[**e**] ① *(räumlich)* [il, la] più vicino, -a **aus ~r Nähe** da molto vicino; **am ~n** più vicino ② *(Reihenfolge)* seguente, prossimo, -a successivo, -a **der Nächste, bitte!** avanti il prossimo! ③ *(zeitlich)* prossimo, -a **~s Mal** la prossima volta; **~n Sonntag** domenica prossima; **bei der ~n Gelegenheit** alla prossima occasione; **im ~n Augenblick** un momento dopo
nach|stehen <irr> *vi* **jdm** [**in nichts**] **~** [non] essere inferiore [in nulla] a qu; **jdm an Schönheit nicht ~** non essere inferiore a qu in bellezza
nachstehend *adj* seguente; **~ aufgeführt** sottoelencato, elencato qui di seguito; **im Nachstehenden** qui di seguito, più avanti
nach|steigen <irr> *vi sein (fam)* **jdm ~** stare dietro a qu, fare il filo a qu
nach|stellen **I.** *vt* ① LING posporre ② *(Uhr)* mettere indietro **II.** *vi* **jdm ~** *(geh: verfolgen)* inseguire qu, perseguitare qu; *(nachsteigen)* correre dietro a qu
Nachstellung *f* ① *(Verfolgung)* agguato *m,* caccia *f,* persecuzione *f; (Aufdringlichkeit)* invadenza *f* ② GRAM posposizione *f*
nächsten ['nɛ:çstən] *Superlativ von* **nah**[**e**]**: am ~** il più vicino
Nächstenliebe *f* amore *m* del prossimo, carità *f*
Nächstliegende <ein -s, -n> *nt kein Pl.* **das ~** *(fig)* la cosa più evidente
nächstmögliche(r, s) ['nɛ:çst'mø:klɪçə, -çɐ, -çəs] *adj* prossimo, -a
nach|suchen *vi* ① *(nachsehen)* [ri]cercare ② *(geh: bitten, beantragen)* **bei jdm um etw ~** sollecitare qc da qu
Nacht [naxt, *Pl:* 'nɛçtə] <-, Nächte> *f* notte *f; (Dauer)* nottata *f;* **bei ~, in der ~** di notte; **heute ~** stanotte; **in der ~ vom 21. auf den 22. April** nella notte fra il 21 ed il 22 aprile; **über ~, die ~ über** durante la notte; **über ~ bleiben** pernottare, passare la notte; **es wird ~, die ~ bricht herein** si fa notte, annotta; **bei ~ und Nebel** furtivamente; **gute ~!** buona notte!; **über ~** *(fig)* improvvisamente; *(von heute auf morgen)* da un giorno all'altro
Nachtarbeit *f* lavoro *m* notturno
Nachtblindheit *f* emeralopia *f*
Nachtcreme *f* crema *f* da [*o* per la] notte
Nachtdienst *m* servizio *m* notturno
Nachteil *m* svantaggio *m,* sfavore *m; (Schaden a.)* danno *m,* pregiudizio *m;* **jdm ~e bringen, für jdn von ~ sein** arrecare danno a qu; **gegenüber jdm im ~ sein** essere svantaggiato rispetto a qu; **sich zu seinem ~ verändern** cambiare in peggio; **zum ~ von** a svantaggio di
nachteilig *adj (ungünstig)* svantaggioso; *(schädlich)* pregiudizievole; *(abträglich)* sfavorevole
nächtelang ['nɛçtə'laŋ] *adv* per notti intere
Nachtessen <-s, -> *nt* CH *(Abendessen)* cena *f*
Nachteule *f (fam scherz)* nottambulo *m*
Nachtfahrverbot <-(e)s, -e> *nt* divieto *m* di circolazione notturna
Nachtfalter *m* farfalla *f* notturna, falena *f*
Nachtfrost *m* gelo *m* notturno
Nachthemd *nt* camicia *f* da notte

N

Nachtigall ['naxtɪgal] <-, -en> *f* ZOO usignolo *m*
nächtigen ['nɛçtɪgən] *vi* passare la notte
Nächtigung ['nɛçtɪgʊŋ] <-, -en> *f* A *(Übernachtung)* pernottamento *m*
Nachtisch *m* dessert *m,* dolce *m*
Nachtklub *m* locale *m* notturno, nightclub *m*
Nachtlager *nt (geh)* giaciglio *m*
Nachtleben *nt* vita *f* notturna
nächtlich ['nɛçtlɪç] *adj* notturno
Nachtlokal *nt* locale *m* notturno, night *m*
Nachtmahl *nt* A, SÜDD *s.* **Abendessen**
Nachtportier *m* portiere *m* di notte
Nachtquartier *nt* alloggio *m* per la notte
Nachtrag ['naːxtraːk, *Pl:* 'naːxtrɛːgə] <-(e)s, Nachträge> *m* supplemento *m,* aggiunta *f; (Anhang)* appendice *f; (in Brief)* poscritto *m*
nach|tragen <irr> *vt* ❶ *(hinterhertragen)* portare dietro ❷ *(hinzufügen)* aggiungere ❸ *(nachtragend sein)* **jdm etw ~** serbare rancore a qu per qc
nachtragend *adj* permaloso
nachträglich ['naːxtrɛːklɪç] **I.** *adj* ❶ *(ergänzend)* supplementare, suppletivo ❷ *(später eingehend)* ulteriore, posteriore ❸ *(später nachfolgend)* ritardato, tardivo **II.** *adv* più tardi, in seguito; *(verspätet)* in ritardo
nach|trauern *vi* **jdm/etw ~** rimpiangere qu/qc
Nachtruhe *f* riposo *m* notturno
nachts *adv* di notte; **um 3 Uhr ~** alle 3 di notte
Nachtschattengewächs *nt* BOT solanacee *fpl*
Nachtschicht *f* turno *m* di notte
Nachtschwärmer *m* ❶ ZOO falena *f* ❷ *(scherz)* nottambulo, -a *m, f*
Nachtschwester *f* infermiera *f* di notte
Nachtspeicherofen *m* stufa *f* d'accumulazione di calore
Nachtstrom <-(e)s> *m kein Pl.* corrente *f* elettrica a tariffa notturna ridotta
Nachttarif *m* tariffa *f* notturna
Nachttisch *m* comodino *m*
Nachttischlampe *f* abat-jour *m*
Nachttopf *m* vaso *m* da notte
Nachttresor <-s, -e> *m* cassa *f* continua
Nacht-und-Nebel-Aktion *f (fam)* retata *f* notturna
Nachtvorstellung *f* rappresentazione *f* notturna
Nachtwache *f* ❶ *(Dienst)* veglia *f* ❷ *(Person)* guardia *f* notturna
Nachtwächter(in) *m(f)* guardiano, -a *m, f* notturno, -a
Nachtzeit *f* **zur ~** di notte
Nachuntersuchung *f* controllo *m*
nachvollziehbar *adj* comprensibile; *(Gedanken)* ripercorribile
nach|vollziehen <irr, ohne ge-> *vt* ripercorrere
nach|wachsen <irr> *vi sein* ricrescere
Nachwahl *f* elezione *f* suppletiva
Nachwehen *fpl* ❶ MED morsi *mpl* uterini ❷ *(geh fig: unangenehme Folgen)* effetti *mpl* dolorosi
nach|weinen *vi* **jdm/etw keine Träne ~** non rimpiangere qu/qc, non versare lacrime per qu/qc
Nachweis ['naːxvaɪs] <-es, -e> *m (Beweis)* prova *f; (Bescheinigung)* attestato *m;* **zum ~ von** a sostegno di
nachweisbar *adj* ❶ *(beweisbar)* dimostrabile; *(belegbar)* documentabile ❷ *(auffindbar: Fehler, Mängel)* trovabile
nach|weisen <irr> *vt* ❶ *(beweisen)* provare, dimostrare; **jdm etw ~** provare qc a qu ❷ *(belegen, bescheinigen)* attestare, certificare
nachweislich *adv* come si può dimostrare
Nachwelt *f* posterità *f,* posteri *mpl*
nach|werfen <irr> *vt* **jdm etw ~** gettare [*o* tirare] dietro qc a qu
nach|winken *vi* **jdm ~** salutare qu [che sta partendo] con la mano
nach|wirken *vi* ❶ TEC, MED produrre un effetto secondario ❷ *(Einfluss haben)* **auf etw** *akk* **~** ripercuotersi su qc
Nachwirkung *f* ❶ TEC, MED effetto *m* secondario ❷ *(fig: Einfluss)* ripercussione *f;* **~ auf etw** *akk* ripercussione su qc
Nachwort <-(e)s, -e> *nt* epilogo *m*
Nachwuchs *m* ❶ *(fam: Kinder)* figli *mpl,* bambini *mpl* ❷ *(junge Kräfte)* giovani leve *fpl*
Nachwuchsstar *m* giovane star *f*
nach|zahlen *vt, vi* ❶ *(später zahlen)* pagare dopo ❷ *(zusätzlich zahlen)* pagare in più
nach|zählen *vt, vi* [ri]contare
Nachzahlung *f* ❶ *(später)* pagamento *m* successivo; *(zusätzlich)* pagamento *m* supplementare ❷ *(nachzuzahlende Summe)* arretrato *m*
nach|zeichnen *vt* copiare, riprodurre
nach|ziehen <irr> **I.** *vt haben* ❶ *(Schraube)* serrare ❷ *(Strich)* ricalcare; *(Augenbrauen, Lippen)* ritoccare ❸ *(Bein)* trascinare **II.** *vi sein* **jdm/etw ~** seguire qu/qc
Nachzügler(in) ['naːxtsyːklɐ] <-s, -; -, -nen> *m(f)* ritardatario, -a *m, f*
Nackedei ['nakədaɪ] <-s, -s> *m (fam)* ❶ *(Erwachsener)* nudità *f* ❷ *(scherz: Kind)* bambino, -a *m, f* nudo, -a
Nacken ['nakən] <-s, -> *m* nuca *f;* **ihr sitzt die Angst/ihr Chef im ~** *(fam)* è in preda alla paura/il suo capo l'assilla

N

Nackenstütze *f* poggiacapo *m*
nackig ['nakɪç] *adj (fam)* nudo
nackt [nakt] *adj* ❶ *(unbekleidet)* nudo; **sich ~ ausziehen** spogliarsi completamente; **~ baden** fare il bagno nudo; **halb ~** seminudo, mezzo nudo ❷ *(kahl)* calvo; *(Baum)* spoglio; *(Hügel)* brullo ❸ *(fig: unverhüllt)* nudo e crudo; *(nichts anderes als)* puro
Nacktbadestrand *m* spiaggia *f* per nudisti
Nacktheit <-> *f kein Pl.* nudità *f*
Nackttänzer(in) *m(f)* ballerino, -a *m, f* nudo, -a
Nadel ['na:dəl] <-, -n> *f* ❶ *(Näh~) a.* BOT ago *m; (Steck~)* spillo *m; (Häkel~)* uncinetto *m; (Strick~)* ferro *m* [da calza] ❷ *(ohne Öhr)* spilla *f; (Haar~)* spillone *m* ❸ *(Grammofon~)* puntina *f*
Nadelbaum *m* conifera *f*
Nadeldrucker *m* stampante *f* ad aghi
Nadelholz *nt* conifera *f*
Nadelkissen *nt* puntaspilli *m*
Nadelöhr *nt* cruna *f* dell'ago
Nadelstich *m* ❶ *(Einstich)* puntura *f* ❷ *(Nähstich)* punto *m* di cucito ❸ *(fig)* punzecchiatura *f*, frecciata *f*
Nadelstreifen *mpl* righe *fpl* sottilissime di una stoffa gessata
Nadelstreifenanzug *m* [abito *m*] gessato *m*
N
Nadelwald *m* bosco *m* di conifere
Nagel ['na:gəl, *Pl:* 'nɛ:gəl] <-s, Nägel> *m* ❶ TEC chiodo *m; (Holz~)* cavicchio *m;* **mit Nägeln beschlagen** chiodare; **den ~ auf den Kopf treffen** *(fam fig)* cogliere nel segno; **Nägel mit Köpfen machen** *(fam)* fare le cose come si deve; **er hat das Klavierspielen an den ~ gehängt** *(fam)* ha smesso di suonare il pianoforte ❷ ANAT unghia *f;* **sich** *dat* **die Nägel schneiden** tagliarsi le unghie; **sich** *dat* **etw unter den ~ reißen** *(fam)* grattare qc; **die Sache brennt mir auf** [*o* **unter**] **den Nägeln** la cosa mi preme
Nagelbürste *f* spazzolino *m* per le unghie
Nagelfeile *f* limetta *f* per le unghie
Nagelhaut *f* pipita *f*
Nagelhautentferner <-s, -> *m* lozione *f* per togliere le pellicine delle unghie
Nagellack *m* smalto *m* per le unghie
Nagellackentferner <-s, -> *m* acetone *m*
nageln *vt* inchiodare; **etw an** [*o* **auf**] **etw** *akk* **~** inchiodare qc a qc
nagelneu ['na:gəl'nɔɪ] *adj (fam)* nuovo fiammante, nuovo di zecca
Nagelpflege *f* manicure *f*, cura *f* delle unghie
Nagelprobe <-, -n> *f* prova *f* del nove [*o* del fuoco]; **die ~ machen** fare la prova del nove; **das wird für ihn zur ~** questa sarà per lui la prova del fuoco
Nagelreiniger <-s, -> *m* nettaunghie *m*
Nagelschere *f* forbici *fpl* per le unghie
Nagelschuhe *mpl* scarpe *fpl* chiodate
nagen ['na:gən] **I.** *vi* ❶ *(knabbern, zer~)* [cor]rodere; **an einer Möhre ~** rosicchiare una carota ❷ *(fig: Kummer)* struggere; *(Gewissen)* rimordere; **an jdm ~** struggere qu **II.** *vt* rodere
nagend *adj* tormentoso, cocente
Nager <-s, -> *m*, **Nagetier** *nt* roditore *m*
nah[e] ['na:(ə)] **I.** *adj* <näher, nächste> ❶ *(räumlich)* vicino; **~e bei** vicino a, in prossimità di; **~[e] beieinander** uno accanto all'altro; **von ~ und fern** da tutte le parti, da ogni dove; **der Nahe Osten** il Vicino Oriente; **jdm/einer Sache ~e kommen** *(näher herantreten)* avvicinarsi a qu/qc; **jdm zu ~e treten** offendere qu; **ich war ~e daran, zu** *+inf* ero sul punto di *+inf* ❷ *(zeitlich)* prossimo, imminente ❸ *(fig: eng)* stretto **II.** *präp +dat* vicino a; **den Tränen ~e sein** stare per piangere
Nahaufnahme *f* primo piano *m*
Nähe ['nɛ:ə] <-> *f kein Pl.* vicinanza *f*, prossimità *f; (Umgebung)* vicinanze *fpl*, dintorni *mpl;* **aus nächster ~** da brevissima distanza; **aus der ~ betrachtet** considerato da vicino; **in der ~** [**von**] vicino [a], nelle vicinanze [di]; **in seiner ~ fühle ich mich wohl** vicino a lui mi sento bene
nahebei ['na:ə'baɪ] *adv* vicino
nahe|bringen <irr> *vt* **jdm etw ~** rendere accessibile qc a qu, spiegare qc a qu; **jdm jdn ~** avvicinare qu a qu
nahe|gehen <irr> *vi* **jdm ~** toccare qu da vicino
nahe|kommen <irr> *vi* ❶ **jdm ~** *(vertraut werden mit)* stabilire un rapporto più stretto con qu ❷ *(fast gleichkommen)* **der Wahrheit** *dat* **~** avvicinarsi a la verità
nahe|legen *vt* ❶ *(raten)* **jdm etw ~** far capire qc a qu, raccomandare qc a qu ❷ *(aufkommen lassen)* **das legt die Vermutung nahe, dass** questo fa [*o* induce a] pensare che … *+conj*
nahe|liegen <irr> *vi (Verdacht, Annahme)* essere ovvio; **die Vermutung liegt nahe, dass …** è facile supporre che *+conj*
naheliegend *adj (Gedanke, Grund, Folgerung)* evidente, ovvio
nahen ['na:ən] *vi sein (geh)* avvicinarsi
nähen ['nɛ:ən] **I.** *vt* cucire; *(Wunde)* suturare **II.** *vi* cucire
näher ['nɛ:ɐ̯] *adj Komparativ von* **nah[e]** ❶ *(räumlich)* più vicino; **treten Sie ~!** venga avanti! ❷ *(zeitlich)* prossimo, più vicino ❸ *(fig: genauer)* preciso, dettagliato;

~ **bestimmen** determinare; ~ **auf etw** *akk* **eingehen** interessarsi di qc più da vicino; **bei ~em Hinsehen** visto [più] da vicino; **alles Nähere besprechen wir morgen** dei particolari parleremo domani ④ *(enger)* più stretto; **jdn ~ kennenlernen** conoscere qu più da vicino

Naherholung *f* villeggiatura *f* da fine settimana

Naherholungsgebiet *nt* zona *f* di villeggiatura limitrofa al centro urbano

Näherin ['nɛːərɪn] <-, -nen> *f* cucitrice *f*

näher|kommen <irr> *vi* **jdm ~** *(vertrauter werden mit)* stabilire un rapporto più stretto con qu

näher|liegen <irr> *vi (Verdacht, Annahme)* essere più ovvio; **die Vermutung liegt näher, dass …** è più facile supporre che *+conj*

näherliegend *adj (Gedanke, Grund, Folgerung)* più evidente, più ovvio

nähern *vr* **sich [jdm/etw] ~** avvicinarsi [a qu/qc]

Näherungswert *m* valore *m* approssimativo

nahe|stehen <irr> *vi* **jdm ~** *(in enger Beziehung stehen)* essere vicino a qu

nahezu ['naːə'tsuː] *adv* quasi

Nähfaden *m* filo *m* da cucire

Nähgarn *nt* filo *m* da cucire

Nahkampf *m* MIL corpo a corpo *m*

Nähkasten *m*, **Nähkorb** *m* cestino *m* da lavoro

nahm [naːm] *1. u. 3. Pers. Sing. Imp. von* **nehmen**

Nähmaschine *f* macchina *f* da cucire

Nähnadel *f* ago *m* per cucire

Nahost ['naːˈɔst] <-> *m* Medio Oriente *m*

Nahostfriedensprozess *m* processo *m* di pace nel Medio Oriente

Nährboden *m* ① BIOL terreno *m* di coltura ② *(fig)* terreno *m* propizio

nähren ['nɛːrən] *vt* nutrire

nahrhaft ['naːɐ̯haft] *adj* nutriente, nutritivo

Nährmittel *ntpl* prodotti *mpl* alimentari

Nährstoff *m* sostanza *f* nutritiva

nährstoffarm *adj* ① *(Gewässer)* povero di sostanze nutritive ② *(Nahrung)* povero di sostanze nutritive

nährstoffreich *adj* ① *(Gewässer)* ricco di sostanze nutritive ② *(Nahrung)* ricco di sostanze nutritive

Nahrung ['naːrʊŋ] <-> *f kein Pl.* alimentazione *f*, nutrizione *f*; ~ **zu sich** *dat* **nehmen** mangiare, prendere cibo; **einem Gerücht neue ~ geben** alimentare una voce

Nahrungskette <-, -n> *f* BIOL catena *f* alimentare

Nahrungsmittel *nt* alimento *m*, prodotto *m* alimentare

Nahrungsmittelchemie *f* chimica *f* alimentare [*o* degli alimenti]

Nahrungsmittelchemiker(in) *m(f)* chimico, -a *m, f* alimentare

Nahrungsmittelindustrie *f* industria *f* alimentare

Nahrungsmittelvergiftung *f* intossicazione *f* da alimenti

Nährwert *m* valore *m* nutritivo

Nähseide *f* seta *f* per cucire

Naht [naːt, *Pl:* 'nɛːtə] <-, Nähte> *f* ① *(an Kleidung)* cucitura *f* ② MED sutura *f* ③ TEC saldatura *f*

nahtlos *adj* ① *(Kleidung)* senza cucitura ② TEC senza saldatura ③ *(Übergang)* senza soluzione di continuità

Nahverkehr *m* traffico *m* locale

Nahverkehrsmittel *nt* mezzo *m* di trasporto intercomunale

Nahverkehrszug <-(e)s, -züge> *m* treno *m* locale

Nähzeug <-(e)s, -e> *nt* occorrente *m* per cucire

naiv [na'iːf] *adj* ingenuo, semplice

Naivität [naivi'tɛːt] <-> *f kein Pl.* ingenuità *f*, semplicità *f*

Naivling [na'iːflɪŋ] <-s, -e> *m* sempliciotto *m*, credulone *m*; *(fam pej)* tontolone *m*, babbeo *m*, stupidotto *m*

Name ['naːmə] <-ns, -n> *m* nome *m*; *(Bezeichnung a.)* denominazione *f*; *(Ruf)* reputazione *f*; **mein ~ ist …** mi chiamo …; **im ~n von** a nome [*o* da parte] di; **im ~n des Gesetzes/Volkes** in nome della legge/del popolo; **ich kenne sie nur dem ~n nach** la conosco solo di nome; **sich** *dat* **mit etw einen ~n machen** farsi un nome con qc; **das Kind beim ~n nennen** *(fam)* dire pane al pane e vino al vino

Namen ['naːmən] <-s, -> *m* nome *m*; *(Bezeichnung a.)* denominazione *f*; *(Ruf)* reputazione *f*; **seinen ~n für etw hergeben** prestare il nome per qc; **seinen ~n unter etw** *akk* **setzen** apporre il proprio nome sotto qc, firmare qc; **sich** *dat* **mit etw einen ~n machen** farsi un nome con qc; **beim ~n nennen** chiamare per nome; **das Kind beim ~n nennen** *(fam)* dire pane al pane e vino al vino [*o* chiamare le cose col loro nome]; **mit vollem ~n unterschreiben** firmare per intero [*o* con nome e cognome]; **auf den ~n … lautend** nominativo …; **im ~n von** a nome [*o* da parte] di; **im ~n des Gesetzes/Volkes** in nome della legge/del popolo; **im ~n des Vaters, des Sohnes und des Heiligen Geistes** nel nome del

N

Padre, del Figlio e dello Spirito Santo; **unter falschem ~n** sotto falso nome; **dem ~n nach könnte er Italiener sein** a giudicare dal nome potrebbe essere italiano; **ich kenne sie nur dem ~n nach** la conosco solo di nome; **wie ist Ihr ~?** come si chiama?; **in Gottes ~n!** *(fam)* per carità!

namenlos *adj* ① *(Person)* senza nome, anonimo ② *(geh fig: unsagbar)* indicibile, inesprimibile

namens **I.** *adv (mit Namen)* di nome, chiamato **II.** *präp +gen (form: im Namen von)* in nome [*o* da parte] di

Namensänderung *f* cambiamento *m* di nome

Namensgedächtnis *nt* memoria *f* per i nomi

Namensschild *nt* targhetta *f* [con il nome]

Namenstag *m* onomastico *m*

Namensvetter *m* omonimo *m*

Namenszug *m* sigla *f*

namentlich ['naːməntlɪç] **I.** *adj* nominale, nominativo **II.** *adv* ① *(mit Namen)* nominalmente, per nome ② *(insbesondere)* segnatamente, specialmente

namhaft *adj* ① *(bekannt)* noto, conosciuto ② *(beträchtlich)* considerevole, notevole

nämlich ['nɛːmlɪç] *adv* ① *(und zwar)* cioè, vale a dire ② *(denn)* poiché, difatti; **das weiß ich genau, wir haben sie ~ gerade getroffen** lo so con precisione, infatti l'abbiamo appena incontrata

nannte ['nantə] *1. u. 3. Pers. Sing. Imp. von* **nennen**

Nanotechnik ['naːnotɛçnɪk] <-> *f kein Pl.* nanotecnologia *f*

nanu [na'nuː] *interj (fam)* beh, tò, ma guarda un po'!

Napalm® ['naːpalm] <-s> *nt kein Pl.* napalm® *m*

Napalmbombe *f* bomba *f* al napalm

Napf [napf, *Pl:* 'nɛpfə] <-(e)s, Näpfe> *m* scodella *f,* ciotola *f*

Napfkuchen *m* focaccia *f*

Narbe ['narbə] <-, -n> *f* ① MED cicatrice *f* ② BOT stigma *m*

narbig *adj* ① MED pieno di cicatrici, butterato ② *(Leder)* granito

Narbung <-, -en> *f (Leder~)* granitura *f*

Narkose [nar'koːzə] <-, -n> *f* MED narcosi *f,* anestesia *f*

Narkosemittel *nt* MED narcotico *m*

Narkotikum [nar'koːtikʊm, *Pl:* nar'koːtika] <-s, Narkotika> *nt* ① *(Narkosemittel)* narcotico *m* ② *(Schmerzmittel)* anestetico *m*

narkotisch [nar'koːtɪʃ] *adj* narcotico, narcotizzante

narkotisieren [narkoti'ziːrən] <ohne ge-> *vt* narcotizzare

Narr [nar] <-en, -en> *m* ① *(törichter Mensch)* pazzo *m,* matto *m* ② THEAT, HIST buffone *m;* **an jdm einen ~en gefressen haben** *(fam)* andare pazzo per qu; **jdn zum ~en halten** [*o* **haben**] prendersi gioco di qu

narren *vt (geh)* ① *(zum Besten halten)* prendersi gioco di ② *(täuschen)* ingannare

Narrenfreiheit *f* libertà *f* di dire cose altrimenti proibite

Narrenkappe *f* berretto *m* da buffone

Narretei [narə'taɪ] <-, -en> *f (geh)* scherzo *m; (Unsinn)* sciocchezza *f,* stravaganza *f*

Narrheit <-, -en> *f* ① *Sing. (Dummheit)* follia *f,* pazzia *f* ② *(Streich)* sciocchezza *f; (dumme Tat)* pazzia *f,* follia *f*

Närrin ['nɛrɪn] <-, -nen> *f (törichter Mensch)* pazza *f,* matta *f*

närrisch ['nɛrɪʃ] *adj* ① *(töricht)* folle, matto; *(verrückt, skurril)* pazzo, buffo; **ganz ~ auf jdn/etw sein** *(fam)* andare pazzo per qu/qc ② *(karnevalistisch)* carnevalesco, buffonesco; **die ~en Tage** *(Faschingszeit)* il Carnevale

Narzisse [nar'tsɪsə] <-, -n> *f* narciso *m*

Narzissmus [nar'tsɪsmʊs] <-> *m kein Pl.* narcisismo *m*

Narzisst(in) [nar'tsɪst] <-en, -en; -, -nen> *m(f)* narcisista *mf*

narzisstisch *adj* narcisistico

NASA ['naːza] <-> *f kein Pl.* N.A.S.A. *f*

nasal [na'zaːl] *adj* nasale

nasalieren [naza'liːrən] <ohne ge-> *vt* nasalizzare

Nasallaut *m* LING suono *m* nasale

naschen ['naʃən] *vt, vi (heimlich)* spizzicare [di nascosto]; *(Süßigkeiten)* mangiare; **von** [*o* **an**] **etw** *dat* ~ mangiucchiare qc

Nascherei [naʃə'raɪ] <-, -en> *f* ① *(Naschwerk)* dolciume *m* ② *Sing. (das Naschen)* spilluzzicare *m* [di nascosto]; *(von Süßigkeiten)* mangiare *m* dolciumi

naschhaft *adj* ghiotto, goloso

Naschhaftigkeit <-> *f kein Pl.* golosità *f,* ghiottoneria *f*

Naschkatze *f (fam)* ghiottone, -a *m, f,* goloso, -a *m, f*

Nase ['naːzə] <-, -n> *f* ① *(Geruchsorgan)* naso *m;* **pro ~** *(fam)* a testa; **immer der ~ nach** *(fam)* sempre diritto; **die ~ rümpfen** arricciare il naso; **auf die ~ fallen** *(fam fig)* fallire, non avere successo; **seine ~ in alles stecken** *(fam)* ficcare il naso dappertutto; **jdn an der ~ herumführen** menare qu per il naso *fam;* **jdm auf der ~ herumtanzen** mettersi qu sotto i piedi; **jdm etw**

unter die ~ reiben *(fam)* rinfacciare qc a qu; **jdm etw vor der ~ wegschnappen** *(fam)* portar via qc a qu sotto il naso; **jdm die Tür vor der ~ zuschlagen** *(fam)* sbattere la porta in faccia a qu; **man musste ihr jedes Wort aus der ~ ziehen** bisognava cavarle le parole di bocca; **die ~ davon voll haben** *(fam)* averne le tasche piene *vulg* ② *(Geruchssinn)* odorato *m,* olfatto *m* ③ *(Spürsinn)* fiuto *m;* **die richtige ~ für etw haben** avere buon fiuto per qc ④ *(fam: Farb-, Lacktropfen)* lacrima *f*

näseln [ˈnɛːzəln] *vi* parlare con voce nasale

Nasenbein *nt* osso *m* nasale

Nasenbluten <-s> *nt kein Pl.* epistassi *f;* **~ haben** perdere sangue dal naso

Nasenflügel *m* ala *f* [*o* pinna *f*] nasale

Nasenhöhle *f* fossa *f* nasale

Nasenkorrektur *f* rinoplastica *f*

Nasenlänge *f* **jdm um eine ~ voraus sein** precedere qu di un palmo

Nasenloch *nt* narice *f*

Nasenrücken *m* dorso *m* del naso

Nasenscheidewand *f* setto *m* nasale

Nasenschleimhaut *f* mucosa *f* nasale

Nasenspitze *f* punta *f* del naso

Nasenspray *m o nt* spray *m* per il naso

Nasentropfen *mpl* gocce *fpl* per il naso

Nasenwurzel *f* radice *f* del naso

naserümpfend *adv* con ripugnanza, con ribrezzo, arricciando [*o* storcendo] il naso

naseweis [ˈnaːzəvaɪs] *adj* saccente

Naseweis <-es, -e> *m* ① *(Vorlauter)* saputello, -a *m, f,* saccente *mf* ② *(Vorwitziger)* saccente *mf*

Nashorn *nt* rinoceronte *m*

nass [nas] <-er *o* nässer, -este *o* nässeste> *adj* bagnato; *(durchnässt a.)* zuppo, fradicio; *(Wetter)* umido; *(regenreich)* piovoso; **~ machen** bagnare; **sich ~ machen, ~ werden** bagnarsi; **~ bis auf die Haut** bagnato fino alle ossa

Nässe [ˈnɛsə] <-> *f kein Pl.* umidità *f*

nässen *vi* colare

nasskalt *adj* freddo umido; **es ist ~** fa un freddo umido

Nassrasur *f* rasatura *f* con pennello

Nasszelle *f* servizi *mpl*

Nastuch *nt* CH fazzoletto *m*

Natel <-s, -> *nt* CH ① *(Handy)* telefonino *m* ② *(Mobilfunknetz)* rete *f* cellulare

Nation [naˈtsi̯oːn] <-, -en> *f* nazione *f;* **die Vereinten ~en** le Nazioni Unite

national [natsi̯oˈnaːl] *adj* nazionale

Nationalbewusstsein <-s> *nt kein Pl.* coscienza *f* nazionale

Nationalbibliothek *f* biblioteca *f* nazionale

Nationalelf *f* squadra *f* nazionale di calcio

Nationalfeiertag *m* festa *f* nazionale

Nationalgericht *nt* piatto *m* nazionale

Nationalgetränk *nt* bevanda *f* nazionale

Nationalheld(in) *m(f)* eroe, eroina *m, f* nazionale

Nationalhymne *f* inno *m* nazionale

Nationalismus [natsi̯onaˈlɪsmʊs] <-> *m kein Pl.* nazionalismo *m*

Nationalist(in) [natsi̯onaˈlɪst] <-en, -en; -, -nen> *m(f)* nazionalista *mf*

nationalistisch *adj* nazionalista, nazionalistico

Nationalität [natsi̯onaliˈtɛːt] <-, -en> *f* nazionalità *f*

Nationalitätskennzeichen *nt* targa *f* di nazionalità

Nationalmannschaft *f* [squadra *f*] nazionale *f*

Nationalpark <-(e)s, -s *o* -e> *m* parco *m* nazionale

Nationalrat <-(e)s, -räte> *m* CH PARL, POL *(eine der beiden Kammern des schweizerischen Parlaments)* Camera *f* bassa

Nationalrätin <-, -nen> *f* ① PARL *(gewählte Volksvertretung)* parlamento *m* ② PARL *(Mitglied des ~s)* parlamentare *m,* onorevole *m;* **den ~ auflösen** sciogliere il parlamento; **der ~ geht in die Sommerpause** il parlamento entra nella pausa estiva; **ich gebe das Wort an Herrn ~ Müller** passo la parola all'onorevole Müller

Nationalratswahl <-, -en> *f* A PARL *(bundesweite Wahl der Volksvertreter)* elezione *f* del parlamento; **eine ~ abhalten** tenere l'elezione del parlamento

Nationalsozialismus *m* nazionalsocialismo *m,* nazismo *m*

Nationalsozialist(in) *m(f)* nazionalsocialista *mf,* nazista *mf*

nationalsozialistisch *adj* nazionalsocialista, nazionalsocialistico

Nationalspieler(in) *m(f)* giocatore, -trice *m, f* della nazionale

Nationalversammlung *f* assemblea *f* nazionale

Nato, NATO [ˈnaːto] <-> *f kein Pl.* N.A.T.O. *f*

NATO [ˈnaːto] <-> *f kein Pl.* NATO *f*

NATO-Beitrittsland *nt* paese *m* aderente alla NATO

Nato-Doppelbeschluss *m* doppia risoluzione *f* N.A.T.O

Natrium [ˈnaːtriʊm] <-s> *nt kein Pl.* CHEM sodio *m*

Natriumchlorid *nt (Kochsalz)* cloruro *m* di sodio

Natron [ˈnaːtrɔn] <-s> *nt kein Pl.* soda *f*

Natter [ˈnatɐ] <-, -n> *f* ① ZOO colubro *m* ② *(fig)* vipera *f*

Natur [na'tuːɐ̯] <-> *f kein Pl.* natura *f; (Körperverfassung a.)* fisico *m,* complessione *f; (Veranlagung a.)* indole *f,* carattere *m;* **sie ist von ~ aus energisch** è energica di carattere; **seine wahre ~ zeigen** mostrare la propria indole; **in der ~ der Sache liegen** essere nella natura delle cose

Naturalien [natu'raːliən] *pl* prodotti *mpl* naturali

Naturalismus [natura'lɪsmʊs] <-> *m kein Pl.* naturalismo *m*

naturalistisch [natura'lɪstɪʃ] *adj* naturalistico

Naturalleistung [natu'raːllaɪstʊŋ] *f* prestazione *f* in natura

Naturallohn *m* salario *m* in natura

Naturdenkmal <-s, -mäler> *nt* meraviglia *f* della natura

Naturdünger *m* concime *m* naturale

Naturell [natu'rɛl] <-s, -e> *nt (geh)* temperamento *m,* carattere *m*

Naturereignis *nt* fenomeno *m* naturale

Naturerscheinung *f* fenomeno *m* naturale

naturfarben *adj* di colore naturale

Naturfaser *f* fibra *f* naturale

Naturforscher(in) *m(f)* naturalista *mf*

Naturfreund *m* amante *mf* della natura

naturgemäß **I.** *adj* conforme alla natura, naturale **II.** *adv* per [sua] natura

N

Naturgesetz *nt* legge *f* naturale

naturgetreu *adj* conforme all'originale

Naturheilkunde *f* medicina *f* naturalista

Naturheilmethode <-, -n> *f* metodo *m* terapeutico naturale

Naturkatastrophe *f* cataclisma *m*

Naturkost <-> *f kein Pl.* alimentazione *f* macrobiotica, alimenti *mpl* naturali

Naturkostladen <-s, -läden> *m* negozio *m* di prodotti naturali, erboristeria *f*

Naturkunde *f* scienze *fpl* naturali

Naturlehrpfad *m* sentiero *m* botanico

natürlich [na'tyːɐ̯lɪç] **I.** *adj* ❶ *(der Natur entsprechend)* naturale ❷ *(nicht künstlich, gekünstelt)* genuino ❸ *(selbstverständlich)* ovvio, logico **II.** *adv* ❶ *(der Natur entsprechend)* naturalmente, in modo naturale ❷ *(selbstverständlich)* naturalmente, ben inteso

Natürlichkeit <-> *f kein Pl.* naturalezza *f*

naturnah *adj* naturale

Naturprodukt *nt* prodotto *m* naturale

Naturrecht *nt* diritto *m* naturale

naturrein *adj* genuino, naturale

Naturschätze *mpl* ECO ricchezze *fpl* della natura; GEOL tesori *mpl* della natura

Naturschutz *m* tutela *f* delle bellezze naturali; **unter ~ stehen** essere protetto dalle leggi per la tutela della natura

Naturschutzgebiet *nt* zona *f* protetta, parco *m* nazionale

Naturtalent <-(e)s, -e> *nt* talento *m* naturale

naturverbunden [na'tuːɐ̯fɛɐbʊndən] *adj* amante della natura

Naturverbundenheit *f* amore *m* per la natura

naturverträglich *adj* a basso impatto ambientale, compatibile con l'ambiente naturale

Naturvolk *nt* popolo *m* primitivo

Naturwissenschaft *f* scienze *fpl* naturali

Naturwissenschaftler(in) *m(f)* naturalista *mf*

naturwissenschaftlich *adj* naturalistico, delle scienze naturali

Naturwunder *nt* meraviglie *fpl* della natura

Navigation [naviga'tsi̯oːn] <-> *f kein Pl.* navigazione *f*

Navigationsgerät *nt* AUTO dispositivo *m* di navigazione

Navigationssystem *nt* AUTO sistema *m* di navigazione

Nazi ['naːtsi] <-s, -s> *m (pej)* nazista *mf*

nazistisch [na'tsɪstɪʃ] *adj (pej)* nazista

NB *Abk. von* **notabene** NB, n.b.

n. Br. *Abk. von* **nördlicher Breite** lat N

NC [ɛn'tseː] <-(s), -s> *m Abk. von* **Numerus clausus** numero chiuso, numerus clausus

n. Chr. *Abk. von* **nach Christus** d.C.

NDR [ɛndeː'ʔɛr] <-(s)> *m kein Pl. Abk. von* **Norddeutscher Rundfunk** *rete radiotelevisiva regionale della RFT con sede in Amburgo*

ne [neː] *(fam)* DIAL *s.* **nein**

'ne [nə] *art indef (fam)* DIAL *s.* **eine**

Ne CHEM *Abk. von* **Neon** Ne

Neandertaler [ne'andɐtaːlɐ] <-s, -> *m* uomo *m* di Neandertal

Neapel [ne'aːpəl] *nt* Napoli *f*

Nebel ['neːbəl] <-s, -> *m* ❶ METEO nebbia *f;* **in ~ gehüllt** avvolto nella nebbia ❷ ASTR nebulosa *f*

Nebelbank <-, -bänke> *f* banco *m* di nebbia

Nebelbildung *f* formazione *f* di nebbia

nebelhaft *adj* ❶ *(rar: neblig)* nebbioso ❷ *(fig: undeutlich, verschwommen)* vago

Nebelhorn *nt* sirena *f* da nebbia

nebelig *adj* nebbioso; **es ist ~** c'è nebbia

Nebelkrähe *f* cornacchia *f* grigia

Nebelscheinwerfer *m* AUTO [faro *m*] fendinebbia *m*

Nebelschlussleuchte *f* faro *m* fendinebbia posteriore

Nebelschwaden *m* banco *m* di nebbia

Nebelwand *f* cortina *f* di nebbia
neben ['ne:bən] *präp* ① +*akk (räumlich)* accanto a, vicino a ② +*dat (außer)* oltre a ③ +*dat (verglichen mit)* al confronto di
nebenamtlich **I.** *adj* collaterale **II.** *adv* come attività collaterale
nebenan [ne:bən'ʔan] *adv* accanto
Nebenanschluss *m* apparecchio *m* telefonico supplementare
Nebenausgaben *fpl* spese *fpl* accessorie
nebenbei [ne:bən'baɪ] *adv* ① *(gleichzeitig)* contemporaneamente ② *(außerdem)* inoltre ③ *(beiläufig)* tra parentesi, incidentalmente; **~ bemerkt** [*o* **gesagt**] tra l'altro, tra parentesi
Nebenbemerkung *f* commento *m*
Nebenberuf *m* secondo impiego *m*, occupazione *f* secondaria
nebenberuflich **I.** *adj* secondario **II.** *adv* come secondo impiego
Nebenbeschäftigung *f* occupazione *f* secondaria
Nebenbuhler(in) <-s, -; -, -nen> *m(f)* rivale *mf*
Nebeneffekt <-(e)s, -e> *m* effetto *m* collaterale
nebeneinander ['ne:bənʔaɪ'nandɐ] *adv* ① *(räumlich)* l'uno accanto all'altro, fianco a fianco ② *(zeitlich)* insieme, contemporaneamente
Nebeneinander <-s> *nt kein Pl.* ① *(räumlich)* vicinanza *f* ② *(zeitlich)* coesistenza *f*, simultaneità *f*
nebeneinander|legen *vt* mettere l'uno accanto all'altro,, giustapporre
nebeneinander|setzen *vt* mettere l'uno accanto all'altro
nebeneinander|stellen *vt* mettere l'uno accanto all'altro, giustapporre
Nebeneingang *m* ingresso *m* laterale
Nebeneinnahmen *fpl* entrate *fpl* secondarie
Nebenfach *nt* materia *f* secondaria
Nebenfluss *m* affluente *m*
Nebeng[e]leis[e] *nt* binario *m* secondario
Nebengebäude *nt* edificio *m* annesso, dépendance *f*
Nebengeräusch *nt* rumore *m* estraneo; RADIO disturbo *m*, rumore *m* parassita
Nebenhandlung *f* LIT trama *f* collaterale
nebenher [ne:bən'he:ɐ̯] *adv* ① *(gleichzeitig)* contemporaneamente ② *(außerdem)* inoltre ③ *(beiläufig)* incidentalmente
Nebenhoden <-s, -> *m* ANAT epididimo *m*
Nebenhöhle <-, -n> *f* ANAT seno *m* [*o* cavità *f*] paranasale
Nebenklage *f* JUR costituzione *f* di parte civile
Nebenkläger(in) *m(f)* JUR parte *f* civile
Nebenkosten *pl* spese *fpl* accessorie
Nebenlinie *f* ① *(im Verkehr)* linea *f* secondaria ② *(von Familie)* linea *f* collaterale
Nebenmann <-(e)s, -männer *o* -leute> *m* vicino *m*
Nebennieren *fpl* ghiandole *fpl* surrenali
Nebenprodukt *nt* sottoprodotto *m*
Nebenraum *m* stanza *f* attigua
Nebenrolle *f* THEAT, FILM parte *f* secondaria; **eine ~ spielen** *(fig)* giocare un ruolo secondario
Nebensache *f* questione *f* marginale, cosa *f* secondaria; **das ist ~** ciò ha poca importanza
nebensächlich *adj* accessorio, marginale
Nebensaison <-, -s SÜDD, A *a.* -en> *f* bassa stagione *f*
Nebensatz *m* LING proposizione *f* subordinata
nebenstehend *adj o adv* a lato
Nebenstelle *f* ① *(Filiale, Zweigstelle)* succursale *f*, filiale *f* ② *(Fernsprech~)* apparecchio *m* [telefonico] supplementare
Nebenstraße *f* strada *f* secondaria; *(Seitenstraße)* [strada *f*] laterale *f*
Nebenstrecke *f* linea *f* secondaria
Nebentisch *m* tavolo *m* vicino
Nebenverdienst *m* secondo guadagno *m*, guadagno *m* accessorio
Nebenwinkel *m* angolo *m* adiacente
Nebenwirkung *f* effetto *m* collaterale
Nebenzimmer *nt s.* **Nebenraum**
neblig *s.* **neb[e]lig**
nebst [ne:pst] *präp* +*dat (obs: mit)* [insieme] con; *(einschließlich)* compreso
nebstdem ['ne:pst'de:m] *adv* CH inoltre
nebulös [nebu'lø:s] *adj* nebuloso, vago
Necessaire [nesɛ'sɛ:ɐ̯] <-s, -s> *nt* nécessaire *m*
Neckar ['nɛkar] *m* Neckar *m*
necken ['nɛkən] *vt* punzecchiare, stuzzicare
neckisch *adj* ① *(schelmisch)* malizioso ② *(kokett)* civettuolo
nee [ne:] *(fam)* DIAL *s.* **nein**
Neffe ['nɛfə] <-n, -n> *m* nipote *m* [di zio e zia]
negativ ['ne:gati:f *o* nega'ti:f] *o* 'nɛgati:f] *adj* negativo; *(ungünstig a.)* sfavorevole
Negativ <-s, -e> *nt* FOTO negativa *f*, negativo *m*
Neger(in) ['ne:gɐ] <-s, -; -, -nen> *m(f)* *(pej)* negro, -a *m, f*
Negerkuss *m* GASTR *(pej)* *s.* **Schokokuss**
negieren [ne'gi:rən] <ohne ge-> *vt* negare
Negligé [negli'ʒe:] <-s, -s> *nt* CH négligé *m*
negrid [ne'gri:t] *adj* negride

nehmen ['ne:mən] <nimmt, nahm, genommen> *vt* ① *(fassen)* prendere; *(ergreifen)* afferrare; **etw an sich ~** prendere [possesso di] qc ② *(an~)* accettare; **die Dinge ~, wie sie sind** prendere le cose come vengono ③ *(weg~)* **jdm etw ~** togliere qc a qu; **es sich** *dat* **nicht ~ lassen etw zu tun** non rinunciare a fare qc ④ *(ein~)* prendere; **etw zu sich** *dat* **~** mangiare qc ⑤ *(verwenden)* prendere; **man nehme: 500 g Mehl, 200 g Butter …** si prendano: mezzo chilo di farina, 2 etti di burro … ⑥ *(überwinden)* **ein Hindernis ~** superare un ostacolo ⑦ *(auf~)* **jdn zu sich** *dat* **~** prendere in casa qu ⑧ *(auffassen)* **etw ernst/wörtlich ~** prendere qc sul serio/alla lettera; **~ Sie es nicht tragisch!** non la prenda sul tragico!; **wie man's nimmt!** *(fam)* dipende ⑨ *(Wend)* **etw auf sich ~** assumersi qc; *(Entbehrungen)* sottoporsi a qc; **seinen Anfang ~** cominciare; **ein Ende ~** finire; **auf jdn Einfluss ~** *(geh)* influenzare qu

Nehmerland *nt* paese *m* che riceve contributi

Neid [naɪt] <-(e)s> *m kein Pl.* invidia *f;* **aus ~** per invidia; **~ erregen** destare [l']invidia; **vor ~ platzen** *(fam)* crepare d'invidia; **vor ~ erblassen** essere molto invidioso; **das muss ihm der ~ lassen** *(fam)* questo bisogna riconoscerglielo

neiden ['naɪdən] *vt* **jdm etw ~** *(geh)* invidiare qc a qu

Neider(in) <-s, -; -, -nen> *m(f)* invidioso, -a *m, f*

Neidhammel *m (sl pej)* invidioso *m*

neidisch *adj* invidioso; **auf jdn ~ sein** essere invidioso di qu

neidlos I. *adj* non invidioso **II.** *adv* senza invidia

Neige ['naɪgə] <-, -n> *f (geh)* ① *(Ende)* fine *f,* declino *m;* **zur ~ gehen** volgere alla fine ② *(Rest)* fondo *m*

neigen I. *vt* inclinare; *(beugen)* chinare, abbassare **II.** *vi (aus Veranlagung)* tendere; **zu etw ~** essere incline a qc, propendere per qc **III.** *vr:* **sich ~** ① **sich zu etw ~** *(Körper, Kopf)* piegarsi verso qc; *(Gegenstand)* inclinarsi verso qc ② *(geh: zu Ende gehen)* volgere al termine

Neigung <-, -en> *f* ① *(das Neigen, Geneigtsein)* inclinazione *f* ② *(fig: Veranlagung)* attitudine *f;* **eine ~ zu etw haben** avere una [pre]disposizione per qc; *(Tendenz)* avere una tendenza a qc ③ *(Zu~)* simpatia *f,* affetto *m*

Neigungswinkel *m* angolo *m* d'inclinazione

nein [naɪn] *adv* no; **~ [***o* **Nein] sagen** dire di no; **ich glaube/fürchte ~** credo/temo di no; **aber ~!** ma no!; **~, so was!** ma guarda un po'!

Nein <-s> *nt kein Pl.* no *m;* **mit ~ antworten** rispondere di no

Neinsager(in) <-s, -; -, -nen> *m(f)* bastian *m* contrario SETT

Neinstimme *f* voto *m* contrario, no *m*

Nektar ['nɛkta:ɐ̯] <-s> *m kein Pl.* nettare *m*

Nektarine [nɛkta'ri:nə] <-, -n> *f* pesca noce *f*

Nelke ['nɛlkə] <-, -n> *f* ① *(Blume)* garofano *m* ② *(Gewürz)* chiodo *m* di garofano

nennen ['nɛnən] <nennt, nannte, genannt> **I.** *vt* ① *(einen Namen geben)* chiamare, dare un nome a ② *(be~)* denominare ③ *(erwähnen)* menzionare; **oben/unten genannt** indicato sopra/sotto; **nenne mir drei europäische Hauptstädte!** dimmi tre capitali europee! ④ *(bezeichnen)* qualificare; **und das nennst du Erholung?** e questo lo chiami riposo? **II.** *vr:* **sich ~** chiamarsi

nennenswert *adj* degno di nota; *(beträchtlich)* considerevole

Nenner <-s, -> *m* MAT denominatore *m;* **auf einen [gemeinsamen] ~ bringen** ridurre allo stesso denominatore

Nennung <-, -en> *f* ① *(Nennen)* denominazione *f* ② *(Erwähnung)* menzione *f*

Nennwert *m* FIN valore *m* nominale; **zum ~** alla pari

Neofaschismus [neofa'ʃɪsmʊs] <-> *m kein Pl.* neofascismo *m*

Neologismus [neolo'gɪsmʊs] <-, Neologismen> *m* LING neologismo *m*

Neon ['ne:ɔn] <-s> *nt kein Pl.* neon *m*

Neonazi ['ne:ona:tsi] <-s, -s> *m* neonazista *mf*

Neonazismus [neona'tsɪsmʊs] <-> *m kein Pl.* neonazismo *m*

Neonlicht *nt* luce *f* al neon

Neonreklame *f* réclame *f* luminosa

Neonröhre *f* tubo *m* al neon

Nepp [nɛp] <-s> *m kein Pl. (fam pej)* buggeratura *f*

neppen *vt (fam pej)* buggerare

Nerv [nɛrf] <-s, -en> *m* nervo *m;* **die ~en verlieren** perdere la calma; **~en wie Drahtseile haben** avere i nervi d'acciaio; **jdm auf die ~en gehen** dare ai nervi a qu; **mit den ~en fertig [***o* **runter] sein** *(fam)* essere giù di nervi, avere i nervi a pezzi; **Sie haben [vielleicht] ~en!** *(fam)* Lei ha un bel coraggio!

nerven *vt (sl)* scocciare, far venire i nervi a qu

Nervenarzt *m,* **Nervenärztin** *f* neurologo, -a *m, f*
nervenaufreibend *adj* snervante
Nervenbahn <-, -en> *f* ANAT funicolo *m* dei nervi spinali
Nervenbündel *nt* ANAT fascio *m* nervoso; **ein ~ sein** *(fam fig)* avere i nervi a fior di pelle
Nervengas *nt* gas *m* nervino
Nervenheilanstalt *f* clinica *f* neurologica
Nervenkitzel *m (fam)* brivido *m*
Nervenkostüm *nt (fam scherz)* sistema *m* nervoso; **ein starkes/schwaches ~ haben** avere i nervi saldi/fragili
Nervenkrankheit *f* nevrosi *f*
Nervenkrieg *m* guerra *f* dei nervi
Nervenleiden *nt* nevrosi *f*
Nervensäge *f (fam pej)* rompiscatole *mf*
Nervenschock *m* choc *m* nervoso
nervenschwach *adj* nevrastenico, debole di nervi
nervenstark *adj* saldo [*o* forte] di nervi, che ha i nervi d'acciaio [*o* saldi]
Nervensystem *nt* ANAT sistema *m* nervoso
Nervenzelle *f* ANAT cellula *f* nervosa
Nervenzentrum *nt* ANAT centro *m* nervoso
Nervenzusammenbruch *m* esaurimento *m* nervoso
nervig ['nɛrfɪç] *adj* ① *(Hände)* nerboruto, nervoso, asciutto ② *(fam: lästig)* che da ai [*o* sui] nervi, fastidioso, molesto
nervlich ['nɛrflɪç] *adj* del sistema nervoso; **~ am Ende sein** avere i nervi a pezzi
nervös [nɛr'vøːs] *adj* nervoso; **jdn ~ machen** far venire i nervi a qu; **~ werden** irritarsi
Nervosität [nɛrvozi'tɛːt] <-> *f kein Pl.* nervosismo *m*
nervtötend *adj* snervante
Nerz [nɛrts] <-es, -e> *m* visone *m*
Nessel ['nɛsəl] <-, -n> *f* ortica *f;* **sich in die ~n setzen** *(fam fig)* mettersi nei pasticci
Nesselfieber *nt* orticaria *f*
Nest [nɛst] <-(e)s, -er> *nt* ① *(Brutstätte, a. fig: Heim)* nido *m;* **sich ins gemachte ~ setzen** *(fig)* trovare la pappa pronta; *(durch Heirat)* sposare un buon partito, sposare bene; **das eigene ~ beschmutzen** sputare nel piatto in cui si mangia *fam* ② *(fam pej: kleiner Ort)* buco *m* ③ *(fig: Schlupfwinkel)* covo *m*
nesteln ['nɛstəln] *vi* **an etw** *dat* **~** armeggiare con qc
Nesthäkchen ['nɛsthɛːkçən] <-s, -> *nt (fam)* ultimogenito *m*
Nestwärme *f* calore *m* familiare
Netflix® <-> ['nɛtflɪks] *nt kein pl* INFORM Netflix® *m*
Netiquette <-, -> *f* INFORM netiquette *m*
nett [nɛt] *adj* ① *(freundlich)* gentile, simpatico; **das ist ~ von Ihnen** è gentile da parte Sua; **sei so ~ und mach die Tür zu** fammi il piacere di chiudere la porta ② *(hübsch)* carino, grazioso ③ *(angenehm)* piacevole ④ *(fam: groß, iron: unangenehm)* bello
netto ['nɛto] *adv* netto
Nettoeinkommen *nt* reddito *m* netto
Nettogehalt *nt* stipendio *m* netto
Nettogewicht *nt* peso *m* netto
Nettolohn *m* paga *f* netta
Nettopreis *m* prezzo *m* netto
Nettosozialprodukt *nt* prodotto *m* nazionale netto
Netz [nɛts] <-es, -e> *nt (fig: a. Einkaufs~, Verkehrs~, Gepäck~) a.* TEL, EL, RADIO, SPORT rete *f; (Spinnen~)* ragnatela *f; (Haar~)* retina *f;* **jdm ins ~ gehen** *(fig)* lasciarsi abbindolare da qu
Netz[fahr]karte *f* biglietto *m* di rete
Netzanschluss *m* EL allacciamento *m* alla rete
netzartig *adj* reticolare, reticolato
Netzauge <-s, -n> *nt* ZOO occhio *m* composto
Netzball *m* palla *f* in rete
Netzbetreiber *m* gestore *m* di una rete di distribuzione, provider *m*
netzen ['nɛtsən] *vt (poet)* inumidire, umettare
Netzgerät *nt* EL apparecchio *m* alimentato dalla rete
Netzhaut *f* ANAT retina *f*
Netzhemd *nt* canottiera *f* a rete
Netzkarte *f s.* **Netzfahrkarte**
Netzspannung <-, -en> *f* EL tensione *f* di rete
Netzstecker <-s, -> *m* EL spina *f* [elettrica]
Netzstrumpf *m* calza *f* a rete
Netzteil <-(e)s, -e> *nt* EL trasformatore *m* [di alimentazione]
Netzwerk *nt* ① *(netzartig verbundenes System)* reticolo *m* ② INFORM, TEC rete *f;* **soziales ~** rete *f* sociale, social network *m* ③ *(fig)* intreccio *m*
Netzwerkkarte <-, -n> *f* INFORM scheda *f* network
Netzzugang *m* INFORM accesso *m* alla rete
neu [nɔɪ] *adj* nuovo; *(jung a.)* novello; *(frisch a.)* fresco; *(kürzlich geschehen a.)* recente; **die Neue Welt** il Nuovo Mondo; **die ~[e]ste Mode** l'ultima moda; **was gibt's Neues?** che c'è di nuovo?; **von Neuem** un'altra volta, da capo; **aufs Neue** di nuovo; **das Neu[e]ste vom Tage** le ultime notizie; **~ anfangen** ricominciare; **das ist mir ~** questa mi giunge nuova *fam;* **das**

N

ist nichts Neues non è niente di nuovo; **glückliches ~es Jahr!** buon anno!

Neuankömmling ['nɔɪʔankœmlɪŋ] <-s, -e> *m* nuovo, -a arrivato, -a *m*

Neuanschaffung *f* nuovo acquisto *m*

neuartig *adj* nuovo, inedito

Neuauflage *f* ristampa *f,* riedizione *f*

Neubau <-(e)s, -ten> *m* ❶ *(im Bau befindliches Gebäude)* edificio *m* in costruzione ❷ *(neues Gebäude)* nuova costruzione *f*

Neubaugebiet *nt* area *f* di nuova urbanizzazione

Neubauwohnung *f* appartamento *m* di recente costruzione

Neubearbeitung *f (Buch)* edizione *f* rimaneggiata, revisione *f*

Neubewertung *f* rivalutazione *f*

Neubildung *f* neoformazione *f*

Neudeutsch *nt* tedesco *m* moderno

Neue <ein -r, -n, -n> *mf* nuovo, -a *m, f* [arrivato, -a]

Neuenburg ['nɔɪənbʊrk] *nt* Neuchâtel *f*

neuerdings ['nɔɪɐ'dɪŋs] *adv* recentemente, da poco

neuerlich **I.** *adj* rinnovato **II.** *adv* di nuovo

Neueröffnung *f* nuova apertura *f*

Neuerscheinung *f* novità *f* editoriale

Neuerung <-, -en> *f* innovazione *f*

Neuerwerbung *f* nuovo acquisto *m*

Neufassung *f* rielaborazione *f; (film)* remake *m*

N

Neufundland [nɔɪ'fʊntlant] *nt* Terranova *f*

neugeboren *adj* neonato; **ich fühle mich wie ~** mi sento [come] rinato

Neugeborene <ein -s, -n, -n> *nt* neonato, -a *m, f*

Neugestaltung *f* riordinamento *m,* riorganizzazione *f,* riassetto *m*

Neugier[de] ['nɔɪgiːɐ̯(də)] <-> *f kein Pl.* curiosità *f;* **aus ~** per curiosità

neugierig *adj* curioso; **~ auf etw** *akk* **sein** essere curioso di qc; **ich bin ~, ob …** sono curioso di sapere se …; **das macht mich ~** questo mi incuriosisce

Neugriechisch *nt* greco *m* moderno

Neugründung *f* rifondazione *f*

Neuguinea [nɔɪgi'neːa] *nt* Nuova Guinea *f*

Neuheit <-, -en> *f* novità *f*

Neuhochdeutsch *nt* nuovo alto tedesco *m*

Neuigkeit <-, -en> *f* novità *f*

Neuinszenierung *f* nuova messinscena *f*

Neujahr *nt* capodanno *m;* **prosit ~!** buon anno!

Neujahrsmorgen *m* mattina *f* di Capodanno

Neujahrstag <-(e)s, -e> *m* capodanno *m*

Neuland *nt* ❶ *(neu gewonnenes Land)* terra *f* di bonifica ❷ *(fig)* terreno *m* vergine; **~ betreten** *(fig)* muoversi in un campo nuovo

Neulandgewinnung *f* dissodamento *m*

neulich *adv* recentemente, l'altro giorno; **~ abend**[**s**] l'altra sera

Neuling ['nɔɪlɪŋ] <-s, -e> *m* principiante *mf,* novellino, -a *m, f*

neumodisch **I.** *adj* moderno **II.** *adv* all'ultima moda

Neumond *m* luna *f* nuova

neun [nɔɪn] *num* nove; *s. a.* **acht**

Neun <-, -en> *f* nove *m;* **ach, du grüne ~e!** *(fam)* perbacco!, diamine!

Neun-, neun- *s.* **Acht-, acht-**

Neunauge *nt* lampreda *f*

neunhundert ['nɔɪn'hʊndɐt] *num* novecento

neunmal *adv* nove volte

neunmalklug *adj (iron)* saccente

neuntausend ['nɔɪn'taʊzənt] *num* novemila

Neunte <ein -r, -n, -n> *mf* nono, -a *m, f; s. a.* **Achte**

neunte(r, s) *adj* nono, -a *(bei Datumsangabe)* nove; *s. a.* **achte(r, s)**

Neuntel <-s, -> *nt* nono *m,* nona parte *f*

neuntens *adv* [in] nono [luogo]

neunzehn *num* diciannove

neunzehnte(r, s) *adj* diciannovesimo, -a *(bei Datumsangabe)* diciannove; *s. a.* **achte(r, s)**

neunzig ['nɔɪntsɪç] *num* novanta

neunzigste(r, s) *adj* novantesimo, -a

Neunzigstel <-s, -> *nt* novantesimo *m,* novantesima parte *f*

Neuorientierung *f* nuovo orientamento *m*

Neuphilologe *m,* **Neuphilologin** *f* filologo, -a *m, f* di lingue moderne

Neuralgie [nɔɪral'giː, *Pl:* nɔɪral'giːən] <-, -n> *f* nevralgia *f*

neuralgisch [nɔɪ'ralgɪʃ] *adj* nevralgico

Neurasthenie [nɔɪraste'niː, *Pl:* nɔɪraste'niːən] <-, -n> *f* nevrastenia *f*

Neuregelung *f* nuova regolamentazione *f*

neureich *adj (pej)* nuovo ricco

Neureiche <ein -r, -n, -n> *mf (pej)* nuovo, -a ricco, -a *m, f*

Neurodermitis [nɔɪrodɛr'miːtɪs] <-, Neurodermitiden> *f* MED neurodermite *f*

Neurologe [nɔɪro'loːgə] <-n, -n> *m* neurologo *m*

Neurologie [nɔɪrolo'giː] <-> *f kein Pl.* neurologia *f*

Neurologin [nɔɪro'loːgɪn] <-, -nen> *f* neurologa *f*

Neurose [nɔɪ'roːzə] <-, -n> *f* MED, PSYCH nevrosi *f*

Neurotiker(in) [nɔɪ'roːtɪkɐ] <-s, -; -, -nen> *m(f)* MED, PSYCH nevrotico, -a *m, f*
neurotisch *adj* MED, PSYCH nevrotico
Neuschnee *m* neve *f* fresca
Neuseeland [nɔɪ'zeːlant] *nt* Nuova Zelanda *f*
neusprachlich *adj* di [*o* delle] lingue moderne
Neutra *Pl. von* **Neutrum**
neutral [nɔɪ'traːl] *adj* ① *(unbeteiligt, unparteiisch)* a. POL neutrale ② CHEM, LING neutro
neutralisieren [nɔɪtrali'ziːrən] <ohne ge-> *vt* neutralizzare
Neutralisierung <-> *f kein Pl.* neutralizzazione *f*
Neutralität [nɔɪtrali'tɛːt] <-> *f kein Pl.* POL, CHEM, EL neutralità *f; (von Schiedsrichter)* imparzialità *f*
Neutren *Pl. von* **Neutrum**
Neutron ['nɔɪtroːn] <-s, -en> *nt* PHYS neutrone *m*
Neutronenbombe *f* bomba *f* al neutrone
Neutrum ['nɔɪtrʊm, *Pl:* 'nɔɪtra *o* 'nɔɪtrən] <-s, Neutra *o* Neutren> *nt* neutro *m*
Neuverschuldung <-, -en> *f* FIN rindebitamento *m*
Neuwahl *f* nuova elezione *f*
neuwertig *adj* come nuovo
Neuwort <-s, -wörter> *nt* neologismo *m*
Neuzeit *f* tempi *mpl* moderni
neuzeitlich *adj* moderno
Newbie ['njuːbi] <-s, -s> *m* INFORM newbie *m*
Newcomer(in) ['njuːkʌmɐ] <-s, -; -, -nen> *m(f)* debuttante *mf*
New Economy *f kein Pl.* nuova economia *f*
Newsgroup <-, -s> *f* INFORM news group *m*
New York ['njuː'jɔːk] *nt* New [*o* Nuova] York *f*
nhd. *Abk. von* **neuhochdeutsch** nuovo alto tedesco
Ni CHEM *Abk. von* **Nickel** Ni
nicht [nɪçt] *adv* non; **bestimmt ~** non di certo; **ich auch ~** neanch'io; **~ einmal** nemmeno; **~ mehr** non più; **~ mehr und ~ weniger** né più né meno; **~ nur …, sondern auch …** non solo …, ma anche …; **dann eben ~** *(fam)* allora no; **durchaus** [*o* **ganz und gar**] **~** non … affatto; **alle wissen es, nur Sie ~** tutti lo sanno, solo Lei no; **~ wahr?** nevvero?; **~ doch!** ma no!; **~ schlecht!** *(fam)* mica male!; **~, dass ich wüsste!** non che io sappia!; **was du ~ sagst!** che mi dici!
Nichtachtung *f* ① *(Mangel an Respekt)* mancanza *f* di rispetto ② *(Nichtbeachtung)* inosservanza *f*
Nichtanerkennung *f* FIN, POL non riconoscimento *m;* JUR disconoscimento *m*
Nichtangriffspakt *m* patto *m* di non aggressione
Nichtbeachtung *f* inosservanza *f*
Nichte ['nɪçtə] <-, -n> *f* nipote *f* [di zio e zia]
nichtehelich *adj* JUR illegittimo
Nichteinhaltung *f (von Vorschrift, Anordnung)* inosservanza *f; (von Vertrag)* inadempimento *m*
Nichteinmischung *f* non intervento *m*
Nichterscheinen *nt* non comparizione *f,* contumacia *f*
Nichtgefallen *nt* **bei ~ Geld zurück** in caso di non soddisfazione la somma pagata sarà restituita
nichtig *adj* ① JUR *(ungültig)* nullo; **etw für ~ erklären** abrogare qc ② *(geh: unbedeutend)* insignificante
Nichtigkeit <-, -en> *f* ① *Sing.* JUR *(Ungültigkeit)* nullità *f* ② *Sing. (Bedeutungslosigkeit)* futilità *f,* vanità *f* ③ *(Kleinigkeit)* niente *m*
Nichtigkeitserklärung *f* annullamento *m*
nichtleitend *adj* EL coibente
Nichtraucher(in) *m(f)* non fumatore, -trice *m, f*
Nichtraucherabteil *nt* scompartimento *m* per non fumatori
Nichtraucherzone <-, -n> *f* sala *f* [per] non fumatori
Nichtregierungsorganisation *f* organizzazione *f* non governativa [ONG]
nichtrostend *adj* inossidabile
nichts [nɪçts] *pron indef* niente, nulla; **er hat ~ gesagt** non ha detto niente; **~ dergleichen** nulla di tutto ciò; **gar** [*o* **überhaupt**] **~** proprio niente; **~ Neues** niente di nuovo; **sie haben mit ihr ~ als Sorgen** con lei non hanno altro che preoccupazioni; **ich kann ~ dafür** non è colpa mia, non ci posso far nulla; **~ zu danken!** non c'è di che!; **für ~ und wieder ~** *(fam)* per niente; **mir ~, dir ~** come se niente fosse; **da ist ~ zu machen** non c'è niente da fare; **daraus wird ~** non se ne farà [di] nulla; **das macht ~** non fa nulla; **das hat ~ zu sagen** non vuol dire nulla; **das ist ~ für mich** non fa per me; **das ist** [**immerhin**] **besser als ~** è già meglio di niente; **~ lieber als das!** non chiedo di meglio; **~ da!** *(fam)* nemmeno per sogno!; **wenn es weiter ~ ist!** se non c'è altro!, se questo è tutto!; **jetzt aber ~ wie weg!** *(fam)* adesso via, veloci!
Nichts <-> *nt kein Pl.* ① PHILOS nulla *m* ② *(Leere)* vuoto *m* ③ *(Geringfügigkeit)* nonnulla *m;* **vor dem ~ stehen** essere

sull'orlo della rovina ④ *(pej: Mensch)* niente *m*

nichtsahnend *adj* non sospettando [di] niente

Nichtschwimmer(in) *m(f)* non nuotatore, -trice *m, f*

Nichtschwimmerbecken *nt* piscina *f* per non nuotatori

nichtsdestoweniger [nɪçtsdɛsto'veːnɪgɐ] *adv* ciò nonostante, nondimeno

Nichtsnutz ['nɪçtsnʊts] <-es, -e> *m (pej)* buono, -a *m, f* a nulla, inetto, -a *m, f*

nichtsnutzig *adj (pej)* buono a nulla, inetto

nichtssagend *adj* insignificante, futile; *(Gesicht)* inespressivo

Nichtstuer(in) <-s, -; -, -nen> *m(f) (pej)* fannullone, -a *m, f,* poltrone, -a *m, f*

Nichtstun <-s> *nt kein Pl.* ① *(Muße)* oziosità *f* ② *(Faulheit)* pigrizia *f,* poltroneria *f*

nichtswürdig *adj (geh pej)* vile, spregevole, abietto

Nichtwähler(in) <-s, -; -, -nen> *m(f)* non elettore, -trice *m, f*

Nichtzutreffende <ein -s, -n> *nt kein Pl.* **~s bitte streichen!** cancellare ciò che non interessa

Nickel ['nɪkəl] <-s> *nt kein Pl.* CHEM nichel *m,* nichelio *m*

Nickelbrille *f* occhiali *mpl* con montatura nichelata

nicken ['nɪkən] *vi* ① *(mit dem Kopf)* fare cenno col capo; *(zustimmend)* annuire ② *(fam: schlummern)* appisolarsi

Nickerchen ['nɪkɐçən] <-s, -> *nt (fam)* pisolino *m*

Nicki[pullover] ['nɪki(pʊ'loːvɐ)] <-s, -s> *m* maglia *f* felpata

Nickname ['nɪkneɪm] <-s, -s> *m* INET nick[name] *m*

nie [niː] *adv* [non] … mai; **~ und nimmer** mai e poi mai; **noch ~ dagewesen** senza precedenti; **~ mehr!** mai più!

nieder ['niːdɐ] **I.** *adj* ① DIAL *(gering)* basso ② *(Rang)* inferiore; **von ~er Herkunft** di umili natali ③ *(Gesinnung)* vile **II.** *adv* giù, abbasso; **auf und ~ gehen** salire e scendere; **~ mit den Frauenfeinden!** abbasso i misogini!

nieder|beugen **I.** *vt (geh)* piegare in giù **II.** *vr:* **sich ~** abbassarsi, [in]chinarsi

nieder|brennen <irr> **I.** *vt haben* bruciare, ridurre in cenere **II.** *vi sein* bruciare, essere distrutto dal fuoco

niederdeutsch *adj* LING basso tedesco

nieder|drücken *vt* ① *(herunterdrücken)* piegare [in giù]; *(Klinke, Hebel)* abbassare ② *(fig geh: bedrücken)* deprimere, scoraggiare

nieder|fallen <irr> *vi sein* **vor jdm ~** *(geh)* gettarsi ai piedi di qu, prostrarsi dinanzi a qu

Niederfrequenz *f* PHYS bassa frequenza *f*

Niedergang <-(e)s> *m kein Pl. (geh: Untergang)* decadenza *f*

nieder|gehen <irr> *vi sein* ① *(Gewitter, Wolkenbruch)* abbattersi; *(Regen)* venire giù ② *(Flugzeug)* atterrare

niedergelassen *adj* CH ① *(als Schweizer in einer Gemeinde seinen festen Wohnsitz habend)* residente ② *(als Ausländer das Recht besitzend, in der Schweiz zu wohnen und zu arbeiten)* chi ha il permesso di soggiorno in Svizzera

niedergeschlagen *adj (bedrückt)* depresso, avvilito

Niedergeschlagenheit <-> *f kein Pl.* abbattimento *m,* avvilimento *m*

nieder|holen *vt* ammainare

nieder|knien *vi sein* inginocchiarsi

nieder|kommen <irr> *vi sein (geh)* [**mit einem Mädchen**] **~** dare alla luce [una bambina]

Niederkunft ['niːdɐkʊnft, *Pl:* 'niːdɐkʏnftə] <-, Niederkünfte> *f (geh)* parto *m*

Niederlage *f* MIL disfatta *f; (fig a.)* sconfitta *f;* **eine ~ erleiden** subire una sconfitta

Niederlande ['niːdɐlandə] *pl* **die ~** i Paesi Bassi

Niederländer(in) ['niːdɐlɛndɐ] <-s, -; -, -nen> *m(f)* olandese *mf*

niederländisch *adj* olandese

nieder|lassen <irr> *vr:* **sich ~** ① *(geh: sich setzen)* sedersi ② *(seinen Wohnsitz nehmen)* stabilirsi; *(als Arzt, Anwalt)* aprire uno studio

Niederlassung <-, -en> *f* ① *Sing. (das Sichniederlassen)* stabilimento *m; (als Arzt)* apertura *f* di uno studio medico; *(als Rechtsanwalt)* apertura *f* di uno studio legale ② WIRTSCH sede *f; (Zweigstelle)* filiale *f,* succursale *f*

Niederlassungsbewilligung <-, -en> *f* CH JUR permesso *m* di soggiorno illimitato

Niederlassungsfreiheit <-, -en> *f* WIRTSCH libertà *f* di stabilimento

nieder|legen **I.** *vt* ① *(geh: hinlegen)* mettere giù, posare; *(Waffen)* deporre ② *(Arbeit)* interrompere; *(Amt)* dimettersi [dal suo ufficio] ③ *(schriftlich fixieren)* fissare, registrare **II.** *vr:* **sich ~** *(geh)* coricarsi

Niederlegung <-, -en> *f* ① *(Kranz~)* deposizione *f* ② *(Arbeits~)* interruzione *f; (Amts~)* dimissioni *fpl; (von Krone)* abdicazione *f* ③ *(schriftlich)* registrazione *f*

nieder|machen *vt* trucidare, massacrare

nieder|metzeln ['niːdɐmɛtsəln] *vt* trucidare, massacrare

Niederösterreich *nt* Bassa Austria *f*

nieder|reißen <irr> *vt* abbattere, demolire
Niederrhein *m* Basso Reno *m*
Niedersachsen *nt* Bassa Sassonia *f*
nieder|schießen <irr> **I.** *vt haben* abbattere, stendere **II.** *vi sein (Vogel)* **auf jdn/etw ~** piombare su qu/qc
Niederschlag *m* ① METEO precipitazioni *fpl* ② CHEM precipitato *m;* **radioaktiver ~** pioggia *f* radioattiva, fall-out *m* ③ *(fig)* ripercussione *f;* **seinen ~ in etw** *dat* **finden** riflettersi in [*o* su] qc
nieder|schlagen <irr> **I.** *vt* ① *(zu Boden schlagen)* abbattere, atterrare ② *(fig: Aufstand)* reprimere ③ *(Kragen, Augen)* abbassare **II.** *vr:* **sich ~** ① *(Dampf)* depositarsi; CHEM precipitare ② *(fig: zum Ausdruck kommen)* **sich in etw** *dat* **~** riflettersi su qc
niederschlagsarm *adj* povero di precipitazioni, con scarsezza di piogge, siccitoso, secco
Niederschlagsmenge *f* precipitazioni *fpl*
niederschlagsreich *adj* ricco di precipitazioni, con abbondanti precipitazioni, piovoso
nieder|schmettern *vt* scaraventare a terra; *(a. fig)* abbattere
niederschmetternd *adj* costernante
nieder|schreiben <irr> *vt* mettere per iscritto, stendere
Niederschrift *f* scritto *m*
nieder|setzen **I.** *vt* posare **II.** *vr:* **sich ~** sedersi
Niederspannung <-, -en> *f* EL bassa tensione *f*
nieder|stoßen <irr> **I.** *vt haben (geh)* buttare giù, gettare a terra **II.** *vi sein (Raubvogel)* **auf jdn/etw ~** piombare su qu/qc
nieder|strecken *(geh)* **I.** *vt* stendere a terra, abbattere **II.** *vr:* **sich ~** [di]stendersi
Niedertracht <-> *f kein Pl. (geh)* infamia *f,* viltà *f*
niederträchtig ['ni:dɐtrɛçtɪç] *adj* infame, vile
Niederträchtigkeit <-, -en> *f s.* **Niedertracht**
nieder|trampeln *vt (fam)* pestare coi piedi, calpestare
nieder|treten <irr> *vt* pestare coi piedi, calpestare
Niederung <-, -en> *f* bassopiano *m*
nieder|walzen *vt* schiacciare
nieder|werfen <irr> **I.** *vt (geh)* ① *(Aufstand)* reprimere ② *(Feind)* vincere **II.** *vr* **sich vor jdm ~** gettarsi ai piedi di qu
Niederwerfung <-, -en> *f (von Feind)* sconfitta *f; (von Aufstand)* repressione *f*
Niederwild *nt* selvaggina *f* piccola
niedlich ['ni:tlɪç] *adj* carino, grazioso
niedrig ['ni:drɪç] *adj* ① *(klein, gering)* basso; *(Preis)* modico ② *(Stand)* umile ③ *(fig: Gesinnung)* vile
Niedrigenergiehaus *nt* edificio *m* a basso consumo energetico
Niedrigkeit <-, -en> *f* bassezza *f*
Niedriglohnland *nt* paese *m* dai salari bassi
niemals ['ni:ma:ls] *adv* [non …] mai; **~ mehr** mai più
niemand ['ni:mant] *pron indef* [non …] nessuno; **es ist ~ da** non c'è nessuno; **sonst ~** nessun altro
Niemandsland *nt* terra *f* di nessuno
Niere ['ni:rə] <-, -n> *f* ① ANAT rene *m;* **jdm an die ~n gehen** *(fig fam)* deprimere qu, tirare qu giù [di morale] ② *Pl.* GASTR rognoni *mpl*
Nierenbecken *nt* ANAT bacinetto *m* renale
nierenförmig ['ni:rənfœrmɪç] *adj* reniforme
Nierengurt *m* fascia *f* renale
nierenkrank *adj* nefritico
Nierenleiden *nt* MED affezione *f* renale, nefropatia *f*
Nierenspender(in) <-s, -; -, -nen> *m(f)* MED donatore, -trice *m, f* di reni
Nierenstein *m* MED calcolo *m* renale
Nierentisch *m* tavola *f* reniforme
Nierentransplantation *f* trapianto *m* renale
nieseln ['ni:zəln] *vi* **es nieselt** pioviggina
Nieselregen *m* pioggerella *f* minuta
niesen ['ni:zən] *vi* starnutire
Niesen <-s> *nt kein Pl.* starnuto *m*
Niespulver *nt* polvere *f* per starnutire
Nießbrauch ['ni:sbraʊx] *m* JUR usufrutto *m*
Nießbraucher(in) <-s, -; -, -nen> *m(f)* JUR usufruttuario, -a *m, f*
Nießnutzer(in) <-s, -; -, -nen> *m(f)* JUR usufruttuario, -a *m, f*
Niet [ni:t] <-(e)s, -e> *m* rivetto *m*
Niete[1] ['ni:tə] <-, -n> *f (Bolzen)* chiodo *m* da ribadire, rivetto *m*
Niete[2] ['ni:tə] <-, -n> *f* ① *(Fehllos)* biglietto *m* non vincente ② *(fig fam: Versager)* schiappa *f*
nieten *vt* rivettare
niet- und nagelfest *adj* **alles, was nicht ~ ist** *(fam)* tutto quello che si può portar via
Nihilismus [nihi'lɪsmʊs] <-> *m kein Pl.* nichilismo *m*
Nihilist(in) [nihi'lɪst] <-en, -en; -, -nen> *m(f)* nichilista *mf*
nihilistisch *adj* nichilista
Nikolaus ['nɪkolaʊs] <-, -e *o fam:* -läuse> *m (Gestalt)* San Niccolò *m*

N

Nikotin [niko'ti:n] <-s> *nt kein Pl.* nicotina *f*
nikotinarm *adj* a basso contenuto di nicotina, povero di nicotina
nikotinfrei *adj* denicotinizzato, senza nicotina
Nikotingehalt *m* contenuto *m* di nicotina
Nikotinpflaster *nt* cerotto *m* alla nicotina
Nikotinvergiftung *f* avvelenamento *m* da nicotina, nicotinismo *m*
Nil [ni:l] *m* Nilo *m*
Nilpferd *nt* ippopotamo *m*
Nimbus ['nɪmbʊs] <-, -se> *m* aureola *f*
nimmer ['nɪmɐ] *adv* A, SÜDD *(nie)* [non] … mai
nimmermüde ['nɪmɐ'my:də] *adj* instancabile, indefesso
Nimmersatt <-(e)s, -e> *m (fam)* ingordo, -a *m, f,* sfondato, -a *m, f*
Nimmerwiedersehen *nt (fam)* **auf ~!** addio per sempre
nimmt [nɪmt] *3. Pers. Sing. Präs. von* **nehmen**
Nippel ['nɪpəl] <-s, -> *m* TEC raccordo *m* filettato
nippen ['nɪpən] *vi* **an etw** *dat* **~** sorseggiare qc
Nippes ['nɪpəs *o* nɪps] *pl,* **Nippsachen** ['nɪpzaxən] *fpl* ninnoli *mpl,* chincaglie *f pl*

N

nirgends ['nɪrgənts], **nirgendwo** ['nɪrgəntvo:] *adv* da nessuna parte
nirgendwo ['nɪrgəntvo:] *adv s.* **nirgends**
Nische ['ni:ʃə] <-, -n> *f* nicchia *f*
Nisse ['nɪsə] <-, -n> *f* lendine *f*
nisten ['nɪstən] *vi* nidificare, fare il nido
Nistkasten *m* nido *m* artificiale
Nitrat [ni'tra:t] <-(e)s, -e> *nt* nitrato *m*
Nitrit [ni'tri:t] <-s, -e> *nt* nitrito *m*
Nitroglyzerin [nitroglytse'ri:n] <-s> *nt kein Pl.* nitroglicerina *f*
Niveau [ni'vo:] <-s, -s> *nt* livello *m;* **eine Sendung mit ~** una trasmissione di livello
niveaulos *adj* di basso livello; *(mittelmäßig)* mediocre
niveauvoll *adj* ad alto livello
nivellieren [nivɛ'li:rən] <ohne ge-> *vt* livellare
Nivellierung <-, -en> *f* livellamento *m*
nix [nɪks] *(fam) s.* **nichts**
Nixe ['nɪksə] <-, -n> *f* ondina *f*
NN *Abk. von* **Normalnull** l.m.
N. N. *Abk. von* **nomen nescio** nome ignoto; *(in Vorlesungsverzeichnissen)* non ancora nominato
NO *Abk. von* **Nordost[en]** NE
No-bail-Klausel <-, -n> *f* FIN clausola *f* no-bail-out
nobel ['no:bəl] *adj* ① *(geh: vornehm, edel)* nobile ② *(iron: luxuriös)* signorile ③ *(fam: großzügig)* generoso
Nobelkarosse *f* AUTO *(pej fam)* macchina *f* di lusso
Nobelpreis [no'bɛlpraɪs] *m* premio *m* Nobel
Nobelpreisträger(in) *m(f)* premio *m* Nobel
noch [nɔx] **I.** *adv* ancora; **~ größer** ancora più grande; **~ besser** ancora meglio; **~ bevor** [*o* **ehe**] ancora prima che *+conj,* di *+inf;* **~ dazu** *(außerdem)* per giunta, oltre tutto; **~ [ein]mal** ancora una volta; **~ heute, heute ~** oggi stesso, ancora oggi; **~ immer, immer ~** ancora, sempre; **~ mehr** ancora di più; **~ nicht** non ancora; **~ nie** non ancora; **~ und ~** [*o* **nöcher** *fam*] *(scherz)* a palate; **ich möchte ~ bleiben** vorrei rimanere ancora; **er wird schon ~ kommen** finirà per venire; **er kann ~ nicht einmal kochen** non sa neanche cucinare; **wäre er auch ~ so reich …** per ricco che sia …; **wie hieß sie [doch] ~?** com'è che si chiamava?; **[darf es] sonst ~ etwas [sein]?** che [*o* qualcos'] altro?; **auch das ~!** ci mancava anche questo!; **geh doch ~ nicht!** non andartene ancora!; **das wirst du ~ bereuen!** te ne pentirai! **II.** *konj* **weder … ~ …** né … né …
nochmalig *adj* nuovo; *(wiederholt)* ripetuto
nochmals *adv* ancora una volta, di nuovo
Nockenwelle ['nɔkənvɛlə] *f* albero *m* a camme
Nockerl <-s, -n> *nt* A *(kleiner Kloß)* gnocco *m*
Nomade [no'ma:də] <-n, -n> *m* nomade *m*
Nomadenleben *nt* vita *f* [da] nomade
Nomadentum <-s> *nt kein Pl.* nomadismo *m*
Nomadin [no'ma:dɪn] <-, -nen> *f* nomade *f*
Nomen ['no:mən, *Pl:* 'no:mina] <-s, Nomina> *nt* LING nome *m*
Nomenklatur [nomɛnkla'tu:ɐ̯] <-, -en> *f* nomenclatura *f*
Nomenklatura [nomɛnkla'tu:ra] <-> *f kein Pl.* *(in der UdSSR)* ① *(Oberschicht)* nomenklatura *f* ② *(Verzeichnis der Führungspositionen)* nomenklatura *f*
Nomina *Pl. von* **Nomen**
nominal [nomi'na:l] *adj* LING, WIRTSCH nominale
Nominalwert <-(e)s, -e> *m* FIN valore *m* nominale
Nominativ ['no:minati:f] <-s, -e> *m* LING nominativo *m*
nominell [nomi'nɛl] *adj* nominale

nominieren [nomi'niːrən] <ohne ge-> *vt* nominare

Nominierung <-, -en> *f* nomina *f*

No-Name-Produkt ['noʊneɪm pro'dʊkt] *nt* sottomarca *f*

Nonchalance [nõʃa'lãːs] <-> *f kein Pl.* nonchalance *f*

Nonkonformismus ['noːnkɔnfɔrmɪsmʊs *o* nonkɔnfɔr'mɪsmʊs] <-> *m kein Pl.* non conformismo *m*, anticonformismo *m*

Nonkonformist(in) [nɔnkɔnfɔr'mɪst] <-en, -en; -, -nen> *m(f)* nonconformista *mf*

nonkonformistisch *adj* nonconformista

Nonne ['nɔnə] <-, -n> *f* monaca *f*, suora *f*

Nonplusultra [nɔnplʊs'ʔʊltra] <-s> *nt kein Pl.* *(geh)* **das ~** il non plus ultra, il massimo

nonprofit *adj* nonprofit

Nonsens ['nɔnzɛns] <-(es)> *m kein Pl.* nonsenso *m*, controsenso *m*, assurdità *f*

nonstop ['nɔn'stɔp] *adv* non-stop, senza interruzioni, continuato; **~ fliegen** volare non-stop [*o* senza scalo]; **das Programm läuft ~** il programma continua senza interruzioni

Nonstopflug [nɔn'stɔpʔfluːk] *m* volo *m* senza scalo

Nonstopkino *nt* cinema *m* con spettacoli continuati

Nord [nɔrt] <-(e)s> *m kein Pl.* nord *m*; **der Wind kommt aus ~** il vento soffia da nord

Nord- [nɔrt] *in Zusammensetzungen* del nord, settentrionale

Nordamerika ['nɔrtʔa'meːrika] *nt* America *f* settentrionale, America *f* del Nord, Nordamerica *m*

Nordatlantikpakt ['nɔrtat'lantɪkpakt] <-(e)s> *m kein Pl.* POL, MIL trattato *m* nordatlantico

nordatlantisch ['nɔrtʔat'lantɪʃ] *adj* nordatlantico

norddeutsch *adj* della Germania settentrionale

Norddeutsche *mf* tedesco, -a *m, f* settentrionale

Norddeutschland *nt* Germania *f* del Nord [*o* settentrionale]

Norden ['nɔrdən] <-s> *m kein Pl.* nord *m*, settentrione *m*; **im ~ von** a nord di; **im hohen ~** nell'alto nord; **nach ~** verso il nord; **von ~** dal nord

Nordeuropa ['nɔrtʔɔɪ'roːpa] *nt* Europa *f* del Nord

Nordhalbkugel ['nɔrthalpkuːgəl] <-> *f kein Pl.* emisfero *m* boreale [*o* settentrionale]

Nordhang *m* versante *m* settentrionale

Nordic Walking ['nɔrdɪk 'vɔːkɪŋ] <-> *nt* nordic *m* walking

Nordirland ['nɔrt'ɪrlant] <-s> *nt* Irlanda *f* del Nord

nordisch *adj* nordico; **~e Kombination** SPORT combinata nordica

Norditalien *nt* Italia *f* del Nord [*o* settentrionale]

Norditaliener(in) *m(f)* [italiano, -a *m, f*] settentrionale *mf*

norditalienisch *adj* dell'Italia settentrionale

Nordkorea ['nɔrtkoreːa] *nt* Corea *f* del Nord

Nordkoreaner(in) ['nɔrtkoreaːnɐ] <-s, -; -, -nen> *m(f)* nordcoreano, -a *m, f*

nordkoreanisch *adj* nordcoreano, della Corea del Nord

nördlich ['nœrtlɪç] **I.** *adj* settentrionale; **~ von** a nord di; **in ~er Richtung** verso nord **II.** *präp +gen* **~ des Polarkreises** a nord del circolo polare

Nordlicht *nt* ① *(Polarlicht)* aurora *f* boreale ② *(fam scherz)* persona *f* della Germania settentrionale

Nordost[en] ['nɔrt'ʔɔst(ən)] *m* nord-est *m*

nordöstlich ['nɔrt'ʔœstlɪç] *adj* **~ von …** a nord-est di …

Nordpol *m* polo *m* nord

Nordrhein-Westfalen ['nɔrtraɪnvɛst'faːlən] *nt* Renania *f* Settentrionale-Vestfalia

Nordsee *f* mare *m* del Nord

Nord-Süd-Dialog *m* dialogo *m* Nord-Sud

Nord-Süd-Gefälle *nt* divario *m* Nord-Sud

Nordwest[en] ['nɔrt'vɛst(ən)] *m* nord-ovest *m*

nordwestlich ['nɔrt'vɛstlɪç] *adj* **~ von …** a nord-ovest di …

Nordwind *m* vento *m* del nord

Nörgelei [nœrgə'laɪ] <-, -en> *f* *(pej)* continuo criticare *m*, brontolio *m*

nörgeln ['nœrgəln] *vi* *(pej)* **an etw** *dat* **~** criticare qc, trovar sempre da ridire su qc

Nörgler(in) <-s, -; -, -nen> *m(f)* *(pej)* criticone, -a *m, f*

Norm [nɔrm] <-, -en> *f* norma *f*, regola *f*

normal [nɔr'maːl] *adj* normale

Normalbenzin <-s> *nt kein Pl.* benzina *f* normale

normalerweise *adv* normalmente

Normalfall *m* caso *m* normale; **im ~** normalmente

Normalgewicht <-(e)s> *nt kein Pl.* peso *m* norma

Normalgröße *f* altezza *f* normale

normalisieren [nɔrmali'ziːrən] <ohne ge-> **I.** *vt* normalizzare **II.** *vr:* **sich ~** normalizzarsi

N

Normalisierung <-, -en> *f* normalizzazione *f*
Normalität [nɔrmali'tɛːt] <-> *f kein Pl.* normalità *f*
Normalmaß *nt* misura *f* normale, campione *m*
Normalnull <-s> *nt kein Pl.* quota *f* zero, livello *m* mare
Normalsterbliche <ein -r, -n, -n> *mf* comune *mf* mortale
Normalverbraucher *m* consumatore *m* medio; **Otto ~** *(fam pej)* un uomo qualunque
Normanne [nɔr'manə] <-n, -n> *m*, **Normannin** [nɔr'manɪn] <-, -nen> *f* normanno, -a *m, f*
normannisch *adj* normanno
normativ [nɔrma'tiːf] *adj* normativo
normen ['nɔrmən] *vt*, **normieren** [nɔr'miːrən] <ohne ge-> *vt* normalizzare, unificare
Normierung <-, -en> *f*, **Normung** <-, -en> *f* normalizzazione *f*, standardizzazione *f*
normwidrig *adj* contrario alla norma
Norwegen ['nɔrveːgən] *nt* Norvegia *f*
Norweger(in) <-s, -; -, -nen> *m(f)* norvegese *mf*
norwegisch *adj* norvegese
Nostalgie [nɔstal'giː] <-, -n> *f* nostalgia *f*
Nostalgiewelle *f* revival *m* della nostalgia, ritorno *m* nostalgico; **auf der ~ schwimmen** abbandonarsi all'onda della nostalgia
nostalgisch [nɔs'talgɪʃ] *adj* nostalgico
Not [noːt, *Pl:* 'nœːtə] <-, Nöte> *f* ① *(~lage)* bisogno *m*, necessità *f*; **in ~ geraten** cadere in miseria ② *Sing. (Mangel)* penuria *f*, mancanza *f*; *(Bedürftigkeit)* indigenza *f*; *(Armut)* povertà *f*; *(Elend)* miseria *f*; **~ leiden** *(geh)* essere in miseria; **~ leidend** bisognoso, indigente; **wenn ~ am Mann ist** quando urge il bisogno; **aus der ~ eine Tugend machen** fare di necessità virtù; **zur ~** se è necessario; **~ macht erfinderisch** *(prov)* il bisogno aguzza l'ingegno ③ *(Sorge, Mühe)* fatica *f*, pena *f*; **seine** [**liebe**] **~ mit jdm/etw haben** avere un bel daffare con qu/qc *fam*; **mit knapper ~** a malapena; **mit knapper ~ entkommen** scamparla bella *fam*
Notanker *m* ① NAUT ancora *f* di riserva ② *(geh fig)* ancora *f* di salvezza
Notar(in) [no'taːɐ̯] <-s, -e; -, -nen> *m(f)* notaio *m*
Notariat [notari'aːt] <-(e)s, -e> *nt* ① *(Amt)* notariato *m* ② *(Büro)* studio *m* notarile
notariell [notari'ɛl] **I.** *adj* notarile **II.** *adv* dal notaio; **~ beglaubigt** legalizzato dal notaio
Notarin *f s.* **Notar**
Notarzt *m*, **Notärztin** *f* medico *m* di servizio
Notaufnahme <-, -n> *f* pronto soccorso *m*
Notausgang *m* uscita *f* di sicurezza
Notbehelf *m* espediente *m*, ripiego *m*
Notbeleuchtung *f* illuminazione *f* d'emergenza
Notbremse *f* freno *m* d'emergenza
Notbremsung <-, -en> *f* frenata *f* d'emergenza
Notdienst *m* **~ haben** *(Apotheke)* essere di turno
Notdurft ['noːtdʊrft] <-> *f kein Pl. (geh)* bisogno *m*, necessità *f pl*; **seine ~ verrichten** fare i propri bisogni
notdürftig I. *adj* ① *(kaum ausreichend)* appena sufficiente, scarso ② *(behelfsmäßig)* provvisorio, di fortuna **II.** *adv* alla meno peggio
Note ['noːtə] <-, -n> *f* ① MUS nota *f*; **ganze ~** semibreve *f*; **halbe ~** minima *f* ② *(Bank~)* banconota *f* ③ *(Schul~)* voto *m* ④ *(fig: Wesenszug)* impronta *f*; **eine persönliche ~** un'impronta personale
Notebook <-s, -s> *nt* notebook *m*
Notenbank <-, -en> *f* banca *f* d'emissione
Notenblatt *nt* MUS foglio *m* di musica
Notenheft *nt* quaderno *m* di musica
Notenpapier *nt* carta *f* da musica
Notenschlüssel <-s, -> *m* MUS chiave *f*
Notenständer *m* MUS leggio *m*
Notfall *m* caso *m* di bisogno; **im ~** in caso di bisogno; *(zur Not)* se è necessario
notfalls *adv* all'occorrenza, in caso di bisogno
Notfallstation <-, -en> *f* CH *(Unfallstation im Krankenhaus)* pronto soccorso *m*
notgedrungen *adv* per necessità, costretto dalla necessità
notgeil *adj (sl)* affamato, allupato
Notgroschen *m* risparmio *m*, riserva *f* di denaro
notieren [no'tiːrən] <ohne ge-> *vt* ① *(aufschreiben)* annotare, prendere nota di ② FIN *(Kurse, Aktien)* quotare
Notierung <-, -en> *f* FIN quotazione *f*
nötig ['nøːtɪç] *adj* necessario; **etw ~ haben** aver bisogno di qc; **für ~ halten** ritenere necessario; **wenn** [*o* **falls**] **~** se necessario, all'occorrenza; **es ist ~, dass ...** è necessario che *+conj*, occorre che *+conj*
nötigen *vt* obbligare, costringere; JUR costringere, coartare
nötigenfalls *adv* in caso di bisogno
Nötigung <-, -en> *f* JUR costrizione *f*, coartazione *f*

Notiz [no'ti:ts] <-, -en> *f* ❶ *(Vermerk)* nota *f,* appunto *m;* **sich** *dat* **~en machen** prendere appunti; **von etw/jdm ~ nehmen** prendere nota di qc/qu ❷ *(Zeitungs~)* notizia *f*

Notizblock <-(e)s, -blöcke> *m* blocco *m* per appunti

Notizbuch *nt* taccuino *m,* agenda *f;* **elektronisches ~** agenda elettronica

Notizzettel <-s, -> *m* foglio *m* degli appunti

Notlage *f* situazione *f* di emergenza, necessità *f*

not|landen *vi sein* effettuare un atterraggio di fortuna

Notlandung *f* atterraggio *m* di fortuna

notleidend *adj* bisognoso, indigente

Notlösung *f* soluzione *f* di fortuna

Notlüge *f* bugia *f* ufficiosa

notorisch [no'to:rɪʃ] *adj* notorio, pubblicamente noto

Notruf *m* ❶ *(Anruf)* chiamata *f* d'emergenza ❷ *(~nummer)* numero *m* per chiamate d'emergenza

Notrufsäule *f* colonnina *f* per chiamate di soccorso

Notrufsystem *nt* sistema *m* di chiamata di soccorso

notschlachten *vt* abbattere

Notsitz *m* strapuntino *m*

Notstand *m* stato *m* di emergenza

Notstandsgebiet *nt* zona *f* sinistrata

Notstandsgesetz *nt* legge *f* per lo stato di emergenza

Notstromaggregat *nt* gruppo *m* elettrogeno di emergenza

Notstromversorgung <-> *f kein Pl.* fornitura *f* [*o* erogazione *f*] di energia elettrica d'emergenza

Nottaufe *f* battesimo *m* d'urgenza

Notunterkunft *f* alloggio *m* di fortuna

Notverband *m* fasciatura *f* provvisoria, prima medicazione *f*

Notwehr <-> *f kein Pl.* JUR legittima difesa *f;* **aus** [*o* **in**] **~** per legittima difesa

notwendig ['no:tvɛndɪç] *adj* necessario; *(unerlässlich)* indispensabile

notwendigerweise *adv* necessariamente

Notwendigkeit <-, -en> *f* necessità *f*

Notzucht *f* stupro *m,* violenza *f* carnale

Nougat <-s, -s> *m o nt s.* **Nugat**

Novelle [no'vɛlə] <-, -n> *f* ❶ LIT novella *f* ❷ JUR, POL emendamento *m* di legge

novellieren <ohne ge-> *vt bes.* A *(form: ein Gesetz ändern oder ergänzen)* emendare

November [no'vɛmbɐ] <-(s), -> *m* novembre *m; s. a.* **April**

Novize [no'vi:tsə] <-n, -n> *m,* **Novizin** [no'vi:tsɪn] <-, -nen> *f* REL novizio, -a *m, f*

NPD [ɛnpe:'de:] <-> *f kein Pl. Abk. von* **Nationaldemokratische Partei Deutschlands** *partito nazionaldemocratico tedesco*

Nr. *Abk. von* **Nummer** n.

NS ❶ *Abk. von* **Nachschrift** P.S. ❷ *Abk. von* **Nationalsozialismus** nazionalsocialismo *m*

N. T. *Abk. von* **Neues Testament** NT

Nu [nu:] *m* **im ~** *(fam)* in un attimo

Nuance [ny'ã:sə] <-, -n> *f* sfumatura *f*

nüchtern ['nʏçtɐn] *adj* ❶ *(ohne Essen)* digiuno; **auf ~en Magen** a digiuno ❷ *(nicht betrunken)* sobrio ❸ *(einfach)* sobrio ❹ *(schmucklos)* disadorno, semplice ❺ *(sachlich)* obiettivo, spassionato

Nüchternheit <-> *f kein Pl.* ❶ *(ohne Essen)* essere *m* a digiuno ❷ *(ohne Alkohol)* sobrietà *f* ❸ *(Einfachheit)* sobrietà *f* ❹ *(Schmucklosigkeit)* semplicità *f* ❺ *(Sachlichkeit)* obiettività *f*

nuckeln ['nʊkəln] *vi (fam)* succhiare (**an etw** *dat* qc)

Nudel ['nu:dəl] <-, -n> *f* pasta *f;* **die ~n abgießen** scolare la pasta

Nudelholz *nt* matterello *m*

nudeln *vt* ingrassare

Nudelsuppe *f* pastina *f* in brodo

Nudist(in) [nu'dɪst] <-en, -en; -, -nen> *m(f)* nudista *mf*

Nugat ['nu:gat] <-s, -s> *m o nt* nougat *m*

nuklear [nukle'a:ɐ̯] *adj* nucleare

Nuklearmacht *f* potenza *f* nucleare

Nuklearmedizin *f* medicina *f* nucleare

Nuklearphysik *f* fisica *f* nucleare

Nuklearwaffe <-, -n> *f* arma *f* nucleare

null [nʊl] *num* ❶ *(Zahl)* zero; **~ und nichtig** nullo; **es ist ~ Uhr fünf** ADM è mezzanotte e cinque; **in ~ Komma nichts** *(fam)* in un batter d'occhio ❷ *(sl: kein)* **~ Ahnung/Bock haben** non avere idea/nessuna voglia

Null <-, -en> *f* ❶ *(Zahl)* zero *m;* **die Stunde ~** l'ora zero; **zehn Grad über/unter ~** dieci gradi sopra/sotto zero ❷ *(fam pej: unfähiger Mensch)* nullità *f*

Nullachtfuffzehn- [nʊlaxt'fʊftse:n], **Nullachtfünfzehn-** [nʊlaxt'fʏnftse:n] *in Zusammensetzungen (fam pej)* dozzinale

nullachtfünfzehn [nʊlaxt'fʏnftse:n] *adj inv (fam)* mediocre, banale

Nullchecker ['nʊltʃɛkɐ] <-s, -> *m* incapace *m,* inetto *m,* imbecille *m*

Nulldiät *f* dieta *f* zero

Nulllösung *f* POL opzione *f* zero

Nullpunkt *m* punto *m* zero; **auf den ~ sinken** scendere a zero

Nullrunde <-, -n> *f* wage freeze *m,* congelamento *m* dei salari
Nullserie *f* serie *f* sperimentale
Nulltarif *m* tariffa *f* zero; **zum ~ fahren** andare gratis
Nullwachstum *nt* WIRTSCH crescita *f* zero
numerisch [nu'meːrɪʃ] *adj* numerico
Numerus clausus ['nuːmerʊs 'klaʊzʊs] <-, -> *m* numero *m* chiuso
Numismatik [numɪs'maːtɪk] <-> *f kein Pl.* numismatica *f*
Nummer ['nʊmɐ] <-, -n> *f* ❶ *(Zahl, Zirkus~, Konfektions~, von Zeitschrift)* numero *m;* **eine ~ wählen** comporre un numero; **mit einer ~ versehen** numerare; **auf ~ Sicher gehen** *(fam)* andare sul sicuro ❷ *(fam: Typ)* tipo *m*
nummerieren [nume'riːrən] <ohne ge-> *vt* numerare
Nummerierung <-, -en> *f* numerazione *f*
Nummernkonto *nt* conto *m* cifrato
Nummernscheibe *f* disco *m* combinatore
Nummernschild *nt* targa *f* [d'immatricolazione]
nun [nuːn] *adv* ❶ *(jetzt)* ora, adesso; **was ~?** e adesso?, e ora?; **von ~ an** d'ora in poi ❷ *(beschwichtigend)* e; **~ gut!** e va bene!; **~ ja** ebbene ❸ *(entrüstet)* però ❹ *(auffordernd, fragend)* be', e, e allora; **~?** allora? ❺ *(eben)* **das ist ~ einmal so!** è [ormai] così
nunmehr ['nuːn'meːɐ̯] *adv (geh)* ormai
Nuntius ['nʊntsiʊs, *Pl:* 'nʊntsiən] <-, Nuntien> *m* nunzio *m*
nur [nuːɐ̯] *adv* solo, solamente; *(bei Verben a.)* non … che; **nicht ~ …, sondern auch …** non solo …, ma anche …; **~ schade, dass …** solo peccato che …; **alle, ~ ich nicht** tutti, solo io no, tutti tranne me; **wenn ich ~ wüsste, ob …** se solo sapessi se …; **ich weiß es ~ zu gut** lo so fin troppo bene; **ich habe ~ noch zwei Euro** mi restano solo due euro; **sie lief so schnell sie ~ konnte** corse con quanta forza aveva in corpo; **~ zu!** avanti!, coraggio!; **lassen Sie mich ~ machen!** *(fam)* lasci fare a me!; **sollen sie sich ~ über mich lustig machen!** e che si prendano pure gioco di me!; **was hast du ~ [heute]?** ma che hai [oggi]?, si può sapere che hai [oggi]?; **wie konntest du ~ so dumm sein!** come hai potuto essere così stupido!
Nürnberg ['nʏrnbɛrk] *nt* Norimberga *f*
nuscheln ['nʊʃəln] *vt, vi (fam)* farfugliare
Nuss [nʊs, *Pl:* 'nʏsə] <-, Nüsse> *f* ❶ BOT, GASTR noce *f; (Hasel~ a.)* nocciola *f;* **das ist eine harte ~!** *(fam fig)* è un osso duro ❷ *(fam pej: Mensch)* **du dumme [o doofe] ~!** imbecille!, cretino! ❸ A *(Mokkatasse)* tazzina *f* da caffè
Nussbaum *m* noce *m*
nussbraun *adj* color noce, castano
Nüsse *Pl. von* **Nuss**
nussig *adj* nocciolato
Nussknacker <-s, -> *m* schiaccianoci *m*
Nussöl <-(e)s, -e> *nt* olio *m* di noce
Nussschale *f* guscio *m* di noce
Nusstorte <-, -n> *f* torta *f* di nocciole
Nüster ['nʏstɐ] <-, -n> *f meist Pl.* frogia *f*
Nut [nuːt] <-, -en> *f,* **Nute** ['nuːtə] <-, -n> *f* TEC scanalatura *f*
nuten *vt* scanalare
Nutte ['nʊtə] <-, -n> *f (vulg pej)* puttana *f*
Nutzanwendung *f* applicazione *f* pratica
nutzbar *adj* utilizzabile; **~ machen** utilizzare, mettere a profitto; *(Boden)* coltivare
Nutzbarmachung <-> *f kein Pl.* utilizzazione *f,* sfruttamento *m; (von Boden)* coltivazione *f*
nutzbringend *adj* utile, proficuo; *(ertragreich)* produttivo
nütze ['nʏtsə] *adj* **[zu] nichts ~ sein** non essere buono a nulla; **[zu] etw ~ sein** servire a qc
Nutzeffekt *m* effetto *m* utile
nutzen ['nʊtsən], **nützen** ['nʏtsən] **I.** *vi* essere utile; **zu etw ~** essere utile a qc; **jdm ~** essere utile a qu **II.** *vt* sfruttare; **das nützt nichts** ciò non serve a nulla
Nutzen ['nʊtsən] <-s> *m kein Pl. (Nützlichkeit)* utilità *f; (Gewinn)* profitto *m,* guadagno *m; (Vorteil)* vantaggio *m;* **~ bringen, von ~ sein** dare frutti, essere utile; **aus etw ~ ziehen** trarre profitto da qc
Nutzfahrzeug *nt* veicolo *m* utilitario
Nutzfläche *f* superficie *f* utile
Nutzholz *nt* legname *m* da costruzione
Nutzlast *f* carico *m* utile
nützlich *adj* utile, giovevole; **sich ~ machen** rendersi utile
Nützlichkeit <-> *f kein Pl.* utilità *f*
nutzlos *adj* inutile; *(vergeblich)* vano, infruttuoso
Nutzlosigkeit <-> *f kein Pl.* inutilità *f; (Vergeblichkeit)* vanità *f*
Nutznießer(in) ['nʊtsniːsɐ] <-s, -; -, -nen> *m(f)* beneficiario, -a *m, f;* JUR usufruttuario, -a *m, f*
Nutzpflanze *f* pianta *f* utile
Nutztier <-(e)s, -e> *nt* animale *m* utile
Nutzung <-, *rar:* -en> *f* ❶ *(Be~)* utilizzazione *f,* uso *m* ❷ *(Aus~)* sfruttamento *m; (von Boden)* coltivazione *f*
Nutzungsrecht *nt* JUR diritto *m* d'usufrutto
NW *Abk. von* **Nordwest[en]** NO
Nylon® ['naɪlɔn] <-(s)> *nt kein Pl.* nylon® *m*

N

Nymphe ['nʏmfə] <-, -n> *f* ninfa *f*
nymphoman *adj* ninfomane
Nymphomanie [nʏmfoma'ni:] *f* ninfomania *f*
Nymphomanin [nʏmfo'ma:nɪn] *f* ninfomane *f*
nymphomanisch *adj* ninfomane

O o

o [o:] *interj* oh
O, o [o:] <-, -(s)> *nt* O *f*, o *f*; **O wie Otto** O come Otranto
O *Abk. von* **Ost[en]** E
o. a. *Abk. von* **oben angeführt** detto [*o* dimostrato] sopra
o. ä. *Abk. von* **oder ähnlich** o sim.
o. Ä. *Abk. von* **oder Ähnliche(s)** o sim.
Oase [o'a:zə] <-, -n> *f* oasi *f*
ob [ɔp] *konj* ❶ *(indirekte Frage einleitend)* se; **er fragt, ~ du mitkommst** chiede se ci vieni anche tu; **~ das wohl stimmt?** che sia vero? ❷ *(vergleichend)* **als ~** come se; **es ist, als ~ ...** si direbbe che ...; **so tun, als ~ ...** far finta di *+inf* ❸ *(egal ~)* **~ ... oder** che ... o *+conj*; **~ er kommt oder nicht** che venga o no ❹ *(verstärkend)* **und ~!** eccome!, altro che!
OB [o:'be:] <-(s), -s> *m Abk. von* **Oberbürgermeister** sindaco *m*
o B. *Abk. von* **ohne Befund** risultato negativo
o. B. *Abk. von* **ohne Befund** risultato negativo
Obacht ['o:baxt] <-> *f kein Pl.* SÜDD attenzione *f*; **auf jdn/auf etw ~ geben** prestare attenzione a qu/qc; **~!** occhio!
ÖBB *f* A *Abk. von* **Österreichische Bundesbahnen** ferrovie *fpl* federali austriache
Obdach ['ɔpdax] *nt* ricovero *m*, rifugio *m*
obdachlos *adj* senza casa, senza tetto
Obdachlose <ein -r, -n, -n> *mf* senzatetto *mf*
Obdachlosenasyl *nt* asilo *m* per i senzatetto
Obduktion [ɔpdʊk'tsi̯o:n] <-, -en> *f* MED autopsia *f*
obduzieren [ɔpdu'tsi:rən] <ohne ge-> *vt* MED fare l'autopsia di
O-Beine *ntpl (fam)* gambe *fpl* storte
Obelisk [obe'lɪsk] <-en, -en> *m* obelisco *m*
oben ['o:bən] *adv* ❶ *(in der Höhe)* in alto; **da** [*o* **dort**] **~** lassù; **links/rechts ~** su [*o* in alto] a sinistra/a destra; **nach ~** in alto; **von ~** dall'alto; **von ~ bis unten** da cima a fondo; *(bei Personen)* da capo a piedi; **~ wohnen** abitare sopra; **jdn von ~ herab behandeln** trattare qu dall'alto in basso; **~ ohne sein** *(fam)* essere topless; **sich ~ ohne sonnen** *(fam)* prendere il sole in topless; **mir steht's bis hier ~!** *(fam)* ne ho fin sopra i capelli! ❷ *(an Oberfläche)* alla superficie ❸ *(in Schriftstück, Buch)* sopra
obenan ['o:bən'ʔan] *adv (in Reihenfolge)* al primo posto; *(bei Liste)* in cima
obenauf ['o:bən'ʔaʊf] *adv* **wieder ~ sein** *(fam: gesund sein)* essersi rimesso
obendrein ['o:bən'draɪn] *adv* per giunta, per di più, inoltre
obenerwähnt *adj* summenzionato, soprammenzionato
obengenannt *adj* indicato sopra
obenhin ['o:bən'hɪn] *adv* superficialmente, di sfuggita
Ober ['o:bɐ] <-s, -> *m* cameriere *m*
Oberarm ['o:bɐarm] *m* parte *f* superiore del braccio, omero *m*
Oberarzt *m*, **Oberärztin** *f* medico *m* capo, dottoressa *f* capo
Oberbefehl *m* MIL comando *m* supremo
Oberbefehlshaber *m* MIL comandante *m* supremo
Oberbekleidung *f* vestiti *mpl*
Oberbett *nt* piumino *m*
Oberbürgermeister(in) *m(f)* borgomastro *m*, sindaco, -a *m, f*
obere(r, s) ['o:bərə, -rɐ, -rəs] *adj* superiore, [più] alto, -a
Oberfeldwebel *m* maresciallo *m* maggiore
Oberfläche *f* superficie *f*; **an der ~** in superficie
oberflächlich *adj* superficiale
Oberflächlichkeit <-, -en> *f* superficialità *f*
Obergeschoss *nt* piano *m* superiore
Obergrenze <-, -n> *f* limite *m* [*o* estremo *m*] massimo
oberhalb I. *präp +gen* al di sopra di **II.** *adv* [di] sopra
Oberhand *f* **die ~ gewinnen über** *+akk* avere il sopravvento su
Oberhaupt *nt (geh)* capo *m*
Oberhaus *nt* POL ❶ *(erste Kammer des Par-*

laments) camera *f* alta ② *(in Großbritannien)* Camera *f* alta [*o* dei Lords]
Oberhaut *f* epidermide *f*
Oberhemd *nt* camicia *f*
Oberhoheit *f* sovranità *f*
Oberin ['oːbərɪn] <-, -nen> *f* [madre *f*] superiora *f*
oberirdisch *adj* [situato] in superficie
Oberkellner(in) *m(f)* capocameriere *m*, capocameriera *f*
Oberkiefer *m* ANAT mascella *f* superiore
Oberkommando *nt* MIL comando *m* supremo
Oberkörper *m* parte *f* superiore del corpo, busto *m*
Oberlandesgericht ['oːbɐ'landəsgərɪçt] <-(e)s, -e> *nt* JUR corte *f* d'appello
Oberlauf <-(e)s, -läufe> *m* corso *m* superiore
Oberleder *nt* tomaia *f*
Oberleitung *f* ① *(Führung)* direzione *f* generale ② EL linea *f* aerea
Oberleitungsomnibus *m* filobus *m*
Oberleutnant *m* MIL tenente *m*
Oberlicht *nt* luce *f* dall'alto, lucernario *m*
Oberlippe *f* labbro *m* superiore
Oberösterreich *nt* Alta Austria *f*
Oberprima ['oːbɐ'priːma] *f* ultima classe *f* liceale
Oberprimaner(in) ['oːbɐpri'maːnɐ] <-s, -; -, -nen> *m(f)* allievo, -a *m, f* dell'ultima classe liceale
Oberrhein *m* Reno *m* superiore
Obers ['oːbɐs] <-> *nt kein Pl.* A *(Sahne)* panna *f* [montata]
Oberschenkel *m* coscia *f*
Oberschicht *f* ① *(obere Schicht)* strato *m* superiore ② SOC strato *m* superiore, ceto *m* elevato
Oberschule <-, -n> *f* *(fam)* scuola *f* [media] superiore
Oberschwester *f* capoinfermiera *f*
Oberseite *f* lato *m* superiore
Oberst ['oːbɐst] <-en *o* -s, -en *o rar:* -e> *m* colonnello *m*
Oberstaatsanwalt *m*, **Oberstaatsanwältin** *f* procuratore, -trice *m, f* della Repubblica
oberste(r, s) *adj Superlativ von* **obere(r, s)** ① *(räumlich)* [il/la] più alto, -a *(Stockwerk)* ultimo, -a ② ADM supremo, -a superiore; **das Oberste Gericht** la corte suprema
Oberstufe *f* corso *m* superiore, livello *m* avanzato; **gymnasiale ~** *i tre anni scolastici che precedono la maturità classica, linguistica o scientifica*
Oberteil *nt* parte *f* superiore; *(von Kleidung)* disopra *m*
Oberwasser *nt* acqua *f* superiore, gora *f* d'afflusso; ~ **haben** *(fam)* avere il sopravvento
Oberweite *f* [circonferenza *f* del] petto *m*
obgleich [ɔp'glaɪç] *konj* sebbene *+conj*, benché *+conj*
Obhut ['ɔphuːt] <-> *f kein Pl.* *(geh)* **jdn in seine ~ nehmen** prendere qu sotto la sua protezione
obige(r, s) ['oːbɪgə, -gɐ, -gəs] *adj* suddetto, -a summenzionato, -a
Objekt [ɔp'jɛkt] <-(e)s, -e> *nt* ① *(Gegenstand)* *a.* PHILOS oggetto *m* ② LING complemento *m*
objektiv [ɔpjɛk'tiːf] *adj* obiettivo
Objektiv <-s, -e> *nt* obiettivo *m*
Objektivität [ɔpjɛktivi'tɛːt] <-> *f kein Pl.* obiettività *f*
Objektträger *m* vetrino *m* portaoggetti, portaoggetto *m*
Oblate [o'blaːtə] <-, -n> *f* ostia *f*
ob|liegen [ɔp'liːgən] <irr> *vi* *(geh)* **jdm ~** spettare a qu
Obliegenheit <-, -en> *f* *(geh)* dovere *m*, incombenza *f*, obbligo *m*
obligat [obli'gaːt] *adj* d'obbligo, obbligatorio, indispensabile
Obligation [obliga'tsjoːn] <-, -en> *f a.* FIN obbligazione *f*
obligatorisch [obliga'toːrɪʃ] *adj* obbligatorio
Obmann ['ɔpman, *Pl:* 'ɔpmɛnɐ *o* 'ɔplɔɪtə] <-(e)s, Obmänner *o* Obleute> *m*, **Obmännin** ['ɔpmɛnɪn] <-, -nen> *f* direttore, -trice *m, f;* SPORT arbitro, -a *m, f*
Oboe [o'boːə] <-, -n> *f* oboe *m*
Obolus ['oːbolʊs] <-, - *o* -se> *m* obolo *m*
Obrigkeit ['oːbrɪçkaɪt] <-, -en> *f* autorità *f*
Obrigkeitsstaat *m* stato *m* [*o* regime *m*] autoritario
obschon [ɔp'ʃoːn] *(geh) s.* **obgleich**
Observatorium [ɔpzɛrva'toːriʊm] <-s, Observatorien> *nt* osservatorio *m*
observieren [ɔpzɛr'viːrən] *vt* pedinare, tenere sotto controllo
obsessiv [ɔpzɛ'siːf] *adj* PSYCH ossessivo
obskur [ɔps'kuːɐ̯] *adj* oscuro, sospetto
Obst [oːpst] <-(e)s> *nt kein Pl.* frutta *f*
Obstanbau <-(e)s> *m kein Pl.* frutticoltura *f*
Obstbau <-(e)s> *m kein Pl.* frutticoltura *f*
Obstbaum *m* albero *m* da frutto
Obsternte *f* ① *(Tätigkeit)* raccolta *f* della frutta ② *(Zeit)* tempo *m* del raccolto
Obstgarten *m* frutteto *m*
Obstgeschäft *nt* negozio *m* di frutta
Obsthändler(in) *m(f)* fruttivendolo, -a *m, f*
Obsthandlung *f* negozio *m* di frutta
Obstkuchen *m* dolce *m* di frutta

O

Obstmesser *nt* coltello *m* da frutta
Obstplantage *f* piantagione *f* di alberi da frutto
Obstsaft *m* succo *m* di frutta
Obstsalat *m* macedonia *f* di frutta
Obsttorte *f* torta *f* alla frutta
obszön [ɔps'tsøːn] *adj* osceno
Obszönität [ɔpstsøni'tɛːt] <-, -en> *f* oscenità *f*
Obus ['oːbʊs] *m Abk. von* **Oberleitungsomnibus**
obwohl [ɔp'voːl] *konj* sebbene +*conj,* benché +*conj,* anche se
Ochs [ɔks] <-en, -en> *m,* **Ochse** ['ɔksə] <-n, -n> *m* 1 ZOO bue *m* 2 *(fam fig: Dummkopf)* stupido *m,* sciocco *m*
ochsen *vi (fam: pauken)* sgobbare
Ochsenschlepp <-s, -e> *m* A *(Ochsenschwanz)* coda *f* di bue
Ochsenschwanzsuppe *f* brodo *m* di coda di bue
Ocker ['ɔkɐ] <-s, -> *m o nt* ocra *f*
öd [øːt] *adj s.* **öde**
Ode ['oːdə] <-, -n> *f* ode *f*
öde ['øːdə] *adj* 1 *(verlassen)* deserto; *(kahl)* brullo; *(unbebaut)* incolto; *(unbewohnt)* disabitato 2 *(fig: langweilig)* monotono
Öde ['øːdə] <-, -n> *f* 1 *(Wüste)* deserto *m;* *(Ein~)* solitudine *f* 2 *Sing. (fig: Langeweile)* monotonia *f*
Ödem [ø'deːm] <-s, -e> *nt* MED edema *m*
oder ['oːdɐ] *konj* o, oppure; ~ **auch** oppure, ovvero; **entweder … ~ …** o … o …; **du kommst doch heute, ~?** vieni oggi, o no?; **du kommst heute nicht, ~ doch?** non vieni oggi, o sbaglio?
Ödipuskomplex ['øːdipʊskɔm'plɛks] *m* PSYCH complesso *m* di Edipo
Ödland *nt* AGR terreni *m pl* incolti
Odyssee [odʏ'seː] <-, -n> *f (geh)* odissea *f*
OEZ *Abk. von* **osteuropäische Zeit** ora locale dell'Europa orientale
Ofen ['oːfən, *Pl:* 'øːfən] <-s, Öfen> *m* *(Heiz~)* stufa *f; (Back~)* forno *m*
Ofenbank <-, -bänke> *f* panca *f* accanto alla stufa
Ofenrohr *nt* tubo *m* della stufa
Ofenschirm *m* parafuoco *m*
Ofensetzer(in) <-s, -; -, -nen> *m(f)* fumista *mf*
Off [ɔf] <-s> *nt kein Pl.* TV, FILM, THEAT fuoricampo *m;* **aus dem** ~ fuoricampo
offen ['ɔfən] *adj* 1 *(geöffnet, nicht verschlossen, a. fig)* aperto; *(Gelände, Wagen)* scoperto; **halb** ~ semiaperto, socchiuso; **weit** ~ spalancato; **auf ~er Straße** per la strada; **~er Wein** vino sfuso; **Tag der ~en Tür** giorno *m* di apertura al pubblico, porte *f* aperte *pl* 2 *(Stelle)* vacante, libero 3 *(Frage)* insoluto, aperto, in sospeso 4 *(freimütig)* franco, sincero; *(unverhüllt)* palese, manifesto; ~ **und ehrlich** schiettamente, chiaro e tondo; **es ganz ~ sagen** dirlo senza mezzi termini; ~ **gesagt** [*o* **gestanden**] a dire il vero; **~er Widerstand** opposizione palese
offenbar ['ɔfənbaːɐ̯ *o* ɔfən'baːɐ̯] **I.** *adj* manifesto, palese **II.** *adv* chiaramente, evidentemente
offenbaren [ɔfən'baːrən] <ohne ge-> **I.** *vt (geh)* manifestare, rivelare; REL rivelare **II.** *vr:* **sich** ~ *(geh)* 1 *(erweisen)* mostrarsi 2 *(kundtun)* rivelarsi
Offenbarung <-, -en> *f* rivelazione *f*
Offenbarungseid *m* JUR giuramento *m* dichiarativo
offen|bleiben <irr> *vi (unentschieden bleiben)* rimanere indeciso
offen|halten <irr> *vt* **sich** *dat* **etw** ~ *(sich vorbehalten)* tenersi [*o* lasciarsi] aperto qc
Offenheit <-, *rar:* -en> *f* franchezza *f,* sincerità *f;* **in aller** ~ con tutta franchezza
offenherzig *adj* franco, schietto, sincero
Offenherzigkeit <-, *rar:* -en> *f* franchezza *f,* sincerità *f,* schiettezza *f*
offenkundig *adj* manifesto, notorio, evidente
offen|lassen <irr> *vt (Frage, Problem)* lasciare aperto [*o* in sospeso]
offen|legen *vt (klar darlegen)* rivelare, scoprire
Offenmarktgeschäft <-(e)s, -e> *nt* FIN affare *m* del mercato aperto
offensichtlich **I.** *adj* evidente, palese **II.** *adv* evidentemente
offensiv [ɔfɛn'ziːf] *adj* offensivo
Offensive [ɔfɛn'ziːvə] <-, -n> *f* offensiva *f*
offen|stehen <irr> *vi* 1 *(sich bieten)* **jdm** ~ *(Möglichkeit, Alternative)* offrirsi a qu, prospettarsi a qu 2 *(zugänglich sein)* **ihr steht die ganze Welt offen** il mondo le sta aperto davanti, ha tutte le possibilità 3 *(freistehen)* **es steht dir offen, zu kommen oder nicht** sta a te decidere se venire o meno 4 *(unbezahlt sein)* essere scoperto, non essere pagato
öffentlich ['œfəntlɪç] **I.** *adj* pubblico; **die ~e Meinung** l'opinione pubblica **II.** *adv* pubblicamente, in pubblico; ~ **auftreten** presentarsi in pubblico
Öffentlichkeit <-> *f kein Pl.* pubblico *m;* **in der** ~ in pubblico; **vor aller** ~ davanti a tutti; **unter Ausschluss der** ~ JUR a porte chiuse
Öffentlichkeitsarbeit *f* pubbliche relazioni *f pl*
Öffentlichkeitsarbeiter(in) *m(f)* pr *mf*

O

öffentlich-rechtlich *adj* di diritto pubblico
offerieren [ɔfeˈriːrən] <ohne ge-> *vt* COM offrire
Offerte [ɔˈfɛrtə] <-, -n> *f* COM offerta *f*
Office-paket <-(e)s, -e> *nt* INFORM pacchetto *m* office
offiziell [ɔfiˈtsi̯ɛl] *adj* ufficiale
Offizier [ɔfiˈtsiːɐ̯] <-s, -e> *m* ufficiale *m*
Offiziersanwärter *m* allievo *m* ufficiale
Offizierslaufbahn *f* carriera *f* di ufficiale
offline <inv> *adj* INFORM off-line
Offline-Betrieb *m* INFORM modalità *f* fuori linea
öffnen [ˈœfnən] **I.** *vt (a. Computer)* aprire; *(Flasche)* stappare; **mit Gewalt ~** forzare; **hier ~!** lato da aprire! **II.** *vr:* **sich ~** aprirsi
Öffner <-s, -> *m* ❶ *(Dosen~)* apriscatole *m; (Flaschen~)* apribottiglie *m; (Brief~)* tagliacarte *m* ❷ *(Tür~)* apriporta *m*
Öffnung <-, -en> *f* ❶ *(Vorgang)* apertura *f* ❷ *(Loch)* buco *m,* foro *m*
Öffnungszeit *f* ore *f pl* di apertura
Off-Roader [ˈɔfroʊdɐ] *m* AUTO fuoristrada *m*
Offsetdruck [ˈɔfsɛtdrʊk] <-(e)s, -e> *m* TYP stampa *f* offset
oft [ɔft] <öfter, *rar:* am öftesten> *adv* spesso; **des Öft[e]ren** di frequente; **je öfter ..., desto mehr/weniger ...** più ... e più/meno ...; **wie ~?** quante volte?
öfters [ˈœftɐs] *adv* spesso, diverse volte
oftmals [ˈɔftmaːls] *adv* spesso, più volte
oh [oː] *interj* o, oh, ah; **~, wie schön!** oh, che bello!; **~, wie furchtbar!** terribile!
OHG [oːhaːˈgeː] <-, -s> *f Abk. von* **offene Handelsgesellschaft** s.n.c.
Ohm [oːm] <-(s), -> *nt* EL ohm *m*
ohne [ˈoːnə] **I.** *präp +akk* senza; *(frei von)* privo di; **~ mein Wissen** a mia insaputa, senza che lo sapessi; **~ Weiteres** senz'altro; **ich werde auch ~ ihn fertig** farò anche a meno di lui; **nicht [so] ~ sein** *(fam)* non essere niente male, non essere da disprezzare **II.** *konj* **~ dass ...** senza che *+conj;* **~ etw zu sagen** senza dir nulla
ohnedies [oːnəˈdiːs] *adv* in ogni caso, comunque
ohnegleichen [ˈoːnəˈglaɪçən] <inv> *adj (nachgestellt)* senza pari, unico [nel suo genere]
ohnehin [ˈoːnəˈhɪn] *s.* **ohnedies**
Ohnmacht [ˈoːnmaxt] <-, -en> *f* ❶ *(Bewusstlosigkeit)* svenimento *m;* **in ~ fallen** svenire, perdere la conoscenza ❷ *(Machtlosigkeit)* impotenza *f,* debolezza *f*
ohnmächtig [ˈoːnmɛçtɪç] *adj* ❶ *(bewusstlos)* svenuto, senza conoscenza; **~ werden** svenire, perdere la conoscenza ❷ *(machtlos)* impotente

oho [oˈhoː] *interj* oh, oh, olà
Ohr [oːɐ̯] <-(e)s, -en> *nt* orecchio *m;* **auf einem ~ taub sein** essere sordo da un orecchio; **ganz ~ sein** essere tutt'orecchi *fam;* **ins ~ gehen** *(Melodie)* essere facilmente orecchiabile; **nur mit halbem ~ hinhören [*o* zuhören]** ascoltare distrattamente; **sich aufs ~ legen** *(fam)* mettersi a dormire, fare un pisolino; **sich** *dat* **die ~en zuhalten** tapparsi le orecchie; **die ~en spitzen** drizzare gli orecchi, tendere l'orecchio; **die ~en steifhalten** *(fam)* farsi forza e coraggio; **jdm zu ~en kommen** giungere all'orecchio di qu; **zu einem ~ herein- und zum anderen wieder hinausgehen** *(fam)* entrare da un orecchio e uscire dall'altro; **jdn übers ~ hauen** *(fam)* imbrogliare qu; **mit den ~en schlackern** *(fam)* rimanere senza parole; **sich** *dat* **etw hinter die ~en schreiben** *(fam fig)* ficcarsi bene in mente qc; **jdm mit etw in den ~en liegen** *(fam)* importunare qu con qc; **bis über die ~en** fin sopra i capelli *fam;* **ich habe im Moment furchtbar viel um die ~en** *(fam)* al momento ho un sacco di cose per la testa
Öhr [øːɐ̯] <-(e)s, -e> *nt (Nadel~)* cruna *f;* TEC occhiello *m*
Ohrenarzt *m,* **Ohrenärztin** *f* otoiatra *mf*
ohrenbetäubend *adj (fam)* assordante, da rompere i timpani
Ohrenentzündung *f* MED otite *f*
Ohrensausen <-s> *nt kein Pl.* ronzio *m* auricolare
Ohrenschmalz *nt* cerume *m*
Ohrenschmaus *m* delizia *f* per gli orecchi
Ohrenschützer *m pl* paraorecchie *m*
Ohrensessel *m* poltrona *f* a orecchioni
Ohrenzeuge *m,* **Ohrenzeugin** *f* testimone *mf* auricolare
Ohrfeige *f* schiaffo *m,* ceffone *m*
ohrfeigen *vt* schiaffeggiare
Ohrgehänge *nt* pendente *m* da orecchio, orecchino *m* a pendaglio
Ohrläppchen [ˈoːɐ̯lɛpçən] <-s, -> *nt* lobo *m* auricolare
Ohrmuschel *f* padiglione *m* auricolare
Ohrring *m* orecchino *m*
Ohrwurm *m* ❶ ZOO forbicina *f* ❷ *(fam fig: Melodie)* motivo *m* di successo facilmente orecchiabile
oje [oˈjeː] *interj* ahimè
o.k. [oˈkeː], **O.K.**, **okay** *adj* <inv> **etw ist ~** *(ist gut)* qc va bene; *(ist in Ordnung)* qc è a posto [*o* okay]; **[das ist] ~!** okay!, va bene!; *(einverstanden)* d'accordo!; **es ist alles ~** è tutto a posto; **bist du wieder ~?** tutto O.K. [*o* bene]?
okkult [ɔˈkʊlt] *adj* occulto, segreto

Okkultismus [ɔkʊl'tɪsmʊs] <-> *m kein Pl.* occultismo *m*
Okkupation [ɔkupa'tsjo:n] <-, -en> *f* occupazione *f*
Ökobauer ['ø:kobaʊɐ] *m*, **Ökobäu[e]rin** *f* bioagricoltore, -trice *m, f*
Öko-Katastrophe *f* ECO ecocatastrofe *f*
Ökologe [øko'lo:gə] <-n, -n> *m* ecologo *m*
Ökologie [økolo'gi:] <-> *f kein Pl.* ecologia *f*
Ökologiebewegung <-> *f kein Pl.* movimento *m* ecologista
Ökologin [øko'lo:gɪn] <-, -nen> *f* ecologa *f*
ökologisch [øko'lo:gɪʃ] *adj* ecologico
Ökonom(in) [øko'no:m] <-en, -en; -, -nen> *m(f)* ❶ *(Wirtschaftswissenschaftler)* economo, -a *m, f* ❷ *(Landwirt)* agricoltore, -trice *m, f*
Ökonomie [økono'mi:] <-, -n> *f* economia *f*
Ökonomin *f s.* **Ökonom**
ökonomisch [œko'no:mɪʃ] *adj* economico
Ökosiegel <-s, -> *nt* marchio *m* di qualità per prodotti ecologici
Ökosteuer *f* ecotassa *f*, tassa *f* per l'ambiente
Ökosystem *nt* ecosistema *m*
Ökotourismus *m* ecoturismo *m*
Ökozertifikat *nt* ecocertificazione *f*
Oktaeder [ɔkta'ʔe:dɐ] <-s, -> *nt* MAT ottaedro *m*
Oktanzahl [ɔk'ta:ntsa:l] *f* numero *m* di ottani
Oktave [ɔk'ta:və] <-, -n> *f* MUS ottava *f*
Oktober [ɔk'to:bɐ] <-(s), -> *m* ottobre *m*; *s. a.* **April**
Okular [oku'la:ɐ, *Pl:* oku'la:rə] <-s, -e> *nt* lente *f* oculare
okulieren [oku'li:rən] <ohne ge-> *vt* AGR innestare a occhio
Ökumene [øku'me:nə] <-> *f kein Pl.* REL ❶ *(Christentum)* consiglio *m* ecumenico delle chiese ❷ *(gemeinsames Handeln)* ecumenismo *m*
ökumenisch [øku'me:nɪʃ] *adj* ecumenico
Okzident ['ɔktsidɛnt *o* ɔktsi'dɛnt] <-s> *m kein Pl.* **der ~** l'occidente *m*
Öl [ø:l] <-(e)s, -e> *nt* ❶ *(Speise~, Sonnen~)* olio *m* ❷ *(Heiz~)* nafta *f* ❸ *(Erd~)* petrolio *m*; **~ ins Feuer gießen** *(fig)* gettare olio sulle fiamme ❹ KUNST **in ~ malen** dipingere a olio
Ölbaum *m* olivo *m*
Ölbild *nt* [dipinto *m* a] olio *m*
Oldtimer ['oʊltaɪmɐ] <-s, -> *m* ❶ *(scherz: Person)* vecchia volpe *f fam* ❷ *(Auto)* auto *f* d'epoca
Oleander [ole'andɐ] <-s, -> *m* BOT oleandro *m*
ölen *vt* oliare, lubrificare; **wie ein geölter Blitz** *(fam)* come un lampo
Ölfarbe *f* colore *m* a olio
Ölfleck *m* macchia *f* d'olio
Ölförderung *f* estrazione *f* petrolifera
Ölgemälde *nt s.* **Ölbild**
Ölgemisch *nt* miscela *f* [d'olio e benzina]
Ölgesellschaft *f* compagnia *f* petrolifera
Ölgewinnung *f* estrazione *f* petrolifera; *(von Speiseöl)* produzione *f* di olio
ölhaltig *adj (Pflanze)* oleoso, oleifero
Ölheizung *f* riscaldamento *m* a nafta
ölig *adj* oleoso
Olive [o'li:və] <-, -n> *f* oliva *f*
Olivenbaum *m* olivo *m*, ulivo *m*
Olivenentkerner *m* snocciolaolive *m*
Olivenöl *nt* olio *m* d'oliva
olivgrün *adj* verde oliva, olivastro
Ölkanister *m* bidone *m* dell'olio
Ölkännchen *nt* oliatore *m*
Ölkanne <-, -n> *f* oliatore *m*, tanica *f* d'olio
Ölkrise *f* crisi *f* del petrolio
Öllager *nt* deposito *m* di petrolio
Ölleitung *f* oleodotto *m*; MOT tubo *m* dell'olio
Ölofen *m* stufa *f* a olio combustibile
Ölpapier *nt* carta *f* oleata
Ölpest *f* inquinamento *m* da petrolio
Ölpresse *f* frantoio *m*
Ölpumpe *f* pompa *f* dell'olio
Ölquelle *f* pozzo *m* di petrolio
Ölraffinerie *f* raffineria *f* di petrolio
Ölrückstände *mpl* depositi *mpl* oleosi, residui *mpl* d'olio
Ölsardine *f* sardina *f* sott'olio
Ölscheich *m (fam)* sceicco *m* del petrolio
Ölschicht *f* strato *m* d'olio
Ölstand *m* livello *m* dell'olio
Öltanker *m* petroliera *f*
Ölteppich *m* chiazza *f* di petrolio
Ölung <-, -en> *f* REL unzione *f*; **die Letzte ~** l'estrema unzione
Ölverbrauch *m* AUTO consumo *m* d'olio
Ölvorkommen *nt* giacimento *m* petrolifero
Ölwechsel *m* AUTO cambio *m* dell'olio
Olympiade [olʏm'pi̯a:də] <-, -n> *f* SPORT olimpiadi *fpl*, giochi *mpl* olimpici
Olympiasieger(in) [o'lʏmpi̯azi:kɐ] *m(f)* campione, -essa *m, f* olimpionico, -a, vincitore, -trice *m, f* olimpico, -a
Olympiastadion <-stadien> *nt* stadio *m* olimpico
olympisch [o'lʏmpɪʃ] *adj* olimpico; **die Olympischen Spiele** i giochi olimpici
Ölzeug *nt* indumenti *mpl* di tela cerata

O

Oma ['o:ma] <-, -s> *f (fam)* nonna *f; (Kindersprache)* nonnina *f*
Ombudsfrau <-, -en> *f,* **Ombudsmann** ['ɔmbʊtsman, *Pl:* 'ɔmbʊtslɔɪtə *o* 'ɔmbʊtsmɛnɐ] <-es, Ombudsleute *o* Ombudsmänner> *m* difensore *m* civico, ombudsman *m*
Omega-3-Fettsäure [o:mega'draɪ-] *f* acidi *mpl* grassi Omega-3 [*o* Omega 3]
Omelett <-(e)s, -s *o* -e> *nt,* **Omelette** [ɔm(ə)'lɛt] <-, -n> *f* CH, A omelette *f,* frittata *f*
Omen ['o:mən] <-s, - *o* Omina> *nt* segno *m,* augurio *m,* presagio *m;* **ein gutes/böses ~** un buon/cattivo segno
ominös [omi'nø:s] *adj* di cattivo augurio
Omnibus ['ɔmnibʊs] *m* omnibus *m,* autobus *m; (Reise~, Gesellschafts~)* pullmann *m*
Omnibushaltestelle *f* fermata *f* dell'autobus
Omnibuslinie *f* linea *f* d'autobus
Onanie [ona'ni:] <-> *f kein Pl.* onanismo *m,* masturbazione *f*
onanieren [ona'ni:rən] <ohne ge-> *vi* masturbarsi
One-Man-Show ['wʌnmæn'ʃou] *f* one-man show *m*
One-Night-Stand ['wʌnnaɪtstænd] <-s, -s> *m* esperienza *f* di un'unica notte
Onkel ['ɔŋkəl] <-s, - *o fam:* -s> *m* zio *m*
online ['ɔnlaɪn] <inv> *adj* online, in linea; **~ gehen** entrare in rete; **~ sein** essere in rete
Onlineangebot *nt* offerta *f* online
Onlinebanking ['ɔnlaɪnbɛŋkɪŋ] <-s> *nt kein Pl.* home banking *m*
Onlinebetrieb *m* modalità *f* online
Onlinegeschäft *nt* affare *m* online
Onlinehandel ['ɔnlaɪn-] *m* commercio *m* elettronico [*o* on line], e-commerce *m*
Onlinekunde *m* utente *mf* online
Onlineportal *nt* portale *m* web [*o* internet]
Onlineshop *m* negozio *m* virtuale
Onlineshopping *nt* shopping *m* online
Onlineübersetzung *f* traduzione *f* online
ÖNORM, Ö-Norm <-, Ö-Normen> *f* A *Akr. von* **Österreichische Norm** norma *f* austriaca
Onyx ['o:nʏks] <-(es), -e> *m* onice *f*
OP [o:'pe:] <-(s), -s> *m Abk. von* **Operationssaal** sala *f* operatoria
Opa ['o:pa] <-s, -s> *m (fam)* nonno *m*
Opal [o'pa:l] <-s, -e> *m* opale *m o f*
op. cit. *Abk. von* **opere citato** op. cit.
OPEC ['o:pɛk] <-> *f kein Pl. Abk. von* **Organization of the Petrol Exporting Countries** OPEC *f*

Oper ['o:pɐ] <-, -n> *f* ❶ MUS opera *f* ❷ *(Gebäude)* teatro *m* dell'opera, opera *f*
Operateur [opəra'tø:ɐ, *Pl:* opəra'tø:rə] <-s, -e> *m* operatore *m*
Operation [opəra'tsi̯o:n] <-, -en> *f* MED, MAT, MIL operazione *f*
Operationssaal *m* MED sala *f* operatoria
Operationstisch *m* MED tavolo *m* operatorio
operativ [opəra'ti:f] **I.** *adj* operatorio; **~er Eingriff** intervento chirurgico **II.** *adv* per via operatoria; **~ entfernen** resecare
Operette [opə'rɛtə] <-, -n> *f* operetta *f*
operieren [opə'ri:rən] <ohne ge-> **I.** *vt* MED operare; **sich ~ lassen** sottoporsi a un'operazione **II.** *vi* ❶ MED fare un'operazione ❷ MIL operare, compiere una manovra
Opernball *m* ballo *m* dell'opera
Opernführer *m (Buch)* guida *f* dell'opera
Opernglas *nt* binocolo *m*
Opernhaus *nt* teatro *m* dell'opera, opera *f*
Opernsänger(in) *m(f)* cantante *mf* d'opera
Opfer ['ɔpfɐ] <-s, -> *nt* ❶ *(~gabe, a. fig)* offerta *f; (Verzicht)* sacrificio *m;* REL immolazione *f;* **ein ~ für jdn/etw bringen** fare un sacrificio per qu/qc ❷ *(Person)* vittima *f;* **jdm/etw zum ~ fallen** essere vittima di qu/qc
Opferbereitschaft *f* spirito *m* di sacrificio, abnegazione *f*
opfern **I.** *vt (a. fig)* sacrificare, immolare **II.** *vr* **sich** [**für jdn/etw**] **~** *(a. fig)* sacrificarsi [per qu/qc]
Opferstatistik *f* statistica *f* delle vittime
Opferung <-, -en> *f (a. fig)* sacrificio *m*
opferwillig *adj* pronto al sacrificio
Opiat [opi'a:t] <-(e)s, -e> *nt* oppiato *m*
Opium ['o:piʊm] <-s> *nt kein Pl.* oppio *m*
Opossum [o'pɔsʊm] <-s, -s> *nt* opossum *m*
Opponent(in) [ɔpo'nɛnt] <-en, -en; -, -nen> *m(f)* oppositore, -trice *m, f,* avversario, -a *m, f*
opponieren [ɔpo'ni:rən] <ohne ge-> *vi* opporsi (**gegen** a), fare opposizione (**gegen** a)
opportun [ɔpɔr'tu:n] *adj* opportuno
Opportunismus [ɔpɔrtu'nɪsmʊs] <-> *m kein Pl.* opportunismo *m*
Opportunist(in) [ɔpɔrtu'nɪst] <-en, -en; -, -nen> *m(f)* opportunista *mf*
opportunistisch *adj* opportunista, opportunistico
Opposition [ɔpozi'tsi̯o:n] <-, -en> *f* opposizione *f*
oppositionell [ɔpozitsi̯o'nɛl] *adj* contrario, d'opposizione; **einer Sache** *dat* **~ ge-**

genüberstehen essere contrari a qc, opporsi a qc

Oppositionsführer(in) *m(f)* POL [donna *f*] capo *m* dell'opposizione

Oppositionspartei *f* partito *m* d'opposizione

OP-Schwester *f* infermiera *f* di sala operatoria

Optik ['ɔptɪk] <-> *f kein Pl.* ottica *f*; *(fig: Eindruck)* aspetto *m* ottico

Optiker(in) <-s, -; -, -nen> *m(f)* ottico, -a *m, f*

Optima *Pl. von* **Optimum**

optimal [ɔpti'ma:l] *adj* ottimale

Optimalfall *m* miglior caso *m*; **im ~** nel migliore dei casi

optimieren [ɔpti'mi:rən] <ohne ge-> *vt* ottimizzare

Optimierung <-, -en> *f* ottimizzazione *f*

Optimismus [ɔpti'mɪsmʊs] <-> *m kein Pl.* ottimismo *m*

Optimist(in) [ɔpti'mɪst] <-en, -en; -, -nen> *m(f)* ottimista *mf*

optimistisch *adj* ottimista, ottimistico

Optimum ['ɔptimʊm, *Pl:* 'ɔptima] <-s, Optima> *nt* optimum *m*

Option [ɔp'tsi̯o:n] <-, -en> *f* opzione *f*

optisch ['ɔptɪʃ] *adj* ottico

opulent [opu'lɛnt] *adj* opulento

Orakel [o'ra:kəl] <-s, -> *nt* oracolo *m*

orakeln <ohne ge-> *vi (fig)* parlare come un oracolo

oral [o'ra:l] *adj* orale

Oralverkehr *m kein Pl.* rapporto *m* orale

orange [o'rã:ʒə *o* o'raŋʒə] <inv> *adj* arancione; *s. a.* **blau**

Orange[1] <-, -n> *f (Apfelsine)* arancia *f*

Orange[2] <-, - *o fam:* -s> *nt (Farbe)* [colore *m*] arancione *m*; *s. a.* **Blau**

Orangeade [orã'ʒa:də] <-, -n> *f* aranciata *f*

Orangeat [orã'ʒa:t *o* oraŋ'ʒa:t] <-s, -e> *nt* buccia *f* d'arancia candita

Orangenbaum *m* arancio *m*

Orangenhaut <-> *f kein Pl.* MED cellulite *f*

Orangensaft *m* succo *m* d'arancia

Orangenschale *f* buccia *f* d'arancia

Orangerie [orãʒə'ri:, *Pl:* orãʒəri:ən] <-, -n> *f* aranceto *m*

Orang-Utan ['o:raŋ'ʔu:tan] <-s, -s> *m* orang-utan *m*

Oratorium [ora'to:riʊm] <-s, Oratorien> *nt* oratorio *m*

Orchester [ɔr'kɛstɐ] <-s, -> *nt* orchestra *f*

Orchesterbegleitung *f* accompagnamento *m* orchestrale

Orchestergraben *m* fossa *f* dell'orchestra

orchestrieren [ɔrkɛs'tri:rən] <ohne ge-> *vt* orchestrare

Orchidee [ɔrçi'de:ə] <-, -n> *f* orchidea *f*

Orden ['ɔrdən] <-s, -> *m* ① REL ordine *m* [religioso] ② *(Auszeichnung)* onorificenza *f*; MIL decorazione *f*, medaglia *f*

Ordensgeistliche *m* chierico *m* regolare, clero *m* regolare

Ordensträger(in) *m(f)* insignito, -a *m, f* di un ordine

ordentlich ['ɔrdəntlɪç] *adj* ① *(aufgeräumt)* ordinato, in ordine ② *(ordnungsliebend)* ordinato, ammodo ③ *(achtbar)* onesto ④ *(ordnungsgemäß)* ordinario ⑤ *(fam: reichlich)* abbondante; **eine ~e Tracht Prügel** *(fam)* un fracco di legnate ⑥ *(fam: einigermaßen gut)* buono, come si deve

Order ['ɔrdɐ] <-, -s *o* -n> *f* ① *(Befehl)* ordine *m* ② COM *(Auftrag)* ordinazione *f*, commissione *f*

Ordinalzahl [ɔrdi'na:ltsa:l] *f* numero *m* ordinale

ordinär [ɔrdi'nɛ:ɐ̯] *adj* ① *(pej: unfein)* volgare ② *(gewöhnlich)* ordinario, comune

Ordinarius [ɔrdi'na:riʊs, *Pl:* ɔrdi'na:riən] <-, Ordinarien> *m* professore *m* ordinario, ordinario *m*

Ordination <-, -en> *f* ① REL ordinazione *f* ② MED *(ärztliche Verordnung)* prescrizione *f* ③ A *o obs)* MED *(ärztliche Sprechstunde)* orario *m* di visita ④ A MED *(Arztpraxis)* studio *m* medico

ordnen ['ɔrdnən] *vt* ordinare, mettere in ordine; **alphabetisch ~** ordinare alfabeticamente

Ordner <-s, -> *m (Akten~)* raccoglitore *m*

Ordner(in) <-s, -; -, -nen> *m(f)* organizzatore, -trice *m, f*, ordinatore, -trice *m, f*

Ordnung <-, *rar:* -en> *f* ① *Sing. (Zustand)* ordine *m*, [buono] stato *m*; **für ~ sorgen** mettere ordine; **in ~ halten** tenere in ordine; **etw [wieder] in ~ bringen** rimettere in ordine qc; **zur ~ rufen** richiamare all'ordine; **der ~ halber** per mantenere l'ordine; **in ~** in [buon] ordine; TEC in buono stato, a posto; *(fam: Mensch)* a posto; **es ist alles in ~** è tutto in ordine; **[geht] in ~!** *(fam)* d'accordo! ② *Sing. (Handlung)* disposizione *f*, sistemazione *f*, regolamento *m* ③ *Sing. (Regelung)* regolamento *m*, statuto *m* ④ BIOL, MAT ordine *m*

ordnungsgemäß **I.** *adj* regolare, regolamentare **II.** *adv* regolarmente, nella debita forma

ordnungshalber *adv* per regolarità, per essere in regola

Ordnungsliebe *f* amore *m* dell'ordine

Ordnungsruf *m* richiamo *m* all'ordine

Ordnungssinn *m* senso *m* dell'ordine

Ordnungsstrafe *f* JUR pena *f* disciplinare

ordnungswidrig *adj* JUR irregolare, non

conforme al regolamento; **sich ~ verhalten** contravvenire al regolamento
Ordnungszahl *f* MAT [numero *m*] ordinale
Oregano [o'reːgano] <-s> *m kein Pl.* origano *m*
Organ [ɔr'gaːn] <-s, -e> *nt* ❶ ANAT organo *m* ❷ *(fig)* ADM istituzione *f* ❸ *(fig: Zeitung)* organo *m* ❹ *(fam: Stimme)* voce *f*
Organbank <-, -en> *f* banca *f* degli organi
Organigramm [ɔrgani'gram] <-s, -e> *nt* organigramma *m*
Organisation [ɔrganiza'tsi̯oːn] <-, -en> *f* organizzazione *f*
Organisator(in) [ɔrgani'zaːtoːɐ̯] <-s, -en; -, -nen> *m(f)* organizzatore, -trice *m, f*
organisatorisch [ɔrganiza'toːrɪʃ] *adj* organizzativo
organisch [ɔr'gaːnɪʃ] *adj* organico
organisieren [ɔrgani'ziːrən] <ohne ge-> **I.** *vt* ❶ *(planen)* organizzare ❷ *(fam: beschaffen)* procurarsi **II.** *vr:* **sich ~** organizzarsi; **gewerkschaftlich organisiert** organizzato in un sindacato
organisiert *adj* organizzato; **gewerkschaftlich ~** organizzato in un sindacato
Organismus [ɔrga'nɪsmʊs] <-, Organismen> *m* organismo *m*
Organist(in) [ɔrga'nɪst] <-en, -en; -, -nen> *m(f)* organista *mf*
Organizer <-s, -> *m* INFORM agenda *f* [elettronica]
Organmandat <-s, -e> *nt* A *multa che viene direttamente pagata al poliziotto che l'ha elevata*
Organspende *f* MED donazione *f* di un organo
Organspender(in) *m(f)* MED donatore, -trice *m, f* [di un organo]
Organtransplantation *f* MED trapianto *m* organico
Orgasmus [ɔr'gasmʊs] <-, Orgasmen> *m* orgasmo *m*
Orgel ['ɔrgəl] <-, -n> *f* organo *m*
Orgelkonzert *nt* concerto *m* d'organo
Orgelmusik *f* musica *f* d'organo [*o* per organo]
orgeln *vi* s[u]onare l'organo
Orgelpfeife *f* canna *f* dell'organo
Orgelspieler(in) *m(f)* *s.* **Organist(in)**
Orgie ['ɔrgiə] <-, -n> *f* orgia *f*
Orient ['oːriɛnt *o* ori'ɛnt] <-s> *m kein Pl.* **der ~** l'oriente *m*, il levante *m*
Orientale [oriɛn'taːlə] <-n, -n> *m*, **Orientalin** [oriɛn'taːlɪn] <-, -nen> *f* orientale *mf*
orientalisch *adj* orientale, levantino
orientieren [oriɛn'tiːrən] <ohne ge-> *vr:* **sich ~** orientarsi; *(fig)* raccapezzarsi *fam*

O

Orientierung <-> *f kein Pl.* orientamento *m*
Orientierungshilfe *f* guida *f*
Orientierungssinn <-(e)s> *m kein Pl.* senso *m* dell'orientamento
original [origi'naːl] *adj* originale; *(echt)* autentico
Original <-s, -e> *nt* ❶ *(erstes Exemplar)* originale *m* ❷ *(fam: Mensch)* tipo *m* originale, originale *m*
Original- *in Zusammensetzungen* originale
Originalfassung <-, -en> *f* [versione *f*] originale *m;* **in der italienischen ~** nella versione originale italiana
originalgetreu *adj* conforme all'originale
Originalität [originali'tɛːt] <-, *rar:* -en> *f* originalità *f*
Originalpackung *f* confezione *f* originale
Originalübertragung *f* trasmissione *f* in diretta
originell [origi'nɛl] *adj* originale
Orkan [ɔr'kaːn] <-(e)s, -e> *m* uragano *m*
orkanartig *adj* come un uragano, violento
Ornament [ɔrna'mɛnt] <-(e)s, -e> *nt* ornamento *m*
Ornat [ɔr'naːt] <-(e)s, -e> *m* veste *f* ufficiale; REL paramenti *mpl* sacerdotali
Ornithologie [ɔrnitolo'giː] <-> *f kein Pl.* ornitologia *f*
Oropax® ['oːropaks] <-, -> *nt* tappo *m* per le orecchie
Ort [ɔrt] <-(e)s, -e> *m* ❶ *(Stelle)* luogo *m*, posto *m;* **an ~ und Stelle** sul posto ❷ *(~schaft)* località *f*, paese *m*
orten *vt* localizzare; AERO fare il punto di, avvistare
orthodox [ɔrto'dɔks] *adj* ortodosso
Orthografie [ɔrtogra'fiː] <-, -n> *f* ortografia *f*
orthografisch [ɔrto'graːfɪʃ] *adj* ortografico
Orthopäde [ɔrto'pɛːdə] <-n, -n> *m*, **Orthopädin** [ɔrto'pɛːdɪn] <-, -nen> *f* ortopedico, -a *m, f*
orthopädisch *adj* ortopedico
örtlich ['œrtlɪç] *adj* locale; **~ betäubt** anestetizzato localmente
Ortsangabe *f* indicazione *f* del luogo
ortsansässig *adj* residente nel luogo
Ortsbestimmung *f* localizzazione *f;* AERO, NAUT determinazione *f* della posizione, rilevamento *m*
Ortschaft <-, -en> *f* località *f*, villaggio *m*
ortsfremd *adj* forestiero
Ortsgespräch *nt* TEL telefonata *f* urbana
Ortskenntnis <-, -se> *f* conoscenza *f* del luogo
Ortskrankenkasse *f* Azienda *f* Sanitaria Locale
ortskundig *adj* esperto del posto

Ortsname *m* nome *m* di luogo, toponimo *m*
Ortsnetz *nt* TEL rete *f* locale
Ortsschild *nt* segnale *m* di località
Ortsteil *m* quartiere *m,* sobborgo *m*
ortsüblich *adj* di uso locale
Ortswechsel <-s, -> *m* cambiamento *m* di residenza, trasferimento *m*
Ortszeit *f* ora *f* locale
Ortszuschlag *m* indennità *f* di residenza
Ortung <-, -en> *f* orientamento *m; (mit Radar)* localizzazione *f*
O-Saft *m (fam: Orangensaft)* succo *m* di arancia
Oscarnominierung <-, -en> *f* nomination *f* all'Oscar
Oscarpreisträger(in) *m(f)* Premio *mf* Oscar
oscarreif *adj* **~e Leistung** *(a. fig)* performance da Oscar
oscarverdächtig *adj* in odore di Oscar
Oscarverleihung <-, -en> *f* premiazione *f* degli Oscar
Öse ['øːzə] <-, -n> *f* occhiello *m*
Oslo ['ɔslo] *nt* Oslo *f*
Osmane [ɔs'maːnə] <-n, -n> *m,* **Osmanin** [ɔs'maːnɪn] <-, -nen> *f* ottomano, -a *m, f*
Osmose [ɔs'moːzə] <-, -n> *f* BOT, CHEM osmosi *f*
Ossi ['ɔsi] <-s, -s; -s> *mf (fam) tedesco originario della Germania dell'Est, della ex RDT*
Ost [ɔst] <-(e)s> *m kein Pl.* NAUT, METEO est *m*
Ostberlin *nt* Berlino *f* Est
Ostblock *m* HIST **der ~** il blocco orientale
Ostblockstaaten *mpl* HIST **die ~** i paesi *mpl* dell'Est [*o* del blocco orientale]
ostdeutsch *adj* della Germania dell'Est; HIST della RDT
Ostdeutschland <-s> *nt* Germania *f* dell'Est; HIST *(DDR)* RDT *f,* Repubblica *f* Democratica Tedesca
Osten ['ɔstən] <-s> *m kein Pl.* est *m;* **der ~** *(Orient)* l'oriente *m,* il levante; POL l'est *m;* **der Nahe/Mittlere/Ferne ~** il vicino/il medio/l'estremo oriente
ostentativ [ɔstɛnta'tiːf] *adj* ostentato
Osteopath(in) *m(f)* osteopata *mf*
Osteopathie *f* osteopatia *f*
Osterei *nt* uovo *m* di Pasqua
Osterglocke *f* BOT narciso *m*
Osterhase *m* coniglietto *m* pasquale
Osterlamm *nt* agnello *m* pasquale
österlich ['øːstɐlɪç] *adj* pasquale
Ostermontag [oːstɐ'moːntaːk] *m* Pasquetta *f,* lunedì *m* di Pasqua [*o* dell'Angelo]
Ostern ['oːstɐn] <-> *nt kein Pl.* Pasqua *f;* **fröhliche ~!** buona Pasqua!
Österreich ['øːstəraɪç] *nt* Austria *f*
Österreicher(in) <-s, -; -, -nen> *m(f)* austriaco, -a *m, f*
österreichisch *adj* austriaco
Ostersonntag [oːstɐ'zɔntaːk] *m* domenica *f* di Pasqua
Osterweiterung <-, -en> *f* POL estensione *f* verso l'Europa orientale, allargamento *m* ad Est; **die ~ der EU/der NATO** l'allargamento ad Est dell'Ue/della Nato
Osterwoche *f* settimana *f* di Pasqua
Osteuropa *nt* Europa *f* orientale
Ostfriesland [ɔst'friːslant] *nt* Frisia *f* orientale
Ostgote ['ɔstgoːtə] <-n, -n> *m,* **Ostgotin** ['ɔstgoːtɪn] <-, -nen> *f* ostrogoto, -a *m, f*
Ostindien [ɔst'ʔɪndiən] *nt* Indie *fpl* orientali
Ostküste *f* costa *f* orientale
östlich ['œstlɪç] **I.** *adj* orientale, dell'est **II.** *adv* **~ von …** a est di …
Ostpolitik *f* politica *f* con i paesi dell'Est, Ostpolitik *f*
Ostpreußen *nt* Prussia *f* orientale
Östrogen [œstro'geːn] <-s, -e> *nt* estrogeno *m*
oströmisch *adj* **das Oströmische Reich** l'Impero romano d'oriente [*o* bizantino]
Ostsee *f* **die ~** il mar Baltico
Ostseite *f* lato *m* est [*o* orientale]
Ostverträge *mpl* trattati *mpl* con i paesi dell'Est
ostwärts ['ɔstvɛrts] *adv* verso est
Ostwind *m* vento *m* dell'est
OSZE [oːʔɛstsɛt'ʔeː] *f Abk. von* **Organisation für Sicherheit und Zusammenarbeit in Europa** OSCE *f*
O-Ton ['oːtoːn, *Pl:* 'oːtøːnə] <-(e)s, O-Töne> *m* **es war ~ Adenauer** era Adenauer in persona a parlare, era proprio Adenauer a parlare
Otter[1] ['ɔtɐ] <-, -n> *f (Schlange)* vipera *f*
Otter[2] <-s, -> *m (Fisch~)* lontra *f*
Ottomotor *m* motore *m* a carburazione, motore *m* a ciclo Otto
Ötztal ['œtstaːl] *nt* valle *f* dell'Oetz
outen ['aʊtən] *vr:* **sich ~** rendere pubblica la propria omosessualità
Outfit ['aʊtfɪt] <-(s), -s> *nt* look *m,* tenuta *f*
Outing ['aʊtɪŋ] <-s> *nt kein Pl.* outing *m,* pubblica dichiarazione *f* di omosessualità
Output <-s, -s> *m o nt* INFORM output *m*
Outsourcing ['aʊtsɔːsɪŋ] <-> *nt* ① outsourcing *m* ② *(Produktionsverlagerung ins Ausland)* delocalizzazione *f* dei processi produttivi
Ouvertüre [uvɛr'tyːrə] <-, -n> *f* ouverture *f*

oval [o'vaːl] *adj* ovale
Oval <-s, -e> *nt* ovale *m*
Ovation [ova'tsi̯oːn] <-, -en> *f* ovazione *f;* **jdm eine ~ bringen** fare un'ovazione a qu
Overall ['oʊvərɔːl] <-s, -s> *m* tuta *f,* overall *m*
Overheadprojektor <-s, -en> *m* lavagna *f* luminosa
ÖVP [øːfaʊ'peː] *f Abk. von* **Österreichische Volkspartei** *Partito Popolare Austriaco*
Ovulation [ovula'tsi̯oːn] <-, -en> *f* ovulazione *f*
Ovulationshemmer <-s, -> *m* MED pillola *f* anticoncezionale
Oxid [ɔ'ksiːt, *Pl:* ɔ'ksiːdə] <-(e)s, -e> *nt* ossido *m*
Oxidation [ɔksida'tsjoːn] <-, -en> *f* CHEM ossidazione *f*
Oxyd [ɔ'ksyːt] *nt* CHEM ossido *m*
Oxydation [ɔksyda'tsi̯oːn] <-, -en> *f* CHEM ossidazione *f*
oxydieren [ɔksy'diːrən] <ohne ge-> *vi sein o haben* CHEM ossidare
Oxydierung <-, -en> *f* ossidazione *f*
Ozean ['oːtseaːn] <-s, -e> *m* oceano *m*
Ozeandampfer *m* transatlantico *m*
Ozeanien [otse'aːniən] *nt* Oceania *f*
ozeanisch *adj* ① *(einen Ozean betreffend)* oceanico ② *(Ozeanien betreffend)* oceaniano
Ozeanografie [otseanogra'fiː] <-> *f kein Pl.* oceanografia *f*
Ozelot ['oːtselɔt *o* 'ɔtselɔt] <-s, -e> *m* ozelot *m*
Ozon [o'tsoːn] <-s> *m o nt kein Pl.* ozono *m*
Ozonalarm *m* allarme *m* ozono
Ozonloch <-(e)s> *nt kein Pl.* buco *m* nell'ozono
Ozonschicht <-> *f kein Pl.* METEO ozonosfera *f*
Ozonsmog <-(s)> *m kein Pl.* ECO inquinamento *m* da ozono

Pp

P, p [peː] <-, -(s)> *nt* P *f,* p *f;* **P wie Paula** P come Padova
paar [paːɐ̯] <inv> *adj* **ein ~ ...** un paio di ..., alcuni ..., qualche ...; **in den ~ Stunden konnte ich nichts lernen** in quelle poche ore non sono riuscito a studiare niente
Paar <-(e)s, -e> *nt* ① *(Lebewesen)* coppia *f* ② *(Dinge)* paio *m;* **ein ~ Schuhe** un paio di scarpe
paaren ['paːrən] **I.** *vt* ① *(Zuchttiere)* appaiare ② *(paarweise zusammenstellen)* accoppiare **II.** *vr:* **sich ~** *(Tiere)* accoppiarsi
Paarhufer <-s, -> *m* artiodattilo *m*
paarig *adj* geminato
Paarlauf *m,* **Paarlaufen** <-s> *nt kein Pl.* pattinaggio *m* artistico a coppie
paarmal *adv* **ein ~** un paio di volte
Paarung <-, -en> *f (a. fig)* BIOL, SPORT accoppiamento *m*
paarweise *adv* a coppie, a paia
Pacht [paxt] <-, -en> *f* ① *(~verhältnis)* affitto *m; (von Geschäften)* gestione *f;* **etw in ~ geben/nehmen** dare/prendere in affitto qc ② *(~vertrag)* contratto *m* di locazione ③ *(~zins)* [af]fitto *m*
pachten *vt* prendere in affitto; *(Geschäft)* prendere la gestione di
Pächter(in) ['pɛçtɐ] <-s, -; -, -nen> *m(f)* affittuario, -a *m, f; (Geschäftsleiter)* gerente *mf*
Pachtung <-, -en> *f* locazione *f; (von Geschäft)* gestione *f*
Pachtvertrag *m* contratto *m* di locazione; *(von Geschäft)* contratto *m* di gestione
Pachtzins <-es, -en> *m* canone *m* d'affitto, affitto *m*
Pack[1] [pak, *Pl:* pakə *o* pɛkə] <-(e)s, -e *o* Päcke> *m (Bündel)* pacco *m*
Pack[2] [pak] <-(e)s> *nt kein Pl. (pej: Gesindel)* gentaglia *f*
Päckchen ['pɛkçən] <-s, -> *nt* pacchetto *m*
Packeis *nt* banchisa *f,* pack *m*
packen ['pakən] **I.** *vt* ① *(ergreifen)* afferrare; **jdn am Arm ~** prendere qu sotto il braccio ② *(ein~)* mettere; *(Koffer, Paket)* fare ③ *(fig: heftiges Gefühl)* assalire, cogliere; *(fesseln)* avvincere; **ihn hat es ganz schön gepackt** *(fam: er ist verliebt)* s'è preso una cotta ④ *(fam: schaffen)* **es ~** farcela ⑤ *(sl: verstehen)* capire **II.** *vi (die Koffer ~)* fare le valigie
Packen <-s, -> *m* pacco *m*
packend *adj* avvincente
Packer(in) <-s, -; -, -nen> *m(f)* impaccatore, -trice *m, f*
Packesel *m (fam)* mulo *m*

Packpapier *nt* carta *f* da pacchi
Packstation *f struttura self-service per il ritiro di pacchi*
Packung <-, -en> *f* ① *(Paket)* pacchetto *m; (Schachtel)* scatola *f* ② MED impacco *m*
Packwagen *m* bagagliaio *m*
Pad [pɛt] <-s, -s> *nt* ① *(Maus~)* [mouse]pad *m* ② *(Watte~)* dischetto *m* [di cotone] ③ *(Kaffee~)* cialda *f*
Pädagoge [pɛda'go:gə] <-n, -n> *m (Erzieher)* pedagogo *m; (Wissenschaftler)* pedagogista *m*
Pädagogik [pɛda'go:gɪk] <-> *f kein Pl.* pedagogia *f*
Pädagogin [pɛda'go:gɪn] <-, -nen> *f (Erzieherin)* pedagoga *f; (Wissenschaftlerin)* pedagogista *f*
pädagogisch *adj* pedagogico; **Pädagogische Hochschule** scuole *f pl* magistrali, facoltà *f* di pedagogia
Paddel ['padəl] <-s, -> *nt* pagaia *f*
Paddelboot *nt* canoa *f*
paddeln *vi haben o bei Fortbewegung: sein* andare in canoa
Päderast [pɛde'rast] <-en, -en> *m* pederasta *m*
Padua ['pa:dua] *nt* Padova *f*
paffen ['pafən] *vt, vi (fam)* ① *(rauchen)* fumare a grandi sbuffate ② *(rauchen, ohne zu inhalieren)* fumare senza aspirare
Page ['pa:ʒə] <-n, -n> *m* ① *(Hotel~)* fattorino *m* d'albergo ② HIST paggio *m*
Pagenkopf *m* capelli *m pl* alla paggio
paginieren [pagi'ni:rən] <ohne ge-> *vt* numerare le pagine di
Paginierung <-, -en> *f* paginatura *f*
Pagode [pa'go:də] <-, -n> *f* pagoda *f*
Paillette [paɪ'jɛtə] <-, -n> *f* lustrino *m,* paglietta *f*
Paket [pa'ke:t] <-(e)s, -e> *nt* pacco *m*
Paketannahme *f* [sportello *m* di] accettazione *f* pacchi
Paketausgabe *f* [sportello *m* di] consegna *f* pacchi
Paketbombe *f* pacchetto *m* bomba
Paketkarte *f* bollettino *m* di spedizione
Paketpost *f* servizio *m* pacchi postali
Paketschalter *m* sportello *m* per i pacchi postali
Paketzustellung *f* consegna *f* dei pacchi
Pakistan ['pa:kɪsta:n] *nt* Pakistan *m;* **in ~** nel Pakistan
Pakistaner(in) [pakɪs'ta:nɐ] <-s, -; -, -nen> *m(f)* pakistano, -a *m, f*
Pakistani [pakɪs'ta:ni] <-(s), -(s)> *m* pakistano, -a *m, f*
pakistanisch *adj* pakistano
Pakt [pakt] <-(e)s, -e> *m* patto *m*
paktieren [pakt'ti:rən] <ohne ge-> *vi* [**mit dem Feind**] ~ fare un patto [con il nemico]
Palais [pa'lɛ:] <-, -> *nt* palazzo *m*
Palast [pa'last, *Pl:* pa'lɛstə] <-(e)s, Paläste> *m* palazzo *m*
Palästina [palɛs'ti:na] *nt* Palestina *f*
Palästinenser(in) [palɛsti'nɛnzɐ] <-s, -; -, -nen> *m(f)* palestinese *mf*
Palästinensergebiet *nt* territorio *m* ad alta densità di popolazione palestinese
Palästinenserstaat *m* stato *m* palestinese
palästinensisch *adj* palestinese
Palatschinke [pala'tʃɪŋkə] <-, -n> *f* A *(dünner Eierkuchen)* omelette *f*
Palaver [pa'la:vɐ] <-s, -> *nt (fam pej)* chiacchiere *f pl*
palavern <ohne ge-> *vi (fam pej)* chiacchierare
Palette [pa'lɛtə] <-, -n> *f* ① *(Maler~)* tavolozza *f* ② *(fig: Vielfalt)* gamma *f*
Palisade [pali'za:də] <-, -n> *f* palizzata *f*
Palm[en]wedel *m,* **Palm[en]zweig** *m* ramo *m* di palma
Palme ['palmə] <-, -n> *f* palma *f;* **jdn auf die ~ bringen** *(fam)* mandare in bestia qu
Palmsonntag ['palm'zɔnta:k] *m* Domenica *f* delle Palme
Palmwedel *m s.* **Palmenwedel**
Pampe ['pampə] <-> *f kein Pl. (meist pej)* pastone *m*
Pampelmuse ['pampəlmu:zə *o* pampəl'mu:zə] <-, -n> *f* pompelmo *m*
Pamphlet [pam'fle:t] <-(e)s, -e> *nt (pej)* libello *m,* pamphlet *m*
pampig *adj* ① NORDD, OSTD *(breiig)* poltiglioso ② *(fam pej: frech)* sfacciato
panaschieren [pana'ʃi:rən] <ohne ge-> *vi* votare candidati di liste diverse
Panda ['panda] <-s, -s> *m* panda *m*
panieren [pa'ni:rən] <ohne ge-> *vt* GASTR impanare
Paniermehl *nt* pangrattato *m*
Panik ['pa:nɪk] <-, -en> *f* panico *m*
panikartig **I.** *adj* dettato dal panico **II.** *adv* come in preda al panico
Panikmache [-maxə] <-> *f kein Pl. (pej)* allarmismo *m*
Panikstimmung *f* atmosfera *f* di panico
panisch *adj* panico
Pankreas ['pankreas, *Pl:* pankre'a:tən] <-, Pankreaten *o* Pankreata> *nt* MED pancreas *m*
Panne ['panə] <-, -n> *f* ① *(Schaden)* guasto *m; (Auto~)* panna *f;* **eine ~ haben** avere una panna, essere in panna ② *(fig: Fehler)* errore *m*
Pannendienst *m* soccorso *m* stradale
Panorama [pano'ra:ma] <-s, Panoramen> *nt* panorama *m*

panschen ['panʃən] **I.** *vt (Wein)* adulterare; *(mit Wasser)* annacquare **II.** *vi (fam: planschen)* sguazzare
Pansen ['panzən] <-s, -> *m* rumine *m*
Panther ['pantɐ] <-s, -> *m*, **Panter** <-s, -> *m* pantera *f*
Pantine [pan'tiːnə] <-, -n> *f (nordd.)* zoccolo *m*
Pantoffel [pan'tɔfəl] <-s, -n> *m meist Pl.* pantofola *f*, ciabatta *f*; **er steht unter dem ~** *(fam)* si fa mettere sotto i piedi dalla moglie
Pantoffelheld *m (fam pej)* marito *m* comandato a bacchetta dalla moglie
Pantoffelkino *nt (fam scherz)* tele[visione] *f*
Pantomime[1] [panto'miːmə] <-, -n> *f (Darbietung)* pantomima *f*
Pantomime[2] <-n, -n> *m (Künstler)* pantomimo *m*
pantomimisch *adj* pantomimico
pantschen ['pantʃən] **I.** *vt (Wein)* adulterare; *(mit Wasser)* annacquare **II.** *vi (fam: planschen)* sguazzare
Panzer ['pantsɐ] <-s, -> *m* ❶ *(fig)* ZOO, HIST corazza *f* ❷ MIL carro *m* armato
Panzerfaust *f* lanciarazzi *m* anticarro
Panzerglas *nt* vetro *m* blindato
Panzerkreuzer *m* incrociatore *m* corazzato
panzern *vt* corazzare
Panzerschrank *m* cassaforte *f* blindata
Panzerung <-, -en> *f* corazzatura *f*
Panzerwagen *m* carro *m* armato
P
Papa ['papa *o* pa'paː] <-s, -s> *m (fam)* papà *m*, babbo *m*
Papagei [papa'gaɪ] <-en *o* -s, -en *o rar:* -e> *m* pappagallo *m*
Papageienkrankheit *f* psittacosi *f*
Papaya [pa'paːja] <-, -s> *f* papaya *f*
Paperback ['peɪpɐbɛk] <-s, -s> *nt* libro *m* tascabile
Papeterie [papɛtə'riː] <-, -n> *f* CH cartoleria *f*
Papi ['papi] <-s, -s> *m s.* **Papa**
Papier [pa'piːɐ̯] <-s, -e> *nt* ❶ *(Material)* carta *f*; **ein Blatt ~** un foglio di carta; **etw zu ~ bringen** mettere qc per iscritto ❷ *(Schriftstück, Dokument)* carta *f*, documento *m* ❸ *(Wert~)* titolo *m* ❹ *Pl. (Ausweis)* carte *fpl*, documenti *mpl*
Papierfabrik *f* cartiera *f*
Papiergeld *nt* cartamoneta *f*
Papierhandtuch <-(e)s, -tücher> *nt* asciugamano *m* di carta
Papierkorb *m* cestino *m*
Papierkram <-(e)s> *m kein Pl. (fam pej)* scartoffie *fpl*, pratiche *fpl* da ufficio
Papierkrieg *m (fam pej)* lungaggine *f* burocratica
Papiertaschentuch *nt* fazzoletto *m* di carta
Papiertiger <-s, -> *m* tigre *f* di carta; **er/sie ist doch nur ein ~** lui/lei è soltanto una tigre di carta
Papiertüte *f* sacchetto *m* di carta
Papierwaren *fpl* articoli *mpl* di cartoleria
Papp[en]deckel *m* cartone *m*
Pappbecher *m* bicchiere *m* di carta
Pappdeckel *m* cartone *m*
Pappe ['papə] <-, -n> *f* cartone *m*
Pappeinband *m* rilegatura *f* in cartone
Pappel ['papəl] <-, -n> *f* pioppo *m*
päppeln ['pɛpəln] *vt (fam)* dare la pappa a, imboccare
Pappenheimer ['papənhaɪmɐ] *mpl* **ich kenne meine ~** *(fam)* conosco i miei polli
Pappenstiel *m* **das ist kein ~** non è un'inezia
papperlapapp [papɐla'pap] *interj* sciocchezze!
pappig ['papɪç] *adj (fam)* ❶ *(klebrig)* appiccicoso ❷ *(breiig, a Schnee)* poltiglioso
Pappmaschee ['papmaʃeː] <-s, -s> *nt*, **Pappmaché** <-s, -s> *nt* cartapesta *f*
Pappschachtel ['papʃaxtəl] *f* scatola *f* di cartone
Pappschnee ['papʃneː] *m* neve *f* poltigliosa
Pappteller <-s, -> *m* piatto *m* di carta
Paprika ['paprika] <-s, -(s)> *m* ❶ BOT *(Pflanze, ~schote)* peperone *m* ❷ *Sing.* GASTR *(~gemüse)* peperoni *mpl* ❸ *Sing. (Gewürz)* paprica *f*
Paprikaschote *f* peperone *m*
Paps [paps] <-> *m kein Pl. (fam)* babbo *m*, papà *m*
Papst [paːpst, *Pl:* 'pɛːpstə] <-(e)s, Päpste> *m* papa *m*, pontefice *m*
päpstlich ['pɛːpstlɪç] *adj* papale, pontificio
Papsttum <-> *nt kein Pl.* papato *m*
Papyrus [pa'pyːrʊs, *Pl:* pa'pyːri] <-, Papyri> *m* papiro *m*
Parabel [pa'raːbəl] <-, -n> *f* parabola *f*
Parabolantenne *f* antenna *f* parabolica
Parabolspiegel <-s, -> *m* TEC riflettore *m* [*o* specchio *m*] parabolico
Parade [pa'raːdə] <-, -n> *f* ❶ SPORT parata *f* ❷ MIL rivista *f* militare, rassegna *f*; *(Vorbeimarsch)* sfilata *f*
Paradebeispiel *nt* esempio *m* paradigmatico
Paradeiser [para'daɪzɐ] <-s, -> *m* A *(Tomate)* pomodoro *m*
Paradeuniform *f* grande uniforme *f*
paradieren [para'diːrən] <ohne ge-> *vi*

① MIL sfilare in parata ② *(fig geh: sich brüsten)* fare sfoggio (**mit etw** di qc)

Paradies [para'di:s] <-es, -e> *nt* paradiso *m;* **das ~ auf Erden** il paradiso in terra

paradiesisch *adj* paradisiaco

Paradiesvogel *m* uccello *m* del paradiso, paradisea *f*

Paradigma [para'dɪgma] <-s, Paradigmen *o* Paradigmata> *nt* paradigma *m*

paradox [para'dɔks] *adj* paradossale

Paradoxa *Pl. von* **Paradoxon**

paradoxerweise [para'dɔksɐ'vaɪzə] *adv* paradossalmente

Paradoxon [pa'ra:dɔksɔn, *Pl:* pa'ra:dɔksa] <-s, Paradoxa> *nt* PHILOS, LING paradosso *m*

Paraffin [para'fi:n] <-s, -e> *nt* paraffina *f*

parafieren [para'fi:rən] <ohne ge-> *vt* parafare, convalidare

Paragliding ['pa:raglaɪdɪŋ] <-s> *nt kein Pl.* parapendio *m*

Paragraf [para'gra:f] <-en, -en> *m* paragrafo *m*

Paragrafendschungel *m (pej)* labirinto *m* della legge

parallel [para'le:l] *adj* [**zu etw**] **~ sein** essere parallelo [a qc]

Parallele <-, -n> *f* ① MAT parallela *f;* **eine ~ zu etw ziehen** tracciare una parallela a qc ② *(fig: Vergleich)* parallelo *m;* **eine ~ zwischen … und …** un parallelo fra … e …

Parallelgesellschaft *f* società *f* parallela

Parallelität [paraleli'tɛ:t] <-, -en> *f* parallelismo *m*

Parallelogramm [paralelo'gram] <-s, -e> *nt* MAT parallelogramma *m*

Parallelstraße *f* strada *f* parallela

Parallelumlauf <-(e)s> *m kein Pl. (Europäische Währungsunion)* doppia circolazione *f*

Paralleluniversum *nt* ASTRON *(a. fig)* universo *m* [*o* mondo *m*] parallelo

Parameter [pa'ra:metɐ] <-s, -> *m* MAT, MUS, INFORM parametro *m*

paramilitärisch ['pa:ramilitɛ:rɪʃ] *adj* paramilitare

Paranoia [para'nɔɪa] <-> *f kein Pl.* MED, PSYCH paranoia *f*

paraphieren <ohne ge-> *vt s.* **parafieren**

Parapsychologie ['pa:rapsyçolo'gi:] *f* parapsicologia *f*

Parasit [para'zi:t] <-en, -en> *m* parassita *m*

parasitär [parazi'tɛ:ɐ̯] *adj* parassitario

parat [pa'ra:t] *adj* pronto; **immer eine Antwort ~ haben** avere sempre la risposta pronta

Paratyphus ['paraty:fʊs] *m* paratifo *m*

Pärchen ['pɛ:ɐ̯çən] <-s, -> *nt* coppietta *f*

Parcours [par'ku:ɐ] <-, -> *m* percorso *m*

Pardon [par'dõ:] <-s> *nt kein Pl.* perdono *m;* **Pardon!** Scusi!; **da gibt's kein ~** non c'è scusa che tenga; **sie kennt kein ~** non conosce pietà

Parfüm [par'fy:m] <-s, -e *o* -s> *nt* profumo *m*

Parfümerie [parfymə'ri:] <-, -n> *f* profumeria *f*

Parfümfläschchen [par'fy:mflɛʃçən] <-s, -> *nt* flacone *m* [*o* bottiglietta *f*] di profumo

parfümieren [parfy'mi:rən] <ohne ge-> **I.** *vt* profumare **II.** *vr:* **sich ~** profumarsi

Paria ['pa:ria] <-s, -s> *m* paria *m*

parieren [pa'ri:rən] <ohne ge-> **I.** *vt* SPORT parare **II.** *vi (fam: gehorchen)* ubbidire

Paris [pa'ri:s] *nt* Parigi *f*

Pariser [pa'ri:zɐ] <-s, -> *m (sl: Präservativ)* preservativo *m*

Pariser(in) <-s, -; -, -nen> *m(f)* parigino, -a *m, f*

paritätisch [pari'tɛ:tɪʃ] *adj* paritetico

Park [park] <-s, -s *o* CH Pärke> *m* parco *m*

Parka ['parka] <*f* -, -s *o m* -(s), -s> *f o m* eskimo *m,* parka *m*

Park-and-ride-System *nt sistema di parcheggio adiacente a mezzo pubblico*

Parkbank <-, -bänke> *f* panchina *f* del parco

Parkdeck *nt* piano *m* di autosilo

Parkebene *f* area *f* di parcheggio

parken ['parkən] *vt, vi* parcheggiare; **~de Wagen** veicoli in parcheggio; **Parken verboten!** parcheggio vietato!

Parkett [par'kɛt] <-(e)s, -e *o* -s> *nt* ① *(Fußboden)* parquet *m* ② THEAT platea *f* ③ *(Tanzfläche)* pista *f* [da ballo]

Parkett[fuß]boden *m* [pavimento *m* di] parquet *m*

Parkfläche <-, -n> *f* parcheggio *m*

Parkgebühr *f* tassa *f* di parcheggio

Parkhaus *nt* autosilo *m*

parkieren [par'ki:rən] <ohne ge-> *vt, vi* CH parcheggiare

Parkingmeter ['parkɪŋme:tɐ] <-s, -> *m* CH parchimetro *m*

Parkinson-Krankheit ['pa:kɪnsənkraŋkhaɪt] <-, -en> *f* MED morbo *m* di Parkinson

Parklücke *f* spazio *m* libero per posteggiare, buco *m* [per posteggiare] *fam*

Parkometer [parko'me:tɐ] <-s, -> *nt s.* **Parkuhr**

Parkplatz *m* parcheggio *m,* posteggio *m*

Parkscheibe *f* disco *m* orario

Parkstreifen *m* corsia *f* di sosta

Parkstudium *nt (fam)* studi *mpl* di attesa

P

Parksünder(in) *m(f) (fam)* parcheggiatore, -trice *m, f* abusivo, -a
Parkuhr *f* parchimetro *m*
Parkverbot *nt* divieto *m* di parcheggio
Parkwächter(in) <-s, -; -, -nen> *m(f)* ① *(im Park)* guardaparco *mf* ② *(im Parkhaus, auf einem Parkplatz)* custode *m* di un parcheggio, parcheggiatore *m*
Parlament [parla'mɛnt] <-(e)s, -e> *nt* parlamento *m;* **das Europäische Parlament** il Parlamento europeo
Parlamentarier(in) [parlamɛn'taːriɐ] <-s, -; -, -nen> *m(f)* parlamentare *mf,* membro *m* del parlamento
parlamentarisch *adj* parlamentare
Parlamentarismus [parlamɛnta'rɪsmʊs] <-> *m kein Pl.* parlamentarismo *m*
Parlamentsbeschluss *m* voto *m* del parlamento
Parlamentsdebatte *f* dibattito *m* parlamentare
Parlamentsferien *pl* vacanze *fpl* parlamentari
Parlamentspräsident(in) <-en, -en; -, -nen> *m(f)* presidente *m* del parlamento
Parlamentssitzung *f* seduta *f* parlamentare
Parlamentswahlen *fpl* elezioni *fpl* per la camera dei deputati
Parmesan [parme'zaːn] <-s> *m kein Pl.* parmigiano *m*
Parodie [paro'diː] <-, -n> *f* parodia *f;* **eine ~ auf etw** *akk* **schreiben** scrivere una parodia di qc
parodieren [paro'diːrən] <ohne ge-> *vt* parodiare, fare la parodia di
parodistisch [paro'dɪstɪʃ] *adj* parodistico
Parodontose [parodɔn'toːzə] *f* MED paradentosi *f*
Parole [pa'roːlə] <-, -n> *f* ① MIL parola *f* d'ordine ② *(fig)* POL motto *m*
Partei [par'taɪ] <-, -en> *f* ① POL partito *m;* **einer ~ angehören/beitreten** essere di/aderire ad un partito ② *(fig)* JUR parte *f;* **für jdn ~ ergreifen** [*o* **nehmen**] prendere partito per qu ③ SPORT squadra *f* ④ *(Miet~)* inquilino *m* pigionale
Parteiapparat *m* apparato *m* del partito
Parteibuch *nt* tessera *f* del partito; **das richtige/falsche ~ haben** *(fam fig)* stare dalla parte giusta/sbagliata
Parteienfinanzierung <-, -en> *f* finanziamento *m* dei partiti
Parteienverkehr <-s> *m kein Pl.* A ADM *(Amtsstunden)* orario *m* d'ufficio
Parteifreund(in) <-(e)s, -e; -, -nen> *m(f)* compagno *m* di partito
Parteiführer(in) *m(f)* leader *m* [*o* capo *m*] del partito
Parteiführung *f* presidenza *f* del partito
Parteifunktionär(in) *m(f)* funzionario, -a *m, f* del partito
parteiintern [par'taɪɪntɛrn] *adj* interno al partito
parteiisch *adj* parziale
Parteikongress *m* congresso *m* del partito
parteilich *adj* partitico, di partito; *(parteiisch)* parziale, di parte
Parteilichkeit <-> *f kein Pl.* parzialità *f*
parteilos *adj* apartitico, senza partito
Parteimitglied *nt* membro *m* del partito, iscritto, -a *m, f* ad un partito
Parteinahme [par'taɪnaːmə] <-, -n> *f* presa *f* di posizione
Parteiorgan *nt* organo *m* di partito
Parteipolitik *f* politica *f* di partito
Parteiprogramm *nt* programma *m* di partito
Parteitag *m* congresso *m* del partito
Parteivorsitzende *mf* presidente *m* del partito
Parteizugehörigkeit *f* appartenenza *f* ad un partito
parterre [par'tɛr] *adv* a pianterreno
Parterre <-s, -s> *nt* pianterreno *m*
Partie [par'tiː] <-, -n> *f* ① *(Teil, Abschnitt) a.* MUS, THEAT parte *f* ② SPORT, COM partita *f* ③ *(Wend)* **eine gute ~ machen** fare un buon matrimonio; **ich bin mit von der ~** *(fam)* ci sto anch'io
partiell [par'tsi̯ɛl] *adj* parziale
Partikelfilter *m* AUTO filtro *m* antiparticolato
Partisan(in) [parti'zaːn] <-s *o* -en, -en; -, -nen> *m(f)* partigiano, -a *m, f*
Partisanenkrieg *m* guerra *f* partigiana
Partisanin *f s.* **Partisan**
Partition <-, -en> *f* INFORM partizione *f*
Partitur [parti'tuːɐ̯] <-, -en> *f* MUS spartito *m,* partitura *f*
Partizip [parti'tsiːp] <-s, -pien> *nt* LING participio *m*
Partizipium [parti'tsiːpiʊm, *Pl:* parti'tsiːpia] <-s, Partizipia> *nt* GRAM participio *m*
Partner(in) ['partnɐ] <-s, -; -, -nen> *m(f)* *(Tanz~) a.* THEAT, FILM partner *mf;* *(Spiel~)* compagno, -a *m, f* di gioco; *(Vertrags~)* contraente *mf;* *(Ehe~)* coniuge *mf;* *(Gesprächs~)* interlocutore, -trice *m, f;* COM socio, -a *m, f*
Partnerlook ['partnɐlʊk] <-s, -s> *m* look *m* di coppia; **im ~ gehen** [detto di coppia] andare in giro vestiti in modo simile
Partnerschaft <-, -en> *f* ① *(Mitarbeit)* collaborazione *f;* COM compartecipazione *f* ② *(Zusammenleben)* convivenza *f* ③ *(Städte~)* gemellaggio *m*

partnerschaftlich *adj* di partecipazione

Partnerstadt *f* città *f* gemellata

Partnertausch *m* scambio *m* di partner

Partnervermittlung *f* agenzia *f* cuori solitari

Partnerwahl *f* scelta *f* del proprio partner

partout [parˈtuː] *adv (fam)* a tutti costi, assolutamente

Party [ˈpaːɐ̯ti] <-, -s> *f* festa *f*, party *m*

Partykeller *m* tavernetta *f*

Partymeile *f zona della movida con alta concentrazione di locali*

Partyservice *m* servizio *m* ristoro

Parzelle [parˈtsɛlə] <-, -n> *f* parcella *f*, lotto *m*

parzellieren [partsɛˈliːrən] <ohne ge-> *vt* lottizzare, dividere in parcelle

Parzellierung <-, -en> *f* lottizzazione *f*, parcellazione *f*

Pascha [ˈpaʃa] <-s, -s> *m* pascià *m*

Pass [pas, *Pl:* ˈpɛsə] <-es, Pässe> *m* ① *(Reise~)* passaporto *m* ② *(Gebirgs~)* passo *m*, valico *m* ③ SPORT *(Ballspiele)* passaggio *m*

passabel [paˈsaːbəl] *adj* passabile, discreto

Passage [paˈsaːʒə] <-, -n> *f* ① *(Durchfahrt)* passaggio *m*, transito *m* ② *(Ladenstraße)* galleria *f* ③ *(Überfahrt)* passaggio *m*, traversata *f* ④ *(Textabschnitt)* brano *m*, passaggio *m*

Passagier [pasaˈʒiːɐ̯] <-s, -e> *m* passeggero, -a *m, f*, viaggiatore, -trice *m, f*

Passagierdampfer *m* nave *f* passeggeri

Passagierflugzeug *nt* aereo *m* passeggeri

Passah[fest] [ˈpasa(fɛst)] <-s> *nt kein Pl.* pasqua *f* [ebraica]

Passamt *nt* ufficio *m* passaporti

Passant(in) [paˈsant] <-en, -en; -, -nen> *m(f)* passante *mf*

Passat[wind] [paˈsaːt(vɪnt)] <-(e)s, -e> *m* aliseo *m*

Passbild *nt* fototessera *f*

passé [paˈseː] <inv> *adj (fam)* tramontato, passato, out

Pässe *Pl. von* **Pass**

passen [ˈpasən] **I.** *vi* ① *(harmonieren)* andare [bene]; **zu jdm/etw ~** andare bene a qu/qc; *(sich eignen)* adattarsi a qu/qc; **das Bild passt nicht ins Zimmer** il quadro non si adatta alla stanza; **sie passt nicht zu ihm** non è fatta per lui; **er passt nicht zu uns** non ci troviamo con lui ② *(in Größe, Form)* andare [bene], stare [bene]; *(Schuhe)* calzare bene; **das Buch passt nicht ins Regal** nella libreria non c'è posto per il libro; **die Hose passt wie angegossen** i pantaloni stanno a pennello; **das Kleid passt mir nicht** il vestito non mi va bene ③ *(genehm sein)* andare; **jdm ~** andare a qu; **es passt mir gar nicht, dass du erst so spät kommst** non mi va che tu venga così tardi; **passt es dir am Samstag um elf Uhr?** ti va bene sabato alle undici?; **das könnte dir so ~!** *(fam)* ti piacerebbe, eh! ④ *(beim Kartenspiel)* passare; *(bei Fragen)* non saper rispondere **II.** *vt* ① TEC adattare ② SPORT *(Ball)* passare

passend *adj* ① *(in Größe, Form)* che va bene; **er trägt zu jedem Anzug die ~e Krawatte** per ogni vestito ha la cravatta adatta ② *(angemessen)* adeguato, buono ③ *(treffend)* giusto, che coglie nel segno; **das ~e Wort finden** trovare la parola adatta

Passepartout [paspar'tuː] <-s, -s> *nt* passe-partout *m*

Passfoto <-s, -s> *nt* fototessera *f*

passierbar *adj (Weg)* praticabile, transitabile; *(Pass)* valicabile

passieren [paˈsiːrən] <ohne ge-> **I.** *vt haben* ① *(Grenze, Zensur)* passare; *(Fluss)* attraversare; *(Pass)* valicare ② GASTR passare **II.** *vi sein* succedere, accadere; **mit jdm etw ~** succedere qc a qu; **jdm etw ~** *(widerfahren)* capitare a qu; **was ist passiert?** cosa è successo?; **ist ihm etw passiert?** gli è successo qualcosa?; **das soll mir nicht noch einmal ~** non mi succederà una seconda volta; **das kann jedem ~** può capitare a tutti

Passierschein *m* lasciapassare *m*

Passion [paˈsi̯oːn] <-, -en> *f* passione *f*

passioniert [pasi̯oˈniːɐ̯t] *adj* appassionato

Passionsfrucht <-, -früchte> *f* frutto *m* della passione

Passionszeit *f* quaresima *f*

passiv [ˈpasiːf *o* paˈsiːf] *adj* passivo

Passiv <-s, *rar:* -e> *nt* LING passivo *m*, forma *f* passiva

Passiva [paˈsiːva] *pl*, **Passiven** [paˈsiːvən] *pl* A WIRTSCH passivo *m*, passività *f pl*

Passivität [pasiviˈtɛːt] <-> *f kein Pl.* passività *f*

Passivrauchen [ˈpasiːfrauxən] <-s> *nt kein Pl.* fumo *m* passivo

Passkontrolle *f* controllo *m* dei passaporti

Passstraße *f* valico *m* di montagna

Passus [ˈpasʊs] <-, -> *m* passo *m*

Passwort [ˈpasvɔrt] <-(e)s, Passwörter> *nt* password *f*

Pasta [ˈpasta, *Pl:* ˈpastən] <-, Pasten> *f* pasta *f*

Paste [ˈpastə] <-, -n> *f* pasta *f*

Pastell [pasˈtɛl] <-(e)s, -e> *nt* pastello *m*

Pastellfarbe *f* [colore *m*] pastello *m*

pastellfarben *adj* color pastello

Pastellton *m* tonalità *f* pastello

Pasten *Pl. von* **Pasta**, **Paste**

Pastete [pas'te:tə] <-, -n> *f* ① *(Leber~, Fleisch~)* pasticcio *m* ② *(Blätterteig~)* vol-au-vent *m*

pasteurisieren [pastøri'zi:rən] <ohne ge-> *vt* pastorizzare

Pastille [pas'tɪlə] <-, -n> *f* pastiglia *f*, pasticca *f*

Pastor(in) ['pasto:ɐ̯ *o* pas'to:ɐ̯] <-s, -en; -, -nen> *m(f)* pastore *m*

Patchwork-Familie *f* famiglia *f* allargata

Pate ['pa:tə] <-n, -n> *m* padrino *m*

Patenkind *nt* figlioccio, -a *m, f*

Patenonkel *m* padrino *m*

Patenschaft <-, -en> *f* paternità *f* spirituale; **die ~ für jdn übernehmen** fare da padrino/madrina a qu

patent [pa'tɛnt] *adj (fam)* ① *(Person)* bravo, in gamba ② *(Lösung, Idee)* formidabile

Patent <-s, -e> *nt* ① JUR, ADM *(Recht auf eine Erfindung)* brevetto *m*; **auf etw** *akk* **ein ~ anmelden** chiedere il brevetto per qc ② CH *(staatliche Erlaubnis)* licenza *f*

Patentamt *nt* ufficio *m* brevetti

Patentante *f* madrina *f*

Patentanwalt *m*, **Patentanwältin** *f* avvocato, -essa *m, f* specializzato, -a in brevetti

patentieren [patɛn'ti:rən] <ohne ge-> *vt* brevettare; **eine Erfindung ~ lassen** chiedere il brevetto per un'invenzione

Patentinhaber(in) *m(f)* detentore, -trice *m, f* [*o* titolare *mf*] di brevetto

Patentlösung *f* ricetta *f*, formula *f* magica

Patentrecht *nt* ① JUR *(Rechtsvorschriften)* legislazione *f* sui brevetti ② *(Recht auf Patentnutzung)* diritto *m* di privativa

Patentrezept <-(e)s, -e> *nt* soluzione *f* garantita

Patentschutz <-es> *m kein Pl.* tutela *f* [*o* protezione *f*] brevettuale [*o* dei brevetti]

Pater ['pa:tɐ, *Pl:* 'patre:s] <-s, Patres *o* -> *m* padre *m*

Paternoster [patɐ'nɔstɐ] <-s, -> *m (Aufzug)* ascensore *m* a paternoster

pathetisch [pa'te:tɪʃ] *adj* patetico

Pathologe [pato'lo:gə] <-n, -n> *m* MED patologo *m*

Pathologie [patolo'gi:] <-> *f kein Pl.* patologia *f*

Pathologin [pato'lo:gɪn] <-, -nen> *f* MED patologa *f*

pathologisch [pato'lo:gɪʃ] *adj* patologico

Pathos ['pa:tɔs] <-> *nt kein Pl.* pathos *m*

Patience [pa'sjã:s, *Pl:* pa'sjã:sən] <-, -n> *f* gioco *m* di pazienza; **eine ~ legen** fare un solitario

Patient(in) [pa'tsi̯ɛnt] <-en, -en; -, -nen> *m(f)* paziente *mf*

Patin ['pa:tɪn] <-, -nen> *f* madrina *f*

Patina ['pa:tina] <-> *f kein Pl.* patina *f*

Patisserie [patɪsə'ri:] <-, -n> *f* CH pasticceria *f*

Patres *Pl. von* **Pater**

Patriarch [patri'arç] <-en, -en> *m* patriarca *m*

patriarchalisch [patriar'ça:lɪʃ] *adj* patriarcale

Patriarchat [patriar'ça:t] <-(e)s, -e> *nt* patriarcato *m*

Patriot(in) [patri'o:t] <-en, -en; -, -nen> *m(f)* patriota *mf*

patriotisch *adj* patriottico

Patriotismus [patrio'tɪsmʊs] <-> *m kein Pl.* patriottismo *m*

Patrizier(in) [pa'tri:tsiɐ] <-s, -; -, -nen> *m(f)* patrizio, -a *m, f*

Patron(in) [pa'tro:n] <-s, -e; -, -nen> *m(f)* patrono, -a *m, f*

Patronanz <-, -en> *f* A *(Patronat)* patrocinio *m*

Patronat [patro'na:t] <-(e)s, -e> *nt* patronato *m* (**über** +*akk* su)

Patrone [pa'tro:nə] <-, -n> *f* cartuccia *f*

Patronentasche *f* giberna *f*

Patronin *f s.* **Patron**

Patrouille [pa'trʊljə] <-, -n> *f* ① *(Kontrollgang)* ronda *f*; **auf ~ gehen** pattugliare ② *(Spähtrupp)* pattuglia *f*

patrouillieren [patrʊl'ji:rən *o* patrʊ'li:rən] <ohne ge-> *vi haben o bei Fortbewegung: sein* pattugliare

patsch [patʃ] *interj* paf[fete]

patsch[e]nass ['patʃ(ə)'nas] *adj (fam)* bagnato fradicio

Patsche ['patʃə] <-, -n> *f (fam)* ① *(Matsch)* fanghiglia *f* ② *(fig: Bedrängnis)* **in der ~ sitzen** trovarsi nei guai; **jdm aus der ~ helfen** trarre qu d'impaccio

patschen *vi (fam)* ① *haben (schlagen)* dare un colpo ② *sein (gehen)* sguazzare ③ *sein (aufprallen)* battere

Patschen ['patʃən] <-s, -> *m* A ① *(Hausschuh)* pantofola *f*; **die ~ aufstellen** *(vulg: sterben)* schiattare ② *(fam: Reifenpanne)* foratura *f*, gomma *f* a terra; **sich** *dat* **einen ~ fahren** avere una gomma a terra

Patschhändchen ['patʃhɛntçən] <-s, -> *nt (Kindersprache)* manina *f*

patt [pat] *adj* patta; **~ sein** essere pari e patta

Patt [pat] <-s, -s> *nt* ① *(beim Schach)* patta *f* ② POL *(fig)* stallo *m*

Pattsituation <-, -en> *f* situazione *f* di parità [*o* di equilibrio]

patzen ['patsən] *vi (fam)* commettere delle imperfezioni (**bei** in)

Patzer <-s, -> *m (fam)* errore *m* di esecuzione, imperfezione *f*; MUS stecca *f*

patzig *adj (fam pej)* sfacciato
Pauke ['paʊkə] <-, -n> *f* timpano *m;* **auf die ~ hauen** *(fam: feiern)* fare baldoria; **mit ~n und Trompeten durchfallen** *(fam)* fare un fiasco completo agli esami
pauken I. *vi* ❶ *(Pauke spielen)* s[u]onare il timpano ❷ *(fam: büffeln)* sgobbare **II.** *vt (fam: lernen)* studiare
Paukenschlag *m* colpo *m* di timpano
Pauker <-s, -> *m* ❶ *(Paukist)* timpanista *m* ❷ *(sl: Lehrer)* insegnante *m*
pausbäckig ['paʊsbɛkɪç] *adj* dalle guance paffute
Pausch[al]betrag *m,* **Pauschalpreis** *m* prezzo *m* globale
pauschal [paʊ'ʃa:l] **I.** *adj* ❶ FIN globale, forfettario ❷ *(fig: generell)* generale **II.** *adv* globalmente, in blocco; **so ~ kann man das nicht sagen** non si può dirlo così in generale
Pauschalbetrag *m,* **Pauschale** [paʊ'ʃa:lə] <-, -n> *f* importo *m* globale
Pauschalreise *f* viaggio *m* tutto compreso
Pauschaltourismus *m* turismo *m* all-inclusive
Pauschaltourist(in) *m(f)* turista *mf* all-inclusive
Pauschalurlaub <-s> *m kein Pl.* vacanza *f* organizzata [con tutti i costi compresi], viaggio *m* organizzato tutto compreso
Pauschalurteil *nt (pej)* giudizio *m* troppo generico
Pauschalverurteilung *f* giudizio *m* sommario
Pauschbetrag *m s.* **Pauschalbetrag**
Pause ['paʊzə] <-, -n> *f* ❶ *(Unterbrechung) a.* MUS pausa *f;* THEAT, FILM intervallo *m; (Schul~)* ricreazione *f;* **eine ~ einlegen** [*o* **machen**] fare una pausa ❷ *(Rast)* sosta *f,* fermata *f* ❸ *(Durchzeichnung)* calco *m,* lucido *m*
pausen *vt* fare un calco di, lucidare
Pausenbrot *nt* panino *m*
pausenfüllend *adj* che fa da intermezzo
Pausenfüller *m* intermezzo *m*
pausenlos *adj* ininterrotto
Pausenzeichen *nt* segnale *m* d'intervallo
pausieren [paʊ'zi:rən] <ohne ge-> *vi* fare una pausa; *(ausruhen)* riposarsi
Pauspapier *nt* carta *f* da ricalco
Pavian ['pa:via:n] <-s, -e> *m* babbuino *m*
Pavillon ['pavɪljõ *o* pavɪl'jõ:] *o* 'pavɪljɔŋ] <-s, -s> *m* padiglione *m*
Pay-back-Karte, Paybackkarte ['peɪbɛk-] *f* carta *f* Payback
Pay-TV ['peɪti:vi:] <-> *nt kein Pl.* pay tv *f*
Pazifik [pa'tsi:fɪk] *m* Pacifico *m*
pazifisch [pa'tsi:fɪʃ] *adj* **der Pazifische Ozean** l'oceano pacifico
Pazifismus [patsi'fɪsmʊs] <-s> *m kein Pl.* pacifismo *m*
Pazifist(in) [patsi'fɪst] <-en, -en; -, -nen> *m(f)* pacifista *mf*
pazifistisch *adj* pacifista
PC [pe:'tse:] <-(s), -(s)> *m Abk. von* **Personalcomputer** PC *m*
PDS [pe:de:'ʔɛs] <-> *f kein Pl. Abk. von* **Partei des Demokratischen Sozialismus** *Partito del Socialismo Democratico (tedesco)*
Pech [pɛç] <-s *o rar:* -es, -e> *nt* ❶ *(Material)* pece *f;* **wie ~ und Schwefel zusammenhalten** *(fam)* essere inseparabili ❷ *Sing. (fig: Unglück)* sfortuna *f;* **~ haben** avere sfortuna, essere sfortunato
Pechblende *f* pechblenda *f,* uranite *f*
pechschwarz ['pɛç'ʃvarts] *adj* nero come la pece
Pechsträhne *f (fam)* serie *f* di disgrazie; **eine ~ haben** essere perseguitato dalla scalogna *fam*
Pechvogel *m (fam)* scalognato, -a *m, f*
Pedal [pe'da:l] <-s, -e> *nt* pedale *m*
Pedant(in) [pe'dant] <-en, -en; -, -nen> *m(f)* pedante *mf,* pignolo, -a *m, f*
Pedanterie [pedantə'ri:, *Pl:* pedantə'ri:ən] <-, -n> *f* pedanteria *f,* pignoleria *f*
Pedantin *f s.* **Pedant**
pedantisch *adj* pedante, pignolo
Pedell [pe'dɛl] <-s, -e> *m (obs)* bidello *m*
Pediküre [pedi'ky:rə] <-> *f kein Pl.* pedicure *m*
Peeling ['pi:lɪŋ] <-s, -s> *nt* peeling *m*
Peepshow *f* peep-show *m*
Pegel ['pe:gəl] <-s, -> *m (Meer~)* mareografo *m; (Fluss~)* idrometro *m*
Pegelstand *m* livello *m* dell'acqua
Peilanlage *f* radiogoniometro *m*
peilen ['paɪlən] *vt* ❶ *(Lage, Richtung, Standort bestimmen)* rilevare, determinare; **die Lage ~** *(fam)* sondare il terreno; **über den Daumen gepeilt** *(fam)* a occhio e croce ❷ NAUT *(Wassertiefe bestimmen)* scandagliare
Peilfunk *m* radiogoniometria *f*
Peilgerät *nt* apparecchio *m* di rilevamento
Peilstation *f* stazione *f* radiogoniometrica
Pein [paɪn] <-> *f kein Pl. (geh)* pena *f*
peinigen *vt (geh)* tormentare
Peiniger(in) <-s, -; -, -nen> *m(f) (geh: Folterer)* torturatore, -trice *m, f; (fig)* tormentatore, -trice *m, f*
Peinigung <-, -en> *f (geh)* tortura *f; (fig)* tormento *m*
peinlich *adj* ❶ *(unangenehm)* spiacevole; *(Situation)* imbarazzante; **es ist mir sehr ~, dass …** mi dispiace molto che *+conj;* **von etw ~ berührt sein** essere imbaraz-

zato per qc ② *(übergenau)* meticoloso, preciso; **~e Ordnung** ordine scrupoloso

Peitsche ['paɪtʃə] <-, -n> *f* frusta *f; (a. fig)* sferza *f*

peitschen **I.** *vt* ① *(schlagen)* frustare; *(aus~)* sferzare ② *(a. fig)* sferzare **II.** *vi* *(Regen)* battere

Peitschenhieb *m* frustata *f,* sferzata *f*

pejorativ [pejora'ti:f] *adj* peggiorativo, spregiativo

Pekinese [peki'ne:zə] <-n, -n> *m (Hund)* [cane *m*] pechinese *m*

Peking ['pe:kɪŋ] *nt* Pechino *f*

Pelerine [pelə'ri:nə] <-, -n> *f* pellegrina *f,* mantellina *f*

Pelikan ['pe:lika:n] <-s, -e> *m* pellicano *m*

Pelle ['pɛlə] <-, -n> *f bes.* NORDD *(Kartoffel~, Obst~)* buccia *f; (Wurst~)* pelle *f;* **jdm auf der ~ sitzen** [*o* **liegen**] *(fam)* essere sempre alle costole di qu

pellen **I.** *vt bes.* NORDD *(schälen)* sbucciare **II.** *vr:* **sich ~** *bes.* NORDD *(Haut)* pelarsi

Pellkartoffel <-, -n> *f* patata *f* bollita con la buccia

Pelz [pɛlts] <-es, -e> *m* pelliccia *f*

pelzbesetzt *adj* guarnito di pelliccia

pelzgefüttert *adj* foderato di pelliccia

Pelzgeschäft *nt* pellicceria *f*

Pelzhandel *m* commercio *m* di pellicce

Pelzhändler(in) *m(f)* pellicciaio, -a *m, f*

pelzig *adj* peloso; DIAL *(im Geschmack)* stopposo

Pelzimitation *f* pelliccia *f* sintetica

Pelzkragen *m* collo *m* di pelliccia

Pelzmantel *m* pelliccia *f*

Pelzmütze *f* berretto *m* di pelliccia

Pelztier *nt* animale *m* da pelliccia

pempern *vi* A *(bumsen)* chiavare, scopare

Pendant [pã'dã:] <-s, -s> *nt* pendant *m;* **das ~ zu etw sein** essere il pendant di qc

Pendel ['pɛndəl] <-s, -> *nt* pendolo *m*

pendeln *vi* ① *haben (schwingen)* pendolare; *(a. fig)* oscillare ② *sein (hin- u herfahren)* fare la spola; **von … nach …** [*o* **zwischen … und …**] ~ fare la spola tra … e …

Pendeltür *f* porta *f* battente

Pendelverkehr *m* traffico *m* pendolare

Pendelzug *m* treno *m* navetta

pendent [pɛn'dɛnt] *adj* CH COM, ADM, JUR *(unerledigt, anhängig)* pendente, in sospeso

Pendenz [pɛn'dɛnts] <-, -en> *f* CH COM, ADM *(unerledigte Aufgabe)* pendenza *f*

Pendler(in) <-s, -; -, -nen> *m(f)* pendolare *mf*

Penes *Pl. von* **Penis**

penetrant [pene'trant] *adj* ① *(Geruch)* penetrante ② *(pej: Person)* invadente

peng [pɛŋ] *interj* pam

penibel [pe'ni:bəl] *adj (peinlich genau)* meticoloso, preciso; *(kleinlich)* pignolo

Penicillin *nt s.* **Penizillin**

Penis ['pe:nɪs] <-, -se *o* Penes> *m* pene *m*

Penizillin [penitsɪ'li:n] <-s, -e> *nt* MED penicillina *f*

Pennäler(in) [pɛ'nɛ:lɐ] <-s, -; -, -nen> *m(f) (fam obs)* studente, -essa *m, f* di scuola superiore

Pennbruder *m (fam pej)* vagabondo *m*

Penne ['pɛnə] <-, -n> *f (sl: Schule)* scuola *f* [superiore]

pennen ['pɛnən] *vi (fam)* fare una dormita

Penner(in) <-s, -; -, -nen> *m(f) (fam pej)* ① *(Stadtstreicher)* clochard *m,* donna *f* sacchetto ② *(Schlafmütze)* persona *f* disattenta

Pensen *Pl. von* **Pensum**

Pension [pã'zi̯o:n *o* pɛn'zi̯o:n] <-, -en> *f* ① *(Rente)* pensione *f* ② *Sing. (Ruhestand)* pensione *f;* **in ~ sein/gehen** essere/andare in pensione ③ *(Unterkunft und Verpflegung)* pensione *f;* **halbe ~** mezza pensione; **volle ~** pensione completa

Pensionär(in) [pãzi̯o'nɛ:ɐ̯ *o* pɛnzi̯o'nɛ:ɐ̯] <-s, -e; -, -nen> *m(f)* ① *(Mensch im Ruhestand)* pensionato, -a *m, f* ② CH *(Pensionsgast)* pensionante *mf*

Pensionat [pãzjo'na:t *o* pɛnzjo'na:t] <-(e)s, -e> *nt* collegio *m,* pensionato *m*

pensionieren [pãzi̯o'ni:rən *o* pɛnzi̯o'ni:rən] <ohne ge-> *vt* mandare in pensione; **sich ~ lassen** andare in pensione

pensioniert *adj* pensionato, a riposo

Pensionierung <-, -en> *f* pensionamento *m*

Pensionsalter *nt* età *f* di pensionamento; **das ~ erreicht haben** aver raggiunto i limiti d'età per la pensione

pensionsberechtigt *adj* che ha diritto alla pensione

Pensionsgast *m* pensionante *mf*

Pensionskasse *f* cassa *f* pensione

Pensum [pɛnzʊm, *Pl:* pɛnzən *o* pɛnza] <-s, Pensen *o* Pensa> *nt* ① *(Arbeits~)* lavoro *m,* compito *m* ② *(Unterrichts~)* programma *m*

Pentagon[1] ['pɛntagɔn] <-s, -e> *nt* MAT pentagono *m*

Pentagon[2] <-s> *nt kein Pl. (US-Verteidigungsministerium)* Pentagono *m*

Pep [pɛp] <-(s)> *m kein Pl.* pepe *m*

Peperoni [pepe'ro:ni] *pl* CH GASTR *(Paprika)* peperone *m*

peppig ['pɛpɪç] *adj* vivace, brioso; *(Musik)* vivace; *(Person)* vivace, pepato, utto pepe

per [pɛr] *präp* ① *(mittels, durch)* per, a mezzo, con; **~ Anhalter fahren** viaggiare

facendo l'autostop; **mit jdm ~ du sein** darsi del tu con qu ② COM *(für)* per; *(pro)* per, a; **~ Stück** il pezzo
perfekt [pɛr'fɛkt] *adj* ① *(vollkommen)* perfetto; **einen Kauf ~ machen** perfezionare un acquisto ② *(fam: abgeschlossen)* concluso; **damit war die Niederlage ~** in tal modo la sconfitta era completa
Perfekt ['pɛrfɛkt] <-(e)s, -e> *nt* LING perfetto *m,* passato *m*
Perfektion [pɛrfɛk'tsi̯oːn] <-, -en> *f* perfezione *f,* compiutezza *f*
Perfektionist(in) [pɛrfɛktsi̯o'nɪst] <-en, -en; -, -nen> *m(f)* perfezionista *mf*
perfid[e] [pɛr'fiːt (pɛrfiːdə)] *adj (geh)* perfido
Perfidie [pɛrfi'diː, *Pl:* pɛrfi'diːən] <-, *rar:* -n> *f (geh)* perfidia *f*
Perforation [pɛrfora'tsjoːn] <-, -en> *f* perforazione *f*
perforieren [pɛrfo'riːrən] <ohne ge-> *vt* perforare
Pergament [pɛrga'mɛnt] <-(e)s, -e> *nt* pergamena *f*
Pergamentpapier *nt* carta *f* pergamena
Periode [peri'oːdə] <-, -n> *f* ① *(Zeitabschnitt)* periodo *m,* epoca *f* ② MAT, PHYS, GEOL periodo *m* ③ *(Menstruation)* mestruazione *f*
Periodensystem *nt* sistema *m* periodico
periodisch *adj* periodico
peripher [peri'feːɐ̯] *adj* periferico
Peripherie [perife'riː] <-, -n> *f* ① *(Randgebiet)* periferia *f* ② MAT circonferenza *f* ③ INFORM periferica *f*
Perle ['pɛrlə] <-, -n> *f* ① *(der Perlmuschel)* perla *f;* **echte ~** perla vera ② *(fam: Hausgehilfin)* domestica *f* [perfetta]
perlen *vi (Schweiß, Tau)* imperlare; *(Sekt)* spumeggiare
Perlentaucher(in) *m(f)* pescatore, -trice *m, f* di perle
Perlhuhn *nt* [gallina *f*] faraona *f*
Perlmuschel *f* conchiglia *f* perlifera
Perlmutt ['pɛrlmʊt] <-s> *nt kein Pl.* madreperla *f*
Perlmutter <*f-* *o nt* -s> *f o nt kein Pl.* madreperla *f*
perlmuttern *adj* ① *(aus Perlmutt)* di [*o* in] madreperla ② *(perlmuttfarben)* madreperlaceo
Perlon® ['pɛrlɔn] <-s> *nt kein Pl.* perlon® *m*
Perlzwiebel <-, -n> *f* GASTR aglio *m* romano [*o* di Spagna]; *(in Essig eingelegte Zwiebel)* cipollina *f* sott'aceto
permanent [pɛrma'nɛnt] *adj* permanente
perplex [pɛr'plɛks] *adj (fam: verblüfft)* sbalordito; *(verwirrt)* confuso, perplesso
Perron [pɛ'rõː] <-s, -s> *m* CH marciapiede *m*
Perser(in) ['pɛrzɐ] <-s, -; -, -nen> *m(f)* persiano, -a *m, f*
Perserteppich *m* tappeto *m* persiano
Persianer [pɛrzi'aːnɐ] <-s, -> *m* persiano *m*
Persien ['pɛrziən] *nt* Persia *f*
Persiflage [pɛrzi'flaːʒə] <-, -n> *f* beffa *f*
Persilschein [pɛr'ziːlʃaɪn] <-s, -e> *m* *(fam)* prova *f* a discarico [*o* scagionatrice], documento *m* a [propria] discolpa; HIST *(nel dopoguerra) prova a discolpa dei tedeschi rilasciata dalle autorità di denazificazione*
persisch *adj* persiano; GEOG persico; **der Persische Golf** il Golfo Persico
Person [pɛr'zoːn] <-, -en> *f* persona *f;* THEAT, FILM, LIT figura *f,* personaggio *m; (Einzel~)* individuo *m;* **pro ~** a testa, a persona; **juristische/natürliche ~** JUR persona giuridica/fisica; **ich für meine ~ fände es besser, wenn ...** in quanto a me mi sembrerebbe meglio se ...; **sie ist die Güte in ~** è la bontà in persona
Personal [pɛrzo'naːl] <-s> *nt kein Pl.* personale *m,* risorse *pl* umane
Personalabbau *m* riduzione *f* del personale
Personalabteilung *f* ufficio *m* del personale
Personalakte *f* cartella *f* personale
Personalausweis *m* carta *f* d'identità
Personalbüro *nt s.* **Personalabteilung**
Personalchef(in) *m(f)* capo *m* del personale
Personal Computer ['pəːsənəl-] *m* personal computer *m*
Personalien [pɛrzo'naːliən] *pl* generalità *f pl*
Personalisierung *f* individualizzazione *f*
Personalkosten *pl* spese *f pl* per il personale
Personalmangel <-s> *m kein Pl.* carenza *f* [*o* mancanza *f*] di personale
Personalpolitik *f* politica *f* del personale [*o* organica]
Personalpronomen *nt* LING pronome *m* personale
Personal Trainer ['pəːsənəl 'treɪnɐ] <-s, -> *m* personal trainer *mf*
Personalunion *f* **er ist Arzt und Musiker in ~** è contemporaneamente medico e musicista
Personalwesen <-s> *nt kein Pl.* WIRTSCH settore *m* dell'organico
personell [pɛrzo'nɛl] *adj* ① *(die Person betreffend)* personale ② *(das Personal betreffend)* del personale
Personen[kraft]wagen *m* autovettura *f*

Personenaufzug *m* ascensore *m* [per persone]
Personenbeschreibung *f* connotati *mpl* di una persona
Personengedächtnis <-ses, -se> *nt* memoria *f* per le persone
Personenkreis *m* cerchia *f* di persone
Personenschaden *m* danno *m* alle persone
Personenverkehr *m* traffico *m* viaggiatori
Personenwaage *f* bilancia *f* per persone
Personenwagen *m s.* **Personen**[**kraft**]**wagen**
Personifikation [pɛrzonifika'tsi̯o:n] <-, -en> *f* personificazione *f*
personifizieren [pɛrzonifi'tsi:rən] <ohne ge-> *vt* personificare
persönlich [pɛr'zø:nlɪç] **I.** *adj* personale; *(individuell)* individuale; *(privat)* privato **II.** *adv* personalmente, di persona; **der König ~** il re in persona; **jdn ~ kennen** conoscere qu personalmente; **etw ~ nehmen** prendere qc personalmente
Persönlichkeit <-, -en> *f* ① *Sing. (Eigenschaften)* personalità *f* ② *(Mensch)* personaggio *m*
Persönlichkeitswahl *f* elezione *f* uninominale
Perspektive [pɛrspɛk'ti:və] <-, -n> *f* prospettiva *f; (Blickwinkel a.)* punto *m* di vista
perspektivisch *adj* prospettico; **~e Verkürzung** effetto prospettico di rimpicciolimento
Peru [pe'ru:] *nt* Perù *m;* **in ~** nel Peru
Peruaner(in) [peru'a:nɐ] <-s, -; -, -nen> *m(f)* peruviano, -a *m, f*
peruanisch *adj* peruviano
Perücke [pe'rʏkə] <-, -n> *f* parrucca *f*
pervers [pɛr'vɛrs] *adj* perverso
Perversion [pɛrvɛr'zi̯o:n] <-, -en> *f* perversione *f*
Perversität [pɛrvɛrzi'tɛ:t] <-, -en> *f* pervertimento *m*
Pessar [pɛ'sa:ɐ̯] <-s, -e> *nt* MED pessario *m*
Pessimismus [pɛsi'mɪsmʊs] <-> *m kein Pl.* pessimismo *m*
Pessimist(in) [pɛsi'mɪst] <-en, -en; -, -nen> *m(f)* pessimista *mf*
pessimistisch *adj* pessimista, pessimistico
Pest [pɛst] <-> *f kein Pl.* peste *f;* **jdn wie die ~ hassen** *(fam)* odiare a morte qu; **wie die ~ stinken** *(fam)* puzzare come la peste
Pestizid [pɛsti'tsi:t] <-s, -e> *nt* pesticida *m*
Pesto ['pɛsto] <-s, -s> *nt o m* GASTR pesto *m*
Petersdom *m* Basilica *f* di San Pietro
Petersilie [petɐ'zi:li̯ə] <-, -n> *f* prezzemolo *m*
Petersplatz *m* Piazza *f* San Pietro
Petition [peti'tsi̯o:n] <-, -en> *f* petizione *f*
PET-Pfandflasche *f* vuoto *m* a rendere in PET
Petrochemie [petroçe'mi:] <-> *f kein Pl.* petrochimica *f*
Petroleum [pe'tro:leʊm] <-s> *nt kein Pl.* petrolio *m,* greggio *m*
Petroleumlampe *f* lampada *f* a petrolio
Petting ['pɛtɪŋ] <-(s), -s> *nt* petting *m*
petto ['pɛto] *adv* **etw in ~ haben** *(fam)* avere qc in petto
Petze ['pɛtsə] <-, -n> *f (fam pej)* spia *f*
petzen ['pɛtsən] *vt (fam pej)* [**jdm**] **etw ~** riportare qc [a qu]
Pf *Abk. von* **Pfennig**(**e**) pfennig
Pfad [pfa:t] <-(e)s, -e> *m* ① *(Weg)* sentiero *m* ② INFORM percorso *m*
Pfadfinder(in) *m(f)* giovane esploratore, -trice *m, f*
Pfaffe ['pfafə] <-n, -n> *m (pej)* pretaccio *m*
Pfahl [pfa:l, *Pl:* pfɛ:lə] <-(e)s, Pfähle> *m* palo *m; (Stütz~)* sostegno *m*
Pfahlbau <-(e)s, -ten> *m* costruzione *f* su palafitte; **~ten** HIST palafitte *f pl*
Pfalz [pfalts] *f* Palatinato *m*
Pfälzer(in) ['pfɛltsɐ] <-s, -; -, -nen> *m(f)* abitante *mf* del Palatinato
pfälzisch *adj* del palatinato
Pfand [pfant, *Pl:* 'pfɛndɐ] <-(e)s, Pfänder> *nt (a. fig)* pegno *m; (Bürgschaft)* garanzia *f; (Flaschen~)* deposito *m* per il vuoto; **etw als ~ behalten** tenere qc in pegno; **als ~ geben** dare in pegno; **gegen ~** su pegno; **auf der Flasche sind 15 Cent ~** sulla bottiglia c'è un deposito per il vuoto di 15 centesimi
pfändbar *adj* pignorabile
Pfandbrief *m* FIN lettera *f* di pegno
pfänden ['pfɛndən] *vt* ① *(Dinge)* pignorare, sequestrare ② *(Personen)* pignorare i beni di qu
Pfänderspiel *nt* gioco *m* dei pegni
Pfandflasche *f* vuoto *m* a rendere
Pfandhaus <-es, -häuser> *nt,* **Pfandleihe** <-, -n> *f* monte *m* dei pegni
Pfandschein *m* polizza *f* di pegno
Pfändung ['pfɛndʊŋ] <-, -en> *f* pignoramento *m*
Pfanne ['pfanə] <-, -n> *f* ① *(Stiel~)* padella *f; (Henkel~)* tegame *m;* **jdn in die ~ hauen** *(fam: hereinlegen)* abbindolare qu; *(beschimpfen, herunterputzen)* strapazzare qu; *(vernichten, erledigen)* annientare qu ② *(Dach~)* tegola *f* fiamminga
Pfannkuchen ['pfanku:xən] *m* frittata *f*
Pfarramt ['pfarʔamt] *nt* parrocchia *f*

Pfarrbezirk *m* parrocchia *f*
Pfarre [pfarə] <-, -n> *f* parrocchia *f*
Pfarrei [pfa'raɪ] <-, -en> *f* parrocchia *f*
Pfarrer(in) ['pfarɐ] <-s, -; -, -nen> *m(f)* *(katholisch)* parrocco *m; (evangelisch)* pastore *m*
Pfarrgemeinde <-, -n> *f* parrocchia *f*
Pfarrhaus *nt (katholisch)* casa *f* parrocchiale; *(evangelisch)* casa *f* del pastore
Pfarrkirche *f* chiesa *f* parrocchiale
Pfau [pfaʊ] <-(e)s *o* A -en, -en *o* A -e> *m* pavone *m*
Pfauenauge *nt* ZOO pavonia *f*
Pfd. *Abk. von* **Pfund** lb
Pfeffer ['pfɛfɐ] <-s, -> *m* pepe *m;* **geh hin, wo der ~ wächst!** *(fam)* va' all'inferno!
Pfefferkorn *nt* grano *m* di pepe
Pfefferkuchen *m* panpepato *m*
Pfefferminz <-es, -e> *nt,* **Pfefferminzbonbon** *m o nt* [caramella *f* di] menta *f*
Pfefferminze *f* menta *f* piperita
Pfefferminztee *m* tè *m* di menta
Pfeffermühle *f* pepaiola *f*
pfeffern ['pfɛfɐn] *vt* ① GASTR pepare ② *(sl: schleudern)* scaraventare; **jdm eine ~** dare una sberla a qu *fam*
Pfefferoni <-, -> *m* A *(Peperoni)* peperoncino *m*
Pfeffersteak *nt* bistecca *f* al pepe
Pfefferstreuer <-s, -> *m* pepiera *f,* spargipepe *m*
Pfeife ['pfaɪfə] <-, -n> *f* ① MUS piffero *m,* zufolo *m; (Orgel~)* canna *f* [d'organo]; *(Signal~)* fischio *m,* fischietto *m* ② **nach jds ~ tanzen** farsi comandare a bacchetta da qu; *(Tabak~)* pipa *f* ③ *(sl pej: Versager)* fallito *m; (Feigling)* vigliacco *m*
pfeifen ['pfaɪfən] <pfeift, pfiff, gepfiffen> *vt, vi* fischiare; **auf jdn/etw ~** *(fam)* infischiarsene di qu/qc
Pfeifenkopf *m* fornello *m* della pipa
Pfeifenreiniger <-s, -> *m* scovolino *m*
Pfeifenstopfer <-s, -> *m* curapipe *m*
Pfeifkonzert *nt (fam)* salva *f* di fischi
Pfeil [pfaɪl] <-(e)s, -e> *m* freccia *f;* **mit ~ und Bogen** con arco e frecce
Pfeiler ['pfaɪlɐ] <-s, -> *m (Stütz~)* pila *f; (a. Brücken~)* pilone *m; (fig)* ARCH, MIN pilastro *m*
pfeilgerade ['pfaɪlgə'ra:də] *adj* dritto come una freccia
Pfeilgift *nt* curaro *m*
pfeilschnell ['pfaɪl'ʃnɛl] *adj o adv* veloce come una freccia
Pfennig ['pfɛnɪç, *Pl:* 'pfɛnɪgə] <-s, -e *o bei Mengenangabe:* -> *m* pfennig *m;* **auf den ~ genau** esatto al centesimo; **keinen ~ [Geld] haben** non avere un soldo; **keinen ~ wert sein** *(fam)* non valere una lira; **jeden ~ [dreimal] umdrehen** *(fam)* badare al centesimo
Pfennigabsatz *m* tacco *m* a spillo
Pfennigbetrag *m* piccola somma *f;* **dabei handelt es sich nur um Pfennigbeträge** si tratta solo di poche lire
Pfennigfuchser ['pfɛnɪçfʊksɐ] <-s, -> *m* *(fam pej)* spilorcio *m,* tirchio *m*
pfenniggroß *adj* grande quanto una monetina
Pfennigstück *nt* moneta *f* da un pfennig
Pferch [pfɛrç] <-(e)s, -e> *m* recinto *m,* stabbio *m*
pferchen *vt* stipare
Pferd [pfe:ɐ̯t] <-(e)s, -e> *nt* cavallo *m;* **das ~ besteigen** montare a cavallo; **vom ~ steigen** scendere da cavallo; **ein ~ reiten** cavalcare, montare un cavallo; **zu ~** a cavallo; **wie ein ~ arbeiten** *(fam)* lavorare come una bestia; **ich glaub', mich tritt ein ~!** *(sl)* che mi venga un colpo! *fam;* **das ~ am [*o* beim] Schwanz aufzäumen** *(fig)* mettere il carro innanzi ai buoi; **aufs richtige/falsche ~ setzen** *(fig fam)* puntare sul cavallo vincente/perdente; **mit dem kann man ~e stehlen** *(fam)* di lui ci si può fidare a occhi chiusi; **plötzlich gingen ihm die ~e durch** *(fig fam)* improvvisamente perse il controllo; **keine zehn ~e brächten mich dazu, das zu tun** *(fam)* non c'è barba d'uomo che possa convincermi a farlo; **immer langsam mit den jungen ~en!** *(fam)* calma, calma!; **jdm was [*o* einen] vom ~ erzählen** *(fam)* dire [*o* raccontare] delle balle *fam,* dire [*o* raccontare] un sacco di balle *fam*
Pferdeapfel *m* sterco *m* equino
Pferdefuß *m* ① ZOO piede *m* di cavallo ② *(fig: Nachteil)* inconveniente *m*
Pferdegebiss *nt (fig fam)* dentatura *f* da cavallo
Pferderennbahn *f* ippodromo *m*
Pferderennen *nt* corsa *f* di cavalli
Pferdeschwanz *m* coda *f* di cavallo
Pferdestall *m* scuderia *f*
Pferdestärke *f* cavallo *m* vapore; **ein Motor mit 60 ~n** un motore da 60 cavalli
Pferdezucht *f* allevamento *m* di cavalli
pfiff [pfɪf] *1. u. 3. Pers. Sing. Imp. von* **pfeifen**
Pfiff [pfɪf] <-(e)s, -e> *m* ① *(Ton)* fischio *m* ② *(fam: Reiz)* bello *m;* **ein Hut mit ~** un cappello chic
Pfifferling ['pfɪfɐlɪŋ] <-s, -e> *m* finferlo *m,* gallinaccio *m;* **keinen ~ wert sein** *(fam)* non valere un fico secco
pfiffig *adj* furbo, astuto
Pfiffigkeit <-> *f kein Pl.* furbizia *f,* astuzia *f*

P

Pfiffikus ['pfɪfɪkʊs] <- *o* -ses, -se> *m* *(fam)* furbacchione, -a *m, f*

Pfingsten ['pfɪŋstən] <-, -> *nt* Pentecoste *f*

Pfingstferien ['pfɪŋstfeːriən] *pl* vacanze *fpl* di Pentecoste

Pfingstrose *f* peonia *f*

Pfingstsonntag *m* [domenica *f* di] Pentecoste *f*

Pfirsich ['pfɪrzɪç] <-s, -e> *m* pesca *f*

Pfirsichbaum *m* pesco *m*

Pflanze ['pflantsə] <-, -n> *f* pianta *f*

pflanzen *vt* ① *(ein~)* piantare ② A *(foppen)* schernire, prendere in giro

Pflanzenfett *nt* GASTR grasso *m* vegetale

Pflanzenfresser <-s, -> *m* ZOO erbivoro *m*, fitofago *m*

Pflanzenkunde *f* botanica *f*

Pflanzenöl *nt* GASTR olio *m* vegetale

Pflanzenreich <-(e)s> *nt kein Pl.* regno *m* vegetale

Pflanzenschutzmittel *nt* fitofarmaco *m*

Pflanzer(in) <-s, -; -, -nen> *m(f)* piantatore, -trice *m, f*

pflanzlich *adj* vegetale

Pflanzung <-, -en> *f* ① *(Plantage)* piantagione *f* ② *Sing.* *(Anbau)* coltivazione *f*

Pflaster ['pflastɐ] <-s, -> *nt* ① *(Wund~, Heft~)* cerotto *m* ② *(Straßen~)* pavimentazione *f*, lastrico *m*; **ein gefährliches** [*o* **heißes**] **~** *(fam)* una zona pericolosa; **ein teures ~** *(fam)* un posto costoso

Pflastermaler(in) *m(f)* madonnaro, -a *m, f*

pflastern *vt* lastricare, pavimentare

Pflasterstein *m* cubetto *m* per lastrico

Pflaume ['pflaʊmə] <-, -n> *f* ① *(Frucht)* prugna *f* ② *(fig fam: Blödmann)* buono *m* a nulla

Pflaumenbaum *m* prugno *m*

Pflaumenkuchen *m* torta *f* di prugne

Pflaumenmus *nt* marmellata *f* di prugne

Pflege ['pfleːgə] <-, -n> *f* ① *(Körper~)* cura *f*; *(Kranken~)* assistenza *f*; **in ~ geben/nehmen** affidare alle cure/prendersi cura di ② *(von Maschinen, Gebäuden, Anlagen)* manutenzione *f* ③ *(von Interessen, Beziehungen)* cura *f*, coltivare *m*

pflegebedürftig *adj* bisognoso di cure

Pflegeeltern *pl* genitori *mpl* che hanno in custodia un bambino

Pflegefall *m* assistito, -a *m, f*

Pflegeheim <-(e)s, -e> *nt* casa *f* di cura per anziani

Pflegekind *nt* pupillo, -a *m, f*

Pflegekosten *pl* retta *f*

pflegeleicht *adj* che non richiede cure speciali; **ein ~es Kleidungsstück** un [indumento] pratico

Pflegemutter *f* madre *f* putativa, donna *f* che fa le veci di madre

pflegen **I.** *vt* ① *(seinen Körper, sein Äußeres)* curare, avere cura di; *(Kranke)* assistere ② *(Freundschaft, Interessen)* coltivare; *(Sport)* praticare **II.** *vi* **~ etw zu tun** soler fare qc; **wie man zu sagen pflegt** come si suol dire **III.** *vr:* **sich ~** ① *(äußerlich)* curarsi, aver cura di sé ② *(sich schonen)* riguardarsi

Pflegepersonal *nt* personale *m* sanitario

Pfleger(in) <-s, -; -, -nen> *m(f)* ① *(Kranken~)* infermiere, -a *m, f*; *(Tier~)* allevatore, -trice *m, f* ② JUR curatore, -trice *m, f*; *(Vormund)* tutore, -trice *m, f*

Pflegesatz *m* retta *f*

Pflegevater *m* padre *m* putativo, uomo *m* che fa le veci di padre

Pflegeversicherung <-, -en> *f* assicurazione *f* previdenziale

pfleglich ['pfleːklɪç] **I.** *adj* premuroso, attento, pieno di cure **II.** *adv* premurosamente, delicatamente, con cura; **etw ~ behandeln** trattare qc con cura

Pflegschaft <-, -en> *f* JUR curatela *f*; *(Vormundschaft)* tutela *f*

Pflicht [pflɪçt] <-, -en> *f* ① *(Notwendigkeit)* dovere *m*; *(Verpflichtung)* obbligo *m*; **ich halte es für meine ~ etw zu tun** ritengo mio dovere fare qc; **Rechte und ~en** diritti e doveri; **seine ~** [**gegenüber jdm**] **erfüllen/vernachlässigen** adempiere al/trascurare il proprio dovere [nei confronti di qu]; **die ~ ruft** il dovere chiama ② SPORT esercizi *mpl* obbligatori

pflichtbewusst *adj* consapevole del proprio dovere

Pflichtbewusstsein *nt* coscienza *f* del dovere

Pflichterfüllung *f* adempimento *m* dei propri doveri

Pflichtfach *nt* materia *f* obbligatoria

Pflichtgefühl *nt* senso *m* del dovere

pflichtgemäß *adj* doveroso, debito

Pflichtteil *m o nt* legittima *f*

Pflichtübung *f* esercizio *m* obbligatorio

pflichtvergessen *adj* dimentico dei propri doveri

pflichtversichert *adj* coperto dall'assicurazione obbligatoria

Pflichtversicherung <-, -en> *f* assicurazione *f* obbligatoria

Pflichtverteidiger(in) *m(f)* JUR difensore *m* d'ufficio

Pflock [pflɔk, *Pl:* 'plœkə] <-(e)s, Pflöcke> *m* palo *m*

pflücken ['pflʏkən] *vt* *(Obst)* raccogliere; *(Blumen)* cogliere

Pflücker(in) <-s, -; -, -nen> *m(f)* raccoglitore, -trice *m, f*
Pflug [pflu:k, *Pl:* 'pfly:gə] <-(e)s, Pflüge> *m* aratro *m*
pflügen ['pfly:gən] *vt, vi* arare
Pforte ['pfɔrtə] <-, -n> *f* porta *f*
Pförtner(in) <-s, -; -, -nen> *m(f)* *(in Wohnhaus)* portinaio, -a *m, f,* custode *mf; (in öffentlichen Gebäuden)* portiere, -a *m, f*
Pförtnerloge *f* portineria *f*
Pfosten ['pfɔstən] <-s, -> *m* palo *m; (Fenster~, Tür~)* montante *m*
Pfote ['pfo:tə] <-, -n> *f* zampa *f;* **nimm deine dreckigen ~n da weg!** *(fam)* togli le tue manacce sporche da là!
Pfriem [pfri:m] <-(e)s, -e> *m* TEC lesina *f*
Pfropf [pfrɔpf] <-(e)s, -e> *m* tampone *m; (Blut~)* grumo *m*
pfropfen ['pfrɔpfən] *vt* ❶ *(Pflanzen)* innestare ❷ *(Flaschen)* tappare, turare ❸ *(fam: hineinzwängen)* stipare; **gepfropft voll** *(fam)* pieno zeppo
Pfropfen <-s, -> *m* turacciolo *m*
Pfründe ['pfrʏndə] <-, -n> *f* REL prebenda *f*
Pfuhl [pfu:l] <-(e)s, -e> *m* ❶ *(Teich)* palude *f,* pantano *m* ❷ *(fig obs geh)* fango *m,* sentina *f*
pfui [pfʊɪ] *interj* puh, puah; **~ Teufel!** *(fam)* che schifo!
Pfund [pfʊnt] <-(e)s, *o bei Maßangaben:* -e> *nt* ❶ *(Gewicht)* libbra *f,* mezzo chilo *m* ❷ *(Währung in Großbritannien)* sterlina *f*
pfundig ['pfʊndɪç] *adj (fam)* formidabile, in gamba
Pfundskerl *m (fam)* tipo *m* in gamba
pfundweise *adv* a bizzeffe *fam*
Pfusch [pfʊʃ] <-(e)s> *m kein Pl.,* **Pfuscharbeit** *f* ❶ *(fam pej: schlecht ausgeführte Arbeit)* lavoro *m* fatto male ❷ A *(Schwarzarbeit)* lavoro *m* nero
pfuschen *vi* ❶ *(fam pej: bei Arbeit)* abborracciare, acciarpare ❷ DIAL *(mogeln)* imbrogliare ❸ A *(schwarzarbeiten)* lavorare in nero
Pfuscher(in) <-s, -; -, -nen> *m(f)* ❶ *(fam pej)* abborraccione, -a *m, f* ❷ A *(Schwarzarbeiter)* lavoratore *m* in nero
Pfuscherei <-, -en> *f (fam pej)* lavoro *m* fatto male
Pfuscherin *f s.* **Pfuscher**
Pfütze ['pfʏtsə] <-, -n> *f* pozzanghera *f*
PH [pe:'ha:] <-, -s> *f Abk. von* **Pädagogische Hochschule** *istituto universitario per la formazione di insegnanti per la scuola*
Phalanx ['fa:laŋks, *Pl:* fa'laŋən] <-, Phalangen> *f* HIST, MIL, ANAT falange *f;* **erste/zweite/dritte ~** ANAT falange/falangina/falangetta
Phallus ['falʊs, *Pl:* 'fali *o* 'falən] <-, Phalli *o* Phallen *o* -se> *m* ANAT fallo *m*
Phalluskult *m* culto *m* fallico
Phänomen [fɛno'me:n] <-s, -e> *nt* fenomeno *m*
phänomenal [fɛnome'na:l] *adj* ❶ PHILOS fenomenico ❷ *(einzigartig)* fenomenale
Phantom [fan'to:m] <-s, -e> *nt* fantasma *m*
Phantombild *nt* identikit *m*
Phantomschmerz *m* MED dolore *m* fantasma
Pharao ['fa:rao, *Pl:* fara'o:nən] <-s, Pharaonen> *m* faraone *m*
Pharisäer(in) [fari'zɛ:ɐ̯] <-s, -; -, -nen> *m(f)* fariseo, -a *m, f*
Pharmaindustrie <-> *f kein Pl.* industria *f* farmaceutica
Pharmakologe [farmako'lo:gə] <-n, -n> *m,* **Pharmakologin** [farmako'lo:gɪn] <-, -nen> *f* farmacologo, -a *m, f*
pharmakologisch *adj* farmacologico
Pharmazeut(in) [farma'tsɔɪt] <-en, -en; -, -nen> *m(f)* farmacista *mf*
pharmazeutisch [farma'tsɔɪtɪʃ] *adj* farmaceutico
Pharmazie [farma'tsi:] <-> *f kein Pl.* farmaceutica *f*
Phase ['fa:zə] <-, -n> *f* fase *f*
Philanthrop(in) [filan'tro:p] <-en, -en; -, -nen> *m(f)* filantropo, -a *m, f*
philanthropisch *adj* filantropico
Philatelie [filate'li:] <-> *f kein Pl.* filatelia *f*
Philatelist(in) [filate'lɪst] <-en, -en; -, -nen> *m(f)* filatelista *mf*
Philharmonie [fɪlharmo'ni:] *f* filarmonica *f*
Philharmoniker [fɪlhar'mo:nikɐ] <-s, -> *m* filarmonico *m*
philharmonisch *adj* filarmonico
Philippinen [filɪ'pi:nən] *pl* **die ~** le Filippine
Philister [fi'lɪstɐ] <-s, -> *m* filisteo *m*
Philologe [filo'lo:gə] <-n, -n> *m* filologo *m*
Philologie [filolo'gi:] <-, -n> *f* filologia *f*
Philologin [filo'lo:gɪn] <-, -nen> *f* filologa *f*
philologisch *adj* filologico
Philosoph(in) [filo'zo:f] <-en, -en; -, -nen> *m(f)* filosofo, -a *m, f*
Philosophie [filozo'fi:] <-, -n> *f* filosofia *f*
philosophieren [filozo'fi:rən] <ohne ge-> *vi* [**über etw** *akk*] ~ filosofare [su qc]
Philosophin *f s.* **Philosoph**
philosophisch *adj* filosofico

P

Phishing ['fɪʃɪŋ] <-s> *nt kein Pl.* INET phishing *m*
Phlegmatiker(in) [flɛ'gma:tikɐ] <-s, -; -, -nen> *m(f)* persona *f* flemmatica
phlegmatisch *adj* flemmatico
Phobie [fo'bi:] <-, -n> *f* MED fobia *f;* **eine ~ vor etw** *dat* **haben** avere una fobia di qc
Phon <-s, -s *o bei Maßangaben:* -> *nt* MUS fono *m,* phon *m*
Phonetik [fo'ne:tɪk] <-> *f kein Pl.* fonetica *f*
phonetisch *adj* fonetico
Phönix ['fø:nɪks] <-(es), -e> *m* fenice *f*
Phönizier(in) [fø'ni:tsiɐ] <-s, -; -, -nen> *m(f)* fenicio, -a *m, f*
Phonologie [fonolo'gi:] <-> *f kein Pl.* LING fonologia *f*
Phonotypist(in) [fonoty'pɪst] <-en, -en; -, -nen> *m(f)* dattilografo, -a *m, f* addetto, -a al dittafono
Phonotypistin [fonoty'pɪstɪn] *f* dattilografa *f* addetta al dittafono
Phosphat [fɔs'fa:t] <-(e)s, -e> *nt* fosfato *m*
phosphatfrei *adj* privo di [*o* senza] fosfati
Phosphor ['fɔsfo:ɐ̯] <-s> *m kein Pl.* CHEM fosforo *m*
Phosphoreszenz [fɔsforɛs'tsɛnts] <-> *f kein Pl.* fosforescenza *f*
phosphoreszierend [fɔsforɛs'tsi:rənt] *adj* fosforescente
Phrase ['fra:zə] <-, -n> *f* frase *f;* **~n dreschen** *(fam pej)* parlare a vuoto; **leere ~n** discorsi vuoti
Phrasendrescher(in) *m(f) (pej)* fraseggiatore, -trice *m, f,* retore *m*
pH-Wert [pe:'ha:ve:ɐ̯t] *m* [valore *m* del] pH *m*
Physik [fy'zi:k] <-> *f kein Pl.* fisica *f*
physikalisch [fyzi'ka:lɪʃ] *adj* fisico
Physiker(in) ['fy:zikɐ] <-s, -; -, -nen> *m(f)* fisico, -a *m, f*
Physiognomie [fyziogno'mi:] <-, -n> *f (geh)* fisionomia *f*
Physiologie [fyziolo'gi:] <-> *f kein Pl.* fisiologia *f*
physiologisch [fyzio'lo:gɪʃ] *adj* fisiologico
Physiotherapeut(in) [fyziotera'pɔɪt] <-en, -en; -, -nen> *m(f)* fisioterapista *mf*
Physiotherapie [fyziotera'pi:] <-> *f kein Pl.* fisioterapia *f*
physisch ['fy:zɪʃ] *adj* fisico
Pi [pi:] <-(s)> *nt kein Pl.* MAT pi *m* greco; **~ mal Daumen** *(fam)* a occhio e croce, a lume di naso
Pianist(in) [pi̯a'nɪst] <-en, -en; -, -nen> *m(f)* pianista *mf*
picheln ['pɪçəln] *vt, vi (fam)* bere
pick[e]lig *adj* pieno di brufoli

Pickel ['pɪkəl] <-s, -> *m* ❶ *(Spitzhacke)* piccone *m; (Eis~)* piccozza *f* per ghiaccio ❷ MED brufolo *m,* pustoletta *f*
picken ['pɪkən] *vt, vi (Tiere)* **nach etw ~** beccare qc
Pickerl <-s, -n> *nt* A *(Aufkleber)* etichetta *f* autoadesiva
Picknick ['pɪknɪk] <-s, -e *o* -s> *nt* picnic *m*
picknicken *vi* fare un picnic
picobello ['pi:ko'bɛlo] *adj (fam)* impeccabile
piekfein ['pi:k'faɪn] *adj (fam)* extra, esclusivo
Piemont [pie'mɔnt] *nt* Piemonte *m*
piep [pi:p] *interj* pio, pio
piepegal ['pi:pʔe'ga:l] *adj (fam)* **das ist mir ~!** me ne impipo
piepen ['pi:pən] *vi (Vogel)* pigolare; *(Maus)* squittire; *(Funkgerät)* gracchiare; **bei der piept's wohl!** *(fam)* dà i numeri, gli ha dato di volta il cervello!; **das ist ja zum Piepen** *(fam)* c'è proprio da morir dal ridere
Pieps <-es, -e> *m (fam)* pigolio *m*
piepsen ['pi:psən] *vi* ❶ *s.* **piepen** ❷ *(sprechen)* parlare con voce stridula
piepsig *adj (Stimme)* stridulo
Pier [pi:ɐ̯] <-s, -e *o m* -s *o f* -, -s> *m* molo *m*
Piercing ['pi:ɐ̯sɪŋ] <-s, -s> *nt* piercing *m*
piesacken ['pi:zakən] *vt (fam)* tormentare
Pietät [pie'tɛ:t] <-> *f kein Pl. (geh)* pietà *f*
pietätlos *adj (geh)* senza pietà, irriverente
Pietätlosigkeit <-, -en> *f (geh)* mancanza *f* di rispetto, irriverenza *f*
pietätvoll *adj (geh)* pietoso, rispettoso, riverente
Pigment [pɪ'gmɛnt] <-(e)s, -e> *nt* pigmento *m*
Pigmentfleck <-(e)s, -e *o* -en> *m* MED angioma *m* cutaneo, voglia *f fam,* macchia *f* sulla pelle
Pik <-s, -s> *nt (Spielkartenfarbe)* picche *f pl*
pik[s]en ['pi:k(s)ən] *vt, vi* pungere
pikant [pi'kant] *adj* piccante
Pikdame *f* donna *f* di picche
Pike ['pi:kə] <-, -n> *f* picca *f;* **etw von der ~ auf lernen** *(fam)* cominciare qc dall'abbiccì, studiare qc dai primi rudimenti
piken ['pi:kən] *vt, vi (fam) s.* **pik[s]en**
pikiert [pi'ki:ɐ̯t] *adj* offeso
Pikkolo ['pɪkolo] <-s, -s> *m* ❶ *(Kellnerlehrling)* aiuto *m* cameriere ❷ *(fam: ~flasche)* bottiglietta *f* di spumante [per una persona]
Pikkoloflöte *f* MUS ottavino *m*

Piksieben *f* **dastehen wie [die] ~** *(fam)* non sapere che pesci pigliare

Pilger(in) ['pɪlgɐ] <-s, -; -, -nen> *m(f)* pellegrino, -a *m, f*

Pilgerfahrt *f* pellegrinaggio *m*

Pilgerin *f s.* **Pilger**

pilgern *vi sein* andare in pellegrinaggio

Pille ['pɪlə] <-, -n> *f* ① *(Tablette)* pillola *f;* **eine bittere ~** una pillola amara ② *(fam: Antibaby~)* pillola *f* [anticoncezionale]; **die ~ nehmen** prendere la pillola

Pillenknick *m* calo *m* demografico dovuto alla pillola

Pilot(in) [pi'loːt] <-en, -en; -, -nen> *m(f)* pilota *mf*

Pilotfilm *m* TV film *m* pilota

Pilotin *f s.* **Pilot**

Pilotprojekt *nt* progetto *m* pilota

Pilotstudie *f* studio *m* pilota

Pilz [pɪlts] <-es, -e> *m* ① BOT fungo *m;* **wie ~e aus der Erde schießen** spuntare come funghi ② MED *(fam: Haut~)* fungo *m* [della pelle]

Pilzkrankheit *f* micosi *f*

Pilzvergiftung *f* avvelenamento *m* [*o* intossicazione *f*] da funghi

Pimmel ['pɪməl] <-s, -> *m (fam: Penis)* uccello *m*

PIN-Code ['pɪnkəʊd] *m* TEL codice *m* PIN

pingelig ['pɪŋəlɪç] *adj (fam pej)* pedante; *(empfindlich)* schizzinoso, schifiltoso

Pinguin ['pɪŋguiːn] <-s, -e> *m* pinguino *m*

Pinie ['piːniə] <-, -n> *f* pino *m*

Pinienkern <-(e)s, -e> *m* pinolo *m*

pink *adj* color rosa

pink[farben] ['pɪŋk(farbən)] <inv> *adj* color rosa

Pinke ['pɪŋkə] <-> *f kein Pl. (fam)* grana *f*

pinkeln ['pɪŋkəln] *vi (fam)* fare la pipì

Pinnummer ['pɪnnʊmɐ] *f* TEL numero *m* PIN

Pinnwand ['pɪnvant] *f* pannello *m* d'affissione

Pinscher ['pɪnʃɐ] <-s, -> *m* cane *m* grifone

Pinsel ['pɪnzəl] <-s, -> *m* pennello *m;* **ein eingebildeter ~** *(fam pej)* uno stupido presuntuoso

pinseln *vt, vi* spennellare

Pinte ['pɪntə] <-, -n> *f (fam)* CH bettola *f*

Pin-up-Girl [pɪn'ʔʌpgəːl] <-s, -s> *nt* pin-up girl *f,* ragazza *f* copertina

Pinzette [pɪn'tsɛtə] <-, -n> *f* pinzetta *f*

Pionier [pio'niːɐ̯] <-s, -e> *m* ① MIL geniere *m* ② *(Wegbereiter)* pioniere *m*

Pipeline ['paɪplaɪn] <-, -s> *f (für Gas)* gasdotto *m; (für Öl)* oleodotto *m,* pipeline *f*

Pipette [pi'pɛtə] <-, -n> *f* pipetta *f*

Pipi ['pɪpi] <-s> *nt kein Pl. (Kindersprache)* pipì *f;* **~ machen** fare [la] pipì

Pirat [pi'raːt] <-en, -en> *m* pirata *m,* corsaro *m*

Piratensender <-s, -> *m* radio *f* pirata

Pirol [pi'roːl] <-s, -e> *m* ZOO rigogolo *m*

Pirouette [pi'ruɛtə] <-, -n> *f* piroetta *f*

Pirsch [pɪrʃ] <-> *f kein Pl.* caccia *f;* **auf die ~ gehen** andare a caccia

pirschen *vi haben o sein* ① *(bei der Jagd)* andare a caccia; **auf Wild ~** andare a caccia di selvaggina ② *(schleichen)* avanzare quatto quatto, camminare di soppiatto

PISA-Studie *f* PISA-Studie *m*

Pisse ['pɪsə] <-> *f kein Pl. (vulg)* piscia *f,* piscio *m*

pissen ['pɪsən] *vi (vulg)* pisciare

Pistazie [pɪs'taːtsiə] <-, -n> *f* pistacchio *m*

Piste ['pɪstə] <-, -n> *f* pista *f*

Pistenraupe <-, -n> *f* gatto *m* delle nevi, apripista *m*

Pistensau *f,* **Pistenschreck** *m (fam pej: Skifahrer)* terrore *m* delle piste

Pistole [pɪs'toːlə] <-, -n> *f* pistola *f;* **jdm die ~ auf die Brust setzen** *(fig fam)* mettere la pistola alla gola a qu; **wie aus der ~ geschossen** *(fam)* di botto

pittoresk [pɪto'rɛsk] *adj (geh)* pittoresco

Pixel <-s, -> *nt* INFORM *(Bildpunkt)* pixel *m,* pel *m*

pixelig ['pɪksəlɪç] *adj (fam)* sgranato

Pizza ['pɪtsa, *Pl:* 'pɪtsas *o* 'pɪtsən] <-, -s *o* Pizzen> *f* pizza *f*

Pizzaservice [-sœrvɪs] <-> *m* pizza *f* a domicilio

Pkt. *Abk. von* **Punkt** punto

PKW, Pkw ['peːkaːveː *o* peːkaː'veː] <-(s), -(s)> *m Abk. von* **Personenkraftwagen** autovettura *f*

Placebo [pla'tseːbo] <-s, -s> *nt* placebo *m*

placken ['plakən] *vr:* **sich ~** *(fam)* affaticarsi, affannarsi, strapazzarsi

Plackerei [plakə'raɪ] <-, -en> *f (fam)* fatica[ccia] *f*

plädieren [plɛ'diːrən] <ohne ge-> *vi* ① JUR *(beantragen)* **auf etw** *akk* **~** chiedere qc ② *(sich einsetzen)* **für etw ~** battersi per qc

Plädoyer [plɛdoa'jeː] <-s, -s> *nt* JUR *(von Verteidiger)* arringa *f; (von Staatsanwalt)* requisitoria *f*

Plafond [pla'fõː] <-s, -s> *m* ① CH *((flache) Decke)* soffitto *m,* plafond *m* ② A *(Zimmerdecke)* soffitto *m*

Plage ['plaːgə] <-, -n> *f* tormento *m; (Belästigung)* seccatura *f; (Übel)* piaga *f;* **zu einer ~ werden** diventare un tormento

plagen I. *vt (quälen)* tormentare; *(belästigen)* seccare **II.** *vr:* **sich ~** *(sich abmühen)* tribolare; *(schwer arbeiten)* faticare; **sich mit etw ~** torturarsi con qc

Plagiat [pla'gi̯a:t] <-(e)s, -e> *nt* plagio *m*

Plagiator [pla'gja:to:ɐ, *Pl:* plagja'to:rən] <-s, -en> *m* plagiario *m*

plagiieren [plagi'i:rən] <ohne ge-> *vt* plagiare

Plakat [pla'ka:t] <-(e)s, -e> *nt* affisso *m,* manifesto *m; (bes. Werbe~)* cartellone *m* [pubblicitario]

plakativ [plaka'ti:f] *adj* ① *(bewusst herausgestellt)* ostentato ② *(wie ein Plakat wirkend)* suggestivo

Plakatsäule *f* colonna *f* per [i] manifesti

Plakatwand <-, -wände> *f* spazio *m* per affissioni

Plakette [pla'kɛtə] <-, -n> *f* targhetta *f,* placca *f; (Abzeichen)* distintivo *m*

plan [pla:n] *adj* piano, piatto

Plan [pla:n, *Pl:* 'plɛ:nə] <-(e)s, Pläne> *m* ① *(Vorhaben)* progetto *m,* piano *m; (Absicht)* intenzione *f;* **alles verlief nach ~** tutto andò secondo i piani; **Pläne schmieden** fare progetti; **auf dem ~ stehen** *(fig)* essere in programma ② *(Entwurf)* progetto *m;* **auf den ~ rufen** chiamare in causa ③ *(Karte, Grundriss, Stadt~)* pianta *f* ④ *(Zeit~, Stunden~, Fahr~)* orario *m*

Plane ['pla:nə] <-, -n> *f* telone *m*

planen *vt* ① *(entwerfen)* progettare ② *(vorhaben)* aver intenzione; *(Ausflug, Essen, Reise)* progettare; *(Wirtschaft, Entwicklung)* pianificare; **~ etw zu tun** programmare di fare qc; **habt ihr für heute Abend schon etw geplant?** avete già in progetto qc per stasera?

Planer(in) <-s, -; -, -nen> *m(f)* progettista *mf; (von Wirtschaft, Entwicklung)* pianificatore, -trice *m, f*

Planet [pla'ne:t] <-en, -en> *m* pianeta *m*

planetarisch [plane'ta:rɪʃ] *adj* planetario

Planetarium [plane'ta:riʊm] <-s, Planetarien> *nt* planetario *m*

Planetensystem <-s, -e> *nt* ASTR sistema *m* planetario

planieren [pla'ni:rən] <ohne ge-> *vt* spianare, livellare

Planierraupe *f* apripista *m,* bulldozer *m*

Planke ['plaŋkə] <-, -n> *f* tavolone *m,* asse *m*

Plankton ['plaŋktɔn] <-s> *nt kein Pl.* BIOL plancton *m*

planlos *adj o adv* senza metodo

Planlosigkeit <-> *f kein Pl.* mancanza *f* di metodo

planmäßig **I.** *adj* ① *(nach Plan)* sistematico ② *(pünktlich)* puntuale ③ *(wie vorgesehen)* come stabilito **II.** *adv* ① *(nach Plan)* secondo il piano ② *(pünktlich)* in orario ③ *(wie vorgesehen)* come [pre]stabilito

Planschbecken *nt* piscina *f* per bambini

planschen ['planʃən] *vi* sguazzare [nell'acqua]

Planstelle *f* posto *m* in organico

Plantage [plan'ta:ʒə] <-, -n> *f* piantagione *f*

Planung <-, -en> *f* progettazione *f; (Wirtschaft, Entwicklung)* pianificazione *f;* **im** [*o* **in**] **Stadium der ~ sein** essere in fase di progettazione

planvoll *adj* sistematico, metodico

Planwagen *m* carro *m* coperto

Planwirtschaft *f* economia *f* pianificata

Planziel *nt* obiettivo *m* del piano

Plappermaul *nt (fam pej)* ciarlone, -a *m, f*

plappern ['plapɐn] **I.** *vi (fam)* ciarlare, chiacchierare **II.** *vt (fam)* dire

plärren ['plɛrən] *vi (pej)* ① *(fam: weinen)* piangere ② *(schlecht singen)* gracchiare ③ *(Radio, Lautsprecher)* gracchiare

Plasma ['plasma, *Pl:* 'plasmən] <-s, Plasmen> *nt* plasma *m*

Plasmabildschirm *m* schermo *m* al plasma

Plastik[1] ['plastɪk] <-s> *nt kein Pl. (Kunststoff)* plastica *f*

Plastik[2] <-, -en> *f* KUNST scultura *f*

Plastikbecher <-s, -> *m* bicchiere *m* di plastica

Plastikbeutel *m* sacchetto *m* di plastica

Plastikfolie *f* carta *f* plastificata per alimenti

Plastikgeld <-es> *nt kein Pl. (fam)* carta *f* di credito

Plastiktüte *f* sacchetto *m* di plastica

plastisch *adj* ① *(die Bildhauerei betreffend)* scultoreo ② *(formbar)* plastico ③ *(anschaulich)* plastico; **das kann ich mir ~ vorstellen** *(fam)* me lo posso immaginare chiaramente

Plastizität [plastitsi'tɛ:t] <-> *f kein Pl.* plasticità *f*

Platane [pla'ta:nə] <-, -n> *f* BOT platano *m*

Plateau [pla'to:] <-s, -s> *nt* altipiano *m,* plateau *m*

Platin ['pla:ti:n] <-s> *nt kein Pl.* platino *m*

platinblond *adj* biondo platino

Platitude [plati'ty:də] <-, -n> *f s.* **Plattitüde**

platonisch [pla'to:nɪʃ] *adj* platonico

platsch [platʃ] *interj* ciac, ciaf[fete]

plätschern ['plɛtʃɐn] *vi* gorgogliare

platt [plat] *adj* ① *(flach)* piatto; *(eben)* piano; *(abgeplattet)* appiattito; **~ drücken** appiattire, schiacciare; **einen Platten haben** *(fam)* avere una gomma a terra;

~ **sein** *(fam)* rimanere di stucco ❷ *(fig, pej: geistlos)* piatto

platt[deutsch] *adj* basso tedesco

Plattdeutsch <-(s)> *nt kein Pl.* basso tedesco *m*

Platte ['platə] <-, -n> *f* ❶ *(Stein~, Metall~, Glas~) a.* FOTO lastra *f; (Blech~)* lamina *f; (Holz~)* tavola *f; (Herd~) a.* TEC, ARCH piastra *f; (Tisch~)* piano *m* ❷ *(Schall~)* disco *m;* **eine andere ~ auflegen** *(fig fam)* cambiare disco ❸ GASTR piatto *m;* **kalte ~** piatto freddo ❹ *(fam: Glatze)* zucca *f* pelata

Plätteisen *nt* NORDD *(Bügeleisen)* ferro *m* da stiro

plätten ['plɛtən] *vt* ❶ NORDD *(bügeln)* stirare ❷ *(platt machen)* appiattire

Plattencover ['platənkavɐ] <-s, -> *nt* copertina *f* del disco

Plattenfirma *f* casa *f* discografica

Plattenspieler *m* giradischi *m*

Plattentektonik <-> *f kein Pl.* GEOL tettonica *f* a placche

Plattenteller *m* piatto *m* girevole per i dischi

Plattenwechsler <-s, -> *m* cambiadischi *m*

Plätterin *f* DIAL stiratrice *f*

Plattform *f* piattaforma *f*

Plattfuß *m* ❶ MED piede *m* piatto ❷ *(fam: Reifenpanne)* gomma *f* a terra

plattieren [pla'tiːrən] <ohne ge-> *vt* placcare

Plattitüde [plati'tyːdə] <-, -n> *f* insulsaggine *f*

Platz [plats, *Pl:* 'plɛtsə] <-es, Plätze> *m* ❶ *(Stelle, Ort)* posto *m;* **das beste Hotel am ~[e]** il miglior albergo del luogo; **fehl am ~[e] sein** essere fuori luogo, essere inopportuno; **auf die Plätze, fertig, los!** ai vostri posti, pronti, via! ❷ *Sing. (Raum)* spazio *m,* posto *m;* **für etw ~ schaffen** fare posto a qc; **jdm ~ machen** fare posto a qu; **~ [da]!** *(fam)* largo!, [fate] posto! ❸ *(Stellung, Posten)* posto *m* ❹ *(Sitz~)* posto *m;* **~ nehmen** accomodarsi, sedersi; **ist dieser ~ noch frei?** è ancora libero questo posto?; **dieser ~ ist besetzt** questo posto è occupato; **~!** *(zum Hund)* [a] cuccia! ❺ *(öffentlicher ~)* piazza *f* ❻ SPORT *(Platzierung)* posto *m;* **den dritten ~ belegen** piazzarsi terzo ❼ *(Sport~, Golf~, Tennis~)* campo *m*

Platzangst *f* ❶ PSYCH agorafobia *f* ❷ *(fam: Beklemmungszustand)* claustrofobia *f*

Platzanweiser(in) <-s, -; -, -nen> *m(f) (Kino, Theater)* maschera *f*

Plätzchen ['plɛtsçən] <-s, -> *nt (Gebäck)* biscotto *m* [fatto in casa], pasticcino *m*

Platzdeckchen ['platsdɛkçən] <-s, -> *nt* set *m* da tavola

platzen ['platsən] *vi sein* ❶ *(bersten)* scoppiare; *(zerreißen)* spaccarsi; *(Naht)* aprirsi, rompersi; **vor Lachen/vor Wut/vor Neid ~** *(fig fam)* scoppiare dal ridere/dalla rabbia/dall'invidia ❷ *(fig fam: nicht zustande kommen)* andare a monte; *(Wechsel)* non essere pagato; *(Betrug, Verbrechen)* essere scoperto; **etw ~ lassen** far andare a monte qc ❸ *(fam: hineinstürmen)* **in einen Raum ~** piombare in una stanza

platzieren [pla'tsiːrən] <ohne ge-> **I.** *vt* ❶ *(Personen)* mettere; *(Dinge)* collocare ❷ CH *(unterbringen)* alloggiare, ricoverare ❸ SPORT *(Ball, Treffer)* piazzare **II.** *vr:* **sich ~** SPORT piazzarsi

Platzierung <-, -en> *f* SPORT piazzamento *m*

Platzkarte *f* FERR [biglietto *m* di] prenotazione *f*

Platzkonzert *nt* concerto *m* pubblico all'aperto

Platzmangel *m* mancanza *f* di posto

Platzpatrone *f* cartuccia *f* a salva

Platzregen *m* acquazzone *m*

Platzreservierung <-, -en> *f* prenotazione *f* [di un posto]

platzsparend *adj* che fa guadagnare spazio

Platzwart ['platsvart] <-(e)s, -e> *m* custode *m* di un campo sportivo

Platzwette *f* scommessa *f* sui favoriti [*o* piazzati]

Platzwunde *f* sbucciatura *f*

Plauderei [plaʊdə'raɪ] <-, -en> *f* chiacchierata *f*

plaudern ['plaʊdɐn] *vi* [**über etw** *akk*] **~** fare quattro chiacchiere [su qc]

Plauderstündchen *nt* chiacchieratina *f fam*

Plausch [plaʊʃ] <-(e)s, -e> *m* ❶ SÜDD, A *(gemütliche Unterhaltung)* chiacchierata *f* ❷ CH *(fam: Spaß)* divertimento *m*

plausibel [plaʊ'ziːbəl] *adj* plausibile; **jdm etw ~ machen** spiegare qc a qu

Playback ['pleːbɛk] <-s, -s> *nt,* **Play-back** <-s, -s> *nt* playback *m*

Playboy ['pleːbɔɪ] <-s, -s> *m* playboy *m*

Playlist <-, -s> ['plɛɪ̯lɪst] *f* playlist *f*

Playstation [pleɪ'steiʃn] <-, -s> *f* Playstation® *f*

pleite ['plaɪtə] *adj (fam)* **~ sein** essere al verde

Pleite <-, -n> *f (fam)* ❶ *(Bankrott)* bancarotta *f,* fallimento *m;* **~ machen** andare in fallimento ❷ *(Reinfall)* fiasco *m*

pleite|gehen <irr> *vi (fam: Firma, Geschäft)* andare in fallimento

P

Pleitegeier *m (fam)* minaccia *f* di fallimento

plemplem [plɛm'plɛm] <inv> *adj (fam pej)* rimbambito

Plenarsaal [ple'na:ɐ̯za:l] *m* POL sala *f* per assemblee plenarie

Plenarsitzung *f* POL seduta *f* plenaria

Plenum ['ple:nʊm] <-s> *nt kein Pl.* PARL plenum *m*

Plissee [plɪ'se:] <-s, -s> *nt* plissé *m*

plissieren [plɪ'si:rən] <ohne ge-> *vt* pieghettare

PLO [pe:ʔɛl'ʔo:] <-> *f kein Pl. Abk. von* **Palestine Liberation Organization** OLP *f*

Plockwurst ['plɔkvʊrst] *f* salsiccione *m*

Plombe ['plɔmbə] <-, -n> *f* ① *(Bleisiegel)* piombo *m* ② *(Zahn~)* otturazione *f*

plombieren [plɔm'bi:rən] <ohne ge-> *vt* ① *(versiegeln)* piombare ② *(Zahn)* otturare

Plotter <-s, -> *m* INFORM *(elektronisches Zeichengerät)* plotter *m,* diagrammatore *m*

plötzlich ['plœtslɪç] **I.** *adj* improvviso, repentino; *(unvermittelt)* brusco **II.** *adv* all'improvviso, ad un tratto; **aber etwas ~!** su, presto!

Plug-In [plʌg'ɪn] <-s, -s> *nt* INFORM plugin *m*

plump [plʊmp] *adj* ① *(unförmig)* tozzo ② *(ungeschickt)* goffo; *(schwerfällig)* pesante ③ *(grob)* rozzo; *(Scherz, Lügen)* grossolano; *(taktlos)* sgarbato; *(Annäherungsversuch)* goffo

Plumpheit <-, -en> *f* ① *(Unförmigkeit)* forma *f* tozza ② *(Ungeschicktheit)* goffaggine *f; (Schwerfälligkeit)* pesantezza *f* ③ *(Grobheit)* rozzezza *f; (a. Derbheit)* grossolanità *f; (Taktlosigkeit)* indelicatezza *f*

plumps [plʊmps] *interj* patapumfete

Plumps [plʊmps] <-es, -e> *m (fam)* tonfo *m*

plumpsen ['plʊmpsən] *vi sein (fam)* cadere con un tonfo

Plumpsklo *nt (fam)* bagno *m* alla turca

Plünd[e]rer ['plʏnd(ə)rɐ] <-s, -> *m* saccheggiatore *m*

Plunder ['plʊndɐ] <-s> *m kein Pl. (fam pej)* ciarpame *m*

Plundergebäck <-(e)s> *nt kein Pl.* GASTR dolcetti *m pl* di pasta sfoglia variamente farciti

plündern ['plʏndɐn] *vt* saccheggiare

Plünderung <-, -en> *f* sacco *m; (a. fig)* saccheggio *m*

Plündrer *m s.* **Plünd[e]rer**

Plural ['plu:ra:l] <-s, -e> *m* LING plurale *m*

Pluralismus [plura'lɪsmʊs] <-> *m kein Pl.* pluralismo *m*

pluralistisch [plura'lɪstɪʃ] *adj* pluralistico

plus [plʊs] **I.** *konj* più; **eins ~ eins ist** [*o* **macht**] **zwei** uno più uno uguale [*o* fa] due **II.** *präp +gen* più **III.** *adv* più; **~ zehn Grad, zehn Grad ~** dieci gradi sopra [lo] zero

Plus <-, -> *nt* ① *(Überschuss)* eccedenza *f;* COM sopravanzo *m;* **im ~ sein** avere un bilancio positivo ② *(~punkt)* [punto *m* di] vantaggio *m* ③ MAT *(~zeichen)* più *m*

Plüsch [ply:ʃ *o* plʏʃ] <-(e)s, -e> *m (Stoff)* felpa *f,* spugna *f*

Plüschtier <-(e)s, -e> *nt* peluche *m*

Pluspol *m* EL, PHYS polo *m* positivo

Pluspunkt *m* punto *m* di vantaggio

Plusquamperfekt ['plʊskvampɛrfɛkt] *nt* LING piuccheperfetto *m,* trapassato *m* prossimo

plustern ['plu:stɐn] **I.** *vt* ① *(Gefieder)* rizzare, gonfiare ② *(Haare)* arruffare, cotonare, gonfiare **II.** *vr:* **sich ~** ① *(Vogel)* gonfiarsi [rizzando le piume] ② *(fig)* imbaldanzirsi, pavoneggiarsi, darsi delle arie

Pluszeichen *nt* [segno *m* di] più *m*

Plutonium [plu'to:niʊm] <-s> *nt kein Pl.* CHEM plutonio *m*

PLZ *Abk. von* **Postleitzahl** CAP *m*

Pneu [pnø:] <-s, -s> *m bes.* A, CH pneumatico *m*

pneumatisch [pnɔɪ'ma:tɪʃ] *adj* pneumatico

Po[1] <-s> *m kein Pl.* GEOG *(Fluss)* Po *m*

Po[2] <-s, -s> *m (fam)* sedere *m,* culetto *m*

Pöbel ['pø:bəl] <-s> *m kein Pl. (pej)* plebe *f,* volgo *m*

pöbelhaft *adj* plebeo, volgare; *(gemein)* villano

pöbeln ['pø:bəln] *vi (fam)* fare il villano, comportarsi da villano

pochen ['pɔxən] *vi* ① *(Herz)* battere; *(Arterien)* pulsare ② *(klopfen)* **an die Tür ~** bussare alla porta ③ *(geh: bestehen)* **auf etw** *akk* **~** *(fig)* insistere su qc

Pocken ['pɔkən] *f pl* vaiolo *m*

Pockenimpfung *f* vaccinazione *f* antivaiolosa

pockennarbig *adj* butterato

podcasten ['pɔtka:stən] *vt, vi* INET *(als Podcast veröffentlichen)* pubblicare un podcast, podcastare

Podest [po'dɛst] <-(e)s, -e> *nt o m (Podium)* podio *m; (Sockel)* piedistallo *m*

Podium ['po:diʊm, *Pl:* 'po:diən] <-s, Podien> *nt* podio *m*

Podiumsdiskussion *f* tavola *f* rotonda

Poesie [poe'zi:] <-, -n> *f* poesia *f*

Poet(in) [po'e:t] <-en, -en; -, -nen> *m(f)* poeta, -essa *m, f*

Poetik [po'e:tɪk] <-, -en> *f* poetica *f*

poetisch *adj* poetico

Pogrom [po'gro:m] <-s, -e> *m o nt* pogrom *m*
Pointe ['po̯ɛ̃:tə] <-, -n> *f* effetto *m* finale
pointieren [po̯ɛ̃'ti:rən] <ohne ge-> *vt* mettere in risalto
pointiert **I.** *adj* mirato, arguto **II.** *adv* con arguzia
Pokal [po'ka:l] <-s, -e> *m* coppa *f*
Pokalsieger(in) *m(f)* vincitore, -trice *m, f* di coppa
Pokalspiel *nt* gara *f* di coppa
Pökelfleisch *nt* carne *f* salmistrata
pökeln ['pø:kəln] *vt* mettere in salamoia
Poker ['po:kɐ] <-s> *nt o m kein Pl.* poker *m*
Pokerface ['po:kɐfeɪs] <-, -s> *nt*, **Pokergesicht** <-(e)s, -er> *nt* faccia *f* impenetrabile; **ein ~ machen** assumere un'aria imperturbabile
Pokermiene *f* faccia *f* imperturbabile; **eine ~ aufsetzen** assumere un'aria imperturbabile
pokern *vi* ① *(Poker spielen)* giocare a poker ② *(fig)* **um etw ~** puntare alto per qc
Pol [po:l] <-s, -e> *m* GEOG, ASTR, MAT, PHYS polo *m;* **der ruhende ~** *(fig)* chi mantiene la calma [nei momenti difficili]
polar [po'la:ɐ̯] *adj* polare
Polareis *nt* ghiaccio *m* polare
Polarexpedition *f* spedizione *f* polare
Polarforscher(in) *m(f)* esploratore, -trice *m, f* polare
Polarfront *f* METEO fronte *m* polare
polarisieren [polari'zi:rən] <ohne ge-> **I.** *vt* polarizzare **II.** *vr:* **sich ~** polarizzarsi
Polarität [polari'tɛ:t] <-, -en> *f* polarità *f*
Polarkreis *m* circolo *m* polare; **nördlicher/südlicher ~** circolo polare artico/antartico
Polarlicht *nt* aurora *f* boreale
Polarstern *m* stella *f* polare
Pole ['po:lə] <-n, -n> *m* polacco *m*
Polemik [po'le:mɪk] <-, -en> *f* polemica *f*
polemisch *adj* polemico
polemisieren [polemi'zi:rən] <ohne ge-> *vi* **[gegen etw] ~** polemizzare [su qc]
Polen ['po:lən] *nt* Polonia *f*
Polente [po'lɛntə] <-> *f kein Pl.* *(sl)* madama *f*
Pole Position ['poʊl po'sɪʃən] <-> *f kein Pl.* *(Formel 1)* pole position *f*
Police [po'li:s(ə)] <-, -n> *f* polizza *f* [d'assicurazione]
Polier [po'li:ɐ, *Pl:* po'li:rə] <-s, -e> *m* capomastro *m*
polieren [po'li:rən] <ohne ge-> *vt* ① *(Möbel, Fußboden)* lucidare, lustrare; *(Marmor, Holz)* levigare; *(Metall)* brunire; **dem polier' ich noch mal die Fresse** *(vulg)* lo picchierò di santa ragione *fam* ② *(fig: überarbeiten)* limare, rifinire
Polin ['po:lɪn] <-, -nen> *f* polacca *f*
Polio ['po:lio] <-> *f kein Pl.* MED polio[mielite] *f*
Politesse [poli'tɛsə] <-, -n> *f* donna *f* poliziotto ausiliaria
Politik [poli'ti:k] <-, *rar:* -en> *f* politica *f*
Politiker(in) [po'li:tikɐ] <-s, -; -, -nen> *m(f)* politico *m*
Politikum [po'li:tikʊm, *Pl:* po'li:tika] <-s, Politika> *nt* questione *f* politica
Politikverdrossenheit <-> *f kein Pl.* insoddisfazione *f* verso la politica
politisch *adj* politico
Politische Union <-> *f kein Pl.* EU Unione *f* politica
politisieren [politi'zi:rən] <ohne ge-> **I.** *vi* parlare di politica **II.** *vt* politicizzare
Politologe [polito'lo:gə] <-n, -n> *m* politologo *m*
Politologie [politolo'gi:] <-> *f kein Pl.* politologia *f*
Politologin [polito'lo:gɪn] <-, -nen> *f* politologa *f*
Politstratege, **-strategin** *m, f* stratega *mf* politico
Politur [poli'tu:ɐ̯] <-, -en> *f* ① *(das Polieren)* lucidatura *f* ② *(Glanz, Mittel)* lucido *m*
Polizei [poli'tsaɪ] <-, *rar:* -en> *f* polizia *f;* **zur ~ gehen** andare alla polizia; **er ist dümmer, als die ~ erlaubt** *(fam scherz)* è più stupido del lecito
Polizeiaufgebot *nt* spiegamento *m* di forze di polizia
Polizeiaufsicht *f* sorveglianza *f* speciale
Polizeibeamte *m*, **Polizeibeamtin** *f* funzionario, -a *m, f* di polizia
Polizeibuße <-, -n> *f* CH *(Geldstrafe)* multa *f,* sanzione *f*
Polizeidienststelle *f* ADM posto *m* di polizia
Polizeifunk *m* radio *f* della polizia
Polizeigewalt <-> *f kein Pl.* forze *fpl* dell'ordine
Polizeihund <-(e)s, -e> *m* cane *m* poliziotto
polizeilich *adj* di [*o* della] polizia; **~ verboten** vietato dalla polizia
Polizeiposten <-s, -> *m* CH *(Polizeidienststelle)* stazione *f* di polizia
Polizeipräsident(in) *m(f)* capo *m* della polizia, questore *m*
Polizeipräsidium *nt* questura *f*
Polizeirevier *nt* commissariato *m* di polizia
Polizeischutz <-es> *m kein Pl.* protezione

f della polizia; **unter ~ stehen** essere sotto la protezione della polizia
Polizeispitzel *m* spia *f* [*o* informatore *m*] della polizia
Polizeistaat *m* stato *m* poliziesco
Polizeistreife *f* pattuglia *f* di polizia
Polizeiwache *f* posto *m* di polizia
Polizist(in) [poli'tsɪst] <-en, -en; -, -nen> *m(f)* agente *mf* di polizia, poliziotto, -a *m, f*
Polizze <-, -n> *f* A *(Police)* polizza *f* [d'assicurazione]
Polka ['pɔlka] <-, -s> *f* MUS polca *f*
Pollen ['pɔlən] <-s, -> *m* BOT polline *m*
Pollenallergie <-, -n> *f* MED pollinosi *f*
Pollenflug <-(e)s> *m kein Pl.* spargimento *m* di polline [a opera del vento]
polnisch ['pɔlnɪʃ] *adj* polacco
Polo ['po:lo] <-s> *nt kein Pl.* SPORT polo *m*
Polohemd ['po:lohɛmt] *nt (Trikothemd)* polo *f*
Polonaise [polo'nɛ:zə] <-, -n> *f* MUS polonaise *f*, polacca *f*
Polster ['pɔlstɐ] <-s, -> *nt o* A: *m* ① *(Polsterung, in Kleidungsstück)* imbottitura *f* ② A *(Kissen)* cuscino *m* ③ *(fig: Geldreserve)* riserva *f*
Polstergarnitur *f* salotto *m*
Polstermöbel *ntpl* mobili *mpl* imbottiti
polstern *vt (Möbel, Kleidung)* imbottire
Polstersessel *m* poltrona *f* imbottita
Polsterung <-, -en> *f* imbottitura *f*
Polterabend *m festa alla vigilia delle nozze*
poltern ['pɔltɐn] *vi* ① *haben (lärmen)* far chiasso, strepitare ② *sein (sich bewegen)* muoversi con rumore; *(fallen)* cadere rumorosamente ③ *haben (fam: Polterabend feiern)* festeggiare la vigilia delle nozze
Polyamid® [polya'mi:t] <-(e)s, -e> *nt* poliammide® *f*
Polyäthylen [polyɛty'le:n] <-s, -e> *nt* polietilene *m*
Polyester [poly'ɛstɐ] <-s, -> *m* poliestere *m*
polygam [poly'ga:m] *adj* poligamo, poligamico; BOT poligamo
Polygamie [polyga'mi:] <-> *f kein Pl.* poligamia *f*
polyglott [poly'glɔt] *adj* poliglotta, multilingue
Polyp [po'ly:p] <-en, -en> *m* ① ZOO, MED polipo *m* ② *(sl pej: Polizist)* piedipiatti *m*
Polytechnikum [poly'tɛçnikʊm, *Pl:* poly'tɛçnika] <-s, Polytechnika> *nt* politecnico *m*
Pomade [po'ma:də] <-, -n> *f* brillantina *f*
Pomeranze [pomə'rantsə] <-, -n> *f* ① *(Baum)* melangolo *m*, arancio *m* amaro ② *(Frucht)* melangola *f*, arancia *f* amara

P

Pommern ['pɔmɐn] *nt* GEOG Pomerania *f*
Pommes frites [pɔm'frɪt] *pl* patate *fpl* fritte
Pomp [pɔmp] <-(e)s> *m kein Pl.* pompa *f*
Pompeji [pɔm'pe:ji] *nt* GEOG Pompei *f*
Pompon [põ'põ] <-s, -s> *m* pompon *m*
pompös [pɔm'pø:s] *adj* pomposo
Pond [pɔnt] <-s, -> *nt* PHYS grammo *m* peso, grammo *m* forza
Pontifikat [pɔntifi'ka:t] <-(e)s, -e> *nt (von Papst)* pontificato *m*, papato *m*; *(von Bischof)* episcopato *m*
Ponton [pɔn'tõ:] <-s, -s> *m* pontone *m*, barcone *m*
Pontonbrücke *f* ponte *m* di pontoni [*o* di barconi]
Pony[1] ['pɔni] <-s, -s> *nt* ZOO pony *m*
Pony[2] <-s, -s> *m (an Frisur)* frangia *f*
Ponyfrisur *f* pettinatura *f* con la frangetta
Ponyhof <-s, -s> *m* maneggio *m* pony, scuola *f* pony; **etw ist kein Ponyhof** *(fam)* qc non è un balocco
Pool [pu:l] <-s, -s> *m* ① *(Schwimmbad)* piscina *f* ② WIRTSCH pool *m*
Pop [pɔp] <-(s)> *m kein Pl.* musica *f* pop
Popanz ['po:pants] <-es, -e> *m* ① *(Schreckgespenst)* spauracchio *m* ② *(pej: willenloser Mensch)* fantoccio *m*, marionetta *f*
Pop-Art <-> *f kein Pl.* pop art *f*
Popcorn ['pɔpkɔrn] <-s> *nt kein Pl.* popcorn *m*
Popel ['po:pəl] <-s, -> *m (fam)* caccola *f*
popelig *adj (fam)* ① *(pej: schäbig)* misero ② *(pej: gewöhnlich)* normale, mediocre
Popelin [popə'li:n] <-s, -e> *m*, **Popeline** [popə'li:nə] <*m* -s, - *o f* -, -> *mf* popelin *m*, popeline *f*
Popelkram *m (pej fam)* stronzate *pl*
popeln ['po:pəln] *vi (fam)* **in der Nase ~** scaccolarsi
Popfestival ['pɔpfɛstivəl *o* 'pɔpfɛstivɑl] *nt* festival *m* della musica pop
Popgruppe *f* complesso *m* pop
poplig *adj s.* **popelig**
Popmusik *f* musica *f* pop
Popo [po'po: *o* 'popo:] <-s, -s> *m (fam)* sedere *m*, culetto *m*
Popper ['pɔpɐ] <-s, -> *m (sl)* supernormale *mf*
poppig ['pɔpɪç] *adj* pop
Popsänger(in) *m(f)* cantante *mf* pop
Popstar *m* star *f* della musica pop
Popszene *f* scena *f* pop
populär [popu'lɛ:ɐ̯] *adj* popolare
Popularität [populari'tɛ:t] <-> *f kein Pl.* popolarità *f*
populärwissenschaftlich *adj* [di/a carattere] divulgativo

Populist(in) [popu'lɪst] <-en, -en; -, -nen> *m(f)* populista *mf*
Pore ['poːrə] <-, -n> *f* poro *m*
Porno ['pɔrno] <-s, -s> *m (fam: ~film)* film *m* porno, pornofilm *m; (~roman)* romanzo *m* porno
Pornofilm *m* film *m* porno, pornofilm *m*
Pornografie [pɔrnogra'fiː] <-, -n> *f* pornografia *f*
pornografisch [pɔrno'graːfɪʃ] *adj* pornografico
porös [po'røːs] *adj* poroso
Porree ['pɔre] <-s, -s> *m* porro *m*
Portal [pɔr'taːl] <-s, -e> *nt* portale *m*
Portemonnaie <-s, -s> *nt s.* **Portmonee**
Portier [pɔr'ti̯eː] <-s, -s> *m* portinaio *m; (bes. Hotel)* portiere *m*
Portion [pɔr'tsi̯oːn] <-, -en> *f* ❶ *(beim Essen)* porzione *f; (a. Gericht)* piatto *m;* **eine halbe ~** *(fig fam)* un soldo di cacio ❷ *(fig fam)* dose *f,* un bel po' *m*
Portmonee [pɔrtmɔ'neː] <-s, -s> *nt* portamonete *m*
Porto ['pɔrto, *Pl:* 'pɔrtos *o* 'pɔrti] <-s, -s *o* Porti> *nt* tassa *f* postale, affrancatura *f*
portofrei *adj* franco di porto, in franchigia [postale]
portopflichtig *adj* soggetto ad affrancatura
Portrait, Porträt [pɔr'trɛː] <-s, -s> *nt* ritratto *m*
portraitieren, porträtieren [pɔrtrɛ'tiːrən] <ohne ge-> *vt* fare il ritratto di
Portugal ['pɔrtugal] *nt* Portogallo *m;* **in ~** nel Portogallo
Portugiese [pɔrtu'giːzə] <-n, -n> *m,* **Portugiesin** [pɔrtu'giːzɪn] <-, -nen> *f* portoghese *mf*
portugiesisch *adj* portoghese
Portwein ['pɔrtvaɪn] *m* porto *m*
Porzellan [pɔrtsɛ'laːn] <-s, -e> *nt* porcellana *f*
Porzellangeschirr *nt* stoviglie *f pl* di porcellana
Porzellanmanufaktur *f* manifattura *f* di porcellane
Posaune [po'zaʊnə] <-, -n> *f* trombone *m*
posaunen <ohne ge-> **I.** *vi* s[u]onare il trombone **II.** *vt (fam)* ❶ *(pej: aus~)* spargere ai quattro venti ❷ *(laut verkünden)* strombazzare
Pose ['poːzə] <-, -n> *f* posa *f*
Poser(in) ['poːzɐ] <-s, -> *m(f) (sl)* sborone, -a *m, f*
posieren [po'ziːrən] <ohne ge-> *vi* posare
Position [pozi'tsi̯oːn] <-, -en> *f* ❶ *(Standpunkt, Lage)* posizione *f;* **~ beziehen** prendere posizione ❷ *(im Beruf)* posizione *f;* **eine gesicherte ~ haben** avere una posizione sicura ❸ WIRTSCH voce *f*
Positionslicht *nt* AERO, NAUT luce *f* di posizione
positiv ['poːzitiːf] *adj* positivo
Positiv <-s, -e> *nt* FOTO positivo *m*
Positur [pozi'tuːɐ, *Pl:* pozi'tuːrən] <-, -en> *f* posa *f,* postura *f,* atteggiamento *m;* **sich in ~ setzen** [*o* **werfen**] *(fam)* mettersi in posa
Posse ['pɔsə] <-, -n> *f* farsa *f*
Possen ['pɔsən] <-s, -> *m (obs)* ❶ *(Unfug)* buffonata *f;* **~ reißen** fare buffonate, fare il buffone ❷ *(Streich)* tiro *m;* **jdm einen ~ spielen** giocare un tiro a qu
possenhaft *adj* buffonesco, farsesco
Possessivpronomen ['pɔsɛsiːfpronoːmən *o* pɔsɛ'siːfpronoːmən] *nt* LING pronome *m* possessivo
possierlich [pɔ'siːɐ̯lɪç] *adj* grazioso
Post [pɔst] <-, *rar:* -en> *f* ❶ *(Einrichtung)* posta *f;* **auf die** [*o* **zur**] **~ gehen** andare alla posta; **etw mit der ~ schicken** spedire qc per posta ❷ *(Sendung)* posta *f;* **elektronische ~** posta elettronica, e-mail; **die ~ abholen/aufgeben** ritirare/spedire la posta; **ist ~ für mich da?** c'è posta per me?; **ab geht die ~!** *(fam)* è ora!
post[h]um [pɔs'tuːm (pɔst'huːm)] *adj o adv* postumo
postalisch [pɔs'taːlɪʃ] *adj* postale
Postamt *nt* ufficio *m* postale
Postanweisung *f* vaglia *m* postale
Postauto *nt* automobile *f* delle poste
Postbeamte *m,* **Postbeamtin** *f* impiegato, -a *m, f* delle poste
Postbote *m,* **Postbotin** *f* portalettere *mf,* postino, -a *m, f*
Posten ['pɔstən] <-s, -> *m* ❶ *(Stellung)* posto *m,* impiego *m; (Amt)* carica *f* ❷ MIL *(Wach~)* sentinella *f,* guardia *f;* **~ stehen** essere di sentinella; **auf dem ~ sein** *(fam: gesund sein)* stare bene di salute; *(wachsam sein)* stare all'erta ❸ COM partita *f* ❹ *(Streik~)* picchetto *m*
Poster ['poːstɐ] <-s, - *o* -s> *nt o m* poster *m*
Postfach *nt* casella *f* postale
postfaktisch ['pɔstfaktɪʃ] *adj (fam)* postfattuale
Postgeheimnis *nt* JUR segreto *m* epistolare
postieren [pɔs'tiːrən] <ohne ge-> *vt* postare, piazzare
Postitch <-s, -e> *m* CH *(Hefter, Büroheftmaschine)* cucitrice *f,* pinzatrice *f*
Postkarte *f* cartolina *f* [postale]
Postkutsche *f* diligenza *f* [postale]
postlagernd *adv* fermo posta
Postleitzahl *f* codice *m* di avviamento postale

P

Postler(in) <-s, -; -, -nen> *m(f) (fam)* impiegato, -a *m, f* delle poste, postino, -a *m, f*

Pöstler ['pœstlɐ] <-s, -> *m* CH impiegato *m* della posta

postmodern [pɔstmo'dɛrn] *adj* postmoderno

Postmoderne [pɔstmo'dɛrnə] <-> *f kein Pl.* postmodernità *f,* postmoderno *m*

Postpaket *nt* pacco *m* postale

Postscheck *m* assegno *m* postale

Postscheckamt *nt* ufficio *m* dei conti correnti postali

Postscheckkonto *nt* conto *m* corrente postale

Postsendung <-, -en> *f* spedizione *f* postale

Postskript [pɔst'skrɪpt] <-(e)s, -e> *nt* poscritto *m,* post scriptum *m*

Postskriptum [pɔst'skrɪptʊm, *Pl:* pɔst'skrɪpta] <-s, Postskripta> *nt* poscritto *m,* post scriptum *m*

Postsparbuch *nt* libretto *m* postale di risparmio

Postsparkasse *f* cassa *f* di risparmio postale

Poststelle *f* ufficio *m* postale [ausiliario]

Poststempel *m* timbro *m* postale

Postüberweisung <-, -en> *f* versamento *m* in conto corrente postale, postagiro *m*

postulieren [pɔstu'liːrən] <ohne ge-> *vt* postulare

postum *adj o adv s.* **post[h]um**

Postweg <-(e)s> *m kein Pl.* **etw auf dem ~ verschicken** inviare qc per posta

postwendend ['pɔst'vɛndənt] *adv* ① *(im Briefverkehr)* a giro di posta ② *(fig)* subito, immediatamente

Postwertzeichen *nt* ADM francobollo *m*

Postwurfsendung *f* spedizione *f* postale cumulativa di stampati

potent [po'tɛnt] *adj* potente

Potential <-s, -e> *nt s.* **Potenzial**

potentiell *adj s.* **potenziell**

Potenz [po'tɛnts] <-, -en> *f* potenza *f;* **eine Zahl in die vierten ~ erheben** MAT elevare un numero alla quarta potenza

Potenzial [potɛn'tsi̯aːl] <-s, -e> *nt* potenziale *m*

potenziell [potɛn'tsi̯ɛl] *adj* potenziale

potenzieren [potɛn'tsiːrən] <ohne ge-> *vt* ① MAT elevare a potenza ② *(fig)* potenziare

Potpourri ['pɔtpʊri] <-s, -s> *nt* pot-pourri *m*

Pott [pɔt, *Pl:* 'pœtə] <-(e)s, Pötte> *m (fam)* ① *(Topf)* pentola *f; (Nachttopf)* vaso *m* da notte ② *(Schiff)* bastimento *m*

potthässlich ['pɔt'hɛslɪç] *adj (fam)* brutto come la peste

Poulet [pu'leː] <-s, -s> *nt* CH GASTR *(Hühnchen)* pollo *m*

Power ['paʊɐ] <-> *f kein Pl. (fam)* forza *f,* grinta *f*

Powidl <-s, -> *m* A *(Pflaumenmus)* marmellata *f* di prugne; **es ist mir völlig ~, was du dazu meinst** non mi importa affatto di ciò che pensi

pp., ppa. *Abk. von* **per procura** p.p.

PR *Abk. von* **Publicrelations** PR

Präambel [prɛ'ambəl] <-, -n> *f* preambolo *m*

Pracht [praxt] <-> *f kein Pl.* magnificenza *f,* pompa *f,* fasto *m;* **das ist eine [wahre] ~!** *(fam)* è magnifico!

prächtig ['prɛçtɪç] *adj* ① *(prunkvoll)* sontuoso, pomposo ② *(großartig)* magnifico, formidabile

Prachtkerl *m (fam)* tipo *m* formidabile

Prachtstück *nt (fam)* esemplare *m* magnifico

prachtvoll *adj s.* **prächtig**

prädestinieren [prɛdɛsti'niːrən] <ohne ge-> *vt* predestinare; **für etw prädestiniert sein** essere predestinato a qc

Prädikat [prɛdi'kaːt] <-(e)s, -e> *nt* ① *(Bewertung)* voto *m,* qualifica *f* ② LING, PHILOS predicato *m*

Prädikatsnomen *nt* GRAM predicato *m* nominale

Präfekt [prɛ'fɛkt] <-en, -en> *m* prefetto *m*

Präfektur [prɛfɛk'tuːɐ, *Pl:* prɛfɛk'tuːrən] <-, -en> *f* prefettura *f*

Präferenz [prɛfe'rɛnts] <-, -en> *f* preferenza *f*

Präfix [prɛ'fɪks] <-es, -e> *nt* LING prefisso *m*

Prag [praːk] *nt* Praga *f*

prägen ['prɛːgən] *vt (Münzen, Begriffe)* coniare; *(Charakter)* formare; *(Metall)* imprimere; *(Papier)* stampare; **sich ins Gedächtnis ~** imprimersi nella mente; **die moderne Architektur ist durch … geprägt worden** l'architettura moderna ha subito l'influenza di …

Pragmatiker(in) [pra'gmaːtikɐ] <-s, -; -, -nen> *m(f)* pragmatico, -a *m, f*

pragmatisch *adj* pragmatico

Pragmatisierung <-, -en> *f* A ADM *(Anstellung auf Lebenszeit im öffentlichen Dienst)* assunzione *f* a tempo indeterminato

Pragmatismus [pragma'tɪsmʊs] <-> *m kein Pl.* PHILOS pragmatismo *m*

prägnant [prɛ'gnant] *adj (Stil)* conciso

Prägnanz [prɛ'gnants] <-> *f kein Pl.* pregnanza *f,* concisione *f*

Prägung <-, -en> *f* ① *(von Münzen)* coniazione *f; (von Wort)* conio *m* ② *(fig: Art)* tipo *m,* stampo *m*

prähistorisch [prɛhɪs'to:rɪʃ *o* 'prɛ:hɪsto:rɪʃ] *adj* preistorico

prahlen ['pra:lən] *vi (pej)* [**mit etw**] ~ vantarsi [di qc]

Prahler(in) <-s, -; -, -nen> *m(f) (pej)* fanfarone, -a *m, f*

Prahlerei [pra:lə'raɪ] <-, -en> *f (pej)* ① *Sing. (dauerndes Prahlen)* vanteria *f* ② *(Äußerung)* spacconata *f*

Prahlerin *f s.* **Prahler**

prahlerisch *adj* ① *(Mensch)* millantatore ② *(Haltung)* ostentato

Praktik ['praktɪk] <-, -en> *f* ① *(Methode)* metodo *m,* pratica *f* ② *meist Pl. (pej)* manovre *f pl*

Praktika *Pl. von* **Praktikum**

praktikabel [prakti'ka:bəl] *adj* praticabile

Praktikant(in) [prakti'kant] <-en, -en; -, -nen> *m(f)* tirocinante *mf*

Praktiken *Pl. von* **Praktik, Praktikum**

Praktiker(in) <-s, -; -, -nen> *m(f)* persona *f* pratica

Praktikum ['praktɪkʊm, *Pl:* 'praktɪka] <-s, Praktika> *nt* tirocinio *m,* pratica *f*

praktisch *adj* pratico; **~er Arzt** medico generico; **~es Jahr** anno di pratica

praktizieren [prakti'tsi:rən] <ohne ge-> *vi* praticare; **als Arzt ~** esercitare la professione di medico; **ein ~der Katholik** un cattolico praticante

Prälat [prɛ'la:t] <-en, -en> *m* prelato *m*

Praline [pra'li:nə] <-, -n> *f,* **Praliné, Pralinee** [prali'ne:] <-s, -s> *nt* A, CH cioccolatino *m*

prall [pral] *adj (Segel)* teso, tirato; *(Wangen)* gonfio; *(Körperteil)* sodo; **in der ~en Sonne** in pieno sole

prallen ['pralən] *vi sein* ① *(auftreffen)* **an** [*o* **gegen**] **etw** *akk* ~ urtare contro qc ② *(Sonne)* **auf etw** *akk* ~ picchiare su qc

prallvoll ['pral'fɔl] *adj* strapieno, pieno zeppo

präm[i]ieren [prɛ'mi:rən (prɛmi'i:rən)] <ohne ge-> *vt* premiare

Präm[i]ierung <-, -en> *f* premiazione *f*

Prämie ['prɛ:mi̯ə] <-, -n> *f* ① *(Preis, Versicherungs~)* premio *m* ② *(Belohnung)* ricompensa *f* ③ *(Zulage)* indennità *f*

Prämiensparen <-s> *nt kein Pl.* risparmio *m* a premio

Prämisse [prɛ'mɪsə] <-, -n> *f* premessa *f,* presupposto *m;* **unter** [*o* **mit**] **der ~, dass ...** a condizione che *+conj*

prangen ['praŋən] *vi* **an etw** *dat* ~ spiccare su qc

Pranger ['praŋɐ] <-s, -> *m* berlina *f,* gogna *f;* **jdn/etw an den ~ stellen** *(fig)* mettere alla berlina qu/qc

Pranke ['praŋkə] <-, -n> *f* ① ZOO zampa *f* ② *(fam pej)* manaccia *f*

Präparat [prɛpa'ra:t] <-(e)s, -e> *nt* preparato *m*

präparieren [prɛpa'ri:rən] <ohne ge-> *vt* preparare

Präposition [prɛpozi'tsi̯o:n] <-, -en> *f* LING preposizione *f*

präpotent *adj* A *(überheblich)* prepotente, presuntuoso

Prärie [prɛ'ri:] <-, -n> *f* prateria *f*

Präsens ['prɛ:zɛns, *Pl:* prɛ'zɛntsia *o* prɛ'zɛntsiən] <-, Präsentia *o* Präsenzien> *nt* LING presente *m*

Präsentation [prɛzɛnta'tsi̯o:n] <-, -en> *f* presentazione *f*

Präsentia *Pl. von* **Präsens**

präsentieren [prɛzɛn'ti:rən] <ohne ge-> *vt* presentare

Präsentierteller *m* **auf dem ~ sitzen** *(fam)* essere in vetrina

Präsentkorb [prɛ'zɛntkɔrp] *m* cesta *f* regalo

Präsenz [prɛ'zɛnts] <-> *f kein Pl.* presenza *f*

Präsenzbibliothek [prɛ'zɛntsbibliote:k] *f* biblioteca *f* di consultazione sul posto

Präsenzdienst <-es> *m kein Pl.* A MIL *(Militärdienst)* servizio *m* militare

Präsenzien *Pl. von* **Präsens**

Präservativ [prɛzɛrva'ti:f] <-s, -e> *nt* preservativo *m*

Präsident(in) [prɛzi'dɛnt] <-en, -en; -, -nen> *m(f)* presidente, -essa *m, f*

Präsidentschaft <-, *rar:* -en> *f* presidenza *f*

Präsidentschaftskandidat(in) *m(f)* candidato, -a *m, f* alla presidenza

präsidieren [prɛzi'di:rən] <ohne ge-> *vi* presiedere

Präsidium [prɛ'zi:diʊm, *Pl:* prɛ'zi:diən] <-s, Präsidien> *nt* ① *(Gremium)* comitato *m* direttivo ② *(Vorsitz, Leitung)* presidenza *f* ③ *(Polizei~)* questura *f*

prasseln ['prasəln] *vi* ① *haben (Feuer)* scoppiettare, crepitare ② *sein (herunter~)* scrosciare; **an** [*o* **auf**] **etw** *akk* ~ *(Regen)* battere su qc ③ *sein (fig: Fragen, Vorwürfe)* piovere

prassen ['prasən] *vi (pej)* ① *(üppig leben)* scialare ② *(schlemmen)* gozzovigliare

Präteritum [prɛ'te:ritʊm, *Pl:* prɛ'te:rita] <-s, Präterita> *nt* LING preterito *m*

Pratze ['pratsə] <-, -n> *f s.* **Pranke**

Prävention [prɛvɛn'tsi̯o:n] <-, -en> *f* prevenzione *f*

präventiv [prɛvɛn'ti:f] *adj* preventivo; **~ behandeln** adottare misure preventive

P

Präventivmaßnahme [prɛvɛn'tiːfmaːsnaːmə] *f* misura *f* preventiva

Präventivschlag *m* attacco *m* preventivo

Praxis ['praksɪs, *Pl:* 'praksən] <-, Praxen> *f* ① *Sing.* *(keine Theorie)* pratica *f;* **etw in die ~ umsetzen** mettere in pratica qc ② *Sing.* *(Handlungsweise)* prassi *f;* *(Erfahrung)* esperienza *f* ③ *(Arzt~)* studio *m* medico, ambulatorio *m;* *(Anwalts~)* studio *m*

praxisfern *adj* troppo teorico, poco pragmatico [*o* pratico]

praxisnah *adj* pratico, pragmatico, empirico

Präzedenzfall [prɛtse'dɛntsfal] *m* precedente *m;* **einen ~ schaffen** creare un precedente

präzis[e] [prɛ'tsiːs (prɛ'tsiːzə)] *adj* preciso, esatto; *(pünktlich)* puntuale

präzisieren [prɛtsi'ziːrən] <ohne ge-> *vt* precisare

Präzision [prɛtsi'zi̯oːn] <-> *f kein Pl.* precisione *f,* esattezza *f*

Präzisionsarbeit *f* lavoro *m* di precisione

predigen ['preːdɪgən] *vt, vi* predicare

Prediger(in) <-s, -; -, -nen> *m(f)* predicatore, -trice *m, f*

Predigt <-, -en> *f* predica *f;* **eine ~ halten** fare una predica; **jdm eine ~ halten** *(fig fam)* fare un predicozzo a qu

Preis [praɪs] <-es, -e> *m* ① *(Kauf~)* prezzo *m;* **der ~ für etw** il prezzo per qc; **zum halben ~** a metà prezzo; **zum ~ von ...** al prezzo di ...; **um jeden/keinen ~** a ogni/nessun costo; **der Erfolg hat seinen ~** *(fig)* il successo ha il suo prezzo ② *(bei Wettbewerb)* premio *m;* *(Belohnung)* ricompensa *f*

Preisabbau *m* riduzione *f* dei prezzi

Preisabsprache *f* accordo *m* sul prezzo

Preisangabe <-, -n> *f* indicazione *f* del prezzo

Preisanstieg *m* WIRTSCH rialzo *m* dei prezzi

Preisaufschlag *m* WIRTSCH maggiorazione *f* del prezzo

Preisausschreiben *nt* concorso *m* a premi

preisbewusst *adj* attento al prezzo

Preisbildung *f* formazione *f* dei prezzi

Preisbindung *f* WIRTSCH accordo *m* sui prezzi

Preiseinbruch *m* WIRTSCH crollo *m* dei prezzi

Preiselbeere ['praɪzəlbeːrə] *f* mirtillo *m* rosso

Preisempfehlung *f* prezzo *m* indicativo; **unverbindliche ~** prezzo indicativo senza impegno

preisen ['praɪzən] <preist, pries, gepriesen> *vt (geh)* lodare, elogiare; **sich glücklich ~** considerarsi fortunato

Preisentwicklung *f* evoluzione *f* dei prezzi

Preiserhöhung *f* WIRTSCH aumento *m* di prezzo

Preisermäßigung *f* WIRTSCH riduzione *f* dei prezzi

Preisfrage *f* ① *(vom Preis abhängige Frage)* questione *f* di prezzo ② *(bei Preisausschreiben)* quesito *m* a premi; *(schwierige Frage)* domanda *f* a premio

Preisgabe ['praɪsgaːbə] *f* ① *(Aufgabe)* abbandono *m;* *(Verzicht)* rinuncia *f* ② *(von Geheimnis)* rivelazione *f*

preis|geben <irr> *vt (geh)* ① *(ausliefern)* abbandonare ② *(aufgeben)* **etw ~** abbandonare qc ③ *(verraten)* rivelare

preisgekrönt *adj* premiato

Preisgeld <-[e]s, -er> *nt* premio *m* vincita

Preisgericht *nt* giuria *f* [di concorso]

preisgünstig *adj* conveniente, a buon prezzo

Preisindex *m* indice *m* dei prezzi

Preiskampf *m* battaglia *f* dei prezzi

Preiskontrolle *f* controllo *m* dei prezzi

Preislage *f* prezzo *m;* **in jeder ~** ad ogni prezzo

Preis-Leistungs-Verhältnis <-ses, -se> *nt* rapporto *m* qualità-prezzo

preislich *adj* di prezzo, per quanto riguarda il prezzo; **~e Unterschiede** differenze di prezzo; **~ unterschiedliche Artikel** articoli di prezzo diverso

Preisliste *f* listino *m* dei prezzi

Preis-Lohn-Spirale *f* COM spirale *f* dei prezzi e dei salari

Preisnachlass *m* WIRTSCH sconto *m,* ribasso *m*

Preisniveau *nt* livello *m* dei prezzi

Preisrätsel <-s, -> *nt* quiz *m* a premi

Preisrichter(in) <-s, -; -, -nen> *m(f)* membro *m* della giuria

Preisrückgang *m* WIRTSCH ribasso *m* dei prezzi

Preisschild *nt* cartellino *m* del prezzo

Preisschlager *m (fam)* offerta *f* speciale

Preisschwankungen *fpl* WIRTSCH oscillazioni *fpl* dei prezzi

Preissenkung *f* WIRTSCH calo *m* dei prezzi

Preisstabilität <-> *f kein Pl.* EU stabilità *f* dei prezzi

Preissteigerung *f* WIRTSCH *s.* **Preiserhöhung**

Preisstopp *m* blocco *m* dei prezzi

Preissturz *m* crollo *m* dei prezzi

Preisträger(in) *m(f)* premiato, -a *m, f*

Preistreiberei ['praɪstraɪbə'raɪ] <-, -en> *f (pej)* rialzo *m* abusivo dei prezzi

Preisüberwachung *f* controllo *m* dei prezzi

Preisverleihung <-, -en> *f* premiazione *f,* conferimento *m* di un premio
preiswert *adj* a buon mercato, conveniente
prekär [pre'kɛːɐ̯] *adj* precario
Prellbock *m* FERR paraurti *m,* fermacarri *m*
prellen ['prɛlən] **I.** *vt* ❶ *(betrügen)* **jdn** [**um etw**] ~ defraudare qu [di qc]; **die Zeche** ~ *(fam)* non pagare il conto ❷ MED farsi un livido **II.** *vr* **sich am Knie** ~ farsi un livido al ginocchio
Prellung <-, -en> *f* contusione *f*
Premier [prə'mjeː] <-s, -s> *m s.* **Premierminister**
Premiere [prə'mi̯eːrə] <-, -n> *f* prima *f*
Premierminister(in) *m(f)* primo ministro *m*
preschen ['prɛʃən] *vi sein* andare [*o* venire] di corsa, andare [*o* venire] sparato
Presse ['prɛsə] <-, -n> *f* ❶ TEC pressa *f,* torchio *m* ❷ *Sing. (~wesen)* stampa *f;* **eine gute/schlechte ~ haben** avere buona/cattiva stampa
Presseagentur *f* agenzia *f* di stampa
Presseausweis *m* tessera *f* di giornalista
Pressechef(in) *m(f)* capo *m* dell'ufficio stampa
Presseerklärung *f* comunicato *m* stampa
Pressefotograf(in) *m(f)* fotoreporter *mf*
Pressefreiheit *f* libertà *f* di stampa
Pressekonferenz *f* conferenza *f* stampa
Pressemeldung <-, -en> *f,* **Pressemitteilung** <-, -en> *f* comunicato *m* stampa
pressen ['prɛsən] *vt* ❶ *(durch Druck o mit Presse bearbeiten)* pressare; *(keltern)* torchiare, pigiare; *(zusammen~)* comprimere; *(aus~)* spremere ❷ *(drücken)* premere, schiacciare; *(fig: zwingen)* costringere; **jdn** [**zu etw**] ~ costringere qu [a fare] qc
Pressesprecher(in) *m(f)* addetto, -a *m, f* stampa
Pressestimme *f meist Pl.* rassegna *f* della stampa
pressieren [prɛ'siːrən] <ohne ge-> *vi* SÜDD, A, CH essere urgente; **das pressiert nicht** non c'è premura
Pressluft *f* aria *f* compressa
Pressluftbohrer *m* perforatore *m* pneumatico
Presslufthammer *m* martello *m* pneumatico
Prestige [prɛs'tiːʒ(ə)] <-s> *nt kein Pl.* prestigio *m*
Prestigedenken *nt* mentalità *f* orientata al prestigio
Prestigegewinn *m* aumento *m* di prestigio
Prestigeverlust *m* perdita *f* di prestigio
Preuße ['prɔɪsə] <-n, -n> *m* prussiano *m*
Preußen ['prɔɪsən] *nt* Prussia *f*
Preußin ['prɔɪsɪn] <-, -nen> *f* prussiana *f*
preußisch *adj* prussiano
prickeln ['prɪkəln] *vi* ❶ *(kribbeln)* prudere, pizzicare ❷ *(Getränk)* frizzare
prickelnd *adj* ❶ *(kribbelnd)* pruriginoso ❷ *(Luft, Sekt)* frizzante ❸ *(fig: erregend)* eccitante, piccante
Priem [priːm] <-(e)s, -e> *m* tabacco *m* da masticare
priemen *vi* ciccare *fam*
pries [priːs] *1. u. 3. Pers. Sing. Imp. von* **preisen**
Priester(in) ['priːstɐ] <-s, -; -, -nen> *m(f)* sacerdote, -essa *m, f,* prete *m*
Priesteramt *nt* sacerdozio *m*
Priesterin *f s.* **Priester**
Priestertum <-s> *nt kein Pl.* REL sacerdozio *m*
Priesterweihe *f* ordinazione *f* sacerdotale
Prim [priːm] <-, -en> *f* ❶ MUS prima *f* ❷ SPORT *(Fechten)* prima *f* [posizione] ❸ REL *(Morgengebet)* mattutini *mpl*
prima ['priːma] <inv> *adj (fam)* eccellente, ottimo, formidabile
Prima <-, Primen> *f* A prima classe *f* del ginnasio
Primaballerina [primabale'riːna] *f* prima ballerina *f*
Primadonna [prima'dɔna] <-, Primadonnen> *f* THEAT prima donna *f*
primär [pri'mɛːɐ̯] *adj* primario
Primärenergie *f* energia *f* primaria
Primaria <-, -e> *f,* **Primarius** <-, -ien *o* -ii> *m* A *(Chefarzt)* primario *m*
Primarlehrer(in) [pri'maːɐ̯leːrɐ] *m(f)* CH maestro, -a *m, f* di scuola elementare
Primärliteratur *f* opere *fpl* dell'autore
Primarschule [pri'maːɐ̯ʃuːlə] <-, -n> *f* CH *(Grundschule)* scuola *f* elementare
Primas ['priːmas, *Pl:* 'priːmasə *o* pri'maːtən] <-, -se *o* Primaten> *m* primate *m*
Primat [pri'maːt] <-(e)s, -e> *m o nt* primato *m*
Primaten [pri'maːtən] *mpl* ZOO primati *mpl*
Primel ['priːməl] <-, -n> *f* primula *f*
primitiv [primi'tiːf] *adj* primitivo
Primitivität [primitivi'tɛːt] <-> *f kein Pl.* primitività *f*
Primitivling [primi'tiːflɪŋ] <-s, -e> *m (pej)* primitivo, -a *m, f,* sempliciotto, -a *m, f*
Primzahl ['priːmtsaːl] *f* MAT numero *m* primo
Printmedien ['prɪntmeːdiən] *ntpl* stampa *f*
Prinz [prɪnts] <-en, -en> *m,* **Prinzessin** <-, -nen> *f* principe *m,* principessa *f*
Prinzip [prɪn'tsiːp, *Pl:* prɪn'tsiːpiən] <-s, Prinzipien> *nt* principio *m;* **ein Mensch**

P

mit ~ien un uomo di principio; **aus ~** per principio; **im ~** in linea di massima
prinzipiell [prɪntsi'pi̯ɛl] **I.** *adj* di principio **II.** *adv* per principio
Prinzipienreiter *m (pej)* pedante *mf*
prinzipientreu *adj* fedele ai propri principi
Prior(in) ['pri:o:ɐ, *Pl:* pri'o:rən] <-s, -en; -, -nen> *m(f)* priore, -a *m, f*
Priorität [priori'tɛ:t] <-, -en> *f* priorità *f;* **~en setzen** stabilire delle priorità
Prise ['pri:zə] <-, -n> *f* ① *(Salz, Pfeffer)* pizzico *m; (Tabak)* presa *f* ② NAUT preda *f*
Prisma ['prɪsma, *Pl:* 'prɪsmən] <-s, Prismen> *nt* MAT, OPT prisma *m*
Pritsche ['prɪtʃə] <-, -n> *f* ① *(Liege)* branda *f* ② *(von LKW)* cassone *m*
privat [pri'va:t] *adj* privato
Privat- *in Zusammensetzungen* privato
Privatadresse *f,* **Privatangelegenheit** *f* faccenda *f* privata
Privatanschrift *f* indirizzo *m* privato
Privataudienz *f* udienza *f* privata
Privatbesitz *m* proprietà *f* privata
Privatdetektiv(in) *m(f)* investigatore, -trice *m, f* privato, -a
Privatdozent(in) *m(f)* libero, -a *m, f* docente
Privateigentum *nt* proprietà *f* privata
Privatfernsehen <-s> *nt kein Pl. (fam)* televisione *f* privata
Privatinitiative *f* iniziativa *f* privata
privatisieren [privati'zi:rən] *vt* WIRTSCH privatizzare
Privatisierung <-, -en> *f* WIRTSCH privatizzazione *f*
Privatklinik *f* clinica *f* privata
Privatleben *nt* vita *f* privata, privacy *f*
Privatlehrer(in) *m(f)* insegnante *mf* privato, -a
Privatmann <-(e)s, -leute *o rar:* -männer> *m* privato *m*
Privatpatient(in) *m(f)* paziente *mf* privato, -a
Privatperson *f* persona *f* privata, privato *m*
Privatrecht *nt* diritto *m* privato
Privatrente *f* pensione *f* privata [aggiuntiva]
Privatsache *f* faccenda *f* privata
Privatschule *f* scuola *f* privata
Privatsekretär(in) *m(f)* segretario, -a *m, f* personale
Privatsphäre *f* privacy *f*
Privatstunde *f* lezione *f* privata
Privatvergnügen *nt (fam)* diletto *m* personale; **das ist dein ~** è affar tuo
Privatvermögen <-s, -> *nt* patrimonio *m* privato
Privatwagen *m* vettura *f* privata
Privatweg *m* strada *f* privata
Privatwirtschaft *f* economia *f* privata
Privileg [privi'le:k, *Pl:* privi'le:giən *o* privi'le:gə] <-(e)s, -ien *o* -e> *nt* privilegio *m*
privilegieren [privile'gi:rən] <ohne ge-> *vt* privilegiare
pro [pro:] *präp +akk* a, per; **das Pro und [das] Kontra** il pro e il contro; **~ Kopf/Person** a testa/persona
probat [pro'ba:t] *adj* provato, efficace
Probe ['pro:bə] <-, -n> *f* ① *(Prüfung, Versuch, Beweis) a.* THEAT, MUS prova *f;* **auf** [*o* **zur**] **~** in prova; **die ~ bestehen** superare la prova; **jdn/etw auf die ~ stellen** mettere alla prova qu/qc ② *(Waren~, Muster)* campione *m*
Probeabzug *m* prova *f* di stampa
Probealarm *m* allarme *m* di prova
Probeaufnahme *f* prova *f* di registrazione
Probebohrung *f* prova *f* di trivellazione
Probefahrt *f* prova *f* su strada
Probelauf *m* TEC prova *f* di funzionamento
Probelehrer(in) <-s, -; -, -nen> *m(f)* A *insegnante delle superiori non di ruolo assunto con un contratto annuale*
proben *vt, vi* provare
Probepackung <-, -en> *f* campione *m* omaggio [*o* gratuito], confezione *f* omaggio [*o* gratuita]
probeweise *adv* in prova
Probezeit *f* periodo *m* di prova
probieren [pro'bi:rən] <ohne ge-> *vt* ① *(prüfen, aus~)* provare ② *(versuchen)* provare, tentare; **Probieren geht über Studieren** *(prov)* val più la pratica che la grammatica ③ *(Speise)* assaggiare; *(Getränk)* degustare
probiotisch [pro:'bio:tɪʃ] *adj* probiotico
Problem [pro'ble:m] <-s, -e> *nt* problema *m;* **vor einem ~ stehen** trovarsi di fronte ad un problema; **das ist nicht mein ~** *(fam)* ciò non è affar mio; **kein ~!** *(fam)* non c'è problema!
Problemabfälle *mpl* rifiuti *mpl* tossici
Problematik [proble'ma:tɪk] <-> *f kein Pl.* problematica *f,* problematicità *f*
problematisch *adj* problematico
problemlos *adj o adv* senza problemi
Produkt [pro'dʊkt] <-(e)s, -e> *nt* prodotto *m*
Produktenhandel *m* commercio *m* di prodotti agricoli [locali]
Produkthaftung <-> *f kein Pl.* responsabilità *f* per il prodotto
Produktion [produk'tsi̯o:n] <-, -en> *f* produzione *f*
Produktionsablauf *m* [ciclo *m* di] produzione *f*

P

Produktionsausfall *m* perdita *f* di produzione
Produktionskosten *pl* costi *mpl* di produzione
Produktionsmittel *ntpl* mezzi *mpl* di produzione
Produktionsrückgang *m* regresso *m* della produzione
Produktionssteigerung *f* aumento *m* della produzione
produktiv [prodʊk'tiːf] *adj* ❶ *(ergiebig)* produttivo ❷ *(schöpferisch)* creativo
Produktivität [prodʊktivi'tɛːt] <-> *f kein Pl.* ❶ *(Ergiebigkeit)* produttività *f* ❷ *(Schaffenskraft)* creatività *f*
Produktkategorie *f* categoria *f* di prodotto
Produktmanager(in) *m(f)* product manager *mf*
Produktpalette *f* gamma *f* di prodotti
Produzent(in) [produ'tsɛnt] <-en, -en; -, -nen> *m(f)* produttore, -trice *m, f*
produzieren [produ'tsiːrən] <ohne ge-> **I.** *vt* produrre **II.** *vr:* **sich ~** *(fam pej)* prodursi, esibirsi
Prof. *Abk. von* **Professor** prof.
profan [pro'faːn] *adj* profano
Professionalität [profɛsi̯onali'tɛːt] <-> *f kein Pl.* professionalità *f*
professionell [profɛsi̯o'nɛl] *adj* di professione, professionale
Professor(in) [pro'fɛsoːɐ̯] <-s, -en; -, -nen> *m(f)* professore, -essa *m, f* [universitario, -a]
Professur [profɛ'suːɐ̯] <-, -en> *f* professorato *m;* **die ~ für italienische Literaturwissenschaft** il professorato di letteratura italiana
Profi ['proːfi] <-s, -s> *m (fam)* professionista *mf*
Profil [pro'fiːl] <-s, -e> *nt* ❶ *(Gesichts~)* profilo *m;* **im ~** di profilo ❷ *(fig: Persönlichkeit)* personalità *f;* **an ~ gewinnen/verlieren** migliorare/peggiorare la propria immagine ❸ TEC profilo *m*
profilieren [profi'liːrən] <ohne ge-> **I.** *vt* profilare **II.** *vr:* **sich ~** profilarsi
profiliert *adj* ❶ TEC profilato ❷ *(fig: Mensch)* eminente
Profilsohle *f* suola *f* di gomma intagliata
Profit [pro'fiːt] <-(e)s, -e> *m* profitto *m*
profitabel [profi'taːbəl] *adj* redditizio, proficuo
Profitgeier *m (fam)* persona *f* avida di guadagno
Profitgier *f (pej)* avidità *f* di guadagno
profitieren [profi'tiːrən] <ohne ge-> *vi* profittare; **von jdm/etw ~** trarre profitto da qu/qc

pro forma [proː 'fɔrma] *adv* pro forma
Pro-Forma-Rechnung *f* fattura *f* pro forma
Prognose [pro'gnoːzə] <-, -n> *f* previsione *f,* prognosi *f;* **eine ~ über etw** *akk* **stellen** fare una prognosi di qc
prognostizieren [prognɔsti'tsiːrən] <ohne ge-> *vt* pronosticare
Programm [pro'gram] <-s, -e> *nt (allg)* INFORM programma *m;* **auf dem ~ stehen** essere in programma
Programmänderung *f* modifica *f* del programma
programmatisch [progra'maːtɪʃ] *adj* programmatico
programmgemäß *adj o adv* secondo il programma
Programmgestaltung *f* programmazione *f*
Programmhinweis *m* informazione *f* sui programmi
programmieren [progra'miːrən] <ohne ge-> *vt (allg)* INFORM programmare
Programmierer(in) <-s, -; -, -nen> *m(f)* INFORM programmatore, -trice *m, f*
Programmiersprache *f* INFORM linguaggio *m* di programmazione
Programmierung <-, -en> *f* INFORM programmazione *f*
Programmkino <-s, -s> *nt* cinema *m* d'essai
Programmpunkt *m* punto *m* del programma
Programmsteuerung *f* INFORM comando *m* a programma
Programmvorschau *f* rassegna *f* dei programmi
Programmzeitschrift *f* rivista *f* dei programmi radiotelevisivi
Progression [progrɛ'si̯oːn] <-, -en> *f* progressione *f*
progressiv [progrɛ'siːf] *adj* ❶ *(fortschreitend)* progressivo ❷ *(fortschrittlich)* progressista
Projekt [pro'jɛkt] <-(e)s, -e> *nt* progetto *m*
Projektgruppe *f* commissione *f* per l'elaborazione di un progetto
Projektil [projɛk'tiːl] <-s, -e> *nt* proiettile *m*
Projektion [projɛk'tsi̯oːn] <-, -en> *f* proiezione *f*
Projektionsapparat *m* proiettore *m*
Projektionsgerät <-(e)s, -e> *nt* proiettore *m*
Projektleiter(in) *m(f)* responsabile *mf* di progetto
Projektmanagement *nt* project management *m*

Projektmanager(in) *m(f)* project manager *mf*
Projektor [proˈjɛktoːɐ̯] <-s, -en> *m* proiettore *m*
projizieren [projiˈtsiːrən] <ohne ge-> *vt* **etw** [**auf jdn/etw**] ~ proiettare qc [su qu/qc]
Proklamation [proklamaˈtsi̯oːn] <-, -en> *f* proclamazione *f*
proklamieren [proklaˈmiːrən] <ohne ge-> *vt* proclamare
Proklamierung <-, -en> *f* proclamazione *f*
Pro-Kopf-Einkommen *nt* reddito *m* pro capite
prokrastinieren [prokrastiˈniːrən] *vt* procrastinare
Prokura [proˈkuːra, *Pl:* proˈkuːrən] <-, Prokuren> *f (form)* procura *f;* ~ **haben** avere la procura; **jdm ~ erteilen** dare la procura a qu
Prokurist(in) [prokuˈrɪst] <-en, -en; -, -nen> *m(f)* procuratore, -trice *m, f*
Prolet [proˈleːt] <-en, -en> *m (pej)* zotico *m*
Proletariat [proletariˈaːt] <-s, -e> *nt* proletariato *m*
Proletarier(in) [proleˈtaːriɐ] <-s, -; -, -nen> *m(f)* proletario, -a *m, f*
proletarisch *adj* proletario
Prolog [proˈloːk] <-(e)s, -e> *m* prologo *m*
Promenade [proməˈnaːdə] <-, -n> *f* passeggiata *f*
Promenadenmischung *f (scherz, pej: Hund)* bastardo *m*
promenieren [proməˈniːrən] <ohne ge-> *vi sein (geh)* passeggiare
Promi [ˈprɔmi] <-s, -s> *m (fam)* vip *mf*
Promibonus *m trattamento di favore riservato a personaggi famosi*
Promijagd *f* caccia *f* ai vip
Promille [proˈmɪlə] <-(s), -> *nt* per mille *m;* **sie ist mit 0,5 ~ gefahren** *(fam)* ha guidato con un tasso alcolico [nel sangue] di 0,5 per mille
Promillegrenze *f* limite *m* del tasso alcolemico
prominent [promiˈnɛnt] *adj* famoso, celebre
Prominente <ein -r, -n, -n> *mf* persona *f* famosa [*o* celebre]
Prominenz [promiˈnɛnts] <-> *f kein Pl.* personalità *f pl*
Promiskuität [promɪskuiˈtɛːt] <-> *f kein Pl.* promiscuità *f* [sessuale]
promiskuitiv *adj* [sessualmente] promiscuo
Promotion[1] [promoˈtsi̯oːn] <-, -en> *f (an Universität)* dottorato *m* di ricerca

Promotion[2] [prəˈmoʊʃən] <-> *f kein Pl.* WIRTSCH promozione *f* pubblicitaria
promovieren [promoˈviːrən] <ohne ge-> **I.** *vt* conferire il dottorato a; **jdn zum Doktor der Philologie ~** conferire a qu il dottorato in filologia **II.** *vi* ❶ *(die Doktorwürde erlangen)* dottorarsi; **er ist promovierter Betriebswirt** è dottorato in economia aziendale ❷ *(Dissertation schreiben)* [**über etw** *akk*] ~ scrivere la tesi di dottorato [su qc]
prompt [prɔmpt] **I.** *adj* pronto **II.** *adv* prontamente, subito
Pronomen [proˈnoːmən] <-s, - *o* Pronomina> *nt* LING pronome *m*
Propaganda [propaˈganda] <-> *f kein Pl.* propaganda *f;* ~ **machen** fare propaganda
Propagandafeldzug *m* campagna *f* propagandistica [*o* di propaganda]
Propagandist(in) [propaganˈdɪst] <-en, -en; -, -nen> *m(f)* propagandista *mf*
propagandistisch *adj* propagandistico, pubblicitario
propagieren [propaˈgiːrən] <ohne ge-> *vt* propagare
Propan [proˈpaːn] <-s> *nt kein Pl.* CHEM propano *m*
Propeller [proˈpɛlɐ] <-s, -> *m* elica *f* [di propulsione]
proper [ˈprɔpɐ] *(fam)* **I.** *adj* ❶ *(Mensch)* piacevole ❷ *(Dinge)* lindo **II.** *adv* con accuratezza
Prophet(in) [proˈfeːt] <-en, -en; -, -nen> *m(f)* profeta, -tessa *m, f*
prophetisch *adj* profetico
prophezeien [profeˈtsaɪən] <ohne ge-> *vt* profetare, predire
Prophezeiung <-, -en> *f* profezia *f; (Voraussage)* predizione *f*
prophylaktisch [profyˈlaktɪʃ] **I.** *adj* profilattico, preventivo **II.** *adv* preventivamente
Prophylaxe [profyˈlaksə] <-, -n> *f* MED profilassi *f*
Proportion [propɔrˈtsi̯oːn] *f* proporzione *f*
proportional [propɔrtsi̯oˈnaːl] *adj* proporzionale; **a ist** [**direkt**] **~ zu b** a è [direttamente] proporzionale a b
proportioniert *adj* proporzionato
Proporz [proˈpɔrts] <-es> *m kein Pl.* ❶ *(Verhältnis)* rapporto *m* propozionale ❷ *bes.* A, CH POL *(System der Verhältniswahl)* [sistema *m*] proporzionale *m;* **die Legislative wird nach ~ gewählt** il potere legislativo è scelto secondo il sistema proporzionale
proppe[n]voll [ˈprɔpə(n)ˈfɔl] *adj (fam)* pieno zeppo

Propst [proːpst, *Pl:* 'prøːpstə] <-es, Pröpste> *m* REL preposto *m*

pros[i]t [proːst ('proːzɪt)] *interj* [alla] salute; **ein Prosit auf …** un [ev]viva a …; **~ Neujahr!** buon anno!; **prost Mahlzeit!** *fam*, **na denn prost!** bell'affare!, c'è da stare allegri!

Prosa ['proːza] <-> *f kein Pl.* prosa *f*

prosaisch [pro'zaːɪʃ] *adj (geh: nüchtern)* prosaico

Proseminar ['proːzeminaːɐ̯] *nt* UNIV *seminario per studenti del primo biennio*

Prospekt [pro'spɛkt] <-(e)s, -e> *m* prospetto *m*

prost *interj s.* **pros[i]t**

Prostata ['prɔstata, *Pl:* 'prɔstatɛ] <-, Prostatae> *f* ANAT prostata *f*

prostituieren [prostitu'iːrən] <ohne ge-> *vr:* **sich ~** prostituirsi

Prostituierte <-n, -n> *f* prostituta *f*

Prostitution [prostitu'tsi̯oːn] <-> *f kein Pl.* prostituzione *f*

Protagonist(in) [protago'nɪst] <-en, -en; -, -nen> *m(f)* protagonista *mf*

Protegé [prote'ʒeː] <-s, -s> *m* protetto, -a *m, f*

protegieren [prote'ʒiːrən] <ohne ge-> *vt* proteggere, patrocinare

Protein [prote'iːn] <-s, -e> *nt* proteina *f*

Protektion [protɛk'tsjoːn] <-, -en> *f* protezione *f*, appoggio *m*

Protektionismus [protɛktsi̯o'nɪsmʊs] <-> *m kein Pl.* WIRTSCH protezionismo *m*

Protektorat [protɛkto'raːt] <-(e)s, -e> *nt* ① *(Schirmherrschaft)* protezione *f*, patronato *m* (**für** di) ② POL *(Schutzherrschaft)* protettorato *m*

Protest [pro'tɛst] <-(e)s, -e> *m* protesta *f;* **aus ~** per protesta; **unter ~** protestando

Protestaktion *f* azione *f* di protesta

Protestant(in) [protɛs'tant] <-en, -en; -, -nen> *m(f)* protestante *mf*

protestantisch *adj* protestante

Protestantismus [protɛstan'tɪsmʊs] <-> *m kein Pl.* protestantesimo *m*

Protestbewegung <-, -en> *f* movimento *m* di protesta

protestieren [protɛs'tiːrən] <ohne ge-> *vi, vt* [**gegen jdn/etw**] **~** protestare [contro qu/qc]

Protestkundgebung *f* manifestazione *f* di protesta

Protestwahl *f* voto *m* di protesta

Protestwähler(in) <-s, -; -, -nen> *m(f)* POL elettore, -trice *m, f* estremista per protesta

Protestwelle *f* ondata *f* di protesta

Prothese [pro'teːzə] <-, -n> *f* protesi *f*

Protokoll [proto'kɔl] <-s, -e> *nt* ① *(Niederschrift)* verbale *m;* **~ führen** tenere il protocollo, fare il verbale; **etw zu ~ geben** far mettere a verbale qc; **etw zu ~ nehmen** mettere qc a verbale ② POL *(Etikette)* protocollo *m* ③ *(Strafmandat)* multa *f*

protokollarisch [protokɔ'laːrɪʃ] *adj* protocollare

Protokollführer(in) *m(f)* protocollista *mf*

protokollieren [protokɔ'liːrən] <ohne ge-> *vt* protocollare, verbalizzare

Proton ['proːtɔn] <-s, -en> *nt* PHYS protone *m*

Protoplasma [proto'plasma] *nt* protoplasma *m*

Prototyp [proːto'tyːp] *m* prototipo *m*

protzen ['prɔtsən] *vi (fam pej)* **mit etw ~** fare sfoggio di qc; *(mit Worten)* vantarsi di qc

protzig *adj (fam pej)* ① *(Person)* borioso ② *(Auto, Kleidung)* vistoso

Proviant [provi'ant] <-s, *rar:* -e> *m* viveri *mpl*, provviste *fpl* [di cibo]

Provider <-s, -> *m* INFORM provider *m*

Provinz [pro'vɪnts] <-, -en> *f* provincia *f*

provinziell [provɪn'tsi̯ɛl] *adj* provinciale, provincialesco *pej*

Provinzler(in) <-s, -; -, -nen> *m(f) (fam pej)* provinciale *mf*

Provinzstadt *f* città *f* di provincia

Provinzzeitung *f* giornale *m* provinciale

Provision [provi'zi̯oːn] <-, -en> *f* COM provvigione *f;* **auf ~** a provvigione

provisorisch [provi'zoːrɪʃ] *adj* provvisorio

Provisorium [provi'zoːriʊm] <-s, Provisorien> *nt* soluzione *f* provvisoria

provokant [provo'kant] *adj* provocatorio

Provokateur(in) [provoka'tøːɐ̯] <-s, -e; -, -nen> *m(f)* provocatore, -trice *m, f*

Provokation [provoka'tsi̯oːn] <-, -en> *f* provocazione *f*

provokativ [provoka'tiːf] *adj*, **provokatorisch** [provoka'toːrɪʃ] *adj* provocatorio

provozieren [provo'tsiːrən] <ohne ge-> *vt* provocare

Prozedur [protse'duːɐ̯] <-, -en> *f* procedura *f*

Prozent [pro'tsɛnt] <-(e)s, -e *o bei Mengenangaben:* -> *nt* ① *(Hundertstel)* percento *m;* **in ~en** in percentuale; **50 ~ der Bevölkerung** il 50 percento della popolazione ② *Pl. (fam: Rabatt)* sconto *m;* **in diesem Geschäft bekomme ich ~e** in questo negozio mi fanno lo sconto

Prozentsatz *m* percentuale *f; (Zinsfuß)* tasso *m*

prozentual [protsɛntu'aːl] *adj* percentuale

Prozess [pro'tsɛs] <-es, -se> *m* ① JUR processo *m;* **einen ~ gegen jdn führen** fare un processo contro qu; **mit jdm/etw kurzen ~ machen** *(fam)* tagliar corto con qu/

qc, andare per le spicce con qu/qc ② *(Vorgang)* processo *m*
Prozessakten *fpl* atti *mpl* processuali
Prozessgegner(in) *m(f)* parte *f* avversaria
prozessieren [protsɛ'siːrən] <ohne ge-> *vi* **gegen jdn ~** fare un processo a qu
Prozession [protsɛ'si̯oːn] <-, -en> *f* processione *f*
Prozesskosten *pl* JUR spese *fpl* processuali
Prozessor [pro'tsɛsoːɐ̯] <-s, -en> *m* INFORM processore *m*
Prozessordnung *f* JUR codice *m* di procedura
prüde ['pryːdə] *adj (pej)* prude
Prüderie [pryːdə'riː] <-> *f kein Pl. (pej)* pruderie *f*
prüfen ['pryːfən] *vt* ① *(untersuchen, abfragen)* esaminare; *(testen)* collaudare; *(als Sachverständiger)* periziare; *(nach~, über~)* controllare, verificare; **ein ~der Blick** uno sguardo indagatore; **eine staatlich geprüfte Dolmetscherin** un'interprete giurata; **jdn auf Herz und Nieren ~** esaminare a fondo qu ② *(fig geh: durch Schicksal, Leid)* provare
Prüfer(in) <-s, -; -, -nen> *m(f)* esaminatore, -trice *m, f; (Wirtschafts~)* revisore *m* dei conti; *(Buch~)* revisore *m*
Prüfgerät *nt* apparecchio *m* di collaudo [*o* prova]
Prüflampe *f* spia *f* luminosa
Prüfling ['pryːflɪŋ] <-s, -e> *m* esaminando, -a *m, f,* candidato, -a *m, f* d'esame
Prüfstand *m* banco *m* di prova
Prüfstein <-(e)s, -e> *m* pietra *f* di paragone; **ein ~ für etw sein** essere una pietra di paragone per qc
Prüfung <-, -en> *f* ① *(Untersuchung,* a *Schul~, Universitäts~)* esame *m; (Über~)* controllo *m,* verifica *f; (Test)* collaudo *m; (Buch~)* revisione *f;* **bei näherer** [*o* **genauer**] **~** dopo attento esame; **eine ~ ablegen** [*o* **machen**] sostenere un esame; **in einer ~ durchfallen, durch eine ~ fallen** *(fam)* essere bocciato a un esame; **schriftliche/mündliche ~** esame scritto/orale ② *(fig geh: Heimsuchung)* prova *f*
Prüfungsangst *f* paura *f* degli esami
Prüfungsausschuss *m* commissione *f* d'esame
Prüfungsgegenstand *m* oggetto *m* d'esame
Prüfungskommission *f s.* **Prüfungsausschuss**
Prügel ['pryːgəl] <-s, -> *m* ① *(Stock)* bastone *m* ② *Pl. (fam: Schläge)* bastonate *fpl,* legnate *fpl;* **eine Tracht ~ bekommen** *(fam)* ricevere un sacco di legnate
Prügelei [pryːgə'laɪ] <-, -en> *f* rissa *f*
Prügelknabe *m (fam)* capro *m* espiatorio
prügeln **I.** *vt* bastonare, picchiare **II.** *vr:* **sich ~** picchiarsi; **sich mit jdm** [**um etw**] **~** darsele con qu [per qc] *fam*
Prügelstrafe *f* pena *f* corporale
Prunk [prʊŋk] <-(e)s> *m kein Pl.* fasto *m,* sfarzo *m*
prunken *vi* **mit etw ~** far sfoggio di qc
Prunkstück <-(e)s, -e> *nt* gioiello *m,* perla *f*
prunkvoll *adj* sfarzoso
prusten ['pruːstən] *vi* stronfiare; **vor Lachen ~** scoppiare dal ridere
PS ① *Abk. von* **Pferdestärke** CV ② *Abk. von* **Postskriptum** PS, p.s.
Psalm [psalm] <-s, -en> *m* salmo *m*
Pseudo-, pseudo- [psɔɪdo] *in Zusammensetzungen* pseudo-
pseudodemokratisch *adj (Verfahren, Maßnahme)* pseudodemocratico
pseudointellektuell *adj* pseudointellettuale
pseudonym [psɔɪdo'nyːm] *adj* pseudonimo
Pseudonym <-s, -e> *nt* pseudonimo *m*
pst [pst] *interj* pss, pst
Psyche ['psyːçə] <-, -n> *f* psiche *f*
Psychiater(in) [psy'çi̯aːtɐ] <-s, -; -, -nen> *m(f)* psichiatra *mf*
Psychiatrie[1] [psyçi̯a'triː] <-> *f kein Pl. (Gebiet der Medizin)* psichiatria *f*
Psychiatrie[2] <-, -n> *f (sl: psychiatrische Abteilung)* reparto *m* psichiatrico
psychiatrisch [psy'çi̯aːtrɪʃ] *adj* MED psichiatrico; **in ~er Behandlung sein** essere in cura psichiatrica
psychisch ['psyːçɪʃ] *adj* psichico
Psycho- [psyço] *in Zusammensetzungen* psico-
Psychoanalyse [psyçoʔana'lyːzə] *f* psicanalisi *f*
Psychoanalytiker(in) [psyçoana'lyːtikɐ] <-s, -; -, -nen> *m(f)* psicanalista *mf,* [psico]analista *mf*
Psychogramm [psyço'gram] <-s, -e> *nt* psicogramma *m*
Psychologe [psyço'loːgə] <-n, -n> *m* psicologo *m*
Psychologie [psyçolo'giː] <-> *f kein Pl.* psicologia *f*
Psychologin [psyço'loːgɪn] <-, -nen> *f* psicologa *f*
psychologisch [psyço'loːgɪʃ] *adj* psicologico
Psychopath(in) [psyço'paːt] <-en, -en; -, -nen> *m(f)* psicopatico, -a *m, f*
psychopathisch *adj* psicopatico

P

Psychopharmaka [psyço'farmaka] *ntpl* psicofarmaci *mpl*
Psychose [psy'ço:zə] <-, -n> *f* psicosi *f*
psychosomatisch [psyçozo'ma:tɪʃ] *adj* psicosomatico
Psychoterror ['psy:çotɛro:ɐ̯] *m* terrorismo *m* psicologico
Psychotherapeut(in) [psyçotera'pɔɪt] <-en, -en; -, -nen> *m(f)* MED, PSYCH psicoterapeuta *mf,* psicoterapista *mf*
psychotherapeutisch *adj* MED, PSYCH psicoterapeutico, psicoterapico
Psychotherapie [psyçotera'pi:] *f* psicoterapia *f*
PTA [pe:te:'ʔa:] <-, -s> *f Abk. von* **pharmazeutisch-technische Asisstentin** assistente *mf* farmaceutico, -a
PTT [pe:te:'te:] *f* CH *(Abkürzung für Schweizerische Post-, Telefon- und Telegrafenbetriebe) poste, telefoni e telegrafi svizzeri*
pubertär [pubɛr'tɛ:ɐ̯] *adj* ❶ *(Probleme, Störungen)* puberale ❷ *(Mensch)* nell'età puberale, adolescenziale
Pubertät [pubɛr'tɛ:t] <-> *f kein Pl.* pubertà *f*
Publicity [pʌ'blɪsətɪ] <-> *f kein Pl.* ❶ *(Bekanntheit)* notorietà *f* ❷ *(Reklame)* pubblicità *f*
Public Relations ['pʌblɪk rɪ'leɪʃənz] *pl,* **Publicrelations** *pl* public relations *fpl,* pubbliche relazioni *fpl*
Public Viewing ['pʌblɪk 'vju:ɪŋ] <-s, -s> *nt* public viewing *m*
publik [pu'bli:k] *adj* pubblico; **etw ~ machen** rendere pubblico qc; **~ werden** diventare di pubblico dominio
Publikation [publika'tsi̯o:n] <-, -en> *f* pubblicazione *f*
Publikum ['pu:blikʊm] <-s> *nt kein Pl.* pubblico *m*
Publikumserfolg *m* successo *m* di pubblico; *(Film)* film *m* di cassetta
Publikumsgeschmack *m* gusto *m* del pubblico
Publikumsliebling *m* beniamino, -a *m, f* del pubblico
Publikumsmagnet <-en, -en> *m* beniamino, -a *m, f* del pubblico
publikumswirksam *adj* che fa presa sul pubblico
publizieren [publi'tsi:rən] <ohne ge-> *vt* pubblicare
Publizist(in) [publi'tsɪst] <-en, -en; -, -nen> *m(f)* pubblicista *mf*
Publizistik [publi'tsɪstɪk] <-> *f kein Pl.* pubblicistica *f*
Publizistin *f s.* **Publizist**
publizistisch *adj* pubblicistico
Puck [pʊk] <-s, -s> *m* SPORT disco *m*
Pudding ['pʊdɪŋ] <-s, -e *o* -s> *m* budino *m*
Puddingpulver *nt* polvere *f* per budino
Pudel ['pu:dəl] <-s, -> *m* barboncino *m;* **wie ein begossener ~ dastehen** *(fam)* starsene lì come un cane bastonato
Pudelmütze *f* berretto *m* di lana
pudelnackt ['pu:dəl'nakt] *adj (fam)* nudo come un verme
pudelnass ['pu:dəl'nas] *adj (fam)* bagnato come un pulcino
pudelwohl ['pu:dəl'vo:l] *adj (fam)* **sich ~ fühlen** sentirsi magnificamente bene
Puder ['pu:dɐ] <-s, -> *m o fam* DIAL *nt* cipria *f;* **~ auflegen** mettere la cipria
Puderdose *f* portacipria *m*
pudern **I.** *vt* incipriare **II.** *vr:* **sich ~** incipriarsi
Puderquaste *f* piumino *m* per la cipria
Puderzucker *m* zucchero *m* a velo
Puff[1] [pʊf, *Pl:* 'pʏfə *o* 'pʊfə] <-(e)s, Püffe *o rar:* -e> *m (fam: Stoß)* spinta *f,* colpo *m*
Puff[2] [pʊf] <-s, -s> *m o nt (fam pej: Bordell)* bordello *m*
Puffärmel *m* manica *f* a palloncino
puffen **I.** *vt (stoßen)* spingere, dare spintoni a **II.** *vi (Lokomotive)* sbuffare
Puffer <-s, -> *m* ❶ FERR respingente *m* ❷ GASTR *(Kartoffel~)* frittella *f* di patate
Pufferstaat *m* stato *m* cuscinetto
Pufferzone <-, -n> *f* zona *f* cuscinetto
Puffmutter *f (fam)* tenutaria *f* di un bordello
pulen ['pu:lən] NORDD *(fam)* **I.** *vi* ❶ *(knibbeln)* grattare ❷ *(in Nase)* scaccolarsi **II.** *vt (heraus~)* sgranare
Pulk [pʊlk] <-(e)s, -s> *m* ❶ *(Schlitten der Lappen, Pulka)* pulca *f,* pulka *f* ❷ MIL formazione *f,* schieramento *m* ❸ *(Gedränge)* ammasso *m,* mucchio *m,* caterva *f,* affollamento *m,* assembramento *m*
Pulle ['pʊlə] <-, -n> *f (fam)* bottiglia *f;* **volle ~ fahren** andare a tutta birra
Pulli ['pʊli] <-s, -s> *m (fam)* pullover *m,* maglione *m*
Pullover [pʊ'lo:vɐ] <-s, -> *m* pullover *m,* maglione *m*
Pullunder [pʊ'lʊndɐ] <-s, -> *m* pull *m* senza maniche
Puls [pʊls] <-es, -e> *m* polso *m;* **jdm den ~ fühlen** tastare il polso a qu
Pulsader *f* arteria *f* radiale, vena *f* del polso; **sich** *dat* **die ~n aufschneiden** tagliarsi le vene, svenarsi
pulsieren [pʊl'zi:rən] <ohne ge-> *vi* pulsare
Pulsschlag *m* ❶ ANAT pulsazione *f,* battito *m* del polso ❷ *(fig)* pulsare *m,* palpito *m*

P

Pulswärmer <-s, -> *m* scaldapolsi *m*
Pult [pʊlt] <-(e)s, -e> *nt* ① *(Schreib~)* scrivania *f; (in Schule)* cattedra *f; (Redner~)* tribuna *f; (Noten~)* leggio *m* ② *(Schalt~)* quadro *m* di comando
pulv[e]rig *adj* pulverulento, polveroso
Pulver ['pʊlvɐ] <-s, -> *nt* ① *(zerriebener, zermahlener Stoff)* polvere *f;* **sein ~ verschossen haben** *(fig fam)* aver sparato tutte le cartucce ② *(sl: Geld)* grana *f*
Pulverfass *nt* barile *m* di polvere; **einem ~ gleichen** essere una polveriera; **auf einem ~ sitzen** *(fig)* star seduti su un vulcano
pulverisieren [pʊlveri'ziːrən] <ohne ge-> *vt* polverizzare
Pulverkaffee *m* caffè *m* solubile
Pulverschnee *m* neve *f* farinosa
pulvertrocken ['pʊlfə'trɔkən] *adj* molto secco
pulvrig *adj s.* **pulv[e]rig**
Puma ['puːma] <-s, -s> *m* puma *m*
pumm[e]lig ['pʊm(ə)lɪç] *adj (fam)* paffuto, grassoccio
Pump [pʊmp] <-s> *m kein Pl. (sl)* prestito *m;* **etw auf ~ kaufen** comprare qc a credito; **auf ~ leben** vivere di prestiti
Pumpe ['pʊmpə] <-, -n> *f* ① *(Vorrichtung)* pompa *f* ② *(fam: Herz)* cuore *m*
pumpen *vt* ① *(Wasser)* pompare ② *(fam: ausleihen)* battere cassa; **sich** *dat* **Geld von jdm ~** farsi prestar soldi da qu, battere cassa da qu *fam*
Pumps [pœmps] <-, -> *m* [scarpa *f*] décolleté *m*
Pumpstation *f* stazione *f* di pompaggio
puncto ['pʊŋkto] *adv* **in ~ …** riguardo a …
Punk [paŋk] <-(s), -s> *m* ① *Sing. (~musik)* musica *f* punk ② *(Anhänger des Punk)* punk *mf*
Punker(in) <-s, -; -, -nen> *m(f) s.* **Punk 2.**
Punkrock <-s> *m kein Pl.* rock *m* punk
Punkt [pʊŋkt] <-(e)s, -e> *m* punto *m;* **um ~ 12 Uhr** a mezzogiorno in punto; **~ für ~** punto per punto; **in diesem ~** a questo riguardo; **nach ~en siegen** vincere ai punti; **dieser ~ der Verhandlungen ist noch strittig** nelle trattative questo punto è ancora controverso; **das ist ein dunkler ~ in ihrer Vergangenheit** questo è un punto nero nel suo passato; **bis zu einem gewissen ~** fino ad un certo punto; **nun mach aber mal 'nen ~!** *(fam)* ora però basta!; **ohne ~ und Komma reden** *(fam)* parlare come una mitragliatrice; **auf den ~ kommen** venire al dunque
Punkteführerschein *m* patente *f* a punti
punktgleich *adj* SPORT a pari merito, ex aequo
punktieren [pʊŋk'tiːrən] <ohne ge-> *vt* ① *(Linie, Fläche)* punteggiare ② MUS puntare ③ MED fare una puntura a
Punktion [pʊŋk'ts̯ioːn] <-, -en> *f* puntura *f*
pünktlich ['pʏŋktlɪç] *adj* puntuale
Pünktlichkeit <-> *f kein Pl.* puntualità *f*
Punktrichter(in) *m(f)* giudice *mf* di gara
Punktsieg *m* vittoria *f* ai punti
Punktsieger(in) *m(f)* vincitore, -trice *m, f* ai punti
punktuell [pʊŋktu'ɛl] **I.** *adj* puntuale **II.** *adv* per sommi capi
Punsch [pʊnʃ, *Pl:* 'pʊnʃə *o* 'pʏnʃə] <-(e)s, -e *o* Pünsche> *m (alkoholisches Getränk)* ponce *m*
Pupille [pu'pɪlə] <-, -n> *f* pupilla *f*
Puppe ['pʊpə] <-, -n> *f* ① *(Kinderspielzeug)* bambola *f; (Marionette)* marionetta *f* ② *(fam: Frau)* bambola *f* ③ ZOO crisalide *f* ④ *(Wend)* **bis in die ~n schlafen** *(sl)* dormire fino a tardi
Puppenhaus *nt* casa *f* delle bambole
Puppenspiel *nt* spettacolo *m* di burattini
Puppenspieler(in) *m(f)* burattinaio, -a *m, f*
Puppentheater *nt* teatro *m* di burattini
Puppenwagen *m* carrozzina *f* delle bambole
Pups [puːps] <-es, -e> *m (fam)* scoreggia *f*
pupsen *vi (fam)* scoreggiare
pur [puːɐ̯] *adj* ① *(rein)* puro; **Whisky ~** whisky liscio ② *(fam: bloß)* puro; **~er Zufall** puro caso
Püree [py'reː] <-s, -s> *nt* GASTR purea *f,* purè *m*
pürieren [py'riːrən] <ohne ge-> *vt* GASTR passare
Pürierstab *m* frullatore *m* a immersione
Puritaner(in) [puri'taːnɐ] <-s, -; -, -nen> *m(f)* puritano, -a *m, f*
puritanisch *adj* puritano
Purpur ['pʊrpʊr] <-s> *m kein Pl.* porpora *f*
purpurfarben, purpurrot *adj* [color] porpora, porporino
Purzelbaum *m (fam)* capriola *f;* **einen ~ schlagen** fare una capriola
purzeln ['pʊrtsəln] *vi sein* fare un capitombolo; *(herunter~)* ruzzolare
puschen ['pʊʃən] *vt,* **pushen** *vt (sl)* ① *(zum Erfolg bringen)* promuovere, pubblicizzare; **ein neues Produkt auf den Markt ~** lanciare un nuovo prodotto sul mercato; **jdn an die Spitze ~** lanciare qu ai vertici di qc ② *(mit Drogen handeln)* spacciare [droga]
Push-Up-BH ['pʊʃapbeː'haː] *m* push up *m*
Puste ['puːstə] <-> *f kein Pl. (fam)* fiato *m;* **außer ~ sein** essere senza fiato
Pusteblume *f (fam)* soffione *m*

Pustekuchen *m* [**ja**] **~!** *(fam)* te lo sogni!
Pustel ['pʊstəl] <-, -n> *f* pustola *f*
pusten ['pu:stən] *vi* ❶ *(blasen)* soffiare ❷ *(keuchen)* ansimare
Pute ['pu:tə] <-, -n> *f* ❶ *(Truthenne)* tacchina *f* ❷ *(fam pej)* oca *f*
Puter ['pu:tɐ] <-s, -> *m* tacchino *m*
puterrot ['pu:tɐ'ro:t] *adj* rosso come un peperone
Putsch [pʊtʃ] <-(e)s, -e> *m* MIL golpe *m*
putschen *vi* fare un colpo di stato
Putschist(in) [pʊ'tʃɪst] <-en, -en; -, -nen> *m(f)* golpista *mf*
Putte ['pʊtə] <-, -n> *f* putto *m,* amorino *m*
Putz [pʊts] <-es> *m kein Pl.* intonaco *m;* **unter/über ~** sotto/sopra l'intonaco; **auf den ~ hauen** *(fam: angeben)* darsi delle arie; *(ausgelassen sein)* essere sfrenato
putzen ['pʊtsən] **I.** *vt* nettare; *(a. Gemüse)* pulire; *(polieren)* lucidare; *(a. Schuhe)* lustrare **II.** *vr:* **sich ~** pulirsi; **sich** *dat* **die Nase ~** soffiarsi il naso; **sich** *dat* **die Zähne ~** lavarsi i denti
Putzerei <-> *f kein Pl. (fam pej)* il continuo pulire *m,* mania *f* della pulizia
Putzfimmel *m (fam pej)* mania *f* della pulizia
Putzfrau *f* donna *f* delle pulizie
putzig ['pʊtsɪç] *adj (fam)* ❶ *(niedlich)* carino, grazioso ❷ *(seltsam, komisch)* buffo, bizzarro
Putzkolonne *f* squadra *f* di addetti alle pulizie
Putzlappen *m* strofinaccio *m*
Putzmacherin *f (obs)* modista *f*
Putzmittel *nt* detersivo *m; (zum Polieren)* lucido *m*
putzmunter ['pʊts'mʊntɐ] *adj (fam)* vispo
Putzsucht <-> *f kein Pl.* mania *f* della pulizia
Putzwut *f* mania *f* della pulizia
putzwütig *adj (fam)* maniaco della pulizia
puzzeln ['pazəln] *vi* fare un puzzle
Puzzle ['pazəl *o* 'pasəl] <-s, -s> *nt,* **Puzzlespiel** *nt* puzzle *m*
PVC [pe:fau'tse:] <-(s)> *nt kein Pl. Abk. von* **Polyvinylchlorid** PVC
Pygmäe [pʏ'gmɛ:ə] <-n, -n> *m* pigmeo *m*
Pyjama [pʏ'(d)ʒa:ma] <-s, -s> *m* pigiama *m*
Pyramide [pyra'mi:də] <-, -n> *f* piramide *f*
pyramidenförmig [pyra'mi:dənfœrmɪç] *adj* piramidale
Pyrenäen [pyre'nɛ:ən] *pl* Pirenei *mpl*
Pyrit [py'ri:t *o* py'rɪt] <-s, -e> *m* MIN pirite *f*
Pyromane [pyro'ma:nə] <-n, -n> *m* piromane *mf*
Pyromanie [pyroma'ni:] *f* piromania *f*
Pyromanin [pyro'ma:nɪn] <-, -nen> *f* piromane *f*
Pyrotechniker(in) [pyro'tɛçnɪkɐ] *m(f)* pirotecnico *m*
Pyrrhussieg ['pʏrʊszi:k] <-(e)s, -e> *m (geh)* vittoria *f* di Pirro
Python ['py:tɔn] <-s, -s *o* -en> *m,* **Pythonschlange** *f* pitone *m*

Qq

q CH, A *Abk. von* **Zentner** quintale
Q, q [kuː] <-, -(s)> *nt* Q *f*, q *f;* **Q wie Quelle** Q come quarto
QbA *Abk. von* **Qualitätswein aus bestimmten Anbaugebieten** DOC
QR-Code [kuː'ʔɛr-] *m Abk. von* **Quick Response Code** INET codice *m* QR
quabbelig *adj* ① *(gallertartig)* gelatinoso ② *(weich und glitschig)* viscido ③ *(weich und dick)* grasso e flaccido
quabbeln ['kvabəln] *vi* tremolare
Quacksalber(in) ['kvakzalbɐ] <-s, -; -, -nen> *m(f) (pej)* ciarlatano, -a *m, f*
Quacksalberei [kvakzalbə'raɪ] <-, -en> *f (pej)* ciarlataneria *f*
Quader ['kvaːdɐ] <-s, -> *m* ① ARCH quadrone *m* ② MAT parallelepipedo *m*
Quaderstein *m* pietra *f* quadra [*o* squadrata], quadrone *m*
Quadrant [kva'drant] <-en, -en> *m* quadrante *m*
Quadrat [kva'draːt] <-(e)s, -e> *nt* quadrato *m;* **sechzehn zum ~** sedici al quadrato
quadratisch *adj* ① MAT quadratico; **~e Gleichung** equazione di secondo grado ② *(quadratförmig)* quadr[at]o
Quadratkilometer *m* chilometro *m* quadrato
Quadratlatschen *mpl (fam)* ① *(Schuhe)* barche *fpl* ② *(Füße)* piedoni *mpl*
Quadratmeter *m o nt* metro *m* quadrato
Quadratur [kvadra'tuːɐ̯] <-, -en> *f* quadratura *f;* **die ~ des Kreises** la quadratura del cerchio
Quadratwurzel *f* MAT radice *f* quadrata
Quadratzentimeter *m o nt* centimetro *m* quadrato
quadrieren [kva'driːrən] <ohne ge-> *vt* MAT quadrare, elevare al quadrato
Quadrille [kva'drɪljə *o* ka'drɪljə] <-, -n> *f* quadriglia *f*
quadrofon *adj s.* **quadrofonisch**
Quadrofonie [kvadrofo'niː] <-, -n> *f* RADIO quadrifonia *f*
quadrofonisch [kvadro'foːnɪʃ] *adj* RADIO quadrifonico
quak [kvaːk] *interj* qua, quac
quaken ['kvaːkən] *vi* ① *(Ente)* schiamazzare; *(Frosch)* gracidare ② *(fam pej: viel und unnütz reden)* blaterare
quäken ['kvɛːkən] *vi* gracchiare; *(aus Unzufriedenheit)* frignare, piagnucolare, lagnarsi, lamentarsi
Quäker(in) ['kvɛːkɐ] <-s, -; -, -nen> *m(f)* quacchero, -a *m, f*
Qual [kvaːl] <-, -en> *f* tormento *m*, pena *f;* **die ~ der Wahl** *(scherz)* l'imbarazzo della scelta
quälen ['kvɛːlən] **I.** *vt* ① *(seelisch)* tormentare; *(misshandeln)* maltrattare ② *(lästig fallen)* seccare *fam* **II.** *vr:* **sich ~** ① *(seelisch)* tormentarsi ② *(sich abmühen)* affaticarsi
Quälerei [kvɛlə'raɪ] <-, -en> *f* tormento *m*
Quälgeist *m (fam)* scocciatore, -trice *m, f*
Qualifikation [kvalifika'tsi̯oːn] <-, -en> *f* ① SPORT qualificazione *f* ② *(Eignung)* qualifica *f*, attitudine *f*
qualifizieren [kvalifi'tsiːrən] <ohne ge-> **I.** *vt* qualificare; **qualifizierter Arbeiter** operaio qualificato **II.** *vr:* **sich ~** qualificarsi
Qualität [kvali'tɛːt] <-, -en> *f* qualità *f;* **der Stoff ist von schlechter ~** la stoffa è di qualità scadente
qualitativ [kvalita'tiːf] *adj* qualitativo
Qualitätsarbeit *f* lavoro *m* di qualità
Qualitätserzeugnis *nt* prodotto *m* di qualità
Qualitätskontrolle *f* controllo *m* della qualità
Qualitätsmerkmal <-(e)s, -e> *nt* segno *m* di qualità
Qualitätssiegel <-s, -> *nt* marchio *m* di qualità
Qualitätssteigerung *f* aumento *m* di qualità
Qualle ['kvalə] <-, -n> *f* medusa *f*
Qualm [kvalm] <-(e)s> *m kein Pl.* fumo *m* denso
qualmen *vi* ① *(Qualm verbreiten)* fumare, mandare fumo denso ② *(fam pej: rauchen)* fumare [come un turco]
qualmig *adj* fumoso
qualvoll *adj* straziante, penoso
Quant [kvant] <-s, -en> *nt* PHYS quanto *m*
Quanten *pl* ① *Pl. von* **Quant, Quantum** ② *(sl: Füße)* piedacci *mpl*
Quantenelektronik *f* elettronica *f* quantistica
Quantensprung <-(e)s, -sprünge> *m* PHYS salto *m* quantico
Quantentheorie *f* PHYS teoria *f* dei quanti
Quantität [kvanti'tɛːt] <-, -en> *f* quantità *f*
quantitativ [kvantita'tiːf] *adj* quantitativo
Quantum ['kvantʊm, *Pl:* 'kvantən] <-s, Quanten> *nt* ① *(Menge)* dose *f* ② *(Anteil)* parte *f*, porzione *f*
Quappe ['kvapə] <-, -n> *f* ZOO ① *(Kaul-*

quappe) girino *m* ② *(Aalquappe)* bottatrice *f*

Quarantäne [karan'tɛːnə] <-, -n> *f* quarantena *f;* **unter ~ stellen** mettere in quarantena

Quarantänestation *f* reparto *m* contumaciale

Quark[1] [kvark] <-s> *m kein Pl.* ① GASTR *formaggio tipo ricotta* ② *(fam pej: Unsinn)* sciocchezze *f pl*

Quark[2] [kwɔːk] <-s, -s> *nt* PHYS quark *m*

Quarkspeise *f* GASTR dolce *m* col quark

Quart[1] [kvart] <-, -en> *f* ① MUS quarta *f* ② SPORT *(Fechten)* quarta *f*

Quart[2] <-s, -e> *nt* TYP *(Format)* quarto *m*

Quarta ['kvarta, *Pl:* 'kvartən] <-, Quarten> *f* A quarta classe *f* ginnasiale

Quartal [kvar'taːl] <-s, -e> *nt* trimestre *m*

Quartal[s]säufer(in) *m(f) (fam pej)* dipsomane *mf*

quartal[s]weise *adv* trimestralmente

Quartals- *in Zusammensetzungen* trimestrale

Quartaner(in) [kvar'taːnɐ] <-s, -; -, -nen> *m(f)* allievo, -a *m, f* di terza ginnasio

Quarte ['kvartə] <-, -n> *f* MUS quarta *f*

Quarten *Pl. von* **Quarta**

Quartett [kvar'tɛt] <-(e)s, -e> *nt* MUS quartetto *m*

Quartier [kvar'tiːɐ̯] <-s, -e> *nt* ① *(Unterkunft)* alloggio *m;* MIL alloggiamento *m,* acquartieramento *m;* **ein ~ beziehen** alloggiare ② CH *(Viertel)* quartiere *m*

Quarz [kvaːɐ̯ts] <-es, -e> *m* quarzo *m*

Quarzsand <-(e)s, -e> *m* GEOL sabbia *f* quarzifera

Quarzuhr *f* orologio *m* al quarzo

quasi ['kvaːzi] *adv (gewissermaßen)* in un certo senso; *(sozusagen)* per così dire

Quasisynonym *nt* quasi sinonimo *m*

quasseln ['kvasəln] **I.** *vi (fam)* cianciare, blaterare **II.** *vt (fam)* dire; **dummes Zeug ~** dire ciance

Quasselstrippe *f (fam pej)* ciancione, -a *m, f,* blaterone, -a *m, f*

Quaste ['kvastə] <-, -n> *f* ① *(Troddel)* nappa *f* ② *(Puder~)* piumino *m* [per la cipria]

quatsch [kvatʃ] *interj* ciac, ciaf

Quatsch <-(e)s> *m kein Pl. (fam pej)* sciocchezze *f pl,* stupidaggini *f pl;* **mach keinen ~!** non fare stupidaggini!; **red' doch nicht so einen ~!** non dire sciocchezze!

quatschen *(fam)* **I.** *vi* ① *(pej: dumm daherschwätzen)* dire sciocchezze ② *(plaudern, quasseln)* cianciare, blaterare ③ *(klatschen)* [**über etw** *akk*] **~** spettegolare [su qu] **II.** *vt (pej)* dire; **Blödsinn ~** dire delle scemenze

Quatschkopf *m (fam pej)* ciancione, -a *m, f*

Quecke ['kvɛkə] <-, -n> *f* gramigna *f*

Quecksilber ['kvɛkzɪlbɐ] *nt* CHEM mercurio *m*

Quecksilbersäule *f* colonna *f* di mercurio

Quecksilberthermometer <-s, -> *nt* termometro *m* a mercurio

Quecksilberverbindung *f* composto *m* di mercurio

Quecksilbervergiftung *f* intossicazione *f* da mercurio, mercurialismo *m*

queer [kviːɐ̯, kwɪɐ̯] *adj (fam)* queer

Quell [kvɛl] <-(e)s, -e> *m* fonte *f*

Quelle ['kvɛlə] <-, -n> *f* ① *(eines Gewässers)* sorgente *f; (Öl~)* pozzo *m* [petrolifero] ② *(fig: Text, Person)* fonte *f;* **aus zuverlässiger ~** da fonte sicura; **an der ~ sitzen** *(fam)* avere una buona fonte di rifornimento

quellen ['kvɛlən] <quillt, quoll, gequollen> *vi sein* ① *(heraus~)* sgorgare, scaturire ② *(auf~, anschwellen)* gonfiarsi

Quellenangabe *f* indicazione *f* delle fonti

Quellenforschung *f* studio *m* delle fonti

Quellensteuer *f* ritenuta *f* alla fonte sugli interessi bancari

Quellenstudium *nt* studio *m* delle fonti

Quellentext *m* fonte *f*

Quellgebiet *nt* bacino *m* sorgentifero

Quellwasser <-s> *nt kein Pl.* acqua *f* sorgiva

queng[e]lig *adj (fam: nörgelig)* brontolone; *(Kinder)* piagnucoloso

Quengelei [kvɛŋə'laɪ] <-, -en> *f (fam)* piagnisteo *m*

quengeln ['kvɛŋəln] *vi (fam: nörgeln)* brontolare, criticare; *(Kinder)* piagnucolare

quenglig *adj s.* **queng[e]lig**

quer [kveːɐ̯] *adv* ① *(rechtwinklig)* di traverso; **~ gestreift** a righe trasversali ② *(schräg)* **~ durch** [*o* **über**] attraverso

Querachse *f* asse *m* trasversale

Querbalken *m* traversa *f*

querbeet [kveːɐ̯'beːt] *adv (fam)* a casaccio

Quere ['kveːrə] <-> *f kein Pl.* **jdm in die ~ kommen** *(fam)* ostacolare qu, mettere i bastoni fra le ruote di qu *fam*

Querele [kve'reːlə] <-, -n> *f (geh)* controversia *f*

querfeldein ['kveːɐ̯fɛlt'ʔaɪn] *adv* attraverso i campi

Querfeldeinrennen *nt* corsa *f* campestre

Querflöte *f* flauto *m* traverso

Querformat *nt* formato *m* orizzontale

quergestreift *adj* a righe trasversali

Querkopf *m (fam pej)* bastian *m* contrario

querköpfig ['kveːɐkœpfɪç] *adj (fam pej)* da bastian contrario
quer|legen *vr:* **sich ~** *(fam)* mettersi di traverso; *(sich widersetzen)* opporsi
Querleiste *f* traversina *f*
Querschiff *nt* ARCH transetto *m*
Querschläger *m* colpo *m* di rimbalzo
Querschnitt *m* 1 *(Schnitt)* sezione *f* trasversale 2 *(fig: Überblick)* panorama *m*, rassegna *f*
querschnitt[s]gelähmt *adj* paraplegico
Querschnitt[s]gelähmte *mf* paraplegico, -a *m, f*
quer|stellen *vr:* **sich ~** *(fam)* mettersi di traverso; *(sich widersetzen)* opporsi
Querstraße *f* traversa *f*
Querstrich *m* linea *f* trasversale
Quersumme *f* MAT somma *f* delle cifre di un numero
Quertreiber *m (fam pej)* intrigante *mf*, oppositore, -trice *m, f*
Querulant(in) [kveru'lant] <-en, -en; -, -nen> *m(f) (pej)* brontolone, -a *m, f fam*
Querverbindung *f* collegamento *m* diretto
Querverweis *m* rinvio *m*, rimando *m*
Querweg *m* via *f* trasversale
quetschen ['kvɛtʃən] **I.** *vt* 1 *(drücken, verletzen)* schiacciare 2 *(in etw hineinzwängen)* stipare **II.** *vr:* **sich ~** 1 *(sich klemmen)* schiacciarsi 2 *(sich zwängen)* accalcarsi; **sich** *dat* **den Finger ~** schiacciarsi il dito
Quetschfalte *f* piega *f* piatta
Quetschung <-, -en> *f*, **Quetschwunde** *f* contusione *f*
Queue [køː] <-s, -s> *m o nt (Billard)* stecca *f* da biliardo
Quickie ['kwɪki] <-, -s> *m (sl)* rapido *m*, sveltina *f*
quicklebendig ['kvɪkle'bɛndɪç] *adj* vivacissimo
quieken ['kviːkən] *vi* 1 *(Tiere)* squittire 2 *(fig: vor Vergnügen)* emettere piccoli gridi striduli, stridere
quietschen ['kviːtʃən] *vi* 1 *(Tür, Schloss, Bremsen, Bett)* cigolare, stridere 2 *(fam: Menschen)* strillare
quietschfidel ['kviːtʃfi'deːl], **quietschvergnügt** ['kviːtʃfɛɐ'gnyːkt] *adj (fam)* contento come una Pasqua
Quietschgeräusch *nt* stridore *m*
quillt [kvɪlt] *3. Pers. Sing. Präs. von* **quellen**

Q

Quint [kvɪnt] <-, -en> *f* 1 MUS quinta *f* 2 SPORT *(Fechten)* quinta *f*
Quinta ['kvɪnta, *Pl:* 'kvɪntən] <-, Quinten> *f* A quinta classe *f* ginnasiale
Quintaner(in) [kvin'taːnɐ] <-s, -; -, -nen> *m(f) (obs)* allievo, -a *m, f* di seconda ginnasio
Quinte ['kvɪntə] <-, -n> *f* MUS *s.* **Quint 1.**
Quinten *Pl. von* **Quinta**
Quintessenz ['kvɪntɛsɛnts] *f* quintessenza *f*
Quintett <-(e)s, -e> *nt* MUS quintetto *m*
Quirl [kvɪrl] <-(e)s, -e> *m* 1 *(Küchengerät)* frullino *m* 2 BOT verticillo *m*
quirlen *vt* frullare
quirlig *adj* vivace, esuberante
quitt [kvɪt] *adj (fam)* [**mit jdm**] **~ sein** essere pari [con qu]
Quitte ['kvɪtə] <-, -n> *f* 1 *(Baum)* melo *m* cotogno 2 *(Frucht)* [mela *f*] cotogna *f*
quittieren [kvɪ'tiːrən] <ohne ge-> *vt* 1 *(bescheinigen)* quietanzare; *(Rechnung)* saldare 2 *(Dienst)* lasciare, abbandonare
Quittung ['kvɪtʊŋ] <-, -en> *f* 1 COM ricevuta *f*, quietanza *f*; **eine ~** [**über etw** *akk*] **ausstellen** rilasciare una ricevuta [per qc]; **gegen ~** dietro ricevuta 2 *(fig: Folgen)* ricompensa *f*; **das ist die ~ für deine Voreiligkeit** ecco il risultato della tua fretta
Quittungsblock <-(e)s, -blöcke> *m* blocco *m* delle ricevute
Quiz [kvɪs] <-, -> *nt* [gioco *m* a] quiz *m*
Quizmaster ['kvɪsmaːstɐ] <-s, -> *m* presentatore, -trice *m, f* di un gioco a quiz
Quizshow *f* TV quizshow *m*
quoll [kvol] *1. u. 3. Pers. Sing. Imp. von* **quellen**
Quote ['kvoːtə] <-, -n> *f* 1 *(Anteil)* quota *f* 2 *(bei Statistik)* percentuale *f*
Quotenfrau <-, -en> *f donna impiegata/incaricata grazie all'applicazione della Quotenregelung*
Quotenkönig *m* campione *m* di share
Quotenregelung <-, -en> *f normativa per la percentuale di rappresentanza femminile in carichi politici, amministrativi etc*
Quotient [kvo'tsi̯ɛnt] <-en, -en> *m* MAT quoziente *m*
Quotierung <-, -en> *f* WIRTSCH quotazione *f*

Rr

R, r [ɛr] <-, -(s)> *nt* R *f*, r *f*; **R wie Richard** R come Roma

R ① *Abk. von* **Réaumur** PHYS °r ② *Abk. von* **Radius** MAT r

Ra *Abk. von* **Radium** CHEM Ra

Rabatt [ra'bat] <-(e)s, -e> *m* sconto *m*, ribasso *m*; [**einen**] ~ **auf etw** *akk* **geben** fare uno sconto su qc; **mit 10 %** ~ con uno sconto del 10 %; **ich bekam 2 Euro** ~ mi fecero uno sconto di 2 euro

rabattieren [raba'tiːrən] <ohne ge-> *vt* fare uno sconto su, accordare un ribasso su

Rabattmarke *f* buono *m* [di] sconto

Rabattschlacht *f* battaglia *f* degli sconti

Rabauke [ra'baʊkə] <-n, -n> *m (fam)* teppista *mf*, bruto, -a *m, f*

Rabbi ['rabi, *Pl:* ra'biːnən *o* 'rabiːs] <-(s), Rabbinen *o* -s> *m* REL *(Judentum)* rabbi *m*

Rabbiner [ra'biːnɐ] <-s, -> *m* rabbino *m*

Rabe ['raːbə] <-n, -n> *m* corvo *m*

Rabeneltern *pl (pej)* genitori *mpl* degeneri

Rabenmutter *f (pej)* madre *f* snaturata

rabenschwarz ['raːbən'ʃvarts] *adj* corvino, nero come un corvo

Rabenvater *m (pej)* padre *m* snaturato

rabiat [rabi'aːt] *adj* ① *(gewalttätig)* violento; *(wütend, wild)* arrabbiato, furioso ② *(rigoros)* spietato, crudele

Rache ['raxə] <-> *f kein Pl.* vendetta *f*; [**an jdm für etw**] ~ **nehmen** vendicarsi [di qc su qu]; **aus** ~ per vendetta; ~ **ist süß** la vendetta è dolce

Racheakt *m* atto *m* di vendetta

Rachedurst *m* sete *f* di vendetta

Racheengel *m* angelo *m* vendicatore

Rachen ['raxən] <-s, -> *m* faringe *f*; *(von Raubtier)* fauci *fpl*; **jdm etw in den** ~ **werfen** *(fam)* gettare qc nelle fauci di qu

rächen ['rɛçən] **I.** *vt* vendicare **II.** *vr:* **sich** ~ vendicarsi; **sich an jdm für etw** ~ vendicarsi su qu per qc

Rachenhöhle *f* cavità *f* faringea

Rachenkatarrh *m* faringite *f*

Rächer(in) <-s, -; -, -nen> *m(f)* vendicatore, -trice *m, f*

Rachgier *f* sete *f* di vendetta

rachgierig *adj* avido di vendetta, vendicativo

Rachitis [ra'xiːtɪs, *Pl:* raxiː'tiːdən] <-, Rachitiden> *f* MED rachitismo *m*

Rachsucht *f* sete *f* di vendetta

rachsüchtig *adj* avido di vendetta, vendicativo

Racker ['rakɐ] <-s, -> *m (fam)* birbone *m*, briccone *m*

Rackerei <-> *f kein Pl. (fam)* sfacchinata *f*

rackern ['rakɐn] *vi (fam)* sfacchinare, sgobbare

Rad [raːt, *Pl:* 'rɛːdɐ] <-(e)s, Räder> *nt* ① TEC, SPORT ruota *f*; **ein** ~ **schlagen** SPORT fare una ruota; *(Pfau)* fare la ruota; **unter die Räder kommen** *(fam)* finire a terra; **das fünfte** ~ **am Wagen sein** *(fam)* essere la quinta ruota del carro ② *(Fahr~)* bicicletta *f*, bici *f fam*; ~ **fahren** andare in bicicletta

Rad[fahr]weg *m* pista *f* ciclabile

Radachse *f* asse *m* [della ruota]

Radar [ra'daːɐ̯ *o* 'raːdaːɐ̯] <-s, -e> *m o nt* radar *m*

Radarbild *nt* immagine *f* dello schermo radar

Radarfalle *f (fam)* radar *m*

Radargerät *nt* [apparecchio *m*] radar *m*

Radarkontrolle *f* controllo *m* radar

Radarschirm *m* schermo *m* del radar

Radarstation *f* stazione *f* radar

Radarwagen *m* veicolo *m* radar

Radau [ra'daʊ] <-s> *m kein Pl. (fam)* chiasso *m*, baccano *m*

Radaufhängung <-, -en> *f* AUTO sospensione *f* delle ruote

Rädchen ['rɛːtçən] <-s, -> *nt* rotella *f*, rotellina *f*; **nur ein** ~ **im Getriebe sein** *(fig)* essere solo una rotellina di un ingranaggio; **bei jdm fehlt ein** ~ *(fam)* gli manca qualche rotella

Raddampfer *m* piroscafo *m* a ruote

radebrechen ['raːdəbrɛçən] *vt, vi* [**in**] **Deutsch** ~ masticare male il tedesco

radeln ['raːdəln] *vi sein (fam)* andare in bicicletta

Rädelsführer(in) ['rɛːdəlsfyːrɐ] *m(f)* caporione, -a *m, f*

rädern ['rɛːdɐn] *vt* HIST giustiziare sulla ruota; **sich** [**wie**] **gerädert fühlen** *(fam)* avere le ossa rotte

Räderwerk ['rɛːdɐvɛrk] *nt* ① TEC rotismo *m* ② *(fig)* ingranaggio *m*

Radfahrer(in) *m(f)* ciclista *mf*

radial [radi'aːl] *adj* radiale

Radialreifen <-s, -> *m* AUTO pneumatico *m* radiale

Radien *Pl. von* **Radius**

radieren [ra'diːrən] <ohne ge-> *vt* ① *(aus~)* cancellare ② KUNST incidere [all'acquaforte]

Radierer <-s, -> *m (fam)*, **Radiergummi** *m* gomma *f* [per cancellare]

R

Radierung <-, -en> *f* [disegno *m* all']acquaforte *f*
Radieschen [ra'di:sçən] <-s, -> *nt* ravanello *m*
radikal [radi'ka:l] *adj* ① *(vollständig)* radicale; *(Maßnahme)* drastico ② POL radicale, estremista
Radikal [radi'ka:l] <-s, -e> *nt* BIOCHEM radicale *m;* **freie ~e** radicali liberi
Radikale <ein -r, -n, -n> *mf* radicale *mf,* estremista *mf*
Radikalenerlass *m* decreto *m* contro gli estremisti
radikalisieren [radikali'zi:rən] <ohne ge-> *vt* radicalizzare
Radikalismus [radika'lɪsmʊs, *Pl:* radika'lɪsmən] <-, *rar:* Radikalismen> *m* radicalismo *m; a.* POL estremismo *m*
Radikalkur [radi'ka:lku:ɐ, *Pl:* radi'ka:lku:rən] <-, -en> *f* cura *f* drastica [*o* radicale]
Radio ['ra:dio] <-s, -s> *nt* radio *f;* **~ hören** ascoltare la radio; **im ~** alla radio
radioaktiv [radioʔak'ti:f] *adj* radioattivo
Radioaktivität [radioʔaktivi'tɛ:t] *f* radioattività *f*
Radioapparat *m,* **Radiogerät** *nt* [apparecchio *m*] radio *f*
Radiogramm [radio'gram] <-s, -e> *nt* radiogramma *m*
Radiologe [radio'lo:gə] <-n, -n> *m* radiologo *m*
Radiologie [radio'lo:gə] <-> *f kein Pl.* MED radiologia *f*
Radiologin [radio'lo:gɪn] <-, -nen> *f* radiologa *f*
Radiorecorder [ra:diore'kɔrdɐ] <-s, -> *m* radioregistratore *m*
Radiosender <-s, -> *m* stazione *f* radiofonica
Radiotherapie [radiotera'pi:] *f* radioterapia *f*
Radiowecker *m* radiosveglia *f*
Radium ['ra:diʊm] <-s> *nt kein Pl.* CHEM radio *m*
Radius ['ra:diʊs, *Pl:* 'ra:diən] <-, Radien> *m* raggio *m*
Radkappe *f* AUTO copriruota *m,* coppa *f* della ruota
Radler <-s, -> *m bes.* SÜDD, A *bevanda rinfrescante con birra e limonata*
Radler(in) <-s, -; -, -nen> *m(f) (fam) s.* **Radfahrer**
Radlerhose <-, -n> *f* pantaloni *m pl* da ciclista
Radon ['ra:dɔn *o* ra'do:n] <-s> *nt kein Pl.* CHEM radon *m*
Radrennbahn *f* velodromo *m*
Radrennen *nt* corsa *f* ciclistica
Radrennfahrer(in) *m(f)* corridore, -trice *m, f* [ciclista]
Radsport *m* ciclismo *m*
Radtour *f* gita *f* in bicicletta
Radwanderung *f* gita *f* [*o* giro *m*] in bicicletta
Radwechsel *m* cambio *m* della ruota
Radweg *m s.* **Rad[fahr]weg**
RAF [ɛrʔa:'ʔɛf] <-> *f kein Pl. Abk. von* **Rote-Armee-Fraktion** frazione *f* dell'armata rossa *(gruppo terroristico di estrema sinistra attivo in Germania negli anni '70/80)*
raffen ['rafən] *vt* ① *(pej: an sich reißen)* arraffare; *(Geld)* accumulare ② *(Rock)* sollevare, tirare su; *(Stoff)* pieghettare ③ *(kürzen)* comprimere ④ *(fam: kapieren)* afferrare
Raffgier *f* rapacità *f,* avidità *f*
raffgierig *adj* rapace, avido
Raffinade [rafi'na:də] <-, -n> *f* zucchero *m* raffinato
Raffinerie [rafinə'ri:] <-, -n> *f* raffineria *f*
Raffinesse [rafi'nɛsə] <-, -n> *f* ① *Sing. (Schlauheit)* astuzia *f* ② *(Feinheit)* raffinatezza *f*
raffinieren [rafi'ni:rən] <ohne ge-> *vt* raffinare
raffiniert *adj* ① *(schlau)* astuto; *(durchtrieben)* furbo ② *(verfeinert)* raffinato ③ *(fam: Kleid, Frisur)* raffinato
Raffsucht *f s.* **Raffgier**
raffsüchtig *adj s.* **raffgierig**
Rafting ['ra:ftɪŋ] <-s> *nt kein Pl.* rafting *m*
Rage ['ra:ʒə] <-> *f kein Pl.* rabbia *f,* furore *m;* **in ~ kommen** andare in bestia *fam*
ragen ['ra:gən] *vi* innalzarsi, elevarsi; **in die Höhe ~** alzarsi in aria
Ragout [ra'gu:] <-s, -s> *nt* GASTR ragù *m*
Rah [ra:] <-, -en> *f,* **Rahe** ['ra:ə] <-, -n> *f* NAUT pennone *m*
Rahm [ra:m] <-(e)s> *m kein Pl. bes.* SÜDD, A, CH panna *f,* crema *f*
rahmen ['ra:mən] *vt* incorniciare, mettere in cornice
Rahmen <-s, -> *m* ① *(Bilder~, a. fig)* cornice *f* ② *(Tür~, Fenster~)* telaio *m* ③ *Sing. (fig: Bereich)* quadro *m,* ambito *m;* **in bescheidenem/großem ~** in piccolo/grande; **im ~ des Möglichen** nell'ambito delle possibilità; **aus dem ~ fallen** essere fuori dell'ordinario
Rahmenbedingung *f* condizione *f*
Rahmenerzählung *f* [racconto *m*] cornice *f*
Rahmengesetz *nt* legge *f* quadro
Rahmenhandlung *f* LIT trama *f* che fa da cornice
Rahmenrichtlinien *f pl* linee *f pl* programmatiche

Rahmsoße <-, -n> *f sugo preparato con panna da cucina*

Rain [raɪn] <-(e)s, -e> *m* ❶ *(Streifen Land)* confine *m,* limite *m* ❷ SÜDD, CH *(Abhang)* ciglio *m*

räkeln ['rɛːkəln] *vr:* **sich ~** *s.* **rekeln**

Rakete [ra'keːtə] <-, -n> *f* razzo *m;* MIL missile *m*

Raketenabschussbasis *f* MIL base *f* di lancio per missili

Raketenabschussrampe *f* MIL rampa *f* lanciamissili

Raketenantrieb *m* propulsione *f* a razzo

Raketenstufe *f* stadio *m* del missile

Raketenstützpunkt *m* MIL base *f* missilistica

Raketentriebwerk *nt* motore *m* a razzo

Raketenversuchsgelände *nt* poligono *m* di lancio

Raketenzeitalter *nt* era *f* dei missili

Rallye ['rali *o* 'rɛli] <-, -s> *f* rally *m*

Rallyefahrer(in) *m(f)* campione, -essa *m, f* di rally

RAM [ram] <-(s), -(s)> *nt* INFORM *Abk. von* **random access memory** RAM *f*

Ramadan [rama'daːn] <-[s]> *m kein Pl.* Ramadan *m*

Rambo ['rambo] <-s, -s> *m (fam)* Rambo *m*

Ramme ['ramə] <-, -n> *f* TEC *(Pfahl~)* battipalo *m; (Hand~)* mazzapicchio *m*

rammeln ['raməln] **I.** *vi* ❶ *(Tiere)* accoppiarsi; *(vulg: Menschen)* scopare ❷ *(fam: stoßend drängen)* spingere, spintonare; **gerammelt voll** pieno zeppo **II.** *vr:* **sich ~** *(fam)* ❶ *(sich balgen)* azzuffarsi, accapigliarsi ❷ *(sich stoßen)* spingersi

rammen *vt* ❶ **etw in den Boden ~** conficcare qc [con il battipalo] nel terreno ❷ *(Fahrzeuge)* tamponare; *(Schiffe)* speronare

Rammler ['ramlɐ] <-s, -> *m* ZOO lepre *f* maschio

Rampe ['rampə] <-, -n> *f* ❶ *(Auffahrt, Stiegen~)* rampa *f; (Lade~)* piano *m* caricatore ❷ THEAT ribalta *f*

Rampenlicht *nt* luci *f pl* della ribalta; **im ~ stehen** *(fig)* essere al centro dell'interesse

ramponieren [rampo'niːrən] <ohne ge-> *vt (fam)* rovinare, guastare

Ramsch [ramʃ] <-(e)s, *rar:* -e> *m (fam pej: schlechte Ware)* merce *f* di scarto; *(wertloses Zeug)* cianfrusaglie *f pl,* robaccia *f*

Ramschladen *m (fam pej)* negozio *m* che vende merce scadente

Ramschniveau *nt (fam)* livello *m* spazzatura

ran [ran] *adv (fam) s.* **heran**

Rand [rant, *Pl:* 'rɛndɐ] <-(e)s, Ränder> *m* ❶ *(an Gefäß, Abgrund, a. fig)* orlo *m; (Kante)* bordo *m; (Wald~, Straßen~)* margini *mpl; (Stadt~)* periferia *f; (Schmutz~)* alone *m;* **am ~e des Verderbens stehen** essere sull'orlo della rovina; **Ränder unter den Augen haben** avere le occhiaie; **am ~e bemerken** *(fig)* accennare di sfuggita ❷ TYP margine *m* ❸ *(Wend)* **außer ~ und Band sein** *(fam)* essere scatenato; **mit etw nicht zu ~e kommen** *(fam)* non venire a capo di qc; *s. a.* **zurande**

randalieren [randa'liːrən] <ohne ge-> *vi* ❶ *(Lärm machen)* far baccano ❷ *(zerstören)* compiere atti di vandalismo

Randbemerkung *f* ❶ *(schriftlich)* nota *f* a margine ❷ *(mündlich)* osservazione *f,* commento *m*

Rande ['randə] <-, -n> *f* CH BOT *(rote Rübe)* barbabietola *f*

Randerscheinung *f* fenomeno *m* di importanza secondaria

Randgebiet *nt* territorio *m* periferico; *(einer Stadt)* periferia *f*

Randgruppe *f* emarginati *mpl*

randlos *adj* senza orlo, senza margine; *(Brille)* senza montatura

Randsteller <-s, -> *m (Schreibmaschine)* marginatore *m*

Randstreifen *m* MOT corsia *f* di sosta

rang [raŋ] *1. u. 3. Pers. Sing. Imp. von* **ringen**

Rang [raŋ, *Pl:* 'rɛŋə] <-(e)s, Ränge> *m* ❶ *(Stufe)* rango *m;* MIL grado *m; (Stand)* condizione *f,* stato *m; (Stellung)* posizione *f;* **alles, was ~ und Namen hat** le persone eminenti, i notabili ❷ *Sing. (Stellenwert)* importanza *f; (Güte)* qualità *f;* **ersten ~es** di prima qualità; *(von Bedeutung)* di prim'ordine ❸ THEAT galleria *f* ❹ SPORT posto *m*

Rangabzeichen *nt* MIL distintivo *m* di grado

Range ['raŋə] <-, -n> *f* monello, -a *m, f,* birichino, -a *m, f*

ran|gehen ['rangeːən] <irr> *vi sein (fam)* fare qc con impegno; **der geht aber ran!** ci si mette d'impegno!, ce la mette tutta!

Rangelei [raŋə'laɪ] <-, -en> *f (fam)* zuffa *f,* baruffa *f*

rangeln ['raŋəln] *vi (fam)* **um etw ~** azzuffarsi per qc

Rangfolge *f* gerarchia *f; (Wertordnung)* ordine *m*

Rangierbahnhof *m* FERR stazione *f* di smistamento

rangieren [raŋ'ʒiːrən *o* rã'ʒiːrən] <ohne ge-> **I.** *vt* manovrare **II.** *vi* trovarsi, venire;

R

hinter/vor jdm ~ venire dopo/prima di qu

Rangiergleis *nt* binario *m* di manovra

Rangliste *f* SPORT classifica *f*

Rangordnung *f s.* **Rangfolge**

ran|halten <irr> *vr:* **sich ~** *(fam)* ① *(sich beeilen)* affettarsi ② *(rasch zugreifen)* afferrare, agguantare

rank [raŋk] *adj (geh)* **~ und schlank** slanciato

Ranke ['raŋkə] <-, -n> *f* BOT viticcio *m,* cirro *m; (von Rebe)* tralcio *m*

Ränke ['rɛŋkə] *mpl (geh)* **~ schmieden** ordire intrighi

ranken *vr:* **sich ~** avviticchiarsi, arrampicarsi

Ränkeschmied *m (obs poet)* intrigante *m,* macchinatore *m*

ran|machen *vr:* **sich ~** *(fam)* ① *(beginnen)* **sich [an etw** *akk***] ~** iniziare a *+inf* ② *(an Person)* **sich an jdn ~** agganciare qu

rann [ran] *1. u. 3. Pers. Sing. Imp. von* **rinnen**

rannte ['rantə] *1. u. 3. Pers. Sing. Imp. von* **rennen**

Ranzen ['rantsən] <-s, -> *m* ① *(Schultasche)* cartella *f* ② *(fam: dicker Bauch)* pancione *m*

ranzig ['rantsɪç] *adj* rancido; **~ werden** irrancidire

Rap [ræp] *nt* Rap *m*

Rappe ['rapə] <-n, -n> *m* ZOO morello *m*

Rappel ['rapəl]<-s, -> *m (fam)* attacco *m* di pazzia; **er hat [s]einen ~ gekriegt** gli sono venuti i cinque minuti

rappeln *vi (fam)* sbattere, fare rumore; **bei dir rappelt's wohl?** sei un po' tocco?

Rappen ['rapən] <-s, -> *m* centesimo *m* [di franco svizzero]

Rapper(in) [ræpɐ] <-s, -; -, -nen> *m(f)* rappista *mf*

Raps [raps] <-es, *rar:* -e> *m* BOT colza *f*

Rapsöl <-(e)s, -e> *nt* olio *m* di colza

rar [raːɐ̯] *adj* raro; *(Juwelen)* prezioso

Rarität [rari'tɛːt] <-, -en> *f* rarità *f*

rar|machen *vr:* **sich ~** *(fam)* farsi vedere di rado

rasant [ra'zant] *adj* ① *(fam)* velocissimo; *(Tempo)* vertiginoso ② MIL radente, teso

rasch [raʃ] **I.** *adj* rapido, veloce; *(flink)* svelto **II.** *adv* alla svelta

rascheln ['raʃəln] *vi* frusciare; **mit etw ~** fare un fruscio con qc

Rascheln <-s> *nt kein Pl.* fruscio *m*

rasen ['raːzən] *vi* ① *haben (toben)* essere fuori di sé, fremere; **vor Wut ~** essere fuori di sé per la rabbia; **jdn ~d machen** far impazzire qu ② *sein (sich schnell fortbewegen)* correre all'impazzata, sfrecciare; **die Zeit rast** il tempo vola

Rasen ['raːzən] <-s, -> *m* prato *m*

rasend **I.** *adj* ① *(Geschwindigkeit)* pazzo, folle ② *(Schmerzen)* violento ③ *(Wut, Eifersucht)* furioso, furibondo ④ *(Beifall)* frenetico **II.** *adv (fam: sehr)* molto, da matti; **das war ~ komisch** era da sganasciarsi dalle risate

Rasenfläche *f* prato *m*

Rasenmäher <-s, -> *m* tosaerba *f,* tosatrice *f*

Rasenplatz *m* campo *m* erboso

Rasensprenger <-s, -> *m* irrigatore *m* [da giardino]

Raser(in) <-s, -; -, -nen> *m(f) (fam pej)* automobilista *mf* pazzo

Raserei [raːzə'raɪ] <-> *f kein Pl.* ① *(fam: schnelles Fahren)* velocità *f* [vertiginosa] ② *(vor Wut)* furia *f,* rabbia *f*

Rasierapparat *m* rasoio *m* [di sicurezza]; **elektrischer ~** rasoio elettrico

Rasiercreme *f* crema *f* da barba

rasieren [ra'ziːrən] <ohne ge-> **I.** *vt* radere; **jdn ~** fare la barba a qu; **sich ~ lassen** farsi fare la barba; **sich** *dat* **die Beine ~** radersi le gambe **II.** *vr:* **sich ~** radersi, farsi la barba; **sich nass/trocken ~** farsi la barba saponata/a secco

Rasierer <-s, -> *m (fam)* rasoio *m; (elektrisch)* rasoio *m* elettrico

Rasierklinge *f* lametta *f* da barba

Rasiermesser *nt* rasoio *m*

Rasierpinsel *m* pennello *m* da barba

Rasierschaum <-(e)s> *m kein Pl.* schiuma *f* da barba

Rasierseife *f* sapone *m* da barba

Rasierwasser *nt* lozione *f* dopobarba

Rasierzeug *nt* servizio *m* da barba

Raspel ['raspəl] <-, -n> *f* ① *(Feile)* raspa *f* ② *(Küchen~)* grattugia *f* per verdure

raspeln *vt* ① *(Holz)* raspare ② *(Gemüse)* grattugiare

raß <rasser, rasseste> *adj* A, CH, SÜDD ① *(scharf gewürzt)* piccante ② *(bei Hunden: bissig)* che morde ③ *(bei Pferden: wild)* selvaggio ④ *(von Frauen: resolut)* scorbutico

Rasse ['rasə] <-, -n> *f* BIOL razza *f*

Rassehund *m* cane *m* di razza

Rassel ['rasəl] <-, -n> *f* sonaglio *m*

Rasselbande *f (fam)* brigata *f* di ragazzi

rasseln *vi* ① *haben (Ketten)* strepitare; *(Wecker)* [ri]sonare con fragore ② *sein (fam: nicht bestehen)* **durch eine Prüfung ~** essere bocciato ad un esame

Rassendiskriminierung *f* discriminazione *f* razziale

Rassenhass *m* odio *m* razziale

Rassenkonflikt *m* conflitto *m* razziale
Rassenkrawall <-s, -e> *m* disordini *mpl* razziali
Rassentrennung *f* segregazione *f* razziale
Rassenunruhen *fpl* disordini *mpl* razziali
rassig *adj* razziale; *(feurig)* focoso
rassisch *adj* razziale
Rassismus [ra'sɪsmʊs] <-> *m kein Pl.* razzismo *m*
Rassist(in) [ra'sɪst] <-en, -en; -, -nen> *m(f)* razzista *mf*
rassistisch *adj* razzista, razzistico
Rast [rast] <-, -en> *f* sosta *f,* fermata *f*
rasten *vi* fermarsi, sostare
Raster[1] ['rastɐ] <-s, -> *m* ❶ TYP retino *m* ❷ *(in Fragenbogen)* griglia *f* ❸ *(fig)* categoria *f* [del pensiero]
Raster[2] <-s, -> *nt* TV quadro *m*
Raster[elektronen]mikroskop *nt* microscopio *m* elettronico a scansione lineare
Rasterfahndung *f* investigazione *f* computerizzata
Rasthof <-(e)s, -höfe> *m* motel *m*
rastlos *adj* ❶ *(unermüdlich)* incessante, continuo ❷ *(ruhelos)* instancabile, infaticabile ❸ *(unstet)* irrequieto
Rastlosigkeit <-> *f kein Pl.* ❶ *(Unermüdlichkeit)* infaticabilità *f* ❷ *(Ruhelosigkeit, Unstetigkeit)* irrequietezza *f*
Rastplatz *m* luogo *m* di sosta; *(Autobahn~)* piazzola *f* di sosta
Raststätte *f* autogrill *m*
Rasur [ra'zuːɐ̯] <-, -en> *f* rasatura *f*
Rat[1] [raːt] <-(e)s> *m kein Pl.* *(~schlag)* consiglio *m; (Empfehlung)* raccomandazione *f;* **jdn um ~ bitten** [*o* **fragen**] chiedere consiglio a qu; **jdn/etw zu ~e ziehen** consultare qu/qc; **jdm mit ~ und Tat zur Seite stehen** assistere qu a parole e a fatti; **sich** *dat* **keinen** [**anderen**] **~ mehr wissen, als …** non saper far altro che …
Rat[2] <-(e)s, Räte> *m* ❶ *(Kollegium)* consiglio *m;* **der Europäische ~** il Consiglio europeo; **der Erweiterte ~** EU il Consiglio ampliato ❷ *(Person)* consigliere *m*
rät [rɛːt] *3. Pers. Sing. Präs. von* **raten**
Rate ['raːtə] <-, -n> *f* ❶ COM rata *f;* **in ~n** [**be**]**zahlen** pagare a rate; **auf ~n kaufen** comperare a rate ❷ *(Verhältniszahl)* quota *f*
raten ['raːtən] <rät, riet, geraten> *vt, vi* ❶ *(Ratschläge geben)* consigliare; *(vorschlagen)* suggerire; *(empfehlen)* raccomandare; **jdm zu etw ~** consigliare qu per qc ❷ *(er~)* indovinare; **rat**[**e**] **mal, wer heute angerufen hat** *(fam)* indovina un po' chi ha telefonato oggi; **dreimal darfst du ~!** *(fam)* puoi fare tre tentativi
Ratenzahlung *f* pagamento *m* rateale
Ratgeber *m (Buch)* manualetto *m*
Ratgeber(in) *m(f)* consigliere, -a *m, f*
Rathaus *nt* municipio *m*
Ratifikation [ratifika'tsjoːn] <-, -en> *f* ratifica *f*
ratifizieren [ratifi'tsiːrən] <ohne ge-> *vt* ratificare
Ratifizierung <-, -en> *f* ratifica *f*
Rätin ['rɛːtɪn] *f* consigliera *f*
Ration [ra'tsi̯oːn] <-, -en> *f* razione *f*
rational [ratsi̯o'naːl] *adj* razionale
rationalisieren [ratsi̯onali'ziːrən] <ohne ge-> *vt, vi* razionalizzare
Rationalisierung <-, -en> *f* razionalizzazione *f*
Rationalisierungsmaßnahmen *fpl* misure *fpl* di razionalizzazione
rationell [ratsi̯o'nɛl] *adj* razionale; *(haushälterisch)* economico
rationieren [ratsi̯o'niːrən] <ohne ge-> *vt* razionare
Rationierung <-, -en> *f* razionamento *m*
ratlos *adj* perplesso, confuso
Ratlosigkeit <-> *f kein Pl.* perplessità *f,* confusione *f*
rätoromanisch [rɛtoro'maːnɪʃ] *adj* LING retoromano, romancio
ratsam *adj* consigliabile; *(zu empfehlen)* raccomandabile; *(angezeigt)* opportuno
ratsch [ratʃ] *interj* zaff
ratschen ['raːtʃən] *vi (fam)* chiacchierare
Ratschlag ['raːtʃaːk] *m* consiglio *m*
Rätsel ['rɛːtsəl] <-s, -> *nt* ❶ *(Denkaufgabe)* indovinello *m,* enigma *m;* **ein ~ lösen** sciogliere un enigma; **jdm ein ~ aufgeben** porre un problema a qu ❷ *(Geheimnis)* enigma *m,* mistero *m;* **das ist des ~s Lösung** ecco la chiave dell'enigma; **es ist mir ein ~, wie das passieren konnte** non riesco a capire come sia successo
Rätselecke *f (fam)* pagina *f* dei quiz
rätselhaft *adj* enigmatico, misterioso; *(unerklärlich)* inesplicabile
rätseln *vi* [**über etw** *akk*] **~** congetturare [su qc]
Rätselraten <-s> *nt kein Pl.* ❶ *(Lösen von Rätseln)* risolvere *m* gli indovinelli ❷ *(fig: das Rätseln)* supposizioni *fpl,* congetture *fpl;* **das ~ über den Verbleib der Millionen geht weiter** continuano le congetture su dove siano i milioni
Ratskeller *m* ristorante *m* del municipio
Ratssitzung *f* seduta *f* del consiglio
Ratsversammlung *f* assemblea *f* comunale
Rattan ['ratan] <-s, -e> *nt* rattan *m*
Ratte ['ratə] <-, -n> *f* ratto *m*
Rattengift *nt* topicida *m*
Rattenschwanz *m* ❶ ZOO coda *f* di ratto

R

② *(fig fam)* strascico *m;* **der Skandal zog einen ~ von Enthüllungen nach sich** lo scandalo sollevò molti veli

rattern ['ratɐn] *vi* ① *haben (knatternde Töne erzeugen)* fare strepito; *(Maschinengewehr)* crepitare ② *sein (sich ratternd bewegen)* passare con strepito

ratzekahl ['ratsə'ka:l] *adv (fam: ganz und gar)* radicalmente, del tutto

ratzeputz ['ratsə'pʊts] *adv* SÜDD *(fam)* radicalmente, del tutto

rau [raʊ] *adj* ① *(nicht glatt)* ruvido, scabro; *(borstig) a.* BOT irto, ispido ② *(Stimme, Hals)* rauco, roco; *(Haut)* screpolato ③ *(Klima)* rigido, inclemente; *(Wind)* tagliente ④ *(Gegend)* selvaggio ⑤ *(Manieren, Mensch)* ruvido; *(grob)* rozzo, rude ⑥ *(Wend)* **in ~en Mengen** *(fam)* in grande quantità

Raub [raʊp] <-(e)s> *m kein Pl.* ① *(Rauben)* rapina *f; (Entführung)* rapimento *m* ② *(Beute)* bottino *m,* preda *f*

Raubbau <-(e)s> *m kein Pl.* sfruttamento *m* abusivo; **~ treiben** sfruttare senza criterio; **mit seiner Gesundheit ~ treiben** rovinarsi la salute

Raubdruck <-(e)s, -e> *m* edizione *f* contraffatta

Raubein *nt (fam)* orso *m*

rauben ['raʊbən] *vt* rubare, rapinare; *(entführen)* rapire; **jdm alle Hoffnung ~** *(geh)* privare qu di ogni speranza; **du raubst mir noch den letzten Nerv!** *(fam)* sei veramente snervante!

Räuber(in) ['rɔɪbɐ] <-s, -; -, -nen> *m(f)* rapinatore, -trice *m, f; (Straßen~)* brigante *m,* bandito *m;* **~ und Gendarm spielen** giocare a guardie e ladri

Räuberbande *f* banda *f* di briganti

Räuberhauptmann *m* capobanda *m*

Räuberhöhle *f* covo *m* di briganti

Räuberin *f s.* **Räuber**

räuberisch *adj* rapace

Raubkatze *f* felino *m*

Raubkopie *f* copia *f* pirata; **eine ~ von etw anfertigen** piratare qc

Raubmord *m* assassinio *m* per rapina

Raubmörder(in) *m(f)* assassino, -a *m, f* rapinatore, -trice

Raubritter *m* cavaliere *m* predone

Raubtier *nt* animale *m* rapace

Raubüberfall *m* rapina *f;* **bewaffneter ~** rapina a mano armata

Raubvogel *m* uccello *m* rapace

Rauch [raʊx] <-(e)s> *m kein Pl.* fumo *m;* **sich in ~ auflösen** *(fig)* andare in fumo

Rauchabzug *m* canna *f* fumaria

Rauchbelästigung <-, -en> *f* molestia *f* da fumo

Rauchbombe *f* bomba *f* fumogena

rauchen ['raʊxən] **I.** *vi* ① *(Feuer)* fumare; **mir raucht der Kopf** *(fig fam)* mi fuma la testa ② *(Person)* fumare; **~ Sie?** fuma?; **Rauchen verboten!** proibito fumare! **II.** *vt* fumare

Rauchentwicklung *f* sviluppo *m* di fumo

Raucher(in) <-s, -; -, -nen> *m(f)* fumatore, -trice *m, f;* **ein starker ~** un gran fumatore

Räucheraal *m* GASTR anguilla *f* affumicata

Raucherabteil *nt* FERR scompartimento *m* per fumatori

Räucherfisch <-(e)s, -e> *m* pesce *m* affumicato

Raucherhusten *m* tosse *f* dei fumatori

Raucherin *f s.* **Raucher**

Räucherlachs *m* GASTR salmone *m* affumicato

räuchern ['rɔɪçɐn] *vt* affumicare

Räucherspeck <-(e)s, -e> *m* lardo *m* affumicato

Räucherstäbchen *nt* bastoncini *mpl* d'incenso

Raucherzone <-, -n> *f* sala *f* [per] fumatori

Rauchfahne *f* pennacchio *m* di fumo

Rauchfang *m* cappa *f* del camino

Rauchfangkehrer <-s, -> *m* A *(Schornsteinfeger)* spazzacamino *m*

Rauchfleisch *nt* carne *f* affumicata

rauchig *adj* ① *(voll Rauch)* pieno di fumo ② *(Stimme)* profondo e rauco ③ *(Whisky)* che sa di fumo

rauchlos *adj* senza fumo

Rauchmelder <-s, -> *m* rivelatore *m* di fumo

Rauchsäule *f* colonna *f* di fumo, fumata *f*

Rauchschwaden *m* nuvola *f* di fumo

Rauchsignal <-s, -e> *nt* segnale *m* di fumo

Rauchverbot *nt* divieto *m* di fumare

Rauchvergiftung *f* intossicazione *f* da fumo

Rauchverzehrer <-s, -> *m* fumivoro *m*

Rauchwaren *fpl* ① *(Tabakwaren)* tabacchi *mpl* ② *(Pelze)* pellicceria *f*

Rauchwolke *f* nuvola *f* di fumo

Rauchzeichen *nt* fumata *f*

Räude ['rɔɪdə] <-, -n> *f* rogna *f,* scabbia *f*

räudig *adj* rognoso

rauf [raʊf] *adv (fam) s.* **herauf, hinauf**

Raufasertapete *f* carta *f* da parati ruvida

Raufbold ['raʊfbɔlt] <-(e)s, -e> *m (pej)* rissaiolo *m*

Raufe ['raʊfə] <-, -n> *f* rastrelliera *f*

raufen ['raʊfən] *vr:* **sich ~** azzuffarsi, accapigliarsi; **sich um etw ~** far rissa per qc

Rauferei [raʊfə'raɪ] <-, -en> *f* zuffa *f,* baruffa *f*

rauflustig *adj* rissoso, litigioso

Rauheit <-, -en> *f* ① *(Rauigkeit)* ruvidezza *f* ② *(von Stimme)* raucedine *f* ③ *(von Klima)* rigidità *f* ④ *(von Benehmen)* rudezza *f*

Raum [raʊm, *Pl:* 'rɔɪmə] <-(e)s, Räume> *m* ① ASTR, PHILOS, PHYS, MAT spazio *m;* **luftleerer ~** PHYS vuoto *m* ② *Sing. (geh: Platz)* posto *m;* **viel ~ einnehmen** occupare molto posto ③ *(Räumlichkeit)* locale *m,* vano *m; (Zimmer)* stanza *f,* camera *f;* **im ~ stehen** *(fig)* esserci, esistere; **eine Frage in den ~ stellen** fare una domanda ④ *(Gebiet)* zona *f;* **im ~ Köln** nella zona di Colonia

Raumanzug *m* tuta *f* spaziale

Raumaufteilung *f* distribuzione *f* dello spazio

Räumboot *nt* MIL dragamine *m*

räumen ['rɔɪmən] *vt* ① *(entfernen)* sgombrare; *(weg~)* togliere, levare; *(leeren)* vuotare; **etw von etw ~** sgombrare qc da qc ② *(verlassen)* lasciare; *(aufgeben)* abbandonare; *(evakuieren)* evacuare; **den Saal ~ lassen** far evacuare la sala

Raumersparnis *f* risparmio *m* di spazio; **zwecks ~** per risparmiare spazio

Raumfähre *f* navetta *f* spaziale

Raumfahrer(in) *m(f)* astronauta *mf*

Raumfahrt *f* navigazione *f* spaziale, astronautica *f*

Raumfahrtbehörde *f* ente *m* per la ricerca spaziale

Raumfahrzeug *nt* veicolo *m* spaziale

Räumfahrzeug *nt* mezzo *m* di sgombero

Raumflug *m* volo *m* spaziale

Raumforschung *f* ricerche *f pl* spaziali

Raumgestaltung *f* architettura *f* interna, arredamento *m*

Rauminhalt *m* MAT volume *m,* cubatura *f*

Raumkapsel <-, -n> *f* capsula *f* spaziale

Räumkommando *nt* squadra *f* di sgombero

Raumlehre *f* geometria *f*

räumlich ['rɔɪmlɪç] *adj* ① *(den Raum betreffend)* spaziale ② *(dreidimensional)* tridimensionale

Räumlichkeiten *f pl* vani *m pl,* locali *m pl*

Raummeter *m o nt* metro *m* cubo; *(Holz)* stero *m*

Raumpfleger(in) <-s, -; -, -nen> *m(f)* uomo, donna *m, f* delle pulizie

Raumpflegerin *f s.* **Raumpfleger**

Räumpflug *m* apripista *m*

Raumschiff *nt* nave *f* spaziale

raumsparend *adj* poco ingombrante

Raumstation *f* stazione *f* spaziale

Raumteiler <-s, -> *m* divisorio *m* di ambienti

Räumung <-, -en> *f (der Wohnung, der Unfallstelle)* sgombero *m; (zwangsweise ~)* sfratto *m; (Verlassen)* abbandono *m; (Evakuierung)* evacuazione *f; (Leerung)* vuotamento *m;* COM svendita *f,* liquidazione *f*

Räumungs[aus]verkauf *m* liquidazione *f* totale

Räumungsarbeiten *f pl* lavori *m pl* di sgombero

Räumungsbefehl *m* ① MIL ordine *m* di evacuazione ② JUR ordine *m* di sfratto

Räumungsklage *f* JUR azione *f* per sfratto

Räumungsverkauf *m* WIRTSCH liquidazione *f* totale

raunen ['raʊnən] *vi* mormorare, sussurrare

raunzen *vi* A, SÜDD *(fam: nörgeln)* lamentarsi, piagnucolare

Raupe ['raʊpə] <-, -n> *f* ① ZOO bruco *m* ② TEC *(Planier~)* apripista *m,* bulldozer *m*

Raupenschlepper *m* trattore *m* a cingoli

Raureif *m* brina *f*

raus [raʊs] *adv (fam) s.* **heraus, hinaus**

Rausch [raʊʃ, *Pl:* 'rɔɪʃə] <-(e)s, Räusche> *m* ① *(Alkohol~)* ubriacatura *f,* sbornia *f fam;* **sich** *dat* **einen ~ antrinken** prendersi una sbornia *fam;* **seinen ~ ausschlafen** smaltire la sbornia *fam* ② *(Ekstase)* estasi *f*

rauscharm *adj* TEL, RADIO con poche interferenze, non disturbato

rauschen ['raʊʃən] *vi (Sturm, Wogen)* muggire; *(Wald, Blätter)* stormire; *(Bach)* mormorare; *(Regen, Beifall)* scrosciare; *(Wind)* sibilare; *(Seide, Kleider)* frusciare

Rauschgift *nt* droga *f,* stupefacente *m*

Rauschgiftdezernat *nt* sezione *f* narcotici

Rauschgifthandel *m* traffico *m* di droga

Rauschgifthändler(in) *m(f)* trafficante *mf* di droga

Rauschgiftring *m* rete *f* di spacciatori

Rauschgiftsucht <-> *f kein Pl.* tossicomania *f,* tossicodipendenza *f*

rauschgiftsüchtig *adj* tossicodipendente, tossicomane

Rauschgiftsüchtige *mf* tossicodipendente *mf*

Rauschgoldengel *m* angioletto *m* natalizio di latta

raus|ekeln *vt (fam)* **jdn ~** far scappare qu [dallo schifo]

raus|fliegen ['raʊsfli:gən] <irr> *vi sein (fam)* ① *(heraus-, hinausfliegen)* volare fuori ② *(hinausgeworfen werden)* essere buttato fuori

raus|geben <irr> *vt (fam)* ① *(herausreichen)* porgere, distribuire ② *(aushändigen)* consegnare ③ *(Wechselgeld)* dare il

R

resto, cambiare; **ich kann nicht ~** non posso cambiare; **Sie haben mir falsch rausgegeben** mi ha dato il resto sbagliato ④ *(Buch)* pubblicare

raus|kriegen *vt (fam) s.* **herausbekommen**

räuspern ['rɔɪspɐn] *vr:* **sich ~** raschiarsi la gola

raus|rücken ['raʊsrʏkən] *(fam)* **I.** *vt haben (Geld, Beute)* tirare fuori **II.** *vi sein* tirare fuori (**mit etw** qc); **mit der Sprache ~** parlare francamente

raus|schmeißen ['raʊsʃmaɪsən] <irr> *vt (fam)* buttare fuori; **das ist rausgeschmissenes Geld** sono soldi buttati via

Rausschmeißer(in) <-s, -; -, -nen> *m(f) (fam)* buttafuori *m*

Raute ['raʊtə] <-, -n> *f* ① MAT rombo *m* ② BOT ruta *f*

Rautetaste *f* TEL, INFORM cancelletto *m*

Rave [reɪv] <-, -s> *m* MUS rave *m;* **~ Musik** musica rave

Razzia ['ratsi̯a, *Pl:* 'ratsi̯ən] <-, Razzien> *f* retata *f,* rastrellamento *m*

RB *Abk. von* **Radio Bremen** *rete radiotelevisiva regionale tedesca con sede a Brema*

rd. *Abk. von* **rund** ca

Reagens [re'a:gɛns, *Pl:* rea'gɛntsiən] <-, Reagenzien> *nt* CHEM reagente *m*

Reagenz [rea'gɛnts, *Pl:* rea'gɛntsiən] <-es, Reagenzien> *nt,* **Reagenzglas** *nt* provetta *f*

reagieren [rea'gi:rən] <ohne ge-> *vi* [**auf etw** *akk*] ~ reagire [a qc]

Reaktion [reak'tsi̯o:n] <-, -en> *f* ① *(das Reagieren) a.* CHEM reazione *f;* **die ~ auf etw** *akk* la reazione a qc ② *Sing.* POL reazione *f*

reaktionär [reaktsi̯o'nɛ:ɐ̯] *adj (pej)* reazionario

Reaktionsfähigkeit *f* reattività *f*

Reaktionsgeschwindigkeit *f* velocità *f* di reazione

reaktionsschnell *adj* reattivo

Reaktionsvermögen <-s> *nt kein Pl.* reattività *f*

Reaktor [re'akto:ɐ̯] <-s, -en> *m* PHYS reattore *m* [nucleare]

Reaktorkern <-(e)s, -e> *m* PHYS nucleo *m* del reattore

Reaktorunglück <-(e)s, -e> *nt* incidente *m* del reattore

real [re'a:l] *adj (wirklich)* reale; *(konkret)* concreto

Reala [re'a:la] <-, -s> *f membro dell'ala "realistica" del partito dei Verdi*

Realeinkommen *nt* WIRTSCH reddito *m* reale

realisierbar *adj* attuabile

realisieren [reali'zi:rən] <ohne ge-> *vt* realizzare; *(verwirklichen)* attuare

Realisierung <-> *f kein Pl.* realizzazione *f; (Verwirklichung)* attuazione *f*

Realismus [rea'lɪsmʊs] <-> *m kein Pl.* PHILOS, LIT, KUNST realismo *m*

Realist(in) [rea'lɪst] <-en, -en; -, -nen> *m(f)* realista *mf*

realistisch [rea'lɪstɪʃ] *adj* realistico

Realität [reali'tɛ:t] <-, -en> *f* realtà *f*

realitätsnah *adj* realistico

Realitätsverlust *m* **an ~ leiden** soffrire di perdita della realtà

Reality-TV [ri'ɛlɪtiti:vi:] <-> *nt kein Pl.* TV reality-tv *f (programmi televisivi che trasmettono incidenti o sciagure, dal vivo o registrati, accaduti realmente)*

Reallohn *m* salario *m* reale

Reallohnabbau *m* diminuzione *f* del salario reale

Realo [re'a:lo] <-s, -s> *m (sl) membro dell'ala "realistica" del partito dei Verdi*

Realpolitik <-> *f kein Pl.* Realpolitik *f (politica che si ispira ad un assoluto realismo)*

Realschule *f scuola secondaria inferiore che dura sei anni e offre la possibilità di passare al Gymnasium*

Rebe ['re:bə] <-, -n> *f* ① *(Weinstock)* vite *f* ② *(Ranke)* viticcio *m*

Rebell(in) [re'bɛl] <-en, -en; -, -nen> *m(f)* ribelle *mf*

rebellieren [rebɛ'li:rən] <ohne ge-> *vi* [**gegen jdn/etw**] ~ ribellarsi [a qu/qc]

Rebellin *f s.* **Rebell**

Rebellion [rebɛ'li̯o:n] <-, -en> *f* ribellione *f*

rebellisch *adj* ribelle

Rebhuhn ['re:phu:n] *nt* pernice *f*

Reblaus ['re:plaʊs] *f* fillossera *f* della vite

Rebstock *m* vite *f*

Rebus ['re:bʊs] <-, -se> *m o nt* rebus *m*

Rechaud [re'ʃo:] <-s, -s> *m o nt* ① *(zum Warmhalten)* scaldavivande *m* ② SÜDD, A, CH fornello *m*

Rechen ['rɛçən] <-s, -> *m* SÜDD, A, CH rastrello *m*

Rechenaufgabe *f* problema *m* di aritmetica

Rechenbuch *nt* libro *m* di aritmetica

Rechenexempel *nt* esempio *m* di calcolo

Rechenfehler *m* errore *m* di calcolo

Rechenmaschine *f* calcolatrice *f*

Rechenschaft <-> *f kein Pl.* conto *m,* ragione *f;* **jdm über etw** *akk* **~ geben** [*o* **ablegen**] rendere conto a qu di qc; **jdn für etw zur ~ ziehen** chiedere conto di qc a qu; **darüber bin ich Ihnen keine ~ schuldig** non ne devo rendere conto a Lei

R

Rechenschaftsbericht *m* rendiconto *m,* resoconto *m*

Rechenschieber *m* regolo *m* calcolatore

Rechenzentrum *nt* centro *m* di calcolo

Recherchen [re'ʃɛrʃən] *f pl* ricerche *f pl,* indagini *f pl*

recherchieren [re'ʃɛr'ʃiːrən] <ohne ge-> **I.** *vt* ricercare, fare una ricerca su **II.** *vi* fare una ricerca [su qc]

rechnen ['rɛçnən] **I.** *vt* ① MAT contare, calcolare ② *(einbeziehen)* annoverare; **jdn zu seinen Freunden ~** considerare qu un amico **II.** *vi* ① MAT contare, calcolare ② *(sich verlassen)* **auf jdn/etw ~** contare su qu/qc ③ *(erwarten)* **mit etw ~** aspettarsi qc; **mit dem Schlimmsten ~** temere il peggio; **damit habe ich nicht gerechnet** non l'avevo previsto; **es muss damit gerechnet werden, dass ...** c'è da aspettarsi che *+conj* ④ *(haushalten)* **mit jedem Pfennig ~ müssen** dover contare ogni centesimo che si spende

Rechnen <-s> *nt kein Pl.* calcolo *m*

Rechner <-s, -> *m (Gerät)* calcolatore *m;* INFORM elaboratore *m*

Rechner(in) <-s, -; -, -nen> *m(f)* calcolatore, -trice *m, f*

rechnergestützt *adj* INFORM supportato dall'elaboratore

rechnerisch **I.** *adj* aritmetico **II.** *adv* per via di calcolo

Rechnung <-, -en> *f* ① *(das Rechnen)* calcolo *m* ② *(Ab~, Be~)* conto *m;* **der Kaffee geht auf meine ~** il caffè va sul mio conto, il caffè lo pago io; **[Herr Ober,] die ~, bitte!** [cameriere,] il conto, per favore; **auf eigene ~** per conto proprio; **jdm etw in ~ stellen** mettere in conto qc a qu; **einer Sache** *dat* **~ tragen** tener conto di qc; **die ~ ohne den Wirt machen** fare i conti senza l'oste

Rechnungsführer(in) *m(f)* ragioniere, -a *m, f,* contabile *mf*

Rechnungsführung *f* contabilità *f*

Rechnungshof <-(e)s, -höfe> *m* ADM corte *f* dei conti; **der Europäische Rechnungshof** la Corte dei conti dell'Unione europea

Rechnungsjahr *nt* anno *m* [*o* esercizio *m*] finanziario

Rechnungsprüfer(in) *m(f)* revisore *m* dei conti

Rechnungsprüfung <-, -en> *f* ① WIRTSCH revisione *f* dei conti ② POL bilancio *m* pubblico

recht [rɛçt] **I.** *adj* ① *(richtig)* giusto; *(passend)* adatto; *(gelegen)* opportuno; **am ~en Ort** al posto giusto; **zur ~en Zeit** a tempo buono; **nach dem Rechten sehen** guardare se tutto va bene; **hier geht es nicht mit ~en Dingen zu** qui c'è qualcosa che non va; **alles, was ~ ist, aber ...** *(fam)* va bene tutto, ma ...; **das ist nur ~ und billig** questo è più che giusto ② *(wirklich)* vero **II.** *adv* ① *(sehr)* molto; **~ herzliche Grüße!** cordiali saluti! ② *(ziemlich)* abbastanza ③ *(richtig, genehm)* bene; **wenn es Ihnen ~ ist** se per Lei va bene; **es jdm ~ machen** accontentare qu; **man kann ihr nichts ~ machen** non le va mai bene niente; **~ und schlecht** alla [meno] peggio; **das geschieht dir ~** ti sta bene *fam;* **wenn ich mich ~ entsinne, hieß er Dirk** se ben ricordo si chiamava Dirk; **ganz ~!** esattamente!, giustissimo!; **nun erst ~!** ora più che mai!; **nun erst ~ nicht!** ora meno che mai!; **ich glaub', ich hör' nicht ~!** *(fam)* [ci] sento bene?, non posso crederci!

Recht <-(e)s, -e> *nt* ① *Sing.* JUR diritto *m;* **bürgerliches ~** diritto civile; **das deutsche ~** la legislazione tedesca; **~ sprechen** amministrare la giustizia ② *(Anrecht)* diritto *m; (Berechtigung)* ragione *f; (Gerechtigkeit)* giustizia *f;* **~ auf etw** *akk* diritto di qc; **~ haben** avere ragione; **jdm ~ geben** dar ragione a qu; **im ~ sein** aver ragione; **mit ~** a diritto, a ragione; **mit welchem ~ ...?** con che diritto ...?; **das ist mein gutes ~** è mio pieno diritto; **zu ~** a buon diritto; **das ~ des Stärkeren** la legge del più forte; **ein ~ auf etw** *akk* **haben** aver diritto a qc; **seine ~e geltend machen** far valere i propri diritti; **gleiches ~ für alle!** la legge è uguale per tutti

Rechte[1] <ein -r, -n, -n> *mf* POL sostenitore, -trice *m, f* dei partiti di destra

Rechte[2] <-n, -n> *f* ① *(rechte Hand)* destra *f; (beim Boxen)* destro *m;* **zur ~n** a destra ② POL destra *f;* **europäische ~** eurodestra *f*

rechte(r, s) ['rɛçtə, -tɐ, -təs] *adj* ① *(Seite)* destro, -a **~r Hand** a destra; **die ~ Seite eines Pullovers** il dritto di un pullover; **jds ~ Hand sein** essere il braccio destro di qu ② MAT *(Winkel)* retto, -a ③ POL di destra; **der ~ Flügel** l'ala destra

Rechteck *nt* rettangolo *m*

rechteckig *adj* rettangolare

rechtens ['rɛçtəns] *adv (zu Recht)* giustamente

rechtfertigen **I.** *vt* giustificare **II.** *vr:* **sich ~** giustificarsi

Rechtfertigung *f* giustificazione *f*

rechtgläubig *adj* ortodosso

Rechtgläubigkeit *f* ortodossia *f*

Rechthaberei ['rɛçthaːbə'raɪ] <-> *f kein*

R

Pl. pretesa *f* di aver sempre ragione, prepotenza *f*
rechthaberisch *adj* che vuol sempre avere ragione, prepotente
rechtlich *adj* giuridico, legale
rechtlos *adj* privo di diritti
Rechtlosigkeit <-> *f kein Pl.* privazione *f* di diritti
rechtmäßig *adj* legittimo, legale; **der ~e Besitzer** il proprietario legittimo
Rechtmäßigkeit *f* legittimità *f,* legalità *f*
rechts [rɛçts] *adv* a [*o* sulla] destra; **~ gehen** [*o* **fahren**] andare a [*o* tenere la] destra; **~ überholen** sorpassare a destra; **sich ~ einordnen** mettersi sulla destra; **~ vor links** precedenza a [chi viene da] destra; **~ vom** [*o* **neben dem**] **Haus** a destra della casa; **nach/von ~** a [*o* verso]/da destra
Rechtsabbieger <-s, -> *m* persona *f* che svolta a destra
Rechtsabbiegerspur *f* preselezione *f* a destra
Rechtsabteilung *f* sezione *f* giuridica
Rechtsanwalt *m,* **Rechtsanwältin** *f* avvocato, -tessa *m, f,* legale *mf*
Rechtsauskunft *f* informazione *f* legale
Rechtsaußen [rɛçts'ʔaʊsən] <-, -> *m* SPORT ala *f* destra
Rechtsberater(in) *m(f)* consigliere, -a *m, f* giuridico, -a
Rechtsbrecher(in) *m(f)* violatore, -trice *m, f* del diritto
Rechtsbruch *m* violazione *f* del diritto
rechtsbündig *adj* TYP, INFORM [allineato] a destra
rechtschaffen **I.** *adj* ❶ *(ehrlich, anständig)* retto, onesto ❷ *(groß)* grande **II.** *adv* *(sehr)* molto
Rechtschaffenheit <-> *f kein Pl.* rettitudine *f,* onestà *f,* probità *f*
Rechtschreibfehler *m* errore *m* d'ortografia
Rechtschreibprüfung <-, -en> *f* INFORM controllo *m* ortografico
Rechtschreibreform *f* riforma *f* ortografica
Rechtschreibung *f* ortografia *f*
Rechtsdrehung *f* rotazione *f* destrorsa
rechtsextrem *adj s.* **rechtsextremistisch**
Rechtsextremismus ['rɛçtsʔɛkstremɪsmʊs] <-> *m kein Pl.* estremismo *m* di destra, fascismo *m*
Rechtsextremist(in) *m(f)* POL estremista *mf* di destra
rechtsextremistisch *adj* POL di estrema destra, fascista
rechtsfähig *adj* JUR giuridicamente capace
Rechtsfähigkeit *f* capacità *f* giuridica
Rechtsfall *m* caso *m* giuridico, causa *f*
Rechtsfrage *f* JUR questione *f* giuridica
Rechtsgrundlage <-, -n> *f* JUR fondamento *m* giuridico
rechtsgültig *adj* JUR giuridicamente valido; **in ~er Form** in modo conforme alla legge
Rechtsgültigkeit *f* validità *f* giuridica, legalità *f*
Rechtsgutachten *nt* parere *m* legale
Rechtshänder(in) ['rɛçtshɛndɐ] <-s, -; -, -nen> *m(f)* destrimano, -a *m, f*
rechtshändig ['rɛçtshɛndɪç] *adj* destrimano
rechtsherum *adv* a destra
Rechtshilfe *f* assistenza *f* legale
Rechtskraft *f* **~ erlangen** entrare in vigore; **~ haben** avere forza di legge; *(Urteil)* passare in giudicato
rechtskräftig *adj* JUR che ha valore di legge; *(Urteil)* esecutivo, passato in giudicato
Rechtskunde *f* giurisprudenza *f*
rechtskundig *adj* esperto di diritto [*o* di legge]
Rechtskurve *f* curva *f* a destra
Rechtslage *f* JUR situazione *f* giuridica
Rechtsmittel <-s, -> *nt* JUR mezzo *m* legale, ricorso *m*
Rechtsmittelbelehrung *f* JUR indicazione *f* delle possibilità di ricorso
Rechtsnorm <-, -en> *f* norma *f* giuridica
Rechtspfleger(in) *m(f)* JUR giurista *mf*
Rechtsprechung <-, -en> *f* JUR giurisdizione *f*
rechtsradikal *adj* POL radicale di [estrema] destra
rechtsrheinisch *adj* situato sulla riva destra del Reno
Rechtsruck <-(e)s, -e> *m* *(fam: bei Wahlen)* spostamento *m* a destra
Rechtsrutsch *m* POL slittamento *m* a destra
Rechtsschutz *m* JUR protezione *f* giuridica
Rechtsschutzversicherung *f* assicurazione *f* della protezione giuridica
Rechtsstaat *m* stato *m* di diritto
rechtsstaatlich *adj* POL giuridico statale
Rechtsstreit *m* JUR controversia *f* giudiziaria, causa *f*
Rechtsverdreher <-s, -> *m* ❶ *(pej)* leguleio, -a *m, f* ❷ *(fam scherz: Jurist)* azzeccagarbugli *m*
Rechtsverkehr *m* AUTO circolazione *f* a destra
Rechtsverletzung *f* JUR violazione *f* del diritto
Rechtsweg *m* JUR via *f* legale; **auf dem ~** per via legale; **unter Ausschluss des ~s** escludendo le vie legali
rechtswidrig *adj* contrario alla legge, illegale

R

Rechtswissenschaft *f* JUR [scienza *f* del] diritto *m*, giurisprudenza *f*
rechtwink[e]lig *adj* rettangolo
rechtzeitig **I.** *adj* tempestivo **II.** *adv* in tempo
Reck [rɛk] <-(e)s, -e *o* -s> *nt* SPORT sbarra *f* fissa
recken [ˈrɛkən] **I.** *vt* *(Glieder)* stirare, [di]stendere; *(Hals)* allungare **II.** *vr:* **sich ~** stirarsi
recycelbar [riˈsaiklbaːɐ] *adj* riciclabile
recyceln [riˈsaɪkəln] <ohne ge-> *vt* riciclare
Recycling [riˈsaɪklɪŋ] <-s> *nt kein Pl.* riciclaggio *m*, riutilizzo *m*
Recyclingpapier <-s> *nt kein Pl.* carta *f* riciclata
Redakteur(in) [redakˈtøːɐ̯] <-s, -e; -, -nen> *m(f)* redattore, -trice *m, f*
Redaktion [redakˈtsi̯oːn] <-, -en> *f* redazione *f*
redaktionell [redaktsi̯oˈnɛl] *adj* redazionale
Redaktionsschluss *m* chiusura *f* del giornale; **vor ~** prima di andare in macchina; **nach ~** dopo la chiusura del giornale
Redaktor [reˈdaktoːɐ̯] <-s, -en> *m* CH redattore *m*
Rede [ˈreːdə] <-, -n> *f* ① *(Vortrag)* discorso *m; (Ansprache)* allocuzione *f;* **eine ~ halten** tenere un discorso ② *(Äußerung)* parole *f pl; (Gespräch)* conversazione *f;* **jdm ~ und Antwort stehen** rendere conto a qu; **jdn wegen etw zur ~ stellen** chiedere conto a qu di qc; **es ist die ~ von …** si parla di …; **davon kann nicht die ~ sein** è fuori discussione; **davon war nie die ~!** non se n'è mai parlato!; **das ist nicht der ~ wert** non vale la pena parlarne; **langer** [*o* **der langen**] **~ kurzer Sinn** in poche parole, in breve ③ LING discorso *m;* **direkte/indirekte ~** discorso diretto/indiretto
Redefluss *m (pej)* fiumana *f* di parole
Redefreiheit *f* libertà *f* di parola
redegewandt *adj* eloquente
Redegewandtheit *f* facilità *f* di parola, eloquenza *f*
reden **I.** *vi* ① *(sprechen)* **über jdn/etw** [*o* **von jdm/etw**] **~** parlare di qu/qc; **mit sich** *dat* **~ lassen** intendere ragione; **von sich** *dat* **~ machen** far parlare di sé; **Sie haben gut ~** ha un bel dire ② *(eine Rede halten)* tenere un discorso **II.** *vt* parlare, dire
Redensart *f* modo *m* di dire
Redeschwall *m (pej)* profluvio *m* [*o* mare *m*] di parole
Redeverbot <-(e)s, -e> *nt* divieto *m* di parlare; **jdm ~ erteilen** impartire a qu il divieto di parlare
Redewendung *f* locuzione *f*
redigieren [rediˈgiːrən] <ohne ge-> *vt* redigere
redlich [ˈreːtlɪç] *adj* ① *(rechtschaffen)* onesto, probo; *(aufrichtig)* sincero ② *(groß)* grande; **sich ~ bemühen** darsi ogni premura
Redlichkeit <-> *f kein Pl.* onestà *f*, rettitudine *f; (Aufrichtigkeit)* sincerità *f*
Redner(in) [ˈreːdnɐ] <-s, -; -, -nen> *m(f)* oratore, -trice *m, f*
Rednerpult *nt* podio *m* dell'oratore
redselig [ˈreːtzeːlɪç] *adj* loquace, verboso
Redseligkeit *f* loquacità *f*, verbosità *f*
Reduktion [redʊkˈtsi̯oːn] <-, -en> *f* CHEM, PHYS, MAT riduzione *f*
redundant [redʊnˈdant] *adj* LING ridondante
Redundanz [redʊnˈdants] <-, -en> *f* LING ridondanza *f*
reduzierbar *adj* riducibile
reduzieren [reduˈtsiːrən] <ohne ge-> *vt* ridurre
Reede [ˈreːdə] <-, -n> *f* NAUT rada *f;* **auf der ~ liegen** essere ormeggiato in rada
Reeder <-s, -> *m* NAUT armatore *m*
Reederei [reːdəˈraɪ] <-, -en> *f* NAUT compagnia *f* armatrice
reell [reˈɛl] *adj* ① *(ehrlich)* onesto; *(Geschäft)* serio, solido ② *(wirklich)* reale
Referat [refeˈraːt] <-(e)s, -e> *nt* ① *(Bericht)* relazione *f*, rapporto *m* ② *(Dienststelle)* reparto *m*, sezione *f*
Referendar(in) [referɛnˈdaːɐ̯] <-s, -e; -, -nen> *m(f) chi (gener giurista o insegnante) sta assolvendo il Referendariat*
Referendariat [referɛndariˈaːt] <-(e)s, -e> *nt apprendistato biennale tra il primo e il secondo esame di stato*
Referendarin *f s.* **Referendar**
Referendum [refeˈrɛndʊm] <-s, Referenden *o* Referenda> *nt* referendum *m*
Referent(in) [refeˈrɛnt] <-en, -en; -, -nen> *m(f)* ① *(Berichterstatter)* relatore, -trice *m, f* ② *(Sachbearbeiter)* addetto, -a *m, f*
Referenz [refeˈrɛnts] <-, -en> *f* ① *(Empfehlung)* referenze *f pl;* **eine ~ vorweisen** presentare le referenze ② *(Person, Stelle)* referenza *f*
Referenzen [refeˈrɛntsən] *f pl* referenze *f pl*
referieren [refeˈriːrən] <ohne ge-> *vi* **über etw** *akk* **~** fare una relazione su qc
reflektieren [reflɛkˈtiːrən] <ohne ge-> **I.** *vi (nachdenken)* [**über jdn/etw**] **~** riflettere [su qu/qc] **II.** *vt (Licht)* riflettere

Reflex [re'flɛks] <-es, -e> *m* riflesso *m*
Reflexhandlung <-, -en> *f* movimento *m* riflesso
Reflexion [reflɛ'ks i̯o:n] <-, -en> *f* ① PHYS riflesso *m* ② *(Nachdenken)* riflessione *f*
reflexiv [reflɛ'ksi:f] *adj* riflessivo
Reflexivpronomen *nt* LING pronome *m* riflessivo
Reflexzonenmassage <-, -n> *f* riflessologia *f*
Reform [re'fɔrm] <-, -en> *f* riforma *f*
Reformation [refɔrma'ts i̯o:n] <-, -en> *f* Riforma *f*
Reformator(in) [refɔr'ma:to:ɐ, *Pl:* refɔrma'to:rən] <-s, -en; -, -nen> *m(f)* riformatore, -trice *m, f*
reformbedürftig *adj* che ha bisogno di una riforma
Reformer(in) [re'fɔrmɐ] <-s, -; -, -nen> *m(f)* promotore, -trice *m, f,* riformatore, -trice *m, f*
reformfreudig *adj* riformista, riformistico
Reformhaus *nt* ECO negozio *m* di prodotti naturali ed ecologici
reformierbar *adj* riformabile
reformieren [refɔr'mi:rən] <ohne ge-> *vt* riformare
Reformkost <-> *f kein Pl.* alimenti *mpl* biologici, alimentazione *f* naturale
Reformpaket *nt* pacchetto *m* di riforme
Reformstau *m* blocco *m* delle riforme
Reformvorhaben *nt* progetto *m* di riforma
Refrain [rə'frɛ̃:] <-s, -s> *m* ritornello *m*
Refugium [re'fu:gi̯ʊm, *Pl:* re'fu:gi̯ən] <-s, Refugien> *nt (geh)* rifugio *m*
refundieren <ohne ge-> *vt* A *(zurückzahlen)* rimborsare, rifondere
Regal [re'ga:l] <-s, -e> *nt* scaffale *m,* scaffalatura *f*

Regatta [re'gata] <-, Regatten> *f* SPORT regata *f*
Reg.-Bez. *Abk. von* **Regierungsbezirk** *Prov.*
rege ['re:gə] *adj (lebhaft)* vivace, vivo; *(Verkehr)* animato, intenso; *(geschäftig)* attivo; *(flink)* agile, lesto
Regel ['re:gəl] <-, -n> *f* ① *(Vorschrift) a.* LING, MAT regola *f; (Grundsatz)* principio *m;* **in der ~** di regola, normalmente; **sich** *dat* **etw zur ~ machen** fare di qc un'abitudine; **nach allen ~n der Kunst** a regola d'arte ② *(Menstruation)* **sie hat ihre ~** ha le sue cose
regelbar *adj* regolabile
Regelblutung <-, -en> *f* mestruazione *f*
regellos *adj* ① *(unregelmäßig)* irregolare ② *(unordentlich)* sregolato
regelmäßig *adj* regolare; **in ~en Abständen** *(zeitlich)* periodicamente
Regelmäßigkeit *f* regolarità *f*
regeln *vt* ① *(ordnen, einstellen)* regolare ② *(Angelegenheit)* sistemare ③ *(durch Verordnung)* regolamentare; *(festlegen)* fissare
regelrecht *adj* ① *(vorschriftsmäßig)* regolare ② *(fam: richtiggehend)* vero [e proprio]
Regelstudienzeit *f* tempo *m* regolamentare per un corso di studi
Regelung <-, -en> *f* ① *(Regulierung)* regolazione *f* ② *(Schlichtung)* composizione *f,* sistemazione *f* ③ ADM regolamentazione *f*
regelwidrig *adj* irregolare
regen ['re:gən] **I.** *vt (geh)* muovere **II.** *vr:* **sich ~** muoversi
Regen ['re:gən] <-s, -> *m* pioggia *f;* **bei ~** con la pioggia; **im ~** sotto la pioggia; **saurer ~** ECO piogge acide; **vom ~ in die Traufe kommen** *(fam)* cadere dalla padella nella brace
regenarm *adj* poco piovoso, povero di piogge
Regenbö *f* folata *f* di pioggia
Regenbogen *m* arcobaleno *m*
Regenbogenfarben *fpl* colori *mpl* dell'arcobaleno
Regenbogenhaut *f* iride *f*
Regenbogenpresse <-> *f kein Pl.* stampa *f* gialla
Regeneration [regenera'tsjo:n] <-, -en> *f* BIOL, MED, TEC rigenerazione *f*
regenerieren [regene'ri:rən] <ohne ge-> **I.** *vt* rigenerare **II.** *vr:* **sich ~** rigenerarsi
Regenfälle *mpl* piogge *fpl*
Regenguss *m* acquazzone *m*
Regenjacke *f* giacca *f* a vento
Regenmantel *m* impermeabile *m*
regenreich *adj* piovoso, ricco di piogge
Regenrinne *f* grondaia *f*
Regensburg ['re:gənsbʊrk] *nt* Ratisbona *f*
Regenschauer *m* scroscio *m* di pioggia
Regenschirm *m* ombrello *m*
Regent(in) [re'gɛnt] <-en, -en; -, -nen> *m(f) (Herrscher)* regnante *mf; (Stellvertreter)* reggente *mf*
Regentag *m* giorno *m* di pioggia, giornata *f* piovosa
Regentin *f s.* **Regent**
Regentropfen *m* goccia *f* di pioggia
Regentschaft <-, -en> *f* reggenza *f*
Regenwald *m* foresta *f* pluviale
Regenwasser *nt* acqua *f* piovana
Regenwetter *nt* tempo *m* piovoso
Regenwolke *f* nuvola *f* piovosa
Regenwurm *m* lombrico *m*
Regenzeit *f* stagione *f* delle piogge
Regie [re'ʒi:] <-> *f kein Pl.* ① FILM, THEAT,

RADIO, TV regia *f;* **unter der ~ von ...** con la regia di ... ② ADM amministrazione *f*
Regieanweisung *f* didascalia *f*
Regieassistent(in) *m(f)* aiuto *mf* regista
regieren [re'giːrən] <ohne ge-> **I.** *vt* ① *(beherrschen)* governare ② LING reggere **II.** *vi* [**über jdn/etw**] ~ regnare [su qu/qc]
Regierung <-, -en> *f* governo *m;* **eine ~ bilden/stürzen** formare/rovesciare un governo; **an die ~ kommen** giungere al governo
Regierungsantritt *m* assunzione *f* del governo; *(von König)* ascesa *f* al trono
Regierungsapparat *m* apparato *m* governativo
Regierungsbezirk *m* circoscrizione *f* amministrativa
Regierungsbildung *f* formazione *f* del governo
Regierungsbündnis *nt* coalizione *f* governativa
Regierungschef(in) *m(f)* capo *m* del governo
Regierungserklärung *f* dichiarazione *f* del governo
regierungsfähig *adj* in grado di governare
Regierungsform *f* [forma *f* di] governo *m,* regime *m*
Regierungskoalition *f* coalizione *f* di governo
Regierungskrise *f* crisi *f* di governo
Regierungsmannschaft *f* coalizione *f* governativa
Regierungspartei *f* partito *m* governativo
Regierungsrat <-(e)s, -räte> *m* ① ADM *(höherer Beamter im Verwaltungsdienst)* alto funzionario *m* nell'amministrazione ② CH POL *(Kantonsregierung)* governo *m* cantonale ③ CH POL *(Mitglied einer Kantonsregierung)* membro *m* del governo cantonale
Regierungssprecher(in) *m(f)* portavoce *mf* del governo
Regierungsumbildung *f* rimpasto *m* ministeriale
Regierungswechsel *m* cambiamento *m* di governo
Regierungszeit <-, -en> *f (einer Regierung, eines Präsidenten)* periodo *m* di governo; *(eines Königs)* regno *m*
Regime [re'ʒiːm] <-s, - *o rar:* -s> *nt* regime *m*
Regimegegner(in) <-s, -; -, -nen> *m(f)* POL oppositore *m* del regime
Regimekritiker(in) *m(f)* dissidente *mf* del regime
Regiment[1] [regi'mɛnt] <-(e)s, -e> *nt (Herrschaft)* governo *m; (fig: Führung)* comando *m*
Regiment[2] <-(e)s, -er> *nt* MIL reggimento *m*
Region [re'gi̯oːn] <-, -en> *f* regione *f;* **in höheren ~en schweben** *(fig, scherz)* vivere nelle nuvole
regional [regi̯o'naːl] *adj* regionale
Regisseur(in) [reʒɪ'søːɐ̯] <-s, -e; -, -nen> *m(f)* regista *mf*
Register [re'gɪstɐ] <-s, -> *nt* ① *(amtliche Liste)* registro *m* ② *(Stichwortverzeichnis)* indice *m* ③ MUS registro *m;* **alle ~ ziehen** *(fig)* ricorrere ad ogni mezzo
Registertonne *f* NAUT tonnellata *f* di stazza
Registratur [regɪstra'tuːɐ̯] <-, -en> *f* ① *(Tätigkeit)* registrazione *f* ② *(~büro)* ufficio *m* di registrazione ③ MUS registratura *f*
registrieren [regɪs'triːrən] <ohne ge-> *vt* registrare
Registrierkasse *f* registratore *m* di cassa
Registrierung <-, -en> *f* registrazione *f*
Reglement [reglə'mãː] <-s, -e> *nt* CH JUR regolamento *m,* statuto *m*
reglementieren [reglemɛn'tiːrən] <ohne ge-> *vt* regolamentare
Regler ['reːglɐ] <-s, -> *m* TEC regolatore *m*
reglos ['reːkloːs] *adj* immobile, inerte
Reglosigkeit <-> *f kein Pl.* immobilità *f*
regnen ['reːgnən] *vi, vt* piovere; **es regnet in Strömen** piove a dirotto
regnerisch *adj* piovoso
Regress [re'grɛs] <-es, -e> *m* JUR rivalsa *f*
Regresspflicht *f* JUR diritto *m* di rivalsa
regresspflichtig *adj* JUR obbligato a rivalsa
regsam ['reːkzaːm] *adj* attivo; *(Geist)* sveglio, vivace
Regsamkeit <-> *f kein Pl.* vivacità *f,* attività *f*
regulär [regu'lɛːɐ̯] *adj* regolare
regulierbar *adj* regolabile
regulieren [regu'liːrən] <ohne ge-> *vt* regolare
Regulierung <-, -en> *f* regolazione *f*
Regung <-, -en> *f (geh)* ① *(Bewegung)* moto *m* ② *(Gefühls~)* sentimento *m* [nascente]
regungslos *adj s.* **reglos**
Reh [reː] <-(e)s, -e> *nt* capriolo *m*
Rehabilitation [rehabilita'tsi̯oːn] <-, -en> *f* MED riabilitazione *f*
Rehabilitationszentrum *nt* MED centro *m* di riabilitazione
rehabilitieren [rehabili'tiːrən] <ohne ge-> *vt (Ruf, Ehre)* riabilitare; SOC, JUR, MED reinserire
Rehabilitierung <-, -en> *f* MED riabilitazione *f,* rieducazione *f*
Rehbock *m* capriolo *m* [maschio]
Rehbraten *m* GASTR arrosto *m* di capriolo

Rehkeule *f* cosciotto *m* di capriolo

Rehkitz *nt* caprioletto *m*

Rehrücken *m* GASTR lombata *f* di capriolo

Reibe ['raɪbə] <-, -n> *f* grattugia *f*

reiben ['raɪbən] <reibt, rieb, gerieben> *vt* ① *(mit Druck darüberfahren)* [s]fregare; *(Augen)* stropicciare ② *(ein~)* frizionare ③ *(zerkleinern)* grattugiare

Reibereien [raɪbə'raɪən] *fpl* attriti *mpl*

Reibung <-, -en> *f* ① *(das Reiben)* sfregamento *m,* strofinamento *m* ② *(fig)* PHYS attrito *m,* frizione *f*

Reibungselektrizität *f* PHYS elettricità *f* per strofinio, triboelettricità *f*

Reibungsfläche *f* PHYS superficie *f* d'attrito

reibungslos I. *adj* liscio **II.** *adv* senza difficoltà

reich [raɪç] *adj* ① *(wohlhabend)* ricco; **~ werden** arricchirsi ② *(fig)* ricco; *(umfassend)* vasto; **~ an etw** *dat* **sein** essere ricco di qc; **eine ~e Auswahl** un'ampia scelta; **in ~em Maße** abbondantemente

Reich [raɪç] <-(e)s, -e> *nt (a. fig)* regno *m; (großes ~, Kaiser~)* impero *m;* **das Deutsche ~** l'impero germanico, il Reich; **das ~ Gottes** il regno di Dio

Reiche <ein -r, -n, -n> *mf* ricco, -a *m, f*

reichen ['raɪçən] **I.** *vt (hinhalten, geben)* porgere, tendere, dare **II.** *vi* ① *(sich erstrecken)* giungere; *(nach oben)* elevarsi; *(nach unten)* scendere; **~ bis …** arrivare fino a …; **so weit das Auge reicht** fin dove giunge lo sguardo ② *(genügen)* bastare; **mir reicht's** *(fam)* ne ho abbastanza

reichhaltig *adj* ricco; *(reichlich)* abbondante; *(abwechslungsreich)* vario

Reichhaltigkeit <-> *f kein Pl.* ricchezza *f,* abbondanza *f; (Vielfalt)* molteplicità *f*

reichlich I. *adj* ricco, abbondante **II.** *adv* ① *(sehr viel)* molto ② *(mehr als genügend)* abbondantemente; **~ vorhanden sein** abbondare ③ *(fam: ziemlich)* abbastanza

Reichsstadt *f* **freie ~** HIST città libera dell'impero

Reichstag <-(e)s> *m kein Pl.* ① *(Parlament)* antico parlamento *m* tedesco ② *(Gebäude) sede dell'antico parlamento tedesco*

Reichtum <-s, -tümer> *m (a. fig)* ricchezza *f;* **~ an etw** *dat* ricchezza di qc

Reichweite *f* portata *f;* **außer/in ~** *+gen* fuori/a portata di

reif [raɪf] *adj* maturo; **~ werden** maturare; **eine ~e Leistung** *(fam)* una prestazione brillante; **die Zeit ist ~/noch nicht ~** i tempi sono/non sono ancora maturi

Reif[1] [raɪf] <-(e)s> *m kein Pl. (Rau~)* brina[ta] *f*

Reif[2] <-(e)s, -e> *m (geh: Arm~)* bracciale *m*

Reife <-> *f kein Pl.* ① *(das Reifen)* maturazione *f* ② *(das Reifsein)* maturità *f;* **mittlere ~** diploma di scuola media

reifen I. *vi sein* maturare; **in ihm reifte der Entschluss zum Mord** in lui maturò la decisione dell'assassinio **II.** *vt haben (geh)* far maturare

Reifen ['raɪfən] <-s, -> *m* ① *(Ring)* cerchio *m* ② *(Fahrzeug~)* pneumatico *m*

Reifendecke *f* MOT copertone *m*

Reifendruck <-(e)s, -drücke> *m* pressione *f* di gonfiamento di un pneumatico

Reifenheber *m* MOT leva *f* per pneumatici

Reifenpanne *f* foratura *f*

Reifenschaden *m* guasto *m* ai pneumatici

Reifenwechsel *m* cambio *m* di pneumatico

Reifeprüfung *f (Abitur)* esame *m* di maturità

Reifezeugnis *nt* diploma *m* di maturità

reiflich I. *adj* maturo; **nach ~er Überlegung** dopo matura riflessione **II.** *adv* bene; **es sich** *dat* **~ überlegen** pensarci bene

Reigen ['raɪgən] <-s, -> *m* girotondo *m,* ridda *f;* **den ~ eröffnen** *(fig)* aprire le danze

Reihe ['raɪə] <-, -n> *f* ① *(geregelte Anordnung) a.* MIL fila *f;* **in einer ~** in fila; **in Reih und Glied** in fila; **der ~ nach** *(räumlich)* l'uno dopo l'altro; *(ordnungsgemäß)* per ordine; **aus der ~ tanzen** *(fig fam)* fare di testa propria ② *(Folge, Anzahl)* serie *f; (Buch~)* collana *f;* **eine [ganze] ~ [von …]** un gran numero [di …], tutta una fila [di …] ③ MAT progressione *f* ④ *Sing. (Reihenfolge)* turno *m;* **außer der ~** fuori turno; **ich bin an der ~** tocca a me; **wer ist an der ~?** a chi tocca? ⑤ *Pl. (fig: Gemeinschaft)* file *fpl;* **die Kritik kam aus den eigenen ~n** la critica giunse dai propri ranghi

reihen I. *vt (geh)* ① *(auf~)* infilare ② *(ein~)* mettere in fila **II.** *vr* **sich [an etw** *akk*] **~** seguire [qc]

Reihenfolge *f* ordine *m;* **der ~ nach** in ordine; **in alphabetischer ~** in ordine alfabetico

Reihenhaus *nt* casa *f* a schiera

Reihenhaussiedlung *f* agglomerato *m* di case a schiera

Reihenschaltung *f* collegamento *m* in serie

reihenweise *adv* in fila

Reiher ['raɪɐ] <-s, -> *m* airone *m*

reihern ['raɪɐn] *vi (fam)* ① *(erbrechen)* vomitare ② DIAL *(Durchfall haben)* avere la sciolta

reihum [raɪˈʔʊm] *adv* in giro, in cerchio
Reim [raɪm] <-(e)s, -e> *m* rima *f;* **ich kann mir keinen ~ darauf machen** *(fam)* non riesco a spiegarmelo
reimen **I.** *vt* rimare **II.** *vr* **sich** [**auf etw** *akk*] ~ fare rima [con qc]
rein [raɪn] **I.** *adj* ① *(ohne Zusatz, a. fig)* MUS puro; *(unverfälscht)* genuino; *(Freude)* vero; **die ~e Wahrheit** la pura verità ② *(sauber, a. fig: Gewissen)* pulito; **ins Reine schreiben** scrivere in bella [copia]; **etw ins Reine bringen** mettere in chiaro qc; **mit sich** *dat* [**selbst**] **ins Reine kommen** chiarirsi le idee; **ist die Luft ~?** *(fam)* non c'è nessuno?, si può star sicuri? ③ *(Gewinn)* netto ④ *(fam: völlig)* puro, vero; **das ist der ~ste Wahnsinn** è pazzia pura **II.** *adv* ① *(fam: völlig)* assolutamente; **~ gar nichts** proprio niente ② *(ausschließlich)* esclusivamente; **~ zufällig** per puro caso ③ *(fam) s.* **herein, hinein**
Reinemachefrau *f* donna *f* delle pulizie
reine|machen [ˈraɪnəmaxən] *vi* DIAL fare le pulizie, pulire
Reinemachen <-s> *nt kein Pl.* pulizia *f;* **großes ~** grandi pulizie
Reinerlös *m* ricavo *m* netto
Reinertrag *m* ricavo *m* netto
Reinfall *m (fam)* bidonata *f,* fregatura *f*
rein|fallen [ˈraɪnfalən] <irr> *vi sein (fig fam)* prendere una bidonata, rimanere fregato
Reingewinn *m* guadagno *m* netto
rein|halten <irr> *vt* tenere pulito
Reinhaltung <-> *f kein Pl.* pulizia *f*
rein|hauen [ˈraɪnhaʊən] <irr> *(fam)* **I.** *vt* **jdm eine ~** mollare un ceffone a qu **II.** *vi (tüchtig essen)* abbuffarsi
Reinheit <-> *f kein Pl.* ① *(reine Beschaffenheit, a. fig)* purezza *f; (Unverfälschtheit)* genuinità *f* ② *(Sauberkeit)* pulizia *f*
Reinheitsgebot <-(e)s, -e> *nt legge del 1516 sulla regolamentazione della produzione della birra*
reinigen *vt* pulire; *(chemisch)* pulire a secco; TEC depurare; *(fig)* REL purificare
Reiniger <-s, -> *m* detersivo *m,* detergente *m*
Reinigung <-, -en> *f* ① *(das Reinigen)* pulitura *f;* TEC depurazione *f; (fig)* TEC, REL purificazione *f* ② *(~sgeschäft)* lavanderia *f* a secco
Reinigungscreme *f* crema *f* detergente
Reinigungsmilch *f* latte *m* detergente
Reinigungsmittel *nt* detergente *m,* detersivo *m*
Reinkultur *f* ① AGR monocoltura *f* ② BIOL coltura *f* monocitogenica; **in ~** *(fig fam)* autentico, genuino
rein|legen *vt (fam)* **jdn ~** bidonare qu
reinlich *adj (auf Sauberkeit bedacht)* amante della pulizia; *(sauber)* pulito
Reinlichkeit <-> *f kein Pl.* amore *m* per la pulizia
Reinmachen *nt s.* **Reinemachen**
reinrassig *adj* di razza pura; *(bes. Pferd)* purosangue
Reinraum *m* TECH camera *f* bianca
rein|schneien *vi (fam)* ① *haben (Schnee)* nevicare dentro ② *sein (fig: Menschen)* piombare in …
rein|schreiben <irr> *vt* A *(ins Reine schreiben)* copiare in bella
Reinschrift *f* ① *(Tätigkeit)* trascrizione *f* in bella [copia] ② *(Ergebnis)* bella [copia] *f*
rein|waschen <irr> *(fig)* **I.** *vr:* **sich ~** scagionarsi (**von** di) **II.** *vt* lavare (**von** da)
rein|würgen *vt* **jdm eine ~** *(sl)* giocare un brutto tiro a qu
rein|ziehen <irr> *vt (fam)* ① *(Dinge)* introdurre, infilare ② *(fam: verschlingen)* divorare, inghiottire; **sich** *dat* **ein Schnitzel/ein Bier/einen Film ~** divorarsi una bistecca/scolare una birra/divorare un film ③ *(in Verbrechen)* **jdn** [**in etw** *akk*] **~** coinvolgere qu [in qc]
Reis [raɪs] <-es, -e> *m* BOT riso *m*
Reisbau <-(e)s> *m kein Pl.* risicoltura *f,* coltivazione *f* del riso
Reisbrei *m* pappa *f* di riso
Reise [ˈraɪzə] <-, -n> *f* viaggio *m; (Rund~)* giro *m;* **eine ~ machen** fare un viaggio; **eine ~ nach Italien** un viaggio in Italia; **eine ~ um die Welt** un giro del mondo; **auf ~n** in viaggio; **Gute ~!** buon viaggio!
Reiseandenken *nt* ricordo *m* di viaggio, souvenir *m*
Reiseapotheke *f* farmacia *f* portatile
Reisebekanntschaft *f* conoscenza *f* fatta in viaggio
Reisebeschreibung *f* descrizione *f* di un viaggio
Reisebett *nt* brandina *f*
Reisebüro *nt* agenzia *f* viaggi
Reisebus *m* pullman *m,* corriera *f*
reisefertig *adj* pronto per il viaggio
Reisefieber *nt* febbre *f* della partenza
Reiseführer(in) *m(f)* guida *f*
Reisegefährte *m,* **Reisegefährtin** *f* compagno, -a *m, f* di viaggio
Reisegepäck *nt* bagagli *mpl*
Reisegesellschaft *f* comitiva *f*
Reisegruppe <-, -n> *f* comitiva *f* turistica
Reisekosten *pl* spese *fpl* di viaggio
Reisekostenabrechnung *f* indennità *f* di trasferta
Reisekrankheit *f* MED chinetosi *f*

Reiseland <-(e)s, -länder> *nt* paese *m* turistico
Reiseleiter(in) *m(f)* responsabile *mf* [di una comitiva]
reiselustig *adj* che ha voglia di viaggiare
Reisemitbringsel *nt* souvenir *m,* ricordo *m*
reisen *vi sein* ① *(Reisen unternehmen)* viaggiare ② *(eine Reise machen)* fare un viaggio; *(fahren, fliegen, gehen)* andare; ~ **über** passare per; **nach Rom/Italien** ~ andare a Roma/in Italia
Reisende <ein -r, -n, -n> *mf* viaggiatore, -trice *m, f; (Fahrgast)* passeggero, -a *m, f*
Reisenecessaire *nt* nécessaire *m* [*o* astuccio *m*] da viaggio
Reisepass *m* passaporto *m*
Reisepläne *mpl* progetti *mpl* di viaggio
Reiseprospekt *m* dépliant *m* turistico
Reiseproviant *m* provviste *fpl* per il viaggio
Reisescheck *m* assegno *m* turistico
Reiseschreibmaschine *f* macchina *f* da scrivere portatile
Reisetasche *f* borsa *f* da viaggio
Reiseveranstalter <-s, -> *m* operatore *m* turistico
Reiseverkehr *m* traffico *m* turistico
Reiseversicherung <-, -en> *f* assicurazione *f* sui viaggi
Reisevorbereitungen *fpl* preparativi *mpl* di viaggio
Reisewecker *m* sveglia *f* da viaggio
Reisewelle *f* ondata *f* turistica
Reisewetterbericht *m* bollettino *m* meteorologico per chi viaggia
Reisezeit *f* stagione *f* turistica
Reiseziel *nt* meta *f* del viaggio
Reisfeld *nt* risaia *f*
Reisig ['raɪzɪç] <-s> *nt kein Pl.* rami *mpl* secchi, sterpi *mpl*
Reisigbesen *m* granata *f*
Reisigbündel *nt* fascina *f* di sterpi
Reißaus [raɪs'ʔaʊs] *m* ~ **nehmen** *(fam)* darsela a gambe
Reißbrett *nt* tavola *f* da disegno
reißen ['raɪsən] <reißt, riss, gerissen> **I.** *vt haben* ① *(ab~, ent~)* strappare; **jdn aus dem Schlaf** ~ strappare qu dal sonno, svegliare qu ② *(zer~)* stracciare, lacerare; *(in zwei Teile)* strappare in due ③ *(zerren)* trascinare; *(ziehen)* tirare; *(fort~)* trascinare via; *(zu Boden)* gettare a terra; **jdm etw aus der Hand** ~ strappare qc di mano a qu; **etw an sich** ~ tirare qc a sé; *(fig)* impadronirsi di qc; **hin und her gerissen sein** non riuscire a decidersi ④ *(zerfleischen)* sbranare **II.** *vi* ① *sein (zer~)* strapparsi, andare in pezzi; *(Stoff)* stracciarsi; *(Faden, Seil)* rompersi; **gleich reißt mir die Geduld** *(fam)* mi scappa la pazienza ② *haben (zerren)* **an etw** *dat* ~ tirare qc **III.** *vr* **sich um jdn/etw** ~ *(fam)* fare di tutto per qu/qc
reißend *adj (Tier)* feroce; *(Wasser)* impetuoso; **~en Absatz finden** andare a ruba
Reißer <-s, -> *m (fam: Ware)* merce *f* di gran sucesso; FILM film *m* di cassetta; *(Buch)* romanzo *m* nero
reißerisch *adj (pej)* sensazionale
Reißfeder *f* tiralinee *m*
reißfest *adj* resistente allo strappo
Reißnagel *m s.* **Reißzwecke**
Reißschiene *f* riga *f* a forma di T
Reißverschluss *m* chiusura *f* lampo
Reißverschlussprinzip <-s, -e> *nt* circolazione *f* alternata
Reißverschlusssystem *nt* MOT sistema *m* a senso alternato
Reißwolf *m* sfilacciatrice *f*
Reißzahn *m* dente *m* canino
Reißzwecke *f* puntina *f* da disegno
Reitbahn *f* maneggio *m*
reiten ['raɪtən] <reitet, ritt, geritten> **I.** *vi sein (auf Pferd)* andare a cavallo; *(auf Tierrücken)* cavalcare; *(rittlings sitzen)* stare a cavallo; **auf etw** *dat* ~ cavalcare qc **II.** *vt haben* cavalcare
Reiter(in) <-s, -; -, -nen> *m(f)* cavaliere *m,* amazzone *f*
Reiterei [raɪtə'raɪ] <-, -en> *f* ① MIL cavalleria *f* ② SPORT equitazione *f*
Reiterin *f s.* **Reiter**
Reiterstandbild *nt* statua *f* equestre
Reithose *f* calzoni *mpl* alla cavallerizza
Reitpeitsche *f* scudiscio *m*
Reitpferd *nt* cavallo *m* da sella
Reitschule *f* scuola *f* di equitazione
Reitsport *m* ippica *f,* equitazione *f*
Reitstall *m* scuderia *f*
Reitstiefel *m* stivale *m* da cavallerizzo
Reitstunde *f* lezione *f* di equitazione
Reittier *nt* animale *m* da sella
Reitweg *m* pista *f* per cavalli
Reiz ['raɪts] <-es, -e> *m* ① *(physiologisch)* stimolo *m* ② *(Anziehungskraft)* attrattiva *f; (Verlockung)* fascino *m;* **der ~ des Neuen** il fascino della novità; **einen ~ auf jdn ausüben** affascinare qu ③ *(Anmut)* grazia *f,* bellezza *f*
reizbar *adj* irritabile, eccitabile; *(jähzornig)* irascibile
Reizbarkeit <-> *f kein Pl.* irritabilità *f,* eccitabilità *f; (Jähzorn)* irascibilità *f*
reizen I. *vt* ① *(provozieren)* provocare; *(ärgern)* irritare, far arrabbiare; **jdn bis zur Weißglut** ~ fare imbestialire qu ② MED irritare ③ *(anregen)* stimolare; *(anziehen)* at-

R

trarre; *(bezaubern)* affascinare; **die neue Aufgabe reizt mich sehr** la nuova attività mi attrae molto; **das reizt mich nicht** non mi fa né caldo né freddo **II.** *vi (beim Kartenspiel)* invitare
reizend *adj* *(entzückend)* grazioso; *(hübsch)* carino; **das ist ja ~!** *(fam iron)* questa è bella!
Reizhusten *m* tosse *f* nervosa
Reizklima *nt* MED, METEO clima *m* stimolante
reizlos *adj* senza attrattive; *(langweilig)* noioso
Reizschwelle *f* PSYCH soglia *f* dello stimolo
Reizstoff *m* sostanza *f* irritante; MED stimolante *m*
Reizstrom *m* MED corrente *f* impulsiva
Reizthema *nt* tema *m* scottante
Reizüberflutung *f* PSYCH bombardamento *m* di stimoli esterni
Reizung <-, -en> *f* MED irritazione *f*
reizvoll *adj* ① *(attraktiv, schön)* grazioso; *(bezaubernd)* affascinante ② *(verlockend)* allettante, interessante
Reizwäsche *f (fam)* biancheria *f* erotica
Reizwort <-(e)s, -wörter> *nt* **Atomenergie ist zum ~ geworden** l'energia atomica è diventata un argomento scottante; **seit ihrer Trennung ist sein Name für sie ein ~** da quando si sono separati il suo nome è per lei parola-tabù
rekapitulieren [rekapitu'li:rən] <ohne ge-> *vt* ricapitolare
rekeln ['re:kəln] *vr:* **sich ~** *(fam)* stirarsi, stiracchiarsi
Reklamation [reklama'tsi̯o:n] <-, -en> *f* reclamo *m*
Reklame [re'kla:mə] <-, -n> *f* pubblicità *f;* **für etw ~ machen** fare pubblicità a qc
Reklamerummel *m (fam pej)* battage *m*
Reklameschild *nt* cartello *m* pubblicitario
Reklametrick *m* trucco *m* pubblicitario
reklamieren [rekla'mi:rən] <ohne ge-> *vt, vi* reclamare
rekonstruieren [rekɔnstru'i:rən] <ohne ge-> *vt* ricostruire
Rekonstruktion [rekɔnstrʊk'tsi̯o:n] *f* ricostruzione *f*
Rekonvaleszent(in) [rekɔnvalɛs'tsɛnt] <-en, -en; -, -nen> *m(f)* convalescente *mf*
Rekonvaleszenz [rekɔnvalɛs'tsɛnts] <-> *f kein Pl.* convalescenza *f*
Rekord [re'kɔrt] <-(e)s, -e> *m* record *m,* primato *m;* **einen ~ aufstellen/brechen/halten** stabilire/battere/detenere un record
Rekord- *in Zusammensetzungen* record
Rekordhalter(in) <-s, -; -, -nen> *m(f)* detentore, -trice *m, f* del record
Rekordinhaber(in) *m(f)* primatista *mf,* detentore, -trice *m, f* del primato
Rekordzeit *f* tempo *m* record
Rekrut(in) [re'kru:t] <-en, -en; -, -nen> *m(f)* MIL recluta *mf*
rekrutieren [rekru'ti:rən] <ohne ge-> **I.** *vt* reclutare **II.** *vr* **sich aus etw ~** *(fig)* comporsi di qc
Rekrutierung <-, -en> *f* reclutamento *m*
Rekrutin *f s.* **Rekrut**
Rektor(in) ['rɛkto:ɐ̯] <-s, -en; -, -nen> *m(f)* ① *(Schul~)* direttore, -trice *m, f* ② *(Universitäts~)* rettore, -trice *m, f*
Rektorat [rɛkto'ra:t] <-(e)s, -e> *nt* rettorato *m*
Rektorin *f s.* **Rektor**
Relais [rə'lɛ:] <-, -> *nt* relè *m*
Relaisstation *f* stazione *f* ripetitrice [*o* ricetrasmittente]
Relation [rela'tsi̯o:n] <-, -en> *f* relazione *f,* rapporto *m;* **Preis und Leistung stehen in keiner ~ zueinander** prezzo e prestazione non hanno alcun rapporto reciproco
relativ [rela'ti:f] *adj* relativo
relativieren [relati'vi:rən] <ohne ge-> *vt* relativizzare
Relativität [relativi'tɛ:t] <-> *f kein Pl.* relatività *f*
Relativitätstheorie *f* PHYS teoria *f* della relatività
Relativpronomen *nt* LING pronome *m* relativo
Relativsatz *m* LING proposizione *f* relativa
relaxen [ri'lɛksən] <ohne ge-> *vi (entspannen)* rilassarsi; *(ausruhen)* riposarsi
relevant [rele'vant] *adj* rilevante, importante
Relevanz [rele'vants] <-, -en> *f* rilevanza *f,* importanza *f*
Relief [re'li̯ɛf] <-s, -s *o* -e> *nt* KUNST, GEOG rilievo *m*
Religion [reli'gi̯o:n] <-, -en> *f* religione *f*
Religionsbekenntnis *nt* professione *f* di fede
Religionsfreiheit *f* libertà *f* religiosa
Religionsgemeinschaft *f* comunità *f* religiosa
Religionsgeschichte *f* storia *f* delle religioni
Religionskrieg *m* guerra *f* di religione
religionslos *adj* ① *(unreligiös)* irreligioso ② *(bekenntnislos)* senza confessione
Religionsschule *f* scuola *f* religiosa
Religionsstifter *m* fondatore *m* di una religione
Religionszugehörigkeit *f* confessione *f*
religiös [reli'gi̯ø:s] *adj* ① *(die Religion be-*

R

treffend) religioso; **~e Kunst** arte sacra ❷ *(fromm)* pio, devoto

Religiosität [religi̯ozi'tɛ:t] <-> *f kein Pl.* religiosità *f,* devozione *f*

Relikt [re'lɪkt] <-(e)s, -e> *nt* resto *m,* relitto *m*

Reling ['re:lɪŋ] <-, -s *o* -e> *f* NAUT impavesata *f*

Reliquie [re'li:kviə] <-, -n> *f* reliquia *f*

Reliquienschrein *m* reliquiario *m*

Remake ['ri:meɪk] <-s, -s> *nt* FILM rifacimento *m*

Reminiszenz [reminɪs'tsɛnts] <-, -en> *f (geh)* reminiscenza *f*

remis [rə'mi:] <inv> *adj* pari

Remis [rə'mi:, *Pl:* rə'mi:s *o* rə'mi:zən] <-, - *o* -en> *nt* SPORT *(bes. Schach)* parità *f,* pareggio *m*

Remittenden [remɪ'tɛndən] *f pl* resa *f* [di giornali [*o* libri] invenduti]

Remoulade[nsoße] [remu'la:də(nzo:sə)] <-, -n> *f* GASTR salsa *f* remoulade

rempeln ['rɛmpəln] *vt (fam)* urtare, dare uno spintone

Ren [rɛn *o* re:n] <-s, -s *o* -e> *nt* ZOO renna *f*

Renaissance [rənɛ'sã:s] <-, -n> *f* ❶ *(Stil, Epoche)* Rinascimento *m* ❷ *(fig)* rinascita *f*

Rendezvous [rãde'vu:] <-, -> *nt* appuntamento *m,* rendez-vous *m*

Rendite [rɛn'di:tə] <-, -n> *f* WIRTSCH rendita *f*

Reneklode [re:nə'klo:də] <-, -n> *f* BOT regina *f* Claudia

renitent [reni'tɛnt] *adj* renitente

Rennbahn *f* pista *f; (Pferde~)* ippodromo *m; (Rad~)* velodromo *m; (Auto~)* autodromo *m*

rennen ['rɛnən] <rennt, rannte, gerannt> *vi sein* correre; **gegen etw ~** andare a urtare contro qc; **jdn über den Haufen ~** *(fam)* buttare a terra qu con uno spintone

Rennen <-s, -> *nt* corsa *f;* **das ~ machen** *(fam)* vincere, essere vincitore; **das ~ aufgeben** *(fig)* abbandonare la partita; **gut im ~ liegen** essere in buona posizione; **das ~ ist gelaufen** la corsa è finita; *(fig)* la faccenda è sistemata

Renner <-s, -> *m (fam: Verkaufsschlager)* articolo *m* che va a ruba

Rennfahrer(in) *m(f) (Auto~)* corridore, -trice *m, f* [automobilista]; *(Rad~)* ciclista *mf*

Rennpferd *nt* cavallo *m* da corsa

Rennplatz *m s.* **Rennbahn**

Rennrad *nt* bicicletta *f* da corsa

Rennreiter(in) *m(f)* fantino, -a *m, f*

Rennsport *m* corse *f pl; (Pferde~)* ippica *f*

Rennstall *m* scuderia *f*

Rennstrecke *f* percorso *m* della gara; *(Rundstrecke)* circuito *m*

Rennwagen *m* vettura *f* da corsa

Renommee [renɔ'me:] <-s, -s> *nt* reputazione *f; (gutes ~)* buon nome *m*

renommieren [renɔ'mi:rən] <ohne ge-> *vi* vantarsi (**mit** di), gloriarsi (**mit** di)

renommiert *adj* rinomato

renovieren [reno'vi:rən] <ohne ge-> *vt* rinnovare, restaurare

Renovierung <-, -en> *f* rinnovamento *m,* restauro *m*

rentabel [rɛn'ta:bəl] *adj* redditizio, rimunerativo

Rentabilität [rɛntabili'tɛ:t] <-> *f kein Pl.* redditività *f*

Rente ['rɛntə] <-, -n> *f* ❶ *(Alters~, Waisen~, Invaliden~)* pensione *f* ❷ FIN rendita *f*

Rentenalter <-s> *nt kein Pl.* età *f* pensionabile

Rentenanpassung *f* adeguamento *m* delle pensioni

Rentenanspruch *m* diritto *m* alla pensione

Rentenempfänger(in) *m(f)* pensionato, -a *m, f*

Rentenversicherung *f* previdenza *f* sociale

Rentenvorsorge *f* **private ~** assicurazione *f* privata per la vecchiaia

Rentier *nt s.* **Ren**

rentieren [rɛn'ti:rən] <ohne ge-> *vr:* **sich ~** rendere, fruttare; **das rentiert sich nicht** non rende; *(fig)* non vale la pena

Rentner(in) ['rɛntnɐ] <-s, -; -, -nen> *m(f)* pensionato, -a *m, f*

reparabel [repa'ra:bəl] *adj* riparabile

Reparation [repara'tsjo:n] <-, -en> *f* ❶ MED riparazione *f* ❷ *Pl:* POL riparazioni *f pl*

Reparationen [repara'tsi̯o:nən] *f pl* POL riparazioni *f pl*

Reparatur [repara'tu:ɐ̯] <-, -en> *f* riparazione *f;* **etw in ~ geben** fare riparare qc

reparaturanfällig *adj* delicato

reparaturbedürftig *adj* **~ sein** aver bisogno di essere riparato

Reparaturkosten *pl* spese *f pl* di riparazione

Reparaturwerkstatt *f* officina *f* [di] riparazioni

reparieren [repa'ri:rən] <ohne ge-> *vt* riparare

Repertoire [repɛr'toa:ɐ̯] <-s, -s> *nt* repertorio *m*

repetieren [repe'ti:rən] <ohne ge-> *vt* ripetere

R

Report [re'pɔrt] <-(e)s, -e> *m* ① *(Bericht)* rapporto *m* ② FIN riporto *m*
Reportage [repɔr'ta:ʒə] <-, -n> *f* reportage *m*, servizio *m*
Reporter(in) <-s, -; -, -nen> *m(f)* reporter *mf*, cronista *mf*
Repräsentant(in) [reprɛzɛn'tant] <-en, -en; -, -nen> *m(f)* rappresentante *mf*
Repräsentantenhaus <-es> *nt kein Pl.* camera *f* dei deputati
Repräsentation [reprɛzɛnta'tsi̯o:n] <-, -en> *f* rappresentanza *f*
repräsentativ [reprɛzɛnta'ti:f] *adj* ① *(stellvertretend)* rappresentativo ② *(eindrucksvoll)* di [grande] effetto
repräsentieren [reprɛzɛn'ti:rən] <ohne ge-> *vt* rappresentare
Repressalien [reprɛ'sa:liən] *f pl* rappresaglia *f*
repressiv [reprɛ'si:f] *adj* repressivo, inibitorio
Reproduktion [reproduk'tsi̯o:n] *f* riproduzione *f*
reproduzieren [reprodu'tsi:rən] <ohne ge-> *vt* riprodurre
Reptil [rɛp'ti:l, *Pl:* rɛp'ti:liən] <-s, -ien> *nt* rettile *m*
Republik [repu'bli:k] <-, -en> *f* repubblica *f*
Republikaner(in) [republi'ka:nɐ] <-s, -; -, -nen> *m(f)* repubblicano, -a *m, f*
republikanisch *adj* repubblicano
Reputation [reputa'tsjo:n] <-, -en> *f* *(geh)* reputazione *f*
Requiem ['re:kviɛm] <-s, -s *o* A Requien> *nt* REL [messa *f* di] requiem *m*
Requisit [rekvi'zi:t] <-(e)s, -en> *nt* ① *Pl.* THEAT accessorio *m* di scena ② *(Zubehör)* requisito *m*
Requisiteur(in) [rekvzi'tø:ɐ̯] <-s, -e; -, -nen> *m(f)* THEAT trovarobe *mf*
resch [rɛʃ] *adj* A, SÜDD ① *(knusprig)* croccante ② *(von Frauen: lebhaft, etwas resolut)* vivace, risoluto
Reschen ['rɛʃən] *nt* GEOG Resia *f*
Reservat [rezɛr'va:t] <-(e)s, -e> *nt* *(Tiere und Pflanzen)* riserva *f*
Reserve [re'zɛrvə] <-, -n> *f* ① *(Vorrat, Ersatz, Rücklage)* riserva *f*; **etw in ~ haben** avere qc in serbo ② *(Zurückhaltung)* riservatezza *f*, riserbo *m*; **jdn aus der ~ locken** fare uscire qu dalla riservatezza
Reserve- *in Zusammensetzungen* di riserva [*o* ricambio]
Reservekanister *m* tanica *f* di riserva
Reserveoffizier *m* ufficiale *m* di riserva
Reserverad *nt* ruota *f* di scorta
Reservespieler(in) *m(f)* SPORT riserva *f*
reservieren [rezɛr'vi:rən] <ohne ge-> *vt* riservare; *(Hotelzimmer, Tisch)* prenotare
reserviert *adj* riservato
Reserviertheit <-> *f kein Pl.* riservatezza *f*
Reservist [rezɛr'vɪst] <-en, -en> *m* ① MIL riservista *m* ② SPORT riserva *f*
Reservoir [rezɛr'voa:ɐ̯] <-s, -e> *nt* ① *(Becken)* serbatoio *m* ② *(fig)* riserva *f*
Residenz [rezi'dɛnts] <-, -en> *f* [città *f* di] residenza *f*
residieren [rezi'di:rən] <ohne ge-> *vi* risiedere
Resignation [rezɪgna'tsi̯o:n] <-, -en> *f* rassegnazione *f*
resignieren [rezɪ'gni:rən] <ohne ge-> *vi* rassegnarsi
resigniert *adj* rassegnato
resistent [rezɪs'tɛnt] *adj* BIOL, MED **[gegen etw] ~ sein** essere resistente [a qc]
resolut [rezo'lu:t] *adj* risoluto, deciso
Resolution [rezolu'tsi̯o:n] <-, -en> *f* risoluzione *f*
Resonanz [rezo'nants] <-, -en> *f* *(fig)* PHYS, MUS risonanza *f*; **~ finden** avere risonanza
Resonanzkörper *m* MUS cassa *f* armonica [*o* di risonanza]
Resopal® [rezo'pa:l] <-s> *nt kein Pl.* formica® *f*
resozialisieren [rezotsiali'zi:rən] <ohne ge-> *vt* reinserire nella società
Resozialisierung *f* reinserimento *m* nella società
resp. *Abk. von* **respektive** rispettivamente
Respekt [re'spɛkt *o* rɛs'pɛkt] <-(e)s> *m* *kein Pl.* rispetto *m*; **~ vor jdm/etw haben** avere rispetto per qu/qc; **sich** *dat* **~ verschaffen** farsi rispettare; **jdm ~ einflößen** incutere rispetto a qu; **bei allem ~ vor …, aber …** con tutto il rispetto per …, ma …
respektabel [respɛk'ta:bəl] *adj* ragguardevole, stimato
respektieren [respɛk'ti:rən] <ohne ge-> *vt* rispettare
respektive [respɛk'ti:və] *adv* *(geh)* ① *(beziehungsweise)* rispettivamente ② *(oder)* o, oppure
respektlos *adj* **jdm/etw gegenüber ~ sein** essere irrispettoso verso qu/qc
Respektlosigkeit <-, -en> *f* irriverenza *f*
Respektsperson *f* persona *f* di riguardo
respektvoll *adj* **jdm/etw gegenüber ~ sein** essere pieno di rispetto verso qu/qc
Ressentiment [rɛsãti'mã:] <-s, -s> *nt* risentimento *m*; **[gegen jdn] ~s hegen** provare risentimenti [nei confronti di qu]
Ressort [rɛ'so:ɐ̯] <-s, -s> *nt* ① *(Zuständigkeitsbereich)* competenza *f* ② *(Abteilung)* sezione *f*, divisione *f*

R

Ressourcen [rɛˈsʊrsən] *pl* risorse *f pl*
Rest [rɛst] <-(e)s, -e> *m* MAT resto *m; (Stoff~)* scampolo *m; (~betrag)* rimanenza *f; (Essens~)* avanzi *m pl;* **jdm den ~ geben** *(fam)* dare a qu il colpo di grazia; **zehn geteilt durch drei ist drei, ~ eins** dieci diviso tre fa tre col resto di uno
Restauflage *f* resto *m* della tiratura
Restaurant [rɛstoˈrãː] <-s, -s> *nt* ristorante *m*
Restauration [restauraˈtsi̯oːn *o* rɛstauraˈtsi̯oːn] <-, -en> *f* ❶ POL restaurazione *f* ❷ A *(Restaurant)* ristorante *m*
Restaurator(in) [restaʊˈraːtoːɐ̯] <-s, -en; -, -nen> *m(f)* restauratore, -trice *m, f*
restaurieren [restaʊˈriːrən] <ohne ge-> *vt* restaurare
Restbestand *m* resto *m,* rimanenza *f*
Restbetrag *m* resto *m,* importo *m* restante
restlich *adj* restante, rimanente; *(übrig)* residuo
restlos I. *adj* intero, totale **II.** *adv (fam)* perfettamente
Restposten *m* COM rimanenza *f,* saldo *m*
Restriktion [restrɪkˈtsjoːn *o* rɛstrɪkˈtsjoːn] <-, -en> *f (geh)* restrizione *f;* **jdm in einer Angelegenheit ~en auferlegen** imporre a qu delle restrizioni in una faccenda
restriktiv [restrɪkˈtiːf *o* rɛstrɪkˈtiːf] *adj (geh)* restrittivo, limitativo
Restrisiko <-s, -risiken> *nt* rischio *m* residuo
Resultat [rezʊlˈtaːt] <-(e)s, -e> *nt* risultato *m*
resultieren [rezʊlˈtiːrən] <ohne ge-> *vi* [**aus etw**] ~ risultare [da qc]
Resümee [rezyˈmeː] <-s, -s> *nt* riassunto *m;* **das ~ ziehen** trarre il succo
Retorte [reˈtɔrtə] <-, -n> *f* CHEM storta *f,* alambicco *m;* **eine Stadt/Mahlzeit aus der ~** *(pej)* una città/un pasto che non ha più niente di naturale
Retortenbaby *nt (sl)* figlio, -a *m, f* della provetta
retour [reˈtuːɐ̯] *adv* A, CH *(zurück)* indietro; **jdm etw ~ geben** dare qc di ritorno a qu; **Sie erhalten alle Unterlagen wieder ~** riceverà tutto il materiale indietro; **~!** *(auf Briefen: zurück an den Absender)* rispedire al mittente
Retourgeld <-(e)s> *nt kein Pl.* CH COM *(Wechselgeld)* resto *m*
retournieren [retʊrˈniːrən] *vt* CH *(zurücksenden, -geben)* rispedire al mittente; **eine Ware ~** rispedire una merce al mittente
retten [ˈrɛtən] **I.** *vt* ❶ *(aus Gefahr)* salvare; **jdm das Leben ~** salvare la vita a qu; **bist du noch zu ~?** *(fam)* sei del tutto normale?; **wenn Stefan auch kommt, ist der Abend gerettet** se viene anche Stefano, la serata è salva ❷ *(bewahren)* **jdn/etw** [**vor jdm/etw**] **~** preservare qu/qc [da qu/qc] **II.** *vr:* **sich ~** salvarsi; **ich konnte mich vor Anrufen kaum noch ~** non riuscivo quasi più a salvarmi dalle telefonate; **rette sich, wer kann!** si salvi chi può!
rettend *adj* salvatore
Retter(in) <-s, -; -, -nen> *m(f)* salvatore, -trice *m, f*
Rettich [ˈrɛtɪç] <-s, -e> *m* rafano *m,* ravanello *m*
Rettung <-, -en> *f* ❶ *(aus Gefahr)* salvataggio *m,* salvezza *f; (Befreiung)* liberazione *f;* **du bist meine letzte ~** *(fam)* sei la mia ancora di salvezza ❷ A *(Rettungsdienst)* soccorso *m;* **die ~ verständigen** chiamare soccorso ❸ A *(Rettungswagen)* autoambulanza *f*
Rettungsaktion *f* azione *f* di salvataggio
Rettungsanker *m (fig)* ancora *f* di salvezza
Rettungsboot *nt* ❶ *(Motorboot)* battello *m* di salvataggio ❷ *(Beiboot)* scialuppa *f* di salvataggio
Rettungsdienst *m* servizio *m* di salvataggio
Rettungshubschrauber *m* elicottero *m* di salvataggio
Rettungsinsel *f* zattera *f* di salvataggio
Rettungskraft *f* soccorritore *m*
rettungslos *adv* senza scampo, irrimediabilmente
Rettungsmannschaft *f* squadra *f* di soccorso
Rettungsplan *m* piano *m* di soccorso
Rettungsring *m* salvagente *m*
Rettungsschirm *m* FIN, POL fondo *m* salva-Stati
Rettungsschwimmen <-s> *nt kein Pl.* nuoto *m* di salvataggio
Rettungsschwimmer(in) *m(f)* nuotatore, -trice *m, f* di salvataggio
Rettungswagen *m* mezzo *m* di soccorso
Rettungsweste *f* giubbotto *m* salvagente
Retusche [reˈtʊʃə] <-, -n> *f* FOTO ritocco *m*
retuschieren [retʊˈʃiːrən] <ohne ge-> *vt* FOTO ritoccare
Reue [ˈrɔɪə] <-> *f kein Pl.* pentimento *m,* rimorso *m;* **~ über etw** *akk* **empfinden** provare pentimento per qc
reuelos *adj* impenitente
reuen *vt* **es reut mich** mi pento
reuig *adj (geh)* pentito
reumütig [ˈrɔɪmyːtɪç] *adj* pentito
Reuse [ˈrɔɪzə] <-, -n> *f* nassa *f*
Revanche [reˈvãːʃ(ə)] <-, -n> *f* rivincita *f*
Revanchepartie *f,* **Revanchespiel** *nt* SPORT [partita *f* di] rivincita *f*

R

revanchieren [revãˈʃiːrən] <ohne ge-> *vr:* **sich ~** ① *(sich rächen)* **sich bei jdm für etw ~** vendicarsi di qc su qu ② *(sich erkenntlich zeigen)* **sich für etw ~** contraccambiare qc ③ SPORT prendersi la rivincita

Revers [reˈvɛːɐ̯ *o* reˈveːɐ̯] <-, -> *nt o* A: *m* *(von Mänteln, Jacken)* risvolto *m*

reversibel [revɛrˈziːbəl] *adj (geh)* reversibile

revidieren [reviˈdiːrən] <ohne ge-> *vt* ① *(Geschäftsbücher, Kasse)* verificare ② *(Meinung)* cambiare; *(Urteil)* correggere ③ *(Vertrag, Buch)* rivedere

Revier [reˈviːɐ̯] <-s, -e> *nt* ① *(Tätigkeitsbereich)* settore *m,* sfera *f* ② ZOO territorio *m* ③ *(Polizei~)* commissariato *m* [di polizia] ④ *(Forst~)* distretto *m* forestale; *(Jagd~)* bandita *f* ⑤ MIN distretto *m* minerario

Revision [reviˈzi̯oːn] <-, -en> *f* ① *(von Geschäftsbüchern, Kasse)* verifica *f,* controllo *m* ② *(von Meinung)* cambiamento *m;* *(von Urteil)* correzione *f* ③ *(von Vertrag)* revisione *f* ④ TYP revisione *f* ⑤ JUR ricorso *m;* **gegen ein Urteil ~ einlegen** presentare ricorso contro una sentenza

Revisor(in) [reˈviːzoːɐ, *Pl:* reviˈzoːrən] <-s, -en; -, -nen> *m(f)* revisore, -a *m, f*

Revolte [reˈvɔltə] <-, -n> *f* rivolta *f,* insurrezione *f*

revoltieren [revɔlˈtiːrən] <ohne ge-> *vi* rivoltarsi, insorgere

Revolution [revoluˈtsi̯oːn] <-, -en> *f* rivoluzione *f*

revolutionär [revolutsi̯oˈnɛːɐ̯] *adj* rivoluzionario

Revolutionär(in) <-s, -e; -, -nen> *m(f)* rivoluzionario, -a *m, f*

Revoluzzer(in) [revoˈlʊtsɐ] <-s, -; -, -nen> *m(f) (pej)* rivoluzionario, -a *m, f,* sovversivo, -a *m, f*

Revolver [reˈvɔlvɐ] <-s, -> *m* revolver *m*

Revolverheld *m (pej)* uomo *m* dal grilletto facile

Revue [rəˈvyː] <-, -n> *f* ① MUS rivista *f,* varietà *f* ② MIL rivista *f*

Rezensent(in) [retsɛnˈzɛnt] <-en, -en; -, -nen> *m(f)* recensore, -a *m, f,* critico *m*

rezensieren [retsɛnˈziːrən] <ohne ge-> *vt* recensire

Rezension [retsɛnˈzi̯oːn] <-, -en> *f* recensione *f,* critica *f*

Rezept [reˈtsɛpt] <-(e)s, -e> *nt* ① MED, GASTR ricetta *f* ② *(fig)* rimedio *m;* **ein ~ für/gegen etw** un rimedio per/contro qc

rezeptfrei *adj* non soggetto a prescrizione medica

Rezeption [retsɛpˈtsi̯oːn] <-, -en> *f* ① LIT ricezione *f* ② *(Hotel~)* réception *f*

rezeptpflichtig *adj* da vendersi dietro prescrizione medica

Rezession [retsɛˈsi̯oːn] <-, -en> *f* WIRTSCH recessione *f*

reziprok [retsiˈproːk] *adj* reciproco

Rezitativ [retsitaˈtiːf, *Pl:* retsitaˈtiːvə] <-s, -e> *nt* recitativo *m*

rezitieren [retsiˈtiːrən] <ohne ge-> *vt* recitare

R-Gespräch [ˈɛrgəʃprɛːç] *nt* TEL telefonata *f* a carico di chi la riceve

rh, RH *Abk. von* **Rhesusfaktor** MED Rh

Rhabarber [raˈbarbɐ] <-s> *m kein Pl.* rabarbaro *m*

Rhein [raɪn] *m* Reno *m*

rheinisch [ˈraɪnɪʃ], **rheinländisch** [ˈraɪnlɛndɪʃ] *adj* renano

Rheinland *nt* Renania *f*

Rheinländer(in) [ˈraɪnlɛndɐ] <-s, -; -, -nen> *m(f)* renano, -a *m, f*

Rheinland-Pfalz *nt* Renania-Palatinato *f*

Rhesusaffe [ˈreːzʊsʔafə] <-n, -n> *m* reso *m*

Rhesusfaktor [ˈreːzʊsfaktoːɐ̯] *m* MED [fattore *m*] Rh *m;* **~ positiv** Rh+ [*o* positivo]; **~ negativ** Rh- [*o* negativo]

Rhetorik [reˈtoːrɪk] <-> *f kein Pl.* retorica *f*

rhetorisch *adj* retorico; **~e Frage** domanda retorica

Rheuma [ˈrɔɪma] <-s> *nt kein Pl. (fam)* reumatismo *m*

Rheumatiker(in) [rɔɪˈmaːtikɐ] <-s, -; -, -nen> *m(f)* MED reumatico, -a *m, f*

rheumatisch *adj* MED reumatico

Rheumatismus [rɔɪmaˈtɪsmʊs] <-, Rheumatismen> *m* MED reumatismo *m*

Rhinozeros [riˈnoːtserɔs] <- *o* -ses, -se> *nt* rinoceronte *m*

Rhododendron [rodoˈdɛndrɔn, *Pl:* rodoˈdɛndrən] <-, Rhododendren> *m o nt* BOT rododendro *m,* rosa *f* delle Alpi

Rhombus [ˈrɔmbʊs, *Pl:* ˈrɔmbən] <-, Rhomben> *m* MAT rombo *m*

Rhone [ˈroːnə] *f* GEOG Rodano *m*

Rhönrad [ˈrøːnraːt] *nt* cerchio *m* acrobatico

Rhythmen *Pl. von* **Rhythmus**

rhythmisch [ˈrʏtmɪʃ] *adj* ritmico

Rhythmus [ˈrʏtmʊs, *Pl:* ˈrʏtmən] <-, Rhythmen> *m* ritmo *m*

RIAS [ˈriːas] <-> *m kein Pl. Akr. von* **Rundfunk im amerikanischen Sektor** (**von Berlin**) *stazione radiofonica con sede a Berlino*

Ribisel [ˈriːbiːzəl] <-, -(n)> *f* A *(Johannisbeere)* ribes *m*

Ribonukleinsäure [ribonukleˈiːnzɔɪrə] *f* acido *m* ribonucleico

Richtantenne *f* antenna *f* direzionale

R

richten ['rɪçtən] **I.** *vt* ① *(lenken)* **etw auf jdn/etw ~** dirigere qc verso qu/qc; *(Waffe, Fernglas)* puntare qc su qu/qc; *(Aufmerksamkeit, Blicke)* volgere qc a qu/qc; **etw an jdn/etw ~** *(Worte, Bitte)* rivolgere qc a qu/qc ② *bes.* SÜDD, A, CH *(her~)* preparare; *(in Ordnung bringen)* mettere in ordine, assettare; *(Essen)* preparare; *(Haare)* farsi; *(Betten)* [ri]fare; *(reparieren)* riparare **II.** *vr* **sich nach etw ~** orientarsi su qc, regolarsi secondo qc; *(folgen)* seguire qc; LING concordare con qc; **sich nach jdm ~** conformarsi a qu; **ich richte mich ganz nach dir** mi regolo secondo quello che mi dici tu; **unsere Urlaubspläne ~ sich nach dem Wetter** i nostri progetti per le vacanze dipendono dal tempo

Richter(in) ['rɪçtɐ] <-s, -; -, -nen> *m(f)* giudice *mf,* [donna *f*] magistrato *m;* **vor den ~ bringen** citare in giudizio

Richteramt *nt* magistratura *f*

Richterin *f s.* **Richter**

richterlich *adj* giudiziario

Richter-Skala <-> *f kein Pl.* **die ~** la scala Richter

Richtfunk *m* trasmissione *f* per ponte *m* radio

Richtgeschwindigkeit *f* MOT velocità *f* consigliata

richtig ['rɪçtɪç] **I.** *adj* ① *(zutreffend)* giusto, corretto; **auf dem ~en Wege sein** essere sulla buona strada; **das ist genau das Richtige für mich** è proprio quello che ci vuole per me; **bin ich hier ~ nach Bonn?** va bene di qua per Bonn?; **sehr ~!** giustissimo! ② *(echt)* vero; *(wirklich)* autentico; **du bist eine ~e Hexe** *(fam)* sei proprio una strega ③ *(geeignet)* giusto; **der ~e Mann** l'uomo giusto; **im ~en Augenblick** al momento giusto ④ *(fam: in Ordnung)* **nicht ganz ~ [im Kopf] sein** essere un po' tocco **II.** *adv* ① *(korrekt)* correttamente; **du hast das Fenster nicht ~ zugemacht** non hai chiuso bene la finestra; **meine Uhr geht nicht ~** il mio orologio non è esatto ② *(in der Tat)* effettivamente ③ *(fam: ~gehend)* bene; *(gänzlich)* completamente; **jetzt bin ich aber ~ erleichtert** *(fam)* adesso sono proprio sollevato

richtiggehend *adj (regelrecht)* vero [e proprio]

Richtigkeit <-> *f kein Pl.* giustezza *f,* esattezza *f;* **seine ~ haben** essere in ordine, essere giusto

richtig|stellen *vt (berichtigen)* rettificare, correggere

Richtigstellung *f* rettifica *f,* correzione *f*

Richtlinie <-, -n> *f* direttiva *f,* norma *f;* *(Anweisungen)* istruzioni *fpl;* **sich an die ~n halten** attenersi alle direttive

Richtpreis *m* WIRTSCH prezzo *m* indicativo; **unverbindlicher ~** prezzo raccomandato

Richtpunkt *m* punto *m* di mira

Richtschnur *f* ① *(zur Absteckung von Linien)* corda *f* [per tracciare] ② *(fig: Grundsatz)* norma *f,* regola *f*

Richtstrahler *m* RADIO trasmettitore *m* direzionale

Richtung <-, -en> *f* ① *(Verlauf)* direzione *f,* senso *m;* **in ~ Venedig** in direzione Venezia; **aus allen ~en** da tutte le direzioni; **in alle ~en** in tutte le direzioni; **in entgegengesetzter** [*o* **umgekehrter**] **~** in senso contrario ② *(fig: Strömung)* corrente *f;* *(Tendenz)* tendenza *f*

richtungweisend *adj (fig)* direttivo, normativo

Richtwert *m* valore *m* indicativo

Ricke ['rɪkə] <-, -n> *f* ZOO capriola *f*

rieb [riːp] *1. u. 3. Pers. Sing. Imp. von* **reiben**

riechen ['riːçən] <riecht, roch, gerochen> **I.** *vt* odorare, sentire l'odore; *(Tiere)* annusare; **jdn nicht ~ können** *(fig fam)* non poter soffrire qu; **das konnte ich doch nicht ~!** *(fig fam)* non potevo mica prevederlo **II.** *vi* ① *(Geruch wahrnehmen)* **an etw** *dat* **~** odorare qc; *(Tiere)* annusare qc ② *(Geruch verbreiten)* **nach etw ~** sapere di qc; **angebrannt ~** sapere di bruciato; **gut/schlecht ~** avere un buon/cattivo odore; **übel riechend** maleodorante, puzzolente; *(Atem)* cattivo; **aus dem Mund ~** avere l'alito cattivo

Riecher <-s, -> *m (fam)* naso *m;* **einen guten ~ [für etw] haben** avere fiuto [per qc]

Riechkolben *m (sl scherz)* nappa *f,* nasone *m*

Riechsalz *nt* sali *mpl*

rief [riːf] *1. u. 3. Pers. Sing. Imp. von* **rufen**

Riege ['riːgə] <-, -n> *f* SPORT squadra *f*

Riegel ['riːgəl] <-s, -> *m* ① *(Tür~)* catenaccio *m,* chiavistello *m;* *(am Türschloss)* stanghetta *f;* **einer Sache** *dat* **einen ~ vorschieben** *(fig)* mettere un freno a qc ② *(Schokoladen~)* stecca *f*

Riemen ['riːmən] <-s, -> *m* ① *(Band aus Leder)* cinghia *f,* correggia *f;* *(Gürtel)* cintura *f;* *(Schuh~)* stringa *f;* **den ~ enger schnallen** *(fig fam)* stringere la cintura, tirare la cinghia; **sich am ~ reißen** *(fig fam)* darsi da fare ② *(Ruder)* remo *m*

Ries [riːs] <-es, -e> *nt (Papier)* risma *f*

Riese ['riːzə] <-n, -n> *m* gigante *m*

Rieselfeld *nt* AGR marcita *f*

rieseln ['riːzəln] *vi sein (Wasser)* scorrere;

(Schnee, Sand) cadere; *(Regen)* cadere, piovigginare

Riesen- *in Zusammensetzungen* gigantesco, [da] gigante

Riesengebirge *nt* GEOG Monti *mpl* Giganti

riesengroß *adj* gigante, gigantesco, colossale

Riesenrad *nt* ruota *f* panoramica

Riesenschlange *f* boa *f*

Riesenschritt *m (fam)* **mit ~en** a passi da gigante

Riesenslalom *m* SPORT slalom *m* gigante

riesig **I.** *adj* gigante; *(gewaltig)* enorme **II.** *adv (fam: sehr)* molto; **sich ~ amüsieren** divertirsi un mondo

Riesin ['riːzɪn] <-, -nen> *f* gigantessa *f*

riet [riːt] *1. u. 3. Pers. Sing. Imp. von* **raten**

Riff [rɪf] <-(e)s, -e> *nt* scogliera *f*

rigoros [rigo'roːs] *adj* rigoroso, rigido; *(rücksichtslos)* senza riguardi

Rigorosum [rigo'roːzʊm, *Pl:* rigo'roːza *o* rigo'roːzən] <-s, Rigorosa *o* A Rigorosen> *nt* esame *m* di laurea

Rikscha ['rɪkʃa] <-, -s> *f* risciò *m*

Rille ['rɪlə] <-, -n> *f* rigatura *f;* ARCH scanalatura *f; (Schallplatten~)* solco *m*

Rind [rɪnt] <-(e)s, -er> *nt* ① *(Art)* bovino *m* ② *(Tier)* bue *m* ③ *Sing. (fam: ~fleisch)* manzo *m*

Rinde ['rɪndə] <-, -n> *f* ① *(von Baum, Gehirn)* corteccia *f* ② *(von Brot, Käse)* crosta *f*

Rinderbraten *m* GASTR arrosto *m* di manzo

Rinderfilet *nt* GASTR filetto *m* di manzo

Rinderwahnsinn <-s> *m kein Pl.* sindrome *f* della mucca pazza

Rinderzucht *f* allevamento *m* di bovini

Rindfleisch *nt* [carne *f* di] manzo *m*

Rindfleischsuppe *f* brodo *m* di manzo

Rindsleder *nt (Leder)* vacchetta *f*

Rindsuppe <-, -n> *f* A *(Rinderbouillion, klare Rinderkraftbrühe)* brodo *m* di manzo

Rindvieh *nt* ① ZOO bovini *mpl* ② *(fam pej)* bue *m*

Ring [rɪŋ] <-(e)s, -e> *m* ① *(allgemein)* anello *m; (Ehe~)* fede *f; (Servietten~)* portatovagliolo *m* ② SPORT *(Box~)* ring *m* ③ *Pl.* SPORT *(Turngerät)* anelli *mpl* ④ *Pl. (unter den Augen)* occhiaie *fpl* ⑤ *(fig: Menschengruppe)* circolo *m; (Verbrecher~)* organizzazione *f*

Ringbuch *nt* quaderno *m* ad anelli

Ringbucheinlage *f* foglio *m* da inserire in un quaderno ad anelli

Ringel ['rɪŋəl] <-s, -> *m* cerchietto *m,* voluta *f*

Ringellocke *f* ricciolo *m*

ringeln **I.** *vt* arricciare, inanellare **II.** *vr:* **sich ~** *(Haare)* arricciarsi; *(Schlange)* arrotolarsi

Ringelnatter *f* ZOO biscia *f* dal collare, natrice *f*

Ringelspiel *nt* A *(Karussell)* giostra *f,* carosello *m*

ringen ['rɪŋən] <ringt, rang, gerungen> **I.** *vi* ① SPORT lottare ② *(streben)* far di tutto; **um Anerkennung ~** far di tutto per essere riconosciuto **II.** *vt (geh)* **die Hände ~** torcersi le mani

Ringer(in) <-s, -; -, -nen> *m(f)* lottatore, -trice *m, f*

Ringfinger *m* anulare *m*

ringförmig ['rɪŋfœrmɪç] *adj* anulare, circolare

Ringkampf *m* lotta *f*

Ringkämpfer(in) *m(f)* lottatore, -trice *m, f*

Ringlotte [rɪŋ'glɔtə] <-, -n> *f* A BOT *(Reneklode)* regina *f* Claudia

Ringrichter(in) *m(f)* giudice-arbitro, -a *m, f*

rings [rɪŋs] *adv* **~ um …** intorno a …

rings[her]um ['rɪŋs'ʔʊm ('rɪŋshɛ'rʊm)] *adv* tutt'intorno, in giro

Ringstraße *f* circonvallazione *f*

Rinne ['rɪnə] <-, -n> *f* ① *(Furche, Abfluss~, Fahr~)* canale *m; (Dach~)* grondaia *f* ② *(Rinnstein)* cunetta *f* ③ *(Rille)* scanalatura *f*

rinnen ['rɪnən] <rinnt, rann, geronnen> *vi sein (Sand, Zeit)* scorrere; *(Blut)* colare

Rinnsal ['rɪnzaːl] <-(e)s, -e> *nt (geh)* rigagnolo *m*

Rinnstein *m* cunetta *f*

R.I.P. *Abk. von* **requiescat in pace** RIP

Rippchen ['rɪpçən] <-s, -> *nt* GASTR costoletta *f*

Rippe ['rɪpə] <-, -n> *f* ① ANAT, BOT costa *f;* ARCH costolone *m* ② TEC *(von Heizkörper)* aletta *f*

Rippenbruch *m* frattura *f* di una costola

Rippenfell *nt* pleura *f*

Rippenfellentzündung *f* pleurite *f*

Rippenstoß *m* colpo *m* alle costole [*o* nei fianchi]

Rippli ['rɪpli] <-s, -> *nt* CH GASTR costina *f*

Rips [rɪps] <-es, -e> *m (Gewebe)* reps *m*

Risiko ['riːziko, *Pl:* 'riːzikos *o* 'riːzikən] <-s, -s *o* Risiken> *nt* rischio *m;* **ein ~ eingehen** correre un rischio; **auf eigenes ~** a proprio rischio e pericolo

Risikofaktor *m* fattore *m* rischio

risikofreudig *adj* amante del rischio

Risikogruppe *f* MED gruppo *m* a rischio

Risikokapital *nt* FIN capitale *m* a rischio

risikolos *adj* senza rischi

Risikomanagement *nt* gestione *f* del rischio

risikoreich *adj* rischioso, pericoloso

R

riskant [rɪs'kant] *adj* arrischiato, rischioso
riskieren [rɪs'kiːrən] <ohne ge-> *vt* [ar]rischiare
riss [rɪs] *1. u. 3. Pers. Sing. Imp. von* **reißen**
Riss [rɪs] <-sses, -sse> *m* ① *(in Stoff, Papier)* strappo *m; (in Fels)* fenditura *f; (in Glas, Porzellan, Freundschaft)* incrinatura *f; (in Wand)* crepa *f; (a. in Haut)* screpolatura *f* ② TEC *(Zeichnung)* tracciato *m,* pianta *f*
rissig *adj (Haut, Mauerwerk, Leder)* screpolato; *(Erde, Felsen)* pieno di crepacci; *(Glas, Porzellan)* incrinato; ~ **werden** screpolarsi, incrinarsi
Rist [rɪst] <-es, -e> *m* ① *(Fußrücken)* collo *m* del piede ② *(Handrücken)* dorso *m* della mano
Riten *Pl. von* **Ritus**
ritt [rɪt] *1. u. 3. Pers. Sing. Imp. von* **reiten**
Ritt [rɪt] <-(e)s, -e> *m* cavalcata *f*
Ritter ['rɪtɐ] <-s, -> *m* cavaliere *m;* **armer** ~ GASTR pane fritto; **rostige** ~ GASTR *dessert tipico della zona della Saar preparato con pasta di pane e budino alla vaniglia*
Ritterburg *f* maniero *m*
Ritterkreuz *nt* croce *f* di cavaliere
ritterlich *adj* cavalleresco
Ritterlichkeit <-> *f kein Pl.* cavalleria *f*
Ritterorden *m* ordine *m* cavalleresco
Ritterroman *m* LIT romanzo *m* cavalleresco
Ritterrüstung *f* armatura *f* da cavaliere
Ritterschlag *m* accollata *f*
Rittersporn <-(e)s, -e> *m* speronella *f*
rittlings ['rɪtlɪŋs] *adv* a cavallo, a cavalcioni
Ritual [ritu'aːl] <-s, -e *o* -ien> *nt* rituale *m*
rituell [ritu'ɛl] *adj* rituale
Ritus ['riːtʊs, *Pl:* 'riːtən] <-, Riten> *m* rito *m*
Ritz [rɪts] <-es, -e> *m* ① *(Schramme)* scalfittura *f* ② *(Spalte)* fessura *f*
Ritze ['rɪtsə] <-, -n> *f (Spalte)* fessura *f*
ritzen I. *vt* ① *(an~, auf~)* scalfire ② *(ein~)* **etw** [**in etw** *akk*] ~ incidere qc [in qc]; **die Sache ist geritzt** *(sl)* la cosa è fissata **II.** *vr:* **sich** ~ scalfirsi
Rivale [ri'vaːlə] <-n, -n> *m,* **Rivalin** [ri'vaːlɪn] <-, -nen> *f* rivale *mf*
rivalisieren [rivali'ziːrən] <ohne ge-> *vi* **mit jdm um etw** ~ rivaleggiare con qu per qc
Rivalität [rivali'tɛːt] <-, -en> *f* rivalità *f*
Riviera [ri'vi̯eːra] *f* **die** [**italienische**] ~ la Riviera; **die** [**französische**] ~ la Costa Azzurra
Rizinus ['riːtsinʊs] <-, - *o* -se> *m* ricino *m*
Rizinusöl *nt* olio *m* di ricino

RNS [ɛrʔɛn'ʔɛs] <-> *f kein Pl. Abk. von* **Ribonukleinsäure** RNA
Roastbeef ['roːstbiːf] <-s, -s> *nt* rosbif *m,* roast beef *m*
Robbe ['rɔːbə] <-, -n> *f* foca *f*
robben ['rɔbən] *vi sein* strisciare carponi
Robbenfang *m* caccia *f* alle foche
Robe ['roːbə] <-, -n> *f* ① *(geh: Abend~)* abito *m* da sera ② *(Amts~)* toga *f; (von Geistlichen)* abito *m* talare
Roboter ['rɔbɔtɐ] <-s, -> *m* robot *m*
robust [ro'bʊst] *adj* ① *(kräftig)* robusto ② *(widerstandsfähig)* resistente, solido
Robustheit <-> *f kein Pl.* robustezza *f*
roch [rɔx] *1. u. 3. Pers. Sing. Imp. von* **riechen**
röcheln ['rœçəln] *vi* rantolare
Rochen ['rɔxən] <-s, -> *m* ZOO razza *f*
Rock[1] [rɔk, *Pl:* 'rœkə] <-(e)s, Röcke> *m* ① *(Damen~)* gonna *f* ② *(Herrenjacke)* giacca *f* [da uomo]
Rock[2] [rɔk] <-(s), -(s)> *m* ① *Sing. (Musik)* musica *f* rock ② *(Tanz)* rock and roll *m*
Rockband ['rɔkbɛnt] <-, -s> *f* complesso *m* rock
rocken ['rɔkən] *vi* ① *(Musik machen)* fare musica rock, rockeggiare ② *(tanzen)* ballare il rock
Rocker ['rɔkɐ] <-s, -> *m* rocker *m*
Rockerbande *f* banda *f* di rocker
Rockerbraut *f (fam)* ragazza *f* del rocker
Rockfestival *nt* festival *m* rock
Rodel[1] ['roːdəl] <-s, -> *m* ① SÜDD *(Schlitten)* slitta *f* ② CH *(Liste)* lista *f*
Rodel[2] <-, -n> *f* A *(kleiner Schlitten)* slittino *m*
Rodelbahn *f* pista *f* per slitte
rodeln ['roːdəln] *vi haben o bei Fortbewegung: sein* andare in slitta, slittare
roden ['roːdən] *vt* dissodare
Rodler(in) ['roːdlɐ] <-s, -; -, -nen> *m(f)* A *(jd, der mit dem Schlitten fährt)* guidatore, -trice *m, f* di slittino
Rodung <-, -en> *f* dissodamento *m*
Rogen ['roːgən] <-s, -> *m* ZOO uova *f pl* di pesce
Roggen ['rɔgən] <-s, -> *m* segale *f*
Roggenbrot <-(e)s, -e> *nt* pane *m* di segale
Roggenmehl <-(e)s, -e> *nt* farina *f* di segale
roh [roː] *adj* ① *(ungekocht, ungebraten)* crudo, non cotto ② *(nicht be-, verarbeitet)* grezzo, greggio ③ *(grob)* rozzo; *(brutal)* brutale; **~e Gewalt** forza bruta
Rohbau <-(e)s, -ten> *m* costruzione *f* rustica
Roheisen *nt* ferro *m* grezzo
Roherz *nt* minerale *m* grezzo

Rohgewicht <-(e)s, -e> *nt* WIRTSCH peso *m* lordo
Rohgummi *m o nt* gomma *f* greggia
Rohkost *f* crudités *fpl*
Rohling ['ro:lɪŋ] <-s, -e> *m* ① *(pej: Mensch)* bruto *m* ② TEC *(Werkstück)* pezzo *m* grezzo
Rohmaterial *nt* materiale *m* grezzo
Rohmetall *nt* metallo *m* grezzo
Rohöl *nt* [petrolio *m*] greggio *m*
Rohr [ro:ɐ̯] <-(e)s, -e> *nt* ① BOT canna *f* ② TEC tubo *m,* tubatura *f* ③ A *(Backröhre)* forno *m*
Rohrbruch *m* scoppio *m* di un tubo
Rohrdommel ['ro:ɐdɔməl] <-, -n> *f* ZOO tarabuso *m*
Röhre ['rø:rə] <-, -n> *f* ① TEC, EL, RADIO, TV tubo *m* ② *(Brat~)* forno *m;* **in die ~ gucken** *(fam: leer ausgehen)* rimanere a mani vuote ③ *(fam pej: Fernsehgerät)* televisore *m*
röhren ['rø:rən] *vi* bramire
Rohrleger <-s, -> *m* tubista *m*
Rohrleitung *f* tubazione *f,* conduttura *f*
Rohrmatte *f* stuoia *f* di bambù
Rohrmöbel *ntpl* mobili *mpl* di bambù
Rohrnetz *nt* tubature *fpl*
Rohrpost *f* posta *f* pneumatica
Rohrspatz *m* **wie ein ~ schimpfen** *(fam)* imprecare
Rohrstock *m* canna *f*
Rohrstuhl *m* sedia *f* di canne
Rohrzucker *m* zucchero *m* di canna
Rohseide *f* seta *f* grezza
Rohstoff *m* materia *f* prima
Rohstoffmangel *m* penuria *f* di materie prime
Rohstoffreserven *fpl* riserve *fpl* di materie prime
Rohwolle *f* lana *f* grezza
Rohzucker *m* zucchero *m* grezzo
Rokoko ['rɔkoko *o* ro'kɔko] *o* rɔko'ko:] <-(s)> *nt kein Pl.* KUNST, MUS, LIT rococò *m*
Rollator [rɔ'la:to:ɐ̯, *Pl:* rɔla'to:rən] <-s, -en> *m* deambulatore *m,* girello *m* deambulatore
Rollbahn *f* AERO pista *f* di rullaggio
Rollbraten *m* GASTR rollè *m,* rotolo *m* di carne
Rollbrett *nt* skate-board *m*
Rolle ['rɔlə] <-, -n> *f* ① *(Gerolltes)* rotolo *m; (Garn~)* rocchetto *m; (Draht~)* bobina *f* ② TEC *(Lauf~)* carrucola *f; (Walze)* rullo *m; (unter Möbeln)* rotella *f* ③ SPORT capriola *f;* **eine ~ vorwärts/rückwärts machen** fare una capriola in avanti/all'indietro ④ *(fig)* THEAT, FILM ruolo *m;* **eine ~ spielen** THEAT sostenere una parte; *(fig: wichtig sein)* avere importanza; **aus der ~ fallen** *(fig)* sfigurare; **es spielt doch keine/eine ~, ob …** non ha/ha importanza se …; **das spielt keine [große] ~** questo conta poco; **bei mir spielt Geld keine ~** per me i soldi non sono un problema
rollen ['rɔlən] **I.** *vt haben* ① *(drehen)* [far] girare, rotolare ② *(auf~)* arrotolare ③ *(ein~)* arrotolare; *(einwickeln)* avvolgere ④ GASTR *(aus~)* spianare **II.** *vr:* **sich ~** ① *(sich drehen)* rotolarsi ② *(sich auf~)* arrotolarsi ③ *(sich ein~)* **sich in etw** *akk* **~** arrotolarsi in qc **III.** *vi* ① *sein (sich rollend fortbewegen)* rotolare; *(Räder)* girare; **ins Rollen kommen** *(fig)* cominciare, avviarsi ② *sein (Auto, Zug)* passare; *(Flugzeug)* rollare ③ *haben (drehend bewegen)* **mit den Augen ~** roteare gli occhi ④ *haben (Donner)* rimbombare
Rollenbesetzung *f* THEAT, FILM distribuzione *f* delle parti
Rollenbild <-(e)s, -er> *nt* stereotipo *m,* cliché *m,* immagine *f;* **das traditionelle ~ der Frau verändern** cambiare l'immagine tradizionale della donna
Rollenklischee *nt* cliché *m*
Rollenkonflikt *m* conflitto *m* di ruolo
Rollentausch *m* scambio *m* di ruolo
Rollenverhalten *nt* ruolo *m* [*o* comportamento *m*] tipico
Rollenverteilung *f* THEAT, FILM distribuzione *f* delle parti
Rollenzwang *m* imperativi *mpl* del ruolo sociale
Roller ['rɔlɐ] <-s, -> *m* ① *(Spielzeug)* monopattino *m* ② *(Motor~)* [moto]scooter *m*
Rollfeld *nt* AERO campo *m* di atterraggio e di decollo
Rollfilm *m* pellicola *f* a bobina
Rollkragen *m* collo *m* alto
Rollkragenpullover *m* maglione *m* col collo alto
Rollladen <-s, Rollläden *o rar:* -> *m* persiane *fpl* avvolgibili
Rollmops *m* GASTR aringa *f* arrotolata
Rollo ['rɔlo *o* rɔ'lo:] <-s, -s> *nt* persiana *f* avvolgibile
Rollscanner *m* INFORM scanner *m* a rullo
Rollschinken *m* involtino *m* di prosciutto
Rollschrank *m* armadio *m* con avvolgibile
Rollschuh *m* pattino *m* a rotelle; **~ laufen** fare il pattinaggio a rotelle, andare coi pattini a rotelle
Rollsplitt *m* pietrisco *m* catramato
Rollstuhl *m* sedia *f* a rotelle
Rollstuhlfahrer(in) *m(f)* persona *f* che si muove sulla sedia a rotelle
rollstuhlgerecht *adj* predisposto per sedie a rotelle

Rolltreppe *f* scala *f* mobile
Rom[1] [roːm] *nt (Hauptstadt Italiens)* Roma *f*
Rom[2] [rɔm] <-, -a> *m (Roma)* rom *mf*
ROM [rɔm] <-(s), -(s)> *nt Abk. von* **read-only memory** INFORM ROM *f*
Roma ['roːma] *sing* Roma *f sing*
Roman [ro'maːn] <-s, -e> *m* romanzo *m*
romanhaft *adj* ① *(romanartig gestaltet)* romanzato ② *(fig)* romanzesco
Romanik [ro'maːnɪk] <-> *f kein Pl.* romanico *m*
romanisch *adj* ① LING romanzo, neolatino ② *(Kunst)* romanico ③ *(Volk, Länder)* latino
Romanist(in) [roma'nɪst] <-en, -en; -, -nen> *m(f)* romanista *mf*
Romanistik [roma'nɪstɪk] <-s> *f kein Pl.* romanistica *f*
Romanistin *f s.* **Romanist**
Romanschriftsteller(in) *m(f)* romanziere, -a *m, f*
Romantik [ro'mantɪk] <-> *f kein Pl.* KUNST, LIT, MUS romanticismo *m*
Romantiker(in) [ro'mantikɐ] <-s, -; -, -nen> *m(f)* KUNST romantico, -a *m, f*
romantisch *adj* romantico
Romanze [ro'mantsə] <-, -n> *f* MUS, LIT romanza *f*
Römer <inv> *adj* di Roma, romano
Römer(in) ['røːmɐ] <-s, -; -, -nen> *m(f)* romano, -a *m, f,* abitante *mf* di Roma
Römertopf *m* teglia *f* in terracotta
römisch *adj* romano
römisch-katholisch *adj* cattolico romano
Rommé ['rɔme *o* rɔ'meː] <-s, -s> *nt,* **Rommee** <-s, -s> *nt* ramino *m*
röntgen ['rœntgən] *vt* radiografare; *(Körperteil)* fare una radiografia di
Röntgenaufnahme *f* radiografia *f*
Röntgenbild *nt* radiografia *f*
Röntgengerät *nt* apparecchio *m* radiologico
Röntgenologie [rœntgenolo'giː] <-> *f kein Pl.* radiologia *f*
Röntgenstrahlen *mpl* raggi *mpl* X
Röntgentherapie *f* radioterapia *f*
Röntgenuntersuchung *f* MED esame *m* radioscopico, radioscopia *f*
Rooming-in [ruːmɪŋ'ɪn] <-(s)> *nt kein Pl. degenza della gestante con il proprio figlio*
rosa ['roːza] <inv> *adj* rosa; *s. a.* **blau**
Rosa <-(s), - *o fam:* -s> *nt* rosa *m; s. a.* **Blau**
rosarot ['roːza'roːt] *adj* rosa, rosato; **die Welt durch eine ~e Brille sehen** vedere tutto rosa
Rose ['roːzə] <-, -n> *f* rosa *f*
rosé [ro'zeː] <inv> *adj* rosato; *s. a.* **blau**
Rosé <-s, -s> *m (Wein)* rosé *m,* rosato *m*
Rosengarten *m* roseto *m,* giardino *m* di rose
Rosenkohl *m* cavolino *m* di Bruxelles
Rosenkranz *m* REL [corona *f* del] rosario *m;* **den ~ beten** recitare il rosario
Rosenmontag ['roːzənmoːntaːk] *m* lunedì *m* grasso
Rosenöl <-(e)s, -e> *nt* olio *m* essenziale di rose
Rosenstock *m* rosaio *m*
Rosenstrauch *m* rosaio *m*
Rosenzucht *f* rosicultura *f*
Rosette [ro'zɛtə] <-, -n> *f* rosetta *f;* ARCH rosone *m*
rosig ['roːzɪç] *adj* ① *(rosa)* roseo ② *(fig: erfreulich)* roseo; **keine ~e Zukunft** un futuro poco roseo; **alles in ~em Licht sehen** vedere tutto roseo
Rosine [ro'ziːnə] <-, -n> *f* uva *f* passa; **~n im Kopf haben** *(fig fam)* avere idee grandiose e irrealizzabili
Rosmarin ['roːsmariːn *o* roːsma'riːn] <-s> *m kein Pl.* rosmarino *m*
Ross [rɔs] <-es, -e *o* DIAL Rösser> *nt* SÜDD, A, CH *o geh)* cavallo *m,* destriero *m poet;* **sich aufs hohe ~ setzen** *(fig)* montare in superbia
Rosshaar *nt* crine *m* [di cavallo]
Rosskastanie *f* ① *(Baum)* castagno *m* d'India, ippocastano *m* ② *(Frucht)* frutto *m* dell'ippocastano
Rosskur *f (fam)* cura *f* da cavallo
Rost[1] [rɔst] <-(e)s, -e> *m (Gitter, Brat~)* griglia *f;* **vom ~** GASTR ai ferri, alla griglia
Rost[2] <-(e)s> *m kein Pl.* CHEM, BOT ruggine *f;* **~ ansetzen** arrugginire
Rostbraten *m* arrosto *m* fatto ai ferri
Rostbratwurst *f* salsiccia *f* alla brace
rostbraun *adj* color ruggine, rugginoso
rosten ['rɔstən] *vi haben o sein* arrugginire; SCIENT inossidarsi
rösten ['rœstən] *vt* arrostire, cuocere ai ferri; *(Brot)* tostare; *(Kaffee)* torrefare
rostfrei *adj* ① *(ohne Rost)* non arrugginito ② *(nicht rostend)* inossidabile
röstfrisch *adj* appena tostato
Rösti ['rœsti] *pl* CH GASTR *patate arrostite alla maniera svizzera*
rostig *adj* arrugginito
Röstkartoffeln *fpl* patate *fpl* arrosto
Rostschutz *m* protezione *f* antiruggine
Rostschutzfarbe *f* vernice *f* antiruggine
Rostschutzmittel *nt* antiruggine *m*
Rostumwandler <-s, -> *m* inibitore *m* di ruggine
rot [roːt] <-er *o* röter, -este *o* röteste> *adj* rosso; *(Haar)* rossiccio; *(Gesicht)* rubicondo; **~ werden** arrossire; **einen ~en Kopf**

kriegen diventare rosso come un peperone *fam;* **der ~e Faden** *(fig)* il filo conduttore; **auf jdn wie ein ~es Tuch wirken** far montare qu su tutte le furie; **in den ~en Zahlen stecken** essere in deficit; *s. a.* **blau**

Rot <-s, - *o fam:* -s> *nt* [colore *m*] rosso *m;* **bei ~ über die Straße gehen** passare col rosso; **die Ampel steht auf ~** il semaforo è rosso; *s. a.* **Blau**

Rotation [rota'tsi̯o:n] <-, -en> *f* rotazione *f*

Rotationsdruck <-(e)s, -e> *m* stampa *f* rotativa

Rotationsprinzip <-s> *nt kein Pl.* principio *m* di rotazione

Rotationssystem <-s> *nt kein Pl.* POL sistema *m* di rotazione

Rotbarsch *m* ZOO pesce *m* persico

rotblond *adj* fulvo

rotbraun *adj* rosso bruno; *(Haar)* bruno rossiccio

Rotdorn <-(e)s, -e> *m* biancospino *m* rosso

Röte ['rø:tə] <-> *f kein Pl.* ❶ *(Farbe)* [colore *m*] rosso *m;* *(im Gesicht)* rossore *m* ❷ BOT robbia *f*

Rote-Armee-Fraktion [rotəar'me:fraktsi̯o:n] *f* frazione *f* dell'armata rossa *(gruppo terroristico - RAF)*

Röteln ['rø:təln] *pl* MED rosolia *f*

röten I. *vt (geh)* tingere di rosso, arrossare **II.** *vr:* **sich ~** arrossare; *(Himmel)* tingersi di rosso; *(Haut, Augen)* arrossarsi

rotglühend *adj* arroventato, rovente

rot-grün *adj* POL **die ~e Koalition** la coalizione rosso-verde *(tra il partito dei socialdemocratici e quello dei verdi)*

rothaarig *adj* dai capelli rossi

Rothaut *f (scherz)* pellirossa *mf*

rotieren [ro'ti:rən] <ohne ge-> *vi* ❶ *(sich drehen)* **um etw ~** rotare intorno a qc ❷ *(fam: hektisch werden)* agitarsi

Rotkäppchen ['ro:tkɛpçən] <-s> *nt kein Pl.* Cappuccetto *m* rosso

Rotkehlchen ['ro:tkɛ:lçən] <-s, -> *nt* pettirosso *m*

Rotkohl *m bes.* NORDD cavolo *m* rosso

Rotkraut *nt* SÜDD, A cavolo *m* rosso

rötlich *adj* rossastro; *(a. Haar)* rossiccio

Rotlichtviertel <-s, -> *nt (fam)* quartiere *m* a luci rosse

Rotor ['ro:to:ɐ, *Pl:* ro'to:rən] <-s, -en> *m* TEC rotore *m*

rot|sehen <irr> *vi (fam)* vedere rosso

Rotstift *m* matita *f* rossa; **dem ~ zum Opfer fallen** venir cancellato

Rotte ['rɔtə] <-, -n> *f* ❶ *(pej: Schar)* banda *f,* masnada *f* ❷ MIL, AERO, NAUT formazione *f* a due ❸ *(Tier~)* branco *m*

Rötung <-, -en> *f* arrossamento *m*

rotviolett *adj* rosso violaceo

Rotwein *m* vino *m* rosso

Rotwild *nt* cervi *mpl*

Rotz [rɔts] <-es, -e> *m (vulg: Nasenschleim)* moccolo *m fam;* **~ und Wasser heulen** *(fam)* piangere come una fontana

rotzen ['rɔtsən] *vi (vulg)* ❶ *(sich schnäuzen)* soffiarsi il naso ❷ *(ausspucken)* scatarrare

Rotzfahne *f (sl)* moccichino *m fam*

rotzfrech ['rɔts'frɛç] *adj (sl pej)* sfacciato

rotzig *adj* ❶ *(vulg: Nase)* moccioso ❷ *(sl pej: frech)* sfacciato

Rotznase *f (sl)* ❶ *(Nase)* naso *m* pieno di moccio *fam* ❷ *(pej: Kind)* moccioso, -a *m, f fam*

Rouge [ru:ʒ] <-s, -s> *nt* rouge *m*

Roulade [ru'la:də] <-, -n> *f* GASTR involtino *m* [di carne]

Rouleau [ru'lo:] <-s, -s> *nt s.* **Rollo**

Roulett [ru'lɛt] <-(e)s, -e *o* -s> *nt,* **Roulette** [ru'lɛtə] <-s, -s> *nt* roulette *f;* **russisches ~** roulette russa

Route ['ru:tə] <-, -n> *f* percorso *m;* *(Reise~)* itinerario *m*

Routenplaner *m* navigatore *m*

Router ['ru:tɐ] <-s, -> *m* INFORM router *m*

Routine [ru'ti:nə] <-> *f kein Pl.* ❶ *(Gewandtheit)* pratica *f* ❷ *(pej)* routine *f;* **zur ~ werden** diventare routine

routinemäßig *adj o adv* di routine, in modo meccanico

Routineuntersuchung *f* visita *f* di controllo

Routinier [ruti'ni̯e:] <-s, -s> *m* routiniero, -a *m, f,* abitudinario, -a *m, f*

routiniert [ruti'ni:ɐ̯t] *adj* pratico, esperto

Rowdy ['raʊdi] <-s, -s> *m (pej)* teppista *m*

Royalist(in) [ro̯aja'lɪst] <-en, -en; -, -nen> *m(f)* realista *mf,* monarchico, -a *m, f*

RT *Abk. von* **Registertonne** tonnellata di stazza

Rubbellos *nt* gratta e vinci *m*

rubbeln ['rʊbəln] *vi, vt* strofinare, sfregare

Rübe ['ry:bə] <-, -n> *f* ❶ *(Futter~, Gemüse~)* rapa *f;* *(Zucker~)* barbabietola *f;* **rote ~** barbabietola *f,* rapa *f* rossa; **gelbe ~** SÜDD carota *f* ❷ *(fam: Kopf)* zucca *f*

Rubel ['ru:bəl] <-s, -> *m* rublo *m*

Rübenzucker *m* zucchero *m* di barbabietola

rüber ['ry:bɐ] *adv (fam) s.* **herüber, hinüber**

Rubin [ru'bi:n] <-s, -e> *m* rubino *m*

Rubrik [ru'bri:k] <-, -en> *f* rubrica *f;* **unter der ~ …** alla rubrica …

R

ruchbar ['ruːxbaːɐ] *adj* ~ **werden** *(geh)* divenire di pubblico dominio

ruchlos ['ruːxloːs] *adj* *(geh)* scellerato, empio, infame

Ruchlosigkeit <-> *f kein Pl.* *(geh)* scelleratezza *f,* empietà *f,* infamia *f*

ruck [rʊk] *interj* **~, zuck!** *(fam: ganz schnell)* in un batter d'occhio

Ruck [rʊk] <-(e)s, -e> *m* scossa *f,* scossone *m;* *(fam)* POL spostamento *m,* slittamento *m;* ~ **nach links** slittamento a sinistra; **mit einem ~** di colpo; **sich** *dat* **einen ~ geben** *(fam)* [ri]scuotersi

ruckartig *adj* ① *(mit einem Ruck)* a strappi ② *(unvermittelt)* brusco

Rückbesinnung <-> *f kein Pl.* ricordo *m,* rimembranza *f* (**auf** +*akk* di)

rückbezüglich ['rʏkbətsyːklɪç] *adj* GRAM riflessivo

Rückblende *f* flashback *m*

Rückblick *m* sguardo *m* retrospettivo

rückblickend *adj* retrospettivo; ~ **kann man sagen, dass …** a posteriori si può dire che …

rücken ['rʏkən] **I.** *vt haben* spingere; **etw von etw ~** *(weg~)* scostare qc da qc **II.** *vi sein* *(Platz machen)* spostarsi; *(vorwärts)* avanzare; *(rückwärts)* indietreggiare; **an etw** *akk* **~** *(näher)* avvicinarsi a qc; **der Zeiger rückte auf 6** la lancetta andò sul 6; **rück mal ein bisschen!** *(fam)* spostati un po'!, fatti un po' più in là!; **in weite Ferne ~** *(fig)* allontanarsi molto

Rücken ['rʏkən] <-s, -> *m* ① ANAT schiena *f,* dorso *m;* **~ an ~** schiena a schiena; **jdm den ~ zukehren** [*o* **zuwenden**] voltare le spalle a qu; **mir lief es heiß und kalt den ~ hinunter** mi corsero i brividi giù per la schiena; **jdm den ~ stärken** *(fig)* infondere coraggio a qu; **hinter jds ~** *(a. fig)* alle spalle di qu; **sich** *dat* **den ~ freihalten** *(fig)* coprirsi le spalle; **jdm/etw den ~ kehren** *(fig)* voltare le spalle a qu/qc; **jdm in den ~ fallen** *(fig)* voltare le spalle a qu ② *(Berg~)* dorsale *f;* *(Hand~, Fuß~, Nasen~)* dorso *m;* *(Messer~)* costa *f;* *(Buch~)* costa *f,* dorso *m*

Rückendeckung *f* copertura *f* alle spalle

Rückenlehne *f* schienale *m,* spalliera *f*

Rückenmark *nt* midollo *m* spinale

Rückenschmerzen *mpl* dolori *mpl* di schiena, mal *m* di schiena

Rückenschwimmen *nt* [nuoto *m* sul] dorso *m*

Rückenwind *m* vento *m* da dietro

rück|erstatten <ohne ge-> *vt* rimborsare

Rückerstattung <-, -en> *f* restituzione *f;* FIN rimborso *m,* rifusione *f*

R

Rückfahrkarte *f* biglietto *m* di andata e ritorno

Rückfahrschein *m* biglietto *m* di andata e ritorno

Rückfahrscheinwerfer *m* fanale *m* di retromarcia

Rückfahrt *f* [viaggio *m* di] ritorno *m;* **auf der ~** al ritorno

Rückfall *m* ① *(a. fig)* MED ricaduta *f* ② JUR recidiva *f*

rückfällig *adj* **~ werden** JUR essere recidivo; MED avere una ricaduta

Rückfenster *nt* MOT lunotto *m*

Rückflug *m* [volo *m* di] ritorno *m*

Rückflugticket <-s, -s> *nt* biglietto *m* aereo di ritorno

Rückfrage *f* [ulteriore] richiesta *f* di spiegazioni

rück|fragen *vi* [**bei jdm**] ~ chiedere ulteriori informazioni [a qu]

Rückgabe *f* restituzione *f*

Rückgaberecht *nt* diritto *m* di restituzione

Rückgang *m* ① *(Abnahme)* diminuzione *f,* regresso *m* ② COM, FIN recessione *f,* flessione *f*

rückgängig *adj* **~ machen** *(Beschluss)* revocare; *(Vertrag)* rescindere; *(Kauf, Geschäft)* annullare

Rückgewinnung *f* recupero *m*

Rückgrat <-(e)s, -e> *nt* spina *f* dorsale, colonna *f* vertebrale; *(fig)* spina *f* dorsale; **kein ~ haben** *(fig)* essere uno smidollato *fam*

Rückgriff *m* ① *(Wiederaufgreifen)* ricorso *m;* **~ auf etw** *akk* ricorso a qc ② JUR regresso *m,* rivalsa *f*

Rückhalt *m* appoggio *m,* sostegno *m*

rückhaltlos *adj o adv* senza riserve

Rückhand *f* SPORT rovescio *m*

Rückkauf *m* riacquisto *m,* riscatto *m*

Rückkaufsrecht *nt* diritto *m* di riacquisto [*o* di riscatto]

Rückkehr ['rʏkkeːɐ̯] <-> *f kein Pl.* ritorno *m,* rientro *m;* **bei meiner ~** al mio ritorno

Rückkopp[e]lung *f* feedback *m;* TEC, RADIO reazione *f*

Rücklage *f* ① FIN [fondo *m* di] riserva *f* ② SPORT *(Haltung)* posizione *f* all'indietro del corpo

rückläufig *adj* retrogrado, regressivo

Rücklicht *nt* luce *f* posteriore

rücklings ['rʏklɪŋs] *adv* ① *(rückwärts)* all'indietro ② *(auf dem Rücken)* sulla schiena ③ *(von hinten)* da dietro, alle spalle

Rückmarsch *m* MIL ritirata *f*

rück|melden *vr:* **sich ~** UNIV confermare l'iscrizione

Rücknahme ['rʏkna:mə] <-, -n> *f (von Versprechen, Klage)* ritiro *m*
Rückporto *nt* affrancatura *f* per la risposta
Rückreise *f* [viaggio *m* di] ritorno *m;* **auf der ~** al ritorno; **auf der ~ sein** essere sulla via del ritorno
Rückreiseverkehr <-s> *m kein Pl.* traffico *m* di rientro [*o* di ritorno] [dalle vacanze]
Rückruf <-(e)s, -e> *m* ① TEL richiamata *f* ② JUR, WIRTSCH ritiro *m*
Rückrufaktion *f* contrordine *m*
Rückrufautomatik *f* sistema *m* automatico di richiamo
Rucksack ['rʊkzak] *m* zaino *m*
Rucksacktourist(in) <-en, -en; -, -nen> *m(f)* saccopelista *mf*
Rückschau *f* sguardo *m* retrospettivo
rückschauend *adj* retrospettivo
Rückschlag *m* ① SPORT rimbalzo *m* ② *(Fehlschlag)* ricaduta *f*
Rückschluss *m* conclusione *f;* **aus etw den ~ ziehen** trarre la conclusione da qc
Rückschritt *m* passo *m* indietro, regresso *m*
rückschrittlich *adj* retrogrado, reazionario
Rückseite *f* retro *m; (von Stoff, Medaille)* rovescio *m; (von Blatt)* verso *m; (von Gebäude)* parte *f* posteriore; **auf der ~ von** a retro di; **siehe ~** vedi retro
Rücksicht *f* riguardo *m;* **~ nehmen auf jdn** avere riguardo per qu; **mit/ohne ~ auf** *+akk* con/senza riguardo a; **ohne ~ auf Verluste** *(fam)* senza curarsi di eventuali perdite
Rücksichtnahme ['rʏkzɪçtna:mə] <-> *f kein Pl.* riguardo *m,* considerazione *f*
rücksichtslos *adj* senza riguardo, spietato
Rücksichtslosigkeit <-, -en> *f* mancanza *f* di riguardo; *(Schonungslosigkeit)* brutalità *f*
rücksichtsvoll *adj* [**gegen jdn/etw**] **~ sein** essere pieno di riguardo [verso qu/qc]
Rücksitz *m (von Auto)* sedile *m* posteriore; *(von Motorrad)* sellino *m* posteriore
Rückspiegel *m* specchietto *m* retrovisore
Rückspiel *nt* SPORT partita *f* di ritorno
Rücksprache *f* abboccamento *m,* colloquio *m;* **nach ~ mit** d'intesa con
Rückstand *m* ① *(Rest)* resto *m,* rimanente *m;* CHEM residuo *m* ② *meist Pl.* FIN arretrati *mpl* ③ *(Verzug)* ritardo *m;* **im ~ sein** essere indietro ④ SPORT svantaggio *m*
rückständig *adj* ① *(unterentwickelt)* arretrato; *(rückschrittlich)* retrivo, retrogrado ② FIN *(Schuldner)* moroso; *(Betrag)* arretrato
Rückständigkeit <-> *f kein Pl.* arretratezza *f*
Rückstau *m* ① TEC ristagno *m* ② MOT ingorgo *m*
Rückstoß *m* ① *(Stoß nach hinten)* contraccolpo *m; (bei Schusswaffe)* rinculo *m* ② PHYS ripercussione *f*
Rückstrahler *m* catarifrangente *m*
Rücktaste *f* TEC tasto *m* di ritorno
Rücktritt *m* ① *(vom Amt)* dimissioni *fpl,* ritiro *m;* **seinen ~ von einem Amt erklären** rassegnare le dimissioni da una carica ② *(~bremse)* freno *m* a contropedale
Rücktrittbremse *f* freno *m* a contropedale
Rücktrittsgesuch *nt* dimissioni *fpl* scritte
Rücktrittsrecht *nt* JUR diritto *m* di recesso
Rückübersetzung *f* retroversione *f,* ritraduzione *f*
rück|vergüten <ohne ge-> *vt* rimborsare
Rückvergütung *f* rimborso *m*
rück|versichern <ohne ge-> *vr:* **sich ~** riassicurarsi
Rückversicherung *f* riassicurazione *f*
Rückwand *f* parete *f* posteriore
rückwärtig ['rʏkvɛrtɪç] *adj* di dietro, posteriore
rückwärts ['rʏkvɛrts] *adv* ① *(nach hinten, von hinten nach vorne)* [all']indietro ② SÜDD, A *(hinten)* [di] dietro
rückwärts|fahren <irr> *vi (Person, Fahrzeug)* fare marcia indietro
Rückwärtsgang *m* retromarcia *f*
rückwärts|gehen <irr> *vi* camminare all'indietro
Rückweg *m* [via *f* del] ritorno *m*
ruckweise *adv* a scosse
rückwirkend *adj* ADM retroattivo
Rückwirkung *f* ① ADM retroattività *f* ② *(Auswirkung)* ripercussione *f*
rückzahlbar *adj* rimborsabile, restituibile
Rückzahlung *f* rimborso *m*
Rückzieher <-s, -> *m (fam)* marcia *f* indietro, dietro front *m;* **einen ~ machen** *(fam)* fare marcia indietro, tornare sui propri passi
Rückzug *m* MIL ritirata *f;* **den ~ antreten** battere in ritirata
Rucola[1], **Rukola** ['ru:kola] <-s> *m kein Pl.* *(Salat)* rucola *f*
Rucola[2], **Rukola** ['ru:kola] <-> *f kein Pl.* *(Pflanze)* rucola *f*
rüde ['ry:də] *adj* rozzo, rude
Rüde ['ry:də] <-n, -n> *m* maschio *m*
Rudel ['ru:dəl] <-s, -> *nt* branco *m*
Ruder ['ru:dɐ] <-s, -> *nt* ① *(von ~boot)* remo *m* ② *(Steuer~)* timone *m;* **das ~ fest in der Hand haben** *(fig)* reggere il timone
Ruderboot *nt* barca *f* a remi
Ruderer <-s, -> *m,* **Ruderin** <-, -nen> *f* rematore, -trice *m, f*
Ruderin <-, -nen> *f* rematore, -trice *m, f*

rudern *vi haben o bei Fortbewegung: sein* ① *(Ruder bewegen)* remare; **mit den Armen ~** *(fig fam)* agitare le braccia come un mulino a vento ② *(Ruderboot fahren)* andare in barca a remi; SPORT fare [del] canottaggio
Ruderregatta *f* gara *f* di canottaggio
Rudersport *m* canottaggio *m*
Rudiment [rudi'mɛnt] <-(e)s, -e> *nt* ① *(Überbleibsel)* residuo *m* ② BIOL rudimento *m* ③ *Pl: (Grundbegriffe)* rudimenti *mpl*
rudimentär [rudimɛn'tɛːɐ̯] *adj* rudimentale
Ruf [ruːf] <-(e)s, -e> *m* ① *(Schrei, Aus~)* grido *m* ② *Sing. (Auf~)* chiamata *f; (des Herzens, Gewissens)* voce *f,* richiamo *m* ③ *Sing. (Berufung)* invito *m;* **einen ~ an die Universität Köln erhalten** essere chiamato quale professore all'università di Colonia ④ *Sing. (Ansehen)* reputazione *f; (Ruhm)* fama *f;* **einen guten/schlechten ~ haben** godere [di] una buona/cattiva fama; **er ist besser als sein ~** è migliore di quel che si dice
rufen ['ruːfən] <ruft, rief, gerufen> **I.** *vt* chiamare; **hast du mich gerufen?** mi hai chiamato?; **jdn zur Ordnung ~** richiamare qu all'ordine; **sich** *dat* **etw ins Gedächtnis ~** farsi venire in mente qc; **wie gerufen kommen** *(fam)* venire a proposito **II.** *vi (a. auf~)* chiamare; *(aus~)* gridare; **nach jdm ~** chiamare qu; **um Hilfe ~** chiamare aiuto; **die Arbeit/Pflicht ruft** il lavoro/dovere chiama
Rüffel ['rʏfəl] <-s, -> *m (fam)* rabbuffo *m,* sgridata *f*
Rufmord *m* grave calunnia *f*
Rufname *m* nome *m*
Rufnummer *f* numero *m* telefonico
Rufsäule *f* colonnina *f* di soccorso
rufschädigend *adj* **~es Verhalten** comportamento screditante
Rufweite *f* **in/außer ~** a portata/fuori della portata di voce
Rufzeichen *nt* ① TEL segnale *m* di libero ② A *(Ausrufezeichen)* punto *m* esclamativo
Rugby ['rakbi] <-(s)> *nt kein Pl.* SPORT rugby *m*
Rüge ['rʏːgə] <-, -n> *f* biasimo *m,* rimprovero *m*
rügen *vt* biasimare, rimproverare
Rügen ['rʏːgən] <-s> *f* GEOG isola *f* di Rügen
Ruhe ['ruːə] <-> *f kein Pl.* ① *(Unbewegtheit)* calma *f; (Stille, Gelassenheit)* quiete *f;* **die ~ vor dem Sturm** *(fig)* la calma prima della tempesta ② *(Schweigen)* silenzio *m;* **~!** silenzio! ③ *(Entspannung, Erholung, Bett~)* riposo *m;* **sich** *dat* **keine ~ gönnen** non concedersi riposo; **angenehme ~!** buon riposo!; **sich zur ~ setzen** *(Geschäftsmann)* ritirarsi dagli affari; *(Angestellter)* andare in pensione; **die ewige ~** *(geh)* la pace eterna ④ *(innere ~, Friede)* tranquillità *f,* calma *f,* pace *f;* **~ bewahren** mantenere la calma; **jdn mit etw in ~ lassen** lasciare in pace qu con qc; **nicht aus der ~ zu bringen sein** non perdere mai la calma; **zur ~ kommen** trovare un momento di pace; **nicht** [*o* **keinen Augenblick**] **zur ~ kommen** non trovare requie; **in** [**aller**] **~** con calma, in tutta tranquillità; **sie hat die ~ weg** *(fam)* è la calma in persona; **das lässt ihm keine ~** [ciò] non gli dà pace; **immer mit der ~!** *(fam)* calma e sangue freddo!
Ruhegehalt *nt* pensione *f*
ruheliebend *adj* amante della quiete; **~ sein** essere un amante della quiete
ruhelos *adj* irrequieto, agitato; *(innerlich)* inquieto
Ruhelosigkeit <-> *f kein Pl.* irrequietezza *f,* agitazione *f; (innerlich)* inquietudine *f*
ruhen *vi* ① *(aus~)* riposare, riposarsi; **nicht eher ~, als bis …** non aver pace fin quando non …; **ruhe in Frieden** riposa in pace ② *(fig)* essere posato su qc; *(Verdacht, Verantwortung)* gravare; **sein Blick ruhte auf der Landschaft** il suo sguardo si posò sul paesaggio ③ *(sich stützen)* **auf etw** *dat* **~** poggiare su qc ④ *(Arbeit, Betrieb, Produktion)* essere fermo; *(Angelegenheit)* essere sospeso; **eine Angelegenheit ~ lassen** lasciare un affare
Ruhepause *f* pausa *f*
Ruhestand *m (Lebensabschnitt)* riposo *m; (Stellung)* pensione *f;* **im ~** a riposo, in pensione; **in den ~ treten** andare in pensione
Ruhestellung *f* posizione *f* di riposo
Ruhestörung *f* disturbo *m* della quiete pubblica; **nächtliche ~** schiamazzi *mpl* notturni
Ruhetag *m* giorno *m* di riposo; *(von Geschäft)* riposo *m* settimanale
ruhig ['ruːɪç] **I.** *adj* ① *(unbewegt, a. fig)* calmo ② *(geräuschlos)* silenzioso ③ *(still, gelassen)* tranquillo; **~ bleiben** restare calmo; **sich ~ verhalten** mantenersi tranquillo; **~ Blut!** *(fam)* calma e sangue freddo! ④ MED *(unbeweglich)* **~ stellen** *(Arm, Bein)* immobilizzare **II.** *adv (fam)* ① *(unbesorgt)* tranquillamente ② *(meinetwegen)* per me
ruhig|stellen *vt* MED *(sedieren)* calmare

R

Ruhm ['ruːm] <-(e)s> *m kein Pl.* gloria *f,* fama *f*
rühmen ['ryːmən] **I.** *vt* ① *(preisen)* glorificare, esaltare ② *(loben)* lodare, elogiare; *(übermäßig)* magnificare **II.** *vr* **sich einer Sache** *gen* ~ gloriarsi di qc, vantarsi di qc
rühmlich *adj* degno di lode, lodevole
ruhmlos *adj* inglorioso
ruhmreich, ruhmvoll *adj* glorioso
Ruhr[1] ['ruːɐ̯] <-> *f* GEOG Ruhr *f*
Ruhr[2] ['ruːɐ̯] <-, *rar:* -en> *f* MED dissenteria *f*
Rührei *nt* uova *f pl* strapazzate
rühren ['ryːrən] **I.** *vt* ① *(um~)* rimestare; *(mischen)* mescolare ② *(bewegen)* muovere; **keinen Finger ~** *(fam)* non muovere un dito ③ *(ergreifen, erregen)* commuovere, toccare; **jdn zu Tränen ~** commuovere qu fino alle lacrime **II.** *vi* ① *(um~)* mescolare ② *(geh: her~)* **von etw ~** derivare da qc; **das rührt daher, dass ...** questo dipende dal fatto che ... **III.** *vr:* **sich ~** ① *(sich bewegen)* muoversi; **kein Lüftchen rührte sich** non spirava un alito di vento; **rührt euch!** MIL riposo! ② *(sich melden: Gewissen)* svegliarsi
rührend **I.** *adj* commovente, toccante **II.** *adv* **sich ~ um jdn kümmern** preoccuparsi di qu in modo commovente
Ruhrgebiet *nt* GEOG regione *f* della Ruhr
rührig *adj* attivo, dinamico; *(emsig)* operoso
rührselig *adj (pej)* ① *(Mensch)* emotivo, sentimentale ② *(Buch, Film)* lacrimoso, commovente
Rührseligkeit *f* emotività *f,* sentimentalismo *m*
Rührteig <-(e)s, -e> *m* impasto *m*
Rührung <-> *f kein Pl.* commozione *f*
Ruin [ru'iːn] <-s> *m kein Pl.* rovina *f,* tracollo *m*
Ruine [ru'iːnə] <-, -n> *f* rovina *f*
ruinieren [rui'niːrən] <ohne ge-> *vt* rovinare
ruinös [rui'nøːs] *adj* rovinoso
rülpsen ['rʏlpsən] *vi (fam)* ruttare
Rülpser <-s, -> *m (fam)* rutto *m*
rum [rʊm] *adv (fam) s.* **herum**
Rum [rʊm] <-s, -s> *m* rhum *m,* rum *m*
Rumäne [ru'mɛːnə] <-n, -n> *m* romeno *m,* rumeno *m*
Rumänien [ru'mɛːniən] *nt* Romania *f*
Rumänin [ru'mɛːnɪn] <-, -nen> *f* romena *f,* rumena *f*
rumänisch *adj* romeno, rumeno
rumeiern ['rʊmʔaiɐn] *vi (pej fam)* girarci intorno, cincischiare
rum|kriegen *vt (fam)* **jdn ~** convincere qu a starci
Rummel ['rʊməl] <-s> *m kein Pl. (fam)* ① *(Betriebsamkeit)* viavai *m,* movimento *m* ② *(~platz)* fiera *f*
Rummelplatz *m (fam)* parco *m* dei divertimenti
rumoren [ru'moːrən] <ohne ge-> *vi (poltern)* fare fracasso; *(im Magen)* brontolare
Rumpelkammer *f (fam)* ripostiglio *m*
rumpeln ['rʊmpəln] *vi (fam)* ① *haben (poltern)* fare fracasso ② *sein (polternd fahren)* passare con fracasso
Rumpf [rʊmpf, *Pl:* 'rʏmpfə] <-(e)s, Rümpfe> *m* ① ANAT tronco *m* ② NAUT scafo *m;* AERO fusoliera *f*
rümpfen ['rʏmpfən] *vt* **die Nase [über etw** *akk*] ~ arricciare il naso [per qc]
Rumpsteak ['rʊmpsteːk] *nt* costata *f* di manzo
Rumtopf *m* frutta *f* conservata nel rhum
rum|treiben <irr> *vr:* **sich ~** *(fam pej)* andare in giro, girovagare; *(auf der Straße)* gironzolare; **wo hast du dich wieder rumgetrieben?** dove hai gironzolato di nuovo?
Run [ran] <-s, -s> *m* corsa *f;* **der ~ auf etw** *akk* la corsa a qc
rund [rʊnt] **I.** *adj* rotondo; *(Gesicht)* pieno; *(Zahl)* tondo; **ein ~es Dutzend** *(fam)* una buona dozzina **II.** *adv* ① *(fam: ungefähr)* [all'in]circa ② *(herum)* intorno; **eine Reise ~ um die Erde** un viaggio intorno alla terra; **~ um die Uhr** senza interruzione
Rundbau <-(e)s, -ten> *m* rotonda *f*
Rundblick *m* panorama *m*
Rundbogen *m* arco *m* a tutto sesto
Rundbrief *m* [lettera *f*] circolare *f*
Runde ['rʊndə] <-, -n> *f* ① *(Gesellschaft)* circolo *m,* cerchia *f* ② *(Rundgang)* giro *m;* **die ~ machen** *(a. fig)* fare il giro ③ *(Rennstrecke)* giro *m* ④ *(beim Boxen)* ripresa *f,* round *m;* **über die ~n kommen** *(fam)* farcela a stento ⑤ *(von Getränken)* giro *m;* **eine ~ spendieren** [*o* **[aus]geben**] offrire un giro
runden **I.** *vt* arrotondare **II.** *vr:* **sich ~** arrotondarsi
rund|erneuern <ohne ge-> *vt (Reifen)* vulcanizzare
Rundfahrt *f* giro *m,* itinerario *m* [con ritorno al punto di partenza]
Rundflug *m* giro *m* in aereo
Rundfrage *f* inchiesta *f*
Rundfunk *m* radio *f;* **im ~** alla radio
Rundfunk- *in Zusammensetzungen* radiofonico
Rundfunkanstalt *f* stazione *f* radiofonica
Rundfunkempfang *m* ricezione *f* delle emissioni radiofoniche
Rundfunkempfänger *m s.* **Rundfunkgerät**

Rundfunkgebühren *fpl* canone *m* radiofonico

Rundfunkgerät *nt* [apparecchio *m*] radio *f*

Rundfunkhörer(in) *m(f)* radioascoltatore, -trice *m, f*

Rundfunkprogramm *nt* programma *m* radiofonico

Rundfunksender *m* emittente *f* radiofonica

Rundfunksendung *f* emissione *f* radiofonica

Rundfunksprecher(in) *m(f)* annunciatore, -trice *m, f* radiofonico, -a

Rundfunkstation *f* stazione *f* radiofonica

Rundfunkteilnehmer(in) *m(f)* radioabbonato, -a *m, f*

Rundfunkübertragung *f* trasmissione *f* radiofonica

Rundfunkwerbung *f* pubblicità *f* radiofonica

Rundgang *m* giro *m;* MIL ronda *f*

rund|gehen <irr> *vi sein* ① *(herumgereicht werden)* circolare; *(erzählt werden)* essere passato di bocca in bocca ② *(fam: turbulent werden)* agitarsi; **jetzt geht's rund** adesso si parte!, forza che si inizia!

rundheraus ['rʊnthɛ'raʊs] *adv* francamente, apertamente, chiaro e tondo

rundherum ['rʊnthɛ'rʊm] *adv* ① *(rings)* [tutto] intorno ② *(fig fam: völlig)* completamente, pienamente

rundlich *adj* ① *(annähernd rund)* [ro]tondeggiante ② *(Mensch)* grassottello

Rundreise *f s.* **Rundfahrt**

Rundschreiben *nt* [lettera *f*] circolare *f*

Rundstricknadel *f* ferro *m* circolare

rundum ['rʊnt'ʊm] *adv s.* **rundherum**

Rundung <-, -en> *f* rotondità *f*

Rundwanderweg <-(e)s, -e> *m* giro *m,* sentiero *m* circolare

R

rundweg ['rʊnt'vɛk] *adv* nettamente, in modo chiaro e tondo

Rune ['ru:nə] <-, -n> *f* runa *f*

Runenschrift *f* scrittura *f* runica, caratteri *mpl* runici

Runkel ['rʊŋkəl] <-, -n> *f* A, CH *(Runkelrübe)* barbabietola *f*

Runkelrübe *f* barbabietola *f*

runter ['rʊntɐ] *adv (fam) s.* **herunter, hinunter**

runter|hauen <irr> *vt (fam)* **jdm eine ~** mollare una sberla a qu

runter|ziehen <irr> *vt (sl)* buttar giù, deprimere

Runzel ['rʊntsəl] <-, -n> *f* ruga *f*

runzelig *adj (Mensch)* pieno di rughe, rugoso; *(Frucht)* raggrinzito

runzeln **I.** *vt* corrugare **II.** *vr:* **sich ~** [r]aggrinzarsi

runzlig *adj s.* **runzelig**

Rüpel ['ry:pəl] <-s, -> *m (pej)* villano *m,* zotico[ne] *m*

Rüpelei [ry:pə'laɪ] <-, -en> *f (pej)* villania *f*

rüpelhaft *adj (pej)* villano

rupfen ['rʊpfən] *vt (zupfen)* strappare; *(Geflügel, a. fig fam: übervorteilen)* spennare; *(Gras, Unkraut)* strappare

ruppig ['rʊpɪç] *adj (pej)* sgarbato, villano

Rüsche ['ry:ʃə] <-, -n> *f* ruche *f*

Ruß [ru:s] <-es, *rar:* -e> *m* fuliggine *f*

Russe ['rʊsə] <-n, -n> *m* russo *m*

Rüssel ['rʏsəl] <-s, -> *m (Elefanten~, Insekten~)* proboscide *f;* *(Schweine~)* grugno *m*

rußen ['ru:sən] *vi* produrre fuliggine; *(Lampe)* far fumo

rußig *adj* fuligginoso

Russin ['rʊsɪn] <-, -nen> *f* russa *f*

russisch *adj* russo

Russland ['rʊslant] *nt* Russia *f*

Rußpartikelfilter *m* AUTO filtro *m* antiparticolato

rüsten ['rʏstən] **I.** *vi* MIL armare **II.** *vr* **sich [zu etw] ~** *(geh)* prepararsi [a qc]

Rüster ['ry:stɐ] <-, -n> *f* olmo *m*

rüstig ['rʏstɪç] *adj* arzillo

rustikal [rʊsti'ka:l] *adj* rustico

Rüstung ['rʏstʊŋ] <-, -en> *f* ① MIL armamento *m* ② *(Ritter~)* armatura *f*

Rüstungsbegrenzung *f* limitazione *f* degli armamenti

Rüstungsetat *m* budget *m* per gli armamenti

Rüstungsexport <-(e)s, -e> *m* MIL esportazione *f* di armamenti

Rüstungsindustrie *f* industria *f* degli armamenti

Rüstungskontrolle *f* controllo *m* degli armamenti

Rüstzeug *nt* ① *(Werkzeug)* arnesi *mpl* ② *(Kenntnisse)* requisiti *mpl*

Rute ['ru:tə] <-, -n> *f* ① *(Gerte)* verga *f;* *(zur Züchtung)* bacchetta *f* ② *(Tierschwanz)* coda *f* ③ *(Tierpenis, a. vulg)* verga *f vulg*

Rutengänger(in) ['ru:təngɛŋɐ] <-s, -; -, -nen> *m(f)* rabdomante *mf*

Rutsch [rʊtʃ] <-(e)s, -e> *m* scivolone *m;* POL scivolare *m;* **in einem ~** *(fam)* in una volta; **guten ~ [ins neue Jahr]!** *(fam)* buon anno!

Rutschbahn *f,* **Rutsche** <-, -n> *f* scivolo *m*

rutschen *vi sein* ① *(gleiten, aus~)* scivolare; *(a. Kupplung, Reifen)* slittare ② *(fam: Essen)* andare giù ③ *(fam: auf~)* **zur Sei-**

te ~ spostarsi a lato ④ *(hinunter~)* scivolare giù

rutschfest *adj* antiscivolo

Rutschgefahr <-> *f kein Pl.* strada *f* sdrucciolevole

rutschig *adj* scivoloso, sdrucciolevole

Rutschpartie *f (scherz)* scivolata *f;* **eine ~ machen** fare uno scivolone

rütteln ['rʏtəln] *vt, vi* [**an etw** *dat*] **~** scuotere [qc]; **daran gibt's nichts zu ~!** *(fam)* non ci si può fare più nulla!

S s

s *Abk. von* **Sekunde** ASTR s

s. *Abk. von* **siehe** v.

S, s [ɛs] <-, -> *nt* S *f,* s *f;* **S wie Siegfried** S come Savona

S ① *Abk. von* **Süd**[**en**] S ② *Abk. von* **Schilling** S. ③ *Abk. von* **Sulfur** CHEM S

S. *Abk. von* **Seite** p., pag.

Sa. *Abk. von* **Summa, Summe** somma

s. a. ① *Abk. von* **siehe auch** v.a. ② *Abk. von* **sine anno** (**ohne Jahr**) s. a.

Saal ['zaːl] <-(e)s, Säle> *m* sala *f*

Saar [zaːɐ̯] *f* GEOG Saar *f*

Saarbrücken [zaːɐ'brʏkən] *nt* GEOG Saarbrücken *f*

Saarland *nt* territorio *m* della Saar

Saat [zaːt] <-, -en> *f* ① *(Aussaat)* semina *f* ② *(Samenkörner)* semenza *f*

Saatgut *nt* semenza *f,* semente *f*

Sabbat ['zabat] <-s, -e> *m* REL sabato *m*

Sabbatical [sə'bɛtɪkəl] <-s, -s> *nt,* **Sabbatjahr** ['zabat-] *nt* anno *m* sabbatico

sabbern ['zabɐn] *(fam)* **I.** *vi* sbavare **II.** *vt (dumm reden)* cianciare

Säbel ['zɛːbəl] <-s, -> *m* sciabola *f*

Sabotage [zabo'taːʒə] <-, -n> *f* sabotaggio *m*

Saboteur(in) [zabo'tøːɐ̯] <-s, -e; -, -nen> *m(f)* sabotatore, -trice *m, f*

sabotieren [zabo'tiːrən] <ohne ge-> *vt* sabotare

Sachbearbeiter(in) *m(f)* incaricato, -a *m, f,* addetto, -a *m, f*

Sachbeschädigung *f* ADM danno *m* materiale

sachbezogen *adj* pertinente, concernente, relativo all'argomento

Sachbuch *nt* saggio *m*

sachdienlich *adj* ADM utile, giovevole; **~e Hinweise** informazioni al riguardo

Sache ['zaxə] <-, -n> *f* ① *(Ding)* cosa *f; (Gegenstand)* oggetto *m* ② *(fig: Angelegenheit)* faccenda *f;* JUR causa *f;* **bei der ~ bleiben** [re]stare in argomento; **nicht** [**ganz**] **bei der ~ sein** essere distratto; **das ist eine ~ für sich** è una cosa a sé; **das ist meine ~** sono affari miei; **das ist nicht jedermanns ~** non è cosa da tutti; **das tut nichts zur ~** non c'entra; **die ~ ist die, dass …** il fatto è che …; **es ist Ihre ~ zu …** spetta a Lei *+inf;* **etw von der ~ verstehen** essere del mestiere; **in eigener ~** in causa propria; **seiner ~ sicher sein** essere sicuro del fatto proprio; **zur ~ kommen** venire al fatto ③ *Pl. (persönlicher Besitz)* effetti *mpl* personali; *(Habseligkeiten)* beni *mpl;* **mit 100 ~n** *(fam: Tempo)* a 100 all'ora; **seine ~n packen** *(fam)* far fagotto

Sachfrage *f* problema *m* tecnico

Sachgebiet *nt* campo *m,* ramo *m*

sachgemäß *adj* appropriato, adeguato

Sachkenntnis *f (Fachwissen)* competenza *f; (Kenntnis der Sachlage)* conoscenza *f* di causa

sachkundig *adj* esperto, competente

Sachlage *f* stato *m* delle cose; *(bestehende Situation)* situazione *f* di fatto

Sachleistung *f* prestazione *f* in natura

sachlich *adj (sachbezogen)* concreto, positivo; *(objektiv)* obiettivo; *(unparteiisch)* imparziale; ARCH funzionale; *(Stil)* sobrio; **~ bleiben/sein** attenersi ai fatti

sächlich ['zɛçlɪç] *adj* neutro

Sachlichkeit <-> *f kein Pl.* oggettività *f,* obiettività *f*

Sachregister *nt* indice *m* analitico

Sachschaden *m* danno *m* materiale

Sachse ['zaksə] <-n, -n> *m* sassone *m*

Sachsen ['zaksən] *nt* Sassonia *f*

Sächsin ['zɛksɪn] <-, -nen> *f* sassone *f*

sächsisch *adj* sassone

Sachspende *f* dono *m* in natura

sacht [zaxt] *adj (vorsichtig)* cauto; *(sanft)* delicato; *(leicht)* leggero; *(unmerklich)* impercettibile

sachte ['zaxtə] *adv* ① *(nicht so heftig)* piano ② *(allmählich)* a poco a poco, pian piano *fam*

Sachverhalt *m* stato *m* di cose, circostanze *f pl* di fatto, fatti *mpl*

S

Sachverständige <ein -r, -n, -n> *mf* esperto, -a *m, f,* perito, -a *m, f*
Sachverständigengutachten *nt* perizia *f*
Sachwert *m* ❶ *(Wert)* valore *m* reale ❷ *Pl. (Wertobjekt)* valori *mpl*
Sachzwang *m* condizionamento *m*
Sack [zak] <-(e)s, Säcke> *m* ❶ sacco *m;* **mit ~ und Pack** con armi e bagagli; **fauler ~!** *(sl)* poltrone *m fam;* **jdn im ~ haben** avere qu in pugno ❷ *(vulg: Hoden~)* coglioni *mpl*
Sackbahnhof *m* stazione *f* di testa
Säckchen ['zɛkçən] <-s, -> *nt* sacchetto *m*
sacken ['zakən] *vi sein* abbassarsi, sprofondarsi; **zur Seite ~** inclinarsi
Sackerl <-s, -n> *nt* A *(Tüte)* sacchetto *m*
Sackgasse *f (a. fig)* vicolo *m* cieco
Sackhüpfen <-s> *nt kein Pl.* corsa *f* dei sacchi
Sackkleid *nt* vestito *m* a sacco
Sackleinen *nt* tela *f* da sacchi
Sacktuch *nt* SÜDD, A, CH fazzoletto *m*
Sadismus [za'dɪsmʊs] <-> *m kein Pl.* sadismo *m*
Sadist(in) [za'dɪst] <-en, -en; -, -nen> *m(f)* sadico, -a *m, f*
sadistisch *adj* sadico
säen ['zɛːən] *vt (a. fig)* seminare; **dünn gesät sein** *(fig)* essere scarso
Safari [za'faːri] <-, -s> *f* safari *m*
Safaripark *m* zoo *m* safari
Safe [seɪf] <-s, -s> *m o nt* cassaforte *f*
Saffian ['zafia(ː)n] <-s> *m kein Pl. (Ziegenleder)* marocchino *m*
Safran ['zafran] <-s, -e> *m* zafferano *m*
Saft [zaft] <-(e)s, Säfte> *m (Obst~)* succo *m; (Pflanzen~)* linfa *f; (Braten~)* sugo *m; (Husten~)* sciroppo *m; (fam: Strom)* corrente *f; (fam: Benzin)* benzina *f;* **ohne ~ und Kraft** insipido, scialbo
saftig *adj* ❶ *(Obst, Fleisch)* succoso, sugoso; *(Wiese)* grasso ❷ *(fam: Rechnung)* salato; *(Ohrfeige)* solenne; *(Antwort)* potente
saftlos *adj* ❶ *(Orange)* senza succo ❷ *(fig)* senza brio
Saftpresse *f* spremifrutta *m*
Sage ['zaːgə] <-, -n> *f* leggenda *f; (Götter~, Helden~)* mito *m*
Säge ['zɛːgə] <-, -n> *f* sega *f*
Sägeblatt *nt* lama *f* della sega
Sägebock *m* TEC pietica *f*
Sägefisch *m* pesce *m* sega
Sägemehl *nt* segatura *f*
sagen ['zaːgən] *vt* dire; *(ausdrücken)* dire, esprimere; **[zu jdm] guten Tag ~** augurare il buon giorno [a qu]; **Sie zu jdm ~** dare del Lei a qu; **viel/nichts zu ~ haben** aver/non aver voce in capitolo; **sich** *dat* **nichts ~ lassen** non intendere ragione; **es sich** *dat* **nicht zweimal ~ lassen** non lasciarselo dire due volte; **sich** *dat* **etw gesagt sein lassen** tenere a mente qc; **ohne ein Wort zu ~** senza proferir parola; **nichts sagend** insignificante, futile; *(Gesicht)* inespressivo; **viel sagend** significativo, espressivo; *(Blick)* eloquente; **besser gesagt** o per meglio dire; **genauer gesagt** più precisamente; **unter uns gesagt** detto fra noi; **gesagt, getan** detto fatto; **wenn ich so ~ darf** se mi è lecito; **sage und schreibe** veramente, realmente; **~ wir …** diciamo …, facciamo …; **das sagt man nicht** una cosa simile non si dice; **das ist leicht gesagt** è facile a dirsi; **damit ist alles gesagt** con questo è detto tutto; **damit ist nicht gesagt, dass …** con questo non è detto che *+conj;* **das hat nichts zu ~** questo non conta nulla; **dagegen ist nichts zu ~** non c'è che dire; **was ~ Sie dazu?** che ne dice?; **was hat das zu ~?** che importa?; **was wollen Sie damit ~?** cosa intende dire con ciò?; **könnten Sie mir ~, wie/wo …?** mi potrebbe dire come/dove …?; **sag' bloß!** *(fam)* non dirmi!; **~ Sie mal!** dica un po'!; **was Sie nicht [alles] ~!** che dice mai!; **wem ~ Sie das!** a chi lo dice!; **das sagt [mir] alles!** questo spiega tutto!; **das kann man wohl ~!** è proprio il caso di dirlo
Sagen *nt* **das ~ haben** avere voce in capitolo
sägen ['zɛːgən] **I.** *vi (fam: schnarchen)* russare **II.** *vt* segare
sagenhaft *adj* ❶ *(legendär)* leggendario ❷ *(fam: wunderbar)* favoloso
Sägespäne *mpl* segatura *f*
Sägewerk *nt* segheria *f*
Sago ['zaːgo] <-s> *m kein Pl. (Mehl)* sagù *m*
sah [zaː] *1. u. 3. Pers. Sing. Imp. von* **sehen**
Sahara [za'haːra] *f* Sahara *m*
Sahne ['zaːnə] <-> *f kein Pl.* crema *f,* panna *f*
Sahnetorte *f* torta *f* con panna
sahnig *adj* cremoso
Saison [zɛ'zõː] <-, -s> *f* stagione *f;* **außerhalb der ~** fuori stagione
saisonal [zɛzo'naːl] *adj* stagionale
Saisonarbeit *f* lavoro *m* stagionale
Saisonarbeiter(in) *m(f)* stagionale *mf*
saisonbedingt *adj* stagionale
Saite ['zaɪtə] <-, -n> *f* corda *f;* **andere ~n aufziehen** *(fig)* cambiar musica
Saiteninstrument *nt* strumento *m* a corda
Sakko ['zako] <-s, -s> *m o nt* giacca *f* da uomo
sakral [za'kraːl] *adj* sacrale, sacro

Sakrament [zakraˈmɛnt] <-(e)s, -e> *nt* sacramento *m*
Sakrileg [zakriˈleːk] <-s, -e> *nt* sacrilegio *m*
Sakristei [zakrɪsˈtaɪ] <-, -en> *f* sagrestia *f*
Salamander [zalaˈmandɐ] <-s, -> *m* salamandra *f*
Salami [zaˈlaːmi] <-, -s> *f* salame *m*
Salär [zaˈlɛːɐ̯] <-s, -e> *nt* A, CH, SÜDD *(Gehalt)* salario *m,* paga *f*
Salat [zaˈlaːt] <-(e)s, -e> *m* ❶ *(Speise)* insalata *f;* **gemischter ~** insalata mista; **da haben wir den ~!** *(fam)* la frittata è fatta! ❷ *(Pflanze)* lattuga *f*
Salatbesteck *nt* posate *f pl* da insalata
Salatgurke <-, -n> *f* cetriolo *m* da insalata
Salatplatte *f* piatto *m* d'insalata
Salatschleuder *f* centrifuga *f* per l'insalata
Salatschüssel *f* insalatiera *f*
Salatsoße *f* condimento *m* [per l'insalata]
Salbe [ˈzalbə] <-, -n> *f* pomata *f,* unguento *m*
Salbei [ˈzalbaɪ] <-s> *m kein Pl.* salvia *f*
salbungsvoll *adj (pej)* untuoso, mellifluo
Salden, Saldi *Pl. von* **Saldo**
saldieren [zalˈdiːrən] <ohne ge-> *vt* saldare
Saldo [ˈzaldo] <-s, -s *o* Salden *o* Saldi> *m* COM, FIN saldo *m*
Säle *Pl. von* **Saal**
Saline [zaˈliːnə] <-, -n> *f* salina *f*
Salm [zalm] <-(e)s, -e> *m* salmone *m*
Salmiak [zalˈmi̯ak] <-s> *m kein Pl.* cloruro *m* d'ammonio
Salmiakgeist *m* ammoniaca *f*
Salmonelle [zalmoˈnɛlə] <-, -n> *f* salmonella *f*
Salmonellenvergiftung *f* salmonellosi *f*
salomonisch [zaloˈmoːnɪʃ] *adj* salomonico, saggio
Salon [zaˈlõː] <-s, -s> *m* ❶ *(Friseur~)* salone *m* ❷ *(feines Wohnzimmer)* salotto *m;* NAUT salone *m* nautico
salonfähig *adj* presentabile [in società]
Salonlöwe *m (scherz)* uomo *m* salottiero
salopp [zaˈlɔp] *adj (Kleidung)* trasandato; *(Haltung)* disinvolto; *(Ausdrucksweise)* sciatto
Salpeter [zalˈpeːtɐ] <-s> *m kein Pl.* nitrato *m*
Salpetersäure *f* acido *m* nitrico
Salto [ˈzalto] <-s, -s *o* Salti> *m* salto *m*
salü *interj* ❶ CH *(hallo)* salve ❷ CH *(tschüs)* ciao, arrivederci
Salut [zaˈluːt] <-(e)s, -e> *m* MIL saluto *m*
salutieren [zaluˈtiːrən] <ohne ge-> *vt, vi* MIL salutare
Salve [ˈzalvə] <-, -n> *f* MIL salva *f*
Salz [zalts] <-es, -e> *nt* sale *m*
salzarm *adj (Diät)* iposodico
Salzbergwerk *nt* miniera *f* di salgemma, salina *f*
Salzburg [ˈzaltsbʊrk] *nt* Salisburgo *f*
salzen <salzt, salzte, gesalzen> *vt* salare
Salzgehalt *m* contenuto *m* di sale, salinità *f*
Salzgurke *f* cetriolino *m*
salzhaltig *adj* salifero, salino
Salzhering *m* aringa *f* salata
salzig *adj (Salz enthaltend)* salino, salso; GASTR salato
Salzkartoffeln *f pl* patate *f pl* lesse
Salzlake *f* salamoia *f*
salzlos *adj* senza sale, insipido
Salzsäule *f* **zur ~ erstarren** *(in Bibel)* rimanere di sale
Salzsäure *f* acido *m* cloridrico
Salzsee *m* lago *m* salato
Salzstange *f* bastoncino *m* salato, salatino *m*
Salzstreuer *m* saliera *f*
Salzwasser *nt* acqua *f* salata
SA-Mann [ɛsˈʔaːman, *Pl:* ɛsˈʔaːlɔɪtə] <-(e)s, SA-Leute> *m* HIST, MIL SA *f*
Samariter [zamaˈriːtɐ] <-s, -> *m* samaritano *m*
Samen [ˈzaːmən] <-s, -> *m* ❶ *(fig)* BOT seme *m* ❷ *(Saat)* semente *f* ❸ *(Sperma)* sperma *m*
Samenbank *f* banca *f* dello sperma
Samenerguss *m* eiaculazione *f*
Samenkorn *nt* grano *m*
Samenstrang *m* ANAT cordone *m* spermatico
sämig [ˈzɛːmɪç] *adj* denso
Sämischleder [ˈzɛːmɪʃleːdɐ] *nt* pelle *f* scamosciata
Sammelanschluss *m* TEL centralino *m* telefonico privato
Sammelbecken *nt* bacino *m* collettore; *(fig)* ricettacolo *m*
Sammelbegriff *m* nome *m* collettivo
Sammelbestellung *f* ordinazione *f* collettiva
Sammelbüchse *f* bossolo *m* [per oboli]
Sammelfahrkarte *f,* **Sammelfahrschein** *m* biglietto *m* collettivo
Sammelmappe *f* raccoglitore *m*
sammeln [ˈzaməln] **I.** *vt* [rac]cogliere; *(anhäufen)* accumulare; *(aus Liebhaberei)* collezionare; *(Erfahrungen)* acquisire; *(versammeln)* radunare; *(Kräfte)* concentrare; **Spenden ~** fare una colletta **II.** *vr:* **sich ~** ❶ *(Sachen)* accumularsi; *(Personen)* radunarsi ❷ *(sich konzentrieren)* raccogliersi, concentrasi **III.** *vi* **für etw ~** fare una colletta per qc
Sammelnummer *f* TEL numero *m* collettivo

S

Sammelpunkt *m* ① *(Sammelplatz)* luogo *m* di adunata ② *(Brennpunkt)* fuoco *m*
Sammelsurium [zaməl'zuːriʊm] <-s, Sammelsurien> *nt (pej)* guazzabuglio *m*
Sammeltaxi *nt* taxi *m* collettivo
Sammler(in) <-s, -; -, -nen> *m(f)* raccoglitore, -trice *m, f; (Liebhaber)* collezionista *mf; (Spenden~)* promotore, -trice *m, f* di una colletta
Sammlerstück <-(e)s, -e> *nt* pezzo *m* da collezione
Sammlerwert <-(e)s> *m kein Pl.* valore *m* da collezione
Sammlung <-, -en> *f* ① *(Sammeln)* raccolta *f; (von Spenden)* colletta *f* ② collezione *f* ③ *(fig: innere ~)* raccoglimento *m*, concentrazione *f*
Samstag ['zamstaːk] <-s, -e> *m* sabato *m; s. a.* **Dienstag**
Samstagabend *m* sabato sera; **am ~** sabato sera; **an diesem ~** questo sabato sera; **jeden ~** ogni sabato sera
samstagabends *adv* il sabato sera
Samstagmittag *m* sabato a mezzogiorno; *s. a.* **Samstagabend**
samstagmittags *adv* il sabato a mezzogiorno
Samstagmorgen *m* sabato mattina; *s. a.* **Samstagabend**
samstagmorgens *adv* il sabato mattina
Samstagnachmittag *m* sabato pomeriggio; *s. a.* **Samstagabend**
samstagnachmittags *adv* il sabato pomeriggio
samstags *adv* di [*o* il] sabato
Samstagvormittag *m* sabato mattina; *s. a.* **Samstagabend**
samstagvormittags *adv* il sabato mattina
samt [zamt] **I.** *präp +dat* [insieme] con, unitamente a **II.** *adv* **~ und sonders** tutti insieme
Samt [zamt] <-(e)s, -e> *m* velluto *m*
Samthandschuh *m* **jdn mit ~en anfassen** *(fig)* trattare qu coi guanti
samtig *adj* vellutato, di velluto
sämtlich ['zɛmtlɪç] *adj* tutto; *(vollständig)* completo
Sanatorium [zana'toːriʊm] <-s, Sanatorien> *nt* sanatorio *m*
Sand [zant] <-(e)s, -e> *m* sabbia *f;* **jdm ~ in die Augen streuen** *(fig)* gettare polvere negli occhi di qu; **im ~e verlaufen** *(fig)* insabbiarsi, perdersi nel nulla; **wie ~ am Meer** *(fam)* in grande quantità
Sandale [zan'daːlə] <-, -n> *f* sandalo *m*
Sandalette [zanda'lɛtə] <-, -n> *f* sandaletto *m*
Sandbank *f* banco *m* di sabbia
Sanddorn *m* BOT olivello *m* spinoso
Sandelholz ['zandəlhɔlts] *nt* legno *m* di sandalo
sandeln ['zandəln] *vi* A *(fam pej: untätig sein)* ciondolare, oziare
sändeln ['zɛndəln] *vi* CH *s.* **sandeln**
Sandhaufen *m* mucchio *m* di sabbia
sandig *adj* sabbioso
Sandkasten *m* recinto *m* con sabbia
Sandkorn *nt* granello *m* di sabbia
Sandkuchen <-s, -> *m pan di Spagna*
Sandler <-s, -> *m* A ① *(fam pej: Obdachloser)* senzatetto *mf* ② *(fam pej: untüchtiger Mensch)* inetto *m*
Sandmännchen *nt (Märchengestalt)* mago *m* Sabbiolino
Sandpapier *nt* carta *f* vetrata
Sandsack *m* sacco *m* di sabbia; SPORT punching ball *m*
Sandstein *m* [pietra *f*] arenaria *f*
Sandstrahlgebläse *nt* sabbiatrice *f*
Sandstrand *m* spiaggia *f* sabbiosa
Sandsturm *m* tempesta *f* di sabbia
sandte ['zantə] *1. u. 3. Pers. Sing. Imp. von* **senden**
Sanduhr *f* clessidra *f*
Sandwich ['sɛntvɪtʃ] <-(e)s, -(e)s> *m o nt* sandwich *m*, panino *m* imbottito
sanft [zanft] *adj (Gemüt)* dolce, mite; *(leicht)* leggero; *(a. nicht steil)* lieve; *(zart)* delicato
Sänfte ['zɛnftə] <-, -n> *f* lettiga *f*, portantina *f*
Sanftmut <-> *f kein Pl.* mitezza *f*, dolcezza *f* [d'animo]
sanftmütig ['zanftmyːtɪç] *adj* mite, dolce
sang [zaŋ] *1. u. 3. Pers. Sing. Imp. von* **singen**
Sänger(in) ['zɛŋɐ] <-s, -; -, -nen> *m(f) (berufsmäßig)* cantante *mf*, cantore *m*, cantatrice *f*
sang- und klanglos *adv (fam)* **~ abziehen** scomparire inosservato
sanieren [za'niːrən] <ohne ge-> *vt* risanare
Sanierung <-> *f kein Pl.* risanamento *m*
Sanierungsmaßnahme *f* misura *f* di risanamento
sanitär [zani'tɛːɐ̯] *adj* sanitario; **~e Anlagen** impianti sanitari
Sanität [zani'tɛːt] <-> *f kein Pl.* CH, A ① MIL *(Sanitätsdienst)* sanità *f* ② *(Krankenwagen)* ambulanza *f*
Sanitäter [zani'tɛːtɐ] <-s, -> *m* infermiere *m;* MIL soldato *m* di sanità
sank [zaŋk] *1. u. 3. Pers. Sing. Imp. von* **sinken**
Sankt [zaŋkt] <inv> *adj* San[to]; **~ Nikolaus** San Nicola
Sankt Bernhard [zaŋkt 'bɛrnhard] *m* GEOG

San Bernardo *m;* **der Große/der Kleine ~** il Gran/il Piccolo San Bernardo

Sankt Gallen [zaŋkt 'galən] *nt* GEOG San Gallo *f*

Sankt Gotthard [zaŋkt 'gɔthart] *m* GEOG San Gottardo *m*

Sanktion [zaŋk'tsi̯oːn] <-, -en> *f* ① JUR *(Bestätigung)* ratifica *f* ② *meist Pl.* COM, POL sanzioni *f pl;* **~en gegen jdn verhängen** decretare sanzioni contro qu

sanktionieren [zaŋktsi̯o'niːrən] <ohne ge-> *vt* sanzionare

Sankt Moritz [zaŋkt 'moːrɪts] *nt* GEOG Saint Moritz *f*

Sankt-Nimmerleins-Tag [zaŋkt'nɪmɐlaɪnstaːk] *m (scherz)* **am ~** il giorno del poi dell'anno del mai

Sankt Ulrich [zaŋkt 'ʊlrɪç] *nt* GEOG Ortisei *f*

sann [zan] *1. u. 3. Pers. Sing. Imp. von* **sinnen**

Saphir ['zaːfiɐ] <-s, -e> *m* zaffiro *m*

Sarde ['zardə] <-n, -n> *m* sardo *m*

Sardelle [zar'dɛlə] <-, -n> *f* acciuga *f*

Sardin ['zardɪn] <-, -nen> *f* sarda *f*

Sardine [zar'diːnə] <-, -n> *f* sardina *f*

Sardinien [zar'diːniən] *nt* Sardegna *f*

sardisch ['zardɪʃ] *adj* sardo

Sarg [zark] <-(e)s, Särge> *m* bara *f*

Sari ['zaːri] <-(s), -s> *m (indisches Gewand)* sari *m*

Sarkasmus [zar'kasmʊs] <-, Sarkasmen> *m* sarcasmo *m*

sarkastisch *adj* sarcastico

Sarkophag [zarko'faːk] <-s, -e> *m* sarcofago *m*

Sarong ['zaːrɔŋ] <-(s), -s> *m (indonesischer Rock)* sarong *m*

SARS [zars] <->, **Sars** *nt kein Pl. Abk. von* **Severe Acute Respiratory Syndrome** MED SARS *f*

saß [zaːs] *1. u. 3. Pers. Sing. Imp. von* **sitzen**

Satan ['zaːtan] <-s, -e> *m* Satana *m; (fig: Mensch)* demonio *m,* diavolo *m*

satanisch [za'taːnɪʃ] *adj* satanico, diabolico

Satellit [zatɛ'liːt] <-en, -en> *m* satellite *m*

Satellitenfernsehen *nt* televisione *f* via satellite

Satellitenfoto *nt* immagine *f* via satellite

Satellitennavigationssystem *nt* sistema *m* di navigazione satellitare

Satellitennetz *nt* rete *f* satellitare

Satellitenradio *nt* radio *f* satellitare

Satellitenschüssel *f (fam)* parabola *f*

Satellitenstaat *m* stato *m* satellite

Satellitenstadt *f* città *f* satellite

Satellitensystem *nt* sistema *m* satellitare

Satin [za'tɛ̃ː] <-s, -s> *m* satin *m*

Satire [za'tiːrə] <-, -n> *f* satira *f;* **eine ~ auf etw** *akk* una satira di qc

Satiriker(in) [za'tiːrikɐ] <-s, -; -, -nen> *m(f)* satirico *m*

satirisch *adj* satirico

satt [zat] *adj* ① *(gesättigt, a. fig)* sazio; *(viel)* molto, a sazietà; **~ machen** saziare; **~ werden** saziarsi; **sich ~ essen** mangiare a sazietà ② *(Farbe)* intenso, scuro

Sattel ['zatəl] <-s, Sättel> *m* sella *f;* **fest im ~ sitzen** *(fig)* ritenere la propria posizione sicura

Satteldach *nt* tetto *m* a due spioventi

sattelfest *adj* **in etw** *dat* **~ sein** *(fig)* essere ferrato in qc

satteln *vt* sellare; *(Packtier)* mettere il basto a

Sattelschlepper *m* motrice *f* per semirimorchio

Satteltasche *f (an Pferdesattel)* bisaccia *f; (an Zweiradsattel)* borsetta *f* portaccessori

satt|haben <irr> *vt (fam)* **jdn/etw ~** essere stufo di qu/qc *fam,* averne abbastanza di qu/qc

Sattheit <-> *f kein Pl.* sazietà *f*

sättigen ['zɛtɪgən] **I.** *vt* ① *(satt machen)* saziare; *(fig: stillen)* soddisfare, appagare ② CHEM, PHYS, COM saturare **II.** *vi* saziare

sättigend *adj* che sazia

Sättigung <-, -en> *f* ① *(das Sattsein)* sazietà *f; (fig)* appagamento *m; (das Sättigen)* satollamento *m* ② CHEM, PHYS saturazione *f*

Sattler(in) ['zatlɐ] <-s, -; -, -nen> *m(f)* sellaio, -a *m, f*

satt|sehen <irr> *vr (fam)* **sich an etw** *dat* **nicht ~ können** non stancarsi di guardare qc

Saturn [za'tʊrn] <-s> *m kein Pl.* Saturno *m*

Satyr ['zaːtʏr] <-s *o* -n, -n *o* -e> *m* satiro *m*

Satz [zats] <-es, Sätze> *m* ① LING frase *f,* proposizione *f* ② *(These)* principio *m;* MAT teorema *m; (Grund~)* assioma *m* ③ MUS movimento *m* ④ *(Tennis~)* set *m* ⑤ *(Quote)* tasso *m; (Gebühren~)* tariffa *f* ⑥ *(zusammengehörige Dinge)* serie *f;* COM assortimento *m* ⑦ TYP composizione *f* ⑧ INFORM *(Datensatz)* serie *f* ⑨ *(Sprung)* salto *m,* balzo *m* ⑩ *(Boden~)* fondo *m,* deposito *m,* sedimento *m; (Kaffee~)* fondo *m*

Satzbau *m kein Pl.* LING costruzione *f* della frase

Satzlehre *f* sintassi *f*

Satzteil *m* parte *f* della proposizione

Satzung ['zatsʊŋ] <-, -en> *f (von Körperschaften)* statuti *m pl; (von Verein)* ordinamento *m,* regolamento *m*

satzungsgemäß *adj* statutario

Satzzeichen *nt* segno *m* d'interpunzione

Sau [zaʊ] <-, Säue> *f (Hausschwein)* scrofa *f,* troia *f; (Wild~)* cinghiala *f; (fam: Schwein, a. fig)* porco *m;* **keine ~** *(fig sl)* neanche un cane *fam;* **die ~ rauslassen** *(sl: feiern)* far baldoria *fam; (wütend sein)* arrabbiarsi, infuriarsi; **jdn zur ~ machen** *(sl)* trattare qu come un cane; **unter aller ~** *(sl)* da cani; **sein Englisch ist unter aller ~** sa l'inglese da cani

sauber ['zaʊbɐ] *adj* ① *(nicht schmutzig)* pulito; **etw ~ machen** pulire qc; **~ machen** fare le pulizie; **~ sein** *(Kind)* non farla più addosso *fam; (Tier)* non sporcare in casa ② *(gut u sorgfältig)* accurato; *(genau)* esatto ③ *(hübsch)* carino ④ *(anständig)* perbene ⑤ *(fam iron)* bello

Sauberkeit <-> *f kein Pl.* ① *(Reinlichkeit)* pulizia *f* ② *(sorgfältiger Zustand)* accuratezza *f,* precisione *f* ③ *(Anständigkeit)* onestà *f*

säuberlich ['zɔɪbɐlɪç] *adv* accuratamente

Saubermann-Image *nt* fama *f* da bacchettone

säubern ['zɔɪbɐn] *vt* ① *(reinigen)* pulire ② *(fig: Buch)* **etw** [**von etw**] **~** ripulire qc [da qc]; POL epurare qc [da qc]

Säuberung <-, -en> *f* ① *(Reinigung)* pulizia *f* ② *(fig)* ripulita *f;* POL epurazione *f;* MIL rastrellamento *m;* **ethnische ~** pulizia etnica

Saubohne *f* fava *f*

Sauce ['zo:sə] <-, -n> *f s.* **Soße**

Sauciere [zo'si̯e:rə] <-, -n> *f* salsiera *f*

Saudiaraber(in) [zaʊdi'a:rabɐ] *m(f)* saudita *mf*

Saudi-Arabien [zaʊdia'ra:biən] *nt* Arabia *f* Saudita

saudumm ['zaʊ'dʊm] *adj (fam)* stupidissimo

sauer ['zaʊɐ] *adj* ① *(nicht süß)* acido; *(Wein)* aspro ② *(verdorben: Milch)* acido; *(Geruch)* acre; **~ werden** *(Milch)* inacidirsi; *(fam: Mensch)* incavolarsi, incacchiarsi ③ GASTR *(Gurke)* sott'aceto; *(Hering)* all'agro; *(Sahne)* acido ④ *(Boden, Regen) a.* CHEM acido ⑤ *(Pflicht)* amaro, spiacevole; *(Arbeit)* duro, faticoso; **~ verdient** guadagnato faticosamente ⑥ *(fam: Mensch)* incavolato; *(Gesicht)* accigliato; **~ reagieren** *(Mensch)* incavolarsi, incacchiarsi; **auf jdn ~ sein** *(fam)* avercela con qu

Sauerampfer *m* BOT romice *f*

Sauerbraten *m* GASTR arrosto *m* all'agro

Sauerei [zaʊə'raɪ] <-, -en> *f (fam pej)* porcheria *f; (a. Zote)* sconcezza *f*

Sauerkirsche *f* amarena *f*

Sauerklee *m* BOT acetosella *f*

Sauerkraut *nt* crauti *mpl*

Sauerland ['zaʊɐlant] *nt* Sauerland *m*

säuerlich ['zɔɪɐlɪç] *adj* CHEM acidulo; *(herb, a Wein)* asprigno

Sauermilch *f* latte *m* acido [*o* cagliato]

Sauerstoff *m* ossigeno *m*

Sauerstoffapparat *m* inalatore *m* d'ossigeno

Sauerstoffgerät *nt* respiratore *m* a ossigeno

sauerstoffhaltig *adj* ossigenato, contenente ossigeno

Sauerstoffmangel *m* mancanza *f* d'ossigeno

Sauerstoffmaske *f* maschera *f* a ossigeno

Sauerstoffzelt *nt* tenda *f* a ossigeno

Sauerteig *m* lievito *m*

saufen ['zaʊfən] <säuft, soff, gesoffen> **I.** *vt* ① *(Tier)* bere ② *(sl: Mensch)* trincare **II.** *vi* ① *(Tier)* bere ② *(sl: Mensch)* sbevazzare

Säufer(in) ['zɔɪfɐ] <-s, -; -, -nen> *m(f) (fam pej)* ubriacone, -a *m, f,* beone, -a *m, f*

Sauferei [zaʊfə'raɪ] <-, -en> *f (fam)* ① *Sing. (pej: Trunksucht)* bere *m* ② *(pej: Gelage)* bevuta *f*

Säuferin *f s.* **Säufer**

Säufernase *f (fam)* naso *m* paonazzo

Saufgelage *nt (fam pej)* gozzoviglia *f*

säuft [zɔɪft] *3. Pers. Sing. Präs. von* **saufen**

saugen ['zaʊgən] <saugt, sog *o* saugte, gesogen *o* gesaugt> **I.** *vi* ① succhiare, poppare; **das Baby saugt an der Mutterbrust** il bambino succhia dal seno materno ② *(ein~)* aspirare **II.** *vt* ① *(Milch)* succhiare, poppare ② *(ein~: Schwamm)* assorbire; *(Luft)* aspirare; **Staub ~** passare l'aspirapolvere

säugen ['zɔɪgən] *vt* allattare

Sauger <-s, -> *m* ① *(auf Babyfläschchen)* ciuccio *m; (Schnuller)* succhiotto *m* ② *(fam: Staub~)* aspirapolvere *f*

Säuger <-s, -> *m,* **Säugetier** *nt* mammifero *m*

saugfähig *adj* assorbente

Saugflasche *f* biberon *m*

Saugheber *m* sifone *m*

Säugling ['zɔɪklɪŋ] <-s, -e> *m* lattante *mf*

Säuglingsheim *nt* [asilo *m*] nido *m*

Säuglingspflege *f* puericultura *f*

Säuglingsschwester *f* puericultrice *f*

Säuglingssterblichkeit *f* mortalità *f* dei lattanti

Sauhaufen *m (fam pej)* gentaglia *f*

Säule ['zɔɪlə] <-, -n> *f* colonna *f*

Säulengang *m* colonnato *m; (Säulenhalle)* portico *m*

Säulenhalle *f* loggia *f,* porticato *m*

Saum [zaʊm] <-(e)s, Säume> *m (Näh~)* orlo *m; (fig: Rand)* bordo *m,* margine *m*

saumäßig *(sl)* **I.** *adj (sehr schlecht)* pessimo; *(verstärkend)* terribile, enorme **II.** *adv (sehr schlecht)* malissimo; *(verstärkend)* terribilmente, enormemente

säumen ['zɔɪmən] *vt (Saum nähen an)* fare l'orlo a

säumig *adj (geh)* ❶ *(nachlässig)* negligente, indolente ❷ *(Schuldner)* moroso; *(Zahlung)* insoluto, arretrato

Saumpfad *m* mulattiera *f*

Saumtier *nt* bestia *f* da soma

Sauna ['zaʊna] <-, -s *o* Saunen> *f* sauna *f*

saunieren [zaʊ'niːrən] <ohne ge-> *vi* fare la sauna

Säure ['zɔɪrə] <-, -n> *f* ❶ *Sing. (saure Beschaffenheit)* acidità *f; (von Wein)* asprezza *f* ❷ CHEM acido *m*

säurebeständig *adj* antiacido

Sauregurkenzeit [zaʊrə'gʊrkəntsaɪt] *f (fam scherz)* stagione *f* morta

säurehaltig *adj* acido, contenente acido

Saurier ['zaʊriɐ] <-s, -> *m* ZOO sauro *m*

Saus [zaʊs] *m* **in ~ und Braus leben** fare la bella vita

säuseln ['zɔɪzəln] *vi (Blätter im Wind)* stormire, mormorare; *(Wind in den Bäumen, Mensch)* sussurrare

sausen ['zaʊzən] *vi* ❶ *sein (Geschoss)* fendere l'aria; *(fam: Mensch)* correre, volare; *(fam: Fahrzeug)* filare ❷ *haben (Ohren)* fischiare; *(Kopf)* ronzare; *(Wind, Sturm)* sibilare, fischiare; **durch eine Prüfung ~** *(fam)* essere bocciato ad un esame; **etw ~ lassen** *(fam: verzichten auf)* lasciar perdere

Sauser <-s, -> *m* CH GASTR *(gärender Most)* mosto *m*

Saustall *m (fam a. fig)* porcile *m*

Sauwetter *nt (vulg)* tempaccio *m*, tempo *m* da cani

sauwohl *adj (fam)* **sich ~ fühlen** sentirsi proprio bene

Savanne [za'vanə] <-, -n> *f* savana *f*

Saxofon [zakso'foːn] <-(e)s, -e> *nt* sassofono *m*

Saxofonist(in) [zaksofo'nɪst] <-en, -en; -, -nen> *m(f)* sassofonista *mf*

SB [ɛs'beː] *Abk. von* **Selbstbedienung** self-service *m*

S-Bahn® ['ɛsbaːn] *f* ferrovia *f* urbana, metropolitana *f*

SBB [ɛsbeː'beː] *f Abk. von* **Schweizerische Bundesbahn** Ferrovie *fpl* federali svizzere

SB-Bank [ɛs'beːbaŋk] <-, -en> *f banca con sportello automatico*

s. Br. *Abk. von* **südlicher Breite** lat S

SB-Tankstelle *f* distributore *m* automatico [*o* self-service] di benzina

scannen *vt* INFORM scannerizzare, sottoporre a scanning

Scanner ['skɛnɐ] <-s, -> *m* INFORM scanner *m*

Schabe ['ʃaːbə] <-, -n> *f* blatta *f; (Küchen~)* scarafaggio *m*

schaben ['ʃaːbən] *vt (ab~: Schmutz)* raschiare; *(Fell, Leder)* scarnare; *(Gemüse)* grattugiare, grattare; **den Lack vom Tisch ~** raschiare la vernice dal tavolo

Schabernack ['ʃaːbɐnak] <-(e)s, -e> *m* **jdm einen ~ spielen** fare uno scherzo a qu

schäbig ['ʃɛːbɪç] *adj* ❶ *(fadenscheinig)* liso, logoro ❷ *(fig: Charakter)* gretto, meschino ❸ *(armselig)* misero

Schablone [ʃa'bloːnə] <-, -n> *f* modello *m*, forma *f; (fig, pej: Schema)* schema *m* fisso, cliché *m*

Schach [ʃax] <-s, -s> *nt (Spiel)* [gioco *m* degli] scacchi *mpl; (Stellung)* scacco *m;* **~ spielen** giocare agli scacchi; **in ~ halten** *(fig)* tenere in scacco

Schachbrett *nt* scacchiera *f*

schachbrettartig *adj* a scacchiera

schachern ['ʃaxɐn] *vi (pej)* **um etw ~** mercanteggiare su qc

Schachfigur *f* figura *f* degli scacchi, scacco *m; (fig)* fantoccio *m*

schachmatt *adj* scacco matto; *(fig: erschöpft)* sfinito

Schachpartie <-, -n> *f* partita *f* a scacchi

Schachspiel *nt* [gioco *m* degli] scacchi *mpl*

Schachspieler(in) *m(f)* scacchista *mf*

Schacht [ʃaxt] <-(e)s, Schächte> *m* MIN pozzo *m* [da miniera]; *(Kanal)* tombino *m; (Fahrstuhl~)* tromba *f* [dell'ascensore]

Schachtel ['ʃaxtəl] <-, -n> *f* scatola *f;* **eine ~ Zigaretten** un pacchetto di sigarette; **alte ~** *(fam pej)* vecchiaccia

Schachtelhalm *m* BOT equiseto *m*

Schachzug *m (a. fig)* mossa *f* [negli scacchi]

schade ['ʃaːdə] *adj* **~ sein** essere peccato; **sich** *dat* **zu ~ sein für** sentirsi sprecato per; **es ist ~, dass .../um ...** è un peccato che *+conj*, è un peccato per *+conj;* **wie ~!** che peccato!

Schädel ['ʃɛːdəl] <-s, -> *m* ANAT cranio *m; (Totenkopf)* teschio *m*

Schädelbruch *m* frattura *f* cranica

Schädeldecke *f* calotta *f* cranica

schaden ['ʃaːdən] *vi* **jdm/etw ~** nuocere a qu/qc; **das schadet dir gar nichts** *(fam)* ben ti sta; **das kann nicht[s] ~** non fa male

Schaden <-s, Schäden> *m* ❶ *(Beschädigung)* danno *m;* TEC avaria *f*, guasto *m;* **~ anrichten** causare danni; **zu ~ kommen** subire un danno, essere danneggiato;

S

durch ~ wird man klug *(prov)* sbagliando s'impara ② *(Nachteil)* svantaggio *m,* pregiudizio *m* ③ *(Verlust)* perdita *f* ④ *(körperlich)* lesione *f;* *(Verletzung)* ferita *f*

Schadenersatz *m* risarcimento *m* [dei] danni; [**jdm**] **~ leisten** risarcire [a qu] danni

Schadenfreude *f* gioia *f* maligna

schadenfroh *adj* malignamente soddisfatto

Schadensersatz *m kein Pl.* JUR *s.* **Schadenersatz**

schadhaft *adj (beschädigt)* danneggiato; *(Material)* difettoso

schädigen ['ʃɛːdɪgən] *vt* nuocere a, danneggiare

schädigend *adj* dannoso, nocivo; **~e Wirkung** conseguenza dannosa

Schädigung <-, -en> *f* danneggiamento *m,* lesione *f*

schädlich ['ʃɛːtlɪç] *adj* dannoso; *(a. gesundheitlich)* nocivo

Schädlichkeit <-> *f kein Pl.* dannosità *f,* nocività *f*

Schädling ['ʃɛːtlɪŋ] <-s, -e> *m* parassita *m*

Schädlingsbekämpfung *f* lotta *f* antiparassitaria

schadlos *adv* **sich an jdm ~ halten** rivalersi su qu

Schadstoff *m* elemento *m* nocivo, agente *m* inquinante

schadstoffarm *adj* poco nocivo

Schadstoffbelastung *f* inquinamento *m*

schadstoffgeprüft *adj* libero da sostanze nocive

Schaf [ʃaːf] <-(e)s, -e> *nt* ① *(Tier)* pecora *f;* **schwarzes ~** *(fig)* pecora nera ② *(pej fam: Dummkopf)* sciocco, -a *m, f,* minchione, -a *m, f*

Schafbock *m* montone *m*

Schäfchen ['ʃɛːfçən] <-s, -> *nt* ① *(kleines Schaf)* pecorella *f;* **sein ~ ins trockene bringen** *(fam)* mettere da parte un bel gruzzoletto; **~ zählen** *(fam)* contare le pecore ② *Pl. (Gemeinde)* pecorella *f*

Schäfchenwolken *f pl* pecorelle *f pl*

Schäfer(in) ['ʃɛːfɐ] <-s, -; -, -nen> *m(f)* pecoraio, -a *m, f*

Schäferhund *m* [cane *m*] pastore *m*

Schäferin *f s.* **Schäfer**

Schäferstündchen *nt* convegno *m* amoroso

Schaffell *nt* pelle *f* di pecora

schaffen[1] ['ʃafən] <schafft, schuf, geschaffen> *vt* ① *(er~, hervorbringen)* creare; **für etw wie geschaffen sein** essere fatto apposta per qc ② *(bewirken)* fare; *(Voraussetzungen)* creare; *(Ruhe)* imporre; *(Unruhe)* causare; *(Ordnung)* fare, mettere; *(Ersatz)* procurare; **Abhilfe ~** rimediare; **Klarheit ~** chiarire

schaffen[2] *vt* ① *(bewältigen)* portare a termine, fare; *(Prüfung)* passare; *(Portion)* mangiare tutto; **es ~** farcela; **wir haben's geschafft!** ce l'abbiamo fatta! ② *(fam: fertigmachen)* esaurire, sfinire, spossare; **geschafft sein** *(fam: erschöpft)* essere stanco morto; **jdm** [**sehr**] **zu ~ machen** dar [molto] da fare a qu ③ *(befördern)* portare ④ DIAL *(arbeiten, a vi)* lavorare

Schaffensdrang *m* impulso *m* creatore

Schaffenskraft *f* forza *f* creatrice

Schaffhausen [ʃafˈhaʊzən] *nt* GEOG Sciaffusa *f*

Schaffner(in) ['ʃafnɐ] <-s, -; -, -nen> *m(f)* bigliettaio, -a *m, f*

Schafgarbe *f* BOT achillea *f*

Schafherde *f* gregge *m* di pecore

Schafhirte, -hirtin *m, f* pastore *m* di pecore

Schafott [ʃaˈfɔt] <-(e)s, -e> *nt* patibolo *m*

Schafskäse *m* formaggio *m* pecorino

Schafskopf *m (fig, pej: Schimpfwort)* imbecille *m,* cretino *m*

Schafstall *m* ovile *m*

Schaft [ʃaft] <-(e)s, Schäfte> *m (Stiel)* manico *m;* BOT gambo *m;* *(von Baum, Säule, Waffe)* fusto *m;* *(Stiefel~)* gambale *m*

Schaftstiefel *m* stivalone *m*

Schafzucht *f* allevamento *m* di pecore

Schah [ʃaː] <-s, -s> *m* scià *m*

Schakal [ʃaˈkaːl] <-s, -e> *m* sciacallo *m*

Schäker(in) ['ʃɛːkɐ] <-s, -; -, -nen> *m(f)* ① *(fam: Witzbold)* burlone, -a *m, f* ② *(gerne flirtender Mensch)* chi ama flirtare

schäkern *vi (fam: scherzen)* scherzare; *(flirten)* flirtare

schal [ʃaːl] *adj* ① *(abgestanden)* guasto ② *(fig: fade, geistlos)* insulso, insipido

Schal [ʃaːl] <-s, -s> *m* scialle *m;* *(länglich)* sciarpa *f;* *(quadratisch)* foulard *m*

Schälchen ['ʃɛːlçən] <-s, -> *nt* scodellina *f,* ciotolina *f*

Schale ['ʃaːlə] <-, -n> *f* ① *(Gefäß)* coppa *f;* *(Schüssel)* scodella *f,* ciotola *f,* terrina *f* ② *(Waag~)* piatto *m* [della bilancia] ③ *(Obst~, Kartoffel~)* buccia *f;* *(Eier~, Nuss~, von Hülsenfrucht, Schalentier)* guscio *m* ④ *(fig: Äußeres)* scorza *f* ⑤ A, SÜDD *(Tasse)* tazza *f* ⑥ *(Muschel~)* conchiglia *f* ⑦ *(Wend)* **sich in ~ werfen** *(fam)* mettersi in ghingheri

schälen ['ʃɛːlən] **I.** *vt (Obst)* sbucciare; *(Tomaten, Kartoffeln)* pelare; *(Eier, Kastanien)* sgusciare **II.** *vr:* **sich ~** *(a. Schlangen)* sbucciarsi; *(Haut)* spellarsi

Schalentier *nt* conchiglia *f*

Schäler ['ʃɛːlɐ] <-s, -> *m* sbucciatore *m*

Schalk [ʃalk] <-(e)s, -e *o* Schälke> *m* mat-

tacchione *m fam,* burlone *m fam;* **er hat den ~ im Nacken** è un gran burlone
schalkhaft *adj* faceto, scherzoso
Schall [ʃal, *Pl:* ʃale *o* 'ʃɛlə] <-(e)s, -e *o* Schälle> *m* suono *m,* tono *m;* **~ und Rauch sein** essere insignificante
schalldämmend *adj* fonoassorbente
Schalldämmung *f* assorbimento *m* sonoro
Schalldämpfer *m* assorbente *m* acustico; *(von Auto, Waffe)* silenziatore *m;* MUS sordina *f*
schalldicht *adj* a isolamento acustico, insonorizzato
schallen *vi* [ri]sonare
schallend *adj* risonante; *(Gelächter)* sonoro; *(Beifall)* scrosciante
Schallgeschwindigkeit *f* velocità *f* sonica
Schallgrenze *f,* **Schallmauer** *f* muro *m* del suono; **die ~ durchbrechen** superare il muro del suono
Schallplatte *f* disco *m*
Schallplattensammlung *f* collezione *f* di dischi, discoteca *f*
Schallwelle *f* PHYS onda *f* acustica
Schalotte [ʃa'lɔtə] <-, -n> *f* scalogno *m*
schalt [ʃalt] *1. u. 3. Pers. Sing. Imp. von* **schelten**
Schaltanlage *f* impianto *m* di distribuzione
Schaltbild *nt* schema *m* dell'impianto elettrico
Schaltbrett *nt* quadro *m* di distribuzione
schalten ['ʃaltən] **I.** *vt* regolare; TEC inserire; MOT *(Gang)* innestare **II.** *vi* ❶ *(verfügen)* disporre; **frei ~ und walten** fare e disfare a piacimento ❷ *(fam: kapieren)* capire; *(reagieren)* reagire ❸ MOT cambiare marcia; **in den dritten Gang ~** innestare la terza
Schalter <-s, -> *m* ❶ TEC commutatore *m,* interruttore *m* ❷ *(in Bank, Post, Auskunfts~)* sportello *m*
Schalterbeamte *m,* **Schalterbeamtin** *f* impiegato, -a *m, f* allo sportello
Schalterhalle *f* sala *f* degli sportelli
Schalterstunden *fpl* orario *m* per il pubblico
Schaltfläche *f (Computer)* barra *f*
Schalthebel *m (a. fig)* leva *f* di comando; MOT leva *f* del cambio
Schaltjahr *nt* anno *m* bisestile
Schaltknüppel *m* MOT cloche *f* del cambio; AERO cloche *f*
Schaltkreis *m* EL circuito *m* elettrico
Schaltplan *m* schema *m* [dell'impianto] elettrico
Schalttafel *f s.* **Schaltbrett**
Schalttag *m* giorno *m* intercalare
Schaltung <-, -en> *f* ❶ TEC inserimento *m,* accoppiamento *m* ❷ MOT cambio *m* di marcia
Schaltzentrale *f* TECH centrale *f* di comando
Scham [ʃa:m] <-> *f kein Pl.* ❶ *(Sichschämen)* vergogna *f;* **ich möchte vor ~ in die Erde versinken** vorrei sprofondare dalla vergogna ❷ *(~haftigkeit)* pudore *m* ❸ *(~teile)* [parti *fpl*] pudende *fpl*
Schambein *nt* pube *m*
schämen ['ʃɛ:mən] *vr* **sich [einer Sache** *gen*] **~** vergognarsi [di qc]
Schamgefühl *nt* pudore *m*
Schamgegend *f* pube *m*
Schamhaar *nt* peli *mpl* del pube
schamhaft *adj (züchtig)* modesto; *(verschämt)* vergognoso, pudico
Schamhaftigkeit <-> *f kein Pl. (Züchtigkeit)* modestia *f; (Verschämtheit)* vergogna *f,* pudicizia *f*
Schamlippe *f* ANAT labbra *fpl* vaginali
schamlos *adj* impudico; *(unverschämt)* svergognato; *(Lüge, Frechheit)* spudorato
schamrot *adj* **~ werden** arrossire di vergogna
Schamröte <-> *f kein Pl.* rossore *m* dalla vergogna; **mir stieg die ~ ins Gesicht** diventai rosso dalla vergogna
Schamteile *ntpl* [parti *fpl*] pudende *fpl*
Schande ['ʃandə] <-> *f kein Pl.* vergogna *f;* *(a. Unehre)* disonore *m; (Schmach)* infamia *f,* ignominia *f;* **jdm/etw ~ machen** far disonore a qu/qc; **ich muss zu meiner [großen] ~ gestehen …** debbo confessare, con mia grande vergogna …; **das ist [wirklich] eine ~!** è proprio una vergogna!
schänden ['ʃɛndən] *vt (entehren)* disonorare; *(besudeln)* macchiare; *(entweihen)* profanare
Schandfleck *m* marchio *m* d'infamia, macchia *f*
schändlich *adj* ❶ *(abscheulich)* vergognoso, infame ❷ *(fam: sehr schlecht)* orribile
Schandtat *f* infamia *f,* scelleratezza *f;* **zu jeder ~ bereit sein** *(fam scherz)* essere della partita
Schändung <-, -en> *f* disonorare *m; (Entweihung)* profanazione *f*
Schanigarten *m* A *(fam) piccolo giardino della pensione a disposizione degli ospiti*
Schänke ['ʃɛŋkə] <-, -n> *s.* **Schenke**
Schanktisch ['ʃaŋktɪʃ] *m* banco *m* di mescita
Schankwirt *m* oste *m*
Schankwirtschaft *f* mescita *f* di vini, osteria *f*
Schanze ['ʃantsə] <-, -n> *f* ❶ MIL trincea *f* ❷ SPORT *(Sprung~)* trampolino *m* [di salto]

S

Schar [ʃaːɐ̯] <-, -en> *f (Menge)* schiera *f,* frotta *f; (Vogel~)* stormo *m;* **in ~en** a frotte
Scharade [ʃaˈraːdə] <-, -n> *f* sciarada *f*
Schäre [ˈʃɛːrə] <-, -n> *f* GEOG faraglione *m*
scharen [ˈʃaːrən] **I.** *vt (versammeln)* **jdn um jdn ~** radunare qu attorno a qu **II.** *vr* **sich [um jdn] ~** radunarsi [attorno a qu]
scharenweise *adv* a schiere, a frotte
scharf [ʃarf] <schärfer, schärfste> *adj* ① *(Schneide)* affilato, tagliente; *(Kante)* vivo; *(Spitze)* aguzzo ② *(Speise)* piccante, forte; CHEM corrosivo; *(Geruch)* acre, penetrante ③ *(Wind)* rigido, pungente ④ *(Stimme)* stridulo ⑤ *(Bild)* nitido; *(Umrisse)* netto, marcato; *(Augen)* buono; *(Gehör)* fine ⑥ *(Kurve)* brusco; **~ bremsen** frenare bruscamente ⑦ *(Verstand)* acuto, sottile; **~ nachdenken** pensare intensamente ⑧ *(Worte)* pungente, aspro; *(Kritik)* mordace ⑨ *(Disziplin)* rigido, rigoroso; *(Überwachung)* stretto ⑩ MIL *(Munition)* caricato a palla; *(Bombe)* innescato ⑪ *(sl: geil)* tosto, figo *sl;* **auf etw** *akk* **~ sein** *(fam)* desiderare avidamente qc
Scharfblick *m* perspicacia *f,* acume *m*
Schärfe [ˈʃɛrfə] <-, -n> *f* ① *(von Schneide)* taglio *m* ② *(von Speise)* [sapore *m*] piccante *m* ③ *(von Wind)* rigidità *f; (von Stimme)* acutezza *f* ④ *(von Bild)* nitidezza *f,* precisione *f* ⑤ *(Verstandes~)* acume *m,* sottigliezza *f* ⑥ *(von Worten)* asprezza *f; (von Kritik)* mordacità *f* ⑦ *(Härte)* durezza *f,* severità *f*
schärfen *vt* affilare; *(Sinne, Verstand)* acuire; *(Gespür)* affinare
scharfkantig *adj* a spigoli vivi, nitido
scharf|machen *vt (fam)* ① *(aufhetzen)* aizzare, provocare ② *(sexuell erregen)* arrapare, attizzare, allupare
Scharfmacher *m (fam)* agitatore *m,* sobillatore *m*
Scharfrichter *m* giustiziere *m*
Scharfschütze *m,* **Scharfschützin** *f* tiratore, -trice *m, f* scelto, -a
scharfsichtig *adj* perspicace, acuto
Scharfsinn *m* acume *m,* sagacia *f*
scharfsinnig *adj* acuto, sagace
Scharlach[1] [ˈʃarlax] <-s, *rar:* -e> *m o* A: *nt (Farbe)* [colore *m*] scarlatto *m*
Scharlach[2] <-s> *m kein Pl.* MED scarlattina *f*
Scharlatan [ˈʃarlatan] <-s, -e> *m* ciarlatano *m*
Scharmützel [ʃarˈmʏtsəl] <-s, -> *nt* scaramuccia *f*
Scharnier [ʃarˈniːɐ̯] <-s, -e> *nt* cerniera *f*
Schärpe [ˈʃɛrpə] <-, -n> *f (an Uniform)* sciarpa *f; (an Kleidung)* fusciacca *f*
scharren [ˈʃarən] **I.** *vi* raschiare, raspare; *(Hühner)* razzolare; **mit den Füßen ~** stropicciare i piedi per terra **II.** *vt (Boden)* raschiare; *(Loch)* scavare [raspando]
Scharte [ˈʃartə] <-, -n> *f* ① *(Kerbe)* tacca *f,* intaccatura *f* ② MIL feritoia *f* ③ *(Berge)* valico *m,* sella *f*
schartig *adj* intaccato
scharwenzeln [ʃarˈvɛntsəln] <ohne ge-> *vi haben o sein (fam)* **um jdn ~** strisciare intorno a qu
Schaschlik [ˈʃaʃlɪk] <-s, -s> *m o nt* GASTR spiedino *m*
schassen [ˈʃasən] *vt (fam: Schüler)* espellere; *(Minister)* silurare
Schatten [ˈʃatən] <-s, -> *m* ① ombra *f;* **im ~ von** all'ombra di; **es sind 40° im ~** ci sono 40° all'ombra; **jdn in den ~ stellen** *(fig)* mettere in ombra qu; **nur noch ein ~ seiner selbst sein** essere l'ombra di se stesso ② *(Dunkelheit)* oscurità *f,* tenebre *f pl* ③ *(Figur, Gestalt)* ombra *f,* spettro *m*
Schattendasein *nt* **ein ~ führen** rimanere nell'ombra
schattenhaft *adj (Umrisse)* indistinto; *(fig: vage)* vago
Schattenkabinett *nt* POL gabinetto *m* ombra
Schattenmann *m* uomo *m* ombra
Schattenriss *m* silhouette *f*
Schattenseite *f* parte *f* ombrosa; *(fig: Kehrseite)* rovescio *m* della medaglia; *(das Negative)* lato *m* oscuro
Schattenwirtschaft <-> *f kein Pl.* economia *f* sommersa
schattieren [ʃaˈtiːrən] <ohne ge-> *vt* ombr[eggi]are
Schattierung <-, -en> *f (Vorgang)* ombreggiatura *f; (schattierte Stelle)* ombratura *f; (fig)* sfumatura *f*
schattig *adj* ombreggiato
Schattseite *f* CH *s.* **Schattenseite**
Schatulle [ʃaˈtʊlə] <-, -n> *f* cassetta *f,* scrignetto *m*
Schatz [ʃats] <-es, Schätze> *m* ① *(a. fig: Mensch)* tesoro *m* ② *Pl. (Reichtum)* ricchezza *f*
Schatzamt *nt* tesoreria *f,* ministero *m* del Tesoro
schätzen [ˈʃɛtsən] **I.** *vt* ① *(Wert festlegen)* valutare, stimare; *(veranschlagen)* calcolare; **einen Schaden auf mehrere Millionen ~** valutare un danno di diversi milioni; **wie alt schätzt du mich?** quanti anni mi dai?; **was schätzt du, wie viel/wie lange …?** quanto pensi che …? +*conj* ② *(würdigen)* stimare, apprezzare; **sich glücklich ~** dirsi fortunato; **jdn/etw zu ~**

wissen saper apprezzare qu/qc **II.** *vi (veranschlagen)* indovinare
schätzenswert *adj* stimabile, apprezzabile
Schätzer(in) <-s, -; -, -nen> *m(f)* stimatore, -trice *m, f*
Schatzkammer *f* tesoro *m* pubblico
Schatzkästchen ['ʃatskɛstçən] <-s, -> *nt*, **Schatzkästlein** ['ʃatskɛstlaɪn] <-s, -> *nt* scrignetto *m*
Schatzmeister(in) *m(f)* tesoriere, -a *m, f*
Schätzung <-, -en> *f* stima *f*, valutazione *f*; **nach meiner ~** secondo i miei calcoli
schätzungsweise *adv* approssimativamente
Schätzwert *m* valore *m* di stima
Schau [ʃaʊ] <-, -en> *f* ① *(Vorführung)* esibizione *f*; *(Ausstellung)* mostra *f*, esposizione *f*; **etw zur ~ stellen** *(ausstellen)* mettere in mostra qc; *(fig: Gefühle)* mostrare qc; *(protzen mit)* ostentare qc ② *(fam: Spektakel, Theater)* spettacolo *m*; **eine ~ abziehen** *(fam)* mettersi in scena; **jdm die ~ stehlen** *(fam)* rubare la scena a qu
Schaubild *nt* diagramma *m*
Schaubude <-, -n> *f* baraccone *m* da fiera
Schauder ['ʃaʊdɐ] <-s, -> *m (Kälte~)* brivido *m*; *(Grauen)* orrore *m*
schauderhaft *adj (Verbrechen)* orribile; *(fam: Kälte)* terribile
schaudern *vi* ① *(frösteln)* **vor jdm/etw ~** rabbrividire davanti a qu/per qc ② *(Grauen empfinden)* inorridire; **mich schaudert bei dem Gedanken an …** inorridisco al pensiero di …
schauen ['ʃaʊən] *vi bes.* SÜDD, A, CH ① *(sehen)* guardare; **aus dem Fenster ~** guardare dalla finestra; **schau, schau!** ma guarda un po'! ② *(sich kümmern)* guardare, badare
Schauer ['ʃaʊɐ] <-s, -> *m* METEO *(Regen~)* scroscio *m*; *(Hagel~)* grandinata *f*
Schauergeschichte *f (Gruselgeschichte)* storia *f* raccapricciante; *(fam: Lügenmärchen)* racconto *m* truculento
schauerlich *adj* ① *(Anblick, Tat)* orribile ② *(fam: sehr schlecht)* orrendo
Schauermann ['ʃaʊɐman, *Pl:* 'ʃaʊɐlɔɪtə] <-(e)s, Schauerleute> *m* NAUT portuale *m*
Schaufel ['ʃaʊfəl] <-, -n> *f* pala *f*
schaufeln I. *vt (Loch)* scavare **II.** *vi* spalare
Schaufenster *nt* vetrina *f*
Schaufensterbummel *m* **einen ~ machen** fare un giro per vedere le vetrine
Schaufensterpuppe *f* manichino *m*
Schaukasten *m* teca *f*
Schaukel ['ʃaʊkəl] <-, -n> *f* altalena *f*
schaukeln I. *vi* ① *(mit Schaukel)* andare in altalena; *(mit Stuhl)* dondolarsi ② *(Boot)* ballare; *(Fahrzeug)* oscillare **II.** *vt (Kind auf den Knien)* dondolare; *(wiegen)* cullare
Schaukelpferd *nt* cavallo *m* a dondolo
Schaukelstuhl *m* sedia *f* a dondolo
schaulustig *adj* curioso
Schaum [ʃaʊm] <-(e)s, Schäume> *m* schiuma *f*; *(Bier~)* spuma *f*
Schaumbad *nt* bagnoschiuma *m*
schäumen ['ʃɔɪmən] *vi* schiumare, far schiuma; *(Meer, Sekt)* spumeggiare; **vor Wut ~** schiumare di rabbia
Schaumgummi *m o nt* gomma *f* piuma
schaumig *adj* schiumoso, spumoso; **etw ~ schlagen** GASTR montare a neve qc
Schaumkrone *f (Bier)* cresta *f* schiumosa
Schaumschläger *m (fig, pej: Prahler)* spaccone *m fam*
Schaumstoff *m* espanso *m*
Schaumwein *m* spumante *m*
Schauplatz *m* luogo *m* della rappresentazione
Schauprozess *m* processo *m* clamoroso [*o* sensazionale]
schaurig ['ʃaʊrɪç] *adj* ① *(unheimlich)* orrendo ② *(fig fam: schlimm)* terribile
Schauspiel *nt* ① *(Drama)* dramma *m* ② *(Anblick, Geschehen)* spettacolo *m*
Schauspieler(in) *m(f)* THEAT, FILM, TV attore, -trice *m, f*; *(fig)* commediante *mf*
Schauspielerei *f kein Pl. (Schauspielen)* teatro *m*; *(fig: Vorstellung)* commedia *f*
Schauspielerin *f s.* **Schauspieler**
schauspielerisch *adj* teatrale, scenico, artistico
schauspielern *vi (Theater spielen)* recitare in teatro; *(fig)* fare l'attore, recitare
Schauspielhaus *nt* teatro *m* [di prosa]
Schauspielkunst *f* arte *f* drammatica
Schauspielschule *f* scuola *f* di arte drammatica
Schausteller(in) <-s, -; -, -nen> *m(f)* proprietario, -a *m, f* di un baraccone
Schautafel *f* tabellone *m*
Scheck [ʃɛk] <-s, -s> *m* assegno *m*; **ein ~ über 50 Euro** un assegno di 50 euro; **einen ~ ausstellen** emettere un assegno; **einen ~ einlösen** incassare un assegno; **ungedeckter ~** assegno senza copertura
Scheckbuch *nt*, **Scheckheft** *nt* libretto *m* degli assegni
scheckig ['ʃɛkɪç] *adj* pezzato, chiazzato
Scheckkarte *f* carta *f* assegni
scheel [ʃeːl] **I.** *adj (neidisch)* invidioso; *(abschätzig)* storto, bieco **II.** *adv* **~ ansehen** guardare di sbieco
Scheffel ['ʃɛfəl] <-s, -> *m (alte Maßeinheit)* staio *m*; **in ~n** a palate; **sein Licht unter den ~ stellen** mettere la fiaccola sotto il moggio

S

scheffeln *vt (Geld)* ammassare
Scheibe ['ʃaɪbə] <-, -n> *f* ❶ disco *m* ❷ TEC *(Unterleg~)* rondella *f; (Töpfer~)* tornio *m* ❸ SPORT, MIL *(Schieß~)* bersaglio *m* ❹ *(Fenster~)* vetro *m* ❺ *(Brot~)* fetta *f;* **in ~n schneiden** affettare
Scheibenbremse *f* MOT freno *m* a disco
Scheibengardine *f* tendina *f* per finestra
Scheibenschießen *nt* SPORT, MIL tiro *m* al bersaglio
Scheibenwaschanlage *f* lavavetro *m*
Scheibenwischer <-s, -> *m* tergicristallo *m*
Scheich [ʃaɪç] <-s, -e *o* -s> *m* sceicco *m*
Scheide ['ʃaɪdə] <-, -n> *f* ❶ ANAT vagina *f* ❷ *(von Waffe)* fodero *m,* guaina *f*
scheiden ['ʃaɪdən] <scheidet, schied, geschieden> **I.** *vt haben (trennen)* dividere; CHEM separare; *(Ehe)* sciogliere; **sich** [**von jdm**] **~ lassen** divorziare [da qu] **II.** *vi sein (auseinandergehen)* separarsi; **aus dem Amt ~** dare le dimissioni
Scheidewasser *nt* CHEM acqua *f* forte
Scheideweg *m* bivio *m*
Scheidung <-, -en> *f* divorzio *m;* **die ~ einreichen** chiedere il divorzio; **in ~ leben** stare per divorziare
Scheidungsgrund *m* motivo *m* di divorzio
Scheidungsklage *f* domanda *f* di divorzio
Scheidungsprozess *m* causa *f* di divorzio
Schein [ʃaɪn] <-(e)s, -e> *m* ❶ *(Bescheinigung)* attestato *m,* certificato *m; (Erlaubnis~)* permesso *m; (Empfangs~)* ricevuta *f; (Gepäck~)* scontrino *m* bagagli; *(Zins~)* cedola *f,* tagliando *m* ❷ *(Fahr~)* biglietto *m* ❸ *(Geld~)* banconota *f* ❹ *(an Universität) certificato di fine corso* ❺ *kein Pl. (Licht~)* luce *f,* chiarore *m* ❻ *(An~)* apparenza *f; (Aussehen)* aspetto *m;* **den ~ wahren** salvare le apparenze; [**nur**] **zum ~** solo per finta, per la forma; **der ~ trügt** l'apparenza inganna
Schein- *in Zusammensetzungen* finto, apparente
scheinbar *adj (anscheinend)* apparente; *(vorgeblich)* finto, simulato
scheinen ['ʃaɪnən] <scheint, schien, geschienen> *vi* ❶ *(Sonne)* splendere; *(glänzen)* brillare ❷ *(den Anschein haben)* sembrare, parere; **wie mir scheint** a quanto sembra; **es scheint, dass ...** sembra che +*conj*
Scheinfirma *f* COM, JUR ditta *f* simulata
scheinheilig *adj* ipocrita
Scheinschwangerschaft *f* MED gravidanza *f* apparente
Scheinselbstständigkeit *f* libera professione *f* apparente
Scheintod *m* MED morte *f* apparente
scheintot *adj* morto in apparenza
Scheinwerfer <-s, -> *m (zum Beleuchten)* riflettore *m,* faro *m;* THEAT, FILM proiettore *m; (Such~) a.* AUTO faro *m*
Scheinwerferlicht *nt* luce *f* dei proiettori
Scheiß- ['ʃaɪs] *in Zusammensetzungen (vulg)* di merda
Scheiße ['ʃaɪsə] <-> *f kein Pl. (vulg)* merda *f;* **verdammte ~!** merda!; **in der ~ sitzen/stecken** sedere/stare nella merda; **~ bauen** fare stronzate
scheißegal *adj (fam)* **das ist mir ~** non me ne frega niente, me ne frego
scheißen <scheißt, schiss, geschissen> *vi (vulg)* cacare; **auf etw** *akk* **~** fregarsene di qc
scheißfreundlich *adj (sl)* untuoso
Scheißhaus *nt (vulg)* cesso *m*
Scheißkerl *m (vulg)* stronzo *m*
Scheit [ʃaɪt] <-(e)s, -e *o* SÜDD, A, CH -er> *nt* ceppo *m,* ciocco *m*
Scheitel ['ʃaɪtəl] <-s, -> *m* ❶ *(im Haar)* riga *f,* scriminatura *f;* **vom ~ bis zur Sohle** da capo a piedi; *(fig)* da cima a fondo ❷ *(höchster Punkt)* cima *f,* sommità *f* ❸ ASTR zenit *m* ❹ MAT vertice *m*
scheiteln *vt* **das Haar ~** fare la riga
Scheitelpunkt *m* punto *m* culminante; *(a. fig)* culmine *m;* ASTR zenit *m*
Scheiterhaufen ['ʃaɪtɐhaʊfən] *m* rogo *m*
scheitern ['ʃaɪtɐn] *vi sein* fallire; **an etw** *dat* **~** fallire per qc; *(Regierung)* cadere a causa di qc; **an einer Mannschaft ~** SPORT perdere contro una squadra; **zum Scheitern bringen** far naufragare; **zum Scheitern verurteilt** destinato a fallire
Schellack ['ʃɛlak] *m* gommalacca *f*
Schelle ['ʃɛlə] <-, -n> *f* ❶ *(Türklingel)* campanello *m* ❷ TEC fascetta *f*
schellen *vi* suonare
Schellenbaum *m* MUS cappello *m* cinese [*o* turco]
Schellfisch ['ʃɛlfɪʃ] *m* ZOO eglefino *m*
Schelm [ʃɛlm] <-(e)s, -e> *m* birbante *mf,* briccone *m*
schelmisch *adj* burlone, scherzoso
Schelte ['ʃɛltə] <-, -n> *f (geh)* rimprovero *m,* sgridata *f*
schelten <schilt, schalt, gescholten> *vt, vi* rimproverare, sgridare
Schema ['ʃeːma] <-s, -s *o* Schemata *o* Schemen> *nt* schema *m,* piano *m;* **nach ~ F** *(pej)* come al solito
schematisch [ʃe'maːtɪʃ] *adj (a. pej)* schematico
Schemel ['ʃeːməl] <-s, -> *m* ❶ *(Hocker)* sgabello *m* ❷ SÜDD poggiapiedi *m*
Schemen *Pl. von* **Schema**
schemenhaft *adj* indistinto

S

Schenke ['ʃɛŋkə] <-, -n> *f* osteria *f,* mescita *f*

Schenkel ['ʃɛŋkəl] <-s, -> *m* ① ANAT coscia *f; (Ober~)* femore *m; (Unter~)* gamba *f* ② *(von Zirkel)* asta *f;* MAT *(von Winkel)* lato *m* ③ *(Schere, Zange)* branca *f*

schenken ['ʃɛnkən] **I.** *vt* ① *(Geschenk)* [**jdm**] **etw** ~ regalare qc [a qu]; **etw geschenkt bekommen** ricevere qc in regalo; **das ist geschenkt** *(fam: ist einfach)* è semplice; *(wertlos)* dimenticalo! ② *(erlassen)* condonare ③ *(fig: Freiheit, Vertrauen)* dare; *(Aufmerksamkeit)* prestare **II.** *vr* **sich** *dat* **etw** ~ regalarsi qc; *(darauf verzichten)* risparmiarsi qc, rinunciare a qc **III.** *vi* regalare, fare regali

Schenkung <-, -en> *f* donazione *f*

scheppern ['ʃɛpɐn] *vi (fam)* scontrarsi, incocciarsi

Scherbe ['ʃɛrbə] <-, -n> *f* coccio *m,* pezzo *m;* **in ~n gehen** andare in frantumi; **~n bringen Glück** *(prov)* cocci di bottiglia, fortuna chi ti piglia

Scherbenhaufen <-s, -> *m* **vor einem ~ stehen** trovarsi davanti a un mucchio di cocci

Schere ['ʃeːrə] <-, -n> *f* ① *(Werkzeug)* [paio *m* di] forbici *fpl; (Blech~)* cesoia *f* [per lamiera] ② ZOO *(Krebs~)* chela *f,* pinza *f* ③ SPORT sforbiciata *f; (Ringen)* forbice *f*

scheren[1] ['ʃeːrən] <schert, schor, geschoren> *vt (Tier)* tosare; *(Mensch)* tagliare i capelli; *(Haar)* tagliare; *(Bart)* radere; *(Hecke, Pflanze)* potare

scheren[2] **I.** *vt (fam)* **was schert mich das!** che m'importa! **II.** *vr* **sich um jdn/etw nicht ~** non curarsi di qu/qc; **scher dich zum Teufel!** va al diavolo!; **scher dich um deinen Kram!** fatti gli affari tuoi!

Scherenschleifer(in) <-s, -; -, -nen> *m(f)* arrotino, -a *m, f*

Scherenschnitt *m* siluetta *f*

Scherereien [ʃeːrə'raɪən] *fpl* seccature *fpl,* noie *fpl;* **jdm ~ machen** procurare noie a qu

Scherz [ʃɛrts] <-es, -e> *m (Unfug)* scherzo *m; (Witz)* spiritosaggine *f;* **schlechter ~** scherzo di cattivo gusto; **im ~** per scherzo; **~ beiseite!** bando agli scherzi!

Scherzartikel *m* articolo *m* per Carnevale

Scherzel <-s, -> *nt* A *(Anschnitt)* prima fetta *f*

scherzen *vi* scherzare

Scherzfrage <-, -n> *f* indovinello *m* scherzoso

scherzhaft *adj* scherzoso; *(Gedicht)* burlesco

scheu [ʃɔɪ] *adj (schüchtern)* timido; *(menschen~)* schivo; *(Tier)* pauroso; *(Pferd)* ombroso; **~ werden** adombrarsi

Scheu <-> *f kein Pl.* timidezza *f*

scheuchen ['ʃɔɪçən] *vt* scacciare

scheuen ['ʃɔɪən] **I.** *vt (Kosten)* badare a; *(Arbeit)* aver paura di; *(Mühe)* scansare; *(Auseinandersetzung)* evitare; *(Menschen, Licht)* [s]fuggire; **weder Kosten noch Mühe ~** non risparmiare né spese né fatica **II.** *vr* **sich vor etw** *dat* **~** *(Angst haben)* avere paura di qc, temere qc; *(zurückschrecken)* rifuggire qc **III.** *vi (Pferd)* adombrarsi

Scheuer ['ʃɔɪɐ] <-, -n> *f* granaio *m*

Scheuerbürste *f* bruschino *m*

Scheuerlappen *m* strofinaccio *m*

Scheuerleiste *f* ① *(Fußleiste)* battiscopa *m* ② NAUT parabordo *m* con rinforzo

scheuern ['ʃɔɪɐn] **I.** *vt (reinigen)* pulire strofinando; *(Schuh)* sfregare; **jdm eine ~** *(fam)* mollare un ceffone a qu **II.** *vr* **sich** [**an etw** *dat*] **~** sfregarsi [contro qc]

Scheuklappe *f meist Pl. (a. fig)* paraocchi *mpl*

Scheune ['ʃɔɪnə] <-, -n> *f* granaio *m*

Scheusal ['ʃɔɪzaːl] <-s, -e> *nt* mostro *m*

scheußlich ['ʃɔɪslɪç] *adj* ① *(Anblick)* orribile, orrendo; *(Verbrechen)* atroce ② *(fam: unangenehm)* terribile, spaventoso

Scheußlichkeit <-, -en> *f* atrocità *f,* orrore *m*

Schi *m s.* **Ski**

Schicht [ʃɪçt] <-, -en> *f* ① GEOL, SOC strato *m; (dünner Belag)* strato *m* sottile, film *m; (Farb~)* mano *f* ② *(Arbeits~)* turno *m* di lavoro; *(die Arbeiter)* squadra *f;* **~ arbeiten** fare i turni

Schichtarbeit *f* lavoro *m* a turni

schichten ['ʃɪçtən] **I.** *vt* disporre a strati; *(Holz)* accatastare **II.** *vr:* **sich ~** stratificarsi

Schichtwechsel *m* cambio *m* di turno

schichtweise *adv* ① *(Schicht für Schicht)* a strati ② *(Gruppe für Gruppe)* a turni

schick [ʃɪk] *adj* ① *(elegant)* chic, elegante ② *(fam: großartig)* magnifico

Schick <-(e)s> *m kein Pl.* chic *m,* eleganza *f*

schicken ['ʃɪkən] **I.** *vt (senden)* mandare; *(versenden)* spedire; *(holen lassen)* mandare a chiamare; **jdn einkaufen ~** mandare qu a far la spesa **II.** *vr:* **sich ~** *(sich geziemen)* addirsi; **das schickt sich nicht** questo non si fa; **sich in etw** *akk* **~** *(fügen)* rassegnarsi a qc

Schickeria [ʃɪkə'riːa] <-> *f kein Pl. (iron)* jet-set *m*

Schickimicki [ʃɪki'mɪki] <-s, -s> *m (fam)* trendy *mf,* chic *mf*

S

schicklich *adj (anständig)* decente; *(angemessen)* adeguato, appropriato
Schicksal ['ʃɪkza:l] <-s, -e> *nt* destino *m,* fato *m; (persönliches Geschick)* sorte *f;* **jdn seinem ~ überlassen** abbandonare qu al proprio destino
schicksalhaft *adj* fatale, fatidico
Schicksalsschlag *m* rovescio *m* di fortuna, colpo *m* del destino
Schiebedach *nt* tetto *m* scorrevole; MOT tetto *m* apribile
Schiebefenster *nt* finestra *f* scorrevole
schieben ['ʃi:bən] <schiebt, schob, geschoben> **I.** *vt* ① *(fortbewegen)* spingere; **die Schuld für etw auf jdn ~** *(fig)* addossare la colpa di qc a qu; **etw in den Mund ~** mettere qc in bocca ② *(fam pej: handeln mit)* trafficare **II.** *vi* ① *(bewegen)* spingere ② *(fam)* **mit etw ~** fare traffici con qc
Schieber <-s, -> *m* ① TEC cursore *m; (Wasserbau)* saracinesca *f; (Riegel)* chiavistello *m,* paletto *m* ② *(fam pej: Schwarzhändler)* borsanerista *m; (Drogen~)* spacciatore *m* di droga
Schiebetür *f* porta *f* scorrevole
Schieblehre *f* TEC calibro *m* a corsoio
Schiebung <-, -en> *f* ① *(Geschäfte)* affare *m* illecito ② *(Begünstigung)* favoreggiamento *m;* SPORT scorrettezza *f* [nel gioco]
schiech [ʃiax] *adj* A *(hässlich)* orribile
schied [ʃi:t] *1. u. 3. Pers. Sing. Imp. von* **scheiden**
Schiedsgericht ['ʃi:tsgərɪçt] *nt* JUR tribunale *m* arbitrale
schiedsgerichtlich *adj* arbitrale
Schiedsrichter(in) *m(f)* JUR giudice *mf* arbitrale; SPORT arbitro, -a *m, f*
Schiedsspruch *m* JUR arbitrato *m,* sentenza *f* arbitrale
schief [ʃi:f] *adj* ① *(Linie, Mund, Blick, Ansicht)* storto; *(schräg)* obliquo; *(geneigt)* inclinato; *(Turm)* pendente; **das Bild hängt ~** il quadro è appeso storto; **jdn ~ ansehen** guardare qu di traverso; **die Absätze ~ treten** consumare i tacchi da un lato ② *(fig: falsch)* falso, sbagliato; **auf die ~e Bahn geraten** finire sulla cattiva strada
Schiefer ['ʃi:fɐ] <-s, -> *m* ① *(Gestein)* scisto *m; (Ton~)* ardesia *f* ② A, SÜDD *(Holzsplitter)* scheggia *f* di legno
Schiefertafel *f* lavagna *f*
schief|gehen <irr> *vi (fam: fehlschlagen)* andare storto; **[es] wird schon ~!** *(iron)* andrà tutto bene!
schief|lachen *vr:* **sich ~** *(fam)* crepare dalle risate
schief|laufen <irr> *vi sein (fam: fehlschlagen)* andare storto [*o* male], fallire, non riuscire; **heute läuft aber auch alles schief!** oggi va tutto storto!
schief|treten <irr> *vt s.* **schief 1.**
schielen ['ʃi:lən] *vi* essere strabico; **nach etw ~** *(fam)* sbirciare qc
Schielen <-s> *nt kein Pl.* strabismo *m*
schielend *adj* strabico, guercio
schien [ʃi:n] *1. u. 3. Pers. Sing. Imp. von* **scheinen**
Schienbein *nt* tibia *f*
Schiene ['ʃi:nə] <-, -n> *f* ① MED stecca *f* ② *(Lauf~)* guida *f* ③ FERR rotaia *f* ④ TEC barra *f*
schienen *vt* steccare
Schienenbus *m* elettromotrice *f*
Schienenfahrzeug *nt* veicolo *m* su rotaia
Schienennetz *nt* rete *f* ferroviaria
Schienenstrang *m* [tronco *m* di] rotaie *f pl*
Schienenverkehr *m* traffico *m* ferroviario
Schienenweg *m* strada *f* ferrata; **auf dem ~** per ferrovia
schier [ʃi:ɐ̯] **I.** *adj (Fleisch)* magro; *(fig: Hohn, Bosheit)* puro, mero **II.** *adv (beinahe)* quasi
Schierling ['ʃi:ɐlɪŋ] <-s> *m kein Pl.* cicuta *f*
Schießbefehl *m* ordine *m* di far fuoco
Schießbude *f* baraccone *m* del tiro a segno
Schießbudenfigur *f (fig)* figura *f* da baraccone
schießen ['ʃi:sən] <schießt, schoss, geschossen> **I.** *vt (Geschoss)* sparare; *(Ball, Pfeil)* tirare; *(Rakete)* lanciare; *(ab~: Wild)* uccidere, abbattere; **ein Foto ~** *(fam)* fare una foto; **ein Tor ~** segnare una rete, fare un gol; **jdn ins Bein ~** sparare qu alla gamba; **jdn zum Krüppel ~** storpiare qu con una fucilata **II.** *vi* ① *haben (Schütze)* sparare, tirare; *(Fußballer)* tirare, mandare; **auf jdn ~** far fuoco su qu, sparare a qu; **daneben ~** mancare il bersaglio ② *sein (schnell wachsen)* crescere rapidamente ③ *sein (sich schnell bewegen)* sfrecciare, passare veloce; **der Gedanke schoss mir durch den Kopf** il pensiero mi passò per la testa; **zum Schießen sein** *(fam: lustig)* essere uno spasso
Schießerei [ʃi:sə'raɪ] <-, -en> *f* sparatoria *f*
Schießhund *m* segugio *m,* bracco *m;* **wie ein ~ aufpassen** *(fam)* stare all'erta
Schießplatz *m* poligono *m* [di tiro]
Schießpulver *nt* polvere *f* da sparo
Schießscharte *f* feritoia *f*
Schießstand *m* poligono *m* [di tiro]
Schiff [ʃɪf] <-(e)s, -e> *nt* ① NAUT nave *f,* bastimento *m;* **mit dem ~ fahren** andare con la nave ② ARCH *(Kirchen~)* navata *f*
schiffbar *adj* navigabile

Schiffbau *m* costruzioni *mpl* navali, navalmeccanica *f*

Schiffbruch *m (a. fig)* naufragio *m;* ~ **erleiden** *(a. fig)* naufragare

schiffbrüchig *adj* naufragato

Schiffbrüchige <ein -r, -n, -n> *mf* naufrago, -a *m, f*

Schiffchen ['ʃɪfçən] <-s, -> *nt* ❶ TEC *(von Nähmaschine)* navetta *f; (beim Weben)* navetta *f* [del telaio] ❷ *(Spielzeug)* barchetta *f*

schiffen **I.** *vi (fam: urinieren)* orinare, pisciare **II.** *vunpers (fam: heftig regnen)* piovere a dirotto

Schiffer(in) <-s, -; -, -nen> *m(f)* battelliere, -a *m, f*

Schifferklavier *nt (fam)* fisarmonica *f*

Schifffahrt *f* navigazione *f*

Schifffahrtslinie *f (Route)* linea *f* marittima [*o* di navigazione]; *(Unternehmen)* compagnia *f* marittima, società *f* di navigazione

Schifffahrtsweg *m* rotta *f* navale

Schiffsarzt *m,* **Schiffsärztin** *f* medico, -a *m, f* di bordo

Schiffsschaukel *f* altalena *f*

Schiffsjunge *m* mozzo *m*

Schiffskoch *m* cuoco *m* di bordo

Schiffsladung *f* carico *m* della nave

Schiffspapiere *ntpl* documenti *mpl* di bordo

Schiffsrumpf *m* scafo *m*

Schiffsschraube *f* elica *f* della nave

Schiffsverkehr *m (auf See)* traffico *m* marittimo; *(auf Flüssen)* traffico *m* fluviale

Schiffszwieback *m* galletta *f*

Schiit(in) [ʃi'i:t] <-en, -en; -, -nen> *m(f)* sciita *mf*

schiitisch *adj* sciita

Schikane [ʃi'ka:nə] <-, -n> *f* ❶ *(Erschwerung)* angheria *f,* vessazione *f* ❷ SPORT chicane *f;* **mit allen ~n** *(fam)* con tutti i comfort, con tutto il necessario

schikanieren [ʃika'ni:rən] <ohne ge-> *vt* vessare, tormentare

schikanös [ʃika'nø:s] *adj (Mensch)* pignolo, cavilloso; *(Behandlung)* vessatorio; *(Regelung)* fiscale; **jdn ~ behandeln** vessare qu

Schikoree [ʃiko're: *o* 'ʃɪkore:] <-> *mf kein Pl. s.* **Chicorée**

Schilcher <-s, -> *m* A *vino rosso chiaro della Stiria*

Schild[1] [ʃilt] <-(e)s, -er> *nt (Zeichen, Aushänge~)* insegna *f; (Hinweis~)* segnale *m* d'indicazione; *(Nummern~, Tür~)* targa *f; (Etikett)* etichetta *f; (Preis~)* cartellino *m* del prezzo

Schild[2] [ʃilt] <-(e)s, -e> *m* ❶ *(fig)* HIST, MIL scudo *m; (Wappen~)* stemma *m;* **etw im ~e führen** tramare qc ❷ ZOO scudo *m; (von Schildkröte)* guscio *m*

Schildbürgerstreich *m (pej)* tiro *m* da sempliciotto

Schilddrüse *f* [ghiandola *f*] tiroide *f*

schildern ['ʃɪldɐn] *vt (erzählen)* descrivere; *(umreißen)* schizzare

Schilderung <-, -en> *f* descrizione *f; (literarische ~)* narrazione *f,* racconto *m*

Schildkröte *f* tartaruga *f*

Schildkrötensuppe <-, -n> *f* zuppa *f* di tartaruga

Schildpatt ['ʃɪltpat] <-(e)s> *nt kein Pl.* [placca *f* cornea della] tartaruga *f*

Schilf [ʃɪlf] <-(e)s, -e> *nt (~pflanze)* canna *f* palustre; *(~fläche)* canneto *m*

schillern ['ʃɪlɐn] *vi* avere riflessi, cambiare colore

schillernd *adj* iridescente, cangiante; *(fig)* ambiguo

Schilling ['ʃɪlɪŋ] <-s, - *o* -e> *m* scellino *m*

schilt [ʃɪlt] *3. Pers. Sing. Präs. von* **schelten**

Schimäre [ʃi'mɛ:rə] <-, -n> *f* chimera *f*

schimm[e]lig *adj* ammuffito; **~ riechen** sapere di muffa

Schimmel[1] ['ʃiməl] <-s> *m kein Pl.* BOT muffa *f*

Schimmel[2] <-s, -> *m* ZOO cavallo *m* bianco

schimmeln *vi sein o haben* ammuffire

Schimmelpilz *m* BOT aspergillo *m,* ficomicete *m*

Schimmer ['ʃɪmɐ] <-s> *m kein Pl. (schwaches Licht)* lume *m,* chiarore *m; (von Haar, Perlen, Seide)* splendore *m; (von Metall)* splendore *m,* scintillio *m;* **keinen** [**blassen**] **~ von etw haben** *(fam)* non avere la più pallida idea di qc

schimmern *vi (Licht, Kerze)* rilucere; *(Mond, Haare, Perle, Seide, Metall)* splendere

schimmlig *adj s.* **schimm**[**e**]**lig**

Schimpanse [ʃɪm'panzə] <-n, -n> *m* scimpanzé *m*

Schimpf [ʃɪmpf] <-(e)s> *m kein Pl. (Schande)* vergogna *f; (Schmach)* infamia *f,* ignominia *f; (Beleidigung)* offesa *f; (Affront)* oltraggio *m;* **mit ~ und Schande** ignominiosamente

schimpfen ['ʃɪmpfən] *vi (ärgerlich sein)* imprecare; *(fluchen)* bestemmiare; *(Vögel)* garrire; *(Affen)* strillare; *(schelten)* sgridare, rimbrottare; **auf** [*o* **über**] **jdn/etw ~** imprecare contro qu/qc; *(sich beklagen)* lamentarsi per qu/qc; **mit jdm ~** sgridare qu

schimpflich *adj (Behandlung)* oltraggioso;

(Handlung) disonorante, infamante; *(stärker)* ignominioso

Schimpfname *m* nomignolo *m* [*o* epiteto *m*] ingiurioso

Schimpfwort *nt* insulto *m,* bestemmia *f*

Schindel ['ʃɪndəl] <-, -n> *f (Holzbrett)* scandola *f*

schinden ['ʃɪndən] <schindet, schund, geschunden> **I.** *vt* ① *(abhetzen)* vessare, tormentare; *(Tier)* scuoiare ② *(fam: Zigarette)* scroccare; **Eindruck ~** *(fam)* cercare di far colpo; **Zeit ~** *(fam)* tirare qc per le lunghe **II.** *vr:* **sich ~** *(sich abmühen)* affaticarsi, arrabattarsi *fam*

Schinder <-s, -> *m* ① *(fig, pej: Quäler)* aguzzino *m,* vessatore *m* ② *(obs: Abdecker)* scorticatore *m*

Schinderei [ʃɪndə'raɪ] <-, -en> *f (Plackerei)* angheria *f,* vessazione *f; (Qual)* strapazzo *m*

Schindluder *nt* **mit jdm/etw ~ treiben** *(fam)* maltrattare qu/qc

Schinken ['ʃɪŋkən] <-s, -> *m* ① GASTR prosciutto *m* ② *(fam pej: Gemälde)* crosta *f,* imbratto *m; (Buch, Film)* mattone *m,* polpettone *m*

Schinkenspeck *m kein Pl.* pancetta *f* affumicata

Schinkenwurst *f* salsiccia *f* di prosciutto

Schippe ['ʃɪpə] <-, -n> *f (Schaufel)* pala *f;* NORDD paletta *f;* **jdn auf die ~ nehmen** *(fam)* prendere in giro qu

schippen ['ʃɪpən] *vi, vt* NORDD, DIAL spalare, gettare con la pala; **Erde/Kies in etw** *akk* **~** spalare terra/ghiaia in qc

Schirm [ʃɪrm] <-(e)s, -e> *m* ① *(Regen~)* ombrello *m; (Sonnen~)* parasole *m; (von Pilz)* cappella *f* ② *(Wand~)* paravento *m; (Ofen~)* parafuoco *m; (Lampen~)* paralume *m; (Mützen~)* visiera *f* ③ *(Bild~, Röntgen~)* schermo *m*

Schirmbildaufnahme *f* radiografia *f*

Schirmherr(in) *m(f)* protettore, -trice *m, f,* patrono, -a *m, f,* patrocinatore, -trice *m, f*

Schirmherrschaft *f* patronato *m;* **unter jds ~ stehen** essere sotto il patronato di qu

Schirmmütze *f* berretto *m* con visiera

Schirmständer *m* portaombrelli *m*

schiss [ʃɪs] *1. u. 3. Pers. Sing. Imp. von* **scheißen**

Schiss [ʃɪs] <-es> *m kein Pl. (sl: Angst)* fifa *f fam;* **~ haben** farsela addosso *fam*

schizophren [ʃitso'fre:n] *adj* schizofrenico

Schizophrenie [ʃitsofre'ni:] <-> *f kein Pl.* schizofrenia *f*

schlabberig ['ʃlabərɪç] *adj (fam)* ① *(wässrig)* acquoso, lungo ② *(schmiegsam)* flessuoso, flessibile

schlabbern ['ʃlabɐn] **I.** *vi (fam)* ① *(pej: kleckern)* sbrodolarsi, macchiarsi ② *(Kleidung)* ciondolare, sbrindellare **II.** *vt (fam: auflecken)* leccare

Schlacht [ʃlaxt] <-, -en> *f (a. fig)* battaglia *f*

schlachten ['ʃlaxtən] *vt* macellare

Schlachtenbummler(in) <-s, -; -, -nen> *m(f)* tifoso, -a *m, f* che segue la propria squadra nelle trasferte

Schlachter(in) <-s, -; -, -nen> *m(f)* NORDD macellaio, -a *m, f*

Schlächter ['ʃlɛçtɐ] <-s, -> *m* NORDD macellatore *m*

Schlachterei [ʃlaxtə'raɪ] <-, -en> *f* NORDD macelleria *f*

Schlachterin *f s.* **Schlachter**

Schlachtfeld *nt* campo *m* di battaglia

Schlachthof *m* macello *m,* mattatoio *m*

Schlachtplan *m* piano *m* di battaglia

Schlachtruf *m* grido *m* di battaglia

Schlachtschiff *nt* nave *f* da battaglia, corazzata *f*

Schlachtung <-, -en> *f* macellazione *f*

Schlachtvieh *nt* bestiame *m* da macello

Schlacke ['ʃlakə] <-, -n> *f* scoria *f*

Schlaf [ʃla:f] <-(e)s> *m kein Pl.* sonno *m;* **einen festen/leichten/tiefen ~ haben** avere il sonno pesante/leggero/profondo; **den ~ des Gerechten schlafen** dormire il sonno del giusto; **jdn aus dem ~ reißen** strappare qu dal sonno; **im ~** nel sonno; **etw im ~ können** sapere qc a menadito

Schlafanzug *m* pigiama *m*

Schläfchen ['ʃlɛ:fçən] <-s, -> *nt* **ein ~ machen** *(fam)* schiacciare un pisolino

Schlafcouch *f* divano-letto *m*

Schläfe ['ʃlɛ:fə] <-, -n> *f* tempia *f*

schlafen ['ʃla:fən] <schläft, schlief, geschlafen> *vi (a. fig)* dormire; **gut/schlecht ~** dormire bene/male; **~ gehen** andare a dormire; **mit jdm ~** andare a letto con qu; **darüber will ich noch ~** voglio ancora dormirci sopra; **~ Sie gut!** buonanotte!

Schläfenbein *nt* ANAT osso *m* temporale

schlafend *adj* che dorme; **sich ~ stellen** far finta di dormire

Schlafengehen <-s> *nt kein Pl.* **vor dem ~** prima di coricarsi

Schlafentzug *m* mancanza *f* di sonno

Schläfer(in) ['ʃlɛ:fɐ] <-s, -; -, -nen> *m(f)* dormiente *mf*

schlaff [ʃlaf] *adj (Seil)* lento, allentato; *(Haut)* flaccido, floscio; *(Disziplin)* rilassato; *(fig: kraftlos)* fiacco, molle; **~ werden** allentarsi; *(fig)* rilassarsi

Schlaffheit <-> *f kein Pl. (von Seil)* allentamento *m; (von Muskeln, Haut)* flaccidità *f; (Kraftlosigkeit)* debolezza *f*

Schlafgelegenheit *f* posto *m* letto
Schlafittchen [ʃlaˈfɪtçən] *nt* **jdn am** [*o* **beim**] **~ nehmen** [*o* **kriegen**] *(fam)* prendere qu per il collo, dare una tirata d'orecchi a qu, dare una lavata di capo a qu
Schlafkrankheit *f* malattia *f* del sonno
Schlaflied *nt* ninnananna *f*
schlaflos *adj* ① *(Mensch)* insonne ② *(Nacht)* insonne, in bianco *fam*
Schlaflosigkeit <-> *f kein Pl.* insonnia *f*
Schlafmittel *nt* sonnifero *m*
Schlafmütze *f* ① *(Kopfbedeckung)* berretto *m* da notte ② *(fig fam: Langschläfer)* dormiglione, -a *m, f*
schläfrig [ˈʃlɛːfrɪç] *adj (Mensch)* assonnato; *(a. Tag)* sonnolento; **jdn ~ machen** far venire sonno a qu
Schläfrigkeit <-> *f kein Pl.* sonnolenza *f*
Schlafrock *m* vestaglia *f*
Schlafsaal *m* dormitorio *m*
Schlafsack *m* sacco *m* a pelo
Schlafstadt *f* città *f* dormitorio
Schlafstelle *f (Bett)* posto *m* per dormire; *(Nachtquartier)* alloggio *m*
Schlafstörung *f* disturbo *m* del sonno; MED disgripnia *f*
schläft [ʃlɛːft] *3. Pers. Sing. Präs. von* **schlafen**
Schlaftablette *f* sonnifero *m*
schlaftrunken *adj* sonnolento
Schlafwagen *m* vagone-letto *m*
Schlafwagenplatz <-es, -plätze> *m* posto *m* in vagone [*o* carrozza] letto
schlafwandeln *vi sein o haben* essere sonnambulo
Schlafwandeln <-s> *nt kein Pl.* sonnambulismo *m*
Schlafwandler(in) <-s, -; -, -nen> *m(f)* sonnambulo, -a *m, f*
schlafwandlerisch *adj* **mit ~er Sicherheit** con la sicurezza del sonnambulo
Schlafzimmer *nt* camera *f* da letto
Schlag[1] [ʃlaːk] <-(e)s, Schläge> *m* ① *(Hieb, a. fig)* colpo *m; (mit Hand)* pacca *f,* manata *f; (heftiger)* botta *f;* **jdm einen ~ versetzen** assestare un colpo a qu; **schwerer ~** *(fig)* duro colpo; **ein ~ ins Gesicht** *(fig)* uno schiaffo; **auf einen ~** d'un sol colpo; **~ auf ~** *(fig)* colpo su colpo, uno dopo l'altro ② *Pl. (Prügel)* botte *f pl,* busse *f pl fam* ③ *(von Herz)* battito *m; (Puls~)* pulsazione *f;* **~ 8 Uhr** alle otto in punto ④ MED *(~anfall)* colpo *m* apoplettico; **mich soll der ~ treffen, wenn ...** mi venisse un accidente se ... ⑤ *(elektrischer ~)* scossa *f* ⑥ *(Blitz~)* fulmine *m; (Donner~)* tuono *m* ⑦ *(von Singvogel)* canto *m* ⑧ *(Art)* razza *f,* specie *f,* sorta *f* ⑨ *(fam: Portion)* porzione *f*
Schlag[2] [ʃlaːk] <-(e)s> *m kein Pl.* A *(Schlagsahne)* panna *f*
Schlagabtausch *m (beim Boxen)* scambio *m* ravvicinato di colpi; *(verbal)* schermaglia *f*
Schlagader *f* arteria *f*
Schlaganfall *m* colpo *m* apoplettico
schlagartig I. *adj* fulmineo **II.** *adv* di colpo
Schlagball *m (Ballspiel)* pallacorda *f; (Ball)* palla *f* [nella pallacorda]
Schlagbaum *m* sbarra *f,* barriera *f*
Schlagbohrmaschine *f* trapano *m* elettrico
Schlägel [ˈʃleːgəl] <-s, -> *m* ① MUS *(Trommel~)* bacchetta *f,* mazza *f; (Glocken~)* martelletto *m* ② *(Holzhammer)* mazzuolo *m* ③ SÜDD, A, CH *(Keule)* cosciotto *m; (Hähnchen~)* coscia *f* [di pollo]
schlagen [ˈʃlaːgən] <schlägt, schlug, geschlagen> **I.** *vt* ① battere; *(Eier, Sahne)* [s]battere, montare; **jdm etw aus der Hand ~** far cadere qc di mano a qu; **etw in Papier ~** *(einwickeln)* avvolgere qc nella carta, incartare qc; **etw in Stücke ~** fare a pezzi qc; **einen Nagel in die Wand ~** piantare un chiodo nel muro; **die Hände vors Gesicht ~** coprirsi la faccia con le mani ② *(besiegen)* vincere, sconfiggere; *(Schlacht)* combattere; *(Rekord)* battere; **sich geschlagen geben** darsi per vinto ③ *(Baum)* abbattere; *(Holz)* tagliare ④ *(läuten: Stunde)* battere, suonare; **es hat 12 geschlagen** è scoccato mezzogiorno, sono suonate le dodici ⑤ *(Trommel)* battere, suonare; *(Saiteninstrument)* suonare ⑥ *(Kreis, Bogen)* fare, tracciare; *(Purzelbaum)* fare; *(Alarm)* suonare; *(Funken)* mandare, sprizzare; **Profit aus etw ~** trarre profitto da qc **II.** *vi* ① *(Mensch, Gegenstand, Herz, Puls)* battere; **nach jdm ~** cercare di colpire qu; *(fig: ähneln)* assomigliare a qu; **um sich ~** difendersi; *(im Schlaf)* dibattersi; **mit dem Kopf auf** [*o* **gegen**] **etw** *akk* **~** battere la testa contro qc ② *(Uhr)* battere ③ *(Blitz)* **in etw** *akk* **~** abbattersi su qc ④ *(singen: Vogel)* cantare **III.** *vr:* **sich ~** *(sich prügeln)* battersi, picchiarsi; **sich gut ~** battersi bene; **sich um etw ~** *(a. fig)* battersi per qc; **sich auf jds Seite ~** schierarsi dalla parte di qu
schlagend *adj (Argumentation)* stringente; *(Beweis)* convincente
Schlager <-s, -> *m* ① MUS canzone *f* di successo ② *(fig fam: Erfolg)* successo *m; (Buch)* best seller *m;* COM articolo *m* di successo
Schläger [ˈʃlɛːgɐ] <-s, -> *m (Tennis~)* racchetta *f; (Golf~)* mazza *f* [da golf]; *(Hockey~)* bastone *m* [da hockey]

S

Schlägerei [ʃlɛːgəˈraɪ] <-, -en> *f* rissa *f*, baruffa *f fam*

Schlagerfestival *nt* festival *m* della canzone

Schlägerin *f s.* **Schläger**

schlägern [ˈʃlɛːgɐn] *vi* A abbattere gli alberi

Schlagersänger(in) *m(f)* cantante *mf* di musica leggera

schlagfertig *adj* pronto

Schlagfertigkeit *f* prontezza *f* di parola

Schlaghose *f* pantaloni *mpl* a zampa d'elefante

Schlaginstrument *nt* strumento *m* a percussione

Schlagkraft *f* forza *f*, potenza *f*; *(fig: Wirkungskraft)* efficacia *f*, efficienza *f*; MIL forza *f* d'urto

schlagkräftig *adj (Boxer)* forte; *(Armee)* potente; *(Argumente)* convincente

Schlaglicht *nt* FOTO, KUNST effetto *m* di luce; *(fig)* sprazzo *m* di luce

Schlagloch *nt* buca *f*

Schlagobers <-> *nt kein Pl.* A *(Schlagsahne)* panna *f* montata

Schlagrahm <-(e)s> *m kein Pl.* A, SÜDD *s.* **Schlagobers**

Schlagsahne *f* panna *f*; [**geschlagene**] ~ panna montata

Schlagseite *f* NAUT sbandamento *m*; ~ **haben** *(fam scherz)* essere sbronzo

Schlagstock *m* manganello *m*

Schlagstockeinsatz *m* uso *m* del manganello

schlägt [ʃlɛːkt] *3. Pers. Sing. Präs. von* **schlagen**

Schlagwerk *nt* suoneria *f*

Schlagwort *nt* ① *(Parole)* motto *m*, slogan *m* ② *(Gemeinplatz)* luogo *m* comune ③ *(Stichwort)* voce *f*

Schlagzeile *f* titolo *m*

Schlagzeug *nt* batteria *f*

Schlagzeuger(in) <-s, -; -, -nen> *m(f)* batterista *mf*

Schlagzeugspieler(in) *m(f)* batterista *mf*

schlaksig [ˈʃlaksɪç] *adj (fam)* goffo, impacciato

Schlamassel [ʃlaˈmasəl] <-s, -> *m o nt (fam: Durcheinander)* confusione *f*; *(schwierige Lage)* pasticcio *m*; **da haben wir den** ~ ora siamo nei guai

Schlamm [ʃlam] <-(e)s, *rar:* -e *o* Schlämme> *m* fango *m*, melma *f*

Schlammbad *nt* bagno *m* di fango

schlammig *adj (Weg, Schuhe)* fangoso; *(Wasser)* limaccioso

Schlammschlacht *f (fam)* ① *(Fußballspiel)* partita *f* su campo fangoso ② *(Streit)* litigio *m* furioso

Schlampe [ˈʃlampə] <-, -n> *f (fam pej)* sciattona *f*

schlampen [ˈʃlampən] *vi (fam pej)* essere disordinato [*o* sciatto]

Schlamperei [ʃlampəˈraɪ] <-, -en> *f* ① *Sing. (Verhalten)* sciatteria *f*, trascuratezza *f* ② *(schlechte Arbeit)* abborracciatura *f*

schlampig *adj (Mensch)* disordinato, sciatto; *(Arbeit)* abborracciato

schlang [ʃlaŋ] *1. u. 3. Pers. Sing. Imp. von* **schlingen**

Schlange [ˈʃlaŋə] <-, -n> *f* ① *(Tier)* serpe *f*; *(a. fig)* serpente *m*, biscia *f* ② TEC *(Rohr)* serpentino *m* ③ *(fig, pej: Frau)* vipera *f* ④ *(Menschen~)* coda *f*, fila *f*; *(a. Auto~)* fila *f*; ~ **stehen** fare la coda

schlängeln [ˈʃlɛŋəln] *vr:* **sich** ~ serpeggiare

Schlangenbiss *m* morso *m* di serpente

Schlangengift *nt* veleno *m* di serpente

Schlangenlinie *f* serpentina *f*

Schlangenmensch *m* contorsionista *mf*

schlank [ʃlaŋk] *adj (Mensch, Gestalt, Figur)* slanciato, snello; *(Taille)* sottile

schlank|essen *vr:* **sich** ~ dimagrire mangiando

Schlankheit <-> *f kein Pl.* snellezza *f*, figura *f* slanciata

Schlankheitskur *f* cura *f* dimagrante

schlankweg *adv (fam: ohne Weiteres)* senz'altro; *(ohne zu zögern)* senza esitare

schlapp [ʃlap] *adj* ① *(müde)* spossato, esausto ② *(fam pej: feige)* vigliacco, indolente ③ *(schlaff)* floscio

Schlappe [ˈʃlapə] <-, -n> *f (fam: Niederlage)* sconfitta *f*, scacco *m*; **eine ~ einstecken** subire uno scacco

Schlapphut *m* cappello *m* floscio

schlapp|machen *vi (fam: zusammenbrechen)* crollare, essere cotto; *(aufgeben)* rinunciare

Schlappschwanz *m (fam pej)* smidollato *m*

Schlaraffenland [ʃlaˈrafənlant] *nt* paese *m* della Cuccagna

schlau [ʃlaʊ] *adj* ① *(klug)* scaltro; *(pfiffig)* furbo; *(listig)* astuto ② *(iron: dumm)* intelligente ③ *(fam: bequem)* comodo; **ich werde nicht ~ daraus** non ne vengo a capo

Schlauberger <-s, -> *m s.* **Schlaumeier**

Schlauch [ʃlaʊx] <-(e)s, Schläuche> *m* ① *(Garten~)* pompa *f*; *(Feuerwehr)* manichetta *f* antincendio ② *(Wein)* otre *m* ③ *(Fahrrad~)* camera *f* d'aria ④ TEC *(Zufuhr~)* tubo *m* flessibile

Schlauchboot *nt* canotto *m* pneumatico

schlauchen [ˈʃlaʊxən] *vt (fam: körperlich)* strapazzare; *(seelisch)* snervare

schlauchlos *adj (Reifen)* privi di camera d'aria, tubeless
Schläue ['ʃlɔɪə] <-> *f kein Pl.* furbizia *f*, astuzia *f*
Schlaufe ['ʃlaʊfə] <-, -n> *f (Schleife)* fiocco *m; (Aufhänger)* cappio *m; (Halte~ in Bus)* sostegno *m*
Schlauheit <-> *f kein Pl. s.* **Schläue**
Schlaumeier ['ʃlaʊmaɪɐ] <-s, -> *m (fam)* furbacchione *m*, volpone *m*
Schlawiner [ʃla'viːnɐ] <-s, -> *m (fam)* furbo *m* matricolato
schlecht [ʃlɛçt] **I.** *adj* ① *(nicht gut)* cattivo; **mir ist ~** mi sento male ② *(verdorben)* guasto; *(Luft)* viziato; **~ werden** *(verderben)* guastarsi, deteriorarsi ③ *(gemein)* cattivo, brutto ④ *(Zeiten)* duro, difficile; *(Ende)* brutto **II.** *adv* male; *(mit Schwierigkeit)* difficilmente, male; **auf jdn/etw ~ zu sprechen sein** non avere una buona parola per qu/qc; **immer ~er** di male in peggio; **~ und recht** alla meno peggio *fam;* **nicht ~!** mica male! *fam*
schlechterdings ['ʃlɛçtɐ'dɪŋs] *adv* assolutamente
schlecht|gehen *vunpers s.* **gehen I. 1.**
schlechtgelaunt *adj s.* **gelaunt**
Schlechtheit <-, -en> *f* ① *Sing. (Wesen)* cattiveria *f; (von Ware)* cattiva qualità *f* ② *(schlechte Tat)* cattiveria *f*
schlechthin ['ʃlɛçt'hɪn] *adv* ① *(an sich)* per eccellenza, per antonomasia ② *(geradezu)* semplicemente ③ *(absolut)* assolutamente, del tutto
Schlechtigkeit ['ʃlɛçtɪçkaɪt] <-, -en> *f* ① *Sing. (Wesen)* cattiveria *f; (von Ware)* cattiva qualità *f* ② *(schlechte Tat)* cattiveria *f*
schlecht|machen *vt* **jdn ~** sparlare di qu, diffamare qu
Schlechtwettergeld [ʃlɛçt'vɛtɐgɛlt] *nt (im Baugewerbe)* indennità *f* di cattivo tempo
schlecken ['ʃlɛkən] **I.** *vi bes.* NORDD *(Süßigkeiten essen)* mangiare dolciumi **II.** *vi, vt bes.* SÜDD *(Eis, Milch)* leccare
Schleckermaul *nt (fam)* ghiottone, -a *m, f*
Schlehdorn ['ʃleːdɔrn] <-(e)s, -e> *m* BOT prugnolo *m*, spino *m* nero
Schlehe ['ʃleːə] <-, -n> *f* ① *(Frucht)* prugnola *f* ② *(Strauch)* prugnolo *m*
schleichen ['ʃlaɪçən] <schleicht, schlich, geschlichen> **I.** *vi sein* andare striscioni, sgaiattolare; *(fig: Zeit)* passare lentamente **II.** *vr:* **sich ~** entrare/uscire di soppiatto
schleichend *adj (Zerfall, Inflation)* strisciante; *(Krankheit, Gift)* lento
Schleichhandel *m* traffico *m* illecito
Schleichweg *m* via *f* segreta, sentiero *m* nascosto
Schleichwerbung *f* pubblicità *f* occulta
Schleie ['ʃlaɪə] <-, -n> *f* ZOO tinca *f*
Schleier ['ʃlaɪɐ] <-s, -> *m* ① *(a. fig)* velo *m; (am Hut)* veletta *f;* **den ~ lüften** *(a. fig)* sollevare il velo ② FOTO velo *m*
Schleiereule *f* barbagianni *m*
schleierhaft *adj* **es ist mir völlig ~, …** *(fam)* mi è assolutamente incomprensibile …
Schleife ['ʃlaɪfə] <-, -n> *f* ① *(Schlinge)* cappio *m*, fiocco *m; (Kranz~)* fiocco *m* ② *(von Straße)* curva *f* a S; *(von Fluss)* ansa *f* ③ AERO loop *m*, gran volta *f* ④ INFORM loop *m*
schleifen[1] ['ʃlaɪfən] <schleift, schliff, geschliffen> *vt (schärfen)* arrotare, affilare; *(Glas, Diamanten)* molare; TEC rettificare
schleifen[2] *vt* ① *(auf dem Boden, fam: mit~)* trascinare ② MIL *(Festungsanlagen)* radere al suolo, smantellare
Schleiflack *m* vernice *f* a pulimento
Schleifstein *m* cote *f; (Papierherstellung)* mola *f*
Schleim [ʃlaɪm] <-(e)s, -e> *m* ① *(schleimige Substanz)* muco *m; (krankhaft)* catarro *m; (von Schnecke)* bava *f; (von Pflanze)* mucillagine *f* ② GASTR crema *f*
schleimen *vi (fam)* ① *(Schleim absondern)* secernere muco, sbavare ② *(schmeichelnd reden)* adulare, lusingare
Schleimer(in) ['ʃlaɪmɐ] <-s, -; -, -nen> *m(f) (pej)* adulatore *m*
Schleimhaut *f* MED mucosa *f*
schleimig ['ʃlaɪmɪç] *adj* ① *(Flüssigkeit)* vischioso; *(Auswurf, Absonderung)* di muco; *(Pflanze, Tier)* viscido ② *(pej: Mensch, Art)* viscido, servile; *(Reden)* mellifluo
schlemmen ['ʃlɛmən] *vi* banchettare
Schlemmer(in) <-s, -; -, -nen> *m(f)* ghiottone, -a *m, f*
Schlemmerei [ʃlɛmə'raɪ] <-, -en> *f (Mahl)* banchetto *m*
Schlemmerin *f s.* **Schlemmer**
schlendern ['ʃlɛndɐn] *vi sein* bighellonare *fam*
Schlendrian ['ʃlɛndriaːn] <-(e)s> *m kein Pl. (fam)* tran-tran *m;* **im alten ~ weitermachen** continuare il solito tran-tran
schlenkern ['ʃlɛŋkɐn] *vt, vi* ciondolare
Schleppe ['ʃlɛpə] <-, -n> *f* strascico *m*
schleppen ['ʃlɛpən] **I.** *vt* ① *(hinter sich her~)* trainare ② *(tragen)* trascinare **II.** *vr:* **sich ~** *(a. fig)* trascinarsi
schleppend *adj (Gang)* strascicato; *(Unterhaltung)* stentato; *(Melodie)* lento; *(Nachfrage)* stentato
Schlepper <-s, -> *m* ① MOT trattore *m* ② NAUT rimorchiatore *m* ③ *(von Flücht-*

S

lingen, Asylanten) mediatore *m* di clandestini

Schleppkahn *m* chiatta *f* rimorchiata

Schlepplift *m* sciovia *f,* skilift *m*

Schleppnetz *nt* rete *f* a strascico

Schlepptau *nt* cavo *m* da rimorchio; **in jds ~** *(fig)* a rimorchio di qu

Schlesien [ˈʃleːziən] *nt* Slesia *f*

Schlesier(in) <-s, -; -, -nen> *m(f)* slesiano, -a *m, f*

schlesisch *adj* slesiano

Schleswig-Holstein [ˈʃleːsvɪçˈhɔlʃtaɪn] *nt* Schleswig-Holstein *m*

Schleuder [ˈʃlɔɪdɐ] <-, -n> *f* ① *(Waffe)* fionda *f* ② *(Zentrifuge)* centrifuga *f* ③ AERO catapulta *f*

Schleuderball *m* SPORT palla *f* vibrata

Schleudergefahr *f* **~!** strada sdrucciolevole!

schleudern I. *vt haben* ① *(werfen)* scagliare, scaraventare ② TEC *(Wäsche)* centrifugare ③ AERO catapultare **II.** *vi sein o haben* sbandare

Schleuderpreis *m* prezzo *m* di svendita

Schleudersitz *m* AERO sedile *m* eiettabile

schleunig [ˈʃlɔɪnɪç] *adj* pronto, rapido, sollecito

schleunigst *adv* il più presto possibile

Schleuse [ˈʃlɔɪzə] <-, -n> *f* chiusa *f*

schleusen *vt (Schiff)* far passare per la chiusa; *(Wasser)* guidare; *(fam: Menschen)* far passare clandestinamente

Schleusenkammer *f* conca *f* di navigazione

Schleusenwärter(in) *m(f)* guardiano, -a *m, f* della chiusa

schlich [ʃlɪç] *1. u. 3. Pers. Sing. Imp. von* **schleichen**

Schliche [ˈʃlɪçə] *mpl* trucchi *mpl,* astuzie *fpl;* **jdm auf die ~ kommen** scoprire le astuzie di qu

schlicht [ʃlɪçt] *adj (einfach)* semplice; *(bescheiden)* modesto; *(nüchtern)* sobrio; **~ und einfach** semplicemente

schlichten [ˈʃlɪçtən] *vt* ① *(Streit)* comporre, conciliare ② *(glätten)* levigare, lisciare

Schlichter(in) <-s, -; -, -nen> *m(f)* mediatore, -trice *m, f,* conciliatore, -trice *m, f,* arbitro, -a *m, f*

Schlichtheit <-> *f kein Pl.* semplicità *f; (Bescheidenheit)* modestia *f; (Nüchternheit)* sobrietà *f*

Schlichtung <-, -en> *f* composizione *f,* conciliazione *f*

Schlichtungsverfahren *nt* procedimento *m* di conciliazione

Schlick [ʃlɪk] <-(e)s, -e> *m* limo *m,* melma *f*

schliddern [ˈʃlɪdɐn] *vi* NORDD *s.* **schlittern**

schlief [ʃliːf] *1. u. 3. Pers. Sing. Imp. von* **schlafen**

Schliere [ˈʃliːrə] <-, -n> *f* pappa *f,* stria *f*

Schließe [ˈʃliːsə] <-, -n> *f* fibbia *f,* fermaglio *m*

schließen [ˈʃliːsən] <schließt, schloss, geschlossen> **I.** *vt* ① *(zumachen)* chiudere; *(Lücke)* colmare ② *(beenden)* terminare, finire; *(Sitzung)* togliere ③ *(Vertrag)* concludere; *(Ehe)* contrarre; *(Frieden)* fare; *(Freundschaft)* fare, stringere; **jdn in die Arme ~** abbracciare qu ④ *(folgern)* **etw [aus etw] ~** dedurre qc [da qc] **II.** *vi* ① *(zugehen)* chiudere, chiudersi ② *(Geschäft)* chiudere ③ *(aufhören)* **[mit jdm/etw] ~** chiudere [con qu/qc] ④ *(Wend)* **von sich** *dat* **auf andere ~** giudicare gli altri secondo il proprio metro; **auf etw** *akk* **~ lassen** far pensare a qc

Schließfach *nt (Bank~)* cassetta *f* di sicurezza; *(Post~)* casella *f* postale; *(Gepäck~)* deposito *m* bagagli a cassette

schließlich *adv (am Ende)* alla fine; *(im Grunde)* in fondo, in fin dei conti; *(an letzter Stelle)* da ultimo

Schließmuskel *m* ANAT muscolo *m* costrittore, sfintere *m*

Schließung <-, -en> *f* ① *(Betriebs~)* chiusura *f* ② *(Beendigung)* conclusione *f; (von Sitzung)* chiusura *f*

schliff [ʃlɪf] *1. u. 3. Pers. Sing. Imp. von* **schleifen**

Schliff [ʃlɪf] <-(e)s, -e> *m* ① *(Schärfen)* affilatura *f; (von Diamant, Glas)* taglio *m,* sfaccettatura *f;* **einer Sache** *dat* **den letzten ~ geben** *(fam)* dare l'ultimo tocco a qc ② *(fig fam: Lebensart)* buone maniere *fpl,* garbo *m*

schlimm [ʃlɪm] **I.** *adj* ① *(schlecht)* brutto; *(a. böse)* cattivo; **~er** peggiore; **~er werden** peggiorare; **immer ~er werden** andare di mal in peggio *fam* ② *(ernst)* grave; **das ist nicht ~** non è grave, non fa niente; **das ist halb so ~** non è poi niente di grave ③ *(ärgerlich)* fastidioso **II.** *adv* male; **~er** peggio; **am ~sten** peggio di tutto

schlimmstenfalls *adv* nel peggiore dei casi

Schlinge [ˈʃlɪŋə] <-, -n> *f (Schlaufe)* cappio *m,* nodo *m* scorsoio; MED [fasciatura *f* a] sciarpa *f;* **seinen Kopf aus der ~ ziehen** *(fig)* tirarsi fuori da un guaio

Schlingel [ˈʃlɪŋəl] <-s, -> *m* birbante *m,* monello *m*

schlingen [ˈʃlɪŋən] <schlingt, schlang, geschlungen> **I.** *vt (winden)* stringere, cingere **II.** *vi (hastig essen)* ingoiare; *(herunterschlucken)* inghiottire **III.** *vr:* **sich ~** stringersi; *(Efeu)* avviticchiarsi

schlingern [ˈʃlɪŋɐn] *vi (Schiffe)* rollare

S

Schlingpflanze *f* pianta *f* rampicante

Schlips [ʃlɪps] <-es, -e> *m (fam)* cravatta *f;* **jdm auf den ~ treten** offendere qu

Schlitten ['ʃlɪtən] <-s, -> *m* ① *(Rodel~)* slitta *f,* slittino *m* ② *(von Schreibmaschine)* carrello *m* ③ *(fam: Auto)* trabiccolo *m*

Schlittenfahrt *f* corsa *f* in slitta

schlittern ['ʃlɪtɐn] *vi haben o sein* scivolare, slittare

Schlittschuh *m* pattino *m* [per ghiaccio]; **~ laufen** pattinare su ghiaccio

Schlittschuhlaufen <-s> *nt kein Pl.* pattinaggio *m* su ghiaccio

Schlittschuhläufer(in) *m(f)* pattinatore, -trice *m, f* su ghiaccio

Schlitz [ʃlɪts] <-es, -e> *m (Spalt)* fessura *f,* fenditura *f; (von Schraube)* taglio *m; (Hosen~)* patta *f* dei calzoni; *(im Kleid)* spacco *m; (Einwurf~)* buca *f*

Schlitzaugen *ntpl* occhi *mpl* a mandorla

schlitzen *vt (auf~)* fendere

Schlitzohr *nt (fam)* dritto *m*

schlitzohrig *adj (fam)* furbo, astuto, scaltro, abile

Schlögel <-s, -> *m* A, SÜDD GASTR *(Keule)* coscia *f*

schlohweiß ['ʃloː'vaɪs] *adj* candido, bianchissimo

schloss [ʃlɔs] *1. u. 3. Pers. Sing. Imp. von* **schließen**

Schloss [ʃlɔs] <-es, Schlösser> *nt* ① *(Gebäude)* castello *m* ② *(Verschluss)* serratura *f; (Vorhänge~)* catenaccio *m; (Gewehr~)* otturatore *m; (Gürtel~)* fibbia *f; (von Tasche)* cerniera *f;* **ins ~ fallen** chiudersi di scatto; **hinter ~ und Riegel bringen** mettere sotto chiave; **hinter ~ und Riegel sitzen** essere in prigione

Schlosser(in) ['ʃlɔsɐ] <-s, -; -, -nen> *m(f)* fabbro *m* ferraio

Schlosserei [ʃlɔsə'raɪ] <-, -en> *f* officina *f* del fabbro

Schlosserin *f s.* **Schlosser**

Schlossherr(in) *m(f)* castellano, -a *m, f*

Schlosshund *m* **wie ein ~ heulen** *(fam)* piangere a calde lacrime

Schlot [ʃloːt] <-(e)s, -e *o rar:* Schlöte> *m* ① *(Fabrik~)* ciminiera *f; (von Schiff)* fumaiolo *m* ② *(fam pej)* zoticone *m*

schlott[e]rig ['ʃlɔt(ə)rɪç] *adj* ① *(zitternd)* tremante ② *(Kleidung)* cascante

schlottern ['ʃlɔtɐn] *vi* ① *(zittern)* tremare ② *(Kleidung)* ballare addosso, essere cascante

schlottrig *adj s.* **schlott[e]rig**

Schlucht [ʃlʊxt] <-, -en> *f* gola *f*

schluchzen ['ʃlʊxtsən] *vi* singhiozzare

Schluchzer <-s, -> *m* singhiozzo *m*

Schluck [ʃlʊk] <-(e)s, -e *o rar:* Schlücke> *m* sorso *m; (~ Alkohol)* goccio *m;* **ein tüchtiger ~** una sorsata

Schluckauf <-s> *m kein Pl.* singhiozzo *m,* singulto *m*

schlucken [ʃlʊkən] **I.** *vt* ① *(hinunter~)* inghiottire, mandar giù ② *(fig: Beleidigung)* mandar giù, ingoiare ③ *(fam: kosten, brauchen)* inghiottire, divorare; *(Benzin)* consumare; *(absorbieren: Schall)* assorbire **II.** *vi* inghiottire, deglutire

Schlucker <-s, -> *m* **armer ~** *(fam)* povero diavolo

Schluckimpfung *f* vaccinazione *f* per via orale

schluckweise *adv* a sorsi

schludern ['ʃluːdɐn] *vt, vi* abborracciare

schlug [ʃluːk] *1. u. 3. Pers. Sing. Imp. von* **schlagen**

Schlummer ['ʃlʊmɐ] <-s> *m kein Pl.* sonno *m* leggero, sopore *m*

schlummern *vi* sonnecchiare; *(fig: Kräfte, Pläne)* essere sopito

schlummernd *adj* assopito; *(fig: verborgen)* latente

Schlund [ʃlʊnt] <-(e)s, Schlünde> *m* ANAT faringe *f; (Rachen)* gola *f; (bei Tieren)* fauci *fpl*

schlüpfen ['ʃlʏpfən] *vi sein* ① *(gleiten)* scivolare, sgusciare ② *(in Kleidungsstück)* **in etw** *akk* **~** infilarsi qc; **aus dem Ei ~** uscire dall'uovo

Schlüpfer <-s, -> *m* slip *m,* mutandine *fpl*

Schlupfloch ['ʃlʊpflɔx] *nt (Durchschlupf)* pertugio *m; (Schlupfwinkel)* nascondiglio *m; (fig: Lücke)* buco *m,* foro *m*

schlüpfrig ['ʃlʏpfrɪç] *adj* ① *(rutschig)* sdrucciolevole, scivoloso ② *(fig: anzüglich)* salace, scurrile

Schlupfwinkel <-s, -> *m* tana *f,* nascondiglio *m*

schlurfen ['ʃlʊrfən] *vi sein* strascicare i piedi, ciabattare

schlürfen ['ʃlʏrfən] **I.** *vt (beim Essen/Trinken)* mangiare/bere rumorosamente; *(mit Genuss)* centellinare **II.** *vi* ciabattare *fam*

Schluss [ʃlʊs] <-es, Schlüsse> *m (Ende)* fine *f,* termine *m; (Ab~, ~folgerung)* conclusione *f; (von Debatte)* chiusura *f; (von Rede)* fine *f,* conclusione *f;* **~ machen** finire, terminare; **mit jdm/etw ~ machen** farla finita con qu/qc *fam;* **zu dem ~ gelangen, dass …** giungere alla conclusione che …; **am ~ von** alla fine di; **~!** basta!; **~ damit!** finiamola! *fam*

Schlussabrechnung *f* bilancio *m* finale

Schlussbemerkung *f* osservazione *f* finale

Schlüssel ['ʃlʏsəl] <-s, -> *m* ① *(Gegenstand)* chiave *f* ② *(fig)* chiave *f,* soluzio-

S

ne *f* ③ MUS chiave *f* [di violino], chiave *f* per accordare ④ INFORM chiave *f*

Schlüsselanhänger *m* ciondolo *m* portachiavi

Schlüsselbein *nt* clavicola *f*

Schlüsselblume *f* primula *f*

Schlüsselbund *m o nt* mazzo *m* di chiavi

Schlüsselerlebnis *nt* evento *m* chiave

schlüsselfertig *adj* pronto per la consegna

Schlüsselfigur <-, -en> *f* figura *f* chiave

Schlüsselindustrie *f* industria *f* chiave

Schlüsselkind *nt (sl) bambino che in assenza dei genitori deve provvedere a sé stesso*

Schlüsselloch *nt* buco *m* della serratura

Schlüsselposition *f*, **Schlüsselstellung** *f* posizione *f* chiave

Schlüsselzahl *f* combinazione *f*

schlussendlich [ˈʃlʊsˈʔɛntlɪç] *adv* alla fine

schlussfolgern *vt* **etw** [**aus etw**] **~** dedurre qc [da qc]

Schlussfolgerung *f* conclusione *f*, deduzione *f*

Schlussformel *f* formula *f* finale

schlüssig [ˈʃlʏsɪç] *adj (Beweis)* conclusivo; *(Argumentation)* concludente; **sich** *dat* **über etw** *akk* **~ werden** decidersi su qc

Schlusslicht *nt* luce *f* posteriore; *(fig fam)* fanalino *m* di coda

Schlussnote *f (Börse)* fissato *m* bollato

Schlusspfiff *m* SPORT fischio *m* finale

Schlusspunkt *m* punto *m* finale; **einen ~ hinter** [*o* **unter**] **etw** *akk* **setzen** *(fig)* porre termine a qc

Schlussrunde *f* ultimo giro *m; (Boxen)* ultima ripresa *f*

Schlussstrich *m* **einen ~ unter etw** *akk* **ziehen** *(fig)* porre fine a qc

Schlussverkauf *m* svendita *f* [di fine stagione]

Schlusswort *nt* ultima parola *f; (Nachwort)* conclusione *f*

S

Schmach [ʃmaːx] <-> *f kein Pl. (Schande)* vergogna *f; (Entehrung)* ignominia *f*, infamia *f; (Demütigung)* umiliazione *f; (Beleidigung)* oltraggio *m*

schmachten [ˈʃmaxtən] *vi* languire; *(fig: sich sehnen)* struggersi; **vor Durst/Hunger ~** languire per la sete/fame; **nach der Geliebten ~** struggersi per l'amante

schmachtend *adj (Mensch)* innamorato; *(Blick)* languido

schmächtig [ˈʃmɛçtɪç] *adj* esile, smilzo

schmackhaft [ˈʃmakhaft] *adj (wohlschmeckend)* gustoso; *(appetitanregend)* appetitoso; **jdm etw ~ machen** *(fig)* rendere qc gradevole a qu

Schmäh <-s, -(s)> *m* A ① *(fam: Trick, Kniff)* inganno *m*, trucco *m* ② *(fam: Schwindelei, Unwahrheit)* truffa *f*, imbroglio *m*

schmähen [ˈʃmɛːən] *vt (geh)* ingiuriare, oltraggiare

Schmähgedicht *nt* poesia *f* denigratoria

schmählich [ˈʃmɛːlɪç] **I.** *adj (schändlich)* vergognoso, ignominioso **II.** *adv* tremendamente, terribilmente; *(verlassen)* vergognosamente

Schmähung [ˈʃmɛːʊŋ] <-, -en> *f (geh: Beschimpfung)* ingiuria *f*, insulto *m*, oltraggio *m; (Verleumdung)* diffamazione *f*

schmal [ʃmaːl] <-er *o* schmäler, -ste *o rar:* schmälste> *adj* stretto; *(Hände, Gesicht)* sottile; *(mager, a. fig)* magro

schmälern [ˈʃmɛːlɐn] *vt (schmäler machen)* restringere; *(verringern)* ridurre, diminuire; *(fig: Verdienste)* sminuire; *(Bedeutung)* scemare; *(Rechte)* ledere

Schmälerung <-, -en> *f* restrizione *f*, riduzione *f*, diminuzione *f; (von Bedeutung)* scemare *m; (von Rechten)* lesione *f*

Schmalfilm *m* FILM pellicola *f* a passo ridotto

Schmalfilmkamera *f* cinepresa *f* a passo ridotto

schmallippig *adj* ① *(dünnlippig)* con le labbra sottili ② *(fig)* acido

Schmalspur *f* FERR scartamento *m* ridotto

Schmalspur- *in Zusammensetzungen* a scartamento ridotto

Schmalspurbahn *f* ferrovia *f* a scartamento ridotto

Schmalz[1] [ʃmalts] <-es, -e> *nt* ① *(Schweine~)* strutto *m* ② *(Ohren~)* cerume *m*

Schmalz[2] <-es> *m kein Pl. (fam pej: Sentimentalität)* sentimentalismo *m; (Werk)* opera *f* sdolcinata

schmalzig *adj (fam pej)* sdolcinato

Schmankerl [ˈʃmaŋkɐl] <-s, -n> *nt* SÜDD, A *(Leckerbissen, a. fig)* ghiottoneria *f*

schmarotzen [ʃmaˈrɔtsən] <ohne ge-> *vi* BOT, ZOO vivere da parassita; *(pej: Mensch)* scroccare *fam*

Schmarotzer [ʃmaˈrɔtsɐ] <-s, -> *m* BOT, ZOO parassita *mf*

Schmarotzer(in) <-s, -; -, -nen> *m(f) (pej: Mensch)* scroccone, -a *m, f fam*, parassita *m*

Schmarren [ˈʃmarən] <-s, -> *m* ① A, SÜDD *(Eierkuchen)* frittatina *f*, omelette *f* ② *(fam pej: Unsinn)* sciocchezza *f*

schmatzen [ˈʃmatsən] *vi (laut essen)* mangiare rumorosamente

Schmaus [ʃmaʊs, *Pl:* ˈʃmɔɪzə] <-es, Schmäuse> *m* banchetto *m*

schmausen [ˈʃmaʊzən] **I.** *vi* bisbocciare, banchettare **II.** *vt* mangiare

schmecken [ˈʃmɛkən] **I.** *vt (Geschmack*

wahrnehmen) sentire il sapore di; *(kosten, versuchen)* assaggiare **II.** *vi (gut ~)* essere buono; *(probieren)* provare, assaggiare; **jdm ~** piacere a qu; **gut ~** avere un buon sapore; **nach etw ~** *(a. fig)* sapere di qc; **es sich** *dat* **~ lassen** mangiare qc di gusto; **das schmeckt mir gut/ausgezeichnet** mi piace/è squisito; **schmeckt's?** *(fam)* è buono?

Schmeichelei [ʃmaɪçəˈlaɪ] <-, -en> *f* lusinga *f; (pej)* adulazione *f; (Kompliment)* complimento *m*

schmeichelhaft *adj* lusinghevole, lusinghiero

schmeicheln [ˈʃmaɪçəln] *vi* ❶ *(mit Worten)* **jdm ~** lusingare qu; *(pej)* adulare qu ❷ *(fig: vorteilhaft aussehen lassen)* donare

Schmeichler(in) <-s, -; -, -nen> *m(f)* lusingatore, -trice *m, f; (pej)* adulatore, -trice *m, f*

schmeichlerisch *adj* lusinghevole; *(pej)* adulatorio

schmeißen [ˈʃmaɪsən] <schmeißt, schmiss, geschmissen> *vt (fam)* ❶ *(werfen)* gettare, scagliare ❷ *(fam: bewältigen)* sistemare, sbrigare; **den Laden ~** *(fig)* sbrigare la faccenda ❸ *(spendieren: Runde)* pagare, offrire

Schmeißfliege [ˈʃmaɪsfliːgə] *f* moscone *m*

Schmelz [ʃmɛlts] <-es, -e> *m (Glasur, Zahn~)* smalto *m; (Glanz)* splendore *m; (Klang)* timbro *m*

Schmelze [ˈʃmɛltsə] <-, -n> *f* ❶ *(Vorgang)* scioglimento *m;* TEC fusione *f* ❷ *(Schnee~)* [periodo *m* del] disgelo *m* ❸ TEC *(Masse)* massa *f* fusa

schmelzen [ˈʃmɛːltsən] <schmilzt, schmolz, geschmolzen> **I.** *vt haben* sciogliere; TEC fondere **II.** *vi sein* sciogliersi; TEC fondersi

Schmelzkäse *m* formaggio *m* fondente

Schmelzofen *m* forno *m* di fusione

Schmelzpunkt *m* punto *m* di fusione

Schmelztiegel *m (a. fig)* crogiolo *m*

Schmelzwasser *nt* acqua *f* di disgelo

Schmerbauch [ˈʃmeːɐbaʊx] *m (fam pej)* pancione *m*

Schmerz [ʃmɛrts] <-es, -en> *m (körperlich, seelisch)* dolore *m; (Kummer)* afflizione *f,* pena *f*

schmerzempfindlich *adj* sensibile al dolore

schmerzen *(geh)* **I.** *vi (fig)* MED dolere **II.** *vt (fig)* addolorare, affliggere

Schmerzensgeld *nt* risarcimento *m* per danni morali

Schmerzensschrei *m* grido *m* di dolore

schmerzhaft *adj (a. fig)* doloroso

schmerzlich *adj (Verlust)* doloroso; *(Verlangen)* ardente

schmerzlindernd *adj* analgesico, calmante, sedativo

schmerzlos *adj* indolore

Schmerzmittel *nt* analgesico *m,* calmante *m*

schmerzstillend *adj* calmante, sedativo; SCIENT analgesico

Schmerztablette *f* analgesico *m*

Schmetterball *m* SPORT schiacciata *f,* smash *m*

Schmetterling [ˈʃmɛtɐlɪŋ] <-s, -e> *m* farfalla *f*

schmettern [ˈʃmɛtɐn] **I.** *vt* ❶ *(werfen)* scaraventare; *(Tür ins Schloss)* sbattere con violenza; SPORT *(Ball)* schiacciare ❷ *(Lied)* cantare a squarciagola **II.** *vi* ❶ *(Trompete)* squillare; *(Stimme)* tuonare; *(Mensch)* urlare; *(Vogel)* cantare ❷ SPORT fare una schiacciata

Schmied [ʃmiːt] <-(e)s, -e> *m* fabbro *m* ferraio; *(Huf~)* maniscalco *m*

Schmiede [ˈʃmiːdə] <-, -n> *f* fucina *f,* forgia *f*

Schmiedeeisen *nt* ferro *m* fucinato

schmiedeeisern *adj* di ferro battuto

schmieden [ˈʃmiːdən] *vt* battere, fucinare; *(herstellen)* fabbricare; **einen Plan ~** *(fig)* ideare un piano

schmiegen [ˈʃmiːgən] *vr:* **sich ~** *(Mensch)* stringersi; *(Kleid)* aderire; **sich an jdn ~** stringersi a qu; **sich in jds Armen ~** stringersi nelle braccia di qu; **das Kleid schmiegt sich an den Körper** il vestito aderisce al corpo

schmiegsam *adj* flessibile, pieghevole

Schmiere [ˈʃmiːrə] <-, -n> *f (fam)* ❶ *(Fett)* grasso *m,* lubrificante *m; (Salbe)* pomata *f; (Schmutz)* unto *m; (Aufstrich)* pasta *f* da spalmare ❷ *(pej: Theater)* teatro *m* di guitti ❸ *(fam)* **~ stehen** fare il palo

schmieren [ˈʃmiːrən] **I.** *vt* ❶ TEC *(mit Fett)* ingrassare, lubrificare; *(mit Öl)* oliare ❷ *(streichen)* spalmare; **etw auf etw** *akk* **~** spalmare qc su qc; **Brot mit Marmelade ~** spalmare il pane di marmellata; **mit Butter ~** imburrare ❸ *(fam: schlecht schreiben)* scarabocchiare ❹ *(fam: bestechen)* corrompere; **jdm eine ~** *(fam)* mollare un ceffone a qu; **es läuft wie geschmiert** *(fam)* va liscio come l'olio **II.** *vi (fam)* ❶ *(Stift)* macchiare; *(Radiergummi)* sporcare cancellando; *(Scheibenwischer)* sporcare ❷ *(schlecht schreiben)* scarabocchiare

Schmiererei [ʃmiːrəˈraɪ] <-, -en> *f (fam)* ❶ *(pej: schlechte Schrift)* scarabocchiatura *f* ❷ *(pej: schlechte Malerei)* crosta *f*

S

Schmierfett *nt* TEC grasso *m* lubrificante
Schmierfink *m (fam)* ① *(pej: Autor, Journalist)* scribacchino *m,* imbrattacarte *mf* ② *(pej: Kind)* sudicione, -a *m, f,* sporcaccione, -a *m, f*
Schmiergeld *nt (fam)* bustarella *f*
schmierig *adj* ① *(fettig)* unto, grasso ② *(fig: widerlich)* sordido ③ *(fig fam: kriecherisch)* viscido
Schmiermittel *nt* lubrificante *m*
Schmieröl *nt* olio *m* lubrificante
Schmierpapier *nt* foglio *m* per appunti
Schmierseife *f* sapone *m* tenero
Schmierzettel *m* brutta copia *f,* minuta *f; (Zettel für Notizen)* foglietto *m* per appunti
schmilzt [ʃmɪltst] *3. Pers. Sing. Präs. von* **schmelzen**
Schminke [ˈʃmɪŋkə] <-, -n> *f* trucco *m,* belletto *m*
schminken **I.** *vt (jdn)* truccare; *(Mund, Augen)* truccarsi **II.** *vr:* **sich ~** truccarsi
Schminktisch <-es, -e> *m* tavolo *m* per il trucco
schmirgeln [ˈʃmɪrgəln] *vt* smerigliare
Schmirgelpapier *nt* carta *f* smerigliata
schmiss [ʃmɪs] *1. u. 3. Pers. Sing. Imp. von* **schmeißen**
Schmiss [ʃmɪs] <-es, -e> *m* ① *(Mensurnarbe)* sfregio *m,* cicatrice *f* ② *(fam: Schwung)* brio *m,* slancio *m*
schmissig *adj (fam)* pieno di brio [*o* slancio], brioso
Schmöker [ˈʃmøːkɐ] <-s, -> *m (fam)* librone *m,* mattone *m*
schmökern [ˈʃmøːkɐn] *vi (fam)* immergersi nella lettura; **in einem Buch ~** leggere un libro
schmollen [ˈʃmɔlən] *vi* [**mit jdm**] **~** tenere il broncio [a qu]
Schmollmund *m* muso *m,* broncio *m;* **einen ~ machen** fare il muso, tenere il broncio
schmolz [ʃmɔlts] *1. u. 3. Pers. Sing. Imp. von* **schmelzen**
Schmorbraten *m* stufato *m*
schmoren [ˈʃmoːrən] **I.** *vt* stufare **II.** *vi* ① GASTR cuocere a fuoco lento ② *(fam: in der Sonne)* crogiolarsi al sole
Schmortopf *m* casseruola *f*
Schmu [ʃmuː] <-> *m kein Pl. (fam: Betrug)* raggiro *m;* **~ machen** raggirare
schmuck [ʃmʊk] *adj* avvenente, leggiadro, grazioso
Schmuck <-(e)s, *rar:* -e> *m* ① *(Juwelen)* gioielli *mpl; (~stück)* gioiello *m* ② *(Verzierung)* ornamento *m; (Zierrat)* decorazione *f*
schmücken [ˈʃmʏkən] *vt* **etw** [**mit etw**] **~** [ad]ornare qc [di qc]
Schmuckkästchen *nt* portagioie *m,* portagioielli *m; (fig, scherz: Haus)* gioiello *m*
schmucklos *adj (a. fig)* disadorno, spoglio
Schmucklosigkeit <-> *f kein Pl.* mancanza *f* di ornamenti, semplicità *f; (fig)* sobrietà *f*
Schmuckstück *nt (a. fig)* gioiello *m*
schmudd[e]lig [ˈʃmʊd(ə)lɪç] *adj (unordentlich)* trasandato; *(schmutzig)* lurido
Schmuggel [ˈʃmʊgəl] <-s> *m kein Pl.* contrabbando *m*
schmuggeln **I.** *vi* fare contrabbando **II.** *vt* contrabbandare
Schmuggelware *f* merce *f* di contrabbando
Schmuggler(in) <-s, -; -, -nen> *m(f)* contrabbandiere, -a *m, f*
schmunzeln [ˈʃmʊntsəln] *vi* sorridere compiaciuto
Schmus [ʃmuːs] <-es> *m kein Pl. (fam: Unsinn)* ciance *fpl; (Schmeicheleien)* moine *fpl*
schmusen [ˈʃmuːzən] *vi (fam)* [**mit jdm**] **~** amoreggiare [con qu]
Schmutz [ʃmʊts] <-es> *m kein Pl.* sporco *m; (Kot, Schlamm)* fango *m,* melma *f; (fig: Schweinerei)* porcheria *f;* **in den ~ ziehen** *(fig)* trascinare nel fango
schmutzen *vi* sporcarsi
Schmutzfink *m (fam: Kind)* sudicione, -a *m, f; (unmoralisch)* sporcaccione, -a *m, f*
Schmutzfleck *m* macchia *f* di sporco
schmutzig *adj (unsauber)* sporco; *(Arbeit)* sudicio; *(beschmiert)* imbrattato; *(Geschäft, Mittel)* losco; *(unanständig)* indecente; *(obszön)* osceno; **~ werden** sporcarsi, insudiciarsi
Schmutzwäsche *f kein Pl.* biancheria *f* sporca
Schnabel [ˈʃnaːbəl] <-s, Schnäbel> *m* becco *m;* **ich rede, wie mir der ~ gewachsen ist** *(fam)* parlo come posso; **halt den ~!** *(fam)* chiudi il becco!
Schnabeltier *nt* ornitorinco *m*
Schnake [ˈʃnaːkə] <-, -n> *f* ① *(Weberknecht)* tipula *f* ② *(fam: Stechmücke)* zanzara *f* ③ *(Witz)* lazzo *m*
Schnalle [ˈʃnalə] <-, -n> *f* ① *(am Ende des Gürtels)* fibbia *f* ② A *(Türklinke)* maniglia *f* ③ *(fam pej)* puttana *f*
schnallen *vt (Gürtel)* affibbiare, allacciare; **enger ~** stringere; **etw auf etw** *akk* **~** allacciare qc a [*o* su] qc; **etw ~** *(sl)* capire qc
schnalzen [ˈʃnaltsən] *vi* [**mit den Fingern**] **~** schioccare le dita; **mit der Zunge ~** [far] schioccare la lingua
Schnäppchen [ˈʃnɛpçən] <-s, -> *nt (fam)* DIAL occasione *f,* affare *m;* **ein ~ machen** fare un affarone

Schnäppchenjagd *f (fam)* caccia *f* all'occasione

Schnäppchenjäger(in) <-s, -; -, -nen> *m(f) (fam)* maniaco, -a degli sconti *m*

schnappen ['ʃnapən] **I.** *vt haben* ① *(greifen)* prendere, afferrare; [**frische**] **Luft ~** prendere una boccata d'aria ② *(fig fam: erwischen)* acchiappare, acciuffare **II.** *vi* ① *haben (beißen)* **nach etw ~** cercare di addentare qc; **nach Luft ~** boccheggiare ② *sein (Schloss, Feder)* scattare

Schnappschloss *nt* serratura *f* a scatto

Schnappschuss *m (fam)* [foto *f*] istantanea *f*

Schnaps [ʃnaps] <-es, Schnäpse> *m (fam)* acquavite *f*

Schnapsbrennerei *f (fam)* distilleria *f* di acquavite

Schnapsidee *f (fam)* idea *f* balorda

schnarchen ['ʃnarçən] *vi* russare

schnarren ['ʃnarən] *vi* stridere; *(mit der Stimme)* parlare col naso

schnattern ['ʃnatɐn] *vi (Gänse, Enten)* schiamazzare; *(fam: schwatzen)* chiacchierare

schnauben ['ʃnaʊbən] **I.** *vi (Pferd)* sbuffare; **vor Wut/Entrüstung ~** *(fig)* fremere di rabbia/sdegno **II.** *vr* **sich** *dat* [**die Nase**] **~** soffiarsi il naso

schnaufen ['ʃnaʊfən] *vi* ① *(schwer atmen)* ansimare; *(keuchen)* ansimare, respirare affannosamente ② DIAL *(atmen)* respirare

Schnauz [ʃnaʊts] <-es, Schnäuze> *m* CH *(Schnurrbart)* baffi *mpl*

Schnauzbart *m* mustacchi *mpl; (fam: Mann)* baffone *m fam*

Schnauze ['ʃnaʊtsə] <-, -n> *f* ① *(von Tier)* muso *m; (Schweine~)* grugno *m* ② *(an Kanne)* becco *m* ③ *(fam: von Flugzeug, Fahrzeug)* muso *m* ④ *(vulg: von Mensch)* becco *m;* **die ~ voll haben** *(sl)* averne piene le scatole *sl;* [**halt die**] **~!** *(fam)* chiudi il becco!

schnauzen *vi (fam)* gridare, inveire

schnäuzen ['ʃnɔɪtsən] *vr:* **sich ~** soffiarsi il naso

Schnauzer <-s, -> *m* ① *(Hunderasse)* schnauzer *m* ② *(fam: Schnauzbart)* baffi *mpl*

Schnecke ['ʃnɛkə] <-, -n> *f* ① *(fig: Nackt~) a.* GASTR lumaca *f; (mit Haus)* chiocciola *f;* **jdn zur ~ machen** *(fam)* sgridare qu, fare una sfuriata a qu ② TEC vite *f* senza fine ③ ARCH *(Volute)* voluta *f; (Wendeltreppe)* scale *fpl* a chiocciola ④ GASTR *(Hefekuchen)* focaccia *f* a forma di chiocciola ⑤ ANAT coclea *f*

Schneckenhaus *nt* guscio *m* della chiocciola

Schneckentempo *nt (fam)* **im ~** a passo di lumaca/di tartaruga

Schnee [ʃneː] <-s> *m kein Pl.* ① *(Niederschlag, Ei~)* neve *f;* **~ von gestern** *(fig fam)* vecchia storia; **zu ~ schlagen** GASTR montare a neve ② *(sl: Kokain)* neve *f*

Schneeball *m* ① *(aus Schnee)* palla *f* di neve ② BOT viburno *m*

Schneeballeffekt *m* effetto *m* valanga [*o* scatenante]

Schneeballschlacht *f* battaglia *f* a palle di neve

schneebedeckt *adj* innevato, coperto di neve

Schneebesen *m* frusta *f*

schneeblind *adj* sofferente di oftalmia da neve

Schneedecke *f* coltre *f* di neve

Schneefall *m* nevicata *f*

Schneeflocke *f* fiocco *m* di neve

Schneefräse *f* spazzaneve *m* [a fresa]

schneefrei *adj* sgombro da neve, libero dalla neve

Schneegestöber <-s, -> *nt* bufera *f* di neve

Schneeglöckchen <-s, -> *nt* bucaneve *m*

Schneegrenze *f* limite *m* delle nevi perenni

Schneekanone *f* cannone *m* sparaneve

Schneeketten *fpl* AUTO catene *fpl* da neve

Schneemann *m* pupazzo *m* di neve

Schneematsch *m* poltiglia *f* di neve

Schneepflug *m (Fahrzeug, beim Skilaufen)* spazzaneve *m*

Schneeraupe *f* spartineve *m,* battipista *m*

Schneeregen *m kein Pl.* pioggia *f* mista a neve, nevischio *m*

Schneeschaufel *f,* **Schneeschippe** *f* pala *f* per la neve

Schneeschmelze *f* [periodo *m* di] disgelo *m*

Schneeschuh *m* ① racchetta *f* da neve ② *(obs)* sci *m*

schneesicher *adj* a innevamento sicuro

Schneesturm *m* bufera *f* di neve

Schneetreiben *nt s.* **Schneegestöber**

Schneeverhältnisse *ntpl* stato *m* di innevamento

Schneeverwehung *f* ammasso *m* di neve [formato dal vento]

Schneewehe *f* duna *f* di neve

schneeweiß *adj* bianco come la neve, candido

Schneewittchen [ʃneːˈvɪtçən] <-> *nt kein Pl.* Biancaneve *f*

Schneezaun *m* paraneve *m*

Schneid [ʃnaɪt] <-(e)s> *m kein Pl. (fam)* coraggio *m,* ardire *m*

S

Schneide ['ʃnaɪdə] <-, -n> *f* filo *m; (Klinge)* lama *f*

schneiden ['ʃnaɪdən] <schneidet, schnitt, geschnitten> **I.** *vt* ① *(kürzen, zerkleinern)* tagliare; *(Hecke)* potare; **klein ~** sminuzzare; **die Luft ist zum Schneiden** *(fam)* l'aria è pesante ② *(beim Überholen)* tagliare ③ MAT *(Linie, Kreis)* intersecare ④ *(fig: meiden)* ignorare, snobbare ⑤ *(operieren)* tagliare, operare; *(Geschwür)* incidere ⑥ SPORT *(Tennis, Ballspiele)* tagliare la palla **II.** *vi* ① *(Mensch)* tagliar fuori; *(Messer)* essere affilato ② *(fig: Wind, Kälte)* tagliare ③ *(operieren)* tagliare, operare **III.** *vr:* **sich ~** ① *(verletzen)* tagliarsi, farsi un taglio ② MAT *(Linien)* intersecarsi ③ *(fam: sich irren)* sbagliarsi

schneidend *adj (Wind, Kälte)* pungente; *(Schmerz)* lancinante; *(Hohn, Bemerkung)* mordace, caustico; *(Stimme, Ton)* acuto

Schneider ['ʃnaɪdɐ] <-s, -> *m (fam: Gerät)* affettatrice *f*

Schneider(in) <-s, -; -, -nen> *m(f)* sarto, -a *m, f*

Schneiderei [ʃnaɪdə'raɪ] <-, -en> *f* sartoria *f*

Schneiderin *f s.* **Schneider**

schneidern *vt* cucire, confezionare

Schneiderpuppe *f* manichino *m*

Schneidersitz *m* **im ~ sitzen** essere seduto a gambe incrociate

Schneidezahn *m* [dente *m*] incisivo *m*

schneidig *adj* risoluto, energico

schneien ['ʃnaɪən] *vi* ① *haben* **es schneit** nevica ② *sein* **jdm ins Haus ~** *(fam: Brief)* arrivare inaspettatamente da qu; *(Besuch)* piombare in casa di qu

Schneise ['ʃnaɪzə] <-, -n> *f* ① *(Wald~)* pista *f* tagliata nel bosco ② *(Flug~)* corridoio *m* aereo

S

schnell [ʃnɛl] *adj* veloce, rapido; *(Gang)* spedito; *(plötzlich)* repentino; *(flink, fix)* pronto, svelto; **~ machen** fare presto; *(fam: sich beeilen)* sbrigarsi; **~er gehen** allungare il passo; **möglichst ~, so ~ wie möglich, auf dem ~sten Weg** il più presto possibile; **~, ~!** presto, presto!

Schnellboot *nt* NAUT vedetta *f*

Schnelle <-, -n> *f (Strom~)* rapida *f;* **ein Bier auf die ~** *(fam)* una birra di volata; **etw auf die ~ machen** *(fam)* fare qualcosa di corsa

schnellen *vi sein* balzare; *(Feder)* scattare; **in die Höhe ~** balzare in alto; *(fig: Preise)* salire alle stelle *fam*

Schnellfeuerwaffe *f* arma *f* a tiro rapido

Schnellgaststätte *f* tavola *f* calda, snackbar *m*

Schnellgericht *nt* ① JUR tribunale *m* per direttissima ② GASTR piatto *m* veloce

Schnellhefter *m* classificatore *m*

Schnelligkeit <-> *f kein Pl.* velocità *f,* rapidità *f; (Promptheit)* prontezza *f*

Schnellimbiss *m (Restaurant)* snackbar *m; (Gericht)* spuntino *m*

Schnellkochtopf *m* pentola *f* a pressione

Schnellläufer(in) *m(f)* SPORT velocista *mf*

schnelllebig *adj* febbrile

schnellstens *adv* al più presto; *(möglichst schnell)* quanto prima

Schnellstraße *f* superstrada *f*

Schnellverfahren *nt* ① TEC procedimento *m* rapido ② JUR procedimento *m* per direttissima

Schnellzug *m* [treno *m*] direttissimo *m*

Schnepfe ['ʃnɛpfə] <-, -n> *f* ① ZOO beccaccia *f* ② *(fam pej)* donnaccia *f*

schnetzeln ['ʃnɛtsəln] *vt* SÜDD, CH affettare

Schnickschnack ['ʃnɪkʃnak] <-(e)s> *m kein Pl. (fam)* ① *(wertloses Zeug)* cianfrusaglie *f pl; (Beiwerk)* accessori *m pl* ② *(Gerede)* chiacchiere *f pl*

schniefen ['ʃniːfən] *vi* DIAL tirare su col naso

Schnippchen ['ʃnɪpçən] <-s, -> *nt* **jdm ein ~ schlagen** *(fam)* giocare un tiro a qu

Schnippel ['ʃnɪpəl] <-s, -> *m o nt (fam)* ritaglio *m,* pezzetto *m*

schnippeln *vi (fam)* **an etw** *dat* **~** tagliuzzare qc

schnippen ['ʃnɪpən] **I.** *vi* schioccare; **mit den Fingern ~** schioccare con le dita **II.** *vt* togliere [velocemente] con le dita

schnippisch ['ʃnɪpɪʃ] *adj* sfacciato, impertinente

Schnipsel ['ʃnɪpsəl] <-s, -> *m o nt* pezzetto *m,* ritaglio *m*

schnipseln *vt, vi (fam) s.* **schnippeln**

schnipsen ['ʃnɪpsən] *vt, vi (fam) s.* **schnippen**

schnitt [ʃnɪt] *1. u. 3. Pers. Sing. Imp. von* **schneiden**

Schnitt <-(e)s, -e> *m* ① *(Schneiden)* taglio *m; (Öffnung)* intaglio *m; (Wunde)* taglio *m,* ferita *f* ② *(Haar~)* taglio *m* ③ *(~muster)* cartamodello *m* ④ *(von Gesicht, von Augen)* taglio *m,* forma *f; (von Profil)* tratti *mpl,* linea *f* ⑤ FILM taglio *m* ⑥ *(~punkt)* punto *m* d'intersezione; *(Längs~, Quer~)* sezione *f; (fam: Durch~)* media *f;* **im ~** in media ⑦ MAT **der Goldene ~** la sezione aurea

Schnittblumen *f pl* fiori *m pl* da taglio; *(abgeschnittene)* fiori *m pl* recisi

Schnitte <-, -n> *f* ① *(Scheibe)* fetta *f; (von Fisch, Fleisch)* trancia *f* ② *(belegtes Brot)* tartina *f* ③ A *(Waffel)* Wafer *m*

Schnittfläche *f* superficie *f* di taglio; MAT sezione *f*

schnittig *adj (Sportwagen)* slanciato; *(Tempo)* veloce

Schnittkäse <-s, -> *m* formaggio *m* da taglio

Schnittlauch *m* erba *f* cipollina

Schnittmuster *nt* cartamodello *m*

Schnittpunkt *m* MAT punto *m* d'intersezione; *(von Straßen)* [punto *m* d']incrocio *m*

Schnittstelle *f* INFORM interfaccia *f*

Schnittwunde *f* ferita *f* da taglio

Schnitzel[1] ['ʃnɪtsəl] <-s, -> *nt* GASTR fettina *f*, cotoletta *f*; **Wiener ~** cotoletta milanese

Schnitzel[2] <-s, -> *nt o m (Papier~)* ritaglio *m*, pezzetto *m*

Schnitzeljagd *f* SPORT *(Pferde)* caccia *f* alla carta

schnitzen ['ʃnɪtsən] **I.** *vt (Figur, Gegenstand)* **etw** [**aus etw**] **~** intagliare qc [da qc] **II.** *vi* intagliare

Schnitzer <-s, -> *m (fam: Fehler)* gaffe *f*

Schnitzer(in) <-s, -; -, -nen> *m(f) (Holz ~)* intagliatore, -trice *m, f*

Schnitzerei [ʃnɪtsə'raɪ] <-, -en> *f (Verzierung)* intaglio *m*; *(Bildwerk)* scultura *f* in legno

Schnitzerin *f s.* **Schnitzer**

schnodd[e]rig ['ʃnɔd(ə)rɪç] *adj (fam: Benehmen)* irrispettoso, insolente; *(Ton, Ausdrucksweise)* incivile

schnöde ['ʃnøːdə] *adj (schändlich)* vergognoso, infame; *(gemein)* vile; *(verächtlich)* sprezzante

Schnorchel ['ʃnɔrçəl] <-s, -> *m (von U-Boot)* schnorchel *m*; *(von Taucher)* respiratore *m* di superficie

schnorcheln *vi* fare immersione con lo schnorchel

Schnörkel ['ʃnœrkəl] <-s, -> *m* ARCH arabesco *m*; *(in Schrift, a. fig)* svolazzo *m*, ghirigoro *m*

schnorren ['ʃnɔrən] *vt (fam)* [**bei jdm**] **etw ~** scroccare qc [a qu]

Schnorrer(in) <-s, -; -, -nen> *m(f) (fam)* scroccone, -a *m, f*, parassita *mf*

Schnösel ['ʃnøːzəl] <-s, -> *m (fam pej)* sfacciato, -a *m, f*, bellimbusto *m*

schnüffeln ['ʃnʏfəln] *vi* ① *(schnuppern)* tirar su l'aria per il naso; **an etw** *dat* **~** *(riechen)* fiutare qc; *(Hund)* annusare qc ② *(fam pej: spionieren)* curiosare, frugare; *(als Spitzel)* spiare ③ *(sl)* sniffare

Schnüffler(in) <-s, -; -, -nen> *m(f) (pej)* ① *(Spion)* spia *f*, spione *m* ② *(Neugieriger)* curioso, -a *m, f*, ficcanaso *mf*, intrigante *mf*

Schnuller ['ʃnʊlɐ] <-s, -> *m* tettarella *f*, ciuccio *m fam*

Schnulze ['ʃnʊltsə] <-, -n> *f (pej)* MUS canzonetta *f*; THEAT commedia *f* sdolcinata

schnulzig *adj (fam pej)* sdolcinato

schnupfen ['ʃnʊpfən] **I.** *vi* fiutare tabacco, tabaccare **II.** *vt (Tabak, Kokain)* sniffare

Schnupfen <-s, -> *m* raffreddore *m*; [**einen**] **~ haben** essere raffreddato, avere il raffreddore

Schnupftabak *m* tabacco *m* da fiuto

schnuppe ['ʃnʊpə] *adj* **das ist mir ~** *(fam)* non m'importa

Schnupperlehre *f (fam)* apprendistato *m* di prova

schnuppern ['ʃnʊpɐn] *vi* **an etw** *dat* **~** annusare qc

Schnur [ʃnuːɐ̯] <-, Schnüre> *f* corda *f*; *(Bindfaden)* spago *m*; *(Kordel)* cordoncino *m*; TEC cordone *m*, filo *m*

Schnürchen ['ʃnyːɐ̯çən] <-s, -> *nt* **etw wie am ~ können** *(fam)* sapere qc a menadito; **das klappt wie am ~** *(fam)* corre liscio

schnüren ['ʃnyːrən] *vt (Schuhe)* allacciare; *(Paket)* legare; *(schlingen)* stringere

schnurgerade ['ʃnuːɐ̯gə'raːdə] *adj* rettilineo, diritto

schnurlos *adj* senza fili; **~es Telefon** cordless *m*

Schnurrbart *m* baffi *mpl*

schnurrbärtig *adj* baffuto

schnurren ['ʃnʊrən] *vi (Katze)* fare le fusa; *(Ventilator, Motor)* ronzare

schnurrig *adj (Geschichte)* spassoso; *(Mensch)* strambo, strano

Schnürsenkel ['ʃnyːɐ̯zɛŋkəl] *m* laccio *m* da scarpe, stringa *f* per scarpe

Schnürstiefel *m* stivale *m* con lacci

schnurstracks ['ʃnuːɐ̯'ʃtraks] *adv (fam)* difilato

schnurz [ʃnʊrts] *adj (fam)* **das ist mir ~** me ne frego

Schnute ['ʃnuːtə] <-, -n> *f (fam) bes.* NORDD *(Mund)* muso *m*; *(Schmollmund)* broncio *m*; **eine ~ ziehen** fare il broncio

schob [ʃoːp] *1. u. 3. Pers. Sing. Imp. von* **schieben**

Schober ['ʃoːbɐ] <-s, -> *m* SÜDD, A *(Heuschuppen)* fienile *m*; *(Heuhaufen)* mucchio *m* di fieno

Schock [ʃɔk] <-(e)s, -s *o rar:* -e> *m* choc *m*

schocken ['ʃɔkən] *vt (fam)* far venire un colpo, scioccare, lanciare; *(moralisch)* choccare, dare uno choc

schockieren [ʃɔ'kiːrən] <ohne ge-> *vt* scioccare, scandalizzare

Schockwelle *f (a. fig)* onda *f* d'urto

Schockwirkung <-, -en> *f* effetto *m* shockizzante

schofel ['ʃoːfəl] *adj (fam)* misero

Schöffe ['ʃœfə] <-n, -n> *m* giurato *m*
Schöffengericht *nt* giuria *f*
Schöffin ['ʃœfɪn] <-, -nen> *f* giurata *f*
Schokokuss *m* GASTR moretto *m*
Schokolade [ʃoko'la:də] <-, -n> *f* cioccolato *m; (Getränk)* cioccolata *f*
Scholle ['ʃɔlə] <-, -n> *f* ❶ *(Erd~)* zolla *f; (Eis~)* lastra *f* di ghiaccio *fig* ❷ *(Fisch)* passera *f* di mare, pianuzza *f*
schon [ʃo:n] *adv* ❶ *(zeitlich, örtlich)* già; **~ oft** più volte; **~ wieder** di nuovo; **~ von Weitem** già da lontano; **das weiß ich ~ lange** lo so da un pezzo; **es ist ~ lange her** è già da un pezzo ❷ *(mit nachfolgender Zeitbestimmung)* fin da; **~ damals** fin d'allora; **~ jetzt** fin d'ora; **~ als Kind** fin da bambino ❸ *(gewiss, doch, wohl)* certamente, senz'altro; **[das] ~, aber ...** certo, ma ...; **ich weiß ~** lo so, lo so; **es wird ~ gehen** andrà bene; **das mag ~ sein** è possibile; **wenn ich das ~ höre** solo a sentirlo; **sie wird ~ [noch] kommen** verrà, verrà; **~ gut!** va bene, basta così; **mach ~!** *(fam: beeil dich!)* spicciati!; **und wenn ~!** *(fam)* che fa!, che importa, e allora?
schön [ʃø:n] **I.** *adj* bello; *(angenehm)* piacevole; **~e Worte** *(leere)* belle parole; **~ werden** *(Wetter)* mettersi al bello; **es ist ~** [*o* **~es Wetter**] fa bello; **das ist ~ von dir** è gentile da parte tua; **das ist ja alles ganz ~, aber ...** *(fam)* d'accordo, ma ...; **das ist [ja] eine ~e Geschichte!** *(fam)* bell'affare!; **das wäre [ja] noch ~er!** *(fam)* sarebbe il colmo!; **~e Grüße** tanti saluti; **~es Wochenende!** buon fine settimana! **II.** *adv* bene; *(fam: ziemlich)* abbastanza; **~ malen/schreiben/singen** dipingere/scrivere/cantare bene; **ich lasse ~ grüßen** tante belle cose da parte mia; **das werde ich ~ sein lassen** *(fam)* me ne guarderò bene; **bitte ~!** prego!; **danke ~!, ~en Dank!** tante grazie!; **sei ~ brav!** sii bravo!, fa il bravo!

S

Schonbezug *m* coprisedile *m; (für Matratze)* coprimaterasso *m*
schonen ['ʃo:nən] **I.** *vt (jdn, Nerven)* risparmiare; *(Gesundheit)* aver riguardo di, badare a; *(Gegenstand)* avere cura di; *(jds Gefühle)* aver riguardo di **II.** *vr:* **sich ~** risparmiarsi, riguardarsi
schonend I. *adj* delicato, riguardoso **II.** *adv* con riguardo; **jdm etw ~ beibringen** insegnare qc a qu gentilmente
Schonfrist *f* periodo *m* di rodaggio
Schongang <-s, -gänge> *m* ❶ AUTO quinta *f* ❷ *(Schonwaschgang)* programma *m* delicato
Schöngeist *m* bellospirito *m*
schöngeistig *adj (Mensch)* amante delle belle lettere; **~e Literatur** belle lettere
Schönheit <-, -en> *f* bellezza *f*
Schönheitschirurgie *f* chirurgia *f* estetica
Schönheitsfehler *m* difetto *m* estetico; *(fig)* imperfezione *f*
Schönheitskönigin *f* reginetta *f* di bellezza
Schönheitsoperation *f* operazione *f* di chirurgia estetica
Schönheitspflege *f* cosmesi *f*
Schonkost *f* dieta *f* [leggera]
Schönling ['ʃø:nlɪŋ] <-s, -e> *m (pej)* bellimbusto *m*
schön|machen I. *vi (Hund)* drizzarsi sulle zampe posteriori **II.** *vr:* **sich ~** farsi bello **III.** *vt (Kind)* mettere il vestito migliore a; *(Wohnung)* decorare
Schönschrift *f* bella scrittura *f,* calligrafia *f; (fam: Reinschrift)* bella copia *f*
schön|tun <irr> *vi (fam)* **jdm ~** *(schmeicheln)* adulare qu
Schonung <-, -en> *f* ❶ *Sing. (von Gesundheit)* riguardo *m,* cura *f; (von Gegenstand)* attenzione *f,* riguardo *m; (Nachsicht)* indulgenza *f* ❷ *(Wald)* bosco *m* di riserva; *(Baumschule)* vivaio *m*
schonungslos *adj (Behandlung)* senza riguardo; *(Vorgehen)* senza delicatezza; *(Kritik)* spietato; *(Wahrheit)* brutale
Schonzeit *f* periodo *m* di divieto di caccia
Schopf [ʃɔpf] <-(e)s, Schöpfe> *m* ciuffo *m;* **die Gelegenheit beim ~ ergreifen** cogliere la palla al balzo *fam*
Schopfbraten *m* A GASTR *(Schweinefleisch vom Nacken)* coppa *f* di maiale
schöpfen ['ʃœpfən] **I.** *vt* ❶ *(Flüssigkeit)* attingere; **Wasser aus der Quelle ~** attingere acqua alla fonte; **Suppe ~** versare la minestra con il mestolo ❷ *(geh)* **Atem ~** respirare; **Mut ~** farsi coraggio; **Hoffnung ~** riacquistare la speranza; **Kraft ~** riprendere forza; **Verdacht ~** insospettirsi ❸ *(neuen Ausdruck, Wort)* coniare **II.** *vi* attingere, prendere
Schöpfer(in) <-s, -; -, -nen> *m(f)* creatore, -trice *m, f*
schöpferisch *adj* creativo
Schöpfkelle *f,* **Schöpflöffel** *m* ramaiolo *m,* mestolo *m*
Schöpfung <-, -en> *f* creazione *f*
Schöpfungsgeschichte *f (in Bibel)* genesi *f*
Schoppen ['ʃɔpən] <-s, -> *m* ❶ *(Wein, Bier)* quartino *m,* mezzetta *f* ❷ SÜDD, CH *(Babyfläschchen)* biberon *m*
Schöpserne <-n> *nt kein Pl.* A GASTR *(Hammelfleisch)* carne *f* di montone

schor [ʃoːɐ̯] *1. u. 3. Pers. Sing. Imp. von* **scheren**[1]

Schorf [ʃɔrf] <-(e)s, -e> *m (auf Wunde)* crosta *f* [della ferita]; *(Hautkrankheit)* pelle *f* squamosa, crosta *f*

Schornstein [ˈʃɔrnʃtaɪn] *m (von Gebäude)* comignolo *m; (von Fabrik, Lokomotive, Schiff)* fumaiolo *m*

Schornsteinfeger(in) <-s, -; -, -nen> *m(f),* **Schornsteinkehrer(in)** <-s, -; -, -nen> *m(f)* spazzacamino *m*

schoss [ʃɔs] *1. u. 3. Pers. Sing. Imp. von* **schießen**

Schoß [ʃoːs] <-es, Schöße> *m* ① *(Teil des Körpers, Mutterleib)* grembo *m;* **auf jds ~** sulle ginocchia di qu; **das ist ihm in den ~ gefallen** *(fig)* gli è piovuto dal cielo ② *(fig: von Kirche, Familie)* seno *m* ③ *(Rock~)* falda *f*

Schoßhund *m* cane *m* da salotto

Schössling [ˈʃœslɪŋ] <-s, -e> *m* germoglio *m,* rampollo *m*

Schote [ˈʃoːtə] <-, -n> *f* ① BOT baccello *m,* siliqua *f; (fam)* pisello *m* ② NAUT scotta *f*

Schott [ʃɔt] <-(e)s, -en *o rar:* -e> *nt* NAUT paratia *f*

Schotte [ˈʃɔtə] <-n, -n> *m* scozzese *m*

Schottenmuster *nt* disegno *m* scozzese

Schotter [ˈʃɔtɐ] <-s, -> *m* ghiaia *f,* pietrisco *m*

schottern *vt* inghiaiare

Schottin [ˈʃɔtɪn] <-, -nen> *f* scozzese *f*

schottisch *adj* scozzese

Schottland [ˈʃɔtlant] *nt* Scozia *f*

schraffieren [ʃraˈfiːrən] <ohne ge-> *vt* tratteggiare

Schraffierung <-, -en> *f,* **Schraffur** [ʃraˈfuːɐ̯] <-, -en> *f* tratteggio *m,* tratteggiatura *f*

schräg [ʃrɛːk] *adj (nicht gerade)* obliquo, sbieco; *(geneigt)* inclinato; *(quer laufend)* diagonale; **~ gegenüber** dall'altra parte in linea diagonale

Schrägstreifen *m* banda *f* trasversale

Schrägstrich *m* linea *f* obliqua

Schramme [ˈʃramə] <-, -n> *f* scalfittura *f,* graffio *m*

Schrammelmusik [ˈʃraməlmuziːk] <-> *f kein Pl.* A *(Wiener Volksmusik) musica popolare viennese*

schrammen *vt* scalfire, graffiare

Schrank [ʃraŋk] <-(e)s, Schränke> *m* armadio *m; (Kleider~)* guardaroba *m; (Wand~)* armadio *m* a muro; *(Geschirr~)* credenza *f; (Bücher~)* libreria *f; (Geld~)* cassaforte *f*

Schranke [ˈʃraŋkə] <-, -n> *f (fig)* FERR barriera *f; (Gerichts~)* [s]barra *f; (fig)* limite *m;* **jdn in seine ~n weisen** richiamare qu all'ordine

schrankenlos *adj (Bahnübergang)* senza sbarre; *(fig)* illimitato; *(bes. Macht)* assoluto

Schrankenwärter(in) *m(f)* custode *mf* del passaggio a livello

Schrankkoffer *m* baule *m* armadio

Schrankwand *f* parete *f* di armadi a muro

Schraubdeckel *m* coperchio *m* a vite

Schraube [ˈʃraʊbə] <-, -n> *f* ① TEC vite *f;* **bei ihm ist eine ~ locker** *(fam)* gli manca qualche rotella ② NAUT, AERO elica *f*

schrauben *vt* avvitare; *(fester/loser ~)* stringere/allentare; *(in die Höhe/niedriger ~)* far salire/ridurre

Schraubendreher <-s, -> *m s.* **Schraubenzieher**

Schraubenschlüssel *m* chiave *f* per dadi

Schraubenzieher <-s, -> *m* cacciavite *m*

Schraubstock *m* morsa *f* [da banco]

Schraubverschluss *m* chiusura *f* a vite

Schraubzwinge *f* TEC sergente *m,* morsetto *m*

Schrebergarten [ˈʃreːbɐgartən] *m piccolo orto privato*

Schreck [ʃrɛk] <-(e)s, -e> *m* spavento *m,* sgomento *m;* **einen ~ bekommen** prendere uno spavento; **jdm einen ~ einjagen** incutere spavento a qu; **ach du [mein] ~!** *(fam)* Dio mio!, mamma mia!

schrecken I. *vt haben (ängstigen)* spaventare; **jdn aus dem Schlaf/seiner Lethargie ~** svegliare qu di soprassalto/svegliare qu dal suo letargo **II.** *vi sein* **aus dem Schlaf ~** svegliare di soprassalto

Schrecken <-s, -> *m* ① *(Erschrecken)* spavento *m;* **in ~ versetzen** spaventare; **mit einem ~ davonkommen** cavarsela con uno spavento; **~ erregend** spaventoso, terrificante ② *meist Pl. (des Krieges)* orrori *mpl* ③ *(Entsetzen)* terrore *m*

schreckenerregend *adj* spaventoso, terrificante

schreckensbleich *adj* pallido di paura, terreo, sbiancato

Schreckensszenario *nt* scenario *m* dell'orrore

Schreckgespenst *nt* ① *(Person)* spauracchio *m fam* ② *(drohende Gefahr)* spettro *m*

schreckhaft *adj* che si impaurisce facilmente, pauroso

schrecklich *adj* terribile, spaventoso; *(Anblick)* orribile; *(Verbrechen)* atroce; *(fam: stark, groß)* terribile, tremendo

Schreckschuss *m* colpo *m* sparato in aria

Schrecksekunde *f* momento *m* di spavento

Schrei [ʃraɪ] <-(e)s, -e> *m* grido *m*, urlo *m*; **der letzte ~** *(fam)* l'ultimo grido; **einen ~ ausstoßen** cacciare un urlo, dare un grido

Schreibblock <-(e)s, -s> *m* taccuino *m*, bloc-notes *m*

schreiben ['ʃraɪbən] <schreibt, schrieb, geschrieben> *vt, vi* scrivere; **auf der [Schreib]maschine ~** scrivere a macchina, dattilografare; **wie ~ Sie sich?** come si scrive il Suo nome?

Schreiben <-s, -> *nt* ADM *(Brief)* lettera *f*; *(Schriftstück)* scritto *m*

Schreiber ['ʃraɪbɐ] <-s, -> *m* ❶ *(Gerät)* strumento *m* per scrivere ❷ TEC *(Fahrten~)* tacografo *m*; *(an Messgerät)* registratore *m*

Schreiber(in) <-s, -; -, -nen> *m(f)* *(Verfasser)* scrittore, -trice *m, f*, autore, -trice *m, f*; *(Brief~)* corrispondente *mf*; HIST scriba *m*; *(Gerichts~)* cancelliere *m* del tribunale

schreibfaul *adj* pigro nello scrivere lettere, che scrive poco

Schreibfehler *m* errore *m* ortografico

schreibgeschützt *adj* INFORM protetto in scrittura

Schreibkraft *f* stenodattilografo, -a *m, f*

Schreibmaschine *f* macchina *f* da scrivere

Schreibpapier *nt* carta *f* per macchina da scrivere

Schreibschrank *m* secrétaire *m*

Schreibschrift *f kein Pl.* corsivo *m*

Schreibtisch *m* scrivania *f*

Schreibtischtäter(in) <-s, -; -, -nen> *m(f)* cospiratore *m*

Schreibung <-, -en> *f* modo *m* di scrivere, grafia *f*

Schreibunterlage *f* cartella *f* da scrivania, sottomano *m*

Schreibwaren *fpl* articoli *mpl* di cancelleria

Schreibwarenhändler(in) *m(f)* cartolaio, -a *m, f*

S

Schreibwarenhandlung *f* cartoleria *f*

Schreibzeug *nt* occorrente *m* per scrivere

schreien ['ʃraɪən] <schreit, schrie, geschrie(e)n> **I.** *vi* *(Mensch, Vogel)* gridare; *(auf~)* [mettersi a] urlare; *(brüllen)* urlare; *(rufen)* gridare, chiamare; *(laut reden)* parlare forte, gridare; *(weinen: Kind)* piangere, strillare; *(Esel)* ragliare; *(Eule)* stridere; *(Hahn)* cantare; **nach jdm/etw ~** chiamare ad alta voce qu/qc; **zum Schreien [komisch] sein** *(fam)* essere da sbellicarsi dalle risate **II.** *vt* gridare, chiamare **III.** *vr* **sich heiser ~** diventare rauco a furia di gridare, sgolarsi

schreiend *adj* ❶ *(brüllend)* urlante ❷ *(fig: Farbe)* stridente; **eine ~e Ungerechtigkeit** un'ingiustizia che grida vendetta

Schreihals *m (fam)* strillone, -a *m, f*, sbraitone, -a *m, f*

Schreikrampf <-(e)s, -krämpfe> *m* urlo *m* spasmodico

Schrein [ʃraɪn] <-(e)s, -e> *m (Reliquien~)* reliquiario *m*

Schreiner(in) ['ʃraɪnɐ] <-s, -; -, -nen> *m(f)* *bes.* SÜDD falegname *m*

Schreinerei [ʃraɪnə'raɪ] <-, -en> *f bes.* SÜDD falegnameria *f*

Schreinerin *f s.* **Schreiner**

schreinern ['ʃraɪnɐn] *vi, vt bes.* SÜDD fare il falegname

schreiten ['ʃraɪtən] <schreitet, schritt, geschritten> *vi sein (geh)* camminare, marciare; *(würdevoll)* incedere; **über etw *akk* ~** passare sopra qc; **zu etw ~** *(fig)* passare a qc

schrie [ʃriː] *1. u. 3. Pers. Sing. Imp. von* **schreien**

schrieb [ʃriːp] *1. u. 3. Pers. Sing. Imp. von* **schreiben**

Schrift [ʃrɪft] <-, -en> *f* ❶ *(~art, Hand~, ~system)* scrittura *f*; *(Auf~)* scritta *f* ❷ *(Gedrucktes)* scritto *m*; *(literarisches Werk)* opera *f*; *(Abhandlung)* atto *m*, trattato *m*; **die Heilige ~** la Sacra Scrittura ❸ CH *(Ausweispapiere)* documenti *mpl*

Schriftdeutsch *nt* tedesco *m* letterario; *(nicht Dialekt)* buon tedesco *m*

Schriftführer(in) *m(f)* segretario, -a *m, f*, protocollista *mf*

Schriftgröße <-, -n> *f (Computer)* dimensione *f* di carattere

schriftlich **I.** *adj* scritto **II.** *adv* per iscritto; **~ festhalten** mettere per iscritto

Schriftsprache *f* lingua *f* scritta; *(Hochdeutsch)* tedesco *m* standard

Schriftsteller(in) <-s, -; -, -nen> *m(f)* scrittore, -trice *m, f*

schriftstellerisch *adj* letterario, di [*o* da] scrittore

Schriftstellername *m* pseudonimo *m* di scrittore

Schriftstück *nt* scritto *m*; ADM documento *m*

Schriftverkehr *m kein Pl.* corrispondenza *f*

schrill [ʃrɪl] *adj* stridulo, acuto

schritt [ʃrɪt] *1. u. 3. Pers. Sing. Imp. von* **schreiten**

Schritt [ʃrɪt] <-(e)s, -e> *m* ❶ *(beim Gehen, a. fig)* passo *m*; **drei ~e von …** a quattro passi da …; **große ~e machen** camminare a grandi passi; **jdm auf ~ und Tritt folgen** seguire qu passo passo; **~ für ~** passo [per] passo; *(fig)* gradatamente, gradualmente; **~e unternehmen** *(fig)* intraprendere dei passi; **den ersten ~ tun**

(fig) fare il primo passo; **mit jdm/etw ~ halten** *(fig)* andare di pari passo con qu/andare al passo con qc ② *(von Hose)* cavallo *m*

Schrittmacher *m* ① *(fig)* SPORT battistrada *m* ② MED pacemaker *m*

Schritttempo *nt kein Pl.* [**im**] **~ fahren** andare/procedere a passo d'uomo

schrittweise *adv* passo passo; *(fig: allmählich)* gradatamente, gradualmente

schroff [ʃrɔf] *adj* ① *(steil)* erto, ripido; *(jäh abfallend)* dirupato, scosceso ② *(fig: barsch, plötzlich)* brusco

schröpfen ['ʃrœpfən] *vt (fig)* salassare

Schrot [ʃroːt] <-(e)s, -e> *m o nt* ① *(Mehl)* [chicchi *mpl* di] cereali *mpl* macinati grossolanamente, cruschello *m* ② *(Flinten~)* pallini *mpl;* **von altem ~ und Korn** di vecchio stampo

schroten *vt* tritare, macinare

Schrott [ʃrɔt] <-(e)s> *m kein Pl.* rottami *mpl* metallici; **ein Auto zu ~ fahren** ridurre un'auto a pezzi

Schrotthändler(in) *m(f)* negoziante *mf* di ferraglia

Schrotthaufen *m* ① *(Ansammlung)* mucchio *m* di rottami ② *(fam: altes Auto)* catorcio *m*

Schrottplatz *m* parco *m* rottami

schrottreif *adj (Auto)* pronto per essere demolito

Schrottwert *m* valore *m* di rottame

schrubben ['ʃrʊbən] *vt* strofinare, [s]fregare

Schrubber <-s, -> *m* spazzolone *m*

Schrulle ['ʃrʊlə] <-, -n> *f (pej)* ① *(Marotte)* grillo *m,* capriccio *m,* tic *m* ② *(alte Frau)* vecchiaccia *f*

schrullig *adj* stravagante, bizzarro

schrumpelig ['ʃrʊmpəlɪç] *adj* raggrinzito, rugoso

schrumpfen ['ʃrʊmpfən] *vi sein* ① *(Gewebe)* [r]aggrinzare, restringersi; *(Apfel)* incresparsi ② *(fig: Vorrat, Kapital)* assottigliarsi, ridursi

Schrumpfung <-, -en> *f* ① *(von Gewebe)* restringimento *m,* ritiro *m* ② *(fig)* riduzione *f,* diminuzione *f*

schrumplig *adj s.* **schrumpelig**

Schrunde ['ʃrʊndə] <-, -n> *f (Haut~)* screpolatura *f; (Fels~, Gletscherspalte)* crepaccio *m*

Schub [ʃuːp] <-(e)s, Schübe> *m* ① *(Stoß) a.* PHYS spinta *f* ② MED fase *f* ③ *(Gruppe, Anzahl)* gruppo *m,* quantità *f*

Schubkarre *f,* **Schubkarren** *m* carriola *f*

Schubkraft *f* forza *f* di spinta

Schublade *f* cassetto *m*

Schubs [ʃʊps] <-es, -e> *m (fam)* spintarella *f*

schubsen ['ʃʊpsən] *vt (fam)* spingere, dare una spinta a

schüchtern ['ʃʏçtɐn] *adj* timido

Schüchternheit <-> *f kein Pl.* timidezza *f*

schuf [ʃuːf] *1. u. 3. Pers. Sing. Imp. von* **schaffen**[1]

Schuft [ʃʊft] <-(e)s, -e> *m (pej)* furfante *m,* canaglia *f*

schuften ['ʃʊftən] *vi (fam)* sfacchinare, sgobbare

Schufterei [ʃʊftə'raɪ] <-, -en> *f (fam: Plackerei)* sfacchinata *f,* sgobbata *f*

schuftig *adj (pej)* infame, basso, vile

Schuftigkeit <-, -en> *f (pej)* infamia *f,* bassezza *f,* viltà *f*

Schuh [ʃuː] <-(e)s, -e> *m* scarpa *f;* **jdm etw in die ~e schieben** *(fig fam)* gettare la colpa di qc addosso a qu; **ich weiß, wo dich der ~ drückt** *(fig)* so che cosa ti preoccupa

Schuhanzieher <-s, -> *m* calzascarpe *m*

Schuhband *nt* laccio *m,* stringa *f*

Schuhbürste *f* spazzola *f* per scarpe

Schuhcreme *f* lucido *m* da scarpe

Schuhgeschäft *nt* negozio *m* di calzature

Schuhgröße *f* numero *m* di scarpe

Schuhlöffel *m* calzascarpe *m*

Schuhmacher(in) *m(f)* calzolaio, -a *m, f*

Schuhmacherei [ʃuːmaxə'raɪ] <-, -en> *f* calzoleria *f*

Schuhmacherin *f s.* **Schuhmacher**

Schuhnummer *f s.* **Schuhgröße**

Schuhplattler ['ʃuːplatlɐ] <-s, -> *m danza tipica tirolese*

Schuhputzer(in) *m(f)* lustrascarpe *mf*

Schuhsohle *f* suola *f* [della scarpa]

Schuhspanner *m* forma *f* per scarpe, tendiscarpe *m*

Schukostecker® ['ʃuːkoʃtɛkɐ] *m* spina *f* con messa a terra

Schulabbrecher(in) *m(f) chi ha interrotto gli studi*

Schulalter *nt* età *f* scolastica

Schulanfang *m* inizio *m* dell'anno scolastico

Schularbeit *f* ① *(Hausaufgaben)* compiti *mpl* per casa ② A *(Klassenarbeit)* compito *m* in classe

Schulaufgabe *f* compito *m* [scolastico]

Schulausflug *m* gita *f* scolastica

Schulbank *f* banco *m* di scuola; **die ~ drücken** *(fam)* andare a scuola

Schulbeginn *m (morgens)* inizio *m* delle lezioni; *(Schuljahresbeginn)* inizio *m* dell'anno scolastico; *(nach Ferien)* rientro *m* a scuola

Schulbeispiel *nt* esempio *m* classico [*o* tipico]

Schulbesuch *m* frequenza *f* scolastica

Schulbildung *f* istruzione *f* scolastica
Schulbuch *nt* libro *m* scolastico
Schulbus *m* scuolabus *m*
schuld [ʃʊlt] *adj* **an etw** *dat* **~ sein** avere la colpa di qc
Schuld [ʃʊlt] <-, -en> *f* ❶ FIN debito *m;* **seine ~en bezahlen** pagare i propri debiti; **in jds ~ stehen** *(a. fig)* essere debitore di qu ❷ *Sing. (Fehler, Vergehen, Verbrechen)* colpa *f;* **die ~ auf sich nehmen** assumersi la responsabilità; **jdm die ~ [an etw** *dat*] **geben** dare a qu la colpa [di qc]; **das ist meine ~, ich bin schuld** è colpa mia
schuldbewusst *adj* conscio della propria colpa
schulden ['ʃʊldən] *vt* **jdm etw ~** dovere qc a qu, essere debitore di qc a qu
schuldenfrei *adj* esente da debiti; *(Grundstück)* non ipotecato, libero da ipoteca
Schuldenkriterium <-s> *nt kein Pl. (Europäische Währungsunion)* criterio *m* del debito
Schuldfrage *f* questione *f* della colpevolezza
Schuldgefühl *nt* senso *m* di colpa
schuldhaft *adj* colpevole
schuldig *adj* ❶ *(schuldhaft, verantwortlich)* **einer Sache** *gen* [*o* **an etw** *dat*] **~ sein** essere colpevole di qc; **~ sprechen** dichiarare colpevole; **sich ~ bekennen** riconoscersi colpevole ❷ *(verpflichtet, verschuldet)* debitore; *(gebührend)* dovuto; **jdm etw ~ sein** *(a. fig)* dovere qc a qu, avere un debito di qc verso qu; **die Antwort ~ bleiben** dovere dare una risposta; **die Antwort nicht ~ bleiben** aver la risposta pronta; **was bin ich Ihnen ~?** cosa Le devo?
Schuldige <ein -r, -n, -n> *mf* colpevole *mf*
Schuldigkeit <-> *f kein Pl.* dovere *m,* obbligo *m;* **seine ~ tun** fare il proprio dovere
schuldlos *adj* **an etw** *dat* **~ sein** non essere colpevole di qc
Schuldlosigkeit <-> *f kein Pl.* innocenza *f*
Schuldner(in) ['ʃʊldnɐ] <-s, -; -, -nen> *m(f)* debitore, -trice *m, f*
Schuldschein *m* certificato *m* di credito
Schuldspruch *m* verdetto *m* di colpevolezza, condanna *f*
Schule ['ʃuːlə] <-, -n> *f* scuola *f;* **Hohe ~** *(Reiten)* alta scuola; **höhere ~** scuola media [*o* secondaria]; **~ haben** aver lezione; **~ machen** fare scuola; **in die ~ kommen** iniziare la scuola; **zur ~ gehen** andare a scuola; **heute ist keine ~** oggi non c'è scuola
schulen *vt (ausbilden)* istruire, formare; *(Auge, Ohr, Gedächtnis)* educare; *(dressieren)* ammaestrare
Schüler(in) ['ʃyːlɐ] <-s, -; -, -nen> *m(f)* allievo, -a *m, f; (bes. im schulpflichtigen Alter)* scolaro, -a *m, f,* alunno, -a *m, f; (an höheren Schulen)* studente, -essa *m, f; (fig: Anhänger)* discepolo, -a *m, f*
Schüleraustausch *m* scambio *m* di studenti
Schülerausweis <-es, -e> *m* tessera *f* dello studente
Schülerin *f s.* **Schüler**
Schülerlotse *m,* **Schülerlotsin** *f scolaro che aiuta i compagni ad attraversare la strada*
Schülermitverwaltung *f* partecipazione *f* degli scolari ai consigli scolastici
Schülerschaft <-, -en> *f* scolaresca *f*
Schülerzeitung *f* giornale *m* studentesco
Schulfach *nt* materia *f* scolastica
Schulferien *pl* vacanze *fpl* scolastiche
Schulfernsehen *nt* televisione *f* scolastica
Schulflugzeug *nt* aeroplano *m* di addestramento
schulfrei *adj* **~er Tag** giorno di vacanza; **~ haben** avere vacanza
Schulfreund(in) *m(f)* compagno, -a *m, f* di scuola
Schulfunk *m* radio *f* scuola
Schulgebühr *f* tassa *f* scolastica
Schulgeld *nt* tassa *f* scolastica
Schulheft *nt* quaderno *m* di scuola
Schulhof *m* cortile *m* della scuola
schulisch *adj* scolastico
Schuljahr *nt* anno *m* scolastico
Schulkamerad(in) *m(f)* compagno, -a *m, f* di scuola
Schulkenntnisse *fpl* nozioni *fpl* scolastiche
Schulkind *nt* scolaretto, -a *m, f*
Schulklasse *f* classe *f; (a. Klassenzimmer)* aula *f*
Schulleiter(in) *m(f)* direttore, -trice *m, f* di scuola; *(an höheren Schulen)* preside *mf*
Schulmappe *f* cartella *f*
Schulmedizin *f* medicina *f* classica
Schulmeinung <-, -en> *f* opinione *f* scolastica
schulmeisterlich *adj (pej: pedantisch)* pedante; *(belehrend)* professorale, cattedratico
schulmeistern *(pej)* **I.** *vi* pedanteggiare **II.** *vt* criticare
Schulpflicht *f* istruzione *f* obbligatoria, obbligo *m* scolastico
schulpflichtig *adj* **im ~en Alter** in età scolare
Schulrat *m,* **Schulrätin** *f* ispettore, -trice *m, f* scolastico, -a

Schulreform *f* riforma *f* scolastica
Schulschiff *nt* NAUT nave-scuola *f*
Schulschluss *m kein Pl.* fine *f* delle lezioni
Schulspeisung *f* mensa *f* [*o* refezione *f*] scolastica
Schulstress *m* stress *m* da [*o* a] scuola
Schulstunde *f* [ora *f* di] lezione *f*
Schultasche *f* cartella *f*
Schulter ['ʃʊltɐ] <-, -n> *f* spalla *f*; **~ an ~** spalla a spalla; **jdm auf die ~ klopfen** battere sulla spalla a qu; **etw auf die leichte ~ nehmen** prendere qc alla leggera; **jdm die kalte ~ zeigen** trattare qu con indifferenza
Schulterblatt *nt* scapola *f*
schulterfrei *adj* che lascia scoperte le spalle, sbracciato
schulterlang *adj* lungo fino alle spalle
schultern *vt* mettere in spalla
Schulterschluss <-es> *m kein Pl.* spalleggiamento *m*
Schulung <-, -en> *f* ① *(Ausbildung)* istruzione *f*, addestramento *m*; *(von Stimme)* educazione *f* ② *(Lehrgang)* corso *m* d'istruzione
Schulunterricht *m* insegnamento *m* scolastico
Schulversager(in) *m(f)* fallito, -a *m, f* negli studi
Schulweg *m* strada *f* tra casa e scuola
Schulweisheit *f* erudizione *f* scolastica
Schulwesen *nt kein Pl.* organizzazione *f* scolastica, ente *m* scolastico
Schulzeit *f* anni *mpl* di scuola
Schulzeugnis *nt* pagella *f* scolastica
schumm[e]rig ['ʃʊm(ə)rɪç] *adj* crepuscolare
schummeln ['ʃʊməln] *vi (fam: beim Spiel)* barare; *(in Schule)* copiare
schund [ʃʊnt] *1. u. 3. Pers. Sing. Imp. von* **schinden**
Schund [ʃʊnt] <-(e)s> *m kein Pl. (pej)* robaccia *f fam*, ciarpame *m*
schunkeln ['ʃʊŋkəln] *vi* dondolarsi tenendosi sottobraccio
Schuppe ['ʃʊpə] <-, -n> *f* ① ZOO scaglia *f*; *(a. Haut~)* squama *f* ② *(Kopf~)* forfora *f*; **es fiel mir wie ~n von den Augen** *(fig)* mi cadde la benda dagli occhi
schuppen **I.** *vt (Fisch)* squamare **II.** *vr:* **sich ~** squamarsi
Schuppen ['ʃʊpən] <-s, -> *m* capannone *m*, rimessa *f*
Schuppenflechte *f* MED psoriasi *f*
Schuppentier *nt* squamato *m*
schuppig *adj (Haut)* squamoso, scaglioso; *(Haar)* pieno di forfora
Schur [ʃuːɐ, *Pl:* 'ʃuːrən] <-, -en> *f* tosatura *f*
schüren ['ʃyːrən] *vt (a. fig)* attizzare
schürfen ['ʃʏrfən] **I.** *vt* ① *(Haut)* scalfire ② *(Bodenschätze)* scavare [per estrarre] **II.** *vr:* **sich ~** scalfirsi **III.** *vi* [**nach etw**] **~** esplorare il terreno [alla ricerca di qc]
Schürfung <-, -en> *f* ① *(Verletzung)* scalfittura *f* ② MIN ricerca *f* di minerali, prospezione *f*
Schürfwunde <-, -n> *f* graffio *m*
Schürhaken *m* attizzatoio *m*
Schurke ['ʃʊrkə] <-n, -n> *m*, **Schurkin** ['ʃʊrkɪn] <-, -nen> *f* farabutto, -a *m, f*, canaglia *f*
schurkisch *adj* infame, spregevole
Schurwolle *f* lana *f* vergine
Schurz [ʃʊrts] <-es, -e> *m* grembiule *m*; *(Lenden~)* perizoma *m*
Schürze ['ʃʏrtsə] <-, -n> *f* grembiule *m*
Schürzenjäger *m (fam pej)* donnaiolo *m*
Schuss [ʃʊs] <-es, Schüsse> *m* ① *(einer Waffe)* colpo *m*, sparo *m*; SPORT *(beim Fußball)* tiro *m*; **einen ~ abgeben** sparare un colpo; **gut in ~** *(fam: Mensch)* in buona salute; *(Auto)* in buono stato; *(Firma)* florida; **weit vom ~ sein** essere fuori tiro ② *(~ Wein, Essig)* goccio *m*; *(fig: ~ Humor)* pizzico *m*, tantino *m fam* ③ *(beim Skilaufen)* schuss *m* ④ *(Weberei)* trama *f* ⑤ *(sl: Rauschgift)* schizzo *m sl*
schuss[e]lig ['ʃʊs(ə)lɪç] *adj (fam pej)* sbadato, disattento
schussbereit *adj* pronto per sparare, caricato
Schüssel ['ʃʏsəl] <-, -n> *f* scodella *f*, ciotola *f*
Schusslinie *f* traiettoria *f*
Schusswaffe *f* arma *f* da fuoco
Schusswechsel *m* conflitto *m* a fuoco
Schussweite *f* portata *f*, gittata *f*; **außer ~** fuori tiro; **in ~** a tiro
Schusswunde *f* ferita *f* d'arma da fuoco
Schuster ['ʃuːstɐ] <-s, -> *m* calzolaio *m*; *(Flick~)* ciabattino *m*
schustern *vi (fam pej: pfuschen)* tirar via
Schutt [ʃʊt] <-(e)s> *m kein Pl.* macerie *fpl*; *(Bau~, bes. Gips~)* calcinacci *mpl*; **in ~ und Asche legen** ridurre in cenere
Schuttabladeplatz *m* scarico *m* dei rifiuti
Schüttelfrost *m* brividi *mpl* di febbre
schütteln ['ʃʏtəln] *vt* scuotere, agitare; **den Kopf ~** scuotere la testa; **jdm die Hand ~** stringere la mano a qu; **vor Gebrauch ~** agitare prima dell'uso
schütten ['ʃʏtən] **I.** *vt* versare; *(aus~)* spargere, spandere **II.** *vi* **es schüttet** *(fam)* piove a dirotto
schütter ['ʃʏtɐ] *adj (Haar)* rado
Schutthalde <-, -n> *f* materiale *m* detritico

S

Schutthaufen *m* mucchio *m* di rifiuti
Schüttstein *m* CH *(Spülstein, Ausguss)* lavello *m*
Schutz [ʃʊts] <-es> *m kein Pl.* protezione *f; (Zuflucht, Obdach)* rifugio *m,* riparo *m;* **~ vor jdm/etw** [*o* **gegen jdn/etw**] protezione da qu/qc; **~ bei jdm suchen** rifugiarsi presso qu; **jdn in ~ nehmen** prendere qu sotto la propria protezione, prendere le difese di qu; **im ~**[**e**] **der Dunkelheit** col favore delle tenebre
Schutzanzug *m* vestito *m* protettivo
schutzbedürftig *adj* bisognoso di protezione
Schutzblech *nt* parafango *m*
Schutzbrille *f* occhiali *mpl* protettivi
Schutzdach *nt* tettoia *f,* pensilina *f*
Schütze [ˈʃʏtsə] <-n, -n> *m* ① ASTR Sagittario *m;* **er/sie ist** [**ein**] **~** è [del] Sagittario ② *(Schießender)* tiratore *m*
schützen [ˈʃʏtsən] **I.** *vt* proteggere, riparare; *(in Obhut nehmen)* tutelare, salvaguardare; *(bewahren)* preservare; **jdn** [**vor jdm/etw** [*o* **gegen jdn/etw**]] **~** proteggere qu [da qu/qc]; **gesetzlich geschützt** protetto dalla legge **II.** *vr* **sich** [**vor jdm/etw**] **~** difendersi [da qu/qc]; **sich vor Hitze/Leid ~** difendersi dal caldo/dalla sofferenza; **sich gegen den Schaden ~** salvaguardarsi dai danni
schützend *adj* protettore, protettivo
Schützenfest *nt* festa *f* dell'associazione dei tiratori a segno
Schutzengel *m* angelo *m* custode
Schützengraben *m* trincea *f*
Schützenhilfe *f (fig)* **jdm ~ geben** appoggiare qu
Schützenkönig *m (Schützenfest)* vincitore *m* del primo premio nel tiro a segno
Schützenverein *m* associazione *f* dei tiratori a segno
Schutzfärbung *f* ZOO mimetismo *m* protettivo
Schutzfrist *f* JUR periodo *m* di proprietà riservata
Schutzgebiet *nt* ① POL protettorato *m* ② *(Natur~)* parco *m* nazionale
Schutzgeld *nt* tangente *f;* **~er erpressen** estorcere tangenti
Schutzgitter *nt* griglia *f* di protezione
Schutzhaft *f* fermo *m* precauzionale
Schutzheilige *mf* patrono, -a *m, f*
Schutzhelm *m* elmetto *m* di protezione
Schutzhülle *f* involucro *m* protettivo; *(für Instrumente)* custodia *f; (von Buch)* copertina *f* salvalibri
Schutzhütte *f* rifugio *m*
Schutzimpfung *f* vaccinazione *f* profilattica
Schützin [ˈʃʏtsɪn] <-, -nen> *f* tiratrice *f; s. a.* **Schütze**
Schützling [ˈʃʏtslɪŋ] <-s, -e> *m* protetto, -a *m, f*
schutzlos *adj* senza protezione, indifeso
Schutzmann <-(e)s, -männer *o* -leute> *m (fam)* vigile *m,* poliziotto *m*
Schutzmarke *f* COM marchio *m* di fabbrica
Schutzpatron(in) *m(f)* patrono, -a *m, f*
Schutzpolizei *f* polizia *f* di pubblica sicurezza
Schutzraum *m* rifugio *m; (Luft~)* ricovero *m* antiaereo
Schutzumschlag *m* copertina *f* salvalibri
Schutzweg *m* A *(Fußgängerübergang)* strisce *fpl* pedonali
Schutzzoll *m* dazio *m* protettivo
Schwabe [ˈʃvaːbə] <-n, -n> *m* svevo *m*
Schwaben [ˈʃvaːbən] *nt* Svevia *f*
Schwabenstreich *m (scherz)* balordaggine *f*
Schwäbin [ˈʃvɛːbɪn] <-, -nen> *f* sveva *f*
schwäbisch *adj* svevo
schwach [ʃvax] <schwächer, schwächste> *adj (nicht kräftig)* debole; *(Hoffnung)* vago; *(Geste, Nachfrage)* fiacco; *(Licht)* fioco; *(Gesundheit)* gracile, delicato; *(Getränk)* leggero; *(Kaffee)* lungo; *(dürftig: Leistung)* scarso; **die wirtschaftlich Schwachen** le persone di scarsa disponibilità finanziaria; **die ~e Stelle** il punto debole; **~er Trost** magra consolazione; **~ werden** *(Kraft verlieren)* indebolirsi; *(der Versuchung erliegen)* cedere; **mir wird ~** mi sento svenire
Schwäche [ˈʃvɛçə] <-, -n> *f* debolezza *f; (Gebrechlichkeit)* fragilità *f; (Vorliebe)* debole *m;* **eine ~ haben für** avere un debole per
Schwächeanfall *m* attacco *m* di debolezza
schwächen *vt (a. fig: Gegner)* indebolire; *(entkräften)* spossare, fiaccare; *(Ansehen)* diminuire, sminuire
Schwachheit <-, -en> *f* ① *(moralische Schwäche)* debolezza *f* ② *(Gebrechlichkeit)* fragilità; **bild dir bloß keine ~en ein!** *(fam)* non farti illusioni!
Schwachkopf *m (fam pej)* imbecille *m*
schwächlich *adj (körperlich schwach)* deboluccio, gracile; *(kränklich)* malaticcio
Schwächlichkeit <-> *f kein Pl.* debolezza *f,* gracilità *f; (Kränklichkeit)* cagionevolezza *f*
Schwächling [ˈʃvɛçlɪŋ] <-s, -e> *m (pej)* debole *m; (Feigling)* codardo *m*
Schwachsinn *m* ① MED deficienza *f* mentale, imbecillità *f* ② *(fam pej: Blödsinn)* idiozia *f,* scemenza *f*
schwachsinnig *adj* ① MED debole di mente, deficiente ② *(fam pej)* imbecille

S

Schwachstelle *f* lato *m* debole
Schwachstrom *m* corrente *f* a bassa tensione
Schwächung <-, -en> *f (a. fig)* indebolimento *m; (Minderung)* diminuzione *f,* attenuazione *f*
Schwaden ['ʃva:dən] <-s, -> *m meist Pl. (Rauch~, Dampf~)* nube *f; (Nebel~)* banco *m*
schwafeln ['ʃva:fəln] *vt, vi (fam pej)* blaterare
Schwager ['ʃva:gɐ] <-s, Schwäger> *m,* **Schwägerin** <-, -nen> *f* cognato, -a *m, f*
Schwalbe ['ʃvalbə] <-, -n> *f* rondine *f*
Schwalbennest *nt a.* GASTR nido *m* di rondine
Schwall [ʃval] <-(e)s, -e> *m (Woge)* ondata *f,* cavallone *m; (Guss, Wort~)* flusso *m*
schwamm [ʃvam] *1. u. 3. Pers. Sing. Imp. von* **schwimmen**
Schwamm [ʃvam] <-(e)s, Schwämme> *m* ① *(Tier, Wasch~)* spugna *f* ② SÜDD, A *(Pilz)* fungo *m;* **~ drüber!** *(fam)* mettiamoci una pietra sopra
Schwammerl <-s, -n> *nt* A, SÜDD *(fam: Pilz)* fungo *m*
schwammig *adj* spugnoso; *(pej: Leib)* gonfio, molle; *(pej: Begriff)* vago
Schwan [ʃva:n] <-(e)s, Schwäne> *m* cigno *m*
schwand [ʃvant] *1. u. 3. Pers. Sing. Imp. von* **schwinden**
schwanen ['ʃva:nən] *vi (fam)* **mir schwant nichts Gutes** ho un cattivo presentimento
schwang [ʃvaŋ] *1. u. 3. Pers. Sing. Imp. von* **schwingen**
schwanger ['ʃvaŋɐ] *adj* incinta; **~ werden** rimaner incinta
Schwangere <-n, -n> *f* donna *f* incinta, gestante *f*
schwängern ['ʃvɛŋɐn] *vt* mettere incinta; **mit etw geschwängert** *(fig)* pregno di qc, saturo di qc
Schwangerschaft <-, -en> *f* gravidanza *f*
Schwangerschaftsabbruch *m* interruzione *f* della gravidanza, aborto *m*
Schwangerschaftsgymnastik <-> *f kein Pl.* ginnastica *f* preparto
Schwangerschaftstest *m* test *m* di gravidanza
Schwangerschaftsunterbrechung *f* interruzione *f* della gravidanza, aborto *m*
Schwangerschaftsurlaub *m* maternità *f;* **~ nehmen** entrare in maternità
Schwank [ʃvaŋk] <-(e)s, Schwänke> *m* ① LIT farsa *f* ② *(lustige Begebenheit)* storiella *f* allegra
schwanken ['ʃvaŋkən] *vi* ① *haben (Äste, Wipfel)* muoversi [di qua e di là], agitarsi; *(Boot)* dondolare ② *sein (~d gehen)* barcollare, traballare ③ *haben (fig: Preise, Temperatur, Kurse)* oscillare ④ *haben (fig: unentschlossen sein)* essere indeciso; *(zögern)* esitare; **zwischen etw und etw ~** essere indeciso fra qc e qc
schwankend *adj* ① *(taumelnd)* vacillante, barcollante ② *(fig: fluktuierend)* oscillante; *(wechselnd)* variabile ③ *(fig: zögernd)* esitante, titubante
Schwankung <-, -en> *f* oscillazione *f; (von Stimmung)* cambiamento *m*
Schwanz [ʃvants] <-es, Schwänze> *m* ① *(bei Tieren)* coda *f;* **mit dem ~ wedeln** scodinzolare ② *(vulg: Penis)* cazzo *m*
schwänzeln ['ʃvɛntsəln] *vi (Hund)* scodinzolare
schwänzen ['ʃvɛntsən] *(fam)* **I.** *vt* saltare; **die Schule ~** marinare la scuola **II.** *vi* ancheggiare, sculettare *vulg*
Schwanzflosse <-, -n> *f* pinna *f* caudale, deriva *f*
schwappen ['ʃvapən] *vi* ① *haben (hin und her)* sciabordare ② *sein (über~)* traboccare
Schwarm [ʃvarm] <-(e)s, Schwärme> *m* ① *(Insekten~)* sciame *m; (Vogel~)* stormo *m; (Fisch~)* banco *m; (Menschen~)* schiera *f,* frotta *f,* folla *f* ② *(verehrter Mensch)* passione *f; (Idol)* idolo *m*
schwärmen ['ʃvɛrmən] *vi* ① *sein (Insekten)* sciamare; MIL procedere in ordine sparso ② *haben (fig: begeistert sein)* **für jdn/etw ~** essere entusiasta di qu/qc; *(verliebt sein)* spasimare per qu/qc; **von jdm/etw ~** *(begeistert reden)* parlare con entusiasmo di qu/qc
Schwärmer <-s, -> *m* ① *Pl.* ZOO sfingidi *mpl* ② *(Feuerwerk)* serpentello *m*
Schwärmer(in) <-s, -; -, -nen> *m(f)* entusiasta *mf,* appassionato, -a *m, f; (Fantast)* sognatore, -trice *m, f; (sentimentaler Mensch)* sentimentale *mf*
Schwärmerei [ʃvɛrmə'raɪ] <-, -en> *f* entusiasmo *m*
schwärmerisch *adj (begeistert)* entusiasta, entusiastico; REL fanatico; *(träumerisch)* sognatore
Schwarte ['ʃvartə] <-, -n> *f* ① *(dicke Haut)* cotenna *f; (Speck~)* cotica *f* ② *(fam pej: altes Buch)* libraccio *m*
schwarz [ʃvarts] <schwärzer, schwärzeste> *adj* ① *(Farbe, a. fig)* nero; *(Gedanken)* malvagio; **die ~e Liste** il libro nero; **ein ~er Tag** una giornata nera *fam,* una giornataccia *fam;* **~ werden** annerire, oscurarsi; **ins Schwarze treffen** far centro; *(fig)* indovinare, cogliere nel segno; **~ auf weiß** nero su bianco; **in den ~en Zahlen** FIN in

S

attivo; **es sieht ziemlich ~ aus** *(fig)* le cose vanno abbastanza male; **es wurde mir ~ vor den Augen** mi sentii svenire ② *(illegal)* clandestino ③ *(pej: katholisch)* cattolico; *s. a.* **blau**
Schwarz <-(es), -> *nt* nero *m;* **in ~** *(Trauer)* di nero, a lutto
Schwarzafrika *nt* Africa *f* nera
schwarzafrikanisch *adj* negro africano
Schwarzarbeit *f* lavoro *m* nero
schwarz|arbeiten *vi* lavorare in nero
Schwarzarbeiter(in) *m(f)* lavoratore, -trice *m, f* abusivo
schwarz|ärgern *vr:* **sich ~** *(fam)* arrabbiarsi molto
schwarzbraun *adj* bruno cupo
Schwarzbrot *nt* pane *m* nero
Schwarze <ein -r, -n, -n> *mf* negro, -a *m, f*
Schwärze ['ʃvɛrtsə] <-, -en> *f* ① *Sing. (Dunkelheit)* oscurità *f* ② *(Farbe)* nero *m; (Drucker~)* inchiostro *m* [da stampa]
schwärzen *vt* tingere di nero, annerire; TYP inchiostrare
schwarz|fahren ['ʃvartsfa:rən] <irr> *vi sein* ① *(ohne Führerschein)* guidare senza patente ② *(ohne Fahrkarte)* viaggiare clandestinamente
Schwarzfahrer(in) *m(f)* ① *(ohne Führerschein)* persona *f* che guida senza patente ② *(ohne Fahrkarte)* viaggiatore, -trice *m, f* clandestino, -a
Schwarzgeld *nt kein Pl.* denaro *m* sporco, fondi *mpl* neri
schwarzhaarig *adj* dai capelli neri
Schwarzhandel *m* commercio *m* clandestino, mercato *m* nero
Schwarzhändler(in) *m(f)* borsanerista *mf*
schwarz|hören *vi ascoltare la radio senza pagare il canone*
Schwarzhörer(in) *m(f)* [radio]ascoltatore, -trice *m, f* abusivo, -a
schwärzlich ['ʃvɛrtslɪç] *adj* nerastro
schwarz|malen *vi (pessimistisch sein)* essere pessimista, vedere tutto nero
Schwarzmarkt *m* mercato *m* nero
schwarz|sehen <irr> *vi* ① *(pessimistisch sein)* essere pessimista, vedere tutto nero ② *(Fernsehgebühren prellen) guardare la televisione senza pagare il canone*
Schwarzseher(in) *m(f)* ① *(Pessimist)* pessimista *mf* ② TV telespettatore, -trice *m, f* abusivo, -a
Schwarzsender *m* emittente *f* clandestina
Schwarzwald *m* Foresta *f* Nera
schwarzweiß *adj* [in] bianco e nero
Schwarzwurzel *f* BOT scorzonera *f*
Schwatz [ʃvats] <-es, -e> *m (fam)* chiacchierata *f*
schwatzen *vi, vt,* **schwätzen** ['ʃvɛtsən] *vi, vt* DIAL [**über jdn/etw**] ~ chiacchierare [su qu/qc]
Schwätzer(in) ['ʃvɛtsɐ] <-s, -; -, -nen> *m(f) (pej: Klatschmaul)* chiacchierone, -a *m, f,* pettegolo, -a *m, f; (Schwafler)* chiacchierone, -a *m, f; (Angeber)* fanfarone, -a *m, f*
schwatzhaft *adj (pej: geschwätzig)* chiacchierone, loquace; *(klatschsüchtig)* maldicente, pettegolo
Schwatzhaftigkeit <-> *f kein Pl.* loquacità *f; (Klatschsucht)* maldicenza *f*
Schwebe ['ʃve:bə] <-> *f kein Pl.* **in der ~** in equilibrio; *(fig)* in sospeso
Schwebebahn *f* ferrovia *f* aerea; *(Drahtseilbahn)* teleferica *f*
Schwebebalken *m* asse *f* d'equilibrio
schweben *vi* ① *sein (fliegen)* librarsi; **in Gefahr ~** *(fig)* essere in pericolo ② *haben (frei hängen)* **an etw** *dat* **~** essere sospeso a qc ③ *haben (fig: noch unentschieden sein)* essere indeciso
schwebend *adj* sospeso; *(fig: Frage, Verfahren)* pendente, in sospeso
Schwede ['ʃve:də] <-n, -n> *m* svedese *m*
Schweden ['ʃve:dən] *nt* Svezia *f*
Schwedin ['ʃve:dɪn] <-, -nen> *f* svedese *f*
schwedisch *adj* svedese
Schwefel ['ʃve:fəl] <-s> *m kein Pl.* zolfo *m*
Schwefeldioxid <-s, -e> *nt* CHEM anidride *f* solforosa
schwefelhaltig *adj* sulfureo
schwefeln *vt* solforare
Schwefelsäure *f* acido *m* solforico
Schwefelwasserstoff ['ʃve:fəl'vasɐʃtɔf] *m* acido *m* solfidrico, idrogeno *m* solforato
Schweif [ʃvaɪf] <-(e)s, -e> *m* coda *f*
schweifen ['ʃvaɪfən] **I.** *vi sein (Mensch, Blick, Gedanke)* vagare **II.** *vt haben* TEC ripiegare
Schweigegeld *nt* prezzo *m* del silenzio
Schweigemarsch *m* marcia *f* silenziosa
Schweigeminute *f* minuto *m* di silenzio
schweigen ['ʃvaɪgən] <schweigt, schwieg, geschwiegen> *vi (nicht reden)* tacere; *(aufhören)* cessare; **über etw** *akk* [*o* **von etw**] ~ tacere su qc; **ganz zu ~ von …** per non parlare di …
Schweigen <-s> *nt kein Pl.* silenzio *m;* **das ~ brechen** rompere il silenzio; **jdn zum ~ bringen** far tacere qu; **sich in ~ hüllen** avvolgersi nel silenzio
schweigend **I.** *adj* silenzioso **II.** *adv* in silenzio
Schweigepflicht *f* **ärztliche ~** segreto professionale del medico
schweigsam *adj* taciturno
Schweigsamkeit <-> *f kein Pl.* taciturnità *f*

S

Schwein [ʃvaɪn] <-(e)s, -e> *nt* ① ZOO maiale *m*, porco *m; (~efleisch)* maiale *m* ② *(fam pej: Mensch)* porco *m;* **kein ~** *(sl: niemand)* non … anima viva *fam* ③ *(fam: Glück)* culo *m sl;* **~ haben** *(fam)* avere culo, avere un gran sedere *sl*
Schweinebraten *m* arrosto *m* di maiale
Schweinefett *nt* grasso *m* di maiale; *(ausgelassen)* strutto *m*
Schweinefleisch *nt* [carne *f* di] maiale *m*
Schweinefutter *nt* mangime *m* per porci
Schweinegrippe *f* MED influenza *f* suina
Schweinehund *m (sl)* porco *m,* canaglia *f*
Schweinekotelett <-s, -s> *nt* cotoletta *f* di maiale
Schweinepest *f kein Pl.* peste *f* suina
Schweinerei [ʃvaɪnəˈraɪ] <-, -en> *f (fam)* ① *(Unordnung, Unanständigkeit)* porcheria *f* ② *(Gemeinheit)* porcata *f*
Schweineschmalz *nt* strutto *m*
Schweinestall *m (a. fig)* porcile *m;* **das ist [ja] ein ~!** *(fam)* sembra una stalla!
schweinisch *adj (fam)* ① *(schmutzig)* sporco, sudicio ② *(anstößig)* osceno, sconcio
Schweinshaxe <-, -n> *f* SÜDD, A stinco *m* di maiale
Schweinsleder *nt* pelle *f* di porco
Schweinsstelze <-, -n> *f* A zampetto *m* di maiale
Schweiß [ʃvaɪs] <-es> *m kein Pl. (a. fig)* sudore *m; (leichter)* madore *m;* **in ~ gebadet sein** essere in un bagno di sudore; **im ~e seines Angesichts** col sudore della fronte; **der ~ trat ihm auf die Stirn** il sudore gli imperlò la fronte
Schweißausbruch *m* traspirazione *f* cutanea
schweißbedeckt *adj* coperto di sudore, sudato
Schweißbrenner *m* cannello *m* per saldare
Schweißdrüse *f* ghiandola *f* sudoripara
schweißen [ˈʃvaɪsən] *vt, vi* saldare
Schweißen <-s> *nt kein Pl.* saldatura *f*
Schweißfüße *mpl* **~ haben** sudare ai piedi
schweißgebadet [ˈʃvaɪsgəˈbaːdət] *adj* bagnato di sudore
Schweißperle *f* perla *f* di sudore
Schweißstelle *f* saldatura *f*
schweißtreibend *adj* sudorifero
schweißtriefend *adj* grondante di sudore
Schweißtropfen *m* goccia *f* di sudore
Schweiz [ʃvaɪts] *f* **die ~** la Svizzera; **die deutsche/französische ~** la Svizzera tedesca/romanda
Schweizer <inv> *adj* svizzero, elvetico
Schweizer(in) <-s, -; -, -nen> *m(f) (Bewohner der Schweiz)* svizzero, -a *m, f*
Schweizerdeutsch *nt* dialetto *m* svizzero tedesco
schweizerisch *adj* svizzero, elvetico
schwelen [ˈʃveːlən] **I.** *vi* ① *(Feuer, Material)* bruciare senza fiamma [*o* lentamente] ② *(Hass, Feindschaft)* covare **II.** *vt* TEC distillare a bassa temperatura
schwelgen [ˈʃvɛlgən] *vi (üppig leben)* straviziare; **im Überfluss ~** nuotare nell'abbondanza; **in Erinnerungen/Gefühlen ~** godere di ricordi/sentimenti
schwelgerisch *adj (genießerisch)* voluttuoso
Schwelle [ˈʃvɛlə] <-, -n> *f (Tür~, fig)* PSYCH soglia *f; (Eisenbahn~)* traversina *f*
schwellen [ˈʃvɛlən] <schwillt, schwoll, geschwollen> *vi sein* gonfiarsi; MED tumefarsi; *(Gewässer)* ingrossarsi, crescere
Schwellenangst *f* fobia *f* delle situazioni nuove
Schwellenwert *m* valore *m* di soglia
Schwellkörper *m* corpo *m* cavernoso
Schwellung <-, -en> *f* MED rigonfiamento *m,* gonfiore *m*
Schwemme [ˈʃvɛmə] <-, -n> *f* ① *(fürs Vieh)* guazzatoio *m* ② *(Überfluss)* offerta *f* eccessiva, invasione *f*
schwemmen *vt (fort~)* dilavare
Schwemmland *nt* terreno *m* alluvionale
Schwengel [ˈʃvɛŋəl] <-s, -> *m (Glocken~)* batacchio *m; (Pumpen~)* leva *f*
Schwenk [ʃvɛŋk] <-(e)s, -s *o* -e> *m* ① FILM, TV pianosequenza *m,* movimento *m* di macchina ② *(Drehung)* svolta *f*
schwenkbar *adj* orientabile; *(drehbar)* girevole
schwenken [ˈʃvɛŋkən] **I.** *vt haben* ① *(hin und her bewegen)* sventolare; *(schwingen)* brandire ② GASTR far saltare ③ *(spülen)* sciacquare ④ TEC *(drehen)* girare; *(wenden)* orientare **II.** *vi sein* girare, voltare; MIL fare una conversione
schwer [ʃveːɐ̯] **I.** *adj* ① *(gewichtig, ~fällig, ~verdaulich)* pesante; *(Last)* pesante, gravoso; **zwei Zentner ~ sein** pesare un quintale; **~es Geld machen** *(fam)* fare un patrimonio; **eine ~e Zunge haben** balbettare, parlare con difficoltà [per ubriachezza] ② *(ernst, schlimm)* grave, grande, duro ③ *(Gewitter, Sturm)* grosso, grande ④ *(hart: Tag, Arbeit)* pesante, faticoso; *(Amt, Aufgabe)* arduo, difficile; *(Geburt, Tod)* doloroso; *(schwierig)* difficile; **das ist nicht [so] ~** non è poi tanto difficile; **Schweres durchmachen** attraversare momenti difficili; **es jdm ~ machen** rendere le cose difficili a qu; **jdm das Leben ~ machen** rendere la vita difficile a qu ⑤ *(stark, kraftvoll: Wein, Parfüm, Zigarre)* forte; *(Fahrzeug)* potente; AGR *(Boden)* forte **II.** *adv* ① *(gewichtsmäßig)* molto

② *(stark, ernst)* gravemente, seriamente; *(enttäuscht, beleidigen)* molto; *(geprüft, büßen, bestrafen)* duramente ③ *(hart: arbeiten)* sodo, duramente; *(mit Schwierigkeiten)* con difficoltà ④ *(fam: sehr)* molto; **~ betrunken sein** essere ubriaco fradicio; **sich ~ täuschen** sbagliarsi di grosso

Schwerarbeit *f* lavoro *m* pesante

Schwerarbeiter(in) *m(f)* operaio, -a *m, f* addetto, -a ai lavori pesanti

Schwerathletik *f* atletica *f* pesante

Schwerbehinderte *mf* grande invalido, -a *m, f*

schwerbeladen *adj s.* **beladen**

Schwerbeschädigte <ein -r, -n, -n> *mf* grande invalido, -a *m, f*

Schwere <-> *f kein Pl.* ① *(Gewicht)* peso *m* ② PHYS *(Schwerkraft)* gravità *f* ③ *(Ernsthaftigkeit)* gravità *f; (von Leiden, Leben)* durezza *f,* peso *m* ④ *(Stärke: von Gewitter)* forza *f* ⑤ *(Härte: von Arbeit)* pesantezza *f; (von Amt)* difficoltà *f,* onere *m* ⑥ *(Schwierigkeit)* difficoltà *f*

schwerelos *adj* privo di gravità

Schwerelosigkeit <-> *f kein Pl.* ① PHYS mancanza *f* di gravità, imponderabilità *f* ② *(fig: Leichtigkeit)* leggerezza *f*

Schwerenöter ['ʃveːrənøːtɐ] <-s, -> *m* *(fam)* donnaiolo *m,* dongiovanni *m*

schwererziehbar *adj s.* **erziehbar**

schwer|fallen <irr> *vi (Mühe bereiten)* essere difficile; **das fällt mir schwer** mi riesce difficile

schwerfällig *adj (Gang, Bewegung, Mensch)* lento, pesante; *(Verstand)* lento, tardo; *(Argumentieren)* goffo; *(Stil, Übersetzung)* pesante

Schwerfälligkeit <-> *f kein Pl. (von Bewegung, Mensch)* lentezza *f,* pesantezza *f; (von Verstand)* lentezza *f; (von Stil)* pesantezza *f*

S

Schwergewicht *nt* ① SPORT *(a. fam scherz: Mensch)* peso *m* massimo ② *(fig: Nachdruck)* massima importanza *f;* **das ~ auf etw** *akk* **legen** dare il massimo peso a qc

schwerhörig *adj* duro d'orecchio

Schwerhörigkeit <-> *f kein Pl.* debolezza *f* d'udito

Schwerindustrie *f* industria *f* pesante

Schwerkraft *f* forza *f* di gravità

schwerkrank *adj s.* **krank**

schwerlich *adv* difficilmente

schwerlöslich ['ʃveːɐ̯løːslɪç] *adj s.* **löslich**

schwer|machen *vt s.* **schwer I. 4.**

Schwermetall *nt* metallo *m* pesante

Schwermut <-> *f kein Pl.* malinconia *f*

schwermütig ['ʃveːɐ̯myːtɪç] *adj* malinconico

schwer|nehmen <irr> *vt* **etw ~** prendere qc sul serio; **nehmen Sie es nicht so schwer!** non se la prenda!

Schweröl <-s, -e> *nt* olio *m* [combustibile] pesante

Schwerpunkt *m* ① PHYS centro *m* di gravità, baricentro *m* ② *(fig)* centro *m; (Hauptgewicht)* massima importanza *f;* **den ~ auf etw** *akk* **legen** dare la massima importanza a qc

schwerpunktmäßig *adj* per punti chiave

Schwerpunktstreik *m* sciopero *m* che paralizza i gangli vitali dell'economia

schwerreich *adj (fam)* ricco sfondato, ricchissimo

Schwert [ʃveːɐ̯t] <-(e)s, -er> *nt* spada *f*

Schwertfisch *m* pesce *m* spada

Schwertlilie *f* iris *f,* iride *f*

schwer|tun <irr> *vr:* **sich ~** *(fam)* avere difficoltà; **sich mit etw ~** avere difficoltà con qc

Schwerverbrecher(in) *m(f)* grande criminale *mf*

schwerverdaulich *adj s.* **verdaulich**

schwerverletzt *adj s.* **verletzen I. 1.**

schwerverständlich *adj s.* **verständlich 1.**

schwerwiegend *adj (Gründe)* grave, serio; *(Entschluss)* importante

Schwester ['ʃvɛstɐ] <-, -n> *f* ① *(Verwandte, a. fig)* sorella *f* ② *(Kranken~)* infermiera *f* ③ *(Nonne)* suora *f*

schwesterlich *adj* di sorella, fraterno

schwieg [ʃviːk] *1. u. 3. Pers. Sing. Imp. von* **schweigen**

Schwiegereltern ['ʃviːgɐʔɛltɐn] *pl* suoceri *mpl*

Schwiegermutter *f* suocera *f*

Schwiegersohn *m* genero *m*

Schwiegertochter *f* nuora *f*

Schwiegervater *m* suocero *m*

Schwiele ['ʃviːlə] <-, -n> *f* callo *m,* durone *m fam*

schwielig *adj* calloso

schwierig ['ʃviːrɪç] *adj* difficile; *(mühsam)* penoso; *(verzwickt)* delicato; *(heikel)* spinoso; *(unübersichtlich)* accidentato

Schwierigkeit <-, -en> *f* difficoltà *f;* **~en bereiten** creare difficoltà; **auf ~en stoßen** incontrare difficoltà

Schwierigkeitsgrad *m* grado *m* di difficoltà

schwillt [ʃvɪlt] *3. Pers. Sing. Präs. von* **schwellen**

Schwimmbad *nt* piscina *f*

Schwimmbecken *nt* piscina *f*

Schwimmdock *nt* bacino *m* galleggiante

schwimmen ['ʃvɪmən] <schwimmt, schwamm, geschwommen> **I.** *vi sein* ① SPORT nuotare; **~ gehen** andare in piscina; **auf dem Rücken/auf der Seite ~** nuotare sul dorso/sul fianco; **über einen Fluss ~** attraversare un fiume a nuoto ② *(Sachen)* galleggiare ③ *(fig fam: unsicher sein)* essere insicuro **II.** *vt sein o haben* nuotare

Schwimmen <-s> *nt kein Pl.* nuoto *m*

schwimmend I. *adj* nuotante; NAUT *(Hotel)* galleggiante; *(Insel)* navigante **II.** *adv* a nuoto

Schwimmer ['ʃvɪmɐ] <-s, -> *m* NAUT, TEC galleggiante *m*

Schwimmer(in) <-s, -; -, -nen> *m(f)* SPORT nuotatore, -trice *m, f*

Schwimmflosse *f* pinna *f*

Schwimmhaut *f* ZOO natatoia *f*

Schwimmlehrer(in) *m(f)* insegnante *mf* di nuoto

Schwimmsport *m* nuoto *m*

Schwimmweste *f* giubbetto *m* di salvataggio

schwind[e]lig *adj* che ha le vertigini, che soffre di vertigini; MED vertiginoso; **mir ist ~** ho le vertigini

Schwindel ['ʃvɪndəl] <-s> *m kein Pl.* ① MED vertigini *f pl;* **~ erregend** vertiginoso ② *(pej: Betrug)* imbroglio *m; (Täuschung)* impostura *f; (Lüge)* frottole *f pl*

Schwindelanfall *m* vertigini *f pl,* capogiro *m*

schwindelerregend *adj* vertiginoso

schwindelfrei *adj* **~ sein** non soffrire di vertigini

Schwindelgefühl <-(e)s, -e> *nt* senso *m* di vertigine

schwindeln I. *vi* ① *(fam: lügen)* mentire ② *(Schwindel haben)* **mir schwindelt** ho le vertigini **II.** *vt (fam)* inventare

schwinden ['ʃvɪndən] <schwindet, schwand, geschwunden> *vi sein* ① *(abnehmen)* diminuire, decrescere; *(schwächer werden)* attenuarsi; **im Schwinden begriffen sein** andar svanendo ② *(dahin~, vergehen)* passare; *(Hoffnung, Erinnerung)* svanire

Schwindler(in) <-s, -; -, -nen> *m(f) (Lügner)* mentitore, -trice *m, f; (Betrüger)* imbroglione, -a *m, f,* truffatore, -trice *m, f*

schwindlig *adj s.* **schwind[e]lig**

Schwindsucht *f (obs)* tubercolosi *f,* tisi *f*

schwindsüchtig *adj* tisico

schwingen ['ʃvɪŋən] <schwingt, schwang, geschwungen> **I.** *vt (Tücher)* agitare; *(Fahnen)* sventolare; *(Waffen)* brandire **II.** *vr* **sich auf etw** *akk* **~** balzare su qc, lanciarsi su qc **III.** *vi* ① *(Schaukel, Pendel)* oscillare ② *(Ski)* scendere a serpentine ③ *(vibrieren)* vibrare ④ *(fig: nachklingen)* risonare

Schwingung <-, -en> *f* ① PHYS oscillazione *f;* **in ~[en] versetzen** far oscillare ② *Pl. (fig)* vibrazioni *f pl*

Schwips [ʃvɪps] <-es, -e> *m (fam)* leggera sbornia *f;* **einen ~ haben** essere un po' brillo

schwirren ['ʃvɪrən] *vi sein* ronzare; *(Vögel, Gedanken)* frullare; *(Kugel, Pfeil)* sibilare

schwitzen ['ʃvɪtsən] *vi (Menschen)* sudare; *(Wände, Mauern)* trasudare; *(Fenster)* appannarsi; GASTR rosolare

Schwitzen <-s> *nt kein Pl.* sudata *f,* traspirazione *f*

Schwitzwasser *nt* condensa *f*

schwoll [ʃvɔl] *1. u. 3. Pers. Sing. Imp. von* **schwellen**

schwören ['ʃvøːrən] <schwört, schwor, geschworen> *vi, vt* **bei jdm/etw** [*o* **auf jdn/etw**] **~** giurare su qu/qc; **jdm/sich** *dat* **etw ~** *(versprechen)* giurare qc a qu/a se stesso; **auf jdn/etw ~** *(fig: viel halten von)* aspettarsi molto da qu/qc; **ich möchte darauf ~, dass …** giurerei che …

schwul [ʃvuːl] *adj (fam)* omosessuale

schwül [ʃvyːl] *adj* ① *(Wetter, Luft)* afoso, soffocante; **es ist ~** c'è afa ② *(fig: Atmosphäre)* opprimente ③ *(fig: Fantasien, Träume)* eccitante

Schwule ['ʃvuːlə] <ein -r, -n, -n> *m (fam)* omosessuale *m*

Schwüle ['ʃvyːlə] <-> *f kein Pl.* ① *(Witterung)* afa *f* ② *(Stimmung)* pesantezza *f* ③ *(fig: Sinnlichkeit)* sensualità *f*

Schwulenheirat *f* matrimonio *m* gay, matrimonio *m* tra omosessuali

Schwulst [ʃvʊlst] <-(e)s, Schwülste> *m (pej)* ampollosità *f*

schwulstig ['ʃvʊlstɪç] *adj* A *(pej),* **schwülstig** ['ʃvʏlstɪç] *adj (pej)* ampolloso, gonfio

Schwund [ʃvʊnt] <-(e)s> *m kein Pl.* ① *(Abnahme)* diminuzione *f* ② *(Verlust)* perdita *f* ③ *(Schrumpfung)* ritiro *m;* MED atrofia *f*

Schwung [ʃvʊŋ] <-(e)s, Schwünge> *m* ① *(Bewegung)* movimento *m* circolare; *(mit dem Arm)* giro *m* [del braccio]; *(von Skiläufer)* svolta *f,* virata *f* ② *(Linienführung)* linea *f* ③ *Sing. (~kraft, Antrieb)* forza *f,* slancio *m; (fig: Elan)* slancio *m,* entusiasmo *m; (fig: mitreißende Kraft)* energia *f,* forza *f* travolgente; **in ~** in forma; **jdn in ~ bringen** stimolare qu; **etw in ~ bringen** dare l'avvio a qc; **in ~ kommen** prendere l'avvio ④ *Sing. (fam: Menge)* mucchio *m,* montagna *f*

schwunghaft *adj* vivace, attivo

Schwungrad *nt* TEC volano *m*

schwungvoll *adj* ① *(Bewegung, Linie, Un-*

terschrift) ampio e circolare ② *(Rede)* vivace, animato; *(Aufführung)* pieno di slancio; *(Musik)* brioso

Schwur [ʃvuːɐ̯] <-(e)s, Schwüre> *m* giuramento *m; (Gelübde)* voto *m;* **einen ~ tun, dass …** giurare di *+inf*

Schwurgericht *nt* corte *f* d'assise

Schwyz [ʃviːts] *nt (Stadt)* Svitto *f; (Kanton)* Svitto *m*

Science-Fiction [ˈsaɪənsˈfɪkʃən] <-, -s> *f,* **Sciencefiction** <-, -s> *f* fantascienza *f*

Science-Fiction-Film *m* film *m* di fantascienza

Science-Fiction-Roman *m* romanzo *m* di fantascienza

Scooter [ˈskuːtɐ] <-s, -> *m* monopattino *m*

scrollen *vt (Computer)* scorrere

SDR [ɛsdeːˈʔɛr] <-(s)> *m kein Pl. Abk. von* **Süddeutscher Rundfunk** *rete radiotelevisiva regionale tedesca con sede a Stoccarda*

sechs [zɛks] *num* sei; *s. a.* **acht**

Sechs <-, -en> *f* sei *m; (Schulnote: ungenügend) zero*

Sechs-, sechs- *s.* **Acht-, acht-**

Sechseck *nt* esagono *m*

sechsfach *adj* sestuplo; *s. a.* **achtfach**

sechshundert *num* seicento

sechsjährig *adj* ① *(sechs Jahre alt)* di sei anni ② *(sechs Jahre lang)* che dura sei anni

sechsmal *adv* sei volte

Sechstagerennen *nt* SPORT seigiorni *f*

Sechste <ein -r, -n, -n> *mf* sesto, -a *m, f; s. a.* **Achte**

sechste(r, s) *adj* sesto, -a *(bei Datumsangaben)* sei; *s. a.* **achte(r, s)**

Sechstel <-s, -> *nt* sesto *m*

sechstens *adv* [in] sesto [luogo]

sechzehn [ˈzɛçtseːn] *num* sedici

sechzehnte(r, s) *adj* sedicesimo, -a *(bei Datumsangaben)* sedici; *s. a.* **achte(r, s)**

Sechzehntel *nt* sedicesimo *m*

Sechzehntelnote *f* MUS sedicesima *f*

sechzig [ˈzɛçtsɪç] *num* sessanta; **etwa ~ […]** una sessantina [di …]; *s. a.* **achtzig**

Sechzigerjahre *nt pl* anni *m pl* sessanta

sechzigjährig *adj* ① *(sechzig Jahre alt)* sessantenne ② *(sechzig Jahre lang)* che dura sessant'anni

Sechzigjährige <ein -r, -n, -n> *mf* uomo *m* [donna *f*] sulla sessantina, sessantenne *mf*

sechzigste(r, s) *adj* sessantesimo, -a *s. a.* **achte(r, s)**

Sechzigstel <-s, -> *nt* sessantesimo *m*

Secondhandladen [ˈsɛkəndˈhændlaːdən] *m* negozio *m* dell'usato

SED [ɛsʔeːˈdeː] <-> *f kein Pl.* HIST, POL *Abk. von* **Sozialistische Einheitspartei Deutschlands** *partito socialista unitario tedesco*

Sediment [zediˈmɛnt] <-(e)s, -e> *nt* GEOL, CHEM sedimento *m*

See[1] [zeː] <-s, -n> *m (Binnen~)* lago *m;* **Vierwaldstätter See** lago *m* dei Quattro Cantoni

See[2] <-> *f kein Pl. (Meer)* mare *m,* oceano *m;* **glatte ~** mare calmo; **schwere ~** mare grosso; **an der ~** al mare; **in ~ stechen** salpare; **auf ~** in mare; **auf hoher/offener ~** in alto mare

Seeadler *m* aquila *f* marina

Seebad *nt (Ort)* stabilimento *m* balneare

Seebär *m (scherz)* lupo *m* di mare

Seebeben *nt* maremoto *m*

Seefahrt *f* ① *(Schifffahrt)* navigazione *f* marittima ② *(einzelne)* viaggio *m* per mare

Seefrachtbrief *m* polizza *f* di carico marittimo

Seegang *m kein Pl.* moto *m* ondoso; **hoher ~** mare grosso

Seegras *nt (Tang)* zostera *f; (zum Polstern)* crine *m* vegetale

seegrün *adj* verde mare

Seehafen *m* porto *m* marittimo

Seehandel <-s> *m kein Pl.* commercio *m* marittimo

Seeherrschaft *f* dominio *m* dei mari

Seehund *m* foca *f*

Seeigel *m* riccio *m* di mare

Seekarte *f* carta *f* nautica

Seeklima *nt* clima *m* marittimo

seekrank *adj* **~ sein** aver il mal di mare

Seekrankheit *f* mal *m* di mare

Seelachs *m* merluzzo *m*

Seele [ˈzeːlə] <-, -n> *f (a. fig: Mensch)* anima *f; (fig: Gemüt)* animo *m,* anima *f; (Gefühl)* sentimento *m,* cuore *m;* **mit ganzer ~** con tutta l'anima; **er/sie ist eine ~ von einem Menschen** è una pasta d'uomo *fam;* **das ist mir aus der ~ gesprochen** mi è sgorgato dall'anima; **nun hat die arme ~ Ruh!** adesso il poveretto è in pace

seelengut [ˈzeːlənˈguːt] *adj* di buon cuore

Seelenheil <-(e)s> *nt kein Pl.* REL salvezza *f* dell'anima

Seelenleben *nt* vita *f* interiore

Seelenruhe *f* tranquillità *f* d'animo; **in aller ~** con tutta calma

seelenruhig *adv* imperturbabile, tranquillo

Seelenverwandte(r) <ein -r, -n, -n> *f(m)* spirito *m* affine

Seelenwanderung *f* metempsicosi *f,* trasmigrazione *f* dell'anima

Seeleute *pl* gente *f* di mare

seelisch *adj* psichico, psicologico; ~ **bedingt** psicogeno
Seelöwe *m* leone *m* marino, otaria *f* dalla criniera
Seelsorge *f* cura *f* d'anime
Seelsorger(in) <-s, -; -, -nen> *m(f)* padre *m* spirituale
Seeluft *f* aria *f* di mare
Seemacht *f* potenza *f* marittima
Seemann *m* marinaio *m*
Seemannsgarn *nt* ~ **spinnen** raccontare avventure di marinai
Seemeile *f* miglio *m* marino
Seenot *f* pericolo *m* di naufragio
Seenotruf *m* SOS *m*
Seepferdchen <-s, -> *nt* cavalluccio *m* marino, ippocampo *m*
Seeräuber *m* pirata *m,* corsaro *m*
Seeräuberei ['ze:rɔɪbə'raɪ] <-, -en> *f* pirateria *f*
Seerecht *nt* diritto *m* marittimo
Seereise *f* viaggio *m* per mare
Seerose *f* ninfea *f*
Seeschlacht *f* battaglia *f* navale
Seeschlange *f* ① ZOO serpente *m* marino ② *(in Mythologie)* idra *f*
Seestern *m* stella *f* di mare, asteria *f*
Seestreitkräfte *fpl* forze *fpl* navali, marina *f*
Seetang *m* alga *f* marina
seetüchtig *adj* navigabile, atto alla navigazione
Seevogel *m* uccello *m* marino
Seeweg *m* via *f* marittima; **auf dem** ~ per mare
Seewind *m* vento *m* marino
Seezunge *f* sogliola *f*
Segel ['ze:gəl] <-s, -> *nt* vela *f;* **die ~ setzen** alzare le vele, salpare
Segelboot *nt* barca *f* a vela
Segelfliegen *nt* volo *m* a vela
Segelflieger(in) *m(f)* veleggiatore, -trice *m, f,* volovelista *mf*
Segelflug *m* volo *m* a vela
Segelflugzeug *nt* aliante *m*
Segeljacht *f* yacht *m* a vela
Segelklub *m* circolo *m* velico
segeln *vi* veleggiare, navigare a vela; SPORT fare della vela; *(Wolken, Vogel)* veleggiare; ~ **gehen** andare a fare della vela; **mit dem Wind** ~ navigare di bolina
Segeln <-s> *nt kein Pl.* [navigazione *f* a] vela *f,* velismo *m*
Segelregatta *f* regata *f* velica
Segelschiff *nt* veliero *m,* nave *f* a vela
Segelsport *m* velismo *m*
Segeltörn <-s, -s> *m* viaggio *m* in barca a vela
Segeltuch *nt* [tela *f*] olona *f*
Segen ['ze:gən] <-s, -> *m* ① *(gesprochener, fam: Einwilligung)* benedizione *f* ② *(~ des Himmels)* grazia *f* [di Dio] ③ *(Glück)* fortuna *f; (Wohltat)* beneficio *m*
segensreich *adj (wohltätig)* benefico; *(glückbringend)* che porta fortuna
Segler ['ze:glɐ] <-s, -> *m* ① *(Segelschiff)* veliero *m* ② *(Segelflugzeug)* aliante *m*
Segler(in) <-s, -; -, -nen> *m(f)* SPORT velista *mf*
Segment [zɛ'gmɛnt] <-s, -e> *nt* segmento *m*
segnen ['ze:gnən] *vt* benedire
Segnung <-, -en> *f* benedizione *f; (segensreiche Wirkung)* beneficio *m*
sehbehindert *adj* che ha la vista debole; **leicht/stark ~ sein** avere la vista un po'/molto debole
sehen ['ze:ən] <sieht, sah, gesehen> **I.** *vt* vedere; *(an~)* guardare; *(erkennen)* riconoscere; *(beurteilen)* giudicare; *(treffen)* vedere, incontrare; **wieder** ~ rivedere; **etw gern/ungern** ~ vedere qc di buon/cattivo occhio; **bei jdm gern gesehen sein** essere ben accetto a qu; **jdn kommen** ~ veder arrivare qu; **das habe ich kommen** ~ l'avevo previsto; **sich ~ lassen** *(erscheinen)* farsi vivo *fam;* **sich ~ lassen können** *(gut aus~)* presentarsi bene; **ich sehe nichts mehr** non vedo più niente; **ich kann es nicht ~, wenn …** non mi piace che +*conj;* **ich kann ihn nicht** ~ *(ausstehen)* non posso vederlo; **wenn man ihn [so] sieht** a vederlo; **das kann man** ~ si può vederlo, lo si vede; **das muss man gesehen haben** bisogna averlo visto; **das müssen wir erst mal** ~ dobbiamo prima vedere; **das möchte ich doch mal ~!** vorrei proprio vederlo; **das wollen wir [doch einmal] ~!** è da vedersi; **da sieht man es mal wieder!** è tipico!; **da siehst du, was dabei herauskommt** vedi che cosa succede **II.** *vr:* **sich** ~ *(treffen)* vedersi, incontrarsi; **sich gezwungen ~ etw zu tun** vedersi costretto a fare qc; **sich in der Lage ~ etw zu tun** essere in grado di fare qc **III.** *vi (mit den Augen)* vederci; *(in bestimmte Richtung)* guardare; **gut/schlecht** ~ vederci bene/male; **~, dass etw getan wird** vedere che venga fatto qc; **jdn vom Sehen kennen** conoscere qu di vista; **auf etw** *akk* ~ *(achten)* badare a qc; **aus etw** ~ *(hervorschauen)* fare capolino da qc, emergere da qc; **in die Zukunft** ~ guardare all'avvenire; **jdm ins Gesicht/in die Augen** ~ guardare qu in faccia/negli occhi; **nach jdm/etw** ~ *(sich kümmern)* occuparsi di qu/qc; **mal ~, ob …** vedremo se …; **wir wollen** ~ vedre-

S

mo; **wir werden ja ~** staremo a vedere; **ich sehe schon, das geht nicht** vedo già che non va; **siehe auch** vedi anche; **siehe oben/unten** vedi sopra/sotto; **sieh mal!** guarda!; **lass mal ~!** fa vedere!; **darf ich mal ~?** posso vedere?; **siehst du [, ich habe es ja gesagt]!** vedi [, l'avevo detto io]!

sehenswert *adj* degno d'esser visto, notevole

Sehenswürdigkeit <-, -en> *f* cosa *f* notevole, bellezza *f*

Seher(in) <-s, -; -, -nen> *m(f)* veggente *mf*

Sehfehler *m* difetto *m* della vista

Sehkraft *f* vista *f,* facoltà *f* visiva

Sehleistung <-, -en> *f* MED capacità *f* visiva

Sehne ['ze:nə] <-, -n> *f* ① ANAT tendine *m* ② *(Bogen~)* *a.* MAT corda *f*

sehnen ['ze:nən] *vr* **sich nach etw ~** *(Verlangen haben)* desiderare ardentemente qc, bramare qc; **sich nach jdm/etw ~** *(Heimweh haben)* aver nostalgia di qu/qc; **ich sehne mich danach zu** *+inf*/, **dass ...** ho una gran voglia di *+inf*

Sehnenscheidenentzündung *f* tendovaginite *f*

Sehnerv *m* nervo *m* ottico

sehnig *adj* ① *(Fleisch)* tiglioso ② *(fig: nervig, kraftvoll)* nerboruto

sehnlich *adj* ardente, fervido

sehnlichst *adv* appassionatamente, ardentemente

Sehnsucht *f* ① *(Verlangen)* desiderio *m* ardente, brama *f;* **~ nach Liebe** desiderio d'amore ② *(Heimweh)* nostalgia *f;* **~ nach etw haben** avere nostalgia di qc; **vor ~ vergehen** struggersi dal desiderio

sehnsüchtig *adj* con struggimento, nostalgico; *(Wunsch)* appassionato, struggente; *(ungeduldig)* con ansia; **jdn/etw ~ erwarten** aspettare qu/qc con struggimento

S

sehnsuchtsvoll *adj (geh)* con struggimento, nostalgico; *(Wunsch)* appassionato, ardente, struggente; *(ungeduldig)* con ansia

sehr [ze:ɐ̯] *adv* molto, tanto; **~ lang/schön** lunghissimo/bellissimo; **~ bald** tra poco, presto; **~ viel** moltissimo; *(vor Substantiv)* molto, una gran quantità di; **wie ~** quanto; **wie ~ auch ...** per quanto *+conj;* **zu ~** troppo; **so ~** tanto; **bitte ~!** prego

Sehschärfe *f* acutezza *f* visiva

Sehvermögen *nt* vista *f,* facoltà *f* visiva

seicht [zaɪçt] *adj* ① *(Wasser)* poco profondo, basso ② *(fig, pej: flach)* piatto, scialbo

seid [zaɪt] *2. Pers. Pl Präs. von* **sein**¹

Seide ['zaɪdə] <-, -n> *f* seta *f;* **reine ~** seta pura

Seidel ['zaɪdəl] <-s, -> *nt* boccale *m* [da birra]

Seidelbast ['zaɪdəlbast] *m* mezereo *m*

seiden *adj* di seta

Seidenpapier *nt* carta *f* velina

Seidenraupe *f* baco *m* da seta

Seidenraupenzucht *f* bachicoltura *f*

Seidenwaren *fpl* seterie *fpl*

seidenweich ['zaɪdən'vaɪç] *adj* morbido come la seta

seidig *adj* come la seta

Seife ['zaɪfə] <-, -n> *f* sapone *m,* saponetta *f*

Seifenblase *f (a. fig)* bolla *f* di sapone

Seifenfabrik *f* saponificio *m*

Seifenlauge *f* saponata *f,* lisciva *f* di sapone

Seifenoper *f* soap opera *f*

Seifenpulver *nt* sapone *m* in polvere

Seifenschale *f* portasapone *m*

Seifenspender *m* dosatore *m* di sapone

Seifenwasser *nt* [acqua *f*] saponata *f*

seifig *adj* pieno di sapone, insaponato

seihen ['zaɪən] *vt (filtern)* filtrare, passare

Seil [zaɪl] <-(e)s, -e> *nt* corda *f; (Tau)* fune *f;* NAUT cavo *m*

Seilbahn *f* funivia *f,* teleferica *f*

Seiler(in) <-s, -; -, -nen> *m(f)* cordaio, -a *m, f*

Seilerwaren *fpl* cordami *mpl*

Seilschaft <-, -en> *f* cordata *f*

Seiltänzer(in) *m(f)* funambolo, -a *m, f*

sein¹ [zaɪn] <ist, war, gewesen> *vi sein* essere; *(existieren)* esistere; *(sich befinden)* trovarsi; *(stattfinden)* aver luogo; **Lehrer ~** essere insegnante; **20 Jahre alt ~** aver vent'anni; **ich bin es** sono io; **hier bin ich** eccomi [qua]; **mir ist kalt** ho freddo; **mir ist, als ob ...** ho l'impressione che *+conj;* **es ist an dir zu** *+inf* spetta a te *+inf;* **es ist schön[es Wetter]** fa bello, fa bel tempo; **es ist Winter** è inverno; **es ist kalt/warm** è [*o* fa] freddo/caldo; **es ist lange her** è un pezzo; **es waren viele Menschen da** c'erano molte persone; **so ist es** è così; **2 und 2 ist 4** 2 più 2 fa 4; **das ist nichts für Sie** non fa per Lei; **das mag ~** può darsi, sarà; **beinahe wäre ich ...** mancò poco che *+conj;* **als ob nichts [geschehen] wäre** come se niente fosse [stato]; **da dem so ist, ...** quand'è così, ...; **sei es ..., sei es ...** sia ..., sia ...; **es sei denn [, dass] ...** a meno che *+conj;* **es könnte sehr wohl ~, dass ...** potrebbe darsi benissimo che *+conj;* **wie dem auch sei** come che sia; **sei es auch noch so wenig** per quanto poco sia; **sind Sie es?** è Lei?; **was ist mit Ihnen?** che cos'ha?; **was ist das?** che cos'è?; **wer ist**

das? chi è?; **lass es ~!** lascia perdere!; **lass es gut ~!** non prendertela!; **das ist es ja gerade!** proprio di questo si tratta!

sein[2] *pron poss von* **er**, **es** *(adjektivisch)* suo, -a *m, f,* suoi *mpl,* sue *f pl*

Sein <-s> *nt kein Pl.* essere *m; (Da~)* esistenza *f*

sein[e]s *s.* **seine(r, s)**

Seine ['zɛːnə *o* sɛn] *f* Senna *f*

seine(r, s) ['zaɪnə, -nɐ, -nəs] *pron poss von* **er**, **es** *(substantivisch)* [il] suo, [la] sua, [i] suoi *pl,* [le] sue *pl;* **das Seine tun** fare il possibile; **jedem das Seine** *(prov)* a ciascuno il suo

seiner *pron pers gen von* **er**, **es** di lui; *s. a.* **seine(r, s)**

seinerseits *adv* da parte sua

seinerzeit *adv* allora

seinesgleichen <inv> *pron* suo pari, uno come lui; **jdn wie ~ behandeln** trattare qu da pari a pari; **unter ~** tra i propri pari

seinetwegen ['zaɪnət'veːgən] *adv* per causa sua, per lui; *(negativ)* per colpa sua

seinetwillen ['zaɪnət'vɪlən] *adv* **um ~** per lui, per amor suo

seinige(r, s) *(obs geh) s.* **seine(r, s)**

seins *s.* **seine(r, s)**

seit [zaɪt] **I.** *präp* da **II.** *konj* da quando

seitdem [zaɪt'deːm] **I.** *adv* da allora **II.** *konj* da quando

Seite ['zaɪtə] <-, -n> *f* ① *(von Körper, Gegenstand, Fläche)* lato *m,* parte *f; (von Fahrzeug)* fianco *m,* lato *m; (von Schiff)* fianco *m,* fiancata *f; (von Stoff)* verso *m;* **linke ~** *(von Stoff)* rovescio *m;* TYP verso *m;* **rechte ~** *(von Stoff)* diritto *m;* TYP retto *m;* **~ an ~** fianco a fianco; **auf allen ~n** da ogni parte; **auf beiden ~n** da ambo le parti; **auf der einen ~ …, auf der anderen ~ …** da un lato …, dall'altro [*o* dall'altra]; **nach allen ~n** in tutte le direzioni; **von der ~** di lato; MIL al fianco; **von beiden ~n** da una parte e dall'altra; **auf die ~ legen** *(a. fig: sparen)* mettere da parte; **zur ~ gehen/treten/fahren** farsi da parte; **jdn von der ~ ansehen** guardare qu di lato; **jdm nicht von der ~ weichen** seguire qu come la sua ombra; **auf jds ~ stehen** *(fig)* parteggiare per qu, essere dalla parte di qu; **jdn auf seine ~ bringen** *(fig)* tirare qu dalla propria parte; **jdm zur ~ stehen** *(fig)* assistere qu, aiutare qu ② MAT *(von Gleichung)* termine *m,* membro *m* ③ *(Charakterzug, Aspekt)* lato *m,* aspetto *m;* **jds starke/schwache ~** il [lato] forte/il [lato] debole di qu; **sich von seiner besten ~ zeigen** mostrarsi dal lato migliore ④ *(von Partei)* ala *f;* SPORT, MIL fianco *m* ⑤ *(von Buch, Zeitung)* pagina *f*

Seitenairbag *m* AUTO airbag *m* laterale

Seitenaltar *m* altare *m* laterale

Seitenansicht *f* vista *f* laterale; *(Profil)* profilo *m*

Seitenaufprallschutz *m* AUTO paraurti *m* laterale

Seitenblick *m* occhiata *f* [di lato]

Seiteneingang *m* entrata *f* laterale

Seitenflügel *m* ARCH ala *f; (von Flügelaltar)* sportello *m*

Seitenhieb *m (fig)* fiancata *f,* stoccata *f*

Seitenlage *f* posizione *f* laterale; **stabile ~** posizione laterale stabile

seitenlang *adj* di pagine e pagine

Seitenlänge <-, -n> *f* ① *(Pyramide, Möbelstück)* lunghezza *f* laterale ② *(Umfang einer Manuskriptseite)* lunghezza *f* di pagina

Seitenlinie *f* ① SPORT linea *f* laterale ② FERR linea *f* secondaria ③ *(Genealogie)* linea *f* collaterale

seitens *präp +gen* da parte di

Seitenschiff *nt* navata *f* laterale

Seitensprung *m (fig)* scappatella *f;* **einen ~ machen** avere un'avventura

Seitenstechen *nt kein Pl.* fitta *f* al fianco

Seitenstraße *f* strada *f* laterale

Seitenstreifen *m (von Straße)* banchina *f*

seitenverkehrt *adj* inverso, in ordine inverso

Seitenwind *m* vento *m* laterale

seither [zaɪt'heːɐ̯] *adv* da allora

seitlich **I.** *adj* laterale **II.** *adv* lateralmente, di lato **III.** *präp +gen* a lato di

seitwärts ['zaɪtvɛrts] *adv* lateralmente

sek., **Sek.** *Abk. von* **Sekunde** sec.

SEK [ɛsʔeː'kaː] <-> *nt s.* **Sondereinsatzkommando** unità *f* operativa speciale, gruppo *m* operativo speciale

sekkieren [zɛ'kiːrən] <ohne ge-> *vt* A *(belästigen, quälen)* maltrattare

Sekret [ze'kreːt] <-(e)s, -e> *nt* secreto *m*

Sekretär [zekre'tɛːɐ̯] <-s, -e> *m (Möbelstück)* secrétaire *m*

Sekretär(in) [zekre'tɛːɐ̯] <-s, -e; -, -nen> *m(f)* segretario, -a *m, f*

Sekretariat [zekretari'aːt] <-(e)s, -e> *nt* segretariato *m*

Sekretärin *f s.* **Sekretär**

Sekt [zɛkt] <-(e)s, -e> *m* spumante *m*

Sekte ['zɛktə] <-, -n> *f* setta *f*

Sektenmitglied *nt* membro *m* di una setta

Sektfrühstück *nt* colazione *f* a base di champagne

Sektglas *nt* calice *m* da spumante

Sektierer(in) [zɛk'tiːrɐ] <-s, -; -, -nen> *m(f)* seguace *mf* [di una setta], settario, -a *m, f*

sektiererisch [zɛk'tiːrərɪʃ] *adj* settario

S

Sektion [zɛk'tsi̯oːn] <-, -en> *f* ① *(Abteilung)* sezione *f*, reparto *m* ② MED dissezione *f*, autopsia *f*
Sektionschef(in) *m(f)* A *funzionario ministeriale di massimo grado*
Sektkühler *m* secchiello *m* del ghiaccio [per spumante]
Sektlaune *f (scherz)* euforia *f* da champagne
Sektor ['zɛktoːɐ̯] <-s, -en> *m* MAT settore *m*
sekundär [zekʊn'dɛːɐ̯] *adj* secondario
Sekundararzt [zekʊn'daːɐ̯artst] *m*, **Sekundarärztin** *f* A *(Assistenzarzt)* assistente *mf* medico, -a
Sekundarlehrer(in) [zekʊn'daːɐ̯leːrɐ] *m(f)* CH insegnante *mf* della Sekundarschule
Sekundärliteratur *f* opere *f pl* critiche, bibliografia *f*
Sekundarschule *f* CH *(ca. 6.-10. Schulstufe) scuola che comprende gli anni della scuola media e i primi due della scuola superiore*
Sekunde [ze'kʊndə] <-, -n> *f* secondo *m;* **eine ~, bitte!** un momento, per favore!
Sekundenschnelle [ze'kʊndən'ʃnɛlə] *f* **in ~** in un attimo
Sekundenzeiger *m* lancetta *f* dei secondi
selbe(r, s) ['zɛlbə, -bɐ, -bəs] *adj* stesso; **im ~n Augenblick** nello stesso momento
selber ['zɛlbɐ] *adv (fam) s.* **selbst**
selbst [zɛlbst] **I.** *pron dem* stesso, in persona; **die Sache/das Haus ~** la cosa/la casa in sé stessa; **etw ~ machen** fare qc da solo; **von ~** da sé; **wie von ~** quasi da sé; **das versteht sich von ~** va da sé; **er ist die Güte ~** è la bontà in persona; **~ ist der Mann** *(prov)* chi fa da sé fa per tre **II.** *adv (sogar)* persino; **~ wenn** anche se *+conj*, quand'anche *+conj*
Selbstachtung *f* rispetto *m* per sé stesso
selbständig ['zɛlpʃtɛndɪç] *adj s.* **selbstständig**
Selbständigkeit <-> *f kein Pl. s.* **Selbstständigkeit**
Selbstauslöser *m* autoscatto *m*
Selbstbedienung *f* self-service *m*
Selbstbedienungsladen *m* self-service *m*, supermercato *m*
Selbstbedienungsrestaurant *nt* ristorante *m* con self-service
Selbstbefriedigung *f* masturbazione *f*, onanismo *m*
Selbstbeherrschung *f* dominio *m* di sé, autocontrollo *m*
Selbstbestätigung *f* PSYCH autoconferma *f*, conferma *f* di sé
Selbstbestimmung *f* autodeterminazione *f*
Selbstbestimmungsrecht *nt* diritto *m* di autodeterminazione
Selbstbeteiligung *f (an Kosten)* franchigia *f*
Selbstbetrug *m* illudersi *m*, ingannare *m* sé stesso
selbstbewusst *adj* sicuro di sé
Selbstbewusstsein *nt* sicurezza *f*, autostima *f;* PHILOS autocoscienza *f*
Selbstbildnis *nt* autoritratto *m*
Selbstbräuner <-s, -> *m* autoabbronzante
Selbstdisziplin *f kein Pl.* autodisciplina *f*
Selbsterfahrung *f* esperienza *f* di sé
Selbsterfahrungsgruppe *f* gruppo *m* di autocoscienza
Selbsterhaltung *f* autoconservazione *f*
Selbsterhaltungstrieb *m* istinto *m* di autoconservazione
Selbsterkenntnis *f* conoscenza *f* di sé stesso
selbsternannt *adj* autonominato
Selbstfindung *f* processo *m* di identificazione
selbstgefällig *adj* soddisfatto di sé stesso
Selbstgefälligkeit *f* autocompiacimento *m*
selbstgemacht *adj (Marmelade)* fatto in casa; *(Pullover, Geschenk)* fatto da sé
selbstgerecht *adj* pieno di sé; *(eingebildet)* presuntuoso, tronfio
Selbstgespräch *nt* monologo *m*, soliloquio *m;* **~e führen** parlare fra sé
selbstherrlich *adj* dispotico, tirannico
Selbsthilfe *f* iniziativa *f* personale; **zur ~ greifen** farsi giustizia da sé
Selbsthilfegruppe *f* gruppo *m* di autoaiuto
Selbstjustiz *f* **~ üben** fare giustizia da sé
selbstklebend *adj* autoadesivo
Selbstkosten *pl* WIRTSCH costi *m pl* di produzione [*o* effettivi]
Selbstkostenpreis *m* prezzo *m* di costo; **zum ~** a prezzo di costo
Selbstkritik *f* autocritica *f*
selbstkritisch *adj* autocritico
Selbstlaut *m* vocale *f*
Selbstlerner(in) <-s, -; -, -nen> *m(f)* autodidatta *mf*
selbstlos *adj* disinteressato, altruista
Selbstlosigkeit <-> *f kein Pl.* disinteresse *m*, altruismo *m*
Selbstmitleid *nt kein Pl. (pej)* autocommiserazione *f*
Selbstmord *m* suicidio *m;* **~ begehen** suicidarsi
Selbstmordattentat *nt* attentato *m* kamikaze

Selbstmordattentäter(in) *m(f)* kamikaze *m*
Selbstmörder(in) *m(f)* suicida *mf*
selbstmörderisch *adj* suicida
Selbstmordkandidat(in) *m(f)* candidato, -a *m, f* al suicidio
Selbstmordversuch *m* tentativo *m* di suicidio; **einen ~ machen** tentare di suicidarsi
selbstredend *adv* naturalmente, ovviamente
Selbstschussanlage *f* dispositivo *m* automatico di sparo
Selbstschutz *m* autodifesa *f*
selbstsicher *adj* sicuro di sé; **~ auftreten** comportarsi con molta sicurezza
selbstständig ['zɛlpʃtɛndɪç] *adj* ① *(unabhängig)* indipendente; POL autonomo; **sich ~ machen** *(im Beruf)* rendersi indipendente; *(scherz: abhandenkommen)* sparire ② COM in proprio
Selbstständigkeit <-> *f kein Pl.* indipendenza *f;* POL autonomia *f*
Selbstsucht *f* egoismo *m*
selbstsüchtig *adj* egoista, egoistico
selbsttätig *adj* automatico
Selbsttäuschung *f* illusione *f*
Selbstüberwindung *f* dominio *m* di sé
Selbstverleugnung *f* abnegazione *f,* sacrificio *m* personale
selbstverliebt *adj* narciso
selbstverschuldet *adj* per colpa propria
Selbstversorger *m* chi si nutre di alimenti di propria produzione; *(in Urlaub)* chi [in vacanza] provvede al proprio vitto
selbstverständlich *adj* naturale, ovvio; **das ist ~** è naturale; **~!** si capisce!
Selbstverständlichkeit *f (Fraglosigkeit)* indiscutibilità *f; (selbstverständliche Tatsache)* cosa *f* ovvia; *(Ungeniertheit)* naturalezza *f,* semplicità *f;* **etw für eine ~ halten** ritenere qc ovvio; **er tat es mit einer erstaunlichen ~** lo fece con un'incredibile naturalezza; **das war doch eine ~!** era ovvio!
Selbstverständnis <-ses> *nt kein Pl.* coscienza *f* del proprio ruolo *geh;* **mein ~ als Frau und Mutter** la coscienza del mio ruolo di donna e madre
Selbstverteidigung *f kein Pl.* autodifesa *f*
Selbstvertrauen *nt* fiducia *f* in sé
Selbstverwaltung *f* amministrazione *f* autonoma, autonomia *f* amministrativa
Selbstverwirklichung *f* autorealizzazione *f*
Selbstwertgefühl *nt* stima *f* di sé
Selbstzufriedenheit *f* autocompiacimento *m*
Selbstzweck *m* fine *m* a sé stesso
selchen ['zɛlçən] *vt* A, SÜDD GASTR *(räuchern)* affumicare
Selchfleisch *nt kein Pl.* A, SÜDD GASTR *(Rauchfleisch)* carne *f* affumicata
Selektion [zelɛk'tsjo:n] <-, -en> *f* BIOL selezione *f*
Selen [ze'le:n] <-s> *nt kein Pl.* selenio *m*
Selfiestick <-s, -s> ['sɛlfistɪk] *m* asta *f* per selfie
selig ['ze:lɪç] *adj* ① REL beato; **~ sprechen** beatificare; **Gott habe ihn ~!** Dio l'abbia in gloria ② *(verstorben)* defunto, povero ③ *(überglücklich)* felice
Seligkeit <-> *f kein Pl.* ① REL beatitudine *f* ② *(Glücksgefühl)* felicità *f*
Seligsprechung <-, -en> *f* beatificazione *f*
Sellerie ['zɛləri] <-s, -(s)> *m* sedano *m*
selten ['zɛltən] *adj* ① *(nicht häufig)* raro; **sehr ~** rarissimo ② *(außergewöhnlich)* straordinario ③ *(fam: merkwürdig)* strano, singolare
Seltenheit <-, -en> *f* ① *Sing. (seltenes Vorkommen)* rarità *f* ② *(seltenes Stück)* pezzo *m* raro
Seltenheitswert *m* **~ haben** avere un valore di rarità
seltsam *adj* strano, curioso
seltsamerweise *adv* stranamente
Seltsamkeit <-, -en> *f* stranezza *f,* singolarità *f*
Semantik [ze'mantɪk] <-> *f kein Pl.* LING semantica *f*
semantisch [ze'mantɪʃ] *adj* LING semantico
Semester [ze'mɛstɐ] <-s, -> *nt* semestre *m*
Semikolon [zemi'ko:lɔn] <-s, -s *o* Semikola> *nt* punto *m* e virgola
Seminar [zemi'na:ɐ̯] <-s, -e> *nt* seminario *m*
Semit(in) [ze'mi:t] <-en, -en; -, -nen> *m(f)* semita *mf*
semitisch *adj* semitico, semita
Semmel ['zɛməl] <-, -n> *f* DIAL panino *m,* rosetta *f;* **wie warme ~n weggehen** andare a ruba
Semmelbrösel *mpl* A, SÜDD GASTR *(Paniermehl)* pane *m* grattugiato, pangrattato *m*
Semmelknödel *m* A, SÜDD GASTR *(Semmelkloß)* gnocco *m* di pane
Semmelmehl <-(e)s> *nt kein Pl.* pangrattato *m*
sen. *Abk. von* **senior** sen
Senat [ze'na:t] <-(e)s, -e> *m* senato *m*
Senator(in) [ze'na:to:ɐ̯] <-s, -en; -, -nen> *m(f)* senatore, -trice *m, f*
Sendeanlage *f* stazione *f* trasmittente
Sendeantenne *f* antenna *f* trasmittente

S

Sendebereich *m* RADIO, TV raggio *m* d'emissione
Sendefolge *f* programma *m* delle trasmissioni; *(Teil einer Serie)* puntata *f*
senden ['zɛndən] <sendet, sendete *o* sandte, gesendet *o* gesandt> *vt* ① mandare, inviare ② RADIO, TV trasmettere, mandare in onda
Sendepause *f* intervallo *m*
Sender <-s, -> *m* ① *(Anlage)* trasmettitore *m* ② RADIO, TV [stazione *f*] trasmittente *f*, emittente *f*
Senderaum *m* studio *m*
Sendereihe *f* serie *f* di trasmissioni
Sendeschluss *m kein Pl.* fine *f* delle trasmissioni
Sendezeit *f* tempo *m* di trasmissione
Sendung <-, -en> *f* ① *(Beförderung)* invio *m*, spedizione *f* ② *(Gegenstand)* invio *m* ③ RADIO, TV trasmissione *f*
Senf [zɛnf] <-(e)s, -e> *m* senape *f*
Senfgas *nt* iprite *f*
sengen ['zɛŋən] **I.** *vt* bruciacchiare; GASTR *(Geflügel)* fiammeggiare **II.** *vi* *(Sonne)* dardeggiare
sengend *adj* ardente, cocente, infocato
senil [ze'niːl] *adj* senile
Senilität [zenili'tɛːt] <-> *f kein Pl.* senilità *f*
senior ['zeːni̯ɔːɐ̯] *adj* **Herr X ~** il signor X senior
Senior(in) ['zeːni̯oːɐ̯] <-s, -en; -, -nen> *m(f)* ① *Pl.* *(alte Menschen)* anziani *mpl* ② *(Ältester)* decano, -a *m, f* ③ SPORT senior *mf*
Seniorenkarte *f*, **Seniorenpass** *m* carta *f* d'argento
Seniorin *f s.* **Senior**
Senkblei *nt* piombino *m*
Senke ['zɛŋkə] <-, -n> *f* depressione *f*
senken ['zɛŋkən] **I.** *vt* ① *(Kopf, Augen, Blick, Stimme)* abbassare; *(Haupt)* chinare ② *(Steuern, Kosten)* ridurre; *(Preise)* calare **II.** *vr:* **sich ~** abbassarsi; *(Boden)* avvallarsi; *(Gelände)* scendere; *(Abend, Nacht)* calare
Senkfuß *m* piede *m* piatto
senkrecht **I.** *adj* verticale, perpendicolare **II.** *adv* *(jäh)* a picco; AERO a candela
Senkrechte *f* verticale *f*
Senkrechtstart *m* decollo *m* verticale
Senkrechtstarter *m* ① AERO aereo *m* a decollo verticale ② *(fig: Mensch)* fenomeno *m*, asso *m*, cannone *m*; *(Buch)* best seller *m*
Senkung <-, -en> *f* ① *Sing.* *(Bewegung nach unten)* abbassamento *m* ② *(von Boden)* avvallamento *m*; GEOL depressione *f* ③ *Sing.* *(von Preisen, Steuern)* ribasso *m*, riduzione *f*
Senn [zɛn] <-(e)s, -e> *m* SÜDD, A, CH *s.* **Senner**
Senner(in) <-s, -; -, -nen> *m(f)* A, SÜDD *(Almhirt)* pastore *m* montano, malgaro, -a *m, f*
Sennhütte *f* A, SÜDD malga *f*
Sensation [zɛnza'tsi̯oːn] <-, -en> *f* *(Aufsehen)* sensazione *f*; *(Ereignis)* fatto *m* sensazionale
sensationell [zɛnzatsi̯o'nɛl] *adj* sensazionale; *(Fähigkeiten, Angebot)* eccezionale
Sensationsgier <-> *f kein Pl.* *(pej)* brama *f* sensazionalistica
Sensationslust *f* sensazionalismo *m*
sensationslüstern *adj* *(pej)* avido di sensazionalità
Sense ['zɛnzə] <-, -n> *f* falce *f*
sensibel [zɛn'ziːbəl] *adj* sensibile
Sensibelchen <-s, -> *nt* *(scherz, pej)* ipersensibile *mf*
sensibilisieren [zɛnzibili'ziːrən] <ohne ge-> *vt* [**jdn**] **für etw ~** sensibilizzare qu [a qc]
Sensibilität [zɛnzibili'tɛːt] <-> *f kein Pl.* sensibilità *f*
Sensor ['zɛnzoːɐ] <-s, -en> *m* TEC sensore *m*
sentimental [zɛntimɛn'taːl] *adj* sentimentale
Sentimentalität [zɛntimɛntali'tɛːt] <-, -en> *f* sentimentalismo *m*
separat [zepa'raːt] *adj* separato, a parte
Separatismus [zepara'tɪsmʊs] <-> *m kein Pl.* separatismo *m*
Separatist(in) [zepara'tɪst] <-en, -en; -, -nen> *m(f)* separatista *mf*
separatistisch *adj* separatistico
September [zɛp'tɛmbɐ] <-(s), -> *m* settembre *m*; *s. a.* **April**
Sequenz [ze'kvɛnts] <-, -en> *f* FILM, MUS sequenza *f*
Sera *Pl. von* **Serum**
Serbe ['zɛrbə] <-n, -n> *m* serbo *m*
Serbien ['zɛrbiən] *nt* Serbia *f*
Serbin ['zɛrbɪn] <-, -nen> *f* serba *f*
serbisch ['zɛrbɪʃ] *adj* serbo
serbokroatisch [zɛrbokro'aːtɪʃ] *adj* serbocroato
Seren *Pl. von* **Serum**
Serenade [zere'naːdə] <-, -n> *f* serenata *f*
Serie ['zeːriə] <-, -n> *f* serie *f*; *(Bände)* collana *f*
seriell [zeri'ɛl] *adj* seriale
Serienausstattung *f* equipaggiamento *m* di serie
serienmäßig **I.** *adj* di serie **II.** *adv* in serie
Seriennummer *f* numero *m* di serie
Serienproduktion *f* produzione *f* in serie

Serienschaltung *f* collegamento *m* in serie
serienweise *adv* in serie
seriös [zeri'øːs] *adj* serio
Serpentine [zɛrpɛn'tiːnə] <-, -n> *f* serpentina *f*
Serum ['zeːrʊm] <-s, Sera *o* Seren> *nt* siero *m*
Server ['sœːvɐ] <-s, -> *m* ① INFORM server *m* ② SPORT battitore *m*
Service[1] [zɛr'viːs] <-(s), -> *nt (Ess~, Kaffee~, Tee~)* servizio *m*
Service[2] ['zøːɐ̯vɪs] <-, -s> *m o nt* ① *Sing. (Kundendienst)* assistenza *f* tecnica; *(Bedienung)* servizio *m* ② *(Tennis)* servizio *m*
servieren [zɛr'viːrən] <ohne ge-> **I.** *vt* servire **II.** *vi* ① *(am Tisch)* servire in tavola ② *(Tennis)* battere il servizio
Serviererin *f* cameriera *f*
Serviertochter *f* CH *(Serviererin)* cameriera *f*
Serviette [zɛr'vi̯ɛtə] <-, -n> *f* tovagliolo *m*
Serviettenring *m* [anello *m*] portatovagliolo *m*
servil [zɛr'viːl] *adj (geh)* servile
Servobremse ['zɛrvobrɛmzə] *f* servofreno *m*
Servolenkung *f* servosterzo *m*
Servomotor *m* servomotore *m*, motore *m* ausiliario
servus ['sɛrvʊs] *interj* A, SÜDD *(Gruß)* ciao, salve
Servus ['sɛrvʊs] *interj* A, SÜDD *(Begrüßung und Verabschiedung unter Freunden)* ciao, salve; **~ sagen** dire ciao; **„sag zum Abschied leise ~"** *(Titel eines Wienerliedes)* saluta dicendo piano ciao *(titolo di una canzone viennese)*
Sesam ['zeːzam] <-s, -s> *m* sesamo *m*; **~, öffne dich!** apriti, Sesamo!
Sessel ['zɛsəl] <-s, -> *m* ① poltrona *f* ② A *(Stuhl)* sedia *f*
Sessellift *m* seggiovia *f*
sesshaft ['zɛshaft] *adj* sedentario; *(wohnhaft)* residente; **sie ist jetzt in Paris ~** adesso è residente a Parigi; **~ werden** stabilirsi
setzen ['zɛtsən] **I.** *vt* ① *(hintun)* mettere; *(sitzen lassen: Gast)* far sedere; *(Kind)* mettere a sedere; **jdn an Land ~** sbarcare qu; **etw auf die Tagesordnung/den Spielplan ~** mettere qc nell'ordine del giorno/in programma; **etw in die Zeitung ~** mettere qc sul giornale ② *(Pflanze, Baum)* piantare ③ *(aufstellen: Ofen)* montare, installare; *(Denkmal)* erigere; *(Segel)* issare; *(Standard, Norm)* fissare, stabilire ④ TYP comporre ⑤ *(Geld)* **eine Summe auf etw** *akk* **~** puntare una somma su qc ⑥ *(schreiben: Punkt, Komma)* mettere; *(Namen)* mettere; **seine Unterschrift unter einen Brief ~** apporre la propria firma in calce alla lettera; **etw auf die Rechnung ~** mettere qc in conto ⑦ *(fest~: Termin, Grenze, Ziel)* fissare, porre; **jdm eine Frist ~** fissare un termine a qu ⑧ *(fig)* riporre; **seine Hoffnung auf** [*o* **in**] **jdn/etw ~** riporre la propria speranza in qu/qc **II.** *vr:* **sich ~** ① *(Platz nehmen)* sedersi, mettersi a sedere; *(Vogel)* posarsi; **sich zu jdm ~** sedersi vicino a qu; **~ Sie sich!** si sieda! ② *(Kaffee, Tee, Lösung)* depositarsi ③ *(sich fest~: Staub, Geruch)* penetrare; **der Staub hat sich in die Ritze gesetzt** la polvere è penetrata nella fessura **III.** *vi* **auf jdn/etw ~** *(a. fig)* puntare su qu/qc; **über etw** *akk* **~** *(springen, hüpfen)* saltare sopra qc
Setzer(in) <-s, -; -, -nen> *m(f)* compositore, -trice *m, f*
Setzerei [zɛtsə'raɪ] <-, -en> *f* compositoria *f*
Setzerin *f s.* **Setzer**
Setzfehler *m* errore *m* di composizione
Setzkasten *m* cassetta *f* dei caratteri
Setzling ['zɛtslɪŋ] <-s, -e> *m* ① AGR piantone *m* ② *(bei Fischzucht)* avannotto *m*
Seuche ['zɔɪçə] <-, -n> *f* epidemia *f*; *(Tier~)* epizoozia *f*; *(fig)* peste *f*, flagello *m*
Seuchengebiet *nt* zona *f* contaminata
Seuchenherd *m* focolaio *m* epidemico
seufzen ['zɔɪftsən] *vi, vt* sospirare
Seufzer <-s, -> *m* sospiro *m*
Sex [zɛks] <-(es)> *m kein Pl.* sesso *m*
Sex-Appeal, **Sexappeal** ['sɛks ə'piːl] <-s> *m kein Pl.* sex appeal *m*, attrazione *f* sessuale
Sexbombe *f (fam)* maggiorata *f* fisica
Sexfilm *m* film *m* porno
Sexismus [zɛ'ksɪsmʊs] <-> *m kein Pl.* sessismo *m*
Sexist(in) [zɛ'ksɪst] <-en, -en; -, -nen> *m(f)* sessista *mf*
sexistisch *adj* sessista
Sexorgie *f* orgia *f* [del sesso]
Sexshop [zɛksʃɔp] <-s, -s> *m* sex-shop *m*
Sexta ['zɛksta, *Pl:* 'zɛkstən] <-, Sexten> *f* prima *f* ginnasio
Sextaner(in) [zɛks'taːnɐ] <-s, -; -, -nen> *m(f)* alunno, -a *m, f* di prima ginnasio
Sextant [zɛks'tant] <-en, -en> *m* sestante *m*
Sextelefon *nt* telefono *m* a luci rosse
Sextourismus *m* sessoturismo *m*
Sextourist(in) *m(f)* sessoturista *mf*
Sexualerziehung [zɛksu'aːlɛɐtsiːʊŋ] *f* educazione *f* sessuale

Sexualforscher(in) *m(f)* sessuologo, -a *m, f*
Sexualforschung *f* sessuologia *f*
Sexualhormon *nt* ormone *m* sessuale
Sexualität [zɛksuali'tɛːt] <-> *f kein Pl.* sessualità *f*
Sexualkunde *f* educazione *f* sessuale
Sexualmoral <-> *f kein Pl.* morale *f* sessuale
Sexualobjekt *m* oggetto *m* sessuale
Sexualtrieb *m* impulso *m* sessuale
Sexualverbrechen *nt* delitto *m* sessuale
Sexualwissenschaft *f* sessuologia *f*
sexuell [zɛ'ksuɛl] *adj* sessuale
sexy ['zɛksi] <inv> *adj* sexy
sezieren [ze'tsiːrən] <ohne ge-> *vt* sezionare; *(a. fig)* anatomizzare
SFB [ɛsʔɛf'beː] <-(s)> *m kein Pl. Abk. von* **Sender Freies Berlin** *rete radiotelevisiva regionale con sede a Berlino-Ovest*
s-förmig ['ɛsfœrmɪç] *adj* a [forma di] esse
sfr, sFr *Abk. von* **Schweizer Franken** Fr.sv.
Shampoo ['ʃampu] <-s, -s> *nt* shampoo *m*
shampoonieren [ʃampu'niːrən] <ohne ge-> *vt (Haare)* fare uno shampoo a; *(Hund)* lavare con lo shampoo; *(Teppich)* trattare con lo shampoo
Shareware <-, -> *f* INFORM shareware *m*
Sherry ['ʃɛrɪ] <-s, -s> *m* sherry *m*
Shitstorm ['ʃɪtstɔːm] <-s, -s> *m* INET shitstorm *m*
shoppen *vi* fare shopping
Shopping ['ʃɔpɪŋ] <-s, -s> *nt* ❶ *(Einkaufsbummel)* shopping *m* ❷ INFORM acquisti *mpl* on line
Shorts [ʃɔrts] *pl* pantaloncini *mpl* corti, shorts *mpl*
Show [ʃoʊ] <-, -s> *f* show *m;* **eine ~ abziehen** *(sl)* fare la scena
Showbusiness ['ʃoʊbɪznɪs] <-> *nt kein Pl.* show business *m*
Showdown [ʃoʊ'daʊn] <-(s), -s> *m o nt* chiarimento *m*
Showgeschäft <-(e)s> *nt kein Pl.* show business *m*
Showmaster ['ʃoʊmaːstɐ] <-s, -> *m* presentatore *m* TV
siamesisch [zia'meːzɪʃ] *adj* siamese; **~e Zwillinge** gemelli siamesi
Sibirien [zi'biːriən] *nt* Siberia *f*
sibirisch *adj* siberiano
sich [zɪç] *pron refl (betont)* sé; *(unbetont)* si; **~ selbst** sé stesso; **an ~** in sé; **an und für ~** in sé stesso; **bei ~** *(am Körper)* con sé; **für ~** a sé; **von ~ aus** per conto proprio; **wieder zu ~ kommen** tornare in sé; **etwas auf ~ haben** *(fig)* avere importanza
Sichel ['zɪçəl] <-, -n> *f* falce *f*
sichelförmig ['zɪçəlfœrmɪç] *adj* a forma di falce, falciforme
sicher ['zɪçɐ] **I.** *adj* ❶ *(nicht gefährlich)* sicuro; *(geborgen)* sicuro, protetto; **sich bei jdm ~ fühlen** sentirsi sicuro presso qu; **seines Lebens nicht [mehr] ~ sein** non essere [più] sicuro della propria vita; **vor jdm/etw ~ sein** essere al sicuro da qu/qc ❷ *(gewiss)* certo, sicuro; *(zuverlässig)* sicuro; **einer Sache** *gen* **~ sein** essere sicuro di qc; **~ ist, dass …** certo è che …; **~ ist ~** la prudenza non è mai troppa *prov* **II.** *adv* ❶ *(gefahrlos)* in modo sicuro ❷ *(bestimmt, gewiss)* certamente, certo; **~ auftreten** avere un modo di fare sicuro; **etw ~ wissen** sapere qc per certo; **er hat das ~ vergessen** l'ha certamente dimenticato; **weißt du das ~?** lo sai con sicurezza?
sicher|gehen <irr> *vi sein* essere sicuro, assicurarsi; **um ganz sicherzugehen** per maggior sicurezza
Sicherheit <-, -en> *f* ❶ *Sing. (Ungefährlichkeit)* sicurezza *f; (Geborgenheit)* sicurezza *f,* protezione *f;* **in ~ bringen** mettere al sicuro; **sich in ~ wiegen** illudersi di essere al sicuro ❷ *Sing. (Gewissheit)* certezza *f,* sicurezza *f;* **mit ~** con certezza ❸ *Sing. (Zuverlässigkeit)* sicurezza *f* ❹ FIN *(Bürgschaft)* garanzia *f;* **gegen ~** contro garanzia, su pegno
Sicherheitsabstand *m* distanza *f* di sicurezza
Sicherheitsbindung *f* attacco *m* di sicurezza
Sicherheitsexperte, -expertin *m, f* esperto *m* di sicurezza
Sicherheitsglas *nt* vetro *m* di sicurezza
Sicherheitsgurt *m* cintura *f* di sicurezza
sicherheitshalber *adv* per [motivi di] sicurezza
Sicherheitskopie *f* INFORM copia *f* di sicurezza
Sicherheitslücke *f* falla *f* nel sistema di sicurezza
Sicherheitsnadel *f* spilla *f* di sicurezza
Sicherheitsrat *m* consiglio *m* di sicurezza
Sicherheitsschloss *nt* serratura *f* di sicurezza
Sicherheitsventil *nt* valvola *f* di sicurezza
Sicherheitsvorkehrung <-, -en> *f* misura *f* di sicurezza; **~en treffen** prendere delle misure di sicurezza
sicherlich *adv s.* **sicher**
sichern **I.** *vt* ❶ *(schützen)* proteggere, salvaguardare; MIL coprire ❷ *(garantieren, ver~)* garantire, porre al sicuro ❸ *(verschaffen)* [**jdm**] **etw ~** procurare qc [a qu] ❹ *(befestigen)* consolidare, fortificare; *(Bergsteiger)* assicurare ❺ TEC *(Maschi-*

nen) bloccare; *(Schusswaffe)* mettere la sicura a **II.** *vr:* **sich ~** *(sich schützen)* proteggersi; *(beim Bergsteigen)* assicurarsi; **sich vor jdm/etw** [*o* **gegen jdn/etw**] ~ proteggersi da qu/qc

sicher|stellen *vt* ① *(garantieren)* assicurare, garantire ② *(in Sicherheit bringen)* mettere al sicuro ③ *(beschlagnahmen)* sequestrare

Sicherung <-, -en> *f* ① *Sing. (Schutz)* protezione *f,* salvaguardia *f;* MIL *(Deckung)* copertura *f* ② *Sing. (Garantie)* assicurazione *f,* garanzia *f* ③ *Sing. (Festigung)* consolidamento *m* ④ *(von Schusswaffe)* sicura *f* ⑤ EL fusibile *m*

Sicherungskasten *m* pannello *m* degli interruttori

Sicherungskopie *f* INFORM copia *f* di sicurezza

Sicht [zɪçt] <-> *f kein Pl.* ① *(~verhältnisse)* visibilità *f* ② *(fig: Ausblick) a.* FIN vista *f;* **auf kurze/lange ~** a breve/lunga scadenza; **aus meiner ~** dal mio punto di vista; **bei ~** FIN a vista; **in ~** in vista

sichtbar *adj* ① *(zu sehen)* visibile; *(wahrnehmbar)* percettibile ② *(fig: offensichtlich)* manifesto, evidente; *(Fortschritt)* evidente; **~ werden** apparire, manifestarsi

sichten *vt* ① *(erblicken)* avvistare, scorgere ② *(durchsehen u ordnen)* ordinare, classificare

Sichtgerät *nt (von Computer)* unità *f* video [terminale], videomonitor *m*

sichtlich *adj* visibile, manifesto

Sichtverhältnisse *ntpl* [condizioni *fpl* di] visibilità *f*

Sichtvermerk *m (in Visum)* visto *m*

Sichtweite *f* vista *f;* **in/außer ~** in vista/fuori del campo visivo

sickern ['zɪkɐn] *vi sein* passare; *(a. Blut)* stillare

sie [ziː] *pron pers* ① *nom 3. Pers. Sing. f (in Bezug auf Menschen: unbetont, meist nicht übersetzt)* ella; *(betont)* lei; *(in Bezug auf Dinge: unbetont, meist nicht übersetzt)* essa; *(betont)* lei ② *nom 3. Pers. Pl. (unbetont, meist nicht übersetzt)* essi *mpl,* esse *fpl; (betont)* loro ③ *Sing. akk von* **sie** *(betont)* lei; *(unbetont)* la, l' ④ *Pl. akk von* **sie** *(betont)* loro; *(unbetont)* li *mpl,* le *fpl*

Sie *pron pers* ① *nom Sing. (Höflichkeitsform)* Lei; **jdn mit ~ anreden** dare del Lei a qu ② *nom Pl. (Höflichkeitsform)* voi; *(geh)* Loro ③ *Sing. akk von* **Sie** La ④ *Pl. akk von* **Sie** Li *mpl,* Le *fpl*

Sieb [ziːp] <-(e)s, -e> *nt (feines)* setaccio *m; (grobes)* vaglio *m,* crivello *m; (Gemüse~)* passaverdura *m; (Tee~, Kaffee~)* colino *m;* **ein Gedächtnis wie ein ~ haben** essere uno smemorato

Siebdruck *m* serigrafia *f*

sieben[1] ['ziːbən] **I.** *vt (Sand, Erde)* setacciare, passare al setaccio; *(Mehl, Tee, Gold)* setacciare; *(Getreide)* vagliare **II.** *vi (fig: bei Bewerberauswahl, Prüfung)* selezionare, fare una cernita

sieben[2] *num* sette; *s. a.* **acht**

Sieben <-, -> *f* sette *m*

Siebenbürgen [ziːbən'bʏrgən] *nt* Transilvania *f*

siebenfach *adj* settuplo; *s. a.* **achtfach**

Siebengebirge *nt* Settemonti *mpl*

siebenhundert *num* settecento

siebenjährig *adj* ① *(sieben Jahre alt)* di sette anni ② *(sieben Jahre lang)* settennale

siebenmal *adv* sette volte

Siebenmeilenstiefel ['ziːbən'maɪlənʃtiːfəl] *mpl* stivali *mpl* delle sette leghe

Siebensachen ['ziːbən'zaxən] *fpl* **seine ~ packen** *(fam)* prendere i propri stracci

Siebenschläfer *m* ghiro *m*

siebentausend *num* settemila

siebte(r, s) *adj* settimo, -a *(bei Datumsangaben)* sette; **im ~n Himmel sein** essere al settimo cielo; *s. a.* **achte(r, s)**

Siebtel <-s, -> *nt* settimo *m*

siebtens *adv* [in] settimo [luogo]

siebzehn *num* diciassette

siebzehnte(r, s) *adj* diciassettesimo; *s. a.* **achte(r, s)**

Siebzehntel *nt* diciassettesimo *m*

siebzig ['ziːptsɪç] *num* settanta; *s. a.* **achtzig**

siebzigjährig *adj* ① *(siebzig Jahre alt)* settantenne ② *(siebzig Jahre lang)* di settanta anni

Siebzigjährige <ein -r, -n, -n> *mf* uomo *m* [donna *f*] sulla settantina, settantenne *mf*

siebzigste(r, s) *adj* settantesimo; *s. a.* **achte(r, s)**

Siebzigstel <-s, -> *nt* settantesimo *m*

siedeln ['ziːdəln] *vi* insediarsi

sieden ['ziːdən] <siedet, sott *o* siedete, gesotten *o* gesiedet> **I.** *vt* [far] bollire; GASTR lessare **II.** *vi* sbollire

siedend *adj* bollente

siedendheiß ['ziːdənt'haɪs] *adj* DIAL a bollore, bollente; **plötzlich fiel mir ~ ein, dass …** *(fam)* con indicibile sgomento improvvisamente mi venne in mente che …

Siedepunkt *m* ① PHYS punto *m* di ebollizione ② *(fig: Höhepunkt)* culmine *m*

Siedler(in) ['ziːdlɐ] <-s, -; -, -nen> *m(f)* colono, -a *m, f*

S

Siedlung <-, -en> *f* ① *(An~)* insediamento *m* ② *(Wohn~)* centro *m* residenziale
Sieg [ziːk] <-(e)s, -e> *m* vittoria *f*; **den ~ davontragen** riportare la vittoria
Siegel [ˈziːgəl] <-s, -> *nt* sigillo *m*; **unter dem ~ der Verschwiegenheit** in gran segreto
Siegellack *m* ceralacca *f*
Siegelring *m* anello *m* con sigillo
siegen [ˈziːgən] *vi* **über jdn/etw ~** vincere qu/qc
Sieger(in) <-s, -; -, -nen> *m(f)* vincitore, -trice *m, f*; **als ~ aus etw hervorgehen** uscire vincitore da qc
Siegerehrung <-, -en> *f* celebrazione *f* dei vincitori
Siegerpose <-, -n> *f* atteggiamento *m* da vincitore
siegesbewusst, **siegesgewiss**, **siegessicher** *adj* sicuro di vincere
Siegeszug *m* corteo *m* trionfale; *(a. fig)* trionfo *m*
siegreich *adj* vittorioso
sieht [ziːt] *3. Pers. Sing. Präs. von* **sehen**
siezen [ˈziːtsən] *vt* dare del Lei a
Signal [zɪˈgnaːl] <-s, -e> *nt* segnale *m*; **das ~ zu etw geben** dare il segnale di qc
Signalanlage *f* impianto *m* di segnalazione
signalisieren [zɪgnaliˈziːrən] <ohne ge-> *vt* segnalare
Signalwirkung *f* **~ haben** avere effetti determinanti; **von etw geht eine ~ aus** qc ha suscitato degli effetti determinanti
Signatur [zɪgnaˈtuːɐ̯] <-, -en> *f* ① *(Kartenzeichen)* segno *m* convenzionale ② *(Buchnummer in Bibliothek)* segnatura *f*
signieren [zɪˈgniːrən] <ohne ge-> *vt* firmare
silb[e]rig [ˈzɪlb(ə)rɪç] *adj* argenteo
Silbe [ˈzɪlbə] <-, -n> *f* sillaba *f*
Silbentrennung *f* divisione *f* in sillabe
Silber [ˈzɪlbɐ] <-s> *nt kein Pl.* ① *(Metall, Farbe)* argento *m* ② *(Tafelgeschirr)* argenteria *f*
Silberblick *m (fam)* strabismo *m* di Venere
Silberfischchen *nt* lepisma *f*
Silberfuchs *m* volpe *f* argentata
Silbergeschirr *nt kein Pl.* stoviglie *f pl* d'argento
silberhell *adj* argenteo; *(Klang)* argentino
Silberhochzeit *f* nozze *f pl* d'argento
Silbermedaille *f* medaglia *f* d'argento
Silbermünze *f* moneta *f* d'argento
silbern *adj* ① *(aus Silber)* d'argento ② *(silberig)* argenteo; *(Stimme)* argentina
Silberpapier *nt* [carta *f*] stagnola *f*
silberweiß *adj* argentato
silbrig *s.* **silb[e]rig**
Silhouette [ziˈlu̯ɛtə] <-, -n> *f* silhouette *f*
Silicium, **Silizium** [ziˈliːtsiʊm] <-s> *nt kein Pl.* silicio *m*
Silikon [ziliˈkoːn] <-s, -e> *nt* CHEM silicone *m*
Silo [ˈziːlo] <-s, -s> *m o nt* silo *m*; **im ~ einlagern** insilare
Silvester [zɪlˈvɛstɐ] <-s, -> *nt* san Silvestro
Silvesterparty *f* festa *f* di Capodanno
simpel [ˈzɪmpəl] *adj* ① *(unkompliziert, schlicht)* semplice ② *(pej: einfältig, beschränkt)* sempliciotto, sciocco
Sims [zɪms] <-es, -e> *m o nt* ARCH cornice *f*, cimasa *f*; *(Wandbrett)* mensola *f*; *(Fenster~)* davanzale *m*
simsen [ˈzɪmsən] *vi (fam: eine SMS schicken)* messaggiarsi
Simulant(in) [zimuˈlant] <-en, -en; -, -nen> *m(f)* simulatore, -trice *m, f*
simulieren [zimuˈliːrən] <ohne ge-> *vi, vt* fingere, simulare
simultan [zimʊlˈtaːn] *adj* simultaneo
Simultandolmetschen <-s> *nt kein Pl.* traduzione *f* simultanea
Simultandolmetscher(in) *m(f)* interprete *mf* simultaneo, -a
sind [zɪnt] *1. u. 3. Pers. Pl pr, bei Sie Sing. u. Pl. von* **sein**[1]
Sinfonie [zɪnfoˈniː] <-, -n> *f* sinfonia *f*
Sinfoniekonzert *nt* concerto *m* sinfonico
Sinfonieorchester *nt* orchestra *f* sinfonica
sinfonisch [zɪnˈfoːnɪʃ] *adj* sinfonico
singen [ˈzɪŋən] <singt, sang, gesungen> *vt, vi (a. sl: gestehen)* cantare
Singen <-s> *nt kein Pl.* canto *m*
Single[1] [sɪŋgl] <-, -(s)> *f (Schallplatte)* 45 giri *m*
Single[2] <*m* -s, -s *o f* -, -s> *mf (Alleinlebende)* single *mf*
Single-Disco *f* discoteca *f* per single
Single-Haushalt *m* ménage *m* di un single
Single-Party *f* festa *f* per single
Singsang [ˈzɪŋzaŋ] <-(e)s> *m kein Pl.* cantilena *f*
Singular [ˈzɪŋgulaːɐ̯] <-s, -e> *m* singolare *m*
Singvogel *m* uccello *m* canoro
sinken [ˈzɪŋkən] <sinkt, sank, gesunken> *vi sein* ① *(nach unten ~)* calare, affondare; *(Schiff)* affondare; *(Ballon, Nebel)* calare; *(Sonne, Stern)* tramontare, calare; *(in weichen Untergrund)* sprofondare; **in einen Stuhl/zu Boden ~** cadere su una sedia/a terra ② *(sich senken: Boden, Gelände, Gebäude)* abbassarsi, calare; *(Fundament)* abbassarsi ③ *(Wasserspiegel)* abbassarsi; *(Temperatur)* calare, scendere; *(Preise, Kurse)* calare, diminuire ④ *(Ansehen, Vertrauen)* calare; *(Einfluss)* diminuire; **in jds**

Achtung ~ perdere la stima di qu; **die Hoffnung/den Mut ~ lassen** perdere la speranza/perdersi d'animo

Sinn [zɪn] <-(e)s, -e> *m* ① *(Wahrnehmungs~)* senso *m;* **~ haben für ...** avere il senso di ... ② *Pl. (Begierde)* sensi *mpl; (Bewusstsein)* sensi *mpl,* conoscenza *f* ③ *(Denken)* intenzione *f,* pensiero *m;* **etw im ~[e] haben** avere in mente qc; **sich** *dat* **etw aus dem ~ schlagen** togliersi qc dalla testa; **jdm in den ~ kommen** venire in mente a qu; **in jds ~e** secondo le intenzioni di qu ④ *(Verständnis, Empfänglichkeit)* comprensione *f,* sensibilità *f* ⑤ *(Zweck)* scopo *m,* senso *m;* **der ~ des Lebens** il senso della vita; **der ~ der Sache** il senso della cosa; **ohne ~ und Verstand** senza senso; **das hat keinen ~** non ha alcun senso ⑥ *(Bedeutung)* significato *m,* senso *m;* **keinen ~ ergeben** non avere nessun senso; **im ~e des Gesetzes** ai sensi di legge; **in gewissem ~e** in un certo senso; **im eigentlichen/bildlichen ~e** in senso proprio/figurato; **im engeren/weiteren ~e** in senso stretto/lato; **im wahrsten ~e des Wortes** nel pieno significato della parola

Sinnbild *nt* simbolo *m;* **der Löwe ist ~ für Venedig** il leone è il simbolo di Venezia

sinnbildlich *adj* simbolico; **~ darstellen** simboleggiare

sinnen ['zɪnən] <sinnt, sann, gesonnen> *vi* ① *(nachdenken)* [**über etw** *akk*] **~** riflettere [su qc] ② *(planen)* [**auf etw** *akk*] **~** meditare qc

sinnentstellend *adj* che altera il senso

Sinnesänderung *f* cambiamento *m* d'idea [*o* d'opinione]

Sinneseindruck *m* sensazione *f*

Sinneslust *f* piacere *m* sensuale

Sinnesorgan *nt* organo *m* dei sensi

Sinnestäuschung *f* allucinazione *f*

Sinneswandel <-s> *m kein Pl.* mutamento *m* di significato

sinnfällig *adj* evidente

sinngemäß *adj* conforme al senso; **etw ~ wiedergeben** riprodurre il senso di qc

sinngetreu *adj* fedele al senso [*o* al significato]

sinnieren [zɪ'ni:rən] <ohne ge-> *vi* fantasticare, meditare

sinnig *adj (Gedanke)* sensato; *(sinnreich)* ingegnoso

sinnlich *adj* ① *(die Sinnesorgane betreffend)* sensoriale ② *(Mensch, Mund, Genuss)* sensuale

Sinnlichkeit <-> *f kein Pl.* sensualità *f*

sinnlos *adj* ① *(ohne Sinn)* senza senso ② *(widersinnig)* assurdo, insensato; **~ betrunken** ubriaco fradicio *fam* ③ *(vergeblich)* vano, inutile

Sinnlosigkeit <-> *f kein Pl.* assurdità *f*

sinnverwandt *adj* sinonimico

sinnvoll *adj* ① *(Satz, Aussage)* sensato ② *(vernünftig)* sensato; *(nützlich)* funzionale, utile

sinnwidrig *adj* assurdo, insensato

Sintflut ['zɪntflu:t] *f* diluvio *m* universale

Sinti ['zɪnti] *pl* Sinti *pl*

Sinus ['zi:nʊs] <-, - *o* -se> *m* seno *m*

Siphon [zi'fõ: *o* 'zi:fõ] <-s, -s> *m* sifone *m*

Sippe ['zɪpə] <-, -n> *f* ① *(von Menschen)* stirpe *f,* clan *m; (fam: Verwandtschaft)* famiglia *f; (scherz)* tribù *f* ② ZOO specie *f*

Sippenhaft <-> *f kein Pl. pena (detentiva) estesa alla famiglia di un colpevole o perseguitato politico (applicata ai responsabili della stirpe sotto il nazismo)*

Sippschaft <-, -en> *f (meist pej)* parentado *m*

Sirene [zi're:nə] <-, -n> *f* sirena *f*

Sirenengeheul *nt* urlo *m* delle sirene

Sirup ['zi:rʊp] <-s, -e> *m* sciroppo *m*

Sisyphusarbeit ['zi:zyfʊsʔarbaɪt] *f* fatica *f* di Sisifo

Sitcom ['sɪtkɔm] <-, -s> *f* TV sitcom *f*

Site <-, -s> *f* INFORM *(Internetseite)* pagina *f* Internet

Sitte ['zɪtə] <-, -n> *f* ① *(Benehmen)* [buon] costume *m;* **gegen die guten ~n verstoßen** offendere la decenza ② *(Brauch)* uso *m,* usanza *f;* **nach alter ~** secondo le antiche usanze ③ *(Gewohnheit)* abitudine *f*

Sittendezernat <-(e)s, -e> *nt* [polizia *f*] buoncostume *f*

sittenlos *adj* dissoluto, immorale

Sittenlosigkeit <-> *f kein Pl.* dissolutezza *f,* immoralità *f*

Sittenpolizei *f* squadra *f* del buon costume, buoncostume *f*

sittenstreng *adj* austero, puritano

Sittenverfall *m* decadenza *f* dei costumi

sittenwidrig *adj* JUR immorale, depravato

Sittich ['zɪtɪç] <-s, -e> *m* pappagallino *m*

sittlich *adj* morale

Sittlichkeit <-> *f kein Pl.* moralità *f*

Sittlichkeitsverbrechen *nt* delitto *m* sessuale

sittsam *adj (Mädchen)* pudico; *(Benehmen)* costumato; *(Kleidung)* decente

Sittsamkeit <-> *f kein Pl. (von Mädchen)* pudicizia *f; (von Kleidung)* decenza *f*

Situation [zitua'tsi̯o:n] <-, -en> *f* situazione *f,* condizioni *fpl*

situieren [zitu'i:rən] *vt* situare; **gut situiert** abbiente, agiato

Sitz [zɪts] <-es, -e> *m* ① *(~gelegenheit)*

S

posto *m;* *(Stuhl)* sedia *f;* *(Sessel, a in Fahrzeugen)* sedile *m* ② PARL *(von Abgeordneten)* seggio *m* ③ *(von Firma, Verein, Regierung)* sede *f* ④ *(von Kleidung)* taglio *m;* **dieses Kleid hat einen guten ~** questo vestito cade bene

Sitzbad *nt* semicupio *m*

sitzen ['zɪtsən] <sitzt, saß, gesessen> *vi* ① *(Mensch)* sedere, essere seduto; *(Vogel)* stare, essere posato; **bleiben Sie ~!** resti seduto!; **~ lassen** *(fam: im Stich lassen)* piantare; *(bei Verabredung)* dare un bidone a; **etw auf sich** *dat* **~ lassen** lasciar correre qc; **das lasse ich nicht auf mir ~!** questa non la mando giù; **einen ~ haben** *(fam: betrunken sein)* essere sbronzo; **~ bleiben** [re]stare seduto; *(in der Schule)* essere bocciato; *(beim Tanz)* fare da tappezzeria ② *(sich befinden)* stare, essere; *(Firma, Regierung)* avere la propria sede, risiedere; *(fig)* avere radici; **in einer Partei ~** *(Mitglied sein)* essere membro di un partito; **der Hass saß lange in ihm** fu pervaso a lungo dall'odio ③ *(Modell ~)* posare ④ *(passen: Frisur)* stare bene; *(Kleidung a.)* cadere bene; **wie angegossen ~** stare a pennello ⑤ *(treffen: Bemerkung)* essere giusto ⑥ *(Wend)* **im Gedächtnis ~** rimanere impresso [nella memoria]; **im Gefängnis ~** essere al fresco

sitzend *adj* **~e Lebensweise** vita sedentaria

Sitzgelegenheit *f* posto *m* a sedere

Sitzheizung *f* AUTO riscaldamento *m* del sedile

Sitzkissen *nt* cuscino *m* [per sedersi]; *(orientalisches)* pouf *m*

Sitznachbar(in) *m(f)* vicino *m* di posto

Sitzordnung *f* disposizione *f* dei posti; **die ~ festlegen** stabilire la disposizione dei posti a tavola

Sitzplatz *m* posto *m* a sedere

Sitzstreik *m* sciopero *m* passivo

Sitzung <-, -en> *f* ① seduta *f;* JUR udienza *f;* **die ~ ist geschlossen** la seduta è tolta ② INFORM sessione *f*

Sitzungssaal *m* sala *f* delle riunioni; JUR aula *f* delle udienze

Sitzverteilung *f* PARL ripartizione *f* dei seggi

Sizilianer(in) [zitsi'liaːnɐ] <-s, -; -, -nen> *m(f)* siciliano, -a *m, f*

sizilianisch *adj* siciliano

Sizilien [zi'tsiːliən] *nt* Sicilia *f*

Skala ['skaːla] <-, -s *o* Skalen> *f* scala *f*

Skaleneinteilung *f* graduazione *f* della scala

Skalp [skalp] <-s, -e> *m* scalpo *m*

Skalpell [skal'pɛl] <-s, -e> *nt* scalpello *m*

S

skalpieren [skal'piːrən] <ohne ge-> *vt* scalpare

Skandal [skan'daːl] <-s, -e> *m* scandalo *m*

skandalös [skanda'løːs] *adj* *(anstößig)* scandaloso; *(unerhört)* inaudito

skandalträchtig *adj* scandaloso

Skandinavien [skandi'naːviən] *nt* Scandinavia *f*

Skandinavier(in) <-s, -; -, -nen> *m(f)* scandinavo, -a *m, f*

skandinavisch *adj* scandinavo

Skat [skaːt] <-(e)s, -e *o* -s> *m* skat *m*

Skateboard ['skeɪtbɔːt] <-s, -s> *nt* skateboard *m*

skaten ['skeɪtən] *vi* *(fam: Inliner fahren)* pattinare inline

Skelett [ske'lɛt] <-(e)s, -e> *nt* scheletro *m*

Skepsis ['skɛpsɪs] <-> *f kein Pl.* scetticismo *m*

Skeptiker(in) ['skɛptɪkɐ] <-s, -; -, -nen> *m(f)* scettico, -a *m, f*

skeptisch *adj* scettico

Skeptizismus [skɛpti'tsɪsmʊs] <-> *m kein Pl.* scetticismo *m*

Sketch [skɛtʃ] <- (es), -e(s) *o* -s> *m* sketch *m,* scenetta *f* comica

Ski [ʃiː] <-s, -er *o rar:* -> *m* sci *m;* **~ fahren** sciare

Skianzug *m* SPORT tuta *f* da sci

Skiausrüstung *f* attrezzatura *f* da sci

Skifahrer(in) *m(f)* SPORT sciatore, -trice *m, f*

Skihaserl [ʃiːhaːzɐl] <-s, -> *nt* A, SÜDD *(scherz)* giovane sciatrice *f*

Skihose *f* pantaloni *mpl* da sci

Skikurs *m* corso *m* di sci

Skilanglauf *m* sci *m* di fondo

Skilauf <-(e)s> *m kein Pl.* SPORT **nordischer/alpiner ~** sci alpino

Skilaufen <-s> *nt kein Pl.* sci *m*

Skiläufer(in) *m(f)* sciatore, -trice *m, f*

Skilehrer(in) *m(f)* insegnante *mf* di sci

Skilift *m* sciovia *f*

Skinhead ['skɪnhɛt] <-s, -s> *m* skinhead *m*

Skipass *m* ski-pass *m*

Skipiste *f* pista *f* da sci

Skischule *f* SPORT scuola *f* di sci

Skispringen <-s, -> *nt* salto *m* con gli sci

Skispringer(in) *m(f)* saltatore, -trice *m, f* con gli sci

Skistock *m* bastone *m* da sci, racchetta *f*

Skiträger *m* portasci *m*

Skiurlaub *m* vacanze *fpl* sci[istiche]

Skizirkus *m* circo *m* bianco

Skizze ['skɪtsə] <-, -n> *f* *(Entwurf)* schizzo *m;* LIT abbozzo *m*

skizzenhaft *adj* abbozzato, schizzato

skizzieren [skɪ'tsiːrən] <ohne ge-> *vt* schizzare, abbozzare

Sklave ['skla:və] <-n, -n> *m* schiavo *m*
Sklaverei [skla:və'raɪ] <-> *f kein Pl.* schiavitù *f*
Sklavin ['skla:vɪn] <-, -nen> *f* schiava *f*
sklavisch *adj* da schiavo, servile
Sklerose [skle'ro:zə] <-, -n> *f* sclerosi *f;* **Multiple ~** sclerosi a placche
Skonto ['skɔnto] <-s, -s *o rar:* Skonti> *m o nt* sconto *m*
Skorbut [skɔr'bu:t] <-(e)s> *m kein Pl.* scorbuto *m*
Skorpion [skɔr'pi̯o:n] <-s, -e> *m* ① ZOO scorpione *m* ② ASTR Scorpione *m;* **er/sie ist [ein] ~** è [dello] Scorpione
Skript [skrɪpt] <-(e)s, -en *o* -s> *nt* ① *(Manuskript)* manoscritto *m* ② *(einer Vorlesung)* appunti *mpl,* dispensa *f* ③ FILM copione *m*
Skrupel ['skru:pəl] <-s, -> *m* scrupolo *m*
skrupellos *adj* senza scrupoli
Skrupellosigkeit <-> *f kein Pl.* mancanza *f* di scrupoli
Skulptur [skʊlp'tu:ɐ̯] <-, -en> *f* scultura *f*
Skunk [skʊŋk] <-s, -s *o* -e> *m* skunk *m*
skurril [skʊ'ri:l] *adj (geh)* buffonesco
S-Kurve ['ɛskʊrvə] <-, -n> *f* curva *f* a S, doppia curva *f*
Skyline ['skaɪlaɪn] <-, -s> *f* orizzonte *m*
skypen ['skaɪpən] *vi* INET telefonare con skype, skypare; **mit jdm oft skypen** sentire qu spesso su skype
Skysurfing ['skaɪsœfiŋ] <-> *nt kein Pl.* SPORT skysurfing *m*
s. l. *Abk. von* **sine loco** s.l.
Slalom ['sla:lɔm] <-s, -s> *m* slalom *m*
Slang [slɛŋ] <-s> *m kein Pl.* ① *(saloppe Sprache)* slang *m* ② *(Jargon)* gergo *m,* slang *m*
Slapstick ['slɛpstɪk] <-s, -s> *m* comicità *f* farsesca
Slash ['slæʃ] <-s, -s> *m* INFORM slash *m*
Slawe ['sla:və] <-n, -n> *m,* **Slawin** ['sla:vɪn] <-, -nen> *f* slavo, -a *m, f*
slawisch *adj* slavo
Slip [slɪp] <-s, -s> *m* slip *m,* mutandina *f*
Slipeinlage *f* proteggi *m* mutandina
Slogan ['slɔʊgən] <-s, -s> *m* slogan *m*
Slowake [slo'va:kə] <-n, -n> *m* slovacco *m*
Slowakei [slova'kaɪ] *f* **die ~** la Repubblica Slovacca
Slowakin [slo'va:kɪn] <-, -nen> *f* slovacca *f*
slowakisch *adj* slovacco
Slowakisch <-s> *nt kein Pl.,* **Slowakische** <-n> *nt kein Pl.* slovacco *m*
Slowene [slo've:nə] <-n, -n> *m* sloveno *m*
Slowenien [slo've:niən] *nt* Slovenia *f*
Slowenier(in) [slo've:niɐ] <-s, -; -, -nen> *m(f)* sloveno, -a *m, f*
Slowenin [slo've:nɪn] <-, -nen> *f* slovena *f*
slowenisch *adj* sloveno
Slowenisch <-s> *nt kein Pl.,* **Slowenische** <-n> *nt kein Pl.* sloveno *m*
Slum [slam] <-s, -s> *m* slum *m,* bassofondi *mpl*
sm *Abk. von* **Seemeile** miglio *m* marino
Smalltalk, **Small Talk** ['smɔ:ltɔ:k] <-s, -s> *m* small talk *m*
Smaragd [sma'rakt] <-(e)s, -e> *m* smeraldo *m*
Smog [smɔk] <-(s), -s> *m* smog *m*
Smogalarm *m* allarme *m* smog
Smoking ['smo:kɪŋ] <-s, -s> *m* smoking *m*
SMS [ɛsɛm'ɛs] <-, -> *f Abk. von* **Short Message Service** SMS *m,* messaggino *m;* **jdm eine ~ schicken** messaggiare a qu
smsen [ɛsɛm'ɛsən] *vi (fam: eine SMS schicken)* messaggiarsi
SMV [ɛsʔɛm'faʊ] <-, -s> *f Abk. von* **Schülermitverwaltung** *partecipazione degli scolari ai consigli scolastici*
Snapchat® <-[s]> ['snɛptʃɛt] *nt kein pl* INFORM Snapchat® *m*
Snob [snɔp] <-s, -s> *m* snob *mf*
Snobismus [sno'bɪsmʊs, *Pl:* sno'bɪsmən] <-, Snobismen> *m* snobismo *m*
snobistisch [sno'bɪstɪʃ] *adj* snob
Snowboard ['snɔʊbɔ:t] <-s, -s> *nt* snowboard *m*
Snowboarder(in) *m(f)* snowbo[a]rdista *mf*
s.o. *Abk. von* **siehe oben** v.s.
so [zo:] **I.** *adv* ① *(Art und Weise)* così, in questa maniera; **~ oder ~** o in un modo o nell'altro; **bald ~, bald ~** ora in un modo, ora in un altro; **und ~ fort** e così via, eccetera; **und zwar ~** e precisamente così; **~ liegen die Dinge** le cose stanno così; **~ ist das Leben nun mal** [così] è la vita; **wenn dem ~ ist** se è così; **~ siehst du aus!** *(fam)* stai fresco! ② *(mit einem Adjektiv oder Adverb)* così, talmente; **~ ein[e]** uno [una] così; **~ etwas** una cosa simile, una tale cosa; **~ etwas wie …** qualcosa come …; **~ … wie** tanto … quanto; **~ gut wie** praticamente, quasi; **~ etwa** all'incirca; **~ … auch** per quanto *+conj;* **~ sehr** tanto; **~ sehr, dass …** a tal punto che …; **~ …, dass** così … che; **~ dass …** per cui …; **~ viel** tanto; **~ ziemlich** pressappoco; **~ wenig wie möglich** il meno possibile; **es ist ~ weit** ci siamo; **bist du ~ weit?** sei pronto?; **ich bin ~ weit zufrieden** sono abbastanza contento; **~ [und ~] oft** tante [e tante] volte; **~ viel ist gewiss, dass …** una cosa è certa, che …; **du tust nur ~** fai solo finta; **~ ein Esel!** che imbe-

S

cille!; **recht ~!** così va bene!; **~ genannt** *(wie es genannt wird)* cosiddetto; *(angeblich)* sedicente, che si dice; **~ was von ...** *(fam)* ... da non credere; **das ist ~ was von dreist** *(fam)* è impertinente da non credere **II.** *konj (also, folglich)* così, dunque; **~ Gott will** se Dio vuole **III.** *interj* **~!** ecco!, bene!; **~, ~!** ma guarda un po'!; *(sieh mal einer an)* to'!; **ach ~!** ah, davvero?, veramente?; **~?** davvero?, veramente?

SO *Abk. von* **Südost[en]** SE

sobald [zo'balt] *konj* non appena

Socke ['zɔkə] <-, -n> *f* calzino *m;* **sich auf die ~n machen** *(fam)* andarsene

Sockel ['zɔkəl] <-s, -> *m* zoccolo *m,* piedistallo *m; (Unterbau)* basamento *m*

Socken ['zɔkən] <-s, -> *m* CH, A, SÜDD calzino *m*

Soda ['zo:da] <-> *nt kein Pl.* soda *f*

sodass [zo'das] *konj* A *(so dass)* cosicché

Sodawasser *nt* [acqua *f* di] soda *f*

Sodbrennen ['zo:tbrɛnən] <-s> *nt kein Pl.* bruciore *m* di stomaco

Sodomie [zodo'mi:] <-, -n> *f* sodomia *f*

soeben [zo'ʔe:bən] *adv (gerade jetzt)* in questo istante; *(vor kurzer Zeit)* appena, poco fa

Sofa ['zo:fa] <-s, -s> *nt* divano *m,* sofà *m*

Sofakissen *nt* cuscino *m* del divano

Sofa-Überwurf *m* copridivano *m*

sofern [zo'fɛrn] *konj* purché *+conj,* a condizione che *+conj;* **~ nicht** a meno che *+conj*

soff [zɔf] *1. u. 3. Pers. Sing. Imp. von* **saufen**

Sofia ['zo:fi̯a] *nt* Sofia *f*

sofort [zo'fɔrt] *adv* subito, immediatamente; **~ zur Sache kommen** venire subito al dunque

Sofortbildkamera *f* [macchina *f*] polaroid® *f*

S

Soforthilfe *f* primo soccorso *m*

sofortig *adj* immediato, istantaneo

Sofortmaßname *f* misura *f* immediata

Softie ['sɔfti] <-s, -s> *m (fam)* mezza calzetta *f,* delicatino *m*

Soft-Porno ['sɔftpɔrno] <-s, -s> *m* [film *m*] soft-core *m*

Software ['sɔftwɛ:ɐ̯] <-, -s> *f* software *m*

Software-Piraterie *f* INFORM pirateria *f* informatica

Software-Raubkopie *f* INFORM software *m* piratato

sog [zo:k] *1. u. 3. Pers. Sing. Imp. von* **saugen**

sog. *Abk. von* **sogenannt** cosiddetto, -a

Sog [zo:k] <-(e)s, -e> *m* risucchio *m; (a. fig)* vortice *m*

sogar [zo'ga:ɐ̯] *adv* perfino, persino

so genannt *adj (wie es genannt wird)* cosiddetto; *(angeblich)* sedicente, che si dice

sogleich [zo'glaɪç] *s.* **sofort**

Sohle ['zo:lə] <-, -n> *f* ❶ *(Fuß~)* pianta *f* ❷ *(Schuh~)* suola *f* ❸ GEOL *(Tal~)* fondo *m;* MIN livello *m*

sohlen *vt* solare

Sohn [zo:n] <-(e)s, Söhne> *m (a. fig)* figlio *m;* **der verlorene ~** il figlio prodigo

Soja ['zo:ja] <-, Sojen> *f,* **Sojabohne** *f* soia *f*

Sojamehl *nt* farina *f* di soia

Sojaöl *nt* olio *m* di soia

Sojasoße *f* salsa *f* di soia

Sojen *Pl. von* **Soja**

solange [zo'laŋə] *konj* finché, fintantoché

solar [zo'la:ɐ̯] *adj* ASTR, METEO, PHYS solare

Solar- [zo'la:ɐ̯] *in Zusammensetzungen* solare

Solarenergie *f kein Pl.* PHYS energia *f* solare

Solarium [zo'la:riʊm] <-s, Solarien> *nt* solarium *m*

solariumgebräunt *adj* lampadato

Solarzelle *f* pannello *m* solare

solch, solche(r, s) *adj* tale; **ein ~er .../eine ~e ...** un tale .../una tale ...; **ein ~er Mensch** un simile individuo; **als ~er** come tale; **ich habe ~e Angst/~en Hunger** ho una tal paura/fame; **es gibt ~e und ~e** *(fam)* non son tutti uguali

solcherlei ['zɔlçɐ'laɪ] *adj inv* tale

Sold [zɔlt] <-(e)s, -e> *m* soldo *m*

Soldat [zɔl'da:t] <-en, -en> *m* soldato *m,* militare *m*

Soldatenfriedhof *m* cimitero *m* di guerra

soldatisch *adj* soldatesco, militare

Söldner ['zœldnɐ] <-s, -> *m* mercenario *m*

Sole ['zo:lə] <-, -n> *f* acqua *f* salsa

Soli *Pl. von* **Solo**

Solidarbeitrag [zoli'da:ɐ̯baɪtra:k] *m* contributo *m* di solidarietà

solidarisch [soli'da:rɪʃ] *adj* solidale; **sich mit jdm ~ erklären** solidarizzare con qu

Solidarität [zolidari'tɛ:t] <-> *f kein Pl.* solidarietà *f*

solide [zo'li:də] *adj* ❶ *(Haus, Möbel)* solido ❷ *(gründlich: Arbeit, Arbeiter)* coscienzioso, serio; *(Wissen)* solido ❸ *(Mensch, Lebensweise)* onesto ❹ FIN *(Firma)* solido; *(Preise)* ragionevole

Solidität [zolidi'tɛ:t] <-> *f kein Pl.* ❶ *(von Haus, Möbel)* solidità *f* ❷ *(von Arbeit, Arbeiter)* coscienziosità *f,* serietà *f; (von Wissen)* solidità *f* ❸ *(von Mensch, Lebensweise)* onestà *f* ❹ *(von Firma)* solidità *f; (von Preisen)* ragionevolezza *f*

Solist(in) [zo'lɪst] <-en, -en; -, -nen> *m(f)* solista *mf*

Soll [zɔl] <-(s), -(s)> *nt* ❶ FIN dare *m,* debito *m;* ~ **und Haben** dare e avere ② *(Plan~)* norma *f* di produzione; **sein ~ erfüllen** adempiere il proprio dovere

sollen[1] ['zɔlən] <soll, sollte, sollen> *Modalverb (Pflicht)* dovere; **ich soll Ihnen sagen, dass ...** devo dirLe che ...; **du sollst nicht töten** non ammazzare; **du sollst doch nicht rauchen!** non devi fumare!; **du sollst mal sehen ...** vedrai ...; **du solltest lieber gehen** faresti meglio ad andare; **du hättest nicht gehen ~** non saresti dovuto andare; **das hättest du nicht tun ~** non avresti dovuto farlo; **er soll reich sein** dicono che sia ricco; **er soll sofort kommen** che venga subito; **er soll gesagt haben** avrebbe detto; **Sie ~ wissen ...** desidero che Lei sappia ...; **sollten Sie ihn zufällig treffen** se per caso lo incontrasse; **man sollte meinen ...** si direbbe; **man sollte weniger essen** bisognerebbe mangiar meno; **so etw sollte man vermeiden** si dovrebbe evitare una cosa simile; **mir soll es gleich sein** per me è lo stesso; **das soll es geben** queste cose accadono; **es soll geschehen** succederà; **es sollten Jahre vergehen, bevor ...** passeranno anni prima che *+conj;* **es sollte nicht lange dauern, bis ...** non durerà molto fino a ...; **wenn es regnen sollte** se dovesse piovere, se piovesse; **soll ich kommen?** devo venire?; **soll ich dir helfen?** devo aiutarti?; **sollte das möglich sein?** è possibile?; **was soll ich tun?** che cosa devo fare?; **was soll das heißen?** che cosa vuol dire?; **was soll das kosten?** quanto costa?, quant'è?; **was soll das werden?** che succederà?, che sarà?

sollen[2] <soll, sollte, gesollt> **I.** *vi* **soll ich?** devo?; **was soll das?** *(was hat das zu bedeuten)* come sarebbe?, che significa?; *(wozu)* a che serve questo?, che scopo ha?; **was soll der Quatsch?** *(fam)* ma a che gioco giochiamo?; **was soll ich dort?** cosa ci faccio?; **was soll's** *(fam: ist gleichgültig)* è uguale **II.** *vt* **das sollst du!** devi farlo!; **das solltest du nicht** non dovresti farlo

Sollzinsen *mpl* interessi *mpl* a debito [*o* passivi]

solo ['zo:lo] <inv> *adj* solo; **ich bin ganz ~** *(fam)* sono tutto solo

Solo ['zo:lo] <-s, -s *o* Soli> *nt* assolo *m*

Solothurn ['zo:lotʊrn] *nt* Soletta *f*

solvent [zɔl'vɛnt] *adj* solvente

Solvenz [zɔl'vɛnts] <-, -en> *f* solvibilità *f,* solvenza *f*

somit [zo'mɪt] *adv* quindi, di conseguenza

Sommer ['zɔmɐ] <-s, -> *m* estate *f;* **im ~** d'estate; **mitten im ~** in piena estate; **den ~ über** durante l'estate

Sommerfahrplan *m* orario *m* estivo

Sommerferien *pl* vacanze *fpl* estive

Sommerfrische *f* villeggiatura *f*

Sommerhalbjahr *nt* semestre *m* estivo

Sommerkleidung *f* vestiti *mpl* estivi

sommerlich *adj* estivo, d'estate

Sommerloch *nt (fam)* periodo *m* morto [in estate]

Sommermantel *m* soprabito *m*

Sommerpause *f* pausa *f* estiva; *(des Parlaments)* pausa *f* estiva

Sommerreifen *m* pneumatico *m* estivo

Sommerschlussverkauf *m* liquidazione *f* di fine stagione [estiva]

Sommersemester *nt* semestre *m* estivo

Sommersonnenwende *f* solstizio *m* d'estate

Sommerspiele *ntpl* **Olympische ~** olimpiadi *fpl* estive

Sommersprosse <-, -n> *f* lentiggine *f*

sommersprossig *adj* lentigginoso

Sommerzeit *f* ① *(Uhrzeit)* ora *f* estiva ② *(Jahreszeit)* estate *f*

Sonate [zo'na:tə] <-, -n> *f* sonata *f*

Sonde ['zɔndə] <-, -n> *f* sonda *f*

Sonder- ['zɔndɐ] *in Zusammensetzungen* speciale

Sonderanfertigung *f* ① *(Tätigkeit)* fabbricazione *f* fuori serie ② *(Stück)* esemplare *m* fuori serie

Sonderangebot *nt* offerta *f* speciale; **im ~ sein** essere in offerta speciale

Sonderausführung *f* versione *f* speciale

Sonderausgabe *f* ① *(Buch, Zeitschrift)* edizione *f* straordinaria ② FIN spesa *f* straordinaria

sonderbar *adj* strano, singolare, bizzarro

sonderbarerweise *adv* caso strano

Sonderbeilage *f* supplemento *m*

Sonderfall *m* caso *m* particolare

Sondergenehmigung *f* autorizzazione *f* speciale

sondergleichen ['zɔndɐ'glaɪçən] <inv> *adj (nachgestellt)* senza pari

Sonderkommando <-s, -s> *nt* comando *m* speciale

sonderlich **I.** *adj* eccessivo **II.** *adv* eccessivamente

Sonderling ['zɔndɐlɪŋ] <-s, -e> *m* originale *m,* persona *f* strana

Sondermarke *f* francobollo *m* da collezione

Sondermüll *m* residui *mpl* tossici

sondern ['zɔndɐn] *konj* ma, bensì; **nicht nur ..., ~ auch ...** non solo ..., ma anche ...

Sondernummer *f* numero *m* speciale

Sonderregelung *f* regolamento *m* speciale

Sonderschule *f* scuola *f* per handicappati, classi *fpl* differenziali
Sonderstellung *f* posizione *f* particolare; *(von Person)* posizione *f* privilegiata
Sondervollmacht *f* JUR procura *f* speciale, poteri *mpl* speciali
Sonderwunsch <-(e)s, -wünsche> *m* desiderio *m* particolare
Sonderzug *m* treno *m* straordinario
sondieren [zɔn'diːrən] <ohne ge-> *vt* sondare
Sonett [zo'nɛt] <-(e)s, -e> *nt* sonetto *m*
Sonnabend ['zɔnʔaːbənt] *m* sabato *m; s. a.* **Dienstag**
Sonne ['zɔnə] <-, -n> *f* sole *m;* **in der ~** al sole; **die ~ scheint** splende il sole
sonnen *vr:* **sich ~** prendere il sole; **sich im Ruhm/Glück/Erfolg ~** *(fig)* godersi la fama/la felicità/il successo
Sonnenaufgang *m* sorgere *m* del sole
Sonnenbad *nt* bagno *m* di sole
sonnenbeschienen *adj* soleggiato
Sonnenblume *f* girasole *m*
Sonnenbrand *m* scottatura *f* [solare]
Sonnenbrille *f* occhiali *mpl* da sole
Sonnencreme *f* crema *f* solare
Sonnendach *nt* tenda *f* da sole
Sonnenenergie *f* energia *f* solare
Sonnenfinsternis *f* eclisse *f* solare
Sonnengel *nt* gel *m* solare
sonnenhungrig *adj* patito della tintarella
sonnenklar *adj (fam)* ❶ *(hell und sonnig)* chiaro, soleggiato ❷ *(eindeutig)* evidente, chiarissimo
Sonnenkollektor *m* collettore *m* solare
Sonnenkraftwerk *nt* centrale *f* a energia solare
Sonnenlicht *nt* luce *f* solare
Sonnenmilch *f* latte *m* solare
Sonnenöl *nt* olio *m* solare
Sonnenschein *m* **im ~** al sole
Sonnenschirm *m* ombrellino *m,* parasole *m; (großer)* ombrellone *m*
Sonnenschutz *m kein Pl.* ❶ *(Maßnahme)* protezione *f* solare ❷ *(Konstruktion)* riparo *m* dal sole
Sonnenschutzmittel *nt* ambra *f* solare
Sonnenseite *f* parte *f* esposta al sole, solatio *m*
Sonnenstich *m* insolazione *f,* colpo *m* di sole
Sonnenstrahl *m* raggio *m* di sole
Sonnensystem *nt* sistema *m* solare
Sonnenuhr *f* orologio *m* solare, meridiana *f*
Sonnenuntergang *m* tramonto *m* del sole
Sonnenwende *f* solstizio *m*
sonnig *adj* ❶ *(Zimmer, Platz)* soleggiato, assolato; *(Tag, Wetter)* sereno ❷ *(fig: Mensch: heiter)* gaio
Sonntag ['zɔntaːk] <-s, -e> *m* domenica *f; s. a.* **Dienstag**
Sonntagabend *m* domenica sera; **am ~** domenica sera; **an diesem ~** questa domenica sera; **jeden ~** ogni domenica sera
sonntagabends *adv* la domenica sera
sonntäglich *adj* domenicale
Sonntagmittag *m* domenica a mezzogiorno; *s. a.* **Sonntagabend**
sonntagmittags *adv* la domenica a mezzogiorno
Sonntagmorgen *m* domenica mattina; *s. a.* **Sonntagabend**
sonntagmorgens *adv* la domenica mattina
Sonntagnachmittag *m* domenica pomeriggio; *s. a.* **Sonntagabend**
sonntagnachmittags *adv* la domenica pomeriggio
sonntags *adv* di [*o* la] domenica; **sonn- und feiertags** la domenica e i giorni festivi
Sonntagsarbeit *f kein Pl.* lavoro *m* domenicale
Sonntagsdienst *m* **~ haben** essere di servizio la domenica; ~ *(Hinweis: Arzt)* medico *m* di servizio; *(Apotheke)* farmacia *f* di turno
Sonntagsfahrer *m (pej)* automobilista *mf* della domenica, automobilastro, -a *m, f*
Sonntagsstaat *m (obs)* vestiti *mpl* della domenica [*o* festa]
Sonntagvormittag *m* domenica mattina; *s. a.* **Sonntagabend**
sonntagvormittags *adv* la domenica mattina
sonst [zɔnst] *adv* ❶ *(andernfalls)* altrimenti ❷ *(außerdem)* oltre a ciò, inoltre; **~ niemand** nessun altro; **~ nichts** niente altro; **wenn es ~ nichts ist** se non c'è niente altro; **~ noch etwas?** che altro desidera? ❸ *(gewöhnlich)* di solito, normalmente ❹ *(früher)* un tempo
sonstig *adj* ulteriore, altro; **Sonstiges** varie *fpl*
sooft [zo'ʔɔft] *konj* ogniqualvolta
Sopran [zo'praːn] <-s, -e> *m* ❶ *(Partie, Stimme)* soprano *m; (Knaben~)* voce *f* bianca ❷ *(Sängerin)* soprano *m*
Sopranistin [zopra'nɪstɪn] <-, -nen> *f* MUS soprano *mf*
Sorge ['zɔrgə] <-, -n> *f* ❶ *(Angst)* preoccupazione *f; (innere Unruhe)* pensiero *m,* apprensione *f; (Kummer)* dispiacere *m;* **jdm ~n machen** dare dei pensieri a qu; **sich** *dat* **~n um jdn/etw machen** darsi pensiero per qu/qc; **keine ~!** non si preoccupi!; **du hast ~n!** *(iron)* che razza di preoccupazioni! ❷ *(Fürsorge)* cure *f pl,* solleci-

S

tudine *f;* **dafür ~ tragen, dass ...** badare che *+conj;* **lassen Sie das meine ~ sein!** lasci che ci pensi io!

sorgen **I.** *vi* **für etw ~** *(beschaffen)* pensare a qc, provvedere a qc; *(vorsorgen für)* provvedere a qc; *(bewirken)* procurare qc, causare qc; **für jdn ~** *(sich kümmern um)* preoccuparsi di qu; *(betreuen)* aver cura di qu; *(versorgen)* provvedere a qu; **dafür ~, dass ...** fare in modo che *+conj;* **ich werde dafür ~** ci penserò io; **dafür ist gesorgt** s'è provveduto **II.** *vr* **sich** [**um jdn/etw**] **~** essere in pensiero [per qu/qc]

sorgenfrei *adj* senza pensieri

Sorgenkind *nt* figlio, -a *m, f* che dà molti pensieri; *(fig: a. Sache)* spina *f*

sorgenvoll *adj (Leben)* pieno di pensieri; *(Blick)* pensieroso; *(Worte)* ansioso

Sorgerecht *nt* JUR affidamento *m* di minori

Sorgfalt ['zɔrkfalt] <-> *f kein Pl.* cura *f; (Gründlichkeit)* precisione *f; (Gewissenhaftigkeit)* coscienziosità *f*

sorgfältig ['zɔrkfɛltɪç] *adj (Arbeit)* accurato; *(gründlich)* preciso; *(gewissenhaft)* scrupoloso

sorglos *adj* senza preoccupazioni; *(unbekümmert)* spensierato; *(leichtsinnig)* incosciente; *(nachlässig)* negligente

Sorglosigkeit <-> *f kein Pl.* spensieratezza *f; (Leichtsinn)* incoscienza *f; (Nachlässigkeit)* negligenza *f*

sorgsam *adj (sorgfältig)* accurato; *(umsichtig)* circospetto; *(vorsichtig)* cauto, prudente

Sorrent [zɔ'rɛnt] *nt* Sorrento *f*

Sorte ['zɔrtə] <-, -n> *f* ❶ *(Art)* tipo *m,* sorta *f* ❷ *(Marke)* marca *f* ❸ *(Qualität)* qualità *f* ❹ BOT varietà *f* ❺ *Pl. (Devisen)* valute *fpl*

sortieren [zɔr'tiːrən] <ohne ge-> *vt (nach Sorten zusammenstellen)* assortire; *(ordnen)* classificare; *(Briefe)* smistare

Sortiermaschine *f* selezionatrice *f*

Sortiment [zɔrti'mɛnt] <-(e)s, -e> *nt* ❶ COM assortimento *m* ❷ *(Buchhandel)* commercio *m* librario

SOS [ɛsʔoː'ʔɛs] <-, -> *nt* S.O.S

sosehr [zo'zeːɐ̯] *konj* per quanto *+conj*

Soße ['zoːsə] <-, -n> *f* GASTR salsa *f; (Braten~)* sugo *m; (Spaghetti~)* sugo *m,* salsa *f*

sott [zɔt] *1. u. 3. Pers. Sing. Imp. von* **sieden**

Soufflé [zu'fleː] <-s, -s> *nt* GASTR sufflé *m*

Soufflee [zu'fleː] <-s, -s> *nt s.* **Soufflé**

Souffleur [zu'fløːɐ̯] <-s, -e> *m* suggeritore *m*

Souffleurkasten *m* buca *f* del suggeritore

Souffleuse [zu'fløːzə] <-, -n> *f* suggeritrice *f*

soufflieren [zu'fliːrən] <ohne ge-> **I.** *vi* fare il suggeritore **II.** *vt* **jdm etw ~** *(fig)* THEAT suggerire qc a qu

Soundkarte ['saʊndkartə] *f* INFORM scheda *f* di suono

soundso ['zoːʔʊnt'zoː] *adv* tal dei tali; **Herr/Frau Soundso** il signore/la signora tal dei tali

soundsovielte ['zoːʔʊntzo'fiːltə] *adj* tal e tal

Soundtrack ['saʊndtræk] <-s, -s> *m* colonna *f* sonora

Soutane [zu'taːnə] <-, -n> *f* sottana *f*

Souvenir [zuvə'niːɐ̯] <-s, -s> *nt* souvenir *m,* ricordo *m*

souverän [zuvə'rɛːn] *adj (fig)* con superiorità

Souverän [zuvə'rɛːn] <-s, -e> *m* CH POL *(stimmberechtigtes Volk)* corpo *m* elettorale, elettorato *m*

Souveränität [zuvərɛni'tɛːt] <-> *f kein Pl.* sovranità *f*

soviel [zo'fiːl] *konj* quanto, per quanto *+conj;* **~ ich weiß** per quanto ne sappia io

soweit [zo'vaɪt] *konj* fin dove; *(in dem Maße, wie)* per quanto *+conj;* **~ ich mich erinnere** per quanto ricordi; **~ ich mich erinnern kann** per quanto possa ricordarmi

sowenig [zo'veːnɪç] *konj* per poco che *+conj*

sowie [zo'viː] *konj* ❶ *(sobald)* [non] appena ❷ *(und auch)* e anche, come anche

sowieso [zovi'zoː] *adv* comunque, tanto; **ich gehe ~ hin** ci vado comunque

Sowjet [zɔ'vjɛt] <-s, -s> *m* soviet *m;* **die ~s** i sovietici

Sowjetbürger(in) *m(f)* [cittadino, -a *m, f*] sovietico, -a *m*

sowjetisch *adj* sovietico

Sowjetunion *f* **die ~** l'Unione *f* Sovietica

sowohl [zo'voːl] *konj* **~ ... als auch ...** tanto ... quanto ...

sozial [zo'ts̯iaːl] *adj* sociale; **~e Einrichtungen** servizi sociali; **die ~en Verhältnisse** le condizioni sociali; **der ~e Wohnungsbau** l'edilizia popolare

Sozialabbau *m* revoca *f* delle prestazioni sociali

Sozialabgaben *fpl* contributi *mpl* sociali

Sozialamt *nt* ufficio *m* d'assistenza sociale

Sozialarbeiter(in) *m(f)* assistente *mf* sociale

Sozialausgaben *fpl* spese *fpl* sociali

Sozialdemokrat(in) *m(f)* socialdemocratico, -a *m, f*

sozialdemokratisch *adj* socialdemocratico

Sozialfall *m* caso *m* sociale

Sozialhilfe *f* assistenza *f* sociale
Sozialhilfeempfänger(in) *m(f)* beneficiario, -a *m, f* di assistenza sociale
Sozialisierung [zotsjali'zi:rʊŋ] <-> *f kein Pl.* socializzazione *f*
Sozialismus [zotsi̯a'lɪsmʊs] <-> *m kein Pl.* socialismo *m*
Sozialist(in) [zotsi̯a'lɪst] <-en, -en; -, -nen> *m(f)* socialista *mf*
sozialistisch *adj* socialista
Sozialkritik *f* critica *f* sociale
Sozialleistung *f* prestazione *f* sociale
Sozialpartner *mpl* parti *fpl* sociali
Sozialprodukt *nt* prodotto *m* nazionale
Sozialstaat *m* stato *m* sociale
Sozialversicherung *f* previdenza *f* sociale
Sozialverträglichkeit <-> *f* equità *f* sociale
Sozialwissenschaften *fpl* scienze *fpl* sociali
Sozialwohnung *f* casa *f* popolare
Soziologe [zotsi̯o'lo:gə] <-, -n> *m* sociologo *m*
Soziologie [zotsi̯olo'gi:] <-> *f kein Pl.* sociologia *f*
Soziologin [zotsi̯o'lo:gɪn] <-, -nen> *f* sociologa *f*
soziologisch [zotsi̯o'lo:gɪʃ] *adj* sociologico
Sozius ['zo:tsiʊs] <-, -se> *m* ① COM *(Teilhaber)* socio *m* ② *(Motorrad~)* persona *f* che viaggia sul sellino posteriore
Soziussitz *m* sellino *m* posteriore
sozusagen [zo:tsu'za:gən] *adv* per così dire
s. p. *Abk. von* **sine pagina** s.p.
Space-Wagon ['speɪsvægən] <-s, -s> *m* monovolume *f*
Spachtel ['ʃpaxtəl] <-s, -> *m* spatola *f*
spachteln **I.** *vt* stuccare **II.** *vi (fam: essen)* pappare
Spagat [ʃpa'ga:t] <-(e)s, -e> *m o nt* ① spaccata *f* ② A, SÜDD *(Schnur, Bindfaden)* spago *m*
Spaghetti [ʃpa'gɛti] *pl,* **Spagetti** *pl* spaghetti *mpl*
Spaghettiträger *mpl* spalline *fpl* sottilissime
spähen ['ʃpɛ:ən] *vi* spiare; **nach jdm/etw ~** guardare se viene qu/qc
Spalier [ʃpa'li:ɐ̯] <-s, -e> *nt* spalliera *f;* **~ stehen** fare ala
Spalt [ʃpalt] <-(e)s, -e> *m (Öffnung)* fessura *f,* fenditura *f; (Mauer~)* crepa *f; (Fels~)* crepaccio *m; (Sprung)* incrinatura *f;* **die Tür einen ~ öffnen** aprire appena la porta
spaltbar *adj* PHYS fissile
spaltbreit *adj* a spiraglio; **eine ~e Öffnung** un'apertura a spiraglio
Spalte ['ʃpaltə] <-, -n> *f* ① *(Fels~, Mauer~)* crepa *f; (Gletscher~)* crepaccio *m* ② TYP colonna *f* ③ A *(Schnitz)* fetta *f,* spicchio *m*
spalten <spaltet, spaltete, gespaltet *o bes. fig:* gespalten> **I.** *vt* ① *(Material)* fendere; *(Steine, Holz)* spaccare ② *(fig: Gruppe, Land)* scindere, dividere ③ PHYS *(Atom)* fissionare; CHEM dissociare **II.** *vr:* **sich ~** ① *(sich teilen)* fendersi, spaccarsi ② *(fig: die Einheit verlieren)* scindersi
Spaltung <-, -en> *f* ① *(von Material)* fenditura *f,* spaccatura *f* ② *(fig)* POL divisione *f,* scissione *f; (Glaubens~)* scisma *m* ③ PHYS fissione *f;* CHEM scissione *f* ④ *(~ des Bewusstseins, der Persönlichkeit)* dissociazione *f*
Span [ʃpa:n] <-(e)s, Späne> *m* truciolo *m*
Spanferkel ['ʃpa:nfɛrkəl] *nt* maialino *m* da latte
Spange ['ʃpaŋə] <-, -n> *f* fermaglio *m; (Schuh~)* fibbia *f*
Spanien ['ʃpa:niən] *nt* Spagna *f*
Spanier(in) <-s, -; -, -nen> *m(f)* spagnolo, -a *m, f*
spanisch *adj* spagnolo; **~e Wand** paravento *m;* **das kommt mir ~ vor** *(fam)* mi pare strano
spann [ʃpan] *1. u. 3. Pers. Sing. Imp. von* **spinnen**
Spann [ʃpan] <-(e)s, -e> *m* collo *m* del piede
Spannbeton *m* calcestruzzo *m* precompresso
Spannbetttuch *nt* lenzuolo *m* con angoli elasticizzati
Spanne ['ʃpanə] <-, -n> *f* ① *(Zeit~)* intervallo *m,* lasso *m* di tempo ② *(Handels~, Verdienst~)* margine *m*
spannen ['ʃpanən] **I.** *vt* ① *(an~)* tendere, tirare ② *(ein~, einklemmen)* stringere; *(in die Schreibmaschine)* mettere; **vor den Wagen ~** attaccare al carro ③ *(Schusswaffe, Fotoapparat)* caricare ④ *bes.* SÜDD, A *(fam: merken)* accorgersi di **II.** *vr:* **sich ~** ① *(sich an~)* tendersi ② *(sich wölben)* **sich** [**über etw** *akk*] **~** inarcarsi [su qc] **III.** *vi* ① *(Kleidungsstück)* stringere; *(Haut)* tirare ② *(Gewehr, Kamera)* caricare
spannend *adj* avvincente, appassionante
Spanner <-s, -> *m* ① *(Gerät)* tenditore *m; (Hosen~)* stiracalzoni *m; (Schuh~)* tendiscarpe *m* ② ZOO *(Schmetterling)* falena *f* ③ *(fam: Voyeur)* voyeur *m*
Spannkraft *f* ① TEC forza *f* di tensione; *(von Feder)* elasticità *f* ② *(von Muskel)* tonicità *f* ③ *(fig: von Mensch)* energia *f*
Spannteppich <-s, -e> *m* CH *(Teppichboden)* moquette *f*

Spannung <-, -en> *f* ① *(von Seil, Feder, Muskel)* tensione *f* ② EL tensione *f*, voltaggio *m;* **unter ~** EL sotto tensione ③ *Sing. (Ungeduld, Ungewissheit)* impazienza *f*, tensione *f; (Neugier)* curiosità *f; (~sgeladenheit: von Film, Buch)* suspense *f;* **etw mit ~ erwarten** attendere qc con impazienza ④ *Sing. (nervlich, innerlich)* tensione *f* ⑤ *meist Pl. (Feindseligkeit)* tensione *f*, conflitto *m*

Spannweite *f* ① *(Flügel~) a.* AERO apertura *f* alare ② *(Brücken~)* luce *f* campata

Spanplatte *f* truciolato *m*

Sparbrief *m* certificato *m* di deposito a risparmio, saving letter *f*

Sparbuch *nt* libretto *m* di risparmio

Sparbüchse *f* salvadanaio *m*

Spardose *f* salvadanaio *m*

Spareinlage *f* deposito *m* di risparmio

sparen ['ʃpa:rən] **I.** *vi, vt* ① *(sparsam sein)* economizzare, fare economia; **mit Lob ~** essere parco di lodi ② *(von etw wenig verbrauchen)* **an etw** *dat* **~** risparmiare qc; *(Strom, Gas)* economizzare su qc; **am Essen ~** risparmiare sul mangiare **II.** *vr* **sich** *dat* **etw ~** *(nicht tun)* risparmiarsi qc; **~ Sie sich** *dat* **die Mühe zu ...** si risparmi la pena di ...

Sparer(in) <-s, -; -, -nen> *m(f)* risparmiatore, -trice *m, f*

Sparflamme *f* fiamma *f* al minimo; **auf ~** *(fig fam)* al minimo

Spargel ['ʃpargəl] <-s, -> *m* asparago *m;* **~ essen** mangiare gli asparagi

Spargelspitze *f* punta *f* d'asparago

Sparguthaben *nt* deposito *m* a risparmio

Sparheft *nt* CH *s.* **Sparbuch**

Sparkasse *f* cassa *f* di risparmio

Sparkonto *nt* conto *m* di risparmio

Sparkurs <-es, -e> *m* risparmio *m;* **auf ~ sein** fare economie, cercare di risparmiare

spärlich ['ʃpɛ:ɐ̯lɪç] *adj (knapp)* scarso; *(Gewinn)* magro; *(Haar)* rado; **~ bekleidet** poco vestito

Sparmaßnahme *f* misura *f* di risparmio

Sparren ['ʃparən] <-s, -> *m (Dach~)* falso puntone *m*

Sparring ['ʃparɪŋ *o* 'sparɪŋ] <-s> *nt kein Pl.* sparring *m*

Sparringspartner *m* sparring partner *m*

sparsam *adj (Mensch)* economo, parsimonioso; *(im Verbrauch)* economico; **mit etw ~ umgehen** fare economia di qc

Sparsamkeit <-> *f kein Pl.* parsimonia *f*, economia *f*

Sparschwein *nt* salvadanaio *m* a porcellino

spartanisch [ʃpar'ta:nɪʃ] *adj* spartano, austero

Sparte ['ʃpartə] <-, -n> *f* ① *(Gebiet)* campo *m*, settore *m; (Wissenszweig)* ramo *m*, branca *f; (Geschäftszweig)* branca *f* ② *(Zeitungsspalte)* rubrica *f*

Spartensender *m* canale *m* specializzato in un genere

Sparziel *nt* obiettivo *m* di risparmio

Spaß [ʃpa:s] <-es, Späße> *m* ① *Sing. (Vergnügen)* piacere *m*, divertimento *m;* **~ machen** *(Sache: angenehm sein)* essere divertente; **sich** *dat* **einen ~ daraus machen etw zu tun** divertirsi a fare qc; **jdm den ~ verderben** rovinare il divertimento a qu; **das war ein teurer ~** *(fam)* è costato un occhio della testa; **viel ~!** buon divertimento! ② *(Scherz)* scherzo *m;* **~ machen** *(Mensch: scherzen)* scherzare; **~ verstehen** stare agli scherzi; **zum ~** per scherzo; **~ beiseite!** bando agli scherzi!

spaßen *vi (scherzen)* scherzare; **er lässt nicht mit sich** *dat* **~** con lui c'è poco da scherzare; **damit ist nicht zu ~** con questo non si scherza

spaßeshalber *adv* per scherzo

Spaßgesellschaft *f* società *f* del divertimento

spaßhaft *adj*, **spaßig** *adj (Geschichte)* divertente, spassoso; *(Mensch)* faceto, scherzoso

Spaßmacher *m* burlone, -a *m, f*, mattacchione, -a *m, f*

Spaßverderber *m* guastafeste *mf*

Spaßvogel *m* burlone, -a *m, f*, mattacchione, -a *m, f*

Spastiker(in) ['ʃpastikɐ] <-s, -; -, -nen> *m(f)* MED spastico, -a *m, f*

spastisch ['ʃpastɪʃ *o* 'spastɪʃ] *adj* MED spastico

Spat [ʃpa:t, *Pl:* 'ʃpa:te *o* 'ʃpɛ:tə] <-(e)s, -e *o* Späte> *m* spato *m*

spät [ʃpɛ:t] **I.** *adj* tardo; *(Frühjahr, Obst, Reue)* tardivo; **am ~en Abend** nella tarda serata; **bis in die ~e Nacht [hinein]** fino a notte inoltrata **II.** *adv* tardi; **zu ~** troppo tardi; **zu ~ kommen** arrivare in ritardo; **jdn fragen, wie ~ es ist** chiedere l'ora a qu; **wie ~ ist es?** che ore sono?; **es ist schon ~** è già tardi; **es wird ~** si sta facendo tardi

Spätaussiedlerproblematik *f problemi relativi all'integrazione di persone con cittadinanza tedesca, ma che hanno un'esperienza di migrazione alle spalle*

Spaten ['ʃpa:tən] <-s, -> *m* vanga *f*

später ['ʃpɛ:tɐ] **I.** *adj* ① *(nachkommend)* posteriore ② *(zukünftig)* futuro **II.** *adv (danach)* più tardi; **nicht ~ als** al più tardi; **einige Zeit ~** qualche tempo dopo; **bis ~!** a più tardi!

spätestens *adv* al più tardi

S

Spätfolge *f* conseguenza *f* tarda
Spätherbst *m* tardo autunno *m*
Späti <-s, -s> ['ʃpɛːti] *nt (Spätverkaufsstelle) minimarket aperto fino a tarda ora*
Spätlese *f* ① *(Lese)* tarda vendemmia *f* ② *(Wein)* vino *m* di prima scelta
Spätobst <-(e)s> *nt kein Pl.* frutta *f* tardiva
Spätschaden *m* [disturbi *mpl*] postumi *mpl*
Spätschicht *f* turno *m* di notte
Spätsommer *m* tarda estate *f*
Spatz [ʃpats] <-en *o* -es, -en> *m* passero *m;* **die ~en pfeifen es von den Dächern** *(fig)* lo sanno tutti; **ein ~ in der Hand ist besser als eine Taube auf dem Dach** *(prov)* meglio un uovo oggi che una gallina domani
Spätzle ['ʃpɛtslə] *pl,* **Spätzli** ['ʃpɛtsli] *pl* CH, SÜDD *tipo di pasta a base di farina e uova*
Spätzündung *f* MOT accensione *f* ritardata
spazieren [ʃpa'tsiːrən] **I.** *vi sein* passeggiare; **~ fahren** fare una passeggiata [in bicicletta, macchina, etc]; **~ gehen** andare a passeggio **II.** *vt haben* **~ fahren** portare a fare una passeggiata [in macchina, etc]; *(Kind)* portare a passeggio
Spazierfahrt *f* gita *f*
Spaziergang *m* passeggiata *f*
Spaziergänger(in) [ʃpa'tsiːrgɛŋɐ] <-s, -; -, -nen> *m(f)* chi va a passeggio, passeggiatore, -trice *m, f*
Spazierstock *m* bastone *m* da passeggio
SPD [ɛspeː'deː] <-> *f kein Pl. Abk. von* **Sozialdemokratische Partei Deutschlands** *partito socialdemocratico tedesco*
Specht [ʃpɛçt] <-(e)s, -e> *m* picchio *m*
Speck [ʃpɛk] <-(e)s, -e> *m* ① GASTR lardo *m;* **durchwachsener ~** pancetta *f* ② *(fam: Fettpolster)* grasso *m*
speckig *adj* ① *(schmutzig)* unto e bisunto; *(Buch)* sciupato e sporco ② *(fam: dick)* grasso
Speckschwarte *f* cotica *f;* **wie eine ~ glänzen** essere lustro come il lardo
Speckseite <-, -n> *f* lardone *m*
Speckstein *m* steatite *f*
Spediteur [ʃpedi'tøːɐ̯] <-s, -e> *m* spedizioniere *m*
Spedition [ʃpedi'tsi̯oːn] <-, -en> *f* ① *(Versendung)* spedizione *f* ② *(Speditionsabteilung)* reparto *m* spedizioni ③ *(Transportunternehmen)* impresa *f* di spedizioni
speditiv [ʃpedi'tiːf] *adj* CH *(rasch)* spedito, rapido
Speed [spiːt] <-s, -s> *nt (sl: Droge)* speed *m*
Speer [ʃpeːɐ̯] <-(e)s, -e> *m* lancia *f;* SPORT *(Wurf~)* giavellotto *m*
Speerwerfen <-s> *nt kein Pl.* lancio *m* del giavellotto
Speiche ['ʃpaɪçə] <-, -n> *f* ① *(an Rad)* raggio *m* ② ANAT radio *m*
Speichel ['ʃpaɪçəl] <-s> *m kein Pl.* saliva *f;* **~ absondern** salivare
Speicheldrüse *f* ghiandola *f* salivale
Speicher ['ʃpaɪçɐ] <-s, -> *m* ① *(Getreide~)* granaio *m; (Lagerraum)* magazzino *m,* silo *m* ② *(Dachboden)* solaio *m,* sottotetto *m* ③ *(Wasser~)* serbatoio *m* ④ INFORM memoria *f*
Speicherkapazität *f* INFORM capacità *f* di memoria
Speicherkarte *f* INFORM scheda *f* di memoria, memoria *f*
speichern *vt* ① *(einlagern)* immagazzinare, accumulare ② *(Computer)* salvare, memorizzare
Speicherplatz *m* INFORM spazio *m* di memoria
Speicherschutz *m* INFORM protezione *f* della memoria
Speicherung <-, -en> *f* immagazzinazione *f;* INFORM memorizzazione *f*
speien ['ʃpaɪən] <speit, spie, gespie(e)n> *vt, vi (spucken)* sputare; *(sich erbrechen)* vomitare
Speise ['ʃpaɪzə] <-, -n> *f (Nahrung)* nutrimento *m; (Gericht)* piatto *m,* pietanza *f;* **~n und Getränke** cibi e bevande
Speiseeis *nt* gelato *m*
Speisekammer *f* dispensa *f*
Speisekarte *f* menu *m*
speisen **I.** *vt* ① *(geh: zu essen geben)* dar da mangiare a; *(essen)* mangiare ② TEC alimentare **II.** *vi (geh: essen)* mangiare
Speisenaufzug *m* montavivande *m*
Speisenfolge *f* menu *m*
Speiseöl *nt* olio *m* commestibile
Speiseröhre *f* esofago *m*
Speisesaal *m* sala *f* da pranzo
Speisesalz <-es, -e> *nt* sale *m* da cucina; **jodiertes ~** sale iodato
Speisewagen *m* carrozza *f* ristorante
Speisung <-, -en> *f a.* TEC alimentazione *f*
speiübel ['ʃpaɪ'ʔyːbəl] *adj* **mir ist ~** mi sento malissimo
Spektakel[1] [ʃpɛk'taːkəl] <-s, -> *m (fam: Krach, Lärm)* baccano *m,* chiasso *m*
Spektakel[2] <-s, -> *nt (Anblick, Schauspiel)* spettacolo *m*
spektakulär [ʃpɛktaku'lɛːɐ̯] *adj* spettacolare
Spektra *Pl. von* **Spektrum**
Spektralanalyse [ʃpɛk'traːlanalyːzə] *f* analisi *f* spettrale

Spektrum ['ʃpɛktrʊm] <-s, Spektren *o* Spektra> *nt* spettro *m*
Spekulant(in) [ʃpeku'lant] <-en, -en; -, -nen> *m(f)* speculatore, -trice *m, f*
Spekulation [ʃpekula'tsi̯o:n] <-, -en> *f* speculazione *f;* **~en anstellen** fare speculazioni, speculare
spekulativ [ʃpekula'ti:f] *adj* ① *(hypothetisch)* speculativo, astratto ② WIRTSCH speculatorio
spekulieren [ʃpeku'li:rən] <ohne ge-> *vi* speculare; **auf etw** *akk* **~** *(fam)* contare su qc; **an der Börse ~** speculare in borsa
Spelunke [ʃpe'lʊŋkə] <-, -n> *f (pej)* bettola *f*
spendabel [ʃpɛn'da:bəl] *adj (fam)* spendereccio, generoso
Spende ['ʃpɛndə] <-, -n> *f* offerta *f,* dono *m*
spenden *vt (Geld, Lebensmittel)* offrire; *(Blut, Organ)* donare, dare; *(Seife, Wasser, Schatten)* dare; *(Sakrament)* amministrare; *(Segen)* impartire, dare; *(Lob)* tributare; *(Trost)* dare, recare; **Beifall ~** applaudire
Spendenaffäre *f* scandalo *m* delle donazioni
Spendenkonto *nt* conto *m* per le donazioni
Spendenmarathon *m* gara *f* di solidarietà
Spender <-s, -> *m (Gerät)* distributore *m*
Spender(in) <-s, -; -, -nen> *m(f)* donatore, -trice *m, f*
Spenderherz *nt* cuore *m* donato
Spenderniere *f* rene *m* donato
Spenderorgan *nt* organo *m* donato
spendieren [ʃpɛn'di:rən] <ohne ge-> *vt (fam)* [**jdm**] **etw ~** offrire qc [a qu]; *(bezahlen)* pagare qc [a qu]
Spengler(in) ['ʃpɛŋlɐ] <-s, -; -, -nen> *m(f)* SÜDD, A, CH lattoniere *m*
Sperber ['ʃpɛrbɐ] <-s, -> *m* sparviero *m*
Sperling ['ʃpɛrlɪŋ] <-s, -e> *m* passero *m*
Sperma ['ʃpɛrma] <-s, Spermen *o* Spermata> *nt* sperma *m*
sperrangelweit [ʃpɛr'ʔaŋəl'vaɪt] *adv (fam)* **~ offen** spalancato
Sperrbezirk <-s, -e> *m* zona *f* vietata
Sperre ['ʃpɛrə] <-, -n> *f* ① *(Schranke)* barriera *f; (Straßen~)* blocco *m;* MIL sbarramento *m; (Tal~)* diga *f* di sbarramento ② TEC arresto *m,* bloccaggio *m* ③ *(Verbot)* divieto *m,* interdizione *f; (Embargo)* embargo *m; (Nachrichten~)* censura *f* ④ SPORT sospensione *f*
sperren ['ʃpɛrən] **I.** *vt* ① *(ver~)* sbarrare, bloccare ② *(Einfuhr, Handel)* interdire, proibire ③ TEC *(Strom, Gas, Wasser)* tagliare, chiudere; *(Telefon)* staccare ④ TYP spazi[eggi]are ⑤ *(Konto, Kredit, Gehalt, Bezüge)* bloccare; *(Scheck)* sbarrare ⑥ *(Spieler)* sospendere, squalificare; **jdn in etw** *akk* **~** [rin]chiudere qu in qc ⑦ A, SÜDD *(schließen)* chiudere **II.** *vr* **sich** [**gegen jdn/etw**] **~** opporsi [a qu/qc] **III.** *vi* A, SÜDD *(schließen)* chiudere
Sperrfrist *f* periodo *m* bloccato
Sperrgebiet *nt* zona *f* vietata
Sperrgut *nt* merce *f* ingombrante
Sperrholz *nt* [legno *m*] compensato *m*
sperrig *adj* ingombrante, voluminoso
Sperrkonto *nt* conto *m* vincolato
Sperrmüll *m* rifiuti *mpl* ingombranti
Sperrmüllabfuhr *f* rimozione *f* dei rifiuti ingombranti
Sperrsitz *m* posto *m* distinto
Sperrstunde *f* ora *f* di chiusura
Sperrung <-, -en> *f* ① *(Versperren)* sbarramento *m,* blocco *m* ② *(Verbot)* proibizione *f,* interdizione *f* ③ TEC *(von Strom, Gas, Wasser)* blocco *m* ④ TYP spazi[eggi]atura *f* ⑤ *(von Konto, Scheck, Gehalt, Kredit, Bezügen)* blocco *m* ⑥ SPORT sospensione *f*
Spesen ['ʃpe:zən] *pl* spese *fpl*
Spessart ['ʃpɛsart] *m* Spessart *m*
Speyer ['ʃpaɪɐ] *nt* Spira *f*
Spezi[1] ['ʃpe:tsi] <-s, -(s)> *m* A, SÜDD *(Freund)* amicone *m,* amico, -a *m, f* intimo, -a, compare *mf*
Spezi®[2] <-s, -(s)> *nt* A, SÜDD *(fam: Getränk) bevanda che si ottiene mischiando coca cola e limonata*
Spezialgebiet [ʃpe'tsi̯a:lgəbi:t] *nt* specialità *f*
spezialisieren [ʃpetsi̯ali'zi:rən] <ohne ge-> **I.** *vt* specializzare **II.** *vr* **sich** [**auf etw** *akk*] **~** specializzarsi [in qc]
Spezialisierung <-, -en> *f* specializzazione *f*
Spezialist(in) [ʃpetsi̯a'lɪst] <-en, -en; -, -nen> *m(f)* specialista *mf*
Spezialität [ʃpetsi̯ali'tɛ:t] <-, -en> *f* specialità *f*
Spezialvollmacht <-, -en> *f* JUR delega *f* speciale, procura *f* straordinaria
speziell [ʃpe'tsi̯ɛl] *adj* speciale, particolare
Spezies ['ʃpe:tsi̯ɛs] <-, -> *f* BIOL specie *f*
spezifieren [ʃpetsifi'tsi:rən] <ohne ge-> *vt* specificare
spezifisch [ʃpe'tsi:fɪʃ] *adj* specifico
Sphäre ['sfɛ:rə] <-, -n> *f* sfera *f*
sphärisch *adj* sferico
Sphinx [sfɪŋks] <-, -(e)> *f* sfinge *f*
spicken ['ʃpɪkən] **I.** *vt* ① *(fig: Rede) a.* GASTR lardellare ② *(fam: bestechen)* comprare **II.** *vi (fam: abschreiben)* copiare
Spickzettel *m (fam)* bigino *m*
spie [ʃpi:] *1. u. 3. Pers. Sing. Imp. von* **speien**

S

Spiegel ['ʃpi:gəl] <-s, -> *m* ① *(a. fig)* specchio *m; (von Arzt)* specolo *m;* **in den ~ sehen** guardare nello specchio ② *(Wasser~)* specchio *m; (Alkohol~, Zucker~)* tasso *m* ③ MIL *(Kragen~)* mostrina *f*

Spiegelbild *nt* immagine *f* riflessa; *(fig)* specchio *m,* riflesso *m*

spiegelbildlich **I.** *adj* speculare **II.** *adv* in modo speculare

spiegelblank *adj* lucido come uno specchio

Spiegelei *nt* uovo *m* al tegamino

Spiegelfechterei ['ʃpi:gəlfɛçtə'raɪ] <-, -en> *f* finzione *f*

spiegelglatt *adj* liscio come uno specchio

spiegelgleich *adj* speculare

spiegeln **I.** *vt (a. fig)* riflettere, rispecchiare **II.** *vr:* **sich ~** ① *(sich betrachten)* specchiarsi; **sich auf dem Wasser ~** specchiarsi sull'acqua ② *(sich wider~)* **sich in etw** *dat* **~** rispecchiarsi in qc **III.** *vi (glänzen)* splendere, brillare; *(reflektieren)* riflettere

Spiegelreflexkamera *f* [macchina *f* fotografica] reflex *f*

Spiegelschrift *f* scrittura *f* speculare

Spiegelung <-, -en> *f* riflesso *m*

Spiel [ʃpi:l] <-(e)s, -e> *nt* ① *(zur Unterhaltung)* gioco *m;* SPORT *(Wettkampf)* gara *f; (Karten~, Billard~, Tennis~)* partita *f;* **leichtes ~ mit jdm haben** *(fig)* avere buon gioco su qu; **ein falsches ~ spielen** *(fig)* fare il doppio gioco; **mit etw sein ~ treiben** beffarsi di qc; **etw aufs ~ setzen** *(fig)* mettere in gioco qc; *(Ruf, Zukunft)* compromettere qc; **auf dem ~ stehen** *(fig)* essere in gioco; **aus dem ~ lassen** *(fig)* non immischiare, lasciare fuori di questione; **im ~ sein** *(fig)* essere in gioco; **die Hand im ~ haben** *(fig)* avere le mani in pasta ② THEAT *(Stück)* commedia *f; (Darbietung)* interpretazione *f* ③ *(Spielen, Spielweise)* gioco *m,* modo *m* di giocare; SPORT gioco *m;* MUS brano *m* musicale ④ TEC gioco *m*

Spielart *f (Sonderform)* variante *f;* BIOL, ZOO varietà *f*

Spielautomat *m* slot-machine *f*

Spielball *m* ① *(Ball)* palla *f,* pallone *m* ② SPORT palla *f* decisiva ③ *(fig)* giocattolo *m*

Spielbank *f* casinò *m*

Spielcasino *nt* casinò *m*

Spielcomputer *m* playstation® *f*

spielen **I.** *vt* ① *(Spiel)* giocare ② MUS suonare ③ THEAT recitare; *(Rolle)* interpretare ④ *(vortäuschen)* atteggiarsi a, fare; **was wird hier gespielt?** *(fig)* che cosa succede qui? **II.** *vi* ① *(ein Spiel ~) a.* SPORT giocare; **um 50 Euro ~** giocare 50 euro; **mit jdm/etw ~** *(fig)* giocare con qu/qc ② MUS suonare ③ *(sich zutragen)* svolgersi; **die Handlung spielt in Rom/im 15. Jahrhundert** la trama si svolge a Roma/nel 15. secolo

spielend *adv* a occhi chiusi, senza problemi; **das schaffst du doch ~** lo fai a occhi chiusi

Spieler(in) <-s, -; -, -nen> *m(f)* giocatore, -trice *m, f*

Spielerei [ʃpi:lə'raɪ] <-, -en> *f* ① *Sing. (Zeitvertreib)* trastullo *m,* passatempo *m; (Spaß, Kinderei)* scherzo *m; (Leichtigkeit)* giochetto *m* ② *(nutzloser Gegenstand)* carabattola *f*

Spielerin *f s.* **Spieler**

spielerisch *adj* ① *(verspielt)* giocoso, scherzoso ② SPORT *(Können, Überlegenheit)* di gioco; THEAT *(Können, Leistung)* recitativo; **mit ~er Leichtigkeit** con la più grande facilità

Spielfeld *nt* campo *m* da gioco, terreno *m*

Spielfilm *m* lungometraggio *m*

Spielhölle *f (pej)* bisca *f*

Spielkamerad(in) *m(f)* compagno, -a *m, f* di giochi

Spielkarte *f* carta *f* da gioco

Spielleiter(in) *m(f)* ① THEAT, FILM *(Regisseur)* regista *mf* ② *(Schiedsrichter)* arbitro, -a *m, f*

Spielmarke *f* gettone *m,* fiche *f*

Spielplan *m* programma *m*

Spielplatz *m* campo *m* giochi

Spielraum *m* spazio *m;* TEC gioco *m; (Bewegungsfreiheit)* libertà *f* d'azione, margine *m*

Spielregel *f* regola *f* di gioco

Spielsachen *fpl* giocattoli *mpl*

Spieltrieb *m* istinto *m* del gioco

Spieluhr *f* carillon *m* [a orologeria]

Spielverderber(in) <-s, -; -, -nen> *m(f)* guastafeste *mf*

Spielwaren *fpl* giocattoli *mpl*

Spielzeit *f* ① THEAT stagione *f* [teatrale] ② SPORT *(Spieldauer)* durata *f* della partita; *(Saison)* stagione *f* [sportiva]

Spielzeug *nt (einzelnes, a. fig)* giocattolo *m; (Sammelbegriff)* giocattoli *mpl*

Spieß [ʃpi:s] <-es, -e> *m (Pike)* lancia *f; (Wurf~)* giavellotto *m; (Brat~)* spiedo *m;* **den ~ umdrehen** *(fig)* ritorcere le accuse; **er schreit wie am ~** *(fam)* grida come un dannato

Spießbürger(in) *m(f) (pej)* piccolo, -a borghese *mf,* borghesuccio, -a *m, f,* filisteo *m*

spießbürgerlich *adj (pej)* piccolo borghese, filisteo

spießen ['spi:sən] **I.** *vt* **etw auf etw** *akk* **~** infilzare qc con qc **II.** *vr:* **sich ~** A ① *(sich*

S

verklemmen) incastrarsi ② *(nicht wie gewünscht verlaufen)* arenarsi, non procedere

Spießer(in) <-s, -; -, -nen> *s.* **Spießbürger(in)**

Spießgeselle *m* complice *mf*

spießig *s.* **spießbürgerlich**

Spießruten *f pl* **~ laufen** passare per le forche caudine

Spikes [ʃpaɪks] *pl* ① *(an Schuhen, Reifen)* chiodi *mpl* ② *(~reifen)* copertoni *mpl* chiodati

Spinat [ʃpiˈnaːt] <-(e)s, -e> *m* BOT spinacio *m;* GASTR spinaci *mpl*

Spind [ʃpɪnt] <-(e)s, -e> *m o nt* armadietto *m*

Spindel [ˈʃpɪndəl] <-, -n> *f (beim Spinnen)* fuso *m*

spindeldürr *adj* magro come un chiodo

Spinett [ʃpiˈnɛt] <-(e)s, -e> *nt* spinetta *f*

Spinn[en]gewebe *nt,* **Spinn[en]netz** *nt* ragnatela *f*

Spinne [ˈʃpɪnə] <-, -n> *f* ragno *m*

spinnefeind [ˈʃpɪnəˈfaɪnt] *adj* **[mit] jdm ~ sein** essere il nemico giurato di qu

spinnen [ˈʃpɪnən] <spinnt, spann, gesponnen> **I.** *vi* ① *(Garn ~)* filare ② *(fam: verrückt sein)* essere svitato; *(Unsinn reden)* dire stupidaggini **II.** *vt (Garn)* filare

Spinnengewebe *nt,* **Spinnennetz** *nt* ragnatela *f*

Spinner(in) <-s, -; -, -nen> *m(f)* ① *(Garn~)* filatore, -trice *m, f* ② *(fig fam: verrückte Person)* mattoide *mf*

Spinnerei [ʃpɪnəˈraɪ] <-, -en> *f* ① *(Betrieb)* filanda *f* ② *(fam: Blödsinn)* scemenze *f pl*

Spinnerin *f s.* **Spinner**

Spinngewebe *nt* ragnatela *f*

Spinnmaschine *f* filatoio *m*

Spinnrad *nt* fuso *m*

Spinnrocken *m* conocchia *f*

Spinnwebe [ˈʃpɪnveːbə] <-, -n> *f* ragnatela *f*

Spion [ʃpi̯oːn] <-s, -e> *m (Guckloch)* spioncino *m; (Fensterspiegel)* specchietto *m*

Spion(in) [ʃpi̯oːn] <-s, -e; -, -nen> *m(f)* spia *f; (Geheimagent)* agente *m* segreto

Spionage [ʃpioˈnaːʒə] <-> *f kein Pl.* spionaggio *m*

Spionageabwehr *f* controspionaggio *m*

Spionagenetz *nt,* **Spionagering** <-(e)s, -e> *m* rete *f* di agenti segreti

spionieren [ʃpioˈniːrən] <ohne ge-> *vi* ① *(Spionage treiben)* fare la spia ② *(pej: herum~)* curiosare; **in jds Schubladen ~** ficcare il naso nei cassetti di qu

Spionin *f s.* **Spion**

Spirale [ʃpiˈraːlə] <-, -n> *f (allg)* MED spirale *f*

Spiralfeder *f* molla *f* a spirale

Spiralnebel *m* nebulosa *f* a spirale

Spiränzchen [ʃpiˈrɛnsçən] *pl* **~ machen** *(fam)* fare storie

Spiritismus [ʃpiriˈtɪsmʊs] <-> *m kein Pl.* spiritismo *m*

Spiritist(in) [ʃpiriˈtɪst *o* spiriˈtɪst] <-en, -en; -, -nen> *m(f)* spiritista *mf*

spiritistisch *adj* spiriti[sti]co

spirituell [ʃpirituˈɛl] *adj* spirituale

Spirituose <-, -n> *f* bevanda *f* alcolica

Spiritus [ˈʃpiːritʊs] <-, -se> *m (Alkohol)* spirito *m,* alcool *m*

Spiritusbrenner *m* bruciatore *m* a spirito

Spirituskocher *m* fornello *m* a spirito

Spirituslampe *f* lampada *f* a spirito

Spital [ʃpiˈtaːl] <-s, Spitäler> *nt* A, CH *o obs: Krankenhaus)* ospedale *m,* ospizio *m*

spitz [ʃpɪts] *adj* ① *(Gegenstand)* aguzzo, a punta ② *(Winkel)* acuto ③ *(Gesicht)* affilato ④ *(fig: Worte)* tagliente, pungente

Spitz <-es, -e> *m* [cane *m*] volpino *m*

Spitzbart *m* barba *f* a punta, pizzo *m*

spitz|bekommen <irr, ohne ge-> *vt (fam)* **etw ~** accorgersi di qc, avvedersi di qc

Spitzbogen *m* arco *m* ogivale

Spitzbube [ˈʃpɪtsbuːbə] *m* ① *(pej: Gauner)* farabutto *m,* canaglia *f* ② *(Schelm)* birba *f,* birbante *m*

spitzbübisch *adj* birichino

Spitze [ˈʃpɪtsə] <-, -n> *f* ① *(von Gegenständen)* punta *f;* **etw auf die ~ treiben** spingere qc all'estremo ② *(Berg~)* vetta *f,* cima *f* ③ MAT *(Rang, Person)* vertice *m* ④ *(vordere Stelle) a.* SPORT testa *f;* **an der ~ stehen** essere in testa ⑤ *(Spitzengeschwindigkeit)* velocità *f* massima ⑥ *(boshafte Anspielung)* frecciata *f* ⑦ *(Textil)* merletto *m,* pizzo *m*

Spitzel [ˈʃpɪtsəl] <-s, -> *m* spia *f; (Polizei~)* informatore *m* [della polizia]

spitzeln *vi (pej)* fare la spia, fare il delatore

spitzen *vt* temperare, fare la punta a; **die Ohren ~** drizzare gli orecchi, tendere l'orecchio

Spitzenerzeugnis *nt* prodotto *m* superiore [*o* di prima qualità]

Spitzengeschwindigkeit *f* velocità *f* massima

Spitzengespräch *nt* colloquio *m* al vertice

Spitzenkandidat(in) *m(f)* candidato, -a *m, f* capolista

Spitzenklasse *f* qualità *f* superiore

Spitzenkleid *nt* abito *m* di pizzo

Spitzenlohn *m* retribuzione *f* massima

Spitzenpolitiker(in) <-s, -; -, -nen> *m(f)* politico *m* di primo piano

Spitzenreiter *m* SPORT [squadra *f*] capolista *f*, capoclassifica *mf*; *(fig: von Hitparade)* capoclassifica *mf*; *(Firma)* leader *mf*

Spitzensportler(in) <-s, -; -, -nen> *m(f)* asso *m* sportivo, atleta *mf* di spicco

Spitzer <-s, -> *m (Bleistift~)* temperamatite *m*, temperalapis *m*

spitzfindig *adj* sottile; *(pej: haarspalterisch)* cavilloso, sofistico

Spitzfindigkeit <-, -en> *f* sottigliezza *f*; *(a. Äußerung)* argutezza *f*; *(pej)* cavillosità *f*

Spitzhacke *f* piccone *m*

spitz|kriegen *vt (fam)* capire

Spitzmaus *f* toporagno *m*

Spitzname *m* nomignolo *m*, soprannome *m*

spitzwinklig *adj* ad angolo acuto, acutangolo

Spleen [ʃpliːn] <-s, -e *o* -s> *m (Angewohnheit)* abitudine *f* strana; *(Marotte)* grillo *m*; *(Idee)* idea *f* balzana

spleenig *adj* bizzarro, balzano; PSYCH malinconico

Splitt [ʃplɪt] <-(e)s, -e> *m* pietrisco *m*

Splitter [ˈʃplɪtɐ] <-s, -> *m (Holz~, Knochen~)* scheggia *f*; *(Diamant~)* pagliuzza *f*; *(Metall~)* scaglia *f*; *(Glas~)* coccio *m*; *(Bruchstück)* frammento *m*

splitterfasernackt [ˈʃplɪtɐ(ˈfaːzɐ)ˈnakt] *adj (fam)* nudo come un verme

Splittergruppe *f* gruppuscolo *m*

splittern *vi sein* scheggiarsi

splitternackt *s.* **splitterfasernackt**

Splitterpartei *f* partito *m* scissionista

SPÖ [ɛspeːˈʔøː] *f Abk. von* **Sozialistische Partei Österreichs** *partito socialista austriaco*

Spoiler [ˈʃpɔɪlɐ] <-s, -> *m* AUTO spoiler *m*

spondieren <ohne ge-> *vi* A *(den Magistergrad verliehen bekommen)* ricevere la laurea

sponsern [ˈʃpɔnzɐn] *vt* sponsorizzare

Sponsion [ʃpɔnˈsi̯oːn] <-, -en> *f* A *(Verleihung des Magistergrads)* consegna *f* della laurea

Sponsor [ˈʃpɔnzɐ] <-s, -en> *m* sponsor *m*

Sponsoring [ˈʃpɔnsəʀɪŋ] <-s> *nt kein Pl.* sponsorizzazione *f*

spontan [ʃpɔnˈtaːn] *adj* spontaneo

Spontaneität [ʃpɔntaneiˈtɛːt] <-> *f kein Pl.* spontaneità *f*

sporadisch [ʃpoˈraːdɪʃ] *adj* sporadico

Spore [ˈʃpoːrə] <-, -n> *f* BOT spora *f*

Sporn [ʃpɔrn, *Pl:* ˈʃpɔrən] <-(e)s, Sporen> *m a.* ZOO, BOT sperone *m*; **einem Pferd die Sporen geben** spronare un cavallo; **sich** *dat* **die Sporen verdienen** guadagnarsi i galloni

Sport [ʃpɔrt] <-(e)s, *rar:* -e> *m* sport *m*; **~ treiben** fare dello sport

Sportabzeichen *nt* distintivo *m* sportivo

Sportanzug *m* tuta *f* sportiva

Sportart *f* [tipo *m* di] sport *m*

Sportarzt *m*, **Sportärztin** *f* medico *m* per atleti

Sportgeschäft *nt* negozio *m* di articoli sportivi

Sportlehrer(in) *m(f)* insegnante *mf* di educazione fisica

Sportler(in) <-s, -; -, -nen> *m(f)* sportivo, -a *m, f*

sportlich *adj* sportivo

Sportmedizin *f* medicina *f* sportiva

Sportnachrichten *fpl* notizie *fpl* sportive

Sportplatz *m* campo *m* sportivo

Sportveranstaltung *f* manifestazione *f* sportiva

Sportverein *m* circolo *m* sportivo, società *f* sportiva

Sportwagen *m* ❶ *(Auto)* macchina *f* sportiva ❷ *(Kinderwagen)* passeggino *m*

Spot [spɔt] <-s, -s> *m* spot *m*, spazio *m* pubblicitario

Spott [ʃpɔt] <-(e)s> *m kein Pl.* scherno *m*, derisione *f*; *(Gegenstand des ~s)* scherno *m*; *(beißender)* sarcasmo *m*; **seinen ~ mit jdm/etw treiben** schernire qu/qc

Spottbild *nt* caricatura *f*

spottbillig *adj* dal prezzo irrisorio

Spöttelei [ʃpœtəˈlaɪ] <-, -en> *f* canzonatura *f*, dileggio *m*

spötteln [ˈʃpœtəln] *vi* **über jdn ~** canzonare qu

spotten [ˈʃpɔtən] *vi* **über jdn ~** schernire qu

Spötter(in) [ˈʃpœtɐ] <-s, -; -, -nen> *m(f)* schernitore, -trice *m, f*, canzonatore, -trice *m, f*

spöttisch *adj* derisorio, canzonatorio

Spottpreis *m* prezzo *m* irrisorio; **zu einem ~** a un prezzo irrisorio

sprach [ʃpraːx] *1. u. 3. Pers. Sing. Imp. von* **sprechen**

sprachbegabt *adj* portato per le lingue

Sprachbegabung *f* talento *m* linguistico

Sprachcomputer *m* traduttore *m* elettronico

Sprache [ˈʃpraːxə] <-, -n> *f* ❶ *(Sprachsystem)* lingua *f*; *(Sonder~)* idioma *m*; **fremde ~** lingua straniera; **lebende/tote ~** lingua viva/morta ❷ *Sing. (Sprechfähigkeit)* parola *f*, favella *f*; *(Ausdrucksweise)* linguaggio *m*; *(Sprechweise)* parlata *f*; **mit der ~ herausrücken** *(fam)* sputar fuori; **nicht mit der ~ herauswollen** *(fam)* non voler aprir bocca; **zur ~ bringen** mettere in discussione, trattare

Sprachebene *f* livello *m* linguistico
Spracherkennung *f* INFORM riconoscimento *m* della voce
Sprachfehler *m* difetto *m* di pronuncia
Sprachförderung *f* sviluppo *m* delle competenze linguistiche
Sprachführer *m* manuale *m* di conversazione
Sprachgebrauch *m* uso *m* linguistico; **allgemeiner ~** linguaggio comune
Sprachgefühl *nt kein Pl.* sensibilità *f* linguistica
Sprachkenntnisse *fpl* conoscenze *fpl* linguistiche; **mit deutschen ~n** con cognizioni di tedesco
Sprachkompetenz <-> *f kein Pl.* LING competenza *f* linguistica
sprachkundig *adj* poliglotta
Sprachkurs *m* corso *m* linguistico
Sprachlabor *nt* laboratorio *m* linguistico
Sprachlehre *f* grammatica *f*
Sprachlehrer(in) *m(f)* insegnante *mf* di lingue
sprachlich *adj* linguistico
sprachlos *adj* **~ sein** rimanere senza parole
Sprachraum *m* area *f* linguistica; **im deutschen ~** nei paesi di lingua tedesca
Sprachreise *f* viaggio *m* studio [a scopo linguistico]
Sprachrohr *nt* megafono *m; (fig)* portavoce *m*
Sprachstörung *f* logopatia *f*
Sprachstudium *nt* studio *m* delle lingue
Sprachurlaub *m* soggiorno *m* linguistico
Sprachwissenschaft *f* linguistica *f*, filologia *f*
Sprachwissenschaftler(in) *m(f)* linguista *mf*
sprachwissenschaftlich *adj* linguistico
sprang [ʃpraŋ] *1. u. 3. Pers. Sing. Imp. von* **springen**
Spray [ʃpreː] <-s, -s> *m o nt* spray *m*
Spraydose *s.* **Sprühdose**
sprayen [ˈʃpreɪən] **I.** *vi* usare uno spray **II.** *vt* nebulizzare; **etw ~** spruzzare qc su qc
Sprechanlage *f* citofono *m*
Sprechblase *f* fumetto *m*
sprechen [ˈʃprɛçən] <spricht, sprach, gesprochen> **I.** *vi* parlare; **mit jdm über etw** *akk* **~** parlare con qu di qc; **laut/leise ~** parlare forte/piano; **für jdn ~** intervenire in favore di qu; **gut über jdn/etw ~** dir bene di qu/qc; **gut/schlecht auf jdn zu ~ sein** vedere qu di buon/mal occhio; **auf etw** *akk* **zu ~ kommen** venire a parlare di qc; **jdn zum Sprechen bringen** far sciogliere la lingua a qu; **das spricht für sich** il fatto parla da sé; **das spricht für Sie** ciò parla a Suo favore; **alle Anzeichen ~ dafür, dass …** tutto fa pensare che *+conj* **II.** *vt* dire, recitare; *(aus~)* pronunciare; **Deutsch/Italienisch ~** parlare tedesco/italiano; **kein Wort ~** non proferir parola; **nicht zu ~ sein** non esserci per nessuno; **ich möchte Sie ~** vorrei parlarLe; **wir ~ uns noch!** ci rivedremo!
Sprecher(in) <-s, -; -, -nen> *m(f)* parlatore, -trice *m, f; (Redner)* oratore, -trice *m, f; (Wortführer)* portavoce *mf;* RADIO, TV annunciatore, -trice *m, f,* speaker *m;* LING parlante *mf*
Sprecherziehung *f* insegnamento *m* della dizione, ortofonia *f*
Sprechfunk *m* radiotelefonia *f*
Sprechstunde *f (von Ärzten)* orario *m* di visita; *(von Beamten)* ore *fpl* di ufficio; *(von Lehrern)* ore *fpl* di ricevimento
Sprechstundenhilfe *f* assistente *mf*, infermiere, -a *m, f*
Sprechweise *f* modo *m* di parlare, parlata *f*
Sprechzimmer *nt* studio *m;* MED ambulatorio *m; (in Kloster)* parlatorio *m*
spreizen [ˈʃpraɪtsən] **I.** *vt (Finger)* allargare; *(Beine)* divaricare; *(Flügel)* spiegare **II.** *vr:* **sich ~** *(sich sträuben)* recalcitrare
Spreizfuß *m* MED piede *m* spianato
Sprengbombe *f* bomba *f* dirompente
Sprengel <-s, -> *m* ❶ *(Amtsbereich eines Geistlichen)* parrocchia *f*, diocesi *f* ❷ A *o obs: Amts-, Verwaltungsbezirk; Dienstbereich)* circoscrizione *f*, distretto *m*
sprengen [ˈʃprɛŋən] **I.** *vt haben* ❶ *(mit Sprengstoff, Spielbank)* far saltare ❷ *(aufbrechen: Schloss, Tresor)* forzare, scassinare; *(Fesseln, Ketten, a. fig)* spezzare ❸ *(Versammlung)* disperdere ❹ *(Wasser)* spruzzare; *(Straße, Rasen)* annaffiare; *(Wäsche)* inumidire **II.** *vi haben (mit Sprengstoff)* far saltare
Sprengkopf *m* testata *f;* **atomarer ~** testata nucleare
Sprengkörper *m* ordigno *m* esplosivo
Sprengladung *f* carica *f* esplosiva
Sprengsatz <-es, -sätze> *m* esplosivo *m*, carica *f* esplosiva
Sprengstoff *m* esplosivo *m*
Sprengstoffanschlag *m* attentato *m* dinamitardo
Sprengstoffzünder *m* detonatore *m*
Sprengung <-, -en> *f* ❶ *(mit Sprengstoff)* esplosione *f* ❷ *(Aufbrechen)* scasso *m* ❸ *(von Versammlung)* dispersione *f* ❹ *(von Rasen)* annaffiamento *m*
Spreu [ʃprɔɪ] <-> *f kein Pl.* pula *f;* **die ~ vom Weizen trennen** *(fig)* sceverare il grano dalla pula

spricht [ʃprɪçt] *3. Pers. Sing. Präs. von* **sprechen**

Sprichwort ['ʃprɪçvɔrt] *nt* proverbio *m*

sprichwörtlich *adj* proverbiale

sprießen ['ʃpriːsən] <sprießt, spross *o* sprießte, gesprossen> *vi sein* spuntare

Springbrunnen *m* fontana *f* a zampillo

springen ['ʃprɪŋən] <springt, sprang, gesprungen> **I.** *vi sein* ① *(Mensch, Tier)* saltare; *(Ball)* rimbalzare; *(mit einem Satz)* balzare; **über einen Graben ~** saltare un fosso; **aus den Schienen ~** uscire dalle rotaie, deragliare; **etw ~ lassen** *(fam)* offrire qc ② *(Schwimmsport)* tuffarsi ③ *(Risse bekommen: Glas)* incrinarsi; *(Haut)* screpolarsi ④ *(reißen: Saite)* spezzarsi **II.** *vt haben (Rekord)* battere

springend *adj* **der ~e Punkt** il punto saliente

Springer <-s, -> *m (Schach)* cavaliere *m*

Springer(in) <-s, -; -, -nen> *m(f)* saltatore, -trice *m, f; (Schwimmer)* tuffatore, -trice *m, f*

Springflut *f* marea *f* sizigiale

Springreiten <-s> *nt kein Pl.* percorso *m* di caccia, corsa *f* equestre ad ostacoli

Sprint [ʃprɪnt] <-s, -s> *m* SPORT gara *f* di velocità; **einen ~ einlegen** scattare

sprinten ['ʃprɪntən] *vi haben o sein* fare uno scatto, scattare

Sprit [ʃprɪt] <-(e)s, -e> *m (fam: Benzin)* benzina *f*

Spritze ['ʃprɪtsə] <-, -n> *f* ① MED *(Instrument)* siringa *f* ② *(Einspritzung)* iniezione *f*, puntura *f;* **jdm eine ~ geben** fare un'iniezione a qu ③ *(Feuer~)* pompa *f* antincendio

spritzen I. *vt haben* ① *(Straße, Rasen)* annaffiare ② *(lackieren)* verniciare a spruzzo ③ MED *(Patienten)* fare un'iniezione a; *(Mittel)* iniettare ④ *(Zuckerguss, Muster)* **etw** [**auf etw** *akk*] **~** decorare qc [con qc] **II.** *vi* ① *(Flüssigkeit)* schizzare, sprizzare; *(Füller)* schizzare ② *sein (fam: eilen)* filare

Spritzenhaus *nt* deposito *m* delle pompe da incendio

Spritzer <-s, -> *m* spruzzo *m*, schizzo *m; (kleine Menge)* goccia *f; (Fleck)* zacchera *f*

spritzig *adj (Wein)* frizzante; *(Auto)* brillante; *(fig: lebendig)* vivace; *(witzig)* divertente

Spritzkuchen *m* frollino *m (frollino fatto con la siringa da pasticcere)*

Spritzpistole *f* pistola *f* a spruzzo

Spritztour *f (fam)* piccola gita *f*

spröde ['ʃprøːdə] *adj* ① *(brüchig)* fragile; *(hart)* duro ② *(rissig: Haut)* screpolato ③ *(fig: Thema, Stoff)* arduo, difficile ④ *(fig: Mensch)* scostante, scontroso

Sprödigkeit <-> *f kein Pl.* ① *(Brüchigkeit)* fragilità *f* ② *(von Haut)* screpolatura *f* ③ *(fig: Wesen)* scontrosità *f*, ritrosia *f*

spross [ʃprɔs] *1. u. 3. Pers. Sing. Imp. von* **sprießen**

Spross [ʃprɔs] <-es, -e> *m* BOT germoglio *m*

Sprosse ['ʃprɔsə] <-, -n> *f (Leiter~)* piolo *m; (fig: Stufe)* gradino *m*

Sprossenkohl *m* A *(Rosenkohl)* cavolino *m* di Bruxelles

Sprossenwand *f* SPORT spalliera *f*

Sprössling ['ʃprœslɪŋ] <-s, -e> *m* rampollo *m*

Sprotte ['ʃprɔtə] <-, -n> *f* spratto *m*

Spruch [ʃprʊx] <-(e)s, Sprüche> *m* ① *(Ausspruch)* detto *m*, motto *m; (Weisheits~)* massima *f; (Lehr~)* aforisma *m; (Bibel~)* versetto *m* ② JUR *(Urteil)* sentenza *f; (Schieds~)* arbitrato *m; (Orakel~)* oracolo *m* ③ *Pl. (fam: leeres Gerede)* grandi parole *f pl;* **Sprüche klopfen** *(fam)* dire paroloni

Spruchband *nt* striscione *m*

spruchreif *adj* **die Sache ist noch nicht ~** la cosa non è ancora matura [per una decisione]

Sprudel ['ʃpruːdəl] <-s, -> *m (Mineralwasser)* acqua *f* minerale gassata

sprudeln *vi* ① *haben (schäumen: Wasser, Quelle)* zampillare, spumeggiare; *(Sekt, Limonade)* spumeggiare, essere effervescente ② *haben (kochen: Wasser)* bollire; **vor Freude/guten Ideen ~** *(fig)* traboccare di gioia/buone idee ③ *sein (hervor~: Wasser, Worte)* sgorgare

Sprudler <-s, -> *m* A *(Quirl)* frullino *m*

Sprühdose *f* [bombola *f*] spray *m*

sprühen ['ʃpryːən] **I.** *vt haben (Funken, a. fig: Feuer, Hass)* schizzare **II.** *vi* ① *sein (Wasser)* schizzare; *(Funken)* sprizzare ② *haben* **vor Geist ~** essere di spirito brillante; **ihre Augen sprühten vor Zorn/Freude** i suoi occhi sprizzavano rabbia/gioia

sprühend *adj (fig: Geist)* scintillante, spumeggiante; *(Laune, Temperament)* brioso, brillante

Sprühregen *m* pioggerella *f* [minutissima]

Sprung [ʃprʊŋ] <-(e)s, Sprünge> *m* ① *(Hüpfen)* salto *m; (Satz)* balzo *m; (Kopf~ beim Schwimmen)* tuffo *m; (Gedanken~)* salto *m*, rapido passaggio *m;* **keine großen Sprünge machen können** *(fig fam)* non poter fare grandi cose; **jdm auf die Sprünge helfen** *(fam)* dare una mano a qu; **bei jdm auf einen ~ vorbeikommen** *(fam)* fare un salto da qu; **auf dem ~ sein etw zu tun** *(fam)* essere sul punto di fare qc ② *(Riss in Glas o Porzellan)* crepa *f*, incrinatura *f; (in Holz)* fessura *f; (in Stahl)* cricca *f; (in Haut)* screpolatura *f;* **einen ~ bekommen** incrinarsi

sprungbereit *adj* ① *(Sportler, Tier)* pronto per il salto ② *(fam: ausgehfertig)* pronto per uscire; *(reisefertig)* pronto per partire

Sprungbrett *nt (Turnen)* pedana *f; (Schwimmen, a. fig)* trampolino *m*

Sprungfeder *f* molla *f*

Sprunggelenk *nt* articolazione *f* tibio-tarsale

Sprunggrube *f* buca *f* per il salto

sprunghaft *adj* ① *(unzusammenhängend)* sconnesso, slegato ② *(unbeständig)* volubile ③ *(plötzlich)* improvviso

Sprunghaftigkeit <-> *f kein Pl.* ① *(von Gedanken)* sconnessione *f* ② *(Unbeständigkeit)* volubilità *f*

Sprungschanze *f* trampolino *m*

Sprungtuch *nt* telo *m* di salvataggio

Sprungturm *m* trampolino *m* per tuffi

Spucke ['ʃpʊkə] <-> *f kein Pl. (fam)* saliva *f;* **da bleibt mir die ~ weg** *(fam)* rimango di sasso

spucken *vi, vt* sputare; *(sich erbrechen)* vomitare; **große Töne ~** *(fam)* sballarle grosse

Spucknapf *m* sputacchiera *f*

Spuk [ʃpu:k] <-(e)s, *rar:* -e> *m* ① *(Erscheinung)* visione *f*, apparizione *f* ② *(fam: Lärm)* chiasso *m*, baccano *m; (Aufwand, Umstände)* storie *f pl*

spuken *vi (Gespenst)* apparire; **es spukt** [**hier**] [qui] ci sono i fantasmi

Spülbecken *nt* lavandino *m*, acquaio *m*

Spule ['ʃpu:lə] <-, -n> *f* FILM bobina *f; (Nähmaschinen~)* rocchetto *m*

Spüle ['ʃpy:lə] <-, -n> *f* lavandino *m*, acquaio *m*

spulen ['ʃpu:lən] *vt* bobinare

spülen ['ʃpy:lən] **I.** *vt* ① *(Geschirr)* rigovernare, lavare ② *(Wunde)* lavare; *(Mund)* sciacquare ③ *(Haar, Wäsche)* [ri]sciacquare ④ *(schwemmen)* trasportare; **etw ans Ufer ~** trasportare qc a riva **II.** *vi* ① *(angeschwemmt werden)* **an etw** *akk* **~** sciabordare contro qc ② *(in Toilette)* azionare lo sciacquone, tirare l'acqua ③ *(Geschirr ~)* lavare i piatti; *(Mund ~)* sciaquarsi; *(Waschmaschine)* [ri]sciacquare

Spülkasten <-s, -kästen> *m* sciacquone *m*

Spülmaschine *f* lavastoviglie *f*

spülmaschinenfest *adj (Geschirr)* resistente al lavaggio nella lavastoviglie

Spülmittel *nt* detersivo *m* per [le] stoviglie

Spülprogramm *nt* programma *m* di risciacquo

Spülung <-, -en> *f* ① MED irrigazione *f* ② TEC lavaggio *m*

Spülwasser *nt (a. fig, pej)* risciacquatura *f*

Spulwurm *m* ascaride *m*

Spund[1] [ʃpʊnt, *Pl:* ʃpʏndə] <-(e)s, Spünde> *m (am Fass)* zaffo *m*

Spund[2] <-(e)s, -e> *m (fam)* **junger ~** sbarbatello *m*

Spur [ʃpu:ɐ̯] <-, -en> *f* ① *(Fuß~, a. fig: Fährte)* orma *f*, traccia *f; (Abdruck)* impronta *f; (Zeichen, Anzeichen)* traccia *f*, ombra *f;* **eine ~ verfolgen** seguire una traccia; **~en hinterlassen** *(fig)* lasciare tracce; **die ~en sichern** rilevare le impronte; **jdm auf der ~ sein** *(fig)* essere sulle tracce di qu; **vom Täter fehlt jede ~** il colpevole non ha lasciato traccia ② *(Fahrbahn)* corsia *f; (Rad~)* rotaia *f; (Ski~)* pista *f; (von Tonband)* pista *f*, traccia *f* ③ *(kleine Menge)* pizzico *m* ④ *Pl. (Überreste)* vestigia *f pl* ⑤ FERR *(~weite)* scartamento *m; (von Auto)* carreggiata *f*

spürbar *adj* sensibile

spuren ['ʃpu:rən] *vi* ① *(eine Spur machen)* aprire la pista ② *(fam: gehorchen)* filare [*o* rigare] dritto *fam*

spüren ['ʃpy:rən] *vt (Hunger, Kälte, Schmerz)* sentire; *(Enttäuschung, Zorn)* provare; *(wahrnehmen)* percepire

Spurenelement *nt* microelemento *m*

Spürhund *m* bracco *m*, segugio *m*

spurlos *adv* **~ verschwinden** sparire senza lasciar traccia

Spürnase *f* **eine sehr gute ~ haben** avere un fiuto finissimo

Spürsinn *m (a. fig)* fiuto *m*

Spurt [ʃpʊrt] <-s, -s *o* -e> *m* SPORT sprint *m; (End~, a. fig)* sprint *m* finale

spurten ['ʃpʊrtən] *vi haben o sein* SPORT fare uno sprint, scattare

Spurweite *f* ① MOT carreggiata *f* ② FERR scartamento *m*

Squash ['skvɔʃ] <-> *nt kein Pl.* SPORT squash *m*

SR [ɛs'ʔɛr] <-(s)> *m kein Pl. Abk. von* **Saarländischer Rundfunk** *rete radiotelevisiva regionale tedesca con sede a Saarbrücken*

Sri Lanka ['sri: 'laŋka] *nt* Sri Lanka *m*

SS ① *Abk. von* **Sommersemester** semestre *m* estivo ② *Abk. von* **Schutzstaffel** SS *f pl*

St. ① *Abk. von* **Stück** pezzo ② *Abk. von* **Sankt** S.

s. t. *Abk. von* **sine tempore** senza il quarto d'ora accademico

Staat [ʃta:t] <-(e)s, -en> *m* ① POL stato *m* ② *Sing. (Prunk, Aufwand)* sfoggio *m*, pompa *f; (Festgewand)* gran gala *f;* **mit etw ~ machen** far sfoggio di qc

Staatenbund *m* confederazione *f* di stati

staatenlos *adj* apolide
Staatenlose <ein -r, -n, -n> *mf* apolide *mf*
staatlich *adj* dello stato, statale; *(dem Staat gehörig)* demaniale; *(national)* nazionale; *(öffentlich)* pubblico; **~e Unterstützung** sussidio dello stato; **~ anerkannt** riconosciuto dallo stato; **~ geprüft** diplomato
Staatsakt <-(e)s, -e> *m* cerimonia *f* ufficiale
Staatsaktion *f* **eine ~ aus etw machen** fare di qc un affare di stato
Staatsangehörige *mf* cittadino, -a *m, f*
Staatsangehörigkeit *f* nazionalità *f*
Staatsanleihe *f* 1 *(Schulden des Staates)* prestito *m* statale 2 *(Schuldverschreibung)* emissione *f* di buoni del tesoro
Staatsanwalt *m*, **Staatsanwältin** *f* sostituto, -a procuratore, -trice *m, f* della repubblica; *(vor Gericht)* pubblico ministero *m*
Staatsanwaltschaft *f* procura *f* della repubblica; *(vor Gericht)* pubblico ministero *m*
Staatsbeamte *m*, **Staatsbeamtin** *f* funzionario, -a *m, f* statale
Staatsbegräbnis *nt* funerale *m* di stato
Staatsbesuch *m* visita *f* ufficiale
Staatsbürger(in) *m(f)* cittadino, -a *m, f*
staatsbürgerlich *adj* civico
Staatsbürgerschaft *f* cittadinanza *f*, nazionalità *f*
Staatschef(in) *m(f)* capo *m* di stato
Staatsdienst *m* servizio *m* statale; **im ~ stehen** essere funzionario statale
Staatseigentum *nt* bene *m* dello stato
Staatsexamen *nt* esame *m* di stato
Staatsfeind *m* nemico *m* pubblico
Staatsform *f* forma *f* di governo, regime *m*
Staatsgebiet *nt* territorio *m* nazionale
Staatsgeheimnis *nt* segreto *m* dello stato
Staatsgewalt *f* potere *m* politico, autorità *f* dello stato
Staatshaushalt *m* bilancio *m* pubblico
Staatskirche *f* chiesa *f* di stato
Staatskosten *pl* **auf ~** a spese dello stato
Staatsmann *m* statista *m*, [uomo *m*] politico *m*
staatsmännisch [ˈʃtaːtsmɛnɪʃ] *adj* di statista, di uomo di stato
Staatsoberhaupt *nt* capo *m* di stato
Staatspräsident(in) *m(f)* presidente *m* della repubblica
Staatsräson <-> *f kein Pl.* ragione *f* di stato
Staatsrat *m* 1 *(Institution)* consiglio *m* di stato 2 *(Person)* consigliere *m* di stato
Staatsschuld *f* debito *m* pubblico
Staatssekretär(in) *m(f)* sottosegretario, -a *m, f* di stato
Staatssicherheitsdienst *m* polizia *f* di sicurezza
Staatsstreich *m* colpo *m* di stato
staatstragend *adj* che esprime lo Stato; **die staatstragenden Parteien** i partiti espressione dello Stato
Staatstrauer *f* lutto *m* nazionale
Staatsverschuldung *f* indebitamento *m* dello stato
Staatsvertrag <-(e)s, -träge> *m* trattato *m* di stato *(accordo fra lo Stato e le singole regioni di uno stato federale)*
Stab [ʃtaːp] <-(e)s, Stäbe> *m* 1 *(Stock)* bastone *m; (dünner, Dirigenten~)* bacchetta *f; (kurzer)* bastoncino *m; (Eisen~)* sbarra *f;* **über jdn den ~ brechen** *(fig)* condannare qu 2 SPORT *(Staffel~)* testimone *m; (Stabhochsprung~)* asta *f* 3 MIL *(Führungsgruppe)* stato *m* maggiore 4 *(Mitarbeiter~)* quadri *m pl,* staff *m*
stabförmig *adj* a forma di asta
Stabhochspringer(in) <-s, -; -, -nen> *m(f)* saltatore, -trice *m, f* con l'asta
Stabhochsprung *m* salto *m* con l'asta
stabil [ʃtaˈbiːl] *adj* stabile; *(Konstitution)* robusto
stabilisieren [ʃtabiliˈziːrən] <ohne ge-> **I.** *vt* stabilizzare **II.** *vr:* **sich ~** stabilizzarsi
Stabilisierung <-, -en> *f* stabilizzazione *f*
Stabilität [ʃtabiliˈtɛːt] <-> *f kein Pl.* stabilità *f;* **~s- und Wachstumspakt** EU patto *m* di stabilità e di crescita
Stabilitäts- und Wachstumspakt <-(e)s> *m kein Pl. (Europäische Währungsunion)* patto *m* di stabilità e di crescita
Stabmixer *m* frullatore *m* a immersione
Stabreim *m* allitterazione *f*
Stabsarzt *m* capitano *m* medico
Stabschef *m* capo *m* di stato maggiore
Stabsoffizier *m* ufficiale *m* di stato maggiore
Stabwechsel *m* SPORT cambio *m* del testimone
stach [ʃtaːx] *1. u. 3. Pers. Sing. Imp. von* **stechen**
Stachel [ʃtaxəl] <-s, -n> *m (von Pflanzen)* spina *f; (von Igel, ~schwein)* aculeo *m; (von ~draht)* punta *f; (von Insekt)* pungiglione *m*
Stachelbeere *f* uva *f* spina
Stachelbeerstrauch *m* arbusto *m* di uva spina
Stacheldraht *m* filo *m* spinato
Stacheldrahtverhau *m* reticolato *m*
Stacheldrahtzaun *m* reticolato *m*
stachelig *adj (Rose, Kaktee)* spinoso; *(Igel)* aculeato; *(Oberfläche)* ruvido, pungente; *(Kinn, Bart)* pungente

S

Stachelschwein *nt* porcospino *m*
Stadel ['ʃta:dəl] <-s, - A, auch -n, CH Städel> *m* A, CH, SÜDD *(Scheune)* fienile *m,* pagliaio *m*
Stadion ['ʃta:diɔn] <-s, Stadien> *nt* stadio *m*
Stadium ['ʃta:diʊm] <-s, Stadien> *nt* stadio *m*
Stadt [ʃtat] <-, Städte> *f* ❶ *(Ort)* città *f;* **die ~ Zürich** la città di Zurigo; **in die ~ gehen** andare in città ❷ *(~verwaltung)* amministrazione *f* comunale
stadtbekannt *adj* **das ist ~** è un fatto notorio
Stadtbezirk *m* rione *m,* quartiere *m*
Stadtbibliothek *f* biblioteca *f* civica
Stadtbild *nt* fisionomia *f* della città
Stadtbücherei *f* biblioteca *f* civica [*o* comunale]
Städtchen ['ʃtɛ(:)tçən] <-s, -> *nt* cittadina *f*
Städtebau ['ʃtɛ(:)təbaʊ] *m kein Pl.* urbanistica *f*
städtebaulich *adj* urbanistico
Städtepartnerschaft *f* gemellaggio *m*
Städter(in) ['ʃtɛtɐ] <-s, -; -, -nen> *m(f)* cittadino, -a *m, f*
Stadtflucht *f kein Pl.* fuga *f* dalla città
Stadtgebiet *nt* territorio *m* urbano
Stadtgespräch *nt* TEL conversazione *f* urbana; **das ist ~** tutta la città ne parla
städtisch ['ʃtɛtɪʃ] *adj* urbano, cittadino; *(verwaltungsmäßig)* comunale, municipale, civico
Stadtkern *m* nucleo *m* cittadino
Stadtmauer *f* mura *fpl* cittadine
Stadtmensch *m* uomo *m* di città
Stadtmitte *f* centro *m* [della città]
Stadtplan *m* pianta *f* della città
Stadtplaner(in) *m(f)* urbanista *mf*
Stadtplanung *f* urbanistica *f*
Stadtrand *m* periferia *f* [cittadina]
Stadtrandsiedlung *f* agglomerato *m* periferico
Stadtrat *m (Gremium)* giunta *f*
Stadtrat *m,* **Stadträtin** *f* assessore *m*
Stadtrundfahrt *f* giro *m* turistico della città
Stadtstaat *m* città *f* stato
Stadtstreicher(in) <-s, -; -, -nen> *m(f)* vagabondo, -a *m, f* [di città]
Stadtteil *m* quartiere *m,* rione *m*
Stadttor *nt* porta *f* della città
Stadtväter *mpl (scherz)* consiglieri *mpl* comunali
Stadtverkehr *m* traffico *m* cittadino
Stadtverwaltung *f* amministrazione *f* comunale
Stadtviertel *nt* quartiere *m*
Stadtwerke *ntpl* aziende *fpl* comunali
Staffel ['ʃtafəl] <-, -n> *f* ❶ SPORT staffetta *f* ❷ MIL, AERO *(Flug~)* squadriglia *f*
Staffelei [ʃtafə'laɪ] <-, -en> *f* cavalletto *m*
Staffellauf *m* staffetta *f*
staffeln *vt* ❶ *(Gebühren, Steuern, Gehälter)* graduare ❷ *(staffelweise aufstellen)* scaglionare
Staffelung <-, -en> *f* ❶ *(Gliederung)* graduazione *f* ❷ *(Aufstellung)* scaglionamento *m*
Stagflation [ʃtakfla'tsjo:n] <-> *f kein Pl.* COM stagflazione *f*
Stagnation [ʃtagna'tsi̯o:n] <-, -en> *f* ristagno *m*
stagnieren [ʃta'gni:rən] <ohne ge-> *vi* ristagnare
stahl [ʃta:l] *1. u. 3. Pers. Sing. Imp. von* **stehlen**
Stahl [ʃta:l] <-(e)s, Stähle *o rar:* -e> *m (Metall)* acciaio *m;* **Nerven aus ~** *(fig)* nervi d'acciaio
Stahlbeton *m* cemento *m* armato
Stahlblech *nt* lamiera *f* d'acciaio
stählen ['ʃtɛ:lən] *vt* temprare
stählern ['ʃtɛ:lɐn] *adj (a. fig)* d'acciaio
Stahlfeder *f* ❶ *(Schreibfeder)* pennino *m* d'acciaio ❷ *(Sprungfeder)* molla *f* d'acciaio
Stahlgerüst *nt* ponteggio *m* tubolare
stahlhart ['ʃta:l'hart] *adj* durissimo, duro come l'acciaio
Stahlhelm *m* elmetto *m* d'acciaio
Stahlindustrie *f* industria *f* dell'acciaio
Stahlrohrmöbel *ntpl* mobili *mpl* tubolari
Stahlträger *m* longherone *m* d'acciaio
Stahlwerk *nt* acciaieria *f*
staksen ['ʃta:ksən] *vi sein (fam)* camminare impettito
Stalagmit [ʃtala'gmi:t] <-s *o* -en, -e(n)> *m* GEOL stalagmite *f* [*o* stalammite *f*]
Stalaktit [ʃtalak'ti:t] <-s *o* -en, -e(n)> *m* GEOL stalattite *f*
Stalinismus [ʃtali'nɪsmʊs] <-> *m kein Pl.* stalinismo *f*
stalinistisch [ʃtali'nɪstɪʃ] *adj* stalinista
Stall [ʃtal] <-(e)s, Ställe> *m* stalla *f; (Hühner~)* pollaio *m; (Pferde~, Renn~)* scuderia *f; (Schweine~)* porcile *m*
Stallknecht *m* stalliere *m*
Stallung <-, -en> *f* stallaggio *m,* scuderia *f*
Stamm [ʃtam] <-(e)s, Stämme> *m* ❶ *(Baum~)* tronco *m,* fusto *m* ❷ LING radice *f* ❸ *(Kundschaft)* clientela *f* fissa ❹ *(Abstammung)* linea *f* ❺ *(Volks~, Eingeborenen~)* tribù *f*
Stammaktie *f* azione *f* ordinaria
Stammbaum *m* albero *m* genealogico; *(von Tieren)* pedigree *m*

S

Stammbuch *nt (Familien~)* libro *m* di famiglia

stammeln ['ʃtaməln] *vi, vt* balbettare

stammen ['ʃtamən] *vi* ① *(abstammen)* discendere; LING derivare; **von etw ~** derivare da qc ② *(örtlich)* **aus Padua ~** essere originario di Padova ③ *(zeitlich)* risalire; **dieses Bild stammt aus dem Mittelalter** questa figura risale al Medioevo

Stammform *f* LING forma *f* fondamentale

Stammgast *m* abitudinario, -a *m, f,* avventore, -trice *m, f* abituale, habitué *m*

Stammhalter *m* erede *m* maschio

Stammhaus *nt* casa *f* madre

stämmig ['ʃtɛmɪç] *adj (kräftig)* robusto; *(gedrungen)* tarchiato

Stammkapital *nt* capitale *m* sociale

Stammkneipe *f* osteria *f*

Stammkunde *m,* **Stammkundin** *f* cliente *mf* abituale, abitudinario, -a *m, f*

Stammkundschaft *f* clientela *f* abituale [*o* fissa], abitudinari *mpl*

Stammlokal *nt* locale *m*

Stammplatz *m* posto *m* fisso

Stammtisch *m* tavolo *m* riservato agli avventori abituali

Stammwähler(in) <-s, -; -, -nen> *m(f)* elettore, -trice *m, f* fedele

Stammzelle *f* BIOL cellula *f* staminale

Stammzellenforschung *f* ricerca *f* sulle cellule staminali

Stamperl <-s, -n> *nt* A *(Schnapsglas)* bicchierino *m* da grappa

stampfen ['ʃtampfən] **I.** *vi* ① *haben (Mensch)* pestare i piedi; *(Tier)* scalpitare ② *haben (Motor, Maschine)* lavorare ③ *haben o sein (Schiff)* beccheggiare ④ *sein (stapfen)* camminare pesantemente **II.** *vt haben* ① *(fest~)* [cal]pestare, calcare ② *(Trauben)* pigiare; *(Kartoffeln)* schiacciare; *(im Mörser)* pestare

S

Stampfer <-s, -> *m* ① TEC pilone *m,* mazzapicchio *m* ② *(Küchengerät)* pestello *m*

stand [ʃtant] *1. u. 3. Pers. Sing. Imp. von* **stehen**

Stand [ʃtant] <-(e)s, Stände> *m* ① *Sing. (Stehen)* posizione *f* eretta; **bei jdm einen schweren ~ haben** *(fig)* avere difficoltà con qu ② *(Ort, Platz: von Beobachter, Schütze)* posizione *f; (Schieß~)* stand *m,* campo *m* di tiro; *(Taxi~)* posteggio *m,* stazione *f* [di tassì] ③ *(Verkaufs~, Bude)* banco *m* di vendita; *(Verkaufstisch)* banco *m; (Bücher~)* bancherella *f; (Informations~, Messe~)* stand *m* ④ *Sing. (Entwicklungsstufe: von Geschäften, der Dinge)* stato *m; (Kurs~)* quotazione *f; (von Forschungen, Verhandlungen)* stadio *m;* SPORT *(Spiel~)* punteggio *m;* **auf den neuesten ~ bringen** aggiornare; **beim jetzigen ~ der Dinge** allo stato attuale delle cose ⑤ *Sing. (Zustand)* stato *m,* condizione *f* ⑥ *Sing. (Wasser~, Thermometer~)* livello *m; (Kilometer~)* chilometraggio *m; (Kassen~, Konto~)* situazione *f,* posizione *f; (der Sonne, des Monds)* posizione *f;* **den höchsten ~ erreichen** raggiungere il livello massimo ⑦ *(soziale Stellung)* condizione *f,* posizione *f; (Berufs~)* categoria *f*

Standard ['ʃtandart] <-s, -s> *m* ① *(Richtschnur)* standard *m; (Norm)* norma *f* ② *(Lebens~)* tenore *m* di vita ③ *(Feingehalt)* titolo *m*

Standardausführung *f* modello *m* standard

standardisieren [ʃtandardi'ziːrən] <ohne ge-> *vt* standardizzare

Standardisierung <-, -en> *f* standardizzazione *f,* omogeneizzazione *f*

Standarte [ʃtan'dartə] <-, -n> *f* stendardo *m*

Standbild *nt* statua *f*

Stand-by-Betrieb [stɛnt'baɪ-] *m,* **Standby-Betrieb** *m* TECH, INFORM modalità *f* standby; **im ~** in standby

Ständchen ['ʃtɛntçən] <-s, -> *nt* serenata *f;* **jdm ein ~ bringen** fare una serenata a qu

Ständemehr <-s> *nt kein Pl.* CH POL *(Stimmenmehrheit in der Mehrzahl der Kantone)* maggioranza *f* dei voti dei rappresentanti dei cantoni del Consiglio degli Stati

Ständer ['ʃtɛndɐ] <-s, -> *m* supporto *m,* sostegno *m; (Kleider~)* attaccapanni *m; (Noten~)* leggio *m*

Ständerat ['ʃtɛndəraːt] *m* CH ① PARL, POL *(eine der beiden Kammern des schweizerischen Parlaments)* Consiglio *m* degli Stati, Camera *f* alta ② *(Mitglied des Ständerates)* membro *m* del Consiglio degli Stati

Standesamt *nt* ufficio *m* di stato civile, anagrafe *f*

standesamtlich *adj* **~e Trauung** matrimonio civile

Standesbeamte *m,* **Standesbeamtin** *f* ufficiale, -essa *m, f* di stato civile

standesgemäß *adj* conforme al proprio stato sociale

standfest *adj* stabile

Standfestigkeit <-> *f kein Pl.* ① *(sicherer Stand)* stabilità *f* ② *(Standhaftigkeit)* costanza *f*

Standgericht *nt* corte *f* marziale

standhaft *adj* costante, fermo, perseverante

Standhaftigkeit <-> *f kein Pl.* costanza *f,* fermezza *f,* perseveranza *f*

stand|halten <irr> *vi* **einer Sache** *dat* **~** *(Mensch)* tener testa a qc; *(Gegenstand)* reggere qc, resistere a qc
ständig [ˈʃtɛndɪç] *adj (Mitglied, Ausschuss)* permanente; *(Wohnsitz)* stabile; *(ununterbrochen)* continuo; *(fest: Einkommen)* fisso
Standlicht *nt* MOT luce *f* di posizione
Standort *m* ① *(von Mensch, Schiff, Flugzeug)* posizione *f* ② BOT habitat *m* ③ *(Garnison)* guarnigione *f*
Standpauke *f (fam)* predica *f;* **jdm eine ~ halten** fare la paternale a qu
Standpunkt *m* punto *m* di vista; *(Meinung)* parere *m,* opinione *f;* **jdm seinen ~ klarmachen** chiarire a qu il proprio punto di vista; **auf dem ~ stehen, dass ...** essere dell'opinione che *+conj*
Standuhr *f* orologio *m* a pendolo
Stange [ˈʃtaŋə] <-, -n> *f* ① *(Stab)* bastone *m; (Quer~)* sbarra *f; (Kleider~, Teppich~)* stanga *f; (Gardinen~)* asta *f; (Metall~)* barra *f; (senkrecht)* palo *m; (Hühner~)* posatoio *m; (Geweih~)* fusto *m* [di corna]; **eine ~ Geld kosten** *(fam)* costare un occhio della testa; **jdm die ~ halten** *(fam)* dar man forte a qu; **jdn bei der ~ halten** *(fam)* riuscire a trattenere qu; **bei der ~ bleiben** *(fam)* non cambiare opinione; **einen Anzug von der ~ kaufen** comp[e]rare un abito [da uomo] confezionato ② *(länglicher Gegenstand: ~ Siegellack)* bastoncino *m; (~ Zigaretten)* stecca *f; (~ Brot)* filone *m,* bastone *m*
Stängel [ˈʃtɛŋəl] <-s, -> *m* gambo *m,* stelo *m*
Stängelgemüse <-s, -> *nt* verdura *f* a stelo [*o* a caule]
Stangenbrot *nt* filone *m,* baguette *f*
stank [ʃtaŋk] *1. u. 3. Pers. Sing. Imp. von* **stinken**
stänkern [ˈʃtɛŋkɐn] *vi (fam)* piantar grane
Stanniol [ʃtaˈni̯oːl] <-s, -e> *nt,* **Stanniolpapier** *nt* carta *f* stagnola
Stanze [ˈʃtantsə] <-, -n> *f* ① LIT stanza *f* ② *(Loch~)* punzonatrice *f; (Prägestempel)* punzone *m*
stanzen *vt* stampare; *(lochen)* punzonare; *(aus~)* tranciare
Stapel [ˈʃtaːpəl] <-s, -> *m* ① *(Haufen)* pila *f,* catasta *f* ② NAUT *(Dock)* scalo *m;* **vom ~ lassen** NAUT varare; *(fig)* lanciare ③ *(Warenlager)* deposito *m*
Stapellauf *m* varo *m*
stapeln *vt* impilare, accatastare
stapfen [ˈʃtapfən] *vi sein* camminare faticosamente
Star¹ [staːɐ̯] <-(e)s, -e> *m (Vogel)* storno *m*
Star² [ʃtaːɐ̯] <-s, -s> *m (berühmter Mensch)* divo, -a *m, f,* star *f,* stella *f*
Star³ [ʃtaːɐ̯] <-[e]s> *m kein Pl.* MED *(grauer ~)* cateratta *f; (grüner ~)* glaucoma *m*
starb [ʃtarb] *1. u. 3. Pers. Sing. Imp. von* **sterben**
stark [ʃtark] **I.** *adj* <stärker, stärkste> ① forte; *(kräftig)* vigoroso, robusto; *(kraftvoll)* energico; *(willensstark)* forte; **sich für etw ~ machen** parteggiare per qc, sostenere qc; **das ist ein ~es Stück!** *(fam)* questo è il colmo! ② *(heftig)* violento, forte; **~er Schnupfen** forte raffreddore ③ *(mächtig, leistungs~)* potente ④ *(intensiv: Verkehr, Kälte)* intenso; *(Farben a.)* forte ⑤ *(beträchtlich)* grande, considerevole; **~es Gefälle** discesa ripida ⑥ *(tüchtig, beschlagen)* ferrato ⑦ *(dick: Mensch)* grasso, corpulento; *(Schicht)* spesso; *(umfangreich)* voluminoso; **500 Seiten ~** di 500 pagine; **zehn Zentimeter ~** di dieci centimetri di spessore ⑧ *(fest)* solido, saldo, resistente **II.** *adv* <stärker, am stärksten> ① *(bei Verben)* fortemente; *(beträchtlich)* abbondantemente ② *(bei Adjektiven)* molto; **~ verschuldet** indebitato fino al collo
Stärke [ˈʃtɛrkə] <-, -n> *f* ① *(körperliche Kraft)* forza *f,* vigore *m,* robustezza *f; (Energie)* energia *f* ② *(Leistungsfähigkeit)* forza *f,* potenza *f* ③ *(Intensität)* intensità *f; (Heftigkeit)* violenza *f* ④ *(Anzahl)* numero *m,* forza *f;* MIL effettivo *m* ⑤ *(Tüchtigkeit, Beschlagenheit, starke Seite)* forte *m* ⑥ *(Dicke: von Schicht)* spessore *m* ⑦ *(Festigkeit)* solidità *f; (innere ~)* saldezza *f* ⑧ *(~mehl)* fecola *f; (Wäsche ~)* amido *m*
stärken **I.** *vt* ① *(kräftigen)* rinforzare, corroborare; *(fig)* rafforzare; *(Gesundheit)* rinvigorire, irrobustire ② *(mit Nahrung)* rifocillare, ristorare ③ *(Wäsche)* inamidare **II.** *vr:* **sich ~** rifocillarsi, ristorarsi
Starkstrom *m* corrente *f* ad alta tensione
Starkstromleitung <-, -en> *f* conduttura *f* di corrente ad alta tensione
Stärkung <-, -en> *f* ① *(Kräftigung)* corroboramento *m,* rinforzo *m; (fig)* rafforzamento *m; (von Gesundheit)* irrobustimento *m* ② *(Erfrischung)* ristoro *m*
Stärkungsmittel *nt* ricostituente *m*
starr [ʃtar] *adj* ① *(fig: nicht beweglich) a.* TEC rigido; *(steif)* irrigidito; *(vor Kälte)* intirizzito ② *(Blick)* fisso; *(wie versteinert)* pietrificato; **vor Schreck ~ sein** essere pietrificato per la paura; **vor Staunen ~ sein** essere sbalordito ③ *(unbeugsam)* inflessibile ④ *(Gesetze, Regeln)* rigoroso
Starre [ˈʃtarə] <-> *f kein Pl.* ① *(Steifheit)* rigidità *f,* fissità *f* ② *(Feststehen)* immobili-

tà *f;* MED rigidità *f* ③ *(Strenge)* rigidità *f,* rigore *m*

starren ['ʃtarən] *vi* ① *(starr blicken)* **auf etw** *akk* ~ fissare qc ② *(ragen)* ergersi ③ *(strotzen)* **von etw ~** essere pieno di qc; **vor Schmutz ~** essere sporco lurido

Starrheit <-> *f kein Pl.* ① *(Starre)* rigidezza *f; (fig)* TEC rigidità *f* ② *(Unbeugsamkeit)* inflessibilità *f* ③ *(Strenge)* rigore *m* ④ *(Starrsinn)* ostinatezza *f*

Starrkopf <-(e)s, -köpfe> *m (pej)* testone, -a *m, f,* testa *f* dura, ostinato *m*

Starrsinn *m* caparbietà *f,* testardaggine *f*

starrsinnig *adj* ostinato, testardo

Start [ʃtart] <-(e)s, -s *o rar:* -e> *m* ① SPORT partenza *f; (a. ~stelle)* start *m* ② AERO decollo *m; (~platz)* pista *f* di decollo; *(von Rakete, Raumschiff)* lancio *m* ③ MOT avviamento *m* ④ *(Computer)* avvio *m* ⑤ *(fig: Anfangszeit)* inizio *m,* principio *m*

Startautomatik *f* MOT starter *m* automatico

Startbahn *f* pista *f* di decollo

startbereit *adj* pronto alla partenza; AERO pronto al decollo

starten I. *vi sein* ① *(aufbrechen)* partire; SPORT prendere il via ② MOT avviarsi ③ AERO decollare II. *vt haben* ① *(Rakete, Raumschiff)* lanciare ② *(fig)* MOT *(in Gang setzen)* avviare

Starter <-s, -> *m* MOT, SPORT starter *m*

Starterlaubnis *f* AERO permesso *m* di decollo

Starthilfe *f* ① AERO decollo *m* assistito ② *(fig: finanzielle Hilfe)* impulso *m* iniziale

Starthilfekabel *nt* MOT cavetti *mpl,* cavi *mpl* d'accensione

Startkapital *nt* capitale *m* iniziale

startklar *adj s.* **startbereit**

Startmenü <-s, -s> *nt* INFORM menu *m* di avvio

S

Startschuss *m* segnale *m* di partenza

Startsignal *nt,* **Startzeichen** *nt* segnale *m* di partenza

Stasi ['ʃtaːzi] <-> *f kein Pl.* HIST *(fam) Akr. von* **Staatssicherheitsdienst** *polizia segreta di stato dell'ex RDT*

Statik ['ʃtaːtɪk] <-> *f kein Pl.* PHYS statica *f*

Statiker(in) ['ʃtaːtikɐ] <-s, -; -, -nen> *m(f)* studioso *m* [*o* esperto *m*] di statica

Station [ʃta'tsi̯oːn] <-, -en> *f* ① *(Bahnhof, Radio~, Kreuzweg~)* stazione *f; (Haltestelle)* fermata *f* ② *(im Krankenhaus)* reparto *m* ③ *(fig: Halt, Rast)* sosta *f;* **~ machen** fare sosta

stationär [ʃtatsi̯o'nɛːɐ̯] *adj* stazionario; *(ortsfest)* fisso; **~e Behandlung** MED trattamento clinico

stationieren [ʃtatsi̯o'niːrən] <ohne ge-> *vt* MIL dislocare

Stationierung <-, -en> *f* MIL dislocamento *m*

Stationsarzt *m,* **Stationsärztin** *f* dottore, -essa *m, f* di reparto

Stationsschwester *f* [infermiera *f*] caporeparto *f*

statisch ['ʃtaːtɪʃ] *adj* statico

Statist(in) [ʃta'tɪst] <-en, -en; -, -nen> *m(f)* comparsa *f*

Statistik [ʃta'tɪstɪk] <-, -en> *f* statistica *f*

Statistin *f s.* **Statist**

statistisch [ʃta'tɪstɪʃ] *adj* statistico

Stativ [ʃta'tiːf] <-s, -e> *nt* stativo *m,* treppiedi *m*

statt [ʃtat] I. *präp +gen* invece di, in luogo di II. *konj* **~ zu** *+inf,* **~ dass ...** invece di *+inf,* anziché *+inf*

stattdessen *adv* invece [di ciò]

Stätte ['ʃtɛtə] <-, -n> *f (geh)* luogo *m,* posto *m*

statt|finden <irr> *vi* aver luogo; *(Veranstaltung)* tenersi

statt|geben <irr> *vi* **einem Gesuch ~** dar corso a un'istanza; **einer Bitte ~** accogliere una preghiera

statthaft *adj (geh: erlaubt)* permesso; *(zulässig)* ammissibile; JUR ricevibile

Statthalter *m* governatore *m*

stattlich ['ʃtatlɪç] *adj* ① *(Gebäude)* imponente; *(ansehnlich)* di bella presenza; *(prächtig)* magnifico ② *(Summe)* considerevole

Statue ['ʃtaːtuə] <-, -n> *f* statua *f*

Statur [ʃta'tuːɐ̯] <-, -en> *f* statura *f*

Status ['ʃtaːtʊs] <-, -> *m* status *m;* JUR situazione *f* giuridica; **~ quo** status quo *m*

Statussymbol *nt* status symbol *m*

Statuszeile *f* INFORM barra *f* di stato

Statut [ʃta'tuːt] <-(e)s, -en> *nt* statuto *m,* regolamento *m*

Stau [ʃtaʊ] <-(e)s, -s *o* -e> *m (Verkehrs~)* ingorgo *m,* congestione *f; (Wasser~)* ristagno *m,* rigurgito *m*

Staub [ʃtaʊp] <-(e)s, -e *o* Stäube> *m* polvere *f; (Blüten~)* polline *m;* **~ saugen** passare l'aspirapolvere; **~ wischen** spolverare; [**viel**] **~ aufwirbeln** *(fig fam)* fare molto scalpore; **sich aus dem ~ machen** *(fam)* svignarsela; *s. a.* **staubsaugen**

Staubbeutel *m* BOT antera *f*

Staubecken *nt* bacino *m* di sbarramento

stauben ['ʃtaʊbən] *vi (staubig sein)* essere polveroso; *(Staub machen)* far polvere

stäuben ['ʃtɔɪbən] I. *vi* ① *(Staub absondern)* impolverare, alzar polvere ② *(zerstieben)* polverizzare, nebulizzare II. *vt* ① *(Staub entfernen)* spolverare ② *(streu-*

en) cospargere; *(Flüssigkeiten)* versare (**auf/über** +*akk* su)

Staubfaden *m* BOT filamento *m*

Staubfänger ['ʃtaʊpfɛŋɐ] <-s, -> *m* nido *m* di polvere

Staubgefäß *nt* BOT stame *m*

staubig *adj* polveroso, impolverato

Staubkorn *nt* granello *m* di polvere

staub|saugen *vi, vt* aspirare la polvere; **den Teppich ~** passare l'aspirapolvere sul tappeto

Staubsauger *m* aspirapolvere *m*

Staubtuch *nt* cencio *m* della polvere, strofinaccio *m* per spolverare

Staubwolke *f* nube *f* di polvere

Staubzucker *m kein Pl.* A, SÜDD *(Puderzucker)* zucchero *m* a velo

stauchen ['ʃtaʊxən] *vt* ① *(zusammendrücken)* comprimere ② *(fam: schimpfen)* sgridare

Staudamm *m* diga *f* di sbarramento

Staude ['ʃtaʊdə] <-, -n> *f (Pflanze)* pianta *f* perenne; *(Busch)* arbusto *m*

stauen ['ʃtaʊən] **I.** *vt* ① *(Wasser)* arginare; *(Fluss)* sbarrare; *(Blut)* fermare ② NAUT stivare **II.** *vr:* **sich ~** *(Wasser, Blut)* ristagnare; *(durch Abbinden)* arrestare; *(Verkehr)* ingorgarsi; *(Menschen)* ammassarsi; *(fig: sich anhäufen)* ammassarsi, accalcarsi; *(Gefühle)* accumularsi

Staugefahr <-> *f kein Pl.* **es besteht ~** attenzione, [possono formarsi delle] code

Staumauer *f* diga *f* di sbarramento

Staumeldung *f* comunicato *m* di un ingorgo

staunen ['ʃtaʊnən] *vi* stupirsi; *(überrascht sein)* rimanere sorpreso; **über etw** *akk* **~** stupirsi di qc; **da staunst du, was?** non te l'aspettavi, eh?

Staunen <-s> *nt kein Pl.* stupore *m,* meraviglia *f;* **aus dem ~ nicht herauskommen** non riaversi dallo stupore

Staupe ['ʃtaʊpə] <-, -n> *f* cimurro *m*

Staupilot *m chi vede e comunica un ingorgo*

Stausee *m* lago *m* artificiale

Stauung <-, -en> *f (von Wasser)* ristagno *m; (von Blut)* stasi *f,* congestione *f; (durch Abbinden)* arresto *m; (Stockung)* arresto *m,* stasi *f; (von Menschen)* folla *f,* calca *f*

Std. *Abk. von* **Stunde** h

Steak [ste:k] <-s, -s> *nt* bistecca *f* di filetto

Stearin [ʃtea'ri:n *o* stea'ri:n] <-s, -e> *nt* stearina *f*

Stechbecken *nt* padella *f*

stechen ['ʃtɛçən] <sticht, stach, gestochen> **I.** *vt* ① *(mit spitzem Gegenstand, Insekt)* pungere; *(mit Messer)* piantare; *(mit Finger)* pizzicare; **ein Loch in etw** *akk* **~** bucare qc; **es sticht mich in der Seite** sento delle fitte al fianco ② *(Schlachttier)* scannare, sgozzare ③ *(Spargel)* cogliere; *(Torf)* scavare ④ *(beim Kartenspiel)* ammazzare ⑤ TYP *(in Kupfer, Stahl)* incidere **II.** *vi* ① *(spitzer Gegenstand, Insekt)* pungere; **nach jdm ~** accoltellare qu; **ins Bläuliche ~** *(Farbe)* dare sul bluastro ② *(Sonne)* picchiare ③ *(beim Kartenspiel)* imbrogliare **III.** *vr:* **sich ~** pungersi; **sich in den Finger ~** pungersi al dito; **sich mit einer Nadel ~** pungersi con un ago

stechend *adj* pungente; *(Schmerz)* lancinante; *(Blick, Geruch)* penetrante; *(Sonne)* ardente

Stechginster *m* ginestra *f* spinosa

Stechkarte *f* cartellino *m* di presenza

Stechmücke *f* zanzara *f*

Stechuhr *f* orologio *m* marcatempo

Stechzirkel *m* compasso *m* per spessori

Steckbrief *m* dati *m pl* segnaletici

steckbrieflich *adj* **~ gesucht** ricercato con un mandato di cattura

Steckdose *f* presa *f* [di corrente]

stecken ['ʃtɛkən] **I.** *vt* ① *(hinein~, an~)* infilare, introdurre; *(Schlüssel, Ring)* infilare ② *(fest~)* [con]ficcare, piantare; *(mit Nadeln)* appuntare ③ *(Geld, Mühe, Zeit)* investire; **etw in etw** *akk* **~** investire qc in qc; **jdm etw ~** *(fam)* soffiare qc nell'orecchio a qu **II.** *vi* ① *(festsitzen)* essere conficcato; **der Schreck steckt mir noch in allen Gliedern** sono ancora tutto spaventato ② *(sich befinden)* essere, trovarsi; **wo steckst du denn?** *(fam)* dove ti sei cacciato?

Stecken ['ʃtɛkən] <-s, -> *m* DIAL bastone *m*

Steckenpferd *nt* ① *(Spielzeug)* cavalluccio *m* di legno ② *(fig: Hobby)* hobby *m*

Stecker <-s, -> *m,* **Steckkontakt** *m* EL spina *f*

Stecknadel *f* spillo *m;* **eine ~ im Heuhaufen suchen** cercare un ago nel pagliaio

Steckplatz *m* INFORM slot *m*

Steckrübe *f* navone *m*

Steg [ʃte:k] <-(e)s, -e> *m* ① *(Weg)* viottolo *m,* sentiero *m* ② *(Fußgängerbrücke)* passerella *f; (Boots~)* pontile *m* ③ *(Geigen~)* ponticello *m*

Stegreif ['ʃte:kraɪf] *m* **aus dem ~ sprechen** improvvisare un discorso

Stehaufmännchen *nt* misirizzi *m*

Stehcafé ['ʃte:kafe:] *nt* bar *m (locale dove si beve il caffè in piedi)*

stehen ['ʃte:ən] <steht, stand, gestanden> **I.** *vi* ① *(aufrecht ~: Mensch)* stare in piedi; *(Gegenstand)* stare ritto; **~ bleiben** restare in piedi; **~ lassen** lasciare in piedi;

S

(an seinem Platz lassen) lasciar stare; *(dalassen)* dimenticare; *(nicht anrühren: Essen)* non toccare; **im Stehen essen** mangiare in piedi; **die Sache steht und fällt damit** la cosa dipende da ciò ② *(sein)* essere; *(sich befinden)* trovarsi; **offen ~** *(geöffnet sein)* essere aperto; *(frei sein)* essere libero; *(zugänglich sein)* essere accessibile; **leer ~d** disabitato, sfitto, vuoto; **über etw** *dat* **~** *(fig)* essere superiore a qu; **unter Wasser ~** essere allagato; **unter jds Leitung ~** essere sotto la guida di qu; **Tränen standen ihm in den Augen** aveva le lacrime agli occhi; **es steht mir bis hier [oben]** *(fig fam)* ne ho fin sopra i capelli; **wie steht's?** *(wie geht's)* come va?; *(was ist)* cosa c'è? ③ *(geschrieben, gedruckt sein)* esser scritto; **das steht in der Zeitung** è scritto sul giornale; **darauf steht die Todesstrafe** per questo è prevista la pena di morte; **davon steht nichts im Brief** la lettera non ne parla ④ *(sich nicht bewegen)* essere fermo; *(Verkehr)* ristagnare ⑤ *(anzeigen)* segnare; **das Spiel steht eins zu null** la partita sta uno a zero; **das Thermometer steht auf 30 Grad** il termometro segna 30 gradi ⑥ *(kleidsam sein)* **jdm ~** stare bene a qu ⑦ *(Unterstützung)* **hinter jdm ~** *(fig)* appoggiare qu; **zu jdm ~** stare dalla parte di qu, sostenere qu; **zu seinem Wort ~** mantenere la parola data ⑧ *(Wend)* **auf jdn/etw ~** *(sl: gut finden)* essere pazzo di qu/qc *sl;* **es steht mir frei zu** *+inf* sono libero di *+inf* **II.** *vr* **sich gut/schlecht ~** FIN stare bene/male [finanziariamente]; **sich gut mit jdm ~** *(verstehen)* essere in buoni rapporti con qu

stehend *adj* ① *(aufrecht)* in piedi, ritto ② *(nicht in Bewegung)* fermo; *(fest, unbeweglich)* fisso, immobile; *(Gewässer)* stagnante; **~e Redensart** frase fatta

S

Stehkragen *m* colletto *m* alto

Stehlampe *f* lampada *f* a stelo

stehlen ['ʃteːlən] <stiehlt, stahl, gestohlen> *vt, vi* rubare; **jdm die Zeit ~** far perdere tempo a qu; **sie kann mir gestohlen bleiben!** *(fam)* vada a farsi friggere!

Stehplatz *m* posto *m* in piedi

Stehvermögen *nt kein Pl.* ① *(Ausdauer)* resistenza *f,* tenacità *f* ② *(Durchhaltevermögen)* perseveranza *f,* tenacità *f*

Steiermark ['ʃtaɪɐmark] *f* Stiria *f*

steif [ʃtaɪf] *adj* ① *(nicht biegsam)* rigido ② *(starr)* irrigidito; *(~gefroren)* intirizzito; **~er Hals** torcicollo *m;* **~ werden** irrigidirsi; *(vor Kälte)* intirizzirsi; **~ und fest behaupten** *(fam)* sostenere con fermezza ③ *(dickflüssig: Pudding)* denso ④ *(gestärkt: Wäsche)* inamidato ⑤ *(fig: gezwungen)* compassato; *(förmlich)* formale

steifen *vt* ① *(steif machen)* irrigidire ② *(stärken: Wäsche)* inamidare

Steifheit <-> *f kein Pl.* ① *(Steife)* rigidità *f,* rigidezza *f* ② *(fig: von Benehmen)* formalismo *m*

Steigbügel *m* staffa *f*

Steige ['ʃtaɪgə] <-, -n> *f* A, SÜDD ① *(kleine Lattenkiste)* piccola gabbia *f* per imballaggio ② *(Lattenverschlag für Kleintiere)* gabbietta *f* per piccoli animali

Steigeisen *nt* rampone *m*

steigen ['ʃtaɪgən] <steigt, stieg, gestiegen> *vi sein* ① *(hoch~)* salire; *(klettern)* arrampicarsi; *(hinunter~)* scendere; **über etw** *akk* **~** scavalcare qc; **aufs/vom Pferd ~** montare a/smontare da cavallo; **aus dem/in den Wagen ~** scendere dall'/salire in automobile; **einen Drachen ~ lassen** far volare un aquilone ② *(fig: zunehmen)* aumentare, crescere; *(Preise)* salire; **in jds Achtung ~** crescere nella stima di qu ③ *(fam: stattfinden)* aver luogo

steigend *adj* crescente; COM *(Preise)* in aumento; FIN *(Tendenz)* al rialzo

Steiger <-s, -> *m* MIN capo *m* [sciolta]

steigern ['ʃtaɪgɐn] **I.** *vt* ① *(erhöhen, vergrößern)* aumentare; *(Produktion, Leistung)* aumentare, incrementare ② LING formare i gradi di comparazione di **II.** *vr:* **sich ~** ① *(anwachsen)* crescere ② *(sich verbessern)* migliorare; **sich in Wut ~** montare in collera **III.** *vi (bei Auktionen)* fare un'offerta

Steigerung <-, -en> *f* ① *(Erhöhung)* aumento *m,* accrescimento *m; (Preis~)* aumento *m; (Produktions~, Absatz~)* incremento *m; (Intensivierung)* intensificazione *f;* **allmähliche ~** gradazione *f* ② LING comparazione *f* ③ *(Verbesserung)* miglioramento *m*

Steigung <-, -en> *f (Hang)* salita *f,* ascesa *f; (von Straße)* pendenza *f*

steil [ʃtaɪl] *adj (ansteigend)* ripido, erto; *(abfallend)* scosceso; *(fig: Karriere)* rapido

Steilhang *m* pendio *m* ripido

Steilheit <-> *f kein Pl.* ripidezza *f*

Steilküste *f* costa *f* ripida

Steilpass *m* SPORT pallonetto *m*

Stein [ʃtaɪn] <-(e)s, -e> *m* ① *(Material, Bau~)* pietra *f,* sasso *m; (Fels)* roccia *f; (Kiesel)* ciottolo *m;* **den ~ ins Rollen bringen** *(fig)* dare l'avvio a qc; **keinen ~ auf dem ander[e]n lassen** *(fig)* distruggere tutto; **jdm ~e in den Weg legen** *(fig)* mettere a qu i bastoni fra le ruote; **da fällt mir ein ~ vom Herzen** *(fig)* mi sento sollevato da un gran peso ② *(Edel~)* pietra *f* preziosa; *(in*

Uhr) rubino *m* ❸ BOT *(Kern)* nocciolo *m* ❹ MED calcolo *m* ❺ *(von Brettspiel)* pedina *f,* pezzo *m;* **bei jdm einen ~ im Brett haben** *(fig fam)* essere nelle grazie di qu

Steinadler *m* aquila *f* reale

steinalt *adj* vecchissimo

Steinbock *m* ❶ ZOO stambecco *m* ❷ ASTR Capricorno *m;* **er/sie ist** [**ein**] **~** è [del] Capricorno

Steinbruch *m* cava *f* di pietra

Steinbutt *m* rombo *m* chiodato

steinern *adj* di pietra; *(fig a.)* di sasso

Steinfrucht *f* drupa *f*

Steingut *nt* terraglia *f*

steinhart *adj* duro come la pietra, durissimo

steinig *adj* sassoso, pietroso; *(felsig)* roccioso

steinigen *vt* lapidare

Steinkohle *f* carbone *m* fossile

Steinmarder *m* faina *f*

Steinmetz ['ʃtaɪnmɛts] <-en, -en> *m* scalpellino *m*

Steinobst *nt* frutta *f* col nocciolo

Steinpilz *m* porcino *m*

steinreich *adj (fam)* ricco sfondato

Steinsalz *nt* salgemma *m*

Steinsarg *m* sarcofago *m*

Steinschlag *m* caduta *f* massi

Steinzeit *f* età *f* della pietra; **ältere/mittlere/jüngere ~** paleo-/meso-/neolitico *m*

Steiß [ʃtaɪs] <-es, -e> *m (~bein)* coccige *m; (Gesäß)* sedere *m,* didietro *m fam,* deretano *m*

Steißbein *nt* coccige *m*

Stele ['ʃteːlə, 'steːlə] <-, -n> *f* stele *f*

Stelenfeld *nt* campo *m* di stele

Stelldichein ['ʃtɛldɪçʔaɪn] <-(e)s, -(s)> *nt* appuntamento *m; (zwischen Verliebten)* convegno *m* amoroso

Stelle ['ʃtɛlə] <-, -n> *f* ❶ *(Platz, Ort)* posto *m,* luogo *m; (Fleck)* punto *m; (in Buch)* punto *m;* **an ~ von** in luogo di, in vece di; **an deiner ~** al tuo posto; **an erster/zweiter ~** al primo/secondo posto; **auf der ~** *(sofort)* subito; **schwache ~** *(a. fig)* punto debole; **an jds ~ treten** prendere il posto di qu; **von der ~ bringen** smuovere; **nicht von der ~ kommen** *(a. fig)* non fare un passo avanti; **zur ~ sein** essere presente; *s. a.* **anstelle** ❷ *(Arbeits~)* impiego *m; (Anstellung)* posto *m;* **offene ~** posto vacante; **offene ~n** *(Zeitungsrubrik)* offerte *f pl* d'impiego ❸ *(Behörde)* autorità *f; (Dienst~)* ufficio *m* ❹ MAT cifra *f*

stellen ['ʃtɛlən] **I.** *vt* ❶ *(hin~, auf~)* mettere, collocare [ritto]; *(anlehnen)* appoggiare; *(Falle)* mettere, collocare; **auf sich** [**allein**] **gestellt** abbandonato a sé stesso ❷ TEC *(ein~)* regolare; **den Wecker auf acht Uhr ~** puntare la sveglia alle otto; **die Heizung höher ~** aumentare il riscaldamento; **das Radio lauter ~** aumentare il volume della radio ❸ *(Horoskop)* trarre; *(Diagnose)* fare ❹ *(fest~)* fissare ❺ *(bereit~)* fornire, procurare; *(Zeugen)* produrre; *(Bürgschaft)* fornire; *(Kaution)* dare ❻ *(Verbrecher)* fermare, arrestare ❼ *(Frage)* porre; *(Termin)* fissare; *(Aufgabe)* assegnare, dare; **jdn vor ein Problem/eine Entscheidung ~** confrontare qu con un problema/una decisione **II.** *vr:* **sich ~** ❶ *(sich hin~, auf~)* mettersi, porsi, collocarsi; **sich gut/schlecht ~** FIN stare bene/male [finanziariamente]; **sich gut mit jdm ~** *(auskommen)* essere in buoni rapporti con qu; **sich einer Aufgabe/den Fragen ~** essere disposto ad assumersi un compito/a rispondere alle domande; **sich gegen jdn/etw ~** *(fig)* essere contro qu/qc; **sich hinter jdn/etw ~** *(fig)* spalleggiare qu/qc, appoggiare qu/qc; **sich auf** [**die**] **Zehenspitzen ~** stare sulla punta dei piedi ❷ ADM **sich der Polizei ~** costituirsi alla polizia; **sich dem Gericht ~** presentarsi in tribunale ❸ *(sich ergeben: Frage, Problem, Aufgabe)* sorgere, nascere ❹ *(vortäuschen)* **sich krank ~** fingersi malato; **sich taub ~** fingersi sordo

Stellenabbau *m* razionalizzazione *f* dei posti

Stellenangebot *nt* offerta *f* d'impiego

Stellenausschreibung *f* bando *m* di concorso

Stellengesuch *nt* domanda *f* d'impiego

Stellenkampf *m* battaglia *f* per i posti di lavoro

Stellenmarktprognose *f* previsioni *pl* sul mercato del lavoro

Stellenrückgang *m* diminuzione *f* dei posti di lavoro

Stellenvermittlung *f* collocamento *m; (Büro)* ufficio *m* di collocamento

stellenweise *adv* qua e là

Stellenwert *m* valore *m*

Stellung <-, -en> *f* ❶ *(Position, Rang) a.* MIL posizione *f* ❷ *(Anordnung)* disposizione *f; (Geschütz~)* postazione *f* d'artiglieria; *(Raketen~)* base *f* missilistica ❸ *(Körperhaltung)* posa *f,* posizione *f* ❹ *(Stelle, An~)* posto *m,* impiego *m,* occupazione *f; (Amt)* carica *f* ❺ *(Einstellung)* atteggiamento *m;* **~ nehmen zu** prendere posizione riguardo a; **~ beziehen** *(fig)* assumere un atteggiamento

Stellung[s]suchende <ein -r, -n, -n> *mf* persona *f* in cerca di occupazione

S

Stellungnahme [ˈʃtɛlʊŋnaːmə] <-, -n> *f* presa *f* di posizione
Stellungsbefehl <-(e)s, -e> *m* MIL cartolina *f* di precetto
stellungslos *adj* disoccupato
stellvertretend *adj* sostituto, vice-
Stellvertreter(in) *m(f)* sostituto, -a *m, f,* vice *mf*
Stellvertretung *f* rappresentanza *f,* supplenza *f;* **die ~ von jdm übernehmen** supplire qu; **in ~ von** in sostituzione di
Stellwerk *nt* cabina *f* di blocco
Stelze [ˈʃtɛltsə] <-, -n> *f* trampolo *m*
stelzen *vi sein* camminare impettito
Stelzvögel *mpl* trampolieri *mpl*
Stemmbogen *m* conversione *f* a spazzaneve
Stemmeisen *nt* palanchino *m,* piede *m* di porco
stemmen [ˈʃtɛmən] **I.** *vt* ① *(stützen)* puntare, appoggiare ② *(Gewicht)* sollevare **II.** *vr:* **sich ~** ① *(sich stützen)* puntare i piedi/le mani ② *(fig: sich auflehnen)* **sich gegen etw ~** opporsi a qc **III.** *vi (beim Skilaufen)* fare il cristiania
Stemmschwung *m* curva *f* con apertura a monte
Stempel [ˈʃtɛmpəl] <-s, -> *m* ① *(Gerät, Abdruck)* timbro *m; (Ergebnis)* timbro *m,* bollo *m; (Post~)* timbro *m; (auf Metall)* marchio *m;* **einer Sache** *dat* **seinen ~ aufdrücken** *(fig)* dare la propria impronta a qc ② *(Münz~)* conio *m; (Punze)* punzone *m* ③ BOT pistillo *m* ④ *(fig: Gepräge)* marchio *m,* impronta *f*
Stempelfarbe *f* inchiostro *m* per timbri
Stempelkissen *nt* tampone *m* per timbri
Stempelmarke *f* A ADM *(Gebührenmarke)* marca *f* da bollo
stempeln **I.** *vt* ① *(bedrucken)* timbrare, bollare; *(Post)* timbrare; *(entwerten)* obliterare; **jdn zu etw ~** trattare qu da qc, bollare qu di qc ② *(prägen)* stampare; *(punzen)* punzonare **II.** *vi (Stempeluhr betätigen)* timbrare il cartellino; **~ [gehen]** *(fam: arbeitslos sein)* percepire il sussidio di disoccupazione
Stempeluhr *f* orologio *m* da controllo
Stenograf(in) [ʃtenoˈgraːf] <-en, -en; -, -nen> *m(f)* stenografo, -a *m, f*
Stenografie [ʃtenograˈfiː] <-, -n> *f* stenografia *f*
stenografieren [ʃtenograˈfiːrən] <ohne ge-> *vt, vi* stenografare
stenografisch *adj* stenografico
Stenogramm [ʃtenoˈgram] <-s, -e> *nt* stenogramma *m*
Stenogrammblock <-(e)s, -s> *m* blocco *m* per stenografia
Stenotypist(in) [ʃtenotyˈpɪst] <-en, -en; -, -nen> *m(f)* stenodattilografo, -a *m, f*
Stepp [ʃtɛp] <-s, -s> *m (~tanz)* tip-tap *m*
Steppdecke *f* trapunta *f*
Steppe [ˈʃtɛpə] <-, -n> *f* steppa *f*
steppen [ˈʃtɛpən] **I.** *vi (Stepp tanzen)* ballare il tip-tap **II.** *vt (nähen)* trapuntare
Stepper [ˈʃtɛpɐ] <-s, -> *m (Fitnessgerät)* stepper *m*
Stepper(in) [ˈstɛpɐ] <-s, -> *m(f)* ballerino *m*/ballerina *f* di step
Sterbebett *nt* letto *m* di morte; **auf dem ~ liegen** essere in punto di morte
Sterbefall *m* caso *m* di morte, decesso *m*
Sterbegeld *nt* indennità *f* funeraria
Sterbehilfe *f* eutanasia *f*
Sterbekasse *f* cassa *f* d'assicurazione in caso di morte
sterben [ˈʃtɛrbən] <stirbt, starb, gestorben> *vi sein* [**an etw** *dat*] ~ morire [di qc]; **eines gewaltsamen/natürlichen Todes ~** morire di morte violenta/naturale; **daran wirst du nicht ~!** *(fig fam)* non è mica la morte
Sterben <-s> *nt kein Pl.* morte *f;* **im ~ liegen** essere in punto di morte
Sterbende <ein -r, -n, -n> *mf* moribondo, -a *m, f,* morente *mf*
Sterbenswörtchen [ˈʃtɛrbənsˈvœrtçən] *nt* **kein ~ sagen** non dire una parola
Sterberate *f* mortalità *f*
Sterberegister *nt* registro *m* dei decessi
Sterbesakramente *ntpl* estrema unzione *f*
Sterbeurkunde *f* certificato *m* di morte
sterblich *adj* mortale
Sterblichkeit <-> *f kein Pl.* mortalità *f*
Sterblichkeitsziffer *f* [tasso *m* di] mortalità *f*
Stereo [ˈʃteːreo] <-s> *nt kein Pl.* stereofonia *f*
Stereoanlage *f* stereo *m,* impianto *m* stereo
Stereoaufnahme *f* registrazione *f* stereofonica [*o* stereo]
stereofon [ʃtereoˈfoːn] *adj* stereofonico
Stereoskop [ʃtereoˈskoːp] <-s, -e> *nt* stereoscopio *m*
stereotyp [ʃtereoˈtyːp] *adj* stereotipo, stereotipato
Stereotyp [ʃtereoˈtyːp] <-s, -e> *nt* stereotipo *m*
steril [ʃteˈriːl] *adj* sterile
Sterilisation [ʃterilizaˈtsi̯oːn] <-, -en> *f* sterilizzazione *f*
sterilisieren [ʃteriliˈziːrən] <ohne ge-> *vt* sterilizzare
Sterilisierung <-, -en> *f a.* MED sterilizzazione *f*

Sterilität [ʃterili'tɛːt] <-> *f kein Pl. (a. fig)* sterilità *f*
Stern [ʃtɛrn] <-(e)s, -e> *m* ❶ *(am Himmel)* stella *f; (Gestirn)* astro *m;* **~e sehen** *(fam)* vedere le stelle; **unter einem glücklichen ~ geboren sein** *(fig)* essere nato sotto una buona stella; **das steht in den ~en geschrieben** è scritto nelle stelle ❷ *(Abzeichen, Orden)* stelletta *f;* **ein Hotel mit vier Sternen** un albergo a quattro stelle ❸ TYP asterisco *m*
Sternbild *nt* costellazione *f*
Sternenbanner *nt* bandiera *f* stellata
Sternenhimmel *m* cielo *m* stellato
sternenklar *adj* chiarissimo, stellato
Sternfahrt *f* SPORT, POL rally *m*
sternhagelvoll *adj (fam)* ubriaco fradicio
Sternkarte *f* carta *f* del cielo
sternklar *adj (Himmel)* stellato
Sternkunde *f* astronomia *f*
Sternschnuppe *f* stella *f* filante
Sternstunde *f (fig)* grande momento *m*
Sternwarte ['ʃtɛrnvartə] <-, -n> *f* osservatorio *m*
Sterz [ʃtɛrts] <-es, -e> *m* ❶ *(Vögel)* coda *f,* codione *m; (Pflugsterz)* stegola *f* ❷ A, SÜDD GASTR *(Speise aus einem Teig aus Mehl, Grieß usw., der in Fett gebacken oder in heißem Wasser gekocht und dann zerteilt wird) pietanza, il cui impasto a base di farina di grano, semolino etc, viene fritto o cotto in acqua bollente e poi tagliuzzato*
stet [ʃteːt], **stetig** ['ʃteːtɪç] *adj* costante; MAT continuo
Stethoskop [ʃteto'skoːp] <-s, -e> *nt* MED stetoscopio *m*
Stetigkeit <-> *f kein Pl. (Beständigkeit)* costanza *f; (Kontinuität)* continuità *f*
stets [ʃteːts] *adv (immer)* sempre; *(ständig)* costantemente, continuamente
Steuer[1] ['ʃtɔɪɐ] <-s, -> *nt (fig)* MAR, AERO *(Führung)* timone *m;* MOT volante *m;* **das ~ übernehmen** *(fig)* mettersi al timone; **am ~ sitzen** MOT essere al volante; AERO essere ai comandi
Steuer[2] <-, -n> *f* FIN imposta *f;* **~n hinterziehen** evadere il fisco; **nach Abzug der ~n** detratte le imposte
Steueraufkommen *nt* gettito *m* fiscale
Steuerausgleich *m* perequazione *f* tributaria, conguaglio *m* fiscale
steuerbegünstigt *adj* che gode di agevolazioni fiscali
Steuerbelastung *f* onere *m* fiscale
Steuerberater(in) *m(f)* consulente *mf* fiscale
Steuerbescheid *m* avviso *m* d'accertamento, cartella *f* di pagamento [di imposte]
Steuerbord *nt* tribordo *m*
Steuererhöhung *f* aumento *m* delle imposte
Steuererklärung *f* dichiarazione *f* fiscale
Steuererleichterung *f* agevolazione *f* fiscale
Steuerflucht *f* evasione *f* fiscale
steuerfrei *adj* esente da imposte
Steuerfreibetrag *m* importo *m* esente da tasse
Steuerfuß <-es, -füße> *m* CH FIN *(Steuersatz)* aliquota *f* d'imposta
Steuergelder *ntpl* introiti *mpl* fiscali
Steuerhinterziehung *f* evasione *f* fiscale
Steuerklasse *f* fascia *f* fiscale
Steuerknüppel *m* cloche *f*
Steuerlast *f* onere *m* fiscale
steuerlich *adj* fiscale; **aus ~en Gründen** per ragioni fiscali
steuerlos *adj* senza guida
Steuermann *m* timoniere *m,* pilota *m*
Steuermarke *f* marca *f* da bollo
steuern **I.** *vt haben* ❶ *(fig)* AUTO guidare; NAUT governare; AERO pilotare ❷ TEC regolare ❸ *(fig: lenken)* dirigere **II.** *vi* ❶ *sein (fahren)* [**nach rechts**] ~ far rotta [verso destra] ❷ *haben* AUTO *(am Steuer sein)* essere al volante; NAUT essere al timone; AERO essere ai comandi
Steuernachlass *m* condono *m* fiscale
Steuerparadies <-es, -e> *nt (fam)* paradiso *m* fiscale
steuerpflichtig *adj* soggetto a imposta
Steuerpflichtige <ein -r, -n, -n> *mf* contribuente *mf*
Steuerpolitik *f* politica *f* fiscale
Steuerprüfung *f* controllo *m* fiscale
Steuerrad *nt* MOT volante *m;* NAUT ruota *f* del timone
Steuerrecht *nt* diritto *m* tributario
Steuerreform *f* riforma *f* tributaria
Steuerrückerstattung *f,* **Steuerrückvergütung** *f* rimborso *m* di imposte
Steuerruder *nt* timone *m*
Steuersatz *m* aliquota *f* d'imposta
Steuerschuld *f* debito *m* tributario
Steuersenkung *f* riduzione *f* d'imposte
Steuerung <-, -en> *f* ❶ *Sing.* NAUT, AERO guida *f,* pilotaggio *m;* WIRTSCH direzione *f,* guida *f* ❷ *(Steuervorrichtung)* controllo *m,* dispositivo *m* ❸ *Sing. (fig: Bekämpfung)* lotta *f*
Steuerveranlagung *f* accertamento *m* fiscale
Steuerwerk *nt* INFORM unità *f* di controllo
Steuerzahler(in) *m(f)* contribuente *mf*
Steward ['stjuːɐt] <-s, -s> *m* steward *m,* assistente *m* di bordo
Stewardess ['stjuːɐdɛs] <-, -en> *f* hostess *f,* assistente *f* di bordo

S

StGB [ɛsteːgeː'beː] <-(s), -> *nt Abk. von* **Strafgesetzbuch** CP

stibitzen [ʃti'bɪtsən] <ohne ge-> *vt (fam: stehlen)* grattare, sgraffignare

Stich [ʃtɪç] <-(e)s, -e> *m* ① *(mit Dorn, Stachel, Nadel)* puntura *f; (mit Waffe)* colpo *m* ② *(Näherei, Kartenspiel)* punto *m* ③ *(Grafik)* incisione *f* ④ *(fig: ins Herz)* fitta *f* al cuore ⑤ *(fig: Stichelei)* frecciata *f,* stoccata *f* ⑥ *(stechender Schmerz)* dolore *m* lancinante ⑦ *(Wend)* **einen ~ haben** *(fam: Wein)* avere lo spunto; *(Milch)* essere inacidito; *(Mensch)* esser un po' matto; **einen ~ ins Grüne haben** avere un segno verde, dare sul verde; **im ~ lassen** lasciare, piantare in asso; **mein Gedächtnis lässt mich im ~** la memoria mi tradisce

Stichel ['ʃtɪçəl] <-s, -> *m* bulino *m*

Stichelei [ʃtɪçə'laɪ] <-, -en> *f (anhaltendes Sticheln)* punzecchiature *fpl; (einzelne Bemerkung)* frecciata *f,* stoccata *f*

sticheln ['ʃtɪçəln] *vi* ① *(gehässig reden)* **gegen jdn ~** punzecchiare qu ② *(nähen)* agucchiare; *(sticken)* ricamare

Stichentscheid *m* ① *(Entscheidung durch Stichwahl)* risultato *m* del ballottaggio ② CH POL *(Entscheidung durch die Stimme des Präsidenten bei Stimmengleichheit)* risultato *m* determinato dal voto del presidente

stichfest *adj* **hieb- und ~** invulnerabile; *(Argumentation)* inopinabile, irrefutabile

Stichflamme *f* [fiamma *f* a] dardo *m,* fiammata *f,* vampata *f*

stichhaltig *adj* plausibile, valido

Stichhaltigkeit <-> *f kein Pl.* plausibilità *f,* validità *f*

Stichling ['ʃtɪçlɪŋ] <-s, -e> *m* spinarello *m*

Stichprobe *f* ① *(Handlung)* sondaggio *m* ② *(Sache)* campione *m*

Stichsäge *f* gattuccio *m*

sticht [ʃtɪçt] *3. Pers. Sing. Präs. von* **stechen**

Stichtag *m* giorno *m* stabilito

Stichtagsregelung *f kein Pl. (Europäische Währungsunion)* regolamentazione *f* con il giorno determinato

Stichtagsumstellung <-> *f kein Pl. (Europäische Währungsunion)* passaggio *m* all'Euro ad un giorno determinato

Stichwahl *f* ballottaggio *m*

Stichwort[1] <-(e)s, -wörter> *nt (in Wörterbuch)* lemma *m,* voce *f*

Stichwort[2] <-(e)s, -e> *nt* ① *(fig)* THEAT spunto *m* ② *(Schlagwort)* appunto *m*

stichwortartig *adj* per appunti sommari

Stichwortverzeichnis *nt* indice *m* tematico

Stichwunde *f* coltellata *f*

sticken ['ʃtɪkən] *vt* ricamare

Stickerei [ʃtɪkə'raɪ] <-, -en> *f* ricamo *m*

stickig ['ʃtɪkɪç] *adj* soffocante

Sticknadel *f* ago *m* da ricamo

Stickoxid <-(e)s, -e> *nt* CHEM ossido *m* d'azoto

Stickstoff ['ʃtɪkʃtɔf] *m* azoto *m*

stieben ['ʃtiːbən] <stiebt, stob *o* stiebte, gestoben *o* gestiebt> *vi* ① *haben o sein (sprühen)* sprizzare; *(bes. Funken)* schizzare ② *sein (sich bewegen)* disperdersi

Stiefbruder ['ʃtiːfbruːdɐ] *m* fratellastro *m*

Stiefel ['ʃtiːfəl] <-s, -> *m (a. Bierglas)* stivale *m; (Schaft~)* stivalone *m; (Halb~)* stivaletto *m*

Stiefelknecht *m* cavastivali *m*

stiefeln *vi sein (fam)* procedere a gran passi

Stiefeltern *pl* genitori *mpl* acquisiti, patrigno *m* e matrigna *f*

Stiefkind *nt* figliastro, -a *m, f; (fig)* cenerentola *f*

Stiefmutter *f* matrigna *f*

Stiefmütterchen *nt* BOT viola *f* del pensiero

stiefmütterlich *adj (fig)* da matrigna

Stiefschwester *f* sorellastra *f*

Stiefsohn *m* figliastro *m*

Stieftochter *f* figliastra *f*

Stiefvater *m* patrigno *m*

stieg [ʃtiːk] *1. u. 3. Pers. Sing. Imp. von* **steigen**

Stiege ['ʃtiːgə] <-, -n> *f* A, SÜDD scala *f*

Stiegenhaus *nt* A, SÜDD tromba *f* delle scale

Stieglitz ['ʃtiːglɪts] <-es, -e> *m* cardellino *m*

stiehlt [ʃtiːlt] *3. Pers. Sing. Präs. von* **stehlen**

Stiel [ʃtiːl] <-(e)s, -e> *m* ① *(von Blume)* gambo *m,* stelo *m; (von Blatt, Frucht)* picciolo *m,* gambo *m* ② *(Griff)* manico *m; (von Glas)* gambo *m,* stelo *m;* **Eis am ~** gelato sullo stecco

Stielaugen *ntpl* **~ machen** *(fam)* far tanto d'occhi

Stieltopf *m* casseruola *f* a un manico

stier ['ʃtiːɐ̯] *adj (Blick)* fisso

Stier [ʃtiːɐ̯] <-(e)s, -e> *m* ① ZOO toro *m* ② ASTR Toro *m;* **er/sie ist [ein] ~** è [del] Toro

stieren ['ʃtiːrən] *vi* **auf etw** *akk* **~** fissare qc

Stierkampf *m* corrida *f*

Stierkämpfer *m* torero *m*

stieß [ʃtiːs] *1. u. 3. Pers. Sing. Imp. von* **stoßen**

Stift[1] [ʃtɪft] <-(e)s, -e> *m* ① *(Metall~)* perno *m; (Holz~)* caviglia *f; (Nagel)* chiodo *m,* punta *f* ② *(Blei~)* matita *f,* lapis *m;*

(Bunt~) matita *f* colorata ③ *(fam: Lehrjunge)* apprendista *m;* *(Knirps)* ragazzino *m*
Stift² <-(e)s, -e> *nt* ① *(Stiftung)* fondazione *f* ② *(Kloster)* convento *m,* monastero *m* ③ *(Altersheim)* casa *f* di ricovero
stiften ['ʃtɪftən] *vt* ① *(gründen)* fondare; *(errichten, einsetzen)* istituire ② *(schenken, bezahlen)* offrire ③ *(schaffen, bewirken)* creare, provocare; **Frieden ~** ristabilire la pace; **Unruhe ~** creare disordini
Stifter(in) <-s, -; -, -nen> *m(f)* ① *(Gründer)* fondatore, -trice *m, f* ② *(Spender)* donatore, -trice *m, f* ③ *(Urheber)* autore, -trice *m, f*
Stiftskirche *f* collegiata *f*
Stiftung <-, -en> *f* ① *(Institution, Gründung)* fondazione *f* ② JUR *(Schenkung)* donazione *f*
Stiftzahn *m* dente *m* a perno
Stil [ʃtiːl] <-(e)s, -e> *m* stile *m;* **großen ~s** in grande stile
Stilblüte *f* perla *f* stilistica
stilecht *adj* in stile
stilgetreu *adj* fedele nello stile; *(korrekt)* corretto
Stilikone *f* icona *f* di stile
stilisieren [ʃtili'ziːrən] <ohne ge-> *vt* stilizzare
Stilistik [ʃti'lɪstɪk] <-, -en> *f* stilistica *f*
stilistisch *adj* stilistico
still [ʃtɪl] *adj* ① *(ruhig, lautlos)* tranquillo, calmo ② *(schweigend, stumm)* silenzioso, muto; *(schweigsam)* taciturno; **~ sein** starsene cheto; **um sie ist es ~ geworden** non si parla più di lei; [**sei**] **~!** [sta] zitto! ③ *(unbewegt)* immobile ④ *(friedlich)* pacifico; **der Stille Ozean** l'Oceano Pacifico ⑤ *(heimlich)* segreto, nascosto; COM *(Partner, Beteiligung)* silenzioso, non attivo; **~er Teilhaber** socio ininfluente; **~ und leise** clandestinamente, di nascosto; **im Stillen** *(heimlich)* in segreto
Stille [ʃtɪlə] <-> *f kein Pl.* ① *(Unbewegtheit)* tranquillità *f,* calma *f* ② *(Schweigen)* silenzio *m;* **in aller ~** in perfetto silenzio; *(Feier)* nell'intimità ③ *(Ruhe)* quiete *f* ④ *(Frieden)* pace *f*
stillen I. *vt* ① *(Kind)* allattare ② *(Blutung)* fermare; *(Schmerz)* sedare ③ *(Durst, Hunger)* appagare; *(befriedigen)* soddisfare II. *vi* allattare
Stillhalteabkommen *nt* accordo *m* di tregua temporanea
still|halten <irr> *vi* ① *(sich nicht bewegen)* stare fermo ② *(fig: sich nicht wehren)* non reagire
Stillleben *nt* natura *f* morta
stilllegen *vt (Betrieb)* chiudere; *(Verkehr)* chiudere
Stilllegung <-, -en> *f* chiusura *f;* *(von Verkehr)* chiusura *f* al traffico
stillliegen <irr> *vi* essere fermo
stillos *adj* senza stile
Stillschweigen *nt* silenzio *m;* **~ bewahren** mantenere il silenzio
stillschweigend *adj* tacito
still|sitzen <irr> *vi* starsene seduto tranquillo
Stillstand *m* arresto *m;* *(Unterbrechung)* interruzione *f;* **zum ~ bringen** arrestare, fermare; **zum ~ kommen** arrestarsi, fermarsi
still|stehen <irr> *vi* ① *(stehen bleiben)* fermarsi, arrestarsi ② *(nicht in Betrieb sein)* essere fermo; **stillgestanden!** MIL attenti!
stillvergnügt *adj* intimamente soddisfatto
Stilmöbel *ntpl* mobili *mpl* in stile
stilvoll *adj* che ha stile; *(geschmackvoll)* di buon gusto
Stimmabgabe *f* votazione *f*
Stimmband *nt* corda *f* vocale
stimmberechtigt *adj* avente diritto di voto
Stimmbeteiligung *f* CH POL *(Wahlbeteiligung)* affluenza *f* alle urne
Stimmbruch *m* mutazione *f* della voce
Stimmbürger(in) <-s, -; -, -nen> *m(f)* CH POL *(Wahlberechtigter)* elettore, -trice *m, f*
Stimme ['ʃtɪmə] <-, -n> *f* ① *(Organ, a. fig)* MUS voce *f* ② *(bei Wahl)* voto *m,* suffragio *m;* **gültige/ungültige ~** voto valido/nullo; **seine ~ für/gegen jdn/etw abgeben** votare per/contro qu/qc; **sich der ~ enthalten** astenersi dal voto
stimmen ['ʃtɪmən] I. *vi (richtig sein)* essere giusto; **für jdn/etw ~** *(wählen)* votare per qu/qc; **da stimmt etwas nicht** *(nicht richtig)* non è giusto; *(nicht in Ordnung)* non va bene; *(verdächtig)* c'è qc che non va; **stimmt es, dass ...?** è vero che ...?; [**das**] **stimmt!** giusto!, [va] bene!; **stimmt so!** *(zu Bedienung)* va bene così! II. *vt* MUS accordare; **jdn ernst ~** rendere serio qu; **jdn fröhlich/heiter ~** rallegrare/allietare qu; **jdn nachdenklich ~** far pensare a qu, rendere pensieroso qu; **jdn traurig ~** rattristare qu
Stimmenauszählung *f* conteggio *m* dei voti, computo *m* dei voti
Stimmengewirr <-s> *nt kein Pl.* brusio *m* di voci
Stimmengleichheit *f* parità *f* [di voti]
Stimmenmehrheit *f* maggioranza *f* [di voti]
Stimmenthaltung *f* astensione *f* [dal voto]
Stimmgabel *f* diapason *m*
stimmhaft *adj* sonoro
stimmig *adj* corretto, coerente

S

Stimmlage *f* MUS registro *m*

stimmlos *adj* ① *(tonlos)* afono ② LING sordo

Stimmrecht *nt* diritto *m* di voto

Stimmritze *f* glottide *f*

Stimmung <-, -en> *f* ① *(Gemütsverfassung)* stato *m* d'animo, disposizione *f* di spirito; *(Laune)* umore *m;* **~ machen** *(gute Laune)* creare l'ambiente; **nicht in ~ sein** non essere in vena; **in guter/schlechter ~** di buon/cattivo umore ② *(von Gesellschaft)* atmosfera *f,* clima *m; (Arbeitsmoral)* morale *m;* **~ in etw bringen** animare qc ③ *(öffentliche Meinung)* opinione *f* pubblica; **~ gegen/für etw machen** far propaganda contro/per qc ④ *(von Musikinstrument)* accordatura *f*

Stimmungskanone *f* animatore, -trice *m, f*

Stimmungsumschwung *m* cambiamento *m* d'opinione

stimmungsvoll *adj* suggestivo

Stimmungswandel *m* cambiamento *m* d'umore

Stimmwechsel *m* mutazione *f* della voce

Stimmzettel *m* scheda *f* elettorale

Stimulation [ʃtimula'ts̯i̯o:n] <-, -en> *f* stimolazione *f,* eccitamento *m*

Stimuli *Pl. von* **Stimulus**

stimulieren [ʃtimu'li:rən] <ohne ge-> *vt* stimolare

Stimulus ['ʃti:mulʊs, *Pl:* 'ʃti:muli] <-, Stimuli> *m* stimolo *m*

Stinkbombe *f* bombetta *f* puzzolente

stinken ['ʃtɪŋkən] <stinkt, stank, gestunken> *vi* puzzare; **nach etw ~** puzzare di qc; **aus dem Mund ~** avere l'alito cattivo; **hier stinkt es fürchterlich!** qui c'è un puzzo terribile!; **an der Sache stinkt etwas** *(fig fam)* la faccenda mi puzza; **das stinkt mir** *(fam)* ne ho abbastanza, ne ho le tasche piene

stinkend *adj* puzzolente, fetente, fetido

stinkfaul *adj (fam)* pigrissimo

stinkkonservativ *adj (fam)* ipertradizionalista

stinklangweilig *adj (fam)* noiosissimo

stinksauer ['ʃtɪŋk'zauɐ] *adj (fam)* infuriato; **sie ist ~ auf dich** è infuriata con te

Stinktier *nt* moffetta *f*

Stinkwut *f (fam)* **eine ~ [im Bauch] haben** friggere di rabbia

Stipendium [ʃti'pɛndiʊm] <-s, Stipendien> *nt* borsa *f* di studio

Stippvisite ['ʃtɪpvizi:tə] *f (fam)* visitina *f,* capatina *f*

stirbt [ʃtɪrpt] *3. Pers. Sing. Präs. von* **sterben**

Stirn [ʃtɪrn] <-, -en> *f* fronte *f;* **die ~ runzeln** corrugare la fronte; **jdm/etw die ~ bieten** tener testa a qu/qc; **die ~ haben etw zu tun** aver la sfacciataggine di fare qc

Stirnband *nt* benda *f,* fascia *f*

Stirnbein *nt* osso *m* frontale

Stirnhöhle *f* seno *m* frontale

Stirnhöhlenentzündung *f* sinusite *f*

Stirnrunzeln <-s> *nt kein Pl.* corrugamento *m* [della fronte]

Stirnseite *f (Vorderseite)* parte *f* anteriore; ARCH facciata *f*

stob [ʃto:p] *1. u. 3. Pers. Sing. Imp. von* **stieben**

stöbern ['ʃtø:bɐn] *vi* [**in etw** *dat*] **~** frugare [in qc]

stochern ['ʃtɔxɐn] *vi* [**in etw** *dat*] **~** frugare [in qc]; **im Feuer ~** attizzare il fuoco; **in den Zähnen ~** stuzzicare i denti

Stock[1] [ʃtɔk] <-(e)s, Stöcke> *m* ① *(Stab)* bastone *m; (Spazier~)* bastone *m* da passeggio; *(kleiner Takt~)* bacchetta *f; (Billard~)* stecca *f* [di biliardo]; **am ~ gehen** camminare col bastone; **über ~ und Stein** a rompicollo ② BOT ceppo *m; (Blumentopf)* pianta *f*

Stock[2] [ʃtɔk] <-(e)s, - *o* -werke> *m* ARCH piano *m;* **im zweiten ~** al secondo [piano]

stockbesoffen *adj (fam)* ubriaco fradicio, sbronzo

stockdumm ['ʃtɔk'dʊm] *adj (fam)* arciidiota, arcistupido

stockdunkel *adj (fam)* buio pesto

stöckeln ['ʃtœkəln] *vi sein (fam)* camminare coi tacchi alti

Stöckelschuh *m* scarpa *f* col tacco alto

stocken ['ʃtɔkən] *vi* ① *(nicht vorangehen)* ristagnare; *(Gespräch)* languire, arenarsi; *(im Sprechen)* interrompersi; **ins Stocken geraten** *(Redner)* impappinarsi; *(Gespräch)* languire; *(Verkehr, Produktion)* ristagnare ② *(stillstehen: Puls, Herz)* arrestarsi, fermarsi

stockend I. *adj* ristagnante; *(Rede)* esitante **II.** *adv (reden)* a stento

Stockerl <-s, -n> *nt* A *(Hocker)* sgabello *m*

stockfinster *adj* **es ist ~** *(fam)* è buio pesto

Stockfisch *m (a. fig, pej)* stoccafisso *m*

Stockfleck *m* macchia *f* di muffa

Stockholm ['ʃtɔkhɔlm *o* ʃtɔk'hɔlm] *nt* Stoccolma *f*

stockkonservativ *adj (fam)* reazionario, arciconservatore

stocksauer *adj (sl)* incazzato nero

Stockschirm *m* ombrello *m* bastone

stocksteif *adj (fam)* rigido come un bastone, impalato

stocktaub ['ʃtɔk'taʊp] *adj (fam)* sordo come una campana

Stockung <-, -en> *f* ① *(Behinderung)* ri-

stagno *m* ② *(Stillstand)* arresto *m* ③ *(Verkehrs~)* ingorgo *m* [di traffico] ④ *(im Gespräch)* interruzione *f,* stasi *f*
Stockwerk *nt* piano *m*
Stoff [ʃtɔf] <-(e)s, -e> *m* ① stoffa *f; (Gewebe)* tessuto *m* ② *(Materie, Substanz)* sostanza *f;* PHILOS materia *f* ③ *(fig: Gegenstand)* argomento *m,* tema *m,* soggetto *m; (Grundlage)* materiale *m;* **~ zum Nachdenken** motivo *m* di meditazione
Stoffel [ˈʃtɔfəl] <-s, -> *m (pej fam)* zoticone *m*
stofflich *adj* PHILOS *(materiell)* materiale; *(den Inhalt betreffend)* contenutistico
Stoffrest *m* scampolo *m*
Stofftier *nt* pupazzo *m* di peluche
Stoffwechsel *m* metabolismo *m*
Stoffwechselkrankheit *f* malattia *f* del ricambio
stöhnen [ˈʃtøːnən] *vi* gemere; **vor Schmerz ~** gemere per il dolore; **über etw** *akk* **~** *(sich beklagen)* lamentarsi di qc
Stöhnen <-s> *nt kein Pl.* gemito *m*
stoisch [ˈʃtoːɪʃ] *adj* stoico
Stola [ˈʃtoːla] <-, Stolen> *f* stola *f*
Stollen [ˈʃtɔlən] <-s, -> *m* ① *(Gebäck)* dolce *m* natalizio ② MIN, MIL galleria *f*
stolpern [ˈʃtɔlpɐn] *vi sein* **über etw** *akk* **~** incespicare in qc
stolz [ʃtɔlts] *adj* ① *(voller Freude)* **~ auf jdn/etw sein** essere fiero di qu/qc ② *(hochmütig)* orgoglioso, altero ③ *(fig: imposant)* superbo, magnifico ④ *(fam: Summe)* considerevole; *(Preis)* salato
Stolz <-es> *m kein Pl.* ① *(Freude)* orgoglio *m* ② *(Hochmut)* superbia *f,* alterigia *f* ③ *(Selbstwertgefühl)* orgoglio *m,* amor *m* proprio
stolzieren [ʃtɔlˈtsiːrən] <ohne ge-> *vi sein* pavoneggiarsi, camminare impettito
stop [ʃtɔp] *interj* stop
Stopfei *nt* uovo *m* da rammendo
stopfen [ˈʃtɔpfən] **I.** *vt* ① *(voll~)* riempire; *(Kissen)* imbottire ② *(zu~)* turare, tappare; *(Loch, a. fig)* tappare ③ *(hineinpressen)* calcare; **etw in etw** *akk* **~** ficcare qc in qc ④ *(flicken: Kleidung)* rammendare ⑤ *(mästen: Gänse)* ingrassare **II.** *vi* ① *(satt machen)* saziare ② *(den Stuhlgang hindern)* causare stitichezza, costipare
Stopfgarn *nt* filo *m* da rammendo
Stopfnadel *f* ago *m* da rammendo
Stopp <-s, -s> *m* ① *(Anhalten)* arresto *m* ② *(Einstellung)* sospensione *f*
Stoppel [ˈʃtɔpəl] <-, -n> *f* ① *(Getreide~)* stoppia *f* ② *(Bart~)* pelo *m* ispido
Stoppelbart *m* barba *f* ispida
Stoppelfeld *nt* campo *m* di stoppie
stoppelig *adj* irsuto
Stoppelzieher <-s, -> *m* A *(Korkenzieher)* cavatappi *m*
stoppen **I.** *vt* ① *(anhalten: Auto, Maschinen)* fermare, arrestare ② *(mit der Uhr)* cronometrare **II.** *vi (Auto)* fermarsi, arrestarsi
stopplig *s.* **stoppelig**
Stoppschild *nt* stop *m*
Stoppstraße *f* strada *f* con obbligo di arresto
Stoppuhr *f* cronometro *m*
Stöpsel [ˈʃtœpsəl] <-s, -> *m* ① *(an Becken)* tappo *m; (Korken)* turacciolo *m* ② EL *(Stecker)* spina *f* ③ *(fam scherz: kleiner Junge)* marmocchio *m*
Stör [ʃtøːɐ̯] <-(e)s, -e> *m* storione *m*
störanfällig *adj* sensibile ai disturbi [*o* ai guasti]
Storch [ʃtɔrç] <-(e)s, Störche> *m* cicogna *f*
Storchennest *nt* nido *m* di cicogne
Storchschnabel *m* ① BOT geranio *m* ② TEC *(Zeichengerät)* pantagrafo *m*
stören [ˈʃtøːrən] **I.** *vt* RADIO disturbare; *(Frieden)* turbare; *(belästigen)* importunare, molestare; **lassen Sie sich nicht ~!** non si disturbi! **II.** *vi* essere di disturbo; **störe ich?** disturbo? **III.** *vr* **sich an etw** *dat* **~** scandalizzarsi per qc
störend *adj* fastidioso; **etw als ~ empfinden** provare fastidio per qc
Störenfried [ˈʃtøːrənfriːt] <-(e)s, -e> *m (pej)* disturbatore, -trice *m, f,* perturbatore, -trice *m, f*
Störfall *m* guasto *m*
Storni *Pl. von* **Storno**
stornieren <ohne ge-> *vt* stornare
Storno [ˈʃtɔrno] <-s, Storni> *m o nt* storno *m*
störrisch [ˈʃtœrɪʃ] *adj (widerspenstig)* ostinato; *(Haare)* ribelle; *(Material)* refrattario; *(unfolgsam)* testardo, cocciuto
Störsender *m* stazione *f* disturbatrice
Störung <-, -en> *f* disturbo *m,* perturbazione *f; (von Ruhe) a.* PSYCH turbamento *m; (Unterbrechung)* interruzione *f; (Belästigung)* molestia *f;* TEC guasto *m;* RADIO disturbo *m;* **eine ~ beheben** riparare un guasto
Störungsdienst *m* servizio *m* tecnico
störungsfrei *adj* RADIO senza interferenze
Störungsstelle *f* TEL ufficio *m* guasti
Stoß [ʃtoːs] <-es, Stöße> *m* ① *(Schubs)* colpo *m; (Schlag)* percossa *f,* botta *f; (mit dem Ellenbogen)* gomitata *f; (mit der Faust)* pugno *m; (mit dem Kopf)* testata *f; (Degen~)* stoccata *f;* **geben Sie Ihrem Herzen einen ~!** si decida!, si faccia coraggio! ② *(Anstoßen)* urto *m; (Aufprall)* impat-

to *m; (Zusammen~)* collisione *f* ③ *(Kugelstoßen)* lancio *m* [del peso]; *(Schwimm~)* bracciata *f* ④ *(Trompeten~)* squillo *m* [di tromba]; *(Wind~)* folata *f; (Atem~)* respiro *m* affannoso ed ansante ⑤ *(Stapel)* pila *f; (Bündel)* fascio *m; (~ Holz)* catasta *f* ⑥ *(Erschütterung)* choc *m; (a. fig)* scossa *f; (im Wagen)* scossone *m*

Stoßdämpfer *m* ammortizzatore *m*

Stößel ['ʃtøːsəl] <-s, -> *m* pestello *m*

stoßen ['ʃtoːsən] <stößt, stieß, gestoßen> **I.** *vt haben* ① *(schubsen)* colpire; *(schieben)* spingere; *(an~, ~ gegen)* battere, urtare; SPORT *(Kugel)* lanciare; *(hinein~)* cacciare; *(hinaus~)* espellere ② *(zerkleinern)* pestare **II.** *vr:* **sich ~** *(an~)* urtare; **sich an etw** *dat* **~** *(an~)* urtare contro qc; *(fig: Anstoß nehmen)* urtarsi per qc, scandalizzarsi per qc **III.** *vi* ① *haben (schubsen)* spingere; **mit den Hörnern nach jdm/etw ~** cozzare [con le corna] contro qu/qc; **mit dem Messer nach jdm/etw ~** cercare di colpire qu/qc ② *sein (treffen, prallen)* **auf** [*o* **an**] **etw** *akk* **~** toccare qc, urtare contro qc; **auf jdn/etw ~** *(finden)* trovare qu/qc; *(jdn treffen)* incontrare qu, imbattersi in qu; *(begegnen: Widerstand)* incontrare qc; *(Freundschaft)* trovare qc; *(sich anschließen)* unirsi a qu/qc ③ *sein* **an etw** *akk* **~** *(angrenzen)* confinare con qc; *(Zimmer, Grundstück)* essere attiguo a qc

stoßfest *adj* a prova d'urto, resistente agli urti

Stoßgebet *nt* giaculatoria *f*

Stoßseufzer *m* gran sospiro *m*

Stoßstange *f* paraurti *m*

stößt [ʃtøːst] *3. Pers. Sing. Präs. von* **stoßen**

Stoßverkehr *m* traffico *m* di punta

stoßweise *adv* ① *(ruckartig)* a scatti; *(mit Stößen)* a scosse ② *(in Stapeln)* a pile

Stoßzahn *m* zanna *f*

Stoßzeit *f* ora *f* di punta

Stotterer ['ʃtɔtərɐ] <-s, -> *m,* **Stotterin** ['ʃtɔtərɪn] <-, -nen> *f* balbuziente *mf*

stottern ['ʃtɔtɐn] **I.** *vi* ① *(Mensch)* balbettare, tartagliare ② MOT perdere colpi **II.** *vt* balbettare

StPO *Abk. von* **Strafprozessordnung** C.P.P.

Str. *Abk. von* **Straße** v.

stracks [ʃtraks] *adv* ① *(geradewegs)* difilato ② *(sofort)* immediatamente

Strafanstalt *f* penitenziario *m,* prigione *f*

Strafantrag *m* querela *f; (von Staatsanwalt)* requisitoria *f*

Strafanzeige *f* denuncia *f;* **~ gegen jdn erstatten** sporgere denuncia contro qu

Strafarbeit *f (von Schüler)* penso *m,* compito *m* assegnato per punizione

Strafaufschub <-(e)s, -schübe> *m* sospensione *f* della pena

strafbar *adj* punibile; JUR passibile di pena; **~e Handlung** reato; **sich ~ machen** essere passibile di pena

Strafbarkeit *f* punibilità *f*

Strafe ['ʃtraːfə] <-, -n> *f* punizione *f; (Züchtigung)* castigo *m; (Gefängnis~)* pena *f* detentiva; *(Geldbuße)* multa *f;* **eine ~ verbüßen** scontare una pena; **eine ~ verhängen** infliggere una pena; **bei ~** sotto pena; **zur ~** per punizione; **du bist wirklich eine ~!** *(fig fam)* sei un vero castigo!

strafen *vt* punire; *(züchtigen)* castigare

strafend *adj (Maßnahmen)* punitivo; *(Worte)* reprensivo; *(Blick)* riprovatore

Strafentlassene <ein -r, -n, -n> *mf* scarcerato, -a *m, f*

Straferlass *m* condono *m* di pena; *(Amnestie)* amnistia *f*

straff [ʃtraf] *adj* ① *(gespannt: Seil)* teso, tirato; *(Haut)* liscio, sodo; *(Brust)* turgido, sodo; **~ spannen** tendere ② *(stramm)* diritto ③ *(streng: Zucht)* severo ④ *(bündig: Stil)* conciso

straffällig *adj* ADM **~ werden** incorrere in una pena

straffen I. *vt* ① *(Seil)* tendere; *(Haut)* rassodare ② *(fig: Roman)* rendere conciso **II.** *vr:* **sich ~** ① *(sich spannen)* tendersi ② *(sich aufrichten)* rizzarsi

Straffheit <-> *f kein Pl.* ① *(Gespanntheit)* tensione *f; (von Haut, Busen)* sodezza *f* ② *(Strenge: von Disziplin)* severità *f,* rigidezza *f* ③ *(fig: von Stil)* concisione *f*

straffrei *adj* **~ ausgehen** uscirne impunito

Straffreiheit *f* esenzione *f* da pena, impunità *f*

Strafgefangene *mf* detenuto, -a *m, f*

Strafgericht *nt* ① JUR tribunale *m* penale ② *(fig: Bestrafung)* castigo *m,* punizione *f*

Strafgesetz *nt* legge *f* penale

Strafgesetzbuch *nt* codice *m* penale

Strafjustiz *f kein Pl.* giustizia *f* penale

sträflich ['ʃtrɛːflɪç] *adj* punibile; *(unverzeihlich)* imperdonabile

Sträfling ['ʃtrɛːflɪŋ] <-s, -e> *m* detenuto, -a *m, f,* carcerato, -a *m, f*

Sträflingskleidung *f* tenuta *f* da carcerato

straflos *s.* **straffrei**

Strafmandat *nt* mandato *m* di cattura

Strafmaß *nt* grado *m* della pena

strafmildernd *adj* attenuante

strafmündig *adj* JUR perseguibile

Strafporto *nt* soprattassa *f*

Strafpredigt *f* **jdm eine ~ halten** fare una ramanzina a qu
Strafprozess *m* processo *m* penale
Strafprozessordnung *f* codice *m* di procedura penale
Strafpunkt *m* penalità *f*
Strafraum *m* area *f* di rigore
Strafrecht *nt* diritto *m* penale
strafrechtlich *adj* [di diritto] penale
Strafregister *nt* casellario *m* giudiziale
Strafsanktionen *fpl (Europäische Währungsunion)* sanzioni *fpl* pecuniarie
Strafstoß *m* calcio *m* di punizione
Straftat *f* reato *m,* delitto *m*
Straftäter(in) *m(f)* reo *m,* delinquente *m*
strafverschärfend *adj* aggravante
Strafversetzung *f* trasferimento *m* per ragioni disciplinari
Strafverteidiger(in) *m(f)* avvocato *m* difensore [in campo penale]
Strafvollzug *m* esecuzione *f* della pena; **offener ~** pena *f* detentiva con possibilità di lavorare al di fuori della prigione e di uscire il fine settimana
Strafzettel *m (fam)* contravvenzione *f,* multa *f*
Strahl [ʃtraːl] <-(e)s, -en> *m (fig)* MAT, PHYS raggio *m; (Wasser~)* getto *m,* zampillo *m*
strahlen *vi* ① *(Licht, Sonne)* [ri]splendere; *(radioaktiv ~)* emanare raggi; *(Wärme)* irradiare; **vor Sauberkeit ~** essere lucido come uno specchio ② *(fig: Mensch)* essere raggiante; **übers ganze Gesicht ~** avere il viso raggiante
Strahlenbehandlung *f* MED radioterapia *f,* trattamento *m* coi raggi
Strahlenbelastung *f* esposizione *f* alle radiazioni
Strahlenbündel *nt* ① OPT fascio *m* luminoso ② MAT fascio *m* di rette
strahlend *adj (leuchtend)* splendente; *(a. fig: Schönheit)* splendido; *(Gesicht)* raggiante; *(Tag)* radioso
Strahlendosis *f* dose *f* di radiazioni
Strahlenkrankheit *f* sindrome *f* da raggi
Strahlenschäden *mpl (an Dingen)* danno *m* da radiazioni; *(beim Menschen)* lesioni *fpl* da raggi
Strahlenschutz *m* protezione *f* contro le radiazioni
strahlenverseucht *adj* contaminato dalle radiazioni
Strahler <-s, -> *m* ① *(Heiz~)* radiatore *m* [di calore] ② *(Licht~)* riflettore *m*
Strahltriebwerk *nt* turboreattore *m*
Strahlung <-, -en> *f* radiazione *f*
strahlungsarm *adj* a bassa irradiazione
Strahlungsintensität *f* intensità *f* di radiazione
Strahlungswärme *f* calore *m* radiante
Strähne [ˈʃtrɛːnə] <-, -n> *f* ① *(Haar~)* ciocca *f; (getönt)* meche *f* ② *(Strang)* matassa *f* ③ *(fig: Reihe)* serie *f*
strähnig *adj (Haar)* a ciocche
stramm [ʃtram] *adj* ① *(straff: Seil)* teso, tirato; **~ sitzen** *(Kleidung)* essere stretto, tirare ② *(gerade aufgerichtet)* eretto; **~e Haltung** atteggiamento risoluto ③ *(fig: kräftig)* forte, robusto ④ *(fig: Disziplin)* rigido
stramm|stehen <irr> *vi* essere sull'attenti
Strampelanzug *m* pagliaccetto *m,* tutina *f* da neonato
strampeln [ˈʃtrampəln] *vi* ① *(mit Beinen)* sgambettare, dimenare le gambe ② *(fam: sich abmühen)* stancarsi
Strampler <-s, -> *m s.* **Strampelanzug**
Strand [ʃtrant] <-(e)s, Strände> *m (Bade~)* spiaggia *f; (Ufer)* riva *f;* **an den ~ gehen** andare alla spiaggia
Strandbad *nt* lido *m,* stabilimento *f* balneare
stranden [ˈʃtrandən] *vi sein* ① *(Schiff)* arenarsi, incagliarsi ② *(fig geh: scheitern)* naufragare, fallire
Strandgut *nt (a. fig)* relitto *m*
Strandhotel <-s, -s> *nt* albergo *m* sul mare
Strandkorb *m* capanno *m* da spiaggia
Strandläufer *m (Vogel)* gambecchio *m*
Strandpromenade *f* lungomare *m*
Strang [ʃtraŋ] <-(e)s, Stränge> *m* ① *(Seil)* corda *f,* fune *f;* **am gleichen ~ ziehen** *(fig)* mirare al medesimo scopo; **über die Stränge schlagen** *(fam)* passare i limiti ② EL, TEL linea *f* ③ *(Nerven~)* funicolo *m* nervoso ④ *(Woll~, Garn~)* matassa *f*
strangulieren [ʃtraŋguˈliːrən] <ohne ge-> *vt* strangolare, strozzare
Strapaze [ʃtraˈpaːtsə] <-, -n> *f* strapazzo *m,* fatica *f*
strapazieren [ʃtrapaˈtsiːrən] <ohne ge-> *vt* ① *(Menschen)* affaticare; *(Nerven)* logorare; *(fig: Geduld)* mettere a dura prova ② *(Gegenstände)* sciupare, strapazzare; *(fig: Begriff)* usare continuamente
strapazierfähig *adj (Kleidung)* resistente
strapaziös [ʃtrapaˈtsi̯øːs] *adj* faticoso, affaticante
Straps [ʃtraps] <-es, -e> *m* reggicalze *m,* giarrettiera *f*
Straßburg [ˈʃtraːsbʊrk] *nt* Strasburgo *f*
Straße [ˈʃtraːsə] <-, -n> *f* ① *(Fahr~, a. fig)* strada *f; (bei Namen)* via *f;* **auf der ~** per strada; **auf offener ~** in mezzo alla strada; **über die ~ gehen** attraversare la strada; **~ gesperrt!** strada sbarrata!; **auf die ~ setzen** *(fig fam: entlassen)* gettare sul lastri-

co; *(Mieter)* mettere alla porta; **auf die ~ gehen** andare in strada; *(fig: demonstrieren)* scendere in piazza ❷ *(Meerenge)* stretto *m*

Straßenanzug *m* abito *m* da passeggio

Straßenarbeiter *m* stradino *m*

Straßenbahn *f* tram *m*

Straßenbahner <-s, -> *m* *(fam)* tranviere *m*

Straßenbahnlinie *f* linea *f* tranviaria

Straßenbahnnetz *nt* rete *f* tranviaria

Straßenbau *m* costruzioni *fpl* stradali

Straßenbelag *m* rivestimento *m* stradale

Straßenbeleuchtung *f* illuminazione *f* stradale

Straßenbenutzungsgebühr *f* pedaggio *m*

Straßenblatt *nt* giornale *m* di strada

Straßencafé *nt* caffè *m* all'aperto

Straßendecke *f* pavimentazione *f* stradale

Straßenfeger <-s, -> *m* spazzino *m*, netturbino *m*

Straßenführung *f* tracciato *m* stradale

Straßengraben *m* fosso *m* della strada

Straßenhändler(in) *m(f)* venditore, -trice *m, f* ambulante

Straßenjunge *m* *(pej)* ragazzo *m* di strada

Straßenkampf *m* combattimento *m* nelle strade

Straßenkarte *f* carta *f* stradale

Straßenkehrer <-s, -> *m s.* **Straßenfeger**

Straßenkehrmaschine *f* [macchina *f*] spazzatrice *f*

Straßenkind <-es, -er> *m* monnello *m*

Straßenkreuzer *m* *(fam)* macchinone *m*

Straßenkreuzung *f* incrocio *m*

Straßenlage *f* MOT tenuta *f* di strada

Straßenlärm *m* rumore *m* della strada

Straßenlaterne *f* lampione *m*

Straßenmarkierung *f* segnaletica *f*

Straßenmusikant(in) *m(f)* musicista *mf* ambulante

Straßennetz *nt* rete *f* stradale

Straßenrand *m* bordo *m* della strada

Straßenraub *m* scippo *m*

Straßenreinigung *f* pulizia *f* stradale; *(Dienststelle)* nettezza *f* urbana

Straßenrennen *nt* corsa *f* ciclistica

Straßensänger(in) *m(f)* cantante *mf* ambulante

Straßenschild *nt* targa *f* stradale; *(Wegweiser)* indicatore *m* stradale

Straßensperre *f* blocco *m* stradale, barricata *f*

Straßenstrich *m* *(fam)* prostituzione *f* da strada

Straßentransport *m* trasporto *m* stradale [*o* automobilistico]

Straßentunnel *m* tunnel *m* stradale

Straßenverhältnisse *ntpl* percorribilità *f* delle strade

Straßenverkehr *m* traffico *m* stradale; **im ~** sulla strada

Straßenverkehrsordnung *f* codice *m* stradale

Straßenzustand <-(e)s, -stände> *m* stato *m* delle strade

Straßenzustandsbericht *m* bollettino *m* delle strade

Stratege [ʃtraˈteːgə] <-n, -n> *m* stratega *m*

Strategie [ʃtrateˈgiː] <-, -n> *f* strategia *f*

Strategiespiel *nt* INFORM gioco *m* di strategia

Strategin [ʃtraˈteːgɪn] <-, -nen> *f* stratega *f*

strategisch [ʃtraˈteːgɪʃ] *adj* strategico

Stratosphäre [ʃtratoˈsfɛːrə *o* straˈtoˈsfɛːrə] *f* stratosfera *f*

sträuben [ʃtrɔɪbən] **I.** *vt* *(Haare)* rizzare; *(Fell)* arruffare **II.** *vr:* **sich ~** ❶ *(Haare)* rizzarsi; *(Fell)* arruffarsi ❷ *(fig: sich wehren)* **sich gegen jdn/etw ~** opporsi a qu/qc

Strauch [ʃtraʊx] <-(e)s, Sträucher> *m* arbusto *m*; *(Busch)* cespuglio *m*

straucheln [ˈʃtraʊxəln] *vi sein* *(fig: auf die schiefe Bahn geraten)* traviarsi

Strauß[1] [ʃtraʊs] <-es, Sträuße> *m* *(Blumen~)* mazzo *m*

Strauß[2] [ʃtraʊs] <-es, -e> *m* *(Vogel)* struzzo *m*

Straußenei *nt* uovo *m* di struzzo

Straußenfeder *f* piuma *f* di struzzo

Streaming [ˈstriːmɪŋ] <-[s], -s> *m* INET streaming *m*; **sich** *dat* **ein Video per ~ ansehen** guardare un video in streaming

Strebe [ˈʃtreːbə] <-, -n> *f* puntello *m*, sostegno *m*

Strebebogen *m* arco *m* rampante

streben [ˈʃtreːbən] *vi* cercare [di raggiungere]; **nach etw ~** aspirare a qc; **nach Erfolg ~** aspirare al successo

Streben <-s> *nt kein Pl.* *(Trachten)* aspirazione *f*; *(Suche)* ricerca *f*; **das ~ nach Erfolg** l'aspirazione al successo

Strebepfeiler *m* contrafforte *m*

Streber(in) <-s, -; -, -nen> *m(f)* *(pej)* arrivista *mf*, carrierista *mf*; *(in Schule)* secchione, -a *m, f fam*

streberhaft *adj* ambizioso, arrivista; *(Schüler)* zelante, secchione *sl*

Strebertum <-s> *nt kein Pl.* *(pej)* arrivismo *m*, carrierismo *m*

strebsam *adj* diligente, operoso; *(eifrig)* zelante

Strebsamkeit <-> *f kein Pl.* operosità *f*, solerzia *f*; *(Eifer)* zelo *m*

Strecke [ˈʃtrɛkə] <-, -n> *f* ❶ *(Abschnitt)*

tronco *m,* tratto *m;* FERR tratto *m;* **auf der ~ bleiben** *(fig: scheitern)* rimanere per strada ② *(Entfernung)* distanza *f* ③ *(Weg, Route)* itinerario *m; (Fahr~, Flug~)* percorso *m,* itinerario *m;* SPORT percorso *m; (Verkehrslinie)* linea *f;* AERO rotta *f* ④ MIN galleria *f* ⑤ MAT segmento *m* ⑥ *(Wend)* **zur ~ bringen** *(Tier)* uccidere; *(Verbrecher)* arrestare

strecken ['ʃtrɛkən] **I.** *vt* ① *(Körperteil)* allungare, stendere; *(Hals)* allungare; **lang gestreckt** lungo, allungato; **die Zunge aus dem Munde ~** cacciare fuori la lingua ② MED *(im Streckverband)* estendere ③ *(Metall)* tirare, laminare ④ *(Vorräte, Geld)* far durare; *(Arbeit)* tirar in lungo; GASTR allungare; *(verdünnen)* diluire **II.** *vr:* **sich ~** ① *(sich dehnen)* stendersi; *(sich aus~)* [di]stendersi, allungarsi ② *(sich recken)* sgranchirsi, stiracchiarsi

Streckenabschnitt *m* tronco *m,* sezione *f*

Streckennetz *nt* rete *f* stradale

streckenweise *adv* a tratti

Streckmuskel *m* [muscolo *m*] estensore *m*

Streckverband *m* fasciatura *f* per estensione

Streetworker(in) ['stri:twœ:kɐ] <-s, -; -, -nen> *m(f)* operatore, -trice *m, f* di strada

Streich [ʃtraɪç] <-(e)s, -e> *m (fig: Schabernack)* tiro *m,* scherzo *m;* **jdm einen üblen ~ spielen** giocare un brutto tiro a qu

Streicheleinheiten *fpl (fam: Zärtlichkeit)* tenerezza *f; (Zuwendung)* attenzione *f*

streicheln ['ʃtraɪçəln] *vt* accarezzare

streichen ['ʃtraɪçən] <streicht, strich, gestrichen> **I.** *vt haben* ① *(mit der Hand)* passare la mano su; *(zärtlich)* accarezzare ② *(auftragen)* **[etw auf einen Gegenstand] ~** spalmare [qc su un oggetto] ③ *(an~)* verniciare; *(tünchen)* tinteggiare; **frisch gestrichen!** pittura fresca! ④ *(aus~, durch~)* cancellare, tagliare ⑤ *(Zuschuss, Zug)* sopprimere; *(Plan, Auftrag)* annullare **II.** *vi* ① *haben* **[über etw** *akk***] ~** passare la mano [su qc]; *(zärtlich)* accarezzare [qc] ② *sein (umherstreifen)* girare, vagare ③ *sein (wehen)* soffiare

Streicher *mpl* MUS archi *mpl*

streichfähig *adj* spalmabile

Streichholz *nt* fiammifero *m*

Streichholzschachtel *f* scatola *f* di fiammiferi

Streichinstrument *nt* strumento *m* ad arco

Streichkäse *m* formaggio *m* da spalmare

Streichorchester *nt* orchestra *f* d'archi

Streichquartett *nt* quartetto *m* d'archi

Streichung <-, -en> *f (von Wort, Satz)* cancellatura *f; (Kürzung)* riduzione *f; (von Schulden, Auftrag)* cancellazione *f; (von Zuschuss, Zug)* soppressione *f*

Streichwurst *f* insaccato a pasta molle spalmabile

Streifband <-(e)s, -bänder> *nt* ① *(Banderole)* fascetta *f* ② *(Post)* fascia *f;* **unter ~** sotto fascia

Streife ['ʃtraɪfə] <-, -n> *f* ① *(Personen)* pattuglia *f* ② *(Gang)* giro *m* d'ispezione

streifen ['ʃtraɪfən] **I.** *vt haben* ① *(berühren, a. fig: Thema)* sfiorare; **nur leicht ~** *(Thema)* sfiorare semplicemente ② *(ziehen, tun)* **den Ring auf den Finger ~** infilare l'anello al dito; **den Ring vom Finger ~** sfilare l'anello dal dito; **die Kapuze über den Kopf ~** tirare su il cappuccio [sulla testa] **II.** *vi* ① *sein (umher~)* girare, vagare ② *haben (fig: angrenzen)* **an etw** *akk* **~** rasentare qc

Streifen <-s, -> *m* ① *(Papier~, Stoff~, von Land)* striscia *f; (Speck~)* lardello *m* ② *(Strich, Linie)* striscia *f,* linea *f* ③ *(Klebe~, Loch~)* nastro *m,* striscia *f* ④ *(Film)* film *m; (Ausschnitt)* pellicola *f*

Streifendienst *m* pattuglia *f*

Streifenwagen *m* automobile *f* della polizia

Streifschuss *m* colpo *m* di striscio; *(Verletzung)* scalfittura *f*

Streifzug *m (Erkundigungszug)* esplorazione *f,* ricognizione *f;* MIL incursione *f*

Streik [ʃtraɪk] <-(e)s, -s> *m* sciopero *m;* **in den ~ treten** entrare in sciopero; **einen ~ ausrufen** dichiarare lo sciopero

Streikbrecher(in) *m(f)* crumiro, -a *m, f*

streiken *vi* ① *(Arbeiter)* scioperare, fare sciopero ② *(fam: Motor, Fernseher)* non funzionare; *(nicht mitmachen)* rifiutarsi

Streikende <ein -r, -n, -n> *mf* scioperante *mf*

Streikgeld *nt* indennità *f* di sciopero

Streikkasse *f* cassa *f* scioperi

Streikposten *m* picchetto *m*

Streikrecht *nt* diritto *m* di sciopero

Streikwelle <-, -n> *f* ondata *f* di scioperi

Streit [ʃtraɪt] <-(e)s, -e> *m (Zank, Zwist)* lite *f,* litigio *m; (mit Tätlichkeiten)* rissa *f; (heftiger Wortwechsel)* diverbio *m,* battibecco *m,* alterco *m; (Meinungs~)* disputa *f; (Rechts~)* controversia *f;* **mit jdm ~ anfangen** attaccar briga con qu; **mit jdm in ~ geraten** litigare con qu

streitbar *adj (streitlustig)* combattivo; *(a. angriffslustig)* aggressivo; *(kriegerisch)* bellicoso

streiten ['ʃtraɪtən] <streitet, stritt, gestritten> **I.** *vi* ① *(zanken)* litigare, bisticciare; *(handgreiflich)* azzuffarsi ② *(mit*

S

Worten) [**über etw** *akk*] ~ discutere [di qc]; **darüber lässt sich ~** la cosa è discutibile **II.** *vr:* **sich ~** bisticciarsi, litigare

Streiterei [ʃtaɪtə'raɪ] <-, -en> *f (pej)* continui litigi *m pl*

Streitfall *m* ADM **im ~** in caso di controversia

Streitfrage *f* controversia *f,* vertenza *f*

streitig *adj* **jdm etw ~ machen** contestare qc a qu

Streitkräfte *f pl* forze *f pl* armate

streitlustig *adj* litigioso, polemico

Streitmacht *f* forza *f* [militare]

Streitschrift <-, -en> *f* scritto *m* polemico

streitsüchtig *s.* **streitlustig**

streng [ʃtrɛŋ] *adj* ① *(hart, unnachsichtig)* severo, rigido; **eine ~e Erziehung** un'educazione rigida; **ein ~er Lehrer** un insegnante severo; **ein ~er Winter** un inverno rigido ② CH, A, SÜDD *(anstrengend)* difficile; **eine ~e Arbeit** un lavoro difficile ③ *(genau)* esatto, preciso, assoluto; **~ genommen** a rigore [di termine]; **~e Bettruhe** riposo assoluto a letto; **das ist ~stens verboten** questo è severamente proibito ④ *(herb)* aspro; **ein ~er Geruch/Geschmack** un odore/sapore aspro

Strenge ['ʃtrɛŋə] <-> *f kein Pl.* ① *(Striktheit)* severità *f* ② *(Schmucklosigkeit)* austerità *f* ③ *(von Geruch, Geschmack)* asprezza *f; (von Winter)* rigore *m,* rigidezza *f*

strenggenommen *adv* a rigore [di termine]

strenggläubig *adj* ortodosso, osservante

Stress [ʃtrɛs] <-es, *rar:* -e> *m* stress *m;* **im ~ sein** essere sotto stress

stressen *vt* stressare

stressfrei *adj* senza stress, tranquillo

stressgeplagt *adj* stressato

stressig *adj (fam)* stressante

Stresssituation *f* situazione *f* da stress

Stresstest *m* ① *(ärztliche Untersuchung)* test *m* da sforzo ② *(Überprüfung einer Bank, eines Atomkraftwerks oder Gebäudes)* stress test *m*

Streu [ʃtrɔɪ] <-, -en> *f* strame *m,* lettiera *f*

Streubüchse *f,* **Streudose** *f* polverizzatore *m; (für Salz)* spargisale *m; (für Zucker)* spargizucchero *m*

streuen ['ʃtrɔɪən] **I.** *vt (Sand, Blumen, a. fig: Gerüchte)* spargere; **die Straße mit Salz ~** cospargere la strada di sale; **Salz/Zucker auf etw** *akk* **~** cospargere qc di sale/zucchero **II.** *vi* ① *(Straße ~)* spargere qc sulla strada ② *(Salz-, Zuckerstreuer)* spargere

streunen ['ʃtrɔɪnən] *vi sein o haben (fam)* vagabondare

Streusalz <-es> *nt kein Pl.* sale *m* per strade

Streusel ['ʃtrɔɪzəl] <-s, -> *m o nt granelli fatti di zucchero, burro e farina*

Streuselkuchen <-s, -> *m dolce cosparso di granelli fatti di zucchero, burro e farina*

Streuung <-, -en> *f (Statistik) a.* PHYS dispersione *f*

strich [ʃtrɪç] *1. u. 3. Pers. Sing. Imp. von* **streichen**

Strich [ʃtrɪç] <-(e)s, -e> *m* ① *(mit Schreibgerät)* tratto *m; (Pinsel~ a.)* pennellata *f; (Linie) a.* MAT linea *f; (kurzer ~, Gedanken~)* lineetta *f,* trattino *m; (Schräg~)* [s]barra *f; (Quer~)* barra *f;* **nach ~ und Faden** *(fam)* per bene, a modo; **einen ~ unter etw** *akk* **ziehen** *(fig)* farla finita con qc; **jdm einen ~ durch die Rechnung machen** *(fig)* mandare a monte i piani di qu ② *(Richtung: von Haar, Fell)* verso *m;* **gegen den ~** contropelo; **es geht mir gegen den ~** *(fam)* non mi va a genio ③ MUS *(Bogenführung)* tocco *m* ④ *(fig fam: dünner Mensch)* stuzzicadenti *m,* persona *f* scheletrica ⑤ *(sl: Prostitution)* prostituzione *f; (Gegend)* marciapiede *m fam;* **auf den ~ gehen** *(sl)* battere il marciapiede *fam*

Strichcode <-s, -s> *m* codice *m* a sbarre

stricheln *vt* tratteggiare

Stricher(in) <-s, -; -, -nen> *m(f) (fam)* checca *f sl*

Strichjunge *m (sl)* ragazzo *m* di vita

Strichliste *f* lista *f* a sbarre

Strichmädchen *nt (sl)* ragazza *f* di vita

Strichmännchen *nt* omino *m*

Strichpunkt *m* punto *m* e virgola

Strichvogel *m* uccello *m* di passo

strichweise *adv* METEO a tratti

Strick [ʃtrɪk] <-(e)s, -e> *m* ① *(Seil)* corda *f,* fune *f;* **jdm aus etw einen ~ drehen** *(fig fam)* servirsi di qc per rovinare qu; **wenn alle ~e reißen** *(fam)* nel peggiore dei casi ② *(fam: Schlingel)* briccone *m*

stricken ['ʃtrɪkən] *vi, vt* lavorare a maglia; *(Pullover, Strümpfe)* fare

Strickgarn *nt* filo *m* per maglieria

Strickjacke *f* giacca *f* di maglia, golf *m*

Strickleiter *f* scala *f* di corda

Strickmaschine *f* macchina *f* per maglieria

Stricknadel *f* ferro *m* da calza

Strickwaren *f pl* maglierie *f pl*

Strickweste <-, -n> *f* gilè *m* di maglia

Strickzeug <-(e)s, -e> *nt* lavoro *m* a maglia

Striegel ['ʃtriːgəl] <-s, -> *m* striglia *f*

striegeln *vt* ① *(bürsten)* strigliare ② *(fig fam: schikanieren)* strapazzare

S

Strieme ['ʃtriːmə] <-, -n> *f,* **Striemen** ['ʃtriːmən] <-s, -> *m* livido *m*
Striezel <-s, -> *m* A, SÜDD ❶ *(Hefegebäck) dolce di pasta lievitata lungo e intrecciato* ❷ *(Lausbub)* monello *m*
strikt [ʃtrɪkt] *adj (genau)* preciso, esatto; *(streng)* stretto, rigoroso; *(Bestimmung)* tassativo
Stringtanga *m* tanga[slip] *m*
Strip [strɪp] <-s, -s> *m* strip[tease] *m,* spogliarello *m*
Strippe ['ʃtrɪpə] <-, -n> *f (fam)* ❶ *(Schnur)* spago *m,* corda *f* ❷ *(fig: Telefon)* telefono *m;* **an der ~ hängen** *(fam)* stare attaccato al telefono
strippen ['strɪpən] *vi (fam)* fare lo spogliarello
Striptease ['strɪptiːs] <-> *m o nt kein Pl.* spogliarello *m,* strip-tease *m*
Stripteaselokal *nt* locale *m* notturno con spogliarello
Stripteasetänzer(in) *m(f)* spogliarellista *mf*
stritt [ʃtrɪt] *1. u. 3. Pers. Sing. Imp. von* **streiten**
strittig ['ʃtrɪtɪç] *adj* controverso; *(fraglich)* discutibile; **~er Punkt** punto in questione
Strizzi <-s, -s> *m* A *(Subjekt, das sich am Rande der Legalität bewegt)* farabutto *m*
Stroh [ʃtroː] <-(e)s> *nt kein Pl.* paglia *f;* **~ im Kopf haben** *(fam)* essere senza cervello
strohblond *adj* biondo paglierino
Strohblume *f* elicriso *m*
Strohdach *nt* tetto *m* di paglia
strohdumm *adj (fam)* tonto, stupidone
Strohfeuer *nt* fuoco *m* di paglia
Strohhalm *m* filo *m* di paglia; *(Trinkhalm)* cannuccia *f;* **sich an einen ~ klammern** aggrapparsi all'ultimo filo di speranza
Strohhut *m* cappello *m* di paglia
strohig *adj (Gemüse)* legnoso; *(Orange, Haar)* stopposo
Strohmann *m (fig)* uomo *m* di paglia
Strohsack *m* pagliericcio *m*
Strohwitwe *f* donna *f* il cui marito è assente
Strohwitwer *m* uomo *m* la cui moglie è assente
Strolch [ʃtrɔlç] <-(e)s, -e> *m (pej: übler Kerl)* farabutto *m,* furfante *m; (fam: Schlingel)* birbante *m*
Strom [ʃtroːm] <-(e)s, Ströme> *m* ❶ *(Fluss)* corrente *f,* [grande] fiume *m; (fig: von Blut)* fiotto *m; (von Tränen)* fiume *m; (Strömung)* corrente *f,* flusso *m; (Menschen~)* fiumana *f,* marea *f; (Lava~)* fiume *m,* colata *f;* **in Strömen fließen** scorrere a fiumi; **es gießt in Strömen** piove a catinelle; **gegen den ~ schwimmen** *(fig)* andare contro corrente; **mit dem ~ schwimmen** *(fig)* seguire la corrente ❷ EL corrente *f;* **den ~ ab-/einschalten** togliere/dare la corrente; **unter ~ stehen** *(fig)* essere sotto tensione
Stromabnehmer *m* presa *f* di corrente, trolley *m*
stromabwärts [ʃtroːm'ʔapvɛrts] *adv (Lage)* a valle; *(Richtung)* con la corrente
stromaufwärts [ʃtroːm'ʔaʊfvɛrts] *adv (Lage)* a monte; *(Richtung)* contro corrente
Stromausfall *m* mancanza *f* di corrente
strömen ['ʃtrøːmən] *vi sein* ❶ *(fließen)* scorrere, fluire; *(Blut)* scorrere; **bei ~dem Regen** sotto una pioggia torrenziale ❷ *(aus~)* **aus etw ~** fuoriuscire da qc ❸ *(Menschen)* affluire, accorrere
Stromer ['ʃtroːmɐ] <-s, -> *m (fam: Landstreicher)* vagabondo *m; (Schlingel)* briccone *m,* brigante *m*
Stromerzeugung *f* generazione *f* di corrente
Stromkabel *nt* cavo *m* elettrico
Stromkreis *m* circuito *m* [elettrico]
stromlinienförmig *adj* aerodinamico
Strommast *m* pilone *m* dell'alta tensione
Stromnetz *nt* rete *f* elettrica
Stromquelle *f* sorgente *f* di elettricità
Stromrechnung *f* bolletta *f* dell'elettricità
Stromschnelle *f* rapida *f,* cateratta *f*
Stromsperre *f* interruzione *f* di corrente
Stromstärke *f* intensità *f* di corrente
Stromstoß *m* impulso *m* di corrente
Stromtankstelle *f* stazione *f* di ricarica per auto elettriche
Strömung <-, -en> *f (a. fig)* corrente *f*
Stromverbrauch *m* consumo *m* di corrente
Stromversorgung *f* erogazione *f* di energia elettrica
Stromzähler *m* contatore *m* dell'elettricità
Strophe ['ʃtroːfə] <-, -n> *f* strofa *f*
strotzen ['ʃtrɔtsən] *vi* **vor etw** *dat* **~** *(voll sein)* essere pieno di qc, rigurgitare di qc; *(wimmeln)* pullulare di qc; **vor Gesundheit ~** sprizzare salute, scoppiare di salute
strotzend *adj* rigurgitante, traboccante
strubbelig ['ʃtrʊbəlɪç] *adj* spettinato, scompigliato
Strudel ['ʃtruːdəl] <-s, -> *m* ❶ *(Wasser, a. fig)* vortice *m* ❷ *bes.* A, SÜDD *(Gebäck)* strudel *m*
Struktur [ʃtrʊk'tuːɐ̯] <-, -en> *f* struttura *f*
Strukturalismus [ʃtrʊktura'lɪsmʊs] <-> *m kein Pl.* strutturalismo *m*
strukturell [ʃtrʊktu'rɛl] *adj* strutturale
strukturieren [ʃtrʊktu'riːrən] <ohne ge-> *vt* strutturare

Strukturierung <-, -en> *f* strutturazione *f*
Strukturwandel <-s> *m kein Pl.* adeguamento *m* di struttura
Strumpf [ʃtrʊmpf] <-(e)s, Strümpfe> *m* calza *f*
Strumpfband <-(e)s, -bänder> *nt* giarrettiera *f*
Strumpfhalter *m* giarrettiera *f*
Strumpfhose *f* collant *m*, calzamaglia *f*
Strumpfwaren *fpl* calze *fpl*
struppig [ˈʃtrʊpɪç] *adj (Haar)* irto; *(Bart)* ispido; *(Tier)* arruffato
Strychnin [ʃtrʏçˈniːn *o* strʏçˈniːn] <-s> *nt kein Pl.* stricnina *f*
Stube [ˈʃtuːbə] <-, -n> *f* ① *(Wohnzimmer)* soggiorno *m* ② *(in Kaserne, Internat)* camerata *f*; **die gute ~** il salotto [buono]
Stubenarrest *m* consegna *f*
Stubenfliege *f* mosca *f* comune
Stubengelehrte *m (pej)* erudito *m* da tavolino
Stubenhocker *m (pej)* pantofolaio *m*
stubenrein *adj (Haustier)* pulito
Stubenwagen *m* culla *f*
Stuck [ʃtʊk] <-(e)s> *m kein Pl.* stucco *m*
Stück [ʃtʏk] <-(e)s, -e> *nt* ① pezzo *m*; **ein ~ Schokolade/Seife** un pezzo di cioccolata/sapone; **in [tausend] ~e gehen** rompersi in mille pezzi; **ein Euro das ~** un euro al pezzo; **ich komme ein ~ mit** *(des Weges)* ti accompagno per un tratto di strada; **das ist ein starkes ~!** *(fam)* questo è troppo! ② *(Teil~)* parte *f*, porzione *f*; **~ für ~** pezzo per pezzo; **aus freien ~en** di propria iniziativa, volontariamente; **wir sind ein gutes ~ weitergekommen** *(bei Arbeit)* abbiamo fatto un bel pezzo di lavoro; **auf jdn große ~e halten** avere molta stima di qu, avere un'alta opinione di qu ③ THEAT lavoro *m* [teatrale], dramma *m*, commedia *f*; *(Musik~)* pezzo *m*
Stuckateur(in) [ʃtʊkaˈtøːɐ̯] <-s, -e; -, -nen> *m(f)* stuccatore, -trice *m, f*
stückeln [ˈʃtʏkəln] *vt* COM parcellizzare, frazionare
Stückgut *nt* collo *m* singolo
Stücklohn *m* salario *m* a cottimo
Stückpreis *m* prezzo *m* unitario
stückweise *adv* a pezzi, pezzo per pezzo, al minuto
Stückwerk *nt* lavoro *m* imperfetto
Stückzahl *f* numero *m* dei pezzi
stud. *Abk. von* **studiosus** studente
Student(in) [ʃtuˈdɛnt] <-en, -en; -, -nen> *m(f)* studente, -essa *m, f*
Studentenausweis *m* tessera *f* di studente
Studentenfutter *nt* frutta *f* secca
Studentenheim *nt* casa *f* dello studente
Studentenschaft <-> *f kein Pl.* studenti *mpl*
Studentenwohnheim *s.* **Studentenheim**
Studentin *f s.* **Student**
studentisch *adj* studentesco
Studie [ˈʃtuːdiə] <-, -n> *f* studio *m*; *(literarisch)* saggio *m*
Studienabbrecher(in) <-s, -; -, -nen> *m(f)* persona *f* che interrompe gli studi
Studienanfänger(in) <-s, -; -, -nen> *m(f)* matricola *f*
Studienbeihilfe *f* assegno *m* di studio
Studiendirektor(in) *m(f)* preside *mf*
Studienfach *nt* materia *f* di studio
Studiengang *m* curricolo *m*, corso *m* degli studi
Studiengebühr *f* tasse *fpl* universitarie
studienhalber *adv* a scopo di studio
Studienplatz *m* posto *m* di studio
Studienrat *m*, **Studienrätin** *f* insegnante *mf* medio superiore [di ruolo]
Studienreferendar(in) *m(f)* insegnante *mf* medio superiore [non di ruolo]
Studienreise *f* viaggio *m* di studio
Studienzeit *f* anni *mpl* di studio, studi *mpl*
Studienzeitbegrenzung *f* limitazione *f* degli anni di studio
studieren [ʃtuˈdiːrən] <ohne ge-> *vt, vi* studiare
Studierende <ein -r, -n, -n> *mf s.* **Student(in)**
studiert *adj (fam)* che ha studiato
Studio [ˈʃtuːdio] <-s, -s> *nt* ① THEAT, TV, RADIO studio *m* ② *(Einzimmerwohnung)* monolocale *m*
Studium [ˈʃtuːdiʊm] <-s, Studien> *nt* studio *m*
Stufe [ˈʃtuːfə] <-, -n> *f* ① *(Treppen~, Entwicklungs~)* gradino *m*; **Vorsicht ~!** attenzione al gradino! ② *(fig: Ebene)* livello *m*; *(Rang)* grado *m*; **sich mit jdm auf eine ~ stellen** *(fig)* mettersi allo stesso livello di qu ③ TEC *(a. von Raketen)* stadio *m*
stufen *vt* ① *(Hang)* munire di gradini ② *(ab~)* graduare ③ *(Haare)* scalare, sfumare
Stufenbarren *m* parallele *fpl* asimmetriche
stufenförmig [ˈʃtuːfənfœrmɪç] *adj* a gradini; *(fig)* graduale
Stufenheck <-(e)s, -s *o* -e> *nt* AUTO liftback *m*
Stufenleiter *f (fig)* scala *f*; *(der Gefühle)* gamma *f*
stufenlos *adj* TEC senza gradini, piano
Stufenschnitt *m (Frisur)* taglio *m* scalato
stufenweise *adv* gradualmente, gradatamente

stufig *adj* ① *(Land)* a terrazze, a gradini, a ripiani ② *(Haar)* scalato

Stuhl [ʃtuːl] <-(e)s, Stühle> *m* ① *(Möbel)* sedia *f;* **elektrischer ~** sedia elettrica; **der Heilige ~** la Santa Sede; **sich zwischen zwei Stühle setzen** *(fig)* giocarsi due occasioni in una volta; **das haut einen vom ~** *(sl)* c'è da restare sbalorditi ② *(~gang)* defecazione *f* ③ *(Lehr~)* cattedra *f;* **der ~ für Linguistik** la cattedra di linguistica

Stuhlbein *nt* gamba *f* della sedia

Stuhlgang *m* defecazione *f;* **~/keinen ~ haben** andare/non andare di corpo

Stuhllehne *f* schienale *m* della sedia

Stulle ['ʃtʊlə] <-, -n> *f* DIAL tartina *f*

Stulpe ['ʃtʊlpə] <-, -n> *f* risvolto *m*

stülpen ['ʃtʏlpən] *vt* **etw nach innen/außen ~** rovesciare qc verso l'interno/l'esterno; **den Kragen nach oben ~** tirare su il colletto; **etw auf** [*o* **über**] **etw** *akk* **~** mettere qc sopra qc

stumm [ʃtʊm] *adj* ① *(sprechunfähig)* muto ② *(schweigsam)* silenzioso, taciturno ③ LING muto

Stumme <ein -r, -n, -n> *mf* muto, -a *m, f*

Stummel ['ʃtʊməl] <-s, -> *m* *(Bleistift~, Zigaretten~)* mozzicone *m; (von Körperglied)* moncone *m,* moncherino *m; (Kerzen~)* moccolo *m; (~schwanz)* mozzicone *m*

Stummfilm *m* film *m* muto

Stümper(in) ['ʃtʏmpɐ] <-s, -; -, -nen> *m(f)* *(pej)* abborraccione, -a *m, f,* schiappa *f*

Stümperei [ʃtʏmpə'raɪ] <-, -en> *f* *(pej)* ① *(Arbeiten)* abborracciamento *m* ② *(Leistung)* abborracciatura *f*

stümperhaft *adj (pej)* abborracciato; **~e Arbeit** abborracciatura *f*

Stümperin *f s.* **Stümper**

stümpern *vi (pej)* abborracciare

stumpf [ʃtʊmpf] *adj* ① *(nicht scharf)* smussato, senza filo; *(nicht spitz)* spuntato; *(Nase)* schiacciato; **~ werden** *(Messer)* smussarsi; *(Stift)* spuntarsi; *(fig)* diventare ottuso ② *(Winkel)* ottuso; *(Kegel, Reim)* tronco ③ *(glanzlos, matt)* opaco ④ *(unempfindlich)* insensibile; *(teilnahmslos)* apatico; *(gleichgültig)* indifferente; *(abgestumpft)* ottuso

Stumpf [ʃtʊmpf] <-(e)s, Stümpfe> *m* *(Baum~)* troncone *m; (von Körperglied)* moncone *m,* moncherino *m; (Zahn~)* moncone *m* di dente; *(Kerzen~)* moccolo *m*

Stumpfheit <-> *f kein Pl.* ① *(von Messer)* smussatura *f; (von Spitze)* spuntatura *f; (von Nase)* schiacciamento *m* ② *(Glanzlosigkeit)* opacità *f* ③ *(Unempfindlichkeit)* insensibilità *f; (Teilnahmslosigkeit)* apatia *f; (Gleichgültigkeit)* indifferenza *f; (Abgestumpftheit)* ottusità *f*

Stumpfsinn *m* ottusità *f* [di mente], ebetismo *m; (Langweiligkeit)* noiosità *f; (Monotonie)* monotonia *f*

stumpfsinnig *adj (geistig ~)* ottuso, ebete; *(monoton)* monotono; *(stupide)* stupido

stumpfwinklig *adj* MAT ad angolo ottuso, ottusangolo

Stündchen ['ʃtʏntçən] <-s, -> *nt (fam)* oretta *f*

Stunde ['ʃtʊndə] <-, -n> *f* ① *(Zeiteinheit, Zeitpunkt)* ora *f;* **eine geschlagene ~** *(fam)* un'ora d'orologio; **eine halbe ~** mezz'ora; **zur ~** in questo momento; **zu später ~** a tarda ora, tardi; **meine ~ hat geschlagen** è venuta la mia ora ② *(Unterrichts~)* lezione *f;* **~n geben/nehmen** dare/prendere lezioni

stunden *vt* **jdm eine Zahlung ~** concedere a qu una dilazione nel pagamento

Stundengeschwindigkeit *f* velocità *f* oraria

Stundenhotel *nt* albergo *m* a ore

Stundenkilometer *m* chilometro *m* orario

stundenlang **I.** *adj* che dura delle ore **II.** *adv* per ore [e ore]

Stundenlohn *m* paga *f* all'ora

Stundenplan *m* orario *m* [delle lezioni]

stundenweise *adv* a ore

Stundenzeiger *m* lancetta *f* delle ore

Stündlein ['ʃtʏntlaɪn] <-s, -> *nt* **sein letztes ~ hatte geschlagen** era giunta la sua ultima ora

stündlich ['ʃtʏntlɪç] *adj* ① *(jede Stunde)* ogni ora ② *(von Stunde zu Stunde)* da un'ora all'altra

Stunk [ʃtʊŋk] <-> *m kein Pl.* **~ machen** *(fam)* spargere zizzania

Stuntman ['stʌntmæn] <-s, Stuntmen> *m* controfigura *f,* stunt-man *m*

stupfen ['ʃtʊpfən] *vt* SÜDD, A, CH *s.* **stupsen**

stupid[e] [ʃtu'piːt (ʃtu'piːdə)] *adj (beschränkt)* stupido; *(langweilig, monoton)* noioso, monotono

Stups [ʃtʊps] <-es, -e> *m (fam)* spinta *f*

stupsen *vt (fam)* spingere

Stupsnase *f* naso *m* all'insù

stur [ʃtuːɐ̯] *adj* testardo, ostinato

Sturheit <-> *f kein Pl.* testardaggine *f,* ostinazione *f*

Sturm [ʃtʊrm] <-(e)s, Stürme> *m* ① *(fig)* METEO tempesta *f,* burrasca *f;* **~ läuten** sonare a stormo; **~ der Entrüstung** uragano *m* di sdegno ② *(fig: Aufregung)* tumulto *m* ③ MIL, SPORT *(Angriff)* attacco *m;* **gegen etw ~ laufen** *(fig)* attaccare qc ④ *(fig:*

S

An~) assalto *m;* **im ~ nehmen** prendere d'assalto

Sturmabteilung *f* HIST SA *fpl*

Sturmbö <-, -en> *f* violenta *f* raffica di vento, bora *f*

stürmen ['ʃtʏrmən] **I.** *vi* ① *haben* METEO *(Wind)* infuriare; *(Sturm)* imperversare; **es stürmt** infuria la bufera ② *sein (rennen)* **auf jdn/etw ~** scagliarsi contro qu/qc ③ *haben* SPORT *(als Stürmer spielen)* giocare da attaccante; *(offensiv spielen)* attaccare **II.** *vt haben* ① MIL *(angreifen)* attaccare, dare l'assalto a ② *(im Sturm nehmen, a. fig: Banken, Geschäfte)* prendere d'assalto

Stürmer(in) <-s, -; -, -nen> *m(f)* SPORT attaccante *mf,* avanti *m*

Sturmflut *f* mareggiata *f*

sturmgepeitscht *adj* sferzato dalla tempesta

stürmisch ['ʃtʏrmɪʃ] *adj* ① METEO tempestoso, burrascoso; *(See)* in burrasca ② *(fig: ungestüm)* impetuoso, veemente; *(heftig)* violento, tempestoso; **~er Beifall** applauso frenetico; **~e Tage** *(fig)* giorni turbolenti; **nicht so ~!** piano!, calma!

Sturmschäden *mpl* danni *mpl* provocati dalla tempesta

Sturmvogel *m* procellaria *f*

Sturmwarnung *f* avviso *m* di tempesta

Sturz [ʃtʊrts] <-es, Stürze> *m* ① *(Fall, Hinstürzen)* caduta *f* ② *(Zusammenbruch, Preis~)* crollo *m;* *(von Regierung)* caduta *f,* rovesciamento *m* ③ ARCH *(Fenster~, Tür~)* architrave *m*

stürzen ['ʃtʏrtsən] **I.** *vt haben* ① *(fallen lassen)* far cadere ② *(umstoßen, umkippen, a. fig: Regierung)* rovesciare ③ *(umdrehen: Pudding)* rovesciare **II.** *vi sein* ① *(fallen)* cadere, fare una caduta; *(herab~)* precipitare; **vom Dach ~** precipitare dal tetto ② *(rennen)* precipitarsi ③ *(ein~, a Preise)* crollare **III.** *vr* **sich auf jdn ~** lanciarsi contro qu; **sich auf die Zeitung ~** buttarsi sul giornale; **sich in Schulden ~** indebitarsi; **sich in Unkosten ~** darsi a spese pazze; **sich ins Verderben ~** rovinarsi

Sturzflug *m* [volo *m* in] picchiata *f*

Sturzhelm *m* casco *m* di protezione

Stute ['ʃtuːtə] <-, -n> *f* cavalla *f,* giumenta *f;* *(Kamel~)* cammella *f;* *(Esel~)* asina *f*

Stuttgart ['ʃtʊtgart] *nt* Stoccarda *f*

Stütze ['ʃtʏtsə] <-, -n> *f* ① *(zur Unterstützung)* appoggio *m,* sostegno *m,* supporto *m* ② *(Pfeiler)* pilastro *m;* *(für Baum)* tutore *m* ③ *(fig: Hilfe)* aiuto *m;* *(Haushaltshilfe)* domestica *f*

stutzen ['ʃtʊtsən] **I.** *vt (kürzen)* [r]accorciare, tagliare; *(Hecke)* potare; *(Haare, Bart)* spuntare; *(Flügel)* tarpare; *(Schwanz)* mozzare **II.** *vi (erstaunt innehalten)* rimanere sorpreso, fermarsi; *(zögern)* esitare

Stutzen ['ʃtʊtsən] <-s, -> *m* ① *(kurzes Gewehr)* carabina *f,* moschetto *m* ② A *(Kniestrumpf)* calzettone *m* ③ TEC *(Ansatzrohr)* raccordo *m*

stützen ['ʃtʏtsən] **I.** *vt (ab~)* puntellare, sorreggere; *(fig)* sostenere **II.** *vr:* **sich ~** ① *(sich auf~)* **sich auf jdn/etw ~** appoggiarsi a qu/qc ② *(auf etw beruhen)* **sich auf etw** *akk* **~** basarsi su qc

stutzig *adj* **~ machen** sorprendere; *(argwöhnisch machen)* insospettire; **~ werden** essere sorpreso

Stützpunkt *m* base *f*

StVO *Abk. von* **Straßenverkehrsordnung** C.d.S.

stylen ['staɪlən] **I.** *vt* mettere in posa; **sich** *dat* **die Haare ~** acconciarsi i capelli **II.** *vr:* **sich ~** *(fam)* farsi bello

stylisch, stylish ['staɪlɪʃ] *(fam)* **I.** *adj* stiloso **II.** *adv* **sich ~ kleiden** vestire molto fashion

Styropor® [ʃtyro'poːɐ̯] <-s> *nt kein Pl.* polistirolo *m* espanso

s.u. *Abk. von* **siehe unten** v.s.

Subjekt [zʊp'jɛkt] <-(e)s, -e> *nt* ① LING, PHILOS soggetto *m* ② *(pej: Mensch)* individuo *m*

subjektiv [zʊpjɛk'tiːf] *adj* soggettivo

Subjektivität [zʊpjɛktivi'tɛːt] <-> *f kein Pl.* soggettività *f*

Subkultur ['zʊpkʊltuːɐ, *Pl:* 'zʊpkʊltuːrən] <-, -en> *f* subcultura *f*

Subskribent(in) [zʊbskri'bɛnt] <-en, -en; -, -nen> *m(f)* sottoscrittore, -trice *m, f*

subskribieren [zʊbskri'biːrən] <ohne ge-> **I.** *vt* sottoscrivere **II.** *vi* **auf etw** *akk* **~** sottoscrivere qc

Subskriptionspreis [zʊpskrɪp'tsjoːnspraɪs] *m* prezzo *m* di sottoscrizione

Substandardwohnung *f* A *(Altbauwohnung ohne eigene Toilette)* appartamento *m* senza servizi

substantiell *adj s.* **substanziell**

Substantiv ['zʊpstantiːf] <-s, -e> *nt* sostantivo *m*

Substanz [zʊp'stants] <-, -en> *f* ① *(Stoff, Wesen)* sostanza *f* ② *(Besitz)* sostanze *fpl,* averi *mpl*

substanziell [zʊpstan'tsi̯ɛl] *adj* sostanziale

Substitut(in) [zʊpsti'tuːt] <-en, -en; -, -nen> *m(f)* CH sostituto, -a *m, f*

Substrat [zʊp'straːt] <-(e)s, -e> *nt* BIOL, LING sostrato *m*

Subtext *m* sottotesto *m*

subtil [zʊp'tiːl] *adj* ① *(zart, fein)* sottile ② *(kompliziert)* complesso, complicato

Subtilität [zʊptili'tɛːt] <-, -en> *f* ❶ *Sing. (Feinheit)* finezza *f* ❷ *(Spitzfindigkeit)* sottigliezza *f* ❸ *(Schwierigkeit)* complessità *f,* complicazione *f*
subtrahieren [zʊptra'hiːrən] <ohne ge-> *vt* sottrarre
Subtraktion [zʊptrak'tsi̯oːn] <-, -en> *f* sottrazione *f*
Subtropen ['zʊptroːpən] *pl* GEOG subtropici *mpl,* regioni *fpl* subtropicali
subtropisch *adj* subtropicale
Subvention [zʊpvɛn'tsi̯oːn] <-, -en> *f* sovvenzione *f*
subventionieren [zʊpvɛntsi̯o'niːrən] <ohne ge-> *vt* sovvenzionare
subversiv [zʊpvɛr'ziːf] *adj* sovversivo
Suchaktion *f* ricerche *fpl*
Suchausdruck *m* INFORM chiave *f* di ricerca
Suchdienst *m* servizio *m* di ricerche
Suche ['zuːxə] <-, *rar:* -n> *f* ricerca *f;* **auf der ~ nach etw sein** essere alla ricerca di qc; **auf die ~ nach etw gehen** andare alla ricerca di qc
suchen ['zuːxən] *vt, vi* cercare; *(forschen nach)* ricercare; **nach jdm/etw ~** cercare qu/qc; **bei jdm Rat ~** chiedere consiglio a qu; **Streit mit jdm ~** cercare brighe con qu; **was hast du hier zu ~?** che fai qui?, che vuoi?
Sucher <-s, -> *m* ❶ *(Mensch)* cercatore *m* ❷ FOTO mirino *m*
Suchgerät *nt* rivelatore *m*
Suchmaschine *f* INFORM *(im Internet)* motore *m* di ricerca
Sucht [zʊxt] <-, Süchte> *f* ❶ MED assuefazione *f;* **die ~ nach Rauschgift** assuefazione alla droga ❷ *(fig: übersteigertes Verlangen)* mania *f;* **die ~ nach Erfolg** la smania di successo
süchtig ['zʏçtɪç] *adj* ❶ *(an einer Sucht leidend)* schiavo; *(rauschgift~)* tossicomane; **~ nach etw sein** essere schiavo di qc ❷ *(versessen, begierig)* avido
Süchtige <ein -r, -n, -n> *mf (Rauschgift~)* tossicomane *mf; (Alkohol~)* alcolizzato, -a *m, f; (Nikotin~)* gran fumatore, -trice *m, f*
Süchtigkeit <-> *f kein Pl. (Rauschgift~)* tossicomania *f; (Alkohol~, Nikotin~)* dedizione *f*
Sud [zuːt] <-(e)s, -e> *m* decotto *m*
Süd [zyːt] <-(e)s> *m kein Pl. (allg)* NAUT, METEO sud *m*
Süd- ['zyːt] *in Zusammensetzungen* del sud, meridionale
Südafrika *nt* Sudafrica *m*
Südamerika *nt* America *f* del Sud, Sudamerica *m*
Südamerikaner(in) <-s, -; -, -nen> *m(f)* sudamericano, -a *m, f,* latinoamericano, -a *m, f*
südamerikanisch *adj* sudamericano, latinoamericano
Südasien *nt* Asia *f* del Sud
süddeutsch *adj* della Germania meridionale
Süddeutsche *mf* tedesco, -a *m, f* meridionale
Süddeutschland *nt* Germania *f* del Sud
Sudelei [zuːdə'laɪ] <-, -en> *f (Gesudel)* pasticcio *m; (beim Schreiben, Malen)* scarabocchi *mpl*
sudeln ['zuːdəln] *vi (schmieren)* insudiciare; *(beim Schreiben)* scarabocchiare
Süden ['zyːdən] <-s> *m kein Pl.* sud *m,* meridione *m; (Gebiet)* sud *m;* **in den ~ reisen** andare al sud; **im ~ von** a sud di; **nach ~** verso il sud; **von ~** dal sud
Sudeten [zu'deːtən] *pl* Sudeti *mpl*
Südeuropa *nt* Europa *f* del Sud
Südfrucht *f* frutta *f* esotica *(frutta del mediterraneo o dei tropici)*
Südhalbkugel *f kein Pl.* emisfero *m* meridionale
Südhang *m* versante *m* meridionale
Süditalien *nt* Italia *f* del Sud, Meridione *m*
Süditaliener(in) *m(f)* [italiano, -a *m, f*] meridionale *mf*
Süditalienier(in) *m(f)* [italiano, -a *m, f*] meridionale *mf*
süditalienisch *adj* meridionale
Südkorea ['zyːtkoreːa] *nt* Corea *f* del Sud
Südkoreaner(in) ['zyːtkoreaːnɐ] <-s, -; -, -nen> *m(f)* sudcoreano, -a *m, f*
südkoreanisch *adj* sudcoreano, della Corea del Sud
Südländer(in) ['zyːdlɛndɐ] <-s, -; -, -nen> *m(f)* abitante *mf* dei paesi mediterranei
südländisch *adj* mediterraneo
südlich **I.** *adj* meridionale, australe; **in ~er Richtung** verso sud **II.** *präp +gen* a sud di **III.** *adv* **~ von** a sud di
Sudoku [zu'doːku] <-[s], -[s]> *nt* sudoku *m;* **Sudoku spielen** giocare a sudoku
Südostasien [zyːd'ɔst'ʔaːziən] *nt* sud-est *m* asiatico
Südosten [zyːd'ʔɔstən] *m* sud-est *m*
südöstlich [zyːd'ʔœstlɪç] *adj* meridionale; **~ von …** a sud-est di …
Südpol *m* polo *m* sud
Südsee *f* Mari *mpl* del Sud, Pacifico *m* meridionale
Südtirol *nt* Sudtirolo *m,* Alto Adige *m*
südwärts ['zyːtvɛrts] *adv* verso sud
Südwesten [zyːd'vɛstən] *m* sud-ovest *m*
Südwester [zyːd'vɛstɐ] <-s, -> *m (Hut)* sud-ovest *m*

S

südwestlich [zyːdˈvɛstlɪç] *adj* sudoccidentale; ~ **von …** a sud-ovest di …
Südwind *m* vento *m* meridionale
Suff [zʊf] <-(e)s> *m kein Pl. (fam: Betrunkenheit)* ubriachezza *f; (Trunksucht)* alcolismo *m;* **sich dem ~ ergeben** darsi all'alcool; **im ~** in stato d'ubriachezza
süffig [ˈzʏfɪç] *adj* gradevole, abboccato
süffisant [zʏfiˈzant] *adj (geh)* superiore, sufficiente
suggerieren [zʊgeˈriːrən] <ohne ge-> *vt* suggerire
Suggestion [zʊgɛsˈti̯oːn] <-, -en> *f* suggestione *f*
suggestiv [zʊgɛsˈtiːf] *adj* suggestivo
Suggestivfrage *f* domanda *f* suggestiva
suhlen [ˈzuːlən] *vr* **sich [in etw** *dat*] ~ voltolarsi [in qc]
Sühne [ˈzyːnə] <-, -n> *f (geh)* ① REL espiazione *f* ② *(allgemeine Strafe)* punizione *f* ③ JUR riconciliazione *f*
sühnen [ˈzyːnən] *vt (geh)* espiare
Suizidabsicht *f* intento *m* suicida
sukzessiv [zʊktsɛˈsiːf] *adj* graduale
Sulfat [zʊlˈfaːt] <-(e)s, -e> *nt* solfato *m*
Sulfid [zʊlˈfiːt, *Pl:* zʊlˈfiːdə] <-(e)s, -e> *nt* solfuro *m*
Sulfit [zʊlˈfiːt] <-s, -e> *nt* solfito *m*
Sultan [ˈzʊltaːn] <-s, -e> *m* sultano *m*
Sultanine [zʊltaˈniːnə] <-, -n> *f* sultanina *f*
Sulz <-, -en> *f* A *(Sülze)* aspic *m*
Sülze [ˈzʏltsə] <-, -n> *f* aspic *f*
sülzen [ˈzʏltsən] *vi, vt* GASTR mettere in gelatina; *(fam: quatschen)* chiacchierare
summarisch [zʊˈmaːrɪʃ] *adj* sommario; **etw ~ darstellen** illustrare qc per sommi capi
Summe [ˈzʊmə] <-, -n> *f* somma *f*
summen [ˈzʊmən] **I.** *vi (Insekt, Motor)* ronzare; *(Mensch)* canticchiare **II.** *vt (Lied)* canticchiare
Summer <-s, -> *m* EL cicalino *m*
summieren [zʊˈmiːrən] <ohne ge-> **I.** *vt* sommare **II.** *vr:* **sich ~** sommarsi
Sumpf [zʊmpf] <-(e)s, Sümpfe> *m* palude *f; (a. fig)* pantano *m*
Sumpfgas *nt* metano *m*
Sumpfgebiet *nt* zona *f* paludosa
sumpfig *adj* paludoso, pantanoso
Sünde [ˈzʏndə] <-, -n> *f* peccato *m*
Sündenbock *m* capro *m* espiatorio; **jdn zum ~ machen** addossare tutte le colpe a qu
Sündenfall *m* peccato *m* originale
Sünder(in) <-s, -; -, -nen> *m(f)* peccatore, -trice *m, f*
sündhaft *adj* peccaminoso; ~ **teuer** oscenamente caro
sündig *adj* peccaminoso
sündigen *vi (fig)* REL peccare
sündteuer *adj* A *(fam: sündhaft teuer)* costosissimo
super [ˈzuːpɐ] <inv> *adj (fam)* fantastico
Super[benzin] <-s> *nt kein Pl.* benzina *f* super, super *f fam*
Super-8-Film [zuːpɐˈʔaxtfɪlm] *m* pellicola *f* superotto, superotto *m*
Super-8-Kamera *f* superotto *f*
Supercomputer *m* INFORM supercomputer *m,* supercalcolatore *m*
Superlativ [ˈzuːpɐlatiːf] <-s, -e> *m* superlativo *m*
Supermacht *f* superpotenza *f*
Supermarkt *m* supermercato *m*
Superrechner *m* INFORM *s.* **Supercomputer**
Supersommer *m* estate *f* da sballo, estate *f* da paura
Superstar <-s, -s> *m* superstar *f,* personalità *f* di spicco
Suppe [ˈzʊpə] <-, -n> *f* minestra *f,* zuppa *f;* **die ~ auslöffeln** *(fig fam)* pagare il fio; **du hast dir die ~ selbst eingebrockt** *(fig)* sei andato in cerca di guai
Suppenfleisch *nt* carne *f* da brodo; *(zubereitet)* lesso *m*
Suppengrün <-s> *nt kein Pl. misto di verdure e erbe per minestra (carote, sedano, porro e prezzemolo)*
Suppenhuhn *nt* pollo *m* da lessare
Suppenkelle *f* mestolo *m*
Suppenküche <-, -n> *f* mensa *f* per i poveri, cucina *f* popolare
Suppenschüssel *f* zuppiera *f*
Suppenteller *m* piatto *m* fondo
Suppenterrine *f* zuppiera *f*
Suppenwürfel *m* dado *m* per brodo
Supplierstunde *f* A *(Vertretungsstunde)* ora *f* di supplenza
Support [səˈpɔːt] <-[e]s> *m kein Pl.* INFORM supporto *m* tecnico
supraleitend [ˈzuːpralaɪtənt] *adj* EL superconduttivo
Surfbrett *nt* tavola *f* da salto, surf *m*
surfen [ˈsœːfən] *vi* ① SPORT praticare il surf ② *(Internet)* navigare; **im Internet/Web ~** navigare su Internet/in Rete
Surfen <-s> *nt kein Pl.* surfing *m*
Surfer(in) <-s, -; -, -nen> *m(f)* ① SPORT surfista *mf* ② INFORM internauta *mf*
Surfing [ˈsœːfɪŋ] <-s> *nt kein Pl. s.* **Surfen**
Surrealismus [zʊreaˈlɪsmʊs] <-> *m kein Pl.* surrealismo *m*
surrealistisch [zʊreaˈlɪstɪʃ] *adj* surrealista
surren [ˈzʊrən] *vi* ① *haben (Insekt)* ronzare; *(Motor)* rombare ② *sein (sich bewegen)* muoversi

S

Surrogat [zʊro'ga:t] <-(e)s, -e> *nt* surrogato *m*
Survival-Training [sə'vaɪvltrɛ:niŋ] *nt* corso *m* di sopravvivenza
suspekt [zʊs'pɛkt] *adj* sospetto; **das kommt mir ~ vor** ho i miei dubbi
suspendieren [zʊspɛn'di:rən] <ohne ge-> *vt* sospendere
süß [zy:s] *adj* ① *(Geschmack)* dolce ② *(fig: angenehm)* soave, piacevole; *(Duft)* soave; **träume ~!** sogni d'oro! ③ *(fig: niedlich)* carino, grazioso ④ *(pej: übertrieben freundlich)* mellifluo
Süße ['zy:sə] <-> *f kein Pl.* dolcezza *f*, dolce *m*
süßen *vt (zuckern)* addolcire, zuccherare; *(Nahrungsmittel)* dolcificare, edulcorare
Süßholz *nt* liquirizia *f*; **~ raspeln** *(fig)* fare il ruffiano
Süßigkeit <-, -en> *f* dolciume *m*, dolce *m*
süßlich *adj* dolciastro
Süßmost *m* mosto *m* dolce
süßsauer *adj* agrodolce
Süßspeise *f* dolce *m*
Süßstoff *m* sostanza *f* dolcificante
Süßwaren *fpl* dolciumi *mpl*
Süßwasser *nt* acqua *f* dolce
Süßwein *m* vino *m* liquoroso
SW *Abk. von* **Südwest**[**en**] SO
Sweatshirt ['swɛtʃœ:t] <-s, -s> *nt* pull *m* oversize
Swimmingpool ['svɪmɪŋpu:l] <-s, -s> *m* swimmingpool *f*, piscina *f*
SWR [ɛsve'ʔɛf] <-(s)> *m kein Pl. Abk. von* **Südwestrundfunk** *rete radiotelevisiva regionale tedesca con sede a Baden-Baden e Stoccarda*
Symbiose [zʏmbi'o:zə] <-, -n> *f* simbiosi *f*
Symbol [zʏm'bɔ:l] <-s, -e> *nt* simbolo *m*
Symbolfigur *f* [figura *f*] simbolo *m*
symbolisch *adj* simbolico
symbolisieren [zʏmbolizi:rən] <ohne ge-> *vt* simboleggiare
Symmetrie [zʏme'tri:] <-, -n> *f* simmetria *f*
Symmetrieachse *f* asse *m* di simmetria
symmetrisch [zʏ'me:trɪʃ] *adj* simmetrico
Sympathie [zʏmpa'ti:] <-, -n> *f* simpatia *f*; **~ für jdn empfinden** nutrire simpatia per qu
Sympathiekundgebung *f* manifestazione *f* di solidarietà
Sympathieträger(in) *m(f)* campione, -essa di simpatia *m*
Sympathisant(in) [zʏmpati'zant] <-en, -en; -, -nen> *m(f)* simpatizzante *mf*
sympathisch [zʏm'pa:tɪʃ] *adj* simpatico; **jdm ~/nicht ~ sein** essere/non riuscire simpatico a qu
sympathisieren [zʏmpati'zi:rən] <ohne ge-> *vi* simpatizzare
Symphonie [zʏmfo'ni:] *f s.* **Sinfonie**
Symptom [zʏmp'to:m] <-s, -e> *nt* sintomo *m*
symptomatisch [zʏmpto'ma:tɪʃ] *adj* [**für etw**] **~ sein** essere sintomatico [di qc]
Synagoge [zyna'go:gə] <-, -n> *f* sinagoga *f*
synchron [zʏn'kro:n] *adj* PHYS, EL, MOT sincrono; LING sincronico
Synchronisation [zʏnkroniza'tsi̯o:n] <-, -en> *f* sincronizzazione *f*
synchronisieren [zʏnkroni'zi:rən] <ohne ge-> *vt* sincronizzare; FILM doppiare, sincronizzare
Synchronisierung <-, -en> *f* sincronizzazione *f*
Syndikat [zʏndi'ka:t] <-(e)s, -e> *nt* COM *(Kartell)* cartello *m*, sindacato *m*; *(Verbrecher~)* racket *m*
Syndrom [zʏn'dro:m] <-s, -e> *nt* MED sindrome *f*
Synergie [zynɛr'gi: *o* zʏnɛr'gi:, *Pl:* zynɛr'gi:ən *o* zʏnɛr'gi:ən] <-, -n> *f* sinergia *f*
Synergieeffekt <-(e)s, -e> *m* effetto *m* sinergico
Synode [zy'no:də] <-, -n> *f* sinodo *m*
synonym [zyno'ny:m] *adj* sinonimo, sinonimico
Synonym <-s, -e> *nt* sinonimo *m*
syntaktisch [zʏn'taktɪʃ] *adj* sintattico
Syntax ['zʏntaks] <-, -en> *f* sintassi *f*
Synthese [zʏn'te:zə] *f* sintesi *f*
synthetisch [zʏn'te:tɪʃ] *adj* sintetico
Syphilis ['zy:filɪs] <-> *f kein Pl.* sifilide *f*
Syrakus [zyra'ku:s] *nt* Siracusa *f*
Syrer(in) ['zy:rɐ] <-s, -; -, -nen> *m(f)* siriano, -a *m, f*
Syrien ['zy:riən] *nt* Siria *f*
Syrier(in) <-s, -; -, -nen> *m(f) s.* **Syrer(in)**
syrisch *adj* siriano
System [zʏs'te:m] <-s, -e> *nt* sistema *m*
Systematik [zʏste'ma:tɪk] <-, -en> *f* ① *(Ordnung)* sistematicità *f* ② BIOL sistematica *f*
systematisch [zʏste'ma:tɪʃ] **I.** *adj* sistematico **II.** *adv* in modo sistematico
systematisieren [zʏstemati'zi:rən] <ohne ge-> *vt* sistematizzare
Systemkritiker(in) *m(f)* POL critico *m* del sistema
systemlos *adj* asistematico, disordinato
Szenarium [stse'na:riʊm] <-s, Szenarien> *nt* THEAT, FILM scenario *m*
Szene ['stse:nə] <-, -n> *f* ① *(fig)* THEAT,

S

FILM scena *f;* **jdm eine ~ machen** fare una scenata a qu; **in ~ setzen** *(fig)* THEAT inscenare; *(fig)* orchestrare ❷ *(sl: Drogen~, Jazz~, Alternativ~)* scena *f,* ambiente *m*

Szenenwechsel *m* cambiamento *m* di scena

Szenerie [stsenə'ri:] <-, -n> *f* scenario *m*

szenisch *adj* scenico

Tt

t *Abk. von* **Tonne** t

T, t [te:] <-, -(s)> *nt* T *f,* t *f;* **T wie Theodor** T come Torino

Tabak ['tabak] <-s, -e> *m* tabacco *m*

Tabakhändler(in) *m(f)* commerciante *mf* di tabacco

Tabakplantage <-, -n> *f* AGR piantagione *f* di tabacco

Tabaksbeutel *m* borsa *f* per tabacco

Tabaksdose *f* tabacchiera *f*

Tabakspfeife *f* pipa *f*

Tabaksteuer *f* imposta *f* sul tabacco

Tabaksteuererhöhung *f* aumento *m* dell'imposta sui tabacchi

Tabaktrafik <-, -en> *f* A *(Verkaufsstelle)* tabaccheria *f,* rivendita *f* tabacchi; **Stempelmarken bekommt man in der ~** i francobolli si comprano in tabaccheria

Tabakwaren *fpl* tabacchi *mpl*

tabellarisch [tabɛ'la:rɪʃ] *adj* in forma di tabella; **~er Lebenslauf** curriculum vitae tabellare

Tabelle [ta'bɛlə] <-, -n> *f* tabella *f,* tavola *f*

Tabellenführer <-s, -> *m* SPORT capolista *m,* numero *m* uno

Tabellenkalkulationsprogramm <-s, -e> *nt* INFORM foglio *m* elettronico

Tabernakel [tabɛr'na:kəl] <-s, -> *m o nt* REL tabernacolo *m*

Tablar ['tabla:ɐ̯] <-s, -e> *nt* CH *(Regalbrett)* scaffale *m,* mensola *f*

T

Tablet ['tɛblət] <-s, -s> *nt* tablet *m* [computer]

Tablet-PC *m* tablet *m* PC

Tablett [ta'blɛt] <-(e)s, -s *o rar:* -e> *nt* vassoio *m*

Tablette [ta'blɛtə] <-, -n> *f* compressa *f,* pastiglia *f*

Tablettenmissbrauch *m* abuso *m* di pillole

tabu [ta'bu:] <inv> *adj* tabù

Tabu <-s, -s> *nt* tabù *m*

Tabuwort *nt* parola *f* tabù

tachinieren <ohne ge-> *vi* A ❶ *(fam: bei der Arbeit untätig herumstehen)* oziare, poltrire ❷ *(fam: etwas vortäuschen)* fingere

Tachinierer <-s, -> *m* A ❶ *(fam: Faulenzer)* pigro *m* ❷ *(fam: jd, der etwas vortäuscht)* simulatore *m*

Tacho ['taxo] <-s, -s> *m (fam),* **Tachometer** [taxo'me:tɐ] <-s, -> *m o nt* tachimetro *m*

Tadel ['ta:dəl] <-s, -> *m* biasimo *m,* rimprovero *m*

tadellos *adj* impeccabile; *(vollkommen)* perfetto

tadeln *vt* biasimare, rimproverare

tadelnd *adj* di biasimo, di disapprovazione, di condanna, di rimprovero; **ein ~er Blick** un'occhiata di rimprovero

tadelnswert *adj* biasimevole, riprovevole

Tadschikistan <-s> *nt* Tagikistan *m*

Tafel ['ta:fəl] <-, -n> *f* ❶ *(Platte)* tavola *f,* lastra *f; (kleine, a Schokoladen~)* tavoletta *f; (dünne ~)* lamina *f* ❷ *(geh: Esstisch)* tavola *f* ❸ *(Schild)* insegna *f*

tafeln *vi (geh)* pranzare, banchettare

täfeln ['tɛ:fəln] *vt* pannellare; *(mit Holz)* rivestire di legno

Tafelobst *nt* frutta *f* da tavola

Tafelrunde *f* tavolata *f; (von Herrscher)* tavola *f* rotonda

Tafelsilber *nt* posate *fpl* d'argento

Tafelspitz <-es, -e> *m* A ❶ GASTR *(Rindfleisch von der Hüfte)* spuntatura *f* di lombo, punta *f* ❷ GASTR *(gekochter ~)* bollito *m*

Täfelung <-, -en> *f* rivestimento *m* di tavole, pannellatura *f*

Tafelwasser *nt* acqua *f* minerale [da tavola]

Tafelwein *m* vino *m* da tavola

Taferlklassler(in) <-s, -; -, -nen> *m(f)* A *(Schulanfänger)* scolaro *m* [che inizia la prima elementare]

taff ['taf] *adj* tosto

Taft [taft] <-(e)s, -e> *m* taffettà *m*

Tag [ta:k] <-(e)s, -e> *m* ❶ *(Zeiteinheit, ~eslicht)* giorno *m; (im Verlauf)* giornata *f;* **~ und Nacht** giorno e notte; **guten ~!** buon giorno!; **eines [schönen] ~es** un [bel] giorno; **jeden ~** ogni giorno, tutti i giorni; **jeden zweiten ~** ogni due giorni; **den ganzen ~ [lang [*o* über]]**

tutto il giorno; ~ **für** ~ giorno per giorno; **am folgenden** ~ il giorno seguente; **von ~ zu ~** di giorno in giorno; **von einem ~ auf den anderen** da un giorno all'altro; **vor acht ~en** otto giorni fa; **in acht ~en** fra otto giorni; **heute in acht ~en** oggi a otto; **Montag in ~ Tagen** lunedì a otto; **es wird ~** si fa giorno; **es ist heller ~** è giorno fatto; **an den ~ kommen** venire alla luce, rivelarsi; **etw an den ~ legen** mostrare qc, dimostrare qc; **in den ~ hinein leben** vivere alla giornata; **über ~e** a giorno, a cielo aperto; **unter ~e** in sotterraneo; **zu ~e fördern** [*o* **bringen**] estrarre; *(fig)* rivelare; **das ist ein Unterschied wie ~ und Nacht** c'è una differenza come fra il giorno e la notte; **man soll den ~ nicht vor dem Abend loben** *(prov)* non lodare il bel giorno innanzi sera; **es ist noch nicht aller ~e Abend** *(prov)* chi vivrà, vedrà; *s. a.* **zutage** ② *Pl. (fam: Menstruation)* **sie hat ihre ~e** ha le sue cose

tagaus [taːkˈʔaʊs] *adv* **~, tagein** giorno per giorno, tutti i giorni

Tagebau *m* scavo *m* a cielo aperto

Tagebuch *nt* diario *m*

Tagedieb *m (pej)* fannullone *m*

Tagegeld *nt* diaria *f*

tagein [taːkˈʔaɪn] *adv s.* **tagaus**

tagelang *adv* per giorni interi

Tagelöhner(in) <-s, -; -, -nen> *m(f)* lavoratore, -trice *m, f* a giornata

tagen [ˈtaːgən] *vi* ① *(eine Tagung abhalten)* tenere seduta ② *(geh: Tag werden)* **es tagt** si fa giorno

Tagesanbruch *m* **bei ~** sul far del giorno; **vor ~** prima dell'alba

Tagescreme *f* crema *f* da giorno

Tagesdecke *f* copriletto *m*

Tageseinnahme *f* introito *m* giornaliero

Tagesfahrt *f* viaggio *m* di un giorno

Tagesgericht *nt* GASTR piatto *m* del giorno

Tagesgeschehen *nt* attualità *f pl*

Tagesgespräch *nt* argomento *m* del giorno

Tageskarte *f* ① *(Speisekarte)* menu *m* del giorno ② *(Fahrkarte)* biglietto *m* valido per un giorno, giornaliero *m*

Tageskurs *m* quotazione *f* [*o* cambio *m*] del giorno

Tageslicht *nt* luce *f* del giorno; **ans ~ kommen** *(fig)* venire alla luce

Tagesmutter *f* madre *f* che bada ai bambini altrui

Tagesnachrichten *f pl* notizie *f pl* del giorno

Tagesordnung *f* ordine *m* del giorno; **an der ~ sein** *(fig)* essere all'ordine del giorno; **zur ~ übergehen** passare all'ordine del giorno

Tagesreise <-, -n> *f s.* **Tagesfahrt**

Tagesschau *f* telegiornale *m*

Tagesumsatz *m* entrate *f pl* giornaliere

Tageszeit *f* ora *f* [della giornata]; **zu jeder ~** a tutte le ore; **zu jeder Tages- und Nachtzeit** in qualsiasi momento, sempre

Tageszeitung *f* quotidiano *m*

tageweise *adv* a giornate

Tagewerk *nt (geh)* lavoro *m* quotidiano

Tagfalter *m* farfalla *f* diurna

Taggeld *nt* CH indennità *f* giornaliera, compenso *m* giornaliero

taggen [ˈtægn̩] *vt* INFORM *(einen Text mit Tags strukturieren)* taggare

taghell [ˈtaːkˈhɛl] *adj* chiaro come il giorno

täglich [ˈtɛːklɪç] **I.** *adj* giornaliero, quotidiano; *(all~)* di ogni giorno **II.** *adv* giornalmente, al giorno; *(jeden Tag)* ogni giorno; **einmal ~** una volta al giorno

Tagreise <-, -n> *f* CH *s.* **Tagesreise**

Tagsatzung <-, -en> *f* A *(Verhandlungstermin bei Gericht)* giorno *m* dell'udienza

tagsüber *adv* durante la giornata, di giorno

tagtäglich [ˈtaːkˈtɛːklɪç] **I.** *adj* quotidiano **II.** *adv* tutti i giorni

Tagundnachtgleiche [ˈtaːkʔʊntˈnaxtglaɪçə] <-, -n> *f* equinozio *m*

Tagung <-, -en> *f (Kongress)* convegno *m*, congresso *m*; *(Sitzung)* sessione *f*, seduta *f*

Tagungsort <-(e)s, -e> *m* luogo *m* del congresso

Taifun [taɪˈfuːn] <-s, -e> *m* tifone *m*

Taille [ˈtaljə] <-, -n> *f* vita *f*

Taillenweite *f* circonferenza *f* vita, vita *f*

tailliert [taˈjiːɐ̯t] *adj* sciancrato

Takelage [takəˈlaːʒə] <-, -n> *f* NAUT attrezzatura *f*, alberatura *f*, manovre *f pl* fisse e correnti

takeln [ˈtaːkəln] *vt* NAUT attrezzare [un'imbarcazione con alberatura]

Takt[1] [takt] <-(e)s, -e> *m* MUS tempo *m*, ritmo *m*; *(Rhythmus, Tonfall)* cadenza *f*; **den ~ schlagen** battere il tempo; **im ~ bleiben, den ~ halten** andare a tempo; **aus dem ~ kommen** andare fuori tempo

Takt[2] <-(e)s> *m kein Pl. (Feingefühl)* tatto *m*, discrezione *f*

Taktgefühl *nt* ① MUS senso *m* del ritmo ② *(fig: Feingefühl)* tatto *m*, delicatezza *f*

Taktik [ˈtaktɪk] <-, -en> *f* tattica *f*

Taktiker(in) <-s, -; -, -nen> *m(f)* persona *f* che ha tattica

taktisch *adj* tattico; MIL operativo

taktlos *adj* privo di tatto, indelicato; **~ sein** mancare di tatto

Taktlosigkeit <-, -en> *f* mancanza *f* di tatto

T

Taktstock *m* MUS bacchetta *f* [del direttore d'orchestra]
Taktstrich *m* sbarra *f* [di misura]
taktvoll *adj* che ha tatto, delicato; ~ **sein** aver tatto
Tal [ta:l, *Pl:* 'tɛ:lɐ] <-(e)s, Täler> *nt* valle *f*
talabwärts [ta:l'ʔapvɛrts] *adv* a valle
Talar [ta'la:ɐ̯] <-s, -e> *m* toga *f*
talaufwärts [ta:l'ʔaʊfvɛrts] *adv* a monte
Talent [ta'lɛnt] <-(e)s, -e> *nt* talento *m;* ~ **für Sprachen haben** essere portato per le lingue
talentiert [talɛn'ti:ɐ̯t] *adj* [pieno] di talento, dotato
Taler ['ta:lɐ] <-s, -> *m* HIST tallero *m*
Talfahrt <-, -en> *f* discesa *f* a valle, declino *m; (einer Währung)* discesa *f* precipitosa
Talg [talk] <-(e)s, -e> *m* sego *m; (von Haar)* sebo *m*
Talgdrüse *f* ghiandola *f* sebacea
Talisman ['ta:lɪsman] <-s, -e> *m* talismano *m*
Talkessel *m* conca *f* valliva
Talkmaster ['tɔ:kma:stɐ] *m* TV presentatore *m* di talkshow
Talkshow *f* TV talk show *m*
Talmi ['talmi] <-s> *nt kein Pl.* similoro *m; (fig)* paccottiglia *f*
Talmud ['talmu:t, *Pl:* 'talmu:də] <-(e)s, -e> *m* talmud *m*
Talschaft <-, -en> *f* CH ① *(Bewohner)* valligiani *mpl* ② *(Tal)* valle *f,* vallata *f*
Talsperre *f* [diga *f* di] sbarramento *m*
Talstation *f* stazione *f* a valle
talwärts ['ta:lvɛrts] *adv* a valle
Tamburin ['tamburi:n] <-s, -e> *nt* tamburello *m*
Tampon ['tampɔn] <-s, -s> *m* tampax® *m,* assorbente *m* interno
Tand [tant] <-(e)s> *m kein Pl. (geh obs)* cianfrusaglie *fpl,* gingilli *mpl*
Tändelei [tɛndə'laɪ] <-, -en> *f (obs)* LIT trastullo *m,* flirt *m*
tändeln ['tɛndəln] *vi (herumspielen)* baloccarsi, gingillarsi; *(schäkern)* celiare, folleggiare; *(flirten)* flirtare
Tandem ['tandɛm] <-s, -s> *nt* tandem *m*
Tang [taŋ] <-(e)s, -e> *m* fuco *m*
Tanga ['taŋga] <-s, -s> *m* tanga *m*
Tangente [taŋ'gɛntə] <-, -n> *f* MAT tangente *f*
tangieren [taŋ'gi:rən] <ohne ge-> *vt* toccare
Tank [taŋk] <-s, -s *o rar:* -e> *m* serbatoio *m,* cisterna *f*
Tankdeckel <-s, -> *m* tappo *m* del serbatoio
Tanke ['taŋkə] <-, -n> *f (fam)* distributore *m* [di benzina]; **an der ~ jobben** lavorare dal benzinaio
tanken I. *vi* fare benzina, fare rifornimento di benzina II. *vt* **[20 Liter] Benzin ~** fare rifornimento di [20 litri di] benzina
Tanker <-s, -> *m* petroliera *f,* nave *f* cisterna
Tankinhalt <-es, -e> *m* capacità *f* del serbatoio
Tanklastzug *m* autocisterna *f*
Tankstelle *f (kleine ~)* distributore *m* [di benzina]; *(größere ~)* stazione *f* di rifornimento; *(an der Autobahn)* area *f* di servizio
Tankwagen *m* MOT autocisterna *f;* FERR carro *m* cisterna
Tankwart(in) <-(e)s, -e; -, -nen> *m(f)* benzinaio, -a *m, f*
Tankzug <-(e)s, -züge> *m* autocisterna *f,* autotreno *m* per il trasporto di carburante
Tanne ['tanə] <-, -n> *f* abete *m*
Tannenbaum *m* ① *(fam: Tanne)* abete *m* ② *(Weihnachtsbaum)* albero *m* di Natale
Tannenholz *nt* legno *m* d'abete, abete *m*
Tannennadel *f* ago *m* d'abete
Tannenzapfen *m* pigna *f*
Tante ['tantə] <-, -n> *f* zia *f*
Tante-Emma-Laden [tantə'ɛmala:dən] *m* negozietto *m* all'angolo
Tantieme [tã'ti̯e:mə] <-, -n> *f* tantième *m*
Tanz [tants, *Pl:* 'tɛntsə] <-es, Tänze> *m* ballo *m,* danza *f;* **jdn zum ~ auffordern** invitare qu a ballare
Tanzabend *m* serata *f* danzante
tänzeln ['tɛntsəln] *vi haben o bei Fortbewegung: sein* ballonzolare; *(Pferd)* caracollare
tanzen [tantsən] I. *vi* ballare, danzare; *(Mücken)* volteggiare II. *vt* ballare; **Walzer ~** ballare un valzer
Tänzer(in) ['tɛntsɐ] <-s, -; -, -nen> *m(f)* ballerino, -a *m, f*
tänzerisch *adj* danzante
Tanzfläche *f* pista *f* da ballo
Tanzkurs *m* corso *m* di ballo
Tanzlehrer(in) <-s, -; -, -nen> *m(f)* maestro *m* di ballo
Tanzlokal *nt* dancing *m*
Tanzmusik *f* musica *f* da ballo
Tanzpartner(in) *m(f)* cavaliere *m,* dama *f*
Tanzschritt *m* passo *m* di danza
Tanzschule *f* scuola *f* di ballo
Tanzschuppen *m (fam)* discoteca *f*
Tanzstunde *f* lezione *f* di ballo
Tanztee *m* tè *m* danzante
Tanzturnier *nt* gara *f* di ballo
tapen ['teɪpən] *vt* fasciare
Tapet [ta'pe:t] *nt* **etw aufs ~ bringen** *(fam)* mettere qc sul tappeto
Tapete [ta'pe:tə] <-, -n> *f* tappezzeria *f*

T

Tapetenrolle <-, -n> *f* rotolo *m* di carta da parati
Tapetentür *f* porta *f* nascosta dalla tappezzeria
Tapetenwechsel *m (fig fam)* cambiamento *m* d'aria
Tapeverband ['teɪpfɛɐ̯bant] *m* fasciatura *f* a nastro
tapezieren [tape'tsiːrən] <ohne ge-> *vt* tappezzare
Tapezierer(in) <-s, -; -, -nen> *m(f)* tappezziere, -a *m, f,* decoratore, -trice *m, f*
tapfer ['tapfɐ] *adj* bravo, valoroso; *(mutig)* coraggioso; **sich ~ schlagen** battersi con coraggio
Tapferkeit <-> *f kein Pl.* bravura *f,* valore *m; (Mut)* coraggio *m*
Tapir ['taːpiːɐ̯] <-s, -e> *m* ZOO tapiro *m*
tappen ['tapən] *vi sein* andar tastoni
täppisch ['tɛpɪʃ] *adj* goffo, maldestro
tapsen ['tapsən] *vi sein (fam)* brancolare
tapsig *adj (fam)* impacciato, goffo
Tara ['taːra, *Pl:* 'taːrən] <-, Taren> *f* tara *f*
Tarantel <-, -n> *f* tarantola *f;* **wie von der ~ gestochen** come morso dalla tarantola
Taren *Pl. von* **Tara**
Tarent [ta'rɛnt] *nt* Taranto *f*
Tarif [ta'riːf] <-s, -e> *m* tariffa *f*
Tarifgruppe *f* gruppo *m* tariffario
tariflich *adj* tariffario, tariffale
Tariflohn *m* salario *m* contrattuale
Tarifpartner *mpl* parti *fpl* sociali
Tarifverhandlungen *fpl* trattative *fpl* tariffarie
Tarifvertrag *m* contratto *m* collettivo di lavoro
tarnen ['tarnən] *vt* mimetizzare, camuffare
Tarnfarbe *f* colore *m* mimetico
Tarnfirma <-, -en> *f* ditta *f* di copertura
Tarnung <-, -en> *f* mimetizzazione *f,* camuffamento *m*
Tasche ['taʃə] <-, -n> *f* ❶ *(in Kleidungsstück)* tasca *f; (Westen~, Uhren~ a.)* taschino *m* ❷ *(Hand~)* borsa *f,* borsetta *f; (Akten~, Schul~)* cartella *f;* **etw aus eigener** [*o* **der eigenen**] **~ bezahlen** pagare qc di borsa propria; **jdm auf der ~ liegen** *(fam)* vivere alle spalle di qu
Taschenausgabe *f* edizione *f* economica
Taschenbuch *nt* libro *m* tascabile
Taschencomputer *m* INFORM computer *m* tascabile
Taschendieb(in) *m(f)* borsaiolo, -a *m, f,* borseggiatore, -trice *m, f*
Taschenformat *nt* formato *m* tascabile
Taschengeld *nt* denaro *m* per piccole spese
Taschenkrebs *m* ZOO granciporro *m*
Taschenlampe *f* lampadina *f* tascabile
Taschenmesser *nt* temperino *m,* coltellino *m*
Taschenrechner *m* calcolatrice *f* [tascabile]
Taschentuch *nt* fazzoletto *m* [da naso]
Taschenuhr *f* orologio *m* da tasca
Taschenwörterbuch *nt* dizionario *m* tascabile
Taskleiste <-, -n> *f* INFORM barra *f* dei task
Tasse ['tasə] <-, -n> *f* tazza *f;* **eine ~ Tee trinken** bere una tazza di tè; **nicht alle ~n im Schrank haben** *(fam)* non avere tutti i venerdì
tassenfertig *adj* pronto all'istante
Tastatur [tasta'tuːɐ̯] <-, -en> *f* tastiera *f*
tastbar *adj* tastabile, palpabile, tangibile
Taste ['tastə] <-, -n> *f* tasto *m*
tasten ['tastən] **I.** *vt* tastare, palpare **II.** *vi* **nach etw tasten** cercare qc a tastoni
Tasteninstrument *nt* strumento *m* a tastiera
Tastentelefon *nt* telefono *m* a tastiera
Tastorgan <-(e)s, -e> *nt* tatto *m*
Tastsinn *m* senso *m* del tatto, tatto *m*
tat [taːt] *1. u. 3. Pers. Sing. Imp. von* **tun**
Tat [taːt] <-, -en> *f (Handlung)* azione *f,* atto *m; (Straf~)* delitto *m;* **etw in die ~ umsetzen** mettere in opera qc, attuare qc; **in der ~** infatti; **jdn auf frischer ~ ertappen** cogliere qu sul fatto
Tatbestand *m* stato *m* di fatto, fatti *mpl*
Tatendrang *m* slancio *m,* dinamismo *m*
tatenlos I. *adj* inattivo, passivo **II.** *adv* **einer Sache** *dat* **~ zusehen** restare inerte di fronte a qc
Täter(in) ['tɛːtɐ] <-s, -; -, -nen> *m(f)* reo, -a *m, f,* colpevole *mf*
Täterschaft[1] <-> *f kein Pl. (Beteiligung)* colpevolezza *f*
Täterschaft[2] <-, -en> *f* CH *(Gesamtheit der Täter)* responsabili *mpl,* colpevoli *mpl*
tätig ['tɛːtɪç] *adj* attivo; **er ist als Bankkaufmann ~** fa l'impiegato di banca, è impiegato in banca; **in einer Firma ~ sein** lavorare in una ditta; **in einer Sache ~ sein** *(geh)* ADM lavorare in qc
tätigen *vt* effettuare; *(Geschäft)* concludere
Tätigkeit <-, -en> *f* ❶ *(das Tätigsein)* attività *f; (Arbeit)* lavoro *m* ❷ *Sing. (von Maschine)* funzionamento *m;* **in ~ treten** entrare in funzione
Tätigkeitsbereich *m* sfera *f* d'attività
Tätigkeitsform *f* forma *f* attiva
Tätigkeitswort <-(e)s, -wörter> *nt* verbo *m*
Tatkraft *f* energia *f,* dinamismo *m*
tatkräftig *adj* energico, dinamico; **jdn ~ unterstützen** dar manforte a qu
tätlich ['tɛːtlɪç] *adj* **~ werden** passare a vie di fatto

Tätlichkeit <-, -en> *f* JUR vie *fpl* di fatto; **es kam zu ~en** si passò a vie di fatto
Tatmotiv *nt* movente *m*
Tatort *m* luogo *m* del reato
tätowieren [tɛto'viːrən] <ohne ge-> *vt* tatuare
Tätowierung <-, -en> *f* tatuaggio *m*
Tatsache *f* fatto *m,* realtà *f;* **auf Grund dieser ~** perciò, per questo; **~ ist, dass …** sta di fatto che …, la verità è che …; **jdn vor vollendete ~n stellen** mettere qu di fronte al fatto compiuto
tatsächlich **I.** *adj* effettivo, reale **II.** *adv* in realtà, in effetti
tätscheln ['tɛtʃəln] *vt* accarezzare, dare colpetti a
Tattergreis(in) ['tatɐgraɪs] <-es, -e; -, -nen> *m(f) (fam pej)* vecchio, -a *m, f* decrepito, -a
tatterig ['tatərɪç] *adj (fam)* tremolante, tremante
Tattoo [tɛ'tuː] <-s, -s> *nt* tatuaggio *m*
Tatverdacht *m* JUR indizio *m* [di reato]
tatverdächtig *adj* JUR indiziato, sospetto
Tatwaffe *f* JUR arma *f* del reato
Tatze ['tatsə] <-, -n> *f* zampa *f*
Tau[1] [taʊ] <-(e)s> *m kein Pl.* METEO rugiada *f*
Tau[2] <-(e)s, -e> *nt* MAR cavo *m,* gomena *f*
taub [taʊp] *adj* ① *(gehörlos)* sordo; **sich ~ stellen** fare il sordo, fare orecchie da mercante; **auf einem Ohr ~ sein** essere sordo da un orecchio ② *(Körperteil)* insensibile, intorpidito ③ *(Ähre, Nuss)* vuoto; *(Blüte, Gestein)* sterile
taubblind *adj* sordocieco
Taube <-, -n> *f* piccione *m*
Taubenhaus *nt,* **Taubenschlag** *m* piccionaia *f*
Täuberich ['tɔɪbərɪç] <-s, -e> *m* piccione *m* maschio
Taubheit <-> *f kein Pl.* ① *(Gehörlosigkeit)* sordità *f* ② *(von Körperteilen)* mancanza *f* di sensibilità, intorpidimento *m*
Taubnessel *f* ortica *f* bianca [*o* rossa]
taubstumm *adj* sordomuto
Taubstummensprache *f* linguaggio *m* dei sordomuti
tauchen ['taʊxən] **I.** *vi haben o sein* tuffarsi, immergersi **II.** *vt haben* tuffare, immergere
Taucher(in) <-s, -; -, -nen> *m(f)* SPORT sommozzatore, -trice *m, f; (mit Ausrüstung)* palombaro *m,* donna palombaro *f*
Taucheranzug *m* muta *f*
Taucherausrüstung *f* equipaggiamento *m* subacqueo
Taucherbrille *f* maschera *f* subacquea
Taucherglocke *f* campana *f* pneumatica
Taucherhelm *m* casco *m* da palombaro
Taucherin *f s.* **Taucher**
Tauchermaske <-, -n> *f* maschera *f* subacquea
Tauchsieder <-s, -> *m* bollitore *m* a immersione
tauen ['taʊən] *vi haben o sein* sgelarsi, sciogliersi; **es taut** disgela
Tauern ['taʊɐn] *pl* [monti *mpl*] Tauri *mpl*
Taufbecken *nt* fonte *m* battesimale
Taufe ['taʊfə] <-, -n> *f* battesimo *m;* **etw aus der ~ heben** *(fig)* fondare qc
taufen *vt* battezzare
Taufkapelle *f* battistero *m*
Täufling ['tɔɪflɪŋ] <-s, -e> *m* battezzando, -a *m, f*
Taufpate *m,* **Taufpatin** *f* padrino *m,* madrina *f* di battesimo
Taufregister *nt* registro *m* dei battezzati
taufrisch *adj* fresco come una rosa
Taufschein *m* certificato *m* di battesimo
taugen ['taʊgən] *vi* ① *(wert sein)* valere; **nichts ~** non valere nulla ② *(geeignet sein)* **zu etw ~** essere buono a qc ③ A *(fam: zusagen)* piacere
Taugenichts <- *o* -es, -e> *m (pej)* buono *m* a nulla, perdigiorno *mf*
tauglich *adj* atto, idoneo; MIL idoneo [al servizio di leva]; **zu etw ~ sein** essere idoneo a qc; *(fähig)* essere capace di [fare] qc
Tauglichkeit <-> *f kein Pl.* attitudine *f,* capacità *f*
Taumel ['taʊməl] <-s> *m kein Pl.* ① *(Schwindel)* vertigine *f; (Benommenheit)* stordimento *m* ② *(Rausch)* ebbrezza *f*
taumelig *adj* preso da vertigine, vacillante, tubante
taumeln *vi sein* vacillare, barcollare
Taunus ['taʊnʊs] *m* Tauno *m*
Tausch [taʊʃ] <-(e)s, -e> *m* scambio *m;* **im ~ gegen** in cambio di
Tauschbörse *f* INFORM pagina *f* Internet di compravendita
tauschen **I.** *vt* cambiare; **etw gegen etw tauschen** cambiare qc con qc **II.** *vi* fare uno scambio; **ich möchte nicht mit ihm ~** non vorrei essere al suo posto
täuschen ['tɔɪʃən] **I.** *vt* ingannare; **wenn mich nicht alles täuscht** se non mi sbaglio di grosso **II.** *vr:* **sich ~** ingannarsi, sbagliarsi; **sich über etw** *akk* **~** sbagliarsi su qc; **sich in etw** *dat* **~** sbagliarsi riguardo a qc; **wir haben uns alle sehr in ihr getäuscht** sul suo conto ci siamo tutti sbagliati di grosso **III.** *vi* **das täuscht** ciò inganna
täuschend **I.** *adj* ingannevole, illusorio **II.** *adv* **sie sehen sich** *dat* **~ ähnlich** si somigliano in modo sorprendente

Tauschgeschäft *nt* baratto *m,* scambio *m*

Tauschhandel *m* baratto *m*

Tauschobjekt *nt* oggetto *m* di scambio

Täuschung <-, -en> *f* ① *(Betrug)* inganno *m,* frode *f* ② *(Irrtum)* errore *m;* **optische ~** illusione *f* ottica

Täuschungsmanöver *nt* finta *f* [manovra]

Täuschungsversuch *m* tentativo *m* di frode

tausend ['taʊzənt] *num* mille; **ungefähr ~** un migliaio; **~ und aber ~** migliaia e migliaia; **~ Dank!** grazie mille!; *s. a.* **acht, achtzig**

Tausend-, tausend- *s.* **Acht-, acht-, Achtzig-, achtzig-**

Tausend ['taʊzənt] <-s, -e> *nt* migliaio *m;* **einige ~** alcune migliaia; **vom ~** per mille; **zu ~en** a migliaia

Tausender <-s, -> *m* ① MAT migliaio *m* ② *(fam: Geldschein)* biglietto *m* da mille

tausendfach *adj* centuplicato; *s. a.* **achtfach**

Tausendfüßler ['taʊzəntfy:slɐ] <-s, -> *m* ZOO millepiedi *m*

Tausendjahrfeier ['taʊzənt'ja:ɐfaɪɐ] *f* millenario *m*

tausendjährig *adj* millenario

tausendmal *adv* mille volte

Tausendsassa ['taʊzəntsasa] <-s, -s> *m* *(fam)* [piccolo] sottutto *m;* **er ist ein ~** lo si trova dappertutto come il prezzemolo

tausendste(r, s) *adj* millesimo, -a

tausendstel ['taʊzənstəl] *adj inv* millesimo; *s. a.* **achtel**

Tausendstel <-s, -> *nt* millesimo *m*

Tautropfen *m* goccia *f* di rugiada

Tauwasser <-s, -> *nt* acqua *f* derivata dallo scioglimento di neve e ghiaccio

Tauwetter *nt* tempo *m* di disgelo; **es ist ~** disgela

Tauziehen <-s> *nt kein Pl.* SPORT tiro *m* della fune; *(fig)* braccio *m* di ferro

Taverne [ta'vɛrnə] <-, -n> *f* taverna *f*

Taxameter [taksa'me:tɐ] <-s, -> *nt o m* tassametro *m*

Taxcard ['tɛkska:ɐt] <-, -s> *f* CH *(Telefonwertkarte)* carta *f* telefonica

Taxe ['taksə] <-, -n> *f* ① *(Gebühr)* tassa *f* ② *(Taxi)* tassì *m*

Taxi ['taksi] <-s, -s> *nt* tassì *m*

taxieren [ta'ksi:rən] <ohne ge-> *vt* stimare, valutare

Taxifahrer(in) *m(f)* tassista *mf*

Taxistand *m* posteggio *m* di tassì

Taxpreis *m* prezzo *m* stimato

Tb[c] [te:'be: (te:be:'tse:)] *Abk. von* **Tuberkulose** TBC, tbc

Team [ti:m] <-s, -s> *nt* team *m*

Teamarbeit *f kein Pl.* lavoro *m* d'équipe

Teamchef *m* capitano *m,* caposquadra *m*

teamfähig *adj* capace di lavorare in un team

Teamgeist *m kein Pl.* spirito *m* di gruppo

Teamwork ['ti:mwœ:k] <-s> *nt kein Pl. s.* **Teamarbeit**

Technik ['tɛçnɪk] <-, -en> *f* tecnica *f*

Techniker(in) <-s, -; -, -nen> *m(f)* tecnico, -a *m, f*

technikfeindlich *adj* contrario alle novità tecnologiche

technisch *adj* tecnico, meccanico; **~er Ausdruck** termine tecnico; **Technische Hochschule** [*o* **Universität**] politecnico *m;* **aus ~en Gründen** per motivi tecnici

Techno ['tɛkno] <-(s)> *m o nt kein Pl.* MUS tecnohouse *f*

Technologie <-, -n> *f* tecnologia *f*

Technologiepark *m* parco *m* tecnologico

Technologievorsprung *m* primato *m* tecnologico

technologisch *adj* tecnologico

Techtelmechtel [tɛçtəl'mɛçtəl] <-s, -> *nt* *(fam)* flirt *m,* amoretto *m*

Teddybär ['tɛdibɛ:ɐ] *m* orsacchiotto *m*

Tee [te:] <-s, -s> *m* tè *m;* *(Aufguss von anderen Pflanzen)* infuso *m;* *(Kranken~)* tisana *f*

TEE [te:ʔe:'ʔe:] <-(s), -(s)> *m Abk. von* **Trans-Europ-Express** T.E.E

Teebeutel *m* bustina *f* di tè

Teebutter *f kein Pl.* A *(Markenbutter)* burro *m* di marca

Tee-Ei *nt* uovo *m* da tè

Teegebäck *nt* biscotti *mpl* da tè

Teekanne *f* teiera *f*

Teekessel <-s, -> *m* bollitore *m*

Teelöffel *m* cucchiaino *m* da tè

Teenager ['ti:neɪdʒɐ] <-s, -> *m* teenager *m*

Teer [te:ɐ] <-(e)s, -e> *m* catrame *m*

teeren ['te:rən] *vt* [in]catramare

Teerpappe *f* cartone *m* catramato

Teeservice *nt* servizio *m* da tè

Teesieb *nt* colino *m* per il tè

Teestrauch *m* pianta *f* del tè

Teestube *f* tea-room *m*

Teewagen *m* carrello *m*

Teewurst *f insaccato affumicato a pasta molle spalmabile*

Teich [taɪç] <-(e)s, -e> *m* stagno *m;* *(Fisch~)* peschiera *f*

Teig [taɪk] <-(e)s, -e> *m* pasta *f*

teigig ['taɪgɪç] *adj* ① *(Kuchen)* non ancora cotto ② *(Beschaffenheit)* pastoso

Teigwaren *fpl* pasta *f* [alimentare]

Teil[1] [taɪl] <-(e)s, -e> *m (allg)* JUR parte *f;* **zum ~** in parte; **zum größten ~** per lo più

Teil[2] <-(e)s, -e> *nt (einzelnes Stück)* pezzo *m*

Teil[3] <-(e)s, -e> *m o nt (Anteil, Beitrag)* parte *f;* **ich für mein[en] ~** per conto mio; **zu gleichen ~en** in parti uguali; **sich** *dat* **sein ~ denken** avere delle idee ben precise in proposito

Teilansicht *f* veduta *f* parziale

teilbar *adj* divisibile

Teilbetrag *m* importo *m* parziale

Teilchen ['taɪlçən] <-s, -> *nt* ① PHYS particella *f* ② DIAL *(Gebäckstück)* pastina *f*

teilen I. *vt* ① *(zer~, zerlegen)* dividere, separare; MAT dividere ② *(auf~, ver~)* dividere ③ *(Anteil nehmen an)* prendere parte a, condividere ④ *(Meinung, Ansicht)* condividere **II.** *vr:* **sich ~** *(auseinandergehen, auseinanderfallen)* separarsi, staccarsi; *(Weg)* biforcarsi; **sich** *dat* **etw ~** dividersi qc, spartirsi qc

Teiler <-s, -> *m* MAT divisore *m*

Teilerfolg ['taɪlɛɐfɔlk, *Pl:* 'taɪlɛɐfɔlgə] <-(e)s, -e> *m* successo *m* parziale

teil|haben <irr> *vi* partecipare; **an etw** *dat* **~** partecipare a qc

Teilhaber(in) <-s, -; -, -nen> *m(f)* COM socio, -a *m, f*

Teilkaskoversicherung *f* casco *f* parziale

Teilnahme ['taɪlna:mə] <-> *f kein Pl.* ① *(Anwesenheit)* partecipazione *f; (Mitarbeit)* cooperazione *f,* collaborazione *f;* **~ an etw** *dat* partecipazione a qc ② *(Mitgefühl)* interesse *m,* interessamento *m; (Beileid)* condoglianze *fpl*

teilnahmeberechtigt *adj* autorizzato a partecipare

teilnahmslos *adj* indifferente

Teilnahmslosigkeit <-> *f kein Pl.* indifferenza *f,* apatia *f*

teilnahmsvoll ['taɪlna:mslo:s] *adj* compartecipe, interessato

teil|nehmen <irr> *vi* partecipare; *(an Arbeit)* collaborare; **an etw** *dat* **~** prendere parte a qc; **an einem Projekt ~** collaborare a un progetto; **an einem Lehrgang ~** frequentare un corso

Teilnehmer(in) <-s, -> *m(f)* SPORT partecipante *mf;* TEL utente *mf,* abbonato, -a *m, f; (Verkehrs~)* utente *mf*

Teilnehmerwährung *f (Europäische Währungsunion)* moneta *f* partecipante [all'UEM]

teils *adv* in parte; **~ …, ~ …** parte …, parte …; **~ blieben sie, ~ gingen sie** gli uni restarono, gli altri se ne andarono

Teilsendung *f* spedizione *f* parziale

Teilstrecke *f* tratto *m*

Teilstück *nt* pezzo *m,* parte *f*

Teilung <-, -en> *f* spartizione *f,* divisione *f; (Spaltung) a.* SCIENT scissione *f*

Teilungsartikel *m* articolo *m* partitivo

teilweise I. *adj* parziale **II.** *adv* in parte, parzialmente

Teilzahlung *f* pagamento *m* parziale; **auf ~ kaufen** comprare a rate

Teilzeitarbeit *f* part time *m*

teilzeitbeschäftigt *adj* che lavora part time

Teilzeitkraft <-, -kräfte> *f* impiegato, -a *m, f* a tempo parziale, lavoratore, -trice *m, f* part-time

Teilzeitstelle *f* lavoro *m* part time

Teint [tɛ̃:] <-s, -s> *m* carnagione *f,* colorito *m*

T-Eisen ['te:aɪzən] *nt* ferro *m* a T

Telearbeit *f* INFORM telelavoro *m*

Telearbeiter(in) *m(f)* telelavoratore, -trice *m, f*

Telearbeitsplatz *m* INFORM [posto *m* di] telelavoro *m*

Telebanking *nt* TEL telebanking *m*

Telefax ['te:lefaks] <-es, -e> *nt* telefax *m*

Telefon [tele'fo:n] <-s, -e> *nt* telefono *m;* **am ~** al telefono; **ans ~ gehen** rispondere al telefono; **schnurloses ~** telefono senza fili

Telefonanruf *m* telefonata *f*

Telefonanrufbeantworter <-s, -> *m* segreteria *f* telefonica

Telefonanschluss *m* allacciamento *m* del telefono

Telefonat [telefo'na:t] <-(e)s, -e> *nt* telefonata *f*

Telefonauskunft *f kein Pl.* informazione *f* elenco abbonati

Telefonbuch *nt* elenco *m* telefonico

Telefongebühren *fpl* tassa *m* telefonica

Telefongespräch *nt* telefonata *f*

Telefonhörer <-s, -> *m* ricevitore *m,* cornetta *f* del telefono

telefonieren [telefo'ni:rən] <ohne ge-> *vi* telefonare; **mit jdm ~** telefonare a qu; **ins Ausland ~** telefonare all'estero; **ich habe mit Julia telefoniert** ho parlato al telefono con Giulia

telefonisch [tele'fo:nɪʃ] **I.** *adj* telefonico **II.** *adv* per telefono

Telefonist(in) [telefo'nɪst] <-en, -en; -, -nen> *m(f)* telefonista *mf*

Telefonkarte *f* scheda *f* telefonica

Telefonleitung *f* linea *f* telefonica

Telefonmarketing *nt* telepromozione *f*

Telefonnetz *nt* rete *f* telefonica

Telefonnummer *f* numero *m* telefonico

Telefonrechnung *f* bolletta *f* del telefono

Telefonseelsorge *f* telefono *m* amico

Telefontarif *m* tariffa *f* telefonica

Telefonverbindung *f* collegamento *m* telefonico
Telefonzelle *f* cabina *f* telefonica
Telefonzentrale *f* centrale *f* telefonica
telegen [tele'ge:n] *adj* telegenico
Telegraf [tele'gra:f] <-en, -en> *m* telegrafo *m*
Telegrafenamt *nt* ufficio *m* telegrafico
Telegrafie [telegra'fi:] <-> *f kein Pl.* telegrafia *f*
telegrafieren [telegra'fi:rən] <ohne ge-> *vt, vi* telegrafare
telegrafisch [tele'gra:fɪʃ] **I.** *adj* telegrafico **II.** *adv* telegraficamente, per telegrafo; **~ überweisen** inviare per vaglia telegrafico
Telegramm [tele'gram] <-s, -e> *nt* telegramma *m;* **ein ~ aufgeben** spedire un telegramma
Telegrammadresse *f* indirizzo *m* telegrafico
Telegrammformular *nt* modulo *m* per telegramma
Telegrammstil *m* stile *m* telegrafico
Telekinese [teleki'ne:zə] <-> *f kein Pl.* telecinesi *f*
Telekolleg ['te:lekɔle:k] <-s, -s> *nt corso di lezioni televisivo con esami ed un diploma finale*
Telekommunikation <-> *f kein Pl.* telecomunicazione *f*
Telenovela ['te:lenovela] <-, -s> *f* telenovela *f*
Teleobjektiv ['te:leʔɔpjɛkti:f] *nt* FOTO teleobiettivo *m*
Telepathie [telepa'ti:] <-> *f kein Pl.* telepatia *f*
Teleshopping *nt* acquisti *m* via cavo *pl*
Teleskop [tele'sko:p] <-s, -e> *nt* telescopio *m*
Telespiel ['te:leʃpi:l] *nt* videogioco *m*
Telex ['te:lɛks] <-, -e> *nt* ① *(Fernschreiben)* telex *m* ② *(Fernschreiber)* telescrivente *f*
Teller ['tɛlɐ] <-s, -> *m* piatto *m;* **flacher/tiefer ~** piatto piano/fondo; **er hat zwei ~ Spaghetti gegessen** ha mangiato due piatti di spaghetti
Tellergericht *nt* piatto *m* con contorno
Tellermine *f* mina *f* piatta
Tellerwärmer <-s, -> *m* scaldapiatti *m*
Tellur [tɛ'lu:ɐ] <-s> *nt kein Pl.* CHEM tellurio *m*
Tempel ['tɛmpəl] <-s, -> *m* tempio *m*
Tempelelefant *m* elefante *m* del tempio
Temperafarbe ['tɛmpərafarbə] *f* colore *m* a tempera
Temperament [tɛmp(ə)ra'mɛnt] <-(e)s, -e> *nt* ① *(Wesensart)* temperamento *m* ② *(Lebhaftigkeit)* vivacità *f*
temperamentlos *adj* apatico, scialbo
temperamentvoll *adj (lebhaft)* vivace; *(schwungvoll)* pieno di brio, esuberante
Temperatur [tɛmpəra'tu:ɐ̯] <-, -en> *f* temperatura *f;* **~ haben** avere un po' di febbre; **die ~ messen** misurare la temperatura
Temperaturanstieg *m* aumento *m* della temperatura
Temperaturrückgang <-(e)s, -gänge> *m* diminuzione *f* della temperatura
Temperaturschwankung *f* oscillazione *f* della temperatura
Temperatursturz *m* abbassamento *m* della temperatura
temperieren [tɛmpə'ri:rən] <ohne ge-> *vt* ① *(Wasser, Heizung)* regolare la temperatura di; *(Wein)* chambrer ② *(geh fig: Gefühle)* temperare
Tempo[1] ['tɛmpo] <-s, -s> *nt (Geschwindigkeit)* velocità *f;* **mit hohem ~** a tutta velocità; **~!** *(fam)* forza, sbrigati [*o* sbrigatevi]!
Tempo[2] ['tɛmpo, *Pl:* 'tɛmpi] <-s, Tempi> *nt* MUS tempo *m*
Tempo®[3] <-s, -s> *nt (fam)* fazzoletto *m* di carta
Tempolimit *nt* limite *m* di velocità
temporär [tempo'rɛ:ɐ] *adj* temporaneo, transitorio
Temposünder(in) <-s, -; -, -nen> *m(f) chi non rispetta i limiti di velocità*
Tendenz [tɛn'dɛnts] <-, -en> *f* tendenza *f;* **steigende/fallende** [*o* **sinkende**] **~** tendenza al rialzo/al ribasso
tendenziell [tɛndɛn'tsi̯ɛl] *adj* tendenziale
tendenziös [tɛndɛn'tsi̯ø:s] *adj* tendenzioso, parziale
Tendenzwende *f* inversione *f* di tendenza
tendieren [tɛn'di:rən] <ohne ge-> *vi* tendere; **zu etw ~** tendere a qc
Tenne ['tɛnə] <-, -n> *f* aia *f*
Tennis <-> *nt kein Pl.* tennis *m*
Tennis- *in Zusammensetzungen* da [*o* di] tennis
Tennisarm <-(e)s, -e> *m* gomito *m* del tennista
Tennisball *m* palla *f* da tennis
Tennisklub *m* circolo *m* di tennis
Tennisplatz *m* campo *m* da tennis
Tennisschläger *m* racchetta *f* da tennis
Tennisspiel *nt* incontro *m* di tennis
Tennisspieler(in) *m(f)* tennista *mf,* giocatore, -trice *m, f* di tennis
Tennisturnier *nt* torneo *m* di tennis
Tenor[1] ['te:nɔr] <-s> *m kein Pl. (Sinn)* tenore *m*
Tenor[2] [te'no:ɐ̯, *Pl:* te'nø:rə] <-s, Tenöre> *m* MUS tenore *m*

Teppich ['tɛpɪç] <-s, -e> *m* tappeto *m;* **auf dem ~ bleiben** *(fam)* guardare in faccia la realtà, mantenersi nei limiti
Teppichboden *m* moquette *f*
Teppichklopfer *m* battipanni *m*
Teppichstange *f* barra *f* per stendere i tappeti
Termin [tɛr'mi:n] <-s, -e> *m (festgesetzter Tag)* termine *m,* data *f; (Frist)* scadenza *f; (Arzt~)* appuntamento *m;* **einen ~ einhalten** rispettare un termine; **einen ~ versäumen** mancare ad un appuntamento
Terminal[1] ['tœ:minəl] <-s, -s> *m o nt* ① *(Flughafen)* aerostazione *f,* terminale *m* passeggeri ② *(Bahnhof)* scalo *m* merci, stazione *f* di smistamento
Terminal[2] <-s, -s> *nt* INFORM terminale *m*
Termindruck <-(e)s> *m kein Pl.* pressione *f* [a causa di scadenze imminenti]; **in ~ sein** essere sotto pressione
termingemäß, **termingerecht** *adj* puntuale, tempestivo
Terminkalender *m* agenda *f*
Terminologie [tɛrminolo'gi:] <-, -n> *f* terminologia *f*
terminologisch [tɛrmino'lo:gɪʃ] *adj* terminologico; **~e Ungenauigkeit** improprietà terminologica
Terminplaner *m* scadenzario *m*
Terminplanung *f* fissare *m* il calendario degli appuntamenti
Terminschwierigkeiten *fpl* difficoltà *f* di mantenere gli impegni presi
Termite [tɛr'mi:tə] <-, -n> *f* ZOO termite *f*
Termitenhügel *m* termitaio *m*
Terpentin [tɛrpɛn'ti:n] <-s, -e> *nt* trementina *f*
Terpentinöl *nt* olio *m* di trementina, acqua *f* ragia
Terrain [tɛ'rɛ̃:] <-s, -s> *nt* terreno *m*
Terrakotta [tɛra'kɔta] <-, Terrakotten> *f* terracotta *f*
Terrarium [tɛ'ra:riʊm] <-s, Terrarien> *nt* terrario *m*
Terrasse [tɛ'rasə] <-, -n> *f* terrazza *f*
terrassenförmig [tɛ'rasənfœrmɪç] *adj o adv* a terrazze, a gradinate
Terrier ['tɛriɐ] <-s, -> *m* terrier *m*
Terrine [tɛ'ri:nə] <-, -n> *f* terrina *f*
territorial [tɛritori'a:l] *adj* territoriale
Territorium [tɛri'to:riʊm] <-s, Territorien> *nt* territorio *m*
Terror ['tɛro:ɐ̯] <-s> *m kein Pl.* terrore *m*
Terrorakt <-(e)s, -e> *m* atto *m* terroristico
Terroranschlag *m* attentato *m* terroristico
terrorisieren [tɛrori'zi:rən] <ohne ge-> *vt* terrorizzare
Terrorismus [tɛro'rɪsmʊs] <-> *m kein Pl.* terrorismo *m*
Terrorismusforscher(in) *m(f)* studioso *m* di terrorismo
Terrorist(in) [tɛro'rɪst] <-en, -en; -, -nen> *m(f)* terrorista *mf*
terroristisch *adj* terrorista
Terrornetzwerk *nt* rete *f* terroristica
Terrorschutz *m* protezione *f* contro il terrorismo
Terrorszene *f* mondo *m* del terrorismo
Terrorverdächtige(r) <ein -r, -n, -n> *f(m)* sospetto, -a terrorista *m*
Terrorwarnung *f* avvertimento *m* di attentati terroristici
Tertiär [tɛr'tsjɛ:ɐ] <-s> *nt kein Pl.* GEOL terziario *m*
Terz [tɛrts] <-, -en> *f* MUS terza *f*
Terzett [tɛr'tsɛt] <-(e)s, -e> *nt* MUS terzetto *m*
Tesafilm® ['te:zafɪlm] *m* scotch® *m*
Tessin [tɛ'si:n] *nt* Ticino *m*
Test [tɛst] <-(e)s, -s *o* -e> *m* test *m;* CHEM, TEC controllo *m*
Testament [tɛsta'mɛnt] <-(e)s, -e> *nt* testamento *m;* **das Alte/Neue ~** il Vecchio/Nuovo Testamento; **sein ~ machen** fare testamento
testamentarisch [tɛstamɛn'ta:rɪʃ] **I.** *adj* testamentario **II.** *adv* per testamento
Testamentseröffnung *f* apertura *f* del testamento
Testamentsvollstrecker(in) <-s, -; -, -nen> *m(f)* esecutore, -trice *m, f* testamentario, -a
Testbild *nt* TV monoscopio *m*
testen ['tɛstən] *vt* testare, sottoporre ad un test; **etw auf seine Haltbarkeit ~** sottoporre qc ad un test di resistenza
Testfahrer(in) <-s, -; -, -nen> *m(f)* AUTO [pilota *mf*] collaudatore, -trice *m, f*
Testperson *f* soggetto *m*
Testpilot(in) *m(f)* AERO pilota *mf* collaudatore, -trice
Testreihe *f* serie *f* di test
Tetanus ['tɛtanʊs *o* 'te:tanʊs] <-> *m kein Pl.* MED tetano *m*
Tête-à-Tête [tɛta'tɛ:t] <-, -s> *nt* tête-à-tête *m*
teuer ['tɔɪɐ] *adj* ① *(kostspielig)* caro, costoso; **teurer werden** rincarare; **wie ~ ist das?** quanto costa?; **etw ~ bezahlen** *(a. fig)* pagare caro qc; **das wird dich ~ zu stehen kommen** *(fig)* ti costerà caro ② *(geh: lieb)* caro
Teuerung ['tɔɪərʊŋ] <-, -en> *f* rincaro *m*
Teufel ['tɔɪfəl] <-s, -> *m* diavolo *m;* **den ~ an die Wand malen** *(fam)* fare l'uccello del malaugurio; **jdn zum ~ jagen** *(fam)* mandare qu al diavolo; **er ist ein armer ~** *(fam)* è un povero diavolo; **damit kommt**

man in ~s Küche *(fam)* così ci si mette nei pasticci; **wo/wie/wann zum ~?** *(fam)* accidenti! dove/come/quando?; **pfui ~!** *(fam)* puah, che schifo!; **zum ~ mit …!** *(fam)* che vada al diavolo …!; **scher dich zum ~!** *(fam)* vattene al diavolo!

Teufelskerl *m (fam)* uomo *m* in gamba, diavolo *m* d'un uomo

Teufelskreis *m* circolo *m* vizioso

teuflisch ['tɔɪflɪʃ] *adj* diabolico

Text [tɛkst] <-(e)s, -e> *m* testo *m; (Wortlaut)* contenuto *m; (von Lied)* parole *fpl; (von Oper)* libretto *m*

Textaufgabe *f* quesito *m*

Textbuch *nt* libretto *m* [d'opera]

Textdatei *f* INFORM file *m* di testo

Textdichter(in) *m(f)* paroliere, -a *m, f,* librettista *mf*

texten ['tɛkstən] *vt* ❶ *(Werbetexte)* redigere messaggi pubblicitari ❷ *(Schlagertexte)* stendere testi per canzoni

Texter(in) <-s, -; -, -nen> *m(f) (von Werbetexten)* pubblicitario, -a *m, f; (von Schlagertexten)* paroliere, -a *m, f*

Textilfaser [tɛks'ti:lfa:zɐ] *f* fibra *f* tessile

Textilien [tɛks'ti:liən] *pl* tessili *mpl*

Textilindustrie *f* industria *f* tessile

Textmarker <-s, -> *m* evidenziatore *m*

Textverarbeitung *f* INFORM videoscrittura *f*

Textverarbeitungsprogramm *nt* INFORM programma *m* di scrittura

Textverständnis *nt* comprensione *f* del testo

TH [te:'ha:] <-, -s> *f Abk. von* **Technische Hochschule** Università *f* Tecnica, Politecnico *m*

Thai[1] [taɪ] <-(s), -(s)> *m s.* **Thailänder**

Thai[2] <-> *nt kein Pl.* tailandese *m*

Thailand ['taɪlant] *nt* Tailandia *f*

Thailänder(in) ['taɪlɛndɐ] <-s, -; -, -nen> *m(f)* tailandese *mf*

Thallium ['taliʊm] <-s> *nt kein Pl.* CHEM tallio *m*

Theater [te'a:tɐ] <-s, -> *nt* teatro *m;* **ins ~ gehen** andare a teatro; **~ machen** *(fam)* fare [tante] storie; **das ist alles nur ~** *(fam)* è tutta scena

Theaterabonnement *nt* abbonamento *m* per il teatro

Theateraufführung *f* rappresentazione *f*

Theaterbesuch *m* andare *m* a teatro

Theaterbesucher(in) *m(f)* frequentatore, -trice *m, f* di teatri

Theaterdirektor(in) *m(f)* direttore, -trice *m, f* di [*o* del] teatro

Theaterferien *pl* vacanze *fpl* teatrali

Theaterkarte *f* biglietto *m* d'ingresso al teatro

Theaterkasse *f* cassa *f* del teatro, botteghino *m*

Theaterstück *nt* opera *f* per il teatro

theatralisch [tea'tra:lɪʃ] *adj* teatrale

Theke ['te:kə] <-, -n> *f (Schanktisch)* banco *m* [di osteria]; *(Ladentisch)* banco *m* [di vendita]

Theker ['te:kɐ] <-s, -> *m* barman *m*

Thema ['te:ma, *Pl:* 'te:mən] <-s, Themen> *nt* tema *m; (Gesprächs~)* soggetto *m,* argomento *m;* **das ~ wechseln** cambiare argomento; **vom ~ abbringen** distogliere dall'argomento; **vom ~ abkommen** scostarsi dall'argomento

Thematik [te'ma:tɪk] <-> *f kein Pl.* tematica *f*

thematisch *adj* tematico

Themse ['tɛmzə] *f* Tamigi *m*

Theologe [teo'lo:gə] <-n, -n> *m* teologo *m*

Theologie [teolo'gi:] <-, -n> *f* teologia *f*

Theologin [teo'lo:gɪn] <-, -nen> *f* teologa *f*

theologisch [teo'lo:gɪʃ] *adj* teologico

Theoretiker(in) [teo're:tikɐ] <-s, -; -, -nen> *m(f)* teoretico, -a *m, f*

theoretisch [teo're:tɪʃ] **I.** *adj* teorico **II.** *adv* in teoria

Theorie [teo'ri:] <-, -n> *f* teoria *f*

Therapeut(in) [tera'pɔɪt] <-en, -en; -, -nen> *m(f)* terapeuta *mf*

therapeutisch *adj* terapeutico

Therapie [tera'pi:] <-, -n> *f* terapia *f*

Thermalbad [tɛr'ma:lba:t] *nt* bagno *m* termale

Thermalquelle *f* sorgente *f* termale

thermisch *adj* termico

Thermodynamik [tɛrmody'na:mɪk] *f* termodinamica *f*

Thermometer [tɛrmo'me:tɐ] <-s, -> *nt* termometro *m*

Thermometerstand *m* altezza *f* della colonna termometrica

Thermopapier ['tɛrmopapi:ɐ] <-s> *nt kein Pl.* carta *f* termica

Thermosflasche® ['tɛrmɔsflaʃe] *f* thermos *m*

Thermoskanne <-, -n> *f* thermos *m*

Thermostat [tɛrmo'sta:t] <-(e)s, *o* -en, -e(n)> *m* termostato *m*

These ['te:zə] <-, -n> *f* tesi *f;* **eine ~ aufstellen** formulare una tesi

Thon [to:n] <-s, -e> *m* CH GASTR *(Thunfisch)* tonno *m*

Thriller ['θrɪlɐ] <-s, -> *m* thriller *m*

Thrombose [trɔm'bo:zə] <-, -n> *f* MED trombosi *f*

Thron [tro:n] <-(e)s, -e> *m* trono *m;* **den ~ besteigen** salire al trono

T

Thronbesteigung *f* avvento *m* al trono
thronen *vi* troneggiare
Thronerbe *m,* **Thronerbin** *f* erede *mf* al trono
Thronfolge *f* successione *f* al trono
Thronfolger(in) <-s, -; -, -nen> *m(f)* erede *mf* al trono
Thronrede *f* discorso *m* della corona
Thunfisch ['tu:nfɪʃ] *m* tonno *m*
Thurgau ['tu:ɐ̯gaʊ] *m* Turgovia *f*
Thüringen ['ty:rɪŋən] *nt* Turingia *f*
Thüringer(in) <-s, -; -, -nen> *m(f)* turingiano, -a *m, f*
thüringisch *adj* turingiano
Thymian ['ty:mia:n] <-s, -e> *m* timo *m*
Tiber ['ti:bɐ] *m* Tevere *m*
Tick [tɪk] <-(e)s, -s> *m* ① *(fam: Eigenart)* mania *f* ② MED tic *m*
ticken ['tɪkən] *vi* fare tic tac; **nicht richtig ~** *(fam)* non avere tutte le rotelle a posto
Ticken <-s> *nt kein Pl.* ticchettio *m,* tic tac *m*
ticktack ['tɪk'tak] *interj* tic tac
Tiebreak ['taɪbreɪk] <-s, -s> *m o nt* SPORT tie-break *m*
tief [ti:f] **I.** *adj* ① *(nicht flach, a. fig)* profondo; **~er Schnee** neve alta; **im ~sten Australien** nel cuore dell'Australia; **im ~sten Winter** in pieno inverno ② *(niedrig)* basso ③ *(Ton)* grave; **er hat eine sehr ~e Stimme** ha una voce molto profonda ④ *(Farbe)* carico, profondo, intenso **II.** *adv* ① *(nach unten)* in basso; **ein ~ ausgeschnittenes Kleid** un vestito molto scollato; **~ gesunken sein** *(fig)* essere caduto molto in basso ② *(stark)* molto, profondamente; **~ atmen** respirare profondamente; **bis ~ in die Nacht hinein** fino a notte inoltrata; **das lässt ~ blicken** questo svela molte cose
Tief <-s, -s> *nt* METEO bassa pressione *f*
Tiefbau <-(e)s> *m kein Pl.* costruzione *f* sotto il livello del suolo
tiefbetrübt ['ti:fbə'try:pt] *adj* affranto
tiefbewegt *adj* profondamente commosso
Tiefdruck <-(e)s> *m kein Pl.* ① METEO bassa pressione *f* ② TYP rotocalco *m*
Tiefdruckgebiet *nt* zona *f* di bassa pressione
Tiefdruckkeil *m* fronte *m* della perturbazione
Tiefe ['ti:fə] <-, -n> *f* profondità *f*
Tiefebene *f* bassopiano *m*
Tiefenpsychologie *f* psicologia *f* del profondo
Tiefenschärfe *f* FOTO profondità *f* di campo
Tiefenwirkung *f* effetto *m* in profondità
Tiefflug *m* volo *m* a bassa quota; **im ~** a volo radente
Tiefgang *m* ① NAUT pescaggio *m* ② *(fig: Tiefgründigkeit)* profondità *f*
Tiefgarage *f* autorimessa *f* sotterranea, garage *m* sotterraneo
tiefgefroren, **tiefgekühlt** *adj* surgelato
tiefgreifend ['ti:fgraɪfənt], **tiefgründig** ['ti:fgrʏndɪç] *adj* profondo
Tiefkühlfach *nt* freezer *m,* congelatore *m*
Tiefkühlkost *f* [prodotti *mpl*] surgelati *mpl*
Tiefkühltruhe *f* congelatore *m*
Tieflader <-s, -> *m* autocarro *m* a telaio abbassato
Tiefland *nt* bassopiano *m*
Tiefpunkt *m* punto *m* più basso, livello *m* minimo
Tiefschlaf <-(e)s> *m kein Pl.* sonno *m* profondo
Tiefschlag *m (a. fig)* colpo *m* basso
tiefschürfend *adj* profondo
Tiefsee *f* profondità *f pl* marine
Tiefseefauna *f* fauna *f* abissale
Tiefseegraben *m* fossa *f* oceanica
Tiefsinn *m* ① *(Gedankentiefe)* profondità *f* [di pensiero] ② *(Schwermut)* malinconia *f*
tiefsinnig *adj* ① *(tiefgründig)* profondo, pensoso ② *(schwermütig)* malinconico
Tiefstand *m* livello *m* basso
tief|stapeln *vi* essere troppo modesto
Tiefsttemperatur *f* temperatura *f* minima
Tiegel ['ti:gəl] <-s, -> *m* padella *f,* tegame *m; (Schmelz~)* crogiolo *m*
Tier [ti:ɐ̯] <-(e)s, -e> *nt* animale *m,* bestia *f;* **ein hohes ~** *(fig fam)* un pezzo grosso
Tierart *f* specie *f* animale
Tierarzt *m,* **Tierärztin** *f* veterinario, -a *m, f*
tierärztlich *adj* veterinario
Tierbändiger(in) <-s, -; -, -nen> *m(f)* domatore, -trice *m, f*
Tierfreund(in) *m(f)* amante *mf* degli animali, zoofilo *m*
Tiergarten *m* zoo *m,* giardino *m* zoologico
tierisch *adj* ① *(Tiere betreffend)* animale ② *(fig, pej: roh)* brutale, bestiale ③ *(fam: stark)* bestiale; **~er Ernst** grande serietà
Tierkreiszeichen *nt* ASTR segno *m* zodiacale
tierlieb *adj* amante degli animali, zoofilo; **sehr ~ sein** amare molto gli animali
Tierliebe *f* amore *m* per gli animali
tierliebend *adj* amante degli animali, zoofilo; **sehr ~ sein** amare molto gli animali
Tiermehl *nt* AGR farina *f* animale
Tierpark *s.* **Tiergarten**
Tierpfleger(in) <-s, -; -, -nen> *m(f)* allevatore, -trice *m, f* di animali

Tierquäler(in) <-s, -; -, -nen> *m(f)* tormentatore, -trice *m, f* di animali
Tierquälerei *f* maltrattamento *m* di animali
Tierquälerin *f s.* **Tierquäler**
Tierreich *nt* regno *m* animale
Tierschützer(in) <-s, -; -, -nen> *m(f)* protettore, -trice *m, f* di animali
Tierschutzverein *m* associazione *f* per la protezione degli animali
Tierversuch *m* esperimento *m* sugli animali
Tierwelt *f* mondo *m* animale
Tiger(in) ['tiːgɐ] <-s, -; -, -nen> *m(f)* tigre *f*
tigern ['tiːgɐn] *vi sein (fam)* andare, marciare; **durch die Stadt ~** marciare per la città
Tilde ['tɪldə] <-, -n> *f* tilde *m o f*
tilgbar *adj* ammortizzabile, estinguibile, riscattabile
tilgen ['tɪlgən] *vt* ① *(geh: beseitigen)* cancellare ② FIN ammortizzare
Tilgung <-, -en> *f* ① *(geh: Beseitigung)* cancellazione *f* ② FIN ammortamento *m*
timen ['taɪmən] *vt (festsetzen)* fissare; **deine Ankunft war gut getimt** sei arrivato al momento giusto
Time-Sharing, **Timesharing** ['taɪmʃɛːrɪŋ] *nt kein Pl.* INFORM time-sharing *m*
Timing ['taɪmɪŋ] <-s, -s> *nt* organizzazione *f; (Koordination)* timing *m*, coordinazione *f;* **das war perfektes ~!** il timing era perfetto!
tindern ['tɪndɐn] *vi (fam)* INFORM comunicare su Tinder®
Tinktur [tɪŋk'tuːɐ̯] <-, -en> *f* tintura *f*
Tinte ['tɪntə] <-, -n> *f* inchiostro *m;* **in der ~ sitzen** *(fam)* trovarsi in un brutto impiccio, essere nei guai
Tinten[radier]gummi *m* gomma *f* da inchiostro
Tintenfass *nt* calamaio *m*
Tintenfisch *m* ZOO seppia *f*
Tintenfleck *m* macchia *f* d'inchiostro
Tintenstrahldrucker <-s, -> *m* INFORM stampante *f* a getto d'inchiostro
Tipp [tɪp] <-s, -s> *m (fam)* consiglio *m;* **gib mir mal einen ~, wie …** dammi un po' un consiglio su come …
Tippelbruder ['tɪpəlbruːdɐ] *m (fam scherz)* vagabondo *m*
tippen ['tɪpən] **I.** *vt (fam)* scrivere a macchina **II.** *vi* ① *(fam: maschineschreiben)* scrivere a macchina ② *(klopfen)* [**an etw** *akk*] **~** dare un colpetto [a qc] ③ *(fam: wetten)* puntare; **auf jdn/etw ~** puntare su qu/qc; **im Lotto ~** riempire la schedina, giocare al lotto
Tippfehler *m (fam)* errore *m* di battuta
Tippschein *m* schedina *f* [del totocalcio]
Tippse ['tɪpsə] <-, -n> *f (fam pej)* dattilografa *f*, scribacchina *f*
tipptopp ['tɪp'tɔp] *adj (fam)* perfetto, impeccabile
Tippzettel *m* schedina *f* [del totocalcio]
Tirol [ti'roːl] *nt* ① *(österreichisch)* Tirolo *m* ② *(italienisch)* Alto Adige *m*
Tiroler(in) <-s, -; -, -nen> *m(f)* tirolese *mf*
Tisch [tɪʃ] <-(e)s, -e> *m* tavolo *m; (Ess~)* tavola *f;* **bei ~** a tavola; **den ~ decken** apparecchiare la tavola; **mit etw reinen ~ machen** *(fam)* fare piazza pulita di qc; **sich an den gedeckten ~ setzen** *(fig fam)* trovare la minestra scodellata; **etw unter den ~ fallen lassen** *(fig fam)* fare passare qc sotto silenzio; **so, das wäre vom ~!** *(fam)* [bene,] questo sarebbe sistemato!
Tischbein *nt* gamba *f* del tavolo
Tischdame *f* vicina *f* di tavola
Tischdecke *f* tovaglia *f*
Tischende *nt* **oberes/unteres ~** estremità *f* superiore/inferiore della tavola
Tischfußball *m* calcetto *m*
Tischgebet *nt (vor dem Essen)* benedicite *m; (nach dem Essen)* preghiera *f* di ringraziamento, grazie *f pl*
Tischgesellschaft *f* tavolata *f*
Tischgespräch *nt* conversazione *f* a tavola
Tischherr *m* vicino *m* di tavola
Tischkarte *f* segnaposto *m* [a tavola]
Tischlampe *f* lampada *f* da tavolo
Tischler(in) ['tɪʃlɐ] <-s, -; -, -nen> *m(f)* falegname *m*
Tischlerei <-, -en> *f* falegnameria *f*
tischlern I. *vi* fare il falegname, fare lavori da falegname **II.** *vt (fam)* fare
Tischnachbar(in) <-n, -n; -, -nen> *m(f)* vicino, -a *m, f* di tavola
Tischordnung *f* disposizione *f* dei posti [a tavola]
Tischplatte *f* piano *m* della tavola
Tischrede *f* discorso *m* conviviale, brindisi *m*
Tischtennis *nt* tennis *m* da tavolo, ping-pong *m*
Tischtennisball <-(e)s, -bälle> *m* pallina *f* da ping-pong
Tischtennisplatte *f* tavolo *m* da ping-pong
Tischtuch *nt* tovaglia *f*
Tischwäsche *f* biancheria *f* da tavola
Tischwein *m* vino *m* da pasto
Titan [ti'taːn] <-s> *nt kein Pl.* CHEM titanio *m*
Titel ['tiːtəl] <-s, -> *m* titolo *m*
Titelbild *nt*, **Titelblatt** *nt* frontespizio *m*

Titelhalter(in) *m(f)* detentore, -trice *m, f* del titolo

Titelleiste <-, -n> *f* INFORM barra *f* del titolo

titeln *vt* intitolare

Titelrolle *f* parte *f* del[la] protagonista, ruolo *m* principale

Titelseite *f* frontespizio *m,* prima pagina *f,* copertina *f;* **auf der ~** in prima pagina

Titelverteidiger(in) *m(f)* difensore, difenditrice *m, f* del titolo

titulieren [titu'li:rən] <ohne ge-> *vt* chiamare, trattare, dare (**als, mit** di + *Artikel*)

tja [tja] *interj (fam)* beh, mah

Toast [to:st] <-(e)s, -e *o* -s> *m* ① *(Brot)* toast *m* ② *(Trinkspruch)* brindisi *m*

Toastbrot *nt (getoastetes Brot)* toast *m,* pane *m* tostato; *(Brot zum Toasten)* pane *m* a cassetta, pancarrè *m*

toasten **I.** *vt (Brot)* tostare **II.** *vi (Trinkspruch ausbringen)* fare un brindisi

Toaster <-s, -> *m* tostapane *m*

toben ['to:bən] *vi* ① *(wüten)* essere furioso, essere scatenato ② *(Schlacht)* infuriare, imperversare; *(Gewitter)* brontolare ③ *(ausgelassen spielen)* scatenarsi, strepitare

Tobsucht *f* furore *m,* pazzia *f* furiosa

tobsüchtig *adj* furibondo, pazzo furioso

Tobsuchtsanfall <-(e)s, -fälle> *m* scoppio *m* d'ira; **einen ~ bekommen** avere uno scoppio d'ira

Tochter ['tɔxtɐ, *Pl:* 'tœçtɐ] <-, Töchter> *f* figlia *f*

Tochtergesellschaft *f* WIRTSCH società *f* affiliata, filiale *f*

Tod [to:t] <-(e)s, *rar:* -e> *m* morte *f;* **eines gewaltsamen/natürlichen ~es sterben** morire di morte violenta/naturale; **jdn zum ~e verurteilen** condannare qu a morte; **dem ~ ins Auge sehen** vedere la morte da vicino; **sich** *dat* **den ~ holen** prendersi una malattia mortale; **sich zu ~e schämen** vergognarsi a morte; **zu ~e erschrocken sein** essere spaventato a morte; **ich kann ihn auf den ~ nicht ausstehen** *(fam)* mi è antipatico da morire

todbringend *adj* mortale, letale

todernst ['to:t'ʔɛrnst] *adj* molto serio, serissimo

Todesangst *f* ① *(Angst vor dem Tod)* paura *f* della morte ② *(große Angst)* angoscia *f* mortale; **Todesängste ausstehen** essere in preda a un'angoscia mortale

Todesanzeige *f* annuncio *m* mortuario

Todesfall *m* decesso *m*

Todesgefahr *f* pericolo *m* di morte

Todeskampf *m* agonia *f*

Todeskandidat(in) *m(f)* candidato, -a *m, f* alla morte

todesmutig *adj* intrepido, eroico

Todesopfer *nt* vittima *f,* morto *m;* **zahlreiche ~ fordern** provocare gravi perdite

Todesschuss *m* sparo *m* mortale; **gezielter ~** sparo mortale mirato

Todesstrafe *f* pena *f* capitale

Todestag *m* ① *(Sterbetag)* giorno *m* della morte ② *(Gedenktag)* anniversario *m* della morte

Todesursache *f* causa *f* della morte

Todesurteil *nt* sentenza *f* capitale, condanna *f* a morte

Todesverachtung *f* disprezzo *m* della morte; **mit ~** *(fam scherz)* con grande eroismo, superando sé stesso

Todeszelle <-, -n> *f* cella *f* di un condannato a morte

todfeind ['to:t'faɪnt] <inv> *adj* **sich** *dat* **~ sein** essere acerrimo nemico [*o* nemico mortale] di qu

Todfeind ['to:tfaɪnt] *m* nemico *m* mortale

todkrank ['to:t'kraŋk] *adj* mortalmente malato, in fin di vita

todlangweilig ['to:t'laŋvaɪlɪç] *adj* noioso da morire

tödlich ['tø:tlɪç] **I.** *adj* mortale **II.** *adv* mortalmente, a morte; **~ verunglücken** morire in un incidente; **~ verletzt** [*o* **verwundet**] ferito mortalmente

todmüde ['to:t'my:də] *adj (fam)* stanco morto

todschick ['to:t'ʃɪk] *adj (fam)* molto chic

todsicher ['to:t'zɪçɐ] *adj (fam)* sicurissimo

Todsünde *f* REL peccato *m* mortale

todtraurig ['to:t'traʊrɪç] *adj* desolato

todunglücklich ['to:t'ʔʊnglʏklɪç] *adj (fam)* terribilmente infelice

Töff [tœf] <-s, -s> *nt o m* CH *(fam)* moto *f*

Tohuwabohu [to:huva'bo:hu] <-(s), -s> *nt* caos *m,* quarantotto *m*

toi [tɔɪ] *interj* **~, ~, ~!** *(fam: Wunsch)* in bocca al lupo!

Toilette[1] [toa'lɛtə] <-> *f kein Pl. (geh: Körperpflege)* toilette *f;* **~ machen** fare toilette

Toilette[2] <-, -n> *f (WC)* toilette *f,* to[e]letta *f,* gabinetto *m;* **auf die ~ gehen** andare alla toilette

Toilettenartikel *m* articolo *m* da toletta

Toilettenpapier *nt* carta *f* igienica

Tokio ['to:kio] *nt* Tokio *f,* Tokyo *f*

tolerant [tole'rant] *adj* tollerante

Toleranz [tole'rants] <-, *rar:* -en> *f* tolleranza *f*

tolerieren [tole'ri:rən] <ohne ge-> *vt* tollerare

toll [tɔl] *adj (fam)* ① *(unglaublich)* incredibile ② *(herrlich)* formidabile, fantastico; **ein ~er Bursche** [*o* **Kerl**] un tipo in gamba ③ *(schlimm)* terribile; **es zu ~ treiben** farla [troppo] grossa

Tolle <-, -n> *f* ciuffo *m* [di capelli]

tollen ['tɔlən] *vi* ① *(toben)* schiamazzare, strepitare ② *sein (laufen)* scatenarsi; **durch die Wiesen ~** scatenarsi per i prati

Tollkirsche *f* BOT belladonna *f*

tollkühn *adj* temerario, audace

Tollkühnheit *f* temerarietà *f*

Tollpatsch ['tɔlpatʃ] <-(e)s, -e> *m (fam)* imbranato, -a *m, f*

tollpatschig *adj (fam)* goffo, impacciato

Tollwut *f* rabbia *f*

tollwütig ['tɔlvyːtɪç] *adj* rabbioso

Tölpel ['tœlpəl] <-s, -> *m (pej)* imbranato, -a *m, f*

Tomate [to'maːtə] <-, -n> *f* pomodoro *m;* **~n auf den Augen haben** *(sl scherz)* avere gli occhi bendati

Tomatenketchup *m o nt* ketchup *m*

Tomatenmark *nt* concentrato *m* di pomodoro

Tomatensalat *m* insalata *f* di pomodori

Tomatensuppe *f* minestra *f* di pomodori

Tombola ['tɔmbola] <-, -s> *f* tombola *f*

Tomografie [tomogra'fiː] <-, -n> *f* MED tomografia *f*

Ton[1] [toːn] <-(e)s, -e> *m (Erde)* argilla *f; (zum Töpfern)* creta *f*

Ton[2] [toːn, *Pl:* 'tøːnə] <-(e)s, Töne> *m* tono *m; (Klang a.)* suono *m; (Betonung)* accento *m;* **der gute ~** le buone maniere; **den ~ angeben** dare il tono; *(fig)* dominare; **ich verbitte mir diesen ~!** non permetto che si usi questo tono con me!; **jdn/etw in den höchsten Tönen loben** *(fam)* lodare qu/qc a tutto spiano; **keinen ~ von sich** *dat* **geben** non dire una parola, non aprir bocca; **einen anderen ~ anschlagen** *(fig)* cambiare tono; **ohne einen ~ zu sagen** senza proferir parola, senza dir verbo; **hast du Töne!** *(fam)* è incredibile!; **der ~ macht die Musik** *(prov)* quello che conta è il modo in cui si dicono le cose

Tonabnehmer <-s, -> *m* pick-up *m*

tonangebend *adj* che dà il tono

Tonarchiv *nt* nastroteca *f*

Tonarm *m* braccio *m* del pick-up

Tonart *f* tonalità *f*

Tonaufnahme *f* registrazione *f* del suono

Tonband <-(e)s, -bänder> *nt* ① *(Magnetband)* nastro *m* magnetico ② *(~gerät)* registratore *m*

Tonbandaufnahme *f* registrazione *f*

Tonbandgerät *nt* magnetofono *m* a nastro

tönen ['tøːnən] **I.** *vi (klingen)* s[u]onare, ris[u]onare **II.** *vt (färben)* colorare, sfumare

Tonerde *f* allumina *f*

tönern ['tøːnɐn] *adj* d'argilla, in argilla

Tonfall *m* inflessione *f; (Rhythmus)* cadenza *f*

Tonfilm *m* film *m* sonoro

Tongefäß *nt* vaso *m* di terracotta

Tonhöhe *f* altezza *f* del suono

Tonic[wasser] ['tɔnɪk(vasɐ)] <-(s), -s> *nt* acqua *f* brillante

Toningenieur(in) *m(f)* tecnico, -a *m, f* del suono

Tonkamera *f* cinepresa *f* sonora

Tonkopf *m* testina *f*

Tonkrug *m* brocca *f* di terracotta

Tonlage *s.* **Tonhöhe**

Tonleiter *f* scala *f* musicale, gamma *f*

tonlos *adj* atono; *(Stimme)* afono, spento

Tonnage [tɔ'naːʒə] <-, -n> *f* tonnellaggio *m*

Tonne ['tɔnə] <-, -n> *f* ① *(Fass)* botte *f*, barile *m* ② *(1000 kg)* tonnellata *f* ③ *(Müll~)* bidone *m* della spazzatura, cassonetto *m* ④ **das kannst du/das könnt ihr in die ~ treten!** *(fam)* è da buttare!, è da buttar via!

Tonnengewölbe *nt* volta *f* a botte

tonnenweise *adv* a tonnellate, a bizzeffe

Tonregler *m* regolatore *m* di tono

Tonspur *f* FILM solco *m*

Tonstörung *f* RADIO, FILM, TV interferenza *f* acustica

Tonstreifen *m* colonna *f* [*o* banda *f*] sonora

Tonstudio *nt* studio *m* di registrazione

Tonsur [tɔn'zuːɐ, *Pl:* tɔn'zuːrən] <-, -en> *f* tonsura *f*

Tontaubenschießen <-s> *nt kein Pl.* tiro *m* al piattello

Tontechniker(in) *m(f)* tecnico, -a *m, f* del suono

Tonträger *m* portante *m* audio

Tönung <-, -en> *f* ① *(Vorgang)* colorazione *f* ② *(Ergebnis)* tonalità *f*, tinta *f*

Tonwiedergabe *f* riproduzione *f* del suono

top-, **Top-** [tɔp] *in Zusammensetzungen* top

Top [tɔp] <-s, -s> *nt* top *m*

Topas [to'paːs] <-es, -e> *m* topazio *m*

Topf [tɔpf, *Pl:* 'tœpfə] <-(e)s, Töpfe> *m* ① *(Koch~)* pentola *f;* **alles in einen ~ werfen** *(fig fam)* fare di ogni erba un fascio, mettere tutto nello stesso calderone ② *(Nacht~)* vaso *m* da notte ③ *(Blumen~)* vaso *m*

Töpfchen ['tœpfçən] <-s, -> *nt* vasetto *m; (fam: Nachttopf)* vaso *m* da notte

Topfen ['tɔpfən] <-s> *m kein Pl.* A, SÜDD *(Quark)* ricotta *f*

Töpfer(in) ['tœpfɐ] <-s, -; -, -nen> *m(f)* vasaio, -a *m, f,* ceramista *mf*
Töpferei [tœpfə'raɪ] <-, -en> *f* bottega *f* di ceramiche
Töpferin *f s.* **Töpfer**
töpfern ['tœpfɐn] **I.** *vi* modellare [l'argilla] **II.** *vt (Kunst)* **eine Vase ~** modellare un vaso in terracotta
Töpferscheibe *f* tornio *m* da vasaio
Töpferwaren *f pl* ceramiche *f pl*
topfit ['tɔp'fɪt] *adj (fam)* in perfetta forma
Topfkuchen *m* focaccia *f*
Topflappen *m* presina *f,* presa *f*
Topform *f (fam)* **in ~ sein** essere in forma smagliante
Topfpflanze *f* pianta *f* in vaso
Topmanagement *nt* top-management *m*
Topmodell *nt* top model *f*
Topografie [topogra'fiː] <-, -n> *f* topografia *f*
topografisch [topo'graːfɪʃ] *adj* topografico
toppen ['tɔpən] *vt* superare [un record precedente]
Tor¹ [toːɐ̯] <-(e)s, -e> *nt* ① *(große Tür)* porta *f,* portone *m* ② SPORT rete *f,* gol *m;* **ein ~ schießen** segnare [una rete], fare un gol; **im ~ stehen** stare in porta
Tor² [toːɐ̯] <-en, -en> *m (geh)* stolto *m,* folle *m*
Torbogen *m* arco *m* della porta
Toreinfahrt *f* portone *m,* porta *f* carraia
Torf [tɔrf] <-(e)s> *m kein Pl.* torba *f*
Torfgewinnung *f* estrazione *f* di torba
Torfmoor <-s, -e> *nt* palude *f* torbosa
Torfmull *m* terriccio *m* torboso
torgefährlich *adj (Fußballer)* pericoloso in attacco
Torheit <-, -en> *f (geh)* stoltezza *f,* follia *f*
Torhüter(in) *m(f)* portiere, -a *m, f*
töricht ['tøːrɪçt] *adj (pej)* folle, stolto
torkeln ['tɔrkəln] *vi haben o bei Fortbewegung: sein* vacillare, barcollare
Torlinie *f* SPORT linea *f* della porta
Tornado [tɔr'naːdo] <-s, -s> *m* METEO tornado *m*
Tornister [tɔr'nɪstɐ] <-s, -> *m* ① *(der Soldaten)* zaino *m* ② *(von Schüler)* cartella *f* [a zaino]
torpedieren [tɔrpe'diːrən] <ohne ge-> *vt* MIL silurare
Torpedo [tɔr'peːdo] <-s, -s> *m* MIL siluro *m*
Torpfosten *m* SPORT montante *m* della porta
Torschlusspanik *f (fam)* panico *m* dell'ultima ora
Torschütze *m* SPORT cannoniere *m*
Torso ['tɔrzo] <-s, -s *o* Torsi> *m* KUNST torso *m*
Torte ['tɔrtə] <-, -n> *f* torta *f*
Tortenboden *m* fondo *m* di torta
Tortenguss *m* glassa *f*
Tortenheber *m* paletta *f* per dolci
Tortenplatte *f* piatto *m* da dolce
Tortur [tɔr'tuːɐ̯] <-, -en> *f* tortura *f*
Torwart ['toːɐ̯vart] <-(e)s, -e> *m* portiere *m*
Torweg *m s.* **Toreinfahrt**
tosen ['toːzən] *vi (Wind, Meer)* mugghiare
tosend *adj (Beifall)* fragoroso, strepitoso
Toskana [tɔs'kaːna] *f* Toscana *f*
tot [toːt] *adj* morto; *(verstorben)* defunto; ADM deceduto; **das Tote Meer** il Mar Morto; **~ umfallen** cadere morto; **klinisch ~ sein** essere clinicamente morto; **er war auf der Stelle ~** morì sul colpo; **mehr ~ als lebendig sein** essere più morto che vivo; **an einem ~en Punkt ankommen** giungere a un punto morto; **das Telefon ist ~** il telefono è staccato
total [to'taːl] **I.** *adj* totale **II.** *adv (fam: völlig)* del tutto, completamente
Totalausfall *m* black out *m*
Totalausverkauf *m* liquidazione *f* totale
Totalblockade *f* ① POL embargo *m* ② *(fam: Denkblockade)* blocco *m* mentale
totalitär [totali'tɛːɐ̯] *adj* totalitario
Totalitarismus [totalita'rɪsmʊs] <-> *m kein Pl.* POL totalitarismo *m*
Totalität [totali'tɛːt] <-> *f kein Pl.* totalità *f*
Totalschaden *m* danno *m* totale
tot|arbeiten *vr:* **sich ~** *(fam)* ammazzarsi di lavoro
tot|ärgern *vr:* **sich ~** *(fam)* arrabbiarsi da morire
Tote <ein -r, -n, -n> *mf* morto, -a *m, f; (Verstorbene)* defunto, -a *m, f*
töten ['tøːtən] *vt* uccidere, ammazzare
Totenbett *nt* letto *m* di morte
totenblass ['toːtən'blas] *adj* pallido come un morto, cadaverico
Totenglocke *f* campana *f* a morto
Totengräber ['toːtəngrɛːbɐ] <-s, -> *m* becchino *m*
Totenhemd *nt* lenzuolo *m* funebre, sudario *m*
Totenkopf *m* teschio *m*
Totenmesse *f* messa *f* funebre
Totenschädel <-s, -> *m s.* **Totenkopf**
Totenschein *m* certificato *m* di morte
Totensonntag *m* giorno *m* dei morti
Totenstarre *f* rigidità *f* cadaverica
totenstill ['toːtən'ʃtɪl] *adj* **es war ~** c'era un silenzio di tomba
Totenstille ['toːtən'ʃtɪlə] *f* silenzio *m* di tomba
Totentanz *m* danza *f* macabra

Totenwache *f* veglia *f* funebre; **die ~ bei jdm halten** vegliare qu
tot|fahren <irr> *vt* investire mortalmente
totgeboren *adj* nato morto
Totgeglaubte, **Totgesagte** <ein -r, -n, -n> *mf* persona *f* creduta morta
tot|kriegen *vt* **er ist nicht totzukriegen** *(fam scherz)* non si può sradicarlo
tot|lachen *vr:* **sich ~** *(fam)* morire dalle risate, ridere a crepapelle
tot|laufen <irr> *vr:* **sich ~** *(fam)* finire in nulla
Toto ['to:to] <-s, -s> *m (fam)* totocalcio *m*
Totoschein *m* schedina *f* del totocalcio
tot|sagen *vt* dare per morto
tot|schießen <irr> *vt* uccidere con un colpo di arma da fuoco
Totschlag *m* JUR omicidio *m* volontario
tot|schlagen <irr> *vt* ammazzare; **die Zeit ~** *(fig)* ammazzare il tempo
Totschläger *m* ① *(Mörder)* uccisore *m*, omicida *m* ② *(Waffe)* mazza *f*
tot|schweigen <irr> *vt* mettere a tacere
tot|stellen *vr:* **sich ~** fingersi morto
Tötung <-, -en> *f* uccisione *f; (von Menschen)* omicidio *m;* **fahrlässige ~** omicidio colposo
Touch Screen <-s, -s> *m* INFORM touch screen *m*
Toupet [tu'pe:] <-s, -s> *nt* ① *(Haarteil)* toupet *m* ② CH *(Frechheit)* sfrontatezza *f*
Tour [tu:ɐ̯] <-, -en> *f* giro *m;* **auf ~en kommen** *(fam)* andare su di giri; **auf vollen ~en** *(fam)* a pieno regime; **in einer ~** *(fam)* senza interruzione, in continuazione
Tourenski ['tu:rənʃi:] <-s, -er> *m* sci *m* escursionistico fuori pista
Tourenzahl *f* TEC numero *m* di giri
Touri <-s, -s> *m (fam pej)* turista *mf*
Tourismus [tu'rɪsmʊs] <-> *m kein Pl.* turismo *m*
Tourist(in) [tu'rɪst] <-en, -en; -, -nen> *m(f)* turista *mf*
Touristenklasse *f* classe *f* turistica
Touristenvisum <-s, -visa> *nt* visto *m* turistico
Touristik [tu'rɪstɪk] <-> *f kein Pl.* turismo *m*
Touristikunternehmen <-s, -> *nt* azienda *f* di promozione turistica
Touristin *f s.* **Tourist**
touristisch *adj* turistico
Tournee [tʊr'ne:] <-, -s *o* -n> *f* tournée *f;* **auf ~ gehen** andare in tournée, fare una tournée
Toxikologie [tɔksikolo'gi:] <-> *f kein Pl.* tossicologia *f*
toxikologisch [tɔksiko'lo:gɪʃ] *adj* tossicologico; **~e Untersuchung** analisi tossicologica
toxisch ['tɔksɪʃ] *adj* tossico
Trab [tra:p] <-(e)s> *m kein Pl.* trotto *m;* **im ~** al trotto; **jdn auf ~ bringen** *(fam)* far trottare qu
Trabant [tra'bant] <-en, -en> *m* ASTR satellite *m*
Trabantenstadt *f* città *f* satellite
Trabbi ['trabi] <-s, -s> *m (fam) macchina dell'ex-RDT*
traben ['tra:bən] *vi sein* trottare, andare al trotto
Trabrennen <-s, -> *nt* corsa *f* al trotto, gara *f* trottistica
Tracht [traxt] <-, -en> *f (Kleidung)* costume *m*, foggia *f; (Volks~)* costume *m* regionale; *(Schwestern~)* camice *m*, divisa *f;* **jdm eine ~ Prügel geben** *(fam)* dare a qu un fracco di legnate
trachten ['traxtən] *vi (geh)* aspirare; **nach etw ~** aspirare a qc; **jdm nach dem Leben ~** attentare alla vita di qu
Trachtenjackett <-(e)s, -s> *nt* giacca *f* folcloristica [*o* tipica della regione]
trächtig ['trɛçtɪç] *adj* pregna, gravida
Trackball <-, -s> *m* INFORM trackball *f*
Trackpad ['trakpɛd] <-s, -s> *nt* INFORM trackpad *m*
Tradition [tradi'ts̯io:n] <-, -en> *f* tradizione *f*
traditionell [tradits̯io'nɛl] *adj* tradizionale
traditionsbewusst *adj* tradizionalistico
traf [tra:f] *1. u. 3. Pers. Sing. Imp. von* **treffen**
Trafik [tra'fɪk] <-, -en> *f* A *(Verkaufsstelle)* tabaccheria *f*, rivendita *f* tabacchi; **Stempelmarken bekommt man in der ~** i francobolli si comprano in tabaccheria
Trafikant(in) [trafi'kant] <-en, -en; -, -nen> *m(f)* A *(Besitzer einer Tabaktrafik)* tabaccaio, -a *m, f*
Tragbahre *f* barella *f*
tragbar *adj* ① *(Geräte)* portatile ② *(Kleider a.)* portabile ③ *(fig: erträglich)* sopportabile, tollerabile
träge ['trɛ:gə] *adj* ① *(Mensch)* pigro, lento; *(geistig)* indolente; *(Bewegung)* lento ② PHYS inerte
tragen ['tra:gən] <trägt, trug, getragen> **I.** *vt* ① *(weg~, am Körper ~, halten)* portare; **sein Haar lang/kurz ~** portare i capelli lunghi/corti ② *(Frucht, Erfolg)* dare, [ri]portare ③ *(Namen, Aufschrift)* portare, avere ④ *(er~)* sopportare, subire; **die Konsequenzen ~** subire le conseguenze; **etw mit Fassung ~** sopportare qc con calma; **Verantwortung ~** avere la responsabilità **II.** *vi* ① *(Eis)* regge-

re; **zum Tragen kommen** *(fig)* trovare impiego ② *(Früchte hervorbringen)* dare frutti, fruttificare **III.** *vr:* **sich ~** ① *(Kleidung)* **dieser Pullover trägt sich gut** questo maglione si porta bene ② *(in Erwägung ziehen)* **sich mit dem Gedanken ~ etw zu tun** covare l'idea di fare qc

Träger ['trɛgɐ] <-s, -> *m* ① *(an Kleidung)* spallina *f; (Hosen~)* bretella *f* ② TEC montante *m; (~balken)* trave *f* ③ *(Institution)* organismo *m*

Träger(in) <-s, -; -, -nen> *m(f)* ① *(Gepäck~)* facchino *m* ② *(von Kultur, Idee)* rappresentante *mf* ③ *(von Krankheit)* portatore, -trice *m, f*

trägerlos *adj* senza spalline

Trägerrakete *f* [razzo *m*] vettore *m*

Tragetasche *f* sporta *f*, borsa *f*

tragfähig *adj* solido

Tragfähigkeit *f* [capacità *f* di] portata *f; (Höchstlast)* portata *f* massima, limite *m* di carico

Tragfläche *f* AERO superficie *f* alare

Tragflächenboot *nt*, **Tragflügelboot** *nt* aliscafo *m*

Trägheit <-> *f kein Pl.* ① *(von Mensch)* pigrizia *f; (geistig)* indolenza *f; (von Bewegung)* lentezza *f* ② PHYS inerzia *f*

Trägheitsmoment *nt* PHYS momento *m* d'inerzia

Tragik ['tra:gɪk] <-> *f kein Pl.* tragico *m*

tragikomisch [tra:gi'ko:mɪʃ *o* 'tra:giko:mɪʃ] *adj* tragicomico

Tragikomödie [tragiko'mø:di̯ə *o* 'tragikomø:di̯ə] *f* tragicommedia *f*

tragisch *adj* tragico; **etw ~ nehmen** *(fam)* prendere qc sul tragico

Tragkraft *f* forza *f* portante

Traglast *f* carico *m*

Tragödie [tra'gø:di̯ə] <-, -n> *f* tragedia *f*

trägt [trɛ:kt] *3. Pers. Sing. Präs. von* **tragen**

Tragweite *f (fig)* portata *f*

Trailer ['treɪlɐ] <-s, -> *m* FILM trailer *m*

Trainee [treɪ'ni:] <-s, -s> *m* allievo *m*

Trainer(in) ['trɛ:nɐ] <-s, -; -, -nen> *m(f)* allenatore, -trice *m, f*

trainieren [trɛ'ni:rən *o* tre'ni:rən] <ohne ge-> **I.** *vt* allenare; **jdn/etw auf etw** *akk* **~** allenare qu/qc per qc **II.** *vi* allenarsi; **auf etw** *akk* **~** allenarsi per qc

Training ['trɛ:nɪŋ] <-s, -s> *nt* allenamento *m*

Trainingsanzug *m* tuta *f* [sportiva]

Trainingshose *f* pantaloni *mpl* della tuta

Trainingsjacke *f* giacca *f* della tuta

Trainingslager *nt* campo *m* d'allenamento

Trakt [trakt] <-(e)s, -e> *m* ARCH ala *f*

Traktandenliste [trak'tandənlɪstə] *f* CH ADM, POL, JUR *(Tagesordnung)* ordine *m* del giorno

Traktandum [trak'tandʊm] <-s, Traktanden> *nt* CH ADM, POL, JUR *(Tagesordnungspunkt)* punto *m* dell'ordine del giorno

Traktat [trak'ta:t] <-(e)s, -e> *m o nt* trattato *m*

traktieren [trak'ti:rən] <ohne ge-> *vt (fam: schlecht behandeln)* maltrattare

Traktor ['trakto:ɐ̯] <-s, -en> *m* trattore *m*

trällern ['trɛlɐn] *vi, vt* canticchiare, canterellare

Tram[1] [tram] <-s, -s> *nt* CH tram *m*

Tram[2] <-s, -en> *m* A *(Dachbalken)* trave *f* maestra

Trampel ['trampəl] <-s, -> *m o nt (fam pej)* persona *f* sgraziata

trampeln ['trampəln] **I.** *vi (mit den Füßen treten)* battere i piedi **II.** *vt* **etw platt ~** schiacciare qc pestandola coi piedi

Trampelpfad *m* pista *f* battuta

Trampeltier *nt* ① ZOO cammello *m* ② *(fam pej: ungeschickter Mensch)* imbranato, -a *m, f*

trampen ['trɛmpən] *vi sein* fare l'autostop

Tramper(in) <-s, -; -, -nen> *m(f)* autostoppista *mf*

Trampolin ['trampoli:n *o* trampo'li:n] <-s, -e> *nt* trampolino *m*

Tran [tra:n] <-(e)s, *rar:* -e> *m* olio *m* di balena; *(Leber~)* olio *m* di fegato [di merluzzo]; **das hab' ich im ~ ganz vergessen** *(fam)* l'ho completamente dimenticato

Trance ['trã:s(ə)] <-, -n> *f* trance *f*; **in ~ fallen** andare in trance

Tranchierbesteck *nt* forchetta *f* e coltello *m* per trinciare

tranchieren [trã'ʃi:rən] <ohne ge-> *vt* trinciare

Tranchiermesser *nt* trinciante *m*

Träne ['trɛ:nə] <-, -n> *f* lacrima *f*; **~n lachen** ridere fino alle lacrime; **ohne eine ~ zu vergießen** a ciglio asciutto; **den ~n nahe sein** stare per piangere; **in ~n aufgelöst sein** essere in un mare di lacrime; **zu ~n gerührt sein** essere commosso fino alle lacrime; **mit ~n in den Augen** con le lacrime agli occhi; **mir kommen [gleich] die ~n!** *(iron fam)* mi viene [già] da piangere!

tränen *vi* lacrimare

Tränendrüse *f* ghiandola *f* lacrimale

Tränenfluss *m* fiume *m* di lacrime

Tränengas *nt* gas *m* lacrimogeno

Tränensack *m* sacco *m* lacrimale

tranig *adj* ① *(nach Tran schmeckend)* che sa di olio di pesce ② *(fam pej: langsam)* lento

trank [traŋk] *1. u. 3. Pers. Sing. Imp. von* **trinken**
Trank [traŋk, *Pl:* 'trɛŋkə] <-(e)s, Tränke> *m (poet)* bevanda *f*
Tränke ['trɛŋkə] <-, -n> *f* abbeveratoio *m*
tränken *vt* ❶ *(Tiere)* abbeverare ❷ *(durchnässen)* imbevere; **etw** [**mit etw**] ~ imbevere qc [di qc]
Transaktion [trans?ak'tsi̯o:n] *f* transazione *f*
Transaktions- und Kurssicherungskosten *fpl* FIN costi *mpl* di transazione e di sostegno delle quotazioni
Transatlantikflug [trans?at'lantɪkflu:k] *m* volo *m* transatlantico
transatlantisch *adj* transatlantico
Transfer [trans'fɛ:ɐ̯] <-s, -s> *m* ❶ *(bei Reise) a.* FIN, SPORT trasferimento *m* ❷ PSYCH transfer *m*
transferierbar *adj* trasferibile
transferieren [transfe'ri:rən] <ohne ge-> *vt* trasferire
Transformation [transfɔrma'tsjo:n] <-, -en> *f* trasformazione *f*
Transformator [transfɔr'ma:to:ɐ̯] <-s, -en> *m* trasformatore *m*
Transformator[en]häuschen *nt* cabina *f* di trasformazione
Transfusion [transfu'zi̯o:n] <-, -en> *f* MED trasfusione *f* [di sangue]
transgen ['transge:n] *adj* BIOL transgenetico
Transistor [tran'zɪsto:ɐ̯] <-s, -en> *m* transistor[e] *m*
Transit [tran'zi:t *o* tran'zɪt] <-s, -e> *m* transito *m*
Transitabkommen *nt* accordo *m* bilaterale sul transito
Transitgüter *ntpl* merce *f* in transito
Transithandel *m* commercio *m* di transito
transitiv ['tranziti:f *o* tranzi'ti:f] *adj* LING transitivo
Transitverkehr *m* traffico *m* di transito
Transitvisum <-s, -visa> *nt* visto *m* di transito
Transitzoll *m* diritti *mpl* di transito
Transkription [transkrɪp'tsjo:n] <-, -en> *f* LING, MUS trascrizione *f*
Transmission [transmɪ'sjo:n] <-, -en> *f* trasmissione *f*
transparent [transpa'rɛnt] *adj* trasparente
Transparent <-(e)s, -e> *nt (Spruchband)* striscione *m*
Transparenz [transpa'rɛnts] <-> *f kein Pl.* trasparenza *f*
transpirieren [transpi'ri:rən] <ohne ge-> *vi* traspirare
Transplantat [transplan'ta:t] <-(e)s, -e> *nt* MED organo *m* [*o* tessuto *m*] trapiantato
Transplantation [transplanta'tsi̯o:n] <-, -en> *f* ❶ BOT innesto *m* ❷ MED trapianto *m*
Transplantationszentrum *nt* centro *m* trapianti
transplantieren [transplan'ti:rən] <ohne ge-> *vt* trapiantare
Transport [trans'pɔrt] <-(e)s, -e> *m* trasporto *m*
transportabel [transpɔr'ta:bəl] *adj* trasportabile, portatile, mobile
Transportarbeiter *m* lavoratore *m* di un'impresa di trasporti
Transportband <-(e)s, -bänder> *nt* nastro *m* trasportatore
Transporter [tran'spɔrtər] <-s, -> *m (Schiff)* nave *f* da carico; *(Flugzeug)* aereo *m* da trasporto; *(Auto)* furgone *m*
Transporteur(in) [transpɔr'tø:ɐ, *Pl:* transpɔr'tø:rə] <-s, -e; -, -nen> *m(f)* trasportatore, -trice *m, f*
transportfähig *adj* trasportabile
Transportflugzeug *nt* aereo *m* da trasporto
transportieren [transpɔr'ti:rən] <ohne ge-> *vt* trasportare
Transportkosten *pl* spese *fpl* di trasporto
Transportmittel *nt* mezzo *m* di trasporto
Transportnetz *nt* rete *f* di trasporti
Transportschaden *m* avaria *f* di trasporto
Transportschiff *nt* nave *f* da carico, cargo *m*
Transportunternehmen *nt* impresa *f* di trasporti
Transportunternehmer(in) *m(f)* titolare *mf* di un'impresa di trasporti
Transportversicherung *f* assicurazione *f* sui trasporti
Transrapid *m* treno *m* rapido a sostentazione elettromagnetica
transsexuell [transsɛksu'ɛl] *adj* transessuale
Transvestit [transvɛs'ti:t] <-en, -en> *m* travestito *m*
transzendent [transtsɛn'dɛnt] *adj* trascendente
transzendental [transtsɛndɛn'ta:l] *adj* trascendentale
Transzendenz [transtsɛn'dɛnts] <-> *f kein Pl.* trascendenza *f*
Trapez [tra'pe:ts] <-es, -e> *nt* trapezio *m*
Trasimenischer See [trazi'me:nɪʃɐ'ze:] *m* lago *m* Trasimeno
Trasse ['trasə] <-, -n> *f* tracciato *m*
trassieren [tra'si:rən] <ohne ge-> *vt* ❶ *(abstecken)* tracciare ❷ FIN spiccare una tratta su
trat [tra:t] *1. u. 3. Pers. Sing. Imp. von* **treten**

T

Tratsch [traːtʃ] <-(e)s> *m kein Pl.* *(fam)* chiacchiere *f pl,* pettegolezzi *m pl*
tratschen *vi (fam)* chiacchierare, spettegolare
Tratte ['tratə] <-, -n> *f* tratta *f*
Traualtar *m* altare *m* delle nozze
Traube ['traʊbə] <-, -n> *f* ① *(Beere, Blütenstand)* grappolo *m;* *(Wein~)* grappolo *m* d'uva ② *Pl.* *(Weintrauben)* uva *f* ③ *(fig: dicht gedrängte Menge)* grappolo *m*
traubenförmig ['traʊbənfœrmɪç] *adj* a grappolo
Traubensaft <-(e)s, -säfte> *m* succo *m* d'uva
Traubenzucker *m* glucosio *m*
trauen ['traʊən] **I.** *vi (ver~)* **jdm/etw ~** avere fiducia in qu/qc; **jdm nicht über den Weg ~** *(fam)* fidarsi poco di qu; **seinen Augen nicht ~** non credere ai propri occhi **II.** *vr* **sich ~ etw zu tun** osare far qc **III.** *vt (verheiraten)* sposare, unire in matrimonio; **sich ~ lassen** sposarsi
Trauer ['traʊɐ] <-> *f kein Pl.* tristezza *f;* *(um einen Toten)* lutto *m;* **~ tragen** essere in lutto
Traueranzeige <-, -n> *f* annuncio *m* funebre, necrologio *m*
Trauerbinde *f* fascia *f* da lutto
Traueressen <-s, -> *nt* CH *(Totenmahl)* banchetto *m* funebre
Trauerfall *m* lutto *m,* decesso *m*
Trauerfamilie *f* CH *(Verwandten des/der Verstorbenen)* parenti *m pl* del defunto
Trauerfeier *f* onoranza *f* funebre
Trauerflor *m* velo *m* da lutto
Trauergottesdienst *m* servizio *m* funebre
Trauerjahr *nt* anno *m* di lutto
Trauerkleidung *f* vestiti *m pl* da lutto
Trauerkloß *m (fam scherz)* piagnucolone *m,* musone *m*
Trauermarsch *m* marcia *f* funebre
trauern *vi* essere in lutto; **um jdn/etw trauern** essere in lutto per qu/qc
Trauerrand *m* bordo *m* nero, lista *f* nera
Trauerspiel *nt* tragedia *f*
Trauerweide *f* BOT salice *m* piangente
Trauerzirkular <-(e)s, -e> *nt* CH *(Todesanzeige, die mit der Post verschickt wird)* partecipazione *f* di lutto
Traufe ['traʊfə] <-, -n> *f* scarico *m;* *(Dach~)* grondaia *f*
träufeln ['trɔɪfəln] *vt* gocciolare, versare a gocce
Traum [traʊm, *Pl:* 'trɔɪmə] <-(e)s, Träume> *m* sogno *m;* **im ~** in sogno; **der Mann ihrer Träume** l'uomo dei suoi sogni; **ich denke nicht im ~ daran!, das fällt mir nicht im ~ ein!** *(fam)* neanche per sogno!; **aus der ~!** *(fam)* la pacchia è finita!
Trauma ['traʊma, *Pl:* 'traʊmən *o* 'traʊmata] <-s, Traumen *o* Traumata> *nt* MED, PSYCH trauma *m*
traumatisch [traʊ'maːtɪʃ] *adj* MED, PSYCH traumatico
Traumdeutung *f* interpretazione *f* dei sogni, oniromanzia *f*
Traumen *Pl. von* **Trauma**
träumen ['trɔɪmən] *vi* sognare; **von etw/jdm ~** sognare qc/qu; **mit offenen Augen ~** sognare a occhi aperti; **das hätte ich mir nicht ~ lassen** non me lo sarei mai sognato
Träumer(in) <-s, -; -, -nen> *m(f)* sognatore, -trice *m, f*
Träumerei [trɔɪmə'raɪ] <-, -en> *f* fantasticheria *f,* sogno *m*
Träumerin *f s.* **Träumer**
träumerisch *adj* sognatore, trasognato
traumhaft *adj* ① *(fam: überaus schön)* fantastico, stupendo; **das Kleid ist ~ [schön]** *(fam)* questo vestito è un sogno ② SCIENT onirico
Traumpaar *nt* coppia *f* ideale
traumverloren *adj* trasognato
traurig ['traʊrɪç] *adj* ① *(betrübt)* triste, rattristato; **~ machen** [*o* **stimmen**] rattristare, affliggere; **~ werden** rattristarsi, affliggersi ② *(schmerzlich)* triste, doloroso ③ *(kläglich)* deplorevole, pietoso
Traurigkeit <-> *f kein Pl.* tristezza *f*
Trauring *m* fede *f,* vera *f*
Trauschein *m* certificato *m* di matrimonio
traut [traʊt] *adj (obs)* ① *(gemütlich)* accogliente ② *(vertraut)* intimo ③ *(lieb)* caro
Trauung <-, -en> *f* matrimonio *m;* **kirchliche/standesamtliche ~** matrimonio religioso/civile
Trauzeuge *m,* **Trauzeugin** *f* testimone *mf* di nozze
Treff [trɛf] <-s, -s> *m (fam)* ① *(das Treffen)* incontro *m* ② *(Treffpunkt)* luogo *m* d'incontro
treffen ['trɛfən] <trifft, traf, getroffen> **I.** *vt* ① *(begegnen)* incontrare ② *(durch Schlag, Schuss)* colpire; **jdn am Kopf ~** colpire qu alla testa; **der Schuss traf ihn in den Rücken** fu colpito alla schiena; **mich trifft keine Schuld** a me non si può dare nessuna colpa ③ *(fig: kränken)* colpire, offendere ④ *(be~)* toccare, concernere ⑤ *(Auswahl)* fare; *(Maßnahmen)* adottare ⑥ *(erraten, herausfinden)* **den richtigen Ton ~** trovare il tono giusto; **auf dem Foto bist du nicht gut getroffen** sulla foto sei venuto male **II.** *vi (Schlag, Schuss)* colpire **III.** *vr:* **sich ~** ① *(zusammenkommen)* in-

T

contrarsi ② *(geschehen)* capitare; **es trifft sich gut/schlecht, dass …** capita bene/male che …
Treffen <-s, -> *nt* incontro *m*
treffend **I.** *adj* giusto, preciso; **eine ~e Charakterisierung** una caratterizzazione calzante **II.** *adv* con precisione, appropriatamente
Treffer <-s, -> *m* ① *(beim Boxen)* colpo *m* andato a segno; *(beim Fechten)* toccata *f;* *(beim Fußball)* rete *f;* *(beim Schießen)* centro *m* ② *(in Lotterie)* biglietto *m* vincente ③ *(fig: Erfolg)* impresa *f* fortunata
trefflich *adj (geh)* eccellente
Treffpunkt *m* luogo *m* d'incontro
treffsicher *adj* che ha una mira infallibile
Treibeis *nt* ghiaccio *m* galleggiante
treiben ['traɪbən] <treibt, trieb, getrieben> **I.** *vt haben* ① *(jagen)* cacciare, spingere; *(Vieh)* condurre ② *(in Bewegung setzen)* muovere; *(Rad)* far girare ③ *(an~)* spingere; **jdn zu etw ~** spingere qu a qc; **jdn zur Verzweiflung ~** spingere qu alla disperazione ④ *(hinein~, hineinschlagen)* conficcare; *(Tunnel, Stollen)* scavare; *(Metall)* sbalzare ⑤ *(betreiben, tun)* fare, esercitare, praticare; **Ackerbau und Viehzucht ~** dedicarsi all'agricoltura ed all'allevamento; **es zu weit** [*o* **zu bunt** *fam*] **~** esagerare, andare troppo in là; **es mit jdm ~** *(fam)* farsela con qu **II.** *vi* ① *sein (fortbewegt werden)* essere spinto; *(auf dem Wasser)* galleggiare, andare alla deriva; **sich ~ lassen** *(fig)* lasciarsi trascinare ② *haben* BOT *(wachsen)* germogliare ③ *haben (Teig)* lievitare
Treiben <-s> *nt kein Pl.* *(fig: der Welt)* corso *m,* movimento *m;* *(auf der Straße)* andirivieni *m*
treibend *adj* **die ~e Kraft** la forza motrice
Treiber <-s, -> *m* ① *(Vieh~)* guardiano *m,* mandriano *m;* *(auf der Jagd)* battitore *m* ② INFORM driver *m*
Treibgas <-es, -e> *nt* gas *m* propellente
Treibhaus *nt* serra *f* [calda]
Treibhauseffekt <-(e)s> *m kein Pl.* effetto *m* serra
Treibholz <-es> *nt kein Pl.* legname *m* galleggiante
Treibjagd *f* battuta *f*
Treibsand <-es> *m kein Pl.* sabbie *f pl* mobili
Treibstoff *m* carburante *m*
Trekking ['trækɪŋ] *nt* trekking *m*
Trema ['treːma] <-s, -s *o* Tremata> *nt* dieresi *f*
Trenchcoat ['trɛntʃkɔʊt] <-(s), -s> *m* trench [coat] *m*
Trend [trɛnt] <-s, -s> *m* tendenza *f;* **modischer ~** moda *f*
Trendforscher(in) *m(f)* studioso, -a *m, f* dei trend
trendig *adj (fam) s.* **trendy**
Trendsetter(in) ['trɛntsɛtɐ] <-s, -; -, -nen> *m(f)* iniziatore, -trice *m, f* di una nuova moda
Trendwende *f* svolta *f* di tendenza
Trendwort *nt* parola *f* trend
trendy ['trɛndi] *adj* trendy, alla moda
trennbar *adj* separabile
trennen ['trɛnən] **I.** *vt* ① *(entfernen)* separare; *(Zusammengehöriges)* scompagnare ② *(ab~)* staccare; *(Menschen a.)* disunire; **jdn/etw** [**von jdm/etw**] **~** staccare qu/qc da qu/qc ③ TEL interrompere **II.** *vr:* **sich ~** separarsi
Trennung <-, -en> *f* separazione *f;* *(Teilung)* divisione *f;* EL, TEL interruzione *f*
Trennungsentschädigung *f* indennità *f* di separazione
Trennungsjahr *nt* JUR *anno che due coniugi devono trascorrere vivendo separati prima di poter avviare le pratiche per il divorzio*
Trennungsstrich *m* trattino *m* di separazione
Trennwand *f* parete *f* divisoria
treppab [trɛp'ʔap] *adv* giù per le scale
treppauf [trɛp'ʔaʊf] *adv* su per le scale
Treppe ['trɛpə] <-, -n> *f* scala *f;* **die ~ hinauf-/hinuntergehen** salire/scendere le scale
Treppenabsatz *m* pianerottolo *m*
Treppengeländer *nt* ringhiera *f* delle scale
Treppenhaus *nt* tromba *f* delle scale
Treppenlift *m* servoscala *m*
Treppenstufe *f* gradino *m*
Tresen ['treːzən] <-s, -> *m* NORDD ① *(in einer Gaststätte)* banco *m* ② *(Ladentisch)* bancone *m*
Tresor [tre'zoːɐ̯] <-s, -e> *m* ① *(Panzerschrank)* cassaforte *f* ② *(~raum)* camera *f* blindata
Tresse ['trɛsə] <-, -n> *f* gallone *m*
Tretboot *nt* pattino *m*
treten ['treːtən] <tritt, trat, getreten> **I.** *vi* ① *sein (einen Schritt tun)* andare; *(ein~)* entrare; **ins Zimmer ~** entrare in camera; **unter/vor/hinter etw** *akk* **~** andare sotto/davanti a/dietro a qc; **in eine Pfütze ~** mettere i piedi in una pozzanghera; **über die Ufer ~** straripare; **~ Sie näher!** si avvicini!; **in den Streik ~** mettersi in sciopero; **in den Hintergrund/Vordergrund ~** *(fig)* passare in secondo/primo piano ② *haben (einen Tritt versetzen)* dare un calcio [*o* una pedata]; **gegen jdn/etw**

T

[*o* **nach jdm/etw**] ~ dare un calcio a qu/qc **II.** *vt haben* ① *(mit Fußtritt)* dare una pedata a ② *(Pedal)* azionare, schiacciare, premere; **die Bremse/Kupplung ~** pigiare il freno/la frizione

Tretmühle *f (fam pej)* lavoro *m* monotono

treu [trɔɪ] *adj* fedele; *(ergeben)* devoto; **jdm ~ sein** essere fedele a qu

Treubruch *m* tradimento *m*

Treue <-> *f kein Pl.* fedeltà *f; (Ergebenheit)* devozione *f;* **jdm die ~ halten** restar fedele a qu

Treueid *m* giuramento *m* di fedeltà

Treuhand <-> *f kein Pl.* JUR amministrazione *f* fiduciaria; **die ~** *s.* **Treuhandanstalt**

Treuhandanstalt <-> *f kein Pl. società federale incaricato per la privatizzazione delle imprese di stato dell'ex-RDT*

Treuhänder(in) ['trɔɪhɛndɐ] <-s, -; -, -nen> *m(f)* JUR fiduciario, -a *m, f*

Treuhandgesellschaft *f* JUR società *f* fiduciaria

treuherzig *adj* ingenuo, candido

Treuherzigkeit <-> *f kein Pl.* ingenuità *f,* candore *m*

treulos *adj* infedele, sleale; *(verräterisch)* perfido

Treulosigkeit <-> *f kein Pl.* infedeltà *f,* slealtà *f; (Verrat)* tradimento *m*

Triangel ['triːaŋəl] <-s, -> *m* triangolo *m*

Triangulation <-, -en> *f* triangolazione *f*

Triathlon ['triːatlɔn] <-s, -s> *nt* SPORT triathlon *m*

Tribunal [tribu'naːl] <-s, -e> *nt* tribunale *m*

Tribüne [tri'byːnə] <-, -n> *f* tribuna *f,* palco *m*

Tribut [tri'buːt] <-(e)s, -e> *m* tributo *m;* **einer Sache** *dat* **~ zollen** pagare il proprio tributo a qc

tributpflichtig *adj* tributario

Trichine [trɪ'çiːnə] <-, -n> *f* trichina *f*

Trichter ['trɪçtɐ] <-s, -> *m* ① *(zum Einfüllen)* imbuto *m* ② *(Schall~)* tromba *f* ③ *(Granat~, Bomben~)* cratere *m*

trichterförmig ['trɪçtɐfœrmɪç] *adj* a forma di imbuto

Trick [trɪk] <-s, -s *o* -e> *m* FOTO, FILM trucco *m; (raffiniert)* espediente *m,* astuzia *f;* **ein gemeiner/fauler ~** uno scherzo mancino/un tiro poco onesto

Trickaufnahme *f* trucchi *mpl* cinematografici

Trickbetrüger(in) *m(f)* specialista *mf* dell'imbroglio

Trickfilm *m* cartoni *mpl* animati

trickreich *adj* astuto

trieb [triːp] *1. u. 3. Pers. Sing. Imp. von* **treiben**

Trieb [triːp] <-(e)s, -e> *m* ① BIOL, PSYCH istinto *m;* PSYCH pulsione *f* ② *(An~)* impulso *m; (Neigung)* inclinazione *f,* tendenza *f* ③ BOT germoglio *m,* pollone *m*

Triebfeder *f* ① TEC molla *f* motrice ② *(fig: Beweggrund)* molla *f,* movente *m*

triebhaft *adj* istintivo, impulsivo

Triebhaftigkeit <-> *f kein Pl.* impulsività *f,* carattere *m* istintivo [*o* impulsivo]

Triebkraft *f* ① PHYS forza *f* motrice ② *(fig: Triebfeder)* movente *m,* molla *f*

Triebtäter(in) *m(f)* maniaco, -a *m, f* sessuale

Triebwagen *m* [auto]motrice *f*

Triebwerk *nt* MOT motore *m;* AERO motore *m* propulsore

triefen ['triːfən] <trieft, triefte *o geh:* troff, getrieft *o rar:* getroffen> *vi* ① *sein (Flüssigkeit)* gocciolare ② *haben (nasser Gegenstand)* grondare; **vor Fett/Wasser ~** essere pieno [zeppo] di grasso/di acqua

Trient [tri'ɛnt] *nt* Trento *f*

Trier [triːɐ̯] *nt* Treviri *f*

Triest [tri'ɛst] *nt* Trieste *f*

trifft [trɪft] *3. Pers. Sing. Präs. von* **treffen**

triftig ['trɪftɪç] *adj* valido, convincente, fondato

Trigonometrie [trigonome'triː] <-> *f kein Pl.* MAT trigonometria *f*

Trikolore [triko'loːrə] <-, -n> *f* bandiera *f* tricolore

Trikot <-s, -s> *nt* maglia *f,* maglietta *f*

Trikotagen [triko'taːʒən] *f pl* maglieria *f*

trillern ['trɪlɐn] *vi* trillare, gorgheggiare

Trillerpfeife *f* fischietto *m*

Trilliarde [trɪ'ljardə] <-, -n> *f* trilione *m* di miliardi

Trillion [trɪ'ljoːn] <-, -en> *f* quintilione *m*

Trimm-dich-Pfad ['trɪmdɪçpfaːt] *m* sentiero *m* del percorso vita

trimmen ['trɪmən] **I.** *vt* ① *(durch Sport)* allenare ② NAUT, AERO assettare; *(verstauen)* stivare ③ *(Hund)* tosare; *(Rasen: scheren)* tagliare l'erba, falciare **II.** *vr:* **sich ~** allenarsi

trinkbar *adj* bevibile; *(Wasser)* potabile

trinken ['trɪŋkən] <trinkt, trank, getrunken> *vt, vi* bere; **aus der Flasche ~** bere dalla bottiglia; **in** [*o* **mit**] **kleinen Schlucken ~** bere a centellini; **was möchten Sie ~?** che cosa prende da bere?; **einen ~** *(fam)* bere qc di alcolico; **einen ~ gehen** *(fam)* andare a bere un bicchierino; **auf jds Wohl ~** bere alla salute di qu

Trinker(in) <-s, -; -, -nen> *m(f)* bevitore, -trice *m, f*

trinkfest *adj* che regge l'alcool

Trinkgeld *nt* mancia *f*

Trinkglas <-es, -gläser> *nt* bicchiere *m*

Trinkhalm *m* cannuccia *f* [per bibite]
Trinkkur *f* cura *f* delle acque termali
Trinkspruch *m* brindisi *m;* **einen ~ auf jdn ausbringen** brindare a qu
Trinkwasser *nt* acqua *f* potabile; **kein ~!** acqua non potabile!
Trinkwasseraufbereitung *f* depurazione *f* dell'acqua
Trinkwasserversorgung *f* approvvigionamento *m* di acqua potabile
Trio ['tri:o] <-s, -s> *nt* MUS trio *m*
Trip [trɪp] <-s, -s> *m* ① *(fam: Ausflug)* gita *f* ② *(sl: Rauschgift-~)* trip *m*
trippeln ['trɪpəln] *vi sein* camminare a passettini
Tripper ['trɪpɐ] <-s, -> *m* gonorrea *f*
trist [trɪst] *adj (geh)* mesto, triste
tritt [trɪt] *3. Pers. Sing. Präs. von* **treten**
Tritt [trɪt] <-(e)s, -e> *m* ① *(Schritt)* passo *m* ② *(Fuß-~)* calcio *m,* pedata *f;* **jdm einen ~ geben** [*o* **versetzen**] dare un calcio a qu
Trittbrett *nt* predellino *m,* pedana *f*
Trittbrettfahrer *m (pej)* sciacallo *m*
Trittleiter *f* scaleo *m*
Triumph [tri'ʊmf] <-(e)s, -e> *m* trionfo *m*
triumphal [triʊm'fa:l] *adj* trionfale; **~er Erfolg** successo trionfale
Triumphbogen *m* arco *m* trionfale
Triumphgeschrei <-s> *nt kein Pl.* grido *m* di vittoria
triumphieren [triʊm'fi:rən] <ohne ge-> *vi* trionfare
triumphierend **I.** *adj* trionfante **II.** *adv* trionfalmente
Triumphzug *m* ingresso *m* trionfale
trivial [tri'vi̯a:l] *adj* triviale
Trivialität [trivjali'tɛ:t] <-, -en> *f* trivialità *f*
Trivialliteratur *f* letteratura *f* triviale
trocken ['trɔkən] *adj* ① *(nicht nass, a Wetter)* asciutto; *(ausgetrocknet, regenfrei, a Luft, Boden, Haut)* secco; GEOG arido; **im Trockenen** *(vor Regen geschützt)* al riparo; **~ aufbewahren!** tenere all'asciutto!, preservare dall'umidità!; **auf dem Trockenen sitzen** *(fig)* essere in bolletta ② *(Wein)* secco ③ *(fig: nüchtern)* prosaico, sobrio; *(langweilig)* noioso; *(Antwort)* asciutto, secco
Trockendock *nt* bacino *m* di carenaggio
Trockengestell *nt* essicatoio *m*
Trockenhaube *f* casco *m*
Trockenheit <-, -en> *f* asciuttezza *f; (a. fig)* aridità *f*
trocken|legen *vt* ① *(Kind)* cambiare i pannolini a ② *(Sumpf)* prosciugare
Trockenmilch *f* latte *m* in polvere
Trockenobst *nt* frutta *f* secca
Trockenrasur <-, -en> *f* rasatura *f* a secco
trocken|reiben <irr> *vt* asciugare strofinando
Trockenspiritus *m* spirito *m* solido, meta *f*
Trockenwäsche *f* biancheria *f* asciutta
trocknen ['trɔknən] **I.** *vt haben* asciugare, essiccare **II.** *vi sein* asciugare, essiccarsi
Trockner <-s, -> *m* asciugabiancheria *m*
Troddel ['trɔdəl] <-, -n> *f* ghianda *f; (Quaste)* nappa *f*
Trödel ['trø:dəl] <-s> *m kein Pl.* ① *(fam: Dinge)* cianfrusaglia *f* ② *s.* **Trödelmarkt**
Trödelei [trø:də'laɪ] <-, -en> *f (fam)* baloccarsi *m*
Trödelkram *m (fam) s.* **Trödel**
Trödelmarkt *m* mercatino *m* delle pulci
trödeln ['trø:dəln] *vi (fam)* baloccarsi, gingillarsi
Trödler(in) <-s, -; -, -nen> *m(f)* ① *(Altwarenhändler)* rigattiere, -a *m, f* ② *(fam: Bummler)* gingillone, -a *m, f*
troff [trɔf] *1. u. 3. Pers. Sing. Imp. von* **triefen**
trog [tro:k] *1. u. 3. Pers. Sing. Imp. von* **trügen**
Trog [tro:k, *Pl:* 'trø:gə] <-(e)s, Tröge> *m* trogolo *m*
trollen ['trɔlən] *vr:* **sich ~** *(fam)* andarsene a testa bassa
Trommel ['trɔməl] <-, -n> *f* tamburo *m;* **die ~ für etw rühren** *(fam)* battere la grancassa per qc
Trommelfell *nt* ANAT timpano *m*
trommeln *vi (auf Trommel)* sonare il tamburo; *(mit Fingern)* tamburellare; **auf etw** *akk* **~** tamburellare su qc
Trommelrevolver *m* pistola *f* a tamburo
Trommelstock *m* bacchetta *f* del tamburo
Trommelwirbel *m* rullo *m*
Trommler(in) <-s, -; -, -nen> *m(f)* sonatore, -trice *m, f* di tamburo
Trompete [trɔm'pe:tə] <-, -n> *f* ① *(Instrument)* tromba *f;* **~ blasen** [*o* **spielen**] sonare la tromba ② *(fam: Joint)* canna *f;* **sich** *dat* **eine ~ reinziehen** farsi una canna
Trompeter(in) <-s, -; -, -nen> *m(f)* sonatore, -trice *m, f* di tromba, trombettiere, -a *m, f*
Tropen ['tro:pən] *pl* tropici *mpl,* zona *f* tropicale
Tropenhelm *m* casco *m* coloniale
Tropenkrankheit *f* malattia *f* tropicale
Tropf [trɔpf] <-(e)s, -e> *m* MED fleboclisi *f;* **am ~ hängen** avere la fleboclisi
tröpfeln ['trœpfəln] **I.** *vt haben* versare a gocce **II.** *vi haben o sein (herunter-~)* gocciolare; **es tröpfelt** *(fam: es regnet)* piovigginа
tropfen ['trɔpfən] **I.** *vi* ① *haben (Wasser-*

hahn, Kanne) gocciolare ② *sein (Schweiß, Regen, Wasser)* gocciolare; **der Schweiß tropfte mir von der Stirn** la mia fronte grondava di sudore, il sudore mi colava dalla fronte **II.** *vt haben* far gocciolare

Tropfen <-s, -> *m* goccia *f;* **bis auf den letzten ~** fino all'ultima goccia; **ein guter ~** un buon vino; **das ist ein ~ auf den heißen Stein** *(fam)* è una goccia nel mare

tropfenweise *adv* a goccia a goccia

tropfnass ['trɔpfnas] *adj* grondante d'acqua

Tropfstein *m (Ab~)* stalattite *f; (Auf~)* stalagmite *f*

Tropfsteinhöhle *f* grotta *f*

Trophäe [tro'fɛːə] <-, -n> *f* trofeo *m*

tropisch *adj* tropicale

Tross [trɔs] <-es, -e> *m* ① MIL treno *m* ② *(fig: Gefolge)* seguito *m; (pej)* cricca *f*

Trost [troːst] <-es> *m kein Pl.* consolazione *f,* conforto *m;* **als** [*o* **zum**] **~ bekommst du …** per consolarti ricevi …; **du bist wohl nicht ganz** [*o* **recht**] **bei ~?** *(fam)* sei matto?

trösten ['trøːstən] **I.** *vt* consolare, confortare **II.** *vr:* **sich ~** consolarsi; **sich mit etw ~** consolarsi con qc; **sich mit einer anderen Frau ~** consolarsi con un'altra donna

Tröster(in) <-s, -; -, -nen> *m(f)* consolatore, -trice *m, f*

tröstlich *adj* consolante; *(beruhigend)* rassicurante

trostlos *adj* ① *(Mensch)* desolato ② *(Sache, Zustand)* desolante; *(hoffnungslos)* disperato, sconfortante

Trostlosigkeit <-> *f kein Pl.* ① *(Untröstlichkeit)* desolazione *f* ② *(Hoffnungslosigkeit)* disperazione *f*

Trostpflaster *nt* piccola consolazione *f*

Trostpflästerchen ['troːstpflɛstɐçən] <-s, -> *nt* piccola consolazione *f*

Trostpreis *m* premio *m* di consolazione

trostreich *adj* confortante, consolante

Tröstung <-, -en> *f* consolazione *f,* conforto *m; (durch Worte)* parole *f pl* di conforto

Trott [trɔt] <-(e)s, -e> *m* ① *(von Pferd)* trotto *m* ② *(fig fam: eintöniger Ablauf)* tran tran *m*

Trottel <-s, -> *m (fam pej)* cretino *m,* deficiente *m*

trottelig *adj (fam pej)* rimbambito, rimbecillito

trotten *vi sein* trottare

Trottoir [trɔ'toaːɐ, *Pl:* trɔ'toaːrə] <-s, -e *o* -s> *nt* DIAL marciapiede *m*

trotz [trɔts] *präp +gen o dat* malgrado, a dispetto di, nonostante; **~ all**[**ed**]**em** malgrado tutto, ciononostante

Trotz [trɔts] <-es> *m kein Pl.* ostinazione *f;* **aus ~** per dispetto; **jdm/etw zum ~** a dispetto di qu/qc

Trotzalter *nt* età *f* dell'opposizione

trotzdem **I.** *adv* tuttavia, nonostante ciò **II.** *konj (fam)* anche se

trotzen *vi (geh)* sfidare; **jdm/etw ~** sfidare qu/qc

trotzig *adj* ostinato, caparbio

Trotzkopf *m* testa *f* dura

Trotzreaktion *f* reazione *f* cocciuta

trüb[e] [tryːp ('tryːbə)] *adj* ① *(Flüssigkeit)* torbido; *(Glasscheibe, Spiegel)* opaco; *(beschlagen)* appannato; **im Trüben fischen** *(fam)* pescare nel torbido ② *(Himmel)* nuvoloso, coperto, grigio; *(Wetter)* cupo, nuvoloso; *(Augen)* spento; *(Blick)* cupo ③ *(~sinnig)* tetro, afflitto

Trubel ['truːbəl] <-s> *m kein Pl.* trambusto *m,* confusione *f*

trüben **I.** *vt* ① *(Flüssigkeit)* intorbidire ② *(Himmel)* offuscare ③ *(fig: Stimmung, Freude, Freundschaft)* guastare; *(Blick, Urteil)* offuscare **II.** *vr:* **sich ~** *(Himmel)* rannuvolarsi

Trübsal ['tryːpzaːl] <-> *f kein Pl. (geh)* afflizione *f;* **~ blasen** *(fam)* essere abbattuto

trübselig *adj* malinconico

Trübsinn *m* malinconia *f*

trübsinnig *adj* tetro, malinconico

Trübung <-, -en> *f* intorbidamento *m*

trudeln ['truːdəln] *vi sein* AERO cadere a vite

Trüffel ['trʏfəl] <-, -n> *f* tartufo *m*

trug [truːk] *1. u. 3. Pers. Sing. Imp. von* **tragen**

Trug [truːk] <-(e)s> *m kein Pl. (geh: Täuschung)* inganno *m; (Schein)* illusione *f*

Trugbild *nt* allucinazione *f,* illusione *f*

trügen ['tryːgən] <trügt, trog, getrogen> **I.** *vi* ingannare **II.** *vt* indurre in errore; **wenn mich nicht alles trügt, …** se non mi sbaglio, …

trügerisch *adj* ingannevole, illusorio

Trugschluss *m* falsa conclusione *f*

Truhe ['truːə] <-, -n> *f* cassone *m,* cofano *m*

Trümmer ['trʏmɐ] *pl (Bruchstücke)* frammenti *mpl; (Ruinen)* rovine *f pl,* ruderi *mpl; (Schutt)* macerie *f pl;* **in ~ gehen** andare in rovina

Trümmerfeld *nt* campo *m* di rovine

Trümmerhaufen *m* mucchio *m* di rovine, ammasso *m* di macerie

Trumpf [trʊmpf, *Pl:* 'trʏmpfə] <-(e)s, Trümpfe> *m* atout *m;* **~ ausspielen** giocare la carta vincente; **alle Trümpfe in der Hand haben** *(fig)* avere tutti i vantaggi dalla sua

Trunk [trʊŋk, *Pl:* 'trʏŋkə] <-(e)s, *rar:* Trün-

T

ke> *m (geh)* ❶ *(Getränk)* bevanda *f* ❷ *(pej: ~sucht)* bere *m,* vizio *m* del bere

trunken *adj (geh)* ebbro; **vor** [*o* **von**] **etw ~ sein** essere ebbro di qc

Trunkenbold ['trʊŋkənbɔlt] <-(e)s, -e> *m (pej)* beone *m,* ubriacone *m*

Trunkenheit <-> *f kein Pl.* ubriachezza *f;* **~ am Steuer** guida in stato di ubriachezza

Trunksucht *f* alcolismo *m*

trunksüchtig *adj* alcolizzato

Trupp [trʊp] <-s, -s> *m* gruppo *m,* frotta *f; (Mannschaft)* squadra *f;* MIL pattuglia *f,* drappello *m,* reparto *m*

Truppe ['trʊpə] <-, -n> *f* ❶ MIL truppa *f* ❷ *(Schauspiel~)* compagnia *f*

Truppenabzug <-(e)s> *m kein Pl.* ritiro *m* delle truppe

Truppenbewegung *f* movimento *m* di truppe

Truppenübung *f* manovre *f pl*

Truppenübungsplatz *m* piazza *f* d'armi

Trust [trast] <-(e)s, -e *o* -s> *m* trust *m*

Truthahn ['tru:tha:n] *m* tacchino *m* [maschio]

Truthenne *f* tacchina *f*

Tscheche ['tʃɛçə] <-n, -n> *m* ceco *m*

Tschechien ['tʃɛçiən] *nt* Repubblica *f* Ceca

Tschechin ['tʃɛçɪn] <-, -nen> *f* ceca *f*

tschechisch *adj* ceco

Tschechoslowakei [tʃɛçoslova'kaɪ] *f* **die ~** HIST la Cecoslovacchia

tschechoslowakisch [tʃɛçoslo'va:kɪʃ] *adj* HIST cecoslovacco

tschüs, tschüss [tʃʏs] *interj (fam)* ciao

Tsetsefliege ['tsɛtsefli:gə] *f* mosca *f* tsè tsè

T-Shirt ['ti:ʃœ:t] <-s, -s> *nt* t-shirt *f,* maglietta *f*

Tsunami [tsu'na:mi] <-, -s> *m* tsunami *m*

TU [te:'ʔu:] <-, -s> *f Abk. von* **Technische Universität** Università *f* Tecnica, Politecnico *m*

Tuba ['tu:ba, *Pl:* 'tu:bən] <-, Tuben> *f* ❶ MUS tuba *f* ❷ MED tuba *f,* tromba *f*

Tube ['tu:bə] <-, -n> *f* tubo *m,* tubetto *m;* **auf die ~ drücken** *(fam)* pigiare l'acceleratore

tuberkulös [tubɛrku'lø:s] *adj* tubercolotico

Tuberkulose [tubɛrku'lo:zə] <-, -n> *f* MED tubercolosi *f*

Tübingen ['ty:bɪŋən] *nt* Tubinga *f*

Tuch[1] [tu:x] <-(e)s, -e> *nt (Stoff)* panno *m*

Tuch[2] <-(e)s, Tücher> *nt* ❶ *(Stück Stoff)* pezza *f;* **etw ist in trockenen Tüchern** qc è andato a buon fine, qc è andato in porto ❷ *(Kopf~)* fazzoletto *m; (Hals~)* fazzoletto *m,* foulard *m*

Tuchballen *m* balla *f* di panno

Tuchent <-, -en> *f* A *(Federbett)* piumino *m,* piumone *m*

Tuchfühlung *f* **auf ~ gehen** entrare a contatto; **in ~ bleiben** rimanere in contatto

Tuchhändler(in) *m(f)* commerciante *mf* di panni

tüchtig ['tʏçtɪç] **I.** *adj* ❶ *(gut)* buono, bravo; *(fähig)* capace, abile; *(erfahren)* versato; *(fleißig)* diligente ❷ *(fam: groß, stark)* grande, grosso; *(beachtlich)* notevole, considerevole **II.** *adv (fam: sehr, viel)* bene, per bene; *(mit Kraft)* forte, fortemente

Tüchtigkeit <-> *f kein Pl. (Fähigkeit)* capacità *f,* abilità *f; (Tüchtigsein)* bravura *f,* valore *m*

Tücke ['tʏkə] <-, -n> *f* ❶ *Sing. (Bosheit)* malvagità *f,* perfidia *f;* **die ~ des Objekts** la malignità delle cose ❷ *(heimtückische Tat)* insidia *f,* brutto tiro *m* ❸ *(Gefahr)* pericolo *m*

tuckern ['tʊkɐn] *vi* scoppiettare

tückisch *adj* ❶ *(heim~)* insidioso ❷ *(unberechenbar)* imprevedibile

Tüftelei [tʏftə'laɪ] <-, -en> *f* meticolosità *f,* lavoro *m* di pazienza

tüfteln ['tʏftəln] *vi (fam)* sottilizzare, pignoleggiare

Tugend ['tu:gənt] <-, -en> *f* virtù *f*

tugendhaft *adj* virtuoso

Tüll [tʏl] <-s, -e> *m* tulle *m*

Tülle ['tʏlə] <-, -n> *f* ❶ *(von Kanne)* becco *m* ❷ TEC bussola *f,* boccola *f*

Tulpe ['tʊlpə] <-, -n> *f* tulipano *m*

tummeln ['tʊməln] *vr:* **sich ~** ❶ *(umhertollen)* scorrazzare ❷ DIAL *(sich beeilen)* muoversi, spicciarsi *fam*

Tumor ['tu:mo:ɐ̯] <-s, Tumoren *o fam:* Tumore> *m* MED tumore *m*

Tümpel ['tʏmpəl] <-s, -> *m* pozzanghera *f; (größerer ~)* stagno *m*

Tumult [tu'mʊlt] <-(e)s, -e> *m* tumulto *m*

tun [tu:n] <tut, tat, getan> **I.** *vt* ❶ *(machen)* fare; **Gutes ~** fare del bene; **sein Bestes ~** fare del proprio meglio; **viel/wenig zu ~ haben** avere molto/poco da fare; **mit etw nichts zu ~ haben** non avere niente a che fare con qc; **damit ist es nicht getan** non basta, non è finita; **so etw tut man nicht** questo non si fa; **meine Uhr tut nicht** *(fam)* il mio orologio non funziona [*o* non va]; **das tut nichts zur Sache** questo non c'entra; **du kannst ~ und lassen, was du willst** *(fam)* sei libero di fare quello che vuoi; **tu, was du nicht lassen kannst!** *(fam)* fallo se proprio vuoi; **tu mir** [**bitte**] **nichts!** non farmi niente, per favore!; **kannst du mir den Gefallen ~ und ...?** puoi farmi il favore di ...? +*inf;* **was kann ich für Sie ~?** cosa posso fare per Lei?, in che cosa posso servirLa? ❷ *(setzen, stellen, legen)* mettere **II.** *vi* fare; **so**

~, als ob ... far finta di +*inf;* **er tut nur so** fa solo per finta; **tu doch nicht so dumm!** *(fam)* non fare lo stupido!; **Sie täten besser daran, zu** +*inf* Lei farebbe meglio a +*inf* **III.** *vr:* **sich ~** *(geschehen)* succedere; **hier hat sich inzwischen einiges getan** qui nel frattempo è successo qualcosa

Tun <-s> *nt kein Pl.* ① *(Beschäftigung)* occupazione *f,* fare *m* ② *(Verhalten)* comportamento *m,* condotta *f*

Tünche [ˈtʏnçə] <-, -n> *f* intonaco *m* di calce

tünchen *vt* intonacare, imbiancare

Tundra [ˈtʊndra, *Pl:* ˈtʊndrən] <-, Tundren> *f* tundra *f*

tunen [ˈtjuːnən] *vt* AUTO truccare [un motore]

Tuner [ˈtjuːnər] *m* EL tuner *m,* sintonizzatore *m*

Tunesien [tuˈneːziən] *nt* Tunisia *f*

Tunesier(in) <-s, -; -, -nen> *m(f)* tunisino, -a *m, f*

tunesisch *adj* tunisino

Tunfisch [ˈtuːnfɪʃ] *m s.* **Thunfisch**

Tunichtgut [ˈtuːnɪç(t)guːt] <- *o* -(e)s, -e> *m* fannullone, -a *m, f*

Tunke [ˈtʊŋkə] <-, -n> *f* GASTR salsa *f,* sugo *m*

tunken *vt* DIAL intingere, inzuppare

tunlich [ˈtuːnlɪç] *adj* ① *(möglich)* possibile ② *(angebracht)* opportuno

tunlichst [ˈtuːnlɪçst] *adv* **etw ~ vermeiden** evitare possibilmente qc

Tunnel [ˈtʊnəl] <-s, - *o* -s> *m* tunnel *m*

Tunte [ˈtʊntə] <-, -n> *f (pej)* ① *(Frau)* befana *f* ② *(Homosexueller)* finocchio *m*

Tüpfel [ˈtʏpfəl] <-s, -> *m o nt,* **Tüpfelchen** [ˈtʏpfəlçən] <-s, -> *nt* punto *m,* puntino *m*

tüpfeln *vt* punteggiare, macchiettare

tupfen [ˈtʊpfən] *vt* ① *(tippen)* toccare con la punta delle dita ② *(ab~)* detergere

Tupfen <-s, -> *m* *(Fleck)* macchia *f;* *(Punkt)* punto *m;* **mit weißen ~** a punti bianchi

Tupfer <-s, -> *m* ① *(Fleck)* macchiolina *f* ② MED tampone *m*

Tür [tyːɐ̯] <-, -en> *f* porta *f;* *(Wagen~)* portiera *f;* **bei verschlossenen ~en** a porte chiuse; **~ an ~ mit jdm wohnen** abitare porta a porta con qu; **zwischen ~ und Angel** *(fam)* su due piedi; **jdm die ~ vor der Nase zuschlagen** sbattere la porta in faccia a qu; **jdm die ~en einrennen** *(fam)* continuare a cercare qu per i soliti motivi; **offene ~en einrennen** *(fam)* sfondare porte aperte; **mit der ~ ins Haus fallen** *(fam)* non fare tanti preamboli; **vor der ~ stehen** *(fig)* essere imminente; **ihm stehen alle ~en offen** *(fig)* ha tutte le porte aperte

Türangel *f* cardine *m* della porta

Turban [ˈtʊrbaːn] <-s, -e> *m* turbante *m*

Turbine [tʊrˈbiːnə] <-, -n> *f* turbina *f*

Turbinenantrieb *m* propulsione *f* a turbina

turbulent [tʊrbuˈlɛnt] *adj* turbolento

Turbulenz [tʊrbuˈlɛnts] <-, -en> *f* turbolenza *f*

Türflügel <-s, -> *m* battente *m* [della porta]

Türgriff *m* maniglia *f* [della porta]

Turin [tuˈriːn] *nt* Torino *f*

Türke [ˈtʏrkə] <-n, -n> *m* turco *m*

Türkei [tʏrˈkaɪ] *f* **die ~** la Turchia

türken *vt (fam: Interview)* manipolare; *(Angaben, Papiere)* falsificare; *(Filmszene)* truccare

Türkin [ˈtʏrkɪn] <-, -nen> *f* turca *f*

türkis [tʏrˈkiːs] <*geh:* inv> *adj* turchese

Türkis[1] <-es, -e> *m* MIN turchese *f*

Türkis[2] <-> *nt kein Pl.* *(Farbe)* turchese *m*

türkisch [ˈtʏrkɪʃ] *adj* turco

Türklinke *f* maniglia *f* [della porta]

Turm [tʊrm, *Pl:* ˈtʏrmə] <-(e)s, Türme> *m* ① *(Bauwerk)* torre *f;* *(Burg~)* torrione *m;* *(Kirch~)* campanile *m,* torre *f* campanaria ② *(Sprung~)* trampolino *m* ③ MIL, MAR, AERO torretta *f*

Türmchen [ˈtʏrmçən] <-s, -> *nt* torretta *f*

türmen [ˈtʏrmən] **I.** *vt* impilare **II.** *vr:* **sich ~** ergersi **III.** *vi sein (fam: weglaufen)* tagliare la corda

Turmfalke <-n, -n> *m* gheppio *m*

turmhoch *adj* alto come una torre; *(Überlegenheit)* schiacciante

Turmspringen <-s> *nt kein Pl.* SPORT tuffi *mpl*

Turmuhr *f* orologio *m* [della torre]

Turnanzug *m* tuta *f* da ginnastica

turnen [ˈtʊrnən] *vi* fare ginnastica

Turnen <-s> *nt kein Pl.* ginnastica *f*

Turner(in) <-s, -; -, -nen> *m(f)* ginnasta *mf*

Turngerät *nt* attrezzo *m* ginnico

Turnhalle *f* palestra *f*

Turnier [tʊrˈniːɐ̯] <-s, -e> *nt* concorso *m,* gara *f;* *(Ritter~, Tennis~)* torneo *m*

Turnlehrer(in) *m(f)* insegnante *mf* di ginnastica

Turnsaal *m* A *(Turnhalle)* palestra *f*

Turnschuh *m* scarpa *f* da tennis; *(für Gymnastik)* scarpa *f* da ginnastica; **fit wie ein ~ sein** *(fam)* essere in forma

Turnunterricht *m* insegnamento *m* di ginnastica, lezione *f* di ginnastica

Turnus [ˈtʊrnʊs] <-, -se> *m* turno *m;* **im ~ von ...** a intervalli di ...

Turnverein *m* circolo *m* atletico

Türöffner *m* pulsante *m* apriportone
Türpfosten *m* montante *m* della porta, stipite *m*
Türrahmen *m* intelaiatura *f* della porta, infisso *m*
Türschloss <-es, -schlösser> *nt* serratura *f* [della porta]
Türschnalle <-, -n> *f* A *(Türklinke)* maniglia *f* della porta
Türschwelle *f* soglia *f*
Türsteher <-s, -> *m* buttafuori *m*
Türstock <-s, -e> *m* A *(Türrahmen)* intelaiatura *f* della porta, infisso *m*
turteln ['tʊrtəln] *vi (a. fig)* tubare
Tusch [tʊʃ] <-(e)s, -e> *m* fanfara *f*
Tusche ['tʊʃə] <-, -n> *f* inchiostro *m* di china
tuscheln ['tʊʃəln] *vi* sussurrare, bisbigliare
Tuschkasten *m* scatola *f* degli inchiostri di china
Tuschzeichnung *f* disegno *m* a china
Tussi ['tʊsi] <-, -s> *f (fam pej)* tipa *f*, pupa *f*; **so eine blöde ~!** che scema quella!
Tussie ['tʊsi] <-, -s> *f (fam pej)* puttanella *f vulg*
Tüte ['ty:tə] <-, -n> *f* ① *(Verpackung)* busta *f*; *(kleine, spitze)* cartoccio *m*; *(größere)* sacchetto *m*; **[das] kommt nicht in die ~!** *(fam)* neanche per sogno! ② *(fam: Joint)* canna *f*; **sich** *dat* **eine ~ reinziehen** farsi una canna
tuten ['tu:tən] *vi* suonare la cornetta; **von Tuten und Blasen keine Ahnung haben** *(fam)* non capire un tubo
TÜV [tʏf] <-(s), -s> *m Akr. von* **Technischer Überwachungs-Verein** ufficio *m* di sorveglianza tecnica; **durch den ~ kommen** passare la revisione; **mein Wagen hat noch ein Jahr ~** devo far revisionare la macchina fra un anno
TÜV-Plakette <-, -n> *f etichetta che attesta la revisione tecnica di un veicolo*
TV ① *Abk. von* **Television** TV ② *Abk. von* **Turnverein** circolo *m* atletico
TV-Kochstudio *nt studio televisivo allestito per ospitare una trasmissione di cucina*
TV-Premiere *f* prima *f* TV
TV-Schrott *m (fam)* TV *f* spazzatura
Twen [tvɛn] <-(s), -s> *m* twen *m*
Twist <-s, -s> *m (Tanz)* twist *m*
Twitter® <-[s]> ['tvɪtɐ] *nt kein pl* INFORM Twitter® *m*
Typ [ty:p] <-s, -en> *m* tipo *m*; **er ist nicht mein ~** *(fam)* non è il mio tipo
Type ['ty:pə] <-, -n> *f* ① TYP carattere *m* ② *(fam pej: Mensch)* tipo *m*, sagoma *f*
Typenradschreibmaschine <-, -n> *f* macchina *f* da scrivere a margherita
Typhus ['ty:fʊs] <-> *m kein Pl.* tifo *m*
typisch ['ty:pɪʃ] *adj* tipico, caratteristico
typisieren [typi'zi:rən] <ohne ge-> *vt* A *(ein Gerät prüfen und zulassen)* standardizzare, omologare
typografisch [typo'gra:fɪʃ] *adj* tipografico
Typus ['ty:pʊs, *Pl:* 'ty:pən] <-, Typen> *m* tipo *m*
Tyrann(in) [ty'ran] <-en, -en; -, -nen> *m(f)* tiranno, -a *m, f*
Tyrannei [tyra'naɪ] <-,-en> *f* tirannia *f*
Tyrannin *f s.* **Tyrann**
tyrannisch *adj* tirannico
tyrannisieren [tyrani'zi:rən] <ohne ge-> *vt* tiranneggiare

T

Uu

U, u [u:] <-, -(s)> *nt* U *f*, u *f;* **U wie Ulrich** U come Udine

u. a. ① *Abk. von* **und andere(s)** ed altro, -i ② *Abk. von* **unter anderem** tra l'altro

u. Ä. *Abk. von* **und ähnliche(s)** e sim.

u. A. w. g. *Abk. von* **um Antwort wird gebeten** RSVP

UB [u:'be:] <-, -s> *f Abk. von* **Universitätsbibliothek** biblioteca universitaria

U-Bahn ['u:ba:n] *f* metropolitana *f*, sotterranea *f*

U-Bahn-Netz *nt* rete *f* della metropolitana

U-Bahn-Station *f* stazione *f* della metropolitana

übel ['y:bəl] **I.** *adj (schlecht)* cattivo; *(schlimm)* brutto; **mir ist** [*o* **wird**] ~ mi sento male; [**das ist gar**] **nicht** [**so**] ~ *(fam)* mica male; **er hat einen üblen Ruf** ha una cattiva fama; **jdm etw ~ nehmen** prendersela a male con qu per qc; **nehmen Sie es mir** [**bitte**] **nicht übel!** non se la prenda con me **II.** *adv* male; ~ **riechen** avere un cattivo odore, puzzare; ~ **dran sein** essere a mal partito; **ich hätte nicht ~ Lust zu …** non mi dispiacerebbe affatto +*inf*

Übel <-s, -> *nt* male *m;* **das kleinere ~** il meno peggio; **ein notwendiges ~** un male neccessario; **zu allem ~** per il colmo delle sventure

übelgelaunt *adj* di malumore

Übelkeit <-> *f kein Pl.* nausea *f*

übel|nehmen <irr> *vt s.* **übel I.**

übelriechend *adj* maleodorante, puzzolente; *(Atem)* cattivo

Übelstand *m (geh)* inconveniente *m;* **einem ~ abhelfen** rimediare a un inconveniente

Übeltat *f (geh)* misfatto *m poet; (Verbrechen)* delitto *m*

Übeltäter(in) *m(f)* malfattore, -trice *m, f; (Verbrecher)* delinquente *mf*

übel|wollen <irr> *vi (geh)* **jdm ~** voler [del] male a qu

üben ['y:bən] **I.** *vt* ① *(trainieren)* fare esercizi di; *(Gedächtnis)* esercitare ② *(tun)* fare, commettere; **Kritik an etw** *dat* ~ criticare qc; **Verrat an jdm ~** *(geh)* commettere un tradimento nei confronti di qu **II.** *vi* esercitarsi, fare esercizio **III.** *vr:* **sich ~** esercitarsi; **sich in etw** *dat* ~ esercitarsi in qc

über ['y:bɐ] **I.** *präp +akk o dat* ① *(Lage, Richtung)* sopra, su; *(oberhalb)* sopra, al di sopra di; *(auf die andere Seite)* dall'altra parte di; *(jenseits)* oltre; *(a. fig)* al di là di; *(~ hinweg)* su, per; *(quer ~)* attraverso; *(auf dem Weg ~)* [passando] per; ~ **die Straße gehen** attraversare la strada; ~ **einen Graben springen** saltare un fosso; ~ **Bord gehen** cadere in mare; **nach Münster ~ Krefeld** a [*o* per] Münster passando per Krefeld; **bis ~ beide Ohren verliebt sein** essere innamorato cotto ② *(während)* durante; *(innerhalb)* tra, fra; *(hindurch)* per; ~ **dem Lesen bin ich eingeschlafen** mi sono addormentato leggendo; ~ **Weihnachten fahre ich nach Hause** vado a casa per Natale; ~ **Nacht** *(fig: ganz plötzlich)* da un giorno all'altro ③ *(kausal)* di, per; ~ **der Aufregung habe ich vergessen, sie anzurufen** nell'eccitazione ho dimenticato di telefonarle ④ *(von, betreffend)* di, su, intorno a; **ein Film ~ Gandhi** un film su Gandhi ⑤ *(vermittels)* per, tramite ⑥ *(in Höhe von)* di, da; **eine Rechnung ~ 1000 Euro** una fattura di 1000 euro ⑦ *(von mehr als)* oltre; **Kinder ~ 6 Jahre** bambini oltre i sei anni ⑧ *(haufenweise)* **Fehler ~ Fehler** errori su errori ⑨ *(Überordnung)* sopra; ~ **etw/jdm stehen** *(fig)* essere superiore a qc/qu; **ich liebe Erdbeeren ~ alles** le fragole mi piacciono più di ogni altra cosa ⑩ *(Grenze)* sopra; **12 Grad ~ Null** 12 gradi sopra zero **II.** *adv* ① *(mehr, länger als)* più di; ~ **fünfzig** [**Jahre alt**] **sein** avere più di cinquant'anni ② *(völlig)* ~ **und ~** da capo a piedi, completamente ③ *(Zeitraum)* **die ganze Zeit ~** tutto il tempo; *s. a.* **überhaben**

überall [y:bɐ'ʔal] *adv* dappertutto, ovunque

überallher [y:bɐ'ʔal'he:ɐ̯] *adv* da tutte le parti

überallhin [y:bɐ'ʔal'hɪn] *adv* dappertutto, da tutte le parti

überaltert [y:bɐ'ʔaltɐt] *adj* ① SOC formato da troppe persone anziane ② *(überholt)* superato

Überalterung [y:bɐ'ʔaltərʊŋ] <-> *f kein Pl.* invecchiamento *m;* ~ **der Vereinsmitglieder** età troppo avanzata dei soci

Überangebot *nt* offerta *f* eccessiva; **ein ~ an etw** *dat* un'offerta eccessiva di qc

überängstlich *adj* troppo pauroso, apprensivo

überanstrengen [y:bɐ'ʔanʃtrɛŋən] <ohne ge-> **I.** *vt* strapazzare, affaticare troppo **II.** *vr:* **sich ~** strapazzarsi, affaticarsi troppo

Überanstrengung *f* fatica *f* eccessiva, strapazzo *m*

überarbeiten [y:bɐˈʔarbaɪtən] <ohne ge-> **I.** *vt* ritoccare, rivedere **II.** *vr:* **sich ~** lavorare troppo

überaß [y:bɐˈʔa:s] *1. u. 3. Pers. Sing. Imp. von* **überessen**

überaus [ˈy:bɐʔaʊs *o* y:bɐˈʔaʊs] *adv* estremamente *oft mit Superlativ übersetzt;* **er ist ~ geschickt** è abilissimo

überbacken [y:bɐˈbakən] <irr, ohne ge-> *vt* gratinare

Überbau <-(e)s, -ten> *m* ① *Sing.* PHILOS sovrastruttura *f* ② ARCH aggetto *m*

überbeanspruchen <ohne ge-> *vt* strapazzare; TEC sollecitare eccessivamente

Überbein *nt* esostosi *f*

überbelasten <ohne ge-> *vt* sovraccaricare

überbelegt *adj* sovraffollato

Überbelegung <-, -en> *f* sovraffollamento *m*

überbelichten <ohne ge-> *vt* FOTO sovraesporre

Überbeschäftigung <-, -en> *f* COM sovraoccupazione *f*

überbetonen <ohne ge-> *vt* accentuare eccessivamente

überbevölkert *adj* sovrappopolato

Überbevölkerung *f* sovrappopolazione *f*

überbewerten <ohne ge-> *vt* sopravvalutare

überbieten [y:bɐˈbi:tən] <irr, ohne ge-> **I.** *vt* ① *(bei Auktion)* offrire più di; **jdn um 500 Euro ~** offrire 500 euro più di qu ② *(übertreffen)* **das ist an Unverschämtheit nicht mehr zu ~** è il colmo della sfacciataggine **II.** *vr:* **sich ~** superarsi; **sich gegenseitig in etw** *dat* **~** fare a gara in qc

über|bleiben <irr> *vi sein* avanzare, rimanere

Überbleibsel [ˈy:bɐblaɪpsəl] <-s, -> *nt* resto *m*

überblenden [y:bɐˈblɛndən] *vi* dissolvere

Überblick *m* ① *(Übersicht)* visione *f* generale; **einen ~ über etw** *akk* **haben** avere una visione generale di qc; **den ~ verlieren** perdere la visione d'insieme ② *(Aussicht)* panorama *m;* **der ~ über die Stadt** il panorama della città ③ *(Zusammenfassung)* **ein kurzer ~ über etw** *akk* una breve sintesi su qc

überblicken [y:bɐˈblɪkən] <ohne ge-> *vt* ① *(Ausblick haben über)* abbracciare con lo sguardo ② *(fig: Übersicht haben über)* avere una visione d'insieme di; *(Lage)* dominare; **die Tragweite des Geschehens lässt sich im Moment noch nicht ~** le conseguenze dell'accaduto non sono ancora valutabili

überbringen [y:bɐˈbrɪŋən] <irr, ohne ge-> *vt (geh)* portare; *(aushändigen)* consegnare

Überbringer(in) <-s, -; -, -nen> *m(f)* portatore, -trice *m, f;* **zahlbar an [den] ~** pagabile al portatore

überbrücken [y:bɐˈbrʏkən] <ohne ge-> *vt (fig: Gegensätze)* superare; *(Zeit)* riempire

Überbrückungsbeihilfe *f* sostegno *m* provvisorio

überdachen [y:bɐˈdaxən] <ohne ge-> *vt* coprire con un tetto

überdauern [y:bɐˈdaʊən] <ohne ge-> *vt* sopravvivere a

überdehnen [y:bɐˈde:nən] <ohne ge-> *vt* tendere troppo; *(fig a.)* dilatare

überdenken [y:bɐˈdɛŋkən] <irr, ohne ge-> *vt* riflettere su

überdeutlich *adj* chiarissimo

überdies [y:bɐˈdi:s] *adv* inoltre, oltre a ciò; *(obendrein)* per giunta

überdimensional [ˈy:bɐdimɛnzi̯ona:l] *adj* ultradimensionale

Überdosis *f* dose *f* eccessiva; *(bei Rauschgift)* overdose *f*

überdrehen [y:bɐˈdre:ən] <ohne ge-> *vt* ① *(zu stark drehen)* girare troppo; *(Uhr)* caricare troppo; *(Schraube)* spanare ② MOT far andare fuori giri

überdreht *adj (fam)* eccitato

Überdruck <-(e)s, -drücke> *m* PHYS sovrappressione *f*

Überdruss [ˈy:bɐdrʊs] <-es> *m kein Pl.* noia *f,* tedio *m;* **bis zum ~** fino alla nausea

überdrüssig [ˈy:bɐdrʏsɪç] *adj* **einer Sache** *gen* **~ sein/werden** essere stanco/stancarsi di qc

überdurchschnittlich *adj* superiore alla media

Übereifer <-s> *m kein Pl.* zelo *m* esagerato, meticolosità *f*

übereifrig *adj* pignolo, meticoloso

übereignen [y:bɐˈʔaɪgnən] <ohne ge-> *vt* trasferire

übereilen [y:bɐˈʔaɪlən] <ohne ge-> *vt* precipitare, affrettare [troppo]

übereilt *adj* ① *(überhastet)* precipitato ② *(unüberlegt)* avventato

übereinander [y:bɐʔaɪˈnandɐ] *adv* ① *(räumlich)* uno sopra l'altro ② *(einander betreffend)* l'uno dell'altro

übereinander|legen *vt* mettere uno sopra l'altro, sovrapporre

übereinander|liegen <irr> *vi* essere sovrapposto

übereinander|schlagen <irr> *vi (gambe)* accavallare

U

übereinǀkommen [y:bɐˈʔaɪnkɔmən] <irr> *vi sein* accordarsi; **dahin ~, dass ...** accordarsi di *+inf*
Übereinkommen <-s, -> *nt* accordo *m,* intesa *f*
Übereinkunft [y:bɐˈʔaɪnkʊnft, *Pl:* y:bɐˈʔaɪnkʏnftə] <-, Übereinkünfte> *f* ❶ *(Einigung)* accordo *m,* intesa *f;* **nach ~** previo accordo ❷ *(Vertrag)* contratto *m*
übereinǀstimmen *vi* ❶ *(die gleiche Meinung haben)* **mit jdm** [**in etw** *dat*] **~** essere d'accordo con qu [su qc] ❷ *(gleich sein)* concordare; **mit etw ~** concordare con [*o* corrispondere a] qc
übereinstimmend *adj (einhellig)* concorde, conforme; *(gleich)* identico; **~ mit** conformemente a; **etw ~ erklären** dichiarare qc concordemente
Übereinstimmung *f* concordanza *f; (Harmonie)* armonia *f,* accordo *m;* **in ~ bringen** mettere d'accordo, accordare
überempfindlich *adj* ipersensibile
Überernährung *f* superalimentazione *f*
überessen [y:bɐˈʔɛsən] <überisst, überaß, übergessen> *vr* **sich an etw** *dat* **~** fare indigestione di qc
überfahren[1] [y:bɐˈfa:rən] <irr> *vt* ❶ *(Mensch, Tier)* investire, prendere sotto *fam* ❷ *(Ampel)* oltrepassare ❸ *(fam: überrumpeln)* cogliere di sorpresa [cercando di convincere a fare qc]
überǀfahren[2] [ˈy:bɐfa:rən] <irr> *(rar)* **I.** *vt haben* traghettare (**über den Fluss** dall'altra parte del fiume) **II.** *vi sein* attraversare
Überfahrt *f* traversata *f*
Überfall *m* assalto *m;* **der ~ auf jdn/etw** l'assalto a qu/qc; *(Raub~)* rapina *f;* **bewaffneter ~** aggressione a mano armata
überfallen [y:bɐˈfalən] <irr, ohne ge-> *vt* ❶ *(angreifen, herfallen über)* attaccare [di sorpresa]; *(a. fig)* assalire, aggredire; *(Land)* invadere; *(Bank)* rapinare ❷ *(fig: Gedanken, Stimmung, Schlaf)* cogliere; *(Nacht)* cogliere di sorpresa
überfällig *adj* ❶ *(Verkehrsmittel)* in ritardo; **seit zwei Stunden ~ sein** essere in ritardo di due ore ❷ *(Wechsel)* scaduto
Überfallkommando *nt (fam)* squadra *f* mobile
überfliegen [y:bɐˈfli:gən] <irr, ohne ge-> *vt* ❶ *(hinwegfliegen über)* sorvolare ❷ *(fig: Text)* dare una scorsa a
überǀfließen <irr> *vi sein* ❶ *(Flüssigkeit, Gefäß)* traboccare ❷ *(fig)* profondersi; **vor Dank ~** profondersi in ringraziamenti
Überflug [ˈy:bɐflu:k, *Pl:* ˈy:bɐfly:gə] <-(e)s, Überflüge> *m* AERO sorvolo *m*
überflügeln [y:bɐˈfly:gəln] <ohne ge-> *vt* superare, sorpassare
Überfluss *m* [sovr]abbondanza *f;* **~ an etw** *dat* **haben** abbondare di qc; **im ~ leben** vivere nell'abbondanza; **zu allem ~** per giunta, come se non bastasse
Überflussgesellschaft *f* società *f* opulenta
überflüssig *adj* superfluo; *(unnütz)* inutile
überfluten [y:bɐˈflu:tən] <ohne ge-> *vt (a. fig)* inondare
überfordern [y:bɐˈfɔrdɐn] <ohne ge-> *vt* chiedere troppo a, esigere troppo da
überfragen [y:bɐˈfra:gən] <ohne ge-> *vt* chiedere troppo a; **da bin ich überfragt** mi si chiede troppo
Überfremdung [y:bɐˈfrɛmdʊŋ] <-, -en> *f* affermazione *f* di elementi stranieri
überfressen [y:bɐˈfrɛsən] <irr, ohne ge-> *vr* **sich an etw** *dat* **~** mangiare troppo qc
überfrieren [y:bɐˈfri:rən] <irr, ohne ge-> *vi sein* ricoprirsi di uno strato di ghiaccio; **Glätte durch ~de Nässe** strada sdrucciolevole per ghiaccio
überfuhr *1. u. 3. Pers. Sing. Imp. von* **überfahren**
Überfuhr <-, -en> *f* A *(Fährboot)* traghetto *m*
überführen [y:bɐˈfy:rən] <ohne ge-> *vt* ❶ *(transportieren)* trasportare; *(Gefangene)* tradurre ❷ *(Verbrecher)* provare la colpevolezza di
Überführung *f* ❶ *(Transportieren)* trasporto *m,* trasferimento *m; (von Gefangenen)* traduzione *f; (von Leiche)* traslazione *f* ❷ *(von Verbrecher)* dimostrazione *f* della colpevolezza ❸ *(Brücke)* cavalcavia *m,* sovrappassaggio *m*
Überfülle *f* [sovr]abbondanza *f* (**an** *+dat* di)
überfüllt [y:bɐˈfʏlt] *adj* sovraffollato
Überfüllung [y:bɐˈfʏlʊŋ] *f* sovraffollamento *m;* **wegen ~ geschlossen** chiuso perché al completo
überfüttern [y:bɐˈfʏtɐn] <ohne ge-> *vt* dare troppo da mangiare a, nutrire eccessivamente (**mit** di)
Übergabe *f* ❶ *(Aushändigung)* consegna *f,* rimessa *f* ❷ MIL resa *f,* capitolazione *f*
Übergang *m* ❶ *(Überqueren)* passaggio *m; (über Gebirge)* valico *m; (über Fluss)* traversata *f* ❷ *(Stelle zum Überqueren)* passaggio *m* ❸ *(fig: Wechsel)* passaggio *m;* **der ~ von der Schule zum Beruf** il passaggio dalla scuola al lavoro ❹ *Sing. (Zwischenlösung)* transizione *f*
Übergangsbestimmung *f* disposizione *f* transitoria
übergangslos *adv* senza transizione
Übergangslösung *f* soluzione *f* interlocutoria

U

Übergangsmantel *m* soprabito *m* da mezza stagione
Übergangsphase *f* fase *f* di transizione
Übergangsregelung *f* sistemazione *f* transitoria
Übergangsstadium *nt* stadio *m* di transizione
Übergangszeit *f* ① *(zwischen Ereignissen, Epochen)* periodo *m* di transizione ② *(zwischen Jahreszeiten)* mezza stagione *f*
Übergardine *f* soprattenda *f*
übergeben [y:bɐˈge:bən] <irr, ohne ge-> **I.** *vt* ① *(aushändigen)* consegnare; *(anvertrauen)* affidare; *(übereignen)* cedere ② *(Verbrecher)* consegnare ③ *(Amt)* trasmettere ④ MIL cedere **II.** *vr:* **sich ~** vomitare
über|gehen[1] [ˈy:bɐge:ən] <irr> *vi sein* ① *(den Besitzer wechseln)* passare; **vom Vater auf den Sohn ~** passare di padre in figlio; **in andere Hände ~** passare in altre mani ② *(fig: die Tätigkeit ändern)* passare; **zu etw ~** passare a qc ③ *(sich wandeln)* trasformarsi; **in etw** *akk* **~** trasformarsi in qc
übergehen[2] [y:bɐˈge:ən] <irr, ohne ge-> *vt* ① *(auslassen)* tralasciare, omettere ② *(nicht berücksichtigen)* dimenticare, ignorare ③ *(nicht beachten)* non badare a
übergenau *adj* precisino, pignolo
übergeordnet *adj* superiore
Übergepäck <-s> *nt kein Pl.* bagaglio *m* eccedente
übergeschnappt [ˈy:bɐgəʃnapt] *adj (fam)* matto
übergessen [y:bɐˈgɛsən] *PP von* **überessen**
Übergewicht *nt* ① *Sing. (zu viel Gewicht)* sovrappeso *m,* eccedenza *f* di peso; **~ haben** essere in sovrappeso ② *(fig: größere Bedeutung)* preponderanza *f,* predominio *m;* **~ haben** prevalere, predominare
übergewichtig *adj* in sovrappeso; **~ sein** essere in sovrappeso
überglücklich *adj* felicissimo, esultante di gioia
über|greifen <irr> *vi (sich ausdehnen)* estendersi; **auf etw** *akk* **~** estendersi su [*o* in] qc; **die Epidemie hat auf andere Gebiete übergegriffen** l'epidemia si è estesa su altre zone
Übergriff *m* ① MIL invasione *f* ② *(Verletzung)* violazione *f;* **~ auf etw** *akk* violazione di qc
Übergröße *f (Kleider~)* taglia *f* forte; *(Schuh~)* numero *m* più grande del normale
über|haben <irr> *vt (fam)* ① *(satthaben)* **jdn/etw ~** averne abbastanza di qu/qc, essere stufo di qu/qc ② *(übrig haben)* **ich hatte nur einen Euro über** mi avanzava solo un euro
überhand [y:bɐˈhant] *adv* **~ nehmen** prendere il sopravvento, aumentare
Überhang *m* ① *bes.* COM eccedenza *f* (**an** +*dat* di), avanzo *m* (**an** +*dat* di) ② ARCH sporto *m,* aggetto *m* ③ *(Felswand)* strapiombo *m* ④ *(Umhang)* mantellina *f*
über|hängen[1] <irr> *vi haben o sein* protendersi, sporgere
über|hängen[2] *vt* mettere sopra; **sich** *dat* **die Tasche ~** mettersi la borsa in spalla
überhasten [y:bɐˈhastən] <ohne ge-> *vt* precipitare
überhastet I. *adj* precipitato **II.** *adv* precipitosamente
überhäufen [y:bɐˈhɔɪfən] <ohne ge-> *vt* *(mit Geschenken)* sommergere; **jdn mit etw ~** sommergere qu di qc; **jdn mit Geld ~** ricoprire qu di denaro; **jdn mit Vorwürfen ~** colmare qu di rimproveri; **jdn mit Arbeit ~** sovraccaricare qu di lavoro
überhaupt [y:bɐˈhaʊpt] *adv* ① *(im Allgemeinen)* in genere ② *(besonders)* soprattutto ③ *(bei Verneinungen: ganz und gar)* assolutamente, affatto; **~ nicht** non … assolutamente, non … affatto; **~ nichts** proprio niente; **ich denke ~ nicht daran zu …** non ci penso neppure a +*inf;* **ich habe ~ keine Ahnung** non [ne] ho la minima idea ④ *(in Fragen: eigentlich)* ma, poi; **gibt es diesen Ausdruck ~?** ma esiste questa espressione?
überheblich [y:bɐˈhe:plɪç] *adj* presuntuoso, arrogante
Überheblichkeit <-> *f kein Pl.* presunzione *f,* arroganza *f*
überheizen [y:bɐˈhaɪtsən] <ohne ge-> *vt* surriscaldare
überhitzen [y:bɐˈhɪtsən] <ohne ge-> *vt* surriscaldare
überhitzt [y:bɐˈhɪtst] *adj (Temperatur, Konjunktur)* surriscaldato; *(Charakter)* surriscaldato
überhöht [y:bɐˈhø:t] *adj* eccessivo
überholen[1] [y:bɐˈho:lən] <ohne ge-> *vt* ① *(vorbeifahren, -gehen)* sorpassare; SPORT, FIG superare ② TEC *(überprüfen)* revisionare, mettere a punto; **etw gründlich ~** fare la revisione completa di qc
über|holen[2] [ˈy:bɐho:lən] *vi* NAUT ingavonarsi
Überholen [y:bɐˈho:lən] <-s> *nt kein Pl.* **~ verboten!** divieto di sorpasso!
Überholmanöver *nt* manovra *f* di sorpasso

U

Überholspur *f* corsia *f* di sorpasso

überholt *adj (veraltet)* antiquato, vecchio

Überholverbot *nt* divieto *m* di sorpasso

überhören [y:bɐˈhø:rən] <ohne ge-> *vt* non sentire; *(absichtlich)* far finta di non sentire; *(nicht achten auf)* non badare a; **das möchte ich überhört haben!** *(fam)* preferisco far finta di non aver sentito

Über-Ich *nt* PSYCH super-io *m*

überirdisch *adj* soprannaturale; *(göttlich)* divino; *(geistig)* spirituale

überisst [y:bɐˈʔɪst] *s.* **überessen**

Überkapazität <-, -en> *f* COM eccesso *m* di capacità produttiva

überkleben [y:bɐˈkle:bən] <ohne ge-> *vt (Aufschrift, Plakat)* incollare [sopra]; **einen Gegenstand mit etw ~** incollare qc sopra un oggetto

über|kochen *vi sein* traboccare [bollendo], andare fuori [bollendo]; **vor Wut ~** ribollire d'ira

überkommen [y:bɐˈkɔmən] **I.** *vt sein* <irr, ohne ge-> **ihn überkam** [**die**] **Furcht** fu colto dalla paura **II.** *adj (überliefert)* tramandato; *(herkömmlich)* tradizionale

überladen [y:bɐˈla:dən] <irr, ohne ge-> *vt* **jdn** [**mit etw**] **~** sovraccaricare qu [di qc]

überlagern [y:bɐˈla:gɐn] <ohne ge-> **I.** *vt (über etw liegen, überlappen)* sovrapporre; *(fig: überschneiden)* interferire, sovrapporre; **dies alles wird überlagert durch …** a tutto ciò si sovrappone …, tutto ciò viene messo in ombra da … **II.** *vr:* **sich ~** sovrapporsi

Überlagerung *f* ① *(Übereinanderlagerung, Überlappung)* sovrapposizione *f; (fig: Überschneidung)* sovrapposizione *f,* interferenza *f* ② *(zu lange Lagerung)* immagazzinamento *m* protratto [*o* prolungato]

Überlandbus <-ses, -se> *m* autobus *m* [interurbano]

Überlandleitung *f* elettrodotto *m*

Überlänge *f* lunghezza *f* eccessiva; **ein Film mit ~** un film di lunghezza eccessiva

überlappen [y:bɐˈlapən] <ohne ge-> *vr:* **sich ~** sovrapporsi

überlassen [y:bɐˈlasən] <irr, ohne ge-> *vt* ① *(zur Verfügung stellen)* lasciare; *(abtreten)* cedere ② *(anvertrauen)* affidare ③ *(anheimstellen)* lasciare, rimettere; **das überlasse ich Ihnen** mi rimetto a Lei; **~ Sie das bitte mir!** lasci fare a me; **diese Entscheidung müssen Sie schon mir ~** questa decisione deve lasciarla a me ④ *(preisgeben)* **jdn seinem Schicksal ~** abbandonare qu al suo destino; **jdn sich** *dat* **selbst ~** abbandonare qu a sé stesso

über|lassen[2] [ˈy:bɐlasən] <irr> *vt (fam)* lasciare [d'avanzo]; **zu wünschen ~** lasciare a desiderare

überlasten [y:bɐˈlastən] <ohne ge-> *vt* sovraccaricare; *(jdn a.)* oberare

Überlastung <-, -en> *f* sovraccarico *m*

Überlauf *m* sfioratore *m*

über|laufen[1] [ˈy:bɐlaʊfən] <irr> *vi sein* ① *(Flüssigkeit, Gefäß)* traboccare ② MIL disertare; **zum Feind ~** passare al nemico

überlaufen[2] [y:bɐˈlaʊfən] **I.** *vt* <irr, ohne ge-> ① *(laufend überwinden)* superare ② *(fig)* **es überlief mich kalt** [**dabei**] fui colto dai brividi **II.** *adj* sovraffollato

Überläufer *m* disertore *m*

überleben [y:bɐˈle:bən] <ohne ge-> **I.** *vt* **etw/jdn ~** sopravvivere a qc/qu **II.** *vr:* **sich ~** passare; **das hat sich längst überlebt** ciò è superato, ha già fatto il suo tempo

Überlebende <ein -r, -n, -n> *mf* superstite *mf,* sopravvissuto, -a *m, f*

Überlebenschance *f* possibilità *f* di sopravvivenza

überlebensgroß [ˈy:bɐˈle:bənsgro:s] *adj* più grande del naturale

Überlebenskampf [y:bɐˈle:bənskampf, *Pl:* y:bɐˈle:bənskɛmpfə] <-(e)s, Überlebenskämpfe> *m* lotta *f* per la sopravvivenza

Überlebenskünstler(in) *m(f) (fam)* mago *m* della sopravvivenza

Überlebenstraining *nt* survival *m*

überlegen[1] [y:bɐˈle:gən] **I.** *vt* <ohne ge-> riflettere su, pensare a, considerare; **sich** *dat* **etw gut** [*o* **reiflich**] **~** riflettere bene su qc; **es sich** *dat* **anders ~** cambiare idea; **ich will es mir ~** ci penserò **II.** *vi* <ohne ge-> riflettere, meditare; **hin und her ~** pensarci su; **ohne lange zu ~** senza pensarci tanto

überlegen[2] *adj* superiore; **jdm an etw** *dat* **~ sein** essere superiore a qu per qc

Überlegenheit <-> *f kein Pl.* superiorità *f;* **seine ~ jdm gegenüber zeigen** mostrare la propria superiorità su qu

überlegt I. *adj* ponderato, meditato; **wohl überlegt** ben ponderato **II.** *adv* con ponderazione; **wohl überlegt vorgehen** agire con ponderatezza

Überlegung <-, -en> *f* riflessione *f;* **nach reiflicher ~** dopo matura riflessione; **~en anstellen** fare delle riflessioni

über|leiten *vi* **zu etw ~** passare a qc

Überleitung *f* passaggio *m; (Verbindung)* collegamento *m;* **die ~ zu etw** il passaggio a qc

überlief *1. u. 3. Pers. Sing. Imp. von* **überlaufen**[2]

überliefern [yːbɐˈliːfɐn] <ohne ge-> *vt* tramandare, trasmettere
Überlieferung *f* tradizione *f*
überlisten [yːbɐˈlɪstən] <ohne ge-> *vt* ingannare, sopraffare con astuzia
überm [ˈyːbɐm] *(fam)* = **über dem** *s.* **über**
Übermacht *f* superiorità *f,* forza *f* superiore; *(Vorherrschaft)* predominio *m;* **in der ~ sein** essere superiore
übermächtig *adj* ❶ *(Institution)* strapotente; *(Gegner)* superiore ❷ *(Gefühl)* incontenibile; *(Wunsch, Verlangen)* irresistibile
übermannen [yːbɐˈmanən] <ohne ge-> *vt (geh)* sopraffare; *(überwältigen)* vincere
Übermaß *nt* eccesso *m;* **das ~ an etw** l'eccesso di qc; **etw im ~ haben** avere qc in grande abbondanza; **im ~** in eccesso, a dismisura
übermäßig I. *adj* eccessivo; *(maßlos)* smisurato; *(übertrieben)* esagerato **II.** *adv* oltre misura; *(allzu viel)* troppo
Übermensch *m* superuomo *m*
übermenschlich *adj* sovrumano
übermitteln [yːbɐˈmɪtəln] <ohne ge-> *vt* trasmettere; *(Grüße)* portare
übermorgen *adv* dopodomani, domani l'altro
übermüdet [yːbɐˈmyːdət] *adj* spossato, sfinito
Übermüdung <-> *f kein Pl.* spossatezza *f,* estenuazione *f*
Übermut *m* sfrenatezza *f,* baldanza *f*
übermütig [ˈyːbɐmyːtɪç] *adj (Mensch)* sfrenato, scatenato; *(Streich)* spavaldo
übern [ˈyːbɐn] *(fam)* = **über den** *s.* **über**
übernächste(r, s) *adj* altro, -a secondo, -a **die ~ Haltestelle** la seconda fermata; **~n Montag** lunedì l'altro; **~ Woche** fra due settimane
übernachten [yːbɐˈnaxtən] <ohne ge-> *vi* pernottare, passare la notte
übernächtig [ˈyːbɐnɛçtɪç] *adj* A *(übernächtigt)* assonnato
übernächtigt [yːbɐˈnɛçtɪçt *o* yːbɐˈnɛçtɪkt] *adj* stanco, spossato [per non aver dormito abbastanza]
Übernachtung <-, -en> *f* pernottamento *m;* **~ mit Frühstück** pernottamento e colazione
Übernahme [ˈyːbɐnaːmə] <-, -n> *f* ❶ *(von Schulden, Amt, Methode)* assunzione *f;* **feindliche ~** WIRTSCH acquisizione *f* ostile ❷ *(Annahme)* accettazione *f,* presa *f* in consegna
Übernahmeschlacht *f* WIRTSCH acquisizione *f* ostile
übernatürlich *adj* soprannaturale
übernehmen [yːbɐˈneːmən] <irr, ohne ge-> **I.** *vt* ❶ *(Geschäft, Amt)* assumere; *(Kosten, Verantwortung, Aufgabe, Verpflichtung)* assumersi; *(Methode)* adottare ❷ *(entgegennehmen)* accettare, prendere in consegna; SPORT prendere **II.** *vr* **sich bei der Arbeit ~** affaticarsi troppo lavorando; **er hat sich [finanziell] übernommen** ha fatto il passo più lungo della gamba
über|ordnen *vt* preporre; **jdn jdm ~** preporre qu a qu; **etw einer Sache** *dat* **~** preporre qc a qc
überparteilich *adj* indipendente, al di sopra dei partiti
Überproduktion <-, -en> *f* COM sovrapproduzione *f*
überprüfbar [yːbɐˈpryːfbaːɐ] *adj* controllabile, esaminabile; **kaum/leicht/schwer ~** a mala pena/facilmente/difficilmente controllabile
überprüfen [yːbɐˈpryːfən] <ohne ge-> *vt* esaminare, rivedere; *(kontrollieren)* controllare, verificare; *(als Sachverständiger)* ispezionare
Überprüfung *f* esame *m,* controllo *m,* verifica *f,* ispezione *f*
Überqualifikation <-, -en> *f* qualifica *f* troppo elevata [per le mansioni richieste]
über|quellen <irr> *vi sein (a. fig)* traboccare (**vor** +*dat* di)
überqueren [yːbɐˈkveːrən] <ohne ge-> *vt* attraversare
Überquerung <-, -en> *f* attraversamento *m*
überragen[1] [yːbɐˈraːgən] <ohne ge-> *vt* ❶ *(an Größe)* superare; **etw um Haupteslänge ~** superare qc di una testa ❷ *(fig: übertreffen)* **jdn an etw** *dat* **~** essere superiore a qu per qc
über|ragen[2] [ˈyːbɐragən] *vi (überstehen)* sporgere
überragend [yːbɐˈraːgənt] *adj (fig)* eccellente; *(Persönlichkeit)* eminente
überraschen [yːbɐˈraʃən] <ohne ge-> *vt* sorprendere; *(freudig ~ a.)* fare una sorpresa a; **jdn beim Stehlen ~** sorprendere qu a rubare; **lassen wir uns ~** stiamo a vedere; **ich war angenehm überrascht** è stata una piacevole sorpresa per me
überraschend I. *adj* sorprendente; *(unerwartet)* inaspettato, inatteso **II.** *adv* **~ kommen** giungere di sorpresa; **~ schnell** in modo straordinariamente rapido
überrascht *adj* sorpreso (**über** +*akk* /**von** di, da, per), stupito (**über** +*akk* /**von** di, per)
Überraschung <-, -en> *f* sorpresa *f*
Überreaktion <-, -en> *f* reazione *f* esagerata
überreden [yːbɐˈreːdən] <ohne ge-> *vt*

persuadere; **sich ~ lassen** lasciarsi convincere

Überredung <-, -en> *f* persuasione *f*

Überredungskunst *f* arte *f* della persuasione, modi *mpl* persuasivi

überregional *adj* sovraregionale, ultraregionale

überreichen [y:bɐ'raɪçən] <ohne ge-> *vt* consegnare; *(feierlich)* presentare, offrire

überreif *adj* troppo maturo

überreizen [y:bɐ'raɪtsən] <ohne ge-> *vt* sovreccitare

Überreizung *f* sovreccitamento *m*

Überreste *mpl* ① *(Zurückgebliebenes)* resti *mpl;* **die sterblichen ~** i resti mortali ② *(Ruinen)* rovine *fpl,* resti *mpl* ③ CHEM residui *mpl*

Überrollbügel *m* roll-bar *m*

überrollen [y:bɐ'rɔlən] <ohne ge-> *vt* travolgere

überrumpeln [y:bɐ'rʊmpəln] <ohne ge-> *vt* sorprendere; **jdn mit einer Frage ~** cogliere di sorpresa qu con una domanda

überrunden [y:bɐ'rʊndən] <ohne ge-> *vt* ① SPORT superare di un giro, doppiare ② *(fig: übertreffen)* superare

übers ['y:bɐs] *(fam)* = **über das** *s.* **über**

übersah *1. u. 3. Pers. Sing. Imp. von* **übersehen**

übersandt [ʏbɐ'zant] *PP von* **übersenden**

übersandte *1. u. 3. Pers. Sing. Imp. von* **übersenden**

übersät [y:bɐ'zɛ:t] *adj* cosparso; **mit** [*o* **von**] **etw ~ sein** essere cosparso di qc

übersättigt [y:bɐ'zɛtɪçt] *adj* sazio

Überschallflugzeug *nt* aereo *m* supersonico

Überschallgeschwindigkeit *f* velocità *f* supersonica

überschatten [y:bɐ'ʃatən] <ohne ge-> *vt* *(Baum)* ombreggiare; *(fig: Ereignisse)* offuscare

überschätzen [y:bɐ'ʃɛtsən] <ohne ge-> *vt* sopravvalutare

Überschätzung *f* sopravvalutazione *f*

überschaubar [y:bɐ'ʃaʊba:ɐ̯] *adj* ① *(Gelände)* di facile orientamento ② *(fig: klar, übersichtlich)* chiaro; *(beschränkt)* limitato

Überschaubarkeit <-> *f kein Pl. (Kosten, Risiko)* chiarezza *f; (Firma)* chiara strutturazione *f*

überschauen [y:bɐ'ʃaʊən] <ohne ge-> *vt* *s.* **überblicken**

über|schäumen *vi sein* ① *(Flüssigkeit, Gefäß)* traboccare [spumeggiando] ② *(fig: übersprudeln)* traboccare; **vor Temperament ~** essere di temperamento esuberante

überschlafen [y:bɐ'ʃla:fən] <irr, ohne ge-> *vt* **etw ~** *(fam)* dormirci sopra

Überschlag *m* ① SPORT salto *m* mortale ② AERO looping *m* ③ *(ungefähre Berechnung)* calcolo *m* approssimativo; *(Kosten~)* preventivo *m*

überschlagen[1] [y:bɐ'ʃla:gən] <irr, ohne ge-> **I.** *vt* ① *(auslassen)* saltare, tralasciare ② *(ungefähr berechnen)* fare un calcolo approssimativo di **II.** *vr:* **sich ~** ① *(Mensch, Fahrzeug)* capovolgersi, ribaltarsi; MOT, AERO cappottare; **sich vor Liebenswürdigkeit ~** *(fig)* profondersi in gentilezze *poet* ② *(Stimme)* dare nel falsetto ③ *(fig: Ereignisse)* susseguirsi con rapidità travolgente

über|schlagen[2] ['y:bɐʃla:gən] <irr> *vt* *(Beine)* accavallare; *(Arme)* incrociare

überschlägig ['y:bɐʃlɛ:gɪç], **überschläglich** ['y:bɐʃlɛ:klɪç] *adj* approssimativo

über|schnappen *vi sein (fam)* ① *(den Verstand verlieren)* impazzire, diventare matto ② *(Stimme)* dare nel falsetto

überschneiden [y:bɐ'ʃnaɪdən] <irr, ohne ge-> *vr:* **sich ~** ① *(räumlich)* incrociarsi ② *(zeitlich)* coincidere, accavallarsi

überschreiben [y:bɐ'ʃraɪbən] <irr, ohne ge-> *vt* ① *(mit Überschrift)* intitolare ② *(übertragen)* intestare ③ COM trasmettere, passare; *(Übertrag)* trascrivere

überschreiten [y:bɐ'ʃraɪtən] <irr, ohne ge-> *vt* ① *(hinweggehen über)* passare; *(überqueren)* attraversare; *(Schwelle, a. fig)* varcare ② *(fig: hinausgehen über)* oltrepassare, superare; *(übertreten)* trasgredire; **seine Befugnisse ~** andare al di là delle proprie competenze; **das überschreitet seine Fähigkeiten** ciò va oltre le sue capacità

Überschrift *f* titolo *m,* intestazione *f*

Überschuldung [y:bɐ'ʃʊldʊŋ] <-, -en> *f* indebitamento *m* eccessivo

Überschuss *m* eccedenza *f;* **der ~ an etw** *dat* l'eccedenza di qc

überschüssig ['y:bɐʃʏsɪç] *adj* eccedente, in eccedenza

überschütten [y:bɐ'ʃʏtən] <ohne ge-> *vt* ① *(bedecken)* ricoprire; **etw/jdn mit etw ~** ricoprire qu/qc di qc ② *(fig: überhäufen)* colmare; **jdn mit Fragen ~** bombardare qu di domande; **jdn mit Vorwürfen ~** sommergere qu di rimproveri

Überschwang ['y:bɐʃvaŋ] <-(e)s> *m kein Pl.* esuberanza *f;* **im ~ der Gefühle** in un trasporto di sentimenti

überschwänglich ['y:bɐʃvɛŋlɪç] *adj* esuberante; *(Lob)* entusiastico

Überschwänglichkeit <-, -en> *f* esuberanza *f*

U

überschwappen *vi sein (fam)* traboccare; **das Wasser ist übergeschwappt** l'acqua è traboccata

überschwemmen [yːbɐˈʃvɛmən] <ohne ge-> *vt (a. fig)* inondare; **mit Informationen ~** inondare di informazioni

Überschwemmung <-, -en> *f* inondazione *f*, alluvione *f*

Überschwemmungsgebiet *nt* regione *f* alluvionata

Übersee *f* **in/nach ~** oltremare; **von ~** d'oltremare

Überseedampfer *m* transatlantico *m*

Überseehandel *m* commercio *m* d'oltremare

überseeisch *adj (Territorium, Provinz, Produkte)* d'oltremare, transoceanico

übersehbar [yːbɐˈzeːbaːɐ̯] *adj* ① *(Gelände)* che si può abbracciare con lo sguardo ② *(fig: abschätzbar)* calcolabile

übersehen [yːbɐˈzeːən] <irr, ohne ge-> *vt* ① *(Gelände)* abbracciare con lo sguardo ② *(fig: abschätzen)* calcolare, valutare; *(Lage)* realizzare ③ *(nicht bemerken)* non vedere, lasciarsi scappare ④ *(ignorieren)* ignorare, non badare a

übersenden [yːbɐˈzɛndən] <irr> *vt* spedire, inviare, mandare

über|setzen[1] [ˈyːbɐzɛtsən] **I.** *vt haben (mit Fähre)* traghettare **II.** *vi sein* passare all'altra sponda

übersetzen[2] [yːbɐˈzɛtsən] <ohne ge-> *vt* tradurre; **aus dem … ins … ~** tradurre dal … in …

Übersetzer(in) <-s, -; -, -nen> *m(f)* traduttore, -trice *m, f*

Übersetzung <-, -en> *f* ① LING traduzione *f* ② TEC trasmissione *f*

Übersetzungsbüro *nt* ufficio *m* traduzioni

Übersetzungsfehler <-s, -> *m* errore *m* di traduzione

Übersetzungswissenschaft *f* traduttologia *f*

Übersicht <-, -en> *f* ① *Sing. (Überblick)* visione *f* d'insieme; *(Orientierung)* orientamento *m;* **die ~ über etw** *akk* **haben** avere la visione generale di qc ② *(Darstellung)* quadro *m; (Tabelle)* tavola *f* [sinottica]; *(Abriss)* compendio *m*

übersichtlich *adj* ① *(Gelände)* aperto; *(Kreuzung)* ben visibile ② *(erfassbar)* chiaro

Übersichtlichkeit <-> *f kein Pl.* ① [buona] visibilità *f* ② *(Klarheit)* chiarezza *f*, chiara disposizione *f* [*o* organizzazione *f*]

über|siedeln *vi sein* ① *(umziehen)* trasferirsi; **nach Berlin/Italien ~** trasferirsi a Berlino/in Italia ② *(emigrieren)* emigrare; *(ins Land kommen)* immigrare

Übersiedler(in) <-s, -; -, -nen> *m(f) (Ausreisender)* emigrante *mf; (Einreisender)* immigrante *mf*

übersinnlich *adj* extrasensoriale, soprannaturale

überspannen [yːbɐˈʃpanən] <ohne ge-> *vt* ① *(bespannen)* [ri]coprire (**mit** di) ② *(zu sehr spannen)* tendere eccessivamente

überspannt *adj (fig)* ① *(übertrieben)* esagerato; *(Forderung)* esorbitante ② *(exaltiert)* esaltato, stravagante

überspielen [yːbɐˈʃpiːlən] <ohne ge-> *vt* ① RADIO, TV registrare ② *(fig: verdecken)* passare sopra a

überspitzt [yːbɐˈʃpɪtst] *adj* esagerato

über|springen[1] [ˈyːbɐʃprɪŋən] <irr> *vi sein* ① *(Funke)* scoccare ② *(fig: Fröhlichkeit)* passare; **auf etw** *akk* **~** passare a qc

überspringen[2] [yːbɐˈʃprɪŋən] <irr, ohne ge-> *vt* ① *(Hindernis)* passare con un salto ② *(fig: auslassen)* saltare

über|sprudeln *vi sein* traboccare (**vor** +*dat* di); *(fig a.)* sprizzare (**vor etw** *dat* qc); **~d** *(fig)* esuberante

überstehen[1] [yːbɐˈʃteːən] <irr, ohne ge-> *vt (überwinden)* vincere; *(Krise, Krankheit)* superare; *(ertragen)* sopportare; *(überleben)* sopravvivere a; **das wäre überstanden!** ce l'abbiamo fatta!; **das Schlimmste ist schon überstanden** il peggio è passato

über|stehen[2] [ˈyːbɐʃteːən] <irr> *vi haben o sein (hervorragen)* sporgere, aggettare

übersteigen [yːbɐˈʃtaɪgən] <irr, ohne ge-> *vt* ① *(Hindernis)* scavalcare ② *(fig: hinausgehen über)* superare, essere superiore a; **das übersteigt alles [bisher] Dagewesene** [ciò] supera tutto ciò che è stato finora

überstimmen [yːbɐˈʃtɪmən] <ohne ge-> *vt* battere nella votazione; *(Antrag)* mettere in minoranza

überstrapazieren <ohne ge-> *vt* **jds Geduld ~** abusare della pazienza di qu

über|stülpen *vt* calcare

Überstunde *f* [ora *f* di lavoro] straordinario *m*, plus-orario *m;* **~n machen** fare lo straordinario

Überstundenabbau *m* abbattimento *m* degli straordinari

Überstundenantrag *m richiesta che il responsabile di un reparto deve inoltrare per far autorizzare gli straordinari;* **einen ~ stellen** fare richiesta per gli straordinari

Überstundenzuschlag <-(e)s, -schläge> *m* COM compenso *m* per lavoro straordinario

überstürzen [yːbɐˈʃtʏrtsən] <ohne ge-> **I.** *vt* precipitare, affrettare; **nur nichts ~!**

U

non precipitare le cose! **II.** *vr:* **sich ~** precipitare, incalzare

überstürzt **I.** *adj* precipitato, precipitoso **II.** *adv* in modo precipitoso

übertariflich *adj* WIRTSCH eccedente la tariffa

überteuert [y:bɐ'tɔɪɐt] *adj* ① *(übermäßig teuer)* troppo caro [*o* costoso] ② *(teurer gemacht)* rincarato

übertölpeln [y:bɐ'tœlpəln] <ohne ge-> *vt* abbindolare, gabbare

Übertopf *m* portavasi *m*

Übertrag ['y:bɐtra:k, *Pl:* 'y:bɐtrɛ:gə] <-(e)s, Überträge> *m* riporto *m*

übertragbar [y:bɐ'tra:kba:ɐ̯] *adj* ① MED trasmissibile; *(ansteckend)* contagioso ② JUR, FIN trasferibile; **auf etw** *akk* **~ sein** essere trasferibile a qc

übertragen [y:bɐ'tra:gən] <irr, ohne ge-> **I.** *vt* ① MED **eine Krankheit auf jdn ~** trasmettere una malattia a qu ② *(Besitz)* trasferire; **etw auf jdn ~** trasferire qc a qu; **jdm die Leitung des Projekts ~** affidare a qu la direzione del progetto; **jdm eine Vollmacht ~** conferire una procura a qu ③ *(übernehmen)* **etw auf eine andere Seite ~** trascrivere qc su un'altra pagina ④ *(anwenden)* **etw auf etw** *akk* **~** applicare qc a qc; **in ~er Bedeutung** in senso figurato ⑤ *(übersetzen)* tradurre; **ins Italienische ~** tradurre in italiano ⑥ RADIO, TV mandare in onda; TEC trasmettere; **direkt ~** trasmettere in diretta ⑦ INFORM trasferire, trasmettere **II.** *vr:* **sich ~** essere contagioso; **sich auf jdn ~** *(a. fig)* trasmettersi a qu

Übertragung <-, -en> *f* ① MED trasmissione *f; (Ansteckung)* contagio *m* ② *(von Besitz)* trasferimento *m; (von Amt, Aufgabe)* assegnazione *f* ③ *(Abschrift)* trascrizione *f* ④ *(Anwendung)* applicazione *f* ⑤ *(Übersetzung)* traduzione *f* ⑥ RADIO, TV, TEC trasmissione *f*

übertreffen [y:bɐ'trɛfən] <irr, ohne ge-> **I.** *vt* **jdn** [**an etw** *dat*] **~** superare qu [in qc]; SPORT battere qu [in qc]; **das übertrifft alle Erwartungen** [ciò] supera ogni aspettativa **II.** *vr* **sich selbst ~** superarsi

übertreiben [y:bɐ'traɪbən] <irr, ohne ge-> *vt, vi* esagerare

Übertreibung <-, -en> *f* esagerazione *f*

über|treten[1] ['y:bɐtre:tən] <irr> *vi sein* ① *(Fluss)* straripare ② SPORT oltrepassare ③ *(fig)* passare; **zu anderer Partei ~** passare ad altro partito; **zum Katholizismus ~** convertirsi al cattolicesimo

übertreten[2] [y:bɐ'tre:tən] <irr, ohne ge-> *vt* ① *(Grenze)* [oltre]passare ② *(Regel, Vorschrift, Gesetz)* violare, contravvenire a

Übertretung [y:bɐ'tre:tʊŋ] <-, -en> *f* trasgressione *f,* violazione *f*

übertrieben [y:bɐ'tri:bən] *adj* esagerato; *(übermäßig)* eccessivo; *(Preis)* esorbitante

Übertritt *m* ① *(Grenz~)* passaggio *m* ② POL passaggio *m* (**zu** a); REL conversione *f* (**zu** a)

übertrumpfen [y:bɐ'trʊmpfən] <ohne ge-> *vt* ① *(beim Kartenspiel)* ammazzare con una briscola ② *(fig: weit übertreffen)* superare, schiacciare

übervölkert [y:bɐ'fœlkɐt] *adj* sovrappopolato; **eine ~e Region** una regione sovrappopolata

übervoll *adj* strapieno (**mit/von** di), stracolmo (**mit/von** di)

übervorsichtig *adj* troppo cauto, guardingo

übervorteilen [y:bɐ'fɔrtaɪlən] <ohne ge-> *vt* imbrogliare, truffare

überwachen [y:bɐ'vaxən] <ohne ge-> *vt* sorvegliare; *(kontrollieren)* controllare; *(beschatten)* pedinare

Überwachung <-, -en> *f* sorveglianza *f; (Kontrolle)* controllo *m*

Überwachungskamera *f* video *m* sorveglianza

Überwachungssystem *nt* sistema *m* di sorveglianza

überwältigen [y:bɐ'vɛltɪgən] <ohne ge-> *vt* ① *(bezwingen)* sopraffare; **von Müdigkeit überwältigt werden** essere sopraffatto dalla stanchezza ② *(erschüttern)* sconvolgere; **ich war von seiner Schönheit überwältigt** ero sconvolto dalla sua bellezza

überwältigend [y:bɐ'vɛltɪgənt] *adj* travolgente; *(großartig)* straordinario; *(Mehrheit)* schiacciante; **nicht gerade ~** non proprio speciale

über|wechseln *vi sein* passare; **zur Gegenpartei ~** passare alla controparte

überweisen [y:bɐ'vaɪzən] <irr, ohne ge-> *vt* ① *(Geld)* rimettere; **auf jds Konto ~** versare sul conto di qu ② *(Patienten, Kunden)* mandare; **jdn zu einem Facharzt ~** mandare qu da uno specialista; **eine Akte an eine andere Firma ~** mandare un documento ad un'altra ditta

Überweisung *f* ① *(Geld~)* trasferimento *m,* bonifico *m* ② *(~sschein vom Arzt)* certificato *m* di presentazione del medico curante ad uno specialista

Überweisungsauftrag <-(e)s, -träge> *m* FIN ordine *m* di bonifico

über|werfen[1] ['y:bɐvɛrfən] <irr> *vt (Kleidungsstück)* metter[si] addosso

überwerfen[2] [y:bɐ'vɛrfən] <irr, ohne ge-> *vr* **sich mit jdm ~** litigare con qu

U

überwiegen [yːbɐˈviːgən] <irr, ohne ge-> *vi* prevalere, predominare

überwiegend I. *adj* prevalente, predominante; **die ~e Mehrheit** la stragrande maggioranza II. *adv* in prevalenza

überwinden [yːbɐˈvɪndən] <irr, ohne ge-> I. *vt* ① *(besiegen)* vincere, battere ② *(Schwierigkeit, Hindernis)* superare, vincere; *(Angst, Enttäuschung, Scheu)* vincere II. *vr* **sich ~ etw zu tun** sforzarsi di fare qc

Überwindung *f* ① *(von Schwierigkeit, Hindernis)* superamento *m* ② *(Selbst~)* sforzo *m;* **es hat mich ~ gekostet** ho dovuto superarmi

überwintern [yːbɐˈvɪntɐn] <ohne ge-> *vi* svernare, passare l'inverno

überwuchern [yːbɐˈvuːxɐn] <ohne ge-> *vt* [ri]coprire

Überzahl *f* **in der ~ sein** essere in maggioranza

überzählig [ˈyːbɐtsɛːlɪç] *adj* **~ sein** essere in soprannumero

überzeugen [yːbɐˈtsɔɪgən] <ohne ge-> I. *vt (durch Gründe, Beweise)* **jdn** [**von etw**] **~** convincere qu [di qc]; **ich bin davon überzeugt, dass …** sono convinto che …; **sich von jdm ~ lassen** lasciarsi convincere da qu; **er ist sehr von sich selbst überzeugt** è pieno di sé II. *vr:* **sich ~** convincersi; **sich von etw ~** convincersi di qc; **~ Sie sich selbst!** guardi Lei stesso!

überzeugend *adj* convincente, persuasivo; *(Gründe)* plausibile

überzeugt *adj* convinto

Überzeugung *f* convinzione *f;* **der ~ sein, dass …** essere convinto che …; **etw im Brustton der ~ sagen** dire qc con la massima convinzione; **aus ~** per convinzione

Überzeugungskraft <-, -kräfte> *f* capacità *f* persuasiva, forza *f* di persuasione

über|ziehen[1] [ˈyːbɐtsiːən] <irr> *vt* ① *(Kleidungsstück)* mettere [sopra] ② *(Wend)* **jdm eins ~** *(fam)* dare una botta a qu

überziehen[2] [yːbɐˈtsiːən] <irr, ohne ge-> *vt* ① *(mit Stoff, Leder)* **etw** [**mit etw**] **~** rivestire [*o* ricoprire] qc [di qc]; **ein Bett** [**frisch**] **~** cambiare le lenzuola ② *(belasten)* **das Konto um hundert Euro ~** scoprire il conto di 100 euro ③ RADIO, TV protrarre

Überzieher [ˈyːbɐtsiːɐ] <-s, -> *m (obs)* soprabito *m*

Überziehung [yːbɐˈtsiːʊŋ] <-, -en> *f* FIN scoperto *m*

Überziehungskredit [yːbɐˈtsiːʊŋskrediːt] *m* FIN fido *m* bancario

Überzug *m* ① *(Schicht)* strato *m* ② *(Bezug)* rivestimento *m; (Bettbezug)* federa *f*

üblich [ˈyːplɪç] *adj* usuale, consueto, solito; *(geläufig)* corrente; *(normal)* normale; **wie ~** come al solito; **es ist ~ zu …** si usa +*inf;* **das ist** [**hier**] **so ~** [qui] si usa così

üblicherweise [ˈyːplɪçɐˈvaɪzə] *adv* normalmente, abitualmente

U-Boot [ˈuːboːt] *nt* sommergibile *m,* sottomarino *m*

U-Boot-Stützpunkt *m* base *f* sottomarina

übrig [ˈyːbrɪç] *adj* ① *(restlich)* rimanente, restante; **~ sein** rimanere, restare; **ich habe noch ein Bonbon ~** mi avanza ancora una caramella; **~ bleiben** avanzare, restare, rimanere; **~ lassen** lasciare [d'avanzo]; **zu wünschen ~ lassen** lasciare a desiderare; **die Übrigen** gli altri ② *(möglich)* **es bleibt nichts anderes ~, als …** non resta altro da fare che +*inf;* **da wird mir wohl nichts anderes ~ bleiben!** non mi resterà altro da fare!

übrig|bleiben <irr> *vi s.* **übrig 1., 2.**

Übrige(s) *nt* **das ~** il resto; **im ~n** del resto; *(außerdem)* inoltre

übrigens [ˈyːbrɪgəns] *adv* del resto, d'altronde; *(nebenbei bemerkt)* a proposito

übrig|haben <irr> *vt* **für jdn nichts ~** avere antipatia per qu; **für Kunst hat er nichts übrig** l'arte non gli interessa

übrig|lassen <irr> *vt s.* **übrig**

Übung [ˈyːbʊŋ] <-, -en> *f* ① SPORT, REL, MUS, LING esercizio *m;* MIL, UNIV esercitazione *f* ② *Sing. (Praxis)* pratica *f,* esercizio *m;* **aus der ~ kommen** perdere l'esercizio; **in ~ bleiben** restare [*o* tenersi] in esercizio; **~ macht den Meister** *(prov)* l'esercizio è un buon maestro

ü. d. M. *Abk. von* **über dem Meeresspiegel** s.l.m.

UdSSR [uːdeːʔɛsʔɛsˈʔɛr] *f* HIST *Abk. von* **Union der Sozialistischen Sowjetrepubliken** URSS *f*

u. E. *Abk. von* **unseres Erachtens** a nostro avviso

UEFA-Cup [uˈeːfakap] <-s, -s> *m* coppa *f* UEFA

Ufer [ˈuːfɐ] <-s, -> *nt* riva *f,* sponda *f;* **am ~** sulla riva; **über die ~ treten** straripare

Uferböschung *f* scarpata *f* della sponda

Uferdamm *m* argine *m*

uferlos *adj (fig)* interminabile, senza fine; **ins ~e führen** perdersi nell'infinito

Uferstraße *f* strada *f* lungo la riva

uff [ʊf] *interj (fam)* uffa; **~, ist das anstrengend!** uffa, che fatica!

Ufo, UFO [ˈuːfo] <-(s), -s> *nt Akr. von* **unbekanntes Flugobjekt** UFO *m*

u-förmig *adj*, **U-förmig** ['u:fœrmɪç] *adj* a [forma di] U
U-Haft ['u:haft] <-(s), -s> *f Abk. von* **Untersuchungshaft** *(fam)* detenzione *f* preventiva
Uhr [u:ɐ̯] <-, -en> *f* ❶ *(Gerät)* orologio *m;* **die ~ nach-/vorstellen** mettere l'orologio indietro/avanti; **nach meiner ~ ist es ...** sul mio orologio è [*o* sono] ...; **meine ~ geht [5 Minuten] vor/nach** il mio orologio è avanti/indietro [di 5 minuti]; **er ist rund um die ~ beschäftigt** è occupato 24 ore su 24 ❷ *(bei Zeitangaben)* ora *f,* ore *f pl;* **um acht [~]** alle otto; **um 12 ~ mittags/nachts** a mezzogiorno/mezzanotte; **es ist halb drei [~]** sono le due e mezza; **wie viel ~ ist es?** che ore sono?; **um wie viel ~?** a che ora?
Uhr[arm]band <-(e)s, -bänder> *nt* cinturino *m* dell'orologio
Uhrenindustrie *f* industria *f* orologiera
Uhrenvergleich *m* **einen ~ machen** confrontare gli orologi
Uhrkette *f* catena *f* dell'orologio
Uhrmacher(in) *m(f)* orologiaio, -a *m, f*
Uhrwerk *nt* meccanismo *m* dell'orologio, orologeria *f*
Uhrzeiger *m* lancetta *f* dell'orologio
Uhrzeigersinn *m* **entgegen dem/im ~** in senso anti-orario/orario
Uhrzeit *f* ora *f*
Uhu ['u:hu] <-s, -s> *m* ZOO gufo *m*
Ukraine [u'kraɪnə] *f* Ucraina *f*
Ukrainer(in) [u'kraɪnɐ] <-s, -; -, -nen> *m(f)* ucraino, -a *m, f*
ukrainisch *adj* ucraino
UKW [u:ka:'ve:] *Abk. von* **Ultrakurzwelle** onda *f* ultracorta
Ulk [ʊlk] <-(e)s, -e> *m* scherzo *m;* **aus ~** per scherzo
ulken *vi* scherzare
ulkig *adj (fam)* buffo, comico
Ulm [ʊlm] *nt* Ulma *f*
Ulme ['ʊlmə] <-, -n> *f* BOT olmo *m*
Ultimaten *Pl. von* **Ultimatum**
ultimativ [ʊltima'ti:f] *adj* ultimativo
U
Ultimatum [ʊltɪ'ma:tʊm] <-s, -s *o* Ultimaten> *nt* ultimatum *m;* **jdm ein ~ stellen** porre un ultimatum a qu
Ultrabook ['ʊltrabʊk] <-s, -s> *nt* INFORM ultrabook *m*
Ultrakurzwelle [ʊltra'kʊrtsvɛlə] *f* RADIO, PHYS onda *f* ultracorta
Ultrakurzwellensender *m* trasmittente *f* a onde ultracorte
ultraorthodox *adj* ultraortodosso
ultrarot ['ʊltraro:t] *adj* infrarosso
Ultraschall *m* PHYS ultrasuono *m*
Ultraschallbild <-(e)s, -er> *nt* ecografia *f*
Ultraschallgerät *nt* ecografo *m*
Ultraschalluntersuchung *f* ecografia *f*
Ultraschallwelle *f* onda *f* ultrasonora
ultraviolett *adj* PHYS ultravioletto
um [ʊm] **I.** *präp +akk* ❶ *(~ herum)* intorno a ❷ *(neben)* vicino a, con ❸ *(bei Uhrzeiten)* a; *(bei ungefähren Zeitangaben)* verso; **~ fünf Uhr** alle cinque; **~ Ostern [herum]** verso Pasqua ❹ *(Differenz angebend)* di; **~ zwei Zentimeter kleiner** più piccolo di due centimetri ❺ *(für)* per, a; **es tut mir leid ~ sie** mi dispiace per lei; **nicht ~ alles in der Welt würde ich ...** per niente al mondo vorrei ...; **~ jeden/keinen Preis** a ogni/nessun costo ❻ *(wegen)* per ❼ *(Wiederholung)* **Stunde ~ Stunde verging, ohne dass er anrief** passarono ore senza che telefonasse ❽ *(in Verbindung mit Verb)* di; **ich bitte [Sie] ~ Ruhe** vi prego di far silenzio; **darf ich Sie ~ Feuer bitten?** [posso chiederLe se] ha da accendere? **II.** *präp +gen* **~ ... willen** per, per amor di; **~ Gottes willen!** per l'amor del cielo! **III.** *konj* **~ zu ...** per *+inf,* allo scopo di *+inf* **IV.** *adv (fam: vorbei)* finito, passato
um|ändern *vt* modificare
um|arbeiten *vt* rielaborare (**zu** in), trasformare (**zu** in); *(abändern)* modificare; *(Film)* riadattare; *(Buch)* rivedere
umarmen [ʊm'ʔarmən] <ohne ge-> *vt* abbracciare; *(heftig)* stringere
Umarmung <-, -en> *f* abbraccio *m*
Umbau <-s, -e *o* -ten> *m* ❶ *(das Umbauen)* ricostruzione *f,* trasformazione *f;* **wegen ~s geschlossen** chiuso per [lavori di] restauro ❷ *(Gebäude)* edificio *m* restaurato
um|bauen[1] ['ʊmbaʊən] *vt* trasformare; *(restaurieren)* restaurare; **[das Bühnenbild] ~** cambiare la scena
umbauen[2] [ʊm'baʊən] <ohne ge-> *vt* circondare di costruzioni, chiudere costruendo tutt'intorno
um|benennen <irr, ohne ge-> *vt* cambiare il nome a
um|besetzen <ohne ge-> *vt* cambiare la distribuzione di; THEAT cambiare gli attori di; POL rimpastare
Umbesetzung <-, -n> *f* ❶ POL rimpasto *m* ❷ THEAT assegnazione *f* di un ruolo ad un altro attore; **~en vornehmen** cambiare alcuni attori
um|betten *vt* ❶ *(Kranken)* cambiare di letto ❷ *(Leiche)* effettuare la traslazione di ❸ *(Fluss)* deviare
um|biegen <irr> **I.** *vt haben* piegare **II.** *vi sein* svoltare

um|bilden *vt* trasformare; ADM riorganizzare; *(Regierung)* rimpastare
um|binden <irr> *vr* **sich** *dat* **etw** ~ mettersi qc
um|blättern *vi* girare [*o* voltare] pagina
um|blicken *vr:* **sich** ~ ① *(in die Runde, um sich herum)* guardarsi attorno ② *(zurück)* guardarsi indietro
umbrechen [ʊmˈbrɛçən] <irr, ohne ge-> *vt* TYP impaginare
Umbrien [ˈʊmbriən] *nt* Umbria *f*
um|bringen <irr> **I.** *vt* assassinare, uccidere; *(a. fig)* ammazzare; **diese Schuhe bringen mich fast um** *(fam)* queste scarpe mi fanno un male da morire **II.** *vr:* **sich** ~ uccidersi; *(a. fig)* ammazzarsi; **sich für jdn fast** ~ *(fig)* farsi in quattro per qu
Umbruch *m* ① POL cambiamento *m* radicale ② *Sing.* TYP *(das Umbrechen)* impaginazione *f; (umbrochener Satz)* impaginato *m*
um|buchen *vt* ① FIN trasferire [su un altro conto] ② *(Reise)* cambiare il biglietto di [*o* per]
Umbuchung *f* ① FIN trasferimento *m* di conto ② *(von Reise)* cambiamento *m* di biglietto
um|denken <irr> *vi* cambiare il proprio modo di pensare, cambiare ottica
um|disponieren <ohne ge-> *vi* ridisporre
um|drehen **I.** *vt haben* ① *(drehen)* girare; *(Arm, Hals)* torcere ② *(auf die andere Seite)* voltare; *(Geldstück)* rigirare ③ *(auf den Kopf stellen)* rivoltare, capovolgere **II.** *vi haben o sein* girare **III.** *vr:* **sich** ~ voltarsi; **sich nach jdm/etw** ~ voltarsi [*o* girarsi] verso qu/qc; **dabei dreht sich mir der Magen um** *(fam)* [a quella vista] mi si rivolta lo stomaco
Umdrehung [ʊmˈdreːʊŋ] *f* giro *m; (um die eigene Achse)* rotazione *f; (um einen anderen Körper)* rivoluzione *f*
Umdrehungszahl *f* numero *m* dei giri
umeinander [ʊmʔaɪˈnandɐ] *adv* ① *(räumlich)* l'uno intorno all'altro ② *(einander betreffend)* l'uno dell'altro
um|fahren[1] [ˈʊmfaːrən] <irr> *vt (niederfahren)* rovesciare, travolgere [con un veicolo]
umfahren[2] [ʊmˈfaːrən] <irr, ohne ge-> *vt (herumfahren um)* girare attorno a
Umfahrung [ʊmˈfaːrʊŋ] <-, -en> *f* A, CH ① *(Umgehung)* aggiramento *m* ② *(Umgehungsstraße)* circonvallazione *f*
um|fallen <irr> *vi sein* ① *(hinfallen)* cadere [a terra]; *(umkippen)* rovesciarsi ② *(fam: ohnmächtig werden)* svenire; **zum Umfallen müde sein** essere stanco morto ③ *(fam pej: seine Meinung ändern)* fare un voltafaccia; *(nachgeben)* darsi per vinto
Umfang *m* ① *(Ausdehnung)* estensione *f; (Dicke)* volume *m; (Größe)* grandezza *f*, dimensione *f; (Leibesfülle)* corpulenza *f* ② *(fig: Ausmaß)* mole *f*, dimensioni *fpl;* **in großem** ~ su vasta scala ③ MAT circonferenza *f*
umfangreich *adj* voluminoso; *(umfassend)* vasto, esteso
umfassen [ʊmˈfasən] <ohne ge-> *vt* ① *(umarmen, umschlingen)* abbracciare; *(festhalten)* afferrare ② *(einfrieden)* recingere ③ *(enthalten)* comprendere, essere composto di
umfassend *adj* ampio, vasto; *(vollständig)* completo; **~e Maßnahmen** misure drastiche
Umfeld *nt* milieu *m;* **im ~ von …** nel contesto di …
um|formen *vt* trasformare; **etw in etw** *akk* ~ trasformare qc in qc
Umformer *m* EL trasformatore *m*
um|formulieren <ohne ge-> *vt* formulare diversamente
Umformung *f* trasformazione *f*
Umfrage *f* inchiesta *f*, sondaggio *m* d'opinioni
umfried[ig]en [ʊmˈfriːd(ɪg)ən] <ohne ge-> *vt* recintare, recingere
umfuhr *1. u. 3. Pers. Sing. Imp. von* **umfahren**
um|füllen *vt* travasare
um|funktionieren <ohne ge-> *vt* trasformare
Umgang *m (Beziehungen)* rapporti *mpl; (Gesellschaft)* compagnia *f;* **schlechten ~ pflegen** frequentare cattive compagnie; **mit jdm ~ haben** frequentare qu, praticare qu; **im ~ mit … muss man …** con … si deve …; **das ist kein ~ für dich!** non è gente per te!
umgänglich [ˈʊmgɛŋlɪç] *adj (gesellig)* socievole; *(freundlich)* affabile
Umgangsformen *fpl* modi *mpl*, maniere *fpl*
Umgangssprache *f* linguaggio *m* corrente, lingua *f* parlata
umgangssprachlich *adj* colloquiale
Umgangston <-(e)s, -töne> *m* modo *m* di fare [*o* di parlare]
umgarnen [ʊmˈgarnən] <ohne ge-> *vt* ammaliare, irretire
umgeben [ʊmˈgeːbən] <irr, ohne ge-> *vt* circondare, cingere; **den Garten mit einem Zaun** ~ circondare il giardino con uno steccato; **eine Stadt mit einer Mauer** ~ cingere una città di mura; **jdn mit Liebe** ~ *(fig)* circondare qu d'affetto
Umgebung <-> *f kein Pl.* ① GEOG dintorni *mpl;* **Köln und** ~ Colonia e dintorni;

U

gibt es hier in der ~ ein Hotel? c'è un albergo qua vicino? ② SOC *(Milieu)* ambiente *m; (Gesellschaft)* compagnia *f*

Umgegend *f* dintorni *mpl,* zona *f* circostante

umgehen¹ [ʊmˈgeːən] <irr, ohne ge-> *vt* ① *(herumgehen um)* girare intorno a ② *(fig: Gesetz, Frage)* eludere; *(vermeiden)* evitare, scansare

um|gehen² [ˈʊmgeːən] <irr> *vi sein* ① *(Gespenst)* aggirarsi; *(Gerücht)* circolare ② *(mit Personen)* trattare; *(mit Dingen)* maneggiare; **mit jdm grob ~** trattare qu rudemente; **er kann mit den Leuten ~** sa trattare la gente; **mit etw sparsam ~** usare qc con parsimonia

umgehend [ˈʊmgeːənt] **I.** *adj* immediato **II.** *adv* senza indugio

Umgehungsstraße [ʊmˈgeːʊŋsʃtraːsə] *f* circonvallazione *f*

Umgehungsverkehr *m* traffico *m* di circonvallazione

umgekehrt I. *adj* ① *(umgedreht)* rovescio ② *(fig: entgegengesetzt)* opposto, inverso; **in ~er Reihenfolge** in ordine inverso; **in ~er Richtung** in direzione opposta; **es war genau ~** era esattamente l'opposto **II.** *adv* ① *(umgedreht)* a rovescio ② *(fig: entgegengesetzt)* all'opposto

um|gestalten <ohne ge-> *vt* trasformare (**zu** in); *(umbilden)* rimodellare; ADM riorganizzare; *(Buch)* rifare

um|graben <irr> *vt* vangare

um|gruppieren <ohne ge-> *vt* riordinare; POL rimpastare

um|gucken *vr:* **sich ~** *(fam) s.* **umsehen**

Umhang *m* mantellina *f*

um|hängen *vt* ① *(an andere Stelle hängen)* appendere altrove ② *(um die Schulter)* mettere addosso; *(Gewehr, Rucksack)* mettere in spalla

Umhängetasche *f* borsa *f* a tracolla

um|hauen¹ <irr> *vt (Baum)* abbattere

um|hauen² <a irr> *vt (fig fam)* lasciare senza fiato

umher [ʊmˈheːɐ̯] *adv* ① *(ringsum)* in giro, intorno ② *(verstreut, hier und dort)* qua e là

umher|blicken *vi* guardarsi intorno [*o* in giro]

umher|gehen <irr> *vi sein* andare in giro, girovagare

umher|irren *vi sein* vagare, errare

umher|laufen <irr> *vi sein (ziellos herumlaufen)* vagare, girovagare; *(spazieren gehen)* passeggiare; **im Garten ~** passeggiare per il giardino; **in der Stadt ~** vagare per la città

umher|ziehen <irr> *vi sein* girare

umhin|kommen <irr> *vi sein* **nicht ~ zu** *+inf* non poter fare a meno di *+inf*

umhin|können [ʊmˈhɪnkœnən] <irr, ohne ge-> *vi* **nicht ~, zu** *+inf* non poter fare a meno di *+inf*

um|hören *vr:* **sich ~** informarsi un po' in giro; **ich werde mich danach ~** mi informerò un po' in giro

um|hüllen [ʊmˈhʏlən] <ohne ge-> *vt* ① *(einhüllen)* avvolgere, avviluppare (**mit einer Decke** in una coperta) ② *(verschleiern)* velare

umkämpft [ʊmˈkɛmpft] *adj* conteso

Umkehr [ˈʊmkeːɐ̯] <-> *f kein Pl.* ritorno *m*

umkehrbar *adj* invertibile, reversibile

um|kehren I. *vt haben* ① *(umdrehen)* rovesciare, [ri]voltare ② *(im entgegengesetzten Sinne wenden)* invertire **II.** *vi sein* tornare indietro, ritornare **III.** *vr:* **sich ~** ① *(sich umdrehen)* voltarsi, girarsi ② *(ins Gegenteil)* invertirsi

Umkehrschluss <-es, -schlüsse> *m* JUR conclusione *f* avversa

Umkehrung <-, -en> *f* ① rovesciamento *m* ② GRAM, MAT inversione *f* ③ MUS rivolto *m*

um|kippen I. *vt haben* rovesciare, ribaltare **II.** *vi sein* ① *(umfallen)* rovesciarsi, ribaltarsi; *(Boot)* capovolgersi; *(das Gleichgewicht verlieren)* perdere l'equilibrio ② *(fam: ohnmächtig werden)* cadere svenuto ③ *(fam pej: seine Gesinnung ändern)* fare un voltafaccia ④ *(fam: ins Gegenteil umschlagen)* mutare improvvisamente; *(Stimme)* cambiare improvvisamente ⑤ *(Gewässer)* non presentare più le prerogative per la vita organica, morire

umklammern [ʊmˈklamɐn] <ohne ge-> *vt* stringere; MIL accerchiare

Umklammerung [ʊmˈklamərʊŋ] <-, -en> *f* stretta *f* forte; *(Umarmung)* abbraccio *m*

um|klappen I. *vt haben* ribaltare **II.** *vi sein* cadere a terra

Umkleidekabine *f (in einer Sporthalle)* spogliatoio *m; (in einem Bekleidungsgeschäft, am Strand)* cabina *f*

um|kleiden¹ [ˈʊmklaɪdən] *vr:* **sich ~** cambiarsi

umkleiden² [ʊmˈklaɪdən] <ohne ge-> *vt* rivestire (**mit** di)

Umkleideraum *m* spogliatoio *m*

um|kommen <irr> *vi sein* ① *(sterben)* perire, morire ② *(fig fam)* morire; **vor etw** *dat* **~** morire di qc; **vor Hitze/Angst ~** morire di caldo/paura ③ *(Lebensmittel)* andare a male

Umkreis <-es> *m kein Pl.* raggio *m,* giro *m; (von Personen)* cerchia *f; (Nähe)* vicinanze *fpl;* **im ~ von zehn Kilometern** nel giro di dieci chilometri

umkreisen [ʊmˈkraɪzən] <ohne ge-> *vt* girare intorno a; ASTR orbitare intorno a

um|krempeln [ˈʊmkrɛmpəln] *vt* ① *(umschlagen)* rimboccare, rimboccarsi ② *(fig: auf den Kopf stellen, durchsuchen)* mettere sottosopra ③ *(fig fam: Haus, Zimmer)* rinnovare di sana pianta; *(Mensch)* trasformare completamente

um|laden <irr> *vt* trasbordare, ricaricare

Umlage *f* quota *f,* contributo *m*

umlagern [ʊmˈlaːgɐn] <ohne ge-> *vt (umgeben)* circondare, assediare

um|lagern[2] [ˈʊmlaːgɐn] *vt (anders lagern)* immagazzinare altrove

Umland <-(e)s> *nt kein Pl.* zona *f* satellite

Umlauf *m* ① *Sing. (Kreisen)* giro *m,* rotazione *f* ② *Sing. (von Geld)* circolazione *f;* **in ~ bringen** [*o* **setzen**] mettere in circolazione; **im ~ sein** circolare ③ *Sing.* ASTR rivoluzione *f* ④ *(Rundschreiben)* circolare *f*

Umlaufbahn *f* ASTR orbita *f*

Umlaut *m* LING ① *(~ung)* metafonia *f* ② *(umgelauteter Vokal)* vocale *f* raddolcita

um|legen *vt* ① *(Kleidungsstück)* mettere [sopra]; *(Verband)* applicare ② *(niederwerfen)* abbattere ③ *(fam: zu Boden strecken)* stendere a terra ④ *(sl: töten)* fare fuori *fam* ⑤ *(umklappen)* ribaltare; *(umschlagen)* rovesciare ⑥ *(verlegen)* spostare; **etw auf etw** *akk* ~ spostare qc su qc ⑦ *(verteilen)* ripartire; **die Ausgaben auf die Beteiligten ~** ripartire le spese fra i partecipanti

um|leiten *vt* deviare

Umleitung *f* deviazione *f*

um|lernen *vi* ① *(neu lernen)* imparare ex novo ② *(beruflich)* apprendere un altro mestiere

umliegend *adj* circostante, limitrofo

ummauern [ʊmˈmaʊɐn] <ohne ge-> *vt* cingere con un muro

um|melden I. *vt* notificare il cambiamento di nome di **II.** *vr:* **sich ~** notificare la propria partenza

Ummeldung *f* notifica *f* di cambiamento

umnachtet [ʊmˈnaxtət] *adj* **geistig ~** ottenebrato

Umnachtung <-, -en> *f* **geistige ~** ottenebramento *m* mentale

um|packen *vt* ① *(in etw anderes packen)* mettere in un'altra valigia [*o* in un altro pacco] ② *(anders packen)* rifare l'imballaggio a [*o* di]; **ich muss den Koffer ~** devo rifare la valigia

um|pflanzen *vt* trapiantare

um|pflügen *vt* arare

um|polen *vt* PHYS, TEC invertire la polarità di

um|quartieren <ohne ge-> *vt* far cambiare alloggio a

umranden [ʊmˈrandən] <ohne ge-> *vt* **etw** [**mit etw**] ~ contornare qc [di qc]

Umrandung [ʊmˈrandʊŋ] <-, -en> *f* ① orlatura *f,* bordatura *f* ② *(Rand)* bordo *m,* contorno *m*

um|räumen *vt (Zimmer)* cambiare la disposizione di; *(Bücher)* riordinare

um|rechnen *vt* convertire

Umrechnungsgebühren *fpl* FIN costi *mpl* di conversione

Umrechnungskurse *fpl* tassi *mpl* di conversione

um|reißen[1] [ˈʊmraɪsən] <irr> *vt (niederreißen)* abbattere, gettare a terra

umreißen[2] [ʊmˈraɪsən] <irr, ohne ge-> *vt (fig)* abbozzare, schizzare

um|rennen <irr> *vt* travolgere [correndo]

umringen [ʊmˈrɪŋən] <ohne ge-> *vt* circondare, attorniare

Umriss *m* contorno *m meist pl,* profilo *m;* **in groben Umrissen zeichnen** disegnare a grandi tratti

um|rühren *vt* rimestare, mescolare

um|rüsten I. *vt (Fahrzeug)* trasformare, rimontare **II.** *vi* MIL riarmare

ums [ʊms] = **um das** *s.* **um**

um|satteln *vi (fig fam: den Beruf wechseln)* cambiare mestiere; **von etw auf etw** *akk* ~ cambiare da qc a qc

Umsatz *m* volume *m* d'affari, fatturato *m*

Umsatzsteigerung *f* incremento *m* del fatturato

Umsatzsteuer *f* imposta *f* sugli affari

um|schalten I. *vt* EL commutare **II.** *vi* RADIO, TV cambiare canale; **ins Stadion ~** collegarsi con lo stadio; **wir schalten um zum Westdeutschen Rundfunk nach Köln** passiamo la linea all'emittente radiofonica di Colonia

Umschalter *m* TEC commutatore *m*

Umschalttaste *f* ① TEC tasto *m* di commutazione ② *(von Schreibmaschine)* tasto *m* delle maiuscole

Umschau *f* [**nach jdm/etw**] ~ **halten** guardarsi intorno [alla ricerca di qu/qc]

um|schauen *s.* **umsehen**

um|schichten *vt* ① *(Stapel)* disporre diversamente ② *(neu einteilen)* ristrutturare, riorganizzare

Umschichtung <-, -en> *f* ristrutturazione *f,* riorganizzazione *f,* cambiamento *m* di disposizione; **soziale ~** riordinamento sociale

umschiffen [ʊmˈʃɪfən] <ohne ge-> *vt* navigare intorno a, circumnavigare; *(Kap)* doppiare

Umschlag *m* ① *Sing. (Wechsel)* mutamento *m* improvviso ② *(an Kleidung)* risvolto *m* ③ *(Buch~)* copertina *f* ④ *(Brief~)*

busta *f* ⑤ MED impacco *m,* compressa *f* ⑥ *Sing.* WIRTSCH *(Güter~)* movimento *m* d'affari; *(Umladen)* trasbordo *m*

um|schlagen <irr> **I.** *vt haben* ① *(Kragen)* rovesciare; *(Ärmel)* rimboccare; *(Buchseite)* voltare ② *(Bäume)* abbattere ③ *(Güter)* trasbordare **II.** *vi sein* ① *(umkippen)* capovolgersi; *(bes. Wagen)* ribaltarsi; NAUT fare scuffia ② *(Wind)* voltarsi, girare; *(Wetter, Stimme)* cambiare improvvisamente; **ins Gegenteil ~** prendere la piega contraria

Umschlaghafen <-s, -häfen> *m* porto *m* di trasbordo

Umschlagplatz *m* posto *m* di trasbordo

umschließen [ʊm'ʃliːsən] <irr, ohne ge-> *vt* ① *(einschließen)* circondare; MIL accerchiare; *(umfassen)* stringere ② *(fig: beinhalten)* comprendere

umschlingen [ʊm'ʃlɪŋən] <irr, ohne ge-> *vt* ① *(umarmen)* abbracciare ② *(Pflanze)* avviticchiare

um|schnallen *vt* mettere, mettersi

um|schreiben[1] ['ʊmʃraɪbən] <irr> *vt* ① *(übertragen)* trascrivere, ricopiare ② *(neu schreiben)* rifare, rielaborare; *(ändern)* cambiare ③ JUR trasferire; *(Grundbesitz)* volturare; **etw auf jds Namen ~** volturare qc a nome di qu

umschreiben[2] [ʊm'ʃraɪbən] <irr, ohne ge-> *vt* ① *(mit anderen Worten)* perifrasare ② *(festlegen)* delimitare, definire ③ MAT circoscrivere

Umschreibung[1] <-> *f kein Pl.* ① *(schriftliche Änderung eines Text)* trascrizione *f,* copiatura *f; (schriftliche Änderung in andere Schrift)* trascrizione *f,* traslitterazione *f* ② *(einer Hypothek)* voltura *f* (**auf** +*akk* a)

Umschreibung[2] <-, -en> *f (umschreibender Ausdruck)* perifrasi *f,* circonlocuzione *f; (von Aufgaben)* definizione *f,* delimitazione *f*

um|schulden *vt* FIN convertire; **einen Kredit ~** convertire un credito

Umschuldung <-, -en> *f* FIN conversione *f*

um|schulen I. *vt* ① *(auf andere Schule)* far cambiare scuola ② *(beruflich)* riqualificare professionalmente ③ POL rieducare **II.** *vi (beruflich)* riqualificarsi professionalmente; **von etw auf etw** *akk* **~** acquisire una nuova qualificazione professionale

Umschulung *f* ① *(auf andere Schule)* cambio *m* di scuola ② *(beruflich)* riqualificazione *f* professionale

um|schütten *vt* ① *(umfüllen)* travasare ② *(umwerfen)* rovesciare, versare

Umschweife ['ʊmʃvaɪfə] *pl* **ohne ~** *(geradeheraus)* senza preamboli; *(ohne zu zögern)* senza indugio

umschwirren [ʊm'ʃvɪrən] <ohne ge-> *vt (a. fig)* ronzare intorno a

Umschwung <-(e)s, -schwünge> *m* ① *(Veränderung, Wende)* svolta *f,* cambiamento *m* ② CH *(zum Gebäude gehörendes umgebendes Land)* terreno *m* circostante; **schönes Haus mit viel ~ zu vermieten** fittasi casa incantevole con ampio terreno circostante

um|sehen <irr> *vr:* **sich ~** ① *(zurücksehen)* voltarsi a guardare ② *(um sich herum sehen)* **sich nach etw ~** guardarsi attorno alla ricerca di qc; **sich in der Stadt ~** visitare la città ③ *(suchen)* **sich nach etw/jdm ~** cercare qc/qu

umseitig *adj o adv* sul retro

um|setzen I. *vt* ① *(anders setzen)* cambiare posto a, spostare ② *(umwandeln)* trasformare ③ *(verkaufen)* vendere, smerciare ④ *(anwenden)* realizzare; **etw in die Tat ~** mettere qc in atto; **etw in die Praxis ~** mettere in pratica qc **II.** *vr:* **sich ~** *(Platz wechseln)* cambiare posto

Umsicht *f* avvedutezza *f,* circospezione *f*

umsichtig *adj* avveduto, circospetto

um|siedeln I. *vt haben* trasferire **II.** *vi sein* trasferirsi

Umsiedelung *f s.* **Umsiedlung**

Umsiedler(in) *m(f)* persona *f* trasferita

Umsiedlung *f* trasferimento *m*

umso ['ʊmzo] *konj* tanto; **je …, ~ …** più …, più …; **~ besser** tanto meglio; **~ schlimmer** tanto peggio

umsonst [ʊm'zɔnst] *adv* ① *(gratis)* per niente, gratis, gratuitamente ② *(vergeblich)* invano, inutilmente; **nicht ~** *(nicht grundlos)* non per niente, non a caso

umsorgen [ʊm'zɔrgən] <ohne ge-> *vt* curare, avere cura di

um|spannen[1] ['ʊmʃpanən] *vt* ① *(Pferde, Ochsen)* cambiare ② EL trasformare (**von … auf** da … in)

umspannen[2] [ʊm'ʃpanən] <ohne ge-> *vt* stringere; *(a. fig)* abbracciare

Umspannstation *f,* **Umspannwerk** *nt* stazione *f* di trasformazione

um|springen ['ʊmʃprɪŋən] <irr> *vi sein* ① *(Wind)* cambiare direzione; **auf Nordwest ~** girare a nord-ovest ② *(Ampel)* **von Rot auf Gelb ~** scattare dal rosso all'arancione ③ *(pej: behandeln)* **mit jdm ~** trattare [male] qu; **so kannst du nicht mit ihr ~** non puoi trattarla così

umspringen[2] [ʊm'ʃprɪŋən] <irr, ohne ge-> *vt (springend umkreisen)* aggirare, saltare intorno a

um|spulen *vt* ribobinare

Umstand *m* ① JUR circostanza *f;* **mildernde Umstände** circostanze attenuanti ② *(Tatsache)* fatto *m; (Einzelheit)* particolare *m;* **die näheren Umstände** i particolari, i dettagli ③ *Pl. (Verhältnisse)* circostanze *f pl; (Lage)* stato *m,* situazione *f;* **unter Umständen** eventualmente, forse; **unter diesen Umständen** date le circostanze; **unter allen/keinen Umständen** in ogni/nessun caso; **in [anderen] Umständen sein** essere in stato interessante; **es geht ihm den Umständen entsprechend [gut]** sta [bene] come si può stare nella sua situazione ④ *Pl. (Aufwand, Mühe)* cerimonie *f pl; (Förmlichkeiten)* complimenti *m pl;* **Umstände machen** *(Sachen)* causare difficoltà; *(Personen)* fare cerimonie; **machen Sie sich** *dat* **meinetwegen keine Umstände!** non si disturbi per me!

umständehalber [ˈʊmʃtɛndəhalbɐ] *adv* date le circostanze; **~ zu verkaufen** in vendita per questione di circostanze

umständlich [ˈʊmʃtɛndtlɪç] *adj* ① *(ausführlich)* circostanziato, dettagliato; *(weitschweifig)* prolisso, lungo ② *(verwickelt)* complicato; **das ist mir viel zu ~** è troppo complicato per me ③ *(beschwerlich)* scomodo, faticoso ④ *(förmlich)* cerimonioso ⑤ *(übergenau)* pignolo

Umstandskleid *nt* [abito *m*] pre-maman® *m*

Umstandskleidung *f* abiti *m pl* pre-maman® [*o* per gestanti]

Umstandswort <-(e)s, -wörter> *nt* avverbio *m*

umstehen [ʊmˈʃteːən] <irr, ohne ge-> *vt* stare attorno a, attorniare

umstehend [ˈʊmʃteːənt] *adj* ① *(um etw herum stehend)* circostante ② *(umseitig)* sul retro

um|steigen <irr> *vi sein* ① *(in Bahn, Bus)* cambiare; **in den Zug nach Frankfurt ~** prendere la coincidenza per Francoforte ② *(fig fam: überwechseln)* **auf etw** *akk* **~** passare a qc

um|stellen[1] [ˈʊmʃtɛlən] **I.** *vt* ① *(anders stellen)* spostare ② *(fig: anpassen)* adattare; **etw auf etw** *akk* **~** adattare qc a qc; *(Betrieb)* trasformare qc in qc; **auf andere Erzeugnisse ~** indirizzarsi verso altri prodotti **II.** *vr* **sich [auf etw** *akk*] **~** *(fig)* adattarsi [a qc]

umstellen[2] [ʊmˈʃtɛlən] <ohne ge-> *vt* circondare, attorniare; MIL accerchiare

Umstellung *f* ① *(Positionsänderung)* disposizione *f* diversa, spostamento *m* ② *(fig: Anpassung)* adattamento *m; (von Betrieb)* trasformazione *f;* **~ auf etw** *akk* adattamento a qc; **~ auf Computer** computerizzazione *f* ③ *(Veränderung)* cambiamento *m*

um|stimmen *vt* **jdn ~** far cambiare idea a qu

um|stoßen <irr> *vt* ① *(umwerfen)* rovesciare, far cadere [urtando] ② *(fig: Plan)* capovolgere

umstritten [ʊmˈʃtrɪtən] *adj* controverso, discutibile

um|strukturieren <ohne ge-> *vt* ristrutturare

Umstrukturierung <-, -en> *f* ristrutturazione *f*

um|stülpen *vt* rovesciare, rivoltare; *(fig)* capovolgere

Umsturz *m* sovvertimento *m,* rivoluzione *f; (Umwälzung)* rovesciamento *m*

um|stürzen I. *vt haben* rovesciare; *(a. fig)* ribaltare; POL sovvertire, rovesciare **II.** *vi sein* cadere, crollare; *(umkippen)* ribaltarsi

umstürzlerisch [ˈʊmʃtʏrtslərɪʃ] *adj* sovversivo, rivoluzionario

um|taufen *vt* ribattezzare

Umtausch *m* ① COM cambio *m;* **diese Waren sind vom ~ ausgeschlossen** gli articoli di questo reparto non possono venir cambiati ② FIN conversione *f*

um|tauschen *vt* ① *(Waren)* **etw [gegen etw] ~** cambiare qc [con qc] ② FIN convertire

Umtrieb <-(e)s, -e> *m* ① *(umstürzlerische Aktivitäten)* manovra *f* ② AGR ciclo *m* ③ CH *(Aufwand an Zeit, Arbeit, Geld, Mühe)* spreco *m,* dispendio *m*

umtriebig [ˈʊmtriːbɪç] *adj* affaccendato, indaffarato

Umtrunk <-(e)s, -trünke> *m* bicchierata *f,* bevuta *f*

UMTS [uːʔəmʔteːˈʔɛs] <-> *nt s.* **Universal Message Transmission System** UMTS *m*

UMTS-Lizenz *f* licenza *f* UMTS

UMTS-Netz *nt* rete *f* UMTS

U-Musik [ˈuːmuziːk] <-> *f kein Pl.* musica *f* leggera

um|wälzen *vt* ① *(Stein)* rotolare ② *(fig: grundlegend verändern)* capovolgere

umwälzend *adj* rivoluzionario

Umwälzung <-, -en> *f* sovvertimento *m,* rivoluzione *f*

um|wandeln *vt* **etw [in etw] ~** cambiare qc [in qc]

Umwandlung *f* cambiamento *m,* trasformazione *f*

umwarb *1. u. 3. Pers. Sing. Imp. von* **umwerben**

um|wechseln *vt* cambiare (**in** *+akk* in)

Umweg *m* giro *m,* strada *f* più lunga; **einen**

~ **machen** prendere la strada più lunga, fare un giro; **auf ~en** per vie traverse

Umwelt *f* ambiente *m*

Umweltaktivist(in) *m(f)* attivista *mf* ambientale

Umweltbedingungen *fpl* condizioni *fpl* ambientali

umweltbelastend *adj* inquinante

Umweltbelastung *f* incidenza *f* inquinante sull'ambiente, fattori *mpl* inquinanti

umweltbewusst *adj o adv* ecologico; **sich ~ verhalten** rispettare l'ambiente

Umweltbewusstsein *nt* coscienza *f* ecologica

Umweltbundesamt ['ʊmvɛlt'bʊndəsamt] <-(e)s> *nt kein Pl.* ufficio *m* federale per i beni ambientali

Umwelteinflüsse *mpl* influssi *mpl* ambientali

Umweltforschung *f* studi *mpl* sull'ambiente

umweltfreundlich *adj* non inquinante, salutare all'ambiente; **~e Plastiksäcke** sacchetti di plastica biodegradabili

Umweltgefahr *f* pericolo *m* ambientale

umweltgefährdend *adj* nocivo all'ambiente, inquinante

umweltgerecht *adj* compatibile con l'ambiente, biodegradabile

Umweltgift *nt* sostanza *f* contaminante

Umweltgütesiegel *nt* ecoetichetta *f*

Umweltkatastrophe *f* disastro *m* ecologico, sciagura *f* ecologica

Umweltkriminalität *f* reati *mpl* contro l'ambiente

Umweltminister(in) *m(f)* ministro *m* per i beni ambientali

Umweltministerium <-s, -ministerien> *nt* ministero *m* per i beni ambientali

Umweltpolitik *f* politica *f* ecologica

Umweltqualität <-> *f kein Pl.* qualità *f* dell'ambiente

Umweltschaden *m meist Pl.* danni *pl* ambientali

umweltschonend *adj* antinquinante

Umweltschutz *m* protezione *f* dell'ambiente, tutela *f* dell'ambiente

Umweltschutzbewegung <-, -en> *f* movimento *m* ambientalista [*o* ecologista]

Umweltschützer(in) <-s, -; -, -nen> *m(f)* ecologista *mf*

Umweltschutzmaßnahmen *pl* misure *fpl* antinquinamento

Umweltschutzpapier *nt* carta *f* riciclata

Umweltsteuer *f* imposta *f* ambientale

Umweltsünder *m* contaminatore, -trice *m, f* ambientale

Umweltvergehen *nt* ECO ecoreato *m*

Umweltverschmutzer(in) <-s, -; -, -nen> *m(f)* inquinatore, -trice *m, f*

Umweltverschmutzung *f* inquinamento *m* ambientale

umweltverträglich *adj* biocompatibile

Umweltverträglichkeitsprüfung *f* valutazione *f* d'impatto ambientale

um|wenden <a irr> **I.** *vt* voltare, girare **II.** *vr:* **sich ~** girarsi, voltarsi

umwerben [ʊm'vɛrbən] <irr, ohne ge-> *vt* corteggiare

um|werfen <irr> *vt* ① *(umschmeißen)* rovesciare, buttare giù ② *(fig fam: Plan, Ordnung)* capovolgere ③ *(fam: aus der Fassung bringen)* sconvolgere

umwerfend *adj* sconvolgente

umwickeln [ʊm'vɪkəln] <ohne ge-> *vt* avvolgere; **etw mit Binden ~** fasciare qc; **etw mit Papier ~** avvolgere qc nella carta

umzäunen [ʊm'tsɔɪnən] <ohne ge-> *vt* recintare, recingere

Umzäunung <-, -en> *f* recinzione *f*; *(Zaun)* recinto *m*

um|ziehen <irr> **I.** *vi sein (in andere Wohnung)* traslocare, cambiare casa; *(in andere Stadt)* trasferirsi; **nach Stuttgart ~** trasferirsi a Stoccarda **II.** *vr:* **sich ~** cambiarsi [d'abito]

umzingeln [ʊm'tsɪŋəln] <ohne ge-> *vt* accerchiare, circondare

Umzug *m* ① *(Festzug)* corteo *m*; REL processione *f* ② *(Wohnungswechsel)* trasloco *m*

UN [uː'ʔɛn] *f Abk. von* **United Nations** NU *fpl*

unabänderlich [ʊnʔap'ʔɛndɐlɪç] *adj* immutabile; *(unwiderruflich)* irrevocabile

unabdingbar [ʊnʔap'dɪŋbaːɐ] *adj* indispensabile

unabhängig *adj* indipendente; *(Staat)* autonomo; **von jdm/etw ~ sein** essere indipendente da qu/qc; **~ davon, ob/wann/wie/wo/wer …** indipendentemente da se/quando/come/dove/chi …

Unabhängigkeit *f* indipendenza *f*; *(staatliche)* autonomia *f*; *(wirtschaftliche)* autarchia *f*

unabkömmlich ['ʊnʔapkœmlɪç] *adj* impegnato, occupato

unablässig [ʊnʔap'lɛsɪç] **I.** *adj* continuo, incessante **II.** *adv* in continuazione

unabsehbar [ʊnʔap'zeːbaːɐ̯] *adj* ① *(unkalkulierbar)* incalcolabile; **auf ~e Zeit** a tempo indeterminato ② *(räumlich)* immenso

unabsichtlich *adj* involontario, non intenzionale

unabwendbar [ʊnʔap'vɛntbaːɐ] *adj* inevitabile, ineluttabile

U

unachtsam *adj (unaufmerksam)* disattento, sbadato; *(nachlässig)* trascurato
Unachtsamkeit <-> *f kein Pl. (Unaufmerksamkeit)* disattenzione *f*, sbadataggine *f*; *(Nachlässigkeit)* negligenza *f*
unähnlich *adj* dissimile (+*dat* da), diverso (+*dat* da)
unanfechtbar [ʊnʔanˈfɛçtbaːɐ̯] *adj* incontestabile, inoppugnabile
unangebracht *adj* inopportuno, fuori luogo
unangefochten *adj* indiscusso; *(bes. Recht)* incontestabile
unangemeldet **I.** *adj* non annunciato; *(Besucher)* inatteso **II.** *adv* senza avviso
unangemessen *adj* inadeguato
unangenehm *adj* sgradevole; *(misslich)* spiacevole; *(a. Überraschung)* brutto, increscioso; *(unsympathisch)* sgarbato; *(ärgerlich)* seccante, fastidioso; **~ auffallen** colpire in modo spiacevole; **[von etw] ~ berührt sein** essere dispiaciuto [di qc]; **es ist mir sehr ~** mi dispiace molto
unangepasst *adj* disadattato
unangetastet *adj* intatto; **etw ~ lassen** non toccare qc
unangreifbar [ʊnʔanˈgraɪfbaːɐ] *adj* inattaccabile
unannehmbar [ʊnʔanˈneːmbaːɐ] *adj* inaccettabile
Unannehmlichkeit *f* fastidio *m*, difficoltà *f*; **jdm ~en bereiten** procurare noie a qu
unansehnlich *adj* non bello, non curato; *(Nahrung)* non appetitoso
unanständig *adj* indecente; *(obszön)* osceno; *(anstößig)* volgare
Unanständigkeit *f* indecenza *f*; *(Obszönität)* oscenità *f*; *(Anstößigkeit)* volgarità *f*
unantastbar [ʊnʔanˈtastbaːɐ̯] *adj* intangibile, intoccabile; JUR inviolabile; REL sacro
unappetitlich *adj* disgustoso
Unart *f* ① *(schlechte Angewohnheit)* vizio *m* ② *(unartiges Benehmen)* maleducazione *f*; *(von Kindern)* cattiveria *f*
unartig *adj* maleducato, cattivo
unästhetisch *adj* antiestetico
unaufdringlich *adj* ① *(Parfüm)* discreto, gradevole ② *(Mensch)* discreto
unauffällig **I.** *adj* non appariscente, che non dà nell'occhio **II.** *adv* senza farsi notare, con discrezione
unauffindbar [ˈʊnʔauffɪntbaːɐ̯] *adj* introvabile, irreperibile
unaufgefordert **I.** *adj* non richiesto **II.** *adv* spontaneamente
unaufhaltsam [ʊnʔaʊfˈhaltzaːm *o* ˈʊnʔaʊfhaltzaːm] *adj* inarrestabile
unaufhörlich [ʊnʔaʊfˈhøːɐ̯lɪç *o* ˈʊnʔaʊfhøːɐ̯lɪç] **I.** *adj* incessante, continuo **II.** *adv* in continuazione
unauflöslich [ʊnʔaʊfˈløːslɪç *o* ˈʊnʔaʊfløːslɪç] *adj* indissolubile
unaufmerksam *adj* ① *(unkonzentriert)* disattento; *(zerstreut)* distratto ② *(nicht zuvorkommend)* non premuroso
Unaufmerksamkeit *f* disattenzione *f*; *(Zerstreutheit)* distrazione *f*
unaufrichtig *adj* insincero, falso
Unaufrichtigkeit *f* falsità *f*
unaufschiebbar [ˈʊnʔaʊfʃiːbbaːɐ̯ *o* ʊnʔaʊfˈʃiːbbaːɐ̯] *adj* improrogabile, irrimandabile
unausbleiblich [ʊnʔaʊsˈblaɪplɪç *o* ˈʊnʔaʊsblaɪplɪç] *adj* immancabile, inevitabile
unausgeglichen *adj* poco equilibrato
Unausgeglichenheit *f* mancanza *f* d'equilibrio
unausgeschlafen *adj* insonnolito
unausgewogen *adj* squilibrato
unauslöschlich [ˈʊnʔaʊslœʃlɪç *o* ʊnʔaʊsˈlœʃlɪç] *adj (geh)* indelebile
unaussprechbar [ˈʊnʔaʊsʃprɛçbaːɐ̯ *o* ʊnʔaʊsˈʃprɛçbaːɐ̯] *adj* impronunciabile
unaussprechlich [ʊnʔaʊsˈʃprɛçlɪç *o* ˈʊnʔaʊsʃprɛçlɪç] *adj* ineffabile; *(Elend, Freude, Leid)* indicibile
unausstehlich [ʊnʔaʊsˈʃteːlɪç *o* ˈʊnʔaʊsʃteːlɪç] *adj* insopportabile; *(widerlich)* odioso
unausweichlich [ʊnʔaʊsˈvaɪçlɪç *o* ˈʊnʔaʊsvaɪçlɪç] *adj* inevitabile
unbändig [ˈʊnbɛndɪç] *adj* indomabile, irrefrenabile; **sich ~ freuen** rallegrarsi enormemente
unbarmherzig *adj* spietato, crudele
unbeabsichtigt *adj* involontario, non intenzionale
unbeachtet *adj* inosservato; **etw ~ lassen** ignorare qc
unbeaufsichtigt *adj (Bahnübergang)* incustodito; *(Kinder)* non sorvegliato
unbebaut *adj (Acker)* incolto; *(Grundstück)* non edificato
unbedacht *adj (Person)* sconsiderato, sventato; *(Handlung)* sconsiderato; **~ handeln** agire sconsideratamente
unbedarft *adj* ingenuo, inesperto
unbedenklich **I.** *adj* sicuro, senza pericoli **II.** *adv* senz'altro, senza pericoli
unbedeutend *adj* ① *(unwichtig)* insignificante, irrilevante, poco importante ② *(geringfügig)* futile
unbedingt **I.** *adj* ① *(absolut)* assoluto; *(bedingungslos)* incondizionato ② CH JUR *(ohne Bewährung)* senza condizionale; **er wurde zu drei Jahren ~ verurteilt** fu condannato a tre anni senza condizionale

U

II. *adv* in ogni caso, assolutamente; **das hat nicht ~ etw mit … zu tun** [ciò] non ha necessariamente qc a che fare con …

unbeeindruckt *adj* indifferente, impassibile; **~ bleiben** rimanere indifferente/impassibile; **~ lassen** non lasciarsi impressionare; **~ fortfahren** continuare senza farsi impressionare

unbefangen I. *adj* ① *(natürlich)* disinvolto, naturale ② *(unvoreingenommen)* spregiudicato ③ *(unparteiisch)* imparziale **II.** *adv* con disinvoltura, spregiudicatamente

Unbefangenheit <-> *f kein Pl.* ① *(Ungehemmtheit)* disinvoltura *f,* naturalezza *f* ② *(Unvoreingenommenheit)* imparzialità *f*

unbefriedigend *adj* insoddisfacente

unbefriedigt *adj* insoddisfatto

unbefristet *adj* illimitato

unbefugt *adj* non autorizzato, abusivo

Unbefugte <ein -r, -n, -n> *mf* **~n ist der Zutritt verboten** vietato l'accesso ai non addetti

unbegabt *adj* negato; [**für etw**] **~ sein** non essere dotato [per qc]; **musikalisch ~ sein** essere negato per la musica

unbegreiflich [ʊnbəˈgraɪflɪç *o* ˈʊnbəgraɪflɪç] *adj* incomprensibile, inconcepibile

unbegrenzt *adj* illimitato, sconfinato

unbegründet *adj* infondato, ingiustificato

unbehaart *adj (ohne Körperhaar)* glabro, senza pelo; *(ohne Bart)* imberbe, senza barba; *(ohne Kopfhaar)* calvo, pelato

Unbehagen *nt* malessere *m,* disagio *m*

unbehaglich *adj (ungemütlich)* disagevole; *(unangenehm)* sgradevole; **sich ~ fühlen** essere a disagio

unbehandelt *adj (Obst)* non trattato

unbeherrscht I. *adj* incontrollato; *(Person)* che non sa dominarsi; **du bist immer so unbeherrscht!** non sai mai controllarti! **II.** *adv* incontrollatamente

unbeholfen [ˈʊnbəhɔlfən] *adj* maldestro; *(plump)* goffo

Unbeholfenheit <-> *f kein Pl.* goffaggine *f*

unbeirrbar [ʊnbəˈʔɪrbaːɐ̯ *o* ˈʊnbəʔɪrbaːɐ̯] *adj* imperturbabile, fermo

unbeirrt [ʊnbəˈʔɪrt *o* ˈʊnbəʔɪrt] *adj* imperturbato, fermo, impassibile

unbekannt *adj* sconosciuto; ADM, JUR ignoto; **~ verzogen** trasferito senza lasciare indirizzo; **das ist mir ~** questo mi giunge nuovo

Unbekannte *mf* sconosciuto, -a *m, f;* ADM, JUR ignoto, -a *m, f*

unbekleidet *adj* svestito, nudo

unbekümmert [ˈʊnbəkʏmɐt] *adj* ① *(unbesorgt)* incurante ② *(sorglos)* spensierato

Unbekümmertheit <-> *f kein Pl.* incuranza *f,* noncuranza *f,* spensieratezza *f*

unbelastet *adj* ① *(frei)* libero; **~ von Sorgen/Pflichten** libero da problemi/doveri ② FIN non gravato da ipoteche

unbelehrbar [ˈʊnbəleːɐ̯baːɐ̯ *o* ʊnbəˈleːɐ̯baːɐ̯] *adj* incorreggibile, irriducibile; *(halsstarrig)* caparbio, ostinato

unbeliebt *adj* malvisto; *(unpopulär)* impopolare; **bei jdm ~ sein** essere malvisto da qu; **sich bei jdm ~ machen** rendersi antipatico a qu

Unbeliebtheit *f* impopolarità *f*

unbemannt *adj* senza uomini a bordo, senza equipaggio

unbemerkt I. *adj* inosservato, inavvertito **II.** *adv* senza essere visto

unbenommen [ʊnbəˈnɔmən *o* ˈʊnbənɔmən] *adj* **es bleibt Ihnen ~** nessuno Le impedisce di farlo

unbenutzbar *adj* inutilizzabile

unbenutzt *adj* inutilizzato; **etw ~ zurückgeben** restituire qc di inutilizzato

unbeobachtet *adj* inosservato

unbequem *adj* ① *(Sessel)* scomodo ② *(fig: lästig)* molesto, importuno

Unbequemlichkeit *f* scomodità *f; (Lästigkeit)* molestia *f*

unberechenbar [ʊnbəˈrɛçənbaːɐ̯ *o* ˈʊnbərɛçənbaːɐ̯] *adj* incalcolabile; *(Mensch a.)* imprevidibile

unberechtigt *adj* non autorizzato, illegittimo

unberücksichtigt *adj* trascurato, ignorato; **~ lassen** tralasciare, non prendere in considerazione; **~ bleiben** non essere considerato

unberührt *adj* ① *(nicht berührt)* intatto ② *(jungfräulich)* vergine

unbeschadet [ʊnbəˈʃaːdət *o* ˈʊnbəʃaːdət] *präp +gen (geh)* malgrado, nonostante

unbeschädigt *adj* incolume, illeso, intatto

unbescheiden *adj* immodesto, presuntuoso; **ein ~er Typ** un tipo immodesto/presuntuoso; **~es Verhalten** atteggiamento presuntuoso

Unbescheidenheit *f* immodestia *f,* presunzione *f*

unbescholten *adj* integro, illibato

unbeschränkt [ˈʊnbəʃrɛŋkt] *adj* illimitato; *(Gewalt)* assoluto; **jdm ~e Vollmacht geben** dare a qu pieni poteri

unbeschreiblich [ˈʊnbəʃraɪplɪç] *adj* indescrivibile

unbeschrieben *adj (Papier)* bianco; **er ist** [**noch**] **ein ~es Blatt** *(fam)* non si può ancora dire niente di lui

unbesehen [ˈʊnbəzeːən] *adv* senza vedere

[*o* esaminare]; **das glaube ich dir ~** ti credo senz'altro
unbesiegbar ['ʊnbəziːkbaːɐ *o* ʊnbə'ziːkbaːɐ] *adj* invincibile
unbesiegt *adj* imbattuto, invitto *geh*
unbesonnen **I.** *adj* ① *(Entschluss)* avventato ② *(Mensch)* sventato **II.** *adv* alla leggera
Unbesonnenheit *f* ① *Sing. (Eigenschaft)* sventatezza *f*, leggerezza *f* ② *(Handlung)* imprudenza *f*
unbesorgt *adj* tranquillo; **seien Sie ~!** non si preoccupi!
unbeständig *adj* ① *(wechselhaft)* instabile; *(Wetter)* variabile ② *(Person)* volubile, incostante
Unbeständigkeit *f* instabilità *f*; *(Wankelmut)* incostanza *f*, volubilità *f*; *(von Wetter)* variabilità *f*
unbestätigt *adj* non confermato; **nach noch ~en Quellen** secondo fonti non ancora confermate
unbestechlich [ʊnbə'ʃtɛçlɪç *o* 'ʊnbəʃtɛçlɪç] *adj* incorruttibile
Unbestechlichkeit *f* incorruttibilità *f*
unbestimmt *adj* indeterminato; LING indefinito; **auf ~e Zeit** a tempo indeterminato
unbestreitbar [ʊnbə'ʃtraɪtbaːɐ̯ *o* 'ʊnbəʃtraɪtbaːɐ̯] *adj* incontestabile, indiscutibile
unbestritten [ʊnbə'ʃtrɪtən *o* 'ʊnbəʃtrɪtən] **I.** *adj* indiscusso, incontestato; **es ist ~, dass …** è sicuro che … **II.** *adv* senza dubbio
unbeteiligt [ʊnbə'taɪlɪçt *o* 'ʊnbətaɪlɪçt] *adj* disinteressato, non coinvolto
unbetont *adj* atono, non accentuato
unbeugsam [ʊn'bɔɪkzaːm *o* 'ʊnbɔɪkzaːm] *adj* inflessibile
unbewacht *adj* incustodito; *(schutzlos)* non sorvegliato; **ein ~er Parkplatz** un posteggio incustodito
unbewaffnet *adj* disarmato
unbewältigt *adj* irrisolto; **~e Probleme/Konflikte** problemi/conflitti irrisolti
unbeweglich [ʊnbə'veklɪç *o* 'ʊnbəveklɪç] *adj* immobile; *(fest)* fisso; *(starr)* rigido; *(geistig)* inflessibile
Unbeweglichkeit *f* immobilità *f*; *(Starrheit)* fissità *f*, rigidità *f*; *(geistig)* inflessibilità *f*
unbewohnbar ['ʊnbəvoːnbaːɐ̯ *o* ʊnbə'voːnbaːɐ̯] *adj* inabitabile
unbewohnt *adj* disabitato
unbewusst *adj* inconsapevole; PSYCH inconscio; *(instinktiv)* istintivo; **das ist mir ganz ~** non me ne sono reso conto
Unbewusste <ein -s, -n> *nt kein Pl.* PSYCH inconscio *m*
unbezahlbar [ʊnbə'tsaːlbaːɐ̯] *adj* impagabile
unbezahlt *adj (Rechnung)* non saldato [*o* pagato]; *(Arbeit)* non retribuito [*o* pagato]
unblutig *adj* incruento, senza spargimento di sangue
unbrauchbar *adj* inutilizzabile; *(ungeeignet)* inadatto
unbürokratisch *adj* non burocratico; **jdm schnelle und ~e Hilfe zusichern** assicurare a qu aiuto sollecito e spontaneo
unchristlich *adj* ① *(nicht christlich)* non cristiano ② *(fam: ungerecht)* ingiusto
uncool ['unkuːl] *adj* non cool
und [ʊnt] *konj* e; *(vor Vokal)* ed; *(bei wiederholten Komparativen)* sempre; MAT più, e; **größer ~ größer** sempre più grande; **~ so weiter** [*o* **fort**] eccetera, e così via; **drei ~ zwei ist fünf** tre più due fa cinque; **geh ~ hole mir …** va a prendermi …; **sei so gut ~ mach das Fenster zu** fammi il favore di chiudere la finestra; **~ ob!** *(fam)* eccome!, e come no!; **~?** e allora?; **na ~?** *(fam)* e con ciò?
Undank *m* ingratitudine *f*; **~ ernten** raccogliere ingratitudine; **~ ist der Welt Lohn** *(prov)* il mondo è ingrato
undankbar *adj* ingrato; **gegen jdn ~ sein** essere ingrato verso qu
Undankbarkeit *f* ingratitudine *f*
undatiert *adj* non datato
undefinierbar [ʊndefi'niːɐ̯baːɐ̯ *o* 'ʊndefiniːɐ̯baːɐ̯] *adj* indefinibile
undemokratisch *adj* antidemocratico
undenkbar [ʊn'dɛŋkbaːɐ̯] *adj* impensabile, inconcepibile
undeutlich *adj* indistinto; *(Foto)* offuscato; *(Schrift)* illeggibile; *(Laut)* inarticolato; **sich ~ ausdrücken** esprimersi in modo confuso
undicht *adj* non stagno, non ermetico; **der Wasserhahn ist ~** il rubinetto perde
undifferenziert *adj* indifferenziato
Unding *nt* **es ist ein ~ zu …** è assurdo +*inf*
undiplomatisch *adj* non diplomatico
undiszipliniert *adj* indisciplinato
undogmatisch *adj* POL, REL non dogmatico, antidogmatico
unduldsam *adj* intollerante
undurchdringlich [ʊndʊrç'drɪŋlɪç *o* 'ʊndʊrçdrɪŋlɪç] *adj* impenetrabile
undurchführbar [ʊndʊrç'fyːɐbaːɐ *o* 'ʊndʊrçfyːɐbaːɐ] *adj* inattuabile
undurchlässig *adj* impermeabile
undurchschaubar ['ʊndʊrçʃaʊbaːɐ̯ *o* ʊndʊrç'ʃaʊbaːɐ̯] *adj* impenetrabile
undurchsichtig *adj* ① *(nicht durchsichtig)*

non trasparente; *(Glas)* opaco ② *(fig: undurchschaubar)* impenetrabile, misterioso

uneben *adj* *(Weg)* scosceso, scabro; *(Gelände)* accidentato

unecht *adj* falso; *(nachgemacht)* imitato; *(künstlich)* artificiale

unehelich *adj* *(Kind)* illegittimo, naturale

unehrenhaft *adj* disonorevole

unehrlich *adj* falso, disonesto

Unehrlichkeit *f* disonestà *f*, insincerità *f*

uneigennützig *adj* disinteressato, altruista

uneingeschränkt *adj* illimitato; *(Gewalt)* assoluto

uneinheitlich *adj* discontinuo

uneinig *adj* discorde; *(bes. Partei)* diviso; **in diesem Punkt sind wir uns ~** su questo punto non siamo d'accordo

Uneinigkeit *f* discordia *f*, disaccordo *m*

uneins <inv> *adj s.* **uneinig**

uneinsichtig *adj* *(unvernünftig)* irragionevole; *(verstockt)* ostinato

unempfindlich *adj* ① *(unsensibel)* insensibile; **gegen etw ~ sein** essere insensibile a qc ② *(widerstandsfähig)* **gegen Krankheiten ~ sein** essere resistente alle malattie

Unempfindlichkeit *f* ① *(Unsensibilität)* insensibilità *f* ② *(Widerstandsfähigkeit)* resistenza *f* ③ *(Gefühllosigkeit)* impassibilità *f*, freddezza *f*

unendlich [ʊnˈʔɛntlɪç] **I.** *adj* infinito; *(unermesslich)* immenso **II.** *adv* infinitamente; **sie haben ~ lange diskutiert** non finivano più di discutere

Unendlichkeit <-> *f kein Pl.* infinità *f*; *(Unermesslichkeit)* immensità *f*

unentbehrlich [ʊnʔɛntˈbeːɐ̯lɪç *o* ˈʊnʔɛntbeːɐ̯lɪç] *adj* indispensabile

unentgeltlich [ʊnʔɛntˈgɛltlɪç *o* ˈʊnʔɛntgɛltlɪç] **I.** *adj* gratuito **II.** *adv* gratis, per niente

unentrinnbar [ʊnʔɛntˈrɪnbaːɐ *o* ˈʊnʔɛntrɪnbaːɐ] *adj* inevitabile, ineluttabile

unentschieden *adj* ① *(Mensch)* indeciso, incerto ② *(Frage, Angelegenheit)* incerto ③ SPORT **~ enden** finire con un pareggio; **~ stehen** essere in pareggio

Unentschieden <-, -> *nt* SPORT pareggio *m*

unentschlossen *adj* irresoluto, indeciso; *(zögernd)* titubante; **~ sein** esitare

Unentschlossenheit *f* irresolutezza *f*, indecisione *f*

unentschuldbar [ʊnʔɛntˈʃʊltbaːɐ̯ *o* ˈʊnʔɛntʃʊltbaːɐ̯] *adj* ingiustificabile, imperdonabile

unentschuldigt *adj* ingiustificato; **~es Fehlen** assenza ingiustificata

unentwegt [ʊnʔɛntˈveːkt *o* ˈʊnʔɛntveːkt] **I.** *adj* imperterrito, fermo **II.** *adv* in continuazione, incessantemente

unentwirrbar [ʊnʔɛntˈvɪrbaːɐ *o* ˈʊnʔɛntvɪrbaːɐ] *adj* inestricabile

unerbittlich [ʊnʔɛɐˈbɪtlɪç *o* ˈʊnʔɛɐbɪtlɪç] *adj* spietato; *(a. Schicksal)* inesorabile

unerfahren *adj* inesperto; **in etw** *dat* **~ sein** essere inesperto in qc

Unerfahrenheit <-> *f kein Pl.* inesperienza *f*, mancanza *f* di esperienza

unerfindlich [ʊnʔɛɐˈfɪntlɪç *o* ˈʊnʔɛɐfɪntlɪç] *adj* **aus ~en Gründen** per ragioni oscure

unerfreulich *adj* spiacevole

unergiebig *adj* ① *(Boden)* improduttivo ② *(Thema)* infruttuoso

unergründlich [ʊnʔɛɐˈgrʏntlɪç *o* ˈʊnʔɛɐgrʏntlɪç] *adj* impenetrabile, imperscrutabile

unerheblich *adj* irrilevante, insignificante

unerhört [ʊnʔɛɐˈhøːɐ̯t] **I.** *adj* ① *(unglaublich)* inaudito; *(außerordentlich)* incredibile ② *(pej: empörend)* inaudito; **das ist ja wirklich ~!** è veramente incredibile! **II.** *adv* *(überaus)* incredibilmente

unerkannt *adv* sconosciuto, incognito; **~ entkommen** fuggire incognito

unerklärlich [ʊnʔɛɐˈklɛːɐ̯lɪç *o* ˈʊnʔɛɐklɛːɐ̯lɪç] *adj* inesplicabile, inspiegabile; **es ist mir ~, wie …** non riesco a spiegarmi come …

unerlässlich [ʊnʔɛɐˈlɛslɪç *o* ˈʊnʔɛɐlɛslɪç] *adj* indispensabile, essenziale

unerlaubt *adj* illecito, non autorizzato, vietato

unerledigt *adj* non sbrigato; *(Post)* inevaso; *(Rechnung)* non pagato

unermesslich [ʊnʔɛɐˈmɛslɪç *o* ˈʊnʔɛɐmɛslɪç] *adj* smisurato; *(unendlich)* infinito, immenso; *(riesig)* enorme

unermüdlich [ʊnʔɛɐˈmyːtlɪç *o* ˈʊnʔɛɐmyːtlɪç] *adj* instancabile, indefesso

unerreichbar [ʊnʔɛɐˈraɪçbaːɐ̯ *o* ˈʊnʔɛɐraɪçbaːɐ̯] *adj* ① *(Ort)* irraggiungibile, inaccessibile ② *(fig: Leistung)* ineguagliabile

unerreicht *adj* non ancora raggiunto; *(Rekord)* ineguagliabile

unersättlich [ʊnʔɛɐˈzɛtlɪç *o* ˈʊnʔɛɐzɛtlɪç] *adj* insaziabile

unerschöpflich [ʊnʔɛɐˈʃœpflɪç *o* ˈʊnʔɛɐʃœpflɪç] *adj* inesauribile

unerschrocken *adj* impavido, intrepido

unerschütterlich [ʊnʔɛɐˈʃʏtɐlɪç *o* ˈʊnʔɛɐʃʏtɐlɪç] *adj* fermo, saldo; *(Ruhe)* imperturbabile

unerschwinglich [ʊnʔɛɐˈʃvɪŋlɪç *o* ˈʊnʔɛɐʃvɪŋlɪç] *adj* *(Ware)* inaccessibile; *(zu teuer)* troppo caro; *(Preis)* esorbitante

unersetzlich [ʊnʔɛɐˈzɛtslɪç *o* ˈʊnʔɛɐzɛtslɪç] *adj* ① *(unersetzbar)* insostituibile ② *(nicht*

wiedergutzumachen) irreparabile, irrimediabile
unerträglich [ʊnʔɛɐ̯ˈtrɛːklɪç *o* ˈʊnʔɛɐ̯trɛːklɪç] *adj* insopportabile
unerwähnt *adj* non menzionato; **etw ~ lassen** non menzionare qc
unerwartet [ˈʊnʔɛɐ̯vartət] **I.** *adj* inaspettato, inatteso; *(Glück)* insperato; *(plötzlich)* improvviso **II.** *adv* all'improvviso
unerwünscht *adj* indesiderato; *(ungelegen)* inopportuno
unerzogen *adj* ineducato, maleducato
UNESCO [uˈnɛsko] <-> *f kein Pl.* U.N.E.S.C.O. *f*
unfähig *adj* incapace; **zu etw ~ sein** essere incapace di fare qc
Unfähigkeit *f* ❶ *(Inkompetenz)* incapacità *f* ❷ *(Arbeits~)* inabilità *f*
unfair *adj* sleale; SPORT scorretto
Unfall *m* incidente *m;* **einen ~ haben** avere un incidente; **bei einem ~ ums Leben kommen** morire in un incidente
Unfallarzt *m,* **Unfallärztin** *f* medico *m* del pronto soccorso
Unfallchirurgie *f* chirurgia *f* d'urgenza
Unfallfahrer(in) *m(f)* automobilista *mf* che ha provocato un incidente
Unfallflucht <-> *f kein Pl.* fuga *f* del responsabile di un incidente; **~ begehen** fuggire dopo aver provocato un incidente
Unfallfolgen *fpl* **an den ~ sterben** morire per i postumi dell'incidente
unfallfrei *adj* che non ha mai causato incidenti
Unfallopfer *nt* vittima *f* dell'incidente
Unfallquote *f* numero *m* degli incidenti
Unfallrisiko <-s, -risiken> *nt* rischio *m* [*o* pericolo *m*] d'incidente
Unfallschaden *m* ADM danno *m* da incidente
Unfallstation *f* stazione *f* di pronto soccorso
Unfallstatistik *f* statistica *f* degli incidenti
Unfallstelle *f* luogo *m* dell'incidente
Unfallursache <-, -n> *f* causa *f* dell'incidente
Unfallverhütung *f* prevenzione *f* degli infortuni
Unfallversicherung *f* assicurazione *f* contro gli infortuni
Unfallwagen *m* ❶ *(Rettungswagen)* autoambulanza *f* ❷ *(beschädigter Wagen)* automobile *f* che ha avuto un incidente
unfassbar [ʊnˈfasbaːɐ̯ *o* ˈʊnfasbaːɐ̯], **unfasslich** [ʊnˈfaslɪç *o* ˈʊnfaslɪç] *adj* inconcepibile
unfehlbar [ʊnˈfeːlbaːɐ̯ *o* ˈʊnfeːlbaːɐ̯] **I.** *adj* infallibile; *(sicher)* sicuro **II.** *adv* certamente, sicuramente
Unfehlbarkeit <-> *f kein Pl.* infallibilità *f;* *(Sicherheit)* sicurezza *f*
unfein *adj* poco fine; *(unhöflich)* sgarbato; *(grob)* rozzo
unflätig [ˈʊnflɛːtɪç] *adj* sconcio, osceno, turpe
unförmig [ˈʊnfœrmɪç] *adj* deforme, informe
Unförmigkeit <-> *f kein Pl.* deformità *f,* difformità *f*
unfrankiert *adj* non affrancato
unfrei *adj* ❶ *(nicht frei)* non libero, schiavo ❷ *(unfrankiert)* non affrancato
unfreiwillig *adj* involontario
unfreundlich *adj* ❶ *(unliebenswürdig)* scortese, sgarbato; *(barsch)* brusco, aspro ❷ *(nicht ansprechend)* poco accogliente; *(Wetter)* inclemente, brutto
Unfriede[n] *m* discordia *f,* disaccordo *m*
UN-Friedensplan *m* piano *m* di pace dell'ONU
unfruchtbar *adj* sterile; *(zeugungsunfähig)* infecondo
Unfruchtbarkeit *f* sterilità *f;* *(fig a.)* infecondità *f*
Unfug [ˈʊnfuːk] <-(e)s> *m kein Pl.* ❶ *(Possen)* scemenze *fpl;* **~ treiben** fare scemenze ❷ *(Unsinn)* sciocchezze *fpl;* **red' doch keinen ~!** ma non dire sciocchezze!
Ungar(in) [ˈʊŋgar] <-n, -n; -, -nen> *m(f)* ungherese *mf*
ungarisch *adj* ungherese
Ungarn [ˈʊŋgarn] *nt* Ungheria *f*
ungastlich *adj* inospitale
ungeachtet [ʊngəˈʔaxtət *o* ˈʊngəʔaxtət] *präp +gen* nonostante, malgrado; **~ dessen** ciò nonostante; **dessen ~** malgrado ciò; **~ der Tatsache, dass ...** nonostante il fatto che *+conj*
ungeahnt [ʊngəˈʔaːnt *o* ˈʊngəʔaːnt] *adj* insospettato, inaspettato
ungebeten *adj* **~er Gast** intruso, -a *m, f*
ungebildet *adj* incolto
ungeboren *adj* non ancora nato, nascituro
Ungeborene <ein -s, -n, -n> *nt* nascituro *m*
ungebräuchlich *adj* inusitato, non in uso
ungebraucht *adj* non usato, nuovo di zecca
ungebührlich **I.** *adj (ungehörig)* indecente; *(übertrieben)* esorbitante **II.** *adv (übertrieben)* eccessivamente
ungedeckt *adj* ❶ *(ohne Bedeckung)* scoperto; **~er Tisch** tavola non apparecchiata ❷ SPORT smarcato ❸ FIN scoperto
Ungeduld *f* impazienza *f*
ungeduldig *adj* impaziente
ungeeignet *adj* inadatto; **für etw ~ sein**

essere inadatto a qc; **ein ~er Moment** un momento inopportuno

ungefähr [ʊngəˈfɛːɐ̯ *o* ˈʊngəfɛːɐ̯] **I.** *adj (annähernd)* approssimativo; *(vage)* vago **II.** *adv* circa, pressappoco; **~ 100 Euro** un centinaio di euro; **nicht von ~** non a caso; **wo ~?** dove pressappoco?

ungefährlich *adj* non pericoloso; *(harmlos)* innocuo

ungefällig *adj* poco compiacente, scortese

ungefärbt *adj* non colorato; *(Haar)* non tinto; *(Lebensmittel)* senza coloranti

ungehalten *adj (geh)* irritato; **über etw** *akk* **~ sein** essere irritato per qc; **~ werden** irritarsi

ungeheizt *adj* non riscaldato

ungehemmt *adj* ① *(durch nichts gehemmt)* libero; *(zügellos)* sfrenato ② *(frei von inneren Hemmungen)* disinvolto, libero

ungeheuer [ʊngəˈhɔɪɐ *o* ˈʊngəhɔɪɐ] **I.** *adj* immenso, enorme; *(riesig)* colossale, gigantesco **II.** *adv* enormemente, infinitamente

Ungeheuer [ʊngəˈhɔɪɐ *o* ˈʊngəhɔɪɐ] <-s, -> *nt* mostro *m*

ungeheuerlich [ʊngəˈhɔɪɐlɪç *o* ˈʊngəhɔɪɐlɪç] *adj (pej: unerhört, empörend)* inaudito, scandaloso

ungehindert *adj* **zu etw ~en Zugang haben** avere libero accesso a qc

ungehobelt [ʊngəˈhoːbəlt *o* ˈʊngəhoːbəlt] *adj (pej)* rozzo, villano

ungehörig *adj* insolente

Ungehörigkeit <-, -en> *f* insolenza *f*

ungehorsam *adj* disubbidiente

Ungehorsam *m* disubbidienza *f*

ungeklärt *adj (Frage, Ursache)* non chiarito; *(Verbrechen)* oscuro

ungekündigt *adj* **in ~er Stellung** senza aver subito licenziamento

ungekünstelt *adj* naturale, non affettato

ungekürzt *adj (Text, Ausgabe)* integrale

ungeladen *adj* ① *(Schusswaffe)* scarico ② *(Gast)* non invitato

ungelegen *adj* inopportuno; *(zeitlich a.)* intempestivo; **komme ich ~?** disturbo?

Ungelegenheiten *fpl* fastidi *mpl;* **jdm ~ bereiten** procurare fastidi a qu

ungelenk *adj (ungeschickt)* goffo, maldestro

ungelenkig *adj* rigido

ungelernt *adj* **~er Arbeiter** operaio non qualificato

ungeliebt *adj* non amato; **~ sein** non essere ben voluto

ungelogen *adv (fam)* davvero

ungelöst *adj* irrisolto

Ungemach [ˈʊngəmaːx] <-(e)s> *nt kein Pl. (poet)* ① *(Unglück)* avversità *f* ② *(Unannehmlichkeit)* fastidio *m,* molestia *f*

ungemein [ʊngəˈmaɪn *o* ˈʊngəmaɪn] *adv* immensamente

ungemütlich *adj* ① *(nicht gemütlich)* non confortevole, poco accogliente ② *(fig: Wetter)* brutto, cattivo; *(Person)* poco simpatico; **~ werden** *(fam)* arrabbiarsi

ungenau *adj* inesatto, impreciso

Ungenauigkeit *f* inesattezza *f,* imprecisione *f*

ungeniert [ʊnʒeˈniːɐ̯t *o* ˈʊnʒeniːɐ̯t] **I.** *adj* disinvolto **II.** *adv* con disinvoltura; *(frei)* liberamente, indisturbatamente

Ungeniertheit <-> *f kein Pl.* disinvoltura *f*

ungenießbar [ʊngəˈniːsbaːɐ̯ *o* ˈʊngəniːsbaːɐ̯] *adj* ① *(Speise)* immangiabile; *(Getränk)* imbevibile ② *(fam scherz: Person)* intrattabile

ungenügend *adj (a. Schulnote)* insufficiente

ungenutzt *adj* inutilizzato; **die Chance ~ verstreichen lassen** lasciarsi scappare l'occasione, non cogliere l'occasione

ungenützt *adj* inutilizzato; **die Chance ~ verstreichen lassen** lasciarsi scappare l'occasione, non cogliere l'occasione

ungeordnet *adj* disordinato, in disordine

ungepflegt *adj* non curato, trascurato

ungerade *adj (Zahl)* dispari

ungerechnet *präp +gen* senza calcolare

ungerecht *adj* ingiusto

ungerechtfertigt *adj* ingiustificato

Ungerechtigkeit *f* ingiustizia *f;* **~ gegenüber jdm/etw** ingiustizia verso qu/qc

ungeregelt *adj* sregolato, disordinato

ungereimt [ˈʊngəraɪmt] *adj* ① LIT non rimato, sciolto ② *(fig: keinen Sinn ergebend)* insensato; **~es Zeug** insulsaggini *fpl*

Ungereimtheit <-, -en> *f (fig)* insulsaggini *fpl*

ungern *adv* mal volentieri, controvoglia

ungerührt [ˈʊngəryːɐ̯t] *adj* insensibile, impassibile; **~ zusehen** guardare con indifferenza

ungesalzen *adj* senza sale, insipido

ungeschält *adj* non sbucciato; **~es Obst** frutta non sbucciata; **~er Reis/Mais** riso/grano non mondato

ungeschehen *adj* **etw ~ machen** fare come se qc non fosse successo; **das ist nicht mehr ~ zu machen** ormai è cosa fatta

Ungeschick <-(e)s> *nt kein Pl.,* **Ungeschicklichkeit** <-, -en> *f* azione *f* maldestra, goffaggine *f*

ungeschickt *adj* maldestro, goffo

ungeschlacht ['ʊngəʃlaxt] *adj* ① *(wuchtig)* grosso ② *(grob)* rozzo, grossolano
ungeschlagen *adj* SPORT imbattuto
ungeschlechtlich *adj* BIOL asessuale
ungeschliffen *adj* ① *(Edelstein)* greggio ② *(fig, pej: Manieren)* villano, rozzo
ungeschminkt *adj* ① *(Person)* non truccato, senza trucco ② *(Wahrheit)* puro, schietto
ungeschoren *adj* ~ **davonkommen** uscirne indenne
ungesehen *adj* inosservato, senza essere visto
ungesellig *adj* insocievole
ungesetzlich *adj* illegale
ungesichert *adj* non premunito, sprovveduto di misure precauzionali
ungestört **I.** *adj* indisturbato, tranquillo **II.** *adv* in pace
ungestraft *adj* impunito; ~ **davonkommen** uscirne impunito
ungestüm ['ʊngəʃty:m] **I.** *adj (geh)* impetuoso; *(heftig)* violento **II.** *adv (geh)* con veemenza
Ungestüm <-(e)s> *nt kein Pl. (geh)* impetuosità *f;* **mit jugendlichem** ~ con impeto giovanile
ungesund *adj* ① *(Speise, Klima)* malsano; *(schädlich)* nocivo; **für jdn/etw ~ sein** essere nocivo a qu/qc ② *(kränklich)* malaticcio
ungesüßt *adj* senza zucchero; **Tee ~ trinken** bere il tè senza zucchero
ungetrübt *adj* ① *(Wasser)* limpido ② *(fig: Freude, Glück)* non offuscato, sereno
Ungetüm ['ʊngəty:m] <-(e)s, -e> *nt* colosso *m; (Monstrum)* mostro *m*
ungeübt *adj* inesperto; **in etw** *dat* **~ sein** essere inesperto in qc
ungewandt *adj* maldestro
ungewiss *adj* incerto, dubbio; **jdn über etw** *akk* **im Ungewissen lassen** lasciare qu nell'incertezza di qc
Ungewissheit *f* incertezza *f,* dubbio *m*
ungewöhnlich *adj* ① *(ungewohnt)* insolito, inconsueto ② *(außerordentlich)* eccezionale
ungewohnt *adj* inconsueto, insolito
ungewollt **I.** *adj* involontario, non voluto **II.** *adv* involontariamente
ungezählt **I.** *adj* innumerevole **II.** *adv* senza contare
Ungeziefer ['ʊngətsi:fɐ] <-s> *nt kein Pl.* insetti *mpl* nocivi, parassiti *mpl*
ungezogen *adj* maleducato; *(bes. Kinder)* cattivo; *(frech)* sfacciato
Ungezogenheit <-, -en> *f* maleducazione *f; (bes. von Kindern)* cattiveria *f; (Frechheit)* sfacciataggine *f*
ungezügelt *adj* sfrenato
ungezwungen **I.** *adj* spontaneo; *(natürlich)* naturale, disinvolto **II.** *adv* con disinvoltura
Ungezwungenheit <-> *f kein Pl.* spontaneità *f; (Natürlichkeit)* naturalezza *f,* disinvoltura *f*
ungiftig *adj* atossico
Unglaube *m* ① *(Zweifel)* incredulità *f* ② REL miscredenza *f*
unglaubhaft *adj* incredibile
ungläubig *adj* ① *(zweifelnd)* incredulo ② REL miscredente
Ungläubige *mf* REL miscredente *mf,* infedele *mf*
unglaublich ['ʊnglauplɪç] *adj* ① *(nicht zu glauben)* incredibile ② *(fig: unerhört)* inaudito
unglaubwürdig *adj* ① *(Mensch)* non degno di fede ② *(Nachricht)* inattendibile
Unglaubwürdigkeit *f* inattendibilità *f*
ungleich **I.** *adj* disuguale; *(verschieden)* differente, diverso; *(unähnlich)* dissimile; *(nicht zusammenpassend)* spaiato **II.** *adv (vor Komparativen: weitaus)* di gran lunga
Ungleichgewicht <-(e)s, -e> *nt* squilibrio *m*
Ungleichheit <-, -en> *f* disuguaglianza *f,* diversità *f*
ungleichmäßig *adj* ① *(unregelmäßig)* irregolare ② *(nicht zu gleichen Teilen)* sproporzionato
Ungleichung *f* disequazione *f*
Unglück <-(e)s, -e> *nt* ① *(Unheil)* disgrazia *f* ② *(Pech, Missgeschick)* sfortuna *f;* **vom ~ verfolgt werden** essere perseguitato dalla sfortuna; **zu allem ~ ...** per [il] colmo della sfortuna ...; **das bringt ~** [ciò] porta sfortuna ③ *(~sfall)* disgrazia *f,* sciagura *f; (Katastrophe)* calamità *f;* **ein ~ kommt selten allein** *(prov)* le disgrazie non vengono mai sole ④ *(Elend)* miseria *f; (Verderben)* rovina *f;* **in sein ~ rennen** *(fam)* correre alla propria rovina; **jdn ins ~ stürzen** causare la rovina di qu
unglücklich *adj* ① *(traurig)* infelice ② *(widrig)* avverso, sfavorevole; **~ ausgehen** finire male ③ *(ungeschickt)* maldestro; **~ stürzen** cadere male
unglücklicherweise *adv* sfortunatamente, per disgrazia
unglückselig *adj* ① *(Mensch)* disgraziato, sfortunato ② *(Schicksal, Geschehen)* fatale
Unglücksfall *m* disgrazia *f,* sciagura *f*
Ungnade *f* disgrazia *f,* sfavore *m;* **bei jdm in ~ fallen** cadere in disgrazia presso qu
ungnädig *adj* maldisposto; **etw ~ aufnehmen** prendere qc in mala parte
ungültig *adj* non valido; JUR invalido;

(Stimmzettel) nullo; *(Ausweispapiere)* scaduto; **für ~ erklären** dichiarare nullo; JUR *(Testament, Vertrag)* invalidare; *(Ehe)* annullare; **~ werden** *(nach Ablauf einer Frist)* scadere; *(durch Verjährung)* cadere in prescrizione

Ungültigkeit *f* invalidità *f,* nullità *f*

ungünstig I. *adj* sfavorevole; *(nachteilig)* svantaggioso; *(Wetter)* inclemente; **~er Augenblick** momento poco propizio **II.** *adv* male

ungustiös *adj* A *(undelikat)* disgustante

ungut *adj* **ein ~es Gefühl haben** avere una sensazione sgradevole; **nichts für ~!** non se la prenda!, amici come prima!

unhaltbar [ʊn'haltba:ɐ̯ *o* 'ʊnhaltba:ɐ̯] *adj* ① *(fig)* MIL insostenibile ② SPORT imparabile

unhandlich *adj* poco maneggevole

unharmonisch *adj* disarmonico

Unheil *nt (geh)* malanno *m; (Unglück)* disgrazia *f,* sciagura *f;* **~ anrichten** recare disgrazie

unheilbar [ʊn'haɪlba:ɐ̯ *o* 'ʊnhaɪlba:ɐ̯] *adj* incurabile, inguaribile; **~ krank sein** avere una malattia incurabile

unheilvoll *adj* funesto, nefasto

unheimlich I. *adj* ① *(beängstigend)* inquietante; *(düster)* lugubre, sinistro ② *(fam: sehr viel, sehr groß)* tremendo, terribile **II.** *adv (fam: sehr)* molto, paurosamente

unhöflich *adj* scortese, sgarbato

Unhöflichkeit *f* scortesia *f*

Unhold ['ʊnhɔlt, *Pl:* 'ʊnhɔldə] <-(e)s, -e> *m* mostro *m,* demonio *m; (fig)* bruto *m*

unhörbar ['ʊnhø:ɐ̯ba:ɐ̯ *o* ʊn'hø:ɐ̯ba:ɐ̯] *adj* silenzioso, impercettibile

unhygienisch *adj* antigienico

uni [y'ni:] <inv> *adj* [in] tinta unita

Uni ['ʊni] <-, -s> *f Abk. von* **Universität** *(fam)* università *f*

UNICEF ['u:nitsɛf] <-> *f kein Pl.* U.N.I.C.E.F. *f*

Uniform [uni'fɔrm] <-, -en> *f* divisa *f,* uniforme *f;* **in ~** in divisa

Unikat [uni'ka:t] <-(e)s, -e> *nt* ① *(Unikum)* unicum *m,* esemplare *m* unico ② *(Schriftstück)* copia *f* unica

Unikum ['u:nikʊm, 'u:nika *o* -s] **I.** *nt,* <-s, -ka> *(Einzelexemplar)* unicum *m* **II.** *nt,* <-s, -s> *(fam: komischer Kauz)* [tipo *m*] originale *m*

uninteressant *adj* non interessante

uninteressiert *adj* disinteressato; **an etw** *dat* **~ sein** essere disinteressato a qc

Union [u'ni̯o:n] <-, -en> *f* unione *f;* **die Europäische ~** l'Unione europea

universal [univɛr'za:l] *adj* universale

Universal- *in Zusammensetzungen* universale

Universalerbe *m,* **Universalerbin** *f* erede *mf* universale

Universalgenie *nt* genio *m* universale

Universalmixer *m* tritatutto *m*

universell [univɛr'zɛl] *adj* universale

Universität [univɛrzi'tɛ:t] <-, -en> *f* università *f;* **die ~ besuchen** frequentare l'università

Universitätsbibliothek *f* biblioteca *f* universitaria

Universitätsprofessor(in) *m(f)* professore, -essa *m, f* universitario, -a

Universitätsstadt *f* città *f* universitaria

Universum [uni'vɛrzʊm] <-s> *nt kein Pl.* universo *m*

Unke ['ʊŋkə] <-, -n> *f* ① ZOO ululone *m* ② *(fam: Schwarzseher)* uccello *m* del malaugurio

unken ['ʊŋkən] *vi* presagire tutto nero, fare l'uccello del malaugurio

unkenntlich *adj* irriconoscibile

Unkenntlichkeit <-> *f kein Pl.* **bis zur ~ entstellen** sfigurare fino a rendere irriconoscibile

Unkenntnis *f* ignoranza *f;* **in ~ über etw** *akk* **sein** ignorare qc; **jdn in ~ lassen** lasciare qu all'oscuro; **in ~** *+gen* nell'ignoranza di

unklar *adj* ① *(nicht klar zu erkennen)* poco [*o* non] chiaro; *(trüb)* torbido; *(undeutlich)* indistinto ② *(unbestimmt)* vago, indefinito ③ *(unverständlich)* incomprensibile, oscuro ④ *(ungewiss)* incerto; *(fraglich)* dubbio; **im Unklaren über etw** *akk* **sein** essere all'oscuro di qc; **jdn im Unklaren lassen** lasciare qu all'oscuro

Unklarheit *f* ① *(Unklarsein)* poca chiarezza *f,* mancanza *f* di chiarezza, oscurità *f,* confusione *f* ② *(unklare Vorstellung)* mancanza *f* di chiarezza

unklug *adj* imprudente, irragionevole

unkommunikativ *adj* silenzioso, taciturno

unkompliziert *adj* non complicato

unkontrollierbar ['ʊnkɔntrɔli:ɐ̯ba:ɐ̯] *adj* incontrollabile

unkonventionell *adj* ① *(ungewöhnlich)* inconsueto; **sich ~ kleiden** vestirsi in modo stravagante ② *(ungezwungen)* disinvolto, spontaneo

unkonzentriert *adj* distratto; **bei etw ~ sein** essere distratto in qc; **~ arbeiten** essere distratto nel lavoro; **schnell ~ werden** distrarsi con facilità

Unkosten *pl* spese *fpl;* **sich in ~ stürzen** spendere un occhio della testa; **die ~ trägt die Firma** le spese sono a carico della ditta

Unkostenbeitrag <-(e)s, -träge> *m* contributo *m* alle spese

Unkraut *nt* erbaccia *f;* **~ vergeht nicht** *(prov)* la malerba non muore mai
unkritisch *adj* acritico
unkultiviert *adj* incolto
unkündbar [ʊn'kʏntbaːɐ̯ *o* 'ʊnkʏntbaːɐ̯] *adj* irrevocabile; *(Stellung)* permanente
unlängst *adv* poco fa, recentemente
unlauter *adj (geh)* ❶ *(unehrlich)* disonesto ❷ *(unfair)* sleale; **~er Wettbewerb** concorrenza sleale
unleserlich [ʊn'leːzɐlɪç *o* 'ʊnleːzɐlɪç] *adj* illeggibile
unleugbar [ʊn'lɔɪkbaːɐ *o* 'ʊnlɔɪkbaːɐ] *adj* innegabile
unliebsam *adj* spiacevole, increscioso
unlogisch *adj* illogico
unlösbar [ʊn'løːsbaːɐ̯ *o* 'ʊnløːsbaːɐ̯] *adj* insolubile
unlöslich [ʊn'løːslɪç *o* 'ʊnløːslɪç] *adj* insolubile
Unlust *f* svogliatezza *f,* malavoglia *f;* **mit ~** di malavoglia
unmanierlich *adj* maleducato, screanzato, garbato
unmännlich *adj* non [*o* poco] virile; *(weibisch)* effeminato
unmäßig I. *adj* eccessivo, smisurato, smoderato; *(im Genuss)* intemperante **II.** *adv* oltre misura
Unmenge *f* [gran] quantità *f,* massa *f;* **eine ~ an** [*o* **von**] **etw** *dat* una gran quantità di qc; **~n essen** mangiare a crepapelle
Unmensch *m (pej)* bruto *m,* mostro *m*
unmenschlich [ʊn'mɛnʃlɪç *o* 'ʊnmɛnʃlɪç] *adj* ❶ *(menschenfeindlich: Gesellschaft)* inumano; *(grausam)* crudele, brutale ❷ *(menschenunwürdig)* indegno dell'uomo, disumano ❸ *(fig: ungeheuer)* sovrumano
Unmenschlichkeit *f* inumanità *f,* crudeltà *f*
unmerklich [ʊn'mɛrklɪç *o* 'ʊnmɛrklɪç] *adj* impercettibile, inavvertibile
unmissverständlich [ʊnmɪsfɛɐ̯'ʃtɛntlɪç *o* 'ʊnmɪsfɛɐ̯ʃtɛntlɪç] **I.** *adj* inequivocabile, chiaro **II.** *adv* senza equivoci
unmittelbar *adj* immediato, diretto; *(bevorstehend)* imminente; **~ darauf** subito dopo
unmöbliert *adj* non ammobiliato, non arredato
unmodern *adj* fuori moda; *(Ansichten)* antiquato
unmöglich [ʊn'møːklɪç *o* 'ʊnmøːklɪç] *adj* impossibile; **es ist ~ zu ...** è impossibile *+inf;* **das kann ich ~ schaffen** è impossibile che ci riesca
Unmöglichkeit *f* impossibilità *f;* **das ist ein Ding der ~** è assolutamente impossibile
unmoralisch *adj* immorale
unmotiviert I. *adj* ingiustificato, non motivato **II.** *adv* senza giustificazione
unmündig *adj* minorenne
Unmündigkeit *f* minorità *f*
unmusikalisch *adj* non musicale
Unmut <-(e)s> *m kein Pl. (geh)* ❶ *(Missfallen)* malcontento *m* ❷ *(Ärger)* rabbia *f*
unnachahmlich [ʊnnaːx'ʔaːmlɪç *o* 'ʊnnaːxʔaːmlɪç] *adj* inimitabile
unnachgiebig *adj* intransigente, inflessibile
unnachsichtig *adj* inesorabile; *(streng)* severo
unnahbar [ʊn'naːbaɐ] *adj* inavvicinabile, inaccessibile
unnatürlich *adj* ❶ *(nicht natürlich)* innaturale; *(abnorm)* anormale ❷ *(geziert)* affettato
unnormal *adj* anormale
unnötig *adj* non necessario, inutile
unnötigerweise *adv* inutilmente, invano
unnütz ['ʊnnʏts] *adj* inutile; *(überflüssig)* superfluo
UNO ['uːno] <-> *f kein Pl. Akr. von* **United Nations Organization** ONU *f*
unordentlich *adj* disordinato; *(Zimmer)* in disordine; *(nachlässig)* trascurato; *(a. Kleidung)* sciatto
Unordnung *f* disordine *m; (Durcheinander)* confusione *f;* **in ~** in disordine; **etw in ~ bringen** mettere qc in disordine
unorthodox *adj* eterodosso
unparteiisch *adj* imparziale, obiettivo
unpassend *adj (Bemerkung)* sconveniente; *(Zeitpunkt)* inopportuno
unpassierbar [ʊnpa'siːɐ̯baːɐ̯ *o* 'ʊnpasiːɐ̯baːɐ̯] *adj* impraticabile
unpässlich ['ʊnpɛslɪç] *adj (geh)* indisposto
Unpässlichkeit <-> *f kein Pl. (geh)* indisposizione *f*
unpersönlich *adj* impersonale
unpolitisch *adj* apolitico
unpopulär *adj* impopolare
unpraktisch *adj (Mensch)* non pratico; *(Gerät)* poco pratico
unproduktiv *adj* improduttivo
unpünktlich *adj* non puntuale
Unpünktlichkeit *f* mancanza *f* di puntualità
unqualifiziert *adj* ❶ *(Person)* non qualificato, impreparato ❷ *(Bemerkung)* infondato
unrasiert *adj* non rasato
Unrat ['ʊnraːt] <-(e)s> *m kein Pl. (geh)* immondizie *f pl,* spazzatura *f*
unrealistisch *adj* irrealistico; **etw ~ ein-**

schätzen dare una valutazione poco realistica

unrecht *adj* ① *(geh: falsch)* non giusto, sbagliato ② *(Augenblick)* inopportuno

Unrecht *nt* torto *m; (Ungerechtigkeit)* ingiustizia *f;* ~ **haben** avere torto; **jdm ~ tun** fare torto a qu; **im ~ sein** avere torto; **zu ~** a torto; **nicht zu ~** non a torto

unrechtmäßig *adj* illegale, indebito

unredlich *adj (geh)* disonesto; *(Geschäft)* sleale

unregelmäßig *adj* irregolare; *(Leben)* sregolato

Unregelmäßigkeit *f* irregolarità *f*

unreif *adj* ① *(Obst)* immaturo, acerbo ② *(fig: Mensch)* immaturo; *(nicht ausgereift: Idee, Plan)* non maturato

unrein *adj (a. fig)* impuro; *(schmutzig)* sporco

unrentabel *adj* non redditizio

unrichtig *adj* sbagliato; JUR falso; *(ungenau)* inesatto, impreciso

Unruh ['ʊnruː] <-, -en> *f (der Uhr)* bilanciere *m*

Unruhe *f* ① *(fehlende Ruhe)* inquietudine *f; (Aufregung)* agitazione *f; (Ruhestörung)* disordine *m* ② *(Besorgnis)* apprensione *f; (innere ~)* ansia *f; (nervöse Hast)* irrequietezza *f* ③ *Pl.* POL *(Krawalle)* disordini *mpl,* tumulti *mpl*

Unruhestifter(in) *m(f) (pej)* sobillatore, -trice *m, f*

unruhig *adj* ① *(nicht ruhig)* inquieto; *(Meer)* mosso ② *(Leben, Mensch)* irrequieto; *(Zeiten)* turbolento ③ *(besorgt)* preoccupato, inquieto; **~ wegen etw sein** essere preoccupato per qc

uns [ʊns] **I.** *pron pers* ① *dat von* **wir** *(betont)* a noi; *(unbetont)* ci; **von ~** *(unsererseits)* da parte nostra; **ein Freund von ~** un nostro amico; **unter ~ gesagt …** detto fra noi …; **hier sind wir unter ~** qui siamo fra noi; **du gehörst zu ~** sei uno dei nostri ② *akk von* **wir** *(betont)* noi; *(unbetont)* ci; **ist das für ~?** è per noi?; **wir sehen ~ morgen** ci vediamo domani **II.** *pron refl* ci

U

unsagbar [ʊn'zaːkbaːɐ̯] **I.** *adj* indicibile **II.** *adv* moltissimo

unsäglich [ʊn'zɛːklɪç] *(geh)* **I.** *adj* indicibile **II.** *adv* moltissimo

unsanft *adj* brusco, poco dolce

unsauber *adj* ① *(schmutzig)* sporco, sudicio ② *(nachlässig)* trascurato; *(nicht exakt)* impreciso ③ *(anrüchig)* disonesto, losco; **~e Geschäfte machen** fare degli affari loschi

unschädlich *adj* innocuo; **jdn ~ machen** rendere innocuo qu

unscharf *adj (fig, Ton)* indistinto; *(Foto)* sfocato; *(nicht präzise)* impreciso

Unschärfe <-, -n> *f* imprecisione *f,* sfocatura *f*

unschätzbar [ʊn'ʃɛtsbaːɐ̯ *o* 'ʊnʃɛtsbaːɐ̯] *adj* inestimabile; *(kostbar)* prezioso

unscheinbar *adj* poco [*o* non] appariscente

unschicklich *adj* sconveniente, disdicevole; *(unanständig)* indecente

unschlagbar ['ʊnʃlaːkbaːɐ̯ *o* ʊn'ʃlaːkbaːɐ̯] *adj* imbattibile

unschlüssig *adj* irresoluto, indeciso; **ich bin mir noch ~ darüber, was ich tun soll** sono ancora indeciso sul da farsi

Unschlüssigkeit <-> *f kein Pl.* irresolutezza *f,* indecisione *f*

unschön *adj* ① *(hässlich)* brutto ② *(unangenehm)* spiacevole

Unschuld *f* ① *(Schuldlosigkeit) a.* JUR innocenza *f;* **seine ~ beteuern** JUR sostenere la propria innocenza; **eine ~ vom Lande** *(fam scherz)* una contadinella ingenua ② *(Jungfräulichkeit)* verginità *f*

unschuldig *adj* ① *(schuldlos)* innocente; **~ an etw** *dat* essere innocente di qc; **jdn für ~ erklären** JUR dichiarare innocente qu ② *(jungfräulich)* vergine

unselbstständig *adj (Mensch)* non indipendente; *(Länder a.)* non autonomo; **Einkünfte aus ~er Arbeit** ADM redditi da lavoro dipendente

Unselbstständigkeit *f* mancanza *f* di indipendenza [*o* di autonomia]

unselig *adj (geh: verhängnisvoll)* fatale

unser[1] ['ʊnzɐ] *pron poss von* **wir** *(adjektivisch)* nostro, -a *m, f,* nostri, -e *m, f pl;* **~ Haus** la nostra casa; **~e Verwandten** i nostri parenti

unser[2] ['ʊnzɐ] *pron pers gen von* **wir** di noi

unsere(r, s) ['ʊnzərə, -rɐ, -rəs] *pron poss von* **uns** *(substantivisch)* [il] nostro, [la] nostra, [i] nostri *pl,* [le] nostre *pl*

unsereiner, **unsereins** *pron indef* uno come noi, noialtri

unsererseits ['ʊnzərɐ'zaɪts] *adv* da parte nostra

unseresgleichen ['ʊnzərəs'glaɪçən] <inv> *pron indef* nostro pari *m,* gente *f* come noi

unseretwegen ['ʊnzərətveːgən] *adv* per causa nostra, per noi; *(negativ)* per colpa nostra

unseretwillen ['ʊnzərət'vɪlən] *adv* **um ~** per noi, per amor nostro

unsicher *adj* ① *(gefährlich)* pericoloso, poco sicuro; **die Gegend ~ machen** *(fam)* infestare il luogo ② *(ungewiss)* incerto;

(zweifelhaft) dubbio ③ *(nicht selbstbewusst)* insicuro ④ *(gefährdet)* instabile

Unsicherheit *f* insicurezza *f; (Ungewissheit)* incertezza *f*

Unsicherheitsfaktor *m* fattore *m* d'incertezza

unsichtbar *adj* invisibile

Unsinn *m* ① *(Unsinnigkeit)* nonsenso *m,* assurdità *f* ② *(Unfug)* sciocchezze *f pl,* scemenze *f pl;* **~ reden** dire sciocchezze; **das ist [doch] ~** sono tutte scemenze

unsinnig *adj* assurdo

Unsitte *f* cattiva abitudine *f*

unsittlich *adj* immorale, scostumato

unsolide *adj* ① *(Angebot, Person)* inaffidabile; *(Lebensweise)* poco serio ② *(Möbel)* non solido, traballante

unsozial *adj* asociale

unsportlich *adj* ① *(keinen Sport treibend)* non sportivo ② *(nicht fair)* antisportivo

unsre(r, s) *s.* **unsere(r, s)**

unsrige *pron poss geh für* **unsere(r, s): der/die/das ~** il nostro/la nostra; **die ~n** i nostri

unstatthaft *adj* ADM inammissibile

unsterblich ['ʊnʃtɛrplɪç] *adj* immortale; **sich ~ verlieben** *(fam)* innamorarsi perdutamente

Unsterblichkeit *f* immortalità *f*

unstet ['ʊnʃte:t] *adj* ① *(unbeständig)* instabile; *(bes. Charakter)* volubile ② *(ruhelos)* inquieto; *(rastlos)* irrequieto

Unstimmigkeit ['ʊnʃtɪmɪçkaɪt] <-, -en> *f* ① *(in Rechnung)* differenza *f; (Widerspruch)* contrasto *m* ② *meist Pl. (Meinungsverschiedenheit)* divergenze *f pl*

unstreitig [ʊn'ʃtraɪtɪç *o* 'ʊnʃtraɪtɪç] *adj* incontestabile

Unsumme <-, -n> *f* somma *f* enorme

unsymmetrisch *adj* asimmetrico

unsympathisch *adj* antipatico; **er ist mir ~** mi è antipatico

untad[e]lig [ʊn'ta:d(ə)lɪç *o* 'ʊnta:d(ə)lɪç] *adj* irreprensibile, ineccepibile

Untat *f* misfatto *m; (Verbrechen)* delitto *m*

untätig *adj* inattivo, inerte

Untätigkeit <-> *f kein Pl.* inattività *f,* inerzia *f;* **zur ~ verdammt sein** essere condannato all'inattività

untauglich *adj* inadatto; **für etw ~ sein** essere inadatto a qc; MIL essere inabile a qc

unteilbar [ʊn'taɪlba:ɐ̯ *o* 'ʊntaɪlba:ɐ̯] *adj* indivisibile

Unteilbarkeit <-> *f kein Pl.* indivisibilità *f*

unten ['ʊntən] *adv* ① *(tief)* sotto, giù; **da ~** laggiù; **hier ~** quaggiù; **nach ~** giù; **von ~ [her]** dal basso; **rechts ~** in fondo a destra ② *(am unteren Ende, an der Unterseite)* in fondo; **~ an der Seite** in fondo alla pagina ③ *(im Text)* **weiter ~** più avanti, sotto; **siehe ~!** vedi sotto ④ *(Wend)* **er ist bei mir ~ durch** *(fam)* non ho più stima di lui

untengenannt *adj* indicato sotto

unter ['ʊntɐ] *präp +akk o dat* ① *(räumlich)* sotto; *(~halb von)* al di sotto di; **sie wohnen ~ uns** abitano sotto di noi ② *(zwischen)* fra, tra; *(inmitten)* in mezzo a; **~ anderem** fra le altre cose, tra l'altro; **~ uns [gesagt]** detto fra noi ③ *(weniger als)* al di sotto di; **nicht ~ 100 Euro** non meno di 100 euro; **10 Grad ~ Null** dieci gradi sotto zero ④ *(Art und Weise)* **~ Schmerzen** con dolori; **~ Tränen** piangendo; **~ der Bedingung, dass ...** a condizione che *+conj* ⑤ *(Unterordnung)* sotto; **~ der Regierung ...** sotto il governo di ...; **~ der Militärdiktatur** durante la dittatura militare ⑥ *(Zuordnung)* **was verstehen Sie ~ ...?** che cosa intende per ...?

Unterarm *m* avambraccio *m*

Unterbau <-(e)s, -ten> *m* ① ARCH fondazioni *f pl* ② *Sing. (fig: Grundlage)* fondamento *m* ③ *(von Straße, Eisenbahn)* massicciata *f*

unterbelichtet *adj* ① *(Foto)* sottoesposto ② *(fam: Person)* tonto

Unterbeschäftigung *f* sottoccupazione *f*

unterbesetzt *adj* **personell ~ sein** lavorare con meno personale del necessario; **der Kurs ist ~** il corso ha un numero troppo basso di iscritti

unterbewusst *adj* subconscio; **das Unterbewusste** il subconscio

Unterbewusstsein *nt* subconscio *m,* subcosciente *m*

unterbezahlt *adj* sottopagato

unterbieten [ʊntɐ'bi:tən] <irr, ohne ge-> *vt* **jds Preise ~** battere offrendo a prezzi minori; **einen Rekord ~** battere un record

unterbinden [ʊntɐ'bɪndən] <irr, ohne ge-> *vt* impedire, troncare

unterbleiben [ʊntɐ'blaɪbən] <irr, ohne ge-> *vi sein* ① *(nicht stattfinden)* non aver luogo, non succedere ② *(nicht wieder vorkommen)* non ripetersi

Unterbodenschutz *m* trattamento *m* di protezione antiruggine

unterbrechen [ʊntɐ'brɛçən] <irr, ohne ge-> *vt* interrompere

Unterbrechung <-, -en> *f* interruzione *f;* **mit ~en** a intervalli; **ohne ~** senza interruzione

unterbreiten [ʊntɐ'braɪtən] <ohne ge-> *vt (geh)* **jdm etw ~** sottoporre qc a qu

unter|bringen <irr> *vt* ① *(Möbel, Gepäck)* mettere; *(a. fig)* sistemare ② *(beherbergen)* alloggiare, sistemare; MIL acquar-

U

tierare ③ *(fam: in einer Stellung)* collocare, trovare un impiego a

Unterbringung <-, -en> *f* sistemazione *f,* alloggiamento *m*

Unterbruch <-(e)s, -brüche> *m* CH *(Unterbrechung)* interruzione *f*

unterdes[sen] [ʊntɐˈdɛs(ən)] *adv* frattanto, nel frattempo

Unterdruck <-(e)s, -drücke> *m* depressione *f*

unterdrücken [ʊntɐˈdrʏkən] <ohne ge-> *vt* ① *(Menschen)* opprimere; *(Aufstand)* soffocare, reprimere ② *(Gefühl)* reprimere; *(Seufzer, Tränen)* trattenere

Unterdrückung <-, -en> *f* ① *(von Menschen)* oppressione *f* ② *(von Aufstand, Gefühl)* repressione *f,* soffocare *m*

unterdurchschnittlich *adj* sotto la media

untere(r, s) [ˈʊntərə, -rɐ, -rəs] *adj* basso, -a *(a. untergeordnet)* inferiore; *(unten gelegen)* disotto

untereinander [ʊntɐʔaɪˈnandɐ] *adv* ① *(räumlich)* l'uno sotto l'altro ② *(miteinander)* l'uno con l'altro; *(gegenseitig)* l'un l'altro, reciprocamente

unterentwickelt *adj* sottosviluppato; *(Kind)* tardivo

unterernährt *adj* denutrito

Unterernährung *f* denutrizione *f*

Unterführung [ʊntɐˈfyːrʊŋ] *f* sottopassaggio *m*

Untergang *m* ① *(von Gestirn)* tramonto *m* ② NAUT naufragio *m* ③ *(fig: Verfall)* declino *m; (von Reich, Staat)* caduta *f; (Scheitern, Verderb)* rovina *f; (Welt~)* fine *f*

Untergebene [ʊntɐˈgeːbənə] <ein -r, -n, -n> *mf* inferiore *mf,* subalterno, -a *m, f*

unter|gehen <irr> *vi sein* ① *(Gestirn)* tramontare ② NAUT affondare ③ *(fig: verfallen)* declinare; *(zugrunde gehen)* andare in rovina; *(umkommen)* perire, morire ④ *(fig: sich verlieren)* perdersi; **seine Worte gingen im Lärm völlig unter** le sue parole si spersero completamente nel chiasso

untergeordnet *adj* ① *(Position)* subordinato, subalterno ② *(fig: Bedeutung)* secondario

Untergeschoss *nt* scantinato *m*

Untergewicht *nt* insufficienza *f* di peso

untergewichtig *adj* sottopeso

untergraben [ʊntɐˈgraːbən] <irr, ohne ge-> *vt* minare, scalzare

Untergrund *m* ① GEOL sottosuolo *m* ② ARCH fondamento *m* ③ *(Malerei)* fondo *m* ④ *(fig)* POL clandestinità *f*

Untergrundbahn *f* metropolitana *f*

Untergrundbewegung *f* movimento *m* clandestino

unterhalb *präp +gen* al di sotto di, sotto

Unterhalt *m* ① *(Lebens~)* mantenimento *m,* sostentamento *m* ② JUR alimenti *mpl* ③ *(Instandhaltung)* manutenzione *f*

unterhalten [ʊntɐˈhaltən] <irr, ohne ge-> **I.** *vt* ① *(ernähren)* sostentare; *(a. in Betrieb haben)* mantenere ② *(Bauwerk)* mantenere; *(Geschäft)* condurre **II.** *vr:* **sich ~** ① *(sprechen)* **sich [mit jdm] über jdn/etw ~** conversare [con qu] di qu/qc; **sich [mit jdm] auf Japanisch ~** parlare [con qu] in giapponese ② *(sich vergnügen)* divertirsi

unterhaltend [ʊntɐˈhaltənt] *adj* divertente

Unterhalter(in) *m(f)* conversatore, -trice *m, f,* anfitrione *m,* ospite *mf*

unterhaltsam *adj* divertente, piacevole

Unterhaltsanspruch *m* JUR diritto *m* agli alimenti

unterhaltsberechtigt *adj* che ha diritto al mantenimento; *(Ehefrau)* che ha diritto agli alimenti

Unterhaltskosten *pl* spese *fpl* di sostentamento

Unterhaltspflicht *f* obbligo *m* di passare gli alimenti

Unterhaltszahlung <-, -en> *f* pagamento *m* degli alimenti

Unterhaltung [ʊntɐˈhaltʊŋ] *f* ① *(Gespräch)* conversazione *f* ② *(Vergnügen)* divertimento *m,* passatempo *m;* **gute ~!** buon divertimento! ③ *Sing. (Instandhaltung)* manutenzione *f*

Unterhaltungselektronik *f* elettronica *f* d'intrattenimento

Unterhaltungsindustrie *f* industria *f* dello spettacolo

Unterhaltungsliteratur *f* letteratura *f* d'evasione

unterhandeln [ʊntɐˈhandəln] <ohne ge-> *vi* negoziare (**über** *+akk* per); MIL parlamentare (**über** *+akk* per)

Unterhändler(in) [ˈʊntɐhɛndlɐ] *m(f)* negoziatore, -trice *m, f,* mediatore, -trice *m, f*

Unterhaus *nt* POL camera *f* bassa

Unterhauswahl <-, -en> *f* elezione *f* della camera bassa

Unterhemd *nt* canottiera *f*

Unterholz *nt* sottobosco *m*

Unterhose *f* mutande *fpl; (kurze)* mutandine *fpl;* **eine ~** un paio di mutande

unterirdisch *adj* sotterraneo

unterjochen [ʊntɐˈjɔxən] <ohne ge-> *vt* sottomettere, assoggettare

unter|jubeln *vt (fam: zuschieben)* addossare, accollare; *(andrehen)* rifilare, affibbiare

unterkellert [ʊntɐˈkɛlɐt] *adj* munito di cantina

Unterkiefer *m* mascella *f* inferiore, mandibola *f*

unter|kommen <irr> *vi sein* ① *(Unterkunft finden)* trovare alloggio ② *(fam: Arbeit finden)* trovare un impiego, venir assunto ③ *bes.* SÜDD, A *(begegnen)* **so etw ist mir noch nie untergekommen!** una cosa simile non mi è mai capitata, non ho mai visto una cosa simile

unter|kriegen *vt (fam)* **sich nicht ~ lassen** non lasciarsi abbattere

unterkühlen [ʊntɐˈkyːlən] <ohne ge-> *vt* surraffreddare

unterkühlt *adj* LIT, KUNST freddo, distanziato

Unterkühlung *f* surraffreddamento *m*

Unterkunft [ˈʊntɐkʊnft, *Pl:* ˈʊntɐkʏnftə] <-, Unterkünfte> *f* alloggio *m;* **~ und Verpflegung** vitto e alloggio; **jdm ~ geben** alloggiare qu

unterlag *1. u. 3. Pers. Sing. Imp. von* **unterliegen**

Unterlage *f* ① *(allgemein)* supporto *m; (Schreib~)* sottomano *m; (Grundlage)* base *f* ② *Pl. (Akten)* documenti *mpl,* atti *mpl*

Unterlass [ˈʊntɐlas] *m* **ohne ~** senza interruzione, ininterrottamente

unterlassen [ʊntɐˈlasən] <irr, ohne ge-> *vt* ① *(nicht tun)* tralasciare, omettere; *(bes. schuldhaft)* trascurare; **~e Hilfeleistung** omissione di soccorso ② *(darauf verzichten)* astenersi da; *(damit aufhören)* smettere, finire; **es ~ zu …** astenersi dal *+inf*

Unterlassung <-, -en> *f* omissione *f*

unterlaufen[1] [ʊntɐˈlaʊfən] <irr, ohne ge-> **I.** *vi sein* sfuggire, scappare; **mir ist ein Fehler ~** mi è sfuggito un errore **II.** *vt haben (Bestimmungen, Gesetze)* sfuggire, eludere

unterlaufen[2] *adj* **mit Blut ~** livido

unter|legen[1] [ˈʊntɐleːgən] *vt* mettere sotto; **jdm etw ~** mettere qc sotto [a] qu

unterlegen[2] [ʊntɐˈleːgən] *adj* inferiore, più debole; **jdm [zahlenmäßig] ~ sein** essere inferiore [in numero] a qu

unterlegen[3] <ohne ge-> *vt* ① *(mit anderem Material versehen)* **etw mit Stoff ~** mettere della stoffa sotto qc ② *(nachträglich versehen)* **einen Film mit Musik ~** munire un film di musica

Unterlegene <ein -r, -n, -n> *mf* vinto, -a *m, f,* sconfitto, -a *m, f*

Unterleib *m* basso ventre *m*

unterliegen [ʊntɐˈliːgən] <irr, ohne ge-> *vi sein* ① *(besiegt werden)* essere vinto; *(erliegen)* soccombere ② *(fig: unterworfen sein)* **[jdm] ~ sein** essere soggetto [a qu]

Unterlippe *f* labbro *m* inferiore

unterm [ˈʊntɐm] *(fam)* = **unter dem** *s.* **unter**

untermauern [ʊntɐˈmaʊɐn] <ohne ge-> *vt* ① ARCH costruire un muro sotto a ② *(fig: Behauptung, Theorie)* corroborare, convalidare

Untermiete *f* subaffitto *m,* sublocazione *f;* **zur ~ bei jdm wohnen** stare in subaffitto da qu

Untermieter(in) *m(f)* subaffittuario, -a *m, f*

unterminieren [ʊntɐmiˈniːrən] <ohne ge-> *vt* minare

unter|mischen *vt* frammischiare

untern [ˈʊntɐn] *(fam)* = **unter den** *s.* **unter**

unternehmen [ʊntɐˈneːmən] <irr, ohne ge-> *vt* fare; *(Reise)* intraprendere; **dagegen muss man dringend etw ~** si deve intervenire al più presto; **was sollen wir heute Abend ~?** che facciamo stasera?

Unternehmen <-s, -> *nt* ① *(Vorhaben)* impresa *f* ② *(Betrieb)* azienda *f*

Unternehmensberater(in) *m(f)* consulente *mf* aziendale

Unternehmensspitze *f* vertice *m* aziendale

Unternehmensstruktur *f* struttura *f* organizzativa dell'impresa

Unternehmer(in) <-s, -; -, -nen> *m(f)* imprenditore, -trice *m, f*

unternehmerisch [ʊntɐˈneːmərɪʃ] **I.** *adj* imprenditoriale; **~er Geist** spirito imprenditoriale **II.** *adv* imprenditorialmente; **~ tätig werden** essere occupato nell'imprenditoria

Unternehmerschaft <-, -en> *f* COM imprenditoria *f*

Unternehmung <-, -en> *f* CH *(Firma)* ditta *f*

Unternehmungsgeist *m* spirito *m* d'iniziativa, iniziativa *f*

unternehmungslustig *adj* intraprendente

Unteroffizier *m* MIL sottufficiale *m; (Dienstgrad)* sergente *m*

unter|ordnen **I.** *vt* sottomettere, assoggettare **II.** *vr:* **sich ~** sottomettersi

unterprivilegiert *adj* svantaggiato

Unterredung [ʊntɐˈreːdʊŋ] <-, -en> *f* colloquio *m,* abboccamento *m*

unterrepräsentiert *adj* insufficientemente rappresentato

Unterricht [ˈʊntɐrɪçt] <-(e)s, *rar:* -e> *m (das Unterrichten)* insegnamento *m; (~sstunden)* lezioni *fpl;* **~ in etw** *dat* **geben** dare lezioni di qc; **der ~ fällt aus** non c'è lezione

unterrichten [ʊntəˈrɪçtən] <ohne ge-> *vt* ① *(Unterricht geben)* insegnare; **jdn in etw** *dat* **~** dare lezioni di qc a qu ② *(informieren)* **jdn von [*o* über] etw** *akk* **~** informare qu di qc; **unterrichtet sein** essere al corrente

Unterrichtsfach *nt* materia *f*

Unterrichtsgegenstand *m* materia *f* d'insegnamento

Unterrichtsministerium <-s, -rien> *nt* A *(Kultusministerium)* ministero *m* della pubblica istruzione

Unterrichtsstunde *f* lezione *f*

Unterrock *m* sottoveste *f; (ohne Oberteil)* sottogonna *f*

unters [ˈʊntɐs] *(fam)* = **unter das** *s.* **unter**

untersagen [ʊntɐˈzaːgən] <ohne ge-> *vt* vietare, proibire

Untersatz *m* piattino *m; (für Gläser)* sottobicchiere *m; (für Töpfe)* sottovaso *m;* **ein fahrbarer ~** *(fam scherz)* una macchina

unterschätzen [ʊntɐˈʃɛtsən] <ohne ge-> *vt* sottovalutare

Unterschätzung *f* sottovalutazione *f*

unterscheiden [ʊntɐˈʃaɪdən] <irr, ohne ge-> **I.** *vt* **etw** [**von etw**] **~** distinguere qc [da qc] **II.** *vi (einen Unterschied machen)* **zwischen verschiedenen Dingen ~** fare una distinzione fra cose diverse **III.** *vr* **sich** [**von jdm/etw**] **~** distinguersi [da qu/qc]; **worin ~ sich Ulla und Veronika?** in che cosa sono diverse Ulla e Veronica?

Unterscheidung *f* distinzione *f,* differenziazione *f*

Unterschenkel <-s, -> *m* gamba *f*

Unterschicht <-, -en> *f* ceto *m* basso

unter|schieben[1] [ˈʊntɐʃiːbən] <irr> *vt (unter jdn/etw tun)* mettere sotto

unter|schieben[2] [ˈʊntɐʃiːbən, ʊntɐˈʃiːbən] <irr> *vt (unterstellen)* attribuire, imputare

Unterschied [ˈʊntɐʃiːt] <-(e)s, -e> *m* differenza *f;* **ein ~ in der Qualität** una differenza di qualità; **einen ~ machen zwischen … und …** fare una distinzione tra … e …; **im ~ zu** a differenza di; **mit dem ~, dass …** con la differenza che …; **das ist ein ~ wie Tag und Nacht** ci corre quanto dal giorno alla notte; **das ist ein gewaltiger ~!** questo fa una grande differenza!, questo cambia tutto!

unterschiedlich *adj* diverso, differente

unterschiedslos *adv* indistintamente, senza eccezione

unter|schlagen[1] [ˈʊntɐʃlaːgən] <irr> *vt* incrociare; *(bes. Beine)* accavallare

unterschlagen[2] [ʊntɐˈʃlaːgən] <irr, ohne ge-> *vt* ① *(Geld)* sottrarre; *(Briefe)* intercettare ② *(verheimlichen)* nascondere, celare

Unterschlagung <-, -en> *f* appropriazione *f* indebita, sottrazione *f*

Unterschlupf [ˈʊntɐʃlʊpf] <-(e)s, -e> *m* ① *(Obdach)* rifugio *m,* riparo *m* ② *(Versteck)* nascondiglio *m*

unterschlupfen *vi* SÜDD *(fam)* rifugiarsi (**bei** da)

unterschlüpfen *vi (fam)* rifugiarsi (**bei** da)

unterschreiben [ʊntɐˈʃraɪbən] <irr, ohne ge-> *vt* firmare, sottoscrivere

Unterschrift *f* firma *f;* **seine ~ unter etw** *akk* **setzen** apporre la propria firma a qc

Unterschriftenliste *f* POL, SOC lista *f* di sottoscrizione

unterschriftsberechtigt *adj* JUR autorizzato a firmare

unterschwellig *adj* inconscio

Unterseeboot *s.* **U-Boot**

unterseeisch *adj* sottomarino

Unterseekabel *nt* cavo *m* sottomarino

Unterseite <-, -n> *f* rovescio *m,* retro *m*

untersetzt [ʊntɐˈzɛtst] *adj* tarchiato, massiccio

unterspülen [ʊntɐˈʃpyːlən] <ohne ge-> *vt* dilavare

unterste(r, s) [ˈʊntɐstə, -tɐ, -təs] *adj Superlativ von* **untere** ① *(örtlich)* [il/la] più basso, -a ② *(im Rang)* ultimo, -a ③ *(letzte)* ultimo, -a

unterstehen [ʊntɐˈʃteːən] <irr, ohne ge-> **I.** *vi* **jdm ~** dipendere da qu **II.** *vr* **sich ~ etw zu tun** osare fare qc, avere l'ardire di fare qc; **untersteh dich, das zu tun!** guai [a te] se lo fai!

unter|stellen[1] [ˈʊntɐʃtɛlən] **I.** *vt* ① *(zur Aufbewahrung)* depositare, mettere ② *(Auto)* parcheggiare; *(in Garage)* mettere in garage **II.** *vr* **sich** [**vor etw** *dat*] **~** mettersi al riparo [da qc]

unterstellen[2] [ʊntɐˈʃtɛlən] <ohne ge-> *vt* ① *(unterordnen)* subordinare; **jdm ~** MIL assegnare al comando di qu ② *(unterschieben)* attribuire ③ *(annehmen)* presumere; **ich unterstelle jetzt einmal, dass das wahr ist** ammetto adesso che sia vero

Unterstellung *f* ① *(Unterordnung)* subordinazione *f* ② *(falsche Behauptung)* insinuazione *f*

unterstreichen [ʊntɐˈʃtraɪçən] <irr, ohne ge-> *vt (a. fig)* sottolineare

Unterstufe *f (an Schule)* classi *fpl* inferiori

unterstützen [ʊntɐˈʃtʏtsən] <ohne ge-> *vt* ① *(finanziell)* sussidiare; *(helfen)* aiutare, assistere ② *(moralisch)* sostenere ③ *(begünstigen)* sostenere, patrocinare; *(fördern)* favorire, appoggiare

Unterstützung <-, -en> *f* ① *(Beihilfe)* sussidio *m; (Subvention)* sovvenzione *f* ② *(Beistand)* aiuto *m,* assistenza *f* ③ *(Förderung)* appoggio *m*

Untersuch [ʊntɐˈzuːx] <-(e)s, -e> *m* CH ADM *(Untersuchung)* controllo *m*

untersuchen [ʊntɐˈzuːxən] <ohne ge-> *vt* ① *(prüfen)* esaminare; *(analysieren, abhandeln)* analizzare; **jdn auf etw** *akk* **~** esaminare qu su qc ② *(nachprüfen)* verificare, controllare; *(polizeilich)* indagare, investigare ③ *(Patienten)* visitare; **sich ärztlich ~ lassen** farsi visitare da un medico

Untersuchung <-, -en> *f* ① *(Prüfung)* esame *m; (Analyse)* analisi *f; (Nachforschung, Abhandlung)* studio *m; (Erkundung)* esplorazione *f;* **bei näherer ~** dopo approfondito esame ② *(Nachprüfung)* verifica *f,* controllo *m; (beim Zoll, Arzt)* visita *f* ③ *(polizeilich)* indagine *f,* inchiesta *f;* **gerichtliche ~** istruttoria *f*

Untersuchungsausschuss *m* commissione *f* d'inchiesta

Untersuchungsgefangene *mf* detenuto, -a *m, f* in attesa del processo

Untersuchungshaft *f* detenzione *f* preventiva

Untersuchungshäftling <-s, -e> *m s.* **Untersuchungsgefangene(r)**

Untersuchungskommission *f s.* **Untersuchungsausschuss**

Untersuchungsrichter(in) *m(f)* giudice *mf* istruttore

untertags [ʊntɐˈtaːks] *adv* A, CH *(tagsüber)* di giorno

untertan [ˈʊntɐtaːn] *adj* **sich** *dat* **etw/jdn ~ machen** assoggettare qc/qu

Untertan(in) <-s *o* -en, -en; -, -nen> *m(f)* suddito, -a *m, f*

untertänig [ˈʊntɐtɛːnɪç] *adj* sottomesso; *(ergeben)* devoto

Untertanin *f s.* **Untertan**

Untertasse *f* piattino *m;* **fliegende ~** disco *m* volante

unter|tauchen I. *vt haben* immergere, tuffare **II.** *vi sein* immergersi, tuffarsi; *(fig)* scomparire

Unterteil *nt* parte *f* inferiore

unterteilen [ʊntɐˈtaɪlən] <ohne ge-> *vt* **etw [in etw** *akk*] **~** suddividere qc [in qc]

Unterteilung *f* suddivisione *f*

Untertitel *m* sottotitolo *m*

Unterton <-(e)s, -töne> *m* ① MUS tono *m* discendente ② *(Beiklang)* tono *m,* nota *f fig;* **er sagte es mit einem ~ von Spott** l'ha detto con un tono sarcastico

untertourig [ˈʊntɐtuːrɪç] *adj* **~ fahren** marciare al minimo [*o* a basso regime di giri]

untertreiben [ʊntɐˈtraɪbən] <irr, ohne ge-> **I.** *vt* sminuire **II.** *vi* minimizzare

Untertreibung [ʊntɐˈtraɪbʊŋ] <-, -en> *f* sminuimento *m*

untervermieten <ohne ge-> *vt, vi* subaffittare

unterversichert *adj* che non copre il valore dell'oggetto assicurato

Unterversicherung <-, -en> *f* sottoassicurazione *f*

Unterwalden [ˈʊntɐvaldən] *nt* GEOG Unterwalden *m*

unterwandern [ʊntɐˈvandɐn] <ohne ge-> *vt* infiltrarsi in

Unterwanderung *f* infiltrazione *f*

Unterwäsche *f* biancheria *f* intima

Unterwasserkamera *f* cinepresa *f* subacquea

Unterwassermassage *f* massaggio *m* subacqueo

unterwegs [ʊntɐˈveːks] *adv* strada facendo; *(auf der Reise)* durante il viaggio; **[immer] ~ sein** essere [sempre] in giro; **der Arzt ist schon ~** il medico sta per arrivare; **bei uns ist ein Baby ~** *(fam)* aspettiamo un bambino

unterweisen [ʊntɐˈvaɪzən] <irr, ohne ge-> *vt (geh)* **jdn [in etw** *dat*] **~** istruire qu [su qc]

Unterweisung *f (geh)* istruzione *f* (**in** +*dat* su), insegnamento *m* (**in** +*dat* su, di)

Unterwelt *f* bassifondi *m pl,* malavita *f*

unterwerfen [ʊntɐˈvɛrfən] <irr, ohne ge-> **I.** *vt (Volk)* sottomettere, assoggettare; *(unterjochen)* soggiogare; **einer Sache** *dat* **unterworfen sein** essere soggetto a qc **II.** *vr:* **sich ~** sottomettersi; **sich jds Befehl ~** sottomettersi agli ordini di qu

Unterwerfung <-, -en> *f* ① *(eines Volkes)* assoggettamento *m* ② *(Untertänigkeit)* sottomissione *f;* **die ~ unter jdn/etw** la sottomissione a qu/qc

unterwürfig [ˈʊntɐˈvʏrfɪç] *adj (pej)* servile, ossequioso

Unterwürfigkeit <-> *f kein Pl. (pej)* servilismo *m*

unterzeichnen [ʊntɐˈtsaɪçnən] <ohne ge-> *vt* ADM firmare, sottoscrivere

Unterzeichner(in) *m(f)* ADM firmatario, -a *m, f*

Unterzeichnete <ein -r, -n, -n> *mf* ADM sottoscritto, -a *m, f*

Unterzeichnung *f* ADM firma *f*

unter|ziehen[1] [ˈʊntɐtsiːən] <irr> *vt* ① *(Kleidungsstücke)* mettersi sotto ② GASTR *(Eischnee, Sahne)* mescolare

unterziehen[2] [ʊntɐˈtsiːən] <irr, ohne ge-> **I.** *vt* **jdn einer Sache** *dat* **~** sottoporre qu a qc **II.** *vr* **sich einer Sache** *dat* **~** sottoporsi a qc

Untiefe *f* bassofondo *m,* secca *f*

Untier *nt* mostro *m; (a. fig)* belva *f*

untragbar [ʊnˈtraːkbaːɐ̯ *o* ˈʊntraːkbaːɐ̯] *adj* intollerabile; FIN insopportabile

U

untrennbar [ʊnˈtrɛnbaːɐ̯ *o* ˈʊntrɛnbaːɐ̯] *adj* inseparabile
untreu *adj* infedele; **jdm ~ werden** diventare infedele a qu, tradire qu; **sich** *dat* **selbst ~ werden** rinnegare i propri principi
Untreue *f* ❶ *(gegenüber Menschen)* infedeltà *f* ❷ JUR frode *f; (im Amt)* prevaricazione *f*
untröstlich [ʊnˈtrøːstlɪç *o* ˈʊntrøːstlɪç] *adj* inconsolabile
untrüglich [ʊnˈtryːklɪç *o* ˈʊntryːklɪç] *adj* infallibile, sicuro
Untugend *f* vizio *m,* cattiva abitudine *f*
untypisch *adj* atipico
unüberbrückbar [ʊnʔyːbɐˈbrʏkbaɐ *o* ˈʊnʔyːbɐbrʏkbaɐ] *adj (fig)* insormontabile, insuperabile
unüberhörbar [ˈʊnʔyːbɐhøːɐ̯baːɐ̯ *o* ʊnʔyːbɐˈhøːɐ̯baːɐ̯] *adj* ❶ *(laut)* forte, intenso ❷ *(offensichtlich)* evidente, chiaro
unüberlegt *adj* sconsiderato, avventato
unübersehbar [ʊnʔyːbɐˈzeːbaːɐ̯ *o* ˈʊnʔyːbɐzeːbaːɐ̯] *adj* ❶ *(Menge)* immenso ❷ *(fig: Folgen)* incalcolabile
unübersetzbar [ʊnʔyːbɐˈzɛtsbaːɐ *o* ˈʊnʔyːbɐzɛtsbaːɐ] *adj* intraducibile
unübersichtlich *adj* poco chiaro, confuso; *(Anordnung)* mal disposto; *(Kurve)* cieco
unübertrefflich [ʊnʔyːbɐˈtrɛflɪç *o* ˈʊnʔyːbɐtrɛflɪç] *adj* insuperabile, ineguagliabile
unübertroffen [ʊnʔyːbɐˈtrɔfən *o* ˈʊnʔyːbɐtrɔfən] *adj* insuperato, ineguagliato
unüberwindlich [ʊnʔyːbɐˈvɪntlɪç *o* ˈʊnʔyːbɐvɪntlɪç] *adj (Gegner)* invincibile; *(Schwierigkeiten)* insormontabile
unüblich *adj* inusitato
unumgänglich [ʊnʔʊmˈgɛŋlɪç *o* ˈʊnʔʊmgɛŋlɪç] *adj* indispensabile
unumschränkt [ʊnʔʊmˈʃrɛŋkt *o* ˈʊnʔʊmʃrɛŋkt] *adj* illimitato; POL assoluto
unumstößlich [ʊnʔʊmˈʃtøːslɪç *o* ˈʊnʔʊmʃtøːslɪç] *adj* irrevocabile
unumstritten [ʊnʔʊmˈʃtrɪtən *o* ˈʊnʔʊmʃtrɪtən] *adj* incontestato
unumwunden [ʊnʔʊmˈvʊndən *o* ˈʊnʔʊmvʊndən] *adv* **~ zugeben** riconoscere francamente
ununterbrochen [ʊnʔʊntɐˈbrɔxən *o* ˈʊnʔʊntɐbrɔxən] **I.** *adj* ininterrotto, incessante **II.** *adv* senza interruzione
unveränderlich [ʊnfɛɐ̯ˈʔɛndɐlɪç *o* ˈʊnfɛɐ̯ʔɛndɐlɪç] *adj* immutabile; MAT invariabile
unverändert [ʊnfɛɐ̯ˈʔɛndɐt *o* ˈʊnfɛɐ̯ʔɛndɐt] *adj* immutato, invariato
unverantwortlich [ʊnfɛɐ̯ˈʔantvɔrtlɪç *o* ˈʊnfɛɐ̯ʔantvɔrtlɪç] *adj* irresponsabile, incosciente
unverbesserlich [ʊnfɛɐ̯ˈbɛsɐlɪç *o* ˈʊnfɛɐ̯bɛsɐlɪç] *adj* incorreggibile
unverbindlich [ʊnfɛɐ̯ˈbɪntlɪç *o* ˈʊnfɛɐ̯bɪntlɪç] **I.** *adj* ❶ *(nicht bindend)* non impegnativo ❷ *(nicht entgegenkommend)* asciutto **II.** *adv* senza impegno
unverbleit *adj* senza piombo
unverblümt [ʊnfɛɐ̯ˈblyːmt *o* ˈʊnfɛɐ̯blyːmt] *adv* senza mezzi termini, senza fronzoli
unverbraucht *adj* ❶ *(frisch)* non usato, intatto ❷ *(voller Elan)* [ancora] vigoroso, forte
unverdächtig *adj* insospettabile, non sospetto; **sich ~ verhalten** comportarsi in modo insospettabile
unverdaulich [ˈʊnfɛɐ̯daʊlɪç] *adj (a. fig)* indigesto
unverdient [ʊnfɛɐ̯ˈdiːnt *o* ˈʊnfɛɐ̯diːnt] **I.** *adj* immeritato, ingiusto **II.** *adv* immeritatamente
unverdientermaßen, **unverdienterweise** *adv* immeritatamente
unverdorben *adj* ❶ *(Lebensmittel)* non guasto ❷ *(fig: rein, unschuldig)* incorrotto, sano
unverdrossen [ʊnfɛɐ̯ˈdrɔsən *o* ˈʊnfɛɐ̯drɔsən] *adj* instancabile, assiduo
unverdünnt *adj* non diluito, liscio, puro; **etw ~ trinken** bere qc liscio
unvereinbar [ʊnfɛɐ̯ˈʔaɪnbaːɐ̯ *o* ˈʊnfɛɐ̯ʔaɪnbaːɐ̯] *adj* incompatibile
unverfälscht [ʊnfɛɐ̯ˈfɛlʃt *o* ˈʊnfɛɐ̯fɛlʃt] *adj* genuino
unverfänglich [ʊnfɛɐ̯ˈfɛŋlɪç *o* ˈʊnfɛɐ̯fɛŋlɪç] *adj* innocuo
unverfroren [ʊnfɛɐ̯ˈfroːrən *o* ˈʊnfɛɐ̯froːrən] *adj* sfacciato, sfrontato
unvergänglich [ʊnfɛɐ̯ˈgɛŋlɪç *o* ˈʊnfɛɐ̯gɛŋlɪç] *adj* imperituro; *(unsterblich)* immortale; *(ewig)* eterno
unvergessen *adj* indimenticabile; **sie wird** [**uns**] **~ bleiben** non la dimenticheremo mai
unvergesslich [ʊnfɛɐ̯ˈgɛslɪç *o* ˈʊnfɛɐ̯gɛslɪç] *adj* indimenticabile
unvergleichlich [ʊnfɛɐ̯ˈglaɪçlɪç *o* ˈʊnfɛɐ̯glaɪçlɪç] *adj* incomparabile; *(einzig)* unico
unverhältnismäßig [ʊnfɛɐ̯ˈhɛltnɪsmɛːsɪç] *adj* sproporzionato; *(übermäßig)* eccessivo
unverheiratet *adj* non sposato; *(Männer)* celibe; *(Frauen)* nubile
unverhofft [ʊnfɛɐ̯ˈhɔft *o* ˈʊnfɛɐ̯hɔft] *adj* insperato; *(unerwartet)* inatteso
unverhohlen [ʊnfɛɐˈhoːlən *o* ˈʊnfɛɐhoːlən] **I.** *adj* non celato [*o* dissimulato] **II.** *adv* apertamente, senza mezzi termini
unverkäuflich [ʊnfɛɐ̯ˈkɔɪflɪç *o* ˈʊnfɛɐ̯kɔɪf-

U

lɪç] *adj* ❶ *(nicht zum Verkauf bestimmt)* non in vendita; **~es Muster** campione non commerciabile ❷ *(nicht zum Verkauf geeignet)* invendibile

unverkennbar [ʊnfɛɐ̯ˈkɛnbaːɐ̯ *o* ˈʊnfɛɐ̯kɛnbaːɐ̯] *adj* inconfondibile

unverletzt *adj* non ferito, invulnerabile; **bei etw ~ bleiben** non ferircisi

unvermeidbar [ʊnfɛɐ̯ˈmaɪtbaːɐ̯ *o* ˈʊnfɛɐ̯maɪtbaːɐ̯], **unvermeidlich** [ʊnfɛɐ̯ˈmaɪtlɪç *o* ˈʊnfɛɐ̯maɪtlɪç] *adj* inevitabile, ineluttabile

unvermindert *adj* costante, invariato

unvermittelt I. *adj* improvviso, repentino **II.** *adv* d'un tratto

Unvermögen *nt* incapacità *f*

unvermutet *adj* inatteso; *(Schwierigkeiten)* imprevisto

Unvernunft *f* insensatezza *f,* mancanza *f* di ragionevolezza

unvernünftig *adj* insensato, irragionevole; *(töricht)* assurdo

unveröffentlicht *adj* inedito

unverpackt *adj* non imballato

unverrückbar [ʊnfɛɐ̯ˈrʏkbaːɐ̯ *o* ˈʊnfɛɐ̯rʏkbaːɐ̯] *adv* **~ feststehen** essere definitivo

unverschämt *adj* sfacciato, sfrontato

Unverschämtheit <-, -en> *f* sfacciataggine *f,* sfrontatezza *f; (Äußerung a.)* insolenza *f*

unverschuldet [ʊnfɛɐ̯ˈʃʊldət *o* ˈʊnfɛɐ̯ʃʊldət] *adj o adv* ❶ *(ohne Schulden)* senza debiti ❷ *(ohne Schuld)* senza colpa

unversehens [ʊnfɛɐ̯ˈzeːəns *o* ˈʊnfɛɐ̯zeːəns] *adv* all'improvviso, improvvisamente

unversehrt [ʊnfɛɐ̯ˈzeːɐ̯t *o* ˈʊnfɛɐ̯zeːɐ̯t] *adj (Menschen)* illeso, incolume; *(Dinge)* intatto

unversöhnlich [ʊnfɛɐ̯ˈzøːnlɪç *o* ˈʊnfɛɐ̯zøːnlɪç] *adj (Meinungen)* inconciliabile; *(Gegner)* intransigente

unverstanden *adj* incompreso

unverständlich *adj* incomprensibile

unversteuert I. *adj* esentasse; **~es Einkommen** reddito esentasse **II.** *adv* esentasse

unversucht [ʊnfɛɐ̯ˈzuːxt *o* ˈʊnfɛɐ̯zuːxt] *adj* **nichts ~ lassen** non lasciare nulla d'intentato

unverträglich [ʊnfɛɐ̯ˈtrɛːklɪç *o* ˈʊnfɛɐ̯trɛːklɪç] *adj* ❶ *(Speise)* indigesto ❷ *(Mensch)* intrattabile ❸ *(Gegensätze)* inconciliabile

unverwandt *adv* **jdn ~ ansehen** guardare fisso qu

unverwechselbar [ˈʊnfɛɐ̯vɛksəlbaːɐ̯ *o* ʊnfɛɐ̯ˈvɛksəlbaːɐ̯] *adj* inconfondibile

unverwundbar [ʊnfɛɐ̯ˈvʊntbaːɐ̯ *o* ˈʊnfɛɐ̯vʊntbaːɐ̯] *adj* invulnerabile

unverwüstlich [ʊnfɛɐ̯ˈvyːstlɪç *o* ˈʊnfɛɐ̯vyːstlɪç] *adj* indistruttibile, resistente; **~e Gesundheit** salute di ferro

unverzagt [ˈʊnfɛɐ̯tsaːkt] *adj* intrepido, impavido

unverzeihlich [ʊnfɛɐ̯ˈtsaɪlɪç *o* ˈʊnfɛɐ̯tsaɪlɪç] *adj* imperdonabile

unverzichtbar [ˈʊnfɛɐ̯tsɪçtbaːɐ̯ *o* ʊnfɛɐ̯ˈtsɪçtbaːɐ̯] *adj* irrinunciabile

unverzollt *adj* non sdoganato

unverzüglich [ʊnfɛɐ̯ˈtsyːklɪç *o* ˈʊnfɛɐ̯tsyːklɪç] **I.** *adj* immediato **II.** *adv* subito, immediatamente

unvollendet [ʊnfɔˈlɛndət *o* ˈʊnfɔlɛndət] *adj* incompiuto

unvollkommen [ʊnfɔlˈkɔmən *o* ˈʊnfɔlkɔmən] *adj* ❶ *(mangelhaft)* imperfetto ❷ *(unvollständig)* incompleto

Unvollkommenheit *f* ❶ *(Mangelhaftigkeit)* imperfezione *f* ❷ *(Unvollständigkeit)* incompletezza *f*

unvollständig [ʊnfɔlˈʃtɛndɪç *o* ˈʊnfɔlʃtɛndɪç] *adj* incompleto

unvorbereitet *adj* impreparato; *(Rede)* improvvisato

unvoreingenommen *adj* non prevenuto, obiettivo

unvorhergesehen *adj* imprevisto

unvorschriftsmäßig I. *adj* non regolare, contrario ai regolamenti **II.** *adv* abusivamente; **~ parken** parcheggiare abusivamente

unvorsichtig *adj* imprudente, incauto

Unvorsichtigkeit <-, -en> *f* imprudenza *f*

unvorstellbar [ʊnfoːɐ̯ˈʃtɛlbaːɐ̯ *o* ˈʊnfoːɐ̯ʃtɛlbaːɐ̯] *adj* inimmaginabile

unvorteilhaft *adj* svantaggioso, sfavorevole; **das Kleid ist sehr ~ für dich** il vestito non ti si addice

unwahr *adj* non vero, falso

Unwahrheit *f* falsità *f; (Lüge)* menzogna *f,* bugia *f;* **die ~ sagen** mentire

unwahrscheinlich I. *adj* ❶ *(kaum zu erwarten)* improbabile ❷ *(unglaublich)* inverosimile, incredibile ❸ *(fam: sehr viel, groß)* molto **II.** *adv (fam: sehr)* molto; **sie hat sich ~ angestrengt** si è sforzata moltissimo

Unwahrscheinlichkeit *f* improbabilità *f; (Unglaublichkeit)* inverosimiglianza *f*

unwegsam [ˈʊnveːkzaːm] *adj* impraticabile

unweigerlich [ʊnˈvaɪgɐlɪç *o* ˈʊnvaɪgɐlɪç] *adv* immancabilmente

unweit I. *präp +gen* poco lontano da **II.** *adv* **~ von** poco lontano da

Unwesen *nt* **sein ~ an einem Ort treiben** *(pej)* infestare un luogo

unwesentlich *adj* irrilevante; *(unbedeutend)* insignificante; **sie ist nur ~ älter als**

meine Mutter è solo un po' più vecchia di mia madre
Unwetter *nt* temporale *m*
unwichtig *adj* non [*o* poco] importante, insignificante
unwiderlegbar [ʊnviːdɐˈleːkbaːɐ *o* ˈʊnviːdɐleːkbaːɐ] *adj* irrefutabile, inconfutabile
unwiderruflich [ʊnviːdɐˈruːflɪç *o* ˈʊnviːdɐruːflɪç] *adj* irrevocabile; *(endgültig)* definitivo
unwiderstehlich [ʊnviːdɐˈʃteːlɪç *o* ˈʊnviːdɐʃteːlɪç] *adj* irresistibile
unwiederbringlich [ʊnviːdɐˈbrɪŋlɪç *o* ˈʊnviːdɐbrɪŋlɪç] *adj (geh)* irrecuperabile; **das ist ~ dahin** è perduto per sempre
Unwille *m (geh: Missfallen)* malcontento *m,* sdegno *m;* **~ über etw** *akk* malcontento per qc; **jds ~n erregen** suscitare l'ira di qu
unwillig **I.** *adj* irritato; **~ über etw** *akk* **sein** essere irritato per qc **II.** *adv (widerwillig)* controvoglia
unwillkommen *adj* indesiderato
unwillkürlich [ʊnvɪlˈkyːɐ̯lɪç *o* ˈʊnvɪlkyːɐ̯lɪç] *adj* istintivo, spontaneo; *(automatisch)* automatico; **ich musste ~ lachen** non potei fare a meno di ridere
unwirklich *adj (geh)* irreale
unwirksam *adj* inefficace; JUR nullo
unwirsch [ˈʊnvɪrʃ] *adj* scontroso, brusco
unwirtlich *adj* poco accogliente, inospitale
unwirtschaftlich *adj* antieconomico
Unwissen <-s> *nt kein Pl.* ignoranza *f*
unwissend *adj* ignorante; *(unerfahren)* inesperto
Unwissenheit <-> *f kein Pl.* ignoranza *f*
unwissentlich **I.** *adj* inconsapevole **II.** *adv* senza saperlo
unwohl *adj (unpässlich)* indisposto; **sich ~ fühlen** *(unbehaglich)* non sentirsi a proprio agio
Unwohlsein *nt* indisposizione *f*
unwürdig *adj* indegno
Unzahl *f* **eine ~ von …** un gran numero [*o* un'infinità] di …
unzählbar [ʊnˈtsɛːlbaːɐ *o* ˈʊntsɛːlbaːɐ] *adj* innumerevole
unzählig [ʊnˈtsɛːlɪç *o* ˈʊntsɛːlɪç] *adj* innumerevole, moltissimo; **~e Menschen** una moltitudine innumerevole di persone; **~ viele Menschen** moltissime persone
Unze [ˈʊntsə] <-, -n> *f* oncia *f*
unzeitgemäß *adj* antiquato
unzerbrechlich [ʊntsɛɐˈbrɛçlɪç *o* ˈʊntsɛɐbrɛçlɪç] *adj* infrangibile
unzerkaut *adj* **~ schlucken!** ingoiare senza masticare!
unzerstörbar [ʊntsɛɐˈʃtøːɐbaːɐ *o* ˈʊntsɛɐʃtøːɐbaːɐ] *adj* indistruttibile
unzertrennlich [ʊntsɛɐˈtrɛnlɪç *o* ˈʊntsɛɐtrɛnlɪç] *adj* inseparabile
unzivilisiert *adj* incivile
Unzucht *f* JUR lussuria *f,* fornicazione *f;* **~ treiben** fornicare
unzüchtig *adj* lascivo; *(Schriften)* osceno, pornografico
unzufrieden *adj* scontento; **~ mit jdm/etw sein** essere insoddisfatto di qu/qc
Unzufriedenheit *f* scontentezza *f*
unzugänglich *adj* inaccessibile
unzulänglich [ˈʊntsulɛŋlɪç] *adj (geh)* insufficiente
Unzulänglichkeit <-, -en> *f* insufficienza *f*
unzulässig *adj* illecito
unzumutbar *adj* inesigibile
unzurechnungsfähig *adj* incapace di intendere e di volere; **jdn für ~ erklären lassen** far dichiarare qu incapace di intendere e di volere
Unzurechnungsfähigkeit *f* incapacità *f* di intendere e di volere
unzureichend [ˈʊntsuraɪçənt] *adj* insufficiente
unzusammenhängend *adj* sconnesso
unzustellbar *adj (als Vermerk)* destinatario sconosciuto; **falls ~, zurück an den Absender** in caso di mancato recapito ritornare al mittente
unzutreffend *adj* inesatto; **Unzutreffendes bitte streichen** cancellare ciò che non interessa
unzuverlässig *adj (Mensch)* non fidato; *(Freund)* infido; **er ist ein ~er Mensch** non ci si può fidare di lui
unzweckmäßig *adj* inadeguato
unzweideutig *adj* inequivocabile, chiaro
unzweifelhaft [ʊnˈtsvaɪfəlhaft *o* ˈʊntsvaɪfəlhaft] **I.** *adj* indubitabile, certo **II.** *adv* senza dubbio
Update [ˈapdeɪt] <-s, -s> *nt* INFORM ❶ *(Updaten)* file *m* attuale ❷ *(aktualisierte Version)* versione *f* aggiornata
uploaden [ˈaplo͡ʊdən] *vt* INFORM uploadare
üppig [ˈʏpɪç] *adj (Vegetation)* lussureggiante, rigoglioso; *(Haar)* folto; *(Mahl)* ricco, abbondante; *(Formen)* formoso, opulento
Üppigkeit <-> *f kein Pl.* rigoglio *m; (von Haar)* foltezza *f; (Reichtum)* ricchezza *f,* abbondanza *f; (von Formen)* formosità *f,* opulenza *f*
up to date [ˈʌp tə ˈdeɪt] *adj (fam)* up-to-date
Ur [uːɐ, *Pl:* ˈuːrə] <-(e)s, -e> *m* uro *m*
Urabstimmung [ˈuːɐ̯ʔapʃtɪmʊŋ] *f* votazione *f* assembleare

U

Ural [u'ra:l] *m* ① *(Gebirge)* Urali *mpl* ② *(Fluss)* Ural *m*
uralt *adj* vecchissimo, antichissimo
Uran [u'ra:n] <-s> *nt kein Pl.* CHEM uranio *m*
Uranvorkommen *nt* giacimento *m* di uranio
urauf|führen *vt* rappresentare per la prima volta
Uraufführung *f* prima *f*
urban [ʊr'ba:n] *adj* urbano
Urbanität [ʊrbani'tɛ:t] <-> *f kein Pl. (geh)* urbanità *f*, civiltà *f*
urbar ['u:ɐba:ɐ] *adj* ~ **machen** AGR dissodare; *(Moor)* bonificare
Urbild *nt* prototipo *m*
ureigen ['u:ɐ̯'ʔaɪgən] *adj* proprio, peculiare; **in ihrem ~en Interesse** nel proprio interesse; **das ist meine ~e Angelegenheit** questi sono affari miei
Ureinwohner(in) *m(f)* indigeno, -a *m, f*
Urenkel(in) *m(f)* pronipote *mf*
urgemütlich ['u:ɐgə'my:tlɪç] *adj (fam: Zimmer)* molto accogliente; *(Stimmung, Atmosphäre)* molto cordiale; **es war ~** è stato estremamente piacevole
Urgeschichte *f* preistoria *f*
urgeschichtlich *adj* preistorico
urgieren <ohne ge-> *vt* A *(form: drängen)* sollecitare, spingere
Urgroßeltern *pl* bisnonni *mpl*
Urgroßmutter *f* bisnonna *f*
Urgroßvater *m* bisnonno *m*
Urheber(in) *m(f) (a. fig)* autore, -trice *m, f*
Urheberrecht *nt* JUR diritto *m* d'autore
urheberrechtlich *adj* JUR del copyright, dei diritti d'autore; ~ **geschützt** protetto da copyright
Urheberschaft <-> *f kein Pl.* paternità *f* [di un'opera]
Urheberschutz *m* tutela *f* dei diritti d'autore
Uri ['u:ri] *m* GEOG Uri *m*
urig ['u:rɪç] *adj (fam: Mensch)* originale; *(urwüchsig)* naturale
Urin [u'ri:n] <-s, -e> *m* orina *f*
urinieren [uri'ni:rən] <ohne ge-> *vi* orinare
Urknall <-(e)s> *m kein Pl.* big bang *m*
urkomisch ['u:ɐ̯'ko:mɪʃ] *adj* molto comico
Urkunde ['u:ɐ̯kʊndə] <-, -n> *f* documento *m;* JUR atto *m*
Urkundenfälschung *f* falso *m* in atto pubblico
urkundlich *adj* documentato
Urlaub ['u:ɐ̯laʊp] <-(e)s, -e> *m* vacanza *f*, ferie *fpl;* MIL permesso *m*, licenza *f;* ~ **haben** essere in [*o* avere] ferie; **in ~ fahren** [*o* **gehen**] andare in vacanza [*o* in ferie]; **im ~ sein** essere in vacanza [*o* in ferie]; **letztes Jahr haben wir ~ in Italien gemacht** [*o* **waren wir in Italien im ~**] l'anno scorso abbiamo trascorso le ferie [*o* vacanze] in Italia
Urlauber(in) ['u:ɐ̯laʊbɐ] <-s, -; -, -nen> *m(f)* villeggiante *mf*
Urlaubsgeld *nt* sussidio *m* per le ferie
urlaubsreif *adj (fam)* ~ **sein** aver bisogno di una vacanza
Urlaubsreise <-, -n> *f* viaggio *m* turistico [*o* di piacere]
Urlaubsstimmung *f* spirito *m* da vacanze, atmosfera *f* da vacanze
Urlaubsvertretung *f* sostituzione *f* per vacanze; **meine ~** la persona che mi supplisce; ~ **machen** fare da sostituto
Urmensch *m* uomo *m* preistorico [*o* primitivo]
Urne ['ʊrnə] <-, -n> *f* urna *f*
Uroma ['u:ɐ̯ʔo:ma] <-, -s> *f (fam)* bisnonna *f*
Uropa ['u:ɐ̯ʔo:pa] <-s, -s> *m (fam)* bisnonno *m*
urplötzlich ['u:ɐ̯'plœtslɪç] **I.** *adj* repentino, improvviso **II.** *adv* improvvisamente, tutto a un tratto
Ursache *f* causa *f; (Grund)* ragione *f; (Beweggrund)* motivo *m; (Anlass)* occasione *f;* **keine ~!** non c'è di che, di nulla
ursächlich *adj* causale
Ursprung *m* origine *f; (Anfang)* principio *m;* **seinen ~ haben in** +*dat* prendere origine da, avere origine in
ursprünglich ['u:ɐ̯ʃprʏŋlɪç *o* u:ɐ̯'ʃprʏŋlɪç] **I.** *adj* ① *(in der Ursprungsform)* originario; *(anfänglich)* iniziale ② *(echt)* originale; *(natürlich)* naturale **II.** *adv* in origine, in principio
Ursprungsland <-es, -länder> *nt* paese *m* d'origine
Urteil ['ʊrtaɪl] <-s, -e> *nt* ① JUR *(richterliches)* sentenza *f; (der Geschworenen)* verdetto *m;* **ein ~ fällen** pronunciare una sentenza ② *(Beurteilung, ~skraft)* giudizio *m; (Meinung)* opinione *f;* **ein ~ abgeben** dare un giudizio; **sich** *dat* **ein ~ über etw** *akk* **bilden** farsi un giudizio di qc; **nach dem ~ von** a giudizio di
urteilen *vi (a. beurteilen)* giudicare; **über jdn/etw ~** giudicare qu/qc; **nach seinem Benehmen zu ~** a giudicare dal suo comportamento
Urteilsbegründung *f* JUR motivazione *f* della sentenza
Urteilskraft *f* giudizio *m*
Urteilsspruch *m* [dispositivo *m* della] sentenza *f; (der Geschworenen)* verdetto *m*

U

Urteilsverkündung *f* pubblicazione *f* della sentenza
urtümlich ['uːɐ̯tyːmlɪç] *adj* primitivo, primordiale
Ururgroßeltern ['uːɐʔuːɐgroːsɛltɐn] *pl* trisavoli *mpl*
Ururgroßmutter *f* trisavola *f*
Ururgroßvater *m* trisavolo *m*
Urwald *m* foresta *f* vergine, giungla *f*
urwüchsig ['uːɐ̯vyːksɪç] *adj (natürlich)* naturale; *(wild)* selvatico
Urzeit *f* **in** [*o* **vor**] [*o* **zu**] **~en** in tempi remoti; **seit ~en** da millenni
urzeitlich *adj* remoto, preistorico
USA [uːʔɛsˈʔaː] *pl* U.S.A. *mpl*
USB-Stick [uːʔɛsˈbeːstɪk, juːʔɛsˈbiː-] <-s, -s> *m* INFORM chiavetta *f* [*o* penna *f*] USB
usf. *Abk. von* **und so fort** e così via
usurpieren [uzʊrˈpiːrən] <ohne ge-> *vt* usurpare
Usus ['uːzʊs] <-> *m kein Pl. (fam)* usanza *f;* **das ist hier so ~** qui si usa così
usw. *Abk. von* **und so weiter** ecc.
Utensil <-s, -ien> *nt* utensile *m*
Uterus ['uːterʊs, *Pl:* 'uːteri] <-, Uteri> *m* MED utero *m*
Utopie [utoˈpiː] <-, -n> *f* utopia *f*
utopisch [uˈtoːpɪʃ] *adj* utopistico
u. U. *Abk. von* **unter Umständen** eventualmente
u. ü. V. *Abk. von* **unter üblichem Vorbehalt** S.E.eO.
UV [uːˈfaʊ] *Abk. von* **ultraviolett** UV, Uv
u. v. a. [m.] *Abk. von* **und vieles andere** [**mehr**] e molte altre cose
UV-Strahlen [uːˈfaʊʃtraːlən] *mpl* raggi *mpl* UV
u. W. *Abk. von* **unseres Wissens** a quanto ci consta

Vv

V, v [faʊ] <-, -(s)> *nt* V *f,* v *f;* **V wie Viktor** V come Venezia
V *Abk. von* **Volt** V
Vaduz [faˈdʊts *o* vaˈduːts] *nt* Vaduz *f*
Vagabund(in) [vagaˈbʊnt] <-en, -en; -, -nen> *m(f)* vagabondo, -a *m, f*
vage ['vaːgə] *adj* vago
Vagina [vaˈgiːna, *Pl:* vaˈgiːnən] <-, Vaginen> *f* ANAT vagina *f*
vaginal [vagiˈnaːl] *adj* vaginale
vakant [vaˈkant] *adj* libero; *(bes. Stelle)* vacante
Vakuum ['vaːkuʊm, *Pl:* 'vaːkua *o* 'vaːkuən] <-s, Vakua *o* Vakuen> *nt* vacuo *m*
vakuumverpackt *adj* conservato sotto vuoto
Valentinstag ['vaːlɛntiːnstaːk] *m* giorno *m* di san Valentino
Valuta [vaˈluːta, *Pl:* vaˈluːtən] <-, Valuten> *f* valuta *f* [estera]

V

Vamp [vɛ(ː)mp] <-s, -s> *m* vamp *f*
Vampir ['vampiːɐ̯ *o* vamˈpiːɐ̯] <-s, -e> *m* vampiro *m*
Van ['van] <-s, -s> *m* van *m*
Vandale [vanˈdaːlə] <-n, -n> *m,* **Vandalin** [vanˈdaːlɪn] <-, -nen> *f a.* HIST vandalo, -a *m, f*
Vandalismus [vandaˈlɪsmʊs] <-> *m kein Pl.* vandalismo *m*
Vanille [vaˈnɪl(j)ə] <-> *f kein Pl.* vaniglia *f*
Vanilleeis *nt* gelato *m* di vaniglia
Vanillepudding *m* budino *m* di [*o* alla] vaniglia
Vanillesoße <-, -n> *f* salsa *f* alla vaniglia
Vanillezucker <-s> *m kein Pl.* zucchero *m* vanigliato
variabel [variˈaːbəl] *adj* variabile
Variable [variˈaːblə] <-, -n> *f* MAT, PHYS variabile *f*
Variante [variˈantə] <-, -n> *f* variante *f*
Variation [variaˈtsi̯oːn] <-, -en> *f* variazione *f*
Varieté [varieˈteː] <-s, -s> *nt* ❶ *(Theater)* teatro *m* di varietà ❷ *(Vorstellung)* spettacolo *m* di varietà
variieren [variˈiːrən] <ohne ge-> *vt, vi* variare
Vasall [vaˈzal] <-en, -en> *m* vassallo *m*
Vase ['vaːzə] <-, -n> *f* vaso *m*
Vater ['faːtɐ, *Pl:* 'fɛːtɐ] <-s, Väter> *m* padre *m;* **er ist ganz der ~** è tutto suo padre
Vaterhaus *nt* casa *f* paterna
Vaterland *nt* patria *f*
Vaterlandsliebe *f* patriottismo *m*
väterlich ['fɛːtɐlɪç] **I.** *adj* paterno **II.** *adv* da padre, come un padre
väterlicherseits ['fɛːtɐlɪçɐˈzaɪts] *adv* da parte paterna
vaterlos *adj* senza padre, orfano di padre
Vatermord *m* parricidio *m*
Vatermörder(in) *m(f)* parricida *mf*

Vaterschaft <-> *f kein Pl.* paternità *f*

Vaterstadt *f* città *f* natale

Vaterstelle *f* **bei jdm ~ vertreten** fare da padre a qu

Vatertag *m* festa *f* del papà

Vaterunser ['fa:tɐ'ʔʊnzɐ] <-s, -> *nt* padrenostro *m*

Vati ['fa:ti] <-s, -s> *m (fam)* babbo *m*

Vatikan [vati'ka:n] *m* **der ~** il Vaticano

Vatikanstadt *f* **die ~** la Città del Vaticano

V-Ausschnitt ['faʊaʊsʃnɪt] *m* scollatura *f* a V

v. Chr. *Abk. von* **vor Christus** a.C.

VEB [faʊʔe:'be:] <-(s), -s> *m Abk. von* **Volkseigener Betrieb** *impresa di proprietà popolare collettiva nella ex R.D.T*

Veganer(in) [ve'anɐ] <-s, -; -, -nen> *m(f)* vegan *mf*

Vegetarier(in) [vege'ta:riɐ] <-s, -; -, -nen> *m(f)* vegetariano, -a *m, f*

vegetarisch *adj* vegetariano

Vegetation [vegeta'tsi̯o:n] <-, -en> *f* vegetazione *f*

vegetativ [vegeta'ti:f] *adj* MED, BIOL vegetativo; **~es Nervensystem** sistema *m* neurovegetativo

vegetieren [vege'ti:rən] <ohne ge-> *vi* vegetare

Veggie <-s, -s> ['vɛdʒi, 'vɛgi] *m (fam)* vegetariano, -a *m, f*

vehement [vehe'mɛnt] *adj* veemente

Vehemenz [vehe'mɛnts] <-> *f kein Pl.* veemenza *f*

Vehikel [ve'hi:kəl] <-s, -> *nt* ① *(fam pej: Fahrzeug)* macinino *m* ② *(fig geh: Mittel)* veicolo *m*

Veilchen ['faɪlçən] <-s, -> *nt* ① BOT violetta *f* ② *(fam: blaues Auge)* occhio *m* blu

Vektorrechnung ['vɛkto:ɐrɛçnʊŋ] *f* calcolo *m* vettoriale

Velo ['ve:lo] <-s, -s> *nt* CH bicicletta *f*

Velours [və'lu:ɐ *o* ve'lu:ɐ] <-, -> *m* velluto *m*

Veloursleder <-s, -> *nt* pelle *f* scamosciata

Vene ['ve:nə] <-, -n> *f* ANAT vena *f*

Venedig [ve'ne:dɪç] *nt* Venezia *f*

Venenentzündung *f* flebite *f*

Venetien [ve'ne:tsiən] *nt* Veneto *m*

venös [ve'nø:s] *adj* MED venoso

Ventil [vɛn'ti:l] <-s, -e> *nt* ① TEC valvola *f; (fig)* valvola *f* di sicurezza ② MUS pistone *m*

Ventilation [vɛntila'tsjo:n] <-, -en> *f* ventilazione *f*

Ventilator [vɛnti'la:to:ɐ̯] <-s, -en> *m* ventilatore *m*

ventilieren [vɛnti'li:rən] <ohne ge-> *vt* ventilare, arieggiare

verabreden [fɛɐ̯'ʔapre:dən] <ohne ge-> **I.** *vt* concordare; *(Zeit, Ort)* fissare, stabilire; **wir hatten doch verabredet, dass …** avevamo stabilito che …, avevamo stabilito di +*inf* **II.** *vr* **sich [mit jdm] ~** darsi appuntamento [con qu]; **[mit jdm] verabredet sein** avere un appuntamento [con qu]

Verabredung <-, -en> *f* ① *(Vereinbarung)* accordo *m* ② *(Treffen)* appuntamento *m*

verabreichen [fɛɐ̯'ʔapraɪçən] <ohne ge-> *vt* somministrare

verabscheuen <ohne ge-> *vt* detestare, aborrire

verabschieden <ohne ge-> **I.** *vt* ① *(Person)* congedare ② PARL *(Gesetz)* varare; **den Haushalt ~** approvare il bilancio **II.** *vr* **sich [von jdm] ~** congedarsi [da qu]

Verabschiedung <-, -en> *f* ① *(Person)* commiato *m,* addio *m,* partenza *f* ② *(Gesetz, Haushalt)* varo *m*

verachten <ohne ge-> *vt* disprezzare

verächtlich [fɛɐ̯'ʔɛçtlɪç] **I.** *adj* ① *(voller Verachtung)* sprezzante, sdegnoso ② *(verachtenswert)* spregevole **II.** *adv* con disprezzo

Verachtung *f* disprezzo *m,* spregio *m*

verallgemeinern <ohne ge-> *vt* generalizzare

Verallgemeinerung <-, -en> *f* generalizzazione *f*

veralten <ohne ge-> *vi sein* divenire antiquato; *(ungebräuchlich werden)* cadere in disuso; *(Mode)* passare di moda

veraltet *adj (Ansichten, Ausdruck)* antiquato; *(ungebräuchlich)* inusitato; *(Mode)* fuori moda

Veranda [ve'randa, *Pl:* ve'randən] <-, Veranden> *f* veranda *f*

veränderlich *adj* MAT, LING, METEO variabile; *(Wesen)* volubile

verändern <ohne ge-> **I.** *vt* cambiare, mutare; *(verwandeln)* trasformare **II.** *vr:* **sich ~** cambiare; *(beruflich)* cambiare posto; **sich zu seinem Vorteil ~** cambiare in meglio

Veränderung *f* cambiamento *m,* mutamento *m; (Verwandlung)* trasformazione *f; (Abänderungen)* modificazione *f,* modifica *f*

verängstigen <ohne ge-> *vt* impaurire

verängstigt [fɛɐ'ʔɛŋstɪçt] *adj* impaurito; *(eingeschüchtert)* intimidito

verankern <ohne ge-> *vt* ① NAUT ancorare ② *(fig: im Gesetz)* fissare; **etw in der Verfassung ~** stabilire qc nella costituzione

veranlagen <ohne ge-> *vt* **jdn [steuerlich] mit etw ~** tassare qu con qc

veranlagt *adj* **zu etw ~ sein** avere predisposizione a qc; MED essere predisposto a qc; **homosexuell ~ sein** avere tendenze omosessuali; **praktisch ~ sein** avere senso

V

pratico; **romantisch ~ sein** essere di indole romantica
Veranlagung <-, -en> *f* [pre]disposizione *f*
veranlassen <ohne ge-> *vt* ① *(bewegen)* **jdn dazu ~ etw zu tun** spingere qu a fare qc; **sich veranlasst sehen zu …** vedersi obbligato a *+inf* ② *(anordnen)* predisporre, ordinare; **ich werde ~, dass …** farò in modo che …
Veranlassung <-> *f kein Pl.* ① *(Veranlassen)* disposizione *f*, ordine *m*; **auf ~ von** su iniziativa di ② *(Grund)* motivo *m*, ragione *f*; **keinerlei ~ haben, zu …** non avere alcun motivo per *+inf*
veranschaulichen <ohne ge-> *vt* illustrare
veranschlagen <ohne ge-> *vt* valutare; **die Kosten mit drei Millionen ~** preventivare i costi a tre milioni; **zu hoch/niedrig ~** sopravvalutare/sottovalutare
veranstalten <ohne ge-> *vt* ① *(organisieren)* allestire, organizzare ② *(abhalten, geben)* dare
Veranstalter(in) <-s, -; -, -nen> *m(f)* organizzatore, -trice *m, f*
Veranstaltung <-, -en> *f* ① *Sing. (Tätigkeit)* organizzazione *f* ② *(Fest, Konzert, sportliche ~)* manifestazione *f*
Veranstaltungskalender *m* calendario *m* delle manifestazioni
verantworten <ohne ge-> **I.** *vt* rispondere di; **das kann ich nicht ~** non me ne assumo la responsabilità **II.** *vr* **sich** [**vor jdm/etw**] **~** giustificarsi [davanti a qu/qc]
verantwortlich *adj* ① *(Person)* **für etw ~ sein** essere responsabile per qc; **jdn für etw ~ machen** rendere qu responsabile di qc ② *(Stellung)* di responsabilità
Verantwortlichkeit <-> *f kein Pl.* responsabilità *f*
Verantwortung <-, -en> *f* responsabilità *f*; **die ~ für etw tragen** [*o* **übernehmen**] assumersi la responsabilità di qc; **jdn zur ~ ziehen** chiedere conto a qu; **auf jds ~** sotto la responsabilità di qu
verantwortungsbewusst *adj* responsabile
Verantwortungsbewusstsein <-s> *nt kein Pl.* senso *m* di responsabilità
verantwortungslos *adj* irresponsabile, incosciente
verantwortungsvoll *adj* ① *(Aufgabe, Tat)* di forte responsabilità ② *(Person)* molto responsabile
veräppeln <ohne ge-> *vt* prendere in giro
verarbeiten <ohne ge-> *vt* ① *(behandeln)* trattare; **Eisen zu Stahl ~** trasformare il ferro in acciaio ② *(verbrauchen)* consumare ③ *(fig: verdauen)* digerire; *(geistig, psychisch)* assimilare
Verarbeitung <-, -en> *f* lavorazione *f*, trattamento *m*; *(von Daten)* elaborazione *f*
verärgern <ohne ge-> *vt* irritare, indispettire
verärgert *adj* arrabbiato, irato, stizzoso
verarmen <ohne ge-> *vi sein* impoverirsi, diventare povero
Verarmung <-> *f kein Pl.* impoverimento *m*
verarschen <ohne ge-> *vt (sl)* prendere per il culo
verarzten <ohne ge-> *vt (fam)* medicare
verästeln [fɛɐ'ʔɛstəln] <ohne ge-> *vr:* **sich ~** ramificarsi
Verästelung <-, -en> *f* ramificazione *f*
verausgaben <ohne ge-> *vr:* **sich ~** *(finanziell)* spendere tutto; *(kräftemäßig)* esaurirsi
veräußern <ohne ge-> *vt* JUR ① *(übereignen)* alienare ② *(übertragen)* cedere
Veräußerung *f (geh)* JUR *(Übereignung)* alienazione *f*; *(Übertragung)* cessione *f*
Verb [vɛrp] <-s, -en> *nt* LING verbo *m*
verbal [vɛr'ba:l] *adj* verbale
Verbalattacke *f* attacco *f* verbale
verballhornen [fɛɐ'balhɔrnən] <ohne ge-> *vt* parodiare
verband *1. u. 3. Pers. Sing. Imp. von* **verbinden**
Verband <-(e)s, Verbände> *m* ① MED fasciatura *f*, bendaggio *m* ② *(Vereinigung)* associazione *f*, unione *f* ③ MIL unità *f*
Verband[s]kasten *m* [cassetta *f* di] pronto soccorso *m*
Verband[s]watte *f* cotone *m* idrofilo
Verband[s]zeug <-(e)s, -e> *nt* materiale *m* di pronto soccorso
verbannen <ohne ge-> *vt* esiliare; **etw aus etw ~** *(a. fig)* bandire qc da qc
Verbannung <-, -en> *f* ① *Sing. (das Verbannen)* bando *m* ② *(Exil)* esilio *m*
verbarrikadieren [fɛɐ̯barika'di:rən] <ohne ge-> **I.** *vt* barricare **II.** *vr:* **sich ~** barricarsi
verbat [fɛɐ'ba:t] *1. u. 3. Pers. Sing. Imp. von* **verbitten**
verbauen <ohne ge-> *vt* ① *(versperren)* chiudere [con una costruzione]; *(fig: Zukunft)* precludere; **die Aussicht ~** togliere la vista con una costruzione ② *(pej: schlecht bauen)* costruire male
verbeißen <verbeißt, verbiss, verbissen> **I.** *vt* reprimere, soffocare **II.** *vr:* **sich ~** accanirsi, arrabbiarsi
verbergen <irr, ohne ge-> **I.** *vt* ① *(verstecken)* **jdn/etw** [**vor jdm**] **~** nascondere qu/qc [a qu] ② *(verheimlichen)* [**jdm**]

etw ~ celare qc [a qu] **II.** *vr:* **sich** ~ nascondersi

verbessern <ohne ge-> **I.** *vt* ❶ *(besser machen)* migliorare ❷ *(berichtigen)* correggere **II.** *vr:* **sich** ~ ❶ *(beim Sprechen)* correggersi ❷ *(finanziell)* migliorare la propria situazione finanziaria; *(beruflich)* migliorare la propria posizione

Verbesserung *f* ❶ *(Änderung zum Besseren)* miglioramento *m* ❷ *(Korrektur)* correzione *f*

Verbesserungsvorschlag *m* proposta *f* di miglioramento

verbeten [fɛɐ̯ˈbeːtən] *PP von* **verbitten**

verbeugen <ohne ge-> *vr* **sich** [**vor jdm/etw**] ~ inchinarsi [davanti a qu/qc]

Verbeugung *f* inchino *m*

verbeulen <ohne ge-> *vt* ammaccare

verbiegen <irr, ohne ge-> **I.** *vt* piegare, storcere **II.** *vr:* **sich** ~ storcersi

verbieten <irr, ohne ge-> *vt* proibire; **jdm ~ etw zu tun** proibire a qu di fare qc; **jdm das Rauchen** ~ proibire a qu di fumare; **jdm den Mund** ~ far tacere qu

verbilligen <ohne ge-> **I.** *vt* ridurre il prezzo di **II.** *vr:* **sich** ~ diminuire di prezzo, calare

verbilligt *adj* a prezzo ribassato

verbinden <irr, ohne ge-> **I.** *vt* ❶ *(vereinigen)* **etw** [**mit etw**] ~ unire qc [con qc] ❷ *(zusammenbinden)* legare; TEC collegare ❸ MED fasciare, bendare ❹ TEC allacciare; *(koppeln)* attaccare, agganciare ❺ TEL mettere in comunicazione; [**Sie sind**] **falsch verbunden!** ha sbagliato numero ❻ *(fig: Menschen)* legare; *(Gedanken)* collegare ❼ *(mit sich bringen)* **die damit verbundenen Kosten** le spese che ne derivano ❽ *(geh: zur Dankbarkeit verpflichten)* **ich wäre Ihnen sehr verbunden, wenn …** Le sarei molto grato se … ❾ *(assoziieren)* associare; **einen Namen mit etw** ~ associare un nome a qc **II.** *vr:* **sich** ~ unirsi, congiungersi; CHEM combinarsi

verbindlich *adj* ❶ *(freundlich)* gentile, compiacente ❷ *(verpflichtend)* vincolante; **für jdn/etw ~ sein** essere vincolante per qu/qc

Verbindlichkeit <-, -en> *f* ❶ *Sing. (Freundlichkeit)* gentilezza *f,* compiacenza *f* ❷ *(höfliche Redensart)* gentilezze *fpl* ❸ *Sing. (verbindlicher Charakter)* carattere *m* vincolante, obbligatorietà *f; (von Vertrag)* obbligazione *f* ❹ *Pl:* COM *(Schulden)* debiti *mpl*

Verbindung *f* ❶ *(von Orten, Zug~)* **die ~** [**nach Australien/Rom**] il collegamento [con l'Australia/Roma] ❷ TEC allacciamento *m; (Kopplung)* aggancio *m; (Metall~)* lega *f* ❸ TEL comunicazione *f* ❹ *(Vereinigung)* associazione *f; (Bündnis)* unione *f* ❺ *(Zusammenhang)* relazione *f;* **in ~ mit** in relazione a; **etw/jdn mit etw/jdm in ~ bringen** mettere qc/qu in relazione con qc/qu ❻ *(Beziehung)* rapporto *m;* **sich mit jdm in ~ setzen** mettersi in contatto con qu; **mit jdm in ~ stehen** essere in relazione con qu ❼ CHEM combinazione *f;* **eine ~ mit etw eingehen** combinarsi con qc

Verbindungslinie *f* linea *f* di collegamento [*o* di comunicazione]

Verbindungsmann <-(e)s, -männer *o* -leute> *m* intermediario *m,* mediatore *m*

Verbindungsstück *nt* [pezzo *m* di] raccordo *m*

verbirgt [fɛɐ̯ˈbɪrkt] *3. Pers. Sing. Präs. von* **verbergen**

verbissen [fɛɐ̯ˈbɪsən] **I.** *adj* ❶ *(hartnäckig)* ostinato ❷ *(Gesichtsausdruck)* rabbioso **II.** *adv* con rabbia; **man darf das nicht so ~ sehen** *(fam)* non bisogna vederla con tale rabbia

Verbissenheit <-> *f kein Pl.* accanimento *m,* ostinazione *f*

verbitten <irr, ohne ge-> *vt* **sich** *dat* **~, dass …** non permettere che *+conj;* **das verbitte ich mir!** questo non lo tollero!

verbittern <ohne ge-> *vt* amareggiare

verbittert *adj* amareggiato

Verbitterung <-, -en> *f* amareggiamento *m*

verblassen <ohne ge-> *vi sein* ❶ *(Farbe, Stoff)* sbiadire, scolorarsi ❷ *(fig: schwinden)* svanire

Verbleib [fɛɐ̯ˈblaɪp] <-(e)s> *m kein Pl.* *(geh)* ❶ *(Ort)* dimora *f* ❷ *(Verbleiben)* **ich weiß nichts über den ~ dieses Briefs** non so dove sia questa lettera

verbleiben <irr, ohne ge-> *vi sein* ❶ *(geh: übrig bleiben)* avanzare ❷ *(bleiben, sich einigen)* rimanere; **wir sind so verblieben, dass …** siamo rimasti d'accordo che …

verbleit [fɛɐ̯ˈblaɪt] *adj* con piombo

verblenden <ohne ge-> *vt* accecare, abbagliare

Verblendung <-, -en> *f* ❶ *(Verkleidung)* rivestimento *m* ❷ *Sing. (Geblendetsein)* accecamento *m,* abbagliamento *m*

verblöden <ohne ge-> *vi sein (fam)* rincretinire, istupidirsi

verblüffen [fɛɐ̯ˈblʏfən] <ohne ge-> *vt* stupire, sbalordire

Verblüffung <-, -en> *f* stupore *m,* sbalordimento *m;* **zu meiner ~** con mio grande stupore

verblühen <ohne ge-> *vi sein* sfiorire, appassire

verbluten <ohne ge-> *vi sein* dissanguarsi, morire dissanguato

verbog [fɛɐ̯'bo:k] *1. u. 3. Pers. Sing. Imp. von* **verbiegen**

verbogen [fɛɐ̯'bo:gən] *PP von* **verbiegen**

verbohren <ohne ge-> *vr (fam)* **sich in etw** *akk* ~ fissarsi su qc

verbohrt *adj (fam pej)* ostinato, caparbio

verborgen [fɛɐ̯'bɔrgən] *adj (versteckt)* nascosto; ~ **halten** tenere nascosto; **im Verborgenen bleiben** rimanere nascosto

Verborgenheit <-> *f kein Pl.* segretezza *f*

verbot [fɛɐ̯'bo:t] *1. u. 3. Pers. Sing. Imp. von* **verbieten**

Verbot <-(e)s, -e> *nt* divieto *m,* proibizione *f*

verboten [fɛɐ̯'bo:tən] *adj* ① *(untersagt)* vietato ② *(fam: unmöglich)* incredibile, inaccettabile

Verbotsschild *nt* segnale *m* di divieto

verbracht [fɛɐ̯'braxt] *PP von* **verbringen**

verbrachte *1. u. 3. Pers. Sing. Imp. von* **verbringen**

verbrannt *PP von* **verbrennen**

Verbrauch *m* consumo *m;* **der ~ von etw** [*o* **an etw** *+dat*] il consumo di qc; **sparsam im ~** economico nel consumo

verbrauchen <ohne ge-> *vt* ① *(konsumieren)* consumare; *(abnutzen, a. fig: Menschen)* logorare; *(Luft)* viziare; **unser Wagen verbraucht zu viel Öl** la nostra macchina consuma troppo olio ② *(ausgeben)* spendere ③ *(aufbrauchen)* consumare

Verbraucher(in) <-s, -; -, -nen> *m(f)* consumatore, -trice *m, f*

Verbraucherberatung *f* ufficio *m* di consulenza per i consumatori

verbraucherfreundlich *adj* a favore del consumatore

Verbraucherschutz <-es> *m kein Pl.* difesa *f* dei consumatori

Verbraucherverband *m* associazione *f* di consumatori

Verbrauchsgüter *ntpl* beni *mpl* di consumo

V

verbraucht *adj* consumato; *(Luft)* viziato; *(Mensch)* consunto, sciupato

verbrechen <irr, ohne ge-> *vt (fam)* **was habe ich** [**denn**] **verbrochen?** che male ho fatto?; **was hat er** [**denn**] **schon wieder verbrochen?** che altro ha combinato?

Verbrechen <-s, -> *nt* delitto *m,* crimine *m;* **das organisierte ~** la criminalità organizzata

Verbrecher(in) <-s, -; -, -nen> *m(f)* delinquente *mf*

verbrecherisch *adj* delittuoso, criminoso; *(Regime)* criminale

verbreiten <ohne ge-> **I.** *vt (Nachricht)* divulgare, diffondere; *(Wärme, Licht, Gerücht)* diffondere; *(Schrecken, Krankheit)* disseminare; *(Ideen, Lehre)* propagare **II.** *vr:* **sich ~** ① *(Nachricht)* divulgarsi, spargersi; *(Wärme, Licht, Gerücht)* diffondersi; *(Schrecken)* disseminarsi; *(Krankheit)* propagarsi ② *(pej)* **sich über etw** *akk* ~ dilungarsi su un tema

verbreitern <ohne ge-> **I.** *vt* allargare **II.** *vr:* **sich ~** allargarsi

Verbreiterung <-, -en> *f* allargamento *m*

verbreitet *adj* esteso, diffuso, ampio; **eine weit ~e Meinung/Krankheit** un'opinione/una malattia molto diffusa

Verbreitung <-> *f kein Pl.* diffusione *f*

verbrennen <irr, ohne ge-> **I.** *vt haben* bruciare; *(Leiche)* cremare **II.** *vi sein* bruciare, ardere; *(Person)* morire carbonizzato **III.** *vr:* **sich ~** bruciarsi, scottarsi; **sich** *dat* **die Finger ~** scottarsi le dita; *(fig)* rimanere scottato

Verbrennung <-, -en> *f* ① *Sing. (das Verbrennen)* bruciatura *f; (von Müll)* incenerimento *m;* CHEM combustione *f; (Leichen~)* cremazione *f* ② MED *(Wunde)* ustione *f,* scottatura *f;* **~en ersten Grades** ustioni di primo grado

Verbrennungsmotor *m* motore *m* a combustione interna

verbrieft *adj (geh)* garantito per iscritto

verbringen <irr, ohne ge-> *vt* passare, trascorrere

verbrochen [fɛɐ̯'brɔxən] *PP von* **verbrechen**

verbrüdern [fɛɐ̯'bry:dɐn] <ohne ge-> *vr* **sich** [**mit jdm**] ~ fraternizzare [con qu]

Verbrüderung <-, -en> *f* fraternizzazione *f*

verbrühen <ohne ge-> **I.** *vt* scottare **II.** *vr:* **sich ~** scottarsi

verbuchen <ohne ge-> *vt* FIN contabilizzare; *(fig a.)* registrare

verbummeln <ohne ge-> *vt (fam)* ① *(vertrödeln)* sprecare, buttare via ② *(vergessen)* dimenticare

Verbund <-(e)s, -e> *m* ① WIRTSCH unione *f* ② TEC aderenza *f*

verbunden [fɛɐ̯'bʊndən] *adj* ① *(verknüpft)* legato; **mit etw ~ sein** essere legato con qc; *(gekoppelt)* essere connesso a qc; **damit sind Probleme ~** [ciò] può comportare dei problemi ② *(dankbar)* obbligato, grato; **ich bin Ihnen sehr ~** Le sono molto obbligato

verbünden [fɛɐ̯'bʏndən] <ohne ge-> *vr* **sich** [**mit jdm**] ~ allearsi [con qu]

Verbundenheit <-> *f kein Pl.* legame *m*
Verbündete <ein -r, -n, -n> *mf* alleato, -a *m, f*
Verbundglas *nt* vetro *m* laminato
verbürgen <ohne ge-> *vr* **sich für etw/jdn ~** rendersi garante di qc/qu, garantire per qc/qu
verbürgt *adj* garantito; *(Recht)* autentico; *(Nachricht)* attendibile
verbüßen <ohne ge-> *vt* scontare, espiare
verchecken [fɛɐ̯'tʃɛkən] *vt (sl: verkaufen)* vendere
verchromen <ohne ge-> *vt* cromare
verchromt *adj* cromato
verdacht [fɛɐ'daxt] *PP von* **verdenken**
Verdacht [fɛɐ̯'daxt] <-(e)s> *m kein Pl.* sospetto *m;* **~ erregen** destare sospetto; **~ wegen etw schöpfen** insospettirsi di qc; **in ~ geraten** cadere in sospetto; **jdn in ~ haben** sospettare di qu; **in** [*o* **im**] **~ stehen, etw getan zu haben** essere sospettato di aver fatto qc; **ich habe den ~, dass ...** ho il sospetto che *+conj;* **über jeden ~ erhaben sein** *(geh)* essere al di sopra di ogni sospetto
verdachte *1. u. 3. Pers. Sing. Imp. von* **verdenken**
verdächtig [fɛɐ̯'dɛçtɪç] *adj* sospettoso
Verdächtige <ein -r, -n, -n> *mf* sospetto, -a *m, f*
verdächtigen <ohne ge-> *vt* **jdn** [**einer Sache** *gen*] **~** sospettare qu [di qc]
Verdächtigung <-, -en> *f* sospetto *m*
Verdachtsmoment *nt* JUR indizio *m*
verdammen [fɛɐ̯'damən] <ohne ge-> *vt* condannare; REL anatemizzare
verdammenswert *adj* condannabile
verdammt **I.** *adj (fam pej)* maledetto; **~er Mist!** porca miseria!; **diese ~en Kopfschmerzen!** questo maledetto mal di testa! **II.** *adv (fam)* terribilmente, maledettamente; **~ kalt** terribilmente freddo **III.** *interj (fam)* **~** [**noch mal**]**!** maledizione! accidenti!
verdampfen <ohne ge-> *vi sein* evaporare
Verdampfung <-> *f kein Pl.* evaporazione *f*
verdanken <ohne ge-> *vt* **jdm etw ~** dovere qc a qu
Verdankung <-, -en> *f* A, CH ADM *(Dank, Bedankung)* ringraziamento *m,* soddisfazione *f;* **das Protokoll wurde nach ~ genehmigt** il protocollo fu accolto con soddisfazione; **unter ~ der geleisteten Dienste** con ringraziamento per i servizi resi
verdarb [fɛɐ̯'darp] *1. u. 3. Pers. Sing. Imp. von* **verderben**
verdattert [fɛɐ'datɐt] *adj (fam) s.* **verdutzt**
verdauen [fɛɐ̯'daʊən] <ohne ge-> *vt, vi* digerire
verdaulich *adj* **leicht ~** di facile digestione, facilmente digeribile, leggero; **schwer ~** *(a. fig)* indigesto
Verdauung <-> *f kein Pl.* digestione *f*
Verdauungsbeschwerden *fpl* disturbi *mpl* di digestione
Verdauungsorgan <-s, -e> *nt* ANAT organo *m* della digestione
Verdauungsstörungen *fpl* disturbi *mpl* di digestione
Verdeck *nt* ① NAUT coperta *f,* ponte *m* superiore ② AUTO capote *f;* **mit aufklappbarem ~** decappottabile
verdecken <ohne ge-> *vt* ① *(bedecken)* coprire ② *(verbergen)* nascondere; *(fig: kaschieren)* mascherare
verdeckt *adj* ① *(nicht sichtbar)* coperto ② *(verborgen)* nascosto; **~e Ermittlungen** indagini segrete
verdenken <irr, ohne ge-> *vt (geh)* **das kann ihm niemand ~** non gli si può dare torto, lo si può comprendere
verderben [fɛɐ̯'dɛrbən] <verdirbt, verdarb, verdorben> **I.** *vt haben* rovinare; *(a. fig)* guastare; *(sittlich)* corrompere, depravare; **sich** *dat* **die Augen ~** rovinarsi la vista; **jdm die Freude ~** guastare la gioia a qu; **es mit jdm ~** perdere il favore di qu; **es mit niemandem ~ wollen** non voler guastarsi con nessuno **II.** *vi sein* guastarsi; *(schlecht werden)* andare a male
Verderben <-s> *nt kein Pl.* rovina *f;* **jdn ins ~ stürzen** mandare qu in rovina
verderblich *adj* ① *(Lebensmittel)* deperibile; **leicht ~** facilmente deperibile ② *(schädlich)* dannoso, nocivo
verdeutlichen <ohne ge-> *vt* illustrare, spiegare
Verdeutlichung <-, -en> *f* chiarimento *m,* spiegazione *f;* **zur ~ von etw** come spiegazione/chiarimento di qc
verdichten <ohne ge-> **I.** *vt* PHYS comprimere; *(fig)* CHEM condensare **II.** *vr:* **sich ~** addensarsi; *(Verdacht)* consolidarsi
Verdichtung *f* ① PHYS compressione *f* ② CHEM condensazione *f* ③ *(fig)* concentrazione *f*
verdienen <ohne ge-> *vt* ① *(Lohn)* guadagnare; **seinen Lebensunterhalt ~** guadagnarsi da vivere; **sich** *dat* **sein Studium selbst ~** mantenersi da solo agli studi ② *(fig: Lob, Strafe)* meritare; **womit habe ich das verdient?** *(iron)* perché capitano tutte a me?
Verdienst[1] <-(e)s, -e> *m (Einkommen)* guadagno *m; (Gewinn)* profitto *m*
Verdienst[2] <-(e)s, -e> *nt (Leistung)* meri-

to *m;* **~e um etw erwerben** acquistare meriti per qc; **das ist alles nur ihr ~** è tutto merito suo

Verdienstausfall *m* perdita *f* di guadagno

verdienstvoll *adj* ① *(Handlung)* meritorio ② *(Person)* benemerito

verdient *adj* ① *(Sache)* meritato ② *(Person)* benemerito; **sich um etw ~ machen** rendersi benemerito di qc

verdientermaßen [fɛɐ'di:ntɐ'ma:sən] *adv* meritatamente

verdirbt [fɛɐ̯'dɪrpt] *3. Pers. Sing. Präs. von* **verderben**

Verdopp[e]lung <-, -en> *f* raddoppiamento *m*

verdoppeln <ohne ge-> *vt* raddoppiare, duplicare

verdorben [fɛɐ̯'dɔrbən] **I.** *PP von* **verderben II.** *adj* ① *(Lebensmittel)* guasto, andato a male; *(Magen)* in disordine ② *(fig: moralisch)* corrotto, depravato

verdorren [fɛɐ̯'dɔrən] <ohne ge-> *vi sein* disseccarsi

verdrängen <ohne ge-> *vt* ① *(wegdrängen)* **jdn** [**aus etw**] **~** spostare qu [da qc]; **jdn von seinem Platz ~** prendere il posto di qu ② PSYCH reprimere ③ *(ersetzen)* soppiantare, sostituire

Verdrängung <-> *f kein Pl.* ① *(von einer Stelle)* spostamento *m;* PSYCH rimozione *f;* *(aus Amt)* allontanamento *m;* *(von Sorgen)* scacciare *m* ② *(Ersetzung)* sostituzione *f*

verdrehen <ohne ge-> *vt* [s]torcere, [di]storcere; *(Glieder a.)* slogare; *(Augen a.)* stravolgere, storcere

verdreht *adj (fam pej: überspannt)* strambo, bizzarro

verdreifachen <ohne ge-> *vt* triplicare

verdrießen [fɛɐ'dri:sən] <verdrießt, verdross, verdrossen> *vt* seccare, infastidire; **sich** *dat* **etw nicht ~ lassen** non scoraggiarsi per qc

verdrießlich *adj (Mensch, Gesicht)* seccato, infastidito

verdross [fɛɐ'drɔs] *1. u. 3. Pers. Sing. Imp. von* **verdrießen**

verdrossen [fɛɐ̯'drɔsən] *adj* seccato; *(unzufrieden)* scontento; *(unlustig)* svogliato

Verdrossenheit <-> *f kein Pl.* malumore *m;* *(Unzufriedenheit)* scontentezza *f;* *(Unlust)* svogliatezza *f*

verdrücken <ohne ge-> **I.** *vt (fam: essen)* trangugiare, ingoiare **II.** *vr:* **sich ~** *(fam: verschwinden)* svignarsela, squagliarsela

Verdruss [fɛɐ̯'drʊs] <-es> *m kein Pl.* *(Unzufriedenheit)* scontentezza *f;* *(Ärger)* fastidio *m,* noia *f;* **jdm ~ bereiten** dare noie a qu

verduften <ohne ge-> *vi sein (fam: verschwinden)* squagliarsela

Verdummung <-> *f kein Pl.* istupidimento *m,* intontimento *m*

Verdunk[e]lung <-> *f kein Pl.* ① *(das Verdunkeln)* oscuramento *m;* *(fig)* mascheramento *m* ② JUR occultamento *m*

verdunkeln <ohne ge-> **I.** *vt* oscurare; *(fig)* mascherare, camuffare **II.** *vr:* **sich ~** oscurarsi; *(a. fig)* offuscarsi

verdünnen <ohne ge-> *vt (dünner machen)* assottigliare; *(Flüssigkeiten)* diluire; *(Wein)* annacquare

Verdünnung <-, -en> *f* ① *(Verdünntsein)* diluizione *f* ② *(Mittel zum Verdünnen)* diluente *m*

verdunsten <ohne ge-> *vi sein* evaporare

Verdunstung <-> *f kein Pl.* evaporazione *f*

verdursten <ohne ge-> *vi sein* morire di sete

verdüstern <ohne ge-> *vr:* **sich ~** oscurarsi; *(fig)* rabbuiarsi

verdutzt [fɛɐ̯'dʊtst] *adj* stupito, stupefatto

veredeln <ohne ge-> *vt* ① AGR innestare ② *(Rohstoffe)* affinare, lavorare ③ *(verfeinern) a.* GASTR raffinare

verehren <ohne ge-> *vt* ① REL venerare, adorare; *(geh: anbeten)* adorare, ammirare; **sehr verehrter Herr/sehr verehrte Frau Müller** egregio signor/gentile signora Müller; **verehrtes Publikum** gentile pubblico ② *(scherz: schenken)* **jdm etw ~** fare dono a qu di qc

Verehrer(in) <-s, -; -, -nen> *m(f)* ① *(von Mann, Frau)* ammiratore, -trice *m, f,* corteggiatore, -trice *m, f* ② *(Bewunderer)* amatore, -trice *m, f,* appassionato, -a *m, f*

Verehrung *f* venerazione *f,* adorazione *f*

verehrungswürdig *adj* venerabile

vereidigen <ohne ge-> *vt* **jdn** [**auf etw** *akk*] **~** far prestare giuramento a qu [su qc]

vereidigt *adj* giurato; **~e Übersetzerin** traduttrice giurata

Vereidigung <-, -en> *f* giuramento *m*

Verein [fɛɐ̯'ʔaɪn] <-(e)s, -e> *m (Vereinigung)* associazione *f,* società *f;* *(Klub)* circolo *m,* club *m;* SPORT società *f* sportiva; **eingetragener ~** associazione registrata

vereinbar [fɛɐ̯'ʔaɪnba:ɐ̯] *adj* compatibile

vereinbaren <ohne ge-> *vt* ① *(verabreden)* pattuire, concordare; *(festlegen)* fissare, stabilire ② *(in Einklang bringen)* **etw** [**mit etw**] **~** conciliare qc [con qc]

Vereinbarung <-, -en> *f (Abmachung)* accordo *m;* POL convenzione *f;* *(durch Anmeldung)* appuntamento *m;* **eine ~ treffen** concludere un accordo; **nach vorheriger ~** previo appuntamento

vereinen <ohne ge-> **I.** *vt (geh)* [ri]unire;

(Gegensätze) conciliare; **mit vereinten Kräften** a forze congiunte II. *vr:* **sich ~** *(geh)* [ri]unirsi

vereinfachen <ohne ge-> *vt* semplificare

Vereinfachung <-, -en> *f* semplificazione *f*

vereinheitlichen <ohne ge-> *vt* standardizzare

Vereinheitlichung <-, -en> *f* standardizzazione *f*

vereinigen <ohne ge-> I. *vt* ❶ *(a. fig)* unire, congiungere; *(zusammenführen)* riunire; **wieder ~** *(versöhnen)* riconciliare; POL riunificare; **alle Stimmen auf sich ~** ottenere tutti i voti ❷ *(fig)* WIRTSCH fondere II. *vr:* **sich ~** unirsi; *(in Klub)* associarsi; *(Flüsse)* confluire

vereinigt *adj* unito; **Vereinigte Arabische Emirate** Emirati Arabi Uniti; **Vereinigte Staaten [von Nordamerika]** Stati Uniti d'America; **Vereinigtes Königreich** Regno Unito

Vereinigung *f* ❶ *(zu einer Einheit)* unione *f; (Verbindung)* congiunzione *f,* collegamento *m;* WIRTSCH, POL fusione *f* ❷ *(Verein)* associazione *f; (Bündnis)* lega *f,* alleanza *f*

vereinsamen <ohne ge-> *vi sein* diventare solitario

vereinsamt *adj* solitario; *(a. Gegend)* isolato; *(Mensch)* solo

Vereinsamung <-> *f kein Pl.* isolamento *m,* solitudine *f*

vereint [fɛɐ̯ˈʔaɪnt] *adj* unito; **Vereinte Nationen** Nazioni Unite

vereinzelt *adj* ❶ *(einsam)* isolato ❷ *(sporadisch)* sporadico

vereisen <ohne ge-> I. *vt haben* MED anestetizzare mediante congelamento II. *vi sein* gelare, ghiacciare; *(Straße)* coprirsi di ghiaccio

vereiteln <ohne ge-> *vt* frustrare, sventare

vereitern <ohne ge-> *vi sein* suppurare

Vereiterung <-, -en> *f* suppurazione *f*

verenden <ohne ge-> *vi sein* crepare, morire

verengen <ohne ge-> I. *vt* restringere II. *vr:* **sich ~** restringersi

Verengung <-, -en> *f* restringimento *m,* strettoia *f*

vererben <ohne ge-> *vt* ❶ *(Besitz)* **jdm etw ~** trasmettere in eredità qc a qu ❷ BIOL, MED **etw [auf jdn] ~** trasmettere ereditariamente qc [a qu]

Vererbung <-> *f kein Pl.* BIOL, MED trasmissione *f* [ereditaria]

Vererbungslehre <-> *f kein Pl.* genetica *f*

verewigen <ohne ge-> I. *vt* immortalare, eternare II. *vr* **sich [in einem Buch] ~** *(fam)* immortalarsi [in un libro]

verfahren[1] <irr, ohne ge-> I. *vi sein* ❶ *(vorgehen)* procedere; **nach dem gleichen Schema ~** procedere secondo lo stesso schema ❷ *(behandeln)* trattare; **gut/schlecht mit jdm ~** trattare qu bene/male II. *vr:* **sich ~** *(falsch fahren)* sbagliare strada III. *vt (Benzin)* consumare

verfahren[2] *adj (ausweglos)* senza via d'uscita

Verfahren <-s, -> *nt* ❶ *(Vorgehen)* procedimento *m; (Methode)* metodo *m,* tecnica *f* ❷ JUR processo *m;* **das ~ gegen jdn einstellen** sospendere il procedimento contro qu

Verfall *m* ❶ *(von Bauwerk)* rovina *f; (vollständig)* crollo *m* ❷ *(von Kultur, Familie, Kunst, Sitten)* decadenza *f; (von Institutionen)* disfacimento *m* ❸ *(Ungültigwerden)* scadenza *f*

Verfall[s]datum *nt* data *f* di scadenza

Verfall[s]tag *m* giorno *m* della scadenza

Verfalldatum *s.* **Verfall[s]datum**

verfallen <irr, ohne ge-> *vi sein* ❶ *(Bauwerk)* andare in rovina ❷ *(körperlich, geistig, sittlich, kulturell)* decadere ❸ *(ungültig werden, ablaufen)* scadere ❹ *(abhängig werden)* **jdm/etw ~** diventare schiavo di qu/qc; **dem Alkohol ~ sein** essere schiavo dell'alcool; **sie ist diesem Mann völlig ~** è completamente succube di quest'uomo ❺ *(kommen auf)* **wie bist du darauf ~?** come mai ti è venuta quest'idea?

verfälschen <ohne ge-> *vt* falsificare; *(Lebensmittel)* sofisticare

Verfälschung <-, -en> *f* ❶ *(von Lebensmitteln)* sofisticazione *f* ❷ *(von Bericht, Daten)* falsificazione *f,* contraffazione *f*

verfangen <irr, ohne ge-> *vr* **sich in etw** *dat* **~** impigliarsi in qc; **sich in Widersprüchen ~** *(fig)* cadere in contraddizione

verfänglich [fɛɐ̯ˈfɛŋlɪç] *adj* imbarazzante

verfärben <ohne ge-> *vr:* **sich ~** cambiare colore

Verfärbung <-> *f kein Pl.* ❶ *(Verlust der Farbe)* scolorimento *m* ❷ *(Annahme anderer Farbe)* cambiamento *m* di colore

verfassen <ohne ge-> *vt* redigere, stendere

Verfasser(in) <-s, -; -, -nen> *m(f)* autore, -trice *m, f*

Verfassung *f* ❶ *Sing. (Zustand)* stato *m,* condizioni *f pl; (Stimmung)* stato *m* d'animo; **körperliche ~** condizioni fisiche; **ich bin nicht in der ~ zu** +*inf* non sono in condizione di +*inf* ❷ POL costituzione *f*

verfassunggebend *adj* costituente

Verfassungsänderung *f* riforma *f* della costituzione

V

Verfassungsbeschwerde *f* JUR ricorso *m* costituzionale

Verfassungsgericht *nt* corte *f* costituzionale

Verfassungsklage *f* JUR petizione *f* costituzionale

verfassungsmäßig *adj* costituzionale

verfassungspolitisch *adj* costituzionale

Verfassungsrecht <-(e)s> *nt kein Pl.* diritto *m* costituzionale

Verfassungsreform *f* riforma *f* costituzionale

Verfassungsschutz *m* ufficio *m* federale per la salvaguardia della costituzione

verfassungswidrig *adj* anticostituzionale

verfaulen <ohne ge-> *vi sein* marcire, imputridire

verfechten <irr, ohne ge-> *vt* sostenere, propugnare

Verfechter(in) *m(f)* fautore, -trice *m, f,* sostenitore, -trice *m, f*

verfehlen <ohne ge-> *vt* sbagliare; *(Person)* non incontrare, non trovare; *(fig)* mancare, fallire; **seinen Beruf ~** sbagliare mestiere; **das Thema ~** andare fuori tema; **das Ziel ~** mancare il bersaglio; *(fig)* non cogliere nel segno; **seinen Zweck ~** fallire il suo scopo; **diese Rede hat ihre Wirkung verfehlt** il discorso non ha ottenuto l'effetto desiderato; **das halte ich für völlig verfehlt** lo ritengo completamente sbagliato

Verfehlung <-, -en> *f (moralisch)* colpa *f;* JUR infrazione *f,* violazione *f*

verfeinden <ohne ge-> *vr* **sich mit jdm ~** inimicarsi qu

verfeinern <ohne ge-> *vt* raffinare; *(verbessern)* migliorare

verfeinert *adj* arricchito, impreziosito

Verfettung <-, -en> *f* MED adiposi *f,* degenerazione *f* grassa

verfiel *1. u. 3. Pers. Sing. Imp. von* **verfallen**

verfilmen <ohne ge-> *vt* filmare

Verfilmung <-, -en> *f* riduzione *f* cinematografica, adattamento *m* cinematografico

verfilzt *adj* ❶ *(Wolle)* infeltrito; *(Haar)* arruffato ❷ *(fig)* POL, COM corrotto dal nepotismo

verfing *1. u. 3. Pers. Sing. Imp. von* **verfangen**

verfinstern <ohne ge-> *vr:* **sich ~** oscurarsi, rabbuiarsi

Verflechtung <-, -en> *f* intreccio *m; (fig)* implicazione *f*

verfliegen <irr, ohne ge-> **I.** *vi sein* ❶ *(Zorn, Duft)* svanire ❷ *(Zeit)* volare [via] **II.** *vr:* **sich ~** AERO sbagliare rotta

verfließen <verfließt, verfloss, verflossen> *vi sein* ❶ *(Zeit)* scorrere rapidamente ❷ *(Farben)* confondersi

verflixt [fɛɐ̯ˈflɪkst] *(fam)* **I.** *adj* maledetto; **das ~e siebte Jahr** *(scherz)* il famoso settimo anno [di matrimonio] **II.** *interj* **~ noch mal!, ~ und zugenäht!** maledizione!, accidenti!

verflossen [fɛɐ̯ˈflɔsən] *adj (fam)* **seine ~e Freundin** la sua ex ragazza; **ihr Verflossener** il suo ex

verfluchen <ohne ge-> *vt* maledire

verflucht *adj (fam)* maledetto; **~ noch mal!** maledizione!

verflüchtigen <ohne ge-> *vr:* **sich ~** ❶ CHEM volatilizzarsi; *(Geruch)* svaporare ❷ *(fig)* svanire ❸ *(fam scherz: Person)* volatilizzarsi

verflüssigen <ohne ge-> **I.** *vt* liquefare **II.** *vr:* **sich ~** liquefarsi

verfochten [fɛɐ̯ˈfɔxtən] *PP von* **verfechten**

verfolgen <ohne ge-> *vt* ❶ *(hinterhergehen)* inseguire; *(Verbrecher)* dare la caccia a; **vom Pech verfolgt sein** essere perseguitato dalla sfortuna ❷ *(fig: Ziel, Absicht)* perseguire; *(Gedanke)* a. REL, POL perseguitare ❸ *(Entwicklung, Unterricht, Spur)* seguire; *(beobachten)* osservare

Verfolger(in) <-s, -; -, -nen> *m(f)* inseguitore, -trice *m, f*

Verfolgung <-, -en> *f* inseguimento *m;* REL, POL persecuzione *f; (Jagd)* caccia *f*

Verfolgungswahn *m* PSYCH mania *f* di persecuzione

verformen <ohne ge-> **I.** *vr:* **sich ~** deformarsi **II.** *vt* deformare; *(formen)* foggiare

Verformung <-, -en> *f* deformazione *f;* **~en aufweisen** presentare deformazioni

verfrachten <ohne ge-> *vt* spedire; *(verladen)* caricare; **jdn ins Bett ~** *(fam)* mettere qu a letto

verfranzen [fɛɐ̯ˈfrantsən] <ohne ge-> *vr:* **sich ~** ❶ AERO sbagliare rotta ❷ *(fam: sich verirren)* smarrirsi

Verfremdung <-, -en> *f* straniamento *m*

verfressen *adj (fam pej)* mangione

verfrühen <ohne ge-> *vr:* **sich ~** arrivare in anticipo

verfrüht *adj* prematuro

verfügbar *adj* disponibile

verfügen <ohne ge-> **I.** *vt* ordinare **II.** *vi* **über etw** *akk* **~** disporre di qc

Verfügung *f* ❶ *(Disposition)* disposizione *f;* **sich zur ~ halten** tenersi a disposizione; **jdm zur ~ stehen** essere a disposizione di qu; **jdm etw zur ~ stellen** mettere qc a disposizione di qu ❷ *(Verordnung)* ordinanza *f; (Dekret)* decreto *m; (Maßnahme)* provvedimento *m;* **einstweilige ~** provvedimento interinale

verfuhr *1. u. 3. Pers. Sing. Imp. von* **verfahren**

verführen <ohne ge-> *vt* ❶ *(anstiften)* **jdn zu etw ~** indurre qu a fare qc ❷ *(sexuell)* sedurre

Verführer(in) *m(f)* seduttore, -trice *m, f*

verführerisch *adj* seducente, allettante

Verführung *f* seduzione *f;* **~ Minderjähriger** corruzione *f* di minorenni

vergab *1. und 3. Pers. Sing. Imp. von* **vergeben**

vergalt *1. u. 3. Pers. Sing. Imp. von* **vergelten**

vergammeln <ohne ge-> *(fam)* **I.** *vi sein (Brot)* ammuffire; *(Obst)* guastarsi **II.** *vt haben (Zeit)* sprecare

vergammelt *adj (fam)* ❶ *(Nahrung)* andato a male ❷ *(pej: Aussehen)* alterato

vergangen [fɛɐ̯'gaŋən] *adj* passato; **im ~en Jahr** l'anno scorso

Vergangenheit <-> *f kein Pl.* passato *m; (Geschichte)* storia *f;* **der ~ angehören** appartenere al passato; **die Vorgänge der jüngsten ~ lehren uns, dass …** i recenti avvenimenti ci insegnano che …

Vergangenheitsbewältigung <-> *f kein Pl.* superamento *m* del passato

vergänglich [fɛɐ̯'gɛŋlɪç] *adj* fugace, effimero

Vergänglichkeit <-> *f kein Pl.* fugacità *f,* caducità *f*

vergasen <ohne ge-> *vt* ❶ TEC gassificare ❷ *(durch Giftgase)* gassare

Vergaser <-s, -> *m* AUTO carburatore *m*

vergaß [fɛɐ̯'ga:s] *1. u. 3. Pers. Sing. Imp. von* **vergessen**

Vergasung <-> *f kein Pl.* ❶ TEC gassificazione *f* ❷ *(durch Giftgase)* gassatura *f*

vergeben <irr, ohne ge-> *vt* ❶ *(weggeben)* dare via; *(zuweisen)* assegnare; **eine Arbeit [an jdn] ~** assegnare un lavoro [a qu]; **jdm einen Auftrag ~** affidare un incarico a qu; **die Stelle ist noch zu ~** il posto è ancora vacante; **es tut mir leid, ich bin schon ~** *(verlobt, verheiratet)* mi dispiace, sono già impegnato ❷ *(geh: verzeihen)* **jdm etw ~** perdonare qc a qu; **jdm die Sünden vergeben** rimettere i peccati a qu ❸ *(seinem Ansehen schaden)* **du vergibst dir nichts, wenn …** non ti comprometti se …, non ci rimetti nulla se …

vergebens *adv* invano, inutilmente

vergeblich **I.** *adj* vano, inutile **II.** *adv s.* **vergebens**

Vergebung <-> *f kein Pl. (geh)* perdono *m;* **jdn um ~ bitten** chiedere perdono a qu

vergegenwärtigen <ohne ge-> *vr* **sich** *dat* **etw ~** richiamare alla mente qc

vergehen <irr, ohne ge-> **I.** *vi sein* ❶ *(Zeit)* passare, trascorrere; **wie [doch] die Zeit vergeht!** come passa il tempo! ❷ *(aufhören)* passare; *(sich verflüchtigen)* svanire; **mir ist der Appetit vergangen** mi è passato l'appetito ❸ *(schmachten)* **vor etw** *dat* **~** struggersi per qc; **vor Hunger/Angst ~** morire di fame/paura **II.** *vr:* **sich ~** ❶ *(verstoßen)* **sich gegen etw** *dat* **~** trasgredire qc ❷ *(sexuell)* **sich an jdm ~** violentare qu

Vergehen <-s, -> *nt* infrazione *f,* trasgressione *f*

vergelten <irr, ohne ge-> *vt* ripagare, contraccambiare; **vergelt's Gott!** A, SÜDD grazie, Dio te ne renda merito!

Vergeltung *f* vendetta *f,* rappresaglia *f;* **~ für etw üben** vendicarsi di qc

Vergeltungsmaßnahme *f* rappresaglia *f*

Vergeltungsschlag <-(e)s, -schläge> *m* rappresaglia *f,* ritorsione *f*

vergessen [fɛɐ̯'gɛsən] <vergisst, vergaß, vergessen> **I.** *vt* dimenticare, dimenticarsi di; *(auslassen)* tralasciare; **das kannst du ~!** *(fam)* puoi dimenticartelo!; **das werde ich dir nie ~** *(dankbar)* non dimenticherò mai quello che hai fatto; *(rachsüchtig)* non lo dimenticherò **II.** *vr:* **sich ~** lasciarsi andare

Vergessenheit <-> *f kein Pl.* dimenticanza *f,* oblio *m;* **in ~ geraten** cadere in oblio

vergesslich *adj* smemorato

Vergesslichkeit <-> *f kein Pl.* smemoratezza *f*

vergeuden [fɛɐ̯'gɔɪdən] <ohne ge-> *vt* sprecare; *(Geld)* scialacquare, sperperare

Vergeudung <-> *f kein Pl.* sperpero *m,* spreco *m*

vergewaltigen <ohne ge-> *vt* violentare

Vergewaltigung <-, -en> *f* violenza *f* carnale, stupro *m*

vergewissern <ohne ge-> *vr* **sich [einer Sache** *gen*] **~** accertarsi [di qc]

vergibt *3. Pers. Sing. Präs. von* **vergeben**

vergießen <irr, ohne ge-> *vt* rovesciare; *(Tränen)* versare; *(Blut)* spargere

vergiften <ohne ge-> **I.** *vt* avvelenare **II.** *vr* **sich [an etw** *dat*] **~** avvelenarsi [con qc]

Vergiftung <-, -en> *f* avvelenamento *m;* MED intossicazione *f*

vergilben [fɛɐ̯'gɪlbən] <ohne ge-> *vi sein* ingiallire

vergilt *3. Pers. Sing. Präs. von* **vergelten**

verging *1. u. 3. Pers. Sing. Imp. von* **vergehen**

Vergissmeinnicht [fɛɐ̯'gɪsmaɪnɪçt] <-(e)s, -(e)> *nt* BOT miosotide *f,* nontiscordardimé *m*

vergisst [fɛɐ̯'gɪst] *3. Pers. Sing. Präs. von* **vergessen**
vergittern <ohne ge-> *vt* munire d'inferriate
Vergitterung <-, -en> *f* recinzione *f* in ferro *(il munire di cancellata)*
verglasen <ohne ge-> *vt* invetriare, munire di vetri
Verglasung <-, -en> *f* invetriatura *f*
Vergleich [fɛɐ̯'glaɪç] <-(e)s, -e> *m* ① *(das Vergleichen)* paragone *m;* **ein ~ mit etw** un confronto con qc; **einen ~ zwischen ... und ... anstellen** fare un paragone tra ... e ...; **im ~ zu** in confronto a, rispetto a; **das ist doch kein ~!** [ma] non c'è confronto! ② JUR transazione *f,* accomodamento *m;* **einen ~ schließen** venire ad un accordo
vergleichbar *adj* [**mit etw**] **~ sein** essere paragonabile [a qc]
vergleichen <irr, ohne ge-> **I.** *vt* **etw** [**mit etw**] **vergleichen** confrontare qc [con qc]; **es ist nicht zu ~ mit ...** non c'è paragone con ...; **vergleiche Seite 21** confronta pagina 21 **II.** *vr:* **sich ~** JUR venire ad un accomodamento
vergleichsweise *adv* comparativamente
vergnügen [fɛɐ̯'gny:gən] <ohne ge-> *vr:* **sich ~** divertirsi
Vergnügen <-s, -> *nt* divertimento *m; (Genuss)* diletto *m; (Freude, Spaß)* piacere *m;* **~ bereiten** fare piacere; **zum ~** per divertimento; **mit ihm zu arbeiten, ist kein ~** non è piacevole lavorare con lui; **mit ~!** con piacere!, volentieri!; **viel ~!** buon divertimento!
vergnüglich *adj* ① *(unterhaltsam)* divertente; *(nett)* piacevole ② *s.* **vergnügt**
vergnügt *adj* allegro, contento
Vergnügung <-, -en> *f* ① *Sing.* divertimento *m,* svago *m,* passatempo *m* ② *(Veranstaltung)* festa *f,* trattenimento *m*
Vergnügungsindustrie *f* industria *f* dei divertimenti
Vergnügungspark *m* parco *m* di divertimenti
Vergnügungsreise *f* viaggio *m* di piacere [*o* di diporto]
Vergnügungssteuer *f* imposta *f* sugli spettacoli
vergnügungssüchtig *adj* amante dei divertimenti
vergolden <ohne ge-> *vt* dorare; *(fig)* indorare
vergolten [fɛɐ̯'gɔltən] *PP von* **vergelten**
vergönnen <ohne ge-> *vt (geh)* **es war mir vergönnt/nicht vergönnt zu ...** mi/non mi è stato dato di *+inf*
vergoss *1. u. 3. Pers. Sing. Imp. von* **vergießen**

V

vergossen [fɛɐ̯'gɔsən] *PP von* **vergießen**
vergöttern [fɛɐ̯'gœtɐn] <ohne ge-> *vt* idolatrare, adorare
vergraben <irr, ohne ge-> **I.** *vt* sotterrare, seppellire; **sein Gesicht in beide Hände ~** nascondere il viso tra le mani **II.** *vr:* **sich ~** *(fig)* immergersi; **sich in seine Arbeit ~** immergersi nel lavoro
vergrämen <ohne ge-> *vt* ① *(verärgern)* alienarsi ② *(Wild)* spaventare
vergrämt *adj* amareggiato
vergreifen <irr, ohne ge-> *vr:* **sich ~** ① *(danebengreifen)* sbagliarsi; MUS sbagliare nota; **sich im Ausdruck ~** confondere i termini; **sich im Ton ~** *(unverschämt werden)* sbagliare tono ② *(fig: sich aneignen)* **sich an etw** *dat* **~** fare man bassa di qc; **sich an Geld ~** rubare denaro ③ *(an Personen)* **sich an jdm ~** mettere le mani addosso a qu; *(geschlechtlich)* usare violenza contro qu
vergriffen [fɛɐ̯'grɪfən] *adj* COM esaurito
vergrößern [fɛɐ̯'grø:sɐn] <ohne ge-> **I.** *vt* ① *(allg)* OPT, FOTO ingrandire ② *(verbreitern)* allargare ③ *(erweitern)* ampliare ④ *(vermehren)* incrementare, aumentare ⑤ *(fig: verschlimmern)* aggravare **II.** *vr:* **sich ~** ① *(größer werden)* ingrandirsi; *(Organe)* ingrossarsi ② *(sich verbreitern)* allargarsi ③ *(sich erweitern)* ampliarsi ④ *(sich vermehren)* aumentare
Vergrößerung <-, -en> *f* ① *(allg)* FOTO, OPT ingrandimento *m* ② *(Verbreiterung)* allargamento *m* ③ *(Erweiterung)* ampliamento *m* ④ *(Vermehrung)* incremento *m* ⑤ *(fig: Verschlimmerung)* aggravamento *m*
Vergrößerungsglas *nt* lente *f* d'ingrandimento
vergünstigt *adj (Preis)* ridotto
Vergünstigung <-, -en> *f* agevolazione *f; (bei Preis)* riduzione *f*
vergüten [fɛɐ̯'gy:tən] <ohne ge-> *vt* ① ADM *(bezahlen)* pagare, retribuire ② *(zurückerstatten)* rimborsare; *(Schaden)* risarcire ③ TEC *(verbessern)* raffinare; *(Stahl)* temprare
Vergütung <-, -en> *f* ① *(Arbeits~)* compenso *m,* retribuzione *f* ② *(Zurückerstattung)* rimborso *m; (für Schaden)* risarcimento *m* ③ TEC bonifica *f; (von Stahl)* tempra *f*
verh. *Abk. von* **verheiratet** sposato, -a
verhaften <ohne ge-> *vt* arrestare
Verhaftung *f* arresto *m*
verhagelt *adj* rovinato dalla grandine
verhalf *1. u. 3. Pers. Sing. Imp. von* **verhelfen**
verhalten[1] <irr, ohne ge-> *vr:* **sich ~**

① *(Person)* comportarsi; **sich ruhig ~** rimanere tranquillo ② *(Sache)* **die Sache verhält sich so** le cose stanno così ③ MAT stare; **a verhält sich zu b wie x zu y** a sta a b come x zu y

verhalten[2] *adj (unterdrückt)* represso; *(Töne, Farben)* smorzato; **mit ~er Stimme** sottovoce

Verhalten <-s> *nt kein Pl.* comportamento *m,* condotta *f; (Haltung)* atteggiamento *m; (~sweise)* modo *m* d'agire

Verhaltensforschung *f* etologia *f*

verhaltensgestört *adj (Kind)* caratteriale

Verhaltensweise <-, -n> *f* modo *m* di comportarsi

Verhältnis [fɛɐ̯ˈhɛltnɪs] <-ses, -se> *nt* ① *(Relation)* relazione *f,* rapporto *m;* **im ~ zu** *(verglichen mit)* in confronto a; **im ~ von 1 zu 2** in rapporto di 1 a 2; **das steht in keinem ~ zu ...** è sproporzionato rispetto a ... ② *(persönliche Beziehung)* rapporti *mpl,* relazioni *fpl* ③ *(fam: Liebes~)* relazione *f;* **ein ~ mit jdm haben** avere una relazione con qu ④ *Pl. (Bedingungen)* condizioni *fpl,* situazione *f,* stato *m;* **in ärmlichen ~sen leben** vivere in condizioni misere; **in guten** [*o* **gesicherten**] **~sen leben** vivere nell'agiatezza; **über seine ~se leben** vivere al di sopra dei propri mezzi; **klare ~se schaffen** stabilire rapporti chiari

verhältnismäßig *adv* ① *(relativ)* relativamente ② *(angemessen, entsprechend)* proporzionatamente

Verhältniswahlrecht *nt* sistema *m* proporzionale

Verhältniswort <-(e)s, -wörter> *nt* preposizione *f*

verhandeln <ohne ge-> **I.** *vt* JUR dibattere **II.** *vi* [**mit jdm**] **über etw** *akk* **~** negoziare qc [con qu]

Verhandlung *f* ① *(das Verhandeln)* trattative *fpl; (bes. diplomatisch)* negoziazioni *fpl,* negoziati *mpl;* **~en aufnehmen, in ~en eintreten** entrare in trattative ② JUR dibattimento *m,* udienza *f*

Verhandlungsbasis *f* base *f* di trattativa

verhandlungsbereit *adj* disposto a trattare

Verhandlungsbereitschaft *f* disponibilità *f* a negoziare

verhandlungsfähig *adj* JUR negoziabile

Verhandlungspartner(in) <-s, -; -, -nen> *m(f)* JUR, WIRTSCH referente *mf; (Prozesspartei)* controparte *f; (Vertrag)* controparte *f*

verhandlungswillig *adj* disposto a trattare

verhangen [fɛɐ̯ˈhaŋən] *adj* coperto

verhängen <ohne ge-> *vt* ① *(zuhängen)* **etw** [**mit etw**] **~** coprire qc [con qc] ② *(anordnen)* **eine Strafe über jdn ~** infliggere una pena a qu

Verhängnis <-ses, -se> *nt* destino *m,* fatalità *f;* **jdm zum ~ werden** riuscire fatale a qu

verhängnisvoll *adj* fatale, funesto

verharmlosen <ohne ge-> *vt* minimizzare

Verharmlosung <-, -en> *f* deprezzamento *m,* svalutazione *f,* sottovalutazione *f,* svilimento *m*

verhärmt [fɛɐ̯ˈhɛrmt] *adj* afflitto, addolorato

verharren <ohne ge-> *vi haben o sein (geh: bleiben)* rimanere, restare; *(bei Entschluss, auf Standpunkt)* persistere; **in etw** *dat* **~** persistere in qc; **in Schweigen ~** ostinarsi a tacere

verharschen <ohne ge-> *vi sein (Schnee)* indurirsi

verhaspeln [fɛɐ̯ˈhaspəln] <ohne ge-> *vr:* **sich ~** *(fam)* ① *(beim Sprechen)* impappinarsi ② *(bei Bewegungen)* ingarbugliarsi

verhasst *adj* odiato, detestato; **sich** [**bei jdm**] **~ machen** farsi odiare [da qu]; **es ist mir ~ zu ...** detesto *+inf*

verhätscheln <ohne ge-> *vt* viziare

Verhau <-(e)s, -e> *m o nt (Draht~)* reticolato *m*

verhauen <ohne ge-> *(fam)* **I.** *vt* ① *(verprügeln)* bastonare, picchiare ② *(Prüfung, Klassenarbeit)* fare male **II.** *vr:* **sich ~** *(sich verkalkulieren)* sbagliarsi di grosso

verheben <irr, ohne ge-> *vr:* **sich ~** farsi male alzando un peso

verheeren <ohne ge-> *vt* devastare, distruggere

verheerend *adj* ① *(katastrophal)* disastroso, catastrofico ② *(fam: furchtbar)* orribile

Verheerung <-, -en> *f* distruzione *f,* devastazione *f;* **~en anrichten** compiere una distruzione

verhehlen <ohne ge-> *vt (geh)* celare

verheilen <ohne ge-> *vi sein* guarire; *(vernarben)* cicatrizzarsi

verheimlichen <ohne ge-> *vt* [**jdm**] **etw ~** tenere segreto qc [a qu], nascondere qc [a qu]

verheiraten <ohne ge-> *vr* **sich** [**mit jdm**] **~** sposarsi [con qu]; **sich wieder ~** risposarsi

verheißen <irr, ohne ge-> *vt (geh: versprechen)* promettere; *(prophezeien)* predire

Verheißung <-, -en> *f (geh)* promessa *f*

verheißungsvoll *adj* promettente, che promette bene

verhelfen <irr, ohne ge-> *vi* **jdm zu etw ~** procurare qc a qu; **jdm zum Sieg/**

V

Erfolg ~ aiutare qu a vincere/ad avere successo
verherrlichen <ohne ge-> *vt* esaltare, glorificare
Verherrlichung <-, -en> *f* esaltazione *f*, inneggiamento *m*
verhexen <ohne ge-> *vt* stregare; **das ist doch wie verhext!** *(fam)* sembra che il diavolo ci abbia messo la coda
verhielt *1. u. 3. Pers. Sing. Imp. von* **verhalten**
verhindern <ohne ge-> *vt* impedire; *(vermeiden)* evitare; **verhindert sein** *(nicht kommen können)* non poter venire; **das lässt sich nicht ~** è inevitabile
verhindert *adj* ① impedito ② **ein ~er Künstler** un artista mancato
Verhinderung <-, -en> *f* impedimento *m*
verhob *1. u. 3. Pers. Sing. Imp. von* **verheben**
verhoben [fɛɐ̯'hoːbən] *PP von* **verheben**
verhöhnen <ohne ge-> *vt* schernire, deridere
Verhör [fɛɐ̯'høːɐ̯] <-(e)s, -e> *nt* interrogatorio *m*; *(von Zeugen)* escussione *f*; **jdn ins ~ nehmen** sottoporre qu a interrogatorio
verhören <ohne ge-> **I.** *vt* interrogare; *(Zeugen)* escutere **II.** *vr:* **sich ~** capir male
verhüllen <ohne ge-> *vt* coprire; *(a. fig)* velare
verhüllend *adj* eufemistico
verhungern <ohne ge-> *vi sein* morire di fame
verhunzen [fɛɐ̯'hʊntsən] <ohne ge-> *vt* *(fam pej)* rovinare, guastare
verhüten <ohne ge-> *vt* *(Schaden, Schwangerschaft)* prevenire; *(verhindern)* impedire
Verhütung <-> *f kein Pl.* prevenzione *f*; *(Empfängnis~)* contraccezione *f*
Verhütungsmittel *nt* anticoncezionale *m*, contraccettivo *m*
verhutzelt [fɛɐ̯'hʊtsəlt] *adj* *(fam)* raggrinzito
verifizieren [verifi'tsiːrən] <ohne ge-> *vt* verificare
verinnerlichen <ohne ge-> *vt* interiorizzare
verirren <ohne ge-> *vr:* **sich ~** smarrirsi, perdersi
verjagen <ohne ge-> *vt* *(a. fig)* scacciare, cacciare [via]
verjähren <ohne ge-> *vi sein* cadere in prescrizione
verjährt *adj* prescritto
Verjährung <-> *f kein Pl.* prescrizione *f*
verjubeln <ohne ge-> *vt* *(fam)* scialacquare, dissipare
verjüngen [fɛɐ̯'jʏŋən] <ohne ge-> **I.** *vt* ① *(Person)* ringiovanire, far tornare giovane ② *(Betrieb)* svecchiare, rinnovare **II.** *vr:* **sich ~** ① *(jünger werden)* ringiovanire, tornare giovane ② *(dünner werden)* rastremarsi
Verjüngung <-, -en> *f* ① *(des Aussehens)* ringiovanimento *m* ② *(des Personals)* svecchiamento *m*, rinnovamento *m*
verkabeln <ohne ge-> *vt* cablare
Verkabelung <-, -en> *f* cablaggio *m*
verkalken <ohne ge-> *vi sein* ① *(Kessel, Maschine)* calcificarsi ② MED *(Arterien)* calcificarsi ③ *(fam: Mensch)* rimbambirsi
verkalkulieren <ohne ge-> *vr:* **sich ~** sbagliarsi [nei calcoli]
Verkalkung <-, -en> *f* ① TEC, MED calcificazione *f* ② *(fam: von Mensch)* arteriosclerosi *f*
verkannt [fɛɐ̯'kant] *adj* *(Genie)* incompreso
verkannte *1. u. 3. Pers. Sing. Imp. von* **verkennen**
verkappt *adj* camuffato
verkapseln <ohne ge-> *vr:* **sich ~** ① MED incapsularsi ② *(fig: sich absondern)* isolarsi, appartarsi
verkatert *adj* **~ sein** *(fam)* soffrire dei postumi di una sbornia
Verkauf *m* ① *(das Verkaufen)* vendita *f*; *(Absatz a.)* smercio *m*; **etw zum ~ anbieten** mettere qc in vendita ② *Sing. (~sabteilung)* reparto *m* vendite
verkaufen <ohne ge-> **I.** *vt* vendere; **jdm etw** [**für 10 Euro**] **~** vendere qc a qu [per 10 euro]; **zu ~** in vendita; **jdn für dumm ~** *(fam)* prendere qu per scemo **II.** *vr:* **sich ~** vendersi; **das verkauft sich gut** ciò si vende bene
Verkäufer(in) *m(f)* venditore, -trice *m, f*
verkäuflich *adj* ① *(angeboten)* da vendere, in vendita ② *(geeignet)* vendibile; **schwer ~** difficile da vendere; **leicht ~** di facile smercio
verkaufsoffen *adj* **~er Samstag** *sabato con orario di apertura dei negozi prolungato*
Verkaufspreis *m* prezzo *m* di vendita
Verkaufsschlager *m* campione *m* di vendite
Verkehr [fɛɐ̯'keːɐ̯] <-s> *m kein Pl.* ① *(Land~, Luft~, Wasser~)* traffico *m*; *(Straßen~, Umlauf)* circolazione *f*; **öffentlicher ~** trasporti *mpl* pubblici; **etw für den ~ freigeben** aprire qc al traffico; **etw aus dem ~ ziehen** togliere qc dalla circolazione; **für den ~ gesperrt** chiuso al traffico ② *(Umgang)* rapporto *m*, relazione *f*; **das ist kein ~ für dich** non è una persona

V

da frequentare ③ *(Geschlechts~)* rapporti *mpl* intimi
verkehren <ohne ge-> **I.** *vi* ① *haben o sein (Verkehrsmittel)* circolare, fare servizio ② *haben (Mensch)* frequentare; **in einem Café ~** frequentare un bar; **bei jdm ~** frequentare la casa di qu; **mit jdm ~** essere in rapporti con qu; *(geschlechtlich)* avere rapporti sessuali con qu; **mit jdm brieflich ~** essere in corrispondenza con qu **II.** *vt* trasformare; **etw ins Gegenteil ~** girare qc al contrario
Verkehrsampel *f* semaforo *m*
Verkehrsamt *nt s.* **Verkehrsverein**
Verkehrsanbindung *f* collegamento *m* alla rete dei trasporti
verkehrsarm *adj* con poco traffico, poco trafficato
Verkehrsaufkommen <-s, -> *nt* densità *f* del traffico
Verkehrsbehinderung *f* intralcio *m* del traffico
verkehrsberuhigt *adj* **~e Zone** zona a traffico limitato
Verkehrsberuhigung <-, -en> *f* traffico *m* limitato
Verkehrschaos *nt* paralisi *f* del traffico
Verkehrsdichte *f* densità *f* del traffico
Verkehrserziehung *f* educazione *f* stradale
Verkehrsflugzeug <-(e)s, -e> *nt* AERO aereo *m* di linea
Verkehrshindernis *nt* ostacolo *m* [*o* impedimento *m*] al traffico
Verkehrshinweis *m* informazioni *fpl* sul traffico
Verkehrsinfarkt <-(e)s, -e> *m* AUTO blocco *m* del traffico
Verkehrsinsel *f* salvagente *m*
Verkehrsknotenpunkt *m* nodo *m* stradale
Verkehrslärm <-(e)s> *m kein Pl.* AUTO rumore *m* del traffico
Verkehrsminister(in) *m(f)* ministro *m* dei trasporti
Verkehrsmittel *nt* mezzo *m* di trasporto
Verkehrsnetz *nt* rete *f* stradale
Verkehrsopfer *nt* vittima *f* della strada
Verkehrsordnung *f* codice *m* stradale
Verkehrspolizei *f* [polizia *f*] stradale *f*
Verkehrspolizist *m* vigile *m* urbano; *(motorisiert)* agente *m* della polizia stradale
Verkehrsregeln *fpl* norme *fpl* di circolazione
Verkehrsregelung *f* regolazione *f* del traffico
verkehrsreich *adj* molto frequentato
Verkehrsrowdy *m* folle *m* del volante
verkehrssicher *adj* idoneo alla circolazione
Verkehrssicherheit *f* sicurezza *f* stradale
Verkehrsstockung *f* ingorgo *m* stradale
Verkehrssünder(in) <-s, -; -, -nen> *m(f)* pirata *m* della strada
Verkehrsteilnehmer(in) *m(f)* utente *mf* della strada
Verkehrstote *mf* vittima *f* della strada
Verkehrsunfall *m* incidente *m* stradale
Verkehrsunterricht <-(e)s> *m kein Pl.* educazione *f* stradale
Verkehrsverbund <-(e)s, -e> *m* associazione *f* delle società dei trasporti
Verkehrsverein *m* ente *m* per il turismo, ufficio *m* turistico
Verkehrswesen *nt* trasporti *mpl*
verkehrswidrig **I.** *adj* contro le norme della circolazione **II.** *adv* in violazione delle norme della circolazione
Verkehrszählung *f* censimento *m* della circolazione
Verkehrszeichen *nt* segnale *m* stradale
verkehrt **I.** *adj (falsch)* sbagliato; **das ist gar nicht so ~!** *(fam)* non è poi tanto assurdo **II.** *adv (umgekehrt)* al rovescio, capovolto; *(falsch)* male; *(~ herum)* al contrario; **etw ~ herum anhaben** indossare qualcosa al contrario; **das Buch ~ herum halten** avere il libro capovolto; **~ gehen** [*o* **fahren**] sbagliare strada; **etw ~ anfangen** partire con il piede sbagliato in qc; **etw ~ machen** sbagliare qc
verkehrtherum *adv* al contrario, capovolto; **etw ~ anhaben** indossare qualcosa al contrario; **das Buch ~ halten** avere il libro capovolto
verkennen <irr, ohne ge-> *vt (falsch beurteilen)* giudicare male; *(Genie)* non comprendere; *(unterschätzen)* sottovalutare; **das ist nicht zu ~** è inconfondibile; **es lässt sich nicht ~, dass …** non si può negare che *+conj*
Verkettung <-, -en> *f* concatenazione *f*; **eine ~ verheerender Umstände** una concatenazione di eventi sfavorevoli
verklagen <ohne ge-> *vt* **jdn** [**wegen etw**] **~** citare in giudizio qu [per qc]; **jdn auf etw** *akk* **~** querelare qu per qc
verklappen <ohne ge-> *vt* scaricare nel mare
verklären <ohne ge-> **I.** *vt* ① REL trasfigurare ② *(fig)* idealizzare, trasfigurare **II.** *vr:* **sich ~** trasfigurarsi; **ein verklärter Blick** uno sguardo raggiante
verklärt [fɛɐ̯ˈklɛːɐ̯t] *adj* raggiante
verklausulieren [fɛɐ̯klaʊzuˈliːrən] <ohne ge-> *vt* munire di clausole; *(fig: schwierig*

V

formulieren) formulare in modo complicato

verkleiden <ohne ge-> **I.** *vt* ① *(Menschen)* travestire; *(kostümieren)* mascherare ② *(Wand)* rivestire, coprire **II.** *vr* **sich** [**als Clown**] ~ travestirsi [da pagliaccio]

Verkleidung *f* ① *(von Menschen)* travestimento *m; (Kostümierung)* mascheramento *m* ② *(Bedeckung)* rivestimento *m,* guarnizione *f*

verkleinern <ohne ge-> **I.** *vt* ① *(kleiner machen)* rimpicciolire; *(Maßstab, Foto, Abstand, Wort)* ridurre; *(vermindern)* diminuire; **etw um 10 Zentimeter ~** ridurre qc di 10 centimetri ② *(fig: schmälern)* sminuire **II.** *vr:* **sich ~** *(Betrieb)* rimpicciolirsi; *(Abstand)* ridursi

Verkleinerung <-, -en> *f* ① *(das Verkleinern)* rimpiccolimento *m* ② TEC, FOTO riduzione *f*

Verkleinerungsform *f* LING diminutivo *m*

verklemmt *adj (fig: Person)* inibito

verklickern [fɛɐ̯ˈklɪkɐn] <ohne ge-> *vt* **jdm etw ~** *(sl)* far capire qc a qu

verklingen <irr, ohne ge-> *vi sein* smorzarsi, perdersi, svanire

verknallen <ohne ge-> *vr* **sich** [**in jdn**] ~ *(fam)* prendere una cotta [per qu]; **in jdn verknallt sein** *(fam)* essere cotto di qu

Verknappung <-, -en> *f* penuria *f,* scarsità *f*

verkneifen <irr, ohne ge-> *vr* **sich** *dat* **etw ~** *(fam: verzichten)* rinunciare a qc; *(unterdrücken)* soffocare qc; **er konnte sich** *dat* **nicht ~ zu …** non potè fare a meno di +*inf*

verkniffen *adj* contratto

verknittern <ohne ge-> *vt* sgualcire, spiegazzare

verknoten <ohne ge-> *vt* annodare

verknüpfen <ohne ge-> *vt* ① *(verknoten)* annodare ② *(in Beziehung setzen)* **etw** [**mit etw**] **verknüpfen** collegare qc [con qc]; **mit dem Vertrag sind viele Bedingungen verknüpft** il contratto presenta molte condizioni

verkohlen <ohne ge-> **I.** *vi sein (Holz)* carbonizzarsi **II.** *vt (fam: Person)* beffare, prendere in giro

verkommen I. *vi sein* <irr, ohne ge-> ① *(verwahrlosen)* rovinarsi ② *(Person: im Aussehen)* essere trascurato; *(sittlich)* cadere in basso ③ *(Gebäude)* andare in rovina ④ *(Lebensmittel)* guastarsi, deteriorarsi **II.** *adj* ① *(verwahrlost)* in rovina ② *(Person: ungepflegt)* malandato; *(verderbt)* corrotto, depravato

Verkommenheit <-> *f kein Pl.* ① *(Verwahrlosung)* rovina *f* ② *(von Gebäude)* rovina *f,* abbandono *m* ③ *(von Person: äußerlich)* trascuratezza *f; (sittlich)* depravazione *f,* corruzione *f*

verkorken <ohne ge-> *vt* tappare

verkorksen [fɛɐ̯ˈkɔrksən] <ohne ge-> *vt (fam)* sciupare, rovinare; **eine völlig verkorkste Ehe** un matrimonio disastroso

verkörpern <ohne ge-> *vt* ① *(personifizieren)* incarnare, personificare ② FILM, THEAT impersonare

Verkörperung <-, -en> *f* incarnazione *f,* personificazione *f*

verköstigen [fɛɐ̯ˈkœstɪgən] <ohne ge-> *vt* dare il vitto a

verkrachen <ohne ge-> *vr* **sich** [**mit jdm**] ~ *(fam)* rompere [con qu]

verkracht *adj (fam: gescheitert)* fallito; **er ist eine ~e Existenz** è un fallito

verkraften <ohne ge-> *vt (bewältigen)* sopportare; *(Erlebnis)* superare; *(Belastung)* sopportare, reggere

verkrampfen <ohne ge-> *vr:* **sich ~** ① *(sich zusammenziehen)* contrarsi, rattrappirsi ② *(fig: gehemmt sein)* bloccarsi, rimanere impacciato

verkrampft *adj* contratto; *(Lächeln)* forzato; *(Haltung)* impacciato

Verkrampfung <-, -en> *f* ① *(das krampfartige Zusammenziehen)* contrazione *f* ② *(fig: das Gehemmtsein)* impaccio *m*

verkriechen <irr, ohne ge-> *vr:* **sich ~** nascondersi; *(bes. Tiere)* rintanarsi

verkrümeln <ohne ge-> *vr:* **sich ~** *(fam)* svignarsela

verkrümmen <ohne ge-> *vr:* **sich ~** curvarsi; *(sich verformen)* deformarsi

verkrüppelt *adj (Mensch)* storpio; *(Baum)* storto

verkrusten <ohne ge-> *vi sein* incrostarsi

verkrustet *adj* incrostato

verkühlen <ohne ge-> *vr:* **sich ~** DIAL *(sich erkälten)* raffreddarsi

Verkühlung <-, -en> *f* A *(Erkältung)* raffreddore *m;* **sich** *dat* **eine schwere/leichte ~ zuziehen** [*o* **holen**] prendersi un forte/leggero raffreddore

verkümmern <ohne ge-> *vi sein* ① *(Pflanzen)* intristire; *(a. Mensch)* deperire; *(Fähigkeiten)* venir meno ② MED atrofizzarsi

verkünden [fɛɐ̯ˈkʏndən] <ohne ge-> *vt (geh)* ① *(ankündigen)* annunciare, rendere noto; *(prophezeien)* preannunziare ② *(bekannt machen)* proclamare; *(Gesetz)* promulgare; *(Urteil)* pronunciare ③ *(erklären)* dichiarare

verkupfern <ohne ge-> *vt* ramare

verkuppeln <ohne ge-> *vt* combinare il matrimonio fra

verkürzen <ohne ge-> **I.** *vt* [r]accorciare; *(Weg, Wartezeit)* abbreviare; *(verringern)* ridurre; **etw um 10 Zentimeter ~** ridurre qc di 10 centimetri; **verkürzte Arbeitszeit** orario di lavoro ridotto **II.** *vr:* **sich ~** accorciarsi

Verladebahnhof *m* stazione *f* di carico

verladen <irr, ohne ge-> *vt* caricare; NAUT imbarcare

Verladerampe *f* rampa *f* di carico

Verladung <-, -en> *f* sovraccarico *m*

Verlag [fɛɐ̯'laːk] <-(e)s, -e> *m* casa *f* editrice, editore *m*

verlagern <ohne ge-> **I.** *vt* spostare; *(überführen)* trasferire; **etw von … auf …** *akk* **~** spostare qc da … a … **II.** *vr:* **sich ~** spostarsi; **sich von … auf …** *akk* **~** spostarsi da … a …

Verlagerung <-, -en> *f* ① *(von Interessen, Arbeitsgebiet)* spostamento *m; (örtlich)* trasferimento *m;* **~ nach …** trasferimento in … ② METEO spostamento *m*

Verlagsbuchhändler(in) *m(f)* editore, -trice *m, f*

Verlagsbuchhandlung *f* libreria *f* editrice

Verlagskatalog *m* catalogo *m* delle pubblicazioni

Verlagskauffrau *f,* **Verlagskaufmann** *m* agente *mf* editoriale

Verlagsrecht *nt* diritto *m* d'editore

Verlagsredakteur(in) *m(f)* redattore, -trice *m, f* editoriale

Verlagswesen <-s, -> *nt* editoria *f*

verlangen <ohne ge-> **I.** *vt* ① *(fragen nach)* chiedere, richiedere; *(wünschen)* desiderare; *(fordern)* esigere, pretendere; *(beanspruchen)* rivendicare; *(berechnen)* volere; **mehr kann man nicht ~** di più non si può pretendere; **das ist zu viel verlangt** questo è [chiedere] troppo; **Sie werden am Telefon verlangt** La desiderano al telefono ② *(erfordern)* richiedere, esigere **II.** *vi (sich sehnen)* desiderare; **nach jdm/etw ~** desiderare qu/qc

Verlangen <-s> *nt kein Pl. (geh)* ① *(Forderung)* richiesta *f,* domanda *f;* **auf ~ von** a richiesta di ② *(Wunsch, Sehnsucht)* desiderio *m;* **~ nach etw haben** desiderare qc; *(Lust)* avere voglia di qc; **kein ~ haben zu …** non avere nessuna voglia di *+inf*

verlängern [fɛɐ̯'lɛŋɐn] <ohne ge-> **I.** *vt* ① *(räumlich, zeitlich)* allungare, prolungare; *(Gültigkeit, Frist)* prorogare; *(Vertrag, Wechsel)* rinnovare; **ein verlängertes Wochenende** un ponte ② *(Soße)* diluire **II.** *vr:* **sich ~** ① *(zeitlich)* protrarsi ② *(räumlich)* allungarsi **III.** *vi* SPORT continuare il gioco

Verlängerung <-, -en> *f* ① *(räumlich, zeitlich)* allungamento *m,* prolungamento *m; (von Frist)* proroga *f,* dilazione *f* ② SPORT tempo *m* supplementare

Verlängerungsschnur *f* EL prolunga *f*

verlangsamen <ohne ge-> **I.** *vt* rallentare **II.** *vr:* **sich ~** rallentarsi

verlas *1. u. 3. Pers. Sing. Imp. von* **verlesen**

Verlass [fɛɐ̯'las] <-es> *m kein Pl.* **auf ihn ist kein ~** non si può fare affidamento su di lui; **darauf ist kein ~** non vi si può fare affidamento

verlassen[1] <irr, ohne ge-> **I.** *vt* ① *(Ort, Thema)* abbandonare; **beim Verlassen des Hauses** uscendo dalla casa ② *(Familie, Menschen)* abbandonare, lasciare; **seine Kräfte verließen ihn** gli vennero a mancare le forze **II.** *vr:* **sich ~** fare affidamento; **sich auf jdn/etw ~** fare affidamento su qu/qc; **~ Sie sich darauf!** [ne] stia sicuro!

verlassen[2] *adj* ① *(allein gelassen)* abbandonato ② *(einsam)* solo, abbandonato; *(öde)* deserto

Verlassenheit <-> *f kein Pl.* abbandono *m; (Einsamkeit)* solitudine *f*

Verlassenschaft <-, -en> *f* A *(Nachlass)* eredità *f*

verlässlich [fɛɐ̯'lɛslɪç] *adj* ① *(Mensch)* fidato ② *(Information)* attendibile; **aus ~er Quelle** da fonte sicura

Verlaub [fɛɐ̯'laʊp] *m (geh)* **mit ~** con permesso

Verlauf *m* ① *(zeitlich)* corso *m; (Entwicklung)* sviluppo *m; (von Krankheit)* decorso *m;* **im ~ des Abends** nel corso della serata; **im weiteren ~** nel seguito ② *(von Straße)* tracciato *m; (von Fluss)* corso *m*

verlaufen <irr, ohne ge-> **I.** *vi sein* ① *(ablaufen)* svolgersi, procedere; *(sich entwickeln)* svilupparsi, procedere; *(Krankheit)* avere decorso ② *(Grenze, Weg)* correre; *(Fluss)* scorrere ③ *(Farbe)* spandersi; *(Butter)* squagliarsi **II.** *vr:* **sich ~** ① *(sich verirren)* smarrirsi, perdersi ② *(sich verlieren: Menschenmenge)* disperdersi; *(Wasser)* defluire, ritirarsi

verlaust *adj* pidocchioso

verlautbaren [fɛɐ̯'laʊtbaːrən] <ohne ge-> *vt* annunciare, rendere noto

Verlautbarung <-, -en> *f* ADM *(geh)* annuncio *m; (Mitteilung)* comunicazione *f;* **amtliche ~** comunicazione ufficiale

verlauten <ohne ge-> *vi sein* **etw/nichts ~ lassen** dire qc/non dire niente

verleben <ohne ge-> *vt (Zeit)* trascorrere, passare

verlebt *adj (Person)* sciupato

verlegen[1] <ohne ge-> **I.** *vt* ① *(an andere*

V

Stelle) spostare; *(Wohnung, Betrieb, Behörde)* trasferire ② *(Veranstaltung, Termin)* rinviare; **etw von … auf …** *akk* ~ rinviare da … a … ③ *(an die falsche Stelle)* smarrire ④ *(Buch)* pubblicare ⑤ *(Kabel)* posare; *(Fliesen)* mettere **II.** *vr* **sich auf etw** *akk* ~ passare a qc

verlegen[2] *adj (unsicher, schüchtern)* imbarazzato, impacciato; **nie um eine Antwort ~ sein** avere sempre una risposta pronta

Verlegenheit <-> *f kein Pl.* ① *(Befangenheit)* imbarazzo *m;* **jdn in ~ bringen** mettere qu in imbarazzo ② *(unangenehme Lage)* impiccio *m;* FIN difficoltà *f* economica; **jdm aus der ~ helfen** aiutare qu ad uscire da una situazione [economica] difficile

Verlegenheitslösung *f* soluzione *f* di ripiego

Verleger(in) <-s, -; -, -nen> *m(f)* editore, -trice *m, f*

Verlegung <-> *f kein Pl.* ① *(an andere Stelle)* spostamento *m; (von Wohnsitz, Betrieb)* trasferimento *m* ② *(von Termin, Veranstaltung)* rinvio *m;* ~ **auf nächste Woche** rinvio alla settimana prossima

verleiden <ohne ge-> *vt* **jdm etw ~** far passare a qu il piacere di qc

Verleih [fɛɐ̯ˈlaɪ] <-(e)s, -e> *m* ① *Sing. (das Verleihen)* noleggio *m;* FILM distribuzione *f* ② *(~stelle)* noleggio *m;* FILM casa *f* di distribuzione

verleihen <irr, ohne ge-> *vt* ① *(ausleihen)* prestare, dare in prestito; *(gegen Gebühr)* noleggiare, dare a nolo ② *(Orden, Preis, Titel)* conferire ③ *(Glanz, Schönheit)* conferire; *(Kraft)* infondere, dare

Verleihung <-> *f kein Pl.* ① *(das Verleihen)* prestito *m; (gegen Gebühr)* noleggio *m* ② *(von Titel, Orden, Preis)* conferimento *m*

verleiten <ohne ge-> *vt* **jdn [zu etw] ~** indurre qu [a fare qc]

verlernen <ohne ge-> *vt* disimparare, dimenticare

verlesen <irr, ohne ge-> **I.** *vt* ① *(Text)* dar lettura di; *(Namen)* fare l'appello di ② *(Obst, Gemüse, Salat)* scegliere, selezionare **II.** *vr:* **sich ~** leggere male

verletzbar *adj* vulnerabile

verletzen [fɛɐ̯ˈlɛtsən] <ohne ge-> **I.** *vt* ① *(verwunden)* ferire; **leicht/schwer verletzt** leggermente/gravemente ferito ② *(fig: kränken)* offendere ③ *(fig: Interessen)* ledere; *(Gesetz)* violare; *(Sitte)* offendere; **seine Pflicht ~** venir meno al proprio dovere **II.** *vr:* **sich ~** ferirsi

verletzend *adj (Bemerkung)* graffiante

verletzlich *adj* vulnerabile

Verletzte <ein -r, -n, -n> *mf* ferito, -a *m, f*

Verletzung <-, -en> *f* ferita *f*

Verletzungsgefahr *f* pericolo *m* di lesione

Verletzungsrisiko *nt* pericolo *m* di lesione

verleugnen <ohne ge-> *vt* rinnegare, ripudiare; **sich ~ lassen** far dire che non si è in casa; *(am Telefon)* negarsi al telefono; **es lässt sich nicht ~, dass …** non si può negare che +*conj*

verleumden [fɛɐ̯ˈlɔɪmdən] <ohne ge-> *vt* diffamare, calunniare

Verleumder(in) <-s, -; -, -nen> *m(f)* diffamatore, -trice *m, f,* denigratore, -trice *m, f,* calunniatore, -trice *m, f*

verleumderisch *adj* diffamatorio, denigratorio, calunnioso

Verleumdung <-, -en> *f* diffamazione *f,* calunnia *f*

verlieben <ohne ge-> *vr* **sich [in jdn/etw] ~** innamorarsi [di qu/qc]

verliebt *adj* **[in jdn/etw] ~ sein** essere innamorato [di qu/qc]

Verliebtheit <-> *f kein Pl.* l'essere innamorato

verlief *1. u. 3. Pers. Sing. Imp. von* **verlaufen**

verlieh *1. u. 3. Pers. Sing. Imp. von* **verleihen**

verliehen [fɛɐ̯ˈliːən] *PP von* **verleihen**

verlieren [fɛɐ̯ˈliːrən] <verliert, verlor, verloren> **I.** *vt* perdere; **den Kopf/Verstand ~** perdere la testa/la ragione; **den Mut ~** perdersi di coraggio; **jdn aus den Augen ~** perdere di vista qu; **hier hast du nichts verloren** *(fam)* qui non hai niente da cercare; **darüber brauchen wir kein Wort mehr zu ~** non è il caso di sprecarci altre parole **II.** *vr:* **sich ~** perdersi; *(Menschenmenge)* disperdersi **III.** *vi* **an etw** *dat* **~** perdere qc; **an Bedeutung ~** perdere significato

Verlierer(in) <-s, -; -, -nen> *m(f)* ① *(von Dingen)* perdente *mf* ② *(von Spiel, Wette, Kampf)* vinto, -a *m, f,* sconfitto, -a *m, f;* **er ist ein/kein guter ~** sa/non sa perdere

Verlies [fɛɐ̯ˈliːs] <-es, -e> *nt* segreta *f*

verließ *1. u. 3. Pers. Sing. Imp. von* **verlassen**

verliest *3. Pers. Sing. Präs. von* **verlesen**

verloben <ohne ge-> *vr* **sich [mit jdm] ~** fidanzarsi [con qu]

Verlobte <ein -r, -n, -n> *mf* fidanzato, -a *m, f*

Verlobung <-, -en> *f* fidanzamento *m*

verlocken <ohne ge-> *vt (geh)* attirare, attrarre

verlockend *adj* allettante; **das klingt ~** l'idea è allettante

V

Verlockung <-, -en> *f* attrazione *f; (Verführung)* seduzione *f*
verlogen [fɛɐ̯ˈloːgən] *adj* ① *(Mensch)* bugiardo ② *(Moral, Versprechungen)* falso
Verlogenheit <-> *f kein Pl. (einer Person)* falsità *f; (einer Aussage)* doppiezza *f,* ipocrisia *f;* **die ~ ihrer Moral** l'ipocrisia della sua morale
verlor [fɛɐ̯ˈloːɐ̯] *1. u. 3. Pers. Sing. Imp. von* **verlieren**
verloren [fɛɐ̯ˈloːrən] **I.** *PP von* **verlieren** **II.** *adj* perduto, perso; **~ gehen** andare perduto, perdersi; **das Spiel ~ geben** dare persa la partita; **sich ~ geben** darsi vinto
verloren|gehen *s.* **verloren II.**
verlosen <ohne ge-> *vt* sorteggiare, estrarre a sorte
Verlosung <-, -en> *f* sorteggio *m,* estrazione *f* a sorte
verlottern [fɛɐ̯ˈlɔtɐn] <ohne ge-> *vi sein (fam)* ① *(Person)* ridursi uno straccio ② *(Sache)* andare in rovina
verlottert *adj* malandato, malridotto
verlud *1. u. 3. Pers. Sing. Imp. von* **verladen**
Verlust [fɛɐ̯ˈlʊst] <-(e)s, -e> *m* ① *(das Verlieren)* perdita *f* ② *(Schaden)* danno *m* ③ FIN *(Fehlbetrag)* deficit *m;* **mit ~ verkaufen** vendere in perdita; **~ bringend** deficitario, che causa perdite
Verlustanzeige *f* denuncia *f* di smarrimento
verlustbringend *adj* che causa [*o* provoca] perdite
Verlustgeschäft *nt* affare *m* in perdita
verlustig *adj* ADM *(geh)* **einer Sache** *gen* **~ gehen** perdere qc, venire privato di qc; **jdn einer Sache** *gen* **für ~ erklären** dichiarare qu privo di qc
Verlustmeldung <-, -en> *f* denuncia *f* di smarrimento; **eine ~ machen** sporgere una denuncia di smarrimento
verlustreich *adj* ① COM in perdita, deficitario ② MIL *(Schlacht)* sanguinoso
vermachen <ohne ge-> *vt* ① *(vererben)* lasciare in eredità ② *(fam: schenken)* regalare
Vermächtnis [fɛɐ̯ˈmɛçtnɪs] <-ses, -se> *nt* legato *m,* lascito *m*
vermählen [fɛɐ̯ˈmɛːlən] <ohne ge-> *vr* **sich [mit jdm] ~** *(geh)* sposarsi [con qu]
Vermählte <ein -r, -n, -n> *mf (geh)* **die ~n** gli sposi
Vermählung <-, -en> *f (geh)* matrimonio *m*
vermarkten <ohne ge-> *vt* commercializzare
Vermarktung *f* vendibilità *f*
vermasseln <ohne ge-> *vt (fam)* rovinare; **eine Prüfung ~** cannare un esame
vermehren <ohne ge-> **I.** *vt* aumentare, accrescere; *(erweitern)* ampliare; *(zahlenmäßig)* moltiplicare **II.** *vr:* **sich ~** ① *(größer werden)* aumentare, accrescere ② BIOL riprodursi
Vermehrung *f* ① *(das Vermehren, Sichvermehren)* aumento *m,* incremento *m; (zahlenmäßig)* moltiplicazione *f* ② BIOL riproduzione *f*
vermeidbar *adj* evitabile
vermeiden <irr, ohne ge-> *vt* evitare, scansare; **es lässt sich nicht ~, dass …** non si può evitare di *+inf,* è inevitabile che *+conj;* **um Missverständnisse zu ~** a scanso d'equivoci
vermeintlich [fɛɐ̯ˈmaɪntlɪç] *adj* presunto
Vermerk [fɛɐ̯ˈmɛrk] <-(e)s, -e> *m* annotazione *f,* nota *f*
vermerken <ohne ge-> *vt* ① *(notieren)* annotare ② *(zur Kenntnis nehmen)* prendere nota di
vermessen[1] <irr, ohne ge-> **I.** *vt* misurare, prendere le misure di; *(topografisch)* rilevare **II.** *vr:* **sich ~** ① *(falsch messen)* sbagliarsi nel prendere le misure ② *(geh: sich anmaßen)* **sich ~ etw zu tun** avere l'ardire di fare qc
vermessen[2] *adj (geh)* ① *(tollkühn)* audace ② *(überheblich)* presuntuoso; **es ist ~ zu behaupten …** è da presuntuosi affermare …
Vermessenheit <-> *f kein Pl. (geh)* ① *(Kühnheit)* audacia *f* ② *(Überheblichkeit)* presunzione *f*
Vermessung *f* misurazione *f; (topografisch)* rilevamento *m*
Vermessungsingenieur(in) *m(f)* geometra *mf*
vermied *1. u. 3. Pers. Sing. Imp. von* **vermeiden**
vermieten <ohne ge-> *vt* affittare, dare in affitto; *(Auto)* noleggiare, dare a nolo; **„Zimmer zu ~"** "affittasi camere"
Vermieter(in) *m(f)* ① *(von Wohnung)* locatore, -trice *m, f* ② *(von anderen Dingen)* noleggiatore, -trice *m, f*
vermindern <ohne ge-> **I.** *vt* ① *(geringer machen)* diminuire, ridurre ② *(abschwächen)* attenuare **II.** *vr:* **sich ~** ① *(geringer werden)* diminuire ② *(sich abschwächen)* diminuire, scemare; *(Schmerzen)* attutirsi
Verminung <-, -en> *f* MIL [il] minare *m*
vermischen <ohne ge-> **I.** *vt* mischiare; *(fig a.)* mescolare **II.** *vr:* **sich ~** ① *(sich mischen)* **sich mit etw ~** mescolarsi con qc; **die Rassen haben sich vermischt** le

V

razze si sono incrociate ② *(fig: Elemente, Klänge, Farben)* unirsi

vermissen <ohne ge-> *vt* **jdn ~** sentire la mancanza di qu; **ich vermisse dich sehr** mi manchi molto; **vermisst werden** risultare disperso; **als vermisst gemeldet sein** essere dato per disperso; **ich vermisse meine Brille** non trovo gli occhiali

Vermisste <ein -r, -n, -n> *mf* disperso, -a *m, f*

Vermisstenanzeige *f* denunzia *f* di scomparsa; **eine ~ aufgeben** denunziare la scomparsa di qu

vermitteln <ohne ge-> **I.** *vt* ① *(beschaffen)* procurare ② *(Treffen, Ehe)* combinare; *(Geschäft)* fare da mediatore in; **ein Gespräch ~** TEL passare una comunicazione telefonica ③ *(aushandeln)* negoziare ④ *(fig: Eindruck)* offrire, dare ⑤ *(fig: Wissen)* trasmettere **II.** *vi* fare da mediatore; **zwischen den Parteien ~** conciliare le parti; **für jdn vermittelnd eintreten** intervenire in favore di qu

Vermittler(in) <-s, -; -, -nen> *m(f)* ① *(Mittler)* mediatore, -trice *m, f; (bei Streitfällen)* conciliatore, -trice *m, f* ② WIRTSCH intermediario, -a *m, f; (Makler)* sensale *mf*

Vermittlung <-, -en> *f* ① *(das Vermitteln)* mediazione *f; (Einschaltung)* intervento *m* ② *(Schlichtung)* accomodamento *m* ③ TEL *(Telefonzentrale)* centralino *m; (Mensch)* centralinista *mf* ④ *(Stellen~)* ufficio *m* di collocamento

Vermittlungsgebühr *f* WIRTSCH mediazione *f*

vermodern <ohne ge-> *vi sein* putrefarsi, marcire

Vermögen <-s, -> *nt* ① *Sing. (geh: Fähigkeit)* facoltà *f,* capacità *f* ② *(Geldbesitz)* patrimonio *m,* fortuna *f;* **das kostet ein ~** costa un patrimonio

vermögend *adj* benestante, ricco

Vermögenssteuer *f* imposta *f* patrimoniale

Vermögensverhältnisse *ntpl* situazione *f* finanziaria

Vermögensverwalter(in) *m(f)* amministratore, -trice *m, f* dei beni

Vermögensverwaltung *f* amministrazione *f* dei beni

vermögenswirksam *adj* fruttifero; **~e Leistungen** contributi sociali che fanno maturare interessi

vermummen [fɛɐ̯ˈmʊmən] <ohne ge-> *vr:* **sich ~** partecipare mascherato ad una dimostrazione

Vermummungsverbot [fɛɐ̯ˈmʊmʊŋsfɛɐ̯boːt] *nt divieto di intervenire mascherati ad una dimostrazione*

vermuten [fɛɐ̯ˈmuːtən] <ohne ge-> *vt* supporre, presumere; *(erwarten)* aspettare; **es ist zu ~, dass …** è probabile che +*conj;* **das hätte ich nicht vermutet** non me lo sarei aspettato

vermutlich **I.** *adj* presunto; *(wahrscheinlich)* probabile **II.** *adv* presumibilmente, probabilmente

Vermutung <-, -en> *f* [pre]supposizione *f;* **~en über etw** *akk* **anstellen** fare delle congetture su qc

vernachlässigen <ohne ge-> *vt* trascurare; **seine Pflichten ~** trascurare i propri doveri

Vernachlässigung <-, *rar:* -en> *f* trascuratezza *f,* mancanza *f* di cura

vernageln <ohne ge-> *vt* inchiodare

vernarben <ohne ge-> *vi sein* cicatrizzarsi, rimarginarsi

Vernarbung *f* cicatrizzazione *f*

vernarren <ohne ge-> *vr* **sich in jdn ~** infatuarsi di qu, prendere una cotta per qu

vernarrt *adj* innamorato pazzo (**in** di), cotto (**in** di)

vernehmen <irr, ohne ge-> *vt* ① *(geh: hören)* percepire ② *(geh: erfahren)* apprendere, venir a sapere ③ JUR interrogare

Vernehmen <-s> *nt kein Pl.* **dem ~ nach** a quanto si dice

Vernehmlassung <-, -en> *f* CH ① ADM, JUR *(amtliche Bekanntmachung)* comunicato *m* ② JUR *(Stellungnahme)* presa *f* di posizione

vernehmlich *adj* intelligibile, chiaro; *(hörbar)* percettibile

Vernehmung <-, -en> *f* JUR *(von Angeklagten)* interrogatorio *m; (von Zeugen)* audizione *f*

vernehmungsfähig *adj* JUR in grado di essere interrogato

vernehmungsunfähig *adj* JUR non in grado di essere interrogato

verneigen <ohne ge-> *vr* **sich** [**vor jdm/etw**] **~** *(geh)* inchinarsi [davanti a qu/qc]

Verneigung *f (geh)* inchino *m,* riverenza *f*

verneinen <ohne ge-> *vt* ① *(mit Nein antworten)* negare, dire di no ② *(ablehnen)* rifiutare ③ LING negare

verneinend *adj* negativo

Verneinung <-, -en> *f* ① *(Antwort)* risposta *f* negativa ② *(Leugnung, Ablehnung)* rifiuto *m* ③ LING negazione *f*

Vernetzung <-, -en> *f* collegamento *m,* allacciamento *m;* INFORM rete *f*

vernichten <ohne ge-> *vt* annientare; *(zerstören)* distruggere; *(ausrotten)* sterminare; *(Unkraut)* estirpare

vernichtend *adj* ① *(Kritik)* distruttivo ② *(Blick)* fulminante ③ *(Niederlage)* schiacciante; **jdn ~ schlagen** SPORT battere qu in modo schiacciante

Vernichtung <-> *f kein Pl.* annientamento *m; (Zerstörung)* distruzione *f; (Ausrottung)* sterminio *m; (Unkraut~)* estirpazione *f*

Vernichtungslager <-s, -> *nt* campo *m* di sterminio

vernickeln <ohne ge-> *vt* nichelare

vernieten <ohne ge-> *vt* ribadire

Vernissage [vɛrnɪ'sa:ʒə] <-, -n> *f* vernissage *m*

Vernunft [fɛɐ̯'nʊnft] <-> *f kein Pl.* ragione *f; (gesunder Menschenverstand)* buon senso *m;* **~ annehmen** mettere giudizio; **jdn zur ~ bringen** ricondurre qu alla ragione

Vernunftehe *f* matrimonio *m* di convenienza

vernünftig [fɛɐ̯'nʏnftɪç] *adj* ① *(besonnen)* ragionevole, giudizioso ② *(sinnvoll)* sensato ③ *(fam: ordentlich)* decente

veröden <ohne ge-> **I.** *vi sein* ① *(menschenleer werden)* spopolarsi ② *(Boden)* diventare incolto **II.** *vt haben* MED obliterare

veröffentlichen <ohne ge-> *vt* pubblicare

Veröffentlichung <-, -en> *f* pubblicazione *f*

verordnen <ohne ge-> *vt* ① MED prescrivere ② *(anordnen, verfügen)* ordinare, decretare; *(festsetzen)* stabilire

Verordnung *f* ① MED prescrizione *f;* **nach ärztlicher ~** dietro prescrizione medica ② *(gesetzlich)* decreto *m*

verpachten <ohne ge-> *vt* dare in affitto, concedere in locazione

Verpächter(in) <-s, -; -, -nen> *m(f)* locatore, -trice *m, f,* proprietario, -a *m, f*

verpacken <ohne ge-> *vt* imballare, impacchettare

Verpackung *f* imballaggio *m*

Verpackungsmüll <-s> *m kein Pl.* imballaggio *m*

verpassen <ohne ge-> *vt* ① *(Zug)* perdere; *(Gelegenheit)* lasciarsi sfuggire ② *(fam: geben)* dare; **jdm eine ~** *(fam)* mollare una sberla a qu

verpatzen <ohne ge-> *vt (fam)* rovinare, guastare

verpeilen *vt (fam) toppare, cannare;* **verpeilt sein** essere sfasati *fam*

verpesten <ohne ge-> *vt* appestare

verpetzen <ohne ge-> *vt (fam)* tradire [facendo la spia]

verpfänden <ohne ge-> *vt* impegnare

verpfeifen <irr, ohne ge-> *vt (fam: verraten)* tradire; *(anzeigen)* denunciare

verpflanzen <ohne ge-> *vt* trapiantare

Verpflanzung *f* trapianto *m*

verpflegen <ohne ge-> *vt* nutrire

Verpflegung <-> *f kein Pl.* vitto *m;* **volle ~** pensione completa

verpflichten <ohne ge-> **I.** *vt* ① *(eine Pflicht auferlegen)* **jdn [zu etw] ~** obbligare qu [a fare qc]; **ich fühle mich verpflichtet etw zu tun** mi sento obbligato a fare qc; **ich bin Ihnen zu tiefem Dank verpflichtet** Le sono obbligatissimo ② *(Künstler)* ingaggiare **II.** *vr:* **sich ~** *(zusagen)* impegnarsi

Verpflichtung <-, -en> *f* obbligo *m; (a. moralisch)* impegno *m; (Pflicht)* dovere *m;* **berufliche/finanzielle ~en** impegni professionali/finanziari; **seinen ~en nachkommen** adempire ai propri impegni

verpfuschen <ohne ge-> *vt (fam)* ① *(Arbeit)* abborracciare ② *(fig: Leben)* rovinare

verpissen <ohne ge-> *vr:* **sich ~** *(vulg)* squagliarsela *fam,* tagliare la corda *fam*

verplappern <ohne ge-> *vr:* **sich ~** *(fam)* lasciarsi scappare un segreto, tradirsi

verplaudern <ohne ge-> **I.** *vt (Zeit)* passare conversando **II.** *vr:* **sich ~** passare [il tempo] chiacchierando

verpönt [fɛɐ̯'pø:nt] *adj* **~ sein** essere malvisto

verprassen <ohne ge-> *vt* scialacquare, dissipare

verprügeln <ohne ge-> *vt* bastonare, picchiare

verpuffen <ohne ge-> *vi sein* ① *(explodieren)* esplodere con leggera detonazione ② *(fig)* andare in fumo

verpuppen <ohne ge-> *vr:* **sich ~** trasformarsi in crisalide

Verputz *m* intonaco *m*

verputzen <ohne ge-> *vt* ① *(Gebäude, Wand, Decke)* intonacare ② *(fig fam: aufessen)* spolverare

verqualmen <ohne ge-> *vt (fam pej)* ① *(verräuchern)* riempire di fumo ② *(Geld)* spendere in fumo

verqualmt *adj* pieno di fumo

verquatschen <ohne ge-> *(fam)* **I.** *vt (Zeit)* passare in chiacchiere **II.** *vr:* **sich ~** *(sich verplappern)* tradirsi

verquer *adj* storto, male; **jdm ~ gehen** andare storto a qu

verquicken [fɛɐ'kvɪkən] <ohne ge-> *vt (geh)* unire

verquollen [fɛɐ̯'kvɔlən] *adj* gonfio

verrammeln <ohne ge-> *vt (fam)* barricare, sbarrare

verramschen <ohne ge-> *vt* svendere

verrann *1. u. 3. Pers. Sing. Imp. von* **verrinnen**

verrannt [fɛɐ̯'rant] *PP von* **verrennen**

verrannte *1. u. 3. Pers. Sing. Imp. von* **verrennen**

Verrat <-(e)s> *m kein Pl.* tradimento *m;* **~ üben** commettere un tradimento; **~ an jdm begehen** tradire qu

verraten <irr, ohne ge-> **I.** *vt* ① *(Geheimnis)* tradire; **verrate niemandem etwas!** non dire niente a nessuno! ② *(Treue brechen)* tradire; **~ und verkauft sein** *(fam)* essere abbandonato a sé stesso ③ *(fig: deutlich werden lassen)* rivelare **II.** *vr:* **sich ~** tradirsi

Verräter(in) [fɛɐ̯'rɛːtɐ] <-s, -; -, -nen> *m(f)* traditore, -trice *m, f*

verräterisch *adj* ① *(Person)* traditore; *(heimtückisch)* perfido ② *(fig: Miene, Blick)* rivelatore

verrauchen <ohne ge-> **I.** *vi sein* ① *(Qualm)* dissiparsi ② *(fig: Zorn)* svanire, sbollire **II.** *vt haben* ① *(Geld)* spendere in fumo ② *(Zimmer)* riempire di fumo

verrechnen <ohne ge-> **I.** *vt* mettere in conto; *(gegeneinander aufrechnen)* compensare; *(gutschreiben)* accreditare **II.** *vr:* **sich ~** ① *(falsch rechnen)* sbagliare i calcoli; **sich um 50 Cent ~** sbagliare di 50 centesimi ② *(fig fam: sich täuschen)* ingannarsi; **da hast du dich aber schwer verrechnet!** *(fig fam)* [qui] ti sei sbagliato di grosso!

Verrechnung *f* FIN [messa *f* in] conto *m;* **nur zur ~** da accreditare

Verrechnungsscheck *m* FIN assegno *m* da accreditare

verrecken <ohne ge-> *vi sein (vulg)* crepare; **er wird es ums Verrecken nicht tun** *(sl)* non lo farà, neanche a impiccarlo

verregnet *adj (regnerisch)* piovoso; *(Urlaub)* rovinato dalla pioggia

verreiben <irr, ohne ge-> *vt* spalmare

verreisen <ohne ge-> *vi sein* partire in viaggio; **geschäftlich** [*o* **dienstlich**] **~** partire per un viaggio d'affari; **verreist** [**sein**] [essere] in viaggio

verreißen <irr, ohne ge-> *vt (fig fam: vernichtend kritisieren)* stroncare

verrenken [fɛɐ̯'rɛŋkən] <ohne ge-> *vt* [di]storcere; *(Arm, Fuß)* slogare, lussare

Verrenkung <-, -en> *f* ① *(von Körper)* contorsione *f* ② MED *(von Gelenken)* slogatura *f,* lussazione *f*

verrennen <irr, ohne ge-> *vr:* **sich ~** fissarsi; **sich in eine Idee ~** fissarsi su un'idea

verrichten <ohne ge-> *vt* fare, eseguire; **seinen Dienst ~** adempiere alle proprie funzioni

Verrichtung *f* faccenda *f*

verriegeln <ohne ge-> *vt* chiudere col catenaccio, sprangare

verriet *1. u. 3. Pers. Sing. Imp. von* **verraten**

verringern [fɛɐ̯'rɪŋɐn] <ohne ge-> **I.** *vt* ridurre, diminuire **II.** *vr:* **sich ~** diminuire

Verringerung <-, -en> *f* riduzione *f,* diminuzione *f*

verrinnen <verrinnt, verrann, verronnen> *vi sein* scorrere

Verriss <-es, -e> *m (fam)* stroncatura *f*

verrohen <ohne ge-> *vi sein* imbarbarirsi, abbrutire

Verrohung <-, -en> *f* imbarbarimento *m,* abbrutimento *m*

verrosten <ohne ge-> *vi sein* arrugginire

verrostet *adj* arrugginito

verrotten [fɛɐ̯'rɔtən] <ohne ge-> *vi sein* ① *(Laub, Holz)* imputridire ② *(Gebäude)* sgretolarsi

verrucht [fɛɐ̯'ruːxt] *adj* infame; *(verworfen)* abietto; *(lasterhaft)* depravato

verrücken <ohne ge-> *vt* spostare

verrückt *adj* pazzo, matto; **~ spielen** *(fam)* fare il pazzo; **jdn ~ machen** *(fam)* far impazzire qu; **auf etw ~ sein** *(fam)* andar matto per qc; **auf jdn** [*o* **nach jdm**] **~ sein** *(fam)* essere pazzo di qu; **wie ~** *(fam)* come un matto; **ich werd' ~!** *(fam)* non posso crederci!

Verrückte <ein -r, -n, -n> *mf* pazzo, -a *m, f,* matto, -a *m, f*

Verrücktheit <-, -en> *f (fam)* pazzia *f,* follia *f*

Verrücktwerden <-s> *nt kein Pl.* **es ist zum ~!** *(fam)* c'è da impazzire!

Verruf *m* **in ~ bringen** [di]screditare; **in ~ kommen** discreditarsi, cadere in discredito

verrufen *adj (berüchtigt)* famigerato; *(Viertel, Lokal)* malfamato

verrußen <ohne ge-> **I.** *vi sein* coprirsi di fuliggine **II.** *vt haben* coprire di fuliggine

Vers [fɛrs] <-es, -e> *m* verso *m; (Bibel~)* versetto *m*

versachlichen <ohne ge-> *vt* oggettivare

versacken <ohne ge-> *vi sein (fam)* ① *(versinken)* affondare ② *(moralisch)* cadere in basso, rovinarsi ③ *(beim Feiern)* rimanere [a lungo]

versagen <ohne ge-> **I.** *vt (geh: nicht gewähren)* rifiutare; **jdm etw ~** negare qc a qu; **sich** *dat* **etw ~** non concedersi qc **II.** *vi* ① *(Maschinen, Bremsen)* non funzionare; *(Waffen)* incepparsi; **die Stimme versagte mir** mi mancò la voce ② *(Person)* fallire

Versagen <-s> *nt kein Pl.* ① TEC mancato funzionamento *m,* guasto *m;* MOT panna *f* ② *(fig: von Mensch)* fallimento *m;* **menschliches ~** errore umano

Versager(in) <-s, -; -, -nen> *m(f)* fallito, -a *m, f*

versah *1. u. 3. Pers. Sing. Imp. von* **versehen**

versalzen <irr, ohne ge-> *vt* ① *(Speisen)* salare troppo ② *(fig fam: verderben)* guastare

versammeln <ohne ge-> **I.** *vt* radunare, riunire; *(zusammenrufen)* convocare **II.** *vr:* **sich ~** radunarsi; POL riunirsi

Versammlung *f* ① *(Vorgang)* riunione *f,* raduno *m;* **eine ~ einberufen** convocare una riunione ② *(versammelte Menschen)* assemblea *f*

Versammlungsfreiheit *f* libertà *f* di riunione

Versand [fɛɐ̯ˈzant] <-(e)s> *m kein Pl.* ① *(das Versenden)* spedizione *f,* invio *m* ② *(~abteilung)* reparto *m* spedizioni

Versandabteilung *f* reparto *m* [*o* servizio *m*] spedizioni

Versandanschrift <-, -en> *f* indirizzo *m* di spedizione

versanden <ohne ge-> *vi sein* insabbiarsi

Versandhandel *m* vendita *f* per corrispondenza

Versandhaus *nt* ditta *f* di vendita per corrispondenza

Versandhauskatalog *m* catalogo *m* di vendita per corrispondenza

Versandkosten *pl* spese *f pl* di spedizione

versandt [fɛɐˈzant] *PP von* **versenden**

Versandtasche *f* busta *f* postale

versandte *1. u. 3. Pers. Sing. Imp. von* **versenden**

versank *1. u. 3. Pers. Sing. Imp. von* **versinken**

versauen <ohne ge-> *vt (sl)* ① *(schmutzig machen)* sporcare, insudiciare ② *(verderben)* rovinare

versaufen <irr, ohne ge-> *(fam)* **I.** *vt haben (Geld)* spendere ubriacandosi; **seinen Verstand ~** rincretinire a forza di bere **II.** *vi sein (ertrinken)* affogare, annegare; *(Motor)* ingolfarsi

versäumen <ohne ge-> *vt* ① *(Zug, Gelegenheit)* perdere ② *(Unterricht)* mancare a; *(Pflicht)* trascurare; **nicht ~ etw zu tun** non mancare di fare qc

Versäumnis <-ses, -se> *nt* omissione *f,* dimenticanza *f*

verschaffen <ohne ge-> **I.** *vt* procurare; **was verschafft mir die Ehre?** *(geh)* a cosa devo l'onore? **II.** *vr* **sich** *dat* **etw ~** procurarsi qc; **sich** *dat* **Respekt ~** farsi rispettare

verschalen <ohne ge-> *vt* rivestire di legno

verschämt *adj* vergognoso

verschandeln <ohne ge-> *vt* deturpare

verschanzen <ohne ge-> **I.** *vt* MIL trincerare **II.** *vr:* **sich ~** trincerarsi; **sich hinter Ausflüchten ~** trincerarsi dietro pretesti

verschärfen <ohne ge-> **I.** *vt* intensificare; *(Tempo)* accelerare; *(verschlimmern)* aggravare; *(Strafe, Lage)* inasprire; *(Spannungen)* aumentare, acuire **II.** *vr:* **sich ~** intensificarsi; *(sich verschlimmern)* aggravarsi; *(Lage)* inasprirsi; *(Spannungen)* aumentare, acuirsi; *(Krise)* acutizzarsi

Verschärfung <-, -en> *f (Spannung)* inasprimento *m; (Tempo)* accelerazione *f; (Lage)* aggravamento *m,* peggioramento *m*

verscharren <ohne ge-> *vt* sotterrare

verschätzen <ohne ge-> *vr:* **sich ~** sbagliarsi nel valutare

verscheiden <irr, ohne ge-> *vi sein (geh: sterben)* spirare

verschenken <ohne ge-> *vt* regalare, dare in regalo

verscherzen <ohne ge-> *vr* **sich** *dat* **etw ~** giocarsi qc

verscheuchen <ohne ge-> *vt* scacciare

verscheuern <ohne ge-> *vt (fam)* svendere

verschicken <ohne ge-> *vt* ① *(Post)* spedire ② *(zur Erholung)* mandare

verschiebbar *adj* scorrevole

Verschiebebahnhof *m* stazione *f* di smistamento

verschieben <irr, ohne ge-> *vt* ① *(verrücken)* **etw** [**um einen Meter**] **~** spostare qc [di un metro] ② *(aufschieben)* **etw** [**auf nächste Woche**] **~** rinviare qc [alla settimana prossima]; **etw** [**um eine Woche**] **~** rinviare qc [di una settimana] ③ *(fam: Devisen, Waren)* vendere di contrabbando

Verschiebung <-, -en> *f* ① *(Aufschiebung)* rinvio *m,* differimento *m* ② *(das Verrücken)* spostamento *m*

verschied *1. u. 3. Pers. Sing. Imp. von* **verscheiden**

verschieden [fɛɐ̯ˈʃiːdən] *adj* ① *(unterschiedlich)* diverso, differente; *(~artig)* svariato; **das ist ~** dipende dai casi; **sie sind ~ groß** sono di diversa grandezza ② *(mehrere, einige)* vario; **Verschiedenes** diverse cose

verschiedenartig *adj* ① *(ungleichartig)* disparato, eterogeneo ② *(mannigfaltig)* vario, svariato, diverso

Verschiedenartigkeit <-, -en> *f* ① *(Un-*

terschiedlichkeit) disparità *f,* differenza *f* ② *(Vielfalt)* varietà *f*

Verschiedenheit <-, -en> *f* ① *(Unterschiedlichkeit)* diversità *f,* differenza *f; (Unähnlichkeit)* disuguaglianza *f* ② *(Mannigfaltigkeit)* varietà *f,* molteplicità *f*

verschiedentlich [fɛɐ̯ˈʃiːdɛntlɪç] *adv* diverse volte

verschießen <irr, ohne ge-> **I.** *vt haben* ① *(Munition)* consumare sparando ② *(fam: Filme)* fare ③ SPORT mancare il tiro; *(Elfmeter)* fallire **II.** *vr:* **sich ~** *(fam: sich verlieben)* prendere una cotta (**in** *+akk* per) **III.** *vi sein (Farbe, Stoff)* sbiadire, scolorare

verschiffen <ohne ge-> *vt* imbarcare

verschimmeln <ohne ge-> *vi sein* ammuffire

verschlafen[1] <irr, ohne ge-> **I.** *vt* ① *(schlafend verbringen)* passare dormendo ② *(fam: versäumen)* dimenticare **II.** *vi* non svegliarsi in tempo

verschlafen[2] *adj* assonnato; *(a. fig)* sonnolento

Verschlag *m* capanna *f,* rimessa *f*

verschlagen **I.** *vt* <irr, ohne ge-> ① *(mit Brettern)* chiudere con assi; *(mit Nägeln)* inchiodare ② *(nehmen: Atem)* mozzare; **das verschlug mir die Sprache/den Appetit** mi mancò la parola/l'appetito ③ *(an einen Ort)* gettare, sbattere **II.** *adj (schlau, listig)* scaltro, astuto

Verschlagenheit <-> *f kein Pl. (Schlauheit, List)* scaltrezza *f,* astuzia *f*

verschlang *1. u. 3. Pers. Sing. Imp. von* **verschlingen**

verschlanken *vt* assottigliare; **die Kosten ~** assottigliare le spese

verschlechtern <ohne ge-> **I.** *vt* ① *(schlechter machen)* peggiorare, deteriorare ② *(verschlimmern)* aggravare **II.** *vr:* **sich ~** peggiorare; *(Lage a.)* aggravarsi

Verschlechterung <-, -en> *f* peggioramento *m,* deterioramento *m*

verschleiern <ohne ge-> **I.** *vt* ① *(mit Schleier verhüllen, a Blick)* velare ② *(fig: nicht genau erkennen lassen)* dissimulare, nascondere, celare **II.** *vr:* **sich ~** velarsi; *(Himmel)* coprirsi

Verschleierungstaktik *f* tattica *f* di camuffamento

Verschleiß [fɛɐ̯ˈʃlaɪs] <-es, -e> *m* usura *f*

verschleißen <verschleißt, verschliss, verschlissen> **I.** *vt haben* logorare **II.** *vi sein* logorarsi

Verschleißerscheinung *f* traccia *f* di usura

Verschleißfestigkeit *f* TEC resistenza *f* all'usura

verschleppen <ohne ge-> *vt* ① *(Personen)* deportare; *(entführen)* rapire ② *(Krankheit)* trascinarsi ③ *(weiterverbreiten)* propagare ④ *(hinauszögern)* tirare per le lunghe

Verschleppung <-, -en> *f* ① *(von Personen)* deportazione *f; (Entführung)* rapimento *m* ② *(von Krankheit)* trascinarsi *m* ③ *(Weiterverbreitung)* propagazione *f* ④ *(Verzögerung)* protrazione *f*

Verschleppungstaktik *f* ostruzionismo *m*

verschleudern <ohne ge-> *vt* ① *(Waren)* svendere ② *(pej: Geld)* dissipare, scialacquare

verschlief *1. u. 3. Pers. Sing. Imp. von* **verschlafen**

verschließbar *adj* chiudibile

verschließen <irr, ohne ge-> **I.** *vt* ① *(abschließen)* chiudere ② *(wegschließen)* mettere sotto chiave **II.** *vr* **sich jdm ~** non aprirsi a qu; **sich einer Sache** *dat* [*o* **gegen etw**] **~** rifiutarsi di riconoscere qc

verschlimmern <ohne ge-> **I.** *vt* aggravare, peggiorare **II.** *vr:* **sich ~** aggravarsi, peggiorare

Verschlimmerung <-, -en> *f* aggravamento *m,* peggioramento *m*

verschlingen <irr, ohne ge-> **I.** *vt (a. fig)* divorare **II.** *vr:* **sich ~** intrecciarsi

verschliss [fɛɐ̯ˈʃlɪs] *1. u. 3. Pers. Sing. Imp. von* **verschleißen**

verschlissen [fɛɐ̯ˈʃlɪsən] **I.** *PP von* **verschleißen** **II.** *adj* logoro, consunto, liso

verschlossen [fɛɐ̯ˈʃlɔsən] *adj (Person)* riservato, chiuso

verschlucken <ohne ge-> **I.** *vt* ① *(a. fig: unterdrücken)* inghiottire ② *(fig: Wörter, Sätze)* mangiare **II.** *vr:* **sich ~** andare di traverso; **ich habe mich verschluckt** mi è andato di traverso

verschlug *1. u. 3. Pers. Sing. Imp. von* **verschlagen**

verschlungen [fɛɐ̯ˈʃlʊŋən] *adj (Weg)* tortuoso

Verschluss *m* chiusura *f; (Schloss)* serratura *f; (Deckel)* coperchio *m; (Stöpsel)* tappo *m;* **etw unter ~ halten** tenere qc sotto chiave

verschlüsseln <ohne ge-> *vt* cifrare; INFORM codificare; **verschlüsselte Daten** INFORM dati in codice

verschlüsselt *adj* cifrato, in codice; **eine ~e Botschaft** un messaggio cifrato; **~e Daten** INFORM dati in codice

Verschlüsselung <-, -en> *f* INFORM codificazione *f*

verschmachten <ohne ge-> *vi sein (fig)* languire; **vor Durst/Hunger ~** morire di sete/fame

verschmähen [fɛɐ̯ˈʃmɛːən] <ohne ge-> *vt (geh)* [di]sdegnare; *(ablehnen)* rifiutare

verschmelzen <irr, ohne ge-> **I.** *vt haben* fondere **II.** *vi sein* fondersi

verschmerzen <ohne ge-> *vt* consolarsi di, darsi pace di; **das ist leicht zu ~** non è una gran perdita

verschmieren <ohne ge-> *vt* ① *(zuschmieren)* colmare spalmando ② *(verstreichen)* spalmare ③ *(schmierig machen)* imbrattare

verschmitzt [fɛɐ̯ˈʃmɪtst] *adj* malizioso, scaltro

Verschmitztheit <-> *f kein Pl.* malizia *f,* scaltrezza *f,* furbizia *f*

verschmoren <ohne ge-> *vi sein* ① EL fondersi ② *(Braten)* scuocere

verschmutzen <ohne ge-> **I.** *vt haben* sporcare, insudiciare; *(Umwelt)* inquinare **II.** *vi sein* sporcarsi

verschmutzt *adj* sporco; *(Umwelt)* inquinato

Verschmutzung <-, -en> *f* imbrattamento *m; (Umwelt~)* inquinamento *m*

verschnaufen <ohne ge-> *vi* riprendere fiato

Verschnaufpause *f* pausa *f* per riprendere fiato

verschneit *adj* innevato

Verschnitt *m* ① *(Abfälle)* sfridi *mpl* ② *(von Rum, Wein)* taglio *m*

verschnörkelt *adj* pieno di arabeschi

verschnupft *adj* ① *(erkältet)* raffreddato ② *(fig fam: verärgert)* seccato

verschnüren <ohne ge-> *vt* legare con spago

Verschnürung <-, -en> *f* ① *Sing. (Verschnüren)* legare *m* [con spago] ② *(Schnur)* spago *m*

verschob *1. u. 3. Pers. Sing. Imp. von* **verschieben**

verschollen [fɛɐ̯ˈʃɔlən] *adj* disperso, scomparso

verschonen <ohne ge-> *vt* risparmiare; **jdn mit etw ~** risparmiare qc a qu; **von etw verschont bleiben** liberarsi di qc

verschönern [fɛɐ̯ˈʃøːnɐn] <ohne ge-> *vt* abbellire, [ad]ornare

verschoss *1. u. 3. Pers. Sing. Imp. von* **verschießen**

verschossen [fɛɐˈʃɔsən] *PP von* **verschießen**

verschränken [fɛɐ̯ˈʃrɛŋkən] <ohne ge-> *vt (Arme)* incrociare; *(Beine)* accavallare

verschreiben <irr, ohne ge-> **I.** *vt* ① MED prescrivere ② *(Papier)* consumare **II.** *vr:* **sich ~** ① *(falsch schreiben)* sbagliare scrivendo ② *(sich widmen)* dedicarsi

verschreibungspflichtig *adj* soggetto a prescrizione medica

verschrie[e]n [fɛɐ̯ˈʃriː(ə)n] *adj* malfamato

verschroben [fɛɐ̯ˈʃroːbən] *adj* stravagante, eccentrico

verschrotten <ohne ge-> *vt* demolire, ridurre in rottami; MOT rottamare

Verschrottung <-, -en> *f* demolizione *f,* rottamazione *f*

verschüchtern <ohne ge-> *vt* intimidire

verschüchtert [fɛɐ̯ˈʃʏçtɐt] *adj* intimidito; *(schüchtern)* timido

verschulden <ohne ge-> **I.** *vt haben* causare, provocare **II.** *vi sein o vr:* **sich ~** indebitarsi

Verschulden <-s> *nt kein Pl.* colpa *f;* **ohne mein ~** senza colpa da parte mia

verschuldet *adj* indebitato; **hoch ~ sein** essere indebitato fino al collo

Verschuldung <-> *f kein Pl.* indebitamento *m*

verschütten <ohne ge-> *vt* ① *(versehentlich ausschütten)* versare, spargere ② *(unter sich begraben)* seppellire

verschwägert [fɛɐ̯ˈʃvɛːgɐt] *adj* imparentato

verschweigen <irr, ohne ge-> *vt* tacere; **jdm etw ~** tacere qc a qu

verschweißen <ohne ge-> *vt* saldare

verschwenden [fɛɐ̯ˈʃvɛndən] <ohne ge-> *vt* prodigare, sperperare

Verschwender(in) <-s, -; -, -nen> *m(f)* scialacquatore, -trice *m, f,* dissipatore, -trice *m, f*

verschwenderisch *adj* ① *(Mensch)* prodigo, dissipato ② *(üppig)* ricco, abbondante

Verschwendung <-> *f kein Pl.* sperpero *m,* dissipazione *f*

Verschwendungssucht *f* prodigalità *f*

verschwiegen [fɛɐ̯ˈʃviːgən] *adj* ① *(Person)* discreto; *(zurückhaltend)* riservato ② *(Ort)* silenzioso, tranquillo

Verschwiegenheit <-> *f kein Pl.* ① *(von Personen)* discrezione *f; (Zurückhaltung)* riservatezza *f* ② *(Verborgenheit)* segretezza *f*

verschwimmen <irr, ohne ge-> *vi sein* sfumare, confondersi

verschwinden <irr, ohne ge-> *vi sein* scomparire; *(gestohlen werden a.)* sparire; **~d klein** infinitamente piccolo; **verschwinde!** *(fam)* sparisci!

Verschwinden <-s> *nt kein Pl.* scomparsa *f,* sparizione *f*

verschwistert [fɛɐ̯ˈʃvɪstɐt] *adj* affratellato

verschwitzen <ohne ge-> *vt* ① *(Kleidung)* impregnare di sudore ② *(fig fam: vergessen)* dimenticare

verschwitzt *adj* sudato, bagnato di sudore

verschwommen [fɛɐ̯ˈʃvɔmən] *adj* sfumato; FOTO sfocato; *(vage)* vago
verschworen [fɛɐ̯ˈʃvoːrən] *adj* giurato; **ein ~er Haufen** un gruppo affiatato di amici
verschwören <irr, ohne ge-> *vr* **sich** [**gegen jdn**] **~** congiurare [contro qu]; **alles hat sich gegen mich verschworen** tutto congiura contro di me
Verschwörer(in) <-s, -; -, -nen> *m(f)* congiurato, -a *m, f,* cospiratore, -trice *m, f*
Verschwörung <-, -en> *f* congiura *f,* cospirazione *f*
versehen <irr, ohne ge-> **I.** *vt* ① *(ausstatten)* **jdn mit etw ~** munire qu di qc; **etw mit seiner Unterschrift ~** apporre la propria firma a qc ② *(ausüben)* esercitare **II.** *vr:* **sich ~** ① *(sich irren)* sbagliarsi, fare una svista ② *(sich gefasst machen)* **ehe man sich's versieht** quando meno lo si aspetta ③ *(sich versorgen)* **sich mit etw ~** rifornirsi di qc
Versehen <-s, -> *nt (Irrtum)* errore *m; (kleiner Fehler)* svista *f,* inavvertenza *f; (Unachtsamkeit)* distrazione *f;* **aus ~** inavvertitamente
versehentlich [fɛɐ̯ˈzeːəntlɪç] *adv* inavvertitamente
Versehrte [fɛɐ̯ˈzeːɐ̯tə] <ein -r, -n, -n> *mf* invalido, -a *m, f*
Versehrtenrente *f* pensione *f* di invalidità
versenden <a irr, ohne ge-> *vt* spedire, inviare
versengen <ohne ge-> *vt* [ab]bruciacchiare; *(bes. Stoff)* strinare
versenken <ohne ge-> *vt* ① *(Schiff)* affondare ② TEC *(Schraube)* accecare
Versenkung *f* ① *(von Schiffen)* affondamento *m* ② *(fig: Meditation)* immergersi *m,* sprofondarsi *m* ③ THEAT botola *f* ④ *(Wend)* **in der ~ verschwinden** *(fig fam)* scomparire dalla scena; **aus der ~ auftauchen** *(fig fam)* ricomparire sulla scena
versessen [fɛɐ̯ˈzɛsən] *adj* **auf etw** *akk* **~ sein** essere fanatico di qc; *(auf Süßigkeiten)* essere avido di qc
Versessenheit <-> *f kein Pl.* avidità *f* (**auf** +*akk* di)
versetzen <ohne ge-> **I.** *vt* ① *(an andere Stelle)* spostare; *(Pflanze)* trapiantare; *(Wort, Buchstaben)* trasporre ② *(Beamten)* trasferire ③ *(Schüler)* promuovere; **nicht versetzt werden** essere bocciato ④ *(in Zustand bringen)* **jdn in Angst ~** impaurire qu; **jdn in Wut ~** far arrabbiare qu ⑤ *(mischen)* mischiare; **etw mit etw ~** mischiare qc con qc; **Wein mit Wasser ~** tagliare il vino con l'acqua ⑥ *(Schlag, Hieb, Stoß)* assestare; **jdm eins ~** *(fam)* mollare un ceffone a qu ⑦ *(verpfänden)* impegnare ⑧ *(fam: vergeblich warten lassen)* mancare a un appuntamento con ⑨ *(antworten)* rispondere **II.** *vr* **sich in jds Lage ~** mettersi nei panni di qu
Versetzung <-, -en> *f* ① *(an andere Stelle)* spostamento *m; (von Wort)* trasposizione *f* ② *(von Beamten)* trasferimento *m* ③ *(von Schüler)* promozione *f* ④ *(Vermischung)* miscuglio *m*
verseuchen <ohne ge-> *vt (mit Bakterien)* infettare; *(mit Gift)* contaminare; *(a. fig)* inquinare
Verseuchung <-, -en> *f (Infektion)* infezione *f; (mit Gift)* contaminazione *f; (a. fig)* inquinamento *m*
Versfuß *m* piede *m*
Versicherer(in) <-s, -; -, -nen> *m(f)* assicuratore, -trice *m, f*
versichern <ohne ge-> **I.** *vt* ① *(als gewiss hinstellen)* [**jdm**] **etw ~** assicurare qc [a qu] ② *(Versicherung abschließen)* **jdn** [**gegen etw**] **~** assicurare qu [contro qc] **II.** *vr:* **sich ~** ① *(sich Gewissheit verschaffen)* **sich** [**einer Sache** *gen*] **~** assicurarsi [di qc] ② *(Versicherung abschließen)* **sich** [**gegen etw**] **~** assicurarsi contro qc
Versicherte <ein -r, -n, -n> *mf* assicurato, -a *m, f*
Versichertenkarte *f* tesserino *m* sanitario
Versicherung *f* assicurazione *f;* **eine ~ abschließen** stipulare un'assicurazione
Versicherungsbetrug *m* frode *f* in assicurazione
Versicherungsfall *m* sinistro *m*
Versicherungsgesellschaft *f* società *f* di assicurazioni
Versicherungsnehmer(in) <-s, -; -, -nen> *m(f)* assicurato, -a *m, f,* contraente *mf* di un'assicurazione
Versicherungspolice <-, -n> *f* polizza *f* assicurativa
Versicherungsprämie *f* premio *m* di assicurazione
Versicherungssumme *f* capitale *m* assicurato
Versicherungsvertreter(in) *m(f)* agente *mf* assicuratore, -trice
versickern <ohne ge-> *vi sein* disperdersi
versiegeln <ohne ge-> *vt* ① *(Brief)* sigillare ② *(Parkett)* laccare
versiegen <ohne ge-> *vi sein* esaurirsi
versiert [vɛrˈziːɐ̯t] *adj* **er ist sehr ~ in diesen Dingen** è molto esperto di queste cose
versilbern <ohne ge-> *vt* ① TEC argentare ② *(fam: zu Geld machen)* realizzare
Versilberung <-, *rar:* -en> *f* argentatura *f*
versinken <irr, ohne ge-> *vi sein* ① *(im Wasser)* affondare; *(im Schlamm, Schnee)*

sprofondare ② *(sich hingeben)* **in Gedanken versunken sein** essere assorto in pensieri

versinnbildlichen <ohne ge-> *vt* simboleggiare

Version [vɛrˈzi̯oːn] <-, -en> *f* versione *f*

Versklavung <-, -en> *f* asservimento *m*

Versmaß *nt* LIT metro *m*

versnobt *adj (pej)* snob

versoffen [fɛɐ̯ˈzɔfən] **I.** *PP von* **versaufen II.** *adj* ubriaco, sbronzo

versohlen <ohne ge-> *vt* **jdn ~** *(fam)* sonare qu, sonargliele a qu

versöhnen [fɛɐ̯ˈzøːnən] <ohne ge-> **I.** *vt* [ri]conciliare, rappacificare **II.** *vr:* **sich ~** riconciliarsi, rappacificarsi

versöhnlich *adj* conciliante; *(Worte)* conciliativo

Versöhnung <-, -en> *f* [ri]conciliazione *f*

versonnen [fɛɐ̯ˈzɔnən] *adj* trasognato

versorgen <ohne ge-> **I.** *vt* ① *(sich kümmern um)* provvedere a; *(Kranke)* accudire, assistere ② *(unterhalten)* mantenere ③ *(beliefern)* **jdn [mit etw] ~** [ri]fornire qu [di qc] **II.** *vr* **sich mit etw ~** procurarsi qc

Versorger(in) <-s, -; -, -nen> *m(f)* WIRTSCH fornitore, -trice *m, f,* sostenitore, -trice *m, f*

Versorgung <-, -en> *f* ① *Sing. (Betreuung)* cura *f* ② *Sing. (Unterhalt)* mantenimento *m; (Alters~)* previdenza *f* ③ *(Belieferung)* rifornimento *m*

versorgungsberechtigt *adj* che ha diritto all'assistenza

Versorgungslage *f* situazione *f* degli approvvigionamenti

Verspannung <-, -en> *f* irrigidimento *m,* inasprimento *m*

verspäten <ohne ge-> *vr:* **sich ~** arrivare in ritardo; **sich um zehn Minuten ~** arrivare in ritardo di dieci minuti

verspätet I. *adj* tardivo **II.** *adv* in ritardo

Verspätung <-, -en> *f* ritardo *m;* **[drei Minuten] ~ haben** avere [tre minuti di] ritardo

verspeisen <ohne ge-> *vt (geh)* mangiare, consumare

versperren <ohne ge-> *vt* ① *(blockieren)* sbarrare, bloccare; **jdm die Aussicht ~** togliere la visuale a qu; **jdm den Weg ~** sbarrare la strada a qu ② *bes.* A *(verschließen)* chiudere

verspielen <ohne ge-> **I.** *vt* ① *(Geld)* perdere [al gioco] ② *(spielend verbringen)* passare giocando **II.** *vi* **[bei jdm] verspielt haben** *(fam)* essere caduto in disgrazia [presso qu]

verspielt *adj* ① *(Kind, Katze)* giocherellone ② *(Muster)* grazioso, carino

verspotten <ohne ge-> *vt* deridere, schernire

Verspottung <-, -en> *f* scherno *m,* presa *f* in giro, canzonatura *f*

versprechen <irr, ohne ge-> **I.** *vt* promettere; **viel ~d** promettente; **das Blaue vom Himmel ~** promettere mari e monti; **ihr Blick versprach nichts Gutes** il suo sguardo non prometteva niente di buono; **das Wetter verspricht schön zu werden** sembra che il tempo si metta al bello **II.** *vr:* **sich ~** *(beim Sprechen)* impaperarsi; **ich habe mich versprochen** è stato un lapsus; **sich** *dat* **etw von etw/jdm ~** *(erwarten)* aspettarsi qc da qc/qu

Versprechen <-s, -> *nt* promessa *f;* **jdm ein ~ geben** promettere qc a qu; **ein ~ halten** mantenere una promessa

Versprecher <-s, -> *m* lapsus [linguae] *m,* papera *f*

Versprechung <-, -en> *f* promessa *f;* **jdn mit leeren ~en hinhalten** tenere a bada qu con vane promesse

verspüren <ohne ge-> *vt* sentire, provare

verstaatlichen <ohne ge-> *vt* nazionalizzare, statalizzare; *(kirchliche Einrichtung)* laicizzare

Verstaatlichung <-, -en> *f* nazionalizzazione *f,* statalizzazione *f; (von kirchlichen Einrichtungen)* secolarizzazione *f*

Verstädterung [fɛɐ̯ˈʃtɛ(ː)tərʊŋ] <-, -en> *f* urbanizzazione *f*

verstand *1. u. 3. Pers. Sing. Imp. von* **verstehen**

Verstand [fɛɐ̯ˈʃtant] <-(e)s> *m kein Pl. (Denkfähigkeit)* intelletto *m,* intelligenza *f; (Urteilskraft)* giudizio *m; (Vernunft)* ragione *f; (gesunder Menschenverstand)* buon senso *m;* **den ~ verlieren** diventare pazzo, essere impazzito; **bei vollem ~ sein** essere completamente lucido; **das brachte ihn wieder zu ~** ciò lo ridusse alla ragione; **das geht über meinen ~** *(fam)* questo non lo capisco

verstanden [fɛɐ̯ˈʃtandən] *PP von* **verstehen**

verstandesmäßig *adj* razionale

Verstandesmensch *m* razionalista *mf*

verständig [fɛɐ̯ˈʃtɛndɪç] *adj* ① *(einsichtig)* giudizioso ② *(vernünftig)* ragionevole ③ *(klug)* intelligente

verständigen <ohne ge-> **I.** *vt* informare; **jdn von [*o* über etw** *akk*] **~** avvertire qu di qc **II.** *vr:* **sich ~** ① *(sich verständlich machen)* farsi capire, comunicare ② *(sich einigen)* **sich [mit jdm] über etw** *akk* **~** mettersi d'accordo [con qu] su qc

Verständigung <-> *f kein Pl.* ① *(Benachrichtigung)* informazione *f,* avviso *m* ② *(Ei-*

nigung) intesa *f*, accordo *m* ③ *(Kommunikation)* comunicazione *f*

verständlich [fɛɐ̯ˈʃtɛntlɪç] *adj* ① *(begreiflich, hörbar)* comprensibile; **leicht/schwer ~ sein** essere facilmente/difficilmente comprensibile ② *(einsehbar, fassbar)* intelligibile; **jdm etw ~ machen** far capire qc a qu; **sich ~ machen** farsi capire

verständlicherweise [fɛrˈʃtɛntlɪçɐˈvaɪzə] *adv* comprensibilmente

Verständlichkeit <-> *f kein Pl.* comprensibilità *f*, intelligibilità *f*; *(Hörbarkeit)* udibilità *f*

Verständnis [fɛɐ̯ˈʃtɛntnɪs] <-ses> *nt kein Pl.* ① *(Begreifen, Mitgefühl)* comprensione *f*; **dafür habe ich kein ~** questo non lo ammetto ② *(Sinn, Gefühl)* sensibilità *f*

verständnislos *adj* privo di comprensione

Verständnislosigkeit <-> *f kein Pl.* mancanza *f* di comprensione

verständnisvoll *adj* comprensivo

verstärken <ohne ge-> **I.** *vt* ① *(stärker machen)* rinforzare, rafforzare ② *(vermehren, vergrößern)* aumentare ③ RADIO amplificare **II.** *vr:* **sich ~** ① *(stärker werden)* rinforzarsi, rafforzarsi ② *(sich vermehren)* aumentare, crescere

Verstärker <-s, -> *m* TEC, EL, RADIO amplificatore *m*

Verstärkung *f* ① *(das Verstärken)* rafforzamento *m;* MIL rinforzo *m* ② *(Vermehrung)* aumento *m* ③ RADIO amplificazione *f*

verstauben <ohne ge-> *vi sein* impolverarsi

verstauchen <ohne ge-> *vt* slogare; **sich** *dat* **die Hand ~** slogarsi la mano

Verstauchung <-, -en> *f* distorsione *f*, slogatura *f*, storta *f*

verstauen <ohne ge-> *vt* stipare, sistemare

Versteck [fɛɐ̯ˈʃtɛk] <-(e)s, -e> *nt* nascondiglio *m;* **~ spielen** giocare a nascondino

verstecken <ohne ge-> **I.** *vt* nascondere; *(a. fig)* dissimulare **II.** *vr:* **sich ~** nascondersi

Versteckspiel *nt* nascondino *m*

versteckt *adj* ① *(verborgen)* nascosto ② *(fig: Andeutung, Bemerkung)* velato; *(Lächeln)* furtivo; *(heimlich)* segreto

verstehen <irr, ohne ge-> **I.** *vt* ① *(begreifen, hören)* comprendere, capire; **jdm etw zu ~ geben** far capire qc a qu; **~ Sie mich recht!** non mi fraintenda!; **verstanden?** *(fam)* capito? ② *(gut können, beherrschen)* sapere, conoscere; **davon verstehst du nichts** non ne capisci niente ③ *(meinen)* intendere; **was versteht man unter Gehirnwäsche?** che cosa si intende per lavaggio del cervello? **II.** *vr:* **sich ~** ① *(sich vertragen)* andare d'accordo; **sich mit jdm ~** andare d'accordo con qu ② *(beherrschen)* **sich auf etw** *akk* **~** intendersi di qc ③ *(selbstverständlich sein)* **das versteht sich** [**von selbst**] si capisce, è ovvio

versteifen <ohne ge-> *vr* **sich auf etw** *akk* **~** impuntarsi su qc

versteigen <irr, ohne ge-> *vr* **sich zu etw ~** avere l'ardire di fare qc, osare qc

Versteigerer <-s, -> *m* ufficiale *m* dell'asta pubblica

versteigern <ohne ge-> *vt* vendere all'asta

Versteigerung *f* [vendita *f* all']asta *f*, incanto *m*

versteinern <ohne ge-> *vi sein (zu Stein werden)* pietrificarsi; *(fig)* impietrire

Versteinerung <-, -en> *f* ① *Sing. (Vorgang)* pietrificazione *f* ② *(Gegenstand)* fossile *m*

verstellbar *adj* regolabile

verstellen <ohne ge-> **I.** *vt* ① *(an anderen Ort)* spostare, cambiare di posto ② *(versperren)* sbarrare ③ *(Stimme, Handschrift)* contraffare ④ TEC regolare **II.** *vr:* **sich ~** ① TEC sregolarsi, spostarsi ② *(fig: Mensch)* fingere, simulare

Verstellung *f* ① TEC regolazione *f* ② *Sing. (fig: von Mensch)* simulazione *f*, finzione *f*

versteppen *vi sein* diventare una steppa

Versteppung <-, -en> *f* trasformazione *f* in steppa

versteuern <ohne ge-> *vt* pagare le imposte su

Versteuerung <-, -en> *f* tassazione *f*

verstimmt *adj* ① MUS scordato ② *(Mensch)* di malumore; *(verärgert)* stizzito, irritato ③ *(Magen)* imbarazzato

Verstimmung <-, -en> *f* ① MUS scordatura *f* ② *(Meinungsverschiedenheit)* disaccordo *m*, disarmonia *f*

verstockt *adj (pej: trotzig)* ostinato; *(Sünder)* impenitente

Verstocktheit <-> *f kein Pl. (Widerspenstigkeit)* ostinazione *f*; *(bei Sünder)* impenitenza *f*

verstohlen [fɛɐ̯ˈʃtoːlən] *adj (Blick, Lächeln)* furtivo; *(heimlich)* segreto

verstopfen <ohne ge-> **I.** *vt haben* ① *(Loch, Ritzen)* [ot]turare; NAUT calafatare; *(Ausguss, Straße)* intasare; *(Ohren)* turare, tappare ② MED costipare **II.** *vi sein* intasarsi

verstopft *adj* ① *(Nase, Straße, Ausguss)* intasato ② *(verschlossen)* turato ③ MED stitico, costipato

Verstopfung <-> *f kein Pl.* ① *(Verschließung)* otturazione *f* ② *(von Straße, Aus-*

guss) intasamento *m* ③ MED stitichezza *f,* costipazione *f*

verstorben [fɛɐ̯'ʃtɔrbən] *adj* deceduto, defunto; **der Verstorbene** il defunto

verstört *adj* sconvolto, stravolto; *(verwirrt)* turbato

Verstoß *m* trasgressione *f;* **ein ~ gegen die Verkehrsordnung** un'infrazione al codice della strada

verstoßen <irr, ohne ge-> **I.** *vt (vertreiben)* scacciare; **jdn aus dem Elternhaus ~** scacciare qu dalla casa paterna **II.** *vi* **gegen etw ~** contravvenire a qc; **gegen das Gesetz ~** infrangere la legge

verstrahlt *adj* irradiato

verstreichen <irr, ohne ge-> **I.** *vi sein (geh: Zeit)* passare; *(Frist)* scadere **II.** *vt haben* ① *(Farbe, Salbe)* **etw [auf etw** *akk*] **~** spalmare qc [su qc] ② *(Fugen, Ritzen)* otturare; *(verspachteln)* stuccare

verstreuen <ohne ge-> *vt* ① *(ausstreuen)* spargere; *(unsystematisch)* sparpagliare ② *(versehentlich)* versare, rovesciare

verstreut [fɛɐ'ʃtrɔɪt] *adj (Gehöfte, Ortschaften)* sparso, sparpagliato, disseminato

verstricken <ohne ge-> **I.** *vt* ① *(Wolle)* adoperare lavorando a maglia ② *(geh fig: verwickeln)* coinvolgere **II.** *vr:* **sich ~** ① *(falsch stricken)* sbagliarsi lavorando a maglia ② *(fig)* **sich [in etw** *akk*] **~** impegolarsi [in qc]

verströmen <ohne ge-> *vt* emanare

verstümmeln [fɛɐ̯'ʃtʏməln] <ohne ge-> *vt* mutilare

Verstümmelung <-, -en> *f* mutilazione *f*

verstummen <ohne ge-> *vi sein (geh: Person)* ammutolire; *(Gesang, Geräusch)* cessare, tacere; **vor Schreck ~** ammutolire per la paura

Versuch [fɛɐ̯'zuːx] <-(e)s, -e> *m* ① *(Handlung)* tentativo *m;* **beim ersten ~** al primo tentativo; **das kommt auf einen ~ an** si tratta di provare ② *(wissenschaftlich)* esperimento *m,* prova *f*

versuchen <ohne ge-> **I.** *vt* ① *(probieren)* tentare; **~ etw zu tun** tentare di fare qc ② *(Speise, Getränke)* assaggiare ③ *(geh: in Versuchung führen)* tentare; **versucht sein etw zu tun** essere tentato di fare qc **II.** *vr* **sich [an etw** *dat*] **~** cimentarsi [con qc]

Versuchsanlage *f* stazione *f* sperimentale

Versuchsanordnung *f* disposizione *f* sperimentale

Versuchsballon *m* pallone *m* sonda; **einen ~ steigen lassen** *(fig)* fare una prova

Versuchsgelände <-s> *nt* campo *m* [di] prova

Versuchskaninchen *nt (fig, pej)* cavia *f*

Versuchslauf *m* ① TEC giro *m* di prova ② SPORT giro *m* di ricognizione

Versuchsperson *f* soggetto *m* [dell'esperimento]

Versuchsreihe *f* serie *f* di esperimenti

Versuchsstadium <-s, -stadien> *nt* stadio *m* di sperimentazione

Versuchsstrecke *f* pista *f* di prova

Versuchstier *nt* cavia *f*

versuchsweise *adv* in via sperimentale

Versuchung <-, -en> *f* tentazione *f;* **in ~ kommen** [*o* **geraten**] **etw zu tun** essere tentato di fare qc; **jdn in ~ führen** indurre qu in tentazione

versumpfen <ohne ge-> *vi sein* ① *(sumpfig werden)* impantanarsi ② *(fig fam: verwahrlosen)* cadere in basso, depravarsi ③ *(fig fam: lange zechen)* fare bisboccia

versündigen <ohne ge-> *vr (geh)* **sich an etw** *dat* **~** peccare contro qc; **sich an jdm ~** fare un torto a qu

versunken [fɛɐ̯'zʊŋkən] *adj* ① *(gesunken)* affondato; *(Kultur)* sommerso ② *(fig)* immerso, assorto; **[ganz] in Gedanken ~ sein** essere [molto] pensoso, essere [profondamente] assorto in pensieri

versüßen <ohne ge-> *vt (fig)* addolcire

vertagen <ohne ge-> *vt* aggiornare, rinviare, rimandare

Vertagung *f* aggiornamento *m,* rinvio *m*

vertan [fɛɐ'taːn] *PP von* **vertun**

vertat *1. u. 3. Pers. Sing. Imp. von* **vertun**

vertauschen <ohne ge-> *vt* **etw [mit etw] ~** scambiare qc [con qc]

verteidigen [fɛɐ̯'taɪdɪgən] <ohne ge-> **I.** *vt* difendere **II.** *vr* **sich [gegen jdn/etw] ~** difendersi [da qu/qc]

Verteidiger(in) <-s, -; -, -nen> *m(f)* difensore, difenditrice *m, f*

Verteidigung <-> *f kein Pl.* difesa *f;* **in der ~** sulla difensiva

Verteidigungskrieg *m* guerra *f* difensiva

Verteidigungsminister(in) *m(f)* ministro *m* della difesa

Verteidigungsministerium *nt* ministero *m* della difesa

Verteidigungsrede *f* ① JUR arringa *f,* difesa *f* ② *(fig: Apologie)* apologia *f*

verteilen <ohne ge-> **I.** *vt* ① *(vergeben)* distribuire; *(zuteilen)* assegnare ② *(aufteilen)* ripartire, dividere ③ *(Salbe)* spalmare **II.** *vr:* **sich ~** ① *(zeitlich)* dividersi ② *(örtlich)* distribuirsi; **die Bevölkerung verteilt sich auf** [*o* **über**] **das Land** la popolazione si distribuisce sulla campagna

Verteiler <-s, -> *m* ① *(Person)* distributore *m* ② *(Betrieb)* azienda *f* erogatrice

Verteilerkasten *m* EL cassetta *f* di distribuzione

Verteilerschlüssel *m* chiave *f* di distribuzione

Verteilersteckdose <-, -n> *f* EL presa *f* multipla

Verteilung *f* ❶ *(das Verteilen) a.* WIRTSCH distribuzione *f* ❷ *(Aufteilung)* ripartizione *f*, divisione *f*

verteuern <ohne ge-> **I.** *vt* rincarare **II.** *vr:* **sich ~** rincarare

Verteuerung <-, -en> *f* rincaro *m;* **~ um 3%** rincaro del 3%

vertiefen <ohne ge-> **I.** *vt* rendere più profondo; *(a. fig)* approfondire **II.** *vr:* **sich ~** ❶ *(tiefer werden)* diventare più profondo ❷ *(fig)* **sich [in etw** *akk***] ~** immergersi [in qc]

Vertiefung <-, -en> *f* ❶ *(a. fig)* approfondimento *m; (Hohlraum)* cavità *f; (Senke, Mulde)* avvallamento *m* ❷ *Sing. (fig: Sichvertiefen)* approfondimento *m*

vertikal [vɛrti'kaːl] *adj* verticale

Vertikale [vɛrti'kaːlə] <-n, -n> *f* verticale *f;* **in der ~n** in verticale

vertilgen <ohne ge-> *vt* ❶ *(Unkraut)* estirpare; *(Ungeziefer)* sterminare ❷ *(fam: aufessen)* divorare

vertippen <ohne ge-> *vr:* **sich ~** *(fam)* sbagliare scrivendo a macchina

vertonen <ohne ge-> *vt* musicare, mettere in musica

vertrackt [fɛɐ̯'trakt] *adj (fam)* intricato

Vertrag [fɛɐ̯'traːk, *Pl:* fɛɐ̯'trɛːgə] <-(e)s, Verträge> *m* contratto *m;* POL trattato *m;* **einen ~ [ab]schließen** stipulare un contratto; **jdn unter ~ nehmen** assumere qu con contratto; **unter ~ stehen** essere soggetto a contratto; **~ von Amsterdam** EU Trattato *m* di Amsterdam

vertragen <irr, ohne ge-> **I.** *vt (ertragen, aushalten)* sopportare; *(dulden)* tollerare; **er kann viel ~** *(fam: beim Trinken)* regge bene l'alcool **II.** *vr:* **sich ~** ❶ *(sich verstehen)* **sich [mit jdm] ~** andare d'accordo [con qu] ❷ *(vereinbar sein)* **sich [mit etw] ~** essere compatibile [con qc]

vertraglich **I.** *adj* contrattuale **II.** *adv* per contratto

verträglich [fɛɐ̯'trɛːklɪç] *adj* ❶ *(Mensch)* conciliante, accomodante ❷ *(Speisen)* digeribile

Verträglichkeit <-> *f kein Pl.* ❶ *(von Speisen)* tollerabilità *f*, sopportabilità *f* ❷ *(von Personen)* sopportabilità *f*

Vertragsabschluss *m* stipulazione *f* di contratto

Vertragsbruch *m* violazione *f* del contratto

vertragsbrüchig *adj* **~ werden** violare un contratto

vertragschließend *adj* **~e Partei** parte contraente

Vertragshändler <-s, -> *m* rivenditore *m* autorizzato, concessionario *m*

Vertragspartner *m* parte *f* contraente

Vertragsverletzung *f* violazione *f* di contratto

Vertragswerkstatt *f* officina *f* convenzionata

vertragswidrig *adj* contrario ai termini del contratto

vertrauen <ohne ge-> *vi* **jdm ~** fidarsi di qu; **auf jdn/etw ~** avere fiducia in qu/qc

Vertrauen <-s> *nt kein Pl.* fiducia *f;* **~ erweckend** che ispira fiducia; **~ zu jdm/etw haben** avere fiducia in qu/qc; **jdn ins ~ ziehen** confidarsi con qu; **im ~** in confidenza; **im ~ darauf, dass ...** confidando che *+conj*

vertrauenerweckend *adj* che ispira fiducia

Vertrauensarzt *m,* **Vertrauensärztin** *f* medico *m* fiscale

vertrauensbildend *adj* che crea fiducia

Vertrauensbruch *m* trasgressione *f* del rapporto di fiducia

Vertrauensfrage *f* PARL questione *f* di fiducia; **die ~ stellen** porre la questione di fiducia

Vertrauenslehrer(in) <-s, -; -, -nen> *m(f)* insegnante *mf* di fiducia

Vertrauensmann <-(e)s, -männer *o* -leute> *m* uomo *m* di fiducia

Vertrauensperson *f* persona *f* di fiducia

Vertrauenssache *f* **das ist ~** è questione di fiducia

vertrauensselig *adj* troppo fiducioso; *(leichtgläubig)* credulone

Vertrauensstellung *f* posto *m* di fiducia

Vertrauensverhältnis *nt* rapporto *m* di fiducia [*o* fiduciario]

vertrauensvoll *adj* fiducioso; **sich ~ an jdn wenden** rivolgersi con fiducia a qu

Vertrauensvotum *nt* PARL voto *m* di fiducia

vertrauenswürdig *adj* degno di fiducia, fidato

Vertrauenswürdigkeit <-> *f kein Pl.* fidatezza *f*

vertraulich *adj* ❶ *(geheim)* confidenziale; **~e Mitteilung** confidenza ❷ *(vertraut)* familiare, intimo

Vertraulichkeit <-, -en> *f* ❶ *Sing. (Eigenschaft, Haltung)* riservatezza *f* ❷ *(Aufdringlichkeit)* invadenza *f;* **plumpe ~en** *(pej)* familiarità

verträumt *adj* trasognato

vertraut *adj* familiare; *(Freund)* intimo; **sich mit dem Gedanken ~ machen,**

dass … abituarsi all'idea che *+conj;* **sich mit etw ~ machen** familiarizzarsi con qc, impratichirsi in qc
Vertraute <ein -r, -n, -n> *mf* confidente *mf*
vertreiben <irr, ohne ge-> *vt* ① *(Personen)* cacciare; *(von Besitz)* spossessare ② *(Schnupfen, Schlaf)* far passare; *(Durst)* togliere; **sich** *dat* **die Zeit ~** far passare il tempo ③ *(verkaufen)* vendere, smerciare
Vertreibung <-, -en> *f* espulsione *f;* **die ~ aus der Heimat** l'espulsione dalla patria
vertretbar *adj* ① *(Maßnahme, Standpunkt)* giustificabile, sostenibile ② JUR fungibile
vertreten <irr, ohne ge-> **I.** *vt* ① *(ersetzen)* sostituire, rimpiazzare ② *(als Repräsentant)* rappresentare; *(als Bevollmächtigter)* essere il rappresentante di ③ *(Interessen)* difendere, curare; JUR *(Klienten als Anwalt)* patrocinare ④ *(Meinung, These)* sostenere ⑤ *(zugegen sein)* **~ sein** essere presente **II.** *vr* **sich** *dat* **die Füße** [*o* **Beine**] **~** sgranchirsi le gambe
Vertreter(in) <-s, -; -, -nen> *m(f)* ① *(Stell~)* sostituto, -a *m, f,* supplente *mf* ② *(Repräsentant, Handels~)* rappresentante *mf* ③ *(Anhänger, Verfechter)* sostenitore, -trice *m, f*
Vertretung <-, -en> *f* ① *(Stell~)* sostituzione *f,* supplenza *f;* **die ~ von jdm übernehmen** fare supplenza a qu; **in ~** [**von**] *(in Briefen)* per ② *(Repräsentanz)* rappresentanza *f;* **diplomatische ~** rappresentanza diplomatica ③ COM *(Niederlassung)* agenzia *f*
Vertrieb *m* ① *Sing. (Verteilung)* distribuzione *f* ② *(Abteilung)* ufficio *m* vendite
Vertriebene [fɛɐ̯'triːbənə] <ein -r, -n, -n> *mf* profugo, -a *m, f*
Vertriebsabteilung *f* ufficio *m* vendite
Vertriebskosten *pl* WIRTSCH spese *fpl* di vendita
Vertriebsleiter(in) *m(f)* direttore, -trice *m, f* delle vendite
vertrocknen <ohne ge-> *vi sein* [dis]seccare; *(fig)* inaridire
vertrocknet [fɛɐ̯'trɔknət] *adj* secco, appassito
vertrödeln <ohne ge-> *vt (fam pej: Zeit)* sprecare, sciupare
vertrösten <ohne ge-> *vt* **jdn auf später ~** far sperare qu nel dopo
vertrotteln <ohne ge-> *vi sein (fam)* rincitrullire, rimbambire
vertrottelt [fɛɐ'trɔtəlt] *adj* rincretinito, rimbecillito
vertrug *1. u. 3. Pers. Sing. Imp. von* **vertragen**
vertun <irr, ohne ge-> **I.** *vt (vergeuden)* sciupare **II.** *vr:* **sich ~** *(fam)* sbagliarsi
vertuschen <ohne ge-> *vt (fam)* nascondere, occultare; *(Skandal)* soffocare
Vertuschung <-, -en> *f* occultamento *m*
verübeln <ohne ge-> *vt* **jdm etw ~** volerne a qu per qc
verüben <ohne ge-> *vt* commettere, perpetrare
verulken <ohne ge-> *vt (fam)* canzonare
verunfallen <ohne ge-> *vi sein* CH *(verunglücken)* infortunarsi, avere un incidente
verunglimpfen [fɛɐ'ʔʊnglɪmpfən] <ohne ge-> *vt* ① *(beleidigen)* offendere ② *(schmähen)* denigrare
verunglücken <ohne ge-> *vi sein* ① *(Person)* infortunarsi; *(a. Fahrzeuge)* avere un incidente; **tödlich ~** morire in un incidente ② *(scherz: missraten)* non riuscire
verunmöglichen [fɛɐ̯ʊn'møːklɪçən] <ohne ge-> *vt* CH *(verhindern)* impedire, ostacolare
verunreinigen <ohne ge-> *vt* sporcare, insudiciare; *(Umwelt)* inquinare, contaminare
Verunreinigung *f* ① *(geh: von Kleidung, Fußboden)* insudiciare *m* ② *(von Umwelt)* inquinamento *m,* contaminazione *f*
verunsichern <ohne ge-> *vt* rendere insicuro
verunsichert [fɛɐ̯'ʔʊnzɪçɐt] *adj (verwirrt)* confuso; *(unsicher)* insicuro
Verunsicherung <-> *f kein Pl. (Verwirrung)* insicurezza *f,* incertezza *f; (Zweifel)* dubbio *m*
verunstalten [fɛɐ̯'ʔʊnʃtaltən] <ohne ge-> *vt* sfigurare, deturpare
veruntreuen <ohne ge-> *vt* JUR appropriarsi indebitamente, sottrarre
Veruntreuung <-, -en> *f* JUR appropriazione *f* indebita, sottrazione *f*
verursachen <ohne ge-> *vt* causare, provocare; *(Skandal, Zorn)* suscitare
Verursacher(in) <-s, -; -, -nen> *m(f)* autore, -trice *m, f,* causa *f*
Verursacherprinzip *nt principio secondo cui colui che causa il danno è chiamato a risarcirlo*
verurteilen <ohne ge-> *vt (allg)* JUR condannare; **jdn zum Tode ~** condannare qu a morte; **zum Scheitern verurteilt** destinato a fallire
Verurteilung <-, -en> *f (allg)* JUR condanna *f*
vervielfachen <ohne ge-> *vt* moltiplicare
vervielfältigen [fɛɐ̯'fiːlfɛltɪgən] <ohne ge-> *vt* riprodurre; *(fotokopieren)* fotocopiare

Vervielfältigung <-, -en> *f* 1 *Sing. (Kopieren)* riproduzione *f* 2 *(Kopie)* copia *f*

vervierfachen <ohne ge-> *vt* quadruplicare

vervollkommnen [fɛɐ̯ˈfɔlkɔmnən] <ohne ge-> *vt* perfezionare

Vervollkommnung <-> *f kein Pl.* perfezionamento *m*

vervollständigen <ohne ge-> *vt* completare

Vervollständigung <-> *f kein Pl.* completamento *m*

verw. *Abk. von* **verwitwet** vedovo, -a

verwählen <ohne ge-> *vr:* **sich ~** *(fam)* sbagliare numero

verwahren <ohne ge-> **I.** *vt (aufbewahren)* custodire, conservare **II.** *vr* **sich gegen etw ~** protestare contro qc

verwahrlost [fɛɐ̯ˈvaːɐ̯loːst] *adj* 1 *(vernachlässigt)* abbandonato; *(Mensch, Äußeres)* trascurato 2 *(moralisch)* depravato

Verwahrlosung [fɛɐˈvaːɐloːzʊŋ] <-> *f kein Pl.* 1 *(Vernachlässigung)* trascuratezza *f*, abbandono *m* 2 *(moralisch)* depravazione *f*

Verwahrung <-> *f kein Pl.* custodia *f;* **in ~ nehmen** prendere in custodia

verwaist *adj* 1 *(elternlos)* orfano 2 *(fig: verlassen)* abbandonato

verwalten <ohne ge-> *vt* 1 *(Besitz, Erbe)* amministrare 2 *(Amt)* ricoprire, esercitare 3 POL *(Gemeinde)* governare 4 *(Betrieb, Firma)* gestire

Verwalter(in) <-s, -; -, -nen> *m(f)* amministratore, -trice *m, f; (Treuhänder)* fiduciario, -a *m, f*

Verwaltung <-, -en> *f* amministrazione *f*

Verwaltungsapparat *m* apparato *m* amministrativo

Verwaltungsbeamte *m,* **Verwaltungsbeamtin** *f* funzionario, -a *m, f* amministrativo, -a

Verwaltungsbehörde *f* autorità *f* amministrativa

Verwaltungsbezirk *m* circoscrizione *f* amministrativa

Verwaltungsgericht *nt* tribunale *m* amministrativo

Verwaltungsgerichtshof <-(e)s, -höfe> *m* tribunale *m* amministrativo

Verwaltungswissenschaft *f* scienze *f* amministrative

verwand *1. u. 3. Pers. Sing. Imp. von* **verwinden**

verwandeln <ohne ge-> **I.** *vt* 1 *(allg)* **etw [in etw** *akk*] **~** trasformare qc [in qc]; **sie ist wie verwandelt** è come trasformata 2 CHEM, PHYS convertire **II.** *vr* **sich [in jdn/etw] ~** trasformarsi [in qu/qc]

Verwandlung *f* trasformazione *f*

verwandt [fɛɐ̯ˈvant] *adj* 1 *(von gleicher Abstammung)* **[mit jdm] ~ sein** essere imparentato [con qu] 2 *(fig: von ähnlicher Art)* **[mit etw] ~ sein** essere affine [a qc]

verwandte *1. u. 3. Pers. Sing. Imp. von* **verwenden**

Verwandte <ein -r, -n, -n> *mf* parente *mf;* **die ~n** la parentela, i congiunti; **naher/entfernter ~r** parente stretto/lontano; **er ist ein ~r von mir** [*o* **mein ~r**] è [un] mio parente

Verwandtschaft <-, -en> *f* 1 *(Familie, Beziehung)* parentela *f* 2 *(fig: Ähnlichkeit)* affinità *f;* **die ~ mit** [*o* **zu**] **…** l'affinità con …

verwandtschaftlich *adj* di parentela

verwarf *1. u. 3. Pers. Sing. Imp. von* **verwerfen**

verwarnen <ohne ge-> *vt* avvertire; SPORT ammonire; **jdn gebührenpflichtig ~** fare una multa a qu

Verwarnung *f* avvertimento *m;* SPORT ammonizione *f;* **gebührenpflichtige ~** contravvenzione *f*, multa *f*

verwaschen *adj (Farben)* slavato, sbiadito; *(Linien, Konturen)* indistinto

verwässern <ohne ge-> *vt* annacquare; *(fig)* diluire

Verwechs[e]lung <-, -en> *f* confusione *f; (a. Vertauschung)* scambio *m; (Irrtum)* errore *m*

verwechseln <ohne ge-> *vt* confondere; *(a. vertauschen)* scambiare; **jdn [mit jdm] ~** scambiare qu per qu [altro]; **die beiden sind sich zum Verwechseln ähnlich** i due si assomigliano come due gocce d'acqua

verwegen [fɛɐ̯ˈveːgən] *adj* temerario; *(a. Kleidung)* audace, ardito

Verwegenheit <-> *f kein Pl.* temerarietà *f*, audacia *f*, arditezza *f*

verwehen <ohne ge-> *vt haben* 1 *(zuwehen)* **etw [mit Schnee] ~** coprire qc [di neve] 2 *(wegwehen)* disperdere, dileguare

verwehren <ohne ge-> *vt* **[jdm] etw ~** vietare qc [a qu]

Verwehung <-, -en> *f (Schnee~)* cumulo *m* di neve; *(Sand~)* mucchio *m*

verweichlichen <ohne ge-> *vt haben o vi sein* rammollire

verweichlicht *adj (körperlich)* rammollito, smidollato; *(charakterlich)* effem[m]inato

Verweigerer <-s, -> *m,* **Verweigerin** <-, -nen> *f* ricusante *mf; (des Militärdienstes)* ob[b]iettore *m*

verweigern <ohne ge-> *vt* rifiutare; *(a. Gesuch)* respingere, negare

Verweigerung *f* rifiuto *m*

verweilen <ohne ge-> *vi (geh)* ① *(sich aufhalten)* trattenersi ② *(fig)* soffermarsi; **bei einem Thema ~** soffermarsi su un argomento

verweint *adj (Augen)* lacrimoso; *(Gesicht)* gonfio di pianto

Verweis [fɛɐ̯'vaɪs] <-es, -e> *m* ① *(Tadel)* biasimo *m; (Rüge)* rimprovero *m;* **jdm einen ~ erteilen** biasimare qu ② *(in Buch)* rimando *m;* **ein ~ auf eine andere Seite** un rimando a un'altra pagina

verweisen <irr, ohne ge-> *vt* ① *(geh: tadeln)* biasimare, rimproverare ② *(hinweisen)* rimandare; **jdn auf etw** *akk* **~** rimandare qu a qc ③ *(Auskunftsuchende)* **jdn an eine andere Abteilung ~** indirizzare qu in un altro reparto

Verweisungszeichen *nt* [segno *m* di] rimando *m*

verwelken <ohne ge-> *vi sein* appassire

verwendbar *adj* utilizzabile; **vielseitig ~** pluriuso

verwenden **I.** *vt* usare; *(a. Zeit, Geld)* impiegare, adoperare **II.** *vr* **sich** [**bei jdm für jdn**] **~** *(geh)* adoperarsi [presso qu in favore di qu]

Verwendung *f* uso *m,* impiego *m;* **~ finden** trovare utilizzazione; **für etw keine ~ haben** non avere utilizzazione per qc

Verwendungszweck *m* scopo *m,* uso *m*

verwerfen <irr, ohne ge-> **I.** *vt (ablehnen)* respingere; *(Idee, Plan)* rigettare **II.** *vr:* **sich ~** ① *(Holz)* incurvarsi ② GEOL fagliare

verwerflich *adj* riprovevole, biasimevole

verwertbar *adj* utilizzabile, riciclabile

verwerten <ohne ge-> *vt* [ri]utilizzare; *(ausnutzen)* sfruttare

Verwertung *f* [ri]utilizzazione *f; (Ausnutzung)* sfruttamento *m*

verwesen [fɛɐ̯'veːzən] <ohne ge-> *vi sein* putrefarsi, decomporsi

Verwestlichung [fɛɐ̯'vɛstlɪçʊŋ] <-> *f* occidentalizzazione *f*

Verwesung <-> *f kein Pl.* putrefazione *f,* decomposizione *f*

Verwick[e]lung <-, -en> *f* ① *(Verwickeltsein)* **seine ~ in diese Affäre ist umstritten** non è chiaro se è implicato in questo scandalo ② *(Schwierigkeit)* intrico *m,* complicazione *f*

verwickeln <ohne ge-> **I.** *vt (hineinziehen)* **jdn in etw** *akk* **~** coinvolgere qu in qc; **jdn in ein Gespräch ~** attaccare discorso con qu **II.** *vr:* **sich ~** *(Wolle, Schnur, Fäden)* ingarbugliarsi; **sich in Widersprüche** *akk* **~** *(fig)* ingarbugliarsi in contraddizioni

verwickelt *adj (fig: kompliziert, schwierig)* intricato, complicato

verwildern <ohne ge-> *vi sein* ① *(Garten)* inselvatichire; *(Tier)* inselvatichirsi ② *(fig: verrohen)* imbarbarirsi

verwildert *adj* ① *(Garten)* inselvatichito ② *(Tier)* inselvatichito ③ *(Aussehen)* trascurato, trasandato; *(Kind)* inselvatichito

verwinden <irr, ohne ge-> *vt* **etw nicht ~ können** non potere superare [*o* rassegnarsi a] qc

verwirken <ohne ge-> *vt (geh)* perdere (**ein Recht** un diritto)

verwirklichen <ohne ge-> **I.** *vt* realizzare; *(Plan)* attuare **II.** *vr:* **sich ~** ① *(Wirklichkeit werden)* realizzarsi, attuarsi ② *(Mensch)* realizzarsi

Verwirklichung <-> *f kein Pl.* realizzazione *f,* attuazione *f*

verwirren <ohne ge-> **I.** *vt* ① *(Fäden)* ingarbugliare; *(Haar)* scompigliare ② *(durcheinanderbringen)* confondere; *(verstören)* turbare **II.** *vr:* **sich ~** ① *(Fäden)* ingarbugliarsi; *(Haar)* arruffarsi ② *(fig)* confondersi, turbarsi

verwirrend *adj* sconcertante, che confonde

Verwirrung <-, -en> *f* ① *(Durcheinander)* confusione *f* ② *(Verstörtheit)* turbamento *m*

verwischen <ohne ge-> **I.** *vt* cancellare **II.** *vr:* **sich ~** cancellarsi, sfumare

verwittern <ohne ge-> *vi sein* disgregarsi

verwitwet *adj* vedovo

verwöhnen [fɛɐ̯'vøːnən] <ohne ge-> *vt* viziare

verwöhnt [fɛɐ̯'vøːnt] *adj* ① *(Kind)* viziato, capriccioso ② *(anspruchsvoll)* esigente; *(Geschmack)* raffinato

verworfen [fɛɐ̯'vɔrfən] *adj (geh)* abietto

Verworfenheit <-> *f kein Pl.* abiezione *f*

verworren [fɛɐ̯'vɔrən] *adj* confuso

verwundbar *adj* vulnerabile

verwunden <ohne ge-> *vt* ferire

verwunderlich *adj* ① *(erstaunlich)* sorprendente ② *(sonderbar)* strano

verwundern <ohne ge-> *vt* meravigliare, stupire

verwundert *adj* meravigliato, sorpreso

Verwunderung <-> *f kein Pl.* meraviglia *f,* stupore *m;* **zu meiner ~** con mia meraviglia

verwundet *adj* ferito; **leicht ~** leggermente ferito

Verwundete <ein -r, -n, -n> *mf* ferito, -a *m, f*

Verwundung <-, -en> *f* ferita *f*

verwunschen *adj* incantato

verwünschen <ohne ge-> *vt* maledire

verwünscht *adj* ① *(verflucht)* maledetto ② *(verhext)* dannato

Verwünschung <-, -en> *f* maledizione *f,*

bestemmia *f;* **~en ausstoßen** imprecare, bestemmiare

verwursten [fɛɐ̯'vʊrstən] *vt (fam: verarbeiten)* **etw zu etw ~** rielaborare qc in qualcos'altro

verwurzelt *adj (a. fig)* [**in jdm/etw**] **~ sein** essere radicato [in qu/qc]

verwüsten <ohne ge-> *vt* devastare

Verwüstung <-, -en> *f* devastazione *f*

verzählen <ohne ge-> *vr:* **sich ~** sbagliarsi nei conti

verzahnen <ohne ge-> *vt* ① TEC dentare ② *(fig: verbinden)* concatenare

Verzahnung <-, -en> *f* TEC dentatura *f*

verzaubern <ohne ge-> *vt* incantare; *(fig a.)* ammaliare; **jdn in etw** *akk* **~** trasformare qu in qc

Verzauberung <-, -en> *f* incantesimo *m,* malia *f*

verzehnfachen <ohne ge-> *vt* decuplicare

Verzehr [fɛɐ̯'tseːɐ̯] <-(e)s> *m kein Pl.* consumazione *f*

verzehren <ohne ge-> **I.** *vt* consumare **II.** *vr:* **sich ~** *(geh)* struggersi; **sich vor Kummer ~** struggersi dal dispiacere

verzeichnen <ohne ge-> *vt* ① *(aufzeichnen)* registrare ② *(falsch zeichnen)* disegnare male

Verzeichnis <-ses, -se> *nt* lista *f,* elenco *m; (in Buch)* indice *m; (Register)* registro *m;* INFORM directory *f*

verzeigen <ohne ge-> *vt* CH *(Anzeige erstatten)* denunciare

Verzeigung <-, -e> *f* CH denuncia *f*

verzeihen [fɛɐ̯'tsaɪən] <irr, ohne ge-> *vt* [**jdm**] **etw ~** perdonare qc [a qu]; **~ Sie!** scusi!

verzeihlich *adj* perdonabile, scusabile

Verzeihung <-> *f kein Pl.* perdono *m;* **jdn um ~ bitten** chiedere perdono a qu; **~!** scusi!

verzerren <ohne ge-> *vt* ① *(Gesicht, Mund)* storcere ② *(Optisches)* deformare ③ *(fig: verfälschen)* deformare, distorcere

verzerrt *adj* ① *(Gesicht, Tatsache)* deformato ② *(Sehne)* storto ③ *(Bild)* alterato, mosso; *(Ton)* distorto, disturbato

Verzerrung *f* ① RADIO distorsione *f* ② *(von Optischem, a. fig)* deformazione *f*

verzetteln <ohne ge-> **I.** *vt (Kräfte)* disperdere; *(Zeit)* dissipare, sprecare **II.** *vr:* **sich ~** disperdersi

Verzicht [fɛɐ̯'tsɪçt] <-(e)s, -e> *m* rinuncia *f;* **~ auf etw** *akk* rinuncia a qc

verzichten <ohne ge-> *vi* rinunciare; **auf etw** *akk* **~** rinunciare a qc

Verzichtserklärung <-, -en> *f* JUR [atto *m* di] rinuncia *f*

verzieh [fɛɐ̯'tsiː] *1. u. 3. Pers. Sing. Imp. von* **verzeihen**

verziehen[1] [fɛɐ̯'tsiːən] <irr, ohne ge-> **I.** *vt haben* ① *(Kind)* viziare, educare male ② *(Mund, Gesicht)* storcere; **keine Miene ~** non batter ciglio, restare impassibile **II.** *vr:* **sich ~** ① *(Holz)* imbarcarsi, incurvarsi ② *(Gewitter, Wolken)* disperdersi; *(Nebel)* dissiparsi ③ *(fam: sich zurückziehen)* ritirarsi, dileguarsi; **verzieh dich!** *(sl)* sparisci! *fam* **III.** *vi sein (umziehen)* trasferirsi, traslocare

verziehen[2] *PP von* **verzeihen**

verzieren <ohne ge-> *vt* ornare

Verzierung <-, -en> *f* ornamento *m*

verzinsen <ohne ge-> **I.** *vt* pagare l'interesse su; **mit sechs Prozent verzinst sein** pagare un interesse del sei percento **II.** *vr:* **sich ~** fruttare un interesse

verzogen [fɛɐ̯'tsoːgən] *adj* ① *(Holz, Tür)* deformato, malandato ② *(Kind)* viziato, maleducato ③ *(umgezogen)* **~ sein** essersi trasferito; **unbekannt ~** trasferito senza lasciare recapito

verzögern <ohne ge-> **I.** *vt* ① *(verspäten)* ritardare; *(hinausschieben)* differire ② *(verlangsamen)* rallentare **II.** *vr:* **sich ~** ① *(später eintreten)* essere ritardato ② *(sich hinausziehen)* protrarsi

Verzögerung <-, -en> *f* ritardo *m*

verzollen <ohne ge-> *vt* sdoganare; **haben Sie etwas zu ~?** ha qualcosa da dichiarare?

verzückt *adj* estasiato

Verzückung <-, -en> *f* estasi *f;* **in ~ über etw** *akk* **geraten** andare in estasi per qc

Verzug *m* ritardo *m;* **in ~ geraten/sein** ritardare, essere in ritardo; *(mit Zahlung)* cadere/essere in mora; **Gefahr ist im ~** c'è un pericolo imminente

verzweifeln <ohne ge-> *vi sein* **an jdm/etw ~** disperare di qu/qc; **es ist zum Verzweifeln!** c'è da disperarsi!

verzweifelt *adj* disperato

Verzweiflung <-> *f kein Pl.* disperazione *f;* **jdn zur ~ bringen** portare qu alla disperazione; **aus ~** per disperazione

Verzweiflungstat *f* atto *m* disperato

verzweigen <ohne ge-> *vr:* **sich ~** ramificarsi, diramarsi

Verzweigung <-, -en> *f* ① *(das Sichverzweigen)* ramificazione *f,* diramazione *f* ② CH *(Kreuzung)* incrocio *m*

verzwickt [fɛɐ̯'tsvɪkt] *adj (fam)* ingarbugliato, complicato

Vesper[1] ['fɛspɐ] <-, -n> *f* REL vespro *m*

Vesper[2] <-s, -> *nt* SÜDD merenda *f*

Vesperbrot *nt* SÜDD merenda *f*

vespern <ohne ge-> *vi* SÜDD far merenda

Vesuv [ve'zuːf] *m* [Monte *m*] Vesuvio *m*
Veteran [vete'raːn] <-en, -en> *m* ① MIL veterano *m* ② *(fig: langjähriger Mitarbeiter)* veterano, -a *m, f*
Veterinär(in) [veteri'nɛːɐ̯] <-s, -e; -, -nen> *m(f)* veterinario, -a *m, f*
Veterinärmedizin <-> *f kein Pl.* veterinaria *f*
Veto ['veːto] <-s, -s> *nt* veto *m;* **sein ~ gegen etw einlegen** opporre il proprio veto a qc
Vetorecht *nt* diritto *m* di veto
Vetter ['fɛtɐ] <-s, -n> *m* cugino *m*
Vetternwirtschaft *f (pej)* nepotismo *m*
v-förmig ['faʊfœrmɪç] *adj* a [forma di] V
vgl. *Abk. von* **vergleiche** cf., cfr.
v. H. *Abk. von* **vom Hundert** per cento
VHS [faʊhaː'ʔɛs] <-, -> *f Abk. von* **Volkshochschule** università *f* popolare
via ['viːa] *präp* via
Viadukt [via'dʊkt] <-(e)s, -e> *m o nt* viadotto *m*
Vibration [vibra'tsi̯oːn] <-, -en> *f* vibrazione *f*
vibrieren [vi'briːrən] <ohne ge-> *vi* vibrare
Video ['viːdeo] <-s, -s> *nt* video *m;* **etw auf ~ haben** avere qc su video
Video- ['viːdeo] *in Zusammensetzungen* video-
Videoaufzeichnung *f* videoregistrazione *f*
Videoband <-(e)s, -bänder> *nt* nastro *m* videomagnetico
Videobotschaft *f* videomessaggio *m*
Videoclip <-s, -s> *m* videoclip *m,* filmato *m*
Videohandy *nt* videofonino *m*
Videokamera *f* videocamera *f*
Videokassette <-, -n> *f* videocassetta *f*
Videokonferenz <-, -en> *f* INFORM, TEL videoconferenza *f*
Videorecorder ['viːdeorekɔrdɐ] <-s, -> *m* videoregistratore *m*
Videospiel <-(e)s, -e> *nt* videogioco *m,* videogame *m*
Videotext *m* Videotex® *m*
Videothek [video'teːk] <-, -en> *f* videoteca *f*
Videoüberwachung *f* videosorveglianza *f*
Vieh [fiː] <-(e)s> *nt kein Pl.* ① AGR bestiame *m;* **100 Stück ~** 100 capi di bestiame ② *(fam: Tier, Mensch)* bestia *f*
Viehbestand *m* patrimonio *m* zootecnico
Viehhandel *m* commercio *m* di bestiame
Viehhändler *m* commerciante *m* di bestiame
Viehherde <-, -n> *f* mandria *f,* gregge *m*
Viehseuche <-, -n> *f* epidemia *f* del gregge, epizoozia *f*
Viehzucht <-> *f kein Pl.* allevamento *m,* zootecnia *f*
viel [fiːl] **I.** *adj* <mehr, meiste> molto; **~e Hundert Bücher** centinaia e centinaia di libri; **durch ~es Lesen** a forza di leggere; **~en Dank!** tante grazie!; **~ Glück!** buona fortuna!; **~ Vergnügen!** buon divertimento! **II.** *adv* <mehr, am meisten> molto; **~ kosten** costare molto; **~ zu tun haben** avere molto da fare; **~ schneller/weiter** molto più veloce/più lontano; **~ besser** molto meglio; **sehr ~** moltissimo; **so ~** tanto; **so ~ wie** tanto quanto; **noch einmal** [*o* **doppelt**]/**dreimal so ~** due/tre volte tanto; **so ~ ist sicher** [*o* **steht fest**], **dass** quello che è certo è che; **wie ~** quanto, quanti *pl;* **wie ~ er auch verdient, er ist nie zufrieden** per quanto guadagni, non è mai contento; **wie ~ schöner wäre die Welt, wenn …** come sarebbe più bello il mondo se +*conj;* **wie ~ Uhr ist es?** che ore sono?; **ziemlich ~** parecchio, abbastanza; **zu ~** troppo; **einer zu ~** uno di troppo; **~ zu ~** veramente troppo; **das ist zu ~ des Guten** *(iron)* troppa grazia; **da kriege ich zu ~** mi sale il sangue alla testa, mi infurio; **mir ist heute alles zu ~** *(fam)* oggi mi secca tutto **III.** *pron indef* molto; **~e** molti; **~es** molto, molte cose; **das ist ein bisschen ~ auf einmal** *(fam)* è un po' troppo tutto in una volta; **es fehlte nicht ~** [**daran**] **und …** poco ci mancava che +*conj;* **wie ~e?** quanti?
vielbeschäftigt *adj* molto occupato
vieldeutig *adj* ambiguo, equivoco
Vieleck *nt* poligono *m*
Vielehe *f* poligamia *f*
vielerlei ['fiːlɐ'laɪ] <inv> *adj* ① *(attributiv)* molto *m,* molti *mpl,* molte *fpl,* di molte specie ② *(substantivisch)* molte cose *fpl*
vielerorts ['fiːlɐ'ʔɔrts] *adv* in molti posti, da molte parti
vielfach **I.** *adj* ① *(Kabel, Schnur)* multiplo ② *(viele Male)* multi-; **auf ~en Wunsch** a richiesta generale **II.** *adv (fam: häufig)* spesso
Vielfahrer(in) <-s, -; -, -nen> *m(f)* guidatore, -trice *m, f* abituale *(persona che viaggia molto in macchina)*
Vielfalt ['fiːlfalt] <-> *f kein Pl.* molteplicità *f;* **~ an etw** *dat* varietà di qc
vielfältig ['fiːlfɛltɪç] *adj* molteplice, svariato, sfaccettato; *(Mensch)* complesso
Vielflieger(in) <-s, -; -, -nen> *m(f)* persona *f* che viaggia molto in aereo
Vielfraß <-es, -e> *m (fam)* ghiottone, -a *m, f*
vielgeliebt *adj* molto amato
vielleicht [fi'laɪçt] *adv* ① *(eventuell)* forse;

V

könnten Sie mir ~ helfen? mi potrebbe aiutare? ② *(etwa, ungefähr)* circa ③ *(fam: wirklich)* veramente; **du bist ~ gemein!** *(fam)* sei proprio cattivo!

vielmals *adv* **ich bitte ~ um Entschuldigung** chiedo mille volte scusa; **ich danke Ihnen ~** La ringrazio molto

vielmehr [fiːlˈmeːɐ̯ *o* ˈfiːlmeːɐ̯] *adv* ① *(richtiger, besser)* meglio ② *(eher)* piuttosto ③ *(im Gegenteil)* anzi

vielsagend *adj* significativo, espressivo; *(Blick)* eloquente

vielschichtig *adj* ① *(aus vielen Schichten)* a molti strati, stratiforme ② *(komplex)* complesso

vielseitig *adj (Mensch)* versatile; *(Interessen)* molteplice; *(Bildung)* vasto; **~ anwendbar** pluriuso

vielsprachig *adj* poliglotta

vielstimmig *adj* di [*o* a] più voci

vielversprechend *adj* promettente

Vielvölkerstaat <-(e)s, -en> *m* stato *m* multietnico

Vielzahl *f* moltitudine *f;* **~ an etw** *dat* moltitudine di qc

vielzellig *adj* pluricellulare

vier [fiːɐ̯] *num* quattro; **alle Viere von sich** *dat* **strecken** *(fam)* rimanere stecchito; **sich auf seine ~ Buchstaben setzen** *(scherz)* sedersi; **auf allen Vieren** *(fam)* carponi, a quattro zampe; **unter ~ Augen** a quattr'occhi; *s. a.* **acht**

Vier <-, -en> *f* quattro *m; (Schulnote: ausreichend) sei; (Buslinie)* quattro *m*

Vier-, vier- *s.* **Acht-, acht-**

Vieraugengespräch [fiːɐ̯ˈaʊgəngəʃprɛːç] <-(e)s, -e> *nt (fam)* tête à tête *m,* colloquio *m* a quattr'occhi

Vierbeiner <-s, -> *m (fam)* quadrupede *m*

vierblätt[e]rig [ˈfiːɐ̯blɛt(ə)rɪç] *adj* a [*o* di] quattro fogli

Viereck *nt* quadrilatero *m,* quadrangolo *m*

viereckig *adj* quadrangolare

Vierer <-s, -> *m* ① SPORT [imbarcazione *f* a] quattro *m* ② *(fam: Ziffer)* quattro *m; (Schulnote) sei; (Buslinie)* quattro *m*

Viererbob *m* bob *m* a quattro

Vierergruppe *f* gruppo *m* di quattro

vierfach *adj* quadruplo; *s. a.* **achtfach**

Vierfarbendruck [fiːɐˈfarbəndrʊk] <-(e)s, -e> *m* ① *(Verfahren)* quadricromia *f* ② *(Ergebnis)* stampa *f* in quadricromia

Vierfüßler [ˈfiːɐ̯fyːslɐ] <-s, -> *m* quadrupede *m*

vierhändig [ˈfiːɐ̯hɛndɪç] *adj o adv* MUS a quattro mani

vierhundert [ˈfiːɐ̯ˈhʊndɐt] *num* quattrocento

Vierhundertjahrfeier *f* quattrocentenario *m*

Vierjahresplan [ˈfiːɐˈjaːrəsplaːn] *m* piano *m* quadriennale

Vierkampf *m* lotta *f* a quattro

vierkantig *adj* quadrangolare

Vierkantschlüssel *m* chiave *f* a maschio quadro

vierköpfig [ˈfiːɐ̯kœpfɪç] *adj* a quattro teste; *(Familie)* di [*o* a] quattro persone

Vierling [ˈfiːɐlɪŋ] <-s, -e> *m* figlio, -a *m, f* da parto di quattro gemelli; **~e** quattro gemelli *mpl*

Vierlinge [ˈfiːɐ̯lɪŋə] *mpl* quattro gemelli *mpl*

Viermächteabkommen [ˈfiːɐˈmɛçtəapkɔmən] *nt* convenzione *f* quadripartita

viermotorig *adj* quadrimotore

Vierpfünder [ˈfiːɐpfʏndɐ] <-s, -> *m (Brot)* pane *m* da due chili; *(Fisch, etc)* pesce *m* da due chili

vierphasig *adj (Kabel)* a quattro fasi, tetrapolare

vierräd[e]rig [ˈfiːɐ̯rɛːd(ə)rɪç] *adj* a quattro ruote

Vierradantrieb *m* trazione *f* a quattro ruote

Viersitzer <-s, -> *m* MOT [vettura *f* a] quattro posti *f*

Vierspänner [ˈfiːɐʃpɛnɐ] <-s, -> *m* tiro *m* a quattro

vierspännig *adj* a quattro cavalli

viersprachig *adj (Mensch)* quadrilingue; *(Übersetzung, Konferenz)* in quattro lingue

vierspurig *adj* ① *(Straße)* a quattro corsie ② *(Tonband)* a quattro piste

vierstellig *adj* di quattro cifre

Viersternehotel [ˈfiːɐ̯ʃtɛrnəhotɛl] *nt* albergo *m* a quattro stelle

vierstimmig *adj o adv (Gesang)* a quattro voci; *(Stück)* per quattro voci

Vierstufenrakete [ˈfiːɐʃtuːfənrakeːtə] *f* missile *m* a quattro stadi

vierstufig *adj* di quattro gradini; *(fig)* di quattro gradi

Viertaktmotor *m* AUTO motore *m* a quattro tempi

viertausend [ˈfiːɐ̯ˈtaʊzənt] *num* quattromila

vierte(r, s) *adj* quarto, -a *(bei Datumsangaben)* quattro; *s. a.* **achte(r, s)**

vierteilig *adj (Ausgabe, Serie, Sendung)* in quattro parti; *(Kostüm)* in quattro pezzi; *(Service)* di quattro pezzi

viertel [ˈfɪrtəl] <inv> *adj* quarto *m* di; **ein ~ Pfund** un quarto [di libbra], 125 grammi

Viertel <-s, -> *nt* ① *(Teil) a.* MAT, ASTR quarto *m;* **akademisches ~** il quarto d'ora accademico; ~ **vor/nach zwei** le due meno/e un quarto; **ein ~[e] [Wein]** *(fam)* DIAL un quartino ❷ *(Stadt~)* quartiere *m*

Vierteldrehung *f* quarto *m* di giro; **eine ~ nach links/rechts** un quarto di giro a sinistra/a destra

Viertelfinale *nt* SPORT quarti *mpl* di finale

Vierteljahr ['fɪrtəl'ja:ɐ̯] *nt* trimestre *m*

Vierteljahresschrift ['fɪrtəl'ja:rəsʃrɪft] *f* rivista *f* trimestrale

vierteljährlich *adj* trimestrale

Viertelliter ['fɪrtəl'li:tɐ] *m o nt* quarto *m* di litro, quartino *m fam*

vierteln *vt* dividere in quattro

Viertelnote *f* MUS semiminima *f*

Viertelpause *f* pausa *f* di semiminima

Viertelpfund ['fɪrtəl'pfʊnt] *nt* quarto *m* di libbra

Viertelstunde ['fɪrtəl'ʃtʊndə] *f* quarto *m* d'ora

viertelstündlich I. *adj* di un quarto d'ora **II.** *adv* [per] un quarto d'ora

viertens *adv* [in] quarto [luogo]

viertürig *adj (Haus, Auto)* a quattro porte

Viervierteltakt [fi:ɐ̯'fɪrtəltakt] *m* MUS tempo *m* di quattro quarti

Vierwaldstätter See [fi:ɐ'valtʃtɛtɐ 'ze:] *m* lago *m* dei Quattro Cantoni

vierzehn ['fɪ:ɐ̯tse:n] *num* quattordici; **~ Tage** quindici giorni; **heute/morgen/Montag in ~ Tagen** oggi/domani/lunedì a quindici

vierzehntägig ['fɪ:ɐ̯se:ntɛ:gɪç] *adj* di quindici giorni

vierzehntäglich *adj* bimensile

vierzehnte(r, s) *adj* quattordicesimo, -a *(bei Datumsangaben)* quattordici; *s. a.* **achte(r, s)**

vierzig ['fɪrtsɪç] *num* quaranta; *s. a.* **achtzig**

Vierziger(in) <-s, -; -, -nen> *m(f)* quarantenne *mf*

vierzigjährig *adj* ❶ *(vierzig Jahre alt)* di quarant'anni, quarantenne ❷ *(vierzig Jahre lang)* quarantennale

Vierzigjährige <ein -r, -n, -n> *mf* uomo *m* [donna *f*] sulla quarantina, quarantenne *mf*

vierzigste(r, s) *adj* quarantesimo, -a

Vierzigstel <-s, -> *nt* quarantesimo *m*

Vierzigstundenwoche ['fɪrtsɪç'ʃtʊndənvɔxə] *f* settimana *f* di quaranta ore

Vierzimmerwohnung ['fi:ɐ̯'tsɪmɐvo:nʊŋ] *f* appartamento *m* di quattro stanze

Vietnam [viɛt'nam] *nt* Vietnam *m;* **in ~** nel Vietnam

Vietnamese [viɛtna'me:zə] <-n, -n> *m,* **Vietnamesin** [viɛtna'me:zɪn] <-, -nen> *f* vietnamita *mf*

vietnamesisch *adj* vietnamita

Vignette [vɪn'jɛtə] <-, -n> *f* bollo *m* dell'autostrada

Vikar [vi'ka:ɐ̯] <-s, -e> *m* REL vicario *m*

Villa ['vɪla, *Pl:* 'vɪlən] <-, Villen> *f* villa *f*

Villach ['fɪlax] *nt* Villaco *f*

Villenviertel *nt* quartiere *m* signorile

violett [vio'lɛt] *adj* viola, violetto; *s. a.* **blau**

Violett <-(s), - *o fam:* -s> *nt* viola *m,* violetto *m; s. a.* **Blau**

Violine [vio'li:nə] <-, -n> *f* MUS violino *m*

Violinist(in) [violi'nɪst] <-en, -en; -, -nen> *m(f)* MUS violinista *mf*

Violinschlüssel *m* MUS chiave *f* di violino

VIP [vɪp], **V.I.P.** ['vi:aɪ'pi:] <-(s), -s> *mf* vip *mf*

Viper ['vi:pɐ] <-, -n> *f* ZOO vipera *f*

VIP-Lounge ['vɪplaʊndʒ] <-, -s> *f (eines Hotels, Flughafens)* VIP Lounge *f*

Viren *Pl. von* **Virus**

Virenmail *f* mail *f* con virus

Virologe [viro'lo:gə] <-n, -n> *m* virologo *m*

Virologie [virolo'gi:] <-> *f kein Pl.* BIOL, MED virologia *f*

Virologin [viro'lo:gɪn] <-, -nen> *f* virologa *f*

virologisch *adj* BIOL, MED virologico

virtuell [vɪrtu'ɛl] *adj* INFORM virtuale; **~er Raum** spazio virtuale

virtuos [vɪrtu'o:s] *adj* virtuoso

Virtuose [vɪrtu'o:zə] <-n, -n> *m,* **Virtuosin** [vɪrtu'o:zɪn] <-, -nen> *f* virtuoso, -a *m, f*

Virus ['vi:rʊs, *Pl:* 'vi:rən] <-, Viren> *nt o m* MED, INFORM virus *m*

Virusinfektion <-, -en> *f* MED infezione *f* da virus

Viruskrankheit *f* malattia *f* da virus

Virusscanner *m* INFORM antivirus *m,* protezione *m* antivirus

Visa *Pl. von* **Visum**

Visage [vi'za:ʒə] <-, -n> *f (fam pej)* faccia *f*

Visagist(in) [viza'ʒɪst] <-en, -en; -, -nen> *m(f)* visagista *mf*

Visen *Pl. von* **Visum**

Visier [vi'zi:ɐ̯] <-s, -e> *nt* ❶ *(Helm~)* visiera *f* ❷ *(Gewehr~)* mira *f*

Vision [vi'zi̯o:n] <-, -en> *f* visione *f*

visionär [vizjo'nɛ:ɐ] *adj* visionario

Visitation [vizita'tsjo:n] <-, -en> *f* visita *f,* ispezione *f*

Visite [vi'zi:tə] <-, -n> *f* MED visita *f*

Visitenkarte *f (a. fig)* biglietto *m* da visita

visitieren [vizi'ti:rən] <ohne ge-> *vt* perquisire

Viskose [vɪs'ko:zə] <-> *f kein Pl.* CHEM viscosa *f*

Viskosität [vɪskozi'tɛ:t] <-> *f kein Pl.* viscosità *f*

visuell [vi'zuɛl] *adj* visivo
Visum ['vi:zʊm, *Pl:* 'vi:za *o* 'vi:zən] <-s, Visa *o* Visen> *nt* visto *m*
vital [vi'ta:l] *adj* vitale
Vitalität [vitali'tɛ:t] <-> *f kein Pl.* vitalità *f*
Vitamin [vita'mi:n] <-s, -e> *nt* vitamina *f*
Vitamingehalt <-(e)s, -e> *m* contenuto *m* vitaminico
Vitaminmangel *m* avitaminosi *f*, carenza *f* vitaminica
vitaminreich *adj* vitaminico
Vitamintablette *f* compressa *f* vitaminica
Vitrine [vi'tri:nə] <-, -n> *f* vetrina *f*
Vize- ['fi:tsə *o* 'vi:tsə] *in Zusammensetzungen* vice-
Vizekanzler(in) *m(f)* vicecancelliere *m*
Vizepräsident(in) *m(f)* vicepresidente, -essa *m, f*
Vogel ['fo:gəl, *Pl:* 'fø:gəl] <-s, Vögel> *m* ❶ ZOO uccello *m;* **einen ~ haben** *(fam)* essere matto, non avere tutte le rotelle; **den ~ abschießen** *(fig fam)* cogliere nel segno, vincere il primo premio; **jdm den ~ zeigen** dare del matto a qu ❷ *(fig fam: Kerl)* tipo *m;* **das ist ein komischer ~** *(fam)* è un tipo strano
Vogelbauer <-s, -> *nt o rar: m* gabbia *f* per uccelli
Vogelbeerbaum *m* BOT sorbo *m*
Vogelbeere *f* BOT sorba *f*
Vogelei ['fo:gəlʔaɪ] <-(e)s, -er> *nt* uovo *m* di uccello
vogelfrei *adj* proscritto, fuorilegge
Vogelfutter *nt* becchime *m* [per uccelli]
Vogelgrippe *f* influenza *f* aviaria
Vogelhaus *nt* uccelliera *f*, voliera *f*
Vogelkirsche *f* BOT visciola *f*
vögeln ['fø:gəln] *vi, vt (vulg)* chiavare
Vogelnest *nt* nido *m* d'uccello
Vogelperspektive *f* prospettiva *f* a volo d'uccello; **etw aus der ~ betrachten** considerare qc a volo d'uccello
Vogelschau *f* ornitomanzia *f*
Vogelscheuche ['fo:gəlʃɔɪçə] <-, -n> *f (a. fig)* spaventapasseri *m*
Vogelschwarm <-(e)s, -schwärme> *m* stormo *m* di uccelli
Vogel-Strauß-Politik [fo:gəl'ʃtraʊspoliti:k] *f* politica *f* dello struzzo
Vogelzug *m* migrazione *f* degli uccelli
Vogerlsalat <-(e)s> *m kein Pl.* A *(Feldsalat)* lattughella *f*, dolcetta *f*
Vogesen [vo'ge:zən] *pl* **die ~** i Vosgi *mpl*
voipen ['vɔɪpən] *vi* INET chiamare via internet, effettuare una chiamata VoIP
Vokabel [vo'ka:bəl] <-, -n> *f* vocabolo *m*
Vokabular [vokabu'la:ɐ̯] <-s, -e> *nt* vocabolario *m*
Vokal [vo'ka:l] <-s, -e> *m* LING vocale *f*
vokalisch *adj* vocalico
Vokalmusik *f* musica *f* vocale
Volk [fɔlk, *Pl:* 'fœlkɐ] <-(e)s, Völker> *nt* ❶ *(Gemeinschaft)* popolo *m* ❷ *Sing. (Einwohner)* popolazione *f; (Nation)* nazione *f* ❸ *Sing. (fam: Leute)* gente *f; (Menschenmenge)* folla *f*, massa *f;* **etw unters ~ bringen** divulgare qc ❹ *Sing. (pej: untere Bevölkerungsschichten)* popolino *m;* **der Mann aus dem ~e** l'uomo della strada ❺ ZOO branco *m*, colonia *f*
Völkerbund ['fœlkɐbʊnt] <-(e)s> *m kein Pl.* Società *f* delle Nazioni
Völkergemeinschaft *f* comunità *f* delle nazioni
Völkerkunde *f* etnologia *f*
Völkerkundler(in) ['fœlkɐkʊntlɐ] <-s, -; -, -nen> *m(f)* etnologo, -a *m, f*
Völkermord *m* genocidio *m*
Völkerrecht *nt* diritto *m* internazionale
völkerrechtlich *adj* di diritto internazionale
Völkerverständigung *f* intesa *f* tra i popoli
Völkerwanderung *f* ❶ HIST migrazione *f* dei popoli ❷ *(fam scherz: Menschenstrom)* spostamento *m* in massa
Volksabstimmung *f* POL referendum *m*
Volksbefragung *f* POL consultazione *f* popolare
Volksbegehren *nt* POL proposta *f* di legge d'iniziativa popolare
Volksbelustigung *f* divertimento *m* popolare
Volkscharakter *m* carattere *m* etnico
Volksdemokratie *f* democrazia *f* popolare
volkseigen *adj* nazionalizzato
Volkseinkommen *nt* reddito *m* nazionale
Volksempfinden *nt* sentimento *m* popolare
Volksentscheid *m* POL referendum *m*
Volksetymologie *f* etimologia *f* popolare
Volksfest *nt* festa *f* popolare
Volksfront *f* POL fronte *m* popolare
Volksgesundheit *f* salute *f* pubblica
Volksglaube *m* credenza *f* popolare
Volksheld *m* eroe *m* popolare
Volkshochschule *f* ❶ *(Einrichtung)* università *f* popolare ❷ *(Kurse)* corsi *mpl* per adulti
Volksinitiative <-, -n> *f* CH POL *(Volksbegehren)* iniziativa *f* popolare
Volkskrankheit <-, -en> *f* malattia *f* comune
Volkskunde *f* folclore *m*
volkskundlich *adj* folcloristico
Volkskunst *f* arte *f* popolare
Volkslied *nt* canto *m* popolare
Volksmärchen *nt* fiaba *f* popolare

Volksmehr <-s> *nt kein Pl.* CH POL *(Mehrheit der Stimmberechtigten der ganzen Schweiz bei einer eidgenössischen Abstimmung)* maggioranza *f* popolare
Volksmenge *f* folla *f,* moltitudine *f*
Volksmund *m* **im ~ heißt das ...** nel linguaggio popolare si dice ...
Volksmusik *f* musica *f* popolare
Volkspolizei *f* polizia *f* popolare *(nella ex RDT)*
Volksrepublik *f* repubblica *f* popolare
Volksschicht *f* strato *m* [*o* ceto *m*] sociale
Volksschule <-, -n> *f* A, SÜDD *(Grundschule)* scuola *f* elementare
Volkssport *m* sport *m* popolare
Volksstamm *m* tribù *f*
Volkstanz *m* danza *f* popolare
Volkstracht *f* costume *m* nazionale
Volkstum <-s> *nt kein Pl.* carattere *m* nazionale
volkstümlich ['fɔlksty:mlɪç] *adj* popolare
volksverbunden *adj* legato al popolo; *(volksnahe)* popolare
Volksvermögen *nt* patrimonio *m* nazionale
Volksversammlung *f* ① POL assemblea *f* popolare ② *(Massenversammlung)* riunione *f* di massa
Volksvertreter *m* rappresentante *m* del popolo; *(Abgeordneter)* deputato *m*
Volksvertretung *f* rappresentanza *f* popolare; *(Parlament)* parlamento *m*
Volkswirt(in) *m(f)* economista *mf*
Volkswirtschaft *f* economia *f* politica
Volkswirtschaftler(in) <-s, -; -, -nen> *m(f)* economista *mf* [esperto] di economia politica
volkswirtschaftlich *adj* di economia politica
Volkswirtschaftslehre <-> *f kein Pl.* economia *f* politica
Volkszählung *f* censimento *m* della popolazione
voll [fɔl] **I.** *adj* ① *(gefüllt)* pieno; **~ von etw sein** essere pieno di qc; **gerammelt ~** *(fam)* pieno zeppo; **halb ~** mezzo pieno; **mit ~em Mund** a bocca piena; **aus dem Vollen schöpfen** *(fig)* attingere a piene mani ② *(üppig)* tondo; *(Busen)* turgido; *(Haar)* folto ③ *(Geschmack)* pieno; *(Ton)* pieno, carico; *(Farben)* carico ④ *(~ständig, ganz)* intero, tutto; **die ~e Wahrheit** tutta la verità; **~e zwei Jahre** due anni interi; **~e drei Stunden** tre ore di orologio; **aus ~em Halse** a squarciagola; **in ~er Fahrt** in piena corsa; **in ~er Größe** a grandezza naturale; **den ~en Preis bezahlen** pagare la tariffa intera; **jdn nicht für ~ nehmen** *(fam)* non prendere qu sul serio ⑤ *(erfüllt)* **~ von etw sein** essere pieno di qc ⑥ *(fig fam: betrunken)* ubriaco, sbronzo **II.** *adv (völlig)* pienamente, interamente; **etw ~ ausnützen** utilizzare qc del tutto; **~ und ganz** pienamente; **~ hinter einer Sache stehen** *(fig)* sostenere pienamente qc
vollauf ['fɔlʔaʊf *o* fɔl'ʔaʊf] *adv* pienamente
vollautomatisch *adj* completamente automatico
vollautomatisiert *adj* completamente automatizzato
Vollbad *nt* bagno *m* completo
Vollbart *m* barba *f* piena
Vollbeschäftigung *f* WIRTSCH piena occupazione *f*
Vollbesitz *m* **im ~ seiner Kräfte** nel pieno possesso delle proprie forze
Vollblut <-(e)s, -blüter> *nt* ZOO purosangue *m*
Vollblut- *in Zusammensetzungen* purosangue
Vollblüter <-s, -> *m* ZOO purosangue *m*
Vollblutpferd <-(e)s> *nt kein Pl.* cavallo *m* purosangue
Vollbremsung <-, -en> *f* frenata *f* a fondo
vollbringen [fɔl'brɪŋən] <irr, ohne ge-> *vt* compiere
vollbusig *adj* dal seno turgido
Volldampf *m* **mit ~** *(fig fam)* a tutto vapore
Völlegefühl ['fœləgəfy:l] *nt* pesantezza *f* di stomaco
vollelektronisch *adj* completamente elettronico
vollenden [fɔl'ʔɛndən] <ohne ge-> *vt* ① *(abschließen)* terminare, compiere ② *(vervollkommnen)* perfezionare
vollendet [fɔl'ʔɛndət] *adj* perfetto
vollends ['fɔlɛnts] *adv* interamente, completamente
Vollendung *f* ① *(Beendung)* compimento *m;* **mit** [*o* **nach**] **~ des 17. Lebensjahres** a diciassett'anni compiuti ② *Sing. (Vollkommenheit)* perfezione *f*
voller = **voll von: ~ Fehler sein** essere pieno di errori
Völlerei [fœlə'raɪ] <-, -en> *f (pej)* crapula *f*
Volleyball ['vɔlibal] *m* ① *(Ball)* pallone *m* da pallavolo ② *Sing. (Spiel)* pallavolo *f*
voll|fressen <irr> *vr:* **sich ~** ① *(Tier)* ingozzarsi ② *(fam: übermäßig essen)* rimpinzarsi
vollführen [fɔl'fy:rən] <ohne ge-> *vt* ① *(vollbringen)* compiere ② *(ausführen)* eseguire
Vollgas *nt* **mit ~** a tutto gas, a tutta birra *fam;* **~ geben** dare tutto il gas
vollgefressen *adj (fam)* pieno come un uovo

V

Vollgefühl *nt* **im ~ seiner Kräfte** nella piena coscienza delle proprie forze
Vollidiot(in) <-en, -en; -, -nen> *m(f) (fam pej)* totale idiota *mf*
völlig ['fœlɪç] **I.** *adj* pieno, intero **II.** *adv* completamente, del tutto
volljährig *adj* maggiorenne
Volljährigkeit <-> *f kein Pl.* maggiorità *f*
vollkaskoversichert *adj* assicurato contro tutti i rischi
Vollkaskoversicherung *f* assicurazione *f* contro tutti i rischi, casco *f* totale
vollklimatisiert *adj* completamente climatizzato
vollkommen ['fɔlkɔmən] **I.** *adj* ① *(perfekt)* perfetto ② *(vollständig)* completo ③ *(völlig)* assoluto **II.** *adv* perfettamente, del tutto
Vollkommenheit <-> *f kein Pl.* perfezione *f*
Vollkornbrot *nt* pane *m* integrale
voll|laufen <irr> *vi sein (sich füllen)* riempirsi; **sich ~ lassen** *(fam)* ubriacarsi
voll|machen *vt (fam)* ① *(füllen)* riempire ② *(beschmutzen)* [**sich** *dat*] **die Hose ~** farsela addosso
Vollmacht <-, -en> *f* procura *f*; **jdm** [**eine**] **~ erteilen** conferire [una] procura a qu; **~ haben** essere autorizzato
Vollmilch *f* latte *m* intero
Vollmilchschokolade <-, -n> *f* cioccolato *m* al latte [intero]
Vollmond *m* luna *f* piena
vollmundig *adj* abboccato
Vollnarkose *f* MED narcosi *f* totale
Vollpension *f* pensione *f* completa
Vollrausch *m* ebbrezza *f* totale
vollschlank *adj* rotondetto, pienotto
vollständig *adj* ① *(komplett)* completo; *(Ausgabe)* integrale ② *(völlig)* intero, totale
Vollständigkeit <-> *f kein Pl.* completezza *f*; **der ~ halber** per ragioni di completezza
voll|stopfen *(fam)* **I.** *vt* riempire; *(Kissen)* imbottire; **vollgestopft sein** essere stipato, essere pieno zeppo **II.** *vr:* **sich ~** rimpinzarsi
vollstrecken [fɔl'ʃtrɛkən] <ohne ge-> *vt* eseguire; **das Todesurteil an jdm ~** giustiziare qu
Vollstrecker(in) [fɔl'ʃtrɛkɐ] <-s, -; -, -nen> *m(f)* JUR esecutore, -trice *m, f*
Vollstreckung *f* JUR esecuzione *f*
Vollstreckungsbefehl *m* JUR decreto *m* esecutivo
voll|tanken *vi* fare il pieno; **bitte ~!** il pieno, per favore!
Volltextsuche <-, -n> *f* INFORM ricerca *f* a testo integrale
Volltreffer *m* [colpo *m* in pieno] centro *m*
volltrunken [fɔl'trʊŋkən] *adj* completamente ubriaco; **in ~em Zustand** in stato di ubriachezza
vollumfänglich [fɔlʔʊmfɛŋlɪç] *adv* CH completamente
Vollversammlung *f* assemblea *f* plenaria
vollverzinkt *adj* AUTO **~e Karosserie** lamiera zincata
Vollwaise *f* orfano, -a *m, f* di ambedue i genitori
Vollwaschmittel *nt* detersivo *m* per tutti i tipi di bucato
vollwertig *adj* **~er Ersatz** risarcimento completo
Vollwertkost <-> *f kein Pl.* alimentazione *f* a base di prodotti integrali
vollzählig *adj* [al] completo
vollziehen [fɔl'tsiːən] <irr, ohne ge-> **I.** *vt* compiere; JUR eseguire; **die Ehe ~** consumare il matrimonio **II.** *vr:* **sich ~** compiersi
Vollzug [fɔl'tsuːk] <-(e)s> *m kein Pl.* compimento *m;* JUR esecuzione *f*
Vollzugsanstalt *f* ADM istituto *m* di pena
Volontär(in) [volɔn'tɛːɐ̯] <-s, -e; -, -nen> *m(f)* volontario, -a *m, f*
Volt [vɔlt] <- *o* -(e)s, -> *nt* PHYS, EL volt *m*
Volumen [vo'luːmən] <-s, -> *nt* volume *m*
vom [fɔm] = **von dem: jdn ~ Sehen kennen** conoscere qu di vista; **~ Morgen bis zum Abend** dalla mattina alla sera; **heiser ~ Schreien** rauco a furia di gridare; **ich bin ~ Fach** sono del mestiere; *s. a.* **von**
von [fɔn] *präp +dat* di, da; *(~ weg)* da; **der Bahnhof ~ Köln** la stazione di Colonia; **eine Komödie ~ Goldoni** una commedia di Goldoni; **ein Mann ~ 50 Jahren** un uomo di 50 anni; **der Tod ~ 20 Menschen** la morte di 20 persone; **eine Zeitung ~ gestern** un giornale di ieri; **einer ~ meinen Freunden** un mio amico; **neun ~ zehn Lesern** nove lettori su dieci; **vom Bahnhof** [**her**] dalla stazione; **vom Fenster aus** dalla finestra; **~ Berlin** da Berlino; **~ Seiten** *gen* da parte di; **~ Land zu Land** di paese in paese; **~ Zeit zu Zeit** talvolta; **~ Weitem** da lontano; **~ nahem** da vicino; **~ vorn/hinten/oben/unten** da davanti/da dietro/dall'alto/dal basso; **~ heute an** da oggi in poi; **~ klein auf** fin dall'infanzia [*o* da piccolo]; **~ mir aus** per me; **~ selbst** da solo; **was sind Sie ~ Beruf?** che lavoro fa?, che professione esercita?; **grüßen Sie ihn ~ mir** lo saluti da parte mia
voneinander [fɔnʔaɪ'nandɐ] *adv* l'uno dall' [*o* dell'] altro
vonnöten [fɔn'nøːtən] *adj* **~ sein** essere necessario

vonstatten|gehen [fɔn'ʃtatən-] <irr> *vi* andare avanti, procedere

vor [foːɐ̯] **I.** *präp* ① *+akk o dat (räumlich)* davanti a; **~ dem Haus** davanti alla casa; **~ sich hin reden** parlare fra sé e sé ② *+dat (zeitlich)* prima; *(bei Uhrzeit)* meno; *(vom Zeitpunkt des Sprechens zurückgerechnet)* fa, or sono; **~ dem Winter** prima dell'inverno; **~ zwei Stunden** due ore fa; **heute ~ zwei Wochen** come oggi due settimane fa; **fünf Minuten ~ elf** le undici meno cinque ③ *+dat (Ursache)* per, di; **~ Aufregung** per l'agitazione; **~ Kälte/Hunger/Angst** di freddo/fame/paura ④ *(in festen Verbindungen)* **~ allem** soprattutto; **sich ~ etw** *dat* **hüten** guardarsi da qc; **jdn ~ jdm/etw warnen** mettere in guardia qu contro qu/qc; **Angst ~ etw** *dat* **haben** avere paura di qc; **Schutz ~ dem Regen suchen** cercare riparo dalla pioggia **II.** *adv* **~ und zurück** avanti e indietro; **nach wie ~** come prima; **Freiwillige ~!** avanti i volontari!

vorab [foːɐ̯'ʔap] *adv (zuerst)* dapprima; *(im Voraus)* anzitutto

Vorabend *m* vigilia *f*

Vorahnung *f* presentimento *m*

voran [fo'ran] *adv* ① *(vorn)* davanti, in testa ② *(weiter, vorwärts)* avanti

voran|gehen <irr> *vi sein* ① *(vorausgehen)* andare avanti, precedere; *(an der Spitze gehen)* essere in testa ② *(fig: Fortschritte machen)* procedere ③ *(zeitlich)* **einer Sache** *dat* **~** precedere qc

voran|kommen <irr> *vi sein* ① *(vorwärtskommen)* procedere, avanzare ② *(fig: Fortschritte erzielen)* progredire

Voranmeldung *f* prenotazione *f*

Voranschlag *m* preventivo *m*

voran|treiben <irr> *vt* forzare, accellerare, velocizzare

Voranzeige *f (von Buch, theat)* presentazione *f;* FILM prossimamente *m*

Vorarbeit *f* lavoro *m* preliminare; **die ~ für etw leisten** fare i lavori preliminari per qc

vor|arbeiten I. *vi* ① *(vorbereitend)* fare un lavoro preliminare ② *(im Voraus)* fare il lavoro in anticipo **II.** *vr:* **sich ~** *(vorankommen)* avanzare

Vorarbeiter(in) *m(f)* caposquadra *mf*

Vorarlberg ['foːɐ̯ʔarlbɛrk] *nt* Vorarlberg *m*

voraus [fo'raʊs, *aber:* ɪm 'foːraʊs] *adv (vor anderen)* davanti; *(an der Spitze)* in testa; **im Voraus** in anticipo, anticipatamente; **er war seiner Zeit weit ~** ha precorso i tempi

voraus|ahnen *vt* presentire

vorausblickend *adj* che prevede, previdente, lungimirante

voraus|eilen *vi sein* correre avanti; *(fig)* precorrere

voraus|gehen <irr> *vi sein* ① *(vorn gehen)* andare avanti; *(a. fig)* precedere ② *(früher gehen)* andare via prima

vorausgesetzt *adj* **~, dass ...** [sup]posto [*o* a condizione] che *+conj*

voraus|haben <irr> *vt* **jdm etw ~** avere qc in più di qu; **er hat mir viel voraus** mi supera di gran lunga

Voraussage *f* predizione *f*

voraus|sagen *vt* predire, pronosticare

vorausschauend *adj* previdente

voraus|schicken *vt* ① *(mit der Post)* mandare avanti ② *(fig: einleitend sagen)* premettere

voraussehbar *adj* prevedibile

voraus|sehen <irr> *vt* prevedere; **das war ja vorauszusehen!** era da prevedere!

voraus|setzen *vt* presupporre

Voraussetzung <-, -en> *f* ① *(Annahme)* supposizione *f,* ipotesi *f* ② *(Vorbedingung)* condizione *f;* **unter der ~, dass ...** a condizione che *+conj*

Voraussicht *f* previsione *f;* **aller ~ nach** secondo ogni probabilità

voraussichtlich I. *adj* prevedibile, probabile **II.** *adv* probabilmente

Vorauszahlung *f* pagamento *m* anticipato

Vorbau <-(e)s, -ten> *m* ① ARCH avancorpo *m* ② *(fam scherz: Busen)* davanzale *m*

Vorbedacht <-(e)s> *m kein Pl.* **mit ~** con premeditazione, di proposito

Vorbedingung <-, -en> *f* condizione *f,* premessa *f*

Vorbehalt ['foːɐ̯bəhalt] <-(e)s, -e> *m* riserva *f;* **unter dem ~, dass ...** con la riserva che *+conj;* **unter üblichem ~** salvo errori e omissioni

vor|behalten <irr, ohne ge-> *vt* **sich** *dat* **etw ~** riservarsi qc; **sich** *dat* **~ etw zu tun** riservarsi di fare qc; **alle Rechte ~** tutti i diritti riservati; **Irrtümer ~** salvo errori

vorbehaltlich *präp +gen* ADM con riserva di, salvo

vorbehaltlos *adj* senza riserve, incondizionato

vorbei [foːɐ̯'baɪ *o* fɔr'baɪ] *adv* ① *(räumlich)* **an ... ~** davanti a ...; **lassen Sie mich ~!** mi lasci passare ② *(zeitlich: vergangen, vorüber)* passato; **es ist drei Uhr ~** sono le tre passate; **aus und ~** chiuso, finito; **~ ist ~** quel che è stato è stato

vorbei|fahren <irr> *vi sein* passare [con un veicolo]; **an jdm/etw ~** passare davanti a qu/qc

vorbei|gehen <irr> *vi sein* ① *(entlang-, vorübergehen)* [**an jdm/etw**] **~** passare [davanti a qu/qc]; **ich habe sie im Vorbeige-**

V

hen gegrüßt l'ho salutata passando; **bei jdm ~** fare un salto da qu ② *(Wurf, Schuss)* mancare [il bersaglio] ③ *(zu Ende gehen)* finire; **eine Gelegenheit ~ lassen** lasciarsi sfuggire un'occasione

vorbei|kommen <irr> *vi sein* ① [**an etw** *dat*] **~** *(an einer Stelle)* passare [davanti a qc]; *(an Hindernis)* poter passare qc ② *(fam: besuchen)* passare; **bei jdm ~** fare un salto da qu

vorbei|lassen <irr> *vt (fam)* lasciar passare

vorbei|marschieren <ohne ge-> *vi sein* sfilare (**an** +*dat* davanti a)

vorbei|reden *vi* **an etw** *dat* **~** sfiorare appena qc; **aneinander ~** parlare di cose diverse

vorbei|schauen *vi (fam)* **bei jdm ~** passare da qu; **schau mal vorbei!** passa a trovarmi!

vorbei|schießen <irr> *vi* ① *sein (schnell ~)* sfrecciare (**an jdm/etw** *dat* davanti a qu/qc) ② *haben (am Ziel)* mancare (**an etw** *dat* qc)

vorbei|zwängen *vr:* **sich ~** passare davanti (**an** +*dat* a)

vorbelastet *adj* **erblich ~ sein** avere una tara ereditaria

Vorbemerkung *f* avvertenza *f* [preliminare], premessa *f*

vor|bereiten <ohne ge-> **I.** *vt* preparare **II.** *vr* **sich auf etw** *akk* **~** prepararsi a [*o* per] qc

vorbereitend *adj* preparatorio

Vorbereitung <-, -en> *f* preparazione *f*, preparativo *m;* **~en treffen** fare preparativi; **in ~** in preparazione

Vorbesitzer(in) *m(f)* proprietario, -a *m, f* precedente

Vorbesprechung <-, -en> *f* colloquio *m* [*o* discussione *f*] preliminare

vor|bestellen <ohne ge-> *vt (Kinokarten, Buch, Hotelzimmer)* prenotare; *(Tisch)* [far] riservare

Vorbestellung *f* prenotazione *f*

vorbestraft *adj* pregiudicato; **nicht ~** senza precedenti penali, incensurato

Vorbestrafte <ein -r, -n, -n> *mf* pregiudicato, -a *m, f*

vor|beten I. *vi* REL intonare [*o* avviare] una preghiera **II.** *vt (fam)* **jdm etw ~** fare la predica a qu

vor|beugen I. *vi* **einer Krankheit** *dat* **~** prevenire una malattia **II.** *vr:* **sich ~** *(nach vorn beugen)* sporgersi in avanti **III.** *vt (Kopf)* sporgere

vorbeugend *adj* preventivo; MED profilattico

Vorbeugung *f* ① *(Schutzmaßnahme)* prevenzione *f* ② MED profilassi *f;* **zur ~ zwei Tabletten täglich** per profilassi due compresse al giorno

Vorbild *nt (Muster)* modello *m; (Beispiel)* esempio *m;* **sich** *dat* **jdn zum ~ nehmen** prendere esempio da qu

vorbildlich *adj* esemplare

Vorbildung *f* conoscenze *f pl* preliminari

Vorbote *m (fig)* presagio *m,* segno *m* precursore

vor|bringen <irr> *vt* ① *(Wunsch, Meinung)* esprimere, manifestare; *(Gründe)* addurre; *(Beweise)* produrre ② *(fam: nach vorn bringen)* portare avanti

vorchristlich *adj* precristiano

Vordach *nt* tettoia *f,* pensilina *f*

vor|datieren <ohne ge-> *vt* antidatare

Vordenker(in) <-s, -; -, -nen> *m(f)* precursore, precorritrice *m, f*

Vorderachse ['fɔrdɐaksə] *f* asse *m* anteriore

Vorderansicht *f* vista *f* anteriore

Vorderasien ['fɔrdɐ'ʔaːziən] *nt* Asia *f* anteriore

Vorderbein *nt* zampa *f* anteriore

Vorderdeck *nt* coperta *f* di prua

vordere(r, s) ['fɔrdərə, -rɐ, -rəs] *adj* anteriore, davanti

Vordergrund *m* primo piano *m;* **im ~ stehen** *(fig)* essere in primo piano; **in den ~ rücken** [*o* **stellen**] *(fig)* mettere in risalto; **sich in den ~ schieben** *(fig)* mettersi in primo piano

vordergründig ['fɔrdɐgrʏndɪç] *adj* superficiale

vorderlastig *adj* appruato

Vordermann *m* capofila *m;* **etw/jdn auf ~ bringen** *(fam)* mettere in ordine qc/far rigare diritto qu

Vorderrad *nt* ruota *f* anteriore

Vorderradantrieb *m* trazione *f* anteriore

Vorderreifen <-s, -> *m* gomma *f* anteriore

Vorderreihe *f* prima fila *f*

Vorderschinken *m* prosciutto *m* di spalla

Vorderseite *f* parte *f* anteriore; ARCH facciata *f*

Vordersitz *m* sedile *m* anteriore

vorderste(r, s) *adj Superlativ von* **vordere** primo, -a

Vorderteil *nt o m* parte *f* anteriore, davanti *m*

vor|drängeln *vr:* **sich ~** *(fam)* farsi avanti [*o* largo]

vor|drängen *vr:* **sich ~** farsi avanti [*o* largo]

vor|dringen <irr> *vi sein* inoltrarsi, penetrare

vordringlich *adj* urgente

Vordruck <-(e)s, -e> *m* modulo *m,* stampato *m*

vorehelich *adj* prematrimoniale

voreilig *adj* precipitoso, affrettato; *(unüberlegt)* sconsiderato; **~e Schlüsse ziehen** tirare delle conclusioni affrettate
voreinander [foːɐ̯ʔaɪˈnandɐ] *adv* l'uno davanti all'altro
voreingenommen *adj* [**gegen jdn/etw**] **~ sein** essere prevenuto [nei confronti di qu/qc]
vor|enthalten <irr, ohne ge-> *vt* [**jdm**] **etw ~** *(nicht geben)* rifiutare qc [a qu]; *(nicht sagen)* nascondere qc [a qu]
Vorentscheidung *f* decisione *f* preliminare
Vorentscheidungskampf *m* semifinale *f*
Vorentwurf *m* progetto *m* preliminare
vorerst [ˈfoːɐ̯ʔeːɐ̯st *o* foːɐ̯ˈʔeːɐ̯st] *adv* per il momento, per ora
Vorfahr [ˈfoːɐ̯faːɐ̯] <-en, -en> *m* antenato *m*
vor|fahren <irr> **I.** *vi sein* ① *(vorn fahren, vorausfahren)* andare avanti [con un veicolo] ② *(vor Haus, etc)* fermarsi davanti [a una casa] ③ *(vorrücken, nach vorn fahren)* avanzare **II.** *vt haben (weiter nach vorn fahren)* avanzare
Vorfahrt *f* precedenza *f;* **~ haben** avere la precedenza; **die ~ beachten** rispettare la precedenza
Vorfahrt[s]regel *f* norma *f* di precedenza
Vorfahrt[s]straße *f* strada *f* con [diritto di] precedenza
Vorfahrt[s]zeichen *nt* segnale *m* di precedenza
Vorfall *m* ① *(Ereignis)* avvenimento *m; (Zwischenfall)* incidente *m* ② MED *(Prolaps)* prolasso *m*
vor|fallen <irr> *vi sein* ① *(geschehen)* accadere, succedere ② *(nach vorn fallen)* cadere in avanti
Vorfeld <-(e)s, -er> *nt* **im ~ von etw** nella fase introduttiva di qc; **im ~ der Veranstaltung** nella fase introduttiva della manifestazione
Vorfilm *m* film *m* preliminare
vor|finden <irr> *vt* trovare, incontrare
Vorfreude *f* gioia *f* dell'attesa, attesa *f* gioiosa; **in ~ auf …** nella gioiosa attesa di …
Vorfrühling *m* primavera *f* precoce
vor|fühlen *vi* [**bei jdm**] **wegen etw ~** sondare il terreno [presso qu] per qc
vor|führen *vt* ① JUR condurre avanti, accompagnare ② *(Mode)* presentare; *(Kunststücke)* mostrare, presentare; *(Versuch, Gerät)* dimostrare ③ FILM proiettare
Vorführung *f* ① JUR accompagnamento *m* ② *(von Mode, Kunststück)* presentazione *f; (von Versuch, Gerät)* dimostrazione *f* ③ FILM proiezione *f*
Vorführwagen *m* vettura *f* da dimostrazione
Vorgabe *f* SPORT vantaggio *m*
Vorgang *m* ① *(Ereignis)* avvenimento *m; (Hergang)* svolgimento *m;* BIOL, CHEM, TEC processo *m;* **schildern Sie uns einmal den ~** ci racconti come si sono svolti i fatti ② JUR, ADM *(Akten)* pratica *f*
Vorgänger(in) [ˈfoːɐ̯gɛŋɐ] <-s, -; -, -nen> *m(f)* predecessore *m*
Vorgangsweise <-, -n> *f* A *(Vorgehensweise)* procedura *f*
Vorgarten *m* giardino *m* davanti alla casa
vor|gaukeln [ˈfoːɐ̯gaʊkəln] *vt* **jdm etw ~** far credere qc a qu
vor|geben <irr> *vt* ① *(behaupten)* asserire, pretendere; *(vortäuschen)* fingere ② *(nach vorn geben)* dare in avanti ③ SPORT dare di vantaggio
Vorgebirge *nt* contrafforti *mpl; (Kap)* promontorio *m,* capo *m*
vorgeblich *adj* finto; **er ist ~ krank** dice di essere ammalato
vorgefasst *adj* **~e Meinung** idea preconcetta
vorgefertigt *adj* prefabbricato
Vorgefühl *nt* presentimento *m*
vorgeheizt *adj* preriscaldato
vor|gehen <irr> *vi sein* ① *(vorrücken) a.* MIL avanzare ② *(handeln)* procedere, agire; **gerichtlich gegen jdn ~** adire le vie legali contro qu ③ *(fam) s.* **vorausgehen** ④ *(fig: den Vortritt haben)* avere la precedenza ⑤ *(Uhr)* andare avanti; **meine Uhr geht** [**eine halbe Stunde**] **vor** il mio orologio va [*o* è] avanti [di mezz'ora] ⑥ *(wichtiger sein)* essere più importante ⑦ *(geschehen)* accadere, succedere; **was geht wohl jetzt in ihm vor?** che gli succede?
Vorgehen <-s> *nt kein Pl.* ① *(Verfahren)* procedimento *m* ② *(Handlungsweise)* modo *m* di procedere; *a.* JUR azione *f;* **gemeinsames ~** azione concertata
Vorgehensweise *f* modo *m* di procedere
Vorgeschichte *f* ① antefatto *m,* antecedenti *mpl* ② SCIENT preistoria *f*
Vorgeschmack *m* assaggio *m;* **~ auf etw** *akk* assaggio di qc
vorgesehen *adj* previsto
Vorgesetzte <ein -r, -n, -n> *mf* superiore *m*
vorgestern *adv* ieri l'altro, l'altrieri; **~ Abend** l'altra sera
vorgestrig *adj* ① *(von vorgestern)* dell'altro ieri ② *(fam: überholt)* sorpassato
vor|greifen <irr> *vi* **einer Sache** *dat* **~** anticipare qc; **jdm bei etw ~** precedere qu in qc
Vorgriff *m* anticipazione *f*

vor|haben <irr> *vt* ① *(beabsichtigen)* **~ etw zu tun** avere l'intenzione di fare qc ② *(geplant haben)* avere in programma; **was haben Sie heute Abend vor?** che programma ha per questa sera?
Vorhaben <-s, -> *nt* ① *(Absicht)* intenzione *f,* proposito *m* ② *(Plan)* progetto *m,* piano *m*
Vorhalle *f* atrio *m,* ingresso *m*
vor|halten <irr> **I.** *vt* ① *(vor etw halten)* tenere davanti ② *(fig: vorwerfen)* rinfacciare, rimproverare **II.** *vi (fam: ausreichen)* durare
Vorhaltungen *fpl* rimostranze *fpl,* rimproveri *mpl;* **jdm wegen etw ~ machen** fare delle rimostranze a qu per qc
Vorhand *f* ① SPORT diritto *m* ② *(von Pferd)* parte *f* anteriore del corpo
vorhanden [foːɐ̯'handən] *adj (existent)* esistente; *(verfügbar)* disponibile; **~ sein** esserci, esistere
Vorhandensein *nt* esistenza *f; (Verfügbarkeit)* disponibilità *f*
Vorhang *m* tenda *f;* THEAT sipario *m*
Vorhängeschloss *nt* lucchetto *m*
Vorhaut *f* ANAT prepuzio *m*
vorher ['foːɐ̯heːɐ̯] *adv* prima, precedentemente; **am Abend ~** alla vigilia; **am Tag ~** il giorno prima; **kurz/unmittelbar ~** poco/immediatamente prima
vorherbestimmt [foːɐ̯'heːɐ̯bəʃtɪmt] *adj* predestinato
Vorherbestimmung *f* predestinazione *f*
vorher|gehen <irr> *vi sein* precedere
vorherig [foːɐ̯'heːrɪç *o* 'foːɐ̯heːrɪç] *adj* **nach ~er Vereinbarung** previo accordo
Vorherrschaft *f* predominio *m,* preponderanza *f; (Vorrangstellung)* supremazia *f; (Hegemonie)* egemonia *f*
vor|herrschen *vi* predominare; **über etw** *akk* **~** predominare su qc
vorherrschend *adj* predominante, prevalente
Vorhersage *f* predizione *f,* pronostico *m; (Wetter~)* previsioni *fpl* [del tempo]
vorher|sagen *vt* pronosticare; *(Wetter, Folgen)* predire
vorhersehbar *adj* prevedibile
vorher|sehen [foːɐ̯'heːɐ̯zeːən] <irr> *vt* prevedere
vor|heucheln *vt (fam pej)* simulare, fingere; **er heuchelte ihr Verständnis vor** le simulò comprensione
vorhin [foːɐ̯'hɪn *o* 'foːɐ̯hɪn] *adv* poco fa, poc'anzi
Vorhinein ['foːɐ̯hɪnaɪn] A **im ~** dall'inizio
Vorhof *m* ① ARCH atrio *m* ② ANAT atrio *m,* orecchietta *f*
Vorhut <-, -en> *f* MIL avanguardia *f*
vorige(r, s) ['foːrɪgə, -gɐ, -gəs] *adj* anteriore, precedente; **~s Jahr** l'anno scorso; **das ~ Mal** l'ultima volta
Vorjahr *nt* anno *m* precedente
vorjährig *adj* dell'anno scorso
vor|jammern *vt (fam)* **jdm etw ~** lagnarsi [*o* lamentarsi] di qc con qu
Vorkämpfer(in) *m(f)* antesignano, -a *m, f,* pioniere, -a *m, f*
vor|kauen *vt (Nahrung)* masticare in precedenza; **jdm etw ~** *(fig)* scodellare la pappa a qu
Vorkaufsrecht *nt* JUR diritto *m* di prelazione
Vorkehr ['foːɐ̯keːɐ̯] <-, -en> *f* CH *(Vorkehrung)* provvedimento *m*
Vorkehrung <-, -en> *f* misura *f* preventiva; **die nötigen ~en treffen** prendere le dovute precauzioni
Vorkenntnis <-, -se> *f* nozione *f* di base, rudimento *m*
vor|knöpfen *vt (fam)* **sich** *dat* **jdn ~** strapazzare qu, sgridare qu
vor|kommen <irr> *vi sein* ① *(nach vorn kommen)* venire avanti ② *(geschehen)* succedere, capitare; **das soll ~!** è la vita!; **das soll nicht wieder ~!** che non si ripeti più! ③ *(vorhanden sein, sich finden)* trovarsi ④ *(erscheinen)* ricorrere ⑤ *(scheinen)* sembrare, parere; **ich komme mir überflüssig vor** mi sento inutile; **Sie kommen mir bekannt vor** mi sembra di conoscerLa; **das kommt dir nur so vor** è solo apparenza, in realtà non è così; **du kommst dir wohl sehr schlau vor!** *(fam)* ti sembra di essere molto furbo!
Vorkommen <-s, -> *nt* ① *Sing. (das Auftreten)* presenza *f,* esistenza *f* ② *meist Pl.* MIN giacimento *m*
Vorkommnis <-ses, -se> *nt* avvenimento *m,* evento *m*
Vorkriegs- *in Zusammensetzungen* prebellico, antebellico, d'anteguerra
Vorkriegszeit *f* anteguerra *m*
vor|laden <irr> *vt* citare [in giudizio]
Vorladung *f* citazione *f* [in giudizio]
Vorlage *f* ① *Sing. (das Vorlegen)* presentazione *f* ② *(Gesetzes~)* progetto *m* di legge ③ *(Muster)* modello *m* ④ SPORT *(beim Fußball)* passaggio *m*
vor|lassen <irr> *vt* ① *(fam: vorgehen lassen)* lasciar passare ② *(zulassen, empfangen)* ammettere
Vorläufer(in) *m(f)* ① *(Wegbereiter)* precursore, precorritrice *m, f* ② *(Ski)* apripista *mf*
vorläufig I. *adj* temporaneo; *(provisorisch)* provvisorio **II.** *adv (einstweilig)* temporaneamente; *(fürs Erste)* per il momento
vorlaut *adj* impertinente, saccente

Vorleben *nt* passato *m*
Vorlegebesteck *nt* posate *fpl* di servizio
vor|legen *vt* ① *(da~, anbringen)* mettere [davanti] ② *(bei Tisch)* servire ③ *(Pass, Ausweis, Gesetzentwurf)* presentare; *(Frage, Plan)* [sotto]porre
Vorleistung <-, -en> *f* prestazione *f* preliminare
vor|lesen <irr> *vt* leggere [ad alta voce]
Vorlesung *f (einzelne)* lezione *f* [universitaria]; *(~sreihe)* corso *m;* **in die ~ gehen** andare a lezione
vorlesungsfrei *adj* senza lezione
Vorlesungsverzeichnis *nt* programma *m* dei corsi
vorletzte(r, s) *adj* penultimo, -a
Vorliebe *f* predilezione *f;* **eine ~ für etw haben** avere una predilezione per qc; **etw mit ~ tun** prediligere qc
vorlieb|nehmen <irr> *vi* **mit jdm/etw ~** accontentarsi di qu/qc
vor|liegen <irr> *vi* ① *(vorhanden sein)* esserci, esistere; **da muss ein Irrtum ~** ci deve essere un equivoco; **es liegt nichts gegen ihn vor** non c'è nulla contro di lui ② *(eingereicht sein)* essere presentato; **im ~den Fall** nel caso presente
vor|lügen <irr> *vt* **jdm etw ~** *(fam)* raccontare bugie a qu, mentire a qu
vorm. ① *Abk. von* **vormals** ex, già ② *Abk. von* **vormittags** di mattina
vor|machen *vt (fam)* ① *(zeigen)* mostrare, far vedere ② *(fig: jdn täuschen)* dare ad intendere; **sich** *dat* **[selbst] etw ~** illudersi
Vormacht *f* supremazia *f* (**über** +*akk* su), predominio *m* (**über** +*akk* su)
Vormachtstellung *f* egemonia *f*
vormalig ['fo:ɐ̯ma:lɪç] *adj* ex, di prima
vormals *adv* prima, in passato; *(auf Firmenschildern)* già
Vormarsch *m* avanzata *f;* **auf dem ~ sein** stare avanzando
vor|merken *vt* ① *(eintragen, notieren)* annotare, prendere nota di ② *(reservieren)* prenotare; **sich für etw ~ lassen** prenotarsi per qc
Vormerkung <-, -en> *f (in Bücherei)* prenotazione *f*
Vormieter(in) <-s, -; -, -nen> *m(f)* inquilino, -a *m, f* precedente
Vormittag *m* mattina *f;* **gestern/heute/morgen ~** ieri mattina/stamattina/domani mattina; **im Laufe des ~s** nel corso della mattinata, in mattinata
vormittags *adv* di mattina, in mattinata
Vormonat <-(e)s, -e> *m* mese *m* precedente
Vormund <-(e)s, -e *o* Vormünder> *m* ① *(von Minderjährigen)* tutore, -trice *m, f* ② *(von Entmündigten)* curatore, -trice *m, f*
Vormundschaft <-, -en> *f* ① *(von Minderjährigen)* tutela *f* ② *(von Entmündigten)* curatela *f*
Vormundschaftsgericht *nt* tribunale *m* dei minorenni
vorn [fɔrn] *adv* ① *(im vorderen Teil)* davanti, anteriormente; *(am vorderen Ende)* all'estremità anteriore; *(auf der Vorderseite)* anteriormente, dalla parte anteriore; *(im Vordergrund)* davanti; **nach ~** [in] avanti; **nach ~ laufen** correre [in] avanti; **von ~** da davanti; **von ~ bis hinten** *(fam)* da cima a fondo ② *(an der Spitze)* **vorne an** [*o* **in**] **etw** *dat* in testa a qc ③ *(am Anfang)* all'inizio; **von ~** dall'inizio; **[wieder] von ~ anfangen** [ri]cominciare da capo
Vorname *m* nome *m* [di battesimo]
vorne *s.* **vorn**
vornehm ['fo:ɐ̯ne:m] *adj* ① *(kultiviert)* distinto ② *(adlig)* aristocratico; *(edel)* nobile; **~ tun** *(fam)* darsi arie da gran signore ③ *(elegant)* elegante
vor|nehmen <irr> **I.** *vt* ① *(durchführen)* fare ② *(in Angriff nehmen)* intraprendere, dare mano a **II.** *vr* ① *(beschließen)* **sich** *dat* **etw ~** prefiggersi qc, proporsi qc ② *(fam: ermahnen)* **sich** *dat* **jdn ~** strapazzare qu, sgridare qu
vornehmlich *adv (geh)* principalmente
vor|neigen I. *vr:* **sich ~** chinarsi in avanti **II.** *vt* chinare
vorneweg ['fɔrnəvɛk *o* fɔrnə'vɛk] *adv* ① *(zuerst)* da principio ② *(an der Spitze)* davanti, al primo posto
vornherein ['fɔrnhɛraɪn *o* fɔrnhɛ'raɪn] *adv* **von ~** fin da principio, a priori
Vorort *m* sobborgo *m;* **die ~e** la periferia
Vorplatz *m* spiazzo *m*
Vorposten *m* MIL avamposto *m*
vor|preschen *vi sein (laufen)* correre forsennatamente in avanti, balzare in avanti (**zu** verso); **zu weit ~** *(fig)* spingersi troppo avanti
vorprogrammiert *adj* ① *(automatisch)* automatico ② *(fig: vorbestimmt)* programmato
Vorrang ['fo:ɐ̯raŋ] *m* ① *(Bedeutung, Stellenwert)* priorità *f* ② *(Reihenfolge)* precedenza *f;* **den ~ vor jdm haben** avere la precedenza su qu ③ *kein Pl.* A *(Vorfahrt)* precedenza *f;* **jdm den ~ lassen/nehmen** dare/prendersi la precedenza
vorrangig *adj* prioritario
Vorrangstellung *f* **eine ~ einnehmen** [*o* **haben**] occupare una posizione di preminenza
Vorrat *m* scorta *f,* provviste *fpl;* **~ an etw**

V

dat scorta di qc; **etw auf ~ haben** avere qc in stock; **solange der ~ reicht** fino a esaurimento delle scorte

vorrätig ['foːɐ̯rɛːtɪç] *adj (verfügbar)* disponibile; *(auf Lager)* in magazzino

Vorratsraum *m* magazzino *m*

Vorraum *m* atrio *m; (von Kino, Theater)* foyer *m*

vor|rechnen *vt* **jdm etw ~** *(aufzählen)* fare a qu il calcolo di qc; *(vorhalten)* rinfacciare qc a qu

Vorrecht *nt* privilegio *m*

Vorrede *f* ① *(obs: Vorwort)* introduzione *f;* THEAT prologo *m* ② *(einleitende Worte)* preambolo *m*

Vorredner(in) *m(f)* oratore, -trice *m, f* precedente

Vorreiter(in) <-s, -; -, -nen> *m(f) (fam)* battistrada *mf,* apripista *mf*

Vorrichtung *f* dispositivo *m*

vor|rücken **I.** *vt haben* spostare in avanti **II.** *vi sein* avanzare; **in vorgerücktem Alter** in età avanzata; **zu vorgerückter Stunde** a tarda ora

Vorruhestand *m* prepensionamento *m*

Vorrunde *f* SPORT eliminatoria *f*

vor|sagen *vt, vi* suggerire

Vorsaison *f* bassa stagione *f*

Vorsatz *m* ① *(Absicht)* proposito *m,* intenzione *f; (Entschluss)* risoluzione *f;* JUR premeditazione *f;* **einen ~ fassen** prendere una risoluzione; **mit dem ~ zu ...** con l'intenzione di *+inf;* **mit ~** JUR deliberatamente ② TYP [foglio *m* di] guardia *f*

Vorsatzblatt *nt* [foglio *m* di] guardia *f*

vorsätzlich ['foːɐ̯zɛtslɪç] **I.** *adj* intenzionale; JUR doloso **II.** *adv* intenzionalmente; JUR dolosamente

Vorschau *f* ① TV presentazione *f* dei programmi ② FILM prossimamente *m* ③ INFORM visualizzazione *f*

Vorschein *m* **zum ~ kommen** comparire, apparire; *(fig: ans Licht kommen)* venire alla luce; **etw zum ~ bringen** portare qc alla luce

vor|schicken *vt* ① *(Gepäck)* spedire in anticipo ② *(mit Auftrag)* mandare sotto

vor|schieben <irr> *vt* ① *(da~)* mettere; *(nach vorn schieben)* spostare in avanti ② *(fig: vorschützen)* prendere a pretesto ③ *(fig: für sich handeln lassen)* servirsi di

vor|schießen <irr> **I.** *vt haben (fam: Geld)* anticipare **II.** *vi sein (fam)* scattare in avanti

Vorschlag *m* proposta *f;* **auf meinen ~ [hin]** su mia proposta

vor|schlagen <irr> *vt* proporre

Vorschlaghammer *m* mazza *f* da fabbro

vorschnell *adj* precipitoso; *(unüberlegt)* avventato

vor|schreiben <irr> *vt* ① *(als Vorlage schreiben)* scrivere la brutta copia di ② *(befehlen)* prescrivere

Vorschrift *f* prescrizione *f; (Anweisung)* istruzione *f;* ADM, MIL regolamento *m;* **gegen die ~en verstoßen** andare contro il regolamento

vorschriftsmäßig **I.** *adj* regolamentare; MED *(Dosis)* prescritto **II.** *adv* conforme alle disposizioni

vorschriftswidrig *adj* contrario alle disposizioni

Vorschub *m* **jdm/etw ~ leisten** favoreggiare qu/qc

Vorschulalter *nt* età *f* prescolastica

Vorschule *f* scuola *f* preparatoria

Vorschulerziehung *f* educazione *f* prescolastica

Vorschulkind <-(e)s, -er> *nt* bambino, -a *m, f* in età prescolare

Vorschuss *m* anticipo *m;* **jdm einen ~ geben** concedere un anticipo a qu

Vorschusslorbeeren *mpl* elogi *mpl* prematuri

vor|schützen *vt* prendere a pretesto; **keine Müdigkeit ~!** *(fam)* e non raccontarmi che sei stanco!

vor|schwärmen *vi* raccontare con entusiasmo; **jdm von etw ~** parlare con entusiasmo di qc a qu

vor|schweben *vi* **mir schwebt etw vor** ho in mente qc

vor|schwindeln *vt* dare ad intendere [*o* a bere]; **jdm etw ~** darla a bere a qu

vor|sehen <irr> **I.** *vt* ① *(planen)* prevedere; **wie vorgesehen** come previsto; **der Vertrag sieht vor, dass ...** il contratto prevede che *+conj* ② *(bestimmen)* designare; **jdn für etw ~** avere in mente qu per qc, designare qu per qc **II.** *vr:* **sich ~** guardarsi; **sich vor jdm/etw ~** guardarsi da qu/qc; **sich ~, dass** [*o* **damit**] **nicht ...** stare attento che non *+conj,* stare attento di non *+inf;* **sieh dich vor, dass du nicht fällst!** attento a non cadere!

Vorsehung <-> *f kein Pl.* Provvidenza *f*

vor|setzen *vt* ① *(davorsetzen)* mettere davanti ② *(nach vorn setzen)* spostare avanti ③ *(anbieten)* offrire ④ *(fig fam: Lügen, Geschichte, Erklärung)* scodellare

Vorsicht *f* precauzione *f,* prudenza *f;* **~!** attenzione!; **~, Glas!** attenzione, vetro!; **das ist mit ~ zu genießen** *(fig, scherz)* è da prendere con le dovute precauzioni; **zur ~ habe ich ...** per precauzione ho ...; **~ ist besser als Nachsicht!** *(prov)* meglio prevenire che curare!

vorsichtig *adj* prudente, cauto

vorsichtshalber *adv* per precauzione

Vorsichtsmaßnahme *f* misura *f* precauzionale; **~n treffen** prendere delle precauzioni
Vorsilbe *f* LING prefisso *m*
vor|singen <irr> **I.** *vt* [**jdm**] **etw** ~ cantare qc [a qu] **II.** *vi* **jdm** ~ cantare [davanti] a qu
vorsintflutlich *adj (fam a. fig, scherz)* antidiluviano
Vorsitz *m* presidenza *f;* **den ~ bei etw führen** [*o* **haben**] detenere [*o* avere] la presidenza di qc; **den ~ übernehmen** assumere la presidenza; **unter dem ~ von** sotto la presidenza di
Vorsitzende <ein -r, -n, -n> *mf* presidente, -essa *m, f*
Vorsorge *f* ① *(Fürsorge)* previdenza *f* ② *(Vorsichtsmaßnahme)* precauzione *f;* **~ für etw treffen** provvedere a qc
vor|sorgen *vi* provvedere; **fürs Alter ~** provvedere per la vecchiaia
Vorsorgeuntersuchung *f* check-up *m*
vorsorglich I. *adj* previdente, precauzionale **II.** *adv* per precauzione
Vorspann ['foːɐ̯ʃpan] <-(e)s, -e> *m* ① *(von Artikel)* cappello *m* ② FILM, TV titoli *mpl* di testa
Vorspeise *f* GASTR antipasto *m*
Vorspieg[e]lung *f* **unter ~ falscher Tatsachen** per simulazione di fatti
vor|spiegeln *vt* fingere; **jdm etw ~** far credere qc a qu
Vorspiel *nt* ① MUS preludio *m* ② THEAT prologo *m* ③ *(bei Geschlechtsverkehr)* tenerezze *fpl* preparatorie
vor|spielen *vt* ① MUS sonare; THEAT recitare; **jdm etw ~** sonare [*o* recitare] qc davanti a qu ② *(fig: vortäuschen)* simulare
vor|sprechen <irr> **I.** *vt* ① *(zum Nachsprechen)* pronunciare [per far ripetere]; **jdm etw ~** pronunciare qc davanti a qu ② THEAT *(zur Probe)* recitare **II.** *vi* ① *(wegen Anliegen aufsuchen)* [**bei jdm**] ~ fare visita [a qu] ② THEAT fare una prova
vor|springen <irr> *vi sein* ① *(plötzlich)* saltare in avanti [*o* fuori] ② *(hervorragen)* sporgere; ARCH aggettare
vorspringend *adj* sporgente; *(Nase, Kinn)* prominente; ARCH aggettante
Vorsprung *m* ① ARCH aggetto *m* ② *(Abstand)* vantaggio *m;* **einen ~** [**vor jdm**] **haben** avere un vantaggio [su qu]
Vorstadt *f* sobborgo *m*
vorstädtisch *adj* suburbano
Vorstand *m* ① *(Gremium)* consiglio *m* direttivo; *(Vereins~)* presidenza *f; (Firmen~)* consiglio *m* direttivo ② *(Person) s.* **Vorstandsmitglied**
Vorstandsmitglied *nt* ① *(von Firma)* membro *m* del consiglio d'amministrazione ② *(von Verein)* membro *m* del comitato
vor|stehen <irr> *vi* ① *(her~)* sporgere; ARCH aggettare ② *(geh: leiten)* **einer Sache** *dat* ~ dirigere qc, presiedere a qc
vorstehend *adj* ① *(vorspringend)* sporgente ② *(vorausgehend)* precedente; **wie ~ bereits gesagt** come già detto in precedenza
Vorsteher(in) <-s, -; -, -nen> *m(f) (Leiter, Direktor, Büro~)* capo *m; (Schul~)* direttore, -trice *m, f*
Vorsteherdrüse *f* prostata *f*
Vorsteherin *f s.* **Vorsteher**
vor|stellen I. *vt* ① *(davorstellen)* mettere davanti ② *(nach vorn stellen)* spostare in avanti ③ *(Uhr)* mettere avanti; **um eine Stunde ~** portare avanti di un'ora ④ *(bekannt machen, vorführen)* presentare; **darf ich Ihnen Frau K. ~?** posso presentarLe la signora K.? ⑤ *(darstellen, bedeuten)* rappresentare, significare **II.** *vr:* **sich ~** ① *(sich bekannt machen)* presentarsi; **sich in einer Firma ~** presentarsi in una ditta ② *(sich ausmalen)* **sich** *dat* **etw ~** immaginarsi qc, figurarsi qc; **das kann ich mir nicht ~** non riesco ad immaginarmelo; **darunter kann ich mir überhaupt nichts ~** non mi dice assolutamente niente; **stell dir vor!** pensa un po'! *fam,* figurati un po'! *fam*
vorstellig *adj* ADM **bei jdm ~ werden** presentare un reclamo [*o* esposto] a qu
Vorstellung *f* ① *(Einführung)* presentazione *f* ② THEAT rappresentazione *f* ③ *Sing. (~skraft)* immaginazione *f* ④ *(Bild, Begriff)* idea *f,* concetto *m;* **eine ~ von etw haben** avere un'idea di qc; **sich** *dat* **von etw eine ~ machen** farsi un'idea di qc; **davon hast du ganz falsche ~en** hai delle idee completamente errate in merito
Vorstellungsgespräch *nt* colloquio *m* di presentazione
Vorstellungskraft *f,* **Vorstellungsvermögen** *nt* immaginazione *f*
Vorstopper <-s, -> *m* stopper *m*
Vorstoß *m* ① *(Vordringen)* avanzata *f;* MIL attacco *m* ② *(fig: Versuch)* tentativo *m*
vor|stoßen <irr> **I.** *vt haben* spingere [in] avanti **II.** *vi sein* avanzare, penetrare
Vorstrafe *f* JUR condanna *f* precedente, precedenti *mpl* penali
Vorstrafenregister *nt* casellario *m* giudiziario
vor|strecken *vt* ① *(Arme, Hände)* tendere in avanti, allungare ② *(fig: Geld)* anticipare
Vorstufe *f* primo stadio *m*
Vortag *m* giorno *m* precedente; *(von Ereignis)* vigilia *f*

V

vor|täuschen *vt* fingere, simulare
Vortäuschung *f* finzione *f*, simulazione *f*
Vorteil *m* vantaggio *m;* **die Vor- u Nachteile** il pro e il contro; **~e bringen** essere vantaggioso; **~e aus etw ziehen** trarre vantaggi da qc; **jdm gegenüber im ~ sein** essere in vantaggio su qu; **für jdn von ~ sein** essere vantaggioso per qu; **sich zu seinem ~ ändern** cambiare in meglio
vorteilhaft *adj* vantaggioso; **das Kleid ist ~ für Sie** il vestito Le dona
Vortrag ['fo:ɐ̯tra:k, *Pl:* 'fo:ɐ̯trɛ:gə] <-(e)s, Vorträge> *m* ① *(Rede, Vorlesung)* conferenza *f;* *(Bericht)* rapporto *m;* **einen ~ halten** tenere una conferenza ② *(von Gedicht)* recitazione *f;* *(von Lied)* esecuzione *f*
vor|tragen <irr> *vt* ① *(Gedicht)* recitare, declamare; *(Lied)* eseguire ② *(darlegen)* esporre
Vortragende <ein -r, -n, -n> *mf* conferenziere, -a *m, f*
Vortragsreihe *f* ciclo *m* di conferenze
vortrefflich *adj* eccellente
Vortrefflichkeit <-> *f kein Pl. (geh)* eccellenza *f*
vor|treten <irr> *vi sein* ① *(nach vorn treten)* farsi innanzi; **einen Schritt ~** fare un passo avanti ② *(fam: hervorragen)* sporgere
Vortritt <-s, -e> *m* ① *(Gelegenheit voranzugehen)* precedenza *f;* **einer Dame den ~ lassen** lasciar passare una signora ② CH *(Vorfahrt)* precedenza *f*
vorüber [fo'ry:bə] *adv* ① *(räumlich)* davanti; **an jdm/etw ~** davanti a qu/qc ② *(zeitlich)* passato
vorüber|gehen <irr> *vi sein* ① *(räumlich)* [**an jdm/etw**] **~** passare [davanti a qu/qc] ② *(zeitlich)* passare; *(zu Ende gehen)* cessare, finire
vorübergehend *adj* temporaneo
Vorübergehende <ein -r, -n, -n> *mf* passante *mf*
Vorübung *f* esercizio *m* preparatorio
Voruntersuchung *f* ① MED visita *f* preliminare ② JUR istruzione *f* preliminare
Vorurteil *nt* pregiudizio *m*
vorurteilsfrei, **vorurteilslos** *adj* senza [*o* esente da] pregiudizi
Vorväter *mpl* antenati *mpl*
Vorvergangenheit *f* piucche[p]perfetto *m*, trapassato *m*
Vorverhandlung *f* trattativa *f* preliminare
Vorverkauf *m* prevendita *f*
Vorverkaufsstelle *f* botteghino *m*
vor|verlegen <ohne ge-> *vt* anticipare
vorvorgestern *adv* tre giorni fa
vorvorig *adj* **~e Woche** due settimane fa

vor|wagen *vr:* **sich ~** avventurarsi avanti; **sich zu weit ~** avventurarsi troppo lontano
Vorwahl *f* ① POL elezione *f* preliminare ② TEL preselezione *f*
Vorwählnummer *f* prefisso *m* [teleselettivo]
Vorwand ['fo:ɐ̯vant, *Pl:* 'fo:ɐ̯vɛndə] <-(e)s, Vorwände> *m* pretesto *m*, scusa *f;* **etw zum ~ nehmen** prendere qc a pretesto; **unter dem ~ etw zu tun** col pretesto di fare qc
vor|wärmen *vt* preriscaldare
vor|warnen *vt* preavvisare, mettere in guardia
Vorwarnung *f* preallarme *m*
vorwärts ['fo:ɐ̯vɛrts *o* 'fɔrvɛrts] *adv* avanti
Vorwärtsgang *m* TEC marcia *f* avanti
vorwärts|gehen <irr> *vi* andare avanti, procedere
vorwärts|kommen <irr> *vi* avanzare; *(vorankommen)* progredire
Vorwäsche <-, -n> *f* prelavaggio *m*
vor|waschen <irr> *vt* fare il prelavaggio
Vorwaschgang *m* prelavaggio *m*
vorweg [fo:ɐ̯'vɛk] *adv* ① *(vorher)* prima ② *(im Voraus)* in anticipo ③ *(an der Spitze)* in testa ④ *(fam: von vornherein)* a priori ⑤ *(vor allem)* prima di tutto
vorweg|nehmen <irr> *vt* anticipare
Vorweis ['fo:ɐ̯vaɪs] <-es, -e> *m* CH esibizione *f*
vor|weisen <irr> *vt* presentare
vor|werfen <irr> *vt* ① *(fig: tadeln)* [**jdm**] **etw ~** rimproverare qc [a qu] ② *(hinwerfen)* **jdm/einem Tier etw ~** gettare qc da mangiare a qu/un animale
vorwiegend **I.** *adj* prevalente **II.** *adv* in prevalenza
Vorwissen *nt* conoscenza *f* preliminare
Vorwitz *m* ① *(Neugier)* curiosità *f* ② *(Vorlautsein)* saccenteria *f*
vorwitzig *adj* ① *(neugierig)* curioso ② *(vorlaut)* saccente
Vorwort[1] <-(e)s, -e> *nt* prefazione *f*
Vorwort[2] <-(e)s, Vorwörter> *nt* A *(Präposition)* preposizione *f*
Vorwurf *m* rimprovero *m;* *(Tadel)* biasimo *m;* **jdm etw zum ~ machen** rimproverare qu per qc; **sich** *dat* **wegen etw Vorwürfe machen** rimproverarsi di [*o* per] qc
vorwurfsvoll *adj* [pieno] di rimprovero
Vorzeichen *nt* ① *(Anzeichen)* segno *m*, indizio *m;* *(Omen)* auspicio *m* ② MAT segno *m* ③ MUS accidente *m*
vorzeigbar *adj (fam)* presentabile
vor|zeigen *vt* mostrare; *(vorlegen a.)* presentare

Vorzeit *f* **in grauer ~** nella notte dei tempi
vorzeitig *adj* anticipato; *(zu früh)* prematuro, precoce
vorzeitlich *adj* preistorico, antidiluviano
vor|ziehen <irr> *vt* ① *(nach vorn ziehen, vor etw ziehen)* tirare avanti; *(Vorhänge)* chiudere [tirando] ② *(her~)* tirare fuori ③ *(lieber mögen)* **etw einer Sache** *dat* **~** preferire qc a qc ④ *(früher als geplant erledigen)* anticipare
Vorzimmer *nt* anticamera *f*
Vorzug *m* ① *Sing. (Vorliebe)* preferenza *f*; *(Vorrang)* precedenza *f*; **einer Sache** *dat* **den ~ geben** dare la preferenza a qc ② *(gute Eigenschaft)* pregio *m*, merito *m*; *(Vorteil)* vantaggio *m*; **den ~ haben, dass …** avere il pregio di *+inf* ③ A *(Auszeichnung für einen niedrigen Notendurchschnitt im Zeugnis)* lode *f*
vorzüglich [foːɐ̯ˈtsyːklɪç *o* ˈfoːɐ̯tsyːklɪç] *adj* eccellente; *(Wein, Essen)* squisito
Vorzugspreis *m* prezzo *m* di favore
vorzugsweise *adv (mit Vorliebe)* preferibilmente, di preferenza; *(hauptsächlich)* principalmente
Votum [ˈvoːtʊm, *Pl:* ˈvoːtən *o* ˈvoːta] <-s, Voten *o* Vota> *nt* voto *m*
Voucher [ˈvaʊtʃɐ] <-s, -(s)> *m o nt (Touristik)* voucher *m*, coupon *m*
Voyeur(in) [vo̯aˈjøːɐ̯] *m(f)* voyeur *m*, guardone, -a *m, f*
Voyeurismus [voajøˈrɪsmʊs] <-> *m kein Pl.* voyerismo *m*
v. T. *Abk. von* **vom Tausend** per mille
vulgär [vʊlˈgɛːɐ̯] *adj* volgare
Vulkan [vʊlˈkaːn] <-s, -e> *m* vulcano *m*; **erloschener/untätiger/tätiger ~** vulcano spento/inattivo/attivo
Vulkanausbruch *m* eruzione *f* vulcanica
Vulkanfiber *f* fibra *f* vulcanica
vulkanisch *adj* vulcanico
vulkanisieren [vʊlkaniˈziːrən] <ohne ge-> *vt* vulcanizzare
Vulkanismus <-> *m kein Pl.* GEOL vulcanismo *m*

W w

W, w [veː] <-, -(s)> *nt* W *f*, w *f*; **W wie Wilhelm** vu doppia
W ① *Abk. von* **West[en]** O ② *Abk. von* **Watt** W
Waadt [vaːt] *f* Vaud *m*
waag[e]recht *adj* orizzontale
Waage [ˈvaːgə] <-, -n> *f* ① TEC bilancia *f*; *(Personen~)* pesapersone *m*; **sich** *dat* **die ~ halten** [contro]bilanciarsi ② ASTR Bilancia *f*; **er/sie ist [eine] ~** è [della [*o* una]] Bilancia
Waagebalken *m* giogo *m* della bilancia
Waagschale *f* piatto *m* della bilancia; **er legt jedes Wort auf die ~** [sop]pesa ogni parola
wabb[e]lig [ˈvab(ə)lɪç] *adj (fam)* flaccido, floscio
Wabe [ˈvaːbə] <-, -n> *f* favo *m*
wabenförmig *adj* a nido d'ape
Wabenhonig *m* miele *m* di favo
wach [vax] *adj* ① *(nicht schlafend)* sveglio; **~ werden** svegliarsi ② *(fig: aufgeweckt)* vivo, sveglio; *(Sinn, Verstand)* acuto, desto
Wach[t]posten *m* guardia *f*, sentinella *f*
Wachablösung *f* cambio *m* della guardia
Wache [ˈvaxə] <-, -n> *f* ① *(Wachdienst, -mannschaft, -posten)* guardia *f*; **~ haben** essere di guardia ② *(Wachlokal)* corpo *m* di guardia; *(Polizei~)* posto *m* di polizia ③ *(Kranken~)* veglia *f*; **bei jdm ~ halten** vegliare qu
wachen *vi* ① *(geh: wach sein)* essere sveglio ② *(Wache halten)* **bei jdm ~** vegliare qu ③ *(aufpassen)* **über jdn/etw ~** sorvegliare qu/qc
Wachhund *m* cane *m* da guardia
Wachmann <-(e)s, -leute> *m* ① *(Wächter)* guardia *f* ② A *(Polizist)* poliziotto *m*, vigile *m*
Wacholder [vaˈxɔldɐ] <-s, -> *m* ① BOT ginepro *m* ② *(~schnaps)* gin *m*
Wacholderschnaps *m* gin *m*
Wachposten *s.* **Wach[t]posten**
wach|rufen <irr> *vt (Erinnerungen)* risvegliare; *(Vergangenheit)* evocare
Wachs [vaks] <-es, -e> *nt* cera *f*; **~ in jds Händen sein** *(fig)* essere molto accondiscendente con qu, essere nelle mani di qu
wachsam *adj* vigilante; *(Blick, Auge)* vigile
Wachsamkeit <-> *f kein Pl.* vigilanza *f*
wachsartig *adj* ceroso
wachsbleich [ˈvaksˈblaɪç] *adj* cereo
Wachsbohne *f* fagiolino *m* di qualità gialla
wachsen[1] [ˈvaksən] <wächst, wuchs, gewachsen> *vi sein* ① *(größer werden)* crescere; **in die Breite/Höhe ~** crescere in

W

larghezza/altezza; **sich** *dat* **einen Bart/die Haare ~ lassen** lasciarsi crescere la barba/i capelli ② *(fig: zunehmen)* aumentare, accrescersi; *(sich ausdehnen)* estendersi; **die ~de Rezession** l'aggravarsi della recessione; **mit ~der Sorge** con crescente preoccupazione; **jdm gewachsen sein** essere all'altezza di qu; **einer Sache** *dat* **nicht gewachsen sein** non essere all'altezza di una cosa

wachsen[2] ['vaksən] *vt (mit Wachs behandeln)* dare la cera a

wächsern ['vɛksɐn] *adj (a. fig)* cereo

Wachsfigur *f* figura *f* di cera

Wachsfigurenkabinett *nt* museo *m* delle cere

Wachskerze *f* candela *f* di cera

Wachsmalstift *m* matita *f* cerata

wächst [vɛkst] *3. Pers. Sing. Präs. von* **wachsen**

Wachstuch *nt* tela *f* cerata

Wachstum <-s> *nt kein Pl.* crescita *f*

wachstumsfördernd *adj* che favorisce la crescita

wachstumshemmend *adj* che inibisce la crescita

Wachstumshormon <-s, -e> *nt* ormone *m* della crescita

wachstumsorientiert *adj* orientato alla crescita

Wachstumsrate *f* WIRTSCH tasso *m* di crescita

Wacht[t]urm *m* torre *f* di osservazione

Wachtel ['vaxtəl] <-, -n> *f* ZOO quaglia *f*

Wächter(in) ['vɛçtɐ] <-s, -; -, -nen> *m(f)* guardiano, -a *m, f; (Nacht~)* guardia *f*

Wachtmeister ['vaxtmaɪstɐ] *m* brigadiere *m* di polizia

Wachtraum *m* sogno *m* ad occhi aperti

Wach- und Schließgesellschaft *f* società *f* di vigilanza notturna

wack[e]lig *adj* ① *(Stuhl, Tisch)* traballante; *(Zahn a.)* tentennante ② *(fam: schwach)* **~ auf den Beinen sein** reggersi male sulle gambe ③ *(fig fam: Unternehmen, Position)* vacillante

Wackelkontakt *m* contatto *m* difettoso

wackeln ['vakəln] *vi* ① *haben (Möbel)* traballare; *(Zahn a.)* tentennare; *(zittern)* tremare; **mit den Ohren ~** muovere le orecchie ② *haben (fig fam: Herrschaft, Position)* vacillare, essere traballante ③ *sein (unsicher gehen)* barcollare

Wackelpeter <-s, -> *m*, **Wackelpudding** *m (fam)* budino *m* di gelatina

wacker ['vakɐ] *adj* ① *(rechtschaffen, brav)* onesto, probo ② *(tapfer)* valoroso ③ *(tüchtig)* valente

wacklig *s.* **wack[e]lig**

Wade ['va:də] <-, -n> *f* polpaccio *m*

Wadenkrampf *m* crampo *m* del polpaccio

Wadenwickel *m* impacco *m* surale

Waffe ['vafə] <-, -n> *f* arma *f;* **zu den ~n rufen** chiamare alle armi; **die ~n strecken** deporre le armi; *(fig)* darsi per vinto; **jdn mit seinen eigenen ~n schlagen** *(fig)* battere qu con i suoi stessi argomenti

Waffel ['vafəl] <-, -n> *f* wafer *m,* cialda *f*

Waffeleisen *nt* stampo *m* per cialde

Waffenbesitz *m* detenzione *f* di armi; **illegaler ~** detenzione illegale di armi

Waffenembargo <-s, -s> *nt* embargo *m* delle armi

Waffengattung *f* arma *f*

Waffengewalt *f* **mit ~** con la forza delle armi

Waffenhandel *m* traffico *m* d'armi

Waffenhändler(in) *m(f)* trafficante *mf* d'armi

Waffenlager *nt* deposito *m* di armi

Waffenlieferung *f* fornitura *f* di armi

Waffenruhe *f* tregua *f*

Waffenschein *m* porto *m* d'armi

Waffenschmuggel *m* contrabbando *m* di armi

Waffenstillstand *m* armistizio *m*

Waffenstillstandsverhandlungen *fpl* trattative *fpl* d'armistizio

Waffensystem *nt* sistema *m* di armamenti

wag[e]halsig ['va:khalzɪç ('va:gəhalzɪç)] *adj* ① *(Mensch)* spericolato, temerario ② *(Unternehmen)* rischioso

Wag[g]on [va'gõ: *o* va'gɔŋ] <-s, -s> *m* vagone *m*

wag[g]onweise *adv* a vagoni

Wagemut ['va:gəmu:t] <-(e)s> *m kein Pl.* temerarietà *f,* audacia *f*

wagemutig *adj* ardimentoso, audace

wagen ['va:gən] **I.** *vt* ① *(sich nicht scheuen)* osare; [**es**] **~ etw zu tun** osar fare qc; **wage bloß nicht, mir zu widersprechen!** e non osare contraddirmi! ② *(riskieren)* rischiare; **dieser Ausschnitt ist sehr gewagt** questo scollo è molto ardito; **wer nicht wagt, der nicht gewinnt** *(prov)* chi non risica non rosica **II.** *vr* **sich ~** [**etw zu tun**] osar fare qc; **sich nicht aus dem Haus ~** non osare uscire di casa

Wagen ['va:gən] <-s, -> *m* ① *(Personen~)* macchina *f,* automobile *f; (Liefer~)* furgone *m* ② *(Zirkus~, Plan~)* carro *m; (Pferde~, Straßenbahn~)* vettura *f; (Eisenbahn~)* vagone *m* ③ *(Einkaufs~)* carrello *m; (Puppen~, Kinder~)* carrozzina *f* ④ *(Schreibmaschinen~)* carrello *m* ⑤ ASTR **der Große/Kleine ~** l'Orsa Maggiore/Minore

Wagendach *nt* tetto *m* di vettura

Wagenfenster *nt* finestrino *m* della macchina
Wagenführer *m* conducente *m*
Wagenheber *m* cricco *m,* martinetto *m*
Wagenkolonne *f* colonna *f* di autoveicoli
Wagenladung *f* carrata *f*
Wagenpark *m* parco *m* di veicoli; FERR parco *m* di vagoni
Wagenpflege *f* manutenzione *f* dell'automobile
Wagenrad *nt* ruota *f* della vettura
Wagenschlag *m* portiera *f*
Wagentür *f* portiera *f*
Wagenwäsche *f* lavaggio *m* dell'automobile
waghalsig ['va:khalzɪç] *adj* ① *(Mensch)* spericolato, temerario ② *(Unternehmen)* rischioso
Wagnis ['va:knɪs] <-ses, -se> *nt* ① *(Risiko)* rischio *m;* **ein ~ auf sich nehmen** assumersi un rischio ② *(Unternehmen)* impresa *f* rischiosa
Wahl [va:l] <-, -en> *f* ① *(a. Aus~, Qualität)* scelta *f; (zwischen zwei Möglichkeiten)* alternativa *f;* **erste ~** WIRTSCH prima scelta; **nach ~** a scelta; **seine ~ treffen** fare una scelta; **keine** [**andere**] **~ haben** [**, als ...**] non avere [altra] possibilità di scelta [che ...]; **wer die ~ hat, hat die Qual** *(prov)* non avere che l'imbarazzo della scelta ② POL elezione *f;* **sich zur ~ aufstellen lassen** farsi presentare [come candidato] alle elezioni; **zur ~ gehen** andare alle urne
Wahlalter *nt* età *f* elettorale
Wahlaufruf *m* manifesto *m* elettorale
Wahlausgang *m* risultato *m* delle elezioni
Wahlausschuss *m* commissione *f* elettorale
wählbar *adj* eleggibile
Wählbarkeit <-> *f kein Pl.* eleggibilità *f*
Wahlbenachrichtigung *f* certificato *m* elettorale
wahlberechtigt *adj* avente diritto di voto
Wahlberechtigte <ein -r, -n, -n> *mf* elettore, -trice *m, f*
Wahlberechtigung <-, -en> *f* diritto *m* al voto
Wahlbeteiligung *f* partecipazione *f* elettorale, affluenza *f* alle urne; **eine hohe ~** un'elevata percentuale di votanti
Wahlbetrug <-(e)s> *m kein Pl.* broglio *m* elettorale
Wahlbezirk *m* circoscrizione *f* elettorale
wählen ['vɛ:lən] **I.** *vt* ① *(aus~)* scegliere ② POL eleggere; **jdn zum Abgeordneten ~** eleggere qu deputato; **jdn in den Bundestag ~** eleggere qu alla camera dei deputati ③ TEL *(Nummer)* comporre **II.** *vi* ① *(aus~)* scegliere ② POL *(abstimmen)* votare ③ TEL comporre [il numero]
Wähler(in) <-s, -; -, -nen> *m(f)* elettore, -trice *m, f,* votante *mf*
Wählerauftrag *m* mandato *m* elettorale
Wahlerfolg *m* successo *m* elettorale
Wahlergebnis *nt* risultato *m* elettorale
Wählerin *f s.* **Wähler**
wählerisch *adj (Käufer, Kunden)* difficile; *(im Essen)* schizzinoso
Wählerliste *f* lista *f* elettorale
Wählerschaft <-> *f kein Pl.* elettorato *m*
Wählerschicht *f* fascia *f* dell'elettorato
Wählerstimme <-, -n> *f* voce *f* degli elettori
Wählerwille *m* volontà *f* elettorale
Wahlfach *nt (Schule)* materia *f* facoltativa
wahlfrei *adj (Schulfach)* facoltativo
Wahlgang *m* votazione *f;* **im ersten ~** al primo scrutinio
Wahlgeheimnis *nt* segreto *m* elettorale
Wahlheimat *f* patria *f* d'elezione
Wahlkampf *m* lotta *f* elettorale
Wahlkreis *m* circoscrizione *f* elettorale
Wahllokal *nt* seggio *m* elettorale
wahllos *adv* a caso
Wahlmann *m* delegato *m*
Wahlniederlage *f* sconfitta *f* elettorale
Wahlpflicht *f* obbligo *m* di votare [*o* di voto]
Wahlpflichtfach *nt* materia *f* facoltativa
Wahlplakat *nt* manifesto *m* elettorale
Wahlprogramm *nt* programma *m* elettorale
Wahlpropaganda *f* propaganda *f* elettorale
Wahlrecht <-(e)s> *nt kein Pl.* ① *(Recht)* diritto *m* di voto; **aktives/passives ~** elettorato attivo/passivo; **allgemeines ~** suffragio universale ② *(Gesetz)* diritto *m* elettorale
Wahlrede *f* discorso *m* elettorale
Wahlredner(in) *m(f)* oratore, -trice *m, f* elettorale
Wählscheibe *f* disco *m* combinatore
Wahlschein *m* certificato *m* elettorale
Wahlsieg *m* vittoria *f* elettorale
Wahlsieger(in) <-s, -; -, -nen> *m(f)* vincitore, -trice *m, f* delle elezioni
Wahlsprengel <-s, -> *m* A POL *(Wahlbereich mit einem Wahllokal)* seggio *m* elettorale
Wahlspruch *m* motto *m,* divisa *f*
Wahlsystem *nt* sistema *m* elettorale
Wahltag *m* giorno *m* delle elezioni
Wählton <-(e)s, -töne> *m* bip *m (segnale acustico percettibile componendo un numero di telefono)*
Wahlurne *f* urna *f* elettorale

Wahlverhalten *nt* POL comportamento *m* elettorale

Wahlversammlung *f* comizio *m* elettorale

Wahlversprechen *nt* promessa *f* elettorale

wahlweise *adv* a scelta

Wahn [vaːn] <-(e)s> *m kein Pl.* ❶ *(geh: ~vorstellung)* illusione *f* ❷ MED mania *f*

wähnen ['vɛːnən] *vt (geh)* ritenere [erroneamente], credere, supporre; **sich sicher ~** credersi sicuro

Wahnsinn *m* ❶ MED demenza *f* ❷ *(fam: Unvernunft)* follia *f*, pazzia *f*; **das ist doch [heller] ~!** è pura follia!

wahnsinnig **I.** *adj* ❶ *(verrückt)* pazzo, folle; MED demente, alienato; **jdn ~ machen** *(fam)* far impazzire qu ❷ *(fam: außerordentlich)* straordinario, enorme; *(Hunger)* tremendo; **~e Schmerzen** *(fam)* dolori atroci **II.** *adv (fig fam: sehr)* enormemente, moltissimo; **ich habe mich ~ darüber gefreut** *(fam)* mi ha fatto un gran piacere

Wahnsinnige <ein -r, -n, -n> *mf* pazzo, -a *m, f*

Wahnsinnstat *f* gesto *m* folle

Wahnvorstellung *f* fissazione *f*

Wahnwitz <-es> *m kein Pl.* follia *f*, pazzia *f*

wahnwitzig *adj* folle, pazzesco

wahr [vaːɐ̯] *adj* ❶ *(der Wahrheit entsprechend)* vero; *(~heitsgetreu)* veridico, veritiero; **nicht ~?** [nev]vero?; **daran ist kein ~es Wort** non c'è nulla di vero in questo; **so ~ ich hier stehe** com'è vero che sto qui; **das darf doch nicht ~ sein!** *(fam)* non è possibile! ❷ *(wirklich)* reale; *(echt)* autentico; **~ werden** realizzarsi; **etw ~ machen** realizzare qc; **er hat sein Versprechen ~ gemacht** ha mantenuto la [sua] promessa; **sein ~es Gesicht zeigen** togliersi la maschera; **im ~sten Sinne des Wortes** nel vero senso della parola ❸ *(ausgesprochen)* vero e proprio; **eine ~e Pracht** una vera meraviglia

wahren ['vaːrən] *vt (geh)* ❶ *(be~)* mantenere; *(a. Geheimnis)* custodire; **den Schein ~** salvare le apparenze ❷ *(Interessen, Rechte)* tutelare, salvaguardare

währen ['vɛːrən] *vi (geh)* [per]durare; **was lange währt, wird endlich gut** *(prov)* ciò che dura a lungo porta buoni frutti

während ['vɛːrənt] **I.** *präp +gen o dat* durante **II.** *konj* mentre

währenddessen [vɛːrənt'dɛsən] *adv* intanto, frattanto

wahr|haben *vt* **nicht ~ wollen, dass …** non voler ammettere che *+conj*

wahrhaft **I.** *adj (geh: echt, ehrlich)* vero; *(wirklich)* reale **II.** *adv (geh)* veramente

wahrhaftig [vaːɐ̯'haftɪç] **I.** *adj (geh: wahrheitsliebend)* veritiero, verace **II.** *adv (geh: tatsächlich)* veramente, davvero; **~!** davvero!

Wahrheit <-, -en> *f* verità *f*; **in ~** in verità; **um die ~ zu sagen** a dire il vero; **das ist die reine ~** è la pura verità

wahrheitsgemäß, **wahrheitsgetreu** *adv* conformemente alla verità

wahrlich *adv (geh)* veramente

wahrnehmbar *adj* percettibile

wahr|nehmen <irr> *vt* ❶ *(Geräusch, Geruch)* percepire ❷ *(bemerken)* accorgersi di ❸ *(Chance, Gelegenheit)* approfittare di, cogliere; *(Termin, Frist)* rispettare; *(Interessen)* tutelare, salvaguardare

Wahrnehmung <-, -en> *f* ❶ *(sinnlich)* percezione *f* ❷ *(von Termin)* osservanza *f*; *(von Interessen)* tutela *f*, salvaguardia *f*

wahrsagen, wahr|sagen **I.** *vi* predire il futuro, vaticinare; **sich** *dat* **~ lassen** farsi predire il futuro **II.** *vt* predire

Wahrsager(in) <-s, -; -, -nen> *m(f)* indovino, -a *m, f*, vaticinatore, -trice *m, f*

Wahrsagerei[1] <-> *f kein Pl. (pej: das Wahrsagen)* profezia *f*, vaticinio *m*

Wahrsagerei[2] <-, -en> *f (pej: Äußerung)* dichiarazione *f* arbitraria

Wahrsagerin <-, -nen> *f s.* **Wahrsager**

Wahrsagung <-, -en> *f* ❶ *Sing. (das Wahrsagen)* predizione *f*, divinazione *f* ❷ *(Prophezeiung)* profezia *f*, vaticinio *m*

währschaft ['vɛːɐ̯ʃaft] *adj* CH ❶ *(tüchtig, kräftig)* robusto, forte ❷ *(solide)* resistente, robusto; **ein ~es Kleidungsstück** un capo d'abbigliamento resistente

wahrscheinlich [vaːɐ̯'ʃaɪnlɪç] **I.** *adj* probabile; **es ist nicht ~, dass …** non è probabile che *+conj* **II.** *adv* probabilmente

Wahrscheinlichkeit <-, -en> *f* probabilità *f*; **aller ~ nach** con ogni probabilità; **wie groß ist die ~, dass …?** quali probabilità ci sono che *+conj*?

Wahrscheinlichkeitsgrad *m* grado *m* di probabilità

Wahrscheinlichkeitsrechnung *f* calcolo *m* delle probabilità

Wahrung <-> *f kein Pl.* tutela *f*, salvaguardia *f*

Währung ['vɛːrʊŋ] <-, -en> *f* valuta *f*, moneta *f*

Währungsausgleich *m* conguaglio *m* dei cambi

Währungsbuchhaltung <-, -en> *f* FIN contabilità *f* valutaria

Währungseinheit *f* unità *f* monetaria

Währungsfonds *m* fondo *m* monetario

Währungsgebiet *nt* zona *f* monetaria

Währungsinstitut *nt* istituto *m* moneta-

rio; **das Europäische ~** l'Istituto monetario europeo
Währungskonferenz *f* conferenza *f* monetaria
Währungskorb *m* paniere *m* valutario
Währungsordnung *f* ordinamento *m* valutario
Währungspolitik <-> *f kein Pl.* politica *f* monetaria; **die gemeinsame ~ der Mitgliedsstaaten der Europäischen Union** la politica monetaria unica degli Stati membri dell'Unione europea
Währungsraum <-(e)s, -räume> *m* FIN zona *f* monetaria
Währungsreform *f* riforma *f* monetaria
Währungsspaltung <-, -en> *f* scissione *f* monetaria
Währungssystem *nt* sistema *m* monetario; **das Europäische ~** il sistema monetario europeo
Währungsumstellung *f* conversione *f* monetaria
Währungsunion *f* unione *f* monetaria; **Europäische ~** unione monetaria europea
Wahrzeichen *nt* emblema *m,* simbolo *m*
Waise ['vaɪzə] <-, -n> *f* orfano, -a *m, f*
Waisenhaus *nt* orfanotrofio *m*
Waisenkind *nt* orfano, -a *m, f*
Waisenrente *f* prestazione *f* agli orfani
Wal [vaːl] <-(e)s, -e> *m* ZOO balena *f*
Wald [valt, *Pl:* 'vɛldɐ] <-(e)s, Wälder> *m* bosco *m,* selva *f; (fig a.)* foresta *f;* **den ~ vor Bäumen nicht sehen** *(fam)* non vedere quello che si ha sotto il naso; *(fig)* perdere di vista la foresta nella foga di focalizzare un ramoscello; **ich glaub', ich steh' im ~!** *(fam)* non credo ai miei occhi!; **wie man in den ~ hineinruft, so schallt es heraus** *(prov)* chi la fa, l'aspetti
Waldarbeiter *m* boscaiolo *m*
Waldbestand *m* patrimonio *m* forestale
Waldbrand *m* incendio *m* di bosco
Walderdbeere *f* fragolina *f* di bosco
Waldhorn *nt* corno *m* da caccia
Waldhüter *m* guardia *f* forestale, guardaboschi *m*
waldig *adj* boscoso, boschivo
Waldlauf *m* corsa *f* nel bosco
Waldlehrpfad *m* sentiero *m* per l'educazione botanica
Waldmeister *m* BOT asperula *f* [odorosa], mughetto *m* dei boschi *fam*
Waldorfschule ['valdɔrfʃuːlə] *f* scuola *f* steineriana *(scuola privata fondata da Waldorf che ha sviluppato una metodologia didattica basata sullo sviluppo delle capacità creative degli alunni)*
Waldrand *m* margine *m* del bosco; **am ~** ai margini del bosco
waldreich *adj* ricco di boschi, boscoso
Waldschaden *m* danno *m* forestale
Waldsterben *nt* moria *f* dei boschi
Waldung <-, -en> *f* zona *f* boscosa
Waldweg *m* sentiero *m* di bosco
Waldwiese *f* prato *m* boschivo
Waldwirtschaft *f* economia *f* forestale
Wales [weɪls] <-> *nt* Galles *m*
Walfang *m* caccia *f* alla balena
Walfänger ['vaːlfɛŋɐ] *m* 1 *(Mensch)* baleniere *m* 2 *(Boot)* baleniera *f*
Walfisch *s.* **Wal**
Waliser(in) [va'liːzɐ] <-s, -; -, -nen> *m(f)* gallese *mf*
Walkie-Talkie <-(s), -s> *nt* walkie-talkie *m*
Walkman® <-s, -men> *m* walkman® *m*
Wall [val, *Pl:* 'vɛlə] <-(e)s, Wälle> *m (Erd~)* vallo *m,* terrapieno *m; (Schutz~)* bastione *m*
Wallach ['valax] <-(e)s, -e> *m* ZOO cavallo *m* castrato
wallen ['valən] *vi (sprudeln)* [ri]bollire; *(wogen)* ondeggiare; **~des Haar** capelli fluenti; **~des Gewand** veste fluttuante
Wallfahrer(in) <-s, -; -, -nen> *m(f)* pellegrino, -a *m, f*
Wallfahrt ['valfaːɐ̯t] *f* pellegrinaggio *m*
Wallfahrtskirche *f* santuario *m*
Wallfahrtsort *m* luogo *m* di pellegrinaggio
Wallis ['valɪs] *nt* Vallese *m*
Wallung <-, -en> *f* ebollizione *f; (fig)* bollore *m,* agitazone *f;* **in ~ bringen** mettere in agitazione
Walnuss ['valnʊs] *f* noce *f*
Walnussbaum *m* noce *m*
Walross ['valrɔs] *nt* ZOO tricheco *m*
walten ['valtən] *vi (geh)* agire; **Gnade/Vernunft ~ lassen** usare clemenza/la ragione
Walzblech *nt* lamiera *f* laminata
Walze ['valtsə] <-, -n> *f* rullo *m;* TYP cilindro *m*
walzen ['valtsən] *vt (glätten)* cilindrare, spianare col rullo; *(Metall, Stahl)* laminare
wälzen ['vɛltsən] **I.** *vt* 1 *(rollen)* rotolare; **die Schuld auf jdn ~** scaricare la colpa su qu 2 *(fam: Akten, Bücher)* scartabellare; *(Probleme)* rimuginare **II.** *vr:* **sich ~** rotolarsi; **sich schlaflos im Bett ~** rigirarsi nel letto senza riuscire a dormire
walzenförmig ['valtsənfœrmɪç] *adj* cilindrico
Walzer ['valtsɐ] <-s, -> *m* valzer *m*
Wälzer <-s, -> *m (fam)* volumone *m*
Walzstraße *f* treno *m* di laminazione [*o* di rulli]
Walzwerk *nt* laminatoio *m*

Wampe ['vampə] <-, -n> *f (fam pej)* pancione *m*

Wams [vams, *Pl:* 'vɛmzɐ] <-es, Wämser> *nt* farsetto *m*

wand [vant] *1. u. 3. Pers. Sing. Imp. von* **winden**[1]

Wand [vant, *Pl:* 'vɛndə] <-, Wände> *f* parete *f;* **spanische ~** paravento *m;* **in meinen vier Wänden** a casa mia; **weiß wie die ~** bianco come un cencio; **jdn an die ~ spielen** *(fig)* superare qu; **mit dem Kopf durch die ~ wollen** *(fig fam)* volere la quadratura del cerchio; **mit dem Kopf gegen die ~ rennen** *(fig)* sbattere la testa contro il muro; **da kann man ja die Wände hochgehen!** *(fam)* c'è da impazzire!

Wandbehang *m* arazzo *m*

Wandel ['vandəl] <-s> *m kein Pl.* mutamento *m,* cambiamento *m,* trasformazione *f;* **im ~ der Zeiten** nel mutamento dei tempi

wandelbar *adj (geh)* mutevole, variabile

Wandelgang *m,* **Wandelhalle** *f* portico *m*

wandeln ['vandəln] **I.** *vi sein (geh: gehen)* camminare, passeggiare; **sie ist ein ~des Wörterbuch** *(fam scherz)* è un dizionario ambulante **II.** *vt* cambiare, mutare **III.** *vr:* **sich ~** cambiare, mutare

Wanderarbeiter *m* lavoratore *m* stagionale

Wanderausstellung *f* esposizione *f* itinerante

Wanderbühne *f* compagnia *f* ambulante

Wanderdüne *f* duna *f* mobile

Wanderer ['vandərɐ] <-s, -> *m* viandante *m,* escursionista *m*

Wanderfalke <-n, -n> *m* falco *m* pellegrino

Wanderin ['vandərɪn] <-, -nen> *f* viandante *f,* escursionista *f*

Wanderkarte *f* carta *f* topografica [per escursionisti]

wandern ['vandɐn] *vi sein* ❶ *(gehen)* camminare ❷ *(einen Ausflug machen)* fare un'escursione ❸ *(umherschweifen)* vagabondare; *(Blicke a.)* errare; *(Gedanken)* correre

Wanderniere *f* rene *m* migrante [*o* mobile]

Wanderpokal *m* coppa *f* challenge

Wanderprediger *m* predicatore *m* ambulante

Wanderschaft <-> *f kein Pl.* viaggio *m* [a piedi], giro *m;* **auf ~ gehen** andare in giro per il mondo; **auf der ~** in viaggio per il mondo

Wandersmann <-(e)s, -leute> *m (poet)* viandante *m*

Wandertag *m* giorno *m* di escursione

Wanderung <-, -en> *f* ❶ *(Ausflug)* gita *f,* escursione *f* ❷ *(von Tieren, Völkern)* migrazione *f*

Wanderverein *m* circolo *m* escursionistico

Wanderweg *m* sentiero *m* [per escursioni]

Wanderzirkus *m* circo *m* itinerante

Wandgemälde *nt* pittura *f* murale

Wandkalender *m* calendario *m* murale

Wandkarte *f* carta *f* murale

Wandlampe *f* lampada *f* a muro, applique *f*

Wandlung ['vandlʊŋ] <-, -en> *f* ❶ *(Veränderung)* cambiamento *m;* *(Verwandlung)* trasformazione *f* ❷ REL transustanziazione *f*

wandlungsfähig *adj* trasformabile

Wandrer(in) *m(f) s.* **Wanderer**

Wandschrank *m* armadio *m* a muro

Wandspiegel *m* specchio *m* da parete

Wandtafel *f* lavagna *f* a muro

wandte ['vantə] *1. u. 3. Pers. Sing. Imp. von* **wenden**[2]

Wandteller *m* piatto *m* murale

Wandteppich *m* arazzo *m*

Wanduhr *f* orologio *m* a muro

Wandzeitung *f* giornale *m* murale, dazebao *m*

Wange ['vaŋə] <-, -n> *f (geh)* guancia *f,* gota *f poet;* **~ an ~** guancia a guancia

Wankelmotor ['vaŋkəlmo:to:ɐ] *m* motore *m* Wankel [*o* a pistone rotante]

Wankelmut ['vaŋkəlmu:t] *m (geh)* incostanza *f,* volubilità *f*

wankelmütig ['vaŋkəlmy:tɪç] *adj (geh)* incostante, volubile

wanken ['vaŋkən] *vi* ❶ *haben (schwanken)* vacillare; **ins Wanken geraten** cominciare a vacillare ❷ *sein (schwankend gehen)* camminare barcollando

wann [van] *adv* quando; **seit ~?** da quando?; **bis ~?** fino a quando?; **von ~ bis ~?** da quando a quando?; **ich weiß nicht, ~ sie kommt** non so quando verrà; **~ auch immer** in qualsiasi momento

Wanne ['vanə] <-, -n> *f (Bade~)* vasca *f;* *(Wasch~)* bacinella *f;* MOT *(Öl~)* coppa *f* [dell'olio]

Wannenbad *nt* bagno *m* in vasca

Wanst [vanst, *Pl:* 'vɛnstə] <-es, Wänste> *m (fam pej)* pancione *m;* **sich** *dat* **den ~ vollschlagen** rimpinzarsi

Wanze ['vantsə] <-, -n> *f* ❶ ZOO cimice *f* ❷ TEC *(Abhör~)* microspia *f*

WAP-Handy *nt* [telefono *m* cellulare] wap *m,* Wappi *m*

Wappen ['vapən] <-s, -> *nt* stemma *m,* blasone *m*

Wappenkunde *f* araldica *f*

W

Wappenschild *m* scudo *m*
Wappentier *nt* animale *m* araldico
wappnen [ˈvapnən] *vr* **sich gegen etw ~** *(geh)* armarsi contro qc
war [vaːɐ̯] *1. u. 3. Pers. Sing. Imp. von* **sein**[1]
warb [varp] *1. u. 3. Pers. Sing. Imp. von* **werben**
Ware [ˈvaːrə] <-, -n> *f* merce *f; (Artikel)* articolo *m;* **eine ~ führen** tenere una merce; **heiße ~** *(sl)* merce illegale
Warenangebot *nt* offerta *f* di merce
Warenaufzug *m* montacarichi *m*
Warenautomat *m* distributore *m* automatico
Warenbegleitschein *m* ADM documento *m* d'accompagnamento merci
Warenbestand *m* stock *m*
Warenhaus *nt* grande magazzino *m*
Warenhauskette *f* catena *f* di grandi magazzini
Warenkorb *m* paniere *m*
Warenlager *nt* magazzino *m*
Warensendung *f* spedizione *f* di merci
Warenumsatzsteuer <-, -n> *f* CH FIN *(auf den Warenumsatz erhobene Steuer)* tassa *f* d'importazione
Warenzeichen *nt* marchio *m* di fabbrica; **eingetragenes ~** marchio registrato
warf [varf] *1. u. 3. Pers. Sing. Imp. von* **werfen**
Warlord [ˈvoːɐlɔrt] <-s, -s> *m* signore *m* della guerra
warm [varm] <wärmer, wärmste> *adj* ① *(allg, a Farben, Töne)* caldo; **es ist ~** fa caldo; **mir ist ~** ho caldo; **~ halten** *(Kleidung)* tenere caldo; **zieh dich ~ an!** vestiti pesante!, copriti bene!; **~ machen** [ri]scaldare; **sich ~ laufen** riscaldarsi correndo; **den Motor ~ laufen lassen** far riscaldare il motore ② *(fig: ~herzig)* caloroso, cordiale; **mit jdm nicht ~ werden** *(fam)* non entrare in confidenza con qu; **dieses Restaurant kann ich wärmstens empfehlen** posso raccomandare vivamente questo ristorante
Warmblüter [ˈvarmblyːtɐ] <-s, -> *m* ZOO animale *m* a sangue caldo
warmblütig [ˈvarmblyːtɪç] *adj* a sangue caldo
Warmduscher *m (fam)* rammollito *m*
Wärme [ˈvɛrmə] <-, *rar:* -n> *f* caldo *m; (a. fig) a.* PHYS calore *m;* **ist das eine ~ [hier]!** che caldo fa [qui]!
Wärmeaustausch *m* scambio *m* termico
wärmebeständig *adj* TEC resistente al calore
Wärmedämmung <-, -en> *f* isolamento *m* termico
wärmeempfindlich *adj* sensibile al calore
Wärmeenergie *f* energia *f* termica
Wärmegrad *m* grado *m* di temperatura
Wärmehaushalt *m* bilancio *m* termico
Wärmekraftwerk *nt* centrale *f* termica
Wärmelehre *f* PHYS termologia *f*
Wärmeleiter *m* conduttore *m* termico
wärmen **I.** *vt, vi* [ri]scaldare **II.** *vr:* **sich ~** [ri]scaldarsi
Wärmepumpe *f* pompa *f* di calore
Wärmequelle *f* sorgente *f* termica
Wärmerückgewinnung *f* recupero *m* termico
Wärmespeicher *m* accumulatore *m* termico
Wärmestrahlung *f* radiazione *f* termica
Wärmezufuhr *f* apporto *m* di calore
Wärmflasche *f* borsa *f* dell'acqua calda
Warmfront <-, -en> *f* METEO fronte *m* caldo
Warmhaltekanne *f* thermos *m*
warm|halten <irr> *vt (fam)* **sich** *dat* **jdn ~** tenersi buono qu
Warmhalteplatte *f* scaldavivande *m*
warmherzig *adj* caloroso, cordiale
Warmluft *f* aria *f* calda
Warmluftzufuhr *f* afflusso *m* di aria calda
Warmmiete *f (fam)* affitto *m* comprensivo del riscaldamento
Warmstart <-(e)s, -s> *m* INFORM riavvio *m*
Warmwasserbereiter [varmˈvasɐbəraɪtɐ] <-s, -> *m* boiler *m,* scalda[a]cqua *m*
Warmwasserheizung *f* riscaldamento *m* ad acqua
Warmwasserspeicher *m* boiler *m*
Warmwasserversorgung *f* approvvigionamento *m* di acqua calda
Warnanlage *f* dispositivo *m* d'allarme
Warnblinkanlage *f* AUTO lampeggiatori *mpl*
Warndreieck *nt* AUTO triangolo *m*
warnen [ˈvarnən] *vt* avvertire; **jdn vor etw** *dat* **~** mettere in guardia qu da qc; **ich habe dich oft genug vor ihm gewarnt** ti ho messo spesso in guardia da lui
warnend *adj* ammonitore
Warnmeldung *f* avviso *m* di pericolo
Warnruf *m* grido *m* d'allarme
Warnschild *nt* segnale *m* di pericolo
Warnschuss *m* colpo *m* in aria
Warnsignal *nt* segnale *m* d'allarme
Warnstreik *m* sciopero *m* d'avvertimento
Warnton *m* suono *m* di avvertimento
Warnung <-, -en> *f* avviso *m,* avvertimento *m;* **~ vor etw** *dat* avviso di qc; **ohne vorherige ~** senza preavviso; **das soll mir eine ~ sein** mi servirà di lezione; **das ist meine letzte ~** è il mio ultimo monito
Warnzeichen *nt* ① *(Warnschild)* segnale

W

m di pericolo ② *(fig: Warnsignal)* segnale *m* premonitore

Warschau ['varʃaʊ] *nt* Varsavia *f*

Warschauer Pakt <-(e)s> *m kein Pl.* POL Patto *m* di Varsavia

Warte ['vartə] <-, -n> *f (geh)* belvedere *m;* **von meiner ~ aus** dal mio punto di vista

Wartefrist *f* periodo *m* di attesa

Wartehalle *f s.* **Warteraum**

Warteliste *f* lista *f* d'attesa

warten ['vartən] **I.** *vi* **auf jdn/etw ~** aspettare qu/qc; **warte mal!** aspetta un attimo!; **mit etw ~** differire qc, ritardare qc; **nicht auf sich ~ lassen** non farsi attendere; **darauf ~, dass …** attendere che *+conj;* **worauf wartest du [denn] noch?** cosa aspetti ancora?; **na warte!** *(fam)* aspetta!; **da kannst du lange ~!** *(fam)* chi di speranza vive disperato muore! *prov* **II.** *vt (Maschine)* revisionare; *(Auto)* controllare, revisionare

Warten <-s> *nt kein Pl.* attesa *f;* **nach langem ~** dopo aver atteso a lungo

Wärter(in) ['vɛrtɐ] <-s, -; -, -nen> *m(f)* guardiano, -a *m, f,* custode *mf; (Gefängnis~)* secondino, -a *m, f*

Warteraum *m,* **Wartesaal** *m* sala *f* d'aspetto

Warteschleife <-, -n> *f* ① AERO **~n ziehen** volare in circolo ② TEL **ich bin schon seit Minuten in der ~** sono in linea già da dieci minuti

Wartezeit *f* tempo *m* d'attesa

Wartezimmer *nt* sala *f* d'aspetto

Wartung <-, -en> *f* ① TEC manutenzione *f* ② MOT [servizio *m* di] assistenza *f* [e manutenzione]

wartungsfrei *adj* senza bisogno di manutenzione; **dieses Gerät ist ~** questo apparecchio non necessita di manutenzione

warum [va'rʊm] *adv* perché, per quale ragione; **~ nicht?** perché no?; **~ nicht gleich so?** *(fam)* perché non [facciamo] subito così?

Warze ['vartsə] <-, -n> *f* ① *(Haut~)* verruca *f* ② *(Brust~)* capezzolo *m*

was [vas] **I.** *pron inter* che [cosa]; **~?** *(fam: wie bitte?)* come?, cosa?; **~ für ein[e]?** quale …?, che …?; **~ kostet das?** quanto costa?; **~ ist geschehen?** che cosa è successo?; **~ willst du?** che vuoi?; **~ für ein Unsinn!** che assurdità!; **~ Sie nicht sagen!** che dice mai!, possibile!; **~ ist Ihr** [*o* **sind Sie von**] **Beruf?** qual'è la Sua professione?; **ach ~!** *(fam)* macché!, ma va'!; **das hättest du nicht gedacht, ~?** *(fam)* non l'avresti pensato, vero? **II.** *pron rel* ciò che; **nicht wissen, ~ man tun soll** non sapere cosa fare; **alles, ~ …** tutto ciò che …; **das Beste, ~ …** il meglio che …; [**das,**] **~ er sagt** ciò che dice; **~ du auch [immer] sagen magst** qualunque cosa tu dica **III.** *pron indef (fam: etwas)* qualche cosa, qualcosa; **das ist ~ anderes** è un'altra cosa; **das ist immerhin ~** è già qualcosa; **ist ~?** c'è qualcosa [che non va]?; **hat man so ~ schon gesehen?** s'è mai vista una cosa simile?; **nein, so ~!** che roba!; *(erstaunt)* una cosa simile!

W

Waschanlage *f* ① *(Auto~)* stazione *f* di lavaggio ② *(Scheiben~)* impianto *m* di lavaggio

Waschanleitung *f* istruzioni *fpl* per il lavaggio

waschbar *adj* lavabile

Waschbär *m* ZOO procione *m*

Waschbecken *nt* lavandino *m,* lavabo *m*

Waschbeton <-s, -e> *m* cemento *m* bianco

Waschbeutel *m* beauty case *m*

Waschbrett *nt* asse *m* per lavare

Waschbrettbauch *m* addome *m* palestrato

Wäsche ['vɛʃə] <-, -n> *f* ① *Sing. (Bett~, Tisch~, Unter~)* biancheria *f;* **dumm aus der ~ gucken** *(fam)* fare una faccia da stupido ② *(das Waschen)* lavaggio *m* ③ *Sing. (~ zum Waschen)* bucato *m;* **~ waschen** fare il bucato; **seine schmutzige ~ [vor anderen Leuten] waschen** *(fig)* sciorinare i propri panni sporchi [davanti a tutti]

waschecht *adj* ① *(Farbe)* solido; *(Kleidungsstück)* lavabile ② *(fig: typisch)* purosangue

Wäschegeschäft *nt* negozio *m* di biancheria

Wäscheklammer *f* molletta *f* da bucato

Wäschekorb <-(e)s, -körbe> *m* cesto *m* della biancheria sporca

Wäscheleine *f* corda *f* per il bucato

Wäschemangel *f* mangano *m* [per biancheria]

waschen ['vaʃən] <wäscht, wusch, gewaschen> **I.** *vt* lavare **II.** *vi* fare il bucato; **Waschen und Legen** *(beim Friseur)* lavaggio e messa in piega **III.** *vr:* **sich ~** lavarsi; **eine Ohrfeige, die sich gewaschen hat** *(fam)* un sonoro ceffone

Wäscherei [vɛʃə'raɪ] <-, -en> *f* lavanderia *f*

Wäscheschleuder *f* centrifuga *f* [della lavatrice]

Wäscheschrank *m* armadio *m* della biancheria

Wäscheständer *m* stenditoio *m*

Wäschetrockner <-s, -> *m* ① EL asciugatrice *f* ② *(Ständer)* stendibiancheria *m*

Wäschetruhe *f* cassone *m* della bianche-

ria; *(für schmutzige Wäsche)* cestino *m* per la biancheria sporca
Wäschezeichen *nt* monogramma *m* [sulla biancheria]
Waschgang <-(e)s, -gänge> *m* lavaggio *m*
Waschhandschuh *m* guanto *m* da bagno
Waschküche *f* ① *(Waschraum)* lavanderia *f,* lavatoio *m* ② *(fam: dichter Nebel)* nebbia *f* fitta [*o* da tagliare col coltello]
Waschlappen *m* ① *(zum Waschen)* strofinaccio *m* ② *(fam pej: Feigling)* uomo *m* di pasta frolla, pappa *f* molle
Waschmaschine *f* lavatrice *f*
waschmaschinenfest *adj* resistente al lavaggio in lavatrice
Waschmittel *nt* detersivo *m*
Waschpulver *nt* detersivo *m* [in polvere]
Waschraum *m* lavatoio *m,* lavanderia *f*
Waschrumpel <-, -n> *f* A *(Waschbrett)* asse *f* per lavare
Waschsalon *m* lavanderia *f* a gettoni
Waschschüssel *f* catino *m,* bacinella *f*
Waschstraße *f* AUTO impianto *m* di lavaggio [per autoveicoli]
wäscht [vɛʃt] *3. Pers. Sing. Präs. von* **waschen**
Waschtisch *m* lavabo *m*
Waschung <-, -en> *f* abluzione *f*
Waschwanne *f* vasca *f* per il bucato
Waschweib *nt (fig, pej)* chiacchierone, -a *m, f,* pettegolo, -a *m, f*
Waschzettel *m* TYP scheda *f* bibliografica
Waschzeug <-(e)s, -e> *nt* occorrente *m* per lavarsi
Wasser ['vasɐ] <-s, -> *nt* acqua *f;* **auf dem ~** sull'acqua; **unter ~** sott'acqua; *(überflutet)* allagato, inondato, sommerso; **Kölnisch ~** acqua di Colonia; **bei ~ und Brot** a pane e acqua; **~ abstoßend** [*o* **abweisend**] idrorepellente; **~ lassen** *(urinieren)* orinare; **ins ~ fallen** *(fig fam)* andare in fumo; **jdm nicht das ~ reichen können** *(fig)* non essere all'altezza di qu; **nahe am ~ gebaut haben** *(fig fam)* avere le lacrime in tasca; **mit allen ~n gewaschen sein** *(fam)* essere furbo di tre cotte, saperne una più del diavolo; **sich über ~ halten** galleggiare; *(fig)* tenersi a galla; **das ~ läuft mir im Munde zusammen** mi viene l'acquolina in bocca; **das ~ steht ihm bis zum Hals** *(fig)* ha l'acqua alla gola; **das ist ~ auf seine Mühle** *(fig)* questo porta acqua al suo mulino; **bis dahin fließt noch viel ~ den Bach** [*o* **den Rhein**] **hinunter** ha da passare molta acqua sotto i ponti
wasserabweisend *adj* idrorepellente
Wasseranschluss *m* allacciamento *m* dell'acqua
wasserarm *adj* povero d'acqua
Wasseraufbereitungsanlage <-, -n> *f* impianto *m* di depurazione dell'acqua
Wasserbad *nt* **im ~ kochen** cuocere a bagnomaria
Wasserball *m* ① *Sing. (Spiel)* pallanuoto *f* ② *(Ball)* pallone *m* da pallanuoto
Wasserbecken *nt* bacino *m* idrico
Wasserbehälter *m* serbatoio *m* dell'acqua
Wasserbett *nt* letto *m* idrostatico
Wässerchen ['vɛsɐçən] <-s, -> *nt* **er sieht aus, als ob er kein ~ trüben könnte** *(fam)* sembra un tipo che non farebbe male a una mosca
Wasserdampf *m* vapore *m* acqueo
wasserdicht *adj* NAUT stagno; *(Regenmantel, Uhr)* impermeabile
wasserdurchlässig *adj* permeabile
Wasserenthärter <-s, -> *m* addolcitore *m*
Wasserfall *m* cascata *f;* **wie ein ~ reden** *(fam)* parlare come un mulino [a vento]
Wasserfarbe *f* acquerello *m*
wasserfest *adj* resistente all'acqua
Wasserfleck *m* macchia *f* d'acqua
Wasserfloh *m* pulce *f* d'acqua
Wasserflugzeug *nt* idrovolante *m*
wassergekühlt *adj* raffreddato ad acqua
Wasserglas *nt* ① *(Trinkglas)* bicchiere *m* da acqua ② *Sing.* CHEM silicato *m* di potassio
Wassergraben *m* fossato *m*
Wassergymnastik *f* acquagym *f*
Wasserhahn *m* rubinetto *m* dell'acqua
Wasserhärte <-, -n> *f* durezza *f* dell'acqua
Wasserhaushalt *m* BIOL, MED bilancio *m* idrico
Wasserhuhn *nt* folaga *f*
wässerig ['vɛsərɪç] *adj* ① *(mit Wasser verdünnt)* annacquato ② MED sieroso ③ *(Suppe)* insipido, scipito; *(Obst)* acquoso
Wasserkessel *m* ① *(in Küche)* bollitore *m* ② TEC caldaia *f*
Wasserkocher <-s, -> *m* bollitore *m* [per acqua]
Wasserkopf *m* MED idrocefalo *m*
Wasserkraft *f* energia *f* idraulica
Wasserkraftwerk *nt* centrale *f* idroelettrica
Wasserkühlung *f* raffreddamento *m* ad acqua
Wasserlauf *m* corso *m* d'acqua
Wasserleitung *f* conduttura *f* dell'acqua
Wasserlilie *f* BOT ninfea *f*
Wasserlinie *f* linea *f* di galleggiamento
wasserlöslich *adj* idrosolubile

Wassermangel *m* mancanza *f* [*o* penuria *f*] d'acqua
Wassermann *m* ASTR Acquario *m;* **er/sie ist** [**ein**] ~ è [dell' [*o* un]] Acquario
Wassermelone *f* cocomero *m,* anguria *f* SETT
Wassermühle *f* mulino *m* ad acqua
wassern *vi haben o sein* ammarare
wässern ['vɛsɐn] *vt* ❶ *(stark begießen)* annaffiare ❷ *(Heringe)* dissalare
Wasserpfeife *f* pipa *f* ad acqua, narghilè *m*
Wasserpflanze *f* pianta *f* acquatica
Wasserpistole *f* pistola *f* ad acqua
Wasserpocken *pl* varicella *f*
Wasserrad *nt* ruota *f* idraulica
Wasserratte *f* ❶ ZOO arvicola *f* ❷ *(fam scherz: eifriger Schwimmer)* pesce *m*
wasserreich *adj* ricco d'acqua
Wasserreservoir *nt* serbatoio *m* dell'acqua
Wasserrohr *nt* tubo *m* dell'acqua
Wasserschaden *m* danno *m* causato dall'acqua
Wasserscheide *f* spartiacque *m*
wasserscheu *adj* idrofobo
Wasserschloss *nt* castello *m* circondato dall'acqua
Wasserschutzgebiet *nt* riserva *f* naturale marina
Wasserschutzpolizei *f (im Binnenland)* polizia *f* fluviale; *(an der Küste)* polizia *f* marittima
Wasserski <-s> *nt kein Pl.* sci *m* nautico
Wasserspeicher *m* serbatoio *m* dell'acqua
Wasserspeier <-s, -> *m* doccione *m*
Wasserspiegel *m* ❶ *(Wasserstand)* livello *m* dell'acqua ❷ *(Wasseroberfläche)* superficie *f* dell'acqua
Wasserspiele *ntpl (bei Brunnen)* giochi *mpl* d'acqua
Wassersport *m* sport *m* acquatico
Wasserspülung *f* sciacquone *m*
Wasserstand *m* livello *m* dell'acqua
Wasserstandsmeldung *f* bollettino *m* sul livello dell'acqua
Wasserstoff *m* CHEM idrogeno *m*
Wasserstoffbombe *f* bomba *f* all'idrogeno, bomba *f* H
Wasserstoffperoxyd ['vasɐʃtɔfpɛrʔɔksy:t] <-(e)s, -e> *nt* CHEM acqua *f* ossigenata
Wasserstrahl *m* getto *m* d'acqua
Wasserstraße *f* via *f* d'acqua, idrovia *f*
Wassersucht *f* idropisia *f*
Wassertemperatur *f* temperatura *f* dell'acqua
Wassertropfen *m* goccia *f* d'acqua
Wasserturm *m* castello *m* d'acqua
Wasseruhr *f* ❶ HIST clessidra *f* ❷ *(Wasserzähler)* contatore *m* dell'acqua

W

Wasserung <-, -en> *f* ammaraggio *m*
Wasserverbrauch *m* consumo *m* d'acqua
Wasserverdrängung *f* dislocamento *m*
Wasserverschmutzung <-, -en> *f* inquinamento *m* delle acque
Wasserversorgung *f* approvvigionamento *m* idrico
Wasserverunreinigung *f* inquinamento *m* dell'acqua
Wasservogel *m* ZOO uccello *m* acquatico
Wasserwaage *f* livella *f* a bolla d'aria, bilancia *f* idrostatica
Wasserweg *m* idrovia *f;* **auf dem** ~[**e**] per via d'acqua
Wasserwelle *f* messa *f* in piega
Wasserwerfer <-s, -> *m* idrante *m*
Wasserwerk *nt* centrale *f* idrica
Wasserzähler *m* contatore *m* dell'acqua
Wasserzeichen *nt* filigrana *f*
waten ['va:tən] *vi sein* **durch etw** ~ guadare qc
Watsche ['vatʃə] <-, -n> *f* A, SÜDD *(fam: Ohrfeige)* ceffone *m*
watscheln ['vatʃəln] *vi sein* camminare dondoloni come un'anatra
Watt[1] [vat] <-(e)s, -en> *nt* GEOG bassofondo *m*
Watt[2] <-s, -> *nt* PHYS, TEC watt *m*
Watte ['vatə] <-, -n> *f* ovatta *f,* cotone *m*
Wattebausch *m* batuffolo *m* di ovatta
Wattenmeer *nt* bassi *mpl* fondali
Wattestäbchen ['vatəʃtɛ:pçən] *nt* bastoncino *m* d'ovatta
wattieren [va'ti:rən] <ohne ge-> *vt* ovattare
Wattierung <-, -en> *f* imbottitura *f* d'ovatta
Wattstunde *f* wattora *m*
wau, wau [vaʊ'vaʊ] *interj* bau, bau
WBS [vaʊ'vaʊ] <-, -en> *m Abk. von* **Wohnberechtigungsschein** *certificato che dà diritto ad abitare in case popolari*
WC [ve:'tse:] <-(s), -(s)> *nt* wc *m*
WDR [ve:de:'ʔɛr] <-(s)> *m kein Pl. Abk. von* **Westdeutscher Rundfunk** *rete radiotelevisiva regionale tedesca con sede a Colonia*
we_h|tun <irr> *vi (fam)* ❶ *(schmerzen)* far male; **mir tut der Fuß weh** mi fa male il piede; **mir tut der Rücken weh** ho mal di schiena ❷ *(Schmerzen zufügen)* **sich** *dat* ~ farsi male
Web [wɛb] <-[s]> *nt kein Pl.* web *m,* rete *f*
weben ['ve:bən] <webt, webte *o obs fig:* wob, gewebt *o obs fig:* gewoben> *vt, vi* tessere
Weber(in) <-s, -; -, -nen> *m(f)* tessitore, -trice *m, f*

Weberei [veːbəˈraɪ] <-, -en> *f (Betrieb)* stabilimento *m* tessile
Weberin *f s.* **Weber**
Webervogel *m* tessitore *m*
Webfehler *m* difetto *m* di tessitura; **einen ~ haben** *(fig fam)* essere tocco
Webpelz *m* pelliccia *f* ecologica
Webseite <-, -n> *f* INFORM pagina *f* Web
Website <-, -s> *f* INFORM sito *m* [web]
Webstuhl *m* telaio *m*
Webwaren *fpl* tessuti *mpl*
Wechsel [ˈvɛksəl] <-s, -> *m* ❶ *(Änderung)* cambiamento *m* ❷ *(abwechselnd)* alternanza *f;* **im ~** alternandosi ❸ *(Aus~, Geld~)* cambio *m;* **ein ~ der Regierung** un cambio di governo ❹ FIN *(~schein)* cambiale *f*
Wechselbad *nt (a. fig)* doccia *f* scozzese
Wechselbeziehung *f* correlazione *f;* **in ~ zueinander stehen** essere in correlazione
wechselduschen *vi* fare docce alternate [di acqua calda e fredda]
Wechselfälle *mpl* **die ~ des Lebens** *(geh)* le vicissitudini della vita
Wechselfieber *nt* febbre *f* intermittente; *(Malaria)* malaria *f*
Wechselgeld *nt* ❶ *(Kleingeld)* spiccioli *mpl,* moneta *f* ❷ *(beim Bezahlen zurückbekommenes Geld)* resto *m*
wechselhaft *adj (Wetter)* variabile; *(Mensch)* mutevole; *(in Leistungen)* incostante
Wechseljahre *ntpl* climaterio *m; (bei Frauen)* menopausa *f*
Wechselkurs <-es, -e> *m* FIN cambio *m*
Wechselkursmechanismus <-, -mechanismen> *m (Europäische Währungsunion)* meccanismo *m* del corso dei cambi
Wechselkursrisiko <-s, -s *o* -risiken> *nt* FIN rischio *m* dei cambi
Wechselkursschwankungen *fpl* FIN fluttuazione *f* dei cambi
Wechselkurssystem <-s, -e> *nt* FIN regime *m* dei cambi
wechseln **I.** *vt* ❶ *(ab~, aus~, um~)* cambiare, mutare; **kannst du mir 20 Euro ~?** puoi cambiarmi 20 euro? ❷ *(Worte)* scambiare; *(Blicke)* scambiarsi **II.** *vi* mutare, cambiare; *(sich ab~ a.)* darsi il cambio; **Wäsche zum Wechseln** biancheria di ricambio; **ich kann nicht ~** non ho da cambiare
wechselnd *adj* mutevole; *(Wetter)* variabile; *(Glück)* alterno; *(Farben)* cangiante
Wechselrahmen *m* cornice *f* intercambiabile
wechselseitig *adj* ❶ *(abwechselnd)* alternato ❷ *(gegenseitig)* reciproco, mutuo
Wechselspiel *nt* gioco *m* [alterno]
Wechselstrom *m* EL corrente *f* alternata
Wechselstube *f* agenzia *f* di cambio
wechselvoll *adj (abwechslungsreich)* vario; *(Schicksal)* mutevole
Wechselwähler(in) <-s, -; -, -nen> *m(f)* elettore, -trice *m, f* incostante
wechselweise *adv* ❶ *(abwechselnd)* alternativamente ❷ *(gegenseitig)* reciprocamente
Wechselwirkung *f* interazione *f;* **in ~ stehen** interagire
wecken [ˈvɛkən] *vt (Schlafende, Appetit, Wunsch)* svegliare; *(Erinnerungen)* destare; *(Bedarf, Neid, Neugier)* suscitare
Wecken <-s, -> *m* A, SÜDD ❶ *(Brot in länglicher Form)* filone *m* ❷ *(kleines längliches Gebäck) dolce di forma allungata*
Wecker <-s, -> *m* sveglia *f;* **jdm auf den ~ gehen** [*o* **fallen**] *(fam)* scocciare qu, dare sui nervi a qu
Wedel [ˈveːdəl] <-s, -> *m* ❶ *(Staub~)* piumino *m* per spolverare ❷ *(Blatt~)* foglia *f* palmata
wedeln *vi* ❶ *(rasch hin u her bewegen)* sventolare; **mit dem Schwanz ~** scodinzolare ❷ *(beim Skifahren)* fare lo scodinzolo
weder [ˈveːdɐ] *konj* **~ … noch …** né … né …; **~ das eine noch das andere** né l'uno né l'altro; **~ mein Bruder noch ich haben es gesagt** non l'abbiamo detto né io né mio fratello
weg [vɛk] *adv (nicht da)* via; *(~gegangen)* andato [via], uscito; *(~gefahren)* partito; *(verschwunden)* scomparso, sparito; *(verloren)* smarrito; **weit ~ von jdm/etw** lontano da qu/qc; **~ da!** via di qui!; **~ mit euch!** andate via!; **Hände ~!** via le mani!; **ganz ~ sein** *(fig fam: hingerissen)* essere entusiasta
Weg [veːk] <-(e)s, -e> *m* ❶ *(allg)* strada *f,* via *f,* cammino *m; (Pfad)* sentiero *m; (Durchgang)* passaggio *m;* **gehen Sie mir aus dem ~!** si scansi!; **jdm über den ~ laufen** incontrare qu per caso; **einer Sache** *dat* **aus dem ~ gehen** eludere qc; **jdm aus dem ~ gehen** scansare qu, evitare qu; **etw/jdn aus dem ~ räumen** eliminare qc/qu, sbarazzarsi di qc/qu; **jdm im ~ stehen** *(fig)* essere d'ostacolo a qu ❷ *(Strecke)* percorso *m,* tragitto *m; (Reise~)* itinerario *m;* **auf halbem ~[e]** a metà strada; **auf dem ~ nach Rom** in viaggio per Roma, andando a Roma; **sich auf den ~ machen** mettersi in cammino, incamminarsi; **jdm etw mit auf den ~ geben** dare qc a qu che parte; **vom ~ abkommen** abbandonare la strada giusta; **jdm auf halbem ~[e] entgegenkommen** *(fig)* venire

incontro a qu; **etw in die ~e leiten** avviare qc; **sie war auf dem besten ~e, Karriere zu machen** era sulla buona strada per far carriera; **alle ~e führen nach Rom** *(prov)* tutte le strade portano a Roma ❸ *(Mittel)* mezzo *m,* modo *m,* via *f; (Methode)* metodo *m; (Art und Weise)* maniera *f;* **auf schriftlichem ~e** per [i]scritto; **auf dem kürzesten** [*o* **schnellsten**] **~[e]** nel modo più rapido; **auf diesem ~** in questo modo

weg|bekommen <irr, ohne ge-> *vt (fam)* ❶ *(entfernen können)* riuscire a togliere ❷ *(kriegen)* buscarsi

Wegbereiter(in) <-s, -; -, -nen> *m(f)* precursore, precorritrice *m, f;* **der ~ für etw** il precursore di qc

weg|blasen <irr> *vt* soffiar via; **wie weggeblasen sein** essere sparito come per incanto

weg|bleiben <irr> *vi sein (fam)* ❶ *(nicht kommen)* non venire [più]; **mir blieb die Spucke** [*o* **Luft**] **weg** rimasi senza fiato ❷ *(ausgelassen werden)* essere tralasciato

weg|bringen <irr> *vt* portare via; *(zur Reparatur)* portare a riparare

weg|denken <irr> *vt* **sich** *dat* **etw ~** concepire qc senza qc; **der Computer ist aus unserem Leben nicht mehr wegzudenken** non si può più concepire la nostra vita senza computer

Wegelagerer <-s, -> *m* brigante *m* di strada

wegen ['ve:gən] *präp +gen o dat* ❶ *(aufgrund von, infolge)* per, a causa di; **~ Umbaus geschlossen** chiuso per restauro ❷ *(bezüglich)* riguardo a; **von ~!** *(fam)* neanche per idea!

Wegerich ['ve:gərɪç] <-s, -e> *m* piantaggine *f*

weg|essen <irr> *vt (fam)* **alles ~** mangiare tutto; **jdm etw ~** non lasciare qc da mangiare a qu

weg|fahren <irr> **I.** *vi sein* partire **II.** *vt haben* portare via

weg|fallen <irr> *vi sein* essere soppresso; *(unterbleiben)* cadere; **etw ~ lassen** sopprimere qc

weg|fegen *vt* spazzare via

weg|fliegen <irr> *vi sein (Blatt, Vogel)* volare via; *(Flugzeug)* partire [in volo]

weg|führen *vt* condurre via

Weggang *m* partenza *f;* **beim ~** partendo

weg|geben <irr> *vt* dare via, disfarsi di

Weggefährte <-n, -n> *m,* **Weggefährtin** <-, -nen> *f* compagno, -a *m, f* di viaggio

weg|gehen <irr> *vi sein* ❶ *(fortgehen)* andarsene; *(a. fam: Ware)* andare via ❷ *(fam: entfernt werden können)* andar via

weg|gießen <irr> *vt* versare

weg|gucken *vi (fam) s.* **wegsehen**

weg|haben <irr> *vt (fam: Fleck)* rimuovere; **seine Strafe ~** prendersi una multa; **der hat doch einen weg!** *(fam)* è un po' brillo!; **er will mich aus der Firma ~** mi vuole mandar via dalla ditta

weg|hängen *vt (zurückhängen)* riporre; *(umhängen)* appendere altrove

weg|hören *vi* non ascoltare, non prestare attenzione

weg|jagen *vt* scacciare

weg|kommen <irr> *vi sein (fam)* ❶ *(weggehen)* andarsene; **mach, dass du wegkommst!** togliti dai piedi! ❷ *(abhandenkommen)* andare perduto ❸ *(abschneiden, davonkommen)* **gut/schlecht bei etw ~** cavarsela bene/male in qc ❹ *(hinwegkommen)* **über etw** *akk* **~** passare sopra qc

Wegkreuzung <-, -en> *f* incrocio *m* stradale

weg|lassen <irr> *vt* ❶ *(gehen lassen)* lasciare andare ❷ *(fam: auslassen)* tralasciare, omettere

weg|laufen <irr> *vi sein* correre via; **von zu Hause ~** scappare di casa

weg|legen *vt* ❶ *(zur Seite legen)* mettere via ❷ *(wegräumen)* riporre

weg|machen **I.** *vt (fam)* rimuovere **II.** *vr:* **sich ~** *(fam)* svignarsela

weg|müssen <irr> *vi (fam)* ❶ *(fortgehen müssen)* dover andare via ❷ *(fortgebracht werden müssen)* dover esser portato via; **das muss weg** questo deve essere tolto

weg|nehmen <irr> *vt* ❶ *(fortnehmen)* togliere ❷ *(entwenden)* sottrarre ❸ *(Platz, Zeit)* prendere

Wegrand *m* margine *m* della strada

weg|rationalisieren <ohne ge-> *vt* **Personal ~** ridurre il numero del personale mediante razionalizzazione

weg|räumen *vt* ❶ *(forträumen)* rimuovere ❷ *(einräumen)* riporre; *(Geschirr)* sparecchiare

weg|rennen <irr> *vi sein s.* **weglaufen**

weg|rutschen *vi sein* scivolare via

weg|schaffen *vt* ❶ *(fortschaffen)* portare via ❷ *(wegräumen)* rimuovere, sgomberare

weg|schauen *vi s.* **wegsehen**

weg|scheren *vr:* **sich ~** *(fam)* togliersi di mezzo

weg|schicken *vt* ❶ *(Menschen)* mandare via ❷ *(Brief, Paket, Waren)* spedire

weg|schieben <irr> *vt* scostare

weg|schleppen **I.** *vt* trascinare via **II.** *vr:* **sich ~** trascinarsi

weg|schmeißen <irr> *vt (fam)* buttare via

weg|schnappen *vt (fam)* [**jdm**] **etw ~** soffiare qc [a qu]
weg|schütten *vt* gettare via
weg|sehen <irr> *vi* ① *(wegblicken)* guardare da un'altra parte, togliere lo sguardo ② *(fam: hinwegsehen)* [**über etw** *akk*] ~ ignorare [qc]
weg|setzen I. *vt* mettere da parte; *(wegräumen)* riporre **II.** *vr* **sich über etw** *akk* ~ *(fam)* non curarsi di qc
weg|stecken *vt (fam)* ① *(aufbewahren)* metter via; *(heimlich)* nascondere ② *(hinnehmen)* incassare
weg|stehlen <irr> *vr:* **sich ~** andarsene di nascosto, sgattaiolare
weg|stellen *vt* mettere via; *(wegräumen)* riporre
weg|stoßen <irr> *vt* spingere via, respingere
Wegstrecke *f* tratto *m* di strada; **schlechte ~** strada dissestata
Wegstunde *f* ora *f* di cammino
weg|tragen <irr> *vt* portare via
weg|treten <irr> *vi sein* ritirarsi; MIL rompere le righe; **geistig weggetreten sein** *(fam)* essere assente col pensiero
weg|tun <irr> *vt* mettere via
wegweisend [ˈveːkvaɪzənt] *adj* di guida
Wegweiser <-s, -> *m* indicatore *m* stradale
weg|werfen <irr> *vt* buttare via; **das ist weggeworfenes Geld** *(fam)* è denaro buttato dalla finestra
wegwerfend *adj* sdegnoso, sprezzante
Wegwerfflasche *f* vuoto *m* a perdere
Wegwerfgesellschaft *f* società *f* degli sprechi
Wegwerftelefon *nt* cellulare *m* 'usa e getta'
Wegwerfwindel *f* pannolino *m* da buttare [*o* usa e getta]
weg|wischen *vt* togliere
weg|ziehen <irr> **I.** *vt haben* tirare [via] **II.** *vi sein* ① *(aus Wohnung)* trasferirsi ② *(Zugvögel)* migrare
weh [veː] **I.** *interj* **o ~!** ahimè! **II.** *adj* doloroso, che duole
wehe [ˈveːə] *interj* **~, wenn ...!** guai a te, se ...!
Wehe [ˈveːə] <-, -n> *f* ① *meist Pl. (Geburts~)* doglie *fpl;* **in den ~n liegen** avere le doglie ② *(Schnee~)* cumulo *m* di neve
wehen [ˈveːən] **I.** *vi (Wind)* soffiare; *(Geruch)* spirare; *(Fahne)* sventolare; *(Haar)* svolazzare **II.** *vt (fort~)* spazzare via
Wehklage *f (poet)* lamento *m*
wehklagen *vi (geh)* lamentarsi, gemere
wehleidig *adj (pej)* piagnucoloso
Wehmut [ˈveːmuːt] <-> *f kein Pl. (geh)* malinconia *f*
wehmütig [ˈveːmyːtɪç] *adj* malinconico
Wehr[1] [veːɐ̯] <-, *rar:* -en> *f* **sich zur ~ setzen** opporre resistenza
Wehr[2] [veːɐ̯] <-(e)s, -e> *nt (Stauwerk)* sbarramento *m*
Wehrbeauftragte *m* incaricato *m* parlamentare per le forze armate
Wehrbereich *m* distretto *m* militare
Wehrdienst *m* servizio *m* militare
wehrdiensttauglich *adj* MIL idoneo per il servizio militare
Wehrdienstverweigerer <-s, -> *m* obiettore *m* di coscienza
Wehrdienstverweigerung *f* obiezione *f* di coscienza
wehren [ˈveːrən] **I.** *vr* **sich** [**gegen jdn/etw**] ~ *(sich verteidigen)* difendersi [da qu/qc]; *(sich widersetzen)* resistere [a qu/qc] **II.** *vi (geh)* **einer Sache** *dat* **~** opporsi a qc
Wehrersatzbehörde *f* ufficio *m* di reclutamento
Wehrersatzdienst <-(e)s, -e> *m* servizio *m* civile
wehrfähig *adj* abile al servizio militare
wehrhaft *adj* ① *(Person)* atto alle armi ② *(Burg, Stadt)* ben fortificato
wehrlos *adj* inerme
Wehrlosigkeit <-> *f kein Pl.* impossibilità *f* [*o* incapacità *f*] di difendersi
Wehrmacht *f* HIST forze *fpl* armate
Wehrmann <-(e)s, -männer> *m* CH, A MIL *(Soldat)* soldato *m*
Wehrpass *m* certificato *m* di congedo
Wehrpflicht *f* servizio *m* militare obbligatorio
wehrpflichtig *adj* soggetto agli obblighi militari; **im ~en Alter** in età militare
Wehrpflichtige <ein -r, -n, -n> *mf* soggetto, -a *m, f* agli obblighi di leva
wehrtauglich *adj* idoneo al servizio militare
Wehrtauglichkeit <-> *f kein Pl.* idoneità *f* al servizio militare
Wehrübung *f* esercitazione *f* militare
Wehweh [ˈveːveː *o* veːˈveː] <-s, -s> *nt (Kindersprache)* bua *f*
Wehwehchen [ve(ː)ˈveːçən] <-s, -> *nt (fam meist pej)* malanni *mpl; (eingebildetes ~)* malanni *mpl* immaginari
Weib [vaɪp] <-(e)s, -er> *nt* donna *f,* femmina *f*
Weibchen [ˈvaɪpçən] <-s, -> *nt* ZOO femmina *f*
Weiberfeind *m* misogino *m*
Weiberheld *m (pej)* donnaiolo *m*
weibisch *adj (pej)* effeminato

W

weiblich *adj* femminile; *(feminin, fraulich a.)* femmineo
Weiblichkeit <-> *f kein Pl.* femminilità *f*
Weibsbild *nt (pej)* megera *f*
Weibsstück *nt (fam pej)* donnaccia *f*
weich [vaɪç] *adj* ① *(nicht hart)* molle; *(Bleistift)* morbido; *(Drogen)* leggero ② *(nicht zäh)* tenero ③ *(bieg-, schmiegsam)* flessibile; *(Haar)* soffice; *(Bett, Kissen)* morbido ④ *(sanft, milde)* dolce; *(Licht)* tenue; *(Farbton)* tenero ⑤ *(empfindsam)* sensibile; ~ **werden** *(fam: Mensch)* intenerirsi; *(nachgeben)* cedere
Weiche ['vaɪçə] <-, -n> *f* scambio *m;* **die ~n für etw stellen** *(fig)* stabilire il corso di qc
Weichei *nt (fam)* rammollito *m*
weichen ['vaɪçən] <weicht, wich, gewichen> *vi sein* ① *(zurück~)* **vor jdm/etw ~** indietreggiare di fronte a qc ② *(sich entfernen)* allontanarsi; *(sich zurückziehen)* ritirarsi; **nicht von jds Seite ~** stare sempre alle calcagna di qu; **nicht von der Stelle ~** non lasciare il posto ③ *(Platz machen)* far posto ④ *(fig: nachlassen)* diminuire
Weichensteller <-s, -> *m* scambista *m*
weichgekocht *adj (Ei)* à la coque; *(Nudeln)* cotto; *(Gemüse, Fleisch)* lessato
Weichheit <-> *f kein Pl.* mollezza *f; (fig a.)* tenerezza *f,* dolcezza *f*
weichherzig *adj* dal cuore tenero; *(mitfühlend)* compassionevole
Weichherzigkeit <-> *f kein Pl.* tenerezza *f* di cuore
Weichholz *nt* legno *m* dolce
Weichkäse *m* formaggio *m* tenero
weichlich *adj (pej)* ① *(nicht ganz weich)* molliccio ② *(schwächlich)* rammollito ③ *(verweichlicht)* effeminato
Weichlichkeit <-> *f kein Pl. (pej)* mollezza *f*
Weichling <-s, -e> *m (pej)* rammollito, -a *m, f,* effem[m]inato, -a *m, f*
Weichmacher <-s, -> *m* CHEM, TEC plastificante *m*
Weichsel ['vaɪksəl] *f* GEOG Vistola *f*
Weichspüler <-s, -> *m* ammorbidente *m*
Weichteile *ntpl* parti *fpl* molli
Weichtiere *ntpl* ZOO molluschi *mpl*
Weichzeichner *m* schermo *m* diffusore
Weide ['vaɪdə] <-, -n> *f* ① BOT salice *m* ② AGR pascolo *m*
Weideland *nt* terreno *m* da pascolo
weiden I. *vt, vi* pascere **II.** *vr* **sich an etw** *dat* ~ pascersi di qc
Weidenkätzchen ['vaɪdənkɛtsçən] <-s, -> *nt* BOT gattino *m* del salice

weidlich ['vaɪtlɪç] *adv* molto, assai, parecchio
Weidmann ['vaɪtman] *m (obs)* cacciatore *m*
Weidmannsheil ['vaɪtmans'haɪl] *interj* buona caccia!
weidwund *adj (Tier)* sbuzzato; *(fig geh: Blick)* stralunato; ~ **schießen** sbuzzare
weigern ['vaɪgɐn] *vr* **sich ~ [etw zu tun]** rifiutarsi [di fare qc]
Weigerung <-, -en> *f* rifiuto *m;* **die ~ etw zu tun** il rifiuto di fare qc
Weihbischof *m* REL vescovo *m* ausiliario
Weihe ['vaɪə] <-, -n> *f* REL consacrazione *f; (Priester~)* ordinazione *f*
weihen *vt* REL consacrare
Weiher ['vaɪɐ] <-s, -> *m bes.* SÜDD stagno *m*
weihevoll *adj (geh)* solenne
Weihnacht <-> *f kein Pl.,* **Weihnachten** <-, -> *nt* [festa *f* di] Natale *m;* **[zu] ~** a Natale; **fröhliche ~!** buon Natale!
weihnachtlich *adj* natalizio
Weihnachtsabend *m* vigilia *f* di Natale
Weihnachtsbaum *m* albero *m* di Natale
Weihnachtseinkäufe *mpl* acquisti *mpl* natalizi
Weihnachtsfeier *f* festa *f* di Natale, celebrazione *f* del Natale
Weihnachtsfeiertag <-(e)s, -e> *m* giorno *m* di Natale; **der erste/zweite ~** Natale/Santo Stefano
Weihnachtsfest *nt* [festa *f* di] Natale *m*
Weihnachtsgans <-, -gänse> *f* oca *f* natalizia; **jdn ausnehmen wie eine ~** *(fam)* spennare qu come un pollo
Weihnachtsgeld *nt* gratifica *f* natalizia
Weihnachtsgeschenk *nt* dono *m* di Natale
Weihnachtsgratifikation *f s.* **Weihnachtsgeld**
Weihnachtslied *nt* canto *m* natalizio
Weihnachtsmann *m* babbo *m* Natale
Weihnachtsmarkt *m* fiera *f* natalizia
Weihnachtszeit <-> *f kein Pl.* periodo *m* natalizio; **in der ~** nel periodo natalizio
Weihrauch *m* incenso *m*
Weihwasser *nt* acquasanta *f*
weil [vaɪl] *konj* perché, poiché
Weilchen ['vaɪlçən] <-s, -> *nt* momentino *m,* attimo *m*
Weile ['vaɪlə] <-> *f kein Pl.* [lasso *m* di] tempo *m; (Augenblick)* momento *m;* **eine ganze ~** un bel po' [di tempo]; **nach einer ~** dopo un po'; **vor einer ~** poco [*o* un momento] fa; **vor einer ganzen ~** molto tempo fa; **du kannst eine ~ hier bleiben** puoi restare qui un po'
weilen *vi (geh)* dimorare *lett*

W

Weiler ['vaɪlɐ] <-s, -> *m* casale *m*
Wein [vaɪn] <-(e)s, -e> *m* ❶ *(Getränk)* vino *m;* **jdm reinen ~ einschenken** *(fig)* parlare chiaro a qu, dire a qu la verità ❷ *Sing.* *(Pflanze)* vite *f;* **~ [an]bauen** coltivare la vite; **wilder ~** vite americana ❸ *Sing.* *(~trauben)* uva *f*
Weinanbau *m*, **Weinbau** <-(e)s> *m kein Pl.* viticoltura *f*
Weinbaugebiet *nt* regione *f* vinicola
Weinbeere *f* acino *m* d'uva
Weinberg *m* vigneto *m,* vigna *f*
Weinbergschnecke *f* ❶ ZOO chiocciola *f* ❷ GASTR lumaca *f*
Weinbrand *m* brandy *m*
weinen ['vaɪnən] *vi* piangere; **über etw** +*akk* **~** piangere su qc; **um jdn ~** piangere [dietro a] qu; **vor Freude/Wut ~** piangere di gioia/rabbia; **es ist zum Weinen mit diesem Kind!** c'è da piangere con questo bambino!
weinerlich ['vaɪnɐlɪç] *adj* piagnucoloso
Weinessig *m* aceto *m* di vino
Weinfass *nt* botte *f* da vino
Weinflasche *f* bottiglia *f* da vino
Weingarten *m* vigneto *m,* vigna *f*
Weingärtner(in) *m(f)* vignaiolo, -a *m, f*
Weingeist <-(e)s> *m kein Pl.* alcool *m* etilico, etanolo *m*
Weinglas *nt* bicchiere *m* da vino
Weingut *nt* vigneto *m*
Weinhändler(in) *m(f)* commerciante *mf* di vino, vinaio, -a *m, f*
Weinhauer(in) <-s, -> *m(f)* A *(Winzer)* viticoltore, -trice *m, f*
Weinjahr *nt* **ein gutes/schlechtes ~** una buona/cattiva annata per il vino
Weinkarte *f* lista *f* dei vini
Weinkeller *m* cantina *f*
Weinkellerei <-, -en> *f* cantina *f*
Weinkenner(in) *m(f)* intenditore, -trice *m, f* di vini
Weinkönigin *f* reginetta *f* del vino
Weinkrampf *m* pianto *m* convulso
Weinlaune *f* *(scherz)* **etw in [einer] ~ sagen/beschließen** dire/decidere qc nell'euforia del vino
Weinlese *f* vendemmia *f*
Weinprobe *f* degustazione *f* del vino
Weinranke *f* viticcio *m*
Weinrebe *f* vite *f*
weinrot *adj* rosso vinaccia
Weinschaumcreme *f zabaione*
weinselig *adj* brillo, alticcio
Weinsorte *f* qualità *f* [*o* tipo *m*] di vino
Weinstein *m* tartaro *m*
Weinstock *m* vitigno *m,* vite *f*
Weinstube *f* osteria *f,* taverna *f*
Weintraube *f* ❶ *(einzelne, Form)* grappolo *m* d'uva ❷ *meist Pl.* *(Obst)* uva *f*
weise *adj* saggio
Weise[1] ['vaɪzə] <-, -n> *f* ❶ *(Art)* modo *m,* maniera *f;* **auf diese ~** in questo modo; **in der ~, dass ...** in modo che +*conj;* **in gewisser ~ hat sie Recht** in un certo qual modo ha ragione ❷ MUS *(Sing~)* aria *f,* melodia *f*
Weise[2] <ein -r, -n, -n> *mf* saggio, -a *m, f;* **die [drei] ~n aus dem Morgenland** i [tre] re magi
weisen ['vaɪzən] <weist, wies, gewiesen> **I.** *vt* ❶ *(zeigen)* **[jdm] etw ~** indicare qc [a qu] ❷ *(ver~)* mandare; **jdn vom Platz ~** SPORT espellere qu dal campo; **etw von der Hand ~** respingere qc **II.** *vi* **auf etw** *akk* **~** indicare qc
Weisheit <-, -en> *f* ❶ *Sing.* *(Klugheit)* saggezza *f;* *(Wissen, Kenntnisse)* sapere *m,* conoscenze *f pl;* **mit seiner ~ am Ende sein** *(fam)* non sapere più che pesci pigliare; **die ~ [auch] nicht mit Löffeln gefressen haben** *(fam)* non essere una cima; **das ist nicht der ~ letzter Schluss** non è l'ultima risorsa ❷ *(weiser Spruch)* massima *f,* sentenza *f*
Weisheitszahn *m* dente *m* del giudizio
weis|machen *vt* *(fam)* **jdm etw ~** far credere qc a qu; **machen Sie das anderen weis!** lo vada a raccontare a qualcun altro!
weiß[1] [vaɪs] *adj* bianco; **das Weiße Haus** la Casa Bianca; **Weißer Sonntag** domenica dopo Pasqua; **~ [an]streichen** imbiancare; **~ im Gesicht werden** diventare pallido [in viso]; *s. a.* **blau**
weiß[2] *1. u. 3. Pers. Sing. Präs. von* **wissen**
Weiß <-(es), -> *nt* [color *m*] bianco *m; s. a.* **Blau**
weissagen *vt* *(voraussagen)* predire; *(prophezeien)* profet[izz]are
Weissagung <-, -en> *f* profezia *f*
Weißbier *nt* birra *f* chiara
Weißblech *nt* lamiera *f* stagnata
Weißbrot *nt* pane *m* bianco
Weißbuch *nt* libro *m* bianco
Weißdorn <-(e)s, -e> *m* biancospino *m*
Weiße <ein -r, -n, -n> *mf* bianco, -a *m, f*
weißen *vt* imbiancare
Weißfisch *m* leucisco *m*
weißgekleidet *adj* vestito di bianco
weißglühend *adj* incandescente
Weißglut *f* TEC incandescenza *f;* **jdn [bis] zur ~ reizen** [*o* **bringen**] *(fam)* fare imbestialire qu
Weißgold *nt* oro *m* bianco
weißhaarig *adj* dai capelli bianchi
Weißkäse <-s, -> *m* DIAL formaggio *m* bianco

Weißkohl *m* NORDD cavolo *m* bianco

Weißkraut *nt* SÜDD cavolo *m* bianco

weißlich *adj* biancastro, bianchiccio

Weißrussland *nt* Russia *f* Bianca, Bielorussia *f*

Weißwein *m* vino *m* bianco

Weißwurst *f* salsiccia *f* bianca

Weisung <-, -en> *f* ① *(Befehl)* ordine *m* ② *(geh: An~)* direttiva *f*, istruzione *f*

weisungsberechtigt *adj* avente diritto di emanare ordini

weisungsgemäß *adv* in conformità alle istruzioni

weit [vaɪt] I. *adj* ① *(räumlich ausgedehnt, breit)* esteso, vasto; *(lang)* lungo; *(groß)* grande; **~e Kreise der Bevölkerung** ampi strati della popolazione; **die ~e Welt** il mondo; **das Weite suchen** prendere il largo ② *(geräumig)* spazioso; *(Kleidungsstück)* ampio; *(Öffnung)* largo ③ *(entfernt)* distante, lontano; **~ gereist** che ha viaggiato molto; **in ~er Ferne liegen** essere molto lontano II. *adv* ① *(räumlich entfernt)* lontano, distante; **~ [in der Welt] herumkommen** girare il mondo; **von Weitem** da lontano; **~ weg** molto lontano; **ist es ~ von hier?** è lontano da qui?; **wie ~ ist es bis Neapel?** quanto c'è da qui a Napoli? ② *(zeitlich entfernt)* lontano ③ *(räumlich ausgedehnt)* **~ offen** [*o* **geöffnet**] spalancato; **~ verbreitet** molto diffuso; **~ und breit** a perdita d'occhio, da ogni parte ④ *(sehr, erheblich)* molto, di gran lunga; **~ über die 50 sein** aver passato di gran lunga la cinquantina ⑤ *(Wend)* **bei Weitem** di gran lunga, molto, assai; **bei Weitem nicht so gut wie ...** molto meno buono di ...; **bei Weitem nicht vollständig** tutt'altro che completo; **es ~ bringen** andare lontano, fare molta strada; **etw zu ~ treiben** esagerare in qc; **~ davon entfernt sein, etw zu tun** essere ben lungi dal fare qc; **~ gefehlt!** sbagliato di molto!; **so ~, so gut** finora tutto okay; **es ist so ~** ci siamo; **bist du so ~?** *(fam)* sei pronto?; **wie ~ bist du?** a che punto sei?; **das ist [aber] ~ hergeholt** è tirato per i capelli; **das geht zu ~!** questo è troppo!

weitab ['vaɪt'ʔap] *adv* **~ von jdm/etw** lontano da qu/qc

weitaus ['vaɪt'ʔaʊs] *adv* di gran lunga

Weitblick *m* lungimiranza *f*

weitblickend *adj* lungimirante

Weite <-, -n> *f* ① *(Ausdehnung)* estensione *f* ② *(Geräumigkeit, a von Kleidung)* ampiezza *f* ③ *(Öffnung)* apertura *f; (innerer Durchmesser)* calibro *m; (eines Rohres)* diametro *m* interno ④ *Sing. (Ferne)* lontananza *f; (Entfernung)* distanza *f*

weiten I. *vt* allargare II. *vr:* **sich ~** allargarsi

weiter ['vaɪtɐ] I. *adj Komparativ von* **weit** *(fig)* ulteriore, altro; **das** [*o* **alles**] **Weitere** il resto; **bis auf Weiteres** fino a nuovo ordine; *(inzwischen)* [per] intanto; **ohne Weiteres** senz'altro II. *adv (fig: außerdem)* inoltre; *(sonst)* altro; **~ oben** più su; *(in Text)* sopra; **~ unten** più sotto; *(in Text)* sotto; **~ weg** più avanti; **und so ~** eccetera; **ich kann nicht mehr ~** non ne posso più; **das hat ~ nichts zu sagen** non ha alcuna importanza; **nichts ~!** nient'altro!; **nur ~!** avanti!

weiter|arbeiten *vi* continuare a lavorare

Weiterbehandlung *f* MED continuazione *f* della terapia

weiter|bilden I. *vt* tenere corsi di aggiornamento a, aggiornare II. *vr:* **sich ~** aggiornarsi

Weiterbildung *f (in einem spezifischen Fach)* aggiornamento *m;* **zu meiner ~ lese ich ...** per essere aggiornato leggo ...

weiter|bringen <irr> *vt* portare avanti

weiter|empfehlen <irr> *vt* raccomandare ad altri

weiter|entwickeln <ohne ge-> I. *vt* sviluppare [ulteriormente] II. *vr:* **sich ~** svilupparsi, evolversi

weiter|fahren <irr> *vi sein* proseguire [il viaggio]

Weiterfahrt *f* proseguimento *m* del viaggio

Weiterflug <-(e)s> *m kein Pl.* proseguimento *m* [*o* continuazione *f*] del volo

weiter|führen *vt, vi* continuare; **~de Schule** scuola secondaria

Weitergabe *f* trasmissione *f*

weiter|geben <irr> *vt* far passare; *(Nachricht, Befehl)* trasmettere; *(Gesuch)* inoltrare

weiter|gehen <irr> *vi sein* continuare, proseguire; *(im Verkehr a.)* circolare; **so kann es nicht ~** così non [si] può continuare; **wie soll es jetzt ~?** e come va avanti adesso?

weiter|helfen <irr> *vi* **jdm [bei etw] ~** aiutare qu [in qc]

weiterhin *adv* ① *(immer noch)* ancora ② *(künftig)* in futuro ③ *(außerdem)* inoltre

weiter|kommen <irr> *vi sein* andare avanti; *(fig a.)* avanzare, progredire; **so kommen wir nicht weiter** *(fig)* così non facciamo progressi

weiter|leiten *vt* **etw an jdn ~** inoltrare qc a qu; **eine Nachricht an jdn ~** trasmettere un messaggio a qu

weiter|machen *vt, vi* continuare

weiter|reichen *vt* porgere [*o* passare] ad altri

Weiterreise <-, -n> *f* proseguimento *m* del viaggio
weiters ['vaɪtɐs] *adv* A in seguito, dopo, poi
weiter|sagen *vt* dire ad altri
weiter|ziehen <irr> *vi sein* proseguire
weitgehend *adj* ampio, vasto; **~e Übereinstimmung erzielen** raggiungere una larga intesa
weitgereist *adj* che ha viaggiato molto
weither ['vaɪt'heːɐ] *adv (geh)* da lontano, da lungi
weitherzig *adj* generoso, liberale
weithin ['vaɪt'hɪn] *adv* ① *(bis in weite Ferne)* fino in lontananza; **~ sichtbar** visibile da lontano ② *(weitgehend)* ampiamente
weitläufig **I.** *adj* ① *(Gebäude)* spazioso; *(ausgedehnt)* esteso, vasto ② *(Erzählung)* dettagliato, minuzioso ③ *(Verwandte)* lontano **II.** *adv* per esteso; **~ verwandt sein** essere lontani parenti
Weitläufigkeit <-> *f kein Pl.* ① *(Weiträumigkeit)* estensione *f* ② *(Ausführlichkeit)* lunghezza *f*
weitmaschig *adj* a larghe maglie
weiträumig *adj* spazioso, ampio; **die Unfallstelle ~ umfahren** passare alla larga dal luogo dell'incidente
weitreichend *adj* ampio, esteso
weitschweifig *adj* prolisso, verboso
Weitschweifigkeit <-> *f kein Pl.* prolissità *f*, verbosità *f*
Weitsicht <-> *f kein Pl. s.* **Weitblick**
weitsichtig *adj* ① MED presbite ② *(fig: vorausschauend)* lungimirante
Weitsichtigkeit <-> *f kein Pl.* ① MED presbitismo *m* ② *(fig)* lungimiranza *f*
Weitspringer(in) <-s, -; -, -nen> *m(f)* SPORT atleta *mf* di salto in lungo
Weitsprung *m* salto *m* in lungo
weitverbreitet *adj* molto diffuso
weitverzweigt *adj* molto ramificato
Weitwinkelobjektiv *nt* FOTO [obiettivo *m*] grandangolare *m*
Weizen ['vaɪtsən] <-s, -> *m* frumento *m*
Weizenbier <-(e)s, -e> *nt* [birra *f*] Weizen *f*
Weizenbrot *nt* pane *m* di frumento
Weizenkeimöl *nt* olio *m* di germi di frumento
Weizenkleie *f* crusca *f* di frumento
Weizenmehl *nt* farina *f* di frumento
welche(r, s) ['vɛlçə, -çɐ, -çəs] **I.** *pron inter* quale; *(in Ausrufen)* che; **~s Haus?** quale casa?; **~r von den beiden?** quale dei due?; **~s ist der Unterschied zwischen …?** qual'è la differenza fra …?; **~ Freude!** che piacere! **II.** *pron rel (rar)* che, il quale **III.** *pron indef* **ich habe noch ~s** ne ho ancora; **es gibt ~, die …** c'è qualcuno [*o* ci sono persone] che …; **ich brauche Streichhölzer, haben Sie ~?** ho bisogno di fiammiferi, ne ha [qualcuno]?
welk [vɛlk] *adj* appassito; *(a. Haut)* vizzo; *(a. fig)* avvizzito
welken *vi sein* appassire; *(a. fig)* avvizzire
Wellblech *nt* lamiera *f* ondulata
Welle ['vɛlə] <-, -n> *f* ① *(im Wasser, a. fig) a.* PHYS, RADIO onda *f*; **eine ~ der Begeisterung** un'onda[ta] di entusiasmo; **[hohe] ~n schlagen** *(fig)* destare scalpore ② TEC albero *m* ③ *(Aktualität)* **die [neue] deutsche ~** MUS le ultime novità musicali tedesche
wellen **I.** *vt* ondulare **II.** *vr:* **sich ~** ondularsi
Wellenbad *nt* piscina *f* con onde artificiali
Wellenberg *m* cresta *f* dell'onda
Wellenbewegung *f* movimento *m* ondulatorio
Wellenbrecher *m* frangionde *m*
wellenförmig ['vɛlənfœrmɪç] *adj* ondulato
Wellengang <-(e)s> *m kein Pl.* moto *m* ondoso
Wellenlänge *f* lunghezza *f* d'onda; **auf einer ~ liegen, die gleiche ~ haben** *(fig fam)* essere in sintonia con qu
Wellenlinie *f* linea *f* ondulata
Wellenreiten <-s> *nt kein Pl.* surfing *m*
Wellenschlag *m* ondata *f*
Wellenschliff *m (an Messern)* affilatura *f* ondulata
Wellensittich *m* ZOO pappagallino *m*
Wellental *nt* solco *m* [*o* cavo *m*] dell'onda
wellig *adj* ondulato
Wellness ['vɛlnɛs] <-> *f kein Pl.* ① *(Wohlbefinden)* benessere *m* ② *(wohltuende Behandlung)* trattamento *m* benessere, trattamento spa
Wellnessbereich *m (eines Hotels)* area *f* wellness
Wellnessfarm *f* beauty farm *f*
Wellnesshotel *nt* hotel *m* benessere
Wellnessurlaub *m* vacanze *f* di benessere *pl*
Wellnesswochenende *nt* weekend *m* di benessere
Wellpappe *f* cartone *m* ondulato
Welpe ['vɛlpə] <-n, -n> *m* ZOO cucciolo *m*
Wels [vɛls] <-es, -e> *m* siluro *m* d'Europa
welsch [vɛlʃ] *adj* CH *(die französische Schweiz betreffend)* svizzero francese [*o* romando]
Welschland ['vɛlʃlant] *nt* CH Svizzera *f* francese [*o* romanda]
Welschschweiz <-> *f kein Pl.* CH *(die französische Schweiz)* Svizzera *f* francese [*o* romanda]
Welschschweizer(in) <-s, -; -, -nen> *m(f)*

CH svizzero, -a *m, f* francese [*o* romando, -a]

welschschweizerisch *adj* CH svizzero francese [*o* romando]

Welt [vɛlt] <-, -en> *f* mondo *m; (Erde)* terra *f;* **auf der ~** al mondo; **auf die ~** [*o* **zur ~**] **kommen** venire al mondo; **bis ans Ende der ~** fino alla fine del mondo; **die Alte ~** il mondo antico; **die Neue/Dritte ~** il nuovo/terzo mondo; **Wissenschaftler aus aller ~** scienziati di tutto il mondo; **alle ~** *(fam)* tutti; **vor aller ~** davanti a tutti; **etw aus der ~ schaffen** eliminare qc; **ein Gerücht in die ~ setzen** mettere in giro una voce; **nicht um alles in der ~** per nulla al mondo; **für seine Frau brach eine ~ zusammen** per sua moglie crollò il mondo; **uns trennen ~en** apparteniamo a due mondi diversi; **Mia ist die beste Mutter der ~** Mia è la migliore mamma del mondo; **wann/wie/wo/wer in aller** [*o* **um alles in der**] **~?** *(fam)* quando/come/dove/chi mai [*o* per l'amor del cielo]?; **ich versteh' die ~ nicht mehr!** non capisco come possano succedere certe cose; **das kostet doch nicht die ~!** *(fam)* non costa mica un patrimonio!; **das hat die ~ noch nicht erlebt!** *(fam)* è inaudito!; **Flensburg ist doch nicht aus der ~!** *(fam)* Flensburg non è mica in capo al mondo!

Weltall *nt* universo *m,* cosmo *m*

Weltanschauung *f* concezione *f* del mondo e della vita, weltanschauung *f*

Weltatlas *m* atlante *m* [mondiale]

Weltausstellung *f* esposizione *f* mondiale

Weltbank <-> *f kein Pl.* banca *f* mondiale

weltbekannt *adj* di fama mondiale

weltberühmt *adj* famoso in tutto il mondo, di fama mondiale

Weltbeste <ein -r, -n, -n> *mf* primatista *mf* mondiale

Weltbestzeit *f* primato *m* [*o* record *m*] mondiale

Weltbevölkerung *f* popolazione *f* mondiale

Weltbild *nt* concezione *f* del mondo

Weltbürger(in) *m(f)* cosmopolita *mf*

Weltcup ['vɛltkap] <-s, -s> *m* SPORT coppa *f* del mondo

Weltenbummler(in) <-s, -; -, -nen> *m(f)* globe-trotter *mf*

Welterfolg *m* successo *m* mondiale

Weltergewicht ['vɛltɐgəvɪçt] *nt* peso *m* welter

weltfremd *adj (wirklichkeitsfremd)* lontano dalla realtà; *(naiv)* ingenuo

Weltfrieden *m* pace *f* nel mondo

Weltgeistliche *m* prete *m* secolare

Weltgeltung *f* fama *f* [*o* risonanza *f*] mondiale

Weltgeschichte *f* storia *f* universale; **in der ~ herumfahren** *(fam scherz)* girare [in] tutto il mondo

Weltgesundheitsorganisation *f* organizzazione *f* mondiale della sanità

weltgewandt *adj* esperto, pratico del mondo

Welthandel *m* commercio *m* mondiale

Weltherrschaft *f* egemonia *f* mondiale

Welthilfssprache *f* lingua *f* internazionale ausiliaria

Weltjugendtag *m* REL Giornata *f* Mondiale della Gioventù

Weltkarte *f* mappamondo *m*

Weltkrieg *m* guerra *f* mondiale; **der Erste/Zweite ~** la prima/seconda guerra mondiale

Weltkugel *f* globo *m* terrestre

weltlich *adj* laico, secolare; *(Bauwerk, Kunst)* profano

Weltliteratur *f* letteratura *f* mondiale

Weltmacht *f* potenza *f* mondiale

Weltmann *m* uomo *m* di mondo

weltmännisch ['vɛltmɛnɪʃ] *adj* da uomo di mondo, mondano

Weltmarkt *m* WIRTSCH mercato *m* mondiale

Weltmeer *nt* oceano *m*

Weltmeister(in) *m(f)* campione, -essa *m, f* mondiale

Weltmeisterschaft *f* campionato *m* mondiale

Weltmonopolstellung *f* posizione *f* di monopolio mondiale, monopolio *m* mondiale

weltoffen *adj* cosmopolita

Weltöffentlichkeit *f* opinione *f* pubblica mondiale

Weltordnung <-> *f kein Pl.* PHILOS ordine *m* cosmico

Weltpolitik *f* politica *f* mondiale

Weltpresse *f* stampa *f* internazionale

Weltrangliste <-, -n> *f* SPORT classifica *f* mondiale, graduatoria *f*

Weltraum *m* spazio *m* interplanetario, cosmo *m*

Weltraumbehörde *f* ente *m* aeronautico e spaziale

Weltraumfähre *f* veicolo *m* spaziale

Weltraumfahrer(in) *m(f)* astronauta *mf*

Weltraumfahrt *f* 1 *(Fahrt)* esplorazione *f* dello spazio, volo *m* spaziale 2 *(Wissenschaft)* astronautica *f,* cosmonautica *f*

Weltraumflug *m* volo *m* spaziale

Weltraumforschung *f* ricerca *f* spaziale

Weltraumkapsel *f* capsula *f* spaziale

Weltraumrakete *f* missile *m* spaziale

W

Weltraumschiff *nt* astronave *f,* navicella *f* spaziale

Weltraumstation *f* stazione *f* spaziale

Weltraumtourismus *m* turismo *m* spaziale

Weltreich *nt* impero *m*

Weltreise *f* **eine ~ machen** fare il giro del mondo

Weltreisende *mf* globe-trotter *mf*

Weltrekord *m* primato *m* mondiale

Weltrekordinhaber(in) *m(f),* **Weltrekordler(in)** <-s, -; -, -nen> *m(f)* primatista *mf* mondiale

Weltreligion *f* religione *f* universale

Weltruf *m* rinomanza *f* mondiale; **ein Sekt von ~** uno spumante di fama mondiale

Weltruhm *m* fama *f* mondiale; **zu ~ gelangen** raggiungere fama mondiale

Weltschmerz *m* senso *m* malinconico del mondo

Weltsicherheitsrat *m* Consiglio *m* di sicurezza delle Nazioni Unite

Weltsprache *f* lingua *f* mondiale

Weltstadt *f* metropoli *f*

Weltstar *m* star *f* internazionale

Weltumseg[e]lung <-, -en> *f* circumnavigazione *f* del mondo

Weltuntergang *m* fine *f* del mondo

Weltuntergangsstimmung *f* atmosfera *f* apocalittica

Welturaufführung [vɛlt'ʔuːɐ̯ʔaʊ̯fyːrʊŋ] *f* prima *f* mondiale

Weltverbesserer <-s, -> *m (pej)* riformatore *m* del mondo

weltweit *adj* mondiale, universale

Weltwirtschaft *f* economia *f* mondiale

Weltwirtschaftskrise *f* crisi *f* economica mondiale

Weltwunder *nt* **die Sieben ~** le sette meraviglie del mondo

wem [veːm] *pron inter o pron rel dat von* **wer** a chi; **mit ~?** con chi?; **von ~?** di [*o* da] chi?

wen [veːn] *pron inter acc von* **wer** chi; **an ~?** a chi?; **für ~?** per chi?

Wende ['vɛndə] <-, -n> *f* ① *(Veränderung)* svolta *f* ② SPORT *(Schwimmen)* virata *f; (Turnen)* volteggio *m* frontale

Wendekreis *m* ① GEOG tropico *m;* **der ~ des Krebses/Steinbocks** il tropico del Cancro/Capricorno ② MOT angolo *m* di sterzata

Wendeltreppe ['vɛndəltrɛpə] *f* scala *f* a chiocciola

Wendemantel *m* mantello *m* double-face

wenden[1] ['vɛndən] **I.** *vt* [ri]voltare; *(in andere Richtung: Auto)* girare; NAUT virare; **bitte ~!** vedi retro; **man kann die Sache drehen und ~, wie man will ...** *(fig)* si può girare e voltare la cosa come si vuole ... **II.** *vi* girare

wenden[2] <wendet, wandte *o* wendete, gewandt *o* gewendet> **I.** *vt (Schritte, Blicke)* rivolgere; **keinen Blick von jdm ~** non levar gli occhi di dosso a qu **II.** *vr:* **sich ~** *(in andere Richtung: zu jdm/etw hin)* dirigersi, [ri]volgersi; *(von jdm/etw weg)* allontanarsi, distogliersi; **sich nach etw ~** dirigersi verso qc; **sich von jdm/etw ~** allontanarsi da qu/qc; **sich [mit etw] an jdn ~** rivolgersi a qu [con qc]; **sich gegen etw/jdn ~** [ri]volgersi contro qc/qu; **sich zum Guten ~** volgersi al meglio

Wendeplatz *m* piazzale *m* di manovra

Wendepunkt *m* ① MAT punto *m* d'inflessione ② *(fig)* svolta *f* ③ ASTR punto *m* solstiziale

wendig *adj* ① *(Fahrzeug)* maneggevole ② *(Person)* sveglio

Wendigkeit <-> *f kein Pl.* ① *(von Fahrzeugen)* maneggevolezza *f,* manovrabilità *f* ② *(von Personen)* agilità *f; (geistig)* vivacità *f*

Wendung <-, -en> *f* ① *(Drehung)* voltata *f* ② *(fig: Umschwung)* svolta *f;* **eine schlimme ~ nehmen** prendere una brutta piega ③ *(Rede~)* locuzione *f*

wenig ['veːnɪç] *adj o adv* poco; **ein ~** un poco, un po'; **ein [ganz] klein ~** un pochino; **zu ~** troppo poco; **~e** pochi; **nur ~e Schritte von hier** a due passi da qui; **mit ~en Ausnahmen** con poche eccezioni; **es fehlte ~, und er hätte geschossen** ci mancò poco che non sparasse

weniger ['veːnɪɡɐ] **I.** *adv Komparativ von* **wenig** meno; **~ als ...** meno di ...; **~ werden** diminuire; **immer ~** sempre meno; **je ~..., desto ~ ...** quanto meno ..., tanto meno ...; **mehr oder ~** più o meno; **nicht ~ als** non meno di; **nichts ~ als** tutt'altro che; **um so ~** tanto meno; **viel ~** molto meno **II.** *konj* meno; **10 ~ 3 ist 7** dieci meno tre fa sette

wenigste(r, s) *adj Superlativ von* **wenig: das ~** il meno; **die ~n** pochissimi; **sie hat die ~n Fehler** ha il numero minore di errori; **am ~n** meno di tutti; **er hat am ~n Geld** ha meno soldi di tutti

wenigstens *adv* almeno, per lo meno; *(mindestens)* come minimo

wenn [vɛn] *konj* ① *(konditional)* se; **~ ... je[mals]/überhaupt** se mai/mai *+conj;* **~ ... nicht** a meno di *+inf,* a meno che *+conj;* **~ ... nur** purché *+conj;* **außer ~** tranne quando, a meno che *+conj;* **~ man ihn sieht, könnte man glauben ...** a vederlo, si crederebbe ... ② *(zeitlich)* quando; **jedesmal ~** ogni [qual] volta ③ *(kon-*

zessiv) ~ **auch** anche se; ~ **er auch noch so arm ist** per quanto povero sia ④ *(Wunsch)* ~ **er doch käme!** se solo venisse!; ~ **er nur nicht zu spät kommt!** purché non arrivi troppo tardi!
wenngleich [vɛnˈglaɪç] *konj (geh)* sebbene +*conj,* benché +*conj,* quantunque +*conj*
wennschon *adv* **~, dennschon** *(fam)* giacché si fa, che si faccia almeno bene
wer [veːɐ̯] **I.** *pron inter* chi; ~ **ist da?** chi è?; ~ **sonst?** chi altri?; ~ **von beiden?** chi dei due? **II.** *pron rel* chi[unque]; ~ **auch immer** chiunque; ~ **es auch [immer] sei[n möge]** chiunque sia; **mag kommen, ~ will** venga chi vuole **III.** *pron indef (fam)* qualcuno; ~ **sein** essere qualcuno
Werbeabteilung *f* reparto *m* pubblicità
Werbeagentur *f* agenzia *f* di pubblicità
Werbeblock *m* intervallo *m* pubblicitario
Werbefachfrau *f,* **Werbefachmann** *m* pubblicitario, -a *m, f,* reclamista *mf*
Werbefernsehen *nt* pubblicità *f* televisiva
Werbefilm *m* film *m* pubblicitario
Werbefläche *f* tabellone *m*
Werbefunk *m* pubblicità *f* radiofonica
Werbegeschenk *nt* omaggio *m* pubblicitario
Werbekampagne *f* campagna *f* pubblicitaria
Werbeknüller *m* scoop *m* pubblicitario
Werbekosten *pl* spese *fpl* di pubblicità
Werbeleiter(in) *m(f)* direttore, -trice *m, f* dell'ufficio pubbblicità
Werbematerial *nt* materiale *m* pubblicitario
werben [ˈvɛrbən] <wirbt, warb, geworben> **I.** *vt* ① *(Kunden)* attirare ② *(Arbeitskräfte)* ingaggiare, assumere ③ *(Soldaten)* reclutare, arruolare **II.** *vi* **für jdn/etw ~** fare pubblicità per qu/qc; POL fare propaganda per qu/qc; **um jds Gunst ~** cercare di ottenere il favore di qu; **um ein Mädchen ~** fare la corte a una ragazza
Werbepause *f* interruzione *f* pubblicitaria
Werbeprospekt *m* opuscolo *m* pubblicitario
Werber <-s, -> *m* ① *(fam: Werbefachmann)* pubblicitario *m* ② MIL reclutatore *m* ③ *(obs: Freier)* pretendente *m*
Werberin <-, -nen> *f (fam: Werbefachfrau)* pubblicitaria *f*
Werbeschrift *f* opuscolo *m* pubblicitario
Werbesendung *f* spot *m* pubblicitario
Werbeslogan *m* slogan *m* pubblicitario
Werbespot [ˈvɛrbəspɔt] <-s, -s> *m* spot *m* pubblicitario
Werbespruch *m* slogan *m* pubblicitario
Werbetext *m* testo *m* pubblicitario
Werbetexter(in) *m(f)* redattore, -trice *m, f* pubblicitario, -a
Werbeträger *m* veicolo *m* pubblicitario
Werbetrommel *f* **die ~ [für etw] rühren** fare grande pubblicità [di qc]
Werbeunterbrechung *f* pausa *f* pubblicitaria
werbewirksam *adj* di grande effetto pubblicitario
Werbewirkung <-, -en> *f* effetto *m* pubblicitario
Werbung <-, *rar:* -en> *f* ① *Sing.* COM pubblicità *f;* POL propaganda *f;* **für etw ~ machen** fare propaganda di qc ② *Sing. (Werbeabteilung)* servizio *m* pubblicità ③ *(An~)* reclutamento *m*
Werbungskosten *pl* spese *fpl* professionali
Werdegang *m* sviluppo *m,* evoluzione *f; (beruflich)* carriera *f*
werden [ˈveːɐ̯dən] <wird, wurde, geworden> *sein o vi* ① *(Zustandsveränderung)* diventare, divenire; *(entstehen)* nascere; **alt ~** invecchiare; **krank ~** ammalarsi; **verrückt ~** diventare matto; **es wird Frühling/Winter** viene la primavera/l'inverno; **mir wird kalt** comincio ad avere freddo ② *(Verwandlung)* trasformarsi; **das Wasser wurde zu Eis** l'acqua si trasformò in acqua ③ *(Entwicklung)* trasformarsi, diventare; **das Kind ist zum Mann geworden** il bambino è diventato uomo; **~de Mutter** futura madre; **Arzt ~** diventare medico; **was willst du einmal ~?** cosa vuoi fare da grande?; **was nicht ist, kann noch ~** *(fam)* chi vivrà, vedrà; **aus dir wird nie etwas [~]** non sarai mai nulla di buono; **was soll [nur] daraus ~?** che ne sarà?; **es ist nichts daraus geworden** non se n'è fatto nulla ④ *(Resultat)* **die Fotos sind gut geworden** le foto sono venute bene; **er ist 40 geworden** ha compiuto i 40 anni; **wird's bald?** *(fam)* spicciati! ⑤ *(Hilfsverb beim Passiv)* essere, venire; **jetzt wird [aber] gegessen!** *(fam)* adesso [però] si mangia! ⑥ *(Hilfsverb zur Bildung des Futurs)* **er wird morgen um 9 Uhr kommen** arriverà domani alle nove; **es wird schon wieder [~]** *(fam)* tornerà a posto ⑦ *(Vermutung)* **sie wird wohl schon unterwegs sein** sarà già per strada
werfen [ˈvɛrfən] <wirft, warf, geworfen> **I.** *vt* ① *(Ball, Stein, Speer)* lanciare; *(a. fig: Blicke)* gettare; **jdn ins Gefängnis ~** gettare qu in prigione; **jdn aus dem Haus ~** buttare qu fuori di casa ② *(Falten, Schatten)* fare; *(Wellen)* sollevare ③ *(Tierjunge)* partorire **II.** *vr:* **sich ~** ① *(sich schmeißen)* **sich auf jdn/etw ~** gettarsi su qu/qc; *(fig*

W

a.) lanciarsi su qu/qc ② *(sich verziehen)* imbarcarsi **III.** *vi* ① *(als Wurfgeschoss benutzen)* tirare, gettare, lanciare; **mit etw [auf jdn] ~** tirare qc [a qu]; **mit Geld um sich ~** *(fam)* spendere un sacco di soldi, spendere e spandere ② *(Junge bekommen)* partorire

Werft [vɛrft] <-, -en> *f* NAUT cantiere *m* [navale]; AERO hangar *m*

Werftarbeiter *m* operaio *m* di un cantiere navale

Werg [vɛrk] <-(e)s> *nt kein Pl.* stoppa *f,* filaccia *f;* **mit ~ verstopfen** stoppare

Werk [vɛrk] <-(e)s, -e> *nt* ① *(Arbeit, Schaffen, Geschaffenes, Kunst~)* opera *f;* **ausgewählte/sämtliche ~e** opere scelte/complete; **ein gutes ~ tun** compiere una buona azione; **am ~ sein** essere all'opera; **ans ~ gehen, sich ans ~ machen** mettersi all'opera ② *(Betrieb)* impianto *m; (Fabrik)* fabbrica *f; (Unternehmen)* stabilimento *m;* **ab ~** franco stabilimento ③ TEC *(Mechanismus)* meccanismo *m*

Werk- *in Zusammensetzungen s.* **Werks-**

Werk[s]angehörige *mf* dipendente *mf* di uno stabilimento

Werk[s]arzt *m,* **Werk[s]ärztin** *f* medico *m* di fabbrica

Werk[s]halle *f* capannone *m*

Werk[s]kantine *f* mensa *f* aziendale

Werk[s]leiter(in) *m(f)* direttore, -trice *m, f* di fabbrica

Werk[s]spionage *f* spionaggio *m* industriale

Werk[s]tor *nt* cancello *m* della fabbrica

Werk[s]wohnung *f* alloggio *m* aziendale

Werkbank <-, -bänke> *f* banco *m* da lavoro

werkeigen *adj* aziendale

werkeln *vi* trafficare (**an etw** *dat* con qc), darsi da fare (**an etw** *dat* con qc)

werken *vi* lavorare, fare lavori manuali

werkgetreu *adj* fedele all'originale

Werkmeister *m* capotecnico *m,* capofficina *m*

Werkschutz *m* servizio *m* di sicurezza aziendale

werkseigen *adj s.* **werkeigen**

Werksgelände <-s, -> *nt* terreno *m* aziendale

Werkstatt <-, -stätten> *f* ① *(Handwerker~)* officina *f,* atelier *m* ② *(Auto~)* officina *f* ③ *(Künstler~)* studio *m*

Werkstätte *(geh) s.* **Werkstatt**

Werkstoff *m* materiale *m*

Werkstück *nt (vor der Bearbeitung)* pezzo *m* da lavorare; *(während der Bearbeitung)* pezzo *m* in lavorazione; *(nach der Bearbeitung)* pezzo *m* lavorato

Werkstudent(in) *m(f)* studente, -essa *m, f* lavoratore, -trice

Werksvertrag <-(e)s, -träge> *m* contratto *m* d'opera

Werktag *m* giorno *m* feriale

werktags *adv* nei giorni feriali

werktätig *adj* **~e Bevölkerung** popolazione attiva

Werktätige <ein -r, -n, -n> *mf* lavoratore, -trice *m, f*

Werkvertrag *m* contratto *m* d'opera

Werkzeug <-(e)s, -e> *nt* attrezzo *m; (Instrument, a. fig)* strumento *m; (Kollektivbezeichnung a.)* arnesi *mpl*

Werkzeugkasten *m* cassetta *f* degli arnesi

Werkzeugmacher(in) *m(f)* utensilista *mf*

Werkzeugmaschine *f* macchina *f* utensile

Werkzeugtasche *f* borsa *f* degli attrezzi

Wermut ['veːɐ̯muːt] <-(e)s> *m kein Pl.* ① BOT assenzio *m* ② *(Wein)* vermut *m*

Wermutstropfen *m (fig geh)* ombra *f*

wert [veːɐ̯t] *adj* **etw ~ sein** valere qc; **nicht viel ~ sein** non valere gran che; **was ist dieser Ring ~?** quanto vale quest'anello?; **der Mühe ~ sein** valere la pena; **Lübeck ist eine Reise ~** vale la pena fare un viaggio a Lubecca; **das ist schon viel ~** è già molto; **sie ist es nicht ~, dass man sich solche Sorgen um sie macht** non merita che ci si preoccupi tanto per lei

Wert <-(e)s, -e> *m* ① *(a. fig)* valore *m; (Preis)* prezzo *m;* **einen ~ von 50 Euro haben** valere 50 euro; **an ~ verlieren/gewinnen** diminuire/aumentare di valore; **~/keinen ~ auf etw** *akk* **legen** attribuire/non attribuire valore a qc, tenere/non tenere a qc; **das hat doch keinen ~** *(fam)* non ha senso ② *Pl. (von Test, Analyse)* risultati *mpl;* TEC dati *mpl*

Wertangabe *f* dichiarazione *f* di valore

Wertarbeit *f* lavoro *m* qualificato

wertbeständig *adj* di valore stabile

Wertbeständigkeit *f* stabilità *f* di valore

Wertbrief *m* [lettera *f*] assicurata *f*

werten *vt (be~)* valutare; *(beurteilen)* giudicare; SPORT *(zählen)* contare; *(benoten)* valutare, dare punti a; **ein Tor nicht ~** annullare una rete

Wertewandel <-s> *m kein Pl.* cambiamento *m* di valori

wertfrei *adj* senza valore

Wertgegenstand *m* oggetto *m* di valore, prezioso *m*

Wertigkeit <-> *f kein Pl.* valenza *f*

wertkonservativ *adj* conservatore

wertlos *adj* senza valore; *(fig a.)* che non vale nulla

Wertmaßmesser <-s, -> *m*, **Wertmaßstab** *m* criterio *m*
Wertminderung *f* diminuzione *f* di valore, deprezzamento *m*
Wertpapier *nt* FIN valore *m*, titolo *m*
Wertpapierbörse <-, -n> *f* FIN borsa *f* valori
Wertpapiermärkte *fpl* FIN mercati *mpl* dei valori mobiliari
Wertsache *f s.* **Wertgegenstand**
Wertschätzung *f (geh)* stima *f*, considerazione *f*
Wertschrift <-, -en> *f* CH FIN *(Wertpapier)* titolo *m*
Wertsteigerung *f* aumento *m* di valore
Wertstoff <-(e)s, -e> *m* materiale *m* riciclabile
Wertstofftonne *f* contentitore *m* per la raccolta multimateriale
Wertung <-, -en> *f* valutazione *f*; SPORT punteggio *m*
Werturteil *nt* giudizio *m* di valore
wertvoll *adj* di valore, prezioso; *(Mensch a.)* pregevole
Wertvorstellung <-, -en> *f* ideologia *f*
Werwolf ['ve:ɐ̯vɔlf] *m* lupo *m* mannaro
Wesen ['ve:zən] <-s, -> *nt* ① *Sing. (Grundeigenschaft)* essenza *f*, sostanza *f*; PHILOS entità *f*; **das gehört zum ~ der modernen Kunst** è proprio dell'arte moderna ② *Sing. (Art, Charakter)* natura *f*, carattere *m*, indole *f*; **sein wahres ~ zeigen** mostrarsi come si è ③ *(Lebe~)* essere *m*, creatura *f*; *(Mensch)* persona *f*; **es war kein lebendes ~ zu sehen** non c'era anima viva
Wesensart *f* modo *m* di essere, natura *f*, carattere *m*
wesensfremd *adj* **jdm/etw** *dat* **~ sein** essere estraneo alla natura di qu/qc
wesensgleich *adj* della stessa natura, identico
Wesenszug *m* tratto *m* caratteristico
wesentlich ['ve:zəntlɪç] **I.** *adj* essenziale; *(grundlegend)* fondamentale; *(bedeutend)* considerevole, importante; **das Wesentliche** l'essenziale *m*; **im Wesentlichen** in sostanza **II.** *adv* essenzialmente, fondamentalmente; *(beim Komparativ)* molto; **es wäre mir ~ lieber, wenn …** preferirei molto che +*conj*
Weser ['ve:zɐ] *f* Weser *m*
weshalb [vɛs'halp] *adv* ① *(fragend)* perché, per quale ragione ② *(relativisch)* per cui, per il qual motivo; **der Grund, ~ …** la ragione per cui …
Wespe ['vɛspə] <-, -n> *f* ZOO vespa *f*
Wespennest *nt* ZOO nido *m* di vespe, vespaio *m*
Wespentaille *f* vita *f* [*o* vitino *m*] di vespa
wessen ['vɛsən] **I.** *pron inter* ① *gen von* **wer** di chi; **~ Schuld ist es?** di chi è la colpa? ② *gen von* **was** di che **II.** *pron rel* ① *gen von* **wer** di [*o* da] chi; **~ Schuld es auch sein mag** di chiunque sia la colpa ② *gen von* **was** di [*o* da] che cosa
Wessi ['vɛsi] <-s, -s; -s> *mf (fam) abitante della Germania dell'Ovest*
West [vɛst] <-> *m kein Pl.* NAUT, METEO ovest *m*
Westberlin ['vɛstbɛr'li:n] <-s> *nt* Berlino *f* Ovest
westdeutsch *adj* tedesco occidentale
Westdeutschland *nt* Germania *f* occidentale
Weste ['vɛstə] <-, -n> *f* gilè *m*, panciotto *m*; **eine weiße** [*o* **reine**] **~ haben** *(fig)* avere la coscienza pulita
Westen ['vɛstən] <-s> *m kein Pl. (Himmelsrichtung)* ovest *m*, occidente *m*; **der ~** POL l'Occidente; **der Wilde ~** il Far West
Westentasche *f* taschino *m* del gilè; **etw wie seine ~ kennen** *(fam)* conoscere qc come le proprie tasche
Western ['vɛstɐn] <-(s), -> *m* western *m*
Westerwald ['vɛstɐvalt] *m* Westerwald *m*
Westeuropa *nt* Europa *f* occidentale
westeuropäisch *adj* dell'Europa occidentale
Westfale [vɛst'fa:lə] <-n, -n> *m* abitante *m* della Vestfalia
Westfalen [vɛst'fa:lən] *nt* Vestfalia *f*
Westfälin [vɛst'fɛ:lɪn] <-, -nen> *f* abitante *f* della Vestfalia
westfälisch [vɛst'fɛ:lɪʃ] *adj* vestfalico
Westgeld *nt* marco *m* occidentale
westindisch ['vɛst'ʔɪndɪʃ] *adj* dell'India occidentale; **die Westindischen Inseln** le Indie occidentali
Westjordanland *nt* Cisgiordania *f*
Westküste *f* costa *f* occidentale
westlich *adj* occidentale; **~ von** a ovest di; **die ~e Welt** il mondo occidentale
Westmächte *fpl* potenze *fpl* occidentali
Westmark *f (fam)* marco *m* occidentale
weströmisch *adj* **das Weströmische Reich** l'Impero romano d'occidente
Westseite *f* lato *m* ovest [*o* occidentale]
westwärts ['vɛstvɛrts] *adv* verso occidente
Westwind *m* [vento *m* da] ponente *m*
weswegen [vɛs've:gən] *s.* **weshalb**
wett [vɛt] *adj* **~ sein** essere pari
Wettbewerb ['vɛtbəvɛrp] <-(e)s, -e> *m* ① *(Veranstaltung)* concorso *m*; SPORT gara *f*, competizione *f* ② *Sing.* WIRTSCH concorrenza *f*; **in ~ mit jdm treten** entrare in concorrenza con qu

W

Wettbewerber(in) *m(f)* concorrente *mf*
wettbewerbsfähig *adj* competitivo, concorrenziale
Wettbewerbsfähigkeit <-> *f kein Pl.* concorrenzialità *f*, competitività *f*
Wettbewerbsverbot *nt* divieto *m* di concorrenza
Wettbewerbsverzerrung *f* distorsione *f* della concorrenza
Wettbewerbsvorteil <-s, -e> *m* WIRTSCH vantaggio *m* della libera concorrenza
wettbewerbswidrig *adj (Verhalten, Preisabsprachen)* anticoncorrenziale
Wettbüro *nt* ricevitoria *f*
Wette ['vɛtə] <-, -n> *f* scommessa *f*; **ich gehe jede ~ ein, dass ...** scommetto qualsiasi cosa che ...; **um die ~ laufen** fare a chi corre di più; **was gilt die ~?** quanto scommettiamo?
Wetteifer *m* competizione *f*
wetteifern *vi* **mit jdm um etw ~** gareggiare con qu per qc
wetten *vt, vi* ❶ *(eine Wette abschließen)* scommettere; **mit jdm um etw ~** scommettere qc con qu; **zehn gegen eins ~** scommettere dieci contro uno; **ich möchte ~, dass ...** scommetto che ...; [**wollen wir**] **~?** scommettiamo? ❷ *(bei Wettspielen)* [**auf etw** *akk*] **~** puntare [su qc]
Wetter ['vɛtɐ] <-s, -> *nt* METEO tempo *m*; **bei schönem/schlechtem ~** col bel/brutto tempo; **wie ist das ~?** che tempo fa?
Wetteramt *nt* ufficio *m* meteorologico
Wetteraussichten *fpl* previsioni *fpl* del tempo
Wetterbericht *m* bollettino *m* meteorologico
wetterbeständig *adj* resistente alle intemperie
Wetterdienst *m* servizio *m* meteorologico
Wetterfahne *f* banderuola *f*
wetterfest *s.* **wetterbeständig**
Wetterfrosch *m* ❶ *(fam: Tier)* raganella *f* ❷ *(scherz: Meteorologe)* meteorologo *m*
wetterfühlig *adj* sensibile ai cambiamenti del tempo, meteoropatico
Wetterfühligkeit <-> *f kein Pl.* sensibilità *f* ai cambiamenti del tempo, meteoropatia *f*
Wetterhahn *m* galletto *m*
Wetterkarte *f* carta *f* meteorologica
Wetterkunde *f* meteorologia *f*
Wetterlage *f* condizioni *fpl* meteorologiche
wetterleuchten *vi* **es wetterleuchtet** lampeggia
Wetterleuchten <-s> *nt kein Pl.* lampi *mpl* [in lontananza]
wettern ['vɛtɐn] *vi (fam: schimpfen)* [**gegen** [*o* **auf**] **jdn/etw**] **~** infuriare [contro qu/qc]
Wetterprognose *f* previsioni *fpl* del tempo
Wettersatellit *m* satellite *m* meteorologico
Wetterstation *f* stazione *f* meteorologica
Wetterumschlag *m*, **Wetterumschwung** *m* improvviso cambiamento *m* di tempo
Wettervorhersage *f* previsioni *fpl* del tempo
Wetterwarte ['vɛtɐvartə] <-, -n> *f* stazione *f* meteorologica
wetterwendisch *adj (pej)* instabile, incostante; *(launisch)* lunatico
Wetterwolke *f* nube *f* temporalesca
Wettkampf *m* competizione *f*, gara *f*
Wettkämpfer(in) *m(f)* partecipante *mf* a una gara sportiva, concorrente *mf*
Wettlauf *m* gara *f*, corsa *f*; **ein ~ mit der Zeit** una gara col tempo
wettlaufen ['vɛtlaʊfən] *vi (nur im Infinitiv)* fare a gara, gareggiare
Wettläufer(in) *m(f)* corridore, -trice *m, f*, concorrente *mf* [di una gara di corsa]
wett|machen *vt (fam)* ❶ *(ausgleichen)* compensare; *(Rückstand)* recuperare ❷ *(wieder gutmachen)* riparare
Wettrennen *nt s.* **Wettlauf**
Wettrüsten <-s> *nt kein Pl.* corsa *f* agli armamenti
Wettstreit *m* gara *f*, competizione *f*, contesa *f*; **mit jdm in ~ treten** competere con qu
wetzen ['vɛtsən] **I.** *vt haben* affilare **II.** *vi sein (fam)* correre
Wetzstein *m* pietra *f* per affilare, cote *f*
WEU [veːʔeːˈʔuː] <-> *f kein Pl. Abk. von* **Westeuropäische Union** UEO *f*
WG [veːˈgeː] <-, -s> *f Abk. von* **Wohngemeinschaft** *(fam)* comune *f*
Whatsapp® ['vɔtsʔɛp] INFORM **I.** *nt kein pl* <-[s]> *(Sofortnachrichtendienst für Smartphones)* Whatsapp® *m* **II.** *f*, <-, -s> *(mit WhatsApp verschickte Nachricht)* messaggio *m* Whatsapp®
whatsappen [vɔtsˈʔɛpn̩] *vi* INFORM whatsappare
Whg. *Abk. von* **Wohnung** app.
Whisky ['vɪski] <-s, -s> *m* whisky *m*
wich [vɪç] *1. u. 3. Pers. Sing. Imp. von* **weichen**
Wichse ['vɪksə] <-, -n> *f (fam: Schuhcreme)* crema *f* per lucidare, lucido *m*
wichsen **I.** *vt* ❶ *(fam: polieren)* lucidare ❷ *(fam)* DIAL *(verprügeln)* picchiare **II.** *vi (vulg: onanieren)* farsi una sega

Wichser <-s, -> *m (vulg)* masturbatore *m*, segaiolo *m*

Wicht [vɪçt] <-(e)s, -e> *m* nano *m;* **armer ~** povero diavolo; **elender ~** miserabile *m*

Wichtel ['vɪçtəl] <-s, -> *m*, **Wichtelmännchen** *nt* folletto *m*

wichtig ['vɪçtɪç] *adj* importante; **sich** *dat* **~ vorkommen** credersi importante; **hast du nichts Wichtigeres zu tun, als …?** non hai niente di meglio da fare che …?

Wichtigkeit <-> *f kein Pl.* importanza *f;* **von größter** [*o* **höchster**] **~** della massima importanza

wichtig|machen *vr:* **sich ~** *(fam)* darsi delle arie

Wichtigtuer(in) ['vɪçtɪçtuːɐ̯] <-s, -; -, -nen> *m(f) (pej)* spaccone, -a *m, f,* millantatore, -trice *m, f*

wichtigtuerisch *adj* borioso

Wickel ['vɪkəl] <-s, -> *m* ① *(Knäuel)* gomitolo *m; (Gerolltes)* rotolo *m* ② MED *(Umschlag)* impacco *m* ③ *(Locken~)* bigodino *m* ④ *(Wend)* **jdn am** [*o* **beim**] **~ packen** [*o* **nehmen**] *(fam)* prendere qu per la collottola

Wickelkommode *f* fasciatoio *m*

wickeln *vt* ① *(ein~, auf~)* avvolgere; *(zu einem Knäuel)* aggomitolare; *(Draht)* bobinare ② *(Säugling)* cambiare il pannolino a

Wickelrock *m* gonna *f* a portafoglio, pareo *m*

Widder ['vɪdɐ] <-s, -> *m* ① ZOO montone *m* ② ASTR Ariete *m;* **er/sie ist** [**ein**] **~** è dell' [*o* un] Ariete

wider ['viːdɐ] *präp +akk (geh)* contro; **das Für und** [**das**] **Wider** il pro e il contro; **~ Erwarten** contro ogni aspettativa

widerborstig ['viːdɐbɔrstɪç] *adj* ① *(Person)* scontroso, permaloso ② *(Haar)* crespo, stopposo

widerfahren [viːdɐ'faːrən] <irr, ohne ge-> *vi sein* accadere, capitare

Widerhaken *m* uncino *m*

Widerhall ['viːdɐhal] *m* ① *(Echo)* eco *m o f* ② *(fig: Resonanz)* risonanza *f;* **~ finden** avere risonanza

wider|hallen *vi* risonare; *(a. fig)* riecheggiare

widerlegbar [viːdɐ'leːgbaːɐ] *adj* confutabile, discutibile

W

widerlegen [viːdɐ'leːgən] <ohne ge-> *vt* confutare

widerlich *adj* ripugnante, disgustoso

Widerling ['viːdɐlɪŋ] <-s, -e> *m (fam pej)* uomo *m* ripugnante

widernatürlich *adj* contro natura; *(unnatürlich)* innaturale

widerrechtlich *adj* illegale, illecito; **sich** *dat* **etw ~ aneignen** appropriarsi indebitamente di qc

Widerrede *f* **ohne ~** senza obiezioni; **keine ~ dulden** non tollerare obiezioni

Widerruf *m (einer Anordnung)* revoca *f; (einer Aussage, Behauptung)* ritrattazione *f;* **bis auf ~** fino a nuovo ordine

widerrufen [viːdɐ'ruːfən] <irr, ohne ge-> *vt (Befehl, Erlaubnis)* revocare; *(Behauptung, Geständnis)* ritrattare; *(Nachricht)* smentire

widerruflich *adj* revocabile; **etw ~ genehmigen** autorizzare qc con diritto di revoca

Widersacher(in) ['viːdɐzaxɐ] <-s, -; -, -nen> *m(f)* avversario, -a *m, f,* antagonista *mf,* oppositore, -trice *m, f*

Widerschein *m* riflesso *m,* riverbero *m*

widersetzen [viːdɐ'zɛtsən] <ohne ge-> *vr* **sich jdm/etw ~** opporsi a qu/qc

widersetzlich *adj* riluttante, renitente

Widersinn *m* controsenso *m,* assurdità *f*

widersinnig *adj* assurdo, paradossale

widerspenstig ['viːdɐʃpɛnstɪç] *adj* ricalcitrante, riluttante; *(eigensinnig)* ostinato, testardo; **~e Haare** capelli ribelli

Widerspenstigkeit <-> *f kein Pl.* riluttanza *f; (Eigensinn)* ostinatezza *f,* testardaggine *f*

wider|spiegeln **I.** *vt (a. fig)* riflettere, rispecchiare **II.** *vr* **sich** [**in etw** *dat*] **~** specchiarsi [in qc]; *(fig)* rivelarsi [in qc]

widersprechen [viːdɐ'ʃprɛçən] <irr, ohne ge-> **I.** *vi* **jdm/etw ~** contraddire qu/qc **II.** *vr* **sich** *dat* [**in etw** *dat*] **~** *(Personen)* contraddirsi [in qc]; *(Dinge, Aussagen)* essere contradditorio [in qc]

widersprechend *adj* contradditorio

Widerspruch *m* ① *(Gegensätzlichkeit)* contraddizione *f,* contrasto *m;* **im ~ zu etw stehen** essere in contraddizione con qc, essere in contrasto con qc; **sich in Widersprüche verwickeln** rimanere prigioniero delle proprie contraddizioni ② *Sing. (Einwand)* obiezione *f; (Protest)* protesta *f;* **~ gegen etw einlegen** fare opposizione a qc; **er duldet keinen ~** non ammette obiezioni

widersprüchlich ['viːdɐʃprʏçlɪç] *adj* contraddittorio

Widerspruchsgeist *m* spirito *m* di contraddizione

widerspruchslos *adj* senza [fare] obiezioni

Widerstand *m* resistenza *f;* **~ gegen etw leisten** opporre resistenza a qc; **~ gegen die Staatsgewalt** resistenza a pubblico ufficiale; **auf ~ stoßen** incontrare resistenza

Widerstandsbewegung *f* [movimento *m* di] resistenza *f*

widerstandsfähig *adj* [**gegen etw**] **~ sein** essere resistente [a qc]

Widerstandsfähigkeit *f* resistenza *f*

Widerstandskämpfer(in) *m(f)* combattente *mf* nella resistenza; *(Partisan)* partigiano, -a *m, f*

Widerstandskraft *f* resistenza *f*

widerstandslos *adv* ① *(ohne Widerstand zu leisten)* senza opporre resistenza ② *(ohne auf Widerstand zu stoßen)* senza incontrare resistenza

widerstehen [viːdɐˈʃteːən] <irr, ohne ge-> *vi* **jdm/etw ~** resistere a qu/qc

widerstreben [viːdɐˈʃtreːbən] <ohne ge-> *vi* ① *(zuwider sein)* ripugnare; **etw widerstrebt jdm** qc ripugna a qu; **es widerstrebt mir, darüber zu sprechen** mi ripugna parlarne ② *(geh: sich widersetzen)* **jdm ~** opporsi a qu

Widerstreben <-s> *nt kein Pl.* ① *(Widerstand)* resistenza *f,* opposizione *f* ② *(Widerwillen)* ripugnanza *f*

widerstrebend *adv* ① *(ungern)* controvoglia, di malavoglia ② *(unwillig)* con riluttanza

Widerstreit *m* *(von Interessen)* conflitto *m;* *(von Meinungen)* dissidio *m;* **im ~ zu etw stehen** essere in contrasto con qc

widerstreitend *adj* contrastante

widerwärtig [ˈviːdɐvɛrtɪç] *adj* ① *(abstoßend)* ripugnante; *(ekelhaft)* disgustoso ② *(ungünstig)* avverso

Widerwärtigkeit <-, -en> *f* avversità *f*

Widerwille *m* ripugnanza *f;* **~ gegen jdn/etw empfinden** provare ripugnanza per qu/qc; **mit ~n** di malavoglia, controvoglia

widerwillig I. *adj* seccato, infastidito II. *adv* *(ungern, widerstrebend)* con riluttanza

widmen [ˈvɪtmən] I. *vt* [**jdm**] **etw ~** dedicare qc [a qu]; *(weihen)* consacrare qc [a qu] II. *vr* **sich jdm/etw ~** dedicarsi a qu/qc

Widmung <-, -en> *f* dedica *f;* **eine ~ an jdn** una dedica a qu

widrig [ˈviːdrɪç] *adj* *(Umstände)* avverso, sfavorevole; *(Geschick)* contrario

Widrigkeit <-, -en> *f* contrarietà *f,* avversità *f*

wie [viː] I. *adv* ① *(interrogativ)* come; *(auf welche Weise)* in quale maniera; *(in welchem Maße)* quanto; **~ bitte?** come [ha detto]?; **~ das?** *(fam)* come si spiega questo?; **~ groß?** di che grandezza?; **~ lange?** [per] quanto tempo?; **~ oft?** quante volte?; **~ teuer ist es?** quanto costa?; **~ viele?** quanti?; **~ alt sind Sie?** quanti anni ha?; **~ heißen Sie?** come si chiama?; **~ machen Sie das?** come [lo] fa?; **~ meinen Sie das?** cosa intende?; **~ geht es Ihnen?** come sta?; **~ gefällt es dir?** ti piace?; **~ kommt es, dass …?** com'è che …?, come mai …?; **~ wär's mit einem Sherry?** *(fam)* gradirebbe uno sherry?; **~ wäre es, wenn wir nach Hause gingen?** e se andassimo a casa?; **~ dem auch sei** comunque sia ② *(relativisch)* [il modo] in cui; **in dem Maße, ~ …** nella misura in cui … ③ *(fam: nicht wahr)* nevvero; **das gefällt dir, ~?** ti piace, non è vero? ④ *(ausrufend)* come, quanto, che; **~ gut, dass …** meno male che …; **~ glücklich ich bin!** quanto sono felice!; **~ schade!** che peccato!; **~ schön!** che bello!; **und ~!** *(fam)* eccome! II. *konj* ① *(vergleichend)* come, quanto; **A ~ Anton** A come Ancona; **so groß ~ ich** alto quanto me; **stumm ~ ein Fisch** muto come un pesce; **~ gesagt** come già detto; **~ gewöhnlich** come al solito; **~ noch nie** come mai prima [d'ora]; **das Auto ist ~ neu** la macchina è come nuova ② *(sowie)* **große ~ kleine** grandi e piccoli ③ *(mit Objektsatz)* come; **ich sah, ~ er über die Straße ging** vidi come attraversò la strada; **~ ich eintrete** come entro; *(bei gleichem Subjekt)* entrando

Wie <-, -> *nt* **das ~** il come; **auf das ~ kommt es an** dipende dal modo

Wiedehopf [ˈviːdəhɔpf] <-(e)s, -e> *m* ZOO upupa *f*

wieder [ˈviːdɐ] *adv* di nuovo, ancora [una volta]; **immer ~** continuamente, di nuovo; **nie ~** mai più; **schon ~** di nuovo, ancora; **~ einmal** ancora una volta; **~ anfangen** ricominciare; **sich ~ anziehen** rivestirsi; **ich bin gleich ~ da** torno subito; **da bin ich ~!** eccomi qua!; **da ist er ~!** rieccolo!

wieder- *(bei zusammengesetzten Verben)* ri-

wieder|auf|bauen [viːdɐˈʔaʊfbaʊən] *vt, vi* ricostruire

wieder|auf|laden <irr> *vt* ricaricare

Wiederaufbau [viːdɐˈʔaʊfbaʊ] *m* ricostruzione *f*

Wiederaufbereitung [viːdɐˈʔaʊfbəraɪtʊŋ] *f* riciclaggio *m*

Wiederaufbereitungsanlage *f* impianto *m* di rigenerazione

Wiederaufforstung [viːdɐˈʔaʊffɔrstʊŋ] *f* rimboschimento *m*

wiederaufladbar [viːdɐˈaʊflaːtbaːɐ] *adj* ricaricabile

Wiederaufnahme [viːdɐˈʔaʊfnaːmə] *f* ① *(das Wiederaufnehmen)* ripresa *f;* JUR riapertura *f* ② *(in Gruppe, Verein)* riammissione *f*

Wiederaufrüstung [viːdɐˈʔaʊfrʏstʊŋ] *f* riarmo *m*

wieder|bekommen <irr, ohne ge-> *vt* riavere, riottenere; **ich bekomme noch**

zwei Euro Wechselgeld wieder avanzo ancora due euro di resto

wieder|beleben <ohne ge-> *vt* ① MED rianimare ② *(fig: Kunst, Sitten)* far rinascere

Wiederbelebung *f* ① *(Person)* rianimazione *f* ② WIRTSCH ripresa *f;* ~ **der Wirtschaft** rilancio *m* economico

Wiederbelebungsversuch *m* tentativo *m* di rianimazione

Wiederbeschaffung *f* recupero *m*

wieder|bringen <irr> *vt* riportare; *(zurückgeben)* restituire

wieder|ein|setzen [viːdɐˈʔaɪnzɛtsən] **I.** *vt* *(in Amt, Rechte)* reintegrare (**in** +*akk* in); *(Fürsten, Dynastie)* restaurare **II.** *vi* *(Regen, Schmerzen)* ricominciare; *(Fieber)* ritornare; **der Regen hat wiedereingesetzt** ha ricominciato a piovere

Wiedereinführung [viːdɐˈʔaɪnfyːrʊŋ] *f* ripristino *m*

wieder|entdecken <ohne ge-> *vt* riscoprire

Wiederentdeckung <-, -en> *f* riscoperta *f*

wieder|erkennen <irr, ohne ge-> *vt* riconoscere (**an** +*dat* da); **nicht wiederzuerkennen sein** essere irriconoscibile

wieder|erlangen <ohne ge-> *vt* recuperare, riacquistare; *(wiederbekommen)* riottenere, riavere

wieder|eröffnen <ohne ge-> *vt* riaprire; *(wiederaufnehmen)* riprendere

Wiedereröffnung *f* riapertura *f; (Wiederaufnahme)* ripresa *f*

wieder|erwachen <ohne ge-> *vi sein* risvegliarsi

wieder|finden <irr> **I.** *vt* ritrovare **II.** *vr:* **sich** ~ *(Schlüssel, Brille)* ritrovarsi; **er fand sich plötzlich im Gefängnis wieder** si ritrovò improvvisamente in prigione

Wiedergabe *f* ① *(Rückgabe)* restituzione *f* ② *(Schilderung)* descrizione *f* ③ MUS, TYP *(Reproduktion)* riproduzione *f*

wieder|geben <irr> *vt* ① *(zurückgeben)* restituire, rendere; *(Wechselgeld)* dare di resto ② *(schildern)* descrivere; *(ausdrücken)* rendere ③ *(reproduzieren)* riprodurre ④ *(übersetzen)* tradurre ⑤ *(vermitteln: Eindruck, Gefühl)* comunicare ⑥ *(widerspiegeln)* riflettere

Wiedergeburt *f* REL reincarnazione *f*

wieder|gewinnen <irr, ohne ge-> *vt* *(Geld)* riguadagnare; *(Gleichgewicht, Selbstvertrauen)* riacquistare, ricuperare

Wiedergewinnung <-, -en> *f* ECO recupero *m,* riacquisto *m*

wieder|gut|machen [viːdɐˈʔguːtmaxən] *vt* *(Verlust)* risarcire; *(Unrecht)* riparare, compensare; **einen Fehler/ein Unrecht** ~ riparare un errore/un torto; **den Schaden** ~ rimediare al danno; **das ist nicht wiedergutzumachen** è irreparabile, è irrimediabile

Wiedergutmachung <-, -en> *f* ① *(Handlung)* riparazione *f; (Kriegsentschädigung)* riparazione *f* di guerra ② *(Entschädigung)* risarcimento *m*

wieder|her|stellen [viːdɐˈʔheːɐ̯ʃtɛlən] *vt* *(Ordnung, Beziehungen, Gesundheit)* ristabilire; *(Gebäude)* restaurare

Wiederherstellung *f* ① MED *(von Ordnung)* ristabilimento *m* ② *(Instandsetzung)* restauro *m*

wiederholbar [viːdɐˈhoːlbaːɐ] *adj* ripetibile

wieder|holen[1] [ˈviːdɐhoːlən] *vt* *(zurückholen)* riprendere

wiederholen[2] [viːdɐˈhoːlən] <ohne ge-> **I.** *vt* ① *(noch einmal machen)* ripetere ② *(Aufgabe, Gelerntes)* ripassare; *(zusammenfassend)* riassumere, ricapitolare **II.** *vr:* **sich** ~ ripetersi

wiederholt [viːdɐˈhoːlt] **I.** *adj* ripetuto; **zum ~en Male** ripetutamente **II.** *adv* ripetutamente, più volte

Wiederholung [viːdɐˈhoːlʊŋ] <-, -en> *f* ripetizione *f*

Wiederholungsfall *m* ADM **im** ~ in caso di recidiva

Wiederholungstäter(in) *m(f)* JUR recidivo, -a *m, f*

Wiederhören *nt* **auf ~!** a risentirci!

Wiederinstandsetzung [viːdɐʔɪnˈʃtantzɛtsʊŋ] *f* riparazione *f*

wieder|käuen [ˈviːdɐkɔɪən] *vt* ① *(Tiere)* ruminare ② *(fig: ständig wiederholen)* rimasticare

Wiederkäuer <-s, -> *m* ZOO ruminante *m*

Wiederkehr [ˈviːdɐkeːɐ̯] <-> *f kein Pl.* ① *(Heimkehr)* ritorno *m* ② *(periodische ~)* ricorrenza *f;* **bei meiner ~** al mio ritorno

wieder|kehren *vi sein (geh)* ① *(heimkehren)* [ri]tornare [a casa] ② *(sich wiederholen)* ricorrere ③ *(fig: wiederkommen: Gedanke)* [ri]tornare

wieder|kommen <irr> *vi sein* [ri]tornare; **ich komme gleich wieder** torno subito

wieder|sehen <irr> *vt* rivedere

Wiedersehen <-s, -> *nt* rivedersi *m;* **auf ~!** arrivederci!; *(Höflichkeitsform a.)* arrivederLa!

Wiedersehensfreude *f* gioia *f* di rivedersi

wiederum [ˈviːdərʊm] *adv* ① *(aufs Neue)* di nuovo, nuovamente ② *(andererseits)* d'altra parte; *(dagegen)* invece

wieder|vereinigen <ohne ge-> *vt* ricongiungere; *bes.* POL riunificare; *(versöhnen)* riconciliare
Wiedervereinigung *f* ricongiungimento *m;* POL riunificazione *f; (Versöhnung)* riconciliazione *f*
Wiederverheiratung <-, -en> *f* risposarsi *m*
Wiederverkäufer(in) *m(f)* rivenditore, -trice *m, f*
Wiederverkaufswert <-(e)s> *m kein Pl.* valore *m* di rivendita
wiederverwertbar *adj* riciclabile
Wiederverwertung *f* riutilizzazione *f*
Wiederwahl *f* rielezione *f*
wieder|wählen *vt* rieleggere
Wiederzulassung <-, -en> *f* riammissione *f*
Wiege ['viːgə] <-, -n> *f* culla *f*
Wiegemesser *nt* mezzaluna *f*
wiegen[1] ['viːgən] <wiegt, wog, gewogen> **I.** *vi (Gewicht haben)* pesare; **schwer ~** *(fig)* aver gran peso **II.** *vt* pesare
wiegen[2] **I.** *vt* ① *(Kind)* cullare; *(a. Kopf)* dondolare ② *(Kräuter)* tritare **II.** *vr:* **sich ~** cullarsi; **sich in Sicherheit ~** illudersi di essere al sicuro
Wiegenlied *nt* ninnananna *f*
wiehern ['viːɐn] *vi* ① *(Pferd)* nitrire ② *(fig fam: vor Lachen)* fare una risata stridula
Wien [viːn] *nt* Vienna *f*
Wiener <inv> *adj* viennese; **~ Schnitzel** cotoletta alla milanese; **~ Würstchen** würstel *m*
wienern *vt (fam)* lucidare, lustrare
wies [viːs] *1. u. 3. Pers. Sing. Imp. von* **weisen**
Wiesbaden ['viːsbaːdən] *nt* Wiesbaden *f*
Wiese ['viːzə] <-, -n> *f* prato *m*
Wiesel ['viːzəl] <-s, -> *nt* ZOO donnola *f;* **flink wie ein ~** svelto come uno scoiattolo
wieso [vi'zoː] *adv* perché?
wievielmal *adv* quante volte
wievielte(r, s) *adj* **der/die Wievielte bin ich?** a che posto sono?; **den Wievielten haben wir heute?** quanti ne abbiamo oggi?; **das ~ Mal war das?** che volta era?
Wikinger(in) ['vɪkɪŋɐ *o* 'viːkɪŋɐ] <-s, -; -, -nen> *m(f)* vichingo *m*
wild [vɪlt] *adj* ① *(Tier, Pflanze, Mensch)* selvatico; **~ wachsen** crescere spontaneo; **~ wachsend** selvatico ② *(Landschaft, Volksstämme)* selvaggio ③ *(Kind: lebhaft)* vivace; *(lärmend)* turbolento; **seid nicht so ~!** non fate tanto chiasso! ④ *(heftig, stürmisch)* impetuoso, violento; *(wütend)* furioso; **~ drauflosschießen** sparare furiosamente a casaccio; **~ werden** infuriarsi, andare in collera; **auf jdn/etw ~ sein** *(fam)* andare matto per qu/qc; **~ entschlossen sein** *(fam)* essere decisissimo; **das ist halb so ~** *(fam)* non è mica la fine del mondo ⑤ *(nicht genehmigt)* abusivo, illegale; *(unkontrolliert)* incontrollabile; **~er Streik** sciopero [a gatto] selvaggio; **~ zelten** campeggiare abusivamente
Wild <-(e)s> *nt kein Pl.* selvaggina *f,* cacciagione *f*
Wildbach *m* torrente *m*
Wildbret ['vɪltbrɛt] <-s> *nt kein Pl.* selvaggina *f,* cacciagione *f*
Wilddieb(in) *m(f)* bracconiere, -a *m, f*
Wilde ['vɪldə] <ein -r, -n, -n> *mf* selvaggio, -a *m, f;* **wie ein ~r** *(fam)* come un forsennato
Wildente *f* anitra *f* [*o* anatra *f*] selvatica
Wilderer <-s, -> *m,* **Wilderin** <-, -nen> *f* bracconiere, -a *m, f,* cacciatore, -trice *m, f* di frodo
wildern ['vɪldɐn] *vi* cacciare di frodo
Wildfang *m (fam)* diavoletto *m*
wildfremd ['vɪlt'frɛmt] *adj* del tutto sconosciuto
Wildheit <-> *f kein Pl.* natura *f* selvaggia; *(Ungezügeltheit)* sfrenatezza *f*
Wildkatze *f* ZOO gatto *m* selvatico
Wildleder *nt* [pelle *f* di] camoscio *m*
Wildnis <-, -se> *f* luogo *m* selvaggio
Wildpark *m* parco *m* nazionale
Wildpastete *f* pasticcio *m* di cacciagione
wildreich *adj* ricco di selvaggina
Wildschaden <-s, -schäden> *m* danni *mpl* causati dalla selvaggina
Wildschwein *nt* ZOO cinghiale *m*
wildwachsend *adj* selvatico
Wildwasserboot *nt* kayak *m*
Wildwechsel *m* passo *m* della selvaggina
Wildwestfilm [vɪlt'vɛstfɪlm] *m* western *m*
will [vɪl] *1. u. 3. Pers. Sing. Präs. von* **wollen**[1], **wollen**[2]
Wille ['vɪlə] <-ns, *rar:* -n> *m* volontà *f; (Wollen)* volere *m; (Absicht)* intenzione *f; (Entschlossenheit)* decisione *f;* **jdm seinen ~n lassen** lasciar fare qu [a modo suo]; **aus freiem ~n** di spontanea volontà; **gegen** [*o* **wider**] **meinen ~n** *(ohne Erlaubnis)* contro la mia volontà; *(ungewollt)* involontariamente; **wider ~n** malvolentieri, controvoglia; **du sollst deinen ~n haben** farai come vorrai tu, sarà fatto come vuoi tu; **daran kann ich beim besten ~n nichts** [**mehr**] **ändern** con la più buona volontà non posso cambiar niente; **wo ein ~ ist, ist auch ein Weg** *(prov)* volere è potere
willen *präp +gen* **um ~** per [amor di]; **um deinet~/seinet~/ihret~** per amor tuo/suo; **um Himmels ~!** per amor del cielo!

willenlos *adj* senza volontà, abulico
willens *adj* **~ sein etw zu tun** *(geh)* aver la volontà di fare qc
Willensfreiheit *f* libero arbitrio *m*
Willenskraft <-> *f kein Pl.* forza *f* di volontà
Willensschwäche <-> *f kein Pl.* volontà *f* debole, debolezza *f* di carattere
Willensstärke <-> *f kein Pl.* forza *f* di volontà, volontà *f* ferrea
willentlich ['vɪləntlɪç] *adv (geh)* apposta, intenzionalmente
willfahren [vɪl'faːrən *o* 'vɪlfaːrən] <willfährt, willfahrte, gewillfahrt *o* willfahrt> *vi (geh)* **jds Wunsch ~** accondiscendere al desiderio di qu; **jdm ~** compiacere qu
willfährig ['vɪlfɛːrɪç *o* vɪl'fɛːrɪç] *adj (geh: nachgiebig)* condiscendente, arrendevole; *(gefügig)* docile; **jdm ~ sein** essere docile ai comandi di qu
Williamsbirne ['wɪljəmzbɪrnə] *f* buonacristiana *f*
willig I. *adj (Helfer, Arbeiter)* volonteroso; *(Kind)* docile; *(bereit)* pronto; **~ sein etw zu tun** essere pronto a fare qc **II.** *adv* volentieri
willkommen [vɪl'kɔmən] *adj (Person)* benvenuto; *(Sache)* gradito, opportuno; **[herzlich] ~!** benvenuto!; **jdn ~ heißen** dare il benvenuto a qu; **das ist mir sehr ~** mi è proprio gradito
Willkommenskultur *f* cultura *f* del benvenuto
Willkür ['vɪlkyːɐ̯] <-> *f kein Pl.* arbitrio *m;* **jds ~ ausgeliefert** [*o* **preisgegeben**] **sein** essere alla mercé di qu
willkürlich I. *adj* ① *(Maßnahme)* arbitrario ② *(Auswahl)* casuale ③ *(Bewegung)* volontario **II.** *adv* ad arbitrio
wimmeln ['vɪməln] *vi* brulicare, formicolare; **es wimmelte von Menschen** brulicava di gente; **hier wimmelt es ja von Fettflecken** *(fam)* qui è pieno di macchie di grasso
wimmern ['vɪmɐn] *vi* piagnucolare
Wimmet ['vɪmət] <-s> *m kein Pl.* CH vendemmia *f*
Wimpel ['vɪmpəl] <-s, -> *m* gagliardetto *m*
Wimper ['vɪmpɐ] <-, -n> *f* ciglio *m;* **ohne mit der ~ zu zucken** senza batter ciglio
Wimperntusche *f* mascara *m*
Wind [vɪnt] <-(e)s, -e> *m* vento *m;* **bei ~ und Wetter** con ogni tempo; **den ~ im Rücken haben** avere il vento da tergo; **in alle ~e zerstreuen** spargere ai quattro venti; **viel ~ um etw machen** *(fam)* esagerare molto qc, pompare qc; **jdm den ~ aus den Segeln nehmen** *(fig fam)* sventare i piani di qu; **in den ~ reden** *(fig)* parlare al vento; **etw in den ~ schlagen** non prendere in considerazione qc, non dare ascolto a qc; **von etw ~ bekommen** *(fam)* avere sentore di qc; **jetzt weht hier ein anderer ~** *(fig)* ora spira un'altra aria; **jetzt merke ich, woher der ~ weht** *(fig fam)* adesso sento che vento tira; **daher weht der ~!** *(fig fam)* ecco perché!
Windbeutel *m* GASTR bignè *m*
Windbö[e] *f* raffica *f* di vento
Windbruch *m* danni *mpl* causati dal vento nel bosco
Winde ['vɪndə] <-, -n> *f* ① TEC argano *m;* *(kleinere)* verricello *m;* *(Garn~)* aspo *m* ② BOT convolvolo *m*
Windel ['vɪndəl] <-, -n> *f* pannolino *m;* **noch in den ~n liegen** *(fig)* essere ancora in fasce
windelweich ['vɪndəl'vaɪç] *adj (fam)* **jdn ~ prügeln** picchiare qu di santa ragione
winden[1] ['vɪndən] <windet, wand, gewunden> **I.** *vt* ① *(geh: flechten)* intrecciare; **Blumen zu einem Kranz ~** intrecciare una ghirlanda di fiori; **etw um etw ~** avvolgere qc attorno a qc ② *(wegnehmen)* **jdm etw aus der Hand ~** strappare qc dalle mani di qu **II.** *vr:* **sich ~** ① **sich [um etw] ~** *(Pflanze)* avviticchiarsi [a qc]; *(Schlange)* attorcigliarsi [a qc] ② *(Fluss, Weg)* **sich durch das Tal ~** serpeggiare nella valle ③ *(Mensch)* **sich vor Schmerz ~** contorcersi dal dolore ④ *(fig fam: Ausflüchte machen)* tergiversare
winden[2] *vi* **es windet** tira vento
Windenergie <-> *f kein Pl.* energia *f* eolica
Windeseile ['vɪndəs'ʔaɪlə] *f* **in** [*o* **mit**] **~** come un fulmine, con la rapidità del vento
windgeschützt *adj* riparato dal vento
Windhauch *m* alito *m* di vento
Windhose *f* METEO tromba *f* d'aria
Windhund *m* ① ZOO levriere *m* ② *(fig fam: Luftikus)* scapestrato *m*
windig *adj* ① *(Tag)* ventoso; *(Ort)* battuto dai venti; **es ist ~** tira vento ② *(fig fam: Mensch)* sventato; *(Ausrede)* futile; *(Sache)* dubbio, incerto
Windjacke *f* giacca *f* a vento
Windkanal *m* galleria *f* aerodinamica [*o* del vento]
Windkraftanlage *f* impianto *m* eolico
Windkraftrad *nt* rotella *f* di centrale eolica
Windkraftwerk *nt* centrale *f* eolica
Windlicht *nt* candela *f* schermata
Windmesser <-s, -> *m* anemometro *m*
Windmühle *f* mulino *m* a vento
Windpocken *fpl* MED varicella *f*
Windrad *nt* ruota *f* a vento
Windrichtung *f* direzione *f* del vento
Windrose *f* rosa *f* dei venti

Windschatten *m (von Berg)* versante *m* sottovento; *(von Fahrzeug)* scia *f;* **im ~ sein** stare sottovento
windschief *adj (oft pej)* storto
Windschutz <-es, -e> *m* protezione *f* dal vento
Windschutzscheibe *f* AUTO parabrezza *m*
Windseite *f* lato *m* esposto al vento
Windstärke *f* forza *f* del vento
windstill *adj* calmo, senza vento
Windstille *f* calma *f,* bonaccia *f*
Windstoß *m* colpo *m* di vento, ventata *f*
windsurfen *vi* fare windsurf
Windsurfen, **Windsurfing** *nt* windsurf *m*
Windsurfer(in) *m(f)* surfista *mf*
Windung <-, -en> *f* ① *(allg)* tortuosità *f,* sinuosità *f; (Kurve)* curva *f; (Fluss~)* ansa *f,* meandro *m* ② *(von Schraube)* giro *m,* passo *m; (von Spule)* spira *f*
Wink [vɪŋk] <-(e)s, -e> *m* ① *(Zeichen)* cenno *m,* segno *m* ② *(fig: Ratschlag)* consiglio *m; (Tipp)* suggerimento *m; (Warnung)* avvertimento *m;* **ein ~ des Schicksals** un segno del destino; **jdm einen ~ geben** fare cenno a qu
Winkel ['vɪŋkəl] <-s, -> *m* ① MAT angolo *m;* **spitzer/rechter/stumpfer ~** angolo acuto/retto/ottuso; **toter ~** angolo morto ② *(Ecke, abgelegenes Plätzchen)* cantuccio *m* ③ TEC *(~maß)* squadra *f*
Winkeladvokat *m (pej)* azzeccagarbugli *m,* avvocato *m* da strapazzo
Winkeleisen *nt* angolare *m,* cantonale *m*
Winkelfunktion *f* funzione *f* goniometrica
Winkelhalbierende <-n, -n> *f* bisettrice *f*
winkelig *adj* angolare; *(voller Winkel)* angoloso
Winkelmaß *nt* squadra *f*
Winkelmesser <-s, -> *m* goniometro *m*
Winkelzug *m* stratagemma *m,* sotterfugio *m;* **Winkelzüge machen** usare stratagemmi
winken ['vɪŋkən] <winkt, winkte, gewinkt *o* DIAL gewunken> **I.** *vi* ① *(ein Zeichen geben)* **jdm ~** fare un cenno a qu; **jdm mit der Hand ~** fare un cenno a qu con la mano; **jdm mit den Augen ~** ammiccare a qu ② *(grüßen)* **mit der Hand ~** salutare con un cenno della mano ③ *(fig: in Aussicht stehen)* attendere; **ihm winkt eine hohe Belohnung** lo attende una lauta ricompensa **II.** *vt* **jdn zu sich** *dat* **~** far cenno a qu di venire
winklig *s.* **winkelig**
winseln ['vɪnzəln] *vi* guaire, uggiolare
Winter ['vɪntɐ] <-s, -> *m* inverno *m;* **im ~** in inverno, d'inverno; **mitten im ~** in pieno inverno; **es wird ~** arriva l'inverno
Winterabend *m* serata *f* invernale
Winterdienst <-es, -e> *m* servizio *m* invernale
Wintereinbruch <-(e)s, -brüche> *m* il sopravvenire *m* dell'inverno
Winterfahrplan *m* orario *m* invernale
Winterfell *nt* pellicia *f* invernale
Winterferien *pl* vacanze *fpl* invernali
winterfest *adj* resistente al freddo; **das Auto ~ machen** equipaggiare l'auto per l'inverno
Wintergarten *m* giardino *m* d'inverno
Winterhalbjahr *nt (Schule)* semestre *m* invernale
winterhart *adj* BOT resistente al freddo
Winterkleidung *f* vestiti *mpl* invernali
Winterlandschaft *f* paesaggio *m* invernale
winterlich *adj* invernale, d'inverno
Wintermantel *m* cappotto *m* [invernale]
Winterolympiade <-, -n> *f* olimpiadi *fpl* invernali
Winterreifen *m* pneumatico *m* invernale
Wintersaison <-, -s> *f* stagione *f* invernale
Winterschlaf *m* letargo *m;* **~ halten** essere in letargo, ibernare
Winterschlussverkauf *m* liquidazione *f* di fine stagione [invernale]
Wintersemester *nt* semestre *m* invernale
Wintersonnenwende *f* solstizio *m* invernale
Winterspeck *m (fam scherz)* cuscinetti *mpl* di grasso
Winterspiele *ntpl* **Olympische ~** olimpiadi *fpl* invernali
Wintersport *m* sport *m* invernale
Winterurlaub <-(e)s, -e> *m* vacanze *fpl* invernali
Winterzeit *f* ① *(Uhrzeit)* ora *f* solare ② *(Jahreszeit)* inverno *m*
Winzer(in) ['vɪntsɐ] <-s, -; -, -nen> *m(f)* viticoltore, -trice *m, f,* vendemmiatore, -trice *m, f*
winzig ['vɪntsɪç] *adj* piccolissimo, microscopico; *(bes. Haus, Zimmer)* minuscolo
Wipfel ['vɪpfəl] <-s, -> *m* vetta *f,* cima *f*
Wippe ['vɪpə] <-, -n> *f* altalena *f*
wippen *vi* ① *(auf Wippe)* fare l'altalena ② *(auf und ab)* andare su e giù; **mit dem Fuß ~** dondolare il piede
wir [viːɐ̯] *pron pers (1. Pers. Pl.)* noi; **~ beide** noi due; **~ selbst** noi stessi
Wirbel ['vɪrbəl] <-s, -> *m* ① *(Wasser~, Staub~, Luft~, a. fig)* vortice *m; (Luft~, a. fig)* turbine *m* ② *(fig: Trubel)* confusione *f; (Aufsehen)* scalpore *m;* **mach nicht so einen ~!** *(fig fam)* non far tanta confusione! ③ ANAT *(~knochen)* vertebra *f* ④ *(Haar~)* cocuzzolo *m* ⑤ *(Trommel~)* rullo *m*

W

wirbellos *adj* invertebrato; **~es Tier** invertebrato *m*
wirbeln I. *vt haben* far girare vorticosamente; *(Trommel)* far rullare **II.** *vi sein* turbinare, mulinare
Wirbelsäule *f* colonna *f* vertebrale, spina *f* dorsale
Wirbelsturm *m* ciclone *m,* uragano *m*
Wirbeltier <-(e)s, -e> *nt* ZOO vertebrato *m*
Wirbelwind *m* ❶ *(Wind)* turbine *m,* vortice *m* di vento ❷ *(fig, scherz: Person)* terremoto *m*
wirbt [vɪrpt] *3. Pers. Sing. Präs. von* **werben**
wird [vɪrt] *3. Pers. Sing. Präs. von* **werden**
wirft [vɪrft] *3. Pers. Sing. Präs. von* **werfen**
wirken [ˈvɪrkən] **I.** *vi* ❶ *(Wirkung haben)* fare effetto, agire, operare; **beruhigend ~** avere un effetto calmante ❷ *(ein~)* **auf jdn/etw ~** agire su qu/qc ❸ *(einen Eindruck machen)* dare l'impressione di, sembrare; **jugendlich ~** avere un aspetto giovanile ❹ *(zur Geltung kommen)* valorizzare, avere effetto; **das Bild wirkt auf der bunten Tapete nicht** il quadro non è valorizzato sulla tappezzeria colorata ❺ *(geh: beruflich tätig sein)* fare, operare; **in einem Dorf als Arzt ~** operare come medico in un paese **II.** *vt* ❶ *(weben)* tessere ❷ *(hervorbringen)* **Wunder ~** fare miracoli
wirklich [ˈvɪrklɪç] **I.** *adj* reale; *(tatsächlich)* effettivo; *(echt)* vero **II.** *adv* veramente, davvero; *(tatsächlich)* effettivamente, in effetti; **das ist ~ nett von Ihnen** è veramente gentile da parte Sua; **das habe ich ~ nicht gewusst** non lo sapevo proprio; **~?** davvero?
Wirklichkeit <-> *f kein Pl.* realtà *f;* **die raue ~** la dura realtà; **~ werden** diventare realtà, realizzarsi; **in ~** in realtà
wirklichkeitsgetreu *adj* fedele alla realtà, realistico; **etw ~ schildern** descrivere qc fedelmente
Wirklichkeitssinn *m* senso *m* della realtà, realismo *m*
wirksam *adj (Mittel)* efficace; *(Maßnahme)* energico; **gegen etw ~ sein** essere efficace contro qc; **~ werden** JUR entrare in vigore
Wirksamkeit <-> *f kein Pl.* efficacia *f*
Wirkung <-, -en> *f* effetto *m; (Ein~)* azione *f; (Wirksamkeit)* efficacia *f;* **auf etw** *akk* **eine ~ haben** avere effetto su qc; **keine ~ haben, ohne ~ bleiben** non fare effetto, restare senza effetto; **seine ~ verfehlen** non ottenere l'effetto desiderato; **mit ~ vom 21. April** ADM con effetto dal 21 aprile
Wirkungsgrad *m* grado *m* di efficienza
Wirkungskreis *m* sfera *f* d'azione
wirkungslos *adj* inefficace, senza effetto; **bei jdm ~ bleiben** non fare effetto su qu
Wirkungslosigkeit <-> *f kein Pl.* inefficacia *f*
wirkungsvoll *adj (wirksam)* efficace; *(effektvoll)* di [grande] effetto; **~ sein** fare effetto
Wirkungsweise *f (von Medikament)* azione *f* terapeutica; *(von Gerät)* funzionamento *m*
wirr [vɪr] *adj* ❶ *(ungeordnet)* disordinato; *(Haar)* arruffato ❷ *(fig: verworren: Verhältnisse, Gedanken)* confuso; *(Rede)* sconclusionato; **~es Zeug reden** sragionare
Wirren [ˈvɪrən] *pl* disordini *mpl,* tumulti *mpl*
Wirrkopf *m (pej)* confusionario, -a *m, f*
Wirrwarr [ˈvɪrvar] <-s> *m kein Pl.* confusione *f,* disordine *m; (Chaos)* pandemonio *m*
Wirsing[kohl] [ˈvɪrzɪŋ(koːl)] <-s> *m kein Pl.* verza *f*
Wirt(in) [vɪrt] <-(e)s, -e; -, -nen> *m(f)* ❶ *(Gast~, Schank~)* oste *m,* ostessa *f* ❷ *(Gastgeber, Haus~)* padrone, -a *m, f* di casa ❸ BIOL ospite *m*
Wirtschaft [ˈvɪrtʃaft] <-, -en> *f* ❶ *(Volks~)* economia *f; (~ssystem)* sistema *m* economico; **freie ~** economia libera; **die ~ ankurbeln** incrementare l'economia ❷ *(Gast~)* osteria *f,* trattoria *f*
wirtschaften *vi (haushalten)* fare economia, economizzare; *(geschäftig arbeiten)* essere occupato, trafficare; **gut/schlecht ~** mandare avanti bene/male qc
Wirtschafter(in) <-s, -; -, -nen> *m(f)* ❶ WIRTSCH economo, -a *m, f* ❷ *(Verwalter)* amministratore, -trice *m, f; (in der Landwirtschaft)* imprenditore *m* agricolo
Wirtschafterin *f* governante *f*
Wirtschaftler(in) <-s, -; -, -nen> *m(f)* economista *mf*
wirtschaftlich *adj* ❶ *(die Wirtschaft betreffend)* economico ❷ FIN finanziario ❸ *(rationell)* razionale; *(lohnend)* conveniente ❹ *(sparsam)* economo, parsimonioso
Wirtschaftlichkeit <-> *f kein Pl.* ❶ *(Rentabilität)* redditività *f* ❷ *(Sparsamkeit)* economia *f,* parsimonia *f*
Wirtschaftsabkommen *nt* accordo *m* economico
Wirtschaftsberater(in) *m(f)* commercialista *mf*
Wirtschaftsbereich *m* settore *m* economico
Wirtschaftsbeziehungen *fpl* relazioni *fpl* economiche

W

Wirtschaftsentwicklung *f* sviluppo *m* economico

Wirtschaftsexperte *m*, **Wirtschaftsexpertin** *f* esperto, -a *m, f* di problemi economici

Wirtschaftsflüchtling <-s, -e> *m* profugo *m* per motivi economici

Wirtschaftsform *f* sistema *m* economico

Wirtschaftsgebäude *nt* fabbricato *m* rurale

Wirtschaftsgeld *nt* denaro *m* per le spese di casa

Wirtschaftsgemeinschaft *f* comunità *f* economica; **die Europäische ~** HIST la Comunità economica europea

Wirtschaftshilfe *f* assistenza *f* economica

Wirtschaftsjahr *nt* anno *m* finanziario

Wirtschaftskriminalität *f* criminalità *f* dei colletti bianchi

Wirtschaftskrise *f* crisi *f* economica

Wirtschaftslage *f* situazione *f* economica

Wirtschaftsleben *nt* vita *f* [*o* attività *f*] economica

Wirtschaftsmacht <-, -mächte> *f* ❶ *(bedeutendes Land)* potenza *f* economica ❷ *(eines Landes)* forza *f* economica

Wirtschaftsminister(in) *m(f)* ministro *m* dell'economia

Wirtschaftsministerium *nt* ministero *m* dell'economia

Wirtschaftsordnung <-, -en> *f* ordine *m* economico

Wirtschaftsplanung *f* pianificazione *f* [*o* programmazione *f*] economica

Wirtschaftspolitik *f* politica *f* economica

Wirtschaftsprüfer(in) *m(f)* revisore *m* dei conti

Wirtschaftsraum *m* ❶ WIRTSCH spazio *m* economico, area *f* economica; **Europäischer ~** area economica europea ❷ *(Wirtschaftsgebäude)* servizi *mpl*, fabbricato *m* rurale

Wirtschaftssanktionen *fpl* sanzioni *fpl* economiche

Wirtschaftsteil *m (einer Zeitung)* pagina *f* economica

Wirtschaftsunion <-> *f* unione *f* economica

Wirtschaftswachstum <-s> *nt kein Pl.* crescita *f* economica

Wirtschaftswissenschaft *f* scienze *fpl* economiche

Wirtschaftswissenschaftler(in) *m(f)* economista *mf*

Wirtschaftswunder *nt (fam)* miracolo *m* economico

Wirtschaftszweig *m* settore *m* economico

Wirtshaus *nt* osteria *f*, taverna *f*; *(Gaststätte)* trattoria *f*

Wirtsleute *pl* ❶ *(von Wirtshaus)* padroni *mpl* dell'osteria ❷ *(als Zimmervermieter)* padroni *mpl* di casa

Wisch [vɪʃ] <-(e)s, -e> *m (fam pej)* pezzo *m* di carta, fogliaccio *m*

wischen ['vɪʃən] **I.** *vi* **über etw** *akk* **~** passare sopra qc **II.** *vt* ❶ *(entfernen)* **etw** [**von etw**] **~** togliere qc [da qc]; **Staub ~** spolverare [i mobili]; **sich** *dat* **den Schweiß von der Stirn ~** asciugarsi il sudore dalla fronte ❷ *(reinigen)* pulire, scappare ❸ *(Ohrfeige)* **jdm eine ~** *(fam)* mollare una sberla a qu

Wischiwaschi [vɪʃi'vaʃi] <-s> *nt kein Pl.* *(fam pej)* blablà *m*

Wischlappen *m*, **Wischtuch** *nt* ❶ *(Staubtuch)* straccio *m* della polvere ❷ *(Scheuertuch)* strofinaccio *m*

Wisent ['vi:zɛnt] <-s, -e> *m* ZOO bisonte *m*

Wismut ['vɪsmu:t] <-(e)s> *nt kein Pl.* CHEM bismuto *m*

wispern ['vɪspɐn] *vt, vi* sussurrare, bisbigliare

Wissbegier[de] *f* brama *f* di apprendere

wissbegierig *adj* desideroso di apprendere

wissen ['vɪsən] <weiß, wusste, gewusst> **I.** *vt* ❶ *(können)* sapere; **nicht aus noch ein ~** non sapere che pesci prendere; **sich zu benehmen ~** sapere come comportarsi; **sich** *dat* **zu helfen ~** cavarsela; **etw zu schätzen ~** saper apprezzare qc ❷ *(die Kenntnis besitzen)* sapere; **ich weiß nicht, wo er ist** non so dov'è; **ich weiß, was ich will** so quello che voglio; **woher soll ich das ~?** come faccio a saperlo?; **du weißt genau, dass das verboten ist** sai benissimo che è proibito; **soviel ich weiß** per quanto ne sappia; **alles besser ~ wollen** saperla sempre più lunga; **ich wusste, dass es so kommen würde** sapevo che sarebbe andata così; **als ob ich das wüsste!** *(fam)* come se lo sapessi!; **was weiß ich!** *(fam)* che ne so io!; **das musst du** [**selber**] **~** *(fam)* questo devi saperlo tu; **weißt du was? wir gehen mit** sai cosa facciamo? ci andiamo anche noi; **das hätte man ~ sollen!** a saperlo!, ad averlo saputo!; **ich habe ihn wer weiß wie oft gesehen** l'ho visto Dio sa quante volte; **Sie müssen ~, dass …** sappia [*o* deve sapere] che …; **gewusst wie!** *(fam)* a sapere come! ❸ *(erfahren)* **durch jdn etw ~** venire a sapere qc da qu; **jdn etw ~ lassen** far sapere qc a qu, informare qu di qc; **ich will von ihm/davon nichts ~** non voglio saperne di lui/di ciò ❹ *(sich erinnern)* ricordarsi; **weißt du noch?** ti ricordi?; **weißt du seine Adresse noch?** ti ricordi il suo indirizzo? **II.** *vi (informiert sein)* essere a conoscenza; **von etw ~** essere a cono-

W

scenza di qc; **ich weiß von nichts** non so niente; **wer weiß** chissà; **nicht, dass ich wüsste** non che io sappia; **man kann nie ~** *(fam)* non si sa mai

Wissen <-s> *nt kein Pl.* sapere *m; (Kenntnisse)* cognizioni *fpl;* **meines ~s** per quanto ne so; **nach bestem ~ und Gewissen** con scienza e coscienza; **ohne mein ~** a mia insaputa, senza che lo sapessi; **wider besseres ~** in malafede

Wissenschaft <-, -en> *f* scienza *f*

Wissenschaftler(in) <-s, -; -, -nen> *m(f)* scienziato, -a *m, f*

wissenschaftlich *adj* scientifico

Wissensdrang *m*, **Wissensdurst** *m* desiderio *m* [*o* sete *f*] di sapere

Wissensgebiet *nt* campo *m* dello scibile

Wissenslücke *f* lacuna *f*

wissenswert *adj* interessante

wissentlich ['vɪsəntlɪç] **I.** *adj* intenzionale **II.** *adv (bewusst)* consapevolmente; *(vorsätzlich)* deliberatamente

Witfrau ['vɪtfraʊ] <-, -en> *f* CH *(Witwe)* vedova *f*

wittern ['vɪtɐn] **I.** *vt* fiutare; **Gefahr ~** fiutare il pericolo **II.** *vi* annusare

Witterung <-> *f kein Pl.* **1** *(Wetter)* tempo *m;* **bei jeder ~** con ogni tempo; **bei günstiger ~** tempo permettendo **2** *(Geruchssinn)* fiuto *m; (Geruch)* odore *m*

Witterungsverhältnisse *ntpl* condizioni *fpl* atmosferiche

Witwe ['vɪtvə] <-, -n> *f* vedova *f*

Witwenrente *f* pensione *f* vedovile

Witwer ['vɪtvɐ] <-s, -> *m* vedovo *m*

Witz [vɪts] <-es, -e> *m* **1** *Sing. (Esprit)* spirito *m; (Geist)* arguzia *f* **2** *(witzige Geschichte)* barzelletta *f; (Scherz)* scherzo *m;* **ein dreckiger/fauler ~** una barzelletta sporca/uno spirito di patate; **~e erzählen** [*o* **reißen** *fam*] raccontare barzellette; **mach keine ~e!** *(fig fam)* scherzi?, stai scherzando?; **das soll doch wohl ein ~ sein** è una barzelletta?, bisogna ridere?; **der ~ an der ganzen Sache ist, dass …** il bello è che …; **das ist der ganze ~** *(fam: darauf kommt es an)* questo è il punto

Witzblatt *nt* giornale *m* umoristico

Witzbold ['vɪtsbɔlt] <-(e)s, -e> *m* burlone, -a *m, f,* buffone, -a *m, f*

witzeln *vi* **über jdn ~** fare dello spirito su qu; **über etw** *akk* **~** burlarsi di qc

Witzfigur <-, -en> *f* macchietta *f,* persona *f* buffa

witzig *adj* spiritoso; *(geistreich a.)* arguto; *(lustig)* buffo; *(komisch)* comico

witzlos *adj* **1** *(ohne Witz)* senza spirito **2** *(fam: zwecklos)* inutile

WLAN ['ve:lan] <-[s], -[s]> *nt Abk. von* **Wireless Local Area Network** INFORM wireless *m,* wi-fi *m*

WM [ve:'ʔɛm] <-, -s> *f Abk. von* **Weltmeisterschaft** campionato *m* mondiale

wo [vo:] **I.** *adv* **1** *(interrogativ)* dove; **~ bist du?** dove sei?; **~ denn?** ma dove? **2** *(relativisch)* dove; *(zeitlich)* quando; **~ auch immer** dovunque *+conj;* **dort, ~** là dove; **überall, ~** ovunque *+conj;* **am Tage/im Augenblick, ~** il giorno/nel momento in cui; **ach** [*o* **i**] **~!** *(fam)* ma no!, macché! **II.** *konj* **1** *(da)* dal momento che **2** *(obwohl, während)* mentre

woanders [vo'ʔandɐs] *adv* altrove, in un altro luogo; **mit den Gedanken ~ sein** avere la testa altrove

wob [vo:p] *(obs fig) 1. u. 3. Pers. Sing. Imp. von* **weben**

wobei [vo'baɪ] *adv* **1** *(interrogativ)* con che cosa?; **~ bist du gerade?** cosa stai facendo?; **~ ist das passiert?** com'è successo? **2** *(relativisch)* in cui, nella qual cosa; *(bei welcher Gelegenheit)* nella qual occasione

Woche ['vɔxə] <-, -n> *f* settimana *f;* **letzte** [*o* **vergangene**]/**nächste ~** la settimana scorsa/prossima [*o* ventura]; **jede ~** ogni settimana; **jede zweite ~** ogni due settimane; **zweimal die ~** due volte [al]la settimana; **heute in einer ~** oggi a otto; **die ~ über** in settimana

Wochenbericht *m* rapporto *m* settimanale

Wochenbett *nt* MED puerperio *m*

Wochenblatt *nt* settimanale *m*

Wochenendbeziehung *f relazione in cui ci si vede solo il finesettimana*

Wochenende *nt* fine *m* settimana, weekend *m;* **langes** [*o* **verlängertes**] **~** ponte *m;* **am/übers ~** il fine settimana; **schönes ~!** buon fine settimana!

Wochenendhaus *nt* casa *f* per il fine settimana

Wochenendticket ['vɔxnɛndtɪkət] <-s, -s> *nt* FERR *biglietto ferroviario a prezzo ridotto valido il fine settimana, che dà la possibilità di viaggiare per tutta la Germania*

Wochenendurlauber(in) *m(f)* weekendista *mf*

Wochenkarte *f* abbonamento *m* settimanale

wochenlang **I.** *adj* di [più [*o* parecchie]] settimane **II.** *adv* per intere settimane

Wochenlohn *m* paga *f* settimanale

Wochenmarkt *m* mercato *m* settimanale

Wochenschau *f (obs)* cinegiornale *m,* attualità *fpl*

Wochentag *m* giorno *m* della settimana; *(Werktag)* giorno *m* feriale

W

wochentags *adv* durante la settimana; *(werktags)* nei giorni feriali

wöchentlich ['vœçəntlɪç] **I.** *adj* settimanale **II.** *adv* ogni settimana; **dreimal ~** tre volte [al]la settimana

Wochenzeitung <-, -en> *f* settimanale *m*

Wöchnerin ['vœçnərɪn] *f* puerpera *f*, partoriente *f*

Wodka ['vɔtka] <-s, -s> *m* wodka *f*

wodurch [vo'dʊrç] *adv* ❶ *(interrogativ)* come, in che modo, attraverso che cosa; **~ wollen Sie das erreichen?** in che modo crede di ottenerlo? ❷ *(relativisch)* per cui, attraverso la qual cosa; **das Mittel, ~** il mezzo con cui

wofür [vo'fyːɐ̯] *adv* ❶ *(interrogativ)* per che cosa; **~ halten Sie mich?** per chi mi prende?; **~ interessieren Sie sich?** di che cosa si interessa? ❷ *(relativisch)* per cui, per la qual cosa; **er ist nicht das, ~ er sich ausgibt** non è quello per cui si spaccia

wog [voːk] *1. u. 3. Pers. Sing. Imp. von* **wiegen**[1]

Woge ['voːgə] <-, -n> *f (geh)* onda *f*; *(fig)* ondata *f*; **eine ~ der Begeisterung** un'ondata di entusiasmo; **die ~n glätten** *(fig)* calmare le acque

wogegen [vo'geːgən] **I.** *adv* ❶ *(interrogativ)* contro che cosa ❷ *(relativisch)* contro cui, contro la qual cosa; *(durch Tausch)* in cambio di ciò **II.** *konj* mentre

wogen ['voːgən] *vi (geh)* ondeggiare, fluttuare

woher [vo'heːɐ̯] *adv* ❶ *(interrogativ)* di [*o* da] dove; *(auf welche Weise)* come; **~ kommt der Brief?** da dove viene la lettera?; **~ sind Sie?** di dov'è?; **~ weißt du das?** come fai a saperlo?; **~ kommt es, dass ...?** com'è che ...?, come accade che ...? ❷ *(relativisch)* da cui, dal quale; **aber ~ denn!** *(fam)* macché!, neanche per idea!

wohin [vo'hɪn] *adv* ❶ *(interrogativ)* dove; **~ damit?** *(fam)* dove lo metto? ❷ *(relativisch)* in cui nel quale; **~ du auch gehen magst** dovunque tu vada

wohl [voːl] **I.** *adv* ❶ *(gut, gesund, angenehm)* bene; **sich ~ fühlen** sentirsi bene; **~ oder übel** volente o nolente; **~ bekomm's!** salute!, evviva!; **mir ist jetzt ~er** sto meglio ora; **mir ist nicht ~ bei der Sache** non mi sento tranquillo in questa faccenda; **leben Sie ~!** addio! ❷ *(durchaus)* perfettamente; **ich habe ~ bemerkt, dass ...** ho ben notato che ...; **das kann man ~ sagen!** si può ben dirlo! ❸ *(wahrscheinlich)* probabilmente; **ich muss mich ~ erkältet haben** si vede che ho preso freddo; **~ kaum** sarà difficile, non credo; **er könnte ~ noch kommen** potrebbe ancora venire; **er wird ~ krank sein** sarà ammalato; **das mag ~ sein** può darsi benissimo; **ob er ~ schreiben wird?** chissà se scriverà?; **du bist ~ nicht gescheit!** ma sei matto! ❹ *(etwa, ungefähr)* [all'in]circa; **es waren ~ [an die] 200 Leute da** c'erano circa 200 persone **II.** *konj (zwar)* è vero che; **er wusste ~, dass es gefährlich ist, aber ...** lo sapeva pure che è pericoloso, ma ...

Wohl <-(e)s> *nt kein Pl.* bene *m*; *(~befinden)* benessere *m*; *(Gesundheit)* salute *f*; **auf jds ~ trinken** bere alla salute di qu; **auf Ihr/euer ~!, zum ~!** [alla] salute!; **zum ~ des Landes** nell'interesse del paese

wohlauf [voːl'ʔaʊf] *adj* **~ sein** *(geh)* stare bene [di salute]

Wohlbefinden *nt* salute *f*, benessere *m*

wohlbegründet ['voːlbəˈgrʏndət] *adj (geh)* ben fondato

Wohlbehagen *nt* senso *m* di benessere, agio *m*; **etw mit ~ tun** fare qc di gusto

wohlbehalten *adj (Person)* sano e salvo; *(Sache)* in buono stato

wohlbekannt *adj (geh)* ben noto; *(vertraut)* familiare

wohldurchdacht ['voːldʊrç'daxt] *adj* ben meditato

Wohlergehen <-s> *nt kein Pl.* benessere *m*, salute *f*

wohlerzogen ['voːlʔɛɐtsoːgən] *adj (geh)* ben educato

Wohlfahrt *f* assistenza *f* pubblica

Wohlfahrtsmarke *f* francobollo *m* emesso a scopo di beneficenza

Wohlfahrtsstaat *m* stato *m* assistenziale

Wohlfühlhotel *nt* beauty farm *f*

Wohlfühlwochenende *nt* weekend *m* di benessere

Wohlgefallen *nt* piacere *m*, compiacenza *f*; *(Zufriedenheit)* soddisfazione *f*; **~ an etw** *dat* **haben** trovare piacere a fare qc; **sich in ~ auflösen** finire in bene, avere lieto fine; *(fam iron: auseinanderfallen)* sfasciarsi

wohlgefällig **I.** *adj* ❶ *(mit Wohlgefallen)* soddisfatto; *(selbstzufrieden)* compiaciuto ❷ *(geh obs: angenehm)* gradevole, piacevole **II.** *adv* con compiacenza [*o* compiacimento]; **sich ~ im Spiegel betrachten** guardarsi compiaciuto allo specchio

wohlgeformt *adj* ben formato; *(Körper)* benfatto, armonico

wohlgemeint *adj* fatto con buona intenzione; **~er Rat** consiglio da amico

wohlgemerkt *adj o adv* nota bene, beninteso

W

wohlgenährt *adj* ben nutrito
wohlgeraten *adj (geh)* ❶ *(gut gelungen)* ben riuscito ❷ *(gut erzogen)* ben educato
Wohlgeruch *m (geh)* buon odore *m,* profumo *m*
Wohlgeschmack *m (geh)* buon sapore *m,* gusto *m* gradevole
wohlgesinnt *adj* **jdm ~ sein** essere ben disposto verso qu
wohlhabend *adj* agiato, benestante
wohlig *adj* piacevole, gradevole
Wohlklang *m (geh)* ❶ MUS armonia *f,* melodia *f,* musicalità *f* ❷ LING eufonia *f*
wohlklingend *adj (geh)* melodioso, armonioso
wohlmeinend *adj (geh)* benevolo, ben disposto
wohlriechend *adj (geh)* profumato, fragrante
wohlschmeckend *adj (geh)* gustoso, saporito
Wohlsein *nt* [**zum**] **~!** [alla] salute!
Wohlstand *m* benessere *m,* agiatezza *f*
Wohlstandsgesellschaft *f* società *f* del benessere
Wohlstandsmüll *m (pej)* scorie *fpl* della società del benessere
Wohltat *f* ❶ *(gute Tat)* opera *f* buona ❷ *Sing. (Linderung)* benedizione *f;* **das ist eine ~** è una vera benedizione
Wohltäter(in) *m(f)* benefattore, -trice *m, f*
wohltätig *adj (Handlung)* caritatevole; *(Person, Werk)* benefico; **gegen jdn ~ sein** essere caritatevole verso qu; **zu ~en Zwecken** a fini caritatevoli
Wohltätigkeit *f* beneficenza *f,* carità *f*
Wohltätigkeitsveranstaltung *f* manifestazione *f* di beneficenza
wohltuend *adj* piacevole, gradevole
wohl|tun <irr> *vi (geh)* fare del bene; *(angenehm sein)* fare bene; *(lindernd sein)* dare sollievo
wohlüberlegt **I.** *adj* ben ponderato **II.** *adv* con ponderazione; **~ vorgehen** agire con ponderatezza
wohlverdient *adj* meritato, giusto
wohlweislich ['vo:lvaɪslɪç] *adv* saggiamente
Wohlwollen *nt* benevolenza *f; (Gunst)* favore *m; (Geneigtheit)* simpatia *f;* **sich** *dat* **jds ~ erwerben** accattivarsi la simpatia di qu; **etw mit ~ betrachten** considerare qc con benevolenza
wohlwollend **I.** *adj* benevolo **II.** *adv* con benevolenza
Wohnanhänger *m* roulotte *f*
Wohnanlage <-, -n> *f* complesso *m* residenziale
Wohnbau <-(e)s, -bauten> *m* edificio *m* d'abitazione
Wohnberechtigungsschein *m certificato che dà diritto ad abitare in case popolari*
Wohnblock <-(e)s, -s *o* CH -blöcke> *m* caseggiato *m*
Wohncontainer <-s, -> *m* [casa *f*] container *m*
wohnen ['vo:nən] *vi* abitare; *(Unterkunft haben)* alloggiare; *(vorübergehend ~)* stare; **bei jdm ~** abitare da qu; **zur Miete ~** stare in affitto; **im Hotel ~** stare in albergo
Wohnfläche *f* superficie *f* abitabile
Wohngebiet *nt* zona *f* residenziale
Wohngegend <-, -en> *f* area *f* residenziale
Wohngemeinschaft *f* comune *f (persone che dividono un appartamento o una casa)*
wohnhaft *adj* domiciliato, residente; **~ in ...** residente a ...
Wohnhaus *nt* casa *f* d'abitazione
Wohnheim *nt* pensionato *m*
Wohnküche *f* cucina *f* abitabile
Wohnkultur *f* arredamento *m*
Wohnlage *f* posizione *f;* **in günstiger ~** in buona posizione
wohnlich *adj* accogliente, confortevole
Wohnmobil ['vo:nmobi:l] <-s, -e> *nt* camper *m*
Wohnort *m* domicilio *m,* residenza *f*
Wohnqualität <-> *f kein Pl.* qualità *f* della vita
Wohnrecht *nt* diritto *m* di abitazione [*o* di residenza]
Wohnsilo *m o nt (pej)* casermone *m*
Wohnsitz *m* domicilio *m,* dimora *f,* residenza *f;* **ohne festen ~** senza fissa dimora
Wohnung <-, -en> *f* casa *f; (a. Unterkunft)* alloggio *m; (Etagen~)* appartamento *m;* **eine 3-Zimmer-~** un appartamento di tre stanze; **eine eigene ~ haben** avere un appartamento per conto proprio; **die ~ wechseln** cambiare casa
Wohnungsangebot <-(e)s, -e> *nt* offerta *f* immobiliare [*o* di alloggi]
Wohnungsbau <-(e)s> *m kein Pl.* edilizia *f* residenziale; **sozialer ~** edilizia popolare
Wohnungsbedarf <-(e)s> *m kein Pl.* fabbisogno *m* di alloggi; *(Nachfrage)* richiesta *f* di alloggi
Wohnungsbesetzer(in) <-s, -; -, -nen> *m(f)* occupante *mf* abusivo, occupante *mf* di casa
Wohnungseigentümer(in) *m(f)* proprietario, -a *m, f* di un'abitazione, condomino, -a *m, f*

W

Wohnungseinrichtung *f* arredamento *m* [della casa]
Wohnungsgeld *nt* indennità *m* di alloggio
Wohnungsinhaber(in) *m(f)* locatario, -a *m, f*
Wohnungsmarkt *m* mercato *m* degli alloggi
Wohnungsnot *f* crisi *f* degli alloggi
Wohnungsschlüssel *m* chiave *f* di casa
Wohnungssuche *f* **auf ~ sein** cercare casa
Wohnungstür *f* porta *f* di casa
Wohnungswechsel *m* cambiamento *m* d'abitazione, trasloco *m*
Wohnviertel *nt* quartiere *m* residenziale
Wohnwagen *m* roulotte *f*
Wohnwert <-(e)s> *m kein Pl. s.* **Wohnqualität**
Wohnzimmer *nt* soggiorno *m*
Wok [vɔk] <-, -s> *m* wok *m (pentola utilizzata nella cucina cinese)*
wölben ['vœlbən] **I.** *vt* curvare a volta; ARCH fare [*o* fabbricare] a volta **II.** *vr* **sich** [**über etw** *akk*] **~** inarcarsi [sopra qc]
Wölbung <-, -en> *f* convessità *f;* ARCH volta *f; (Bogen)* arcata *f*
Wolf [vɔlf, *Pl:* 'vœlfə] <-(e)s, Wölfe> *m* ❶ ZOO lupo *m;* **ein ~ im Schafspelz sein** essere un lupo vestito da agnello; **mit den Wölfen heulen** *(fig)* adeguarsi agli altri, seguire il branco ❷ *(Fleisch~)* tritacarne *m;* **das Fleisch durch den ~ drehen** macinare [*o* tritare] la carne
Wölfin ['vœlfɪn] *f* lupa *f*
Wolfram ['vɔlfram] <-s> *nt kein Pl.* CHEM wolframio *m,* tungsteno *m*
Wolfshunger ['vɔlfs'hʊŋɐ] *s.* **Bärenhunger**
Wolga ['vɔlga] *f* Volga *mf*
Wolke ['vɔlkə] <-, -n> *f* nube *f,* nuvola *f;* **aus allen ~n fallen** *(fig)* cascare dalle nuvole; **in den ~n schweben** *(fig)* vivere nelle nuvole
Wolkenbruch *m* nubifragio *m*
Wolkendecke *f* cappa *f* di nubi
Wolkenkratzer *m* grattacielo *m*
wolkenlos *adj* senza nubi, sereno
Wolkenschicht *f* strato *m* di nubi
wolkig *adj* nuvoloso, annuvolato
Wolldecke *f* coperta *f* di lana, plaid *m*
Wolle ['vɔlə] <-, -n> *f* lana *f;* **reine ~** pura lana; **sich in die ~ geraten** *(fam)* litigare
wollen[1] ['vɔlən] <will, wollte, gewollt> *vt, vi* ❶ *(mögen)* volere; *(wünschen a.)* desiderare; **etw unbedingt ~** volere qc ad ogni costo; [**machen Sie es,**] **wie Sie ~** [faccia] come vuole; **er macht nur, was er will** fa solo quello che vuole; **was ~ Sie von mir?** che cosa vuole da me?; **wo ~ Sie hin?** dove vuole andare?; **du hast es so gewollt** sei stato tu a volerlo; **er will seine Ruhe** vuole starsene in pace; **was willst du mehr?** che vuoi di più?; **ich wollte, es wäre Sonntag** vorrei che fosse domenica; **man muss daran teilnehmen, ob man will oder nicht** bisogna prendervi parte, volenti o nolenti; **das kann man, wenn man so will, Diebstahl nennen** volendo, si può definirlo un furto ❷ *(beabsichtigen)* aver l'intenzione; **etw tun ~** pensare di fare qc; **Verzeihung, das habe ich nicht gewollt!** mi scusi, non l'ho fatto apposta ❸ *(Wend)* **da ist nichts zu ~** *(fam)* non c'è niente da fare; **du hast hier nichts zu ~!** vattene!
wollen[2] <will, wollte, wollen> *Modalverb* ❶ *(mögen)* volere, desiderare; **ich will nichts davon hören** non ne voglio sapere nulla ❷ *(beabsichtigen)* avere intenzione; **etw tun ~** pensare di fare qc; **was ich noch sagen wollte** a proposito; **was ~ Sie damit sagen?** cosa intende dire con ciò? ❸ *(auffordern)* **wenn Sie bitte Platz nehmen ~** se vuole accomodarsi, si accomodi, prego; **willst du** [**jetzt**] **wohl aufstehen!** *(fam)* ti decidi ad alzarti? ❹ *(behaupten)* pretendere; **etw getan haben ~** affermare di aver fatto qc; **er will dich gestern gesehen haben** dice di averti visto ieri; **und so jemand will Arzt sein!** *(fam)* e quello sarebbe un dottore? ❺ *(müssen)* **das will überlegt sein** occorre rifletterci su ❻ *(Wend)* **das will ich nicht gehört haben!** come se non l'avessi sentito!; **das will ich hoffen/meinen!** lo spero/credo bene!; **das Wetter will** [**und will**] **nicht besser werden** il tempo non accenna a migliorare; **das will nichts heißen** non vuol dire nulla; **das ~ wir mal sehen!** staremo a vedere!
wollen[3] *adj* di lana
Wollen <-s> *nt kein Pl.* volere *m,* volontà *f;* PHILOS volizione *f*
wollig *adj* lanoso
Wolljacke *f* giacca *f* di lana
Wollkleid *nt* abito *m* di lana
Wollknäuel *m o nt* gomitolo *m* di lana
Wollsiegel *nt* marchio *m* della lana
Wollstoff *m* tessuto *m* [*o* stoffa *f*] di lana
wollte ['vɔltə] *1. u. 3. Pers. Sing. Imp. von* **wollen**[1], **wollen**[2]
Wollust ['vɔlʊst] *f (geh)* voluttà *f*
wollüstig ['vɔlʏstɪç] *adj* voluttuoso
Wollwaren *fpl* articoli *mpl* di lana
womit [vo'mɪt] *adv* ❶ *(interrogativ)* con che cosa; **~ kann ich Ihnen dienen?** in che cosa posso servirLa?; **~ soll ich anfangen?** da dove devo cominciare? ❷ *(relativisch)* con cui, con la qual cosa; **…, ~ ich**

nicht sagen will, dass … … con questo non voglio dire che …; **das ist es, ~ er nicht zufrieden ist** ecco di che cosa non è contento

womöglich [vo'mœːklɪç] *adv* magari, forse; **~ kommt er schon heute** può darsi che arrivi già oggi

wonach [vo'naːx] *adv* ❶ *(interrogativ)* che cosa, a che cosa, di che cosa; **~ schmeckt das?** che sapore ha? ❷ *(relativisch)* dopo di che; *(gemäß)* secondo cui; **ein Gesetz, ~ …** una legge in base alla quale …

Wonne ['vɔnə] <-, -n> *f (geh)* delizia *f;* **es ist eine [wahre] ~, ihm zuzuschauen** è un vero piacere guardarlo

Wonneproppen ['vɔnəprɔpən] <-s, -> *m (fam scherz)* bambino, -a *m, f* paffuto, -a

wonnig *adj* graziosissimo, molto carino

woran [vo'ran] *adv* ❶ *(interrogativ)* a [*o* di] [*o* in] che cosa, cosa; **~ denkst du?** a che cosa pensi?; **~ liegt es, dass …?** qual'è la ragione per cui …?; **~ erinnert Sie das?** che cosa Le fa venire in mente? ❷ *(relativisch)* a [*o* di] [*o* in] cui; **nun weiß ich [wenigstens], ~ ich bin** ora [almeno] so come regolarmi; **ich weiß nicht, ~ ich bei ihm bin** non so cosa pensare di lui

worauf [vo'raʊf] *adv* ❶ *(interrogativ)* a [*o* di] [*o* su] che cosa, dove, che cosa; **~ warten Sie?** cosa sta aspettando? ❷ *(relativisch)* di [*o* su] [*o* sopra] cui, dove; *(zeitlich)* dopo di che; **~ du dich verlassen kannst!** *(fam)* e di ciò puoi fidarti!

woraus [vo'raʊs] *adv* ❶ *(interrogativ)* da [*o* di] che cosa ❷ *(relativisch)* da [*o* di] cui; **er kam nicht, ~ ich schloss, dass …** non venne, dal che dedussi che …

worin [vo'rɪn] *adv* ❶ *(interrogativ)* in che cosa; **~ besteht der Unterschied?** in che cosa consiste la differenza? ❷ *(relativisch)* in cui; **es gibt vieles, ~ ich mich von dir unterscheide** ci sono diversi punti in cui mi distinguo da te

Workaholic [wœːkə'hɔlɪk] <-s, -s> *m (sl)* maniaco *m* del lavoro, stacanovista *mf*

Workshop ['wɔːkʃɔp] <-s, -s> *m* workshop *m,* gruppo *m* di lavoro

Worldcup ['wœː(ɐ)ltkap] <-s, -s> *m* SPORT coppa *f* del mondo

World Wide Web <-s, -> *nt* INFORM World Wide Web *m*

Wort [vɔrt] <-(e)s, Wörter *o* -e> *nt* parola *f;* *(Vokabel)* vocabolo *m;* *(Ausdruck)* espressione *f;* *(Begriff)* termine *m;* **~ für ~** parola per parola, letteralmente; **das ~ ergreifen** prendere la parola; **jdm das ~ erteilen** dare la parola a qu; **das ~ haben** avere la parola; **das letzte ~ haben** avere l'ultima parola; **jds ~ haben** avere la parola di qu; **sein ~ brechen** venire meno alla parola data; **jdm sein ~ geben** dare la propria parola a qu; **sein ~ halten** mantenere la propria parola; **sein eigenes ~ nicht verstehen** non poter udire la propria voce; **kein ~ verstehen** non capire una parola; **kein ~ herausbringen [können]** non riuscire a proferire parola; **ein gutes ~ für jdn einlegen** mettere una buona parola per qu; **mit jdm ein ernstes ~ reden** parlare seriamente a qu, fare un discorso serio a qu; **große ~e machen** dire paroloni; **seine ~e auf die Goldwaage legen** pesare le proprie parole; **aufs ~ gehorchen** [*o* **hören**] ubbidire alla parola; **jdm aufs ~ glauben** credere a qu sulla parola; **jdn beim ~ nehmen** prendere qu in parola; **in ~e fassen** esprimere a parole, formulare; **eine Sprache in ~ und Schrift beherrschen** conoscere una lingua parlata e scritta; **ohne ein ~ zu sagen** senza dire una parola; **ums ~ bitten** chiedere la parola; **sich zu ~ melden** chiedere la parola; **nicht zu ~ kommen** non poter dire una parola; **jdn nicht zu ~ kommen lassen** non lasciar parlare qu; **auf mein ~** parola [d'onore]; **in einem ~** con una parola; **in ~ und Tat** a parole e fatti; **in ~en** *(ausgeschrieben)* in lettere; **mit anderen ~en** con altre parole; **ein ~ gab das andere** una parola ha tirato l'altra; **es ist kein wahres ~ daran** non c'è una parola di vero in [tutto] ciò; **es war mit keinem ~ davon die Rede** non se ne è nemmeno parlato; **darüber brauchen wir kein ~ mehr zu verlieren** non dobbiamo più sprecare fiato per questo; **das letzte ~ in dieser Angelegenheit ist noch nicht gesprochen** non è detta l'ultima parola [in questa faccenda]; **hat man da ~e?** *(fam)* è mai possibile?; **dein ~ in Gottes Ohr!** *(fam)* speriamo!

Wortart *f* LING parte *f* del discorso

Wortbruch *m* mancare *m* alla parola data

wortbrüchig *adj* **~ werden** mancare alla parola data

Wörtchen ['vœrtçən] <-s, -> *nt* **ein ~ mitzureden haben** *(fam)* avere voce in capitolo

Wörterbuch ['vœrtɐbuːx] *nt* dizionario *m,* vocabolario *m*

Wörterverzeichnis *nt* glossario *m*

Wortführer(in) *m(f)* portavoce *mf;* *(Vertreter)* esponente *mf*

Wortgefecht *nt* schermaglia *f,* scaramuccia *f*

wortgetreu **I.** *adj* letterale, testuale **II.** *adv* alla lettera

wortgewandt *adj* eloquente

wortkarg *adj* ① *(Mensch)* di poche parole, taciturno ② *(Äußerung)* laconico

Wortklauber ['vɔrtklaʊbɐ] <-s, -> *m (pej)* pignolo *m,* pedante *m*

Wortklauberei [vɔrtklaʊbə'raɪ] <-, -en> *f (pej)* pignoleria *f,* pedanteria *f*

Wortlaut *m* testo *m;* JUR tenore *m;* **im ~** integralmente, testualmente; **... hat folgenden ~ ...** è così redatto

wörtlich ['vœrtlɪç] **I.** *adj* letterale, testuale; **~e Rede** discorso testuale **II.** *adv* alla lettera; **~ zitieren** citare testualmente; **etw ~ nehmen** prendere qc alla lettera; **etw ~ übersetzen** tradurre qc letteralmente

wortlos **I.** *adj* muto **II.** *adv* in silenzio, senza parlare

Wortmeldung *f* richiesta *f* di parola; **~en liegen nicht vor** nessuno ha chiesto la parola

wortreich *adj* ① *(weitschweifig)* ridondante, verboso; *(Stil)* prolisso; **sich ~ entschuldigen** scusarsi esageratamente ② *(Sprache)* ricco di vocaboli

Wortschatz *m (a. einer Person)* vocabolario *m*

Wortschwall *m (pej)* profluvio *m* [*o* torrente *m*] di parole

Wortspiel *nt* gioco *m* di parole

Wortstellung *f* LING ordine *m* delle parole

Wortwechsel *m* diverbio *m*

wortwörtlich ['vɔrt'vœrtlɪç] **I.** *adj* letterale, testuale **II.** *adv* parola per parola

worüber [vo'ry:bɐ] *adv* ① *(interrogativ)* su [*o* sopra] che cosa ② *(relativisch)* su [*o* di] cui

worum [vo'rʊm] *adv* ① *(interrogativ)* intorno a che cosa; **~ handelt es sich?** di che cosa si tratta? ② *(relativisch)* intorno a cui

worunter [vo'rʊntɐ] *adv* ① *(interrogativ)* sotto che cosa; *(zwischen welchen Dingen)* fra che cosa; **~ leidet sie?** di che cosa soffre? ② *(relativisch)* sotto cui; *(zwischen denen)* fra cui

wovon [vo'fɔn] *adv* ① *(interrogativ)* da [*o* di] che cosa; **~ sprechen Sie?** di che cosa sta parlando? ② *(relativisch)* da [*o* di] cui

wovor [vo'fo:ɐ̯] *adv* ① *(interrogativ)* di che cosa; *(räumlich)* davanti a che [cosa]; **~ hast du Angst?** di che cosa hai paura? ② *(relativisch)* davanti a cui, di cui, del quale; **das einzige, ~ ich mich fürchte, ...** la sola cosa di cui ho paura ...

wozu [vo'tsu:] *adv* ① *(interrogativ)* a [*o* per] che cosa; *(indirekt a.)* perché, a che scopo; **~ ist das gut?** a che cosa serve?; **~ brauchst du das?** a [*o* per] che cosa ti serve? ② *(relativisch)* a [*o* di] [*o* per] cui, che; **das, ~ ich dir rate** quello che ti consiglio

Wrack [vrak] <-(e)s, -s *o rar:* -e> *nt* relitto *m*

wringen ['vrɪŋən] <wringt, wrang, gewrungen> *vt* strizzare

WS *Abk. von* **Wintersemester** semestre *m* invernale

Wucher ['vu:xɐ] <-s> *m kein Pl. (pej)* usura *f,* strozzinaggio *m;* **~ [mit etw] treiben** praticare lo strozzinaggio [con qc]

Wucherer <-s, -> *m,* **Wucherin** <-, -nen> *f (pej)* usuraio, -a *m, f,* strozzino, -a *m, f*

wucherisch *adj* usurario

wuchern ['vu:xɐn] *vi* ① *haben o sein* BOT lussureggiare, crescere rigogliosamente; *(fig)* BIOL proliferare ② *haben (Wucher treiben)* esercitare l'usura, fare l'usuraio

Wucherpreis *m (pej)* prezzo *m* esorbitante

Wucherung <-, -en> *f (Gebilde)* escrescenza *f*

Wucherzins *m* interessi *mpl* da usuraio

wuchs [vu:ks] *1. u. 3. Pers. Sing. Imp. von* **wachsen**

Wuchs [vu:ks] <-es> *m kein Pl.* ① *(Wachstum)* crescita *f;* BOT vegetazione *f* ② *(Gestalt)* corporatura *f,* statura *f*

Wucht [vʊxt] <-> *f kein Pl.* violenza *f,* forza *f; (a. fig)* impeto *m;* **mit voller ~** con tutta la forza; **das ist eine ~!** *(fam)* è una cannonata!

wuchten *vt* sollevare

wuchtig *adj* massiccio, pesante; *(Schlag)* violento; *(Stil)* pesante

Wühlarbeit *f (fig, pej)* attività *f* sovversiva, operazione *f* di sobillamento

wühlen ['vy:lən] **I.** *vi* ① *(graben)* scavare; *(mit Schnauze)* grufolare ② *(fam: suchen)* frugare **II.** *vr* **sich durch etw ~** farsi strada attraverso qc

Wühlmaus *f* ZOO arvicola *f*

Wühltisch *m (fam)* banco *m* della merce in svendita

Wulst [vʊlst, *Pl:* 'vʏlstə] <*m* -es, Wülste *o f* -, Wülste> *m o f* cuscinetto *m;* MED protuberanza *f; (Verdickung)* rigonfiamento *m; (am Helm)* cercine *m;* ARCH toro *m*

wulstig *adj* tumido

wund [vʊnt] *adj* escoriato; **sich** *dat* **die Füße ~ laufen** farsi venire le vesciche ai piedi a furia di camminare; **sich ~ liegen** avere piaghe da decubito; **~er Punkt** punto debole

Wunde ['vʊndə] <-, -n> *f (a. fig)* piaga *f; (Verletzung)* ferita *f;* **offene ~** ferita aperta; **alte ~n [wieder] aufreißen** *(fig)* riaprire una vecchia ferita

Wunder ['vʊndɐ] <-s, -> *nt* miracolo *m; (bewundernswerte Sache a.)* meraviglia *f;* **~ wirken** *(a. fig)* fare miracoli; **an ein ~ grenzen** essere quasi un miracolo; **wie**

durch ein ~ come per miracolo; **kein ~, dass er krank ist** non c'è da meravigliarsi se è ammalato; [**das ist doch**] **kein ~!** non c'è da stupirsi!; **er glaubt, ~ was getan zu haben** *(fam)* crede di aver fatto chissà che [cosa]

wunderbar *adj* ① *(schön)* meraviglioso, stupendo; **sie singt ~** canta che è una meraviglia ② *(wie ein Wunder)* miracoloso, prodigioso

Wunderglaube *m* fede *f* nei miracoli

Wunderheiler(in) <-s, -; -, -nen> *m(f)* guaritore, -trice *m, f*

Wunderkerze <-, -n> *f* candela *f* magica

Wunderkind *nt* bambino, -a *m, f* prodigio

wunderlich *adj* strano, bizzarro

wundern **I.** *vr* **sich** [**über jdn/etw**] **~** stupirsi [di qu/qc]; **ich muss mich doch sehr ~** *(fam)* non me lo sarei mai aspettato; **du wirst dich noch ~!** *(fam)* vedrai! **II.** *vt* sorprendere, stupire, meravigliare; **das wundert mich** questo mi sorprende; **es würde** [*o* **sollte**] **mich nicht ~, wenn ...** non mi sorprenderebbe se *+conj*

wunder|nehmen <irr> *vt* CH **es nimmt jdn wunder, ob/wie/dass ...** qu si meraviglia/si stupisce se/di/che...

wundersam *adj* miracoloso

wunderschön ['vʊndɐ'ʃøːn] *adj* meraviglioso, stupendo

wundervoll *adj* meraviglioso, stupendo

Wunderwaffe *f (fig)* arma *f* miracolosa

Wundfieber *nt* febbre *f* traumatica

Wundsalbe <-, -n> *f* unguento *m*

Wundstarrkrampf *m* MED tetano *m*

Wunsch [vʊnʃ, *Pl:* 'vʏnʃə] <-(e)s, Wünsche> *m* desiderio *m; (Verlangen)* richiesta *f; (Bitte)* preghiera *f; (Glück~)* augurio *m;* **der ~ nach etw** il desiderio di qc; **den ~ haben etw zu tun** avere il desiderio di fare qc; **jdm einen ~ erfüllen** esaudire un desiderio di qu; **jdm jeden ~ von den Augen ablesen** leggere a qu i desideri negli occhi; **auf** [**jds**] **~** a richiesta [di qu]; **mit den besten Wünschen** con i migliori auguri; **nach ~** a piacimento; **es geht alles nach ~** tutto procede nel migliore dei modi; **dein ~ ist mir Befehl** *(scherz)* un tuo desiderio è un ordine per me; **haben Sie** [**sonst**] **noch einen ~?** desidera altro?, ha bisogno di altro?

Wunschbild *nt* ideale *m*

Wunschdenken <-s> *nt kein Pl.* desiderio *m,* augurio *m*

Wünschelrute ['vʏnʃəlruːtə] *f* bacchetta *f* da rabdomante

wünschen ['vʏnʃən] *vt* desiderare; **~ etw zu tun** desiderare fare qc; *(wollen)* voler fare qc; *(bitten)* chiedere di fare qc; **sich** *dat* **etw ~** desiderare qc; **jdm etw ~** auspicare qc a qu; *(wohlmeinend)* augurare qc a qu; **zu ~ übrig lassen** lasciar a desiderare; **es wäre zu ~, dass ...** sarebbe auspicabile che *+conj;* **ich wünsche Ihnen alles Gute** Le faccio i miei auguri; **ich wünsche nicht, dass du dorthin fährst** *(geh)* non desidero che tu ci vada; **Sie ~?, was ~ Sie?** desidera?, cosa desidera?

wünschenswert *adj* desiderabile, auspicabile

wunschgemäß *adv* come desiderato [*o* richiesto], conformemente ai desideri

Wunschkennzeichen <-s, -> *nt* targa *f* [automobilistica] desiderata [*o* a richiesta]

Wunschkind *nt* bambino, -a *m, f* desiderato, -a

Wunschkonzert *nt* RADIO musica *f* a richiesta

wunschlos *adj* **~ glücklich sein** essere perfettamente felice

Wunschtraum *m* sogno *m,* desiderio *m*

Wunschvorstellung *f* illusione *f*

Wunschzettel *m* lista *f* dei regali desiderati

wurde ['vʊrdə] *1. u. 3. Pers. Sing. Imp. von* **werden**

Würde ['vʏrdə] <-, -n> *f* ① *Sing. (Wert, Haltung)* dignità *f;* **ich halte es für unter meiner ~, so etw zu tun** ritengo indegno di me fare qc del genere; **das ist unter aller ~** è al di sotto di ogni dignità ② *(Rang)* grado *m; (Titel)* titolo *m*

würdelos *adj* senza dignità, indegno

Würdenträger(in) *m(f)* dignitario, -a *m, f*

würdevoll *adj* dignitoso

würdig *adj* ① *(wert)* **einer Sache** *gen* **~ sein** essere degno di qc; **jdn einer Sache** *gen* **für ~ halten** ritenere qu degno di qc ② *(würdevoll)* dignitoso

würdigen *vt* ① *(anerkennen)* apprezzare; *(Verdienste)* riconoscere; **etw zu ~ wissen** saper apprezzare qc ② *(für würdig befinden)* **jdn einer Sache** *gen* **~** stimare qu degno di qc; **jdn keines Blickes ~** non degnare qu di uno sguardo

Würdigung <-, -en> *f* ① *Sing. (Anerkennung)* riconoscimento *m* ② *(Ehrung)* omaggio *m*

Wurf [vʊrf, *Pl:* 'vʏrfə] <-(e)s, Würfe> *m* ① *(das Werfen)* getto *m;* SPORT lancio *m* ② *(fig: gelungenes Werk)* colpo *m,* successo *m* ③ ZOO figliata *f*

Wurfbahn *f* traiettoria *f*

Würfel ['vʏrfəl] <-s, -> *m* ① *(Spiel~, Brüh~)* dado *m; (Speck~, Zwiebel~)* dado *m,* cubetto *m; (Zucker~)* zolletta *f;* **~ spielen** giocare a dadi; **die ~ sind gefallen** *(fig)* il dado è tratto ② *(Muster, Karo)* quadro *m* ③ MAT cubo *m*

Würfelbecher *m* bussolotto *m*
würfeln **I.** *vi (Würfel spielen)* giocare ai dadi; *(Würfel werfen)* tirare i dadi; [**um etw**] ~ giocare [qc] ai dadi **II.** *vt* ① *(in Würfel schneiden)* tagliare a dadi ② *(eine Zahl)* giocare; **eine Sechs** ~ giocare il sei
Würfelspiel *nt* gioco *m* dei dadi
Würfelzucker *m* zucchero *m* in zollette
Wurfgeschoss *nt* proiettile *m*
Wurfhammer *m* martello *m*
Wurfmesser <-s, -> *nt* coltello *m* da lancio
Wurfsendung *f* spedizione *f* in massa di stampati
Wurfspieß *m* giavellotto *m*
würgen ['vʏrgən] **I.** *vt* strozzare, strangolare **II.** *vi (nicht hinunterschlucken können)* **an etw** *dat* ~ strozzarsi con qc
Wurm [vʊrm, *Pl:* 'vʏrmɐ] <-(e)s, Würmer> *m* ZOO verme *m;* **da ist der ~ drin** *(fig fam)* qui c'è qualcosa che non va
wurmen *vt (fam)* **es wurmt mich** mi rode
wurmförmig ['vʊrmfœrmɪç] *adj* vermiforme, vermicolare
Wurmfortsatz *m* MED appendice *f* vermiforme
wurmig *adj* bacato, guasto
wurmstichig *adj (Holz)* tarlato; *(Obst)* bacato
Wurst [vʊrst, *Pl:* 'vʏrstə] <-, Würste> *f (Brat~, Brüh~)* salsiccia *f; (~aufschnitt)* salume *m;* **das ist mir** ~ [*o* **Wurscht**] *(fam)* non me ne importa, me ne frego; **jetzt geht es um die ~!** *(fam)* ecco il momento decisivo!
Wurstbrot *nt* panino *m* imbottito [di salumi]
Würstchen ['vʏrstçən] <-s, -> *nt* ① GASTR würstel *m* ② *(fig fam: armes ~)* poveraccio *m*
Würstchenbude *f,* **Würstchenstand** *m* banco *m* dove si vendono würstel
Würstel <-s, -> *nt* A *(Würstchen)* Würstel *m*
wursteln *vi (fam)* lavoricchiare
Wurstfabrik *f* salumificio *m*
Wursthaut *f* pelle *f* della salsiccia
wurstig *adj (fam)* indifferente, menefreghista
Wurstwaren *fpl* salumi *mpl,* insaccati *mpl*
Wurstzipfel *m* estremità *f* della salsiccia
Württemberg ['vʏrtəmbɛrk] *nt* Vurtemberga *f*
Würze ['vʏrtsə] <-, -n> *f* condimento *m*
Wurzel ['vʊrtsəl] <-, -n> *f* radice *f;* **~n schlagen** *(Pflanzen)* mettere radici, attecchire; *(Menschen)* mettere radici; **die ~ aus … ziehen** estrarre la radice da …; **die ~ allen Übels** la radice di ogni male
Wurzelgemüse <-s, -> *nt* radici *fpl* commestibili
wurzellos *adj* ① *(ohne Wurzel)* senza radici ② *(fig: Mensch)* sradicato
wurzeln *vi* **in etw** *dat* ~ mettere radici in qc; **diese Pflanze wurzelt in feuchtem Boden** questa pianta radica nel terreno umido
Wurzelzeichen *nt* MAT segno *m* di radice
würzen *vt* aromatizzare; *(a. fig)* condire
würzig *adj* saporito, aromatico; *(a. fig)* piccante
Würzstoff *m* condimento *m*
wusch [vuːʃ] *1. u. 3. Pers. Sing. Imp. von* **waschen**
Wuschelhaar ['vʊʃəlhaːɐ] *nt (fam)* capelli *mpl* crespi
wuschelig *adj (fam: Haar)* crespo, arruffato
Wuschelkopf *m (fam)* ① *(Kopf)* testa *f* dai capelli crespi ② *(Mensch)* persona *f* dai capelli crespi
wusste ['vʊstə] *1. u. 3. Pers. Sing. Imp. von* **wissen**
Wust[1] [vuːst] <-(e)s> *m kein Pl.* guazzabuglio *m,* farragine *f*
Wust[2] [vʊst] *f* CH FIN *Abk. von* **Warenumsatzsteuer** tassa *f* d'importazione
wüst [vyːst] *adj* ① *(öde)* deserto, desolato; *(unbebaut)* incolto ② *(unordentlich)* disordinato; *(wirr)* confuso; *(Haare)* scompigliato; **hier sieht es ja ~ aus!** che disordine! ③ *(ungezügelt, ausschweifend)* dissoluto, dissipato ④ *(gemein)* vile; *(rüde)* volgare ⑤ *(schlimm, furchtbar)* terribile ⑥ *(abstoßend, hässlich)* ripugnante, brutto
Wüste ['vyːstə] <-, -n> *f* deserto *m;* **jdn in die ~ schicken** *(fig)* allontanare qu
Wüstensand *m* sabbia *f* del deserto
Wüstling ['vyːstlɪŋ] <-s, -e> *m (pej)* libertino *m,* dissoluto *m*
Wut [vuːt] <-> *f kein Pl.* furia *f; (fig a.)* furore *m; (Zorn)* ira *f,* rabbia *f;* **eine ~ auf jdn haben** essere arrabbiato con qu; **eine ~ im Bauch haben** *(fam)* essere furioso; **seine ~ an jdm auslassen** sfogare la propria ira su qu; **jdn in ~ bringen** fare arrabbiare qu; **in ~ geraten** andare sulle furie; **vor ~ kochen** bollire di rabbia
Wutanfall *m* accesso *m* d'ira
Wutausbruch *m* sfogo *m* d'ira
wüten ['vyːtən] *vi* ① *(Mensch)* essere furente; *(fig)* scatenarsi ② *(Elemente)* infuriare; *(a. Epidemie)* imperversare
wütend *adj* furente; **auf jdn/etw ~ sein** essere infuriato con qu/qc; **~ werden** infuriarsi, andare in collera
wutentbrannt ['vuːtʔɛnt'brant] *adj* furioso
Wüterich ['vyːtərɪç] <-s, -e> *m* pazzo *m* furioso

W

Wutgeschrei *nt* grida *f pl* di rabbia
wutschnaubend *adj* schiumante di rabbia
Wutschrei <-(e)s, -e> *m* grido *m* d'ira; **einen ~ ausstoßen** emettere un grido feroce
wutverzerrt *adj* sfigurato dalla rabbia
Wwe. *Abk. von* **Witwe** vedova
WWF *m Abk. von* **World Wide Fund for Nature** WWF *m*
Wwr. *Abk. von* **Witwer** vedovo
WWU [veːveːˈʔuː] <-> *f kein Pl. Abk. von* **Wirtschafts- und Währungsunion** UEM *f,* unione *f* economica e monetaria
WWW *nt Abk. von* **World Wide Web** WWW *m*
Wz *Abk. von* **Warenzeichen** marchio *m* di fabbrica

X x

X, x [ɪks] <-, -(s)> *nt* X *f,* x *f;* **X wie Xanthippe** X come xilofono
x-Achse [ˈɪksaksə] *f* MAT asse *m* x
Xanthippe [ksanˈtɪpə] <-, -n> *f (pej)* bisbetica *f,* brontolona *f*
X-Beine *nt pl* gambe *f pl* a x
x-beinig *adj,* **X-beinig** *adj* con le gambe a X
x-beliebig [ˈɪksbəˈliːbɪç] *adj (fam)* qualsiasi, qualunque; **jeder ~e** uno qualsiasi
X-Chromosom *nt* BIOL cromosoma *m* x
Xenon [ˈkseːnɔn] <-s> *nt kein Pl.* CHEM xeno *m*
xenophob [ksenoˈfoːp] *adj* xenofobo
Xenophobie [ksenofoˈbiː] <-> *f kein Pl.* xenofobia *f*
Xerografie [kserograˈfiː, *Pl:* kserograˈfiːən] <-, -n> *f* xerografia *f*
xerografieren [kserograˈfiːrən] <ohne ge-> **I.** *vt* xerografare **II.** *vi* fare una xerografia
x-fach [ˈɪksfax] *adj (fam)* molteplice, numeroso
x-förmig [ˈɪksfœrmɪç] *adj,* **X-förmig** *adj* a [forma di] X
x-mal *adv (fam)* mille volte
x-temal [ˈɪkstəmaːl] *adv* **das ~** l'ennesima volta; **zum x-tenmal** per l'ennesima volta
Xylofon [ksyloˈfoːn] <-s, -e> *nt* xilofono *m,* silofono *m*

Y y

Y, y ['ʏpsilɔn] <-, -(s)> *nt* Y *f*, y *f*; **Y wie Ypsilon** Y come yacht

y-Achse ['ʏpsilɔnaksə] *f* MAT asse *m* y

Yacht [jaxt] *s.* **Jacht**

Yak [jak] <-s, -s> *m* yak *m*

Y-Chromosom <-s, -en> *nt* BIOL cromosoma *m* Y

Yen [jɛn] <-(s), -(s)> *m* yen *m*

Yeti ['je:ti] <-s, -s> *m* yeti *m*

Yoga ['jo:ga] <-(s)> *m o nt kein Pl.* yoga *m*

Yogasitz <-es> *m kein Pl.* posizione *f* [da seduti] yoga

Yogi ['jo:gi] *s.* **Jogi**

Ypsilon ['ʏpsilɔn] <-(s), -s> *nt* ① *(lateinisches Alphabet)* ipsilon *f* ② *(griechisches Alphabet)* ipsilon *f*

Yucca ['jʊka] <-, -s> *f* yucca *f*

Yuppie ['jʊpi] <-s, -s> *m* yuppie *mf*

Z z

Z, z [tsɛt] <-, -(s)> *nt* Z *f*, z *f*; **Z wie Zeppelin** Z come Zara

zack [tsak] *interj* **~ ~!** in fretta!, presto!

Zack *m (fam)* **auf ~ sein** *(Person)* essere in gamba; *(Sache)* funzionare; **etw auf ~ bringen** far funzionare qc

Zacke ['tsakə] <-, -n> *f*, **Zacken** ['tsakən] <-s, -> *m* ① *(Gabel~, Kamm~, Fels~)* dente *m* ② *(Spitze)* punta *f* ③ *(Zinke)* rebbio *m*

zackig *adj* ① *(gezackt)* dentato, dentellato; *(Felsen)* frastagliato ② *(fam: Mensch)* sveglio, dinamico; *(Rhythmus)* brioso

zagen ['tsa:gən] *vi (geh)* esitare

zaghaft *adj* timido; *(ängstlich)* pauroso, pavido; *(zögernd)* esitante, titubante

Zaghaftigkeit <-> *f kein Pl.* timidezza *f*; *(Ängstlichkeit)* pavidità *f*; *(Zaudern)* esitazione *f*, titubanza *f*

Zagreb ['za:grɛp] *nt* Zagabria *f*

zäh [tsɛ:] *adj* ① *(fest, hart)* tenace, duro; *(Fleisch)* tiglioso ② *(~flüssig)* viscoso, denso ③ *(fig: beharrlich)* perseverante ④ *(fig: schleppend)* stentato

zähflüssig *adj* ① *(dickflüssig)* viscoso, denso ② *(fig: Verkehr)* non scorrevole, lento

Zähflüssigkeit *f* ① *(zähflüssige Beschaffenheit)* viscosità *f*; *(a. fig)* tenacia *f* ② *(fig: von Verkehr)* non scorrevolezza *f*, lentezza *f*

Zähigkeit <-> *f kein Pl.* ① *(Widerstandsfähigkeit)* resistenza *f*, durezza *f* ② *(Ausdauer)* tenacia *f*

Zahl [tsa:l] <-, -en> *f* ① MAT numero *m*; *(Ziffer)* cifra *f*; **gerade/ungerade ~** numero pari/dispari; **vierstellige ~** numero a quattro cifre; **in den roten ~en sein** essere in deficit ② *Sing. (An~, Menge)* quantità *f*; **eine große ~ von ...** una gran quantità di ...; **zehn an der ~** in numero di dieci; **in großer ~** in gran numero

zahlbar *adj* pagabile; **~ bei Lieferung/in drei Monaten** pagabile alla consegna/a tre mesi

zählbar *adj* numerabile

zahlen ['tsa:lən] **I.** *vt* pagare; *(ein~)* versare; *(begleichen)* saldare **II.** *vi* pagare; **bar/in Raten ~** pagare in contanti/a rate; **Herr Ober, bitte ~!** cameriere, il conto per favore!

zählen ['tsɛ:lən] **I.** *vt* ① *(ab~)* contare; **seine Tage sind gezählt** ha i giorni contati ② *(rechnen)* **jdn zu seinen Kunden ~** annoverare qu fra i propri clienti ③ *(sich belaufen auf)* ammontare a; **er zählt vier Jahre** ha quattro anni **II.** *vi* ① *(Zahlenfolge hersagen)* contare; **bis zehn ~** contare fino a dieci ② *(fig: gelten)* valere, contare ③ *(gehören zu)* appartenere; **sie zählt zu den besten Tennisspielerinnen der Welt** è una delle migliori tenniste del mondo; **Schriftsteller zählen zu den Freiberuflern** gli scrittori rientrano nella categoria dei liberi professionisti ④ *(sich verlassen)* **auf jdn ~** contare su qu

Zahlenfolge *f* serie *f* numerica

Zahlengedächtnis *nt* memoria *f* per i numeri; **ein gutes/schlechtes ~ haben** ricordare/non ricordare bene i numeri

zahlenmäßig **I.** *adj* numerico **II.** *adv* di [*o* per] numero; **~ überlegen sein** superare di numero

Zahlenmaterial *nt* dati *mpl* numerici

Zahlenschloss *nt* serratura *f* a combinazione [di numeri]

Y

Zahler(in) <-s, -; -, -nen> *m(f)* pagatore, -trice *m, f*

Zähler <-s, -> *m* ① TEC contatore *m* ② MAT numeratore *m*

Zählerablesung *f* lettura *f* del contatore

Zahlerin *f s.* **Zahler**

Zählerstand *m* livello *m* del contatore

Zahlkarte *f* modulo *m* di versamento

zahllos *adj* innumerevole

Zahlmeister *m* ① FIN tesoriere *m* ② MIL ufficiale *m* contabile ③ NAUT commissario *m* di bordo

zahlreich I. *adj* numeroso **II.** *adv* in gran numero

Zahltag *m* giorno *m* di paga

Zahlung <-, -en> *f* pagamento *m; (Ein~)* versamento *m;* **etw in ~ geben** dare qc in pagamento; **etw in ~ nehmen** accettare qc in pagamento; **gegen ~** contro pagamento

Zählung <-, -en> *f* numerazione *f,* computo *m; (Volks~)* censimento *m; (Stimmen~)* spoglio *m* delle schede

Zahlungsabkommen *nt* accordo *m* di pagamento

Zahlungsanweisung *f* ordine *m* di pagamento

Zahlungsaufforderung *f* intimazione *f* di pagamento

Zahlungsaufschub *m* dilazione *f* di pagamento

Zahlungsbedingungen *fpl* condizioni *fpl* di pagamento

Zahlungsbilanz *f* bilancia *f* dei pagamenti

Zahlungseinstellung *f* sospensione *f* dei pagamenti

Zahlungserleichterung *f* facilitazione *f* di pagamento

zahlungsfähig *adj* solvente, solvibile

Zahlungsfrist *f* termine *m* di pagamento

zahlungskräftig *adj (fam)* solvibile

Zahlungsmittel *nt* mezzo *m* di pagamento; **gesetzliche ~** monete legali

Zahlungsschwierigkeiten *fpl* difficoltà *fpl* di pagamento; **in ~ geraten** incontrare difficoltà finanziarie

zahlungsunfähig *adj* insolvente, insolvibile

zahlungsunwillig *adj* chi paga controvoglia

Zahlungsverkehr *m* [operazioni *fpl* di] pagamento *m,* pagamenti *mpl*

Zahlungsverpflichtung *f* obbligo *m* di pagamento; **seinen ~en nachkommen** soddisfare i propri impegni di pagamento

Zahlungsverzug <-(e)s> *m kein Pl.* ritardo *m* di pagamento; **in ~ geraten** essere in ritardo di pagamento

Zählwerk *nt* contatore *m*

Zahlwort <-(e)s, -wörter> *nt* LING numerale *m*

zahm [tsa:m] *adj* ① *(Tier)* docile, mansueto; *(gezähmt)* addomesticato ② *(fig: gemäßigt, milde)* mite, indulgente

zähmbar *adj* addomesticabile; *(a. fig)* domabile

zähmen ['tsɛ:mən] *vt* ① *(zahm machen)* ammansire; *(a. fig)* domare; *(zum Haustier machen)* addomesticare ② *(fig: zügeln)* frenare, dominare

Zahmheit <-> *f kein Pl.* docilità *f,* mansuetudine *f*

Zähmung <-> *f kein Pl.* ① *(das Zähmen)* ammansimento *m; (zum Haustier, a. fig: von Charakter)* addomesticamento *m* ② *(fig: das Zügeln)* domare *m,* dominare *m*

Zahn [tsa:n, *Pl:* 'tsɛ:nə] <-(e)s, Zähne> *m* ANAT, TEC dente *m;* ZOO *(Hauer, Stoß~)* zanna *f;* **Zähne bekommen** mettere i denti; **die dritten Zähne** *(scherz)* la dentiera; **der ~ der Zeit** *(fam)* le ingiurie del tempo; **einen ziemlichen** [*o* **ganz schönen**] **~ draufhaben** *(fam)* andare a tutta birra; **jdm auf den ~ fühlen** *(fig)* tastare il polso a qu; **jdm die Zähne zeigen** *(fig)* mostrare i denti a qu; **sich** *dat* **an etw** *dat* **die Zähne ausbeißen** *(fig)* dannarsi l'anima per qc; **Haare auf den Zähnen haben** *(fam)* sapersi difendere; **bis an die Zähne bewaffnet sein** essere armato fino ai denti; **das ist etw für den hohlen ~** *(fam)* è troppo poco

Zahnarzt *m* dentista *m*

Zahnarzthelferin *f* assistente *f* alla poltrona, assistente *f* dentale

Zahnärztin *f* dentista *f*

Zahnausfall *m* caduta *f* dei denti

Zahnbehandlung <-, -en> *f* trattamento *m* odontoiatrico

Zahnbelag *m* patina *f* dentaria

Zahnbürste *f* spazzolino *m* da denti; **elektrische ~** spazzolino [da denti] elettrico

Zahncreme *s.* **Zahnpasta**

Zähneklappern ['tsɛ:nəklapɐn] <-s> *nt kein Pl.* battere *m* i denti

zähneknirschend *adv* chi digrigna i denti; *(unwillig)* indignato, stizzito; **sich ~ fügen** rassegnarsi/obbedire a denti stretti

zahnen *vi* mettere i denti

Zahnen <-s> *nt kein Pl.* dentizione *f*

Zahnersatz *m* protesi *f* dentaria

Zahnfäule *f* carie *f* dentaria

Zahnfleisch *nt* gengiva *f*

Zahnfleischbluten <-s> *nt kein Pl.* sanguinazione *f* delle gengive; **~ haben** avere le gengive sanguinanti

Z

Zahnfüllung *f* MED piombatura *f* di un dente
Zahngold <-(e)s> *nt kein Pl.* MED oro *m* utilizzato in odontoiatria
Zahnklammer *f* apparecchio *m* ortodontico
zahnlos *adj* sdentato, senza denti
Zahnlücke *f* spazio *m* interdentale, buco *m fam*
Zahnpasta *f* dentifricio *m*
Zahnpflege *f* igiene *f* dei denti
Zahnprothese *f* protesi *f* dentaria
Zahnputzglas *nt* bicchiere *m* da bagno
Zahnrad *nt* TEC ruota *f* dentata
Zahnradbahn *f* TEC ferrovia *f* a cremagliera
Zahnschmelz *m* smalto *m* [dentario]
Zahnschmerz <-es, -en> *m* mal *m* di denti
Zahnseide <-, -n> *f* filo *m* interdentale
Zahnspange *f* apparecchio *m* ortodontico
Zahnstein *m* tartaro *m* [dentario]
Zahnstocher ['tsa:nʃtɔxɐ] <-s, -> *m* stuzzicadenti *m*
Zahntechniker(in) *m(f)* odontotecnico, -a *m, f*
Zahnwurzel *f* radice *f* del dente
Zampano [tsam'pa:no] <-s, -s> *m (iron)* superman *m,* mangiafuoco *m*
Zander ['tsandɐ] <-s, -> *m* ZOO lucioperca *f o m*
Zange ['tsaŋə] <-, -n> *f* tenaglie *f pl; (Kneif~)* pinza *f; (kleinere ~)* pinzetta *f;* MED forcipe *m;* **jdn in die ~ nehmen** *(fig)* mettere qu alle strette
zangenförmig ['tsaŋənfœrmɪç] *adj* a [forma di] tenaglia
Zangengeburt *f* parto *m* col forcipe
Zank [tsaŋk] <-(e)s> *m kein Pl.* litigio *m,* bisticcio *m*
Zankapfel *m* pomo *m* della discordia
zanken *vr:* **sich ~** litigare, bisticciare; **sich um etw ~** contendersi qc, litigare per qc
zänkisch ['tsɛŋkɪʃ] *adj* litigioso, attaccabrighe
Zanksucht *f* indole *f* litigiosa, litigiosità *f*
zanksüchtig *s.* **zänkisch**
Zäpfchen ['tsɛpfçən] <-s, -> *nt* ① ANAT ugola *f* ② MED supposta *f*
zapfen ['tsapfən] *vt* spillare
Zapfen ['tsapfən] <-s, -> *m* ① BOT pigna *f* ② TEC perno *m; (Dübel)* tassello *m; (Spund)* zaffo *m; (Holz~)* tenone *m; (Fass~)* tappo *m*
Zapfenstreich *m* MIL ritirata *f*
Zapfhahn *m* spina *f*
Zapfsäule *f* distributore *m* di benzina
zappelig *adj (fam)* irrequieto; *(innerlich unruhig)* inquieto; **jdn ~ machen** innervosire qu
zappeln ['tsapəln] *vi* dimenarsi, dibattersi; *(strampeln)* sgambettare; *(Tier)* zampettare; **jdn ~ lassen** *(fig fam)* tenere qu sulla corda
Zappelphilippsyndrom *nt* sindrome *f* da iperattività
zappen ['tsapən] *vi (sl)* fare lo zapping
zappenduster ['tsapən'du:stɐ] *adj (fam)* buio pesto; **und dann ist's ~** *(fig)* e poi è finita
zapplig *s.* **zappelig**
Zar(in) [tsa:ɐ̯] <-en, -en; -, -nen> *m(f)* zar *m,* zarina *f*
zart [tsa:ɐ̯t] *adj* ① *(Fleisch, Gemüse, Alter)* tenero ② *(fein)* fine; *(Haut, Farbe, Duft)* delicato; *(Gestalt)* gracile; *(zerbrechlich)* fragile, delicato; *(leicht)* leggero; *(sanft)* dolce ③ *(feinfühlig)* sensibile, delicato; **~ besaitet** [*o* **fühlend**] sensibile, dai sentimenti delicati
zartbesaitet ['tsa:ɐ̯tbə'zaɪtət] *adj* sensibile, dai sentimenti delicati
zartbitter *adj* semiamaro
zartfühlend *adj* sensibile, dai sentimenti delicati
Zartgefühl *nt* delicatezza *f; (Taktgefühl)* tatto *m*
Zartheit <-> *f kein Pl.* ① *(von Obst, Fleisch, Gemüse)* tenerezza *f* ② *(Feinheit)* finezza *f; (Sanftheit, Zerbrechlichkeit, Schwächlichkeit)* delicatezza *f*
zärtlich ['tsɛ:ɐ̯tlɪç] **I.** *adj* tenero; *(liebevoll a.)* affettuoso **II.** *adv* con tenerezza
Zärtlichkeit <-, -en> *f* ① *Sing. (Eigenschaft)* tenerezza *f* ② *(Liebkosung)* carezza *f,* affettuosità *f;* **~en austauschen** scambiarsi affettuosità
Zaster ['tsastɐ] <-s> *m kein Pl. (sl)* grana *f*
Zäsur [tsɛ'zu:ɐ̯] <-, -en> *f* cesura *f*
Zauber ['tsaʊbɐ] <-s, -> *m* ① *(Magie)* incantesimo *m,* incanto *m;* **das ist alles fauler ~** *(fam)* è tutto un imbroglio ② *(fig: Reiz)* fascino *m;* **der ~ der Musik** l'incanto della musica
Zauberei [tsaʊbə'raɪ] <-, -en> *f* ① *Sing. (Magie)* magia *f,* incantesimo *m* ② *(Zauberkunststück)* gioco *m* di prestigio, trucco *m*
Zauberer <-s, -> *m* mago *m; (Zauberkünstler)* illusionista *m,* prestigiatore *m*
Zauberflöte *f* flauto *m* magico
zauberhaft *adj* incantevole, affascinante
Zauberhand *f* **wie von** [*o* **durch**] **~** come per incanto
Zauberin <-, -nen> *f* maga *f; (Zauberkünstler)* illusionista *f,* prestigiatrice *f*
Zauberkunst[1] <-> *f kein Pl. (Magie)* magia *f,* giochi *m pl* di prestigio

Zauberkunst[2] <-, -künste> *f (magische Fähigkeit)* poteri *mpl* magici, arte *f* magica

Zauberkünstler(in) *m(f)* illusionista *mf; (Taschenspieler)* prestigiatore, -trice *m, f*

Zauberkunststück *nt* gioco *m* di prestigio

zaubern I. *vi* ❶ *(Magie betreiben)* esercitare la magia; **ich kann doch nicht ~** *(fam)* non posso fare miracoli ❷ *(Zaubertricks vorführen)* fare giochi di prestigio **II.** *vt* far accadere qc per magia; *(herbei~)* produrre per incantesimo; **das Geld aus einer Tasche in die andere ~** far passare per incantesimo il denaro da una tasca in un'altra

Zauberspruch *m* formula *f* magica

Zauberstab *m* bacchetta *f* magica

Zaubertrank *m* filtro *m* magico

Zaubertrick <-(e)s, -s> *m* trucco *m* magico

Zauberwort <-(e)s, -e> *nt* formula *f* magica

Zaubrer(in) *m(f) s.* **Zauberer**

Zauderer <-s, -> *m,* **zaudern** ['tsaʊdɐn] *vi* esitare, indugiare, tentennare

Zauderin <-, -nen> *f* tentennone, -a *m, f,* persona *f* irrisoluta [*o* indecisa]

Zaudrer(in) *m(f) s.* **Zauderer**

Zaum [tsaʊm, *Pl:* 'tsɔɪmə] <-(e)s, Zäume> *m* briglie *fpl;* **im ~ halten** *(fig)* frenare, tenere a freno

zäumen ['tsɔɪmən] *vt* mettere le briglie a, imbrigliare

Zaumzeug <-(e)s, -e> *nt* briglie *fpl*

Zaun [tsaʊn, *Pl:* 'tsɔɪnə] <-(e)s, Zäune> *m* recinto *m;* **einen Streit vom ~ brechen** provocare una lite

Zaungast *m* spettatore, -trice *m, f* esterno, -a, persona *f* che sta a guardare

Zaunkönig *m* ZOO scricciolo *m*

Zaunpfahl *m* palo *m* di uno steccato; **ein Wink mit dem ~** un avvertimento indiretto, ma esplicito

z. B. *Abk. von* **zum Beispiel** p.es.

ZDF [tsɛtde:'ʔɛf] <-(s)> *nt kein Pl. Abk. von* **Zweites Deutsches Fernsehen** *rete televisiva pubblica tedesca*

Zebra ['tse:bra] <-s, -s> *nt* ZOO zebra *f*

Zebrastreifen *m* strisce *fpl* pedonali

Zebu ['tse:bu] <-s, -s> *m o nt* zebù *m*

Zeche ['tsɛçə] <-, -n> *f* ❶ *(Rechnung)* conto *m,* scotto *m;* **die ~ prellen** *(fam)* non pagare il conto ❷ *(Bergwerk)* miniera *f* di carbone

zechen ['tsɛçən] *vi* sbevazzare, gozzovigliare

Zecher(in) <-s, -; -, -nen> *m(f)* beone, -a *m, f,* crapulone, -a *m, f*

Zechgelage *nt* gozzoviglia *f,* crapula *f*

Zechpreller(in) <-s, -; -, -nen> *m(f)* chi se ne va senza aver pagato il conto

Zechprellerei [tsɛçprɛlə'raɪ] <-, -en> *f* mangiare *m* e bere *m* senza pagare

Zeck [tsɛk] <-s, -e *o* -en> *m* A, SÜDD, **Zecke** ['tsɛkə] <-, -n> *f* ZOO zecca *f*

Zeckenbiss <-es, -e> *m* morso *m* di una zecca

Zeckenimpfung <-, -en> *f* vaccino *m* antizecche

Zeder ['tse:dɐ] <-, -n> *f* cedro *m*

Zedernholz *nt* legno *m* di cedro

Zeh [tse:] <-s, -en> *m s.* **Zehe 1.**

Zehe ['tse:ə] <-, -n> *f* ❶ ANAT dito *m* del piede; **große/kleine ~** pollice *m*/mignolo *m* del piede ❷ BOT *(Knoblauch~)* spicchio *m* [d'aglio]

Zehenspitze *f* punta *f* dei piedi; **auf [den] ~n** in punta di piedi

zehn [tse:n] *num* dieci; **etwa ~** una decina; *s. a.* **acht**

Zehn <-, -en> *f* dieci *m*

Zehn-, zehn- *s.* **Acht-, acht-**

Zehner <-s, -> *m* MAT decina *f*

Zehnerstelle *f* decina *f;* **eine ~ hinter dem Komma** una decade dopo la virgola

zehnfach *adj* decuplo; *s. a.* **achtfach**

Zehnfingersystem [tse:n'fɪŋɐzʏste:m] <-s> *nt kein Pl.* sistema *m* delle dieci dita *(capacità di battere a macchina a dieci dita senza guardare i tasti)*

Zehnkampf *m* SPORT decat[h]lon *m*

Zehnkämpfer(in) <-s, -; -, -nen> *m(f)* SPORT decathloneta *mf,* decatleta *mf*

zehnmal *adv* dieci volte

Zehnmarkschein ['tse:n'markʃaɪn] *m* biglietto *m* da dieci marchi

Zehnpfennigstück ['tse:n'pfɛnɪçʃtʏk] *nt* moneta *f* da dieci pfennig

zehntausend ['tse:n'taʊzənt] *num* diecimila; **die oberen Zehntausend** *(fam)* l'alta società, i ceti privilegiati

Zehnte <ein -r, -n, -n> *mf* decimo, -a *m, f; s. a.* **Achte**

zehnte(r, s) *adj* decimo, -a *(bei Datumsangaben)* dieci; *s. a.* **achte(r, s)**

Zehntel <-s, -> *nt* decimo *m,* decima parte *f*

zehntens *adv* [in] decimo [luogo]

zehren ['tse:rən] *vi* ❶ *(leben, sich ernähren)* **von etw ~** vivere di qc ❷ *(mager machen)* **an jdm ~** far dimagrire qu

Zeichen ['tsaɪçən] <-s, -> *nt* ❶ *(Tierkreis~, Mal) a.* MUS segno *m; (Symbol)* simbolo *m; (Merk~)* contrassegno *m; (Ab~)* distintivo *m; (Akten~)* numero *m* di protocollo; *(Namens~)* sigla *f; (Waren~)* marchio *m;* **im ~ des Stiers geboren sein** essere nato sotto il segno del toro ❷ *(Signal)* segnale *m; (Beweis)* prova *f;* **ein ~ geben** dare un segno; *(Wink)* fare un cenno; **das**

Z

~ [**zu etw**] **geben** dare il segnale [di qc]; **als** [*o* **zum**] **~ von** in segno di; **das ist ein gutes ~** è buon segno ❸ *(Vor~)* avvertimento *m; (An~)* indizio *m;* MED sintomo *m;* **es geschehen noch ~ und Wunder!** *(scherz)* meraviglia!, miracolo! ❹ INFORM carattere *m*

Zeichenblock <-(e)s, -s> *m* blocco *m* da disegno

Zeichenbrett *nt* tavola *f* da disegno

Zeichenerklärung *f* leggenda *f*

Zeichenlehrer(in) *m(f)* insegnante *mf* di disegno

Zeichenpapier *nt* carta *f* da disegno

Zeichensaal *m* aula *f* di disegno

Zeichensatz <-es, -sätze> *m* INFORM mappa *f* dei caratteri

Zeichensetzung <-> *f kein Pl.* interpunzione *f*

Zeichensprache *f* linguaggio *m* mimico

Zeichenstift *m* matita *f* da disegno

Zeichentisch *m* tavolo *m* da disegno

Zeichentrickfilm *m* cartoni *mpl* animati

zeichnen ['tsaɪçnən] **I.** *vt* ❶ *(malen)* disegnare; *(skizzieren)* schizzare, abbozzare; **technisches Zeichnen** disegno industriale ❷ *(kenn~)* contrassegnare, marcare ❸ *(unter~)* *a.* FIN firmare, sottoscrivere **II.** *vi* disegnare; **für etw ~** ADM *(verantwortlich sein)* assumersi la responsabilità di qc

Zeichnen <-s> *nt kein Pl.* disegno *m;* **technisches ~** disegno industriale

Zeichner(in) <-s, -; -, -nen> *m(f)* ❶ *(Maler)* disegnatore, -trice *m, f;* **technischer ~** disegnatore tecnico ❷ FIN sottoscrittore, -trice *m, f*

zeichnerisch *adj* grafico, illustrativo; **etw ~ darstellen** rappresentare qc graficamente

Zeichnung <-, -en> *f* ❶ *(Darstellung, Entwurf, Muster)* disegno *m* ❷ FIN sottoscrizione *f*

zeichnungsberechtigt *adj* autorizzato a firmare

Zeichnungsvollmacht *f* diritto *m* di firma

Zeigefinger *m* [dito *m*] indice *m*

zeigen ['tsaɪgən] **I.** *vt* ❶ *(allg)* mostrare, far vedere; *(vorführen)* esibire; FILM, THEAT presentare; *(Weg)* indicare, mostrare; *(Wirkung)* far registrare; **dir werd' ich's ~!** *(fam)* ti farò vedere io! ❷ TEC *(an~)* segnare ❸ *(an den Tag legen)* mostrare, manifestare; *(aufweisen)* mostrare, rivelare **II.** *vi* **auf jdn/etw ~** indicare qu/qc; **mit dem Finger auf jdn/etw ~** additare qu/qc; **nach Süden ~** indicare il sud; **die Ampel zeigt auf Grün** il semaforo è verde; **zeig** [**doch**] **mal!** fammi vedere! **III.** *vr:* **sich ~** mostrarsi; *(sich sehen lassen)* farsi vedere; *(sich zur Schau stellen)* mettersi in mostra; **es zeigt sich, dass …** risulta che …; **das wird sich ~** si vedrà; **sie zeigte sich wenig gerührt über diesen Vorfall** si mostrò poco commossa per l'accaduto

Zeiger <-s, -> *m* indice *m,* indicatore *m; (Nadel)* ago *m; (Uhr~)* lancetta *f*

Zeigestock *m* bacchetta *f*

Zeile ['tsaɪlə] <-, -n> *f* ❶ *(Text~)* riga *f;* **jdm ein paar ~n schreiben** scrivere due righe a qu; **neue ~!** *(beim Diktat)* a capo!; **zwischen den ~n lesen** leggere tra le righe ❷ TV linea *f* ❸ *(Häuser~, Baum~)* fila *f*

Zeilenabstand *m* spazio *m* interlineare

Zeilenlänge <-, -n> *f* giustezza *f*

Zeilensetzmaschine *f* linotype® *f*

Zeisig ['tsaɪzɪç] <-s, -e> *m* ZOO lucherino *m*

zeit [tsaɪt] *präp +gen* **~ meines Lebens** per tutta la mia vita, vita natural durante

Zeit [tsaɪt] <-, -en> *f* ❶ *(allg)* LING tempo *m;* **die ganze ~** tutto il tempo; **das hat ~** non c'è fretta; **es wird ~, dass …** è ora che *+conj;* **im Laufe der ~** col tempo; **in kurzer ~** in breve tempo; **in letzter ~** negli ultimi tempi, ultimamente; **in jüngster ~** recentemente; **in nächster ~** prossimamente, in un prossimo futuro; **~ brauchen** metterci tempo; **~ gewinnen/verlieren** guadagnare/perdere tempo; **keine ~ haben** [**etw zu tun**] non aver tempo [per fare qc]; **sich** *dat* **~ lassen** fare con comodo, prendersela comoda *fam;* **jdm ~ lassen** dar tempo a qu; **sich** *dat* **~ nehmen** prendere tempo; **sechs Stunden ~ haben** avere sei ore di tempo; **viel ~ in Anspruch nehmen** richiedere molto tempo; **die ~** [**mit Lesen**] **verbringen** passare il tempo [leggendo]; **eine ~ lang** per qualche tempo; **von ~ zu ~** ogni tanto, di tanto in tanto; **vor langer ~** molto tempo fa; **zur gleichen ~** allo stesso tempo; **mit der ~** col passare del tempo; **im Laufe der ~** col tempo, coll'andare del tempo; **mit der ~ gehen** andare coi tempi, tenere il passo con i tempi; **auf ~** a termine; **auf ~ spielen** SPORT guadagnare tempo, tirare le cose in lungo; **schlechte ~en** tempi duri; **das hat ~** non c'è fretta, c'è tempo; **es wird** [**allmählich**] **~, dass …** è ora che *+conj;* **es ist an der ~, zu** *+inf* è tempo [*o* ora] di *+inf;* **ach, du liebe ~!** Dio mio!, santo cielo!; **alles zu seiner ~!** ogni cosa a suo tempo!; **wie die ~ vergeht!** come passa il tempo!; **kommt ~, kommt Rat** *(prov)* la notte porta consiglio; **wie die ~ vergeht!** come passa il tempo! ❷ *(Zeitraum, Zeit-*

spanne) periodo *m;* **in der ~ vom … bis zum …** nel periodo dal … al …; **in kurzer ~** in breve tempo; **die ganze ~** [**über**] [per] tutto il tempo ③ *(Zeitpunkt)* momento *m;* **zur rechten ~** al tempo giusto; *(rechtzeitig)* tempestivamente; **seit der** [*o* **dieser**] **~** da quel momento ④ *(Jahreszeit)* stagione *f* ⑤ *(Epoche)* tempo *m,* epoca *f,* era *f;* **in unserer ~** oggigiorno, nell'epoca in cui viviamo; **zu jeder ~** in ogni tempo; **zu meiner ~** ai miei tempi; **in alten ~en** nei tempi antichi, una volta; **zur ~ Karls des Großen** al tempo [*o* ai tempi] di Carlo Magno; **das waren andere ~en** erano altri tempi; **für alle ~en** per sempre ⑥ *(Uhrzeit)* ora *f;* **um diese ~** a quest'ora; **um dieselbe** [*o* **die gleiche**] **~** alla stessa ora; **um welche ~?** a che ora?; **eine ~ festsetzen** fissare l'ora [*o* la data]

Zeitabschnitt *m* periodo *m* [di tempo], epoca *f*

Zeitabstand *m* intervallo *m;* **in regelmäßigen Zeitabständen** periodicamente, a intervalli regolari

Zeitalter *nt* era *f,* età *f,* tempo *m*

Zeitangabe *f* ① *(Uhrzeit)* ora *f; (Datum)* data *f* ② LING complemento *m* di tempo

Zeitansage *f* segnale *m* orario

Zeitarbeit *f* lavoro *m* interinale

Zeitaufnahme *f* posa *f*

Zeitaufwand *m* dispendio *m* di tempo

zeitaufwändig *adj* che richiede molto tempo

Zeitbombe *f* bomba *f* a orologeria

Zeitdruck <-(e)s> *m kein Pl.* fretta *f,* premura *f;* **unter ~ stehen** avere fretta

Zeiteinteilung *f* distribuzione *f* del tempo; **gute/schlechte ~** tempo *m* ben/mal distribuito

Zeitenfolge *f* GRAM consecutio *m* temporum

Zeiterfassungssystem *nt* sistema *m* di rilevamento del tempo

Zeitersparnis *f* risparmio *m* di tempo

Zeitfrage <-> *f kein Pl.* questione *f* di tempo

Zeitgefühl <-(e)s> *nt kein Pl.* senso *m* del tempo

Zeitgeist *m* spirito *m* del tempo

zeitgemäß *adj* conforme allo spirito del tempo, moderno; *(aktuell)* attuale

Zeitgenosse *m,* **Zeitgenossin** *f* contemporaneo, -a *m, f*

zeitgenössisch ['tsaɪtgənœsɪʃ] *adj* contemporaneo

Zeitgeschehen <-s> *nt kein Pl.* attualità *f*

Zeitgeschichte *f* storia *f* contemporanea

Zeitgewinn *m* risparmio *m* di tempo

zeitgleich *adj* contemporaneamente; **~ durchs Ziel gehen** tagliare il traguardo contemporaneamente

zeitig I. *adj* primo; **am ~en Nachmittag** di primo pomeriggio **II.** *adv* presto; **~ aufstehen** alzarsi di buon'ora

zeitigen *vt (geh)* ① *(hervorbringen)* produrre ② *(zur Folge haben)* avere come conseguenza

Zeitkarte *f* abbonamento *m*

zeitkritisch *adj* critico nei confronti della propria epoca

zeitlebens [tsaɪt'le:bəns] *adv* per tutta la vita, vita natural durante

zeitlich *adj* cronologico; LING temporale; *(vergänglich)* caduco; **~ zusammenfallen** coincidere; **~ begrenzt** limitato nel tempo; **~ passt es mir gut** l'orario mi va bene; **das Zeitliche segnen** *(geh)* passare a miglior vita *poet*

Zeitlimit *nt* tempo *m* massimo

zeitlos *adj* non soggetto al tempo; *(Kleidung)* non soggetto alla moda

Zeitlupe *f* FILM rallentatore *m;* **in ~** al rallentatore

Zeitlupenaufnahme *f* ripresa *f* al rallentatore

Zeitlupentempo *nt* **im ~** a passo di lumaca

Zeitmangel *m* mancanza *f* di tempo; **aus ~** per mancanza di tempo

Zeitnehmer(in) <-s, -; -, -nen> *m(f)* cronometrista *mf*

Zeitnot <-> *f kein Pl.* mancanza *f* di tempo; **in ~ sein** avere pochissimo tempo; **um nicht in ~ zu geraten** per non arrivare allo stremo del tempo

Zeitpunkt *m* momento *m,* istante *m,* punto *m; (Datum)* data *f;* **zu diesem ~** in quel momento, a questo punto

Zeitraffer <-s> *m kein Pl.* FILM acceleratore *m*

Zeitrafferaufnahme *f* ripresa *f* all'acceleratore

zeitraubend *adj* che richiede molto tempo, lungo

Zeitraum *m* spazio *m* di tempo, periodo *m*

Zeitrechnung *f* cronologia *f;* **christliche ~** era *f* cristiana; **nach/vor unserer ~** dopo/avanti Cristo

Zeitschrift *f* periodico *m; (bes. Illustrierte)* rivista *f*

Zeitsoldat *m* volontario *m*

Zeitspanne *f* [lasso *m* di] tempo *m*

zeitsparend *adj* che fa risparmiare tempo

Zeittafel *f* tavola *f* cronologica

Zeittakt *m* TEL scatto *m*

Zeitumstellung <-, -en> *f* cambio *m* dell'ora

Zeitung ['tsaɪtʊŋ] <-, -en> *f* giornale *m,*

quotidiano *m; (Zeitschrift)* rivista *f;* **in der ~ lesen** leggere sul giornale; **elektronische ~** giornale telematico
Zeitungsabonnement *nt* abbonamento *m* a un giornale
Zeitungsannonce *f* inserzione *f* [sul giornale]
Zeitungsanzeige *f* inserzione *f* [sul giornale]
Zeitungsartikel *m* articolo *m* di giornale
Zeitungsausschnitt *m* ritaglio *m* di giornale
Zeitungsausträger(in) *m(f)* distributore, -trice *m, f* di giornali
Zeitungsbericht *m* reportage *m,* articolo *m* di giornale
Zeitungsente <-, -n> *f (fam)* serpente *m* di mare, canard *m*
Zeitungskiosk *m* edicola *f*
Zeitungsleser(in) *m(f)* lettore, -trice *m, f* di giornale
Zeitungsmeldung *f* notizia *f* di giornale
Zeitungsnotiz *f* trafiletto *m,* stelloncino *m*
Zeitungspapier *nt* carta *f* da giornale
Zeitungsverkäufer(in) *m(f)* giornalaio, -a *m, f*
Zeitunterschied *m* differenza *f* di orario
Zeitvergeudung <-> *f kein Pl. s.* **Zeitverschwendung**
Zeitverlust *m* perdita *f* di tempo; *(verlorene Zeit)* tempo *m* perso
Zeitverschiebung *f* spostamento *m* del fuso orario
Zeitverschwendung *f* spreco *m* di tempo
Zeitvertrag *m* contratto *m* a tempo determinato
Zeitvertreib <-(e)s, -e> *m* passatempo *m;* **zum ~** per passatempo
zeitweilig ['tsaɪtvaɪlɪç] *adj* temporaneo, momentaneo; *(vorläufig)* provvisorio
zeitweise *adv* temporaneamente; *(von Zeit zu Zeit)* di tanto in tanto, a periodi; *(eine Zeitlang)* per un certo tempo
Zeitwort <-(e)s, -wörter> *nt* LING verbo *m*
Zeitzeichen *nt* segnale *m* orario
Zeitzeuge <-n, -n> *m,* **Zeitzeugin** <-, -nen> *f* testimone *mf* della sua epoca; *(Zeitgenosse)* contemporaneo, -a *m, f*
Zeitzone <-, -n> *f* fuso *m* orario
Zeitzünder *m* spoletta *f* ad accensione ritardata
Zeitzündung *f* accensione *f* a tempo
zelebrieren [tsele'bri:rən] <ohne ge-> *vt* celebrare, officiare
Zelle ['tsɛlə] <-, -n> *f* ① BIOL, POL cellula *f;* **die [kleinen] grauen ~n** *(fam scherz)* la materia grigia ② *(kleiner Raum)* cella *f; (Telefon~, Wahl~)* cabina *f* ③ EL elemento *m* [di batteria], cella *f*
Zellenbildung *f* citogenesi *f*
Zellgewebe *nt* tessuto *m* cellulare
Zellkern *m* BIOL nucleo *m* della cellula
Zellophan [tsɛlo'fa:n] <-s> *nt kein Pl.* cellofan *m*
Zellstoff *m* cellulosa *f*
Zellstofftuch *nt* tessuto *m* di cellulosa
Zellteilung *f* BIOL scissione *f* della cellula
Zellulitis [tsɛlu'li:tɪs] <-, Zellulitiden> *f* MED cellulite *f*
Zelluloid [tsɛlu'lɔɪt] <-(e)s> *nt kein Pl.* celluloide *f*
Zellulose [tsɛlu'lo:zə] <-, -n> *f* cellulosa *f*
Zellwand *f* parete *f* della cellula
Zellwolle *f* lana *f* sintetica
Zelt [tsɛlt] <-(e)s, -e> *nt* tenda *f;* **ein ~ aufschlagen/abbrechen** montare/smontare una tenda; **seine ~e abbrechen** *(fig, scherz)* levare le tende
Zeltbahn *f* telo *m* da tenda
zelten *vi* campeggiare; **~ gehen** andare in campeggio
Zelten <-s> *nt kein Pl.* campeggio *m,* camping *m*
Zeltlager *nt* accampamento *m,* attendamento *m; (Ferienlager)* campeggio *m,* camping *m*
Zeltpflock *m* picchetto *m* da tenda
Zeltplatz *m* campeggio *m,* camping *m*
Zeltstange *f* paletto *m* da tenda
Zement [tse'mɛnt] <-(e)s, -e> *m* cemento *m*
zementieren [tsemɛn'ti:rən] <ohne ge-> *vt* ① *(mit Zement, Beton versehen)* cementare ② *(fig: endgültig machen)* sancire
Zenit [tse'ni:t] <-(e)s> *m kein Pl.* ① ASTR zenit *m* ② *(fig: Höhepunkt)* apice *m,* culmine *m;* **im ~ seines Ruhms** all'apice della sua gloria
zensieren [tsɛn'zi:rən] <ohne ge-> *vt* ① *(Bücher, Filme, Zeitungen)* censurare ② *(benoten)* classificare, dare voti a
Zensur [tsɛn'zu:ɐ̯] <-, -en> *f* ① *Sing. (staatliche Kontrolle)* censura *f;* **durch die ~ gehen** passare la censura ② *(Note)* voto *m*
zensurieren [tsɛnzu'ri:rən] <ohne ge-> *vt* A, CH *(zensieren)* censurare
Zensus ['tsɛnzʊs] <-, -> *m* censimento *m*
Zentiliter [tsɛnti'li:tɐ] *m o nt* centilitro *m*
Zentimeter [tsɛnti'me:tɐ] *m o nt* centimetro *m*
Zentimetermaß *nt* centimetro *m*
Zentner ['tsɛntnɐ] <-s, -> *m* mezzoquintale *m;* CH, A quintale *m*
zentral [tsɛn'tra:l] *adj* centrale
Zentral- *in Zusammensetzungen* centrale
Zentralafrika *nt* Africa *f* centrale

Zentralamerika [tsɛnˈtraːlaˈmeːrika] *nt* America *f* centrale
Zentralbank <-, -en> *f* EU banca *f* centrale; **die Europäische ~** la Banca centrale europea; **das Europäische System der ~en** il Sistema europeo delle Banche centrali
Zentralbankpräsident <-en, -en> *m* EU Presidente *m* della Banca centrale europea
Zentralbankstatut <-(e)s, -en> *nt* EU Statuto *m* della banca centrale
Zentrale <-, -n> *f* centrale *f;* TEL centralino *m; (Hauptgeschäftsstelle)* sede *f* centrale; *(Taxi~)* centrale *f*
Zentralheizung *f* riscaldamento *m* centrale
zentralisieren [tsɛntraliˈziːrən] <ohne ge-> *vt* centralizzare
Zentralismus [tsɛntraˈlɪsmʊs] <-> *m kein Pl.* centralismo *m*
zentralistisch *adj* accentratore, centralizzatore
Zentralkomitee *nt* comitato *m* centrale
Zentralnervensystem <-s, -e> *nt* ZOO, MED sistema *m* nervoso centrale
Zentralverriegelung <-, -en> *f* AUTO chiusura *f* centralizzata
Zentralverwaltung *f* amministrazione *f* centrale
Zentren *Pl. von* **Zentrum**
zentrieren *vt* centrare
zentriert *adj (Text)* centrato
zentrifugal [tsɛntrifuˈgaːl] *adj* centrifugo
Zentrifugalkraft *f* forza *f* centrifuga
Zentrifuge [tsɛntriˈfuːgə] <-, -n> *f* centrifuga *f*
zentripetal [tsɛntripeˈtaːl] *adj* centripeto
Zentripetalkraft *f* forza *f* centripeta
Zentrum [ˈtsɛntrʊm, *Pl:* ˈtsɛntrən] <-s, Zentren> *nt* centro *m;* **im ~ des Interesses** al centro dell'attenzione
Zeppelin [ˈtsɛpəliːn] <-s, -e> *m* dirigibile *m,* zeppelin *m*
Zepter [ˈtsɛptɐ] <-s, -> *nt o rar: m* scettro *m*
zerbeißen <irr, ohne ge-> *vt* spezzare coi denti, morsicare
zerbomben <ohne ge-> *vt* distruggere con i bombardamenti
zerbrechen <irr, ohne ge-> **I.** *vt haben* rompere, spezzare; **sich** *dat* **den Kopf über etw** *akk* **~** rompersi la testa per qc **II.** *vi sein* rompersi; *(a. fig)* spezzarsi; **an Kummer** *dat* **~** spezzarsi dal dispiacere
zerbrechlich *adj* fragile
zerbrochen *PP von* **zerbrechen**
zerbröckeln <ohne ge-> **I.** *vt haben* sbriciolare **II.** *vi sein* sbriciolarsi; *(Mauer, a. fig)* disgregarsi
zerdrücken <ohne ge-> *vt* schiacciare; *(Kleidung)* sgualcire
Zeremonie [tseremoˈniː *o* tsereˈmoːnɪə] <-, -n> *f* cerimonia *f*
zeremoniell [tseremoˈni̯ɛl] *adj* cerimoniale
Zeremoniell <-s, -e> *nt* cerimoniale *m*
Zeremonienmeister *m* cerimoniere *m*
zerfahren *adj* ① *(ausgefahren)* dissestato ② *(zerstreut)* distratto
Zerfall *m* ① *(a. fig)* crollo *m,* rovina *f;* GEOL disfacimento *m;* CHEM decomposizione *f;* PHYS disintegrazione *f* ② *(fig: Verfall)* decadimento *m*
zerfallen <irr, ohne ge-> *vi sein* ① *(auseinanderfallen)* cadere in [*o* a] pezzi; *(bes. Bauwerk)* crollare, andare in rovina; **zu Staub ~** ridursi in polvere ② *(sich auflösen)* disfarsi, dissolversi; PHYS disintegrarsi ③ *(Werte, Familie) a.* GEOL disgregarsi ④ *(fig: sich gliedern)* dividersi; **in viele Teile ~** dividersi in molte parti
zerfetzen <ohne ge-> *vt (in Fetzen reißen)* stracciare, fare a pezzi; *(a. zerfleischen)* lacerare
zerfetzt *adj (Kleidung, Papier)* stracciato, a pezzi; *(Körper)* dilaniato
zerfleischen <ohne ge-> *vt* sbranare, lacerare, strappare
zerfließen <irr, ohne ge-> *vi sein* ① *(Flüssiges)* spandersi ② *(Weiches)* liquefarsi ③ *(fig: Hoffnungen)* dissolversi
zerfressen <irr, ohne ge-> *vt (Motten, Neid)* rodere; *(Säure, Rost)* corrodere
zerfurcht [tsɛɐˈfʊrçt] *adj (Weg)* scavato; *(Gesicht)* solcato, rugoso
zergehen <irr, ohne ge-> *vi sein* sciogliersi; **auf der Zunge ~** sciogliersi in bocca
zergliedern <ohne ge-> *vt* ① *(sezieren)* sezionare ② *(analysieren)* analizzare
zerhacken <ohne ge-> *vt (Holz)* spaccare, tagliare; *(Fleisch)* tagliare a pezzetti
zerhauen <a irr, ohne ge-> *vt* tagliare a pezzi, spaccare
zerkauen <ohne ge-> *vt* macinare
zerkleinern <ohne ge-> *vt (Fleisch, Gemüse)* tritare; *(Brot, Holz)* spezzettare
zerklüftet [tsɛɐˈklʏftət] *adj* frastagliato
zerknirscht *adj* contrito, mortificato
Zerknirschtheit <-> *f kein Pl.*, **Zerknirschung** <-> *f kein Pl.* contrizione *f,* compunzione *f*
zerknittern <ohne ge-> *vt* sgualcire, spiegazzare
zerknüllen <ohne ge-> *vt* appallottolare
zerkochen <ohne ge-> **I.** *vt haben* stracuocere **II.** *vi sein* scuocersi
zerkratzen <ohne ge-> *vt* graffiare

zerkrümeln <ohne ge-> **I.** *vt haben* sbriciolare **II.** *vi sein* sbriciolarsi
zerlassen <irr, ohne ge-> *vt* far sciogliere; **~e Butter** burro fuso
zerlegbar *adj* ❶ *(Möbel)* scomponibile; *(abnehmbar)* smontabile ❷ CHEM decomponibile ❸ MAT divisibile
zerlegen <ohne ge-> *vt* ❶ *(Möbel)* scomporre; TEC *(abmontieren)* smontare; **etw in seine Einzelteile ~** smontare qc nelle sue parti componenti ❷ *(Fleisch)* trinciare ❸ CHEM decomporre ❹ LING analizzare, fare l'analisi di
zerlumpt [tsɛɐ'lʊmpt] *adj* cencioso, lacero
zermalmen [tsɛɐ'malmən] <ohne ge-> *vt (zerquetschen)* schiacciare; *(mit den Zähnen)* tritare
zermartern <ohne ge-> *vt* **sich** *dat* **den Kopf ~** lambiccarsi il cervello
zermürben <ohne ge-> *vt* snervare, fiaccare
zernagen <ohne ge-> *vt* rosicchiare, rodere
zerpflücken <ohne ge-> *vt* ❶ *(auseinanderzupfen)* sfogliare ❷ *(fig: Text, Buch)* demolire
zerquetschen <ohne ge-> *vt* schiacciare
Zerrbild *nt* caricatura *f*
zerreiben <irr, ohne ge-> *vt* triturare; *(a. Farben)* macinare; *(reiben)* grattugiare; *(zu Pulver)* polverizzare
zerreißen <irr, ohne ge-> **I.** *vt haben* stracciare; *(bes. durchreißen)* strappare; *(in Stücke)* far a pezzi **II.** *vi sein* strapparsi **III.** *vr* **sich für jdn ~** farsi in quattro per qu
Zerreißprobe *f* ❶ TEC prova *f* di trazione ❷ *(fig)* dura prova *f*
zerren ['tsɛrən] **I.** *vt* ❶ *(ziehen)* tirare con forza; *(schleppen)* trascinare ❷ *(dehnen)* stirare, strappare **II.** *vi* **an etw** *dat* **~** *(reißen)* dare degli strappi a qc; *(fig)* logorare qc
zerrinnen <irr, ohne ge-> *vi sein* ❶ *(zerfließen)* sciogliersi ❷ *(fig: Jahre, Zeit)* scorrere; *(Hoffnungen)* svanire
zerrissen [tsɛɐ'rɪsən] *adj* ❶ *(in Stücke gerissen)* stracciato, lacero ❷ *(fig)* lacerato
Zerrissenheit <-> *f kein Pl.* lacerazione *f*, spaccatura *f*
Zerrspiegel *m (a. fig)* specchio *m* magico
Zerrung <-, -en> *f* stiramento *m*, strappo *m*
zerrütten [tsɛɐ'rʏtən] <ohne ge-> *vt* scuotere; *(schädigen)* rovinare; *(Gesundheit)* logorare; *(Geist)* turbare; *(Ehe)* guastare; *(Finanzen, Ordnung)* dissestare
Zerrüttungsprinzip *nt* principio *m* del disfacimento
zersägen <ohne ge-> *vt* segare a [*o* in] pezzi
zerschellen <ohne ge-> *vi sein* sfracellarsi, schiantarsi; **das Flugzeug zerschellte an einem Berg** l'aereo si è schiantato contro la montagna
zerschlagen[1] <irr, ohne ge-> **I.** *vt* ❶ *(entzweischlagen)* fare a pezzi ❷ *(durch Fallenlassen)* rompere, spaccare ❸ *(durch Darauffallen)* fracassare, frantumare ❹ *(fig: Widerstand)* vincere; *(Pläne)* mandare a monte **II.** *vr:* **sich ~** *(fig)* andare a monte
zerschlagen[2] *adj* sfinito, spossato, esaurito
zerschlissen [tsɛɐ'ʃlɪsən] *adj* logoro, consunto
zerschmettern <ohne ge-> *vt* ❶ *(zertrümmern)* fracassare; *(bes. Körperteile)* sfracellare ❷ *(fig: Nachricht)* annichilire
zerschneiden <irr, ohne ge-> *vt* tagliare a [*o* in] pezzi, tagliuzzare
zersetzen <ohne ge-> **I.** *vt* ❶ CHEM decomporre ❷ *(fig)* disgregare; *(bes. Sitten)* corrompere; *(untergraben)* minare **II.** *vr:* **sich ~** ❶ CHEM decomporsi ❷ *(fig)* disgregarsi, disfarsi
zersetzend *adj (fig)* sovversivo
Zersetzung <-> *f kein Pl.* ❶ CHEM decomposizione *f* ❷ *(fig)* disgregazione *f*; *(bes. Sitten~)* corruzione *f*
Zersiedelung <-, -en> *f (form)* edilizia *f* selvaggia *(agglomerato urbano che cambia il paesaggio)*
zersplittern <ohne ge-> **I.** *vt haben* mandare in frantumi, scheggiare **II.** *vi sein* ❶ *(in Splitter zerfallen)* andare in frantumi, scheggiarsi ❷ *(fig)* POL essere frantumato
zerspringen <irr, ohne ge-> *vi sein* spaccarsi, rompersi; *(explodieren)* scoppiare
zerstampfen <ohne ge-> *vt (zertreten)* calpestare; *(im Mörser)* pestare; *(zerquetschen)* schiacciare
zerstäuben [tsɛɐ'ʃtɔɪbən] <ohne ge-> *vt (Flüssigkeit)* spruzzare; *(Pulver)* polverizzare
Zerstäuber <-s, -> *m* atomizzatore *m;* TEC spruzzatore *m*, polverizzatore *m*
zerstechen <irr, ohne ge-> *vt* foracchiare, bucare; *(Insekten)* pungere
zerstochen *PP von* **zerstechen**
zerstören <ohne ge-> *vt* ❶ *(vernichten)* distruggere; *(Gebäude a.)* demolire; *(verwüsten)* devastare ❷ *(fig: Gesundheit, Ehe)* rovinare; *(Hoffnung, Träume, Glück)* distruggere
Zerstörer <-s, -> *m (Schiff)* cacciatorpediniere *m*
zerstörerisch *adj* distruttivo
Zerstörung *f* ❶ *(Vernichtung)* distruzio-

Z

ne *f; (von Gebäude a.)* demolizione *f* ② *(fig)* rovina *f*
Zerstörungswahn <-(e)s> *m kein Pl.* mania *f* di distruzione
Zerstörungswut *f* vandalismo *m,* mania *f* di distruzione
zerstoßen <irr, ohne ge-> *vt* pestare
zerstreiten <irr, ohne ge-> *vr:* **sich ~** contrariarsi, essere discordi
zerstreuen <ohne ge-> **I.** *vt* ① *(verstreuen)* disperdere, sparpagliare ② *(fig: Zweifel, Verdacht)* dissipare ③ *(ablenken)* distrarre; *(unterhalten)* svagare, divertire **II.** *vr:* **sich ~** ① *(sich verteilen)* disperdersi ② *(sich ablenken)* distrarsi; *(sich unterhalten)* svagarsi, divertirsi
zerstreut *adj (fig)* distratto, sbadato
Zerstreutheit <-> *f kein Pl.* distrazione *f,* sbadataggine *f*
Zerstreuung *f* ① *Sing. (das Zerstreuen)* dispersione *f* ② *(Unterhaltung)* distrazione *f,* svago *m* ③ *Sing. (Zerstreutheit)* distrazione *f,* sbadataggine *f*
zerstritten [tsɛɐ'ʃtrɪtən] *PP von* **zerstreiten**
zerstückeln <ohne ge-> *vt* fare a pezzi, sminuzzare
zerteilen <ohne ge-> *vt* dividere; *(trennen)* separare; *(zerschneiden)* tagliuzzare; **etw in Stücke** *akk* **~** dividere qc in pezzi
Zertifikat [tsɛrtifi'ka:t] <-(e)s, -e> *nt* ① *(Bescheinigung)* certificato *m* ② *(Diplom)* diploma *m*
zertrampeln <ohne ge-> *vt* calpestare
zertreten <irr, ohne ge-> *vt* calpestare; *(Insekt)* schiacciare coi piedi; *(Glut)* spegnere coi piedi
zertrümmern <ohne ge-> *vt* fracassare, frantumare; *(a. fig)* distruggere
Zervelatwurst [tsɛrvə'la:tvʊrst] *f* cervellata *f*
zerwühlen <ohne ge-> *vt (Erde)* smuovere; *(Haar)* scompigliare
Zerwürfnis [tsɛɐ'vʏrfnɪs] <-ses, -se> *nt (geh)* discordia *f,* disaccordo *m,* dissidio *m*
zerzausen [tsɛɐ'tsaʊzən] <ohne ge-> *vt* **jdm das Haar ~** arruffare i capelli a qu, spettinare qu
zerzaust *adj* arruffato, scompigliato
Zeter ['tse:tɐ] *nt* **~ und Mordio schreien** *(fam)* urlare come un forsennato
zetern *vi* strillare, urlare
Zettel ['tsɛtəl] <-s, -> *m* foglietto *m,* pezzo *m* di carta; *(beschriebener ~)* biglietto *m,* nota *f; (Kassen~)* scontrino *m*
Zettelkasten *m* schedario *m*
Zeug [tsɔɪk] <-(e)s> *nt kein Pl.* ① *(fam: Sachen)* roba *f,* cose *fpl; (pej)* robaccia *f* ② *(fam pej: Unsinn)* stupidaggini *fpl,* sciocchezze *fpl;* **dummes ~!** ma che sciocchezze! ③ *(Fähigkeit)* capacità *f,* stoffa *f;* **das ~ zu etw haben** avere la stoffa di qc, essere tagliato per qc ④ *(Wend)* **sich ins ~ legen** *(fam)* mettersi con impegno; **sich für jdn ins ~ legen** *(fam)* adoperarsi per qu; **was das ~ hält** *(fam)* a più non posso
Zeuge ['tsɔɪgə] <-n, -n> *m* testimone *m;* JUR teste *m;* **als ~ aussagen** testimoniare, deporre; **vor ~n** in presenza di testimoni
zeugen ['tsɔɪgən] **I.** *vi* ① *(erkennen lassen)* **von etw ~** dimostrare qc, testimoniare qc ② *(als Zeuge aussagen)* testimoniare **II.** *vt* ① *(Kinder)* procreare, generare ② *(fig geh)* produrre, creare
Zeugenaussage *f* deposizione *f,* testimonianza *f*
Zeugenstand *m* banco *m* dei testimoni; **in den ~ treten** andare al banco dei testimoni
Zeugenverhör *nt,* **Zeugenvernehmung** *f* escussione *f* dei testi
Zeughaus *nt* arsenale *m*
Zeugin ['tsɔɪgɪn] <-, -nen> *f* testimone *f;* JUR teste *f*
Zeugnis ['tsɔɪknɪs] <-ses, -se> *nt* ① MED certificato *m; (Arbeits~)* attestato *m; (Schul~)* pagella *f;* **jdm ein ~ ausstellen** rilasciare un certificato a qu ② *(Beweis)* testimonianza *f,* deposizione *f*
Zeugung <-, -en> *f* procreazione *f,* generazione *f*
zeugungsfähig *adj* atto a procreare
zeugungsunfähig *adj* sterile, impotente
z. H., z. Hd. *Abk. von* **zu Händen** SPM
Zicke ['tsɪkə] <-, -n> *f* ① *(weibliche Ziege)* capra *f* ② *(Frau)* megera *f* ③ *Pl. (fam: Dummheiten)* stupidaggini *fpl;* **~n machen** fare storie
zickig *adj (fam pej)* bisbetico; *(launisch)* capriccioso; *(prüde)* pudico
zickzack ['tsɪktsak] *adv* a zigzag; **~ fahren** guidare a zigzag
Zickzack ['tsɪktsak] <-(e)s, -e> *m* zigzag *m;* **im ~ gehen** camminare a zigzag
Zickzackkurs <-es, -e> *m* rotta *f* a zigzag; **einen** [*o* **im**] **~ fahren** andare a zigzag, zigzagare; *(fig)* non avere una meta precisa [*o* fissa]
Ziege ['tsi:gə] <-, -n> *f* capra *f;* **blöde ~** *(fam)* oca *f*
Ziegel ['tsi:gəl] <-s, -> *m* ① *(Baustein)* laterizio *m; (quaderförmig)* mattone *m* ② *(Dach~)* tegola *f*
Ziegeldach *nt* tetto *m* di tegole
Ziegelei [tsi:gə'laɪ] <-, -en> *f* fornace *f,* fabbrica *f* di laterizi
ziegelrot *adj* rosso mattone

Z

Ziegelstein *m* laterizio *m; (quaderförmig)* mattone *m*
Ziegenbock *m* caprone *m,* becco *m*
Ziegenfell *nt* pelle *f* di capra
Ziegenkäse *m* formaggio *m* di capra
Ziegenleder *nt* capretto *m*
Ziegenmilch <-> *f kein Pl.* latte *m* di capra
ziehen ['tsi:ən] <zieht, zog, gezogen> **I.** *vt haben* ① *(allg)* tirare; *(zerren)* trascinare; *(schleppen)* trainare, rimorchiare; *(dehnen)* tendere; **jdn an etw** *dat* **~** tirare qu per qc; **Fäden ~** filare, fare fili; **den Ring vom Finger ~** sfilarsi l'anello dal dito; **jdn an sich ~** stringere qu a sé; **ein Boot an Land ~** tirare una barca a secco; **jdn auf seine Seite ~** tirare qu dalla propria parte; **alle Blicke auf sich ~** attirare tutti gli sguardi su di sé; **etw nach sich** *dat* **~** *(fig)* comportare, avere come conseguenza; **es zieht mich in/nach ...** mi sento attratto verso ... ② *(heraus~)* cavare, togliere; *(Zahn, Los, Wurzel)* estrarre; *(Wechsel, Schlussfolgerungen)* trarre; *(hervorholen)* tirar fuori; **Zigaretten** [**aus dem Automaten**] **~** estrarre le sigarette dal distributore; **die Pistole ~** estrarre la pistola; **jdm Geld aus der Tasche ~** *(fam)* mungere la borsa di qu; **aus dem Verkehr ~** togliere dalla circolazione; **Nutzen aus etw ~** trarre profitto da qc ③ *(in etw hinein~)* infilare; **jdn in etw** *akk* **~** coinvolgere qu in qc; **jdn ins Vertrauen ~** confidarsi con qu ④ *(beim Schach)* muovere ⑤ *(Rohre)* trafilare; *(Mauer)* costruire, erigere; *(Graben)* scavare ⑥ *(Linie)* tracciare ⑦ *(herstellen)* fare, produrre; *(Pflanze)* coltivare; *(Tiere)* allevare **II.** *vi* ① *haben (allg)* [**an etw** *dat*] **~** tirare [qc]; **an einer Zigarette ~** dar una tirata a una sigaretta ② *haben (weh tun)* fare male ③ *sein (wandern)* camminare, girare; *(Zugvögel)* migrare; *(Wolken)* muoversi, passare; **durch den Wald ~** camminare per il bosco ④ *sein (weg~)* andarsene, partire; **in den Krieg ~** andare in guerra ⑤ *sein (umziehen)* cambiare casa, trasferirsi; **in die Stadt ~** trasferirsi in città; **zu jdm ~** andare ad abitare da qu; **von Krefeld nach Stuttgart ~** trasferirsi da Krefeld a Stoccarda ⑥ *haben (Kaffee)* filtrare; *(Tee)* stare in infusione; *(Kochgut in Wasser)* cuocere a fuoco lento ⑦ *haben (Auto)* tirare, trainare ⑧ *haben (fig fam: zugkräftig sein)* avere successo; **bei jdm ~** fare presa su qu; **das zieht bei mir nicht** *(fam)* con me non attacca ⑨ *(Luftzug)* **es zieht** c'è corrente **III.** *vr:* **sich ~** *(sich erstrecken)* estendersi; **sich über etw** *akk* **~** estendersi su qc; **sich in die Länge ~** tirare per le lunghe; **dieses Thema zieht sich durch den ganzen Roman** questo tema ricorre in tutto il romanzo
Ziehharmonika *f* fisarmonica *f*
Ziehung <-, -en> *f* estrazione *f*
Ziel [tsi:l] <-(e)s, -e> *nt* ① *(von Reise)* destinazione *f;* **am ~** [**seiner Reise**] **ankommen** arrivare a destinazione ② *(~scheibe)* bersaglio *m;* **das ~ verfehlen** mancare il bersaglio; **über das ~ hinausschießen** *(fam)* passare il segno [*o* i limiti] ③ *(fig: Zweck)* obiettivo *m; (Absicht)* scopo *m;* **ein ~ verfolgen** perseguire uno scopo; **sich** *dat* **ein ~ setzen** [*o* **stecken**] prefiggersi uno scopo, proporsi una meta; **sein ~ erreichen** raggiungere il proprio traguardo ④ SPORT traguardo *m,* arrivo *m;* [**als Erster**] **durchs ~ gehen** tagliare il traguardo [per primo]
Zielband <-(e)s, -bänder> *nt* nastro *m* d'arrivo
zielbewusst *adj* risoluto, deciso
zielen *vi* ① *(mit Waffe)* [**auf jdn/etw**] **~** mirare [a qu/qc], prendere di mira [qu/qc], puntare [su qu/qc] ② *(fig: anspielen)* **auf etw** *akk* **~** alludere a qc; *(zum Ziel haben)* mirare a qc; *s. a.* **gezielt**
Zielfernrohr *nt* cannocchiale *m* di puntamento
Zielfoto *nt* fotofinish *m*
Zielgerade *f* SPORT rettilineo *m* d'arrivo
Zielgerät *nt* dispositivo *m* di puntamento [*o* di mira]
zielgerichtet *adj* finalizzato a uno scopo
Zielgruppe *f* utenza *f,* destinatari *mpl*
Zielkamera *f* telecamera *f* per il fotofinish
ziellos *adj o adv* senza meta
zielorientiert *adj* mirato
Zielpunkt *m* punto *m* di mira, obiettivo *m*
Zielscheibe *f* bersaglio *m,* mira *f*
Zielsetzung <-, -en> *f* obiettivo *m,* finalità *f*
zielsicher **I.** *adj* dalla mira sicura **II.** *adv* con determinazione
Zielsprache *f* LING lingua *f* d'arrivo
zielstrebig **I.** *adj* determinato **II.** *adv* con determinazione
Zielstrebigkeit <-> *f kein Pl.* determinazione *f*
Zielvereinbarung *f* accordo *m* sugli obiettivi da raggiungere
Zielvorrichtung *f* congegno *m* di puntamento
ziemlich **I.** *adj (beträchtlich)* notevole, considerevole; **eine ~e Menge** un buon numero; **das ist eine ~e Frechheit** è una bella sfacciataggine **II.** *adv* abbastanza, alquanto; **~ sicher** quasi certo; **~ viel** parecchio, abbastanza; **das ist so ~ dasselbe** *(fam)* è quasi lo stesso

Zierde ['tsiːɐ̯də] <-, -n> *f* ornamento *m;* **zur ~** per ornamento
zieren ['tsiːrən] **I.** *vt (geh)* [ad]ornare, abbellire **II.** *vr:* **sich ~** *(pej)* fare il prezioso; *(beim Essen)* fare complimenti [a tavola]
Zierfisch *m* pesce *m* ornamentale
Ziergarten *m* giardino *m* ornamentale
Zierleiste *f* ① ARCH *(an Möbelstück, Auto)* modanatura *f* ② TYP fregio *m*
zierlich *adj (klein, fein)* fine, delicato; *(grazil)* gracile
Zierlichkeit <-> *f kein Pl. (Feinheit, Zartheit)* delicatezza *f; (Grazilität)* gracilità *f*
Zierpflanze *f* pianta *f* ornamentale
Zierrat ['tsiːraːt] <-(e)s, -e> *m (geh)* ornamento *m,* decorazione *f*
Zierschrift *f* scrittura *f* ornamentale
Zierstrauch *m* arbusto *m* ornamentale
Ziffer ['tsɪfɐ] <-, -n> *f* cifra *f,* numero *m;* **arabische/römische ~n** numeri arabi/romani; **in ~n** in cifre
Zifferblatt *nt* quadrante *m*
Ziffernblock <-s, -blöcke> *m (von der Computertastatur)* tastierino *m* numerico
zig [tsɪç] *adj inv (fam)* un sacco di
Zigarette [tsiga'rɛtə] <-, -n> *f* sigaretta *f;* **sich** *dat* **eine ~ drehen** arrotolare una sigaretta
Zigarettenautomat *m* distributore *m* di sigarette
Zigarettenetui *nt* portasigarette *m*
Zigarettenlänge *f* **auf eine ~** per un attimo
Zigarettenpackung *f* pacchetto *m* di sigarette
Zigarettenpapier *nt* cartina *f* da sigarette
Zigarettenpause <-, -n> *f (fam)* pausa *f* [per fumare una] sigaretta
Zigarettenschachtel *f* pacchetto *m* di sigarette
Zigarettenspitze *f* bocchino *m* [per sigarette]
Zigarettenstummel *m* mozzicone *m*
Zigarillo [tsiga'rɪlo] <-s, -s> *m o nt* sigarillo *m*
Zigarre [tsi'garə] <-, -n> *f* sigaro *m*
Zigarrenabschneider *m* tagliasigari *m*
Zigarrenkiste *f* scatola *f* di sigari
Zigarrenstummel <-s, -> *m* mozzicone *m* di sigaretta
Zigeuner(in) [tsi'gɔɪnɐ] <-s, -; -, -nen> *m(f) (pej)* zingaro, -a *m, f pej*
Zigeunerschnitzel <-s, -> *nt* GASTR *fettina di carne in salsa di peperoni, cipolle e pomodoro*
zigfach ['tsɪçfax] **I.** *adj (fam)* parecchio; *(häufig)* spesso **II.** *adv (fam)* parecchie volte
zigmal ['tsɪçmaːl] *adv (fam)* mille volte
Zikade [tsi'kaːdə] <-, -n> *f* ZOO cicala *f*
Zimmer ['tsɪmɐ] <-s, -> *nt* stanza *f; (a. Hotel~)* camera *f;* **eine Wohnung mit drei ~n** un appartamento di tre vani; **auf** [*o* **in**] **seinem ~ sein** essere in camera; **„~ frei"** "camere libere"
Zimmerantenne *f* antenna *f* interna
Zimmerdecke *f* soffitto *m*
Zimmereinrichtung *f* arredamento *m*
Zimmerflucht *f* fila *f* di stanze
Zimmerhandwerk *nt* carpenteria *f,* arte *f* del carpentiere
Zimmerkellner *m* cameriere *m* ai piani
Zimmerlautstärke *f* **das Radio/Fernsehen auf ~ stellen** mettere la radio/televisione a basso volume
Zimmermädchen *nt* cameriera *f*
Zimmermann <-(e)s, -leute> *m* carpentiere *m*
zimmern ['tsɪmɐn] **I.** *vt* fare, costruire [in legno] **II.** *vi* lavorare il legno; **an etw** *dat* **~** *(a. fig)* lavorare a qc
Zimmernachweis *m* [ufficio *m*] informazioni *f pl* posti letto, agenzia *f* di soggiorno
Zimmerpflanze <-, -n> *f* pianta *f* da appartamento
Zimmertemperatur *f* ① *(in einem bestimmten Zimmer)* temperatura *f* della stanza ② *(mittlere Temperatur)* temperatura *f* ambiente
Zimmertheater *nt* teatro *m* da camera
Zimmervermittlung *f* ufficio *m* di mediazione [per stanze in affitto]
zimperlich ['tsɪmpɐlɪç] *adj (pej)* ① *(überempfindlich)* ipersensibile, delicato; *(verzärtelt)* viziato; *(wehleidig)* insofferente ② *(übertrieben schamhaft)* prude, ritroso
Zimperlichkeit <-> *f kein Pl. (pej)* ① *(Überempfindlichkeit)* ipersensibilità *f,* delicatezza *f; (Wehleidigkeit)* essere *m* piagnucoloso ② *(übertriebene Schamhaftigkeit)* pruderie *f,* ritrosia *f*
Zimt [tsɪmt] <-(e)s, -e> *m* cannella *f*
Zink [tsɪŋk] <-(e)s> *nt kein Pl.* CHEM zinco *m*
Zinke ['tsɪŋkə] <-, -n> *f* dente *m*
zinken *vt (sl: Spielkarte)* truccare
Zinken ['tsɪŋkən] <-s, -> *m (fam scherz)* nasone *m*
zinkhaltig *adj* contenente zinco
Zinn [tsɪn] <-(e)s> *nt kein Pl.* ① CHEM stagno *m* ② *(~geschirr)* vasellame *m* di stagno
Zinne ['tsɪnə] <-, -n> *f* merlo *m (di castelli, torri e fortezze)*
zinnern *adj* di stagno
Zinnerz *nt* minerale *m* di stagno
Zinngeschirr *nt* vasellame *m* di stagno
Zinngießerei *f* fonderia *f* di stagno

zinnhaltig *adj* stannifero, contenente stagno

Zinnober [tsɪ'noːbɐ] <-s, -> *m* ① *(Mineral, Farbe)* cinabro *m* ② *Sing. (fam pej: wertloses Zeug)* roba *f; (dummes Zeug)* chiacchiere *f pl;* **einen ~ machen** fare tante storie

zinnoberrot *adj* rosso cinabro

Zinnsoldat *m* soldatino *m* di piombo

Zins[1] [tsɪns] <-es, -en> *m meist Pl.* interessi *m pl,* interesse *m;* **~en bringen** fruttare interessi

Zins[2] <-es, -e> *m bes.* SÜDD, A, CH *(Miete)* pigione *f,* affitto *m*

Zinsertrag *m* provento *m* d'interessi

Zinseszins *m* interesse *m* composto; **jdm etw mit Zins und ~ zurückzahlen** *(fig)* ripagare qc a qu colla stessa moneta

zinsgünstig *adj* FIN agevolato, a basso tasso di interesse

zinslos *adj* infruttifero, senza interessi

Zinsrechnung *f* calcolo *m* degli interessi

Zinssatz *m* tasso *m* di interessi

Zinssenkung *f* riduzione *f* degli interessi

Zinstabelle *f* tabella *f* degli interessi

Zinswucher *m* usura *f*

Zionismus [tsio'nɪsmʊs] <-> *m kein Pl.* sionismo *m*

Zionist(in) [tsio'nɪst] <-en, -en; -, -nen> *m(f)* sionista *mf*

zionistisch *adj* sionistico

Zip-Away-Hose ['zɪpəweɪ'hoːzə] *f* pantaloni *m pl* a cerniere

Zip-Datei ['zɪpdataɪ] *f* file *m* zippato

Zipfel ['tsɪpfəl] <-s, -> *m* punta *f*

Zipfelmütze *f* berretta *f* a punta

zippen *vt* INFORM zippare

Zipperlein ['tsɪpɐlaɪn] <-s> *nt kein Pl. (fam scherz)* gotta *f,* podagra *f;* **das ~ haben** avere la gotta

Zirbeldrüse ['tsɪrbəldryːzə] *f* ghiandola *f* pineale

zirka ['tsɪrka] *adv* circa, approssimativamente

Zirkel ['tsɪrkəl] <-s, -> *m* ① TEC compasso *m* ② *(Kreis, Klub)* circolo *m*

Zirkelkasten *m* astuccio *m* dei compassi

Zirkulation [tsɪrkula'tsjoːn] <-, -en> *f* circolazione *f*

zirkulieren [tsɪrku'liːrən] <ohne ge-> *vi haben o rar: sein* circolare

Zirkus ['tsɪrkʊs] <-, -se> *m* ① *(mit Clowns, Artisten etc)* circo *m;* **in den ~ gehen** andare al circo ② *Sing. (fam pej: Getue)* storie *f pl; (Durcheinander)* baraonda *f,* confusione *f*

Zirkus- *in Zusammensetzungen* da circo

Zirkuszelt *nt* tendone *m* da circo

zirpen ['tsɪrpən] *vi (Grillen)* cantare, stridere; *(Vogel)* pigolare

zisch [tsɪʃ] *interj* fsch; **~ machen** fare fsch

zischeln ['tsɪʃəln] *vt, vi* bisbigliare, mormorare, sussurrare

zischen ['tsɪʃən] **I.** *vi* sibilare; *(heißes Fett)* sfrigolare; *(Limonade)* essere effervescente **II.** *vt* fischiare; **einen ~** *(fam)* bersi un bicchierino; **du kriegst gleich eine gezischt!** *(fam)* ti prendi subito una sberla

Zischlaut *m* LING sibilante *f*

ziselieren [tsize'liːrən] <ohne ge-> *vt* cesellare

Zisterne [tʃɪs'tɛrnə] <-, -n> *f* cisterna *f*

Zitadelle [tsita'dɛlə] <-, -n> *f* cittadella *f*

Zitat [tsi'taːt] <-(e)s, -e> *nt* ① *(Textstelle)* citazione *f* ② *(geflügeltes Wort)* detto *m,* sentenza *f*

Zither ['tsɪtɐ] <-, -n> *f* MUS cetra *f*

zitieren [tsi'tiːrən] <ohne ge-> *vt* citare; **jdn vor Gericht/zu sich** *dat* **~** citare qu in giudizio/chiamare qu

Zitronat [tsitro'naːt] <-(e)s, -e> *nt* cedro *m* candito

Zitrone [tsi'troːnə] <-, -n> *f* limone *m;* **mit ~** *(Getränk)* al limone; **jdn ausquetschen** [*o* **auspressen**] **wie eine ~** *(fam)* spremere qu come un limone

Zitronenbaum *m* limone *m*

Zitroneneis *nt* gelato *m* di limone

zitronengelb *adj* giallo limone

Zitronenlimonade *f* limonata *f*

Zitronenpresse *f* spremilimoni *m,* spremiagrumi *m*

Zitronensaft *m* succo *m* di limone; *(Getränk)* spremuta *f* di limone

Zitronensäure *f* acido *m* citrico

Zitronenschale *f* scorza *f* di limone

Zitrusfrucht ['tsiːtrʊsfrʊxt] *f* BOT agrume *m*

zitterig ['tsɪt(ə)rɪç] *adj* tremante, tremolante

zittern ['tsɪtɐn] *vi* tremare; *(vibrieren)* vibrare, tremolare; **vor Kälte ~** tremare di freddo; **vor Wut ~** tremare dalla rabbia; **vor jdm ~** tremare davanti a qu; **am ganzen Körper ~** tremare in tutto il corpo; **wie Espenlaub ~** tremare come una foglia; **mir ~ die Knie** mi tremano le ginocchia

Zitterpappel *f* BOT pioppo *m* tremolo

Zitterrochen *m* torpedine *m*

zittrig *s.* **zitterig**

Zitze ['tsɪtsə] <-, -n> *f* capezzolo *m*

Zivi ['tsiːvi] <-(s), -s> *m (fam)* ① *Abk. von* **Zivildienstleistende(r)** *chi presta servizio civile* ② *Abk. von* **Zivilpolizist** poliziotto *m* in borghese

zivil [tsi'viːl] *adj* ① *(nichtmilitärisch)* civile,

Z

borghese ② *(fig fam: Preise)* moderato, ragionevole; *(Chef)* educato
Zivil <-s> *nt kein Pl.* abiti *mpl* borghesi; **in ~** in borghese
Zivilangestellte *mf* impiegato, -a *m, f* civile
Zivilbehörden *fpl* autorità *fpl* civili
Zivilberuf <-(e)s, -e> *m* lavoro *m* da civile; **im ~** nel lavoro da civile
Zivilbevölkerung *f* popolazione *f* civile
Zivilcourage <-> *f kein Pl.* coraggio *m* civile
Zivildienst *m* servizio *m* civile; **~ leisten** prestare servizio civile
Zivildienstleistende <ein -r, -n, -n> *mf* addetto *m* al servizio civile
Zivilgericht *nt* tribunale *m* civile
Zivilgesetzbuch <-(e)s, -bücher> *nt* CH codice *m* civile
Zivilgesetzgebung *f* legislazione *f* civile
Zivilisation [tsiviliza'tsi̯oːn] <-, -en> *f* civiltà *f*
Zivilisationskrankheit *f* malattia *f* del progresso
zivilisatorisch [tsiviliza'toːrɪʃ] *adj* civilizzatore
zivilisieren [tsivili'ziːrən] <ohne ge-> *vt* civilizzare
zivilisiert [tsivili'ziːɐ̯t] *adj* civilizzato, civile; **sich ~ benehmen** comportarsi in modo civile
Zivilist [tsivi'lɪst] <-en, -en; -, -nen> *m* civile *m,* borghese *m*
Zivilkammer *f* sezione *f* civile
Zivilklage *f* azione *f* civile
Zivilkleidung *f* abiti *mpl* borghesi
Zivilleben *nt* **im ~** nella vita civile
Zivilperson *f* borghese *m*
Zivilprozess *m* processo *m* civile
Zivilprozessordnung *f* codice *m* di procedura civile
Zivilrecht *nt* diritto *m* civile
zivilrechtlich I. *adj* di diritto civile, civilistico **II.** *adv* dal punto di vista del diritto civile
Zivilschutz *m* ① *(Schutz der Zivilbevölkerung)* protezione *f* civile ② *(~korps)* corpo *m* di protezione civile
ZNS [tsɛtʔɛn'ʔɛs] *nt Abk. von* **Zentralnervensystem** SNC *m*
Znüni ['tsnyːni] <-s, -s> *m o nt* CH spuntino *m* mattutino
Zobel ['tsoːbəl] <-s, -> *m* zibellino *m*
zocken ['tsɔkən] *vi (fam)* giocare d'azzardo
Zofe ['tsoːfə] <-, -n> *f* cameriera *f*
Zoff ['tsɔf] <-s> *m kein Pl. (fam)* litigio *m;* **~ haben** litigare, avere un litigio
zog [tsoːk] *1. u. 3. Pers. Sing. Imp. von* **ziehen**
zögerlich ['tsøːgɐlɪç] *adj* tentennante, titubante
zögern ['tsøːgɐn] *vi* esitare, indugiare; *(schwanken)* titubare, tentennare; **~ etw zu tun** esitare a fare qc; **ohne zu ~** senza indugio
Zögern <-s> *nt kein Pl.* esitazione *f,* indugio *m; (Schwanken)* titubanza *f; (Unentschlossenheit)* indecisione *f;* **ohne ~** senza esitazione; **nach langem ~** dopo lunga esitazione
Zögling ['tsøːklɪŋ] <-s, -e> *m* allievo, -a *m, f* [interno, -a]; *(Internats~)* convittore, -trice *m, f*
Zölibat [tsøli'baːt] <-(e)s> *nt o m kein Pl.* celibato *m*
Zoll[1] [tsɔl, *Pl:* 'tsœlə] <-(e)s, Zölle> *m* ① *(Abgabe)* tassa *f* doganale; *(Straßen~, Brücken~)* pedaggio *m;* **für** [*o* **auf**] **etw** *akk* **~ bezahlen** pagare la dogana per qc ② *Sing. (Dienststelle)* dogana *f;* **den ~ passieren** passare la dogana
Zoll[2] [tsɔl] <-(e)s, -> *m* HIST *(Längenmaß)* pollice *m*
Zollabfertigung *f* operazioni *fpl* doganali
Zollabkommen *nt* accordo *m* [*o* convenzione *f*] doganale
Zollamt *nt* ufficio *m* doganale, dogana *f*
Zollbeamte *m,* **Zollbeamtin** *f* funzionario, -a *m, f* doganale, doganiere *m*
Zollbehörde *f* autorità *f* doganale
Zollbestimmungen *fpl* disposizioni *fpl* doganali
zollen *vt (geh)* tributare; **jdm Respekt ~** rispettare qu
Zollerklärung *f* dichiarazione *f* doganale
Zollfahndung *f* investigazione *f* della Finanza
zollfrei *adj* esente da dazio
Zollgebiet *nt* territorio *m* doganale
Zollgrenzbezirk *m* zona *f* doganale di confine
Zollgrenze <-, -n> *f* frontiera *f* doganale
Zollhoheit *f* sovranità *f* doganale
Zollkontrolle *f* controllo *m* doganale
Zöllner(in) ['tsœlnɐ] <-s, -; -, -nen> *m(f)* *(fam: Zollbeamter)* funzionario, -a *m, f* doganale
zollpflichtig *adj* soggetto a dazio
Zollschranken *fpl* barriere *fpl* doganali
Zollsenkung *f* riduzione *f* dei dazi doganali
Zollstock *m* metro *m* pieghevole
Zolltarif *m* tariffa *f* doganale
Zollunion *f* unione *f* doganale
Zollverwaltung *f* amministrazione *f* dei dazi e delle dogane
Zombie ['tsɔmbi] <-(s), -s> *m* zombi *m*
Zone ['tsoːnə] <-, -n> *f* zona *f*

Zonengrenze *f (fam)* HIST ex confine *m* intertedesco
Zoo [tsoː] <-s, -s> *m* zoo *m*
Zoologe [tsooˈloːgə] <-n, -n> *m* zoologo *m*
Zoologie [tsooloˈgiː] <-> *f kein Pl.* zoologia *f*
Zoologin [tsooˈloːgɪn] <-, -nen> *f* zoologa *f*
zoologisch [tsooˈloːgɪʃ] *adj* zoologico
Zoom [zuːm] <-s, -s> *nt* FILM, FOTO zoom *m*
zoomen [ˈzuːmən] *vt* FILM, FOTO zoomare, zumare
Zopf [tsɔpf, *Pl:* ˈtsœpfə] <-(e)s, Zöpfe> *m* treccia *f;* **das ist ein alter ~** è antiquato
Zorn [tsɔrn] <-(e)s> *m kein Pl.* ira *f,* collera *f; (Wut)* rabbia *f;* **jdn in ~ bringen** far andare in collera qu; **in ~ geraten** andare in collera; **im ~ sagt sie oft Dinge, die sie später bereut** nella rabbia dice spesso cose di cui poi si pente
zornig I. *adj* adirato, irato, incollerito; **auf jdn ~ sein** essere in collera con qu; **~ werden** adirarsi, arrabbiarsi **II.** *adv* con rabbia
Zote [ˈtsoːtə] <-, -n> *f (pej)* oscenità *f,* sconcezza *f*
zott[e]lig *adj* arruffato, spettinato
Zottel [ˈtsɔtəl] <-, -n> *f meist Pl. (fam)* ① *(Haarbüschel)* ciuffo *m* [di capelli] ② *(Troddel)* nappa *f*
zottig [ˈtsɔtɪç] *adj* ① *(Fell)* irsuto ② *(pej: Haar, Frisur)* scomposto, spettinato
zottlig *s.* **zott[e]lig**
ZPO *Abk. von* **Zivilprozessordnung** C.P.C.
z. T. *Abk. von* **zum Teil** in parte
Ztr. *Abk. von* **Zentner** mezzoquintale
zu [tsuː] **I.** *präp +dat* ① *(Richtung, Lage)* a; **~ Hause** a casa; **~m Bahnhof** alla stazione; **~m Markt** al mercato; **~r Schule** a scuola; **der Weg ~m Hotel** la strada per l'albergo; **von Haus ~ Haus** di casa in casa; **~r Tür hinein** dentro per la porta; **~m Fenster hinaus** fuori dalla finestra; **etw ~ jdm sagen** dire qc a qu; **~ beiden Seiten** da entrambe le parti; **~r Linken/Rechten** sulla sinistra/destra; **~ Bett gehen** *(geh)* andare a letto; **~ Boden fallen** *(geh)* cadere a terra ② *(da~)* **etw ~ etw essen/trinken** mangiare/bere qc con qc; **sich ~ jdm setzen** sedersi vicino a qu ③ *(zeitlich)* **~ Anfang** in principio, all'inizio; **~r Zeit Karls des Großen** al tempo di Carlo Magno; **~m ersten Mal** per la prima volta; **~r Stunde, ~r Zeit** in questo momento, attualmente; **~ Weihnachten/Ostern/Pfingsten** a Natale/Pasqua/Pentecoste; **~m Schluss** alla fine ④ *(Preis)* **ein Eis ~ 50 Cent** un gelato da 50 centesimi ⑤ *(mit Zahlenangabe)* **~ dritt** a [*o* in] tre; **~ Dutzenden/Hunderten** a dozzine/centinaia; **~ einem Drittel** per un terzo; **~r Hälfte** a metà ⑥ *(Art und Weise)* **~ Fuß** a piedi ⑦ *(Zweck, Ziel)* per; **~r Belohnung** per ricompensa; **~m Geburtstag** per il compleanno; **~r Probe** in prova ⑧ *(Verhältnis)* a; **2 ~ 1** SPORT 2 a 1 **II.** *adv* ① *(Richtung)* verso; **nach Süden ~** verso sud; **nur ~!** avanti!, coraggio! ② *(all~)* troppo; **~ groß/wenig** troppo grande/poco; **~ viel/sehr** troppo; **das ist ~ schön, um wahr zu sein** *(fam)* è troppo bello per essere vero ③ *(fam: geschlossen)* chiuso ④ *(zeitlich)* **ab und ~** ogni tanto, di quando in quando **III.** *konj* ① *(mit Infinitiv)* da, a, di; **ich habe ~ tun** ho da fare; **sie ist heute nicht ~ sprechen** oggi non si può parlarle; **er befahl ihm, aufzuhören** gli ordinò di smetterla; **hier hast du nichts ~ sagen!** non hai voce in capitolo ② *(mit Partizip)* da; **nicht ~ übersehende Schwierigkeiten** difficoltà palesi
zuallererst [tsuˈʔalɐˈʔeːɐ̯st] *adv* innanzi tutto
zuallerletzt [tsuˈʔalɐˈlɛtst] *adv* alla fine, infine
Zubehör [ˈtsuːbəhøːɐ̯] <-(e)s, -e> *nt* accessori *mpl*
Zubehörteil *nt* accessorio *m*
zu|beißen <irr> *vi* mordere; *(Hund)* azzannare
zu|bekommen <irr, ohne ge-> *vt* riuscire a chiudere
Zuber [ˈtsuːbɐ] <-s, -> *m* mastello *m*
zu|bereiten <ohne ge-> *vt* preparare, fare
Zubereitung <-, -en> *f* preparazione *f*
zu|billigen *vt* accordare, concedere
zu|binden <irr> *vt* legare; *(Schuhe)* allacciare
zu|blinzeln *vi* **jdm ~** ammiccare, strizzare l'occhio a qu; **sich** *dat* [*o* **einander**] **~** farsi l'occhiolino
zu|bringen <irr> *vt* ① *(verbringen)* passare, trascorrere ② *(fam: schließen können)* riuscire a chiudere
Zubringer <-s, -> *m* ① *(Straße)* svincolo *m,* raccordo *m* ② *(Bus)* navetta *f* in servizio tra la città e l'aeroporto
Zubringerdienst *m* servizio *m* di collegamento aeroporto-città
Zubringerstraße *f s.* **Zubringer**
Zubrot *nt* **sich** *dat* **mit etw ein ~ verdienen** arrotondarsi lo stipendio con qc
Zucchino [tsʊˈkiːno, *Pl:* tsʊˈkiːni] <-s, Zucchini> *m* zucchina *f,* zucchino *m*
Zucht [tsʊxt] <-, -en> *f* ① *(Pflanzen~, Perlen~)* coltivazione *f; (a. Bakterien~)* coltu-

ra *f; (Tier~)* allevamento *m* ② *Sing. (obs: Disziplin)* disciplina *f;* ~ **und Ordnung** disciplina *f*
Zuchtbulle *m* toro *m* d'allevamento
züchten ['tsʏçtən] *vt (Pflanzen, Perlen, a. fig)* coltivare; *(Tiere)* allevare
Züchter(in) <-s, -; -, -nen> *m(f) (Pflanzen~, Perlen~)* coltivatore, -trice *m, f; (Vieh~)* allevatore, -trice *m, f*
Zuchthaus *nt* ① *(Gebäude)* penitenziario *m* ② *Sing. (~strafe)* reclusione *f;* **zu 20 Jahren ~ verurteilt werden** essere condannato a 20 anni di reclusione; **darauf steht ~** per una cosa del genere c'è la prigione
Zuchthäusler(in) ['tsʊxthɔɪslɐ] <-s, -; -, -nen> *m(f)* detenuto, -a *m, f*
Zuchthengst *m* stallone *m* da monta
züchtig ['tsʏçtɪç] *adj (obs)* virtuoso, onesto; **die Augen ~ niederschlagen** abbassare pudicamente gli occhi
züchtigen ['tsʏçtɪgən] *vt (geh)* castigare corporalmente
Züchtigung <-, -en> *f (geh)* punizione *f* [corporale]
Zuchtperle *f* perla *f* coltivata
Zuchttier *nt* riproduttore *m*
Züchtung <-, -en> *f* coltivazione *f*
Zuchtvieh *nt* animali *mpl* riproduttori
Zuchtwahl *f* **natürliche ~** selezione *f* naturale
zuckeln ['tsʊkəln] *vi sein (fam)* trotterellare
zucken ['tsʊkən] **I.** *vi* ① *(zusammenfahren)* trasalire, sobbalzare ② *(geschlachtetes Tier)* palpitare ③ *(Blitze, Flammen)* guizzare **II.** *vt* **die Achseln ~** alzare le spalle
zücken ['tsʏkən] *vt* tirare fuori
zuckend *adj (Glieder)* tremante; *(Blitz)* guizzante
Zucker ['tsʊkɐ] <-s, *rar:* -> *m* ① *(Nahrungsmittel)* zucchero *m;* **ein Stück ~** una zolletta di zucchero ② *Sing. (fam: ~krankheit)* diabete *m;* **~ haben** essere diabetico
Zuckerbäcker *m* A *(Konditor)* pasticciere *m*
Zuckerbrot *nt* **mit ~ und Peitsche** col metodo del bastone e della carota
Zuckerdose *f* zuccheriera *f*
Zuckererbse *f* pisello *m* dolce
Zuckerfabrik *f* zuccherificio *m*
Zuckerfest *nt* REL festa *f* dello zucchero
Zuckerguss *m* glassa *f;* **mit ~** glassato
zuckerhaltig *adj* saccarifero
Zuckerhut *m* pan *m* di zucchero
zuckerig ['tsʊk(ə)rɪç] *adj* zuccheroso, zuccherino
zuckerkrank *adj* diabetico
Zuckerkranke *mf* diabetico, -a *m, f*
Zuckerkrankheit *f* diabete *m*
Zuckerl ['tsʊkɐl] <-s, -n> *nt* A, SÜDD ① *(Bonbon)* caramella *f,* zuccherino *m* ② *(etwas Besonderes)* ghiottoneria *f*
Zuckerlecken *nt* **etw ist kein ~** *(fam)* non è una passeggiata
zuckern *vt* ① *(mit Zucker süßen)* zuccherare ② *(mit Zucker bestreuen)* inzuccherare
Zuckerrohr *nt* canna *f* da zucchero
Zuckerrübe *f* barbabietola *f* da zucchero
Zuckerstange *f* lecca lecca *m fam*
zuckersüß ['tsʊkɐ'zyːs] *adj* zuccheroso
Zuckerwatte *f* zucchero *m* filato
Zuckerzange *f* mollette *fpl* da zucchero
zuckrig *s.* **zuckerig**
Zuckung <-, -en> *f* convulsione *f,* spasmo *m;* **nervöse ~en** tic nervoso
zu|decken I. *vt* **etw** [**mit etw**] **~** [ri]coprire qc [di qc] **II.** *vr:* **sich ~** coprirsi
zudem [tsu'deːm] *adv (geh)* inoltre, per di più
zu|denken <irr> *vt (geh)* **jdm etw ~** destinare qc a qu
zu|drehen *vt* ① *(Wasserhahn)* chiudere ② *(Gesicht, Rücken)* voltare; **jdm den Rücken ~** voltare le spalle a qu
zudringlich *adj* invadente, importuno; **jdm gegenüber ~ werden** molestare qu
Zudringlichkeit *f* invadenza *f,* importunità *f*
zu|drücken *vt* chiudere; **jdm die Kehle ~** strozzare qu
zu|eignen I. *vt (geh)* dedicare **II.** *vr* **sich** *dat* **etw ~** *bes.* JUR appropriarsi di qc
Zueignung *f* dedica *f*
zu|eilen *vi sein* **auf jdn ~** correre incontro a qu
zueinander [tsuʔaɪ'nandɐ] *adv* uno verso l'altro; **~ passen** essere fatti l'uno per l'altro; **seid nett ~** siate gentili l'uno con l'altro
zu|erkennen <irr, ohne ge-> *vt (Preis, Auszeichnung)* conferire; *(Recht)* concedere; *(bei Versteigerung)* aggiudicare
zuerst [tsu'ʔeːɐ̯st] *adv* ① *(als Erster)* per primo, -a **wer ~ kommt, mahlt ~** *(prov)* chi primo arriva, primo alloggia ② *(zunächst)* dapprima, in primo luogo ③ *(anfangs)* in principio ④ *(zum ersten Mal)* per la prima volta
zu|erteilen <ohne ge-> *vt* assegnare, aggiudicare
zu|fächeln *vt* **sich** *dat* **Kühlung ~** farsi fresco col ventaglio
zu|fahren <irr> *vi sein* dirigersi (**auf** +*akk* verso); **fahr zu!** vai!
Zufahrt *f* accesso *m;* **die ~ zu etw sperren/haben** bloccare l'/avere accesso a qc

Z

Zufahrtsstraße *f* strada *f* d'accesso; *(zur Autobahn)* raccordo *m* [autostradale]

Zufall *m* caso *m;* **etw dem ~ überlassen** affidare qc al caso; **durch ~** per caso; **der ~ wollte es, dass …** il caso ha voluto che +*conj;* **es war reiner ~, dass …** è stato un puro caso che +*conj;* **welch ein ~!** che coincidenza!

zu|fallen <irr> *vi sein* ① *(Tür)* chiudersi; **mir fielen vor Müdigkeit die Augen zu** cascavo dal sonno ② *(Aufgabe, Erbe)* **jdm ~** toccare a qu

zufällig I. *adj* casuale, accidentale; *(Begegnung a.)* fortuito **II.** *adv* per caso; **rein ~** per puro caso; **ich war ~ da** ero lì per combinazione

zufälligerweise *s.* **zufällig II.**

Zufallsbekanntschaft *f* conoscenza *f* casuale

Zufallstreffer *m* colpo *m* di fortuna

zu|fassen *vi* afferrare

zu|fliegen <irr> *vi sein* **auf etw** *akk* **~** volare verso qc; **alle Herzen fliegen ihm zu** conquista tutti i cuori; **die Tür ist zugeflogen** *(fam)* la porta si è chiusa da sola

zu|fließen <irr> *vi sein* scorrere (+*dat* verso), affluire (+*dat* a); **einem Fonds ~** essere devoluto a un fondo

Zuflucht *f* rifugio *m;* **~ vor etw** *dat* **finden** trovare rifugio da qc; **zu etw ~ nehmen** *(fig)* ricorrere a qc

Zufluss *m* affluente *m; (zu See)* immissario *m*

zu|flüstern *vt* **jdm etw ~** sussurrare qc a qu

zufolge [tsuˈfɔlgə] *präp +dat o rar gen* secondo, conformemente a

zufrieden [tsuˈfriːdən] *adj* contento, soddisfatto; **mit jdm/etw ~ sein** essere soddisfatto di qu/qc

zufrieden|geben <irr> *vr* **sich [mit etw] ~** accontentarsi [di qc]

Zufriedenheit <-> *f kein Pl.* contentezza *f; (Befriedigtsein)* soddisfazione *f;* **zur allgemeinen ~** con soddisfazione di tutti

zufrieden|lassen <irr> *vt* lasciare in pace

zufrieden|stellen *vt* accontentare

zufriedenstellend *adj* soddisfacente

zu|frieren <irr> *vi sein* gelare, ghiacciare

zu|fügen *vt* ① *(Böses, Leid)* fare; *(Schaden)* recare; *(Verlust, Niederlage)* infliggere ② *(hin~)* aggiungere

Zufuhr [ˈtsuːfuːɐ̯] <-> *f kein Pl.* ① *(Versorgung)* rifornimento *m,* approvvigionamento *m* ② TEC, METEO afflusso *m*

zu|führen I. *vt* rifornire (**jdm etw** qu di qc); **seiner Bestimmung ~** portare a destinazione; **jdn seiner gerechten Strafe ~** punire qu giustamente **II.** *vi* **auf etw** *akk* **~** condurre a qc

Zug[1] [tsuːk, *Pl:* ˈtsyːgə] <-(e)s, Züge> *m* ① FERR treno *m;* **mit dem ~** col treno, in treno; **den ~ verpassen** perdere il treno; **der ~ ist [für ihn] abgefahren** *(fig fam)* ha perduto il treno ② *(bei Brettspiel)* tiro *m;* **Sie sind am ~** tocca a Lei; **zum ~[e] kommen** entrare in azione ③ *Sing. (fig: Tendenz)* tendenza *f; (Neigung)* inclinazione *f* ④ *(Atem~)* respiro *m; (beim Rauchen)* tirata *f,* boccata *f; (beim Trinken)* sorso *m; (beim Schwimmen)* bracciata *f;* **einen ~ an der Zigarette machen [o tun]** dare una tirata alla sigaretta; **sein Glas in einem ~ leeren** vuotare il bicchiere d'un fiato; **etw in vollen Zügen genießen** godere pienamente qc; **in den letzten Zügen liegen** *(fam)* essere in agonia ⑤ *Sing. (Luft~)* corrente *f* [d'aria] ⑥ *Sing. (von Kamin, Ofen)* tiraggio *m* ⑦ *(Schrift~, Gesichts~, Wesens~)* tratto *m;* **in großen [o groben] Zügen** a larghi tratti ⑧ *(Menschen)* fila *f,* colonna *f; (Fest~)* corteo *m;* REL processione *f*

Zug[2] [tsuːk] *nt* GEOG Zug *f*

Zugabe *f* ① *(Zusätzliches)* aggiunta *f,* supplemento *m* ② MUS, THEAT bis *m;* **„~!“** “bis!”; **eine ~ geben** fare il bis, concedere un bis

Zugabteil <-(e)s, -e> *nt* scompartimento *m* ferroviario

Zugang *m* ① *(Zutritt, Zugriff)* accesso *m;* **~ zu …** accesso a …; **„~ verboten!“** “vietato l'accesso” ② *(Eingang, Einfahrt)* entrata *f,* ingresso *m* ③ *(von Waren)* arrivo *m* [di merci]; *(Neuerwerbung)* nuovo arrivo *m; (von Patienten)* nuovo arrivato *m*

zugange [tsuˈgaŋə] *adj (fam)* **mit etw/jdm ~ sein** essere occupato con qc/qu

zugänglich [ˈtsuːgɛŋlɪç] *adj* ① *(erreichbar, aufgeschlossen)* accessibile ② *(benutzbar)* disponibile

Zugbrücke *f* ponte *m* levatoio

zu|geben <irr> *vt* ① *(einräumen, gestehen)* ammettere; **jdm gegenüber etw ~** confessare qc a qu; **zugegeben, das war nicht leicht, aber …** d'accordo, non era facile, ma … ② *(hinzufügen)* aggiungere; MUS, THEAT concedere fuori programma; *(zusätzlich geben)* dare in aggiunta

zugegen [tsuˈgeːgən] *adj (geh)* **[bei etw] ~ sein** essere presente [a qc]

zu|gehen <irr> *vi sein* ① *(form: Nachricht, Brief)* **jdm ~** giungere a qu ② *(fam: sich schließen lassen)* chiudersi ③ *(hingehen)* **auf jdn/etw ~** avvicinarsi a qu/qc; **dem Ende ~** volgere alla fine; **auf die Fünfzig ~** avvicinarsi alla cinquantina ④ *(vor*

Z

sich gehen) **das geht nicht mit rechten Dingen zu** gatta ci cova; **es ging bei ihnen zu wie im Irrenhaus** a casa loro era come al manicomio

zugehörig *adj* appartenente; **einer Sache** *dat* **~ sein** facre parte di qc

Zugehörigkeit <-> *f kein Pl.* appartenenza *f;* **die ~ zur Familie/zu einer Gruppe** l'appartenenza alla famiglia/a un gruppo

zugeknöpft *adj (fig fam)* abbottonato

Zügel ['tsy:gəl] <-s, -> *m* briglia *f,* redine *f;* **die ~ anziehen** tirare le briglie; *(fig)* tirare la briglia; **die ~ locker lassen** [*o* **lockern**] *(a. fig)* allentare le redini

zugelassen *adj* ① *(gestattet)* permesso, autorizzato; **nicht ~** proibito; **staatlich ~** autorizzato dallo stato; **zum Verkauf ~** ammesso alla vendita ② *(registriert)* registrato, omologato; *(Auto)* immatricolato

zügellos *adj* sbrigliato; *(bes. Lebenswandel)* dissoluto

Zügellosigkeit <-, -en> *f* sfrenatezza *f;* *(im Lebenswandel)* dissolutezza *f,* sregolatezza *f*

zügeln ['tsy:gəln] **I.** *vt haben* ① *(Pferd)* tenere le briglie di ② *(fig: Gefühle)* frenare ③ CH *(transportieren)* trasportare **II.** *vi sein* CH *(umziehen)* traslocare

zu|gesellen <ohne ge-> *vr:* **sich ~** ① *(sich anschließen)* unirsi (**jdm** a qu) ② *(fig: hinzukommen)* aggiungersi (**etw** *dat* a qc)

zugestandenermaßen *adv* come è stato ammesso

Zugeständnis *nt* concessione *f*

zu|gestehen <irr> *vt* ① *(zubilligen)* [**jdm**] **etw ~** accordare qc [a qu] ② *(zugeben)* ammettere

zugetan *adj* affezionato, attaccato; **dem Alkohol ~ sein** essere dedito al bere

Zugewinngemeinschaft *f* JUR comunione *f* degli utili e acquisti

Zugfahrt *f* viaggio *m* in treno; **auf der ~ von … nach …** in treno da … a …

Zugfeder *f* molla *f* di trazione

Zugfolge *f* FERR successione *f* dei vagoni

Zugführer *m* FERR capotreno *m*

zu|gießen <irr> *vt* ① *(Getränk)* versare ancora; *(hin~)* aggiungere ② *(Loch)* chiudere (**mit etw** versando qc)

zugig ['tsu:gɪç] *adj* esposto alla corrente d'aria; **hier ist es ~** qui c'è corrente

zügig ['tsy:gɪç] *adj* rapido, scorrevole

Zugkraft *f* ① TEC forza *f* di trazione ② *Sing. (fig: Anziehungskraft)* forza *f* d'attrazione

zugkräftig *adj* che attrae il pubblico; *(Titel)* di effetto

zugleich [tsu'glaɪç] *adv (gleichzeitig)* nello stesso tempo; *(a. ebenso)* nel contempo

Zugluft *f* corrente *f* d'aria

Zugmaschine *f* trattore *m,* trattrice *f*

Zugnummer *f* ① FERR numero *m* di treno ② *(fig: Attraktion)* numero *m* d'attrazione

Zugpferd *nt* ① *(Tier)* cavallo *m* da tiro ② *(fig: jmd, der andere mitreißt)* trascinatore *m*

Zugpflaster *nt* vescicante *m*

zu|greifen <irr> *vi* ① *(zufassen)* afferrare; *(bei Tisch)* servirsi ② *(schwer arbeiten)* lavorare sodo

Zugrestaurant <-s, -s> *nt* vagone *m* ristorante

Zugriff *m* ① *(das Zugreifen)* presa *f;* **sich dem ~ der Polizei entziehen** sottrarsi all'arresto ② INFORM accesso *m*

Zugriffsgeschwindigkeit *f* velocità *f* d'accesso

Zugriffszeit *f* tempo *m* d'accesso

zugrunde [tsu'grʊndə] *adv* **~ legen** porre a base; **einer Sache** *dat* **~ liegen** essere alla base di qc; **~ gehen** *(untergehen)* andare in rovina; *(sterben, umkommen)* perire; **~ richten** rovinare

Zugschaffner(in) *m(f)* controllore *m* del treno

Zugspitze *f* Zugspitze *m*

Zugtier *nt* animale *m* da tiro

zu|gucken *vi (fam)* stare a guardare; **mir wird schon vom Zugucken schlecht** soltanto a guardare sto male

Zugunglück *nt* disastro *m* ferroviario

zugunsten [tsu'gʊnstən] *präp +gen* **~ von** *+dat* a favore di

zugute|halten [tsu'gu:tə-] <irr> *vt* **jdm etw ~** considerare qc a giustificazione di qu

zugute|kommen <irr> *vt* **jdm ~** tornare a profitto di qu, tornare utile a qu

Zugverbindung *f* ① *(zwischen zwei Orten)* collegamento *m* ferroviario ② *(zwischen zwei Zügen)* coincidenza *f*

Zugverkehr *m* traffico *m* ferroviario

Zugvogel *m* uccello *m* migratore

Zugzwang *m* **in ~ sein/geraten** trovarsi nella necessità di scegliere

zu|haben <irr> *(fam)* **I.** *vi (Laden, Museum, Behörde)* essere chiuso **II.** *vt (Augen)* avere chiuso

zu|halten <irr> **I.** *vt* tenere chiuso; **jdm den Mund ~** tappare la bocca a qu; **sich** *dat* **die Ohren ~** tapparsi le orecchie **II.** *vi* **auf etw** *akk* **~** dirigersi verso qc

Zuhälter ['tsu:hɛltɐ] <-s, -> *m* ruffiano *m*

Zuhälterei <-> *f kein Pl.* sfruttamento *m* della prostituzione, lenocinio *m*

zuhanden [tsu'handən] *adv* CH **~ von** all'attenzione di

zu|hauen <haut zu, haute zu, zugehau-

en> **I.** *vt (Stein)* squadrare; *(fam: Tür)* sbattere **II.** *vi* picchiare

zuhauf [tsu'haʊf] *adv (geh)* a iosa

Zuhause [tsu'haʊzə] <-> *nt kein Pl.* casa *f*

Zuhilfenahme [tsu'hɪlfənaːmə] <-> *f kein Pl.* **unter/ohne ~ von ...** con/senza l'aiuto di ...

zu|hören *vi* [**jdm/etw**] ~ ascoltare [qu/qc]

Zuhörer(in) *m(f)* ascoltatore, -trice *m, f*

Zuhörerschaft *f* ascoltatori *mpl,* uditorio *m*

zu|jubeln *vi* [**jdm**] ~ acclamare [qu]

zu|kehren *vt* **jdm das Gesicht/den Rücken ~** volgere il viso/le spalle a qu

zu|klappen **I.** *vt haben* chiudere **II.** *vi sein* chiudersi

zu|kleben *vt* chiudere [con la colla]

zu|kneifen <irr> *vt* stringere; *(Auge)* strizzare

zu|knöpfen *vt* abbottonare

zu|knoten *vt* annodare

zu|kommen <irr> *vi sein* ❶ *(sich nähern)* **auf jdn/etw ~** dirigersi verso qu/qc, avvicinarsi a qu/qc; **du musst das alles in Ruhe auf dich ~ lassen** in tutta calma devi lasciare che le cose maturino ❷ *(zustehen)* **jdm ~** spettare a qu; *(geziemen)* addirsi a qu ❸ *(geh: übermitteln)* **jdm etw ~ lassen** *(Nachricht)* far pervenire qc a qu; *(Geld)* concedere qc a qu

zu|kriegen *vt (fam) s.* **zubekommen**

Zukunft ['tsuːkʊnft] <-> *f kein Pl.* avvenire *m;* LING futuro *m;* **in ~** in futuro; *(von jetzt an)* d'ora in poi; **in naher/ferner ~** in un prossimo/lontano futuro; [**eine große**] **~ haben** avere un grande avvenire

zukünftig **I.** *adj* futuro, venturo; **mein Zukünftiger** *(fam)* il mio futuro marito **II.** *adv* in futuro; *(von jetzt an)* d'ora in poi

Zukunftsaussichten *fpl* prospettive *fpl* per l'avvenire

Zukunftsforscher(in) *m(f)* futurologo, -a *m, f*

Zukunftsforschung *f* futurologia *f*

Zukunftsmusik *f (fam)* utopia *f;* **das ist** [**noch**] **~** sono [ancora] castelli in aria

Zukunftsperspektive <-, -n> *f* prospettive *fpl* per il futuro

Zukunftspläne *mpl* progetti *mpl* per il futuro

zukunftsträchtig *adj* promettente

zukunftsweisend *adj* futuristico, progredito

zu|lächeln *vi* **jdm ~** sorridere a qu; *(Glück)* arridere a qu

Zulage *f (Geld~)* supplemento *m; (Gehalts~, Lohn~)* aumento *m* [di stipendio]; *(Leistungs~)* premio *m* incentivante

zu|langen *vi (fam)* ❶ *(bei Arbeit)* lavorare sodo ❷ *(bei Tisch)* servirsi

zu|lassen <irr> *vt* ❶ *(fam: geschlossen lassen)* lasciare chiuso ❷ *(Zugang gewähren)* ammettere ❸ *(dulden)* tollerare; *(gestatten)* permettere ❹ *(amtlich)* autorizzare; *(Arzt)* abilitare; *(Auto)* immatricolare

zulässig *adj* ammesso, permesso; **~e Höchstgeschwindigkeit** velocità massima ammissibile

Zulassung <-, -en> *f* ❶ *(Gewährung von Zugang)* ammissione *f* ❷ *(Erlaubnis)* permesso *m* ❸ *(amtlich)* autorizzazione *f; (als Arzt, Anwalt)* abilitazione *f; (von Auto)* immatricolazione *f*

Zulassungsbeschränkung *f* restrizione *f* di ammissioni; *(an Universität)* numero *m* chiuso

Zulassungsnummer *f* numero *m* d'immatricolazione

Zulassungspapiere *ntpl* carta *f* di circolazione

Zulassungsstelle *f* ufficio *m* d'ammissione

zulasten *adv* **~ des Angeklagten** a carico di

Zulauf *m* afflusso *m;* **großen** [*o* **starken**] **~ haben** *(Arzt, Anwalt)* avere una vasta clientela; *(an Publikum)* essere molto frequentato

zu|laufen <irr> *vi sein* ❶ *(rennen)* **auf jdn/etw ~** correre verso qu/qc ❷ *(fam: sich beeilen)* **lauf zu!** *(fam)* sbrigati! ❸ *(Katzen, Hunde)* **jdm ~** venire dietro a qu ❹ *(eine bestimmte Form haben)* **spitz ~** terminare a punta

zu|legen **I.** *vt (fam: hinzufügen)* aggiungere **II.** *vi (fam: an Tempo, Gewicht)* **an etw** *dat* **~** aumentare qc **III.** *vr* **sich** *dat* **etw ~** *(fam)* comprarsi qc

zuleide [tsu'laɪdə] *adv* **jdm etw ~ tun** fare del male a qu

zu|leiten *vt* ❶ TEC *(durch Leitung)* far affluire ❷ *(fig: übermitteln)* trasmettere

Zuleitung *f* afflusso *m; (Übermittlung)* trasmissione *f*

zuletzt [tsu'lɛtst] *adv* ❶ *(als Letztes)* per ultimo; **bis ~** fino alla fine; [**und**] **nicht ~ wegen ihrer Beziehungen bekam sie die Stelle** e soprattutto grazie alle sue relazioni ottenne il posto ❷ *(als Letzter)* per ultimo; **der ~ Gekommene** l'ultimo arrivato ❸ *(fam: zum letzten Mal)* l'ultima volta ❹ *(schließlich)* alla fine, infine

zuliebe [tsu'liːbə] *adv* **jdm ~** per amore di qu

Zulieferbetrieb *m,* **Zulieferer** <-s, -> *m* fornitori *mpl*

zu|liefern *vt* fornire, distribuire, consegnare

zum [tsʊm] = **zu dem:** ~ **Beispiel** per esempio; ~ **Glück** per fortuna; ~ **Spaß** per scherzo; ~ **Teil** in parte; **„Zum Goldenen Adler"** "All'Aquila d'Oro"; **es ist ~ Heulen** *(fam)* c'è da piangere; *s. a.* **zu**

zu|machen *(fam)* **I.** *vt (schließen)* chiudere; *(Loch)* turare; *(mit Knöpfen)* abbottonare; *(Gürtel, Schuhe)* affibbiare **II.** *vi* ❶ *(schließen)* chiudere ❷ *(sich beeilen)* sbrigarsi, spicciarsi

zu|mailen *vt* **jdm etw ~** inviare a qn una mail

zumal [tsu'ma:l] **I.** *adv* soprattutto, particolarmente **II.** *konj* ~ [**, da**] tanto più che

zu|mauern *vt* murare

zumeist [tsu'maɪst] *adv (rar)* per lo più

zu|messen <irr> *vt (geh: Schuld, Bedeutung)* attribuire (**jdm etw** qc a qu); *(Strafe)* infliggere (**jdm etw** qc a qu)

zumindest [tsu'mɪndəst] *adv* per lo meno, almeno

zu|müllen *vt (sl)* riempire di immondizia

zumutbar *adj* ragionevole, accettabile

Zumutbarkeit <-> *f kein Pl.* ragionevolezza *f,* ragione *f;* **bis an die Grenzen der ~** fino ai limiti della ragionevolezza

zumute [tsu'mu:tə] *adv* **mir war dabei nicht ganz wohl ~** mi sentivo a disagio; **mir ist nicht zum Lachen ~** non ho voglia di ridere; **wie ist Ihnen ~?** come si sente?

zu|muten ['tsu:mu:tən] *vt* **jdm etw ~** aspettarsi qc da qu; **jdm zu viel ~** pretendere troppo da qu

Zumutung <-, -en> *f* pretesa *f; (Unverschämtheit)* sfacciataggine *f*

zunächst [tsu'nɛ:çst] *adv* ❶ *(anfangs)* all'inizio, in un primo tempo ❷ *(vorläufig)* per il momento; ~ **einmal** innanzitutto, in primo luogo

zu|nähen *vt* [ri]cucire

Zunahme ['tsu:na:mə] <-, -n> *f* aumento *m,* incremento *m,* accrescimento *m; (von Kriminalität)* recrudescenza *f;* **eine ~ um 5%** un incremento del 5%

Zuname *m* cognome *m*

zündeln ['tsʏndəln] *vi* giocare con il fuoco

zünden ['tsʏndən] **I.** *vi* ❶ *(Feuer fangen)* accendersi ❷ *(fig: Begeisterung hervorrufen)* entusiasmare, infiammare **II.** *vt* accendere

zündend *adj* entusiasmante

Zunder ['tsʊndɐ] <-s, -> *m* esca *f;* **brennen wie ~** bruciare facilmente

Zünder <-s, -> *m* detonatore *m*

Zündflamme *f* fiamma *f* pilota

Zündholz <-es, -hölzer> *nt* A, SÜDD *(Streichholz)* fiammifero *m*

Zündholzschachtel <-, -n> *f* scatola *f* di fiammiferi

Zündkabel *nt* AUTO cavo *m* d'accensione

Zündkerze *f* AUTO candela *f* d'accensione

Zündschloss *nt* AUTO interruttore *m* dell'accensione

Zündschlüssel *m* AUTO chiavetta *f* d'accensione

Zündschnur *f* miccia *f*

Zündspule *f* rocchetto *m* d'accensione

Zündstoff *m* ❶ *(leicht entzündliches Material)* [materiale *m*] infiammabile *m; (Explosivstoff)* innescante *m* ❷ *(fig: Konfliktstoff)* materia *f* esplosiva

Zündung <-, -en> *f* AUTO accensione *f*

Zündvorrichtung *f* dispositivo *m* d'accensione

zu|nehmen <irr> **I.** *vi* ❶ *(größer werden, wachsen)* aumentare; *(Mond)* crescere; *(gewinnen)* acquistare; *(Tage, Nächte)* allungarsi; **an Größe/Höhe** *dat* ~ aumentare di grandezza/d'altezza ❷ *(schwerer, dicker werden)* ingrassare ❸ *(fig: sich verstärken)* intensificarsi ❹ *(bei Handarbeiten)* aumentare **II.** *vt* **elf Kilo ~** ingrassare [di] undici chili

zunehmend **I.** *adj* in aumento; *(Mond)* crescente; **~e Geschwindigkeit** velocità accelerata; **mit ~em Alter** invecchiando **II.** *adv* sempre più

zu|neigen **I.** *vi* **einer Sache** *dat* ~ essere incline a qc; *(fig)* propendere per qc; **jdm zugeneigt sein** essere affezionato a qu **II.** *vr:* **sich ~** inclinarsi; **sich dem Ende ~** volgere alla fine

Zuneigung *f* affetto *m,* simpatia *f;* ~ **für jdn/etw** simpatia per qu/qc

Zunft [tsʊnft, *Pl:* 'tsʏnftə] <-, Zünfte> *f* corporazione *f*

zünftig ['tsʏnftɪç] *adj* come si deve, a regola d'arte

Zunge ['tsʊŋə] <-, -n> *f* ❶ *(fig)* ANAT lingua *f;* **jdm die ~ herausstrecken** mostrare la lingua a qu; **sich** *dat* **eher die ~ abbeißen, als etw zu sagen** mordersi la lingua prima di dire qc; **eine scharfe** [*o* **spitze**] **~ haben** avere una lingua tagliente; **sein Name liegt mir auf der ~** ho il suo nome sulla punta della lingua; **böse ~n behaupten, dass …** le male lingue sostengono che … ❷ TEC *(Riegel, Schuh~)* linguetta *f; (an Waage)* lancetta *f; (an Blasinstrumenten)* ancia *f* ❸ ZOO *(See~)* sogliola *f*

züngeln ['tsʏŋəln] *vi (Schlangen)* far guizzare la lingua; *(Flammen)* guizzare

Zungenbrecher *m (fam)* scioglilingua *m*

zungenfertig *adj* pronto di parola, loquace

Zungenfertigkeit *f* ❶ *(Schlagfertigkeit)*

prontezza *f* di parola ② *(Redegewandtheit)* eloquenza *f*

Zungenkuss *m* bacio *m* alla francese

Zungenspitze *f* punta *f* della lingua

Zungenwurst *f* salsiccia *f* di lingua

Zünglein ['tsʏŋlaɪn] <-s, -> *nt* **das ~ an der Waage sein** *(fig)* essere determinante

zunichte|machen [tsu'nɪçtə-] *vt (vernichten)* annientare, distruggere; *(Hoffnungen)* frustrare, deludere

zu|nicken *vi* **jdm ~** fare un cenno col capo a qu

zunutze [tsu'nʊtsə] *adv* **sich** *dat* **etw ~ machen** *(verwenden)* utilizzare qc; *(ausnutzen)* trarre vantaggio da qc

zuoberst [tsu'ʔo:bɐst] *adv* in cima, in alto

zu|ordnen *vt* assegnare; LING coordinare

zu|packen *vi* ① *(zugreifen)* afferrare ② *(die Gelegenheit ergreifen)* cogliere l'occasione ③ *(Hand anlegen)* dare una mano

zu|parken *vt* parcheggiare bloccando un'uscita

zupfen ['tsʊpfən] *vt* tirare; *(Unkraut)* strappare; *(Gewebe)* sfilacciare; *(Saiten)* pizzicare; **jdn [an etw** *dat*] **~** tirare qu [per qc]

Zupfinstrument <-(e)s, -e> *nt* strumento *m* a pizzico

zu|prosten ['tsu:pro:stən] *vi* brindare

zur [tsu:ɐ̯ *o* tsʊr] = **zu der ~ Zeit** al momento; **~ Schule gehen** andare a scuola; **„Zur Krone"** "Alla Corona"; *s. a.* **zu**

zurande *adv* **mit etw** *dat* **nicht ~ kommen** *(fam)* non venire a capo di qc

zu|raten <irr> *vi* **auf mein Zuraten** su mio consiglio

zurechnungsfähig *adj* capace d'intendere e di volere, imputabile

Zurechnungsfähigkeit *f* capacità *f* d'intendere e di volere, imputabilità *f*; **verminderte ~** parziale incapacità *f* di intendere e di volere

zurecht|finden [tsu'rɛçtfɪndən] <irr> *vr:* **sich ~** ① *(sich orientieren können)* trovare la strada, orientarsi ② *(fig: vertraut werden)* **sich in** [*o* **mit**] **etw** *dat* **~** familiarizzarsi in [*o* con] qc

zurecht|kommen <irr> *vi sein* **mit etw ~** venire a capo di qc, risolvere qc; *(auskommen: mit Geld)* farcela con qc; **mit jdm ~** andare d'accordo con qu

zurecht|legen *vt* preparare

zurecht|machen *(fam)* **I.** *vt* preparare **II.** *vr:* **sich ~** prepararsi

zurecht|weisen <irr> *vt* redarguire, rimproverare

Zurechtweisung *f* rimprovero *m*, rabbuffo *m*

zu|reden *vi (überreden)* **jdm ~** cercare di persuadere qu; *(zuraten)* consigliare qu; *(ermutigen)* incoraggiare qu

zu|reiten <irr> **I.** *vt haben* addestrare, scozzonare **II.** *vi sein* **auf jdn/etw ~** cavalcare verso qu/qc

Zürich ['tsy:rɪç] *nt* Zurigo *f*

zu|richten *vt (Essen)* preparare; *(Holz, Stein)* sgrossare; *(Leder)* conciare; *(Stoff)* apprettare; **jdn übel ~** conciare qu per le feste; **etw übel ~** ridurre qc in cattivo stato, conciare male qc

zürnen ['tsʏrnən] *vi (geh)* essere adirato [*o* in collera] (**jdm** con qu)

Zurschaustellung [tsu:ɐ̯'ʃaʊʃtɛlʊŋ] *f* esibizione *f*, mostra *f*

zurück [tsu'rʏk] *adv* ① *(weiter hinten, rückwärts, ~geblieben, a. fig)* indietro ② *(~gekehrt)* di ritorno; **~ an Absender!** al mittente!; **~ zur Natur** ritorniamo alla natura; **hin und ~** andata e ritorno; **es gibt kein Zurück mehr** non c'è più ritorno; **seit wann ist Heinz ~?** da quando è tornato Heinz?

zurück|bekommen <irr, ohne ge-> *vt* riottenere; **ich bekomme noch zwei Euro zurück** ricevo ancora due euro di resto

zurück|bilden *vr:* **sich ~** *(Geschwulst)* sgonfiarsi; *(schrumpfen)* atrofizzarsi

zurück|blättern *vi* riandare; **auf Seite 10 ~** ritornare a pagina 10

zurück|bleiben <irr> *vi sein* ① *(hinten bleiben, a. fig)* rimanere indietro ② *(nicht mitkommen)* essere in ritardo; **hinter den Erwartungen ~** essere inferiore alle aspettative ③ *(übrig bleiben)* rimanere, restare

zurück|blenden *vi* inserire un flashback

zurück|blicken *vi* [**auf etw** *akk*] **~** guardare indietro a qc; **auf seine Vergangenheit ~** richiamare alla mente il proprio passato

zurück|bringen <irr> *vt* ① *(wieder herbringen)* portare indietro ② *(wieder wegbringen)* riportare via

zurück|datieren <ohne ge-> *vt (Brief)* retrodatare; **die Rechnung auf letzten Monat ~** retrodatare la fattura al mese scorso

zurück|denken <irr> *vi* [**an jdn/etw**] **~** ripensare [a qu/qc]; **soweit ich ~ kann** per quanto possa ricordare

zurück|drängen *vt* ① MIL respingere; *(wegdrängen)* spingere indietro ② *(fig: eindämmen)* reprimere, contenere

zurück|drehen *vt* ① *(Knopf, Zeiger)* girare in senso antiorario ② *(Heizung, Lautstärke)* abbassare

zurück|erobern <ohne ge-> *vt* riconquistare

zurück|erstatten <ohne ge-> *vt* rimborsare

zurück|fahren <irr> **I.** *vt haben* ricondurre **II.** *vi sein* ① *(zum Ausgangspunkt)* ritornare ② *(fig: zurückweichen)* indietreggiare, ritrarsi
zurück|fallen <irr> *vi sein* ① *(wieder fallen, verfallen)* [**auf** [*o* **in**] **etw** *akk*] ~ ricadere [su qc] ② SPORT rimanere indietro ③ *(leistungsmäßig)* peggiorare ④ *(an Besitzer)* **an jdn** ~ tornare a qu
zurück|finden <irr> *vi* [ri]trovare la via del ritorno; **findest du allein zurück?** ritrovi la strada da solo?; **wieder zu sich** *dat* **selbst** ~ ritrovare sé stesso
zurück|fließen <fließt zurück, floss zurück, zurückgeflossen> *vi sein* rifluire
zurück|fordern *vt* richiedere
zurück|führen *vt* ① *(zurückbringen)* riportare indietro ② *(fig: ableiten)* **etw** [**auf etw** *akk*] ~ attribuire qc [a qu]
zurück|geben <irr> *vt* restituire, ridare; *(Wechselgeld)* restituire, dare di resto; *(Ball)* rimandare; *(Kompliment)* ricambiare
zurückgeblieben *adj* rimasto indietro; **geistig** ~ ritardato
zurück|gehen <irr> *vi sein* ① *(zum Ausgangsort)* ritornare; **denselben Weg** ~ tornare sui propri passi; ~ **lassen** *(Warensendung)* rispedire; *(Essen)* mandare indietro ② *(nach hinten, rückwärts)* indietreggiare; *(zurückweichen)* retrocedere; **drei Meter** ~ andare indietro di tre metri ③ *(fig: abnehmen)* diminuire; *(Hochwasser, Fieber, Preise)* calare; *(Schmerz, Sturm)* placarsi ④ *(fig: herstammen)* [**auf etw** *akk*] ~ risalire [a qc]
zurückgezogen *adj* ritirato
Zurückgezogenheit <-> *f kein Pl.* vita *f* ritirata
zurück|greifen <irr> *vi* **auf etw** *akk* ~ ricorrere a qc
zurück|halten <irr> **I.** *vt* ① *(nicht fortlassen)* trattenere; *(aufhalten)* fermare ② *(abhalten)* **jdn** [**von etw**] ~ distogliere qu [da qc] ③ *(unterdrücken)* reprimere; *(Tränen)* trattenere ④ *(Informationen)* rifiutare di dare **II.** *vi* **mit etw** ~ nascondere qc, dissimulare qc; **mit seiner Meinung/seinem Urteil** ~ astenersi dall'esprimere la propria opinione/il proprio giudizio; **mit seinem Lob nicht** ~ non lesinare gli elogi **III.** *vr:* **sich** ~ ① *(sich beherrschen)* trattenersi, contenersi; *(beim Essen)* moderarsi ② *(sich im Hintergrund halten)* tenersi nell'ombra
zurückhaltend *adj (reserviert)* riservato; *(unaufdringlich)* discreto
Zurückhaltung *f* riservatezza *f*
zurück|holen *vt* andare a riprendere, riportare

Z

zurück|kehren *vi sein* ritornare; **aus Deutschland** ~ ritornare dalla Germania; **nach Deutschland/Berlin** ~ ritornare in Germania/a Berlino
zurück|kommen <irr> *vi sein* ① *(wiederkommen) s.* **zurückkehren** ② *(fig: wieder aufgreifen)* tornare; **um auf ...** *+akk* **zurückzukommen** tornando a ...; **darf ich auf dein Angebot von gestern ~?** posso ritornare sulla tua offerta di ieri?
zurück|lassen <irr> *vt* ① *(hinter~, ver~)* lasciare [indietro] ② SPORT *(überholen)* distanziare ③ *(fam: zurückkehren lassen)* lasciar ritornare
zurück|legen **I.** *vt* ① *(an seinen Platz)* riporre ② *(Kopf)* appoggiare indietro ③ *(Geld, Waren)* mettere da parte ④ *(Strecke)* percorrere **II.** *vr:* **sich** ~ appoggiarsi [all']indietro
zurück|lehnen *vr:* **sich** ~ appoggiarsi indietro
zurück|liegen <irr> *vi* essere passato, essere successo; **das liegt fünf Jahre zurück** sono passati cinque anni
zurück|mailen *vi* rispondere ad una mail
zurück|melden *vr:* **sich** ~ annunciare il proprio ritorno
Zurücknahme [tsuˈrʏknaːmə] <-, -n> *f* ① *(von Ware, Geschenk)* riprendere *m* ② *(fig: von Bestellung)* annullamento *m; (von Behauptung, Beschuldigung, Versprechen)* ritrattazione *f;* JUR *(von Klage)* remissione *f;* PARL *(von Gesetzentwurf)* ritiro *m; (von Anordnung, Zustimmung)* revoca *f*
zurück|nehmen <irr> *vt* ① *(Ware, Geschenk)* riprendere ② *(fig: Bestellung)* annullare; *(Behauptung, Beleidigung)* ritrattare; *(Versprechen, Klage, Gesetzentwurf)* ritirare; *(Gesetz)* revocare; **nimm das sofort zurück!** ritira subito quello che hai detto!
zurück|prallen *vi sein* ① *(Ball)* rimbalzare ② *(fig: Mensch)* [**vor Schreck**] ~ indietreggiare di scatto per lo spavento
zurück|reisen *vi sein* ritornare, rientrare
zurück|rollen **I.** *vi sein* rotolare indietro **II.** *vt haben* rotolare fino al punto di partenza
zurück|rufen <irr> *vt* richiamare; **jdm etw ins Gedächtnis** ~ richiamare qc alla mente di qu; **sich** *dat* **etw ins Gedächtnis** ~ rammentarsi di qc
zurück|schalten *vt* AUTO ingranare la marcia inferiore; **in den ersten Gang** ~ rimettere la prima
zurück|schauen *vi* [**auf etw** *akk*] ~ guardare indietro [a qc]
zurück|scheuen *vi sein* [**vor etw** *dat*] ~ in-

dietreggiare [davanti a qc]; **vor nichts ~** non avere scrupoli

zurück|schicken *vt* ① *(Post)* **etw [an jdn] ~** rispedire qc [a qu] ② *(Personen)* [ri]mandare indietro

zurück|schieben <irr> *vt* respingere; *(nach hinten)* spingere indietro

zurück|schlagen <irr> **I.** *vt* ① *(Angriff, Feind)* respingere ② *(Ball)* ribattere ③ *(Decke, Schleier)* sollevare; *(Saum)* tirare giù; *(Kragen)* rovesciare, tirare giù **II.** *vi* ① *(den Schlag erwidern)* restituire il colpo ② *(sich nachteilig auswirken)* **[auf jdn/etw] ~** ripercuotersi [su qu/qc]

zurück|schneiden <irr> *vi* potare, sfoltire

zurück|schnellen *vi sein* scattare indietro

zurück|schrauben *vt* limitare, ridurre

zurück|schrecken *vi haben o sein* **vor etw** *dat* **~** *(zurückfahren)* indietreggiare spaventato davanti a qc; *(fig: zurückscheuen)* aver paura di qc; **vor nichts ~** non avere paura di niente

zurück|sehnen *vr* **sich nach etw ~** avere nostalgia di qc

zurück|senden <irr> *vt (geh) s.* **zurückschicken**

zurück|setzen **I.** *vt* ① *(an frühere Stelle)* rimettere [al proprio posto] ② *(nach hinten)* mettere indietro, arretrare ③ *(benachteiligen)* trascurare ④ *(Auto)* indietreggiare, rinculare **II.** *vr:* **sich ~** sedersi indietro **III.** *vi (mit Fahrzeug)* indietreggiare, andare indietro

zurück|springen <irr> *vi sein* saltare indietro

zurück|stecken **I.** *vt* ① *(an alten Platz)* rimettere [a posto] ② *(nach hinten)* mettere indietro **II.** *vi* ① *(weniger Ansprüche stellen)* moderare le pretese ② *(einlenken, nachgeben)* cedere

zurück|stehen <irr> *vi* ① *(weiter hinten stehen)* stare indietro ② *(nicht gleichwertig sein)* **hinter jdm ~** essere inferiore a qu ③ *(verzichten)* **hinter etw** *dat* **~** rinunciare a qc

zurück|stellen *vt* ① *(an seinen Platz)* rimettere [a posto] ② *(nach hinten, a Uhr)* mettere indietro ③ *(Waren)* mettere da parte ④ *(aufschieben)* rinviare ⑤ *(Wünsche, Hobbys)* far passare in second'ordine

zurück|stoßen <irr> *vt* ① *(wegstoßen)* respingere ② *(fig: abstoßen)* ripugnare

zurück|strömen *vi sein* rifluire

zurück|stufen *vt* trasferire in una categoria inferiore

zurück|treiben <irr> *vt* cacciare indietro, ricacciare; *(Vieh)* ricondurre; *(Angreifer)* respingere

zurück|treten <irr> *vi sein* ① *(nach hinten gehen)* indietreggiare, retrocedere; **bitte ~!** indietro!, fate largo!; **einen Schritt ~** fare un passo indietro ② *(fig: weniger wichtig werden)* diminuire; **hinter jdm ~** *(in den Hintergrund treten)* passare in seconda linea dietro a qu ③ *(fig)* dare le dimissioni; **von einem Amt ~** dimettersi da una carica ④ *(fig: von einem Vertrag ~)* rescindere un contratto; *(von einem Kauf ~)* annullare un acquisto; *(von einem Recht ~)* rinunciare a un diritto

zurück|verfolgen <ohne ge-> *vt* ripercorrere

zurück|verlangen <ohne ge-> **I.** *vt* ridomandare **II.** *vi (geh)* **nach etw ~** voler riavere qc

zurück|versetzen <ohne ge-> **I.** *vt* ① *(in den früheren Zustand)* rimettere ② *(Schüler)* rimandare in una classe inferiore **II.** *vr* **sich [in die Vergangenheit] ~** ritornare col pensiero [al passato]

zurück|weichen <irr> *vi sein* **[vor jdm/etw] ~** retrocedere [davanti a qu/qc]

zurück|weisen <irr> *vt* ① *(zurückschicken)* rimandare, rinviare ② *(Angebot, Vorschlag)* rifiutare ③ *(Behauptung, Vorwurf, Beschuldigung)* respingere

Zurückweisung *f* ① *(Ablehnung)* rifiuto *m* ② *(von Gegenstand)* non accettazione *f*

zurück|werfen <irr> *vt* ① *(in Ausgangsrichtung)* rigettare; *(Ball a.)* rimandare ② *(nach hinten)* gettare indietro ③ *(fig: Feind)* respingere ④ PHYS *(Strahlen)* riflettere; *(Schall)* ripercuotere ⑤ *(wirtschaftlich)* rimandare indietro; *(gesundheitlich)* far ricadere; **das hat uns um Jahre zurückgeworfen** ci ha rimandato indietro di anni

zurück|zahlen *vt* restituire, rimborsare; **das werde ich ihm ~!** *(fig fam)* gliela farò pagare!

zurück|ziehen <irr> **I.** *vt haben (Hand, Klage, Beschwerde, Truppen, Zusage)* ritirare; *(Gardine)* tirare; JUR *(Forderung)* rinunciare a; *(Auftrag)* revocare **II.** *vr:* **sich ~** ritirarsi; **sich aus der Politik ~** ritirarsi dalla [vita] politica; **sich von seinen Freunden ~** isolarsi dai propri amici **III.** *vi sein* ritornare

zurück|zucken *vi sein* trasalire e indietreggiare (**vor** per)

Zuruf *m* chiamata *f*, grido *m*

zu|rufen <irr> *vt* **[jdm] etw ~** gridare qc [a qu]

zurzeit [tsuːɐ̯ˈtsaɪt] *adv* attualmente

Zusage *f (Versprechen)* promessa *f*; *(Zustimmung)* adesione *f*; **jdm seine ~ geben** fare una promessa a qu

zu|sagen I. *vt* promettere II. *vi* ❶ *(sein Einverständnis erklären)* acconsentire; *(Einladung annehmen)* accettare l'invito; **~ etw zu tun** *(sich verpflichten)* impegnarsi a fare qc ❷ *(gefallen)* piacere; **etw sagt jdm zu** qc piace a qu; **diese Wohnung sagt mir nicht zu** questo appartamento non mi piace

zusammen [tsuˈzamən] *adv* ❶ *(gemeinsam)* insieme, assieme; **mit jdm ~ sein** essere insieme a qu; **alle ~** tutti insieme ❷ *(insgesamt)* complessivamente; *(im ganzen)* in tutto; **das macht ~ vier Euro** in totale fanno quattro euro

Zusammenarbeit *f* collaborazione *f,* cooperazione *f;* **in ~ mit …** in collaborazione con …

zusammen|arbeiten *vi* collaborare, cooperare

zusammen|ballen I. *vt* appallottolare II. *vr:* **sich ~** ammassarsi, addensarsi

zusammen|bauen *vt* montare

zusammen|beißen <irr> *vt* **die Zähne ~** stringere i denti

zusammen|binden <irr> *vt* legare; **Blumen zu einem Strauß ~** legare i fiori in un mazzo

zusammen|bleiben <irr> *vi sein* rimanere uniti; *(weiterhin)* rimanere insieme

zusammen|brauen I. *vt* *(fam)* preparare, fare II. *vr:* **sich ~** prepararsi, preannunciarsi

zusammen|brechen <irr> *vi sein* crollare; **vor Erschöpfung ~** crollare dalla fatica; **der Verkehr ist völlig zusammengebrochen** il traffico si è arrestato

zusammen|bringen <irr> *vt* ❶ *(Vermögen)* accumulare; *(Geld)* racimolare ❷ *(Menschen)* far incontrare; *(versöhnen)* riconciliare ❸ *(fam: Gedanken, Worte, Sätze)* mettere insieme

Zusammenbruch *m* ❶ *(a. fig)* crollo *m* ❷ *(Bankrott)* fallimento *m,* bancarotta *f* ❸ *(Nerven~)* collasso *m* nervoso

zusammen|drängen I. *vt* ❶ *(Menschen)* ammassare, stipare ❷ *(fig: Fakten, Schilderung)* concentrare, condensare II. *vr:* **sich ~** accalcarsi, stiparsi

zusammen|drücken *vt* schiacciare

zusammen|fahren <irr> I. *vi sein* ❶ *(zusammenstoßen)* [**mit jdm/etw**] **~** scontrarsi [con qu/qc] ❷ *(fig: erschrecken)* [**vor jdm/etw**] **~** trasalire [per qu/qc] II. *vt haben (fam)* ❶ *(Fahrzeug)* ridurre a un rottame ❷ *(Menschen)* ferire in un incidente; *(töten)* ammazzare in un incidente

zusammen|fallen <irr> *vi sein* ❶ *(einstürzen)* crollare ❷ *(Ballon)* afflosciarsi; *(Teig)* sgonfiarsi; *(fig: Mensch)* dimagrire ❸ *(zeitlich)* coincidere

zusammen|falten *vt* ripiegare

zusammen|fassen *vt* ❶ *(vereinigen)* riunire; **die Teilnehmer zu Gruppen ~** riunire i partecipanti in gruppi ❷ *(in Bericht)* riassumere; **~d lässt sich sagen, dass …** concludendo si può dire che …

Zusammenfassung *f* ❶ *(Vereinigung)* riunione *f* ❷ *(Überblick)* riassunto *m*

zusammen|fegen *vt* raccogliere con la scopa

zusammen|finden <irr> *vr:* **sich ~** ❶ *(sich vereinigen)* riunirsi ❷ *(treffen)* incontrarsi, ritrovarsi

zusammen|flicken *vt* rattoppare; *(a. fig)* rappezzare

zusammen|fließen <irr> *vi sein* confluire

Zusammenfluss *m* confluenza *f*

zusammen|fügen *vt* *(geh)* congiungere *poet*

zusammen|führen *vt* far incontrare; *(Familien)* riunire

zusammen|gehören <ohne ge-> *vi* *(Dinge)* andare insieme; *(als Paar)* appaiarsi, fare un paio; *(Kunstgegenstände)* fare da pendant; *(Menschen)* andare bene insieme, essere fatti l'uno per l'altro

zusammengehörig *adj* che va insieme; **sich ~ fühlen** sentirsi uniti

Zusammengehörigkeit <-> *f kein Pl.* affinità *f,* unione *f*

Zusammengehörigkeitsgefühl *nt* solidarietà *f; (einer Gruppe)* spirito *m* di corpo

zusammengesetzt *adj* [**aus etw**] **~ sein** essere composto [di qc]

zusammengewürfelt *adj* eterogeneo, vario

Zusammenhalt *m* ❶ TEC consistenza *f* ❷ *(fig: innere Bindung)* coesione *f*

zusammen|halten <irr> I. *vt* ❶ *(verbinden)* tenere unito ❷ *(fam: Geld)* risparmiare II. *vi* essere unito

Zusammenhang *m* *(Beziehung)* rapporto *m,* relazione *f; (innerer ~)* connessione *f; (im Text)* contesto *m;* **der ~ zwischen … [und …]** il rapporto tra … [e …]; **etw aus dem ~ reißen** separare qc dal contesto; **etw mit etw in ~ bringen** mettere qc in relazione con qc; **im ~ mit etw stehen** essere in rapporto con qc; **im ~ mit dieser Angelegenheit** in relazione a questa faccenda; **in diesem ~** in questo contesto

zusammenhang[s]los *adj* sconnesso, incoerente

Zusammenhang[s]losigkeit <-> *f kein Pl.* sconnessione *f,* incoerenza *f*

zusammen|hängen <irr> *vi* ❶ *(fest ver-*

Z

bunden sein) **mit etw ~** essere unito a qc ❷ *(fig: in Beziehung stehen)* essere in relazione; **das hängt damit zusammen, dass ...** ciò dipende dal fatto che ...

zusammenhängend *adj (innerlich)* coerente; *(ununterbrochen)* continuo

zusammen|hauen *vt (fam)* ❶ *(zertrümmern)* fare a pezzi ❷ *(verprügeln)* picchiare ❸ *(zusammenpfuschen)* abborracciare

zusammen|kehren *vt* DIAL *s.* **zusammenfegen**

Zusammenklang *m* ❶ MUS accordo *m* ❷ *(fig: Einklang)* armonia *f,* consonanza *f*

zusammenklappbar *adj* pieghevole

zusammen|klappen **I.** *vt haben* [ri]piegare; *(Buch, Messer)* chiudere **II.** *vi sein (fam: Person)* crollare

zusammen|kleben **I.** *vt haben* incollare **II.** *vi haben o sein* incollarsi

zusammen|kneifen <irr> *vt* stringere

zusammen|knüllen *vt* spiegazzare, sgualcire, appallottolare

zusammen|kommen <irr> *vi sein* ❶ *(sich treffen)* incontrarsi; *(sich versammeln)* riunirsi, radunarsi ❷ *(sich ansammeln)* raccogliersi

zusammen|krachen *vi sein (fam)* crollare

zusammen|kratzen *vt (fam)* raggranellare

zusammen|kriegen *vt (fam)* mettere insieme

Zusammenkunft [tsu'zamənkʊnft, *Pl:* tsu'zamənkʏnftə] <-, Zusammenkünfte> *f* incontro *m; (Versammlung)* riunione *f; (Sitzung)* seduta *f*

zusammen|läppern [tsu'zamənlɛpɐn] *vr:* **sich ~** *(fam)* [as]sommarsi

zusammen|laufen <irr> *vi sein* ❶ *(Menschen)* accorrere, affluire ❷ *(Flüsse)* confluire ❸ *(Linien, Straßen)* incontrarsi; MAT convergere

zusammen|leben *vi* [**mit jdm**] ~ convivere [con qu]

Zusammenleben *nt* convivenza *f*

zusammenlegbar *adj* pieghevole

zusammen|legen **I.** *vt* ❶ *(zueinander legen)* mettere insieme ❷ *(zusammenfalten)* ripiegare ❸ *(vereinigen, gleichzeitig stattfinden lassen)* riunire; COM fondere **II.** *vi* fare una raccolta di denaro

zusammen|nähen *vt* cucire insieme

zusammen|nehmen <irr> **I.** *vt* raccogliere; **alles zusammengenommen** in tutto, tutto sommato **II.** *vr:* **sich ~** ❶ *(sich anstrengen)* concentrarsi ❷ *(sich beherrschen)* dominarsi, contenersi

zusammen|packen *vt* ❶ *(wegpacken)* riporre, metter via ❷ *(zusammen einpacken)* raccogliere; *(in Koffer)* mettere insieme

zusammen|passen *vi (Dinge)* intonarsi, armonizzare; *(Personen)* andare bene insieme

zusammen|pferchen *vt* stipare

Zusammenprall *m* urto *m,* collisione *f; (a. fig)* scontro *m*

zusammen|prallen *vi sein* [**mit jdm/etw**] ~ cozzare [contro qu/qc]; *(a. fig)* scontrarsi [con qu/qc]

zusammen|pressen *vt* stringere

zusammen|raffen **I.** *vt* ❶ *(Dinge)* raccogliere alla rinfusa ❷ *(pej: Besitz, Geld)* arraffare ❸ *(Kleider)* sollevare **II.** *vr:* **sich ~** raccogliere le proprie forze

zusammen|raufen *vr:* **sich ~** *(fam)* trovare un modus vivendi

zusammen|rechnen *vt* addizionare, sommare; **alles zusammengerechnet** in tutto, tutto sommato

zusammen|reimen *vt* **sich** *dat* **etw ~** *(fam)* spiegarsi qc

zusammen|reißen <irr> *vr:* **sich ~** *(fam)* contenersi, dominarsi

zusammen|rollen **I.** *vt* avvolgere, arrotolare **II.** *vr:* **sich ~** arrotolarsi

zusammen|rotten *vr:* **sich ~** assembrarsi (**gegen** contro)

zusammen|rücken **I.** *vt haben* accostare, avvicinare **II.** *vi sein* stringersi

zusammen|rufen <irr> *vt* convocare

zusammen|sacken *vi sein (fam)* ❶ *(Haus)* abbattersi, crollare ❷ *(Person)* afflosciarsi, accasciarsi

zusammen|scheißen <irr> *vt (vulg)* sputtanare

zusammen|schießen <irr> *vt* abbattere

zusammen|schlagen <irr> *vt haben* ❶ *(zerschlagen)* fracassare ❷ *(Hacken, Hände)* battere [l'uno contro l'altro] ❸ *(falten)* [ri]piegare ❹ *(fam: verprügeln)* **jdn ~** rompere le costole a qu

zusammen|schließen <irr> *vr* **sich** [**gegen jdn/mit jdm**] ~ unirsi [contro/con qu]; **sich mit einer Firma ~** fondersi con una ditta

Zusammenschluss *m* unione *f,* associazione *f; (von Firmen)* fusione *f*

zusammen|schnüren *vt* ❶ *(schnüren)* allacciare [insieme] ❷ *(fig: Herz, Kehle)* stringere

zusammen|schrauben *vt* avvitare [insieme]

zusammen|schrecken *vi sein* trasalire

zusammen|schreiben <irr> *vt* ❶ *(Wörter)* scrivere attaccato ❷ *(fam pej: gedankenlos hinschreiben)* scribacchiare

zusammen|schrumpfen *vi sein* ❶ *(schrumpfen)* restringersi, contrarsi; *(runzlig werden)* raggrinzarsi ❷ *(fig: ab-*

Z

nehmen) diminuire (**auf** +*akk* a), ridursi (**auf** +*akk* a)

zusammen|schweißen *vt* ① TEC saldare [insieme] ② *(fig: Menschen)* unire

Zusammensein *nt* ① *(Beisammensein)* stare *m* insieme ② *(Zusammenkunft)* riunione *f*

zusammen|setzen I. *vt* ① *(nebeneinandersetzen)* mettere insieme ② *(zu einem Ganzen)* comporre ③ *(montieren)* montare II. *vr:* **sich ~** ① *(sich nebeneinandersetzen)* sedersi insieme; *(sich treffen)* riunirsi; **sich zu Verhandlungen ~** riunirsi per [fare] trattative ② *(bestehen)* comporsi; **sich aus etw ~** essere composto di qc

Zusammensetzung <-, -en> *f* composizione *f*

Zusammenspiel *nt* ① THEAT affiatamento *m;* MUS accordo *m* ② SPORT gioco *m* d'insieme ③ *(fig: von Kräften)* interazione *f*

zusammen|stauchen *vt* ① *(zusammendrücken)* comprimere ② *(fam: maßregeln)* **jdn ~** dare una strigliata a qu

zusammen|stecken I. *vt* appuntare; **die Köpfe ~** *(fam)* confabulare II. *vi (fam)* stare sempre appiccicati

zusammen|stehen <irr> *vi* ① *(nebeneinanderstehen)* trovarsi [insieme], stare [insieme] ② *(einander unterstützen)* rimanere uniti, appoggiarsi a vicenda

zusammen|stellen *vt* ① *(nebeneinanderstellen)* mettere insieme, disporre ② *(anordnen)* comporre; *(a. Menü, Farben)* combinare; *(gruppieren)* raggruppare; *(sortieren)* assortire; *(klassifizieren)* classificare; *(kompilieren)* compilare

Zusammenstellung *f* ① *(Anordnung)* disposizione *f* ② *(Zusammensetzung)* composizione *f,* combinazione *f; (Gruppierung)* raggruppamento *m; (Klassifizierung)* classificazione *f* ③ *(Übersicht)* tavola *f,* prospetto *m*

Zusammenstoß *m* cozzo *m,* collisione *f; (a. fig)* scontrarsi *m*

zusammen|stoßen <irr> *vi sein* ① *(Verkehrsmittel, Meinungen)* scontrarsi ② *(Grundstücke)* confinare

zusammen|streichen <irr> *vt (fam)* tagliare

zusammen|strömen *vi sein* ① *(Flüsse)* confluire ② *(fig: Menschen)* affluire

zusammen|stürzen *vi sein* crollare

zusammen|suchen *vt* riunire; **sich** *dat* **etw ~** mettere insieme, radunare, raccogliere

zusammen|tragen <irr> *vt* raccogliere

zusammen|treffen <irr> *vi sein* ① *(Personen)* incontrarsi ② *(Ereignisse)* coincidere

Zusammentreffen *nt* ① *(von Personen)* incontro *m* ② *(von Umständen)* concorso *m; (Gleichzeitigkeit)* coincidenza *f*

zusammen|treiben <irr> *vt* raccogliere

zusammen|treten <irr> I. *vi sein* riunirsi II. *vt haben* calpestare

zusammen|trommeln *vt (fam)* radunare

zusammen|tun <irr> I. *vt (fam)* mettere insieme II. *vr* **sich** [**zu etw**] **~** riunirsi [per qc]

zusammen|wachsen <irr> *vi sein* ① *(in eins wachsen)* concrescere, crescere assieme; *(Wunde a.)* chiudersi, rimarginarsi ② *(fig: Städte)* unirsi crescendo; *(Menschen)* affiatarsi

zusammen|wirken *vi* ① *(geh: zusammenarbeiten)* cooperare ② *(Umstände)* concorrere

Zusammenwirken <-s> *nt kein Pl.* concorso *m,* concomitanza *f*

zusammen|zählen *vt* sommare, addizionare

zusammen|ziehen <irr> I. *vt haben* ① *(enger machen)* restringere; *(verkürzen)* raccorciare; BIOL contrarre ② *(Truppen)* concentrare ③ MAT sommare II. *vr:* **sich ~** ① *(kontrahieren)* contrarsi; *(a. Stoff)* restringersi ② *(Gewitter, Unheil)* prepararsi III. *vi sein* **mit jdm ~** andare ad abitare insieme a qu

zusammen|zucken *vi sein* [**vor jdm/etw**] **~** trasalire [per qu/qc]

Zusatz *m* ① CHEM *(~mittel)* additivo *m* ② *(zu Brief)* poscritto *m; (zu Testament)* codicillo *m; (Nachtrag)* appendice *f*

Zusatzbestimmung *f* disposizione *f* supplementare

Zusatzgerät *nt* adattatore *m*

zusätzlich ['tsu:zɛtslɪç] I. *adj* addizionale; *(ergänzend)* supplementare II. *adv* inoltre, in più

Zusatzversicherung *f* assicurazione *f* complementare

Zusatzzahl *f (beim Lotto)* numero *m* supplementare

zuschanden [tsu'ʃandən] *adv (geh)* **~ machen** *(Gegenstände)* guastare, rovinare; *(Hoffnungen, Pläne)* deludere, distruggere

zu|schanzen *vt (fam)* **jdm etw ~** procacciare qc a qu

zu|schauen *s.* **zusehen**

Zuschauer(in) <-s, -; -, -nen> *m(f)* spettatore, -trice *m, f; (Fernseh~)* telespettatore, -trice *m, f*

Zuschauerraum *m* auditorio *m*

Zuschauertribüne *f* tribuna *f* [per gli spettatori]

Zuschauerzahl *f* numero *m* degli spettatori

zu|schicken *vt* spedire, inviare

zu|schieben <irr> *vt* ① *(schließen)* chiudere ② *(hinschieben)* spingere ③ *(Schuld, Verantwortung)* addossare, attribuire

zu|schießen <irr> **I.** *vt haben* ① *(Ball, a. fig: Blick)* lanciare ② *(fam: Geld)* contribuire (**etw** con qc), versare un contributo (**etw** di qc) **II.** *vi sein* lanciarsi (**auf jdn/etw** *akk* contro qu/su qc)

Zuschlag *m* ① *(bei Ausschreibung, Auktion)* aggiudicazione *f;* *(von Aufträgen)* appalto *m* ② *(Preis~)* maggiorazione *f* [di prezzo]; *(zu Gebühr)* soprattassa *f;* FERR supplemento *m*

zu|schlagen <irr> **I.** *vt haben* ① *(Buch)* chiudere; *(Fenster, Tür)* sbattere ② *(bei Ausschreibung, Auktion)* aggiudicare; *(Auftrag)* appaltare ③ *(zuspielen)* lanciare ④ *(fig: aufschlagen)* aggiungere **II.** *vi* ① *sein (Fenster, Tür)* sbattere ② *haben (einen Schlag tun)* sbattere; *(fig)* colpire ③ *(fam: zugreifen)* **bei diesen Preisen muss man gleich ~** con questi prezzi bisogna approfittarne subito

zuschlagfrei *adj* esente da soprattassa; FERR senza supplemento

zuschlagpflichtig *adj* soggetto a soprattassa; FERR con supplemento obbligatorio

zu|schließen <irr> *vt* chiudere a chiave

zu|schnappen *vi* ① *sein (Schloss)* scattare ② *haben (mit Händen)* afferrare; *(zubeißen)* azzannare

zu|schneiden <irr> *vt* tagliare; **das ist auf ihn zugeschnitten** *(fig)* è fatto per lui

Zuschnitt *m* ① *(Art des Zuschneidens)* taglio *m* ② *(fig: Format)* levatura *f;* *(Gestaltung)* forma *f*

zu|schnüren *vt (Paket)* legare; *(Schuhe)* allacciare; *(fig: zusammenziehen)* stringere; **die Angst schnürte ihr die Kehle zu** la paura le strinse la gola

zu|schrauben *vt* ① *(Schraubverschluss, Deckel)* avvitare ② *(Glas, Flasche)* chiudere [avvitando il coperchio]

zu|schreiben <irr> *vt* attribuire; *(Summe)* accreditare; *(Wertobjekte)* assegnare; **das hat er sich** *dat* **selbst zuzuschreiben** è colpa sua

Zuschrift *f* comunicazione *f,* lettera *f*

zuschulden [tsu'ʃʊldən] *adv* **sich** *dat* **etw ~ kommen lassen** rendersi colpevole di qc

Zuschuss *m* contributo *m;* *(Unterstützungszahlung)* sussidio *m;* *(staatlich)* sovvenzione *f;* **jdm einen ~ zu etw geben** [*o* **gewähren**] dare a qu sussidio per qc

Zuschussbetrieb *m,* **Zuschussunternehmen** *nt* impresa *f* sovvenzionata

zu|schustern *vt* **jdm etw ~** *(fam)* procacciare qc a qu

zu|schütten *vt* ① *(auffüllen)* riempire, colmare ② *(fam: hin~)* aggiungere [versando]

zu|sehen <irr> *vi* ① *(als Zuschauer)* [**jdm bei etw**] **~** stare a guardare [mentre qu sta facendo qc]; **man kann doch nicht** [**tatenlos**] **~, wie ...** non si può stare a guardare come ... ② *(dafür sorgen)* **~ dass ...** fare in modo che *+conj*

zusehends ['tsuːzeːənts] *adv (merklich)* sensibilmente; *(rasch)* rapidamente

zu|sein <irr> *vi sein* essere chiuso

zu|senden <irr> *s.* **zuschicken**

Zusendung *f* spedizione *f,* invio *m*

zu|setzen **I.** *vt* ① *(hinzufügen)* aggiungere ② *(Geld)* perdere, rimettere **II.** *vi (fam)* ① *(bedrängen)* [**jdm mit etw**] **~** importunare [qu con qc] ② *(mitnehmen, treffen)* **jdm ~** provare qu

zu|sichern *vt* [**jdm**] **etw ~** assicurare qc [a qu]

Zuspätkommende [tsu'ʃpɛːtkɔməndə] <ein -r, -n, -n> *mf* ritardatario, -a *m, f*

zu|sperren *vt* A, SÜDD *(abschließen)* chiudere a chiave

Zuspiel *nt* passaggi *mpl*

zu|spielen *vt* passare; **die gefälschten Tagebücher wurden der Presse zugespielt** i diari falsificati furono passati alla stampa per indiscrezione

zu|spitzen *vr:* **sich ~** *(Lage, Konflikt)* inasprirsi

zu|sprechen <irr> **I.** *vt* ① *(Mut, Trost)* [**jdm**] **etw ~** dare qc [a qu] ② *(zuerkennen)* conferire; **jdm einen Preis ~** conferire un premio a qu ③ JUR assegnare; **das Kind wurde der Mutter zugesprochen** il bambino venne assegnato alla madre **II.** *vi* ① *(gut zureden)* **jdm ~** esortare qu ② *(fig geh)* **einer Sache** *dat* **~** far onore a qc; **einer Speise ~** far onore a una pietanza; **beim Fest wurde dem Wein kräftig zugesprochen** alla festa si fece molto onore al vino

Zuspruch *m (geh)* ① *(Aufmunterung)* esortazione *f;* *(Trost)* consolazione *f* ② *(Anklang)* favore *m;* *(Zulauf, Andrang)* affluenza *f;* **sich großen ~s erfreuen** avere un gran successo

Zustand *m* stato *m;* *(Beschaffenheit)* condizione *f;* *(Lage)* situazione *f;* *(rechtliche, politische Lage, Stand)* status *m;* **der gegenwärtige ~** la situazione attuale delle cose; **Zustände kriegen** *(fam)* avere un attacco; **in angetrunkenem ~** in stato di ebbrezza; **in gutem/schlechtem ~** in buono/cattivo stato; **das sind ja schöne Zustände!** *(fam)* belle circostanze!

zustande [tsuˈʃtandə] *adv* **etw ~ bringen** riuscire a fare qc, attuare qc; **~ kommen** farsi, attuarsi

Zustandekommen *nt* realizzazione *f,* attuazione *f*

zuständig *adj (Gericht, Behörde, Stelle)* competente; *(befugt)* autorizzato; *(verantwortlich)* responsabile; **dafür bin ich nicht ~** questo esula dalle mie competenze

Zuständigkeit <-, -en> *f* ① *(Kompetenz)* competenza *f* ② *(~sbereich)* sfera *f* di competenza

zustatten [tsuˈʃtatən] *adv* **jdm ~ kommen** *(geh)* tornare utile a qu, tornare a vantaggio di qu

zu|stecken *vt (mit Nadeln)* appuntare con spilli; **jdm etw [heimlich] ~** dare qc di nascosto a qu

zu|stehen <irr> *vi* **jdm ~** spettare a qu

zu|steigen <irr> *vi sein* salire durante il viaggio; **noch jemand zugestiegen?** c'è qualcun altro che è salito?

Zustellbezirk *m* distretto *m* postale

Zustelldienst *m* servizio *m* consegna a domicilio

zu|stellen *vt* ① *(versperren)* ostruire; **ein Fenster mit etw ~** bloccare una finestra mettendo davanti qc ② *(form: übermitteln)* consegnare; *(Brief, Paket)* recapitare; *(Post)* distribuire

Zusteller(in) <-s, -; -, -nen> *m(f)* latore, -trice *m, f*

Zustellgebühr *f* tassa *f* di recapito

Zustellung *f (form)* consegna *f; (von Post)* recapito *m,* distribuzione *f*

zu|steuern **I.** *vi sein* **auf etw** *akk* **~** dirigersi verso qc **II.** *vt haben (beisteuern)* contribuire con

zu|stimmen *vi* **[jdm] ~** essere d'accordo [con qu]; **einer Sache ~** acconsentire a una cosa; **einem Plan/Programm ~** approvare un piano/programma

zustimmend *adv* in segno di approvazione

Zustimmung *f (Einverständnis)* assenso *m,* consenso *m; (Billigung)* approvazione *f;* **die ~ zu etw** il consenso a qc; **allgemeine ~ finden** incontrare l'approvazione generale; **seine ~ geben/verweigern** dare/rifiutare il proprio consenso

zu|stoßen <irr> **I.** *vt haben (Tür)* chiudere con uno spintone **II.** *vi* ① *haben (mit Messer)* colpire ② *sein (Unglück)* accadere; **hoffentlich ist ihm nichts zugestoßen** speriamo che non gli sia successo niente

Zustrom *m* afflusso *m;* **großen ~ [zu verzeichnen] haben** registrare una grande affluenza

zu|stürzen *vi sein* **auf jdn/etw ~** precipitarsi verso qu/qc

zutage [tsuˈtaːgə] *adv* **~ fördern** [*o* **bringen**] estrarre; *(fig)* rivelare; **~ kommen** [*o* **treten**] *(fig)* venire alla luce; **offen ~ liegen** essere evidente

Zutat *f meist Pl.* ① GASTR ingredienti *mpl* ② *(fig: Beiwerk)* accessori *mpl*

zu|teilen *vt* **[jdm] etw ~** *(Aufgabe, Rolle)* assegnare qc [a qu]; *(Dinge, Lebensmittel)* distribuire qc [a qu]

Zuteilung *f* ① *(Zuweisung)* assegnazione *f; (Austeilung)* distribuzione *f* ② *(Teil, Anteil)* parte *f; (Ration)* razione *f*

zuteilungsreif *adj* rimborsabile

zuteil|werden [tsuˈtaɪl-] <irr> *vi (geh)* **jdm ~** toccare a qu; **jdm etw ~ lassen** far ottenere [*o* avere] qc a qu

zutiefst [tsuˈtiːfst] *adv (sehr)* profondamente; *(im Innersten)* nell'intimo; **ich bereue es ~** mi pento di ciò con tutto il cuore

zu|tragen <irr> **I.** *vt* ① *(hintragen)* **[jdm] etw ~** portare qc [a qu] ② *(fig geh: heimlich mitteilen)* **[jdm] etw ~** riportare qc [a qu] **II.** *vr:* **sich ~** *(geh)* accadere

zuträglich [ˈtsuːtrɛːklɪç] *adj (geh)* ① *(gesund, heilsam)* salubre (+*dat* per), salutare (+*dat* per) ② *(förderlich)* proficuo (+*dat* per)

zu|trauen *vt* **jdm etw ~** credere qu capace di qc; **jdm nicht viel ~** non avere una grande opinione di qu; **das traue ich mir nicht zu** non mi sento di farlo; **das hätte ich ihm [gar] nicht zugetraut** non l'avrei creduto capace di una cosa simile; **ihr ist alles zuzutrauen** è capace di tutto

Zutrauen <-s> *nt kein Pl.* fiducia *f;* **~ zu jdm/etw haben** avere fiducia in qu/qc

zutraulich *adj (Kind)* fiducioso; *(Tier)* mansueto

zu|treffen <irr> *vi* ① *(richtig sein)* essere giusto; *(wahr sein)* essere vero ② *(gelten)* **auf** [*o* **für**] **jdn/etw ~** valere per qu/qc

zutreffend *adj* giusto; *(Bemerkung)* pertinente; **Zutreffendes bitte unterstreichen** sottolineare ciò che interessa

zu|trinken <irr> *vi* brindare (**jdm** a qu), bere alla salute (**jdm** di qu)

Zutritt *m (Zugang)* accesso *m; (Eintritt)* ingresso *m;* **zu etw ~ haben** avere accesso a qc; **zu jdm ~ haben** avere accesso presso qu; **sich** *dat* **zu etw ~ verschaffen** riuscire a introdursi in; **kein ~!, ~ verboten!** ingresso vietato!

zu|tun <irr> *vt (fam)* ① *(hin~)* aggiungere ② *(schließen)* chiudere; **ich konnte die ganze Nacht kein Auge ~** non potei chiudere occhio tutta la notte

Zutun <-s> *nt kein Pl.* **ohne mein ~** senza il mio intervento

Z

zuungunsten [tsuˈʔʊngʊnstən] *präp* +*gen* ~ **von** +*dat* a svantaggio di

zuunterst [tsuˈʔʊntɐst] *adv* tutto in fondo

zuverlässig [ˈtsuːfɛɐ̯lɛsɪç] *adj* fidato; *(gewissenhaft)* coscienzioso; *(glaubwürdig)* attendibile; **aus ~er Quelle** da fonte sicura

Zuverlässigkeit <-> *f kein Pl.* fidatezza *f; (Gewissenhaftigkeit)* coscienziosità *f; (Glaubwürdigkeit)* attendibilità *f*

Zuversicht [ˈtsuːfɛɐ̯zɪçt] *f* fiducia *f,* confidenza *f;* **in der festen ~, dass ...** nella ferma speranza che +*conj*

zuversichtlich *adj* fiducioso

zuvor [tsuˈfoːɐ̯] *adv* prima; **am Tag ~** il giorno prima

zuvor|kommen <irr> *vi sein* **einer Sache** *dat* ~ prevenire qc; **jdm ~** anticipare qu; **jemand ist uns zuvorgekommen** qualcuno ci ha preceduto

zuvorkommend *adj* premuroso

Zuvorkommenheit <-> *f kein Pl.* premura *f*

Zuwachs [ˈtsuːvaks, *Pl:* ˈtsuːvɛksə] <-es, Zuwächse> *m* ① *(Anwachsen)* accrescimento *m,* crescita *f;* **~ an etw** *dat* crescita di qc ② *(Mehrwert)* incremento *m;* **~ um etw** incremento di qc

zu|wachsen <irr> *vi sein* ① *(Wunde)* rimarginarsi ② *(mit Pflanzen)* coprirsi di vegetazione ③ *(fig: zufallen)* **jdm ~** toccare a qu

Zuwachsrate *f* tasso *m* di incremento

Zuwanderer(in) <-s, -; -, -nen> *m(f)* immigrante *mf*

zu|wandern *vi sein* immigrare

Zuwanderung *f* immigrazione *f*

zuwege [tsuˈveːgə] *adv* **etw ~ bringen** riuscire a fare qc

zuweilen [tsuˈvaɪlən] *adv (geh)* qualche volta, di tanto in tanto

zu|weisen <irr> *vt* assegnare

zu|wenden <irr> **I.** *vt* ① *(Gesicht, Rücken)* volgere ② *(fig: Aufmerksamkeit)* rivolgere **II.** *vr* **sich jdm/etw ~** *(sich hinwenden zu)* rivolgersi a qu/qc; *(fig: sich widmen)* dedicarsi a qu/qc

Zuwendung *f* ① *(Geldbetrag)* sussidio *m; (Schenkung)* donazione *f* ② *Sing. (Liebe, Beachtung)* attenzione *f*

zu|werfen <irr> *vt* ① *(Tür)* sbattere ② *(Graben, Loch)* riempire ③ *(Gegenstand)* gettare; **jdm einen Blick ~** lanciare un'occhiata a qu

zuwider [tsuˈviːdɐ] **I.** *präp* +*dat* contro, contrario a **II.** *adv (unangenehm)* sgradevole; *(widerwärtig)* ripugnante; **er ist mir ~** mi ripugna

zuwider|handeln *vi* **einem Gesetz/Befehl ~** contravvenire a una legge/trasgredire un ordine

Zuwiderhandelnde <ein -r, -n, -n> *mf* ADM contravventore, -trice *m, f,* trasgressore *m,* trasgreditrice *f*

Zuwiderhandlung *f* ADM contravvenzione *f,* trasgressione *f*

zuwider|laufen <irr> *vi sein* **einer Sache** *dat* ~ essere contrario a qc, andare contro qc

zu|winken *vi* **jdm ~** fare un cenno a qu

zu|ziehen <irr> **I.** *vt haben* ① *(Vorhang)* chiudere; *(Schlinge, Knoten)* stringere ② *(konsultieren)* consultare ③ *(bekommen)* **sich** *dat* **eine Krankheit/Verletzung ~** prendersi una malattia/farsi una ferita; **sich** *dat* **jds Zorn ~** tirarsi addosso l'ira di qu **II.** *vi sein (in Ortschaft)* immigrare **III.** *vr:* **sich ~** ① *(Schlinge)* stringere ② *(Himmel)* rannuvolarsi

Zuzug *m* ① *(Zustrom)* afflusso *m* ② *(Einwanderung)* immigrazione *f*

zuzüglich [ˈtsuːtsyːklɪç] *präp* +*gen* più

Zuzugsgenehmigung *f* permesso *m* di residenza

zu|zwinkern *vi* **jdm ~** ammiccare a qu

ZVS [tsɛtfaʊˈʔɛs] *f Abk. von* **Zentralstelle für die Vergabe von Studienplätzen** centrale *f* per l'assegnazione dei posti di studio

zwacken [ˈtsvakən] *vt (fam) s.* **zwicken**

zwang [tsvaŋ] *1. u. 3. Pers. Sing. Imp. von* **zwingen**

Zwang [tsvaŋ, *Pl:* ˈtsvɛŋə] <-(e)s, Zwänge> *m* ① *(Nötigung)* costrizione *f; (Gewalt)* forza *f,* violenza *f; (Druck)* pressione *f;* **auf jdn ~ ausüben** esercitare pressione su qu; **einem inneren ~ folgen** seguire un impulso interiore; **etw unter ~ tun** fare qc per costrizione; **sich** *dat* **keinen ~ antun** non avere soggezione ② *(Verpflichtung)* obbligo *m;* **gesellschaftliche Zwänge** obblighi sociali ③ *(Notwendigkeit)* necessità *f*

zwängen [ˈtsvɛŋən] **I.** *vt (hindurch~)* forzare; *(hinein~)* far entrare con forza **II.** *vr:* **sich ~** *(sich hindurch~)* aprirsi un varco con la forza; *(sich hinein~)* entrare con forza

zwanghaft *adj* forzato

zwanglos **I.** *adj (natürlich, frei)* naturale, spontaneo; *(Benehmen)* disinvolto **II.** *adv (ohne Umstände)* alla buona

Zwanglosigkeit <-> *f kein Pl.* disinvoltura *f*

Zwangsarbeit *f* lavori *mpl* forzati

Zwangseinweisung *f* internamento *m* forzato

Zwangsenteignung <-, -en> *f* JUR espropriazione *f* forzata
Zwangsernährung *f* nutrizione *f* forzata
Zwangshandlung *f* azione *f* coatta
Zwangsjacke *f* camicia *f* di forza; **jdn in eine ~ stecken** mettere la camicia di forza a qu
Zwangslage *f* situazione *f* difficile; **sich in einer ~ befinden** essere alle strette
zwangsläufig ['tsvaŋslɔɪfɪç] *adj* necessario; *(unvermeidbar)* inevitabile; *(Entwicklung)* irreversibile
Zwangsläufigkeit <-> *f kein Pl.* necessità *f; (Unabwendbarkeit)* inevitabilità *f*
Zwangsmaßnahme *f* misura *f* coercitiva; POL *(Sanktion)* sanzione *f*
Zwangsräumung *f* evacuazione *f* forzata
zwangsumsiedeln ['tsvaŋsʊmziːdəln] *vt* trasferire forzatamente [persone], evacuare coattivamente
Zwangsumsiedlung <-, -en> *f* trasferimento *m* forzato [di persone]
Zwangsverkauf *m* vendita *f* forzata
Zwangsversteigerung *f* vendita *f* giudiziaria
Zwangsvollstreckung *f* esecuzione *f* forzata
Zwangsvorstellung *f* ossessione *f; (fixe Idee)* idea *f* fissa
zwangsweise *adv* ❶ *(erzwungen)* per forza; JUR coercitivamente ❷ *(zwangsläufig)* inevitabilmente
zwanzig ['tsvantsɪç] *num* venti; *s. a.* **achtzig**
Zwanzigmarkschein ['tsvantsɪç'markʃaɪn] *m* biglietto *m* da venti marchi
zwanzigste(r, s) *adj* ventesimo, -a *(bei Datumsangaben)* venti
Zwanzigstel <-s, -> *nt* ventesimo *m,* ventesima parte *f*
Zwanziguhrnachrichten *fpl* notiziario *m* delle venti
zwar [tsvaːɐ̯] *adv* ❶ *(erklärend)* **und ~** e precisamente; **bleib stehen, und ~ sofort!** fermati ed anche subito! ❷ *(einräumend)* certamente, certo, è vero che ...; **es ist ~ anstrengend, aber es lohnt sich** è vero che è faticoso, ma ne vale la pena
Zweck [tsvɛk] <-(e)s, -e> *m (Ziel)* scopo *m; (End~)* fine *m; (Absicht)* mira *f,* intenzione *f; (Sinn)* senso *m;* **einem guten ~ dienen** servire una giusta causa; **Mittel zum ~** mezzo per raggiungere uno scopo; **die Maßnahme hat ihren ~ erfüllt** è stato conseguito lo scopo a cui mirava il provvedimento; **zu diesem ~** a questo [*o* tale] scopo; **zu welchem ~?** a quale scopo?; **das hat keinen ~** questo non serve a nulla; **der ~ heiligt die Mittel** *(prov)* il fine giustifica i mezzi
Zweckbau <-(e)s, -ten> *m* costruzione *f* funzionale
zweckdienlich *adj* ADM ❶ *(nützlich)* utile ❷ *(angebracht, passend)* opportuno, adeguato, conveniente
Zwecke ['tsvɛkə] <-, -n> *f* ❶ *(Heft~)* puntina *f* da disegno ❷ *(Schuh~)* chiodino *m*
zweckentfremden <ohne ge-> *vt* usare per uno scopo diverso da quello previsto
zweckentsprechend *adj* adeguato, appropriato
Zweckgemeinschaft <-, -en> *f* comunità *f* finalizzata
zwecklos *adj* inutile, vano
Zwecklosigkeit <-> *f kein Pl.* inutilità *f,* vanità *f*
zweckmäßig *adj* adeguato, appropriato; *(sinnvoll)* opportuno; *(nützlich)* utile
Zweckmäßigkeit *f* adeguatezza *f,* opportunità *f; (Nützlichkeit)* utilità *f*
Zweckoptimismus <-> *m kein Pl.* ottimismo *m* finalizzato
zwecks *präp +gen* ADM allo scopo di, per
Zweckverband *m* consorzio *m*
zweckwidrig *adj* inadeguato, inopportuno
zwei [tsvaɪ] *num* due; **[nur] wir ~** [solo] noi due; **sie arbeitet für ~** lavora per due; *s. a.* **acht**
Zwei <-, -en> *f* due *m; (Schulnote: gut)* otto; *(Buslinie)* due *m*
Zwei-, zwei- *s.* **Acht-, acht-**
zweiarmig *adj* a due bracci
Zweibeiner <-s, -> *m* bipede *m*
Zweibettzimmer *nt* camera *f* doppia
zweideutig *adj* ❶ *(doppeldeutig)* ambiguo, equivoco ❷ *(schlüpfrig)* licenzioso
Zweideutigkeit <-, -en> *f* ❶ *Sing. (Doppeldeutigkeit)* ambiguità *f,* doppio senso *m* ❷ *(Bemerkung)* [osservazione *f* a] doppio senso *m*
zweidimensional ['tsvaɪdimɛnzi̯onaːl] *adj* bidimensionale
Zweidrittelmehrheit [tsvaɪ'drɪtəlmeːɐ̯haɪt] *f* POL **mit ~** con la maggioranza dei due terzi
zweieiig *adj* biovulare
Zweier <-s, -> *m* SPORT due *m* di punta
Zweierbeziehung *f* rapporto *m* a due
Zweierbob *m* SPORT bob *m* a due
zweifach *adj* doppio, duplice; *s. a.* **achtfach**
Zweifel ['tsvaɪfəl] <-s, -> *m* dubbio *m; (Ungewissheit)* incertezza *f;* **~ wegen etw haben** [*o* **hegen**] nutrire dubbi su qc; **über jeden ~ erhaben sein** essere fuor di dubbio; **es steht außer ~, dass ...** è fuori dubbio che ...; **ohne [jeden] ~** senza

Z

[alcun] dubbio, indubbiamente; **es besteht nicht der mindeste** [*o* **leiseste**] **~** [**, dass …**] non c'è ombra di dubbio [che …]

zweifelhaft *adj* ① *(fraglich)* dubbio, dubbioso; **es ist ~, ob …** è incerto se … ② *(verdächtig)* sospetto

zweifellos *adv* senza dubbio, indubbiamente

zweifeln *vi* [**an jdm/etw**] **~** dubitare [di qu/qc]; [**daran**] **~, dass …** dubitare che *+conj*

Zweifelsfall *m* caso *m* di dubbio; **im ~** in caso di dubbio

zweifelsfrei **I.** *adj* inequivocabile **II.** *adv* fuor di dubbio

zweifelsohne ['tsvaɪfəls'ʔoːnə] *adv* senza dubbio

Zweifler(in) <-s, -; -, -nen> *m(f)* scettico, -a *m, f*

Zweifrontenkrieg ['tsvaɪ'frɔntənkriːk, *Pl:* 'tsvaɪ'frɔntənkriːgə] <-(e)s, -e> *m* guerra *f* su due fronti; **einen ~ führen** combattere una guerra su due fronti

Zweig [tsvaɪk] <-(e)s, -e> *m* ramo *m*

zweigeteilt *adj* bipartito

zweigleisig *adj* a doppio binario

Zweigniederlassung *f* filiale *f*, succursale *f*

Zweigstelle *f* filiale *f*, succursale *f*

zweihändig ['tsvaɪhɛndɪç] *adj* ANAT, MUS a due mani; SCIENT bimano

zweihundert ['tsvaɪ'hʊndɐt] *num* duecento

zweijährig *adj* ① *(zwei Jahre alt)* di due anni ② BOT biennale

Zweikammersystem [tsvaɪ'kamɐzʏsteːm] *nt* bicameralismo *m*

Zweikampf *m* ① *(Duell)* duello *m* ② SPORT lotta *f* singola

zweimal *adv* due volte; **~ täglich** [*o* **am Tag**] due volte al giorno; **sich** *dat* **etw nicht ~ sagen lassen** non farsi dire qc due volte

zweimalig *adj* ripetuto due volte; **nach ~er Aufforderung** alla seconda richiesta

Zweimarkstück ['tsvaɪ'markʃtʏk] *nt* moneta *f* da due marchi

Zweimaster <-s, -> *m* due alberi *m*

zweimotorig *adj* bimotore

Zweiparteiensystem [tsvaɪpar'taɪənzʏsteːm] *nt* POL bipartitismo *m*

Zweipfennigstück ['tsvaɪ'pfɛnɪçʃtʏk] *nt* moneta *f* da due pfennig

zweipolig *adj* bipolare

Zweirad *nt* biciclo *m*

zweiräd[e]rig ['tsvaɪrɛːd(ə)rɪç] *adj* a due ruote

zweireihig *adj* a due file; *(Anzug, Mantel)* a doppio petto

Zweisamkeit <-> *f kein Pl.* essere *m* in due; **in trauter ~** [solo] in due

zweischneidig *adj* a doppio taglio; **das ist ein ~es Schwert** *(fig)* è un'arma a doppio taglio

zweiseitig *adj* che ha due lati; *(bilateral)* bilaterale; *(Stoff)* double face

zweisitzig *adj* biposto

Zweispänner ['tsvaɪʃpɛnɐ] <-s, -> *m* carrozza *f* a due cavalli

zweisprachig *adj* bilingue

Zweisprachigkeit <-> *f kein Pl.* bilinguismo *m*

zweispurig *adj* *(Straße)* a due corsie; *(Bahnstrecken)* a doppio binario; *(Tonband)* a due piste

zweistellig *adj* di due cifre

zweistimmig *adj* *(Gesang)* a due voci; *(Stück)* per due voci

zweistöckig ['tsvaɪʃtœkɪç] *adj* a [*o* di] due piani

zweistündig ['tsvaɪʃtʏndɪç] *adj* di due ore

zweitägig ['tsvaɪtɛːgɪç] *adj* di due giorni

Zweitakter <-s, -> *m*, **Zweitaktmotor** *m* AUTO, TEC motore *m* a due tempi

zweitälteste(r, s) ['tsvaɪt'ʔɛltəstə, -tɐ, -təs] *adj* secondo, -a [per età]

zweitausend ['tsvaɪ'taʊzənt] *num* duemila

Zweitausfertigung *f* duplicato *m*

zweitbeste(r, s) ['tsvaɪt'bɛstə, -tɐ, -təs] *adj* secondo, -a [in graduatoria]

Zweite ['tsvaɪtə] <ein -r, -n, -n> *mf* secondo, -a *m, f; (anderer, weiterer)* altro, -a *m, f; s. a.* **Achte**

zweite(r, s) *adj* secondo, -a *(bei Datumsangaben)* due; *(anderer, weiterer)* altro, -a **eine ~ Jeanne d'Arc** una seconda Giovanna d'Arco; **~r Klasse** di seconda classe; **aus ~r Hand** di seconda mano; **in ~r Ehe** in seconde nozze; **in ~r Linie, an ~r Stelle** in secondo luogo; *s. a.* **achte(r, s)**

Zweiteiler <-s, -> *m* *(fam)* ① *(Bikini)* due pezzi *m*, bikini *m* ② *(Kleid)* abito *m* a due pezzi, completo *m*

zweiteilig *adj* di [*o* in] due parti; *(Kleidungsstück)* a due pezzi

zweitens *adv* [in] secondo [luogo]

Zweitfrisur *f* acconciatura *f* di ricambio, parrucca *f*

zweitjüngste(r, s) ['tsvaɪt'jʏŋstə, -tɐ, -təs] *adj* penultimo, -a [per età]

zweitklassig *adj* di second'ordine

zweitletzte(r, s) *adj* penultimo, -a

zweitrangig *adj* secondario

Zweitschlüssel *m* chiave *f* di riserva, duplicato *m*

Zweitschrift *f* duplicato *m*

Zweitstimme *f* POL secondo voto *m*

zweitürig *adj* a due porte

Zweitwagen *m* seconda macchina *f*
Zweitwohnung *f* seconda casa *f*
zweizeilig *adj* di due righe
Zweizimmerwohnung *f* appartamento *m* di due camere
Zwerchfell ['tsvɛrçfɛl] *nt* ANAT diaframma *m*
zwerchfellerschütternd *adj* esilarante
Zwerg(in) [tsvɛrk] <-(e)s, -e; -, -nen> *m(f)* nano, -a *m, f*
zwergenhaft *adj* nano
Zwerghuhn *nt* pollo *m* nano
Zwergin *f s.* **Zwerg**
Zwergpudel *m* barboncino *m*
Zwergstaat *m* stato *m* minuscolo
Zwergvolk *nt* pigmei *mpl*
Zwergwuchs *m* nanismo *m*
Zwetsch[g]e ['tsvɛtʃ(g)ə] <-, -n> *f* prugna *f*
Zwetsch[g]enbaum *m* prugno *m*
Zwetsch[g]enmus *nt* marmellata *f* di prugne
Zwetsch[g]enwasser *nt* prunella *f*
Zwetschke <-, -n> *f* A *(Zwetschge, Zwetsche)* prugna *f*
Zwickel ['tsvɪkəl] <-s, -> *m* ① *(an Kleidungsstücken)* gherone *m* ② ARCH pennacchio *m*
zwicken ['tsvɪkən] *vt* ① *bes.* A, SÜDD *(kneifen)* pizzicare ② A *(Fahrscheine lochen)* forare ③ A *(mit einer Klammer befestigen)* fissare con le mollette
Zwicker <-s, -> *m bes.* A, SÜDD pincenez *m*
Zwickmühle *f (fam)* impiccio *m,* dilemma *m;* **in einer ~ sein** *(fig fam)* trovarsi in un pasticcio
Zwieback ['tsvi:bak] <-(e)s, -e *o* Zwiebäcke> *m* fetta *f* biscottata
Zwiebel ['tsvi:bəl] <-, -n> *f* ① *(Gemüse~)* cipolla *f* ② *(Blumen~)* bulbo *m*
zwiebelförmig ['tsvi:bəlfœrmɪç] *adj* bulbiforme
Zwiebelkuchen *m* torta *f* salata con cipolle
zwiebeln *vt (fam)* vessare, angariare
Zwiebelsuppe *f* zuppa *f* di cipolle
Zwiebelturm *m* campanile *m* a bulbo
zwiefach ['tsvi:fax] *(geh) s.* **zweifach**
Zwiegespräch ['tsvi:gəʃprɛ:ç] *nt (geh)* dialogo *m,* colloquio *m* [a quattr'occhi]
Zwielicht *nt* crepuscolo *m; (morgens)* alba *f;* **ins ~ geraten** *(fig)* trovarsi in una situazione poco chiara
zwielichtig *adj* ambiguo
Zwiespalt <-(e)s, *o rar:* -e *o* -spälte> *m* conflitto *m* interiore, dissidio *m;* **in einen ~ geraten** trovarsi in conflitto
zwiespältig ['tsvi:ʃpɛltɪç] *adj* contraddittorio
Zwietracht ['tsvi:traxt] <-> *f kein Pl. (geh)* discordia *f;* **~ säen** fomentare discordia
Zwillich ['tsvɪlɪç] <-s, -e> *m* traliccio *m*
Zwilling ['tsvɪlɪŋ] <-s, -e> *m* ① *(Geschwister)* gemello, -a *m, f;* **eineiige/zweieiige ~e** gemelli monovulari/biovulari ② ASTR Gemelli *mpl;* **er** [*o* **sie**] **ist** [**ein**] **~** è dei Gemelli
Zwillingsbruder *m* [fratello *m*] gemello *m*
Zwillingspaar *nt* gemelli *mpl*
Zwillingsschwester *f* [sorella *f*] gemella *f*
Zwinge ['tsvɪŋə] <-, -n> *f* TEC ① *(Metallring)* ghiera *f* ② *(Schraub~)* sergente *m; (Schraubstock)* morsa *f*
zwingen ['tsvɪŋən] <zwingt, zwang, gezwungen> **I.** *vt* costringere, forzare, obbligare; **jdn zu Boden ~** costringere qu ad andare a terra; **ich sehe mich gezwungen abzureisen** mi vedo costretto a partire **II.** *vr* **sich** [**zu etw**] **~** costringersi [a fare qc], sforzarsi [di fare qc]
zwingend *adj (Norm)* cogente, imperativo; *(überzeugend)* convincente; *(schlüssig)* conclusivo; *(Notwendigkeit, Gründe)* impellente
Zwinger <-s, -> *m (Hunde~)* canile *m*
zwingt *3. Pers. Sing. Präs. von* **zwingen**
zwinkern ['tsvɪŋkɐn] *vi* [**mit den Augen**] **~** strizzare gli occhi
zwirbeln ['tsvɪrbəln] *vt* attorcigliare
Zwirn [tsvɪrn] <-(e)s, -e> *m* refe *m*
zwischen ['tsvɪʃən] *präp +akk o dat (unter zweien, mehreren)* fra, tra; *(in der Mitte)* in mezzo a; **~ uns** fra [*o* tra] noi; **es ist aus ~ uns** è finita fra noi; **~ fünf und sechs Uhr** fra le cinque e le sei
Zwischenablage *f* INFORM clipboard *m*
Zwischenakt *m* intermezzo *m*
Zwischenaufenthalt *m* breve sosta *f*
Zwischenbemerkung *f* osservazione *f,* obiezione *f*
Zwischenbericht *m* rapporto *m* intermedio
Zwischenbescheid *m* risposta *f* interlocutoria
Zwischenbilanz *f* bilancio *m* intermedio; **eine ~ ziehen** *(fig)* fare un bilancio provvisorio
Zwischendeck *nt* interponte *m*
Zwischendecke *f* piano *m* smorzatore
Zwischending *nt (fam)* compromesso *m;* **ein ~ zwischen … und … sein** essere una via di mezzo tra … e …
zwischendurch ['tsvɪʃən'dʊrç] *adv* ① *(in der Zwischenzeit)* frattanto, nel frattempo ② *(ab und zu)* di tanto in tanto; *(nebenbei)* inoltre, tra l'altro
Zwischenergebnis *nt* risultato *m* provvisorio

Z

Zwischenfall *m* ① *(Ereignis)* incidente *m;* **die Demonstration verlief ohne Zwischenfälle** la dimostrazione si svolse senza incidenti ② *Pl. (Unruhen)* disordini *mpl*
Zwischenfinanzierung *f* prefinanziamento *m*
Zwischenfrage *f* **jdm eine ~ stellen** interrompere qu con una domanda; **erlauben Sie mir eine ~** mi permetta una domanda
Zwischengas <-es> *nt kein Pl.* AUTO accelerata *f* [in macchine con cambio a doppia frizione], doppietta *f*
Zwischengericht *nt* entremets *m*
Zwischengeschoss *nt* mezzanino *m,* [piano *m*] ammezzato *m*
Zwischengröße *f* misura *f* intermedia
Zwischenhalt *m* CH tappa *f* intermedia, sosta *f;* **er machte in Zürich ein paar Tage ~** ha fatto qualche giorno di sosta a Zurigo
Zwischenhandel *m* commercio *m* di commissione
Zwischenhändler(in) *m(f)* intermediario, -a *m, f*
Zwischenhirn *nt* diencefalo *m*
Zwischenlager *nt* centro *m* transitorio di raccolta, magazzino *m* per il deposito transitorio di merci
zwischen|lagern *vt* depositare
Zwischenlagerung <-, -en> *f* immagazzinamento *m* transitorio
zwischen|landen *vi sein* fare scalo
Zwischenlandung *f* scalo *m*
Zwischenlösung *f* soluzione *f* provvisoria
Zwischenmahlzeit *f* spuntino *m; (am Nachmittag)* merenda *f*
zwischenmenschlich *adj* **~e Beziehungen** rapporti umani
Zwischenprüfung *f* esame *m* preliminare
Zwischenraum *m (räumlich, zeitlich)* intervallo *m;* TYP spazio *m; (zwischen Zeilen)* interlinea *f; (Abstand)* distanza *f*
Zwischenruf *m* interruzione *f*
Zwischenrufer(in) <-s, -; -, -nen> *m(f) chi interrompe un discorso facendo osservazioni*
Zwischenrunde *f* SPORT semifinale *f*
Zwischensaison *f* media stagione *f*
Zwischenspiel *nt (fig)* THEAT intermezzo *m;* MUS interludio *m*
zwischenstaatlich *adj* interstatale, intergovernativo
Zwischenstation *f* stazione *f* intermedia; **~ machen** fermarsi ad una stazione intermedia
Zwischenstecker *m* EL spina *f* di adattamento
Zwischenstück *nt* pezzo *m* intermedio, parte *f* intermedia
Zwischenstufe *f* stadio *m* intermedio
Zwischensumme *f* somma *f* parziale
Zwischentitel *m* titolo *m* intermedio
Zwischenwand *f* parete *f* divisoria
Zwischenwirt *m* BIOL ospite *m* intermedio
Zwischenzeit *f* ① *(Zeitraum)* intervallo *m;* **in der ~** nel frattempo, frattanto ② SPORT tempo *m* intermedio
zwischenzeitlich *adv* nel frattempo
Zwischenzeugnis *nt* ① *(Arbeits~)* attestato *m* di capacità ② *(Universitäts~)* attestato *m* dei corsi svolti; *(Schul~)* pagella *f* trimestrale/semestrale
Zwist [tsvɪst] <-es, -e> *m (geh)* disaccordo *m,* discordia *f*
Zwistigkeit <-, -en> *f meist Pl. s.* **Zwist**
zwitschern ['tsvɪtʃɐn] **I.** *vi* cinguettare; *(Schwalbe)* garrire **II.** *vt* **einen ~** *(fam)* bersi un bicchierino
Zwitter ['tsvɪtɐ] <-s, -> *m* ermafrodito *m*
zwitterhaft *adj* ibrido
zwo [tsvoː] *num* TEL *(fam)* due
zwölf [tsvœlf] *num* dodici; *(ein Dutzend)* una dozzina [di]; [**um**] **~ Uhr mittags** a mezzogiorno; [**um**] **~ Uhr nachts** a mezzanotte; **fünf Minuten vor ~** *(fig fam)* all'ultimo minuto; *s. a.* **acht**
Zwölf-, zwölf- *s.* **Acht-, acht-**
Zwölfender <-s, -> *m* cervo *m* con corna a dodici palchi
Zwölffingerdarm *m* ANAT duodeno *m*
Zwölfkampf *m* SPORT gara *f* di dodici prove
Zwölfsilb[l]er <-s, -> *m* dodecasillabo *m*
zwölfte(r, s) *adj* dodicesimo, -a *m, f; (bei Datumsangaben)* dodici; *s. a.* **achte(r, s)**
Zwölftel <-s, -> *nt* dodicesimo *m*
zwölftens *adv* [in] dodicesimo [luogo]
Zwölftonlehre <-> *f kein Pl.* MUS dodecafonia *f*
Zwölftonmusik *f* musica *f* dodecafonica
Zyanid [tsyaˈniːt] <-s, -e> *nt* CHEM cianuro *m*
Zyankali [tsyanˈkaːli] <-s> *nt kein Pl.* CHEM cianuro *m* di potassio
Zyklame [tsyˈklaːmə] <-, -n> *f* A ciclamino *m*
Zyklamen [tsyˈklaːmən] <-s, -> *nt* ciclamino *m*
Zyklen *Pl. von* **Zyklus**
zyklisch [ˈtsyːklɪʃ] *adj* ciclico
Zyklon [tsyˈkloːn] <-s, -e> *m* METEO ciclone *m*
Zyklop [tsyˈkloːp] <-en, -en> *m* ciclope *m*
Zyklotron [ˈtsyːklotroːn *o* ˈtsʏklotroːn, *Pl:* tsykloˈtroːnə *o* tsykloˈtroːns] <-s, -e *o* -s> *nt* ciclotrone *m*

Zyklus ['tsy:klʊs, *Pl:* 'tsy:klən] <-, Zyklen> *m* ciclo *m*

Zylinder [tsi'lɪndɐ *o* tsʏ'lɪndɐ] <-s, -> *m* *(Hut)* *a.* TEC cilindro *m*

Zylinderblock <-(e)s, -blöcke> *m* blocco *m* cilindri

zylinderförmig [tsi'lɪndɐfœrmɪç *o* tsʏ'lɪndɐfœrmɪç] *adj* cilindrico, a forma di cilindro

Zylinderkopf *m* TEC testata *f*, testa *f* dei cilindri

Zylinderkopfdichtung *f* guarnizione *f* della testata [*o* della testa dei cilindri]

zylindrisch [tsʏ'lɪndrɪʃ] *adj* cilindrico

Zyniker(in) ['tsy:nɪkɐ] <-s, -; -, -nen> *m(f)* cinico, -a *m, f*

zynisch *adj* cinico

Zynismus [tsy'nɪsmʊs] <-, *rar:* Zynismen> *m* cinismo *m*

Zypern ['tsy:pɐn] *nt* Cipro *f*

Zypr[i]er(in) ['tsy:pr(i)ɐ] <-s, -; -, -nen> *m(f)*, **Zypriot(in)** [tsypri'o:t] <-en, -en; -, -nen> *m(f)* cipriota *mf*

Zyprer(in) *m(f)* *s.* **Zypr[i]er**

Zypresse [tsy'prɛsə] <-, -n> *f* BOT cipresso *m*

zypriotisch *adj*, **zyprisch** *adj* cipriota

Zyste ['tsʏstə] <-, -n> *f* MED cisti *f*

Zytologie [tsytolo'gi:] <-> *f kein Pl.* citologia *f*

Zytoplasma [tsyto'plasma] *nt* BIOL citoplasma *m*

zz[t]. *Abk. von* **zurzeit** attualmente

z. Z[t]. *Abk. von* **zur Zeit** ai tempi di

Anhang
Appendice

Unregelmäßige italienische Verben

Verbi irregolari italiani

Aufgeführt sind der Infinitiv *(infinito)*, die 1. Person des *passato remoto*, das Perfekt *(passato prossimo)* und die unregelmäßigen Formen von Indikativ Präsens *(pr)*, Indikativ Imperfekt *(imp)*, Futur *(fut)*, Konjunktiv Präsens *(conj pr)*, Konjunktiv Imperfekt *(conj imp)*, Konditional *(cond)*, Imperativ *(imperat)*, Gerundium *(ger)*, Partizip Präsens *(p pr)*. Neben dem Partizip II. *(participio passato)* wird das Hilfsverb angegeben, mit welchem das Perfekt gebildet wird.

infinito	passato remoto	passato prossimo (participio passato)	weitere Formen
accendere	accesi	ho acceso	
accludere	acclusi	ho accluso	
accorgersi	mi accorsi	mi sono accorto	
addurre			*v.* condurre
affliggere	afflissi	ho afflitto	
alludere	allusi	ho alluso	
andare	andai	sono andato	*pr* vado, vai, va, andiamo, andate, vanno; *fut* andrò; *conj pr* vada, vada, vada, andiamo, andiate, vadano; *conj imp* andassi; *cond* andrei; *imperat* va'! *o.* vai!, vada!, andiamo!, andate!, vadano!
annettere	annettei *o.* annessi	ho annesso	
apparire	apparvi	sono apparso	*pr* appaio, appari, appare, appariamo, apparite, appaiono; *imp* apparivo; *fut* apparirò; *conj pr* appaia, appaia, appaia, appariamo, appariate, appaiano; *conj imp* apparissi; *imperat* appari!, appaia!, appariamo!, apparite!, appaiano!
appendere	appesi	ho appeso	
aprire	apersi *o.* aprii	ho aperto	
ardere	arsi	ho arso	
assistere	assistei *o.* assistetti	ho assistito	
assolvere	assolsi	ho assolto	
assumere	assunsi	ho assunto	

infinito	passato remoto	passato prossimo (participio passato)	weitere Formen
avere	ebbi	ho avuto	*pr* ho, hai, ha, abbiamo, avete, hanno; *imp* avevo; *fut* avrò; *conj pr* abbia, abbia, abbia, abbiamo, abbiate, abbiano; *conj imp* avessi, avessi, avesse, avessimo, aveste, avessero; *cond* avrei; *imperat* abbi!, abbia!, abbiamo!, abbiate!, abbiano
bere	bevvi *o.* bevei *o.* bevetti	ho bevuto	*pr* bevo, bevi, beve, beviamo, bevete, bevono; *imp* bevevo; *fut* berrò; *conj pr* beva; *conj imp* bevessi; *cond* berrei; *imperat* bevi!, beva!, beviamo!, bevete!, bevano!; *ger* bevendo; *p pr* bevente
cadere	caddi	sono caduto	*fut* cadrò; *cond* cadrei
chiedere	chiesi	ho chiesto	
chiudere	chiusi	ho chiuso	
cingere	cinsi	ho cinto	
cogliere	colsi	ho colto	*pr* colgo, cogli, coglie, cogliamo, cogliete, colgono; *conj pr* colga, colga, colga, cogliamo, cogliate, colgano
comparire			*v.* apparire
comprimere	compressi	ho compresso	
concedere	concessi	ho concesso	
concludere			*v.* accludere
condurre	condussi	ho condotto	*pr* conduco, conduci, conduce, conduciamo, conducete, conducono; *imp* conducevo; *fut* condurrò; *conj pr* conduca, conduca, conduca, conduciamo, conduciate, conducano; *conj imp* conducessi; *cond* condurrei; *imperat* conduci!, conduca!, conduciamo!, conducete!, conducano!; *ger* conducendo; *p pr* conducente
connettere	connetéi	ho connesso	
conoscere	conobbi	ho conosciuto	
consistere	consisté o. consistette (*3. Person*)	è consistito (*3. Person*)	
coprire			*v.* aprire
correggere			*v.* leggere
correre	corsi	sono corso	
crescere	crebbi	sono cresciuto	

infinito	passato remoto	passato prossimo (participio passato)	weitere Formen
cuocere	cossi	ho cotto	*pr* cuocio, cuoci, cuoce, cociamo *o.* cuociamo, cocete *o.* cuocete, cuociono; *imp* cocevo *o.* cuocevo; *fut* cocerò; *conj pr* cuocia, cuocia, cuocia, cociamo *o.* cuociamo, cociate *o.* cuociate, cuociano; *conj imp* cocessi *o.* cuocessi; *cond* cocerei *o.* cuocerei; *imperat* cuoci!, cuocia!, cociamo! *o.* cuociamo!, cocete! *o.* cuocete!, cuociano!; *ger* cocendo *o.* cuocendo; *p pr* cocente
dare	diedi *o.* detti	ho dato	*pr* do, dai, dà, diamo, date, danno; *fut* darò; *conj pr* dia, dia, dia, diamo, diate, diano; *conj imp* dessi; *cond* darei; *imperat* da'! *o.* dai!, dia!, diamo!, date!, diano!
decidere	decisi	ho deciso	
dedurre			*v.* condurre
deludere			*v.* alludere
deprimere			*v.* comprimere
devolvere	devolvei *o.* devolvetti	ho devoluto	
difendere	difesi	ho difeso	
dipendere			*v.* appendere
dipingere	dipinsi	ho dipinto	
dire	dissi	ho detto	*pr* dico, dici, dice, diciamo, dite, dicono; *imp* dicevo; *fut* dirò; *conj pr* dica, dica, dica, diciamo, diciate, dicano; *conj imp* dicessi; *cond* direi; *imperat* di'!, dica!, diciamo!, dite!, dicano!; *ger* dicendo; *p pr* dicente
dirigere	diressi	ho diretto	
discutere	discussi	ho discusso	
dissolvere			*v.* assolvere
dissuadere			*v.* persuadere
distinguere	distinsi	ho distinto	
dividere	divisi	ho diviso	
dolere	dolsi	ho doluto	*pr* dolgo, duoli, duole, doliamo *o.* dogliamo, dolete, dolgono; *fut* dorrò; *conj pr* dolga, dolga, dolga, doliamo *o.* dogliamo, doliate *o.* dogliate, dolgano; *cond* dorrei; *imperat* duoli!, dolga!, doliamo! *o.* dogliamo!, dolete!, dolgano!

infinito	passato remoto	passato prossimo (participio passato)	weitere Formen
dovere	dovei *o.* dovetti	ho dovuto	*pr* devo *o.* debbo, devi, deve, dobbiamo, dovete, devono *o.* debbono; *fut* dovrò; *conj pr* deva *o.* debba, deva, deva, dobbiamo, dobbiate, devano *o.* debbano; *cond* dovrei; *imperat u. p pr fehlen*
eccellere	eccelsi	ho eccelso	
elidere	elisi *o.* elidei	ho eliso	
emergere	emersi	sono emerso	
erigere			*v.* dirigere
escludere			*v.* accludere
esistere	esistei o. esistetti	sono esistito	
espellere	espulsi	ho espulso	
esplodere	esplosi	sono esploso	
esprimere			*v.* comprimere
essere	fui, fosti, fu, fummo, foste, furono	sono stato	*pr* sono, sei, è, siamo, siete, sono; *imp* ero; *fut* sarò; *conj pr* sia, sia, sia, siamo, siate, siano; *conj imp* fossi, fossi, fosse, fossimo, foste, fossero; *cond* sarei; *imperat* sii!, sia!, siamo!, siate!, siano!
estinguere			*v.* distinguere
evadere	evasi	sono evaso	
evolvere	evolsi *o.* evolvei *o.* evolvetti	sono evoluto	
fare	feci, facesti, fece, facemmo, faceste, fecero	ho fatto	*pr* faccio, fai, fa, facciamo, fate, fanno; *imp* facevo; *fut* farò; *conj pr* faccia, faccia, faccia, facciamo, facciate, facciano; *conj imp* facessi; *cond* farei; *imperat* fa'! *o.* fai!, faccia!, facciamo!, fate!, facciano!; *ger* facendo; *p pr* facente
fingere	finsi	ho finto	
flettere	flessi *o.* flettei	ho flesso	
fondere	fusi	ho fuso	
frangere	fransi	ho franto	
friggere	frissi	ho fritto	
fungere			*v.* fingere
giacere			*v.* piacere
giungere			*v.* fingere

infinito	passato remoto	passato prossimo (participio passato)	weitere Formen
godere	godei *o.* godetti	ho goduto	*fut* godrò; *cond* godrei
immergere			*v.* emergere
imprimere			*v.* comprimere
incidere			*v.* decidere
includere			*v.* accludere
incutere			*v.* discutere
indurre			*v.* condurre
infliggere			*v.* affliggere
insistere	insistei *o.* insistetti	ho insistito	
introdurre			*v.* condurre
invadere			*v.* evadere
ledere	lesi	ho leso	
leggere	lessi	ho letto	
mettere	misi	ho messo	
mordere	morsi	ho morso	
morire	morii	sono morto	*pr* muoio, muori, muore, moriamo, morite, muoiono; *fut* morrò *o.* morirò; *conj pr* muoia, muoia, muoia, moriamo, moriate, muoiano; *conj imp* morissi; *cond* morrei *o.* morirei; *imperat* muori!, muoia!, moriamo!, morite!, muoiano!
mungere			*v.* fingere
muovere	mossi	ho mosso	
nascere	nacqui	sono nato	
nascondere	nascosi	ho nascosto	
nuocere	nocqui	ho nociuto	*pr* noccio *o.* nuoccio, nuoci, nuoce, nociamo *o.* nuociamo, nocete, nocciono *o.* nuocciono; *imp* nocevo *o.* nuocevo; *fut* nocerò *o.* nuocerò; *conj pr* noccia, noccia, noccia, nociamo, nociate, nocciano; *conj imp* nocessi; *cond* nocerei *o.* nuocerei; *imperat* nuoci!, noccia!, nociamo!, nocete!, nocciano!; *ger* nocendo *o.* nuocendo; *p pr* nocente *o.* nuocente
offendere			*v.* difendere
offrire	offersi o. offrii	ho offerto	
opprimere			*v.* comprimere

infinito	passato remoto	passato prossimo (participio passato)	weitere Formen
parere	parvi	sono parso	*pr* paio, pari, pare, paiamo, parete, paiono; *fut* parrò; *conj pr* paia, paia, paia, paiamo, paiate, paiano; *cond* parrei; *imperat fehlt*
percuotere			*v.* scuotere
perdere	persi *o.* perdei *o.* perdetti	ho perso *o.* perduto	
persuadere	persuasi	ho persuaso	
piacere	piacqui	sono piaciuto	*pr* piaccio, piaci, piace, piacciamo *o.* piaciamo, piacete, piacciono; *conj pr* piaccia, piaccia, piaccia, piacciamo *o.* piaciamo, piacciate *o.* piaciate, piacciano; *imperat* piaci!, piaccia!, piacciamo!, piacete!, piacciano!
piangere	piansi	ho pianto	
piovere	piovve (*3. Person*)	è piovuto (*3. Person*)	
porgere	porsi	ho porto	
porre	posi, ponesti, pose, ponemmo, poneste, posero	ho posto	*pr* pongo, poni, pone, poniamo, ponete, pongono; *imp* ponevo; *fut* porrò; *conj pr* ponga, ponga, ponga, poniamo, poniate, pongano; *conj imp* ponessi; *cond* porrei; *imperat* poni!, ponga!, poniamo!, ponete!, pongano!; *ger* ponendo; *p pr* ponente
possedere			*v.* sedere
potere	potei *o.* potetti	ho potuto	*pr* posso, puoi, può, possiamo, potete, possono; *fut* potrò; *conj pr* possa, possa, possa, possiamo, possiate, possano; *cond* potrei; *imperat fehlt*
prendere	presi	ho preso	
presumere			*v.* assumere
produrre			*v.* condurre
proteggere			*v.* leggere
pungere			*v.* fingere
radere	rasi	ho raso	
recidere			*v.* decidere
redigere	redassi	ho redatto	
redimere	redensi	ho redento	
reggere			*v.* leggere
rendere			*v.* prendere

infinito	passato remoto	passato prossimo (participio passato)	weitere Formen
reprimere			*v.* comprimere
resistere	resistei *o.* resistetti	sono resistito	
ridere	risi	ho riso	
ridurre			*v.* condurre
riflettere	riflettei	ho riflettuto *o.* riflesso	
rimanere	rimasi	sono rimasto	*pr* rimango, rimani, rimane, rimaniamo, rimanete, rimangono; *fut* rimarrò; *conj pr* rimanga, rimanga, rimanga, rimaniamo, rimaniate, rimangano; *cond* rimarrei; *imperat* rimani!, rimanga!, rimaniamo!, rimanete!, rimangano!
risolvere			*v.* assolvere
rispondere	risposi	ho risposto	
rodere	rosi	ho roso	
rompere	ruppi	ho rotto	
salire	salii	sono salito	*pr* salgo, sali, sale, saliamo, salite, salgono; *conj pr* salga, salga, salga, saliamo, saliate, salgano; *imperat* sali!, salga!, saliamo!, salite!, salgano!
sapere	seppi	ho saputo	*pr* so, sai, sa, sappiamo, sapete, sanno; *fut* saprò; *conj pr* sappia, sappia, sappia, sappiamo, sappiate, sappiano; *cond* saprei; *imperat* sappi!, sappia!, sappiamo!, sappiate!, sappiano!
scegliere	scelsi	ho scelto	*pr* scelgo, scegli, sceglie, scegliamo, scegliete, scelgono; *conj pr* scelga, scelga, scelga, scegliamo, scegliate, scelgano; *imperat* scegli!, scelga!, scegliamo!, scegliete!, scelgano!
scendere	scesi	sono sceso	
scindere	scissi	ho scisso	
sciogliere			*v.* cogliere
scorgere			*v.* sorgere
scrivere	scrissi	ho scritto	
scuotere	scossi	ho scosso	
sedere	sedei *o.* sedetti	ho seduto	*pr* siedo, siedi, siede, sediamo, sedete, siedono; *conj pr* sieda, sieda, sieda, sediamo, sediate, siedano; *imperat* siedi!, sieda!, sediamo!, sedete!, siedano!
sedurre			*v.* condurre

infinito	**passato remoto**	**passato prossimo (participio passato)**	**weitere Formen**
soffrire			*v.* offrire
solere	solei	sono solito	*pr* soglio, suoli, suole, sogliamo, solete, sogliono; *fut, cond, imperat fehlen*; *conj pr* soglia, soglia, soglia, sogliamo, sogliate, sogliano
sommergere			*v.* emergere
sopprimere			*v.* comprimere
sorgere	sorsi	sono sorto	
sospendere			*v.* appendere
spargere	sparsi	ho sparso	
spegnere (spengere)	spensi	ho spento	*pr* spengo, spegni, spegne, spegniamo, spegnete, spengono; *conj pr* spenga, spenga, spenga, spegniamo, spegniate, spengano
spendere			*v.* appendere
spingere			*v.* fingere
stare	stetti, stesti, stette, stemmo, steste, stettero	sono stato	*pr* sto, stai, sta, stiamo, state, stanno; *conj pr* stia, stia, stia, stiamo, stiate, stiano; *conj imp* stessi; *imperat* sta'! *o.* stai!, stia!, stiamo!, state!, stiano!
stringere	strinsi	ho stretto	
struggere			*v.* leggere
succedere			*v.* concedere
tacere	tacqui	ho taciuto	*pr* taccio, taci, tace, tacciamo *o.* taciamo, tacete, tacciono; *conj pr* taccia, taccia, taccia, tacciamo *o.* taciamo, tacciate *o.* taciate, tacciano; *imperat* taci!, taccia!, tacciamo!, tacete!, tacciano!
tendere			*v.* prendere
tenere	tenni	ho tenuto	*pr* tengo, tieni, tiene, teniamo, tenete, tengono; *fut* terrò; *conj pr* tenga, tenga, tenga, teniamo, teniate, tengano; *cond* terrei; *imperat* tieni!, tenga!, teniamo!, tenete!, tengano!
tingere			*v.* fingere
togliere			*v.* cogliere
torcere	torsi	ho torto	
tradurre			*v.* condurre

infinito	passato remoto	passato prossimo (participio passato)	weitere Formen
trarre	trassi, traesti, trasse, traemmo, traeste, trassero	ho tratto	*pr* traggo, trai, trae, traiamo, traete, traggono; *imp* traevo; *fut* trarrò; *conj pr* tragga, tragga, tragga, traiamo, traiate, traggano; *conj imp* traessi; *cond* trarrei; *imperat* trai!, tragga!, traiamo!, traete!, traggano!; *ger* traendo; *p pr* traente
uccidere			*v.* decidere
udire	udii	ho udito	*pr* odo, odi, ode, udiamo, udite, odono; *fut* udirò *o.* udrò; *conj pr* oda, oda, oda, udiamo, udiate, odano; *cond* udirei *o.* udrei; *imperat* odi!, oda!, udiamo!, udite!, odano!
ungere			*v.* fingere
uscire	uscii	sono uscito	*pr* esco, esci, esce, usciamo, uscite, escono; *conj pr* esca, esca, esca, usciamo, usciate, escano; *imperat* esci!, esca!, usciamo!, uscite!, escano!
valere	valsi	sono valso	*pr* valgo, vali, vale, valiamo, valete, valgono; *fut* varrò; *conj pr* valga, valga, valga, valiamo, valiate, valgano; *cond* varrei; *imperat* vali!, valga!, valiamo!, valete!, valgano!
vedere	vidi	ho visto *o.* veduto	*fut* vedrò; *cond* vedrei
venire	venni	sono venuto	*pr* vengo, vieni, viene, veniamo, venite, vengono; *fut* verrò; *conj pr* venga, venga, venga, veniamo, veniate, vengano; *cond* verrei; *imperat* vieni!, venga!, veniamo!, venite!, vengano!; *ger* venendo; *p pr* veniente *o.* venente
vincere	vinsi	ho vinto	
vivere	vissi	ho vissuto	*fut* vivrò; *cond* vivrei
volere	volli	ho voluto	*pr* voglio, vuoi, vuole, vogliamo, volete, vogliono; *fut* vorrò; *conj pr* voglia, voglia, voglia, vogliamo, vogliate, vogliano; *cond* vorrei; *imperat* vogli!, voglia!, vogliamo!, vogliate!, vogliano!
volgere	volsi	ho volto	

Notizen

Notizen

Notizen

GASTR	Gastronomie	gastronomia
geh	gehobene Ausdrucksweise	linguaggio elevato
gen	Genitiv	genitivo
gener	allgemein	generalmente
GEOG	Geografie	geografia
GEOL	Geologie	geologia
HIST	Geschichte	storia, storico
imp	Imperfekt	imperfetto
ind	Indikativ	indicativo
inf	Infinitiv	infinito
INFORM	Informatik	informatica
int	Interjektion	interiezione
inv	unveränderlich	invariabile
iron	ironisch	ironico
irr	unregelmäßig	irregolare
jd	jemand	qualcuno
jdm	jemandem	a qualcuno
jdn	jemanden	qualcuno
jds	jemandes	di qualcuno
JUR	Recht, Jura	giurisprudenza
konj	Konjunktion	congiunzione
KUNST	Kunst	arte
LING	Linguistik, Grammatik	linguistica, grammatica
LIT	Literatur	letteratura
loc	Wendung	locuzione
lomb	lombardisch	lombardo
m	maskulin	maschile
MAR	Marine	marina
MAT	Mathematik	matematica
MED	Medizin	medicina
mer	süditalienisch	meridionale
METEO	Meteorologie	meteorologia
MIL	Militär, Armee, Heer	militare
MIN	Mineralogie	mineralogia
MOT	Kfz-Wesen	motori, traffico
MUS	Musik	musica
n	neutrum	neutro
napol	neapoletanisch	napoletano
NAUT	Seefahrt, Nautik	nautica
nom	Nominativ	nominativo
nordd	norddeutsch	Germania settentrionale
num	Zahlwort	numerale
o	oder	o
obs	obsolet, veraltet	obsoleto, poco usato
OPT	Optik	ottica
ostd	ostdeutsch	Germania orientale
PARL	Parlament	parlamento
pass rem	Passato Remoto	passato remoto
pej	pejorativ	peggiorativo
PHILOS	Philosphie	filosofia
PHYS	Physik	fisica
piem	piemontesisch	piemontese
pl, Pl, pl	Plural	plurale

Liste der Abkürzungen
Lista delle abbreviazioni

a	auch	anche
A	österreichisch	austriaco
abk v, abbr di	Abkürzung	abbreviazione
acc	Akkusativ	accusativo
acro di	Akronym	acronimo
adj	Adjektiv	aggettivo
ADM	Verwaltung	amministrazione
adv	Adverb	avverbio
AERO	Luftfahrt	aeronautica
agg	Adjektiv	aggettivo
AGR	Landwirtschaft	agricoltura
akr v	Akronym	acronimo
allg	allgemein	generalmente
ANAT	Anatomie	anatomia
ARCH	Architektur	architettura
art def, art det	bestimmter Artikel	articolo definito
art indef, art indet	unbestimmter Artikel	articolo indefinito
ASTR	Astrologie, Astronomie	astrologia, astronomia
attr	attributiv	attributivo
AUTO	Automobil	automobile
avv	Adverb	avverbio
bes	besonders	specialmente
BIOL	Biologie	biologia
BOT	Botanik	botanica
BRD	bundesdeutsch (nicht als Gegensatz zu „DDR“, sondern zu „A“ oder „CH“)	solamente nella RFG
CH	schweizerisch	svizzero
CHEM	Chemie	chimica
COM	Handel	commercio
cong	Konjunktion	congiunzione
conj	Konjunktiv	congiuntivo
dat	Dativ	dativo
DDR	polit. Term. aus der DDR	termine politico della RDT
dial	mundartlich	dialettale
ECO	Umwelt, Ökologie	ecologia
etw	etwas	qualcosa
EL	Elektrizität	elettricità
EU	Europäische Union	Unione europea
f	feminin	femminile
fam	familiär, umgangssprachlich	familiare
FERR	Eisenbahn	ferrovia
fig	übertragen, figurativ	figurato
FILM	Film, Kino	film
FIN	Finanzen, Banken	finanza
fior	florentinisch	fiorentino
FOTO	Fotografie	fotografia
form	formell, Amtssprache	burocratico, amministrazione

Die deutsche Phonetik

La fonetica tedesca

[ː]	Längezeichen
[']	Betonungszeichen
[ʔ]	Knacklaut
[ɐ]	Leber
[ã]	Chanson
[ãː]	Chance, Ensemble
[ɑː]	Hardware
[æ]	Gangway
[ʌ]	Public Relations
[aɪ]	Hai, mein, Reihe, Bayern
[aʊ]	Maus, rau
[ç]	ich, König
[dʒ]	Dschungel, Jazz
[ɛ]	fällen, Bett
[ɛ̃ː]	Refrain, Pointe
[ə]	Katze
[ɪ]	bitte
[ʒ]	Genie
[ŋ]	fangen, Anker
[o̯]	Pointe
[õ]	Fondue
[ɔ]	offen
[ø]	Ökologie
[œ]	öffnen
[ɔɪ]	neu, Joint, Boykott
[ʃ]	schauen, Stein
[ts]	Zoo, Lotse, Katze, Skizze
[tʃ]	Matsch
[θ]	Thriller
[ʊ]	Butter
[w]	Gangway
[x]	Nacht
[yː]	Tüte, früh, Zyklus
[ʏ]	Hütte, Hymne
[z]	Hase